新的发展时期，北辰实业将坚定实施“资本扩张、品牌扩张、低成本扩张”三大战略，牢牢把握“低成本扩张、轻资产运营、

的新型商业模式，以打造中国最具影响力的会展品牌企业“北辰会展集团”为切入点，加快产业转型升

品牌化的新兴业务，为“建设全国知名的大型房地

发展物业以立足北京、拓展京外为方针，开发产品包括住宅、公寓、别墅、写字楼、商业在内的多元化、多档次的物业开发和销售。目前已在北京、长沙、武汉、杭州、成都、苏州、南京等9个城市核心开发了包括北辰绿色家园、奥运媒体村、北辰·墅院1900、北辰红橡墅、北辰碧海方舟别墅、北辰福第、当代北辰·悦MOMA、长沙北辰三角洲、武汉北辰优+、杭州北辰奥园等20个开发项目。

公司投资物业持有并经营的物业面积逾127万平方米，其中120万平方米均位于北京亚奥核心区，主要包括总建筑面积达60万平方米的亚运村综合物业群、总建筑面积达53万平方米的国家会议中心及配套项目综合物业群，包括2个会展场馆、6个酒店、35万平米写字楼、1500套公寓及商业配套设施，在北京亚奥核心区形成了独具特色的“北辰会展”功能区。

深耕会展20多年，北辰实业强化会展优势，整合优质资源组建会展集团，大力实施会展业务全产业链的拓展，并率先在国内开创了会展品牌输出的新兴业务。目前已承接北京怀柔雁栖湖国际会展中心、珠海国际会展中心及杭州、宁夏、南昌、连云港等一批具有国际、全国影响力项目的管理及咨询。

北京北辰实业股份有限公司1997年4月2日由北京北辰实业集团有限责任公司独家发起设立，同年5月在香港交易所挂牌上市。2006年10月在上海证券交易所成功发行A股并上市。

公司注册总股本为336,702万股，其中A股为266,000万股，占总股本的79.002%，H股70,702万股，占总股本的20.998%。

从1990年亚运建设服务到2008年奥运建设服务，从国内第一家境外上市地产企业到首家A+H股地产类上市公司，从北京国际会议中心到国家会议中心，从自营自持会展场馆到率先成立会展产业集团，从发布会展行业报告到制定会展国家标准，从创造“北京速度”到诠释“中国服务”，从“立足京内”到“布局全国”，从住宅开发到中国最大城市综合体营造，20年来，北辰实业一直是中国会展行业的引领者、中国资本市场的先行者和中国复合地产的领军者。

实业

NORTH STAR

新经济支撑、高端服务业发展”的前进方向，优化完善传统业务与创新业务、重资产投资业务与轻资产服务业务并行发展

级，充分利用以互联网、大数据为代表的新经济、新技术带来的商机，着力培养信息化、特色化、

产综合运营企业”的战略新目标不懈努力！

驰骋大市场
运营大资本 成就大事业

董事长：张有喜先生

副董事长、总经理：武望国先生

COMPANY INTRODUCTION

大同煤业股份有限公司（简称“大同煤业”，英文全称：Datong Coal Industry Co.,Ltd）是由大同煤矿集团作为主发起人，联合中煤能源、秦皇岛港、华能集团、宝钢国贸、煤科总院等其他 7 家发起人共同发起设立，并于 2001 年 7 月 25 日在山西省工商行政管理局注册成立的股份有限公司。

大同煤业于 2006 年 6 月 23 日成功登陆 A 股市场，成为股改后沪市首家全流通的上市公司，公司先后荣获“2007、08 年度中国主板上市公司价值百强”、“2008 年度上市公司 100 强绩优公司榜前 10 强”、“2008 年度中国上市公司百强金牛奖”、“2009 年度上市公司市值管理百佳榜”、“中国 20 家最具活力新锐上市公司奖”等多项荣誉。

大同煤业上市以来通过募集资金建成了年设计生产能力 1500 万吨的国内最大井工矿井—同煤塔山煤矿，并以塔山煤矿为龙头，建设配套的洗煤厂、电厂、建材厂、铁路等“一矿八厂一条路”，形成了我国第一个完整产业链的煤炭循环经济园区——塔山循环经济园区。提升了煤炭产能，增强了公司煤炭主业经营规模和盈利能力，同时在进一步完善公司治理的基础上，积极与投资者沟通，加强形象塑造，提升公司价值，提高在资本市场的竞争力，为公司稳定和可持续发展奠定了坚实的基础。

SHANGHAI STOCK EXCHANGE

经过二十五年的快速成长，上海证券交易所已发展成为拥有股票、债券、基金、衍生品四大类证券交易品种的，市场结构完整的证券交易所；拥有可支撑上海证券市场高效稳健运行的，世界先进的交易系统及基础通信设施；拥有可确保上海证券市场规范有序运作的，效能显著的自律监管体系。依托这些优势，上海证券市场的规模和投资者群体也在迅速壮大。2014 年，沪市上市公司家数达 995 家，总市值 24.4 万亿元，全年累计成交金额 37.56 万亿元，日均成交达 1533 亿元，股市筹资总额达 3962.59 亿元；债券市场挂牌只数达 2603 只，托管量 2.29 万亿元，累计成交 86.68 万亿元；基金市场上市只数达 75 只，总市值 2084 亿元，累计成交 37478 亿元。投资者开户数量已达 12317 万户。

日照港股份有限公司是山东省人民政府批准，由日照港集团有限公司（原日照港务局）为主发起人，联合兖矿集团有限公司、中国中煤能源集团公司（原中国煤炭工业进出口集团公司）、淄博矿业集团有限责任公司、山西潞安矿业（集团）有限责任公司、山西晋城无烟煤矿业集团有限责任公司等五家法人单位共同以发起设立方式设立，并于 2002 年 7 月 15 日取得山东省工商行政管理局颁发的企业法人营业执照。公司目前注册资本为 3,075,653,888 元。

日照港位于中国海岸线中部、山东半岛南翼，隔海与日本、韩国、朝鲜相望。港区湾阔水深，陆域宽广，不冻不淤，全年作业天数在 300 天以上，是我国不可多得的天然深水良港，为全国沿海 20 个主枢纽港之一。被国家确定为“新亚欧大陆桥东方桥头堡”。

公司目前拥有生产性泊位 41 个，拥有正式员工 5400 人，总设计吞吐能力 1.27 亿吨，其中拥有 20 万吨级、30 万吨级的矿石专用泊位各 1 个；15 万吨级、10 万吨、5 万吨级煤炭专用泊位各 1 个；木片专用泊位 3 个，粮食专用泊位 2 个，其他通用泊位 31 个。截止 2015 年末，公司资产总额约 185 亿元，净资产约 112 亿元。目前公司主要经营矿石、煤炭、水泥、镍矿、铝钒土、钢材、焦炭、粮食、木材、木片等大宗散杂货装卸、堆存业务。历经多年发展，公司已成为国内主要的铁矿石中转港之一，年中转铁矿石超过 1.2 亿吨；木片、大豆吞吐量居全国沿海港口首位。2015 年度，公司共完成货物吞吐量 2.09 亿吨。日照港集团吞吐量居全国沿海港口第八位，世界港口排名第十一位。

“日照港”股票于 2006 年 10 月 17 日在上海证券交易所挂牌上市，发行人民币普通股 2.3 亿股，募集资金 10.81 亿元。公司是境内《证券发行与承销管理办法》实施后的首家 IPO 试点企业，股权分置改革以来山东登陆境内市场第一股，也是山东省首家港口上市企业。

广深铁路股份有限公司

GUANGSHEN RAILWAY CO.,LTD.

深圳站–罗湖商业城

公司大楼及招牌

和谐号动车进入深圳

客运服务

广深铁路股份有限公司（简称：广深铁路）于1996年3月6日按照《公司法》在中国深圳市注册成立。

1996年5月，公司发行的H股和美国存托股份分别在联交所和纽交所上市；2006年12月，公司发行的A股在上交所上市；2007年1月，公司运用发行A股所募集资金成功收购广州至坪石段铁路，公司经营范围由区域铁路进入全国铁路骨干网络。目前，公司是中国唯一一家在上海、香港和纽约三地上市的铁路运输企业。

公司主要经营铁路客货运输业务及与香港铁路有限公司合作经营过港直通车旅客列车运输业务，并为国内其他铁路公司提供铁路运营服务。公司亦经营铁路设施技术综合服务、商业贸易及兴办各种实业等与公司宗旨相符的其他业务。

公司独立经营的深圳—广州—坪石铁路，营业里程481.2公里，纵向贯通广东省全境。其中广坪段为中国铁路南北大动脉——京广线南段；广深段是目前中国内陆通往香港的唯一铁路通道，连接京广、京九、三茂、平南、平盐和香港铁路东铁线，是中国铁路交通网络的重要组成部分。

客运业务是公司最主要的运输业务。于2014年12月31日，公司每日开行旅客列车233.5对，其中广深城际列车105对（含备用线19

证券简称：广深铁路　证券代码：601333

地址：中国广东省深圳市和平路1052号
邮编：518010
网址：www.gsrc.com

对），直通车13对（广九直通车11对、肇九直通车1对、京沪九直通车1对），长途车115.5对。公司广深城际列车实施公交化运营，在客流高峰期平均每10分钟就有1对"和谐号"电动车组在广深间开行。公司与香港铁路有限公司合作经营的过港直通车是穗港两地的重要交通工具之一。公司组织开行多列以广州、深圳为始发终到站的长途旅客列车，通达全国大部分省、自治区和直辖市。

货运业务是公司重要的运输业务。公司不仅拥有完善的货运设施，能有效地进行整车、零担、集装箱、笨重货物、危险货物、鲜活货物和超限货物的运输，而且经营的铁路线路与广州、深圳地区的主要港口紧密相连，同时还通过铁路专用线与珠三角地区的若干大型工业区、物流园区和厂矿企业相连。公司货物运输的主要市场为中国内陆中长途运输，在中国内陆中长远距离货物运输方面具有竞争优势。

铁路运营服务是公司自2009年12月武广铁路开通运营以来开拓的一项客货运输延伸业务。目前，公司已经为武广铁路、广珠城际、广深港铁路、广珠铁路、厦深铁路及赣韶铁路等提供该项服务。随着"泛珠三角"地区一系列高速铁路和城际铁路的陆续建成并投入运营，公司提供铁路运营服务的区域范围将更加广泛，铁路运营服务将成为公司一个新的业务增长点。

YKPLC

营口港务股份有限公司

营口港务股份有限公司是2000年3月6日经辽宁省人民政府辽政[2000]46号文批复，由营口港务集团有限公司作为主发起人，联合其他四家公司共同发起设立的股份有限公司。公司于2000年3月22日在辽宁省工商行政管理局登记注册成立，注册资本为15,000万元，总股本15,000万股。营口港务股份有限公司的成立标志着营口港向资本市场迈出了关键的一步。经营范围：港口装卸、堆存、运输服务，钢结构工程，机件加工销售，港口机械、汽车配件、钢材、建材、橡胶制品销售，苫垫及劳保用品制作、销售，尼龙绳生产、销售等。

一、正式上市，向资本市场迈进第一步

2002年1月，经中国证监会证监发行字[2001]102号文批准，公司公开发行人民币普通股10,000万股，发行价格为5.9元/股，公开发行后公司总股本为25,000万股。2002年1月31日，公司10,000万股社会公众股在上海证券交易所上市流通。股票代码600317，简称"营口港"。

公司上市之初，就确定了公司的发展模式，即集团公司和上市公司同步发展的模式。利用上市公司在资本市场的融资平台，通过直接融资解决上市公司发展的资金问题，并将集团公司优质资产不断注入上市公司。港口行业作为基础性行业，建设的周期比较长，风险系数比较大，不确定因素比较多，把这些不利因素由集团公司承担，待资产建设完毕后再注入上市公司，形成收购之后就能马上产生效益的有利局面。这样的方式保证了上市公司的快速发展，为上市公司的资本运作提供了更大的舞台。

二、发行可转债，不断扩大公司股本规模

公司成立的时候，所涉及的生产领域都为大宗散杂货业务，生产领域比较单一。为了扩大公司的生产规模，保证公司盈利能力的快速提高，实现公司的可持续发展，公司董事会经过严谨的论证，决议发行可转换公司债券。2004年5月，公司发行70,000万元可转债，可转债募集资金用于收购集团公司的三期工程多用途泊位和成品油及液体化工品码头相关的在建工程并进行后续建设。

通过此次的收购，公司进一步扩充到集装箱、油品和液体化工品领域，成为多功能综合性的港口公司。公司的经营业绩有了较大的增长，保证了公司的可持续发展。

三、完成股权分置改革，公司治理更加规范

公司于2005年9月份制订了股权分置改革草案，开始进入申报程序。11月末取得辽宁省及吉林省国资委的原则同意。此后，经过与机构投资者"一对一"沟通、网上路演等方式对股改方案进行修改，最终确定了股改方案。12月，公司股改方案以98.93%的比例一次性顺利通过股东大会审议。2006年1月，公司完成股权分置改革。

营口港股权分置改革方案充分考虑并保护了流通股股东、非流通股股东、可转债持有人及上市公司这四个方面的权益。股改使股东利益更加趋于一致，公司治理更加规范，企业经营目标更加明确。

股票简称：营口港　　股票代码：600317

四、重大资产购买，进一步扩大公司生产规模

为了实现公司的可持续发展，消除同业竞争，向整体上市目标迈进，2008 年公司通过定向发行股份和支付现金相结合的方式，购买港务集团公司鲅鱼圈港区 16＃、17＃、22＃、46＃、47＃、52＃、53＃共计 7 个泊位的资产和业务。

这次收购上述泊位后，实现了营口港鲅鱼圈港区泊位资源及港口业务的整合，公司拥有了散杂货深水泊位，成品油及液体化工品泊位和集装箱专业泊位，综合吞吐能力将得到了极大的提高，增强了企业核心竞争力，确保了公司的可持续发展和提升了行业竞争力。同时，减少了关联交易，有效避免同业竞争。

五、发行公司债券，调整负债结构

为调整负债结构，缓解短期偿债压力，降低财务费用，2008 年末，公司决定申请发行公司债。2008 年 12 月，发行 12 亿元公司债的议案经 2008 年第二次临时股东大会审议通过。2009 年 12 月 2 日，10 月，发行公司债的申请顺利通过中国证监会的审核。2010 年 3 月 23 日，公司债正式上市，简称为“10 营口港”。

公司债的成功发行，调整了公司负债结构，缓解了短期偿债压力，有利于公司进一步的发展。

六、重大资产重组，进一步避免同业竞争，扩大公司生产规模

为进一步减少关联交易，有效避免与港务集团的同业竞争，提升公司的综合竞争力，增强持续盈利能力和持续发展能力，迅速扩大公司资产规模，增强资本实力和经营能力，有效促进上市公司做大做强。2012 年公司通过定向发行股份的方式，购买了港务集团公司鲅鱼圈港区拥有的 54#－60# 共计 7 个泊位的资产和业务。

本次公司购买的 7 个泊位中，5 个为集装箱泊位，2 个为可兼做集装箱的泊位，交易完成后，公司在全球经济复苏及我国促进经济转型的背景下，集装箱将成为增速较快的货种，成为公司继续发展的主要驱动力，将进一步提升公司的吞吐能力，增强公司的综合竞争力。

七、把握历史机遇，开创科学发展的美好未来

国家制定的《东北地区振兴规划》政策的实施、建设辽宁沿海经济带上升为国家战略等将为公司的发展带来全新的机遇。公司位于环渤海经济圈与东北经济区的交界点，是东北地区最近的内陆出海口，且周边交通比较发达，具有非常明显的自然条件和区位优势。随着东北老工业基地的振兴、辽宁沿海经济带的建设，腹地经济将呈现快速发展态势，腹地的吞吐量将保持增长，由此公司吞吐量亟需提高，规模亟需扩大，以满足不断增长的货源要求。

面对历史赋予难得的机遇，面对千载难逢的发展契机。营口港将充分借助国家“一带一路、振兴东北老工业基地等国策，利用东北地区最近的出海口这一良好的区位优势，不断发展公司生产规模，大力建设适应区域经济发展所需的大型化、深水化、集装箱化码头，充分发挥港口的辐射和聚集作用，带动腹地临港工业的发展，通过港口经济本身的乘数效应，临港产业集群的集聚效应，循序渐进的示范效应，促进区域经济一体化，从而推动营口地区乃至辽宁中部城市群的发展，进而推动辽宁省甚至东北地区经济的发展。

www.ykplc.com

公司简介

董事长：王学德先生

鲁银投资集团股份有限公司是 1993 年 3 月经山东省人民政府批准以定向募集方式设立的股份有限公司。公司于 1996 年 12 月公开发行 A 股，并在上海证券交易所挂牌交易，注册资本 568,177,846 元。

公司主要产业包括粉末冶金及制品、房地产开发、铁矿开采、羊绒纺织、贸易、金融及文化产业、对外投资等，形成了多元化产业发展格局。下辖有粉末冶金公司、禹城粉末冶金制品有限公司、山东省鲁邦房地产开发有限公司、禹城羊绒纺织有限公司、山东毛绒制品有限公司、青岛豪杰矿业有限公司等 20 余家全资或控股子公司。参股烟台万润精细化工股份有限公司、莱商银行股份有限公司、山东金融资产交易中心等企业。

铁矿开采

羊绒纺织

泰豪 TELLHOW

泰豪科技股份有限公司是在江西省和清华大学"省校合作"推动下，在南昌国家高新开发区设立的高科技公司。公司成立于1996年3月，2002年7月在上海证券交易所上市，股票代码600590，简称"泰豪科技"。经过多年的发展与积累，建立了较为完善的治理结构，形成了完整的内控制度，并在南昌、北京、上海、深圳、长春、济南、衡阳等地拥有20多家分、子公司，以及10多个高科技产业园区。

公司自创立以来，不断地完善和升级产业体系，优化产业结构，集中资源大力发展军工装备和智能电力两大产业。军工装备产业围绕车载通信指挥系统、军工移动电站、导航和雷达产品的研制和服务，与科研院所、军工集团的深度合作，重点开展军工信息技术的研究与应用；智能电力产业围绕电力运行软件、智能应急电源、智能配用电设备的产品研制与服务，整合现有产品产业链，打造智能电力整体解决方案，重点开展微电网技术的研究与应用。

20年历史，20多家分公司，员工总数2200多人，中国驰名商标。
上海证券交易所上市，公司总资产近60亿元，
拥有专利和软件著作权近900项

中国建设银行
China Construction Bank

中国建设银行将恪尽职守，勤勉尽责，牢固树立“以客户为中心”的经营理念，不断加强风险管理和内部控制，严格履行托管人的各项职责，切实维护资产持有人的合法权益，为资产委托人提供高质量的托管服务。

善建者行

善建者不拔，善抱者不脱。——《道德经》

www.boc.com

国元证券股份有限公司成立于2001年10月15日，是由原安徽国投、安徽信托作为主发起人，联合其他12家法人单位共同发起设立的综合类证券公司，注册资本19.641亿元，注册地址：合肥市梅山路18号，公司于2007年10月30日在深交所挂牌上市。

公司拥有证券经纪、证券自营、证券承销与保荐、证券资产管理、融资融券、证券投资咨询、与证券交易及证券投资活动有关的财务顾问、证券投资基金代销、股指期货IB、代销金融产品、保险兼业代理、新三板、OTC业务等业务资格，是一家业务资质全面、资产质量优良、综合实力领先的综合类券商。

目前公司各项业务资格齐全，内设23个业务经营和综合管理部门，106家证券、期货营业网点分布在东部沿海经济发达省份、四个直辖市、中部省会城市及安徽省内各地，下设北京、上海、深圳、青岛、重庆、武汉、郑州、芜湖八家区域分公司，全资拥有国元证券（香港）有限公司、国元期货有限公司、国元股权投资有限公司和国元创新投资有限公司，控股长盛基金管理有限公司、安徽安元投资基金公司，参股安徽省股权托管交易中心、徽商银行股份有限公司、证通股份有限公司（简称证通公司）和中证资本市场发展监测中心有限公司（简称中证监测中心），初步形成了金融证券控股集团的经营架构。

做中国资本市场
最具盈利价值和增值
潜力的证券公司

2001年元月，西部证券股份有限公司成立，注册地陕西省西安市，目前注册资本金人民币27.96亿元，公司是全国首批规范类证券公司、全国第19家创新类证券公司。2012年5月3日，公司在深圳证券交易所挂牌上市（股票代码：002673），是全国第19家上市证券公司。公司控股股东为陕西省电力建设投资开发公司，实际控制人为陕西能源集团有限公司。截止2015年底，公司在全国设立82个证券营业部和8个经纪业务分公司，在上海、北京设立3个专业分公司和2个主要业务部门，公司下设西部期货公司和西部优势资本公司2个全资子公司，并控股西部利得基金管理公司。公司现已取得62项业务资格，业务遍布全国，致力于为广大客户提供全方位、专业化的高效服务。

公司成立16年来，在股东、客户和社会各界的关心支持下，不负重托，勇于创新，锐意进取，秉承“诚信、专业、创新、共赢”的发展理念，在各业务条线与广大客户紧密合作，实现了客户与公司互惠共赢、共同发展，为国家经济建设做出了积极贡献。2015年，中国股市跌宕起伏，公司抢抓机遇，有效化解风险，保持稳健经营，取得了历史最高的经营业绩。根据公司2015年度年报，2015年公司实现营业收入56.41亿元，同比增长191%，实现利润总额26.47亿元，同比增长198.03%，实现净利润19.68亿元，同比增长197.94%。在全国125家证券公司排名中，公司净资本、营业收入、净利润3项核心指标分别排第28位、第27位和第30位，同比分别提升了18位、13位和8位。公司连续16年实现盈利，累计向国家上缴税金32亿元，向股东分红24.51亿元，向社会公益事业捐款1200万元，实现了物质文明和精神文明“双丰收”。公司屡次荣获中国证监会和中国证券业协会颁发的各项荣誉，荣获陕西省政府、西安市政府“支持地方经济发展成绩显著金融企业”、“西安市先进集体”、“先进金融单位”，荣获陕西省五一劳动奖状，省公安厅“平安建设示范单位”、省国资委“省属企业文明单位”等荣誉。

2016年是“十三五”规划开局之年，西部证券公司正处在实现追赶与超越的重要阶段，我们将以“五大发展”理念为统领，以贯彻落实公司“十三五”规划为目标，主动适应经济发展新常态，调结构、稳增长、提效益，主动作为，积极进取，不断追赶与超越，为中国资本市场的健康发展注入陕西能量，做出应有的贡献。

齐鲁证券
QILU SECURITIES

地址：山东省济南市经七路 86 号证券大厦 2102 室
邮编：250001

齐鲁证券成立于 2001 年 5 月。2007 年初，按照国务院批复意见，公司收购了天同证券资产，完成了整合山东证券资源工作。此后，公司规范经营，创新发展，逐步发展成为一家全国大型综合类券商。目前，公司有员工 5400 多人，在全国 27 个省市自治区设有 27 家证券分公司、229 家证券营业部，控股鲁证期货公司、万家基金管理公司、鲁证创投公司、齐鲁国际控股公司、齐鲁证券（上海）资产管理公司，参股齐鲁股权交易中心、中证信用增进公司，形成了集证券、期货、基金、直投为一体的综合性证券控股集团。近几年，公司共为 100 多家企业提供股权融资、债券融资服务，实现融资额 1000 亿元，为 200 多家企业提供了财务顾问服务。目前公司服务客户 420 多万，管理客户资产近 9000 亿。截至 2014 年底，公司总资产 843 亿元，净资产 145 亿元。公司自 2008 年以来连续 7 年被中国证监会评为 A 类 A 级券商，其中 2011 年被评为 A 类 AA 级券商。

公司承做的山东省内首单资产证券化项目
“国泰租赁”深交所挂牌仪式

中国证监会领导莅临公司指导工作

李玮董事长在齐鲁峰会发表演讲

2014 年，公司深化改革创新，积极推进业务转型，综合金融服务能力和盈利能力大幅提升。2014 年，公司实现营业收入 58.7 亿元，利润 25.1 亿元。经纪业务，从通道服务向财富管理转型。2014 年实现代理买卖证券净收入 31.74 亿元，行业排名第 10 位。投资银行业务，由以 IPO 业务为主向 IPO、债券融资、再融资、并购重组、新三板业务并重转型。公司作为主承销商，为 12 家企业提供近 100 亿元的股权融资服务，为 30 家企业提供 170 亿元的债券融资服务，IPO 和债券主承销家数均位居行业第 10 名左右；推荐 94 家企业在新三板挂牌，累计推荐 113 家企业挂牌，行业排名第 2 位。证券投资业务，从“高风险、高收益”向“低风险、中高收益”的盈利模式转型。公司认真研判市场走势，及时调整债券类、权益类投资规模，审慎开展衍生品业务，2014 年实现投资收益 5.1 亿元。资产管理业务，公司在上海设立了资产管理子公司，为客户提供现金管理类、货币类、债券类、权益类、量化类等多元化金融产品。目前共管理 42 只集合产品和 228 只定向产品，资产管理规模 1900 多亿元。期货业务，公司控股鲁证期货，2014 年实现利润 9600 万元。目前，鲁证期货正积极筹划在香港发行上市。基金业务，公司控股万家基金，目前管理基金规模近 300 亿元，2014 年实现利润 1 亿元。直接投资业务，公司直投子公司——鲁证创投公司，已完成 18 单共计 7 亿元的投资。鲁证创投投资的“华泽钴镍”已在中小板借壳上市，“金海股份”、“新成新材”已在新三板挂牌。国际业务，公司在香港设立了齐鲁国际控股公司，注册资本 8 亿港币，目前已获得证券交易、期货、投资咨询、资管、融资等全业务牌照，完成了“海通国际”等十几单股权、债券融资项目，融资 30 多亿港币。创新业务，做市业务，目前公司新三板做市企业 77 家，做市规模 11 亿元，做市家数市场排名第一位；完成了国泰租赁、远东租赁资产证券化项目，融资 20 多亿元；积极开展融资融券、股票质押回购等类贷款业务，目前融资余额 560 亿元，市场份额行业排名第 13 位；建立了齐鲁证券柜台交易市场，产品保有量 111 只，规模 117 亿元；发行了私募股权众筹项目“齐富众享”，募集金额 641 万元；取得了私募基金综合托管业务试点资格，目前已经完成 35 只基金产品综合托管业务，规模 25 亿元。

至诚至专　创新超越
合规创造价值　人才提升效率
创新推动发展　诚信铸造品牌

井神股份

Jingshen Salt&Chemical Industy Co.,Ltd

井神股份公司本部

江苏井神盐化股份有限公司是集科研、生产、配送、销售于一体的全国大型盐及盐化工企业。股票简称：井神股份，股票代码：603299。

截止 2014 年底，公司总资产逾 44 亿元，制盐生产能力在国内名列前茅，盐产品年生产能力 370 万吨、元明粉年生产能力 40 万吨、纯碱年生产能力 30 万吨，自营码头年吞吐量 500 万吨以上。

公司秉承“诚信立足、创新致远”的核心价值理念，按照现代企业管理理念和上市公司的规范运作要求，通过实施“结构调整、优化布局、科技兴企、资本扩张、管理创新”五大战略，加快推进 60 万吨联碱(二期)技改等重点项目建设，着力打造“盐碱钙一体化”的循环经济产业发展模式，努力提高经营质效，成为全国一流新型盐及盐化上市企业。

井神股份淮安生产片区全景图

300.89%
营业收入

420.82%
净利润

2015年上半年

2015年上半年，西南证券实现营业收入60.39亿元，同比增长300.89%；净利润28.52亿元，同比增长420.82%。截至2015年6月30日，公司资产总额956.04亿元，净资产192.38亿元，母公司净资本130.18亿元。其中，经纪业务始终保持在重庆网点最多、交易量最大的龙头地位，行业排名保持了连续六年增长的良好势头；投行业务发挥股权业务、并购业务、债权业务三位一体的大投行运作平台优势，保持并购和再融资的行业领先地位；自营业务优化传统方向性投资和量化投资的资金配置和投资结构，获取了安全稳定持续的收益；资管业务服务模式和产品结构不断优化，服务实体经济能力持续提升。

展望未来，西南证券将立足重庆、布局全国、走向海外，坚持“为投资者、客户和实体经济创造价值”的经营宗旨，把诚信作为公司发展最重要的基础，全面推进业务转型和创新发展，不断提高自身投资能力和综合经营能力，形成公司的比较优势和差异化竞争能力，立志成为重庆和西部金融企业的标杆，尽快迈入国内券商第一阵营。

公司各证券营业部联系方式及地址

上海斜土路证券营业部	021-64222999 021-64228585	上海市斜土路1939号四季园D幢裙房一、二楼
上海武宁路证券营业部	021-62573373 021-62546146	上海市武宁路1067号
上海茅台路证券营业部	021-62900100 021-62902296	上海市茅台路596号
上海浦雪路证券营业部	021-34303899 021-34300530	上海市闵行区浦雪路329号1-2楼
上海莘庄证券营业部	021-64882674 021-64881288*318 021-64987847 021-64881288*419	上海市沪闵路6018号
上海惠南镇人民东路证券营业部	021-58024374 021-58024567	上海市浦东新区惠南镇人民东路2881号5-6楼
上海松江证券营业部	021-67752822 021-67752821	上海市松江区文诚路228号2楼
上海漕宝路证券营业部	021-64514647 021-64361456	上海市漕宝路111号3、4楼
上海凌河路证券营业部	021-68957328 021-68957367	上海市浦东新区凌河路269号二楼
上海龙吴路证券营业部	021-64525078 021-64503410	上海市闵行区龙吴路5555号
上海淞滨路证券营业部	021-56672424 021-56673424	上海市宝山区淞滨路600号4楼
上海金山证券营业部	021-57320739 021-57331366	上海市金山区朱泾镇东风路15号
上海嘉定棋盘路证券营业部	021-59915414 021-59911319	上海市嘉定区棋盘路1192号1-3层A区
西安西大街证券营业部	029-87629755 029-87629756	陕西省西安市西大街330号安定广场一号楼1、2层
西安群贤路证券营业部	029-88354121 029-88354131	陕西省西安市群贤路6号锦都花园1号楼一、二层
西安阎良红安路证券营业部	029-86846199 029-86861912	陕西省西安市阎良区红安路6号
西安科技路证券营业部	029-68912226 029-68912229	陕西省西安市高新开发区科技路18号新科大厦一、二层
西安解放路证券营业部	029-87415619 029-87410522	陕西省西安市解放路236号图书大厦六楼
深圳深南东路证券营业部	0755-25889969 0755-25882980	广东省深圳市罗湖区深南东路4003号世界金融中心A座23层ABCH单元
北京阜成门外大街证券营业部	010-88306678 010-88306852	北京市西城区阜成门外大街甲28号西楼10-01
常州晋陵中路证券营业部	0519-81199808 0519-81199818	江苏省常州市晋陵中路168号三楼
北京菜市口大街证券营业部	010-88306959	北京市西城区菜市口大街2号院1号楼201
洛阳体育场路证券营业部	0379-60661000	洛阳市西工区体育场路13号航空城商务楼10楼
珠海海滨南路证券营业部	0756-6279008	珠海市香洲区海滨南路88号504室
长沙芙蓉中路证券营业部	0731-88281430 0731-88597826	长沙市开福区芙蓉中路一段288号华尔街中心写字楼第5层
厦门莲岳路证券营业部	0592-3325025	厦门市思明区莲岳路1号804之801室
乐清双雁路证券营业部	0577-61571818	乐清市城东街道双雁大厦2层
天津十一经路证券营业部	022-58711588	天津市河东区十一经路66号（301-305室）
合肥梅山路证券营业部	0551-68991559	合肥市蜀山区梅山路18号安徽国际金融贸易中心2-1006、2-1007室
成都交子大道证券营业部	028-69760265	成都高新区交子大道333号2栋1单元6层609号
福州杨桥路证券营业部	0591-87509520	福建省福州市鼓楼区杨桥路118号宏扬新城1#楼5层A、B、F室
广州天河路证券营业部	020-28060128	广州市天河区天河路625号1501房自编1508室
佛山顺德新桂中路证券营业部	0757-22229799	佛山市顺德区大良新桂中路30号蓝莓公寓5楼515-520单元
重庆江北城西大街证券营业部	023-86712396	重庆市江北区江北城西大街25号15-1L（17-1）层（4）单元（平安财富中心）
西安朱雀南路证券营业部	029-87410309 029-87410522	西安市雁塔区朱雀南路东侧6幢1单元10108室
济南经四路证券营业部	0531-55686880	济南市市中区经四路11号1707
沈阳滂江街证券营业部	024-62839100	沈阳市大东区滂江街22号（长峰中心2号写字楼10层03A单元）
临沂金雀山路证券营业部	0539-8135222	山东省临沂市兰山区金雀山路10号
郑州普惠路证券营业部	0371-56597955	郑州市郑东新区普惠路78号1号楼10层79号
昆明北京路证券营业部	0871-68125375	云南省昆明市盘龙区北京路领域时代大厦A幢15层01室（北京路1088号）
北京清河证券营业部	010-82830860	北京市海淀区清河嘉园东路1号楼1层107
石家庄建设南大街证券营业部	0311-66535888	河北省石家庄市桥东区建设南大街150号国富华庭2-117
海口海德路证券营业部	0898-66730129	海南省海口市龙华区海德路9号现代花园广场D-1楼
即墨鹤山路证券营业部	0532-83506699	青岛即墨市鹤山路888号A座1504室（世贸大厦）
南昌红谷中大道证券营业部	0791-83809261	红谷滩新区红谷中大道998号绿地中央广场C区C1办公楼903、904室（第9层）
赣州翠微路证券营业部	0797-5020178	江西省赣州市章贡区翠微路1号赣州中航城8栋2-67、68、69、70号店面
南京中山北路证券营业部	025-86633098	南京市鼓楼区中山北路8号2301室（实际楼层：云峰大厦2801室）
苏州时代广场证券营业部	0512-62967977	苏州工业园区时代广场24幢1615室
鄂尔多斯团结路证券营业部	0477-5115402	内蒙古自治区鄂尔多斯市东胜区团结路7号街坊2号楼401
江门迎宾大道中证券营业部	0750-3858866	江门市蓬江区迎宾大道中131号12层1201室
扬州文汇西路证券营业部	0514-80783007	扬州市邗江区文汇西路268号
呼和浩特中山西路证券营业部	0471-3241629	内蒙古呼和浩特市回民区中山西路海亮广场A座39层01号
泉州宝洲路证券营业部	0595-29888688	福建省泉州市丰泽区浦西万达广场甲级写字楼1B塔808/809单元
西安高新路证券营业部	029-63363929	西安市雁塔区高新路51号尚中心507室
北京平安大街证券营业部	010-66250500	北京市西城区平安里西大街31号一层101-101
大连长江路证券营业部	0411-39053001	辽宁省大连市西岗区长江路539号606、607、610、1522室
烟台迎春大街证券营业部	0535-2106055	烟台市莱山区迎春大街96号悦海中心A座1103室

公司各分支机构联系方式及地址：

上海分公司
021-64339000
上海市徐汇区肇嘉浜路 750 号 4 幢

上海证券自营分公司
021-34638430
上海市闵行区浦江镇浦雪路 329 号 3 楼

西安分公司
029-68680333
西安市莲湖区南二环西段群贤路 6 号西安锦都花园 10202 号

马鞍山分公司
0555-8883939
马鞍山市花山区汇秀路 1277 号金湖湾新城二区 50-1277

贵州分公司
0851-85517681
贵州省贵阳市南明区市南路 42 号第六幢 1 单元 14 层 5 号

华鑫证券
CHINA FORTUNE SECURITIES

总裁：俞洋先生

华鑫证券有限责任公司是经中国证券监督管理委员会批准，于 2001 年 3 月在深圳市注册成立的全国性综合类证券经营机构。公司前身是原西安证券有限责任公司和中国农业银行上海市信托投资公司。西安证券是中国西北地区第一家证券公司，中国农业银行上海信托公司是中国第一批证券公司。公司于 2001 年 3 月在深圳经济特区注册成立，注册资本金人民币十六亿元。在中国证监会 2013 年证券公司分类评价中荣获 A 级。

华鑫证券共有四家股东，均为实力雄厚、信誉卓著的大型国有企业集团或上市公司。其中控股股东是上海仪电（集团）有限公司，该公司是上海市国资委授权国有资产经营单位，集团聚焦“云计算、物联网”，专注发展智能安防、智能照明、智能医疗等信息技术产业。飞乐音响是公司第二大股东，该公司是“新中国第一股”，在上海证券交易所上市，主营业务为绿色智能照明。华鑫股份是公司第三大股东，在上海证券交易所上市，主营业务为商务不动产。上海贝岭是公司第四大股东，在上海证券交易所上市，主营业务为与芯片设计、芯片制造有关的信息技术产业。

公司自成立以来，通过合资合作、搭建平台、特色突破等战略措施，已发展成为中国资本市场的后起之秀。具体表现在：

一、横跨三大领域的金融控股集团

华鑫证券经营范围横跨证券、基金、期货三大领域，形成了较为完备的金融控股架构。公司是摩根士丹利华鑫基金管理有限公司第一大股东，是摩根士丹利华鑫证券有限责任公司、华鑫期货有限公司的控股股东。

二、完备的综合金融服务体系

华鑫证券及其子公司具有完备的证券业务资格，包括：证券经纪业务资格、证券发行与承销业务资格、证券投资咨询业务资格、证券资产管理业务资格、证券自营业务资格、与证券交易、证券投资活动有关的财务顾问业务资格、证券投资基金代销业务资格、代销金融产品业务资格、融资融券业务资格、全国中小企业股份转让系统主办券商业务资格、沪、深证券交易所约定购回式证券交易业务资格、为期货公司提供中间介绍业务资格、上证 50 交易型开放式指数证券投资基金一级交易商资格、全国银行间拆借业务资格、网上证券委托业务资格、上海证券交易所固定收益证券综合电子平台交易商资格、沪、深证券交易所大宗交易业务资格、沪、深证券交易所股票质押式回购交易业务资格，可以为广大投资者提供优质的综合化金融服务。

三、特色化金融服务

华鑫证券及其子公司定位成为专业化的财富管理机构，为地方政府及中小企业发展提供全方面资本市场解决方案，目前，公司在以下领域逐步形成了较强的竞争实力：

1. 积极助力地方政府融资发展。公司先后为天津城市基础设施建设投资集团、泉州市城建国有资产投资公司、深圳地铁集团、上海临港经济发展集团、秦皇岛开发区国有资产经营公司等地方融资平台发行公司债券。

2. 中小企业挂牌推荐服务。公司目前在报的 IPO 项目有 5 家，主要拟上市地为中小企业板和创业板。公司是“新三板主办券商”，公司为拟挂牌中小企业量身设计“挂牌 + 定增 + 做市”的一条龙融资及服务模式，成为新三板设立以来的经典案例，得到中小企业的高度认可。

3. 中小企业融资及财富管理服务。公司资产管理部门可以为上市公司及其股东、财务公司及其他中小企业提供股票质押融资、限售股减持、应收账款、票据证券化融资。同时为企业提供定制的非标融资方案。公司资产管理业务净收入位于行业中位数以上。

4. 优质的期货套保服务。公司下属华鑫期货公司荣获第四届证券期货科学技术二等奖；荣获 2014 年度中金在线排行榜最佳期货路演机构；荣获上海证券交易所 2014 年度交易优胜会员提名奖和交易进步会员奖；被郑商所评为 2014 年度品种发展优秀会员（小麦、稻谷）和品种产业服务优秀会员（小麦、稻谷）；在第 12 届中国财经风云榜峰会上，华鑫期货荣获“2014 年度最具成长性期货公司”。华鑫期货目前为上海及长三角等地区的特大型化工、金属加工企业及上市公司提供优质的期货套保服务，同时可以为广大企业及投资者等提供股指期货、股指期权等风险管理方案服务。

四、分支机构

华鑫证券在全国各地设有 50 多家分支机构，其中公司下设 5 家分公司：上海分公司、自营分公司、西安分公司、马鞍山分公司、贵州分公司，并在全国 20 个省、自治区及直辖市有 50 家多证券营业部。除有形网点之外，公司搭建了“华鑫商城”，帮助广大投资者在线选择公司精心筛选的各类优质金融产品。

五、企业社会责任

常怀感恩之心、常思回报之责。近年来，公司及员工积极履行社会责任，在汶川地震、玉树地震、雅安地震等等重大自然灾害中，积极为灾区捐款，总计募捐人民币 340 万元，并为困难学生累计捐助超过 100 万元。

华鑫证券将偕同摩根士丹利华鑫证券、摩根士丹利华鑫基金、华鑫期货等子公司，为广大企业及投资者提供优质、高效、综合化的金融服务！

地址：深圳市福田区金田路4018号安联大厦28层A01、B01(b)单元(518026)
电话：0755-82083788　网址：www.cfsc.com.cn

读者传媒总部办公大楼

读者出版传媒股份有限公司

目标／
打／
造国内／
一流的期刊／
出版全媒体运／
营的出版传媒企业／

读者传媒成立于 2009 年 12 月，是由读者出版集团有限公司作为主发起人，联合国内 4 家知名企业共同发起设立的。读者出版集团有限公司成立于 2006 年，是由成立于 1951 年的甘肃人民出版社整体转制而来的。

读者传媒于 2015 年 12 月 10 日上市，首次公开发行新股 6000 万股，发行价 9.77 元每股，募集资金 5.86 亿元，发行市盈率 19.85 倍。公司上市实现了甘肃省文化企业上市零的突破，成为西北地区首家在国内主板市场上市的出版传媒类企业，也是目前 A 股中唯一拥有行业品牌的概念股。

读者传媒目前拥有读者杂志社、期刊出版中心、教材出版中心等出版单位，12 个全资子公司（含 8 家出版社子公司）、5 家控股子公司、参股 2 家公司，员工 500 余人。

公司年出版图书、音像出版物 2000 余种，出版期刊（报）13 种、发行几千万册。公司主营产品《读者》杂志创刊于 1981 年，是全国最具影响力的期刊之一，单刊期销量位列全国同类期刊出版物市场首位，被誉为“中国人的心灵读本”。1999 年、2003 年、2005 年《读者》连获三届“国家期刊奖”，2010 年获中国出版政府奖。2011 年 1 月，《读者》正式在台湾地区发行，成为大陆第一本进入台湾地区公开发行的杂志；2012 年 9 月又在香港发行。2013 年《读者》入选“2013 中国百强报刊”、“2013 中国邮政发行报刊百强排行榜”、“2013 年度全国最受读者欢迎的 50 种期刊”。目前，传统出版主业板块初步形成了包涵综合类、青年类、少儿类、老年类，文学类、科普类、财经类、生活类、动漫类等十种错位发展的期刊（报）集群，以敦煌文化、丝绸之路等 8 条板块较为清晰、结构相对合理的特色产品生产线。2010 年以来，公司 10 种图书获国家级大奖及提名奖，其中 1 种获“五个一工程”奖；31 种图书和电子音像制品入选各类国家级重点出版规划或项目；90 种图书获省优秀图书奖。

出席上市仪式贵宾合影

中共甘肃省委常委、省委宣传部部长连辑，读者传媒董事长吉西平鸣锣开市

近年来，公司秉持“开放、发展、合作、共赢”的理念，加快出版结构和产业结构调整步伐，加快新技术应用、产业转型和融合发展，开始进军网络传媒、数字出版、动漫影视等新媒体、新业态发展领域，同时在资本运作和对外合作方面，进行了积极探索和有益尝试，初步形成了以传统出版为主，以数字出版等新兴业态和影视、动漫、户外广告等相关多元化产业为两翼的“一体两翼”的产业布局和跨媒体、跨行业、跨所有制的发展格局，开始了从单一的传统出版企业向综合的现代出版传媒企业的跨越。

股票简称：读者传媒　　股票代码：603999

2015

中國證券業年鑒

CHINA SECURITIES YEAR BOOK

上

总第二十三期

图书在版编目(CIP)数据

中国证券业年鉴. 2015/ 中国证券业年鉴编辑委员会 编.
上海:复旦大学出版社, 2016.5
ISBN 978-7-309-12261-9

Ⅰ. 中… Ⅱ. 中… Ⅲ. 证券业—中国—2015—年鉴 Ⅳ. F832.91-54

中国版本图书馆 CIP 数据核字(2016)第 093173 号

中国证券业年鉴(2015 · 总第二十三期)
中国证券业年鉴编辑委员会 编

责任编辑　岑品杰　姜作达　方毅超　戚雅斯　谢同君
封面设计　上海众证文化传播有限公司
出版发行　复旦大学出版社有限公司出版发行
　　　　　上海市国权路 579 号　　邮编 200433
经　　销　新华书店
印　　刷　上海汉迪彩色印刷有限公司
开　　本　850mm × 1168mm　1/16
印　　张　176
插　　页　230
字　　数　5006 千字
版　　次　2016 年 5 月第 1 版　2016 年 5 月第 1 次印刷

定　　价　人民币 1980 元　港币 2680 元　美元 400 元

编辑说明

《中国证券业年鉴》秉承客观、公正、全面的原则，忠实记录我国证券市场的发展轨迹，向海内外各界人士宣传、展现我国证券市场的发展成就，并给后人查阅、研究我国证券市场历史年度的动态，提供权威资料。做好中国证券业历史的编辑整理工作，保证中国证券业历史记录的有序延续，是我们的历史使命。自 1993 年创刊以来，《中国证券业年鉴》已经逐渐成长为一个展示公司业绩、总结市场成就、记录中国证券业历史、向海内外各界人士展现和推介中国证券市场形象的权威窗口。《中国证券业年鉴》每年出版一次，分上、中、下三册向国内外公开发行。

《中国证券业年鉴》（2015 · 总第二十三期）主要反映本年度中国金融、证券、基金、期货市场及企业制度建设和发展方面的情况和最新动态，供海内外有关机关、社团、学校、研究部门、企事业单位及社会各界人士做进一步研究参考使用，为推动中国证券业的规范化和国际化、建设中国特色社会主义市场经济服务。

《中国证券业年鉴（2015）》内容设置专论、中国金融市场、中国证券市场、中国基金市场、中国期货市场、中国证券业人物纪实与访谈、中国证券业年度人物、优秀企业选介等部分，另有彩色图片 1500 幅。

《中国证券业年鉴（2015）》的资料直接来源于公司的公告和报告，国务院有关部委及各省、市相关单位提供的材料，保证了年鉴的权威性和准确性。《中国证券业年鉴（2015）》基本保持上一期的内容和体例，同时新增了全国性场外交易市场的详细资料，进一步展现了我国构建多层次资本体系的阶段性成果。但由于中国证券业仍处于快速发展阶段，加上各地区的发展不平衡以及我们的水平有限，难免出现一些疏漏，敬请读者谅解和指正。

《中国证券业年鉴》由上海、深圳证券交易所、全国中小企业股份转让系统和中国证券业年鉴编辑委员会共同主办，总编辑由黄红元、宋丽萍、杨晓嘉担任。在编辑出版过程中得到了国务院有关部门，中国证券监督管理委员会及各省、自治区、直辖市证监局，上海证券交易所，深圳证券交易所，香港交易所，中国证券报社，全国中小企业股份转让系统及证券界有关领导、专家的指导和支持，在此我们表示最诚挚的感谢。

中国证券业年鉴编辑部

中国证券业年鉴理事会

（以下排名不分先后）

杨　超	证通股份有限公司综合管理部	总经理
杨光裕	长城基金管理有限公司	董事长
朱治理	万和证券有限责任公司	董事长
徐建平	东吴基金管理有限公司	董事长
余　政	民生证券股份有限公司	董事长
谢永林	平安证券有限责任公司	董事长
余维佳	西南证券股份有限公司	总裁
秦斯朝	鹏元资信评估有限公司	副总裁
王文京	用友网络科技股份有限公司	董事长、总裁
张近东	苏宁云商集团股份有限公司	董事长
袁　泽	新疆新鑫矿业股份有限公司	董事局主席
陈　平	马应龙药业集团股份有限公司	董事长
李春宏	江苏连云港港口股份有限公司	董事长
徐　进	安徽口子酒业股份有限公司	董事长、总裁
方同华	黑龙江珍宝岛药业股份有限公司	董事长
倪永培	安徽迎驾贡酒股份有限公司	董事长
高　庆	南方产权联合交易中心有限责任公司	董事长
刘世春	金融街控股股份有限公司	董事长
张增光	唐山冀东水泥股份有限公司	董事长
锁炳勋	安徽金种子酒业股份有限公司	董事长
王龙雏	福建省厦门象屿股份有限公司	董事长
谢长军	龙源电力股份有限公司	总经理
张永年	四川成渝高速公路股份有限公司	董事会秘书
刘　建	泰达宏利基金管理有限公司	总经理
吴晓东	华泰联合证券有限责任公司	董事长

中国证券业年鉴编辑委员会

地　　址： 上海浦东桃林路 18 号环球广场 B 座 2809 室
邮　　编： 200135
电　　话： 021－61990079
传　　真： 021－38820916
邮　　箱： shcwq@vip.163.com

目　录

第一编　专　论

第二编　中国金融市场

第三编　中国证券市场

第四编　中国基金市场

第六编　中国优秀上市公司选介

第七编　中国证券业人物纪实与访谈

第八编 全国中小企业股份转让系统专辑

插页目录

上　册

扉页

综合版

2015 **中国证券业年度人物**

中　册

扉页

下　册

扉页

综合类

2015 中国证券业年度人物

NEWS PHOTOS 新闻图片

2015 中国证券市场新闻图片展

华林证券股份有限公司

華林證券 CLS

荣耀 | 硕果丰存

2016第五届“杰出企业社会责任奖”
2015（VC/PE支持）中国企业境内上市最佳主承销商
2015（VC/PE支持）中国企业境内上市主承销商10强
2015中国最佳投资顾问品牌
2015中国最佳区域证券经纪商
2015中国最暖投顾团队15强
2015中国最暖投顾60强
2015中国区域最暖投顾200强
2015社会企业责任大使
2011中国区最佳企业债承销团队
2010中国区最佳债券承销投行
2009中国区债券最佳投行

华龙证券股份有限公司

华龙证券2015年工作会议

2015年6月，公司在宕昌县哈达铺红军长征纪念馆开展建党94周年纪念活动

跟投顾、云投顾获2015中国最佳投资顾问品牌

创新与企业家精神培训

NEWS PHOTOS

新闻图片

证券简称：珍宝岛　证券代码：603567

在十二次全国人民代表大会上，方同华董事长受习近平总书记的亲切接见

珍宝岛药业独家协办第五届中美药典国际论坛

2015年4月24日，珍宝岛药业在上海证券交易所隆重挂牌上市

珍宝岛药业上市答谢酒会

证券简称：金桥信息　证券代码：603918

金桥信息领导鸣锣开市

2015年5月28日，金桥信息在上交所隆重挂牌上市

金桥信息上市仪式现场

金桥信息上市首日信息

2015 中国证券市场新闻图片展

证券简称：山东华鹏 证券代码：603021

2009年3月，张德华董事长陪同省委常委、副省长王军民参观公司

张德华董事长在上市仪式上致辞

2015年4月23日，山东华鹏在上交所隆重挂牌上市

华鹏玻璃新厂区一隅

证券简称：读者传媒 证券代码：603999

2015年12月10日，读者传媒在上海证券交易所隆重挂牌上市

读者传媒董事长吉西平与上海证券交易所副总经理谢玮签订《上市协议书》

第一部参与投资拍摄的电视剧《射天狼》

读者创刊号/台湾版创刊号/香港版创刊号(从左到右)

NEWS PHOTOS 新闻图片

证券简称：井神股份　证券代码：603299

2015年12月31日，井神股份在上海证券交易所隆重挂牌上市

公司领导合影

公司捐资助学活动

井神股份淮安生产片区全景图

证券简称：艾华集团　证券代码：603989

2015年5月15日，艾华集团在上海证券交易所隆重挂牌上市

艾华集团精英团队合影

厂区正面全景图

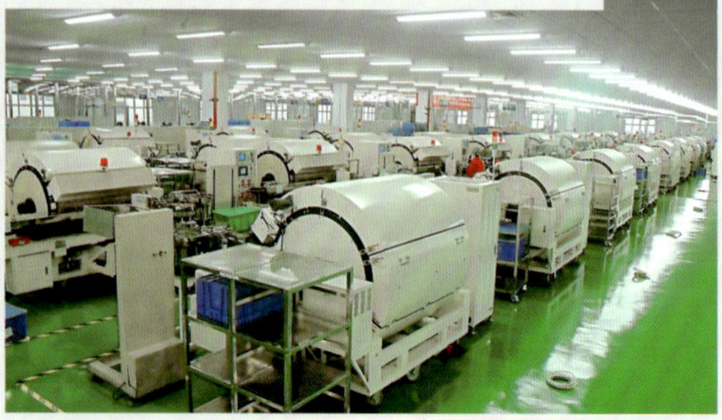

宽敞明亮的现代化车间

证券简称：菁英时代　证券代码：833899

挂牌新三板，董事长陈宏超先生在敲钟仪式上发言

公司获得由上海证券报评选的“金阳光”优秀私募奖

深圳博士后创新实践基地授牌

菁英时代九周年庆典

万和证券有限责任公司

朱治理董事长在上海分公司挂牌仪式上致辞

总经理王华光在四川分公司挂牌仪式上致辞

海南证监局及协会领导来公司调研

高效的团队协作

地址：山西省大同市矿区新平旺　邮编：037003
电话：0352-7010476　传真：0352-7011070
E-mail：public@dtmy.com.cn

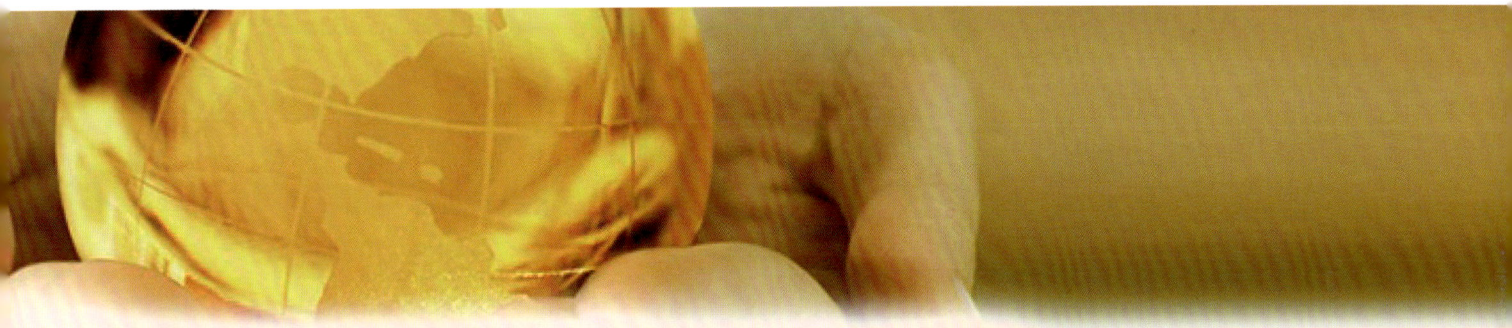

董事长：张有喜先生

副董事长、总经理：武望国先生

企业精神
勇于奉献，争创一流

企业目标
做强同煤，造福员工；建设新型能源集团，跻身世界煤炭“十强”，实现“五个同煤”目标。

企业发展战略
走现代化、集团化、洁净化、多元化、国际化道路，建设商品煤基地、出口煤基地、煤炭深加工基地和市场投资主体，成为具有核心竞争力的特大型煤电化能源集团。

企业作风
不干则已，干就干好

企业发展理念
发展慢了就是退步。

企业经营理念
人人精打细算，个个当家理财。
不花该省的钱，不省该花的钱。

企业管理理念
从宏观处着眼，从细微处着手。

天士力“在小小的滴丸中滴进了丰田汽车、戴尔电脑和 IBM 的管理思想”(引自《福布斯》),公司先后获得“中国最有投资价值企业”、“中国十佳最重分红回报上市公司”、入选 2006《福布斯》首届“中国顶尖企业榜”100 强,并于 2006 年获得“IPMA 国际项目管理大奖银奖”(Prize Winner);2007 年天士力入围第三届新财经“漂亮 50”获奖企业榜单;公司首批入选“上证公司治理板块”样本股。2009、2010 连续两年入选上交所“上市公司董事会奖提名奖”,2011 年入选上交所“上市公司董事会奖”,2014 年先后荣获“2014 年度最受投资者尊重的百强上市公司”和“2014 年度金牛上市公司百强”两个奖项。

“基础市场在国内,目标市场在国外”。天士力经过十多年的发展,经过多年的国际市场的探索,在产品体系、人才优势、营销模式以及市场基础等方面,已经基本具备了全面进入国际化的条件,天士力将继续在中药现代化与国际化的道路上进行更多的有益探索。

中医药文化的丰碑——
大世界基尼斯之最《中华医药图》巨型浮雕坐落于天士力现代中药城产业园

归心坛

地址:天津市北辰区普济河东道2号天士力现代中药城　邮编:300402
电话:022-26736858　传真:022-26736888　网址:www.tasly.com

中国驰名商标

SUN ASIA 圣亚®

关注微信公众号
了解最新的活动

大连圣亚旅游控股股份有限公司(以下简称"大连圣亚",股票代码:600593)成立于1994年1月,2002年上市,是国内第三代水族馆的开创者,东北旅游业首家上市公司,国家文化产业基地,正在从国内领先的海洋极地主题乐园建设运营商转型为海洋主题全文化产业链打造者,并已初见成效。现有8家控股子公司,4家参股公司。

圣亚自成立以来,始终专注于旅游服务业,目前建成运营的景区景点有:

1. 大连:圣亚海洋世界景区(AAAA级景区,包括圣亚海洋世界、极地世界、珊瑚世界、深海传奇四个场馆)、恐龙传奇(多媒体互动体验项目)、恐龙世界(户外儿童主题乐园)。

2. 哈尔滨:哈尔滨极地馆(AAAA级景区,大连圣亚全资子公司)。

经过多年的积累,目前,在水族馆行业,大连圣亚拥有独特的人才培养模式和健康的技术人才梯队,在企鹅繁育、斑海豹繁育等多个领域拥有毋庸置疑的技术领先优势,是唯一国家级南极企鹅种源繁育基地,以及国内首家进行斑海豹卫星标记放流科研的水族馆。

2012 年，大连圣亚联手大连出版社、大白鲸世界文化发展有限公司等战略合作伙伴共同启动文化产业链贯通工程——“大白鲸计划”，着手打造室内儿童乐园、第五代海洋公园、水（海）岸城等文化旅游休闲及城市配套复合型产品，研发设计已经全部完成，正在通过合作、投资、技术输出与管理输出等多种方式推进实施，计划用十年时间将这条产业链打通，将“大白鲸”打造成中国的“蓝色迪士尼”。

室内儿童乐园项目已于 2013 年 9 月上市运营，即大白鲸世界儿童乐园，截至 2015 年 2 月底已在 19 座城市开业 21 家分店。第五代海洋公园产品线下的海洋馆、海洋动物秀场、嬉水乐园已分别在芜湖、淮安动工建设，预计 2016 年开业；世界首创移动企鹅馆已先后在镇江、银川完成巡展。水（海）岸城已与多地政府达成合作意向。

中国驰名商标
中华老字号

马应龙药业 MAYINGLONG PHARM

董事长：陈平先生

总经理：苏光祥先生

马应龙（600993.SH）创始于公元 1582 年，历经 400 多年的持续快速健康发展，如今已成长为一家专业化医药类上市公司。

马应龙深化实施品牌经营战略，坚持以肛肠及下消化道领域为核心定位，围绕大健康领域积极寻求发展机会；贯彻“工业重速度，商业重质量，诊疗重布局”的思路，聚焦核心优势领域，构建药品经营、诊疗技术、医疗服务的产业链，实现产业立体化和聚焦叠加。

经过多年发展，马应龙致力于肛肠及下消化道领域，马应龙麝香痔疮膏入选国家基本药物目录独家品种。据中康资讯最新市场调研数据表明，马应龙在痔疮药品零售市场销售量的占有率高。

公司生产功能齐全，肛肠及下消化道类产品生产剂型范围已涵盖膏、栓、中药饮片、口服、片剂、洗剂等，生产功能超过 30 种剂型，拥有马应龙麝香痔疮膏、麝香痔疮栓、龙珠软膏等独家药品超过 20 个品种，可供生产的国药准字号药品超过 300 种。各类软膏年生产能力近亿支，栓剂生产能力过亿粒。生产设施先进，主要品种生产流水线及配套设施的技术水平领先。马应龙及旗下子公司分别通过了国家药监局 GMP、GSP 质量管理规范体系认证，获得国际权威机构 SGS 颁发的环境管理体系 ISO14000 和职业安全与健康管理体系 OHSAS18000 的认证，在医药行业内率先实现了“三认证”。

选品质 马应龙 四百年精于品质 马应龙一脉相承

技术创新体系达到国内先进水平。公司秉承产品经营与资本经营相结合的理念，以市场为导向，以广泛合作的方式开展药品研发，通过资本经营加强对外新产品的引进，提高了产品的技术含量和附加值。与北京大学药学院、中国药科大学等多家科研机构建立了长期的战略合作关系，经国家人事部核准与北京大学共同组建了博士后工作站，公司被评定为高新技术企业，研发中心被国家发改委、科技部等五部委认定为“国家级企业技术中心”，创新药物研发团队被湖北省委组织部认定为首批“湖北省重点产业创新团队”。

口子酒业
KOU ZI JIU YE

公司先后荣获国家和省市多项殊荣。2003 年通过了 ISO9001 和 ISO14001 质量环境兼容管理体系认证，五年口子窖酒通过了国家级产品质量认证；2005 年通过了 HACCP 管理体系认证，“口子”商标被国家工商行政管理总局评定为中国驰名商标，荣膺“中国白酒经济效益十佳企业”；2006 年被国家商务部首批认定为中华老字号，副总经理张国强被评定为首届中国酿酒大师；2009 年被国家标准化管理委员会批准为中国白酒标准化技术委员会兼香型白酒分技术委员会秘书处承担单位，董事长徐进任全国白酒标准化技术委员会兼香型白酒分技术委员会主任委员。

公司拥有口子窖、老口子、口子坊、口子美酒等系列品牌产品，在安徽、江苏、河南、河北、山东、辽宁、北京、上海等地区有较高的产品知名度并保持一定的市场占有率。近几年，在东北和西北地区也表现出较快的市场拓展，口子窖等高档产品在销售收入中的比重逐年增大。公司主导产品口子窖酒以其独特的风格和卓越的品质得到了社会各界的高度赞同。2002 年被认定为国家地理标志保护产品；2003 年荣获中国白酒典型风格金杯奖；2005 年被国家商务部等联合评定为全国首届三绿工程畅销白酒品牌；2006 年通过纯粮固态发酵白酒标志认定。

大别山深处的洞藏美酒
迎駕貢酒·生态洞藏
洞藏 9·洞藏 16
迎驾贡酒·生态洞藏酒，中国生态美酒巅峰之作。
汇绿水青山灵气，凝传统酿艺精华。
染一袭青瓷雅韵，溢时光历炼醇香。
迎驾贡酒·生态洞藏，至尊无上的贵宾礼遇！
藏
洞 16 藏
迎駕貢酒
生态洞藏
—大驾光临 喝迎驾贡酒—

董事长：朱治理先生

万和证券有限责任公司（以下简称万和证券）成立于2002年，是经中国证监会批准设立的证券公司。公司注册地海口，注册资本5亿元人民币。公司现有4家股东，分别是国资委下属的深圳市远致投资有限公司、深业集团有限公司、成都投资控股集团有限公司和海口市财政办公用品服务公司。

为切实推进“一体两翼”战略，深圳市国资委资本运作平台公司——深圳市远致投资有限公司对万和证券成功实施了增资扩股，使万和证券具备了取得证券业务全牌照的资格，并成为资本运作体系中的重要组成部分。随着深圳市国资产业布局的不断优化与提升，万和证券将得到更大的投入与支持；同时，万和证券将通过资本市场运作手段，推动深圳市国资委“一体两翼”产业布局的优化与提升。由此，增资扩股的成功实施，拉开了万和证券二次创业的序幕。

二次创业的万和证券，本着“万众瞩目、和行天下”的企业精神，将以市场化为导向，采取积极有效的市场化措施，实现公司快速发展。

在运作机制上，按照现代企业法人治理结构，管理层在董事会的授权下拥有充分的自主经营权。

在薪资体系上，按照行业薪酬的市场水平，结合公司的发展目标，构建合理的薪酬体系。

万和证券
VANHO SECURITIES

调研结束后海南证监局及协会领导与公司领导合影

总经理王华光在四川分公司挂牌仪式上致辞

在长效激励上，根据公司的发展阶段，以固定薪酬为基础、长效激励为核心的原则，实现员工与企业共成长。

未来股东还将通过多种方式，不断增加投入、增强资本实力。万和证券将在股东强力打造金融平台战略部署的契机下，以业内较快成长的证券公司为标杆，立足华南、面向全国、依托香港、走向国际，实现超常规的发展策略，3-5 年后，成为富有经营特色、机制灵活、拥有竞争力、具有影响力的国内一流上市证券公司。

地址：深圳市福田区深南大道7028号时代科技大厦20层西厅

电子邮件：office@wanhesec.com

邮编：518040

跟投顾、云投顾获
2015中国最佳投资顾问品牌

华龙证券股份有限公司前身为华龙证券有限责任公司，成立于2001年5月18日，是由甘肃省人民政府组织筹建，经中国证监会批准的综合类全牌照证券经营机构。

华龙证券股份有限公司主要业务范围包括证券经纪、证券投资咨询、证券承销与保荐、财务顾问、证券自营、证券资产管理、融资融券、代销金融产品、直接投资等。

经过多年发展，公司已拥有广泛的客户资源、良好的社会形象和品牌影响力，在全国主要省市设有9个专业分公司，在北京、上海、深圳、重庆、杭州、无锡、乌鲁木齐、青岛、合肥、西安和兰州等主要城市设有60余家经营网点。同时，公司积极实施金融控股集团战略，发起设立了华商基金管理公司，控股华龙期货公司，主发起甘肃股权交易中心，全资控股金城资本管理公司。

经国家科技部、教育部批准，公司设有博士后流动工作站，拥有一大批高学历高素质的专业人才，大学本科以上人员85%，硕士以上人员26%，拥有一批经验丰富、业务精湛的保荐代表人、财富管理专家、金融产品设计专家和债务融资专家。

第一编
专论

营口港务股份有限公司

YKPLC

股票代码：600317　股票简称：营口港

勇立潮头敢为先　百舸争流看今朝

栏目协办

专　　论

2014 年国民经济和社会发展统计公报[1]

中华人民共和国国家统计局

2014 年，面对复杂多变的国际环境和艰巨繁重的国内发展改革稳定任务，党中央、国务院团结带领全国各族人民，牢牢把握国内外发展大势，坚持稳中求进工作总基调，全力推进改革开放，着力创新宏观调控，奋力激发市场活力，努力培育创新动力，国民经济在新常态下平稳运行，结构调整出现积极变化，发展质量不断提高，民生事业持续改善，实现了经济社会持续稳定发展。

一、综合

年末全国大陆总人口为 136782 万人，比上年末增加 710 万人，其中城镇常住人口为 74916 万人，占总人口比重为 54.77%。全年出生人口 1687 万人，出生率为 12.37‰；死亡人口 977 万人，死亡率为 7.16‰；自然增长率为 5.21‰。全国人户分离的人口[2]为 2.98 亿人，其中流动人口[3]为 2.53 亿人。

表 1　2014 年年末人口数及其构成

单位：万人

指　标	年末数（万人）	比重（%）
全国总人口	136782	100.0
其中：城镇	74916	54.77
乡村	61866	45.23
其中：男性	70079	51.2
女性	66703	48.8
其中：0－15 岁（含不满 16 周岁）[4]	23957	17.5
16－59 岁（含不满 60 周岁）	91583	67.0
60 周岁及以上	21242	15.5
其中：65 周岁及以上	13755	10.1

国民经济稳定增长。初步核算，全年国内生产总值[5] 636463 亿元，比上年增长 7.4%。其中，第一产业增加值 58332 亿元，增长 4.1%；第二产业增加值 271392 亿元，增长 7.3%；第三产业增加值 306739 亿元，增长 8.1%。第一产业增加值占国内生产总值的比重为 9.2%，第二产业增加值比重为 42.6%，第三产业增加值比重为 48.2%。

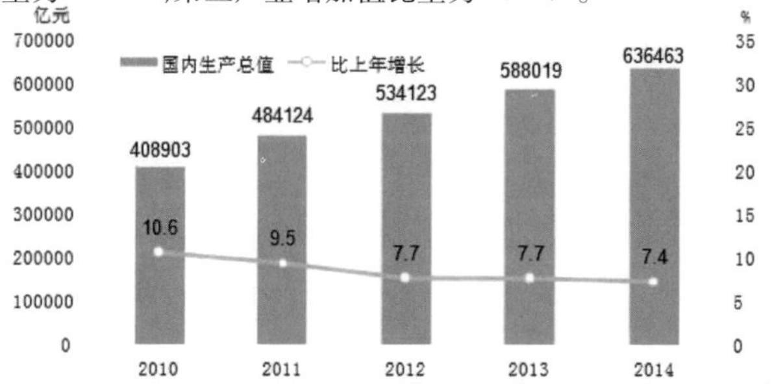

图 1　2010—2014 年国内生产总值及其增长速度

就业继续增加。年末全国就业人员 77253 万人，其中城镇就业人员 39310 万人。全年城镇新增就业 1322 万人。年末城镇登记失业率为 4.09%。全国农民工[6]总量为 27395 万人，比上年增长 1.9%。其中，外出农民工 16821 万人，增长 1.3%；本地农民工 10574 万人，增长 2.8%。

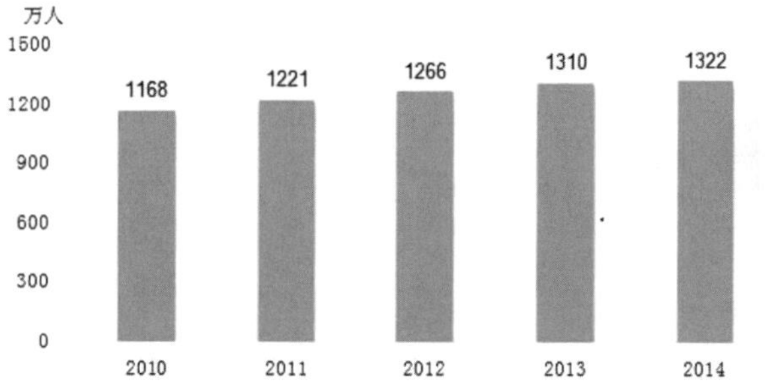

图 2　2010—2014 年城镇新增就业人数

劳动生产率稳步提高。全年国家全员劳动生产率[7]为 72313 元/人，比上年提高 7.0%。

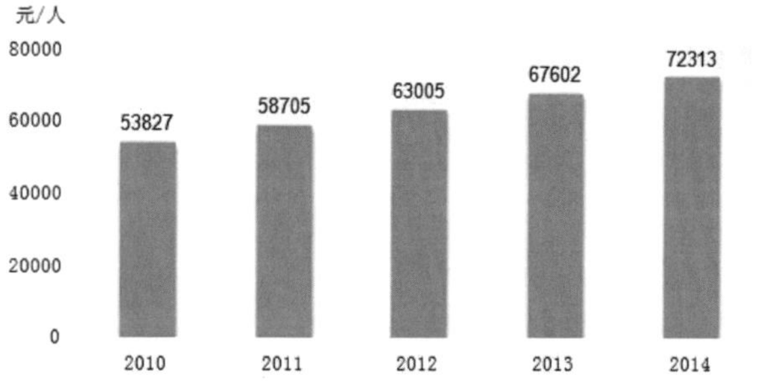

图 3　2010－2014 年国家全员劳动生产率

价格水平涨幅较低。全年居民消费价格比上年上涨 2.0%，其中食品价格上涨 3.1%。固定资产投资价格上涨 0.5%。工业生产者出厂价格下降 1.9%。工业生产者购进价格下降 2.2%。农产品生产者价格[8]下降 0.2%。

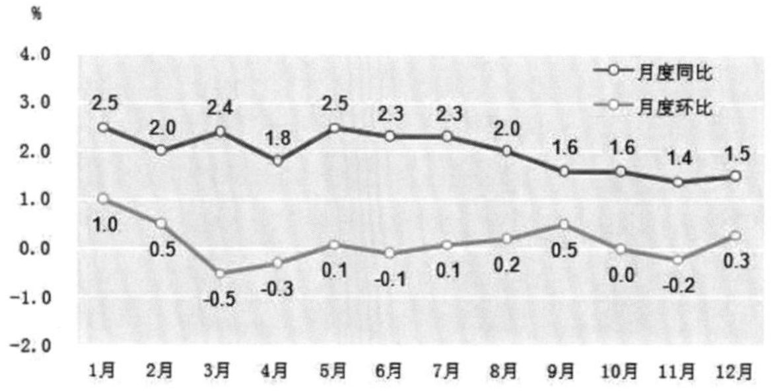

图 4　2014 年居民消费价格月度涨跌幅度

表 2　2014 年居民消费价格比上年涨跌幅度

单位：%

指　标	全国	城市	农村
居民消费价格	2.0	2.1	1.8
其中：食品	3.1	3.3	2.6
烟酒及用品	-0.6	-0.7	-0.5
衣着	2.4	2.4	2.4
家庭设备用品及维修服务	1.2	1.2	1.2
医疗保健和个人用品	1.3	1.2	1.5
交通和通信	-0.1	-0.2	0.0
娱乐教育文化用品及服务	1.9	1.9	1.7
居住[9]	2.0	2.1	1.9

70 个大中城市新建商品住宅销售价格月同比上涨城市个数上半年各月均为 69 个，下半年月同比上涨城市个数逐月减少，12 月份为 2 个，月同比价格下降城市个数增加至 68 个。

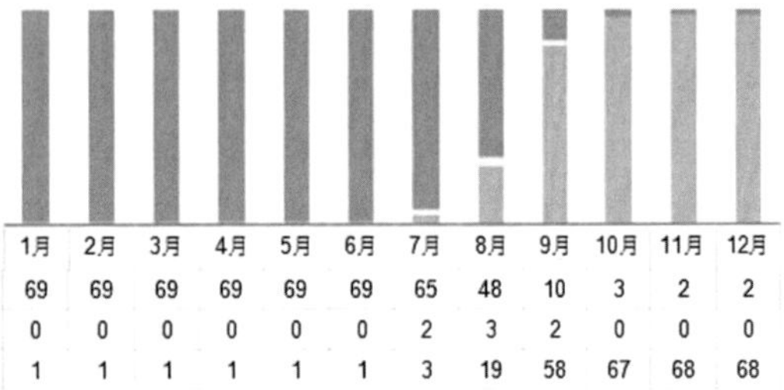

图 5　2014 年新建新品住宅月环比价格下降、持平、上涨城市个数变化情况

财政收入稳定增长。全年全国一般公共财政收入 140350 亿元，比上年增加 11140 亿元，增长 8.6%，其中税收收入 119158 亿元，增加 8627 亿元，增长 7.8%。

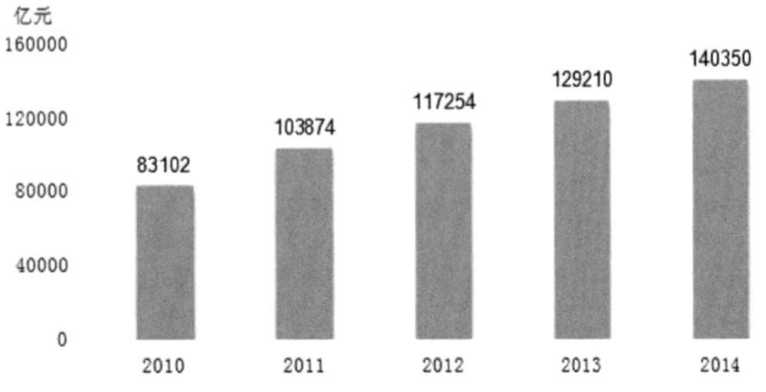

图 6　2010—2014 年全国一般公共财政收入

注：图中 2010 年至 2013 年数据为全国一般公共财政收入决算数，2014 年为执行数。

外汇储备略有增加。年末国家外汇储备 38430 亿美元，比上年末增加 217 亿美元。全年人民币平均汇率为 1 美元兑 6.1428 元人民币，比上年升值 0.8%。

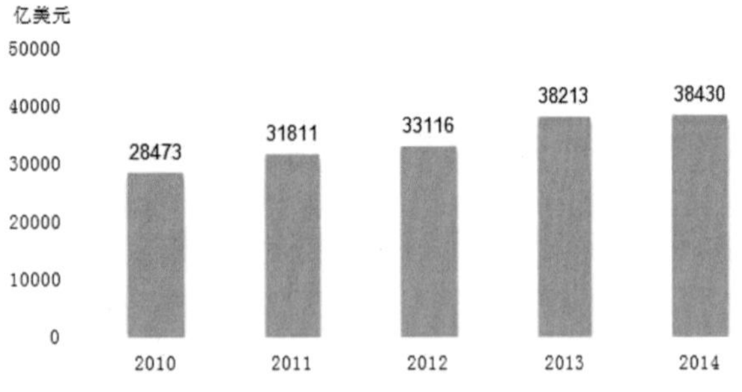

图 7　2010—2014 年年末国家外汇储备

二、农业

全年粮食种植面积 11274 万公顷，比上年增加 78 万公顷。棉花种植面积 422 万公顷，减少 13 万公顷。油料种植面积 1408 万公顷，增加 6 万公顷。糖料种植面积 191 万公顷，减少 9 万公顷。

粮食再获丰收。全年粮食产量 60710 万吨，比上年增加 516 万吨，增产 0.9%。其中，夏粮产量 13660 万吨，增产 3.6%；早稻产量 3401 万吨，减产 0.4%；秋粮产量 43649 万吨，增产 0.1%。全年谷物产量 55727 万吨，比上年增产 0.8%。其中，稻谷产量 20643 万吨，增产 1.4%；小麦产量 12617 万吨，增产 3.5%；玉米产量 21567 万吨，减产 1.3%。

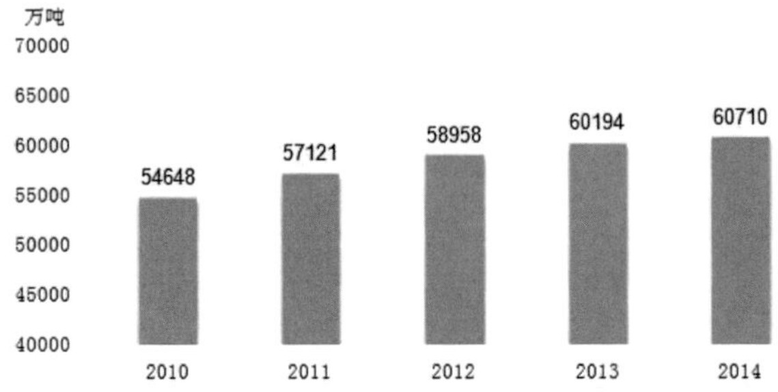

图 8　2010—2014 年粮食产量

全年棉花产量 616 万吨，比上年减产 2.2%。油料产量 3517 万吨，与上年持平。糖料产量 13403 万吨，减产 2.5%。茶叶产量 209 万吨，增产 8.7%。

全年肉类总产量 8707 万吨，比上年增长 2.0%。其中，猪肉产量 5671 万吨，增长 3.2%；牛肉产量 689 万吨，增长 2.4%；羊肉产量 428 万吨，增长 4.9%；禽肉产量 1751 万吨，下降 2.7%。禽蛋产量 2894 万吨，增长 0.6%。牛奶产量 3725 万吨，增长 5.5%。年末生猪存栏 46583 万头，下降 1.7%；生猪出栏 73510 万头，增长 2.7%。

全年水产品产量 6450 万吨，比上年增长 4.5%。其中，养殖水产品产量 4762 万吨，增长 4.9%；捕捞水产品产量 1688 万吨，增长 3.5%。

全年木材产量 8178 万立方米，比上年下降 3.1%。

全年新增耕地灌溉面积 132 万公顷，新增节水灌溉面积 223 万公顷。

三、工业和建筑业

工业生产平稳增长。全年全部工业增加值 227991 亿元，比上年增长 7.0%。规模以上工业增加值增长 8.3%。在规模以上工业中，分经济类型看，国有及国有控股企业增长 4.9%；集体企业增长 1.7%，股份制企业增长 9.7%，外商及港澳台商投资企业增长 6.3%；私营企业增长 10.2%。分门类看，采矿业增长 4.5%，制造业增长9.4%，电力、热力、燃气及水生产和供应业增长 3.2%。

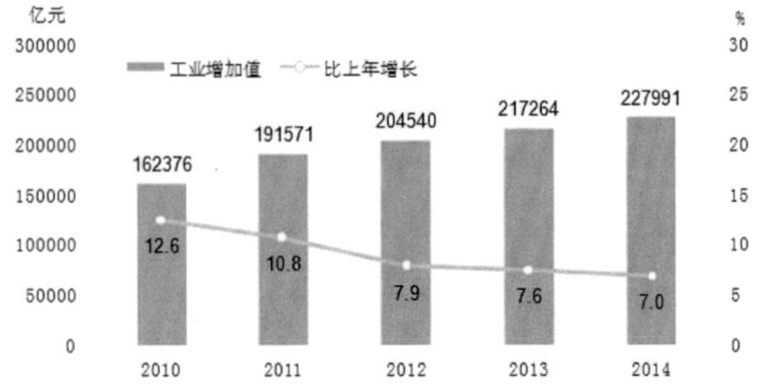

图 9　2010—2014 年全部工业增加值及其增长速度

全年规模以上工业中，农副食品加工业增加值比上年增长7.7%，纺织业增长6.7%，通用设备制造业增长9.1%，专用设备制造业增长6.9%，汽车制造业增长11.8%，计算机、通信和其他电子设备制造业增长12.2%，电气机械和器材制造业增长9.4%。六大高耗能行业增加值比上年增长7.5%。其中，非金属矿物制品业增长9.3%，化学原料和化学制品制造业增长10.3%，有色金属冶炼和压延加工业增长12.4%，黑色金属冶炼和压延加工业增长6.2%，电力、热力生产和供应业增长2.2%，石油加工、炼焦和核燃料加工业增长5.4%。高技术制造业[10]增加值比上年增长12.3%，占规模以上工业增加值的比重为10.6%。装备制造业[11]增加值增长10.5%，占规模以上工业增加值的比重为30.4%。

表3 2014年主要工业产品产量及其增长速度[12]

产品名称	单位	产量	比上年增长(%)
纱	万吨	3379.2	5.6
布	亿米	893.7	-0.4
化学纤维	万吨	4389.8	5.5
成品糖	万吨	1642.7	3.1
卷烟	亿支	26098.5	1.9
彩色电视机	万台	14128.9	10.9
其中：液晶电视机	万台	13865.9	13.3
家用电冰箱	万台	8796.1	-5.0
房间空气调节器	万台	14463.3	10.7
一次能源生产总量	亿吨标准煤	36.0	0.5
原　煤	亿吨	38.7	-2.5
原　油	万吨	21142.9	0.7
天然气[13]	亿立方米	1301.6	7.7
发电量	亿千瓦小时	56495.8	4.0
其中：火电	亿千瓦小时	42337.3	-0.3
水电	亿千瓦小时	10643.4	15.7
核电	亿千瓦小时	1325.4	18.8
粗钢	万吨	82269.8	1.2
钢材[14]	万吨	112557.2	4.0
十种有色金属	万吨	4380.1	7.4
其中：精炼铜(电解铜)	万吨	764.4	15.0
原铝(电解铝)	万吨	2435.8	10.3
氧化铝	万吨	4777.3	7.3
水泥	亿吨	24.8	2.3
硫酸(折100%)	万吨	8846.3	8.5
纯碱	万吨	2514.2	3.4
烧碱(折100%)	万吨	3059.0	4.5
乙烯	万吨	1696.7	6.1
化肥(折100%)	万吨	6887.2	-2.0
发电机组(发电设备)	万千瓦	15053.0	6.0
汽车	万辆	2372.5	7.3
其中：基本型乘用车(轿车)	万辆	1248.3	3.1
大中型拖拉机	万台	64.4	-3.3
集成电路	亿块	1015.5	12.4
程控交换机	万线	3123.1	15.7
移动通信手持机	万台	162719.8	6.8
微型计算机设备	万台	35079.6	-0.8

年末全国发电装机容量136019万千瓦，比上年末增长8.7%。其中[15]，火电装机容量91569万千瓦，增长5.9%；水电装机容量30183万千瓦，增长7.9%；核电装机容量1988万千瓦，增长36.1%；并网风电装机容量9581万千瓦，增长25.6%；并网太阳能发电装机容量2652万千瓦，增长67.0%。

全年规模以上工业企业实现利润64715亿元，比上年增长3.3%，其中国有及国有控股企业14007亿元，下降5.7%；集体企业538亿元，增长0.4%，股份制企业42963亿元，增长1.6%，外商及港澳台商投资企业15972亿元，增长9.5%；私营企业22323亿元，增长4.9%。

全年全社会建筑业增加值44725亿元，比上年增长8.9%。全国具有资质等级的总承包和专业承包建筑业企业实现利润6913亿元，增长13.7%，其中国有及国有控股企业1639亿元，增长11.7%。

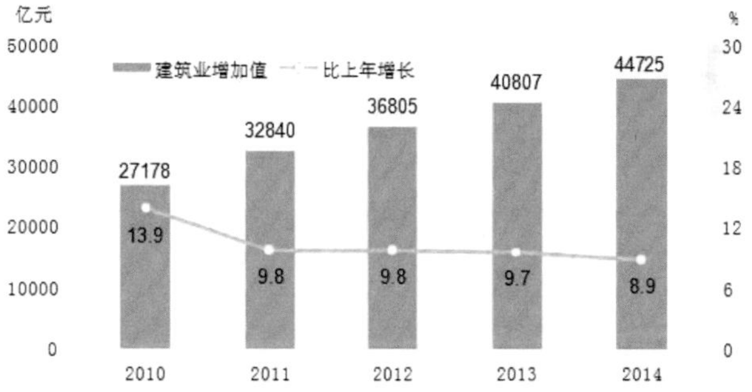

图10 2010—2014年建筑业增加值及其增长速度

四、固定资产投资

固定资产投资增速放缓。全年全社会固定资产投资512761亿元，比上年增长15.3%[16]，扣除价格因素，实际增长14.7%。其中，固定资产投资(不含农户)502005亿元，增长15.7%，农户投资10756亿元，增长2.0%。东部地区投资[17]206454亿元，比上年增长15.4%；中部地区投资124112亿元，增长17.6%；西部地区投资129171亿元，增长17.2%；东北地区投资46096亿元，增长2.7%。

在固定资产投资(不含农户)中，第一产业投资11983亿元，比上年增长33.9%；第二产业投资208107亿元，增长13.2%；第三产业投资281915亿元，增长16.8%。民间固定资产投资[18]321576亿元，增长18.1%，占固定资产投资(不含农户)的比重为64.1%。

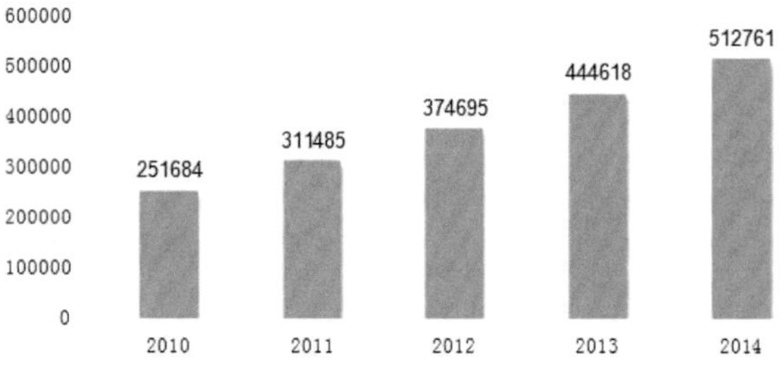

图11 2010—2014年全社会固定资产投资

表 4　2014 年分行业固定资产投资(不含农户)及其增长速度

行业	投资额(亿元)	比上年增长(%)
总计	502005	15.7
农、林、牧、渔业	14697	31.3
采矿业	14681	0.7
制造业	166918	13.5
电力、热力、燃气及水生产和供应业	22916	17.1
建筑业	4450	27.2
批发和零售业	15669	25.7
交通运输、仓储和邮政业	42984	18.6
住宿和餐饮业	6237	4.2
信息传输、软件和信息技术服务业	4187	38.6
金融业	1360	10.5
房地产业[19]	123690	11.1
租赁和商务服务业	7970	36.2
科学研究和技术服务业	4205	34.7
水利、环境和公共设施管理业	46274	23.6
居民服务、修理和其他服务业	2262	14.2
教育	6678	24.0
卫生和社会工作	3983	27.6
文化、体育和娱乐业	6192	18.9
公共管理、社会保障和社会组织	6652	13.6

表 5　2014 年固定资产投资新增主要生产与运营能力

指标	单位	绝对数
新增 220 千伏及以上变电设备	万千伏安	22394
新建铁路投产里程	公里	8427
其中:高速铁路[20]	公里	5491
增、新建铁路复线投产里程	公里	7892
电气化铁路投产里程	公里	8653
新建公路里程	公里	65260
其中:高速公路	公里	7394
港口万吨级码头泊位新增吞吐能力	万吨	43553
新增民用运输机场	个	9
新增光缆线路长度	万公里	301

全年房地产开发投资 95036 亿元,比上年增长 10.5%。其中,住宅投资 64352 亿元,增长 9.2%;办公楼投资 5641 亿元,增长 21.3%;商业营业用房投资 14346 亿元,增长20.1%。

全年全国城镇保障性安居工程基本建成住房 511 万套,新开工 740 万套。

表 6　2014 年房地产开发和销售主要指标完成情况及其增长速度

指　　标	单　位	绝对数	比上年增长%
投资额	亿元	95036	10.5
其中:住宅	亿元	64352	9.2
其中:90 平方米及以下	亿元	20335	4.6
房屋施工面积	万平方米	726482	9.2
其中:住宅	万平方米	515096	5.9
房屋新开工面积	万平方米	179592	-10.7
其中:住宅	万平方米	124877	-14.4
房屋竣工面积	万平方米	107459	5.9
其中:住宅	万平方米	80868	2.7
商品房销售面积	万平方米	120649	-7.6
其中:住宅	万平方米	105182	-9.1
本年到位资金	亿元	121991	-0.1
其中:国内贷款	亿元	21243	8.0
其中:个人按揭贷款	亿元	13665	-2.6

五、国内贸易

市场销售稳定增长。全年社会消费品零售总额[21] 262394 亿元,比上年增长 12.0%,扣除价格因素,实际增长 10.9%。按经营地统计,城镇消费品零售额 226368 亿元,增长 11.8%;乡村消费品零售额 36027 亿元,增长 12.9%。按消费类型统计,商品零售额 234534 亿元,增长 12.2%;餐饮收入额 27860 亿元,增长 9.7%。

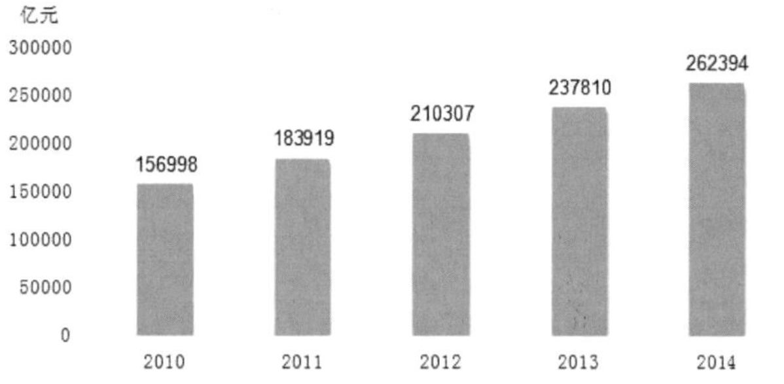

图 12　2010—2014 年社会消费品零售总额

在限额以上企业商品零售额中,粮油、食品、饮料、烟酒类零售额比上年增长 11.1%,服装、鞋帽、针纺织品类增长 10.9%,化妆品类增长 10.0%,金银珠宝类与上年持平,日用品类增长 11.6%,家用电器和音像器材类增长 9.1%,中西药品类增长 15.0%,文化办公用品类增长 11.6%,家具类增长 13.9%,通讯器材类增长 32.7%,石油及制品类增长 6.6%,建筑及装潢材料类增长 13.9%,汽车类增长 7.7%。

全年网上零售额[22] 27898 亿元,比上年增长 49.7%,其中限额以上单位网上零售额 4400 亿元,增长 56.2%。

六、对外经济[23]

全年货物进出口总额 264334 亿元,比上年增长 2.3%。其中,出口 143912 亿元,增长 4.9%;进口 120423 亿元,下降 0.6%。进出口差额(出口减进口)23489 亿元,比上年增加 7395 亿元。

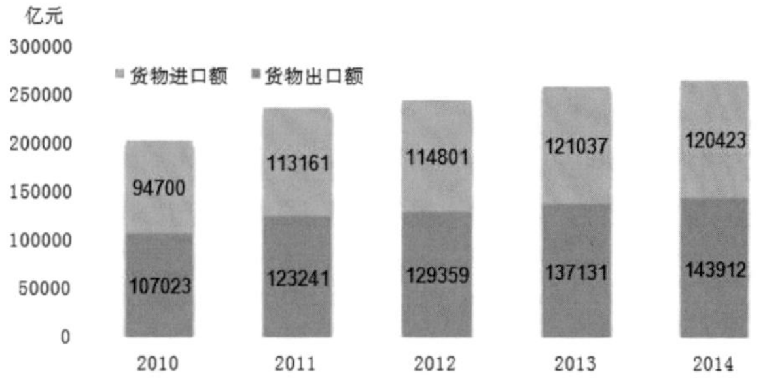

图 13　2010—2014 年货物进出口总额

表 7 2014 年货物进出口总额及其增长速度

单位:亿美元

指 标	金额(亿元)	比上年增长%
货物进出口总额	264334	2.3
货物出口额	143912	4.9
其中:一般贸易	73944	9.6
加工贸易	54320	1.8
其中:机电产品	80527	2.6
高新技术产品	40570	-1.0
货物进口额	120423	-0.6
其中:一般贸易	68162	-1.0
加工贸易	32211	4.5
其中:机电产品	52509	0.7
高新技术产品	33876	-2.2
进出口差额(出口减进口)	23489	—

表 8 2014 年主要商品出口数量、金额及其增长速度

商品名称	单位	数量	比上年增长%	金额(亿元)	比上年增长%
煤(包括褐煤)	万吨	574	-23.5	43	-35.5
钢材	万吨	9378	50.5	4350	31.6
纺织纱线、织物及制品	—	—	—	6888	3.8
服装及衣着附件	—	—	—	11445	4.2
鞋类	—	—	—	3455	9.7
家具及其零件	—	—	—	3195	-0.7
自动数据处理设备及其部件	万台	191836	2.6	11159	-1.3
手持或车载无线电话	万台	131199	10.6	7085	20.2
集装箱	万个	302	12.1	553	13.0
液晶显示板	万个	245080	-25.0	1952	-12.4
汽车	万辆	90	-2.8	770	3.5

表 9 2014 年主要商品进口数量、金额及其增长速度

商品名称	数量(万吨)	比上年增长(%)	金额(亿元)	比上年增长(%)
谷物及谷物粉	1951	33.8	382	20.7
大豆	7140	12.7	2474	5.0
食用植物油	650	-19.7	364	-27.3
铁矿砂及其精矿	93251	13.8	5748	-12.8
氧化铝	528	37.7	118	35.5
煤(包括褐煤)	29122	-10.9	1366	-24.4
原油	30838	9.5	14017	2.8
成品油	3000	-24.2	1439	-27.7
初级形状的塑料	2535	3.0	3167	4.0
纸浆	1796	6.6	741	4.9
钢材	1443	2.5	1101	4.0
未锻轧铜及铜材	483	7.4	2188	0.8

表 10 2014 年对主要国家和地区货物进出口额及其增长速度

单位:亿美元

国家和地区	出口额(亿元)	比上年增长(%)	进口额(亿元)	比上年增长(%)
欧盟	22787	8.3	15031	9.7
美国	24328	6.4	9764	3.1
东盟	16712	10.3	12794	3.3
中国香港	22307	-6.6	792	-21.5
日本	9187	-1.4	10027	-0.5
韩国	6162	8.9	11677	2.8
中国台湾	2843	12.7	9337	-3.9
俄罗斯	3297	7.2	2555	3.7
印度	3331	10.7	1005	-4.6

全年服务进出口[24]总额 6043 亿美元,比上年增长 12.6%。其中,服务出口 2222 亿美元,增长 7.6%;服务进口 3821 亿美元,增长 15.8%。服务进出口逆差 1599 亿美元。

全年非金融领域新设立外商直接投资企业 23778 家,比上年增长 4.4%。实际使用外商直接投资金额 7364 亿元,按美元计价为 1196 亿美元,增长 1.7%。

表 11 2014 年非金融领域外商直接投资及其增长速度

行 业	企业数(家)	比上年增长%	实际使用金额(亿美元)	比上年增长%
总计	23778	4.4	1195.6	1.7
其中:农、林、牧、渔业	719	-5.0	15.2	-15.4
制造业	5178	-20.4	399.4	-12.3
电力、燃气及水生产和供应业	208	4.0	22.0	-9.3
交通运输、仓储和邮政业	376	-6.2	44.6	5.7
信息传输、计算机服务和软件业	981	23.2	27.6	-4.4
批发和零售业	7978	8.6	94.6	-17.8
房地产业	446	-15.9	346.3	20.2
租赁和商务服务业	3963	18.0	124.9	20.5
居民服务和其他服务业	181	9.0	7.2	9.3

全年非金融领域对外直接投资额 6321 亿元,按美元计价为 1029 亿美元,比上年增长 14.1%。

表 12 2014 年非金融领域对外直接投资额及其增长速度

行业	对外直接投资金额(亿美元)	比上年增长(%)
总计	1028.9	14.1
其中:农、林、牧、渔业	17.4	19.2
采矿业	193.3	-4.1
制造业	69.6	-19.8
电力、热力、燃气及水生产和供应业	18.4	36.3
建筑业	70.2	7.5
批发和零售业	172.7	26.3
交通运输、仓储和邮政业	29.3	17.2
信息传输、软件和信息技术服务业	17.0	100.0
房地产业	30.9	45.8
租赁和商务服务业	372.5	26.5

全年对外承包工程业务完成营业额 8748 亿元,按美元计价为 1424 亿美元,比上年增长 3.8%。对外劳务合作派出各类劳务人员 56.2 万人,增长 6.6%。

七、交通、邮电和旅游

交通运输平稳增长。全年货物运输总量 439 亿吨，比上年增长 7.1%。货物运输周转量 184619 亿吨公里，增长 9.9%。全年规模以上港口完成货物吞吐量 111.6 亿吨，比上年增长 4.8%，其中外贸货物吞吐量 35.2 亿吨，增长 5.9%。规模以上港口集装箱吞吐量 20093 万标准箱，增长 6.1%。

表 13　2014 年各种运输方式完成货物运输量及其增长速度

指标	单位	绝对数	比上年增长(%)
货物运输总量	亿吨	439.1	7.1
铁路	亿吨	38.1	-3.9
公路	亿吨	334.3	8.7
水运	亿吨	59.6	6.4
民航	万吨	593.3	5.7
管道	亿吨	6.9	5.2
货物运输周转量	亿吨公里	184619.2	9.9
铁路	亿吨公里	27530.2	-5.6
公路	亿吨公里	61139.1	9.7
水运	亿吨公里	91881.1	15.7
民航	亿吨公里	186.1	9.3
管道	亿吨公里	3882.7	10.9

全年旅客运输总量 221 亿人次，比上年增长 3.9%。旅客运输周转量 29994 亿人公里，增长 8.8%。

表 14　2014 年各种运输方式完成旅客运输量及其增长速度

指　标	单　位	绝对数	比上年增长%
旅客运输总量	亿人次	220.7	3.9
铁路	亿人次	23.6	11.9
公路	亿人次	190.5	2.8
水运	亿人次	2.6	12.3
民航	亿人次	3.9	10.6
旅客运输周转量	亿人公里	29994.2	8.8
铁路	亿人公里	11604.8	9.5
公路	亿人公里	11981.7	6.5
水运	亿人公里	74.4	8.9
民航	亿人公里	6333.3	12.0

年末全国民用汽车保有量达到 15447 万辆(包括三轮汽车和低速货车 972 万辆)，比上年末增长 12.4%，其中私人汽车保有量 12584 万辆，增长 15.5%。民用轿车保有量 8307 万辆，增长 16.6%，其中私人轿车 7590 万辆，增长 18.4%。

邮电业务快速增长。全年完成邮电业务总量[25] 21846 亿元，比上年增长 19.0%。其中，邮政业务总量 3696 亿元，增长 35.6%；电信业务总量 18150 亿元，增长 16.1%。邮政业全年完成邮政函件业务 56.1 亿件，包裹业务 0.6 亿件，快递业务量 139.6 亿件；快递业务收入 2045 亿元。电信业全年新增移动电话交换机容量[26] 7980 万户，达到 204537 万户。年末全国电话用户总数达到 153552 万户，其中固定电话用户 24943 万户，移动电话用户 128609 万户。固定电话普及率下降至 18.3 部/百人，移动电话普及率上升至 94.5 部/百人。固定互联网宽带接入用户[27] 20048 万户，比上年增加 1157 万户；移动宽带用户[28] 58254 万户，增加 18093 万户。互联网上网人数 6.49 亿人，增加 3117 万人，其中手机上网人数[29] 5.57亿人，增加 5672 万人。互联网普及率达到 47.9%。

图 14　2010－2014 年年末固定互联网宽带接入用户和移动宽带用户数

全年国内游客 36.1 亿人次，比上年增长 10.7%，国内旅游收入 30312 亿元，增长 15.4%。入境游客 12849 万人次，下降 0.5%。其中，外国人 2636 万人次，增长 0.3%；香港、澳门和台湾同胞 10213 万人次，下降 0.6%。在入境游客中，过夜游客 5562 万人次，与上年基本持平。国际旅游外汇收入 569 亿美元，增长 10.2%。国内居民出境 11659 万人次，增长 18.7%，其中因私出境 11003 万人次，增长 19.6%。

八、金融

金融市场运行总体平稳。年末广义货币供应量(M2)余额为 122.8 万亿元，比上年末增长 12.2%；狭义货币供应量(M1)余额为 34.8 万亿元，增长 3.2%；流通中货币(M0)余额为 6.0 万亿元，增长 2.9%。

全年社会融资规模[30]为 16.5 万亿元，按可比口径计算，比上年少 8598 亿元。年末全部金融机构本外币各项存款余额 117.4 万亿元，比年初增加 10.2 万亿元，其中人民币各项存款余额 113.9 万亿元，增加 9.5 万亿元。全部金融机构本外币各项贷款余额 86.8 万亿元，增加 10.2 万亿元，其中人民币各项贷款余额 81.7 万亿元，增加 9.8 万亿元。

表 15　2014 年年末全部金融机构本外币存贷款余额及其增长速度

单位：亿元

指　标	年末数(亿元)	比上年末增长%
2010－2014 各项存款余额	1173735	9.6
其中：住户存款	506890	8.9
其中：人民币	502504	8.9
非金融企业存款	400420	5.4
各项贷款余额	867868	13.3
其中：境内短期贷款	336371	7.9
境内中长期贷款	471818	15.0

年末主要农村金融机构(农村信用社、农村合作银行、农村商业银行)人民币贷款余额 105742 亿元，比年初增加 14105 亿元。全部金融机构人民币消费贷款余额 153660 亿元，增加 23938 亿元。其中，个人短期消费贷款余额 32491 亿元，增加 5902 亿元；个人中长期消费贷款余额 121169 亿元，增加 18037 亿元。

全年上市公司通过境内市场累计筹资 8397 亿元，比上年增加1512亿元。其中,首次公开发行A股125只,筹资669亿元;A股再筹资(包括配股、公开增发、非公开增发[31]、认股权证)4165亿元,增加1362亿元;上市公司通过发行可转债、可分离债、公司债、中小企业私募债筹资3563亿元,减少519亿元。全年公开发行创业板股票51只,筹资159亿元。

全年发行公司信用类债券[32]5.15万亿元,比上年增加1.48万亿元。

全年保险公司原保险保费收入[33]20235亿元,比上年增长17.5%。其中,寿险业务原保险保费收入10902亿元,健康险和意外伤害险业务原保险保费收入2130亿元,财产险业务原保险保费收入7203亿元。支付各类赔款及给付7216亿元。其中,寿险业务给付2728亿元,健康险和意外伤害险赔款及给付700亿元,财产险业务赔款3788亿元。

九、人民生活和社会保障

城乡居民收入继续增加。全年全国居民人均可支配收入20167元,比上年增长10.1%,扣除价格因素,实际增长8.0%。按常住地分,城镇居民人均可支配收入[34]28844元,比上年增长9.0%,扣除价格因素,实际增长6.8%;城镇居民人均可支配收入中位数[35]为26635元,增长10.3%。农村居民人均可支配收入10489元,比上年增长11.2%,扣除价格因素,实际增长9.2%;农村居民人均可支配收入中位数为9497元,增长12.7%。全年农村居民人均纯收入为9892元。全国居民人均消费支出14491元,比上年增长9.6%,扣除价格因素,实际增长7.5%。按常住地分,城镇居民人均消费支出19968元,增长8.0%,扣除价格因素,实际增长5.8%;农村居民人均消费支出8383元,增长12.0%,扣除价格因素,实际增长10.0%。

社会保障建设取得新进展。年末全国参加城镇职工基本养老保险人数34115万人,比上年末增加1897万人。参加城乡居民基本养老保险人数50107万人,增加357万人。参加基本医疗保险人数59774万人,增加2702万人。其中,参加职工基本医疗保险人数28325万人,增加882万人;参加居民基本医疗保险人数31449万人,增加1820万人。参加失业保险人数17043万人,增加626万人。年末全国领取失业保险金人数207万人。参加工伤保险人数20621万人,增加703万人,其中参加工伤保险的农民工7362万人,增加98万人。参加生育保险人数17035万人,增加643万人。按照年人均收入2300元(2010年不变价)的农村扶贫标准计算,2014年农村贫困人口为7017万人,比上年减少1232万人。

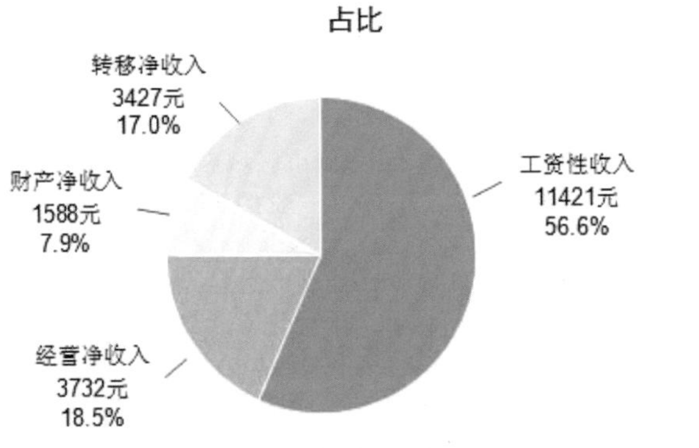

图15　2014年按收入来源分的全国居民人均可支配收入及占比

十、教育、科学技术和文化体育

教育科技和文化体育事业较快发展。全年研究生招生62.1万人,在学研究生184.8万人,毕业生53.6万人。普通本专科招生721.4万人,在校生2547.7万人,毕业生659.4万人。中等职业教育[36]招生628.9万人,在校生1802.9万人,毕业生633.0万人。普通高中招生796.6万人,在校生2400.5万人,毕业生799.6万人。初中招生1447.8万人,在校生4384.6万人,毕业生1413.5万人。普通小学招生1658.4万人,在校生9451.1万人,毕业生1476.6万人。特殊教育招生7.1万人,在校生39.5万人,毕业生4.9万人。幼儿园在园幼儿4050.7万人。

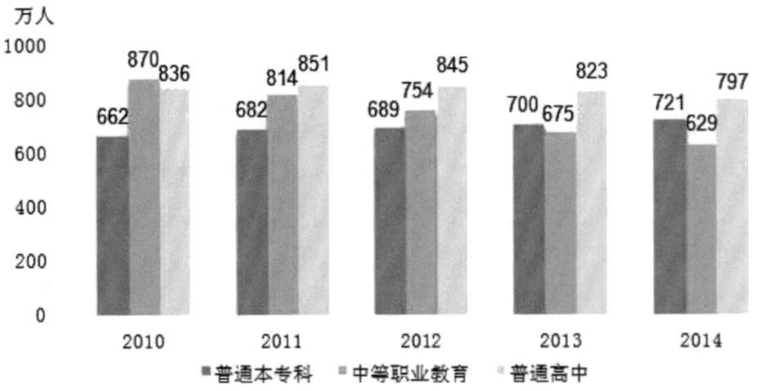

图16　2010—2014年普通本专科、中等职业教育及普通高中招生人数

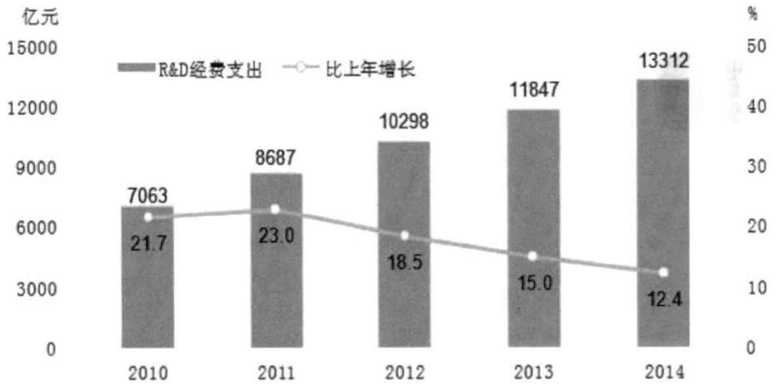

图17　2010—2014年研究与试验发展(R&D)经费支出

全年研究与试验发展(R&D)经费支出13312亿元,比上年增长12.4%,与国内生产总值之比为2.09%,其中基础研究经费626亿元。全年国家安排了3997项科技支撑计划课题,2129项"863"计划课题。截至年底,累计建设国家工程研究中心132个,国家工程实验室154个,国家认定企业技术中心1098家。全年国家新兴产业创投计划[37]累计支持设立213家创业投资企业,资金总规模574亿元,投资创业企业739家。全年受理境内外专利申请236.1万件,授予专利权130.3万件。截至年底,有效专利464.3万件。全年共签订技术合同29.7万项,技术合同成交金额8577亿元,比上年增长14.8%。

表16　2014年专利申请受理、授权和有效专利情况

单位:亿元

指　　标	专利数(万件)	比上年末增长%
专利申请受理数	236.1	-0.7
其中:境内专利申请受理数	218.6	-1.0
其中:发明专利申请受理数	92.8	12.5
其中:境内发明专利	79.0	13.9
专利申请授权数	130.3	-0.8
其中:境内专利授权	119.2	-1.5
其中:发明专利授权	23.3	12.3

指　　标	专利数（万件）	比上年末增长%
其中：境内发明专利	15.8	14.1
年末有效专利数	464.3	10.7
其中：境内有效专利	391.8	11.1
其中：有效发明专利	119.6	15.7
其中：境内有效发明专利	66.3	21.7

全年成功发射卫星 16 次。探月工程三期再入返回试验圆满完成。高分二号卫星成功发射。

年末全国共有产品检测实验室 27051 个，其中国家检测中心 597 个。全国现有产品质量、体系认证机构 183 个，已累计完成对 118354 个企业的产品认证。全国共有法定计量技术机构 4056 个，全年强制检定计量器具 6162 万台（件）。全年制定、修订国家标准 1530 项，其中新制定 1067 项。全国共有地震台站 1687 个，区域地震台网 32 个。全国共有海洋观测站 79 个。测绘地理信息部门公开出版地图 1678 种。

年末全国文化系统共有艺术表演团体 2008 个，博物馆 2760 个。全国共有公共图书馆 3110 个，总流通[38] 52252 万人次；文化馆 3311 个。有线电视用户 2.31 亿户，有线数字电视用户 1.87 亿户。年末广播节目综合人口覆盖率为98.0%，电视节目综合人口覆盖率为 98.6%。全年生产电视剧 429 部 15983 集，电视动画片 138496 分钟。全年生产故事影片 618 部，科教、纪录、动画和特种影片[39] 140 部。出版各类报纸 465 亿份，各类期刊 32 亿册，图书 84 亿册（张），人均图书拥有量[40] 6.12 册（张）。年末全国共有档案馆 4246 个，已开放各类档案 12835 万卷（件）。

根据第六次全国体育场地普查结果[41]，全国共有体育场地 169.5 万个，场地面积[42] 19.9 亿平方米。全年我国运动员在 22 个运动大项中获得 98 个世界冠军，共创 10 项世界纪录。全年我国残疾人运动员在 19 项国际赛事中获得 122 个世界冠军。

十一、卫生和社会服务

卫生和社会服务事业不断改善。年末全国共有医疗卫生机构 982443 个，其中医院 25865 个，乡镇卫生院 36899 个，社区卫生服务中心（站）34264 个，诊所（卫生所、医务室）188415 个，村卫生室 646044 个，疾病预防控制中心 3491 个，卫生监督所（中心）2975 个。卫生技术人员 739 万人，其中执业医师和执业助理医师 282 万人，注册护士 292 万人。医疗卫生机构床位 652 万张，其中医院 484 万张，乡镇卫生院 117 万张。

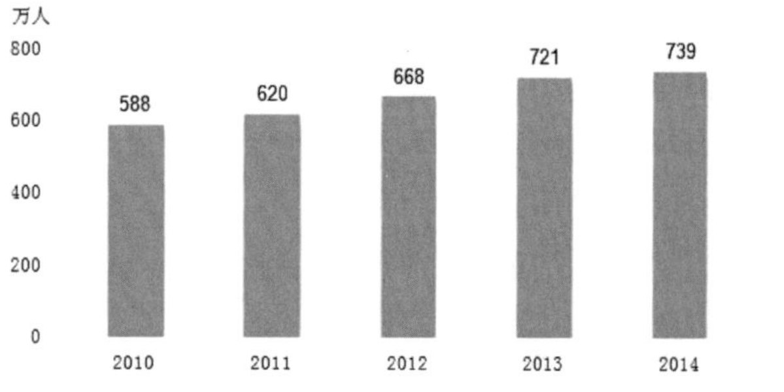

图 18　2010—2014 年卫生技术人员人数

年末全国各类提供住宿的社会服务机构[43] 3.8 万个，其中养老服务机构 3.4 万个。社会服务床位[44] 586.5 万张，其中养老床位 551.4 万张。收留抚养和救助各类人员 304.6 万人，其中养老人员 288.7 万人。年末共有社区服务中心 2.2 万个，社区服务站 11.4 万个。年末全国共有 1880.2 万人享受城市居民最低生活保障，5209.0 万人享受农村居民最低生活保障，农村五保供养[45] 529.5 万人。全年资助 1310.9 万城市困难群众参加医疗保险，资助 4118.9 万农村困难群众参加新型农村合作医疗。

十二、资源、环境和安全生产

全年全国国有建设用地供应总量[46] 61 万公顷，比上年下降 16.5%。其中，工矿仓储用地 15 万公顷，下降 29.9%；房地产用地[47] 15 万公顷，下降 25.5%；基础设施等其他用地 31 万公顷，下降 1.9%。

全年水资源总量 28370 亿立方米。全年平均降水量 648 毫米。年末全国监测的 609 座大型水库蓄水总量 3663 亿立方米，比上年末蓄水量增加 7.0%。全年总用水量 6220 亿立方米，比上年增长 0.6%。其中，生活用水增长 2.7%，工业用水增长 1.0%，农业用水增长 0.1%，生态补水增长 0.6%。万元国内生产总值用水量[48] 112 立方米，比上年下降 6.3%。万元工业增加值用水量 64 立方米，下降 5.6%。人均用水量 456 立方米，比上年增长 0.1%。

全年完成造林面积 603 万公顷，其中人工造林 427 万公顷。林业重点工程完成造林面积 200 万公顷，占全部造林面积的 33.2%。截至年底，自然保护区达到 2729 个，其中国家级自然保护区 428 个。新增水土流失治理面积 5.4 万平方公里，新增实施水土流失地区封育保护面积 2.0 万平方公里。

全年平均气温为 10.1℃，共有 5 个台风登陆。

初步核算，全年能源消费总量 42.6 亿吨标准煤，比上年增长 2.2%。煤炭消费量下降 2.9%，原油消费量增长 5.9%，天然气消费量增长 8.6%，电力消费量增长 3.8%。煤炭消费量占能源消费总量的 66.0%，水电、风电、核电、天然气等清洁能源消费量占能源消费总量的 16.9%。全国万元国内生产总值能耗下降 4.8%。工业企业吨粗铜综合能耗同比下降 3.76%，吨钢综合能耗下降 1.65%，单位烧碱综合能耗下降 2.33%，吨水泥综合能耗下降 1.12%，每千瓦时火力发电标准煤耗下降 0.67%。

十大流域[49]的 702 个水质监测断面中，Ⅰ～Ⅲ类水质断面比例占 71.2%，劣Ⅴ类水质断面比例占 9.0%。十大流域水质总体为轻度污染，水质保持稳定。

近岸海域 301 个海水水质监测点中，达到国家一、二类海水水质标准的监测点占 66.8%，三类海水占 7.0%，四类、劣四类海水占 26.2%。

在按照《环境空气质量标准》（GB3095－2012）监测的 161 个城市中，城市空气质量达标的城市占 9.9%，未达标的城市占 90.1%。

在监测的 319 个城市中，城市区域声环境质量好的城市占 1.3%，较好的占 70.8%，一般的占 27.3%，较差的占 0.6%。

年末城市污水处理厂日处理能力达到 12896 万立方米，比上年末增长 3.5%，城市污水处理率达到 90.2%，提高 0.8 个百分点。城市集中供热面积 59.1 亿平方米，增长 3.3%。城市建成区绿地率达到 35.9%，提高 0.2 个百分点。

全年农作物受灾面积 2489 万公顷，其中绝收 309 万公顷。全年因洪涝和地质灾害造成直接经济损失 1030 亿元，因旱灾造成直接经济损失 836 亿元，因低温冷冻和雪灾造成直接经济损失 129 亿元，因海洋灾害造成直接经济损失 136 亿元。全年大陆地区共发生 5 级以上地震 30 次，成灾 10 次，造成直接经济损失356亿元。全年共发生森林火灾3703起,森林火灾受害森林面积1.9万公顷。

全年各类生产安全事故共死亡68061人。亿元国内生产总值生产安全事故死亡人数为0.107人,比上年下降13.7%;工矿商贸企业就业人员10万人生产安全事故死亡人数为1.328人,下降12.9%;道路交通事故万车死亡人数为2.22人,下降5.1%;煤矿百万吨死亡人数为0.255人,下降11.5%。

注释:

[1]本公报中数据均为初步统计数。各项统计数据均未包括香港特别行政区、澳门特别行政区和台湾省。部分数据因四舍五入的原因,存在着与分项合计不等的情况。

[2]人户分离的人口是指居住地与户口登记地所在的乡镇街道不一致且离开户口登记地半年以上的人口。

[3]流动人口是指人户分离人口中扣除市辖区内人户分离的人口。市辖区内人户分离的人口是指一个直辖市或地级市所辖区内和区与区之间,居住地和户口登记地不在同一乡镇街道的人口。

[4]2014年年末,0－14岁(含不满15周岁)人口为22558万人,15－59岁(含不满60周岁)人口为92982万人。

[5]国内生产总值、各产业增加值绝对数按现价计算,增长速度按不变价格计算;根据第三次全国经济普查结果和国家统计局2012年制定的《三次产业划分规定》对相关数据进行了修订。

[6]年度农民工数量包括年内在本乡镇以外从业6个月以上的外出农民工和在本乡镇内从事非农产业6个月以上的本地农民工两部分。

[7]国家全员劳动生产率为国内生产总值(以2010年不变价格计算)与全部就业人员的比率。

[8]农产品生产者价格是指农产品生产者直接出售其产品时的价格。

[9]居住类价格包括建房及装修材料、住房租金、自有住房和水电燃料等价格。

[10]高技术制造业包括医药制造业,航空、航天器及设备制造业,电子及通信设备制造业,计算机及办公设备制造业,医疗仪器设备及仪器仪表制造业,信息化学品制造业。

[11]装备制造业包括金属制品业,通用设备制造业,专用设备制造业,汽车制造业,铁路、船舶、航空航天和其他运输设备制造业,电气机械和器材制造业,计算机、通信和其他电子设备制造业,仪器仪表制造业,金属制品、机械和设备修理业。

[12]根据第三次全国经济普查结果对相关数据进行了修订,其中2013年原煤产量由36.8亿吨修订为39.7亿吨。

[13]天然气包括气田天然气、油田天然气(分为油田气层气、油田伴生溶解气)和煤田天然气(也称煤层气)。

[14]钢材产量数据中含企业之间重复加工钢材约33400万吨。

[15]少量发电装机容量(如地热等)文中未列出。

[16]根据第三次全国经济普查结果,对2013年全社会固定资产投资数据进行了修订。

[17]固定资产投资按东部、中部、西部和东北地区计算的合计数据小于全国数据,是因为有部分跨地区的投资未计算在地区数据中。其中,东部地区是指北京、天津、河北、上海、江苏、浙江、福建、山东、广东和海南10省(市);中部地区是指山西、安徽、江西、河南、湖北和湖南6省;西部地区是指内蒙古、广西、重庆、四川、贵州、云南、西藏、陕西、甘肃、青海、宁夏和新疆12省(区、市);东北地区是指辽宁、吉林和黑龙江3省。

[18]民间固定资产投资是指具有集体、私营、个人性质的内资企事业单位以及由其控股(包括绝对控股和相对控股)的企业单位建造或购置固定资产的投资。

[19]房地产业投资除房地产开发投资外,还包括建设单位自建房屋以及物业管理、中介服务和其他房地产投资。

[20]高速铁路是指最高营运速度达到200公里/小时及以上的铁路。

[21]2014年社会消费品零售总额及相关数据均为快报数。

[22]网上零售额是指通过公共网络交易平台(包括自建网站和第三方平台)实现的商品和服务零售额。其中,网上零售额包括的服务类商品,以及少部分用于生产经营用或被转卖的商品不统计在社会消费品零售总额中。

[23]根据有关规定,货物贸易改用人民币计价。服务贸易、利用外资、对外投资和对外承包工程由于技术原因仍主要沿用美元计价。

[24]服务进出口按照《国际收支手册(第六版)》标准统计,不含政府服务,增速按可比口径计算。

[25]邮电业务总量按2010年不变价格计算。

[26]移动电话交换机容量是指移动电话交换机根据一定话务模型和交换机处理能力计算出来的最大同时服务用户的数量。

[27]固定互联网宽带接入用户是指报告期末在电信企业登记注册,通过xDSL、FTTx＋LAN、FTTH/0以及其他宽带接入方式和普通专线接入公众互联网的用户。

[28]移动宽带用户是指报告期末在计费系统拥有使用信息,占用3G或4G网络资源的在网用户。

[29]手机上网人数是指过去半年通过手机接入并使用互联网的6周岁及以上中国居民数量。

[30]社会融资规模是指一定时期内实体经济从金融体系获得的资金总额,是增量概念。

[31]非公开增发又叫定向增发,不含资产认购部分。

[32]公司信用类债券包括非金融企业债务融资工具、企业债券以及公司债、可转债等。

[33]原保险保费收入是指保险企业确认的原保险合同保费收入。

[34]按一体化住户调查改革前的城镇住户调查老口径推算,全年全国城镇居民人均可支配收入为29381元。

[35]人均收入中位数是指将所有调查户按人均收入水平从低到高(或从高到低)顺序排列,处于最中间位置调查户的人均收入。

[36]中等职业教育包括普通中专、成人中专、职业高中和技工学校,其中技工学校数据为2013年数据。

[37]国家新兴产业创投计划是指中央财政专项资金通过与地方政府资金、社会资本共同发起设立创业投资企业,或以股权投资模式直接投资创业企业等方式,培育和促进新兴产业发展的活动。

[38]总流通人次是指本年度内到图书馆场馆接受图书馆服务的总人次,包括借阅书刊、咨询问题以及参加各类读者活动等。

[39]特种影片是指那些采用与常规影院放映在技术、设

备、节目方面不同的电影展示方式,如巨幕电影、立体电影、立体特效(4D)电影、动感电影、球幕电影等。

[40]人均图书拥有量是指在一年内全国平均每人能拥有的当年出版图书册数。

[41]数据为截至2013年底。

[42]场地面积是指可供训练、比赛、健身活动的场地有效面积,场地除包括比赛规定的尺寸外,还包括必要的安全区、缓冲区和无障碍地带。

[43]根据第三次全国经济普查,对提供住宿的社会服务机构、社区服务中心进行归类清理,2014年相应数据有所调整。

[44]社会服务床位数除收养性机构外,还包括救助类机构、社区类机构以及军休所、军供站等机构的床位。

[45]农村五保供养是指老年、残疾和未满16周岁的村民,无劳动能力、无生活来源又无法定赡养、抚养、扶养义务人,或者其法定赡养、抚养、扶养义务人无赡养、抚养、扶养能力的村民,在吃、穿、住、医、葬方面得到的生活照顾和物质帮助。

[46]国有建设用地供应总量是指报告期内市、县人民政府根据年度土地供应计划依法以出让、划拨、租赁等方式将土地使用权提供给单位或个人使用的国有建设用地总量。

[47]房地产用地是指商服用地和住宅用地的总和。

[48]万元国内生产总值用水量、万元工业增加值用水量和万元国内生产总值能耗按2010年不变价格计算。

[49]十大流域包括长江、黄河、珠江、松花江、淮河、海河、辽河、浙闽片河流、西北诸河和西南诸河。

资料来源:

本公报中城镇新增就业、登记失业率、社会保障数据来自人力资源社会保障部;财政数据来自财政部;外汇储备、汇率、货币金融、公司信用类债券数据来自人民银行;水产品产量数据来自农业部;木材产量、林业、森林火灾数据来自林业局;灌溉面积、水资源数据来自水利部;发电装机容量、新增220千伏及以上变电设备数据来自中电联;新建铁路投产里程、增新建铁路复线投产里程、电气化铁路投产里程、铁路运输数据来自铁路总公司;新建公路里程、港口万吨级码头泊位新增吞吐能力、公路运输、水运、港口货物吞吐量数据来自交通运输部;新增民用运输机场、民航数据来自民航局;新增光缆线路长度、电话交换机容量、电话用户、宽带用户、上网人数等通信数据来自工业和信息化部;保障性住房、城市污水处理、城市集中供热面积、建成区绿地率数据来自住房城乡建设部;货物进出口数据来自海关总署;服务进出口、外商直接投资、对外直接投资、对外承包工程、对外劳务合作等数据来自商务部;管道数据来自中石油、中石化、中海油;民用汽车、交通事故数据来自公安部;邮政业务数据来自邮政局;旅游数据来自旅游局、公安部;上市公司数据来自证监会;保险业数据来自保监会;教育数据来自教育部;安排科技计划课题、技术合同等数据来自科技部;国家工程研究中心、企业技术中心、新兴产业创投等数据来自发展改革委;专利数据来自知识产权局;发射卫星数据来自国防科工局;质量检验、国家标准制定修订等数据来自质检总局;地震数据来自地震局;海洋观测站、海洋灾害造成直接经济损失数据来自海洋局;测绘数据来自测绘地信局;艺术表演团体、博物馆、公共图书馆、文化馆数据来自文化部;广播电视、电影、报纸、期刊、图书数据来自新闻出版广电总局;档案数据来自档案局;体育数据来自体育总局;残疾人运动员数据来自中国残联;卫生数据来自卫生计生委;社会服务、低保和五保供养数据、农作物受灾面积、洪涝地质灾害造成直接经济损失、旱灾造成直接经济损失、低温冷冻和雪灾造成直接经济损失来自民政部;国有建设用地供应数据来自国土资源部;自然保护区、环境监测数据来自环境保护部;平均气温、登陆台风数据来自气象局;安全生产数据来自安全监管总局;其他数据均来自国家统计局。

国务院关于今年以来国民经济和社会发展计划执行情况的报告

——2015 年 8 月 27 日在第十二届全国人民代表大会常务委员会第十六次会议上

国家发展和改革委员会主任　徐绍史

委员长、各位副委员长、秘书长、各位委员：

受国务院委托，我向全国人大常委会报告今年以来国民经济和社会发展计划执行情况，请审议。

今年以来，外部环境不确定性增加，国内经济下行压力加大，困难和挑战明显增多。面对错综复杂的国内外环境，各地区、各部门认真落实中央经济工作会议精神和十二届全国人大三次会议审议通过的政府工作报告部署，坚持稳中求进工作总基调，统筹稳增长、促改革、调结构、惠民生、防风险，在区间调控基础上加大定向调控力度，加强多重目标、多种政策、多项改革的协调配合，积极应对多种风险挑战，经济运行缓中趋稳、稳中向好，结构调整积极推进，活力动力继续增强，经济发展稳中有进，社会大局和谐稳定。

(一)适时加大定向调控力度，有效需求继续增加。

针对经济运行中的突出问题，着力扩内需、稳外需，预调微调、精准发力，经济运行保持在合理区间。上半年国内生产总值增长 7%，符合年度预期目标。

实施积极的财政政策和稳健的货币政策，注重加强对实体经济的支持。一是加快重点领域财政支出进度，前 7 个月全国财政支出同比增长 12.1%，其中教育、医疗卫生、社保和就业、农林水等薄弱环节的支出增速在 15.4% -21.4%。采用定向承销和公开发行方式发行地方政府债券，缓释地方政府债务风险。二是加大减税降费力度，通过积极推进“营改增”、扩大小微企业所得税减半征收覆盖面、减免小微企业行政事业性收费和政府性基金等，努力减轻企业负担。三是保持市场流动性总体充裕，今年以来，3 次普降存款准备金率和 4 次定向降准，4 次下调存贷款基准利率，同时综合运用公开市场操作等多种货币政策工具，合理调节银行体系流动性，引导市场利率下行。7 月末广义货币 M2 余额同比增长 13.3%；6 月份非金融企业贷款加权平均利率为 6.04%，同比回落 0.92 个百分点。积极发展普惠金融，进一步加强对小微企业、“三农”等金融服务，6 月末小微企业和“三农”贷款余额同比均较快增长。

努力发挥投资的关键作用，注重以增加公共产品和公共服务促进传统引擎升级。一是着力加强重点领域和薄弱环节建设，集中力量推进重大工程建设，突出抓前期、抓配套、抓进度、抓落地，加快实施信息电网油气网络、生态环保、粮食水利等 7 大类重大工程包，同时积极筹划充实城市轨道交通、新兴产业、增强制造业核心竞争力、现代物流 4 类新的重大工程包，做到建设一批、核准一批、储备一批、谋划一批重大工程。二是创新重点领域投融资机制，通过大幅减少前置审批事项、出台基础设施和公用事业特许经营管理办法、积极推广政府和社会资本合作(PPP)模式、加强重大项目政银企社合作对接、创新企业债券品种等方式，积极鼓励民间资本参与重大项目建设。前 7 个月民间固定资产投资增长 11.3%，占比达到 65%。三是充分发挥中央预算内投资的引导带动作用，加快投资计划下达，截至 7 月末全年中央预算内投资计划基本下达完毕；督促各地清理盘活中央投资存量资金，统筹用于亟需支持的项目。前 7 个月固定资产投资增长 11.2%，其中基础设施投资增长 18.2%。

不断改善消费能力和消费环境，注重在释放消费潜力上下功夫。一是居民收入增长保持“双快”，通过稳定完善强农惠农富农政策、增加低收入群体收入、调整机关事业单位人员基本工资标准等，促进城乡居民收入较快增长。上半年全国居民人均可支配收入实际增长 7.6%，快于经济增速，农村居民收入实际增长 8.3%，快于城镇居民。农村外出务工人员月均收入增长 9.8%。二是加快推进 6 大领域消费工程，努力扩大信息消费，鼓励绿色消费，实施网络提速降费，加快宽带、电动汽车充电设施等建设，上半年 4G 用户突破 2 亿户，比上年末新增 1 亿多户，前 7 个月新能源汽车销量同比增长 2.6 倍，网上零售额增长 37.7%；稳定住房消费，调整完善个人住房贷款政策和个人转让住房营业税免税年限，商品房销售面积从一季度同比下降 9.2% 转为前 7 个月增长 6.1%；大力支持旅游休闲、文化教育、养老健康等消费，上半年旅游收入、电影票房收入分别增长 12.4%、48.2%，每千名老人拥有养老床位数增长 10%。三是着力改善消费软环境，实施食品安全专项整治和综合治理；加强信用体系建设，积极发展信用消费，将消费金融公司试点范围扩大至全国；降低部分日用消费品进口关税，丰富国内消费者购物选择。前 7 个月社会消费品零售总额增长 10.4%，上半年最终消费对经济增长的贡献率达到 60%，同比提高 5.7 个百分点。

深入挖掘外贸发展潜力，注重培育外贸竞争新优势。通过多种方式促进外贸出口，努力保持我国国际市场份额。一是加强与“一带一路”沿线国家的经贸往来，积极鼓励企业开拓沿线国家市场，新疆等 9 省区 10 个海关实施区域通关一体化，贸易便利化水平进一步提高。二是积极发展服务贸易，在巩固劳动密集型服务出口的同时，大力促进资本技术密集型服务出口。上半年服务贸易增长 13.3%，其中电信、计算机和信息服务等出口均明显高于整体水平。三是大力发展新型贸易方式，实施鼓励跨境电子商务、外贸综合服务等新型模式发展的政策，促进外贸出口，上半年跨境电子商务增速超过

30%。

(二)大力推进结构调整,新的增长动力加快形成。

加强创新驱动发展战略的顶层设计和制度建设,加快实施"三大战略",新增长点、增长极、增长带生机显现。

创新驱动战略深入实施,支撑作用进一步增强。出台深化体制机制改革加快实施创新驱动发展战略若干意见,发挥市场对创新资源配置的导向作用。创新成效不断显现,战略性新兴产业重点行业企业收入和利润保持较快增长,前7个月国内发明专利授权量同比增长56.7%。"互联网+"向更广领域拓展,现代信息技术与传统产业加快融合,"互联网+"协同制造、普惠金融、高效物流等快速发展,新业态、新模式不断涌现,为经济发展增添了新动能。"双创"扶持政策体系加快建立,大力支持大众创业万众创新若干政策措施的意见颁布实施,通过创新体制机制、扩大创业投资、发展创业孵化服务等,努力打造经济增长新引擎。

产业升级与调整转型齐头并进,产业结构进一步优化。在政策引领和市场倒逼的双重作用下,三次产业结构加快调整。农业生产持续稳定向好,夏粮、夏收油菜籽产量分别增长3.3%、1.2%;早稻生产保持稳定,秋粮长势总体较好。"菜篮子"产品供应充足。市场物价保持较低水平,前7个月居民消费价格同比上涨1.3%。工业调整转型加快,"中国制造2025"和增强制造业核心竞争力三年行动计划启动实施,在一大批落后产能被淘汰的同时,一批具有自主品牌、掌握核心技术的企业脱颖而出,成为经济发展的新生力量。前7个月高技术产业增加值增长10.4%,比整体工业快4.1个百分点。服务业占比不断提高,上半年第三产业增加值增长8.4%,占国内生产总值的比重达到49.5%,同比提高2.1个百分点,有效弥补了二产增速回落对经济平稳增长带来的不利影响。节能减排和环保生态建设成效显现,上半年单位国内生产总值能耗同比下降5.9%,化学需氧量、氨氮、二氧化硫、氮氧化物排放量分别下降2.9%、3.2%、4.6%和8.8%,地级以上城市空气质量状况继续好转。

"三大战略"扎实推进,区域协调协同发展进一步深入。区域发展总体战略与"三大战略"有机结合,西部大开发、东北振兴、中部崛起和东部率先发展的政策体系不断完善。"三大战略"辐射带动作用日益明显,各地加快与"一带一路"、京津冀协同发展、长江经济带战略规划对接,国家级新区、产业转移示范区等新引擎、新载体、新样本作用突出。东部地区转型升级呈现先行一步态势,上半年地区生产总值增长7.9%,高于全国0.9个百分点,对全国经济平稳运行形成有力支撑。中西部地区承接产业转移示范区和产业园区建设扎实推进,区域间合作机制不断完善,基础设施共建共享、生态环境联防联治、产业转移和分工合作等取得良好效果。支持东北振兴力度加大,在加强资源型城市转型、加快推进城区老工业区、独立工矿区搬迁改造等的同时,出台了改革体制机制、建设新区等打造东北地区竞争新优势的一系列政策措施,促进老工业基地创新发展。新型城镇化稳步实施,扩大国家新型城镇化综合试点范围,积极探索建立农业转移人口市民化成本分担等机制;农民工融入城镇、培育新生中小城市、建设新型城市的"一融双新"工作加快推进,截至7月末已有22个省区出台了户籍制度改革办法。

(三)加大改革开放力度,动力活力不断释放。

按照中央关于全面深化改革的总体部署和构建开放型经济新体制的要求,狠抓各项重点任务落实,向改革要动力、向开放要活力。

加快破除体制机制障碍,重点领域改革取得新突破。围绕发挥市场在资源配置中的决定性作用,陆续出台了一批重大改革举措。简政放权、放管结合、优化服务迈出坚实步伐,又取消和下放了一批行政审批事项,取消非行政许可审批类别;"三证合一、一照一码"等商事制度改革积极推进,行业协会、商会与行政机关脱钩的改革方案出台。财税金融改革稳步实施,中央对地方转移支付制度进一步完善,资源税从价计征范围扩大;促进民营银行、互联网金融发展的指导意见发布实施;利率市场化加快推进,金融机构存款利率浮动区间上限扩大到基准利率的1.5倍;存款保险制度正式实施。投资体制和价格改革加快推进,清理规范中介服务,除特殊需要并有法律依据外,强制性中介服务全面取消;企业投资项目实行网上并联核准,在线审批监管平台实现部委层面横向联通;政府定价项目减少约60%,绝大多数药品价格由市场竞争形成,输配电价改革试点启动实施,非居民用天然气价格基本理顺。医药卫生体制改革深入展开,进一步放宽准入,清理规范医疗机构设立审批,将社会办医纳入相关规划,促进社会办医健康发展。

着力打造全方位对外开放新格局,开放型经济体制建设迈出新步伐。统筹国内国际两个大局、两个市场、两种资源,积极培育国际合作和竞争新优势。"一带一路"战略有序展开,推动共建丝绸之路经济带和21世纪海上丝绸之路的愿景与行动正式发布,与沿线国家在政策沟通、设施联通、贸易畅通、资金融通、人文相通等重点领域的合作协议陆续签署;国际产能和装备制造合作稳步推进,亚投行协定正式签署,丝路基金启动运行。对外开放深入推进,中韩、中澳自贸协定正式签约,修订发布外商投资产业指导目录,大幅放宽外资准入限制,广东、天津、福建自贸试验区建设进入实质性阶段,服务业扩大开放综合试点启动实施。前7个月,全国实际利用外资增长7.7%,非金融类对外直接投资增长20.8%。

(四)着力保障改善民生,基本公共服务水平继续提高。

把保障和改善民生作为一切工作的出发点和落脚点,多措并举增投入、补短板、兜底线,扎牢民生保障网。

进一步完善就业创业政策,保持就业形势总体稳定。把就业放在更加突出位置,充分发挥创业创新对就业的带动作用。加大稳岗就业支持力度,及时出台新一轮促进就业创业措施,降低失业保险费率,并将失业保险基金支持企业稳岗的实施范围,扩大到所有符合条件的企业;通过提高创业担保贷款最高额度、财政贴息、税收优惠等,支持重点群体就业创业。前7个月城镇新增就业841万人,6月末城镇登记失业率4.04%。大众创业万众创新成效逐步显现,众创空间加快布局,各类创业集聚区、创客中心、服务平台蓬勃发展。前7个月全国新登记注册企业同比增长17.4%,注册资本增长41.6%。

不断加强社保体系建设,保障水平稳步提高。企业退休人员基本养老金水平继续调整,人均提高10%左右;机关事业单位养老保险制度实现与城镇企业职工养老保险制度并轨;城乡居民基础养老金标准统一由55元提高到70元,超过1.4亿人受益。城镇居民基本医疗保险和新农合政府补助标准从320元提高到380元。城乡低保月人均补助标准同比分别增长9.2%和13.8%。集中连片特困地区扶贫开发以及对口支援等工作扎实推进,困难群众、受灾群众基本生活得到较好保障。保障性安居工程建设步伐加快,前7个月基本建成425万套,新开工517万套,完成全年目标的88%和69%。

加快推进基本公共服务均等化,社会事业发展稳定向好。

教育医疗文化等领域建设大力加强，基本公共服务能力不断提升。教育改革发展扎实推进，乡村教师支持计划启动实施，贫困地区义务教育薄弱学校基本办学条件继续改善，中等职业学校和普通高中国家助学金标准由1500元提高到2000元；今年有近8万名农民工随迁子女在流入地参加高考，比上年增长41%。医疗卫生公共服务不断健全，城乡居民大病保险试点、重特大疾病医疗救助全面推开，人均基本公共卫生服务经费补助标准由35元提高到40元，单独两孩政策平稳实施，重大疾病防控工作不断加强。公共文化服务供给能力继续提高，加快构建现代公共文化服务体系、政府向社会力量购买公共文化服务等政策出台实施，国家级重大文化设施和地市级公共图书馆等建设进展顺利。

总的来看，今年以来在党中央、国务院的正确领导和全国人民的共同努力下，国民经济和社会发展计划执行情况总的是好的，上半年经济运行总体平稳，保持在合理区间，发展质量继续提升，发展动力加快转换，人民福祉持续增进。成绩来之不易，需要倍加珍惜。

在看到成绩的同时，也要清醒认识到，当前国内外发展环境仍然错综复杂，一些领域困难和风险还在加大，经济向好的基础不牢、势头尚弱。从国际看，世界经济增长弱于预期，同时又面临新的不确定因素，不利影响可能有所上升。从国内看，我国经济长期向好的基本面没有改变，但经济运行中一些深层次矛盾和问题不断显现，下行压力仍然较大，市场需求总体偏弱，工业领域价格和企业效益低迷，新旧增长动力接替尚需时日，一些领域潜在风险不容忽视，特别是安全生产等方面还存在一些突出问题，都需要高度重视并妥善解决。

综合分析当前形势和下一步走势，我国经济正处于“三期叠加”的特定阶段，经济发展步入新常态。我国发展潜力巨大，具有较强的韧性和回旋余地，随着国家出台的一系列政策措施进一步落地见效，下半年经济增速有望保持平稳，预计全年经济增长、就业、粮食产量、单位国内生产总值能耗、主要污染物排放、城乡居民收入、保障房建设等指标有望较好完成，财政收入、投资、外贸等预期指标的完成还需要付出艰苦努力。

做好下半年经济社会发展各项工作，要全面贯彻落实党的十八大和十八届三中、四中全会精神，坚持以邓小平理论、“三个代表”重要思想、科学发展观为指导，深入贯彻习近平总书记系列重要讲话精神，按照中央经济工作会议和政府工作报告部署，主动适应经济发展新常态，坚持稳中求进工作总基调，坚持以提高经济发展质量和效益为中心，坚持宏观政策要稳、微观政策要活、社会政策要托底的思路，保持宏观政策连续性和稳定性，在区间调控基础上加大定向调控力度，及时进行预调微调，高度重视应对经济下行压力，高度重视防范和化解系统性风险，大力推进改革开放，保持稳增长、促改革、调结构、惠民生、防风险综合平衡，调动各方面积极性，狠抓工作落实，努力完成全年经济社会发展主要预期目标，促进经济持续健康发展和社会大局稳定。工作中，要坚持用发展的办法解决前进中的问题，主动适应增长速度换挡、发展方式转变、结构调整深化、增长动力转换的新形势，更加注重创新完善宏观调控思路和方式，更加注重释放有效需求，更加注重引导资金流向实体经济，更加注重依靠创新驱动发展，更加注重改革措施落地见效，更加注重稳定社会预期。重点做好以下工作：

（一）实施好积极的财政政策和稳健的货币政策。加强政策协调配合，注重用好增量、盘活存量，进一步改善实体经济发展环境。加力增效落实好积极的财政政策，着力盘活用好沉淀资金，优化财政支出结构，提高公共支出效率；继续减轻企业负担，落实好结构性减税和清理规范涉企收费的各项措施。松紧适度实施好稳健的货币政策，灵活运用货币政策工具，促进社会融资规模和货币信贷合理增长。积极发展民营银行，支持和规范互联网金融、小额贷款、融资担保等机构发展。加快培育公开透明、长期稳定健康发展的资本市场。加大对大众创业万众创新的财税金融支持，落实好扩大小微企业所得税优惠适用范围的政策，在风险可控条件下，鼓励银行发放面向中小微企业“双创”的信用贷款。有效防范化解金融风险，健全金融风险防范评估体系和预警机制，加强对金融市场、机构以及跨领域、跨市场风险的监控，守住不发生区域性、系统性风险的底线。

（二）着力扩大国内有效需求。着眼补短板、惠民生、增后劲，把促投资和扩消费更加有机结合起来，形成稳增长的强大动力。突出重点促进有效投资，扎实推进7大投资工程包建设，加快推开4大新的工程包。加强城镇棚户区和城乡危房改造、城乡电网、综合管廊、地下空间开发等基础设施建设；统筹协调指导地方加快PPP项目落地，多渠道引导社会资本更好对接国家重大项目。进一步释放居民消费升级需求，落实完善鼓励社会资本举办文化、旅游等机构的政策。加强宽带网络等信息基础设施建设。加大社区养老设施建设投入，吸引民间资本参与养老服务。

（三）主动引导结构调整深化。围绕创新驱动、制造业强国、生态文明建设等重大战略部署，完善相关体制机制和政策，着力提高经济发展质量。加快实施创新驱动发展战略，抓紧在部分区域系统推进全面创新改革试验。大力发展技术市场，促进科技成果转化。加快构建现代职业教育体系，着力培养高素质应用技术人才。完善大众创业、万众创新的支持政策，发挥好国家创投引导资金作用，鼓励地方设立创业基金，落实支持小微企业及众创空间的各项政策，打造一批“双创”示范基地和公共服务平台。实施好“中国制造2025”，启动智能制造、高端装备等重大工程。健全淘汰落后标准，落实好企业兼并重组优惠政策，加快传统产业转型升级，在优胜劣汰、竞争合作中增强企业活力。加快推进“互联网+”，抓紧实施“互联网+”协同制造、普惠金融等11项重点行动，发展壮大经济新增长点。积极发展现代服务业，推动生产性服务业专业化发展和制造业主辅分离，大力发展工业设计、科技服务、人力资源服务等新兴服务业。巩固农业农村发展好形势，实施好加快转变农业发展方式的意见，出台推进农村一二三产业融合发展的政策。扎实推进新增千亿斤粮食生产能力建设；做好防汛抗旱工作，努力夺取秋粮丰收。加强生态文明建设，建立健全生态补偿机制，完善生态环境监测网络，实施好大气污染和水污染防治行动计划，深化低碳发展试点示范。

（四）深入推进重点领域和关键环节改革。着力破除体制机制障碍，加快营造公平透明的市场环境。把简政放权、放管结合、优化服务向纵深推进，继续取消下放一批行政审批事项，建立国务院部门和省级政府权力清单和责任清单制度。年内全面实现“三证合一、一照一码”。推动制定统一社会信用代码国家标准，建立健全以信用为核心的新型监管体系。深化财政金融体制改革，研究提出合理划分中央与地方事权和支出责任的指导意见。制定金融体制改革方案，统筹推进利率、汇率制度改革。深化投融资、价格体制改革，加快政府投资条例、政府核准和备案投资项目管理条例立法，年底前实现投资项目在线审批监管平台与省级政府纵向贯通。修订发布新的中央、地方定价目录。加快推进国有企业改革，发布实施国有企业改革总体方案和相关配套方案。积极推进石油天然气、农垦等管理体制改革。

（五）进一步提升对外开放层次和水平。拓展对外开放的广度和深度，务实推进"一带一路"战略，围绕重点方向、重点国别、重点项目，加快在基础设施互联互通等领域启动实施一批标志性工程。促进外贸稳定发展和转型升级，落实好促进进出口稳定增长等政策措施，加强出口产品质量、品牌和营销渠道建设，引导加工贸易向产业链中高端延伸，提高产品附加值和国际竞争力。积极推动国际产能和装备制造合作，推进境外经贸合作区建设。进一步有效利用外资，推进负面清单管理模式改革，加强外商投资事中事后管理，提高外商投资便利化水平。

（六）大力推进区域协调协同发展。深入实施区域发展总体战略和新型城镇化规划，强化分类指导，完善相关政策和体制机制。推动各区域板块协调发展，在西部地区新开工一批交通、水利、环保等重点工程，研究制定新十年促进中部地区崛起政策，切实落实支持东北振兴的政策措施，发挥好长三角、珠三角、环渤海地区的辐射带动作用。加快推进"一带一路"、京津冀协同发展、长江经济带"三大战略"，指导各地积极参与和融入"一带一路"战略，全面落实京津冀协同发展规划纲要，在交通一体化、生态环保、产业升级转移等重点领域实施一批重点项目，颁布实施长江经济带发展规划纲要，加快长江黄金水道疏浚整治。推进新型城镇化取得新突破，加快户籍制度改革意见落地，抓紧制定转移支付、城镇建设用地增加规模与农业转移人口落户数量挂钩机制。积极推进国家级新区、产城融合示范区等建设。突出抓好扶贫开发工作，制定出台新时期加大扶贫攻坚力度的政策，实施产业就业、易地搬迁、医疗救助等精准扶贫工程，不断取得扎扎实实的成效。落实好西藏、新疆和青海等省藏区经济社会发展和长治久安政策措施，做好对口支援工作。

（七）认真做好保障改善民生各项工作。完善民生保障体制机制，坚持人民利益至上，精心做好托底工作，扎牢社会保障体系和社会安全网。把保障就业放到突出位置，实施好大学生就业促进计划和创业引领计划，落实好促进就业创业、运用失业保险基金援企稳岗、支持农民工等人员返乡创业的各项政策。健全社会保障制度体系，推进养老保险制度改革，研究制定城镇职工基础养老金全国统筹方案。推动整合城乡居民基本医疗保险。促进教育、医疗、文化等基本公共服务改革发展，制定鼓励社会力量兴办教育促进民办教育健康发展的政策，深化公立医院改革，推进国家公共文化服务体系示范区建设，开展基本公共文化服务标准化试点。强化安全生产主体责任，牢固树立安全发展理念，始终把安全生产放在首要位置，全面开展各类隐患排查，加大安全监管执法力度，采取有力有效措施加强薄弱环节整改，形成长效机制，切实防范各类重大事故发生。加强社会服务和社会管理，妥善处理群众利益诉求，保持社会大局和谐稳定。

（八）加强经济形势分析研判和政策研究。密切跟踪分析国内外经济形势和市场变化，深入开展调查研究和政策预研储备，及早发现苗头性、倾向性、潜在性问题，做好应对各种复杂困难局面的准备和预案。根据形势的发展变化，适时出台一批有针对性、可操作的政策措施，促进经济平稳运行。

委员长、各位副委员长、秘书长、各位委员，今年下半年经济社会发展任务十分繁重，我们要更加紧密地团结在以习近平同志为总书记的党中央周围，坚决贯彻落实中央决策部署和十二届全国人大三次会议的有关决议，切实按照"三严三实"要求做好经济工作，改革创新、主动作为、真抓实干，努力实现全年经济社会发展主要预期目标，为"十二五"圆满收官和"十三五"良好开局奠定坚实基础。

全面学习和践行"三严三实"谱写金融改革发展事业新篇章

中国人民银行党委书记、行长　周小川

（此文摘自周小川行长于 2015 年 5 月 27 日在中国人民银行"三严三实"专题教育党课上的讲话）

党的十八大以来，面对复杂多变的国际形势和艰巨繁重的国内改革发展稳定任务，习近平总书记发表了一系列重要讲话，提出了许多新思想新观点新要求，着眼于"四个全面"战略布局和"两个一百年"奋斗目标，提出了"打铁还需自身硬"，深刻阐述了坚持从严治党的基本要求，体现了我们党对历史使命、自身责任的清醒认识，对国家、对民族、对人民的强烈担当，也反映了事业发展对党的执政能力、执政水平提出的新要求。当前，还存在一些党员干部不守纪律、不讲规矩、作风漂浮的现象。解决这些问题，需要从严上入手、从实处着力。当前正在开展的"三严三实"专题教育，就是要进一步强化全面从严治党的政治自觉和忧患意识，加强思想政治建设、严肃党内政治生活，进一步明规矩、严纪律、强约束，营造风清气正的良好政治生态。"三严三实"虽然说起来是 24 个字，但包含了理论问题、实践问题，内容非常丰富。"三严三实"专题教育的重大意义也在于它是真正增强创造力、凝聚力和战斗力的重要抓手，抓紧抓实以后，能够更有利地促进我们做好本职工作。

对人民银行来说，随着我国经济发展进入新常态，经济发展总体态势向好向上，但经济下行压力也比较大，稳增长、促改革、调结构、惠民生、防风险的任务艰巨繁重，对我们执行货币政策、维护金融稳定、发展金融市场、改善金融服务，都提出了许多新的要求。从政治上看，新常态要求党员干部有新状态，新挑战需要党员干部保持奋发作为、敢于担当的精气神。人民银行的广大党员干部尤其是领导干部要全面学习和践行"三严三实"，提振精气神、锤炼好作风、展现新作为，继续谱写金融改革发展事业的新篇章。

一、按照"三严三实"要求加强宏观调控

宏观调控关乎经济社会发展稳定大局，关乎人民群众根本利益。做好宏观调控工作，需要在"严"和"实"上下功夫。要严格按照中央的决策部署，深刻认识和主动适应我国经济发展新常态，坚持稳中求进工作总基调，实施稳健的货币政策，更好地服务实体经济发展，切实维护物价稳定，促进经济持续、健康、平衡发展；就是要坚持市场化调控，加快推进由过去的计划调控向市场调控方式转变，由数量型调控向价格型调控方式转变，提高调控的科学性和预见性。要从实际出发，借鉴国际经验并结合中国国情，不断完善货币政策调控框架，创新调控方式和政策工具，提高调控的针对性和有效性。

经济规律体现一个“实”字，搞虚的不行。如果“三严三实”的要求没有落实好，制定或执行一项政策是为了迎合个别人的需要，而不符合客观规律，就会出问题，会在经济中表现出来。错误的或者有缺陷的宏观政策制定和执行，终将表现为通货膨胀、金融不稳定等问题，所以宏观调控与“三严三实”是紧密联系的。当前，经济金融形势仍然十分复杂严峻，我们要按照“三严三实”的要求，继续实施稳健的货币政策，更加注重松紧适度和预调微调，既要防止过度“放水”，又要防止流动性不足、不稳定的状况。总之，就是要按照“三严三实”要求，尊重客观规律，认真分析经济形势，根据当前货币政策传导可能的渠道，按照客观规律分析宏观调控所需要的政策和执行的方式。这样的话，就能够用事后的实践效果来检验调控的效率，就能够更加有力有效地完成金融宏观调控以及党和国家交给我们的任务。

二、按照“三严三实”要求推动金融改革创新

贯彻落实“三严三实”，就是要适应创新驱动的新要求，激发金融活力，促进金融资源优化配置，牢牢守住不发生系统性区域性金融风险的底线。

近年来，人民银行按照党中央、国务院统一部署，大力推进了金融重点领域改革，在利率汇率市场化改革、债券市场发展和维护金融稳定等方面，都取得了一定的成绩。这些成绩的取得，正是由于我们一直是以实事求是、谋事要实的精神来深刻思考、把握规律，认真做好各项工作。接下来，我们仍要认真思考如何结合“三严三实”要求进一步改进工作，加快利率市场化改革，继续完善人民币汇率形成机制，深化开发性、政策性金融机构改革，实施好存款保险制度，加快债券市场的发展，促进互联网金融创新规范发展。

三、按照“三严三实”要求加快金融对外开放

当前，要在保障国家金融安全的前提下，按照以我为主、循序渐进的方针，不断拓展金融业对外开放的广度和深度，更好地利用国内外两个市场、两种资源，进一步提升金融业的服务功能和综合竞争能力。

随着我国贸易投资方面对外开放的加速推进，金融方面的对外开放也要加快。在金融方面，人民银行面临的另外一项任务是推进人民币国际化，人民币跨境收支占本外币全部跨境收支的比重已经接近四分之一。去年，股票市场推出了沪港通，人民银行在这方面参与做了大量工作，今年还要推出深港通，表明中国资本市场打开了新的联通世界的渠道。另外，还建立了丝路基金。但也要看到，对外开放整体水平还有待提高。

四、按照“三严三实”要求做好金融服务工作

金融服务工作要配合创新驱动战略，更好地服务民生，为广大群众提供方便、快捷、安全的金融服务。从央行角度来讲，这些服务是间接的，我们给金融机构、金融市场提供更好的服务之后，它们才能够给企业和居民提供更好的服务和产品。

近年来，人民银行坚持以人为本、服务民生，以制度创新和科技进步为动力，加快金融基础设施现代化建设，金融服务和管理水平大幅提升。当前，我国正在加快发展社会主义市场经济建设，必然对金融服务工作提出新的、更高的要求。同时，我国金融业对外开放进入新的阶段，国外发达的金融服务市场和不断创新的金融服务工具，也使我国金融服务工作面临巨大的压力和新的挑战。我们需要切实增强金融服务意识，拓展金融服务领域，坚持不懈地协调、推进和管理好各项金融服务工作。

五、按照“三严三实”要求推进依法行政

依法行政能否深入推进，着力点就在“严”、“实”二字。“严”字蕴含的是捍卫法治权威、坚定厉行法治的纲纪要求，“实”字蕴含的是养成法治习惯、做到遵法守法的行为自觉。必须坚持“严”字当头、“实”字托底，统筹推进科学立法、严格执法、简政放权等各项工作，推进我们法治央行建设。

一是要全面围绕深化改革的战略部署，发挥金融立法对金融改革发展的引领和推动作用，积极推进科学立法、民主立法，着力提高立法质量。在金融立法工作中，要注重处理好政府与市场、政府与社会的关系，科学合理地规范公民、法人和其他组织的权利与义务，设定自身权力与责任，确保金融立法尊重和体现经济金融发展规律。要深入实际，深入基层，加强立法调研，拓宽社会有序参与金融立法的途径，吸收合理意见建议，广泛凝聚社会共识。要加快推进有关法律法规的起草或修订工作，统筹做好金融立法的立改废释工作。二是要严格规范公正文明执法。要严格依据法律法规授权，敢于执法，善于执法，做到不越位、不缺位、不错位。要严格按照法定权限、法定程序开展金融宏观调控和金融业管理工作，对行政执法中发现的违法违规行为要严格按照法律规定进行处理。要严以用权，权究竟哪些能有，哪些应该有，把握什么样的原则和程序，是谋求用权的自由度，还是严以用权，严格掌握，体现了对“三严三实”要求的理解和把握。三是要规范实施行政许可，加大简政放权力度，提高行政审批效率。近年来，人民银行认真贯彻落实国务院关于简政放权、深入推进行政审批制度改革的精神和要求，坚持从实际出发，将精简行政审批项目同促进有效履职、优化行政管理方式、推动政府职能转变紧密结合，取得了明显成效。今后，还要继续减少行政审批。四是要坚持依法用权、秉公用权。领导干部要正确处理好权与法的关系，以“三严三实”的要求履职用权，坚持法定职责必须为、法无授权不可为，不断强化学法守法用法意识，增强运用法治思维和法治方式处理实际问题的能力，努力提高依法行政工作水平。

六、按照“三严三实”要求加强干部队伍建设

“严”和“实”都是在说怎么做人，怎么做领导干部。应该说“三严三实”是一个党员领导干部应当具备的基本素质，但做到的程度因人而异。要争做“三严三实”的好干部，就是要做到“信念坚定、为民服务、勤政务实、敢于担当、清正廉洁”，就是要心中有党、心中有民、心中有责、心中有戒。现在干部作风方面存在的种种问题，往往都与修身、用权、律己不严，谋事、创业、做人不实有关。要高度重视干部队伍建设，必须认真学习“三严三实”，主动对照检查。

在加强干部队伍建设方面，贯彻“三严三实”，一是要强调把严以修身放在首位，切实加强党性修养，坚定理想信念。习近平总书记强调，严以修身，就是要加强党性修养，坚定理想信念，提升道德境界，追求高尚情操，自觉远离低级趣味，自觉抵制歪风邪气。换句话说，严以修身就是要把牢世界观、人生观、价值观这个思想和行动的“总开关”。理想信念是共产党人的灵魂归宿和精神支柱，习近平总书记形象地将其比喻成共产党人精神上的“钙”。正确、坚定的理想信念不是与生俱来的，也不会随着年龄的增长和职务的提升自然提高，而是必须经过持续的学习教育和实践磨练才能逐步形成和不断巩固。

二是要强化遵规守纪意识,始终做到守纪律、讲规矩。纪律严明、执行纪律严格,是马克思主义政党的一个鲜明标志,也是我们党保持思想一致、步调一致,具有强大凝聚力战斗力的一大法宝。习近平总书记指出,党面临的形势越复杂、肩负的任务越艰巨,就越要加强纪律建设。要严格遵守政治纪律。坚决服从党的组织和党的原则,自觉接受党纪的规范和监督,始终同党中央保持高度一致,自觉维护中央权威。要严格遵守组织纪律。党章规定的"四个服从"既是党最基本的组织原则,也是最基本的组织纪律。人民银行的每一名党员干部都不能游离于组织之外,也不能把组织纪律当作耳旁风,不接受监督和约束。要严格遵守工作纪律。大力倡导务实的工作作风,主动工作,敢于负责,勇于担当,营造团结协作、干事创业的和谐氛围,树立勤政、务实、廉洁、高效的良好形象。要严格遵守廉政纪律。进一步强化廉政教育,提高思想政治素质和道德修养。强化制度建设,扎紧扎密制度的"笼子",以铁纪铁规带出过硬队伍。

三是要树立正确的权力观和政绩观,始终坚持秉公用权、依法用权和廉洁用权。党和人民把我们放到领导岗位上,赋予一定的权力,是一种信任、一种重托。每一名党员领导干部在对待权力问题上,都要切实摆正自己的位置。我们要把贯彻民主集中制原则作为加强领导班子建设的关键,坚持落实好集体领导和个人分工负责制度,解决好发扬民主、正确集中等问题,营造良好政治生态。要带头遵法守法、学法用法,努力做法治型领导干部,树立和弘扬社会主义法治理念、法治精神,善于用法治思维和法治方式想问题、作决策、干工作。要从严把好选人用人关,从严管理监督干部,注重为肯干事、敢干事、干成事的干部搭建展示才华的平台,大胆使用践行"三严三实"要求的优秀干部,努力形成风清气正的工作环境。从各级党委来看,从严治党的主体责任是党委书记必须要承担起的责任。要把抓好党建作为最大政绩,将党建工作和中心工作一起谋划、一起部署、一起考核。

"三严三实"专题教育是当前和今后一段时期的重要政治任务,要按照中央统一部署,加强领导、精心组织,以严的精神、实的作风,抓出"三严三实"专题教育工作的成效。一是要突出思想教育。开展"三严三实"专题教育,首要的是抓好学习教育、打牢思想基础。要把深入学习习近平总书记系列重要讲话精神作为学习教育的重中之重,领会核心要义,掌握精神实质。要读原著、学原文、悟原理,认真研读《习近平谈治国理政》、《习近平关于党风廉政建设和反腐败斗争论述摘编》等重要书目,逐篇学习、学深悟透。二是要坚持问题导向。把问题意识、问题导向贯穿专题教育全过程,把发现问题、解决问题作为出发点和落脚点。要按照中央提出的"三个着力解决"的要求,对照党规党纪、国家法律,对照正反两方面典型,联系实际,往深里找、往细处查。三是要落实组织领导责任。要按照中央的要求,发扬讲认真的精神,认真谋划安排,精心组织实施,扎实有效推进。领导干部在专题教育中时时处处做表率,带头讲好党课,带头查找问题,带头开展批评和自我批评,带头抓好整改落实。四是突出两手抓两促进。专题教育的根本目的是为了更好地贯彻落实习近平总书记系列重要讲话精神,更好地协调推进"四个全面"战略布局。要把专题教育与更好地履行央行职责结合起来,积极适应和引领经济发展新常态,勇于直面和解决新矛盾新问题,切实推动金融改革发展稳定任务落实。

在上证 50 和中证 500 股指期货上市仪式上的讲话

中国证监会主席　肖　钢

(2015 年 4 月 16 日)

4 月 16 日,上证 50 和中证 500 股指期货上市仪式在上海举行。中国证监会党委书记、主席肖钢出席上市仪式并作重要讲话,中国证监会副主席姜洋宣读上市批复文件,并和上海市委常委、常务副市长屠光绍为上证 50、中证 500 股指期货上市鸣锣,上交所理事长桂敏杰出席上市仪式。

人民银行及上海市委市政府的有关负责同志,证券期货监管系统、市场机构及新闻媒体的代表出席了上市仪式。

以下是发言实录:

在沪深 300 股指期货上市五周年的今天,我们迎来了上证 50 和中证 500 股指期货的挂牌上市。这是我国金融期货衍生品市场体系建设迈出的重要一步,必将为我国资本市场的稳健运行和改革创新注入新的动力。在此,我谨代表中国证监会向中金所表示热烈的祝贺!对长期以来关心、支持期货市场改革发展的各位领导和朋友表示衷心的感谢!

金融衍生品对于促进经济发展有着不可替代的作用。金融衍生品的出现突破了传统风险管理手段的局限性,通过现代金融工程技术,将金融资产中的风险剥离出来,设计成独立的"商品"并进行定价,在不同风险偏好的群体之间进行买卖。金融衍生品的快速发展,并和基础金融工具结合,开发出更低成本、更便捷交易的结构化产品和指数产品,不仅可以满足客户精确定价、灵活避险的需求,还能有效增加市场流动性,降低交易成本,有利于改善资本市场投融资功能,增加企业价值,增强创业、创新的信心。同时,还有利于打开金融创新的空间,提高金融市场的弹性,从而有效支持实体经济发展。据统计,全球主要金融机构是全球衍生品交易活动的重要参与者,持有 92% 的名义持仓额。标普 500 和世界 500 强企业中分别有七成和九成以上的企业使用衍生品进行风险管理。美国独立经济智库米尔肯学会 2014 年的研究表明:在过去十年间,金融衍生品的普及使美国实际 GDP 提高了 1.1 个百分点,就业率上升了 0.6 个百分点。

国际金融危机以来,由于 CDS、CDO 等场外衍生工具的创新过度和监管缺失,金融衍生品再度引起了各方面的争论。但以期货、期权为代表的场内金融衍生品市场凭借其监管严格、规则简单透明和注重风险管理的优势,成功抵御了国际金融危机的冲击，并成为当前国际金融市场创新发展和国际金融监管改革的主要方向。实践证明，一国金融衍生工具越发达，金融市场越富有韧性，活力和竞争力更强，市场和经济发展的稳定性也就越好。

作为我国首个场内金融衍生产品，沪深300股指期货上市五年来，市场运行平稳，管理严格规范，市场规模发展迅速，交易额已占整个期货市场的半壁江山，成为全球第二大股指期货产品，对于改善我国股市运行机制、完善产品工具体系和促进资本市场改革发展发挥着日益重要的作用。具体表现在：一是显著提高了股市内在稳定性。从股指期货上市前后五年对比来看，沪深300指数涨跌超过2%的天数分别下降了52.27%和56.55%。据有关机构实证研究发现，股指期货与股票现货联动良好，价格相关性高达99%以上；排除其他因素影响，沪深300股指期货的引入使得现货市场的波动性降低了14%，股市波动极值范围大幅缩小，单边市特征得到改善。二是增强了投资者稳定持股的信心。截至2015年3月底，金融期货市场法人账户9211个，其中特殊法人3914个，证券、基金、期货、信托、QFII、保险等市场机构已有序进入股指期货市场。通过参与股指期货交易，机构投资者在股市的投资行为日趋理性和成熟，为股市提供了长期稳定的买方力量。以券商自营为例，权益类证券投资规模稳定在1300亿左右；股指期货参与程度较高的12家证券公司，其大盘蓝筹股持仓比例由不足30%提升至50%。三是提升了金融机构产品创新和市场服务能力。通过使用股指期货，财富管理机构实施了更为灵活的投资策略，加快了业务创新，吸引和推动各种机构和长期资金入市，也实现了稳健经营。目前理财产品中相当一部分已使用了股指期货，且使用股指期货的产品业绩效果好于未使用股指期货的产品。广大中小投资者也受益于理财市场的发展，通过机构间接参与并分享股指期货带来的红利。四是催熟先进投资理念。股指期货上市之后，投资者在参与方式、持股结构、投资理念等方面发生了积极变化。沪深300成分股日均换手率由股指期货上市前一年的609.2%下降到最近一年的126.8%。但是，这里我要特别提醒，去年下半年以来，我国股票市场呈现持续上涨走势，许多新投资者纷纷开户进场。新入市投资者中的相当一部分人对股市涨跌缺乏经验和感受，对股市投资风险缺少足够的认识和警惕。为此，我们提醒广大投资者，特别是新入市的投资者，参与股票投资要保持理性、冷静，决不可受“宁可买错，不可错过”等观点误导，要充分估计股市投资风险，谨慎投资，量力而行，不跟风，不盲从。

五年来，股指期货市场取得的成绩来之不易，对于金融衍生品的加快创新积累了实践经验。一是坚持遵循“高标准、稳起步”的要求，严控市场风险，确保平稳运行。股指期货的合约、规则设计适应了我国“新兴加转轨”的市场实际，突出风险防范，引导投资者有序参与。针对我国市场散户为主的特点，实行了分级结算、适当性管理、严格限仓、异常交易监控等一系列风控制度，五年来市场运行规范，未出现重大风险事件。二是坚持遵循“服从、服务于股票市场发展”的理念，促进了市场功能有效发挥。五年来，根据股市发展运行情况，主动回应市场关切，在风险可控的基础上，不断完善限仓和保证金等主要业务规则，适度调整优化监管要求。自2012年以来，在对套期保值和套利交易客户不设限的情况下，先后将一般交易者的持仓限额由600手提升至5000手，将交易保证金由12%下调至10%，并由双边征收保证金改为单向大边收取，降低了市场成本，提升了市场运行效率。三是坚持遵循市场“三公”原则，维护投资者合法权益。注重规则制定程序的公开、透明。保证金、限仓及风控措施等规则，对所有参与者执行统一标准，注重规则内容的实质公平。在市场交易、监察制度的执行中坚持统一审查、统一处理原则，公正对待各类市场参与者，注重规则执行公正。

多年来，股票市场经历了牛熊周期转换，股指期货中性风险管理工具的属性已为社会所广泛接受。在此基础上，开展上证50和中证500股指期货交易，适应境内资本市场风险管理精细化的要求，符合股指期货市场标的指数多元化发展的趋势。截止到4月14日，上证50和中证500指数分别代表了大型企业和中小市值上市公司，流通市值占沪深A股的近一半，与沪深300指数成分股形成有效互补关系，能有针对性地满足不同投资者精确化、个性化的风险管理需求，有利于提高风险管理市场的广度和深度，将股指期货对现货市场的覆盖面提高到73%左右，进一步促进股票市场和股指期货市场协调健康发展。

与此同时，其他金融期货期权产品的创新步伐也在加快，市场功能逐步显现。5年期国债期货推出，在促进国债发行、提升现货市场流动性、推进债券市场互联互通、健全反映市场供求关系的国债收益率曲线、及时反映货币政策信号、加快金融机构产品和业务创新等方面已经开始发挥积极作用。上个月10年期国债期货的成功上市运行，丰富了国债期货产品体系，进一步提高了国债收益率曲线的准确性和有效性，有利于提升现货市场的流动性和定价效率，加速现货市场互联互通向纵深发展，对于推进利率市场化改革具有积极意义。今年2月，上证50ETF期权上市交易，市场运行平稳，投资者参与理性，交易、结算、风控各环节衔接顺畅，填补了我国场内期权产品的空白。

随着经济金融改革深入推进，资金与货币的价格波动将成为常态，如何帮助市场主体有效管理风险，盘活存量金融资产，优化社会资金的使用效率，缓解“融资难、融资贵”难题，都迫切需要加快发展金融衍生品市场。下一步，我们要坚持服务实体经济的目标不动摇，加快改革创新，守住风险底线，稳步推进金融衍生品市场发展。当前要重点把握好以下几个关系：

一是把握好金融衍生品市场与实体经济发展的关系。金融衍生品不能为创新而创新，更不能“自娱自乐”、“脱实向虚”。要主动适应和服务实体经济需求，顺应资本市场改革创新以及利率市场化和汇率形成机制改革的需要，加快开发权益类、利率类、汇率类等金融期货期权产品和工具，进一步完善场内金融衍生品市场服务体系。同时，积极支持银行、保险、证券、期货等各类金融机构充分发挥贴近实体经济的优势，开展场外金融衍生品创新并到场内市场对冲风险。

二是把握好市场运行效率和风险控制之间的关系。金融衍生品具有“双刃剑”的特性，要始终坚持把防范风险放在首要位置，将监管规则嵌入产品设计，强化以“看得见、说得清、管得住”为核心的市场风险监测监控能力建设。加大监管转型力度，完善事中事后监管手段，提升监管效能，使监管能力与创新步伐相匹配。适应基础金融市场发展变化需要，及时调整完善金融衍生品市场的规则体系，提升市场效率，为投资者提供更好服务。

三是把握好对内改革与对外开放的关系。我国期货衍生品市场的对外开放与合作大有可为。要立足于国内市场自身建设，平衡好“引进来”和“走出去”的关系，充分利用国内、国际两个市场、两种资源，逐步扩大对外开放。同时，通过开放倒逼国内市场改革创新，完善市场基础设施和市场运行制度，提升市场运行质量，夯实金融衍生品市场长远发展的基础。

四是把握好金融衍生品市场专业化与服务领域多元化的关系。以机构投资者为主的投资者结构是实现市场专业发展、功能发挥的重要前提。要继续推动清理取消各种不必要的限制，积极引导有风险管理需求的机构入市交易。加大市场宣传、培训力度，提高不同领域产业企业的认知度、理解度和参与度。坚持"将适当的产品销售给适当的投资者"，积极主动对各类产品进行风险提示，切实维护投资者合法权益。

各位嘉宾、各位朋友，今天，上证 50 和中证 500 股指期货合约正式启航，发展好、培育好股指期货市场，需要有关各方大力支持、精心呵护。广大投资者特别是个人投资者，要正确认识股指期货的风险特征，在吃透规则、认清风险的基础上，客观评估自身的投资能力和风险承受程度，理性参与市场交易，切实做好自身交易管理和风险控制。证券期货经营机构要做好投资者教育和服务工作，坚持把规则讲透、把风险讲够，加强适当性管理，引导投资者理性参与。中金所和沪深证券交易所、登记结算公司要健全风险控制措施和一线监管制度，加强跨市场监管合作，及时总结完善规则制度，促进期、现货市场健康发展。期货市场监控中心和期货业协会要切实承担起市场监测监控和自律职责，加强信息共享和监管联动。证监会要加强对市场监管，严厉打击市场操纵和内幕交易等违法违规行为，切实维护投资者合法权益。我们相信，在有关各方的共同努力下，上证 50 和中证 500 股指期货能够实现平稳起步、健康发展，为我国资本市场改革创新和经济社会发展做出新的贡献。

谢谢大家！

深化改革健全制度加强监管防范风险
促进资本市场长期稳定健康发展

——中国证监会主席肖钢同志在 2016 年全国证券期货监管工作会议上的讲话

（2016 年 1 月 16 日）

同志们：

这次会议的主要任务是，认真学习贯彻党的十八大和十八届三中、四中、五中全会及中央经济工作会议精神，深入学习领会和全面落实习近平总书记、李克强总理关于资本市场改革发展的一系列重要指示精神，总结 2015 年工作，部署 2016 年重点任务。下面，我讲几点意见。

一、深刻总结反思股市异常波动经验教训，明确 2016 年监管工作总体要求

2014 年 7 月开始，我国股市出现了一轮过快上涨行情，至 2015 年 6 月 12 日，上证综指上涨 152%，深成指上涨 146%，创业板指上涨 178%。股市过快上涨是多种因素综合作用的结果，既有市场估值修复的内在要求，也有改革红利预期、流动性充裕、居民资产配置调整等合理因素，还有杠杆资金、程序化交易、舆论集中唱多等造成市场过热的非理性因素。过快上涨必有过急下跌。2015 年 6 月 15 日至 7 月 8 日的 17 个交易日，上证综指下跌 32%。大量获利盘回吐，各类杠杆资金加速离场，公募基金遭遇巨额赎回，期现货市场交互下跌，市场频现千股跌停、千股停牌，流动性几近枯竭，股市运行的危急状况实属罕见。如果任由股市断崖式、螺旋式下跌，造成股市崩盘，股市风险就会像多米诺骨牌效应那样跨产品、跨机构、跨市场传染，酿成系统性风险。

在党中央、国务院的坚强领导下，各有关部委果断出手，迅速行动，综合施策，遵循市场规律，依法打好"组合拳"，稳定市场、稳定人心，并将稳定市场、修复市场和建设市场有机结合起来。这次应对股市异常波动，本质上是一次危机处理，着眼于解决市场失灵问题，通过各方的共同努力，防范住了可能发生的系统性风险。

这次股市异常波动充分反映了我国股市不成熟，不成熟的交易者、不完备的交易制度、不完善的市场体系、不适应的监管制度等，也充分暴露了证监会监管有漏洞、监管不适应、监管不得力等问题，我们必须深刻汲取教训，举一反三，学有所得，深化改革，健全制度，加强监管，防范风险，促进资本市场稳定健康发展。

过去的一年是不平凡的一年，也是资本市场在曲折波动中发展的一年，证监会系统和证券期货行业的工作取得了很大成绩。一是稳步提升投融资功能，有力支持了实体经济发展。改进新股发行制度，优化再融资审核机制，提高审核效率，完善并购重组配套融资政策，推进优先股试点。加快公司债券市场化改革。全年共有 220 家企业完成首发上市，融资 1578.29 亿元，分别同比增长 76% 和 136%；399 家上市公司完成再融资发行，融资 8931.96 亿元、同比增长 31%，其中 12 家上市公司发行优先股，融资 2036.5 亿元、同比增长 93%；上市公司并购重组交易 2669 单，交易总金额约 2.2 万亿元、同比增长 52%。"新三板"市场新增挂牌公司 3557 家，融资 1216.17 亿元，分别同比增长 193% 和 821%。已设立的 37 家区域性股权市场共有挂牌股份公司 3375 家，展示企业 4.15 万家，累计为企业实现各类融资 4331.56 亿元。全年交易所债券市场共发行公司债券 2.16 万亿元，发行资产支持证券 2092 亿元，同比大幅增长。二是拓展期货及衍生品市场功能。启动上证 50ETF 期权交易试点，开展 10 年期国债期货、上证 50 和中证 500 股指期货交易，推出锡和镍期货品种，推进原油期货上市各项准备工作，启动"期货 + 保险"、"期货 + 保险 + 银行"等试点，对服务"三农"发挥了积极作用。三是促进证券基金期货经营机构和私募基金健康发展，行业整体实力大幅提升。截至 2015 年底，全行业 125 家证券公司总资产 6.42 万亿元、净资产 1.45 万亿元，分别同比增长 57% 和 58%；具有公募牌照的资产管理机构 112 家，公募基金管理规模 8.4 万亿元、同比增长 85%；150 家期货公司总资产 932.21

亿元(不含客户权益),同比增长30%;已登记私募基金管理机构2.5万家,基金认缴规模5.1万亿元、同比增长138%。四是积极稳妥推动资本市场双向开放。推进境外上市审批制度改革,成立离岸人民币证券产品交易平台,推动内地与香港基金产品实现互认,扩大人民币合格境外机构投资者(RQFII)试点范围至16个国家和地区。全年共核准69家境内企业境外首发和再融资、同比增长82%,融资454亿美元、同比增长23%。五是推进监管转型,加强事中事后监管。优化信息披露监管制度,实施上市公司分行业监管试点,稳妥有序实施新退市制度。加强非上市公众公司监管。完善债券市场风险防控机制。以问题和风险为导向对证券基金期货经营机构及其从业人员开展专项检查,强化对私募基金的监管执法和自律管理服务。全年累计对281家次上市公司采取行政监管措施,对92家次证券基金期货经营机构和48人次从业人员采取行政监管措施,对190多家有风险隐患的私募基金管理机构进行现场检查或非法集资排查,对141家互联网非公开股权融资平台进行专项检查。六是强化稽查执法,严厉打击违法违规行为,加强投资者保护工作。全年共受理违法违规有效线索723件,新增立案调查345件、同比增长68%。开展"2015证监法网"专项执法行动,集中部署8批次共计120起重大典型违法违规案件。全年移交处罚审理案件273件,对767个机构和个人作出行政处罚决定或行政处罚事先告知,同比增长超过100%,涉及罚没款金额逾54亿元,超过此前十年罚没款总和的1.5倍。投资者保护工作取得新的进展。一年来,证监会系统各单位、各部门做了大量艰苦工作,承担着繁重的任务,各级领导班子和广大干部职工都付出了辛勤的努力,实属不易。

总结过去一年的工作,我们深切感受到,要做好监管工作,必须正确处理好以下几个关系:

一要处理好虚拟经济与实体经济的关系。虚拟经济是虚拟资本以增值为目的进行独立的权益交易活动,股票所代表的实际资产已经被投入企业的生产经营过程去创造价值,而股票本身又在市场流通转让,当作交易对象进行买卖,股票价格合理反映企业的经营价值和盈利前景是市场有效配置资源的前提,可见,实体经济是虚拟经济的基础。发展虚拟经济有利于实现资源跨时空流动,扩大企业股权融资,促进企业并购重组,优化资源配置,支持实体经济发展,但股票价格一旦严重背离企业价值,就会形成泡沫,泡沫过大总是要破灭的。因此,发展资本市场,必须牢固坚持服务实体经济的宗旨,着力发挥好市场配置资源和风险管理等功能,遏制过度投机,决不能"脱实向虚",更不能"自娱自乐"。

二要处理好发展与监管的关系。监管部门要承担促进市场发展的任务,注重发展的规模、效率与质量,这是监管部门"两维护、一促进"职责的应有之义。但是,市场发展越快,就越要严格监管。股市异常波动警示我们,监管部门必须强化监管本位,牢固树立从严监管、一以贯之的理念,紧跟市场发展变化,保持监管定力,只有严格监管下的发展才是可持续的发展,才是高质量的发展。在我国特定的市场环境下,还必须特别关注资产价格虚高的风险。

三要处理好创新与规范的关系。创新是市场发展的不竭动力,也是增强证券基金期货经营机构竞争力的根本途径,但创新必须加强风险管理,与风险管控能力相匹配。对产品服务的创新,不仅要评估论证自身存在的风险,还必须分析对市场全局的影响;不仅要以客户需求为导向,还必须严格落实投资者适当性管理、账户实名制管理、信息系统接入管理等基础性制度,切实维护客户合法权益;不仅要考虑经营机构的经济效益,还必须要有相应的监管机制与手段跟上。要高度关注单一业务、单一产品、单一机构的风险外溢问题,制定完善系统性风险的跟踪、监测、预警、处置工作机制。创新应是全方位的,不仅是产品业务创新,还应当包括经营机制与内控机制的创新,还有监管体制机制的创新。

四要处理好借鉴国际经验与立足国情的关系。发展我国股市需要学习借鉴境外市场的有益经验,但必须从我国实际出发,准确把握我国市场的特点与规律,不照抄照搬。同时,要善于借鉴国际经验,对境外市场行之有效的做法,要知其然,更要知其所以然,真正做到以我为主、为我所用。不仅要借鉴国外产品创新的经验,也要借鉴其有效监管的经验。

2016年是全面建成小康社会决胜阶段的开局之年。中央经济工作会议强调,要在适度扩大总需求的同时,着力推进供给侧结构性改革,提高供给体系质量和效率,增强持续增长动力,推动社会生产力整体改善。这将为资本市场长期稳定健康发展奠定坚实基础。当前,我国经济运行保持在合理区间,经济结构调整亮点纷呈,市场资金总体充裕,国企改革深入推进,股市风险得到相当程度释放,这些都有利于资本市场稳定运行。作为市场化配置资源的平台,资本市场具有服务和支持供给侧结构性改革的独特优势,迎来了难得的发展机遇。资本市场可以为企业提供多样化融资方式,降低企业杠杆率和融资成本,支持企业并购重组,助力产能化解和存量盘活,培育新产业、新业态、新商业模式,服务大众创业、万众创新,激发经济增长新动力。同时,也要看到,当前国际经济金融形势错综复杂,进入2016年以后,国际金融市场避险情绪上升,全球股市出现新一轮下跌,大宗商品价格加速下跌,一些新兴市场经济体汇率贬值,我国经济金融面临的外部环境不确定因素增多。国内经济下行压力依然较大,企业盈利下滑,企业杠杆率仍然高企,信用违约风险增加;人民币贬值预期升温,资金外流加大;商业银行不良贷款上升,盈利增幅下降,股市、汇市、债市、货币市场等风险因素交互影响,也给今年资本市场发展和监管带来挑战。

党中央、国务院对资本市场发展高度重视。习近平总书记指出,发展资本市场是中国的改革方向,不会因为股市波动而改变,要求加快形成融资功能完备、基础制度扎实、市场监管有效、投资者合法权益得到充分保护的股票市场。李克强总理强调,要继续推进多层次资本市场建设,坚持市场化和法治化的方向,加强制度建设,提高监管效能,努力培育公开透明、长期稳定健康发展的资本市场。习近平总书记和李克强总理的重要指示批示,指明了我国资本市场发展的前进方向,也对资本市场监管提出了明确要求。证监会系统各级领导班子和全体干部要认真学习领会,坚决贯彻落实,把思想和行动统一到中央的决策部署上来,坚定信心,振奋精神,真抓实干,攻坚克难,努力开创监管工作的新局面。2016年工作的总体要求是,认真贯彻落实党中央、国务院的决策部署,深化改革、健全制度、加强监管、防范风险,促进资本市场长期稳定健康发展。

二、深化改革开放,增强资本市场服务实体经济能力

(一)发展多层次股权市场

研究制定股票发行注册制改革的相关制度规则,做好启动改革的各项准备工作。注册制改革的本质是市场化改革,核心是处理好政府与市场的关系,形成市场参与各方各司其职、各尽其责的责任体系。注册制改革是一个循序渐进的过程,不可能一步到位,对新股发行节奏和价格不会一下子放开,不会造成新股大规模扩容。要进一步发展壮大证券交易所主板,增强蓝筹股市场活力。深入发展中小企业板,深化创业板改革。建立上海证券交易所战略新兴板,拓展市场深度,加大对已跨越创业阶段、具有一定规模的战略新兴产业企业的支持力度。

加快完善"新三板"制度规则体系,优化小额、快速、灵活、多元的投融资机制,更好发挥对创新型、创业型、成长型中小微企业的支持作用。

规范发展区域性股权市场,探索建立区域性股权市场与"新三板"的合作机制,引导登记备案、运作规范的私募投资基金等机构投资者参与区域性股权市场。区域性股权市场要坚持私募市场定位,以提高为中小微企业直接融资服务能力为中心,开展运营模式和服务方式创新。

开展股权众筹融资试点,建立符合股权众筹"大众、小额、公开"特点的发行方式。

(二)深入推进并购重组市场化改革

随着供给侧结构性改革和国企改革的深入推进,上市公司并购重组将发挥重要作用。要完善资本市场并购重组机制,推动消除跨行业、跨地区、跨所有制并购重组的障碍,支持上市公司特别是国有控股上市公司通过资产注入、引入战投、吸收合并、整体上市等多种方式做优做强,更好地支持经济结构转型和产业升级。要深化并购重组市场化改革,进一步取消简化上市公司并购重组行政许可,研究实行并购重组股份协商定价,推动扩大并联审批范围,完善分行业审核,提高审核效率。支持并购重组方式创新,丰富并购重组支付手段,研究出台发行优先股、定向发行可转换债券等作为并购重组支付方式的实施细则。要密切关注并购重组中可能出现的风险、问题和矛盾,及时制定应对预案和措施,重点加强对"忽悠式"重组、"跟风式"重组、虚假重组等情况的检查和监管,严厉打击利用并购重组进行内幕交易、市场操纵、利益输送等违法违规活动。

(三)规范发展债券市场

研究发展绿色债券、可续期债券、高收益债券和项目收益债券,增加债券品种,发展可转换债、可交换债等股债结合品种。发展企业资产证券化,推进基础设施资产证券化试点,研究推出房地产投资信托基金(REITs)。深化债券市场互联互通。

(四)稳妥推进期货及衍生品市场发展

适应金融改革和产业风险管理需要,在充分评估、严防风险的基础上,做好原油等战略性期货品种的上市工作,完善股票期权试点,推进白糖、豆粕农产品期货期权试点。加大对商品指数期货、利率及外汇期货研发力度。稳步推进"期货+保险"、"粮食银行"、"基差报价"、"库存管理"等创新试点,进一步拓展期货市场服务"三农"的渠道和机制。研究论证碳排放权期货交易,探索运用市场化机制助力绿色发展。

(五)扩大资本市场双向开放

进一步拓宽境内企业境外上市融资渠道,研究解决H股"全流通"问题。完善合格境外机构投资者(QFII)、人民币合格境外机构投资者(RQFII)制度,逐步放宽投资额度,推动A股纳入国际知名指数,引导境外主权财富基金、养老金、被动指数基金等长期资金加大境内投资力度。启动深港通,完善沪港通,研究沪伦通。

推进自贸区金融开放创新试点。吸引境外机构投资者通过QFII、RQFII、沪港通和自由贸易账户等多种渠道参与交易所债券市场。

推动港资、澳资机构在境内设立合资证券、基金经营机构。支持证券基金期货经营机构境外子公司的发展。深入推进内地与香港基金互认,稳步推进香港互认基金在内地注册。做好跨境监管交流与合作。

三、强化监管本位,防范市场风险

(一)健全制度,促进市场平稳运行

继续推动健全资本市场法律制度体系,适应市场情况,及时填补制度漏洞,提高制度有效性。

规范杠杆融资。进一步完善证券公司融资融券业务逆周期调节机制,合理控制业务规模,促进融资和融券业务均衡发展。依法管理、严格限制杠杆比例过高的股票融资类结构化产品,禁止证券基金期货经营机构为民间配资提供资金和便利。加强对各类股市杠杆融资的风险监测、识别、分析和预警。

严格程序化交易管理。针对我国程序化交易中存在的突出问题,细化证券公司、期货公司为经纪客户提供程序化交易系统接入的规定,完善证券基金期货经营机构在自营、资管、公募基金管理中采用程序化交易的监管要求,维护公平交易环境。

强化期货市场交易管理。制定实控关系账户管理细则和异常交易监管规则,研究完善认定标准及自律监管措施。规范发展股指期货市场交易,合理控制交易持仓比例和期现成交比例,有效抑制过度投机。

加强跨市场联动交易管理。建立期货与现货、场内与场外、公募与私募等多层次资本市场的统一账户体系,实现跨市场交易行为的统一识别和监控。加强对资本市场与其他金融市场之间、境内外资本市场之间"共振"影响的评估研判。

促进资产管理业务规范发展。整合完善证券基金期货经营机构资产管理业务管理办法,统一业务规则,明确监管标准。制定出台统一的证券基金期货经营机构资产管理业务自律规则,强化对资管产品备案、风险监测的自律管理。

(二)从严监管,强化制度规则执行

要把监管制度规则立起来、严起来,切实做到法规制度执行不漏项、不放松、不走样。事中监管要抓早抓小、抓实抓细,坚决遏制苗头性、倾向性问题,不能因未出现大的风险就放过。事后监管要依法从严处罚,严厉打击各类违法违规行为。

加强对投资者适当性管理和开户审查的监管,确保客户身份信息的真实性。加强证券期货账户管理,严格落实账户实名制,坚决查处各类转借账户以及开立虚拟账户、子母账户和"拖拉机"账户等违规使用账户的行为,坚决取缔各类非法证券期货业务。加强对证券基金期货经营机构信息系统外部接入的管理,确保交易指令必须在公司自主控制的系统内全程处理,其他任何主体不得对交易指令进行发起、接收、转发、修改、落地保存或截留。

建立健全上市公司信息披露制度规则体系,推进简明化、差异化、分行业信息披露。完善上市公司股权质押信息报送和披露规则。完善大宗交易减持信息披露规则,增加具体受让人信息。完善停复牌制度,缩短停牌时间,减少随意停复牌现象。统一上市公司行政监管措施实施标准。加强非上市公众公司监管,落实现场检查工作规程。强化"新三板"挂牌公司制度规则执行和自律管理要求。

多部门联合惩戒机制是我国资本市场诚信建设的重要举措。要认真落实多部门联合签署的《关于对违法失信上市公司相关责任主体实施联合惩戒的合作备忘录》和《失信企业协同监管和联合惩戒合作备忘录》,对被证监会及其派出机构依法予以行政处罚、市场禁入的上市公司及其控股股东、实际控制人、持股5%以上的股东、上市公司收购人、重大资产重组的交易各方,以及这些主体的董事、监事、高管人员等责任主体,严格实施联合惩戒,让失信者"一处失信、处处受限"。

(三)强化一线监管,提高监管有效性

强化交易所、中国结算、期货市场监控中心的市场交易行为监察监控,落实违法违规行为的发现责任。从大数据监管、全视角监控要求出发,打造独立运转、功能强大的市场交易一线监管部门。加强期现货市场实时数据的交换共享,统一归集数据信息,实现跨市场监察。

加强对公募基金流动性监管,进一步完善监管规则,建立公募基金流动性风险综合防控机制。对私募基金等"类金融机构"在"新三板"挂牌和融资活动,要深入研究并加强监管。加大对利用"举牌"搞利益输送、老鼠仓等违法违规行为的查处力度。加强对会计师和律师事务所、资产评估机构等证券服务中介机构的监督检查,督促其提高执业质量。落实随机抽查检查对象、随机抽取检查人员、检查结果公开的"两随机、一公开"制度,定期开展常规性检查。

完善会机关、派出机构、交易所、协会、其他会管单位的协作联动监管机制,细化工作对接流程,实现对上市公司、非上市公众公司、证券基金期货经营机构、私募基金管理机构的全方位监管协同。充分发挥派出机构贴近一线的优势,重视从现场检查、非现场监管等过程中发现的风险苗头、隐患,形成通畅的信息上报、反馈工作机制。在风险处置过程中,重视信息传递和共享,发挥全系统的工作合力。对注册地和业务管理总部不在同一地的证券基金期货经营机构、私募基金管理机构,要加强派出机构之间的监管衔接和检查配合,重大事项明确牵头单位。加强信息沟通和案例推广,着力解决对同一监管对象的重复监管和重复检查、同一类违法违规行为监管尺度不一的问题。

(四)强化风险防范,严厉打击违法违规行为

建立健全债券市场风险防控体系、监测指标体系、债券台账和报告制度。加强债券回购风险管理,明确结算参与人责任,控制投资主体杠杆倍数,引入和完善债券估值,加强质押券折扣率动态管理。推动建立市场化、法治化的信用违约处置机制。

开展互联网金融风险专项整治,规范互联网股权融资活动,摸底排查风险隐患,严厉查处违法违规行为,妥善处理风险案件。规范私募投资基金运作,组织力量排查以私募基金名义搞非法集资、利益输送等问题和风险,及时查处纠正。

继续做好各类交易场所清理整顿工作,重点配合有关方面做好清理整顿和风险处置工作。抓好贵金属类交易场所专项整治措施落实。严厉打击非法证券期货活动。

持续打击违法违规行为,保持高压态势。抓紧出台线索发现、证据认定有关制度规则和标准。进一步优化稽查局、稽查总队、专员办、交易所和36家派出机构的稽查执法职能定位和分工协作机制,建立健全以调查组为基础单元的组织管理制度和质量内控体系,加快形成定位准确、分工合理、特点鲜明、优势互补的多层次稽查执法体系。优化专项执法的组织模式,严厉打击重点改革领域和市场各方高度关注的违法违规活动。以破解取证难题、提高执法效率为重点,强化与通信、反洗钱等部门的外部协作,务实优化行刑衔接。

(五)加强投资者保护工作

研究出台证券期货投资者适当性管理制度。发挥投资者保护局和投保基金公司、投资者服务中心的"一体两翼"机制作用,动员市场主体与监管部门共同做好投资者保护工作。创新投资者保护和服务方式,运用市场化手段,开展持股行权试点。持股行权要坚持普通股东的地位,符合法律法规的要求,符合公司治理规范,符合监管规定和自律规则。

把投资者教育放在突出位置。投资者保护工作要更加贴近投资者和市场的实际需求,督促各市场主体多渠道开展投资者教育,充分揭示产品风险,引导投资者树立理性投资理念,自担风险,自负盈亏,提高风险意识和自我保护能力。加强对投教基地的工作指导,鼓励有条件的机构建设投教基地,方便社会公众就近、便捷获取教育资源。继续扩大国民投资理财教育试点。

开展热线投诉直转市场经营主体试点,落实市场经营主体的首要责任。推广热线投诉与调解对接。推进纠纷调解机制、诉讼与调解对接机制建设。开展证券期货仲裁试点。组织投资者保护的自查、抽查、检查,并及时向社会公开结果,强化内部约束和外部监督。

(六)加快监管基础设施建设,强化监管保障

2016年是中央监管信息平台建设的攻坚年。要持续推进监管业务需求数据集中统一到中央数据库,加快历史数据和新增数据入库,确保数据出口、传输、入口和使用的安全,规范开展数据使用授权。启动已上线试运行业务监管子系统的培训、推广、使用,使中央监管信息平台切实服务好监管工作。

启动中央监控系统建设。抓紧完成中央监控系统需求框架设计并投入建设,建成稽查案件线索及数据分析平台。连通沪深交易所和中金所监控系统,实现会机关对期现货市场交易情况的实时查询、数据下载和处理等功能。

强化信息采集和分析研判。强化一线单位对市场信息、数据、案例、政策执行以及建议意见的报送,切实发挥中央监管信息平台、中央监控系统的信息集成作用。加强系统内、行业内形势分析和信息交流工作。

做好证监会权力和责任清单编制试点。按照国务院统一部署,全面梳理现有权责事项,分门别类,没有法定依据的,予以取消,确有必要保留的,按程序办理。拟取消和下放的权责事项,要建立第三方评估机制。保留的行政权责事项,要按照透明、高效、便捷的原则,制定行政权力运行流程图,切实减少工作环节,提高科学化、规范化水平。

四、强化依法合规诚信经营,切实履行应尽职责

证券基金期货经营机构、上市公司、私募基金等都是市场主体,与市场同呼吸、共命运,必须以强烈的社会责任感和勇于担当的精神,勤勉尽责,为资本市场健康发展作出积极贡献。

(一)促进证券基金期货经营机构合规经营

证券期货行业先后经历了初期摸索、综合治理、规范发展等阶段,既有试错纠偏的曲折,也有创新探索的不易。近几年来,行业服务覆盖面拓宽,基础功能逐步完备,规模不断壮大,整体实力稳步提升。新形势下,证券基金期货经营机构必须下大力气提高发展质量和水平。

一要坚持正确的创新方向。近几年来,行业开展了一些创新探索,取得了积极成效,应予充分肯定。但在创新中也出现了一些问题,有的过于倚重搞资金融入融出、赚取利差等资金中介类业务,"以钱炒钱",偏离了服务实体经济的宗旨;创新业务和产品追求高杠杆,加剧了市场波动;热衷于扩张通道类业务,偏离了现代资产管理方向。证券基金期货经营机构开展创新业务要紧紧围绕服务实体经济宗旨和资本市场中介

服务的基本定位，不能为创新而创新。产品创设和新业务推出要坚守法律法规底线，做好风险评估论证，紧扣企业多元化融资需求和投资者多样化财富管理需要，推动解决企业融资难、融资贵和居民财富管理的问题。要加强对证券基金期货经营机构创新的规范和引导，对新产品、新业务要及时制定监管规则，做好风险监测监控和持续监管，确保监管及时有效、到位不越位。

二要全面落实"了解你的客户"原则。全面落实"了解你的客户"原则，是各类金融机构的法定责任和义务，也是国际通行惯例。"了解你的客户"，就是要充分了解客户的身份、财产与收入状况、投资经验和风险偏好等信息，审查客户身份信息的真实性、准确性和完整性。不少机构在开立证券期货账户、外部接入信息系统中，未按规定审查、了解客户真实身份，未采取可靠措施采集、记录、识别客户身份信息，未实施有效的客户回访、检查等程序，为非法证券期货业务活动提供了便利。全面落实"了解你的客户"原则，要在完善制度、健全流程、明确责任、强化督促落实等方面狠下功夫。完善制度，就是要对照各项监管要求，转化细化为公司内部管理制度；健全流程，就是要从信息采集、信息存储、身份审查、信息更新、客户回访等各个环节，建立健全相应的操作流程；明确责任，就是要切实将各个环节的职责落实到具体岗位、具体人，并强化内部责任追究；强化督促落实，就是要定期对各个环节落实情况进行检查，绝不能流于形式。今年，要加强对证券基金期货经营机构落实"了解你的客户"情况的监管和检查，对落实不到位的，依法采取监管措施；对拒不落实、仍然为非法证券期货活动提供便利甚至协助客户造假的，依法严厉查处。

三要加强投资者适当性管理。把合适的产品卖给合适的投资者，是证券基金期货经营机构必须遵循的原则。不少机构在销售金融产品、提供服务过程中，风险揭示不充分，填了一堆表格，但根本就没有用。证券基金期货经营机构要真正树立以客户为中心的理念，切实强化适当性管理，建立以投资者专业判断能力和风险承受能力为核心的客户分类制度，完善客户动态评估机制，建立各类金融产品和服务的风险评估制度，确保提供的服务或销售的产品与客户的风险承受能力相匹配。要加强对投资者适当性的监管，严格投资者适当性管理要求，真正将适当性管理作为加强投资者保护的重要内容，强化监管力度。对证券基金期货经营机构及其分支机构的适当性管理工作开展随机检查，对适当性管理不到位的，要采取监管措施，并在分类评价中予以从严扣分处理；对因适当性管理不到位导致客户频繁投诉的，要严肃追究公司及相关人员的责任。对"新三板"、创业板、融资融券、金融衍生品等领域的适当性管理情况，也要进行针对性检查。

四要强化风险管控。加强风险管控就是要充分考虑自身风险承担能力，重在稳健经营上下功夫。一些机构风控意识不强，风控能力与业务增长不匹配，一些机构过度扩张资产管理规模，发生多起违约事件，兑付风险高企。一些公募基金未经审慎风险评估，高比例集中持有创业板股票，自身风险积聚的同时，也给市场造成了较大风险，特别是在股市异常波动期间一度出现流动性问题，险些酿成行业危机。近期的压力测试显示，一些公募基金的流动性风险不容小视。流动性风险具有外溢性，容易引发连锁反应，始终是金融机构最致命的风险。证券基金期货经营机构要树立主动风控、全员风控的理念，着力健全风险管理体系，控制投资杠杆和集中度，做好极端情形下的压力测试，制定应急预案，建立健全自身的流动性保障和应对机制，切实防范风险外溢。

五要强化守法合规。依法经营、合规诚信是证券期货行业的生命线。有的机构履职尽责不到位，不认真落实承销保荐把关责任，甚至与发行人合谋造假，扰乱市场秩序；有些机构放任从业人员发表煽动性、不专业、不负责任的言论或研究报告，误导市场舆论；有些从业人员没有执业底线，缺乏职业操守，近三年有数十名从业人员因涉嫌违法犯罪被行政处罚或者被公安机关调查，有的机构甚至多名高管人员涉案。各家机构必须加强员工教育，把守法合规、勤勉尽责的经营理念让每一位从业人员刻骨铭心。必须强化内部管理，不要一发生从业人员违法违规，就归结为个人问题，推脱管理责任。

六要强化社会责任意识。履行社会责任是社会主义市场经济中证券期货行业价值的重要体现。长期以来，一些机构的领导和从业人员重自身利益、轻社会责任，有的甚至急功近利、唯利是图。在股市异常波动期间，有些机构不仅未能担当起稳定股市的责任，反而放任违法违规行为，影响极其恶劣。证券基金期货经营机构与资本市场的健康发展休戚相关，必须切实增强社会责任感，培育健康向上的行业文化，增强"抱团取暖"的精神，自觉维护市场秩序和行业形象，自觉服务于资本市场改革发展和我国经济社会发展大局。要加强对行业机构履行社会责任的引导和监督，强化行业自律，督促行业提升履行社会责任的自觉性和主动性。

（二）促进上市公司规范发展

经过20多年的培育和发展，我国上市公司规模逐步扩大，质量稳步提高，核心竞争力不断增强。截至2015年底，我国境内上市公司2827家，总市值53.13万亿元。上市公司是资本市场健康发展的基石，代表着"中国企业"形象，肩负着推动经济社会发展的重任。

一要公开透明，给投资者一个真实的公司。公开透明是上市公司信息披露的法定义务。有的公司选择性披露，报喜不报忧；有的公司随意更名编造题材，迎合市场炒作；有的公司信息披露模板化、格式化，缺乏针对性。上市公司要始终把信息披露真实、准确、完整、及时、公平的"十字要求"铭记在心、落到实处，主动增加自愿披露内容，为投资者决策提供更充分的依据。创新运用多样化沟通渠道，加强与投资者的互动。要加强对上市公司信息披露的监管，针对信息披露方面的新情况新问题，一线监管要快速响应，及时采取针对性措施，规范停牌行为，加强对"举牌"上市公司行为信息披露的监管，提高信息披露质量。

二要维护中小股东合法权益。上市公司要公平对待每一位股东，坚决抵制控股股东利用持股优势挖地下通道、搞利益输送。当前不少企业盈利压力大、现金流趋紧，要提防上市公司控股股东、实际控制人占用上市公司资金问题卷土重来。上市公司要牢固树立保护中小股东利益就是保护全体股东利益的经营理念，综合运用网络投票、征集投票权机制为中小股东参与公司决策提供便利。要加强对上市公司维护股东合法权益情况的监管，对未按照规定分红、侵犯中小股东权益的，坚决采取监管措施。

三要规范运作。上市公司要立足于公司价值持续增长进行市值管理，坚决不搞伪市值管理、真欺诈操纵；立足于做强主业进行融资，不能总想"以钱炒钱"、赚快钱。董监高不得利用职权谋取私利或为他人谋利，要远离虚假披露、市场操纵、内幕交易三条高压线，更不能沦为少数利益者的代言人。要加强对上市公司现金分红、市值管理、并购重组和再融资等重点领域的专项检查，对检查发现的问题，要及时采取监管措施，涉嫌违法违规的，要及时立案查处。要加强对上市公司董监高及大股东的培训，推广最佳公司治理和规范运作的实践案例，树好标杆，促进上市公司规范运作。

(三)促进私募基金依法诚信运作

私募基金是我国财富管理行业的新生力量，丰富了居民投资理财渠道和方式，也是资本市场的重要投资者。私募基金行业要立足于服务实体经济和满足居民多元化投融资需要，不断提升行业价值。

一要坚持诚信守约。私募基金行业本质是"受人之托、代人理财"，诚信忠实、契约精神是安身立命之本。随着社会财富管理需求的增长，近年来私募基金发展迅速，但也出现了一些鱼龙混杂、良莠不齐的突出问题，比如有些私募基金管理人不如实填报信息，不如实登记多地注册的多个关联机构或分支机构，长期"失联"，甚至违反合同约定，私自改变投资方向，欺骗投资者搞利益输送等。要强化对私募基金的诚信约束，对诚信缺失的私募基金管理人，要通过取消登记、信息公示、纳入"黑名单"、纳入诚信档案等措施予以惩治，不能让害群之马损害全行业声誉。

二要坚持依法合规。私募基金作为资产管理行业的一员，公司法、合伙企业法、信托法、基金法等法律法规对资产管理的有关规定和私募投资基金监督管理办法的规定，都是必须严格遵守的。现在不少私募基金管理人法律意识淡薄、合规意识缺乏。有的公开推介私募产品，承诺保本保收益，向非合格投资者募集资金；有的因投资失败而"跑路"；有的借私募基金名义搞非法集资，涉案金额巨大，涉及投资者众多，造成了极为恶劣的社会影响。加强私募基金监管，既要抓紧完善相关法律法规，健全监管制度，全面加强对宣传推广、投资管理、利益冲突、客户资金安全等风险多发环节的专项检查，同时要严惩私募基金的违法违规行为，逐步消除风险隐患。

三要强化行业自律。私募基金是面向特定对象提供资产管理服务的行业，行政监管相对较少，行业自律应发挥基础性作用。但是，有些私募基金从业人员自律意识不强，不具备从事资产管理业务的基本素质和能力；有些私募基金管理机构内部管理混乱，没有健全的内控制度，在股市异常波动期间使用高杠杆融资导致风险失控，大面积清盘，加剧股市波动；有些私募证券基金管理人利用非公开信息操纵市场非法获利。要进一步强化行业自律约束，建立声誉约束机制，抓紧制定完善私募基金募集行为管理办法和内部控制、信息披露、投资顾问、托管外包、合同指引等自律规则，增强行业自律的内外部约束。

五、加强证监会系统党的建设和干部队伍建设

(一)全面加强系统党的建设

各级党委要成立全面从严治党领导小组，党委书记挂帅，相关党委成员及有关部门参加，专门研究党的建设相关问题。各级领导班子和党员领导干部要把抓党建作为首要任务，党委书记要切实履行第一责任人职责。要加强理想信念教育，严格政治纪律和政治规矩，增强政治意识、大局意识、看齐意识和核心意识，在思想上、政治上和行动上坚决同以习近平同志为总书记的党中央保持高度一致，确保中央政令畅通。

要在全体党员中开展"两学一做"学习教育，即学党章党规，学习近平总书记系列重要讲话，做合格党员，履行党员义务，立足岗位奉献。

(二)加强各级领导班子建设

要认真贯彻执行民主集中制，健全并严格执行"三重一大"决策制度，认真践行"三严三实"，加强党性锻炼和党纪教育，严肃组织生活，提高班子整体能力素质。

加强对各级领导班子的综合研判和统筹规划。既要分析研判班子调整的岗位需求和人选储备，做到及早谋划、心中有数，避免"急用现拿"，又要研判班子日常运行状态，完善班子动态管理，避免人岗不适、贻误工作。继续推进后备干部库建设，采取切实措施大力培养、锻炼优秀年轻干部。合理把握选拔优秀年轻干部和统筹用好各年龄段干部的关系。

严格履行选人用人的领导把关责任。坚持好干部标准，严把动议关、考察关、程序关，领导班子、一把手、分管领导和组织部门都要自觉履行把关责任。继续发挥征求纪检部门意见、核查个人事项报告、审查干部档案等把关作用，相关核查程序前移，做细做实。进一步强化民主推荐、谈话考察等环节中各级领导班子、各层面干部群众的把关作用，让大家充分反映、表达意见，把干部考准考实。

推进干部"能上能下"。"干部能上"是增量优化，"干部能下"是结构调整，都是用人导向。要研究推进领导干部能上能下的实施细则，核心是细化"下"的具体情形，明确条件、程序，认真整治为官不正、为官不为、为官乱为等不适宜担任现职的情形。

(三)坚持全面从严管理

一要层层传递压力。各级党委班子和领导干部首先要把纪律和规矩挺在前面，严格自律，以上率下。要加强上一级领导班子对下一级领导班子的管理，同时加强对本级单位的干部管理。从严管理，不是党委书记一个人管，也不是组织部门一家管，分管领导、所在单位(部门)、处室都有管理责任，压力要一级传一级，一直传到一线干部。组织人事部门、纪检部门要发挥好职能部门作用。

二要严格执行制度。严肃组织人事纪律，坚决防止跑官要官、说情打招呼、带病提拔，实行干部提拔全过程纪实。认真落实轮岗交流、任职和公务回避、离职审批等制度。

三要惩防并举。对发现的个人事项报告失实、违规因私出国(境)、档案造假等情形，要研究提出处理意见，该处理的要处理，该纠正的要纠正，该批评的要批评。同时，要注重干部日常管理，特别是要抓早抓小、抓苗头抓倾向，要重视采用谈话、谈心、提醒等预防性措施。

四要"互动"管理。各单位、各部门要组织多种形式的学习和培训，把政策、规定、要求讲清楚，让干部知晓、明白、遵守，纪律和规矩要让干部看得见、摸得着，从严管理不能搞成"冷漠"管理、"对立"管理，要互动起来，要让干部体会到信任不能代替监督，严管才是真爱。

这里，我再讲一下会管单位管理。2015 年 6 月实施的《中国共产党党组工作条例(试行)》规定，国家金融监管部门党委履行主体责任，包括对本部门和下属单位要担当的责任，如讨论决定下属单位工作规划部署、机构设置、干部队伍管理、党风廉政建设等重要事项。证监会印发了加强会管单位管理的若干意见和加强会管单位贯彻落实"三重一大"决策制度指导意见等文件，但执行的还不到位。有些会管单位习惯于强调自己的特殊性，长期放任，自行其是，总觉得会里管得多了、宽了，不习惯、不愿意接受监督管理。从中央规定、巡视要求和证监会系统实际来看，会机关、派出机构和各会管单位，只有分工不同，从严管理的要求和标准是一样的。必须严格执行中央有关规定，要结合巡视、审计等工作，加强监督检查，强化问责追责，2016 年要重点检查中央巡视组和证监会巡视组巡视意见的整改落实情况。

（四）强化纪检监察工作

抓好执纪问责，坚决把纪律规矩挺在前面。认真核查巡视移交问题线索，重点加强对涉及重要权力部门和重点岗位人员的问题线索核查。严格贯彻落实廉洁自律准则和纪律处分条例，综合运用纪律审查“四种形态”加强执纪监督。深入落实中央八项规定精神，坚持从严查处不放松，坚决防止“四风”问题反弹。

突出监督重点，强化对权力运行的监督制约。抓紧推出防止利益冲突制度。对已经出台的制度，要组织落实情况的专项检查。用好廉政监察手段，全程留痕，不定期抽查，突出对重点部门、重点地区、重点单位的监督。认真抓好稽查办案十项禁令的落实。加强对系统选人用人的监督。采取专项巡视、专项审计等方式，强化对会管单位重大工程、重要项目、对外投资等事项的监督。

强化主体责任，加强纪检监察队伍建设。强化系统单位党委书记和部门主要负责人的主体责任意识。进一步加强系统单位专职纪委书记配备工作。做好纪检监察机构派驻证监会工作，探索对试点单位纪检监察机构的垂直领导和管理。加强巡视队伍和机关纪委建设，充实相关职能。

（五）提高监管执行力

加强督查督办工作，对重要部署、重点工作开展督查，执行不力的要严格问责。各派出机构、交易所、协会都要进一步依法落实管理职责，把工作重点转到抓管理、防风险上来，发挥好辖区监管、一线监管和自律监管的职能作用。要加强执行力考核，围绕加强事中事后监管，将执行力纳入各级领导班子和领导干部考核评价体系，强化履职管理。

（六）多方面调动干部积极性

资本市场发展变化快，各项任务很重，系统内广大干部压力很大，干部离职也比较多，对此我们要正确对待，变压力为动力，砥砺前行。

一要坚定信念、保持定力，鼓舞士气、提振信心。要引导广大干部增强事业责任感、使命感，大力倡导立足本职、甘于奉献的精神，珍惜职业荣誉、专业价值和岗位奉献，促进形成合理的干部职业发展预期。

二要着力提高干部队伍能力素质。加强会党校主阵地教育，更加突出党性教育和理论学习。多渠道、多方式培养锻炼干部，重点围绕监管能力不适应等问题，有针对性地开展干部培训。

三要关心干部、爱护干部，真心关切、及时回应干部合理诉求。要加强干部思想政治工作，加强文化建设，增进干部交流沟通，增强凝聚力，增加归属感。领导干部要采取多种方式听取干部职工意见，动员全系统力量，齐心协力，攻坚克难，久久为功。干部职工在政策规定范围之内的活动、待遇、福利，要有保障，依法合规帮助解决干部职工工作生活中的实际困难，对一时不能解决的，也要加强宣传解释。进一步加强各级工会、团组织建设，开展好党团、工会活动。

同志们，今年是全面建成小康社会决胜阶段的开局之年，我们要在以习近平同志为总书记的党中央坚强领导下，按照党中央、国务院的决策部署，求真务实，锐意进取，攻坚克难，开拓创新，为促进资本市场长期稳定健康发展、服务全面建成小康社会作出不懈努力！

再过三个星期，猴年春节就要到了，我谨代表会党委，给大家拜个早年，祝大家身体健康，新春愉快，万事如意！

积极发挥财政职能　大力推动创业创新

财政部部长　楼继伟

推动大众创业、万众创新是经济发展新常态下稳增长、调结构、惠民生的重要举措，对增强经济内生动力、推动创新驱动发展、促进经济提质增效具有重要意义。财政部认真贯彻落实党中央、国务院的决策部署，加大政策创新与制度建设，发挥市场在资源配置中的决定性作用和更好发挥政府作用，根据创业创新需要加大财税政策扶持，加快构建有利于小微企业发展的政策环境和制度环境，促进形成大众创业、万众创新的生动局面。

一、对小微企业实行减税降费，不断扩大优惠政策范围

今年以来，在财政收支矛盾较为突出的情况下，依然较大幅度地加大了对小微企业的减税降费力度。小型微利企业减半征收所得税的范围从 2015 年 1 月 1 日起，由年应纳税所得额 10 万元以内提高到 20 万元，同时继续执行小微企业增值税、营业税起征点由月销售额 2 万元提高到 3 万元的政策。上半年，全国小微企业减税 486 亿元，其中：239 万户纳税人享受了小型微利企业所得税优惠，减税 86 亿元；2700 多万户小微企业享受了暂免征收增值税、营业税优惠政策，减税 400 亿元。经国务院批准，从 10 月 1 日起，进一步扩大减半征收企业所得税小型微利企业的范围，由年应纳税所得额 20 万元以内提高到 30 万元，按照有关法规对小型微利企业的界定，这次调整实际上是把减半征税优惠政策扩大到了所有的小型微利企业。同时，为合理引导政策预期，将增值税和营业税免税优惠的执行期限延长至 2017 年底。这两项政策对小微企业的减税规模预计超过一千亿元。实施普遍性降费措施，对小微企业免征组织机构代码证书费等 42 项行政事业性收费，每年可减轻小微企业负担 100 多亿元。

二、启动双创城市示范，营造有利于创业创新的良好环境

为鼓励具备条件的地方先行先试，探索更加有效的支持模式，财政部会同工信部、科技部、商务部、工商总局联合启动了“小微企业创业创新城市示范”。将对小微企业的个别企业、个别项目的支持，改为对示范城市的整体支持；将分部门分行业专项推进，改为多部门联合实施，形成政策合力。为加大支持力度，2015 年中央财政按 3 年示范奖励总额的 70% 拨付资金 84 亿元，由示范城市统筹使用，并要求把资金支持重点放在“破解发展瓶颈，创造良好发展环境”上来，针对创业者在市场信息、公共服务等方面的需求加大政策扶持，积极引导示范城市提供低成本、便利化、开放式的众创空间，减免场地租金等费用，降低创业创新门槛；引导示范城市加快构建网络化综合服务平台，为小微企业提供创业辅导、人才培训、检验检测等多元化服务，提升公共服务质量和效率；引导示范城市推动体制机制创新，在商事制度改革、促进创业便利化、健全融资担保体系等方面积极探索创造经验。今年经过公开竞争选拔,将杭州、合肥、成都、长沙、江门等15个城市纳入首批示范。根据示范城市提出的目标,3年内将带动地方及社会投入超过400亿元,政策覆盖260万户小微企业,新增2200万个就业岗位,促使小微企业营业收入实现9万亿元,技术合同成交400亿元,在全国发挥示范引领作用。

三、推动设立国家中小企业发展基金和新兴产业创投引导基金,努力拓宽创业创新融资渠道

为缓解中小企业融资难、融资贵,切实增加中小企业股权投资资本量,经国务院批准,中央财政将整合资金出资150亿元,吸引企业、金融机构和地方政府共同出资,成立600亿元规模的国家中小企业发展基金,专注于投向工业、农业、科技、教育、文化等各行业领域的种子期、初创期成长型中小企业。同时,为促进战略性新兴产业发展,中央财政出资不超过200亿元,设立400亿元规模的新兴产业创业投资引导基金,引导投向早中期创新型企业,加快培育和发展智能制造、新能源等新兴产业。以上两只基金规模合计达到1000亿元。两只基金均坚持政策性引导,中央财政通过适当让利等机制设计引导社会资本投向;均实行市场化运作、专业化管理,基金的发起设立、投资管理、到期退出均按商业化原则操作,实行所有权、管理权、托管权分离,委托若干专业的基金管理机构负责运行管理,政府发挥引导和监督作用,不干预基金运行。初步预计,两只基金设立正常运转后,在母基金参股基金层面可带动社会资金总规模达到3500亿元。

四、完善促进就业创业的财政政策,不断强化政策支持力度

推动实施更加积极的就业政策,把创业和就业结合起来,以创业创新带动就业,进一步强化财政政策扶持。支持创业担保贷款发展实施,将小额担保贷款调整为创业担保贷款,贷款额度由针对不同群体的5万元、8万元、10万元不等统一调整为10万元,个人贷款基础利率上浮3%以内的部分由财政贴息,2015年中央财政安排贴息奖补资金106亿元。实施更加积极的促进就业创业的税收优惠政策,将企业吸纳就业税收优惠的人员范围,由失业一年以上调整为失业半年以上的人员;高校毕业生、登记失业人员等重点群体从事个体经营的,可依法享受税收减免政策。鼓励高校毕业生就业创业,将求职补贴调整为创业就业补贴,对象范围扩展到已获得国家助学贷款的毕业年度高校毕业生。2015年中央财政安排就业补助资金445亿元,用于促进包括高校毕业生在内的各类劳动者就业创业。

此外,继续实施促进中小企业发展的政府采购政策,通过预留采购份额等措施,提高对中小企业特别是小微企业政府采购的比重;以发展代理记账服务为重点,加强对小微企业的专业化服务;等等。

总的看,财政综合运用税收优惠、财政奖补、创投基金、政府采购等政策手段,形成了有力有效的政策组合。下一步,按照国务院有关要求,将继续做好以下工作:一是抓好政策落实,加大税收优惠政策宣传力度,使符合条件的小微企业都能享受到税收减免;对双创城市示范开展动态监测和评估,积极放大示范政策效应;抓紧国家中小企业发展基金和新兴产业创业投资引导基金的设立运行,尽早发挥政策效益;督促创业担保贷款、政府采购等支持措施在基层落地生根。二是创新完善财政政策体系,根据政策评估情况,及时调整完善相关政策措施,提高政策精准性与有效性,同时加大对地方的指导力度,推动各地进一步完善普惠性政策,形成更加有效的支持模式。三是加强政策协同,使财政政策更好地同金融、科技、产业等政策相统筹,加快推动中央财政科技计划管理改革,事业单位科技成果使用、处置和收益管理改革等,大力促进科技创新。

适应与引领经济发展新常态,需要激发全社会创业创新热情,汇聚经济社会发展新动能。国家财政将积极发挥职能作用,更好地促进大众创业、万众创新,打造经济发展新引擎。

(此文系楼继伟部长10月19日在2015年全国大众创业万众创新活动周高峰论坛上的发言)

建立更加公平更可持续的社会保障制度

财政部部长 楼继伟

党的十八届五中全会通过的《中共中央关于制定国民经济和社会发展第十三个五年规划的建议》(以下简称《建议》)指出,要建立更加公平更可持续的社会保障制度。这是对党的十八大和十八届二中、三中、四中全会有关精神的继承、丰富和发展。我们要认真学习领会,扎实推进社会保障制度各项改革。

建立更加公平更可持续的社会保障制度是全面建成小康社会的重要内容

社会保障是人民群众的"安全网"、社会运行的"稳定器"和收入分配的"调节器",具有优化资源配置、促进社会公平和保障国家长治久安的作用。经过长期努力,特别是"十二五"时期的攻坚克难,我国社会保障体系有了长足发展,基本形成社会保险、社会救助、社会福利和慈善事业相衔接的总体框架。

制度体系日趋健全。"十二五"时期,全面建立城镇居民养老保险、城乡居民大病保险、疾病应急救助、临时救助等制度,涵盖各类群体、针对各类基本需求的社会保障制度体系基本形成。

体制改革深入推进。机关事业单位养老保险改革顺利实施,不同性质单位基本制度安排的"双轨制"问题正在解决。新农保和城居保整合为城乡居民基本养老保险。改革医保付费方式,规范医疗服务行为,控制医药费用不合理增长。

保障人群持续增加。截至2014年底,职工和城乡居民养老保险参保人数分别达3.1亿和4.7亿,比2010年底增长34.8%和319.6%。职工医保、居民医保和新农合三项基本医保参保人数超过13亿,总参保率在95%以上。其他社会保障制度受益人群也不断增加。

保障水平明显提高。企业职工基本养老保险的基本养老金月平均水平2015年达到2200多元,是2010年的1.7倍。职工医保、城镇居民医保和新农合政策范围内住院费用报销比例2014年比2010年平均提高约10个百分点。城市和农村低保平均标准分别由2010年底的每人每月251元和117元提高到2014年的411元和231元。

但也应看到,目前社会保障制度设计和运行还存在一些深层次矛盾和问题。在经济进入新常态以及人口老龄化、新型城镇化加快推进的背景下,这些矛盾和问题会成为我国经济社会发展的制约因素,突出表现在:一是社会保险制度没有体现精算平衡原则,基金财务可持续性较差。"十二五"时期,企业职工基本养老保险基金支出年均增长18.6%,收入年均增长12%,支出比收入增幅高出6.6个百分点;全国职工医保基金和城乡居民医保基金支出增幅比收入增幅分别高出2.5和5个百分点。二是政府、企业、个人以及中央和地方之间责任分担机制不合理,收入保障和提供医疗卫生等公共服务的职责过度向政府集中,医疗卫生和社会保障服务机构运行机制比较僵化。三是制度条块分割,不同社会保障政策之间以及社会保障政策与其他政策之间的衔接配套有待加强,碎片化问题突出。这就要求进一步改革完善社会保障体系,增强社会保障制度的公平性和可持续性,使发展成果更多更公平惠及全体人民。

建立更加公平更可持续的社会保障制度必须遵循的基本原则

"十三五"时期,社会保障改革发展要贯彻落实中央精神,按照"四个全面"战略布局的总体部署,坚守底线、突出重点、完善制度、引导预期,以大力推进体制机制创新、合理界定政府与市场职责为主线,以确保制度更加公平更可持续和增强制度的统一性、规范性为着力点,以促进精算平衡、强化激励约束、推动制度整合、完善筹资机制为核心,确保社会成员合理分享改革发展成果。

立足基本国情,以保基本为优选目标,防止高福利倾向。我国仍处于社会主义初级阶段,生产力发展水平总体较低,社会保障事业发展的经济基础较弱。同时,我国人口年龄结构将发生显著变化,在总和生育率下降与人均预期寿命延长等因素的推动下,老年人口占比不断上升,老年人口高龄化日益突出。社会保障制度建设要合理把握改革力度和进度,根据经济社会发展基本情况以及个人、企业和财政等方面的承受能力,以满足人民群众基本需求为目标,合理确定社会保障项目和水平。要防止脱离经济社会发展和社会结构的实际情况,超出财政承受能力,以拔苗助长的方式推进社会保障制度建设和提高保障待遇水平,避免重蹈一些国家陷入"高福利陷阱"的覆辙。

坚持精算平衡,增强制度可持续性,防范经济社会风险。精算平衡是社会保险的基本原则。宏观上,要根据人口、经济等因素合理确定并及时调整社会保险政策特别是待遇计发办法,确保基金中长期收支平衡;微观上,要使参保者的缴费与收益密切挂钩,实现激励相容,调动其参保缴费的积极性。进一步深化社会保障特别是社会保险制度改革,要按照精算平衡原则,对现有政策进行系统梳理和评估,坚持公平与效率、权利与义务、统一性与灵活性相结合,科学合理设定制度参数、待遇计发办法,促进社会保险基金自求平衡,实现制度长期稳定运行。

加强制度整合,提升制度公平性,防止结构性矛盾和社会不公。在坚持不懈地推进单项社会保障制度改革完善的同时,更加注重从整体上进行制度的顶层设计,实现各项制度的有效整合和成熟定型。按照"全覆盖"的要求,进一步提高养老、医疗和其他社会保险制度的参保缴费率,扫除参保"盲点"和"死角",防止重复参保;推动社会救助和福利制度实现应保尽保;通过优化整合制度、加强政策衔接、提高统筹层次,有效解决社会保障制度碎片化问题;逐步弱化城乡之间、地区之间、群体之间社会保障政策和待遇水平差异,进一步体现公平性。

注重责任分担,合理均衡各社会主体之间的责任,防止过分增加全体纳税人负担。建立更加公平更可持续的社会保障制度,需要全社会共同努力。充分发挥政府、企业、个人的作用,形成强大合力。适度均衡责任分担,市场机制能够提供的保障职能,政府不要越俎代庖;该由个人和单位承担的社会保障责任,政府不要大包大揽,防止责任过度向政府集中,实际上是让全体纳税人担责。建立健全多层次保障体系,以社会救助为托底层,社会保险为主体层,社会慈善、企业年金、职业年金和商业保险为补充层,加强各层次之间的衔接。适时适当降低社会保险费率,为补充保险留出发展空间。合理划分政府间社会保障事权,按照外部性、信息复杂性和激励相容"三原则",根据养老、医疗卫生、社会救助等事务的特点,合理确定中央和地方政府的支出责任。大力推进政府购买服务和政府与社会资本合作,积极引导社会力量和社会资本参与提供养老、医疗卫生、社会救助等服务。

建立更加公平更可持续的社会保障制度的主要任务

《建议》围绕建立更加公平更可持续的社会保障制度,提出了一系列重要任务。要按照《建议》作出的改革部署,全力抓好养老和医疗两大重点,统筹社会救助体系建设,进一步深化社会保障制度改革,确保按期完成各项改革任务。

加快推进养老保险制度改革。一是完善职工养老保险个人账户制度。建立透明易懂的收付制度,加强个人缴费与待遇水平之间的联系,做到多缴多得、长缴多得,鼓励参保缴费。随着退休人员预期寿命的延长,合理调整个人账户养老金计发月数。改进个人账户记账利率办法,研究完善个人账户余额继承政策。同时,进一步健全城乡居民养老保险参保缴费激励约束机制。二是实现职工基础养老金全国统筹。统筹考虑制度设计、中央与地方事权和支出责任划分等相关问题,积极稳妥推进职工基础养老金全国统筹,增强调剂基金余缺能力。三是丰富社会保险基金收入来源渠道。拓宽社会保险基金投资渠道,推进基金市场化、多元化、专业化投资运营。逐步提高国有资本收益上缴公共财政比例,2020年提高到30%,更多用于保障和改善民生。划转部分国有资本充实社保基金。四是渐进式延迟退休年龄。综合考虑我国人口结构、就业结构变化趋势和社会保障可持续发展要求,出台渐进式延迟退休年龄政策。五是加快发展补充养老保险。完善企业年金和职业年金个人所得税递延纳税政策,扩大个人税收递延型商业养老保险试点,鼓励职工参加个人储蓄性养老保险,推动建立多层次养老保险体系。六是建立基本养老金合理增长机制。以职工和居民收入为基础合理确定基本养老金水平,建立综合考虑收入增长、物价变动等主要因素的正常调整机制。

改革医疗保险制度。一是健全医疗保险筹资机制和报销比例调整机制。建立居民医保和新农合筹资水平与医疗费用增长速度以及其他相关因素合理挂钩的科学调整机制。合理强化医保个人缴费责任,增强居民医保和新农合制度的社会保险属性。研究实行参加职工医保的退休人员缴费政策。坚持适度保障原则,建立与筹资水平相适应的报销比例调整机制。二是全面实施城乡居民大病保险制度。完善大病保险制度,覆盖所有城镇居民医保、新农合参保人群，与医疗救助等制度紧密衔接，共同发挥托底保障作用，有效防止发生家庭灾难性医疗支出。三是发挥医保控费作用。改革医保支付方式，推进按人头付费、按病种付费和总额预付等复合付费方式，控制医疗费用不合理快速增长。鼓励商业保险机构参与医保经办。改进个人账户，采取门诊统筹报销模式，对费用较高的慢性病和门诊大病给予更好保障，提高医保基金使用效益。实现跨省异地安置退休人员住院医疗费用直接结算，为参保群众提供便捷服务。四是整合基本医疗保险制度。理顺居民医保和新农合管理体制，加快城乡居民基本医疗保险制度整合步伐。将生育保险和基本医疗保险合并实施，降低运行成本。五是鼓励发展补充医疗保险和商业健康保险。积极鼓励发展企业和个人共同负担的补充医疗保险以及个人投保的商业健康保险，建立多层次医疗保障体系。在落实对基本医疗保险、补充医疗保险税收优惠政策的基础上，完善个人购买商业健康保险的个人所得税税前扣除优惠政策。

统筹社会救助体系建设。加强社会救助政策衔接，专项救助不再锁定低保对象，减少福利捆绑，针对救助对象医疗、住房、就业、教育等方面的特殊情况提供差别化救助。实行扶贫政策和低保政策有效衔接，对贫困人口应保尽保。整合基本生活救助制度，针对现行社会救助政策“单向叠加”、不同制度对同一困难类型或同一类救助对象重复保障的问题，统一按困难类型划分社会救助制度。制定和完善救助申请对象财产信息核查办法，建立跨部门、多层次的救助申请家庭经济状况核对机制。合理划分中央和地方政府的基本生活救助支出责任，并由中央和地方分别负担不同的救助项目或救助对象支出，以发挥中央促进基本公共服务均等化和地方掌握信息优势的两个积极性。支持发展慈善事业，积极引导社会力量参与社会救助。

把握世界大势　提高开放水平

——学习贯彻习近平总书记系列重要讲话的体会

商务部部长　高虎城

习近平总书记在12月5日中共中央政治局第19次集体学习时强调：“开放带来进步，封闭导致落后”，“以对外开放的主动赢得经济发展的主动、赢得国际竞争的主动”；他还指出：“历史告诉我们，一个国家要发展繁荣，必须把握和顺应世界发展大势，反之必然会被历史抛弃”，“在新的历史条件下坚持和发展中国特色社会主义，必须坚持走自己的路，必须顺应世界大势”。深刻领会习近平同志系列重要讲话精神，我们必须把握好世界大势，与时俱进，勇于担当，坚持对外开放基本国策，不断扩大对外开放、提高开放水平，在百舸争流的全球化大潮中，实现中华民族伟大复兴的中国梦。

把握经济全球化大势　争取对外开放的主动权

习近平同志指出：“要准确把握经济全球化新趋势和我国对外开放新要求”，“努力在经济全球化中抢占先机、赢得主动”，“我们为此作出全面深化改革的总体部署，着力点之一就是以更完善、更具活力的开放型经济体系，全方位、多层次发展国际合作，扩大同各国各地区的利益汇合、互利共赢”。这一论断既高屋建瓴地指出了必须顺应经济全球化大势，也充满自信地指明了中国进一步扩大开放的总方向。

经济全球化进程不会改变。进入新世纪，信息技术的普及和全球价值链的深化成为经济全球化的重要推动力量，世界各国相互依赖和利益交融程度进一步加深，纷纷通过扩大开放促进自身发展，避免被边缘化的命运。金融危机后保护主义一度有所抬头，但经济全球化仍在曲折中前行，推动全球化的两个轮子出现“多边慢、区域快”的新特点，多哈回合已谈了13年，何时结束仍难预料。主要发达经济体改弦更张，试图通过构筑高水平的自贸区网络，为今后“定规矩、树标杆”，谋求竞争的制高点和发展的主动权，探索新的开放途径。

对外开放是抓住全球化机遇的必由路径。当今世界是开放的世界，全球经济是开放的经济。上世纪80年代我们抓住了世界产业革命机遇，通过改革开放特别是入世主动参与经济全球化，综合国力上了一个大台阶。当前，第三次工业革命或“工业化4.0”正在来临，面对难得的新机遇，正如习近平同志指出的，“历史的机遇往往稍纵即逝，我们正面对着推进科技创新的重要历史机遇，机不可失，时不再来，必须紧紧抓住”，“维护和延长我国发展的战略机遇期”。客观地讲，我国的开放仍有很大潜力，2013年服务贸易仅为美国的1/2，对外直接投资存量仅为美国的1/10、英国或德国的约1/3。国务院发展研究中心的研究表明，我国对外开放度尚处于或低于世界平均水平。我们要实现“两个一百年”奋斗目标，仍然需要主动参与全球化，使经济社会更加开放。

推进更高水平的对外开放。党的十八届三中全会对全面深化改革作出了战略部署，提出构建开放型经济新体制。站在新的历史起点上促进新一轮对外开放，是我们勇于担当的历史责任。我们要加强开放的顶层设计与战略布局，凝聚开放的共识、增强开放的自信、理清开放的思路、提高开放的能力，积极把握开放主动权，再创新一轮开放红利期。在开放的原则方面，要坚持内外统筹，兼顾当前利益和长远利益；把握好开放的节奏、力度和顺序，以国内改革发展的需要为依归，最大程度地为我国发展争取利益；坚持合作共赢，做经济全球化的推动者、贸易投资自由化的践行者、国际规则的参与制定者以及和谐世界的建设者。在开放的重点方面，推进“一带一路”建设，扩大内陆沿边开放，推动形成更高水平的开放格局。放宽投资准入，推进金融、教育、文化、医疗等服务业有序开放，扩大对外投资。坚持双边、多边、区域次区域开放合作，加快自由贸易区建设，形成面向全球的高标准自由贸易区网络。

把握世界变革大势　更好地以开放促改革

习近平同志强调，“纵观世界，变革是大势所趋、人心所向，是浩浩荡荡的历史潮流。现在世界各国都在加快推进变革,特别是新一轮科技革命和产业变革正在孕育兴起","以开放促改革、促发展,是我国发展不断取得新成就的重要法宝"。在事物发展过程中,旧的矛盾解决了,新的矛盾还会产生。以开放的思维和胸襟,引入外部活力,有助于解决改革进程中的各种难题。

当今世界处于大变革时期。当前,新一轮科技革命和产业变革正在进行,电子信息、新能源、生物、新材料等领域的革命性突破随时可能出现,智慧工厂、互联网金融、分布式能源、远程教育和医疗等新型业态不断涌现。这将引发国际竞争和分工格局的深刻变化,迫使主要大国加速自身的调整与变革。美国政府致力于变革,正推动金融监管、医疗制度等一系列改革,实施"出口倍增"、"制造业回流"等计划,以图保持全球经济领先地位。日本实施结构改革和超宽松货币政策,应对严重的人口老龄化。欧洲改革福利制度和劳动力市场,致力于财政紧缩与经济增长的平衡。面对世界变革大势,只有乘势而上、自我革新,才能把握主动权。我们必须紧跟世界变革潮流,通过开放促进体制改革和产业升级,争取全球竞争的战略主动。

全面深化改革亟需开放这一动力。习近平同志指出,我国改革已进入攻坚期和深水区,"刻舟求剑不行,闭门造车不行"。回顾36年改革开放历程,改革与开放是我国发展的两大动力,是孪生兄弟,改革为开放创造体制基础和内在条件,开放也是改革,为改革提供经验借鉴和活力源泉。面对改革中难啃的"硬骨头",需要更高水平的开放增加改革动力。十八届三中全会《决定》中的60条改革任务,约70%可以通过开放来推动,如促进国家治理现代化、增强市场的决定作用、转变政府职能、建设法治中国、促进公平竞争、建设国家创新体系等。全面审视中国改革发展大势,我国的开放不是被动之举,而是自身的内在要求。不开放没有出路,开放止步不前也没有出路。

加大以开放促改革的力度。要借鉴国外先进理念、规则、技术和管理经验,促进国家治理体系和治理能力现代化。抓住全球产业重新布局机遇,培育国际经济竞争新优势。积极开展对外谈判,通过遵守规则或履行承诺,扩大市场准入,推动国有企业、投资体制、相关产业特别是服务业的改革。更加注重发挥外资的技术溢出和综合带动效应,统一内外资法律法规,抓紧起草外资"三法"修订草案,建设法治化国际化营商环境。加快"走出去"步伐,提高国际化经营能力。转变外贸发展方式,创新加工贸易模式,鼓励企业形成技术、品牌、质量、服务等新优势,加快由"制造"向"创造"、"智造"转变。搞好中国(上海)自由贸易试验区试点,积累改革开放的新经验,做到"改革不停顿,开放不止步"。

把握文明互鉴大势　为国际经贸规则注入更多中国元素

习近平同志指出,"我们应该坚持包容精神,推动不同社会制度互容、不同文化文明互鉴、不同发展模式互惠","积极参与国际经贸规则制定,争取全球经济治理制度性权力","我们不能当旁观者、跟随者,而是要做参与者、引领者"。当前,国际经贸规则正面临新一轮重构,我们要抓住机遇,为国际经贸规则贡献更多"中国智慧"。

文明互容互鉴互通的历史潮流势不可挡。人类文明源远流长、灿烂辉煌,欧亚大陆曾涌现出中华文明、印度文明、巴比伦文明、波斯文明、阿拉伯文明等诸多文明系统,非洲大陆的埃及文明举世闻名,美洲大陆曾有玛雅文明等,可谓"五色交辉,相得益彰;八音合奏,终和且平"。各种文明的交流推动了人类的共同进步。进入新世纪以来,随着信息技术的飞速发展和人员往来的日益密切,各种文明的互动空前活跃,"西方中心论"趋于式微。中华文明有许多具有世界意义的精华值得继承发扬。中国人自古就主张和而不同,我们有理由相信,国与国之间、不同文明之间能够平等交流、相互借鉴、共同进步,各国人民共享世界经济科技成果,各国人民意愿都得到尊重,共同推动建设持久和平、共同繁荣的和谐世界。

现行国际经贸规则的文明元素偏于单调。国际经贸规则某种程度上是世界文明的制度化体现。只有充分吸收各种优秀文明成果,规则才更包容、公正、合理。二战后,美英法等国主持制定了一系列国际经贸规则,客观上营造了稳定的国际环境,促进了世界经济发展,但这些规则主要体现了西方价值,对非西方文明考虑不够,存在不公正不合理之处。国际金融危机也暴露出全球经济治理的明显缺陷。尽管如此,发展中国家在规则中也可积极作为,争取正当权益,经过反复博弈,1964年联合国成立了贸发会议,世贸组织的特殊与差别待遇条款多达145条,多哈回合也被称为发展回合,在气候环境谈判中发展中国家承担"共同但有区别"的责任,为国际经济规则增添了更大的"发展成分",使其不断趋于合理。当前世界经济格局"南升北降"明显,国际经济规则面临重构,发达国家试图主导和引领新一轮规则,发展中国家也积极谋求更大的话语权。规则重构的过程,将是不同利益诉求艰苦博弈、不同文明理念碰撞交流的过程。只要新兴经济体和发展中国家主动作为,国际经济规则可能进一步增大"发展成分"和"非西方因素",继续朝着公正合理的方向发展。

在国际规则制定中发出更多中国声音。规则之争是发展权之争,是制度和领导力之争。中国经济体量大,不可能做"躲在蚂蚁后面的大象",也不可能像鸵鸟"把头埋在沙子里",需要我们增强制度文化自信,主动抢占制高点,谋划于我有利的规则体系。要在继续学习、遵守和运用现有规则的同时,密切跟踪规则演进趋势,全方位参与高标准规则谈判,争取在国际规则中体现中国思想。对于符合我国改革发展方向的领域,可与全面深化改革进程结合,以建设性态度积极参与。对于现在争议较大、长远对我有利的规则,可联合共同利益多的发展中国家,积极发出"南方声音"。对于我国有比较优势的领域,争取提出"中国方案",提高参与国际经济治理能力。

把握共同安全大势　把维护经济安全作为"新常态"

习近平同志强调:"坚持总体国家安全观,走出一条中国特色国家安全道路","既重视自身安全,又重视共同安全,打造命运共同体","积极倡导综合安全、共同安全、合作安全的新理念"。经济安全是国家安全的基础,如何在开放条件下维护好国家经济安全,成为一个重大课题。我们应树立开放的经济安全观,在扩大开放中动态地谋求安全。

谋求共同安全成为世界共识。经济全球化深入发展和全球价值链深度拓展,各国经济相互依存,"一荣俱荣、一损俱损",经济风险更容易在国家间传递,使经济安全呈现相互性、系统性和全球性特征。尽管世界各国都担心经济安全,但总体上走向更加开放而不是封闭。各国只有通过扩大相互开放,遵守共同国际规则,增加相互理解与合作,减少敌视与以邻为壑,才能有效联手防范风险,不可能"各家自扫门前雪,莫管他人瓦上霜"。比如国际金融危机后,二十国集团的宏观政策协调力度加大,表明防范共同风险、维护共同安全是新的时代潮流。

树立开放的经济安全观。对外开放总是机遇和挑战并存,风险与利益同在。开放中要始终坚持两点论,兴利除弊,化危为机。扩大开放对经济安全的影响是双重的，既因开放增强实力而更加安全，也因外部影响更大而风险因素增多。但总的来看，开放比封闭更安全、有实力才更安全。我们应努力实现对外开放与经济安全的有机统一，在扩大开放中动态地谋求更高层次的总体安全。综观世界历史，每个强国盛世都是开放的。从我国经验看，对外开放显著增强了经济安全，即使竞争力偏弱的汽车业，入世后在“与狼共舞”中也进步明显。中国越开放就越发展，越发展就越开放，对外开放不是权宜之计，而是长期任务，将伴随民族复兴的全过程。当然，我们的开放不是“傻大胆”，要自主把握开放的力度、程度和进度，做好开放中的内外统筹，敢放宽但要风险可控，开窗户但要装纱窗，牢牢把握开放的主动权。

切实提高经济安全保障能力。习近平同志强调，“要坚持底线思维，注重防范风险”。要守住核心利益，在涉及敏感议题时，凡是有可能触及社会主义制度、中国共产党领导和国家安全等红线的，绝不退让，不能拿原则做交易。加快培育国际竞争新优势，在开放中壮大软硬实力，夯实经济安全的根基。做到预防为主、应急为辅，把安全工作前置。完善反垄断、安全审查制度，强化经贸摩擦应对机制。采取综合对策，维护好粮食、资源能源、海外资产与人员安全，应对气候、生态、环保、知识产权等非传统安全，把握好金融、网络信息等安全要点，提高应急处置能力，坚定不移地维护国家主权、安全、发展利益。

习近平同志强调：“如果我们对世界大势认识不清，甚至茫然无知，就难以把握时代的脉搏，我们的事业就难以有新的开拓”。商务部门处在面对世界大势和对外开放的前沿，需要深入研究国内外大势，更加主动地以开放促改革促发展，更加自觉地为实现“两个一百年”奋斗目标做出更大贡献。

大数据，变革世界的关键资源

工业和信息化部部长 苗 圩

人类文明进步的每个阶段都有一张最具代表性的历史标签：19 世纪是煤炭和蒸汽机，20 世纪是内燃机、石油和电力。进入 21 世纪，由信息技术和互联网所引发的新一轮科技革命和产业变革更加深刻地诠释着人类进步的征程。其中，最具时代标志性的标签非大数据莫属，它好比是 21 世纪的石油和金矿，是一个国家提升综合竞争力的又一关键资源。

大数据既是一类数据，也是一项技术。作为数据，它呈现容量大、增长速度快、类别多、价值密度低等特征；作为新一代信息系统架构和技术，它能够对数量巨大、来源分散、格式多样的数据进行采集、存储，并进行关联性分析。大数据通过数据整合分析和深度挖掘，发现规律、创造价值，进而建立起从物理世界到数字世界和网络世界的无缝链接。大数据时代，线上与线下、虚拟与现实、软件与硬件重叠交错、跨界融合，将重塑我们的认知和实践模式，开启一场新的产业突破与经济转型。

我们正处于大数据变革的时代。移动互联网、智能终端、新型传感器快速渗透到地球的每一个角落，人人有终端、物物可传感、处处可上网、时时在链接，数据增长速度用几何式增长甚至爆发式增长都很难形容得贴切。有机构预计，到 2020 年全球数据使用量将达到约 44ZB（1ZB = 10 万亿亿字节），将涵盖经济社会发展各个领域。由此产生的革命性影响将重塑生产力发展模式，重构生产关系组织结构，提升产业效率和管理水平，提高政府治理的精准性、高效性和预见性。毋庸置疑，大数据将创造下一代互联网生态、下一代创新体系、下一代制造业形态以及下一代社会治理结构。

大数据还将改变国家间的竞争模式。世界各国对数据的依赖快速上升，国际竞争焦点将从对资本、土地、资源的争夺转向对大数据的争夺，重点体现为一国拥有数据的规模、活跃程度以及解析、处置、运用数据的能力，数字主权将成为继边防、海防、空防之后又一个大国博弈领域。各主要国家已认识到大数据对于国家的战略意义，谁掌握数据的主动权和主导权，谁就能赢得未来。新一轮大国竞争，在很大程度上是通过大数据增强对世界局势的影响力和主导权。

经过多年努力，我国已拥有全球最多的互联网用户和移动互联网用户、全球最大的电子信息产品生产基地、全球最具成长性的信息消费市场，培育了一批具有国际竞争力的企业。庞大的用户群体和完整的经济体系积累了丰富的数据资源，而工业互联网将进一步激发大数据发展的潜力，不断拓展信息产业新蓝海。

当前和今后一个时期，创新、变革、融合成为产业发展主旋律，蕴藏巨大发展机遇。随着我国经济发展进入新常态，无论保持经济中高速增长、促进产业迈向中高端水平，还是营造大众创业、万众创新的发展环境，大数据都将充当越来越重要的角色，在经济社会发展中的基础性、战略性、先导性地位也将越来越突出。

2015 年是我国建设制造强国和网络强国的关键之年，国家制定发布了《中国制造 2025》和“互联网 + ”行动计划，极大地激发了全民创新创业的热情，也明确了大数据发展的战略方向。日前，国务院常务会议通过了《关于促进大数据发展的行动纲要》，强调开发应用好大数据这一基础性战略资源。应按照建设制造强国和网络强国的战略部署，加强信息基础设施建设，提升信息产业支撑能力，构建完善以数据为核心的大数据产业链，推动公共数据资源开放共享，加快推动核心技术、应用模式、商业模式协同创新发展，将大数据打造成新常态下经济提质增效升级的新引擎，为经济发展和社会进步提供更加有力的支撑。

唯有制造强国才能变身世界强国
——工业和信息化部部长苗圩全面解读《中国制造 2025》路线图

《人民政协报》2015 年 11 月 17 日第 05 版

“当前，新一轮科技革命和产业变革与我国加快转变经济发展方式形成历史性交汇，国际产业分工格局正在重塑，我们必须紧紧抓住这一重大历史机遇，打造具有国际竞争力的制造业，这是我国提升综合国力、保障国家安全、建设世界强国的必由之路。”2015 年 11 月 8 日，工业和信息化部部长苗圩受邀在全国政协十二届常委会第十三次会议上做学习讲座，短短一个小时，苗圩向与会委员介绍了“世界制造业发展趋势和我国装备制造业状况”，作为从事了一辈子制造业的苗圩而言，在《中国制造 2025》上的这段话也是他最深刻的感受。他告诉本报记者，“18 世纪中叶开启工业文明以来，世界强国的兴衰史和中华民族的奋斗史一再证明，没有强大的制造业，就没有国家和民族的强盛。制造业是国民经济的主体，是立国之本、兴国之器、强国之基。中国制造由大变强这条路虽然艰难，但我们必须要坚持走下去，相信依靠我们的制度优势、中国人的聪明和勤奋、全社会的关注和支持，我们有信心一定能够实现既定目标。”

新一轮工业革命正在发生

“人类的工业生产经历了四个阶段，第一阶段是工业 1.0，即机械制造时代，主要特征是机械化生产；第二阶段是工业 2.0，即电气化与自动化时代，主要特征是大规模批量生产流水线；第三阶段是工业 3.0，即电子信息时代，主要特征是高度自动化、柔性化生产；第四阶段是智能制造时代，也称为工业 4.0，即国际金融危机后，全球范围内新一轮科技革命与产业变革蓄势待发，其中，新一代信息通信技术与制造业融合发展，是新一轮科技革命和产业变革的主线，对制造业生产方式、发展模式和产业生态等方面都带来革命性影响，制造业重新成为全球经济竞争制高点。”苗圩对于世界制造业的发展趋势熟稔于心。

苗圩介绍，从生产方式看，智能制造将成为制造业变革的重要方向，不管是美国先进制造伙伴计划、德国工业 4.0，还是新工业法国计划等发达国家制造业发展战略都将智能制造作为发展和变革的重要方向。智能制造包括智能化的产品、装备、生产、管理和服务，主要载体是智能工厂和智能车间。CPS（信息物理系统）是实现智能制造的重要手段，这一系统通过集成计算、通信与控制于一体，实现大型物理系统与信息交互系统的实时感知和动态控制，使得人、机、物真正融合在一起。利用这一系统可以实现传统制造业无法实现的目标，最典型的就是批量化定制生产，主要是在每一个制造环节嵌入多个生产模块，从产品下单开始，每一道工序都通过数字化管理和生产模块的无缝切换同每一件产品的生产要求进行匹配，在生产过程不间断的情况下实现了批量化定制。“过去的福特汽车采取流水线批量生产，不仅车型一样，连颜色都只有黑色一种。而现在德国大众打造的 MQB 平台（横置发动机模块化平台）在汽车生产的主要工序，可以支持超过 60 种车型批量化定制生产。”苗圩很感慨。

苗圩谈到，从发展模式看，绿色发展、生产性服务业发展日渐成为制造业转型发展新趋势。据介绍，绿色发展主要体现在两个方面：一方面，太阳能光伏、页岩气等新能源技术不断进步，清洁能源应用日渐成熟，制造业进一步向低能耗、低污染方向发展。另一方面，欧美的“绿色供应链”、“低碳革命”、日本的“零排放”等新的产品设计和生产理念不断兴起，节能环保产业、再制造产业等产业链不断完善，“增材制造”日益普及，进一步丰富了制造业绿色发展的内涵和方式。苗圩解释，“增材制造”技术又称“3D 打印”技术，是以数字模型为基础，将材料逐层堆积制造出实体物品的新兴制造技术。“最早人类采用的是‘等材制造’，如青铜器的铸造，不需要经过复杂加工。随着电的发明，人类开始采用‘去除 - 切削’加工技术进行‘减材制造’，而现在的‘增材制造’从原来的做‘减法’改成做‘加法’，所用的材料都是耐高温、高强度，毫无疑问节约了资源、提高了效率，是一种新的绿色发展技术和理念。”苗圩还强调，“卖产品不如卖服务”已经成为许多企业家的共识，推动企业生产从以传统的产品制造为核心向提供具有丰富内涵的产品和服务转变。例如，IBM 已成功转型为全球最大的硬件、网络和软件服务整体解决方案供应商；GE（通用电气）的“技术 + 管理 + 服务”所创造的产值已经占到公司总产值的 2/3 以上。

刚刚结束的党的十八届五中全会将创新发展列为五大理念之首，苗圩表示，“制造业的创新呈现新的发展趋势，即随着信息技术尤其是互联网技术的持续发展和应用，跨领域、协同化、网络化的创新平台正在重组传统的制造业创新体系。”苗圩介绍，传统的创新活动中，新技术新产品的推出很大程度上依赖于单个企业的技术研发和产业化等活动，如第一部商用手机的研究开发和生产基本上由摩托罗拉公司独家完成。随着产业分工日益细化，产品复杂程度不断提升，单个企业难以也无法覆盖全部创新活动，需要与不同创新主体联合，实现创新资源的优化配置，如网络化的众包、众创、众筹、线上到线下（O2O）等新型创新方式密集涌现都体现了时代的要求。这方面不乏成功的例子，如小米公司利用互联网作为创新交流平台，建立与客户互动的开放式产品开发模式，全面运营第一年，收入就达到 10 亿美元。

面对当下“互联网 +”的热潮，苗圩认为，“互联网 +”是一个很好的手段，如果运用得好，可以促进实体经济的发展，正是借助互联网的力量，内部组织扁平化和资源配置全球化日益成为制造企业培育竞争优势的新途径。苗圩介绍，一方面，从企业内部管理来看，很多企业运用互联网开放、协作与分享的特点，减少了企业管理的内部层级结构，在产业分工中更加注重专业化与精细化，企业的生产组织更富有柔性和创造性。例如，海尔将 8 万多员工变成 2000 多个自主经营的“小海尔”，最小的自主经营体仅有 7 人，形成了以销定产的敏捷供应链。从企业外部资源配置来看，制造业全球化步伐加快，生产、流通以及全球贸易方式都发生了巨大变化，企业通过网络将价值链与生产过程分解到不同国家和地区，技术研发、生产以及销售的多地区协作日趋加强。如宝马集团在全球建设了 35 个大型采购仓储中心，并由 1900 家供应商为其提供零部件和相关服务，从而形成了相互协作、相互依存的利益共同体。

中国制造面临“双向挤压”

让苗圩倍感压力的是，正是因为制造业出现上述新的发展趋势，世界主要经济体纷纷将制造业作为经济振兴的重中之重，发达国家纷纷制定“再工业化”战略，推动中高端制造业回流，并进一步加强全球产业布局调整，力图保持全球制造业领先地位。同时，发展中国家利用低成本竞争优势，积极吸引劳动密集型产业和低附加值环节转移，一些跨国企业直接到新兴国家投资设厂，有的则考虑将中国工厂迁至其他新兴国家，全球制造业格局将发生显著变化。“发达国家高端制造回流与新兴经济体争夺中低端制造转移同时发生，对我国形成‘双向挤压’。面对技术和产业变革及全球制造业竞争格局的重大调整，我国既面临重大机遇也面临重大挑战。”苗圩很有危机感。

目前，全球制造业已基本形成四级梯队发展格局。第一梯队是以美国为主导的全球科技创新中心。第二梯队是高端制造领域，包括欧盟、日本。第三梯队是中低端制造领域，主要是一些新兴国家。第四梯队主要是资源输出国，包括 OPEC（石油输出国组织）、非洲、拉美等国。“毫无疑问，世界各国都在争相介入新一轮国际分工争夺战中，随着比较优势逐步转化，全球制造业版图将被重塑。作为全球科技创新中心，美国在制造业基础及最前沿科技创新方面仍将处于领先地位。第二梯队中，德国、日本等国家地位将进一步巩固，一些后发国家有望通过技术、资本和人才积累，通过产业升级进入这一梯队。第三梯队中，大量的新兴经济体通过要素成本优势，积极参与国际分工，也将逐步纳入到全球制造业体系。”苗圩表示，中国现在处于第三梯队，目前这种格局在短时间内难有根本性改变，面对技术和产业变革及全球制造业竞争格局的重大调整，我国既面临重大机遇也面临重大挑战，当然机遇大于挑战，经过若干阶段的努力，提升位次完全有可能，希望到新中国成立 100 年时，把我国建设成为引领世界制造业发展的制造强国，为实现中华民族伟大复兴的中国梦打下坚实基础。

苗圩还谈到，我国已成为制造业大国，但还不是制造业强国，与先进国家相比，仍有较大差距。以装备制造业为例，主要的不足表现在：一是自主创新能力薄弱。大多数装备研发设计水平较低，试验检测手段不足，关键共性技术缺失。企业技术创新仍处于跟随模仿阶段，底层技术的“黑匣子”尚未突破，一些关键产品也很难通过逆向工程实现自主设计、研发和创新。二是基础配套能力不足。关键材料、核心零部件严重依赖进口，先进工艺、产业技术基础等基础能力依然薄弱，严重制约了整机和系统的集成能力。如我国拥有自主知识产权的“华龙一号”核电机组，虽然大部分设备实现了国产化，但是 15% 的关键零部件还依靠进口。三是部分领域产品质量可靠性有待提升。基础能力跟不上，制约了产品的质量和可靠性，突出体现在产品质量安全性、质量稳定性和质量一致性等方面。部分产品和技术标准不完善、实用性差，跟不上新产品研发速度。另外，品牌建设滞后，缺少一批能与国外知名品牌相抗衡、具有一定国际影响力的自主品牌。据不完全统计，世界装备制造业中 90% 的知名商标所有权掌握在发达国家手中。四是产业结构不合理。低端产能过剩、高端产能不足，产业同质化竞争问题仍很突出。而真正体现综合国力和国际竞争力的高精尖产品和重大技术装备生产不足，远不能满足国民经济发展的需要。

跻身一流方阵尚需时日

在中国经济下行压力不断加大的今天，许多人为服务业超越制造业成为国民经济第二大产业而欢呼，甚至认为中国可以逾越工业化发展阶段，直接进入以服务业为主导的经济结构。对此，苗圩认为，不管是从历史经验还是现实情况来看，这都是脱离实际的一种观点。“从世界工业化 300 年进程看，工业化是现代化的核心内容，也是实现现代化不可逾越的历史阶段；制造业是技术创新的最主要承担者，是国家竞争力不断提升的根本保障，美、德、日、英、法等经济强国都是从制造大国和强国发展起来的。从新中国建设和改革开放实践看，制造业在我国国民经济中的主导作用和支柱地位长期不会改变。没有高度发达的制造业，服务业发展就缺乏强有力的支撑；没有坚实的实体经济，服务业发展将成为无本之木，对于一个大国而言，就很难实现现代化，就很难在全球竞争格局中脱颖而出。苗圩强调，制造业的兴衰印证着世界强国的兴衰，装备制造业的崛起已经成为国家间博弈最重要的砝码。我国已经进入全面建成小康社会的决胜阶段，装备制造业已经成为实现中华民族伟大复兴这一中国梦的顶梁柱，也已经到了爬坡过坎、由大变强的重要关口。

党中央、国务院对于加快推动新型工业化，把制造业搞上去，把实体经济抓上去有着坚强决心，今年 5 月国务院制定印发了《中国制造 2025》，这是我国实施制造强国战略第一个十年的行动纲领。苗圩告诉记者，建设制造强国的任务艰巨而紧迫，并不能一蹴而就，需要至少 30 年的不懈努力：第一步，力争用 10 年时间，迈入制造强国行列；第二步，到 2035 年，我国制造业整体达到世界制造强国阵营中等水平；第三步，新中国成立 100 年时，制造业大国地位更加巩固，综合实力进入世界制造强国前列。

面对中国制造存在的“短板”，《中国制造 2025》给出了解决方案，即进一步巩固现有的发展优势，坚持创新驱动、智能转型、强化基础，在关键产业取得突破，通过做优做强中国装备，不断提高制造业国际竞争力。针对创新驱动，苗圩重点介绍了制造业创新中心，“在科技成果与产业化发展之间存在一个断层，也被称为‘死亡之谷’，为了破解这一难题，发达国家纷纷加快建设制造业创新中心，即通过建设创新平台和‘中试’系统，实现实验室技术向产品技术转移。按照计划，我国到 2020 年将建立 15 个左右国家制造业创新中心。”在加快智能转型方面，苗圩谈到，发展自主安全可控的装备是实现智能制造的关键。近年来，通过实施智能制造装备发展专项，促进了智能制造技术、智能测控装置、智能成套装备、数字化车间等的发展，有的技术填补了国内空白，打破了西方国家的技术垄断。下一步，要组织论证智能制造工程，研究确定工程目标和路线图，从智能制造装备和产品的安全可控、智能工厂/数字化车间建设等方面提出未来 5－10 年发展重点、目标和实施路径。至于强化基础支撑，苗圩表示，要解决重点产业发展的“卡脖子”问题，“从 2014 年开始，我们就围绕重点装备和重大工程需求，组织实施了工业强基工程，支持了航空航天关键基础材料、输电设备基础零部件等。除了做到基础强能力，还要集成上水平。”《中国制造 2025》明确了产业发展的十大重点领域，苗圩认为，打基础是为了避免建成空中楼阁，但并不妨碍在局部领域实现突破，“下一步，我们要突出高端引领，加强分类指导，实现重点突破。实施高端装备创新工程，组织实施大型飞机、航空发动机和燃气轮机、高档数控机床等一批创新和产业化专项、重大工程。开发一批标志性、带动性强的重点产品和重大装备，提升自主设计和系统集成能力，突破关键共性技术与工程化、产业化瓶颈，提高装备制造业创新发展能力和国际竞争力。”

为了做好上述工作，苗圩还提出了四条建议，分别是不断营造支持实体经济发展的环境；着力缓解制造业融资困难；健全多层次的人才培养体系；加快宽带网络基础设施建设。苗圩表示，如何将规划变计划，计划变行动，行动变效果，需要选择有限领域设定有限目标，积小胜为大胜，一步步扎实往前走，同时也希望广大政协委员继续关注和支持我国制造业发展，更多依靠中国装备、依托中国品牌，实现中国制造向中国创造的转变，中国速度向中国质量的转变，中国产品向中国品牌的转变，完成中国制造由大变强的战略任务。

在 2015 年全国城商行年会上的讲话

中国银监会主席　尚福林

（2015 年 9 月 22 日）

2015 年度城商行年会今天正式开幕了。在此，我代表中国银监会，对本届年会的顺利召开表示热烈祝贺！对安徽省委、省政府对本次年会给予的大力支持表示诚挚感谢！经过 20 年的艰辛努力，城商行改革发展取得了历史性进步。站在新的历史起点，我们要深入贯彻落实党的十八大和十八届三中、四中全会精神，按照“四个全面”战略布局，牢牢把握新常态下的新机遇，坚持做精做优的基本导向，积极推进城商行加快转型发展。下面，我讲三个方面意见。

一、城商行发展的历史贡献

20 年来，城商行经过重组合并、转机建制、转型发展，实现了历史性转变，对我国经济社会发展做出了重要贡献。

（一）成功化解了地方金融风险

历史地看，城商行是化解地方金融风险的产物。从上世纪 80 年代中后期开始，许多城信社由于内控缺失、经营违规、管理混乱，风险问题日益突出。到 1994 年，经历两次清理整顿后，仍然不良高企、风险巨大，全国 5200 余家城信社很多不良贷款率超过 50%，风险引爆点此起彼伏，保支付、防挤兑的任务紧迫艰巨。对此，党中央国务院果断决策，要求各地将城信社合并起来，转制为城市合作银行（随后整体更名为城商行），以化解存量风险、防控增量风险。

从结果来看，城商行不辱使命，较好地化解了城信社所积累的巨大地方金融风险。城商行组建后，以“办成真正的银行”为努力方向，经过“一级法人、两级核算”、“一级法人、统一核算”、“统一法人、现代治理”的三轮重大改革，逐步消除了城信社存在的散、乱、险等突出问题。新生的城商行按照“在发展中化解风险”的基本思路，通过“经营成果消化一块、新老股东承担一块、地方政府受让一块”等多种方式，成功化解不良资产 1800 多亿元，拯救了数千家高风险城信社，有效化解了经济转轨过程中积累的历史风险。事非经过不知难，城商行的艰难组建和风险化解，不仅锤炼了金融干部队伍，而且经验教训也有很大借鉴意义。

同时，城商行在防控增量风险方面，也经受住了严峻考验。尤其是在 1997 年东南亚金融危机和 2008 年国际金融危机冲击下，城商行没有发生大的系统性区域性风险事件，实现了逆势而上。经过 20 年的努力，城商行已经从原来整体风险高企、管理落后的艰难处境中走了出来，打造了一批客户口碑好、市场竞争力强的品牌银行，整体上进入了良性发展轨道。

（二）积极支持了地方经济发展

城商行作为地方信贷资源的挖掘者和当地居民金融服务的提供者，20 年来矢志不移，扎根本地，立足社区，默默奉献，为地方经济发展做出了不可或缺的金融贡献。

一是服务了地方产业升级。城商行充分利用熟悉本地市场、了解本地客户的优势，积极发掘当地推动产业升级潜力大、促进结构转型影响深的特色产业、特色企业、特色品牌，作为服务和支持的重点对象，通过更具针对性的融资安排、资金管理、结算服务等，助推其做强做优做大，取得了积极成效。近年来，不少城商行为当地发展特色旅游、文化创意、电子信息、生物医药等新兴产业提供有力支持，获得了多方肯定。

二是科学贯彻国家产业政策。城商行在推动产业政策落地过程中，注重将落实中央政策的刚性要求与当地具体实际情况的弹性诉求有机结合起来，为地方经济结构调整实现“软着陆”、“硬升级”做出了较大贡献。尤其是在落实压缩过剩产能、淘汰落后产能等国家产业政策过程中，对产业集中度高、单一产业比重大的城市，特别是钢铁、煤炭、石油等资源依托型城市，城商行坚持具体问题具体分析，积极探索差异化金融措施，对过剩产能中的先进与落后进行区别对待，同时积极推动落后产能平稳有序淘汰，缓冲了“一刀切”可能带来的冲击。

三是大力支持小微企业发展。城商行自成立之日起，就将支持小微企业作为重要的历史使命。这些年来，城商行通过优化服务流程、改进授信管理、创新业务产品，已成为各城市小微企业金融服务的重要“生力军”。截至 2014 年末，城商行小微企业贷款占全部贷款的比重高达 41.2%，显著高于商业银行 20% 多的平均水平。

同时，城商行还致力于改善城市居民生产生活息息相关的金融业务，无怨无悔地为千家万户提供工资、社保、养老金和水电气费等代发代收代缴服务，较好承担了社区金融的社会责任。

（三）完善了现代商业银行体系

国际经验表明，健全的商业银行体系，需要大中小商业银行分层布局、适度竞争、协同发展。改革开放前，我国是大一统的银行体系；改革开放初期，商业银行体系较为单一，服务地方居民和小微企业的地方性小型银行发展明显不足，难以满足经济社会多样化、多层次金融需求。对此，

1997年全国金融工作会议明确提出，要加快城商行组建步伐。按照中央精神，经过各方积极努力，全国先后成立城商行近150家，目前经过重组合并仍有134家，已成为我国数量较多、地域分布广泛的商业银行类别，构成了地方金融体系的重要组成部分，改善了我国银行体系的结构，填补了我国金融服务的一些不足。此外，经党中央国务院同意，鼓励民间资本进入银行业，设立小型银行，也改善了银行体系的内部结构。目前，城商行与其他商业银行一道，组成了全国性与地方性两级金融机构体系，形成了大中小商业银行市场竞争、共同发展的良好局面。

（四）活跃了金融市场

竞争是活跃市场的基本动力。城商行的出现，增加了金融市场竞争主体数量，拓宽了金融业务的竞争领域，提升了金融市场活力。

一方面，引入了数量较多的新竞争主体。城商行组建之前，我国商业银行法人机构数量不过10余家，且总部主要集中在经济较为发达的地区，不少城市金融市场的活跃度存在不足。城商行组建以后，100多家法人机构分布在各个城市，积极发挥在传统业务、特色业务、基层业务领域的比较优势，给城市企业和居民带来了不一样的金融服务体验，对大型银行带来了客户可以“货比三家”的竞争压力，促进了整体金融服务的不断改善。

另一方面，推动拓宽了金融服务的广度和深度。不少城商行在深耕当地业务和聚焦细分市场的过程中，在零售、小微、社区等领域坚持特色定位、做强特色业务，使得原来覆盖不到、服务不好的金融需求有了全新的供给者，金融服务薄弱领域得到了明显加强，金融服务空白部分得到了有效填补。部分城商行还抓住“互联网+”的历史机遇，利用大数据、云计算、移动互联等新一代信息技术，开设直销银行、网上商城，探索电视银行、微信银行等，为金融创新增添了新的力量。

（五）探索了我国银行改革的方法和路径

城商行在20年改革发展历程中，在优化产权结构、完善治理机制、重塑地方金融发展格局等三个重要方面进行的体制机制改革，为我国商业银行市场化改革提供了有益探索。

一是持续深化产权改革。城商行一直将产权改革作为全面深化改革的关键推手，通过从合作制到股份合作制，再到股份制的转变，推动股权结构从个人资本为主的股权过于分散状态、地方主导下的股权过于集中状态，逐步向境内外各类社会资本合作共治、联合共赢的股权合理均衡状态过渡，有效破解了“一股独大”、股权过于分散带来的治理难题，提升了城商行的公司治理现代化水平，激发了内部体制机制活力，增强了服务地方经济的适应能力。城商行积极引入民营资本，目前民营资本持股占城商行总股本的比重已达56%，为民营资本进入银行业提供了经验。

二是建立市场化的公司治理机制。城商行在转机建制过程中，一直将建立市场化的公司治理机制作为重要抓手，通过引入战略投资者、加强内部改革、公开上市等方式，在搭建现代商业银行治理架构方面进行了积极的探索，初步构建了符合自身特点的、市场化程度较高的公司治理机制，为我国商业银行探索符合我国国情和银行实际的特色化现代治理模式发挥了积极作用。

三是按照市场化原则推动联合重组，重塑地方金融发展格局。在监管引导和各方大力支持下，共有49家城商行和20家城信社，坚持市场自愿原则，通过重组、联合、收购和兼并等方式重组为11家城商行，实现了资源集成和品牌提升，优化了当地金融资源配置，改善了当地金融发展格局。

城商行改革发展成绩的取得，得益于党中央国务院的正确领导，得益于地方政府和社会各界的大力支持，得益于监管部门的科学引领，得益于城商行广大从业人员的不懈努力。借此机会，对大家卓有成效的工作表示衷心的感谢！

二、城商行发展的历史经验

过去20年里，城商行直面问题难点、抓住矛盾焦点，把握历史机遇、应对现实挑战，创新经营理念、探索商业模式，积累了宝贵经验。

（一）坚持扎根地方经济的市场定位

实体经济是金融的根基。城商行生在当地，长在基层，反哺社区，与地方经济一荣俱荣，一损俱损，扎根地方经济既是使命所在，也是市场选择。在战略定位上，城商行自组建以来，就将服务地方经济、服务中小企业、服务城市居民作为基本市场定位，自主地把支持地方经济融入到中长期发展战略规划、年度经营计划和日常业务拓展中，确保战略定位落地生根。从城信社发展历史情况看，城信社本来是为服务个体户和民营企业应运而生的，但由于定位不准，大多转为与大型银行争客户、争存款，导致高息揽储、高息放款，积累了严重风险。城商行设立后，坚持从市场定位入手，与小微企业共生共长，为市民生活服务，不与大型银行争地盘、抢存款，没有重蹈城信社覆辙，城商行的发展真正与地方经济融合在一起了。在业务重心上，充分利用“本乡本土”和“地缘人缘”优势，坚持专注当地、沉下身子，不断向县域和乡镇延伸机构和服务，不断向薄弱环节和空白领域倾注金融资源，努力做深、做精、做透本土市场，以优质的服务培育壮大本地客户，为地方经济发展注入了活力。

（二）坚持差异化、特色化发展道路

走差异化、特色化发展道路，既是城商行的比较优势所在，也是城商行竞争发展的必由之路。一方面，其他银行未覆盖到的金融服务需求，对城商行的差异化、特色化发展提出了要求。另一方面，与大型银行相比，自身实力有差距，市场竞争也迫使城商行差异化、特色化发展。这些年来，城商行随着对形势的认识越来越深刻，发展的思路越来越清晰，对差异化、特色化发展路径的探索越来越深入。一是积极构建特色化发展机制。不断探索契合地方实际和“小法人”特点的差异化经营理念和商业模式，合理运用强化资产负债管理、加强经济成本约束、优化绩效考核导向等方法，增强特色化发展的内生动力。二是着力打造独具特色的业务领域和展业模式。有的城商行率先将服务小微企业作为利润增长点、战略制高点和未来生存点，已经形成了一批服务小微的专业品牌银行；有的城商行结合当地经济特色，积极助推科技创新创业企业发展，已经有了一定的品牌竞争力；有的城商行错时营业、上门服务，获得了当地居民的广泛赞誉，为城商行的特色发展树立了标杆。

（三）坚持审慎监管、分类引领的理念

数百年金融发展史反复证明，有效监管是银行健康发展的重要前提。针对城商行所处发展阶段、风险状况、防控能力和经营管理水平差异较大的现实状况，我们一方面强调审慎监管的严肃性，坚持以统一的审慎监管标准严格要求城商行，为城商行树好监管标杆、定好努力方向；另一方面，注重分类监管的灵活性，结合各家城商行的实际与可能，制定分类达标策略，推动城商行一步一个脚印，稳步迈向稳健发展道路。一是始终坚持审慎监管的底线标准。明确所有城商行都要对标审慎监管标准，严禁超越政策法规红线。同时，大力加强监管压力传导,积极强化监管引领作用,激发城商行达到良好监管标准、增强改革发展活力的内生动力。二是积极探索科学分类方法。不断优化监管评级机制,做实做细分类监管标准,由以往的定性为主,逐步改为定量、定性并重,为分类监管提供了坚实的制度保障。三是积极践行扶优限劣原则。以提高城商行市场竞争力为目的,加大监管正向激励,鼓励管理能力强、经营业绩优的城商行积极创新,实现率先发展;大力督导经营管理不佳、风险状况较差的城商行逐步达标、稳步提升,尽快实现稳健发展;果断采取措施,推动高风险城商行平稳退市,拆除风险点。

(四)坚守不发生系统性区域性风险的底线

防范风险是银行业改革发展和监管的永恒主题。城商行所处的地域环境差异较大,面临的风险环境各不相同,自身承担风险的能力不是很强,城商行出现风险,从全国看是区域性风险,从地方看可能是系统性风险,相关各方必须把守住风险底线作为各项工作的重中之重。对银行股东等相关各方,努力把坚守底线的原则性和支持发展的灵活性结合起来,鼓励新老股东以注入资源化解风险换取监管支持,以治理水平和管理能力提升换取创新发展空间,激发其化解存量风险和防控增量风险的积极性,有效维护了市场对城商行的信心。对城商行自身,坚持强调其风险防控的主体责任,督促提高风险识别的前瞻性和风险应对的敏感性,及时解决苗头性风险、倾向性问题。由于金融风险具有突发性、传染性,许多城商行常分析日常经营情况,常做压力测试,及时化解风险隐患,初步构建了全面风险管理体系。各级监管部门,坚持风险为本理念和属地监管原则,发挥了中央与地方两个方面的积极性,形成了富有特色的双层风险防控体系。

(五)积极争取地方党委政府的理解支持

作为地方性商业银行,地方党委政府的大力支持是健康发展的重要保证。各城商行把争取地方党委政府的理解支持,作为一项重要的基础性工作,坚持常抓不懈。在化解历史风险方面,紧紧依靠地方党委政府,抓住地方经济高速增长、财政收入显著提高的历史机遇,坚持部分不良资产由地方政府以真金白银置换,推动风险真实有效化解。在服务经济发展方面,积极主动向地方政府汇报沟通,在网点设立上合理布局,在项目推荐上积极对接。在机构重组改制方面,紧紧依靠地方党委政府的有力指导,尊重城商行独立自主的市场主体地位,加强班子队伍建设。在信用环境构建方面,紧紧依靠地方党委政府完善信用环境,促请各级司法部门为清收不良、打击逃废债等提供积极支持。

三、城商行发展的历史使命

当前,城商行正处于改革发展的关键时期,要坚决贯彻落实党中央国务院决策部署,主动适应经济发展新常态,积极应对"三期叠加",加快转型发展,主动担当起与经济转型升级互动发展的历史使命。

(一)促进地方经济转型升级

在经济新常态下,地方经济转型升级任务繁重、时间紧迫。城商行作为服务地方的重要金融力量,必须有所作为,把促进地方经济转型的责任始终扛在肩上,把推动地方产业结构升级的任务牢牢抓在手上。

一是有效对接地方经济转型战略。关键是要按照国家主体功能区规划要求,准确把握地方经济结构转型调整、发展升级带来的新空间、新机遇,主动创新针对性强、附加值高的业务和产品,积极服务地方经济未来发展的战略重点,深度参与培育地方经济未来增长的潜力点,实现与当地经济发展转型战略的融合互动。

二是积极推进地方产业结构调整。要遵照国家产业政策,尊重产业发展规律,考虑地方资源禀赋,找准当地鼓励类产业发展的着力点、限制类产业政策实施的平衡点、淘汰类产业政策落地的切入点,通过信贷投向额度管理、利率风险定价策略、风险权重设定等市场化方式,有效保障金融服务重点,科学确定服务定价,确保鼓励类能够享受到金融支持的雨露甘霖;限制类中的优质企业享有差别待遇,不能"一刀切",过剩产能未必技术落后,有订单有发展的要支持;淘汰类要平稳过渡,平稳退出。

三是支持增强创新驱动发展能力。实施创新驱动发展是提高经济发展质量和效益的重要支撑。当地城商行要吃透自贸区、创新改革试验区、自主创新示范区等"试验田"的政策精神,创新金融配套服务等体制机制,强化股权融资、债权融资与信贷投放的衔接,注重融资服务、咨询服务、财富管理等金融服务的科学集成,动态满足大众创业、万众创新的特色化金融需求,让企业家、创业者腾出更多精力致力于创业创新。

(二)引领发展地方普惠金融

大力发展普惠金融,是我国全面建成小康社会的必然要求。城商行依托一方水土,服务一方百姓,开展普惠金融服务是义不容辞的责任。下一步,需要在以下方面多下功夫。

一是在普惠金融覆盖面上实现新突破。要继续推进网点下伸、人员下放、服务下沉,遵循简单、经济、实用原则,创新发展普惠金融,确保接地气、服水土、广受益,力争城市服务盲区全覆盖、薄弱领域有提升、弱势群体能惠及。

二是在普惠金融可获得性上实现新提升。关键要解决好服务门槛和服务价格两大问题。城商行要按照基础性服务注重成本节约、竞争性服务注重效率提升的思路,优化普惠金融服务流程,加大科技手段运用,降低服务成本;在风险可控前提下,合理精简开户、存取款、汇兑、贷款等方面的要件和证明。同时,还要积极做好残障人士等特殊群体的无障碍金融服务。

三是在信用信息基础设施建设上积极发力。城商行要发挥好熟悉当地文化、贴近社区居民、了解社情民意等比较优势,扩大信用记录覆盖面,基本实现小微企业、城市居民信用档案全覆盖。要创新金融信用产品,提升信用档案的综合价值。

(三)参与完善我国多层次银行服务体系

当前,我国已基本形成了多层次、广覆盖的金融体系。与国际相比,我国5家大型商业银行资产总额占比不到50%,美国大型银行的这一占比与我国差不多,加拿大3家大型银行的这一占比达到90%以上,欧洲大型银行的这一占比多在70%到80%之间,由此看来我国银行业竞争总体是比较充分的。但不同层次金融服务仍然存在不均衡、不完善的地方,总体呈现"两头小中间大"的格局。一头是高端金融服务,包括财富管理、大型企业综合融资服务等,还存在不足;另一头是小微企业、"三农"、城市社区等金融服务还有薄弱环节;传统工商企业信贷服务规模较大,同质化竞争问题比较突出。

城商行要充分发挥立足城市、立足居民、立足地方经济的独特优势,为进一步优化、深化金融服务做出应有贡献,而不能千行一面、追求作全能银行。要继续坚持"三服务"的基本定位,在差异化竞争和特色化发展方面进一步用功加力,精耕细作社区金融服务、市民金融服务、小微企业金融服务,切实改善相关领域金融服务薄弱局面。在传统工商企业金融服务领域,要根据当地企业金融需求特点,按照精细管理、精准服务的要求，改善业务流程，创新服务模式，切实提高特色服务的匹配度。在新型业务领域，要围绕提高核心竞争力，对市场进行精细划分，找准发展“蓝海”，弥补市场服务短板。另外，民营银行从一开始就要恪守“为实体经济特别是中小微企业、‘三农’和社区，以及大众创业、万众创新提供更有针对性、更加便利的金融服务”这一特色市场定位，避免走同质化竞争的老路。城商行、民营银行与大型银行同质化竞争，没有任何优势，只有差异化竞争才能立于不败之地。差异化竞争也是城商行和民营银行的唯一选择。

（四）探索银行转型发展新路径

银行转型提了很多年，但与经济社会对金融的需求相比还有较大差距，拼规模、垒大户、争牌照等问题仍然存在。城商行面临很大发展压力，规模小，人才缺乏，发展转型的必要性、紧迫性都很大。同时，城商行机制灵活，规模小，船小好调头，在转型发展方面有自身的优势，要争取当好“排头兵”。

城商行可分别探索专业市场领域的特色银行发展模式，以及特色业务领域的专业化银行发展模式。一方面，引导城商行积极推进向专业市场领域的特色银行转型，根据当地经济发展特点，选择具有发展潜力、契合自身特点的特定市场领域，作为发展转型的主战场，打造成独具特色的银行品牌。另一方面，城商行可以利用互联网、大数据时代的特点，重点致力于发展部分核心竞争力强、客户吸引力大的特色业务，切实做专、做精、做强，成为佼佼者。

城商行还要跟随客户需求变化及时调整服务理念、服务内容、服务方式，积极探索线上线下协作配合、共同促进的网络延伸模式，切实缩短管理半径、提高管理效能、提升管理精细化水平，为专业化发展、特色化转型提供有力支持。

（五）严密防范区域性金融风险

防范系统性区域性风险是银行业的重要使命。从抵御风险能力上看，小银行发生风险的概率会高一些。城商行在当地市场份额较大，是防范区域性金融风险的主力军之一，要坚决守住风险底线。

一是着力遏制不良贷款上升势头。在相当长一段时间内，防控信用风险仍然是城商行的首要任务。截至2015年6月末，城商行不良贷款余额升至1120亿元，不良贷款率1.37%，较年初增加0.22个百分点，“双升”压力较大。要通过不良核销、资产转让、贷款重组等措施消化存量，采取贷款重组、重签合同、收回再贷以及推动企业兼并重组等方式减少增量，有效遏制不良上升势头。同时，要兼顾支持实体经济。此外，还要按照“透明、隔离、可控”的原则规范跨界业务发展，加强银行融资与非银行融资之间的防火墙建设，切实防范外部风险向城商行传染。当前，经济金融形势较为复杂，跨业业务通过业务合作也可能将风险传染给城商行；还有一些社会案件，由于银行员工内外勾结，去卖一些违规开发的理财产品，造成了很坏的影响。如果说这件事管不了，或者说开了营业网点又难防范这种风险，那这个营业网点负责人就别干了；如果负不起这个责任，那这个网点干脆就撤了。

二是着力防范流动性风险。流动性风险往往是商业银行最致命的风险。银行各种风险出事时，最终都表现为流动性风险。城商行负债稳定性差，承受市场波动冲击的能力较弱，防范流动性风险更是如履薄冰。要及时开展压力测试，做好流动性风险识别、计量和监测，加强主动负债管理，优化负债结构，提升负债来源的稳定性、结构的多元性、成本的适当性。还要探索建立流动性互助机制安排，提升流动性风险抵御能力。

三是着力防控案件风险。近一段时间，城商行案件高发，大部分作案手法简单，有的涉案金额巨大，甚至影响到了机构的生存。对此，必须高度重视，抓紧开展案件风险隐患排查，及时报告案件信息，严肃追究责任，同时提高制度执行力，加强员工管理，切实把案件高发势头遏制住。

同志们，回望历史，20年来城商行取得了飞跃式发展，我们深感自豪；展望未来，我们充满信心。希望大家加倍努力，推动城商行再创辉煌，为全面建成小康社会、实现中华民族伟大复兴的中国梦做出更大贡献！

预祝本次年会取得圆满成功！

谢谢大家。

凝聚力量砥砺奋进　加快建设保险强国

——中国保监会主席项俊波在2015中国保险业发展年会上的致辞

（2015年8月18日）

各位嘉宾，女士们，先生们，朋友们：

很高兴出席2015中国保险业发展年会。首先，我代表保监会对年会的召开表示热烈祝贺！保险新国十条提出了发展现代保险服务业、建设保险强国的宏伟战略目标，为保险业指明了发展方向、提供了重要遵循。这次年会围绕保险强国建设主题开展研讨，具有重要的现实意义。

近年来，党中央、国务院高度重视保险业的发展，营造了前所未有的发展环境，创造了千载难逢的历史机遇。我们着眼于保险强国建设，推动行业服务能力提升和转型升级，实现了跨越式发展。2014年，我国保险业总资产突破10万亿元，保费收入突破2万亿元，增速比全球平均水平高13个百分点。今年上半年全国保费收入1.37万亿元，同比增长19.3%，在国民经济行业中表现抢眼。可以说，我国保险业已经成为全球重要的新兴保险大国，这为建设保险强国奠定了坚实基础。展望未来，我们对实现保险强国的美好愿景充满信心，对现代保险服务业的光明前景充满向往。下面，我就未来保险业发展的趋势谈几点看法，与大家交流。

（一）未来的中国保险业，将是发展非常迅速、规模不断壮大、与中华民族中国梦实现进程相适应的现代服务行业。

习近平总书记提出实现中华民族伟大复兴的中国梦，凝聚了全体中国人民的憧憬和期待。建设保险强国就是保险业的“中国梦”，也是每个中国人的“保险梦”。可以预见，未来20年乃至更长的一段时期，保险业将迎来快速发展的“黄金时代”。发展机遇非常难得。经济新常态下，国家实施重大战略的现实需要，政府创新社会治理的客观要求，企业应对市场风险的迫切愿望，群众增强风险保障的热切期待，都为保险业大展身手提供了广阔舞台。今后我国保险业将在更广领域、更深层次服务经济社会大局，“大保险”格局将日益清晰。发展环境不断优化。国家支持保险业发展的一系列政策正在落地，政策效应将逐步显现。各级政府对保险业的认识程度显著提高，更加注重运用保险机制承接公共服务、转变政府职能。全国上下掀起贯彻落实保险新国十条的热潮，社会上学保险、懂保险、用保险的氛围日益浓厚。发展优势逐步凸显。保险业提供“惠而不贵”的风险管理和保障服务，可以对冲风险、增强安全感，激发创业创造动力，促进经济提质增效升级。保险正在成为社会风险管理“工具箱”中最有优势、最具竞争力的选择之一，成为我国经济社会发展总体布局中的重要一环。

（二）未来的中国保险业，将是转型升级加速、跨界深度融合、核心竞争力不断增强的创新驱动行业。

现在，金融综合经营不断推进，科技进步突飞猛进，为保险业持续提供新的动力和条件，推动行业改革创新、升级换代。一方面，互联网等新技术将对保险业产生深远影响。“互联网+”依托跨时间、跨空间的特性，从产品设计、经营管理到服务模式各个层面深深影响着保险业。伴随着互联网活动的渗透影响，虚拟领域新的需求不断孕育，保险产品将更加丰富多元。伴随着大数据的广泛应用，保险经营管理将实现精准市场营销、精确风险定价、精细客户服务。伴随着遥感等智能技术的开发推广，实时监控、增值服务、个性化产品都将成为可能，行业商业模式将不断推陈出新。今后，保监会将本着鼓励创新、风险可控、稳步推进的原则，积极支持互联网保险发展。另一方面，金融跨界经营将给保险业带来深刻变化。纵观全球保险业发展历史，有一个从传统保险到现代保险的演进过程，这个过程从风险的互助分担开始，到现在保障功能日益丰富、金融属性不断增强。目前在金融行业壁垒逐步打破、产业界限日益模糊的背景下，保险业越来越多地直接面对其他金融机构、金融产品的激烈竞争。保险业要积极参与财富管理大市场的竞争，突出人生规划和财富规划协调兼顾的优势，实现以创新求发展、以变革求突破，不断提升核心竞争力。

（三）未来的中国保险业，将是监管科学高效、运行安全稳健、开放度不断提高的金融支柱行业。

在保险业与经济社会联系日趋紧密、与国际国内金融市场互动日趋深入的情况下，保险业的风险因素更加复杂、传导途径更加多元、识别预防更加困难，防范风险任务非常艰巨。保监会将坚持“放开前端、管住后端”的监管思路，牢牢守住不发生系统性区域性风险的底线，筑牢事前风险识别、事中风险控制、事后风险化解三道防线，发挥偿二代在定量资本要求、定性监管要求和市场约束机制方面的指挥棒功能，强化跨行业、跨区域、跨国境风险防范，积极运用现代科技手段监测、控制和化解风险，不断丰富预测研判、压力测试、经营和服务评价、信息披露等监管工具，促进保险业安全稳健运行。

为促进保险业更好地为实体经济服务，这几年保监会通过推进保险资金运用市场化改革，设立战略性保险投资基金，发展出口信用保险、科技保险、专利保险、首台（套）重大技术装备保险，开展小微企业贷款保证保险等一系列举措，全行业支撑实体经济发展的能力显著增强。未来一段时期，保监会还将继续推进行业改革创新，更好服务实体经济。经过多年发展，我国保险市场已经初步形成中外资保险公司共同发展、互利共赢的开放格局。今后，保险市场将坚持“引进来”和“走出去”相结合，不断引入成熟的经验和技术，进一步扩大保险服务出口，参与全球保险市场的资源配置。未来，国内的保险机构不再是“温室里的花朵”，而是要在国际市场的“大风大浪”里锻炼和提高，与国际顶尖保险企业同台竞技，将有更多的中资保险机构跻身世界500强。

（四）未来的中国保险业，将是保障覆盖广泛、服务优质高效、与人民群众生活息息相关的民生保障行业。

保监会将始终把“抓服务”作为监管工作的重中之重，发挥好政府和市场“两只手”的作用，引导全行业提升服务水平，维护好保险消费者的利益。保险的服务范围将越来越广。从传统的人身和财产保险，到地震台风等巨灾保险；从繁华都市和城镇人群，到边远地区和农村居民；从国内的生产生活，到国际经贸活动和人员交往；从实物资产到网络虚拟财产，保险保障都可以做到全天候、全时空、全覆盖。保险的服务功能将越来越强。保险服务将从风险管理扩展到社会财富管理，从市场化服务扩展到准公共服务，从单一保险服务扩展到全产业链管理，全面涵盖人民群众的衣食住行和生老病养。保险的服务质量将越来越高。保监会将始终扭住损害消费者利益的问题不放，保持高压态势，针对理赔难、销售误导等突出问题，持之以恒地严查严管严治，让损害保险消费者利益的行为无处藏身。通过共同努力，我们相信，未来保险业必将以优质高效的服务、诚信公正的形象赢得全社会的高度认可。

各位嘉宾，女士们，先生们，朋友们！建设保险强国是一篇大文章，需要政产学研、社会各界的共同参与和不懈努力。中国保险行业协会与社科院金融研究所第二次合作，对建设保险强国的一些前瞻性、战略性问题进行了系统研究，形成了富有价值的研究报告。希望大家以年会的召开为契机，对保险强国建设继续进行深入的研究和探索，激荡思想、凝聚智慧、共谋发展，为早日实现保险强国的美好愿景发挥应有的作用。

最后，预祝年会取得圆满成功！谢谢大家！

以改革开放创新促进经济结构调整

国务院发展研究中心主任 李 伟

经济结构调整是关系到中国未来相当长时期内发展的重大课题。对于经济发展阶段转换的中国来说,经济结构调整是一个长期、紧迫、艰巨而又痛苦的历史任务。对此,我们绝不能等待观望,而要认清形势,把握机遇,主动作为。一方面国内的发展环境和条件已经不能支撑原有的经济结构,传统的发展方式必须转变。另一方面世界各主要经济体纷纷采取措施,加快自身的结构调整,结构调整已成为全球性趋势。我们只有在新一轮的全球化竞争中优化我国的经济结构,实现新常态下向形态更高级、分工更复杂、结构更合理阶段的成功转换,才能实现"两个一百年"的目标。

经济结构失衡是当前经济下行压力的主要矛盾

我国经济进入2014年第四季度以来,下行压力明显加大。去年第四季度GDP增长7.3%,今年第一季度增速进一步下降到7%。特别是3月份以来,工业增加值、进出口、用电量、货运量等指标增速均出现明显下降,CPI、PPI数据也都逼近通缩的边缘。准确认识这一轮经济下行背后的深层次原因,有助于我们制定科学合理的应对策略,使国民经济能够持续健康平稳运行,避免大起大落。这一轮经济下行的根源在于国内经济结构性矛盾的长期积累和尖锐化。对此,可以从主导性、全局性和长期性三点来认识。

第一,国内结构性矛盾是经济下行的主导性因素。应当注意到,这一轮经济下行是在外部经济环境总体趋稳、没有出现明显不利因素的情况下发生的。2014年,美国经济稳步增长,增速达到2.4%,产能利用率维持在80%左右。欧洲经济出现复苏态势,截止到今年3月,欧元区信心指数连续5个月回升。日本经济回到正增长区间,去年第四季度剔除物价因素增速达到0.6%。虽然新兴经济体中巴西、俄罗斯的增长不令人满意,但印度2014年第四季度GDP增长达到7.5%,整体而言,新兴经济体的状况并未对中国经济运行构成严重的负面影响。

如果把这些情况与2008年金融危机时期进行对比,不难发现,我国当前经济下行压力加大有内外部双重因素,但主导性因素不在于外部,而在于我国经济的内部矛盾。其中,有周期性因素,但更主要的是结构性因素。大家知道,中国经济正处在增长速度换挡期、结构调整阵痛期、前期刺激政策消化期的"三期叠加"新常态阶段。这其中,结构调整是最核心的内容、最关键的环节。结构调整是否到位,一方面表明前期刺激政策的负面效应是否得以消化,另一方面也决定着速度换挡能否顺利实现。可以说,如果结构调整不到位,经济运行很难达到期望的新的稳态。

第二,结构调整是全局性问题。这可以从三个方面来看:一是从我国当前所处的发展阶段来看,结构调整是我们迈向现代化新时期的必然过程。随着新技术的不断涌现和新技术对传统技术的替代;随着各类生产要素成本的上升和人们对发展的新要求;随着全球产业分工格局的调整和贸易环境的变化,我们必须以新的发展方式替代传统的发展方式,必须以新的结构关系替代现有的结构关系。这种转变不是某一个领域的问题,可以说是遍及所有领域。二是从空间上来看,结构调整是所有地区都面临的艰巨任务。东部沿海地区面临加工贸易加快退出、产业结构调整的问题,中西部地区要重点解决延长资源性产业价值链的问题,东北地区面临装备制造业高端化升级的问题,而全国都面临适应消费需求的变化、产品升级换代的挑战。三是这一调整的过程伴随着更为激烈的全球化的科技竞争、产业竞争、产品竞争、企业竞争和人才竞争。

第三,结构调整是长期性问题。冰冻三尺非一日之寒,滴水穿石需长久之功。我国结构性矛盾是长时期积累的,这也意味着并非短期可以解决的。从国际经验来看,在市场经济条件下,经济结构调整受主观愿望和政策推动的影响,但更主要是受经济规律的影响。这个过程孕育着新的机遇、开辟着新的空间,但也是痛苦的、漫长的。即使是市场经济制度比较完善的发达国家,结构调整也不是短期而成的。作为全球第二大经济体,我国经济总量已超过10万亿美元,经济运行惯性很大,地区差距和贫富差距矛盾突出,结构调整更加困难。同时要看到,我国还是一个发展中的人口大国,就业压力始终存在,结构调整的步伐必须与新就业岗位创造的速度相匹配。

当前我国经济结构失衡的主要表现

经济结构不合理是伴随我国经济高速发展长期存在的"老大难"问题。经过多年的不懈努力,经济的结构性矛盾在某些方面可以说有所缓解。

如从1995年到2014年,万元GDP的耗能从2.1吨标准煤下降到1.3吨标准煤,下降了40.1%。但从总体上说,当前我国经济的结构性矛盾还远未解决。具体地说,主要表现在以下几方面:

一是需求结构失衡。在开放条件下,从需求侧看,拉动经济增长要靠投资、消费和出口这"三驾马车"。国际经验表明,三者只有形成一个合理的比例关系,才有助于经济的持续增长。需求结构如果失衡,即使可以带来短期的增长,也会损害长期增长的基础。我国需求结构失衡表现在两个方面:第一是内外需关系的失衡。虽然金融危机之后,出口依存度有所下降,但到2014年,这一比率仍在20%以上,比日本高6个百分点左右,比美国高13个百分点左右。这种状况与我国世界第一人口大国和第二经济大国的地位并不相称。第二是投资消费关系的失衡。近年来,随着出口拉动增长效应的递减,投资和消费对于经济增长的贡献都在增大。但是,投资的贡献增长更多:2007年至2013年,最终消费支出占GDP的比重提高了0.2个百分点,资本形成总额占GDP的比重提高了6.2个百分点。这说明,多年存在的投资和消费的矛盾不仅没有得到解决,反而还在不断加剧。

二是产业结构失衡。从一、二、三次产业的关系来看,我国产业结构的演进方向符合经济发展的一般规律,表现为第一产业的比重一直在下降,第二产业的比重先上升后下降,第三产业的比重一直在上升,并已超过了第二产业比重。2014

年，我国一、二、三产业增加值的比例关系是9.2:42.6:48.2，应当说，这一比例关系与我国目前发展所处的阶段比较吻合。但我国产业结构方面的矛盾主要存在于第二产业和第三产业内部。从第二产业内部来看，结构矛盾表现为高耗能高污染等重化工业产能严重过剩，制造业大而不强，整体上仍处于全球价值链的中低端，难以适应国际国内的需求变化；产品质量不高，竞争力不强，缺乏有影响力的品牌和产品。从第三产业内部来看，结构性矛盾表现为整体竞争力不强，现代服务业发展不充分，对第一产业和第二产业支撑力不足。我国是货物贸易顺差国，但却是服务贸易逆差国。这从一个侧面反映了我国服务业整体竞争力不强的事实。

三是市场竞争结构失衡。一般认为，垄断会扭曲市场机制，阻碍效率提高和技术进步。目前，我国大多数行业占市场竞争主体地位的中小企业发展质量还不高，竞争力还不强；我们的市场还存在低水平竞争、集中度不足的现象，还缺乏有国际竞争力和影响力的跨国公司。现阶段，中国企业无论是在国际市场上还是国内市场上，都面临着跨国公司的竞争。中国企业的竞争对手是在长期的优胜劣汰中发育成长起来的，其全球资源调动能力、技术和人才储备、企业管理水平等有明显优势。与这些国际巨头进行竞争，我们还必须有一大批规模大、竞争力强的企业。

四是经济增长动力结构失衡。随着经济发展阶段的跃升，各类要素成本快速上涨，我国在劳动密集型、资源密集型产业发展上面临着新兴经济体的激烈竞争，不少低端产业已经转移到要素成本更低的国家，依靠要素投入驱动的增长模式已难以为继，新的主要依靠科技进步、劳动者素质提高、管理创新驱动的模式还未形成。从科技创新能力来看，虽然我国研发总支出已位居世界第二位，但创新整体能力并不强，很多行业主要还是依靠低水平重复建设和价格战来争夺国内外市场。创新能力的不足不仅会制约经济增长，也会阻碍经济结构调整和转型升级。要看到，结构转型升级的根本前提和基础是科技进步，没有科技进步，结构调整可能只会是一种美好的愿望。

以加快创新、改革和开放推动我国经济结构调整

经济结构调整是一项综合的、系统的工程。推动结构转型升级，首先必须明确结构调整的目标和方向。2014年中央经济工作会议指出，要“坚持以提高经济发展质量和效益为中心，主动适应经济发展新常态，把转方式调结构放在更加重要位置”。根据我们对于中央精神的理解和研究，我认为结构调整的目标和方向是建立更加均衡的结构关系，使国内需求和国外需求、投资和消费的关系更加均衡，使高端制造业、现代服务业和传统产业的发展更加均衡，使实体经济和虚拟经济的发展更加均衡，使市场竞争结构更加合理，使经济增长更多依靠技术进步和劳动力素质的提高，使我国经济成功向形态更高级、分工更复杂、结构更优化的阶段演化。

实现上述目标将是一项艰巨的工程。在“三期叠加”的经济新常态下，我们同时面临着转方式、调结构、稳增长的任务，必须把握好三者之间的关系和平衡，既要在结构调整中实现经济较快增长，也要在保持经济平稳增长的条件下实现结构调整。但实现结构调整，更重要的是，要通过加快科技进步和全面创新，培育驱动经济发展的新动力；要通过加快推进全面深化改革，构建起与结构调整的目标和任务相适应的体制机制；要通过加快新一轮对外开放，实现国际分工地位的提升和资源在更大空间范围内的优化配置，推动经济发展迈向中高端水平。

第一，加快创新步伐，构建结构调整的技术基础。一要着力提升生产技术和科技创新能力。技术创新是管理创新、组织创新和商业模式创新的基础。例如，如果没有信息技术的支撑，电子商务等的快速发展就难以想象。要形成更加优化的经济结构，提升增长的质量和效率，在全球分工体系和生产价值链上不断向高端攀升，必须在关键的技术领域实现重大突破，加快对发达国家技术创新的追赶步伐。二要着力推动产品创新和商业模式创新。生产环节的技术创新提升了生产效率，但要使经济结构保持平衡，避免新技术条件下的产能过剩，还需要通过产品创新和商业模式创新来创造新的市场需求。三要进一步优化创新资源配置。从人均水平来看，我国创新资源仍然稀缺，必须提高创新资源利用效率，这就要求根据不同类型创新的特点来优化创新资源配置。在基础性的共同技术和重大的关键技术方面，实现创新突破，必须有相当规模的研发资金和专业人才，这就需要在政府和企业层面建立起整合创新资源的协调机制，加快融入全球创新网络，否则我们难以与拥有雄厚创新资源的国外企业进行竞争。四要建立起鼓励创新的市场环境和制度体系。一些地方为了发展，对于知识产权保护很不到位，这确实促进了当地经济的快速发展，但也抑制了创新主体研发的积极性，阻碍了整体的技术进步和全面创新。在新的发展阶段形成竞争力，必须通过建设更加完善的创新制度体系和市场环境，特别是完善科技成果产权制度、收益分配制度和转化机制，为企业和科研人员的创新提供更大激励。

第二，加快推进改革，构建结构调整的制度基础。一要破除阻碍各类资源要素流动和优化配置的制度壁垒。在现行的财税体制和政绩考核制度激励下，一些地方政府为了本地的发展，设置显性的或隐性的要素流动壁垒。这阻碍了全国统一市场的建设，加剧了各地的低水平、同质化竞争，造成产业同构和产能过剩，制约了经济结构的调整。未来要加快建设全国统一市场，进一步清理和废除妨碍全国统一市场和公平竞争的各种规定和做法，通过公平竞争来实现企业的优胜劣汰和产业的整合重组。同时，要认真吸取地方政府主导地区产业发展的教训，避免“地区合理，但全国、全球市场撞车的重复建设之路”。二要完善收入分配结构。我国国民收入分配偏向于生产部门和政府部门，居民部门内部的收入分配也不够公平。这种分配格局既会制约家庭消费能力，影响短期的宏观经济结构平衡，也会抑制居民在教育、健康等方面的投入，影响人力资本积累，从而迟滞经济结构的调整优化。未来要矫正初次收入分配的市场扭曲，完善劳动力市场和工资制度，加大民生领域投入和公共服务供给，通过完善税收政策和规范分配秩序来增强再次分配调节力度。三要转变政府职能，进一步简政放权。简政放权有利于释放市场活力，强化市场调节功能，激活社会创造力，推动结构调整。新一届政府成立以来，在简政放权方面做了大量的工作。但是政府职能转变和简政放权的任务还远没有完成。今后要根据中央的部署，把该取消的权力彻底取消，把该下放的权力下放到位。四要推进财税金融改革。更好发挥财政税收政策在推动技术进步、新兴产业发展和企业兼并重组中的作用。要完善金融市场体系，更好发挥金融对实体经济的支持作用；要进一步加大对实体经济的减税清费降负力度，不断提高实体经济的盈利水平。

第三，加快新一轮对外开放，构建结构调整的全球化参与机制。在全球化背景下，经济增长要靠两种资源、两个市场，结构调整同样需要两种资源、两个市场。推动结构转型升级，建立合理的结构关系，必须进一步对外开放。因此，一要按照中央要求，加快构建开放型经济新体制。要通过不同地区、不同侧重的自由贸易试验区建设，加快探索：负面清单加准入前国民待遇的外资管理新模式；加快对外投资备案制改革，建立海外利益保护机制；进一步完善进出口政策，提高贸易便利化水平。二要依托“一带一路”等重大战略的实施，加快对外投资和贸易合作。要通过深入细致的研究，发掘实施“一带一路”战略的机遇，明确我们自身的比较优势，通过相互贸易和相互投资，使我国发展的潜在能力得以充分实现。

充分发挥信息化的关键作用，有力推动经济转型升级

国务院发展研究中心主任 李 伟

信息是人类生产、生活的基本元素。人与人之间以及社会运行中的信息沟通不可或缺且作用重大。杜甫名诗《春望》中“烽火连三月，家书抵万金”的“家书”、《三国演义》中的精彩篇章《蒋干盗书》的“书”、两千多年前一个叫菲迪皮季斯的希腊战士一口气跑40公里195米传送的马拉松捷报，都是人们与信息关系的历史经典。作为工业文明时代技术进步的重要成果，电报和电话的发明极大地方便了人们之间的信息沟通。现在，人类进入了信息化社会，信息技术进步的速度及其应用的广泛性迥异于农业文明社会和工业文明社会，其对人类发展进程的影响具有划时代的意义。当代著名学者杰里米·里夫金在其2014年出版的《零边际成本社会——一个物联网、合作共赢的新经济时代》中写道：物联网将彻底颠覆人类经济社会，催生协同共享为主导的人类社会。今年（2016年）1月11日杜克大学创业与研究商业化中心主任维韦克·瓦德瓦在《华盛顿邮报》网站发表文章，提出2016年可能改变世界的六大技术：人工智能、机器人、自动驾驶汽车、虚拟现实和全息甲板、物联网、太空。我们不难看出，这六大技术无一不是以信息化为根本、为灵魂。无可置疑，能否抓住信息化带来的机遇决定着一个国家在新一轮世界政治经济格局的大变革中，能否把握发展的主动权、跟上时代进步的步伐而不被历史所淘汰。

当前，我国经济总规模已稳居世界第二位，2015年人均GDP已接近8000美元，国家的综合实力得到大大增强，中华民族的伟大复兴进入历史发展新阶段。在这新阶段，发展的巨大机遇和严峻挑战并存，改革红利和转型风险同在，有利条件和不利因素交织，我国经济发展确实到了是否能够迎难而上、跨越“中等收入陷阱”而迈入形态更高级、分工更优化、结构更合理阶段的关键时期。十八届五中全会通过的《“十三五”规划建议》已明确了新时期发展的总体思路，提出了应对国内外严峻挑战的战略性安排。我们要按照中央的部署，领会好、运用好“创新、协调、绿色、开放、共享”五大新发展理念，积极推进“四个全面”战略的实施，全力推动中国经济转型升级，确保实现2020年全面建成小康社会的总目标。而在此过程中，我们必须清醒地认识信息化的发展趋势，准确把握信息化促进转型升级的作用机制和潜在动能，做到精准施策、顺势而为。

我们认为，当今时代，信息化有四大趋势。

一是信息采集和处理的数字化、标准化。信息的存在形式多种多样，图像、声音、动作、文字等都可以作为信息的载体，但数字是最为精简和方便使用的信息载体。意大利文艺复兴时期的科学家伽利略曾经说过“大自然的语言是数学”。现代信息技术以数字作为最重要的信息载体，将传感技术、计算机技术等结合在一起，能够使越来越多的各类信息迅速地转化为标准化数据，大大提高了信息收集、整理、加工和传递效率，降低了人与人、人和物、物和物之间信息交换成本，使政策制定更加科学、政策实施更加精准、企业生产组织和经营管理更加高效。

二是信息处理和传输的高速化、低成本化。自从人类发明电子计算机以来，机器的运算能力呈几何级数飞速增长。1946年美国宾夕法尼亚大学制造的世界第一台电子计算机每秒只能进行5000次运算，现在我国制造的“天河2号”超级计算机峰值运算速度达5.49亿亿次。与此同时，信息传播的速度也在快速提高。以移动无线通信技术为例：20世纪90年代中期投入使用的全球移动通信系统（GSM），理论上每秒只能传输9600比特信息；2010年开始大规模建设的第四代移动通信系统（4G），每秒传输的信息理论峰值可达100兆比特，增长1万倍以上。信息处理和传播的高速化，不仅显著地提高了信息交换的速度，扩大了信息交换的规模，还大幅降低了信息交换的成本。例如，美国人格雷克所著的《信息简史》一书中曾提到，在19世纪的英国，电报是一种奢侈的信息传输工具，把“劳驾”一词传输五十英里需要六个便士，那时，只有有钱人才能用得起这一通讯工具。如今，在日常生活中，人们可以利用互联网传输海量的文字、图片、语音、视频，而无需太多顾及信息传输所花费的成本。

三是可用来观察、测度和分析经济社会运行状况的数据超大规模化。随着技术的发展，感应器、传感器等信息采集设备能够方便地安装到电网、汽车、飞机、家用电器等社会的各个角落，实时进行信息的广泛采集和普遍连接，为社会提供规模难以想象的数据信息。如根据国际数据公司（IDC）的研究，2013年全球产生的数字信息总量为4.4ZB，相当于3023.6亿个16GB的平板电脑的容量。这些海量的数据，为人们更加准确地认识经济社会发展规律创造了可能，也为人们更加科学地分析经济社会运行状况提供了条件。再比如，2009年美国甲型流感爆发前，谷歌利用互联网搜索词条，处理了4.5亿个数据模型，及时预测出全美具体到特定地区和州的流感传播情况，且预测结果与事后官方数据相关性高达97%。

四是信息技术与经济社会各领域深度融合化。一方面，信息技术与社会再生产各个环节的耦合关系日益加深。信息技术的进步有力地推动着商品生产方式的数字化、智能化；也有力地推动着商品流通方式的便捷化、扁平化。国内外一些“无人车间”的出现，如德国西门子公司2013年在成都建立的数字化工厂等，就是信息技术在制造业领域应用的成果。另一方面，人们日常生活也日益离不开信息技术。在当今社

会，手机阅读、网上社交、移动购物已成为许多人的生活方式。"微信"使用的广泛度、便捷度、趣味度、依赖度，可以说是人类社会发展信息革命代表性的缩影。

当然，有效发挥信息化在经济转型升级中的关键作用，还必须明确经济转型升级的主要内涵，找到信息化和经济转型升级的最佳结合点和具体路径。

我国经济转型升级的主要内涵应包括：一是在宏观和微观层次均应采取有效措施，提高全要素生产率，形成以更少的物质资源和人力资源投入获取更大的经济收益的格局；在保持经济中高速增长的同时，减轻发展对资源环境的压力，并为促进社会公平提供雄厚的物质基础。二是建立更加协调的经济结构，增强供给结构和需求结构的有效匹配，实现发展资源在行业间和区域间的合理配置。三是优化产业结构，提高各类物质产品和服务产品的附加值，提升我国在全球价值链分工体系中的地位。四是改进企业经营管理，提高微观经济运行质量和效率。

我们认为，运用信息化促进经济转型升级，至少有以下四个方面可以大有作为。

第一，运用信息化，优化国民经济管理，提高资源配置效率。依据经济学经典理论，市场通过竞争形成价格，并通过价格信号引导资源流向、优化资源配置。然而，现实中的经济运行是一个复杂的庞大系统，尤其是在经济全球化加快发展及市场体制规则存在较大缺陷的今天，各类市场主体的行为复杂多变，价格信息失真、资源错配的状况普遍存在。信息化技术的发展和广泛应用，有助于提高宏观经济管理的精准度，弥补市场的缺陷，促进资源要素的合理配置。比如，大数据和云计算技术能够迅速集成物流、资金流、人流各方面信息，快速分析行业、企业和消费者的相关信息及其未来走向，为决策者把握宏观调控的方向提供参考，为企业制定生产经营的战略和策略提供依据，为城乡居民作出消费选择提供参照。例如：国务院发展研究中心和有关机构合作进行运用我国网络、手机等大数据判断中国就业情况变化的研究，可以说已初步取得实质性、真实性较高的研究成果，目前正在进一步完善之中，争取早日发挥作用。因此，我们要运用信息化，大力实施"互联网＋"战略，不断优化国民经济管理，持续提高资源配置效率。一要研究制定大数据管理条例，对数据的采集、归集和使用作出明确规定。二要整合政府和国有企业拥有的数据资源，建立社会数据资源共享平台，大幅提升数据资源的经济社会效益。三要结合国情，提高大数据分析运用能力，及时、准确预判经济社会发展的趋势，提高宏观调控的有效性、精确度和各类政策制定的正确性。

第二，运用信息化，优化城市治理，提高城市各类资源的使用效率。目前，我国城镇化率已达到 56.1%，城市经济活动已超过 80%，而且这两个比重还在继续提高。因此，提高城市资源的利用效率对于提升国民经济整体运行质量具有重大意义。国外在利用信息化优化城市治理方面，有许多值得我们借鉴之处。比如，美国圣安东尼奥市的交管部门利用大数据改进对红绿灯的设置和布局，大幅减少了道路堵车时间，为城市挽回了数十亿美元的效率损失。近些年，我国北京、上海、深圳、南京等众多城市在建设智慧城市、运用信息化优化城市治理、提高城市资源使用效率等方面都做了积极探索，取得了一定成效。在这方面从总体水平上来讲，我国尚处起步阶段，但可以毫不夸张地说，发展的潜力无可估量。要把潜力变为动力，一要充分利用各方面的数据，科学制定城市发展规划，优化城市生产空间、生活空间和生态空间布局；二要发展智能交通，提高交通精细化管理水平，提升交通资源的使用效率；三要建立智慧能源系统，更好地对接能源生产和能源消费；四是鼓励并规范汽车、住房等闲置资源分享平台的建设和运营，引导分享经济健康发展，实现社会资源更加高效地利用；五要学会运用大数据，提升社会管理水平，保障人们生活的正常秩序和安全。

第三，运用信息化，优化产业结构，提升产业国际竞争力。在新常态下，我国传统的比较优势趋弱，迫切需要通过改造传统产业，发展、壮大新产业，培育新业态，形成新的产业竞争优势。一要提高传统产业的智能化水平。我们必须把推进制造业信息化和实施《中国制造 2025》战略作为优化产业结构、促进产业升级的重要任务。要利用新一代信息技术改造、优化生产流程，并适应劳动力结构和劳动力成本变化的大趋势，积极而又稳妥地推进机器人、智能物流管理、3D 打印等技术和装备在生产中的应用，提高各类生产要素的利用效率，在不断提升产品质量的同时，降低单位产品生产成本。二要大力发展高端数控机床、机器人等智能装备产业。高端数控机床、机器人等智能装备在我国有巨大需求，但又是我国产业发展突出的"短板"，其市场份额主要被国外跨国公司占领。三要着力提升物联网、云计算、大数据、移动互联网和电子商务等新业态的发展质量。近些年来，在互联网的基础上衍生出的新业态发展迅猛。如 2012 年，我国网络零售交易额 12594 亿元，占消费总额的 6.1%；2015 年达到了 3.88 万亿元（包括非实物零售 0.64 万亿元），占比超过 11%。然而，客观地说，我国的新业态在发展过程中也出现了不少的问题，这与政府监管的有效性不足有密切关系。我们要充分利用信息化工具，规范市场竞争秩序，切实保护投资者和消费者合法权益。只有这样，新业态才会有美好的发展前景。

第四，运用信息化，优化企业管理，提升企业运营效率。一要提高企业智能化管理水平。要通过信息化建设，提高企业的信息集成能力，打通研发设计、生产制造、经营管理和市场营销等各个环节的信息通道，实现部门之间、集团总部和分支机构之间的信息共享，建立从设计到销售再到设计的"信息循环系统"，为企业制定科学的经营决策和实现有效的管理创造条件。二要提高企业供应链管理水平。要充分利用互联网平台，按照市场实际需求进行订单生产，推动大规模标准化生产逐步向分散化个性化定制生产转变。三要提高市场营销的效率和精准度。要开展网络营销，并对销售数据、客户数据进行大数据分析，及时根据市场和客户变化情况调整营销策略，尽可能地减少库存，加快资金周转速度，提高资金利润率。

（此文摘自国务院发展研究中心主任、研究员李伟 2016 年 1 月 23 日在"信息化促进中国经济转型升级"论坛上的主旨演讲。）

加强管理　确保国家中小企业发展基金健康运行

财政部副部长　刘　昆

同志们，朋友们：

刚才，国家中小企业发展基金首支子基金合伙协议已经签署，这标志着首支子基金正式启动设立，我们还见证了首批6个投资项目协议签署，深圳市政府、深圳市创新投资集团就基金的投资运行讲了很好的意见，我代表国家中小企业发展基金理事会对首支实体基金的成立表示祝贺，对各方面的支持协助和大家的辛勤努力表示感谢。今天，国家中小企业发展基金理事会在深圳召开会议，主要任务是就首支实体基金相关工作进行动员部署，促进构建科学构架，聚焦投资重点，有效防范风险，促进基金高效运行；并指导地方更好地开展创投引导基金管理工作，促进基金健康发展。下面，我讲五点意见。

一、脱颖而出，首支国家中小企业子基金落户深圳

中小企业是就业的主力军、创新的活力源泉。中小企业为全社会贡献了60%的GDP，提供了超过80%的就业岗位，全国65%的专利和80%以上的新产品都是中小企业完成的。党中央、国务院高度重视促进中小企业健康发展。克强总理强调要打造“大众创业、万众创新”的经济增长新引擎，促进形成全社会创业创新的生动局面。但中小企业在创业初期缺乏抵押品、面临的风险大，仅靠传统的银行信贷融资模式难以满足中小企业的投资需求。设立国家中小企业发展基金是破解“融资难”和“融资贵”、建立支持中小企业发展的市场化长效机制的重要举措。党中央、国务院高度重视中小企业基金发展工作。

《中小企业促进法》以及国务院出台的系列文件都对设立基金提出了明确要求。克强总理多次作出重要批示指示，强调要创新投融资体制机制，发挥政府引导基金和财税政策作用，对种子期、初创期中小企业给予支持。2015年9月，国务院第104次常务会议专门听取了财政部关于设立国家中小企业发展基金的汇报，审议通过了财政部牵头上报的国家中小企业发展基金设立方案，克强总理、高丽、延东、马凯副总理等国务院领导同志就设立基金作出了明确指示。会后国务院批复成立规模600亿元的国家中小企业发展基金，要求抓紧筹建。财政部、工信部、科技部、发改委、工商总局认真贯彻落实国务院决定，五部门成立了国家中小企业发展基金理事会，2015年12月，在北京召开了国家中小企业发展基金工作会。楼部长、苗部长亲自出席会议并发表了重要讲话，对推进国家中小企业发展基金设立运行工作进行了全面动员部署。国家中小企业发展基金将分步设立，首先设立4－5支直投子基金，经过基金理事会办公室组织的公开竞争选拔，最终确定深创投作为首支子基金的管理机构。

首支国家中小企业子基金选择深圳，是因为深圳具备得天独厚的优势。一是近年来深圳始终保持较快的经济增长态势。2015年1－11月，规模以上工业增加值增长7.7%，高出全国近1.6个百分点；税收增速高达32.9%，公共财政预算收入增速高达31.4%，成为一枝独秀。二是深圳具备创新的优势。深圳是我国首个自主创新城市，培育了5000多家高新技术企业，4G技术、超材料、基因测序、新能源汽车、无人机等领域创新能力都处于世界领先地位；2015年发明专利授权量达到1.7万件，居全国城市首位。三是深圳创业投资活跃。2014年深圳创投机构接近8000家，占到全国创投机构总数的1/3，管理的资本超过4000亿元；近两年国内权威创投机构排名中，前20名有一半左右都是深圳的企业；目前，深圳企业在创业板、中小板上市的有128家，连续9年居全国城市首位。落地深圳，标志着国家中小企业发展基金正式设立运行并开始发挥效益。

二、聚焦重点，中小企业基金将为经济发展增添新动能

我国经济发展进入新常态，是党中央、国务院综合分析世界经济周期和我国发展阶段性特征、及其相互作用作出的重大判断。在新常态下，经济增长下行的压力比较大，结构调整步伐加快，经济增长动力发生转换。应当看到，我国经济发展基本面是好的、潜力大、韧性强、回旋余地大；另一方面也面临着很多困难和挑战，特别是结构性产能过剩比较严重，经济从高速向中高速增长转变主要不是周期性的，而是结构性的；经济发展的主要矛盾不是在需求侧，而是在供给侧。中央经济工作会明确提出要加快推进供给侧结构性改革，提高供给体系质量和效率。党的十八届五中全会也明确要求贯彻落实创新、协调、绿色、共享、开放的发展理念，培育发展新动力，拓展发展新空间，构建产业新体系。国家中小企业发展基金主要定位于扩大中小企业股权投资规模，促进创业创新，为经济发展注入新的动力。为此，在资金投向上，国家中小企业发展基金应当牢牢把握好这个定位。

一是聚焦实体经济。制造业是衡量一个国家或地区综合经济实力和国际竞争力的重要标志。世界新一轮科技革命和产业变革蓄势待发，发达国家推进高起点“再工业化”，美国致力于重振制造业，制造业占GDP比重上升很快，高端、高附加值领域的制造业发展迅猛。德国实施以智能工厂和智能生产为主要特征的工业4.0战略，用机器替代人工，巩固其竞争力。发展中国家也在加速工业化。我国是制造业大国，拥有世界上最完备的工业体系，制造业是我们国家的根基。为此，国家中小企业发展基金必须要聚焦实体经济领域，更好地促进制造业发展，提升我国的国际竞争力。

二是聚焦重点行业。当前，我国处于经济增长动力转换时期，新产业、新业态、新模式增长迅速，新的发展动能在孕育，对经济增长的贡献率在不断提高。新产业、新模式包含着大量的投资机会。而且，近年来股权投资基金、创业风险投资迅速发展，更加注重投资行业领域的细分，注重对行业的深入研究，挖掘投资机会。深创投目前细分了IT芯片、先进制造业、互联网新媒体、能源环保、医疗健康、消费品及现代服务业、新材料化工等七个重点行业领域，都具有比较好的成长空间。同时，我们要更加关注消费供给侧能力的提升。目前，我国中等收入人群约3亿，规模居世界首位，个性化、多样化消费渐成主流，对产品质量安全的要求也越来越高，而供给体系和供给结构还不能适应消费结构的变化。国家中小企业发展基金应当在增强消费有效供给能力上下功夫，更加关注这个领域的优秀企业。

三是聚焦初创期中小企业。目前，国内市场对种子期、初创期中小企业的社会投资不足。初创期是指商业模式刚刚形成、已有现金流回收、面临的市场风险依然比较大的中小企业。国家中小企业发展基金聚焦 B 轮及向后适度延伸投资，基金直接投向种子期、初创期中小企业的比例应当至少达到 60%，并通过增加让利幅度引导投向风险相对小一些、融资需求较大的初创期中小企业。

四是兼顾区域协调发展。目前，我国的股权投资在北上广深地区比较活跃，随着京津冀协调发展、长江经济带、"一带一路"等国家重大战略的实施，将进一步拓展发展空间。首支直投子基金虽然落地深圳，但属于全国性的基金，在投资区域上不应当有行政限制，应当在全国范围内选投优质项目，推动生产要素的自由流动。

三、科学架构，确保中小企业基金高效运行

遵循基金一般规律、以利益绑定为核心构建科学的组织架构，是确保基金高效运行、实现政策性目标与经济效益目标有机统一的基本保障。对国家中小企业发展基金组织架构的构建，坚持按市场规律办事，通过落实好股权投资的基本制度安排，发挥基金治理的内生力量，既坚持市场运作、防止对基金的行政干预；又坚持科学监管，防止形成监管盲区。

一方面，为基金市场化运作提供管理模式与组织架构的保障。目前政府对引导基金的行政干预还比较普遍，代替管理团队决策，干预投资项目选择，甚至还会出现层层审核项目等现象，国家中小企业发展基金必须规范管理。

一是保障基金管理团队的决策权。深创投是目前国内优秀的创业投资公司，有着实力雄厚的管理团队、丰富的资源和基金管理经验，十几年的时间投资了 600 多个项目，孵化培育了华大基因等诸多知名品牌企业。由深创投组建的国中创投作为普通合伙人负责执行合伙事务，独立进行项目筛选、投资决策。

二是建立多元股权结构。合理的股权结构是实现基金科学治理的基础。对首支子基金，中央财政出资 15 亿元，不高于 25%；深圳市政府与中央同比例出资；剩余部分吸引特华、星河、喜之郎等民营资本；吸引华安保险等机构投资；深创投出资 6 亿元；新组建的国中创投也认缴 1% 的出资份额，从而形成利益绑定、科学治理。政府同其他出资人一样，同股同权，不能超越范围行使权力、干涉投资项目的选择。

三是严格执行合伙协议。设立政府引导基金，政府同民营企业、金融机构等以契约形式链接，同基金管理机构则是基于信任而形成的委托，财政资金已同社会资本、金融资本等形成了合作共赢的新型资本结构，包括政府在内的各方都应在协议约定的框架内履行诚信义务、尊重契约精神。我们刚刚签署的合伙协议对出资人与管理团队的责权边界进行清晰的划分，为保障双方的权益提供支撑，各方都应当严格执行。这将为市场化运行专业化操作提供微观基础。

另一方面，正确履行监管职责。当前，在不少地方基金还存在监管盲区，政府不知道如何监管、如何按市场规则履行监管职责。政府对首支子基金的监管应当体现在以下几个方面：

一是政府出资人按规则参与基金内部治理。政府及其他 LP 享有必要的知情权和监督权，通过推荐符合条件的专业人员参与投资决策委员会或咨询委员会、以及在投资决策委员会中列观察席等方式，对基金的投资管理提出建议；政府出资人代表通过参加合伙人大会行使表决权，决定投资策略变化、GP 团队关键人员与组织变化等重大事项。

二是加强外部监管。基金理事会在经合伙人同意后，组织或委托第三方定期检查基金投资运作情况、资金使用情况、财务收支情况等。委托第三方开展绩效评价，兼顾政策效益目标与经济效益目标。检查和评价结果要与管理费、绩效分成等挂钩。

三是应当强化深圳市政府的监管责任。深创投是深圳市的国有企业，深圳市政府应当发挥就地监管优势，加强属地管理。当地国资、证监等部门应当加强行业监管，及时掌握创投企业运行状况，规范当地基金行业发展。深圳市中小企业服务署作为地方政府出资人代表，要切实履行好出资人职责，加强对基金投向、领域、区域的引导，加强对基金运行的监督检查。

四、防范风险，切实保障中小企业基金安全

当前，经济下行压力较大，财政收入增速放缓，一些地方政府债务风险在不断积累加剧，受产销不畅、利润下滑、资金周转放缓等因素影响，企业资金链趋紧，金融业不良资产规模扩大，非法集资等行为又出现抬头迹象。中央经济工作会明确提出要防范化解金融风险。

股权投资、创业风险投资本应专注于产业投资，但由于体制机制设计的缺陷、管理不善，有加剧金融债务风险的苗头，需要引起高度警惕。有的地方将基金作为融资工具、融资平台，将政府资金劣后变成了亏损兜底、财政担保，甚至通过基金对外举债，进一步增加了债务规模；有的基金过度投机了，靠"讲故事"、"虚构创意"、"包装公司"，没有真正干实业，虚增市场泡沫。政府引导基金应防止出现类似行为，确保健康运行。

国家中小企业发展基金作为政府引导基金，要多方面采取有效的风险防范措施，确保不偏离政策目标，不搞投机，防范金融风险。一是严格执行协议约定的禁止性条款，认清基金本质，不能避实就虚。国家中小企业发展基金是股权投资基金，是直接对企业实体进行投资，着眼于长期投资；而不是证券投资基金，不做二级市场，不投资房地产，不进行承担无限连带责任的对外投资，不向第三方提供贷款和资金拆借。企业的估值要靠踏踏实实创业来稳步提升利润，逐渐做大做强，而不能相互炒作、投机取巧。二是要建立健全信息监测系统，动态跟踪基金投资运行情况，以使主要出资人都能够及时了解掌握每笔投资支出的方向，一旦发现违约操作，要及时督促整改，视情况采取惩罚措施。三是 GP 要加强内控管理。建立健全投资决策机制和风险防控体系，加强对投资项目的甄别、风险识别、风险评估和风险预警等。一旦发现被投企业经营出现重大变化可能给基金投资造成损失，快速启动决策程序，必要时采取刹车方式，及时避免或减少损失。

五、齐心协力，推动中小企业基金健康发展

今天，国家中小企业发展基金正式成立，首支子基金肩负着做好示范的重要任务，需要有关部门、有关方面共同努力，推动基金健康发展。

（一）五部门将加强指导和监管。根据投资进度按时足额缴付所需资金，督促基金管理机构尽快形成有效投资，将及时协调基金投资中的有关问题，对运行中发现的问题通过咨询委员会、合伙人大会予以纠正。将构建全面客观的绩效评价体系，每年将基金运行情况和目标实现情况及时向国务院促进中小企业发展工作领导小组报告。

（二）地方政府要积极支持基金相关工作。中小企业基金是国家设立的引导基金，投向全国，各地要积极作为，与中小企业基金加强合作，主动进行对接，为首支子基金的投资运行做好服务。有关部门要发挥对地方中小企业的信息优势，立足当地产业发展特点，选择合适的企业项目重点推介。

（三）基金管理机构要勤勉尽职。首支子基金选择管理机构之后，大量的基金具体运作都将由管理团队来承担，基金投资运行的质量和效率也关键在于管理团队，深创投要充分利用管理团队的网路资源和管理经验，面向全国寻找优质项目，做好项目储备，尽早发挥基金政策效益。一是专注基金管理。深创投为了管理首支子基金，专门组建了国中创投，新组建团队要与原先管理的基金进行有效隔离，在投资期内不能管理其他基金。二是加快投资。在4年多的投资期内要将60亿元基金直投出去，而且是投向中小企业，投资量较大，工作繁重，目前中央和地方的财政资金已经到位近20亿元，要尽快形成实际投资量。三是做好投后服务与管理。为被投企业提供增值服务是股权投资的重要内容。基金管理机构要为被投企业提供各类咨询服务，参与企业日常管理，进行战略指导，引荐共享资源，协助完成后续融资等，真正把好企业、好产业、好项目孵化出来，培育出更多优势企业。

同志们，朋友们！首支实体基金将为后续基金的设立运行做好示范，肩负重任。希望大家共同努力，加强合作，促进各地创投引导基金健康发展，为经济发展提供新动力。

谢谢大家！

（本文系财政部副部长刘昆2016年1月29日在国家中小企业发展基金首支实体基金成立会上的讲话）

在中国农村金融发展论坛上的讲话

中国证监会副主席 姜 洋

（2015年4月26日）

很高兴参加此次中国农村金融发展论坛。首先，我谨代表中国证监会，对本次论坛的召开表示热烈的祝贺。农业是立国之本。尤其是在当前，我国经济进入新常态，要在经济增速放缓中继续强化“三农”的基础性地位，必须加快农村金融改革创新，更好地发挥金融对农业的助推作用。今天，相关部门领导、专家学者及金融界的朋友共聚一堂，围绕“新常态下中国农村金融的新任务与新发展”这一主题进行深入探讨，具有很强的针对性和现实意义。

促进资本市场与“三农”的有机结合是完善农村金融体系的一项重要工作。借此机会，我先向大家简要介绍一下资本市场改革发展的总体情况。近年来，我们立足服务实体经济的根本宗旨，加大改革创新力度，持续发展壮大主板市场，改革创业板市场，将全国中小企业股份转让系统试点扩大到全国，推进规范发展服务小微企业的区域性股权市场，初步形成覆盖各类企业的多层次资本市场体系。随着近年来各项改革发展工作的稳步推进，资本市场支持实体经济发展的作用得到进一步发挥。今年一季度共有70家企业首发上市，融资482亿元，同比增长一倍多；共有203家公司通过定向增发融资1415亿元，同比增长六成。截至一季度末，沪深两市上市公司家数达2683家，总市值近50万亿元。在一年多的时间里，全国股转系统挂牌公司总数已达2150家，总市值9622亿元。交易所市场非金融企业公司债融资189亿元。与此同时，期货市场改革创新步伐也持续加快。10年期国债、镍、锡、上证50股指、中证500股指等期货新品种先后上市，股票ETF期权平稳推出，进一步丰富了风险管理工具。私募市场建设、证券期货服务业创新发展等也取得了新进展。

作为我国金融体系的重要组成部分，资本市场在支持和服务“三农”方面有其独特作用。由于农业具有生产周期长、抗风险能力弱等特点，加之农民收入渠道单一，抵押能力相对较弱，且信用信息采集成本高，一定程度上导致了农村金融市场呈现出服务总量不足、供求结构失衡、资金单向流出的虹吸效应明显等特征。因此，大力发展资本市场，努力提高直接融资比重，在宏观上，与间接融资形成协调互补的关系，有利于优化农村金融市场结构，减少农村资金的外流，有序引导农村资金的回流，加速城市资金“反哺”农村发展；微观上，由于资本市场具有强大的资金动员能力、完善的风险补偿机制和有效的退出机制，通过市场化的方式，能快速汇聚各类社会资金，加速创业要素和资本的有机结合，为农业技术创新、产业集约化与规模化经营以及增加农民财产性收入提供优质便捷的服务。同时，随着农业市场化改革的推进，农产品价格波动加大，且在规模化经营的背景下，家庭农场、专业合作社等新型经济主体对价格波动风险的敏感度提升，迫切需要运用期货交易机制来管理价格波动风险、实现稳定经营。积极发展农产品期货市场，通过发挥其有效管控违约风险和增强流动性等优势，能为农业客户提供套期保值和风险管理工具，对于构建更为完善的风险管理体系、有效化解农业市场风险具有重要意义。

党中央、国务院一直高度重视“三农”工作，自2004年以来，历年的中央一号文件都强调要通过深化农村金融改革创新，疏通金融服务“三农”等经济发展薄弱环节的“血脉”。一直以来，证监会高度重视资本市场为农业农村的服务工作。在积极推进资本市场稳定健康发展的过程中，始终把支持农业经济发展摆在突出的位置。近年来，推出了一系列有针对性的改革举措，取得了显著的成效：一是“三农”领域的直接融资规模不断加大。2007年至2015年3月底，共有38家农业产业化龙头企业实现首次公开发行股票并上市，融资额287亿元；已上市农业企业再融资217亿元。截至3月底，共有57家涉农企业在交易所市场发行中小企业私募债融资95亿元。二是推动农业龙头企业做优做强。2009年至2015年3月底，涉农上市公司重大资产重组共计17项，累计金额达316亿元，对于提高农业组织化程度、加快转变农业发展方式发挥着至关重要的作用。三是期货市场服务“三农”的渠道和机制进一步拓展。目前，我国期货市场已上市21个农产品期货品种，覆盖粮棉油糖的品种体系基本形成。随着品种数量的增多,越来越多的涉农主体利用期货市场来管理生产经营,积极探索期货订单农业试点,利用与其他金融工具的对接,实现了风险的有效管理,为企业整合上下游产业链、推进农业适度规模经营以及促进农业现代化发展提供了保障。

我国是一个农业大国。农业兴,则国家强。在经济发展新常态下,“三农”问题的有效解决,将进一步提高经济发展的潜力、韧性和回旋余地。尽管经过这些年的迅猛发展,我国农产品连续多年全面增产,农业基础支撑能力明显增强,农民收入持续快速增长。但总体上,我国农业资源依然短缺,农业生产成本快速攀升,农民收入和农村面貌仍落后于城镇。这与农村金融市场配置效率不高、风险管理和服务体系不健全有很大关系。客观上要求居于要素市场基础地位的资本市场,加大服务“三农”力度,促进城乡要素合理流动,助力农业现代化发展。下一步,我们将按照党中央、国务院的有关部署,全面加强资本市场与现代农业的对接,重点做好以下方面工作。

第一,进一步加大资本市场服务“三农”的力度。继续完善多层次资本市场体系,有效拓宽资本市场服务的领域和范围,满足不同发展水平、阶段的农业企业多样化的融资需求;尤其要支持区域性股权市场的规范发展,鼓励证券公司立足当地、深耕细作,积极为包括农业企业在内的小微企业提供个性化、专业化的服务。继续支持农业龙头企业和大型专业化公司,通过并购、重组等方式,有效整合上下游产业链,进一步增强龙头企业辐射能力,全面提高我国农业产业化经营水平。

第二,不断增加符合“三农”特色的金融服务供给。主动适应农村实际、农业特点和农民需求,推动证券、基金等经营机构积极开发宜农惠农产品,在进一步拓宽涉农企业融资渠道的同时,切实满足农民多元化的财富管理需求。支持期货经营机构完善内生发展机制,推进产品再造和业务创新,为中小微农业企业提供合作套保、定价服务、仓单服务等综合性业务,提高风险管理能力,促进企业稳健经营。支持农业产业投资基金、农业私募股权投资基金和农业科技创业投资基金发展,进一步盘活、留住农村存量资金,吸引城市等外来增量资金,为“三农”发展引入源头活水。

第三,促进农业产业创新驱动发展。资本市场天然具有促进科技创新的功能和优势。要充分发挥科技创新与资本市场有效对接的优势,进一步加强市场基础建设,健全有利于农业创新发展的制度安排,通过规范发展股权众筹融资业务、丰富中小企业债券融资品种以及支持中小微企业发行优先股等方式,有序引导各类资本流入优质农业项目,推动科技、创意、资本与农业的全面对接,积极支持高科技和新商业模式、新经济业态的农业企业成长壮大,为“三农”发展注入强劲动力。

第四,提升期货市场服务“三农”的质量和水平。进一步完善期货期权品种上市机制,提升农产品市场创新效率。将做精做细已上市品种放在更加突出的位置,及时动态调整合约规则体系,切实提高农产品期货市场定价和风险管理效率。研究推出更多涉农期货品种,进一步拓宽服务农业产业客户的覆盖面。农产品期货期权是境外市场发育成熟、使用广泛的工具,要结合我国农产品现货、期货发展实际,做好农产品期货期权试点工作,积极发挥期权工具所具有的资金使用效率高、套保策略灵活便捷、精准管理风险等优势,形成与远期、期货等工具协调互补的农产品风险管理体系,更好地服务于农产品目标价格改革工作。继续探索期货市场与信贷市场、保险市场等有机衔接,推动形成金融服务“三农”大格局。推动取消对产业客户入市交易的不必要限制,加大市场培育和宣传力度,鼓励和引导各类涉农主体积极参与期货市场,夯实市场发展的基础条件。

最后,预祝本次论坛取得圆满成功!

谢谢大家。

在第十一届中国(深圳)国际期货大会上的讲话

中国证监会副主席　李　超

(2015 年 12 月 4 日)

各位领导、各位嘉宾,女士们、先生们:

大家上午好!

很高兴参加第十一届中国(深圳)国际期货大会。过去十年来,中国国际期货大会已经逐步发展成为全球性的期货与衍生品行业盛会,在促进期货、现货两个领域共同发展,以及境内、境外两个市场合作交流等方面发挥了日益重要的作用。我谨代表中国证监会对大会的召开表示热烈祝贺!对参加会议的各位嘉宾、各界朋友表示热烈欢迎!

今年以来,世界经济仍在深度调整,复苏面临诸多不确定因素,全球汇率及原油等大宗商品价格剧烈波动,受此影响,国内大宗商品期货指数大幅下跌近 15%,股市和股指期货市场也出现了异常剧烈波动。在各方共同努力下,中国期货市场总体上继续保持平稳较快发展势头。今年新上市 2 个商品期货、3 个金融期货和 1 个金融期权品种,全市场期货期权品种总数达到 52 个。截至 11 月底,期货市场共成交 32.4 亿手,同比增长 49.3%;成交金额为 538.7 万亿元,同比增长1.3 倍。今年上半年,中国商品期货成交量约占全球 53.2%,已连续多年居世界前列。目前期货公司总资产达 4600 多亿元,净资本达 563 亿元,净资本对风险资产的覆盖率达 12.8%。2015 年,中国证监会在期货市场监管与发展方面着力开展了以下几方面工作:

一是严防市场风险,打击违法违规。积极应对股市和股指期货市场的复杂形势,组织和指导中金所按规则程序综合施策,采取了一系列遏制过度投机的监管措施,同时督促期货公司稳步清理规范期货配资活动。针对部分商品期货品种过度投机的苗头,要求商品期货交易所采取了针对性措施,防范风险于未然。今年前 11 个月,各期货交易所共查处异常交易 4800 余次,发现违法违规线索并移送稽查、公安部门 21 起。查处了甲醇期货 1501 合约、胶合板期货 1502 合约等市场操纵案。

二是完善监管规则，推进法制建设。借鉴国际市场程序化交易监管经验，研究制定《证券期货市场程序化交易管理办法》，并指导期货交易所制定配套实施细则。针对股指期货交易中暴露出来的问题，我们按照"趋利避害、循序渐进、完善规则、加强监管"的原则，正在研究起草专门规范期货交易行为的管理办法。联合全国人大财经委开展中国期货市场对经济影响专项课题研究，配合推进《期货法》立法进程。

三是积极稳妥推进市场创新。协调推动财政部、国税总局、人民银行、海关总署、外汇管理局等部委先后出台了原油期货相关配套政策，原油期货上市准备工作正在推进之中。同时，加强协调沟通，扎实推进农产品期权试点的准备工作。稳步推进"期货+保险"及"粮食银行"等试点创新，服务农业现代化发展。强化期货公司中介服务定位，提升其创新服务能力。

四是深化期货市场功能发挥。经过20多年的发展，中国期货市场与中国经济和实体产业的联系和融合日益加深。在有色金属、油脂油料等领域，期货市场在稳健企业经营、改善产业链运行机制、服务国家产业政策和宏观经济管理等方面的积极作用逐步显现。一些较为成熟品种如铜、铁矿石、PTA等期货价格已经成为国内外贸易的重要定价参考，国际影响力正在日益增强。

在取得这些进步的同时，我们也清醒地认识到，与国际成熟市场相比、与实体经济的发展要求相比，我国期货市场在产品结构、市场结构、投资者结构和市场交易制度、系统性风险防范等方面还有较大的差距。随着"一带一路"建设的推进，未来中国与沿线国家在原材料、大宗商品现货贸易和期货市场方面的合作空间巨大。几天前IMF刚刚宣布将人民币加入SDR货币篮子，人民币国际化和中国金融市场的稳步开放将面临新的局面和要求。这些都对中国发展国际化的期货市场，为全球大宗商品贸易、货币和金融资产交易等提供更加丰富的定价工具和套期保值服务提出了迫切需求。

女士们，先生们，本届大会的主题是"跨境、跨界、跨越"。我们希望来自境内外的各位嘉宾、各位专家围绕期货市场的健康发展加强交流合作，分享智慧成果。

按照十八届五中全会提出的"创新、协调、绿色、开放、共享"的五大发展理念，中国证监会将继续坚持"稳定市场、修复市场、建设市场"的指导思想，扎实推进期货市场改革创新监管各项工作，努力建设一个开放、包容、竞争、合作的期货衍生品市场，更好地服务于构建开放型经济新体制。

一是积极稳妥推进创新，更好地服务于实体经济发展。商品期货方面，结合现货市场的变化，不断完善规则制度，确保原油期货顺利推出和平稳运行。积极推进农产品期权试点工作。研究发展碳排放权期货。此次股市异常波动，各方对股指期货争论比较多，希望市场各方加强对股指期货功能作用的研究评估，以利于更加理性、客观地看待股指期货的作用，遏制过度投机，发挥好股指期货管理风险、价格发现的正常功能。

二是推进市场各方归位尽责，维护市场秩序稳定。期货交易所要进一步完善一线监管机制，加强监管异常交易、实控账户等，切实抓好风险控制和维护市场"三公"。期货经营机构要勤勉尽责，要"了解你的客户"，维护交易合规性，严格落实开户实名制及投资者适当性制度。投资者也要认真履行如实承诺及报告义务，依法合规参与交易。同时，监管部门也要加快监管转型，回归监管本位，健全符合我国国情和国际标准的监管规则，加大监管执法力度，维护投资者合法权益。

三是促进期货市场功能深化和研究宣传工作。期货市场应切实改变"重交易量轻功能发挥"和"过度投机"的状况，深化期货品种功能评估工作，完善相关评估激励制度，为企业套期保值和风险管理提供更加便捷的服务。同时，期货市场作为风险管理的专业、小众市场，其服务实体经济具有隐性、间接性的特点，市场各方要加强对期货市场服务实体经济机制及典型案例的研究总结与宣传推广，争取社会各方对期货市场更多的理解和支持，积极营造良好的外部发展环境。

四是积极推进期货市场对外开放与合作。中国经济的转型发展和进一步改革开放，对期货市场建设提出了更高要求。我们不仅要学习、借鉴国际同行在产品创新方面的成熟经验，也要借鉴他们在市场监管方面好的做法，努力打造更加健康、有序、开放的期货市场。

最后，预祝本届大会取得圆满成功。谢谢大家！

在"沪港通"一周年总结暨研讨座谈会上的讲话

中国证监会副主席　方星海

（2015年11月17月）

尊敬的桂敏杰理事长，郑杨主任，女士们，先生们：

大家好！非常高兴有机会能在"沪港通"开通一周年总结暨研讨座谈会与大家相聚。首先，我谨代表中国证监会向沪港通顺利运行一周年表示热烈祝贺，向关心和支持"沪港通"的社会各界表示感谢，向为"沪港通"顺利推出付出艰苦卓绝努力和辛勤劳动的所有人士表示致敬。

一年前的今天，"沪港通"在这里正式启航。"沪港通"是中国资本市场对外开放的重大制度创新，具有里程碑式的意义。在资本项目尚未完全可兑换的情况下，"沪港通"大幅提升了跨境投资资本流动效率，为境内外投资者提供了更为便捷的投资于对方市场的渠道，有力促进了内地与香港市场的融合。从国际上看，能够把两个市场结构和发展程度差别相当大的市场联通起来并且使之平稳、顺畅运行，这是具有开创性意义的，也为全球其他市场互联互通提供了重要的经验。

自正式开通以来，"沪港通"下股票交易总体平稳有序，交易结算、额度控制、换汇等各个环节运作正常，期间"沪港通"经受住了国际资本市场和内地资本市场大幅波动的检验，实现了预期的目标。截至今年11月13日，"沪港通"成交金额合计21,228.62亿元人民币。其中，"沪股通"累计成交金额15,346.64亿元人民币，总额度使用1,207.52亿元人民币,净买入为900.23 亿元人民币;"港股通"累计成交金额5,881.98亿元人民币,总额度使用917.91 亿元人民币,净买入为943.42 亿元人民币。日均交易额稳步上升。"沪港通"对改善 A 股流动性和投资者结构,对人民币国际化,对巩固香港国际金融中心地位和推动上海国际金融中心建设,都发挥了重要作用。

下一步,在现有实践经验的基础上,我们将着力完善"沪港通"、扩大交易额度与标的物范围,进一步加强跨境监管合作,加大跨境执法力度。同时要开展好内地与香港基金互认工作,继续推进"深港通",进一步促进内地与香港两个资本市场的融合。在市场化、国际化、法治化等方面,内地证券行业还要继续学习借鉴香港的经验。

习近平总书记不久前指出,要坚定不移完善对外开放体制机制,以扩大开放促进深化改革,以深化改革促进扩大开放。当前和"十三五"时期,我国经济面临的主要矛盾是调结构、推进供应侧改革,其核心是降低成本、提高质量、增加有效供给。这也是资本市场要着力解决的问题。在日益全球化的世界里,关门练自家拳已经行不通了,必须打开国门调结构。下一步,我们将按照党中央、国务院的部署,立足于国情和现状,着眼于未来和全球,继续坚定不移地推进资本市场双向开放,引导证券期货业提高水平、有序竞争,促进行业和市场繁荣,为我国经济调结构和转型升级服务,为实现我国的外交布局服务。

最后,再次对各位嘉宾的到来致以诚挚谢意,衷心祝愿"沪港通"的明天更美好!

谢谢大家!

上海证券交易所迎来向现代交易所转型的新机遇期

——上海证券交易所党委书记、理事长桂敏杰的讲话

(2015 年 3 月 9 日)

□注册制改革应调整发行上市条件,交易所审核是主流方案

□完善沪港通、50ETF 期权运行机制,扩展其范围标的

□新兴产业板拟设多元化上市指标,支持互联网企业 A 股上市

□建立独立的债券市场管理体系,推动债券市场分层

以注册制改革、沪港通、股票期权等创新改革举措为推手,上海证券交易所迎来向现代交易所转型的新机遇期。

证监会 7 日召开首场证监会系统代表委员新闻发布会,全国政协委员、上交所理事长桂敏杰详细描述了上交所在蓝筹市场建设、注册制改革、以及沪港通、上证 50ETF 期权等方面的下一步规划。

桂敏杰说,注册制改革应调整现行发行上市条件,目前来看,由交易所进行证券公开发行上市审核是主流方案。审核权下放也不会导致交易所之间恶性竞争。

同时,他透露,下一步将在稳定运行的基础上,进一步完善沪港通、50ETF 期权运行机制,扩展其标的的范围。

注册制改革稳步推进

桂敏杰说,目前注册制的整个方案还在论证报批过程中,注册制改革主要涉及总体框架设计、改革实施方案制定、证券法修改、配套措施规则、落实审核力量、新制度的宣传培训以及做好新老制度的过渡和衔接等准备工作。

对于注册制下由谁审,怎么审的问题,桂敏杰说,注册制不等于不审,从目前情况看,由交易所进行审核是主流方案。注册制下仍然会存在一定的发行和上市条件,审核工作将突出信息披露的作用,要求企业说清楚自己,由投资者判断企业的优劣。

他认为,注册制下更应该突出中介机构的作用和责任,并承担法律责任。加大对违法违规、弄虚作假、隐瞒信息的企业和个人的打击查处力度。同时,结合注册制改革,调整发行上市条件,推动上交所股票市场内部分层。

对于市场担忧的审核权下放带来交易所之间恶性竞争的问题,桂敏杰认为,即使审核权下放交易所,也不会带来恶性竞争。作为市场组织者,交易所会更加重视服务实体经济能力建设,接受监管部门的检查及媒体的监督。

内地企业去香港上市是否会受到注册制改革的影响?桂敏杰澄清,我国拥有丰富的上市资源,内地企业选择到中国香港上市有拓展国际业务、参与国际竞争、提高国际知名度等方面需求;相比 A 股市场,香港市场也有一定的优势,因此注册制改革并不会影响内地企业赴港上市,不会出现抢夺上市资源的问题。

拓展沪港通、50ETF 期权标的范围

去年以来,沪港通、上证 50ETF 期权先后在上交所启动上市,不仅扩大了上交所市场范围,增加了市场厚度,而且首次补齐了场内期权产品线,首次打通了期货现货市场,结束了市场线性损益的时代,其重大意义不言而喻。

桂敏杰表示,沪港通和 50ETF 期权总体运行符合预期,下一步将继续优化沪港通机制,持续跟踪解决目前制约投资者参与沪港通的因素,进一步推动交易机制的创新,积极研究并推动港股通下建立融资融券制度,扩大额度等。

对于上证 50ETF 期权开户和交投较为清淡的现象,桂敏杰也予以回应。他认为,目前 50ETF 期权合约定价合理,做市商引导合理报价和提供市场流动性的作用显现。当前交投之所以较为清淡,是因为期权整个制度设计就是在确保其顺利起步、平稳运行的指导思想下进行的。

据介绍,下一步,上交所将进一步完善 ETF 期权保证金机制,包括组合策略保证金机制、证券冲抵保证金机制等,提高证券和资金使用效率,以降低使用期权产品对冲风险的成本。进一步拓展 ETF 期权标的范围,研究推出个股期权产品以及行权方式、行权周期更加灵活的期权,如美式期权、周期权、长期期权等。

此外,今年上交所自贸区国际金融资产交易平台的建设也将破题。桂敏杰透露,该平台定位主要包括:为自贸区企业

的融资提供服务;通过自由贸易账户与交易平台,使境外投资者参与股票、债券、基金市场等;探索外资参与一级市场,包括引入境外机构投资者参与境内新股发行询价配售,为证券期货经营机构代理客户参与跨境投资提供交易服务;探索符合条件的境外企业发行人民币债券等。

建立独立债券市场管理体系新兴板设多元化上市指标

去年全国两会期间,桂敏杰提交了上交所建设新兴产业板的提案。对于该板的最新进展,桂敏杰透露,上交所将结合注册制改革和证券法修订,在市场内部分层上,准备适时推出新兴板。

对于该板的上市标准,桂敏杰说,新兴产业板拟采用多元化的上市指标,比如"市值+营业收入+利润",或者"市值+营业收入+流动性"等财务标准,还包括一些非财务标准的多元化,进一步支持互联网企业到A股上市。

值得注意的是,桂敏杰还着重描述了上交所在债券市场方面的建设思路。他说,上交所下一步要大力发展交易所债券市场,拓展市场规模,吸引发债主体,进一步提升市场效率,简化发行上市流程,加大产品创新,研究并推进可证券化的大类基础资产,做大做强交易所资产证券化规模;配合推进市政公司债,建立市政债发行、上市交易、信息披露及后续管理的全链条机制;消除境内外机构投资者参与交易所债券市场障碍。

桂敏杰说,上交所将根据债券市场规律,建立独立的债券市场管理体系,完善相关配套制度和技术系统,建设与股票市场相对独立的债券市场发展体系,推动债券市场分层,优化债券市场技术系统。

(来源:上海证券报)

加快监管转型,提升监管效能

——上交所监事长潘学先接受新华网两会特别访谈

(2015年3月10日)

全国人大代表、上交所监事长潘学先3月9日接受新华网全国两会特别访谈时表示,2015年是证券监管系统全面推进监管转型的重要一年,资本市场服务于实体经济的主体作用将伴随着创新改革的推进进一步得到强化,真正起到调节实体经济"晴雨表"的作用。

在推进监管转型过程中,上交所将从两方面提升监管效能——以股票注册发行改革工作为契机,建立主体型交易所,不断完善自律监管规则和监管模式;以监管转型为动力,建设责任型交易所,督促市场各方归位尽责,降低市场成本,提升市场效率。

潘学先并提出,上交所将"四管齐下"进一步加强上市公司治理;作为一线监管者,上交所的"大数据"捕鼠利器起到了重要作用,下一步将实现由"人工判断型"监管向"技术导向型"监管转变;退市制度改革应坚持"市场化、法制化、常态化"的发展方向,"现在已有主动申请退市的公司出现。不久后我想也会有一些由于重大违法违规而出现强制退市的现象,大家可以继续关注。"

【以下为访谈文字实录】

一谈:实体经济

问:每年两会都有很多热点的经济话题,作为中国经济晴雨表的资本市场同样倍受关注。我们知道在这个周末刚刚结束的上交所和深交所分别就网友关注的热点话题进行媒体见面会,今天我们非常荣幸地请到重量级嘉宾,全国人大代表、上交所监事长潘学先先生,欢迎您。

记得2014年习近平主席在考察河南时提出了中国经济"新常态",那么中国经济面临"新常态"的话,问一下潘总,您认为资本市场在"新常态"中发挥什么样的作用?我们上交所在助力实体经济发展方面有哪些新的改革举措,能否给我们介绍一下?

答:好的,我很高兴参加新华网组织的在线访谈,也感谢各位网友对上交所和我的关心。我是去年底刚来的,所以有的事情也在熟悉的过程当中,但是刚好有这次机会,和网友一起共同学习。前天下午我们上交所理事长桂敏杰先生专门有一个和媒体的见面会,对上交所发展中的新情况和重大问题做了精到的阐述。下面我就接着主持人的话回答一下这个问题。

经济新常态是党中央对我国现阶段经济发展的重大战略判断,其实质是经济结构全面优化,产业发展转型升级,发展模式逐步进入高效率、低成本和可持续发展的新型稳态。在这个过程中,资本市场在宏观经济中的主体作用会进一步强化,实体经济"晴雨表"的调节作用将逐步显现。

体现在以下几方面:一是通过强化资本市场融资功能推动经济结构优化。改善企业融资环境,提高市场直接融资比例,直接为经济发展注入活力。二是通过服务投资者提高国民财富效应。规范投资行为、完善回报机制、使投资者通过资本市场分享经济改革的红利。三是利用市场选择促进产业结构调整。逐步完善上市公司市值管理、加强投资者教育、大力引进专业机构投资者,规范市场投资行为,通过市场有效配置资本,使社会资金流向新兴产业、创新产业,最终促进产业结构的转型升级。

近年来,上交所一直致力于提升服务实体经济的能力,在多个方面取得实质性成果。李克强总理在《政府工作报告》的2015年工作部署中,明确提出了加强多层次资本市场体系建设,实施股票发行注册制改革等工作,我们将认真贯彻落实。主要有以下举措:一是重点落实新股发行注册制改革;二是探索建立多层次资本市场,在上交所现有蓝筹股市场的基础上,今后还会探索新兴产业板;三是逐步完善上市公司退市机制;四是吸引长期资金多渠道入市。

二论:监管转型

问:我们知道每年有一个会议就是证券期货监管工作会议,证监会主席肖钢连续两年都以监管转型作为监管工作会的主题。那请问潘总,上交所在监管转型方面有哪些动作,怎样才能提高监管转型的效能?

答:2015年是证券监管系统全面推进监管转型的重要

一年。正如主持人所说的，肖钢主席连续两年在监管工作会上提出监管转型的重要任务。在推进监管转型过程中上交所将从以下两方面提升监管效能。一方面，以股票注册发行改革工作为契机，建立主体型交易所。增强自身责任意识，提升市场监管能力，积极回应市场关切问题和投资者需求，不断完善自律监管规则和监管模式。另一方面，以监管转型为动力，建设责任型交易所。进一步转变监管理念、机制和方式，督促市场各方归位尽责，降低市场成本，提升市场效率，切实发挥交易所在“两维护一促进”中的作用，更好地承担建设“三公”市场的责任。

近年来，上交所蓝筹股市场建设不断取得突破，上市公司数量已经突破1000家，行业门类也更加完整。为此，上交所将从以下几方面着手，练好内功，提升自律监管的效能。

第一，不断推进上市公司分行业监管。一是逐步建立完整的行业信息披露指标和指引体系。这方面我们在前期做了很多工作，包括对石油、天然气、煤炭等等几个大类作了分行业信息披露的指引。二是对2014年年报开展分行业审核。三是在日常监管中落实分行业监管理念。

第二，进一步完善上市公司分类监管。2015年，上交所将增加上市公司分类监管的维度，提升分类监管效能。具体而言，上交所将对股权高度分散可能发生控制权之争的公司、PE涉足的公司，进入TMT等新兴行业但潜在经营风险较高的公司、主营业务基本停顿的壳公司，实施分类监管，有针对性地配置监管资源。

第三，进一步优化信息披露直通车功能。目前，除与上市公司停复牌等业务操作相关而必须事前处理的少量公告外，沪市85%的公告已实现了直通披露。上市公司有什么信息可以直接通过我们的平台进行直接发布。2015年，直通公告的比例预计将提高到90%以上。“沪港通”实施后，投资者对多时段信息披露的需求进一步增强。为此，上交所正在考虑增加早盘和午盘的信息披露时段，减少停牌情形，缩小沪港两地信息披露方式的差异。

第四，加大监管快速反应和监管公开力度。2014年，上交所在“创兴资源”不当信息披露、“山水文化”重大资产重组、“西藏药业”控制权之争等事件的处理上，采取了监管快速反应措施，市场反应较为正面。2015年，上交所将进一步强化快速反应意识和能力，以及时发现和快速有效处置问题为抓手，以督促信息披露义务人依法履行信披义务为基点，建立以问题为导向的快速反应监管机制。我们前期在这方面可以说做了很好的探索，取得了很好的成效，通过快速反应及时介入。同时，上交所还将充分应用官方网站、微博、微信和新闻发布会等方式，及时动态地向市场通报监管立场、态度和措施，加大监管公开力度。此外，上交所还将加大对“PE + 上市公司”等市场热点问题的研究力度，及时研究制定监管应对措施。

问：我又想问网友提出的一个问题，近期有些利用高送转操纵股价，有一些利益输送的情况，上交所应该如何处理这种情况？

答：针对近期市场浮现涉嫌利用高送转操作股价、利益输送等情况，上交所主要从两个角度采取监管措施。一方面，及时督导上市公司提高披露分红送转信息的针对性和有效性。如要求上市公司完整披露收到股东分红提议的决策过程，并对股东最终能否提交并通过董事会审议的不确定性，予以充分披露。现在上市的企业有国营企业、民营企业，有绝对控股的、也有相对控股的，还有些控股比较分散的。有的大股东提出送股的建议，但是其控股比例不是很高，怎么实施，我们要求详细披露。

另一方面，加强对公司高送转信息披露和股价异动情况的事后监管，加大快速反应力度。例如，要求提议股东明确承诺在股东大会审议相关议案时投赞成票，最初由他提出建议，那就最终要投赞成票，你要履行自己的承诺，并补充披露在高送转预案通过股东大会前是否有减持股票的意向，如有减持意向，还应补充说明具体的减持计划。现在进行披露了以后，大股东会不会利用这一机会卖出去呢？这也是广大中小投资者最关心的，我们也要对这个进行披露，从而告知大家。此外，上交所还将会同有关部门，对此类案例加强信息披露监管与二级市场监察的联动，加大对内幕交易、股价操纵等违法违规行为的打击力度。一旦发现问题我们就会与相关部门进行联动，对违规违法的行为加强打击，维护市场“三公”。

三议：稽查执法、一线监管

问：再请问一下潘总，我记得去年以来，证监会稽查了一些“老鼠仓”案件，使用了大数据，我们对此不太清楚，您能否给我们介绍一下？上交所在加强监管方面有哪些规划？能否给我们透露一下？

答：上交所从2003年开始主动探索应用大数据协助监管工作。依托交易所数据仓库中存储的海量数据，上交所监察系统建立之初，就启用“海量数据统计分析”方法识别内幕交易，成功地解决了搜索关联账户的难题。2013年，上交所利用该大数据“捕鼠”模型发现了一起“老鼠仓”案件——原博时基金的基金经理利用未公开信息非法获利案，从而拉开了打击老鼠仓行为的序幕。在系列“捕鼠”行动中，上交所始终坚持主动性与公平性相结合原则，在主动发现案件线索的同时，坚持对所有的基金公司和基金经理进行全扫描，做到不枉不纵，发现一起，上报一起，绝不姑息。上交所先后上报基金“老鼠仓”案件线索二十余件，涉案金额上百亿元。

2014年，上交所共向证监会上报各类案件线索133份，其中涉嫌内幕交易线索88份，涉嫌市场操纵线索38份，涉嫌“老鼠仓”线索3份，涉嫌超比例持股未披露线索2份，其他类线索2份。下一步，上交所将继续充分利用大数据挖掘技术，开发利用各类违法交易模型，筛查锁定有价值线索，实现由“人工判断型”监管向“技术导向型”监管转变，从而提高监管效能。未来上交所在一线监管方面主要做好以下几方面的工作：

第一，落实中央和证监会简政放权、监管转型的各项部署，进一步提升上交所一线监管工作的主动性，加强证券交易行为的监控，严厉打击证券交易违法违规行为，特别是借各种题材炒作、操纵股价的行为，以及上市公司“伪市值管理”等新型违法违规行为，加大事中制止力度和事后线索上报力度，进一步优化大数据在线索发现方面的作用，加大传统媒体和自媒体信息的核查力度，拓展违法违规案件来源。

第二，进一步完善市场交易异常情况风险防控机制，特别是加强对新业务、新机制（如程序化交易）市场风险的监测和防控，进一步研究完善市场风险应对处置机制，全面落实证监会应对市场重大交易异常情况的工作部署。

第三，进一步完善沪港通跨境监管协作机制，现在沪港通实现了两方面市场的联动，因此就要加强与港交所的监管合作，共同打击跨境证券违法违规行为，防止监管套利，确保沪港通业务平稳运行，共同维护境内外投资者的合法权益。

第四，深化跨产品、跨市场监管合作，密切跟踪股票现货与股票期权的相互影响，打击跨现货期权的炒作和操纵等违法违规行为，强化证券现货与股指期货交易的联动监管。现在市场的面越来越广，期货现货就存在相互联动的灰色空间，我们要进一步加大这方面的防范和打击力度。

第五，进一步推进上交所一线监管工作的公开、透明，通过传统媒体和微博、微信等新媒体，及时公开上交所一线监管工作情况，主动回应市场热点、疑点问题。这方面我们已经开始尝试，效果还不错，最近我们有几单信息披露方面存在的问题，通过上交所的主动监管、及时监管，包括后来监管部门及时介入，对发现的违法违规行为及时立案、及时打击，效果很好。

第六，进一步提升上交所一线监管工作的科技化水平，优化沪港通、股票期权等新产品、新业务的监察功能，完善市场大数据分析功能，为上交所履行一线监管职能提供更有力的技术保证。开始时就说到我们在海量的交易数据中间是如何发现违法违规行为和账户的，现在我们要加强这一块，其中技术是非常重要的。

最后，做好委托执法工作。大家也知道委托执法是继会员监管、上市公司监管、证券交易监管三大职责之外，经国务院批复，证监会赋予交易所的一项全新的监管工作职责，也是现阶段在加强稽查执法力量、做好“两维护、一促进”工作的大背景下，交易所新增的一项重要职能定位，上交所将根据证监会的统一部署，通盘考虑、全面规划、认真落实。谢谢。

四述：分红与退市

问：我想请问潘总一个网友都非常关心的问题。关于分红，您能否给我们简单地算一算沪市上市公司现金分红的账。还有退市，我们知道，去年有一家公司＊ST长油是第一家退市的央企，大家对此很关注，能否给我们介绍一下？

答：在现金分红方面，我先跟大家分享一组数据。经过上交所和市场各方近两年多来的不懈努力，上市公司以现金分红回报投资者的意识明显增强，分红金额总体上已经达到较高水平。从统计数据看，上交所分红公司家数及分红总额屡创历史新高，2014年全年共有674家沪市上市公司实施派现方案，占上市公司总数的70.43%，合计分配现金红利达6707亿元。派现金额占归属于上市公司股东净利润总额的34.62%，应该说还是比较高的。在具体措施上，上交所为持续引导上市公司通过现金分红回报投资者，综合采取了多种切实有效的措施。大致有两个方面。一方面，坚持正确舆论导向，组织和引导新闻媒体集中宣传沪市现金分红标杆公司，倡导积极健康的股权文化。另一方面，强化现金分红事后监管，要求现金分红未达标公司提供网络投票手段，便利中小投资者行使股东权利，不是大股东说了算，而是中小投资者一起参与，从而实现集体决策。并且督促其召开投资者说明会，中小股东可以有权了解上市公司为什么不分红，我们给他们提供便利让他们参与大股东的决策过程，从而有可能影响大股东的决策，另外要求大股东召开中小投资者说明会，就资金使用情况向投资者说清楚、讲明白，可以说我们的这些措施都取得了较好的效果。

在退市问题方面，上交所始终认为，退市制度改革应当坚持“市场化、法制化、常态化”的发展方向，有利于进一步发挥市场机制的作用，也有利于进一步有效遏制和威慑重大违法行为。在退市制度体系完善方面，上交所在2014年组织专门力量，参与证监会退市制度修改完善的讨论和研究，并对本所相关配套规则进行了同步修订，新增主动退市和重大违法退市处置规则，就是你可以主动退市。另一方面，按照证监会的规定，交易所也正在推动，对那些重大违法违规的上市公司要强制退市，在这方面我们制定了相应的规则。同时明确了上市公司退市后的相关安排，包括终止上市前的交易、终止上市后重新上市等。新退市制度生效后，上交所还全面排查了连续亏损公司和立案稽查公司的潜在退市风险，加大了对这些公司退市风险的揭示力度。

在退市公司风险处置方面，上交所为切实保护中小投资者利益，立足信息披露监管，制定了积极有效的退市风险整体应对预案，努力将退市公司的风险化解工作落到实处。比如2014年＊ST长油退市，这是我国证券市场退市的第一家大型央企，退市实施过程确实很复杂、社会影响也很大。上交所根据证监会的总体部署，积极应对，主动回应社会关注，综合运用了退市整理期首单保障机制、突发事件应急处置机制、舆情应对机制、快速反应机制等多项退市保障机制，全方位确保了长油退市的平稳实施。这一单可以说市场反应还是很成功的，从今年看，从公开披露的情况大家可能也已得知，有主动申请退市的公司出现。不久后我想也会有一些由于重大违法违规而出现强制退市的现象，大家可以继续关注，谢谢。

五陈：两会提案

问：正值两会期间，一定有您最关注的话题，也有您带来的一些建议，能否给我们分享一下？

答：这次两会我结合交易所的工作带来了三个方面的建议。一是关于《交易场所监督管理条例》立法的建议。近年来，全国出现了大量种类繁多的交易场所，总体上满足了经济发展需求。但一些交易场所偏离服务实体经济的基本定位，存在脱实向虚、市场空转的倾向，损害投资者权益等各种问题也频频发生。建议完善交易场所长效监管机制，将《交易场所监督管理条例》列入国务院立法工作计划。制定各类交易场所监管的行政法规，明确交易场所的设立条件和程序、交易场所及相关当事人的行为规范、监管体制、监管措施以及法律责任等，为交易场所的健康发展提供坚实的法律保障。

二是关于提高香港人民币合格境外机构投资者额度的建议。现阶段我国人民币合格境外机构投资者（RQFII）是扩大资本市场对外开放、推进人民币国际化、支持境内证券机构发展跨境业务的重要工具。试点是2011年推出的，目前香港共计2700亿元人民币的RQFII额度已近用罄，提升额度限制的需求十分迫切。建议有关部门统筹考虑，进一步提高香港人民币合格境外机构投资者额度相关事宜。

三是关于优化上市公司并购重组税收制度的建议。在当前产业结构转型升级和优化调整的背景下，这次总理报告中也提到“调结构”、“促发展”，不管是上市公司还是各方面的企业，进行并购重组的也越来越多了，这次总理在报告中特别提出要稳步推进国有企业混合所有制改革。上市公司并购重组活跃度不断提升，对我们产业调整、做强做大上市公司来讲是很有好处的。但从实践情况来看，上市公司并购重组的税收负担较重，相关优惠和支持力度仍显不足，虽然有关部门也在这方面进行了比较大力度的支持和调整，但我们感觉与实际需求相比还有很大的差距。包括国有企业内部不同企业之间的并购重组，包括混合所有制方面，在实践中上交所发现一些公司由于税收问题，有的就放弃了并购重组，或者无法继续下去。因此，有必要进一步完善优化现有税收制度，充分发挥税收的激励作用。因此我们也专门提出了一条建议。谢谢。

未来深交所主要在六个方面布局
——深圳证券交易所理事长吴利军发表新年致辞
（2016 年 1 月 4 日）

深圳证券交易所理事长吴利军近日发表新年致辞。吴利军表示，未来深交所持续推进监管转型，全力推进市场双向开放，在推进资本市场改革发展、转型提升自律监管体制机制、丰富深市特色场内产品序列、加快跨境合作、拓展平台渠道、加强自身管理与建设等六方面进行努力。

吴利军表示，2015 年深交所坚决贯彻党中央、国务院战略部署，在中国证监会领导下，维护市场稳定，推动改革创新，推进监管转型，服务实体经济。坚持市场化改革方向，深化市场组织、监管、服务基本职能，各层次板块市场运行质量稳步提升，落实金融支持实体经济、服务国家发展战略全局的能力进一步增强。

统计显示，截至 2015 年 12 月 31 日，深交所上市公司 1746 家，市值 23.61 万亿元，成交总额 122.50 万亿元，深证成份指数较年初上涨 9.93%；上市基金 476 只，挂牌债券 1457 只，资产证券化产品 53 只。2015 年，深交所完成深成指扩容改造，启动深港基金互认，落实公司债改革，建设“乐富基金超市”，推出白银 LOF、纳指 100ETF、鹏华前海 REITs 等创新产品。

吴利军表示，2016 年是“十三五”规划开局之年，多层次资本市场改革发展面临新机遇。深交所将以全面学习贯彻党的十八大，十八届三中、四中、五中全会精神为统领，认真贯彻落实中央巡视要求和中国证监会统一部署，全面加强党的建设，从严内部管理，强化安全运行和风险防控，持续推进监管转型，全力推进市场双向开放，以改革、创新引领发展，培育市场长期成长动力。未来主要在六个方面布局工作。

一是贯彻落实证监会统一部署，推进资本市场改革发展。落实股票发行注册制改革各项要求，深化创业板改革，推出创业板企业专门层次，为新三板企业向创业板转板试点创造更好的条件，恢复深市主板 IPO 发行，完善中小企业板承接中小市值中概股回归；推进落实委托执法试点工作；推进实施股债分离方案；积极推动深证 100ETF 期权、沪深 300ETF 期权落地。

二是加强一线监管，转型提升自律监管体制机制。积极推进交易制度改革，探索不同市值股票差异化交易机制；完善适应不同板块层次特点的上市公司信息披露监管，根据风险特征完善差异化监管；强化固定收益产品信用监管；坚持从严、均衡和主动监管，摸清监管底数，规划建设产品、市场运行风险监测平台，建设大数据文本挖掘监管信息支持体系。

三是丰富深市特色场内产品序列，加快产品创新发展。大力发展债券市场，推进高收益债、永续债产品发行，拓展可交换公司债券等股债关联产品；推动 REITs 等资产证券化产品在实体经济重点领域发挥更大作用；做大做强沪深 300、深证 100、深市中小企业板、创业板重点 ETF 产品，研发商品期货 ETF 等创新品种。

四是加快跨境合作，在更高起点推进市场双向开放互通。积极争取“深港通”尽快启动，推动香港互认基金在深交所 LOF 平台挂牌交易和互认 ETF 基金在深港交易所交叉挂牌；开发跟踪境外核心指数、特色指数跨境基金，开展核心指数交叉挂牌和信息服务；建设境外信息共享发布平台、境外投资服务平台、国际创新企业社区。配合自贸区金融改革发展规划，建设前海跨境金融产品交易平台。

五是拓展平台渠道，积极培育市场长期成长动力。深化服务广大投资者，提升信息公平对称，完善增值信息服务，便利股东权利行使；提高培育服务工作渗透度，全面深化辅导培训、研究信息、共享互动和投融资对接；完善培育服务工作覆盖面，建设分布式工作平台，整合创新股本证券、固定收益、并购重组、持续融资以及全链条产品业务推广；倾斜支持实体经济重点领域和薄弱环节，服务农业产业企业和新型城镇化建设，实施中西部、东北地区以及重点行业专项服务计划。

六是加强自身管理与建设，持续打造深交所核心竞争力。提升战略管理，制定实施发展战略规划，有序推进中长期目标任务；全面落实治理要求，强化理事会和专门委员会职能作用，健全会员大会常态化机制，进一步扩大会员大会决策范围，拓展和提升会员大会作为交易所最高权力机构的职能和地位，建立会员意见收集和反馈工作长效机制，研究将境外机构纳入特别会员范畴，充分发挥会员在交易所规范治理和改革发展过程中的重要作用；从严内部管理，提高工作透明度，重点防控审核监管廉政风险；夯实人才队伍和信息技术战略支撑，实现新一代交易系统上线和平稳启用，保障各项改革和创新顺利推进。

（来源：中国证券报）

股票发行注册制的改革理念、责任配置与制度建构
——中国证监会主席助理黄炜在“2015 陆家嘴论坛”上的讲话

各位嘉宾、女士们、先生们：

大家下午好！

很高兴有机会参加“2015 陆家嘴论坛”。近一段时间以来，社会各方很关心股票发行注册改革，有关的讨论也很多。利用今天的机会，我想从制度逻辑的角度与大家交流一下对股票发行注册制的理解与认识：

中国的股票发行管理制度，经过 20 多年的改革探索与实践发展，取得的成就有目共睹。市场发展到今天，我们讨论推进股票发行注册制改革，仍然需要思考两个本源性的问题：一是股票发行活动的市场本质是什么？二是这种市场活动为什么需要第三方力量介入？

公司发行股票融入资金，投资者购买股票融出资金，这种投融资活动的市场本质，是买卖双方以股票作为标的形成的一种交易关系。从这种抽象的、本质的意义上看，股票发行与以其他商品作为标的的交易并无不同。既然如此，我们需要回答的问题是，股票发行活动为什么不能像其他商品买卖活动一样，完全由市场主体自主决定，通过私法自治的方法来调整和规范，而一定要由政府或者其他市场公共机构事先介入其中，由这些第三方审批、核准或者注册呢？

事实上，与一般商品不同，“股票”是一种权利凭证。股票的价值取决于其所代表的基础资产质量及其未来盈利能力。买卖股票不像买卖一般商品，可以通过直接查验、对比、观察有无瑕疵或者缺陷，来判断品质的好坏与优劣。要判断股票有没有投资价值，必须基于与股票相对应的企业的资产、经营、财务等公开披露信息。因此，股票市场本质上是以信息为基础的交易市场，股票信息的质量决定着市场引导资本流动、决定资源配置的效率与效果。

由此可见，以股票为标的的交易市场存在着解决信息不对称问题的特殊要求。尤其是在向不特定对象公开发行股票的情况下，标准化的股票发行交易，突破了一对一、面对面、“一手交钱、一手交货”的传统模式，更增加了发行人滥用信息优势地位，甚至是恶意欺诈的可能性。市场发展的实践使人们认识到，维护股票发行的市场公平，保护人数众多的投资者的合法权益，单靠投资者自身的知识和能力，单纯通过事后救济的方法，是难以做到的，必须要有独立的第三方力量事先介入其中，对信息披露内容进行把关和监督。完全通过市场自治的方法来解决股票公开发行中的信息披露问题是不现实的，成熟市场发展中经历的危机和泡沫事件，深层次的原因都在于此。

需要指出的是，人们意识到要对股票公开发行活动进行事先的把关和监督，但对于把关和监督的目标是什么？在关注信息披露之外，要不要对企业的投资价值做出实质判断？即使到了今天，大家的认识也不完全一致。反映到实践中，有关的制度定位、工作理念和工作要求必然存在较大的差异。

我国证券市场从建立之初即借鉴境外市场的做法，由政府事先介入股票发行活动，进行把关和监管，相应的管理制度也经历了从审批制到核准制的不同发展阶段。现行的股票发行核准制度体现了以信息披露为核心的市场化方向，但从实践的效果来看，由证监会进行核准把关，市场上往往认为是政府对企业盈利能力和股票投资价值进行了“背书”。监管部门不仅负责股票发行的审核把关，而且对新股发行“管价格、调节奏、控规模”，不利于培育市场主体的风险判断与市场选择能力，不利于形成有效的市场约束机制，造成市场供需关系的扭曲和紧张，削弱了市场价格发现、风险释放等功能作用，最终不利于规范市场主体的行为和市场稳定运行，市场配置资源的作用不能得到真正的体现。

因此，推进股票发行注册制改革，还是要回到股票发行活动的市场本质，从监管力量介入的内在逻辑和根本目标出发，在改革的制度设计和操作安排上，始终秉持以下几个方面的基本理念和要求：

一是注册审核不应限制企业股权融资的天然经济权利。处于不同发展阶段和水平的企业，都可以依法进行股权融资。只要不违背国家利益和公共利益，企业能不能发行、何时发行、以什么方式和价格发行，都应由企业和市场自主决定。

二是注册审核应当回归以信息披露为中心的核心理念。注册审核要从“选秀”、“选优”转变到督促企业向投资者披露充分和必要的投资决策信息上来，注册审核机关不对企业的资产质量和投资价值进行实质判断，也不对发行人“背书”。投资者依据披露信息所作的投资决策也不应由注册审核机关承担责任。

三是注册审核不应以否决发行申请为目的。通过注册审核是要让符合信息披露要求的企业发行上市，对于违反国家利益和公共利益的企业，注册审核中当然应当依法提出否定意见，但否决发行申请不应成为注册审核工作的目标，审核过程是一个提出问题、回答问题，相应地不断丰富和完善信息披露内容的互动过程。发行人向投资者披露的内容达到了信息披露制度和规则的标准，就可以发行上市。

四是注册审核应当以大力强化事中事后监管为基础。不仅不能替代，而且应当更加强化。监管机关的职责重在监管执法，集中精力查处信息披露违法违规行为，采取一切必要手段惩治市场欺诈，责成失信违法主体回吐经济利益，维护投资者合法权益。

注册制改革的核心在于理顺市场与政府的关系。注册制既可以较好解决发行人与投资者信息不对称所引发的问题，又可以厘定和规范监管部门的职责边界，避免监管部门“有形之手”对市场的过度干预，从而构建起“宽进严管，放管结合”的体制。贯彻落实好注册制的改革理念，必须进一步明确市场参与各方主体的权利义务，建立强有力的法律约束机制，通过配置清晰、要求严格的法律责任规范，逐步形成市场参与各方依法尽责履职和维护自身合法权益的市场化、法治化的良好环境。注册制改革的关键是要落实好四个方面的责任要求：

一是落实发行人的基础诚信责任。发行人是信息披露的第一责任人，必须确保披露内容的真实性、准确性和完整性，

对于信息披露内容存在虚假记载、误导性陈述和重大遗漏的，应当无条件地承担法律责任。发行人的控股股东、实际控制人指使或者协助违反信息披露义务的，应当同样承担法律责任。落实发行人的诚信责任，一方面要大幅提升行政罚款和刑事罚金数额幅度，让失信欺诈者付出沉重的经济代价。同时，要全面落实负有责任的董事、监事和高级管理人员个人的法律责任，实行最严厉的市场禁入措施，构成犯罪的，坚决实施刑罚制裁。另一方面，要改革完善民事赔偿责任制度，针对欺诈发行和虚假陈述民事赔偿案件涉及人数众多的特征，对代表人诉讼制度作出有针对性的安排，着力优化方便投资者获得民事赔偿的机制和途径。同时，要赋予监管机关责令回购股份、责令先行赔付等职权，更好地适应证券市场民事赔偿的特殊性，让投资者更为有效地获得经济补偿或者赔偿。

二是落实中介机构的专业把关责任。确保中介机构依法履职、恪尽职守是事关注册制成败的关键所在。中介机构运用其专业知识和专门经验，对发行人提供的信息资料进行核查验证，作出专业判断，投资者往往基于对其的高度信赖作出投资决策。他们应当履行对于信息披露内容的特别注意义务，承担对于信息披露内容的专业把关责任。要在合理界定和划分参与股票发行活动的保荐机构、承销机构、会计师、律师事务所以及资产评估机构职责范围和责任边界的基础上，通过严格的法律责任督促中介机构审慎、勤勉地履行好法定职责，对于不遵守执业规范要求、违反业务准则的执业行为，必须严肃追究其法律责任。中介机构违反执业规范导致出具的文件存在虚假记载、误导性陈述或者重大遗漏的，必须依法承担相应的民事、行政和刑事法律责任。

三是落实注册审核机关的审核把关责任。注册制条件下，审核工作所针对的是经过中介机构核查验证和专业把关的申报文件，注册审核机关不再需要对企业作实质判断，也不需要对申报文件是否存在虚假承担责任。注册审核主要是对申报文件是不是符合齐备性、一致性、可理解性要求，进行把握和判断。齐备性主要是指注册文件披露内容的项目、范围和程度等是否符合信息披露规则的要求，是否达到投资者进行投资决策所要求的充分和必要水平。一致性主要是指披露内容所反映的企业自身生产经营状况是否合理、财务数据之间的勾稽关系是否符合逻辑、财务与非财务数据之间是否能够得到印证等。可理解性主要是指信息披露文件的语言表述，要立足于投资者阅读和使用的需要，充分考虑一般投资者的认知水平与专业能力，尽量做到浅显易懂，尽可能避免使用难懂、冗长、技术性的术语。

四是落实自律和行政机关的监管责任。贯彻以信息披露为中心的审核理念，必须以强有力的事中事后监管为后盾。为此，要从强化自律和行政监管两个方面双管齐下，落实好注册制条件下的监督管理责任。证券交易所和证券行业协会要全面建立完善行业自律规则和自律公约制度，特别是要研究建立专门适应注册制改革要求的先行赔付、质保金和黑名单等自律管理制度。监管机关要按照注册制改革的理念与责任分配原则，全面调整并完善注册制条件下的监督管理制度，加强对注册审核工作的动态管理与过程控制，确保注册审核工作的合规性和一致性。特别是要赋予监管机关必要的监管职权和充分的监管手段，建立健全专门的事中核查制度。发现发行中涉嫌违法违规的行为及时立案查处，采取一切必要的措施纠正违法行为，严厉处罚发行人及相关中介机构，涉嫌犯罪的，坚决依法移送公安机关追究刑事责任。

改革必须于法有据。实施股票发行注册制改革，需要对现行《证券法》进行修改，同时，要相应制定完善包括证监会行政规章和自律组织自律规则在内的法律实施配套制度。法律和实施配套制度的构建，除了全面反映上述改革理念和责任配置的要求，还要对注册制改革的相关内容作出明确规范：

一是关于注册审核主体。境外成熟市场实行注册制的国家和地区，关于注册审核主体的安排或者以监管机关为主，或者以交易所为主。从我国的市场条件和环境出发，应当建立以证券交易所注册审核为基础的发行注册制度，由证券交易所负责对发行申请依法进行审核，提出审核意见，证监会给予注册以交易所同意注册的意见为前提。

二是关于注册审核条件和标准。注册审核重点关注的是信息披露文件的齐备性、一致性与可理解性。审核的标准是在总结实践经验基础上，不断完善的以投资者需求为导向的信息披露规则。为此，需要对现行法律关于发行上市的条件作出调整，不再保留持续盈利等条件。当然，注册审核强调以信息披露为中心，并不是不再关注发行条件和上市条件的要求。不同的是，发行条件应当主要是关于发行人组织结构、财务报告和合规状况等客观要求。上市条件则是由交易所设置的包括财务指标、市场指标、公司治理等不同要求的差异化条件，相应地，在交易所内部形成不同的板块分层，由企业根据自身条件和需要自主选择上市的交易所与上市板块。无论是发行条件和上市条件，应当尽量客观、明确，减少自由裁量空间。

三是关于注册审核机制。在交易所履行审核职责、承担审核责任的前提下，必须对现行股票发行审核委员会的审核机制作出调整，取消证监会的发行审核委员会，交易所内部可以设置上市委员会对交易所审核部门提出的审核报告进行审议，通过集体讨论形成合议意见，不再实行票决制。

四是关于注册程序。企业申请股票公开发行并在交易所上市交易的，应当向证券交易所报送申请文件。证券交易所履行审核职责，形成正式审核意见。证券交易所审核同意的，应当在规定时间内将发行申请文件报送证监会注册。证监会自收到申请文件之日起规定时间内未提出异议的，注册生效。

五是关于注册效力。注册生效，并不表明监管机关和证券交易所对股票的投资价值或者投资收益作出了实质性判断，也不是对公开发行股票文件的真实性、准确性、完整性的保证。这是当事人基于注册生效与否所产生的市场后果寻求法律救济的责任认定基础，必须在法律上加以明确。

六是关于监管职权和职责。推进注册制改革，必须以强有力的事中事后监管作为保障。法律应当对监管机关履行监管职责所必需的规则制定权、监督检查权、监管执法权作出明确的规定和授权，以有效应对实行注册制后，监管执法和投资者权益保护的新的形势要求。

各位嘉宾，注册制是体现市场化、法治化要求，在市场参与各方主体责任配置合理、责任分配到位的共管共担的综合性治理体系和治理机制。改革的目标可以归纳为市场主导、责任到位、披露为本、预期明确、监管有力。这是对现行核准制的进一步完善和发展。实现改革的目标，需要依靠市场参与主体和社会各个方面在认识一致的基础上的共同努力。我们相信，只要我们坚定改革的信心和决心，坚定不移地从市场发展的规律要求出发实施好股票发行注册制改革，一定能够进一步释放市场活力，资本市场服务实体经济与财富管理的能力一定会迈上新的台阶。

谢谢大家！

在2015中国普惠金融国际论坛上的讲话

中国银监会副主席 周慕冰

(2015年9月18日)

各位来宾：

大家上午好！

很高兴参加今天的论坛。这次论坛以“好金融，好社会”为主题，我认为它准确地契合了普惠金融的主旨。期待各位专家就发展普惠金融发表真知灼见。中国政府高度重视发展普惠金融，将其列为国家战略的重要内容。作为中国的银行业监管部门，银监会一直致力于引导和推动中国银行业树立普惠金融理念，发展普惠金融事业。做好小微金融服务，支持小微企业发展，是发展普惠金融事业的关键一环。下面，我就中国银行业服务小微企业取得的成效、面临的挑战和未来的展望谈三点看法。

一、中国银行业服务小微企业成效显著

小微企业作为国民经济发展的生力军，在繁荣经济、吸纳就业、改善民生、促进创新等方面发挥着不可替代的作用。为做好这项工作，银监会始终坚持正向激励的监管导向，通过一系列差异化监管政策，不断激发银行业服务小微企业的内生动力。截至2014年末，全国小微企业贷款已连续六年实现了增量和增速不低于上年同期的“两个不低于”目标。截至2015年6月末，又实现了银监会提出的“贷款增速不低于各项贷款平均增速、贷款户数和申贷获得率不低于上年同期水平”的“三个不低于”目标。

小微企业贷款总量稳步攀升。截至6月末，全国小微企业贷款余额超过22万亿元，较上年同期增幅超过15%。与2010年末水平相比，5年间增长了2倍(2010年末小微贷款余额为7.5万亿元)。

金融服务覆盖面不断拓宽。小微企业贷款户数1151万户，较上年同期增长近9%。小微企业贷款户数占全部小微企业总数的20%以上。全国各省(区、市)小微企业综合金融服务覆盖率在70%以上。

贷款可获得性明显提高。全国小微企业申贷获得率超过91%，较上年同期高出3个百分点。

在推动小微企业金融服务工作中，我认为有五个方面的经验和做法值得与大家分享：

一是形成了多轮驱动的金融服务供给体系。目前，中国已基本形成了多层次、多元化的银行机构组织体系，为不同规模、发展阶段和融资能力的小微企业提供匹配的金融服务。大型银行发挥网点、人员、技术优势，下沉服务，并通过建设专营机构，提升服务小微企业的专业水平。中小银行积极增设扎根基层、服务小微企业和社区居民的小微支行、社区支行，目前共设立这两类支行5000余家。村镇银行等新型农村金融机构稳步发展，总数已超过1300家，有效填补了乡镇和涉农小微企业金融服务的空白。在传统银行体系之外，小贷公司、P2P网贷公司等新型金融业态蓬勃发展，总体运营稳健，丰富了金融服务的机构载体，成为缓解小微企业融资难题的重要补充。

二是构建了独立高效的机制体制。小微企业金融需求的特殊性，决定了银行业必须改变过去以规模扩张为导向的发展方式，对内部机制体制进行全面变革。银监会指导银行业建立和完善小微企业金融服务的利率风险定价、独立核算、审批、激励约束机制、人员培训和违约信息通报等“六项机制”，并针对小微企业专营机构，提出单列信贷计划、单独配置人力资源与财务资源、单独客户认定与信贷评审、单独会计核算的“四单”原则。在监管指引下，银行业积极探索，建立起一套行之有效的小微企业金融服务机制体制。如，以评分卡为核心的贷款审批流程，基于“大数法则”的风险管理策略，专门的小微业务绩效考核权重，差异化的小微企业不良贷款容忍度，小微业务从业人员的尽职免责办法等等。机制体制建设到位，确保银行有能力、有动力持续深入地服务小微企业。

三是开展了广泛灵活的金融创新。创新是金融服务永葆活力的源泉。银监会鼓励银行业针对小微企业生产经营和融资特点，开展灵活多样的产品和服务创新，改变传统模式下小微企业金融服务门槛过高、内容单一、效率不足的局面。随着越来越多的银行将小微企业作为战略重点，金融创新不断涌现：以标准化作业的“信贷工厂”模式实现规模效应，以互联网大数据技术破解信息不对称难题，以知识产权、股权等新型抵质押方式降低增信成本，以手机银行、网上银行等新型终端提高服务效率，显著改善了小微企业的金融服务体验。特别是以往融资困难最为突出的创新型、创业型小微企业，在银行创新产品和服务的支持下，获得了起步成长的助力，成为贯彻国家大众创业、万众创新战略的新兴力量。

四是完善了信息和增信的配套制度。小微企业融资难，症结在于缺信息、缺信用。为破解银企信息不对称的难题，许多地方政府为小微企业建立了信用档案，提供信用评级服务，搭建公共信息平台，整合跨行政部门的企业信息，集中查询和共享。银监会近期与国税总局在全国范围内联合开展“银税互动”助力小微企业的活动，通过建立信息对接渠道，将小微企业的纳税记录转化为银行信用。同时，面向小微企业的增信手段也不断丰富。小额贷款保证保险、信用保证保险等银保合作服务小微企业的模式已在全国多地试点。融资担保行业在小微企业融资中的作用也日益突出。截至6月末，全国中小微企业融资担保贷款余额1.24万亿元。一些地方政府还牵头设立助保金、贷款风险补偿基金、信用保证基金，并组织银行、保险、担保等机构共同出力，着眼风险分担与补偿，打造“政银企”、“政银保”、“政银担”等合作模式，进一步增强了小微企业的获贷能力。

五是坚持了市场原则与政府推动并重的工作思路。金融支持小微企业发展，是政府、企业、社会团体和包括银行在内的金融机构各司其职、各尽所能的共同事业。从这些年的实践中我们体会到，小微企业金融服务的根本立足点是遵循市场的内在逻辑，尊重和发挥银行作为市场主体的主观能动性，坚持走商业可持续的道路。同时，政府扮演着至关重要的市场领航员和监督者的角色。各级政府对小微企业的重视程度不断提高，在产业、财税、工商、土地、金融、社保等领域相继出台了一系列扶持和优惠政策，推动改善市场环境、降低交易成本、优化资源配置，有力地促进了小微企业金融服务提质增效。坚持市场原则与政府推动双管齐下、合力并进，才能把小微企业金融服务做深、做实、做长远。

二、新形势下小微企业金融服务面临新挑战

当前我国经济发展进入新常态，“三期叠加”效应突显，在经济增速放缓、产业结构转型升级的背景下，小微企业群体将加速分化，融资难、融资贵呈现新的特征。小微企业金融服务工作也面临着新的挑战。

一是适应复杂多变市场环境的挑战。新形势下，小微企业新陈代谢加剧。如何从雨后春笋般的创新型小微企业中挖掘客户资源，如何识别竞争力不足的落后产能企业，及时做好贷后管理，是对银行发现、培育、管理客户能力的全方位挑战。随着越来越多的金融机构投身小微企业这片“蓝海”，银行业只有找准战略定位、明确目标客户，才能在多元化金融服务主体的竞争中赢得主动。同时，优质小微企业的发展壮大必然伴随着复合化的融资需求，传统单一的信贷业务将为综合性、全流程的金融服务所取代。银行业综合服务能力和同业合作能力的建设也迫在眉睫。

二是兼顾商业可持续和社会责任的挑战。随着中国利率市场化改革的深入推进和多元化的社会融资渠道对银行存款的分流，银行资金价格普遍上涨，贷款利润空间压缩。在这样的客观压力下，对于派生存款少、议价能力弱的小微企业，既要坚持收益覆盖风险的商业可持续原则，又要积极践行社会责任，平衡短期利益与长远战略，合理确定定价机制，探索商业盈利目标与社会责任目标相统一的发展路径。这是对银行业持续经营能力的重大考验。

三是提升风险管理能力的挑战。近年来，受国内外经济环境波动影响，加上自身经营管理水平有限，一些小微企业困难加剧，信用风险不断积聚和爆发。小微企业不良贷款余额和不良贷款率呈上升趋势。毋庸讳言，在一系列违约事件中，银行业也暴露出风险管理理念、制度、技术上的问题，这是值得警惕和深思的。只有夯实内控基础，守住风险底线，小微企业金融服务才能根深叶茂，薪火相传。

四是持续强化监管激励的挑战。自 2005 年下发首个关于小微企业金融服务的监管指导意见以来，推进小微企业金融服务工作一直是银监会重要的监管使命。10 年来，银监会主动适应经济金融形势，不断细化和完善差异化的监管政策框架。面对新常态下的新情况、新问题，我们也在积极研究，如何在保持政策连续性的同时，创新监管手段，把握好防风险和促发展的辩证关系，提升监管激励的力度和精确度，更加有的放矢地引导银行业服务向小微企业倾斜。

五是优化政策协调机制的挑战。小微企业金融服务是一项复杂的系统工程，需要财税、司法、监管和相关产业主管部门等共同拿出有效的政策手段，持续改善金融生态。应当说，现有各类扶持政策已初成体系，效果也值得肯定。但客观来看，政策的协同性和衔接度还有待提高。加强跨部门协调，聚焦薄弱环节，强化信息共享，发挥政策合力，应当是有关部门下一步努力的方向。

三、着力推进小微企业金融服务再上新台阶

展望未来，小微企业金融服务虽然面临不少困难和挑战，但在国家普惠金融的宏观战略下，这项事业是大有可为的。银监会将继续担负起监管使命，进一步加强对银行业的引导和支持，在新形势下推进小微企业金融服务取得新进展。

一是各项扶持政策要进一步精准发力。要着力发挥政策“指挥棒”在市场行为中“四两拨千斤”的作用，引导金融资源优先和集中投向最需要融资支持的小微企业。政策目标要清晰聚焦，把好钢用在刀刃上。如，国家关于企业划型的标准要尽快修订完善，以尽可能准确地反映企业真实生态，锁定真正“身小力弱”的小微企业，避免政策覆盖范围过大而削弱效力。政策手段要科学高效，以求事半功倍。如，在财政资金的投放上，通过创投驱动、贷款贴息等杠杆手段，带动金融资源、社会资本投向小微企业，与直接补贴、资助企业相比，更有利于提高扶持效率。

二是新型金融机构和业态要进一步有所作为。近年来，民营银行、小贷公司、P2P 网贷公司等新型金融机构和业态迅速崛起，为小微企业金融服务注入了新的活力。银监会积极支持和鼓励新设立的民营银行探索创新“大存小贷”、“个存小贷”等差异化、特色化经营模式，提高与细分市场金融需求的匹配度，增强对小微企业等经济发展薄弱环节的金融支持力度，更好服务实体经济。小贷公司和 P2P 网贷公司，作为专业的民间放贷机构和互联网贷款平台，鲜明体现了普惠金融供给的包容性和多样性。银监会正在研究制定对这两类机构的监管制度规范，将引导其服务实体、规范经营、科学创新、管好风险，发挥自身优势，开展有效竞争，辅助传统银行业，为各类别、各发展阶段的小微企业提供多层次的金融服务。

三是产品和服务要进一步创新求变。“科学技术是第一生产力”。互联网等新技术的广泛运用，极大地提高了金融服务效率，降低了成本，从根本上改变了小微企业金融服务这一“长尾产品”的面貌。许多银行在这方面已有了成功的实践。但要从根本上破解小微企业融资难题，还需进一步加深银行业务与“互联网 +”的融合，将“高大上”的前沿技术转化为“接地气”的产品与服务：在银行内部，要完善业务信息系统建设，将以往个体信贷人员通过传统手工作业积累出的客户数据进行整合分析，深度挖掘客户资源；在外部，要充分利用电子商务、征信系统以及其它各类信用信息平台，批量获取小微企业客户信息，及时捕捉有效融资需求，扩大服务覆盖面。

四是服务模式要进一步统筹整合。在融资渠道方面，要着力发展直接融资与间接融资互补的模式。国家已相继设立战略新兴产业创业投资引导基金和中小企业发展基金，相信这将极大地带动对小微企业的直接融资供给。要以促进创新型、创业型、成长型小微企业发展为重点，建立小额、便捷、灵活的投融资机制。银监会也鼓励银行在集团内部或与外部创业投资机构探索投贷联动模式，向不同发展阶段的科技型小微企业给予针对性的股权和债权融资支持，培育创业生态系统。在风险分担和补偿方面，要推广企业、政府、银行和保险、担保等其它融资服务机构共同参与的“小微企业金融服务命运共同体”模式，实现企业积累、财政投入与金融资源共同助推小微企业发展的连锁效应。要健全融资担保体系，推动发展一批政府出资为主、经营规范、实力较强、信誉较好、影响力较大的融资性担保机构或基金，作为担保行业服务小微企业的主力军。

五是发展理念要进一步重视社会责任。做好小微企业金融服务，是小微企业自身发展的诉求，是中国银行业实现战略转型的必然选择,也是政府、媒体、学界、社会组织等方方面面共同的目标。因此,要全面树立共担光荣使命、履行社会责任的发展理念。小微企业要有诚信经营、行稳致远的企业家精神,制定长远规划,努力提升生产经营和管理水平,完善公司治理和财务、人事等制度,打造"小而精"、"小而强"的现代企业。协会、商会等组织要积极发挥行业自律和协调沟通作用,增进银企互动,促进行业良性发展。商业银行要统筹经济效益和社会效益,强化社会责任意识,持续加大对小微企业的服务力度。各级政府要明确自身的职责定位,切实加强制度建设、产业规划引导和企业培育,全面依法行政,为小微企业金融服务创造公平、开放、良性竞争的市场环境。

中国的小微企业金融服务在积极探索中已取得了可喜的成绩。银监会愿与有关部门、金融行业和社会各界一道,继续为发展普惠金融、支持小微企业、增进人民福祉做出更大和更多的努力。

谢谢大家!

上市公司监管制度将有重大变革

——上海证券交易所总经理黄红元在2014CCTV中国上市公司峰会上的发言

尊敬的庄主席、王会长、齐总监、各位嘉宾、女士们、先生们:

下午好!

非常高兴参加今天2014CCTV中国上市公司峰会,刚才三位领导从不同的角度对资本市场改革创新都发表了非常好的意见。观点非常鲜明,我听后受益匪浅,接下来我就谈三点认识。

第一,资本市场在服务国民经济转型升级中应该大有作为。当前我国宏观经济处于"三期叠加"的转换,正进入新常态,要实现这些调整和转变,作为资源配置重要载体的资本市场,无疑是推动这些调整和转变的一个重要平台。那么从上交所来看我们现在上市公司的数量超过970家,总市值18万亿,大致可以划分为三个市场板块。第一个板块是以上证180成分股为代表的俗称经典蓝筹股,聚集了一批市值在一百亿以上的大盘的上市公司。第二个板块是以上证380成分股为代表的新型蓝筹板块,聚集了一批股票市值在50亿-100亿之间的中大盘上市公司。此外,正在形成的潜力蓝筹板块,包括了生物科技、高端装备制造、新一代信息技术等新兴产业的企业。根据新的国九条,有关可以增加交易所内部层次的要求,我们上交所也正在抓紧研究争取尽早设立战略新兴产业板,为战略新兴产业的发展能够助力。

总的来看,伴随资本市场改革创新的加快和市场化进程的推进,上交所市场已经具备了比较强的企业和行业包容性,具备了全面、完整对接国民经济转型升级需求的基础和能力。比如,今年蓝筹板块集中的一大批国有自助型企业正在加大混合所有制改革的力度,优化内部治理机制,升级改造传统产业,释放出新的生命力和竞争力,新型蓝筹、潜力蓝筹板块的中小盘企业也正在充分利用市场化的并购重组,加快上下游产业整合,生产要素正在向优势产业和新型行业有效地倾斜和集中。

第二,资本市场的发展需要持续的改革创新,在国民经济转型升级的大背景下,资本市场的外部环境、制度基础和发展红利正在并将继续发生深刻的变化,资本市场在服务国民经济转型升级的同时,也需要新的发展机会和前行的动力。就上交所市场而言,我们还存在不同层面的结构性失衡,需要通过改革创新加以解决。

一是上市公司行业结构失衡、产能过剩及传统周期性行业占主导地位的问题十分突出。金融、工业、能源、原材料等传统行业的上市公司的加速占比超过60%,市值占比超过70%,净利润占比超过80%。社会资本沉淀在产能相对过剩的传统周期性行业中,对急需发展资金的新兴产业可能形成资金的挤出效应。上交所市场的新兴蓝筹和潜力蓝筹板块,还未能产生应有的集聚效应、示范效应和带动效应。对产业结构优化升级的支持力度还有很大的提升空间。

二是二级市场交易结构失衡,股票二级市场交易及与之相关的价格发现是资本市场实现资源配置的最主要也是最基本的方式。因此,交易结构是否平衡,交易价格是否合理,以及交易热点是否契合产业和行业发展的方向,直接关系到资本市场资源配置的效益和效果。必须承认,目前,A股市场中,炒新、炒小、炒差的现象仍然十分严重,大盘蓝筹股的估值存在明显的低估现象。截至10月底,沪市主板平均市盈率仅为11倍,占上交所市值50%的上证50成分股,也只占上交所市场交易量不到20%。交易结构的失衡,由此可见一斑。

三是投资者结构失衡,在以美国为代表的境外成熟市场中,以养老金、保险公司、专业投资机构为主的机构投资者和长期投资者占比通常超过60%,与之形成鲜明对比的是,目前沪市市场依然以中小投资者为主,截至9月底,持有市值50万以下的中小投资者占投资者人数超过95%,但他们的交易金额大概在50%左右,所以从这个投资者结构而言,我们市场仍然缺乏一批坚守理性投资、价值投资和长期投资的专业机构投资者。缺少能平移股票市场价格非理性波动、稳定市场的压舱石。

第三,上交所将一如既往支持服务上市公司的发展,当前和今后一段时期,上交所将集中精力推进五方面的工作:

一是切实支持上市公司开展混合所有制改革。2014年以来,国务院启动了央企混合所有制改革试点,各省市也陆续明确了国资改革路线图,目前沪市已有10%左右的国有上市公司试水混合所有制改革,随着时间的推移,这个范围和比例可能还会不断地提升。我们将立足交易所的职能定位,引导和帮助相关上市公司做好与混合所有制改革相关的并购重组、股权激励、员工持股等工作,完善信息披露的监管工作,灵活有序地运用好停复牌的措施,助推混合所有制改革。

二是积极参与市值管理的规范和引导,新国九条提出市值管理的概念后,受到市场各方的普遍关注,上交所将继续注重引导、规范上市公司实施市值管理的良性实施。例如积极配合证监会推进并购重组市场化改革,认真做好重组预案的审核,加强对流产式重组的监管,鼓励引导上市公司通过并购重组实现产业调整的转型升级,做大公司、提高市场。

又如今年 9 月，我们组织 14 家上市银行在上交所交易大厅举办中期业绩说明会，市场反映和效果都比较好。与此同时我们也在关注，市值管理实践探索中可能存在的不良倾向，着手研究制订相关的治理监管措施。

三是加快上市公司监管转型，上交所已经从去年 7 月 1 号开始，推出了信息披露直通车业务，进一步强化了上市公司信息披露第一责任人的角色定位，增强了市场主体自动、自主承担信息披露责任的意识，也为强化事后信息披露监管，更大程度地提高监管透明度创造了条件。下一步上交所上市公司监管转型的一个重点是，要改变目前按地域进行上市公司监管的模式，实施信息披露按行业的监管，这一改革的主要目标是要提高信息披露监管的精度、信息披露监管的深度，以及信息披露监管的有效性和专业性。同时也提升我们上交所监管人员的专业能力和服务能力。这项工作相关准备正在积极进行中，预计在明年 1 月份能够推出。

四是完善市场风险管理工具。风险管理工具的不足，尤其是衍生品市场的缺失，是上交所市场发展的短板。今年以来在证监会的大力支持下，我们按照高标准、稳起步、严监管、控风险的设计思路，从业务规则、技术市场等多个方面，推进股票 ETF 期权产品试点的创新工作。目前，各项准备已基本到位，我们力争尽早推出。

五是提升上交所市场的国际化水平。今年以来，按照国家关于资本市场对外开放的战略，和证监会的统一部署，上交所加快了国际化步伐，其中一个重大的标志性工作是赴港通，这将明显提升上交所市场对外开放的广度和深度。目前与开通相关的准备工作，技术演练和投资者教育工作仍在持续深化中。

朋友们，多年来上交所的每一步发展都得到大家热情支持和悉心关爱，借此机会我代表上交所表达深深的谢意，谢谢大家！

让更多的金融活水流向实体经济

全国人大代表、深圳证券交易所总经理　宋丽萍

（2015 年 3 月 10 日）

各位新闻界朋友：

感谢大家对资本市场以及深交所的关心和支持。这几天，我再次与近 3000 名代表一起，凝心聚力、协调推进“四个全面”战略布局，认真审议《政府工作报告》，认识到通过紧紧咬住“双中高”目标（中高速增长和中高端水平）、坚持“双结合”（稳政策稳预期和促进改革调结构）、打造“双引擎”（大众创业、万众创新和增加公共产品、公共服务），实现中国经济提质增效的进程中，资本市场大有可为，面临历史性发展机遇。深交所基于过去十多年中小板、创业板建设丰富的实践，将在《政府工作报告》中提出的“让更多的金融活水流向实体经济”的任务中，发挥积极作用。现在全所上下有很强的责任意识和危机意识，为了能更好理解各个行业最新的发展动态，我们除了到全国高新区实地调研之外，组织“思享汇”，请各个行业上市公司的领军人物来我所交流，全所员工踊跃参与互动。面对互联网金融平台的崛起，我们还以“互联网金融冲击下，深交所是否会沦为恐龙”为题组织辩论赛，引发全所热烈讨论，持续发酵。

今年我们将从以下几个方面着力，力争多层次资本市场服务实体经济再上台阶：

首先，按照“新国九条”要求以及目前市场环境，做优做强主板、壮大中小板、加快发展创业板，充分发挥多层次资本市场直接融资主渠道作用。

一是推动国资国企改革，做优做强主板。深交所主板以国企为主，凭借资本市场无可比拟的快进快出的特点，以及产权明晰、治理完备、监督监管充分、交易公开透明、定价科学公允等诸多优势，应当成为国资改革的主战场和主渠道。

从已有案例看，通过资本市场推进国资国企改革，取得良好效果。以主板中联重科为例，该公司通过自身股份制改造上市、母公司改制、整体上市，最终形成湖南省国资委、管理团队和骨干员工、战略投资者、国际投资者及其他流通股东共同持股的混合所有制产权结构。自 2005 年股权多元化改革以来，企业的营业收入、税收、资产总额高速增长，湖南省国资委持有的国有资产最高时增值了近 800 倍，极大地实现了国有资产保值增值，有效地放大了国有资本功能。类似的案例还有很多。

上世纪 90 年代以来，资本市场一直是国企改革的重要平台，有利于国有资本高效有序进退布局，有利于增强国有企业的辐射力，实现跨行业、跨地区、跨所有制的整合，打造一批有影响力的大型企业集团和龙头企业，有利于国有资产保值增值。国企改革是也是搞活主板的新动力，相当于资本市场二次“股改”，必将释放新的市场潜能。去年我们向部分国资大省提出了利用资本市场推进国资国企改革的建议，今年我们将按照一区一策、一司一策的方针，为上市公司“混改”提供个性化服务，不断提升主板市场质量。

二是壮大中小企业板。通过积极推动转型升级，中小企业板公司 2014 年交出了一份靓丽的成绩单，根据业绩快报 739 家公司平均实现营业收入 27.82 亿元，比上年增长 12.22%；平均实现净利润 1.75 亿元，比上年增长 13.1%，远高于 2013 年 8.37% 的增长水平，为近三年的最高值；平均净资产收益率达到 8.48%。中小企业板上市公司通过加强自主创新、创新管理模式、创新商业模式等多种方式全面推动转型升级，积极适应新常态，实现业绩较快增长，显示出中小企业强大的内在活力。

中小企业板作为中小企业的资本服务平台，将进一步探索完善适应中小企业特征的规则体系和制度安排，加大中小企业服务和培育力度，加快扩大板块规模，容纳包括中小金融企业在内的多元化行业结构。

三是加快发展创业板。经过十多年的努力，创业板成立五年多来取得了一系列成绩，创业板特色日益明显，作为助力国家自主创新战略的重要平台，逐步得到市场各方的认同。

以创业板为龙头,一条集场外市场、PE/VC、政府引导基金、担保、银行等力量支持创新的资金链正在加速形成。

随着经济结构升级力度加大,政府一系列简政放权的改革措施落地,一轮大众创业、万众创新的大潮的正在来临,现在优秀的种子企业越来越多,很多一开始就站在非常高的起点,创业板具备了加快发展的条件。如果这时候加快创业板的发展,会带动整个社会创新资金链高速运转,给创业创新以极大的助力。

创业板推出5年多,已有420多家上市公司,市值接近3万亿元,已经成为全球除纳斯达克以外最成功的创业板市场,这主要是因为中国这一处于转型阶段的第二大经济体,拥有全球少有的庞大的中小、科技企业群体。必须利用好我国的企业资源优势,抓住当前资本市场的机遇,集中力量搞好创业板。

其次,《政府工作报告》提出"发展服务中小企业的区域性股权市场",即"四板"。深交所将发挥人才、经验、系统优势,大力支持"四板"建设。在我们这样一个区域发展不平衡的大国,各地经济发展水平差异大,建设贴合区域经济特点的"四板",具有非常现实的必要性。发展区域性股权市场,对于促进资本与早期创业企业相结合具有重要意义。区域性股权市场可以自下而上地弥补资本市场对区域内中小企业,特别是科技型中小企业的服务短板。一是为区内中小企业提供一个区域性的资本市场服务平台,让他们从一开始就有专业的中介和投资机构,提供宝贵的创业资本和创业指导;二是促进企业信用信息平台的建设,破解中小企业信用"信息孤岛"的困局,为区域性金融生态环境改善奠定基础,并据此吸引和聚集区域内各种金融要素。例如在重庆、武汉、齐鲁股交中心,银行围绕区内挂牌公司股权开展质押贷款,累计发放300多亿元;三是可以为财政、科技扶持资金的使用投资提供一个公开透明的平台,利于社会对财政资金使用情况进行监督。在青岛,当地政府将其作为支持中小企业公共资金的投入平台;四是依托这个平台确认股权,恢复转让权,从而使围绕股权开展金融服务和科技成果入股成为可能;五是为各行业整合转型升级提供丰富的企业并购资源,也为创投提供正常的退出渠道。

场外市场还是上市公司的"苗圃",发展场外市场可以夯实交易所市场发展的基础,也能够将多层次资本市场服务范围大幅度向下延伸。过去,深交所围绕拟上市公司的培育,联合各地出台一系列扶持政策和工作机制,对加快重点中小企业培育上市起到积极作用。以此为起点,一些地方认识到整合当地金融资源,支持中小企业发展蕴含巨大潜力,区域性股权市场是重要的节点。我们将延续并强化与各地的合作,通过支持区域性股权市场建设和规范发展,一手筑牢我们的市场培育体系,一手强化多层次市场的协同效应,扩大多层次资本市场服务范围。

再次,创造条件,让优质中小金融机构进入资本市场。通过上市、挂牌或资产证券化,解决急需的资本金及资金来源。中小金融机构形象地说,就是金融服务实体经济中的"毛细血管",分布广泛、渗透力强、精准度高,对于解决中小微企业融资难题,支持"草根"经济具有独特和不可替代的作用。与中小金融机构有效对接,是进一步提升资本市场对实体经济覆盖能力的有效途径。比如小贷公司,通过发行资产证券化产品,可以拓宽融资渠道,促进其规范运作和可持续发展。

深交所很早就开始了这方面的探索与尝试。比如2013年9月挂牌的"阿里巴巴小额贷款证券化",将阿里金融小额50亿元贷款资产进行证券化,从而盘活阿里金融小贷资产,使小贷业务规模得以持续扩大,形成支持小微企业的可持续金融服务模式。在此基础上,2015年1月,"中和农信2014年第一期公益小额贷款资产支持专项计划"在深交所挂牌,规模5亿元。作为一家专注于农村小额信贷的企业,中和农信前身是中国扶贫基金会小额信贷项目部,主要为难以由传统金融机构惠及的贫困地区低端群体提供服务,贷款客户97%来自农村,其中93%为农村妇女,她们平均年龄42岁,文化水平在初中以下。今天是三八妇女节,我们就是要有这样具体有效的措施,支持那些打拼的母亲们、女性创业者们。

2014年末全国已有小额贷款公司8000多家,吸收资本达8283亿元,贷款余额9420亿元,从业人员超过10万人,已经成为一支不容忽视的金融服务力量,成为了我国发展小微金融、普惠金融的重要支撑。这些项目试点,为小贷资产证券化积累了经验,具有很好的示范效应,为小贷公司打开资本市场之门探索了道路。更为有意义的是,资本市场对规范透明的要求,对小贷行业发展会有很强的指导性,引导一批优质小贷公司更加注重贷款资产的质量,更加注重规范和内控,对行业的健康发展起到积极作用。

最后,全面对接创新驱动战略。今年政府工作报告将创新驱动战略提到了更加突出的位置。创新驱动发展战略,是转变经济发展方式、提升经济发展水平的根本要求,是新常态下经济继续保持合理增长速度的重要支点,也是为发展找到新的重大突破方向不断积聚力量的过程。

我们认为,创新驱动内涵非常丰富,不仅有新兴产业、高科技产业的培育,也包括传统产业的升级和新业态对传统产业的整合。现在大家普遍对生物技术、信息、新能源等前沿高新技术产业关注多,高新技术产业引领着未来发展,但支撑国民经济的主体力量,仍然是那些相对传统的制造业和服务业,与民生关系紧密,也是吸纳就业最多的行业,不能忽视。在这些传统产业,技术创新空间始终存在。例如,深市主板上市公司美的,在传统的家用电器行业,每年保持超过40亿元的研发投入,研发强度超过3%,产品不断推陈出新,近年研发投入市场的新产品,如全直流变频空调、大型水冷中央空调等占到销售收入一半左右,保证了收入的持续高增长。格力等一批上市公司的情况类似。金融危机以来,美国在内的发达国家正在通过技术创新手段改造它们的传统产业,与我国的劳动力成本低优势进行正面竞争。如果忽视了我们原本具有比较优势的产业部门的创新发展,就有可能在今后的竞争中失去优势,动摇"中国制造"的根基。

深交所的多层次资本市场发展,一直在积极探索如何更有广度、深度和精度地服务好创新驱动发展战略。今年政府工作报告提出要实施"中国制造2025"、制定"互联网+"行动计划,推动产业结构迈向中高端。我们将充分发挥深交所的多层次市场产业层次丰富、行业门类齐全的优势,进一步强化对高科技产业、战略性新兴产业的支持,同时加大对传统产业创新驱动、智能转型、强化基础、绿色发展的支持力度,全方位地对接创新驱动战略。

媒体问答环节:

问:我们知道去年2014年上交所开通了沪港通,大家对深港通也非常期待。我想问问,我们的准备时间,开通以后会跟沪港通有没有什么区别?

答:关于深港通的进展,肖钢主席此前表示,"深港通"预计上半年能够获批,下半年有望正式推出。在两地监管机构的大力支持和指导下,深交所与港交所、中国结算正积极推进

“深港通”各项准备工作。目前,已完成方案设计并启动技术系统开发,待两地监管机构批准后,将组织市场业务和技术准备,积极推动实施。

“深港通”试点初期主要结合深交所多层次资本市场的特点,以及服务中小企业和创业创新的发展战略,重点考虑对标的证券范围进行扩大,除主板股票外,还将考虑纳入符合标准的中小板和创业板股票。创业板定位于服务自主创新企业和其他成长型创业企业,在全球服务创业创新的市场中,市值仅次于 NASDAQ。

吴利军理事长今年 1 月份还带队到香港考察,也开了座谈会。根据我们前期对 QFII 的走访调研情况,境外机构投资者 A 股市场看法积极,尤其对中国经济转向创新驱动、消费驱动以及中西部的梯度发展潜力等充满期待。在后金融危机时代,这些机构越来越重视资产的全球配置,中国作为迅速发展的世界第二大经济体,配置的比重将越来越高,而深圳市场的行业、地域多样性对境外机构投资者具有一定吸引力。我们将有针对性将这些公司纳入标的。由于深市标的公司规模相对较小而行业多样,我们准备在开通前,开展境外投资者路演,让境外投资者充分熟悉了解。

实际上,深交所从 2012 年开始就启动了境外投资者服务体系建设。去年组织了 7 期“境外投资者走进上市公司”活动,来自美国、欧洲、东南亚和中国香港等地的数十家机构投资者近 200 人次与数十家上市公司进行了交流。最近的一期在 10 月底完成的,马来西亚国库控股等境外投资者代表逾 20 人走访了创业板的腾邦国际、天源迪科、华测检测等 8 家上市公司,与公司高管进行了交流。此外,在官方网站上设立了境外机构投资者英文服务专区,并向境外机构投资者提供每周英文市场简报,强化境外投资者市场信息服务。从实施效果来看还是非常好的,过去三年 QFII 在深市的投资规模从 500 多亿元上升到 1600 多亿元,其中 1/3 以上投向了中小板、创业板。

未来我们还将不断根据境外投资者的需求,逐步丰富标的数量和品种,除了股票外,交易所挂牌的基金、固定收益产品也会是下一步考虑的方向。

“沪港通”启动后,成交呈现慢热状态。我想主要原因是双方投资者有一个逐步熟悉对方市场、上市公司的过程,“深港通”启动后也会面临这一情况。

深市投资者以个人为主,数量庞大,如何让投资者方便地获得信息、投资决策、参与投票、反映诉求,一直是我们努力提高投资者服务质量的目标。这些年依托互联网,建立一整套包含互动易、分析易、投票易、投知易、呼叫易在内的比较完整的投资者服务体系。去年的记者见面会,我向大家详细做了介绍。“深港通”标的明确后,我们将利用这些年积累的投资者服务体系,为香港标的上市公司提供类似的信息服务,帮助深市投资者了解熟悉香港标的公司。“深港通”开通后,投资者可以尽快做出投资决策。

比如“互动易”,作为投资者与上市公司之间直接联系的工具,越来越为广大投资者所接受。利用“互动易”能快捷地将“深港通”标的公司的信息推送给投资者。截至这个周末,互动易投资者提问数达到 141 万,最近一个月提问数 7.5 万,同比增加近 7 成。累计发布机构调研报告 2.3 万条,今年以来同比增加近 6 成。今年互动易网页日均访问量 58 万次,今年启动的互动易手机 APP 软件累计使用访问量超过 1000 万次。

再如“分析易”,是深交所免费为投资者提供直观研究分析上市公司的工具。去年我们把原“XBRL 示范项目”网站改版升级为“分析易”平台在官网上启用,综合应用 XBRL、互联网信息技术与可视化技术,为投资者提供图表数据、多维展示、信息分析等服务,以直观、通俗的方式帮助投资者把握上市公司财务、经营状况。已有 5000 余投资者在我所“互动体验中心”测试了“分析易”功能,我们将根据反馈意见持续完善。“深港通”启动后,投资者可以方便地将香港标的公司与同类型深市公司直接进行各种财务数据的对比。

我们非常重视“深港通”的制度对接。“深港通”的制度对接,将提升内地市场深度、广度和质量,保障资本市场融资功能和投资功能的正常发挥。“深港通”是我国资本市场双向开放的重要一步,影响是深远的。

首先是提高了买方的质量。买方的能力和水平决定着定价效率和市场质量。“沪港通”、“深港通”相继启动,海外机构对 A 股的参与热情进一步高涨,正在加大对 A 股市场分析研究的投入力度,选拔聘任 A 股市场的分析师。海外机构投资者拥有一套成熟的投资理念和管理制度,投资经验丰富。随着海外机构参与度不断提高,其对 A 股的研究分析和投资决策势必会影响到定价,对整个投资者行为和理念产生积极影响。

去年,我们启动了“会员之家”,其中一个重要内容就是为会员营业部一线骨干提供包括国际化内容的培训。自去年 7 月份以来,深交所已连续举办八期财富管理培训,覆盖 89 家证券公司的 980 间营业部,学员超过 1200 人。为支持民族地区证券业和资本市场发展,培养更多专业人才,提供专项资助。目前,包括西藏在内的全国五个民族自治区,已有 36 间营业部的 38 名骨干参训。

我们要看到,“深港通”不是简单的交易量多少,更要看到“深港通”带来的买方质量的提高。

其次,“深港通”的启动必将促使我们用海外机构投资者的眼光,来重新检视我们的制度,从而加快制度对接的步伐。

例如,在股票停复牌机制方面,香港市场以尽快复牌、注重效率为原则,上市公司股票应当尽可能持续交易,即使必须停牌,那么停牌的时间也应尽可能缩短。这是由产品体系复杂性所决定的。如果基础股票频繁停牌,势必对相应的基金、衍生品交易带来不可估量的影响。内地股市产品体系相对简单,且对停牌有严格的量化指标,如上市公司因筹划重大资产重组停牌的,要求承诺自发布进入重大资产重组程序的公告日起至重大资产重组预案或者草案首次披露日前,停牌时间原则上不超过 30 个自然日。确有必要延期复牌的,上市公司可以在停牌期满前按本所有关规定申请延期复牌,累计停牌时间原则上不超过 3 个月。内地市场比香港市场停牌时间相对较长,对香港投资者投资需求、交易策略都会带来一定影响,对交易带来不便。

香港市场融创中国收购佳兆业集团,佳兆业集团 2014 年 12 月 29 日停牌,2015 年 2 月 9 日复牌,停牌时间约为 1 个月,融创中国 2015 年 1 月 30 日起停牌,2 月 9 日复牌,停牌时间仅为 6 个交易日。而在内地市场,申银万国收购宏源证券,宏源证券 2013 年 10 月 31 日起停牌,2014 年 7 月 28 日复牌,停牌时间近 9 个月;中国北车和中国南车合并,两家公司 2014 年 10 月 27 日停牌,12 月 31 日复牌,停牌时间约 2 个月。

又如,在信息披露方面,香港市场强调及时性,可以在早间进行信息披露,而内地市场目前还主要是以午间和收市后进行信息披露为主。近期,深市三个板块将准备试行早间信息披露制度。

还有交易制度。我们的市场一开始就从公众投资者市场起步,交易系统承担了特殊的风控职能,历史上东京交易所对国际投资者进一步开放的过程中也曾经有过类似的经历,结果交易制度有接轨的,也有保留的。

我们有专门的团队在跟进"沪港通"开通之后带来的变革的挑战,克强总理在政府工作报告里说开放也是改革,改革是一个循序渐进的过程,要稳步推进。

问:您提到了依据深圳的特色,中小板跟创业板应该纳入"深港通",想问一下您对将恒生小盘股指数纳入"深港通"的意见。另外"沪港通"自11月开通以来,对于沪市蓝筹股有一个修复的作用,业界有个担忧,深圳的股份估值是相对较高的,在两个市场对接的情况下,如果引入外水是否会导致高估值的回调,这个风险是否存在?深圳创业板发展非常成功,但香港创业板像一潭死水,您觉得在发展创业板当中成功的一些理念是什么,香港是不是也应该有一些借鉴的地方?

答:香港的标的我认为还是请港交所李小加来回答,我回答我的部分。

确实有记者关心纳入"深港通"会不会引起创业板估值的波动。通过深入研究论证,我们认为这种可能性较小。

第一,在标的证券方面,"深港通"总体将采取稳妥起步的原则,初期将选择部分市值大、业绩优、成交活跃、新兴行业为主的创业板股票作为标的,体现深交所服务中小企业和创业创新的发展战略。但"深港通"可能加速创业板股票两极分化。

第二,深市创业板上市公司中高新技术产业、战略新兴产业占比较高,企业成长性好、业绩增长突出,是中国经济转型升级的推动者和受益者,具有较大的发展潜力。机构投资者持有创业板流通份额的占比在2014年底达到了54.25%。同时,近年来QFII在深市的投资规模持续快速增加,已从2011年底531亿元增至最近1600多亿元。

第三,从"沪港通"运行情况来看,A股估值没有受到冲击,中小盘股未出现明显下跌。

对于创业板的成功,主要是依托我们国家实体经济规模的持续增长以及这些年来始终不渝向创新转型。我们去年发起了"科技型中小企业成长路线图计划2.0",已经在西安、武汉、济南的高新区进行了路演,比如西安的一些制造企业,比如武汉的光谷,比如济南的生物企业,进行线上线下路演。线下有对这些行业有经验、有兴趣的PE、VC,线上有上市公司,因为上市公司,特别是中小板、创业板的公司,虽然规模小但是覆盖行业特别多,所以特别有兴趣找投资并购标的,这个路演提供了一个很好的平台。深入下去你会发现,一批批风华正茂的年轻人创造出大量非常好的产品,比如健康产业,而且你能感受到他们创业的激情。创业板的成功就是依托我们国家这种优势,所以我们对创业板未来的发展也是很有信心的。

问:你们借鉴"沪港通"的经验,会不会"深港通"推出可能准备时间上要比"沪港通"再短一点?另外一个问题,您刚才提到你们会做很多的准备工作,让投资者会有一个准备,您觉得"深港通"开通以后,反应会不会比"沪港通"更好呢,您自己有没有信心?

答:我对"沪港通"、"深港通"都充满信心。至于第一个问题,肖钢主席此前接受媒体采访时已经讲得很清楚了。去年"沪港通"已经把技术开发、方案设计还有制度安排都做完了,所以"深港通"在筹备过程当中,确实是可以大大缩减这方面的工作量和时间。

问:深交所如何更好地适应市场发展中出现的新的问题,加强市场监管?

答:深交所一直在不断探索监管的有效性,因为市场永远走在监管的前面。我们是一线监管者,也在不断发现新的问题,采取及时的措施。我们有一整套的指标来监测,出现异动的话系统会自动提示,现在对一些新型的违法操纵已经有所发现。但现在缺少司法方面的量刑标准,这也是我这次参加人代会带来的一个建议,建议司法机关借鉴内幕交易司法解释的成功经验,出台关于操纵证券、期货市场刑事案件具体应用法律的司法解释。2012年6月份,两高推出了内幕交易司法解释,明确了认定标准,大家可以看到这几年处理了多起内幕交易案件,其实很大程度上都是得益于2012年两高推出的司法解释。

媒体的监督是很敏锐的,我们非常关注媒体对上市公司的监督。我们根据媒体发现的问题,再对照深交所监控系统和公司信息监管等多项指标,去年上报不少新型操纵线索给中国证监会,但是最后发现认定环节比较困难,有些违规得不到处罚。所以我们希望能够尽快看到新的司法解释。

问:如果创业板允许未盈利但是符合一定条件的科技创新企业上市的话,改革之后的创业板和新三板在定位上有哪些差距?

答:你提出的问题涉及到多层次体系构建和顶层设计。首先,场外市场和场内市场是完全不一样的。未来的多层次体系是一个金字塔形的,三板、四板在底部,最后蓝筹股在金字塔顶部。关于尚未盈利企业上市是非常明确的,不是所有的企业,主要是互联网和真正有创新能力的,研发投入非常高的这部分企业。而且也不是泛泛的尚未盈利,所谓尚未盈利是指具备盈利能力,但是为了公司发展,为了保持竞争力,目前暂时不盈利。去年在研究这个问题时提出,因为这些企业毕竟是尚未盈利的,有一定的不确定性,所以对尚未盈利的公司上市应该采用不同于创业板目前的投资者适当性门槛。

问:深交所对上市公司混改会提供哪些更好的服务措施?

答:上市公司通过资本市场推进混合所有制改革,首先可以利用资本市场公开透明,外部监督、媒体监督力度大的优势,通过市场化的机制,保障监督到位。因为投资者,特别是一些大的机构投资者对上市公司的监督,比公司内部监督得还严,因为他是投资者导向、股东导向的。这种市场化的监督机制是我们传统的体制所欠缺的。其次,资本市场有《证券法》、《公司法》等一整套的法律、法规和规则约束,规则体系完备。再次,还有一个公平的定价机制。此外,通过资本市场实施混合所有制改革,都有专业的中介机构参与和见证,能够让方案经得起历史的检验。

我们国家发展是很不平衡的,各个地区国资的证券化水平不一样,认识也不一样,要针对这些具体的情况,提出个性化的方案。所以我前面说要一区一策,一司一策,为上市公司提供借壳上市、资产注入、股权激励、员工持股、引入战略投资者等多样化的方案选择。

问:去年实施的"国九条"要求全面保护投资者,我想请问一下在过去这一年,深交所保护投资者利益方面有哪些新的举措,未来还有哪些创新?

答:深交所一直在积极探索丰富投资者保护的路径和方法。在深圳国际仲裁院、深圳证监局的共同推动下,我们联合深圳市证券业协会等机构共同设立"深圳证券期货业纠纷调解中心"这一公益性事业单位,2014年2月正式开始运行,通过专业调解、商事仲裁、行业自律和行政监管"四位一体"的创新机制妥善解决资本市场纠纷。截至今年 2 月底,调解中心处理各类咨询投诉及调解申请共 180 余宗。经征得双方同意,调解中心正式受理的调解案件为 92 宗(其中涉及上市公司纠纷 77 宗,证券纠纷 9 宗,基金纠纷 1 宗,期货纠纷 5 宗),涉及的争议金额合计约人民币 4300 余万元。其中,通过电话、视频等远程调解方式处理的案件共 81 宗。

以海联讯案件为例,实际涉及的投诉者有近万人(接受补偿方案的是 9823 人),在该补偿工作中,调解中心作为唯一进入补偿小组的调解机构,扮演了非常重要角色。在海联讯公司的补偿方案基础上,调解中心工作人员通过电话或电子邮件,对不同意补偿方案的投资者耐心的解释及说服工作,促使大部分投资者理解并接受了补偿方案。即便如此,仍有 5 位投资者向调解中心正式提交调解申请,涉及争议金额共约 130 余万元。调解员分别运用电话、远程视频、现场会议调解等多种方式,促成公司与投资者达成和解并签署书面和解协议。

下一步,调解中心将适应"深港通"启动后市场不断开放的新需求,探索尝试开展跨境资本市场纠纷调节。

问:我想问一下,在今年总理政府工作报告当中,关于注册制从推进改革变为实施改革,而且证监会主席肖刚在日前相关表态当中也提到说,今年注册制要推出来,请介绍一下深交所对注册制工作的承接情况。另外,新三板跟创业板市场,一直在讨论转板机制,有什么进展?

答:两会期间肖主席对注册制改革做了非常系统、全面、权威的答复,昨天桂理事长做了更细致的介绍。深交所将按照中国证监会的统一部署,充分吸收借鉴境外市场有效做法,全面做好注册制的组织机构、工作规程、规则体系修改及人员队伍保障等工作。组织架构等需要注册制改革方案的最后确定,规则体系也需要等待《证券法》修订结果,但人员队伍可以也必须提前准备。深交所有 100 多名骨干拥有在证监会审核的工作经验,审核人员有一定基础,但需要按照注册制的审核理念进行专项培训。近期首批审核人员将到港交所上市科跟岗培训。即使最后审核不放在交易所,这种交流也是很有意义的。

去年受证监会发行部委托,我们组织课题组对美国证监会 50 份招股说明书的审核意见书进行研究。通过课题组研究,不难看出注册制审核是站在投资者的角度,分析发行人的信息。如果审核权下放至交易所,将重点关注发行人信息披露的齐备性、一致性和可理解性。比如"一致性"要求发行人披露的各项信息之间应当保持逻辑一致,不能前后矛盾,而且要有充分的客观支撑。"可理解性"就要让一般的普通投资者能够看得懂。这其实对于交易所的审核能力提出了非常高的要求,需要审核人员熟悉发行人所属行业的特点和规律,积累大量行业历史数据。特别是一些新兴产业、新模式企业可比公司不多,又缺乏具有广泛认可度的第三方机构提供专业意见,审核就更难了。

为了更好地适应注册制改革要求,深交所正在稳步推进行业监管。早在 2011 年,创业板开始在信息技术、影视、农业等行业试行行业监管。2013 年初,创业板推出了影视和医药行业信息披露指引,并于今年初完成了修订工作。在此基础上,还启动了对节能环保、光伏、互联网视频、游戏和电子商务等新兴行业的信息披露指引的起草工作。目前,部分指引在征求上市公司意见后,陆续发布。通过分行业信息披露,增加了新的监管维度,提升了信息披露监管针对性。一线监管人员可以通过同行业比较、分析和判断同类公司经营、业务、财务等方面的共性与差异,增强敏感性,也为注册制一致性的判断积累丰富的数据和可比案例。

关于新三板与创业板的转板问题,前两天肖主席接受采访时表示,今年要试点。转板的问题几年前就曾提出过,曾经有一种观点认为,转板的标准和 IPO 的标准以及退市后重新上市的标准,应该是一致的。去年因为研究尚未盈利企业到创业板上市问题,涉及到转板,又进一步进行研究。在保证前面说的三套标准一致的前提下,可能会遇到了一些技术性问题需要解决。比如说新三板转板的公司,哪一部分股票属于公开发行股票可以转入交易所市场上市交易,认定非常复杂,推进转板试点必须尽快研究解决。

问:"深港通"的额度会如何安排?您觉得"深港通"实行后内地市场准入门槛会有所降低吗?降低的幅度会有多大?另外,您觉得海外投资者参与"沪港通"和"深港通",是对深圳股市比较有兴趣还是上海股市?

答:关于额度的问题,肖主席此前已经有了明确答复。关于投资者门槛的问题,你可能得问桂理事长,因为上交所比我们先走一步。至于说海外投资者对哪个市场的股票更有兴趣,应该这么说,国际投资者的类型非常丰富,有长期投资者,有对冲基金,也有专项投资基金等等,投资者的多样性很强,所以我相信"深港通"实行后,多样化的国际投资者会根据自己的需求去选择投资不同市场的股票,核心还是我们自己市场的质量,而不是哪个交易所的问题。就像克强总理在政府工作报告讲的,开放也是改革,通过开放,优化我们的制度,优化市场环境,提高内地市场的质量。随着双向开放的渠道越来越多,我相信投资者选择也会越来越多。所以在市场双方开放的进程中,整个内地市场无论从质量还是规模,都会进一步上一个台阶。

问:深交所在股票期权这方面有什么进展?

答:深交所的股票期权产品设计原则是充分发挥其服务实体经济功能,兼顾投资者需要和运作效率。在具体标的选择上注重抗操纵性强、流动性好、透明度高、波动性佳的股票或 ETF 品种。目前的倾向是深证 100ETF 期权。主要的制度设计与上海的一致,目前我们已经在模拟运行。下一步,在上海的股票期权稳定运作一段时间之后,我们将向证监会上报深交所股票期权方案,坚持高标准、稳起步。

问:创业板目前的估值按照媒体报道,应该是全球第一了,如何看待这个估值呢?另外,创业板成立 5 周年来,一直没有一家退市,媒体报道去年万福生科变相借壳,等于打破了创业板不能借壳的规定,我想知道未来创业板退市制度会不会进一步强化呢?

答:创业板估值与传统产业相比确实是高。在同样一个市场的环境,比如纽约交易所和纳斯达克,纳斯达克估值也远高于纽约交易所。解决这一问题可能还得用市场化的手段,比如说用增量,通过低价批量发行,一方面适度增加供给,另一方面将平均市盈率降下来。另外对存量上市公司,鼓励其通过内生或外延式发展的战略,比如并购,迅速提升盈利规模,逐步将市盈率降下来,化解市场的风险或者潜在的风险。总之,还是要坚持市场化的方式,这样才符合投资者预期。

关于创业板退市的问题,我认为创业板一定要坚持优胜劣汰,这样创业板才能走得稳,走得远,这是一项重要的基础制度的保障。具体你刚才说的那个案例,我们法律部认真查了一下,证监会新退市制度确实是 2014 年 11 月 16 日才开始正式实施的,但是对万福生科,证监会行政处罚并移送公安机关发生在 2013 年 9 月 24 日,根据"法不溯及既往"原则,万福生科股票未被予以退市处理。

问:深交所对发展债券市场以及创业板债券发行有什么措施或者想法?

答:债券市场对主板、中小板、创业板都是非常重要的一个金融工具,我们一直非常重视债券市场的发展,它与股票是两个轮子。今年证监会在债券市场方面的改革还是比较多的,我们正在落实新出台的公司债办法,释放债券市场的风险,调整规则和相应的上市主体,做到既能发挥债券融资的功能,促进发展,又能够防范、减缓经济下行带来的风险。

我们今年按照股债分离的目标,投入很大精力建立了新的固定收益平台,遵循固定收益的逻辑来重构债券市场。具体到创业板,因为创业板有再融资规则,和主板不一样,所以我们必须按创业板再融资规则来支持创业板发债,无论是公募还是非公募我们都支持。

加快建设战略新兴板

——上交所副总经理徐明在2015 中国投行·创投跨界融合高峰论坛的讲话

(2015 年 4 月 24 日)

切合本次论坛主题,围绕上交所战略新兴板的建设背景、定位功能、建设思路等方面,谈三点看法。

一、应站在落实国家创新驱动发展战略的高度来看待上交所战略新兴板的工作

近年来,全球范围内的技术、新产业发展迅猛,新兴产业正成为引领与推动未来经济社会发展的重要力量。世界主要国家纷纷调整发展战略,大力培育新兴产业,抢占未来经济科技竞争的制高点。我国也在积极探索发展方式,由主要依靠投资拉动发展向创新驱动发展转变。

2015 年 5 月,国务院颁布的“十二五”国家战略性新兴产业发展规划,党的十八大报告以及前不久召开的国务院常务会议,都十分明确指出大力培育发展国家战略性新兴产业的重要性,并对此做出具体部署。

可见,大力培育发展战略性新兴产业,加快形成支撑社会经济可持续发展的支柱性、先导性产业,深化、优化产业结构,提高发展质量和效应,正成为未来我国经济发展的主要推动力。

推动战略新兴产业的发展,需要与之相适应的金融支持体系,发展新型战略金融是这个体系重要的切入点和着力点。在全球资本市场领域当中,以纽约交易所、伦敦证券交易所为代表的传统证券交易所,已经开设了新的独立板块来支持新兴产业的发展。

然而,从我国情况来看,我国资本市场与战略新兴产业的对接还不是很理想。由于体制机制的原因,在座的各位应该清楚,腾讯、百度、新浪、阿里巴巴、京东等大型战略性新兴产业企业都远赴境外上市。

据统计,境外上市的中国互联网公司市值已经超过了4000 亿美元。近几年来,本土资本市场培育的具有世界性声誉、同时具备广泛先进影响力的企业却不是很多,严重削弱了本土资本市场对国家创新驱动战略的支持力度,同时也造成国内资本市场上市公司产业结构失衡。

而这类公司结构里还是有一些问题的,在一定程度上导致了本土资本市场可能面临的空心化、边缘化的危险。

为推动和培育发展战略性新兴产业,上交所经过充分研究论证,认为应专门设立战略新兴板,打造为我国经济转型升级量身定做的多层次资本市场。通过发行和上市等制度创新,有效改变在盈利性、股权结构、组织构架等方面的一些制度性障碍,有效推动形成产业聚集和市场聚焦,打造新型产业企业旗舰店,吸引和动员更多的社会资本源源不断进入到战略性新兴产业领域,推动实施创新驱动发展的战略,加快形成支撑经济社会可持续发展的一些支柱性和先导性的产业,推动我国经济结构实现战略性的调整。

二、上交所的战略性新兴板块的定位功能

上交所战略新兴板是为了适应战略新兴产业发展要求和我国经济转型升级的需要,弥补现有市场上的不足所设立的,不是现有市场的重复建设,而是与现有市场并行发展服务不同领域的新市场。

战略新兴板具有三个显著特点:

第一,上市公司产业属性上,战略新兴板聚焦新兴产业企业和创新型企业。其战略性主要体现在先导性、引领性。战略新兴板的打造将以十二五国家战略新兴产业发展规划为依据,重点支持七大战略新兴产业,推进战略性新兴产业集聚发展。

从长远眼光来看,新兴产业我们觉得是一个动态的概念,在不同的时期有着不同的内涵和外延,随着我们经济市场化改革的日益深入和经济转型的持续推进,将会涌现出许多现有产业规划和市场行业划分无法覆盖的全新行业,比如说高精尖的军工产业,新型消费产业等等。我想这些产业的发展壮大,对于我国经济增长向内需和创新驱动转变同样具有战略意义。

第二,企业发展阶段上,战略新兴板注重处于快速成长、跨越发展阶段的企业,创业板市场看重的是创业发展阶段,上交所战略新兴板则侧重引进跨越初创阶段。处于这一阶段企业业务规模增长速度较快,上市不仅能够带来企业迫切需要的资金方面的支持,也为这个企业快速发展所需的科技人才等创新要素的流动、集聚、重组搭建了比较高效的市场平台。

定位于创业跨界阶段,经过发展具备一旦规模的企业将构成战略新兴板的战略主体。

第三,市场创新与包容上,创新能力更强,市场化程度更高,容纳不同类型的战略新兴企业,同传统产业类型相比,很多战略性新兴企业在很多方面具有较为鲜明的特殊性。

盈利水平上,绝大多数战略性新兴企业发展初期面临资金缺口大、投资周期长、长期不盈利等问题;从股权结构的特殊性来看,战略性新兴产业自主创新能力是其长期发展的一个核心竞争力,实际控制人和关键员工对企业自主能力创新能力的发挥是至关重要的;从组织构架特色性来看,部分互联网公司搭建了 VRE 架构，因此可以根据市场化原则，充分发挥先行先试的试验田作用，创新性、多元化、市场化将是战略新兴板市场发展的灵魂，将贯穿于市场运作的各个层面和全过程。

三、战略新兴板的思路

第一，战略新兴板是与主板并行的独立市场板块，独立板块不仅可以快速形成产业和市场聚焦效应，同时推动主板、战略新兴板、中小板、创业板、新三板以及区域性股权市场的协同发展，完善我国多层次的资本市场体系。

第二，采用主板差异化的上市财务标准体系，特别设置与市值为核心的财务指标组合，形成多元化标准。比如说我们财务指标是多元化的，净利润 + 收入，或者是市值 + 营业收入，允许暂时达不到盈利要求的新兴产业企业和创新产业企业上市融资，增强战略新兴板包容度。

第三，采取与主板不同的差异化管理制度，上市公司持续监管、市场监察等方面，设置与主板不同的安排，适应在业务模式、核心竞争力、公司治理等方面的特殊性，提高上交所服务战略新兴板企业的针对性。

第四，积极研究探索进行转板机制，积极探索研究场外市场，通过转板机制加强不同层次资本市场之间的有机联系。

建设好上交所战略新兴板市场从资本市场层面落实国家创新驱动发展的重要任务，也是有关我国未来战略新兴市场大事，我们将组织各方面资源，为中国新兴产业经济发展做出贡献。

战略新兴板将拓宽风投退出渠道

——上海证券交易所副总经理刘世安在上证 2015 中国股权投资论坛上的讲话

在 19 日举行的"上证 2015 中国股权投资论坛"上，上海证券交易所副总经理刘世安就该所建设战略新兴板的意义、紧迫性、境外经验等方面做了主题演讲。刘世安指出，建设战略新兴板契合国家创新驱动发展战略，也能满足新兴企业的现实需求、有利于多层次资本市场发展，同时也将为投资于新兴企业的风险资本提供有效的退出渠道，吸引和带动更多的社会资本源源不断地进入新兴产业。

刘世安 19 日在阐述战略新兴板的意义时指出，新兴企业的培育与成长，离不开金融体系和资本市场的支持。但我国资本市场现有的市场体系和发行制度更多考虑传统企业的特点，缺少专门针对新兴企业的制度安排，导致新兴企业难以进入资本市场。同时，一大批尚未盈利的战略新兴企业，因不符合境内资本市场现行的发行上市条件，难以获得融资支持。建设战略新兴板，可为这类企业提供国内资本市场平台，支持他们更好发展业务。

从多层次资本市场发展的角度看，刘世安表示，现有的主板、中小板与创业板市场，在企业类型方面基本相同，没有充分体现不同市场板块之间的特点与差异。少数已上市的新兴企业聚集效应不明显，融资能力受限制，资本市场支持发展新兴产业这一国家战略的功能定位不突出。单独设立战略新兴板，有利于形成产业集聚和市场聚焦，打造新兴企业"旗舰店"；有利于吸引更多的社会资本进入新兴产业领域，推动企业创新发展，并承接国家新兴产业创业投资引导基金，满足新兴企业在不同生命周期的融资需求；有利于完善多层次资本市场支持企业自主创新的功能，为中国经济实现创新驱动的转变提供强大动力。

从股权投资角度而言，战略新兴板则可以拓宽 PE/VC 的退出渠道。刘世安表示，企业从创立到成熟，需要风险偏好不同的资金来支持其发展，不同资金在企业发展的不同阶段能否顺利流动，成为企业能否成功的一项关键因素。PE/VC 是新兴企业在发展初期的重要资金来源，而二级市场作为 PE/VC 退出的重要渠道，其完善程度与退出效率是直接影响风险资本投资新兴产业的重要因素。

从目前境内资本市场的发展情况看，二级市场的建设尚不能很好的满足风险资本的退出需求。据统计，2006 年至 2014 年各类 PE/VC 累计投资了 19162 个项目，但成功退出的仅 3624 个，存量投资项目数与已退出项目数之间的差距还在扩大，特别是 IPO 上市退出比例年均不足 7%。综上，刘世安认为，战略新兴板的推出，将为投资于新兴企业的风险资本提供有效的退出渠道，从而吸引和带动更多的资本不断地进入新兴产业，有力推动中国经济转型升级。

刘世安同时指出，战略新兴板建设的紧迫性也十分突出。比如，一批优质中概股以及原计划在境外上市的中国企业，正在研究如何更快地在 A 股上市。而目前境内资本市场还缺乏承接中概股的整体制度安排，从这个角度来说，战略新兴板的建设可谓迫在眉睫。上交所在注册制改革背景下推出战略新兴板，对于承接中概股回归将发挥重要作用。目前，中概股在回归的过程中还存在一些制度障碍，上交所希望通过战略新兴板的推出，以及其他创新制度安排，为中概股回归提供便利。作为全新的独立板块，战略新兴板将根据市场化原则充分发挥先行先试的"试验田"作用。

另外，境外交易所市场内部分层的经验，也给上交所在现有市场板块之外搭建战略新兴板提供了重要经验。刘世安简要介绍了上交所系统研究后的几点总结：市场分层的基础在于设置差异化的上市条件；不同板块宜采取相对一致的交易机制；对于新兴市场来说，严格的信息披露监管是低层次市场成功发展的保障；灵活的转板机制和严格的退市制度是保证市场高效运行的重要措施。

"虽然境外交易所在设立新板块时没有标准模式，但成功与否的一个重要因素在于是否有一套与板块定位相匹配的制度安排，包括灵活的上市标准，适度的投资者适当性管理，严格的持续监管制度，严格的退市制度等等，这些对上交所建设战略新兴板都有很好的借鉴意义，我们会在建设过程中充分考虑吸纳。"刘世安如此总结。

（来源：上海证券报）

增强六个意识 提升行业品质

——中国银监会主席助理杨家才同志在2015年企业集团财务公司年会上的讲话

（2015年5月31日）

一年一度的财务公司年会是一个参会人员最整齐的会议。如果财务公司系统有一个节日的话，这个年会就是大家的节日。每年的五月，财务公司系统的高管人员、监管人员和相关部门领导，从全国各地汇集在一起，共同回顾上一年的经营业绩和主要工作，研究新一年度财务公司的改革和发展问题。这次年会在长春召开，蒋超良省长很重视，要求相关部门支持办好这次会议，还要接见我们的会议代表，庄严副省长亲自到会来看望大家并作了重要讲话。央行范一飞副行长、国资委沈莹总会计师都到会作了重要讲话，体现了他们对财务公司的高度重视和热情支持。在此，我们首先表示衷心感谢！

财务公司已经是一个大系统，每年的年会各媒体也很关注，记者朋友们都到会支持。会前我与到会的记者朋友聚谈时，有位老朋友首先问我说，你在去年财务公司年会上曾说"风景这边独好"、"财务公司是监管最省心的机构"，不知今年怎么样？我说今年这边风景不仅独好，而且更长脸。这话去年、前年说，大家会不以为然，今年说出来，实属不易。这不是口号，而是用数据说话，具体来讲是体现在六个强劲增长势头上。

一是资产双十位数增长。去年底，财务公司行业资产规模5.5万亿元，增长24.3%，是双十位数增长，比银行增速高10个百分点。二是净利润双十位数增长。去年，财务公司净利润536亿元，增长25.2%，而商业银行是9.65%，信托是13.9%。三是所有者权益双十位数增长。去年底，财务公司行业所有者权益达到4529.68亿元，增长23%；资本充足率达到21.2%。四是拨备覆盖率达到995%。这意味着财务公司有一元的不良资产，就有接近10元的风险准备，体现了财务公司强大的风险稀释能力。不良资产率0.11%，是银行业各类机构中的最好水平。五是资金归集率强劲增长。去年，财务公司资金归集率同比增长3.65个百分点。不仅是国内的资金在归集，国外的资金和上市公司的资金也在归集。六是新业务强劲增长。去年，财务公司新业务表现突出的是金融债的发行、跨国公司的资金归集以及产业链金融的发展，这几个新业务有了长足的进步。

这六个强劲增长足以说明财务公司仍然是风景这边独好，是春光常驻。正如白居易写的一首诗："人间四月芳菲尽，山寺桃花始盛开。长恨春归无觅处，不知转入此中来"。所以，不是金融业的春天走了，而是转到财务公司系统中来了。在我国经济进入新常态的今天，希望财务公司保持青春常驻，持久长春。要做到这一点，我认为下一步财务公司发展最重要的是增强以下六个意识。

一、增强稳健意识

在经济新常态下，其他机构都由高速增长转变为中高速增长，唯有财务公司一骑绝尘，保持了双十位数的增长，这是不是合时宜？是不是符合实际？是不是一味追求速度所致？大家要冷静思考这个问题。财务公司有这么好的政策支持，有这么敬业的从业人员队伍，也有实体企业提供的得天独厚的市场，发展快一点，是完全应该、理所当然、天经地义的。但是不是还要那么快？多快为宜？就像在高速路上开车，超速了，翻车的几率会加大。所以，大家在这样的时候，要以理性的态度，将发展控制在合理的速度。金融是高风险行业，虽然财务公司资产质量向好，不良资产率仅为0.1%，但金融一旦发生风险，就会有悬崖效应。所以，我想提醒大家，财务公司发展要保持一个稳健的速度，不要一味地求快。要面对现实，不求快、不求大、不求全，但求稳。俗话说，不怕慢，就怕站。财务公司站住不动就麻烦了，只要往前走，慢一点没关系。所以，各财务公司要根据自身特点，能走多快就走多快，不要去比速度、比规模、比收益率。

去年，国资委和银监会联合出台了《关于进一步促进中央企业财务公司健康发展的指导意见》，就是为了解决一些企业集团不切实际给财务公司下达高指标的问题。所以，还是稳一点为好。稳是金融企业的基本生存法则。怎么稳？主要做好四个方面：一要有稳健的公司治理结构。财务公司虽说是企业集团的成员，但它是独立法人，所以，公司治理、"两会一层"、内部控制系统等都要健全。二要有稳健的发展战略。集团有集团的发展战略，财务公司也要有自己的发展战略。稳健的发展战略对财务公司非常重要。各财务公司今年要提交一个经过董事会讨论通过的发展规划、发展战略，至少是五年的，以后就执行这个战略发展。战略要分远期、中期和近期。监管机构就按照这个发展战略对财务公司每个继任者进行教育和高管资格审查，这一点要作为监管的重要内容。三要有稳健的核心主业。各财务公司要有自己的核心业务，要有主打产品、拳头产品、品牌产品，财务公司现在两百多家，不要做千人一面、千篇一律的业务，要体现自己的特点。大家知道，西门子主要是做全集团的资金管理，所以，西门子集团的每一分钱都摆在财务公司账上。克莱斯勒主要是做汽车金融，摩托罗拉主要是做消费金融，通用电气是做金融控股，这不是指集团公司，是指他们的财务公司，是公司金融。所以，各财务公司都要有自己的功能定位，有自己的主打产品，把强项做强，用核心主业支撑发展，给稳健发展注入长效机制。四要有稳健的合作伙伴。合作伙伴很重要，财务公司要考虑如何与银行、证券、保险等同业机构进行合作，建立稳健的合作关系。同时，还要争取一个稳定的政策环境，大家都要求降低存款准备金，一味降准也不一定是好事。我们一方面缴纳存款准备，另一方面可以争取再贷款、再贴现支持，不失为是一种政策选择。如果说直接争取央行基础货币投放，通过再贴现、再贷款给本身就在实业的财务公司，不仅直接传导了货币政策，而且可以直接降低企业集团融资成本。有了央行的支持，有了稳健的金融合作伙伴，财务公司的发展就会减少很多后顾之忧。

二、增强集团意识

财务公司是企业集团里面的一员，这决定了企业集团的财务公司就是要服务本集团，就是要做公司金融业务，包括本集团的个人业务和上下游的产品产业链业务。记得前年我说过，如果把金融按范围做一个分类的话，可以有“四公金融”。一是公众金融，比如商业银行、证券公司。二是公司金融，比如财务公司。三是公益金融，比如保险。保险利用大数定律，集大家的钱解决个别受到灾害群体的问题，相当于做公益活动。四是公主金融，比如信托。信托主要是做有钱人的生意，不是做普通老百姓的大众生意。财务公司就做公司金融。所以，我送大家一句话，外面的世界再精彩，也只是看一看就回来，不能在集团外逗留、发展。

具体来讲，就是扎根集团，做好“五个平台”：一是集团公司的资金归集平台。二是集团公司内部的资金结算平台。不要小看结算业务，中国走出去的银行，出去主要是做这个业务。如果系统内的每一笔钱、每一笔交易的资金都通过财务公司来结算，效益就会有一个很大的提升。三是财务监控平台。财务公司要帮助企业集团做好资金监控，当好监控平台。四是融资营运平台。企业集团的对外融资要由财务公司统一来做，对外一把抓，回来再分家。有的担任顾问，有的作为渠道，有的是中介，有的搞承销，运用各种金融工具为集团营运资金。五是金融服务平台。这主要是中间业务，包括财务顾问、投资管理、簿记、托管等，现在这些业务都让商业银行、证券公司争取走了，而财务公司身在其中，为什么要让手边的业务溜走呢？要么是不懂这些业务，要么是缺手艺，没有金钢钻，不敢揽这个瓷器活儿。这是素质问题，也是企业集团的公共关系问题。千里之行，始于足下，财务公司首先把脚下的业务、自家的业务做好。

三、增强合规意识

通过去年的现场检查和非现场监管，发现财务公司在合规方面还存在很多问题。财务公司是金融机构，就得懂金融的规则，守金融的规矩，有金融的操守。财务公司的人员大多来自于企业，对金融隔行如隔山。银监会通过“两加强、两遏制”检查的分析，发现财务公司存在的问题都是一些低级问题。比如公司治理不健全、贷款三查不到位、五级分类不准、拨备计提不准、账务核算不准、科目使用不当、委贷业务和自营业务互转、超业务范围经营、前中后台不分、风险责任不明等问题。

金融是最讲规则的行业，历来如此。中国最早的银行代表日升昌票号就有“十不准”规定。这“十不准”现在用起来也不过时，比如不准携眷外出，不准在外娶小妾，不准赌博，不准在外自开商店，不准徇私放债，不准找客户借款等，这些都是最基本的要求，很精炼，很符合金融特点，不能搞得大而化之。财务公司下一步怎么增强合规意识？一要学习，回去以后把金融的规则拿出来学一学；二要培训，财协要组织专业的培训；三要建章立制，每家财务公司要建立符合自己特点的规章制度；四要严格查处，违规必究，无论是对董事长、总经理，还是内部工作人员，凡违规都要严格查处，不查处，长不了记性。只有这样，财务公司的从业人员才能成为表里如一的真正的金融行家。

四、增强评级意识

任何事物多了就要分类，只有分出了类别档次才能让大家各得其所。人上一百，各种各色。财务公司200多家了，应该有个差别归类。这个差别就靠评级来划分。级次分出来，以后就做同类比较，不做统一比较，避免一味求全，同质发展。所以，每一个财务公司人员，都应重视公司评级。今天上午，财协公布了行业评级办法和评级结果。行业评级是让财务公司差异化发展的最好办法，也是解决机构对标的最好工具。这个行业评级办法研究了两年，经过理事会审议通过就算定下来了。行业评级体系有一个比较好听的名字，叫“Core”，英特尔酷睿处理器也叫这个名字，中文名字叫“核心”，即核心评级体系，由四大类、17项指标构成。第一类是资金集中管理能力，第二类是综合服务能力，第三类是风险管理能力，第四类是盈利能力。这四个英文单词的首个字母，拼起来就叫“Core”。评级体系建立后，财务公司的评价也有自己的模型了，拿到国际上也说得响。之所以称之为核心评级体系，有三个理由：第一，选用的指标是财务公司的核心性指标；第二，它在财务公司的稳健发展中起着核心作用；第三，评价结果关乎到财务公司的核心利益。

这个行业评级体系目前是试行阶段，试行一段时间以后，指标还可以调整完善。这四大类、17项指标有四个特点：一是全面。把核心指标都反映出来了。二是客观。这些指标都是定量指标，没有一项要做分析判断，一定是报表上查得到的，至少是可以计算出来的。所以，以后监管上就看这些指标数据准不准，不准就是弄虚作假。三是透明。数据都来自报表，可以采集，并且计算公式也都提供给大家了，所以每一个公司都能算得出自己的评分。四是综合。这些指标不是单纯的规模指标，而是实力指标和效益指标，不是规模越大越好。评级采取的是得分制，每一项都有分值，一项指标再高也不能弥补其他的指标。整个评分是百分制，分算出以后再按分划级。80分以上属于最好的，60－79分是第二个档次，60分以下是第三梯队。

财务公司的评级有两种：一种是行业评级，另一种是监管评级。行业评级是向社会公开公布的，监管评级考虑到机构的市场名声，因此只有监管者和被监管机构知道，这是国际通行的做法。监管评级以财协的行业评级为基础，监管评级与业务范围挂钩。评级80分以上的叫创新类，60－80分的叫发展类，60分以下的叫成长类。这三个档次分别和业务范围挂钩：成长类做财务公司的基本业务；发展类就会多一些业务，比如产业链、发债、投资等；到了创新类，业务范围更宽，如资产证券化、境外子公司、企业集团的个人业务等都是可以做的。评级每上升一级，业务范围就会增加好几种。它是阶梯式上升的，欲穷千里目，更上一层楼。监管评级是在行业评级的基础上进行调整的，比如，某财务公司行业评级是创新类，公司凭着这个评级就可以申请业务范围，监管部门会告知能或者不能。如果指标中有不真实的内容，监管评级就会降级，该财务公司就不能再获得创新类的业务范围，以此来进行约束。

评级操作可用四句话来概括：按项评分、按分归类、按类展业、按年公布。财务公司评级属于哪类，就开展哪类业务，评级结果一年公布一次。财务公司评级越高的，获得的业务范围越大。所以，好者愈好，差者愈差，这就是物竞天择、适者生存的自然法则。把它引用到财务公司内部，好的更好，差的就退出了，形成这样一个机制。所以，各财务公司都要有评级意识，要有升级意识，这与公司的核心利益关联性很大，每上升一步就会有新的领域。在这个问题上，希望大家：一是要重视评级、支持评级；二是不能弄虚作假，如果发现了就直接降级；三是要根据评级情况，制定整改、发展的着力点，弥补短板。

五、增强行业意识

财务公司是一个大行业。既然是大行业，就得有自己的气候，就得用连环计，连在一起，增强市场声音。包括几家没开业的，财务公司现在已经有219家，仅次于商业银行。商业银行目前有800多家，这里面主要是农村商业银行占得比较多。其他金融行业，证券有120家，保险有187家，财务公司是仅次于银行的大系统了，并且还方兴未艾，银监会每年最大的苦恼就是控制财务公司的批设节奏。既然财务公司是仅次于银行数量的一类金融机构，就要有自己的行业特点，有自己的市场声音，有自己的政策主张。所以，我要提醒大家的是，财务公司要增强行业意识，也就是要有集体的意识。大家要爱护集体名誉、齐发集体声音，发挥集体的智慧，解决大家共同关心的问题。财务公司长大了，应该有一定的舞台和话语权了。那么，怎样增强行业意识？

一是要发展壮大行业组织。财务公司的行业组织就是财务公司协会。这是行业领头人、协调人，也是大家的维权人、发言人，大家要珍惜、爱护这个组织，支持它的发展，这个领头人是前面举旗的向导，防止大家掉队、看不着路标。现在财务公司行业一年开一次年会，另外还开一些专业会议，对一些业务问题作专题研究，既是作理论上的准备，也是作实践上的探索，把大家想做的事情做起来。二是要建设行业公共服务设施。比如说信息系统。财务公司行业评级可以用系统来监管是否存在弄虚作假的行为，这个系统就是阳光屋、玻璃屋，大家都能查询。再比如清算系统。进入央行的支付清算系统有两种方式：一种是直接进入，大家都进入大的清算系统；另外一种是单点接入，多点清算。财务公司行业建一个内部的清算系统，用一个口子接到央行支付清算系统里面，减轻央行压力，这也是一个办法。另外也可以做一些培训系统，集中培训，减轻、分担公司的成本。这些都是公共服务设施建设的问题，做这些事情，需要全行业的共同努力。三是加强业务合作。财务公司在行业内就是同仁，就是同业，因为我们可以用一个声音、用一个曲调、唱同一首歌，就像大家用《国际歌》可以在全世界找到自己的同志。同一个系统，相互之间有很多事可以合作，资金业务、承销业务、投行业务、产业链金融等都可以相互合作。四是建立行业研究平台。今天上午，财协与社科院和人大签署了战略合作协议，效率很高。财务公司行业问题的研究和解决，没有理论先导不行，没有顶层设计不行，没人帮忙摇旗呐喊也不行，协会做不了的，可以找合作者，合作者要实实在在参与进来，从理论到实践都要参与，不但要进行理论研究，还要传授知识。我的梦想是要把财务公司打造成像银行一样的，有自己的理论支撑，有自己的教科体系，有自己的实验平台。五是建立行业宣传机制。林子大了，什么鸟都会有。因此要用好声音做引导，正面发声，主动发声，培养财务公司的媒体合作伙伴，使他们在感情上倾向财务公司，业务上支持财务公司，一些重大问题上认同财务公司。

六、增强属地意识

所谓属地意识，是指财务公司要属地注册、属地经营、属地监管。企业集团财务公司属于地方性金融机构，即便央企财务公司也是这样，公司在什么地方，就要在什么地方注册。这次银监会监管改革就分得很清楚，是全国性机构，就由银监会监管，地方机构就由银监局监管。按照这个设计，把这两个层次机构划分清楚。过去由非银部直管的机构，这一次一律都回到了财务公司的所在地，坚持属地管辖原则。现在银监会的非银部专司再监管，以后更多是管银监局是不是按照监管规定办事。目前业务运行规则由银监会审慎局制定；市场准入规则由法规部制定；而财务公司的细则，由非银部制定，各银监局执行。这样大大缩小了监管半径，缩短了监管链条，体现了银监会简政放权的决心。现在只有两项半审批在银监会：一是出现风险之后的重组改制或破产重整审批在银监会；二是不干了，市场退出在银监会；半项是新设机构的批筹在银监会，开业就到银监局了。其他的，包括股权、高管、新业务的审核，都在银监局。非银部就在后台监督，看谁干得好，谁干得不好，哪个银监局干错了，就把这个银监局的权力收到非银部。谁干错了，就收谁的权，哪一项干错了，就收哪一项的权，让会干和不会干的银监局具有不同的权力。这样做也改善和优化了监管机构对财务公司的服务。

增强属地意识是简政放权的需要，也是监管改革的需要。强调属地意识，主要做好以下四方面：一是监管会审制。新机构的准入在细则里面明确规定了尽调、论证、会审三步曲。第一步是尽调，银监局要了解自己的监管对象，包括了解它的业务、风险等。银监局的监管对象就是需要申请设立财务公司的企业集团。银监局要先作尽职调查，再汇报。非银部在审查过程中，过去是要求机构做出承诺，考的是机构的高管人员。现在不考机构的高管人员，而是考银监局局长，是否了解这些公司。银监局局长要作背书人，担保数据的真实性。以后这些数据有一个是假的，局长就可以下课了。第二步是论证。第三步是会审。中央企业，和国资委会审；地方企业，和分管省长会审。本来法律规定新机构的准入权在银监会，任何机构和个人不得干预，但是银监会愿意让渡50%的权力给地方政府和国资委，只有双方共同认可，才可以批设新机构。当然，这是一把双刃剑，共同认可意味着一旦机构出了问题，责任有你的一半，也有我的一半，需要共同把这个事情处理好。二是监管会谈制。对财务公司的监管情况采取会谈制，针对发现的风险问题，与企业集团进行会谈，与外部审计机构会谈，如果做了外汇业务，还要与外汇管理部门会谈，同时还要与地方金融办会谈。要对机构进行全面体检，检查情况，发现问题，找出原因。三是监管通报制。财务公司的监管都在各银监局，银监局每半年要把监管情况向机构的“两会一层”做一次通报，从今年开始，每半年一次。机构如果有问题，要及时告知，不要等风险积累成灾，不可救药时再说。四是监管报告制。各银监局要把财务公司的年度监管情况向省政府写一个报告，属于国资委管的，向国资委这边写一个报告。去年开始，银监会就集中汇总财务公司的行业情况向国务院报告，得到了国务院领导的批示肯定。

同志们，现在关注财务公司的人多了，关照和重视财务公司的人也多了。这是大家的福音，也是对大家的约束。希望大家不负重望凝心聚力，把财务公司办成最心齐、风正、业兴、稳健的大行业，在走稳的前提下，走好、走快！谢谢大家！

打造金融期货市场人才高地

中国金融期货交易所董事长　张慎峰

金融期货是金融健康稳定发展的必需品

2013 年党的十八届三中全会明确提出"健全多层次资本市场体系"，"加快推进利率市场化，健全反映市场供求关系的国债收益率曲线"等一系列重要论断。不久前，国务院下发了"新国九条"，再次明确提出，要"配合利率市场化和人民币汇率形成机制改革，适应资本市场风险管理需要，平稳有序发展金融衍生产品"。这为当前及未来一个时期金融期货市场建设指明了发展方向，描绘了宏伟蓝图。

我国金融期货市场的发展，起步于 2010 年 4 月 16 日沪深 300 指数期货的上市。上市 4 年来，股指期货市场运行平稳，服务资本市场发展全局的积极作用日益显现。一是充分发挥了"减震器"的宏观稳定作用，显著提高股市内在稳定性。股指期货上市前后对比来看，沪深 300 指数波动率下降了 40%，涨跌超过 2% 的天数分别下降了 59% 和 60%，股市波动极值范围大幅缩小，系统风险明显下降，单边市特征显著改善；二是成为股市风险的"泄洪渠"、投资者避险的"逃生舱"和财富管理的"保险单"。正是有了股指期货，投资者才敢于坚定持股，甚至逆势扩大持股规模，为股市提供了长期稳定的买方力量。调查表明，股指期货上市 4 年来，沪深 300 指数下跌 1/3，而同期使用股指期货规模较大的 10 家券商 2013 年持股规模较 2010 年逆市提高 18%，今年以来，法人投资者日均参与股指期货的数量从 1 月的 1495 个增长到 6 月的 1728 个，增长了 15.6%，专业机构使用股指期货的兴趣越发浓厚；三是成为提升股市核心竞争力的"助推器"，股指期货加速了产品和业务创新，吸引和推动各种机构和长期资金入市。今年以来，已经有 24 只直接挂钩股指期货的市场中性理财产品发行，较去年全年增长了 60%。广大中小投资者也受益于理财市场的发展，通过机构间接参与并分享股指期货带来的创新制度红利；四是催熟先进投资理念，变个人投资者直接参与为间接参与，变短期投机为长期投资，变简单跟风炒作为策略驱动交易，起到股市投资文化"催化剂"的作用。沪深 300 指数成分股日均换手率均值从上市前的 3.20% 下降到上市后的 0.42%，降幅达到 86.80%，股市过度交易、高换手率的特征明显改善，投机属性减弱、投资属性增强，"追涨杀跌"的交易倾向下降，投资者交易行为出现系统性好转。

我国金融期货市场发展落后，行业人才培养是当务之急

上世纪 70 年代，在石油危机加剧、布雷顿森林体系崩溃、汇率利率大幅波动的金融动荡局势下，金融期货应运而生，已发展了 40 多年，交易品种琳琅满目，功能作用深入人心。据美国期货业协会统计，2013 年全球交易所期货及期权合约交易量高达 216 亿手，其中金融期货及期权交易量高达 176 亿手，占到 81.29%，近几年大都是 80% －90%。

但我国金融期货市场起步晚、品种少、上市慢、制约多，市场发展与功能发挥还受到很大限制，与境外市场相比差距巨大。我国的金融期货市场，一是品种数量少，保险范围小，避险服务"留白"较多。国外不少国家金融期货品种完整覆盖了股权、利率、外汇等主要资产系列，而我国目前仅有两个金融期货品种。二是市场规模小，现货覆盖低，功能发挥空间很大。三是起步晚，发展慢。我国金融期货市场推进缓慢，八年仅上市两个品种，"后发"没能形成优势，难以跟上国际平均发展速度。

金融期货市场发展滞后，原因是多方面的。一是无知与偏见。社会对避险文化认识不够，观念陈旧落后，甚至听到期货想到的还是"赌博投机"。不能把期货和现货两头综合起来看，看不到套保中期货的空头对应的是现货的多头，看不到机构套保的前提是大量买入股票，看不到如果没有期货对冲风险股市抛压更重。二是制约期货发展缓慢的原因是政府职能转变的问题，就是行政监管，市场分割，产品的上市审批链条漫长，上市节奏缓慢。三是人才缺乏。制约金融期货市场发展的瓶颈在于制度观念，根本还是人的问题。要改变发展落后面貌，必须让社会大众了解期货市场，让优秀人才汇聚期货市场，尽早占领人才培养和市场教育制高点，这是根本出路和当务之急。

坚持社会责任至上，探寻选人用人新路

发展靠人才，人才靠教育，选拔看实践。这次我们和中期协联合举办的首届"全国高校大学生金融期货及衍生品知识竞赛"，就是面向未来，针对青年学生，深化金融期货知识宣传，为金融期货市场发展营造良好的社会环境；探索金融期货与衍生品专业人才教育，提高高校学生的职业技能，为金融期货行业吸引和培养人才；创新金融衍生品人才选拔机制，丰富社会。

下一步，中金所将在中国证监会的统一领导下，坚持"社会责任至上"，加快建设中国金融期货市场人才高地。一是继续办好知识竞赛。不断完善考试内容和组织形式，为中金所选拔更多高质量、高水平的人才，同时不断扩大社会影响力，努力打出品牌，使之成为行业人才选拔的重要参考标准之一。二是积极与协会、高校和期货公司等社会各方合作，共同构建人才培育网络，推进金融期货市场教育和人才培养。三是推进金融衍生品学院建设，将交易所提供的专业教育与高校教育有效衔接，打造从育人到选人、再到用人的完整的"人才培育链"。

"十年树木，百年树人"。人才培养是一个漫长过程，我国金融期货市场发展也是任重而道远，今天，仅仅是万里长征宝贵的第一步。

让投资者关系管理成为公司治理的新常态

中国上市公司协会投资者关系管理专业委员会主任委员、金融街股份有限公司董事长　刘世春

通过多年的发展和市场参与者的重视，目前上市公司投资者关系管理已初见成效。通过充分的信息披露，运用金融和市场营销的原理加强与投资者的沟通，促进投资者对公司的了解和认同，实现公司价值和股东利益共赢的战略管理行为已成为优秀上市公司治理的新常态。随着我国资本市场的飞速发展，我们必须要让投资者关系管理成为公司治理的新常态，同时监管部门也必须要做好在新形势下的投资者保护和教育。

一、以全球视野让发达国家资本市场的经验为我所用

境外发达国家资本市场成熟度高，投资者关系管理机制更加完善，其投资者关系管理呈现出战略化、全球化、信息化和专业化特点，这是我们必须要学习和借鉴地方，同时也将是我国投资者关系管理的发展新趋势。

（一）投资者关系管理战略化

在境外资本市场，投资者对股东权益有更深刻的认识和自我保护意识，充分信息披露已成为市场的主旋律，任何一家公司都承受不了因信息披露不当带来的负面效应，乃至投资者的诉讼。

同时，从长远来看，拥有优化的股东结构、长期稳定的战略投资者，对于公司的生产经营、未来发展及市值增长等都具备战略意义。这就让境外上市公司将投资者关系管理纳入公司整体战略，为系统性、长效性地开展投资者关系管理工作提供了原动力。

（二）投资者关系管理全球化

随着经济全球化和金融监管的逐步放开，各国证券交易日益开放，投资者跨境持股数额日渐增多。为吸引更多的资金、加强与不同地域投资者的沟通，沪港通公司纷纷搭建国际化投资者沟通平台，投资者关系管理的全球化程度在工作范围、内容、形式、手段等方面逐步提升。

随着我国资本市场的日渐开放，投资者关系管理全球化的脚步也正在步步逼近。今天我们已有了沪港通，未来会打通更多资本市场，全球化已经成为我们投资者关系管理的新课题。

（三）投资者关系管理信息化

互联网的应用和发展起源于西方发达国家，境外资本市场受益和运用比我们早，境外投资者关系管理在以印刷资料、报刊、电话和现场会议为媒介的基础上，更加充分地运用了互联网手段，让境外投资者关系管理的信息化程度更高。在这点上，目前国内公司投资者关系管理的工作方式和内涵也通过互联网在迎头赶上，并得到了较大的提升。特别是微博、微信的飞速发展，极大地提高上市公司与投资者的沟通效率和速度。

但在充分信息披露上，应该看到我们与境外发达市场还存在差距。工具都一样，但尽快变被动信息披露为主动信息披露才真正是投资者关系信息化的关键。

（四）投资者关系管理专业化

境外发达国家上市公司在投资者关系管理上，有一套比较成熟的理论和制度体系，专业的服务机构已经成为公司治理必不可少的环节，其凭借自身的专业性、客观性能为上市公司提供专业服务。同时，专业服务机构也纳入监管，其系统化、程序化工作也有法可依。

纵观我国投资者关系管理服务，在法规建设、队伍建设、监管关注等方面都有很多不足。学习境外发达国家投资者关系管理的先进经验，同时认清我们的不足，才能使我们在今后投资者关系管理工作取得进步。

二、制度保障纳入监管是投资者关系管理的大势所趋

自2005年我国资本市场股权分置改革以来，投资者关系管理逐步被上市公司纳入到企业管理的范畴。经过多年发展，我国投资者关系工作取得了进步，投资者关系管理理念已获得上市公司的广泛认同。不足的是我国上市公司投资者关系管理还缺乏长效机制，这主要体现在以下几个方面：

（一）制度缺陷导致重视程度不足

从上市公司角度看，境外发达国家的上市公司对资本性资金的竞争是投资者关系管理工作顺利开展的根本性原因。但在我国资本市场现阶段发行制度和环境下，无论是IPO还是部分再融资，基本形成了供不应求的局面，卖方占据市场主导地位，上市公司对投资者关系管理缺乏诉求，自然重视程度不够。而且部分上市公司有融资需求或其他利益诉求时，临时性、集中性地做投资者关系管理工作，一旦募集资金到位，则对二级市场少有真正关心。

上市公司要想做好长效的投资者关系管理，就必须以提升公司业绩等措施来促使公司股价上涨而实现。如果资本市场操纵股价的行为不受到严厉打击，如果退市制度不能严格执行，如果信息披露不主动充分，那么我们的投资者关系管理工作必将是任重道远。

（二）缺乏标准导致运作不规范

我国投资者关系管理在制度、自律组织等方面建设还不是十分完善，上市公司选择性披露信息、虚假信息披露等行为还比较严重。相关投资者关系管理中介机构的运作更不规范，甚至为了一己私利，联合媒体对上市公司进行敲诈勒索，极大地损害了投资者的利益，违背了“三公”原则。

为此，投资者关系管理各方参与者既要有自律，更要有监管，应该健全投资者关系管理法规；强化各方参与者的职业操守；切实保护投资者，特别是中小投资者利益；通过对各方参与者自律组织的建设，逐步形成以行业自律为主，监管稽查为辅的投资者关系管理新常态。

（三）投机市场导致缺乏持续性

现阶段，部分上市公司对投资者关系管理的运用带有强烈的目的性和功利性，往往是围绕某一特定事件，在短时间内有目的、有针对性地进行一系列的投资者者关系活动。鉴于此，投资者关系活动往往缺乏投资者的积极参与，从而导致一些投资者关系活动变成了部分投机者的盛宴。

从上市公司角度看，由于投资者关系管理人才的缺乏、投资者关系管理见效慢，需要投资者关系管理日常工作的不断

积累，加之人力、物力的缺乏，对于投资者的主动沟通、机构投资者路演、媒体拜访等工作做得差强人意。

（四）发展乏力导致缺乏专业性

由于投资者关系管理诉求少，从而导致我国投资者关系管理队伍建设比较落后，主要体现在上市公司投资者关系部门人员配备不足，且多为兼职；二是投资者关系部门人员的从业年限短、经验少；三是尚未形成真正意义上的专业中介服务机构。目前我国的投资者关系管理服务机构的定位为财经公关，服务内容上更多地倾向于日常资讯、媒体管理等。

相信随着我国资本市场的不断发展和完善、注册制的推动和投资者的日益成熟，投资者关系管理诉求将越来越强烈。因此，上市公司亟需对现有的投资者关系管理工作模式进行变革。

三、以建设股权文化为中心让投资者关系管理成为保护投资者的利器

投资者是上市公司不断发展的基石，更是资本市场欣欣向荣的根本，切实保护投资者利益是投资者关系管理工作的核心。我们要用投资者关系管理的利器，不断壮大和发展资本市场投资者关系管理队伍。为此，我们今后要做好以下几个方面的工作：

（一）做好战略规划，提升投资者关系管理工作高度

良好的投资者关系管理是每家上市公司稳定健康发展的助推器，同时上市公司也是投资者关系管理的最大受益者。从战略高度推进投资者关系管理工作，应该是我们要达到的共识。上市公司应进行系统性、长效性的投资者关系管理活动规划，并时刻与投资者及其他市场主体进行有效的沟通，帮助投资者全面、理性地认识公司的价值，并从中采纳投资者的合理化建议，增强投资者的投资信心。

（二）建设股权文化，形成良性循环

随着我国资本市场的不断发展和完善，投资者关系管理，尤其是对中小投资者权益的保护将成为每一家上市公司的所面临的重要课题。这就需要上市公司充分重视股权文化的建设，不断完善上市公司法人治理，提高股权意识，并将全体股东利益趋于一致，形成良好的股权文化和投资氛围。

股权文化建设既是上市公司长期持续健康发展的稳定基础，更是中国资本市场不断强大的源泉。在中国资本市场一旦股东权益与公司发展走上良性循环，一定会催生资本市场持续不断的新飞跃。

（三）发挥独立董事作用，充分保护投资者权利

自 2001 年上市公司建立独立董事制度以来，独立董事已经逐步担负起了启动和推动公司内部监督机制、督促公司合规经营的使命，对提高公司治理水平、维护中小股东权益起到了良性的作用。但是，在独立董事的独立性上，目前大部分上市公司做的差强人意。制度规定上市公司董事会、监事会、单独或合并持有上市公司已发行股份 1% 以上的股东可以提出独立董事候选人。这一规定，虽然已经将提名门槛降到了单独或者合并持有上市公司已发行股份的 1%，但中小股东组织起来并非易事，而且即使顺利达到了提名门槛，其推荐的候选人在股东大会上是否当选仍然取决于大股东的态度。加之现行规则并未考虑充分发挥机构投资者和自律性组织的作用，独立董事在选任阶段就可能已经无法保证其独立性。

为此，建议可在制度层面，限制大股东（持股 5% 以上股东）提名独立董事的资格；此外，监管机构或行业自律组织可建立独立董事库，由其推荐若干名独立董事，通过网络投票的形式由中小股东投票选举，从而充分保障独立董事的独立性，真正维护中小投资者的利益。

（四）规范信息披露，提升危机应对能力

我国当前的信息披露法律日趋完善，缺乏的只是上市公司主动充分信息披露的意识。规范信息披露，鼓励自愿性信息披露和非财务信息披露，通过投资者交流、股东会议、公司网站、官方微博、微信公众号等多样形式、多种渠道来帮助投资者全面、准确地理解公司信息，保障投资者知情权。同时，上市公司还应建立有效的信息披露风险防范机制，对突发风险、“黑天鹅”事件进行及时有效的信息披露和处置，避免错误信息导致的投资者损失。对媒体要持欢迎和开放的态度，在严格遵循信息披法规的情况下，及时准确地解答投资者和市场相关人员的疑虑，以免不必要的被动。

（五）加强专业培训，提升投资者关系管理专业水平

上市公司应结合公司和资本市场发展的需要，加大对投资者关系管理从业人员的培训，并开展有系统性和针对性的学习及专业培训，不断提高投资者关系管理服务水平，保障投资者关系管理优质、高效、有条不紊地开展。同时，可考虑聘请专业的投资者关系管理顾问，协助开展投资者关系管理工作，借用外力来提高投资者关系管理的专业水平。

中国资本市场投资者关系管理不断发展的理论和实践已充分证明，在资本市场蓬勃发展今天，投资者关系管理工作已成为上市公司治理的新常态。扎实地抓好投资者关系管理工作是上市公司的当务之急。在市场各参与主体的共同努力下，在上市公司治理体系更加完善的情况下，上市公司的投资者关系管理水平会得到不断提升，成为实现股东、公司共赢的桥梁，为我国资本市场健康发展贡献力量。

第二编

中国金融市场

齐鲁证券
QILU SECURITIES

至诚至专　创新超越

栏目协办

第一章　中国金融市场概况

2014 年金融市场运行情况

2014 年，金融市场各项改革和发展措施稳步推进，产品创新不断深化，市场制度逐步完善，金融市场对于降低社会融资成本、促进实体经济发展的作用得以进一步发挥。2014 年，债券发行规模同比增加，公司信用类债券发行增速扩大；银行间市场成交量同比大幅增长，债券指数有所上升；货币市场利率中枢下行明显，债券收益率曲线整体大幅下移，企业债券融资成本显著降低；机构投资者类型更加多元化；商业银行柜台交易量和开户数量显著增加；利率衍生品交易活跃度明显上升；股票指数和两市成交量均大幅增长。

一、债券发行规模同比增加①，公司信用类债券发行增速扩大

2014 年，债券市场共发行人民币债券 11.0 万亿元，同比增加 22.3%。其中，银行间债券市场累计发行人民币债券 10.7 万亿元，同比增加 24.0%。截至 2014 年末，债券市场债券托管②余额达 35.0 万亿元，同比增加 18.0%。其中，银行间市场债券托管余额为 32.4 万亿元，同比增加 16.9%。

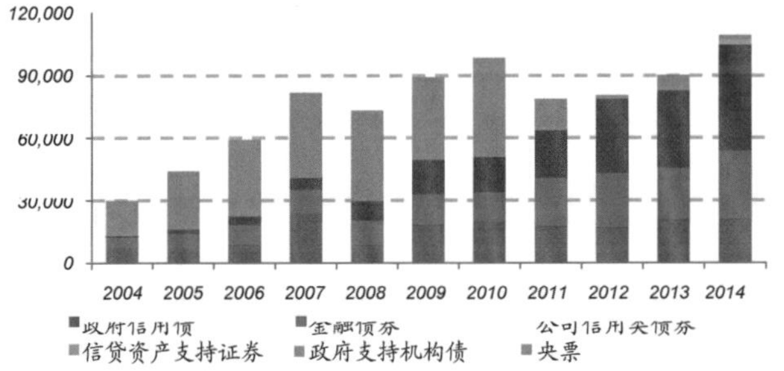

图 1　近年来银行间债券市场主要债券品种发行量变化情况

资料来源：中央国债登记结算有限责任公司、上海清算所　　单位：亿元

2014 年，财政部通过银行间债券市场发行国债 1.7 万亿元，财政部代发地方政府债券 2908 亿元、地方政府自行发债 1092 亿元，国家开发银行和中国进出口银行、中国农业发展银行在银行间债券市场发行债券 2.3 万亿元，政府支持机构发行债券 1850 亿元，商业银行等金融机构发行金融债券 5460 亿元，证券公司发行短期融资券 4247 亿元，信贷资产支持证券发行 2794 亿元。公司信用类债券发行 5.2 万亿元③，同比增加 38.9%，增速较上年扩大 34.9 个百分点。其中，非金融企业债务融资工具发行 4.1 万亿元，同比增加 45.4%，企业债券发行 6952 亿元，同比增加 46.3%，公司债券发行 3484 亿元，同比减少 14.6%。

二、银行间市场成交量同比大幅增长，债券指数有所上升

2014 年，银行间市场拆借、现券和债券回购累计成交 302.4 万亿元，同比增加 28.5%。其中，银行间市场同业拆借成交 37.7 万亿元，同比增加 6.0%；债券回购成交 224.4 万亿元，同比增加 41.9%；现券成交 40.4 万亿元，同比减少 3.0%。

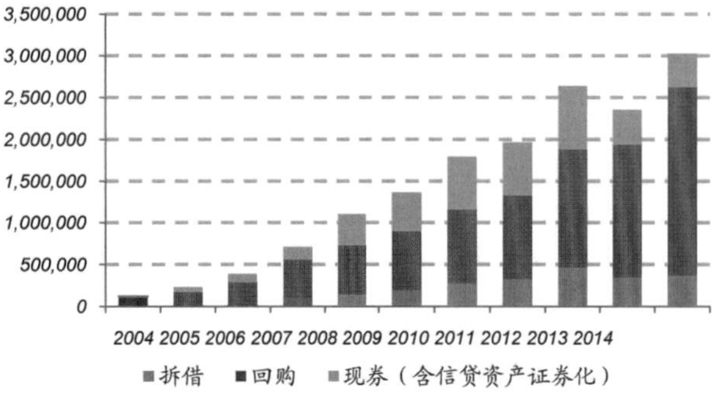

图 2　近年来银行间市场成交量变化情况

资料来源：全国银行间同业拆借中心　　单位：亿元

2014 年，银行间市场债券指数和交易所市场债券指数均有所上升。银行间债券总指数由年初的 143.93 点上升至年末的 158.69 点，上升 14.76 点，升幅 10.26%；交易所市场国债指数由年初的 139.52 点升至年末的 145.68 点，上升 6.16 点，升幅 4.42%。

三、货币市场利率中枢下行明显，债券收益率曲线大幅下移，企业债券融资成本显著降低

2014 年，货币市场利率波动幅度减小，利率中枢明显下行。2014 年 12 月，质押式回购加权平均利率为 3.49%，较去年同期下降 79 个基点；同业拆借加权平均利率为 3.49%，较去年同期下降 67 个基点。年内货币市场利率共发生两次较大波动：1 月 20 日，7 天质押式回购加权平均利率上升至 6.59%，达到年内最高点；12 月 22 日，7 天质押式回购加权平均利率上升至 6.38%，创下半年利率新高。

2014 年银行间市场国债收益率曲线整体大幅下移。12 月末，国债收益率曲线 1 年、3 年、5 年、7 年、10 年期收益率较去年末分别下降 96 个、105 个、95 个、98 个、93 个基点，10 年期与 1 年期国债期限利差为 36 个基点，较去年末扩大 3 个基点。

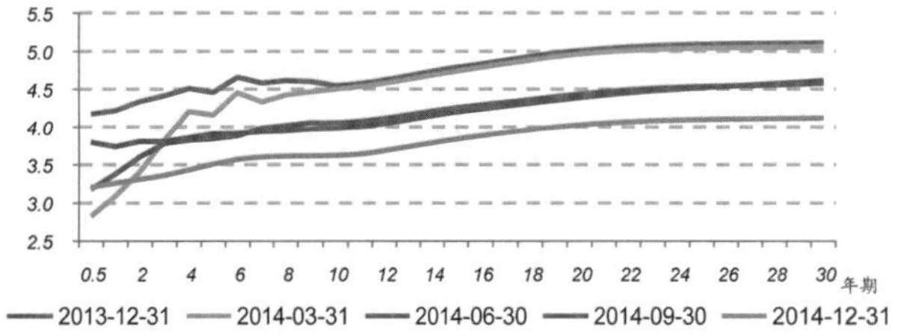

图 3　2014 年银行间市场国债收益率曲线变化情况

资料来源：中央国债登记结算有限责任公司　　单位：%

2014 年以来，企业债券融资成本显著降低，年末固定利率企业债券加权平均发行利率为 5.52%，较去年末下降 148

① 仅指国内债券市场发行的人民币债券情况（含央行票据）。

② 包含央行票据托管量。

③ 仅包括非金融企业发行的公司信用类债券，不包括政府支持机构债券。

个基点。公司信用类债券收益率曲线大幅下行,年末 5 年期 AAA、AA + 企业债收益率较去年末分别下降 148 个和 141 个基点。不同等级公司信用类债券信用利差出现分化,3 年期 AAA 级、AA 级、A 级票据与同期限政策性银行债券信用利差较去年末分别扩大 16 个、19 个、105 个基点。

四、机构投资者类型更加多元化

银行间市场投资者类型进一步丰富,数量继续增加。2014 年末,银行间市场各类参与者共计 6462 家,较去年末增加 607 家,同比增加 10.4%。其中,境内法人类参与机构为 1848 家,境内非法人机构投资者为 4434 家。截至 2014 年末,共有 211 家包括境外中央银行或货币当局、国际金融机构、主权财富基金、人民币业务清算行、跨境贸易人民币结算境外参加行、境外保险机构、RQFII 和 QFII 等在内的境外机构获准进入银行间债券市场,较去年末增加 73 家,其中已有 180 家境外机构入市交易,持有债券 5720.4 亿元。从持有者结构看,2014 年末,商业银行持债占比为 63.6%,较去年末下降 1.5个百分点,非银行金融机构持债占比为 10.9%,较去年末下降 1.1 个百分点,非法人机构投资者及其他类投资者持债占比共为 25.6%,较去年末上升 2.6 个百分点。从公司信用类债券持有者结构看,2014 年末,商业银行、非银行金融机构、非法人机构投资者和其他类投资者的持债占比分别为 44.4%、13.4%、40.1% 和 2.1%。

表 1　银行间债券市场主要券种持有者结构

(2014 年末单位:%)

	记账式国债	国开行金融债	政策性银行债券	信贷资产支持证券	公司信用类债券
商业银行	71.88	75.35	83.53	65.92	44.43
非银行金融机构	5.27	12.54	3.86	5.17	13.35
非金融机构	0.01	0.01	0.00	0.01	0.06
非法人机构投资者	1.13	10.56	8.34	26.56	40.10
其他类投资者	21.72	1.55	4.27	2.35	2.06
合计	100.00	100.00	100.00	100.00	100.00

五、商业银行柜台交易量和开户数量显著增加

2014 年,商业银行柜台业务运行平稳。2014 年商业银行柜台新增记账式国债 21 只,国开行金融债 3 只和进出口银行债 4 只。期限品种进一步丰富,包含 1 年、3 年、5 年、7 年、10 年和 15 年等六个品种。2014 年,记账式国债累计成交 71.7 亿元,同比增加 283.4%,商业银行通过柜台分销国开行金融债 67 亿元,进出口银行债 30 亿元。截至 2014 年末,商业银行柜台开户数量达到 1674 万户,较上年增加 317 万户,增长 23.4%。

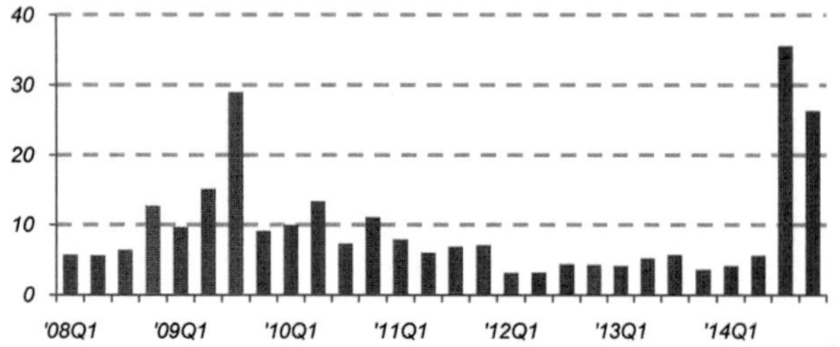

图 4　2008 - 2014 年记账式国债柜台交易情况

资料来源:中央国债登记结算有限责任公司　　单位:亿元

六、利率衍生品交易活跃度明显上升

2014 年,人民币利率互换共交易 4.3 万笔,名义本金总额 4.0 万亿元,同比增加 47.9%。从期限结构来看,1 年及 1 年期以下交易最为活跃,其名义本金总额 2.7 万亿元,占总量的 63.4%。从参考利率来看,2014 年人民币利率互换交易的浮动端参考利率包括 7 天回购定盘利率、Shibor 以及人民银行公布的基准利率,与之挂钩的利率互换交易名义本金占比分别为 81.1%,18.2%,0.7%。

七、股票指数和两市成交量均大幅增长

2014 年,股票指数和两市成交量均大幅增长。年末,上证综合指数收于年内新高 3234.68 点,较去年末上涨 1118.70 点,涨幅为 52.9%,年内最低为 1991.25 点。沪市全年累计成交 37.7 万亿元,日均成交 1539.4 亿元,同比增加 59.1%。深圳成份指数收于年内新高 11014.62 点,较去年末上涨 2892.84点,涨幅为 35.62%,年内最低为 6998.19 点。深市全年累计成交 36.7 万亿元,日均成交 1496.9 亿元,同比增加 49.4%。

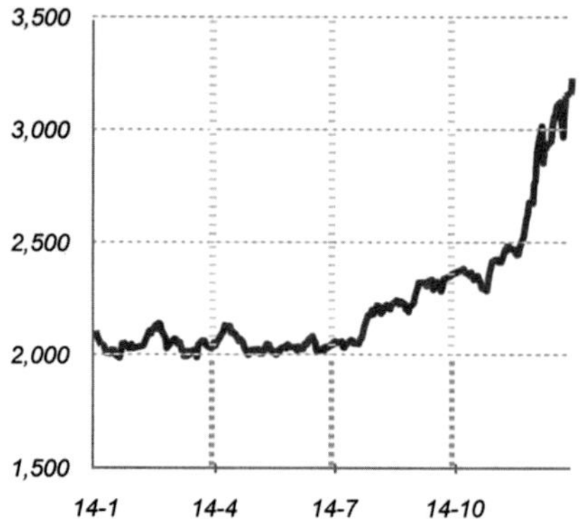

图 5　2014 年上证综合指数走势

资料来源:上海证券交易所、深圳证券交易所

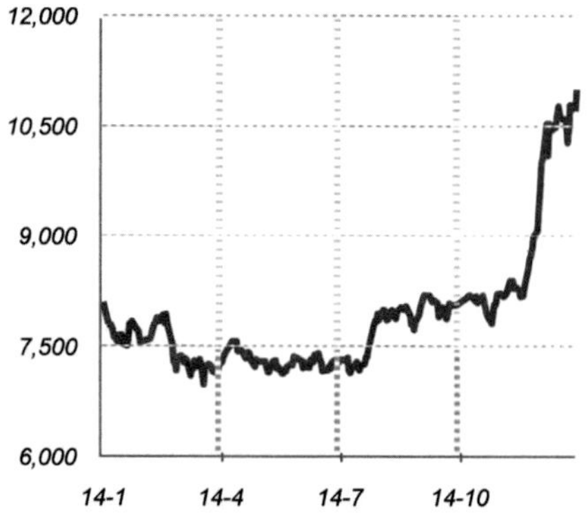

图 6　2014 年深圳成份指数走势

资料来源:上海证券交易所、深圳证券交易所

2014 年金融机构贷款投向统计报告

(2015 年 1 月 23 日)

人民银行统计,2014 年末,金融机构人民币各项贷款余额 81.68 万亿元,同比增长 13.6%,增速比上年末低 0.5 个百分点;全年增加 9.78 万亿元,同比多增 8900 亿元。贷款投向呈现以下特点:

一、企业中长期贷款增速明显回升

2014 年末,全部金融机构本外币企业及其他部门贷款余额 61.8 万亿元,同比增长 12%,增速比上年末高 1.1 个百分点;全年增加 6.62 万亿元,同比多增 1.22 万亿元。

从期限看,2014 年末金融机构本外币企业及其他部门短期贷款及票据融资余额 28.48 万亿元,同比增长9.1%,增速比上年末低 3 个百分点;全年增加 2.37 万亿元,同比少增 4414 亿元。

金融机构本外币企业及其他部门中长期贷款余额 32.11 万亿元,同比增长 13.9%,增速比上年末高 4.7 个百分点;全年增加 3.91 万亿元,同比多增 1.53 万亿元。从用途看,全部金融机构本外币企业及其他部门固定资产贷款余额 26.47 万亿元,同比增长 14.6%,增速比上年末高 4.4 个百分点;经营性贷款余额 27.47 万亿元,同比增长 9%,增速比上年末低 3.7个百分点。

二、小微企业贷款增速回升

2014 年末,主要金融机构①及小型农村金融机构②、外资银行人民币小微企业贷款余额 15.26 万亿元,同比增长 15.5%,增速比上年末高 1.3 个百分点,比同期大型和中型企业贷款增速分别高 6.1 个和 4.8 个百分点,比各项贷款增速高 1.9 个百分点。

2014 年末,小微企业贷款余额占企业贷款余额的 30.4%,占比比上年末高 1 个百分点。全年小微企业贷款增加 2.13 万亿元,同比多增 1284 亿元,增量占企业贷款增量的 41.9%,比上年占比水平低 1.6 个百分点。

三、工业和服务业中长期贷款增长明显加快

2014 年末,主要金融机构本外币工业中长期贷款余额 7.13万亿元,同比增长 8%,增速比上年末高 3.8 个百分点;全年增加 5177 亿元,同比多增 2494 亿元。其中,重工业中长期贷款余额 6.31 万亿元,同比增长 7.5%,增速比上年末高 4.2 个百分点;轻工业中长期贷款余额 8176 亿元,同比增长 12.2%,增速比上年末高 0.7 个百分点。

2014 年末,服务业中长期贷款余额 20.44 万亿元,同比增长 15.7%,增速比上年末高 4.7 个百分点。其中,交通运输、仓储和邮政业贷款余额同比增长 13.1%,文化、体育和娱乐业贷款同比增长 24.2%。

四、农村、农户和农业贷款增速减缓

2014 年末,主要金融机构及小型农村金融机构、村镇银行、财务公司本外币农村(县及县以下)贷款余额 19.44 万亿元,同比增长 12.4%,增速比上年末低 6.5 个百分点,全年增加 2.45 万亿元,同比少增 4408 亿元;农户贷款余额 5.36 万亿元,同比增长 19%,增速比上年末低 5.4 个百分点,全年增加 8556 亿元,同比少增 338 亿元;农业贷款余额 3.4 万亿元,同比增长 9.7%,增速比上年末低 1.9 个百分点,全年增加 3065 亿元,同比少增 422 亿元。

五、房地产贷款平稳较快增长,其中的房地产开发贷款增速明显上升

2014 年末,主要金融机构及小型农村金融机构、外资银行人民币房地产贷款余额 17.37 万亿元,同比增长 18.9%,增速比上年末低 0.2 个百分点;全年增加 2.75 万亿元,同比多增 4055 亿元,增量占同期各项贷款增量的 28.1%,与上年占比水平持平。

2014 年末,房地产开发贷款余额 5.63 万亿元,同比增长 22.6%,增速比上年末高 7.9 个百分点。其中,房产开发贷款余额 4.28 万亿元,同比增长 21.7%,增速比上年末高 5.3 个百分点;地产开发贷款余额 1.35 万亿元,同比增长 25.7%,增速比上年末高 15.9 个百分点。个人购房贷款余额 11.52 万亿元,同比增长 17.5%,增速高于同期各项贷款增速 3.9 个百分点;全年增加 1.72 万亿元,同比多增 196 亿元。

2014 年末,房产开发贷款中的保障性住房开发贷款余额 1.14 万亿元,同比增长 57.2%,增速比上年末高 30.5 个百分点;全年增加 4119 亿元,同比多增 2589 亿元,增量占同期房产开发贷款的 55%,比上年增量占比高 24 个百分点。

六、住户贷款增速回落

2014 年末,全部金融机构本外币住户贷款余额 23.15 万亿元,同比增长 16.6%,增速比上年末低 6.5 个百分点;全年增加 3.29 万亿元,同比少增 4228 亿元。

2014 年末,住户消费性贷款余额 15.38 万亿元,同比增长 18.4%,增速比上年末低 5.9 个百分点,全年增加 2.39 万亿元,同比少增 1467 亿元;住户经营性贷款余额 7.78 万亿元,同比增长 13%,增速比上年末低 7.8 个百分点,全年增加 8970 亿元,同比少增 2755 亿元。

2014 年金融统计数据报告

一、广义货币增长 12.2%,狭义货币增长 3.2%

12 月末,广义货币(M2)余额 122.84 万亿元,同比增长 12.2%,增速分别比上月末和上年末低 0.1 个和 1.4 个百分点;狭义货币(M1)余额 34.81 万亿元,同比增长 3.2%,增速与上月末持平,比上年末低 6.1 个百分点;流通中货币(M0)余额 6.03 万亿元,同比增长 2.9%。2014 年净投放现金 1688 亿元。

二、2014 年人民币贷款增加 9.78 万亿元,外币贷款增加 582 亿美元

12 月末,本外币贷款余额 86.79 万亿元,同比增长 13.3%。月末人民币贷款余额 81.68 万亿元,同比增长13.6%,增速比上月末高 0.2 个百分点,比上年末低 0.5 个百分点。2014 年人民币贷款增加 9.78 万亿元,同比多增 8900 亿元。分部门看,住户贷款增加 3.29 万亿元,其中,短期贷款增加 1.06 万亿元,中长期贷款增加 2.23 万亿元;非金融企业及其他部门贷款增加 6.48 万亿元,其中,短期贷款增加 1.40 万亿元,中长期贷款增加 3.83 万亿元,票据融资增加 9574 亿元。12 月份人民币贷款增加 6973 亿元,同比多增 2149 亿元。月末外币贷款余额 8351 亿美元,同比增长 7.5%,全年外币贷款增加 582 亿美元。

三、2014 年人民币存款增加 9.48 万亿元,外币存款增加 1084 亿美元

12 月末,本外币存款余额 117.37 万亿元,同比增长9.6%。月末人民币存款余额 113.86 万亿元,同比增长9.1%,增速分别比上月末和上年末低 0.5 个和 4.7 个百分点。2014 年人民币存款增加 9.48 万亿元,同比少增3.08万亿元。其中,住户存款增加 4.14 万亿元,非金融企业存款增加1.97万亿元,财政性存款增加 5531 亿元。12 月份人民币存款增加 7229 亿元,同比少增 4281 亿元。月末外币存款余额 5735 亿美元,同比增长 30.8%,全年外币存款增加 1084 亿美元。

四、12 月份银行间市场同业拆借和质押式债券回购月加权平均利率均为 3.49%

2014 年,银行间人民币市场以拆借、现券和债券回购方式合计成交 302.44 万亿元,日均成交 1.21 万亿元,日均成交

---

① 主要金融机构指中资银行(不含农村商业银行、农村合作银行和村镇银行),全报告同。

② 小型农村金融机构包括农村商业银行、农村合作银行和农村信用社,全报告同。

同比增长 28.5%。

12 月份，银行间市场同业拆借和质押式债券回购月加权平均利率均为 3.49%，分别比上月高 0.67 个和 0.70 个百分点，分别比上年同期低 0.67 个和 0.79 个百分点。

五、国家外汇储备余额 3.84 万亿美元

12 月末，国家外汇储备余额为 3.84 万亿美元。12 月末，人民币汇率为 1 美元兑 6.1190 元人民币。

六、全年跨境贸易人民币结算业务累计发生 6.55 万亿元，直接投资人民币结算业务累计发生 1.05 万亿元

2014 年，以人民币进行结算的跨境货物贸易、服务贸易及其他经常项目、对外直接投资、外商直接投资分别累计发生 5.9 万亿元、6565 亿元、1866 亿元、8620 亿元。

注 1：当期数据为初步数。

注 2：2011 年 10 月起，货币供应量已包括住房公积金中心存款和非存款类金融机构在存款类金融机构的存款。

注 3：自 2014 年 8 月份开始，转口贸易被调整到货物贸易进行统计，货物贸易金额扩大，服务贸易金额相应减少。

注 4：本 M2 同比增速根据可比口径计算。

2014 年社会融资规模存量统计数据报告

初步统计，2014 年末社会融资规模存量为 122.86 万亿元，同比增长 14.3%。其中，对实体经济发放的人民币贷款余额为 81.43 万亿元，同比增长 13.6%；对实体经济发放的外币贷款折合人民币余额为 3.47 万亿元，同比增长 4.1%；委托贷款余额为 9.33 万亿元，同比增长 29.2%；信托贷款余额为 5.35 万亿元，同比增长 10.7%；未贴现的银行承兑汇票余额为 6.76 万亿元，同比下降 1.8%；企业债券余额为 11.69 万亿元，同比增长 25.8%；非金融企业境内股票余额为 3.80 万亿元，同比增长 12.7%。

从结构看，2014 年末对实体经济发放的人民币贷款余额占同期社会融资规模存量的 66.3%，同比低 0.4 个百分点；对实体经济发放的外币贷款余额占比 2.8%，同比低 0.3 个百分点；委托贷款余额占比 7.6%，同比高 1.0 个百分点；信托贷款余额占比 4.4%，同比低 0.1 个百分点；未贴现的银行承兑汇票余额占比 5.5%，同比低 0.9 个百分点；企业债券余额占比 9.5%，同比高 0.8 个百分点；非金融企业境内股票余额占比 3.1%，与上年末持平。

注 1：社会融资规模存量是指一定时期末（月末、季末或年末）实体经济（非金融企业和个人）从金融体系获得的资金余额。数据来源于人民银行、证监会、保监会、中央国债登记结算有限责任公司和银行间市场交易商协会等部门。

注 2：当期数据为初步统计数，同比增速为可比口径数据。

2014 年社会融资规模统计数据报告

初步统计，2014 年社会融资规模为 16.46 万亿元，比上年少 8598 亿元。其中，人民币贷款增加 9.78 万亿元，同比多增 8900 亿元；外币贷款折合人民币增加 3554 亿元，同比少增 2294 亿元；委托贷款增加 2.51 万亿元，同比少增 396 亿元；信托贷款增加 5174 亿元，同比少增 1.32 万亿元；未贴现的银行承兑汇票减少 1285 亿元，同比少增 9041 亿元；企业债券净融资 2.43 万亿元，同比多 6142 亿元；非金融企业境内股票融资 4350 亿元，同比多 2131 亿元。2014 年 12 月份社会融资规模为 1.69 万亿元，分别比上月和上年同期多 5486 亿元和 4413 亿元。

从结构看，2014 年人民币贷款占同期社会融资规模的 59.4%，同比高 8.1 个百分点；外币贷款占比 2.2%，同比低 1.2 个百分点；委托贷款占比 15.2%，同比高 0.5 个百分点；信托贷款占比 3.1%，同比低 7.5 个百分点；未贴现的银行承兑汇票占比 −0.8%，同比低 5.3 个百分点；企业债券占比 14.7%，同比高 4.2 个百分点；非金融企业境内股票融资占比 2.6%，同比高 1.3 个百分点。

注 1：社会融资规模统计数据来源于人民银行、发改委、证监会、保监会、中央国债登记结算有限责任公司和银行间市场交易商协会等部门。

注 2：当期数据为初步统计数。

2014 年小额贷款公司统计数据报告

截至 2014 年末，全国共有小额贷款公司 8791 家，贷款余额 9420 亿元，2014 年新增人民币贷款 1228 亿元。

附表：

小额贷款公司分地区情况统计表

2014 − 12 − 31

地区名称	机构数量（家）	从业人员数（人）	实收资本（亿元）	贷款余额（亿元）
全国	8791	109948	8283.06	9420.38
北京市	71	867	103.98	118.46
天津市	110	1445	129.77	137.06
河北省	479	5524	270.92	288.97
山西省	344	3544	218.95	214.51
内蒙古自治区	473	4756	343.64	355.22
辽宁省	600	5586	375.86	346.20
吉林省	427	3575	111.88	87.06
黑龙江省	255	2263	122.94	110.35
上海市	117	1601	166.25	204.42
江苏省	631	6231	929.91	1146.66
浙江省	340	4127	708.99	910.61
安徽省	461	5808	357.96	423.70
福建省	113	1783	258.20	301.35
江西省	224	2925	244.10	282.10
山东省	327	4040	400.66	462.44
河南省	325	4952	223.03	246.25
湖北省	272	3860	310.28	330.84
湖南省	127	1587	98.27	106.39
广东省	400	9274	559.93	614.23
广西壮族自治区	312	4121	250.53	358.30
海南省	38	451	34.50	38.38
重庆市	246	5736	549.25	743.13
四川省	350	8245	582.31	661.91
贵州省	281	3244	86.97	86.02
云南省	409	3984	195.91	204.18
西藏自治区	12	115	8.01	4.82
陕西省	253	2660	217.19	216.63
甘肃省	351	3337	144.82	117.95
青海省	70	818	49.07	52.68
宁夏回族自治区	116	1470	67.13	65.25
新疆维吾尔自治区	257	2019	161.82	184.32

2014 年银行家信心与银行业景气指数表

	银行家信心指数	银行业景气指数
2014.Q1	67.6	75.2
2014.Q2	53.7	73.1
2014.Q3	59.1	72.4
2014.Q4	52.5	70.7

2014 年城镇储户收入与物价扩散指数表

	2014.Q1	2014.Q2	2014.Q3	2014.Q4
当期收入感受指数	50.7	48.3	49.2	49.2
未来收入信心指数	53.0	51.6	52.5	53.4
当期物价满意指数	23.6	23.2	25.1	25.4
未来物价预期指数	63.9	63.8	64.1	64.5

2014 年企业商品价格指数

以上年同月为 100

年月	总指数	农产品	矿产品	煤油电
2014.01	98.6	100.6	97.1	98.4
2014.02	97.7	99.5	95.8	96.7
2014.03	97.6	100.9	94.6	96.2
2014.04	97.8	98.0	95.4	97.0
2014.05	98.6	100.7	96.1	98.5
2014.06	98.9	100.1	96.5	99.0
2014.07	99.1	99.7	97.3	99.4
2014.08	98.6	99.7	95.0	98.4
2014.09	97.6	98.3	92.4	96.1
2014.10	96.9	97.2	91.6	94.8
2014.11	96.4	97.0	90.9	92.9
2014.12	95.6	97.5	90.3	89.8

2014 年存款性公司概览

单位：亿元人民币

项目	2014.01	2014.02	2014.03	2014.04	2014.05	2014.06	2014.07	2014.08	2014.09	2014.10	2014.11	2014.12
国外净资产	283106.53	283589.65	284032.46	285576.39	287487.93	289009.16	288675.61	288673.61	288865.66	289405.64	289495.04	288390.38
国内信贷	941220.72	947973.61	972329.30	979466.20	991229.16	1016864.17	1008104.01	1019481.31	1032886.40	1032576.94	1045883.46	1076962.18
对政府债权（净）	49244.41	45233.52	48406.96	43313.73	43162.60	46665.62	42909.03	43392.66	47087.11	40369.96	40286.78	55047.00
对非金融部门债权	810629.13	817668.75	831077.66	837961.68	846494.79	858227.76	861553.11	868938.39	878406.79	883769.92	893424.20	902512.86
对其他金融部门债权	81347.18	85071.34	92844.68	98190.80	101571.77	111970.79	103641.87	107150.26	107392.50	108437.05	112172.48	119402.31
货币和准货币	1123521.21	1131760.83	1160687.38	1168812.67	1182293.96	1209587.20	1194249.24	1197499.08	1202051.41	1199236.31	1208605.95	1228374.81
货币	314900.55	316625.11	327683.74	324482.52	327839.56	341487.45	331347.32	332023.23	327220.21	329617.73	335114.13	348056.41
流通中货币	76488.60	62320.95	58329.30	58615.54	58051.11	56951.05	57346.50	57997.61	58844.99	57691.64	58438.53	60259.53
单位活期存款	238411.96	254304.16	269354.44	265866.98	269788.46	284536.39	274000.81	274025.62	268375.22	271926.09	276675.60	287796.88
准货币	808620.66	815135.72	833003.64	844330.15	854454.39	868099.75	862901.92	865475.86	874831.20	869618.58	873491.81	880318.40
单位定期存款	244131.54	242008.51	250779.04	256490.25	261047.92	265644.22	262742.88	264733.83	272197.01	264804.73	265229.24	264055.71
个人存款	484966.91	486056.34	500399.16	487912.18	489485.97	508024.93	496939.84	494763.05	504261.93	498744.26	499340.03	508878.12
其他存款	79522.21	87070.88	81825.44	99927.72	103920.51	94430.60	103219.20	105978.97	98372.26	106069.59	108922.55	107384.57
不纳入广义货币的存款	26952.49	27665.05	28640.34	29327.18	31463.24	32791.61	33496.93	34235.85	33008.22	32557.72	32121.16	31135.85
债券	103844.44	105600.92	108253.93	109546.05	111357.49	113378.40	114313.98	117118.68	118474.43	120446.46	122016.60	123119.42
实收资本	32809.40	32887.68	33107.34	33238.11	33370.85	33666.00	33817.24	33902.42	34121.01	34632.13	35460.83	36630.20
其他（净）	-62800.29	-66351.23	-74327.23	-75881.42	-79768.46	-83549.88	-79097.78	-74601.11	-65903.00	-64890.06	-62826.05	-53907.71

2014 年地区社会融资规模统计表

单位：亿元人民币

地区	地区社会融资规模	其中：						
		人民币贷款	外币贷款（折合人民币）	委托贷款	信托贷款	未贴现银行承兑汇票	企业债券	非金融企业境内股票融资
北京	12877	4845	787	3026	349	-588	3317	900
天津	4819	2235	97	986	-32	385	993	65
河北	5177	3515	-1	568	172	-140	616	126
山西	3055	1499	-12	1046	-142	-305	858	7
内蒙古	2774	1917	6	190	33	22	488	22
辽宁	5526	3236	-12	1051	12	45	893	97
吉林	2909	1847	-1	240	291	216	99	99
黑龙江	2731	2000	-25	74	494	-159	183	80
上海	7761	3347	59	1440	2104	-399	695	278
江苏	13440	7547	-169	2325	564	-63	2509	349
浙江	7998	5753	41	495	303	-722	1341	395
安徽	4262	2953	65	677	-102	-346	657	171

福建	3488	3634	152	619	-1561	-312	595	171
江西	3976	2450	72	325	775	-86	306	34
山东	9292	5126	399	696	-40	965	1580	210
河南	6828	4027	-57	880	80	807	806	85
湖北	5843	3347	-61	1135	448	-70	707	150
湖南	3945	2464	59	361	-20	-31	865	108
广东	13173	9076	-171	2523	225	-776	1218	432
广西	3109	1897	56	605	0	-200	538	43
海南	1074	688	63	85	0	2	128	68
重庆	5473	2570	-8	850	43	646	906	80
四川	7092	4221	108	1217	218	-196	854	157
贵州	3576	2244	17	382	-28	362	454	64
云南	3092	2158	39	352	-145	-183	706	27
西藏	739	541	0	18	206	-59	10	15
陕西	4850	2579	18	578	700	-71	776	115
甘肃	3139	2229	0	176	-128	434	304	9
青海	1412	769	15	46	372	-42	216	0
宁夏	842	654	-8	77	0	-12	78	27
新疆	2746	1803	28	-78	363	-9	386	118

注1：地区社会融资规模是指一定时期和一定区域内实体经济从金融体系获得的资金总额，是增量概念。
注2：表中数据为初步统计数。
注3：数据来源于人民银行、发改委、证监会、保监会、中央国债登记结算有限责任公司和银行间市场交易商协会等。
注4：由金融机构总行（或总部）提供的社会融资规模为7968亿元。

2014年国内各类债券统计表

单位：亿元

	国债		中央银行票据		金融债券		公司信用类债券		国际机构债券		各类债券合计	
	发行	余额	发行	余额	发行	余额	发行	余额	发行	余额	发行	余额
2014.01	540	95235	0	5462	2026	107617	1635	92473	0	31	4201	300818
2014.02	560	95200	0	5462	2259	109479	3153	93112	0	31	5972	303285
2014.03	1040	95162	0	5462	4337	112502	5658	95899	0	31	11035	309056
2014.04	2157	95940	0	5462	3290	113646	6374	99330	0	31	11821	314410
2014.05	1836	97134	0	5062	3493	115564	5472	102306	0	31	10801	320097
2014.06	2587	97761	0	4832	2837	116505	4577	106075	0	31	10001	325205
2014.07	2787	100966	0	4632	3104	117054	3414	107550	0	31	9305	330233
2014.08	2804	102300	0	4622	4172	119641	4347	109513	0	31	11323	336107
2014.09	2274	104151	0	4622	2862	121112	4900	111027	0	31	10036	340943
2014.10	1997	105253	0	4222	2889	122039	4291	114988	0	31	9177	346533
2014.11	1681	106380	0	4222	1866	124170	4537	115290	0	31	8084	350094
2014.12	1484	107275	0	4222	3417	125489	3157	116214	0	31	8058	353231
2014年累计	21747		0		36552		51516		0		109815	

注：公司信用类债券包括非金融企业债务融资工具、企业债券以及公司债、可转债等。
数据来源：中国人民银行、国家发展和改革委员会、中国证券监督委员会、中央国债登记结算有限责任公司。

2014年黄金和外汇储备

项目	2014.01	2014.02	2014.03	2014.04	2014.05	2014.06	2014.07	2014.08	2014.09	2014.10	2014.11	2014.12
黄金储备（万盎司）	3389	3389	3389	3389	3389	3389	3389	3389	3389	3389	3389	3389
国家外汇储备（亿美元）	38666.41	39137.39	39480.97	39787.95	39838.90	39932.13	39662.67	39688.25	38877.00	38529.18	38473.54	38430.18

2014年汇率

项目	2014.01	2014.02	2014.03	2014.04	2014.05	2014.06	2014.07	2014.08	2014.09	2014.10	2014.11	2014.12
一特别提款权单位折合人民币元（期末数）	9.3663	9.4723	9.5089	9.5430	9.5039	9.5116	9.4444	9.3604	9.1216	9.0860	8.9824	8.8653
一美元折合人民币（期末数）	6.1050	6.1214	6.1521	6.1580	6.1695	6.1528	6.1675	6.1647	6.1525	6.1461	6.1345	6.1190
一美元折合人民币（平均数）	6.1043	6.1128	6.1358	6.1553	6.1636	6.1636	6.1569	6.1606	6.1528	6.1441	6.1432	6.1238

2014 年货币当局资产负债表

单位:亿元人民币

项目	2014.01	2014.02	2014.03	2014.04	2014.05	2014.06	2014.07	2014.08	2014.09	2014.10	2014.11	2014.12
国外资产	277186.01	278403.07	280177.69	281038.76	281053.35	280169.49	280180.25	280184.03	280121.20	280021.78	279937.04	278622.85
外汇	269215.34	270407.88	272149.14	272995.03	272998.64	272131.01	272128.62	272151.84	272017.91	272038.10	271970.42	270681.33
货币黄金	669.84	669.84	669.84	669.84	669.84	669.84	669.84	669.84	669.84	669.84	669.84	669.84
其他国外资产	7300.83	7325.35	7358.72	7373.89	7384.86	7368.65	7381.79	7362.35	7433.45	7313.83	7296.78	7271.68
对政府债权	15312.73	15312.73	15312.73	15312.73	15312.73	15312.73	15312.73	15312.73	15312.73	15312.73	15312.73	15312.73
其中:中央政府	15312.73	15312.73	15312.73	15312.73	15312.73	15312.73	15312.73	15312.73	15312.73	15312.73	15312.73	15312.73
对其他存款性公司债权	21281.18	13136.94	12384.02	12973.33	13901.51	14556.64	14933.83	15455.89	21015.29	24116.15	25022.62	24985.27
对其他金融性公司债权	8838.07	8838.03	8818.02	8809.15	8809.15	8809.15	8789.78	8787.71	8731.65	8731.65	8731.65	7848.81
对非金融性部门债权	24.99	24.99	24.99	24.99	24.99	24.99	25.31	25.32	25.30	25.30	25.29	11.62
其他资产	8538.53	9303.99	9929.75	9921.30	9921.50	10825.59	10849.65	10868.54	11055.44	11077.36	11191.29	11467.50
总资产	331181.51	325019.77	326647.21	328080.26	329023.22	329698.60	330091.56	330634.21	336261.61	339284.97	340220.62	338248.79
储备货币	287732.11	273997.48	274741.06	272963.09	273929.23	279898.66	276652.23	277957.39	285299.18	279382.16	280045.59	294093.02
货币发行	85752.96	69299.97	64815.75	64522.39	63694.15	63260.47	63096.17	63886.74	65544.74	63776.83	64500.85	67151.28
其他存款性公司存款	201979.15	204697.51	209925.30	208440.70	210235.09	216638.19	213556.06	214070.65	219754.43	215605.33	215544.73	226941.74
不计入储备货币的金融性公司存款	1273.47	1323.50	1365.61	1398.19	1445.93	1516.55	1586.07	1634.52	1661.73	1622.01	1610.90	1558.35
发行债券	7762.00	7762.00	7762.00	7762.00	7362.00	7132.00	6932.00	6922.00	6922.00	6522.00	6522.00	6522.00
国外负债	1975.68	1696.70	1998.79	1462.04	1330.31	1477.31	1348.45	1398.31	1964.00	1629.25	1481.90	1833.83
政府存款	28424.89	32401.35	28962.81	34977.18	36029.39	33282.98	38940.21	39135.42	36787.46	44548.90	45422.42	31275.33
自有资金	219.75	219.75	219.75	219.75	219.75	219.75	219.75	219.75	219.75	219.75	219.75	219.75
其他负债	3793.62	7618.99	11597.18	9298.02	8706.61	6171.34	4412.85	3366.82	3407.50	5360.91	4918.07	2746.51
总负债	331181.51	325019.77	326647.21	328080.26	329023.22	329698.60	330091.56	330634.21	336261.61	339284.97	340220.62	338248.79

2014 年货币供应量

单位:亿元人民币

项目	2014.01	2014.02	2014.03	2014.04	2014.05	2014.06	2014.07	2014.08	2014.09	2014.10	2014.11	2014.12
货币和准货币(M2)	1123521.21	1131760.83	1160687.38	1168812.67	1182293.96	1209587.20	1194249.24	1197499.08	1202051.41	1199236.31	1208605.95	1228374.81
货币(M1)	314900.55	316625.11	327683.74	324482.52	327839.56	341487.45	331347.32	332023.23	327220.21	329617.73	335114.13	348056.41
流通中货币(M0)	76488.60	62320.95	58329.30	58615.54	58051.11	56951.05	57346.50	57997.61	58844.99	57691.64	58438.53	60259.53

注:1. 自 2011 年 10 月起,货币供应量已包括住房公积金中心存款和非存款类金融机构在存款类金融机构的存款。
2. 10 月份 M2 同比增速根据可比口径计算。

2014 年金融机构本外币信贷收支表

单位:亿元人民币

项目	2014.01	2014.02	2014.03	2014.04	2014.05	2014.06	2014.07	2014.08	2014.09	2014.10	2014.11	2014.12
来源方项目												
一、各项存款	1063919.26	1084540.42	1122235.10	1117060.13	1133091.22	1172599.97	1153784.07	1155798.37	1163810.07	1161349.06	1167737.89	1173734.59
1. 单位存款	515123.83	529630.84	554707.16	557884.58	568176.72	589249.50	577565.16	580125.10	580060.48	577084.01	581370.34	591069.28
其中:活期存款	194871.70	205499.74	215855.45	213636.56	216333.48	226046.53	219351.03	218782.09	214699.17	218327.54	221247.55	231608.42
定期存款	159163.03	161744.83	165503.95	167135.00	169662.00	173241.25	173005.57	174802.16	176942.19	174884.62	174389.34	175652.00
通知存款	19249.76	15035.96	16867.44	18244.23	17727.16	17309.45	16114.55	16150.88	21345.94	16962.05	17286.26	17693.94
保证金存款	63358.07	63206.55	66123.93	66445.54	68147.80	71950.98	69163.46	69688.58	69575.39	67225.73	67052.21	66559.37
2. 个人存款	488963.85	490043.84	504432.95	491912.29	493517.21	512064.63	500738.23	498535.68	509139.47	502645.00	503236.41	512790.14
储蓄存款	466223.24	468313.68	482435.82	468567.76	469895.80	487810.09	475831.47	475161.41	485168.55	479719.82	480103.49	489798.45
保证金存款	715.18	723.51	739.62	731.69	738.80	768.88	762.04	773.74	755.67	788.42	860.91	899.29
结构性存款	22025.43	21006.64	21257.51	22612.83	22882.60	23485.66	24144.72	22600.52	23215.25	22136.76	22272.01	22092.39
3. 财政性存款	31665.05	35887.39	31063.53	36678.65	39705.64	36674.30	43478.07	44470.51	41305.29	48142.22	48371.18	35664.88
4. 临时性存款	1567.96	1945.69	1907.19	1645.03	2147.81	2175.55	1694.19	1750.74	1590.51	1656.59	2178.82	1449.40
5. 委托存款	287.96	199.78	162.49	269.64	206.05	157.30	-47.73	378.10	361.99	194.08	257.31	448.58
6. 其他存款	26310.60	26832.88	29961.78	28669.94	29337.80	32278.68	30356.14	30538.24	31352.34	31627.17	32323.82	32312.31
二、金融债券	8081.55	8102.39	9219.52	9399.26	9031.17	9882.58	9013.63	10050.63	10402.64	10024.18	9707.76	9860.98
三、对国际金融机构负债	854.49	857.95	879.64	887.10	891.11	893.85	886.74	883.01	880.02	865.26	826.47	867.18
四、其他	-113262.15	-124519.67	-148059.70	-133570.03	-137369.53	-161939.79	-136489.28	-130216.52	-127767.32	-116303.20	-109442.73	-98761.06

项目	2014.01	2014.02	2014.03	2014.04	2014.05	2014.06	2014.07	2014.08	2014.09	2014.10	2014.11	2014.12
资金来源总计	959593.15	968981.08	984274.55	993776.47	1005643.97	1021436.61	1027195.16	1036515.50	1047325.41	1055935.30	1068829.39	1085701.70
运用方项目												
一、各项贷款	781160.72	789044.11	801160.49	809141.40	817785.23	828793.42	832601.84	839401.92	847364.24	852077.85	860483.10	867867.89
(一)境内贷款	765132.24	772797.44	784689.66	792547.50	800986.00	811769.62	815182.47	822076.56	829890.72	834639.22	842812.76	849480.20
1. 短期贷款	318363.40	321858.74	327560.79	328879.55	329920.85	335120.13	332487.55	332335.34	334588.22	334396.57	335246.89	336371.27
2. 中长期贷款	418801.71	423071.45	428496.74	433826.11	439463.53	443971.36	447911.35	452293.20	456720.43	460114.35	464781.64	471818.36
3. 融资租赁	8266.28	8381.37	8662.54	8862.01	8952.11	9271.86	9367.56	9505.42	9763.82	9896.05	9988.08	10270.75
4. 票据融资	18787.84	18460.64	18853.88	19721.97	21271.72	22068.67	23802.85	26180.68	27038.60	28205.34	30629.24	29232.99
5. 各项垫款	913.02	1025.23	1115.71	1257.86	1377.79	1337.61	1613.16	1761.91	1779.65	2026.91	2166.90	1786.83
(二)境外贷款	16028.47	16246.67	16470.82	16593.90	16799.24	17023.80	17419.37	17325.36	17473.52	17438.63	17670.34	18387.69
二、有价证券	130053.87	129457.43	129624.70	130948.46	132395.20	134419.28	136432.95	138071.63	139557.33	143395.78	144762.99	147994.10
三、股权及其他投资	46125.74	48215.65	51220.25	51407.36	53183.21	55943.44	55889.52	56787.66	58177.18	58252.40	61387.54	67653.49
四、黄金占款	669.84	669.84	669.84	669.84	669.84	669.84	669.84	669.84	669.84	669.84	669.84	669.84
五、在国际金融机构资产	1582.99	1594.05	1599.27	1609.40	1610.49	1610.63	1601.01	1584.44	1556.83	1539.43	1525.92	1516.37
资金运用总计	959593.15	968981.08	984274.55	993776.47	1005643.97	1021436.61	1027195.16	1036515.50	1047325.41	1055935.30	1068829.39	1085701.70

注:1. 本表机构包括中国人民银行、银行业存款类金融机构、信托投资公司、金融租赁公司和汽车金融公司。
2. 银行业存款类金融机构包括银行、信用社和财务公司。

2014 年金融机构人民币信贷收支表

单位:亿元人民币

项目	2014.01	2014.02	2014.03	2014.04	2014.05	2014.06	2014.07	2014.08	2014.09	2014.10	2014.11	2014.12
来源方项目												
一、各项存款	1034418.22	1054363.65	1091022.27	1084476.56	1098187.07	1136074.65	1116247.35	1117327.47	1126570.37	1124704.80	1131415.46	1138644.64
1. 单位存款	493244.48	507002.15	531167.53	533536.21	542276.08	561697.69	549171.17	551106.06	552275.35	549900.83	554786.55	565249.12
其中:活期存款	188077.28	198380.42	208602.51	206382.59	208751.78	218118.66	211379.53	210463.17	206884.56	209658.65	212997.40	223451.72
定期存款	150452.26	153034.91	156591.63	157975.76	160126.39	163234.59	162540.17	164207.33	166692.74	165360.07	164747.29	166382.92
通知存款	18804.94	14600.04	16417.01	17817.98	17272.67	16876.77	15686.58	15715.76	20816.39	16548.01	16863.64	17331.83
保证金存款	57793.53	57206.95	59682.12	59472.24	60367.67	63292.48	60181.06	60580.15	60799.75	59051.82	59171.12	58921.26
2. 个人存款	484452.39	485585.13	499889.31	487374.57	488921.74	507464.14	496134.82	493901.88	504438.03	497864.70	498409.11	507831.09
储蓄存款	462101.64	464224.19	478315.43	464481.69	465769.27	483673.49	471702.12	470973.02	480905.87	475373.16	475696.05	485261.34
保证金存款	703.00	710.63	726.49	718.47	725.81	755.62	749.15	761.40	744.59	777.12	848.13	886.33
结构性存款	21647.75	20650.30	20847.38	22174.40	22426.67	23035.03	23683.55	22167.47	22787.57	21714.43	21864.93	21683.42
3. 财政性存款	31664.77	35887.15	31063.31	36678.43	39705.29	36674.09	43477.78	44470.12	41304.92	48141.71	48370.92	35664.48
4. 临时性存款	1008.80	1371.27	1354.08	1208.04	1185.25	1542.16	1198.72	1169.81	1072.13	1065.65	1475.40	1097.83
5. 委托存款	282.95	194.03	156.00	263.03	199.69	149.61	-53.55	374.23	356.94	189.01	248.89	441.75
6. 其他存款	23764.84	24323.92	27392.04	25416.29	25899.02	28546.95	26318.42	26305.36	27122.99	27542.91	28124.58	28360.37
二、金融债券	8192.55	8244.14	9348.89	9482.11	9157.21	10049.38	9319.91	10221.94	10570.46	10108.32	9689.67	9843.20
三、流通中货币	76488.60	62320.95	58329.30	58615.54	58051.11	56951.05	57346.50	57997.61	58844.99	57691.64	58438.53	60259.53
四、对国际金融机构负债	854.49	857.95	879.64	887.10	891.11	893.85	886.74	883.01	880.02	865.26	826.47	867.18
五、其他	76826.76	80293.15	62000.44	78556.35	78001.33	55099.75	80857.46	87105.50	88372.08	102193.40	107761.79	113838.48
资金来源总计	1196780.62	1206079.84	1221580.54	1232017.65	1244287.84	1259068.68	1264657.96	1273535.53	1285237.92	1295563.41	1308131.93	1323453.03
运用方项目												
一、各项贷款	732144.36	738592.59	749089.78	756835.15	765543.54	776336.66	780188.63	787214.13	795786.02	801269.48	809796.94	816770.01
(一)境内贷款	730257.92	736699.45	747206.80	754959.87	763670.68	774424.30	778259.41	785278.90	793849.52	799325.03	807845.97	814780.33
1. 短期贷款	295640.52	298051.43	302593.28	304073.52	305533.36	310623.84	308526.94	308676.24	311673.64	312242.79	313432.87	314795.71
2. 中长期贷款	407001.23	411142.82	416371.37	421500.02	427000.27	431645.98	435530.98	439829.08	444288.76	447715.57	452424.49	459482.07
3. 融资租赁	8018.45	8127.49	8383.83	8547.81	8643.27	8926.82	9003.16	9077.99	9309.19	9389.11	9451.61	9698.82
4. 票据融资	18767.52	18443.54	18836.07	19693.68	21239.15	22027.66	23753.50	26120.27	26977.80	28148.65	30572.46	29169.41
5. 各项垫款	830.21	934.17	1022.27	1144.83	1254.61	1199.99	1444.83	1575.32	1600.12	1828.92	1964.55	1634.32
(二)境外贷款	1886.44	1893.14	1882.98	1875.28	1872.87	1912.36	1929.22	1935.23	1936.51	1944.45	1950.98	1989.68
二、有价证券	127220.80	126719.83	126833.67	128161.25	129609.14	131722.75	133556.60	135150.19	136716.12	140650.45	141778.03	144954.22
三、股权及其他投资	44485.13	46543.58	49536.05	49720.88	51458.63	54215.39	53750.13	54336.62	55917.40	56181.77	59087.08	65452.13
四、黄金占款	669.84	669.84	669.84	669.84	669.84	669.84	669.84	669.84	669.84	669.84	669.84	669.84
五、外汇占款	290677.49	291959.95	293851.92	295021.13	295396.21	294513.41	294891.76	294580.30	294591.70	295252.45	295274.11	294090.46
六、在国际金融机构资产	1582.99	1594.05	1599.27	1609.40	1610.49	1610.63	1601.01	1584.44	1556.83	1539.43	1525.92	1516.37
资金运用总计	1196780.62	1206079.84	1221580.54	1232017.65	1244287.84	1259068.68	1264657.96	1273535.53	1285237.92	1295563.41	1308131.93	1323453.03

注:注:1. 本表机构包括中国人民银行、银行业存款类金融机构、信托投资公司、金融租赁公司和汽车金融公司。
2. 银行业存款类金融机构包括银行、信用社和财务公司。

2014 年金融机构外汇信贷收支表

单位:亿美元

项目	2014.01	2014.02	2014.03	2014.04	2014.05	2014.06	2014.07	2014.08	2014.09	2014.10	2014.11	2014.12
来源方项目												
一、各项存款	4832.27	4929.72	5073.53	5291.26	5657.53	5936.37	6086.21	6240.52	6052.78	5962.20	5921.01	5734.59
1. 单位存款	3583.84	3696.65	3826.28	3953.94	4198.18	4477.93	4603.81	4707.29	4516.07	4422.83	4333.49	4219.67
其中:活期存款	1112.93	1163.02	1178.94	1177.97	1228.90	1288.50	1292.50	1349.44	1270.15	1410.47	1344.88	1333.01
定期存款	1426.83	1422.86	1448.66	1487.37	1545.60	1626.36	1696.86	1718.63	1665.90	1549.69	1571.77	1514.80
通知存款	72.86	71.21	73.22	69.22	73.67	70.32	69.39	70.58	86.07	67.37	68.89	59.18
保证金存款	911.47	980.10	1047.09	1132.40	1261.06	1407.25	1456.41	1477.51	1426.35	1329.94	1284.72	1248.26
2. 个人存款	738.98	728.38	738.55	736.88	744.87	747.71	746.40	751.67	764.15	777.78	786.91	810.43
储蓄存款	675.12	668.06	669.75	663.54	668.86	672.31	669.53	679.42	692.84	707.22	718.47	741.48
保证金存款	1.99	2.10	2.14	2.15	2.11	2.16	2.09	2.00	1.80	1.84	2.08	2.12
结构性存款	61.86	58.21	66.66	71.20	73.90	73.24	74.77	70.25	69.51	68.71	66.36	66.84
3. 其他存款	509.45	504.68	508.70	600.44	714.49	710.74	736.00	781.56	772.55	761.59	800.61	704.49
二、同业往来(来源方)	1243.87	1293.90	1433.68	1471.16	1471.69	1366.85	1354.71	1299.16	1223.59	1233.47	1190.83	1163.23
三、外汇买卖	3350.08	3353.43	3347.04	3397.25	3454.38	3425.30	3458.04	3458.19	3486.85	3597.27	3627.75	3670.49
四、其他	922.16	1001.79	1017.06	837.07	602.10	739.47	654.84	727.95	636.08	525.49	694.00	880.72
资金来源总计	10348.39	10578.84	10871.30	10996.73	11185.70	11467.99	11553.81	11725.81	11399.30	11318.42	11433.59	11449.02
运用方项目												
一、各项贷款	8028.89	8241.83	8463.89	8494.03	8467.74	8525.67	8498.29	8465.59	8383.29	8266.77	8262.48	8350.69
(一)境内贷款	5712.42	5897.01	6092.69	6103.87	6048.35	6069.65	5986.71	5969.09	5857.98	5745.79	5700.02	5670.84
1. 短期贷款	3722.01	3889.19	4058.37	4028.26	3952.91	3981.32	3884.98	3837.84	3724.43	3604.53	3555.96	3525.99
2. 中长期贷款	1932.92	1948.68	1970.93	2001.64	2020.14	2003.21	2007.36	2021.85	2020.59	2017.34	2014.37	2016.06
3. 融资租赁	40.59	41.47	45.30	51.02	50.06	56.08	59.08	69.34	73.89	82.48	87.45	93.47
4. 票据融资	3.33	2.79	2.90	4.59	5.28	6.67	8.00	9.80	9.88	9.22	9.26	10.39
5. 各项垫款	13.56	14.88	15.19	18.36	19.96	22.37	27.29	30.27	29.18	32.21	32.99	24.92
(二)境外贷款	2316.47	2344.81	2371.20	2390.16	2419.38	2456.03	2511.58	2496.49	2525.32	2520.98	2562.45	2679.85
二、有价证券	464.06	447.22	453.67	452.62	451.59	438.26	466.37	473.90	461.80	446.68	486.59	496.79
三、股权及其他投资	268.73	273.15	273.76	273.87	279.53	280.86	346.88	397.59	367.30	336.90	375.00	359.76
四、同业往来(运用方)	1586.71	1616.64	1679.98	1776.21	1986.85	2223.20	2242.26	2388.74	2186.92	2268.07	2309.53	2241.78
资金运用总计	10348.39	10578.84	10871.30	10996.73	11185.70	11467.99	11553.81	11725.81	11399.30	11318.42	11433.59	11449.02

注:注:1. 本表机构包括中国人民银行、银行业存款类金融机构、信托投资公司、金融租赁公司和汽车金融公司。
2. 银行业存款类金融机构包括银行、信用社和财务公司。

2014 年境外机构和个人持有境内人民币金融资产情况

单位:亿元人民币

项目	2014.01	2014.02	2014.03	2014.04	2014.05	2014.06	2014.07	2014.08	2014.09	2014.10	2014.11	2014.12
股票	3329.99	3267.90	3192.87	3338.08	3446.93	3641.98	4278.60	4429.54	4624.84	4712.87	5045.10	5555.41
债券	4200.58	4679.13	5123.49	5305.44	5397.35	5593.11	5693.58	5944.59	6341.42	6376.96	6508.16	6715.80
贷款	6455.54	7375.54	7468.43	7780.11	8216.29	8938.23	8856.36	8668.63	8604.74	8471.92	8238.49	8190.46
存款	17456.60	18279.64	19839.82	20094.27	19669.86	20451.30	21027.68	21727.17	22371.53	23314.79	23501.73	23721.80

2014 年其他存款性公司资产负债表

单位:亿元人民币

项目	2014.01	2014.02	2014.03	2014.04	2014.05	2014.06	2014.07	2014.08	2014.09	2014.10	2014.11	2014.12
国外资产	28191.57	28761.45	29878.58	31071.53	33007.33	35152.00	35379.06	36228.10	35940.34	37048.75	36419.85	36688.97
储备资产	210650.25	211187.94	216345.26	213954.83	215575.43	223025.06	219050.19	219682.36	226343.41	221546.01	221222.22	233488.70
准备金存款	201385.90	204208.94	209858.83	208048.00	209932.41	216715.67	213300.55	213793.25	219643.68	215460.84	215159.92	226596.97
库存现金	9264.34	6978.99	6486.43	5906.83	5643.02	6309.39	5749.64	5889.11	6699.73	6085.17	6062.30	6891.73
对政府债权	62356.56	62322.14	62057.03	62978.18	63879.25	64635.87	66536.50	67215.34	68561.84	69606.12	70396.46	71009.60
其中:中央政府	62356.56	62322.14	62057.03	62978.18	63879.25	64635.87	66536.50	67215.34	68561.84	69606.12	70396.46	71009.60
对中央银行债权	7786.90	11371.75	15966.26	13543.57	12638.30	10314.40	8577.76	7483.81	7579.16	7367.58	6905.29	6563.98
对其他存款性公司债权	258181.45	269310.13	279594.95	282918.64	288499.10	293407.49	285516.58	284311.07	278523.25	278290.04	278046.45	280389.25
对其他金融机构债权	72509.11	76233.31	84026.66	89381.65	92762.62	103161.64	94852.09	98362.56	98660.85	99705.41	103440.83	111553.50

项目	2014.01	2014.02	2014.03	2014.04	2014.05	2014.06	2014.07	2014.08	2014.09	2014.10	2014.11	2014.12
对非金融机构债权	608952.91	615472.45	625036.79	629145.02	634573.91	642770.47	644068.94	648771.37	655324.05	659118.70	666358.58	673285.68
对其他居民部门债权	201651.24	202171.31	206015.88	208791.67	211895.89	215432.30	217458.85	220141.70	223057.43	224625.92	227040.33	229215.56
其他资产	84178.99	86839.22	84969.77	85933.68	88621.78	85777.96	88400.13	91858.93	88931.21	83782.53	86998.63	79834.63
总资产	1534458.97	1563669.69	1603891.18	1617718.76	1641453.60	1673677.19	1659840.10	1674055.23	1682921.55	1681091.06	1696828.65	1722029.88
对非金融机构及住户负债	1001741.79	1017173.36	1056770.74	1046740.07	1058533.09	1097645.59	1073907.73	1074746.39	1086315.72	1076704.80	1082932.66	1102202.55
纳入广义货币的存款	967510.41	982369.00	1020532.64	1010269.41	1020322.35	1058205.54	1033683.54	1033522.50	1044834.16	1035475.09	1041244.86	1060730.71
单位活期存款	238411.96	254304.16	269354.44	265866.98	269788.46	284536.39	274000.81	274025.62	268375.22	271926.09	276675.60	287796.88
单位定期存款	244131.54	242008.51	250779.04	256490.25	261047.92	265644.22	262742.88	264733.83	272197.01	264804.73	265229.24	264055.71
个人存款	484966.91	486056.34	500399.16	487912.18	489485.97	508024.93	496939.84	494763.05	504261.93	498744.26	499340.03	508878.12
不纳入广义货币的存款	26952.49	27665.05	28640.34	29327.18	31463.24	32791.61	33496.93	34235.85	33008.22	32557.72	32121.16	31135.85
可转让存款	6794.41	7119.33	7252.95	7253.97	7581.70	7927.87	7971.50	8318.92	7814.61	8668.89	8250.16	8156.70
其他存款	20158.08	20545.73	21387.40	22073.21	23881.54	24863.74	25525.44	25916.94	25193.61	23888.84	23871.01	22979.15
其他负债	7278.90	7139.30	7597.75	7143.48	6747.50	6648.44	6727.26	6988.04	8473.34	8671.99	9566.63	10335.99
对中央银行负债	19788.47	12431.44	11690.80	11959.21	12434.90	15284.61	15648.99	16243.45	21889.63	25030.26	24895.01	26616.72
对其他存款性公司负债	106444.06	111400.99	112139.80	113626.42	115870.73	114185.57	111686.80	112465.13	107682.25	107762.52	108216.38	111117.85
对其他金融性公司负债	85889.44	92199.78	86323.25	106277.25	109891.89	98502.35	108346.01	110634.87	103207.21	111096.98	113801.45	112400.75
其中:计入广义货币的存款	79522.21	87070.88	81825.44	99927.72	103920.51	94430.60	103219.20	105978.97	98372.26	106069.59	108922.55	107384.57
国外负债	20295.37	21878.17	24025.02	25071.87	25242.42	24835.02	25535.25	26340.21	25231.88	26035.64	25379.96	25087.62
债券发行	103844.44	105600.92	108253.93	109546.05	111357.49	113378.40	114313.98	117118.68	118474.43	120446.46	122016.60	123119.42
实收资本	32589.65	32667.93	32887.59	33018.35	33151.10	33446.25	33597.49	33682.67	33901.26	34412.38	35241.07	36410.44
其他负债	163865.75	170317.11	171800.05	171479.55	174971.98	176399.40	176803.85	182823.84	186219.16	179602.02	184345.52	185074.51
总负债	1534458.97	1563669.69	1603891.18	1617718.76	1641453.60	1673677.19	1659840.10	1674055.23	1682921.55	1681091.06	1696828.65	1722029.88

2014 年全国股票市场交易统计表

	股票筹资额（亿元）	成交量（百万股）	成交金额（亿元）	期末总股本（亿股）	期末市价总值（亿元）	期末上市公司数（家）	期末收盘指数	
							上证综合指数	深证成份指数
2014.01	667	333845	35787	34086	237826	2532	2033	7573
2014.02	221	408826	43897	34118	241683	2537	2056	7366
2014.03	456	435355	42219	34223	236625	2537	2033	7190
2014.04	619	369468	34869	34707	236276	2537	2026	7313
2014.05	383	288832	27517	35117	239724	2537	2039	7365
2014.06	219	324899	32305	35483	244130	2540	2048	7343
2014.07	372	568830	53316	35739	261989	2549	2202	7957
2014.08	268	631781	60806	35859	268702	2558	2217	7842
2014.09	622	771385	76525	36239	293548	2569	2364	8080
2014.10	727	655001	65105	36392	300487	2584	2420	8226
2014.11	406	898691	88902	36488	327827	2592	2683	9002
2014.12	2100	1651396	181138	36795	372547	2613	3235	11015
2014 年累计	4960	5686914	561247					

数据来源:中国证券监督管理委员会。

2014 年全国银行间同业拆借交易统计表

单位:亿元人民币

	1 天		7 天		14 天		21 天	
	交易量	加权平均利率(%)	交易量	加权平均利率(%)	交易量	加权平均利率(%)	交易量	加权平均利率(%)
2014.01	16783	3.36	3864	4.84	1333	5.44	221	6.38
2014.02	12863	2.49	3036	4.40	675	4.50	51	4.97
2014.03	26694	2.30	3079	3.47	662	3.42	58	3.57
2014.04	24816	2.47	4190	3.62	677	3.76	21	4.33
2014.05	34823	2.44	3316	3.31	561	3.44	106	3.47
2014.06	31107	2.72	4171	3.45	486	4.21	63	4.51
2014.07	26053	3.23	5104	3.98	1078	4.51	59	4.30
2014.08	19470	2.97	6185	3.61	1446	3.75	21	4.26
2014.09	27646	2.81	6762	3.41	1660	3.39	111	4.24
2014.10	30502	2.52	6456	3.18	1337	3.39	87	3.66

2014.11	24463	2.59	7456	3.33	801	3.68	43	4.69
2014.12	19761	2.97	7440	4.46	1052	4.93	57	5.64
2014 年累计	294983		61061		11767		899	

	1 个月		2 个月		3 个月		4 个月	
	交易量	加权平均利率(%)	交易量	加权平均利率(%)	交易量	加权平均利率(%)	交易量	加权平均利率(%)
2014.01	462	6.07	170	6.72	103	6.14	5	6.95
2014.02	220	5.15	114	5.27	194	5.84	10	5.70
2014.03	394	4.04	102	4.26	198	5.35	9	5.42
2014.04	675	3.90	143	4.10	199	5.20	5	4.75
2014.05	464	3.77	52	4.41	95	4.74	1	4.55
2014.06	307	4.53	26	4.47	89	4.98	2	5.06
2014.07	414	4.38	142	4.05	107	4.89	0	0.00
2014.08	247	3.90	81	3.68	118	4.75	3	4.60
2014.09	246	4.15	112	3.77	138	4.90	11	4.79
2014.10	470	3.89	81	3.64	117	4.69	0	4.35
2014.11	451	4.01	64	4.11	159	4.79	11	4.60
2014.12	314	5.80	150	5.15	153	5.13	3	5.58
2014 年累计	4665		1237		1670		60	

	6 个月		9 个月		1 年		交易量合计	加权平均利率(%)
	交易量	加权平均利率(%)	交易量	加权平均利率(%)	交易量	加权平均利率(%)		
2014.01	6	5.47	0	0.00	2	6.24	22949	3.86
2014.02	11	6.32	0	0.00	21	6.66	17195	3.01
2014.03	7	5.52	8	5.64	6	6.20	31217	2.49
2014.04	4	5.08	0	0.00	12	5.87	30742	2.72
2014.05	10	5.11	8	5.17	12	5.46	39446	2.56
2014.06	1	5.06	5	5.00	13	4.20	36270	2.85
2014.07	3	4.83	0	0.00	26	5.13	32987	3.41
2014.08	3	4.63	0	0.00	1	5.70	27576	3.17
2014.09	9	4.87	0	0.00	3	4.84	36700	2.97
2014.10	4	4.50	0	0.00	25	4.75	39080	2.69
2014.11	21	4.56	1	4.95	29	4.24	33498	2.82
2014.12	20	5.08	1	5.50	15	4.79	28966	3.49
2014 年累计	100		22		163		376626	

数据来源:中国外汇交易中心。

2014 年全国银行间质押式回购交易统计表

单位:亿元

	1 天		7 天		14 天		21 天	
	交易量	加权平均利率(%)	交易量	加权平均利率(%)	交易量	加权平均利率(%)	交易量	加权平均利率(%)
2014.01	83561	3.41	17244	4.71	7561	5.97	2350	6.43
2014.02	76900	2.59	11263	4.30	4088	4.55	912	5.20
2014.03	130716	2.25	17239	3.39	4997	3.44	1400	3.85
2014.04	134817	2.46	19795	3.58	5092	3.94	1019	4.12
2014.05	150891	2.41	16070	3.23	4684	3.39	1154	3.55
2014.06	152398	2.70	24116	3.40	5814	4.12	1280	4.44
2014.07	152221	3.23	32401	3.83	8854	4.49	983	4.61
2014.08	144248	2.95	30644	3.48	10686	3.82	659	4.40
2014.09	161429	2.78	25842	3.27	13605	3.49	1444	4.30
2014.10	167028	2.51	29220	3.08	5983	3.53	602	3.80
2014.11	155200	2.57	36855	3.24	9593	3.79	1354	4.81
2014.12	159670.89	3.02	39723.81	4.31	15102.97	5.18	2894.93	5.72
2014 年累计	1669081		300413		96061		16051	

	1 个月		2 个月		3 个月		4 个月	
	交易量	加权平均利率(%)	交易量	加权平均利率(%)	交易量	加权平均利率(%)	交易量	加权平均利率(%)
2014.01	2948	6.93	796	6.86	956	6.76	46	6.17
2014.02	666	5.03	1442	5.21	1139	5.14	62	5.34

2014.03	1730	4.36	461	4.68	701	4.84	214	5.00
2014.04	1324	4.27	348	4.37	983	4.64	27	5.10
2014.05	1389	3.83	1365	4.27	1359	4.50	144	4.65
2014.06	2390	4.48	294	5.03	649	4.59	122	4.74
2014.07	2118	4.59	286	4.63	461	4.57	138	4.63
2014.08	1353	4.27	242	4.56	935	4.47	20	4.64
2014.09	3612	4.18	462	4.82	532	4.44	197	4.55
2014.10	1153	3.97	120	4.18	718	4.26	15	4.47
2014.11	1372	4.29	404	4.40	600	4.22	120	4.47
2014.12	2843.22	5.93	501.53	6.13	823.31	5.22	110.01	5.43
2014 年累计	22896		6722		9854		1214	
	6个月		9个月		1年		交易量合计	加权平均利率(%)
	交易量	加权平均利率(%)	交易量	加权平均利率(%)	交易量	加权平均利率(%)		
2014.01	83	6.63	11	6.70	25	6.32	115581	3.98
2014.02	147	6.00	0	6.04	10	6.46	96628	2.99
2014.03	81	5.51	0	5.60	35	4.68	157575	2.48
2014.04	51	5.23	28	5.47	18	5.56	163502	2.69
2014.05	65	4.83	1	5.60	84	4.48	177204	2.56
2014.06	68	4.79	5	4.90	54	4.91	187190	2.89
2014.07	134	4.68	40	4.85	2	4.82	197639	3.41
2014.08	135	4.61	8	4.86	35	4.97	188966	3.11
2014.09	215	4.69	5	4.85	23	4.88	207365	2.93
2014.10	172	4.60	10	4.72	14	4.68	205034	2.64
2014.11	105	4.50	2	4.61	---	---	205604	2.79
2014.12	208.03	5.16	12.86	5.18	11.56	5.32	221903.13	3.49
2014 年累计	1464		123		311		2124191	

数据来源：中国外汇交易中心。

2014 年中债国债收益率统计表

单位：%

	1天	1年	3年	5年	7年	10年	30年
2014.01	3.1557	3.6094	4.0398	4.2185	4.4353	4.5019	5.0692
2014.02	0.7565	3.2775	3.7407	4.0923	4.2495	4.4276	5.0027
2014.03	1.8467	3.0901	3.8261	4.1595	4.3301	4.5004	5.0618
2014.04	1.6767	3.5774	3.9541	4.0353	4.2408	4.3002	4.8654
2014.05	1.6467	3.3589	3.8622	3.9339	4.0072	4.0714	4.5728
2014.06	2.0397	3.3814	3.7822	3.8440	3.9856	4.0612	4.5811
2014.07	2.5507	3.7380	3.9286	4.0014	4.1778	4.2655	4.7656
2014.08	2.4347	3.8103	3.9555	3.9709	4.1542	4.2361	4.7610
2014.09	2.1392	3.7401	3.8121	3.9098	3.9398	3.9824	4.6133
2014.10	2.1287	3.3555	3.4376	3.5571	3.7309	3.7559	4.2552
2014.11	2.1777	3.0347	3.2913	3.4042	3.4521	3.5249	4.0228
2014.12	2.7937	3.2586	3.3631	3.5126	3.6055	3.6219	4.1204

注：本表数据为当月最后一个交易日数据。

数据来源：中央国债登记结算有限责任公司。

2014 年中资全国性大型银行人民币信贷收支表

单位：亿元

项目	2014.01	2014.02	2014.03	2014.04	2014.05	2014.06	2014.07	2014.08	2014.09	2014.10	2014.11	2014.12
来源方项目												
一、各项存款	554244.11	561271.31	587918.15	571002.31	575661.46	601464.29	583629.05	582448.70	591186.92	582433.03	584408.63	591557.13
1. 单位存款	238654.10	247859.94	262141.10	258345.20	262221.76	274085.33	265630.54	265877.75	267226.46	264711.18	266714.04	267845.65
其中：活期存款	98722.80	104843.86	111537.41	108246.68	109293.82	114890.07	111097.79	110717.18	109298.52	110222.37	112116.86	113595.33
定期存款	74594.60	76524.19	78201.75	78729.32	80062.48	81315.36	80483.00	81314.04	83102.62	82386.67	81483.44	82252.87
通知存款	8033.73	5690.98	7124.58	7503.40	7133.76	7408.84	6409.02	6594.39	9348.64	6969.17	6935.68	7146.18

项目	2014.01	2014.02	2014.03	2014.04	2014.05	2014.06	2014.07	2014.08	2014.09	2014.10	2014.11	2014.12
保证金存款	15753.55	15921.56	17026.09	16561.78	16749.77	17658.61	16458.64	16238.77	15985.12	15347.20	15082.13	14851.66
2.个人存款	304294.81	301783.82	311610.81	300724.66	301341.94	312622.97	305150.90	303529.70	310518.82	304693.76	304860.81	310251.38
储蓄存款	291070.92	290080.61	300056.28	288259.72	288552.86	299324.72	291115.99	290915.04	297674.16	292840.84	292988.59	298203.54
保证金存款	73.44	90.00	95.69	92.56	89.92	98.40	97.75	91.78	82.66	80.65	87.81	91.29
结构性存款	13150.44	11613.21	11458.85	12372.38	12699.16	13199.84	13937.16	12522.88	12762.00	11772.27	11784.42	11956.55
3.临时性存款	269.85	341.19	339.12	313.20	303.39	371.48	277.15	253.00	284.64	266.17	344.14	385.77
4.其他存款	11025.36	11286.36	13827.12	11619.25	11794.37	14384.51	12570.46	12788.24	13156.99	12761.92	12489.64	13074.34
二、金融债券	66002.18	66927.83	67649.94	67913.59	68876.26	69857.96	69921.67	70774.68	70566.86	70609.43	71409.44	71026.48
三、向中央银行借款	3140.15	937.51	411.92	431.33	449.50	464.50	465.48	475.96	5472.71	5469.23	4479.53	3994.23
四、同业往来(来源方)	30780.69	35961.66	30224.33	48399.03	49563.62	41744.73	48284.82	50737.72	44539.42	48018.11	49365.27	46958.62
五、其他	16375.77	13701.81	3314.26	13078.57	13089.05	2439.28	13385.62	3186.03	12131.54	17230.05	14971.60	18607.68
资金来源总计	670542.91	678800.12	689518.60	700824.83	707639.88	715970.76	715686.64	707623.08	723897.45	723759.85	724634.46	732144.13
运用方项目												
一、各项贷款	387316.10	390913.51	395587.25	400044.13	404785.29	409083.83	411936.02	415422.03	418772.03	421067.56	423978.30	426481.99
(一)境内贷款	386568.17	390177.64	394856.29	399316.66	404072.33	408377.47	411232.68	414725.00	418078.11	420371.63	423296.10	425778.79
1.短期贷款	110618.06	111396.36	113086.80	113659.36	113850.30	114826.21	113786.19	113429.55	114231.74	113834.62	113517.70	113887.31
2.中长期贷款	270504.99	273515.74	276742.47	280268.92	284042.53	286920.60	289482.28	292013.53	294405.95	296329.39	298402.75	300999.94
3.融资租赁												
4.票据融资	5170.55	4969.72	4711.11	5040.38	5800.96	6278.59	7562.19	8862.41	9032.25	9764.34	10889.79	10442.99
5.各项垫款	274.57	295.82	315.92	348.01	378.54	352.07	402.02	419.51	408.17	443.28	485.87	448.55
(二)境外贷款	747.93	735.87	730.96	727.47	712.96	706.36	703.34	697.02	693.92	695.93	682.20	703.19
二、有价证券	134715.82	135106.01	135436.92	135818.48	137244.64	138313.22	139947.18	140716.74	141157.50	143362.82	143834.16	145131.84
三、股权及其他投资	9536.61	9565.29	10933.25	10322.96	10154.76	10676.23	10648.99	10498.45	10994.14	9414.75	9283.03	11699.74
四、存放中央银行准备金存款	99816.06	102045.39	104602.66	102581.35	103789.46	105884.28	106530.43	105929.22	107893.88	107250.49	105203.86	104614.62
五、同业往来(运用方)	39158.32	41169.91	42958.53	52057.91	51665.72	52013.20	46624.02	45555.09	45079.89	42664.23	42335.10	44215.95
资金运用总计	670542.91	678800.12	689518.60	700824.83	707639.88	715970.76	715686.64	707623.08	723897.45	723759.85	724634.46	732144.13

注:本表机构指本外币资产总量大于等于2万亿元的银行(以2008年末各金融机构本外币资产总额为参考标准),包括工行、建行、农行、中行、国开行、交行和邮政储蓄银行。

2014年中资全国性四家大型银行人民币信贷收支表

单位:亿元

项目	2014.01	2014.02	2014.03	2014.04	2014.05	2014.06	2014.07	2014.08	2014.09	2014.10	2014.11	2014.12
来源方项目												
一、各项存款	458460.25	464544.02	486633.92	470394.27	473176.44	494842.01	479651.10	478582.45	486502.07	478797.91	479516.69	485062.07
1.单位存款	204352.37	212831.73	224779.80	219977.87	222401.63	232444.92	225660.06	226133.51	227629.10	225695.87	226982.70	227733.06
其中:活期存款	83967.32	89336.97	94831.79	90739.43	90953.94	95974.52	92768.66	92164.09	91378.97	92004.13	93312.50	94535.52
定期存款	66213.89	68053.70	69622.10	69845.81	70952.66	72085.77	71239.51	72261.53	73892.21	73360.67	72469.56	73166.11
通知存款	7071.76	4935.03	6133.13	6528.75	6302.31	6525.44	5682.17	5878.94	8235.57	6129.03	6136.05	6273.47
保证金存款	11351.19	11621.31	12763.31	12359.42	12556.33	13358.65	12333.42	12145.12	11852.94	11427.88	11275.98	11060.24
2.个人存款	246016.39	243227.73	251640.54	241850.45	242241.52	251481.44	244886.30	243331.97	249324.93	243771.65	243458.08	248005.84
储蓄存款	234722.23	232942.23	242334.07	231398.42	231532.69	241073.13	233320.94	233060.08	239073.57	234199.17	233925.39	238552.51
保证金存款	70.19	86.17	92.04	89.13	86.78	95.38	94.55	88.73	79.90	77.35	84.49	88.23
结构性存款	11223.97	10199.33	9214.42	10362.89	10622.04	10312.94	11470.80	10183.16	10171.46	9495.12	9448.20	9365.10
3.临时性存款	234.55	307.70	305.92	281.74	274.19	328.54	244.92	224.25	256.82	236.52	304.82	362.17
4.其他存款	7856.93	8176.85	9907.67	8284.21	8259.10	10587.11	8859.82	8892.72	9291.21	9093.87	8771.10	8961.01
二、金融债券	6823.36	6704.56	6705.82	6731.97	6484.18	6480.04	6157.37	6755.70	6763.59	6764.80	7067.22	6810.28
三、向中央银行借款	2010.99	107.66	84.94	105.88	122.75	135.68	133.43	142.96	4134.14	4133.36	3136.90	2847.48
四、同业往来(来源方)	24027.24	28256.63	23712.30	30753.59	31709.03	25147.32	30488.07	32126.90	27304.13	30345.45	31531.77	28432.47
五、其他	20581.29	18467.20	10071.89	19977.10	21258.84	14736.60	22067.60	24329.71	21637.73	25640.74	27135.22	30024.04
资金来源总计	511903.12	518080.06	527208.88	527962.81	532751.24	541341.65	538497.56	541937.72	546341.66	545682.26	548387.80	553176.34
运用方项目												
一、各项贷款	290692.42	293499.97	297041.01	299720.00	302447.90	305345.87	307449.78	309920.30	312352.47	313917.03	315992.32	318188.91
(一)境内贷款	290245.32	293054.50	296597.04	299279.16	302008.10	304905.37	307013.04	309485.89	311919.82	313486.47	315564.79	317754.39
1.短期贷款	91929.52	92809.59	94285.39	94652.40	94690.54	95518.07	94568.48	94199.29	94743.78	94305.94	93904.06	94436.82
2.中长期贷款	193921.76	196053.11	198305.72	200481.78	202695.07	204485.01	206409.94	208215.47	209956.49	211205.50	212797.72	214347.24
3.融资租赁												
4.票据融资	4181.42	3962.85	3763.03	3882.73	4343.50	4652.01	5743.33	6770.67	6934.18	7669.15	8527.10	8666.96

项目	2014.01	2014.02	2014.03	2014.04	2014.05	2014.06	2014.07	2014.08	2014.09	2014.10	2014.11	2014.12
5.各项垫款	212.62	228.95	242.89	262.24	278.99	250.27	291.29	300.47	285.37	305.89	335.91	303.37
(二)境外贷款	447.10	445.47	443.98	440.84	439.80	440.50	436.74	434.41	432.64	430.56	427.53	434.52
二、有价证券	112762.84	113209.65	113565.69	114096.16	115378.32	116426.04	118123.72	119006.12	119479.86	120570.87	121000.27	121468.27
三、股权及其他投资	3632.23	3245.99	3619.50	3413.62	3560.38	3857.12	3649.33	3416.61	3479.38	3169.67	2963.90	3657.40
四、存放中央银行准备金存款	81299.57	82982.02	85939.90	83232.77	83458.52	85834.71	84004.33	84983.38	85832.94	84773.73	84941.85	84055.72
五、同业往来(运用方)	23516.06	25142.43	27042.78	27500.26	27906.13	29877.91	25270.41	24611.30	25197.01	23250.96	23489.46	25806.04
资金运用总计	511903.12	518080.06	527208.88	527962.81	532751.24	541341.65	538497.56	541937.72	546341.66	545682.26	548387.80	553176.34

注：本表机构包括工行、建行、农行、中行。

2014 年中资全国性中小型银行人民币信贷收支表

单位：亿元

项目	2014.01	2014.02	2014.03	2014.04	2014.05	2014.06	2014.07	2014.08	2014.09	2014.10	2014.11	2014.12
一、各项存款	241980.03	246188.07	256546.22	258108.24	262476.87	275477.75	265848.19	266698.12	268254.04	266163.09	267993.20	274998.26
1.单位存款	169105.68	171812.93	179169.22	182208.40	185398.72	192504.84	187127.25	188079.36	188019.37	187175.05	189208.55	193787.79
其中：活期存款	48678.41	51272.19	53736.00	53622.39	54378.43	57551.46	54572.35	54147.80	52663.95	53614.59	54134.61	59578.10
定期存款	52364.28	52587.11	53805.83	54382.47	54588.30	56064.75	55983.55	56480.20	56687.30	56286.69	56629.27	57057.82
通知存款	7245.66	5794.01	6166.09	6540.77	6385.19	6396.00	5727.73	5593.51	7402.27	5774.72	6125.50	6426.58
保证金存款	32839.99	32215.12	33263.82	33305.72	33835.17	35581.25	33819.40	34208.94	34649.74	33623.97	33903.56	33872.37
2.个人存款	58529.66	59450.52	62422.27	60882.56	61414.13	66505.64	62476.52	61651.26	63511.35	62593.43	62092.88	63773.44
储蓄存款	51221.36	51720.27	54350.48	52498.79	53115.59	58148.33	54278.62	53527.98	55049.37	54149.84	53434.80	55444.07
保证金存款	580.26	572.38	579.89	577.41	586.91	607.33	602.21	617.37	610.07	644.10	706.91	741.51
结构性存款	6728.04	7157.88	7491.90	7806.36	7711.64	7749.98	7595.69	7505.91	7851.91	7799.49	7951.17	7587.87
3.临时性存款	451.18	613.87	625.32	538.48	572.05	777.77	605.27	608.11	472.70	514.34	712.91	455.32
4.其他存款	13893.51	14310.75	14329.41	14478.81	15091.97	15689.51	15639.16	16359.39	16250.61	15880.27	15978.86	16981.70
二、金融债券	36915.80	37656.13	39561.07	40437.56	40909.67	41518.56	42051.22	43225.63	44057.80	44525.78	44355.00	45066.95
三、向中央银行借款	4166.75	4129.11	4031.81	3614.61	3634.11	3445.20	3504.25	3557.11	3586.52	6289.57	6465.03	7114.05
四、同业往来(来源方)	81586.19	85859.40	80890.18	87618.65	90742.15	81263.27	86963.76	88420.99	83547.64	87842.99	86195.16	87582.65
五、其他	-7666.48	-11887.96	-12078.73	-14643.79	-15286.51	-10606.44	-10527.90	-8568.29	-1870.21	-2436.50	4751.05	7048.93
资金来源总计	356982.29	361944.75	368950.55	375135.27	382476.30	391098.34	387839.53	393333.56	397575.79	402384.93	409759.43	421810.84
运用方项目												
一、各项贷款	200311.85	201834.06	205007.00	206230.99	208418.48	212112.65	212469.51	214379.34	217114.31	219310.24	223074.79	224986.97
(一)境内贷款	199277.20	200783.24	203960.51	205181.13	207353.74	211003.93	211340.94	213237.74	215968.71	218158.97	221906.73	223802.15
1.短期贷款	107683.66	108512.10	110019.52	109879.18	110375.25	112801.98	111836.84	111973.20	113145.51	113713.11	114797.91	115425.51
2.中长期贷款	86235.88	86965.69	88091.42	89072.96	90027.83	91042.90	91775.33	92683.07	93887.86	94941.49	96813.91	99882.38
3.融资租赁												0.00
4.票据融资	4918.98	4799.08	5292.10	5596.08	6241.22	6496.40	6914.84	7681.25	8023.13	8448.57	9164.36	7562.67
5.各项垫款	438.67	506.36	557.47	632.91	709.43	662.65	813.92	900.21	912.21	1055.79	1130.55	931.58
(二)境外贷款	1034.64	1050.82	1046.49	1049.85	1064.74	1108.72	1128.57	1141.61	1145.60	1151.27	1168.06	1184.82
二、有价证券	52953.59	53067.76	54113.21	55024.22	55834.16	57376.03	57975.45	59343.06	60776.60	62474.84	63880.51	65139.58
三、股权及其他投资	29221.76	30850.28	32037.65	32425.73	34157.10	36530.91	35656.27	36154.70	36844.10	38211.39	40753.81	44148.23
四、存放中央银行准备金存款	47928.65	47246.46	48571.12	49859.52	50227.37	52527.69	50051.82	51048.31	52330.92	50532.83	52016.18	56643.29
五、同业往来(运用方)	26566.44	28946.20	29221.57	31594.81	33839.19	32551.07	31686.49	32408.16	30509.87	31855.62	30034.14	30892.77
资金运用总计	356982.29	361944.75	368950.55	375135.27	382476.30	391098.34	387839.53	393333.56	397575.79	402384.93	409759.43	421810.84

注：本表机构指本外币资产总量小于 2 万亿元且跨省经营的银行(以 2008 年末各金融机构本外币资产总额为参考标准)。

2014 年中国货币政策大事记

1 月 7 日，中国人民银行联合科技部、银监会、证监会、保监会和国家知识产权局等六部门发布《关于大力推进体制机制创新扎实做好科技金融服务的意见》(银发〔2014〕9 号)，从鼓励和引导金融机构大力培育和发展服务科技创新的金融组织体系、加快推进科技信贷产品和服务模式创新、拓宽适合科技创新发展规律的多元化融资渠道等方面进行工作部署，要求金融机构推进体制机制创新，做好科技金融服务各项具体工作。

1 月 17 日，中国人民银行发布《关于开展常备借贷便利操作试点的通知》(银发〔2014〕19 号)，在北京、江苏、山东、广东、河北、山西、浙江、吉林、河南、深圳开展分支机构常备借贷便利操作试点，主要解决符合宏观审慎要求的地方法人金融机构流动性需求，稳定市场预期，促进货币市场平稳运行。

1 月 26 日，中国人民银行向全国人大财经委员会汇报 2013 年货币政策执行情况。

1 月 26 日，印发《中国人民银行金融市场司关于商业银行理财产品进入银行间债券市场有关事项的通知》(银市场

〔2014〕1号），允许符合条件的银行理财产品入市并进行了相应规范。

1月28日，中国人民银行发布《关于建立场外金融衍生产品集中清算机制及开展人民币利率互换集中清算业务有关事宜的通知》（银发〔2014〕29号），建立场外金融衍生产品集中清算机制，促进场外金融衍生品市场安全高效运行和健康规范发展。

1月29日，为贯彻落实2014年人民银行工作会议精神，发挥信贷政策导向作用，印发《中国人民银行办公厅关于做好2014年信贷政策工作的意见》（银办发〔2014〕23号），要求人民银行各分支机构和各银行业金融机构加强对"三农"、小微企业、新型城镇化、产业结构调整、保障性安居工程、扶贫、就业等民生领域以及信贷政策导向效果评估和信贷资产证券化试点的金融服务工作。

1月30日，为进一步改善宏观调控，规范再贷款的功能定位，充分发挥中央银行流动性管理和引导金融机构优化信贷结构的功能，更好地服务于中央银行履职，中国人民银行发布《关于调整再贷款分类的通知》（银发〔2014〕36号），将再贷款由三类调整为四类，即将原流动性再贷款进一步细分为流动性再贷款和信贷政策支持再贷款，金融稳定再贷款和专项政策性再贷款分类不变。

2月8日，发布《2013年第四季度中国货币政策执行报告》。

2月14日，中国人民银行印发《关于做好家庭农场等新型农业经营主体金融服务的指导意见》（银发〔2014〕42号），鼓励和引导银行业金融机构积极推动金融产品、利率、期限、额度、流程、风险控制等方面创新，合理调配信贷资源，扎实做好家庭农场、专业大户、农民合作社、农业产业化龙头企业等新型农业经营主体各项金融服务工作。

2月20日，中国人民银行授权上海总部发布《关于支持中国（上海）自由贸易实验区扩大人民币跨境使用的通知》（银总部发〔2014〕22号），支持在自贸区内开展各项跨境人民币业务创新试点，鼓励和扩大人民币跨境使用。

2月21日，印发《中国人民银行办公厅关于做好2013年度涉农和小微企业信贷政策导向效果评估有关事项的通知》（银办发〔2014〕36号），从中小企业信贷政策导向效果评估平稳过渡到小微企业信贷政策导向效果评估，加强了评估工作的有效性和针对性，鼓励和引导金融机构着力改进和完善"三农"、小微企业金融服务。

3月1日，中国人民银行放开中国（上海）自由贸易试验区小额外币存款利率上限。自贸区的先行先试，将为在全国推进小额外币存款利率市场化积累可复制、可推广的经验，并为下一步深入推进利率市场化改革打好坚实基础。

3月5日，发布《中国人民银行公告〔2014〕第3号》，将商业银行柜台债券业务品种由记账式国债扩大至国家开发银行债券、政策性金融债券和中国铁路总公司等政府支持机构债券，进一步丰富居民投资选择，推动多层次债券市场建设。

3月5日，中国人民银行增加支农再贷款额度200亿元，支持金融机构做好春耕备耕金融服务。

3月6日，中国人民银行农村信用社改革试点专项中央银行票据发行兑付考核评审委员会决定对山西省浮山县农村信用社兑付专项票据，额度为1570万元，至此全国农村信用社专项票据兑付考核工作全面完成，资金支持政策全部落实到位。

3月6日，中国人民银行联合财政部、银监会、证监会、保监会、扶贫办和共青团中央发布《关于全面做好扶贫开发金融服务工作的指导意见》（银发〔2014〕65号），要求加强协作，合理配置金融资源，创新金融产品和服务，完善金融基础设施，优化金融生态环境，积极发展农村普惠金融，着力支持贫困地区经济社会持续健康发展和贫困人口脱贫致富。

3月11日，中国人民银行印发《关于切实做好家禽业金融服务工作的通知》（银发〔2014〕69号），针对H7N9流感疫情和家禽企业、养殖户的困难和资金需求，从保证正常生产经营的资金供应、灵活确定贷款期限和还款方式、合理确定贷款利率水平、建立金融服务应急机制、加大金融政策支持、加强政策协调配合等方面，提出有针对性的解决措施。

3月14日，中国人民银行、财政部、商务部、海关总署、国家税务总局、银监会联合发布《关于简化出口货物贸易人民币结算企业管理有关事项的通知》（银发〔2014〕80号）。

3月15日，中国人民银行宣布自2014年3月17日起，银行间即期外汇市场人民币兑美元交易价浮动幅度由1%扩大至2%，外汇指定银行为客户提供当日美元最高现汇卖出价与最低现汇买入价之差不得超过当日汇率中间价的幅度由2%扩大至3%。

3月18日，经中国人民银行授权，中国外汇交易中心宣布在银行间外汇市场开展人民币对新西兰元直接交易。

3月20日，中国人民银行印发《关于开办支小再贷款支持扩大小微企业信贷投放的通知》（银发〔2014〕90号），在信贷政策支持再贷款类别下创设支小再贷款，专门用于支持金融机构扩大小微企业信贷投放，同时下达全国支小再贷款额度共500亿元。

3月28日，中国人民银行与德意志联邦银行签署了在法兰克福建立人民币清算安排的合作备忘录。

3月31日，中国人民银行与英格兰银行签署了在伦敦建立人民币清算安排的合作备忘录。

4月2日，中国人民银行货币政策委员会召开2014年第一季度例会。

4月9日，中国人民银行联合财政部、银监会、证监会、保监会、扶贫办、共青团中央召开全国扶贫开发金融服务工作电视电话会议，安排部署贫困地区扶贫开发金融服务的各项工作。

4月15日，中国人民银行向全国人大财经委员会汇报2014年第一季度货币政策执行情况。

4月22日，中国人民银行决定从4月25日起下调县域农村商业银行人民币存款准备金率2个百分点，下调县域农村合作银行人民币存款准备金率0.5个百分点。

4月23日，中国人民银行决定在分支行开展信贷资产质押试点。将信贷资产纳入央行合格抵押品范围，有利于解决中小金融机构合格抵押品相对不足问题，进一步完善央行抵押品管理框架。

4月25日，为贯彻落实国务院第43次常务会议精神，中国人民银行创设抵押补充贷款（PSL）为开发性金融支持棚改提供长期稳定、成本适当的资金来源。

4月25日，中国人民银行与新西兰储备银行续签双边本币互换协议，互换金额仍为250亿元人民币/50亿新西兰元。有效期三年，经双方同意可以展期。

5月6日，发布《2014年第一季度中国货币政策执行报告》。

5月8日，印发中国人民银行、银监会公告〔2014〕第8号，拓宽消费金融公司等非银行金融机构的融资渠道，合理调整金融租赁公司、汽车金融公司发行金融债券的条件，加大金融对消费的支持力度。

5 月 9 日，中国人民银行、银监会、证监会、保监会、外汇局联合印发《关于规范金融机构同业业务的通知》（银发〔2014〕127 号），就规范同业业务种类和会计核算、加强和改善同业业务内外部管理、推动开展规范的资产负债业务创新等方面提出了十八条规范性意见。

5 月 30 日，中国人民银行使用中韩本币互换协议下 4 亿韩元（约合 240 万人民币）资金支持企业贸易融资，这是中国人民银行首次在双边本币互换协议下动用对方货币。

6 月 9 日，中国人民银行决定从 6 月 16 日起对符合审慎经营要求且“三农”和小微企业贷款达到一定比例的商业银行（不含 4 月 25 日已下调过准备金率的机构）下调人民币存款准备金率 0.5 个百分点，对财务公司、金融租赁公司和汽车金融公司下调人民币存款准备金率 0.5 个百分点。

6 月 11 日，为鼓励金融机构创新多种方式，加大对外贸的支持力度，中国人民银行发布《关于贯彻落实〈国务院办公厅关于支持外贸稳定增长的若干意见〉的指导意见》（银发〔2014〕168 号）。

6 月 18 日，为促进中国与英国之间的双边贸易和投资，便利人民币和英镑在贸易投资结算中的使用，满足经济主体降低汇兑成本的需要，经人民银行授权，中国外汇交易中心宣布在银行间外汇市场完善人民币对英镑的交易方式，发展人民币对英镑直接交易。

6 月 24 日，发布《2013 年中国区域金融运行报告》。

6 月 28 日，中国人民银行与法兰西银行签署了在巴黎建立人民币清算安排的合作备忘录。

6 月 28 日，中国人民银行与卢森堡中央银行签署了在卢森堡建立人民币清算安排的合作备忘录。

7 月 1 日，为进一步完善人民币汇率市场化形成机制，中国人民银行发布《关于银行间外汇市场交易汇价和银行挂牌汇价管理有关事项的通知》（银发〔2014〕188 号），取消银行对客户各币种挂牌买卖价差管理。

7 月 2 日，中国人民银行货币政策委员会召开 2014 年第二季度例会。

7 月 3 日，中国人民银行与韩国银行签署了在首尔建立人民币清算安排的合作备忘录。

7 月 15 日，中国人民银行向全国人大财经委员会汇报 2014 年上半年货币政策执行情况。

7 月 18 日，中国人民银行与阿根廷中央银行续签了双边本币互换协议，互换规模为 700 亿元人民币/900 亿阿根廷比索，有效期三年，经双方同意可以展期。

7 月 21 日，中国人民银行与瑞士国家银行签署了双边本币互换协议，互换规模为 1500 亿元人民币/210 亿瑞士法郎，有效期三年，经双方同意可以展期。

8 月 1 日，发布《2014 年第二季度中国货币政策执行报告》。

8 月 21 日，中国人民银行与蒙古银行续签了双边本币互换协议，互换规模扩大为 150 亿元人民币/4.5 万亿蒙古图格里克，有效期三年，经双方同意可以展期。

8 月 26 日，中国人民银行、银监会、证监会和保监会联合发布《关于鲁甸地震灾后恢复重建金融服务工作的指导意见》（银发〔2014〕252 号），指导金融机构全面做好云南鲁甸地震灾后恢复重建的金融服务工作。

8 月 27 日，为贯彻落实国务院常务会议关于“加大支农、支小再贷款和再贴现力度”的要求，提高金融服务“三农”等国民经济薄弱环节的能力，中国人民银行对部分分支行增加支农再贷款额度 200 亿元，引导农村金融机构扩大涉农信贷投放，促进降低“三农”融资成本。

9 月，中国人民银行创设中期借贷便利（Medium - term Lending Facility，MLF），对符合宏观审慎管理要求的金融机构提供中期基础货币，中期借贷便利利率发挥中期政策利率的作用，促进降低社会融资成本。

9 月 16 日，中国人民银行与斯里兰卡中央银行签署了双边本币互换协议，互换规模为 100 亿元人民币/2250 亿斯里兰卡卢比，有效期三年，经双方同意可以展期。

9 月 28 日，为促进贸易投资便利化，中国人民银行办公厅发布《关于境外机构在境内发行人民币债务融资工具跨境人民币结算有关事宜的通知》（银办发〔2014〕221 号）。

9 月 29 日，为促进中国与欧元区成员国之间的双边贸易和投资，便利人民币和欧元在贸易投资结算中的使用，满足经济主体降低汇兑成本的需要，经人民银行授权，中国外汇交易中心宣布在银行间外汇市场完善人民币对欧元的交易方式，开展人民币对欧元直接交易。

9 月 30 日，中国人民银行货币政策委员会召开 2014 年第三季度例会。

9 月 30 日，为进一步改进对保障性安居工程建设的金融服务，继续支持居民家庭合理的住房消费，促进房地产市场持续健康发展，中国人民银行和银监会联合发布《关于进一步做好住房金融服务工作的通知》（银发〔2014〕287 号）。

10 月 11 日，中国人民银行与韩国银行续签了双边本币互换协议，互换规模为 3600 亿元人民币/64 万亿韩元，有效期三年，经双方同意可以展期。

10 月 13 日，中国人民银行与俄罗斯联邦中央银行签署了双边本币互换协议，互换规模为 1500 亿元人民币/8150 亿卢布，有效期三年，经双方同意可以展期。

10 月 16 日，中国人民银行向全国人大财经委员会汇报 2014 年前三季度货币政策执行情况。

10 月 17 日，印发《中国人民银行金融市场司关于非金融机构合格投资人进入银行间债券市场有关事项的通知》（银市场〔2014〕35 号），允许符合条件的非金融机构合格投资人通过非金融机构合格投资人交易平台进行债券投资交易。

10 月 27 日，为促进中国与新加坡之间的双边贸易和投资，便利人民币和新加坡元在贸易投资结算中的使用，满足经济主体降低汇兑成本的需要，经中国人民银行授权，中国外汇交易中心宣布自 10 月 28 日起在银行间外汇市场开展人民币对新加坡元直接交易。

11 月 2 日，中国人民银行发布《关于跨国企业集团开展跨境人民币资金集中运营业务有关事宜的通知》（银发〔2014〕324 号）。

11 月 3 日，中国人民银行与卡塔尔中央银行签署了规模为 350 亿元人民币/208 亿元里亚尔的中卡双边本币互换协议。同日，双方签署了在多哈建立人民币清算安排的合作备忘录。

11 月 6 日，为拓宽境内外人民币资金双向流动渠道，便利人民币合格境内机构投资者境外证券投资活动，中国人民银行印发《关于人民币合格境内机构投资者境外证券投资有关事项的通知》（银发〔2014〕331 号）。

11 月 6 日，发布《2014 年第三季度中国货币政策执行报告》。

11月8日，中国人民银行与加拿大中央银行签署了双边本币互换协议，互换规模为2000亿元人民币/300亿加元，有效期三年，经双方同意可以展期。同日，双方签署了在加拿大建立人民币清算安排的合作备忘录。

11月10日，为顺利实施沪港股票市场交易互联互通机制试点，规范相关资金流动，中国人民银行、证监会联合印发《关于沪港股票市场交易互联互通机制试点有关问题的通知》（银发〔2014〕336号）。

11月10日，中国人民银行与马来西亚国家银行签署了在吉隆坡建立人民币清算安排的合作备忘录。

11月17日，中国人民银行与澳大利亚储备银行签署了在澳大利亚建立人民币清算安排的合作备忘录。

11月22日，中国人民银行采取非对称方式下调金融机构人民币贷款和存款基准利率。其中，金融机构一年期贷款基准利率下调0.4个百分点至5.6%；一年期存款基准利率下调0.25个百分点至2.75%。同时结合推进利率市场化改革，将金融机构存款利率浮动区间的上限由存款基准利率的1.1倍调整为1.2倍；其他各档次贷款和存款基准利率相应调整，并对基准利率期限档次作适当简并。

11月22日，中国人民银行与香港金融管理局续签了双边本币互换协议，互换规模为4000亿元人民币/5050亿港元，有效期三年，经双方同意可以展期。

11月28日，印发《中国人民银行金融市场司关于做好部分合格机构投资者进入银行间债券市场有关工作的通知》（银市场〔2014〕43号），推动农村金融机构和信托产品、证券公司资产管理计划、基金管理公司及其子公司特定客户资产管理计划、保险资产管理公司资产管理产品等四类非法人投资者规范进入银行间债券市场。

11月30日，《存款保险条例（征求意见稿）》在中国政府法制信息网公开向社会征求意见。征求意见稿共二十三条，就存款保险制度的覆盖范围、偿付限额、基金来源和运用、风险差别费率机制以及存款保险基金管理机构职责等方面内容作出了规定。

12月14日，中国人民银行与哈萨克斯坦国家银行续签了双边本币互换协议，互换规模为70亿元人民币/2000亿哈萨克斯坦坚戈，有效期三年，经双方同意可以展期。

12月15日，在银行间外汇市场推出人民币对哈萨克斯坦坚戈区域交易，促进双边贸易和投资便利化。

12月16日，印发《全国银行间债券市场债券预发行业务管理办法》（中国人民银行公告〔2014〕第29号），在银行间债券市场推出债券预发行交易，对预发行券种范围、交易和结算方式等做出要求，并提出了相应的风险控制措施。预发行交易的推出有利于提高债券发行定价的透明度和竞争性，完善债券收益率曲线，活跃二级市场交易。

12月22日，中国人民银行与泰国银行续签了双边本币互换协议，互换规模为700亿元人民币/3700亿泰铢，有效期三年，经双方同意可以展期。同日，双方还签署了在泰国建立人民币清算安排的合作备忘录。

12月23日，中国人民银行印发《关于存款口径调整后存款准备金政策和利率管理政策有关事项的通知》（银发〔2014〕387号）。中国人民银行于2015年起对存款统计口径进行调整，将存款类金融机构吸收并原在同业往来项下统计的证券及交易结算类存放、银行业非存款类存放、SPV存放、其他金融机构存放以及境外金融机构存放纳入各项存款统计范围。上述新纳入各项存款口径的存款计入存款准备金交存范围，适用的存款准备金率暂定为零。上述存款的利率管理政策保持不变，利率由双方按照市场化原则协商确定。

12月23日，中国人民银行与巴基斯坦国家银行续签了双边本币互换协议，互换规模为100亿元人民币/1650亿巴基斯坦卢比，有效期三年，经双方同意可以展期。

12月24日，中国人民银行、发展改革委、工业和信息化部、财政部、交通运输部、银监会、证监会、保监会、外汇局联合印发《关于金融支持船舶工业加快结构调整促进转型升级的指导意见》（银发〔2014〕390号），引导金融机构做好对船舶工业发展的金融服务工作，推动船舶工业结构调整和转型升级。

12月26日，中国人民银行货币政策委员会召开2014年第四季度例会。

12月29日，中国人民银行印发《关于完善信贷政策支持再贷款管理支持扩大"三农"、小微企业信贷投放的通知》（银发〔2014〕396号），调整信贷政策支持再贷款发放条件，下调支农、支小再贷款利率，明确量化标准，对信贷政策支持再贷款业务管理进行全面规范完善。

2014年，人民币合格境外机构投资者（RQFII）试点已扩大至10个国家（地区），包括：中国香港、中国台湾、英国、新加坡、法国、韩国、德国、卡塔尔、加拿大和澳大利亚，总投资额度为8700亿元人民币。

2015年上半年金融机构贷款投向统计报告

（2015年7月22日）

人民银行统计，2015年6月末，金融机构人民币各项贷款余额88.79万亿元，同比增长13.4%，增速比上季末低0.6个百分点；1－6月份增加6.56万亿元，同比多增5371亿元。贷款投向呈现以下特点：

一、企业短期贷款和票据融资增速上升

6月末，本外币企业及其他部门贷款余额66.94万亿元，同比增长11.3%，增速比上季末低0.7个百分点；1－6月份增加4.62万亿元，同比多增747亿元。

从期限看，6月末本外币企业及其他部门短期贷款及票据融资余额30.66万亿元，同比增长9.4%，增速比上季末高0.9个百分点；1－6月增加2.16万亿元，同比多增2320亿元。本外币企业及其他部门中长期贷款余额34.41万亿元，同比增长13.4%，增速比上季末低0.9个百分点；1－6月增加2.31万亿元，同比多增1672亿元。

从用途看，本外币企业及其他部门固定资产贷款余额28.17万亿元，同比增长12.2%，增速比上季末低1.7个百分点；经营性贷款余额29.4万亿元，同比增长9.4%，增速比上季末高0.1个百分点。

二、小微企业贷款增速高于同期各项贷款

6月末，人民币小微企业贷款余额16.23万亿元，同比增长14.5%，增速比上季末低1.5个百分点，比同期大型和中型企业贷款增速分别高5.2个和3.3个百分点，比各项贷款增速高1.1个百分点。

6月末，小微企业贷款余额占企业贷款余额的30.1%，占比比上季末低0.1个百分点。1－6月小微企业贷款新增9486亿元，同比少增850亿元，增量占同期企业新增贷款的26%，与上季末占比水平基本持平。

三、服务业中长期贷款增速高位回落

6月末，本外币工业中长期贷款余额7.37万亿元，同比增长5.8%，增速比上季末低1.4个百分点；1－6月增加2405

亿元，同比少增 1159 亿元。其中，重工业中长期贷款余额 6.52万亿元，同比增长 5.7%，增速比上季末低 1.4 个百分点。轻工业中长期贷款余额 8477 亿元，同比增长 6.6%，增速比上季末低 1.5 个百分点。

6 月末，本外币服务业中长期贷款余额 22.51 万亿元，同比增长 17.7%，增速比上季末低 0.9 个百分点。其中，交通运输、仓储和邮政业中长期贷款余额同比增长 13.1%，增速比上季末低 1.4 个百分点；文化、体育和娱乐业中长期贷款同比增长 21.7%，增速比上季末低 3.6 个百分点。

四、“三农”贷款增长减缓

6 月末，本外币农村（县及县以下）贷款余额 20.72 万亿元，同比增长 11.9%，增速比上季末低 1.5 个百分点，1－6 月份增加 1.34 万亿元，同比少增 1954 亿元；农户贷款余额 5.84 万亿元，同比增长 15.5%，增速比上季末低 1.2 个百分点，1－6月份增加 4730 亿元，同比少增 820 亿元；农业贷款余额 3.52 万亿元，同比增长 6.4%，增速比上季末低 2.1 个百分点，1－6 月份增加 1922 亿元，同比少增 792 亿元。

五、房地产贷款平稳较快增长

6 月末，人民币房地产贷款余额 19.3 万亿元，同比增长 19.4%，增速与上季末基本持平；1－6 月份增加 1.88 万亿元，同比多增 3444 亿元，增量占同期各项贷款增量的28.7%，比上年同期占比水平高 1.9 个百分点。

6 月末，房产开发贷款余额 4.88 万亿元，同比增长 20.9%，增速比上季末低 1.3 个百分点；地产开发贷款余额 1.54 万亿元，同比增长 32.8%，增速比上季末高 2.2 个百分点。个人购房贷款余额 12.64 万亿元，同比增长 17.8%，增速比上季末高 0.2 个百分点，比各项贷款增速高 4.4 个百分点；1－6 月份增加 1.12 万亿元，同比多增 1767 亿元。

6 月末，房产开发贷款中的保障性住房开发贷款余额 1.53万亿元，同比增长 58.2%，增速比上季末低 6.1 个百分点；1－6 月份增加 3895 亿元，同比多增 1493 亿元，增量占同期房产开发贷款的 68.6%，比上年同期增量占比高 21.2 个百分点。

六、住户消费性贷款增速回升

6 月末，本外币住户贷款余额 25.11 万亿元，同比增长 15.5%，增速比上季末低 0.2 个百分点；1－6 月份增加 1.95 万亿元，同比多增 754 亿元。

6 月末，本外币住户消费性贷款余额 16.98 万亿元，同比增长 19.6%，增速比上季末高 1.1 个百分点，1－6 月份增加 1.6 万亿元，同比多增 3897 亿元；住户经营性贷款余额 8.14 万亿元，同比增长 7.9%，增速比上季末低 2.5 个百分点，1－6月份增加 3509 亿元，同比少增 3143 亿元。

2015 年上半年金融统计数据报告

一、广义货币增长 11.8%，狭义货币增长 4.3%

6 月末，广义货币（M2）余额 133.34 万亿元，同比增长 11.8%，增速比上月末高 1.0 个百分点，比去年末低 0.4 个百分点；狭义货币（M1）余额 35.61 万亿元，同比增长 4.3%，增速比上月末低 0.4 个百分点，比去年末高 1.1 个百分点；流通中货币（M0）余额 5.86 万亿元，同比增长 2.9%。2015 年上半年净回笼现金 1655 亿元。

二、上半年人民币贷款增加 6.56 万亿元，外币贷款增加 405 亿美元

6 月末，本外币贷款余额 94.43 万亿元，同比增长 12.5%。月末人民币贷款余额 88.79 万亿元，同比增长 13.4%，增速分别比上月末和去年末低 0.6 个和 0.3 个百分点。上半年人民币贷款增加 6.56 万亿元，比去年同期多增 5371 亿元。分部门看，住户部门贷款增加 1.95 万亿元，同比多增 751 亿元，其中，短期贷款增加 6171 亿元，中长期贷款增加 1.34 万亿元；非金融企业及机关团体贷款增加 4.62 万亿元，同比多增 7668 亿元，其中，短期贷款增加 1.24 万亿元，中长期贷款增加 2.33 万亿元，票据融资增加 8692 亿元；非银行业金融机构贷款减少 445 亿元。

6 月末，外币贷款余额 9211 亿美元，同比增长 0.7%，上半年外币贷款增加 405 亿美元，同比少增 745 亿美元。

三、上半年人民币存款增加 11.09 万亿元，外币存款增加 710 亿美元

6 月末，本外币存款余额 136.0 万亿元，同比增长 10.6%。月末人民币存款余额 131.83 万亿元，同比增长 10.7%，增速分别比上月末和去年末低 0.2 个和 1.4 个百分点。上半年人民币存款增加 11.09 万亿元，同比少增 3756 亿元，其中，住户存款增加 3.08 万亿元，非金融企业存款增加 2.08 万亿元，财政性存款增加 5244 亿元，非银行业金融机构存款增加 4.16 万亿元。

6 月末，外币存款余额 6815 亿美元，同比增长 8.8%，上半年外币存款增加 710 亿美元，同比少增 552 亿美元。

四、6 月份银行间市场同业拆借月加权平均利率 1.44%，质押式债券回购月加权平均利率 1.41%

2015 年上半年，银行间市场以拆借、现券和回购方式合计成交 232.57 万亿元，日均成交 1.91 万亿元，日均成交比去年同期增长 79.4%。其中，同业拆借、现券和质押式回购日均成交分别同比增长 37.7%、88.0% 和 83.5%。

6 月，同业拆借加权平均利率为 1.44%，比上月高 0.02 个百分点，比去年同期低 1.41 个百分点；质押式回购加权平均利率为 1.41%，比上月高 0.11 个百分点，比去年同期低 1.48个百分点。

五、国家外汇储备余额 3.69 万亿美元

6 月末，国家外汇储备余额为 3.69 万亿美元。6 月末，人民币汇率为 1 美元兑 6.1136 元人民币。

六、上半年跨境贸易人民币结算业务发生 3.37 万亿元，直接投资人民币结算业务发生 6536 亿元

2015 年上半年，以人民币进行结算的跨境货物贸易、服务贸易及其他经常项目、对外直接投资、外商直接投资分别发生 3 万亿元、3711 亿元、1670 亿元、4866 亿元。

注 1：当期数据为初步数。

注 2：2011 年 10 月起，货币供应量已包括住房公积金中心存款和非存款类金融机构在存款类金融机构的存款。

注 3：自 2014 年 8 月份开始，转口贸易被调整到货物贸易进行统计，货物贸易金额扩大，服务贸易金额相应减少。

注 4：本月 M2 同比增速根据可比口径计算。

注 5：自 2015 年起，人民币、外币和本外币存款含非银行业金融机构存放款项，人民币、外币和本外币贷款含拆放给非银行业金融机构的款项。

2015 年上半年社会融资规模存量统计数据报告

初步统计，2015 年 6 月末社会融资规模存量为 131.58 万亿元，同比增长 11.9%。其中，对实体经济发放的人民币贷款余额为 88.07 万亿元，同比增长 13.8%；对实体经济发放的外币贷款折合人民币余额为3.50万亿元,同比下降6.2%;委托贷款余额为9.87万亿元,同比增长18.4%;信托贷款余额为5.38万亿元,同比增长1.7%;未贴现的银行承兑汇票余额为6.94万亿元,同比下降10.4%;企业债券余额为12.61万亿元,同比增长19.1%;非金融企业境内股票余额为4.16万亿元,同比增长17.3%。

从结构看,2015年6月末对实体经济发放的人民币贷款余额占同期社会融资规模存量的66.9%,同比高1.1个百分点;对实体经济发放的外币贷款余额占比2.7%,同比低0.5个百分点;委托贷款余额占比7.5%,同比高0.4个百分点;信托贷款余额占比4.1%,同比低0.4个百分点;未贴现的银行承兑汇票余额占比5.3%,同比低1.3个百分点;企业债券余额占比9.6%,同比高0.6个百分点;非金融企业境内股票余额占比3.2%,同比高0.2个百分点。

注1:社会融资规模存量是指一定时期末(月末、季末或年末)实体经济(境内非金融企业和个人)从金融体系获得的资金余额。

注2:数据来源于人民银行、证监会、保监会、中央国债登记结算有限责任公司和银行间市场交易商协会等部门。

注3:社会融资规模中的本外币贷款是指一定时期内实体经济从金融体系获得的人民币和外币贷款,不包括银行业金融机构拆放给非银行业金融机构的款项和境外贷款。

注4:2015年1月起,委托贷款统计制度进行了调整,将委托贷款划分为现金管理项下的委托贷款和一般委托贷款。社会融资规模中的委托贷款只包括由企事业单位及个人等委托人提供资金,由金融机构(即贷款人或受托人)根据委托人确定的贷款对象、用途、金额、期限、利率等向境内实体经济代为发放、监督使用并协助收回的一般委托贷款。

注5:当期数据为初步统计数,同比增速为可比口径数据。

2015年上半年社会融资规模增量统计数据报告

初步统计,2015年上半年社会融资规模增量为8.81万亿元,比去年同期少1.46万亿元。其中,上半年对实体经济发放的人民币贷款增加6.59万亿元,同比多增8742亿元;对实体经济发放的外币贷款折合人民币增加436亿元,同比少增3251亿元;委托贷款增加5324亿元,同比少增6475亿元;信托贷款增加309亿元,同比少增4292亿元;未贴现的银行承兑汇票增加300亿元,同比少增7576亿元;企业债券净融资9286亿元,同比少3751亿元;非金融企业境内股票融资4245亿元,同比多2372亿元。2015年6月份社会融资规模增量为1.86万亿元,比上月多6219亿元,比去年同期少376亿元。

从结构看,上半年对实体经济发放的人民币贷款占同期社会融资规模的74.8%,同比高19.2个百分点;对实体经济发放的外币贷款占比0.5%,同比低3.1个百分点;委托贷款占比6.0%,同比低5.5个百分点;信托贷款占比0.4%,同比低4.1个百分点;未贴现的银行承兑汇票占比0.3%,同比低7.4个百分点;企业债券占比10.5%,同比低2.2个百分点;非金融企业境内股票融资占比4.8%,同比高3.0个百分点。

注1:社会融资规模是指实体经济(境内非金融企业和住户,下同)从金融体系获得的资金。其中,增量指标是指一定时期内(每月、每季或每年)获得的资金额,存量指标是指一定时期末(月末、季末或年末)获得的资金余额。

注2:社会融资规模统计数据来源于人民银行、发改委、证监会、保监会、中央国债登记结算有限责任公司和银行间市场交易商协会等部门。

注3:社会融资规模中的本外币贷款是指一定时期内实体经济从金融体系获得的人民币和外币贷款,不包含银行业金融机构拆放给非银行业金融机构的款项和境外贷款。

注4:2015年1月起,委托贷款统计制度进行了调整,将委托贷款划分为现金管理项下的委托贷款和一般委托贷款。社会融资规模中的委托贷款只包括由企事业单位及个人等委托人提供资金,由金融机构(即贷款人或受托人)根据委托人确定的贷款对象、用途、金额、期限、利率等向境内实体经济代为发放、监督使用并协助收回的一般委托贷款。

注5:当期数据为初步统计数,当月比上月、比去年同期的数据为可比口径数据。

2015年上半年地区社会融资规模增量统计表

单位:亿元人民币

地区	地区社会融资规模增量	其中:						
		人民币贷款	外币贷款(折合人民币)	委托贷款	信托贷款	未贴现银行承兑汇票	企业债券	非金融企业境内股票融资
北京	6093	2477	-548	462	390	252	2342	591
天津	2728	1493	6	352	105	257	297	181
河北	2833	2377	-1	-67	-33	214	202	44
山西	1638	1048	-21	219	-54	-118	400	126
内蒙古	1156	1289	2	21	-227	-427	145	312
辽宁	3428	2295	-51	492	11	395	178	27
吉林	1509	1603	23	113	-167	-200	17	60
黑龙江	930	1381	7	40	-308	-353	88	32
上海	4688	2847	136	729	175	-319	380	625
江苏	8554	5281	-70	473	273	1493	533	382
浙江	5906	3714	159	299	92	680	455	361
安徽	2162	1946	45	257	-171	-317	255	73

福建	2445	2096	-57	107	8	-146	217	146
江西	1605	1660	42	23	-155	-313	288	22
山东	5049	3171	81	123	-403	1209	631	76
河南	3785	2605	157	194	-59	410	333	64
湖北	2546	2187	26	536	-130	-317	76	96
湖南	2664	2080	69	168	-48	-75	298	106
广东	6826	5921	-137	583	-567	-16	263	479
广西	1434	1239	-16	117	0	-185	137	67
海南	906	570	280	16	0	-22	23	16
重庆	2259	1630	268	195	-135	-190	213	46
四川	3109	2512	-112	141	100	-142	264	115
贵州	2285	1612	-9	538	-183	140	151	0
云南	1741	1519	-14	106	50	-317	291	51
西藏	759	292	1	7	465	-17	1	8
陕西	2787	1821	9	6	723	-222	342	43
甘肃	1837	1546	19	104	56	8	-16	71
青海	502	278	3	13	107	-48	144	0
宁夏	311	317	1	29	0	-30	-27	6
新疆	1070	840	14	-47	114	-17	106	14

注1:地区社会融资规模增量是指一定时期内、一定区域内实体经济(非金融企业和住户)从金融体系获得的资金总额。
注2:表中数据为初步统计数。
注3:数据来源于人民银行、发改委、证监会、保监会、中央国债登记结算有限责任公司和银行间市场交易商协会等。
注4:由金融机构总行(或总部)提供的社会融资规模为2619亿元。

第二章　金融机构

第一节　银行业金融机构

中国工商银行股份有限公司

中国工商银行股份有限公司通过持续努力和稳健发展，已经迈入世界领先大银行行列，拥有优质的客户基础、多元的业务结构、强劲的创新能力和市场竞争力。业务跨越六大洲，境外网络扩展至41个国家和地区，通过17,122个境内机构、338个境外机构和2,007个代理行以及网上银行、电话银行和自助银行等分销渠道，向509万公司客户和4.65亿个人客户提供广泛的金融产品和服务，形成了以商业银行为主体，综合化、国际化、信息化的经营格局，继续保持国内市场领先地位。2014年，获评英国《银行家》"全球最佳银行"，蝉联《银行家》全球1000家大银行榜首及美国《福布斯》杂志全球企业2000强全球最大企业。

经营概况

2014年末，总资产206,099.53亿元，比上年末增加16,922.01亿元，增长8.9%；总负债190,726.49亿元，比上年末增加14,333.60亿元，增长8.1%；全年实现净利润2,762.86亿元，增长5.1%，平均总资产回报率（ROA）为1.4%，加权平均净资产收益率（ROE）为19.96%，核心一级资本充足率为11.92%，一级资本充足率为12.19%，资本充足率为14.53%。营业收入6,588.92亿元，增长11.7%，其中利息净收入4,935.22亿元，增长11.3%，非利息收入1,653.70亿元，增长13%；营业支出2,922.80亿元，增长18.5%，其中业务及管理费1,762.61亿元，增长6.6%，成本收入比下降1.28个百分点至26.75%。

公司金融业务

2014年末，本行公司客户509.4万户，比上年末增加35.9万户，有融资余额的公司客户14万户。根据人民银行数据，2014年末，本行公司类贷款和公司存款余额保持同业第一，市场份额分别为11.17%和11.64%。

1. 公司存贷款业务。2014年末，公司类贷款余额76,125.92亿元，比上年末增加5,660.77亿元，增长8%；公司存款余额80,371.33亿元，比上年末增加5,336.36亿元，增长7.1%。

2. 中小企业业务。优先配置信贷资源，加强对中小企业客户的服务。2014年末，中小（微）企业贷款余额45,254.44亿元，其中，中型企业贷款28,039.04亿元，小微企业贷款17,215.40亿元。

网贷通业务。针对小微企业"短频急"融资需求特点开发的线上循环贷款产品"网贷通"，已累计为6.9万户小微企业提供贷款1.6万亿元，余额近3000亿元，是国内单体金额最大的网络融资产品。

3. 机构金融业务。加强改进民生金融服务，积极推动同业合作创新，有效巩固与客户合作关系。第三方存款客户数、资金量连续五年保持市场第一。代理中央财政、政府公务卡、主承销地方债支数和金额均居同业首位。

4. 结算与现金管理业务。加强对公客户渠道建设，巩固客户规模优势。2014年末，对公结算账户数量612.6万户，比上年末增长7.3%，实现结算业务量1,897万亿元，比上年增长9.6%，业务规模保持市场领先。现金管理服务向金融资产管理综合领域拓展。2014年末，现金管理客户112.5万户，增长16.6%。全球现金管理客户4,374户，增长14.7%。

5. 国际结算与贸易融资业务。提升对进出口企业的服务水平，丰富国际结算与国际贸易融资产品种类。2014年，境内国际贸易融资累计发放1,486亿美元；国际结算量2.7万亿美元，增长16.7%。其中境外机构办理9,567亿美元，增长29.9%。

6. 投资银行业务。全年主承销各类债务融资工具4,700亿元。2014年，投资银行业务收入304.74亿元，比上年增长3.4%。

个人金融业务

2014年末，本行个人客户4.65亿个，比上年末增加3,330万个，其中个人贷款客户964万个，增加90万个。

1. 个人存款。2014年末，个人存款余额71,886.07亿元，比上年末增加2,927.68亿元，增长4.2%；其中，活期个人存款增长5.3%，定期个人存款增长3.4%。

2. 个人贷款。发挥个人住房贷款在个人贷款产品体系中的主体和支撑作用，推出个人金融资产自助质押业务。2014年末，本行个人贷款余额30,634.65亿元，比上年末增加3,358.64亿元，增长12.3%，其中，个人住房贷款增加3,498.31亿元，增长20.3%。

"逸贷"业务。满足新时期消费者不断变化的消费方式及交易习惯，推广以小额、快捷、便利为特征的个人信用类消费贷款产品"逸贷"，满足客户各类生活消费融资需求，余额达1,527亿元。

3. 私人银行业务。在手机银行、网上银行、微信服务以及"融e联"等平台打造全方位私人银行产品服务渠道。2014年末，私人银行客户4.31万户，管理资产7,357亿元。

4. 银行卡业务。2014年末，银行卡发卡量6.6亿张，比上年末增加8,508万张。银行卡年消费额74,915亿元，比上年增长29.8%；银行卡业务收入351.33亿元，增长23.1%。

信用卡业务方面，开展互联网金融产品创新，全国首推"线上POS"新产品。2014年末，信用卡发卡量突破1亿张，实现年消费额18,686亿元，比上年增长15.8%；信用卡透支余额3,662.45亿元，增加591.10亿元，增长19.2%。信用卡发卡量、消费额、透支额均保持同业领先。

借记卡方面，2014年，借记卡年消费额56,229亿元，增长 35.2%。

金融资产服务业务

抓住跨业竞争与合作并存的市场发展机遇，满足客户多元化配置金融资产的需求，综合集团资产管理、托管、养老金、贵金属等业务优势，以及投行、基金、保险等综合化子公司功能，加快建立辐射境内外、跨领域、一体化的业务运营体系。

1. 理财业务。重点发展增利系列、稳利系列、无固定期限系列、类基金系列等净值型产品线。抓住混合所有制改革投资机遇，实现完全市场化股权投资零突破。2014 年末，理财产品余额 19,824.83 亿元，比上年末增长 48%。

2. 资产托管业务。稳固资本市场托管业务优势，积极拓展新兴托管业务市场。2014 年末，托管资产总净值逾 5.82 万亿元，比上年末增长 26.1%，保持中国第一大托管银行领先地位。

3. 养老金业务。2014 年末，本行共为 44,024 家企业提供养老金管理服务，比上年末增加 4,749 家。受托管理养老金 691 亿元，管理养老金个人账户 1,357 万户，托管养老金基金 3,497 亿元。受托管理企业年金规模、管理企业年金个人账户数量和托管企业年金规模稳居银行同业首位。

4. 贵金属业务。创新推出适合年轻客户群体需求、具有传统文化特色、适合收藏传承的贵金属投资系列新产品。2014 年，贵金属业务交易额 1.03 万亿元，代理上海黄金交易所清算量 3,437 亿元，排名第一。

5. 代客资金交易。提升个人结售汇网点服务能力、丰富交易币种。推出外汇买卖与贸易融资、本外币存款等业务的组合营销。分别完成代客结售汇及外汇买卖量 5,236 亿美元和 1,607 亿美元。

6. 资产证券化业务。于 2014 年 5 月 14 日成功发行总规模为 55.72 亿元的信贷资产支持证券。本行在项目中担任发起机构和贷款服务机构。

7. 代理销售业务。加大新客户拓展，加强精准营销。代理基金销售 10,628 亿元，比上年增长 19.7%。代理国债销售 815 亿元。拓展网上银行、自助终端、电商平台等代销渠道，代理保险销售 1,027 亿元，增长 21.5%。

资金业务

2014 年，本行主动适应经济发展新常态，适时调整投资与交易策略，多措并举提升资金业务盈利水平，积极探索经营模式和重点产品的创新。

1. 货币市场交易。本行根据流动性管理需要，灵活开展资金运作，提高资金收益。全年境内分行累计融入融出人民币资金 15.27 万亿元，其中融出 11.25 万亿元；外币货币市场交易量 1,986 亿美元。

2. 投资业务。2014 年人民币债券利率曲线下行，本行采取多种措施努力提高债券投资收益率。积极优化外币债券投资组合机构，适度加大对中资机构境外美元债券的投资力度，有效提升外币债券投资组合的利率风险抵抗能力和盈利能力。全年交易账户人民币债券交易量 2,466 亿元，外币债券交易量 122 亿美元。

3. 融资业务。2014 年，总行在香港共发行人民币债券 25 亿元；在境内银行间市场共发行 8 期同业存单，金额共计 106.40 亿元。

分销渠道

2014 年末，本行境内外机构 17,460 家，其中境内机构 17,122 家，境外机构 338 家。境内机构包括总行、31 个一级分行、5 个直属分行、26 个一级分行营业部、403 个二级分行、3,081 个一级支行、13,467 个基层营业网点、30 个总行利润中心、直属机构及其分支机构以及 78 个主要控股公司及其分支。

1. 电子银行。围绕 e－ICBC 战略，紧跟移动化、个性化、智能化发展潮流，加强电子银行产品和服务创新应用，加快构建综合性、开放性的电子银行平台。持续建设境外电子银行渠道，推出海外企业网银贸易融资、企业网银跨境授权等境外产品，境外电子银行业务的全球布局基本完成。电子银行交易额突破 400 万亿元，电子银行业务笔数占全行业务笔数比上年提高 5.8 个百分点至 86.0%。

2. 网上银行。进一步丰富网上银行产品体系。推出个人网银简约版、电子彩票、对公 B2B 结算支持电子票据等创新产品，巩固网上银行核心竞争优势。2014 年末，本行个人网上银行客户突破 1.8 亿户。第四次获评《环球金融》“中国最佳企业网上银行”。

3. 电话银行。优化电话银行自助服务菜单，搭建客服中心信息化管理平台，形成功能齐全、服务智能的管理体系。升级电话银行自助语音服务，加强人工服务分流与渠道互动建设，提高电话银行渠道价值创造能力。拓展客户服务渠道，短信银行和微信银行日均业务量同比增长 136%，服务更加便捷高效。

4. 手机银行。不断丰富手机银行业务功能，推出信用卡申请、向任意手机号汇款等特色服务。丰富手机银行移动生活应用场景，引入租车、医疗等新兴应用。提升手机银行产品安全性，优化用户交互界面，完善客户体验。2014 年末，手机银行客户数量比上年末增长 33.6%。

5. 自助银行。加大自助银行建设力度，智能服务初见成效。重点选择商品交易市场、重点县域等新兴地区延伸服务渠道。优化自助终端交易流程，新增代销个人保险业务。对部分网点进行了智能化改造，通过人际交互方式，处理网点各类现金、非现金业务。2014 年末，拥有自助银行 25,861 家，比上年末增长 18.5%；自动柜员机可用设备 92,319 台，增长 14.7%。自动柜员机交易额 108,524 亿元，比上年增长23.5%。

国际化、综合化经营

稳步推进国际化、综合化经营发展。加强对中资企业“走出去”、一带一路建设和人民币国际化的金融支持。进一步完善全球服务网络布局，提升核心市场渗透率和本土化经营程度。完善区域化管理机制，强化区域管理总部的业务支持、集约运作和风险管控职能，推动区域内机构差别定位、优势互补、协同发展。继新加坡分行后，卢森堡分行、多哈分行、工银加拿大相继获得中国人民银行授权，担任所在国家或地区的人民币业务清算行，本行成为首家拥有横跨亚、欧、美三大时区人民币清算行的金融机构。人民币清算网络覆盖全球 75 个国家和地区。2014 年，跨境人民币业务量 3.66 万亿元，增长 65.7%。

在境外机构建设方面，2014 年末本行已在 41 个国家和地区建立了 338 家机构，通过参股南非标准银行，间接覆盖非洲 20 个国家，与 147 个国家和地区的 1,809 家境外银行建立了代理行关系，服务网络覆盖亚、非、拉、欧、美、澳六大洲和全球重要国际金融中心。

2014 年末，本行境外机构（含境外分行、境外子公司及对标准银行投资）总资产 2,359.96 亿美元，比上年末增加268.33 亿美元，增长 12.8%，占集团总资产的 7.1%，提高 0.4 个百分点。各项贷款 1,309.83 亿美元，增加 228.62 亿美元，增长 21.1%，客户存款 924.49 亿美元，增加 176.99 亿美元，增长 23.7%。报告期税前利润 30.23 亿美元，比上年增长 35.4%。

完善集团与子公司的业务联动机制，推进综合化子公司专业化、特色化发展，提升对客户的综合服务能力。综合化子公司对集团盈利贡献和战略协同作用进一步增强。工银瑞信管理基金规模大幅提升，实现规模与效益协调增长。工银租赁坚持服务实体经济，行业领军地位进一步巩固。工银安盛抓住中国寿险市场发展机遇，盈利能力进一步提升。工银国际积极拓展大型跨国公司和内地企业赴港上市，盈利结构更加稳定。

信息化银行建设

持续完善信息化银行发展的“大数据”基础，将金融市场、电商平台、综合化子公司等数据充实至数据仓库，将个人网银日志等非结构化数据纳入集团信息库。加强在电子商务、风险管理、精准营销、产品分类等方面数据分析挖掘运用。整合业务处理流程，持续完善客户信息统一视图，优化以客户为中心的营销评价体系。持续完善金融资产服务业务系统，实现资产投资运作全流程管理。推进国际化和综合化相关系统建设，境外机构业务综合处理系统（FOVA）覆盖38家境外机构。完成工银安盛、工银瑞投等子公司综合化业务系统建设。

信息系统保持平稳运行。在国内金融同业中率先完成统称双园区主机系统分钟级的切换运行，从传统灾备模式转型为中心并行模式，全面保障全球业务7＊24小时连续运行。持续建设全集团信息安全日常管理机制，开展信息分级授权保护。运用通过国家安全审查的密码算法，改造金融IC卡、移动支付等应用系统，提升信息安全防护的自主可控能力，强化对客服务系统的安全防护措施。

2014年，本行获得国家知识产权局专利授权50项，拥有专利数量达357项。

风险管理

本行注重增强风险防控的预判力和有效性，积极运用新理念、新机制、新技术提升公司治理水平和风险管理能力，保障各项业务行稳致远。针对中国经济增长放缓、结构调整力度加大背景下银行资产质量管理遇到的新情况，本行坚持完善机制、管控源头和压降风险多管齐下，边固本边清源边化瘀，保持了资产质量总体稳定，拨备充足，风险可控。不良率较年初微升0.19个百分点至1.13%，拨备覆盖率达到206.90%，处于国际银行业先进水平。本行还根据银行业最新监管要求和变化趋势，继续强化重点领域和关键环节的操作风险精细化管理，报告期内本行操作风险体系运行平稳，操作风险整体可控。本行把完善公司治理作为经济新常态下应对挑战和把握机遇的关键举措，适应全球系统重要性银行等相关监管要求，强化股东大会、董事会、监事会和高级管理层的履职机制和有效制衡机制，增强了集团治理的全面性和有效性。2014年，本行荣获“全优公司白金奖”、“亚洲公司治理指标企业奖”等公司治理权威奖项。

全面风险管理是指本行董事会、高级管理层和全行员工各自履行相应职责，有效控制涵盖全行各个业务层次的全部风险，进而为各项目标的实现提供合理保证的过程。本行在风险管理中遵循的原则包括收益与风险匹配、内部制衡与效率兼顾、风险分散、定量与定性结合、动态适应性调整和循序渐进等原则。

2014年，本行积极完善全面风险管理体系，积极落实系统重要性银行等国内外监管要求，加强全面风险管理制度建设，持续完善风险偏好和风险限额管理系统。强化集团风险并表管理，重点加强非银行子公司风险管理。深化国别风险管理，加强国别风险监测报告和国别风险限额管理工作。推进资本管理高级方法实施，完善信用、市场、操作风险计量制度体系、系统建设和管理应用工作。全面风险管理水平进一步提升。

社会责任

本行以“提供卓越金融服务——服务客户、回报股东、成就员工”为社会责任工作目标，始终立足经济社会发展的普遍诉求，服务于经济发展与社会进步的可持续发展大局，先后荣获“年度最具社会责任金融机构”、“中国最受尊敬企业”和“最具责任感企业”等多项大奖。

本行始终将企业持续发展与履行社会责任、热心慈善公益深度融合，在抗震救灾、扶贫助困、环境保护、志愿服务等方面全力打造工行爱心品牌，全面培育自身公益文化。积极开展抗震救灾，向鲁甸地震灾区捐款500万元，开辟金融绿色通道，确保资金汇划系统的高运行，满足灾区灾后重建金融服务需求。全年投入扶贫资金1,100余万元，开展新建教学楼、表彰优秀山村教师、资助优秀贫困大学生等活动及发展当地教育和卫生领域基础建设项目，有力支持了定点扶贫地区的经济发展，增加农民收入。积极开展“青春圆梦行动——助盲爱心书包”等一系列主题公益活动。

中国农业银行

企业概况

本行的前身最早可追溯至1951年成立的农业合作银行。上世纪70年代末以来，本行相继经历了国家专业银行、国有独资商业银行和国有控股商业银行等不同发展阶段。2009年1月，本行整体改制为股份有限公司。2010年7月，本行分别在上海证券交易所和香港联合交易所挂牌上市，完成了向公众持股银行的跨越。

作为中国主要的综合性金融服务提供商之一，本行致力于建设面向“三农”、城乡联动、融入国际、服务多元的国际一流大型商业银行。本行凭借全面的业务组合、庞大的分销网络和领先的技术平台，向最广大客户提供各种公司银行和零售银行产品和服务，同时开展金融市场业务及资产管理业务，业务范围还涵盖投资银行、基金管理、金融租赁、人寿保险等领域。截至2014年末，本行总资产159,741.52亿元，发放贷款和垫款80,980.67亿元，吸收存款125,333.97亿元，资本充足率12.82%，全年实现净利润1,795.10亿元。

截至2014年末，本行境内分支机构共计23,612个，包括总行本部、总行营业部、3个总行专营机构、37个一级（直属）分行、353个二级分行（含省区分行营业部）、3,515个一级支行（含直辖市、直属分行营业部、二级分行营业部）、19,647个基层营业机构以及55个其他机构。境外分支机构包括8家境外分行和2家境外代表处。本行拥有14家主要控股子公司，其中境内9家，境外5家。

2014年，本行首次入选全球系统重要性银行。在美国《财富》杂志全球500强排名中，本行位列第47位；在英国《银行家》杂志全球银行1,000强排名中，以一级资本排名计，本行位列第9位。本行标准普尔发行人信用评级为A/A－1，穆迪银行存款评级为A1/P－1，惠誉长/短期发行人违约评级为A/F1；以上评级前景展望均为稳定。

根据IMF预计，2014年全球经济增速为3.3%，比上年提高0.1个百分点。美国经济加速复苏，欧元区外围经济体复苏动力不足，新兴市场经济体增速继续放缓。在经济不均衡复苏的背景下，全球货币政策出现分化，美英货币政策趋于正常化,欧元区再度宽松。全年道琼斯工业指数、欧元区 STOXX50 指数、日经 225 指数分别上涨 7.5%、2.9% 和 7.1%。2014 年上半年美元指数基本平稳,下半年加速上涨,全年上涨 12.6%。大宗商品价格继续震荡下行,原油价格大幅下跌,CRB 现货指数全年下跌 4.1%。

中国经济运行基本平稳,总体呈现增速小幅回落、结构继续优化的特征。从增速看,2014 年 GDP 增长 7.4%,较上年回落 0.3 个百分点。固定资产投资、社会消费品零售总额和净出口同比分别增长 15.7%、12% 和 6.1%,分别比上年回落 3.9、1.1 和 1.7 个百分点。从结构看,服务业比重继续提升,中国经济由工业主导向服务业主导加快转变。传统行业、重化工业等行业遇到困难,但新产业、新技术、新业态不断涌现。劳动生产率提升,单位 GDP 能耗下降,经济发展质量提升。物价水平涨幅较低,2014 年 CPI 同比增长 2%,PPI 负增长 1.9%。全年新增城镇就业人口 1,322 万,高于上年。

2014 年,中国政府坚持稳中求进的总基调,继续实施稳健的货币政策和积极的财政政策,补充和完善货币政策工具组合,有针对性地进行预调微调,有序推动金融市场改革。人民币存款利率上限进一步放宽,同业存单稳步发展,银行间即期外汇市场人民币兑美元交易价浮动幅度扩大,沪港股票市场互联互通试点。2014 年中国广义货币(M2)增速为 12.2%,社会融资规模为 16.5 万亿元。

根据 IMF 预测,2015 年全球经济增速将由 2014 年的 3.3% 上升至 3.5%。在就业市场稳步改善、房地产市场稳步复苏的带动下,美国经济增长可望持续改善。欧元区和日本经济预计将维持微弱增长态势。新兴经济体国家中,资源型国家将继续受困于大宗商品价格下跌,部分国家则面临经济下行需要降息与资本外流需要加息的政策两难。从金融市场来看,美元指数在美国经济强势复苏及欧元区加大货币宽松的带动下,将继续走强;在全球需求疲软的影响下,大宗商品价格仍将维持弱势。

展望 2015 年,在经济新常态背景下,预计中国 GDP 增速将进一步小幅放缓,通货紧缩压力有所加大,但经济增长的动力结构更趋均衡。传统行业投资相对饱和,固定资产投资增速将继续回落,资本形成对 GDP 的拉动作用将有所减弱。综合考虑居民收入变化、消费税调整以及低通胀导致推迟消费等因素,消费增速预计将平稳运行。受美元走强,以及欧美经济增长对我国进口弹性减小的影响,出口需求难有明显起色,贸易顺差继续扩大,净出口对 GDP 的拉动作用将有所增强。此外,考虑到翘尾因素较低、产能过剩、国际大宗商品下降等因素,预计 2015 年 CPI 涨幅低于 2014 年水平,PPI 继续维持负增长。

2015 年,中国的宏观政策取向将在"稳增长"和"调结构"之间寻求平衡,更加注重通过深化改革、简政放权激发市场活力。财政政策将更有力度,政府部门继续加杠杆,总体赤字率将有所上升,结构性减税政策更加完善,政府投融资机制将继续创新。货币政策调控将在保持稳健基调的同时更加灵活、及时、有针对性,保持市场流动性合理宽裕。

经济步入新常态为本行的改革和发展带来了新的机遇和挑战。2015 年,本行将主动适应新常态、服务经济新常态、加快构建本行改革发展新常态,为经济社会可持续发展做出更大贡献。

一是主动适应经济新常态。正确认识新常态孕育的新变化,全面把握经济增速调整的新趋势、产业结构调整的新机遇、风险压力加大的新挑战,既保持战略定力,又增强发展信心,进一步提升市场竞争能力。

二是主动服务经济新常态。针对新常态衍生的新需求,充分发挥本行城乡联动的独特优势,紧紧围绕"四化同步"发展格局,着力服务农业现代化和新型城镇化,着力服务国家区域发展战略,着力服务经济结构战略性调整和产业结构优化升级,着力服务"一带一路"和自贸区建设,在金融服务过程中实现自身的发展转型和提质增效。

三是加快构建改革发展新常态。针对新常态提出的新挑战,坚持把改革创新作为转变发展方式的核心,提升经营活力;坚持把夯实管理基础作为可持续发展的基石,确保稳健经营。

地址:北京市东城区建国门内大街 69 号
邮编:100005
电话:95599
邮箱:95599@abchina.com
网站:www.abchina.com

中国建设银行股份有限公司

中国建设银行成立于 1954 年 10 月,是一家国内领先、国际知名的大型股份制商业银行,总部设在北京。本行于 2005 年 10 月在香港联合交易所挂牌上市(股票代码 939),于 2007 年 9 月在上海证券交易所挂牌上市(股票代码 601939)。于 2014 年末,本行市值约为 2,079 亿美元,居全球上市银行第四位。

本行在中国内地设有分支机构 14,856 个,服务于 348 万公司客户、3.14 亿个人客户,与中国经济战略性行业的主导企业和大量高端客户保持密切合作关系;在香港、澳门、新加坡、法兰克福、约翰内斯堡、东京、大阪、首尔、纽约、胡志明市、悉尼、墨尔本、台北、卢森堡、布里斯班、多伦多设有分行,拥有建行亚洲、建银国际、建行伦敦、建行俄罗斯、建行迪拜、建行欧洲、建行新西兰、建信基金、建信租赁、建信信托、建信人寿、建信期货、中德住房储蓄银行等多家子公司。

本行秉承"以客户为中心、以市场为导向"的经营理念,坚持"综合性、多功能、集约化"的发展战略,通过加快产品、渠道和服务模式的创新,为客户提供优质、全方位的现代金融服务。本行多项核心经营指标居于市场领先地位,在保持基础设施、住房金融等传统业务优势的同时,大力发展投资银行、信用卡、电子银行、私人银行、消费金融等新兴业务;不断优化业务和管理流程,加大信息系统等基础建设投入,持续提升风险防控能力和市场竞争力。

本行将履行公民责任作为企业使命,主动把业务发展与承担社会责任相结合,致力于建设服务大众、促进民生、低碳环保、可持续发展的银行。

【经营业绩】

2015 年上半年,建设银行围绕国家发展战略,倾心服务实体经济,全面推进转型创新,实现了稳健发展。资产规模达 18.2 万亿,较上年末增长 8.81%;净利润 1,322.44 亿元;年化平均资产回报率和年化平均股东权益回报率分别为1.51% 和 20.18%,资本充足率、核心一级资本充足率分别为 14.70% 和 12.35%。

经营业绩符合预期核心指标表现稳健

中报显示,2015 年上半年,建设银行持续稳健经营,业绩符合预期,实现净利润 1,322.44 亿元,归属于该行股东净利润 1,318.95 亿元,分别较上年同期增长 0.97% 和 0.94%。

于6月末，建设银行资产总额182,192亿元，较上年末增长8.81%；客户贷款和垫款总额101,571亿元，增长7.20%；客户存款总额136,970亿元，增长6.19%。

上半年，面对错综复杂的经济形势，建设银行不断优化资产负债结构，推进信贷结构和客户结构调整，适时调整债券投资组合结构，积极应对利率市场化带来的挑战，实现利息净收入2,246.19亿元，较上年同期增长133.27亿元，增幅为6.31%；在经营收入中占比为75.42%；净利息收益率为2.67%。上半年非利息净收入731.98亿元，较上年同期增长77.63亿元，增幅为11.86%；手续费及佣金净收入同比增长5.76%。同时，该行加强成本管理，优化费用支出结构，成本收入比较上年同期下降0.95个百分点至23.23%。

持续优化信贷结构服务实体措施有力

上半年，建设银行继续围绕国家重大战略和产业布局，积极对接"一带一路"、自贸区建设、京津冀协同发展、长江经济带等国家重大战略项目，实现信贷结构的调整优化。基础设施行业领域贷款新增额达1,478亿元，在公司类贷款新增额中占比73.98%；继续保持住房金融领先优势，个人住房贷款增长9.61%至24,704亿元，新增额和余额均居市场首位，房改金融业务市场占比持续超过50%；强化小微企业金融服务，运用大数据创新小额信用贷款服务模式，与各级政府合作为小微企业搭建增信平台，主打的"助保贷"产品贷款超过300亿元，小微企业申贷获得率84%；网络银行贷款累计超过1,500亿元，服务客户超过1.7万户。同时，该行加大节能减排、绿色环保、民生领域等领域的信贷投放力度。严格控制地方政府融资平台与产能严重过剩行业信贷投放，信贷结构进一步优化。

转型发展成效显著综合化经营加速推进

中报显示，今年以来该行不断调整优化各分支行产品供给、功能配套及服务模式，进一步提升综合服务水平；建立完善总分行跨区域、跨条线、跨境联动机制及跨时差的不间断服务，进一步增强服务功能和效率；业务转型重点发展的业务、产品、渠道等主要指标增长速度显著高于传统业务，前后台分离有序推进，"善融商务"电商平台、手机银行以及通过互联网和信息技术的产品创新、营运模式创新取得新突破，"新一代"核心系统建设、大数据研究与应用都取得重要进展。目前，建设银行已搭建起包括基金、租赁、信托、保险、期货等在内的综合性银行集团框架，综合牌照业内领先。综合金融服务功能逐步健全，以银行业务为主，非银行金融业务为辅，为客户提供跨市场跨行业跨国境的综合金融服务。截至6月末，该行累计承销非金融企业债务融资工具2,374.76亿元，承销金额继续保持同业第一；证券投资基金托管只数和新发基金托管只数均列市场第一，成为首批香港基金内地销售代理人中唯一一家银行代理人；综合化经营子公司总资产合计2,424亿元，较上年末增长27.91%，净利润21.60亿元，同比增幅47.62%。

该行海外机构布局进展迅速，国际化转型成效明显。上半年，建行欧洲所辖巴黎、阿姆斯特丹、巴塞罗那和米兰分行于6月同时开业，智利分行获颁牌照并成功获任智利人民币清算行，伦敦分行正式对外营业，苏黎世分行、马来西亚子行等机构申设筹备工作正在同步推进；同时，推动建立多功能的营销服务平台，筹建海外资金平台、海外项目信息管理平台和海外审批中心，推进海外机构清算业务集中和海外网络全球化部署。截至2015年6月末，建设银行已在全球24个国家和地区设立了26家一级机构。上半年实现国际结算量6,079亿美元，同比增长8.70%；跨境人民币业务量累计实收实付项下结算量8,341亿元，同比增长17.38%；人民币清算网络覆盖范围扩大到43个国家和地区。

全面加强风控能力资产质量保持稳定

上半年，建设银行针对经济周期性调整和结构性变化，坚持在发展中平稳化解风险，强化风险预警预控及常态化管理，持续开展高风险领域风险排查，加大不良贷款处置力度，资产质量保持稳定。截至2015年6月末，不良贷款率1.42%；减值准备对不良贷款比率185.29%，继续保持较高水平。

为积极化解风险项目、强化风险预警预控，建设银行开展了宏观经济、房地产、金融稳定等多维度风险压力测试，借助大数据对潜在风险客户进行快速筛查和分级预警；开展了风险内控薄弱环节梳理，查漏补缺完善制度；推动授信专业化建设，在各一级分行设立集中放款中心，强化放款审核薄弱环节；积极探索市场化风险处置新模式，制订了子公司联动处置不良资产、重整资产证券化等方案。同时，在全行范围内广泛开展"合规管理年"活动，推进内控合规转型，建立"制度建设抓条线、合规控制抓同级"的新机制。市场风险各项指标均控制在限额内；流动性储备充足，备付率保持在合理水平。

在保持稳健经营的同时，建设银行积极履行社会责任，持续在教育、医疗卫生、扶贫济困、环境保护等领域开展捐助与公益活动。大力拓展绿色信贷，助力国家生态文明建设，积极展示中国工商界良好企业形象，支持国家战略发展，为促进亚太区域及全球主要区域间的经济金融合作做出积极努力。2015年上半年，先后荣获国内外权威机构授予的40多项重要奖项。在英国《银行家》杂志2015年"世界银行1000强排名"中，以一级资本总额继续位列全球第2；在美国《福布斯》杂志2015年全球上市公司2000强排名中继续位列第2；在美国《财富》杂志2015年世界500强排名第29位，较上年上升9位；荣获美国《环球金融》杂志"2015年中国最佳银行"。

【社会责任报告】

2014年，建设银行紧密配合国家政策，进一步增强服务国家建设能力、防范金融风险能力和参与国际竞争能力，着力支持国家重点建设和国计民生重点领域，在促进经济、环境和社会可持续发展方面体现了大型银行的责任担当。

经济方面：

2014年，建设银行积极支持国家经济转型，发挥自身优势，拓展普惠金融，提升服务水平，延伸服务渠道，挖掘潜力降低企业的融资成本，不断创新提升银行的价值创造能力。截至2014年末，建设银行资产总额达到16.74万亿元，净利润达到2282.47亿元，实现了规模、质量和效益的协调发展；全年向国家上缴税收1075.11亿元；支持国计民生等重点领域，全年基础设施行业领域贷款新增2714.82亿元。建设银行还积极助推"走出去"战略，在自贸区、"一带一路"、沿边开放地区设立专业机构或团队，跨境人民币结算量达1.46万亿元。

环境方面：

建设银行高度重视环境气候变化，积极支持绿色信贷，加大节能减排项目的信贷支持力度；坚持责任投资，严控高耗能、高污染、产能过剩行业的信贷投放，截至2014年底，绿色信贷贷款余额达4870.77亿元，预计折合减排标准煤1969.58万吨，减排二氧化碳当量4653.39万吨，节水89.91万吨。建设银行还将发展网络金融服务和保护环境相结合，加大电子渠道建设，为客户降低成本，为社会节约资源。大力发展网上银行、手机银行、微信银行，网上银行客户数达1.8亿，手机银行客户数近1.47亿，微信银行客户近1400万户。建设银行积极倡导低碳运营，采取多种措施降低自身能耗，如通过尽量减少人员出差、提倡以视频会议代替现场会议、推行无纸化办公、控制办公区域室内温度、在办公场所使用节能节水设备等方式，降低能源消耗、减少碳排放，为全球的可持续发展贡献力量。

社会方面：

建设银行恪守企业社会责任，始终不忘回馈社会。2014年，实现每股社会贡献值 2.91 元，比上年增长 0.29 元；为社会直接提供 37 万多个就业岗位，在贫困地区设立金融服务网点 2390 个，让贫困地区的广大客户享受同样优质的金融服务；保护消费者权益，降低大众服务收费标准，免费向个人客户提供 79 项基础性金融服务；推进普惠金融，多方挖掘潜力，主动减费让利，降低企业融资成本，截至 2014 年底，小微企业贷款余额达 11429.28 亿元，涉农贷款余额达 17966.42 亿元，个人住房贷款余额达 22538.15 亿元；全年对外捐款 3593 万元，持续在教育、医疗卫生、扶贫济困、环境保护等领域开展公益慈善活动，倡导更多的社会人士加入到公益行列中来。

2015 年，建设银行将继续加快向综合性、多功能、集约化、创新银行、智慧银行的战略方向转型发展，努力打造成为"国内最佳、国际一流"的最具价值创造力的现代商业银行集团，为实现中华民族伟大复兴"中国梦"，做出更大的贡献。

中国银行股份有限公司

1912 年 2 月，经孙中山先生批准，中国银行正式成立。从 1912 年至 1949 年，中国银行先后行使中央银行、国际汇兑银行和国际贸易专业银行职能，坚持以服务社会民众、振兴民族金融为己任，历经磨难，艰苦奋斗，在民族金融业中长期处于领先地位，并在国际金融界占有一席之地。1949 年以后，中国银行长期作为国家外汇外贸专业银行，统一经营管理国家外汇，开展国际贸易结算、侨汇和其他非贸易外汇业务，大力支持外贸发展和经济建设。改革开放以来，中国银行牢牢抓住国家利用国外资金和先进技术加快经济建设的历史机遇，充分发挥长期经营外汇业务的独特优势，成为国家利用外资的主渠道。1994 年，中国银行改为国有独资商业银行。2004 年 8 月，中国银行股份有限公司挂牌成立。2006 年 6 月、7 月，中国银行先后在香港联交所和上海证券交易所成功挂牌上市，成为国内首家"A + H"发行上市的中国商业银行。2014 年，中国银行再次入选全球系统重要性银行，成为新兴市场经济体中唯一连续 4 年入选的金融机构。

中国银行是中国国际化和多元化程度最高的银行，在中国内地及 41 个国家和地区为客户提供全面的金融服务。主要经营商业银行业务，包括公司金融业务、个人金融业务和金融市场业务，并通过全资子公司中银国际控股有限公司开展投资银行业务，通过全资子公司中银集团保险有限公司及中银保险有限公司经营保险业务，通过全资子公司中银集团投资有限公司经营直接投资和投资管理业务，通过控股中银基金管理有限公司经营基金管理业务，通过全资子公司中银航空租赁私人有限公司经营飞机租赁业务。

在一百多年的发展历程中，中国银行始终秉承追求卓越的精神，将爱国爱民作为办行之魂，将诚信至上作为立行之本，将改革创新作为强行之路，将以人为本作为兴行之基，树立了卓越的品牌形象，得到了业界和客户的广泛认可和赞誉。面对新的历史机遇，中国银行将积极承担社会责任，努力做最好的银行，为实现中华民族伟大复兴的中国梦做出新的更大贡献。

经营综述

2014 年，中国银行紧紧围绕担当社会责任，做最好的银行的战略目标，坚持业务发展、风险管理、改革创新、队伍建设四轮驱动，积极履行对股东、客户、员工、社会等各利益相关方的责任，为稳增长、促改革、调结构、惠民生、防风险作出了积极的贡献。

年末集团资产总额、负债总额、归属母公司所有者权益分别达到 15.25 万亿元、14.07 万亿元和 1.14 万亿元，分别比年初增长 9.93%、8.95% 和 23.48%。全年税后利润增长 8.22%，超额完成年初董事会确定目标。成功实施资本补充计划，累计提高资本充足率 1.41 个百分点。成本收入比控制在 28.57%，较上年下降 2.04 个百分点。信贷资产质量保持基本稳定，不良贷款率控制在合理区间内。我行一级资本规模在全球 1,000 家大银行中排名第七，比上年上升 2 位。连续四年入选全球系统重要性银行，税后利润和 ROE 位居前列。我行综合实力的提升得到资本市场认可，全年 A 股、H 股股价分别上涨 70.73% 和 31.00%，标普、穆迪分别上调我行个体基础评级至境内银行业的最高主体评级水平。

全年本外币贷款累计新增 8,755 亿元，增长 11.51%，新增贷款主要投向国家制定的重大战略、惠及民生的重要领域和走出去的重点项目。大力推动产业转型升级，积极支持节能环保、装备制造、新能源汽车、信息消费等战略性新兴行业，主动压缩产能过剩等行业贷款。大力支持新型城镇化建设，积极服务一带一路、长江经济带、上海自贸区建设、京津冀一体化发展、新型城镇化建设等国家战略。出台支持小微企业发展七项措施，全年新增小微企业贷款 1,455 亿元，中银信贷工厂中小企业信贷客户突破 6 万户。大力支持企业走出去，累计支持中资企业走出去项目 1,590 个，提供融资金额达 1,219 亿美元，较上年末增长 40%。大力发展惠民金融，个人消费类贷款新增 1,543.9 亿元，增长 11.7%，积极支持广大居民扩大消费、改善民生。我们还严格规范服务收费，取消了小微企业融资服务费等多个收费项目，努力降低企业融资成本。

我行将继续坚持担当社会责任，做最好的银行的战略目标，坚持国际化的发展方向，深耕蓝海、突出特色，深化转型、做实效益，强化风控、确保质量，关注基层、夯实基础，以对股东、对员工、对社会高度负责的精神，努力推动新常态下中国银行的新发展。

社会责任

中行以为社会谋福利、为国家求富强为使命，贯彻担当社会责任，做最好的银行发展战略，大力弘扬爱国爱民、诚信至上、改革创新、以人为本的传统，坚持追求卓越的核心价值观和诚信、绩效、责任、创新、和谐的企业文化精神，以客户为中心、以市场为导向、以科技为引领，携手广大利益相关方，为经济、社会、环境的可持续发展贡献金融力量。

进一步完善社会责任管理体系。健全总、分、支海内外多层级、多区域的社会责任联络人工作机制，截至 2014 年末，全行共有社会责任联络人近百名。不定期对社会责任工作联络人进行专业培训，并通过微信等新媒体向海内外分支机构发送社会责任典型案例、经验总结，推动优秀社会实践在全行的推广与复制。

继续加强社会责任制度建设。修订发布《中国银行股份有限公司对外捐赠管理办法（2014 年版）》，同时首次制定与之配套的《中国银行股份有限公司对外捐赠项目实施细则》，进一步明确对外捐赠实施流程，提升公益项目质量和效果。

持续改进与利益相关方的沟通。连续7年发布社会责任报告,形成了一套完整、规范的报告编制与发布流程。推动社会责任工作绩效的传播,为利益相关方了解中行、认识中行、认可中行提供了通畅渠道。

交通银行股份有限公司

交通银行始建于1908年(光绪三十四年),是中国早期四大银行之一,也是中国早期的发钞行之一。1958年,除香港分行仍继续营业外,交通银行国内业务分别并入当地中国人民银行和在交通银行基础上组建起来的中国人民建设银行。为适应中国经济体制改革和发展的要求,1986年7月24日,作为金融改革的试点,国务院批准重新组建交通银行。1987年4月1日,重新组建后的交通银行正式对外营业,成为中国第一家全国性的国有股份制商业银行,总行设在上海。

作为中国首家全国性股份制商业银行,自重新组建以来,交通银行就身肩双重历史使命,它既是百年民族金融品牌的继承者,又是中国金融体制改革的先行者。

交通银行在中国金融业的改革发展中实现了六个"第一",即第一家资本来源和产权形式实行股份制;第一家按市场原则和成本—效益原则设置机构;第一家打破金融行业业务范围垄断,将竞争机制引入金融领域;第一家引进资产负债比例管理,并以此规范业务运作,防范经营风险;第一家建立双向选择的新型银企关系;第一家可以从事银行、保险、证券业务的综合性商业银行。交通银行改革发展的实践,为中国股份制商业银行的发展开辟了道路,对金融改革起到了催化、推动和示范作用。

2004年6月,在中国金融改革深化的过程中,国务院批准了交通银行深化股份制改革的整体方案,其目标是要把交通银行办成一家公司治理结构完善,资本充足,内控严密,运营安全,服务和效益良好,具有较强国际竞争力和百年民族品牌的现代金融企业。在深化股份制改革中,交通银行完成了财务重组,成功引进了汇丰银行、社保基金、中央汇金公司等境内外战略投资者,并着力推进体制机制的良性转变。2005年6月23日,交通银行在香港成功上市,成为首家在境外上市的中国内地商业银行。2007年5月15日,交通银行在上海证券交易所挂牌上市。目前,交通银行已经发展成为一家"发展战略明确、公司治理完善、机构网络健全、经营管理先进、金融服务优质、财务状况良好"的具有百年民族品牌的现代化商业银行。

明确的发展战略。面对复杂的外部经营环境、日趋刚性的资本约束和逐步推进的利率市场化改革,基于深化股份制改革已取得阶段性成果、发展已经迈上新的历史台阶,交通银行从2005年开始实施管理和发展的战略转型。2008年,我们经过全面分析讨论,在承继交行既有的发展目标和战略转型系列工作的基础上,进一步明确了"走国际化、综合化道路,建设以财富管理为特色的一流公众持股银行集团"的发展战略。这一战略目标,充分考虑了交行在国际业务领域和综合金融领域多年经营的先发优势,延续了交行不断推进战略转型、强化财富管理业务导向的一贯方针,保证了战略的协调性和延续性,为交行未来的发展指明了更加清晰的路径。

完善的公司治理。在成功引进汇丰银行、全国社保基金理事会、中央汇金公司等境内外战略投资者后,交通银行股权结构更加多元化。同时,完善公司治理的基本制度已经确立,完善的公司治理架构基本建成,董事会的战略决策作用、高级管理层的经营管理职责和监事会的监督职责都得到充分发挥,股东大会、董事会、监事会和高级管理层之间各自发挥良好效能、又相互制衡的机制基本形成。

健全的机构网络。交通银行拥有辐射全国、面向海外的机构体系和业务网络。分支机构布局覆盖经济发达地区、经济中心城市和国际金融中心。目前,交通银行在内地各省、自治区、直辖市设有省级分行30家,在全国228个地级以上城市、164个县或县级市设立了营业网点2,719个。另设有12家境外分支机构,包括香港、纽约、东京、新加坡、首尔、法兰克福、澳门、胡志明市、悉尼、旧金山和台北分行、交通银行(英国)有限公司。与全球141个国家和地区的1600多家银行建立了代理行关系。全行员工9.4万人。

先进的经营管理。交通银行秉承"发展是硬道理,是第一要务;质量是硬约束,是第一责任;效益是硬任务,是第一目标"的经营理念,始终坚持业务发展和风险控制并重,实施了以经济资本绩效考核为核心的激励约束机制;建立了全面的风险管理体制;推进了组织架构再造和业务管理的垂直化改造;建设了在国内处于领先水平的数据大集中工程。同时,按照"互谅互让、互惠互利、长期合作、共同发展"的要求,交通银行与汇丰银行的合作紧密而富有成效,先进的理念、技术、产品不断引进,对提升交通银行的经营管理水平产生了十分积极的影响。

优质的金融服务。交通银行充分发挥自身优势,在金融产品、金融工具和金融制度领域不断探索创新,形成了产品覆盖全面,科技手段先进的业务体系,通过传统网点"一对一"服务和全方位的现代化电子服务渠道相结合,为客户在公司金融、私人金融、国际金融和中间业务等领域提供全面周到的专业化服务。交通银行专注于为中高端客户提供优质的服务,以"私人银行"、"沃德财富"和"交银理财"品牌分别为高端和中端客户提供高附加值的服务和产品。拥有以沃德财富账户、交银理财账户、蕴通财富、太平洋卡、外汇宝、得利宝、展业通、基金超市、手机银行等为代表的一批品牌产品和服务,在市场享有盛誉。与战略合作伙伴汇丰银行合作推出"中国人的环球卡"——太平洋双币信用卡,境内在册发卡量已达到3,461万张。此外,交通银行目前在境内已拥有基金、信托、租赁、寿险子公司,在香港拥有证券、财险子公司,综合化服务能力显著提升。

良好的财务状况。抓住境内外成功上市后品牌和市场形象提升的有利时机,交通银行加快业务拓展步伐,经营活力充分显现,各项业务实现健康快速协调发展,综合实力日益增强。截至2015年6月30日,交通银行集团资产总额首次突破人民币7万亿元,达到人民币71,221.55亿元,较年初增长13.62%,其中,境外银行机构资产总额继去年末首次突破千亿美元后再上新台阶,达到1,327.50亿美元,较年初增长31.42%;客户存款余额达人民币45,145.66亿元,较年初增长12.03%;客户贷款余额(拨备前,如无特别说明,下同)达人民币37,091.52亿元,较年初增长8.08%。实现净利润人民币373.24亿元,同比增长1.50%。实现手续费及佣金净收入人民币193.86亿元,同比增长23.47%,手续费及佣金净收入占比达19.96%,同比提升2.68个百分点,非利息收入贡献度进一步提升。其中,资产管理及代理理财业务、咨询顾问业务等实现较快发展,管理类、投资银行手续费收入分别达人民币50.28亿元和46.86亿元,同比分别增长38.86%和48.95%。2015年,交通银行连续七年跻身《财富》(FORTUNE)世界500强,营业收入排名第190位,较上年提升27位;列《银行家》(The Banker)杂志全球千家大银行一级资本排名第 17 位，较上年提升 2 位，连续第二年跻身全球银行 20 强。

深厚的文化底蕴铸就了交行百年的辉煌，百年交行已启动新的航程。交通银行正加快推进战略转型，朝着创办一流公众持股银行和最佳财富管理银行的目标迈进！“交流融通，诚信永恒”是交通银行与您的共同心声，交通银行将为此不懈努力，为客户提供更好的服务，为股东创造更多的价值，为社会做出更大的贡献！

包商银行

【企业概况】

包商银行成立于 1998 年 12 月，是内蒙古自治区最早成立的股份制商业银行，前身为包头市商业银行，2007 年 9 月经中国银监会批准更名为包商银行。目前，包商银行在内蒙古自治区内的包头、赤峰、巴彦淖尔、通辽、鄂尔多斯、锡林郭勒、呼伦贝尔、呼和浩特、兴安盟、乌兰察布、乌海、阿拉善、满洲里、二连浩特和自治区外的宁波、深圳、成都、北京设立了 18 家分行、186 个营业网点，员工 7500 多人；此外，还设立了小企业金融服务中心，成立了达茂旗包商惠农贷款公司，发起设立了北京昌平、天津津南、江苏南通、大连金州、四川广元、贵州毕节、吉林九台、河南郾城、山西清徐等 27 家村镇银行；机构遍布全国 16 个省、自治区、直辖市。2015 年末，资产总额 3402 亿元，各项存款余额 1665 亿元，各项贷款余额 1106 亿元。

包商银行是中国银监会评定的首批风险最小（即二级）的七家城商行之一，近几年监管风险评级始终保持在二级水平。李镇西董事长荣获“2015 年全国劳动模范”、“2012 年度社会责任引领人物奖”、“2011 年度全国五一劳动奖章”等荣誉。近几年，包商银行先后荣获“全国文明单位”、“全国小企业贷款工作先进单位”、“全国小企业金融服务先进单位”、“2011 年度内蒙古最具社会责任感企业”、“2012 年度最具社会责任金融机构奖”、“2003—2012 内蒙古社会责任最佳公益慈善贡献奖”，“2014—2015 年度中国诚信民营企业先进集体”等奖项。中央电视台新闻联播、对话、经济半小时等节目，以及《人民日报》、《经济日报》、《光明日报》、人民网、新华社等媒体曾多次深入报道了包商银行小微金融服务工作。

一、构建优秀企业文化和经营管理模式

包商银行解放思想，锐意进取，奋力拼博，提出了“实现价值、创造大美、不屈不挠、追求卓越”的企业文化，成为“现代化、国际化的好银行”的战略愿景，聚焦“民生产业、高新特产业”的市场定位，打造“全面的金融服务集成商”的商业模式；凝聚形成了“一百个发展抵不上一个风险”、“不发展才是最大的风险”的风险文化；提炼总结出“资源配置 + 价格”的六字经济学和“环境、计划、组织、效率、控制”的十字管理学，通过打造流程型组织、实施事业部改革和前中后台分离、中后台大集中，推动“1 - 3 - 5”管理模式逐步深化。“1 - 3 - 5”就是以“国际化”为标准，狠抓“物质文明、制度文明、精神文明”建设，不断提高“经营、管理、创新、企业文化、金融生态”工作水平。

二、全力打造全面的金融服务集成商

近年来，面对小微金融竞争逐渐激烈的形势，包商银行一方面坚持做好小微金融服务工作，努力把小微金融服务做深、做细、做精；另一方面，结合经营环境变化和自身优势，总结过去小微金融服务的经验，扎实推进小微金融服务模式的转型升级，以产业链整体价值为中心，聚焦民生产业、高新特产业，致力于打造全面的金融服务集成商，服务中小微企业、社区金融（零售）、县域经济（新农村）。围绕民生产业的“衣食住行育娱医寿”8 个行业，满足老百姓的生活需求；围绕高科技产业、新兴产业和特色产业，服务于“大众创业、万众创新”和地方经济，满足创新性人才的创业需求；围绕理念创新、制度创新、技术创新、产品创新和服务创新等方面，通过圈和链、线上和线下、平台和渠道以及俱乐部等形式，产融结合、投融结合，对产业链上相关企业进行整合、提升、重构，服务于客户的生活和创新创业，为客户提供全生命周期的金融解决方案，逐步提升包商银行的核心竞争力。

三、助力城镇化建设、县域经济和“三农三牧”发展

包商银行积极响应国家号召发起设立新型农村金融机构，支持城镇化建设、县域经济和“三农三牧”发展，成立了达茂旗包商惠农贷款公司，发起设立了北京昌平、天津津南、江苏南通、大连金州、四川广元、贵州毕节、吉林九台、河南郾城、山西清徐等 27 家村镇银行。这些新型农村金融机构依托包商银行，将微小企业信贷技术和模式成功移植到县域和农村金融服务领域，努力为农村牧区的小微企业、个体工商户和农牧民提供快捷、高效的金融服务。在推进新型农村金融机构建设进程中，包商银行积累了发起设立新型农村金融机构的宝贵经验，不断提升新型农村金融机构在当地市场的影响力和社会美誉度，得到当地政府、监管部门、小微企业和农牧民的广泛赞誉。同时，包商银行推进普惠金融，试点设立村口银行（惠农金融服务站），为农牧民提供小额取现、卡卡转账、社保查询、信用卡还款等金融服务，并且实现农牧民贷款需求的线上申请、业务接收、审批、贷款的发放，进一步拓宽“三农三牧”金融服务受众面。

四、大力支持金融扶贫、定点扶贫和对口扶贫工作

包商银行凝聚向上向善的力量，积极参与扶贫开发事业，履行企业社会责任。选派优秀干部到旗县挂职，担任分管金融工作副旗长，支持当地金融扶贫；选派优秀干部员工到嘎查村任第一书记，推动重点工作落实，为当地脱贫致富贡献力量；选派优秀干部参与农村牧区“十个全覆盖”工程，帮助基层群众解决问题，帮扶农村牧区经济社会发展。2015 年 8 月，根据国务院扶贫办等 9 部委《关于进一步完善定点扶贫工作的通知》精神，包商银行继续承担内蒙古鄂伦春自治旗、莫力达瓦达斡尔族自治旗的定点扶贫任务。同时，包商银行积极开展对口扶贫工作，出资为内蒙古包头市固阳县下湿壕解决农户吃水难的问题；为达茂旗农牧民新建深水井井房，以及解决数字有线电视入户工程；在土右旗革命老区设立教育基金和文化基金，为土右旗毛岱村捐赠各类图书，并出资修建了小学校舍，铺设砂石路，兴建文化大院和商业街；资助土右旗建设敕勒川包商小学等。

五、努力为地方经济社会发展做贡献

包商银行认真落实金融支持实体经济发展政策，积极盘活信贷资源，创新金融服务方式，充分发挥小微金融的体制机制优势，大力支持小微企业、县域经济发展和地方重点项目融资。积极与政府洽谈合作，选择地方政府大力扶持的优势特色产业，通过传统信贷、设立产业基金、投融结合等方式，整合、提升、重构，带动扶持产业链上下游的中小微企业，探索区域化特色经营模式，助力地方产业结构调整和产业转型升级。在总行层面设立专业的行业事业部，通过专业化团队、专业化服务，探索农业、文化、旅游、教育、养老、医疗、健康、制造业、新科技等行业的金融解决方案，借助金融的力量，推动行业的整合、提升、重构。特别是包商银行与政府、担保公司合作，推出了下岗失业人员再就业贷款业务，贷款全部投向贸易、餐饮、手工等流通业和服务业，有力地支持了就业、再就业工作。同时，包商银行着力打造总部经济，努力成为内蒙古自治区纳税大户，2015年缴纳税金25亿元，自成立以来，累计缴纳税金100亿元，成为内蒙古自治区A级信用纳税人和包头市纳税大户，为地方经济社会发展做出了积极贡献。

地址：内蒙古自治区包头市青山区钢铁大街6号

邮编：014030

客服热线：95352

北京农商银行

北京农商银行改制成立于2005年10月19日，是国务院批准组建的首家省级股份制农村商业银行。拥有694家网点，是唯一一家金融服务覆盖全市所有182个乡镇的金融机构，并建成北京市首家持牌社区银行。近年来，北京农商银行牢固树立"稳健可持续全面发展"的经营理念，致力于"专业化经营、系统化管理、集约化控制"，经营规模、盈利水平、资产质量等均创历史最佳水平，被中国人民银行评为2014年度辖内"银行业金融机构综合评价"A等银行，连续三次荣获"金龙奖——年度最佳农商银行奖"奖项。

一、全行经营质态大幅攀升，跨入中等商业银行发展行列

北京农商银行坚持稳中求进，以提高经济发展质量和效益为中心，着力推进经营结构调整和发展方式转变，经营规模、资本实力、盈利水平、资产质量、风险抵御能力均显著提升，22项主要监管指标持续达标向好。

一是经营规模突破5000亿元大关。截至2014年末，全行资产总额达到5222亿元，同比增加566.1亿元、增长12.2%。其中，各项存款余额4214.3亿元，同比增加395.5亿元、增长10.4%；各项贷款余额2634亿元，同比增加279.4亿元、增长11.9%。

二是经营质效创历史最佳水平。截至2014年末，全行拨备前利润、税前利润、净利润，同比分别增长25.3%、24%、32.6%。资产利润率(ROA)历史性突破1%，达到1.02%，同比提高0.16个百分点。成本收入比38.78%，接近上市银行平均水平。

三是资产质量首次优于全国商业银行平均水平。截至2014年末，全行五级不良贷款率为0.98%，明显优于全国商业银行1.25%的平均水平。不良贷款拨备覆盖率达374.41%，优于全国商业银行232.06%的平均水平，抵御风险能力不断强化。

四是资本实力显著增强。截至2014年末，全行核心一级资本充足率、一级资本充足率均为11.49%，资本充足率为14.11%，较2009年末大幅提升。在英国《银行家》杂志最新全球银行业排名中，一级资本位列全球1000家银行第262位，同比上升了23位，资产规模全球排名第198位。

二、着力实施创新驱动发展战略，打造具有特色的现代商业银行

北京农商银行以建设"流程银行、特色银行、精品银行"为战略目标，积极应对利率市场化和互联网金融冲击，以科技创新为支撑，统筹推进组织架构创新、管理体制创新、考核机制创新、营销体系创新、渠道建设创新、流程优化再造、业务与产品创新，有力夯实了稳健可持续全面发展的基础。近5年，北京农商银行共投产各类科技项目超过2000个，应用系统从50个增加到134个，研发投产金融新产品和服务项目超1000项，综合金融服务能力和市场竞争能力明显提升。

三、积极融入首都经济发展主流，成为服务民生、服务实体经济的重要金融力量

北京农商银行坚持以科学发展为中心，紧抓北京打造中国特色"世界城市"机遇，强化对北京市基础设施建设、重点支持行业、重点民生项目和小微企业的金融支持力度。特别是围绕南水北调、轨道交通、市政路桥、保障房、中关村科技园区、棚户区改造、新型城镇化建设等国家级重点项目、北京市重点项目和民生工程建设资金需求，大力发展绿色金融、科技金融、文化金融。近几年来，每年的信贷资金投放均在1000亿元以上，全力服务首都产业升级、结构调整和提质增效。

四、坚持"服务三农"特色定位，大力支持首都城乡一体化建设

北京农商银行始终把"做好三农服务"作为重点工作，以"大三农"视角，积极开展涉农业务，围绕信贷资金支持、改善农村金融服务功能、提升农村地区支付结算水平进行了一系列创新和探索，研发了"重点村改造贷款、集体产业贷款、资产量化贷款和棚户区改造贷款"等新农村建设贷款，以及"板栗农户贷款、冷水鱼养殖贷款、民俗旅游户贷款"等新农家农户贷款产品，积极支持涉农经济发展。5年来累计发放各类涉农贷款近2000亿元，先后荣获"信贷支持三农先进单位"、"北京地区三农金融服务先进单位"等荣誉称号。

五、坚持科技创新引领，打造全天候、多渠道服务网络

充分运用信息化技术和科技最新成果，不断探索推进服务渠道和服务模式创新。一方面，着力打造财富管理中心、贵宾理财中心、理财网点、普通网点、社区银行、自助银行、乡村自助店、乡村便利店、村村通金融服务点等全方位、多层次的物理服务渠道，为客户提供更加优质、高效的服务。另一方面，顺应互联网金融快速发展趋势，不断完善网上银行、电话银行、手机银行、微信银行、智能营业厅等全天候、立体化的服务网络，以服务品质提升力促稳健可持续全面发展

2014年获奖殊荣

1. 2014年英国《银行家》杂志中，本行一级资本位列全球1000家银行第262位，资产规模全球排名第198位。其中，一级资本排名较2013年的第285位上升了23位，较2012年的第306位上升了44位。

2. 在第22届中国国际金融展上，本行"凤凰福农信用卡"荣获"年度优秀金融品牌奖"。

3. 在第十届北京国际金融博览会上，本行社区e服务、凤凰速通信用卡双双荣获"最佳创新发展奖"。

4. 在由《金融时报》社主办的"2014中国金融机构金牌榜·金龙奖颁奖盛典"上，本行荣膺"金龙奖——年度最佳农商银行奖"和"最佳零售业务农商银行奖"。

5. 经中国人民银行营业管理部审核，市场利率定价自律机制复审并表决通过，报经中国人民银行总行备案，本行取得市场利率定价自律机制基础成员资格。

6. 在中国人民银行营业管理部召开的2013年度北京辖区信贷政策导向效果评估通报会上，本行荣获小微企业信贷政策和涉农信贷政策"先进单位"称号。

7. 在中国人民银行营业管理部2013年度"代理国债销售与兑付业务"评比中，本行在北京市参评的29家金融机构中取得第一名。

8. 在2014年北京地区银行执行外汇管理规定情况考核中，本行被国家外汇管理局北京外汇管理部评为A类银行。

9. 在中国外汇交易中心公布的2013年银行间本币市场和银行间外币市场交易名录中，本行连续3年入围交易百强榜。

10. 中国银行间交易商协会公告：包括本行在内的4家地方性商业银行首批获得非金融企业债务融资工具B类主承销业务资格，本行是获得该项资质的首家农村金融机构。

11. 在北京市财政局组织的“2014－2016年北京市政府债券承销团组建及主承销商确认项目”招标中，本行成为2014－2016年北京市政府债券承销团成员。

12. 本行荣获北京银监局授予的北京地区2014年“金融知识进万家”宣传月活动先进单位称号。

13. 在中国银行业协会召开的《中国银行业社会责任报告》发布暨社会责任工作表彰会上，本行推荐参评项目——北京市首家持牌社区银行荣获中国银行业2013年度最佳社会责任实践案例奖。

14. 在中国银行业协会举办的银团贷款与交易专业委员会第五届年会上，本行“南水北调来水调入密云水库调蓄工程”银团贷款项目获“2013年度银团贷款最佳交易奖”，这是本行首次获得全国性银团贷款业务评优活动奖项。

15. 在中国银行业协会召开的文明规范服务百最佳示范单位表彰会上，本行获得普及金融知识万里行活动“最佳成效奖”。

16. 本行总行营业部、卢沟桥支行营业部、亚运村支行营业部3家单位，被中国银行业协会授予“中国银行业协会千佳示范单位暨全国五星级营业网点”称号。

17. 本行中关村支行营业部、怀柔汤河口支行、经济技术开发区支行南海家园五里社区分理处3家单位，被北京市银行业协会授予“北京市特色服务示范网点”称号。

18. 在北京市银行业协会召开的北京市银行业优质服务示范单位表彰暨北京市银行业服务发展改进报告发布会上，本行获得“消费者权益保护知识竞赛优秀组织单位”荣誉称号。

19. 本行在中国中小商业企业协会主办的“第九届中国中小企业家年会”上，荣获“2014全国支持中小企业发展十佳商业银行”荣誉称号，“惠商宝”电子结算融资产品荣获“2014年度全国中小企业最受欢迎金融特色产品奖”。

20. 本行荣获中国人民银行营业管理部2013年金融统计与分析优秀集体一等奖。

21. 在北京市审计局及北京审计学会组织的“审计发展三十年”征文活动中，本行选送的论文《非现场审计在商业银行内部审计中的应用》荣获一等奖。

22. 在第五届国家理财规划师年会暨“第九届全国十佳理财师大赛颁奖盛典”上，本行荣获2014年度中国理财行业突出贡献奖。

23. 在北京市志愿服务指导中心、共青团北京市委员会企业工作部等单位主办的“首届北京市企业志愿服务优秀奖评选工作”中，本行荣获“2014年北京市企业志愿服务优秀项目奖”。

24. 本行荣获《北京青年报》颁发的“2014年度金牌零售银行奖”。

25. 本行荣获《新京报》颁发的“2014年度最具特色支农产品奖”和“2014年度最具成长力零售银行奖”。

地址：北京市朝阳区朝阳门北大街16号
邮编：100020
网址：www.bjrcb.com
邮箱：96198@bjrcb.com
二十四小时服务热线：96198；400－66－96198（全国）；
400－88－96198（信用卡）
在线客户服务：点击进入在线客户服务系统

北京银行股份有限公司

北京银行成立于1996年，是一家中外资本融合的新型股份制银行。成立以来，北京银行依托中国经济腾飞崛起的大好形势，先后实现引资、上市、跨区域、综合化等战略突破。目前，已在北京、天津、上海、西安、深圳、杭州、长沙、南京、济南及南昌等十余个中心城市设立近400家分支机构，发起设立北京延庆、浙江文成及吉林农安北银村镇银行，成立香港和荷兰阿姆斯特丹代表处，发起设立国内首家消费金融公司——北银消费金融公司，首批试点合资设立中荷人寿保险公司，设立中加基金管理公司、北银金融租赁公司，开辟和探索了中小银行创新发展的经典模式。

截至2014年12月末，北京银行资产达到1.52万亿元，实现净利润156亿元，成本收入比仅24.65%。ROA1.09%，ROE17.96%，不良贷款率0.86%，拨备覆盖率为324.22%，资本充足率11.08%，各项经营指标均达到国际银行业先进水平，公司价值排名中国区域性发展银行首位，品牌价值201.36亿元，一级资本排名全球千家大银行99位，首次跻身全球银行业百强，被誉为中国最具创新能力和发展潜力的中小银行。

19年来，北京银行积极履行社会责任，在医疗、教育、慈善、赈灾等方面向社会捐助超过1亿元。凭借优异的经营业绩和优质的金融服务，北京银行赢得了社会各界的高度赞誉，先后荣获“全国文明单位”、“亚洲十大最佳上市银行”、“中国最佳城市商业零售银行”、“最佳区域性银行”、“最佳支持中小企业贡献奖”、“最佳便民服务银行”、“中国上市公司百强企业”、“中国社会责任优秀企业”、“最具持续投资价值上市公司”、“最受尊敬银行”、“最值得百姓信赖的银行机构”及“中国优秀企业公民”等称号。

本行各业务线经营情况

（一）公司银行业务

1. 主要经营成果

2014年报告期末，人民币公司存款余额6904亿元，较年初增幅3.3%；实现公司业务中间业务收入累计实现20.5亿元，同比增幅20.2%。存款偏离度、定向降准和“三个不低于”指标均达到监管要求。

2. 业务发展措施

（1）公司客户特色提升和渠道拓展取得新进展。小微金融服务和特色模式不断深化，同业中首家成立中关村小巨人创客中心，推动线上信贷工厂模式，

推动贷后第三方机构合作试点，针对高成长小微企业创新推出“成长贷”产品，科技、文化和绿色金融特色进一步彰显。战略客户转型基础作用稳健发挥，与天津市政府签署3年1000亿元全面战略合作协议；与腾讯公司合作推出“互联网＋京医通”智慧医疗新模式；深化与北京、上海、山东、浙江、江西等地方政府国库现金管理和地方债合作；社保卡累计发卡量1664万张，发卡量全国第一。

（2）公司产品组合创新和品牌建设实现新突破。投资银行业务规模和产品创新不断提升，投行业务表外融资规模达到1375亿元，承销债券119只、规模987亿元，同比增长

22%;成功发行备案制下信贷资产支持证券;推动理财直融工具、中小企业私募债、第三方机构代销、企业资产证券化等创新业务融资规模116亿元,实现投行中收1.8亿元,同比增长19倍。交易银行综合贡献和产品组合稳步推进,交易银行客户突破4万户,带动日均存款增量514亿元,占公司客户整体增量78%,实现中收6.2亿元,同比增幅79%;推出"互联网+网速贷"品牌,将小微企业线上金融服务流程缩短至分钟级别;成功推出对公大额定期存单、交易资金监管新产品系统、C2B资金集中方案、商票质押业务等。

(3)公司精细管理和服务支持水平得到新提升。强化风险管理嵌入业务线,强化指标考核督导、存款偏离度和利率定价基础管理;举办2015年首期小微产品经理路演,启动第四届"财富1+1杯"公司明星客户经理大赛,完成第二期国际财资管理师培训工作。

3. 品牌建设

2014年报告期内,公司银行总部强化产品品牌建设,取得显著成果。荣获人行营管部中小企业、高新技术、文化创意、节能减排等七个一等奖;荣获北京市银行业协会小微金融服务优秀管理机构奖等奖项;海淀园信贷工厂模式荣获中国银行业协会服务小微企业二十佳金融产品奖;荣获最佳城商行投行奖、最佳银团融资奖、最佳债券承销奖;成为中国普惠金融促进会发起单位;荣获第一财经金融价值榜最佳在线现金管理创新银行及在线供应链卓越创新奖;荣获中国经营报评选卓越竞争力现金管理银行;荣获中国电子商务联盟在线供应链创新奖。

(二)零售银行业务

1. 主要经营成果

2014年报告期内,本行零售业务转型取得明显成效,零售业务规模快速增长,盈利能力持续增强。截至报告期末,全行零售资金量余额达3397.4亿元,较年初净增356.5亿元;全行储蓄存款余额达1891.6亿元,较年初净增49.5亿元;零售贷款规模达1712.9亿元,较年初净增192.8亿元。上半年,全行零售业务利息收入达48亿元,同比增长7.9亿元,增幅19.95%;实现中间业务收入6.5亿元,同比增长31.8%,其中信用卡中间业务收入1.9亿元,同比增长86.2%。

截至报告期末,零售客户规模达1320万户,较年初净增111.2万户;VIP客户32.2万户,新增3.3万户;私人银行客户(含潜力)1.7万户,新增0.2万户,高端客户占比及综合贡献度进一步提高。

2. 业务发展特点

线上线下渠道协同进展良好。"赢在网点"推进标准化、精细化实施目标,加强零售队伍管理,实现新任网点负责人分层化培训全覆盖。积极推动线上渠道转型创新步伐,引领客户行为变化。在全国推广京彩E家智能"轻"网点,功能持续完善;开拓京彩e账户线上获客模式,切入校园金融生活场景;拓展线上支付渠道,成为中国人民银行首批移动支付产品试点行;开通微信支付,上线微信智能客服及信用卡微商城;"金贷宝"实现线上一站式全流程自助办理,"短贷宝"实现线上随借随还功能;利用大数据资源,与前海大数金融公司联合推出"微贷宝"业务。

创新产品提升主动负债管理能力。推出储蓄差异化利率定价机制,完成大额存单产品系统开发。引入行业龙头合作开展旅游保证金业务、二手房资金监管业务,落地首笔个人股权交易资金监管业务。开通"跨行通"资金归集业务,便利行外储蓄资金引流。成为"残疾人服务一卡通"独家承办银行,发卡达46万张。

财富管理业务实现内涵新升级。理财实现深度专属化、定制化,上半年发行定制产品超过200款,创新推出4期新股投资类理财,非保本理财余额突破1000亿元。基金销售力度持续加强,上半年代销收入同比增长553.6%,非货币基金销量同比增长231.8%。实现保险线上线下同步销售,实现保费收入同比增长320%。家族信托保持业内领先,叙做国内单笔最大规模家族信托业务。推广全权委托资产管理服务,发行首只新三板专属产品。

3. 品牌建设

2014年,我行零售业务荣获《亚洲银行家》"2015年度中国最佳品牌建设奖"。京彩E家智能"轻"网点荣获中国《银行家》杂志"2015年度十佳金融产品创新奖"。我行开创"银行+互联网征信"合作先河,成为"芝麻信用"首家合作银行。信用卡中心正式成为分行级专营机构,明确"信为首,都为您"的经营宗旨和"打造您心中的银行"服务理念。

(三)金融市场业务

2014年,本行一直在确保资金安全性、流动性的前提下,以市场为导向,积极开展各项国际业务、同业业务、资金业务、资产管理业务及托管业务,金融市场业务整体发展态势良好。

1. 国际业务:实现国际类中间业务收入7.05亿元人民币,同比增长25%;外汇公司存款时点373亿元,同比增长21%;外汇公司存款累计日均369亿元,同比增长33%;结算量规模达371亿美元,与上年同期持平。保函、信用证等表外业务快速发展,表外资产规模达到1100亿元。6月正式发布"保融通"二级子品牌,通过对境内、境外金融资源进行整合,加强与境内外金融机构的业务联动,以创新金融产品支持实体经济发展。

2. 同业业务:本行不断加强同业业务精细化管理,加快推动高收益资产落地,持续推动产品创新,加强非银存款的营销,保证了流动性安全,推动了业务规模增长。截至报告期末,本行同业资产4048亿元,同业负债2953亿元,上半年实现同业类中间业务收入5.71亿元。

3. 资金业务:在本行原资金交易部基础上新设立了资金运营中心,于6月19日正式开业,具备独立的二级法人营业资格。独立运营后的资金运营中心,将以利润增长为核心,大力发展资金交易及投资业务,打造北京银行新的利润增长点。截至报告期末,资金运营中心资产达到1608亿元,较年初增长35%。

4. 资管业务:本行资产管理业务抢抓市场机遇,实现稳健发展。一是加强非保本理财产品的销售工作,提升北京银行理财品牌影响力;二是加强资产管理,特别是对非标债权资产的运用,实现资产收益和风险控制并重;三是加强标准资产配置,加大公司债、私募债及资产证券化等高收益资产入池力度,提高理财产品收益率,同时加强产品流动性管理;四是加强产品创新力度,满足不同客户群体的多样需求。上半年,本行实现理财中间业务收入4.68亿元。

5. 托管业务:本行在托管产品、服务、系统上不断推陈出新。

在托管行业内率先开展"新三板"投资产品托管;增加股指期货、国债期货估值等模块,满足客户多样化投资的托管服务需求;密切关注资本市场发展动向,不断创新托管服务,积极参与新型产品托管。截至报告期末,资产托管业务规模达到7027亿元,同比增长100%;实现托管类中间业务收入3.61亿元,同比增长67%。

（四）直销银行业务

1. 主要经营成果

2014 年，本行持续推进直销银行建设，助力全行战略转型，各项业务实现快速增长。截至 2014 年末，直销银行客户达 15.5 万名，储蓄余额近 6 亿元，累计销售额达 9 亿元。

2. 业务发展措施

一是夯实基础。不断探索直销银行的特色化发展路径、销售模式和价值主张，与 ING 集团联合开展科技系统建设调研项目，为双方合作设立直销银行奠定基础；与 360、陆金所等互联网企业初步达成合作意向，为下阶段线上宣传推广、合作开发金融产品做好充分准备。

二是科技引领。渠道建设方面，直销银行网站、手机、电销中心、微信四大服务平台运行稳定，功能不断升级优化。管理系统建设方面，客户管理系统顺利上线，数据分析平台建设稳步推进，为直销银行数据化、自动化管理提供有力支撑。

三是完善产品。坚持"特色化、标准化、简单化"的产品研发理念，直销银行不断完善和升级"惠存类（储蓄产品）、慧赚类（理财产品）、会贷类（贷款产品）"产品系列。上半年，直销银行陆续推出"惠存宝"全系列储蓄产品、"慧添宝一年期"基金产品和"慧赚宝"11 期理财产品，销售情况良好。

3. 品牌建设

2014 年，直销银行开展多次专项营销活动，如"人荐人爱"、"富女节抢钱"和"端午节赛龙舟"等，提升直销银行品牌知名度，在品牌建设、培育市场和拓展客户等方面起到了明显的促进作用。在《银行家》杂志举办的"中国金融创新奖"评选中，直销银行荣获"十佳互联网金融创新奖"。

特色品牌经营情况

本行坚持特色化、差异化发展道路，对科技、文化、绿色等新兴领域或行业更多关注、更多投入。在中国人民银行营业管理部 2014 年度信贷政策执行效果评估中，荣获高新技术、文化创意、节能减排等三个单项信贷政策导向效果评估一等奖。特色金融品牌影响力持续提升，潜力继续彰显。

1. 科技金融

2014 年，本行继续积极参与各项科技金融创新试点，助力科技企业放飞创新梦想。凭借科技金融的发展成绩以及特色化的托管服务方案，成为科技部"国家科技成果转化引导基金创业投资子基金"招标项目 10 家入围银行之一。成立国内首家银行"孵化器"——小巨人"创客中心"，打造创业企业成长平台，涵养投贷联动客户。长沙分行与湖南省知识产权局合作，推动知识产权质押贷款产品"智权贷"在湖南落地。石家庄分行与河北省科技厅签署合作协议，在未来 3 年内为符合条件的河北省科技型企业提供不少于 50 亿元人民币资金支持，并创新推出"科冀贷"产品，助力科技企业发展。截至 2015 年 6 月末，本行科技金融贷款余额 698 亿元，较年初增加 60 亿元，增幅 9%。

2. 文化金融

2014 年，本行继续充分发挥服务文化产业的纽带作用，加大文化产业支持力度。参加"第十一届中国（深圳）国际文化产业博览交易会"，并在文化旅游与金融融合发展对接会上，与深圳华强文化科技集团签署 20 亿元战略合作协议。成为首都文化产业协会副会长单位，并与其签署 100 亿元意向性授信协议，为会员企业提供专业化金融服务。南京分行与江苏省文化厅签署《关于全面推进艺术品与金融深度融合的战略框架协议》，并成为江苏省内首家"艺术品银行"。

3. 绿色金融

2014 年，本行积极践行绿色金融，持续加大节能减排信贷支持力度。参加中国节能协会节能服务产业委员会（EMCA）主办的 2014 年度节能服务产业峰会，并获颁"2014 年节能服务产业金融机构突出贡献奖"；参加京津冀钢铁行业节能减排产业技术创新联盟成立大会，并作为联盟副理事长单位与联盟签署意向性授信合作协议，在未来 5 年内向联盟企业提供意向性授信 100 亿元，支持节能环保产业发展。凭借绿色金融业务发展，上海分行荣获 2013 – 2014 年度上海市合同能源管理"金融创新奖"。

渤海银行

渤海银行是 1996 年以来获国务院批准新设立的第一家全国性股份制商业银行，是第一家在发起设立阶段就引入境外战略投资者的中资商业银行，也是第一家总部设在天津的全国性股份制商业银行。本行由天津泰达投资控股有限公司、渣打银行（香港）有限公司、中国远洋运输（集团）总公司、国家开发投资公司、宝钢集团有限公司、天津信托有限责任公司和天津商汇投资（控股）有限公司等 7 家股东发起设立，注册资本总额 85 亿元人民币。2005 年 12 月 30 日成立，2006 年 2 月正式对外营业。截至 2014 年 12 月 31 日，本行已开设了 17 家一级分行，14 家二级分行和 89 家支行。

渤海银行自成立以来，始终坚持"审慎经营，稳健发展"的经营理念，明确提出"集约化经营、专业化管理、一体化发展"的经营思路，不断发挥后发优势、国际化优势和滨海新区综合配套改革先行先试的政策优势，圆满完成了第一个五年规划确定的目标，呈现出持续、健康、快速发展的良好态势。渤海银行在第二个五年规划中将追求股东价值、客户价值、员工价值和社会价值的和谐均衡增长，并将建设公司治理完善、依法合规经营、业务特色鲜明、经营业绩优良的现代银行作为长期愿景。

截至 2014 年末，本行资产总额 6,671.48 亿元，比年初增长 17.41%，其中：贷款总额（含贴现）2,053.61 亿元，比年初增长 22.31%。投资及其他金融资产总额 2,782.57 亿元，比年初增长 45.79%。负债总额 6,376.51 亿元，比年初增长 17.21%，其中：存款总额（不含同业）3,547.30 亿元，比年初增长 16.78%；同业及其他金融机构存放款项 1,953.80 亿元，比年初增长 9.27%。盈利能力大幅提高。报告期内，本行实现营业收入 155.73 亿元，比上年增长 21.78%；手续费及佣金净收入 26.98 亿元，比上年增长 40.91%；成本收入比 34.89%，比上年上升 0.15 个百分点。实现净利润 50.31 亿元，比上年增长 10.28%。资产质量指标保持稳定。截至报告期末，本行不良贷款 24.74 亿元，比年初增加 20.39 亿元，不良贷款率 1.20%，比年初上升 0.94 个百分点。贷款损失准备计提充足，本行贷款减值准备 50.57 亿元，比年初增加 13.5 亿元。贷款拨备率 2.46%，拨备覆盖率 204.39%，资产质量和拨备保持较好水平。

经营业绩稳步提升。截至 2014 年末，本行净利润 50.31 亿元，比上年增长 10.28%，持续保持快速增长。

地址：天津市河东区海河东路 218 号

邮编：300012

电话：4008888811

邮箱：enquiry@ cbhb. com. cn

长沙银行

【企业概况】

长沙银行成立于1997年5月，是湖南首家区域性股份制商业银行，现拥有包括广州、株洲、湘潭、常德、娄底、郴州、益阳、怀化在内的24家分支机构、101个营业网点，控股发起湘西、祁阳、宜章三家长行村镇银行。截至2014年底，全行资产总额达到2121.78亿元，一般性存款总额达到1518.1亿元，表内外授信总额达到1021亿元，实现利润31.32亿元。各项结构性指标基本达到上市银行水平，连续十年保持25%以上的价值增长，资产规模跻身全球银行500强，综合实力挺进中国服务业500强、中国金融业100强。可以说，经过近年来的励精图治、改革转型，长沙银行已经由一家实力孱弱的小银行迅速成长为综合实力较强、竞争优势突出、经营特色鲜明、风险内控严密的中等商业银行。

立行以来，长沙银行始终坚持差异化、特色化的发展道路，确定了政务金融、小微金融、社区金融、网络金融和管理资产业务五大核心业务板块，初步形成了自身的经营特色和核心竞争能力。长沙银行在地方经济发展中勇担金融先锋，积极支持产业升级、绿色环保和消费、外贸等重点领域，对地方经济信贷投入超过810亿元。长沙银行通过设立小企业信贷中心，引进微贷技术，推进专营支行建设，在长沙市场为中小企业授信占比达40%，接近半壁江山，迄今已累计支持小巨人企业、拟上市企业、园区企业20000余家，中小微企业贷款余额超过500亿元。面对利率市场化的逼近和互联网金融的兴起，长沙银行加快普惠金融建设，积极在社区金融、消费金融、财富管理等符合零售特征的业务领域加快创新与整合，目前长沙银行已建成社区银行155家，与中国银联、中通服共同研发的“掌钱”移动互联网综合金融服务平台用户突破300万，资金交易量超过260亿元。

未来，长沙银行将坚持差异化、特色化、综合化的发展道路，形成以长沙为核心的沿京广、沪昆高铁沿线两小时经济圈的区域化架构，升级打造“一体两翼一尾”业务新格局，即坚持以大批发业务为主体，以大零售业务、大资管业务为两翼，以网络金融为一尾，通过社区化、平台化、综合化、集约化、智能化的“五化”发展路径，打造“中国最快乐的银行”、“中国最优秀的社区化银行”、“中国领先的网络银行”，实现“三年翻一番、十年过万亿，领跑中西部，挺进十二强”的战略发展新目标。

2014年度工作总结

1. 直面挑战，综合实力在竞争中不断提升。面对低位运行的宏观经济和银行业改革转型的诸多重大挑战，我行攻坚克难、负重前行，实现了平稳快速增长，保持了对主要竞争对手的竞争优势，资产规模迈上2000亿的崭新平台。规模实力不断增长，截至2014年末，全行资产总额达到2120.96亿元，较上年增长11.52%；一般性存款1551.02亿元，较上年增长17.87%；各项贷款余额为709.35亿元，较上年增长24.4%；实现税前利润31.17亿元，较上年增长11.32%。不良贷款率为0.98%，资本充足率（新口径）12.23%，拨备覆盖率为257.8%，拨贷比为2.52%，流动性比率为45.17%，主要监管指标基本达到我行既定目标和监管要求。品牌形象稳步提升，在英国《银行家》杂志评选的“2014全球银行1000强”中名列第489位，较2013年攀升57位，在中国《银行家》杂志评选的“年度城市商业银行财务评价”（资产规模1000～2000亿元）中名列第四位，作为“湖南人自己的银行”的品牌形象日渐拓展、深入人心。

2. 深化特色，战略业务在转型中持续推进。一是大零售经营格局初步搭建。截至2014年底，个人贷款余额达到182.10亿元，对私管理资产399亿元，销售理财产品293亿元，零售价值客户、财富管理客户分别为145178户和3381户；信用卡收入突破2亿大关，同比增长26.39%；已建成开业的社区银行155家。二是网络金融实现突破。网银新增99578户，全年交易量达到3639.73亿元；掌钱用户达到312.02万，资金交易量超过260亿元，成功推出“天天涨钱”、“年年涨钱”等金融应用，接入长沙交通罚款缴纳、预约挂号、全省水电缴费、足彩、湖南有线支付等支付和充值渠道；直销银行“e钱庄”正式推出，存量客户20070户，吸纳资金3490万元，接入华安基金、“拍拍贷”等线上线下资源，为渠道整合开辟了新路径。三是小微金融持续深化。创新开展小微金融大讲堂活动，打造长行金融服务品牌，举办活动12场，参会人员2766人，参会小微企业2158家；积极开展“走园区、入社区，上商会、进协会”活动，推出“长湘汇”、“融意通”等特色产品；专营支行尤其是重点专营支行特色彰显，全行专营支行授信余额110.79亿元，新增25.27亿元；微贷业务加大分中心布局、队伍建设和客户营销力度，全年共发放“长湘贷”贷款14.3亿元。小微企业贷款余额453.98亿元，新增115.77亿元，增长34.23%，全面实现“两个不低于”。四是传统批发业务稳健发展。全年战略客户达到365户，增长75户，战略客户存款时期数新增124.35亿；加强政务营销，取得湖南省社保卡合作银行发卡资格，成为长沙市社保卡主发卡行，省级财政集中支付电子化系统顺利上线，积极推动异地政务业务发展。五是管理资产业务捷报频传。同业业务稳步拓展，实现收入33.32亿元，同比增长23.73%，办理票据贴现541亿元，实现贴现利息收入13.4亿元，较上年分别增长19%、4%；债券业务再创新高，准确把握市场变化，有效调整投资思路，现券交易量全市场排名19位，城商行中排名第7位，实现债券投资收入16.54亿元；投行业务持续突破，全年完成结构化融资和债务工具融资投放81.75亿元，增长92.81%，发行理财产品424.32亿元，增长77.46%。第一个投行业务资质——债券意向承销商资质成功获批，20亿元小微企业专项金融债券获得银监会批复；第一期同业存单成功发行，成为省内唯一获得同业存单发行资格的金融机构；面向6家机构投资者成功发行小微企业信贷资产支持证券7.1亿元，为资产证券化业务拓展了新渠道。

3. 把握底线，风险防控在坚守中持续强化。一是全面开展风险排查。建立风险预警常规机制，实行风险贷款名单制管理，对异地授信、房地产贷款、房地产类抵押物、大额授信、关联授信等业务进行全面风险排查，严控重点领域信用风险。二是切实加大压降力度。全年共收回不良贷款3.42亿元；积极开展呆账核销，年内共核销不良贷款1.55亿元；对每笔不良贷款明确责任人，从严问责，处罚到位。通过采取有力措施，在人行调整不良贷款五级分类规则的情况下，我行不良率仍保持在0.98%，明显低于行业平均水平。三是积极推进全面风险管理。四是持续完善内控体系建设，切实增强内控管理的有效性。

4. 攻艰克难，战略进程在变革中持续加快。一是全面调整组织架构。依据“前中后台有效分离”、“增加利润中心，减少成本中心”的原则，对组织架构进行了立行以来第一次全面梳理和调整，董事会日常办事机构由9个减少到4个，经营层减少8个中后台部门，增加4个事业部，全面强化了科技支撑、运营保障和服务管理。二是稳步推进薪酬改革。三是有效优化考核体系。对经济增加值考核办法进行了优化调整，引入了40%的FTP考核，财务资源配置向利润增量倾斜，提升了资源配置效率，调动了分、支行和事业部的积极性；四是依次破解重大难题。历时七年之久的高管持股股权处置圆满完成，在监管部门规定时间内完成了清理工作；与长沙市先导投的8个亿资产处置问题得到较好解决，为下阶段的市场准入和谋划上市扫清障碍；增资扩股工作进展顺利，第一期3.5亿股、15.4亿资金本顺利到账，确保了年末资本充足率达标，为新一轮发展提供了资本支撑。

5. 夯实基础，精细管理在执行中不断提升。一是全面加强执行力建设。二是在全行范围开展“长行好声音”活动。三是运营条线在确保平稳安全运行的基础上，围绕流程银行建设推进各项工作。四是安保工作切实推进精细化管理。五是大力推进标准化服务和网点转型工作。六是全面加强财务管理。充分发挥其在全行经营管理中的统领作用，完善全面成本管理机制，切实提升精细化管理水平。

6. 提升能力，科技支撑在创新中稳步增强。一是系统开发成效明显。完成11个重点项目建设，执行68个信息化建设项目，客户关系管理、综合理财系统、对公客户关系管理和对私财富管理系统一期如期上线。二是系统运行日趋稳健。两地三中心灾备中心建设通过ISO27001安全体系认证，运维管理水平稳步提升。三是创新研究又获佳绩。信息科技课题研究再获银监会嘉奖，是全国连续三年获奖的四家城商行之一。

2014年虽然取得了突出成绩，但仍然存在一些短板和不足：

一是管理仍然比较粗放。二是信息科技短板未实现根本改观。三是队伍建设亟待加强。人才“断层”现象明显，后备人才、青年人才储备不足，现有人才的数量、结构和素质无法适应转型发展的要求。四是不良形势仍然严峻。不良贷款有抬头趋势，虽然低于银行业平均水平，但与往年相比增长较快，未来风险控制和不良压降的压力依然较大。

地址：湖南省长沙市芙蓉中路1段433号

邮编：410005

服务热线：0731－96511

信用卡服务热线：400－6796511

成都银行

成都银行股份有限公司（以下简称成都银行）的前身为成都市城市信用社，1996年12月30日组建成立，1998年更名为成都市商业银行，2008年更为现名。成都银行是一家以国有股本为主、股权多元化的地方性股份制商业银行，马来西亚丰隆银行作为境外战略投资合作伙伴。目前，注册资金32.5亿元，在岗员工5000余名，实行一级法人体制，全行下辖重庆、西安、广安、资阳、眉山、内江、南充、宜宾、乐山9家分行和32家直属支行（部）、160余家营业网点，发起设立国内首批、中西部第一家消费金融公司——四川锦程消费金融有限责任公司以及江苏宝应锦程和四川名山锦程村镇银行，并入股西藏银行。

成都银行发展态势良好，综合实力位居西部城商行首位，部分监管指标达到国内先进银行水平。截至2014年末，总资产3002.3亿元，较年初增长389.7亿元，增幅为14.9%；一般性存款2192.5亿元，较年初增长247.7亿元，增幅为12.7%；各项贷款1248.9亿元，较年初增长140.7亿元，增幅为12.7%。在2014年英国《银行家》公布的最新排名中，成都银行居全球前1000家商业银行第319位，中资商业银行第36位，全国城市商业银行第12位，西部地区城市商业银行第1位。

长期以来，成都银行秉承“服务区域经济，服务中小企业，服务城乡居民”的市场定位，并不断赋予“服务”以新的内涵与深意。为全力助推区域经济发展，成都银行借助成都在西部地区的核心地位和主导作用，结合川陕渝三地共同的产业优势，积极发挥金融杠杆和资源调配作用，大力支持地方支柱产业、城乡基础设施建设、农村土地综合整治、一般场镇改造等，为区域经济的健康快速发展、城乡一体化的有序推进作出了积极贡献。

作为“中小企业伙伴银行”，成都银行致力于为广大中小企业客户提供优质高效的金融服务，利用自身信息优势，加强产品创新和“本土化”改造，开发了一批“特色化、标准化、本土化”产品。目前，旗下“财富金翼”中小企业融资品牌包括“多融易”、“科票通”、“科创贷”、“展业贷”、“结结高”、“银税通”、“速保贷”、“知识产权质押贷款”等10余种产品，为中小企业融资提供多种金融方案。

成都银行坚持亲民便民惠民理念，尽心尽力服务城乡居民。率先在全市推出“储蓄延时服务”，有力缓解市民工作时间不便办理银行业务的困难。芙蓉锦程系列金卡始终免收账户管理费、ATM跨行取款及查询费等，最大限度降低持卡人用卡成本。在成都市首发金融IC卡并实现行业应用，方便市民出行、就医及公共支付等。创新推出“E城通”综合缴费平台，打造市民最为便捷的公共事业缴费服务渠道。同时，积极推进互联网金融和社区银行建设，进一步拓宽服务渠道，将便捷的金融服务带到市民身边。

当前，我国经济进入新常态，成都银行2015－2017新三年战略规划正式启动实施。站在新的发展起点上，成都银行将积极适应新常态，始终贯穿转型发展主线，致力建设成为一家协调发展、富有特色、价值领先、社会认可的现代商业银行。

理念：

以客户为中心，以人才为根本，以风控为基础，以创新为动力，以效率为保证，实现企业价值。

客户为中心

成都银行以客户为中心，强调不断进行组织结构以及业务流程的优化整合，来推动市场推广、营销和服务过程。以客户价值来判定市场需求；以客户细分有效地组织银行资源；培养以客户为中心的经营行为和实施以客户为中心的业务流程；用客户为中心的原则处理客户投诉，提高客户满意度，建立客户与成都银行之间良好的互动关系，培育忠诚的客户队伍。

人才为根本

成都银行重视人才、爱护人才、注重开发人才、使用人才、留住人才、提升人才。着力完善员工培训机制，构建具有竞争力的薪酬福利体系，注重员工职业生涯规划，为员工提供展现其才能的平台。成都银行注重内部人才培养，不断提高员工业务能力；强调吸收优秀人才，建立科学、开放的人力资源管理体系。

风控为基础

成都银行保持风险控制的独立性，建立完善的风险控制组织体系以及风险控制指标体系，贯彻稳健性的原则，从而严格控制各种风险，以充分保证金融资产的安全。

创新为动力

创新是成都银行永续发展的动力。成都银行鼓励观念创新，不断给银行注入活力；注重运行模式创新，从制度、组织结构上寻求突破，使内部流程适应外部瞬息万变的市场；注重高效利用网络信息资源进行产品服务创新。成都银行将根据经济形势变化、市场竞争、银行成长需要来组织变革，创新管理，构建快速响应体系，因势而动，顺时而行，与时俱进。

效率为保证

效率是成都银行从粗放式经营向集约化经营模式转变的关键，是提升成都银行竞争力的重要前提。成都银行通过公司治理结构优化提高管理的效率；通过金融创新和风险控制提高经营效率；通过调动员工积极性提高员工工作效率。以高效率的经营管理，降低成本，提高收益，最终全面提升成都银行的市场竞争水平。

愿景：

特色金融百年银行

特色金融

成都银行将按照银行战略发展目标，继续坚持服务区域经济、服务中小企业、服务城市居民的市场定位，放大决策链条短、市场反应快等"特、活、优、快"经营特色，把成都银行这块招牌擦亮、放大，以业务规模（市场份额）、效益（利润总额）为前提，实施精细化、差异化策略，构建银行特质。同时，充分发挥自主决策、快速决策的服务优势，构建符合企业实际、体现自身特色的现代金融企业文化，进一步促进经营机制的改革创新和内控制度的落实执行，倾力打造成都银行先进而独具特色的核心竞争力。

百年银行

成都银行致力于创造并保持核心竞争力，将成都银行打造成百年品牌。通过立足本业，铸造特质，成都银行要持续发挥特色优势，拓展经营发展空间，完善综合经营平台，加快跨区域经营步伐，走出去，走下去，不断缔造卓越业绩。通过深化内部体制机制改革，构建充满活力、富有效率、全面系统、协同平衡、有利于科学发展的制度体系。通过强化外部合作，完善服务与产品体系，全方位提高金融服务质量，提高顾客满意度，实现顾客忠诚，努力打造百年银行的品牌。

荣誉

2014 年 7 月，英国《银行家》杂志发布"2014 全球银行 1000 强"排行榜，我行多项指标排名大幅攀升。其中，资产排名第 319 位，较上年提升 12 位；一级资本排名第 337 位，较上年提升 43 位；资产回报率排名第 329 位，较上年提升 49 位。

2014 年 10 月，在第十届中国（成都）金融理财节之金融总评榜颁奖上，我行一举夺得"年度最佳城市商业银行""年度最受欢迎银行卡""年度最受欢迎电子银行""年度最佳优质服务银行"四项大奖。

2014 年，我行"基于 PBOC3.0 标准的地铁金融 IC 卡系统"荣获 2013 年度"银行科技发展奖"二等奖。该奖项始于上世纪八十年代，由中国人民银行组织主办，是国内面向金融业科技创新和技术进步的年度最权威评选和最高奖项。

地址：四川省成都市西御街 16 号

邮编：610015

电话：400－68－96511　028－96511

传真：028－86160266

中国光大银行

中国光大银行成立于 1992 年 8 月，总部设在北京，是经国务院批复并经人民银行批准设立的金融企业，为客户提供全面的商业银行产品与服务。

自成立以来，伴随着中国金融业的发展进程，中国光大银行不断开拓创新，锐意进取，在为社会提供优质金融服务的同时，取得了良好的经营业绩，在综合经营、公司业务、国际业务、理财业务、电子银行业务等方面培育了较强的比较竞争优势，基本形成了各主要业务条线均衡发展、零售业务贡献度不断提升、风险管理逐步完善、创新能力日益增强的经营格局。2010 年 8 月 18 日，中国光大银行在上海证券交易所成功上市，走上更有内涵的发展之路；2013 年 12 月 20 日，中国光大银行在香港联交所主板成功上市，迎来又一个崭新的发展阶段。

2015 年 6 月末，中国光大银行在全国 29 个省、自治区、直辖市及香港地区的经济中心城市设立一级分行 37 家（含香港），二级分行 61 家，营业网点 902 家，全行在职员工 38000 多人。

2014 年末，本集团资产总额达到 2.74 万亿元，比上年末增长 13.33%；各项贷款规模达到 1.3 万亿元，比上年末增长 11.42%；一般存款余额 1.79 万亿元，比上年末增长11.22%；归属本行股东的净利润 288.83 亿元，增长 8.12%；资本充足率达到 11.21%，核心资本充足率 9.34%，拨备覆盖率 180.52%，拨贷比 2.16%，实现了稳中求进的发展目标。品牌形象和市场价值进一步提升，在英国《银行家》杂志"世界 1000 家大银行"排名中位列第 59 位，比上年上升 16 位；在全球领先的品牌咨询机构 Interbrand 发布的"最佳中国品牌价值排行榜"上排名第 40 位，品牌价值 345 亿元。

凭借卓越的创新能力和出色的业绩表现，中国光大银行连续三年被评为"年度最具创新银行"，荣膺"CCTV 中国年度品牌"。招牌业务"阳光理财"系列产品家喻户晓，是国内最具竞争优势的理财品牌之一，先后被评为"百姓最认可的理财品牌"、"最受欢迎的理财产品"；投行业务、企业年金、电子银行、资金结算等领域也创造了多项行业第一。

在自身发展的同时，中国光大银行不忘履行社会责任，回报社会，连续十年捐助"大地之爱·母亲水窖"公益项目。截至 2014 年末，已累计募集善款 2500 多万元，帮助解决了西北干旱地区 90000 多人的用水问题，彰显了企业的社会责任与员工的精神风貌。

强大的股东背景，全国性的经营网络，高素质的员工队伍，卓越的创新能力，中国光大银行以自身的经营优势，正按照"一年奋力起步，三年改变面貌，五年形成自身特色，十年勇争同业前列"的指导思想，落实"更有内涵的发展"，努力打造国内最具创新能力的银行。

2014 年主要工作回顾

1. 大力发展负债业务

公司提出并实施以稳定核心存款占比为重点的"存款立行"策略，大力发展核心负债，推动负债结构不断优化、负债规模平稳增长。2014 年期末，一般存款余额达到 1.79 万亿元，全行核心存款占比显著提升。负债结构优化带动净息差稳步提升，全行盈利能力逐步回升。同时，根据监管要求，加强对存款偏离度的监测与管理，保证了存款偏离度指标符合监管要求。

2. 加快信贷结构调整

积极贯彻国家稳健的货币政策及相关信贷政策要求，对贷款总量实施“计划管理、上限控制、均衡投放、动态调整”，保持信贷总体均衡平稳增长。通过投行、资管、同业、租赁等多个渠道，为实体经济提供多元化融资；落实国家信贷政策，新增贷款重点投向重大基础设施建设贷款、城镇化贷款、国标小微企业贷款、三农贷款；支持居民消费信贷和住房信贷需求，零售贷款、信用卡透支额、个人住房按揭贷款余额增长较快。

3. 严守风险防控底线

高度重视重点风险排查、控制和化解工作。严控信用风险，积极引导信贷结构调整，遏制产能过剩行业、大宗商品贸易授信增长；加强重点区域、行业和客户的风险化解。严防流动性风险和市场风险，建立集中的流动性并表管理机制，加强现金流预测；严格执行市场风险限额管理，加大主动管理力度，各项流动性风险和市场风险容忍度指标均控制在目标之内。严管操作风险和案件风险，落实内控责任，堵塞制度漏洞，健全管理机制，加强案件防控工作。

4. 加大产品创新力度

坚持创新驱动，不断完善创新机制体制，培育新的增长点。对公业务完成“增利易”和“单位结算卡”产品研发，配合海关总署完成京津冀一体化通关业务系统改造，成为首批银行保函区域通用合作银行；零售业务创新发行了首支量化对冲组合理财产品；电子银行推出“云缴费”优势品牌并与知名互联网企业开展跨界合作；持续推动投行、资管、托管、信用卡等战略性业务创新，提高结算类、代理类、交易类等中间业务收入贡献。

5. 有序推进渠道建设

继续推进物理网点与电子渠道并重发展。加速地市级网点建设，全年新增二级分行 9 家，新增营业网点 90 家；积极支持上海自贸区建设，完成上海自贸区二级分行升格；满足“最后一公里”居民金融消费需求，加强社区银行精细化管理，全年社区银行挂牌营业 481 家。全面加强电子渠道建设，通过网上银行、手机银行、电话银行、微信银行等远程、电子化方式为客户提供产品及服务，全年电子银行交易笔数、交易金额、柜台分流率均保持同业前列。

6. 加强信息系统建设

通过强化自主可控，推进系统整合，为业务运营提供强有力的科技支撑。陆续投产对公 ECIF 项目、私人银行系统等重点项目，提高客户服务能力；完成证券交易所债券交易系统、期货保证金存管系统、金融 IC 卡系统的升级改造，推动产品创新和优化；进一步完善客户风险预警系统和同业资产负债经营管理系统，提升风险预警防范能力；加快建设运营业务全国集中系统，完成二代支付系统建设，优化客户定价管理系统，提升运营效率。

7. 强化资本管理与补充

积极推进新资本协议合规工作，启动零售验证暨合规自评估咨询项目，完善合规文档库和风险资产计量系统，完成旧标准法、新标准法、高级方法的定量测算（QIS）工作，研究制定《资本管理高级方法合规推进方案》，全面开展内部资本充足评估程序，强化资本充足率日常监控预警，更新公司未来 3－5 年的资本补充计划。抓住市场有利时机，发行 162 亿元二级资本债，充实资本实力，年末资本充足率和核心一级资本充足率均符合监管要求。

整体经营情况

2014 年，公司按照董事会的整体部署，一手抓业务发展一手抓风险防控，坚持“存款立行”策略，取得了较好的经营业绩：资产负债规模平稳增长，结构优化取得新进展，利润增长符合预期，资产质量实现管控目标，风险抵御能力得到加强，品牌形象和市场价值进一步提升。

1. 业务规模平稳增长，结构调整力度加大

2014 年末，本集团资产总额为 27,370.10 亿元，比上年末增加 3,219.24 亿元，增长 13.33%；负债总额 25,575.27 亿元，比上年末增加 2,954.93 亿元，增长 13.06%；客户存款总额 17,853.37 亿元，比上年末增加 1,800.59 亿元，增长 11.22%；贷款和垫款总额 12,994.55 亿元，比上年末增加 1,331.45亿元，增长 11.42%；本外币存贷比为 70.10%，严格控制在监管要求内；零售贷款在贷款和垫款总额中的占比达 35.28%，比上年末上升 1.72 个百分点，贷款结构调整显着。

2. 营业收入持续增长，收入结构不断优化

2014 年，本集团实现营业收入 785.31 亿元，比上年增加 132.25 亿元，增长 20.25%；发生营业支出 401.15 亿元，比上年增加 90.94 亿元，增长 29.32%；实现税前利润 385.54 亿元，比上年增加 41.33 亿元，增长 12.01%；净利润 289.28 亿元，比上年增加 21.74 亿元，增长 8.13%。本集团实现手续费及佣金净收入 191.57 亿元，同比增加 42.05 亿元，增长 28.12%，成为营业收入增长的重要驱动因素。手续费及佣金净收入在营业收入中的占比达 24.39%，同比上升 1.49 个百分点，收入结构有所优化。

3. 资产质量基本稳定，风险状况总体可控

2014 年末，本集团不良贷款余额 155.25 亿元，比上年末增加 54.96 亿元；不良贷款率 1.19%，比上年末上升 0.33 个百分点；信贷拨备覆盖率 180.52%，比上年末下降 60.50 个百分点。

4. 成功发行二级资本债，资本充足水平有所上升

2014 年末，本集团资本充足率 11.21%，比上年末上升 0.64个百分点；核心一级资本充足率及一级资本充足率 9.34%，比上年末上升 0.23 个百分点。

广州银行

【企业概况】

总行新办公大楼位于珠江新城 CBD 中轴线花城广场核心区

·112 个机构网点，包括分行 8 家、支行 104 家

·3100 多名员工

·注册资本金 83 亿元

历史沿革：

·成立于 1996 年 9 月 17 日，在 46 家城市信用合作社的基础上组建广州城市合作银行；

·1998 年 7 月，更名为广州市商业银行股份有限公司；

·2001 年 12 月，新增资本金 7 亿元；

·2005 年 12 月，增资扩股 10 亿元；

·2007 年 5 月，定向增资 23 亿元；

·2008 年 9 月，增资扩股 30 亿元，总资本金达到 83 亿元；

·2009 年 9 月，获准更名为广州银行股份有限公司；

·2010 年 3 月，首家异地分行——深圳分行正式成立；

·2011 年 6 月，南京、佛山分行正式成立；

·2013 年 6 月，中山分行正式成立；

·2013 年 11 月，惠州分行正式成立；

·2014 年 6 月，江门分行正式成立；

·2014 年 12 月，肇庆分行正式成立；

·2015 年 12 月,东莞分行正式成立。

发展业绩:

截至 2015 年底,资产总额 4153.44 亿元,资本充足率 10.72%,核心资本充足率 10.39%,不良贷款率 0.9%,不良资产率 0.3%,拨备覆盖率 152.47%,利润总额 40.52 亿元,本年度纳税 14.25 亿元,经营管理能力不断提升。

市场定位:

服务地方:

·支持市政重点工程:为广州开发区、科学城、大学城、天河软件园、广州地铁、新电视塔、内环路、广园快速路、新光快速路、南沙港快速路等项目提供资金支持;

·支持地方经济:为城投集团、交投集团、广药集团、珠啤集团、发展集团、岭南集团、建筑集团、南方航空、深圳航空、省交通集团、广晟资产经营有限公司等提供信贷支持;

·扶持民营企业:支持美晨集团、华新集团、德豪润达、江苏雨润、大连万达、苏宁电器、明和实业等民营企业的发展。

服务市民:

·医保卡三家发卡行之一,代理发行集多种功能于一体的社会保障市民卡;

·代发广州市财政统发人员工资;

·定期推出种类齐全、内容丰富、期限灵活的红棉理财系列产品,为广大市民投资理财提供帮助;

·开办物业专项维修资金业务和存量房交易资金托管业务;

·提供形式多样、办理便捷的个人贷款业务;

·推出信用卡、公务卡、一卡通、支付宝卡通、住房公积金归集业务;

·推出红棉理财卡、红棉爱车卡、淘宝红棉卡等借记卡,集多币种、多储种、多账户于一体,具有个人结算、刷卡消费、电子银行、投资理财等功能;

·提供多种公用事业代缴费服务,代销多种基金、保险、黄金产品,为企事业单位提供代发工资服务。

·推出网上银行、手机银行、电话银行、银信通等多种电子渠道业务,提供账户查询、转账汇款、投资理财、缴费支付、集团理财、代发工资等金融服务,全方位满足客户的资金管理需求。

获得荣誉:

·改革开放 30 年广州企业管理十大成就奖

·广州十大最具竞争力服务品牌

·广州市文明单位

·广州 2010 年亚洲残疾人运动会爱心企业

·广东银行业亚运金融服务先进单位

·2010 年度中国银行业社会责任践行奖

·中国银行业文明规范服务示范单位

·2010 年度金融类国有及国有控股企业绩效评价“AAA-优”评级

·2010 年、2011 年连续两年荣膺《The Banker》全球银行排行榜 500 强

·2011 年最佳服务中小企业银行

·2011、2012、2013 年度广东省纳税百强企业

·2012 年最值得期待金融品牌

·2012 年亚洲中小银行竞争力排名第一

·2012 年亚洲城市商业银行竞争力排名第一

·2012 年、2013、2014 年中国服务业企业 500 强

·2013 年度资产规模 2000 亿元以上城商行综合排名第二

·2014 年地方经济社会发展贡献奖

·2012 年、2013 年中国服务业企业 500 强

地址:广州市天河区珠江东路 30 号

电话:400-83-96699

网址:www.gzcb.com.cn

邮编:510620

国家开发银行股份公司

公司概况

国家开发银行(以下简称“本行”或“开行”)成立于 1994 年,经中华人民共和国国务院批准,于 2008 年 12 月 11 日改制为国家开发银行股份公司。

国家开发银行主要通过开展中长期信贷与投资等金融业务,为国民经济重大中长期发展战略服务。

国家开发银行贯彻国家宏观经济政策,筹集和引导社会资金,缓解经济社会发展的瓶颈制约和薄弱环节,致力于以融资推动市场建设和规划先行,支持国家基础设施、基础产业、支柱产业以及战略性新兴产业等领域发展和国家重点项目建设,促进区域协调发展和城镇化建设,支持保障性安居工程、中小企业、“三农”、教育、医疗卫生以及环境保护等领域的发展,支持国家“走出去”战略,拓展国际合作业务。以此,增强国力,改善民生,促进科学发展。

国家开发银行坚持以开发性方法和市场化运作服务经济社会发展,努力保持强有力的发展能力、创新能力和先进的市场业绩。

业绩概况

2014 年,开行认真贯彻国家宏观经济政策,全力服务稳增长、促改革、调结构、惠民生,加强经营管理和风险管控,各项工作迈上新台阶。截至 2014 年末,总资产 10.3 万亿元,同比增长 26%,贷款余额 7.94 万亿元,不良贷款率 0.65%,连续 39 个季度控制在 1% 以内,净利润 977 亿元,ROA1.06%,ROE15.63%,资本充足率 11.88%,可持续发展和抗风险能力进一步增强。

倾力服务实体经济。支持安徽、辽宁等地新型城镇化试点,推动城镇化内涵式发展,发放城镇化贷款 1.11 万亿元。支持 7 大类国家重大工程建设,发放铁路贷款 1,195 亿元,连续三年发放超千亿元;发放水利贷款 814 亿元,继续居同业首位。推动“四大板块”和“三个支撑带”协调发展,新增中西部和东北老工业基地贷款 4,747 亿元,发放援疆援藏贷款 689 亿元。发起设立集成电路产业基金,发放战略性新兴产业贷款 2,182 亿元、文化产业贷款 425 亿元,支持经济结构调整。促进民生领域和社会事业发展,发放农业贷款 326 亿元、小微企业贷款 619 亿元、助学贷款 147 亿元,坚持精准扶贫,发放扶贫贷款 1,477 亿元,发放养老贷款 5 亿元,发放应急贷款 21 亿元,支持云南鲁甸、普洱抗震及其他救灾工作。

鼎力支持棚户区改造。把支持棚改作为全行工作重中之重,成立住宅金融事业部进行集约化管理,实现专款专用;设立棚改贷款审议“快通道”和专项贷款规模,保障项目评审和贷款发放。通过差异利率银团贷款、债贷组合及引进社保、保险资金等方式,广泛引导社会资金支持棚改。通过执行优惠利率、减免中间业务收费等方式降低棚改融资成本。全年发放棚改贷款 4,086 亿元。累计支持总建设面积 9 亿平方米,惠及 916 万户、2,857 万人。

稳步推进国际业务。继续推进基础设施、清洁能源、中小

企业等领域的国际合作，推动五矿联合体收购秘鲁拉斯邦巴斯铜矿等一批重大项目实施。服务“一带一路”建设，参与设立丝路基金，发挥上合银联体和中国 - 东盟银联体的平台支持作用，促进沿线项目取得进展。加拉加斯代表处开业。截至 2014 年末，外币贷款余额 2,670 亿美元。

强化债券筹资能力。全年发行人民币债券 1.17 万亿元，累计发债突破 10 万亿元。建立一手资金渠道，发行柜台债 67 亿元，拓展交易所发债，上交所发债 180 亿元，发行 25 亿元香港人民币债，首发 20 亿元伦敦人民币债，助推人民币国际化进程。

继续深化规划合作。参与京津冀、长江经济带及国家“十三五”等重点规划。落实国家新型城镇化规划，编制完成省市县新型城镇化融资规划 36 项，省级棚改融资规划 35 项。稳步推进国际规划合作，积极推动规划成果落地。

提升金融服务水平。全年承销债券 7,616 亿元，着力支持棚改等重点领域，发行 7 只 100 亿元债贷组合棚改专项企业债券，推出国内首单 15 亿元棚改专项票据。创新抵质押混合资产证券，发行证券化产品 933 亿元；实现资管业务专业管理，累计发行理财产品 499 款，实现中间业务净收入 139 亿元。

深化全面风险管理。强化评审质量管理，开展全面和专项风险排查，加强对重点项目、重点领域风险分析和监控；推进风险管理责任制建设，完善后评价机制。加强贷后管理，强化第二还款来源风险防范，提升法律风险管控能力；完善内审监督，促进联合监督长效机制建设。

提升经营管理质效。持续改进资产负债管理，加强流动性管理，完善内部资金转移定价调控机制。深化资本集约管理，通过利润留存和超额准备等方式补充资本 1,112 亿元。降本增效成果显现，成本收入比控制在 4.5%。形成管理流程梳理和组织架构调整方案并启动实施，流程梳理取得阶段性成果。8 大 IT 系统上线投产，二代支付系统平稳切换，营运能力进一步提升。

哈尔滨银行

【企业概况】

2014 年 3 月 31 日，哈尔滨银行在香港联合交易所主板成功上市（股票代号：06138.HK），是中国内地第三家登陆香港资本市场的城市商业银行，也是中国东北地区第一家上市的商业银行，开启了从城市到世界的征途。

哈尔滨银行成立于 1997 年 7 月，总部位于中国黑龙江省哈尔滨市。现已在天津、重庆、大连、沈阳、成都、哈尔滨、大庆等地设立了 17 家分行，在北京、广东、江苏、吉林、黑龙江等 14 个省及直辖市设立了 24 家村镇银行，并作为战略投资者投资重组广东华兴银行，发起设立哈银金融租赁有限责任公司。截至 2015 年 6 月 30 日，拥有营业机构 338 家，在岗员工 7201 人，分支机构遍布全国六大行政区。截至 2015 年 6 月 30 日，资产总额人民币 3917.867 亿元，客户贷款及垫款总额人民币 1531.515 亿元，客户存款总额人民币 2582.286 亿元。在英国《银行家》杂志 2015 年全球 1000 强银行排名中位列 209 位，居榜单中国银行第 30 位。在中国银行业协会组织评选的商业银行文件发展能力“陀螺评价体系”综合评价榜中，位列地方法人银行第五位，居东北地区城商行之首。在美国《环球金融》杂志 2014 年“中国之星”评选中被评为“2014 年最佳城市商业银行”，同时被新浪财经授予“2014 年度最佳城市商业银行”，均是国内唯一获此殊荣的城商行。在《亚洲银行家》杂志“亚洲银行家 500 强（AB500）2014 年度中国最具实力银行”榜单被评为“2014 年度中国最具实力银行（黑龙江省）”。在亚洲品牌协会等机构联合主办的第 9 届亚洲品牌评选中，成功跻身“2014 亚洲品牌 500 强”。

哈尔滨银行秉承“普惠金融，和谐共富”的经营理念，坚持“立足龙江，支持中小，服务东北，面向全国”的发展定位，努力打造“国内一流国际知名小额信贷银行”，在小额信贷领域形成了较强的竞争力。截至 2015 年 6 月 30 日，小额信贷余额人民币 974.484 亿元，占全行客户贷款总额的 63.6%。创新实施“本土化 + 国际化”的小额信贷管理模式，研发“乾道嘉”系列品牌产品，探索推出符合国内经济特色并具有国际水平的小微金融核心技术，在国内银行机构中首家实现技术输出，确立了小额信贷标杆行地位。连续五次被中国银监会评为“全国小企业金融服务先进单位”。荣获《亚洲银行家》“中国最佳中小企业银行服务”国际大奖，是唯一获此殊荣的国内城商行，并赢得“最佳小企业贷款中小银行”等一系列荣誉。郭志文董事长、高淑珍行长分别荣获“全球微型金融领军人物提名奖”、“中国小额信贷年度人物奖”，多名员工荣获“微型创业城市信贷员一等奖”，成为全国金融机构小额信贷领军者之一。与法国沛丰、国际金融公司（IFC）、美国安信永、联合国开发计划署（UNDP）等多个国际组织开展战略合作，积极参与国际小额信贷开发项目，在国际上形成一定影响力。

哈尔滨银行不断开拓市场，深化金融创新，成为多项银行业务领域的市场领先者。是中国最早开展小额信贷业务的城市商业银行之一，是国内首家开展农村金融业务的城市商业银行。截至 2015 年 6 月 30 日本行农户贷款客户数达到 16.7 万户，在全国建立 46 个农村金融服务中心，农村金融业务覆盖黑龙江省 10 个市和 5 个农垦局的 60 余个国营农场及周边的 700 余个乡镇、5000 余个村屯，“乾道嘉”助农 e 站达 1600 余家，实现各类交易近 40 万笔，广泛的农村金融业务网络和新型农村电子化金融服务渠道，构成了“手机银行在手，助农 e 站在村”的新型农金服务体系。是中国东北地区首家获得外汇经营权的城市商业银行，全国银行间外汇市场人民币对卢布交易四家做市商之一，也是境内卢布现钞经营规模最大的银行，卢布现钞交易量占全国金融机构交易量的一半以上，被中国外汇交易中心评为最大进步新兴货币市场做市商。是境内卢布对人民币直接汇率的首家挂牌银行，形成的卢布汇率趋势分析是国家制定对俄金融政策的重要参考，并作为中俄总理定期会晤委员会金融合作分委会参会单位，为中俄合作发展发挥重要的金融纽带作用，荣获 2015 年《亚洲银行家》评选的中国最佳区域贸易金融银行大奖。同时，是中国东北地区拥有各种债券经营资格最全的城市商业银行，中国东北地区率先开展投行及同业业务的城市商业银行，“亚洲金融合作联盟”的三家牵头发起行之一，在 2015 年《证券时报》中国区优秀投行评选中获得“2015 年度最佳城商行投行”称号。经过多年发展，哈尔滨银行逐步形成以小额信贷为核心，对俄金融、投资银行、财富管理、移动金融多项业务共同发展的经营格局，向着集团化、多元化、特色化发展目标迈进。

哈尔滨银行以科学、稳健、协调发展为根本，注重加强经营管理，使发展的基础更加健康牢固，逐步走上规范化、标准化、科学化发展轨道。按照《商业银行法》、《公司法》以及监管要求，建立健全现代企业制度，完善法人治理结构。与德勤、普华永道等国际著名咨询公司合作，在公司治理、内控及全面风险管理、IT 系统和绩效考评体系建设等各方面进行大胆改革和有益探索，形成战略、机制、人员、风险全面管控的科学模式,树立了从严治行、规范发展的经营方针,打造了敬业、专业、职业、干净"三业一净"的员工队伍,逐步发展成为治理规范、定位清晰、特色鲜明、资本充足、团队精良、文化独特的金融企业,实现了长期稳定的低风险、高质效增长,经营指标在全国城商行中处于领先水平。

哈尔滨银行始终不忘企业的社会责任,坚持把支持经济社会事业发展作为自己义不容辞的责任,与世界知名品牌咨询公司合作开展了品牌建设与企业社会责任管理的研究,大力推进品牌创建和价值提升工作,确立了由"企业金融责任、企业环境责任和企业社会责任"三个责任系统为支撑的哈尔滨银行企业社会责任框架。先后斥资500多万元建立哈尔滨钱币博物馆、捐建黑龙江省抗联希望小学、成立"弘毅助学基金"和"温暖龙江基金"。出资600多万元支持哈尔滨市城市一卡通工程,分别向四川汶川及青海玉树地震灾区捐款260万元,以实际行动践行企业公民职责,树立了良好的社会形象。2015年3月30日,哈尔滨银行发布了成立以来的首份企业社会责任报告,努力做好承担小额信贷事业的推动者、改善民生事业的践行者、投身社会公益的志愿者和环保绿色银行的建设者。哈尔滨银行被评为哈尔滨市第二十九届、三十届、三十一届劳模大会先进单位称号,第三十二届劳模大会模范单位称号,有三人次被评为全国劳动模范,获得全国"五一"劳动奖章。哈尔滨银行将坚定不移地走小额信贷特色经营之路,以惟惠之怀承社会之责,用至诚之心创至信之行,努力建设国内一流国际知名小额信贷银行,为中国金融事业发展和小康社会建设做出更大贡献。

杭州银行

【概况】

杭州银行成立于1996年9月,自成立以来,始终坚持服务区域经济、中小企业和城乡居民的市场定位,致力于为客户提供专业、便捷、亲和的金融服务,经过十多年的努力,现已发展成为一家资产质量良好、经营业绩优良、综合实力跻身全国城市商业银行前列的区域性股份制银行。2012年,按一级资本排名,位列英国《银行家》杂志"全球银行1000强"第339位,较上年排名提高35位。凭借在中小企业金融服务方面的良好表现,近年来,先后获得了"全国支持中小企业发展十佳商业银行""最佳科技金融服务城商行"等荣誉。有百余家分支机构,在北京、上海、深圳、南京、合肥、舟山、宁波、绍兴、温州等地都设立了分行。发起设立一家缙云村镇银行,和澳洲联邦银行共同投资设立三家村镇银行,投资入股石嘴山银行。

今后几年,本行将在发展战略指导下,继续稳步推进跨区经营,为发展成为一家立足浙江、在长三角地区具有竞争优势、在长三角以外的其他城市具有经营特色的区域性银行而努力。

公司愿景:致力于为中小企业与城乡家庭提供专业、便捷、亲和的金融服务,成为中国价值领先银行。

价值领先:客户价值领先、员工价值领先、股东价值领先、社会价值领先

核心价值观:诚信、创新、效率、尊重、责任

形象定位:钻石银行、绿色银行

对外口号:信我信未来

市场定位:市民银行、中小企业主办银行。

发展策略

推行业务专业化管理,培育核心竞争力,做大做强中小企业业务,做大做响零售客户业务,巩固发展传统客户业务;

实施"走出杭州"的跨区域经营战略,在浙江省内乃至长三角地区设立分支机构,建设具有经营特色和竞争优势的区域性银行;

以上市为契机,提升管理水平、经营业绩和信息透明度,打造中国价值领先银行。

市场地位

2012年,在浙江省金融工作会议暨推进温州市金融综合改革试验区工作动员大会上,我行获"2011年度浙江省金融机构改革创新奖"。

2012年,杭州市人民政府对2011年度在杭银行机构支持杭州市经济社会发展予以表彰通报,我行被杭州市政府授予"2011年度支持杭州市经济社会发展突出贡献奖"。

2012年,我行"小微企业循环贷"和"幸福盈家"品牌在中国金融创新奖上分获"十佳金融产品创新奖"和"十佳金融品牌营销活动奖"。

2012年,在"2012第五届中国最受尊敬银行暨最佳零售银行评选"活动中,我行幸福99理财再次获"2012中国最佳银行财富管理品牌",同时斩获"2012中国最受欢迎城商行理财产品"及"2012中国最佳城商行零售银行"三项大奖。

2012年,我行在中国金融机构金牌榜"金龙奖"颁奖盛典上,同时荣获"年度最佳公司治理中小银行"和"年度最具品牌价值中小银行"两项殊荣。

2011年,在英国《银行家》杂志"全球银行1000强"排行榜中按一级资本排名第374位,较上年排名提高21位。

2011年,获《金融时报》"中国金融机构金牌榜'金龙奖'""年度最佳中小银行"称誉。

2011年,在第二届中国区域金融发展高峰论坛上获"浙商最信赖城市商业银行"称号。

在《21世纪经济报道》主办的"2010年亚洲银行竞争力排名"中,在总资产在100亿美元和400亿美元的亚洲中小银行中排名第三位,列上榜城商行第一位。

在《金融时报》联合中国社会科学院金融研究所主办的"2009-2010中国金融机构金牌榜"上,荣膺"最具竞争力中小银行"。

2010年,在英国《银行家》杂志"全球银行1000强"排行榜中按一级资本排名第395位,较上年排名提高239位。

2010年,在中国《银行家》杂志"中国商业银行竞争力评价排名"中获"2009年度全国大型城市商业银行竞争力第二名",并摘取"2009年度最具发展潜力城市商业银行"单项奖。

2010年,被浙江省人民政府授予"2009年度浙江省银行业金融机构支持中小企业发展优秀奖"。

2010年,被浙江银监局评为"2009年度浙江小企业金融服务先进单位"。

地址:杭州市庆春路46号杭州银行大厦27楼

邮编:310003

电话:0571-85108126、85108316

传真:0571-85151339

邮箱:ir@ hzbank. com. cn

恒丰银行

【概览】

恒丰银行于2003年经中国人民银行批准,经过整体股

份制改造，成为一家全国性股份制商业银行。英文名称为 Evergrowing Bank Co.，Ltd.。总部设在山东省烟台市。目前，设有青岛分行、济南分行、南京分行、杭州分行、成都分行、重庆分行、烟台分行、福州分行、昆明分行、西安分行、宁波分行等 11 家一级分行，在苏州、绍兴、东营、义乌、济宁、滨州、乐山、温州、无锡、达州、南充、聊城、德州、潍坊、南通等地设立 15 家二级分行，共 148 家分支机构。正在积极运作北京分行、上海分行等机构的设置，加快推进"全国布局、走向世界"战略目标。2008 年 6 月成功引进新加坡大华银行为战略投资者。

先后获得"中国企业 500 强"、"中国诚信企业"、"中国经济十大诚信示范单位"、"30 年中国品牌创新奖"、"全国金融业扶持中小企业发展示范单位"、"中国十大最具竞争力银行"、"中国十大标志性银行服务品牌"、"中国经济百佳诚信企业"、"全国支持中小企业发展十佳商业银行"、"全国支持中小企业发展优秀金融机构"、"中国现代服务业十佳优质服务金融机构"、"中国优秀企业"、"中国服务业企业 500 强"、"最具影响力企业（全国）"、"全国巾帼文明岗荣誉称号"、"中国金融行业最具竞争力品牌"、"建设创新型国家十大杰出行业"、"中国金融企业慈善榜・银行业突出贡献奖"和"山东省文明单位"、"山东省思想政治工作优秀企业"、"山东省诚信纳税企业"、"山东省纳税先进企业"、"山东省内部审计先进单位"、"山东省重点服务业企业"、"山东省服务业先进单位"等 100 多项荣誉称号。

拥有"中央银行公开市场业务一级交易商"、"国家财政部国债承销团成员"、"全国银行间债券市场首批双边报价商"、"国家政策性金融债券一级承销商"、"全国凭证式国债承销商"、"企业短期融资券主承销商"、"全国银行间债券市场结算代理行"、"全国国债协会理事级会员单位"、"全国银联卡会员・股东单位"等市场准入资格，为银行今后发展提供了宝贵的资源优势。

发展战略目标

战略目标

致力于创建中国最佳管理、最高回报的全国性股份制商业银行，建立以股东大会、董事会、监事会、高级管理层等机构为主体的组织架构和保证各机构独立运作、有效制衡的制度，以及建立科学、高效的决策、激励和约束机制。确立以"不求最大、但求最好，努力打造一流现代股份制商业银行"为经营管理境界，坚持"以卓越的服务创卓越的品牌"，按照现代商业银行人力资源管理要求，不断提升全行的整体素质；按照市场发展需求，不断推出新的金融服务产品；按照追求利润最大化原则，充分借鉴先进商业银行的成功经验，进行有效的业务重组，再造银行的业务流程和运作方式，进一步完善银行的服务功能，提高市场竞争力，实现银行的永恒发展。

战略思想

不求规模最大，但求效益最好，加快业务结构调整步伐，努力追求资本、规模、质量、效益协调发展，全力打造"中国最佳管理、最高回报的一流股份制商业银行"。

战略重点

一是经营管理国际化向更高层次迈进，并在海内外上市，进行国际范围的筹资；二是建立以业务线、产品线为核心的扁平化的组织架构，为提高市场营销能力、管理质量和经营效率奠定基础；三是建立以客户为中心的银行核心业务系统和营销高度集约、管理高度集中的管理信息系统。

华夏银行股份有限公司

【企业概况】

沐浴着改革开放的春风，在总设计师邓小平的亲切关怀和指导下，1992 年 10 月，华夏银行在北京成立；1995 年 3 月，实行股份制改造；2003 年 9 月，首次公开发行股票并上市交易（股票代码：600015），成为全国第五家上市银行。

截至 2015 年 9 月末，华夏银行在 87 个中心城市设立了 38 家一级分行、43 家二级分行和 10 家异地支行，营业网点达到 638 家，形成了"立足经济发达城市，辐射全国"的机构体系，与境外 1 千多家银行建立了代理业务关系，代理行网络遍及五大洲 115 个国家和地区的 329 个城市，建成了覆盖全球主要贸易区的结算网络；总资产达到 19501.15 亿元，资产规模稳步增长，盈利能力持续提升，业务结构不断优化，服务质效进一步提高，规范运营扎实推进，保持了良好的发展势头。在 2015 年 7 月出版的英国《银行家》杂志世界 1000 家大银行评选中，华夏银行按按照一级资本和总资产计算分别排名第 81 名和第 79 名；在 2015 中国企业 500 强中排名第 138 名、中国服务业企业 500 强排名第 51 名。

华夏银行坚持服务实体经济的基本方针，全面打造"中小企业金融服务商"品牌，紧紧围绕国家经济发展目标，认真贯彻国家宏观经济政策，积极融入各地主流经济，切实支持民生工程，参与保障性住房建设和城乡一体化改造，努力满足广大客户的金融需求；加大对文化产业资金投放、创新"三农"金融服务模式，加快村镇银行和县域网点建设；加大对小微企业金融支持力度，持续推广以"小、快、灵"为特点的小微企业服务"龙舟计划"，加快推进小微企业特色分行建设步伐，连续举办"华夏之星"系列活动，引导和帮助小微企业客户不断成长，小微企业业务增速继续高于全行业务平均增速。在亚洲银行竞争力排名评选活动中，荣获"2011 年中小企业扶持奖"；荣获北京银监局"2012 年度北京银行业金融机构小微企业金融服务先进单位"。

华夏银行秉承"以客户为中心"的服务理念，不断提升服务功能，扩大服务群体，完善服务渠道，扩大服务范围，创新服务产品，提升服务品质，以高质量服务回馈客户。在全行范围内举办"感谢您的关爱，助力我们成长"系列客户座谈会，在改进和提升金融服务的同时，赢得了客户和社会各界的好评。在中国银行业协会开展的"百佳"、"千佳"文明规范服务示范单位评比中，华夏银行的优质服务得到了充分展现，2009 年、2011 年、2013 年共有 16 家营业网点获得全国"百佳"文明规范示范单位的称号，2010 年、2012 年、2014 年共有 110 家营业网点获得"千佳"文明规范服务示范单位称号，2014 年，有 48 家网点被中国银行业协会命名为"中国银行业文明规范服务五星级营业网点"，总行多次被中国银行业协会授予"突出贡献奖"；客户服务中心被中国银行业协会评为"金融业最佳客户服务中心"、荣获"优秀综合示范奖"。

华夏银行积极履行企业社会责任，坚持企业效益与社会责任的有机统一，并将其融入企业发展战略；坚持把实现人与自然的和谐共存作为发展的基本原则，积极构建绿色银行；坚决执行国家信贷政策，积极发展绿色信贷，通过信贷杠杆，促进经济结构调整，支持资源节约型、环境友好型社会的建设；积极参与公益事业，支持灾后重建，捐资助学，关注妇女儿童健康发展，推动银行和社会和谐发展；重视员工与企业共同发展，努力建设"诚信、规范、高效、进取"的企业文化。华夏银行先后荣获"最具社会责任金融机构、年度最佳绿色金融奖"、"社会责任最佳银行"、"最佳社会责任实践案例奖"、"光明公益奖"。

面对新的发展机遇和挑战,华夏银行将继续坚持以科学发展为主题,以加快转变发展方式为主线,坚持全面协调可持续发展,稳中求进,努力创新发展方式和工作方法,坚定实施"中小企业金融服务商"战略,在保持规模适度增长的基础上,加快经营转型,深化结构调整,大力降本增效,实现服务专业化、业务品牌化、经营特色化、管理精细化,努力打造"华夏服务"品牌,建设具有鲜明品牌特色的现代化商业银行。

总体经营情况

本公司认真贯彻落实发展规划目标要求,深化改革创新、推进结构调整、提高服务质效、确保稳定运行,全面完成董事会确定的年度经营目标。

1. 资产规模稳定增长

2014 年末,本集团总资产规模达到 18,516.28 亿元,比年初增加 1,791.81 亿元,增长 10.71%;贷款总额 9,399.89 亿元,比年初增加 1,168.20 亿元,增长 14.19%;存款总额 13,032.16 亿元,比年初增加 1,256.24 亿元,增长 10.67%。

2. 盈利能力持续增强

2014 年末,归属于上市公司股东的净利润 179.81 亿元,同比增加 24.75 亿元,增长 15.96%,比资产增速快 5.25 个百分点;实现中间业务收入 89.11 亿元,同比增加 18.79 亿元,增长 26.72%,比营业收入增速快 5.34 个百分点;资产收益率达到 1.02%,同比提高 0.04 个百分点;净资产收益率 19.31%,同比提高 0.01 个百分点。

3. 业务结构不断改善

一是客户结构不断优化。加强对客户服务的组织推动,把客户开发和业务挖潜落实到产品和渠道,对公客户数增长 12.44%,个人客户数增长 23.60%。二是资产负债结构稳中趋好。加强资源统筹配置,将资源向效益贡献好、成本低、资本占用少的业务倾斜,资产负债结构更趋合理。三是业务结构持续调整。加快小企业和个人业务发展,小企业贷款继续保持"两个不低于",个人贷款余额比年初增长 22.41%。四是成本收入结构不断改善。严格全面预算和定价管理,严控资金成本;大力推动中间业务发展,中间业务收入占比 16.24%,同比提高 0.69 个百分点;实施成本费用细分管理,成本收入比 37.57%,同比下降 1.36 个百分点。

4. 服务质效持续提升

一是"华夏服务"品牌建设不断深化。细化品牌建设要求,营业网点服务质效持续提升,服务设施进一步完善,人性化服务细节不断优化,年末营业网点总数达 590 家。二是产品研发推广力度加大。创新融资服务方式,首推小企业网络贷、小微企业年审制贷款等特色产品,全国首发京津冀协同卡得到市场与客户认可。三是科技对业务支持加强。加强"第二银行"建设,优化网上银行、移动银行服务功能,推出直销银行和微信银行,打造"智慧电子银行"。

5. 经营运行保持稳定

一是全面风险管理逐步深化。全面规划风险管理体系,梳理规范风险防控流程,加强创新业务风险管理。二是加强信用风险管理。强化信贷运行管控,进一步扩大对重点行业、领域的风险管控范围,加强问题贷款清收处置,不良贷款率 1.09%。三是加强信息科技风险管理。异地灾备中心正式投产运营,"两地三中心"总体架构初步形成,完成 34 家一级分行同城灾备中心建设和切换演练。四是内控合规与案防廉防持续加强,实现全年"零案件"。五是应急管理体制机制更趋完善,强化业务连续性和声誉风险管理,健全制度规范。

徽商银行

【企业概况】

徽商银行是经中国银监会批准,全国首家由城市商业银行、城市信用社联合重组成立的区域性股份制商业银行,总部设在安徽省合肥市。1997 年 4 月 4 日注册成立。2005 年 11 月 30 日更名为徽商银行股份有限公司。2005 年 12 月 28 日正式合并安徽省内芜湖、马鞍山、安庆、淮北、蚌埠 5 家城市商业银行,及六安、淮南、铜陵、阜阳科技、阜阳鑫鹰、阜阳银河、阜阳金达等 7 家城市信用社。2006 年 1 月 1 日正式对外营业。2013 年 11 月 12 日,本行在香港联交所主板挂牌上市。本行经安徽银监局批准持有机构编码为 B0162H234010001 的金融许可证,并经安徽省工商行政管理局批准领取注册证 340000000026144 号企业法人营业执照,注册地址为中国安徽省合肥市安庆路 79 号天徽大厦 A 座。截至 2014 年末,徽商银行注册资本 110.50 亿元。

本行主要经营范围包括在中国吸收公司和零售客户存款,利用吸收的存款发放贷款,以及从事资金业务,包括货币市场业务,投资和交易业务及代客交易等。截至 2014 年 12 月 31 日,徽商银行在岗员工 6,697 人;除总行外,本行设有 17 家分行及 250 个对外营业机构(包括 8 家分行营业部和 242 家支行),498 家自助服务区。本行共有两家附属公司:金寨徽银村镇银行有限责任公司和无为徽银村镇银行有限责任公司,并参股奇瑞徽银汽车金融股份有限公司。

本行坚持"服务地方经济、服务中小企业、服务广大民众"的市场定位,业务持续较快发展,综合实力逐步增强,经营管理水平稳步提升,规模、质量、效益协调发展,树立了"地方银行"、"市民银行"和"中小企业银行"的良好社会形象,已经成为安徽省内乃至全国银行业具有较高知名度和一定影响力的区域性商业银行。得到了社会各界的充分肯定和广泛赞誉,入选英国《银行家》杂志"世界银行 1000 强"前 200 位,排名 194 位,比上年提升 85 位。

【企业文化】

一、愿景

创一流品质建百年徽银

二、使命

成就客户梦想创造股东价值

促进员工发展承担公民责任

三、核心价值观

诚信稳健创新和谐

四、理念

1. 经营理念:与市场同行与客户共赢

2. 管理理念:系统规范精细超越

3. 风险理念:审慎、理性、稳健的风险偏好设定
分层、分离、整合的风险治理结构
前瞻、客观、专业的风险度量管理
主动、量化、持续的风险管理实施

4. 服务理念:亲和高效专业

5. 人才理念:吸引有志之才培育可塑之才使用胜任之才

五、作风

正直　勤勉　协作　进取

地址:合肥市安庆路 79 号徽商银行大厦

邮箱:96588@ hsbank. com. cn
邮编:230001
24 小时客户服务电话:4008896588
安徽省内客户可直拨:96588

吉林银行股份有限公司

吉林银行股份有限公司(简称吉林银行)成立于 2007 年 10 月,目前在吉林省内 9 个市州和大连、沈阳拥有 11 家分行,共 357 个营业网点,在吉林省内及域外发起设立 10 家村镇银行及一家贷款公司,与一汽财务公司合资设立一汽汽车金融有限公司。

吉林银行自成立以来,通过增资扩股、引进国际战略投资者、跨区域发展,努力转变增长方式,走差异化、特色化发展道路,建设新一代核心业务系统,构建先进的人力资源管理体系,努力打造金融服务品牌,着力推进小微金融业务和零售业务发展,各项业务取得长足进步,资产规模和盈利能力已跻身全国城市商业银行前列,公司价值与品牌影响力不断提升。

吉林银行支持地方经济建设,服务百姓生活,积极参与社会公益活动,将成长的价值体现于自觉的责任担当。几年来先后被评选为"中国城市金口碑服务银行"、"中国中小企业首选服务商"、"全国金融系统企业文化建设先进单位"等,小企业金融服务中心荣膺"中国中小企业创新服务先进机构",吉林银行所辖五家支行荣获"2014 年度中国银行业文明规范服务千佳示范单位"与"中国银行业文明规范服务五星级营业网点"称号,吉林分行荣获第四届全国文明单位称号,成为吉林省内唯一一家获得全国文明单位荣誉的金融机构。

2012 年 4 月,吉林银行加入亚洲金融合作联盟,并被推选为亚洲金融合作联盟副主席单位;2015 年 7 月,吉林银行在英国《银行家》杂志全球1000 强银行排名中列第 307 位,较上年提升 15 个位次。

吉林银行将秉承"一起成长、一起分享"的核心价值理念,以机构改革为契机,稳步推进小微金融、个人金融、综合金融服务、全面风险管理、创新发展、人才兴行、上市七大战略,完善公司治理,营造良好企业文化,建立适应新常态经济环境的体制机制,努力创造上市经营条件,围绕打造一流股份制商业银行的目标,坚持创新发展、经营转型、管理提升,打造中国价值领先银行,把吉林银行建设成为"使员工成长、让客户信赖、为股东增值、尽社会责任"的现代商业银行。

核心理念

一起成长　一起分享

理念释义:

吉林银行实现资源的最佳配置,创造和保持优良业绩,回报投资者利益,做最具价值的创造者,实现股东的经济价值、社会价值。

吉林银行以开放的心态、诚信的品质、热情的服务、高效的运营、精细的管理、优秀的团队为客户提供一流的金融产品,帮助客户实现成长的梦想。

吉林银行以人为本、构建和谐团队,激发员工的积极性和创造性,营造和谐环境,使员工在工作中学习,在学习中进步,与吉林银行共同成长、共同进步,实现人生价值。

经营理念

持续稳健　居安思危　快速发展　创造价值

理念释义:

持续稳健

把握机遇,更新观念,准确定位,科学发展,反对浮躁冒进,追求稳定健康的经营业绩。坚持可持续发展,视质量重于数量。防范金融风险,追求规模、质量、效益的协调可持续增长。

居安思危

吉林银行对发展环境时刻保持警觉并随时做出反应。员工具备忧患意识,有危机感和责任感,居安思危,不断进取。在行动上始终保持警觉,正视危机和压力,勇于接受挑战,化压力为动力,不断超越自我。

快速发展

发展是吉林银行永恒的主题,我们在整合一切资源的同时,追求企业的快速良性发展,经营规模的稳健扩张,金融业务的不断拓展,以改革为动力,在改革中谋发展,打造具有国内同业领先水平的品牌银行,积极推进上市经营及跨区域发展。

创造价值

获取最大利润,创造价值以实现持续发展是吉林银行最根本的社会责任。我们履行使命,准确定位,科学发展,以绩效为导向,实施激励机制,实现资源最佳配置。提高运营效率,降低成本,在追求规模、质量、效益协调发展的过程中创造公司价值、员工价值、品牌价值。

管理理念

精细严谨　权责明确　科学激励　务实高效

理念释义:

精细严谨

关注细节,细致分析,强化执行,提高效率。掌握科学的工作方法,细究每一工作环节,精确分析问题,科学制订计划,统筹安排落实,及时总结提高。严格内控优先,行为依从制度约束,合规覆盖经营全程。

权责明确

集权有道、分权有序、授权有章、用权有度是吉林银行组织行为科学。领导与执行,始终都秉承责任清晰、运作高效的原则来进行,强化管理者的权责,强化管理者的责任意识,工作积极进取,积极作为,勇于承担责任。

科学激励

用科学有效的激励手段提高员工的工作积极性,将"保护和激发员工的工作热情"作为企业管理的重要目标,尊重、认可员工的工作成绩,使员工感觉到价值感和成就感,努力为员工创造更多发展机会和更大发展空间。

务实高效

按规律办事,在真正掌握问题本质的基础上,以效率和效果为出发点,追求用最简洁、最直接、最有效的方式解决问题,最大限度减少时间、人力和物力资源的浪费,倡导责任明确,程序简洁,杜绝形式主义、推托敷衍、不作为,处理问题干净利落。

地址:吉林省长春市东南湖大路 1817 号
邮编:130033
邮箱:xinxq@ jlbank. com. cn

江苏银行

【概况】

江苏银行是在江苏省内无锡、苏州、南通等 10 家城市商业银行基础上,合并重组而成的现代股份制商业银行,开创了地方法人银行改革的新模式。江苏银行于 2007 年 1 月 24 日正式挂牌开业,是江苏省唯一一家省属地方法人银行。

江苏银行秉承"融创美好生活"的使命,致力于建设特色化、智慧化、综合化、国际化的一流商业银行。

目前，江苏银行有营业机构510多家，其中，省内下辖12家分行，在南京地区拥有23个营业网点，在省外开设了北京、上海、深圳、杭州4家分行。作为主发起人，设立了江苏丹阳保得村镇银行。全行现有员工1.3万余人。

至2014年末，江苏银行资产总额超1万亿元，本外币各项存款余额达6800多亿元，本外币各项贷款余额达4800多亿元。

在英国《银行家》杂志评选出的全球前1000家银行中，江苏银行排名逐年提升，2015年排名第136位，较上年提升17位。荣获“中国最佳城市商业银行”、“最佳创新中小银行”、“最具品牌价值城商行”、“全国银行业金融机构小微企业金融服务先进单位”、“江苏省文明单位”等荣誉表彰。

特色业务

公司业务

江苏银行公司业务坚持以“风险可控、结构优化、效益优先、资本节约”为原则，认真履行地方法人银行职责，积极支持地方经济发展，以传统信贷服务为基础，精心打造供应链金融、现金管理、银团贷款等核心产品，致力于为客户提供一揽子金融服务解决方案。同时主动对接新兴产业，大力发展绿色信贷、文化金融，支持农业现代化发展，挖掘新型城镇化商机，积极培育产业和行业服务优势。

特色业务介绍：

信链通：是江苏银行推出的致力于打造全产业链、全流程的供应链融资产品，助客户在供应链中与上下游合作伙伴共同发展。主要产品包括：动产质押融资、应收账款质押融资。

农头贷：由江苏省农业产业化龙头行业协会提供江苏省内各级农业龙头企业名单，江苏汇隆投资担保有限公司对农业龙头企业提供担保，江苏银行对符合授信条件的农业龙头企业提供金融服务的业务模式。

能效贷款：江苏银行与世界银行集团国际金融公司合作，向特定客户发放的贷款，用于节能项目、可再生能源项目及生产制造节能、可再生能源设备的金融服务。

现金宝：是指通过与对公客户签订产品协议，约定对其人民币单位结算账户内存期不能确定的大额资金进行灵活管理，并以协议约定按存期靠档计息的产品。

票据池：依据客户的要求，为客户提供票据代保管、票据信息查询、贴现、委托收款、以及以代保管票据部分或整体为质押办理流动资金贷款、开票等其他授信业务的产品。

国际业务

江苏银行国际业务秉承“创新、高效、服务”的服务理念，在国际结算和贸易融资产品基础上，推出“紫金外汇通”、“人民币海外直通车”特色国际业务产品系列，可提供20余种融资服务。积极拓展合作渠道，全球代理行近2000家。推动外汇衍生类和理财类产品研发，不断适应各类客户的外汇资金业务需求。年度国际结算量近500亿美元，在城商行中名列前茅。江苏银行加快国际化发展步伐，积极“走出去”，先后创立“上海跨境人民币工作室”、“深港工作室”，推动跨境金融产品创新，不断探索国际业务发展的新模式。

特色业务介绍：

紫金外汇通：集国际结算、贸易融资、外汇资金交易为一体的外汇业务产品服务及组合运用，包含有紫金交易大户室、E时通等特色金融服务，是服务企业客户的重要利器。

人民币海外直通车：包含各种跨境人民币结算业务服务的产品系列，能够有效帮助客户规避汇率风险，降低融资成本。

小企业金融业务

江苏银行始终坚持“服务中小企业、服务地方经济、服务城镇居民”的方针，深入贯彻落实监管部门各项小微企业信贷支持政策，不断创新小微企业金融业务产品和经营模式，全力帮助小企业客户成长壮大。

江苏银行深入洞悉小企业客户金融需求，全面推出“小快灵”服务品牌，建立完善小企业信贷机制，推进专营机构建设和业务服务流程优化，为小企业客户提供更加快捷、灵活、专业的金融服务。建立小微企业批量经营模式，提高融资效率。积极推动科技金融服务，与政府相关部门加强合作，先后推出“科技之星”、“软件之星”等特色贷款项目，取得了显著的经济效益和社会效益。

特色业务介绍：

“小快灵”品牌核心业务群

“小快灵”品牌核心业务群共有九大融资解决方案，四十余项小企业金融产品，以融资产品为核心，包含结算、理财、电子银行、咨询顾问等各类金融产品，为小企业客户提供“全方位、全流程、全覆盖”的金融服务，给客户卓越的金融体验。

科技金融服务：

“科技之星”贷款业务：与省科技厅、省财政厅开展“科技之星”贷款业务的合作，扶持省内千余户科技创新型小企业发展壮大；

省天使投资引导资金项目：与省科技厅、省财政厅共同推动省天使投资引导资金项目的开展，缓解科技型小微企业融资难问题，进一步建立健全科技投融资体系；

“软件之星”贷款项目：与省经信委合作开展“软件之星”贷款项目，进一步扶植省内软件型企业大力发展。

资金业务

江苏银行资金业务坚持以提高效益为目标，积极拓展新型业务渠道，加强与各类银行、保险公司、证券公司等同业机构的合作，目前已经成为银行间债券等市场的重要和活跃成员。资金业务市场间排名超过了部分全国性股份制银行，票据业务量居江苏省银行同业前列，理财业务实现了规模化和系列化发展。资金业务作为江苏银行支柱性业务之一，为公司、零售、投行业务融合发展提供有力支持。

投行业务

江苏银行把投行业务作为战略业务，综合运用债券、信托、证券、基金、租赁、保险、资产管理等业务产品，有效满足高端客户个性化、多样化的金融需求，提升综合营销服务能力，延伸对公业务价值链，推动转型发展。

特色业务介绍：

1. 综合金融解决方案：由江苏银行作为财务顾问，根据政府机构、大型企业、中小企业、个人客户的不同情况和投融资需求，综合运用传统商业银行、新型投资银行以及各种信托、基金、券商资产管理计划等产品和工具，整合成为全面的多元化金融服务方案，以最快的速度、最小的半径、最短的时间解决客户的金融需求。

2. 结构化融资业务：通过理财业务募集社会资金，或采取受益权自营投资等专业化手段，为优质客户提供结构化融资服务，解决其多元化的融资需求。

3. 各类债券承销业务：通过与各类中介机构合作，为优质企业发行企业债、公司债、短期融资券、中期票据、中小企业集合票据、中小企业私募债券、非公开定向债务融资工具等各类债券提供承销服务，帮助优质企业拓宽直接融资渠道。

4. 各类股权质押融资业务：基于公司股东持有的优质上

市、未上市股权，通过质押方式，为其提供阶段性融资需求。

5. 并购重组业务：响应国家号召，支持优势资本的低成本扩张，为重点企业提供并购重组融资与顾问业务，服务内容包括但不限于尽职调查、并购能力压力测试、交易结构设计与实施、目标企业估值、协同效应分析、融资方案设计与实施、负债结构优化与重组、整合方案设计与实施等一揽子服务。

6. 上市公司再融资业务：通过与券商合作，为上市公司提供公司债、定向增发、配股等承销及顾问服务，亦可参与上市公司的定向增发认购，帮助发行人顺利完成资金募集。

7. 资产管理业务：为资金富余的机构客户与私人客户提供各类投资理财服务，期限短、中、长，风险高、中、低，资产涵盖信贷、票据、资本市场、货币市场等。

零售业务

江苏银行将零售业务确定推进转型、服务社会的重要抓手，在做好省内传统客户标准化金融服务的同时，积极创新财富管理、消费金融和银行卡业务产品，推动理财中心、社区银行、楼宇银行等服务渠道建设，全面提升中高端客户综合服务能力。

特色业务介绍：

财富管理：创建"聚宝财富"个人理财服务品牌，形成包括理财产品、保险、基金、国债、贵金属、信托在内的理财业务产品体系，陆续推出了"稳健"、"稳赢"、"增长"、"尊享"、"月月赢"、"季季丰"、"e 尊享""节日专属"等特色理财产品，产品销量逐年攀升。

消费金融：针对不同层级的客户需求，创建了以"及时贷"为核心的品牌体系，形成购房、消费、民生三大类产品体系，推出存抵贷、循环贷、卡易贷、轻松购等特色产品，持续优化个贷业务结构，提高个贷业务综合收益，引入先进 IT 系统基础，大力发展消费金融业务。

银行卡业务

江苏银行银行卡业务坚持"以客户为中心"的服务宗旨，在"量质并重、以质为先"经营理念的指导下，完善银行卡业务审批流程，实现了中后台集中运营，深入细分市场，加强市场联盟，依托技术创新，开发特色产品，组织多样化营销，不断满足客户个性化消费需求。截至 2013 年末，信用卡账户规模已近 88 万户，实现年消费额 127.04 亿元。

特色卡介绍：

针对追求个性的年轻客户推出"彩照信用卡"；

针对注重健康的客户推出"手佳联名信用卡"；

首创推出了 ATM 购物渠道及"联嘉云联名卡"；

实现手机芯片与金融 IC 卡的合二为一；

推动支持"空中圈存"的"天翼手机支付联名信用卡"；

与 VISA 合作联合推出 VISA 青奥主题外币信用卡。

电子银行业务

电子银行是江苏银行转型升级的战略重点，涵盖网上银行、手机银行、短信银行、电话银行、电视银行、电子支付商户、互联网门户网站及相关电子支付业务。电子银行业务以"一点接入，全程服务"为目标建设产品平台，实施传统电子银行业务和互联网金融的双轮驱动，为客户提供优质的线上服务。

特色业务介绍：

网上银行：个人网银引入全新 UI 设计，致力于提升客户体验，为客户打造方便快捷、贴心入微特色服务的网上银行服务。企业网银通过较为完备的企业网上银行授权机制为企业的网上转账进行了全面的风险控制，为企业提供了一体化的财务运作平台。

移动金融：手机银行自 2012 年 4 月推出以来客户数增长迅猛，客户总数已超过 30 万户，目前正在逐步完善业务在移动端的实现，将移动金融作为业务突破口，推出手机证券、LBS 服务等金融综合化、生活化服务；又陆续推出微信银行、易信银行，成为全国第一家微信、易信双平台移动银行。

互联网金融及三方支付：积极建立和扩展接入渠道，目前已实现支付宝、财付通等业内重点支付平台的业务覆盖，同时积极拓展与行业电商的合作，进行供应链融资的尝试，建立多样的专业化电商合作模式。

地址：江苏省南京市洪武北路 55 号

邮编：210005

传真：025 - 58588055

客服热线：95319

锦州银行股份有限公司

【概况】

锦州银行股份有限公司于 1997 年 1 月 22 日成立，截至 2015 年 6 月 30 日，公司总资产为人民币 3,129 亿元。在锦州、北京、天津、沈阳、大连、哈尔滨、丹东、抚顺、鞍山、朝阳、阜新、辽阳设立 12 家分行。目前，与 70 多个国家及地区 500 多个金融机构开展业务，代理行网络遍及世界各地。

走出锦州，迈向辽宁，放眼全国，是锦州银行快速发展的崇高追求。2008 年 12 月，锦州银行天津分行正式挂牌营业，开创了我国地级城市商业银行在直辖市设立分支机构的先河。此后，沈阳分行、大连分行、哈尔滨分行、丹东分行、北京分行、抚顺分行、鞍山分行、朝阳分行、阜新分行、辽阳分行相继挂牌。特别是获准设立北京分行，使多年的梦想变成现实。

以市场为导向，以客户为资源，以特色为品牌，是锦州银行快速发展的制胜法宝。坚持把基本客户和基本客户群的开发和维护摆在战略位置，探索出"四个十"的市场开发思路，相继启动了"百千万"工程，开展了"双百"活动，实现了"三基"建设与"三小"信贷的有效联动。

实施人才战略，借鉴先进理念，推行精细化管理，是锦州银行快速发展的内在品质。从招聘高等院校大学生到吸纳专业银行人才，从聘请国内高端人才到引进外国金融专家。特别是通过实施管理再造工程、梳理组织架构、开展"百达"和"双大"活动，加快了流程银行建设步伐，提升了管理服务水准。

坚持以人为本，凝聚团队力量，创新企业文化，是锦州银行快速发展的力量源泉。通过开展"三爱三懂"巡回报告和多种主题教育、培训活动，营造了以人为本的家庭文化、养成了按章办事的合规意识、树立了不计得失的奉献精神，广大员工的自豪感、归属感、使命感日益强烈。

锦州银行相继荣获"全国文明单位"、"中国优秀企业"、"中国银行业文明服务示范单位"、"全国模范劳动关系和谐企业"、"2007 中国金融业年度创新奖"、"2008 中国最具成长力中小银行"、2007 年到 2010 年连续四年"全国支持中小企业发展十佳商业银行"、"2010 全国中小企业最信赖的商业银行"、"2010 中国文化管理杰出贡献单位"、"2011 年全国先进基层党组织"、"2012 最佳社会责任奖"，特别是去年还被中国银监会评为"全国银行业小微企业金融服务先进单位"。

展望未来，锦州银行将继续秉承"让客户满意，为股东增值，对社会尽责"的使命，继续加快实施品牌化经营、区域化布局、综合化发展的战略工程，全力打造信誉卓著、管理规范、服务优质的现代化商业银行。

地址:辽宁省锦州市松山新区科技路 68 号
邮编:121013
电话:4006696178、96178(锦州)
传真:0416 - 3220003
邮箱:webmaster@ jinzhoubank. com

昆仑银行股份有限公司

【企业概况】

昆仑银行的前身是克拉玛依市商业银行,系 2006 年 6 月 6 日由克拉玛依市城市信用社改制成立。2009 年 4 月中国石油集团通过增资控股对克拉玛依市商业银行进行重组,2010 年 4 月正式更名为昆仑银行。重组伊始,昆仑银行就确立了产融结合发展战略,坚定不移走差异化经营、特色化发展道路。

近年来,在监管部门、地方政府、大股东及社会各界的大力支持和关心帮助下,昆仑银行按照"立足新疆、依托石油、面向全国、走向国际"的发展布局,突出发展对公业务,大力发展零售业务,积极发展国际业务,稳健发展金融市场业务,经营业绩屡创新高,规模实力持续增强,特色鲜明、富有活力的能源银行初具雏形。

截至 2014 年末,昆仑银行在新疆、大庆、西安、北京等地设立 60 多家分支机构,发起设立四川乐山、新疆塔城昆仑村镇银行。2012 年,昆仑银行首次入围标准普尔发布的中国 50 大银行,现位列第 40 位,2013 年名列中国《银行家》杂志 146 家中国城商行综合排名第 10 位,是近年来国内成长最快的银行之一,已迅速从一家小型城商行发展为具有一定影响力的中型商业银行。

总行营业部

查询电话
公司业务:(86 - 010)89026782
(86 - 010)89026772
(86 - 010)89026102
产融业务部:(86 - 010)89026083
(86 - 010)89026104　89026067
(86 - 010)89026065　89026082
(86 - 010)89026085　89026091
国际业务部:(86 - 010)89026222
(86 - 010)89026617
票据业务:(86 - 010)89026245
(86 - 010)89026247/89026589
(86 - 010)89026591
传真:(86 - 010)89025438

南京银行股份有限公司

【企业概况】

南京银行成立于 1996 年 2 月 8 日,是一家具有由国有股份、中资法人股份、外资股份及众多个人股份共同组成独立法人资格的股份制商业银行,实行一级法人体制。南京银行历经两次更名,先后于 2001 年、2005 年引入国际金融公司和法国巴黎银行入股,在全国城商行中率先启动上市辅导程序并于 2007 年成功上市。目前注册资本为 29. 69 亿元,下辖 14 家分行,134 家营业网点,员工总数 5000 余人。自 2006 年首次入选英国《银行家》杂志公布的全球 1000 家大银行排行榜以来,我行排名逐年提升,2015 年已升至第 201 位,位次较上年提升 13 位。

南京银行以建设"中国中小银行中一流综合金融服务商"为战略愿景,始终坚持做强做精做出特色的发展道路,各项业务平稳较快增长,经营效益稳步提升,风险管控不断加强,资产质量保持稳定,基础管理持续深化。

南京银行将中小企业和个人业务作为战略业务重点发展,丰富业务产品体系,倾力满足中小企业与个人金融需求;将金融市场、资产管理、投行业务、同业业务作为特色业务,不断向纵深推进,业务品牌影响力不断扩大。

南京银行持续深化机构战略布局。自 2007 年设立第一家分行以来,跨区域经营不断推进,先后设立了泰州、北京、上海、杭州、扬州、无锡、南通、苏州、常州、盐城、南京、镇江、宿迁、连云港等 14 家分行。

南京银行致力于探索综合化经营。在全国率先尝试了城商行异地参股其他城商行的发展模式,参股日照银行并成为其第一大股东,入股江苏金融租赁有限公司、芜湖津盛农村合作银行,发起设立了宜兴阳羡、昆山鹿城两家村镇银行,投资组建鑫元基金公司,成立紫金山・鑫合金融家俱乐部,在探索综合化经营的道路上不断迈进。

我行经营范围包括:吸收公众存款;发放短期、中期和长期贷款;办理国内结算;办理票据承兑与贴现;发行金融债券;代理发行、代理兑付、承销政府债券;买卖政府债券、金融债券;从事同业拆借;买卖、代理买卖外汇;从事银行卡业务;提供信用证服务及担保;代理收付款项及代理保险业务;提供保险箱服务;经中国银行业监督管理委员会批准的其他业务。

发展理念

以成为"中小银行中一流的综合金融服务商"为愿景以服务模式创新和经营模式创新为两翼。

在强总行的支撑下实现综合金融服务能力、客户服务重心下移、互联网金融发展的突破。

董事会关于公司未来发展的讨论与分析

1. 行业竞争格局和发展趋势

一是经济步入新常态,银行业经营环境日趋复杂。我国经济将由过去的高增长转向中高增长,转向"经济新常态",预期未来将以经济结构调整为主导,经济增速放缓和全面深化改革,给银行业发展带来了一定的挑战。二是改革创新深入推进,彰显特色化经营。随着金融改革的不断深入,各银行金融机构将持续推进改革创新,结合外部环境和自身实际情况,尝试探索特色化经营,制定了差异化的发展战略,形成差异化的发展格局。三是资产规模稳步增长,资产结构逐步优化。我国银行业将加快资产业务转型、资产结构调整和资产业务创新,不断优化资产结构,适应新形势下转型发展、市场竞争的要求。四是完善风险体系,不断加强全面风险管理能力。面对复杂严峻的风险形势,银行业将从制度建设、优化流程、创新工具等多方面加以应对,保持风险水平的总体稳定。五是盈利增速进一步放缓,盈利能力面临持续挑战。利率市场化进程加速和金融脱媒持续深入等因素的影响,银行业在规模增长逐步回归常态的背景下,净息差将不断缩窄,盈利能力面临挑战。六是互联网金融发展迅猛,促进银行转型。互联网金融不断改变金融生产和服务的方式,也改变了客户对金融服务的需求,商业银行将从渠道优化、平台搭建、供应链金融、产业链合作等多方面主动融入互联网金融。

2. 2015 年公司发展战略

2015 年是公司持续推进新五年规划的第二年,公司将主动适应经济金融发展新形势、新变化和新特征,继续坚持稳中求进，进一步深化改革、加快创新转型，强化基础管理，加强风险管控，保持有速度、有质量、有效益的可持续增长，推动公司发展实现新跨越，继续朝着建设中小银行中一流的综合金融服务商坚实迈进。公司发展的主要思路是：一是坚持特色经营定位，提升品牌影响力。积极推进公司金融、小微金融、个人业务、金融市场、贸易金融与现金管理、电子银行与互联网金融等六大业务条线发展，着力塑造业务特色，建立差异化的竞争优势，实现商业模式转型。二是积极推动综合化经营，增强盈利能力。一方面加强内部的综合经营，为客户提供综合化的金融服务，同时，充分发挥紫金山．鑫合金融家俱乐部的平台作用，深化业务合作，提升公司在金融领域的影响力。另一方面，在政策允许的条件下，投资参股资本回报率高、具有独特竞争力的机构。三是加快跨区发展步伐，增强辐射效应。争取年内覆盖江苏省内，进一步扩大网络覆盖面和市场影响力。四是加强基础能力建设，提升管理能力。主要是优化组织架构与流程，将总行建成战略决策、创新研发、资源配置、集中运营、科技支撑中心，完善激励机制，加强数据治理和挖掘，提高资产负债管理和风险管理水平，为可持续发展提供有力支持。

3. 2015 年经营计划年末资产总额不低于 6800 亿元；利润增幅不低于 10%；不良贷款率年末控制在 1% 以内。

4. 可能面对的风险一是金融改革持续推进。党的十八届三中全会作出了"完善金融市场体系"的金融改革总部署，利率和汇率形成机制市场化、民营银行试点、多层次资本市场建设等重大金融改革加快推进。2015 年 3 月 1 日起，央行宣布将金融机构存款利率浮动区间的上限由存款基准利率的 1.2 倍调整为 1.3 倍，扩大加剧了存款竞争，利率市场化进程进一步加快。利率市场化将给商业银行特别是中小银行带来净息差缩小等挑战，商业银行传统经营模式面临挑战。二是银行面临的风险压力增大。受到经济放缓的影响，银行业前期信贷规模快速增长下所积累的潜在违约风险正在逐步暴露，部分小企业和产能过剩问题突出的企业不良贷款可能继续增长，房地产、融资平台相关贷款仍需要高度关注，银行业的资产质量管控面临巨大压力，同时随着利率市场化推进、汇率弹性增强、资本流动频繁，市场风险压力趋于上升。三是传统银行业面临业务挤压分流的风险。金融脱媒日益加剧，银行信贷占社会融资的比重不断下降，私募股权、风险投资等新兴金融业态日趋活跃，一定程度上挤占了银行业传统优势市场。电子商务蓬勃发展，互联网金融向银行核心业务快速渗透，凭借强大的数据分析能力、高效的交互式营销模式和良好的客户体验，迅速改变着传统银行的经营模式，特别是互联网金融如余额宝等网上理财渠道的频繁创新推出，对银行传统销售模式带来了巨大的冲击，抢占了银行的市场份额。

地址：江苏省南京市中山路 288 号
邮编：210008
电话：96400（江苏），4008896400（全国）
传真：（0086）025－86775053
服务投诉电话：96400（江苏）、40088－96400（全国）

宁波银行股份有限公司

【企业概况】

宁波银行成立于 1997 年 4 月 10 日，2007 年 7 月 19 日成为国内首家在深圳证券交易所挂牌上市的城市商业银行。

截至 2015 年 9 月末，宁波银行除了在宁波地区经营之外，已在上海、杭州、南京、深圳、苏州、温州、北京、无锡、金华、绍兴和台州设立 11 家分行，营业网点 273 家。2013 年 11 月，宁波银行发起设立永赢基金管理有限公司；2015 年 5 月，永赢金融租赁有限公司正式开业。

成立 18 年以来，伴随中国经济的快速增长，在广大客户和社会各界的大力支持下，宁波银行各项业务取得长足发展，已经发展成为一家资本净额超 520 亿元，总资产超 6500 亿元，员工人数超 8000 人的区域性股份制上市银行，成功跻身全球前 200 家大银行之列。

经营业绩好

宁波银行自成立以来，得益于广大客户的信任与支持，各项业务取得长足发展，展现出良好的经营业绩。

截至 2015 年 9 月末，宁波银行总资产 6585.05 亿元，各项存款 3593.06 亿元，各项贷款 2418.01 亿元；2015 年前三季度实现净利润 53.21 亿元，同比增长 16.06%；不良贷款率 0.88%，较年初下降 0.01%。按照《商业银行资本管理办法（试行）》计算的资本充足率为 12.53%，核心一级资本充足率和一级资本充足率均为8.92%。

资产质量好

宁波银行坚持"控制风险就是减少成本"的风险理念，不断完善全面、全员、全流程的风险管理体系，风险管理能力持续增强。

近年来，宁波银行的风险管理能力经受住了市场考验，在主要经营区域持续消化过剩产能、经济结构大幅调整的情况下，2015 年 9 月末不良率为 0.88%，是唯一一家连续 7 个季度不良率没有上升的上市银行，也是 16 家上市银行中不良率最低的银行。

2011 年底，宁波银行开始推动新资本协议项目实施，是同类银行中较早推动新资本协议项目实施的银行。当前，新资本协议主要的子项目建设已接近完成，宁波银行有望在 2016 年成为首批正式实施新资本协议的城商行。

信用评级高

近年来，宁波银行的经营管理能力和发展前景得到了监管和业界的广泛认可。

在银监会对商业银行的综合评级中，宁波银行多年来均为城商行最高评级。

国际知名评级机构穆迪给宁波银行的评级为 Baa2，这一评级与国内比较优秀的全国性股份制商业银行评级不相上下。

英国《银行家》杂志按照一级资本发布的 2015 年全球 1000 强银行排行榜中，宁波银行排名位列全球 196 位。

英国《银行家》杂志发布"2014 年全球银行品牌 500 强排行榜"，宁波银行位居全球银行第 264 位，品牌评级为 A＋。

中国《银行家》杂志、新浪财经等专业机构举办的银行业评选中，宁波银行多次获得"中国最佳城市商业银行"称号。

信息透明

作为上市银行，宁波银行有一套完备的经营信息披露机制，能够确保公众充分、及时、准确地了解银行经营状况。

一是宁波银行及时、准确、完整地披露各项经营信息，确保股东和公众能及时了解银行经营状况。

二是一旦业务有重大变化、业绩稍有波动或者涉及较大金额诉讼，宁波银行均在第一时间披露，透明度很高。

三是宁波银行聘请国际知名的安永会计师事务所对对外披露的年度报告进行严格审计，确保信息披露的完整性和准确性。

近年来，宁波银行信息披露准确、及时，社会公信力高，公众口碑良好，先后被权威机构评为“最具社会责任金融机构”、“最佳中小企业板上市公司”和“最具成长潜力上市公司”。

大股东支持

宁波银行前两大股东分别是宁波市政府和新加坡华侨银行，分别持股21.38%、20%，一直以来都十分支持宁波银行的发展。

宁波市开发投资集团及其全资子公司宁波电力开发有限公司代表政府持有宁波银行20%的股份，加上同样代表政府持股的一致行动人宁兴（宁波）资产管理有限公司持有的1.38%股份，宁波市政府合计持有21.38%的股份，为宁波银行的第一大股东。

新加坡华侨银行是东南亚第二大金融服务集团，是国际上具有最高评级的银行之一，拥有穆迪Aa1级评级，位列全球银行100强。新加坡华侨银行2006年成为宁波银行战略投资者后，不遗余力地支持宁波银行，使宁波银行在业务发展、风险管理、系统建设和人才培养等方面能快速与国际一流银行接轨。

得益于宁波银行良好的经营业绩和优秀的风险控制能力，宁波市政府和新加坡华侨银行都对宁波银行的发展充满信心，不断为银行提供发展的资本，2014年通过宁波银行非公开定向增发方式注入31亿元资本金，使得宁波银行的资本更加雄厚，发展动力更足。

管理团队专业

宁波银行的高级管理团队专业敬业、年富力强、稳定团结。

宁波银行管理团队成员长期从事金融和银行管理工作，具备丰富的专业知识，十多年来配合默契，非常稳定，在同业中是最稳定的团队之一，有利于推动银行长远发展战略的实施。尽管宁波银行高管成员平均年龄只有40多岁，但均长期从事银行业的经营管理工作，加上与新加坡华侨银行等优秀的外资银行学习交流较多，业务扎实，视野宽广，有助于宁波银行更好地迎接利率市场化的挑战。

近年来，宁波银行紧跟中国经济发展浪潮，高管团队勤勉敬业，不断推动银行向前发展，使得宁波银行成为中国银行业盈利能力强、资本充足率高、不良贷款率低的银行之一。

科技系统领先

宁波银行牢固树立科技就是第一生产力的理念，不断加大科技系统建设投入力度，已在同类银行中建立起一定的比较优势。宁波银行以业务驱动为着力点，持续深化应用系统建设，逐步构建面向业务、面向服务、面向客户的“三位一体”应用系统体系，打造科技系统六大平台，为银行长远发展提供坚实的科技支撑。

业务特色

宁波银行以“了解的市场，熟悉的客户”为准入原则，坚持“门当户对”的经营策略，以为客户提供多元化金融服务为目标，打造“公司银行、零售公司、个人银行、金融市场、信用卡、票据业务、投资银行、资产托管”八大利润中心，初步形成多元化的业务增长模式和良好的品牌形象。

公司银行：着力打造启盈100金融综合服务品牌，形成“贸易融资、电子银行、现金管理、票据业务、投资银行、资产托管”六大业务平台，致力于为大中型企业提供全方位的综合金融服务。

零售公司：在同类银行中率先推出“金色池塘”小微企业全面金融服务品牌，为客户提供全面贴心的融资产品、现金管理和金融增值服务，满足小微企业不同层次的服务需求，全力助推企业发展。

个人银行：以优质服务为基础，不断强化储蓄存款、消费贷款、中间代理、个人理财四项基础业务，打造“汇通财富·尊享”、白领通和新福宝三大业务品牌，力争成为个人客户金融服务最佳选择。

金融市场：以“完善盈利结构、改进盈利模式、提升市场地位”为出发点，着力推进外汇、债券、融资、衍生四大基础业务，实现盈利来源多元化，力争成为中小同业金融市场业务最佳合作伙伴。

信用卡：实施“差异化”的业务策略，以信用卡特色产品为抓手，以商英卡和易百分业务为纽带，推广“小额资金解决方案”，积极运用互联网金融技术，加快产品和服务创新，持续提升客户体验。

票据业务：秉承优质服务理念，以服务中小企业融资和多元化同业合作为宗旨，以丰富的产品体系和高效的业务流程为抓手，力争成为企业客户票据贴现首选银行和同业客户转贴现交易首选银行。

投资银行：发挥金融中介职能，致力搭建多元化的金融服务平台，通过金融产品创新以及金融工具组合，统筹货币市场和资本市场资源，为大中型优质企业提供投资、融资及顾问等综合金融服务。

资产托管：致力为金融机构客户提供优质的资产保管、资金清算、会计核算和估值服务，通过业内领先的托管网银、易托管产品，打造全电子化的业务流程，力争成为国内资管行业的首选托管机构。

宁波银行的发展离不开您一如既往的支持与厚爱，我们将秉承“诚信敬业、合规高效、融合创新”的理念，努力以更好更新的金融服务，在各个业务触点上给您最好的服务体验，力争成为客户首选银行，为把宁波银行打造成一家令人尊敬、具有良好口碑和核心竞争力的现代商业银行而不懈努力。

地址：浙江省宁波市宁南南路700号

电话：086－574－89068221（值班电话）

　　　086－574－87050028（投资者关系）

网址：www.nbcb.com.cn

邮编：315100

平安银行股份有限公司

【企业概况】

平安银行股份有限公司是一家总部设在深圳的全国性股份制商业银行（深圳证券交易所简称“平安银行”，证券代码000001），其前身深圳发展银行股份有限公司，于2012年6月吸收合并原平安银行并于同年7月更名为平安银行。中国平安保险（集团）股份有限公司及其子公司合计持有平安银行59%的股份，为平安银行的控股股东。截至2015年6月底，平安银行在职员工35,800多人，通过全国45家分行、855家网点为客户提供多种金融服务。

平安银行围绕“最佳商业银行”战略目标，秉承“对外以客户为中心，对内以人为本”的宗旨，始终坚持“变革、创新、发展”的经营理念，以公司、零售、同业、投行“四轮驱动”为业务重点，以“专业化、集约化、综合金融和互联网金融”为四大业务特色，“跳出银行办银行”，积极创新产品和业务模式：物联网金融、光子支付、橙e网、口袋银行、行E通、产业基金、贷贷平安等业务与平台的创新、推广成效显著。同时,平安银行持续深化组织模式改革,全面实施事业部制,形成了地产、能源矿产、交通、现代物流、现代农业、医疗健康、文化旅游七大行业产业链"全覆盖"的模式,事业部总体架构增至"11 +6 +1"(11 个产品事业部、6 个行业事业部、1 个平台事业部),"医、食、住、行、玩"五大战略布局基本完成,以专业化的经营更好地服务实体经济,全方位打造"平安银行,真的不一样"的品牌形象。

截至 2015 年 6 月末,平安银行资产总额 25,705.08 亿元,较年初增长 17.56%;存款余额 16,551.12 亿元,较年初增长 7.95%;贷款和垫款(含贴现)11,878.34 亿元,较年初增长 15.92%。营业收入 465.75 亿元,同比增长 34.09%;净利润 115.85 亿元,同比增长 15.02%;资本充足率 10.96%,一级资本充足率及核心一级资本充足率 8.85%,满足监管标准。

在公司业务方面,截至 2015 年 6 月末,公司存款余额较年初增长 8.15%,公司贷款(不含贴现)余额较年初增长 20.25%,贸易融资授信余额 4,845 亿元,较年初增长 9.31%。平安银行全力打造的"橙 e 网"定位于"供应链金融 + 互联网金融",致力于多方协同建立"熟客生意"生态圈,强化平台与平台之间的合作,以金融功能为基础,与多方市场主体建立广泛联盟,服务模式从 B2B 向 B2C、C2B 延展,实现"四流"合一打造产业链金融生态圈。截至 2015 年上半年,"橙 e 网"注册用户已超过 50 万户。在小企业业务方面,以"贷贷平安商务卡"为平台,将小额信用循环贷款与借记卡功能及权益相结合,"随借随还、按日计息",从客户角度全面安排结算、理财、增值服务等,构建了融合标准化、集约化、综合金融、互联网金融的小企业金融商业模式。2015 年 6 月底,平安银行与感知科技联合发布全球首个物联网金融产品,物联网动产监管技术与服务正式上线。物联网技术可实现对动产无遗漏环节的监管,极大地降低动产质押的风险。物联网与金融的结合,将深刻改变供应链金融的模式,也将破解小微企业贷款难问题。

在零售业务方面,截至 2015 年 6 月末,零售存款余额较年初增长 6.95%,零售贷款(含信用卡)余额较年初增长 8.9%;管理个人客户资产快速增长,期末余额 5,881.03 亿元,较年初增长 17.2%。私人银行、财富管理、社区金融、网络金融等渠道快速发展,信用卡、汽车金融、消费金融等资产业务持续稳健提升。口袋银行(手机银行)、平安橙子(平安直通银行)不断探索互联网金融模式,借综合金融优势,通过对移动互联网、大数据、O2O 等创新业务模式的探索,逐步由服务渠道向业务经营平台转型,探索构建零售网络金融的商业模式。同时,业内首家智能"O2O 平台"口袋社区目前已在深圳、郑州、南京、杭州等全国十大城市进行试点推广,后续将继续扩大使用场景;此外,平安银行于 2015 年上半年推出了创新移动支付技术——光子支付,突破了网络、额度、手机型号的限制,开启了客户移动支付新体验。

在资金同业业务方面,"行 E 通"平台建设持续深入,"黄金业务"、"期权专家"和"智慧交易"三大业务品牌影响力不断提升。秉承"轻资本、优结构、强客户、好效益"的经营策略,2015 年上半年,资金业务加快经营模式转变,持续优化同业资产负债结构,提升投资收益水平,降低同业负债成本,拓展中间业务收入渠道,收入结构持续优化。同时,平安银行资金运营中心顺利挂牌,成为全国第二家获得银监会批准的银行资金业务专营机构。

在投行业务方面,截至 2015 年上半年,投行业务实现中间业务收入 36.95 亿元,同比增幅 154%;期末资产托管净值余额 2.17 万亿元,较年初增幅 20%,实现托管费收入 15.19 亿元,同比增幅 157%。"产业基金"业务模式不断创新,在海外并购业务、代客股权投资业务、与行业龙头合作的并购基金业务等均取得重大突破。

在企业文化建设方面,珍视员工,培养人才。平安银行建立了科学的绩效考核与激励机制,为员工提供公平公正的评价机制和多种多样的成长机会;我们注重人才培养,充分利用平安综合金融资源和外部高端培训资源,启动国内首批综合金融管培生培训计划,实施高潜学员和橙航学员培养计划,为综合金融发展储备人才;同时,我们着力打造"家园文化",开展员工关爱行动,组织各类健康文体俱乐部,解除员工后顾之忧,确保员工身心健康,努力营造员工可以托付一生的平安家园。

在企业社会责任方面,勇于担当,回馈社会。平安银行不断完善社会责任管理机制,把企业的可持续发展纳入银行的整体战略;我们积极发展普惠金融,推进绿色信贷,支持低碳经济、循环经济、小微经济的创新和发展;我们赈灾济困、捐资助学、扶助弱势群体、开展志愿者服务,用实际行动传播正能量,回馈社会。

近年来,平安银行荣膺"年度最佳股份制银行"、"最受投资者尊重的百强上市公司"、"最佳供应链金融服务银行"、"最佳中小企业银行"、"最具创新意识银行"、"最佳企业社会责任奖"、"中国最受尊敬中资银行"等多项荣誉;"橙 E 网"荣获《银行家》颁发的"十佳金融产品创新奖"、"2015 年在线供应链金融优秀案例奖"等多项荣誉;"平安橙子"荣获中国网上银行促进联盟颁发的"年度最佳业务模式创新奖"、《银行家》颁发的"年度十佳互联网金融创新奖"等多项大奖。

未来,平安银行将坚定按照"五年规划"的战略步骤,依托平安集团综合金融平台,以为客户提供"一个客户、一个账户、多个产品、一站式"服务的全方位综合金融服务体验为目标,主动适应"新常态",打造综合金融的核心优势,以资源整合、平台经营、专业服务为导向,积极创新产品和业务模式,以差异化的服务、稳健的经营、出色的绩效,为客户、员工、股东以及社会创造更大的价值!

上海浦东发展银行股份有限公司

上海浦东发展银行股份有限公司(以下简称:浦发银行)是 1992 年 8 月 28 日经中国人民银行批准设立、1993 年 1 月 9 日开业、1999 年在上海证券交易所挂牌上市(股票交易代码:600000)的全国性股份制商业银行,总行设在上海。目前,注册资本金 186.53 亿元。良好的业绩、诚信的声誉,使浦发银行成为中国证券市场中备受关注和尊敬的上市公司。

秉承"笃守诚信,创造卓越"的核心价值观,浦发银行积极探索金融创新,资产规模持续扩大,经营实力不断增强。至 2015 年 9 月末,公司总资产规模达 48,226 亿元,各项贷款余额 21,879 亿元,各项存款余额 30,011 亿元,2015 年前三季度实现归属于母公司股东的净利润 371.62 亿元。目前,浦发银行已在全国设立了 40 家一级分行、逾 1300 家营业机构,拥有超过 4.3 万名员工,架构起全国性商业银行的经营服务格局。近年来,浦发银行加快国际化、综合化经营发展,以香港分行开业、伦敦代表处、浦银国际成立为标志,迈出国际化经营的实质性步伐,以投资设立浦发村镇银行、浦银金融租赁有限公司、浦发硅谷银行等机构为标志,积极推进综合化经营。

上市以来,浦发银行连续多年被《亚洲周刊》评为"中国上市公司100强”。2015年2月，英国《银行家》杂志发布“全球银行品牌500强”榜单，浦发银行排名第58位，居中资银行第10位，品牌价值40.32亿美元；2015年5月，《福布斯》杂志发布“全球企业2000强”榜单，浦发银行居榜单第84位，排名上榜中资企业第15位、上榜中资银行第9位；2015年6月，Interbrand发布“最佳中国品牌价值排行榜”，浦发银行排名第17位，居同类型股份制商业银行第2位，品牌价值172.08亿元；同月，英国《银行家》杂志发布“全球银行1000强”排名，根据核心资本，浦发银行排名全球第35位，居上榜中资银行第8位；7月，美国《财富》杂志发布财富世界500强排行，浦发银行位列第296位，居上榜中资企业第59位和上榜中资银行第9位，表现出良好的综合竞争优势。2015年11月，浦发银行惠誉评级：长期外币发行人违约评级（IDR）投资级BBB－，支持评级（SR）“2”；2014年6月，浦发银行标普评级：长期信用评级“BBB＋”、短期信用评级“A－2”、长期大中华区信用体系评级“cnA＋”，以及短期大中华区信用体系评级“cnA－1”；12月，穆迪投资者服务公司（穆迪）发布浦发银行信用评级报告，长期存款评级上调至Baa1，短期存款评级上调至Prime－2，财务实力评级由D上调至D＋（对应的基础信用评估由ba2上调至ba1），评级前景展望均为稳定。

深耕金融服务的同时，浦发银行积极践行社会责任，致力于打造优秀企业公民。2015年6月浦发银行获评中国银行业协会“2014年度最具社会责任金融机构奖”。2015年11月，浦发银行荣获2015年中国企业公众透明度评价“最佳社会责任报告奖”；2014年12月，润灵环球责任评级发布《2014A股上市公司企业社会责任报告评级数据库》，浦发银行评级等级为AA，评级展望为积极。

浦发银行将继续推进金融创新，因势而变、顺势而为、乘势而上，以“新思维，心服务”为指引，努力建设成为具有核心竞争优势的现代金融服务企业。

上海银行

【企业概况】

上海银行成立于1995年12月29日，是一家由国有股份、中资法人股份、外资股份及个人股份共同组成的股份制商业银行，总行位于上海。

近年来，上海银行以“精品银行”为战略愿景，以“精诚至上，信义立行”为企业核心价值观，以“总体形成特色、区域兼顾差异、局部凸显亮点”为指导思想，持续推进专业化经营和精细化管理，经营实力和发展能力明显提升。根据市场和自身优势，上海银行形成了“中小企业综合金融服务”、“城市居民财富管理和养老金融服务”、“金融市场领先交易服务”、“两岸三地跨境金融服务”以及“最佳在线金融服务”等特色定位，通过培育和塑造经营特色，推动结构调整和转型发展，增强可持续发展能力。

目前，上海银行在上海、宁波、南京、杭州、天津、成都、深圳、北京、苏州、无锡、绍兴、南通等地拥有分支机构和营业网点311个，设有自助银行211个，布放自助服务类终端设备2167台，初步形成了覆盖长三角、环渤海、珠三角、中西部重点城市的网络布局框架。上海银行还发起设立闵行上银、衢江上银、江苏江宁上银和崇州上银村镇银行，发起成立上银基金管理有限公司，在香港地区设立上海银行（香港）有限公司，并与全球130多个国家和地区近1600多家境内外银行及其分支机构建立了代理行关系。

成立20年来，上海银行市场竞争力和影响力不断提高，在英国《银行家》全球前1000家银行中排名持续提升，2014年位列全球银行业第130位，较2013年排名上升28位。多次被《亚洲银行家》杂志评为“中国最佳城市零售银行”，先后荣获“上海市著名商标”、“小企业优秀客户服务银行”、“全国再就业先进单位”、“全国银行间市场优秀交易成员”、“全国敬老模范单位”、“最佳企业形象奖”、“银团贷款最佳机构奖”等荣誉称号。

企业文化

使命：提供专业服务创造恒久价值

愿景：成为卓越的精品银行

核心价值观：精诚至上信义立行

相关理念：

经营理念——以市场为导向以客户为中心

管理理念——创新协同精细高效

人才理念——以人为本人尽其才

服务理念——点滴用心相伴成长

风险理念——稳健合规提升价值

盛京银行股份有限公司

【企业概览】

盛京银行股份有限公司是东北地区成立最早、规模最大、实力雄厚的总部银行，成立于1997年9月，其前身是沈阳市商业银行，2007年2月经中国银监会批准更名为盛京银行，并实现跨区域经营。2014年12月29日，盛京银行在香港联合交易所主板成功上市。截至2015年6月30日，盛京银行已在北京、上海、天津、长春等中心城市和辽宁省内沈阳、大连、营口、鞍山、本溪、盘锦、葫芦岛、朝阳、抚顺、锦州、阜新、丹东等地设立了16家分行，机构网点已达157家；在上海宝山、宁波江北、沈阳沈北、新民、辽中、法库等地发起设立了6家富民村镇银行，并入股丹东、本溪等城市商业银行，形成了“根植沈阳、辐射东北、走向全国“的机构战略布局，市场竞争力和区域影响力不断提升。

盛京银行始终秉承“诚信、亲和、进取、敬业、奉献“的核心价值观，坚持依法合规、稳健经营、规范管理，不断改革创新、开拓进取，实现了规模与速度、质量与效益的协调均衡增长。截至2015年6月30日，盛京银行资产总额5882.90亿元，各项存款余额3549.00亿元。2015年，获得联合资信评估有限公司AAA评级；在《21世纪经济报道》主办、香港中文大学推出的《2014亚洲银行竞争力研究报告》中，综合竞争力排名第13位、收益指标排名第2位；在金融时报社、中国社科院金融研究所联合评选的“2015中国金融机构金牌榜”中获得“年度最佳中小银行”殊荣；在中国《银行家》杂志社评选的“2015中国商业银行竞争力排名”中，被评为“2014年度最佳风险管理商业银行”。2014年，在英国《银行家》杂志所组织的排名中，盛京银行的一级资本回报率在全球排名中位列第83位，在中国银行业中位列第7位，资产回报率在全球排名中位列第214位，在中国银行业中位列第25位；在中国《银行家》杂志发布的《2014年中国商业银行竞争力评价报告》中，盛京银行被评为“最佳城商行”并在2013年度资产规模2000亿以上的城市商业银行综合排名中位列第一。2013年，在《亚洲周刊》所组织的排名中，盛京银行的净资产回报率在全亚洲位列第6位，在中国银行业中位列第4位。盛京银行已发展成为一家资产质量优良、盈利能力较强、具有良好成长性的股份制商业银行。近年来，累计纳税突破百亿元，连续多年纳税排名位居全省金融服务业首位、辽宁省二十强、沈阳市五强。近年来先后荣获"中国服务业企业500强"、"中国最具区域竞争力城市商业银行"、"最具影响力中小银行"、辽沈地区"最受百姓喜爱的银行"等荣誉称号，总部银行持续发展与经济贡献能力大幅提高。

国家实施振兴东北老工业基地战略以来，盛京银行坚持"服务地方、服务中小、服务市民"的市场定位，勇于承担社会责任，依托体制机制和决策优势，积极发挥金融先导和战略支撑作用，不断优化服务实体经济的理念和方式，累计投放信贷资金6000余亿元，大力支持基础设施、支柱产业、重点行业、民生工程和中小微企业发展，为促进东北老工业基地经济结构战略性调整和转型升级发展提供了强有力的信贷支持和金融保障，成为区域经济发展的"牵引机"、"催化剂"，为地区金融发展与经济增长、民生改善相互促进和良性循环做出了突出贡献。

作为地方总部银行，盛京银行始终秉承"市民银行、服务市民"的经营理念，发挥地缘、人缘优势，积极打造"市民贴身服务型银行"，不断拓展和创新贴近市民生活需求的金融产品和服务渠道，大力推进社区金融服务建设，积极设立金融便民服务站，不断建立完善专业化的服务体系，成为沈阳市代收费项目最多、服务功能最全的银行，形成了"亲民、便民、利民、惠民"的服务特色和品牌优势，市民贴心、可信赖银行的品牌形象日益深入人心。

面对未来，盛京银行将紧紧抓住金融改革开放持续深化和东北老工业基地振兴战略深入实施的历史机遇，依托沈阳建设东北区域金融中心和国家优化金融生态综合试验区的区位和资源优势，积极实施战略转型和创新发展，加快转变发展方式，全力打造"区域经济战略发展牵引型、新兴产业扶植型、中小企业支持型、市民贴身服务型"的全国优秀股份制商业银行，为实现"建设一流银行、打造百年盛京"的美好愿景而努力奋斗！

地址：沈阳市沈河区北站路109号

邮编：110013

服务热线：024－96666400－699－6666

信用卡24小时客户服务电话：8008907789024－24182333

天津银行

【概况】

天津银行股份有限公司（Bank of Tianjin CO.，LTD.），简称天津银行（Bank of Tianjin），成立于1996年，目前设有一家总行营业部、一家附属公司、七家一级分行、两家二级分行、六家中心支行、244家传统支行、44家社区支行、一家小企业金融服务中心及923个自助银行设施，注册资本为51.26亿元。多年来，我行始终坚持"服务地方经济、服务中小企业、服务市民百姓"的经营定位，以建设"好银行"为目标，以加快发展为主线，以防范风险为前提，以深化改革大胆创新为动力，稳健经营，科学发展，规范管理，获得了良好的社会效益和经济效益，已经成为我国银行业极具成长性的股份制商业银行之一。

截至2015年9月30日，全行资产总额5,456.9亿元；各项存款余额3,284.4亿元；各项贷款余额1,801.3亿元；实现净利润35.68亿元，不良贷款率1.49%，资本充足率11.90%，拨备覆盖率199.79%，资产负债比例管理主要指标均符合监管要求。根据英国《银行家》杂志，本行在全球1000家大银行以一级资本计的排名连续3年大幅提升，并于2015年位列第219位，在上榜的中国城商行中排名第9位。凭借优异的的经营业绩和优质的金融服务，天津银行赢得了社会各界的高度赞誉，先后荣获中国银监会"全国小企业金融服务先进单位"、"全国支持中小企业发展十佳商业银行"、"银行间市场优秀交易成员奖"、"2014中国最具品牌价值城商行奖"等荣誉称号。

2006年，我行率先在改革开放的前沿阵地天津滨海新区组建一级分行；2007年我行正式更名为天津银行，并成功引进澳新银行作为国外战略合作者，同年我行获准跨区域经营，并在其后四年内先后在北京、唐山、上海、济南和成都设立了异地分行；2008年我行作为主要发起人投资设立了当时全国投资最大的村镇银行——蓟县村镇银行，2010年又参股设立了南阳村镇银行；2010年实施天津市区机构改革，组建了六家中心支行，形成了总分支三级管理机构，进一步增强了发展基础和抵御风险能力。

面对国际国内错综复杂的经济金融形势，天津银行紧紧抓住天津市五大战略叠加的难得机遇，主动适应经济发展新常态，进一步提升公司治理水平，不断强化内部控制，加快创新发展步伐，内强素质，外塑形象，努力为区域经济社会发展提供更加优质的金融服务，实现又好又快的发展！

对未来发展的展望

（一）行业发展趋势和面临的竞争格局

2015年，国内经济总体运行稳定，但面临不少困难和挑战，经济下行压力加大，增速可能继续下滑，结构调整阵痛显现，企业经营困难增多，部分经济风险暴露，"三期叠加"和"新常态"特征越发明显。在经济新常态下，金融环境也在发生深刻变化，金融脱媒加剧、利率市场化提速、互联网金融崛起、新资本协议广泛实施、金融市场更加开放，迫使银行发展也开始进入"新常态"。

（二）2015年度主要经营指标

资产总额增长600亿元左右，达到5350亿元；各项存款增长350亿元左右；在国家政策允许范围内，各项贷款增长200亿元左右；实现净利润48亿元以上；不良贷款率控制在1.2%左右；资本充足率达到11%以上；拨备覆盖率保持在200%以上；成本收入比保持在31%左右。

（三）面临的风险因素及对策分析

1. 本行在经营中，主要面临信用风险、流动性风险、市场风险、操作风险、信息科技风险等。

2. 相应对策

——信用风险对策。一是继续完善全行的信用风险管理制度，下发公司客户授信后管理办法、授信后例会制度、预警贷款管理制度等，要求营销条线、风险条线要认真落实贷款三查制度，共同努力做好信用风险防控工作；二是加强系统支撑，开发财务指标预警系统，通过对财务报表的连续监测分析，可以提前发现可能存在的风险隐患；三是开展风险排查工作，及早发现问题进行处理，继续加强风险预警和监测，每月对到期贷款、新增逾期贷款进行动态分析，做好预警，提示风险。

——流动性风险对策。一是实行资产负债结构管理，合理安排期限结构，防止存款活期化和中长期资产增

长较快可能造成的结构性流动性风险。二是拓宽资金来源渠道，通过主动负债，降低流动性风险。三是保持业务发展过程中资金总量与结构状况的匹配和均衡，将流动性资产在经营性资产中的占比控制在合理区间，在保证资产收益的同

时，提高资产的流动性。四是建立和完善流动性指标衡量体系，提高流动性风险监控和预警能力。

——市场风险对策。利用资金交易和管理系统能高效地完成债券投资市值重估、市场风险指标分析和限额管理，实时、动态评估和监控资金业务市场风险，使本行资金业务市场风险管理处于较先进水平。主要采用限额管理、敏感性分析等方法定期计量和监测市场风险水平，主要措施包括：市场风险限额的每日监测与报告工作，确保市场风险控制在可承受范围；每日对交易账户和可供出售账户进行市值重估，对交易量限额、止损限额和敞口限额的执行情况进行监督并报告超限额情况；每日对交易授权执行情况、交易价格偏离度和逆回购折扣审批情况进行实时监督；定期向高级管理层、风险管理委员会、董事会报告市场风险状况。

——操作风险对策。一是推动内部控制体系建设，出台本行以风险防控为核心的内控管理办法，再由各职能部门通过制度流程再造落实到具体条线业务中，并通过内审后评价不断完善提高。二是完善案件防控体制建设，继续深入推进完善"案防管理三道防线"、"案防工作三道防线"，检查监督机制建设，建立健全立体化防控模式。三是强化内部管控，组织全行开展银行业金融机构加强内控合规暨案件风险排查工作。四是严肃违规问责执行，进一步加大问责工作力度，并与合规绩效考核挂钩，完善分支机构问责委报告制度，加大对违规问责的警示通报力度。五是完善合规报告机制，通过合规报告及时掌握各级机构和部门合规管理现状，动态调整相关管控措施。六是完善合规绩效考核机制，使之成为分支机构完善基础管理和总行调整管控政策的有效工具。

——信息科技风险对策。一是对信息科技制度进行全面梳理，对原有制度进行修订完善。二是加强信息科技风险管理，按月、按季定期推动各项风险隐患的整改解决。三是在总结前期 IT 规划的基础上，启动 IT 评估与规划项目，通过对全行业务发展战略分析，对 IT 应用架构、数据架构、技术架构与 IT 管理等方面进行系统的规划建议，制定切实可行的、推动全行业务不断提升和发展的信息系统规划，进而提升本行 IT 能力。

兴业银行股份有限公司

兴业银行股份有限公司（简称：兴业银行）成立于 1988 年 8 月，是经国务院、中国人民银行批准成立的首批股份制商业银行之一，总行设在福建省福州市，2007 年 2 月 5 日正式在上海证券交易所挂牌上市（股票代码：601166），注册资本 190.52 亿元。

兴业银行主要经营范围包括：吸收公众存款；发放短期、中期和长期贷款；办理国内外结算；办理票据承兑与贴现；发行金融债券；代理发行、代理兑付、承销政府债券；买卖政府债券、金融债券；代理发行股票以外的有价证券；买卖、代理买卖股票以外的有价证券；资产托管业务；从事同业拆借；买卖、代理买卖外汇；结汇、售汇业务；从事银行卡业务；提供信用证服务及担保；代理收付款项及代理保险业务；提供保管箱服务；财务顾问、资信调查、咨询、见证业务；经中国银行业监督管理机构批准的其他业务。

开业二十多年来，兴业银行始终坚持"真诚服务，相伴成长"的经营理念，致力于为客户提供全面、优质、高效的金融服务。根据 2014 年年报，截至 2014 年 12 月 31 日，兴业银行资产总额达 4.41 万亿元，股东权益 2579.34 亿元，全年实现归属于母公司股东的净利润 471.38 亿元。

目前，兴业银行已在全国各主要城市设立了 108 家分行、1435 家分支机构；旗下拥有兴业国际信托、兴业金融租赁、兴业基金、兴业消费金融等子公司，形成以银行为主体，涵盖信托、租赁、基金、消费金融、期货、资产管理等在内的现代金融服务集团。建立了网上银行"在线兴业"（www.cib.com.cn）、电话银行"95561"、手机银行"无线兴业"（wap.cib.com.cn）和直销银行（http://directbank.cib.com.cn/），与全球 1500 多家银行建立了代理行关系。

2014 年兴业银行市场地位和品牌形象稳步提升，稳居全球银行 50 强（英国《银行家》杂志排名）、世界企业 500 强（美国《财富》杂志排名）和全球上市企业 200 强（美国《福布斯》杂志排名）行列。在国内外各种权威机构组织的评比中，先后荣获最佳中资银行、最佳战略创新银行、最佳绿色银行、最佳互联网金融平台银行、普惠金融实践最佳银行、最具社会责任上市公司、中华慈善突出贡献（单位）奖、中国最佳雇主等荣誉。

发展战略

2011－2015 年是本行实现转型新突破、发展新跨越的关键时期，本行将积极把握新一轮难得的战略机遇期，找准方向，开拓进取，以发展为第一要务、转型为核心主线、创新为根本动力，坚持从严治行、专家办行、科技兴行和服务立行，深化体制机制改革，增强发展动力与活力，合理、高效配置资本等重要发展资源，深入推进业务创新和经营转型，强化内控管理，推动重点区域、重点领域业务突破性发展和专业化能力显著提升，全面完成未来五年规划的各项目标任务，努力建设"基础坚实、结构协调、专业突出、特色鲜明、实力雄厚、富有责任的主流银行集团"，朝着"一流银行、百年兴业"的远大目标持续迈进。

根据以上发展战略，本行着力把握六项主要任务：

（一）着力推动业务持续协调快速发展

（二）进一步改革完善经营管理体制机制

（三）不断强化资产负债与业务和财务管理

（四）改进加强风险管理与内部控制

（五）切实落实发展保障和营运支持

（六）持续提升品牌形象与综合价值

为实现未来五年业务发展目标，本行将依托勤勉敬业、开拓进取的企业团队，坚持"为社会和客户创造价值、为企业和股东创造价值、为员工创造价值"

为核心的"真诚服务，共同兴业"的企业使命，坚持"理性、创新、人本、共享"的核心价值观，坚持依法经营、稳健经营、文明经营的经营方针，实施从严治行、专家办行、科技兴行、服务立行战略，发扬"务实、敬业、创业、团队"的企业精神，建立具有兴业特色的企业文化，全面提升内部管理水平，提高核心竞争力，推进各项业务健康发展。

IR 荣誉

2015 年 12 月，在 21 世纪报主办的"2015 中国上市公司卓越董事会评选"中，本行荣获"2015 中国上市公司卓越董事会（主板）"奖。

2015 年 11 月，在第十届 21 世纪亚洲金融年会暨 2015 年亚洲银行竞争力排名研究报告发布仪式上，本行荣获"亚洲最佳股东回报银行"奖。

2015 年 8 月，在第十一届新财富金牌董秘评选活动中，董秘唐斌再次当选金牌董秘，进入第六届"新财富金牌董秘名人堂"并获得终身殊荣。

2015 年 6 月，在《中国证券报》评选中，本行荣获“2014 年度金牛最强盈利公司”、“2014 年度金牛上市公司百强”，董事会秘书唐斌荣获“2014 年度金牛最佳董秘”。

2015 年 2 月，在中国上市公司协会、中国证券投资者保护基金有限责任公司联合多家行业机构共同举办的“最受投资者尊重的上市公司”评选中，本行荣获“2014 年度最受投资者尊重的百家上市公司”称号。

2014 年 11 月，在《董事会》杂志主办的第十届中国上市公司董事会“金圆桌论坛”活动中，本行董事会荣获“最佳董事会奖”，董事长高建平荣获“最具战略眼光董事长奖”，董事会秘书唐斌荣获“杰出董秘奖”。

2014 年 9 月，在证券时报主办的 2013 年度中国上市公司价值评选活动中，本行荣获 2013 中国主板上市公司“价值百强”和“十佳管理团队”称号。

2014 年 7 月，董秘唐斌在第十届新财富金牌董秘评选活动中获评“第十届新财富金牌董秘”称号。

2014 年 7 月，在 2014 中国上市公司风险管理高峰论坛（金盾奖）评选中，本行荣获“投资者关系金盾奖”称号。

2014 年 5 月，在新浪财经首届上市公司评选暨金牌董秘颁奖典礼上，本行荣获“最具社会责任上市公司”，董事会秘书唐斌被评为“2013 最佳上市公司金牌董秘”。

2014 年 2 月，在上海证券报、中国证券网组织开展的“2013 年度金治理 · 上市公司优秀董秘”评选活动中，董秘唐斌荣获 2013 年度“金治理 · 社会责任公司董秘奖”。

2014 年，国内宏观经济继续下行，金融改革步伐全面加快，商业银行面临的经营管理压力空前加大。面对复杂严峻且快速变化的经营环境，公司把握趋势，持续加快改革转型步伐，围绕年初董事会确定的各项经营目标，沉着应对、稳健进取，把握方向、逆势而上，成功经受住内外部环境变化带来的竞争考验和市场洗礼，继续取得较为良好的经营业绩，市场化经营能力、综合化服务能力和差异化竞争能力进一步增强，可持续发展、轻型化发展基础更加坚实。截至报告期末，公司资产总额 44,063.99 亿元，较期初增长 19.79%。全年实现归属于母公司股东净利润 471.38 亿元，同比增长 14.38%，超出董事会下达的年度计划约 4 个百分点。加权平均总资产收益率（ROA）为 1.18%，加权平均净资产收益率（ROE）为 21.21%，成本收入比为 23.78%，继续保持国内银行优秀水平。资产质量总体保持稳定，期末不良贷款比率 1.10%，较期初略升 0.34 个百分点；拨备覆盖率 250.21%，拨贷比 2.76%，拨备覆盖总体充足。

2014 年，公司紧紧把握国家金融改革发展趋势，有序推进各项改革深化工作。顺利完成理财业务、同业业务治理体系改革，业务发展的规范化水平进一步提升，市场份额、市场地位进一步得到巩固。报告期内，公司创设理财产品日均余额达到 8,408.60 亿元，同比增长 41.46%；同业存放资金日均规模达到 11,420.92 亿元，同比增长 11.60%。平稳实施新一轮零售业务、小微业务体制机制改革，客户基础进一步夯实。公司零售核心客户数达到 484.06 万户，较期初增长 24.19%；零售客户年日均综合金融资产规模达到 8,932 亿元，同比增长 35.87%。

2014 年，公司积极应对利率市场化改革趋势，继续推进资产负债的市场化、多元化发展。报告期末，公司资产结构中，传统贷款占比仅为 35.16%；公司负债结构中，传统存款占比仅为 54.71%，受利率市场化冲击的影响明显低于行业一般水平。报告期内，公司率先开拓各种新型负债工具，同业大额存单（NCD）发行期数、规模、余额均列各家银行第一位。把握市场机会，成功发行 200 亿元二级资本债和首批 130 亿元境内优先股，集团资本实力进一步增强。

2014 年，公司牢牢把握我国社会融资结构变化趋势，大力发展直接融资服务业务，多市场、多产品、综合化运作能力进一步增强。报告期内，公司累计主承销非金融企业债务融资工具 3,146 亿元，主承销规模继续保持同类型银行第一名。资产托管业务持续高速增长，期末资产托管净值规模达到 47,260 亿元。FICC（利率、汇率、信用、商品）业务优势更加明显，业务品种的丰富度、做市交易的活跃度均保持市场先进地位。集团化经营格局更加健全，控股子公司兴业信托成功收购宁波杉立期货经纪公司并更名为兴业期货有限公司，兴业消费金融股份公司获准筹建并顺利开业，目前公司已经成为国内少数具备银行、信托、租赁、基金、期货等多金融牌照的银行控股集团之一。国际化经营迈开步伐，公司第一家境外机构香港分行顺利开业，业务发展起步良好。

2014 年，公司紧密跟踪行业新技术、新业态发展趋势，在继续强化差异化竞争的同时，着力培育新的业务增长点。公司环境金融、城镇化金融、同业服务金融、养老金融、出国金融等特色业务继续保持快速健康发展，竞争优势、品牌形象更加突出。大胆推进互联网金融创新，互联网理财、互联网支付、直销银行等快速发展，未来有望成为公司新的业务和盈利增长点。

展望 2015 年，中国经济仍将处于增速换档、调整阵痛和政策消化期，商业银行的改革、转型、发展面临诸多挑战，经营困难较多；同时，伴随着国家各关键领域的新型战略规划陆续出台和逐步实施，商业银行仍将在其中发挥主导性作用，市场机遇难得，发展空间十分广阔。我们相信，在董事会的正确领导和社会各界的关心支持下，凭借 26 年多以来创新探索、转型发展打下的坚实基础和积淀的深厚文化，公司定能继续扬长避短、沉着应变，有效应对各种竞争和挑战，在新一轮金融改革浪潮中展现更大作为！

招商银行股份有限公司

招商银行（以下简称“招行”）于 1987 年在中国改革开放的最前沿——深圳经济特区成立，是中国境内第一家完全由企业法人持股的股份制商业银行，也是国家从体制外推动银行业改革的第一家试点银行。

成立 28 年来，招行伴随着中国经济的快速增长，在广大客户和社会各界的支持下，从当初只有 1 亿元资本金、1 家营业网点、30 余名员工的小银行，发展成为了资本净额超过 3600 亿、资产总额超过 4.7 万亿、全国设有超过 1200 家网点、员工超过 7 万人的全国性股份制商业银行，并跻身全球前 100 家大银行之列。凭借持续的金融创新、优质的客户服务、稳健的经营风格和良好的经营业绩，招行现已发展成为中国境内最具品牌影响力的商业银行之一。在银监会对商业银行的综合评级中，招行多年来一直名列前茅。同时荣膺英国《金融时报》、《欧洲货币》、《亚洲银行家》、《财资》（The Asset）等权威媒体授予的“最佳商业银行”、“最佳零售银行”“中国区最佳私人银行”、“中国最佳托管专业银行”多项殊荣。在英国《银行家》杂志 2011 年公布的世界千强银行榜单上位列第 56 名，在美国《财富》杂志 2014 年发布的“世界 500 强企业”排行榜上列第 350 位。本公司以品牌价值 67 亿美元位居 Millward Brown 发布的 2014 年度 BrandZ 最具价值中国品牌榜第 14 位。

目前,招行在中国内地的 120 余个城市设有 125 家分行及 1,297 家支行,1 家分行级专营机构(信用卡中心),1 家代表处,2,330 家自助银行,在香港拥有一家分行(香港分行);在美国设有纽约分行和代表处;在新加坡和卢森堡设有分行;在伦敦和台北设有代表处。此外,招行还在中国内地全资拥有招银金融租赁有限公司,控股招商基金管理有限公司,持有招商信诺人寿保险有限公司 50% 股权;在香港全资拥有永隆银行有限公司和招银国际金融有限公司。招行已成为一家拥有商业银行、金融租赁、基金管理、人寿保险、境外投行等金融牌照的银行集团。截至 2014 年末,本集团实现净利润 559.11 亿元,同比增长 8.06%。

招行将"服务、创新、稳健"作为核心价值观,坚持效益、质量、规模、结构协调发展,在国内同业中逐渐脱颖而出。在公司治理上,一开始就将所有权和经营权分离,较早地建立了董事会、监事会和经营班子分工明确、相互制衡的现代企业治理结构。在人员管理上,率先打破当时国内企业普遍存在的"铁饭碗、铁交椅、铁工资"的"三铁"制度,实行"人员能进能出、干部能上能下、待遇能高能低"的了"六能"机制。在信息化上,领先同业构建了全行统一的 IT 平台,创建了国内第一个电话银行,较早实现了客户资金的通存通兑和零在途汇划。在产品开发上,招行不少创新业务产品具有比较明显的市场竞争优势。一卡通是国内第一张基于客户号管理的银行借记卡,被誉为客户最喜爱的银行卡之一;招行还致力于构建互联网金融"平台、流量、大数据"的整体结构布局,推动业务经营模式向网络化转型,同时,以平台化、开放式的竞争合作结构,融入互联网经济形态,形成多元化的异业联盟,打造互联网金融生态体系。

截至 2014 年末,零售电子银行客户数达 3,613 万户,零售电子银行总登陆次数达 13.29 亿次,手机银行登录次数达 7.49 亿次,掌上生活客户端绑定用户数达 1,150 万户,较上年末增长 277.05%,掌上生活总登陆次数达 8.38 亿次。2014 年,招行零售电子渠道综合柜面替代率达 95.38%,公司电子渠道综合柜面替代率达到 56.50%,网上企业银行交易结算替代率达到 93.32%;信用卡是国内第一张符合国际标准的双币信用卡,目前发卡量超过 5,981 万张,被哈佛大学编写成 MBA 教学案例;金葵花理财是国内首个面向高端客户的理财产品,在高端客户中享有很高的美誉度;私人银行服务在国内股份制银行中率先推出,被国内外权威媒体多次评为"中国最佳私人银行";跨银行现金管理在国内同业首开先河,成为大型企业集团资金管理的首选。此外,个人储蓄存款、个人消费贷款、资产托管、企业年金、离岸金融等业务,在股份制银行中居于领先地位。招行的风险管理也一直为业界称道,资产质量始终保持良好水平。截至 2014 年末,本公司不良贷款率为 1.11%,不良贷款拨备覆盖率为率 233.42%。

步入世纪之交,招商银行在妥善处理了离岸资产业务被叫停、个别分行发生挤提的严重流动性风险,以及前期快速发展中累计的不良资产风险的基础上,抓住信息化、全球化的机遇,前瞻性地制定并成功地实施了科学的战略。首先是利用在互联网面前大小、新老银行都处于同一起跑线的有利时机,大力发展网上银行、电话银行、手机银行、自助银行等电子渠道,有效地弥补了物理网点不及大型银行的明显劣势,并锁定了大量高素质、高价值客户。其次是分别于 2002 年和 2006 年在上海、香港上市,不仅满足了快速发展的资本需求,而且推动了内部管理脱胎换骨式的转变。再次是积极稳妥地推进国际化发展,在我国政府的有力促进下,经过艰苦努力,打破了美国 17 年来对中资银行市场准入的封锁,率先在纽约设立了分行并在此次金融危机最严重的 2008 年 10 月正式开业,被纽约市长彭博先生比喻为"华尔街冬天里的春风";同年,还斥资 300 余亿港币收购了具有 75 年历史的香港本土第四大银行永隆银行,整合后开始取得良好的协同效应,被英国《金融时报》评述为"不可复制的案例"。

2004 年,招行在国内同业中率先实施经营战略调整,加快发展零售业务、中间业务和中小企业业务,逐步形成了有别于国内同业的业务结构与经营特色。当前,招行正迈入新的战略发展阶段。为有效应对来自内外部经营环境的各种变化,持续增强竞争优势,招行将在深入推进经营战略调整的基础上,全面实施以降低资本消耗、提高贷款定价、控制财务成本、增加价值客户、确保风险可控为主要目标的二次转型,着力推进经营方式向内涵集约型转变,真正走上集约化经营的道路。

招商银行,因您而变。在未来的岁月里,我们愿为广大客户和各界朋友提供更新更好的金融服务,为将招行打造成为具有国际竞争力、中国最好的商业银行而不懈努力。

浙商银行

【企业概况】

"浙商银行"是经中国银监会批准设立的全国性股份制商业银行,全称为"浙商银行股份有限公司",英文全称为"CHINA ZHESHANG BANK CO., LTD.",英文简称"CZB"。浙商银行前身为"浙江商业银行",是一家于 1993 年在宁波成立的中外合资银行,2004 年 6 月 30 日,经中国银监会批准,重组、更名、迁址,改制为现在的浙商银行,并于 2004 年 8 月 18 日正式开业,总行设在浙江省杭州市。截至 2014 年末,浙商银行注册资本 115 亿元,监管资本 410 亿元,总资产 6700 亿元,各项存款 3600 亿元,各项贷款 2600 亿元。在 2014 年英国《银行家》杂志公布的"全球银行业 1000 强"榜单中位列第 208 位。中诚信国际给予浙商银行 AAA 主体信用评级,在同类银行中居先进水平。浙商银行目前已在北京、天津、辽宁、上海、江苏、山东、广东、重庆、四川、陕西、甘肃 11 个省市和浙江省内全部省辖市设立(筹建)了 130 余家机构,全国性机构体系初步形成。

浙商银行确立了"两最"发展总目标:到 2025 年左右,成为最具竞争力全国性股份制商业银行和浙江省最重要金融平台。最具竞争力是指在服务能力、风控能力、创新能力、盈利能力上具有明显竞争优势,最重要金融平台是指成为服务全国乃至全球市场、功能齐全、规模领先、业绩优良、声誉卓著的代表性金融机构。根据上述总目标,浙商银行确立了全资产经营战略:在继续做大信贷资产规模的同时,通过加强与银行同业、非银行金融机构以及类金融机构的合作,积极参与各类金融市场,实现资产经营表内与表外、本币与外币及多品种融合,为客户提供全方位、持续性金融解决方案。以尽量少耗用资源的方式,在不同阶段强化相应的战略性业务、轻资产业务和效益型业务,进而重塑银行资产负债表,以资产经营能力驱动负债,不断提升市场竞争力、扩大市场影响力。

近年来,浙商银行围绕"两最"总目标,坚持全资产经营战略,强化创新推进与全面风险管理,各项业务取得了协调快速发展:

公司业务方面,积极推进"总对总"营销,不断完善差异化商业模式及营销机制；创新推广"涌金票据池"，营造公司业务（存款池－票据池－资产池）"池"化特色，业务规模和客户数量实现同步快速增长，优质客户的流动性服务银行加速打造。

小企业业务方面，按照"专业化经营、近距离设点、高效率审批、多方式服务"的经营方针，建立了小企业专营机构体系，单独建立了一套适合小企业业务特点的制度体系和业务流程，创新开发了突破抵质押方式的"桥隧模式"、"联保贷款"、"村民保证贷"和"一日贷"、"三年贷"、"全额贷"等契合小企业主需求的特色产品，2014 年末，全行国标小企业贷款余额占各项贷款 34.58%。小贷品牌影响不断扩大，多次荣获中国银监会"全国小企业金融服务先进单位"荣誉称号，并获得银监会"2012 年度小微企业金融服务表现突出银行"和相关媒体 2009 年"中国中小企业金融服务十佳机构"、2011 年"最佳中小企业信贷银行"、2012 年"小企业优秀服务产品"奖等多项荣誉。

个人业务方面，积极建设从产品研发到营销推广的端到端全流程产品体系，大力发展"增金宝"、理财业务、信用卡、住房按揭等特色产品，通过交叉销售逐步优化线上线下的客户体验，以差异化服务提升市场影响力。2014 年，理财规模实现跨越式增长，柜面理财累计募集资金 1181 亿元，同比增长 11 倍；2015 年 3 月推出"增金宝"业务，市场反响强烈，获评 2014 中国最佳固定收益类、最佳稳健收益型银行理财产品。

投资银行业务方面，突破发展了信贷资产证券化、债务融资工具承销、保险资金投资基础设施独立监督人、证券投资基金托管、保险资金托管等业务；先后发行了国内第一单中小企业信贷资产支持证券，创新发行中小企业集合票据，成为国内首家同时为中小企业提供直接、间接和混合三种融资模式的商业银行。市场影响持续提升，连续荣获《证券时报》2010 年"最具成长性银行投行"、2011 年"最佳创新银行投行"，以及 2012、2013 和 2014 年"最具竞争力银行投行"等奖项。

国际业务方面，积极拓宽境外机构合作渠道，目前已有海外代理行逾 950 家，并与多家境外同业建立了战略合作关系。创新和推进了批量汇款、双币种信用证、"内保外贷－租融通"、"浙商跨境通"等产品，国际结算量和跨境人民币等业务实现了快速增长。

网络金融业务方面，积极拓宽互联网获客渠道，率先推出 B2B 电子商务金融服务方案及特色平台（购销 e 网和购销通），推出微信银行、网上营业厅、直销银行服务，向客户提供全新的 7×24 小时金融服务。电子银行渠道替代率（笔数 93.5%、金额 49.5%）持续名列同业前茅，获评中国银行业协会 2012、2014 年"电话银行中心优秀服务奖"，中国电子银行业务发展高峰论坛"2013 年电子银行最佳创新奖"、中国金融认证中心"2012 年中国最佳网上银行安全奖"、"2013 年中国最佳电子银行业务创新奖"、"2014 年中国网络金融创新奖"、新浪网"2014 年创新手机银行奖"、"年度创新互联网银行奖"等荣誉。

资金同业业务方面，树立大同业理念，突破取得记账式国债承销资格、市场利率自律定价机制基础成员、央行专项再贷款、同业存单发行、黄金询价交易和人民币对外汇期权交易等资格，分层次、多维度开展金融同业合作，拓展并强化与各类金融机构的合作，积极参与各类市场，交易活跃度和市场知名度显著提升，获评全国银行间同业拆借中心"2014 年最具市场影响力奖"、"2014 年同业存单突出贡献奖"等荣誉。

浙商银行实行"统一法人，授权经营，集约化管理"制度，全行统一文化理念、统一形象标识、统一规章制度、统一业务系统、统一服务标准、统一财会核算，根据全资产经营要求，建立了"一体化经营，多中心治理"的经营管理体系。

风险管理上，建立了与全资产经营业务治理体系相适应的全面风险管理体系，注重风控与经营的匹配性，注重风控的有效性和策略性，坚持"全面、统一"的风险管理要求和"审慎分类、充分拨备"的原则；实行风险监控官委派制度，风险监控官由总行委派并对总行负责，主管派驻行和派驻总行部门的风险管理。开业以来资产质量持续保持优良，截至 2014 年末，全行不良贷款率0.88%，居同业优秀水平；贷款拨备覆盖率 292.89%，贷款拨备率 2.59%，拨备充足。

内控管理上，按照流程银行建设目标，建立了符合监管要求和经营管理需要的内控组织体系、制度体系、授权体系、岗位责任体系、业务流程和管理流程体系、监督检查体系、内控管理评价体系，连续多年保持稳健良好的运营局面。

信息系统建设上，以"信息化银行"建设为目标，持续推进信息科技与经营管理全方位融合，在国内第一家实现了基于企业级 SOA 构建信息系统和再造业务流程，"基于企业级 SOA 新一代业务处理系统"获评中国人民银行 2012 年科技发展二等奖。

绩效管理上，从 2006 年开始，在同业中率先全面实施经济资本管理；把风险加权资产作为主要经营资源进行管理，建立了覆盖主要经营目标和业务条线目标，经济绩效、综合绩效和经营目标完成情况相互补充的绩效管理体系；建立对标体系，实施对标管理、动态考核，积极获取应有市场地位。

郑州银行

【企业概况】

郑州银行的前身郑州市商业银行成立于 2000 年 2 月，2009 年 12 月正式更名为"郑州银行"。自成立以来，郑州银行坚持"商贸物流银行、中小企业融资专家、精品社区银行"的市场定位，秉持"中意你我他"的品牌理念，专注小微领域，服务实体经济，坚持走特色化、差异化发展之路，近年来，各项业务不断取得历史性突破，市场竞争力和综合实力不断增强。

截至 2015 年 6 月 30 日，郑州银行在职员工 2989 人，分支行 107 家，其中省内分行 6 家，发起设立村镇银行 3 家，资产规模 2254.12 亿元，存款总额 1461.63 亿元，贷款总额 864.39亿元，资本充足率 10.92%，不良贷款率 1.06%，拨备覆盖率 250.40%，各项主要监管指标均达到监管要求。

凭借良好的经营业绩和优质的金融服务，我行的品牌形象稳步提升。郑州银行连续两年获得资产规模 1000 亿－2000 亿元城商行财务评价竞争力第 3 名，资产规模和一级资本排名均进入世界银行 500 强，荣获了中国银行家论坛—2015 中国商业银行竞争力评价报告"2014 年度最佳城市商业银行"，中国社科院金融研究所、金融时报颁发的"2014 年度最佳中小银行"、"2013 年度最具竞争力中小银行"和"2012 年度最具成长性中小银行"，中国银监会河南监管局颁发的"2013 年度小微企业金融服务先进单位"。

大事记

2015 年 7 月，本行获得大额存单发行资格。

2015 年 2 月，本行成为中国人民银行 2015 年度公开市场业务一级交易商成员。

2014 年 7 月，本行成为市场利率定价自律机制成员机构。

2014 年 6 月，本行获批信用卡业务资格。

根据《银行家》杂志，本行资产规模、一级资本跻身世界银行500强。

2013年12月，本行获中国银监会河南监管局批准取得跨境人民币结算业务资格。

2013年8月，本行博士后科研工作站获批成立。

2013年7月，本行获得外汇存款、外汇贷款、外汇汇款和外币兑换四项外汇业务经营资格，填补了外汇业务空白。

2013年6月，本行在市场上推出了国内信用证、国内保理、商业承兑汇票、预付款融资、订单融资等五项国内贸易融资新产品。

单位地址：郑州市郑东新区商务外环22号郑银大厦

客服热线：967585（河南地区）　4000967585（全国地区）

中国进出口银行

【概况】

中国进出口银行成立于1994年，是直属国务院领导的、政府全资拥有的国家银行，其国际信用评级与国家主权评级一致。中国进出口银行总部设在北京。截至目前，在国内设有20余家营业性分支机构；在境外设有巴黎分行、东南非代表处和圣彼得堡代表处；与1000多家银行的总分支机构建立了代理行关系。

主要职责

中国进出口银行的主要职责是为扩大我国机电产品、成套设备和高新技术产品进出口，推动有比较优势的企业开展对外承包工程和境外投资，促进对外关系发展和国际经贸合作，提供金融服务。

主要业务范围

·办理出口信贷和进口信贷

·办理对外承包工程和境外投资贷款

·办理中国政府对外优惠贷款

·提供对外担保

·转贷外国政府和金融机构提供的贷款

·办理本行贷款项下国际国内结算业务和企业存款业务

·在境内外资本市场、货币市场筹集资金

·办理国际银行间贷款，组织或参加国际、国内银团贷款

·从事人民币同业拆借和债券回购

·从事自营外汇资金交易和经批准的代客外汇资金交易

·办理与本行业务相关的资信调查、咨询、评估和见证业务

·经批准或受委托的其他业务

2014年，中国进出口银行信息化建设继续发扬“务实、高效、协作、创新”的核心价值观，加大科技创新工作力度，全面落实科技保障和服务发展工作任务。

一、基础设施建设不断加强。完成总行局域网、全行广域网、国内各分行及下辖工作组局域网、巴黎分行局域网以及境外代表处局域网的网络改造，增强了系统安全性和稳定性，为移动办公创造了基础条件。

二、应用系统建设与推广工作取得进展。大力推进数据治理职能建设；投产信贷、网银、资金等多个新需求及改造项目；顺利实施两个平台及统计分析项目，满足各类业务应用系统接口及数据管理要求。

三、信息安全管理稳步推进。开展信息安全检查，做好特殊时期信息安全保障工作；开展全行应急演练，完善应急预案；完成全年漏洞扫描及整改工作；推进等级保护定级及测评工作；严格开展信息系统上线前安全评估；及时准确做好外部监管信息报送。

2014年，中国进出口银行积极推动人力资源管理工作创新发展，为银行的改革提供有力的人才支持。

一、努力构建有效管用、简便易行的选人用人机制。坚持个别提拔和竞争上岗并重，着力推动干部选拔方式“多条腿走路”。积极贯彻落实《关于完善竞争性选拔干部方式的指导意见》，干部选拔流程坚持程序简约、操作方便，提高了竞争上岗的工作质量。尝试引入全行统一的资格认证，在总行开展试点，专业人才职务层级晋升更加注重专业资格。

二、坚持分类施教，着力推进能力培训和知识更新。认真开展各类专题培训及讲座，完善了员工的知识结构，拓宽了宏观视野。全年总行共举办培训项目120个，培训总学时约11万小时，参训近6250人次。积极构建具有我行特色的在线学习平台，建成网络培训学院。

三、优化考核指标，完善约束激励机制。印发《中国进出口银行行员年度考核评价办法（试行）》，努力创造更好的人才成长环境。完善绩效考核管理体系，调整绩效考核指标，通过科学激励，努力做到全面、客观、公平、公正。

地址：北京市西城区复兴门内大街30号

邮编：100031

电话：010－83579988

传真：010－66060636

中国民生银行股份有限公司

【企业概况】

中国民生银行于1996年1月12日在北京正式成立，是中国首家主要由非公有制企业入股的全国性股份制商业银行，同时又是严格按照《公司法》和《商业银行法》建立的规范的股份制金融企业。多种经济成分在中国金融业的涉足和实现规范的现代企业制度，使中国民生银行有别于国有银行和其他商业银行，而为国内外经济界、金融界所关注。作为中国银行业改革的试验田，民生银行锐意改革、积极进取，业务不断地拓展，规模不断地扩大，效益逐年递增，保持了快速健康的发展势头，为推动中国银行业的改革创新做出了积极贡献。

2000年12月19日，中国民生银行A股股票（600016）在上海证券交易所挂牌上市。2003年3月18日，中国民生银行40亿可转换公司债券在上交所正式挂牌交易。2004年11月8日，中国民生银行通过银行间债券市场成功发行了58亿元人民币次级债券，成为中国第一家在全国银行间债券市场成功私募发行次级债券的商业银行。2005年10月26日，民生银行成功完成股权分置改革，成为国内首家完成股权分置改革的商业银行，为中国资本市场股权分置改革提供了成功范例。2009年11月26日，中国民生银行在香港交易所挂牌上市。站在新的历史起点，中国民生银行确定了“做民营企业的银行、小微企业的银行、高端客户的银行”的市场定位，积极推动管理架构和组织体系的调整、业务结构的调整和科技平台的建设，努力实现二次腾飞，打造成特色银行和效益银行，为客户和投资者创造更大的价值和回报。

中国民生银行自上市以来，按照“团结奋进，开拓创新，培育人才；严格管理，规范行为，敬业守法；讲究质量，提高效益，健康发展”的经营发展方针，在改革发展与管理等方面进行了有益探索，先后推出了“大集中”科技平台、“两率”考核机制、“三卡”工程、独立评审制度、八大基础管理系统、集中

处理商业模式及事业部改革等制度创新，实现了低风险、快增长、高效益的战略目标，树立了充满生机与活力的崭新的商业银行形象。

2014 年，全球经济进入深刻的再平衡调整期，中国经济处于增速换挡、结构调整和前期政策消化的三期叠加阶段，经济发展进入新常态。新常态下，中国经济结构调整任务紧迫，经济下行压力增大，产能过剩矛盾突出。在宏观经济增速放缓、资产质量风险加大、利率市场化加速推进、互联网金融风生水起的环境下，中国银行业逐步回归理性增长的新常态。

2014 年，面对多变的外部环境、复杂的新格局竞争，本公司克服了重重困难和挑战，坚持战略转型方向不动摇，在迎接新挑战、抢抓新机遇的过程中"防风险、保增长、促改革、抓调整、创思路"，保持了平稳发展态势，经营呈现以下特点：

经营业绩稳步提升。2014 年，本集团实现归属于母公司股东的净利润 445.46 亿元，同比增长 5.36%；平均总资产回报率达到 1.26%，加权平均净资产收益率达到 20.41%，同比略有下降。基本每股收益 1.31 元，比上年增加 0.07 元；2014 年末归属于母公司股东的每股净资产达到 7.03 元，比 2013 年末增加 1.22 元。部分指标增速放缓，既反映了宏观环境及市场需求的变化，更体现了本公司主动应变求变、调整业务策略的决心。

战略业务加快推进。2014 年，本公司深入贯彻落实"民营企业银行、小微企业银行、高端客户银行"三大战略定位，稳步推进战略实施，成效显着。截至 2014 年末，本公司有余额民企贷款客户达到 11,876 户，民企一般贷款余额达到 6,535.05亿元，在对公业务板块中的占比分别达到 83.47% 和57.96%，"民营企业银行"的战略地位不断强化。2014 年，本公司小微金融继续保持领先态势，截至 2014 年末，小微企业贷款余额达到 4,027.36 亿元；小微客户总数达到 291.19 万户，比上年末增长 52.86%。在小微金融的带动下，本公司存款增长稳定性大大增强，2014 年末管理个人客户金融资产 10,730.23 亿元，其中储蓄存款达到 5,316.28 亿元。2014 年末，本公司私人银行客户达到 14,252 户，比上年末增长 10.48%；管理金融资产规模达到 2,303.96 亿元，比上年末增长 20.03%。

收入结构持续优化。2014 年，面对利率市场化带来的存贷款利差收窄和利差收入增速放缓的严峻挑战，本公司继续推进收入结构的调整，大力发展中间业务，集团全年实现非利息净收入 433.33 亿元，同比增长 31.90%，占营业收入比率为 31.99%，同比提高 3.64 个百分点。其中，手续费及佣金净收入 382.39 亿元，同比增长 27.65%，占营业收入比率为 28.23%，同比提高 2.38 个百分点。

2014 年，面对利率市场化的挑战和互联网金融的冲击，本公司在调整业务结构和收入结构的同时，以前瞻性的眼光和战略性的思维谋划全局，坚定战略方向，优化战略执行，聚焦战略，聚焦客户，在多个方面取得了重大突破。

第一，做大金融资产，做强公司业务，努力提高资本回报水平。扎实推进 2.0 版事业部改革落地和分行公司业务转型提升，强化事业部与分行合作销售，强化交易银行和投资银行两大产品线，搭建了资本市场、金融市场、融资和服务等一揽子综合服务支持平台，持续推动公司业务转型发展。2014 年末有余额对公存款客户数为 54.70 万户，存款余额达到 1.86 万亿元，分别增长 40.11% 和 15.47%。

第二，"两小"金融带动零售业务在转型中加快发展。强势推进小区金融战略，社区网点建设在调整中优化，2014 年末社区网点（含全功能自助银行）达到 4,902 家，获准挂牌的社区支行达到 743 家。加快推进小微金融 2.0 版流程再造，实施客户、产品和行业结构调整，客户结构持续优化，客户层级逐步下移，2014 年末小微有贷客户户均贷款为 155 万元，同比下降 13.09%。零售业务以"两小"为核心，以移动互联网化应用、小微生态圈、小区生活圈为支撑的新体系逐步形成，移动运营、社区网点、电子渠道成为重要的新客户来源，综合效益逐步显现。

第三，金融市场板块抢抓市场机遇。成立资产管理、金融同业专营部门，同业管理运行能力显着加强，初步形成对接市场需求、富有竞争力的金融市场板块一体化架构，为拓宽低成本资金来源、保持流动性充足、稳定增加金融市场投资收入奠定了基础。发挥结构性存款和 TRS 等产品优势有效拉动存款，创新推出收益互换式票据业务、创新型保本理财、T+0 产品，资产托管成功对接互联网金融，实现了网上货基托管的突破。

第四，完善 IT 服务和信息安全管理，加快技术转型与创新。搭建了集团大数据平台，加快数据分析和应用能力建设；开发上线了具有完全自主知识产权、全新互联网架构的在线贷款系统。强势推进网络金融战略，重点围绕手机银行、直销银行、微信银行、线上支付开展产品和服务创新，持续提升客户体验，市场份额快速攀升，稳居同业第一梯队行列。2014 年末，手机银行客户规模达 1,302.12 万户，同比增加 747.60 万户；全年交易额 3.22 万亿元，同比增长 185.81%，客户交易活跃度远超同业平均水平。直销银行成功上线，形成了以"简单银行"为理念的互联网金融服务体系，直销银行客户达 146.81 万户，如意宝申购额达到 2,366.87 亿元。

第五，系统规划应对利率市场化工作，制定变革蓝图及实施路径，大力实施管理创新。

为进一步发挥事业部的发展动力、创新能力，提高运行效率，持续推进 2.0 版事业部改革落地，各事业部搭建完成准法人运行机制，加强专业团队建设和管家作业模式转型，加快向专业投行转型。提出轻量化运营理念，创新开展不依赖于网点和柜台的移动运营模式，取得良好的市场反响，2014 年末共布设了 5,000 多台（套）移动智能机具，移动开卡量累计 400 余万张，占全行开卡量的 40% 以上。针对网点转型的客户化运营模式研发和平台建设完成一期任务，将彻底改变现有网点服务模式，大大提升客户体验，降低运营成本，增强服务能力和客户黏性。

中信银行股份有限公司

中信银行成立于 1987 年，是中国改革开放中最早成立的新兴商业银行之一，是中国最早参与国内外金融市场融资的商业银行，并以屡创中国现代金融史上多个第一而蜚声海内外，为中国经济建设做出了积极的贡献。

2007 年 4 月，中信银行实现在上海证券交易所和香港联交所"A+H"同步上市；2009 年，中信银行成功收购中信国际金融控股有限公司，控股中信银行（国际）有限公司。2015 年 4 月，中信银行英国伦敦代表处开业；7 月，中信银行悉尼代表处进入筹备阶段，标志着中信银行新一轮国际化战略正式启动。2015 年 6 月，中信银行入股台湾"中国信托金融控股股份有限公司"，成为大陆首家赴台投资的股份制商业银行。目前，中信银行总资产超 4 万亿元人民币，在 2015 年 7 月英国《银行家》杂志公布的"世界 1000 家银行排名"中，中信银行位列一级资本排名第33位,总资产排名第46位;同年5月《福布斯》公布的"全球企业2000强"排名中,中信银行位居第94名,已成为一家资本实力雄厚,具有强大综合竞争力和品牌影响力的国际化金融机构。

在经济新常态和金融市场化的时代背景下,中信银行以"最佳综合融资服务银行"为发展愿景,充分发挥中信集团金融与实业并举的独特竞争优势,全力打造综合化服务平台,提升中信银行核心竞争力的独特优势。

中信银行坚持以客户为中心的经营理念,向企业和机构客户提供公司银行业务、国际业务、金融市场业务、机构业务、投资银行业务、保理业务、托管业务等综合金融解决方案;向个人客户提供一般零售银行、信用卡、消费金融、财富管理、私人银行、出国金融、电子银行等多元化金融产品及服务。全方位满足企业及个人客户的综合金融服务需求。

中信银行在全国126个大中城市设有1,300余家营业网点,主要分布在东部沿海地区和中西部经济发达城市,拥有员工5万余名。中信银行下设四家附属公司,在中国内地设有浙江临安中信村镇银行股份有限公司、中信金融租赁有限公司;在香港设有中信银行(国际)有限公司、信银(香港)投资有限公司(原振华国际财务有限公司),其中中信银行(国际)有限公司在香港、澳门、纽约、洛杉矶和新加坡设有40多家营业网点,拥有员工1,700余名,综合化经营优势显著提升。

经营综述

2014年是本行业务经营受到严峻挑战的一年。面对国内外复杂多变的经济金融形势和激烈的市场竞争,本行多策并举谋发展,制定战略推进改革,全力以赴防控风险,取得了令人满意的经营业绩。

业务经营稳中有进,结构调整取得成效

2014年,本行集团实现营业净收入1,247亿元,增长19.3%;实现中间业务收入300亿元,大幅增长59%。经过全行上下的共同努力,不良贷款率控制在计划内,比上年末上升0.27个百分点,资产质量总体可控。

截至报告期末,本行结算性和机构类低成本存款增长占对公存款增量近50%。个人贷款占比达到26.1%,比上年末提高了2.9个百分点;公司贷款中风险较大的批发零售和制造业贷款占比较上年末下降了6.5个百分点。中间业务收入占比达到24%,比上年大幅提高6个百分点;零售金融营业净收入占比达到19.9%,比上年提高0.8个百分点。

重点业务快速发展,品牌特色逐步确立

2014年,本行对公存款余额继续保持股份制银行领先,对公人民币核心存款余额和占比均排名股份制银行第一位。资产托管规模增量排名市场第一。供应链金融、现金管理业务快速发展,互联网金融业务保持前列。

同时,本行全面推进网点"硬转"和"软转",制定了全行统一的网点建设标准;组建了零售银行内训师队伍,加快服务和营销规范导入;大力推进绩效积分管理,网点产能明显提升。在"中信红感恩季"综合营销活动中,公私联动获取新客户212万人,理财、保险、基金销售成倍提升,零售中间业务收入占零售营业收入比重达到42%。本行大力加强零售产品创新和推广,"薪金煲"、房抵贷、网络贷、信用卡贷款打响市场,零售客户体验和品牌美誉度进一步提升。

截至报告期末,本行金融市场外汇做市交易量、人民币利率衍生品成交量均排名市场第四位;跨境人民币业务、公开市场债券发行规模、银团贷款规模保持股份制银行第一位;票据直贴量跃居股份制银行第三位。

风险管控经受住了考验,管理体制进一步完善

2014年,本行加大风险管控和排查力度,对钢铁、煤炭、政府融资平台、钢贸等重点领域实施名单制管理,对互联互保业务、大宗商品抵质押、个人经营贷、融资类理财等业务进行风险排查,采取多种措施堵截和化解风险贷款559亿元,主动退出公司授信客户2,401户,退出授信金额604亿元。

本行进一步完善风险管理体制,制订完成风险管理体制改革方案,明确了风险管理责任主体和"三道防线"。加强了风险总监队伍建设,制定了风险总监考核办法。积极推动建立了专职审批人技术序列和全行共享专家库,培育专职、专业的审批队伍。同时,总行通过采取限时审结制、优化审批流程、提供绿色通道等措施,提高了授信审批效率。

本行加强内控合规管理,落实案防责任制,加大不良资产责任追究力度。此外,本行建立了审计向董监事会和高管层的双线报告机制,"一部四中心"垂直独立的审计体系开始运行,重点加强了"抽屉协议"检查,审计监督力度进一步加强。

精细化管理取得进步,管理效能逐步提高

2014年,本行通过加强主动负债和资产腾挪等方式,最大程度保障了信贷投放,支持了业务发展。重点贯彻节支增效要求,加强了固化费用预算的精细化管理,引导分行提高投入产出效率,为利润目标的实现提供了有力保障。

本行进一步加强资本管理,成功发行370亿元二级资本债券,资本充足率提高1.2个百分点。本行灵活使用FTP价格杠杆,加大对低成本、稳定存款的引导。建立了利率监测报告制度,使得FTP价格更加贴近市场。

平台建设加快推进,渠道发展更加多元化

2014年,本行进一步加强了集团内业务协同,代销集团内金融产品902亿元,比上年增长近6倍。联合集团子公司为318家客户提供了"2+1"综合服务(2项金融+1项非金融)。完成了中信金融租赁公司的筹建准备工作,制定了海外发展三年规划,成立伦敦代表处,增资振华国际,加快了海外平台建设。大力推进新核心项目建设,完成核心系统主体开发和外围系统配套改造。圆满完成了行内二代支付系统切换对接人行系统,运营管理基础进一步夯实。

本行确定了物理网点小型化、智能化、多业态的发展方向,明确了智慧网点、综合网点、精品网点、社区(小微)网点等四类业态形式。同时,本行加快了电子渠道建设,推出新版手机银行和微信银行,优化了个人网银和自助机具,提高了产品电子渠道上线率。

2015年是本行新战略实施的开局之年,做好全年的工作意义重大。我们将按照《2015-2017年战略规划》的总体安排,抢抓发展机遇,夯实业务基础,加快经营转型,优化结构调整,深化体制改革,守住风险底线,提升可持续发展能力。具体来说,要重点做好五方面的工作:一是完成三年规划制定,狠抓战略执行管理;二是加快业务经营转型,努力提升盈利水平;三是强化风险内控管理,牢牢守住风险底线;四是深化体制机制改革,切实提高管理效率;五是全面加强党的建设,践行中信特色文化。

荣誉榜

2014年1月,在《金融理财》杂志社、金牌财富(北京)研究院举办"2013年中国金融机构理财力TOP10总评榜"暨"金貔貅奖"评选中,本行被评为"2013年度金牌创新力信用卡银行"。

2014年2月,本行被中国外汇交易中心评为2013年度"银行间本币市场交易100强"和"银行间外汇市场最佳做市奖"。

2014 年 2 月，在英国《银行家》杂志评出的“全球银行品牌 500 强排行榜“中，本行品牌价值 30.44 亿美元，排名第 72 位。

2014 年 3 月，本行被中国扶贫基金会评选为“2013 年度扶贫大使奖”。

2014 年 4 月，本行被《证券时报》评选为“2014 中国区最具影响力银行投行”。

2014 年 4 月，本行信用卡中心“天罗地网”项目获评《亚洲银行家》“2014 年度中国最佳客户关系管理/数据分析项目”。

2014 年 4 月，本行信用卡客服中心被国际客户管理学院（中国区）与 CCCS 标准委员会评选为“2013 - 2014 年度中国最佳呼叫中心评委会大奖”。

2014 年 5 月，在德意志银行金融机构作业质量评选中，本行获得“美元、欧元直通率优秀奖”。

2014 年 5 月，在《福布斯》杂志公布的“全球企业 2000 强排名”中，本行位居第 134 名。

2014 年 6 月，本行获得中国银行业协会颁发的“2013 年度社会责任最佳公益慈善贡献奖”。

2014 年 6 月，本行获得中国电子商务创新推进联盟颁发的“在线供应链金融创新奖”。

2014 年 7 月，在英国《银行家》杂志推出的“世界 1000 家银行排名”中，本行一级资本排名第 37 位，总资产排名 48 位。

2014 年 7 月，在中华英才网举办的第十二届“中国大学生最佳雇主”评选中，本行荣获“全国性银行业十大最佳雇主”奖项。

2014 年 7 月，在《中国证券报》举办的“2013 年度中国上市公司金牛百强奖”评选中，本行位列第 69 名。

2014 年 7 月，在新浪财经举办的“2014 银行综合评选”中，本行被评为“最受欢迎互联网银行”。

2014 年 9 月，在《21 世纪经济报道》举办的“纪经济报中国资产管理金贝奖”评选中，本行获得“最佳现金管理银行奖”。

2014 年 9 月，在《亚洲货币》杂志“FXPOLL2014”评选中，本行获得中国最佳外汇服务提供商第一名（OVERALL）、中国最佳外汇产品及服务第一名、中国最佳外汇期权提供商第一名及中国最佳外汇研究及市场覆盖第一名。

2014 年 10 月，本行获得花旗银行评选的“2013 年度美元清算优秀奖”。

2014 年 10 月，本行获得中国银行业协会颁发的 2013 年度银团贷款“最佳业绩奖”、“最佳管理奖”和“最佳交易奖”。

2014 年 11 月，在《证券日报》主办的“第十届中国证券市场年会”中，本行被评为上市公司“金鼎奖”。

2014 年 11 月，在财资中国联合西湖财资金融研究院主办的“2014 中国财资奖”评选中，本行被评为“最佳财资管理银行”。

2014 年 12 月，本行被《证券时报》评选为“2014 最佳互联网创新银行”。

2014 年 12 月，在摩根大通全球金融机构作业质量评选中，本行获得“美元清算质量认证”。

2014 年 12 月，在金融界网站举办的“2014 领航中国年度评选”中，本行被评为“最佳资产托管银行”。

2014 年 12 月，在《经济观察报》举办的“第四届中国卓越银行评选”中，我行被评为“卓越创新银行”。

2014 年 12 月，在 CFCA 中国金融认证中心举办的“中国电子银行金榜奖”评选中，本行获得“2014 年中国最佳网上银行用户体验奖”。

2014 年 12 月，本行被《理财周报》评选为“2014 中国最佳汽车金融服务银行”。

2014 年 12 月，本行被东方财富网评选为“2014 年最佳财富管理银行”。

重庆银行

【企业概况】

重庆银行是中国西部和长江上游地区成立最早的地方性股份制商业银行。近年来，按照市政府制定的“龙虾三吃”发展战略，全力推进增资扩股、资产重组和引资上市工作。在完成两次增资扩股和三次不良资产剥离后，2007 年 4 月顺利引进香港大新银行作为战略投资者，2009 年 4 月成功发行 10 亿元次级债，进一步增强了资本实力，提升了抗风险能力。2013 年 11 月 6 日重庆银行在香港证券交易所主板正式挂牌上市，成为第一家在港交所上市的内地城商行，也是近三年来第一家在香港上市的内地银行股。

近年来，重庆银行在上级单位和监管部门的亲切关怀下，在董事会、监事会的正确领导下，在全行员工的同心协力下，经受住了全球金融危机和宏观调控政策变化的双重考验，经营管理稳固有序，业务发展取得长足进步，各项指标均显现良好发展态势。2013 年重庆银行资产总额突破 2000 亿元，达到 2068 亿元，同比增长 32.4%；存款总额 1488 亿元，贷款总额 905 亿元；实现净利润 23.29 亿元，同比增长 21.0%；平均总资产回报率为 1.28%，平均权益回报率 21.4%；资本充足率 13.26%，同比上升 2.15%；不良贷款率继续保持在 0.39% 的低位，在上市同业中居于最低水平。

在机构建设方面，重庆银行现下设 116 家分支机构，网点覆盖了重庆市所有区县。2008 年 12 月，成都分行顺利营业，重庆银行成为西部第一家实现跨区域经营的城商行。2010 年 3 月贵阳分行开业，2011 年 4 月西安分行也顺利实现了开业。为应对日趋复杂的经济金融形势，提升市场竞争力，积极响应国家调整经济结构、鼓励中小微企业发展的政策号召，重庆银行坚定不移的推进战略转型步伐，走专业化、特色化发展之路，先后成立专门的中小企业业务中心、科技创新金融服务中心，以及重庆第一家独立挂牌经营的小企业信贷中心。同时，重庆银行不断加了产品和业务模式的创新，打造出“微企通”、“易捷贷”、“金翅膀”、“启动力”等在市场上享有较大声誉的品牌，在金融服务中小微企业、有效解决融资难问题上进行了有益的尝试和探索，得到社会各界的充分认可和积极评价。

2013 年，重庆银行在英国《银行家》公布的全球银行业 1000 强中综合排名 513 位，比 2012 年提升了 43 位。在国际评级公司标准普尔在北京发布的“中国 50 大银行”排名中，重庆银行名列其中。在中国《银行家》公布的“资产规模千亿以上城商银竞争力排名”中列第 13 位。

地址：重庆市渝中区邹容路 153 号

邮编：400010

电话：023 - 63836229

传真：023 - 63824699

邮箱：syyh@ cqcbank. com. cn

第二节　非银行金融机构

安徽国元信托有限责任公司

安徽国元信托有限责任公司是经中国银行业监督管理委员会批准设立的非银行金融机构，由安徽国元控股（集团）有限责任公司发起设立，创立于2001年12月20日。公司注册资本20亿元人民币，法定代表人过仕刚，注册地安徽省合肥市宿州路20号，为中国信托业协会理事单位。

公司现有股东7家，分别为：安徽国元控股（集团）有限责任公司、深圳中海投资管理有限公司、安徽皖投资产管理有限公司、安徽皖维高新材料股份有限公司、安徽巢东水泥股份有限公司、安徽国生电器有限责任公司和安徽省信用担保集团有限公司。

公司经营范围为以下本外币业务：（1）资金信托；（2）动产信托；（3）不动产信托；（4）有价证券信托；（5）其他财产或财产权信托；（6）作为投资基金或者基金管理公司的发起人从事投资基金业务；（7）经营企业资产的重组、购并及项目融资、公司理财、财务顾问等业务；（8）受托经营国务院有关部门批准的证券承销业务；（9）办理居间、咨询、资信调查等业务；（10）代保管及保管箱业务；（11）以存放同业、拆放同业、贷款、租赁、投资方式运用固有财产；（12）以固有财产为他人提供担保；（13）从事同业拆借；（14）法律法规规定或银监会批准的其他业务。

2015年，公司管理信托资产规模1154.98亿元，固有资产58.19亿元。净资产55.90亿元，较年初增长15.64%；实现各项业务收入12.15亿元，较上年增长17.16%；实现利润总额10.33亿元，较上年增长27.22%；净利润8.66亿元，较上年增长29.64%；全年实现信托受益人收益103.91亿元。

2015年，信托行业在经济新常态下风起云涌，公司主动转变业务发展方式，优化业务转型创新环境，加强人才供给配备，推进创新产品研发，提升投资研究能力，促进创新成果落地，以资产证券化项目为创新突破口，全年发行公、私募资产证券化项目6个，发行规模160亿元。

2015年，公司在实现自身稳健发展的同时，全力支持地方实体经济发展。全年发行支持我省地方建设发展信托项目23个，募集资金35.96亿元，用于“皖江城市带”、“合芜蚌”、“皖北”建设，有效支持实体企业金融供给。公司荣获安徽省政府金融办颁发的“支持（安徽）经济发展业绩考核三等奖”，并在《证券时报》主办的“第八届中国优秀信托公司评选”活动中，荣膺“中国最具区域影响力信托公司”称号。

2015年，是公司调整步伐、孕育转型的一年。点滴积累变化，是为了迎接已经到来的新年和伴随而来的挑战和机遇。2016年，公司将进一步提升风险管控能力、投资研究能力和中后台支撑能力，努力探索并建立新的、稳定的盈利增长点，在新一年的行程中，笃志前行，努力实现美好愿景和期待！

地址：安徽省合肥市庐阳区宿州路20号
邮编：230001
电话：0551－62631010
信箱：xtbgs@ gyxt. com. c
网址：www. gyxt. com. cn

安信信托股份有限公司

安信信托股份有限公司（以下简称安信信托或公司，是中国第一批股份制非银行业金融机构，前身是鞍山市信托投资股份有限公司，成立于1987年，1992年转制为股份有限公司，1994年在上海证券交易所上市（股票代码：600816），2004年迁址上海。是国内最早一批金融类上市公司，也是目前我国仅有的两家上市信托公司之一。

成立二十多年来，公司一贯秉承“诚信、进取、和谐、高效”的企业经营理念和“理财、生财、护财、传财”的资产管理宗旨，践行“踏踏实实做人，规规矩矩做事，风险高于一切，诚信重于泰山”的公司司训，倡导和弘扬“协力、包容、担当、分享、学习”的价值观，追求卓越，坚韧图成，以“基业长青”为目标，以社会责任为导向，以信用建设为基础，以风险控制为前提，以创新服务为动力，以价值实现为目标，以差异化经营为特色，在促进公司可持续发展的同时，致力成为信托法律关系框架下，服务于实体经济、关注民生的“理财、生财、护财、传财”的金融服务商。

二十多年的风雨历程，安信信托走过了不平凡的发展之路，经过全体员工的辛勤耕耘与积累，取得了骄人的经营业绩。信托业务模式上实现了从纯融资业务向资产管理转型，从非主动管理向主动管理转型，设计推出的信托产品涉及民生工程、矿产资源、运输、房地产开发等多个领域。在已经清算的近800亿信托资产中，全部实现了到期足额无风险兑付，确保了投资人的资金安全。

公司2015年度共实现主营业务收入295,476.73万元，归属于母公司的净利润172,214.85万元，归属于母公司的所有者权益为630,891.93万元。固有业务方面，截止报告期末，公司总资产91.59亿元，负债总额28.50亿元。信托业务方面，存续信托项目314个，受托管理信托资产规模2359.10亿元；已完成清算的信托项目143个，清算信托规模658.27亿元；新增设立信托项目163个，新增信托规模1184.73亿元。其中，新增集合类信托项目25个，实收信托规模195.48亿元；新增单一类信托项目138个，实收信托规模为989.25亿元。

2015年，公司经营管理方面取得较大成绩和突破，受到各评级机构和媒体的认可与好评，获得多个荣誉奖项。报告期内，在《上海证券报》发起的第九届中国“诚信托奖”评选中，公司由于在主要经营指标上取得跨越式发展，表现出极强的成长势头，具有较强的发展潜力和可持续发展能力，荣获了“成长优势奖”。在由《中国证券报》主办的第17届中国上市公司金牛奖中，公司因为过去三年的出色业绩获得了年度金牛奖最高效率公司称号，并在20家获此奖项的上市公司中排名第二。由《证券时报》主办的“第八届中国优秀信托公司评选”中，根据组委会对于参评数据的核算、专家评委打分的结果和微信投票的情况，公司获得“中国最具发展潜力信托公司”称号。在由“第一财经”主办的“顾客创新驱动重塑中国企业价值峰会暨2014年第一财经最具顾客价值企业40强颁奖盛典”上，荣膺“2014年度最佳顾客价值实践奖”。安信信托在由《每日经济新闻》主办的“深改革新机遇”中国金融发展论坛第五届“金鼎奖”荣誉盛典上，荣膺“金鼎奖”最具影响力信托公司奖；安信信托“治霾系列之安信·清洁能源一号集合资金信托计划”荣膺了“金鼎奖”最佳信托产品奖。

作为一家公众公司，安信信托始终奉行“回馈社会、履行上市公司义不容辞的社会责任”的道德准则。安信信托于2014年10月捐赠人民币1000万元设立非公募基金会——“上海至美公益基金会”。根据上海至美公益基金会工作人员介绍，2015年“从青年公益谈中国公益未来”大型视频访谈节目暨“至美校园行”启动仪式在人民网一号演播厅顺利举行。以“青春公益、向上中国”为主题的至美校园行由上海至美公益基金会和人民日报社《环球人物》杂志共同发起并主办，以“传递公益情怀、培训公益力量、创建公益人才平台”为目标。2016年“至美校园行”将走进全国30所高校，开展30场至美公益演讲。“至美公益奖学金”是至美公益基金会为鼓励大学生积极高效从事公益活动，扶植有普遍社会公益价值的校园公益项目设立的。2015年，浙江大学首届“至美公益奖学金”终审评选在浙江大学举行，当天共评审出十五名获奖个人以及两个公益项目。此外，北师大首届“至美公益奖学金”终审在北师大举行，最终评选出十名获奖个人以及两个公益项目。两所高校奖学金设立共计115万元人民币。报告期内，上海至美公益基金会与安信信托共同成功举办“周转爱的人”献血宣讲活动。同时，至美代表在上海财经大学成功举办分享交流会，参加普华永道影响力评估课程等，以实际行动贡献公益力量。

设立上海至美公益基金会有助于安信信托更广泛地参与和其他优秀公益基金会的合作。基金会旨在搭建公益力量的平台、发现公益种子、支持公益成长、传递公益力量、成就公益梦想，除了“扶老助残、弱势关怀”，还以打造“中国公益人才培训、输出、交流的优秀平台”为目标，通过对公益宣讲、公益书籍、校园公益个人、公益项目的支持，发现和汇集众多公益种子人才，将他们引入基金会培训指导体系，使他们尽快成为成熟公益人。上海至美公益基金会作为一个非营利的基金会组织，也将是公司与机构、客户、社会组织、行善人士等相互沟通交流的平台，“善行天下”的理念是社会各界互相沟通、增进感情的纽带，也能为安信信托的发展提供更多的机遇。履行企业公民的社会责任，创造企业公民的社会价值，不仅形成了安信信托独特的企业文化，而且能确保至美公益基金会后续捐赠资金的衔接。

安信信托秉承和发扬优秀传统，坚持以“基业长青”为目标，以社会责任为导向，以信用建设为基础，以风险控制为前提，以创新服务为动力，以价值实现为目标，以差异化经营为特色，在促进公司可持续发展的同时，致力成为信托法律关系框架下，服务于实体经济、关注民生的“理财、生财、护财、传财”的金融服务商。

立足今天，展望未来，我们还继续承担更多的社会责任，回馈社会对企业的发展，我们需要对自己的社会角色有更清晰、更全面的认识，对企业立足于资本市场的定位、功能有更深入的了解。安信信托会以更高的标准和要求，以更强的责任感和使命感去追求卓越、创造更美好的明天。

地址：上海市黄浦区广东路689号海通证券大厦1楼、2楼、29楼

总机：021－63410777

传真：021－63410309

服务热线：800－820－3188，400－921－5188

大业信托有限责任公司

一、公司简介

大业信托有限责任公司（简称“大业信托”）是经中国银监会批准的，在重组原广州科技信托投资公司的基础上，重新登记的非银行金融机构。公司注册资本为3亿元人民币，注册地为广州市，在北京和上海设有业务管理部。

公司在2011年3月10日获取《金融许可证》，并在2011年3月16日换取新的营业执照正式开业，经允许从事经中国银行业监督管理委员会依照有关法律、行政法规和其他规定批准的业务。

二、股东背景

1. 中国东方资产管理公司

中国东方资产管理公司（简称“东方资产”），是具有独立法人资格的国有独资金融企业，公司注册资本100亿元人民币，由财政部全额拨入。公司目前由主营收购、管理和处置金融机构不良资产，向经营不良资产和发展其他金融服务并重过渡。公司在全国26个中心城市设有25家办事处和1家经营部，在直接投资领域形成了以邦信资产管理有限公司为核心的投融资平台，在金融领域控股东兴证券、外贸金融租赁有限公司等金融平台。

2. 广州国际控股集团有限公司

广州国际控股集团有限公司（简称“广州国际”），是广州市人民政府整合市属金融产业的平台。公司直属子公司包括广州市广永国有资产经营有限公司和广州产权交易所；控股企业包括广州银行、广州农村商业银行、万联证券有限责任公司、广州珠江资产管理有限公司、广永期货有限公司等优质金融资产。

3. 广东京信电力集团有限公司

广东京信电力集团有限公司（简称“京信电力”）是一家以投资运营大型火电、风电站为主营业务，兼营大型国内外贸易及投资营运大型码头、煤炭仓储、油气仓储等行业的大型能源集团，为广东省五大电力企业之一。

三、经营宗旨

恪守信用，合法经营，以市场为导向，以客户为中心，提供优质金融服务，创造良好经济效益，促进国民经济发展。

四、战略规划

依托广东省的区位经济金融优势，并充分利用重组方的行业优势地位，建立现代企业法人治理结构，以传统业务为起步，稳步有序开展创新业务，争取用3－5年的时间将新公司发展成为以投资能力、研发能力、营销能力为主要内容的核心竞争力，具备专业化、规范化、规模化的综合信托业务平台，实现股东回报最大化。

地址：广州市天河区体育西路191号中石化大厦B座25楼

电话：020－28028700

传真：020－28028701

邮编：510620

地址：北京市西城区平安里西大街28号中海国际中心11层

电话：010－63220990

传真：010－63220981

邮编:100034
客服热线:400－004－9979

东莞信托有限公司

东莞信托有限公司(下称"东莞信托")前身为东莞市财务发展公司,成立于1987年3月13日,注册资本金人民币12亿元,是东莞市属国有控股的非银行金融机构。

历经全国信托行业五次整顿,为全国获准保留的少数几家地市级信托公司之一,2007年3月,中国银监会实施新《信托公司管理办法》后公司更名为"东莞信托有限公司"。

东莞信托成立于1987年,是东莞国有控股企业,国有股份占比91.5%。目前注册资本金人民币12亿元,是广东省内5家信托公司之一。

东莞信托致力成为"值得信赖的专业资产管理金融机构"。自成立以来,东莞信托坚持走自主管理道路,以提升资产管理能力为立足点,以寻求委托人利益最大化为目标,大力支持我市重点工程建设、基础设施建设,为广大企事业单位和个人提供多元化、综合化、个性化的金融服务,为投资者实现较高的投资回报,树立了良好的市场形象,各项业绩迅速增长。

截至2014年底,东莞信托净资产32亿元,管理信托资产438.26亿元;2014年实现利润总额5.61亿元,净利润4.22亿元,并为客户实现收益28.10亿元。

根据全国信托公司2014年年报披露数据,东莞信托主动管理型信托资产占比达100%、结束项目信托报酬率1.82%、已清算结束集合类信托产品加权平均实际年化收益率9.44%,多项指标在全行业68家信托公司中均名列前茅。

展望未来,东莞信托将继续提升资产管理能力和抗风险能力,为广大投资者提供更优质的金融服务。

【企业社会责任】

东莞信托一贯重视履行企业社会责任,积极发挥信托在融资、村镇资金理财等方面的优势,支持对口帮扶的望牛墩镇芙蓉沙村发展经济,提高资金运作效益,为村优质项目、基础设施建设项目补助、旧厂房项目升级改造资金筹措等方面给予支持。公司将该村富余资金投入公司发行的稳健类信托项目,协助帮扶村增加"造血工程",逐步将输血型扶贫向造血型扶贫转变。2014年,公司对口帮扶望牛墩镇芙蓉沙村总收入509.88万元,总支出113.57万元,纯收396.31万元,同比增收51.96万元,增幅15.09%。

【参与社会公益】

东莞信托大力举办和参与公益活动,通过捐款捐物、植树造林等方式,向社会传递爱心。2014年,公司多次赴对口帮扶村进行实地调研、捐赠和慰问,组织员工向贫困户捐资捐物,全年共捐助25.37万元,并帮助低保户家庭的子女联系实习就业单位。此外,自2000年3月起,公司坚持开展义务植树活动,并将东莞市中心区广场的桂花园作为我公司常年赞助的绿化园区,绿化面积为4000平方米,种植各种桂花700株,至今已亭亭如盖,成为市民休闲活动的最佳去处。

【2014年公司大事记】

11月,东莞市人民政府贺宇副市长一行到东莞信托调研,听取公司经营管理汇报。

11月,东莞信托开展以"熔炼团队,焕发激情"为主题的员工冬季拓展活动。

11月,东莞信托举办汇信—中欧瑞博系列产品投资报告会。

11月,东莞信托2014年向对口帮扶望牛墩镇芙蓉沙村捐助20万元。

11月,东莞信托举办职业生涯规划讲座暨世界顶尖金融企业寒假实习体验活动介绍会。香港全球职业生涯规划师王夏莹女士与大学生们分享了精彩的职业生涯规划心得。

10月,为了提升证券类信托产品销售能力,东莞信托开展"汇信"系列产品演示竞赛。

9月,东莞信托党支部完成换届选举并改设为党委,廖玉林同志当选公司党委书记。

9月,在第二届东莞金牌理财师评比大赛中,东莞信托智信队、智TOP队两支代表队均获"金牌理财师团队"大奖。

8月,东莞信托举办了以《"新常态"路上的结构性机会把握》为主题的泓德系列产品投资报告会。

8月,东莞信托参与2014年东莞地区"金融知识进万家"暨青少年金融知识服务月宣传活动,向广大投资者宣传信托产品知识。

6－8月,东莞信托参加东莞市银行业协会第三届综合运动会,并获羽毛球团体赛乙组第二名、乒乓球团体赛乙组第三名。

7月,东莞信托加入东莞市企业联合会。

6月,东莞信托参展第三届广东省金融交易博览会,并获最佳展示奖。

6月,东莞信托举办"把握今天,谋划明天"子女职业生涯规划讲座,由香港全球职业生涯规划师王夏莹女士为部分客户子女讲解职业规划技能。

4月,东莞信托完成2013年度社会责任报告。

3月,东莞信托举行汇信—普尔系列产品投资报告会。

3月,东莞信托组织客户进行"芳菲竞春艳,相知赏松湖"松山湖赏花摄影活动。

3月,东莞信托在松山湖东莞中学开展植树活动,庆祝公司成立27周年。

从2月起,公司按照东莞市委统一部署,开展党的群众路线教育实践活动。

1月,广东银监局何晓军副局长、非银处徐美茹处长及东莞银监分局李惠和局长等领导到东莞信托调研,对公司发展进行指导并提出工作要求。

1月,东莞信托召开以"调结构、促转型"为主题的年度总结大会。

【公司荣誉】

2015年1月,荣获松山湖生态园2014年度纳税第4名。

2014年6月,参展第三届广东省金融交易博览会并荣获最佳展示奖。

2014年6月,参加东莞市银行业协会第三届综合运动会,并获羽毛球团体赛乙组第二名、乒乓球团体赛乙组第三名。

2014年8月,参加"松山湖物业杯"三人篮球赛,获得第三名。

2014年9月,在第二届东莞金牌理财师评比大赛中获"金牌理财师团队"大奖。

2013年12月,在东莞全银行业首届金牌理财师大赛中获得金牌理财师团队和金牌理财师个人两项大奖。

2013年8月,荣获2012年度东莞市金融创新成果奖二等奖。

地址:东莞市松山湖高新技术产业开发区创新科技园2号楼
邮编:523808

电话:0769－22312322
传真:0769－22389630
邮箱:bgs@ dgxt. com
网站:http://www. dgxt. com

广东粤财信托有限公司

公司简介:

广东粤财信托有限公司成立于1984年,是经中国银监会批准设立的非银行金融机构,是国内首批设立的信托公司,目前为广东省唯一省属国有信托机构。截至2014年末,公司注册资本15亿元,管理资产规模达2017亿元,实现利润总额7.10亿元。

公司控股股东广东粤财投资控股有限公司是广东省人民政府授权经营单位,注册资本115.48亿元,主要从事信托理财、资产管理、融资担保、股权投资和产业基金、实业经营等五大业务板块,下属13家全资和控股企业。

公司主要经营资金信托、动产信托、不动产信托、有价证券信托、其他财产或财产权信托、作为投资基金或基金管理公司的发起人从事投资基金业务、企业资产的重组、购并以及项目融资、理财及财务顾问等业务。

公司成立31年来,一直坚持"诚信为本、稳健经营、专业进取、开拓创新"的经营方针,充分发挥专家理财优势,通过有效运用信托、信贷、租赁、投资等金融工具,构建专业化,综合性的金融服务平台,为客户提供个性化、专业化、全方位的金融需求解决方案。多年来,公司业务立足广东,面向全国,业务发展态势良好,到期清算率和收益兑付率100%,实际收益水平全部达到或超过预期。

目前,粤财信托经济实力不断壮大,内控及风险管理日臻完善,各项业务步入了持续、健康、稳步发展的轨道,在金融同业中赢得了良好声誉,并赢得了社会各界的信任和支持。粤财信托将充分发挥专家理财优势,不断开拓创新,通过有效运用信托、信贷、租赁、投资等金融工具,研发并推出各类信托产品,构建专业的、综合性的金融服务平台,努力为客户提供个性化、专业化的金融需求解决方案,以优质的服务、良好的投资收益来回报广大投资者的信任与厚望。

经营范围:

资金信托;动产信托;不动产信托;有价证券信托;其他财产或财产权信托;作为投资基金或基金管理公司的发起人从事投资基金业务;经营企业资产的重组、购并以及项目融资、公司理财、财务顾问等业务;受托经营国务院有关部门批准的证券承销业务;办理居间、咨询、资信调查等业务;代保管及保管箱业务;以存放同业、拆放同业、贷款、租赁、投资方式运用固有财产;以固有财产为他人提供担保;从事同业拆借;法律法规规定或中国银行业监督管理委员会批准的其他业务。

1. 基础设施项目资金信托

根据基础设施项目的资金需求状况设计并发行信托产品,募集的资金由粤财信托以贷款、投资等方式用于基础设施的建设和经营,为受益人取得稳定的回报。

2. 房地产项目资金信托

根据房地产项目的特点和资金需求情况设计并发行信托产品,募集到的资金通过贷款、股权投资等方式运用到房地产项目的开发建设上,为受益人取得稳定的回报。目前粤财信托开发的房地产项目资金信托的品种有:房地产项目开发性贷款资金信托、房地产项目过桥贷款资金信托、房地产项目后续配套工程建设贷款资金信托、房地产项目股权投资资金信托和房地产项目租金收益权融资信托。

3. 资产证券化信托

企业将一些能够产生稳定现金流但流动性较差的资产委托给粤财信托,粤财信托以资产支持证券的形式向投资者发行受益证券,并以该财产所产生的现金来支付资产支持证券收益。资产证券化的发起机构主要有银行等金融机构以及交通、能源、电信、房地产等企业,可以用于设计资产证券化的资产包括长期债权、交通运输企业收费权、电力企业电费收费权、电信企业话费收费权、房地产企业商业地产租金收益权等可以产生稳定现金流的资产。

4. 员工福利信托

这是一种结合了养老金计划与储蓄计划的信托产品,即企业为员工谋取各种利益,定期从员工的工资或企业利润中扣除一定比例的资金,或者企业员工利用自有存款,交给粤财信托,委托粤财信托结合储蓄、投资与保险等方式加以管理和运用,使企业员工获得信托收益。员工福利信托的主要形式有养老金信托、职工贷款信托等,具有提高员工福利和劳动生产率、吸引优秀人才等优点,因而受到市场的欢迎。

5. 员工持股信托(ESOT)

指在员工持股制度中引入信托机制,由粤财信托作为受托人。员工将资金委托给粤财信托,指定用于买进所在公司的股票并由粤财信托进行管理;或员工买入所在公司的股票后,再将股票委托给粤财信托进行管理,在信托终止时粤财信托将股票归还于员工。员工持股信托能满足员工在储蓄和理财上的需求,还具有激励员工、保持公司股权稳定以及规范员工持股计划等作用。

6. 其他信托产品

除了上述信托产品之外,粤财信托还开展了包括管理层收购(MBO)信托、表决权信托、年金信托、财产信托、遗嘱信托、公益信托在内的其他信托业务,竭诚为客户提供全方位的信托服务。

社会责任:

粤财信托一直致力于履行对社会与环境发展的社会责任。我们与相关各方密切协作,开展了"广东节能减排促进项目资金信托"、"广东省农业综合开发项目"、"中小企业贷款项目资金信托"、"粤财扶贫基金信托"等项目,积极推动节能减排及环境保护、农业综合开发、中小企业发展,扶持欠发达地区的教育与民生事业,以最大的努力回馈社会与环境。

地址:广东省广州市越秀区东风中路481号粤财大厦
9、14、40楼
邮编:510045
网址:http://www. gdycxt. com
电话:020－83063141
传真:020－83063082

国民信托有限公司

国民信托有限公司(简称"国民信托")前身为中国人民建设银行浙江省信托投资公司,成立于1987年1月,是受中国银行业监督管理委员会监管的金融机构。2004年经中国银行业监督管理委员会批准,迁址北京并于2007年"新两规"出台后首批获得重新登记,取得了监管机构换发的新"金融机构许可证"更名为国民信托有限公司。公司目前的注册资本为10亿元人民币。

公司坚持“以人为本、诚信敬业、专业稳健、创新共赢”的经营方针，积极按照监管要求发挥“受人之托、代人理财”的金融功能，立足信托主业，多种业务有机结合，走差异化发展道路，同时探索创新业务。在发展中逐步建立完善风险管控体系，提高风险管理能力，发展成为风险可控、守法合规、创新不断、具有核心竞争力的现代信托机构以服务投资者，以服务实体经济，服务民生。同时，公司将充分发挥信托特有功能和制度优势，广泛探索运用公益信托模式，积极推动社会公益事业的模式创新，促进扶贫、教育、文化、科技及医疗卫生等公益事业的发展。

国民信托通过坚持市场化原则，建立有竞争力的薪酬及考核激励体系，使个人效益与团队业绩、公司业绩、风险管控实效挂钩；建立“能者上、平者让、庸者下”的有效考核机制与灵活的用人机制；加强对重要岗位、核心人员的考核激励力度；并发挥考核激励制度在公司治理和风险管控中的导向作用，逐步建立核心人员中长期激励机制等措施，已经拥有一支专业化、年轻化、国际化的团队。公司员工81%来自于信托、银行、证券等金融机构，44%为研究生以上学历，23%拥有海外学习工作经历，40岁以下年龄的员工占比超过75%。扎实的金融知识、丰富的投资经验和国际化视野造就了一支思想活跃的知识团队。专业的团队是国民信托的核心竞争力之一，也是为受益人及合作各方提供专业服务的重要保障。

国民信托持续推进产品创新，陆续推出大量风险可控、收益较高的信托产品，形成了多个产品种类。信托资金投向包括基础设施建设、房地产、证券投资在内的等多个领域为各地市政基础设施建设、民生改善、实体经济发展等提供了良好的金融支持，得到了广泛的社会认可和业内好评。2006年8月，公司荣获“2006年度第四届中国信托行业客户满意最具影响力品牌”奖；此后，公司凭借“稳盈宝1号”、“天房瑞诚集合资金信托计划”分别获得《上海证券报》主办的“诚信托”第二届(2007年度)、第八届(2013年度)“最佳信托产品奖”和“价值信托产品奖”；同时，公司2007年在中国品牌影响力高峰论坛年会中荣获“中国信托行业最具竞争力品牌”奖；“国民信托”品牌还获得了2008－2009年度中国信托行业十大诚信品牌；2013年度公司因在北京市西城区域经济发展中做出了突出的贡献，得到了西城区人民政府颁发的“突出贡献奖”。

今后，国民信托将进一步引导信托资金投向改善民生的实体经济、保障性安居工程、农业、重大水利工程、中西部铁路建设、新型城市化建设、节能环保产业和社会事业等领域，并通过创新产品、业务转型、创新服务模式和工具，为信托受益人提供更多的选择，在财富管理、财富传承和资产增值的领域合作、共赢。

地址：北京市东城区西滨河路18号国民信托中心

邮编：100011

电话：010－84268088

传真：010－84268000

网址：www.natrust.cn

电子邮件：info@natrust.cn

投诉处理专线：4007701970

客户服务热线：4007791888，8009901888

北京财富管理中心地址：北京市东城区西滨河路18号国民信托中心

上海财富管理中心地址：上海市黄浦区湖滨路150号企业天地5号楼23楼2326室

国投泰康信托有限公司

【公司概况】

国投泰康信托有限公司是经中国人民银行批准设立、中国银监会监管的非银行金融机构，注册资本金21.905亿元人民币，公司五家股东为国投资本控股有限公司、泰康人寿保险股份有限公司、江苏悦达资产管理有限公司、国投高科技投资有限公司和泰康资产管理有限责任公司，分别持有公司52.5%、32.98%、10%、2.5%、2.02%的股份。

公司秉承“有道而正、信则人任”的核心价值观，坚持“心有界，行无疆”的业务理念，不断打造高信用级别的信托产品，为客户提供专业化、多元化、个性化的金融服务。

目前公司主要开展资产管理、财富管理、固有财产投资等业务，在传统业务领域和另类投资等领域硕果颇丰。未来将着力推进业务转型，积极深化业务模式创新，加大培养主动管理能力。

国投泰康信托以务实的精神、稳健的作风以及细致的服务，成为客户心目中“值得托付的理财顾问”。公司所有产品均实现平稳运行，为投资人实现了预期收益。

公司与全球著名的资产管理机构瑞银集团(UBSAG)合资组建了国投瑞银基金管理有限公司，国投泰康信托持有国投瑞银51%的股权，国投泰康信托还参股了多家金融机构。

随着公司成功引入泰康人寿和江苏悦达两位战略投资者，公司资本实力迅速壮大，净资产突破40亿元，业务空间更加广阔，以股权结构多元化，公司治理市场化为契机，必将释放出新的发展活力与动力。

【企业文化】

公司愿景：成为卓越的资产管理机构和值得托付的财富管理人

核心价值观：有道而正信则人任

经营宗旨：为客户为股东为员工为社会

公司理念：

发展理念：长远、健康、可持续

经营理念：稳健、进取、规范

人才理念：德信、专业、担当

团队理念：包容、合作、快乐

【公司荣誉】

2014年

国投信托荣获信托行业“最佳品牌奖”。

国投信托荣获“年度卓越金融理财产品信托公司”奖。

国投信托荣获第七届优秀信托公司“最佳风险管理信托公司”奖。

国投信托荣获第二届领航中国金融行业年度“最佳社会责任奖”。

地址：北京市西城区西直门南小街147号国投5号楼7层、8层

邮编：100034

服务热线：400－608－8800

电子邮件：sdictrust@sdic.com.cn

华澳国际信托有限公司

华澳国际信托有限公司(以下简称“华澳信托”或“公司”)是由北京融达投资有限公司、北京三吉利能源股份有限

公司和澳大利亚麦格理集团下属的麦格理资本证券股份有限公司共同出资，在中国境内组建的一家中外合资非银行金融机构。公司成立于1992年，前身为昆明国际信托投资公司，2009年迁址上海，更名为华澳国际信托有限公司。

华澳信托致力于成为中国金融机构的领先者之一。作为金融服务提供商，公司秉持"发现价值所在"的品牌口号，坚持"团结、诚信、高效、创新"的企业精神，持续整合中外资源，以更先进的技术和更丰富的经验为客户提供优质的产品和高效的服务；通过创新产品及行业最佳实践为客户和社会创造可观价值，不断满足客户日益增长的资产管理需求，与客户一起共进共赢，发现价值之所在。

华澳信托坚持国际标准的管理模式。资产管理：立足国内市场，结合国际领先的资产管理经验，以自主管理为核心，实现高效的资产运作及稳健的资产价值提升。财富管理：凭借具有国际财富管理经验的优秀专家团队和合作伙伴，帮助投资者进行全球财富管理规划，实现财富的增值与传承。

风险管理：秉持稳健的风险管理理念，引入国际领先的风险管理模式，无缝衔接本土文化，构建科学的风险管理体系。

公司业务涵盖基础设施、房地产、供应链金融、中小企业、能源、文化艺术等多个行业，横跨货币市场、资本市场、实业市场三大领域，足迹遍布上海、北京、深圳、郑州、昆明、成都、南京等158个城市，成立以来业务得到蓬勃发展与跨越式增长。

【公司主营业务】

公司目前主要以信托为主营业务，在确保风险可控基础上适当开展自营金融业务。信托业务方面，公司贯彻落实监管部门指导精神，注重培养和提升主动管理能力，积极发展与各优质客户之间紧密持久的战略合作关系，确保信托产品的高起点、精品化。在确保传统信托产品为业务本原的基础上，稳健开展投资类信托、准资产证券化（财产权信托）等信托业务，并逐步加大信托产品创新力度，积极拓展信托业务领域，丰富信托业务品种，在供应链金融、中小企业发展基金、资本市场、基础设施、房地产、新兴农业、高科技、传媒、并购等领域不断提升和拓展，在顺应国家产业政策导向的前提下，着力打造公司独具特色的信托产品，以满足高端客户的投资需求。今后，配合公司增资及依托外方股东国际金融方面的优势背景逐步申请开展企业年金、QDII、PE等以资产管理为内在核心竞争力驱动的主动管理型信托业务，着力发展非标资产证券化、投资类业务以及家族信托业务，实现业务战略转型。固有业务方面主要包括：(1)贷款类业务。贷款类业务是提高固有资金运营效率的重要手段，公司通过对贷款结构、期限、规模的动态调整和优化，积极把握各类行业领域孕育的投资机会，从客户资源、渠道资源、项目资源等方面为信托主业提供有力支持，同时获得风险可控的较高收益。(2)金融产品投资类业务。金融产品投资类业务较为灵活，可根据公司当期资金情况，提高资金使用效率。当配比不同种类的金融产品时，可降低投资组合风险。同时在风险相对较低的情况下可获得可观收益。目前，金融产品投资类业务主要包括购买信托产品和信贷资产转让。(3)固定收益业务。固定收益业务对公司在优化固有资产投资结构、提升固有资产运营效率等方面发挥着重要作用。公司以确保资金的安全性和资产的流动性为原则，通过对固定收益市场和相关投资品种的深入研究，根据市场环境的变化动态调整和优化资产配置结构，构成稳健的投资组合，获取固定收益。

【社会责任】

华澳信托不断完善公司治理机制，全面深化改革，推进新体制、新机制的有效运行，主动适应经济金融形势变化，加快业务转型步伐，增强可持续发展能力，通过创造卓越的价值回报社会，承担社会责任、关怀社会民生、关注社会发展，做品格健全受人尊敬的优秀企业公民。

华澳信托积极贯彻国家宏观调控政策，发挥金融杠杆作用，全力服务实体经济建设，在开展业务的过程中，向国家政策支持的绿色产业、生态农业、节能环保、保障房、中小企业等领域靠拢，以实际行动支持社会可持续发展。

公益事业是支持社会发展的重要力量，也是华澳信托的重要发展目标。2012年，华澳信托从公司业务收入中提取资金，发起设立"华澳信托公益基金"。华澳信托公益基金关注贫困地区青少年成长，发展青少年文化教育事业，关怀社会贫困弱势群体，参与本地社区建设。2013年，公司启动了"华澳信托爱心图书室"公益项目，目前已向全国各贫困地区的十余所小学捐建了图书室，为当地师生提供了一座知识宝库。

地址：上海市浦东新区花园石桥路33号花旗大厦1702室
邮编：200120
电话：021－68883098
传真：021－68885995
邮箱：enquiry@ huaao－trust. com

华宝信托有限责任公司

华宝信托有限责任公司（简称"华宝信托"）成立于1998年，是宝钢集团有限公司旗下的金融板块成员公司，宝钢集团有限公司持股98%，浙江省舟山市财政局持股2%。华宝信托注册资本金37.44亿元（含1500万美元），旗下控股华宝兴业基金管理有限公司（中法合资）。

华宝信托的大股东宝钢集团信誉卓著、实力雄厚，2014年位居《财富》世界500强企业榜第211位。秉承宝钢集团一贯的严谨稳健、诚信规范作风，华宝信托始终以"受益人利益最大化"为经营理念，以专业化和差异化发展为基本战略，以资产管理与信托服务为两大主业，立足资本市场，不断强化能力建设、渠道建设和品牌建设。公司业务门类齐全、专业化分工清晰、团队阵容整齐、主动管理与创新能力强大、业绩持续良好。目前，公司为中国信托业协会第三届理事会副会长单位，公司董事长任中国信托业保障基金有限责任公司董事。

多年来华宝信托始终保持创新意识，多项业务资格或行动处于行业领先地位。2014年8月，华宝信托通过人力资源和社会保障部的企业年金管理资格延续申请，继续成为国内唯一一家拥有"法人受托机构"和"账户管理人"两项资格的信托公司。2013年，华宝信托推出公益性质的信托——"华宝爱心信托"，运用其特有的信托制度优势和专业管理职能为公益事业添砖加瓦，建立业内首个标准化信托服务平台——华宝流通宝平台，改善信托产品流通性，提升公司对客户的服务水平；2012年，华宝信托首推国内信托产品评级，申请到第一个以信托计划名义设立的股指期货套保交易编码和套利交易编码；2011年，成为首家获得股指期货交易业务资格的信托公司；2007年，新"两规"颁布后首家获准换发金融牌照；2005年，第一家取得人社部颁发的年金受托人及账管人资格，并且第一家开展结构化证券信托业务；2004年，第一家引入独立董事；2003年，第一家在公开媒体开展信息披露，行业内第一家发起成立合资基金公司。

此外，公司2012年获得受托境外理财业务资格，2008年获得大宗交易系统合格投资者资格，2006年获得资产证券化业务资格，2005 年首批获得新股发行询价对象资格，业务资格全面。

2006 年起，华宝信托进入快速发展阶段，2006 - 2014 年累计清算信托项目 814 个，成功兑付率 100%。公司为投资者创造了良好收益，1998 - 2014 年累计为客户实现收益 760 亿元。截至 2014 年底，华宝信托管理的信托资产规模已超 4900 亿元（含年金），稳居行业前列。华宝信托也为股东创造了良好收益，自 1998 年成立以来，华宝信托连续 17 年都实现盈利。

近年来，华宝信托在各类专业行业评选中多次荣获优秀公司、知名品牌、最佳创新、最佳经理、最佳产品等各类奖项。其中 2014 年，公司荣获《证券时报》第七届中国优秀信托公司评选"中国优秀信托公司"奖、"信托业领军人物"奖及"最佳房地产信托计划"奖，《上海证券报》第八届"诚信托"评选"管理团队"奖。

目前，华宝信托产品利用多种结构和工具覆盖了资本市场、货币市场、实体经济。同时，在风控方面，华宝信托形成了由董事会及管理层直接领导，以风险管理部门为依托，相关职能部门配合，与各个业务部门全面联系的三级风险管理组织体系，公司治理结构及风险控制水平行业领先。

展望未来，华宝信托业务将以上海为中心，向长三角、珠三角、北京、成都等地区辐射。公司以高端客户需求为核心，专注于证券、投融资、产融结合等专业领域，提供另类财富管理和综合金融解决方案，立志于打造中国领先的综合金融服务商。我们将进一步丰富产品线及提升信托服务能力，为客户打造更好产品，提供更好服务，让更多的市场主体参与信托，享受信托制度的优势。

【2014 年公司大事记】

4 月，华宝信托开通网上信托交易平台，直销客户可自助在网上进行部分产品的申购与赎回。

4 月，在第二届浦东年度经济人物评选中，华宝信托董事长郑安国当选"第二届浦东年度经济人物十强"。

4 月，华宝信托副总经理王锦凌荣获 2014 年"上海市五一劳动奖章"荣誉称号。

5 月，华宝信托与上海市法学会金融法学研究会签署了《信托法产学研基地合作协议》，并成为上海市法学会金融法学研究会理事单位。

6 月，在由上海证券报社主办的第八届"诚信托"评选中，华宝信托荣获 2013 年度"诚信托 - 管理团队"奖。

7 月，在由证券时报社主办的第七届"优秀信托公司"评选中，华宝信托荣获"中国优秀信托公司"奖，华宝信托董事长郑安国荣获"信托业领军人物"奖，华宝产融生辉 4 号 - 莱茵达珠海蓝琴信托计划获评"最佳房地产信托计划"。

7 月，华宝信托取得全国社保基金理事会受托管理社保基金信托资产的合格受托人资格。

8 月，在由《21 世纪经济报道》主办的第七届"金贝奖"评选中，华宝信托荣获"2014 年最具服务创新信托公司"奖。

8 月，华宝信托通过人力资源和社会保障部的企业年金管理资格延续申请，继续成为国内唯一一家拥有"法人受托机构"和"账户管理人"两项资格的信托公司。

9 月，华宝信托在成都成立财富俱乐部，至此公司除上海外已先后在北京、杭州、深圳、成都四地布局。

11 月，由华宝信托担任受托人的中国旺旺核心员工薪酬延付计划"福旺计划信托"，在信托财产运用上与中国旺旺港股实现了对接，实现了境内机构的员工薪酬福利资金及员工持股资金通过信托投资于其在港发行的股票的突破。

12 月，华宝信托完成工商变更及备案登记手续，注册资本由人民币 20 亿元（含 1500 万美元）增加至人民币 37.44 亿元（含 1500 万美元），各股东持股比例保持不变。

12 月，华宝信托在上海浦西成立财富俱乐部。

【公司荣誉】

2014 年 8 月，21 世纪经济报道第七届中国资产管理"金贝奖"——2014 年最具服务创新信托公司。

2014 年 7 月，证券时报第七届优秀信托公司评选——中国优秀信托公司奖、信托业领军人物奖（郑安国董事长）、最佳房地产信托计划（华宝产融生辉 4 号 - 莱茵达珠海蓝琴信托计划）。

2014 年 6 月，上海证券报社第八届"诚信托"评选——诚信托 - 管理团队奖。

地址：上海浦东新区世纪大道 100 号环球金融中心
　　52 层、59 层
邮编：200120
电话：021 - 38506666
传真：021 - 68403999
邮箱：hbservice@ hwabaotrust. com
网址：www. hwabaotrust. com
客服热线：40088 - 40098

华融国际信托有限责任公司

华融国际信托有限责任公司（以下简称"华融信托"）是中国华融资产管理股份有限公司在重组新疆国际信托投资有限责任公司（以下简称"新疆国投"）基础上于 2008 年 5 月 19 日所设立。新疆国投创建于 1987 年 1 月，是国内最早经营信托投资业务的公司之一。华融信托住所为乌鲁木齐市中山路 333 号。法定代表人隋运生。公司注册资本 198,288.63 万元，其中：中国华融资产管理股份有限公司持股 194,492.67 万元，占比 98.09%。

中国华融资产管理股份有限公司作为华融信托控股股东，为华融信托持续、稳健、快速发展注入了新的活力，全面提升了华融信托的形象与实力。公司股东还有：新疆凯迪投资有限责任公司、新疆恒合投资股份有限公司。

华融信托在现代企业制度基础上建立了日臻完善的公司法人治理结构；拥有高素质、专业化的业务管理团队；具备雄厚的产品研发、创新实力并已形成卓越品牌；建立了涵盖各类业务操作流程、内控制度在内的较为完备的风险管理体系。

华融信托将充分依托中国华融资产管理股份有限公司的品牌、资源、机构网络等优势，充分发挥信托制度优势，充分发挥自身的专业、客户和团队优势，依法合规、稳健经营，专心致力于信托主业，不断提高公司市场竞争能力、风险控制能力、业务创新能力和运营管理能力，面向全国，将华融信托发展成一家专业优势突出、经营创新特色明显、规范经营、业绩优良、具有较强核心竞争力和可持续发展能力的国内一流的专业化金融服务机构。

【公司主营业务】

1. 资产管理

截至 2014 年末，华融信托当年新增信托资产规模 1,219.00亿元，管理存续信托资产规模达 1,450.01 亿元。

一是资产结构均衡，资产质量良好。管理的存续信托资产中，主要投向工商企业、金融机构和证券投资。房地产信托的规模占比 12.58%,煤炭行业规模占比只有 1.46%,资产的行业分布较为均衡,避免了资产向高风险领域和单一领域过于集中,有利于资产的风险分散和资产安全。

二是管理资产含金量高。与行业其他信托公司相比,大部分是自主管理项目,华融信托以占行业 1% 的信托资产规模实现了占行业 2.8% 的信托业务收入。主营业务能力突出,信托业务占公司总收入 84.86%,这与监管部门鼓励的信托公司履行主动管理职责的要求和导向是一致的。

三是资产管理的方式更为丰富。2014 年重点发展专业性强、技术含量高的投资银行业务和投资类业务,发起设立的股权收益权投资集合资金信托项目,成功帮助客户参与上市公司股权并购。

四是积极支持新疆经济发展和社会进步。2014 年为新疆经济建设新增融资 23.5 亿元,存续融资规模超 70 亿元,有利支持了新疆地区社会经济发展,2014 年上缴新疆地区各类税款 4.05 亿元,积极参与扶贫救助,稳疆固疆,充分履行了企业社会责任。

2. 财富管理

立足于"受人之托,代人理财"的信托本源,着力打造华融信托特色财富管理服务,自主资金募集能力有了大幅提升。当年新增自然人客户 1415 户,委托资金 46.61 亿元。基本做到了项目发行多渠道开花,提升了募集成功率。自主服务客户黏性进一步提升,重复购买率达 60%,华融信托的财富管理服务树立起良好的品牌。

地址:新疆维吾尔自治区乌鲁木齐市中山路 333 号
邮编:830002
网址:http//www. huarongtrust. com. cn
邮箱:hrxt@ chamc. com. cn2. 1. 4
电话:010 - 58315719
传真:010 - 58315608

华润深国投信托有限公司

【公司概况】

华润深国投信托有限公司(以下简称"华润信托"或"公司")是一家历史悠久、业绩领先、实力雄厚、品牌卓越的综合金融服务机构。

公司前身是成立于 1982 年、有"信托行业常青树"之称的"深圳国际信托投资有限公司"(简称"深国投")。华润信托注册资本人民币 26.3 亿元,股东分别为华润股份有限公司和深圳市人民政府国有资产监督管理委员会。

华润信托秉承华润集团优秀的企业文化,在"让资产更智慧"的品牌口号引领下,始终坚持客户导向和持续创新,在结构金融、证券信托、股权投资、财富管理、风险管理等诸多领域形成了独特的专业专长,为遍布海内外的高净值客户、高效益企业和高成长机构提供了优异的定制化和差异化金融解决方案,并实现了良好回报。

华润信托在国内信托行业开创了多个第一:第一支开放式证券投资信托计划;第一支限制性股票激励计划;第一支企业现金流资产证券化信托计划;第一个组合基金信托产品系列(托付宝 TOF);第一支煤炭资源整合并购基金,第一支信托公司自主管理量化对冲基金……

华润信托通过持有国内证券行业翘楚的国信证券股份有限公司股权和与台湾第一大券商元大宝来证券投资信托股份有限公司合资组建华润元大基金管理有限公司,形成健康、良性的业务组合。并通过积极探索产融和融融协同模式,与集团旗下的 SBU、华润银行、汉威基金等形成良好的业务合作,着力打造有自身特色、可持续发展的商业模式。

2014 年,华润信托全年为委托人创造 417.26 亿元信托收益,累计实现净利润 23.50 亿元,较上年同期增长 31.36%,全年总收入 39.87 亿元,同比增长 43.29%。信托收入达到 17.08 亿元。信托资产规模 4,441 亿元,同比增长 24%。

公司连续担任中国信托业协会理事会副会长单位,连续多年多次荣获如"中国优秀信托公司"等诸多荣誉。

30 多年经风经雨,华润信托已经成为一家发展迅速、业绩领先、实力雄厚、品牌卓越的综合金融服务机构。

【企业文化】

企业定位:华润是与大众生活息息相关的多元化企业

这是华润基于企业历史、顾客需求,为自己在商业竞争中确定的角色和方向,它向大众传递了华润的经营特点和管理模式,表明华润所从事的业务、所提供的产品和服务都与大众生活息息相关,华润是一个拥有多个行业、协同发展的多元化企业。

企业使命:与您携手,改变生活

这一使命表达了华润在促进整个社会的文明与进步中求得企业发展的价值取向,体现了华润人的崇高理想与不凡追求。

企业愿景:追求卓越发展,把华润建设成为具有国际竞争力的世界一流企业,实现超越利润之上的追求

建设"世界一流企业"是激发全体华润人为之拼搏奋斗的美好蓝图。"超越利润之上的追求"展现了华润人的精神境界,是华润可持续发展的重要根基。

【创新大事记】

2013.1,华润集团首次与台资合资成立的金融机构华润元大基金管理有限公司注册成立,其中华润信托持股 51%,台湾元大宝来投信持股 49%,华润元大的成立标志着华润集团正式进军公募基金行业。作为华润金融战略布局的重要举措,华润元大将进一步完善华润产业链条,为华润在金融大资管时代的发展打下坚实基础。

2012.4,建立国内首个为期货管理人提供具有公信力的业绩鉴证服务的孵化平台——春雷计划,依托华润信托多年阳光私募产品管理运营的经验和资源,"春雷计划"已与国内十六家排名在前的期货公司合作,通过网站定期以代号形式公布经核算估值后的基本交易业绩数据,并对其真实性出具独立意见,有助于推动期货资产管理行业向着规范化、专业化、长期化、机构化的方向发展。

2012.7,发行了国内首支由信托公司自主管理的量化对冲基金——华润信托 · 睿利 1 号集合资金信托计划。该产品结合了华润信托在证券投资管理方面的团队优势、资源优势和研究优势,研发了量化选股系统,通过数量化工具构建投资组合,从估值、盈利预期、市值、市场情绪、盈利能力和成长性等多维度择股择时,进一步贴近未来市场对冲型基金的主流。

2011.5,率先成立零售业地产发展基金——华润信托 · 银泰零售业发展投资基金 1 期项目集合资金信托计划,信托计划资金规模达 20 亿元。

2011.12,发行了国内首支煤炭资源整合并购基金——华润信托 · 民生能源投资基金项目集合资金信托计划。该产品在矿产资源基金领域迅速建立了领先的行业品牌和口碑。

2009.4,成立四川都江堰重建信托计划,积极参与四川灾后重建,并将公司自身享有的超过信托计划基准收益部分

10% 的收益以全体受益人的名义捐赠成立“华润信托 · 爱心传递梦想中心”，项目已顺利结束并产生良好的社会效应。

2009.6，与中国工商银行深圳分行合作，在国内率先设立外币融资类信托理财系列产品，并获得深圳金融创新奖。

2009.12，发布第一个中国对冲基金指数——“晨星中国 · 华润信托中国对冲基金指数”（简称“MCRI”），成为国内首个反映阳光私募行业的基准业绩指数。

2006.3，设计并实施了国内第一只限制性股票激励计划——深国投 · 万科首期限制性股票激励计划，在限制性股票激励领域一支独秀。

2006.10，发行了第一只企业现金流资产证券化信托计划，首创企业日常经营收入与信托计划利益捆绑的融资模式。

2005.12，设计并实施了国内第一只股权分置改革集合财产计划——深国投 · 农产品股权分置改革集合财产信托计划，开创上市公司股权激励先河。

2004.1，发行国内第一支开放式证券投资信托计划——深国投 · 赤子之心（中国）集合资金信托，后被业界广泛复制，并被称为“深圳模式”或“深国投模式”。

1995.1，与美国沃尔玛公司合资成立“深圳沃尔玛珠江百货有限公司”，成为全球商业巨鳄沃尔玛进入中国的引路人。

1994.1，发起设立证券公司，培育目前国内最大的综合性券商之一——国信证券。

地址：深圳市福田区中心四路 1 – 1 号嘉里建设广场第三座第 10 – 12 层

邮编：518048

网址：http://www.crctrust.com

邮箱：crctrust@crctrust.com

电话：0755 – 33031626

传真：0755 – 33380599

华鑫国际信托有限公司

华鑫国际信托有限公司（简称“华鑫信托”）于 2010 年 2 月 9 日获得中国银行业监督管理委员会批准重新登记，注册地为北京，在业务上受中国银行业监督管理委员会的监督和管理，控股股东为中国华电集团公司，公司注册资本金 22 亿元人民币。截至 2014 年末，公司管理资产总规模 1,641 亿元，实现利润总额 7.06 亿元。

华鑫信托以“受人之托，代人理财”为根本，秉承“稳健经营，价值至上”的理念，坚持面向市场，为客户提供全面、专业、特色金融服务。结合自身优势，华鑫信托形成了具有鲜明特色的发展思路。公司以能源和基础产业信托业务为核心，坚持多领域经营；以提供多元化、专业化、特色化金融服务为手段，坚持业务创新；以全面风险管理为保障，坚持稳健经营，规范运作。主要经营的信托业务包括：资金信托；动产信托；不动产信托；有价证券信托；其他财产或财产权信托；作为投资基金或者基金管理公司的发起人从事投资基金业务；经营企业资产的重组、购并及项目融资、公司理财、财务顾问等业务；受托经营国务院有关部门批准的证券承销业务；办理居间、咨询、资信调查等业务；代保管及保管箱业务等。主要自营业务包括：存放同业；拆放同业；贷款业务；租赁业务；投资业务；以固有财产为他人提供担保；同业拆借；法律法规规定或中国银行业监督管理委员会批准的其他业务。

按照《公司法》、《信托公司治理指引》和现代企业制度建设的要求，公司确立了法人治理基本架构。制定了包括公司业务操作、财务管理、风险管理、信息化建设在内的制度，形成了一套较为科学合理的制度体系。坚持以客户为中心、以业务为主线，建立起各类风险的监测、评估、处置等工作机制，保证风险可控在控。按照精干、高效原则，引进和培养了一批年富力强、从业经验丰富、有较强管理水平和开拓能力的高素质、专业化人才。公司努力提升盈利能力、人才支撑能力、执企能力、科学发展能力、风险管控能力，打造核心竞争力，努力把公司建设成为业绩优良、管理先进、科学发展、质形俱佳、值得信赖，具有核心竞争力，同业一流的专业化国际化信托公司。

【公司荣誉】

公司自重新挂牌营业以来，先后获得《金融理财杂志》举办的金融理财 TOP10 总评榜“金貔貅奖”、“年度金牌成长潜力信托公司”、“年度金牌风控力信托公司”等称号；连续获得中国华电集团公司“文明单位”、“先进集体”荣誉称号；中国企业文化促进会“企业文化建设百佳单位”、“中国企业诚信文化十佳单位”称号；北京市西城区人民政府“年度发展区域经济突出贡献奖”，成为北京市首批重点总部企业。

地址：北京市西城区宣武门内大街 2 号中国华电大厦 B 座 11 层

邮编：100031

电话：400 – 680 – 1616

传真：010 – 83568281

网址：http://www.cfitc.com

交银国际信托有限公司

交银国际信托有限公司（以下简称“公司”）成立于 1981 年 6 月，原名为湖北省国际信托投资公司，注册资本 1 亿元人民币。2001 年 12 月，按照中国人民银行关于信托投资公司清理整顿和重新登记的有关要求，公司改制并更名为湖北省国际信托投资有限公司，并于 2003 年 1 月经中国人民银行核准重新登记。2007 年 5 月，经中国银监会批准，公司引进交通银行股份有限公司实施战略重组。重组完成后，公司更名为“交银国际信托有限公司”，注册资本 12 亿元人民币，交通银行股份有限公司持有 85% 的股份，湖北省财政厅持有 15% 的股份。公司注册资本分别于 2011 年 12 月增加至 20 亿元人民币，2013 年 3 月增加至 31.76 亿元人民币，2013 年 11 月增加至 37.65 亿元人民币，股东出资比例均不变。2014 年 10 月，湖北省财政厅持有的公司 15% 股权划转至湖北省交通投资有限公司持有。

公司是国内首家由国有股份制商业银行直接投资控股的信托公司，拥有一批具有商业银行、投资银行、信托、基金等资深从业背景的专业团队，并拥有交通银行强大的实力背景、完善的资源网络和卓越的品牌信誉支持。自成立以来，秉承“受人之托，代人理财”的经营宗旨和诚信服务的管理理念，根据客户的资产状况和风险偏好，利用信托制度及其独特的功能设计，竭诚提供跨市场、多领域、跨地区的财富管理、项目融资和受托托管等专业化信托服务，以优质周到的服务赢得赞誉。

1. 信托业务

信托融资业务公司充分发挥融资类业务方面专业优势，积极开拓创新，及时抓住市场热点和需求，在风险可控的前提下，针对融资方的资金财务需求，提供个性化融资产品及服务方案，包括信托贷款（流动资金贷款、项目融资）、资产流动化（应收账款、应收租金、项目收益权、股权受益权等）、贸易融资、房地产信托、外汇资金信托等融资业务。

信托投资类业务

公司通过信托跨市场、多领域、组合投资的专属优势和银行系信托公司品牌优势，逐步培育形成了公司资产管理的核心竞争力和差异化特色，根据客户不同风险偏好实施资产管理，为客户提供丰富信托投资理财产品，主要包括投资基金、现金管理、固定收益投资、受托境外理财（QDII）、证券投资信托、私人股权投资等投资业务。

事务管理类业务

公司充分发挥在信托本源业务方面具有的比较优势，以机构或高净值客户的需求为中心，使用债权、夹层权益、股权和财产权等多样化的权益工具，依托完善的制度体系、较强的管理能力和较为先进的 IT 系统，既为委托人（受益人）提供信托事务处理、会计核算、估值、收益分配等服务，也为客户的资产及财富保值增值提供配置和管理等服务，满足客户不同阶段的财富管理需求。主要包括资产证券化、资金池事务管理信托、家族财富管理信托、股权代持信托、员工福利计划受托管理、管理层及员工股权激励等信托产品。

2. 自营业务

公司按照“轻资本、低风险、多元化”的配置原则管理运用自有资金，配置品种包括自营贷款、理财产品、股权投资等类别，兼顾权益类和固定收益类，充分考虑资产流动性、期限和收益之间的合理平衡，确保上述各类资产配置比例都在合理范围内。

2014 年公司大事记：

1 月，公司在金融界网站主办的第二届“领航中国金融行业 2013 年度评选”中荣获“最佳信托品牌”、“最佳客户服务”奖。

2 月，公司召开 2014 年工作会议，回顾总结 2013 年工作成绩，安排部署 2014 年经营管理各项工作。

4 月，黄建宏不再担任本公司董事。

6 月，公司在上海证券报主办的第八届“诚信托”评选中蝉联“卓越信托公司”综合大奖，保持全国十佳行列。

公司获中国银监会批复（银监复〔2014〕357 号）同意，取得受托境外理财（QDII）业务资格，为公司开拓国际化业务新领域以及提升专业化信托事务管理能力奠定基础。

7 月，公司在证券时报主办的第七届中国优秀信托公司评选中荣获“最佳风险管理信托公司奖”以及“最佳证券投资信托计划”、“最具创新信托计划”产品奖。

公司与中国邮政储蓄银行合作，成功发行“邮元 2014 年第一期个人住房贷款证券化信托”，该产品为本轮资产证券化扩大试点国内首单也是规模最大的 MBS 产品，发行总规模 68.14 亿元。

8 月，公司与母行交通银行合作，成功发行“交银 2014 年第一期信贷资产证券化信托”，该产品系公司首单 ABS 产品，发行总规模 49.089 亿元。

8 月，李惠珍不再担任本公司独立董事。

10 月，湖北省财政厅持有的本公司 15% 股权划转至湖北省交通投资有限公司持有。

11 月，“交汇财智，信聚财富”——交银国信 2014 年财富论坛在上海隆重举行，王小广、秦虹、李迅雷、王德培等著名专家、学者发表主题演讲，公司合作伙伴、高端客户等 200 余位嘉宾出席论坛活动。

12 月，在中国人民银行武汉分行主办的“2014 年度武汉地区金融机构征信业务能力测试”活动中，公司荣获综合测试成绩排名第一，并摘得平均分、合格率、优秀率、满分率四项第一。

公司与武汉钢铁（集团）签署战略合作备忘录，双方就融资、投资、理财服务及资产证券化等方面达成业务合作意向，为下一步的业务合作形成良好开端。

地址：武汉市建设大道 847 号瑞通广场 B 座 16 – 17 层

邮编：430015

电话：021 – 32169666

传真：021 – 62706820

网址：www.bocommtrust.com

昆仑信托有限责任公司

昆仑信托有限责任公司成立于 1986 年 11 月。2009 年 6 月，公司进行增资扩股，注册资本金达到 30 亿元人民币。中国石油天然气集团公司的全资子公司中油资产管理有限公司持股 82.18%，是昆仑信托有限责任公司的控股股东。

昆仑信托公司具有完善的公司治理结构，拥有一支富有朝气、勇于开拓、善于创新、投资管理能力强的信托基金经理人队伍，经营合规、操作稳健、严控风险、资产优良、业绩突出，成功投资于基础设施建设、房地产开发和证券市场等多个领域，累计发行信托计划（基金）超过 900 支，累计管理资产超过 2100 亿元。

公司按照《公司法》、《信托法》、《信托公司管理办法》、《信托公司治理指引》等法律法规要求，参照行业通行做法并结合实际，建立规范的风险管理运作组织机构，结构清晰、职责明确，保证了公司业务项目在风险受控条件下的有效开展。同时，公司遵循合规性、全面性、审慎性、适时性原则，坚持以制度为基础、以流程为依托，充分识别和评估各类风险，将风险管理覆盖到公司经营管理的各个环节和岗位中。依据风险管理决策流程，根据业务分类实施相应控制措施，形成“事前防范、事中控制、事后评价”的风险管理机制，切实履行“受人之托、代人理财”的受托人职责，最大程度地保障受益人的利益，取得了良好的效果。

【公司业务】

融资信托业务：

为大型企业、银行和非银行金融机构等机构客户设计信托融资方案、受托管理信托资产；并通过信托贷款、资产证券化、股权和股权收益权投资、债权或其他特定财产权益质押融资等多种模式，为机构客户量身打造个性化、专业化的信托产品。

证券投资信托业务：

以信托资金的方式进行各种证券投资。从期货、期权、结构化证券投资等未充分竞争的领域入手，与公募基金进行差异化竞争。充分利用结构化和组合投资技术，管理的“甬江”系列、“昆仑财富”系列产品收益率稳居国内同行业前列。

股权投资信托业务：

根据信托业务的特点，进行私募股权投资，包括对未上市公司股权及上市公司限售流通股的投资。公司已在业内建立专业化 PE 管理团队，实现了国内产业基金不具备的契约型基金模式。

房地产信托业务：

利用信托资金开展房地产业务，通过信托贷款、项目收益权、股权投资以及夹层融资等多种融资方式，与众多房地产企业开展深度合作，多层次地参与房地产市场的各类业务。积极响应国家号召,重点助力各类政策性住房的建设,主要向棚户区搬迁改造、经济适用房等项目提供融资。

固有资产管理业务:

开展存放同业、拆放同业、贷款、投资以及银监会批准的其他业务。投资业务包括金融类公司股权投资、私募股权投资、金融产品和自用固定资产投资。

【社会责任】

公司积极履行社会责任,一是创新慈善信托产品模式,通过结构化设计和现金管理,将产生的信托收益捐献给慈善机构,其中50万元用于四川省甘孜州藏区教育扶贫项目;开展了"慈善一日捐"、扶贫帮困、无偿献血等多项公益活动,树立了良好的社会形象。二是关心员工成长,重视人才培养,与北京大学经济管理学院签署实习基地协议,建立轮岗机制,优化公司、部门、员工三个层面的培训体系,鼓励"能人举手",为员工搭建公平竞争的平台。三是组建社会责任管理团队,明确管理组织、工作机制和工作要点,明晰履责目标、履责思路和关键履责领域,探索构建社会责任长效工作机制。四是积极宣传社会责任理念、先进履责事迹,提高员工对社会责任工作的认识,在企业内部营造社会责任工作氛围;重视投资者教育,普及金融知识,通过主流媒体和网站传播公司的社会责任理念和实践经验,扩大社会责任影响力。

地址:宁波市江东区民安东路268号宁波国际金融服务中心北区E座28－31层

邮编:315042

电话:0574－87033100　010－63597600

传真:0574－87031700　010－63597604

邮箱:klinfo@ cnpc. com. cn

客服电话(宁波):4008－59－0099　0574－87031727

客服电话(北京):010－63597666　010－63597777

山东省国际信托有限公司

公司简介:

山东省国际信托有限公司成立于1987年3月,是经中国人民银行和山东省人民政府批准设立的非银行金融机构。2007年6月,获得中国银监会批复同意换发新的金融许可证,名称变更为"山东省国际信托有限公司"。现为中国信托业协会理事单位。

自成立以来,山东信托一直致力于运用信托平台服务经济社会发展,致力于受托资产管理能力建设,紧贴市场需求,适应利率市场化创新产品;尝试信托收益权结构化实践,发展艺术品等另类信托,加强信政合作,从信托突围,作金融改革的先锋官。在诸多领域开展了业务实践和探索,目前主要业务为资金信托、财产信托、投资银行、资产管理和证券投资基金等,并受托管理山东省基本建设基金。

在信托业务领域,秉承"山东信托,可信可托"的理念,公司积极为政府机构、工商企业和重点项目以及广大投资者提供金融支持和理财服务,现已发展成为年发行信托产品三千亿元以上,投资领域涉及产业、证券、城市基础设施、房地产、服务业等;投资方式包括贷款、股权投资、资产证券化、收益权证券化、融资租赁等多种形式的专业金融服务机构。

在业务发展中,公司注重发挥信托机制灵活高效的优势,综合运用各种金融工具,引导、归集社会资金服务实体经济发展,不断加大对国家或地区重点战略区域发展,路桥建设、电力、水务、轨道交通、市政园林等民生领域基础设施项目建设,中小微企业、"三农"产业以及文化产业等重点领域的融资支持力度,实现了追求经济效益与承担社会责任的有机结合。

在长期股权投资方面,山东信托注重把握金融产业政策,致力于打造金融、类金融综合服务平台。目前,公司主要控股泰信基金,参股富国基金、民生证券、泰山财产保险、德州银行、邹平浦发村镇银行等金融机构和泰山文化艺术品交易所、金鼎租赁等类金融机构,同时也在积极研究和寻找入股商业银行等金融机构的战略机会。

下一步,山东信托将紧紧围绕做最好的财富管理机构的发展定位,加快业务转型,加强内部管理,完善产品链条,为高净值个人客户和机构提供专业化、差异化、个性化的综合金融理财服务,同时,继续发挥信托功能优势,积极履行社会责任,为国家和地方经济发展提供优质投融资服务。

公司荣誉:

山东信托经过多年的发展,不断提升公司治理水平,改进内控风险管理机制,依法合规开展各项经营活动,实现了平稳可持续发展。近年来,山东信托品牌价值不断提升,在综合实力、公司治理和企业社会责任等方面广受海内外评级机构和媒体的认可与好评,获得多个荣誉奖项。

先后荣获:

2009年度,"最佳金融服务机构奖"。

2010年度,中国阳光私募最佳创新信托公司"金樽奖"。

2011年度,山东省金融创新奖。

2011年度,"最受公众喜爱的信托公司奖"。

2011年度,山东十大最具成长性金融类机构。

2011年度,中国阳光私募最佳服务信托公司"金樽奖"。

2011－2012年度,中国资产管理"金贝奖"——最具发展潜力信托公司。

2012年,"领航中国"信托行业最具成长性奖。

2012年度,山东省金融创新奖。

2012－2013年度,中国阳光私募最佳风控信托公司"金樽奖"。山东省"省级文明单位"。

2013年度,"最受消费者信赖金融品牌"。

2013年度,省管企业慈善工作先进基层单位。

2013年度,"中国最具区域影响力信托公司"。

2013年度,中国"诚信托－成长优势奖"。

2013年度,山东省金融创新奖。

2014年度,"最佳社会责任信托公司"。

2014年度,"最受消费者信赖金融品牌"。

2014年度,爱心助残捐助先进单位。

2014年度,中国"诚信托－管理团队奖"。

2014年度,"中国最具创新力信托公司"。

经营范围:

山东信托一直致力于运用信托平台服务经济社会发展,从信托突围,作金融改革的先锋官。在诸多领域开展了业务实践和探索,目前主要业务为资金信托、财产信托、投资银行、资产管理和证券投资基金等,并受托管理山东省基本建设基金。

目前,公司投资领域涉及产业、证券、城市基础设施、房地产、服务业等;投资方式包括贷款、股权投资、资产证券化、收益权证券化、融资租赁等多种形式的专业金融服务机构。

同时,山东信托注重把握金融产业政策,致力于打造金融、类金融综合服务平台。目前,公司主要控股泰信基金,参股富国基金、民生证券、泰山财产保险、德州银行、邹平浦发村镇银行等金融机构和泰山文化艺术品交易所、金鼎租赁等类金融机构,同时也在积极研究和寻找入股商业银行等金融机构的战略机会。

企业文化:

核心价值观:

专业——即业务精通,具备较高的业务素质及综合素质,具备较强的专业能力、持续学习和改进的能力,具备独当一面或担当重任的工作能力。

诚信——对企业来讲,就是对国家诚信、对社会诚信、对员工诚信、对客户诚信、对股东诚信、对合作伙伴诚信;对员工来讲,就是态度真诚,对企业忠诚、对工作忠诚、对岗位忠诚。

勤勉——以饱满的热情积极投入到工作中,具有强烈的责任感和使命感,具有良好的敬业精神,具有浓厚的服务意识和端正的工作态度。

成就——包括对客户、对公司、对自身的成就,要具有实干精神和结果意识,要想干事、能干事、干成事,使努力和奋斗能够转化为工作成果,从而实现工作目标。

社会责任:

作为一家国有金融企业,山东信托在发展壮大的过程中,不仅努力为全体股东创造价值,同时充分发挥信托制度和功能优势,对国家和社会全面发展、自然环境和资源,以及广大投资者和员工、客户等利益相关方主动承担责任,实现了追求经济效益与承担社会责任的有机结合。

山东信托恪守"受人之托,代人理财"的根本宗旨,以受益人利益为出发点,尽职尽责,履行诚实、信用、有效管理的义务,不断提升公司治理水平,改进内控风险管理机制,依法合规地开展各项业务经营和管理活动,实现了平稳可持续发展。

山东信托严格遵守有关政策法规,优先保障受益人的利益,切实履行受托人的管理职责,积极开展各类客户交流活动和投资者教育活动,保障受益人利益。2011 年支付受益人信托收益 55.13 亿元,2012 年支付受益人信托收益 86.45 亿元。2013 年,支付受益人信托收益 175.07 亿元,是公司自身信托报酬收入的 18.4 倍。

山东信托积极践行"奉献爱心,回报社会"的企业价值理念,积极开展赈灾救助、爱心捐赠、扶贫帮困等各项公益活动。为山东省残疾人福利基金会、山东省送温暖基金会、山东省慈善总会慈善资金提供专业管理服务;通过中国信托业协会向四川芦山地震灾区捐款 1,042,450 元;与民间 NGO 组织合作发起捐衣、捐书活动。

山东信托采取"2+1"的模式,即 1 名党员干部加 1 名青年员工帮包 1 户困难家庭,共结对 48 对帮扶菏泽巨野县田庄镇 10 个村的 48 户困难家庭。山东信托捐款 300 万元为田庄镇 10 个村建设 100 个钢结构蔬菜大棚,帮助帮扶村切实解决集体经济"空壳"问题,目前蔬菜大棚都已建成并投入使用,经济带动作用明显。

山东信托积极贯彻国家宏观调控政策和产业政策,始终坚持根植于实体经济,发挥信托独特的功能优势,丰富产品服务,加强风险管理,努力为实体经济提供市场化的综合金融服务,在支持产业优化升级,促进战略新兴产业发展方面发挥了重要作用。截至 2014 年 6 月末,山东信托信托资产余额 3287.20 亿元,其中投向实体经济 2167.65 亿元,占比65.95%。

山东信托存续的信托资产规模中,为蓝黄战略经济区重点企业融资余额 620 亿元,为"一圈一带"经济区融资余额 540 亿元;形成恒富、恒丰、信元、弘毅、远投、长江富源系列等多支产业信托品牌。

山东信托不断加大对环境治理、综合整治、绿色环保领域的融资支持。先后为济南小清河、潍坊白浪河综合治理工程提供信托融资服务;与山东最大的民营水务公司开展融资合作,支持青岛、诸城等地的污水处理项目。

山东信托积极响应国家文化产业政策,不断加强文化产业领域的业务创新,艺术品信托业务逐步形成了品牌和规模,产品标的涉及名家书法、版画、油画、国画等多个品种。2013 年公司已成立艺术品信托规模达 4.7 亿元,稳居行业前列。同时,针对文化产业高风险的特点,大力强化风险管控措施。

山东信托针对中小企业发展特点和融资需求,以创新的信托经营模式、灵活的产品设计及严密的风险控制措施,多渠道、多方式地满足成长型、创新型中小企业的融资需求,有效缓解了中小企业融资难的问题。公司与阿里巴巴集团合作的阿里星系列产品,超过 10 万家小微客户从中受益。

地址:山东省济南市解放路 166 号鲁信大厦二楼

邮编:250013

网址:www.sitic.com.cn

传真:0531-86566117

电话:0531-86566888

邮箱:cfglzx@sitic.com.cn

理财专线:400-103-3788

陕西省国际信托股份有限公司

陕西省国际信托股份有限公司(简称陕国投,证券代码:000563)前身为陕西省金融联合投资公司(简称陕金联)。1984 年陕金联的设立,标志着陕西现代信托业的诞生。1994 年 1 月 10 日,陕国投在深圳证券交易所上市,标志着中国非银行金融上市机构的诞生。陕国投是中西部地区唯一的上市信托公司、陕西首家上市的省属金融机构。公司总股本 12.15 亿股,公司净资产 38.14 亿元。2014 年实现营业收入 8.35 亿元,实现利润总额 4.68 亿元,为省内融资 334.27 亿元,资本实力大幅提升,服务地方经济建设的能力在陕西省信托公司中继续大幅领先。目前,实际控制人为陕西省国资委,大股东是陕西省煤业化工集团公司。

陕国投成立 32 年上市 22 年来,积极发挥信托投融资功能,为大批企业和项目提供了大量信托贷款、信托投资、融资租赁、信用担保、财务顾问、风险投资等优质金融服务,同时推动公司自身得到快速发展,诚信铸就了良好的"陕国投"品牌。近年来,陕国投连续 3 年被陕西省政府评为"优秀金融机构";连续被陕西省国资委考核评比为 A 级省属企业;连续 5 年被评为"中国最具区域影响力信托公司";被评为"西安市著名商标"、"陕西省著名商标"、"陕西省重合同守信誉企业"、"省级纳税等级 A 级纳税人";公司有多款信托产品被授予创新奖。

信托业务

信托业务:融资类信托业务、权益投资类信托业务、资产管理类信托业务

(1)融资类信托业务

陕国投将信托资金按委托人(或信托计划中)指定的对象、用途、金额等或代为指定用途发放贷款,到期收回贷款本息,向受益人(即委托人)交付本金及收益。陕国投主要承担融资项目筛选、尽职调查、风险评估、交易结构设计、风险控制和贷后管理等职责。

矿产能源企业融资信托业务

陕国投关注矿产能源领域资源整合及产业升级,适时推

出面向煤炭、石油、天然气等矿产能源领域的信托计划，通过质押融资、股权投资等运作方式，将信托资金运用于矿产能源项目的生产建设、资源储备、并购整合，支持矿产能源企业转型升级，为高端投资者提供参与该领域整合、重组的机会。

近年来，公司持续支持陕北能源化工产业发展，积极推动陕北煤炭能源产业结构调整，2013 年，仅公司投资银行部为陕北能源企业和项目提供投融资服务达 50 亿元。

基础设施融资信托业务

陕国投接受投资者委托，将信托资金通过贷款、权益投资等方式用于大型公共基础设施项目，包括市政工程、公共设施、水务系统、道路交通或者能源通信等基础设施项目的开发建设，为投资者提供安全稳定的投资收益。

在对基础设施投融资业务深入调研的基础上，陕国投不断完善项目交易结构设计，加强后期运作管理，在该领域积累了较多投资经验。近年来，持续为地方基础设施建设提供投融资服务，先后为西咸新区组团、西安曲江临潼管委会、浐灞土储、西投控股、榆林城投等一批基础设施建设主体和项目提供投融资服务 200 多亿元。

文化产业融资信托业务

陕国投积极响应国家文化产业政策，在保证投资人利益最大化和信托财产安全的基础上，探索多元化融资方式，投资旅游景点、艺术品、文化产权等文化产业领域，助力文化产业发展。近年来，公司为省内重点文化旅游产业项目、景区配套设施建设等文化相关产业提供融资服务 30 多亿元，有力促进了秦岭北麓文化旅游休闲产业带的发展。

银信合作业务

陕国投充分发挥信托产品设计和运营管理的专业优势，与商业银行或非银行金融机构合作，通过发放信托贷款、转让信贷资产、投资各类收益权和证券市场产品等方式运作信托资金，为银行提供多功能综合性服务，为金融市场提供多样化系列投资理财产品，为委托人提供良好信托报酬。

2013 年，陕国投与国开行、工商银行、建设银行、中国银行、农业银行、邮储银行、光大银行、兴业银行、中信银行、浦发银行等 20 多家金融机构合作关系不断深化，为一大批企业和项目提供融资支持 368.74 亿元。

房地产信托业务

陕国投作为受托人，将信托资金通过贷款和投资的方式用于房地产项目，为投资人获取收益，先后推出房地产开发贷款信托、物业财产信托、物业受益权信托、房地产股权投资信托、房地产基金投资信托等产品，丰富的产品线满足了客户多样化投融资需求。

其中，公司信托三部积极发挥其在房地产信托投融资方面的特长，为阳光城集团、天朗地产、雅荷地产、恒天地产、丽彩集团等十余家房地产开发企业提供投融资服务近 20 亿元。项目投融资标的包括普通住宅、别墅、公寓、写字楼、酒店、商业综合体、保障房及城中村改造等多种业态形式。

工商企业融资信托

陕国投针对工商企业的发展特点和融资需求，以创新、灵活的产品设计及严密的风险控制措施，通过贷款、投资、资产证券化等多种形式运作信托资金，为工商企业提供投融资服务。同时，公司积极探索与商业银行、保险公司等多方合作，搭建高效、低风险的全新融资平台，为中小企业拓宽融资渠道。

近年来，公司为运输业、装备制造业、采掘业、房地产业等一大批工商企业提供了信托资金近百亿元。

(2)权益投资类信托业务

对于发展前景良好、具有一定经营规模和稳定现金流的各类企业，陕国投可以通过信托贷款、股权受益权融资、股权投资、并购融资、受托股权管理、财务顾问等形式为其提供一系列金融服务，以现金分红、上市(IPO)、溢价回购、股权转让和信托服务费等形式获取投资回报。

(3)资产管理类信托业务

证券投资信托

陕国投将多个委托人的资金集合起来，形成具有一定规模和实力的资金组合，投资于证券投资基金、股票、权证、公开发行的新股、上市国债、企业债等，为投资者(委托人也即受益人)获取投资收益。

近年来，陕国投逐步搭建起了强大的证券交易平台，组建了专业化的投资团队，先后推出了开放式证券信托(阳光私募)、结构式证券信托、组合证券投资信托、信托组合基金(TOF)、开放式债券信托、伞型结构化信托等，证券投资信托业务迅猛发展，在北京设立了证券业务总部。2013 年底公司管理证券资产规模余额达到 445 亿元，在创新能力、规范管理、优质服务等方面表现突出，获得诸多行业殊荣，形成了一批品牌产品，行业影响力逐步提升。“陕国投 · 定向增发系列产品”荣获“诚信托—价值信托产品奖”。

银行理财信托公司与 20 余家银行深度合作，充分利用信托的制度优势和信托的投资渠道优势，推出了一系列中短期理财产品，全面投资于新股、股票、基金、债券、信贷资产和股权等。

不良资产处置信托公司充分利用信托的投融资优势和灵活创新的特征，以资产证券化理念，通过结构化的产品设计，开发出了多个具有特色的不良资产处理信托产品。

自有资产业务

资金融通业务

陕国投自有资金活跃在资本市场、货币市场、信贷资产流通市场等各类金融产品投资领域，长、中、短期投资相结合灵活运用资金，取得了较为理想的投资收益。

金融股权投资

股权投资业务是陕国投固有资产长期配置的重点领域，在支持信托主业发展和为公司各项业务提供持续稳定现金流方面扮演重要角色。长期以来，陕国投通过对行业结构、期限、规模的动态调整和优化，积极把握金融、基建、能源和房地产等领域孕育的投资机会，开展具有战略意义的金融股权或与信托主业联动的实业股权投资，从客户、渠道和项目资源等方面为信托主业提供有力支持，同时获得长期稳定的投资回报。

目前公司持有永安保险、西部证券、长安银行等金融股权。

地址：陕西省西安市高新区科技路 50 号金桥国际广场
C 座 24 层
电话：029 - 81870266　88897633
传真：029 - 88851989
网址：www. siti. com. cn

上海爱建信托有限责任公司

公司概况

上海爱建信托有限责任公司(以下简称“爱建信托”)是由上海爱建股份有限公司投资组建，经中国人民银行及国家外汇管理局批准成立的专业信托金融机构。爱建信托创建于 1986 年 8 月,前身为上海爱建金融信托投资公司,是全国首家民营非银行金融机构,注册资本金人民币 10 亿元。2001 年 12 月,爱建信托获中国人民银行批准重新登记。2012 年 4 月,爱建信托获中国银监会批准换领新金融许可证。2012 年 5 月,公司名称变更为上海爱建信托有限责任公司。2012 年 6 月,爱建信托注册资本金增至人民币 30 亿元。

爱建信托业务范围涵盖:资金信托;动产信托;不动产信托;有价证券信托;其他财产或财产权信托;作为投资基金或者基金管理公司的发起人从事投资基金业务;经营企业资产的重组、购并及项目融资、公司理财、财务顾问等业务;受托经营国务院有关部门批准的证券承销业务;办理居间、咨询、资信调查等业务;代保管及保管箱业务;以存放同业、拆放同业、贷款、租赁、投资方式运用固有财产;以固有财产为他人提供担保;从事同业拆借;法律法规规定或中国银行业监督管理委员会批准的其他业务。

爱建信托自成立以来,一直发扬“爱国建设”的精神,坚持“稳中求进”的理念,诚信经营,开拓创新,为国家尤其是为上海的许多重大项目提供了大量的金融服务,取得了较好的社会效益和经济效益。爱建信托连续多年被评为全国 500 家最大的服务性企业;多次被评为上海市级文明单位;成功推出全国第一个规范资金信托计划——上海外环隧道项目资金信托计划,被誉为“信托业立春”的标志性事件;2013 年被有关媒体评为“2013 年度最具成长性信托公司”、“第七届‘诚信托’投资回报奖”、“第六届中国资产管理‘金贝奖’最具发展潜力信托公司。

爱建信托充分发挥信托制度综合理财优势,在有效防范风险的基础上,积极开拓信托本源业务,资金信托业务、投资银行业务、资产信托业务,取得了快速的发展,通过有效发挥自身专业理财能力和经营优势,得到了广大客户的认可。爱建信托将继续秉承“受人之托、代人理财”的信托宗旨,创新发展业务,切实加强全面风险管理,不断提高核心竞争力,将公司打造成资本充足、信誉良好、经营稳健、勇于创新的资产集成商和财富管理者。

业务介绍

房地产信托业务

房地产信托业务是爱建信托的核心业务。公司组建了专业化总部,由资深房地产投资专家、房地产实务操作经验丰富的骨干等组成,具有丰富的房地产实务操作、金融、投资、法律等专业经验。与国内优质房地产开发企业、大型投资机构合作,筛选优质项目,采用纯债权融资、并购融资、夹层融资、股权投资、基金投资、投资顾问等业务形式,为投资者提供“风险可控、期限适度、回报稳健”的信托产品,同时也满足了企业不同的融资需求。

金融机构合作业务

在当前泛资产管理的时代背景下,爱建信托与银行、保险、证券、资产管理公司、基金子公司以及四大专业资产管理公司等机构已达成紧密合作关系。公司的金融机构合作业务以其专业化、高效率、高质量获得了机构的广泛认可,目前已就银信合作、信托受益权买入返售、资产管理计划定向信托、银行代理信托资金收付、信贷资产证券化、银行托管等业务与各股份制商业银行等机构形成了合作关系。

基础设施信托业务

基础设施信托业务是爱建信托传统业务的重要构成部分。自成立以来,爱建信托坚持探索,不断创新,于 2002 年成功推出了全国第一个规范的资金信托计划——上海外环隧道项目资金信托计划,被誉为“信托业立春“的标志性事件。近年来,爱建信托已多次成功将资金投放于多个公共基础设施项目(如市政工程、公共设施、水务系统、道路交通或者能源通信等),成功案例如:吴江开发区一体化项目信托贷款集合资金信托计划、常州交通应收账款集合资金信托计划、长兴经济技术开发总公司应收账款集合资金信托计划、常州城建集团应收帐款融资集合资金信托计划、南京新城应收债权融资集合资金信托计划等。

证券信托业务

爱建信托立足于货币市场、资本市场及实业领域,充分发挥信托制度优势,积极发展证券信托业务。爱建信托通过创设证券信托产品,募集资金,投向证券市场及金融产品领域,为投资者提供专业的理财服务。证券信托产品的投资范围包括股票、债券、基金、银行理财产品、券商及基金资管产品、信托产品等证券及金融产品。

固定收益产品投资业务

爱建信托固定收益业务主要包括公司固有资金和相关产品在固定收益领域的投资和流动性管理工作,同时为客户参与利率产品、信用产品、资产证券化产品、结构性产品等金融工具提供销售交易和做市服务。投资范围主要包括存款、回购、国债、金融债、短期融资券、中期票据、企业债、公司债、资产证券化产品、货币基金、债券型基金等经监管机构批准、备案或认可的固定收益类金融工具,投资场所横跨银行间市场和交易所市场,基本做到了固定收益全产品和全市场的覆盖。

地址:上海市徐汇区零陵路 599 号(爱建城 7 号楼)

电话:021 - 64396600

邮编:200030

邮箱:ajmail - 1@ ajfc. com. cn

上海国际信托投资有限公司

公司历史沿革

上海国际信托有限公司(以下简称“公司”)是上海国际集团有限公司控股的非银行金融机构。公司 1981 年由上海市财政局出资人民币 2,000 万元发起成立,原名“上海市投资信托公司”,1983 年取得“经营金融业务许可证”。经上海市财政局数次追加投资,1989 年公司注册资本金增至人民币 7.75 亿元。1992 年公司实行股权结构多元化改制,新增上海久事公司等 3 家股东,注册资本金增至人民币 12 亿元。1993 年公司增资扩股,新增申能股份有限公司等 10 家股东,注册资本金增至人民币 15 亿元,并更名为“上海国际信托投资公司”。1996 年公司再次增资,注册资本金增至人民币 20 亿元。2000 年上海国际集团有限公司成立,公司股东上海市财政局变更为上海国际集团有限公司。2001 年公司经中国人民银行核准首批获得重新登记,更名为“上海国际信托投资有限公司”,注册资本金人民币 25 亿元,股东增至 13 家。2007 年 7 月,按照信托新规要求,经中国银监会批准更名为“上海国际信托有限公司”,并换发了新的金融许可证。

公司成立以来,始终坚持稳健经营、创新发展,在市场上树立了良好的品牌形象,综合实力居全国信托公司前列。公司曾被国务院指定为全国对外融资十大窗口之一;获地方金融机构最高信用评级(穆迪 Baa2、标普 BBB -);被指定为非银行金融机构首家合规试点单位；被推举为中国会计学会信托分会会长单位；发起设立中国第一家信托登记机构——上海信托登记中心，并被推选为理事长单位；被一致推选为中国信托业协会常务理事和副会长单位。近年来，公司先后荣获权威媒体评选的多项行业大奖；公司资产配置、QDII、新一代信息系统、ABS 等项目先后获得上海市政府金融创新奖（均为入围的唯一信托公司）。公司财富中心荣获上海金融系统五星级“优质服务网点”称号；公司还荣获“上海市文明单位”称号，获得行业内外的广泛好评。

公司长期致力于产品创新，较早获得资产证券化、代客境外理财（QDII）业务受托人资格，并在全国率先推出“优先劣后”受益权结构性信托产品，在证券投资、不动产和股权投资等领域逐渐形成产品特色。近年来，公司加大创新力度，相继推出业内首个伞形配置自主管理信托产品、首个自主管理的 PIPE 基金、首个另类投资信托产品“香花石”艺术品投资信托、首个 QDII 产品及海外投资集合资金信托计划，并推出新虹桥健康产业股权投资信托、个人汽车抵押贷款支持证券的资产证券化业务，信托主业和创新业务得到快速健康发展。2014 年，公司继续加快业务转型，增强主动管理能力，在资产证券化、基金化业务转型、家族财富管理、医疗健康行业股权投资、信托产品标准化发展、公益信托等方面均取得重要突破，进一步满足了客户多样化、差异化的投资需求。

公司经营的主要业务及品种

公司经营的主要业务为信托业务和自营业务。

信托业务

信托业务主要品种包括：(1)金融产品配置组合类信托。以高端客户的财富管理需求为出发点，凭借强大的投资管理能力和专业的资产配置能力，将投资者的资金在多种金融工具间进行组合投资，为投资者获取稳定安全的投资收益。(2)不动产金融类信托。选择房地产行业的优秀企业和优质项目，采用灵活多样的业务手段设计“风险适度、期限灵活、回报丰厚”的信托产品，让投资者分享房地产行业的成长收益。(3)证券投资类信托。汇聚全新产品设计理念和技术，投资于股票、基金及债券等金融产品，综合采用结构化设计、聘请投资顾问、应用 CPPI 投资策略与数量投资工具等多种方式，开创投资者在风险市场上获取稳定收益的业务新模式。(4)股权信托及并购信托。对于优质的成长性企业，通过股权受益权融资、股权投资、并购融资、受托股权管理、财务顾问等形式提供全面金融服务。(5)债权投资类信托。公司将募集的信托资金运用于购买各种债权，主要包括银行信贷资产、各类依法合规的受益权以及优秀工商企业的应收账款等，通过回收本息或转让等方式兑现信托财产，实现信托收益。(6)公司及项目金融类信托。通过信托贷款、债权融资以及股权投资等方式，协助优秀企业获取融资，推动基础设施类项目顺利开展。(7)国际理财类信托。以大类资产配置为基础理念，与境外金融机构开展深度合作，捕捉海外市场投资机遇，采用结构性票据、指数投资、各类现货和期货投资、外币贷款等灵活运用方式，实现投资者财富增值。(8)另类投资信托。运用结构化设计，有效结合金融资本与实业经济，将公司专业化投资优势和外部投资顾问专业能力相结合，投资于包括酒类、艺术品、茶类、古董以及贵金属在内的非传统投资领域，满足高净值财富群体的投资期望和艺术文化消费。(9)养老保障、福利计划等信托服务。利用公司在信托服务领域积累的宝贵经验，根据企业员工在养老保障、福利提升、激励促进等方面的具体要求，为企业员工量身定制持续优质的资产管理服务，实现企业改革发展及员工福利改善的有机结合。(10)资产证券化信托服务。充分利用信托公司资源配置、破产隔离的制度优势，充当各类资产证券化项目的资产受托机构，搭建协同平台，探索国内资产证券化的新路径和新模式，为各类优质资产提供流动性。(11)财产权信托服务。公司接受委托人的委托，将其合法拥有并且交付给公司的财产权设立财产权信托，依据信托文件的约定忠实履行受托人职责，为受益人利益或特定目的，管理或处分该财产权。(12)家族信托业务。公司接受委托，按照委托人的意愿，对家族资产进行管理和处分，提供包括现金流规划、投资规划、风险管理、税务安排、利益协同、传承安排等一系列定制化的服务。

自营业务

自营业务主要包括：(1)固定收益业务。以确保资金的安全性和资产的流动性为原则，通过对固定收益市场和相关投资品种的深入研究，根据市场环境的变化动态调整和优化资产配置结构，构建稳健的投资组合，获取固定收益。目前，固定收益业务主要包括货币市场投资和债券市场投资。(2)股权投资业务。通过对股权投资结构、期限、规模的动态调整和优化，把握各类行业领域孕育的投资机会，开展具有战略意义的金融股权投资或与信托主业联动的直接股权投资，从客户资源、渠道资源、项目资源等方面为信托主业提供有力支持，同时获得长期稳定的投资收益。(3)证券投资业务。追求适度风险条件下的绝对收益最大化，坚持稳健投资的原则，注重对宏观经济动向、重点行业发展趋势和相关个股的深入分析。公司已建立了专业化的证券投资管理团队，锤炼了与公司经营风格相适应的投资理念，形成了科学严谨的投资决策体系，提升了证券投资的主动管理能力和投资收益水平。

地址：上海市天津路 155 号名人商业大厦 21－22 楼

邮编：200001

电话：021－23131111

网址：www.shanghaitrust.com

信托服务专线：021－962583

四川信托有限公司

公司概况

四川信托有限公司（简称“四川信托”）经中国银监会批准、四川省工商行政管理局登记注册，于 2010 年 11 月 28 日正式成立。公司注册资本 25 亿元人民币，以西部金融中心——成都为大本营，服务遍及西部、华北、华东、华南等片区，积极开辟周边省份、城市的信托业务，经营触角延伸至全国各地。

开业以来，四川信托始终坚持以市场为导向、以风险控制为核心、以稳健业务发展为基础、以创新业务探索为动力，实现了受益人、股东、合作伙伴、员工和企业共同进步、和谐发展，先后获得“诚信托·行业新秀奖”、“成长优势奖”、“年度最佳财富管理品牌”、“年度最佳信托公司”、“年度卓越竞争力综合服务信托公司”、“中国最具成长性信托公司”、“年度最具竞争力信托公司”等殊荣。

四川信托以“机制与管理并行，风险与发展并重，合规与拓展并存，创新与监管相融”为指导思想，秉承“川汇沧海，信达天下”的企业文化，恪守“实现受益人利益最大化，为股东创造财富，为社会做出贡献，为员工创造价值”的经营宗旨，稳健开展信托业务，准确把握市场规律，持续深化学习创新。截至2014年末,公司管理资产规模突破2600亿元,各项风险控制指标均达到银监会关于信托公司净资本管理的要求。

展望未来,四川信托将继续坚持“风险第一、效益第二”的经营理念和“竞争中求发展,创新中求卓越”的企业精神,立足四川、面向全国,力争五年内在公司治理机制、业务经营、资产管理、队伍建设、风险控制、开拓创新、市场品牌等各方面成为业内领先的信托公司,精心打造富有川信特色的信托模式,走出一条市场化经营金融企业的成功之路。

信托业务创新成果和特色业务有关情况

公司以研发部为核心,全员参与行业和产品研发工作,推动了公司业务转型和创新。2014年,公司根据政策及监管导向,以合规管理为基础,重点研究新常态下金融同业合作、新型房地产业务、证券投资信托业务等业务发展方向,积极探索家族财富管理、资产证券化、消费信托、互联网金融等新型业务模式,不断丰富公司信托产品种类,带动公司资产管理能力和信托收入的双重提高。研发部组织参与了多项创新业务课题的研究,发布了《影视剧产业信托可能性探索》、《关于农村土地流转信托盈利模式的思考》、《转型背景下家族信托业务发展建议》、《消费信托业务模式分析》等13期研发报告,报告内容覆盖了创新产品、实务指引与行业理论研究三大领域,推动公司业务创新升级。理论的研究要切实落实到业务发展中,研发力量必须要转化为生产力。在2014年,四川信托陆续推出了嘉盛置业股权投资1号集合资金信托计划、锦绣前程专属财富账户系列单一资金信托计划、中国信托业·公益慈善定向捐赠信托计划等多项创新产品。另外,四川信托特别结合四川属地文化和公司文化,推出了“锦绣财富品牌”,致力于打造最专业的财富管理和金融咨询服务平台;以市场行情为基石,重点发力资本市场业务,为业务的转型升级进行了多项有益尝试和积极探索。

公司荣誉

2015年6月,在《上海证券报》主办的2015中国信托业峰会暨第九届中国诚信托奖颁奖典礼中,荣获诚信托·投资回报奖。

2015年6月,在《证券时报》主办的2015中国信托业峰会暨第八届中国优秀信托公司颁奖典礼中,荣获中国优秀信托公司奖。

2015年9月,在《每日经济新闻》主办的高端财富管理创新论坛上,荣获2015高端理财实力榜之信托行业产品创新奖。

2015年11月,在《每日经济新闻》、《成都商报》联合举办的2015中国(成都)金融理财节中,荣获年度最佳信托公司奖,及年度最佳财富管理金融机构奖。

2015年11月,荣获由四川省企业联合会及四川省企业家协会联合授予的2015年度四川企业100强及2015年度四川服务业企业100强企业称号。

2015年12月,在《经济观察报》主办的2014－2015年度中国卓越金融奖评选中,荣获2015年度卓越财富管理信托公司奖。

2015年12月,荣获由四川省财政厅授予的全国其他类金融企业绩效评价AAA级企业称号。

地址:四川省成都市人民南路二段18号川信大厦9楼
邮编:610016
电话:028－86200288
传真:028－86200678

苏州信托有限公司

公司概况

苏州信托有限公司(以下简称“苏州信托”)是经中国银行业监督管理委员会批准设立的具有独立法人资格的非银行金融机构。其前身是苏州市信托投资公司,最早于1991年4月经中国人民银行批准设立。2002年重新注册登记。

2008年5月20日,苏州信托获中国银行业监督管理委员会批复,引进联想控股和苏格兰皇家银行(RBS)为其战略投资人,注册资本金增至5.9亿元人民币。并且在公司治理、风险管理和项目合作等方面获得了全球性经验和资源支持。2012年,完成二次增资,注册资本金增至12亿元人民币。

苏州信托秉承“受人之托,代人理财”的宗旨,以“独具特色的财富受托人”为愿景,紧紧抓住苏州经济高平台快速发展的良好机遇,为苏州城市建设提供优质的金融支持,为客户提供特色化的信托产品和综合的理财服务。

2015年,苏州信托实现利润总额7.02亿元,全面完成年度各项经营指标。我们积极适应经济发展新常态,推动业务创新和转型发展,抓住了行业机遇,顶住了市场压力,信托主业取得了可喜的成绩,全年新增信托项目137个,新增信托规模471亿元,管理的信托财产总规模870亿元。于此同时,公司所有信托计划均正常运营,并按合同约定兑付了所有信托产品。全年实现受益人收益79.48亿元,受益人加权平均实际收益率8.11%。

回首2015,我们的进步是有目共睹的,我们得到了地方政府、股东单位、公司董事会、监管部门、金融同业,以及委托人等社会各界的认可。公司的品牌影响力和行业地位不断提高。我们在《证券时报》主办的第八届优秀信托公司评选中荣获了“中国最具区域影响力信托公司”奖项;在“财富苏州·首届互联网+金融创新大赛”中获评“服务创新奖”;在中央国债登记结算有限责任公司举行的2015年度债券市场优秀成员评选中获评“优秀发行人”。

股东介绍

苏州国际发展集团有限公司

苏州国际发展集团有限公司成立于1995年8月,是经省市政府批准的国有资产授权经营主体,2003年重组为以金融为主业的国有控股集团公司。苏州国际发展集团有限公司(简称国发集团)是一家以金融与投资为主业的国有资产授权经营控股集团公司,具有国有资产管理、金融投资、资本运作三大功能,同时也是东吴证券有限责任公司、苏州信托有限公司、苏州国发中小企业担保投资有限公司、苏州营财投资集团公司等金融及相关企业的主要股东,此外还参股投资了江苏银行等多家金融机构。2007年末公司总资产30亿元,净资产21亿元,净利润6.9亿元。

苏格兰皇家银行

苏格兰皇家银行集团通过其全资子公司苏格兰皇家银行公众有限公司入股苏州信托有限公司。苏格兰皇家银行集团是全球最大的银行和金融服务集团之一,2007年底市值为444亿英镑。苏格兰皇家银行集团总部设在英国爱丁堡,在欧洲、美洲、亚洲、中东等50多个国家设有分支机构,雇员超过17万人,为4000多万客户提供服务。集团拥有极其广泛且多元化的客户资源,包括个人客户、商业客户、大型企业和机构客户等,并为他们提供全面的金融产品和服务。集团品牌包括苏格兰皇家银行,国民西敏寺银行(NatWest),公民金融集团（Citizens Financial Group），Ulster 银行以及顾资银行（Coutts）等。2007 年 10 月，苏格兰皇家银行与比利时富通银行（Fortis）和西班牙国际银行（Santander）所组成的银行财团收购了荷兰银行（ABN AMRO）。

目前，苏格兰皇家银行在中国上海和北京两地设有分行，为大型企业和金融机构客户提供债务融资、风险管理和交易银行服务等。苏格兰皇家银行还是中国银行的战略投资者。

联想控股有限公司

联想控股有限公司（Legend Holdings Ltd.，简称"联想控股"）1984 年由中科院计算所投资 20 万元人民币，11 名科研人员创立。2007 年，联想控股综合营业额 1466 亿元人民币，总资产 681.57 亿元人民币，历年累计上缴税收 104.8 亿元人民币，员工总数超过 3 万人。

作为一家战略驱动的投资控股公司，联想控股采用母子公司治理结构，初步形成了涉及 IT、投资、地产等三大行业，联想集团、神州数码、联想投资、融科智地、弘毅投资五大业务单元的非相关多元化经营格局，同时紧紧抓住发展机遇，积极探索新的产业发展方向。联想控股行使定方向、选人才、配资源、监督考核的职能，为各专业子公司提供资金、品牌、管理、文化等方面的有力支持，推动子公司成为所在行业的领先企业。

经过二十年努力，公司走出了一条有中国特色的高科技产业化道路；成功实施了国有股份制改造，建立起现代企业制度；立足中国本土市场，在和国外企业竞争中初战告捷，促进了民族 IT 产业的发展；学习西方成功企业的管理经验，结合中国实际，提炼出具有联想特色的企业管理理念，并成为核心竞争力。

地址：苏州工业园区苏雅路 308 号信投大厦

传真：0512－65293751

邮编：215021

理财电话：086－0512－65209888

客服邮箱：service@ trustsz. com

电子邮件：szxt@ trustsz. com

西部信托有限公司

公司概况

西部信托有限公司成立于 2002 年 7 月，是由原陕西信托投资有限公司和陕西省西北信托投资有限公司合并重组成立。

西部信托为国有控股的有限责任公司，属非银行金融机构，业务经营受中国银行业监督管理委员会陕西监管局的监管指导。现注册资本金 6.2 亿元人民币，公司董事长徐朝晖女士。

公司具有完善的法人治理结构。股东会为最高权力机构，董事会和监事会各行其职，聘请了金融财经界知名人士担任独立董事，选举了职工董事、监事，严格按照《公司法》、《公司章程》开展工作，董事会下设五个专门委员会及公司层面的固有业务、信托业务分析论证等专业委员会，各司其职，审慎开展业务。公司内控机制健全，一百多项规章制度有效地保障各项工作的运转畅行；公司设有 12 个业务部门、9 个综合职能部门，有机协调，相互配合，公司实行全员劳动合同聘用制，员工绝大多数都多年从事信托或金融业务，具备丰富的专业理论知识和较强的业务实践能力。

公司励精图治、一直致力于成为真正的"受人之托，代人理财"的规范信托机构。长期以来坚持稳健经营、持续发展和科学化、专业化管理，准确把握宏观经济运行的发展规律和市场形势，在资金信托、项目投、融资及资产重组等领域具有丰富的专业经验，信誉、服务和经营业绩深得社会各界赞誉。

截止 2015 年末，公司资产总额 120.64 亿元，管理信托资产逾 1020 亿元，各项收入 11.9 亿元，实现税前利润 9.61 亿元。

经营情况

（一）信托业务取得了长足发展

自 2002 年重新登记以来，经过艰难的创业，公司已基本确立了以集合资金信托业务为主营业务的经营模式，成效显著。12 年来，公司累计发行了数百个集合信托项目，形成了以能源、电力、重化工、钢铁、水泥、房地产等基础建设为依托的信托业务领域，信托拓展方面不仅遍及陕西各个地区，而且业务触角已深入到华东、华南、东北、西北等地区，有力地支持了国家重点项目的建设，管理的信托计划均按期兑付，使投资者得到了丰厚的回报。公司凭借优质、诚信的金融服务搭建起产业资本和金融资本有机结合的中介桥梁，铸就了"西部信托"的良好品牌。

（二）自有资产质量和效益不断提高

在信托业务发展壮大的同时，公司的自有资产质量不断得到改善，自有资金运作效益和投资项目收益稳步增长，为公司经营业绩的提高起到了显著的作用。

主要成就

2005 年末，由陕西省工业经济联合会、商业联合会、社会科学界联合会、华商报社共同举办的"和谐陕西，管理力量——第二届陕西经济推动力总评榜"活动中，西部信托投资有限公司被评为"2005 年陕西十大优秀管理企业"，时任董事长倪正先生被评为"2005 陕西十大经济风云人物"。2008 年 9 月，陕西省人民政府在《关于表彰支持陕西地方经济成绩显著的金融机构的通报》（陕政办发〔2008〕24 号）中，西部信托有限公司被列为受到表彰通报的金融机构之一。

公司发起设立的"瑞和西信房地产投资基金"荣获精瑞科学技术奖（2012 年第 9 届）投融资创新奖。

公司荣获第八届上海证券报中国"诚信托"投资回报奖，体现投资者所获实际收益率的指标——"已经清算的集合类信托产品加权平均实际年化收益率"一直稳定在 7% 以上，2013 年度达到了 12.95%，在 68 家信托公司中排名第一位。

陕西省"守合同、重信用"单位

陕西省著名商标

西安市著名商标

地址：西安市东新街 232 号

邮编：710004

电话：400－887－1025

传真：029－87406300

网址：http://www. wti－xa. com

厦门国际信托有限公司

公司简介：

厦门国际信托有限公司（以下简称"公司"）系经中国银行业监督管理委员会批准设立的具有法人资格的国有非银行金融机构，注册资本 23 亿元人民币（其中外汇资本金 1500 万美元）。公司是资产管理服务的专业化提供商。

公司前身厦门国际信托投资公司是由厦门市财政局下属

的厦门经济特区财务公司组建而成，成立于 1985 年 1 月，已稳健成长了 30 年。多年来，公司一方面致力于与各级政府合作、与地方经济实体互动、与战略伙伴实现共赢、与全国市场对接，成功为厦门及周边地市的经济发展筹集到数百亿的资金。另一方面，公司通过资金信托、财产信托、受益权转让信托、财富管理信托、资产证券化信托等手段，以专业化的理财和资产管理能力为委托人提供完整的、个性化的资产管理解决方案，包括财产安全、财产保值增值、财产传承等各类重大资产管理需求。

发展愿景：成为值得信赖的财富管理人"

公司使命："诚信服务社会、有效回报股东、实现员工价值"

经营宗旨："稳健经营、诚实信用、开拓创新、有效回报"，即以稳健经营为前提，以诚实信用为根本，以开拓创新为动力，以有效回报为目标。

社会责任：

2013 年，公司依照"诚信服务社会、有效回报股东、实现员工价值"的企业使命，诚实守信，合规经营，依法纳税，维护受益人的利益。严格按照《信托公司社会责任公约》的约定，积极维护信托业市场竞争秩序、行业声誉和良好社会形象。厦门国际信托强调公益慈善活动的"可持续性"与"专项性"相结合。将"金融知识进万家"、"送金融知识进社区"、和谐邻里节"和公交公益宣传作为"可持续性"公益慈善活动"的重点；将公益捐赠列为"专项性"的突破。同时，不忘持续推进员工履行社会责任，积极组织员工参与绿化植树、无偿献血等各类活动；关注儿童成长，赴厦门翔安同心儿童院（孤儿院）慰问。此外，2013 年，厦门国际信托积极参与中国信托业协会组织的公益信托等公益研究，努力履行作为一名企业公民所应承担的社会责任。

为响应中国银监会、中国信托业协会、厦门银监局、厦门银行业协会等机构号召，将我司保护消费者权益的制度举措落到实处，积极履行普及金融知识、提升民众金融风险意识、关爱儿童成长的社会责任，2014 年 6 月 1 日至 2 日，我司员工志愿者参与由龙岩市青少年宫举办的"红领巾相约中国梦"欢庆"六一"国际儿童节暨首届龙岩市青少年宫快乐文化节活动。

本次活动地点为龙岩市市中心青少年宫，活动内容主要为六一节目汇演和由各参展商与少年宫共同组织的游园活动。为最大化达到"关爱儿童成长、履行社会责任"的目标，我司员工志愿者为孩子们和家长们准备了不同类型的活动。

寻找蓝海，爱在深秋

为培育公司客户群对资本市场的投资意识和风险意识，2015 年 10 月 11 日上午，在厦门国际金融管理学院的支持下，公司与旗下控股的圆信永丰基金管理有限公司合办的"寻找蓝海，爱在深秋"圆信永丰股票型基金投资策略报告会在国际金融中心 48 楼会议厅举行，会议共邀请到百余位来宾到场。

报告会由圆信永丰基金首席投资官——洪流先生主讲，洪流先生不仅为来宾分析了多种投资理财渠道的现状，还通过研判时下股市行情，分享低位横盘下的投资策略，为投资者提出了财富增值的建议。洪流先生还分析了宏观经济的走向及经济政策的影响，进而指出当前的股市机会大于风险，投资者可以关注有良好发展前景的蓝海行业，如保险、医疗技术、定制家居、互联网等新兴行业，以期获得最大限度的财富增值。报告会最后来宾们纷纷提问，与主讲人探讨投资理财中遇到的疑惑，现场气氛热烈，整场报告会深入简出，紧跟投资热点，充分揭示投资理财中的潜在风险，得到来宾们一致好评。

本次报告会通过专家解读股市投资策略，为公司高净值客户提供了了解前沿金融资讯、与专家面对面沟通交流的平台，也是我司丰富产品链条、布局财富管理市场的有益举措，更增进了公司与高净值客户的沟通互动。

地址：厦门市思明区展鸿路 82 号厦门国际金融中心 39 –42 层

邮编：361008

电话：0592 – 5311981　0592 – 5311983

传真：0592 – 5311906

邮箱：bgs@ xmitic. com

新华信托股份有限公司

公司概况

新华信托股份有限公司（以下简称"新华信托"）成立于 1979 年，是中国最早成立的信托公司之一。

自成立以来，新华信托经历了银信分离、证信分业、增资扩股、引入海外战略投资者等历程。

2001 年 10 月，新华信托成为首批 5 家通过中国人民银行审批，获准重新登记，取得信托法人机构许可证的信托公司之一。

2009 年 1 月，英国巴克莱银行（Barclays Bank PLC）入股新华信托并持有 19. 50% 的股份，新华信托成为国内首批引入海外知名战略投资者的信托公司。

2012 年，经中国银监会重庆监管局批准，新华信托于 2012 年 12 月，将部分未分配利润转增为注册资本，转增后公司注册资本为 12 亿元。

2015 年，经中国银监会重庆监管局批准，新华信托于 2015 年 7 月，注册资本增加至 42 亿元。

秉承"珍视所托，专业理财"的经营理念，新华信托始终贯彻"信托为本、面向市场、勇于创新"的经营方针，以客户为中心、以市场为导向，锐意进取、开拓创新，在稳健快速的发展中积极探索信托业务发展模式，建立了资产管理业务、综合投行业务、功能信托业务等三大核心业务架构，树立了一流的品牌形象，成长为一家真正具有先进经营管理理念、风格稳健、市场声誉卓著的的优秀信托公司。

大事记：

新华信托经历了经济改革、政策调整的许多风雨，在过去 30 多年间积累了丰富的从业经验。从公司的设立、银信分离、政信分业、增资扩股、战略重组到开展国际合作的全过程中，可以看到中国信托业成长的缩影。

经过中国人民银行对信托业的严格整顿和规范，2001 年新华信托以优良的资产结构、健全的法人治理机制、先进的经营理念，成为中国首批通过审核重新获得信托业经营牌照的公司之一。

1979 年初创，是全国最早的信托投资公司之一。

1998 年由新产业投资股份有限公司收购重组并完成股份制改造。

2001 年增资扩股至 5 亿元人民币，主要股东有新产业投资股份有限公司、大亚湾核电财务有限责任公司及中国诚信证券评估有限公司等机构。

2001 年 10 月，成为首批经中国人民银行总行批准重新登记，获得信托业务经营资格的5家信托公司之一，持有金融许可证（机构编码：K0052H250000001）、企业法人营业执照（注册号：500000400044987）和组织机构代码证（代码：20283005—3）。

2005年2月成为首批公开披露年报的信托投资公司。

2005年5月经重庆银监局批准取得试办异地业务的资格。

2007年9月，按照新的信托投资管理办法规定，经中国银监会的批准，公司名称变更为“新华信托股份有限公司”并重新核定公司经营范围。

2007年12月，公司正式进入全国银行间同业拆借市场从事同业拆借业务。

2009年1月16日，公司正式完成了增资和股份转让工作，引入战略投资者巴克莱银行有限公司，资本金由人民币50,000万元增至人民币62,112万元；股权变更后股东构成、所持股份及持股比例如下：

1. 新产业投资股份有限公司，持446,720,000股，持股比例71.92%；

2. 巴克莱银行有限公司（BarclaysBankPLC）持121,120,000股，持股比例19.50%；

3. 中国诚信信用管理有限公司，持51,220,000股，持股比例8.25%；

4. 中国嘉陵工业股份有限公司（集团），持2,060,000股，持股比例0.33%。

2011年11月14日，经重庆银监局《关于批准新华信托股份有限公司调整股权结构及修改〈公司章程〉等有关事项的批复》（渝银监复〔2011〕133号）核准，中国诚信信用管理有限公司将其所持公司的8.25%股份转让给中诚信投资有限公司，相关工商变更手续于12月19日办理完成。此次调整后，公司的股权结构如下：

1. 新产业投资股份有限公司，持446,720,000股，持股比例71.92%；

2. 巴克莱银行有限公司（Barclays Bank PLC）持121,120,000股，持股比例19.50%；

3. 中诚信投资有限公司，持51,220,000股，持股比例8.25%；

4. 中国嘉陵工业股份有限公司（集团），持2,060,000股，持股比例0.33%。

2012年12月10日，公司正式完成了转增注册资本工作，将部分未分配利润转增为注册资本。转增后，公司注册资本120,000.00万元人民币，各股东股份额及股份比例如下：

1. 新产业投资股份有限公司，持863,050,496股，持股比例71.92%；

2. 巴克莱银行有限公司（Barclays Bank PLC），持234,001,600股，持股比例19.50%；

3. 中诚信投资有限公司，持98,977,600股份，持股比例8.25%；

4. 中国嘉陵工业股份有限公司（集团），持3,970,304股，持股比例0.33%。

中国嘉陵工业股份有限公司（集团）2012年11月30日委托重庆联合产权交易所对转让所持公司0.33%股权进行公开挂牌，在挂牌期内，征集到意向受让方新产业投资股份有限公司，重庆联合产权交易所下达了《交易结果通知书》，2012年12月28日，双方签订了《重庆市国有产权转让合同》。该事项已于2013年3月8日经《关于批准新华信托股份有限公司调整公司股权结构的批复》（渝银监复〔2013〕21号）核准。

公司荣誉：

2014年

荣获“2013年度支持重庆经济发展金融贡献优秀奖”。

荣获“2013年度重庆市其他类金融机构综合评价A级”。

荣获“2013年度重庆市独立企业纳税50强”称号。

荣获《上海证券报》第八届中国诚信托奖—2013年度“诚信托”投资回报奖。

荣获《中国证券报》“2013年度金牛集合信托公司奖”。

荣获《证券时报》“2014中国优秀信托公司奖”。

荣获《每日经济新闻》“2014最具影响力信托公司奖”。

荣获《国际金融报》“2014最具竞争力财富管理奖”。

2015年

2014年度重庆市A级纳税企业。

荣获《时代周报》“2015年度整合营销奖”。

荣获《经济观察报》“2014－2015年度卓越风险管理信托公司”。

荣获《每日经济新闻》“2015年度最佳综合实力信托公司”。

社会责任：

基于“兼容并包，崇尚道德，具有道德感和使命感”的公司文化和共同愿景，新华信托秉承“受人之托，代人理财”的信托宗旨，恪尽职守管理信托财产。

在自身发展过程中，新华信托不断深化社会责任意识，践行企业社会责任活动，关心社会环境发展，主动投身民生改善，致力推进财富管理，热心参与公益事业，全心帮助员工成长，勇于承担社会责任。

认真履行受托责任

新华信托一贯秉承“受人之托，专业理财”的专业理念，恪尽职守管理信托财产，履行“诚实、信用、谨慎、有效管理”的受托人义务，通过事前项目甄选、事中严格风险管理和事后按时兑付等措施，争取受益人（委托人）利益最大化。

热心公益事业

新华信托一直坚持将公益事业纳入社会责任管理体系，立足社会、回馈社会是公司坚守的义务和责任。

在公益信托方面，新华积极探索，目前共创建并运营三个准公益项目，用于教育资助以及对地震、洪涝等自然灾害地区进行救灾资助和灾后重建捐助等。

2013年，四川雅安发生7.0级地震，新华信托积极响应中国信托业协会的倡议，捐款80万元。新华信托工会组织员工捐款13.87万元，采取直接定点支援的方式，落实款项。

践行节约环保低碳

一直以来，新华信托对涉嫌环境污染的信托项目、对涉嫌不良社会声誉的信托项目，实行一票否决。积极支持投资于有利于解决经济、环境与社会风险的可持续项目，倡导为生态保护、生态建设和绿色产业融资。

同时，树立节约办公理念，鼓励员工节约能源，对办公能耗进行了有效控制，提倡无纸化办公。

严格履行纳税人职责

严格纳税是企业的法定义务。新华信托一向严格按照国家法律法规要求，积极申报并按期缴纳各种税款。自2008年起，新华信托已4次被评为“A级纳税人”荣誉称号，并获得2012年度重庆市独立企业纳税50强称号，为国家和地方经济社会发展做出积极贡献。

维系员工关爱责任

新华信托一直注重员工关系维护，为员工提供完善的福利及良好的工作环境；注重员工的个人素质提升及职业发展，设立了管理和专业发展双通道，打通了员工职业发展上升空间；同时，注重加强员工交流与培训，培训覆盖总人次逐年递增；鼓励员工进行职业资格、学历学位类教育培训，并依培训管理办法予以奖励支持。

地址：重庆市江北区北城 1 路 6 号

网址：www. nct - china. com

邮箱：sercice@ nct - china. com

客服热线：400 - 622 - 3333

兴业国际信托有限公司

公司简介：

兴业国际信托有限公司成立于 2003 年 3 月，注册地为福建省福州市，现有注册资本为人民币 50 亿元，是经国务院同意以及中国银行业监督管理委员会批准设立的我国第三家银行系信托公司，也是我国第一批引进境外战略投资者的信托公司。兴业国际信托有限公司现有股东中既有中资主流商业银行及大型国有企业，又有国际知名外资银行。

兴业国际信托有限公司紧紧围绕建设"综合性、多元化、有特色的全国一流信托公司"的战略目标，坚持依法经营、稳健经营，不断夯实业务基础和客户基础，着力提升业务发展和创新能力，致力于成为国内优秀的综合信托金融服务提供商。截至 2015 年末（合并口径，未经审计），兴业国际信托有限公司管理的资产规模达 10460.27 亿元，是我国最大型的信托公司之一。

按照建设全国一流信托公司的战略定位，目前兴业国际信托有限公司已在全国主要省、区、市计划单列市设立了 34 个业务和客户服务网络，实现了全国化经营与服务。同时，兴业国际信托有限公司全资拥有兴业国信资产管理有限公司，控股兴业期货有限公司，并参股兴业经济研究咨询股份有限公司、重庆机电控股集团财务有限公司、紫金矿业集团财务有限公司、华福证券有限责任公司。在全国优秀信托公司评选活动中，兴业国际信托有限公司先后荣获"中国优秀信托公司"、"卓越信托公司"、"信托行业杰出品牌奖"、"最佳行业影响力信托公司"、"信托行业风险管理奖"等多项荣誉。

公司荣誉：

2015 年 12 月，荣获金融界 2015"领航中国"评选的"2015 年度信托行业杰出品牌奖"和"2015 年度信托行业风险管理奖"。

2015 年 12 月，荣获 2015 第一财经金融价值榜（CFV）评选的"2015 年度最佳行业影响力信托公司"；杨华辉董事长荣获"2015 年度信托领军人"。

2015 年 6 月，"兴元 2014 年第二期绿色金融信贷资产证券化信托项目"荣获《证券时报》评选的"2015 年度最佳绿色信托计划"；林静总裁荣获"2015 年度信托业领军人物"奖。

2015 年 6 月，荣获《上海证券报》评选的"2014 年度诚信托・卓越公司奖"。

2015 年 2 月，荣膺"2014 年度中国债券市场资产支持证券优秀发行人"。

2014 年 12 月，荣获金融界和清华大学五道口金融学院联合评选的"2014 年度信托行业最佳创新奖"。

2014 年 12 月，荣获 2014 第一财经・中国企业社会责任榜（CSR）评选的"优秀实践奖"。

2014 年 8 月，荣获第一财经评选的"2013 - 2014 年度中国阳光私募最佳服务信托公司金樽奖"。

2014 年 7 月，荣获《证券时报》评选的"中国优秀信托公司"；杨华辉董事长荣获"年度信托业领军人物"奖。

2014 年 6 月，荣获《上海证券报》评选的"2013 年度诚信托・卓越公司奖"。

2014 年 1 月，荣获金融界和清华大学五道口金融学院联合评选的"2013 年度最佳品牌奖"。

公司大事记：

2015 年 2 月 2 日 - 3 日，本公司 2015 年度工作会议在福州市召开。

2015 年 2 月 4 日，本公司在中央国债登记结算有限责任公司举办的"2014 年度中国债券市场优秀成员评选活动"中荣获"2014 年度中国债券市场资产支持证券优秀发行人"。

2015 年 2 月，经中国证监会批复同意，兴业国际信托有限公司成功受让兴业期货有限公司 40.3% 股权，合计持股比例增至 70%，成为兴业期货有限公司的控股股东，并已于 2015 年 3 月完成工商变更登记等法定手续。

2015 年 2 月 13 日，本公司获国家外汇管理局批准 2 亿美元境外投资额度，成为福建省第二家获批该项业务资格及投资额度的金融机构。

2015 年 4 月 23 日，本公司在福州市召开 2014 年度股东会、第四届董事会第十二次及十三次会议、第四届监事会第四次会议及第四届董事会各专业委员会会议。

2015 年 4 月 24 日，福建银监局副局长张新潭一行莅临本公司调研指导工作。

2015 年 5 月 22 日，本公司助力"一带一路"建设，参设丝绸之路黄金基金。

2015 年 6 月，本公司全资子公司——兴业国信资产管理有限公司注册资本金由人民币 1 亿元增加至人民币 3 亿元。

2015 年 6 月 17 日，本公司在《上海证券报》主办的第九届中国"诚信托"评选活动中荣获"2014 年度诚信托・卓越公司奖"。

2015 年 6 月 18 日，福建省委常委、常务副省长张志南视察本公司参加第十三届中国・海峡项目成果交易会展台。

2015 年 6 月 26 日，本公司"兴元 2014 年第二期绿色金融信贷资产证券化信托项目"荣获《证券时报》评选的"2015 年度最佳绿色信托计划"奖；总裁林静荣获"2015 年度信托业领军人物"大奖。

2015 年 6 月 28 日，兴业经济研究咨询股份有限公司在上海正式成立，本公司通过全资子公司兴业资管参股 33.3334%。

2015 年 7 月 24 日，本公司与中国邮政储蓄银行总行合作成功发行首单公积金个贷资产证券化项目。

2015 年 7 月 20 日，本公司成功发行首单两笔个人信托受益权质押贷款业务。

2015 年 8 月 31 日，本公司控股子公司——兴业期货有限公司注册资本金由人民币 1 亿元增至 5 亿元，本公司对兴业期货的持股比例由 70% 增至 92.2%。

2015 年 9 月 21 日，本公司 2015 年第三次临时股东会、第五届董事会第一次会议及第五届监事会第一次会议在上海召开。会议选举产生了公司第五届董事会、第五届监事会成员，选举产生了第五届董事会董事长、第五届监事会监事长，选举产生了第五届董事会各专业委员会组成人员及主任委员，并聘任了公司高级管理层。

2015 年 9 月 29 日，本公司参股的广东省铁路发展基金有限责任公司在广州市正式挂牌。本公司作为受托人成立的"粤兴 1 号股权投资单一资金信托"，以信托资金 30 亿元参股广东省铁路发展基金有限责任公司。

2015 年 10 月 8 日，本公司全资子公司——兴业国信资产管理有限公司投资神州专车运营主体优车科技有限公司，促其完成 B 轮 5.5 亿美元融资。

2015 年 11 月 13 日，本公司控股子公司——兴业期货有限公司在期货日报与证券时报联合举办的"第八届中国最佳期货经营机构暨最佳期货分析师评选活动中荣获"2015 年度中国最具成长性期货公司"等多项荣誉。

2015 年 11 月 20 日，本公司成功设立首单主动管理类产业基金——西安高新区软件新城产业基金。

2015 年 11 月 25 日，本公司控股子公司——兴业期货携手兴业银行上海分行成功开展了国内首笔 FTE 账户项下仓单质押融资业务。

2015 年 12 月 1 日，本公司与福建省闽投资产管理有限公司在福州市正式签署战略合作框架协议，全面建立战略伙伴关系。

2015 年 12 月 11 日，本公司在 2015 第一财经金融价值榜(CFV)评选活动中荣获"2015 年度最佳行业影响力信托公司"；杨华辉董事长荣获"2015 年度信托领军人"。

2015 年 12 月 17 日，本公司在金融界和清华大学五道口金融学院联合主办的 2015 领航中国金融行业年度评选活动中荣获"2015 年度信托行业杰出品牌奖"和"2015 年度信托行业风险管理奖"。

2015 年 12 月 31 日，本公司成功发行首单外汇资金信托——"兴业信托·润泰单一外汇资金信托"。

地址：福建省福州市五四路 137 号信和广场 25 - 26 层

邮编：350003

电话：0591 - 88263888

传真：0591 - 88263999

浙商金汇信托股份有限公司

公司介绍：

是经中国银行业监督管理委员会批准的专业信托理财机构。注册资本为 5 亿元。注册地在浙江省杭州市。公司股东及股比构成为：浙江省国际贸易集团有限公司持股 56%，中国国际金融有限公司持股 35%，传化集团有限公司持股 9%。公司将在现有法律法规的框架下，以受益人利益最大化为原则，诚实守信，勤勉尽职，充分利用并合理配置各项资源，在风险可控的前提下积极创新，开拓发展，做一个优秀的受托人。

股东介绍：

一、浙江省国际贸易集团有限公司：

浙江省属大型国有独资公司。注册资本为 9.8 亿元人民币。公司业务涉及对外贸易、经济合作、金融证券、实业投资等领域，致力于打造商贸流通、金融服务、产业投资三大业务板块协同发展的总体战略架构。2010 年实现营业收入 349.13 亿元、利润总额 14.26 亿元，位列 2010 中国企业 500 强排名第 211 位，服务业 500 强排名第 71 位。公司将秉承"厚德载物，融通四海"的核心价值观和"诚信、创新、协同、共享"的经营理念，不断进行体制、机制、管理、经营、服务的全面创新，努力成为"具有全球视野、国际化运作的现代服务业领先者"。

二、中国国际金融有限公司：

中国首家中外合资投资银行。注册资本为 1.25 亿美元。公司植根于中国本土市场、具有深厚的国内市场经验，并拥有丰富的国际资本市场经验和广泛的国际支持，致力于为客户提供高质量、先进、全面的金融服务和资本市场解决方案。自成立以来成功完成了数十个业内有影响力的大型国内和国际投行项目，与投资者及各类中介机构建立了良好合作关系，培养了一支具有高水准、卓越的专业团队。公司连续多年被国内外权威机构评为中国最佳投资银行、最佳中国本土券商、中国本地最佳发行银行等荣誉称号。

三、传化集团有限公司：

公司创建于 1986 年，是一家多元化的民营企业集团、浙江省民营企业优秀代表。公司业务主要包括化工、物流、农业、科技城、投资等五大领域。2010 年实现工业和服务业总收入 145.8 亿元、利润 8.76 亿元、上缴税金 6.6 亿元，位列"中国企业 500 强"、"中国民营企业 500 强"、"中国最具价值品牌 500 强"。公司坚持"开拓进取、永不满足"的企业精神，立足于具有发展潜力的产业领域，并通过创造充满活力的创新企业，为员工和客户建设共同发展的事业平台，致力于成为推动社会和谐发展的重要力量。

经营宗旨：

立足信托信念，围绕信托本业，实践信托制度，推进中国信托业发展，为受益人、客户、股东、员工和社会持续创造价值，为中国社会财富的创造、积累和传承贡献力量。

经营目标：

建设成为一家行业领先、特色鲜明、经营稳健、品牌卓越、能够为当地经济发展提供强大支持、具有核心竞争力和独特价值的优秀信托公司。

战略规划：

立足浙江，面向全国，依托各方资源，逐步形成以信托投融资、债券投资为主的受托资产管理、股权投资信托(基金)业务为主要业务方向，其他融资类信托和中介服务等为补充的总体业务架构及盈利模式，打造专业化、职业化的高素质人才队伍，构建科学高效的组织管理、运作流程、交易系统和内控机制，形成良好的市场形象和品牌影响力，不断提高公司的核心能力和价值。

地址：浙江省杭州市庆春路 199 号 6 楼

邮编：310006

电话：4008 - 665588

网址：www.zhejintrust.com

传真：0571 - 87386123

中国金谷国际信托有限责任公司

公司简介：

中国金谷国际信托有限责任公司(以下简称"金谷信托"或"公司"，原名中国金谷国际信托投资有限责任公司)是在原全国人大副委员长、中华全国妇女联合会主席陈慕华同志倡导下，于 1993 年 4 月经中国人民银行批准成立的非银行金融机构。2007 年 4 月中国信达资产管理公司开始对金谷信托进行重组。2009 年 9 月 1 日，银监会正式批准公司重新登记，并给公司颁发了新的金融许可证。2009 年 9 月 15 日，金谷信托在国家工商行政管理总局完成变更登记手续，并换领新的营业执照。

金谷信托目前注册资本为 22 亿元人民币，注册地址在北京市西城区金融大街33号通泰大厦C座10层，是中国银行业监督管理委员会直接监管的信托公司之一。公司股东为中国信达资产管理股份有限公司、中国妇女活动中心和中国海外工程有限责任公司。其中中国信达资产管理股份有限公司持股92.29%，是金谷信托的控股股东；中国妇女活动中心持股6.25%；中国海外工程有限责任公司持股1.46%。

公司经营范围：资金信托；动产信托；不动产信托；有价证券信托；其他财产或财产权信托；作为投资基金或者基金管理公司的发起人从事投资基金业务；经营企业资产的重组、购并及项目融资、公司理财、财务顾问等业务；受托经营国务院有关部门批准的证券承销业务；办理居间、咨询、资信调查等业务；代保管及保管箱业务；以存放同业、拆放同业、贷款、租赁、投资方式运用固有财产；以固有财产为他人提供担保；从事同业拆借；法律法规规定或中国银行业监督管理委员会批准的其他业务等。

2009年金谷信托重新登记开业以来，金谷信托综合实力不断增强，管理信托资产规模实现跨越式增长，盈利能力不断增强，信托主业盈利模式建立并不断巩固，公司行业地位不断提升。金谷信托将坚持"胸怀服务社会理想、坚守诚信为本理念"，恪守谨慎、稳健的经营方针，以受益人的利益最大化为宗旨，专注于信托产品的创新与推广，发展目标是成为在财产管理、资金融通、投资理财和社会公益等领域具有核心竞争力的专业理财服务机构，争取在不远的将来跻身国内最具创新潜力和持续盈利能力的信托公司之列。

股东优势：

公司控股股东中国信达资产管理股份有限公司在全国设有31个分公司，控股信达证券、幸福人寿、信达澳银基金、信达期货、信达国际、信达财险、金谷信托、信达租赁等金融机构，以及信达投资、信达地产、华建国际、中润发展、汉石投资、信达资本等投资及实业平台。金谷信托可以依托中国信达机构遍布全国的渠道优势发掘项目资源，依靠中国信达实力雄厚的客户资源优势建立营销渠道，发挥中国信达功能完备的金融平台优势展开各种金融工具联动，借鉴中国信达卓越严谨的风险控制经验完善自己的风险控制体系，在行业内迅速起步、培育实力并成长壮大。

公司老股东中国妇女活动中心隶属于全国妇联，全国妇联管理有两个基金会，即中国儿童少年基金会和中国妇女发展基金会，其资金具有保值增值需求，而这正可与我公司资产管理功能对接。

管理优势：

公司建立了以股东会、董事会、监事会及高级管理层为主体的完善的法人治理结构。股东会、董事会和监事会依照《公司法》、《公司章程》和议事规则行使职责。公司通过建立股东会、董事会和高级管理层之间的合理授权机制从而实现各层级之间有效权利制衡与风险控制。

公司董事会现由九名董事组成，其中两名为独立董事。董事会下设风险控制与审计委员会、人事与薪酬委员会和信托委员会，各委员会依据各自的工作条例对公司经营管理与风险控制进行指导与监督。人事与薪酬委员会在实现公司市场化运作、建立合理的激励与约束机制方面发挥重要作用；信托委员会为保护受益人的利益，促进公司信托业务的发展发挥重要作用；风险控制与审计委员会在进一步提高董事会对风险的控制能力与水平方面发挥重要作用。

公司总经理负责公司日常的经营管理，副总经理及总经理助理协助总经理工作，高级管理团队对董事会负责，接受监事会监督。

公司的经营管理采取前、中、后台分区的模式。前台负责公司业务的拓展和客户服务；中、后台负责依法合规履行管理职责；各平台分工负责，相互配合、相互制约，确保有效防范和控制经营管理风险。

风控优势：

作为重新登记的信托公司，公司将风险控制放在首位。公司建立健全了点面结合的风控机制和风控制度，形成多层次全方位的风险控制组织体系。

公司已经形成了包含100多个制度，以符合监管部门评级要求和ISO质量管理体系认证要求为基础，以提高公司运行效率为前提，以实现公司健康、可持续发展为目标的制度体系，为公司的风险防范、风险控制提供了有利支持和保障。

公司已基本构建并形成了"全员、全过程"的风险管理框架体系，有效支持了业务发展。根据监管要求并结合国内信托行业的实践经验，公司建立了"三横三纵"的风险管理体系。在纵向上，我们建立了董事会、经营层以及风险管理职能部门三级风险管理体系并制定了相应的制度。在横向上，根据业务发展的不同阶段，形成了事前、事中与事后三个风险管理的条线，业务部门是风险控制的第一责任人，法律合规部、风险管理、项目管理部以及稽核审计部等风险管理职能部门分别从事前、事中、事后等不同阶段有侧重地承担了风险管理不同阶段的任务。

地址：北京市西城区金融大街33号通泰大厦C座10层
邮编：100033
电话：010－88086686
网址：www.jingutrust.com

中海信托股份有限公司

公司简介：

中海信托股份有限公司（以下简称"中海信托"或"公司"）是由中国海洋石油总公司和中国中信有限公司（原为中国中信集团有限公司）共同投资设立的国有非银行金融机构，是按照信托业"新两规"规定较早完成换牌的信托公司之一，中国海洋石油总公司和中国中信有限公司各占95%和5%。经2011年同比例增资扩股后，公司注册资本为25亿元人民币。

中海信托秉承"诚信稳健、忠人所托"的经营理念，坚持"风控优先"的低风险发展道路，经过多年的探索和实践，资产管理能力持续提升。2014年，中海信托管理信托资产余额为3142.51亿元，全年累计管理信托资产规模5299.24亿元，实现营业收入14.09亿元，实现利润总额11.71亿元，人均净利润725.78万元。多年来，公司未发生任何信托项目不能按期兑付、损害受益人利益的情况，连续十一年保持新增不良资产为零。

在业务持续稳健发展的同时，公司以稳健经营和专业理财能力树立起良好的社会形象，凸显了差异化竞争优势，巩固了中海信托在业内及社会中的品牌及影响力。在《上海证券报》主办的"诚信托"评选活动中，公司连年荣获"诚信托－卓越公司"等奖项；在证券时报社主办的"中国优秀信托公司评选"中，公司连续荣获"优秀信托公司"、"最佳风险管理信托公司"等奖项；在上海市黄浦区经济发展突出贡献百强企业评选活动中，公司连续多年蝉联该荣誉称号，排名前列。

伴随着信托业的高速发展，中海信托将始终坚持风控优先、合规稳健的经营理念，持续提升资产管理能力，建设完善风控体系，保持健康、稳健、可持续的发展态势，为投资者提供安全可靠的金融服务，打造委托人信得过的信托理财平台。

股东信息：

中国海洋石油总公司

中国海洋石油总公司（以下简称“中国海油”）是国务院国有资产监督管理委员会直属的特大型国有企业，是中国最大的海上油气生产商。中国海油成立于1982年，总部设在北京。自成立以来，中国海油保持了良好的发展态势，由一家单纯从事油气开采的上游公司，发展成为主业突出、产业链完整的国际能源公司。

2014年，中国海油在《财富》杂志“世界500强企业”排名中位列第79位，较上年的93位上升了14位。中国海油继续享有标普和穆迪授予的AA－和Aa3级国家主权级资信评级，为国内企业最高评级。

截至2014年底，中国海油海外资产占总资产的38%，海外收入和产量分别超过总收入与总产量的40%。2014年，中国海油与壳牌、BP、道达尔等石油集团签署全球战略合作协议，分别与俄罗斯天然气工业股份公司、墨西哥国家石油公司签署合作谅解备忘录。国际业务在多个国家与地区取得长足进步，在《石油情报周刊》“世界最大50家石油公司”排名第31位，在中国企业国际化50强榜单中位列第9位。

中国海油紧紧抓住国家建设“海洋强国”带来的新机遇，积极应对发展中所遇到的挑战和困难，紧紧围绕《“二次跨越”发展纲要》，加快转变经济发展方式，推动产业结构调整，不断提升发展质量和效益，现已形成油气勘探开发、工程技术与服务、炼化与销售、天然气及发电、金融服务等业务板块，为早日建成国际一流能源公司奠定了坚实基础。

中国中信有限公司

中国中信有限公司（简称“中信有限”，原名为“中国中信股份有限公司”）成立于2011年12月，由中国中信集团公司（简称“中信集团”）重组改制而来。中信集团以绝大部分经营性净资产作为出资，联合其全资子公司北京中信企业管理公司共同发起设立。中信有限注册资本现为1,390亿元人民币，法定代表人常振明。

中信有限承继原中信集团的全部业务及资产，是一家金融与实业并举的大型国际化综合性企业集团，业务涉及银行、证券、信托、保险、基金等金融服务领域和房地产、工程承包、基础设施、资源能源、装备制造和信息产业等实业领域，具有独特的综合优势和较强的市场竞争力。

中信集团是1979年在邓小平先生的倡导和支持下，由荣毅仁先生创办。成立以来，中信集团充分发挥经济改革试点和对外开放窗口的重要作用，成功开辟出一条通过吸收和运用外资、引进先进技术、设备和管理经验为中国改革开放和现代化建设服务的创新发展之路，树立了良好的信誉和形象，并取得了显著的经营业绩。中信集团已成为中国最大的国际化综合性企业集团，2009年以来连续五年入选美国《财富》杂志“世界500强”企业排行榜。

2014年大事记：

2014年3月，公司三度蝉联年度上海市黄浦区经济发展突出贡献100强企业荣誉称号，排名前列。

2014年4月，上海银监局批复核准王国樑任中海信托独立董事。（沪银监复〔2014〕185号）

2014年6月，公司荣获上海证券报社主办的第八届诚信托评选“诚信托－卓越公司奖”，是我公司连续第八次获得该活动奖项。

2014年6月，上海银监局批复核准张秉训任中海信托独立董事。（沪银监复〔2014〕392号）

2014年6月，上海银监局批复核准田文学任中海信托董事。（沪银监复〔2014〕337号）

2014年7月，中海信托获得“中国海油管理提升活动专项提升先进单位”荣誉称号。

2014年7月，公司荣获证券时报社主办的“2014中国信托业峰会暨第七届中国优秀信托公司评选”——“最佳风险管理信托公司”奖，是我公司连续第七次获得该活动奖项。

2014年12月，中海信托以自有资金出资5亿元人民币参与设立中国信托业保障基金有限责任公司，出资比例4.35%。

2014年12月，中国海洋石油总公司批复同意中海信托出资1.51267亿元人民币参与四川信托增资扩股，出资比例30.2534%。（海油总财资〔2014〕635号）

地址：上海市黄浦区蒙自路763号36楼

邮编：200023

电话：86－21－23191688

传真：86－21－63086070

网址：http://www.zhtrust.com

中航信托股份有限公司

公司简介：

中航信托股份有限公司（以下简称“公司”）的前身是江西江南信托股份有限公司。经中国银监会批准，公司于2009年12月底完成重新登记并正式开业。公司由中国航空工业集团公司、中国航空技术深圳有限公司、（新加坡）华侨银行有限公司等5家机构共同发起设立，注册地为江西南昌市，目前注册资本为168648.52万元。公司是中航工业旗下重要的金融平台之一，具有强大的股东背景和现实资源优势，对促进业务发展和强化经营管理提供支持。

公司按照“立足江西、依托航空、面向全国”的思路，积极搭建业务团队及直销网络，已在北京、上海、广州、深圳、重庆、昆明、沈阳、杭州、成都等14个城市设立了20个信托业务团队和10个区域财富中心。

公司拥有专业的人才队伍，员工具有银行、信托、证券投资、房地产投资、实业投资等业务经验，将为广大机构和个人客户提供投资、融资和资产管理服务，捍卫客户资产安全，追求客户资产价值的最大化。

公司作为中国航空工业集团公司成员单位，是中航工业金融板块中航资本的重要组成部分，倡导先进的经营理念和高效的经营机制，坚持走专业化、差异化发展道路，专注于具有行业优势和区域优势并能可持续发展、形成核心能力的产品和业务，实现公司“高起点、高境界、可持续、快发展”，努力把公司建设成为研究水平和服务水平领先、特色鲜明的专业化信托公司。

公司先后荣获“江西省十大爱心企业”、“‘十一五’省直（属）定点扶贫先进单位”、“中国最具成长性信托公司”、“中国最具区域影响力信托公司”、“中国优秀信托公司”等称号。

主要业务：

公司经监管部门批准经营以下业务：资金信托，动产信托，不动产信托，有价证券信托，其他财产或财产权信托，作为投资基金或者基金管理公司的发起人从事投资基金业务，经营企业资产的重组、购并及项目融资、公司理财、财务顾问等业务,受托经营国务院有关部门批准的证券承销业务,办理居间、咨询、资信调查等业务,代保管及保管箱业务,以存放同业、拆放同业、贷款、租赁、投资方式运用固有财产,以固有财产为他人提供担保,从事同业拆借,法律法规规定或中国银监会批准的其他业务。

经营目标:

依托私募投行业务、资产管理业务与财富管理业务三大战略业务,建立与公司发展相匹配的产品体系、客户体系、组织体系与管理体系"四大体系",建立客户价值、社会价值、股东价值和员工价值"四位一体"的分享型价值创造和价值增长的公司运营机制,为核心客户提供个性化、全方位的金融解决方案,致力于发展成为信誉卓著、运营卓越的一流金融服务商。

企业社会责任:

2014年,中航信托继续将"为客户创造价值,为社会创造财富"的理念贯彻到经营管理各项工作中,在推动公司稳健快速发展的同时,积极履行社会责任,不断加强社会责任管理,以实际行动为社会、为客户、为股东创造价值,体现作为央企的社会责任担当。

积极发展信托主业,支持实体经济发展

2014年公司坚定转型发展战略,面对宏观经济下行压力和信托行业发展瓶颈,中航信托全体员工同舟共济、攻坚克难,圆满完成年度目标任务,主要经营指标均同比增长,并加大对工商企业等实体经济的支持。在第七届中国优秀信托公司评选活动中,公司获评"中国优秀信托公司"殊荣。

依法合规经营,维护委托人、受益人利益,维护金融稳定

"受人之托、代人理财"是信托的宗旨,为了履行好这一职责,切实维护委托人和受益人的利益,我们积极推进风险管理全面化系统化,加强中台部门与业务评审会对项目的审查力度,坚持月度风险分析例会,对可能存在风险隐患的项目提前介入、有效应对,保障了公司在风险可控的情况下平稳高效运行。全年顺利完成到期项目兑付,未发生任何兑付风险,有效维护了金融秩序稳定。

发展社会公益事业,积极回馈社会

以公司成立五周年为契机,开展公益众筹活动,关爱残障人士;通过江西省慈善总会设立"中航信托爱心基金",是全省首家由机构设立的小额慈善冠名基金;得知公司捐建的萍乡希望小学两名学生患白血病,立即多方协调帮助其在南昌诊疗,并在公司员工中为他们募捐6万元善款;公司为南京航空航天大学人才培养提供捐助,继续做好省级定点扶贫工作,继续开展丰富的客户活动,助力南昌市第六届百里健行活动,继续与江西日报合办"江西人文大讲堂",均取得较好社会反响。公司全年用于社会公益事业的经费总计约200万元。

积极开展客户维护和沟通,为客户提供优质金融服务享活动

公司财富管理中心为维系客户关系,提升对高端客户增值服务品质,公司多次举办茶文化主题沙龙。随着客户服务工作的不断深入,将根据客户需求和兴趣爱好,筹办多种形式的高品质尊享活动。

保障员工权益,促进员工发展

以群众路线教育实践活动为契机,建立职工参与公司管理的体制机制,完善职工代表大会制度;公司领导分别深入一线团队召开座谈会,认真听取员工意见和呼声;不断改善员工工作环境,丰富员工业余文化生活,开展员工趣味运动会、猜灯谜、演讲比赛等系列活动;针对不同层次员工开展有针对性的培训,支持员工职业生涯发展。

地址:江西省南昌市红谷滩新区赣江北大道1号中航广场24-25层
邮编:330038
电话:0791-86667992
传真:0791-86772268
网址:www.avictc.com

中江国际信托股份有限公司

公司简介:

中江国际信托股份有限公司(简称中江信托或中江国际)成立于1981年6月,是经中国银监会批准的全国性金融控股集团。2003年3月由原江西省国际信托投资公司、江西省发展信托投资股份有限公司、江西赣州地区信托投资公司以新设合并方式组建。2012年10月由江西国际信托股份有限公司更名为中江国际信托股份有限公司,注册资本人民币11.56亿元。至2014年末,公司总资产49.15亿元,净资产44.86亿元。

中江国际坚持"发挥信托功能、服务经济发展"的经营宗旨,先后为省内外各级政府、上市公司、大中型企业提供信托融资2000多亿元。

自2004年以来,中江国际先后推出了政信合作、银信合作、企信合作、信证合作、信保合作等业务模式,业务遍及全国。截至2014年末,累计管理信托财产突破6331.36亿元,累计交付信托财产4205.5亿元,全部按期实现了信托财产的保值增值,体现了稳健发展的经营风格。

中江国际治理规范,建立了"五个两、十环节"的内部控制和风险决策体系,拥有一支具有信托、证券、保险、商业银行、投资银行、基金管理等资深从业背景的专业团队,构建了以北京、上海、深圳、浙江、江苏、福建、四川、陕西、辽宁、山东、河北等50个金融研发中心为依托的全国性业务布局、资源网络和营销体系,可根据客户的资产状况、风险偏好,利用信托独特的制度优势和功能,为客户提供跨越多个金融市场、多个行业、多个地域的专业化、综合型金融服务。

中江国际作为"受人之托、代人理财"的专业化理财机构,以"为了共同利益观"为核心价值观,以"忠诚拼搏、艰苦创业"为核心理念,以"简单直接"为管理理念,以"风险第一、效益第一"为经营理念,以"热情、快捷、细致、高效的服务"为核心竞争力,在支持政府融资、企业发展、不断满足投资者理财需求的过程中获得快乐,获得成长。

地址:江西省南昌市北京西路88号江信国际金融大厦
电话:079186304514
邮箱:office@zjgjxt.com
财富中心:079186304686
全国服务热线:4001160966

中融国际信托有限公司

公司简介:

中融国际信托有限公司是经中国银监会批准设立的金融机构,前身为哈尔滨国际信托投资公司,成立于1987年。注册地为黑龙江省哈尔滨市南岗区嵩山路33号,主要办公地为北京市西城区金融街武定侯街2号。公司目前注册资本60

亿元，经纬纺织机械股份有限公司（央企恒天集团下属 A+H 股上市公司）、中植企业集团有限公司、哈尔滨投资集团有限责任公司及沈阳安泰达商贸有限公司分别持股 37.47%、32.99%、21.54%和 8.01%。公司目前员工 1700 余人，分布于全国 20 余个主要城市。银监会对公司 2011 年监管评级（最新）为 2C 级。

2014 年末，公司资产管理总规模 7,227.93 亿元，较年初增长 48.05%；公司净资产 98.05 亿元，净资本 87.13 亿元；2014 年实现收入 55.31 亿元。公司拥有数万名高端自然人客户及上千家机构客户。

公司主营业务覆盖房地产、证券、工商企业及基础设施领域，"多元化"交易模式包括股权投资、信托贷款、股权收益权、财产权管理等。经过 20 余年的发展，公司已成为公司治理完善、风险管控有效、业务创新积极、人员覆盖全国的大型金融企业。

主营业务：

1. 证券投资信托

证券投资信托是指个人或机构将其合法持有资金委托给信托机构进行有价证券投资的信托业务。证券投资信托的投资范围涉及多种产品类别，包括新股申购、阳光私募基金和其他在一二级市场上市的其他证券。中融信托已搭建了强大的证券交易平台，组建了专业化的证券投资团队，并与商业银行、证券公司、基金管理公司及投资管理公司等广泛合作，推出了多款证券投资信托产品。2012 年，"中融增强 50 号－成隆一期结构化证券投资集合资金信托计划"凭借优秀的产品结构设计及优异的产品净值表现获得"最佳证券投资类信托计划"（《证券时报》评选）的称号。中融信托的证券投资平台已经发展成为国内最大的证券投资平台之一，多款信托产品投资业绩名列前茅。

2. 房地产信托

中融信托致力于拓展优质物业和具备融资条件的房地产开发项目的信托业务。公司运用债权、股权、收益权及夹层融资等方式，先后推出了多个物业及房地产信托计划。根据国务院及银监会对房地产信托有关政策和意见，目前公司已组建了专业化的房地产信托团队，积极拓展房地产开发项目及优质物业的信托投资。

3. 基础设施投融资业务

基础设施信托是指将信托资金专门用于投资大型公共基础设施项目，包括市政工程、公共设施、水务系统、道路交通或者能源通信等基础设施项目。中融信托在对基础设施投融资业务进行深入调研的基础上开展主动管理型业务，不断完善项目交易结构设计及后期运作管理，在该领域积累了较多的投资经验。

4. 股权收益权信托

中融信托通过对资本市场运作的充分研究，推行股权收益权类信托计划，以信托资金购买股权持有人的股权收益权，在不影响原有股权持有人行使股东权力的基础上，为投资人和融资人搭建了资金融通平台，在提高产业资本的利用效率同时，为社会闲置资金提供了新的投资渠道。

5. 私募股权投资信托

私募股权投资信托是通过信托方式对非上市企业股权，或上市企业非公开交易股权进行投资，并通过上市、并购或管理层回购等方式，出售持股获利，谋求受托人财产的稳定增值。先后推出了"中融铧融精品基金集合资金信托"等信托计划。中融信托推出的私募股权投资信托业务以稳健的投资风格和规范的投资操作，赢得了投资人和合作各方的信任和高度评价。作为一个全新的投资品种，私募股权投资信托为投资者提供了新的投资渠道。

6. 矿产能源类信托

中融信托运用敏锐的市场洞察力，抓住矿产能源领域整合重组机会，适时推出面向矿产能源领域的信托计划，选择优质企业，通过质押融资、股权投资等运作方式，为高端投资者提供参与该领域整合、重组的机会。

7. 另类创新业务

另类业务主要是指投资于艺术品、酒类、贵金属及其他名贵饰品等具有收藏及投资价值的信托业务。公司从 2011 年开始推出了一系列艺术品投资、酒类投资信托产品，在另类信托开展中积累了一定的经验。

8. 银信合作

中融信托通过与国有银行、股份制商业银行、城市商业银行等银行机构合作，利用银行在业务渠道、投资范围、风险控制方面的优势，参与信贷资产转让、证券二级市场投资、银行间债券市场投资、等多种产品为客户提供低风险的稳定回报。

9. 高端客户财富管理

中融信托在国内信托业率先成立了专门服务于高端客户的财富管理中心。公司根据高端客户的理财需求，通过信托计划为客户提供细致入微的个性化、量身定制的理财规划、投资方案及高增值服务。为高端客户进行财富管理，不仅符合信托"新两规"对信托业务转型的要求，也促进了信托公司从融资平台到财富管理专家的转变。

公司荣誉：

在金融界网站和清华大学联合主办的第二界"领航中国"金融行业年度评选中，荣获"2013 领航中国信托行业年度评选最佳品牌奖"。

在人民网主办的首届"首届人民网金融年会暨人民金融奖颁奖典礼"上获得"2013 年度卓越信托公司"奖，也是唯一获此荣誉的信托公司。

在"2014 年中国资产管理年会暨第七届 21 世纪资产管理'金贝奖'颁奖典礼"上，荣获了"2014 年最佳信托公司"奖。

在"2013－2014 年度中国卓越金融奖"的颁奖典礼上，中融信托荣获"年度卓越品牌管理信托公司"。

在"中国金融机构金牌榜金龙奖"评选活动中，中融信托荣获"年度最具影响力信托公司"奖。

在"2014 年领航中国金融高峰论坛上"，中融信托荣获"年度最佳风险管理信托公司奖"。

在"中国金融发展论坛暨第五届金鼎奖颁奖盛典"上，中融信托荣获"金鼎奖·年度综合实力最强信托公司"奖。

在"2014 年度中国债券市场优秀成员"评选活动上，中融信托荣获"2014 年度债券优秀发行人和优秀资产管理机构"。

地址：北京市西城区武定侯街 2 号泰康国际大厦 9 层
北京市西城区广安门内大街 338 号港中旅大厦 15 层
网址：http://www.zritc.com
服务热线：4006－508－666

中泰信托有限责任公司

公司简介：

中泰信托有限责任公司（以下简称"中泰信托"或"公司"）是经中国银行业监督管理委员会批准设立的非银行金

融机构，注册地为上海市，公司前身是中国农业银行厦门信托投资公司，成立于1988年。

经过长期的发展，中泰信托已成为国内优秀的资产管理和财富管理金融机构。2003年，公司布局公募基金业，成为大成基金管理有限公司第一大股东，大成基金管理有限公司综合实力强劲，是中国首批获准成立的老十家基金管理公司之一，2014年，公司进驻保险业，成为都邦财产保险股份有限公司主要股东。中泰信托已打通实业投资、资本市场和货币市场，小金控平台初具规模，为公司业务横向跨越发展提供战略支持。

截止2014年6月30日，公司以及下属企业受托管理客户资产规模总计近1500亿。2013年度内公司为投资人实现信托收益27.62亿元，目前公司所管理的信托计划全部如期兑付，长期以来为集合项目投资者提供了平均10%左右的投资收益。

中泰信托始终坚持市场化、差异化、规模化的发展路线，致力于在明晰的战略指导下，依托优秀的企业文化和价值观、人力资本体系、法人治理结构，构建运转流畅的资产管理体系、风险运营体系和财富管理体系，将公司打造成为可持续创新的综合性金融服务平台。

中泰信托通过资金信托、财产权信托等方式涵盖信托贷款、金融租赁等法律法规所许可的全品类。目前中泰信托已经与越来越多的金融机构开展更为紧密的合作，业务条线齐全，布局合理，全面覆盖资本市场、货币市场、实业投资市场各产品，包括加工制造业、新型能源等实业领域及房地产、基础设施和新型城镇化，为机构客户及个人客户提供投资回报有竞争力的产品。

公司资产管理业务可为各类需要融资的企业客户，提供全生命周期一站式金融服务，包括前期的股权投资、中期的债权以及夹层融资、中后期的兼并重组以及相关的金融咨询与管理咨询等，帮助企业改善财务状况，持续经营发展。

公司财富管理业务面向个人高净值客户，借助信托财产多元化、投资领域广等制度优势，可从广泛的市场层面选取各种固定收益类和浮动收益类理财产品，通过专业顾问团队，为每位客户提供最优投资组合。在实现客户资产保值增值的基础上，公司还可提供量身定制的全方位财富管理服务，包括税务筹划、保险规划、家族财富传承规划等系列内容。

发展历程：

中泰信托有限责任公司前身是中国农业银行厦门信托投资公司，成立于1988年。1997年改制为厦门联合信托投资有限责任公司。1999年，经中国人民银行总行办函〔1999〕466号文件批准，由人民日报所属公司作为牵头股东，进行增资扩股，更名迁址。2002年2月9日，经中国人民银行总行银复〔2002〕35号文件批准进行重新登记，更名为中泰信托投资有限责任公司，注册地址由厦门市迁往上海市。注册资本为人民币51660万元。人民日报所属中国华闻投资控股有限公司是公司第一大股东，持有公司29.97%股份。2007年2月5日，经沪银监复〔2007〕61号文件批准，上海新黄浦置业股份有限公司作为新股东，受让公司29.97%股份。2008年6月26日，中国人民保险集团公司通过全资子公司人保投资控股有限公司完成对中泰信托实际控制人中国华闻投资控股有限公司的股权重组，持有华闻控股55%股权。2009年4月3日，经银监复〔2009〕102号文件批准，公司获准变更公司名称和业务范围，注册名称变更为"中泰信托有限责任公司"，并领取了新的金融许可证。2012年，北京国际信托有限公司（德瑞股权投资基金集合资金信托计划）陆续受让公司股东华闻控股100%股权和广联投资54.21%股权。

目前主要股东构成为：中国华闻投资控股有限公司持有31.57%，上海新黄浦置业股份有限公司持有29.97%，广联（南宁）投资股份有限公司持有20%。

2014年成绩单：

截至2014年12月31日，公司以及下属企业受托管理客户资产规模总计超过1600亿元，公司资产总计为37.92亿元，负债总计为3.49亿元，所有者权益总计为34.43亿元，净资本为28.44亿元。净资本/净资产的比率为82.60%，净资本/各项风险资本之和的比率为255.30%，远高于40%和100%的监管标准。公司全年实现利润总额5.06亿元，同比增长8.03%，净利润4.05亿元，同比增长10.74%。

本年度内，公司全年累计兑现信托本金超过700亿元，为投资者实现信托收益64.94亿元。目前公司所管理的信托计划全部如期兑付，长期以来为集合项目投资者提供了平均10%左右的投资收益。

核心服务：

中泰信托通过资金信托、财产权信托等方式涵盖信托贷款、财产权信托等法律法规所许可的全品类。目前中泰信托已经与越来越多的金融机构开展更为紧密的合作，业务条线齐全，布局合理，全面覆盖资本市场、货币市场、实业投资市场各产品，包括加工制造业、新型能源等实业领域及房地产、基础设施、棚户区改造和新型城镇化，为机构客户及个人客户提供投资回报有竞争力的产品。过去的两年里，公司服务的客户遍及19个省、自治区、直辖市，为上述地区的实业发展累计提供近900亿元的资金支持，更为包括上海、重庆、江苏、四川、贵州、河北等15个省、自治区、直辖市的基础设施建设、新型城镇化、产业结构调整工作累计提供约230亿元的信托资金。

公司资产管理业务可为各类需要融资的企业客户，提供全生命周期一站式金融服务，包括前期的股权投资、中期的债权以及夹层融资、中后期的兼并重组以及相关的金融咨询与管理咨询等，帮助企业改善财务状况，持续经营发展。

公司财富管理业务面向个人高净值客户，借助信托财产多元化、投资领域广等制度优势，可从广泛的市场层面选取各种固定收益类和浮动收益类理财产品，通过专业顾问团队，为每位客户提供最优投资组合，累计已服务近万名客户。在实现客户资产保值增值的基础上，公司还可提供量身定制的全方位财富管理服务，包括税务筹划、保险规划、家族财富传承规划等系列内容。

公司企业公民行动：

中泰信托倡导将企业的发展与社会责任的承担相结合，积极投身公益事业。2013年"4·20"雅安地震发生后，公司率先响应中国信托业协会号召，深入灾区捐助救灾物资，支援灾后重建工作及其他社会公益事业。2011年，中泰信托捐赠成立"中泰信托·获得国家级工艺美术大师称号的老技师爱心基金"，表达对老技师的关爱和对人才的尊重。公司坚信充分发挥信托机制的资源整合与再分配功能，既能实现公司长足发展，又能以专业回报社会。

我们的荣誉：

精心耕耘，载誉驰行。中泰信托得到了社会各界广泛的认可，2004年当选为中国信托业协会第一届理事单位；2011年入选由中国金融四十人论坛成立的上海新金融研究院首批创始理事单位；2014、2015年连续在《上海证券报》"诚信托"

评选中荣获“成长优势奖”；连续数年被《证券时报》评选为“中国最具成长性信托公司”等。

地址：上海市中华路1600号黄浦中心大厦17、18楼
电话：021－63871888
传真：021－63872700
邮箱：zhongtai@ zhongtaitrust. com

中铁信托有限责任公司

公司概况

中铁信托有限责任公司（简称铁信托，原名为衡平信托有限责任公司）是经中国银行业监督管理委员会批准，以金融信托为主营业务的非银行金融机构，注册资本20亿元。2007年7月，公司按照中国银监会《信托公司管理办法》换发了新的金融许可证，公司名称由“衡平信托投资有限责任公司”变更为“衡平信托有限责任公司”，成为全国首批换发金融许可证的信托公司之一。2008年12月，经四川银监局批准，公司正式更名为“中铁信托有限责任公司”。

中铁信托的控股股东——中国中铁股份有限公司是由中国铁路工程总公司以整体重组、独家发起方式设立的股份有限公司，是集勘察设计、施工安装、工业制造、房地产开发、资源矿产、金融投资等为一体的多功能、特大型中央企业集团，是全球最大建筑工程承包商之一，连续九年进入世界企业500强，2014年排名世界企业500强第86位，在中国企业500强中排名第8位。

公司业务范围涵盖资金信托、动产信托、不动产信托、有价证券信托、投资基金、证券承销、投资银行业务等；办理居间、咨询、资信调查等业务；以存放同业、拆放同业、贷款、租赁、投资方式运用固有财产；以固有财产为他人提供担保，从事同业拆借以及法律法规规定或中国银行业监督管理委员会批准的其他业务。2008年9月，中国银监会核准我公司特定目的信托受托机构资格；2009年11月，经中国银行业监督管理委员会四川监管局批复，中铁信托获得以固有资产从事股权投资的创新业务资格；2012年12月，经中国银行间市场交易商协会批准，中铁信托获得银行间市场交易商协会会员资格。

自2002年12月重组成立以来，中铁信托坚持“创新、服务、可持续”的核心经营理念，按照现代金融企业的要求，着力进行管理创新和业务创新，不断提高专业管理水平和综合理财能力。公司积极发挥信托优势，在支持地方经济建设、活跃地方金融市场、促进民间资金向民间资本转化等方面发挥了积极而独特的作用，共为数百家企业提供了全面金融服务，2013年底公司的信托资产规模首次突破1500亿元，在信托业界享有良好声誉。

公司于2004年通过ISO9001国际质量管理体系认证，并荣幸入选中国信托业协会第一届理事会，成为当时西部地区唯一的理事单位；2011年4月，入选中国信托业协会第一届监事会；2012年，当选四川省银行业协会第六届理事会理事单位，是四川服务业企业50强之一。2012年10月，公司正式取得博士后创新实践基地资格，是四川省内第一家获得该资格的金融机构，也是信托行业内第四家获取该资格的公司。2012年12月，牵头与四川省慈善总会成立了“中铁信托爱心基金”，已成功募集善款251万元。2010年起，中铁信托连续五年荣获“中国优秀信托公司”称号；近年来，还先后获得“年度优秀信托品牌”、“年度最佳理财服务品牌”、“最佳研发团队”、“年度最佳信托公司”、“年度最佳理财服务品牌”、“优秀理财管理团队”、“中华全国铁路总工会全路模范职工之家”等荣誉。

信任源于专业，专业创造价值。在未来的日子里，中铁信托将致力于成为行业一流现代金融综合服务企业，继续坚守“创新、服务、可持续”的经营理念，坚持以客户为中心，以专业的能力、热情的服务、创新的产品，为广大企业客户提供更加优质、更加高效、更加低成本的全面金融服务，为广大投资客户提供安全稳健、丰富便捷、尊享专属的理财服务。

公司大事记

1986年，中国工商银行成都市信托投资公司经中国人民银行总行批准正式成立。

1997年9月，经中国人民银行总行批准，中国工商银行成都市信托投资公司转制更名为成都工商信托投资有限责任公司。

2002年12月，经中国人民银行总行批准，成都工商信托投资有限责任公司与成都市金通投资公司合并，组建成立衡平信托投资有限责任公司。

2003年3月，衡平信托投资有限责任公司完成对宝盈基金管理有限公司的收购。

2005年9月，中国中铁股份有限公司（股票代码：601390）入主衡平信托投资有限责任公司，公司步入快速发展轨道。

2007年6月，中国银监会批准换发了新的金融许可证，公司名称由“衡平信托投资有限责任公司”变更为“衡平信托有限责任公司”。

2008年12月，经四川银监局批准，公司正式更名为“中铁信托有限责任公司”。

2009年，公司营业场所正式搬迁至位于成都市核心金融商务区的航空路国航世纪中心。

2012年10月，公司取得博士后创新实践基地资格。

2012年12月，公司获得中国银行间市场交易商协会会员资格。

2012年12月，“四川省慈善总会·中铁信托爱心基金”正式成立。

2013年1月，公司注册资本由12亿元变更为20亿元。

地址：四川省成都市航空路1号国航世纪中心B座
邮编：610041
电话：028－86029144
传真：028－86029198
网址：www. crtrust. com
邮箱：crtc@ crtrust. com
财富热线：4008－085－085，028－87789999
028－86277999

中信信托有限责任公司

公司简介：

中信信托有限责任公司是中国银监会直接监管的以信托业务为主业的全国性非银行金融机构，是资产管理规模最大、综合经营实力稳居行业领先地位的信托公司，2009年被推举为中国信托业协会会长（理事长）单位，并于2012年获得连任。

中信集团由原国家副主席荣毅仁先生于1979年创办，公司是中信集团旗下的优质金融资产、全资国有金融企业。公

司注册资本为人民币 100 亿元(其中外汇 2,300 万美元),公司股东是中国中信有限公司和中信兴业投资集团有限公司。

公司追求和谐、科学的价值文化,秉承"无边界服务、无障碍运行"的经营理念,按照"金融普惠,资本民享"的原则,以差异化竞争、持续性创新为标志,把握市场规律,持续学习创新,统筹价值实现,致力于成为信托法规范下"综合金融解决方案的提供商和多种金融功能的集成者",达成国内领先、综合优势明显、具有核心竞争力的智慧型信托公司。

公司积极探索社会主义市场经济条件下信托公司的发展规律,依托不断增强的知识集成和创新能力、显著提升的主动资产管理能力以及审慎稳健的风险管理体系,为企业提供创造性的综合金融解决方案,先后推出涉及三农、西部开发、民生工程、基础设施建设、加工制造业、环保产业、文化产业和商业服务等多领域的信托产品,积极服务实体产业发展,并让广大投资者分享中国经济发展的收益。

公司因突出的综合实力和显著的经营业绩荣获"全国金融五一劳动奖状",多名员工获得"全国金融五一劳动奖章";《金融时报》、《中国证券报》、《上海证券报》、《21 世纪经济报道》、《华夏时报》、第一财经传媒以及中国社会科学院、清华大学、北京大学等多家组织和机构,在产品创新、品牌传承、社会责任等方面授予公司多项荣誉。

经营业绩

公司经营业务主要是信托业务、固有业务以及通过资产管理子公司开展的资产管理业务。截至 2014 年末,公司实际资产管理规模达到 10,764 亿元,其中信托资产规模为 9,021 亿元,通过资产管理子公司管理的资产规模为 1,743 亿元;公司固有资产总额 208.8 亿元。

企业社会责任

公司以"信行天下、信惠百姓"为企业愿景,以"为客户提供最佳的增值服务,为股东创造最大的价值,为职工搭建实现自我价值的平台,为行业发展贡献智慧,为社会做出最大的贡献"为使命,积极践行《信托公司社会责任公约》,不断丰富企业社会责任的实践内容。

1. 履行受托人义务,保障受益人利益

公司以受益人利益最大化为原则,认真履行诚实、信用、专业和有效管理信托财产的受托人义务,为投资者提供了回报稳定、有吸引力和风险可控的投资产品,年内为受益人分配信托利润超过 370 亿元;同时,公司还结合自身业务实际,研究制定金融消费者权益保护工作规程,着手建立保护消费者权益的内部管理体系。

2. 发挥专业优势,积极支持公益事业

公司继续运作中信航天发展基金,大力支持中国航天科技发展;参加由外交部扶贫办主办、北京外事办公室和朝阳区人民政府承办的第五届"大爱无国界"国际义卖活动;向云南昭通地震灾区捐款;深化与北京东铁营二小建立的长期帮扶关系,以实际行动关爱农民工子女;参与"北京绿色行动"黄羊滩植树活动,为治理空气污染、应对气候变化做出积极贡献。

3. 推广信托文化,推动行业发展

公司继续开展"信托文化中国行"、"信托・知识・力量"主题论坛活动,推行信托投资者教育,努力提升行业的社会认知度和影响力;引领信托理论研究,参加由中国信托业协会开展的"土地流转信托"和"公益信托制度研究"等课题研究,为公益信托法律法规的落实与完善提供理论基础;加强行业交流,多次接待同业信托公司的调研与来访,积极参加中国信托业协会各项活动。

4. 扶持绿色金融,践行绿色办公

公司积极响应国家绿色金融政策,重点扶植资源节约型、环境友好型产业发展,为徐州华美环保热电、宁波姚东环保科技、北京建工金源环保等环保科技企业先后提供了近 2 亿元的资金支持及其他综合性金融服务。公司高度关注自身碳足迹和碳排放,积极推广绿色办公,倡导员工节能减排。

5. 关心员工福利,注重职业发展

公司持续完善工会组织建设,积极保护职工合法权益;设立"举手制"等绿色成长通道,为职工发展提供广阔平台;举办"业务培训班"、"读好书"等系列培训活动,鼓励员工接受在职继续教育、自我学习成长;支持 13 个员工文体俱乐部定期开展各类文体活动,丰富员工日常生活,促进员工身心健康的良好发展。

服务理念

在集团提出的以客户为中心的战略指导下,中信信托秉承"无边界服务、无障碍运行"的经营理念,将"客户满意"作为最高的服务宗旨,以私人银行服务体系为标杆,立足为客户提供专家顾问级的财富管理服务,推动客户服务的专业化、规范化、人性化、品牌化。

我们将不断丰富客户服务内涵,不断完善各种客户服务手段,不断提高客户服务的境界,在产品营销全过程中为客户提供最佳的服务体验,为客户创造最大的价值,致力于打造中国信托业最优秀的财富管理平台和客户服务品牌。

地址:北京市朝阳区新源南路 6 号京城大厦 13 层

邮编:100004

电话:010 - 84862332

网址:http://trust.ecitic.com

信箱:citict@citic.com

第三编
中国证券市场

第一章　中国证券市场概况

第一节　中国证券市场

2014 中国证券行业发展情况

2014 年是证券行业创新发展较快的一年，行业整体实力显著提升，基础功能进一步完善，服务实体经济能力不断加强，以融资类业务为代表的资本中介业务快速成长，业务范围不断扩大，产品种类日益丰富，证券行业盈利水平显著提升，互联网证券布局明显提速，证券业务国际化步伐加快。伴随创新业务的快速成长及其与传统业务的融合发展，证券行业"靠天吃饭"的局面已大幅改善。

从全行业看，截至 2014 年底，全国共有 120 家证券公司，其中 20 家证券公司在沪、深证券交易所上市，较 2013 年新增国信证券 1 家；4 家证券公司在香港联合证券交易所上市，较 2013 年新增中原证券 1 家；另有两家证券公司在全国中小企业股份转让系统挂牌。总资产为 4.09 万亿元，净资产为 9205.19 亿元，净资本为 6791.60 亿元，客户交易结算资金余额（含信用交易代理买卖证券款）1.2 万亿元，托管证券市值 24.86 万亿元，受托管理资金本金总额 7.96 万亿元，共实现营业收入 2602.84 亿元，净利润 965.54 亿元。与 2013 年相比，证券公司总资产和净资产分别增长 96.63% 和 22.11%，证券公司客户交易结算资金余额增加 115%；托管证券市值增加 62%；受托管理资金本金总额增加 53.27%；融资融券余额增幅达 195.48%；营业收入增长 63.45%，净利润增长119.34%。

分析数据可以发现，2014 年，随着股市行情的好转，券商净资产和净资本集中度在经历了 2013 年的阶段性谷底之后缓慢回升，证券公司营收结构亦有所改善，创新业务和传统业务相得益彰、相互促进。经纪、承销和自营这三项传统业务占比加总虽然近年来始终维持在 75% 左右的水平，但比例有所调整。融资融券等创新业务快速成长并已成为证券公司主要收入来源之一，占总收入的比重从 2013 年的 11.59% 增至 2014 年的 17.14%。

首先，证券投资净收益增加。证券投资净收益受益于证券市场指数持续上扬，收入占比较 2013 年增长了 8.1%。

其次，转融通业务逐渐成熟。转融资试点证券公司由 2013 年底的 52 家增至 81 家，转融券试点证券公司由 2013 年底的 30 家增至 73 家，标的证券由 287 只扩大至 625 只；其次，融资融券标的证券由 2013 年底的 712 只增加至 914 只，开展融资融券业务的证券公司数量由 84 家增至 91 家。此外，去年内启动的"沪股通"还允许投资者在中国香港市场开展具备上交所融资融券标的资格的"沪股通"标的证券的融资融券交易。截至 2014 年底，融资融券余额突破万亿元大关，达到 10256.56 亿元，是 2013 年底该余额的 2.96 倍。融资融券余额约占 A 股市场流通市值的 3.21%，融资融券交易额约占 A 股交易总额的 20.98%，而这一数字在 2013 年分别为 1.74% 和 10.19%。

再次，投资咨询业务同比下降 13.46%；受益于 IPO 重启及再融资持续活跃，股权融资业务增长明显，同比增幅达 165.7%，2014 年全年，证券承销总额为 10757.81 亿元，同比增长 56.25。其中，IPO 融资 668.89 亿元，占证券承销总额的 6.22%；股票再融资 6778 亿元，占证券承销总额的 63.01%；债券承销总额为 3310.92 亿元，约占证券承销总额的 30.78%；券商受托管理资金总计 7.96 万亿元，较 2013 年增长 53%，其中，集合理财产品 2197 只，期末合计受托管理金额 6437.01 亿元，规模增长 78.91%；专项资产管理产品 149 只，期末受托管理金额合计 395.13 亿元，是 2013 年的 3.55 倍；证券公司进行金融产品投资的资金规模达 8763.34 亿元，同比增加 32.50%。

随着证券行业监管转型和业务创新逐渐深化，越来越多的证券公司开始加速互联网证券业务布局，通过打造多层次互联网平台，整合升级线上线下资源，加速网络证券业务创新，增强客户黏性。去年全年有 35 家证券公司取得互联网证券业务试点资格，据中国证券业协会专项调查数据显示，51 家已完成互联网金融平台搭建的证券公司中，44 家选择自主创建方式，其余 7 家则选择与互联网企业、电商共建的方式，有 77 家证券公司开展网上开户业务，实现网上开户近 300 万户，占全年新增 A 股账户的比重超过 1/3，其中 21 家证券公司网上开户占新增开户总量的比重已超过 50%。

同时，证券公司对移动互联网终端入口的重视明显提升，67 家证券公司支持移动终端开户，在线金融产品销售依然是目前互联网证券业务的主流模式，2014 年 36 家证券公司通过互联网平台实现金融产品销售额达 1056.48 亿元，22 家证券公司开展网络资讯服务实现销售额近 1.17 亿元。部分证券公司还将融资类业务与互联网终端相结合，以增强其在创新类资本中介业务方面的竞争力，多家证券公司主导参与的证通公司也处于积极筹备阶段，这都将为证券行业联网互通平台搭建和完善证券行业支付功能提供了有力支持。

2014 年资本市场双向开放"引进来"与"走出去"齐头并进，RQFII 总额度增至 8200 亿元人民币，试点范围进一步扩大至韩国、德国和法国等地，去年实现境外上市融资 364 亿美元，较 2013 年增长 109%。

2014 年，还是证券行业监管转型和制度建设的关键一年。围绕国务院《关于进一步促进资本市场健康发展的若干意见》，中国证监会大力推进监管转型实现"六个转变"，统筹安排市场改革开放、创新发展、监管执法和投资者保护等各项工作，全年共取消行政审批 13 项，发布的重要法规内容主要涉及创业板上市规则修订完善、企业兼并重组环境优化、上市公司退市制度完善、优先股试点管理、"沪港通"机制平稳推出以及资产证券业务施行备案制管理等多个方面。

2014 年度证券市场概况统计表

	2014 年底	2013 年底	比 2013 年底
境内上市公司数(A、B 股)(家)	2613	2489	4.98%
境内上市外资股(B 股)(家)	104	106	-1.89%
境外上市公司数(H 股)(家)	206	185	11.35%
股票总发行股本(A、B、H 股亿股)	43610.13	40569.08	7.50%
其中:流通股本(亿股)	39104.28	36744.16	6.42%
股票市价总值(A、B 股亿元)	372546.96	239077.19	55.83%
其中:股票流通市值(亿元)	315624.31	199579.54	58.14%
股票成交金额(亿元)	181362.61	39672.04	_
日均股票成交金额(亿元)	7885.33	1803.27	_
上证综合指数(收盘)	3234.68	2115.98	52.87%
深证综合指数(收盘)	1415.19	1057.67	33.80%
股票有效帐户数(万户)	14214.68	13247.15	7.30%
平均市盈率(静态)			
上海	15.99	10.99	45.50%
深圳	34.05	27.76	22.66%
证券投资基金只数(只)	1897	1552	22.23%
交易所上市证券投资基金成交金额(亿元)	3816.59	3805.03	_

2014 年度证券市场筹资统计表

时间	境内外筹资合计(亿元)	境内筹资合计(亿元)	首次发行金额			再筹资金额						债券市场筹资金额			
			A 股(亿元)	B 股(亿美元)	H 股(亿美元)	A 股(亿元)				B 股(亿美元)	H 股(亿美元)	可转债(亿元)	可分离债(亿元)	公司债(亿元)	中小企业私募债(亿元)
						公开增发	定向增发(现金)	配股	权证行权						
2012 年累计	1502.12	1115.60	0.39	0.00	44.32	0.00	258.68	13.36	0.00	0.00	17.16	12.05	0.00	788.40	42.72
2013.03	745.91	712.95	0.00	0.00	0.00	0.00	159.62	48.42	0.00	0.00	5.25	200.00	0.00	264.70	40.21
2013.04	834.35	834.35	0.00	0.00	0.00	0.00	238.35	35.68	0.00	0.00	0.00	0.00	0.00	537.70	22.62
2013.05	815.64	636.87	0.00	0.00	28.93	7.75	262.35	0.00	0.00	0.00	0.00	0.00	0.00	334.60	32.17
2013.06	370.83	339.99	0.00	0.00	0.00	16.40	83.57	26.41	0.00	0.00	4.99	0.00	0.00	186.15	27.46
2013.07	501.32	501.32	0.00	0.00	0.00	7.00	112.90	7.76	0.00	0.00	0.00	0.00	0.00	348.49	25.17
2013.08	535.22	535.22	0.00	0.00	0.00	7.00	114.66	14.49	0.00	0.00	0.00	14.61	0.00	364.00	20.46
2013.09	783.89	711.30	0.00	0.00	0.00	0.00	112.93	275.25	0.00	0.00	11.80	26.00	0.00	279.37	17.75
2013.10	209.02	171.13	0.00	0.00	0.00	0.00	78.47	0.00	0.00	0.00	6.17	0.00	0.00	74.50	18.16
2013.11	629.56	513.70	0.00	0.00	18.89	0.00	146.58	0.00	0.00	0.00	0.00	25.00	0.00	306.60	35.52
2013.12	1452.58	1054.13	0.00	0.00	65.35	32.00	320.05	49.23	0.00	0.00	0.00	276.00	0.00	340.60	36.25
2013 年累计	7948.72	6884.83	0.00	0.00	113.17	80.42	2246.59	475.75	0.00	0.00	59.51	551.31	0.00	3219.91	310.85
2014.01	772.52	707.97	187.72	0.00	0.94	0.00	406.51	8.01	0.00	0.00	9.64	0.00	0.00	65.07	40.66
2014.02	321.27	311.98	36.15	0.00	0.00	0.00	137.35	38.56	0.00	0.00	1.52	0.00	0.00	78.20	21.72
2014.03	634.89	530.85	0.00	0.00	0.00	14.61	338.55	13.31	0.00	0.00	2.30	4.87	0.00	122.00	52.12
2014.04	794.27	794.27	0.00	0.00	0.00	0.00	619.41	0.00	0.00	0.00	0.00	0.00	0.00	142.90	31.96
2014.05	658.78	549.90	0.00	0.00	12.15	3.65	239.66	30.65	0.00	0.00	5.50	12.40	0.00	226.30	37.24
2014.06	435.58	370.34	16.91	0.00	8.22	0.00	125.71	11.11	0.00	0.00	0.00	25.00	0.00	151.50	40.11
2014.07	587.04	546.66	46.18	0.00	2.52	0.00	266.80	18.68	0.00	0.00	4.03	46.32	0.00	105.50	63.18
2014.08	536.44	536.44	35.12	0.00	0.00	0.00	230.54	2.51	0.00	0.00	0.00	18.04	0.00	198.50	51.73
2014.09	913.59	903.53	69.09	0.00	0.00	0.00	542.72	0.00	0.00	0.00	1.64	23.00	0.00	181.03	87.69
2014.10	1168.72	752.07	54.27	0.00	2.50	0.00	248.61	7.35	0.00	0.00	65.29	107.60	0.00	292.50	41.74
2014.11	1057.41	1030.62	29.41	0.00	0.32	0.00	341.86	7.80	0.00	0.00	4.05	0.00	0.00	570.20	81.35

时间	境内外筹资合计(亿元)	境内筹资合计(亿元)	首次发行金额			再筹资金额						债券市场筹资金额			
			A股(亿元)	B股(亿美元)	H股(亿美元)	A股(亿元)				B股(亿美元)	H股(亿美元)	可转债(亿元)	可分离债(亿元)	公司债(亿元)	中小企业私募债(亿元)
						公开增发	定向增发(现金)	配股	权证行权						
2014.12	2749.67	1377.77	194.04	0.00	102.07	0.00	533.58	0.00	0.00	0.00	118.93	74.00	0.00	348.60	227.55
2014年累计	10630.18	8412.40	668.89	0.00	128.72	18.26	4031.30	137.98	0.00	0.00	212.90	311.23	0.00	2482.30	777.05

注:1.本表首发筹资金额以IPO上市首日为基础统计;

2.2013年,共有410家公司定向增发,其中定向增发资产认购筹资1345.15亿元;自2012年12月份起,考虑到中小企业私募债从发行到上市交易时间间隔较长,且不确定性因素较多,将原来按交易起始日统计变更为按托管登记日统计,并对原来数据进行了回溯调整。

2014年度股票交易情况统计表

日期	交易天数	股票成交金额(亿元)	日均成交金额(亿元)	股票成交数量(亿股)	日均成交数量(亿股)	交易印花税(亿元)
2010年累计	242	545633.54	2254.68	42151.99	174.18	545.64
2011年累计	244	421649.72	1728.07	33957.55	139.17	421.67
2012.10	18	18258.33	1014.35	2198.91	122.16	18.26
2012.11	22	17533.93	797.00	2177.88	98.99	17.53
2012.12	21	31722.87	1510.61	3820.76	181.94	31.72
2012年累计	243	163768.68	673.95	18067.33	74.35	421.67
2013.01	20	43230.33	2161.52	4659.78	232.99	43.23
2013.02	15	30302.35	2020.15	3101.45	206.76	30.30
2013.03	21	38732.46	1844.40	4025.65	191.70	38.73
2013.04	18	25762.9	1431.27	2674.95	148.61	25.76
2013.05	22	45068.09	2048.55	4443.35	201.97	45.07
2013.06	17	28542.84	1678.99	2975.10	175.01	28.50
2013.07	23	41553.92	1806.70	4293.59	186.68	41.51
2013.08	22	45244.87	2056.59	4757.34	216.24	45.17
2013.09	19	46944.69	2470.77	5015.13	263.95	46.89
2013.10	18	43508.38	2417.13	4392.82	244.05	43.46
2013.11	21	40165.73	1912.65	4065.81	193.61	40.10
2013.12	22	39672.04	1803.27	3967.70	180.35	39.55
2013年累计	238	468728.60	1969.45	48372.67	203.25	468.27
2014.01	21	35863.73	1707.80	3364.24	160.20	35.78
2014.02	16	43950.33	2746.90	4102.09	256.38	43.90
2014.03	21	42351.64	2016.74	4385.29	208.82	42.22
2014.04	21	34982.19	1665.82	3730.94	177.66	34.87
2014.05	20	27622.34	1381.12	2918.32	145.92	27.52
2014.06	20	32412.76	1620.64	3282.18	164.11	32.30
2014.07	23	53409.12	2322.14	5712.67	248.38	53.31
2014.08	21	60899.45	2899.97	6341.37	301.97	60.80
2014.09	21	76699.48	3652.36	7751.31	369.11	76.52
2014.10	18	65239.57	3624.42	6579.52	365.53	65.11
2014.11	20	89119.76	4455.99	9031.20	451.56	88.91
2014.12	23	181362.61	7885.33	16555.48	719.80	181.14
2014年累计	245	743912.98	3036.38	73754.61	301.04	742.38

2014 年度证券公司总资产排名

单位：万元

序号	公司名称	总资产
1	中信证券	34,843,144
2	海通证券	26,341,251
3	国泰君安	24,474,082
4	广发证券	22,139,549
5	华泰证券	20,044,260
6	招商证券	17,724,004
7	银河证券	16,517,745
8	国信证券	14,647,465
9	申万宏源	11,980,406
10	中信建投	11,459,646
11	光大证券	10,261,905
12	东方证券	9,805,278
13	安信证券	7,970,372
14	齐鲁证券	7,739,011
15	方正证券	7,620,017
16	兴业证券	6,518,757
17	长江证券	6,363,826
18	中投证券	6,178,187
19	平安证券	6,044,700
20	西南证券	5,564,653
21	东吴证券	5,062,153
22	国元证券	4,466,811
23	中信证券(浙江)	3,892,366
24	财通证券	3,439,577
25	中银国际	3,428,163
26	东兴证券	3,365,332
27	东北证券	3,339,871
28	华西证券	3,336,108
29	中金公司	3,114,189
30	长城证券	3,025,078
31	浙商证券	2,890,317
32	西部证券	2,806,252
33	信达证券	2,701,360
34	民族证券	2,662,020
35	中原证券	2,621,169
36	湘财证券	2,578,060
37	广州证券	2,531,228
38	华融证券	2,420,970
39	上海证券	2,407,850
40	国海证券	2,383,620
41	国金证券	2,315,178
42	东莞证券	2,301,873
43	渤海证券	2,299,241
44	财达证券	2,296,960
45	山西证券	2,274,004
46	南京证券	2,170,712
47	东海证券	2,151,116
48	国开证券	2,046,543
49	华安证券	2,018,761
50	恒泰证券	2,011,778
51	第一创业	1,852,407
52	中信证券(山东)	1,849,587
53	国都证券	1,805,403
54	华福证券	1,756,759
55	国联证券	1,685,144
56	财富证券	1,630,392
57	新时代证券	1,538,197
58	首创证券	1,522,212
59	天风证券	1,456,772
60	华龙证券	1,443,126
61	民生证券	1,431,650
62	太平洋证券	1,331,425
63	江海证券	1,300,961
64	金元证券	1,288,481
65	万联证券	1,274,091
66	宏信证券	1,103,735
67	中航证券	1,088,301
68	红塔证券	1,084,888
69	联讯证券	1,068,550
70	中山证券	1,044,365
71	英大证券	955,900
72	华鑫证券	952,297
73	华创证券	948,218
74	大通证券	948,176
75	国盛证券	936,596
76	德邦证券	840,051
77	华林证券	759,431
78	中天证券	721,372
79	华泰联合证券	606,276
80	银泰证券	560,026
81	西藏同信	557,795
82	世纪证券	539,085
83	五矿证券	513,611
84	华宝证券	493,810
85	大同证券	463,216
86	北京高华	441,001
87	长城国瑞	391,723
88	爱建证券	383,267
89	开源证券	382,569
90	高盛高华	315,691
91	日信证券	314,019
92	中邮证券	311,520
93	瑞银证券	275,937
94	华金证券	227,657
95	川财证券	206,477
96	上海国泰君安证券资产	192,950
97	上海海通证券资产	177,909
98	万和证券	176,040
99	华信证券	167,018
100	九州证券	161,467
101	众成证券	135,481
102	诚浩证券	105,122
103	摩根士丹利华鑫证券	100,208
104	中德证券	99,620
105	华英证券	92,402
106	瑞信方正	89,570
107	第一创业摩根大通证券	86,669
108	东方花旗证券	83,241

序号	公司名称	总资产
109	上海光大证券资产	80,483
110	浙江浙商证券资产	79,745
111	广发证券资管(广东)	77,955
112	兴证证券资管	73,496
113	银河金汇证券资管	54,939
114	上海东方证券资产	52,864
115	海际证券	39,297
116	恒泰长财	32,169
117	长江保荐	24,756
118	齐鲁证券资管(上海)	14,067
119	金通证券	9,940

2014年度证券公司净资产排名

单位:万元

序号	公司名称	净资产
1	中信证券	7,868,438
2	海通证券	6,502,246
3	招商证券	4,055,832
4	广发证券	3,766,839
5	华泰证券	3,708,578
6	国泰君安	3,698,768
7	国信证券	3,168,735
8	方正证券	2,997,733
9	银河证券	2,879,489
10	光大证券	2,494,224
11	申万宏源	2,072,985
12	东方证券	1,802,740
13	国元证券	1,715,272
14	中信建投	1,635,044
15	西南证券	1,628,454
16	兴业证券	1,397,496
17	东吴证券	1,380,782
18	长江证券	1,377,129
19	齐鲁证券	1,376,736
20	安信证券	1,148,642
21	中投证券	1,002,716
22	国金证券	982,193
23	平安证券	972,248
24	国开证券	924,472
25	财通证券	891,553
26	东北证券	845,996
27	华西证券	828,074
28	中银国际	789,133
29	民族证券	753,683
30	山西证券	734,294
31	长城证券	718,346
32	财达证券	709,883
33	东兴证券	691,727
34	华融证券	683,296
35	国都证券	671,128
36	信达证券	667,510
37	国海证券	656,846
38	太平洋证券	639,243
39	渤海证券	628,910
40	红塔证券	611,051
41	东海证券	608,608
42	浙商证券	589,828
43	中原证券	582,355
44	中金公司	580,597
45	广州证券	579,633
46	西部证券	536,847
47	恒泰证券	524,584
48	华泰联合证券	517,052
49	第一创业	511,915
50	上海证券	498,341
51	华安证券	490,017
52	南京证券	458,405
53	金元证券	433,677
54	湘财证券	429,865
55	国联证券	407,349
56	中信证券(浙江)	388,834
57	新时代证券	385,492
58	民生证券	365,520
59	中信证券(山东)	354,291
60	华龙证券	345,173
61	大通证券	344,951
62	东莞证券	317,267
63	财富证券	315,930
64	德邦证券	309,910
65	万联证券	305,476
66	天风证券	300,091
67	国盛证券	299,364
68	华鑫证券	282,498
69	中航证券	278,826
70	英大证券	276,634
71	中山证券	273,316
72	江海证券	271,500
73	华福证券	257,779
74	首创证券	256,662
75	华创证券	254,846
76	中邮证券	217,757
77	北京高华	196,692
78	银泰证券	190,417
79	中天证券	189,194
80	长城国瑞	187,845
81	华宝证券	179,163
82	宏信证券	173,211
83	联讯证券	170,819
84	华林证券	167,775
85	开源证券	164,875
86	瑞银证券	160,958
87	上海海通证券资产	159,242
88	上海国泰君安证券资产	146,230
89	爱建证券	128,775
90	高盛高华	128,114
91	华金证券	124,905
92	川财证券	121,542
93	西藏同信	115,976
94	日信证券	112,586
95	中德证券	97,495
96	世纪证券	95,524

序号	公司名称	净资产
97	五矿证券	89,191
98	大同证券	87,587
99	瑞信方正	84,360
100	第一创业摩根大通证券	80,624
101	华英证券	80,110
102	万和证券	78,418
103	摩根士丹利华鑫证券	75,711
104	东方花旗证券	72,104
105	广发证券资管(广东)	69,703
106	浙江浙商证券资产	64,991
107	兴证证券资管	63,900
108	上海光大证券资产	56,001
109	银河金汇证券资管	50,913
110	华信证券	48,763
111	上海东方证券资产	38,286
112	海际证券	37,039
113	诚浩证券	33,727
114	恒泰长财	31,557
115	九州证券	28,238
116	众成证券	25,048
117	长江保荐	10,308
118	齐鲁证券资管(上海)	10,040
119	金通证券	9,908

2014 年度证券公司营业收入排名

单位:万元

序号	公司名称	营业收入
1	国泰君安	1,346,415
2	中信证券	1,304,932
3	海通证券	1,219,211
4	广发证券	1,116,993
5	国信证券	1,091,519
6	银河证券	1,057,232
7	招商证券	1,012,638
8	华泰证券	967,465
9	中信建投	813,133
10	申万宏源	755,399
11	光大证券	522,002
12	齐鲁证券	513,376
13	安信证券	482,882
14	兴业证券	436,287
15	东方证券	427,092
16	方正证券	404,568
17	长江证券	404,027
18	中投证券	365,362
19	西南证券	353,613
20	中金公司	345,136
21	国元证券	314,403
22	平安证券	301,774
23	华西证券	292,898
24	信达证券	275,922
25	东吴证券	274,625
26	东北证券	273,266
27	东海证券	256,673
28	国金证券	255,786
29	中信证券(浙江)	248,574
30	中银国际	246,517
31	东兴证券	236,705
32	长城证券	227,449
33	国海证券	216,465
34	华融证券	201,495
35	财通证券	201,205
36	湘财证券	199,899
37	财达证券	195,114
38	民族证券	193,468
39	西部证券	188,003
40	浙商证券	186,699
41	渤海证券	185,772
42	东莞证券	176,048
43	中原证券	171,988
44	恒泰证券	167,398
45	民生证券	151,386
46	上海证券	150,887
47	第一创业	150,456
48	华安证券	148,962
49	新时代证券	144,604
50	华福证券	143,704
51	广州证券	142,418
52	华泰联合证券	139,145
53	山西证券	138,048
54	国联证券	136,102
55	国开证券	134,352
56	南京证券	133,443
57	太平洋证券	129,717
58	中信证券(山东)	128,132
59	华龙证券	122,884
60	国都证券	113,411
61	财富证券	109,322
62	江海证券	108,713
63	红塔证券	107,612
64	金元证券	104,036
65	德邦证券	101,402
66	华创证券	97,538
67	中山证券	97,181
68	上海国泰君安证券资产	96,717
69	万联证券	93,785
70	中航证券	93,126
71	瑞银证券	92,248
72	天风证券	85,855
73	宏信证券	84,386
74	国盛证券	84,006
75	北京高华	78,378
76	西藏同信	77,409
77	首创证券	75,645
78	大通证券	71,930
79	华林证券	70,395
80	华鑫证券	66,685
81	高盛高华	64,608
82	英大证券	56,505
83	联讯证券	55,922
84	上海海通证券资产	50,222
85	日信证券	48,100

序号	公司名称	营业收入
86	大同证券	45,114
87	上海光大证券资产	43,860
88	世纪证券	42,258
89	东方花旗证券	40,774
90	银泰证券	40,763
91	中天证券	39,928
92	摩根士丹利华鑫证券	39,903
93	开源证券	37,231
94	广发证券资管(广东)	36,328
95	川财证券	32,599
96	华宝证券	31,649
97	爱建证券	31,388
98	中德证券	31,319
99	五矿证券	31,185
100	上海东方证券资产	30,480
101	浙江浙商证券资产	30,032
102	第一创业摩根大通证券	26,051
103	中邮证券	23,499
104	长城国瑞	21,683
105	华英证券	21,570
106	长江保荐	19,495
107	兴证证券资管	16,814
108	瑞信方正	16,544
109	九州证券	13,720
110	银河金汇证券资管	12,422
111	诚浩证券	11,990
112	万和证券	11,624
113	海际证券	11,099
114	众成证券	10,026
115	华金证券	9,835
116	华信证券	8,600
117	恒泰长财	7,293
118	齐鲁证券资管(上海)	3,929
119	金通证券	187

2014 年度证券公司净利润排名

单位:万元

序号	公司名称	净利润
1	中信证券	660,591
2	海通证券	567,817
3	国泰君安	531,915
4	国信证券	448,072
5	广发证券	431,822
6	华泰证券	390,087
7	招商证券	374,293
8	银河证券	368,304
9	中信建投	327,917
10	申万宏源	321,395
11	东方证券	208,014
12	光大证券	200,264
13	齐鲁证券	190,059
14	方正证券	164,565
15	长江证券	161,974
16	兴业证券	150,745
17	西南证券	136,340
18	华西证券	136,024
19	国元证券	131,885
20	安信证券	123,007
21	中投证券	120,119
22	东北证券	101,384
23	中信证券(浙江)	99,908
24	东兴证券	94,936
25	中银国际	93,222
26	信达证券	91,847
27	东吴证券	87,989
28	东海证券	84,380
29	财达证券	80,476
30	国金证券	80,065
31	湘财证券	78,625
32	平安证券	78,477
33	华融证券	77,846
34	财通证券	70,601
35	渤海证券	70,108
36	国海证券	66,829
37	西部证券	66,103
38	长城证券	65,204
39	东莞证券	61,931
40	国联证券	61,529
41	国开证券	61,161
42	中金公司	61,084
43	民族证券	57,702
44	华安证券	57,618
45	中原证券	56,292
46	山西证券	55,370
47	恒泰证券	55,100
48	浙商证券	53,869
49	南京证券	53,264
50	华福证券	53,129
51	太平洋证券	52,417
52	上海证券	50,201
53	中信证券(山东)	49,762
54	广州证券	46,635
55	红塔证券	45,026
56	第一创业	44,866
57	国都证券	44,367
58	上海海通证券资产	44,185
59	财富证券	42,754
60	民生证券	42,048
61	华龙证券	41,439
62	新时代证券	41,217
63	华泰联合证券	41,151
64	江海证券	38,606
65	德邦证券	36,571
66	大通证券	31,287
67	宏信证券	30,460
68	中航证券	30,231
69	金元证券	30,043
70	万联证券	28,594
71	上海国泰君安证券资产	28,389
72	国盛证券	28,351
73	首创证券	27,084

序号	公司名称	净利润
74	华创证券	22,455
75	北京高华	22,315
76	西藏同信	20,871
77	天风证券	20,632
78	广发证券资管(广东)	19,042
79	华林证券	18,697
80	日信证券	17,687
81	大同证券	15,713
82	英大证券	15,431
83	银泰证券	15,410
84	上海光大证券资产	14,811
85	中山证券	14,745
86	世纪证券	12,213
87	华鑫证券	12,167
88	瑞银证券	11,814
89	浙江浙商证券资产	11,378
90	中天证券	11,332
91	川财证券	10,414
92	开源证券	9,103
93	爱建证券	8,831
94	联讯证券	8,103
95	中邮证券	7,965
96	兴证证券资管	6,887
97	华宝证券	5,993
98	高盛高华	5,805
99	东方花旗证券	5,220
100	华英证券	4,625
101	五矿证券	4,356
102	第一创业摩根大通证券	2,702
103	九州证券	2,573
104	海际证券	2,469
105	诚浩证券	2,435
106	万和证券	2,419
107	上海东方证券资产	1,623
108	长城国瑞	1,143
109	银河金汇证券资管	913
110	华信证券	744
111	众成证券	517
112	华金证券	501
113	长江保荐	317
114	恒泰长财	128
115	齐鲁证券资管(上海)	16
116	摩根士丹利华鑫证券	-47
117	金通证券	-92
118	中德证券	-1,739
119	瑞信方正	-2,591

2014 年度证券公司净资本排名

单位:万元

序号	公司名称	净资本
1	中信证券	4,431,925
2	海通证券	3,711,026
3	广发证券	3,266,412
4	国泰君安	2,882,198
5	银河证券	2,546,231
6	招商证券	2,544,885
7	国信证券	2,235,743
8	申万宏源	2,122,848
9	华泰证券	1,972,781
10	光大证券	1,690,277
11	中信建投	1,502,381
12	兴业证券	1,357,074
13	西南证券	1,323,303
14	方正证券	1,314,050
15	东方证券	1,173,103
16	安信证券	1,010,907
17	长江证券	960,835
18	国元证券	926,525
19	东吴证券	872,327
20	财通证券	856,669
21	齐鲁证券	850,132
22	国金证券	803,452
23	国开证券	759,303
24	平安证券	752,038
25	中银国际	731,752
26	信达证券	688,635
27	东北证券	678,965
28	华西证券	658,046
29	华融证券	651,896
30	中投证券	642,545
31	民族证券	622,765
32	东兴证券	614,736
33	财达证券	599,110
34	渤海证券	558,991
35	太平洋证券	546,383
36	广州证券	528,510
37	长城证券	503,062
38	国都证券	490,166
39	国海证券	475,377
40	红塔证券	464,218
41	上海证券	461,852
42	浙商证券	455,017
43	中金公司	454,059
44	华泰联合证券	450,251
45	西部证券	419,577
46	恒泰证券	407,342
47	山西证券	406,908
48	中原证券	400,104
49	华安证券	377,527
50	金元证券	362,518
51	南京证券	362,005
52	东海证券	356,624
53	国联证券	349,788
54	湘财证券	347,312
55	中信证券(浙江)	341,106
56	第一创业	311,141
57	民生证券	295,327
58	中信证券(山东)	289,239
59	北京高华	281,878
60	上海光大证券资产	273,915
61	江海证券	266,112

序号	公司名称	净资本
62	国盛证券	265,693
63	中航证券	265,495
64	德邦证券	264,867
65	大通证券	261,770
66	高盛高华	243,761
67	东莞证券	241,810
68	财富证券	234,145
69	上海国泰君安证券资产	230,771
70	上海海通证券资产	220,270
71	万联证券	216,935
72	新时代证券	212,127
73	英大证券	209,114
74	中邮证券	206,808
75	华福证券	197,099
76	华龙证券	192,805
77	天风证券	191,194
78	华创证券	179,021
79	长城国瑞	178,722
80	华鑫证券	168,394
81	中天证券	166,734
82	华宝证券	162,488
83	瑞银证券	154,891
84	银泰证券	152,995
85	联讯证券	152,190
86	首创证券	151,356
87	中山证券	138,682
88	华林证券	135,621
89	宏信证券	131,531
90	开源证券	122,284
91	广发证券资管(广东)	121,537
92	爱建证券	112,214
93	川财证券	110,395
94	华金证券	108,783
95	世纪证券	108,334
96	华英证券	108,209
97	西藏同信	105,301
98	恒泰长财	100,000
99	中德证券	91,832
100	瑞信方正	78,933
101	第一创业摩根大通证券	75,715
102	万和证券	72,976
103	日信证券	72,444
104	五矿证券	71,942
105	东方花旗证券	69,093
106	大同证券	68,036
107	摩根士丹利华鑫证券	65,512
108	兴证证券资管	58,037
109	齐鲁证券资管(上海)	53,938
110	浙江浙商证券资产	51,389
111	银河金汇证券资管	50,087
112	华信证券	45,594
113	海际证券	35,259
114	上海东方证券资产	32,830
115	诚浩证券	28,512
116	长江保荐	27,506
117	九州证券	23,127
118	众成证券	22,236
119	金通证券	9,536

2014 年度证券公司股票主承销家数排名
(合并口径)

单位:个

序号	名称	股票主承销家数
1	中信建投	44.6
2	广发证券	30.5
3	海通证券	25.0
4	国泰君安	23.8

2014 年度证券公司股票主承销金额排名
(合并口径)

单位:万元

序号	名称	股票主承销金额
1	中信建投	6,803,501
2	中信证券	4,604,522
3	中金公司	3,757,115
4	海通证券	3,664,174
5	广发证券	3,402,395
6	银河证券	3,308,290

2014 年度证券公司股票承销净收入排名
(合并口径)

单位:万元

序号	公司名称	股票承销净收入
1	广发证券	85,340
2	中信证券	62,200
3	海通证券	61,154
4	西南证券	58,991
5	国泰君安	52,519
6	中信建投	50,532
7	国信证券	49,467
8	银河证券	43,391
9	中金公司	40,595
10	招商证券	37,745
11	华泰证券	37,178
12	国金证券	25,353
13	安信证券	22,647

2014 年度证券公司
并购重组财务顾问业务净收入排名
(合并口径)

单位:万元

序号	公司名称	并购重组财务顾问业务净收入
1	华泰证券	34,576
2	西南证券	23,828
3	中信证券	20,334
4	海通证券	13,424
5	中金公司	11,044
6	广发证券	10,658
7	中信建投	8,215

序号	公司名称	并购重组财务顾问业务净收入
8	申万宏源	6,514
9	国泰君安	6,330

2014 年度证券公司财务杠杆倍数排名

序号	公司名称	财务杠杆率
1	中信证券(浙江)	5.10
2	平安证券	4.74
3	国泰君安	4.74
4	中信建投	4.55
5	东方证券	4.53
6	首创证券	4.48
7	天风证券	4.25
8	五矿证券	4.24
9	联讯证券	4.19
10	广发证券	4.18
11	安信证券	4.13
12	中金公司	3.89
13	东莞证券	3.88
14	中信证券	3.84
15	华福证券	3.78
16	财富证券	3.73
17	宏信证券	3.72
18	华泰证券	3.71
19	东兴证券	3.49
20	湘财证券	3.45
21	齐鲁证券	3.45
22	银河证券	3.44
23	兴业证券	3.42
24	广州证券	3.35
25	申万宏源	3.33
26	中投证券	3.28
27	长江证券	3.23
28	招商证券	3.17
29	西部证券	3.16
30	海通证券	3.14
31	华信证券	3.13
32	华龙证券	3.12
33	国信证券	3.10
34	浙商证券	2.99
35	南京证券	2.96
36	中原证券	2.95
37	华融证券	2.86
38	光大证券	2.85
39	上海证券	2.82
40	东吴证券	2.81
41	第一创业	2.80
42	西南证券	2.77
43	西藏同信	2.77
44	江海证券	2.76
45	财通证券	2.71
46	长城证券	2.69
47	中银国际	2.68
48	中信证券(山东)	2.67
49	东北证券	2.64
50	中山证券	2.63
51	信达证券	2.53
52	万联证券	2.50
53	恒泰证券	2.48
54	中天证券	2.47
55	高盛高华	2.46
56	华安证券	2.42
57	渤海证券	2.41
58	长江保荐	2.40
59	华创证券	2.40
60	新时代证券	2.37
61	国海证券	2.25
62	民族证券	2.24
63	国联证券	2.23
64	英大证券	2.22
65	东海证券	2.20
66	北京高华	2.16
67	华西证券	2.15
68	世纪证券	2.08
69	中航证券	2.07
70	国开证券	2.05
71	金元证券	1.99
72	银泰证券	1.93
73	国元证券	1.91
74	山西证券	1.88
75	方正证券	1.87
76	德邦证券	1.86
77	国都证券	1.80
78	日信证券	1.80
79	民生证券	1.76
80	国盛证券	1.71
81	开源证券	1.71
82	大同证券	1.68
83	财达证券	1.64
84	华鑫证券	1.61
85	华林证券	1.55
86	大通证券	1.52
87	瑞银证券	1.50
88	太平洋证券	1.49
89	国金证券	1.45
90	上海光大证券资产	1.44
91	华宝证券	1.41
92	华金证券	1.41
93	齐鲁证券资管(上海)	1.40
94	上海东方证券资产	1.38
95	摩根士丹利华鑫证券	1.32
96	上海国泰君安证券资产	1.32
97	红塔证券	1.27
98	爱建证券	1.24
99	浙江浙商证券资产	1.23
100	华泰联合证券	1.17
101	东方花旗证券	1.15
102	华英证券	1.15
103	兴证证券资管	1.15
104	九州证券	1.12
105	广发证券资管(广东)	1.12
106	上海海通证券资产	1.12
107	川财证券	1.11
108	诚浩证券	1.08
109	银河金汇证券资管	1.08
110	第一创业摩根大通证券	1.07
111	众成证券	1.07

序号	公司名称	财务杠杆率
112	瑞信方正	1.06
113	海际证券	1.06
114	万和证券	1.04
115	中邮证券	1.03
116	中德证券	1.02
117	恒泰长财	1.02
118	长城国瑞	1.02
119	金通证券	1.00

2014 年度证券公司
财务顾问业务净收入排名
（合并口径）

单位：万元

序号	公司名称	财务顾问业务净收入
1	中信证券	102,609
2	华泰证券	43,457
3	申万宏源	28,473
4	广发证券	26,105
5	西南证券	23,975
6	华融证券	23,822
7	国信证券	21,788
8	海通证券	20,571
9	中信建投	19,869
10	国泰君安	19,046
11	中金公司	16,596
12	东兴证券	16,267
13	东吴证券	14,046
14	招商证券	13,328
15	安信证券	12,849
16	方正证券	11,334
17	齐鲁证券	11,096
18	国金证券	11,001
19	华鑫证券	9,941
20	东方证券	9,584
21	西藏同信	9,556
22	长江证券	8,904
23	东海证券	8,013
24	南京证券	7,865
25	天风证券	7,691
26	西部证券	7,619
27	兴业证券	7,036
28	光大证券	6,930
29	长城证券	6,878
30	东北证券	6,789
31	中山证券	6,402
32	国海证券	6,282
33	银河证券	5,954
34	第一创业	5,875
35	信达证券	5,843
36	浙商证券	5,834
37	平安证券	5,497
38	联讯证券	5,482
39	东莞证券	5,454
40	山西证券	4,694
41	中投证券	4,692
42	国元证券	4,503
43	华信证券	4,360
44	中原证券	4,074
45	瑞银证券	3,825
46	华林证券	3,774
47	金元证券	3,658
48	德邦证券	3,581
49	广州证券	3,576
50	中银国际	3,523
51	民生证券	3,334
52	民族证券	3,274
53	财通证券	3,267
54	大通证券	3,172
55	华西证券	3,149
56	新时代证券	2,917
57	华创证券	2,563
58	江海证券	2,458
59	中航证券	2,435
60	国开证券	2,256
61	万联证券	2,035
62	红塔证券	2,020
63	恒泰证券	2,014
64	太平洋证券	2,006
65	渤海证券	1,963
66	国盛证券	1,957
67	国联证券	1,939
68	财达证券	1,786
69	华福证券	1,629
70	首创证券	1,603
71	日信证券	1,580
72	华龙证券	1,348
73	爱建证券	1,348
74	湘财证券	1,095
75	国都证券	938
76	华安证券	865
77	财富证券	846
78	五矿证券	732
79	英大证券	723
80	开源证券	574
81	宏信证券	492
82	世纪证券	223
83	北京高华	150
84	大同证券	105
85	川财证券	92
86	华宝证券	73

注：排名中北京高华和高盛高华、长江证券和长江保荐、第一创业和第一创业摩根大通证券、东方证券和东方花旗证券、方正证券和瑞信方正、国联证券和华英证券、恒泰证券与恒泰长财、华泰证券和华泰联合、华鑫证券和摩根士丹利华鑫证券、山西证券和中德证券、国泰君安和上海证券、海际证券合，申银万国与宏源证券并计算。

2014 年度证券公司
承销与保荐业务净收入排名
（合并口径）

单位：万元

序号	公司名称	承销与保荐业务净收入
1	中信证券	179,817
2	中信建投	143,444
3	广发证券	142,329
4	国信证券	128,638

序号	公司名称	承销与保荐业务净收入
5	国泰君安	111,588
6	海通证券	109,911
7	招商证券	94,614
8	银河证券	93,521
9	中金公司	77,310
10	申万宏源	75,776
11	华泰证券	73,639
12	西南证券	71,253
13	东海证券	59,123
14	国开证券	50,767
15	兴业证券	44,145
16	安信证券	42,235
17	第一创业	41,914
18	齐鲁证券	35,981
19	平安证券	35,576
20	信达证券	35,444
21	国金证券	35,051
22	东方证券	34,010
23	东吴证券	32,794
24	长城证券	31,476
25	长江证券	28,787
26	新时代证券	26,780
27	民生证券	26,746
28	华鑫证券	25,316
29	山西证券	25,144
30	瑞银证券	25,043
31	中银国际	24,618
32	财通证券	22,841
33	国海证券	22,784
34	国元证券	19,452
35	华林证券	17,926
36	浙商证券	17,080
37	华龙证券	17,063
38	东北证券	15,985
39	北京高华	15,142
40	华西证券	14,989
41	光大证券	14,664
42	华融证券	14,465
43	国联证券	13,950
44	中航证券	13,273
45	西部证券	12,489
46	渤海证券	11,610
47	国都证券	11,090
48	华创证券	10,927
49	广州证券	10,407
50	德邦证券	10,118
51	东莞证券	9,517
52	天风证券	9,478
53	中投证券	9,100
54	江海证券	8,587
55	恒泰证券	8,391
56	太平洋证券	8,075
57	湘财证券	7,602
58	方正证券	7,500
59	财富证券	7,196
60	东兴证券	6,522
61	民族证券	6,373
62	中原证券	6,002
63	日信证券	5,918
64	中山证券	5,465
65	金元证券	5,282
66	万联证券	4,127
67	大通证券	3,837
68	首创证券	2,702
69	南京证券	2,529
70	国盛证券	2,142
71	华福证券	1,901
72	西藏同信	1,869
73	财达证券	1,743
74	川财证券	1,520
75	五矿证券	1,135
76	英大证券	888
77	宏信证券	611
78	华安证券	443
79	华信证券	234
80	爱建证券	184
81	红塔证券	160
82	华金证券	111
83	世纪证券	40
84	华宝证券	22
85	中天证券	22
86	开源证券	13
87	联讯证券	10

注：排名中北京高华和高盛高华、长江证券和长江保荐、第一创业和第一创业摩根大通证券、东方证券和东方花旗证券、方正证券和瑞信方正、国联证券和华英证券、恒泰证券与恒泰长财、华泰证券和华泰联合、华鑫证券和摩根士丹利华鑫证券、山西证券和中德证券、国泰君安和上海证券、海际证券，申银万国与宏源证券合并计算。

2014 年度证券公司
代理买卖证券业务净收入排名
（合并口径）

单位：万元

序号	公司名称	代理买卖证券业务净收入
1	国泰君安	579,118
2	申万宏源	532,307
3	国信证券	503,692
4	银河证券	495,148
5	中信证券	455,910
6	华泰证券	448,924
7	广发证券	438,513
8	海通证券	413,961
9	招商证券	365,112
10	中信建投	312,097
11	齐鲁证券	306,393
12	光大证券	260,440
13	安信证券	234,544
14	中投证券	232,755
15	方正证券	205,017
16	华西证券	174,850
17	长江证券	155,982
18	兴业证券	109,079
19	国元证券	104,997
20	平安证券	103,564
21	东方证券	101,874
22	财达证券	101,775
23	浙商证券	97,685

序号	公司名称	代理买卖证券业务净收入
24	国海证券	95,567
25	东吴证券	95,368
26	华安证券	94,796
27	东兴证券	93,400
28	东北证券	92,715
29	西部证券	91,535
30	东莞证券	90,505
31	信达证券	88,718
32	财通证券	86,653
33	国金证券	82,058
34	民族证券	81,668
35	中原证券	79,136
36	中银国际	76,605
37	西南证券	74,207
38	湘财证券	71,876
39	南京证券	70,993
40	山西证券	70,831
41	恒泰证券	70,544
42	中金公司	67,247
43	东海证券	64,558
44	华福证券	63,178
45	长城证券	61,567
46	国联证券	59,451
47	民生证券	57,027
48	渤海证券	56,283
49	华龙证券	54,101
50	新时代证券	53,335
51	国盛证券	40,603
52	中航证券	40,082
53	华融证券	38,788
54	江海证券	38,722
55	财富证券	38,299
56	太平洋证券	37,380
57	华创证券	36,701
58	广州证券	35,628
59	宏信证券	35,315
60	国都证券	34,978
61	华鑫证券	33,760
62	大同证券	33,042
63	大通证券	32,768
64	万联证券	31,755
65	华林证券	31,498
66	金元证券	30,824
67	红塔证券	29,448
68	中山证券	27,933
69	世纪证券	27,687
70	联讯证券	27,077
71	英大证券	25,212
72	第一创业	24,847
73	瑞银证券	22,938
74	首创证券	21,814
75	西藏同信	20,547
76	中天证券	19,600
77	银泰证券	15,856
78	天风证券	15,709
79	德邦证券	15,143
80	长城国瑞	14,996
81	爱建证券	14,747
82	日信证券	11,633
83	国开证券	10,379
84	华宝证券	10,272
85	九州证券	9,977
86	川财证券	8,872
87	开源证券	8,679
88	万和证券	7,881
89	众成证券	7,879
90	中邮证券	7,023
91	五矿证券	6,609
92	北京高华	6,535
93	诚浩证券	5,016
94	华金证券	2,878
95	华信证券	630

注:排名中中信证券与中信证券(浙江)、中信证券(山东)、金通证券,国泰君安证券与上海证券,申银万国与宏源证券合并计算。

2014 年度证券公司代理销售金融产品规模排名（合并口径）

单位:万元

序号	公司名称	代理销售产品规模
1	华泰证券	124,543,478
2	广发证券	28,887,948
3	海通证券	21,720,033
4	安信证券	19,009,619
5	中信证券	15,424,809
6	申万宏源	11,776,603
7	国泰君安	10,202,352
8	国金证券	9,245,916
9	齐鲁证券	7,662,972
10	国信证券	7,267,397
11	东方证券	7,093,902
12	平安证券	7,076,300
13	国元证券	6,500,204
14	招商证券	4,091,532
15	兴业证券	3,697,904
16	银河证券	2,928,282
17	山西证券	2,633,909
18	联讯证券	2,162,572
19	华西证券	2,150,862
20	财通证券	1,792,581
21	南京证券	1,767,535
22	国海证券	1,654,500
23	中信建投	1,614,000
24	中投证券	1,600,033
25	长城证券	1,522,804
26	万联证券	1,303,130
27	瑞银证券	1,250,011
28	华宝证券	1,223,252
29	方正证券	1,221,664
30	光大证券	1,191,645
31	广州证券	1,111,573
32	国都证券	1,089,137
33	华林证券	1,029,545
34	长江证券	957,814
35	西部证券	884,781

序号	公司名称	代理销售产品规模
36	信达证券	828,987
37	民族证券	744,454
38	中金公司	651,864
39	东北证券	638,793
40	德邦证券	634,939
41	华福证券	628,751
42	长城国瑞	529,739
43	东莞证券	520,618
44	华鑫证券	406,800
45	西南证券	398,910
46	红塔证券	398,359
47	恒泰证券	385,278
48	浙商证券	380,105
49	财富证券	363,528
50	爱建证券	343,327
51	华融证券	343,015
52	国联证券	328,986
53	英大证券	295,055
54	太平洋证券	221,701
55	湘财证券	210,320
56	中航证券	206,320
57	东兴证券	200,102
58	华龙证券	177,395
59	华安证券	162,158
60	中银国际	159,768
61	东海证券	158,667
62	中原证券	156,450
63	民生证券	151,272
64	国盛证券	134,641
65	大同证券	128,595
66	渤海证券	127,720
67	大通证券	116,238
68	第一创业	113,506
69	新时代证券	83,211
70	天风证券	82,112
71	财达证券	60,869
72	金元证券	59,135
73	开源证券	52,918
74	东吴证券	50,030
75	首创证券	44,197
76	世纪证券	36,576
77	江海证券	35,466
78	中山证券	34,184
79	中邮证券	26,600
80	西藏同信	25,041
81	五矿证券	17,824
82	银泰证券	16,846
83	诚浩证券	8,034
84	中天证券	7,145
85	日信证券	5,201
86	宏信证券	4,157
87	北京高华	3,000
88	华信证券	2,190
89	万和证券	2,122
90	华创证券	495

注：排名中中信证券与中信证券(浙江)、中信证券(山东)、金通证券，国泰君安证券与上海证券，申银万国与宏源证券合并计算。

2014 年度证券公司代理销售金融产品净收入排名（合并口径）

单位：万元

序号	公司名称	代理销售金融产品净收入
1	中信证券	51,113
2	广发证券	13,210
3	银河证券	11,938
4	国信证券	9,472
5	国泰君安	8,977
6	申万宏源	8,027
7	中信建投	7,060
8	华泰证券	6,933
9	中金公司	6,121
10	兴业证券	5,584
11	招商证券	4,611
12	海通证券	4,464
13	德邦证券	3,946
14	中航证券	3,018
15	安信证券	2,807
16	方正证券	2,640
17	光大证券	2,597
18	中投证券	2,427
19	联讯证券	2,363
20	齐鲁证券	2,340
21	长江证券	2,114
22	财通证券	2,107
23	瑞银证券	2,076
24	华西证券	1,962
25	西南证券	1,944
26	华福证券	1,782
27	湘财证券	1,708
28	国联证券	1,659
29	国海证券	1,646
30	西部证券	1,596
31	东吴证券	1,441
32	东方证券	1,435
33	长城证券	1,398
34	东北证券	1,373
35	东兴证券	1,324
36	信达证券	1,304
37	国都证券	1,292
38	平安证券	1,245
39	大通证券	1,241
40	山西证券	1,228
41	浙商证券	1,189
42	华安证券	1,061
43	华龙证券	1,053
44	华融证券	1,050
45	国金证券	849
46	广州证券	794
47	华林证券	760
48	华鑫证券	621
49	华宝证券	610
50	东莞证券	566
51	大同证券	516
52	金元证券	509
53	渤海证券	449
54	中原证券	443

序号	公司名称	代理销售金融产品净收入
55	民族证券	442
56	新时代证券	438
57	万联证券	418
58	国盛证券	404
59	东海证券	345
60	南京证券	333
61	恒泰证券	325
62	财达证券	309
63	中银国际	302
64	第一创业	263
65	财富证券	201
66	国元证券	188
67	西藏同信	164
68	首创证券	139
69	江海证券	123
70	中天证券	121
71	红塔证券	113
72	太平洋证券	110
73	天风证券	108
74	英大证券	98
75	民生证券	95
76	长城国瑞	87
77	中山证券	61
78	世纪证券	42
79	银泰证券	40
80	华信证券	39
81	爱建证券	35
82	国开证券	22
83	诚浩证券	22
84	开源证券	12
85	华创证券	10
86	九州证券	8
87	日信证券	8
88	宏信证券	4
89	万和证券	3
90	五矿证券	2
91	中邮证券	1

注:排名中中信证券与中信证券(浙江)、中信证券(山东)、金通证券,国泰君安证券与上海证券,申银万国与宏源证券合并计算。

2014年度证券公司单位人均创利排名

单位:万元

序号	公司名称	单位人均创利
1	上海海通证券资产	694
2	上海国泰君安证券资产	391
3	上海光大证券资产	248
4	广发证券资管(广东)	214
5	中信证券	164
6	浙江浙商证券资产	154
7	国开证券	153
8	北京高华	150
9	海通证券	144
10	兴证证券资管	135
11	华泰联合证券	120
12	东方证券	115
13	申万宏源	100
14	华泰证券	100
15	招商证券	95
16	红塔证券	84
17	国泰君安	84
18	光大证券	84
19	国信证券	83
20	国联证券	81
21	华融证券	76
22	中信建投	74
23	西南证券	74
24	国元证券	70
25	广发证券	69
26	太平洋证券	68
27	东海证券	68
28	湘财证券	68
29	渤海证券	66
30	华西证券	66
31	银河证券	66
32	德邦证券	65
33	高盛高华	63
34	南京证券	62
35	财达证券	61
36	中信证券(浙江)	59
37	恒泰证券	59
38	方正证券	58
39	中银国际	57
40	华龙证券	55
41	东吴证券	55
42	东北证券	55
43	兴业证券	55
44	广州证券	53
45	宏信证券	53
46	国海证券	52
47	齐鲁证券	52
48	国金证券	50
49	东兴证券	49
50	银泰证券	49
51	川财证券	49
52	上海证券	49
53	长江证券	48
54	财富证券	48
55	国都证券	47
56	大通证券	47
57	瑞银证券	46
58	华福证券	46
59	财通证券	45
60	中金公司	45
61	江海证券	44
62	中投证券	44
63	民族证券	44
64	华英证券	43
65	中信证券(山东)	43
66	平安证券	43
67	第一创业	43
68	信达证券	42
69	新时代证券	42
70	西部证券	41
71	中原证券	40
72	安信证券	39
73	金元证券	38
74	国盛证券	36

序号	公司名称	单位人均创利
75	中邮证券	36
76	首创证券	36
77	山西证券	36
78	长城证券	35
79	浙商证券	35
80	日信证券	35
81	海际证券	34
82	万联证券	34
83	英大证券	33
84	华安证券	32
85	东莞证券	32
86	民生证券	31
87	华林证券	30
88	华创证券	28
89	爱建证券	28
90	第一创业摩根大通证券	26
91	中航证券	26
92	开源证券	26
93	中天证券	26
94	天风证券	25
95	银河金汇证券资管	23
96	西藏同信	22
97	华宝证券	21
98	上海东方证券资产	20
99	中山证券	20
100	大同证券	19
101	东方花旗证券	18
102	华鑫证券	16
103	世纪证券	13
104	五矿证券	12
105	摩根士丹利华鑫证券	12
106	诚浩证券	10
107	联讯证券	9
108	万和证券	7
109	九州证券	5
110	华信证券	4
111	华金证券	4
112	长江保荐	3
113	恒泰长财	2
114	长城国瑞	2
115	众成证券	2
116	齐鲁证券资管(上海)	1
117	金通证券	-3
118	中德证券	-6
119	瑞信方正	-25

2014 年度证券公司风险覆盖率排名

序号	公司名称	风险覆盖率
1	华泰联合证券	2944.0%
2	恒泰长财	2476.8%
3	北京高华	2229.4%
4	瑞信方正	2109.7%
5	高盛高华	2062.4%
6	长城国瑞	1941.6%
7	长江保荐	1719.2%
8	金通证券	1589.4%
9	中德证券	1542.9%
10	华金证券	1542.1%
11	东方花旗证券	1455.6%
12	华英证券	1356.8%
13	红塔证券	1192.3%
14	国金证券	1163.4%
15	海际证券	1145.8%
16	西南证券	1011.7%
17	中邮证券	982.3%
18	华宝证券	965.9%
19	第一创业摩根大通证券	955.7%
20	方正证券	931.3%
21	国都证券	930.4%
22	川财证券	922.7%
23	兴业证券	911.7%
24	华西证券	901.1%
25	爱建证券	859.6%
26	摩根士丹利华鑫证券	850.4%
27	海通证券	819.7%
28	广发证券	816.1%
29	财通证券	803.9%
30	招商证券	803.7%
31	东兴证券	798.5%
32	国开证券	797.3%
33	太平洋证券	793.7%
34	中信证券(山东)	793.3%
35	银河证券	770.7%
36	银泰证券	764.0%
37	国泰君安	747.4%
38	华融证券	741.4%
39	申万宏源	737.1%
40	瑞银证券	729.1%
41	英大证券	712.7%
42	华信证券	695.4%
43	国元证券	681.9%
44	财达证券	674.9%
45	长江证券	648.3%
46	中天证券	632.0%
47	中信证券	620.3%
48	国信证券	618.7%
49	东方证券	618.0%
50	信达证券	615.4%
51	万和证券	615.0%
52	华安证券	608.4%
53	国联证券	597.4%
54	民族证券	596.4%
55	诚浩证券	595.4%
56	开源证券	592.5%
57	恒泰证券	581.5%
58	银河金汇证券资管	578.0%
59	浙商证券	570.2%
60	中信证券(浙江)	556.0%
61	大通证券	552.4%
62	中金公司	551.6%
63	中银国际	551.0%
64	国海证券	550.7%
65	中投证券	530.3%
66	中航证券	522.9%
67	安信证券	504.6%
68	华林证券	494.5%
69	世纪证券	483.9%

序号	公司名称	风险覆盖率
70	金元证券	475.2%
71	中信建投	468.7%
72	万联证券	464.6%
73	华泰证券	463.6%
74	广州证券	448.3%
75	中原证券	423.1%
76	东北证券	422.9%
77	财富证券	401.8%
78	渤海证券	398.0%
79	齐鲁证券	394.8%
80	华鑫证券	391.6%
81	长城证券	389.7%
82	平安证券	368.1%
83	众成证券	364.8%
84	大同证券	364.7%
85	东莞证券	362.2%
86	湘财证券	360.9%
87	西部证券	354.5%
88	上海证券	353.8%
89	五矿证券	348.9%
90	山西证券	346.6%
91	天风证券	343.1%
92	上海海通证券资产	336.2%
93	第一创业	321.5%
94	东吴证券	316.4%
95	日信证券	310.4%
96	宏信证券	310.0%
97	光大证券	304.9%
98	华龙证券	304.1%
99	民生证券	279.7%
100	新时代证券	279.4%
101	东海证券	272.2%
102	国盛证券	270.6%
103	首创证券	267.6%
104	上海东方证券资产	260.1%
105	九州证券	249.2%
106	广发证券资管(广东)	239.8%
107	南京证券	238.4%
108	西藏同信	235.9%
109	德邦证券	233.8%
110	华创证券	229.2%
111	江海证券	221.4%
112	上海国泰君安证券资产	204.2%
113	联讯证券	195.8%
114	兴证证券资管	178.6%
115	浙江浙商证券资产	157.9%
116	齐鲁证券资管(上海)	140.6%
117	上海光大证券资产	138.6%
118	华福证券	137.1%
119	中山证券	124.9%

2014 年度证券公司公益性支出排名

单位:万元

序号	公司名称	公益性支出
1	东方证券	1,020
2	海通证券	1,011
3	兴业证券	1,000
4	中原证券	919
5	方正证券	521
6	银河证券	485
7	国泰君安	456
8	中信证券	444
9	招商证券	444
10	国信证券	357

2014 年度证券公司股票质押利息收入排名（合并口径）

单位:万元

序号	公司名称	股票质押利息收入
1	中信证券	120,227
2	海通证券	83,271
3	兴业证券	65,922
4	国信证券	63,759
5	东方证券	56,553
6	国泰君安	52,685
7	广发证券	33,041
8	华泰证券	30,359
9	国元证券	30,118
10	招商证券	22,125
11	安信证券	20,411
12	东吴证券	20,177
13	齐鲁证券	18,909
14	西南证券	17,408
15	平安证券	16,911
16	国开证券	14,409
17	申万宏源	14,322
18	长江证券	13,827
19	华融证券	13,594
20	光大证券	13,531
21	东北证券	13,299
22	太平洋证券	13,004
23	财通证券	11,336
24	中银国际	9,368
25	中航证券	8,019
26	中原证券	7,820
27	长城证券	7,220
28	中信建投	6,937
29	民族证券	6,798
30	浙商证券	6,696
31	中金公司	6,527
32	红塔证券	5,761
33	财达证券	5,558
34	西部证券	4,662
35	国海证券	4,604
36	中投证券	4,218
37	东兴证券	4,051
38	东海证券	3,921
39	国金证券	3,773
40	方正证券	3,644
41	信达证券	3,549
42	金元证券	3,362
43	银河证券	3,023
44	国都证券	2,613
45	国联证券	2,577
46	山西证券	2,417

序号	公司名称	股票质押利息收入
47	德邦证券	1,828
48	中山证券	1,731
49	东莞证券	1,656
50	南京证券	1,613
51	英大证券	1,352
52	华安证券	1,347
53	国盛证券	1,267
54	开源证券	1,234
55	爱建证券	1,037
56	江海证券	896
57	新时代证券	887
58	广州证券	749
59	华西证券	708
60	联讯证券	696
61	首创证券	691
62	湘财证券	689
63	恒泰证券	672
64	中天证券	640
65	世纪证券	607
66	华创证券	566
67	万联证券	563
68	第一创业	552
69	西藏同信	512
70	民生证券	508
71	华金证券	498
72	财富证券	480
73	华福证券	421
74	天风证券	293
75	华林证券	245
76	日信证券	186
77	华鑫证券	181
78	华宝证券	157
79	五矿证券	65
80	银泰证券	31
81	华龙证券	29
82	川财证券	27
83	万和证券	17
84	宏信证券	1

注:排名中中信证券与中信证券(浙江)、中信证券(山东)、金通证券,国泰君安证券与上海证券,申银万国与宏源证券合并计算。

2014 年度证券公司股票质押业务规模排名
(合并口径)

单位:万元

序号	公司名称	股票质押回购融出资金
1	海通证券	2,767,009
2	中信证券	2,743,816
3	东方证券	1,211,760
4	兴业证券	1,154,975
5	国信证券	1,142,433
6	华泰证券	672,733
7	招商证券	583,644
8	广发证券	571,213
9	国泰君安	541,956
10	国元证券	512,598
11	平安证券	415,240
12	东吴证券	408,349

2014 年度证券公司股权投资收入排名
(合并口径)

单位:万元

序号	公司名称	股权投资收入
1	中信证券	61,743
2	招商证券	56,264
3	国元证券	36,249
4	广发证券	34,214
5	华泰证券	30,328
6	方正证券	26,010
7	海通证券	25,048
8	长城证券	22,028
9	财富证券	16,870
10	西南证券	15,811
11	东兴证券	13,500
12	东方证券	13,479
13	申万宏源	10,661
14	光大证券	10,559
15	国信证券	10,514
16	银河证券	10,398
17	信达证券	10,000
18	第一创业	9,198
19	华龙证券	8,065
20	兴业证券	7,955
21	东吴证券	7,747
22	首创证券	7,628
23	东北证券	6,824
24	新时代证券	6,600
25	天风证券	5,000
26	财通证券	3,208
27	长江证券	2,949
28	中金公司	2,716
29	国都证券	2,261
30	齐鲁证券	2,260
31	国海证券	2,040
32	大通证券	2,000
33	中原证券	1,918
34	恒泰证券	1,708
35	华安证券	1,592
36	国联证券	1,568
37	民生证券	1,400
38	华鑫证券	724
39	国金证券	706
40	东海证券	685
41	国盛证券	430
42	东莞证券	294
43	日信证券	290
44	开源证券	286
45	中山证券	205
46	广州证券	62

注:排名中北京高华与高盛高华,长江证券与长江保荐,第一创业证券与第一创业摩根大通证券,东方证券与上海东方证券资产管理、东方花旗证券,方正证券与瑞信方正,光大证券与上海光大证券资产管理,广发证券与广发证券资产管理,国联证券与华英证券,国泰君安证券与上海国泰君安证券资产管理、上海证券、海际证券,海通证券与上海海通证券资产管理,恒泰证券与恒泰长财,华泰证券与华泰联合,华鑫证券与摩根士丹利华鑫证券,齐鲁证券与齐鲁证券(上海)资产管理,山西证券与中德证券,兴业证券与兴证证券资产管理,银河证券与银河金汇证券资产管理,浙商证券与浙江浙商证券资产管理,中信证券与中信证券(山东)、中信证券(浙江)、金通证券,申银万国与宏源证券合并计算。

2014 年度证券公司客户资产管理受托资金排名（合并口径）

单位:亿元

序号	公司名称	客户资产管理受托资金
1	中信证券	7,550
2	申万宏源	5,729
3	国泰君安	5,138
4	华福证券	3,432
5	华泰证券	3,427
6	中银国际	3,309
7	中信建投	2,943
8	海通证券	2,856
9	江海证券	2,146
10	中山证券	1,945
11	广发证券	1,934
12	齐鲁证券	1,875
13	安信证券	1,828
14	德邦证券	1,778
15	招商证券	1,773
16	光大证券	1,743
17	渤海证券	1,696
18	兴业证券	1,474
19	国信证券	1,424
20	东吴证券	1,241
21	西南证券	1,198
22	广州证券	1,126
23	长城证券	1,095
24	平安证券	1,065
25	华创证券	972
26	第一创业	953
27	民族证券	949
28	国金证券	915
29	东海证券	908
30	浙商证券	832
31	华融证券	794
32	国都证券	792
33	中金公司	752
34	财通证券	704
35	金元证券	624
36	国元证券	578
37	方正证券	558
38	东兴证券	534
39	国海证券	480
40	国盛证券	447
41	新时代证券	417
42	东方证券	399
43	国开证券	370
44	万联证券	368
45	信达证券	366
46	华西证券	363
47	湘财证券	343
48	联讯证券	321
49	西藏同信	315
50	太平洋证券	290
51	中投证券	290
52	银河证券	290
53	天风证券	268
54	西部证券	264
55	长江证券	251
56	东北证券	249
57	宏信证券	237
58	民生证券	219
59	大通证券	198
60	中航证券	197
61	南京证券	186
62	华龙证券	177
63	国联证券	164
64	首创证券	146
65	财富证券	141
66	华鑫证券	133
67	华林证券	132
68	财达证券	131
69	恒泰证券	127
70	英大证券	104
71	中邮证券	93
72	世纪证券	90
73	五矿证券	80
74	东莞证券	80
75	开源证券	63
76	华宝证券	47
77	日信证券	47
78	华安证券	44
79	爱建证券	34
80	中原证券	33
81	北京高华	33
82	川财证券	29
83	华金证券	24
84	山西证券	23
85	红塔证券	19
86	银泰证券	9
87	中天证券	3
88	长城国瑞	3
89	瑞银证券	2
90	大同证券	1

注:排名中东方证券与上海东方证券资产,光大证券与上海光大证券资产,广发证券与广发证券资产,国泰君安与上海证券、上海国泰君安证券资产,海通证券与上海海通证券资产,齐鲁证券与齐鲁证券资产,兴业证券与兴证证券资产,银河证券与银河金汇证券资产,浙商证券与浙江浙商证券资产,申银万国与宏源证券合并计算。

2014 年度证券公司客户资金余额排名（合并口径）

单位:万元

序号	公司名称	客户资金余额
1	国泰君安	7,950,519
2	中信证券	7,460,186
3	申万宏源	6,800,149
4	银河证券	6,609,327
5	广发证券	6,393,292
6	华泰证券	6,303,250
7	海通证券	5,944,102
8	招商证券	4,880,171
9	国信证券	4,815,168
10	中信建投	4,015,065
11	安信证券	3,231,153
12	光大证券	3,163,872
13	齐鲁证券	2,989,085
14	中投证券	2,888,299

序号	公司名称	客户资金余额
15	方正证券	2,005,401
16	长江证券	1,919,610
17	兴业证券	1,726,919
18	东方证券	1,632,798
19	华西证券	1,559,023
20	平安证券	1,436,244
21	中银国际	1,310,621
22	东吴证券	1,185,133
23	国元证券	1,184,480
24	财达证券	1,134,452
25	浙商证券	1,123,201
26	西部证券	1,108,555
27	东北证券	1,104,237
28	湘财证券	1,094,059
29	长城证券	1,091,332
30	东莞证券	1,070,005
31	西南证券	1,048,847
32	财通证券	1,020,214
33	信达证券	1,011,450
34	民族证券	976,178
35	东兴证券	950,333
36	国海证券	906,702
37	中原证券	903,710
38	国金证券	895,754
39	山西证券	893,681
40	中金公司	858,069
41	华安证券	831,142
42	南京证券	813,879
43	东海证券	810,563
44	民生证券	786,950
45	渤海证券	785,955
46	华福证券	783,566
47	国联证券	776,878
48	恒泰证券	711,498
49	新时代证券	622,672
50	国都证券	595,686
51	广州证券	587,351
52	江海证券	550,293
53	中航证券	512,273
54	万联证券	510,011
55	华林证券	498,935
56	华鑫证券	496,287
57	华融证券	469,640
58	宏信证券	458,651
59	财富证券	451,434
60	金元证券	424,972
61	国盛证券	423,517
62	大通证券	422,731
63	第一创业	420,235
64	太平洋证券	377,979
65	首创证券	372,222
66	华龙证券	364,672
67	联讯证券	351,999
68	英大证券	341,041
69	世纪证券	339,917
70	华创证券	336,501
71	中山证券	324,969
72	大同证券	316,504
73	红塔证券	311,468
74	德邦证券	263,048
75	中天证券	254,629
76	华宝证券	241,063
77	西藏同信	236,737
78	爱建证券	223,861
79	长城国瑞	200,814
80	银泰证券	192,883
81	天风证券	181,998
82	国开证券	147,138
83	五矿证券	135,476
84	九州证券	129,767
85	日信证券	111,243
86	众成证券	108,778
87	开源证券	100,359
88	万和证券	94,785
89	中邮证券	88,043
90	川财证券	71,599
91	诚浩证券	68,600
92	华金证券	52,014
93	瑞银证券	33,832
94	北京高华	15,445
95	华信证券	14,568

注:1. 排名中中信证券与中信证券(浙江)、中信证券(山东)、金通证券,国泰君安证券与上海证券,申银万国与宏源证券合并计算;
2. 客户资金余额=代理买卖证券款+信用交易代理买卖证券款。

2014 年度证券公司融资类业务净收入排名
(合并口径)

单位:万元

序号	公司名称	融资类业务净收入
1	中信证券	551,630
2	国泰君安	381,996
3	海通证券	336,366
4	广发证券	298,991
5	华泰证券	286,885
6	申万宏源	275,223
7	招商证券	274,384
8	国信证券	258,722
9	银河证券	250,151
10	中信建投	205,777
11	光大证券	175,036

2014 年度证券公司融资融券业务利息收入排名
(合并口径)

单位:万元

序号	公司名称	融资融券业务利息收入
1	中信证券	386,970
2	国泰君安	322,358
3	广发证券	256,988
4	招商证券	251,506
5	申万宏源	251,071
6	华泰证券	244,499
7	银河证券	243,249
8	海通证券	230,410
9	中信建投	190,033
10	国信证券	188,800
11	光大证券	160,007

序号	公司名称	融资融券业务利息收入
12	安信证券	120,708
13	齐鲁证券	102,874
14	方正证券	99,719
15	中投证券	91,826
16	长江证券	79,709
17	兴业证券	56,476
18	国元证券	50,109
19	华西证券	43,143
20	平安证券	41,987
21	东兴证券	41,572
22	东方证券	39,139
23	民族证券	37,909
24	浙商证券	36,588
25	财通证券	36,370
26	西南证券	35,601
27	东北证券	34,874
28	长城证券	34,248
29	信达证券	32,778
30	中原证券	31,281
31	东吴证券	30,794
32	中银国际	30,655
33	国海证券	26,762
34	东莞证券	26,559
35	华福证券	26,199
36	湘财证券	25,089
37	华安证券	23,049
38	国金证券	22,592
39	山西证券	21,736
40	国都证券	21,287
41	东海证券	20,851
42	南京证券	20,028
43	新时代证券	19,612
44	民生证券	18,806
45	恒泰证券	18,544
46	财富证券	17,404
47	国联证券	17,137
48	华融证券	16,907
49	中金公司	16,863
50	西部证券	16,558
51	金元证券	16,157
52	渤海证券	16,001
53	广州证券	12,990
54	中航证券	12,501
55	第一创业	12,488
56	大通证券	12,216
57	万联证券	12,211
58	财达证券	12,084
59	江海证券	11,284
60	华龙证券	10,880
61	中山证券	10,542
62	红塔证券	10,166
63	华鑫证券	7,376
64	国盛证券	7,222
65	华创证券	6,390
66	首创证券	6,352
67	银泰证券	6,054
68	英大证券	5,669
69	华宝证券	4,996
70	华林证券	4,982
71	宏信证券	4,942
72	太平洋证券	4,942
73	德邦证券	4,304
74	天风证券	3,895
75	中天证券	3,424
76	大同证券	2,857
77	日信证券	2,520
78	开源证券	2,331
79	五矿证券	2,204
80	国开证券	2,109
81	中邮证券	1,841
82	世纪证券	1,832
83	联讯证券	1,669
84	西藏同信	1,621
85	爱建证券	915
86	川财证券	12
87	华金证券	10

注:1. 中位数为 18,806 万元,不低于中位数的为排名前 44 位的公司;
2. 排名中中信证券与中信证券(浙江)、中信证券(山东)、金通证券,国泰君安证 券与上海证券,申银万国与宏源证券合并计算。

2014 年度证券公司受托资产管理业务净收入排名（合并口径）

单位:万元

序号	公司名称	受托客户资产管理业务净收入
1	申万宏源	90,132
2	国泰君安	82,634
3	中信证券	81,442
4	华泰证券	72,738
5	海通证券	50,417
6	广发证券	42,582
7	光大证券	41,285
8	华融证券	35,891
9	招商证券	35,705
10	中信建投	33,323
11	信达证券	31,519
12	东方证券	29,258
13	国信证券	28,830
14	中金公司	28,808
15	浙商证券	28,477
16	安信证券	25,786
17	第一创业	24,245
18	兴业证券	23,706
19	中山证券	23,163
20	东兴证券	20,685
21	中银国际	20,257
22	财通证券	19,139
23	银河证券	18,128
24	齐鲁证券	16,067
25	长江证券	14,814
26	广州证券	13,971
27	江海证券	13,249
28	东吴证券	13,216
29	长城证券	12,970
30	恒泰证券	12,950
31	东海证券	11,752
32	东北证券	11,553
33	国金证券	11,375

序号	公司名称	受托客户资产管理业务净收入
34	华福证券	11,334
35	西南证券	11,053
36	德邦证券	10,265
37	渤海证券	9,957
38	中投证券	9,826
39	国元证券	9,705
40	金元证券	9,376
41	平安证券	8,405
42	华创证券	8,023
43	国都证券	6,316
44	方正证券	6,300
45	民族证券	6,123
46	华西证券	6,121
47	太平洋证券	6,080
48	国盛证券	5,720
49	湘财证券	5,376
50	华鑫证券	5,211
51	西藏同信	4,896
52	国联证券	4,697
53	英大证券	4,546
54	天风证券	4,476
55	新时代证券	4,264
56	联讯证券	4,026
57	国开证券	3,954
58	国海证券	3,829
59	华龙证券	3,818
60	宏信证券	3,170
61	大通证券	3,137
62	东莞证券	3,080
63	北京高华	3,041
64	南京证券	3,012
65	西部证券	2,977
66	首创证券	2,943
67	财达证券	2,772
68	万联证券	2,159
69	民生证券	1,964
70	中原证券	1,865
71	财富证券	1,860
72	华安证券	1,845
73	华宝证券	1,468
74	山西证券	1,387
75	中邮证券	1,363
76	中航证券	1,296
77	川财证券	1,051
78	日信证券	1,041
79	五矿证券	851
80	世纪证券	790
81	开源证券	733
82	华金证券	689
83	华林证券	503
84	红塔证券	493
85	瑞银证券	405
86	爱建证券	209
87	银泰证券	184
88	中天证券	53
89	大同证券	7

注:1. 中位数为6,123万元,不低于中位数的为排名前45位的公司;

2. 排名中东方证券与上海东方证券资产,光大证券与上海光大证券资产,广发证券与广发证券资产,国泰君安与上海证券、上海国泰君安证券资产,海通证券与上海海通证券资产,齐鲁证券与齐鲁证券资产,兴业证券与兴证证券资产,银河证券与银河金汇证券资产,浙商证券与浙江浙商证券资产,申银万国与宏源证券合并计算;

3. 此项排名适用于2015年证券公司分类评价工作。

2014年度证券公司投资银行业务净收入排名(合并口径)

单位:万元

序号	公司名称	投资银行业务净收入
1	中信证券	282,425
2	广发证券	168,892
3	中信建投	163,313
4	国信证券	150,426
5	国泰君安	130,634
6	海通证券	130,482
7	华泰证券	117,096
8	招商证券	107,943
9	申万宏源	104,249
10	银河证券	99,476
11	西南证券	95,228
12	中金公司	93,906
13	东海证券	67,136
14	安信证券	55,084
15	国开证券	53,023
16	兴业证券	51,180
17	第一创业	47,789
18	齐鲁证券	47,077
19	东吴证券	46,839
20	国金证券	46,052
21	东方证券	43,594
22	信达证券	41,287
23	平安证券	41,072
24	长城证券	38,354
25	华融证券	38,287
26	长江证券	37,691
27	华鑫证券	35,393
28	民生证券	30,080
29	山西证券	29,838
30	新时代证券	29,697
31	瑞银证券	29,137
32	国海证券	29,066
33	中银国际	28,141
34	财通证券	26,108
35	国元证券	23,956
36	浙商证券	22,914
37	东兴证券	22,789
38	东北证券	22,775
39	华林证券	21,700
40	光大证券	21,594
41	西部证券	20,109
42	方正证券	18,835
43	华龙证券	18,411
44	华西证券	18,138
45	天风证券	17,169
46	国联证券	15,889
47	中航证券	15,708
48	北京高华	15,292
49	东莞证券	14,971
50	广州证券	13,983
51	中投证券	13,791

序号	公司名称	投资银行业务净收入
52	德邦证券	13,700
53	渤海证券	13,573
54	华创证券	13,491
55	国都证券	12,027
56	中山证券	11,867
57	西藏同信	11,424
58	江海证券	11,045
59	恒泰证券	10,405
60	南京证券	10,394
61	太平洋证券	10,081
62	中原证券	10,076
63	民族证券	9,647
64	金元证券	8,940
65	湘财证券	8,697
66	财富证券	8,041
67	日信证券	7,498
68	大通证券	7,009
69	万联证券	6,162
70	联讯证券	5,492
71	首创证券	4,305
72	国盛证券	4,099
73	华福证券	3,530
74	财达证券	3,529
75	红塔证券	2,180
76	五矿证券	1,867
77	川财证券	1,612
78	英大证券	1,611
79	爱建证券	1,532
80	华安证券	1,308
81	宏信证券	1,103
82	开源证券	587
83	世纪证券	263
84	大同证券	105
85	华宝证券	95
86	中天证券	22
87	银泰证券	6

注:1. 中位数为18,138万元,不低于中位数的为排名前44位的公司;
2. 排名中北京高华和高盛高华、长江证券和长江保荐、第一创业和第一创业摩根大通证券、东方证券和东方花旗证券、方正证券和瑞信方正、国联证券和华英证券、恒泰证券与恒泰长财、华泰证券和华泰联合、华鑫证券和摩根士丹利华鑫证券、山西证券和中德证券、国泰君安和上海证券、海际证券,申银万国与宏源证券合并计算;
3. 此项排名适用于2015年证券公司分类评价工作。

2014年度证券公司投资咨询业务净收入排名
(合并口径)

单位:万元

序号	公司名称	投资咨询业务净收入
1	平安证券	26,388
2	中信证券	25,485
3	海通证券	20,633
4	中金公司	17,322
5	中原证券	12,858
6	安信证券	10,101
7	国金证券	7,660
8	渤海证券	6,658
9	华泰证券	5,833
10	申万宏源	5,784
11	广发证券	5,019
12	中信建投	4,775
13	信达证券	4,741
14	宏信证券	4,375
15	东方证券	4,130
16	天风证券	3,851
17	国信证券	3,167
18	东兴证券	2,758
19	兴业证券	2,752
20	光大证券	2,734
21	五矿证券	2,649
22	财通证券	2,510
23	国泰君安	2,157
24	东北证券	2,080
25	华安证券	1,953
26	西藏同信	1,860
27	国开证券	1,747
28	川财证券	1,711
29	湘财证券	1,583
30	长江证券	1,556
31	国元证券	1,398
32	江海证券	1,366
33	方正证券	1,345
34	国海证券	1,345
35	银河证券	1,341
36	中邮证券	1,340
37	华融证券	1,300
38	第一创业	1,279
39	东吴证券	1,218
40	中投证券	1,182
41	日信证券	975
42	国都证券	929
43	中山证券	913
44	广州证券	847
45	浙商证券	731
46	首创证券	619
47	齐鲁证券	598
48	招商证券	474
49	华西证券	466
50	英大证券	459
51	德邦证券	413
52	山西证券	355
53	西南证券	355
54	长城证券	303
55	东莞证券	298
56	东海证券	277
57	瑞银证券	267
58	西部证券	263
59	中银国际	210
60	大通证券	192
61	财富证券	151
62	联讯证券	112
63	万联证券	112
64	民生证券	100
65	恒泰证券	89
66	南京证券	79
67	华宝证券	78
68	中航证券	76
69	开源证券	72
70	国盛证券	59

序号	公司名称	投资咨询业务净收入
71	国联证券	50
72	九州证券	31
73	新时代证券	31
74	太平洋证券	23
75	民族证券	20
76	华林证券	10
77	大同证券	10
78	金元证券	9
79	万和证券	6

注:排名中中信证券与中信证券(浙江)、中信证券(山东)、金通证券,国泰君安证券与上海证券,申银万国与宏源证券合并计算。

2014 年度证券公司托管证券市值排名（合并口径）

单位:亿元

序号	公司名称	托管证券市值
1	中信证券	23,275
2	银河证券	21,872
3	申万宏源	18,968
4	国泰君安	12,374
5	中投证券	12,214
6	中银国际	11,365
7	广发证券	11,359
8	海通证券	10,558
9	招商证券	10,131
10	华泰证券	9,806
11	东兴证券	7,706
12	国信证券	7,340
13	中金公司	5,358
14	齐鲁证券	4,831
15	中信建投	4,719
16	光大证券	4,348
17	兴业证券	4,112
18	东方证券	3,529
19	长江证券	3,048
20	平安证券	3,043
21	安信证券	2,734
22	方正证券	2,496
23	东吴证券	2,443
24	中航证券	2,332
25	山西证券	2,301
26	国元证券	2,194
27	长城证券	2,001
28	西南证券	1,927
29	华宝证券	1,837
30	华西证券	1,732
31	浙商证券	1,417
32	财通证券	1,416
33	民生证券	1,366
34	东北证券	1,352
35	湘财证券	1,334
36	信达证券	1,224
37	国金证券	1,213
38	中原证券	1,197
39	财达证券	1,106
40	德邦证券	996
41	国海证券	957
42	西部证券	953
43	渤海证券	948
44	南京证券	891
45	东莞证券	890
46	华安证券	882
47	华福证券	881
48	东海证券	793
49	第一创业	793
50	国都证券	738
51	民族证券	727
52	英大证券	724
53	华融证券	701
54	国联证券	679
55	瑞银证券	674
56	红塔证券	669
57	国盛证券	651
58	新时代证券	630
59	爱建证券	584
60	广州证券	581
61	财富证券	574
62	金元证券	572
63	恒泰证券	567
64	江海证券	562
65	太平洋证券	463
66	大通证券	449
67	华鑫证券	440
68	万联证券	438
69	中山证券	409
70	华林证券	407
71	首创证券	393
72	华龙证券	380
73	西藏同信	360
74	大同证券	351
75	世纪证券	348
76	中天证券	343
77	国开证券	331
78	九州证券	322
79	五矿证券	318
80	长城国瑞	303
81	华金证券	288
82	华创证券	252
83	联讯证券	247
84	宏信证券	237
85	银泰证券	235
86	天风证券	153
87	日信证券	119
88	万和证券	117
89	川财证券	82
90	开源证券	79
91	中邮证券	74
92	众成证券	71
93	诚浩证券	49
94	华信证券	30
95	北京高华	27

注:排名中中信证券与中信证券(浙江)、中信证券(山东)、金通证券,国泰君安证券与上海证券,申银万国与宏源证券合并计算。

2014年度证券公司营业部部均代理买卖业务净收入排名（合并口径）

单位：万元

序号	公司名称	证券公司营业部部均代理买卖证券业务净收入
1	北京高华	21,354
2	中金公司	13,312
3	瑞银证券	10,159
4	国信证券	9,814
5	国金证券	6,055
6	平安证券	5,607
7	华西证券	4,618
8	华泰证券	4,555
9	招商证券	3,744
10	川财证券	3,697
11	中信证券	3,484
12	光大证券	3,325
13	兴业证券	3,293
14	东莞证券	3,133
15	英大证券	2,990
16	安信证券	2,953
17	中信建投	2,930
18	广州证券	2,849
19	中投证券	2,807
20	中银国际	2,795
21	齐鲁证券	2,778
22	华宝证券	2,741
23	长江证券	2,679
24	海通证券	2,669
25	国泰君安	2,657
26	广发证券	2,644
27	湘财证券	2,542
28	银河证券	2,531
29	方正证券	2,500
30	申万宏源	2,493
31	恒泰证券	2,393
32	民族证券	2,376
33	华林证券	2,365
34	国海证券	2,299
35	浙商证券	2,196
36	第一创业	2,152
37	中原证券	2,136
38	民生证券	2,083
39	宏信证券	2,069
40	长城证券	2,061
41	国联证券	2,040
42	华福证券	2,039
43	大同证券	2,027
44	财通证券	1,990
45	中山证券	1,983
46	西藏同信	1,962
47	东海证券	1,913
48	东兴证券	1,911
49	国都证券	1,893
50	东方证券	1,831
51	东北证券	1,808
52	渤海证券	1,742
53	信达证券	1,717
54	西部证券	1,716
55	财富证券	1,712
56	华龙证券	1,708
57	联讯证券	1,704
58	大通证券	1,685
59	江海证券	1,640
60	西南证券	1,630
61	红塔证券	1,626
62	中航证券	1,605
63	华融证券	1,596
64	金元证券	1,595
65	首创证券	1,555
66	山西证券	1,554
67	新时代证券	1,542
68	东吴证券	1,538
69	中邮证券	1,456
70	华创证券	1,441
71	万和证券	1,412
72	世纪证券	1,384
73	南京证券	1,380
74	华鑫证券	1,377
75	财达证券	1,345
76	国元证券	1,343
77	万联证券	1,338
78	国开证券	1,334
79	九州证券	1,320
80	华安证券	1,287
81	德邦证券	1,280
82	华信证券	1,269
83	太平洋证券	1,259
84	银泰证券	1,166
85	长城国瑞	1,094
86	天风证券	1,071
87	开源证券	1,037
88	爱建证券	942
89	日信证券	924
90	众成证券	838
91	五矿证券	787
92	中天证券	753
93	华金证券	752
94	国盛证券	581
95	诚浩证券	496

2014年度证券公司债券承销净收入排名（合并口径）

单位：万元

序号	公司名称	债券承销净收入
1	中信证券	114,243
2	中信建投	76,100
3	国信证券	71,813
4	申万宏源	51,840
5	国泰君安	49,481
6	国开证券	49,339
7	银河证券	45,471
8	海通证券	44,129
9	东海证券	43,346
10	广发证券	41,999

序号	公司名称	债券承销净收入
11	招商证券	41,331
12	平安证券	35,576
13	中金公司	31,195
14	华泰证券	29,989
15	兴业证券	24,531
16	东方证券	21,672
17	长城证券	21,190
18	华鑫证券	17,098
19	国海证券	15,810
20	齐鲁证券	15,683
21	信达证券	15,031
22	长江证券	13,960
23	财通证券	13,874
24	东吴证券	11,725
25	中银国际	10,847
26	民生证券	10,056
27	安信证券	9,593
28	渤海证券	9,480
29	新时代证券	9,358
30	第一创业	8,871
31	浙商证券	8,824
32	华融证券	8,725
33	广州证券	8,323
34	天风证券	8,258
35	西部证券	8,242
36	光大证券	7,948
37	西南证券	7,890
38	中投证券	7,890
39	山西证券	7,873
40	瑞银证券	7,510
41	华林证券	7,506
42	华创证券	7,490
43	华龙证券	7,485
44	恒泰证券	7,352
45	财富证券	7,196
46	德邦证券	7,002
47	江海证券	6,587
48	东兴证券	6,469
49	日信证券	5,913
50	中山证券	5,895
51	国联证券	5,868
52	国金证券	5,717
53	民族证券	5,683
54	中航证券	5,573
55	东莞证券	5,523
56	北京高华	5,518
57	东北证券	4,971
58	方正证券	4,106
59	湘财证券	3,988
60	太平洋证券	3,980
61	金元证券	3,607
62	首创证券	2,702
63	中原证券	2,696
64	国盛证券	2,562
65	南京证券	2,199
66	华西证券	1,848
67	西藏同信	1,790
68	财达证券	1,743
69	国元证券	1,655
70	川财证券	1,469
71	华福证券	1,146
72	大通证券	1,037
73	万联证券	1,009
74	英大证券	888
75	宏信证券	611
76	华安证券	477
77	爱建证券	184
78	国都证券	120
79	红塔证券	110
80	华宝证券	22
81	中天证券	22
82	开源证券	13
83	联讯证券	10
84	世纪证券	10
85	银泰证券	6

注:排名中北京高华和高盛高华、长江证券和长江保荐、第一创业和第一创业摩根大通证券、东方证券和东方花旗证券、方正证券和瑞信方正、国联证券和华英证券、恒泰证券与恒泰长财、华泰证券和华泰联合、华鑫证券和摩根士丹利华鑫证券、山西证券和中德证券、国泰君安和上海证券、海际证券,申银万国与宏源证券合并计算。

2014 年度证券公司债券主承销金额排名(合并口径)

单位:万元

序号	名称	债券主承销金额
1	中金公司	11,681,250
2	海通证券	10,731,000
3	银河证券	8,800,100
4	中信证券	7,864,000
5	国开证券	7,334,500
6	国泰君安	7,188,500
7	中信建投	6,868,380
8	国信证券	5,896,975

2014 年度证券公司证券投资收入排名(合并口径)

单位:万元

序号	公司名称	证券投资收入
1	中信证券	624,032
2	国泰君安	530,051
3	海通证券	385,530
4	东方证券	356,943

2014 年度证券公司主动型资产管理受托资金排名(合并口径)

单位:亿元

序号	公司名称	主动型资产管理受托资金
1	中信证券	780
2	华泰证券	572
3	广发证券	462
4	国泰君安	446
5	申万宏源	250
6	华融证券	232
7	招商证券	231
8	海通证券	230
9	财通证券	219

序号	公司名称	主动型资产管理受托资金
10	光大证券	202
11	国信证券	198
12	安信证券	118
13	东兴证券	117
14	兴业证券	113
15	银河证券	111
16	浙商证券	103
17	长江证券	101
18	中信建投	101
19	东方证券	94
20	信达证券	92
21	国元证券	86
22	齐鲁证券	85
23	东海证券	74
24	中金公司	72
25	国金证券	72
26	东吴证券	67
27	国海证券	66
28	新时代证券	62
29	第一创业	61
30	国联证券	50
31	渤海证券	50
32	湘财证券	43
33	东北证券	41
34	中银国际	41
35	平安证券	40
36	中山证券	39
37	中投证券	38
38	西藏同信	37
39	方正证券	37
40	长城证券	36
41	恒泰证券	34
42	华西证券	32
43	东莞证券	31
44	天风证券	31
45	联讯证券	30
46	西南证券	30
47	财达证券	27
48	中原证券	25
49	宏信证券	23
50	北京高华	22
51	广州证券	21
52	华安证券	21
53	民族证券	21
54	华宝证券	15
55	华龙证券	15
56	山西证券	15
57	财富证券	15
58	太平洋证券	14
59	德邦证券	13
60	国都证券	12
61	华鑫证券	11
62	日信证券	10
63	西部证券	9
64	大通证券	8
65	华创证券	8
66	万联证券	8
67	中航证券	7
68	首创证券	7
69	金元证券	7
70	五矿证券	6
71	华福证券	6
72	英大证券	5
73	南京证券	4
74	江海证券	4
75	中天证券	3
76	红塔证券	3
77	开源证券	3
78	瑞银证券	2
79	中邮证券	2
80	世纪证券	2
81	华林证券	1
82	民生证券	1
83	银泰证券	1

注:排名中东方证券与上海东方证券资产,光大证券与上海光大证券资产,广发证券与广发证券资产,国泰君安与上海证券、上海国泰君安证券资产,海通证券与上海海通证券资产,齐鲁证券与齐鲁证券资产,兴业证券与兴证证券资产,银河证券与银河金汇证券资产,浙商证券与浙江浙商证券资产,中银万国与宏源证券合并计算。

2014年中国证券市场十大新闻

一、注册制改革筹备紧锣密鼓,小微企业上市门槛降低

国务院总理李克强11月19日主持召开的国务院常务会议指出,抓紧出台股票发行注册制改革方案,取消股票发行的持续盈利条件,降低小微和创新型企业上市门槛。建立资本市场小额再融资快速机制,开展股权众筹融资试点。11月底,证监会将股票发行注册制改革方案上报国务院。

点评:

国家外汇管理局国际收支司司长管涛:完善股票发行制度是支持中国股市长远发展的基石。

北京大学经济学院院长孙祁祥:不是所有的小树都能长成参天大树,但参天大树一定是由小树而长成的。给"小"以成长的通道,就是给"大"以绽放的机遇。

原中国期货业协会副会长、中国农业大学期货与金融衍生品研究中心主任常清:注册制改革将使我国资本市场发展进入一个崭新的历史时期,彻底摆脱计划经济的体制性束缚,从而使我国的资本市场成为一个真正的资本市场,可以预见,注册制改革之后将会彻底厘清政府监管与市场发展的边界。

中国人民大学商法研究所所长刘俊海:我国社会主义市场经济体制尚不完善。为尽快终结我国资本市场"新兴加转轨"的阶段性特点,早日使我国由政府外在主导的市场转轨为市场内在驱动的市场,全面推进我国资本市场的市场化和法治化改革,进一步压缩行政管制空间,提升公众投资者的投资信心,积极稳妥地大胆推进IPO改革势在必行。

二、新"国九条"绘就资本市场顶层设计蓝图

被市场广泛称为新"国九条"的《国务院关于进一步促进资本市场健康发展的若干意见》5月9日出炉。《意见》从顶层设计全面绘制了包括股票市场、债券市场、期货市场在内的资本市场发展蓝图,明确了股权市场的层次结构、基本要求和发展债券市场、期货市场的政策措施。此后,证监会连续推出券商创新"15条"等重大政策。

点评:

国家外汇管理局国际收支司司长管涛:依靠改革驱动焕发中国资本市场活力。

国家行政学院进修部副主任陈炳才：此次新“国九条”出台时的制度环境发生了改变，因此，其效果也将与以前不同。强调执行和严格制度有利于资本市场的健康发展。

中国人民大学商法研究所所长刘俊海：对于我国资本市场而言，要推动资本市场的市场化、法制化与国际化改革，国务院的顶层制度设计不可或缺。新“国九条”是深化我国资本市场改革的路线图与时间表。2015 年资本市场的改革与发展应当围绕新“国九条”的执行力而展开。

北京大学经济学院院长孙祁祥：新“国九条”对中国资本市场的发展意义极其重大。但必须清醒地看到，中国从来不缺立法，但缺乏执法和守法；中国从来不缺政策，但缺乏政策之间的有效协调和落实。

三、改革红利催生 A 股火爆行情

在无风险利率下行和改革预期不断深化的推动下，场外资金加大进入股市力度。11 月 20 日以来，沪深股市启动年内第四轮逼空行情，市场强势特征显露无遗。12 月 9 日，沪指在刷新 3091 点的四年新高之后，大幅跳水一度下挫逾 6%，盘中振幅达 8.5%，超过 150 只个股跌停，两市交易额突破 1.2 万亿，刷新史上最大单日成交纪录。

点评：

国家外汇管理局国际收支司司长管涛：中国股市终于否极泰来。

交通银行首席经济学家连平：股市是经济的晴雨表，首先在于股市对政策和改革的反应较敏感。政策向宽松方向调整意味着未来经济运行状况可能会趋于改善，上市公司业绩就有希望提升。改革有可能提高企业运行效率，降低运营成本，推动经营模式由粗放型走向集约型，从而会使相关上市公司经营业绩改善。这种敏感性在具有二十多年历史的中国股市历程中并非鲜见。股市的这轮上行与其说是流动性宽松所致，不如说是改革效应的引领；与其说是估值的合理修复，不如说是未来经济良好前景的憧憬。

清华大学教授宋逢明：最近一个多月以来股指暴涨，同时也出现“满仓踏空”、“赚指数不赚钱”等说法。“满仓踏空”恰恰说明，原来的股票投资方式，实际上是重仓小盘股的投机方式，依靠各种猜测、题材炒作，甚至类似坐庄的方式炒作小盘股。而本轮股指上涨，是基于原来价值被低估的大盘蓝筹股的价值回归，是投资者尤其是机构投资者比较理性的投资方式的表现。

在过去七、八年的熊市中，市场实际上并没有重视从实体经济的投资效益中赚取回报，而仅仅是投机者互博的输赢。即使是“赢家”，在此轮股市上涨中，由于资金流向大盘蓝筹股，所持满仓原来上涨的小盘股下跌，就变成“熊市赚的钱赔在牛市”。从本轮上涨的态势，可以有两点认知：一是大盘蓝筹股价值回归的上涨是股市和投资者走向理性的表现；二是随着市场走向理性和成熟，投资者（包括机构投资者和散户投资者），都相应地应该逐渐回归到理性投资，向实体经济寻求投资收益而摒弃或至少减少投机搏杀的炒股方式。

四、沪港通启动

11 月 17 日，沪港股票市场交易互联互通机制试点（沪港通）开通仪式在上海、香港同时举行。伴随沪港通试点启动，沪港两地证券市场成功实现联通，中国资本市场国际化进程取得重大进展。

点评：

交通银行首席经济学家连平：资本和金融账户开放、人民币国际化是我国新时期改革开放的重大战略举措。不积跬步，难以致千里。沪港通虽然只是个试点，规模也相对有限，但是改革开放重大战略部署的具体实践，是具有深远意义的一步。可以预期，我国的资本和金融账户开放将由此不断迈开步伐，而人民币国际化水平也将不断获得提升。

国家行政学院进修部副主任陈炳才：沪港通试点是中国证券市场对外直接对接和开放的里程碑举措，改变了过去需要审批才能进入中国内地证券市场的做法。

中国人民大学商法研究所所长刘俊海：经济全球化首先要求推动资本市场的深度融合。沪港通的推出有助于推动香港与内地资本市场的一体化，有助于在坚持“一国两制”的基础上进一步强化香港与内地的资本市场的监管合作机制，有助于增强投资者权益保护力度，也有助于提高资本市场服务于两地实体经济的能力。

五、新一轮退市制度改革启动

7 月 4 日，证监会就《关于改革完善并严格实施上市公司退市制度的若干意见（征求意见稿）》向社会公开征求意见，这标志着新一轮退市制度改革启动。上交所 10 月 19 日对《股票上市规则》涉及退市制度的相关内容进行了修改和完善，并发布修订后的《上市规则》。

点评：

原中国期货业协会副会长、中国农业大学期货与金融衍生品研究中心主任常清：退市制度改革是我国资本市场制度建设的一件大事，对于资本市场的健康发展具有重要意义，也体现了依法治市的法治精神。

国家外汇管理局国际收支司司长管涛：此举将进一步加强对投资者的保护。

中国人民大学商法研究所所长刘俊海：建立健全并激活上市公司退市制度有助于发挥资本市场的优胜劣汰功能，促进资本市场资源的合理流动与优化配置。但是，退市制度并不等于难言之隐一退了之。对导致上市公司退市存在过错的行为人（包括董事、高管、控制股东会或实际控制人），要依法承担法律责任，包括但不限于对受害投资者承担民事赔偿责任。

六、IPO 年内两次重启

今年 1 月 17 日，新股 IPO 在时隔一年多后重启，随后又暂停了 5 个月，期间沪深交易所修改 IPO 网上按市值申购实施办法，证券业协会修订《首次公开发行股票承销业务规范》等，IPO 配套措施落地。证监会 6 月 9 日按法定程序核准了 10 家企业的首发申请，IPO 自去年底重启今年初暂停后，又重新开闸。

点评：

国家外汇管理局国际收支司司长管涛：IPO 年内两次重启，重新恢复中国股市的融资功能。

国家行政学院进修部副主任陈炳才：年内两次启动 IPO，说明短期市场波动对监管层的决策影响太大，过分关注于股指，体现了股票市场依然是政策市。

七、上市公司试点员工持股计划

证监会 6 月 20 日发布《关于上市公司实施员工持股计划试点的指导意见》。《意见》明确了员工持股计划的资金来源和股票来源，具有一定的灵活性，为上市公司提供腾挪空间。此后，多家上市公司推出员工持股计划，在设计层面体现出股票来源及资金来源多样化特征。

点评：

中国人民大学商法研究所所长刘俊海：上市公司实施员工持股计划有助于将职工身份与股东身份合二为一，实现股东利益与职工利益、公司利益的深度融合与捆绑，预防与消除员工的道德风险，充分激发员工为公司利益最大化而诚信经营、勤勉工作的积极性、主动性与创造性。当然，徒法不足以自行。上市公司推行员工持股计划，必须坚持激励与约束并重的原则，做到程序严谨、信息透明、定价公允。

国家行政学院进修部副主任陈炳才：上市公司试点员工持股计划，有利于企业准确对股票定价，也有利于企业经营行为长期化。

八、证监会发布优先股试点管理办法

3月21日，证监会发布《优先股试点管理办法》，三类上市公司可以公开发行优先股。11月28日，农业银行400亿元优先股在上交所挂牌交易，标志着中国境内资本市场第一只优先股产品圆满完成发行及挂牌工作。继农行后，市场上陆续有多家上市公司公布了优先股发行方案。

点评：

交通银行首席经济学家连平：对资本市场来说，优先股丰富了投资品种，有助于减轻银行大规模直接融资对市场的冲击。优先股拓宽了商业银行资本补充渠道，也起到优化资本结构的作用。优先股为投资者提供了更多的投资选择，扩展了各种资本投资银行的途径。虽然融资模式的创新缓解了资本需求的压力，但商业银行要实现可持续增长仍应继续重视内部资源的积累，并加大业务转型的力度，以减少对外部融资的依赖。

国家外汇管理局国际收支司司长管涛：此举将进一步加大资本市场支持实体经济的力度。

中国银河证券首席总裁顾问左小蕾：优先股发行是资本市场一个新概念。但是，银行本是资源配置的中介机构，不应成为资源的占用主体。银行一味借助证券市场大规模为自身配资，可能会弱化证券市场为实体经济服务的功能。

九、新三板试点范围扩至全国

2014年，是新三板实现跨越发展的重要一年，全国中小企业股份转让系统1月24日在北京举办首批全国企业集体挂牌仪式。国务院部署在更大范围推广中关村试点政策、加快推进国家自主创新示范区建设。截至年底，新三板挂牌公司已突破1500家。

点评：

中国人民大学商法研究所所长刘俊海：包容性、多元化、多层次是我国证券市场现代化的核心特征。“新三板”试点范围的扩大有助于盘活中小企业的股权资本，提升中小企业的治理水平，促进中小企业的茁壮成长，加快创新型国家建设。创新型国家的微观基础在于创新型企业，尤其是中小企业。希望新三板挂牌公司的转板机制更畅通、更透明、更规范、更公平。

原中国期货业协会副会长、中国农业大学期货与金融衍生品研究中心主任常清：新三板试点范围的扩大，是我国发展直接金融的一项重要举措，是适应我国经济增长方式转换的金融体制改革，可以让需要筹资的公司能就地就近筹集到资本，也可以让资本能够找到更适合的投资对象。

中国银河证券首席总裁顾问左小蕾：新三板挂牌是多层次资本市场建设跨出的一大步。不过，新三板应避免仅仅成为一个交易市场，这将失去“三板”这一层次市场的存在意义，有违新三板市场建立的初衷。

十、创业板IPO和再融资办法发布

证监会5月16日发布实施《首次公开发行股票并在创业板上市管理办法》和《创业板上市公司证券发行管理暂行办法》。创业板首发办法适当放宽财务准入指标，取消持续增长要求。

点评：

中国人民大学商法研究所所长刘俊海：我国创业板与主板、中小板相比，既有共性，也有个性。为避免削足适履地把适用于主板与中小板的IPO门槛强加于创业板，必须根据创业板市场的自身属性，不断升级改版创业板的IPO上市条件，真正做到量体裁衣。与主板、中小板相比，创业板的IPO门槛应更加突出创新性与市场化特点。当然，在合理淡化财务指标的同时，创业板公司的诚信指标与治理水准不但不能降低，而且还要提高。

中国银河证券首席总裁顾问左小蕾：创业板公司很多是大幅资金超募的公司，应防止盲目再融资，产生“圈钱”嫌疑，否则可能不利于创业板上市公司的诚信和契约精神培养，也不利于未来的经营和发展。

第二节 上海证券交易所

2014 年上海市场概况

	2014 年	2013 年	2012 年
上市证券(年末)			
上市公司数	995	953	954
上市证券数	3758	2786	2098
上市股票数	1039	997	998
新上市公司数	43	1	26
发行股本(亿股)	27085.17	25751.69	24617.62
流通股数(亿股)	24914.59	23731.13	19521.34
市价总值(亿元)	243974.02	151165.27	158698.44
流通市值(亿元)	220495.87	136526.38	134294.45
筹资总额			
股票	3962.59	2515.72	2890.31
优先股	1030.00	0	0
交易概况			
交易天数	245	238	243
全年成交金额(亿元)	1281497.98	865098.34	547535.23
股票	377162.12	230266.03	164545.01
基金	37479.25	8989.48	3171.36
债券	866848.59	625839.41	379818.85
优先股	4.27	0	0
其他	3.75	3.42	0
日均成交金额(亿元)	5230.60	3634.87	2253.23
日均股票成交金额(亿元)	1539.44	967.50	677.14
全年股票成交数量(亿股)	42938.82	26718.85	18948.94
日均股票成交数量(亿股)	175.26	112.26	77.98
全年股票成交笔数(万笔)	159087.95	115321.33	92554.96
日均股票成交股数(万笔)	649.34	484.54	380.89
股价指数			
上证 180 指数年度最高	8067.97	6147.77	5808.99
上证 180 指数年度最低	4526.83	4398.96	4596.73
上证 180 指数年末收盘	8044.51	5040.27	5550.09
上证综合指数年度最高	3239.36	2444.80	2478.38
上证综合指数年度最低	1974.38	1849.65	1949.46
上证综合指数年末收盘	3234.68	2115.98	2269.13
市场比率			
平均市盈率(倍)	15.99	10.99	12.30
换手率 1(市值)%	159.94	105.56	78.57
换手率 2(流通市值)%	173.76	123.60	101.60
沪港通(年末)			
一、成交情况			
板块	家数	持有市值(亿元)	成交金额(亿元)
沪股通	569	865.01	1675.12
港股通	273	100.92	205.63
二、额度情况			
板块	当年使用额度(亿元)	当年额度使用率%	年末剩余额度(亿元)
沪股通	746.32	24.88	2253.68
港股通	104.42	4.18	2395..58

2014 年上海市场回顾

交易概貌

2014 年上海证券交易所各类证券成交总额 1281497.98 亿元，同比增加 48.13%。其中，股票成交总额 377162.12 亿元，占证券成交总额的 29.43%；债券成交 866848.59 亿元，占证券成交总额的 67.64%；基金成交 37479.25 亿元，占证券成交总额的 2.92%。日均股票成交 1539.44 亿元，同比增加 59.12%；日均债券成交 3538.16 亿元，同比增长 34.55%；日均基金成交 152.98 亿元，同比增长 305.02%。

2014 年，上证 50 指数开盘 1570.05 点，最高 2590.09 点，最低 1402.18 点，年底收于 2581.57 点，涨幅 63.93%。上证 180 指数开盘 5026.10 点，最高 8067.97 点，最低 4526.83 点，年底收于 8044.51 点，涨幅 59.60%。上证综指开盘 2112.13 点，最高 3239.36 点，最低 1974.38 点，年底收于 3234.68 点，涨幅 52.87%。

2014 年 11 月 17 日，上海证券交易所开通沪港通交易。截至 2014 年底，沪股通标的股票 569 只，成交 1675.12 亿元，持有市值 865.01 亿元，当年使用额度 746.32 亿元，当年额度使用率 24.88%；港股通股票标的 273 只，成交 205.63 亿元，持有市值 100.92 亿元，当年使用额度 104.42 亿元，当年额度使用率 4.18%。

截至 2014 年底，上海证券交易所投资者开户数 12317 万户。

证券发行与上市

截至 2014 年底，上海证券交易所共有上市公司 995 家，2014 年新上市 43 家。上市股票数 1039 只。股票市价总值 243974.02 亿元，涨幅 61.40%；流通市值 220495.87 亿元，涨幅 61.50%。上市公司总股本 27085.17 亿股，流通股 24914.59亿股，流通股本占总股本的 91.99%。

2014 年上海证券交易所的市价总值、筹资额、股票交易量在全球主要交易所中分别排名第 4、4、3 位。

2014 年上海市场情况

数据截至 2013－12－31

			值	比年初±	增减(%)
指数	上证指数		3234.68	1118.70	52.87
	上证 180		8044.51	3004.24	59.60
	上证 380		4866.71	1514.22	45.17
品种	上市公司家数		995	42	4.41
	股票	合计	1039	42	4.21
		A 股家数	986	42	4.45
		B 股家数	53	0	0.00
	债券	合计	2646	915	52.86
		现货挂牌数	2603	917	54.39
		回购挂牌数	43	－2	－4.44
	基金	基金只数	68	10	17.24
		其中：ETF	61	14	29.79
	优先股	合计	5	－	－
规模	股票	市价总值(亿元)	243974	92809	61.40
		非限售股市值(亿元)	220496	83969	61.50
		发行股本(亿股)	27085	1333	5.18
		非限售股股本(亿股)	24915	1183	4.99
	债券	托管合计(亿元)	22888	5669	32.92
	基金	市值合计(亿元)	1875	606	47.81
		其中：ETF(亿元)	1438	474	49.09
市盈率	股票市场		15.99	5.00	45.51
	上证 180		13.33	4.08	44.09
	上证 380		30.19	9.04	42.73
开户	投资者开户总数(万)		12310	866	7.57
	其中：A 股开户总数(万)		9577	479	5.26
			值	同比±	增减(%)
成交	股票	合计(亿元)	375634	146026	63.60
	债券	合计(亿元)	866849	241009	38.51
		现货(亿元)	25446	10134	66.18
		回购(亿元)	841402	230875	37.82
	基金	合计(亿元)	37479	28490	316.92
		其中：ETF(亿元)	10143	3436	51.24

			值	比年初±	增减(%)
筹融资	股票	筹资总额(亿元)	3927	1412	56.11
		其中:IPO 公司数(家)	43	43	-
		IPO 筹资额(亿元)	312	312	-
	债券	融资总额(亿元)	2995	-149	-4.74
		融资家数(家)	377	123	48.43
	优先股	筹资总额(亿元)	1030	-	-
		筹资家数(家)	5	-	-

说明:债券融资统计证监会审批的债券。债券托管数据、开户数据、债券场外数据截至 2014-12-30。

2014 年撤销风险警示的公司

撤销退市风险警示

序号	公司代码	公司简称	B 股代码	B 股简称	撤销退市风险警示后 A 股简称	撤销退市风险警示后 B 股简称	撤销退市风险警示实施起始日
1	600538	*ST 国发		北海国发		2014-2-24	
2	600961	*ST 株冶		株冶集团			2014-3-6
3	600760	*ST 黑豹		中航黑豹			2014-3-7
4	600155	*ST 宝硕		宝硕股份			2014-3-10
5	600444	*ST 国通		国通管业			2014-3-10
6	600603	*ST 兴业		大洲兴业			2014-3-10
7	600707	*ST 彩虹		彩虹股份			2014-3-14
8	600617	*ST 联华	900913	*ST 联华	B 联华合纤	联华 B 股	2014-3-25
9	600980	*ST 北磁		北矿磁材			2014-3-26
10	600421	*ST 国药		国药科技			2014-3-31
11	601919	*ST 远洋		中国远洋			2014-4-3
12	600769	*ST 祥龙		祥龙电业			2014-4-4
13	600234	*ST 山水		山水文化			2014-4-21
14	600358	*ST 联合		国旅联合			2014-4-24
15	600579	*ST 黄海		天华院			2014-4-29
16	600555	*ST 九龙	900955	*ST 九龙	B 九龙山	九龙山 B	2014-4-30
17	600319	*ST 亚星		亚星化学			2014-5-8
18	600556	*ST 北生		北生药业			2014-5-8
19	600074	*ST 中达		中达股份			2014-5-14

2014 年成交股数最多的前 20 种股票

序号	股票代码	股票简称	成交股数(万股)	占总成交股数的比例(%)
1	601668	中国建筑	6140942.00	1.43
2	601818	光大银行	5828336.01	1.36
3	600016	民生银行	5779986.82	1.35
4	601288	农业银行	5690009.19	1.33
5	601988	中国银行	5484949.49	1.28
6	600010	包钢股份	5128166.80	1.19
7	600030	中信证券	4919960.19	1.15
8	601989	中国重工	4591108.17	1.07
9	600795	国电电力	4501305.86	1.05
10	600000	浦发银行	4297575.85	1.00
11	600221	海南航空	4062291.82	0.95
12	601328	交通银行	3824394.34	0.89
13	601166	兴业银行	3742303.17	0.87
14	600050	中国联通	3729413.16	0.87
15	600837	海通证券	3462871.00	0.81
16	601390	中国中铁	3397858.12	0.79
17	601398	工商银行	3389716.03	0.79
18	601899	紫金矿业	3279785.32	0.76
19	600028	中国石化	3255311.78	0.76
20	600048	保利地产	3183565.44	0.74

2014 年成交金额最多的前 20 种股票

序号	股票代码	股票简称	成交金额(万元)	占总成交金额的比例(%)
1	600030	中信证券	94208468.76	2.50
2	601318	中国平安	70475581.03	1.87
3	600837	海通证券	51175327.89	1.36
4	600000	浦发银行	47411876.28	1.26
5	600016	民生银行	46700993.11	1.24
6	601166	兴业银行	43309862.68	1.15
7	600036	招商银行	32528873.35	0.86
8	601989	中国重工	30728951.65	0.81
9	600109	国金证券	30625583.32	0.81
10	601377	兴业证券	29005958.07	0.77
11	601688	华泰证券	28326296.78	0.75
12	601668	中国建筑	28011620.42	0.74
13	601901	方正证券	27620804.18	0.73
14	600887	伊利股份	23682468.54	0.63
15	600999	招商证券	22188262.10	0.59
16	600048	保利地产	21789423.16	0.58
17	601099	太平洋	20508665.75	0.54
18	601818	光大银行	20015030.70	0.53
19	600010	包钢股份	19815166.01	0.53
20	600111	包钢稀土	19759130.40	0.52

2014 年度上海市场股票成交概况

数据日期:2014 年

年度情况	上海市场	A 股	B 股
市价总值(亿元)	243974.02	243102.74	871.28
流通市值(亿元)	220495.87	219624.59	871.28
总成交笔数(万笔)	159087.94	158606.62	466.57
最高成交笔数(万笔)	2554.32(2014-12-09)	2547.86(2014-12-09)	6.34(2014-12-09)
最低成交笔数(万笔)	265.09(2014-05-21)	264.32(2014-05-21)	0.53(2014-05-27)
总成交量(万股)	429388200.98	424713491.66	960128.64
最高成交量(万股)	7757898.32(2014-12-09)	7722685.03(2014-12-09)	16041.27(2014-12-09)
最低成交量(万股)	580015.96(2014-01-20)	565131.55(2014-01-20)	927.58(2014-05-27)
总成交金额(亿元)	377162.12	375149.95	484.45
最高成交金额(亿元)	7950.24(2014-12-09)	7931.7(2014-12-09)	7.96(2014-11-25)
最低成交金额(亿元)	491.46(2014-01-20)	485.83(2014-01-20)	0.47(2014-05-27)
平均市盈率	15.99	15.99	15.77
换手率(%)	-	-	-

2014 年度上交所新发行、上市与利润分配统计

	上市公司/股票数	股本数(亿股)	金额(万元)
募资	-		36109411.01
首发	43	37.41	3117678.81
增发	184	545.18	31915671.14
配股	6	20	1076061.06
流通	-		-
上市*	224	2868.26	-
非流通股流通			-
分红	713	-	0
送股及转增	79	1165.16	-

2014 年度上证 50 指数走势

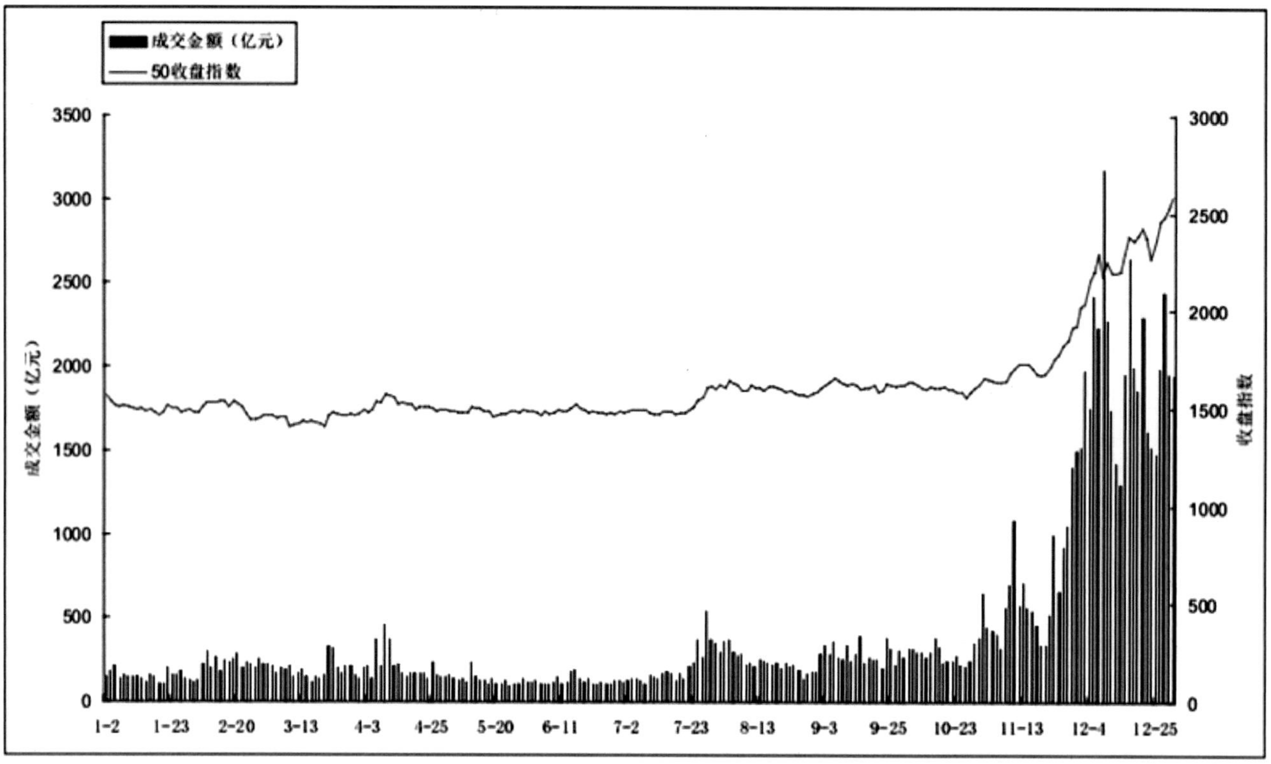

2014 年度上证 180 指数走势

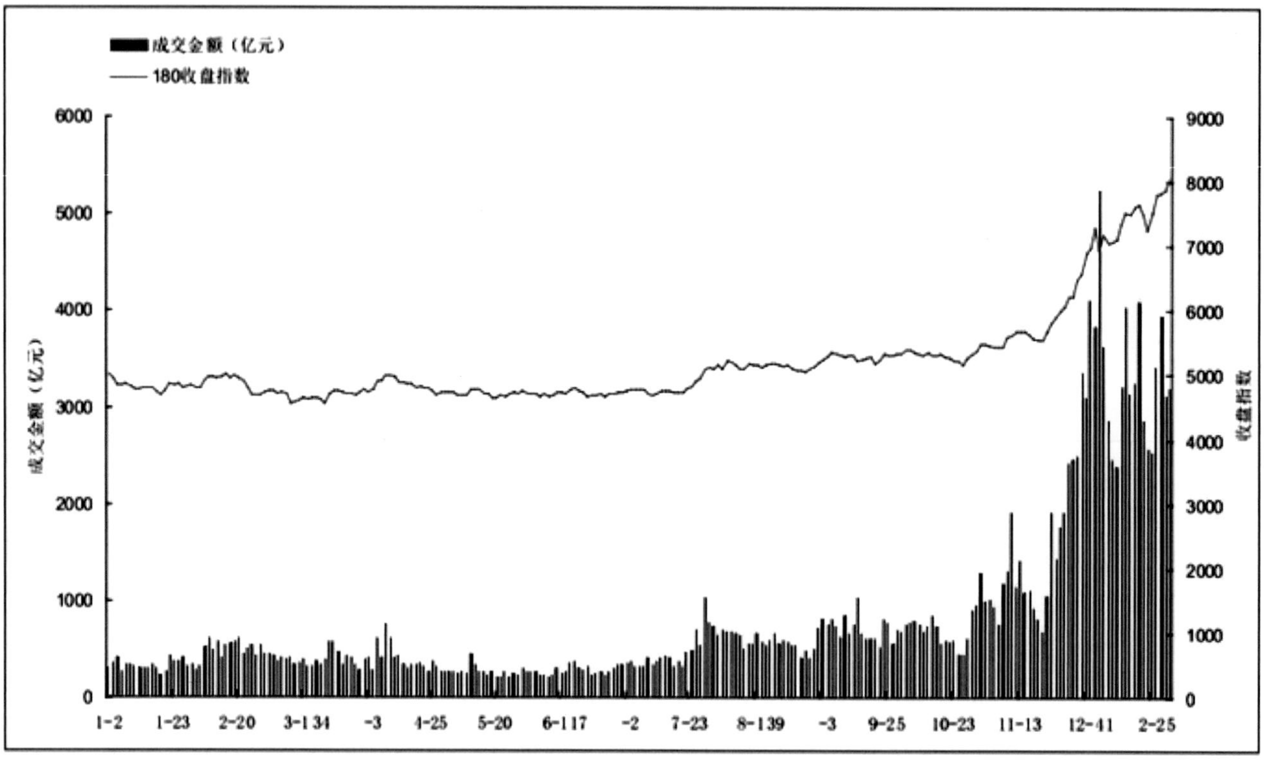

2014 年度上证 380 指数走势

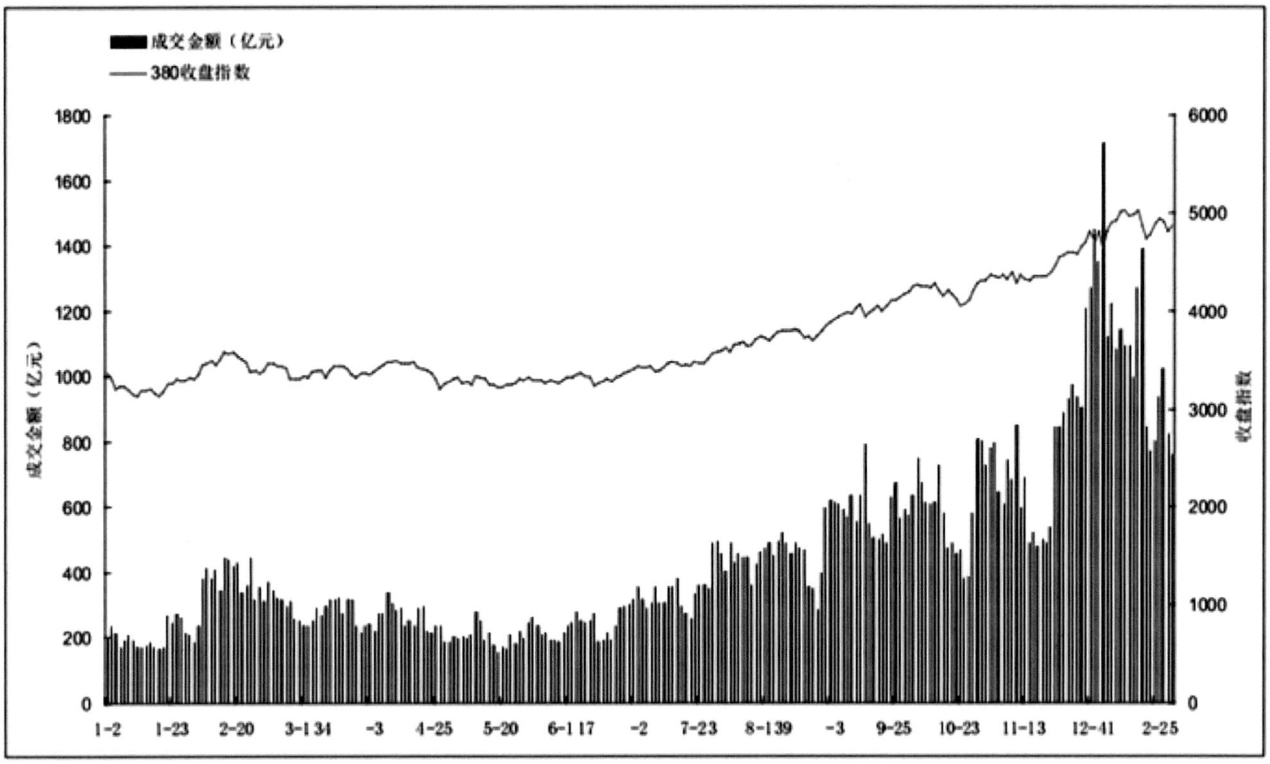

2014 年度上证指数走势

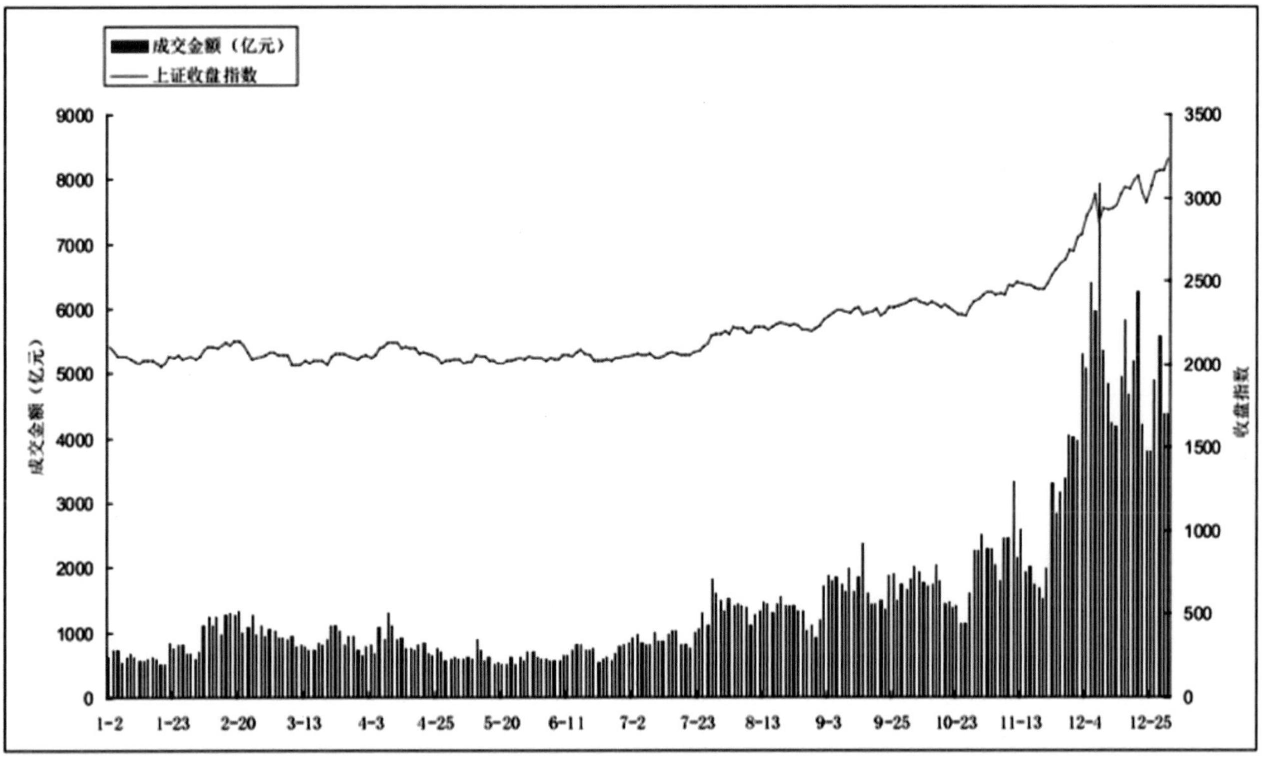

2014 年各月成交股数、成交金额和市盈率

月份	成交股数(万股)	成交金额(万元)	市盈率
1	15961760.03	137400763.00	10.57
2	20708100.19	180218389.42	10.73
3	23516640.47	188359319.57	10.65
4	21129802.39	169895198.67	10.65
5	15496416.93	121608512.55	9.77
6	16388880.33	133009008.80	9.81
7	30243657.63	240874840.68	10.59
8	33822312.12	280761637.38	10.69
9	42433239.23	358273596.19	11.49
10	37434250.16	315101545.92	11.81
11	57561673.15	492134009.41	13.15
12	114691468.35	1153984413.42	15.99

2014 年末 50 家流通市值最大的上市公司

序号	股票简称	股票代码	流通市场(万元)	占全体上市公司流通市值比重(%)
1	中国石油	601857	175037766.12	7.94
2	工商银行	601398	128917559.18	5.85
3	农业银行	601288	105424669.33	4.78
4	中国银行	601988	81303880.36	3.69
5	中国人寿	601628	71112354.95	3.23
6	中国石化	600028	59242123.51	2.69
7	中国平安	601318	35759821.19	1.62
8	招商银行	600036	34223418.81	1.55
9	中国神华	601088	33460316.01	1.52
10	中信证券	600030	33271703.16	1.51
11	民生银行	600016	29491409.34	1.34
12	兴业银行	601166	26696367.56	1.21
13	中信银行	601998	25970803.54	1.18
14	上汽集团	600104	23671891.55	1.07
15	浦发银行	600000	23413837.32	1.06
16	交通银行	601328	22242156.28	1.01
17	中国建筑	601668	21733144.16	0.99
18	贵州茅台	600519	21654566.08	0.98
19	中国太保	601601	20306041.00	0.92
20	海通证券	600837	19469667.62	0.88
21	光大银行	601818	19427455.44	0.88
22	中国中铁	601390	15896034.30	0.72
23	大秦铁路	601006	15847999.73	0.72
24	中国铁建	601186	15658660.63	0.71
25	中国重工	601989	15051550.67	0.68
26	上港集团	600018	14608825.34	0.66
27	华泰证券	601688	13703200.00	0.62
28	招商证券	600999	13176929.22	0.60
29	保利地产	600048	11609584.12	0.53
30	宝钢股份	600019	11513419.46	0.52
31	中国联通	600050	10492315.22	0.48
32	长江电力	600900	10398919.56	0.47
33	新华保险	601336	10335437.37	0.47
34	北京银行	601169	9801684.20	0.44
35	光大证券	601788	9754972.00	0.44

序号	股票简称	股票代码	流通市场(万元)	占全体上市公司流通市值比重(%)
36	华能国际	600011	9271500.00	0.42
37	海螺水泥	600585	8831343.29	0.40
38	华夏银行	600015	8732426.45	0.40
39	伊利股份	600887	8611399.21	0.39
40	方正证券	601901	8594900.00	0.39
41	长城汽车	601633	8348404.67	0.38
42	中国中冶	601618	8200695.00	0.37
43	上海电气	601727	8126839.59	0.37
44	兴业证券	601377	7862400.00	0.36
45	国电电力	600795	7861858.71	0.36
46	国投电力	600886	7763210.71	0.35
47	三一重工	600031	7578518.72	0.34
48	中国北车	601299	7189519.57	0.33
49	大唐发电	601991	6876119.68	0.31
50	中国南车	601766	6645979.84	0.30

2014 年末 B 股投资者地区分布情况

地区	累计开户数	所占比例	当年新增开户数	新增数所占比例
中国(境内)	1367534	87.22	9109	89.38
美国	15604	1.00	357	3.50
加拿大	3911	0.25	103	1.01
中国香港	17210	1.10	47	0.46
英国	2465	0.16	45	0.44
中国台湾	8630	0.55	44	0.43
日本	4640	0.30	44	0.43
澳大利亚	3360	0.21	41	0.40
德国	779	0.05	41	0.40
韩国	1844	0.12	26	0.26
新加坡	1967	0.13	9	0.09
法国	655	0.04	6	0.06
荷兰	427	0.03	5	0.05
中国(境外)	124244	7.92	4	0.04
中国澳门	813	0.05	4	0.04
其他	13862	0.88	306	3.00
合计	1567945	100.00	10191	100.00

2014 年末本所会员及营业部地区分布

地区	公司数	营业部数	营业部交易金额(百万元)	比例(%)
安徽	2	211	2355568.62	0.95
北京	20	338	35972952.58	14.56
福建	4	316	8442185.84	3.42
甘肃	1	71	548288.64	0.22
广东	22	934	52099796.61	21.08
广西	1	127	1990169.16	0.81
贵州	1	66	566854.50	0.23
海南	2	44	740995.67	0.30
河北	1	199	2301362.17	0.93
河南	1	229	2800986.22	1.13
黑龙江	1	140	2956651.91	1.20
湖北	2	249	5882875.11	2.38
湖南	3	243	3851984.19	1.56
吉林	2	120	1177701.34	0.48

地区	公司数	营业部数	营业部交易金额(百万元)	比例(%)
江苏	6	603	15705661.65	6.36
江西	2	235	3133516.59	1.27
辽宁	3	283	4482717.46	1.81
内蒙古	2	85	1424222.74	0.58
宁夏	0	29	148920.00	0.06
青海	1	17	84471.32	0.03
山东	2	403	5795516.67	2.35
山西	2	146	1380527.54	0.56
陕西	3	168	1918468.76	0.78
上海	16	575	63579627.28	25.73
四川	4	301	5858465.28	2.37
天津	1	128	2854764.12	1.16
西藏	1	10	43828.73	0.02
新疆	1	64	863357.87	0.35
云南	2	121	1427396.58	0.58
浙江	3	581	14707999.95	5.95
重庆	1	163	2032288.54	0.82

2014 年末上市公司地区分布

省市区	上市公司总数	比重(%)	2013 年新上市公司数	比重(%)
安徽	31	3.12	2	4.65
北京	100	10.05	3	6.98
福建	33	3.32	3	6.98
甘肃	12	1.21	1	2.33
广东	45	4.52	2	4.65
广西	14	1.41	2	4.65
贵州	10	1.01	0	0.00
海南	9	0.90	1	2.33
河北	18	1.81	0	0.00
河南	25	2.51	0	0.00
黑龙江	23	2.31	0	0.00
湖北	37	3.72	0	0.00
湖南	21	2.11	1	2.33
吉林	19	1.91	1	2.33
江苏	88	8.84	10	23.26
江西	16	1.61	0	0.00
辽宁	29	2.91	1	2.33
内蒙古	16	1.61	0	0.00
宁夏	4	0.40	0	0.00
青海	7	0.70	0	0.00
山东	49	4.92	0	0.00
山西	17	1.71	0	0.00
陕西	20	2.01	2	4.65
上海	150	15.08	2	4.65
四川	36	3.62	0	0.00
天津	21	2.11	2	4.65
西藏	6	0.60	0	0.00
新疆	21	2.11	0	0.00
云南	12	1.21	0	0.00
浙江	86	8.64	8	18.60
重庆	20	2.01	2	4.65

2014年末上市公司数量与行业分布

行业	代码	公司数
农、林、牧、渔业	A	14
采矿业	B	43
制造业	C	527
电力、热力、燃气及水生产和供应业	D	52
建筑业	E	31
批发和零售业	F	89
交通运输、仓储和邮政业	G	57
住宿和餐饮业	H	2
信息传输、软件和信息技术服务业	I	26
金融业	J	32
房地产业	K	71
租赁和商务服务业	L	9
科学研究和技术服务业	M	5
水利、环境和公共设施管理业	N	8
教育	P	1
卫生和社会工作	Q	1
文化、体育和娱乐业	R	11
综合	S	16

2014年前20种跌幅最大股票

序号	股票代码	股票简称	上年度收盘价(元)	本年度收盘价(元)	跌幅(%)
1	600387	海越股份	20.160	12.790	-36.31
2	600527	江南高纤	6.980	4.620	-32.45
3	600389	江山股份	39.130	26.580	-31.00
4	600597	光明乳业	22.200	17.460	-20.48
5	600119	长江投资	17.830	14.360	-18.98
6	600728	佳都科技	15.700	12.760	-18.73
7	600983	惠而浦	15.030	12.300	-17.66
8	600315	上海家化	42.230	34.320	-17.54
9	600745	中茵股份	16.240	13.570	-16.44
10	900948	伊泰B股	1.769	1.432	-15.84
11	600860	*ST京城	8.210	6.950	-15.35
12	600600	青岛啤酒	48.950	41.780	-13.73
13	900950	新城B股	0.608	0.507	-13.42
14	601515	东风股份	25.810	11.180	-13.37
15	600640	号百控股	17.850	15.440	-13.24
16	600292	中电远达	25.890	22.280	-13.21
17	600703	三安光电	24.790	14.220	-13.20
18	600822	上海物贸	9.300	8.080	-13.12
19	600403	大有能源	7.120	6.030	-12.91
20	600112	天成控股	12.820	11.220	-12.48

2014年前20种涨幅最大股票

序号	股票代码	股票简称	上年度收盘价(元)	本年度收盘价(元)	涨幅(%)
1	600381	*ST贤成	2.080	21.800	948.08
2	600399	抚顺特钢	5.830	28.380	387.59
3	600317	营口港	3.510	4.750	335.02
4	600556	北生药业	3.580	14.000	291.06
5	600061	中纺投资	6.160	23.040	274.03
6	601800	中国交建	4.040	13.890	262.16

序号	股票代码	股票简称	上年度收盘价(元)	本年度收盘价(元)	涨幅(%)
7	601099	太平洋	5.950	14.220	258.89
8	601390	中国中铁	2.680	9.300	255.42
9	601186	中国铁建	4.690	15.260	234.01
10	600715	松辽汽车	5.210	17.200	230.13
11	601788	光大证券	8.690	28.540	229.24
12	600155	宝硕股份	3.670	11.920	224.80
13	601377	兴业证券	9.460	15.120	222.74
14	600266	北京城建	9.680	23.660	206.82
15	601000	唐山港	3.060	9.210	204.45
16	600446	金证股份	15.450	46.880	204.41
17	600410	华胜天成	6.750	20.370	203.03
18	600528	中铁二局	5.120	15.050	200.55
19	600886	国投电力	3.930	11.440	199.90
20	601618	中国中冶	1.750	5.050	198.82

2014 年融券交易前 20 种证券

序号	股票代码	股票简称	融资买入额(万元)	还款额(万元)	合计(万元)
1	510300	300ETF	13138780.29	3905525.13	17044305.42
2	510050	50ETF	5595009.06	1075930.16	6670939.22
3	600837	海通证券	5184703.70	378982.43	5563686.13
4	600030	中信证券	3522696.47	543495.82	4066192.29
5	601688	华泰证券	3494635.82	163224.77	3657860.59
6	600016	民生银行	2493381.14	404065.23	2897446.37
7	600000	浦发银行	2560162.03	285296.22	2845458.25
8	601377	兴业证券	2704871.42	105397.51	2810268.93
9	600036	招商银行	2312371.08	315536.78	2627907.86
10	601318	中国平安	1988024.74	489995.39	2478020.13
11	601166	兴业银行	1852267.19	315645.65	2167912.84
12	601989	中国重工	1968649.10	133544.06	2102193.16
13	600999	招商证券	1386802.68	101995.23	1488797.91
14	510180	180ETF	1242254.69	221610.00	1463864.69
15	600015	华夏银行	1167974.36	113299.03	1281273.39
16	600109	国金证券	1151360.93	52526.40	1203887.33
17	601818	光大银行	1090806.09	106984.54	1197790.63
18	600887	伊利股份	765260.29	187549.60	952809.89
19	600519	贵州茅台	664518.31	186294.87	850813.18
20	601601	中国太保	597615.31	218293.20	815908.51

2014 年融资交易前 20 种证券

序号	股票代码	股票简称	融资买入额(万元)	还款额(万元)	合计(万元)
1	600030	中信证券	22087819.78	10668274.34	32756094.12
2	601318	中国平安	14739763.27	6961518.74	21701282.01
3	600000	浦发银行	10960643.64	5762873.14	16723516.78
4	600837	海通证券	10736839.48	5163092.48	15899931.96
5	601166	兴业银行	9888614.14	5101063.61	14989677.75
6	510300	300ETF	10804282.44	755844.47	11560126.91
7	600016	民生银行	7396578.68	3612968.03	11009546.71
8	601989	中国重工	6586876.78	3255371.65	9842248.43
9	600109	国金证券	6232731.61	2992793.12	9225524.73
10	601668	中国建筑	6250199.47	2975122.53	9225322.00
11	510050	50ETF	7166127.87	1524582.70	8690710.57
12	601901	方正证券	5683197.14	2973540.74	8656737.88
13	601377	兴业证券	5465075.53	2654222.96	8119298.49
14	600036	招商银行	5599714.68	2318115.43	7917830.11

序号	股票代码	股票简称	融资买入额(万元)	还款额(万元)	合计(万元)
15	601688	华泰证券	5280048.01	2465643.71	7745691.72
16	600999	招商证券	4645186.02	2261917.34	6907103.36
17	601099	太平洋	4463667.75	2339432.37	6803100.12
18	600010	包钢股份	4510907.23	1929717.48	6440624.71
19	601788	光大证券	4174264.88	2156210.93	6330475.81
20	600739	辽宁成大	4097702.31	2140499.23	6238201.54

2014年融资融券交易前20名会员

序号	会员名称	融资交易额(万元)	融券交易额(万元)	合计(万元)
1	国泰君安证券股份有限公司	76174010.90	9390853.89	85564864.79
2	华泰证券股份有限公司	67752338.65	15328682.08	83081020.73
3	广发证券股份有限公司	53416774.80	6322692.46	59739467.26
4	中国银河证券股份有限公司	53130615.61	1841921.80	54972537.41
5	海通证券股份有限公司	33840521.32	15509997.79	49350519.11
6	招商证券股份有限公司	38153652.51	7428056.80	45581709.31
7	中信证券股份有限公司	20898029.81	22498439.08	43396468.89
8	申银万国证券股份有限公司	41792747.71	774720.51	42567468.22
9	国信证券股份有限公司	35190569.66	3257638.53	38448208.19
10	光大证券股份有限公司	30263985.63	4563473.78	34827459.41
11	中信建投证券股份有限公司	29179331.32	4974259.84	34153591.16
12	齐鲁证券有限公司	32011049.40	1967017.11	33978066.51
13	安信证券股份有限公司	29297088.56	1076167.91	30373256.47
14	中国中投证券有限责任公司	24508462.81	330990.88	24839453.69
15	宏源证券股份有限公司	17678637.51	325297.54	18003935.05
16	方正证券股份有限公司	16613082.03	1131759.79	17744841.82
17	国元证券股份有限公司	16686238.96	626762.09	17313001.05
18	长江证券股份有限公司	14559193.11	1257348.22	15816541.33
19	华西证券股份有限公司	14279444.14	46654.89	14326099.03
20	兴业证券股份有限公司	11558039.55	156482.63	11714522.18

2014年融资融券余额前20名会员

序号	会员名称	融资余额(万元)	融券余额(万元)	合计(万元)
1	华泰证券股份有限公司	4450694.24	88908.57	4539602.81
2	国泰君安证券股份有限公司	4425345.61	96096.87	4521442.48
3	广发证券股份有限公司	4413253.77	49315.50	4462569.27
4	海通证券股份有限公司	4346817.07	20002.03	4366819.10
5	中国银河证券股份有限公司	4024417.40	25605.81	4050023.21
6	招商证券股份有限公司	3759979.47	73526.38	3833505.85
7	中信证券股份有限公司	3795838.46	7806.56	3803645.02
8	国信证券股份有限公司	3171381.34	40136.18	3211517.52
9	申银万国证券股份有限公司	2876699.02	8424.27	2885123.29
10	光大证券股份有限公司	2494255.94	11958.35	2506214.29
11	中信建投证券股份有限公司	2154657.78	20714.67	2175372.45
12	安信证券股份有限公司	1787368.92	13471.35	1800840.27
13	齐鲁证券有限公司	1571117.74	16321.80	1587439.54
14	中国中投证券有限责任公司	1429972.78	7678.23	1437651.00
15	长江证券股份有限公司	1326233.49	23828.46	1350061.95
16	方正证券股份有限公司	1265906.49	10344.39	1276250.88
17	中信证券(浙江)有限责任公司	1079616.88	48.94	1079665.82
18	宏源证券股份有限公司	1019403.28	4717.88	1024121.16
19	兴业证券股份有限公司	929282.97	2272.96	931555.93
20	东方证券股份有限公司	685367.04	4166.40	689533.44

2014 年上市公司简称更改一览表

股票代码	更名日期	新股票简称	原股票简称
600072	2014-2-18	钢构工程	中船股份
600175	2014-10-29	美都能源	美都控股
600206	2014-3-19	有研新材	有研硅股
600234	2014-3-28	*ST 山水	*ST 天龙
600247	2014-7-1	*ST 成城	ST 成城
600265	2014-4-29	ST 景谷	*ST 景谷
600273	2014-12-24	嘉化能源	华芳纺织
600301	2014-4-23	ST 南化	*ST 南化
600313	2014-1-21	农发种业	中农资源
600337	2014-8-1	美克家居	美克股份
600385	2014-8-6	ST 金泰	*ST 金泰
600398	2014-4-11	海澜之家	凯诺科技
600419	2014-1-6	天润乳业	新疆天宏
600421	2014-5-9	仰帆控股	国药科技
600483	2014-11-6	福能股份	福建南纺
600485	2014-9-26	信威集团	中创信测
600499	2014-5-5	科达洁能	科达机电
600509	2014-7-1	天富能源	天富热电
600538	2014-6-12	国发股份	北海国发
600575	2014-9-1	皖江物流	芜湖港
600617	2014-7-17	国新能源	联华合纤
600673	2014-5-29	东阳光科	东阳光铝
600705	2014-7-30	中航资本	中航投资
600072	2014-2-18	钢构工程	中船股份
600175	2014-10-29	美都能源	美都控股
600206	2014-3-19	有研新材	有研硅股
600234	2014-3-28	*ST 山水	*ST 天龙
600247	2014-7-1	*ST 成城	ST 成城
600265	2014-4-29	ST 景谷	*ST 景谷
600273	2014-12-24	嘉化能源	华芳纺织
600301	2014-4-23	ST 南化	*ST 南化
600313	2014-1-21	农发种业	中农资源
600337	2014-8-1	美克家居	美克股份
600385	2014-8-6	ST 金泰	*ST 金泰
600398	2014-4-11	海澜之家	凯诺科技
600419	2014-1-6	天润乳业	新疆天宏
600421	2014-5-9	仰帆控股	国药科技
600483	2014-11-6	福能股份	福建南纺
600485	2014-9-26	信威集团	中创信测
600499	2014-5-5	科达洁能	科达机电
600509	2014-7-1	天富能源	天富热电
600538	2014-6-12	国发股份	北海国发
600575	2014-9-1	皖江物流	芜湖港
600617	2014-7-17	国新能源	联华合纤
600673	2014-5-29	东阳光科	东阳光铝
600705	2014-7-30	中航资本	中航投资

2014 年上市公司配股概况

股票代码	股票简称	股权登记日	配股说明书公告日	股本变动公告日	配股上市日	配股价(元)	实际筹资额(万元)
600059	古越龙山	2014-6-3	2014-5-29	2014-6-18	2014-6-23	6.40	111147
600089	特变电工	2014-1-16	2014-1-14	2014-2-8	2014-2-12	6.90	365944

股票代码	股票简称	股权登记日	配股说明书公告日	股本变动公告日	配股上市日	配股价(元)	实际筹资额(万元)
600153	建发股份	2014-4-18	2014-4-16	2014-5-7	2014-5-12	5.13	306492
600755	厦门国贸	2014-6-26	2014-6-24	2014-7-11	2014-7-16	4.19	139793
600978	宜华木业	2014-2-17	2014-2-13	2014-3-1	2014-3-5	4.03	133074
601798	蓝科高新	2014-1-13	2014-1-9	2014-1-28	2014-2-7	5.68	19612

注:统计以股权登记日在2014年的为准。

2014年实施退市风险警示的公司

序号	A股代码	A股简称	B股代码	B股简称	实施起始日	实施退市风险警示后A股简称	实施退市风险警示后B股简称
1	600550	天威保变			2014-3-12	*ST天威	
2	600598	北大荒			2014-3-28	*ST大荒	
3	600610	S中纺机	900906	中纺B股	2014-3-28	S*ST中纺	*ST中纺B
4	600075	新疆天业			2014-3-31	*ST新业	
5	600860	京城股份			2014-3-31	*ST京城	
6	600871	仪征化纤			2014-3-31	*ST仪化	
7	600072	钢构工程			2014-4-1	*ST钢构	
8	600306	商业城			2014-4-16	*ST商城	
9	600689	上海三毛	900922	三毛B股	2014-4-16	*ST三毛	*ST三毛B
10	600299	蓝星新材			2014-4-17	*ST新材	
11			900951	大化B股	2014-4-29		*ST大化B
12	600178	东安动力			2014-4-30	*ST东安	
13	600282	南钢股份			2014-4-30	*ST南钢	
14	600145	国创能源			2014-5-5	*ST国创	
15	600228	昌九生化			2014-5-5	*ST昌九	
16	601558	华锐风电			2014-5-5	*ST锐电	
17	600247	ST成城			2014-7-1	*ST成城	

上证50指数样本股的市值和比重

股票代码	股票简称	流通股数(万股)	流通市值(万元)	收盘价	占50指数权重(%)
600000	浦发银行	1492278	23413837	15.69	4.51
600010	包钢股份	1574202	6422746	4.08	0.85
600015	华夏银行	648769	8732426	13.46	1.56
600016	民生银行	2710607	29491409	10.88	7.67
600018	上港集团	2275518	14608825	6.42	0.76
600028	中国石化	9128216	59242124	6.49	0.91
600030	中信证券	981466	33271703	33.90	6.92
600036	招商银行	2062894	34223419	16.59	6.80
600048	保利地产	1072975	11609584	10.82	1.66
600050	中国联通	2119660	10492315	4.95	1.08
600089	特变电工	316591	3919400	12.38	0.83
600104	上汽集团	1102557	23671892	21.47	1.81
600109	国金证券	258814	5121936	19.79	0.80
600111	包钢稀土	147947	3828868	25.88	0.99
600150	中国船舶	137812	5079741	36.86	0.66
600196	复星医药	190439	4018268	21.10	0.63
600256	广汇能源	304605	2546500	8.36	0.68
600332	白云山	103660	2810225	27.11	0.38
600372	中航电子	175916	4871122	27.69	0.38
600406	国电南瑞	220575	3209371	14.55	0.55
600518	康美药业	219871	3456379	15.72	0.62
600519	贵州茅台	114200	21654566	189.62	2.24
600585	海螺水泥	399970	8831343	22.08	1.14
600637	百视通	111374	4218832	37.88	0.66

股票代码	股票简称	流通股数(万股)	流通市值(万元)	收盘价	占50指数权重(%)
600690	青岛海尔	273684	5079575	18.56	0.72
600703	三安光电	216602	3080081	14.22	0.44
600832	东方明珠	318633	4409887	13.84	0.57
600837	海通证券	809213	19469668	24.06	5.07
600887	伊利股份	300782	8611399	28.63	2.30
600999	招商证券	466110	13176929	28.27	1.71
601006	大秦铁路	1486679	15848000	10.66	1.63
601088	中国神华	1649104	33460316	20.29	1.71
601118	海南橡胶	393117	3427982	8.72	0.27
601166	兴业银行	1617962	26696368	16.50	4.88
601169	北京银行	896769	9801684	10.93	1.77
601288	农业银行	28416353	105424669	3.71	2.41
601299	中国北车	1012608	7189520	7.10	0.69
601318	中国平安	478648	35759821	74.71	9.15
601328	交通银行	3270905	22242156	6.80	2.73
601398	工商银行	26471778	128917559	4.87	2.13
601601	中国太保	628670	20306041	32.30	2.64
601628	中国人寿	2082353	71112355	34.15	1.34
601668	中国建筑	2985322	21733144	7.28	2.82
601688	华泰证券	560000	13703200	24.47	1.75
601766	中国南车	1041690	6645980	6.38	0.72
601818	光大银行	3981036	19427455	4.88	2.53
601857	中国石油	16192208	175037766	10.81	1.07
601901	方正证券	610000	8594900	14.09	1.50
601989	中国重工	1634262	15051551	9.21	1.72
601998	中信银行	3190516	25970804	8.14	0.62

上证180指数样本股的市值和比重

股票代码	股票简称	流通股数(万股)	流通市值(万元)	收盘价	占180指数权重(%)
600000	浦发银行	1492278	23413837	15.69	2.89
600009	上海机场	109348	2145401	19.62	0.31
600010	包钢股份	1574202	6422746	4.08	0.54
600011	华能国际	1050000	9271500	8.83	0.60
600015	华夏银行	648769	8732426	13.46	0.99
600016	民生银行	2710607	29491409	10.88	4.91
600018	上港集团	2275518	14608825	6.42	0.48
600019	宝钢股份	1642428	11513419	7.01	0.57
600023	浙能电力	79063	566882	7.17	0.09
600027	华电国际	588006	4116039	7.00	0.25
600028	中国石化	9128216	59242124	6.49	0.58
600030	中信证券	981466	33271703	33.90	4.42
600031	三一重工	759371	7578519	9.98	0.51
600036	招商银行	2062894	34223419	16.59	4.34
600037	歌华有线	106379	1541427	14.49	0.16
600048	保利地产	1072975	11609584	10.82	1.06
600050	中国联通	2119660	10492315	4.95	0.69
600060	海信电器	130848	1495594	11.43	0.15
600066	宇通客车	124486	2779782	22.33	0.31
600067	冠城大通	119334	966607	8.10	0.11
600079	人福医药	50592	1297686	25.65	0.23
600085	同仁堂	131114	2940894	22.43	0.24
600089	特变电工	316591	3919400	12.38	0.53
600100	同方股份	207020	2417995	11.68	0.33
600104	上汽集团	1102557	23671892	21.47	1.16

股票代码	股票简称	流通股数(万股)	流通市值(万元)	收盘价	占180指数权重(%)
600108	亚盛集团	194692	1818419	9.34	0.25
600109	国金证券	258814	5121936	19.79	0.51
600111	包钢稀土	147947	3828868	25.88	0.63
600118	中国卫星	118249	3367729	28.48	0.28
600150	中国船舶	137812	5079741	36.86	0.42
600157	永泰能源	301300	1313669	4.36	0.16
600158	中体产业	65750	1164424	17.71	0.20
600177	雅戈尔	222661	2562830	11.51	0.29
600196	复星医药	190439	4018268	21.10	0.40
600208	新湖中宝	625769	4580626	7.32	0.27
600221	海南航空	1181206	4039726	3.42	0.34
600240	华业地产	142425	1024038	7.19	0.10
600252	中恒集团	109175	1786099	16.36	0.25
600256	广汇能源	304605	2546500	8.36	0.44
600259	广晟有色	24940	1386165	55.58	0.12
600266	北京城建	106704	2524617	23.66	0.24
600267	海正药业	83971	1417429	16.88	0.14
600271	航天信息	92340	2817293	30.51	0.28
600276	恒瑞医药	149624	5607920	37.48	0.47
600309	万华化学	216233	4709565	21.78	0.39
600315	上海家化	66086	2268088	34.32	0.31
600316	洪都航空	71711	2005769	27.97	0.20
600317	营口港	329271	1564040	4.75	0.15
600325	华发股份	81705	1008234	12.34	0.13
600332	白云山	103660	2810225	27.11	0.24
600340	华夏幸福	132288	5767756	43.60	0.35
600348	阳泉煤业	240500	2133235	8.87	0.17
600352	浙江龙盛	152997	3010973	19.68	0.40
600362	江西铜业	207525	3826756	18.44	0.25
600369	西南证券	232255	5176974	22.29	0.40
600372	中航电子	175916	4871122	27.69	0.25
600373	中文传媒	118568	1579328	13.32	0.11
600376	首开股份	224201	2259949	10.08	0.14
600383	金地集团	449146	5124760	11.41	0.78
600406	国电南瑞	220575	3209371	14.55	0.35
600418	江淮汽车	106904	1291397	12.08	0.18
600432	吉恩镍业	81112	1154226	14.23	0.12
600433	冠豪高新	119028	1404530	11.80	0.16
600435	北方导航	74466	1822183	24.47	0.15
600489	中金黄金	294323	3125709	10.62	0.25
600490	鹏欣资源	84150	907979	10.79	0.16
600497	驰宏锌锗	166756	1936038	11.61	0.19
600499	科达洁能	65534	1209756	18.46	0.17
600503	华丽家族	109948	624503	5.68	0.09
600516	方大炭素	171916	1679620	9.77	0.17
600518	康美药业	219871	3456379	15.72	0.40
600519	贵州茅台	114200	21654566	189.62	1.43
600522	中天科技	70450	1084232	15.39	0.15
600535	天士力	103284	4244983	41.10	0.42
600547	山东黄金	142307	2824799	19.85	0.23
600549	厦门钨业	68198	2249170	32.98	0.18
600570	恒生电子	61781	3383101	54.76	0.45
600583	海油工程	404901	4263612	10.53	0.31
600585	海螺水泥	399970	8831343	22.08	0.73
600588	用友软件	115912	2722778	23.49	0.23

股票代码	股票简称	流通股数(万股)	流通市值(万元)	收盘价	占180指数权重(%)
600597	光明乳业	122430	2137631	17.46	0.18
600600	青岛啤酒	69591	2907527	41.78	0.24
600620	天宸股份	45778	427571	9.34	0.06
600633	浙报传媒	113407	2062877	18.19	0.19
600637	百视通	111374	4218832	37.88	0.42
600638	新黄浦	56116	913014	16.27	0.10
600639	浦东金桥	65665	1562168	23.79	0.10
600640	号百控股	20641	318691	15.44	0.06
600643	爱建股份	81798	1122273	13.72	0.18
600645	中源协和	32486	1316017	40.51	0.19
600648	外高桥	81022	2622693	32.37	0.15
600649	城投控股	298752	2159980	7.23	0.18
600658	电子城	58010	679874	11.72	0.03
600663	陆家嘴	135808	5092815	37.50	0.25
600674	川投能源	220107	4562819	20.73	0.37
600675	中华企业	186706	1280803	6.86	0.14
600690	青岛海尔	273684	5079575	18.56	0.46
600703	三安光电	216602	3080081	14.22	0.28
600705	中航资本	148928	2664330	17.89	0.46
600717	天津港	167477	2868880	17.13	0.24
600718	东软集团	122759	1940827	15.81	0.22
600739	辽宁成大	136471	2932761	21.49	0.51
600741	华域汽车	258320	3998794	15.48	0.27
600747	大连控股	106433	701392	6.59	0.11
600748	上实发展	108337	1376964	12.71	0.09
600759	洲际油气	121602	1203862	9.90	0.14
600765	中航重机	77800	1482096	19.05	0.15
600770	综艺股份	110460	956584	8.66	0.11
600773	西藏城投	53964	653503	12.11	0.06
600787	中储股份	168021	1619718	9.64	0.15
600795	国电电力	1698026	7861859	4.63	0.72
600804	鹏博士	134289	2414521	17.98	0.33
600809	山西汾酒	86585	1981927	22.89	0.10
600816	安信信托	45385	1333411	29.38	0.16
600823	世茂股份	117242	1724623	14.71	0.08
600827	百联股份	154278	2760029	17.89	0.23
600832	东方明珠	318633	4409887	13.84	0.37
600837	海通证券	809213	19469668	24.06	3.24
600839	四川长虹	461000	2148259	4.66	0.28
600875	东方电气	166386	3434207	20.64	0.21
600879	航天电子	103954	1621678	15.60	0.22
600880	博瑞传播	73337	788368	10.75	0.12
600886	国投电力	678602	7763211	11.44	0.60
600887	伊利股份	300782	8611399	28.63	1.47
600893	航空动力	108622	3145705	28.96	0.28
600895	张江高科	154869	2062854	13.32	0.17
600900	长江电力	974594	10398920	10.67	0.85
600998	九州通	142052	2566872	18.07	0.09
600999	招商证券	466110	13176929	28.27	1.09
601006	大秦铁路	1486679	15848000	10.66	1.04
601009	南京银行	296893	4349487	14.65	0.43
601018	宁波港	1280000	5888000	4.60	0.29
601088	中国神华	1649104	33460316	20.29	1.10
601098	中南传媒	179600	2981360	16.60	0.20
601099	太平洋	248047	3527224	14.22	0.59

股票代码	股票简称	流通股数(万股)	流通市值(万元)	收盘价	占180指数权重(%)
601117	中国化学	493300	4661685	9.45	0.32
601118	海南橡胶	393117	3427982	8.72	0.17
601166	兴业银行	1617962	26696368	16.50	3.12
601169	北京银行	896769	9801684	10.93	1.13
601186	中国铁建	1026125	15658661	15.26	0.81
601216	内蒙君正	204800	2138112	10.44	0.11
601225	陕西煤业	50000	332500	6.65	0.05
601288	农业银行	28416353	105424669	3.71	1.54
601299	中国北车	1012608	7189520	7.10	0.44
601318	中国平安	478648	35759821	74.71	5.85
601328	交通银行	3270905	22242156	6.80	1.74
601336	新华保险	208544	10335437	49.56	0.69
601377	兴业证券	520000	7862400	15.12	0.91
601390	中国中铁	1709251	15896034	9.30	1.06
601398	工商银行	26471778	128917559	4.87	1.36
601555	东吴证券	200000	4484000	22.42	0.47
601600	中国铝业	958052	5987826	6.25	0.40
601601	中国太保	628670	20306041	32.30	1.69
601607	上海医药	192294	3172843	16.50	0.27
601618	中国中冶	1623900	8200695	5.05	0.41
601628	中国人寿	2082353	71112355	34.15	0.86
601633	长城汽车	200924	8348405	41.55	0.28
601668	中国建筑	2985322	21733144	7.28	1.81
601669	中国电建	330000	2781900	8.43	0.41
601688	华泰证券	560000	13703200	24.47	1.12
601699	潞安环能	230108	2655451	11.54	0.17
601766	中国南车	1041690	6645980	6.38	0.46
601800	中国交建	134974	1874783	13.89	0.55
601808	中海油服	296047	6148892	20.77	0.20
601818	光大银行	3981036	19427455	4.88	1.62
601857	中国石油	16192208	175037766	10.81	0.68
601888	中国国旅	97624	4334496	44.40	0.28
601899	紫金矿业	1580380	5341686	3.38	0.44
601901	方正证券	610000	8594900	14.09	0.96
601928	凤凰传媒	254490	2738312	10.76	0.14
601929	吉视传媒	86622	994419	11.48	0.17
601933	永辉超市	307160	2675364	8.71	0.29
601939	建设银行	959366	6456532	6.73	1.06
601958	金钼股份	322660	3023328	9.37	0.15
601988	中国银行	19591296	81303880	4.15	0.45
601989	中国重工	1634262	15051551	9.21	1.10
601992	金隅股份	311140	3154962	10.14	0.18
601998	中信银行	3190516	25970804	8.14	0.40
603000	人民网	22305	935453	41.94	0.19
603288	海天味业	14970	598052	39.95	0.10

上证380指数样本股的市值和比重

股票代码	股票简称	流通股数(万股)	流通市值(万元)	收盘价(元)	占380指数权重(%)
600004	白云机场	115000	1256950	10.93	0.25
600005	武钢股份	1009378	3613573	3.58	0.71
600007	中国国贸	100728	1540135	15.29	0.15
600008	首创股份	220000	2596000	11.80	0.65
600012	皖通高速	116560	720341	6.18	0.11

股票代码	股票简称	流通股数(万股)	流通市值(万元)	收盘价(元)	占380指数权重(%)
600017	日照港	263063	1223244	4.65	0.36
600020	中原高速	224737	912433	4.06	0.18
600021	上海电力	213974	1671136	7.81	0.24
600029	南方航空	702265	3623687	5.16	0.91
600033	福建高速	274440	1045616	3.81	0.26
600038	哈飞股份	39265	1477149	37.62	0.33
600039	四川路桥	202113	1103538	5.46	0.25
600054	黄山旅游	11762	182193	15.49	0.10
600056	中国医药	88446	1451396	16.41	0.34
600058	五矿发展	107191	1871556	17.46	0.38
600059	古越龙山	80852	722821	8.94	0.22
600062	华润双鹤	57170	1158256	20.26	0.35
600064	南京高科	51622	928678	17.99	0.32
600068	葛洲坝	348746	3253799	9.33	1.10
600073	上海梅林	82274	771726	9.38	0.22
600078	澄星股份	66257	452537	6.83	0.13
600080	金花股份	30530	288199	9.44	0.12
600081	东风科技	31356	425814	13.58	0.09
600088	中视传媒	33142	586286	17.69	0.15
600096	云天化	52126	630208	12.09	0.28
600098	广州发展	243737	2135140	8.76	0.34
600101	明星电力	32418	305052	9.41	0.11
600106	重庆路桥	90774	530121	5.84	0.21
600110	中科英华	115031	725847	6.31	0.36
600112	天成控股	50920	571328	11.22	0.23
600114	东睦股份	16602	221301	13.33	0.13
600116	三峡水利	26753	386853	14.46	0.14
600119	长江投资	30740	441426	14.36	0.13
600120	浙江东方	50547	946246	18.72	0.26
600122	宏图高科	114027	817576	7.17	0.32
600125	铁龙物流	130552	1156692	8.86	0.41
600132	重庆啤酒	48397	783065	16.18	0.20
600135	乐凯胶片	34200	372096	10.88	0.13
600138	中青旅	62303	1025499	16.46	0.42
600141	兴发集团	40688	620081	15.24	0.25
600143	金发科技	256000	1763840	6.89	0.54
600153	建发股份	283520	2886234	10.18	0.84
600160	巨化股份	181092	1180717	6.52	0.31
600161	天坛生物	51547	1330420	25.81	0.34
600162	香江控股	76781	496007	6.46	0.12
600166	福田汽车	253810	1588851	6.26	0.52
600167	联美控股	21100	276621	13.11	0.07
600168	武汉控股	56888	769127	13.52	0.15
600169	太原重工	242396	2113689	8.72	0.74
600170	上海建工	109966	924816	8.41	0.58
600171	上海贝岭	67381	712215	10.57	0.29
600172	黄河旋风	49668	384926	7.75	0.14
600175	美都能源	144803	745737	5.15	0.38
600176	中国玻纤	87263	1349958	15.47	0.27
600180	瑞茂通	25827	318189	12.32	0.16
600183	生益科技	142302	1135569	7.98	0.33
600185	格力地产	57759	1270708	22.00	0.31
600188	兖州煤业	296000	3901280	13.18	0.38
600190	锦州港	133898	690914	5.16	0.14

股票代码	股票简称	流通股数(万股)	流通市值(万元)	收盘价(元)	占380指数权重(%)
600195	中牧股份	42980	681233	15.85	0.14
600197	伊力特	44100	541548	12.28	0.14
600200	江苏吴中	52209	625985	11.99	0.38
600201	金宇集团	28081	985099	35.08	0.50
600210	紫江企业	143674	725552	5.05	0.29
600216	浙江医药	93610	1016609	10.86	0.36
600218	全柴动力	28340	313724	11.07	0.09
600219	南山铝业	193417	1715612	8.87	0.52
600230	沧州大化	29419	333609	11.34	0.08
600236	桂冠电力	112853	530408	4.70	0.22
600238	海南椰岛	44473	497655	11.19	0.25
600239	云南城投	82343	564049	6.85	0.19
600248	延长化建	41969	368487	8.78	0.08
600251	冠农股份	36210	661195	18.26	0.21
600255	鑫科材料	156375	769365	4.92	0.31
600257	大湖股份	42705	303633	7.11	0.12
600258	首旅酒店	23140	380653	16.45	0.08
600260	凯乐科技	52764	455881	8.64	0.18
600261	阳光照明	96807	820922	8.48	0.25
600268	国电南自	63525	466906	7.35	0.11
600269	赣粤高速	233541	1179381	5.05	0.29
600270	外运发展	33084	540930	16.35	0.31
600277	亿利能源	208959	1863914	8.92	0.37
600278	东方创业	52224	695626	13.32	0.10
600280	中央商场	57417	826801	14.40	0.13
600284	浦东建设	66104	768128	11.62	0.32
600285	羚锐制药	45969	384303	8.36	0.18
600289	亿阳信通	56738	561705	9.90	0.22
600292	中电远达	51187	1140452	22.28	0.20
600295	鄂尔多斯	61200	572832	9.36	0.11
600298	安琪酵母	31988	590505	18.46	0.18
600300	维维股份	167200	852720	5.10	0.21
600305	恒顺醋业	25430	461809	18.16	0.14
600307	酒钢宏兴	626336	2630610	4.20	0.65
600310	桂东电力	27593	487008	17.65	0.12
600312	平高电气	81897	1215346	14.84	0.51
600318	巢东股份	24200	271040	11.20	0.08
600321	国栋建设	118088	452277	3.83	0.16
600323	瀚蓝环境	48792	706025	14.47	0.26
600327	大东方	52171	369372	7.08	0.11
600329	中新药业	53343	814020	15.26	0.17
600333	长春燃气	49602	381439	7.69	0.10
600335	国机汽车	56000	1004088	17.93	0.17
600343	航天动力	57537	1058674	18.40	0.35
600350	山东高速	481117	2424828	5.04	0.24
600351	亚宝药业	63295	552567	8.73	0.24
600353	旭光股份	27186	227275	8.36	0.07
600363	联创光电	42281	403358	9.54	0.17
600366	宁波韵升	51450	830914	16.15	0.29
600375	华菱星马	53124	646521	12.17	0.24
600377	宁沪高速	379276	2768711	7.30	0.27
600378	天科股份	29719	424689	14.29	0.10
600380	健康元	154584	1111456	7.19	0.23
600382	广东明珠	34175	507494	14.85	0.20

股票代码	股票简称	流通股数(万股)	流通市值(万元)	收盘价(元)	占380指数权重(%)
600386	北巴传媒	40320	422957	10.49	0.11
600387	海越股份	38571	493323	12.79	0.20
600388	龙净环保	42762	1496670	35.00	0.59
600389	江山股份	19800	526284	26.58	0.13
600391	成发科技	33013	944500	28.61	0.33
600395	盘江股份	165505	1972822	11.92	0.30
600396	金山股份	68120	457085	6.71	0.15
600397	安源煤业	64533	348480	5.40	0.11
600398	海澜之家	64660	653070	10.10	0.45
600399	抚顺特钢	45185	1282348	28.38	0.45
600403	大有能源	239081	1441660	6.03	0.14
600405	动力源	42389	414567	9.78	0.17
600409	三友化工	166972	1030217	6.17	0.29
600410	华胜天成	63745	1298476	20.37	0.63
600415	小商品城	272161	3453719	12.69	0.87
600416	湘电股份	60848	732615	12.04	0.26
600420	现代制药	28773	601651	20.91	0.18
600422	昆明制药	34036	844763	24.82	0.34
600425	青松建化	137879	949986	6.89	0.19
600426	华鲁恒升	95363	1043266	10.94	0.38
600428	中远航运	169045	1352357	8.00	0.34
600436	片仔癀	16088	1410636	87.68	0.35
600438	通威股份	68752	639394	9.30	0.19
600439	瑞贝卡	94332	450908	4.78	0.16
600446	金证股份	26414	1238307	46.88	0.37
600449	宁夏建材	47818	593901	12.42	0.18
600458	时代新材	66142	805612	12.18	0.28
600459	贵研铂业	26098	475501	18.22	0.14
600460	士兰微	124717	712133	5.71	0.22
600467	好当家	73050	464596	6.36	0.14
600468	百利电气	45619	605823	13.28	0.13
600470	六国化工	52160	345821	6.63	0.14
600478	科力远	47224	911886	19.31	0.34
600479	千金药业	30482	428576	14.06	0.15
600480	凌云股份	36171	471314	13.03	0.17
600481	双良节能	81010	817395	10.09	0.20
600482	风帆股份	52434	666439	12.71	0.20
600486	扬农化工	25825	777330	30.10	0.23
600487	亨通光电	31062	588632	18.95	0.20
600488	天药股份	89229	526448	5.90	0.17
600491	龙元建设	94760	633944	6.69	0.18
600495	晋西车轴	61296	1464965	23.90	0.58
600496	精工钢构	58657	556651	9.49	0.20
600498	烽火通信	96670	1490658	15.42	0.37
600500	中化国际	172312	1797219	10.43	0.43
600501	航天晨光	38928	546943	14.05	0.16
600502	安徽水利	50193	584247	11.64	0.30
600507	方大特钢	132609	702829	5.30	0.14
600509	天富能源	83870	827794	9.87	0.27
600510	黑牡丹	79552	613348	7.71	0.12
600511	国药股份	27764	860417	30.99	0.44
600513	联环药业	15210	230736	15.17	0.07
600517	置信电气	111367	1184944	10.64	0.41
600521	华海药业	78123	1135907	14.54	0.35

股票代码	股票简称	流通股数(万股)	流通市值(万元)	收盘价(元)	占380指数权重(%)
600523	贵航股份	28860	453684	15.72	0.11
600525	长园集团	86351	992173	11.49	0.49
600526	菲达环保	40689	609114	14.97	0.24
600527	江南高纤	80209	370565	4.62	0.19
600528	中铁二局	145920	2196096	15.05	0.56
600532	宏达矿业	16510	152720	9.25	0.07
600536	中国软件	48471	1594703	32.90	0.41
600537	亿晶光电	48587	666130	13.71	0.17
600545	新疆城建	67579	769720	11.39	0.31
600546	山煤国际	198246	1124053	5.67	0.28
600548	深高速	143327	1188181	8.29	0.12
600551	时代出版	50583	819943	16.21	0.16
600552	方兴科技	34224	650597	19.01	0.24
600557	康缘药业	36853	850564	23.08	0.41
600559	老白干酒	14000	690760	49.34	0.24
600561	江西长运	23706	300597	12.68	0.12
600562	国睿科技	13230	659645	49.86	0.31
600563	法拉电子	22500	648450	28.82	0.19
600565	迪马股份	72000	371520	5.16	0.12
600566	洪城股份	13820	272255	19.70	0.15
600567	山鹰纸业	217622	628929	2.89	0.22
600568	中珠控股	36095	499189	13.83	0.15
600571	信雅达	20242	545116	26.93	0.19
600572	康恩贝	70096	1057743	15.09	0.31
600577	精达股份	70957	503082	7.09	0.17
600578	京能电力	225732	1426624	6.32	0.43
600580	卧龙电气	68773	720740	10.48	0.29
600582	天地科技	121392	1479768	12.19	0.29
600584	长电科技	85313	949538	11.13	0.44
600586	金晶科技	96711	393614	4.07	0.21
600587	新华医疗	35890	1124443	31.33	0.46
600594	益佰制药	35827	1195539	33.37	0.46
600596	新安股份	67918	704994	10.38	0.28
600611	大众交通	104221	1247526	11.97	0.44
600612	老凤祥	31711	1025215	32.33	0.20
600614	鼎立股份	44676	594190	13.30	0.16
600616	金枫酒业	43867	411474	9.38	0.15
600618	氯碱化工	74984	746091	9.95	0.11
600621	华鑫股份	52408	427127	8.15	0.17
600623	双钱股份	64637	938526	14.52	0.05
600624	复旦复华	34516	441453	12.79	0.18
600626	申达股份	71024	566064	7.97	0.20
600628	新世界	53180	556262	10.46	0.22
600635	大众公用	164487	1403074	8.53	0.55
600636	三爱富	38195	517925	13.56	0.18
600641	万业企业	80616	499818	6.20	0.12
600642	申能股份	455204	2940617	6.46	0.72
600650	锦江投资	39056	634660	16.25	0.16
600651	飞乐音响	73907	604555	8.18	0.31
600654	飞乐股份	75504	787510	10.43	0.40
600655	豫园商城	143732	1698915	11.82	0.59
600657	信达地产	152426	1243797	8.16	0.23
600660	福耀玻璃	200299	2431625	12.14	0.84
600662	强生控股	105336	891144	8.46	0.27

股票代码	股票简称	流通股数(万股)	流通市值(万元)	收盘价(元)	占380指数权重(%)
600664	哈药股份	105339	914342	8.68	0.42
600666	西南药业	29015	349916	12.06	0.12
600667	太极实业	119127	627802	5.27	0.22
600668	尖峰集团	34385	463857	13.49	0.24
600673	东阳光科	82261	1220757	14.84	0.28
600676	交运股份	78214	648395	8.29	0.18
600677	航天通信	39838	717875	18.02	0.26
600682	南京新百	35796	565577	15.80	0.17
600684	珠江实业	71122	519189	7.30	0.18
600686	金龙汽车	44260	527576	11.92	0.18
600687	刚泰控股	24625	486841	19.77	0.14
600688	上海石化	238500	1032705	4.33	0.46
600694	大商股份	29372	1407794	47.93	0.71
600697	欧亚集团	15516	399527	25.75	0.16
600704	物产中大	79052	820555	10.38	0.31
600708	海博股份	50838	439243	8.64	0.15
600711	盛屯矿业	80034	541031	6.76	0.26
600716	凤凰股份	74060	709495	9.58	0.14
600720	祁连山	77616	851450	10.97	0.35
600724	宁波富达	144494	862631	5.97	0.13
600729	重庆百货	37231	930406	24.99	0.21
600736	苏州高新	105788	610398	5.77	0.18
600742	一汽富维	21152	593323	28.05	0.24
600743	华远地产	181766	839759	4.62	0.12
600750	江中药业	30000	607500	20.25	0.19
600754	锦江股份	44724	1123022	25.11	0.25
600755	厦门国贸	166447	1880851	11.30	0.65
600756	浪潮软件	27875	568366	20.39	0.23
600761	安徽合力	61682	965319	15.65	0.34
600775	南京熊猫	63262	656030	10.37	0.18
600776	东方通信	95600	777228	8.13	0.16
600777	新潮实业	62542	745505	11.92	0.38
600778	友好集团	31031	283626	9.14	0.10
600780	通宝能源	114650	772743	6.74	0.16
600783	鲁信创投	74436	2083462	27.99	0.31
600784	鲁银投资	49661	458871	9.24	0.20
600785	新华百货	20743	310732	14.98	0.10
600790	轻纺城	61878	508015	8.21	0.23
600794	保税科技	46055	657208	14.27	0.20
600797	浙大网新	82171	598206	7.28	0.30
600801	华新水泥	97168	1029009	10.59	0.11
600802	福建水泥	38187	347123	9.09	0.12
600805	悦达投资	84920	959598	11.30	0.38
600811	东方集团	166681	1583465	9.50	0.63
600820	隧道股份	231825	1914875	8.26	0.65
600824	益民集团	87836	599039	6.82	0.21
600825	新华传媒	104489	1118030	10.70	0.28
600826	兰生股份	42064	824038	19.59	0.20
600828	成商集团	56982	396023	6.95	0.08
600830	香溢融通	45432	463864	10.21	0.17
600831	广电网络	56344	514419	9.13	0.18
600833	第一医药	22309	287558	12.89	0.09
600835	上海机电	80650	1513002	18.76	0.31
600845	宝信软件	22652	758833	33.50	0.08

股票代码	股票简称	流通股数(万股)	流通市值(万元)	收盘价(元)	占380指数权重(%)
600846	同济科技	62476	540419	8.65	0.22
600850	华东电脑	17103	609556	35.64	0.17
600858	银座股份	51755	520653	10.06	0.18
600859	王府井	46277	1026420	22.18	0.26
600863	内蒙华电	263910	1203432	4.56	0.65
600864	哈投股份	54638	811372	14.85	0.24
600867	通化东宝	102460	1598377	15.60	0.57
600869	智慧能源	99004	873218	8.82	0.09
600872	中炬高新	79664	826909	10.38	0.42
600873	梅花生物	310823	2225490	7.16	0.53
600874	创业环保	108723	1201387	11.05	0.24
600881	亚泰集团	189473	1415365	7.47	0.70
600882	华联矿业	28210	223986	7.94	0.09
600884	杉杉股份	41086	681614	16.59	0.23
600888	新疆众和	64123	511698	7.98	0.16
600897	厦门空港	29781	714446	23.99	0.14
600963	岳阳林纸	84316	444345	5.27	0.19
600965	福成五丰	38005	340909	8.97	0.12
600967	北方创业	77303	1140989	14.76	0.49
600970	中材国际	109330	1466112	13.41	0.30
600971	恒源煤电	100000	873004	8.73	0.21
600973	宝胜股份	41139	442653	10.76	0.14
600976	健民集团	15330	419578	27.37	0.17
600978	宜华木业	148287	892688	6.02	0.36
600979	广安爱众	71789	451554	6.29	0.14
600983	惠而浦	53280	655344	12.30	0.14
600985	雷鸣科化	12960	219802	16.96	0.06
600987	航民股份	63531	543190	8.55	0.14
600990	四创电子	13670	792598	57.98	0.23
600993	马应龙	33088	671019	20.28	0.24
600995	文山电力	47853	367987	7.69	0.14
600997	开滦股份	123464	887706	7.19	0.22
601000	唐山港	203035	1869954	9.21	0.37
601001	大同煤业	167370	1451098	8.67	0.36
601002	晋亿实业	73847	1433370	19.41	0.49
601010	文峰股份	73920	742896	10.05	0.11
601012	隆基股份	31103	648181	20.84	0.36
601038	一拖股份	15000	195300	13.02	0.12
601058	赛轮金宇	37800	601776	15.92	0.28
601100	恒立油缸	63000	840420	13.34	0.13
601101	昊华能源	120000	1031999	8.60	0.21
601106	中国一重	653800	3648204	5.58	0.71
601107	四川成渝	216274	1172205	5.42	0.18
601111	中国国航	832927	6530149	7.84	0.67
601126	四方股份	40659	703394	17.30	0.14
601139	深圳燃气	198046	1633877	8.25	0.16
601158	重庆水务	480000	4272000	8.90	0.43
601168	西部矿业	238300	2201892	9.24	0.86
601179	中国西电	435700	3385389	7.77	0.79
601199	江南水务	23380	447493	19.14	0.07
601208	东材科技	61576	526475	8.55	0.13
601218	吉鑫科技	99176	676380	6.82	0.17
601222	林洋电子	35231	797619	22.64	0.16
601231	环旭电子	10680	320720	30.03	0.16

股票代码	股票简称	流通股数(万股)	流通市值(万元)	收盘价(元)	占380指数权重(%)
601233	桐昆股份	95927	1016827	10.60	0.16
601238	广汽集团	60432	524547	8.68	0.37
601258	庞大集团	262150	1559793	5.95	0.38
601311	骆驼股份	84462	1104757	13.08	0.28
601313	江南嘉捷	26853	253756	9.45	0.10
601333	广深铁路	565224	2554811	4.52	0.76
601339	百隆东方	19200	203520	10.60	0.12
601369	陕鼓动力	163877	1425730	8.70	0.28
601515	东风股份	16930	189277	11.18	0.13
601566	九牧王	57464	741282	12.90	0.11
601567	三星电气	40050	750537	18.74	0.14
601588	北辰实业	266000	1274140	4.79	0.35
601608	中信重工	75268	529136	7.03	0.29
601636	旗滨集团	67654	576409	8.52	0.11
601666	平煤股份	236117	1423782	6.03	0.35
601678	滨化股份	66000	685740	10.39	0.24
601700	风范股份	44486	609455	13.70	0.13
601717	郑煤机	137789	1051328	7.63	0.31
601718	际华集团	385700	2449195	6.35	0.46
601727	上海电气	985071	8126840	8.25	0.74
601777	力帆股份	97414	863091	8.86	0.13
601789	宁波建工	43808	406976	9.29	0.11
601798	蓝科高新	35453	431461	12.17	0.09
601799	星宇股份	23894	443712	18.57	0.07
601801	皖新传媒	91000	1512420	16.62	0.16
601877	正泰电器	101147	3069801	30.35	0.44
601880	大连港	336340	1550527	4.61	0.23
601886	江河创建	112000	929600	8.30	0.19
601898	中煤能源	915200	6333184	6.92	0.62
601908	京运通	28576	321478	11.25	0.15
601918	国投新集	259054	1481790	5.72	0.27
601965	中国汽研	19200	235008	12.24	0.12
601991	大唐发电	999436	6876120	6.88	1.01
601996	丰林集团	46891	377943	8.06	0.09
603005	晶方科技	5667	238599	42.10	0.14
603006	联明股份	2000	63000	31.50	0.04
603009	北特科技	2667	57047	21.39	0.03
603077	和邦股份	30000	291000	9.70	0.15
603126	中材节能	8000	115440	14.43	0.06
603128	华贸物流	16000	232960	14.56	0.09
603167	渤海轮渡	30452	338622	11.12	0.13
603168	莎普爱思	1634	132273	80.97	0.08
603308	应流股份	8001	143378	17.92	0.10
603328	依顿电子	9000	209610	23.29	0.11
603366	日出东方	14140	229492	16.23	0.13
603369	今世缘	5180	144367	27.87	0.14
603399	新华龙	12526	134026	10.70	0.08
603555	贵人鸟	8900	149164	16.76	0.10
603699	纽威股份	8250	160380	19.44	0.15
603766	隆鑫通用	39754	534290	13.44	0.26
603993	洛阳钼业	196842	1722368	8.75	0.11

2014年上海证券市场大事纪要

1月7日，首批国开债"国开1301"和"国开1302"2个品种在本所集中竞价交易系统成功上市，标志着政策性金融债正式登陆交易所市场。

1月9日，本所发布《关于商业银行发行公司债券补充资本及其上市交易、转让相关事项的通知》，标志着商业银行的资本补充渠道拓展到交易所市场。

1月17日，作为新股发行暂停一年半之后上市的首只股票，"纽威股份"在本所上市交易。

2月，经证监会批准，本所着手积极筹备建设面向国际投资者的上海自贸区国际金融资产交易平台。

3月27日，中国证监会发布《发行监管问答——首发企业上市地选择和申报时间把握等》，明确首发企业可以根据自身意愿，在沪深市场之间自主选择上市地，不与企业公开发行股数多少挂钩，中国证监会审核部门将按照沪深交易所均衡的原则开展首发审核工作。该政策取消了两个市场的原有股本划分，本所的市场服务范围大幅增加，扭转了沪深交易所审核不均衡的局面。

4月10日，李克强总理上午在博鳌亚洲论坛2014年年会上发表的主旨演讲中明确表示，"将积极创造条件，建立上海与香港股票市场交易互联互通机制，进一步促进中国内地与香港资本市场双向开放和健康发展。"当天中午，中国证券监督管理委员会、香港证券及期货事务监察委员会发布《联合公告》，决定原则批准本所、香港联合交易所、中国结算、香港结算开展沪港股票市场交易互联互通机制试点。

4月11日，本所决定，因为＊ST长油触及《上海证券交易所股票上市规则》规定的终止上市情形，终止＊ST长油股票上市，这是中国证券史上第一家退市的大型央企。

5月9日，本所发布《上海证券交易所优先股业务试点管理办法》，落实和规范本所优先股业务试点，该办法自发布之日起实施。转融券试点平稳启动，首批包括11家会员和90只标的证券。

5月9日，《国务院关于进一步促进资本市场健康发展的若干意见》出台。本所表示，新国九条合乎国情，顺乎民意，代表了新时期对中国资本市场建设规律的科学认识，是未来一个阶段资本市场深化改革、健康发展的行动纲领和工作指针，将为市场发展创造重大历史性机。

6月9日，IPO自2013年底重启2014年初暂停后又重新开闸。当日中国证监会按法定程序核准了10家企业的首发申请，其中本所5家。

6月12日，海润光伏股票除权参考价出现误差。6月15日，本所与海润光伏公布了《关于海润光伏股票除权参考价误差事宜补偿相关投资者的预案》，双方决定共同对于6月12日上午卖出海润光伏股票并实际成交的投资者给予补偿。27日，全部补偿金发放完毕。

6月25日，平安银行1号小额消费贷款资产支持证券在本所成功上市交易。

7月7日，大宗交易收盘价格申报业务上线并达成首笔大宗收盘价格的交易。

7月8日，本所通信公司与金桥集团签署《上海市成片开发国有建设用地使用权转让协议》，完成金桥基地项目土地购买，启动主运行基地建设。

7月31日，本所举办首次"国际投资者走进本所"活动。8月28日，本所举办了第二期"国际投资者走进本所"活动。

9月，本所开启"银九月"14家在本所上市的商业银行连续举行业绩说明活动，为上市公司提高透明度、维护投资者关系创造条件。

9月，基金市场推出首只为配合国企混合所有制改革而推出的创新封闭式基金——嘉实元和封闭式混合型发起式基金，这也是公募基金首次获准投资非上市公司股权。

9月4日，沪港通《四方协议》由本所、香港联交所、中国结算和香港结算四方在本所共同签署。

9月22日，本所发布《上市公司员工持股计划信息披露工作指引》，落实证监会《关于上市公司实施员工持股计划试点的指导意见》的相关规定，明确实施员工持股计划的具体信息披露要求。

9月26日，本所发布《上海证券交易所沪港通试点办法》及其相关业务规则。

10月，本所桂敏杰理事长成功连任WFE董事。

10月17日，本所发布《上海证券交易所股票上市规则（2014年修订）》，新一轮退市制度改革启动。修订后的《上市规则》，健全了上市公司主动退市制度，并新增了重大违法公司强制退市制度，于当年11月16日起施行。

11月，在证信办统一组织下，由本所参加的证联网全网建设工作顺利完成，交付正式运行。

11月3日，依据《上海证券交易所证券公司短期公司债券业务试点办法》，国泰君安证券股份有限公司在本所成功发行首单证券公司短期公司债券。

11月17日，沪港通正式启动，本所和香港联合交易所同时举行了开通仪式。沪港两地证券市场成功实现联通，中国资本市场的国际化进程进入新纪元。

11月19日，国务院常务会议提出抓紧出台股票发行注册制改革方案。本所全面展开承接注册制审核职能的准备工作。

11月25日，本所发布《关于上市公司筹划非公开发行股份停复牌及相关事项的通知》，要求公司通过内部治理机制决策停复牌事项，并督促公司充分履行信息披露义务，维护中小投资者的知情权和参与权。

11月26日，本所发布关于《上市公司重大资产重组信息披露及停复牌业务指引（征求意见稿）》，按照市场化、法制化的总体要求，细化和扩展了重大资产重组全过程的信息披露要求，并对涉及重大资产重组的停复牌事项进行了规范。

11月28日，农业银行400亿元优先股在本所挂牌交易，标志着中国境内资本市场第一只优先股产品圆满完成发行及挂牌工作。

12月5日，本所发布《上海证券交易所股票期权试点交易规则（征求意见稿）》等业务规则公开征求意见的通知，向股票期权成功获批并率先试点迈出关键一步。

12月9日，当日沪市成交7939.64亿元（含大宗交易），创沪市单日成交金额历史新高，上证综指盘中刷新四年多来的新高。

12月24日，发行规模为人民币40亿元的国内首单公开发行的可交换公司债券——宝钢集团可交换公司债券在本所挂牌上市交易。

12月28日，证券技术大厦完成电力扩容并通过验收。

2014 年上交所基金市场概况

2014 年，上交所依据既定发展战略，按照“一所连百业，一市跨全球”的发展目标，采取了“产品链拓展、市场群开辟、流动性再造、运行机制优化、销售渠道重构、投资群体细分”等六项措施，积极稳妥地推进基金市场发展与创新。

一、市场创新稳步推进

1. 产品创新取得新的突破

2014 年 9 月，嘉实元和直投封闭混合型证券投资基金成功募集 100 亿元，即将在本所挂牌上市。该基金是国内首只为配合国企混合所有制改革而推出的创新封闭式基金。行业 ETF 向纵深发展，为市场提供多元化的配置工具。华安、南方、嘉实和景顺长城等基金公司先后发行 9 只跨市场行业 ETF 在本所上市，涵盖了金融、医药、消费、材料、能源、地产等行业。

2. 对外开发继续稳步推进

推出国内第一只专注欧洲市场的指数型产品——德国 30ETF 在本所挂牌上市，为投资者投资欧洲提供了高效、便捷、低成本的工具。配合“沪港通”交易机制，推出华夏港股通恒指 ETF、南方港股通恒指 ETF，有效降低投资门槛，为中小投资者投资港股创造了便利。

3. 后续产品创新积极筹备

分级 LOF 产品准备就绪。发布了 LOF 业务管理办法并和中国结算联合起草了上证 LOF 业务指引，基本完成相关的技术开发和技术测试。积极研究推动商品 ETF、杠杆 ETF 的开发。与多家基金公司开展联合研究，形成了较为成熟的商品 ETF、杠杆 ETF 业务方案，将根据证监会指导，积极稳妥地推进创新。

二、市场规模和交易量均创历史新高

业务创新和市场推广使上交所基金市场焕发新的活力，市场规模和交易量均创出历史新高。

截至 2014 年底，上交所基金市场挂牌产品（不计上证基金通）共有 76 只，整体市值规模为 2183 亿元，分别较上年增长了 18.8% 和 51.0%。其中，ETF 上市数量为 65 只，市值规模达到 1782 亿元，全年交易额达到 37285 亿元，较上年分别增长 12.1%、40.6% 和 314.8%。

三、优化运营机制，降低市场风险

研究推动基金信息披露直通车以及基金业务操作流程电子化管理系统建设，启动基金业务管理系统的需求确定工作。先后建立、修订、优化各项基金运营相关流程 20 多个，加强基金运营的风控工作。进一步加强 ETF 定义文件上传风险控制，完善 ETF 清单校验工具。推进货币基金优化工作，完成场外货币市场基金增设场内份额，实时申赎货币市场基金小额账户功能上线，降低货币 ETF 交易门槛，实施货币 ETF 零股拆卖控制等。这些对提高基金市场运营环境，有效防控市场风险起到了一定的积极作用。

四、加强市场推广，普及基金投资知识

开展一系列“上交所 ETF 理财规划师”培训，促进从业人员 ETF 业务能力提升，初步建立起一支两千多人的 ETF 专业投资顾问队伍，覆盖了 73 家会员的 851 家营业部。与《新闻晨报》、《每日经济新闻》、《上海证券报》等媒体合作设立“上交所 ETF 投资讲堂”专栏，每周发文一篇，形成了一套长效的媒体宣传机制。编写《ETF 投资：从入门到精通》一书，为 ETF 培训、宣传和推广提供了较为实用、可靠的资料。截至 2014 年底，上交所 ETF 持有人数显著提高，交易活跃度极大改善。

2014 年债券市场综述

2014 年，上交所债券市场发展较快，债券挂牌只数、托管量和交易量均达到历史高值。

截至 2014 年底，上交所债券挂牌 2603 只，较 2013 年底增加 917 只，增幅 54%。债券托管量 22877 亿元，较 2013 年底增加 5658 亿元，增幅 33%。其中，国债 170 只，托管量 2601 亿元；地方债 97 只，托管量 17 亿元；政策性金融债 3 只，托管量 300 亿元；公司债（含企业债）1823 只，托管量 16064 亿元；可转债 20 只，托管量 1062 亿元；分离交易可转债 2 只，托管量 98 亿元；私募债券（含中小企业私募债券与证券公司短期公司债券）365 只，托管量 647 亿元；其他证券（含保险公司债、证券公司债和资产支持证券）123 只，托管量 2088 亿元。2014 年发行且在上交所上市的国债 42 只，地方债 43 只，公司债 634 只，可转债 6 只，私募债券 231 只，其他证券 130 只。

2014 年上交所债券总成交 86.69 万亿元，比 2013 年增加 24.10 万亿，增幅 39%，其中国债成交 1248 亿元，政策性金融债成交 301 亿元，公司债成交 15532 亿元，可转债成交 7661 亿元，分离交易可转债成交 266 亿元，私募债券成交 410 亿元，资产支持证券成交 63 亿元，债券回购成交 84.14 万亿元。

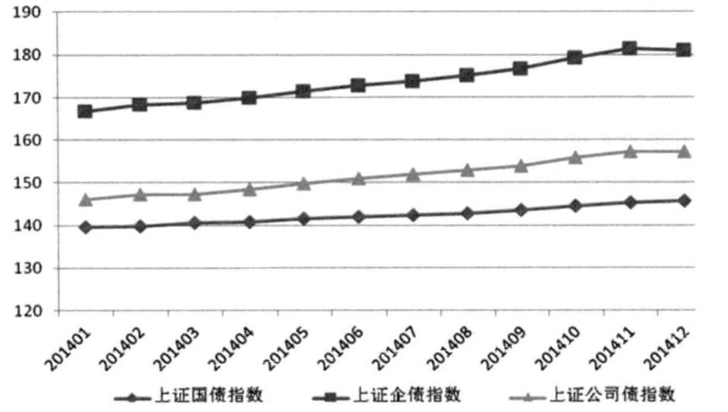

从债券二级市场来看，2014 年上证国债指数继续保持 2013 年以来的上涨行情，呈现稳定上行趋势。从 2014 年初到年底，上证国债指数从 139.52 点上涨至 145.68 点，较年初上涨 6.16 点，涨幅 4.42%。2014 年信用债市场，除了 12 月份因股市资金分流等导致指数略微下行外，呈现稳步上行趋势。上证企业债指数从年初的 166.56 点上涨至 181.1 点，上涨 14.54 点，涨幅 8.73%；上证公司债指数从年初的 146.15 点上涨至 157.11 点，上涨 10.96 点，涨幅 7.50%。

2014 年上交所有序推进债券产品创新，大力推进债券市场建设：一是着力抓债券市场“上规模”，全年债券市场挂牌量、托管量和交易量均创历史新高；二是相继推出了信贷资产支持证券、证券公司短债、可交换债券、并购重组私募债等创新产品，同时研究探索债券质押式协议回购和开展债券借贷业务试点等其他创新产品；三是完善债券市场基础设施，开展债券上市交易规则、机制及系统的整合工作；四是强化债券市场风险防范机制，完善债券风险警示、投资者适当性动态管理等措施。下一步，上交所将继续贯彻落实“新国九条”关于规范发展债券市场的要求，按照证监会工作部署研究推进机构间债券市场建设，继续扩大债券市场规模，加快债券产品与业务创新，培育市场投资主体，同时强化债券风险防范和监控方式，力求推进债券市场机制突破，大力推进以便捷企业融资为导向的债券市场建设。

上交所会员及非会员机构

会员概况

截至2014年底，上交所共有会员111家，与2013年会员家数相同。会员营业部7231家，较2013年新增加1261家。会员及非会员共持有席位5363个，共开通交易单元11399个，较2013年新增1982个。

注册资本：注册资本10亿元以下（含10亿元）的32家、10亿元以上—20亿元（含20亿元）的33家、20亿元以上—30亿元（含30亿元）的20家、30亿元以上—50亿元（含50亿元）的12家、50亿元以上的14家。

非会员机构概况

非会员机构主要包括基金管理公司、保险公司、保险资产管理公司、上市商业银行等参与上交所业务的机构。截止2014年底，参与上交所业务的基金管理公司96家，保险公司共30家、保险资产管理公司共17家、上市商业银行共16家。此外，香港联合交易所有限公司设立的证券交易服务公司成为上交所交易参与人。

上交所分类指数的股票数目

指数代码	指数简称	样本个数
000001	上证指数	1039
000002	A股指数	986
000003	B股指数	53
000004	工业指数	676
000005	商业指数	64
000006	地产指数	24
000007	公用指数	103
000008	综合指数	172
000009	上证380	380
000010	上证180	180
000011	基金指数	68
000012	国债指数	138
000013	企债指数	1943
000015	红利指数	50
000016	上证50	50
000017	新综指	979
000300	沪深300	300
000901	小康指数	100
000902	中证流通	2576
000903	中证100	100

第三节　深圳证券交易所

2014 年深圳证券市场概况

截至 2014.12.31

指标名称	数值	比年初±	增减(%)
上市公司数	1618	82	5.34
上市证券数	2523	195	8.38
总股本(亿股)	9709.93	1639.58	20.32
流通股本(亿股)	7374.66	1108.67	17.69
总市值(亿元)	128572.94	40661.02	46.25
流通市值(亿元)	95128.44	32075.28	50.87
总市值占 GDP 比重	21.87	4.93	29.10
深证成份指数	11014.62	2892.83	35.62
深证综合指数	1415.19	357.52	33.80
深证 B 股指数	1028.81	160.70	18.51
加权平均股价(元/股)	13.24	2.35	21.58
平均市盈率	34.05	6.29	22.66
投资者开户总数(万)	12029.20	946.13	8.54
其中:机构开户总数	41.55	3.51	9.23
指标名称	数值	同比±	增减(%)
本年累计股票成交金额(亿元)	366750.87	128288.29	53.80
本年累计基金成交金额(亿元)	9753.40	3956.72	68.26
本年累计债券成交金额(亿元)	68203.92	15791.72	30.13
本年累计股票筹资额(亿元)	4229.65	2467.69	140.05
其中:IPO 公司数(家)	82	82	–
IPO 筹资额(亿元)	357.12	357.12	–
本年累计股票交易印花税(亿元)	366.76	128.30	53.80
本年累计新增投资者开户数(万)	976.76	448.26	84.82
其中:机构开户总数	3.95	0.95	31.67

2014 年中小企业板市场概况

截至 2014.12.31

指标名称	数值	比年初±	增减(%)
上市公司数	732	31	4.42
总股本(亿股)	3470.59	652.11	23.14
流通股本(亿股)	2552.05	499.06	24.31
总市值(亿元)	51058.20	13894.46	37.39
流通市值(亿元)	36017.99	10474.29	41.01
中小板指数 P	5461.19	481.33	9.67
加权平均股价(元/股)	14.71	1.52	11.52
平均市盈率	41.06	6.99	20.52
指标名称	数值	同比±	增减(%)
本年累计成交金额(亿元)	152166.56	51942.16	51.83
本年累计股票筹资额(亿元)	1699.32	1162.69	216.67
其中:IPO 公司数(家)	31	31	–
IPO 筹资额(亿元)	197.66	197.66	–
本年累计交易印花税(亿元)	152.17	51.95	51.84

2014 年创业板市场概况

截至 2014. 12. 31

指标名称	数值	比年初±	增减(%)
上市公司数	406	51	14.37
总股本(亿股)	1077.26	315.70	41.45
流通股本(亿股)	687.69	257.68	59.92
总市值(亿元)	21850.95	6758.97	44.79
流通市值(亿元)	13072.90	4854.07	59.06
创业板指数 P	1471.76	167.32	12.83
加权平均股价(元/股)	20.28	0.46	2.32
平均市盈率	64.51	9.30	16.84
指标名称	数值	同比±	增减(%)
本年累计成交金额(亿元)	78041.35	26859.41	52.48
本年累计股票筹资额(亿元)	500.08	421.36	535.26
其中:IPO 公司数(家)	51	51	-
IPO 筹资额(亿元)	159.46	159.46	-
本年累计交易印花税(亿元)	78.04	26.86	52.48

2014 年度深市成交概况

2014 年 1 月 - 12 月份	交易日数	成交金额		成交数量		成交笔数	
		人民币元	占总计%	数量	单位	笔	占总计%
股票	245	36,675,086,577,481	82.47	3,081,572,898,441	股	1,712,972,410	92.51
主板 A 股	245	13,602,021,275,349	30.59	1,536,801,439,819	股	635,092,187	34.3
中小板	245	15,216,656,377,097	34.22	1,131,354,382,182	股	740,283,009	39.98
创业板	245	7,804,134,664,941	17.55	403,531,176,496	股	333,179,270	17.99
主板 B 股	245	52,274,260,092	0.12	9,885,899,944	股	4,417,944	0.24
基金	245	975,340,253,077	2.19	919,517,471,944	基金单位	29,857,605	1.61
ETFs	245	310,434,187,979	0.7	179,196,467,198	基金单位	3,559,840	0.19
LOFS	245	18,446,580,233	0.04	18,346,501,401	基金单位	1,003,465	0.05
分级基金	245	627,413,892,731	1.41	700,688,307,268	基金单位	24,298,132	1.31
封闭基金	245	19,045,592,135	0.04	21,286,196,077	基金单位	996,168	0.05
债券	245	6,820,392,207,193	15.34	68,197,275,430	张	108,835,638	5.88
国债	245	1,279,680,726	0	13,392,746	张	15,750	0
公司债	245	191,316,120,793	0.43	1,961,043,434	张	1,384,296	0.07
企业债	245	20,208,052,808	0.05	198,950,921	张	112,388	0.01
可转债	245	31,179,010,865	0.07	259,794,909	张	363,589	0.02
债券回购	245	6,576,409,342,000	14.79	65,764,093,420	张	106,959,615	5.78
权证		0	0	0	份	0	0
合计	245	44,470,819,037,750	100	4,069,287,645,815		1,851,665,653	100

2014 年末深交所股票行业统计

行业名称	股票数(只)	成交金额(元)	成交量	总股本	总市值	流通股本	流通市值
农林牧渔	27	2,713,558,152	226,627,119	13,279,207,415	161,605,175,842	9,184,191,729	115,112,339,960
采矿业	28	4,065,754,515	476,051,364	30,663,337,225	264,967,362,272	21,876,265,914	188,537,842,862
制造业	1161	109,786,721,780	8,711,395,888	608,590,538,846	7,958,920,130,446	457,143,890,497	5,833,599,648,037
水电煤气	34	5,501,028,284	668,204,651	37,292,669,955	327,284,237,258	27,795,608,279	231,772,997,496
建筑业	35	3,578,588,907	266,767,054	21,260,626,115	270,577,055,046	15,953,937,205	204,058,950,920
批发零售	66	6,416,612,949	564,267,998	35,809,237,945	416,430,687,273	30,480,649,797	349,078,949,474
运输仓储	28	2,229,357,218	213,534,869	15,668,565,682	148,523,429,084	14,157,217,086	125,459,579,813
住宿餐饮	11	1,181,662,380	175,734,180	4,070,730,687	37,236,217,785	3,639,229,621	31,500,845,230
信息技术	110	13,667,440,822	569,890,633	37,337,032,351	913,370,991,135	25,292,766,697	571,016,890,963
金融业	13	29,729,856,741	1,427,774,699	49,569,910,516	935,316,036,810	38,276,160,917	774,987,818,988
房地产	70	19,639,621,152	1,963,664,097	72,704,087,086	703,319,088,252	63,379,366,739	609,939,082,438
商务服务	16	3,301,763,519	218,370,208	11,628,861,007	178,245,605,476	9,467,995,505	138,757,610,509

行业名称	股票数(只)	成交金额(元)	成交量	总股本	总市值	流通股本	流通市值
科研服务	12	873,261,169	63,930,369	3,755,473,133	50,206,927,307	2,551,277,895	33,165,244,035
公共环保	21	3,920,395,612	332,990,684	14,579,279,217	213,399,658,864	8,555,074,327	138,698,304,062
卫生	3	87,817,093	3,208,271	1,074,919,463	33,555,683,963	778,780,048	24,013,210,647
文化传播	15	2,497,737,268	117,934,978	10,145,721,238	206,059,915,830	5,408,419,348	105,242,776,900
综合	7	265,592,209	28,206,300	3,562,600,505	38,275,398,570	3,525,182,269	37,902,097,563
总计	1657	209,456,769,770	16,028,553,362	970,992,798,386	12,857,293,601,212	737,466,013,873	9,512,844,189,897

2014 年末深交所证券类别统计

证券类别	数量(只)	成交金额(元)	成交量	总股本	总市值	流通股本	流通市值
股票	1657	209,456,769,771	16,028,553,362	970,992,798,386	12,857,293,601,212	737,466,013,873	9,512,844,189,897
主板 A 股	468	113,171,224,820	9,876,623,256	503,576,047,129	5,481,128,212,712	400,981,842,666	4,519,493,680,094
主板 B 股	51	240,491,396	38,118,395	12,631,640,809	85,250,525,047	12,510,545,618	84,261,058,634
中小板	732	66,852,760,364	4,646,303,144	347,059,190,594	5,105,819,928,902	255,204,958,229	3,601,799,359,672
创业板	406	29,192,293,191	1,467,508,567	107,725,919,854	2,185,094,934,551	68,768,667,360	1,307,290,091,497
基金	339	14,716,865,568	10,696,660,758	165,346,498,610	222,708,856,861	165,244,117,578	222,605,892,026
LOF	130	455,216,556	407,902,113	16,838,898,425	18,810,183,401	16,791,517,393	18,759,503,566
ETF	37	3,188,670,266	804,197,725	30,391,202,232	75,006,669,843	30,391,202,232	75,006,669,843
分级基金	169	11,010,193,460	9,418,810,312	111,116,397,953	122,105,003,617	111,116,397,953	122,105,003,617
封闭式基金	3	62,785,285	65,750,608	7,000,000,000	6,787,000,000	6,945,000,000	6,734,715,000
债券	527	34,280,764,967	341,855,293				
国债	267	312,341	3,180				
公司债	211	453,679,007	4,552,827	198,837,921,200	199,389,126,045	198,837,921,200	199,389,126,045
企业债	30	31,927,360	310,134	44,148,000,000	44,204,481,700	17,554,421,600	17,728,338,698
债券回购	9	33,516,720,000	335,167,200				
可转换债券	10	278,126,259	1,821,952	9,148,923,600	12,346,828,539	9,148,923,600	12,346,828,539

2014 年深市主板上市公司年报主要财务指标

截至日期:2015 年 5 月 5 日

股票代码	股票简称	净利润(万元)	每股收益(元)	每股净资产(元)	每股经营性现金流量(元)	分配预案
000001	平安银行	1980196.07	1.73	11.4617	2.2163	10 转增 2 股派 1.74 元(含税)
000002	万科 A	1574545.41	1.43	7.99	3.7874	10 派 5 元(含税)
000004	国农科技	380.14	0.0453	0.9559	-0.0659	不分配不转增
000005	世纪星源	4316.39	0.0472	0.7325	-0.01	不分配不转增
000006	深振业 A	50803.07	0.3763	3.0626	-0.8133	10 派 1.18 元(含税)
000007	零七股份	-3019.39	-0.1307	1.5366	0.0545	不分配不转增
000008	神州高铁	776.78	0.03	1.8819	0.2263	10 转增 4.5 股
000009	中国宝安	30332.50	0.2	2.1774	0.3153	10 派 0.2 元(含税)
000010	深华新	-7455.32	-0.1268	0.9289	-0.2052	不分配不转增
000011	深物业 A	41749.87	0.7005	3.4804	-0.0245	10 派 2.2 元(含税)
000012	南玻 A	87365.30	0.42	4.0228	0.6776	10 派 5 元(含税)
000014	沙河股份	6078.36	0.3013	3.3016	-1.5961	10 派 0.19 元(含税)
000016	深康佳 A	5262.35	0.0437	3.4083	-0.5319	10 派 0.1 元(含税)
000017	深中华 A	488.57	0.0089	0.0216	0.0071	不分配不转增
000018	中冠 A	429.09	0.0254	0.7761	0.0082	不分配不转增
000019	深深宝 A	1332.38	0.0443	3.2247	0.0845	不分配不转增
000020	深华发 A	768.76	0.0271	0.9936	0.422	不分配不转增
000021	深科技	17567.64	0.1332	3.3687	-0.0674	10 派 0.5 元(含税)
000022	深赤湾 A	41759.43	0.648	6.3826	1.2692	10 派 3.24 元(含税)
000023	深天地 A	1724.68	0.1243	2.6097	-0.1802	10 派 0.4 元(含税)
000024	招商地产	426363.66	1.6552	12.071	-2.5028	10 派 3.2 元(含税)
000025	特力 A	1034.52	0.047	0.8711	0.0282	不分配不转增
000026	飞亚达 A	14559.11	0.371	4.1587	0.7363	10 派 1 元(含税)
000027	深圳能源	203405.35	0.7696	6.7012	1.207	10 送 5 股派 2 元(含税)
000028	国药一致	65249.72	1.9	13.139	-2.197	10 派 2 元(含税)

股票代码	股票简称	净利润(万元)	每股收益(元)	每股净资产(元)	每股经营性现金流量(元)	分配预案
000029	深深房A	29803.33	0.2946	2.1366	0.3184	不分配不转增
000030	富奥股份	62637.53	0.48	3.3143	0.2771	10派1元(含税)
000031	中粮地产	59852.64	0.33	3.2997	-1.1368	10派0.35元(含税)
000032	深桑达A	2184.12	0.09	3.8286	0.2695	10派0.5元(含税)
000033	*ST新都	-44953.29	-1.3647	-0.5393	0.0136	不分配不转增
000034	深信泰丰	6147.12	0.17	0.4627	-0.0786	不分配不转增
000035	中国天楹	17501.59	0.35	2.6195	0.1186	不分配不转增
000036	华联控股	3437.61	0.0306	1.6698	-1.5965	不分配不转增
000037	深南电A	-33051.33	-0.55	2.1079	0.9477	不分配不转增
000038	深大通	-4933.64	-0.51	1.1414	0.1699	不分配不转增
000039	中集集团	247780.20	0.93	8.34	2.41	10派3.1元(含税)
000040	宝安地产	5316.86	0.11	2.7019	-0.1451	10派0.2元(含税)
000042	中洲控股	30561.87	0.6381	6.8406	-3.3933	10派1.5元(含税)
000043	中航地产	49250.00	0.7384	5.2587	-4.0111	10派1元(含税)
000045	深纺织A	-11359.13	-0.22	4.3359	-0.0961	不分配不转增
000046	泛海控股	155868.89	0.342	2.035	0.1597	10派1.5元(含税)
000048	康达尔	11379.98	0.29	1.3239	1.3008	不分配不转增
000049	德赛电池	23454.29	1.1428	3.6141	0.725	10派2元(含税)
000050	深天马A	61265.60	0.7116	7.1989	1.2244	10派1元(含税)
000055	方大集团	9699.84	0.13	1.6315	-0.7371	10派0.3元(含税)
000056	深国商	-33506.05	-1.26	7.1742	-1.4221	不分配不转增
000058	深赛格	4838.03	0.0616	1.6552	-0.5453	不分配不转增
000059	*ST华锦	-158799.80	-1.3216	5.36	-0.2279	不分配不转增
000060	中金岭南	47013.46	0.23	2.9233	0.4166	10派0.3元(含税)
000061	农产品	8437.70	0.0497	2.8814	0.4257	10派0.5元(含税)
000062	深圳华强	47755.53	0.716	3.4701	0.372	10派0.5元(含税)
000063	中兴通讯	263357.10	0.77	7.24	0.73	10转增2股派2元(含税)
000065	北方国际	18459.43	0.73	3.7878	0.6707	10派0.8元(含税)
000066	长城电脑	5772.37	0.044	1.9264	1.9671	不分配不转增
000068	*ST华赛	-10835.14	-0.1208	0.0975	0.1234	不分配不转增
000069	华侨城A	477446.51	0.6566	3.867	-0.356	10派0.7元(含税)
000070	特发信息	5558.85	0.2051	3.9435	0.528	10派0.26元(含税)
000078	海王生物	2379.15	0.0325	1.9652	-0.1606	不分配不转增
000088	盐田港	43998.81	0.2265	2.6398	0.0607	10派0.52元(含税)
000089	深圳机场	26799.60	0.1584	4.6718	0.5337	10派0.28元(含税)
000090	天健集团	42147.70	0.7628	6.6724	0.6357	10派2.3元(含税)
000096	广聚能源	4200.88	0.08	3.541	0.0431	10派0.2元(含税)
000099	中信海直	20232.34	0.3495	4.4444	0.4388	10派0.75元(含税)
000100	TCL集团	318320.62	0.348	1.9248	0.5726	10派0.8元(含税)
000150	宜华健康	2982.26	0.09	2.5505	-0.3818	不分配不转增
000151	中成股份	11337.68	0.3831	3.3642	2.596	10派4元(含税)
000153	丰原药业	4099.09	0.1313	3.5639	0.0337	不分配不转增
000155	*ST川化	-156681.98	-3.33	-1.7485	-0.1269	不分配不转增
000156	华数传媒	38376.87	0.33	1.9163	1.1734	不分配不转增
000157	中联重科	59406.82	0.08	5.2986	-0.9979	10派0.5元(含税)
000158	常山股份	2428.47	0.0338	3.4407	0.1661	不分配不转增
000159	国际实业	12902.72	0.2682	4.5005	0.3141	10派0.3元(含税)
000166	申万宏源	342767.75	0.51	3.21	3.23	不分配不转增
000301	东方市场	22515.82	0.18	2.5644	-0.1026	10派0.5元(含税)
000333	美的集团	1050222.03	2.49	9.3625	5.8799	10派10元(含税)
000338	潍柴动力	502450.24	2.51	16.2395	5.5878	10转增10股派1.5元(含税)
000400	许继电气	106227.76	1.0573	5.6227	-0.2066	10派1元(含税)
000401	冀东水泥	3470.76	0.026	8.752	1.6723	10派0.5元(含税)
000402	金融街	292745.52	0.97	8.1023	-0.1075	10派2.5元(含税)
000403	ST生化	12251.66	0.45	1.5515	0.2826	不分配不转增
000404	华意压缩	18718.47	0.3345	3.6756	1.4484	10派0.6元(含税)

股票代码	股票简称	净利润(万元)	每股收益(元)	每股净资产(元)	每股经营性现金流量(元)	分配预案
000407	胜利股份	3670.28	0.05	2.2794	0.0759	不分配不转增
000408	金谷源	-5524.68	-0.219	0.5376	0.0025	不分配不转增
000409	山东地矿	-3127.42	-0.0662	2.1837	-0.1746	不分配不转增
000410	沈阳机床	2557.86	0.0334	3.5342	-2.1465	10派0.2元(含税)
000411	英特集团	6544.71	0.32	2.9329	0.4244	不分配不转增
000413	东旭光电	88062.52	0.33	2.38	-0.0165	10派1元(含税)
000415	渤海租赁	91319.60	0.55	5.5168	2.6685	10转增10股派1元(含税)
000416	民生控股	8792.69	0.1653	1.6438	-0.2587	10派0.5元(含税)
000417	合肥百货	36601.84	0.4693	4.1722	0.5773	10派1.8元(含税)
000418	小天鹅A	69819.57	1.1	7.0009	2.62	10派4.5元(含税)
000419	通程控股	14315.32	0.2634	3.4257	0.3281	10派1元(含税)
000420	吉林化纤	2037.82	0.0501	1.3784	-0.0852	不分配不转增
000421	南京中北	16433.20	0.4673	3.2303	0.8304	10派0.8元(含税)
000422	湖北宜化	3102.63	0.035	6.8236	4.074	10派0.1元(含税)
000423	东阿阿胶	136554.78	2.0879	9.0554	1.0047	10派8元(含税)
000425	徐工机械	41330.19	0.2	9.1	0.3337	10派0.6元(含税)
000426	兴业矿业	16180.74	0.2711	4.6115	-0.3259	10派0.2元(含税)
000428	华天酒店	-9884.15	-0.14	2.143	0.1609	不分配不转增
000429	粤高速A	31875.48	0.25	3.9902	0.7694	10派1元(含税)
000430	张家界	6050.96	0.19	1.5381	0.3408	不分配不转增
000488	晨鸣纸业	50520.44	0.26	7.1872	0.5089	10派1.4元(含税)
000498	山东路桥	31124.77	0.2784	2.3682	0.2811	不分配不转增
000501	鄂武商A	65969.48	1.3	7.0102	2.0407	10派4元(含税)
000502	绿景控股	326.28	0.02	1.1029	0.0832	不分配不转增
000503	海虹控股	2497.73	0.0278	1.4578	-0.0276	不分配不转增
000504	南华生物	-2615.12	-0.08	0.0151	-0.1046	不分配不转增
000505	珠江控股	-17342.29	-0.41	0.0365	-0.571	不分配不转增
000506	中润资源	-21656.72	-0.2331	1.5196	-0.1928	不分配不转增
000507	珠海港	1714.38	0.0217	3.1014	0.2592	10派0.15元(含税)
000509	华塑控股	-5091.58	-0.0617	0.0515	-0.0693	不分配不转增
000510	*ST金路	-14727.44	-0.2418	1.2058	0.2065	不分配不转增
000511	烯碳新材	-27135.79	-0.23	1.2106	0.0594	不分配不转增
000513	丽珠集团	51597.84	1.74	12.5	2.4259	10转增3股派1元(含税)
000514	渝开发	12238.85	0.145	3.3284	-0.2418	10派0.2元(含税)
000516	国际医学	35028.26	0.49	2.2344	0.4287	不分配不转增
000517	荣安地产	30012.84	0.2828	3.458	-0.6029	10派1元(含税)
000518	四环生物	595.66	0.0058	0.6615	0.0195	不分配不转增
000519	江南红箭	39669.66	0.54	5.396	-0.2692	10转增4股派0.6元(含税)
000520	*ST凤凰	430733.70	4.2559	0.1226	-0.213	不分配不转增
000521	美菱电器	29450.85	0.3856	4.4816	0.2166	10派0.6元(含税)
000523	广州浪奇	4392.47	0.099	2.3942	-0.1024	10派0.2元(含税)
000524	东方宾馆	3636.73	0.13	2.053	0.1837	不分配不转增
000525	红太阳	42708.30	0.842	7.4814	1.5375	10派1.5元(含税)
000526	银润投资	196.65	0.0204	1.626	0.1313	不分配不转增
000528	柳工	19852.00	0.1764	8.0844	0.4927	10派1.5元(含税)
000529	广弘控股	15314.42	0.26	1.8211	0.2539	不分配不转增
000530	大冷股份	11543.97	0.3205	5.6198	0.0814	10派1.5元(含税)
000531	穗恒运A	64544.94	0.9421	4.5794	0.723	10派2.2元(含税)
000532	力合股份	3156.71	0.0916	1.9735	0.0822	10派0.3元(含税)
000533	万家乐	12715.32	0.18	1.8685	-0.0266	10派0.5元(含税)
000534	万泽股份	5123.44	0.1	2.5619	0.6786	10派0.5元(含税)
000536	华映科技	24972.35	0.3205	3.5954	1.8702	不分配不转增
000537	广宇发展	28064.27	0.55	3.5301	-0.9145	不分配不转增
000538	云南白药	250607.65	2.41	10.7404	1.5238	10派5元(含税)
000539	粤电力A	300397.71	0.69	4.8706	1.9182	10送2股派2元(含税)
000540	中天城投	160357.96	1.2215	4.2512	0.9311	10送5转增10股派2元(含税)

股票代码	股票简称	净利润(万元)	每股收益(元)	每股净资产(元)	每股经营性现金流量(元)	分配预案
000541	佛山照明	26612.50	0.27	3.1113	0.3123	10转增3股派2.2元(含税)
000543	皖能电力	92792.68	0.88	8.3885	3.357	10派1.8元(含税)
000544	中原环保	6617.00	0.25	3.2936	0.6206	10派0.36元(含税)
000545	金浦钛业	4169.75	0.13	4.2786	0.2085	10转增3股
000546	金圆股份	12966.21	0.3012	2.7306	0.2765	不分配不转增
000547	闽福发A	20687.65	0.23	2.4017	0.1397	不分配不转增
000548	湖南投资	1786.72	0.04	2.9814	0.4935	10派0.5元(含税)
000550	江铃汽车	210785.21	2.44	12.2779	4.854	10派9.7元(含税)
000551	创元科技	3105.08	0.08	3.3083	0.2256	10派1元(含税)
000552	靖远煤电	33198.88	0.4618	3.7675	0.0301	10派0.3元(含税)
000553	沙隆达A	49177.19	0.828	3.3803	1.1772	10派1元(含税)
000554	泰山石油	678.91	0.0141	1.9018	-0.03	10派0.1元(含税)
000555	神州信息	27953.11	0.6482	6.4859	1.1138	10派0.6元(含税)
000557	*ST广夏	117.28	0.0017	0.2049	-0.0042	不分配不转增
000558	莱茵置业	4300.16	0.06	1.9152	-0.1395	10派0.21元(含税)
000559	万向钱潮	70680.95	0.37	2.0817	0.7104	10转增2股派3元(含税)
000560	昆百大A	7106.27	0.4151	7.2328	-0.175	10派0.3元(含税)
000561	烽火电子	3751.80	0.06	1.5809	0.0682	不分配不转增
000563	陕国投A	35063.18	0.2887	3.1399	-0.2477	10派0.3元(含税)
000564	西安民生	6046.43	0.1277	3.6162	1.0357	10派0.3元(含税)
000565	渝三峡A	4458.68	0.26	3.6647	0.1735	10派0.5元(含税)
000566	海南海药	16278.44	0.33	3.2835	0.0303	10派0.3元(含税)
000567	海德股份	619.24	0.041	1.2906	-0.2299	不分配不转增
000568	泸州老窖	87979.46	0.6274	6.9268	0.9322	10派8元(含税)
000570	苏常柴A	6420.21	0.11	3.4503	-0.0918	10派0.2元(含税)
000571	新大洲A	7629.20	0.0976	2.6837	-0.467	不分配不转增
000572	海马汽车	21314.52	0.1296	4.3833	0.4095	不分配不转增
000573	粤宏远A	1401.45	0.0225	2.5611	0.0544	不分配不转增
000576	广东甘化	1025.96	0.02	2.304	-0.0817	不分配不转增
000581	威孚高科	153943.97	1.51	10.644	0.8723	10派4元(含税)
000582	北部湾港	59658.85	0.717	4.1441	1.4332	10派0.72元(含税)
000584	友利控股	16327.82	0.2662	3.0989	0.3071	不分配不转增
000585	东北电气	616.91	0.01	0.3277	0.0307	不分配不转增
000586	汇源通信	686.46	0.04	1.0957	0.1208	不分配不转增
000587	金叶珠宝	14242.36	0.26	2.3429	-0.2535	不分配不转增
000589	黔轮胎A	16613.69	0.24	4.8656	1.2527	10派0.3元(含税)
000590	*ST古汉	-8577.05	-0.3841	0.8244	-0.2279	不分配不转增
000591	桐君阁	388.09	0.0141	1.4496	0.0445	不分配不转增
000592	平潭发展	7041.22	0.0831	1.3419	-0.0105	不分配不转增
000593	大通燃气	1716.92	0.061	2.3751	0.0824	10派0.2元(含税)
000594	*ST国恒	576.34	0.0039	1.7403	-0.0129	不分配不转增
000595	西北轴承	2058.65	0.08	1.1807	-0.1645	不分配不转增
000596	古井贡酒	59704.19	1.19	8.3023	0.7694	10派2元(含税)
000597	东北制药	8707.50	0.22	5.6131	0.099	不分配不转增
000598	兴蓉投资	75203.34	0.25	2.496	0.3929	10派0.25元(含税)
000599	青岛双星	5817.57	0.11	3.6977	0.8223	10派0.1元(含税)
000600	建投能源	204319.28	1.321	5.0163	2.6006	10派2.5元(含税)
000601	韶能股份	26173.67	0.24	3.494	0.7031	10派1元(含税)
000603	盛达矿业	23623.88	0.47	1.3859	0.9435	不分配不转增
000605	渤海股份	4215.37	0.24	4.9157	0.3785	不分配不转增
000606	青海明胶	-11558.91	-0.2448	1.6997	0.0026	不分配不转增
000607	华媒控股	18866.53	0.36	1.2398	0.0626	不分配不转增
000608	阳光股份	-58517.20	-0.78	4.3927	-0.2194	不分配不转增
000609	绵世股份	12041.43	0.4039	4.297	0.0839	不分配不转增
000610	西安旅游	-2086.18	-0.106	2.2132	-0.0037	不分配不转增
000611	*ST蒙发	-5223.85	-0.1623	1.6884	0.3996	不分配不转增

股票代码	股票简称	净利润(万元)	每股收益(元)	每股净资产(元)	每股经营性现金流量(元)	分配预案
000612	焦作万方	35645.00	0.305	3.9306	1.3666	不分配不转增
000613	大东海 A	250.35	0.0069	0.2318	0.0067	不分配不转增
000615	湖北金环	1574.91	0.07	3.6905	0.6599	不分配不转增
000616	海航投资	19172.71	0.13	2.9488	-0.0155	10 派 0.2 元(含税)
000617	石油济柴	-11518.06	-0.4	2.0832	0.0619	不分配不转增
000619	海螺型材	10858.45	0.3016	6.5731	1.7064	10 派 1 元(含税)
000620	新华联	42145.69	0.26	2.1985	-1.2595	不分配不转增
000622	恒立实业	-3655.29	-0.09	0.4713	-0.0059	不分配不转增
000623	吉林敖东	141069.25	1.58	14.0661	0.3229	10 派 2 元(含税)
000625	长安汽车	756108.16	1.62	5.4982	0.8106	10 派 2.5 元(含税)
000626	如意集团	23259.25	1.1486	3.2032	-0.8957	不分配不转增
000627	天茂集团	8382.28	0.062	1.0705	-0.0896	不分配不转增
000628	高新发展	-4180.67	-0.191	0.745	0.6865	不分配不转增
000629	攀钢钒钛	-377542.74	-0.4395	1.2344	0.1946	不分配不转增
000630	铜陵有色	30066.08	0.19	7.7548	1.1986	10 转增 10 股派 0.5 元(含税)
000631	顺发恒业	58450.85	0.56	3.3752	-0.3596	10 送 4 股派 1 元(含税)
000632	三木集团	1208.14	0.026	2.7034	-0.4714	不分配不转增
000633	合金投资	-2890.03	-0.075	0.514	-0.1036	不分配不转增
000635	英力特	5229.45	0.173	9.1326	1.6002	10 派 0.2 元(含税)
000636	风华高科	9414.59	0.14	4.6025	0.1005	10 派 0.2 元(含税)
000637	茂化实华	7238.70	0.14	1.5669	0.4415	10 派 0.9 元(含税)
000638	万方发展	302.54	0.0098	0.7521	-0.8724	不分配不转增
000639	西王食品	11749.40	0.62	6.4743	1.0422	10 转增 10 股派 0.3 元(含税)
000650	仁和药业	30090.76	0.3	2.0521	0.3687	10 送 2.5 股派 0.3 元(含税)
000651	格力电器	1415516.72	4.71	14.6791	6.2965	10 转增 10 股派 30 元(含税)
000652	泰达股份	24796.35	0.168	1.6011	-0.6558	10 派 0.1 元(含税)
000655	金岭矿业	20914.67	0.35	5.3151	0.4115	不分配不转增
000656	金科股份	90788.41	0.78	7.6385	-6.0823	10 送 6 转增 14 股派 1.5 元(含税)
000657	中钨高新	2201.02	0.035	5.5382	1.7768	不分配不转增
000659	*ST 中富	4182.21	0.03	0.8712	0.4631	不分配不转增
000661	长春高新	31817.13	2.42	11.1189	2.1302	10 派 5 元(含税)
000662	索芙特	961.88	0.0334	1.9889	0.0281	不分配不转增
000663	永安林业	-2066.59	-0.1	1.5943	0.3078	不分配不转增
000665	湖北广电	24503.69	0.51	8.582	1.3219	10 派 0.8 元(含税)
000666	经纬纺机	54183.86	0.77	7.9402	3.5179	10 派 0.5 元(含税)
000667	美好集团	7531.78	0.0294	2.1295	0.341	不分配不转增
000668	荣丰控股	-4608.53	-0.31	4.2403	1.096	不分配不转增
000669	金鸿能源	31562.67	0.7821	8.2761	1.5175	10 派 2 元(含税)
000670	盈方微	518.74	0.0105	0.6064	0.0058	不分配不转增
000671	阳光城	132371.24	1.22	5.0012	-4.3924	10 派 1.6 元(含税)
000672	上峰水泥	37050.16	0.46	2.1349	0.9832	10 派 0.5 元(含税)
000673	当代东方	-55.62	-0.0027	0.0516	-0.0464	不分配不转增
000676	智度投资	-6858.98	-0.218	0.4513	0.2219	不分配不转增
000677	*ST 海龙	-42961.32	-0.4973	0.2445	0.0503	不分配不转增
000678	襄阳轴承	632.47	0.01	2.4747	0.0374	不分配不转增
000679	大连友谊	5645.69	0.16	4.1208	1.0544	10 派 0.5 元(含税)
000680	山推股份	4643.13	0.0374	3.2832	0.4659	不分配不转增
000681	视觉中国	14176.85	0.2348	2.028	0.1001	不分配不转增
000682	东方电子	4416.52	0.0452	1.4954	0.1199	不分配不转增
000683	远兴能源	20805.64	0.15	3.7354	0.4718	10 派 0.2 元(含税)
000685	中山公用	74798.63	0.96	9.5986	0.488	10 转增 8 股派 3 元(含税)
000686	东北证券	106002.54	0.54	4.4336	1.189	10 派 0.6 元(含税)
000687	恒天天鹅	1439.23	0.019	1.8291	0.1084	不分配不转增
000688	建新矿业	32260.59	0.2837	1.0605	0.2637	不分配不转增
000690	宝新能源	102147.42	0.59	2.9039	0.9409	10 派 3 元(含税)
000691	亚太实业	-2094.55	-0.0648	0.397	-0.0209	不分配不转增

股票代码	股票简称	净利润(万元)	每股收益(元)	每股净资产(元)	每股经营性现金流量(元)	分配预案
000692	惠天热电	4155.79	0.0985	2.4104	0.2791	不分配不转增
000693	华泽钴镍	21225.44	0.3905	2.5722	0.7879	不分配不转增
000695	滨海能源	336.67	0.0152	1.4386	0.3934	不分配不转增
000697	炼石有色	8245.96	0.1527	2.5412	0.3945	10 派 0.2 元(含税)
000698	沈阳化工	1878.07	0.029	4.7157	0.1172	不分配不转增
000700	模塑科技	24591.21	0.796	4.4989	1.2456	10 派 1.3 元(含税)
000701	厦门信达	16123.02	0.55	5.83	1.5471	10 派 1 元(含税)
000702	正虹科技	2602.68	0.0976	1.8295	0.0212	不分配不转增
000703	恒逸石化	-35268.24	-0.31	4.3593	1.6304	不分配不转增
000705	浙江震元	3907.89	0.12	3.6262	0.2436	不分配不转增
000707	双环科技	768.54	0.0166	3.078	1.0797	10 派 0.1 元(含税)
000708	大冶特钢	26805.70	0.596	7.3819	0.9797	10 派 2 元(含税)
000709	河北钢铁	69717.13	0.066	4.053	1.3593	不分配不转增
000710	天兴仪表	687.82	0.0455	0.86	0.1251	不分配不转增
000711	*ST 京蓝	-7203.11	-0.45	1.5779	-0.0596	不分配不转增
000712	锦龙股份	38675.53	0.4316	2.8557	1.7204	10 派 1 元(含税)
000713	丰乐种业	6096.84	0.204	4.4995	0.8311	10 派 0.3 元(含税)
000715	中兴商业	8369.06	0.3	3.9362	0.103	10 派 0.7 元(含税)
000716	黑芝麻	6223.83	0.242	7.04	-0.1085	10 派 0.6 元(含税)
000717	韶钢松山	-138827.18	-0.57	1.2138	0.8461	不分配不转增
000718	苏宁环球	76251.07	0.373	2.3858	0.3928	10 送 3 股派 2 元(含税)
000719	大地传媒	64172.30	0.87	7.075	1.5064	10 派 1.5 元(含税)
000720	新能泰山	7943.65	0.092	0.9969	0.5734	不分配不转增
000721	西安饮食	1106.06	0.0222	1.3873	0.0442	不分配不转增
000722	湖南发展	19387.14	0.42	5.2766	0.379	不分配不转增
000723	美锦能源	948.56	0.03	1.6494	-0.095	10 派 0.05 元(含税)
000725	京东方 A	256212.88	0.087	2.158	0.2294	不分配不转增
000726	鲁泰 A	95872.54	1	6.8938	1.1636	10 派 5 元(含税)
000727	华东科技	1040.89	0.029	1.0012	0.1463	不分配不转增
000728	国元证券	137174.47	0.7	8.8895	4.3976	10 派 1 元(含税)
000729	燕京啤酒	72613.92	0.259	4.3605	0.4281	10 派 0.8 元(含税)
000731	四川美丰	-24450.14	-0.4134	4.5011	-0.0489	不分配不转增
000732	泰禾集团	78376.21	0.7705	3.7478	-16.3449	10 派 2 元(含税)
000733	振华科技	12890.24	0.28	7.109	0.1673	10 派 0.3 元(含税)
000735	罗牛山	5098.71	0.058	1.9391	-0.0248	10 派 0.2 元(含税)
000736	中房地产	7565.39	0.25	5.6749	-4.6488	10 派 0.2 元(含税)
000737	南风化工	3219.26	0.0587	0.6717	0.215	不分配不转增
000738	中航动控	18497.50	0.1615	3.9855	0.1206	10 派 0.17 元(含税)
000739	普洛药业	32216.44	0.3	2.0106	0.6859	10 派 0.85 元(含税)
000748	长城信息	9082.40	0.2413	5.7334	0.4574	10 转增 10 股派 0.7 元(含税)
000750	国海证券	69003.58	0.3	2.923	2.3729	10 派 1.5 元(含税)
000751	锌业股份	8808.70	0.06	1.372	-0.1162	不分配不转增
000752	西藏发展	2570.99	0.0975	2.9416	0.2583	10 派 0.1 元(含税)
000753	漳州发展	7045.35	0.161	2.8114	-0.885	10 转增 7 股
000755	*ST 三维	5859.31	0.1249	3.6653	0.76	不分配不转增
000756	新华制药	5072.53	0.11	3.9813	0.7573	10 派 0.2 元(含税)
000757	浩物股份	1817.84	0.04	1.171	0.0444	不分配不转增
000758	中色股份	26562.35	0.27	4.6303	0.5745	10 派 0.5 元(含税)
000759	中百集团	18624.65	0.27	4.4392	0.5097	10 派 0.8 元(含税)
000760	斯太尔	984.69	0.02	2.8934	-0.1399	10 转增 4 股
000761	本钢板材	23280.48	0.074	4.9058	0.9146	10 派 0.5 元(含税)
000762	西藏矿业	-8833.35	-0.1856	3.4031	-0.2206	不分配不转增
000766	通化金马	516.56	0.012	1.4688	0.0764	不分配不转增
000767	漳泽电力	55054.70	0.2443	2.3014	1.2499	不分配不转增
000768	中航飞机	35192.27	0.1326	4.4919	-0.4268	10 派 1 元(含税)
000776	广发证券	502256.78	0.85	6.69	4.29	10 派 2 元(含税)

股票代码	股票简称	净利润(万元)	每股收益(元)	每股净资产(元)	每股经营性现金流量(元)	分配预案
000777	中核科技	7193.72	0.1876	2.7983	-0.0071	10派0.5元(含税)
000778	新兴铸管	83519.92	0.2292	4.5598	0.5503	10派0.4元(含税)
000779	三毛派神	1005.09	0.05	1.5273	-0.2775	不分配不转增
000780	平庄能源	2738.25	0.03	4.6059	0.4963	10派0.1元(含税)
000782	美达股份	-22827.92	-0.52	2.3461	0.4861	10派0.2元(含税)
000783	长江证券	170543.91	0.36	2.94	2.3	10派1.5元(含税)
000785	武汉中商	2610.57	0.1	3.3675	0.8088	10派1元(含税)
000786	北新建材	110545.16	1.818	11.8535	2.5797	10转增10股派4.25元(含税)
000788	北大医药	-2710.43	-0.05	1.8626	0.2785	不分配不转增
000789	万年青	54993.23	1.3449	6.139	2.4397	10转增5股派3元(含税)
000790	华神集团	6609.31	0.1717	1.643	-0.0478	10送1.2股派0.3元(含税)
000791	甘肃电投	19830.65	0.2746	5.0541	1.2705	10派0.55元(含税)
000792	盐湖股份	130225.94	0.8188	11.1193	0.8523	10派0.86元(含税)
000793	华闻传媒	98354.13	0.53	3.4972	0.4043	10派0.5元(含税)
000795	太原刚玉	1224.11	0.04	2.2564	0.0349	不分配不转增
000796	易食股份	3575.92	0.145	2.2004	0.6554	不分配不转增
000797	中国武夷	11355.43	0.29	3.7392	-0.2089	10派0.5元(含税)
000798	中水渔业	2104.83	0.0659	2.6365	-0.049	10派0.4元(含税)
000799	*ST酒鬼	-9747.53	-0.3	5.1339	-0.2021	不分配不转增
000800	一汽轿车	16126.29	0.0991	5.3733	0.1788	10派0.1元(含税)
000801	四川九洲	8615.29	0.1873	3.2823	0.185	10派0.6元(含税)
000802	北京文化	7984.37	0.2129	2.3801	-0.4274	10派0.2元(含税)
000803	金宇车城	375.93	0.03	1.1825	-0.3455	不分配不转增
000806	银河投资	2608.62	0.0373	1.1714	0.0707	不分配不转增
000807	云铝股份	-46703.68	-0.303	2.2276	0.1918	不分配不转增
000809	铁岭新城	2877.18	0.05	6.3264	-1.4342	10送5股派1元(含税)
000810	创维数字	38686.26	0.8571	3.9829	0.4286	10转增10股派2元(含税)
000811	烟台冰轮	20786.78	0.53	4.0861	0.4339	10派1元(含税)
000812	陕西金叶	7159.13	0.16	1.9262	0.2319	10派0.2元(含税)
000813	天山纺织	2150.36	0.046	2.2609	0.2919	不分配不转增
000815	*ST美利	-64909.73	-2.05	-0.5339	-0.1933	不分配不转增
000816	江淮动力	5634.67	0.04	2.3324	-0.0214	10派0.1元(含税)
000818	方大化工	8504.05	0.1251	2.9137	0.5447	不分配不转增
000819	岳阳兴长	4057.27	0.173	2.7238	0.2526	10送0.5股派0.5元(含税)
000820	金城股份	223.61	0.01	0.7972	-0.1176	不分配不转增
000821	京山轻机	1058.82	0.03	3.1277	0.0628	不分配不转增
000822	山东海化	16526.35	0.18	2.3968	1.0757	不分配不转增
000823	超声电子	15997.39	0.3119	5.2672	0.3632	10派1元(含税)
000825	太钢不锈	44195.74	0.078	4.3853	0.9517	不分配不转增
000826	桑德环境	80395.33	0.955	6.1437	0.0347	10派1元(含税)
000828	东莞控股	59033.33	0.5679	3.8681	0.259	10派2.5元(含税)
000829	天音控股	1832.79	0.02	2.327	-0.8264	不分配不转增
000830	鲁西化工	36106.66	0.25	4.0791	0.9012	10派3元(含税)
000831	五矿稀土	-5579.87	-0.057	2.5343	0.4119	不分配不转增
000833	贵糖股份	2814.59	0.1	2.8666	0.2576	不分配不转增
000835	长城动漫	593.99	0.0195	1.3517	0.1697	不分配不转增
000836	鑫茂科技	-14362.43	-0.491	2.1043	0.3714	不分配不转增
000837	秦川机床	1927.14	0.0301	4.334	-0.1479	不分配不转增
000838	国兴地产	7455.06	0.4119	2.4293	-0.507	10派1.5元(含税)
000839	中信国安	18921.63	0.1207	4.1179	0.8233	10派2元(含税)
000848	承德露露	44318.99	0.88	2.6174	0.6572	10送5股派2元(含税)
000850	华茂股份	37794.77	0.4	3.9684	-0.0104	10派0.5元(含税)
000851	高鸿股份	5640.57	0.1045	4.3186	-0.5991	不分配不转增
000852	江钻股份	7185.73	0.18	2.9657	0.3363	不分配不转增
000856	冀东装备	-8647.42	-0.38	1.9206	0.0966	不分配不转增
000858	五粮液	583491.53	1.537	10.3874	0.2093	10派6元(含税)

股票代码	股票简称	净利润(万元)	每股收益(元)	每股净资产(元)	每股经营性现金流量(元)	分配预案
000859	国风塑业	624.54	0.012	2.4421	0.0081	10转增3股
000860	顺鑫农业	35943.40	0.7124	8.9017	0.5151	10派1元(含税)
000861	海印股份	28226.80	0.26	2.4742	0.3084	10派0.35元(含税)
000862	银星能源	1936.09	0.04	3.12	1.2839	不分配不转增
000863	三湘股份	14615.27	0.19	3.2147	-1.5353	10派1元(含税)
000868	安凯客车	2353.75	0.03	1.7779	0.1823	不分配不转增
000869	张裕A	97770.77	1.43	9.9793	1.5611	10派4.4元(含税)
000875	吉电股份	7473.43	0.0512	2.5569	1.1115	不分配不转增
000876	新希望	201976.77	1.09	8.4438	0.6449	10派2.5元(含税)
000877	天山股份	25248.39	0.29	7.7701	0.4851	10派0.87元(含税)
000878	云南铜业	7326.68	0.052	3.8942	3.1496	不分配不转增
000880	潍柴重机	4631.62	0.17	4.5378	1.3267	不分配不转增
000881	大连国际	7502.21	0.24	5.3051	-1.5444	不分配不转增
000882	华联股份	7431.88	0.0334	2.6736	0.2521	10派0.28元(含税)
000883	湖北能源	114351.02	0.21	2.7113	0.474	10派0.54元(含税)
000885	同力水泥	16824.90	0.3732	4.5694	1.8335	10派0.4元(含税)
000886	海南高速	5044.10	0.051	2.7708	-0.0997	不分配不转增
000887	中鼎股份	56658.94	0.52	2.6276	0.4907	10派0.4元(含税)
000888	峨眉山A	18950.40	0.7193	6.694	1.1989	10转增10股派1.8元(含税)
000889	茂业物流	9875.52	0.2146	3.388	0.3142	10派0.16元(含税)
000890	法尔胜	521.33	0.0137	2.7431	0.7714	不分配不转增
000892	*ST星美	-239.10	-0.0058	0.0072	-0.0066	不分配不转增
000893	东凌粮油	-47140.87	-1.16	1.2422	0.564	不分配不转增
000895	双汇发展	403986.38	1.8358	7.045	2.1413	10转增5股派14.2元(含税)
000897	津滨发展	1018.54	0.0063	0.8848	0.6516	不分配不转增
000898	鞍钢股份	92800.00	0.128	6.61	0.2954	10派0.45元(含税)
000899	赣能股份	38781.88	0.6	3.2544	1.2097	10派1元(含税)
000900	现代投资	40991.48	0.41	6.4171	1.1817	10派0.5元(含税)
000901	航天科技	3154.75	0.12	4.1313	-0.0008	10派0.2元(含税)
000902	新洋丰	57109.11	1.09	5.2233	1.2451	不分配不转增
000903	云内动力	16129.68	0.234	4.418	-0.126	10派0.6元(含税)
000905	厦门港务	28665.77	0.54	4.7844	0.3166	10派0.5元(含税)
000906	物产中拓	7389.93	0.22	3.3166	-1.2627	10派0.8元(含税)
000908	景峰医药	25102.93	0.55	1.3286	0.2788	不分配不转增
000909	数源科技	3512.01	0.12	2.4361	0.0369	10派1元(含税)
000910	大亚科技	16355.42	0.31	4.951	2.017	10派0.3元(含税)
000911	南宁糖业	-28666.71	-1	3.7214	-3.2123	不分配不转增
000912	*ST天化	-114080.87	-1.9501	1.2918	0.1544	不分配不转增
000913	钱江摩托	-19565.18	-0.43	4.5724	-0.0712	不分配不转增
000915	山大华特	21737.84	1.21	5.368	1.5113	10派1元(含税)
000916	华北高速	22752.49	0.2087	3.9786	0.3824	10派0.8元(含税)
000917	电广传媒	33254.03	0.23	6.8848	0.1079	10派0.6元(含税)
000918	嘉凯城	3809.09	0.02	2.3987	-1.7315	不分配不转增
000919	金陵药业	19718.45	0.3912	4.6045	0.595	10派1.7元(含税)
000920	南方汇通	18244.75	0.43	2.2423	0.1432	不分配不转增
000921	海信科龙	67247.86	0.5	2.5457	0.7111	不分配不转增
000922	佳电股份	565.07	0.01	3.8888	-0.099	不分配不转增
000923	河北宣工	-7206.39	-0.364	2.2698	-0.1309	不分配不转增
000925	众合科技	1213.90	0.04	3.015	0.8627	不分配不转增
000926	福星股份	70486.96	0.99	9.7313	-2.1347	10派1元(含税)
000927	*ST夏利	-165913.05	-1.0401	0.9513	-0.9301	不分配不转增
000928	中钢国际	18247.55	0.341	3.6843	0.8384	不分配不转增
000929	兰州黄河	7790.23	0.4194	3.69	0.6644	不分配不转增
000930	中粮生化	3523.18	0.037	2.9955	0.2144	10派0.2元(含税)
000931	中关村	1375.09	0.0204	0.9309	-0.5799	不分配不转增
000932	华菱钢铁	7463.43	0.0247	3.3898	2.41	不分配不转增

股票代码	股票简称	净利润(万元)	每股收益(元)	每股净资产(元)	每股经营性现金流量(元)	分配预案
000933	神火股份	-36652.89	-0.1929	3.6121	0.3961	不分配不转增
000935	四川双马	3294.33	0.05	3.32	0.9111	10派0.5元(含税)
000936	华西股份	5630.88	0.08	2.9479	-0.2449	10派0.2元(含税)
000937	冀中能源	2437.40	0.0098	6.7578	0.7182	10转增3股派1元(含税)
000938	紫光股份	12582.01	0.611	8.6346	0.5863	10派1元(含税)
000939	凯迪电力	20528.79	0.22	2.9406	0.1421	10派1.5元(含税)
000948	南天信息	1184.52	0.048	5.7455	-0.1145	10派0.2元(含税)
000949	新乡化纤	9056.58	0.1012	2.3395	0.5441	10派0.3元(含税)
000950	建峰化工	-36147.44	-0.6	3.4529	0.0096	不分配不转增
000951	中国重汽	43130.15	1.03	10.503	0.1129	10派3元(含税)
000952	广济药业	-21873.07	-0.869	1.9792	-0.2968	不分配不转增
000953	河池化工	1783.43	0.061	0.8149	-0.7333	不分配不转增
000955	欣龙控股	487.35	0.01	1.2584	0.002	不分配不转增
000957	中通客车	27959.89	1.17	4.4594	0.9892	10派1.1元(含税)
000958	东方能源	19414.46	0.4	1.763	0.0809	不分配不转增
000959	首钢股份	6264.38	0.0118	4.4521	0.5872	不分配不转增
000960	锡业股份	3447.90	0.03	6.1426	1.5034	不分配不转增
000961	中南建设	95918.71	0.82	7.5492	-5.0243	10派1元(含税)
000962	东方钽业	-33666.81	-0.7637	4.7288	0.3909	不分配不转增
000963	华东医药	75666.94	1.74	5.2228	1.7068	10派9.2元(含税)
000965	天保基建	26516.21	0.3	4.2145	0.3452	10派0.31元(含税)
000966	长源电力	69025.20	1.2456	4.1161	3.7629	不分配不转增
000967	上风高科	6051.73	0.22	4.5294	0.292	10派0.6元(含税)
000968	煤气化	-99492.40	-1.9366	3.5665	-3.0504	不分配不转增
000969	安泰科技	-18989.27	-0.2201	3.5594	0.1496	不分配不转增
000970	中科三环	29606.98	0.28	3.4837	0.224	10派0.85元(含税)
000971	蓝鼎控股	410.16	0.02	0.0982	-0.113	不分配不转增
000972	新中基	1126.99	0.0146	1.0721	-0.2023	不分配不转增
000973	佛塑科技	8014.75	0.08	2.0456	0.1679	不分配不转增
000975	银泰资源	27049.98	0.2492	3.4833	0.1714	10派2.1元(含税)
000976	*ST春晖	-21166.16	-0.36	0.3798	0.2119	不分配不转增
000977	浪潮信息	33879.81	0.7153	4.8668	-0.9209	10送3转增7股派0.8元(含税)
000978	桂林旅游	4121.22	0.114	4.069	0.3308	10派0.45元(含税)
000979	中弘股份	29138.49	0.15	1.9486	-1.3284	10转增6股派0.11元(含税)
000980	金马股份	4196.86	0.08	3.8222	-0.6377	不分配不转增
000981	银亿股份	61175.52	0.71	5.5147	-0.6282	10派1.2元(含税)
000982	中银绒业	8713.22	0.05	2.34	0.2716	不分配不转增
000983	西山煤电	27319.91	0.0867	5.0298	0.2965	10派0.03元(含税)
000985	大庆华科	1391.76	0.1074	3.8717	0.8366	10派0.6元(含税)
000987	广州友谊	26268.71	0.73	6.0557	0.1583	10派5元(含税)
000988	华工科技	16835.13	0.19	3.1653	0.2013	10派0.25元(含税)
000989	九芝堂	24574.06	0.83	5.4038	0.3985	不分配不转增
000990	诚志股份	7322.41	0.229	5.9801	-0.3669	10派0.3元(含税)
000993	闽东电力	2600.31	0.07	3.9653	0.475	不分配不转增
000995	*ST皇台	-3928.85	-0.22	0.6629	-0.2773	不分配不转增
000996	中国中期	950.44	0.0413	2.5116	-0.0243	不分配不转增
000997	新大陆	27576.29	0.54	3.5846	0.6081	10转增8股
000998	隆平高科	36202.11	0.3634	1.9214	0.2772	10派0.5元(含税)
000999	华润三九	103588.90	1.06	6.9057	1.21	10派4.08元(含税)
001696	宗申动力	37523.05	0.33	2.8784	0.2396	10派0.3元(含税)
001896	豫能控股	37036.01	0.433	3.8853	1.3171	不分配不转增
200011	深物业B	41749.87	0.7005	3.4804	-0.0245	10派2.2元(含税)
200012	南玻B	87365.30	0.42	4.0228	0.6776	10派5元(含税)
200016	深康佳B	5262.35	0.0437	3.4083	-0.5319	10派0.1元(含税)
200017	深中华B	488.57	0.0089	0.0216	0.0071	不分配不转增
200018	中冠B	429.09	0.0254	0.7761	0.0082	不分配不转增

股票代码	股票简称	净利润(万元)	每股收益(元)	每股净资产(元)	每股经营性现金流量(元)	分配预案
200019	深深宝 B	1332.38	0.0443	3.2247	0.0845	不分配不转增
200020	深华发 B	768.76	0.0271	0.9936	0.422	不分配不转增
200022	深赤湾 B	41759.43	0.648	6.3826	1.2692	10 派 3.24 元(含税)
200024	招商局 B	426363.66	1.6552	12.071	-2.5028	10 派 3.2 元(含税)
200025	特力 B	1034.52	0.047	0.8711	0.0282	不分配不转增
200026	飞亚达 B	14559.11	0.371	4.1587	0.7363	10 派 1 元(含税)
200028	一致 B	65249.72	1.9	13.139	-2.197	10 派 2 元(含税)
200029	深深房 B	29803.33	0.2946	2.1366	0.3184	不分配不转增
200030	富奥 B	62637.53	0.48	3.3143	0.2771	10 派 1 元(含税)
200037	深南电 B	-33051.33	-0.55	2.1079	0.9477	不分配不转增
200045	深纺织 B	-11359.13	-0.22	4.3359	-0.0961	不分配不转增
200053	深基地 B	21854.42	0.95	7.3308	1.7969	10 派 1.29 元(含税)
200054	建摩 B	-13359.39	-1.119	0.1451	0.7924	不分配不转增
200055	方大 B	9699.84	0.13	1.6315	-0.7371	10 派 0.3 元(含税)
200056	深国商 B	-33506.05	-1.26	7.1742	-1.4221	不分配不转增
200058	深赛格 B	4838.03	0.0616	1.6552	-0.5453	不分配不转增
200152	山航 B	28785.15	0.72	7.1953	3.6496	10 派 2 元(含税)
200160	南江 B	8028.04	0.11	0.4106	-0.1902	不分配不转增
200168	雷伊 B	1018.76	0.032	1.1698	-0.25	不分配不转增
200413	东旭 B	88062.52	0.33	2.38	-0.0165	10 派 1 元(含税)
200418	小天鹅 B	69819.57	1.1	7.0009	2.62	10 派 4.5 元(含税)
200429	粤高速 B	31875.48	0.25	3.9902	0.7694	10 派 1 元(含税)
200468	宁通信 B	-1897.65	-0.09	1.6939	0.3303	不分配不转增
200488	晨鸣 B	50520.44	0.26	7.1872	0.5089	10 派 1.4 元(含税)
200505	珠江 B	-17342.29	-0.41	0.0365	-0.571	不分配不转增
200512	闽灿坤 B	5134.88	0.28	2.9482	0.2428	10 派 1.5 元(含税)
200521	皖美菱 B	29450.85	0.3856	4.4816	0.2166	10 派 0.6 元(含税)
200530	大冷 B	11543.97	0.3205	5.6198	0.0814	10 派 1.5 元(含税)
200539	粤电力 B	300397.71	0.69	4.8706	1.9182	10 送 2 股派 2 元(含税)
200541	粤照明 B	26612.50	0.27	3.1113	0.3123	10 转增 3 股派 2.2 元(含税)
200550	江铃 B	210785.21	2.44	12.2779	4.854	10 派 9.7 元(含税)
200553	沙隆达 B	49177.19	0.828	3.3803	1.1772	10 派 1 元(含税)
200570	苏常柴 B	6420.21	0.11	3.4503	-0.0918	10 派 0.2 元(含税)
200581	苏威孚 B	153943.97	1.51	10.644	0.8723	10 派 4 元(含税)
200596	古井贡 B	59704.19	1.19	8.3023	0.7694	10 派 2 元(含税)
200613	大东海 B	250.35	0.0069	0.2318	0.0067	不分配不转增
200625	长安 B	756108.16	1.62	5.4982	0.8106	10 派 2.5 元(含税)
200706	瓦轴 B	-10390.29	-0.26	3.4323	0.175	不分配不转增
200725	京东方 B	256212.88	0.087	2.158	0.2294	不分配不转增
200726	鲁泰 B	95872.54	1	6.8938	1.1636	10 派 5 元(含税)
200761	本钢板 B	23280.48	0.074	4.9058	0.9146	10 派 0.5 元(含税)
200770	*ST 武锅 B	-10169.83	-0.34	-4.9153	0.7501	不分配不转增
200771	杭汽轮 B	35207.74	0.47	5.9026	0.3763	10 派 1 元(含税)
200869	张裕 B	97770.77	1.43	9.9793	1.5611	10 派 4.4 元(含税)
200986	粤华包 B	8328.49	0.16	3.5866	0.9495	10 派 0.15 元(含税)
200992	中鲁 B	1536.80	0.0578	2.0855	0.2455	不分配不转增

2014 年中小企业板上市公司年报主要财务指标

截止日期:2015 年 5 月 5 日

股票代码	股票简称	净利润(万元)	每股收益(元)	每股净资产(元)	每股经营性现金流量(元)	分配预案
002001	新和成	80804.04	0.74	6.4423	0.9916	10 派 3.5 元(含税)
002002	鸿达兴业	34705.31	0.4069	3.2823	-0.1146	10 派 2 元(含税)
002003	伟星股份	23600.40	0.7	5.2591	0.9764	10 转增 2 股派 6 元(含税)
002004	华邦颖泰	42918.36	0.67	8.2522	0.6748	10 转增 15 股派 3 元(含税)
002005	德豪润达	1395.10	0.0109	3.9779	0.2394	10 派 0.3 元(含税)

股票代码	股票简称	净利润(万元)	每股收益(元)	每股净资产(元)	每股经营性现金流量(元)	分配预案
002006	精功科技	1259.47	0.03	1.865	0.1238	不分配不转增
002007	华兰生物	53841.74	0.9266	5.853	0.8552	10派6元(含税)
002008	大族激光	70753.30	0.67	3.906	0.9075	10派2元(含税)
002009	天奇股份	9568.16	0.3	4.4419	0.5987	10派0.5元(含税)
002010	传化股份	21233.97	0.44	3.7773	0.6913	10派1.5元(含税)
002011	盾安环境	12622.05	0.15	4.143	0.1681	不分配不转增
002012	凯恩股份	4060.50	0.09	2.4826	0.3176	不分配不转增
002013	中航机电	38191.21	0.53	6.5149	0.2765	10转增3股派0.6元(含税)
002014	永新股份	15449.11	0.47	4.7215	0.5766	10派3元(含税)
002015	*ST霞客	-103684.33	-4.32	-2.7383	-1.4963	不分配不转增
002016	世荣兆业	1470.07	0.0228	2.4148	-1.2912	10派1元(含税)
002017	东信和平	5756.38	0.1998	2.6291	0.5954	10转增2股派0.5元(含税)
002018	华信国际	10668.57	0.09	2.2511	-0.6628	10派0.1元(含税)
002019	亿帆鑫富	23790.92	0.87	5.778	0.3173	不分配不转增
002020	京新药业	10708.04	0.397	4.8823	0.7348	10派1.5元(含税)
002021	中捷资源	301.56	0.005	2.079	0.4895	不分配不转增
002022	科华生物	29197.39	0.5931	2.5529	0.5071	10派2元(含税)
002023	海特高新	15796.68	0.47	4.9419	0.2864	10转增10股派1元(含税)
002024	苏宁云商	86691.50	0.12	3.9661	-0.1871	10派0.5元(含税)
002025	航天电器	20340.86	0.62	5.4065	0.41	10送3股派2元(含税)
002026	山东威达	9900.76	0.34	4.4376	-0.0103	10派0.5元(含税)
002027	七喜控股	659.13	0.02	1.6386	0.0192	不分配不转增
002028	思源电气	45628.85	0.74	5.7433	-0.026	10派1元(含税)
002029	七匹狼	28870.71	0.38	6.3715	1.0148	10派1元(含税)
002030	达安基因	15305.55	0.28	1.5507	0.0735	10送2股派0.23元(含税)
002031	巨轮股份	15447.28	0.3222	5.1096	0.2811	10转增3股派0.5元(含税)
002032	苏泊尔	68989.23	1.088	5.9763	1.3145	10派4.3元(含税)
002033	丽江旅游	18106.65	0.656	6.7451	1.0784	10转增5股派1.2元(含税)
002034	美欣达	-1649.77	-0.2	5.138	1.8173	不分配不转增
002035	华帝股份	28108.93	0.78	4.0751	0.8515	10派4元(含税)
002036	汉麻产业	1287.41	0.06	2.3451	0.089	10派0.15元(含税)
002037	久联发展	21992.90	0.67	5.9243	-1.82	10派1.5元(含税)
002038	双鹭药业	69508.31	1.52	6.8907	1.0179	10送5股派3元(含税)
002039	黔源电力	29422.54	0.9634	6.2578	4.1172	10派4元(含税)
002040	南京港	2045.08	0.0832	2.5834	0.0778	10派0.2元(含税)
002041	登海种业	38037.17	1.0806	5.6834	2.0925	10送15股派1.7元(含税)
002042	华孚色纺	16846.93	0.2	4.0738	0.1406	10派0.21元(含税)
002043	兔宝宝	4279.14	0.09	1.6492	0.209	10派0.3元(含税)
002044	江苏三友	4951.31	0.22	1.7271	0.1331	10派0.2元(含税)
002045	国光电器	9256.40	0.22	3.1051	0.3348	10派0.8元(含税)
002046	轴研科技	1757.27	0.06	4.0218	-0.0758	10派0.1元(含税)
002047	宝鹰股份	26878.99	0.22	1.6405	-0.5848	不分配不转增
002048	宁波华翔	52417.13	0.99	8.103	0.8778	10派1元(含税)
002049	同方国芯	30435.67	0.5016	4.3117	0.4174	10派1元(含税)
002050	三花股份	48772.15	0.63	4.569	0.7469	10转增10股派1元(含税)
002051	中工国际	86677.25	1.13	6.855	0.5285	10派3元(含税)
002052	同洲电子	-41675.76	-0.61	1.2357	0.4483	不分配不转增
002053	云南盐化	5563.31	0.2993	4.8958	1.3689	10派1元(含税)
002054	德美化工	9576.75	0.3	4.9174	0.5635	10转增3股派1.2元(含税)
002055	得润电子	9861.41	0.2379	3.3024	0.216	10派0.5元(含税)
002056	横店东磁	38128.22	0.93	8.0169	1.6854	10派2.8元(含税)
002057	中钢天源	1950.94	0.0978	2.4912	-0.0646	10派0.1元(含税)
002058	威尔泰	584.17	0.04	1.3691	0.0605	10派0.2元(含税)
002059	云南旅游	6502.15	0.2055	4.3531	-0.1855	10转增10股
002060	粤水电	9822.69	0.1634	4.1519	0.966	10派0.4元(含税)
002061	江山化工	-15833.14	-0.35	2.35	0.3604	不分配不转增

股票代码	股票简称	净利润(万元)	每股收益(元)	每股净资产(元)	每股经营性现金流量(元)	分配预案
002062	宏润建设	20451.82	0.26	2.8537	-0.3716	10派1元(含税)
002063	远光软件	19057.03	0.4126	3.4596	0.2855	10送3股派0.75元(含税)
002064	华峰氨纶	41067.02	0.53	3.7476	0.8503	10送0.5转增9.5股派0.5元(含税)
002065	东华软件	103865.40	0.7013	4.151	-0.01	10派1.5元(含税)
002066	瑞泰科技	669.39	0.029	1.9469	0.5637	不分配不转增
002067	景兴纸业	1140.02	0.01	2.6697	0.4214	不分配不转增
002068	黑猫股份	9663.48	0.2	2.8813	3.1061	10派0.2元(含税)
002069	獐子岛	-118932.75	-1.67	1.5922	0.0678	不分配不转增
002070	众和股份	1334.37	0.021	1.3351	0.1792	不分配不转增
002071	长城影视	20051.43	0.43	1.6199	-0.0855	不分配不转增
002072	凯瑞德	459.22	0.026	1.0648	-0.2016	不分配不转增
002073	软控股份	19215.14	0.26	4.6931	-0.3904	10派0.31元(含税)
002074	东源电器	3764.13	0.15	1.9538	0.2257	10派0.3元(含税)
002075	沙钢股份	3521.64	0.0223	1.5153	0.9612	不分配不转增
002076	雪莱特	1725.92	0.0937	2.236	0.0224	10送3转增2股派0.8元(含税)
002077	大港股份	3852.71	0.15	3.761	0.2632	10派0.5元(含税)
002078	太阳纸业	46881.46	0.2	2.3586	1.1347	10派0.5元(含税)
002079	苏州固锝	4251.54	0.058	1.7469	0.4181	10派0.2元(含税)
002080	中材科技	15219.48	0.3805	6.3135	0.9541	10派1.2元(含税)
002081	金螳螂	187726.41	1.07	4.0728	-0.1963	10派1元(含税)
002082	栋梁新材	10753.08	0.45	5.4023	0.5895	10派0.5元(含税)
002083	孚日股份	7312.09	0.08	3.0488	0.157	10派1元(含税)
002084	海鸥卫浴	4114.67	0.1	1.9639	0.3796	10派0.3元(含税)
002085	万丰奥威	43515.52	1.12	5.0175	2.1597	不分配不转增
002086	东方海洋	4159.85	0.1706	5.7578	-0.1786	不分配不转增
002087	新野纺织	8443.52	0.1625	3.6963	0.4496	10派0.3元(含税)
002088	鲁阳股份	7848.54	0.34	6.7032	0.2982	10派1元(含税)
002089	新海宜	13414.45	0.26	3.0829	-0.0669	10转增2股派0.3元(含税)
002090	金智科技	10745.53	0.5234	3.4694	0.0945	10派1.5元(含税)
002091	江苏国泰	20442.20	0.57	4.2441	0.1745	10派1.5元(含税)
002092	中泰化学	35037.60	0.252	6.2663	1.85	10派0.26元(含税)
002093	国脉科技	5461.78	0.0631	1.5055	-0.0992	10派0.1元(含税)
002094	青岛金王	4905.40	0.15	1.9587	0.1759	不分配不转增
002095	生意宝	3337.04	0.16	2.311	0.1355	10送1转增1股派0.5元(含税)
002096	南岭民爆	19790.62	0.53	5.4018	0.597	10派1.2元(含税)
002097	山河智能	653.55	0.0143	4.7995	0.3593	10转增5股派0.3元(含税)
002098	浔兴股份	7820.25	0.5	4.4323	0.9933	10转增10股派1.1元(含税)
002099	海翔药业	5351.93	0.14	4.4041	0.2649	10派2元(含税)
002100	天康生物	20763.03	0.48	4.2615	1.1162	10转增10股派1元(含税)
002101	广东鸿图	11794.69	0.62	7.0391	0.8812	10派1元(含税)
002102	冠福股份	569.12	0.01	3.2307	-0.2663	不分配不转增
002103	广博股份	928.79	0.04	3.3858	0.0038	10派1元(含税)
002104	恒宝股份	29219.08	0.41	1.7544	0.5878	10派1元(含税)
002105	信隆实业	519.16	0.015	1.5645	0.2617	10转增1股派0.5元(含税)
002106	莱宝高科	1365.39	0.02	5.7461	-0.186	10派0.2元(含税)
002107	沃华医药	3654.80	0.22	3.8526	0.1621	10转增12股派2.1元(含税)
002108	沧州明珠	16710.20	0.49	4.3876	0.6095	10送2转增5股派0.5元(含税)
002109	兴化股份	-15107.94	-0.42	3.2377	-0.2358	不分配不转增
002110	三钢闽光	3195.27	0.06	4.8497	2.5567	10派0.1元(含税)
002111	威海广泰	11111.73	0.36	4.0814	0.1577	10派0.8元(含税)
002112	三变科技	1670.97	0.08	2.3649	0.4706	10派0.1元(含税)
002113	天润控股	64.13	0.005	0.7991	0.0498	不分配不转增
002114	罗平锌电	2634.77	0.1	2.9294	0.2193	不分配不转增
002115	三维通信	1393.44	0.0339	2.2247	0.2133	不分配不转增
002116	中国海诚	19918.45	0.65	2.8536	0.4155	10送3股派2元(含税)
002117	东港股份	16882.61	0.46	3.5801	0.8456	10派3元(含税)

股票代码	股票简称	净利润(万元)	每股收益(元)	每股净资产(元)	每股经营性现金流量(元)	分配预案
002118	紫鑫药业	4719.32	0.09	3.8854	0.009	10派0.38元(含税)
002119	康强电子	231.55	0.01	3.4434	1.1973	不分配不转增
002120	新海股份	8457.84	0.56	3.6235	0.7719	10派1元(含税)
002121	科陆电子	12569.43	0.3169	3.6273	0.4556	10派0.3元(含税)
002122	天马股份	3379.36	0.03	3.9835	0.1127	10派0.2元(含税)
002123	荣信股份	-25768.39	-0.51	3.549	-0.2232	不分配不转增
002124	天邦股份	3246.69	0.16	2.6615	0.4091	10派1元(含税)
002125	湘潭电化	-6052.58	-0.44	1.8899	0.5556	不分配不转增
002126	银轮股份	15195.45	0.46	4.5551	0.5534	10派0.5元(含税)
002127	新民科技	1041.75	0.02	0.9922	-0.1776	不分配不转增
002128	露天煤业	62531.64	0.38	5.128	0.8596	10派1元(含税)
002129	中环股份	13210.72	0.1436	6.2727	0.2293	10转增12股派0.1元(含税)
002130	沃尔核材	13666.53	0.24	2.0751	0.0463	10派0.5元(含税)
002131	利欧股份	17991.61	0.48	5.1191	-0.281	10派0.5元(含税)
002132	恒星科技	4548.39	0.084	2.2042	0.5948	不分配不转增
002133	广宇集团	13129.64	0.21	3.6839	0.546	10派0.8元(含税)
002134	天津普林	974.82	0.04	2.3212	0.009	不分配不转增
002135	东南网架	6451.84	0.09	2.4894	0.3488	10派0.1元(含税)
002136	安纳达	325.20	0.0151	2.7653	0.3122	不分配不转增
002137	实益达	1427.63	0.0311	1.0852	0.0093	不分配不转增
002138	顺络电子	21281.27	0.6	5.7074	0.6324	10转增10股
002139	拓邦股份	6508.66	0.3	2.5367	0.5077	10派1元(含税)
002140	东华科技	26316.62	0.59	4.124	0.8737	10派0.9元(含税)
002141	蓉胜超微	224.42	0.0123	1.6559	0.5163	不分配不转增
002142	宁波银行	562746.60	1.89	10.49	7.01	10转增2股派4.5元(含税)
002143	印纪传媒	43614.28	0.48	0.9585	-0.1917	10派0.5元(含税)
002144	宏达高科	11752.20	0.66	9.7257	0.6729	10派2元(含税)
002145	中核钛白	3058.03	0.07	3.5178	-0.2448	不分配不转增
002146	荣盛发展	323197.76	1.71	7.289	-0.8717	10送4.5转增5.5股派2元(含税)
002147	方圆支承	208.09	0.008	3.199	0.1638	不分配不转增
002148	北纬通信	1526.21	0.06	4.014	-0.0778	10派0.1元(含税)
002149	西部材料	547.35	0.03	5.037	0.4142	不分配不转增
002150	通润装备	5842.05	0.23	2.3155	0.3601	10派1元(含税)
002151	北斗星通	3073.86	0.13	5.0118	0.1256	10派1元(含税)
002152	广电运通	80744.51	0.9	4.6251	1.2364	10派6元(含税)
002153	石基信息	38204.75	1.24	6.0956	1.5672	10派1.2元(含税)
002154	报喜鸟	13405.82	0.23	4.6527	0.6529	10转增10股派0.5元(含税)
002155	辰州矿业	13178.39	0.13	3.1824	0.5377	不分配不转增
002156	通富微电	12082.44	0.19	3.6384	0.6387	不分配不转增
002157	正邦科技	4110.96	0.08	3.3707	0.996	10派0.2元(含税)
002158	汉钟精机	18334.76	0.6948	3.66	0.7993	10派4元(含税)
002159	三特索道	-3726.53	-0.3	6.5975	0.6857	不分配不转增
002160	常铝股份	2139.73	0.06	2.183	0.2951	不分配不转增
002161	远望谷	4619.50	0.062	1.9618	0.0373	10派0.07元(含税)
002162	斯米克	1436.33	0.033	1.8418	0.0807	10转增5股
002163	*ST三鑫	1907.37	0.02	1.1954	0.2797	不分配不转增
002164	宁波东力	2384.87	0.05	2.4968	0.0845	10派1元(含税)
002165	红宝丽	9355.36	0.17	1.8672	0.4347	10派0.8元(含税)
002166	莱茵生物	4161.08	0.32	1.8447	0.7025	不分配不转增
002167	东方锆业	363.84	0.01	3.2074	0.0475	10转增5股
002168	深圳惠程	-8885.23	-0.12	1.3784	0.0764	不分配不转增
002169	智光电气	4174.73	0.1567	2.2373	0.323	10派0.4元(含税)
002170	芭田股份	18613.25	0.2186	1.8489	0.31	不分配不转增
002171	精诚铜业	5239.83	0.13	2.7539	0.4822	10派0.5元(含税)
002172	澳洋科技	-10426.75	-0.19	0.9253	0.8848	不分配不转增
002173	千足珍珠	-1084.16	-0.05	2.3347	0.0519	不分配不转增

股票代码	股票简称	净利润(万元)	每股收益(元)	每股净资产(元)	每股经营性现金流量(元)	分配预案
002174	游族网络	41459.34	1.67	3.2805	0.8844	10派1.51元(含税)
002175	广陆数测	2173.86	0.1633	5.5709	0.2019	10转增6股
002176	江特电机	3873.99	0.08	3.6579	-0.027	10派0.1元(含税)
002177	御银股份	13200.78	0.17	2.114	0.2318	10派0.33元(含税)
002178	延华智能	5790.91	0.16	2.037	0.2142	10送2转增6股派0.6元(含税)
002179	中航光电	33959.79	0.73	6.1728	0.3312	10转增3股派1元(含税)
002180	艾派克	20227.76	0.59	1.333	0.4861	10派1元(含税)
002181	粤传媒	22964.24	0.3253	5.9895	0.2711	10转增6股派0.3元(含税)
002182	云海金属	2763.78	0.096	3.1698	1.1681	10派1元(含税)
002183	怡亚通	31227.53	0.32	3.175	-3.2877	不分配不转增
002184	海得控制	5543.79	0.252	3.4922	0.1048	10派1.5元(含税)
002185	华天科技	29818.31	0.4483	3.4536	0.7936	10派0.6元(含税)
002186	全聚德	12551.22	0.4243	4.2382	0.5832	10派2.02元(含税)
002187	广百股份	23823.70	0.7	6.9692	0.1992	10派3元(含税)
002188	新嘉联	-1992.00	-0.13	1.9304	-0.1164	不分配不转增
002189	利达光电	1375.45	0.07	2.5627	0.2779	10派0.17元(含税)
002190	成飞集成	4120.58	0.12	4.7178	-0.1139	10派0.7元(含税)
002191	劲嘉股份	57829.93	0.89	5.2812	1.0925	10送4转增6股派1.5元(含税)
002192	*ST路翔	-8246.16	-0.58	1.9815	0.0426	不分配不转增
002193	山东如意	-179.42	-0.01	4.1912	0.4315	10派0.12元(含税)
002194	武汉凡谷	13663.48	0.25	3.6393	-0.3152	10派1元(含税)
002195	二三四五	11838.98	0.69	11.6458	0.3367	10转增15股派1元(含税)
002196	方正电机	1018.68	0.07	4.7207	0.4094	10派1元(含税)
002197	证通电子	6267.60	0.24	4.2133	0.3287	10转增6股派0.6元(含税)
002198	嘉应制药	7365.39	0.1451	1.7011	0.2037	不分配不转增
002199	东晶电子	-15265.97	-0.74	2.9468	-0.3645	不分配不转增
002200	云投生态	460.55	0.03	4.3779	-1.1564	不分配不转增
002201	九鼎新材	1055.48	0.05	1.8735	0.0843	10派0.06元(含税)
002202	金风科技	182968.23	0.679	5.4805	1.05	10派4元(含税)
002203	海亮股份	45186.50	0.2919	2.0945	0.8608	10派0.8元(含税)
002204	大连重工	2198.06	0.02	6.7354	-0.3448	10派0.21元(含税)
002205	国统股份	6726.44	0.58	8.4046	-1.1271	10派1.8元(含税)
002206	海利得	14361.66	0.32	4.5519	0.7761	10派3元(含税)
002207	准油股份	989.80	0.04	2.4614	-0.4303	10派0.1元(含税)
002208	合肥城建	17262.99	0.54	4.6554	-1.4911	10派1元(含税)
002209	达意隆	1323.57	0.07	3.3338	0.1251	10派0.1元(含税)
002210	飞马国际	14779.06	0.37	2.0226	0.7862	10送4转增1股派1.2元(含税)
002211	宏达新材	1244.06	0.03	1.9082	0.1926	不分配不转增
002212	南洋股份	5179.05	0.1	3.4305	-0.0556	10派0.16元(含税)
002213	特尔佳	1421.00	0.07	1.6607	0.0701	10派0.15元(含税)
002214	大立科技	5078.81	0.23	4.073	-0.3992	10转增10股派0.5元(含税)
002215	诺普信	19447.99	0.28	2.194	0.435	10转增3股派1元(含税)
002216	三全食品	8085.69	0.2	4.6155	0.3555	10转增10股派0.3元(含税)
002217	合力泰	14722.41	0.15	1.6879	-0.1584	10派0.14元(含税)
002218	拓日新能	-537.74	-0.01	2.8654	0.2913	10派0.5元(含税)
002219	恒康医疗	25733.29	0.4175	1.6569	0.3137	不分配不转增
002220	天宝股份	13491.73	0.29	3.7972	-0.0933	10派0.4元(含税)
002221	东华能源	13747.02	0.22	4.161	-0.5194	10派0.3元(含税)
002222	福晶科技	-1535.50	-0.0539	2.052	0.2355	不分配不转增
002223	鱼跃医疗	29700.46	0.56	3.2924	0.3871	10转增1股
002224	三力士	19744.68	0.3	1.8718	0.4701	10派1元(含税)
002225	濮耐股份	16212.21	0.2	2.7594	0.1697	10派0.5元(含税)
002226	江南化工	16192.59	0.4056	6.3861	0.9412	10转增10股派4.5元(含税)
002227	奥特迅	8168.78	0.3734	3.4746	-0.0539	10派0.8元(含税)
002228	合兴包装	12555.90	0.36	3.0512	0.9205	10派1元(含税)
002229	鸿博股份	2767.30	0.0928	2.8904	0.0699	不分配不转增

股票代码	股票简称	净利润(万元)	每股收益(元)	每股净资产(元)	每股经营性现金流量(元)	分配预案
002230	科大讯飞	37942.99	0.47	4.616	0.5231	10转增5股派1.5元(含税)
002231	奥维通信	781.81	0.0219	1.8263	-0.0106	10派0.1元(含税)
002232	启明信息	768.79	0.0188	2.4563	0.2809	10派0.02元(含税)
002233	塔牌集团	60822.45	0.6798	4.7316	1.2879	10派2.8元(含税)
002234	民和股份	6268.81	0.21	3.947	-0.5738	不分配不转增
002235	安妮股份	-9204.57	-0.472	1.8104	0.2369	不分配不转增
002236	大华股份	114267.85	1.01	4.4457	-0.0146	10派1元(含税)
002237	恒邦股份	25040.31	0.55	7.8141	3.4566	10转增10股派2元(含税)
002238	天威视讯	21487.71	0.54	5.9842	1.693	10转增3股派2元(含税)
002239	金飞达	1146.20	0.03	1.4934	0.1241	不分配不转增
002240	威华股份	1141.00	0.02	3.2207	0.4942	不分配不转增
002241	歌尔声学	165738.83	1.09	5.4578	0.7631	10派1元(含税)
002242	九阳股份	53165.74	0.7	4.0337	0.7754	10派6元(含税)
002243	通产丽星	-3635.98	-0.0996	3.9417	0.2803	不分配不转增
002244	滨江集团	82904.47	0.61	5.8881	-0.9741	10送6转增4股派0.61元(含税)
002245	澳洋顺昌	17074.67	0.4083	3.1789	0.4111	10送3转增9股派0.8元(含税)
002246	北化股份	7288.97	0.18	2.6824	0.3797	10派0.3元(含税)
002247	帝龙新材	9904.85	0.38	3.7339	0.2922	10派1元(含税)
002248	华东数控	389.03	0.01	3.5193	-0.2278	不分配不转增
002249	大洋电机	29687.74	0.39	4.2053	0.6351	10转增10股派2.73元(含税)
002250	联化科技	55105.04	0.69	4.2206	0.7751	10派1.2元(含税)
002251	步步高	34529.54	0.5783	5.6607	1.0867	10送1股派2元(含税)
002252	上海莱士	51085.49	0.45	6.3064	0.3413	10派1元(含税)
002253	川大智胜	1097.58	0.0788	5.8024	0.5434	不分配不转增
002254	泰和新材	15121.82	0.3	3.6775	0.6246	10转增2股派0.6元(含税)
002255	海陆重工	6350.33	0.246	5.9967	-0.0194	10转增10股派0.5元(含税)
002256	彩虹精化	4219.51	0.13	1.7416	-0.0749	10派0.6元(含税)
002258	利尔化学	9241.21	0.46	5.7253	0.6932	不分配不转增
002259	升达林业	1536.71	0.024	1.3074	0.0682	不分配不转增
002260	伊立浦	3312.81	0.21	2.2519	0.1656	10转增7股派0.2元(含税)
002261	拓维信息	5630.17	0.14	2.6968	0.2699	10派0.5元(含税)
002262	恩华药业	22327.11	0.5679	2.6539	0.4076	10送2股派0.6元(含税)
002263	大东南	1157.58	0.02	3.2733	0.0607	10转增1股
002264	新华都	3669.35	0.07	1.9833	-0.3986	不分配不转增
002265	西仪股份	827.14	0.03	1.7717	0.0243	10派0.1元(含税)
002266	浙富控股	10120.94	0.07	1.8789	-0.0537	10转增3股派0.15元(含税)
002267	陕天然气	51233.02	0.4923	4.0522	1.0121	10派1.5元(含税)
002268	卫士通	11943.59	0.5523	5.6973	0.1934	10转增10股派0.3元(含税)
002269	美邦服饰	14564.05	0.14	3.597	1.3078	10送5转增10股派1元(含税)
002270	法因数控	1837.50	0.1	3.1227	0.0767	10派0.5元(含税)
002271	东方雨虹	57655.06	1.59	8.2543	0.8432	10转增10股派2元(含税)
002272	川润股份	1060.73	0.0253	2.9091	-0.1061	不分配不转增
002273	水晶光电	15301.67	0.4	3.6506	0.3901	10派1.5元(含税)
002274	华昌化工	-12386.62	-0.2478	3.7413	0.4469	不分配不转增
002275	桂林三金	44486.64	0.75	3.9318	0.6719	10派6元(含税)
002276	万马股份	23540.63	0.25	2.8921	0.2639	10派0.5元(含税)
002277	友阿股份	35239.21	0.6265	5.2444	-0.3988	10派1元(含税)
002278	神开股份	6084.09	0.19	3.7626	0.0793	10转增1.5股派1元(含税)
002279	久其软件	7267.92	0.4134	4.2651	0.4741	10派1元(含税)
002280	联络互动	16537.86	1.22	3.003	0.3521	10转增15股派2元(含税)
002281	光迅科技	14412.85	0.76	11.6793	0.6172	10派5元(含税)
002282	博深工具	3059.44	0.14	3.5401	0.5203	10转增5股派1元(含税)
002283	天润曲轴	13331.54	0.24	5.7018	0.7327	10派0.24元(含税)
002284	亚太股份	17556.80	0.6	6.7228	0.6238	10送5转增5股派1元(含税)
002285	世联行	39434.42	0.52	2.6528	-1.207	10送2.4转增3.6股派0.6元(含税)
002286	保龄宝	2392.24	0.06	3.9252	0.2756	10派0.3元(含税)

股票代码	股票简称	净利润(万元)	每股收益(元)	每股净资产(元)	每股经营性现金流量(元)	分配预案
002287	奇正藏药	23753.41	0.59	3.7049	0.7659	10派3.89元(含税)
002288	超华科技	680.09	0.0172	2.9333	0.0128	10转增10股派0.1元(含税)
002289	宇顺电子	-32706.57	-1.9735	8.921	-0.4745	不分配不转增
002290	禾盛新材	-12222.31	-0.58	3.9854	0.5125	10派1.5元(含税)
002291	星期六	3595.12	0.1	4.5535	0.1482	10派1元(含税)
002292	奥飞动漫	42801.29	0.68	4.0174	0.8273	10转增10股派0.8元(含税)
002293	罗莱家纺	39808.98	1.42	8.6395	1.8097	10转增15股派10元(含税)
002294	信立泰	104229.71	1.59	5.7812	1.5025	10转增6股派7元(含税)
002295	精艺股份	-5600.31	-0.2644	3.7082	0.2918	不分配不转增
002296	辉煌科技	9900.78	0.2629	3.6848	0.1193	10派0.3元(含税)
002297	博云新材	521.28	0.01	2.8448	0.0336	不分配不转增
002298	鑫龙电器	1499.85	0.0362	3.0942	0.0535	不分配不转增
002299	圣农发展	7617.84	0.0836	3.491	1.0109	不分配不转增
002300	太阳电缆	16648.43	0.37	2.7001	1.0339	10派2.8元(含税)
002301	齐心集团	2907.34	0.08	3.0036	0.2041	10派0.2元(含税)
002302	西部建设	33271.75	0.64	7.2029	0.0373	10派1元(含税)
002303	美盈森	26154.05	0.3657	3.0715	0.4091	10送3转增7股派0.75元(含税)
002304	洋河股份	450749.72	4.19	18.3244	2.5193	10转增4股派20元(含税)
002305	南国置业	49090.11	0.51	3.0884	-0.7037	10送4转增1股派1元(含税)
002306	*ST云网	-68374.05	-0.85	-0.108	-0.0932	不分配不转增
002307	北新路桥	3006.74	0.05	2.3005	0.5761	不分配不转增
002308	威创股份	10519.01	0.13	2.4863	0.1014	10派0.35元(含税)
002309	中利科技	28557.95	0.52	7.3857	-2.1901	10派1元(含税)
002310	东方园林	64778.02	0.64	5.651	-0.3009	10派0.65元(含税)
002311	海大集团	53846.05	0.5	4.0487	1.0013	10转增4股派1.5元(含税)
002312	三泰控股	9405.11	0.25	3.7246	-0.2691	10转增7.5股派1元(含税)
002313	日海通讯	1210.72	0.04	6.1824	0.8045	不分配不转增
002314	雅致股份	-50577.72	-0.87	2.2563	-0.0066	不分配不转增
002315	焦点科技	11933.41	1.02	15.4757	0.8502	10派8元(含税)
002316	键桥通讯	1901.48	0.05	2.1115	0.7461	10派0.1元(含税)
002317	众生药业	22456.21	0.62	5.0035	0.2722	10派2.5元(含税)
002318	久立特材	18994.43	0.61	7.1441	0.7482	10派2元(含税)
002319	乐通股份	546.46	0.03	2.7864	0.1452	10派0.1元(含税)
002320	海峡股份	8377.77	0.2	4.5996	0.4783	10派0.18元(含税)
002321	华英农业	1257.91	0.0295	3.4343	1.6714	不分配不转增
002322	理工监测	6156.22	0.23	4.3687	0.5841	10派2元(含税)
002323	中联电气	1255.20	0.1167	7.9275	-0.0271	不分配不转增
002324	普利特	19604.50	0.73	5.8601	0.8083	10派1元(含税)
002325	洪涛股份	29544.38	0.41	3.6293	0.2785	10转增2.5股派0.5元(含税)
002326	永太科技	8334.24	0.33	5.9257	0.5846	10转增18股派1元(含税)
002327	富安娜	37655.25	0.9	5.0564	1.0179	10转增10股派1元(含税)
002328	新朋股份	8582.72	0.19	4.8938	1.1053	10派0.6元(含税)
002329	皇氏集团	7546.87	0.3456	5.831	0.4526	10派0.5元(含税)
002330	得利斯	3519.52	0.07	2.5887	0.0881	10派0.3元(含税)
002331	皖通科技	5713.25	0.2579	4.8189	-0.0374	10转增2股派0.5元(含税)
002332	仙琚制药	5669.57	0.11	2.37	0.2766	10派1元(含税)
002333	罗普斯金	5370.58	0.21	5.3287	0.252	10派3元(含税)
002334	英威腾	16191.40	0.4547	4.0644	0.2585	10转增10股派1.5元(含税)
002335	科华恒盛	12696.08	0.58	5.0445	0.2348	10派1元(含税)
002336	人人乐	-46052.03	-1.1513	6.8026	0.0724	不分配不转增
002337	赛象科技	5065.28	0.26	6.4883	-0.2812	10转增20股
002338	奥普光电	5874.01	0.49	5.9261	0.065	10派2.5元(含税)
002339	积成电子	12969.03	0.34	3.569	0.101	10派0.6元(含税)
002340	格林美	21104.69	0.25	4.6427	0.0245	10转增3股派0.1元(含税)
002341	新纶科技	8708.44	0.2332	4.1535	0.4366	10派0.12元(含税)
002342	巨力索具	3224.33	0.034	2.4811	0.3094	10派0.06元(含税)

股票代码	股票简称	净利润(万元)	每股收益(元)	每股净资产(元)	每股经营性现金流量(元)	分配预案
002343	禾欣股份	5427.53	0.274	6.0328	0.7546	不分配不转增
002344	海宁皮城	93637.78	0.84	4.0864	0.6122	10派1.2元(含税)
002345	潮宏基	22071.03	0.26	2.8499	0.3104	10派1元(含税)
002346	柘中股份	8441.51	0.19	3.246	0.3928	10派0.5元(含税)
002347	泰尔重工	841.67	0.04	5.367	0.26	10派0.3元(含税)
002348	高乐股份	4579.75	0.0967	2.4958	0.1475	10派0.5元(含税)
002349	精华制药	3946.78	0.1973	6.9165	0.2285	10派1元(含税)
002350	北京科锐	7362.96	0.34	4.9441	0.0319	10派1.5元(含税)
002351	漫步者	9249.67	0.31	5.676	0.2025	10派2元(含税)
002352	鼎泰新材	2412.44	0.31	9.2238	1.9086	10转增5股
002353	杰瑞股份	120025.23	1.26	8.2178	0.4769	10派2元(含税)
002354	天神娱乐	23174.25	1.52	2.97	0.5843	10派1.04元(含税)
002355	兴民钢圈	4994.04	0.1	3.8034	0.1465	10派0.1元(含税)
002356	浩宁达	4356.62	0.5	14.1142	-0.9219	10转增20股派1.5元(含税)
002357	富临运业	11775.19	0.601	3.8862	0.9794	10派1.2元(含税)
002358	森源电气	26308.99	0.66	5.2371	-0.138	10转增10股派2.3元(含税)
002359	齐星铁塔	-8224.78	-0.1973	2.2297	0.1066	不分配不转增
002360	同德化工	12390.50	0.3175	2.3725	0.6266	10派1元(含税)
002361	神剑股份	8664.06	0.27	3.0919	0.2735	不分配不转增
002362	汉王科技	1065.32	0.05	3.4188	0.2705	不分配不转增
002363	隆基机械	4539.53	0.15	4.3766	0.574	10派0.5元(含税)
002364	中恒电气	12570.93	0.49	3.68	-0.0207	10送2转增8股派0.2元(含税)
002365	永安药业	3172.23	0.17	5.9245	0.103	10派0.6元(含税)
002366	丹甫股份	3524.94	0.264	5.4919	0.1484	不分配不转增
002367	康力电梯	40240.80	0.5444	2.7447	0.7617	10派2.5元(含税)
002368	太极股份	19571.55	0.71	7.2806	-0.0616	10转增5股派2.2元(含税)
002369	卓翼科技	4432.33	0.09	2.8367	0.0094	不分配不转增
002370	亚太药业	4056.80	0.2	3.6633	0.3594	10派1元(含税)
002371	七星电子	4187.24	0.12	5.1984	0.2636	不分配不转增
002372	伟星新材	38775.16	0.89	4.829	1.1708	10转增3股派6元(含税)
002373	千方科技	24923.60	0.54	1.8917	0.3224	10派1元(含税)
002374	丽鹏股份	3135.05	0.16	5.6626	0.2973	不分配不转增
002375	亚厦股份	103262.11	1.18	7.2432	0.1659	10转增5股派1.1元(含税)
002376	新北洋	30643.56	0.51	3.0377	0.2958	10派1元(含税)
002377	国创高新	4469.54	0.14	1.7178	-0.0193	不分配不转增
002378	章源钨业	6511.67	0.15	4.4724	0.1993	10转增10股
002379	鲁丰环保	-34580.16	-0.3733	1.4144	-0.466	不分配不转增
002380	科远股份	4252.93	0.42	9.2512	0.2152	10派1.4元(含税)
002381	双箭股份	13341.81	0.57	4.9579	0.6772	10转增5股派3元(含税)
002382	蓝帆医疗	6170.19	0.26	4.3442	0.629	10派2元(含税)
002383	合众思壮	4005.81	0.214	7.6018	-0.3561	不分配不转增
002384	东山精密	4363.28	0.06	1.9522	-0.1846	不分配不转增
002385	大北农	79568.47	0.48	3.5349	0.509	10转增5股派1元(含税)
002386	天原集团	6061.03	0.1263	8.3268	0.188	10转增4股
002387	黑牛食品	1228.87	0.04	4.3837	-0.0075	10转增5股派0.1元(含税)
002388	新亚制程	1132.85	0.06	2.8271	-0.0289	10派0.1元(含税)
002389	南洋科技	4864.69	0.09	3.6491	0.2531	10派0.2元(含税)
002390	信邦制药	14477.04	0.32	4.7895	-0.3968	10转增15股派0.6元(含税)
002391	长青股份	23416.66	0.74	7.1541	0.715	10派3元(含税)
002392	北京利尔	20287.43	0.34	4.8919	-0.0251	10转增10股派0.5元(含税)
002393	力生制药	9288.36	0.51	15.9484	0.3959	10派3.1元(含税)
002394	联发股份	30382.04	0.94	8.0622	1.9223	10派2元(含税)
002395	双象股份	797.75	0.0446	4.4237	-0.3038	10派0.5元(含税)
002396	星网锐捷	24175.27	0.6886	6.1117	0.5656	10转增5股派1元(含税)
002397	梦洁家纺	14829.60	0.4856	4.1898	0.7389	10转增12股派2元(含税)
002398	建研集团	22190.17	0.84	6.9093	0.3261	10转增3股派1元(含税)

股票代码	股票简称	净利润(万元)	每股收益(元)	每股净资产(元)	每股经营性现金流量(元)	分配预案
002399	海普瑞	33827.83	0.4227	10.3347	1.1407	10 派 3 元(含税)
002400	省广股份	42515.05	0.74	3.3334	0.2287	10 转增 5 股派 1.1 元(含税)
002401	中海科技	5107.44	0.1684	2.2088	-0.0654	10 派 0.5 元(含税)
002402	和而泰	4505.39	0.29	5.6128	0.2867	10 转增 10 股派 1 元(含税)
002403	爱仕达	8134.40	0.34	6.918	1.055	10 派 2.5 元(含税)
002404	嘉欣丝绸	7746.86	0.3	4.8223	0.0982	10 转增 10 股派 2 元(含税)
002405	四维图新	11750.20	0.17	3.5579	0.4696	10 派 0.51 元(含税)
002406	远东传动	12907.81	0.46	7.6537	0.8286	10 转增 10 股派 2 元(含税)
002407	多氟多	422.20	0.02	6.456	0.0335	10 派 0.6 元(含税)
002408	齐翔腾达	29940.22	0.53	6.5426	-0.1554	10 送 2 股派 0.5 元(含税)
002409	雅克科技	6027.54	0.3624	7.6866	1.0102	10 派 1.08 元(含税)
002410	广联达	59609.60	0.792	3.7149	0.7984	10 转增 5 股派 4 元(含税)
002411	九九久	2839.76	0.08	2.4697	-0.2709	10 派 0.5 元(含税)
002412	汉森制药	11758.79	0.3973	3.7822	0.3118	不分配不转增
002413	常发股份	3339.74	0.15	5.4671	0.6251	不分配不转增
002414	高德红外	6795.92	0.1133	4.0598	-0.0975	10 派 0.2 元(含税)
002415	海康威视	466536.87	1.17	3.6475	0.9109	10 派 4 元(含税)
002416	爱施德	2914.40	0.029	4.293	0.009	不分配不转增
002417	*ST 元达	-32648.07	-1.21	1.5464	-0.0327	不分配不转增
002418	康盛股份	-3037.46	-0.13	4.9307	0.779	不分配不转增
002419	天虹商场	53841.70	0.67	5.6635	0.9273	10 派 3.3 元(含税)
002420	毅昌股份	4257.03	0.11	3.9827	0.4371	不分配不转增
002421	达实智能	11216.79	0.5086	6.324	0.4461	10 转增 12 股派 1 元(含税)
002422	科伦药业	100190.26	1.39	14.9159	1.6927	10 转增 10 股派 2.5 元(含税)
002423	中原特钢	-4664.22	-0.0995	4.0477	0.0631	不分配不转增
002424	贵州百灵	31047.79	0.66	4.9358	0.8415	10 派 2 元(含税)
002425	凯撒股份	656.40	0.02	3.7671	0.208	10 派 0.2 元(含税)
002426	胜利精密	14000.58	0.1595	3.0312	-0.1635	10 派 1 元(含税)
002427	尤夫股份	9491.35	0.4	4.513	1.8028	10 转增 4 股派 0.5 元(含税)
002428	云南锗业	12526.42	0.19	2.3709	0.1231	10 派 0.3 元(含税)
002429	兆驰股份	66566.24	0.4155	2.8008	0.6406	10 派 0.26 元(含税)
002430	杭氧股份	13544.49	0.16	4.2547	0.168	10 派 0.2 元(含税)
002431	棕榈园林	42813.43	0.93	6.3775	-0.5734	10 派 0.7 元(含税)
002432	九安医疗	1019.75	0.03	2.0397	-0.1853	10 派 0.2 元(含税)
002433	太安堂	18630.69	0.3	5.1338	-0.3752	10 派 0.26 元(含税)
002434	万里扬	19154.18	0.56	6.3874	0.6138	10 转增 5 股派 2 元(含税)
002435	长江润发	4812.70	0.24	4.3292	0.2122	10 派 1 元(含税)
002436	兴森科技	12572.21	0.56	7.6706	0.706	10 转增 10 股派 2 元(含税)
002437	誉衡药业	44377.00	0.6292	4.128	0.921	10 派 1 元(含税)
002438	江苏神通	5381.65	0.259	4.5084	0.2129	10 派 0.5 元(含税)
002439	启明星辰	17036.67	0.41	3.6026	0.8868	10 送 2 转增 8 股派 0.5 元(含税)
002440	闰土股份	128661.13	1.68	7.4472	1.5971	10 派 5.5 元(含税)
002441	众业达	21168.67	0.91	9.5904	0.5123	10 转增 10 股派 3 元(含税)
002442	龙星化工	1500.29	0.0313	2.3696	0.6065	不分配不转增
002443	金洲管道	7843.63	0.15	3.7128	0.3393	10 派 1 元(含税)
002444	巨星科技	50792.70	0.5	3.8454	0.4776	10 派 2 元(含税)
002445	中南重工	6560.55	0.26	4.0873	-1.2091	10 派 0.2 元(含税)
002446	盛路通信	4821.46	0.33	7.2347	-0.2095	10 转增 12 股派 0.1 元(含税)
002447	壹桥海参	22873.12	0.5	4.4255	0.5427	10 转增 10 股派 0.5 元(含税)
002448	中原内配	18119.96	0.7703	8.0432	0.7194	10 转增 15 股派 2 元(含税)
002449	国星光电	14475.96	0.3367	5.2774	0.1717	10 派 1.5 元(含税)
002450	康得新	100278.12	1.06	5.034	0.4512	10 转增 5 股派 1.17 元(含税)
002451	摩恩电气	2641.82	0.06	1.5115	-0.0238	不分配不转增
002452	长高集团	9041.25	0.347	4.49	0.2396	10 转增 10 股派 1 元(含税)
002453	天马精化	3622.85	0.06	2.076	0.0367	10 派 0.2 元(含税)
002454	松芝股份	27635.27	0.68	5.7129	0.5552	10 派 3 元(含税)

股票代码	股票简称	净利润(万元)	每股收益(元)	每股净资产(元)	每股经营性现金流量(元)	分配预案
002455	百川股份	5482.28	0.23	3.4232	1.2951	10转增10股派2.5元(含税)
002456	欧菲光	68154.65	0.71	5.6468	-0.2143	10派1元(含税)
002457	青龙管业	5771.60	0.17	5.1806	0.2746	10派0.2元(含税)
002458	益生股份	2351.00	0.08	2.4742	0.2462	不分配不转增
002459	天业通联	2629.96	0.12	3.908	-0.4409	不分配不转增
002460	赣锋锂业	8572.74	0.24	3.8893	0.0312	10派1元(含税)
002461	珠江啤酒	6039.45	0.09	4.8865	1.7161	10派0.3元(含税)
002462	嘉事堂	22806.01	0.9503	5.3632	-3.1852	10派1.2元(含税)
002463	沪电股份	-1210.92	-0.01	1.9246	0.0346	不分配不转增
002464	金利科技	-12944.89	-0.89	5.1901	-0.0485	不分配不转增
002465	海格通信	44272.66	0.44	4.954	-0.0864	10派2元(含税)
002466	天齐锂业	13050.15	0.54	11.4282	1.1681	不分配不转增
002467	二六三	14786.24	0.31	2.9394	0.4163	10转增5股派1.8元(含税)
002468	艾迪西	833.00	0.03	2.1928	0.1055	10派0.1元(含税)
002469	三维工程	15458.17	0.47	3.3589	-0.4143	10派1.5元(含税)
002470	金正大	86639.20	1.23	8.815	0.2345	10转增10股派1.5元(含税)
002471	中超电缆	10383.00	0.2	3.237	-0.5665	10派0.65元(含税)
002472	双环传动	12229.72	0.44	5.3988	0.4393	10派1.2元(含税)
002473	圣莱达	-961.63	-0.06	2.4349	-0.0228	不分配不转增
002474	榕基软件	2225.06	0.0358	2.1791	-0.0694	10派0.15元(含税)
002475	立讯精密	63004.61	0.8	5.5198	0.3857	10转增5股派0.8元(含税)
002476	宝莫股份	4790.98	0.0783	1.6635	-0.1739	10派0.3元(含税)
002477	雏鹰农牧	-18945.99	-0.2033	2.8457	-0.1606	不分配不转增
002478	常宝股份	24590.23	0.61	7.1384	2.2953	10派2元(含税)
002479	富春环保	17276.12	0.24	2.973	0.547	10派1.3167556元(含税)
002480	新筑股份	1158.90	0.0195	3.8261	0.3526	不分配不转增
002481	双塔食品	14878.99	0.34	4.7353	-0.1479	10派0.3元(含税)
002482	广田股份	53654.38	1.04	8.0806	0.4742	10派1.5元(含税)
002483	润邦股份	10348.72	0.29	6.0844	-0.7457	10派0.5元(含税)
002484	江海股份	15359.13	0.4615	4.7536	0.5056	10派1元(含税)
002485	希努尔	-4659.06	-0.15	6.0812	0.0952	不分配不转增
002486	嘉麟杰	2762.97	0.0332	1.2339	0.084	10派0.1元(含税)
002487	大金重工	4726.23	0.13	4.3145	-0.1878	10转增5股派0.1元(含税)
002488	金固股份	6356.95	0.35	7.7466	1.6215	10转增15股派2元(含税)
002489	浙江永强	32262.66	0.67	6.866	-0.4349	10转增3股派5元(含税)
002490	山东墨龙	2023.32	0.03	3.3769	0.5021	不分配不转增
002491	通鼎互联	17872.07	0.4971	5.8772	1.56	10转增20股派1元(含税)
002492	恒基达鑫	4433.89	0.1847	3.7033	0.3668	10派0.5元(含税)
002493	荣盛石化	-34712.69	-0.31	5.9023	3.3382	10派0.5元(含税)
002494	华斯股份	9482.44	0.56	7.9886	-1.5745	10转增10股
002495	佳隆股份	3639.19	0.1292	3.8352	0.2306	10送3.8转增10股派1元(含税)
002496	辉丰股份	20126.68	0.63	6.3675	0.4658	10派1.25元(含税)
002497	雅化集团	22748.32	0.4739	4.5018	0.4115	10转增10股派1元(含税)
002498	汉缆股份	23789.00	0.22	3.9316	0.1993	10派1元(含税)
002499	科林环保	1076.07	0.08	4.9951	0.1828	10转增4股派0.3元(含税)
002500	山西证券	58629.47	0.23	2.9135	0.8944	10派0.5元(含税)
002501	利源精制	39783.47	0.85	7.3426	1.568	10转增10股派1.8元(含税)
002502	骅威股份	3435.48	0.12	3.2528	0.1756	10派0.4元(含税)
002503	搜于特	12317.89	0.24	4.178	-0.0851	10转增10股派1元(含税)
002504	东光微电	20613.80	0.69	1.6566	-0.1312	10派1元(含税)
002505	大康牧业	1568.28	0.006	2.0039	-0.1636	不分配不转增
002506	*ST集成	269431.62	1.07	0.1284	-0.44	不分配不转增
002507	涪陵榨菜	13199.30	0.66	5.6555	0.542	10转增6股派1元(含税)
002508	老板电器	57440.19	1.8	7.7567	2.0584	10转增5股派5元(含税)
002509	天广消防	12024.60	0.28	3.2853	-0.0333	10派0.6元(含税)
002510	天汽模	16642.36	0.4	4.0551	-0.0046	10派1元(含税)

股票代码	股票简称	净利润(万元)	每股收益(元)	每股净资产(元)	每股经营性现金流量(元)	分配预案
002511	中顺洁柔	6750.22	0.17	5.7935	0.6466	10 转增 2 股派 0.1 元(含税)
002512	达华智能	10179.40	0.2873	3.9785	-0.0479	10 派 1 元(含税)
002513	蓝丰生化	-3746.44	-0.18	5.3915	0.6005	不分配不转增
002514	宝馨科技	1689.86	0.07	3.4086	-0.0323	不分配不转增
002515	金字火腿	1969.58	0.14	6.0232	0.1379	10 转增 10 股派 0.8 元(含税)
002516	江苏旷达	16851.76	0.67	7.5369	0.5413	10 转增 15 股派 1 元(含税)
002517	泰亚股份	-5278.25	-0.3	3.3943	-0.041	不分配不转增
002518	科士达	15255.85	0.51	5.2299	0.4621	10 派 1.5 元(含税)
002519	银河电子	12060.99	0.526	7.1111	0.4833	10 转增 10 股派 4 元(含税)
002520	日发精机	4855.80	0.22	3.0916	0.0491	10 转增 5 股派 1 元(含税)
002521	齐峰新材	27287.43	0.65	6.1032	1.036	10 派 3 元(含税)
002522	浙江众成	6020.92	0.14	3.0721	0.1922	10 转增 10 股派 1 元(含税)
002523	天桥起重	1370.08	0.04	3.2383	-0.0731	10 转增 3 股派 0.5 元(含税)
002524	光正集团	-8765.72	-0.17	1.5234	0.1893	不分配不转增
002526	山东矿机	262.43	0.0049	3.6531	-0.0258	不分配不转增
002527	新时达	20327.51	0.55	5.1909	0.2225	10 转增 5 股派 1.7 元(含税)
002528	英飞拓	3359.00	0.07	4.6822	0.0271	10 转增 5 股派 1 元(含税)
002529	海源机械	323.50	0.02	6.2215	-0.3639	10 转增 2.5 股
002530	丰东股份	3273.34	0.12	2.5028	0.1256	10 派 0.3 元(含税)
002531	天顺风能	17488.63	0.42	4.8692	0.4024	10 转增 10 股派 1 元(含税)
002532	新界泵业	8770.26	0.27	3.3941	0.589	10 派 0.5 元(含税)
002533	金杯电工	12790.47	0.236	3.5457	0.201	10 派 1 元(含税)
002534	杭锅股份	7064.17	0.18	6.6085	1.0395	10 派 1.5 元(含税)
002535	林州重机	5093.52	0.1	4.0591	-0.1494	10 派 0.2 元(含税)
002536	西泵股份	4042.29	0.42	12.359	0.875	不分配不转增
002537	海立美达	3010.16	0.2	9.3022	2.3424	10 转增 10 股派 0.5 元(含税)
002538	司尔特	14406.85	0.49	5.9688	0.1076	10 转增 10 股派 1 元(含税)
002539	新都化工	11351.56	0.34	7.0286	0.7588	10 派 2 元(含税)
002540	亚太科技	22184.44	0.5333	5.9265	0.2122	10 转增 15 股
002541	鸿路钢构	13796.33	0.51	8.8188	0.154	10 派 0.7 元(含税)
002542	中化岩土	13027.97	0.29	3.2184	-0.4609	10 转增 10 股派 0.5 元(含税)
002543	万和电气	26688.64	0.6066	5.8647	0.471	10 派 1.8 元(含税)
002544	杰赛科技	9146.92	0.18	2.2	0.0161	10 派 0.2 元(含税)
002545	东方铁塔	5357.97	0.2059	10.9676	0.8733	10 派 0.5 元(含税)
002546	新联电子	15343.98	0.61	5.2284	0.4089	10 派 3 元(含税)
002547	春兴精工	10421.39	0.36	5.0585	0.9308	10 派 0.5 元(含税)
002548	金新农	6101.81	0.2	2.6113	-0.031	10 派 1 元(含税)
002549	凯美特气	3146.00	0.08	2.0416	0.1885	10 转增 4 股
002550	千红制药	24503.67	0.77	6.5596	0.7875	10 转增 10 股派 3 元(含税)
002551	尚荣医疗	10215.68	0.28	3.7603	-0.0387	10 转增 2 股派 1 元(含税)
002552	宝鼎重工	1425.33	0.05	2.6994	0.0461	10 派 0.2 元(含税)
002553	南方轴承	6526.82	0.375	3.5918	0.3565	10 转增 10 股派 2 元(含税)
002554	惠博普	15571.71	0.34	3.1625	0.2332	10 派 0.5 元(含税)
002555	顺荣三七	3821.34	0.25	8.1413	0.2819	10 转增 17 股派 1 元(含税)
002556	辉隆股份	14032.08	0.2933	4.2328	0.123	10 派 1 元(含税)
002557	洽洽食品	29345.25	0.87	8.068	0.4655	10 转增 5 股派 7 元(含税)
002558	世纪游轮	1058.15	0.16	9.2987	1.1341	不分配不转增
002559	亚威股份	8463.34	0.48	7.2761	0.6751	10 转增 10 股派 2.5 元(含税)
002560	通达股份	4688.27	0.34	9.9328	0.441	10 派 1.5 元(含税)
002561	徐家汇	25801.46	0.621	4.4809	0.6873	10 派 3.6 元(含税)
002562	兄弟科技	4003.37	0.19	3.8667	0.4284	10 派 1 元(含税)
002563	森马服饰	109226.01	1.63	12.6907	1.1373	10 转增 10 股派 10 元(含税)
002564	天沃科技	7016.66	0.09	3.907	-0.2967	不分配不转增
002565	上海绿新	-5105.45	-0.07	2.3578	0.3252	不分配不转增
002566	益盛药业	9640.88	0.29	5.2288	-1.789	10 派 0.5 元(含税)
002567	唐人神	8127.43	0.193	4.2553	0.5129	10 派 1.3 元(含税)

股票代码	股票简称	净利润(万元)	每股收益(元)	每股净资产(元)	每股经营性现金流量(元)	分配预案
002568	百润股份	5700.46	0.36	4.0563	0.3668	不分配不转增
002569	步森股份	-10265.80	-0.73	3.6217	-0.1067	不分配不转增
002570	贝因美	6888.62	0.07	3.4876	-0.1835	不分配不转增
002571	德力股份	959.98	0.0245	4.036	0.1931	不分配不转增
002572	索菲亚	32689.65	0.74	4.4019	0.7988	10派3.5元(含税)
002573	国电清新	27057.76	0.5078	4.5446	0.3812	10转增10股派2元(含税)
002574	明牌珠宝	19964.38	0.38	5.7666	0.7032	10派1元(含税)
002575	群兴玩具	1486.59	0.06	3.3752	-0.0228	10转增12股派1元(含税)
002576	通达动力	-1659.48	-0.1	5.0979	-0.1459	不分配不转增
002577	雷柏科技	3650.38	0.13	4.9674	0.1787	不分配不转增
002578	闽发铝业	3527.83	0.21	5.7495	0.4636	10转增15股派2元(含税)
002579	中京电子	1935.85	0.08	2.6881	0.0501	10转增5股派0.3元(含税)
002580	圣阳股份	1939.48	0.18	7.6147	1.0388	10转增8股派1元(含税)
002581	万昌科技	8147.87	0.58	5.3238	0.5691	10转增10股
002582	好想你	5370.08	0.36	9.4869	-0.6359	10派1元(含税)
002583	海能达	4326.56	0.06	2.88	0.1666	10派0.2元(含税)
002584	西陇化工	7752.82	0.39	5.5317	0.5225	10派0.4元(含税)
002585	双星新材	10038.48	0.21	9.2865	0.0849	10转增3股派0.3元(含税)
002586	围海股份	10201.92	0.29	4.275	-0.0395	10转增10股派1元(含税)
002587	奥拓电子	6731.24	0.3	2.7639	0.0835	10转增7股派1.5元(含税)
002588	史丹利	49521.89	1.73	10.6869	2.4763	10转增10股派5元(含税)
002589	瑞康医药	18098.68	0.83	8.2512	-0.7509	10派0.66元(含税)
002590	万安科技	7483.40	0.36	3.5772	0.4087	10送3转增7股派0.8元(含税)
002591	恒大高新	591.03	0.0225	2.8561	-0.101	10派0.05元(含税)
002592	八菱科技	9460.31	0.49	5.3005	0.5882	10派1.5元(含税)
002593	日上集团	3951.82	0.19	5.7407	0.0578	10派0.6元(含税)
002594	比亚迪	43352.50	0.18	10.46	0.0154	不分配不转增
002595	豪迈科技	50223.62	1.26	6.4022	0.6332	10转增10股派5元(含税)
002596	海南瑞泽	1776.51	0.08	4.9867	0.1446	10派0.2元(含税)
002597	金禾实业	16640.40	0.59	6.7864	1.3074	10转增10股派3元(含税)
002598	山东章鼓	7604.74	0.2437	2.344	0.1874	10派1元(含税)
002599	盛通股份	1140.16	0.09	4.4717	0.515	10派0.3元(含税)
002600	江粉磁材	355.53	0.01	3.9284	-0.0275	10转增10股派1元(含税)
002601	佰利联	6314.08	0.33	11.5973	0.1104	10派1元(含税)
002602	世纪华通	20916.81	0.6	7.0627	0.478	10转增10股派1元(含税)
002603	以岭药业	35449.52	0.63	8.0834	0.188	10转增10股派1元(含税)
002604	龙力生物	8589.78	0.27	5.8656	0.3097	10转增6股派0.3元(含税)
002605	姚记扑克	12230.74	0.327	2.5395	0.1985	不分配不转增
002606	大连电瓷	2574.65	0.13	3.6516	0.1357	10派0.75元(含税)
002607	亚夏汽车	-5636.24	-0.21	2.937	0.4331	10转增3股
002608	*ST舜船	-180790.05	-4.82	0.5684	-3.6885	不分配不转增
002609	捷顺科技	9963.48	0.35	2.7058	0.5572	10送2转增8股派0.5元(含税)
002610	爱康科技	9201.68	0.29	6.3416	-0.2208	10转增10股
002611	东方精工	8410.64	0.24	2.4602	0.1172	10转增6股派0.3元(含税)
002612	朗姿股份	12122.49	0.606	11.2792	0.1776	不分配不转增
002613	北玻股份	1855.99	0.039	3.0575	-0.0783	10转增5股
002614	蒙发利	14021.81	0.39	6.0521	0.396	10转增5股派1元(含税)
002615	哈尔斯	7031.58	0.77	7.0779	0.4041	10转增10股派5元(含税)
002616	长青集团	6278.70	0.4226	11.1553	0.7942	10转增10股派3.5元(含税)
002617	露笑科技	-3913.82	-0.22	4.7095	1.2856	不分配不转增
002618	丹邦科技	9093.37	0.5	8.7219	0.2154	10派0.5元(含税)
002619	巨龙管业	696.57	0.06	4.5554	0.3987	不分配不转增
002620	瑞和股份	5479.33	0.46	8.4895	0.2765	10派1元(含税)
002621	大连三垒	6016.73	0.27	4.8379	0.3066	10派0.6元(含税)
002622	永大集团	4725.35	0.32	8.1307	0.3982	10转增18股派10元(含税)
002623	亚玛顿	3782.39	0.24	13.1609	0.5993	10派0.3元(含税)

股票代码	股票简称	净利润(万元)	每股收益(元)	每股净资产(元)	每股经营性现金流量(元)	分配预案
002624	金磊股份	19019.08	0.66	1.5494	-0.4668	10 派 0.4 元(含税)
002625	龙生股份	3913.76	0.22	2.6785	0.3861	10 转增 7 股
002626	金达威	19453.62	0.68	4.9369	0.5604	10 转增 10 股派 3 元(含税)
002627	宜昌交运	6333.28	0.4744	6.7393	1.3637	10 派 2 元(含税)
002628	成都路桥	13790.05	0.19	3.5699	-0.0241	10 派 0.5 元(含税)
002629	仁智油服	539.81	0.02	2.7409	0.2932	10 转增 5 股派 0.2 元(含税)
002630	华西能源	14912.23	0.4112	7.4307	-1.4659	10 转增 10 股派 1 元(含税)
002631	德尔家居	12897.05	0.4	4.3901	0.1042	10 转增 10 股派 0.5 元(含税)
002632	道明光学	2761.10	0.2	6.6155	0.9693	10 转增 10 股派 0.5 元(含税)
002633	*ST 申科	-3800.00	-0.25	3.4292	0.2674	不分配不转增
002634	棒杰股份	3373.94	0.28	6.399	0.9279	10 派 2 元(含税)
002635	安洁科技	12618.08	0.7	7.0707	1.0931	10 转增 10 股派 2.3 元(含税)
002636	金安国纪	4261.72	0.15	4.7703	0.3479	10 转增 16 股
002637	赞宇科技	5456.80	0.34	6.619	0.6131	10 派 1 元(含税)
002638	勤上光电	1228.78	0.03	5.9226	-0.0079	不分配不转增
002639	雪人股份	-815.62	-0.05	7.1592	-0.2041	10 派 0.2 元(含税)
002640	百圆裤业	3345.08	0.24	8.6417	-0.062	10 派 0.3 元(含税)
002641	永高股份	22503.99	0.52	5.1159	0.4872	10 送 3 转增 7 股派 1 元(含税)
002642	荣之联	16567.56	0.4461	6.2114	0.3466	10 派 1 元(含税)
002643	烟台万润	9653.22	0.35	4.9911	0.5202	10 派 1.8 元(含税)
002644	佛慈制药	3465.29	0.195	4.137	0.5275	10 派 0.16 元(含税)
002645	华宏科技	1014.15	0.065	4.4036	-0.2979	10 派 0.15 元(含税)
002646	青青稞酒	31726.00	0.705	4.943	0.5143	10 派 2.5 元(含税)
002647	宏磊股份	-4774.98	-0.22	4.508	-3.8844	不分配不转增
002648	卫星石化	3255.51	0.04	4.4083	-1.1765	不分配不转增
002649	博彦科技	17044.88	1.03	9.2844	1.3961	10 派 3.1 元(含税)
002650	加加食品	13289.02	0.29	3.7772	0.572	10 派 1 元(含税)
002651	利君股份	26078.04	0.65	4.6755	0.7193	10 派 4 元(含税)
002652	扬子新材	3685.26	0.23	3.6616	0.8293	10 送 2 转增 8 股派 0.5 元(含税)
002653	海思科	45054.11	0.42	1.9508	0.4652	10 派 2 元(含税)
002654	万润科技	4040.49	0.23	3.1673	0.2587	10 派 0.5 元(含税)
002655	共达电声	2404.67	0.07	1.7178	0.1884	10 派 0.14 元(含税)
002656	卡奴迪路	1492.46	0.07	6.112	0.2122	10 派 1.1 元(含税)
002657	中科金财	7770.29	0.61	9.4713	1.5296	10 转增 10 股派 0.6 元(含税)
002658	雪迪龙	19884.11	0.72	4.9154	0.1886	10 转增 12 股派 1.5 元(含税)
002659	中泰桥梁	1294.58	0.04	1.9347	0.2978	10 派 0.04 元(含税)
002660	茂硕电源	-4785.94	-0.19	2.5887	-0.0908	不分配不转增
002661	克明面业	6579.97	0.792	8.6447	0.7139	10 派 5 元(含税)
002662	京威股份	43040.79	0.7	5.5135	0.3336	10 派 3 元(含税)
002663	普邦园林	39790.23	0.7	5.6109	-0.2591	10 转增 15 股派 0.62 元(含税)
002664	信质电机	18589.07	0.93	6.6112	0.8268	10 转增 10 股派 2 元(含税)
002665	首航节能	21275.25	0.8	7.3425	-0.218	10 转增 15 股派 1.6 元(含税)
002666	德联集团	16150.95	0.5	5.0461	0.0009	10 转增 10 股派 1.2 元(含税)
002667	鞍重股份	4682.56	0.69	11.1598	0.008	10 转增 10 股派 0.7 元(含税)
002668	奥马电器	20314.80	1.23	9.1693	2.8163	10 派 2.8 元(含税)
002669	康达新材	6990.83	0.35	3.111	0.2734	10 派 0.7 元(含税)
002670	华声股份	9335.92	0.4668	4.1321	0.6369	10 派 4 元(含税)
002671	龙泉股份	16534.90	0.37	3.3542	-0.319	10 派 0.7 元(含税)
002672	东江环保	25161.07	0.74	7.0215	0.4759	10 转增 15 股派 1.5 元(含税)
002673	西部证券	66385.46	0.55	4.4613	3.2344	10 送 5 转增 5 股派 1.5 元(含税)
002674	兴业科技	11995.24	0.4938	6.6487	0.6671	10 派 1.5 元(含税)
002675	东诚药业	10395.80	0.6016	6.7648	0.3009	10 派 1.5 元(含税)
002676	顺威股份	4826.70	0.3	6.6676	0.3132	10 派 0.9 元(含税)
002677	浙江美大	13773.37	0.69	4.9392	0.6482	10 转增 10 股派 5 元(含税)
002678	珠江钢琴	14113.04	0.15	1.9247	0.1332	10 派 0.7 元(含税)
002679	福建金森	4698.53	0.34	5.0412	-0.0206	10 派 0.9 元(含税)

股票代码	股票简称	净利润(万元)	每股收益(元)	每股净资产(元)	每股经营性现金流量(元)	分配预案
002680	黄海机械	1418.29	0.18	8.8837	0.2173	10 转增 7 股派 0.6 元(含税)
002681	奋达科技	14542.45	0.48	3.6209	0.5157	10 转增 8 股派 1.5 元(含税)
002682	龙洲股份	2059.58	0.1	5.0765	1.0852	10 派 0.7 元(含税)
002683	宏大爆破	16570.35	0.73	8.2184	0.3404	10 转增 15 股派 3 元(含税)
002684	猛狮科技	1072.59	0.1	4.9175	0.3369	10 转增 12 股
002685	华东重机	1176.84	0.0588	3.9751	0.0909	10 转增 18 股派 0.25 元(含税)
002686	亿利达	8243.29	0.3	2.8826	0.4095	10 转增 5 股派 0.8 元(含税)
002687	乔治白	8167.62	0.35	4.2176	0.4384	10 转增 5 股派 3 元(含税)
002688	金河生物	7720.96	0.35	4.3637	-0.2663	10 派 1 元(含税)
002689	博林特	18968.69	0.36	2.6498	0.3673	10 转增 8 股派 3 元(含税)
002690	美亚光电	25098.37	0.7426	5.0276	0.6378	10 转增 10 股派 2 元(含税)
002691	石中装备	3749.69	0.19	4.1194	0.1345	10 派 0.15 元(含税)
002692	远程电缆	9857.21	0.302	3.955	-0.3869	10 派 0.5 元(含税)
002693	双成药业	5893.28	0.22	3.3095	0.1889	10 转增 5 股派 1 元(含税)
002694	顾地科技	2813.52	0.08	3.0018	-0.2186	10 派 1.5 元(含税)
002695	煌上煌	9862.91	0.8	11.7	0.9656	10 派 2.16 元(含税)
002696	百洋股份	5640.34	0.32	5.4015	-0.1933	10 派 1.5 元(含税)
002697	红旗连锁	17026.85	0.21	2.3869	0.3488	10 派 0.16 元(含税)
002698	博实股份	18732.38	0.47	4.0279	0.2301	10 转增 7 股派 1.2 元(含税)
002699	美盛文化	9712.54	0.47	3.4012	-0.1094	10 转增 10 股派 1 元(含税)
002700	新疆浩源	10493.18	0.45	3.1863	0.5138	10 转增 8 股派 0.8 元(含税)
002701	奥瑞金	80899.17	1.32	6.112	1.2546	10 转增 6 股派 6.6 元(含税)
002702	海欣食品	1839.33	0.1301	5.6685	-0.093	10 转增 10 股派 1 元(含税)
002703	浙江世宝	4337.47	0.16	4.4977	0.2809	10 派 1 元(含税)
002705	新宝股份	21334.93	0.4897	4.9348	0.4864	10 派 2.5 元(含税)
002706	良信电器	10027.48	1.19	8.894	0.9451	10 转增 3 股派 3.5 元(含税)
002707	众信旅游	10874.27	1.885	9.7316	1.1734	10 转增 20 股派 2 元(含税)
002708	光洋股份	6298.17	0.3438	4.8526	0.3933	10 派 1.5 元(含税)
002709	天赐材料	6153.33	0.52	7.0341	0.5728	10 派 1.2 元(含税)
002711	欧浦钢网	12638.91	0.86	8.2923	0.191	10 送 7 转增 5 股派 1.8 元(含税)
002712	思美传媒	7081.93	0.84	9.7393	-4.3624	10 派 1.5 元(含税)
002713	东易日盛	11630.48	0.96	7.4477	0.3764	10 转增 10 股派 6 元(含税)
002714	牧原股份	8019.81	0.33	8.0505	1.8818	10 转增 10 股派 0.61 元(含税)
002715	登云股份	1862.45	0.21	5.4401	0.0524	10 派 0.6 元(含税)
002716	金贵银业	11728.52	0.52	8.1309	-1.0399	10 转增 12 股派 1 元(含税)
002717	岭南园林	11701.16	0.73	4.6243	-1.1779	10 转增 10 股派 0.75 元(含税)
002718	友邦吊顶	10468.15	2.05	10.2089	2.2836	10 转增 6 股派 5 元(含税)
002719	麦趣尔	4143.40	0.46	7.0795	0.4082	10 派 0.71 元(含税)
002721	金一文化	6888.94	0.41	5.3226	-0.4008	10 派 1 元(含税)
002722	金轮股份	3394.11	0.26	4.145	0.4011	10 派 0.6 元(含税)
002723	金莱特	4087.50	0.4472	6.644	0.7358	10 送 5 转增 5 股派 2 元(含税)
002724	海洋王	17162.88	0.479	3.8375	0.496	10 派 1.71 元(含税)
002725	跃岭股份	9393.37	0.96	8.7072	-0.0247	10 转增 6 股派 4 元(含税)
002726	龙大肉食	10236.18	0.54	6.706	0.2057	10 转增 10 股派 1.5 元(含税)
002727	一心堂	29730.91	1.305	8.0012	0.677	10 派 6 元(含税)
002728	台城制药	8019.37	0.94	7.3564	0.5735	10 转增 10 股派 1.5 元(含税)
002729	好利来	3484.78	0.64	5.5541	0.6768	10 派 2 元(含税)
002730	电光科技	5323.98	0.45	5.382	0.3485	10 派 1.32 元(含税)
002731	萃华珠宝	9837.21	0.82	6.8362	1.6551	10 派 0.6 元(含税)
002732	燕塘乳业	7905.95	0.65	4.5813	0.6459	10 派 2 元(含税)
002733	雄韬股份	9832.81	0.94	8.0853	0.7051	10 转增 5 股派 2.2 元(含税)
002734	利民股份	4836.68	0.64	6.7435	0.8388	10 转增 3 股派 3 元(含税)
002735	王子新材	3248.44	0.53	5.4804	0.4588	10 派 0.82 元(含税)
002736	国信证券	492756.48	0.7	3.9978	0.7288	10 派 2 元(含税)
002737	葵花药业	30112.77	2.75	15.1797	2.7618	10 转增 10 股派 3.5 元(含税)
002738	中矿资源	4485.98	0.5	5.0818	-0.073	10 派 1.5 元(含税)

股票代码	股票简称	净利润(万元)	每股收益(元)	每股净资产(元)	每股经营性现金流量(元)	分配预案
002739	万达院线	80095.05	1.602	5.9962	2.5227	10派8元(含税)
002740	爱迪尔	8737.37	1.16	7.1581	-0.5378	10派1.5元(含税)
002741	光华科技	6783.83	0.75	4.08	0.53	不分配不转增
002742	三圣特材	10106.40	1.4	9.4765	-1.6521	10转增5股派2元(含税)
002743	富煌钢构	3890.84	0.43	5.8596	-0.9754	10派0.6元(含税)
002745	木林森	43376.23	1.08	3.672	2.0378	10派2元(含税)
002746	仙坛股份	4434.09	0.37	6.72	0.82	不分配不转增
002747	埃斯顿	4396.58	0.49	3.1989	-0.0191	10派1元(含税)
002748	世龙实业	8207.20	0.9119	5.82	1.12	
002749	国光股份	12358.68	2.06	6.88	1.88	10派8元(含税)
002750	龙津药业	6357.30	1.2715	5.7114	1.4033	10派7.5元(含税)
002751	易尚展示	3524.35	0.67	4.73	0.23	
002752	昇兴股份	11106.72	0.31	2.66	0.42	
002753	永东股份	5961.12	0.8056	6.91	0.24	
002755	东方新星	3750.42	0.49	4.39	-0.46	
002756	永兴特钢	26413.55	1.76	11.36	1.66	

2014年深市创业板上市公司年报主要财务指标

截止日期:2015年5月5日

股票代码	股票简称	净利润(万元)	每股收益(元)	每股净资产(元)	每股经营性现金流量(元)	分配预案
300001	特锐德	15908.82	0.4	3.5273	0.2807	10转增12股派1元(含税)
300002	神州泰岳	62440.56	0.4868	3.6487	0.2633	10转增5股派1.2元(含税)
300003	乐普医疗	42319.26	0.5212	3.8702	0.429	10派1.4元(含税)
300004	南风股份	10872.94	0.5	11.7688	0.7263	10转增10股派0.5元(含税)
300005	探路者	29428.93	0.576	2.4325	0.5671	10派2元(含税)
300006	莱美药业	927.87	0.05	4.9262	-0.2447	10派1元(含税)
300007	汉威电子	5734.18	0.47	7.8577	0.3476	10派0.5元(含税)
300008	上海佳豪	4591.50	0.184	3.3297	-0.0948	10派0.5元(含税)
300009	安科生物	10985.15	0.38	2.5448	0.3743	10转增3股派1.5元(含税)
300010	立思辰	10037.29	0.364	4.4824	0.3121	10转增12股派0.3元(含税)
300011	鼎汉技术	17472.38	0.3863	3.4801	0.2818	10派0.6元(含税)
300012	华测检测	14612.46	0.39	3.3342	0.6603	10派1元(含税)
300013	新宁物流	643.79	0.04	1.8923	0.0787	10派0.1元(含税)
300014	亿纬锂能	8423.59	0.21	2.4458	0.0982	10派0.5元(含税)
300015	爱尔眼科	30918.63	0.4747	3.0941	0.6934	10转增5股派1.5元(含税)
300016	北陆药业	8676.89	0.28	2.0021	0.1353	10派0.6元(含税)
300017	网宿科技	48370.02	1.538	5.1559	1.6448	10转增12股派1.5元(含税)
300018	中元华电	4985.94	0.26	3.83	0.25	不分配不转增
300019	硅宝科技	8006.55	0.49	3.6062	0.2773	10转增10股派2元(含税)
300020	银江股份	18368.50	0.68	6.7001	-0.9357	10转增12股派1元(含税)
300021	大禹节水	2078.85	0.0746	1.7175	0.0473	不分配不转增
300022	吉峰农机	-38708.41	-1.0831	0.214	-0.1959	不分配不转增
300023	宝德股份	1571.48	0.17	3.7774	0.0077	不分配不转增
300024	机器人	32567.00	0.5	2.9536	0.1405	10派0.5元(含税)
300025	华星创业	8900.41	0.42	3.4531	-0.2964	10派0.2元(含税)
300026	红日药业	44701.26	0.78	4.0861	0.2612	10转增5股派1元(含税)
300027	华谊兄弟	89666.23	0.73	4.06	-0.02	10派1元(含税)
300028	金亚科技	2577.28	0.1	2.3567	0.7661	10转增3股派0.9元(含税)
300029	天龙光电	2947.32	0.1474	2.9809	0.2026	不分配不转增
300030	阳普医疗	5305.72	0.18	2.4661	-0.3655	10派0.3元(含税)
300031	宝通带业	7358.12	0.2453	2.7451	0.3016	不分配不转增
300032	金龙机电	11656.46	0.4	5.473	0.2652	10转增10股派1元(含税)
300033	同花顺	6045.55	0.22	4.4326	0.7642	10转增10股派0.8元(含税)
300034	钢研高纳	11018.87	0.3465	3.4528	0.0068	10派1.6元(含税)

股票代码	股票简称	净利润(万元)	每股收益(元)	每股净资产(元)	每股经营性现金流量(元)	分配预案
300035	中科电气	5329.03	0.23	3.6378	0.0305	10 派 1 元(含税)
300036	超图软件	4589.44	0.375	5.2798	0.6437	10 转增 6 股派 1 元(含税)
300037	新宙邦	13275.95	0.78	7.8427	0.7773	不分配不转增
300038	梅泰诺	5337.65	0.332	6.6029	-1.0634	10 派 0.35 元(含税)
300039	上海凯宝	34935.17	0.5527	2.943	0.441	10 转增 3 股派 2 元(含税)
300040	九洲电气	-5572.32	-0.2	4.2609	0.3332	不分配不转增
300041	回天新材	10954.98	0.6484	6.277	-0.014	10 派 1.8 元(含税)
300042	朗科科技	2006.85	0.1502	6.2268	0.004	10 派 1 元(含税)
300043	互动娱乐	25707.96	0.48	3.3664	0.5814	10 转增 12 股派 1 元(含税)
300044	赛为智能	5245.44	0.23	2.9037	0.0069	10 派 0.2 元(含税)
300045	华力创通	4702.11	0.18	3.0088	0.0366	10 转增 10 股派 0.3 元(含税)
300046	台基股份	4390.26	0.309	5.7512	0.495	10 派 4 元(含税)
300047	天源迪科	6120.25	0.19	3.8376	-0.397	10 派 0.2 元(含税)
300048	合康变频	4370.93	0.13	4.4986	0.0174	10 派 0.5 元(含税)
300049	福瑞股份	8723.53	0.7	6.4315	0.3919	10 转增 10 股派 2 元(含税)
300050	世纪鼎利	4385.82	0.2	9.0702	0.5378	10 派 0.5 元(含税)
300051	三五互联	556.05	0.02	1.5488	0.075	10 派 0.15 元(含税)
300052	中青宝	-2203.59	-0.08	3.5474	-0.1002	不分配不转增
300053	欧比特	2506.46	0.125	3.2849	0.1787	10 派 0.25 元(含税)
300054	鼎龙股份	13438.56	0.31	2.6619	0.3049	10 派 0.5 元(含税)
300055	万邦达	19185.78	0.8191	10.6446	-0.176	10 转增 20 股派 0.6 元(含税)
300056	三维丝	5865.25	0.39	3.0951	0.4969	10 派 1 元(含税)
300057	万顺股份	17955.34	0.4255	4.1869	0.3603	10 派 0.9 元(含税)
300058	蓝色光标	71188.39	0.75	4.6369	0.2129	10 转增 10 股派 1.5 元(含税)
300059	东方财富	16572.38	0.137	1.554	1.9535	10 送 2 转增 2 股派 0.6 元(含税)
300061	康耐特	3672.64	0.2391	2.6121	0.3019	10 转增 6 股派 0.22 元(含税)
300062	中能电气	3036.02	0.2	4.9514	0.0924	10 派 1 元(含税)
300063	天龙集团	155.26	0.0077	3.2279	-0.3968	10 派 0.2 元(含税)
300064	豫金刚石	6132.47	0.1009	2.4001	0.2013	10 派 0.12 元(含税)
300065	海兰信	1807.10	0.09	2.8493	-0.0549	10 派 0.3 元(含税)
300066	三川股份	12542.63	0.5	4.5083	0.4332	10 转增 6.000111 股派 1.000018 元(含税)
300067	安诺其	10087.14	0.3084	2.6731	0.0001	10 转增 6 股派 0.5 元(含税)
300068	南都电源	10560.18	0.18	4.6367	0.0665	不分配不转增
300069	金利华电	1569.82	0.13	4.14	-0.3	不分配不转增
300070	碧水源	94081.22	0.88	5.64	0.73	10 派 1.34 元(含税)
300071	华谊嘉信	7050.39	0.2	2.5805	0.3014	10 转增 8 股派 0.4 元(含税)
300072	三聚环保	40197.90	0.79	3.8006	0.6262	10 转增 3 股派 1 元(含税)
300073	当升科技	-2559.27	-0.16	5.1096	-0.0012	不分配不转增
300074	华平股份	3100.88	0.094	3.075	0.0623	10 转增 6 股
300075	数字政通	11905.78	0.63	6.0005	-0.3117	10 转增 10 股派 1 元(含税)
300076	GQY 视讯	1956.46	0.09	5.0815	0.1645	10 派 0.8 元(含税)
300077	国民技术	1014.96	0.04	9.97	-0.12	10 派 0.15 元(含税)
300078	中瑞思创	7796.81	0.47	6.8825	0.2946	10 派 0.5 元(含税)
300079	数码视讯	18144.03	0.27	4.2038	0.3667	10 派 0.2 元(含税)
300080	新大新材	4585.42	0.0912	6.4003	0.408	10 派 0.1 元(含税)
300081	恒信移动	1053.95	0.08	5.8378	0.3541	不分配不转增
300082	奥克股份	9186.62	0.27	8.5376	-1.4102	10 转增 10 股派 1.5 元(含税)
300083	劲胜精密	7434.68	0.37	7.4132	-0.6046	10 派 0.5 元(含税)
300084	海默科技	4010.09	0.3093	7.2071	0.3676	10 转增 12 股派 0.3 元(含税)
300085	银之杰	2768.67	0.113	3.1688	0.1213	10 转增 10 股派 0.3 元(含税)
300086	康芝药业	5908.17	0.1969	5.8204	0.2464	不分配不转增
300087	荃银高科	522.97	0.033	3.5902	0.6139	10 转增 10 股
300088	长信科技	16569.23	0.32	4.2241	0.0658	10 派 1 元(含税)
300089	长城集团	840.26	0.06	5.2658	0.2934	10 派 0.2 元(含税)
300090	盛运环保	23385.92	0.542	3.9308	0.3628	10 派 0.5 元(含税)

股票代码	股票简称	净利润(万元)	每股收益(元)	每股净资产(元)	每股经营性现金流量(元)	分配预案
300091	金通灵	1397.41	0.067	3.8816	-0.0373	10派0.1元(含税)
300092	科新机电	1079.02	0.12	5.6227	0.1048	10转增15股
300093	金刚玻璃	1931.97	0.09	4.0508	0.5963	10派0.1元(含税)
300094	国联水产	22501.02	0.64	4.8517	0.025	不分配不转增
300095	华伍股份	4108.47	0.2049	3.8467	0.2991	10转增5股派0.5元(含税)
300096	易联众	4690.41	0.109	1.5852	0.1453	10派0.05元(含税)
300097	智云股份	2249.01	0.19	3.8113	-0.1293	10派0.3元(含税)
300098	高新兴	12895.87	0.7	5.2786	-0.7655	10转增6股派0.53元(含税)
300099	尤洛卡	495.22	0.023	3.853	-0.0721	10派1元(含税)
300100	双林股份	13295.73	0.47	4.8072	0.2242	10派1.3元(含税)
300101	振芯科技	5151.93	0.19	2.7274	0.6828	10派0.5元(含税)
300102	乾照光电	5590.15	0.19	6.0502	0.3948	10转增10股派0.4元(含税)
300103	达刚路机	5041.41	0.2381	3.8126	0.4057	10派0.5元(含税)
300104	乐视网	36402.95	0.44	3.7647	0.2784	10转增12股派0.46元(含税)
300105	龙源技术	16937.58	0.33	4.1875	-0.2688	10派0.4元(含税)
300106	西部牧业	2248.94	0.14	3.8629	-1.0172	10派0.2元(含税)
300107	建新股份	4057.92	0.15	3.2283	0.3926	10转增10股派0.5元(含税)
300108	双龙股份	5670.19	0.31	5.3098	0.3031	10转增5股
300109	新开源	3011.79	0.26	3.4744	0.4045	10派1元(含税)
300110	华仁药业	5615.40	0.08	2.2013	0.0975	10派0.5元(含税)
300111	向日葵	3746.54	0.03	1.0786	0.1014	不分配不转增
300112	万讯自控	2285.26	0.09	1.9446	0.0781	10派0.28元(含税)
300113	顺网科技	15683.55	0.54	3.5442	0.9356	10派1元(含税)
300114	中航电测	8712.51	0.45	5.77	0.37	10转增3股派0.5元(含税)
300115	长盈精密	29017.55	0.56	3.8145	0.0587	10派1元(含税)
300116	坚瑞消防	855.24	0.0357	2.7814	0.0514	10转增5股派0.18元(含税)
300117	嘉寓股份	4748.71	0.15	4.01	-0.38	10派0.2元(含税)
300118	东方日升	6694.72	0.1135	4.1415	-0.1585	不分配不转增
300119	瑞普生物	2712.86	0.0698	4.1499	0.3299	10派1元(含税)
300120	经纬电材	494.99	0.024	2.9084	-0.1482	10派0.5元(含税)
300121	阳谷华泰	2696.45	0.1	1.6767	-0.23	10派0.4元(含税)
300122	智飞生物	14800.40	0.19	3.0722	0.2017	10派1元(含税)
300123	太阳鸟	2212.73	0.08	3.194	0.0222	不分配不转增
300124	汇川技术	66631.65	0.85	4.43	0.67	10派4.999671元(含税)
300125	易世达	1469.60	0.12	9.2851	0.9546	10派0.4元(含税)
300126	锐奇股份	6208.42	0.2041	3.3811	0.1062	10派0.25元(含税)
300127	银河磁体	7209.05	0.22	3.105	0.3202	10派1.5元(含税)
300128	锦富新材	7098.90	0.18	4.9551	0.6369	10派0.2元(含税)
300129	泰胜风能	9706.58	0.3	4.6748	0.2243	10转增10股派1元(含税)
300130	新国都	7958.14	0.7	9.89	-0.03	10转增10股派0.5元(含税)
300131	英唐智控	2152.48	0.11	2.6641	-0.45	10转增10股派1.5元(含税)
300132	青松股份	5221.04	0.1353	1.5563	0.1826	10派0.3元(含税)
300133	华策影视	39006.03	0.62	5.1841	0.316	10转增5股派0.6元(含税)
300134	大富科技	53550.26	1.39	6.6949	1.2388	10转增7股派4元(含税)
300135	宝利沥青	6343.52	0.124	2.2621	0.6075	10送3转增5股派0.6元(含税)
300136	信维通信	6308.57	0.2313	2.4716	0.044	10转增10股派0.5元(含税)
300137	先河环保	7169.42	0.22	3.161	0.0035	10派0.3元(含税)
300138	晨光生物	2238.14	0.1246	5.6089	1.52	10派0.15元(含税)
300139	福星晓程	5969.31	0.54	11.1015	-0.2308	10转增15股派1元(含税)
300140	启源装备	849.92	0.0697	6.4706	-0.0631	10转增10股派1元(含税)
300141	和顺电气	5195.37	0.31	4.1172	0.0812	10派1元(含税)
300142	沃森生物	14342.47	0.61	12.3201	-0.2818	10转增10股派0.5元(含税)
300143	星河生物	-29327.43	-1.99	2.0789	0.1442	不分配不转增
300144	宋城演艺	36118.32	0.65	6.1753	0.9466	10派1.5元(含税)
300145	南方泵业	19674.00	0.76	5.5215	0.6819	10派1元(含税)

股票代码	股票简称	净利润(万元)	每股收益(元)	每股净资产(元)	每股经营性现金流量(元)	分配预案
300146	汤臣倍健	50259.50	0.77	3.7198	0.852	10 派 5 元(含税)
300147	香雪制药	19679.61	0.39	3.4223	0.3249	10 派 1.35 元(含税)
300148	天舟文化	11825.77	0.39	5.0145	0.4964	10 转增 2 股派 0.35 元(含税)
300149	量子高科	4069.70	0.13	2.2396	0.1978	10 转增 4 股派 0.4 元(含税)
300150	世纪瑞尔	12507.33	0.46	5.37	0.01	10 转增 10 股派 2 元(含税)
300151	昌红科技	5171.96	0.26	3.863	0.3445	10 转增 15 股派 0.5 元(含税)
300152	燃控科技	4224.45	0.18	6.1511	-0.0203	10 派 0.2 元(含税)
300153	科泰电源	3132.72	0.2	5.8681	-0.0401	10 转增 10 股派 1.5 元(含税)
300154	瑞凌股份	11226.47	0.5	6.6987	0.4191	10 派 3 元(含税)
300155	安居宝	8275.27	0.23	3.0536	-0.1316	10 转增 5 股派 0.5 元(含税)
300156	神雾环保	3034.61	0.11	5.0078	0.935	不分配不转增
300157	恒泰艾普	8134.16	0.14	3.71	0.19	不分配不转增
300158	振东制药	4195.82	0.1457	6.8024	0.2543	10 派 1 元(含税)
300159	新研股份	11217.02	0.31	3.0715	-0.0437	10 转增 10 股派 0.5 元(含税)
300160	秀强股份	3648.20	0.1953	5.8078	0.556	10 派 1 元(含税)
300161	华中数控	1071.46	0.0662	5.3134	0.2026	10 派 0.2 元(含税)
300162	雷曼光电	2577.13	0.19	5.5801	0.527	10 转增 15 股派 1 元(含税)
300163	先锋新材	3096.26	0.2	4.2255	0.5204	10 派 1 元(含税)
300164	通源石油	1190.02	0.03	3.0921	-0.1045	10 派 0.1 元(含税)
300165	天瑞仪器	5001.34	0.32	9.5937	0.216	10 转增 5 股派 2 元(含税)
300166	东方国信	13562.87	0.52	5.3677	0.3075	10 转增 10 股派 1 元(含税)
300167	迪威视讯	-935.80	-0.03	2.2843	-0.9794	不分配不转增
300168	万达信息	18992.89	0.3899	3.2751	-0.2059	10 转增 10 股派 1 元(含税)
300169	天晟新材	2531.42	0.0848	3.72	0.4345	不分配不转增
300170	汉得信息	17730.24	0.33	2.9423	0.1103	10 转增 5 股
300171	东富龙	33541.11	1.08	8.2023	0.1735	10 转增 10 股派 5 元(含税)
300172	中电环保	8339.99	0.49	5.5153	0.4452	10 转增 10 股派 1 元(含税)
300173	智慧松德	781.71	0.07	7.7707	-0.0789	10 转增 20 股
300174	元力股份	810.84	0.0596	3.6679	0.1563	10 派 0.5 元(含税)
300175	朗源股份	8770.10	0.186	1.8128	-0.5763	10 派 0.2 元(含税)
300176	鸿特精密	1596.39	0.1488	5.2703	0.5387	10 派 0.5 元(含税)
300177	中海达	9959.05	0.25	2.531	0.0294	10 派 0.25 元(含税)
300178	腾邦国际	12985.98	0.5306	5.0642	-1.0185	10 转增 12 股派 0.6 元(含税)
300179	四方达	3745.82	0.17	3.3144	0.1786	10 转增 12 股派 1 元(含税)
300180	华峰超纤	11549.37	0.73	8.9818	0.7711	10 转增 15 股派 0.8 元(含税)
300181	佐力药业	10318.42	0.33	2.5369	0.0432	10 转增 7 股派 2 元(含税)
300182	捷成股份	26287.36	0.56	3.6027	-0.2838	10 派 1.6 元(含税)
300183	东软载波	24527.74	1.1	8.3979	1.1172	10 转增 10 股派 3 元(含税)
300184	力源信息	2030.99	0.13	3.3561	0.1495	10 转增 10 股
300185	通裕重工	8066.55	0.09	3.9004	0.0516	10 派 0.7 元(含税)
300186	大华农	11098.28	0.21	3.9735	0.2928	10 派 3 元(含税)
300187	永清环保	5461.24	0.27	4.5163	0.582	10 派 0.568 元(含税)
300188	美亚柏科	11460.21	0.52	4.2587	0.7837	10 转增 10 股派 0.45 元(含税)
300189	神农大丰	-8847.71	-0.216	3.0381	0.1104	不分配不转增
300190	维尔利	9606.95	0.59	8.5133	0.2308	10 转增 10 股派 1 元(含税)
300191	潜能恒信	2457.42	0.08	3.8016	0.4134	10 派 0.1 元(含税)
300192	科斯伍德	3952.47	0.1629	2.6815	0.1736	10 派 0.2 元(含税)
300193	佳士科技	5243.40	0.24	8.6096	0.4509	10 派 0.5 元(含税)
300194	福安药业	4570.73	0.18	6.5617	-0.1202	10 派 1 元(含税)
300195	长荣股份	17534.12	1.1	13.1147	-0.6031	10 转增 10 股派 2.5 元(含税)
300196	长海股份	14688.01	0.77	5.73	0.71	10 派 1 元(含税)
300197	铁汉生态	24439.47	0.48	4.0075	-0.4785	10 派 1 元(含税)
300198	纳川股份	4940.41	0.118	2.6785	0.1169	10 派 0.2 元(含税)
300199	翰宇药业	17156.17	0.43	3.2404	0.3836	10 转增 10 股派 1 元(含税)
300200	高盟新材	4890.50	0.23	3.5482	0.3321	10 派 2 元(含税)

股票代码	股票简称	净利润(万元)	每股收益(元)	每股净资产(元)	每股经营性现金流量(元)	分配预案
300201	海伦哲	1647.71	0.0468	1.8939	0.1001	10派0.1元(含税)
300202	聚龙股份	36959.88	0.67	2.517	0.5533	10派1元(含税)
300203	聚光科技	19259.91	0.43	4.5867	0.3162	10派0.45元(含税)
300204	舒泰神	19527.92	0.81	6.3068	0.8615	10转增4股派3元(含税)
300205	天喻信息	5862.10	0.1363	2.581	-0.2531	10派0.5元(含税)
300206	理邦仪器	1343.28	0.0689	5.96	0.04	10转增2股派1元(含税)
300207	欣旺达	16797.04	0.68	5.7494	2.9199	10转增15股派1元(含税)
300208	恒顺众昇	10953.07	0.38	2.6673	0.4583	不分配不转增
300209	天泽信息	1031.32	0.06	5.3283	0.0087	10转增4.850535股派0.194021元(含税)
300210	森远股份	10917.22	0.45	3.55	-0.4882	10派0.65元(含税)
300211	亿通科技	1049.83	0.1252	5.8535	0.2799	10转增9股派0.5元(含税)
300212	易华录	14367.14	0.447	3.0215	-1.3022	10派1元(含税)
300213	佳讯飞鸿	6958.74	0.28	3.5158	0.3363	10派1元(含税)
300214	日科化学	5324.87	0.13	3.0417	0.1184	10派0.5元(含税)
300215	电科院	7760.51	0.1078	1.8298	0.3613	10派0.3元(含税)
300216	千山药机	13452.42	0.73	5.2555	0.031	10转增10股派1元(含税)
300217	东方电热	10267.11	0.2596	2.9308	0.1738	10派0.5元(含税)
300218	安利股份	5324.16	0.2516	4.3107	0.8373	10派0.8元(含税)
300219	鸿利光电	9090.98	0.37	3.6885	0.8458	10派0.3元(含税)
300220	金运激光	678.98	0.0856	2.3277	0.091	10派0.1元(含税)
300221	银禧科技	2375.87	0.12	3.5094	0.0062	10转增10股派0.45元(含税)
300222	科大智能	7688.74	0.53	7.8601	0.2858	10转增9股派0.8元(含税)
300223	北京君正	-1002.97	-0.0964	10.1675	-0.0104	10转增6股
300224	正海磁材	11307.18	0.47	6.2189	-0.297	10转增10股派1.5元(含税)
300225	金力泰	8776.64	0.336	3.0671	0.3556	10转增8股派1.5元(含税)
300226	上海钢联	1877.57	0.1204	2.8422	-2.7588	10派0.2元(含税)
300227	光韵达	2744.96	0.2	2.5238	0.4009	10派0.2元(含税)
300228	富瑞特装	21790.12	1.61	9.0869	1.6523	10派2元(含税)
300229	拓尔思	9593.99	0.4526	6.0639	0.5167	10转增10股派1元(含税)
300230	永利带业	5656.77	0.3502	3.5871	0.2967	10派1元(含税)
300231	银信科技	5773.01	0.27	1.789	-0.0871	10送5股派1.3元(含税)
300232	洲明科技	6085.89	0.3	3.1819	0.4334	10派0.3元(含税)
300233	金城医药	10870.07	0.88	8.8409	1.7375	10派3元(含税)
300234	开尔新材	10501.82	0.4	2.0022	0.2273	10派0.4元(含税)
300235	方直科技	2252.39	0.14	2.1228	0.1303	10派1元(含税)
300236	上海新阳	6821.41	0.6	7.4397	0.194	10转增6股
300237	美晨科技	10328.00	0.93	9.3984	0.3094	10转增10股派1元(含税)
300238	冠昊生物	5010.31	0.41	4.3012	0.5295	10转增10股派1元(含税)
300239	东宝生物	488.81	0.0247	1.7239	-0.0619	10派0.2元(含税)
300240	飞力达	3361.48	0.2	5.846	0.1775	10转增5股派1元(含税)
300241	瑞丰光电	2383.38	0.1109	2.9193	0.6926	10派1元(含税)
300242	明家科技	409.86	0.05	3.4269	0.3455	10派0.1元(含税)
300243	瑞丰高材	3493.31	0.17	2.0461	-0.0638	10派0.2元(含税)
300244	迪安诊断	12458.44	0.61	3.3265	0.5737	10转增3股派1元(含税)
300245	天玑科技	7234.74	0.4	3.6829	0.2965	10转增5股派1元(含税)
300246	宝莱特	3380.15	0.2314	2.8157	0.2896	10派0.5元(含税)
300247	桑乐金	1943.19	0.0789	2.5973	0.0794	10派0.2元(含税)
300248	新开普	3775.67	0.26	3.7561	0.0254	10转增10股派1元(含税)
300249	依米康	1114.67	0.07	3.8245	0.0905	10派0.2元(含税)
300250	初灵信息	3190.04	0.4	5.0334	0.3756	10派0.5元(含税)
300251	光线传媒	32932.50	0.33	3.1232	-0.0818	10转增3股派1元(含税)
300252	金信诺	8338.79	0.51	4.6927	0.2781	10转增15股派1元(含税)
300253	卫宁软件	12097.16	0.56	3.5158	0.196	10送5转增10股派1.3元(含税)
300254	仟源医药	4099.75	0.3064	4.7655	0.6143	10转增2股派1元(含税)
300255	常山药业	13373.25	0.71	7.2699	-0.4509	10转增15股派0.85元(含税)

股票代码	股票简称	净利润(万元)	每股收益(元)	每股净资产(元)	每股经营性现金流量(元)	分配预案
300256	星星科技	2689.72	0.1222	7.1501	-0.7152	不分配不转增
300257	开山股份	32801.45	0.76	7.8717	0.6608	10转增10股派5元(含税)
300258	精锻科技	12557.31	0.6976	6.548	0.723	10转增5股派1.6元(含税)
300259	新天科技	10409.36	0.38	2.94	0.4001	10转增7股派1元(含税)
300260	新莱应材	870.66	0.087	6.4341	-0.1909	10派0.15元(含税)
300261	雅本化学	5051.96	0.1674	2.2347	0.2804	10转增3股派0.5元(含税)
300262	巴安水务	7528.28	0.282	2.2489	0.52	10送1转增3股派0.3元(含税)
300263	隆华节能	14572.01	0.38	4.0541	-0.5225	10派0.4元(含税)
300264	佳创视讯	1887.80	0.08	2.704	0.0492	10派0.8元(含税)
300265	通光线缆	3224.01	0.24	5.7874	-0.4565	10转增15股派1元(含税)
300266	兴源环境	6354.25	0.43	6.2293	0.5556	10转增15股派0.2元(含税)
300267	尔康制药	28828.86	0.63	3.5683	0.3859	10转增10股派1元(含税)
300268	万福生科	510.76	0.038	2.2721	0.2674	不分配不转增
300269	联建光电	13397.35	0.866	9.0464	1.0609	10转增15股派2元(含税)
300270	中威电子	4192.92	0.35	4.246	0.2218	10转增12股派0.5元(含税)
300271	华宇软件	14738.05	0.99	7.46	1.93	10转增10股派1元(含税)
300272	开能环保	6423.66	0.2516	2.0861	0.3144	10送2转增1股派0.7元(含税)
300273	和佳股份	22308.56	0.39	2.1218	-0.6145	10转增3股派0.5元(含税)
300274	阳光电源	28328.64	0.43	3.595	0.0157	10派0.5元(含税)
300275	梅安森	2989.70	0.18	4.0691	-0.2938	10派0.3元(含税)
300276	三丰智能	3009.86	0.12	2.2953	0.1437	10转增5股派0.15元(含税)
300277	海联讯	-5042.15	-0.38	3.4216	0.5738	不分配不转增
300278	华昌达	4913.01	0.24	5.0524	-0.0793	10转增10股
300279	和晶科技	2367.75	0.1955	4.3831	0.3237	10派1元(含税)
300280	南通锻压	302.80	0.0237	4.9095	0.3127	10派0.2元(含税)
300281	金明精机	6016.22	0.5	5.6122	0.5595	10转增10股派0.5元(含税)
300282	汇冠股份	1115.97	0.12	10.5917	0.1514	10送3转增5股派0.16元(含税)
300283	温州宏丰	2326.35	0.17	4.0486	0.3198	10转增10股派1.5元(含税)
300284	苏交科	25253.42	0.5173	3.9214	0.5019	10派1元(含税)
300285	国瓷材料	6330.29	0.5	5.6592	-0.0723	10转增10股派1元(含税)
300286	安科瑞	7137.93	0.51	3.429	0.6854	10派2元(含税)
300287	飞利信	9258.46	0.37	4.4023	-0.487	10转增10股派0.7元(含税)
300288	朗玛信息	3474.98	0.33	7.8099	0.4081	10转增20股
300289	利德曼	12828.13	0.84	6.13	-0.08	10派1.5元(含税)
300290	荣科科技	5694.68	0.4187	3.1808	-0.1986	10派0.9元(含税)
300291	华录百纳	14940.19	0.523	9.256	-0.146	10转增8股派0.9元(含税)
300292	吴通通讯	5571.24	0.29	4.2437	0.5392	10派1元(含税)
300293	蓝英装备	7387.60	0.2738	2.8007	0.3643	10派3.5元(含税)
300294	博雅生物	10417.97	1.37	11.3244	1.608	10转增5股派6元(含税)
300295	三六五网	15050.37	1.88	9.867	1.7367	10转增2股
300296	利亚德	16132.07	0.52	3.4126	0.2604	10转增10股派1元(含税)
300297	蓝盾股份	3530.28	0.18	3.6389	0.1814	10转增12股派0.1元(含税)
300298	三诺生物	19733.92	0.99	5.5547	0.7655	10转增3股派3.6元(含税)
300299	富春通信	1468.61	0.08	2.2406	-0.074	10转增5股派1元(含税)
300300	汉鼎股份	8531.19	0.4457	3.7919	-0.6886	10转增10股派1元(含税)
300301	长方照明	5067.31	0.1877	2.8983	0.1173	10转增12股派0.2元(含税)
300302	同有科技	2593.16	0.24	4.677	0.2773	10转增8股派0.36元(含税)
300303	聚飞光电	17890.71	0.63	3.7166	0.5476	10送3转增9股派1.5元(含税)
300304	云意电气	8221.67	0.41	4.7554	0.3307	10派2元(含税)
300305	裕兴股份	6689.53	0.4646	8.6727	0.0381	10派1.12元(含税)
300306	远方光电	9035.17	0.75	8.7005	0.7644	10转增10股派2元(含税)
300307	慈星股份	-34813.27	-0.43	4.6712	-0.2088	不分配不转增
300308	中际装备	816.55	0.04	2.5228	0.0422	10派0.1元(含税)
300309	吉艾科技	8569.08	0.39	6.0036	-0.4197	10转增10股派1.09元(含税)
300310	宜通世纪	4751.89	0.21	2.95	0.17	10派0.5元(含税)

股票代码	股票简称	净利润(万元)	每股收益(元)	每股净资产(元)	每股经营性现金流量(元)	分配预案
300311	任子行	4135.62	0.37	3.9208	0.2689	10转增10股派0.55元(含税)
300312	邦讯技术	913.42	0.06	4.9316	-0.7654	10派0.3元(含税)
300313	天山生物	179.11	0.0197	4.3477	0.035	10转增10股派0.5元(含税)
300314	戴维医疗	5360.66	0.34	4.181	0.4237	10转增8股派1元(含税)
300315	掌趣科技	33059.19	0.27	3.0764	0.3149	10转增9股派0.29元(含税)
300316	晶盛机电	6581.06	0.16	4.3038	0.3344	10转增12股派1元(含税)
300317	珈伟股份	817.53	0.0584	4.2014	-0.2777	10派0.3元(含税)
300318	博晖创新	3813.88	0.2328	4.4197	0.1895	10转增10股,同时向全体股东派现共计4096000元(含税)
300319	麦捷科技	2948.28	0.22	2.4218	0.2273	10派0.5元(含税)
300320	海达股份	8196.92	0.615	5.3678	0.1989	10转增12股派1.25元(含税)
300321	同大股份	2911.74	0.6558	12.0076	2.4442	10派1.77元(含税)
300322	硕贝德	5453.19	0.24	2.5919	0.0505	10转增8股派1元(含税)
300323	华灿光电	9090.62	0.2	3.9292	-0.2887	10转增5股
300324	旋极信息	6937.35	0.31	3.1472	0.0654	10转增10股派0.6元(含税)
300325	德威新材	5877.89	0.18	2.4085	0.2337	10派0.4元(含税)
300326	凯利泰	6223.03	0.3879	5.9304	0.4059	10转增10股派0.9元(含税)
300327	中颖电子	3120.42	0.2015	3.7356	0.2962	10转增1股派1.5元(含税)
300328	宜安科技	4891.85	0.4368	5.5852	0.2623	10转增10股派2元(含税)
300329	海伦钢琴	2568.69	0.19	4.0306	0.0385	10派0.34元(含税)
300330	华虹计通	1329.67	0.08	2.5699	-0.2337	10派0.2元(含税)
300331	苏大维格	790.70	0.09	5.1428	0.0559	10派0.2元(含税)
300332	天壕节能	14007.55	0.44	4.1968	0.0817	10派1元(含税)
300333	兆日科技	3702.68	0.33	7.2692	0.2656	10派1元(含税)
300334	津膜科技	8543.15	0.33	3.2838	-0.3983	10派0.4元(含税)
300335	迪森股份	6324.87	0.2	2.4802	-0.0029	10派0.6元(含税)
300336	新文化	12134.25	0.63	5.3941	-0.6125	10转增12股派1元(含税)
300337	银邦股份	5562.20	0.15	4.6245	-0.2914	10派0.45元(含税)
300338	开元仪器	4893.79	0.3884	6.0132	0.2868	10转增10股派1元(含税)
300339	润和软件	11002.91	0.45	5.1278	0.1687	10派1元(含税)
300340	科恒股份	-4818.55	-0.4819	8.6926	-0.1203	不分配不转增
300341	麦迪电气	3760.51	0.2044	2.9776	0.2038	10派0.5元(含税)
300342	天银机电	9101.12	0.46	3.9564	0.516	10派2.5元(含税)
300343	联创节能	638.03	0.08	5.8433	-2.3214	10派0.5元(含税)
300344	太空板业	-2012.64	-0.0834	2.8835	-0.001	不分配不转增
300345	红宇新材	1130.89	0.12	6.4924	0.9433	10送2转增1股派0.5元(含税)
300346	南大光电	5094.13	0.5067	11.6618	0.4448	10转增6股派2元(含税)
300347	泰格医药	12549.63	0.59	4.0161	0.2031	10转增10股派2元(含税)
300348	长亮科技	3749.77	0.7044	8.5774	0.163	10转增15股派1.5元(含税)
300349	金卡股份	13607.70	0.76	4.8292	0.4502	10派1元(含税)
300350	华鹏飞	3082.13	0.36	4.917	-0.3847	不分配不转增
300351	永贵电器	11415.47	0.74	6.4961	0.7228	10转增12股派2.5元(含税)
300352	北信源	6799.39	0.25	2.6289	-0.0724	10派0.5元(含税)
300353	东土科技	2032.58	0.1187	2.4663	0.2824	10派0.24元(含税)
300354	东华测试	742.46	0.0859	3.8381	0.0377	10转增6股派0.25元(含税)
300355	蒙草抗旱	16676.62	0.38	3.2728	-0.1454	10派0.65元(含税)
300356	光一科技	3593.10	0.2764	8.0396	-0.0742	10派0.4元(含税)
300357	我武生物	9955.48	0.62	3.1779	0.518	10派3元(含税)
300358	楚天科技	15690.62	1.35	7.1317	-0.0744	10转增10股派3元(含税)
300359	全通教育	4487.74	0.46	3.8188	0.2691	10转增12股派0.67元(含税)
300360	炬华科技	21388.77	0.9	3.5722	0.7281	10派2元(含税)
300362	天保重装	3327.13	0.3308	5.9748	-0.6665	10派0.6元(含税)
300363	博腾股份	12548.60	1.16	7.4386	1.1185	10转增15股派1.16元(含税)
300364	中文在线	4616.95	0.51	3.3467	0.4258	10派0.8元(含税)
300365	恒华科技	6061.70	0.95	6.0289	0.2633	10转增10股派1元(含税)
300366	创意信息	4059.84	0.72	6.0141	-0.5761	10送3转增7股派0.75元(含税)

股票代码	股票简称	净利润(万元)	每股收益(元)	每股净资产(元)	每股经营性现金流量(元)	分配预案
300367	东方网力	13579.25	1.1597	7.0089	0.0891	10转增15股派1.2元(含税)
300368	汇金股份	4531.00	0.37	4.2455	0.3022	10转增10股派0.8元(含税)
300369	绿盟科技	14450.35	1.08	7.1684	0.7317	10转增15股派2.1元(含税)
300370	安控科技	5574.99	0.5758	4.4893	-0.3553	10送5转增10股派1.5元(含税)
300371	汇中股份	7435.69	0.78	4.7969	0.6456	10转增2.5股派1.4元(含税)
300372	欣泰电气	4409.98	0.5141	7.6623	-1.7696	10送4转增6股派1.1元(含税)
300373	扬杰科技	11223.07	0.69	4.3747	0.5162	10派1.68元(含税)
300374	恒通科技	6232.41	0.85	6.1306	0.7226	10转增10股派0.3元(含税)
300375	鹏翎股份	12541.47	1.43	10.109	1.1051	10转增10股派3.4元(含税)
300376	易事特	17353.63	0.98	6.059	0.2975	10转增4股派1.84元(含税)
300377	赢时胜	4639.13	0.42	3.856	0.34	10派2.5元(含税)
300378	鼎捷软件	6324.51	0.42	7.4258	-0.0058	10转增3股派2元(含税)
300379	东方通	5711.60	1.1222	13.5618	1.0186	10转增10股派2元(含税)
300380	安硕信息	3861.26	0.568	6.0645	0.5566	10转增10股派2元(含税)
300381	溢多利	5512.28	0.61	6.6671	0.1806	10派2元(含税)
300382	斯莱克	8574.88	1.63	11.6434	2.0724	10转增12股派15元(含税)
300383	光环新网	9518.44	0.88	6.3905	1.3664	10转增15股派3元(含税)
300384	三联虹普	10881.18	2.3884	13.2895	4.0547	10转增18股派10元(含税)
300385	雪浪环境	4601.67	0.6574	8.1239	-0.4813	10转增5股派1元(含税)
300386	飞天诚信	26436.78	3.11	14.6285	2.897	10转增12股派7.6元(含税)
300387	富邦股份	4605.52	0.85	9.289	-0.1978	10派1.5元(含税)
300388	国祯环保	5200.12	0.69	8.6331	0.3756	10转增20股派1.2元(含税)
300389	艾比森	15884.39	2.282	9.2096	2.3421	10转增10股派5元(含税)
300390	天华超净	4164.00	0.6	4.2383	0.4628	10转增5股派2元(含税)
300391	康跃科技	2871.87	0.5043	5.4703	-0.5832	10转增15股派1.3元(含税)
300392	腾信股份	8954.48	1.72	11.9625	-0.4905	10转增10股派2.1元(含税)
300393	中来股份	11747.34	1.15	6.2053	-0.6188	10派2元(含税)
300394	天孚通信	8867.53	1.5	5.51	1.01	10派5元(含税)
300395	菲利华	6962.96	1.3275	10.0446	0.5498	10转增10股派2.5元(含税)
300396	迪瑞医疗	10135.89	2.03	14.9955	2.0243	10转增15股派5元(含税)
300397	天和防务	7528.40	0.77	10.7928	-0.6998	10派1.3元(含税)
300398	飞凯材料	9008.10	1.39	8.0549	1.0084	10转增3股派2元(含税)
300399	京天利	3733.10	0.57	5.7875	0.8942	10派0.934元(含税)
300400	劲拓股份	3208.95	0.4937	4.4921	0.3902	10转增5股派1元(含税)
300401	花园生物	3728.72	0.51	7.8172	-0.1315	10转增10股派1元(含税)
300402	宝色股份	4619.95	0.2821	3.4709	0.3812	10派0.42元(含税)
300403	地尔汉宇	13121.11	1.2417	8.5241	0.6832	10派5元(含税)
300404	博济医药	3796.36	0.76	4.37	0.51	
300405	科隆精化	3819.99	0.7096	9.1796	0.1267	10派2元(含税)
300406	九强生物	21064.09	2.02	7.9324	1.2613	10转增10股派5元(含税)
300407	凯发电气	7339.33	1.4	10.7651	0.6452	10转增10股派1.5元(含税)
300408	三环集团	64826.70	1.68	8.42	1.65	10转增10股派5元(含税)
300409	道氏技术	7228.11	1.44	8.6835	0.7389	10转增5股派5元(含税)
300410	正业科技	3330.89	0.74	6.375	-0.0255	10派0.6元(含税)
300411	金盾股份	4031.20	0.67	6.3987	-0.2272	10转增10股派1元(含税)
300412	迦南科技	4276.21	1.07	6.6941	0.7285	10转增12股派3元(含税)
300413	快乐购	15411.14	0.47	2.9062	0.3227	10派1.1元(含税)
300414	中光防雷	9759.44	1.54	5.03	1.66	
300415	伊之密	7604.56	0.84	4.2332	0.3521	10派4.2元(含税)
300416	苏试试验	3979.13	0.8448	5.6412	0.9271	10派2元(含税)
300417	南华仪器	3006.42	0.9825	6.1875	0.6929	10派2元(含税)
300418	昆仑万维	32638.23	1.55	4.8186	1.8895	10派2.5元(含税)
300419	浩丰科技	5371.06	1.74	7.8459	0.2878	10派2元(含税)
300420	五洋科技	3097.77	0.52	4.1756	0.1311	10派1.2元(含税)
300421	力星股份	5238.10	0.6236	3.8291	0.8461	10派2.2元(含税)
300422	博世科	3126.23	0.67	4.4	0.01	

股票代码	股票简称	净利润(万元)	每股收益(元)	每股净资产(元)	每股经营性现金流量(元)	分配预案
300423	鲁亿通	4281.89	0.65	3.26	-0.13	10 派 1 元(含税)
300424	航新科技	8043.87	0.81	4.51	0.5	
300425	环能科技	5397.92	1	7.5364	0.4472	10 派 2.5 元(含税)
300426	唐德影视	8577.77	1.43	5.77	-1.15	
300427	红相电力	5630.53	0.85	4.85	0.25	
300428	四通新材	5830.16	0.96	4.88	0.41	
300429	强力新材	6798.86	1.14	4.3839	1.1172	10 派 2.6 元(含税)
300430	诚益通	5207.80	1.14	6.83	0.54	不分配不转增
300431	暴风科技	4194.15	0.47	3.19	0.9	
300432	富临精工	13677.65	1.5197	4.43	1.26	10 派 3 元(含税)
300433	蓝思科技	117685.73	1.94	12.23	4.22	
300434	金石东方	3210.60	0.63	4.34	0.51	
300435	中泰股份	7993.26	1.33	4.9561	2.2413	10 派 1.36 元(含税)
300436	广生堂	8376.78	1.5	2.8	1.91	
300437	清水源	3695.39	0.7391	4.69	0.85	
300438	鹏辉能源	6024.39	0.96	7.35	0.66	
300439	美康生物	13768.44	1.62	4.87	1.37	
300440	运达科技	10893.93	1.3	6.24	1.22	10 派 2.6 元(含税)
300441	鲍斯股份	4055.44	0.64	4.07	0.69	
300442	普丽盛	9083.64	1.21	6.65	0.61	
300443	金雷风电	9148.36	2.03	9.35	1.39	
300444	双杰电气	7424.56	0.72	3.83	0.47	
300445	康斯特	3483.96	1.1385	5.72	1.34	
300446	乐凯新材	7689.30	1.67	5.29	2.14	
300447	全信股份	4925.17	0.8107	4.53	0.66	
300448	浩云科技	5705.45	0.95	4.05	0.56	
300449	汉邦高科	5671.44	1.07	6.04	1.01	
300450	先导股份	6551.45	1.2846	5.63	1.83	
300451	创业软件	4757.61	0.93	6.75	1.08	
300452	山河药辅	3493.25	1	5.09	1.06	
300453	三鑫医疗	4861.44	0.82	4.21	1.15	
300455	康拓红外	5431.95	0.52	3.22	0.47	
300456	耐威科技	5394.33	0.86	4.19	0.47	
300457	赢合科技	5052.13	0.86	4.32	0.52	
300458	全志科技	11033.76	0.92	8.33	2.71	
300459	浙江金科	3617.93	0.46	5.18	1.3	
300460	惠伦晶体	5097.58	0.4	2.88	0.93	
300461	田中精机	2572.04	0.51	3.9	1.1	

2014 年深市总股本最大的二十家上市公司

序号	证券代码	证券简称	总股本	总市值	流通股本	流通市值
1	000725	京东方 A	33,950,977,574	114,075,284,648.64	11,505,664,365	38,659,032,266.40
2	000001	平安银行	11,424,894,787	180,970,333,426.08	9,831,169,471	155,725,724,420.64
3	000709	河北钢铁	10,618,607,852	40,669,268,073.16	5,089,361,451	19,492,254,357.33
4	000002	万科 A	9,722,153,444	135,137,932,871.60	9,702,629,361	134,866,548,117.90
5	000100	TCL 集团	9,452,413,271	35,919,170,429.80	8,134,944,504	30,912,789,115.20
6	000629	攀钢钒钛	8,589,746,202	30,837,188,865.18	4,766,821,153	17,112,887,939.27
7	002736	国信证券	8,200,000,000	83,312,000,000.00	1,200,000,000	12,192,000,000.00
8	002024	苏宁云商	7,383,043,150	66,447,388,350.00	4,940,714,126	44,466,427,134.00
9	000069	华侨城 A	7,271,342,722	59,988,577,456.50	3,274,622,131	27,015,632,580.75
10	000157	中联重科	6,275,925,164	44,308,031,657.84	6,260,994,993	44,202,624,650.58
11	000898	鞍钢股份	6,149,007,847	37,816,398,259.05	6,148,933,947	37,815,943,774.05
12	000776	广发证券	5,919,291,464	153,605,613,490.80	5,919,291,464	153,605,613,490.80
13	000825	太钢不锈	5,696,247,796	30,019,225,884.92	5,695,983,193	30,017,831,427.11
14	000883	湖北能源	5,348,749,678	34,392,460,429.54	5,346,072,778	34,375,247,962.54

序号	证券代码	证券简称	总股本	总市值	流通股本	流通市值
15	000959	首钢股份	5,289,389,600	21,950,966,840.00	1,206,145,283	5,005,502,924.45
16	000783	长江证券	4,742,467,678	79,768,306,343.96	4,742,367,058	79,766,613,915.56
17	000046	泛海控股	4,557,311,768	45,071,813,385.52	4,550,788,268	45,007,295,970.52
18	000333	美的集团	4,215,808,472	115,681,784,471.68	2,238,530,175	61,425,268,002.00
19	002415	海康威视	4,016,217,944	89,842,795,407.28	3,150,471,106	70,476,038,641.22
20	000562	宏源证券	3,972,408,332	121,158,454,126.00	3,518,476,752	107,313,540,936.00

2014 年深市总市值最大的二十家上市公司

序号	证券代码	证券简称	总股本	总市值	流通股本	流通市值
1	000001	平安银行	11,424,894,787	180,970,333,426.08	9,831,169,471	155,725,724,420.64
2	000776	广发证券	5,919,291,464	153,605,613,490.80	5,919,291,464	153,605,613,490.80
3	000002	万科 A	9,722,153,444	135,137,932,871.60	9,702,629,361	134,866,548,117.90
4	000562	宏源证券	3,972,408,332	121,158,454,126.00	3,518,476,752	107,313,540,936.00
5	000333	美的集团	4,215,808,472	115,681,784,471.68	2,238,530,175	61,425,268,002.00
6	000725	京东方 A	33,950,977,574	114,075,284,648.64	11,505,664,365	38,659,032,266.40
7	000651	格力电器	3,007,865,439	111,651,965,095.68	2,985,765,776	110,831,625,605.12
8	002415	海康威视	4,016,217,944	89,842,795,407.28	3,150,471,106	70,476,038,641.22
9	002304	洋河股份	1,076,420,000	85,091,001,000.00	879,259,231	69,505,442,210.55
10	002736	国信证券	8,200,000,000	83,312,000,000.00	1,200,000,000	12,192,000,000.00
11	000858	五粮液	3,795,966,720	81,613,284,480.00	3,795,621,039	81,605,852,338.50
12	000783	长江证券	4,742,467,678	79,768,306,343.96	4,742,367,058	79,766,613,915.56
13	000895	双汇发展	2,200,578,448	69,428,250,034.40	1,211,627,090	38,226,834,689.50
14	002024	苏宁云商	7,383,043,150	66,447,388,350.00	4,940,714,126	44,466,427,134.00
15	000538	云南白药	1,041,399,718	65,764,392,191.70	1,041,365,308	65,762,219,200.20
16	000625	长安汽车	3,760,899,966	61,791,586,441.38	3,387,518,413	55,656,927,525.59
17	002252	上海莱士	1,365,241,810	61,586,058,049.10	979,200,000	44,171,712,000.00
18	000728	国元证券	1,964,100,000	61,220,997,000.00	1,964,100,000	61,220,997,000.00
19	000069	华侨城 A	7,271,342,722	59,988,577,456.50	3,274,622,131	27,015,632,580.75
20	002594	比亚迪	1,561,000,000	59,552,150,000.00	706,110,885	26,938,130,262.75

2014 年深市流通股本最大的二十家上市公司

序号	证券代码	证券简称	总股本	总市值	流通股本	流通市值
1	000725	京东方 A	33,950,977,574	114,075,284,648.64	11,505,664,365	38,659,032,266.40
2	000001	平安银行	11,424,894,787	180,970,333,426.08	9,831,169,471	155,725,724,420.64
3	000002	万科 A	9,722,153,444	135,137,932,871.60	9,702,629,361	134,866,548,117.90
4	000100	TCL 集团	9,452,413,271	35,919,170,429.80	8,134,944,504	30,912,789,115.20
5	000157	中联重科	6,275,925,164	44,308,031,657.84	6,260,994,993	44,202,624,650.58
6	000898	鞍钢股份	6,149,007,847	37,816,398,259.05	6,148,933,947	37,815,943,774.05
7	000776	广发证券	5,919,291,464	153,605,613,490.80	5,919,291,464	153,605,613,490.80
8	000825	太钢不锈	5,696,247,796	30,019,225,884.92	5,695,983,193	30,017,831,427.11
9	000883	湖北能源	5,348,749,678	34,392,460,429.54	5,346,072,778	34,375,247,962.54
10	000709	河北钢铁	10,618,607,852	40,669,268,073.16	5,089,361,451	19,492,254,357.33
11	000629	攀钢钒钛	8,589,746,202	30,837,188,865.18	4,766,821,153	17,112,887,939.27
12	000783	长江证券	4,742,467,678	79,768,306,343.96	4,742,367,058	79,766,613,915.56
13	000046	泛海控股	4,557,311,768	45,071,813,385.52	4,550,788,268	45,007,295,970.52
14	000858	五粮液	3,795,966,720	81,613,284,480.00	3,795,621,039	81,605,852,338.50
15	000778	新兴铸管	3,643,307,361	22,515,639,490.98	3,642,093,972	22,508,140,746.96
16	000562	宏源证券	3,972,408,332	121,158,454,126.00	3,518,476,752	107,313,540,936.00
17	000625	长安汽车	3,760,899,966	61,791,586,441.38	3,387,518,413	55,656,927,525.59
18	000069	华侨城 A	7,271,342,722	59,988,577,456.50	3,274,622,131	27,015,632,580.75
19	000983	西山煤电	3,151,200,000	25,902,864,000.00	3,151,173,199	25,902,643,695.78
20	000932	华菱钢铁	3,015,650,025	11,821,348,098.00	3,015,039,675	11,818,955,526.00

2014 年深市流通市值最大的二十家上市公司

序号	证券代码	证券简称	总股本	总市值	流通股本	流通市值
1	000001	平安银行	11,424,894,787	180,970,333,426.08	9,831,169,471	155,725,724,420.64
2	000776	广发证券	5,919,291,464	153,605,613,490.80	5,919,291,464	153,605,613,490.80
3	000002	万科 A	9,722,153,444	135,137,932,871.60	9,702,629,361	134,866,548,117.90
4	000651	格力电器	3,007,865,439	111,651,965,095.68	2,985,765,776	110,831,625,605.12
5	000562	宏源证券	3,972,408,332	121,158,454,126.00	3,518,476,752	107,313,540,936.00
6	000858	五粮液	3,795,966,720	81,613,284,480.00	3,795,621,039	81,605,852,338.50
7	000783	长江证券	4,742,467,678	79,768,306,343.96	4,742,367,058	79,766,613,915.56
8	002415	海康威视	4,016,217,944	89,842,795,407.28	3,150,471,106	70,476,038,641.22
9	002304	洋河股份	1,076,420,000	85,091,001,000.00	879,259,231	69,505,442,210.55
10	000538	云南白药	1,041,399,718	65,764,392,191.70	1,041,365,308	65,762,219,200.20
11	000333	美的集团	4,215,808,472	115,681,784,471.68	2,238,530,175	61,425,268,002.00
12	000728	国元证券	1,964,100,000	61,220,997,000.00	1,964,100,000	61,220,997,000.00
13	000625	长安汽车	3,760,899,966	61,791,586,441.38	3,387,518,413	55,656,927,525.59
14	000063	中兴通讯	2,807,955,833	50,711,682,343.98	2,801,185,255	50,589,405,705.30
15	002142	宁波银行	3,249,828,401	51,119,800,747.73	2,872,481,390	45,184,132,264.70
16	000046	泛海控股	4,557,311,768	45,071,813,385.52	4,550,788,268	45,007,295,970.52
17	002024	苏宁云商	7,383,043,150	66,447,388,350.00	4,940,714,126	44,466,427,134.00
18	000768	中航飞机	2,653,834,509	50,263,625,600.46	2,339,779,440	44,315,422,593.60
19	000157	中联重科	6,275,925,164	44,308,031,657.84	6,260,994,993	44,202,624,650.58
20	002252	上海莱士	1,365,241,810	61,586,058,049.10	979,200,000	44,171,712,000.00

2014 年深市市盈率前二十家上市公司

序号	证券代码	证券简称	前收	收盘	成交金额(元)	成交量(股)	市盈率
1	200056	深国商 B	8.09	8.35	1,001,279.25	153,640	0.75
2	200017	深中华 B	3.1	3.23	3,948,644.38	1,602,833	0.89
3	000056	深国商	13.21	13.89	40,855,776.18	3,066,370	1.59
4	000751	锌业股份	5.95	6	129,097,746.24	21,596,307	2.04
5	000017	深中华 A	6.72	6.89	20,099,485.02	2,970,400	2.41
6	000958	东方能源	12.96	12.7	80,246,741.83	6,371,961	5.7
7	200012	南玻 B	5.76	5.72	12,004,007.24	2,657,255	6.08
8	200539	粤电力 B	6.12	6.13	10,349,387.52	2,139,110	6.79
9	200771	杭汽轮 B	8.07	8.27	7,063,828.45	1,089,439	7.47
10	002244	滨江集团	7.66	8.04	244,537,998.22	31,146,940	7.73
11	200726	鲁泰 B	10.28	10.29	2,660,038.66	328,900	7.78
12	000809	铁岭新城	10.1	10.26	318,041,428.10	31,708,426	7.95
13	000568	泸州老窖	20.09	20.4	451,026,438.34	22,157,182	8.29
14	000921	海信科龙	8.26	8.35	30,027,657.32	3,604,637	9.08
15	200488	晨鸣 B	4.17	4.19	3,261,247.02	989,800	9.41
16	200024	招商局 B	18.3	19.9	49,466,139.22	3,242,158	9.58
17	000690	宝新能源	6.2	6.32	243,031,200.44	38,822,363	9.88
18	000899	赣能股份	6.6	6.81	73,876,569.68	10,984,923	9.99
19	200152	山航 B	12.3	12.39	13,807,711.27	1,429,758	10.04
20	000002	万科 A	12.64	13.9	6,494,929,961.36	489,954,459	10.15

2014 年深市成交金额最多的二十家上市公司

序号	证券代码	证券简称	前收	收盘	成交金额(元)	成交量(股)
1	000783	长江证券	10.4	16.82	284,639,911,503.69	29,983,918,982
2	002024	苏宁云商	9.03	9	267,735,724,117.77	32,310,396,878
3	000001	平安银行	12.25	15.84	256,253,134,402.53	21,503,537,084
4	000002	万科 A	8.03	13.9	242,000,165,655.12	25,877,506,250
5	000776	广发证券	12.48	25.95	234,075,833,870.78	14,223,722,131

序号	证券代码	证券简称	前收	收盘	成交金额(元)	成交量(股)
6	000559	万向钱潮	5.31	11.87	191,630,353,024.08	15,819,657,194
7	300027	华谊兄弟	27.82	26.37	176,421,434,620.09	6,730,580,588
8	000728	国元证券	10.2	31.17	173,653,055,208.70	9,802,103,272
9	000063	中兴通讯	13.07	18.06	165,086,475,776.55	11,110,704,151
10	000651	格力电器	32.66	37.12	161,660,259,158.88	5,323,235,847
11	000686	东北证券	15.82	19.98	158,438,972,490.08	12,522,548,921
12	002190	成飞集成	15.15	32	155,780,106,082.20	3,102,060,040
13	000750	国海证券	11.44	17.39	153,575,654,267.05	11,643,408,714
14	000100	TCL 集团	2.33	3.8	144,605,543,067.08	49,481,544,140
15	300059	东方财富	15.18	27.96	139,613,161,299.22	8,087,282,413
16	000511	烯碳新材	3.99	8.21	134,966,210,605.52	17,879,600,549
17	000562	宏源证券	8.22	30.5	127,696,685,667.31	8,505,034,212
18	000024	招商地产	20.78	26.39	126,442,430,789.22	8,101,143,696
19	000858	五粮液	15.66	21.5	124,140,927,553.84	6,750,356,961
20	000725	京东方 A	2.15	3.36	122,330,055,673.53	47,168,261,667

2014 年深市成交量最大的二十家上市公司

序号	证券代码	证券简称	前收	收盘	成交金额(元)	成交量(股)
1	000100	TCL 集团	2.33	3.8	144,605,543,067.08	49,481,544,140
2	000725	京东方 A	2.15	3.36	122,330,055,673.53	47,168,261,667
3	002024	苏宁云商	9.03	9	267,735,724,117.77	32,310,396,878
4	000783	长江证券	10.4	16.82	284,639,911,503.69	29,983,918,982
5	000629	攀钢钒钛	2.14	3.59	70,604,542,107.91	26,308,228,807
6	000002	万科 A	8.03	13.9	242,000,165,655.12	25,877,506,250
7	000709	河北钢铁	2	3.83	61,498,236,414.74	24,132,627,097
8	000001	平安银行	12.25	15.84	256,253,134,402.53	21,503,537,084
9	000157	中联重科	5.45	7.06	105,039,424,388.90	19,003,356,646
10	000511	烯碳新材	3.99	8.21	134,966,210,605.52	17,879,600,549
11	000559	万向钱潮	5.31	11.87	191,630,353,024.08	15,819,657,194
12	002067	景兴纸业	2.17	3.71	57,399,765,396.53	15,260,735,315
13	000598	兴蓉投资	5.76	7.64	89,533,087,523.21	15,127,405,718
14	000069	华侨城 A	5.3	8.25	82,961,334,029.33	14,544,568,551
15	000776	广发证券	12.48	25.95	234,075,833,870.78	14,223,722,131
16	000897	津滨发展	5.45	7.55	85,021,852,021.87	13,772,732,996
17	000825	太钢不锈	2.59	5.27	49,999,778,062.13	12,698,250,746
18	000686	东北证券	15.82	19.98	158,438,972,490.08	12,522,548,921
19	000778	新兴铸管	6.37	6.18	59,251,328,347.45	11,981,154,232
20	000667	美好集团	1.82	3.17	29,446,911,952.19	11,937,098,796

2014 年深市成交笔数最多的二十家上市公司

序号	证券代码	证券简称	前收	收盘	成交金额(元)	成交量(股)	成交笔数
1	002024	苏宁云商	9.03	9	267,735,724,117.77	32,310,396,878	11,489,340
2	000783	长江证券	10.4	16.82	284,639,911,503.69	29,983,918,982	11,148,779
3	000559	万向钱潮	5.31	11.87	191,630,353,024.08	15,819,657,194	8,284,289
4	000002	万科 A	8.03	13.9	242,000,165,655.12	25,877,506,250	8,094,763
5	000511	烯碳新材	3.99	8.21	134,966,210,605.52	17,879,600,549	7,890,740
6	000001	平安银行	12.25	15.84	256,253,134,402.53	21,503,537,084	7,882,020
7	000100	TCL 集团	2.33	3.8	144,605,543,067.08	49,481,544,140	6,726,416
8	300027	华谊兄弟	27.82	26.37	176,421,434,620.09	6,730,580,588	6,138,842
9	000776	广发证券	12.48	25.95	234,075,833,870.78	14,223,722,131	5,761,973
10	000750	国海证券	11.44	17.39	153,575,654,267.05	11,643,408,714	5,758,499
11	000063	中兴通讯	13.07	18.06	165,086,475,776.55	11,110,704,151	5,651,100
12	000725	京东方 A	2.15	3.36	122,330,055,673.53	47,168,261,667	5,619,466
13	000686	东北证券	15.82	19.98	158,438,972,490.08	12,522,548,921	5,524,957

序号	证券代码	证券简称	前收	收盘	成交金额(元)	成交量(股)	成交笔数
14	000897	津滨发展	5.45	7.55	85,021,852,021.87	13,772,732,996	5,460,692
15	000157	中联重科	5.45	7.06	105,039,424,388.90	19,003,356,646	5,272,156
16	000728	国元证券	10.2	31.17	173,653,055,208.70	9,802,103,272	5,020,241
17	000858	五粮液	15.66	21.5	124,140,927,553.84	6,750,356,961	4,911,145
18	000598	兴蓉投资	5.76	7.64	89,533,087,523.21	15,127,405,718	4,848,391
19	000625	长安汽车	11.45	16.43	103,886,802,225.96	8,141,831,340	4,704,627
20	000651	格力电器	32.66	37.12	161,660,259,158.88	5,323,235,847	4,553,939

2014 年深市涨幅最多的二十家上市公司

序号	证券代码	证券简称	前收	收盘	成交金额(元)	成交量(股)	涨幅
1	300406	九强生物	14.32	76.95	11,148,048,815.65	119,959,187	437.36
2	002707	众信旅游	23.15	120.2	17,342,704,892.11	190,438,013	420.44
3	300401	花园生物	7.01	35.18	10,108,557,762.09	242,873,436	401.85
4	300399	京天利	11.19	52.18	11,380,249,186.34	199,762,993	366.31
5	300368	汇金股份	18.77	43.2	21,474,275,490.18	691,899,549	365.16
6	300359	全通教育	30.31	88.15	22,839,313,154.79	393,892,347	337.33
7	300390	天华超净	8.47	36.89	9,191,152,014.85	253,820,460	335.54
8	300400	劲拓股份	7.6	32.17	7,152,537,432.01	197,204,605	323.29
9	300389	艾比森	18.43	75.7	11,840,772,490.52	154,050,539	310.74
10	300392	腾信股份	26.1	103.98	18,189,614,771.35	146,497,720	298.39
11	300162	雷曼光电	14.39	56	22,499,747,109.05	948,887,718	291.97
12	300324	旋极信息	27.11	52.51	12,939,596,276.30	467,569,027	287.96
13	300377	赢时胜	21.58	41.48	24,185,121,295.32	534,231,873	286.39
14	300402	宝色股份	4.47	17.27	10,820,050,688.87	515,130,724	286.35
15	300033	同花顺	23.75	45.36	39,361,302,268.65	1,336,436,140	282.87
16	300379	东方通	22	83.05	15,226,126,096.45	227,126,144	278.7
17	002544	杰赛科技	11.12	27.84	26,201,144,837.10	1,685,927,304	277.33
18	300288	朗玛信息	49.4	186	15,371,325,428.45	183,152,873	276.52
19	000562	宏源证券	8.22	30.5	127,696,685,667.31	8,505,034,212	275.62
20	300376	易事特	18.4	33.88	28,630,702,466.21	545,561,357	270.55

2014 年深市跌幅最多的二十家上市公司

序号	证券代码	证券简称	前收	收盘	成交金额(元)	成交量(股)	跌幅
1	000509	华塑控股	14.01	4.84	31,275,797,281.78	6,166,665,244	65.45
2	002236	大华股份	40.88	21.95	104,058,193,680.01	3,887,236,139	46.11
3	300191	潜能恒信	29.47	16.56	40,414,597,737.09	1,618,762,649	43.74
4	002353	杰瑞股份	79.37	30.57	70,576,831,227.42	1,713,369,995	41.98
5	002416	爱施德	18.9	10.86	22,727,711,918.82	1,440,338,772	41.92
6	300149	量子高科	17.3	7.03	14,289,370,037.18	1,457,590,674	38.72
7	300228	富瑞特装	79	48.8	41,841,667,682.43	763,719,640	38.04
8	000049	德赛电池	70.2	30.12	36,875,814,436.41	853,851,104	35.42
9	300157	恒泰艾普	23.45	10.09	23,821,564,096.74	1,553,500,324	35.31
10	000536	华映科技	26.99	15.79	22,863,420,452.43	1,057,934,787	34.92
11	000670	盈方微	15.22	9.91	45,935,589,059.74	4,209,123,263	34.89
12	300215	电科院	24.24	8.14	17,792,348,299.83	1,605,916,888	32.28
13	300045	华力创通	24.9	16.97	21,320,393,791.28	1,020,335,157	31.81
14	300298	三诺生物	68.86	31.46	13,565,817,461.81	305,200,052	30.86
15	002313	日海通讯	16.03	11.1	28,673,848,353.50	2,176,997,926	30.62
16	000895	双汇发展	47.08	31.55	78,200,439,917.32	2,327,640,083	30.41
17	002241	歌尔声学	35.08	24.53	102,518,332,110.59	3,723,478,865	29.82
18	002618	丹邦科技	36.99	26.1	11,393,819,761.40	348,333,371	29.37
19	300090	盛运股份	34.69	13.65	33,832,715,381.76	1,822,467,788	29.18
20	000921	海信科龙	11.66	8.35	12,762,863,732.84	1,375,219,949	28.39

2014 年深市换手率最高的二十家上市公司

序号	证券代码	证券简称	前收	收盘	成交金额(元)	成交量(股)	换手率%
1	002722	金轮股份	7.18	21.16	34,088,429,435.07	1,275,290,455	3795.44
2	002723	金莱特	13.38	26.16	24,798,737,869.75	850,697,991	3643.28
3	300362	天保重装	12	28.02	22,767,391,156.71	912,932,172	3552.24
4	002715	登云股份	10.16	23.59	24,465,878,105.08	793,380,282	3449.48
5	300276	三丰智能	15.41	12.06	31,951,085,688.92	2,395,998,457	3167.53
6	000693	华泽钴镍	7.37	24.21	44,737,194,717.64	2,202,555,391	3064.02
7	300377	赢时胜	21.58	41.48	24,185,121,295.32	534,231,873	2989.26
8	002725	跃岭股份	15.36	32.7	23,255,144,952.27	718,605,076	2874.48
9	300368	汇金股份	18.77	43.2	21,474,275,490.18	691,899,549	2817.88
10	300373	扬杰科技	19.5	24.58	30,711,315,652.05	867,048,059	2795.41
11	300366	创意信息	18.11	48.5	18,060,785,279.96	393,668,338	2755.43
12	002709	天赐材料	13.66	31.7	25,247,402,084.12	814,201,125	2704.52
13	002708	光洋股份	11.88	15.98	19,920,598,085.19	1,020,358,153	2629.19
14	002716	金贵银业	14.35	24.6	37,202,930,139.59	1,491,620,614	2608.08
15	002235	安妮股份	10.61	15.77	53,280,474,087.00	3,251,949,942	2582.12
16	300383	光环新网	38.3	42.77	34,349,099,849.76	567,513,884	2576.05
17	002617	露笑科技	12.22	23.41	33,573,566,267.89	1,489,749,005	2519.28
18	300380	安硕信息	23.4	64.3	19,932,339,310.40	422,708,035	2460.41
19	002706	良信电器	19.1	43.97	20,946,726,388.24	524,089,537	2433.06
20	300286	安科瑞	48.56	21.45	23,859,885,099.54	711,240,670	2432.73

2014 年深市行业市盈率统计

行业代码	行业名称	深市主板		中小企业板		创业板		深圳市场	
		公司家数	加权平均	公司家数	加权平均	公司家数	加权平均	公司家数	加权平均
A	农林牧渔	7	87.23	14	72	6	84.66	27	78.03
B	采矿业	18	52.46	6	38.97	4	76.47	28	50.85
C	制造业	261	22.47	588	39.27	288	53.67	1137	32.35
D	水电煤气	27	18.64	4	30.98	1	75.98	32	19.47
E	建筑业	6	16.29	24	23.16	5	48.48	35	23.38
F	批发零售	39	37.51	20	31.88	3	62.53	62	35.24
G	运输仓储	15	24.75	8	47.01	3	79.51	26	27.75
H	住宿餐饮	8	159.45	2	51.74	0	0	10	100.5
I	信息技术	7	84.58	32	61.66	71	80.19	110	73.24
J	金融业	9	25.22	4	25.92	0	0	13	25.39
K	房地产	56	17.67	9	14.07	0	0	65	17.16
L	商务服务	5	28.14	7	34.09	3	37.08	15	31.89
M	科研服务	0	0	5	31.03	7	44.82	12	38.14
N	公共环保	9	18.99	7	54.57	5	49.45	21	26.89
O	居民服务	0	0	0	0	0	0	0	0
P	教育	0	0	0	0	0	0	0	0
Q	卫生	0	0	0	0	3	64.35	3	64.35
R	文化传播	6	41.02	2	127.73	7	52.32	15	49.43
S	综合	7	58.7	0	0	0	0	7	58.7

2014 年深市地区交易金额分布

单位:元

省/市	总交易金额(元)	占市场	股票交易金额	基金交易金额	债券交易金额	权证交易金额
上海	15225508604806.70	17.119	11076583656854.60	385101035763.34	3763823912188.71	
深圳	9655216601415.87	10.856	7327121207697.93	243959464962.20	2084135928755.75	
北京	9104391863879.39	10.236	6673047600846.88	244577220529.83	2186767042502.68	
浙江	8441446059269.35	9.491	7683928525541.40	168491995262.40	589025538465.56	

省/市	总交易金额(元)	占市场	股票交易金额	基金交易金额	债券交易金额	权证交易金额
江苏	6724767719324.59	7.561	5677870638458.08	136147926622.42	910749154244.10	
广东	4509289531086.93	5.07	4087668665202.60	75896860906.23	345724004978.10	
广州	4062719259392.12	4.568	3362934231902.04	83877323247.02	615907704243.06	
福建	3799415470303.80	4.272	3386030012208.72	83145280453.95	330240177641.13	
山东	2994781704519.37	3.367	2612641129942.62	145891018447.67	236249556129.09	
四川	2959694951884.66	3.328	2657453037973.62	51627054183.76	250614859727.29	
湖北	2677212418285.89	3.01	2286525737586.21	38377057671.66	352309623028.01	
湖南	2046928456752.90	2.301	1855660478651.60	26471918746.47	164796059354.83	
辽宁	1913673187499.14	2.152	1673669419131.83	29351759647.12	210652008720.20	
河南	1864930971288.15	2.097	1734515478301.50	28567057540.52	101848435446.13	
江西	1346809208921.99	1.514	1217473223961.55	12429000222.05	116906984738.40	
安徽	1292825867086.07	1.454	1168118045159.05	18582103395.09	106125718531.93	
重庆	1136754575247.81	1.278	1010484749322.17	13727734151.79	112542091773.85	
河北	1114208027016.04	1.253	958522221404.05	43143141174.58	112542664437.41	
陕西	1084673129735.91	1.22	972676017507.77	20936599616.75	91060512611.39	
天津	1046371588005.94	1.176	876933186531.93	19613523215.88	149824878258.13	
广西	871435369311.85	0.98	789872541067.65	11492008555.86	70070819688.33	
黑龙江	865634494863.80	0.973	747410267587.47	19635548546.30	98588678730.04	
云南	730987191862.72	0.822	524832819861.76	8524763238.10	197629608762.86	
山西	666017137678.42	0.749	594361789627.72	13064459445.72	58590888604.98	
吉林	638391548720.42	0.718	544440296168.18	6426557879.65	87524694672.59	
新疆	560317750458.42	0.63	500604355550.95	5676869637.41	54036525270.06	
甘肃	441875633649.04	0.497	323621688697.86	3118439091.05	115135505860.13	
贵州	332495811814.46	0.374	281023301747.77	2365526484.00	49106983582.69	
海南	324921337908.51	0.365	289147299243.20	5773925229.30	30000113436.01	
内蒙古	311961207234.25	0.351	276223963010.98	3056785465.57	32680458757.70	
宁夏	105885092285.38	0.119	100406190106.80	857426047.54	4621476131.04	
青海	55850757726.00	0.063	51361150365.77	509752963.53	3979854396.70	
西藏	23013669634.61	0.026	15778351109.76	263367808.71	6971950716.13	
境外地区	11231876915.56	0.013	11231876915.56			

2014 年深交所会员交易金额统计

单位:百万元

2014 年 1－12 月	总计	本地会员	异地会员	其它
总交易金额(百万元)	88,941,638.08	18,563,036.85	69,744,436.12	634,165.11
股票	73,350,173.16	15,137,541.90	57,913,492.62	299,138.63
主板 A 股	27,204,042.55	5,780,715.37	21,288,464.94	134,862.24
中小板	30,433,312.75	6,131,637.68	24,171,463.27	130,211.80
创业板	15,608,269.33	3,194,594.47	12,390,842.15	22,832.71
主板 B 股	104,548.52	30,594.38	62,722.27	11,231.88
基金	1,950,680.51	440,365.31	1,464,070.54	46,244.65
ETFs	620,868.38	165,327.46	438,464.33	17,076.59
LOFs	36,893.16	8,226.96	28,347.67	318.53
分级基金	1,254,827.79	258,559.52	971,436.15	24,832.11
封闭基金	38,091.18	8,251.37	25,822.39	4,017.43
债券	13,640,784.41	2,985,129.64	10,366,872.95	288,781.82
国债	2,559.36	698.51	1,860.68	0.16
公司债	382,632.24	119,829.49	259,352.66	3,450.08
企业债	40,416.11	12,042.99	28,349.03	24.09
可转债	62,358.02	15,540.75	46,171.47	645.79
债券回购	13,152,818.68	2,837,017.89	10,031,139.10	284,661.69
权证				

2014 年深圳证券市场各省股票集资情况一览表

单位：百万元

省份	总集资		主板						中小板						创业板					
			首次发行		增发		配股集资		首次发行		增发		配股集资		首次发行		增发		配股集资	
	只数	集资金额	只数	集资金额	只数	集资金额	只数	集资金额	只数	集资金额	只数	集资金额	只数	集资金额	只数	集资金额	只数	集资金额	只数	集资金额
北京	61	92987.34			8	66116.44			4	1168.78	14	9476.77	1	487.51	11	3698.51	23	12039.33		
广东	94	75385.86			11	31573.93			12	11281.8	38	23442.62			10	3656.23	23	5431.29		
浙江	65	37598.54			4	4106.41			4	1175.87	36	24960.45	2	606.09	5	1053.79	14	5695.93		
江苏	35	23315.19			3	4642.43			2	609.73	17	13654.26	1	470.07	6	1555.92	6	2382.79		
四川	14	20498.77			5	8562.27					5	10755.66	1	734.54	2	437.89	1	8.41		
上海	24	17751.72			1	1026.77			1	411.41	9	13593.94			3	1164.91	10	1554.69		
山东	20	15035.66			3	2601.47			1	534.44	10	10923.07			1	164.03	5	812.65		
湖南	14	14816.37			3	6092.99			1	754.36	6	6502.54			1	279.97	3	1186.51		
安徽	13	12923.74			4	8783.79					5	3341.09			1	267.81	3	531.05		
河南	15	11922.11			6	8964.07			1	722.1	6	1976.35	1	250.94			1	8.65		
河北	12	10667.28			5	8439.81					5	1764.76			2	462.7				
福建	11	10336.83			5	4410.68			1	198.49	5	5727.66								
吉林	6	8941.85			4	7409.2									1	453.14	1	1079.5		
辽宁	8	7869.52			2	4100			1	449.15	2	2776.67			2	537	1	6.71		
贵州	5	6804.82			4	5551.2					1	1253.62								
海南	4	6197			3	6193.29					1	3.71								
陕西	5	6051			2	3803.61					1	1000			1	721.5	1	525.89		
天津	8	5986.72			1	1412.04					1	2966.78			2	608.87	4	999.03		
内蒙古	4	5590.29			1	3151.06					1	2000					2	439.23		
湖北	10	4794.25			2	2203.9					3	1068.47			2	575.94	3	945.94		
新疆	4	4651.6			1	3500			1	332.73	2	818.86								
重庆	3	4040.44			1	2200					1	1532.97			1	307.48				
宁夏	2	4008.43			2	4008.43														
云南	5	3431.29			1	745			1	794.22	3	1892.07								
江西	6	3276.2			1	626.4					4	2645.47					1	4.33		
黑龙江	4	2953.25			1	796.95	1	487.21	1	1333.35	1	335.74								
广西	4	2517.08			1	950					3	1567.08								
山西	3	1800.54			1	566.04					2	1234.5								
甘肃	2	811.91									1	401.91					1	410		
合计	461	422965.61			86	202538.2	1	487.21	31	19766.42	183	147617.01	6	2549.16	51	15945.68	103	34061.94		

2014 深交所上市公司年报实证分析报告

深交所综合研究所年报分析课题小组

前言

截至 2015 年 4 月 30 日，深市 1672 家上市公司中 1671 家披露了 2014 年年报或年报数据，其中，主板公司 479 家（新中基未披露），中小板公司 746 家，创业板公司 446 家。2014 年至今，中小板、创业板 IPO 分别新增 45 家和 91 家上市公司，深交所上市公司在新兴产业、中小企业和民营企业群体中的代表性不断增强，年报数据从一个侧面反映出过去一年国民经济运行的整体情况，折射出我国经济转型的过程、方向和正在形成的突破口。

全样本统计分析显示：(1）上市公司营业收入、利润保持增长态势；结构调整倒逼机制显现、行业分化明显；并购重组创出新高、产业整合向纵深发展；研发投入普遍加大，企业积极提高创新能力。(2）三个板块差别化发展格局继续强化，主板传统行业继续做优做强，涌现一批市场化蓝筹企业；中小板稳步增长助力结构转型,领军企业已成规模;创业板服务新兴产业新经济,凸显创新、成长特征。(3)新兴产业整体发展态势良好,绿色经济、数字经济表现突出;行业投资增速有所分化,整体研发投入持续增加;外延式扩张和内生式增长并举,一批领军企业脱颖而出。(4)经济下行压力下,部分行业业绩下滑甚至亏损;新兴企业群体有待进一步扩大,行业成长需要更多包容;并购重组的实施效果有待观察,部分现象需引起注意;部分行业去杠杆压力大,经营状况和债务风险需持续关注。

一、2014 年度上市公司总体情况分析

随着我国经济发展进入新常态和"三期"叠加,一方面,上市公司经营仍然面临国内经济发展下行压力、全球经济复苏艰难曲折等困难因素,另一方面,随着加大力度实施创新驱动发展、"一带一路"等重大战略,上市公司发展有了新机遇、新空间,简政放权等全面深化改革措施也在不断优化企业经营环境。在有利和不利因素同样显著且多元化共存的条件下,深市各板块上市公司依托资本市场做优做强的意识和能力不断增强,2014 年整体经营状况较好。

(一)营业收入、利润保持增长态势

2014 年,深市上市公司实现营业总收入 63115 亿元,同比增长 8.43%,其中主板、中小板和创业板增长率分别为 5.25%、12.09%和 25.57%。回顾 2012－2014 年,各板块公司在募投项目建设、人才引进、技术创新以及产业转型、消费升级等多重因素推动下,营收规模逐年稳步增长。以 1671 家企业为样本,3 年间主板、中小板、创业板公司平均营业总收入分别增长 20.15%、46.68%和 82.21%,对应的年复合增长率分别为 6.31%、13.62%和 22.14%。

2014 年,深市上市公司归属母公司股东净利润合计 3782 亿元,同比增长 11.65%,其中主板、中小板和创业板分别增长 7.27%、17.71%和 16.57%。在经历了 2012 年的净利润下滑后,2013 年、2014 年上市公司盈利状况持续改善。2014 年深市 92.2%的公司实现盈利,有 367 家公司净利润增长超过 50%公司,比 2013 年增加 125 家。

从盈利能力看,2014 年深市上市公司平均毛利率为 20.87%,较 2013 年略有上升,其中主板、中小板分别为 19.37%、21.44%,较上年小幅上涨,创业板毛利率 33.12%,与上年持平,继续保持在较高水平上。

表 1　2014 年深市上市公司总体业绩情况

单位:元/股

板块	平均营业总收入增长率	平均净利润增长率	平均每股收益	平均毛利率(剔除金融行业)
全部公司	8.43%	11.65%	0.38	20.87%
主板	5.25%	7.27%	0.39	19.37%
中小板	12.09%	17.71%	0.37	21.44%
创业板	25.57%	16.57%	0.38	33.12%

(二)并购重组创出新高,产业整合向纵深发展

2014 年,并购重组市场化改革继续深化,企业并购需求持续释放,双轮驱动并购重组又创出新高。全年完成 136 起重大资产重组,较上年增长 134.48%,并购重组交易金额 2048.01 亿元,较上年增加 31.08%,其中中小板和创业板公司交易金额分别较上年增长 349.52%和 418.59%,呈现爆发增长态势。

延续 2013 年的发展趋势,产业整合型、产业升级型并购重组继续居于主导。上市公司旨在构建双主业及应对行业天花板的多元化并购开始增加,一部分传统行业企业借助并购重组实现业务转型。从并购标的看,新兴行业受到青睐,"互联网＋"成为热点之一。2014 年以来深市出现一批影响较大、金额较高的并购重组事件。

表 2　各板块公司重大资产重组事件数量和交易金额(2013－2014 年)

单位:起,亿元

年度	板块	主板	中小板	创业板	合计
2014	实施完成数量	30	54	52	136
	完成交易金额	948.45	755.06	344.5	2048.01
2013	实施完成数量	25	19	14	58
	完成交易金额	1328.07	167.97	66.43	1562.47
同比增长	实施完成数量	20.00%	184.21%	271.43%	134.48%
	完成交易金额	－28.58%	349.52%	418.59%	31.08%

数据来源:深交所统计。

(三)研发投入普遍加大,积极提高创新能力

在国内外产业分工格局发生调整的过程中,为把握发展机遇和应对日益激烈的市场竞争,更多上市公司加大研发投入,积极寻求向产业中高端迈进的技术能力支点。2014 年,深市已披露年度研发数据上市公司研发投入金额合计 1488 亿元,平均每家 8926 万元,较上年增加 13.27%,其中,中小板、创业板分别增长 16.64%和 22.84%。419 家公司研发强度(研发投入占营业收入比例)超过 5%,占公司总数的 25.13%。131 家公司研发强度超过 10%,35 家超过 20%。以高新技术企业以及战略性新兴产业企业为主的创业板,公司平均研发强度达到 5.38%,居三板块之首。

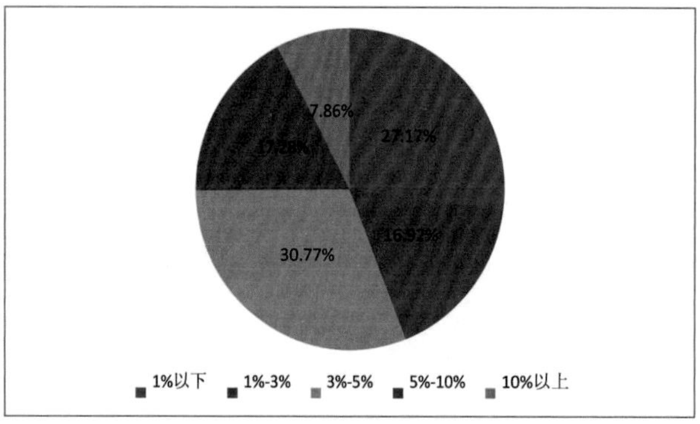

图 1　深市上市公司研发强度的公司数量分布

(四)结构调整倒逼机制显现,行业分化明显

2014 年,"转方式、调结构"对不同行业景气度的不同影响,在深市公司得到持续体现。新兴产业、消费升级行业发展势头良好,如计算机、通信和其他电子设备制造业,信息技术业,汽车制造业,文化传播利润增速分别为 56.83%、21.49%、36.36%和 35.93%,高于深市平均水平。

与此同时,一批产能过剩矛盾突出、环保压力较大的行业持续承压。2014 年石油加工、炼焦和核燃料加工业,化学纤维制造业整体亏损;有色金属冶炼和压延加工业、黑色金属冶炼和压延加工业利润下滑分别高达 63.00%和 41.88%。非金属矿物制品业、黑色金属冶炼和压延加工业、有色金属冶炼和压延加工业、造纸和纸制品业、化学纤维制造业、化学原料和化学制品制造业六个涉及产能过剩的行业,固定资产投资(现金流量表中"购建固定资产、无形资产和其他长期资产支付的现金",下同),在 2013 年降低 7.37%的基础上,2014 年继续降低 15.01%。上述行业的营业收入、净利润和资产规模在深市上市公司的占比,分别从 2011 年的 26.43%、

11.65%和17.03%进一步下降到2014年的21.54%、6.14%和13.54%。

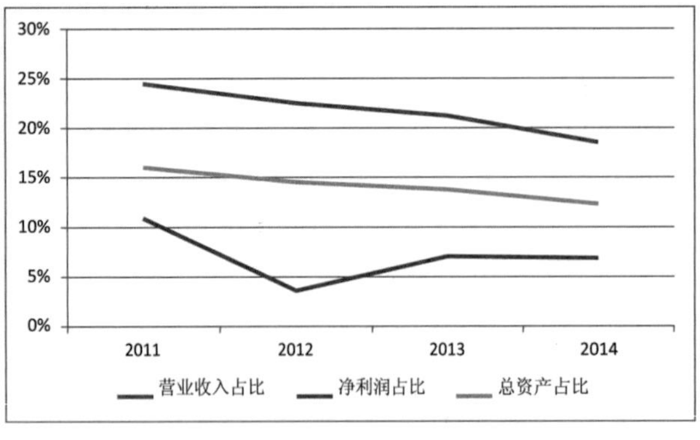

图2 产能过剩行业财务数据在深市公司占比情况

(五)现金分红的意识和力度进一步增强

2013年,证监会发布《上市公司监管指引第3号—上市公司现金分红》。深市公司现金分红回报股东的意识和力度进一步增强。截至2015年4月30日,深市1208家推出现金分红预案,分红公司占比72.29%,同比增加1.7个百分点。涉及分红金额1105.73亿元,同比增加18.92%,分红金额最高的三个行业分别是电气机械和器材制造业、房地产和计算机、通信和其他电子设备制造业。2014年1671家公司平均股利支付率29.23%,较上年提高1.78个百分点。剔除亏损公司,230家公司股利支付率超过50%;截至2014年年报,58.35%的公司连续3年以上分红。

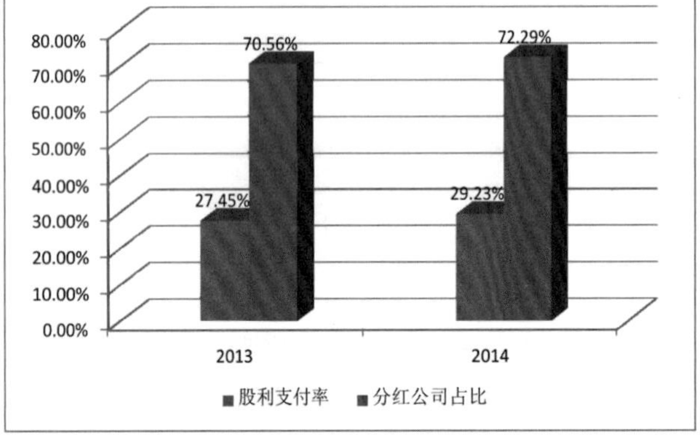

图3 深市上市公司现金分红状况

二、三个板块差别化发展格局继续强化

2004年中小板设立、2009年创业板启动,目前主板、中小板、创业板分别有480家、746家、446家上市公司。随着上市公司数量增加和发展,三个板块实现各自市场定位的基础更加宽厚,差别化特征更加清晰和丰富,差别化发展的格局继续强化。

(一)三个板块的公司在规模、毛利率等方面继续呈现阶梯状特征

2014年,主板、中小板、创业板公司平均资产规模依次为188.99亿元、49.76亿元和17.01亿元,营业总收入依次为81.09亿元、27.61亿元和8.25亿元,净利润依次为4.32亿元、1.74亿元和0.94亿元。公司资产、营收和利润的阶梯状分布,反映了各板块企业的规模和发展阶段等方面的差异。

2014年主板、中小板、创业板平均毛利率分别为19.37%、21.44%和33.12%。毛利率在三个板块长期呈现由低到高依次排列的规律,体现了不同板块公司的行业分布和企业成长阶段的特征。如,创业板公司轻资产结构相对明显,而轻资产企业毛利一般高于重资产型企业。

截至2014年底,剔除金融业深市主板、中小板和创业板的平均资产负债率分别为64.14%、48.81%和34.51%。从绝对指标看各板块资产负债率差异依然明显,并且短期内导致差异的微观基础仍将存在。

表3 深市多层次资本市场各板块发展概况

单位:亿元

	平均资产规模	平均营业总收入	平均净利润	平均毛利率(剔除金融行业)	资产负债率(剔除金融行业)
主板	188.99	81.09	4.32	19.37%	64.14%
中小板	49.76	27.61	1.74	21.44%	48.81%
创业板	17.01	8.25	0.94	33.12%	34.51%

(二)主板:传统行业继续做优做强,涌现一批市场化蓝筹企业

2014年,主板净利润排名前10位的上市公司合计实现净利润926.86亿元,占主板公司总体净利润的44.21%。这10家公司多处于银行、房地产等传统或支柱型行业以及食品饮料、家电等消费型行业,通过各种创新,在公司规模相对较大的基础上仍保持较快发展,2014年平均净利润增速达26.95%。

在一些竞争性行业里,一批主板企业实现自我积累与外延扩张的紧密结合,继续做优做强,成为市场化蓝筹企业。2014年主板中的万科、格力电器、美的集团、TCL集团4家公司,在高度市场化竞争性行业中实现营业收入过千亿,行业地位进一步巩固。

主板三分之二为国有企业,并购重组、再融资等多样化的资本市场制度支持成为国企改革的"助推器"。2014年主板公司完成再融资88家次,融资总金额1988亿元,较上年增长21%;42家公司披露重大重组方案,涉及金额1428亿元,30家公司完成重大重组,涉及金额948.45亿元。

(三)中小板:稳步增长助力结构转型,领军企业已成规模

2014年是中小板成立十周年。十年来,中小板立足中小企业群体,从无到有,从小到大,探索出了一条中国的中小企业群体与中国的资本市场结合的发展道路,用资本市场的力量为中国制造、中国服务、中国创造培育了一批新的企业中坚力量。

十年来,中小板公司业绩表现出了稳定的持续增长态势。上市公司十年平均营业总收入复合增长率为18.54%,平均净利润复合增长率为15.62%。净利润在保持较高增长的同时,年度波动低于其他两个市场。

中小板的行业覆盖面不断扩大,在分布广泛的竞争行行业里吸收和涌现了一批颇具规模、富有特色、带动效应明显的领军企业。2014年中小板共有34家公司营业收入超过100亿元,有18家公司净利润超过10亿元,分别较上年增加4家和7家。深市市值排名前20的公司中,国信证券、海康威视、比亚迪、洋河股份、苏宁云商、万达院线等6家来自中小板。

(四)创业板:服务新兴产业和新经济,凸显创新、成长特征

2014年是创业成立五周年。创业板成立伊始即承载着落实创新驱动发展战略和培育新兴产业的历史使命,致力于在经济结构转型的大背景下打造围绕创新配置资金的市场化引擎。

创业板公司集中分布于电子信息技术、环保、新材料、新

能源、高端制造、生物医药等战略性新兴产业，涌现了一批A股市场此前没有的商业模式和新业态，已经成为新经济的晴雨表。创业板高新技术企业占比82.51%，战略性新兴产业公司占比71.08%，平均研发投入占收入比例达5.38%，均居三个板块之首。

一批创新型企业在竞争中脱颖而出，快速发展。2014年创业板公司收入超过10亿元的公司99家，较上年增加25家，净利润超过2亿元的公司41家，较上年增加8家，其中蓝思科技、东方财富、碧水源、华谊兄弟、汇川技术等已经成为具有较强影响力和创新力的企业。2012－2014年，创业板3年净利润复合增长率超过30%的公司共68家，占该板块公司总数的15.25%，其中13家复合增长率超过50%。

三、战略性新兴产业蓬勃发展

截至2015年4月30日，深市共有战略性新兴产业上市公司626家，占公司总数的37.44%，其中主板、中小板和创业板分别为76家、233家和317家，占对应板块公司总数的15.83%、31.23%和71.08%。此外，深市文化产业上市公司73家，其中，主板、中小板和创业板分别为13家、32家和28家。2014年深市战略性新兴产业公司收入占深市公司比例为23.05%，较上年增加1.81个百分点，净利润占比28.99%，增加5.98个百分点，新兴产业的影响力和代表性不断增强，并展现出蓬勃活力。

（一）整体发展势头良好，绿色经济、数字经济表现突出

2014年，深市七大战略性新兴产业公司收入增长17.50%，净利润增长27.72%，73家文化产业公司收入增长22.05%，净利润增长23.60%，均大幅高于深市平均水平。近年来，战略性新兴产业业绩持续提高，体现了新常态下经济发展的新动力，各细分行业呈现出诸多亮点。

表4 战略性新兴产业和文化产业2014年业绩增长情况

行业	公司家数	营业收入增长率	净利润增长率
节能环保	74	19.24%	23.18%
新一代信息技术	214	21.94%	29.92%
生物	133	11.86%	17.64%
新能源	53	21.70%	54.62%
新能源汽车	13	22.36%	91.73%
新材料	76	8.01%	9.13%
高端装备制造	61	16.49%	12.69%
文化	73	22.05%	23.60%

绿色经济表现突出。受益于政策支持力度的持续加强和清洁科技产业的逐步复苏，2014年深市绿色产业（节能环保、新能源、新能源汽车）上市公司整体收入增长21.34%，净利润增长达50.43%。其中，新能源汽车行业在产业扶持政策、企业自我创新以及绿色消费理念的多重驱动下，2014年收入增长22.36%，净利润增长91.73%。

以信息技术为基础的数字经济蓬勃发展。受益于国家信息化进程的加速推进和大数据、云计算、物联网、移动互联网等新技术催生的增量市场，2014年深市新一代信息技术产业上市公司收入增长21.94%，净利润增长29.92%。其中，互联网行业表现突出，2014年相关上市公司净利润增速为41.59%。

生物、新材料、高端装备产业稳步增长。受益于下游市场需求的持续提升，2014年深市生物、新材料、高端装备产业上市公司业绩稳步增长，营业收入增速分别为11.86%、8.01%、16.49%，净利润增速分别为17.64%、9.13%、12.69%。

（二）行业投资增速有所分化，整体研发投入持续增加

2014年，深市战略性新兴产业上市公司固定资产投资平均增速为3.59%，较2013年2.67%的增速略有回升，但相较于2011年的32.31%仍大幅回落。

新兴产业各子行业2014年的投资增速差别较大，其中节能环保、高端装备制造、新能源汽车行业固定资产投资增速分别达到26.37%、39.78%、24.74%，新能源、生物、新材料分别下降17.37%、4.46%、26.98%。

同时，这批上市公司研发投入持续保持较高增速。2014年，整体研发投入637.99亿元，较上年增长21.41%，占营业收入比重为4.38%，超过深市整体水平2个百分点。上市公司通过持续研发投入不断夯实创新基础，盈利能力得以提高。2012年至2014年，战略性新兴产业上市公司毛利率和收入净利润率分别从23.93%、6.22%增加至24.74%、7.52%。

（三）外延式扩张和内生式增长并举，一批领军企业脱颖而出

2014年，新兴产业上市公司并购进一步活跃。一是行业内的横向、纵向扩张和行业间的多元化发展，如不少环保企业通过横向跨区域并购拓展业务；二是围绕“互联网＋”的产业融合成为热点；三是通过跨境并购寻求跨越式发展，如部分上市公司在美国或欧洲收购企业或团队以提高技术实力或获得销售渠道。

与此同时，新兴产业上市公司通过持续的产品和商业模式创新获得内生式增长动力。例如，部分光伏制造企业开始切入毛利率更高的光伏发电业务，并探索光伏电站资产证券化的融资模式创新。

通过外延式扩张和内生式增长，一批战略性新兴产业企业成长为细分行业里有影响的领军企业，如资源循环利用行业的格林美，智能语音识别行业的科大讯飞，光伏逆变器行业的阳光电源，风电行业的金风科技，新能源汽车行业的比亚迪等。

四、问题和趋势

深市汇集了为数众多、分布广泛、模式多样的企业，较为集中地体现了新兴产业、创新型企业和民营企业的发展特征，在经济转型时期能够较为全面地反映出新常态下国民经济运行的新特点，以及转方式、调结构进程的阶段性特征。2014年深市上市公司整体业绩向好，亮点不少，但以下问题也值得关注：

（一）经济下行压力下，部分行业业绩下滑甚至亏损

部分传统行业受制于产能过剩、需求疲软影响，经营业绩持续承压。2014年深市公司有4个一级行业、14个制造业二级行业出现利润负增长。采矿业净利润连续三年下滑，有色金属冶炼和压延加工、黑色金属冶炼和压延加工、运输设备制造业、餐饮住宿等行业利润下降超过30%。受到石油、煤炭价格下跌等影响，石油加工、炼焦和核燃料加工业，化学纤维制造业在2014年出现了亏损。部分行业的业绩波动较大、复苏基础仍待观察，如黑色金属冶炼和压延加工行业2013年扭亏，2014年虽盈利但是利润下降超过40%。化学原料和化学制品行业2012年和2013年利润连续下滑，2014年有所恢复。

涉农上市公司的整体经营状况不容乐观。已披露年报52家涉农企业2014年收入较上年增长5.07%，低于市场整体平均水平，净利润下降16.32%，连续两年下滑，其中7家出现亏损。

（二）新兴产业群体有待进一步扩大，行业成长需要更多包容

2014 年深市战略性新兴产业公司总体业绩突出，显现出新兴产业在推动经济转型升级过程中的独特优势。然而深市战略性新兴产业公司在深市公司的资产、收入和净利润占比分别均不足三成。战略性新兴产业在经济转型升级、创新驱动中的作用尚未得到充分释放。

与此同时，新兴产业的发展过程中机遇与风险并存。2014 年深市战略性新兴产业公司的业绩呈现分化态势，626 家战略性新兴产业企业中，66 家收入和净利润同时下降，31 家发生亏损。新兴产业的发展过程往往充满曲折，国家创新政策和企业各类投入的效果显现都需要一定时间的积累，无论是互联网还是清洁科技均经历热潮与市场洗礼，最终一部分企业坚持并逐渐壮大。因此，在关注新兴产业发展固有的高风险特点的同时，也应给予更多的包容、耐心和制度支持。

（三）并购重组的实施效果有待观察，部分现象需引起注意

境外成熟市场并购发展的经验表明，并购重组的效果受并购定价、资金、财务、税务以及企业文化融合等诸多因素的影响，是一项系统工程且具有一定的风险。近年来上市公司并购活动持续活跃，并购中的风险控制、后续整合以及并购成效仍需进一步观察。

2014 年深市个别公司出现并购标的业绩不达预期导致上市公司业绩下滑，并购中的业绩承诺未能实现，以及溢价并购后标的业绩下滑计提商誉减值等现象。虽然是个别现象，但需要引起注意。

（四）部分行业去杠杆压力大，经营状况和债务风险需持续关注

2014 年深市非金融公司资产负债率 57.34%，较上年下降 0.31 个百分点。部分行业的资产负债率处于高位。房地产、建筑业、石油加工炼焦和核燃料加工业资产负债率超过 70%，有色金属、黑色金属冶炼和压延加工业资产负债率超过 60%。个别行业面临业绩下降和去杠杆双重压力，如 2014 年石油加工炼焦和核燃料加工业、有色金属利润降幅超过 40%。

高杠杆压力与需求放缓、行业调控等的影响已经在上市公司的投融资活动中显现。2014 年有色金属、黑色金属等行业固定资产投资规模收缩，房地产行业经营活动现金净流入增加，融资活动所得资金出现下降。高负债行业上市公司经营活动现金变动、投资结构调整，债务状况值得持续关注。

附：数据说明

1. 行业分类采用中国证监会 2014 年的分类标准，战略性新兴产业样本根据深交所分类确定，

涉农上市公司样本由中信证券“农林牧渔”行业加上吉峰农机构成，文化产业根据 2012 年国家统计局最新修订的《文化及相关产业分类》确定。

2. 报告中毛利率及资产负债率的计算，均剔除了金融行业，其他全样本指标，如未专门说明均包含了金融行业。

3. 统计研发费用时剔除了未披露 2014 年全年数据的 4 家公司，平均研发强度根据已披露公司的研发投入和营业收入，按照整体法计算得出。

4. 股利支付率为上市公司中报分红和年报分红预案合计，与当年归属母公司股东净利润之比。

5. 并购重组的统计口径为重大资产重组。

6. 主板利润前 10 家公司，不包括 ST 凤凰。

7. 中小板十年平均营业收入复合增长率和十年平均净利润复合增长率，根据各年末已上市公司样本平均值计算得出。

8. 计算战略性新兴产业的总体及分行业收入、利润增速时，新材料行业剔除锡业股份，新能源行业剔除 *ST 集成，避免极值的影响。

2014 年深圳证券交易所大事记

1 月

1 月 13 日，我所发布《深圳证券交易所 2013 年度自律监管工作报告》，从监管执法、规则建设、监管转型、调整优化监管服务等方面总结梳理 2013 年度自律监管主要工作。

1 月 13 日，我所进一步扩大信息披露直通公司范围和公告类别范围，直通公司数量占深市上市公司数量的比例达到了 98.76%。

2 月

2 月 23 日，中国证监会肖钢主席一行来深调研并听取我所工作汇报。

2 月 24 日，我所开始通过官方微博微信平台发布一周上市公司监管信息动态，重点公开深市上市公司在信息披露事后审核、临时停牌、风险警示、监管措施、违规处分等方面的监管信息。

2 月 25 日，中国证监会庄心一副主席一行来深调研并召开《上市公司监管条例》座谈会。

3 月

3 月 14 日，我所开展 3·15 保护投资者合法权益主题教育系列活动并发布《深交所 2013 年个人投资者状况调查报告》。

3 月 14 日，我所举办《群众路线之实践与山东革命根据地之成功》专题讲座，我所中层以上领导干部学习贯彻习近平总书记系列讲话精神集中轮训正式开班。

3 月 17 日，我所发布“互动易”手机 APP，搭建投资者与上市公司随时随地互动交流的新方式。

3 月 26 日，中国证监会王会民纪委书记一行来深调研并听取我所工作汇报。

4 月

4 月 10 日，我所和深圳证券信息有限公司联合发布深证红利加权 50 指数（简称“深红利 50”，代码“399672”）、巨潮红利加权 100 指数（简称“红利 100”，代码“399411”）。

4 月 16 日，中国证监会刘新华副主席一行来深调研并听取我所工作汇报。

4 月 17 日，我所举办“新一代交易系统接口规范解读暨技术改造启动会”，启动市场参与者协同开展对接我所新一代交易系统的技术系统适应性改造。

4 月 25 日，我所发布《合格境外机构投资者和人民币合格境外机构投资者证券交易实施细则》。

5 月

5 月 1 日－4 日，我所交易系统、中心数据库系统和监察系统平稳切换到新大楼技术中心运行。

5 月 5 日，我所发布《深交所多层次资本市场上市公司 2013 年报实证分析报告》。

5 月 6 日，我所发布《深圳证券交易所 2013 年度股票市场绩效报告》。

5 月 9 日，我所和中国证券登记结算有限责任公司联合修订并发布了《深圳市场首次公开发行股票网下发行实施细

则》、《深圳市场首次公开发行股票网上按市值申购实施办法》。

5月19日，我所正式实施盘后定价大宗交易，当日有两只证券产生交易，共成交288.85万元。

5月21日，国内首个交易所场内房地产投资基金产品（REITs）中信证券“中信启航专项资产管理计划”，在我所综合协议交易平台挂牌转让。

5月27日，我所完成深市上市公司2013年度信息披露的考核工作，结果显示考核结果为A、B的公司比率均在九成左右。

5月27日，中小企业板设立十周年，我所召开“深入贯彻‘新国九条’，促进多层次市场健康发展”座谈会。

5月30日，我所和深圳证券信息有限公司联合发布深市精选指数（简称“深市精选”，代码“399013”）。

6月

6月5日，我所主办召开第十四届保荐机构联席工作会议。

6月7日，我所举行第五届“交易规则日”活动，围绕“资本市场双向开放形势下交易制度的设计与优化”举办研讨会。

6月12日，我所发布《优先股试点业务实施细则》。

6月13日，我所发布《关于完善首次公开发行股票上市首日交易机制有关事项的通知》，调整新股上市首日交易机制等相关制度。

6月13日，全国政协副主席、科技部部长万钢一行到访并听取我所工作情况介绍。

6月17日，我所发布《关于对公司债券交易实行风险警示等相关事项的通知》，对出现风险情形的公司债券的交易实行风险警示。

6月18日，我所和深圳证券信息有限公司联合发布创业板50指数（简称“创业板50”，代码“399673”）。

6月19日，我所发布《关于为暂停上市公司债券提供转让服务的通知》，为符合条件的暂停上市公司债券提供转让服务。

6月20日，我所发布《关于扩大转融通证券出借交易业务试点范围有关事项的通知》，将参与转融通证券出借交易业务试点会员由30家扩大至73家。

6月26日，我所完成第四次审核登记事项清理工作并公布了《审核和登记事项公开一览表》，清理事项合计减幅达31%。

7月

7月1日，我所开始组织新一代交易系统第一阶段联网测试，市场参与者技术系统主要开发商和信息服务商先行者参测。

7月4日，我所就修订《股票上市规则（2014年修订）》、《创业板股票上市规则（2014年修订）》向市场公开征求意见。

7月10日，全国政协副主席、全国工商联主席王钦敏一行到访并听取工作情况介绍。

7月17日，我所在青岛举办“会员营业部之家”大讲堂之首期证券公司财富管理培训班。

8月

8月4日，我所进一步畅通信访举报渠道，在官网开辟“廉洁从业监督”窗口，向社会公布纪检监察信访举报方式、受理范围、举报须知。

8月11日，我所发布《可交换公司债券业务实施细则》，针对上市公司股东公开发行可交换债券的上市交易、信息披露、换股等相关事项作出明确规定。

8月14日，我所举办首期“投资者走进交易所”活动，30多名“投资者之家”代表参加此次活动。

8月20日，我所与深圳证券通信有限公司联合发布通知，大幅调降深圳市场通信收费标准，提升报盘速率。

8月22日，我所首只事后备案制证券公司次级债完成发行并挂牌转让。

8月27日，我所和深圳证券信息有限公司联合发布深证可转换债券综合指数（简称“深证转债”，代码“399307”）和国证可转换债券综合指数（简称“国证转债”，代码“399413”）。

9月

9月1日，我所召开干部大会，中国证监会党委书记、主席肖钢在会上宣布中央和国务院任免我所主要负责人的决定并作重要讲话。

9月9日，我所发布了修订后的《上市公司股东大会网络投票实施细则》和《投资者网络服务身份认证业务指引》，对网络投票系统进行全面优化升级。

9月9日，我所开始组织新一代交易系统第二阶段联网测试、期权仿真测试，19家证券公司和7家基金公司先行者参测。

9月9日，湖南省委书记徐守盛、省长杜家毫率领的湖南党政代表团一行来访。

9月12日，我所举办首期“创业家思享汇”活动。

9月12日，我所发布《关于扩大融资融券标的证券范围的通知》，深市融资融券标的股票范围从299只扩大到400只。

9月12日，我所上线“投资者之声”在线问卷调研与意见征集平台“征集易”，建立起覆盖全国30家会员单位150个营业部、包含1500人的投资者信息库。

9月24日，我所承办的第二届内幕交易警示教育展在北京展览馆开幕。

9月25日，我所和深圳证券信息有限公司联合发布深证中高等级信用债指数（简称“深信中高”，代码“399298”）和深证中低等级信用债指数（简称“深信中低”，代码“399299”）。

10月

10月15日，我所发布《证券投资基金交易和申购赎回实施细则》，对现行基金交易、认购、申购和赎回业务规则进行了系统梳理和整合。

10月15日，深沪两所发布《证券公司短期公司债券业务试点办法》，允许获得中国证监会试点发行资质认可的证券公司和中国证券金融股份有限公司发行短期公司债券。

10月19日，我所发布《股票上市规则（2014年修订）》和《创业板股票上市规则（2014年修订）》，同时就《退市公司重新上市实施办法（2014年修订）》和《退市整理期业务特别规定（2014年修订）》两项配套规则向社会各界公开征求意见。

10月20日，我所推出首批交易型货币市场基金。

10月24日，我所在广州易方达基金公司举办了首期“走进基金公司活动”。

10月27日，我所与韩国交易所签订新一轮合作谅解备忘录。

10月28日，我所与纳斯达克签订新一轮合作谅解备忘录。

10月30日，由科技部火炬高技术产业开发中心、深圳证券交易所、全国中小企业股份转让系统有限责任公司、招商银行四方共同发起的“科技型中小企业成长路线图计划 2.0”在深圳正式启动。

10 月 30 日，我所举办以“加快创业板改革，服务创新驱动战略”为主题的创业板五周年论坛。

10 月 31 日，我所召开理事会战略规划委员会成立暨第一次会议。

11 月

11 月 6 日，深沪两所发布《并购重组私募债券业务试点有关事项通知》，拓宽并购重组融资渠道，积极发挥资本市场支持实体经济作用。

11 月 8 日，中共中央政治局委员、广东省委书记胡春华一行来我所调研并召开座谈会。

11 月 13 日，我所在杭州举办第十届地方政府资本市场工作经验交流会。

11 月 19 日，我所发布《基金产品开发与创新服务指引》，规范流程，鼓励创新，加快交易所基金市场发展。

11 月 18 日，我所召开理事会创新发展委员会成立暨第一次会议。

11 月 21 日，我所发布《员工持股计划信息披露业务备忘录》。

11 月 25 日，中国证监会庄心一副主席来深调研并主持召开关于市值管理和优化投资者回报机制座谈会。

11 月 26 日，我所发布《资产证券化业务指引（2014 年修订）》。

11 月 26 日，我所发布《关于接受转融通证券出借交易约定申报的通知》，正式推出转融通出借交易约定申报方式。

12 月

12 月 4 日，我所以“推进依法治市，构建科学透明的业务规则体系”为主题，开展第十四个“12·4”全国法制宣传日系列活动。

12 月 16 日，我所向上市公司发布了《信息披露公告类别使用手册》，全面系统介绍信息披露公告体系。

12 月 19 日，我所召开理事会自律监管委员会成立暨第一次会议。

12 月 23 日，我所与多所高校合作，举办首期“燧石星火创业训练营”公益活动，支持高校学生自主创业。

12 月 24 日，我所印发《深圳证券交易所贯彻落实〈建立健全惩治和预防腐败体系 2013－2017 年工作规划〉实施办法》，切实加强惩治和预防腐败体系建设。

12 月 29 日，我所召开理事会风险管理委员会换届暨年度工作会议。

第二章 证券监管与经营机构

第一节 证券监管机构

中国证券监督管理委员会

中国证监会为国务院直属正部级事业单位，依照法律、法规和国务院授权，统一监督管理全国证券期货市场，维护证券期货市场秩序，保障其合法运行。

中国证监会设在北京，现设主席 1 名，副主席 4 名，纪委书记 1 名（副部级），主席助理 2 名；会机关内设 21 个职能部门，1 个稽查总队，3 个中心；根据《证券法》第 14 条规定，中国证监会还设有股票发行审核委员会，委员由中国证监会专业人员和所聘请的会外有关专家担任。中国证监会在省、自治区、直辖市和计划单列市设立 36 个证券监管局，以及上海、深圳证券监管专员办事处。

依据有关法律法规，中国证监会在对证券市场实施监督管理中履行下列职责：

（1）研究和拟订证券期货市场的方针政策、发展规划；起草证券期货市场的有关法律、法规，提出制定和修改的建议；制定有关证券期货市场监管的规章、规则和办法。

（2）垂直领导全国证券期货监管机构，对证券期货市场实行集中统一监管；管理有关证券公司的领导班子和领导成员。

（3）监管股票、可转换债券、证券公司债券和国务院确定由证监会负责的债券及其他证券的发行、上市、交易、托管和结算；监管证券投资基金活动；批准企业债券的上市；监管上市国债和企业债券的交易活动。

（4）监管上市公司及其按法律法规必须履行有关义务的股东的证券市场行为。

（5）监管境内期货合约的上市、交易和结算；按规定监管境内机构从事境外期货业务。

（6）管理证券期货交易所；按规定管理证券期货交易所的高级管理人员；归口管理证券业、期货业协会。

（7）监管证券期货经营机构、证券投资基金管理公司、证券登记结算公司、期货结算机构、证券期货投资咨询机构、证券资信评级机构；审批基金托管机构的资格并监管其基金托管业务；制定有关机构高级管理人员任职资格的管理办法并组织实施；指导中国证券业、期货业协会开展证券期货从业人员资格管理工作。

（8）监管境内企业直接或间接到境外发行股票、上市以及在境外上市的公司到境外发行可转换债券；监管境内证券、期货经营机构到境外设立证券、期货机构；监管境外机构到境内设立证券、期货机构、从事证券、期货业务。

（9）监管证券期货信息传播活动，负责证券期货市场的统计与信息资源管理。

（10）会同有关部门审批会计师事务所、资产评估机构及其成员从事证券期货中介业务的资格，并监管律师事务所、律师及有资格的会计师事务所、资产评估机构及其成员从事证券期货相关业务的活动。

（11）依法对证券期货违法违规行为进行调查、处罚。

（12）归口管理证券期货行业的对外交往和国际合作事务。

（13）承办国务院交办的其他事项。

领导介绍：

主席：肖钢

肖钢同志，1958 年 8 月出生，汉族，江西吉安人，出生于湖南长沙，法学硕士。

现任中国证券监督管理委员会主席、党委书记。

1981 年开始在中国人民银行工作。1989 年 5 月至 1996 年 10 月，历任中国人民银行政策研究室副主任、主任、中国外汇交易中心总经理、中国人民银行计划资金司司长等职务。1996 年 10 月至 2003 年 3 月曾担任中国人民银行行长助理及副行长，并于此期间先后兼任中国人民银行计划资金司司长、货币政策司司长、中国人民银行广东省分行行长及国家外汇管理局广东省分局局长。自 2003 年 3 月至 2004 年 8 月任中国银行董事长、行长、党委书记。2004 年 8 月至 2013 年 3 月任中国银行董事长、党委书记。2003 年 5 月至 2013 年 3 月兼任中银香港（控股）董事长。2013 年 3 月任中国证券监督管理委员会主席、党委书记。

肖钢同志是第十七届中央候补委员、第十八届中央委员。

纪委书记：王会民

王会民同志，1959 年 2 月出生，汉族，籍贯甘肃，工商管理硕士。

现任中国证券监督管理委员会纪委书记、党委委员。

王会民同志 1975 年 7 月参加工作。1984 年 1 月进入中国建设银行新疆分行，1992 年 7 月起先后任中国建设银行新疆分行办公室主任，巴音郭楞蒙古自治州中心支行党组副书记、副行长，乌鲁木齐支行党组书记、行长，新疆分行党组副书记、副行长，新疆分行党委书记、行长。2002 年 2 月起先后任新疆维吾尔自治区政府主席助理、党组成员，2005 年 8 月起兼任自治区金融工作办公室主任、党组书记，2008 年 8 月起兼任自治区农村信用社联合社党委书记，2012 年 1 月任新疆维吾尔自治区人大常委会副主任。2014 年 1 月任中国证券监督管理委员会纪委书记、党委委员。2015 年 12 月任中央纪委驻中国证券监督管理委员会纪检组组长、党委委员。

主席助理：姜洋

姜洋同志，1956 年 9 月出生，汉族，四川泸州人，经济学博士。

现任中国证券监督管理委员会副主席、党委委员。

姜洋同志 1982 年起任经济日报社编辑、记者；1989 年任金融时报经济部负责人；1990 年起任中国人民银行办公厅新闻处副处长、处长、办公厅秘书处处长、办公厅副主任、非银行金融机构监管司副司长；1998 年任中国证券监督管理委员会机构监管部主任；2001 年 7 月任上海期货交易所总经理、党委书记；2006 年 7 月任中国证券监督管理委员会主席助理、党委委员；2006 年 8 月至 2009 年 4 月兼任期货监管部主任；2012 年 9 月任中国证券监督管理委员会副主席、党委委员。

副主席：李超

李超同志，1965 年 12 月出生，汉族，河南焦作人，管理学博士。

现任中国证券监督管理委员会副主席、党委委员。

李超同志 1987 年 7 月在中国建设银行参加工作。1997 年 7 月起先后任中国建设银行人事教育部机关干部管理处处长，办公室副主任。2000 年 6 月任中国证券监督管理委员会办公厅副主任。2003 年 1 月任中国人民银行办公厅副主任。2004 年 10 月任中国人民银行办公厅主任。2008 年 12 月任国家外汇管理局副局长、党组成员，2011 年 9 月起兼任中国人民银行营业管理部主任、党委书记，国家外汇管理局北京外汇管理部主任。2015 年 9 月任中国证券监督管理委员会副主席、党委委员。

副主席：方星海

方星海同志，1964 年 5 月出生，汉族，浙江乐清人，经济学博士。

现任中国证券监督管理委员会副主席、党委委员。

方星海同志 1998 年 8 月起先后任中国建设银行集团协调委员会办公室主管、中国银河证券公司经营管理委员会秘书长。2001 年 7 月起任上海证券交易所总经理助理、副总经理、党委委员。2005 年 12 月任上海市金融服务办公室副主任（正局级），2007 年 10 月任上海市金融工作党委副书记、市金融服务办公室主任。2013 年 9 月任中央财经领导小组办公室经济一组巡视员，2014 年 6 月任中央财经领导小组办公室经济四局局长。2015 年 10 月任中国证券监督管理委员会副主席、党委委员。

主席助理：赵争平

赵争平同志，1962 年 10 月出生，汉族，河南博爱人，工商管理硕士。

现任中国证券监督管理委员会主席助理、党委委员。

赵争平同志 1984 年 8 月参加工作。先后在农业部办公厅、国务院办公厅工作。2000 年 11 月起历任中国证监会政策研究室副局级干部，办公厅副主任、党委办公室副主任兼党委宣传部副部长（主持工作），党委宣传部部长兼办公厅副主任、党委办公室副主任。2006 年 2 月任郑州商品交易所党委书记、总经理。2009 年 11 月任中国证监会办公厅主任、党委办公室主任。2015 年 2 月任中国证券监督管理委员会主席助理、党委委员。

主席助理：黄炜

黄炜同志，1965 年 4 月出生，汉族，江苏宜兴人，法学博士。

现任中国证券监督管理委员会主席助理、党委委员。

黄炜同志 1989 年 1 月在司法部参加工作。1998 年 9 月起先后任中国证监会稽查部综合处处长，人事教育部组织处处长。2001 年 2 月起历任中国证监会人事教育部副主任、党委组织部副部长、党委宣传部副部长，法律部副主任（其间：2004 年 2 月至 2006 年 2 月挂职任安徽省芜湖市委常委、副市长），法律部主任，首席律师兼法律部主任。2015 年 2 月任中国证券监督管理委员会主席助理、党委委员。

地址：北京市西城区金融大街 19 号富凯大厦
邮编：100033
信访投诉电话：010－66210182、66210166

上海证券交易所

上海证券交易所成立于 1990 年 11 月 26 日，同年 12 月 19 日开业，归属中国证监会垂直管理。按照“法制、监管、自律、规范”的八字方针，上海证券交易所致力于创造透明、开放、安全、高效的市场环境，其主要职能包括：提供证券交易的场所和设施；制定证券交易所的业务规则；接受上市申请，安排证券上市；组织、监督证券交易；对会员、上市公司进行监管；管理和公布市场信息。

上海证券交易所下设办公室、人事部（党委组织部）、党委办公室（党委宣传部）、纪检监察办公室、交易管理部、发行上市部、上市公司监管一部、上市公司监管二部、会员部、债券业务部、国际发展部、基金业务部、衍生品业务部、市场监察部、法律部、投资者教育部（企业培训中心）、系统运行部、技术开发部、技术规划与服务部、信息中心、北京中心、财务部、风控与内审部、资本市场研究所、自贸区交易平台筹备工作小组、基建工作小组、花桥基地工作小组等内设部门或临时工作小组，以及全资子公司——上海证券通信有限责任公司、上证所信息网络有限公司、上证金融服务有限公司，通过它们的合理分工和协调运作，有效地担当起证券市场组织者的角色。此外，上海证券交易所还控股或参股了 20 家公司机构，大大拓展了上交所的服务范围。

经过二十五年的快速成长，上海证券交易所已发展成为拥有股票、债券、基金、衍生品四大类证券交易品种的，市场结构完整的证券交易所；拥有可支撑上海证券市场高效稳健运行的，世界先进的交易系统及基础通信设施；拥有可确保上海证券市场规范有序运作的，效能显著的自律监管体系。依托这些优势，上海证券市场的规模和投资者群体也在迅速壮大。2014 年，沪市上市公司家数达 995 家，总市值 24.4 万亿元，全年累计成交金额 37.56 万亿元，日均成交达 1533 亿元，股市筹资总额达 3962.59 亿元；债券市场挂牌只数达 2603 只，托管量 2.29 万亿元，累计成交 86.68 万亿元；基金市场上市只数达 75 只，总市值 2084 亿元，累计成交 37478 亿元。投资者开户数量已达 12317 万户。

地址：上海市浦东南路 528 号证券大厦
邮编：200120
总机：68808888
传真：68804868
网址：http://www.sse.com.cn
邮箱：webmaster@secure.sse.com.cn

深圳证券交易所

深圳证券交易所（以下简称“深交所”）成立于 1990 年 12 月 1 日，是为证券集中交易提供场所和设施，组织和监督证券交易，履行国家有关法律、法规、规章、政策规定的职责，实行自律管理的法人，由中国证券监督管理委员会（以下简称“中国证监会”）监督管理。深交所的主要职能包括：提供证券交易的场所和设施；制定业务规则；接受上市申请、安排证券上市；组织、监督证券交易；对会员进行监管；对上市公司进行监管；管理和公布市场信息；中国证监会许可的其他职能。

深交所以建设中国多层次资本市场体系为使命，全力支持中国中小企业发展，推进自主创新国家战略实施。2004年5月，中小企业板正式推出；2006年1月，中关村科技园区非上市公司股份报价转让开始试点；2009年10月，创业板正式启动，多层次资本市场体系架构基本确立。深交所坚持从严监管根本理念，贯彻“监管、创新、培育、服务”八字方针，努力营造公开、公平、公正的市场环境。

截至2015年底，上市公司1746家，市值23.61万亿元，成交总额122.50万亿元，深证成份指数较年初上涨9.93%。上市基金476只，挂牌债券1448只，资产证券化产品53只。年内完成深成指扩容改造，启动深港基金互认，落实公司债改革，建设“乐富基金超市”，推出白银LOF、纳指100ETF、鹏华前海REITs等创新产品。

【品牌建设】

一套完整的品牌识别系统是组织愿景的外在表达，能够更好地帮助员工认清定位，把使命与责任内化于心，外化于形。深交所的品牌识别系统，来自长时间的积淀和发展。新LOGO创意源自“两块燧石相互擦亮，共同点燃创新之光”。“释放成长新动力”则是深交所品牌核心理念的简短语言表述。深交所一直以建设中国多层次资本市场体系为己任，全力支持企业发展，服务投资者，推进经济转型升级。深交所将一如既往地把“支持中小企业，创造无限机会，推进自主创新，服务中国经济”的品牌核心理念，贯穿到监管、创新、培育、服务的每一个细节，努力营造公开、公平、公正的市场环境。

【社会文化公益】

弘扬核心价值，展示历史文化。典藏中心举办系列“红色基因”主题展览，展示中国革命和社会主义建设历史，打造全国金融系统爱国主义教育基地，弘扬社会主义核心价值观。同时，定期举办丰富多彩的传统艺术展，呈示中国灿烂历史文化的深厚底蕴，服务文化兴国，打造文化公益平台。

自2013年8月8日成立以来，典藏中心先后举办“志愿军文献特展”、“开国领袖文献展”、“纪念抗日战争胜利70周年民间文献展”、“积翠园精品展”、“海上丝绸之路图片精品展”、“翰墨百年——吴氏三代书画展”、“历代书法作品展”7次展览，在社会上获得了热烈反响。在未来规划中还将举办更多更具内涵、更有特色教育意义的公众展览。

在中央“文化兴国”战略指引下，在文化建设日益重要的今天，作为深交所履行社会责任的一部分，典藏中心承担着文化发扬传承的重任。“公众开放日”活动自2015年3月份正式启动，得到了社会各界的支持与关注，吸引了政府机关、学校、企事业单位等众多社会团体的积极参与。

地址：深圳市福田区深南大道2012号
邮编：518038
电话：0755－88668888
邮箱：cis@szse.cn
投资者服务热线：400－808－9999
技术咨询服务热线：0755－82083500

中国证券登记结算有限公司

中国证券登记结算有限公司依据《中华人民共和国证券法》和《中华人民共和国公司法》组建。公司总资本为人民币12亿元，上海、深圳证券交易所是公司的两个股东，各持50%的股份。公司总部设在北京，下设上海、深圳和北京数据技术分公司三家分公司。中国证监会是公司的主管部门。

中国证券登记结算有限公司依据《中华人民共和国证券法》和《中华人民共和国公司法》组建。公司总资本为人民币12亿元，上海、深圳证券交易所是公司的两个股东，各持50%的股份。公司总部设在北京，下设上海、深圳和北京数据技术分公司三家分公司。中国证监会是公司的主管部门。

一、公司的历史沿革

2001年3月30日，按照《证券法》关于证券登记结算集中统一运营的要求，经国务院同意，中国证监会批准，中国结算组建成立。同年9月，中国结算上海、深圳分公司正式成立。从2001年10月1日起，中国结算承接了原来隶属于上海和深圳证券交易所的全部登记结算业务，标志着全国集中统一的证券登记结算体制的组织架构已经基本形成。

二、公司的宗旨

公司的宗旨是，建立一个符合规范化、市场化和国际化要求，具有开放性、拓展性特点，有效防范市场风险和提高市场效率，能够更好地为中国证券市场未来发展服务的集中统一的证券登记结算体系。

三、公司的基本职能

按照《证券法》和《证券登记结算管理办法》的相关规定，中国结算履行下列职能：

证券账户、结算账户的设立和管理；

证券的存管和过户；

证券持有人名册登记及权益登记；

证券和资金的清算交收及相关管理；

受发行人的委托派发证券权益；

依法提供与证券登记结算业务有关的查询、信息、咨询和培训服务；

中国证监会批准的其他业务。

2014年证券登记结算综述

（一）新开账户数有所增加

截止到2014年底，中国结算A股账户开户代办点7199个。2014年全年新开股票账户约950.92万户，较上年增加约458.02万户，同比增加约92.92%。其中，新开A股账户949.18万户，较上年增加457.91万户，增加93.21%；新开B股账户1.74万户，较上年增加0.11万户，增加6.75%。

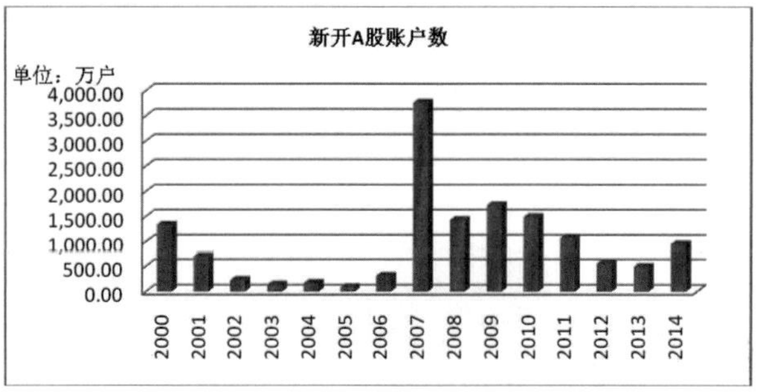

图1 2000－2014年新开A股账户数

截止到2014年底，期末股票账户数约18,401.17万户；其中，期末A股账户数为18,145.62万户，比上年增加882.24万户，增长5.11%；B股账户255.55万户，比上年增加1.29万户，增长0.51%。经证券公司核实、申报的休眠账户数为4,186.48万户。股票账户去除休眠账户后的有效账户数为14,214.69万户。

截止到2014年底,一码通账户数为11,607.63万户,下挂A股子账户的一码通账户为7,216.83万户。

(二)登记存管的主要证券数量有所增加

截止到2014年末,中国结算登记存管的沪深证券交易所的证券达到6,330只,全国股份转让系统的证券为1,690只。在沪深证券交易所的证券中,A股2,593只,比上年增加124只;B股104只,比上年减少2只;国债189只,比上年增加12只;地方债7只,比上年增加1只;政策性金融债3只;公司债687只,比上年增加169只;

企业债1,503只,比上年增加523只;可转债30只,比上年增加3只;分离式可转债2只,比上年减少8只;中小企业私募债613只,比上年增加299只;封闭式基金14只,比上年减少23只;ETF104只,比上年增加19只;LOF388只,比上年增加82只;实时申赎货币基金10只,比上年增加2只;资产证券化产品83只,比上年增加57只。

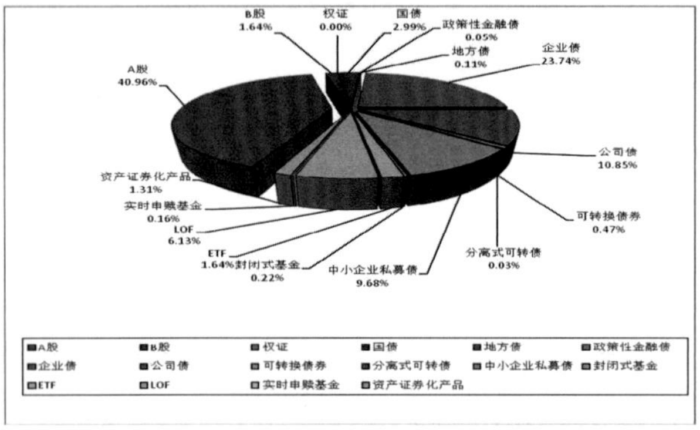

图2　2014年登记存管证券数量占比

截止到2014年末,中国结算登记存管的沪深证券交易所的证券

面值为6.57万亿元,全国股份转让系统的证券面值为808.58亿元。在沪深证券交易所证券中,流通A股面值3.26万亿元,流通B股面值276.16亿元,限售流通股面值4,020.54亿元,非流通股面值4.12亿元,国债面值2,653.35亿元,地方债面值17.1亿元,政策性金融债面值300.00亿元,企业债面值10,669.59亿元,公司债面值9,996.06亿元,可转债面值1,153.18亿元,分离式可转债面值98亿元,中小企业私募债面值1,085.20亿元,封闭式基金面值284.49亿元,ETF面值808.24亿元,LOF面值1,340.06亿元,实时申赎货币基金面值209.92亿元,资产证券化产品面值244.29亿元。

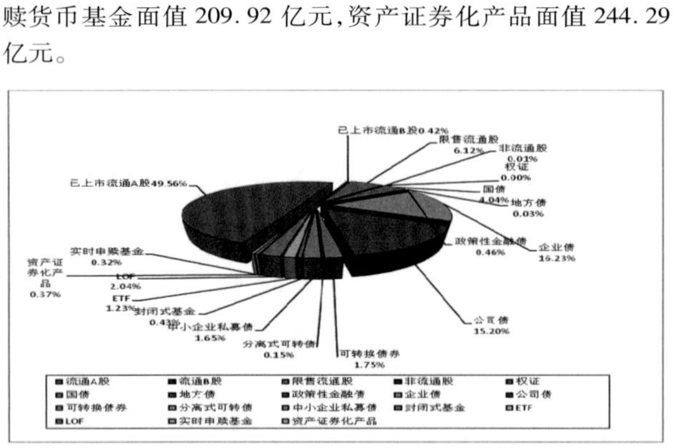

图3　2014年登记存管证券面值占比

2014年末,中国结算登记存管的沪深证券交易所的的证券总市值40.57万亿元,全国股份转让系统的证券市值为3,014.02亿元。沪深证券交易所的证券流通市值为35.76万亿元。其中,A股流通市值32.47万亿元,B股流通市值1,713.99亿元,国债流通市值2,661.03亿元,地方债17.10亿元,政策性金融债314.61亿元,企业债流通市值10,853.22亿元,公司债流通市值9,953.40亿元,可转债流通市值1,695.24亿元,分离式可转债流通市值93.45亿元,中小企业私募债流通市值996.21亿元,封闭式基金流通市值200.71亿元,ETF流通市值2,477.78亿元,LOF流通市值1,434.06亿元,实时申赎货币基金流通市值267.69亿元,资产证券化产品流通市值218.61亿元。

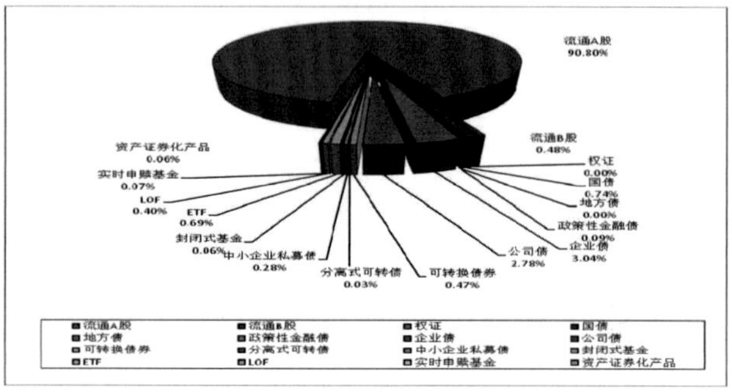

图4　2014年登记存管证券市值占比

(三)结算总额和结算净额有所增加

2014年中国结算的证券结算总额为541.36万亿元,较上年增加了186.06万亿元,增幅为52.37%;结算净额为23.79万亿元,较上年增加了10.17万亿元,增幅为74.63%。

(四)开放式基金业务稳步发展

截至2014年底,开放式基金TA系统内参与的管理人共有148家,其中,基金公司58家、券商89家、银行1家;服务的销售机构达223家,其中,商业银行41家、证券公司97家、基金公司及资产管理公司直销61家、专业销售机构23家、期货公司1家。累计代理发行理财产品2698只,其中开放式基金450只、创新型封闭式基金23只、券商集合理财产品2211只、银行理财产品14只。产品类型涵盖了股票型、债券型、混合型、货币型、保本型、QDII、FOF、LOF、上证基金通、场外ETF等。另外,还全面支持了集合计划的参与、退出、权益分派、业绩报酬、收益补偿、展期以及TA移转等各类业务。

中国证券登记结算有限公司上海分公司

中国证券登记结算有限公司上海分公司,简称中国结算上海分公司,是为证券交易提供集中的登记、存管与结算服务的证券登记结算机构。分公司前身是上海证券中央登记结算公司,成立于1993年3月8日。2001年9月20日,改组为中国证券登记结算有限公司上海分公司。二十年来,分公司与资本市场参与各方紧密合作,正确处理发展与规范、改革创新与风险控制的关系,向资本市场提供了持续不间断的安全、高效的服务。

分公司主要业务职能包括:证券账户、结算账户的设立和管理;证券的存管和过户;证券持有人名册登记及权益登记;证券和资金的清算交收及相关管理;受发行人的委托派发证券权益;依法提供与证券登记结算业务有关的查询、信息、咨询和培训服务;中国证监会批准的其他业务。

展望未来,任重道远,分公司将在公司统一领导下,继续牢固树立使命意识、责任意识、服务意识,继续深化与社会各界的合作与交流,进一步完善证券登记结算的业务管理、技术管理和服务体系，努力为多层次资本市场建设做出更大贡献，为资本市场促进实体经济转型发展提供坚实可靠的服务。

中国证券登记结算有限公司深圳分公司

中国证券登记结算有限公司（以下简称“中国结算”）深圳分公司的前身深圳证券登记有限公司成立于1991年1月24日，1995年9月16日并入深圳证券交易所，2001年9月21日改组为中国结算深圳分公司，现有员工175人。中国结算深圳分公司十几年来一直致力于为中国证券市场的快速发展提供安全、高效的证券登记结算服务。

中国结算深圳分公司依法对在深圳证券交易所上市的证券进行登记结算，主要业务范围包括：证券账户的设立和管理；证券登记和托管；证券、资金的清算与交收；证券权益分派等代理服务；提供与登记结算业务有关的信息服务、咨询服务和培训服务；中国证券监督管理委员会批准的其他业务。

中国作为一个经济发展和改革开放的发展中国家，经济增长潜力巨大，证券市场发展的空间极其广阔。中国结算深圳分公司将在社会各界的关心和支持下，继续励精图治，开拓创新，进一步完善登记结算运作体系和服务体系，为中国证券市场和国民经济的发展作出新的贡献。

中国证券登记结算有限公司北京分公司

中国证券登记结算有限责任公司（以下简称“中国结算”）北京分公司注册成立于2010年11月25日，目前设立了综合部、结算业务部、发行人业务部、投资者业务部、信息服务部共5个职能部门。

中国结算北京分公司主要职责、业务范围包括：为全国中小企业股份转让系统挂牌证券提供登记结算服务；开展公司数据增值业务；公司总部授权的其他业务。

中国结算北京分公司将在公司总部的统一领导下，以确保新三板登记结算系统安全高效运行为宗旨，为在全国中小企业股份转让系统挂牌证券提供良好的登记结算服务，为多层次资本市场的创新发展做出积极贡献。

联系我们

服务热线：4008－058－058

公司总部

地址：北京市西城区太平桥大街17号

邮编：100033

值班室电话：010－50938888

上海分公司

地址：上海市浦东新区陆家嘴东路166号
　　中国保险大厦3层

邮编：200120

值班室电话：021－68870587

深圳分公司

地址：广东省深圳市深南中路1093号中信大厦18层

邮编：518031

值班室电话：0755－25938000

投诉电话：0755－25988133

北京分公司

地址：北京市西城区金融大街26号金阳大厦5层

邮编：100033

电话：010－50939980

传真：010－50939716

中国证券业协会

中国证券业协会是依据《中华人民共和国证券法》和《社会团体登记管理条例》的有关规定设立的证券业自律性组织，属于非营利性社会团体法人，接受中国证监会和国家民政部的业务指导和监督管理。

中国证券业协会成立于1991年8月28日。2011年6月23日至24日，协会召开了第五次会员大会，陈共炎同志当选为会长。20年来，协会认真贯彻执行“法制、监管、自律、规范”的八字方针和《中国证券业协会章程》，在中国证监会的监督指导下，团结和依靠全体会员，切实履行“自律、服务、传导”三大职能，在推进行业自律管理、反映行业意见建议、改善行业发展环境等方面做了一些工作，发挥了行业自律组织的应有作用。

中国证券业协会的最高权力机构是由全体会员组成的会员大会，理事会为其执行机构。中国证券业协会实行会长负责制。截至2013年年底，协会共有会员727家，其中，法定会员115家，普通会员540家，特别会员72家。

协会的宗旨是：在国家对证券业实行集中统一监督管理的前提下，进行证券业自律管理；发挥政府与证券行业间的桥梁和纽带作用；为会员服务，维护会员的合法权益；维持证券业的正当竞争秩序，促进证券市场的公开、公平、公正，推动证券市场的健康稳定发展。

会员大会通过的章程明确了协会在以下三方面的主要职责：

依据《证券法》的有关规定，行使下列职责：教育和组织会员遵守证券法律、行政法规；依法维护会员的合法权益，向中国证监会反映会员的建议和要求；收集整理证券信息，为会员提供服务；制定会员应遵守的规则，组织会员单位的从业人员的业务培训，开展会员间的业务交流；对会员之间、会员与客户之间发生的证券业务纠纷进行调解；组织会员就证券业的发展、运作及有关内容进行研究；监督、检查会员行为，对违反法律、行政法规或者协会章程的，按照规定给予纪律处分。

依据行政法规、中国证监会规范性文件规定，行使下列职责：制定自律规则、执业标准和业务规范，对会员及其从业人员进行自律管理；负责证券业从业人员资格考试、认定和执业注册管理；负责组织证券公司高级管理人员资质测试和保荐代表人胜任能力考试，并对其进行持续教育和培训；负责做好证券信息技术的交流和培训工作，组织、协调会员做好信息安全保障工作，对证券公司重要信息系统进行信息安全风险评估，组织对交易系统事故的调查和鉴定；行政法规、中国证监会规范性文件规定的其他职责。

依据行业规范发展的需要，行使其他涉及自律、服务、传导的自律管理职责：推动行业诚信建设，督促会员依法履行公告义务，对会员信息披露的诚信状况进行评估和检查；制定证券从业人员职业标准，组织证券从业人员水平考试和水平认证；组织开展证券业国际交流与合作，代表中国证券业加入相关国际组织，推动相关资质互认；其他自律、服务、传导职责。

中国证券业协会连续被国家社团管理机关民政部评为全国先进社会组织，并在国家改革开放30年系列活动中被评为中国改革开放30年120家优秀集体之一。

协会领导

陈共炎　会长，博士

49岁，证券从业时间18年。历任国务院发展研究中心副研究员，北京商品交易所理事、副总裁，中国证券监督委员会信息中心负责人，中国证券监督委员会政策研究室助理巡视员、机构监管部副主任、证券公司风险处置办公室主任，中国证券投资者保护基金有限责任公司党委书记、董事长，中国证券业协会党委书记、会长。

方向瑜　副会长，大专

55 岁，曾任甘肃省体改委企业处办公室副主任、机关服务中心主任，甘肃省证监会行政负责人，中国证监会兰州特派员办事处党委书记、纪委书记、主任，中国证监会甘肃监管局党委书记、纪委书记、局长，中国证监会安徽监管局党委书记、局长。现任中国证券业协会副会长。

葛伟平　副会长，硕士

48 岁，曾任湖南省体改委副处长，湖南省证监委副处长，证监会长沙特派办副处长，证监会机构部、风险办处长，证监会深圳专员办副专员，证监会风险办副主任，保护基金公司执行董事、副董事长、纪委书记。现任中国证券业协会副会长。

王旻　副会长、秘书长，博士

45 岁，曾任中国证监会培训中心干部、培训一处主任科员，中国证监会机构监管部检查三处主任科员、检查四处副处长，中国证监会证券公司风险处置办公室二处副处长、处长，中国证监会上海证券监管专员办事处副专员，中国证监会河北监管局党委委员、副局长。现任中国证券业协会副会长、秘书长。

王燕红　副会长，本科

48 岁，曾任北京市档案局干部；中国证券业协会内刊编辑，会员部副主任、主任，专业联络部主任，证券公司会员部主任，会员管理部主任，副秘书长。现任中国证券业协会副会长。

孟宥慈　秘书长，硕士

45 岁，曾任中国证监会政策研究室（规划委）主任科员，中国证监会机构监管部主任科员、助理调研员、副处长、处长，中国证券业协会副秘书长。现任中国证券业协会秘书长。

王东明　监事长，硕士研究生，中信证券股份有限公司董事长、执行委员会委员

59 岁，证券从业时间 19 年。曾在加拿大枫叶银行证券公司投资银行部任职。历任华夏证券公司投资银行部总经理，南方证券公司副总裁，中信证券副总经理、总经理、董事长等职务。

储晓明　副会长，硕士，申银万国证券股份有限公司党委书记、副董事长、总经理

50 岁，曾任工商银行商业信贷部科员、副主任科员、技改信贷部项目评估处负责人、技改信贷部调查评估处副处长、固定资产信贷部调查评估处处长、评估咨询部基础设施评估处处长、资产风险管理部副总经理级调研员，中海石油财务有限公司副总经理，中海信托股份有限公司党委书记、总经理。现任申银万国证券股份有限公司党委书记、副董事长、总经理。

王开国　副会长，经济学博士，海通证券股份有限公司董事长、党委书记

53 岁，证券从业时间 16 年。曾任国家国有资产管理局科研所应用室副主任、政策法规司政法处处长、科研所副所长，海通证券有限公司副总经理、党委书记、董事长兼总经理。现任任海通证券股份有限公司董事长、党委书记。

兰荣　副会长，硕士，兴业证券股份有限公司董事长

51 岁，证券从业时间 20 年。曾任福建省福兴财务公司综合处科长，福建兴业银行计划资金部副总经理（主持工作）、证券业务部副总经理，福建兴业证券公司总裁。现任兴业证券股份有限公司董事长、总裁、党委书记。

联系方式：

地址：北京市西城区金融大街 19 号富凯大厦 B 座 2 层

邮编：100032

中国期货业协会

中国期货业协会（以下简称协会）成立于 2000 年 12 月 29 日，是根据《社会团体登记管理条例》设立的全国期货行业自律性组织，为非营利性的社会团体法人。协会的注册地和常设机构设在北京。协会接受中国证监会和国家社会团体登记管理机关的业务指导和管理。

协会由期货公司等从事期货业务的会员、期货交易所特别会员和地方期货业协会联系会员组成。会员大会是协会的最高权力机构，每四年举行一次。理事会是会员大会闭会期间的协会常设权力机构，对会员大会负责，理事会每年至少召开一次会议。理事会由会员理事、特别会员理事和非会员理事组成。理事任期四年，可连选连任。理事会根据工作需要下设专业委员会，专业委员会为理事会议事机构，对理事会负责。

协会设会长一名，专职副会长若干名，兼职副会长若干名，秘书长一名，副秘书长若干名。会长、副会长和秘书长任期四年，可连选连任。协会实行会长负责制，会长为协会法定代表人。协会设会长办公会，由会长、专职副会长、秘书长、副秘书长以及会长指定的其他人员组成，在理事会闭会期间行使理事会授权的职责。目前协会常设办事机构设办公室、党委办公室（纪检办）、会员部、培训部、投资者教育部、研究部、合规调查部、资格考试与认证部、信息技术部等九个部门。

协会宗旨是：在国家对期货业实行集中统一监督管理的前提下，进行期货业自律管理；发挥政府与期货行业间的桥梁和纽带作用，为会员服务，维护会员的合法权益；坚持期货市场的公开、公平、公正，维护期货业的正当竞争秩序，保护投资者利益，推动期货市场的健康稳定发展。

协会主要职能有：

（1）教育和组织会员及期货从业人员遵守期货法律法规和政策，制定行业自律性规则，建立健全期货业诚信评价制度，进行诚信监督。

（2）负责期货从业人员资格的认定、管理以及撤销工作，负责组织期货从业资格考试、期货公司高级管理人员资质测试及行政法规、中国证监会规范性文件授权的其他专业资格胜任能力考试。

（3）监督、检查会员和期货从业人员的执业行为，受理对会员和期货从业人员的举报、投诉并进行调查处理，对违反本章程及自律规则的会员和期货从业人员给予纪律惩戒；向中国证监会反映和报告会员和期货从业人员执业状况，为期货监管工作提供意见和建议。

（4）制定期货业行为准则、业务规范，参与开展行业资信评级，参与拟订与期货相关的行业和技术标准。

（5）受理客户与期货业务有关的投诉，对会员之间、会员与客户之间发生的纠纷进行调解。

（6）为会员服务，依法维护会员的合法权益，积极向中国证监会及国家有关部门反映会员在经营活动中的问题、建议和要求。

（7）制定并实施期货业人才发展战略，加强期货业人才队伍建设，对期货从业人员进行持续教育和业务培训，提高期货从业人员的业务技能和职业道德水平。

（8）设立专项基金，为期货业人才培养、投资者教育或其他特定事业提供资金支持。

（9）负责行业信息安全保障工作的自律性组织协调，提高行业信息安全保障和信息技术水平。

（10）收集、整理期货信息，开展会员间的业务交流，推动会员按现代金融企业要求完善法人治理结构和内控机制，促进业务创新，为会员创造更大市场空间和发展机会。

（11）组织会员对期货业的发展进行研究，参与有关期货业规范、发展的政策论证，对相关方针政策、法律法规提出建议。

（12）加强与新闻媒体的沟通与联系，广泛开展期货市场宣传和投资者教育，为行业发展创造良好的环境。

（13）表彰、奖励行业内有突出贡献的会员和个人，组织开展业务竞赛和文化活动，加强会员间沟通与交流，培育健康向上的行业文化。

（14）开展期货业的国际交流与合作，代表中国期货业加入国际组织，推动相关资质互认，对期货涉外业务进行自律性规范与管理。

（15）法律、行政法规规定以及中国证监会赋予的其他职责。

协会领导

会　长：刘志超

副会长：侯苏庆、范辉、孙明福、郑小国

兼职副会长：叶春和、郭晓利、魏振祥、鲁东升、鄞强、施建军、马文胜、陈方

副秘书长：吴亚军、刘涛

地址：北京市西城区金融大街33号通泰大厦C座八层

邮编：100140

电话：010－88087239

传真：010－88087060

邮箱：cfa@ cfachina. org

第二节 证券经营机构

安信证券股份有限公司

公司概况：

安信证券股份有限公司（以下简称“安信证券”）成立于2006年8月18日。目前股东为国投安信股份有限公司（600061.SH）、上海毅胜投资有限公司两家，注册资本352,513万元。

安信证券公司总部设于深圳，在全国设立了29家分公司（含筹备），在25个省级行政区设有185家证券营业部，并全资拥有安信期货、安信国际、安信乾宏、参股安信基金等子公司，构建起综合金融理财服务平台。

安信证券可为广大投资者提供证券代理买卖、证券承销与保荐、证券资产管理、证券投资咨询、融资融券、基金代销、金融产品代销、股指期货中间介绍以及与证券交易、证券投资活动有关的财务顾问等服务。

2014 年主要业务经营情况

零售经纪业务。实现收入29.15亿元，同比增长43.2%。公司整体股基市场份额为2.394%，行业排名第12位。收入结构进一步优化，各项新业务收入（产品销售、融资融券、机构业务、IB业务等）合计占比约达28.5%。继续加强与其它业务的协同，大力开展融资融券业务和新三板等机构业务，金融服务平台的作用得到进一步发挥。利用互联网、大数据等技术提高服务覆盖、扩大客源开发、实施精准营销。创新O2O模式的金融服务产品，推出“话费宝”等新产品。网上经纪平台初步形成，实现网上商城、安翼终端、微信、手机开户的互联互通，开通行业内首家微信支付。持续发展财富管理业务，产品销售额158亿元，实现收入1.8亿元。加速新设网点和轻型营业部的布局，扩大网点覆盖率。

投行业务。实现收入4.55亿元，同比增长247.2%。完成3单IPO项目，6单再融资项目，5单并购重组项目及8单债券项目。业务转型步伐加快，收入结构有较大改善，对IPO业务及牌照资源的依赖逐步降低。并购重组业务增长迅速，成为收入新增长点。IPO项目储备充足，在会审核项目39家，总家数位居行业第6。

资管业务。实现收入5.17亿元（包含计入资本公积的公允价值变动损益），同比增长253.8%。管理运作产品261只；合计受托规模1,828.43亿元，较2013年底增长44.9%，排名行业第13名。所有资产管理计划均实现了正收益，其中债券类投资能力一直保持业内领先水平。新开发了多家机构客户，设立了业内首只“定增+量化对冲”、首只投资新三板、首只多期期权组合资管计划等，产品类型不断丰富。

机构销售交易业务。实现收入2.75亿元（未含定增收入），同比增长113.65%。传统业务稳步发展，基金分仓收入行业占比为3.1%，同比回升0.7个百分点。新业务取得多方面进展，启动了量化交易、ETF做市业务；获批多项新业务资格，开展了场外期权和收益互换业务，试点主经纪商业务。加强策略投资，网下申购与定增投资实现较好收益。完成了核心客户模块打造和名单筛选，积极推进核心客户的具体需求对接服务。

固定收益业务。实现收入6.78亿元（包含计入资本公积的公允价值变动损益），同比增长290.4%。累计发行主承销债券81.5亿元；拓展债券转售业务，实现收入4639万元。灵活调整投资策略，债券自营实现净收入6.0亿元（包含计入资本公积的公允价值变动损益）。取得银行间市场债券尝试做市业务和利率互换业务资格。

融资融券业务。实现收入8.83亿元，同比增长122.2%；两融余额270亿元，较年初上涨219%，行业排名第12名。约定购回及股票质押合计规模33.52亿元，较年初增长244.72%。融券市场占有率从2.25%提升至2.56%。业务产品创新取得突破，融资类业务品种进一步丰富，推出了债权收益权转让、收益凭证等新品种。

中小企业融资业务。实现收入0.56亿元，同比增长1052%。新增挂牌47家，行业排名第7名；在审19家，储备项目约200家。建立区域性品牌，实行“总分联动”业务模式，大力推动分支机构参与新三板业务，充分发挥分支机构的地缘优势。同时，初步建立了私募资本平台；加强了已挂牌企业的定向发行工作。

研究业务。积极引入新财富上榜团队，加大行业研究投入，在保持领先的宏观和策略市场地位的同时，初步形成了以产业链研究为核心的竞争优势。在2014年《新财富》评比中，荣获进步最快研究机构第1名、最具影响力研究机构第6名，以及电子、计算机、传播与文化、建筑等四个行业第1名。

新业务布局。一是通过了监管部门的个股期权业务现场检查，启动了个股期权全真模拟交易；二是获得场外期权和收益互换业务资格，推出了相关产品；三是获得了新三板做市商业务资格，与13家企业达成做市协议；四是加快了主经纪商业务的筹备工作，启动私募托管业务；五是获批了沪港通业务，沪港通客户资产35亿元；六是获得了柜台市场业务试点资格，发行了8只产品。

公司在社会公益事业方面所采取的行动措施

1. 2014年，向中国扶贫基金会捐赠人民币10万元。

2. 支持协办狮子会国际和平儿童海报大赛深圳赛区比赛。安信组织全国65家营业部员工、客户，以及合作伙伴和社会各界友人的“宝贝”们参加比赛，向深圳赛区送交2800多幅作品，并获580个入围名额，位居各参与报送作品机构之首。经专家评审，深圳赛区180个奖项名额中，公司组织参赛的儿童表现优异，获得73个奖项。

3. 参与设立的阿拉善生态基金会在2014年持续良好运作。2009年以来，安信证券积极参与阿拉善生态建设合作项目，开展国情教育实践活动，与当地军民一起植树治沙，共建“青年世纪林”生态基地1.5万亩。

地址：深圳市福田区金田路4018号安联大厦35楼

邮编：518026

电话：4008－001－001

总机：0755－82825551

网址：www.essence.com.cn
信箱：axzq@essence.com.cn

北京高华证券有限责任公司

公司简介：

北京高华证券有限责任公司可从事证券经纪，自营，证券投资咨询（含财务顾问），资产管理及中国证监会批准的其他业务。公司总部按照管理功能进行组织机构的设置，下设自营与固定收益部、经纪业务总部、研究部、资产管理部、营运部、财务部、资金部、风险管理部、信息技术部、合规部（含内部审计）、法务部、人力资源部和行政办公室（安全及行政服务）。2012年，高华完成收购乾坤期货有限公司，开拓国内期货产品业务。

公司总部设在北京，管理层由国内外资深的证券界人士担任，他们包括首席执行官章星、副总经理姚嘉仁、首席财务官孟秋和合规总监屠卫东。

高华于2004年由中国资深投资银行家方风雷先生领导的若干投资者及中国知名企业集团联想控股共同创立。

同年，高华与全球领先的投资银行高盛集团成立了一家合资公司，即高盛高华证券有限责任公司，总部亦设在北京。高盛高华可向客户提供广泛的投资银行服务，包括承销股票、债券与可转债等各类证券，还可提供收购兼并等财务顾问服务及其他相关服务。

企业文化：

高华证券遵循客户至上、团队合作、诚信守法、追求卓越和开拓进取的企业精神，并认同其合作伙伴高盛公司的十四条业务原则。

十四条业务原则：

1. 客户利益永远至上。我们的经验表明，只要对客户尽心服务，成功就会随之而来。

2. 我们最重要的三大财富是员工、资本和声誉。三者之一如有受损，最难重建的是声誉。我们不仅致力于从字面上，更从实质上完全遵循监管我们的法律、规章和职业道德准则。持续的成功有赖于坚定地遵守这一原则。

3. 我们的目标是为股东带来优越的回报，而盈利就是我们实现优越回报、充实资本、延揽和保留最优秀人才的关键。

4. 我们为自己的专业素质感到自豪。对于所承担的一切工作，我们都凭着最坚定的决心去追求卓越超群。如果我们必须在质与量之间作取舍的话，我们宁愿选择做最优秀的公司，而非最庞大的机构。

5. 我们的一切工作都强调创意和想象力。虽然我们承认传统的办法经常还是最恰当的选择，但我们总是锲而不舍地为客户构思更有效的方案。

6. 我们尽最大的努力去为每个工作岗位物色和招聘最优秀的人才。虽然我们的业务额以亿计量，但我们对人才的选拔却是以个人为基础，精心地逐一挑选。我们明白在服务行业里，缺乏最拔尖的人才就难以成为最拔尖的公司。

7. 我们给员工提供丰富的事业发展机会，擢升的条件取决于能力与业绩，而我们最优秀的员工拥有无穷的潜力，能承担最艰巨的职责。公司必须吸引、保留和激励有着不同背景和观点的员工。我们认为多元化是成功的必行之路。

8. 我们一贯强调团队精神。在不断鼓励个人创意的同时，我们认为团队合作经常能带来最理想的效果。我们不会接受那些置个人利益于公司与客户利益之上的人。

9. 我们的员工对公司的奉献和对工作付出的努力和热忱，是我们成功的一个重要因素。

10. 我们视公司的规模为一种资产，并对其加以维护。我们希望公司的规模足以承办客户构思的任何大型项目，同时又保持适度的灵活性，以更有效地保持服务热情、关系紧密与团结精神，这些都是我们极为珍视，又对公司成功至关重要的因素。

11. 我们尽力预测不断变化的客户需求，并致力于发展新的服务去满足这些需求。我们深深明白金融业环境的瞬息万变，及满招损、谦受益的道理。

12. 我们经常接触机密信息，这是我们正常客户关系的一部分。违反保密原则或是不正当或轻率地使用机密信息都是不可原谅的。

13. 我们的行业竞争激烈，故此我们积极进取地寻求扩展与客户的关系。但我们坚决秉承公平竞争的原则，绝不会诋毁竞争对手。

14. 公正及诚信是我们业务原则的根本。我们期望我们的人员无论在工作上还是在私人生活上同样保持高度的道德水准。

企业社会责任：

高华证券致力于满足经济和社会的发展需求，对于回报工作和生活所在的社区具有极大热情。高华积极参与其战略合作伙伴高盛集团在中国的企业社会责任项目，具体内容如下：

万名女性助学计划——“巾帼圆梦”

“巾帼圆梦”（10,000Women）于2008年3月启动。这项为期五年的计划旨在为全球的1万名弱势女性提供商业和管理教育。这个计划是基于高盛、世界银行和其他机构进行的研究。这些研究表明，类似的教育投入能对国内生产总值增长产生显著影响。研究还表明，对女性的教育投入能产生成倍放大的效应，不仅能增加收入和从业者数量，而且能提高家庭的健康和受教育水平，进而增进社会繁荣。学员可以报名参加根据当地情况设计的证书教育计划，课程包括：营销、会计、市场研究、撰写商业计划书、战略规划、融资和电子商务。这些课程具有文化上适合、灵活和短期的特点，旨在帮助因为受经济和现实条件的限制而无法接受传统商业教育的众多女性打开眼界。自启动以来，“巾帼圆梦”已经深入到22个国家，包括：阿富汗、巴西、中国、埃及、印度、卢旺达和美国。我们的员工在工余或周末的时间，通过辅导、担任学员选拔委员会委员及担任客座讲师的方式，为“巾帼圆梦”贡献出时间和专长。

“巾帼圆梦”在中国于2008年年底启动。至2013年年底，将有两千多名中国女性企业家参与培训，数量将占到全球培训总数的近四分之一。同时，“巾帼圆梦”于2011年6月向中国西部扩展，在成都启动了项目。西部大开发是中国经济发展策略的重要组成部分，它需要有针对性地在当地投入大量资源，尝试各种创新手段。企业家和就业机会是地区发展的主要动力。“巾帼圆梦”的西部扩展受到了众多关注。

社区义工服务计划

公司致力于通过义工服务以及与公益组织的合作，帮助困难人群并致力于改善我们工作和生活的社区。社区义工服务计划是这一理念的具体体现，鼓励员工每年用一天的时间，参与当地公益组织协调开展的团队项目。2011年是社区义工服务计划在全球开展的第十五个年头。在中国，通过与11个公益组织合作，总共开展了17个项目。

慈善捐赠

高盛积极了解社区中活跃的公益组织，并通过小额慈善捐赠的方式，来帮助公益组织提升项目质量，扩大项目影响，在中国已经为众多组织提供捐赠，主要领域集中在：健康、教育、环境，以及文化、艺术和历史。

高盛慈善基金

高盛慈善基金创立于2007年，是专门针对公司合伙人而设立的慈善基金。基金通常由合伙人提出捐赠意愿，并推荐受赠的公益组织。公司在中国的合伙人也积极参与此项基金的活动，在社会发展的众多领域进行了捐赠。

客户服务：

高华旨在成为优秀的证券公司，致力于为客户提供一流水准的服务。高华将充分凭借和发挥其管理团队丰富的市场经验和专业知识，为政府和企业开辟更多进入证券市场的途径，为我国资本市场的发展做出应有的贡献。

高华为客户提供的服务包括证券经纪服务、证券投资咨询服务以及其他经批准的业务。目前，高华在全国设有三个营业部。

基于和高盛所达成的协议，高华和高盛的研究分析人员将通力合作，为我们的客户提供全面完整的国内和国际研究报告，结合本土的特点发表具国际标准的研究分析。2012年年度到12月底为止，研究范围覆盖367家在深、沪两地和香港上市的中国公司，其中包括215家A股公司。

为了充分保护客户及公司自身的利益，高华建立了严格符合有关法律法规同时具有国际水准的内部控制机制。高华通过一系列既独立而又互补的政策、程序和系统进行风险监控。公司建立了财务、信用、运营、法律和合规等管理控制职能，奉行责任分离又相互配合的控制原则，以确保在最有效的控制环境之下开展业务。

根据证券法，证券公司应采用客户证券交易结算资金第三方存管模式，从而在根本上保障客户资金的安全性。高华已率先开发、实施这一模式，保证为客户提供安全、高效及优质的服务。

高华证券客户服务热线（免长途话费）：

机构经纪：400－888－1988

私人财富管理：400－888－8378/400－888－8278

资产管理：400－650－9369

高华证券网址：www. ghsl. cn

北京总部：

地址：北京市西城区金融大街7号英蓝国际中心18楼

邮编：100033

电话：＋86（10）6627－3000

传真：＋86（10）6627－3001

新闻查询：

地址：北京市西城区金融大街7号英蓝国际中心18楼

邮编：100033

电话：＋86（10）6627－3261

传真：＋86（10）6627－3300

北京营业部：

地址：北京市西城区金融大街7号英蓝国际中心18楼

邮编：100033

电话：＋86（10）6627－3000

传真：＋86（10）6627－3001

上海营业部：

地址：上海长乐路989号世纪商贸广场43楼

邮编：200031

电话：＋86（21）2401－8888

传真：＋86（21）2401－8900

深圳营业部：

地址：广东省深圳市福田区中心四路一号嘉里建设广场第一座十六层02、03A1室

邮编：518048

电话：＋86（755）22221188

传真：＋86（755）22221030

渤海证券股份有限公司

公司简介：

渤海证券股份有限公司是唯一一家注册在天津滨海新区的综合类证券公司。前身为渤海证券有限责任公司，是在原天津证券有限责任公司、天津市国际信托投资公司、天津信托投资公司、天津北方国际信托投资公司、天津滨海信托投资有限公司等四家信托机构的证券营业部合并重组的基础上，吸收国内多家有影响、有实力的企业共同参股组建的大型证券公司。于2001年6月8日正式开业。

2007年8月，经中国证券业协会评审，公司获得规范类券商资格。2008年5月，经中国证监会核准，公司改制为股份有限公司，2015年的券商分类监管年度评级中，公司获得A类A级。目前公司实际控制人为天津泰达投资控股有限公司，股东32家，注册资本为6，470，349，670元。

公司总部座落于天津，设有上海分公司、北京分公司、江苏分公司和北京办事处。截至2015年12月，公司在全国重要省市和地区共有52家证券营业部。

公司经营范围：

- 证券经纪、证券投资咨询；
- 与证券交易、证券投资活动有关的财务顾问；
- 证券承销与保荐；
- 证券自营；
- 证券资产管理；
- 证券投资基金代销；
- 为期货公司提供中间介绍业务；
- 融资融券业务；
- 代销金融产品业务；
- 公开募集证券投资基金管理业务；
- 中国证监会批准的其他业务（以上范围国家有专营专项规定的按规定办理）。

经纪业务：

渤海证券经纪业务起步较早，基础雄厚，到目前为止共有48家证券营业部分布于天津、上海、北京、广州、深圳、郑州、西安、太原、苏州、济南、重庆、福州等经济发达的地区。各营业部均已开通沪、深证券交易所A股、B股、基金、债券以及其他有价证券的代理买卖业务，为客户提供交易卡自助、热键自助、电话自助、远程自助、网上自助等多种委托方式。

渤海证券为客户提供多品种、多交易方式的全面服务：

证券品种：渤海证券各个营业部均已开通了沪深交易所A股交易、B股交易、封闭式基金、开放式基金、国债、企业债、代办股份转让以及其它有价证券的代理买卖。

现场交易：渤海证券各营业部为客户提供了良好的交易环境，优质的咨询服务，帮助客户解决各种投资疑问。大、中户室环境优雅，服务周到。

网上交易：具有网上证券委托业务的经营资格，"渤海易网"（www.ewww.com.cn）包含丰富的证券咨讯，并提供免费的行情分析及网上交易软件下载，软件的分析功能强大，直接下单，让客户足不出户，尽享大户待遇。

电话委托：线路通畅，操作方便。天津市内委托电话为：022－88227888、022－23001788

开放式基金：在渤海证券不仅可投资封闭式基金，同时代销多种开放式基金。如：华安180、华安创新、融通行业景气、长盛动态精选、大成蓝畴稳健、南方避险增值、湘财荷银行业精选、鹏华货币基金等等众多品种。

国债投资：追求稳定收益的投资者可在渤海证券投资多种期限的记帐式国债及国债回购等稳健投资品种。

代办股份转让：客户可在渤海证券下属任何一家营业部进行"三板"市场股票交易，即：已退市股分公司的代办股份转让业务。

投资理财顾问：渤海证券有着一支强大的投资顾问队伍，各个营业部均可为投资者提供证券投资咨询服务。同时，投资者还可能通过互联网查询分析报告或与专家进行在线交流。

投资银行业务：

投资银行业务为渤海证券的核心业务之一。2004年，公司首批注册为证券发行上市保荐机构。

渤海证券投资银行总部拥有一批具有硕士以上学位，注册会计师、律师、注册资产评估师以及其他国际认证的执业资格，国内和海外从业经历的投资银行专业人才。

渤海证券投资银行总部坚持与客户共同成长的理念。注重与客户建立稳定的长期合作关系，以为客户提供具有高附加值的专业服务为己任。多年来，总部员工的足迹遍布全国主要地区，以自己的业务水平和勤奋严谨的工作态度赢得了广大客户的信任，树立起了渤海证券投行人的专业形象。各项业务健康发展，市场地位不断提升。

渤海证券投行人的追求：

以敏锐感觉驾驭市场热点；

以专业技能创造客户价值；

以激情创意开拓宽广天地。

研究所：

渤海证券研究所下设宏观策略研究部、行业公司部、市场研究部、金融工程部、信息管理部等部门。

研究所现有研究人员50余人，所有人员均具有国内外知名高等院校的教育背景和丰富的从业经验，硕士、博士比例高达97%，专业背景涵盖财经金融、数理统计、企业管理、法律、计算机以及电子、汽车、医药、化工等多个学科，组成了实力雄厚、知识齐全的研究队伍。

渤海证券研究所以前瞻性的眼光、勤奋的敬业精神和不断创新、追求卓越的工作理念，全方位地为机构客户和广大投资者提供优质的专业化的服务。

研究所以其对证券市场深入研究和客观独立的立场，对公司各业务部门创造利润的项目给予直接的介入和专家意见支持；以产品和人才配合公司内部其他部门的业务创新。渤海证券研究所已经形成了从每日、每周到每月、年度，涵盖一级市场、二级市场的主要方面，从即时性分析到深入剖析，从理论到商业应用等多角度的三十多个研究报告体系。同时，研究所为大客户量身定做资产管理方案，为上市公司和非上市公司提供财务顾问，为公司重大业务提供直接业务支持。

渤海证券研究所将秉承"市场导向、客户导向"理念，着重塑造发现价值、整合价值、创造价值、推广价值的核心能力，为公司和客户推出更具战略眼光、高深度、高价值的产品。

固定收益业务：

渤海证券成立以来，一直对债券市场高度重视，专门设立了固定收益总部负责债券的一级市场和二级市场业务，下设承销部、投资部、研究部和综合部四个分部门。

固定收益总部从成立伊始就遵循"高起点、高标准"的指导方针，依照健全性、独立性、相互制约、防火墙和成本效益原则，制订了一整套债券业务规章制度；根据部门自身的经营特点设立了顺序递进、权责统一、严密有效的三道监控防线，建立了严密有效的风险管理系统，通过严密的风险管理及时发现内部控制的弱点，堵塞漏洞，消除隐患，在保证资产安全的前提下实现利润最大化。

目前，我公司初步建立了以天津为根据地，通过在北京、上海、深圳、广州、苏州、西安、郑州、太原、福州、重庆、济南等地网点辐射的一套债券营销网络和体系，形成了与我公司保持长期合作关系的客户群体。几年来，公司不仅累计承销国债近百亿元，还积极介入企业债券市场，不仅顺利完成了神华集团、广东核电、铁道部、河南高速、首旅集团、中信国安、兖矿集团、上海城投、武汉城投、北京地铁、首都机场等企业债券的副主承销及分销工作，还作为主承销商成功发行了15亿元天津泰达企业债券。在完成承销业务的同时，公司立足证券市场的低风险投资品种，在国债、企业债券、短期融资券、可转换债券、国债衍生品种及资金市场套利等领域取得了良好的成绩，自2001年公司成立以来，债券自营业务连续盈利，几年来国债现货及回购交易量均名列前茅。

风险控制：

公司风险控制体系建立的依据是《证券公司内部控制指引》和国家有关法律和法规。公司建立了涵盖各项业务、全公司范围的风险管理系统，健全了风险预警与评估处理机制，开发和运用风险量化评估方法和模型，制定了识别、计量、监测和管理风险的制度、程序和方法；创设了风险控制考核评价体系，坚持动态、实时风险监管模式，对各类风险进行了全面而持续的监控，实现业务的风险预警和评估。营造了严谨守法、合规经营的风险管理文化。

财达证券有限责任公司

财达证券有限责任公司是经中国证监会批准设立的证券经营机构，是河北省唯一的法人证券公司，目前公司注册资本27.45亿元，下设1家子公司，3家分公司和107家证券营业部，服务客户超过180万人。公司拥有证券经纪、证券投资咨询、融资融券、证券投资基金代销、代销金融产品、IB业务、债券质押式报价回购业务、约定购回式证券交易业务、股票质押式回购交易业务、证券自营、证券承销与保荐、新三板主办券商、做市、与证券交易、证券投资活动有关的财务顾问及证券资产管理等多项业务资格。经过多年发展，业已成为一个功能完善、业务齐全、产品丰富、服务全面的一站式综合理财服务平台。

立足于规范与发展并重，几年来公司实现了从小到大、从区域走向全国、从经纪类到综合类全牌照券商的三大跨越。经过几轮增资扩股，公司注册资本增至27.45亿元，经营实力进一步增强，抗风险能力进一步提高，并于2015年再次获评"A"类券商。

近年来，公司以全力打造河北经济发展的重要资本平台为己任，以实现改制上市为目标，继续深化各项改革，大力加强业务创新，严格控制经营风险，积极为投资者和企业提供全方位的理财、融资、投资、市值管理、现金管理等各项服务，特别是新三板、中小企业债业务有效助推省内中小企业实现腾飞，到2015年底，公司资产总额330.08亿元，利润总额、净利润排名均列行业第29位。

经过多年发展公司获得了社会各界的广泛赞誉：连续多年荣获“河北省金融贡献奖”、“河北省明星企业”、“河北省最具影响力和最具成长性企业”等一系列荣誉。十三五期间，公司将向着早日上市、成为一流区域券商的目标迈进。

地址：河北省石家庄市自强路35号

邮编：050000

网址：www.s10000.com

信箱：cdzq@cdzq.com

财通证券股份有限公司

财通证券股份有限公司（以下简称“公司”）前身是成立于1993年5月的浙江财政证券公司。2003年6月，以浙江财政证券公司为主体，联合省内部分市县国债服务中介机构转制设立财通证券经纪有限责任公司。2006年10月，公司吸收合并天和证券经纪有限公司。2007年6月，浙江省委、省政府明确公司为省直属国有企业，由省政府授权省国资委监管。2009年3月，更名为财通证券有限责任公司。2011年1月，公司改由浙江省财政厅监管。2013年10月，公司整体变更设立为股份有限公司。

截至2015年6月30日，公司注册资本32.3亿元人民币，有分支机构85家，其中营业网点82家（分布在北京、上海、深圳、福州、青岛、大连、南京、无锡、重庆、拉萨等城市及浙江省内各市县），分公司3家（台州、宁波、湖州），员工3000余人。公司控股永安期货股份有限公司、财通证券（香港）有限公司、财通证券资产管理有限公司和浙江财通资本投资有限公司，参股财通基金管理有限公司、浙江股权交易中心有限公司和中证机构间报价系统股份有限公司。

公司经营范围：证券经纪；证券投资咨询；证券自营；证券承销与保荐；融资融券；证券投资基金代销；代销金融产品以及中国证监会核准的其他业务。此外，公司通过子公司永安期货股份有限公司开展商品期货经纪、金融期货经纪、期货投资咨询、资产管理等业务；通过子公司财通证券资产管理有限公司开展证券资产管理业务；通过子公司浙江财通资本投资有限公司开展实业投资、股权投资等相关业务；通过子公司财通证券（香港）有限公司开展境外证券经纪业务和资产管理等业务；通过参股公司财通基金管理有限公司开展基金管理业务。截至2015年6月30日，公司合并报表总资产1012.46亿元，合并报表净资产116.14亿元，母公司净资本96.38亿元。

公司恪守“规范经营、务实创新、差异发展、追求卓越”的经营理念，积极实施集团化、国际化、上市发展战略，通过全面转型、提升和跨越，着力将公司打造成一个资本充足、治理规范、业务齐全、机制灵活、风控有力、人才丰富，具有区域竞争优势、明显经营特色和富有社会责任感的现代证券控股集团。

地址：杭州市杭大路15号嘉华国际商务中心

邮编：310007

电话：95336，40086－96336

邮箱：95336@ctsec.com

微博：http://weibo.com/u/1929023895

长城证券股份有限公司

公司简介

长城证券股份有限公司（2015年4月17日，由长城证券有限责任公司正式更名为长城证券股份有限公司）成立于1995年11月，是经中国人民银行总行批准、在原深圳长城证券营业部和海南汇通国际信托投资公司所属证券机构合并基础上设立，我国最早成立的8家全国性综合证券证券公司之一，公司注册地在广东省深圳市，注册资本27.93亿元。股东有华能资本服务有限公司、深圳能源集团股份有限公司、深圳新江南投资有限公司、中核财务有限责任公司、四川长虹电子控股集团有限公司等。目前在北京、深圳、上海、武汉、广州、杭州、大连、成都、海口、呼和浩特等全国各大中城市设有101家营业部。控参股长城基金、景顺长城基金和宝城期货、长城长富投资公司、长城证券投资有限公司，为客户提供全方位金融服务。

长城证券凭借规范稳健的经营作风，已经成长为一家资质齐全、业务覆盖全国的综合类证券公司，形成了多功能协调发展的金融业务体系。公司未来发展的战略定位是：以供应链金融为切入口，重点服务中小企业，致力于将长城证券打造成为全能的资产管理资源整合商、互联网服务商、金融投资商。在新形势下，公司致力于不断加强TMT（电子、通信、传媒）、环保新材料、医药健康业（生物医药、养老保健）、军工（高端制造业）、汽车、商贸零售旅游（消费业）、能源（电力、煤炭、新能源）、房地产、金属、金融等十大行业研究，以切入宏观经济发展趋势和互联网金融跨越式发展为两轴，以金融研究所、投行、资产管理为战略导向，以供应链金融和“少将班长”项目制管理模式为战略实施路径，提升公司的核心竞争力，为客户提供综合性增值服务。

公司不懈的努力，得到权威专业机构乃至社会各方面的广泛认可。2015年，在上海证券交易所、《证券时报》、《证券市场周刊》等机构和权威媒体的各种评选中，先后荣获“我是股东”优秀组织提名奖、2015年中国区优秀投行“最佳并购重组顾问投行”奖、“2015中国最佳投资顾问品牌”、“2015中国十大最具人气证券营业部”、“2015中国最佳互联网证券公司”、“卖方分析师水晶球奖”等一系列奖项。

长江证券股份有限公司

公司简介：

长江证券股份有限公司（下称公司）是全国性的全牌照上市证券公司，也是中西部最大的证券公司。公司前身为湖北证券公司，于1991年成立，总部设在武汉，于2007年在深圳证券交易所挂牌上市（股票代码为000783），是中国第6家上市券商。

【公司优势】经过20多年坚持不懈的努力，公司已发展成为一家实力雄厚、功能齐全、管理规范、业绩突出的优秀上市金融企业。

公司实力雄厚，截至2015年3月底，注册资本由最初的1700万元增至47.42亿元，总资产、净资产和净资本分别达到968.96亿元、148.21亿元、96.66亿元，员工人数近5000人。公司积极把握资本市场深化改革和行业创新发展的机遇，稳中求进、转型整合、创新发展，经营业绩持续增长、股票市值快速提升。

公司功能齐全,可为广大客户提供全方位综合金融服务,目前已形成证券类控股集团的架构,旗下拥有长江证券承销保荐有限公司、长江期货有限公司、长江成长资本投资有限公司、长江证券(上海)资产管理有限公司、长江证券控股(香港)有限公司、长信基金管理有限责任公司、上海长江财富资产管理有限公司等多家全资和控参股子公司,并在全国29个省、自治区、直辖市的113个城市设立了19家分公司、163家证券营业部和18家期货营业部,业务网络覆盖全国。

公司管理规范,始终坚持"稳健经营、规范运作"的理念,自觉遵守各项法律、法规和行业公约,不断完善内部控制体系,持续加强合规建设、合规管理和合规操作,努力构建与业务发展水平相匹配的风控机制,以制度建设强化风险意识,以规范运作防范经营风险,保证公司稳定、健康和持续发展。

【公司战略】公司在"坚持稳中求进,力推全面转型,突出创新发展,加强合规风控"总体思想的指导下,全力推动全面转型、创新驱动、合规风控、深耕湖北战略。

公司与时俱进,积极适应市场形势变化,主动探索变革的方向与道路,"实现转型梦,打造升级版"。公司全力推动经纪业务由通道型服务向财富管理服务转型,推动投行业务由单一的融资渠道服务向综合的金融服务转型,推动自营业务由相对单一的投资模式向多样化的策略型的投资模式转型,推动资产管理业务由"小资管"向"大资管"转型。

公司以创新求发展,不断强化创新意识,提升创新能力,加大创新力度,培育创新文化,营造有利于创新的企业氛围,激发全体员工的创新潜能,将创新融入到工作的每一个环节,持续推进组织创新、制度创新和业务创新。公司密切跟踪市场和行业创新动态,明确PB业务、柜台业务、互联网金融、新三板、资产证券化和FICC为业务创新的六大主攻方向,定向发力,抢占先机。

公司提倡全员风控、高管带头风控、全业务链条风控的理念,积极培育良好的风险管理文化,不断建立与创新发展相匹配的全面风险管理体系。公司以"质量管理"为核心建立传统标准业务的合规管理体系,以"合约管理"为核心建立创新非标准业务的风险管理体系,以"流动性管理"为核心建立全面风险管理体系,逐步实现风险管理"全覆盖",力争将风险管理能力打造成公司的核心竞争力。

公司是湖北省唯一金融类上市公司,坚持"深耕湖北"战略,以湖北为根据地,不断提高当地企业直接融资比重,并积极培育市场主体,帮助湖北每一个市场主体都能找到满足自身发展需求的融资方式。公司作为湖北省政府及武汉、襄阳、宜昌、荆州、恩施、咸宁、鄂州等市政府的财务顾问,全面参与湖北资本市场建设,服务湖北实体经济发展。

【金融服务】公司拥有齐全的业务资格以及领先行业的服务能力,其中多数资格均为业内首批获得,业务体系覆盖场内、场外市场,并始终坚持以客户为导向,寻找新机遇,融合新理念,拓展新业务,发掘新渠道,不断提升投资银行、资产管理、经纪、交易与投资业务的专业能力。

公司投资银行业务拥有多个经验丰富、专业精深的业务团队,注重"全业务链"整合,以实现"一个客户、一个团队、一个平台、一个整体、一揽子解决方案"为目标,为政府、企业和其他机构提供更加全面且满足客户不同发展阶段需求的投融资服务;公司资产管理业务始终以客户需求为中心,将客户需求与产品设计进行快速有效对接,打通投融资市场,初步搭建"大资管"平台,有效满足多样化投融资需求;公司经纪业务通过遍布全国的营业网点、丰富的证券交易品种、安全高速便捷的交易平台、专业的理财服务团队和业内领先的资源整合优势,为广大客户提供多元化的财富管理服务;公司交易与投资业务多年来在业内享有较高声誉,拥有一流的业务团队,在证券自营、债券交易、流动性管理和直接投资方面具备丰富经验,排名始终保持行业前列。

【公司文化】公司的愿景是成为提供综合金融服务的具有品牌影响力的现代投资银行。公司秉承以"追求卓越"为核心价值观的企业文化,以"汇聚财智,共享成长"为使命,坚持"诚信经营,规范运作,创新发展"的经营理念,通过服务客户、成就员工、回报股东、反哺社会,实现多方共赢。公司坚持有目标,有追求,努力保持综合实力居行业前列,让客户信赖、股东满意、员工自豪,力争成为拥有一流人才团队、一流管理水平、一流服务品质、一流经营业绩和一流品牌声誉的金融企业。

公司在谋求自身发展的同时,努力践行作为企业公民的社会责任,追求与各方的合作双赢,共同进步,在重大灾难救助以及教育慈善、社群服务等公益事业中持续投入。公司成立了国内第一家由证券公司发起的公益慈善基金会,组建了志愿者团队,先后组织了"情系灾区,共建家园"、"冬衣暖人心"、"汶川爱心接力"、"为玉树灾区人民工作一天"、"心系雅安长江同心"、"为芦山灾区捐款"、"爱心助学"、"敬老孝亲"等公益慈善活动。

【公司荣誉】近年来,公司屡获"中国证券行业十大影响力品牌"、"最具发展力券商"、"最具成长性证券公司"、"中国上市公司价值百强"、"中国证券市场20年最具影响力证券公司"、"中国最佳证券经纪商"等多项殊荣,在行业和市场上树立了良好的品牌形象。

在资本市场持续繁荣发展、证券行业加快转型升级的新形势下,公司将进一步完善战略布局,建立以客户需求为导向的业务模式,构建丰富的产品服务体系,搭建统一高效的中后台支撑体系,不断加快创新转型步伐,为中国资本市场建设和证券行业发展谱写更加波澜壮阔的篇章。

主营业务:

投资银行业务

公司拥有多个经验丰富、专业精深的业务团队,成立了国内首家专门从事承销保荐业务的专业子公司。公司注重"全业务链"整合,以实现"一个客户、一个团队、一个平台、一个整体、一揽子解决方案"为目标,为政府、企业和其他机构提供更加全面且满足客户不同发展阶段需求的投融资服务。

资产管理业务

公司资产管理业务始终以客户需求为中心,将客户需求与产品设计进行快速有效对接,打通投融资市场,初步搭建"大资管"平台,有效满足多样化投融资需求。公司在集合理财、定向理财、保险资金管理、证券投资基金和直投基金管理等方面均已赢得良好的市场口碑,在资产证券化等创新业务方面正逐渐建立竞争优势。

经纪业务

公司经纪业务通过遍布全国的营业网点、丰富的证券交易品种、安全高速便捷的交易平台、专业的理财服务团队和业内领先的资源整合优势,为广大客户提供多元化的财富管理服务。

交易与投资业务

公司交易与投资业务多年来在业内享有较高声誉,拥有一流的业务团队,在证券自营、债券交易、流动性管理和直接投资方面具备丰富经验，排名始终保持行业前列。公司利用柜台市场开展交易型业务，努力成为市场组织者、创新引导者、流动性提供者、产品设计者、交易参与者及风险和财富管理者。

公司公益慈善

长江证券公益慈善基金会是由长江证券股份有限公司发起成立、由湖北省民政厅主管的非公募基金会，是国内第一家由证券公司发起成立的公益慈善基金会。基金会自2008年10月23日登记成立以来，以“扶危济困，回报社会”为宗旨，致力于搭建一个管理有序、运转高效的公益慈善平台，主要援助受灾群体，资助教育和其他公益事业，用实际行动践行长江证券股份有限公司社会责任。

基金会于2012年6月组建了志愿者团队，目前成员300多人，绝大多数为长江证券员工。长江证券志愿者以“关爱、互助、坚持、感恩”为核心理念，通过身体力行、亲身参与，为我国敬老、助学和环保事业尽一份力量。截至目前，志愿者已先后开展了“敬老孝亲”敬老院关怀和“爱心捐书”助学等社会公益活动，奉献自我，服务社会。

地址：武汉市新华路特8号长江证券大厦

邮编：430015

总机：86－27－65799999

传真：86－27－85481900

统一客户服务热线：95579或4008－888－999

川财证券有限责任公司

公司简介

川财证券有限责任公司是经中国证监会批准成立的、全国首家由财政国债中介机构整体转制而成的专业证券公司。公司成立于1988年，前身是经四川省人民政府批准，由四川省财政出资兴办的四川省川财证券公司。

经过二十余载的变革与成长，现今公司已发展成为由中国华电集团资本控股有限公司、四川省国有资产经营投资管理有限责任公司、四川省水电投资经营集团有限公司等资本和实力雄厚的大型企业共同持股的证券公司。

公司一贯秉承诚实守信、专业运作、健康发展的经营理念，矢志服务客户、服务社会，创造了良好的经济效益和社会效益；目前，公司是中国证券业协会、中国国债协会、上海证券交易所、深圳证券交易所、中国银行间市场交易商协会会员。

公司资源优势明显、专业优势突出、交易设施先进、从业经验丰富、发展特色鲜明；设有经纪业务部、研究所、机构业务部、投资银行部、固定收益部、证券投资部、资产管理部等业务部门，在北京、上海、深圳等城市设有异地办事处；业务范围涵盖证券经纪、证券投资咨询、证券承销等传统业务和金融创新业务；拥有一支来自外资券商、上市证券公司、大型会计师事务所和银行等金融机构的专业人员队伍，业务人员资本市场经验丰富、渠道资源广泛，在专业领域具有一定的影响力，具有较强的竞争意识、管理意识和服务意识。

展望未来，公司将恪守“以客户为中心、服务创造价值”和“至精至诚、专业严谨”的理念；依托强大的股东背景，秉承“规范经营、稳健发展”的基本方针；突出专业金融服务能力、着眼于金融创新业务和服务，完善个性化的服务体系，打造主流产品、锁定主流客户、提供主流服务、创享主流价值；以前瞻的视野、完善的服务，高起点的工作，通过整合内外部资源提供适应客户需求的金融产品解决方案；将公司打造为具有一定市场地位，特色鲜明格，提供多渠道、多层次、全方位金融服务的新锐券商。

公司业务介绍

经纪业务：秉承“以客户需求为导向、以客户满意为目的”的经营及服务理念，通过整合组织架构、制度流程、服务人员及业务资源，致力于为中小投资者提供操作便捷、产品多样、费率优惠的综合理财平台，为高净值客户及其企业、家庭提供以资产保值为基础、资产配置为核心的财富管理服务，为专业投资者提供快速交易通道和程序化（量化）交易服务。

研究业务：以“宏观策略和新兴产业研究”为特色，依托股东华电集团产业优势和四川区域优势，致力于为金融机构、企业集团和政府部门等提供专业的研究咨询服务和设计系统的解决方案。下设宏观研究团队、策略研究团队、产业研究团队、衍生品研究团队。研究产品主要包括宏观经济、产业趋势、资产配置、投资策略、投资组合等系列。

机构业务：以“产品设计和资源整合”为特色，以精益求精的服务理念和创新服务方式为驱动力，结合股东优势，发挥资金、产品和渠道的优势，致力于为金融机构、企业集团和政府部门的投融资需求提供专业化、个性化、差异化的一站式服务。下设产品开发中心、产品销售中心、基金管理中心和财富管理中心。主要业务包括：研究产品销售服务、基金销售及金融产品代销、管家式融资服务、专项投资需求的产品开发、现金管理和市值管理的解决设计。

固收业务：川财证券拥有一支专业、高效和经验丰富的业务团队，团队的过往业绩在同业中一直名列前茅，下设销售、交易、资本中介三个子团队。主要开展国债、政策性金融债券、次级债券、企业债券、可转换公司债券、公司债券等固定收益产品的承销等业务，开展固定收益产品的受托资产管理，创新固定收益产品的设计、开发等业务。

投行业务：川财投行崇尚“专业、务实、责任、价值”的精英文化，拥有一支来自知名券商、信托、银行的专业高效团队，秉持“以客户为本”的经营理念，致力于为客户提供多层次、全产业链金融服务，包括股权融资、债权融资、购并重组、资产证券化、战略投资、新三板、场外市场等业务。

资产管理：川财证券资产管理业务以高净值个人和机构客户为主要服务对象，打造高效、专业的资管团队，通过定向资产管理计划、集合资产管理计划和专项资产管理计划等工具为客户提供定制化的理财服务和全方位的投融资服务。

证券自营：负责公司自有资金与资本的资产配置管理，投资类别跨越固定收益证券、股票、商品、衍生品以及其他法律法规许可的另类投资工具等。目前公司自营投研团队侧重专注于固定收益证券投资，在低风险承担水平下运用专业审慎的投资策略，组合债券现货、利率互换、国债期货等投资工具为公司创造稳定可持续的投资回报。

公司总部：

地址：四川省成都市高新区交子大道177号中海国际中心B座17楼

邮编：610041

电话：028－86583000

深圳分公司

地址：广东省深圳市福田区福华一路6号免税商务大厦21楼

电话：0755－25332161

邮编：518048

大通证券股份有限公司

公司介绍

大通证券股份有限公司是总部设在大连的唯一一家证券公司,注册资本33亿元,经营范围包括:证券经纪;证券投资咨询;与证券交易、证券投资活动有关的财务顾问;证券承销与保荐;证券自营;证券资产管理;为期货公司提供中间介绍业务;证券投资基金销售业务;融资融券业务;代销金融产品业务;中国证监会批准的其他业务。公司目前在大连、上海、北京、天津、广州、深圳等全国30余个城市拥有51家营业部和1家分公司。

2007年8月,公司通过中国证券业协会组织的规范类证券公司评审,取得规范类证券公司资格。

历史沿革

公司是经中国证监会《关于同意大通证券股份有限公司开业的批复》(证监机构字〔2001〕90号)批准,于2001年7月18日领取了《中华人民共和国经营证券业务许可证》,同年7月28日正式注册登记成立,注册资本11.188亿元。

2006年12月,在中国证监会及国家相关部委的关心帮助下,在大连市人民政府的主导下,公司进行了重整,重新变更登记,注册资本5亿元。2007年10月,公司增资扩股获得中国证监会批准,注册资本增至12亿元,2010年11月,公司增资扩股至22亿元,2015年12月,公司增资扩股至33亿元。

发展战略

立足大连,面向全国,积极培育国际视野,在资本实力、资产规模、业务开拓、管理水平、技术手段、市场占有率等方面实现跨越式发展,最终成为具有较强核心竞争力和综合实力的证券公司。

员工队伍

管理团队职业化,中高层管理团队均具有较高学历和较丰富的行业经验。员工队伍专业化,员工83%具有财务、金融、法律或信息技术的专业知识,76%具有五年以上证券从业经历。

公司业务

经纪业务:

大通证券目前在全国拥有37家证券服务机构,分布于大连、北京、上海、深圳、广州等全国主要中心城市和经济发达地区。网点覆盖面较广,布局均衡合理,为近30多万投资者提供证券经纪业务服务。为更好地服务投资者,公司还对呼叫中心系统进行了升级和扩容,推出了客户自助服务和语音留言服务功能。总部客服中心产品部推出的智通管家系列产品,受到广大客户好评,强大的投资顾问团队为客户进行一对一高品质服务。短信服务平台建立起了总公司和营业部上下统一互补的短信服务机制,将公司丰富的资讯和研究成果及时传递到客户手中。公司投资者教育工作依据适当性管理原则服务客户,更好地保障客户利益。2012年,公司根据市场发展趋势大胆改革创新,以实现通道业务和渠道业务并重发展为目标,推动经纪业务转型,将营业部从传统交易中心模式逐步升级为营销中心模式,实现服务、营销、理财的一体化发展。

投资银行业务:

大通证券投资银行事业部全程参与各行业产业链的金融服务,为企业发展的整个生命周期提供价值。大通投行以客户利益最大化为核心理念,以全方位、专业化服务为目标,凭借良好的服务水平和优秀的投行团队,成功为客户实施最佳的金融战略。投资银行事业部立足国际视野,借鉴国际国内知名大投行运作经验,投行业务涵盖股权融资、财务顾问、新三板、定增、私募债、IPO、再融资、兼并重组、资产证券化等业务。同时,依托大股东华信信托在VC、PE等产业投资领域的巨大优势,力求为客户提供全方位、专业化服务。

资产管理业务:

券商资产管理业务是指证券公司根据有关法律、法规和投资委托人的投资意愿,作为管理人,与委托人签订资产管理合同,将委托人委托的资产在证券市场上从事股票、债券等金融工具的组合投资,以实现委托资产收益最大化。大通证券是辽宁省内唯一一家获得中国证监会核准的受托投资管理业务资格的法人券商。客户委托证券公司的资产管理部管理受托资产符合《证券法》和监管部门的相关规定,具有合法、规范、专业的优势。

固定收益业务:

固定收益业务主要从事各类固定收益产品承销、做市、产品开发和投资、风险管理。公司以资本中介为理念,致力于成为产品设计者、流动性提供方、市场组织者、交易参与者和对手方。

交易及衍生品业务:

交易及衍生品业务主要是利用专业是的金融知识,充分的市场分析,进行自主交易。

证券金融业务:

证券金融主要从事,融资融券,约定式购回,质押式回购等金融活动。

地址:大连市沙河口区会展路129号大连期货大厦39层

邮编:116023

全国统一客服热线:4008-169-169

现场服务:大通证券营业网点

官方网站:www.daton.com.cnwww.estock.com.cn

大同证券有限责任公司

公司简介

大同证券的前身“晋冀内蒙古地盟市大同证券公司”,是1988年5月经中国人民银行总行批准成立的股份制非银行金融机构,是中国证券史上最早成立的证券公司之一,也是山西省改革开放后资本市场起步的标志。2015年,基于企业实际经营状况和下一步经营发展需要,公司名称由“大同证券经纪有限责任公司”变更为“大同证券有限责任公司”。公司注册资本人民币7.3亿元,主要从事证券经纪、证券投资咨询、财务顾问、证券投资基金代销、金融产品代销、融资融券、证券自营、证券资产管理、证券承销等业务,现为上海证券交易所、深圳证券交易所、中国证券业协会、中国证券投资基金业协会、中国国债协会会员、中国银行间市场交易商协会会员、全国银行间同业拆借市场成员。法定代表人是董祥董事长。

经过二十多年的发展,大同证券总体规模实现了历史性的突破,公司总资产、净资产、客户资产存量、交易总额、利润总额、上缴税金、分支机构、员工队伍等各项指标都实现了数倍乃至数十倍的增长,发生了翻天覆地的变化。同时,公司的盈利能力和成本管理能力也逐年提高。就年度财务指标在全国100多家证券公司排名的情况而言,2006年至2014年,公司净资产收益率曾连续两年位居前10位、四年位居前20位;

2008 年至 2014 年，净资本收益率曾三年位居第 2 位、两年位居第 6 位、两年位居前 30 位；2008 年至 2014 年，成本管理能力曾一年位居第 6 位，两年位居前 20 位，三年位居前 30 位；2009 年和 2010 年，公司代理买卖证券业务净收入增长率曾分别位居第 20 位和第 22 位。

目前，大同证券旗下共有 41 家分支机构，主要分布于北京、上海、广东、江苏、浙江、山东、福建、河北、河南、内蒙古、云南、湖南、四川和山西省内各地市，为全国各地的投资者提供手机、网上、电话等多种交易平台和沪、深证券行情揭示系统。同时，公司还开通了工行、农行、建行、中行、民生、华夏、交通、招商、兴业、光大、浦发、中信、平安等银行的客户资金第三方存管业务，为投资者提供高效、安全、便捷和优质的银证转账服务。

此外，大同证券拥有实力雄厚的研究团队、资深的分析师和投资顾问团队，并推出了“每日盘后分析”和“大证早知道”等系列资讯产品、同享好基汇等系列基金产品、同创及同享系列资管产品，上线了资产管理、证券承销、融资融券等投融资业务，搭建了综合性客户服务平台——微信公众服务平台，可以最大程度满足客户投融资的需求，并为客户提供金融资讯、一对一专属服务、学习交流和个性化服务。同时，公司全国客服电话 4007121212 为投资者随时答疑解惑。

“打造专注客户需求的综合金融服务平台，走特色化发展之路”是大同证券的企业定位，做客户“投资的领航者”，为客户提供专业化、高品质的服务是公司的基本诉求。为此，在当前资本市场十年黄金发展期已经开启、证券行业创新发展战略稳步实施的背景下，大同证券将以客户价值最大化为目标，认真践行“沟通于心、服务于行”的服务理念，切实弘扬“同创、同赢、同分享”的核心价值观，始终致力于企业与客户的共同成长，并与全国广大客户共同开创公司走特色化发展之路的新格局！

地址：太原市长治路 111 号山西世贸中心 A 座 12、13 层
邮编：030012
电话：4007121212
邮箱：webmaster@ dtsbc. com. cn
地址：http://www. dtsbc. com. cn

德邦证券股份有限公司

公司简介

德邦证券股份有限公司成立于 2003 年 5 月，是经中国证券监督管理委员会批准设立的全国性综合类证券公司。目前公司注册资本 23 亿元人民币，净资产 35. 16 亿元人民币，公司已连续十二年实现盈利，旗下拥有中州期货有限公司、德邦基金管理有限公司、德邦星睿投资管理有限公司、德邦星盛资本管理有限公司。公司在财富管理、资产管理、投资银行、私募及 PE 基金评价、互联网金融、国际并购等方面不断创新，秉承“心连心、手拉手”的服务理念，为广大客户提供投资、融资等全面、专业的金融服务。

不断创新持续荣耀

创新推动德邦证券各项业务迅猛发展。公司创立“财富玖功”财富管理品牌，推动国内首家广告公司省广股份在 A 股挂牌上市，管理中国青年创业就业基金会的创业基金。公司开创性地提出面对 PE 机构的全方位特色服务，并与 ChinaVenture 投中集团联合编写、出版了《中国私募股权投资(PE)年度报告》，以翔实的数据和独特的视角，把对中国私募股权投资市场的研究推到了更高境界。数年来公司赢得了投资者、合作伙伴等的广泛肯定和充分信任，获得了“2011 中国区优秀投行——最具创新奖”、“2012 年度中国最佳创新证券公司奖”、“2013 年度最佳互联网应用券商奖”、“2014 中国最佳财富管理品牌”等多项荣誉。

财富管理先行一步

德邦证券是中国财富管理领域的先行者，率先为机构客户与高端私人客户提供全面财富管理服务。公司与交通银行、上海证券报社等发起主办了“中国阳光私募高峰论坛”及“中国财富管理高峰论坛”，共同推进中国财富管理事业的蓬勃发展。公司在财富管理方面的研究实力卓越，连续两年编写、出版了《中国财富管理年度报告》，并与上海证券报社合作连续四年编写、出版了《中国阳光私募年度报告》，成为国内首创的全景式行业年度报告，深受各界好评。

拥抱互联网服务全球

作为较早获批“互联网证券业务试点资格”的券商，德邦证券积极探索互联网金融业务，与支付宝等 BAT 平台开展业务对接，尝试在其海量流量优势和德邦的专业化特色化服务能力之间找到有效的结合点，为互联网用户提供全方位的产品与服务。此外，德邦证券还以“中国好投资”项目为载体，探索 MOM(管理人的管理人)基金管理人孵化平台这一创新性的互联网资产管理模式，并在互联网众筹等互联网金融领域开展了前沿性实践。同时，德邦证券跟随复星集团布局海外业务、服务全球，为国内外投资人在全球范围内提供投资、财富管理、资产并购的通道及财务顾问服务。

公司业务

财富管理

德邦证券全面向高净值客户提供财富管理服务，并将财富管理业务定位为德邦证券的核心业务之一。公司秉承复星集团“中国动力嫁接全球资源”的价值投资理念，为客户财富管理提供最具价值的全面解决方案。“财富玖功”是德邦证券倾力打造的财富管理服务品牌，曾获得“21 世纪中国券商奖之最具创意奖”、“中国杰出营销奖——金融类优秀奖”、“2014 中国最佳财富管理品牌”及“2015 中国最佳财富管理品牌”。

为客户创造价值是财富管理的本源，德邦证券创立了投资、融资、保障三位一体的“财富玖功”模型。

德邦证券锐意创新，大力推动互联网金融，为高净值客户提供更好的客户体验。公司与国内多家领先的互联网金融平台进行深度战略合作，同时利用网上/手机开户、“中国好投资”等自创平台，为各类投资人提供方便、快捷、安全、定制化的财富管理综合服务。

坚实而强大的投资研究能力是发展财富管理业务的基础。德邦证券依托复星集团及相关上市公司丰富的产业经验与研究资源，将研究力量重点配置在医药、有色、钢铁、零售、纺织、消费、金融服务等重点领域。公司同时还在经纪业务管理总部、固定收益部、资产管理总部、证券投资部、债券投资与交易部等部门设立研究岗位，从不同的视角、不同的品种以及不同的策略出发，开展全方位、多视角的研究与分析，在对内提供研究支持的同时，对高净值客户、上市公司、公募及私募基金等提供良好的研究服务。

当前，全球化财富管理已成为趋势，德邦证券依托复星集团的强大的海外投资能力以及众多海外私人银行战略合作机构，努力打造自身的全球投资能力，开启国人的财富管理国际化道路，致力于成为客户最忠实的私人财富管理专家。

资产管理

资产管理业务是德邦证券最具竞争能力和最具成长潜力的业务之一。公司自2010年11月获得客户资产管理业务资格以来，始终以客户需求以及产品为核心，管理资产总规模及行业排名逐年上升，截至2015年11月初，管理资产规模突破3000亿，位列行业第一梯队。

德邦证券资产管理业务以服务机构客户为核心，为银行等多类机构提供全方位的服务和个性化的资产管理解决方案，创建一流的资源共享平台。公司与全国的金融机构、上市公司、政府基金等紧密合作，为资金方及项目方提供资源及服务。此外，公司通过股票、债券、票据资产、委托贷款、信托计划、股票质押式回购、项目收益权、委托债权、保理业务等投资产品，为同业业务多样化的合作模式奠定了坚实基础。

德邦证券致力于成为行业领先的产品供应商。公司创设了行业首只投资于新三板市场的“启航”系列产品，并作为行业首批券商发行资产证券化产品；投资于权益类资产的“心连心”系列和以定增市场为主的“聚盈”系列等，已形成独特的投资产品品牌，深受投资者好评。同时，公司依据上市公司、个人高净值客户等各类投资者的个性特征，提供丰富的市值管理模式和保值增值服务。

德邦证券的资产管理团队具有丰富的投融资管理经验，多人拥有特许金融分析师（CFA）、金融风险管理师（FRM）等国际权威金融投资资格认证。始终秉承创新务实的精神为客户实现资产的优化管理与保值增值，并首创“五心”服务理念：放心、信心、用心、耐心、贴心，全心全意服务于广大客户。

2014年11月，经中国证券监督管理委员会批复，德邦证券股份有限公司获准设立资产管理子公司——德邦证券资产管理有限公司，标志着德邦证券资产管理业务又迈出了里程碑式的一步。未来，德邦证券在推进资产管理业务国际化的过程中，将依托复星集团的海外金融机构，打通海内外市场的投融资渠道；同时通过引入国际化人才、积极提升全球化的投资能力，深化资管业务国际化的内涵，逐步实现投资标的全品种交易、全球化交易，为海内外投资者提供全方位的资产管理服务。

投资银行

投资银行业务是德邦证券的品牌业务，由投资银行管理总部、固定收益管理总部以及国际业务部组成，以股权、债权业务双轮驱动发展的思路，并依托复星保险、基金、私募等全方位金融平台及消费、能源、工业等实体产业平台，为客户提供股权融资、债权融资、并购重组以及财务顾问等全面、综合性的金融服务，配合公司的股权投资和私募融资平台，协助客户实现发展战略目标，得到企业客户和机构投资者的广泛认可。

投行业务荣获众多荣誉。2008年，公司获得证券时报颁发的“最具潜力投行”奖。2011年5月，因为“省广股份”等保荐企业的成功挂牌上市，在证券时报社主办的“2011中国区优秀投行”评选中，公司获得了“最具创新奖”。

固定收益各业务部门拥有丰富的产品线，为企业客户提供多渠道的融资服务。除企业债券外，公司通过发展中小企业私募债、中票、非公开定向债务融资工具（PPN）等债务融资业务品种为企业客户提供融资服务；同时，利用项目收益债、项目收益票据、供应链票据、中小企业可交换债券、资产支持证券和永续债等创新品种为企业客户提供定制化的融资服务。

国际业务部将公司的投资银行业务从国内市场延伸向国际市场，充分利用国内外两种资源、两个市场，培育和发展海外客户资源，研究创新业务和创新海外融资渠道，搭建境内外资本市场融通结合的桥梁，在立足国内市场的同时提升公司的国际市场竞争力；借力复星集团的海外资源网及先进的海外并购经验，积极拓展跨境并购财务顾问业务，共同为海外并购业务的客户提供专业的海外并购财务顾问服务。

地址：上海市福山路500号城建国际中心29楼

电话：021－68761616

传真：021－68767880

第一创业证券股份有限公司

公司简介

第一创业证券股份有限公司由第一创业证券有限责任公司（简称“一创有限”）整体变更设立，其前身为佛山证券公司。

1992年11月，中国人民银行出具《关于成立佛山证券公司的批复》（银复〔1992〕608号），同意成立佛山证券公司。1993年4月，佛山证券公司领取了核发的《企业法人营业执照》，注册资金为1,000.00万元。

1997年12月，经中国人民银行批准，佛山证券公司与中国人民银行脱钩改制并增资扩股，同时更名为“佛山证券有限责任公司”。1998年1月，佛山证券有限责任公司领取了核发的《企业法人营业执照》，注册资本增至8,000.00万元。

2002年4月，中国证监会核准佛山证券有限责任公司增资扩股，注册资本由80,000,000.00元增至747,271,098.44元，同时更名为“第一创业证券有限责任公司”。2002年7月，一创有限领取了核发的《企业法人营业执照》。

2012年2月，中国证监会核准一创有限变更为股份有限公司，一创有限以2011年9月30日经审计后的公司净资产为基数折股整体变更为本公司，注册资本为19.7亿元。2012年3月，本公司领取了核发的《企业法人营业执照》。

公司主要经营范围有：证券经纪；证券投资咨询；与证券交易、证券投资活动有关的财务顾问；证券（不含股票、中小企业私募债券以外的公司债券）承销；证券自营；证券资产管理；融资融券；证券投资基金代销；为期货公司提供中间介绍业务；代销金融产品。

截至2013年12月末，公司共有员工1578名，其中管理人员33名，业务、研究人员1083名，财务清算、业务支持人员462名。在1578名员工中，博士19名，硕士304名，本科748名，大专及以下507名。

公司理念

我们致力追求可持续发展，努力打造具有独特经营模式、业绩优良、富有竞争力的一流投资银行。我们能从一家业务单一的小型券商，发展成为今天“业务特色鲜明、收入结构均衡、布局全国”的综合性证券公司，是因为我们敢于担当使命，拥有鲜明的核心价值观、良好的经营理念、富有凝聚力的企业文化与激励性的人力资源政策。我们坚持国家、股东、客户、员工利益的统一，坚持以客户为中心，坚信证券公司是经营人的公司，人才是证券公司最宝贵的资源。这些理念和共识已深深植入第一创业人的心中，并指引着我们业务的发展：

公司愿景：追求可持续发展，努力打造具有独特经营模式、业绩优良、富有竞争力的一流投资银行。

使命：成就企业家、投资者的梦想。

核心价值观：诚信、进取、创新。

经营理念：一流机制、一流人才、一流服务、一流品牌。

人才理念：第一创业创造的机会首先属于合格的第一创业人，第一创业人和公司共成长。

合格的第一创业人标准：有理想、有道德、有正确的思维方式、有持续系统的学习能力。

主要业务

投行业务：

第一创业是国内首批证券发行上市保荐机构、首批股权分置改革试点保荐机构及首批 IPO 询价对象，拥有一支专业的，具有丰富从业经验的投资银行队伍，富有创新活力和高效的融资能力，重点为国有大中型企业、高成长性的大型民营企业、中外合资企业提供多品种的融资服务，并致力于通过专业服务使客户成为行业龙头。自 2006 年以来，公司主承销股票债券家数、承销金额等业务排名多年进入业内前 20 名。

第一创业自 1997 年就设立收购兼并总部，始终把打造中国投资银行并购品牌作为自己的奋斗目标，秉承对客户高度负责的敬业精神，着眼于客户的长远发展及关心的现实问题，为客户提供创新的、具有专业水准和全局眼光的、个性化的并购服务，致力推动优势客户利用资本平台逐步实现行业龙头地位。公司在企业并购及资产重组业务上拥有雄厚的实力，积累了丰富的客户资源，享有良好的市场声誉。2008 年、2009 年，公司财务顾问收入在全国券商中分别排名第 17 位、第 21 位。

2010 年 12 月 31 日，第一创业与摩根大通共同出资组建合资证券公司——第一创业摩根大通证券有限责任公司的申请获中国证监会批准。2011 年 6 月，一创摩根筹建完毕正式开业，注册资本 8 亿元人民币，总部设在北京，公司持股 67%，摩根大通持股 33%。公司原收购兼并业务、投资银行业务、债券承销业务全部平移至合资公司。

一创摩根在中国内地开展证券承销和保荐业务，借助公司长期根植本土市场的丰富经验和摩根大通全球领先的国际视野和平台，致力于成为备受尊敬的一流中国投资银行。

投行业务内容

各类有价证券（含股票、债券）的发行、承销、上市推荐

企业的股份制改造和发行上市辅导

政府融资策略顾问，协助制定当地资本运作规划及战略

提供公司融资、并购、战略性投资等个性化金融服务

项目融资

其他创新型业务

历史业绩

IPO 承销保荐：中小板第一股新和成 IPO（002001）、航民股份 IPO（600987）、雪莱特 IPO（002076）、孚日集团 IPO（002083）、东南网架 IPO（002135）、荣盛发展 IPO（002146）、新嘉联 IPO（002188）、亚太股份 IPO（002284）、联发纺织 IPO（002394）、巨星科技 IPO（002444）、碧水源 IPO（300070）、银之杰 IPO（300085）、松德股份 IPO（300173）、宝泰隆 IPO（601011）、步森股份 IPO（002569）、欣旺达 IPO（300207）、北玻股份 IPO（002613）

定向增发、配股及公司债：新钢钒（000629）32 亿元可转债、思源电气（002028）定向增发、大族激光（002008）定向增发、栋梁新材（002082）公开增发、东北制药（000597）定向增发和公司债、张江高科（600895）公司债、开元控股（000516）配股

收购兼并业务内容

财务顾问业务：收购方财务顾问或独立财务顾问、重大资产重组独立财务顾问及一般性财务顾问业务

直投财务顾问业务：与委托机构签订投资顾问协议，担任委托机构的投资顾问，充分发挥公司的项目发掘和资源整合能力，为委托机构寻找高回报的直接投资机会

历史业绩

政府财务顾问：深圳市政府财务顾问、廊坊市政府、抚顺市政府财务顾问等

上市公司并购：新太科技（600728）、深万山（000049）、工大首创（600857）、内蒙宏峰（000594）、中钨高新（000657）等

全面要约收购：美罗药业（600297）等

重组独立财务顾问：青鸟天桥（600657）、国投华靖（600886）等

整体上市独立财务顾问：攀钢钢矾（000629）等

行业整合并购：首创股份（600008）、盐湖钾肥（000792）、鲁能泰山（00072 等

股权分置改革：金马集团（000602）、沙河股份（000014）、美利纸业（000815）、鲁能泰山（000720）、中钨高新（000657）、中纺投资（600061）等 20 多家

集团财务顾问：鲁能集团、湖南有色集团、中纺集团、首创集团、福汽集团、德赛集团、金马集团、美罗集团、滨海控股等

零售经纪业务

第一创业证券拥有先进的交易支持系统，为客户提供完备的交易手段、快速安全的交易通道和及时、周到、优质的服务。

公司以分设在北京、上海、深圳等沿海及中部经济发展最活跃地区的营业网点为平台，与网络系统相结合，借助“易富人生”财富品牌，为客户提供 A 股、B 股、债券、基金、回购等丰富的投资交易品种，并完善咨询建议、投资分析、理财策划、服务定制等服务功能，全面满足客户“一站式”服务的需求，把营业部打造成为公司金融产品和服务的营销中心，使营业部成为公司向客户提供全面金融服务的终端，公司联系客户的纽带和触角。

公司率先在业界开展投资顾问的业务模式，率先在服务中引入理财策划概念，为客户提供个人理财策划服务，有效满足客户理财需求。

主要业务内容

代理深沪证券买卖等经纪服务

代办深沪股东代码卡及挂失、补办和更改等业务

代销基金等各种金融产品

销售公司金融产品

业绩摘要

2002 年至 2009 年，公司股票基金市场占有率由 1.413‰ 提高到 3.11‰，保持了近 20% 的年均增长速度。

近几年营业部部均收入连续排名业内前 20 名，2009 年为第 7 名，目前管理客户资产近 500 亿元。

2006 年至 2010 年，公司在中国证监会广东监管局辖区内佛山地区的营业部全部被评为 A 类（最高级别）营业部。

2007 年，公司佛山季华路营业部被中国证券业协会授予“做明明白白的投资者”教育活动证券知识竞赛优秀组织奖。

2008 年至 2010 年，佛山季华路营业部连续三年获评《证券时报》中国明星营业部评选之“最佳区域明星证券营业部”称号。

2009 年，公司北京营业部获评《证券时报》中国明星营业部评选之“最具市场开拓力证券营业部”称号。

2010 年，在《理财周报》2010 中国券商“金方向”奖评选

中,公司荣获“2010 中国最佳客户服务证券公司”称号;北京营业部获“2010 年中国证券营业部 100 强”称号。

2010 年,公司荣获《上海证券报》“优秀投资者教育工作组织单位”称号;北京、季华、上海及深圳营业部荣膺“优秀投资者教育工作网点”称号。

2011 年,公司杭州金城路证券营业部在《证券时报》主办的“第四届中国最佳证券经纪商暨明星营业部评选”中荣获“营业部新星”奖。

固定收益业务

在固定收益业务领域,第一创业一直以成为“中国一流的债券交易服务提供商”为发展目标,经过多年的投入和积累,固定收益业务已发展成为本公司的优势业务。

2012 年起,第一创业成为央行公开市场业务一级交易商,拥有行业领先的市场地位(中国人民银行公开市场操作室于 2014 年 2 月 14 日公布《2014 年度公开市场业务一级交易商名单》,仅 4 家证券公司获此资格)。

根据中国债券信息网,2011 年及 2012 年,第一创业在银行间固定收益现券交易量分别达到 16,975.17 亿元和 17,605.15亿元,在银行间市场证券公司中分别位列第 2 名、第 4 名,市场占有率分别为 1.45%、1.46%。

通过多年的经营和发展,本公司形成了较雄厚的客户基础,积累了包括银行、基金、保险公司、投资公司和大企业在内的大量客户,在市场上拥有较高的知名度和信誉度,赢得了客户信任。公司凭借自身庞大的客户群,大力发展债券销售和交易业务,取得了领先市场的地位。

主要业务内容

国债、金融债、企业债、可转换债券及其他产品的交易服务

国债、金融债、企业债和可转换债券等固定收益证券品种的承销

宏观经济和债券市场研究,协助客户进行固定收益证券品种的定价和投资

债券主承销业绩

11 豫中小债,河南省首只中小企业集合债,2011 年

11 重庆城投债,发行总额人民币 25 亿元,2011 年

11 鹰潭债,发行总额人民币 12 亿元,2011 年

11 云浮债,发行总额人民币 10 亿元,2011 年

10 长沙城投债,发行总额人民币 25 亿元,2010 年

10 抚顺城投债,发行总额人民币 15 亿元,2010 年

10 湖州城投,发行总额人民币 15 亿元,2010 年

恒丰银行次级债,发行总额人民币 10 亿元,2009 年

08 连云发展债,中国首只以海域使用权为抵押的企业债,2008 年

08 重庆城投债,发行总额人民币 30 亿元,2008 年

07 年湘泰格债中国首只抵押担保模式的企业债,2007 年

恒丰银行次级债中国第一家私募性质非上市银行次级债,2006 年

业绩摘要

从 2004 年至 2011 年,固定收益部在全国银行间债券市场现券交易量连续六年在业内排名前五位,其中,2010 年业内排名跻身前三,2011 年跃升至行业第二,并连续多年荣获全国银行间债券市场“优秀交易成员”、“交易量 100 强”,“交易活跃前 100 强”等称号。

资产管理业务

第一创业证券资产管理业务秉承“专业、创新、卓越”的经营理念,积极探索“以产品为驱动、以客户为中心、以投研能力为核心”三位一体的综合业务体系,致力于建立以“集合理财、定向理财、专项理财、投资顾问服务多平台”方式全面满足客户个性化理财需求的业务体系,以经验丰富、业绩优异的专家团队为客户提供长期稳定的投资回报,打造富有第一创业特色的一流资产管理业务品牌。

经中国证券监督管理委员会批准,第一创业证券目前拥有开展受托投资管理业务、集合资产管理业务等资格。

主要业务内容:

接受单一客户委托的定向资产管理业务

接受多个客户委托的集合资产管理业务

国内外股票一级市场和二级市场的委托理财业务

货币基金、国债、企业债、短期融资债、分离交易债等固定收益类产品的委托理财业务

国内外商品期货、金融期货、期权等各类金融衍生产品的委托理财业务

资产证券化、PE 类股权投资、企业融资顾问服务、结构性理财产品服务等个性化委托理财业务

产品简介:

集合资产管理计划产品——“创业 1 号安心回报”

集合资产管理计划产品——“创业 2 号稳健回报”

投资顾问产品——“薪加薪 1 号”人民币理财产品

投资顾问产品——“一创基金宝”结构式信托计划

集合资产管理计划产品——“创金避险增值”

集合资产管理计划产品——“金益求金”

集合资产管理计划产品——“创金价值成长”

集合资产管理计划产品——“创金灵活成长 1 期”

集合资产管理计划产品——“创策略尊享”

集合资产管理计划产品——“创金灵活成长 2 期”

研究及销售业务

1. 研究咨询业务

拥有一支国内一流水平的研究团队,以宏观经济及策略为核心,以行业及公司研究、债券研究为基础,理论结合实际,贴近市场,致力于追求与客户的长期互信关系,以研究产品及研究服务为客户拓展价值。客户覆盖国内各大基金公司、银行、保险、农信社、财务公司等各类机构投资者。

主要业务内容:

宏观经济研究

投资策略研究

衍生产品研究

理财产品研究

行业研究

公司研究

基金研究

债券研究

企业相关方案设计

2. 销售交易业务

第一创业拥有一支从业经验丰富的高素质机构销售队伍,致力于为机构客户提供专业化、个性化、一站式金融与证券服务。与国内 60 多家基金公司以及保险公司等市场中主流的投资机构者建立了全面、深入、密切的投研合作关系。

主要业务内容:

向以基金公司为代表的机构投资者提供全面、深入、及时的专业化研究咨询服务

向机构投资者推介、销售公司的各类金融产品

为上市公司提供具有针对性的投资者关系管理方案

为上市公司提供大小非减持等大宗交易中介服务

衍生产品业务

第一创业证券衍生产品业务主要进行低风险套利和风险可控的数量化、程序化交易等方面的自营投资，以及衍生品的设计、发行、创设注销与投资等。

证券投资业务

在严格控制风险的基础上，坚持深入研究，遵循价值投资理念，依托较为科学的投资决策体系及完善的投资管理制度，积极灵活的投资策略与仓位控制，对股票及其衍生品、基金进行投资，确保公司资本金获得持续稳定的收益。

2007 年，在投资规模平均保持 60% 的情况下，公司证券投资收益率为 152%，超过同期上海综合指数涨幅近 50 个百分点

2008 年，公司证券投资收益率超过同期上证综合指数 45 个百分点

2009 年，公司证券投资收益在全国券商中排名第 17 位

公司总部总机电话：0755 – 23838888

北京办事处联系电话：010 – 63197788

客服热线联系电话：400 – 888 – 18880755 – 25832666

东北证券股份有限公司

公司概况

东北证券股份有限公司（以下简称“公司”）前身为吉林省证券有限责任公司。2000 年 6 月经中国证监会批准，经过增资扩股成立东北证券有限责任公司。2007 年 8 月，锦州经济技术开发区六陆实业股份有限公司定向回购股份，以新增股份换股吸收合并东北证券有限责任公司，并更名为“东北证券股份有限公司”。2007 年 8 月 27 日，公司在深圳证券交易所挂牌上市，股票简称为“东北证券”，股票代码为 000686。公司注册地为吉林省长春市，注册资本为 19.57 亿元。

经过二十多年的努力，公司规范经营，不断进取，无论经营规模还是综合实力都取得了翻天覆地的变化。截至目前，公司已经开展全面证券及与证券相关的业务，包括证券经纪、证券承销与保荐、证券自营、证券研究咨询、IB、直接投资、融资融券、中小企业私募债、约定购回式证券交易、股票质押式回购交易、代销金融产品等业务，形成了较为完整的业务体系。同时公司坚持多元化发展，积极开展对外投资业务，已设立东证融通直投子公司、东证融达另类投资子公司、东证融汇证券资产管理有限公司、东证融成资本管理有限公司，控股渤海期货、东方基金，参股银华基金，建立起集证券、基金、期货、直接投资、另类投资为一体的开展综合金融服务的控股集团雏形。公司已在全国 23 个省、自治区、直辖市的 42 个大中城市设立 85 家证券营业部，25 家区域分公司，并在北京、上海设立了 3 家分公司，分别经营证券承销与保荐业务、证券自营业务、证券研究咨询业务，公司全国战略布局趋于合理并形成了一定的规模优势和品牌优势。

公司肩负“融通资源，创造财富”的使命，坚持“一切以客户收益为重，一切以员工利益为重，一切以股东权益为重，一切以社会效益为重”的核心价值观，在稳健中经营、在创新中发展、在服务中共赢。公司致力于建立和谐的经营管理团队，通过充分调动全体员工的积极性，从根本上提高公司的创利能力，回报股东，回报社会。

公司使命

融通资源，创造财富

核心价值观

一切以客户收益为重

一切以员工利益为重

一切以股东权益为重

一切以社会效益为重

企业精神

诚信，创新，进取，成长

文化核心

融

以坦诚的胸襟与同伴和谐相融

以专业的操守与行业和谐相融

以感恩的心态与社会和谐相融

以开放的眼界与世界和谐相融

文化理念

相融相通，互琢玉成

联系方式

地址：吉林省长春市自由大路 1138 号

电话：95360

传真：0431 – 85680032

邮编：130021

东方证券股份有限公司

公司概况

东方证券股份有限公司（以下简称“公司”）是一家经中国证券监督管理委员会批准设立的综合类证券公司，其前身是于 1998 年 3 月 9 日开业的东方证券有限责任公司，总部设在上海，现有注册资本 52.82 亿元，公司于 2015 年 3 月 23 日成功登陆上交所。

公司经过 17 年的发展，已从一家仅有 586 名员工、36 家营业网点的证券公司，逐渐壮大为一家总资产超过 1000 亿，净资产超过 300 亿，员工近 3000 人、在全国 58 个城市设有 120 家分支机构，提供证券、期货、资产管理、理财、投行、投资咨询及证券研究等全方位、一站式专业综合金融服务的上市证券金融控股集团。公司形成了自营投资，固定收益，证券、期货研究及资产管理等优势业务的业内领先地位。

公司全资持有上海东证期货有限公司、上海东方证券资产管理有限公司、上海东方证券资本投资有限公司、东方金融控股（香港）有限公司、上海东方证券创新投资有限公司，与花旗集团合资设立并控股东方花旗证券有限公司，同时作为第一大股东参股汇添富基金管理股份有限公司。

公司将继续秉承“团结进取务实高效”的企业精神，致力于创建“具有国内一流核心竞争力、为客户提供综合金融服务的现代投资银行”。

公司荣誉

2006 年，公司党委荣获“全国先进基层党组织”、“上海先进基层党组织”、“上海市金融系统先进基层党组织”称号。

2007 年，公司荣获“上海金融系统创建‘四好’领导班子先进集体”称号。

2008 年，公司荣获“2008 年度治安防范先进集体”称号。

2008 年，资产管理业务总部荣获由中华全国总工会颁发的“2008 年度全国五一劳动奖状”，成为上海市唯一获此荣誉的金融企业。

2008 年，投资银行业务总部荣获“2008 中国区中小板最

佳投行”和“2008 中国区最具创新项目”两项团体奖。

2008 年，固定收益业务总部荣获由财政部颁发的“2008 年度记帐式国债承销进步奖”。

2009 年，公司当选第四届“卓越雇主：中国最适宜工作公司”。

2010 年，公司荣获“上海金融系统世博工作优秀组织奖”，信息技术中心荣获“2007 －2009 年度上海市模范集体”称号。

2011 年，公司荣获“全国模范劳动关系和谐企业”称号。

2012 年，公司荣获上海金融创新成果三等奖。

2013 年，公司推出具有行业标杆意义的阿里巴巴专项计划。

2014 年，公司获得新三板做市业务资格，总交易量及市场占有率位列同业第一。

2014 年，首批 8 家获得黄金自营业务试点资格的券商之一。

地址：上海市黄浦区中山南路 318 号东方国际
金融广场 21 －29 层

邮编：200010

总机：021 －63325888

传真：021 －63327888

全国统一客服热线：95503

东海证券股份有限公司

公司简介

东海证券的前身是 1993 年成立的常州证券。2003 年 5 月，在行业大潮转折之际，常州证券改名为“东海证券有限责任公司”，2005 年成为全国首批十家创新试点券商。2013 年 7 月公司改制为“东海证券股份有限公司”，2015 年 7 月 27 日，公司登陆新三板市场。目前公司注册资本为 16.7 亿元。10 多年来，东海证券在董事长朱科敏先生的带领下，经历了证券市场的变革和洗礼，一路稳健发展，营业网点从 9 个发展到 63 家营业部和 8 个分公司，客户数量从 12 万发展到 100 余万户，管理客户资产从 30 亿发展到 900 亿，集团员工人数从 170 人发展到最多时 3000 余人。

东海证券积极进行全方位金融布局，目前拥有东海期货有限责任公司、东海瑞京资产管理（上海）有限公司、东海投资有限责任公司、东海证券创新产品投资有限责任公司等子公司，参股东海基金有限责任公司、江苏股权交易中心有限责任公司，为公司未来业务模式的拓宽提供了广阔的平台和契机。

10 多年来，公司坚持规范诚信经营，业务均衡稳定发展，在获得经纪业务、网上交易、投资咨询、证券自营、客户资产管理、上市承销及保荐业务、短期融资券承销等综合业务牌照的基础上，又在行业创新的大潮流中，积极开展融资融券、新三板、互联网金融、利率互换等创新业务，获得了互联网、同业拆借、股票质押贷款、银行间市场交易、权证创设、权证一级交易商、资产证券化、代办转让市场、甲类结算人、私募产品托管等创新业务资格，成为国内业务牌照最齐全的大型综合业务券商之一，并拥有较强的持续盈利能力。

东海证券通过在文化建设、品牌打造、产品创新、管理变革、提升服务等方面孜孜不倦、扎实有效的工作，为经营发展及业绩取得长足进步奠定了扎实的基础。在中国证券业协会公布的 2014 年度证券公司经营业绩排名中，东海证券债券承销净收入位列第 9 名、营业收入增长率 124.8% 列行业第 11 名、净资本收益率 24.50% 位列第 11 名、承销与保荐业务净收入列第 13 名、净利润增长率 299.3% 全行业排第 21 名。

公司拥有良好的业绩和品牌。2007 年度，公司进入“中国独立企业属地纳税总排名五百强排行榜”，2012 年在中国 A 股最佳 IPO 投行排行榜上，跻身福布斯中国 A 股最佳 IPO 投行。2008 至 2011 年，公司连续四年获得“年度全国银行间债券市场交易量 100 强”称号；2010 年公司交易量排名居券商中第七名，2009 年、2010 年，公司研究所在第七届、第八届新财富评选中分别获得“最具有潜力研究机构第三名”；2010 年 5 月，在《证券时报》举办的“2010 中国区优秀投行评选”活动中，获得“最具成长性投行”称号；2011 年，在中国区优秀投行评选中获得“最具定价能力投行”、“最具投资价值保荐项目”、“最佳并购重组项目主办人”三个奖项；2011 年 4 月，在深交所举办的 2010 年度保荐工作评比中获得“2010 年度保荐工作最佳进步奖”；2011 年 4 月，获《中国改革报》评选的“中国资本市场 20 年十佳保荐机构”奖。

2007 年、2008 年、2011 年分别获得常州市企业“特别重大贡献奖”，董事长朱科敏荣获“常州市杰出企业家”称号，2011 年被评为“江苏省十佳优秀企业”、“江苏省十佳诚信企业”。2012 年被评为“江苏省用户满意服务明星企业”，2013 年被江苏省政府评为“满意客户放心五星级单位”，同年获得江苏省文明委颁发的“2010 －2012 年度江苏省文明单位”称号。

公司业务

证券经纪业务

以建立理财型证券公司为导向——经纪业务遵循以服务为导向的“理财型证券公司”发展战略，建立和健全各项管理制度，各项业务规范开展，力争实现为客户资产保值增值。

强辐射力与众多的网点——辐射力与经纪业务经营规模不断扩大，营业网点布局日趋合理。以上海、常州、洛阳为中心，已开业 53 家营业部，覆盖全国主要城市的大部分：北京、广州、深圳、武汉、南京、长春、天津、杭州、长沙、青岛、苏州、重庆、泉州、郑州、南宁、焦作、郴州、厦门、盐城、徐州、珠海、无锡等，服务全国 80 万客户。

安全、规范——是国内最早实行集中交易、帐户集中管理的券商之一。

业务齐全——为客户提供包括 A 股、B 股、权证、债券、基金、融资融券、代办股份转让、期货中间介绍业务等多元化的业务品种，以客户为中心，全方位满足客户“一站式”服务需求。

品牌、服务多样——打造“龙点金”理财品牌，创建“资讯一体化、服务产品化、服务品牌化”的理财服务模式，建立全国统一呼叫中心等多渠道的服务手段，提供个性化专家理财资讯服务和全天候的人工支持服务。

荣誉众多——2003 年以来，东海证券龙网多次荣获《证券时报》评选的“十佳中国优秀证券网站奖”、“最佳客服热线奖”等奖项，在“证券时报”举办的历届“中国明星证券营业部”评选中常州博爱路、洛阳凯旋西路、溧阳南大街等 10 家营业部共 12 次获得中国明星证券营业部称号。

全面发展——经纪业务坚持“规范、发展、培训”经营方针，紧紧围绕“合规、人才、渠道、理财”四个方面，全面拓展业务空间。

投资银行业务

东海证券投资银行部主要为企业提供融资、并购、股权投资、改制、重组、股权激励等专业化、全方位的投资银行业务服务。作为国内首批获得保荐资格券商之一，东海证券投资银行部在 2004 年获得保荐资格，并于 2006 年取得代办股份转让主办券商业务资格。

联系方式：

注册地址：江苏省常州市延陵西路 23 号投资广场 18 楼

邮编：213003

办公地址：上海市浦东新区东方路 1928 号东海证券大厦

邮编：200125

电话：021 - 20333333

传真：021 - 50588876

客服电话：95531、4008888588

邮箱：service@ longone. com. cn

东莞证券股份有限公司

东莞证券成立于 1988 年 6 月，注册资本 15 亿元，是国有控股的全国性综合类证券公司，也是全国首批承销保荐机构之一。公司业务范围涵盖了经纪、投资咨询、财务顾问、承销与保荐、证券自营、资产管理、基金代销、期货 IB、直接投资、融资融券、做市、股票期权等领域。

截至 2015 年 7 月底，公司有分支机构 61 家（其中营业网点 58 家，上海分公司 1 家，深圳分公司 1 家，北京办事处 1 家），营业网点遍布珠三角、长三角及环渤海经济圈，“立足东莞、面向华南、走向全国”的格局基本形成。公司全资拥有东证锦信投资管理有限公司，并参股华联期货有限公司。

公司紧跟国家政策和行业发展动态，不断丰富公司业务品种，大力优化收入来源结构。当前，公司以经纪、资管、投行三大业务为核心，积极发展两融、直投、债融、新三板和投资咨询等业务，实现了从收入来源单一型券商向收入来源多元化型券商的转型。

企业文化：开放、包容、分享

经营理念：规范、诚信、专业、创新

核心价值观：智慧创造财富、专业成就价值

公司业务亮点

遍布全国的专业服务网络

投资理财的专业首选。东莞证券拥有国内先进的双交易中心，业内优秀的“财富通”网上证券交易系统和“掌证宝”手机炒股软件，在广东、北京、上海等 27 个城市设立了 49 家证券营业部，营业网点遍布珠三角、长三角及环渤海经济圈，在全国工、农、中、建等 18 家主流银行设立营销渠道 2600 多个，近 3000 名专业理财经理为您提供专业、便捷的投资理财服务。

传统业务强者恒强。在通道业务方面提供深沪 A、B 股、融资融券、IB、权证、债券、回购、基金等齐全的证券品种及投资交易服务。2013 年托管客户资产已近 700 亿元，保持行业内中上游水平，在东莞地区市场份额占绝对优势。东莞证券“港澳台”客户 2013 年开户量占全国份额近 10%，雄踞行业榜首。

创新业务百花齐放。率先获批多金业务资格、非现场开户资格，全营业部获得 IB 资格。财富中心不断挖掘内外部优秀产品，多次创造金融产品销售首日就告罄的佳话。机构业务已签约的 IPO 项目、新三板、债券类项目如雨后春笋，遍地开花。

个人理财产品与服务、企业投融资产品与服务兼具的财富管理中心逐步成型。东莞证券为个人投资者提供品种覆盖全面、风险层次丰富的各类理财产品，满足不同类型投资者的需要；从服务实体经济出发，通过多层次资本市场建设，为企业提供投资建议、资产配置及理财规划等全方位综合财富管理服务。

专业的财富管理专家

悠久的历史。东莞证券深圳分公司成立于 2003 年，前身为东莞证券资产管理部，是东莞证券下属专门开展资产管理业务的分公司，有机整合证券、保险、银行、信托等资源，为投资者提供层次丰富、覆盖全面的专业理财服务。

完整的产品链条。东莞证券深圳分公司拥有以标准化集合资产管理为业务基础，以定制化定向资产管理、专项资产管理业务为特色的服务范围。在充分调研客户财富管理需求的基础上，逐渐形成覆盖债券、基金、股票市场的集合资产管理产品链条，构成“现金管理类”、“固定收益类”、“股票投资类”三大集合资产管理计划配置版块：

现金管理类产品为投资者流动性理财工具。主要投向银行大额协议存款，同时配置部分期限短、信用高、风险低的债券。特点：每日开放，申赎方便，预期收益率是银行活期存款利率的 8 - 16 倍，是投资者最好的流动性理财工具之一。

固定收益类产品是稳健型投资者的首选。专注于投资债券、信托、股票质押式回购等品种，开放期一般为半年至一年，预期收益率相当于同期银行定期存款利率的 2 - 5 倍。

股票投资类产品主要服务于进取型投资者。主要通过积极配置股票与权益基金，在遵循价值投资理念的前提下，顺应市场趋势操作，追求超额收益。特点：净值波动频繁、投资风险相对较大，但在市场环境较好的情况下，能获得非常可观的收益，是进取型投资者的首选。

全面的企业融资解决方案

东莞证券致力于打造完整、专业的大投行业务体系，分别成立投资银行部、债务融资总部、场外市场业务部，面向全国为企业提供 IPO、再融资、债券发行与承销、“新三板”挂牌等场内外市场融资服务，范围覆盖企业改制辅导、并购重组及其他财务顾问业务。

大投行团队拥有经验丰富、专业优秀的员工近百人，其中 80% 以上具有硕士以上学历，70% 以上拥有律师、注册会计师、注册评估师等专业技术资格。截至 2013 年 12 月，已完成银禧科技、天龙集团、沪电股份、瑞普生物等多个 IPO 项目和生益科技、宁波华翔、上柴股份等多家非公开发行股票项目及众多全国范围内的企业改制辅导、并购重组等财务顾问项目。2013 年以来，在创新业务中小企业私募债领域方面取得有突出业绩，承销规模及数量名列前茅，展现出卓越的为中小企业融资服务的能力。“新三板”挂牌业务也取得长足进步，2013 年签约新三板项目近 50 家，准备申报推荐挂牌材料近 10 家，其中 4 家有望在“新三板”全国扩容第一批实现挂牌。为创新型、科技型、成长型企业发展服务，我们更专业。

贴心的融资助手

扎实积累——东莞证券融资融券业务经过三年精心筹备，于 2012 年 6 月全面上线，成为“双融”业务转常规后首批获准券商。东莞证券“双融”业务推出后，凭借“专业、创新、激情”的发展理念，快速席卷东莞市场，并迅速辐射华南地区。

创新转型——东莞证券已全面构建以融资融券业务为主导、股票质押式回购业务等创新融资业务为重要依托的信用业务体系，配备了具有深厚财务、法律、风险控制以及 IT 等领域背景的专业团队，为投资者提供便捷、高效的融资服务，解决投资者的资金需求。

成果卓越——截至 2013 年 11 月，东莞证券信用融资规模超 22 亿元，为全国 9 省市超过 6000 名客户提供融资服务，被客户亲切地称为“最贴心的融资帮手”，成为广大客户最信赖的融资品牌。

整合升级——东莞证券全面整合各类资源，深度完善战略布局，搭建高效稳定的信息系统支持体系，打造丰富灵活的产品服务体系，建立以客户需求为导向的业务模式。

实力雄厚的研究资讯业务

东莞证券研究所十多年来奋勇进取，经历了两轮牛熊循环的考验，目前已经成长为覆盖金融、地产、通信、电子、新能源、机械设备、电力、电力设备、医药、食品饮料、农业、商业零售、交通运输、公用事业、纺织服装、化工、有色金属、煤炭等主要行业，拥有金融工程、宏观策略、行业等近 30 名分析师的中型券商研究机构。按照“以市场为导向、以客户为中心”的服务理念，东莞证券研究所围绕东莞证券独具特色的财富通服务体系打造了一系列宏观、策略、行业、公司、基金等专业性研究资讯产品。

一路走来，东莞证券研究所始终秉承“智慧创造财富、专业成就价值”的核心价值观，以“提升客户价值”为宗旨，以“客观分析、独立判断”为原则，坚持创新不人云亦云。根据《中国经营报》独立研究结果，2010 年东莞证券研究所以排名靠后的规模取得了在券商研究机构当中研究报告准确率排名第 31 名的成绩。2010、2011 年连续两年东莞证券研究所都有分析师入选经济观察报和今日投资联合举办的天眼分析师最佳排名。2012 年以来，东莞证券研究所积极迎接市场的变化，全面加强各项研究业务工作。我们和金融界网站合作，提供周、月度观点、行业配置和潜力股等，其中行业配置和周报观点取得良好成绩。我们的超配行业在金融界券商月度超配行业榜中多次名列前茅，在全部 50 多家券商中，东莞证券研究所的排名从 2012 年的第 6 名跃升为 2013 年的第 1 名；而在每周策略观点方面，从 2012 年的第 17 名跃升为 2013 年的第 5 名。

地址：东莞市莞城区可园南路 1 号金源中心 30 楼
委托、服务电话：95328
邮编：523000
邮箱：service@ dgzq. com. cn

东吴证券股份有限公司

东吴证券股份有限公司作为全国第 18 家上市券商，拥有以证券经纪、资产管理、投资银行服务、投资服务、基金债券代销服务等为基本架构的专业证券服务体系，为您提供全方位证券理财服务。1993 年，东吴证券的前身苏州证券成立，在 20 年的蓬勃岁月中，累积区域经济动能、谋略全国布局发展，得到了长足发展。2002 年，公司更名东吴证券有限责任公司，2010 年，公司股份制改造完成，正式更名东吴证券股份有限公司。2011 年 12 月 12 日，东吴证券在上海证券交易所挂牌上市交易，股票简称“东吴证券”，股票代码“601555”。通过登陆资本市场，东吴证券掀开了发展的新篇章。在中国资本变革的历史巨潮里，东吴证券用自身的发展荡涤着中国当代金融骄子的回响。

地址：苏州市工业园区星阳街 5 号
邮编：215021
传真：0512 – 62938833
邮箱：dwzq601555@ dwzq. com. cn
全国委托及咨询热线：4008 – 601555
投诉受理电话：4008 – 601555

东兴证券股份有限公司

公司概况

东兴证券股份有限公司（股票简称“东兴证券”，股票代码“601198”）是 2008 年经财政部和中国证监会批准，由中国东方资产管理公司作为主要发起人发起设立的全国性综合类证券公司，2015 年 2 月 26 日在上海证券交易所上市，是国内首家资产管理公司系上市证券公司。

公司注册资本 25. 04 亿元，总部设在北京，在全国拥有 60 家证券营业部；在福建、上海、深圳、新疆设有 4 家分公司；拥有东兴期货有限责任公司、东兴证券投资有限公司、东兴资本投资管理有限公司、东兴证券（香港）金融控股有限公司四家一级全资子公司。公司业务涵盖证券经纪、证券投资咨询、与证券交易和证券投资活动有关的财务顾问、证券承销与保荐、证券投资基金销售业务、证券自营和证券资产管理业务、融资融券业务、代销金融产品业务、公开募集证券投资基金管理业务，形成覆盖场内与场外、线下和线上、国内和海外的综合金融服务体系。

公司控股股东中国东方资产管理公司是经国务院批准设立，拥有证券、期货、信托、保险、金融租赁、信用评级等多种业务的国有金融控股集团。注册资本 100 亿元人民币，在全国 26 个中心城市设有分支机构以及多个平台子公司。中国东方资产管理公司以其深厚的金融背景和雄厚实力为东兴证券的发展提供强有力的支持，共同为客户提供境内外全面金融服务。

公司秉承“诚信、专业、创新、高效”的经营理念，把客户利益放在首位，以高水准的专业技能、至诚有效的服务和稳健的经营风格赢得客户信任；积极构建具有鲜明时代特色和符合自身特点的企业文化体系，精心打造结构优化、素质精良、战斗力强的专业化人才队伍；深入推进业务的开拓创新，在产品设计、项目运作上追求高质量、低风险；奉行以严格的风险控制为前提、以合理的投资收益为目标的稳健投资策略，建立科学、严谨、高效的业务流程和风险管控体系，追求稳步增长的经营效益，为客户、股东和员工创造价值最大化，将东兴证券建设成为品牌领先、能力突出、业绩优良、特色鲜明的现代金融服务企业。

公司自 2008 年成立以来，始终坚持稳健经营的发展思路，经营业绩持续增长，公司净资产收益率（ROE）持续保持在 10% 以上，2015 年被评为 AA 级券商。未来公司将结合控股股东中国东方资产管理公司金控集团的优势和资源，以客户为中心，综合运用跨行业、跨领域的金融工具，借助场内和场外、网下和网上、国内和海外平台，为不同需求的客户提供覆盖融资、资产管理、投资顾问、衍生工具、非证券类金融产品的全生命周期、全产业链的财富管理和投融资服务，着力打造成为有特色的综合财富管理机构。

地址：北京市西城区金融大街 5 号（新盛大厦 B 座）
电话：400 – 8888 – 993
传真：010 – 66555246
邮箱：dxzqts@ dxzq. net

方正证券股份有限公司

公司简介

方正证券股份有限公司(以下简称“方正证券”或“公司”)是中国首批综合类证券公司,上海证券交易所、深圳证券交易所首批会员,于2010年改制为股份有限公司,并于2011年在上海证券交易所上市(股票代码:601901)。

公司目前已设立投行、期货、直投、合资基金、另类投资、香港金控等六家子公司,并持有盛京银行股份有限公司5.17%的股权。2014年8月,公司完成对中国民族证券有限责任公司的收购,民族证券成为方正证券的第七家子公司,公司总股本扩增至82.32亿股。

通过多年积累,方正证券及其子公司取得了多项业务资格,范围涵盖:证券经纪、期货经纪、投资银行、证券自营、资产管理、研究咨询、IB业务、QFII业务、融资融券、直投业务、证券投资基金业务、场外市场业务、质押式报价回购业务、代销金融产品业务、受托管理保险资金业务、私募基金托管业务、新三板做市业务、收益凭证业务、OTC业务、私募客户资产托管业务、互联网证券业务试点及证监会核准的其他业务。

方正证券致力于为高端机构投资者及有理财、投资与增值服务需求的客户搭建全方位、多层次的金融服务体系,并凭借深厚的产品研发实力、卓越的市场服务水平及广泛的业务渠道,拥有了业内领先的综合金融服务终端。

配合公司五大业务板块、多项业务发展需要,公司设立了辐射全国的财富管理中心和电子商务平台、电话理财中心,重要渠道已覆盖国内大型投资基金、金融机构、知名企业投资者和海外大型QFII等。公司现拥有证券营业部295家,区域分公司10家,期货营业部26家,分布在全国28个省(自治区、直辖市)的重要中心城市。

在证券行业创新发展的大背景下,公司倡导卓越领先的金融服务理念,以“通道与非通道并重、散户与机构并重、大力发展资本中介业务、内涵与外延增长并重;推进公司各项业务均衡发展,良性互动,全面发展高端与机构业务”为基本战略,致力于成为行业领先的大型综合类证券公司。

公司文化

持续创新

敢为人先、追求卓越、标新立异。

提倡开放、平等的精神,尊重、鼓励并激发员工的自主性和创新活力。

追求产品和服务创新、技术创新、管理创新,通过创新产生高附加值的产品与服务。

方方正正做人,实实在在做事

方方正正做人,实实在在做事是我们企业及其员工一切行为的原则与根本。

方方正正做人,就是要诚信,忠诚;实实在在做事就是要尽心尽责。

依法经营,诚实经商,追求多赢。

言必信,行必果。

正而不迂,直而不拙。

自觉承担社会责任,有意识地使公司的利益与社会发展的总体利益相一致。

地址:湖南省长沙市芙蓉中路二段200号
　　华侨国际大厦22-24层
邮编:410015
网址:/www.foundersc.com
全国统一客服热线:95571

高盛高华证券有限责任公司

公司简介

高盛高华证券有限责任公司是一家中外合资经营的证券公司。由全球具有领先地位的投资银行高盛集团和其在中国的战略合作伙伴北京高华证券有限责任公司(“北京高华”)于2004年12月共同出资组建。公司总部设在北京,向客户提供广泛的投资银行服务,包括承销股票、债券与可转债等各类证券,还可提供收购兼并等财务顾问服务及其它相关服务。

公司按照管理功能进行组织机构的设置,下设投资银行部、资本市场部、债券市场部、并购部、财务部、法务部、合规部(含内部稽核)和企业交流部。母公司北京高华证券有限责任公司的资金部、风险管理部、营运部、人力资源部、信息技术部及行政办公室向高盛高华提供相关支持性服务。

公司管理层由国内外资深的证券界人士担任,他们包括董事长方风雷、总经理宋冰、首席财务官孟秋、合规总监李臣及公司董事会秘书章靖。

企业文化

十四条业务原则

1. 客户利益永远至上。我们的经验表明,只要对客户尽心服务,成功就会随之而来。

2. 我们最重要的三大财富是员工、资本和声誉。三者之一如有受损,最难重建的是声誉。我们不仅致力于从字面上,更从实质上完全遵循监管我们的法律、规章和职业道德准则。持续的成功有赖于坚定地遵守这一原则。

3. 我们的目标是为股东带来优越的回报,而盈利就是我们实现优越回报、充实资本、延揽和保留最优秀人才的关键。

4. 我们为自己的专业素质感到自豪。对于所承担的一切工作,我们都凭着最坚定的决心去追求卓越超群。如果我们必须在质与量之间作取舍的话,我们宁愿选择做最优秀的公司,而非最庞大的机构。

5. 我们的一切工作都强调创意和想象力。虽然我们承认传统的办法经常还是最恰当的选择,但我们总是锲而不舍地为客户构思更有效的方案。

6. 我们尽最大的努力去为每个工作岗位物色和招聘最优秀的人才。虽然我们的业务额以亿计量,但我们对人才的选拔却是以个人为基础,精心地逐一挑选。我们明白在服务行业里,缺乏最拔尖的人才就难以成为最拔尖的公司。

7. 我们给员工提供丰富的事业发展机会,擢升的条件取决于能力与业绩,而我们最优秀的员工拥有无穷的潜力,能承担最艰巨的职责。公司必须吸引、保留和激励有着不同背景和观点的员工。我们认为多元化是成功的必行之路。

8. 我们一贯强调团队精神。在不断鼓励个人创意的同时,我们认为团队合作经常能带来最理想的效果。我们不会接受那些置个人利益于公司与客户利益之上的人。

9. 我们的员工对公司的奉献和对工作付出的努力和热忱,是我们成功的一个重要因素。

10. 我们视公司的规模为一种资产,并对其加以维护。我们希望公司的规模足以承办客户构思的任何大型项目,同时又保持适度的灵活性,以更有效地保持服务热情、关系紧密与团结精神,这些都是我们极为珍视,又对公司成功至关重要的因素。

11. 我们尽力预测不断变化的客户需求，并致力于发展新的服务去满足这些需求。我们深深明白金融业环境的瞬息万变，及满招损、谦受益的道理。

12. 我们经常接触机密信息，这是我们正常客户关系的一部分。违反保密原则或是不正当或轻率地使用机密信息都是不可原谅的。

13. 我们的行业竞争激烈，故此我们积极进取地寻求扩展与客户的关系。但我们坚决秉承公平竞争的原则，绝不会诋毁竞争对手。

14. 公正及诚信是我们业务原则的根本。我们期望我们的人员无论在工作上还是在私人生活上同样保持高度的道德水准。

企业社会责任

高盛高华证券致力于满足经济和社会的发展需求，对于回报工作和生活所在的社区具有极大热情。高盛高华积极参与高盛集团在中国的企业社会责任项目，具体内容如下：

万名女性助学计划——“巾帼圆梦”

“巾帼圆梦”(10,000Women)于 2008 年 3 月启动。这项为期五年的计划旨在为全球的 1 万名弱势女性提供商业和管理教育。这个计划是基于高盛、世界银行和其他机构进行的研究。这些研究表明，类似的教育投入能对国内生产总值增长产生显著影响。研究还表明，对女性的教育投入能产生成倍放大的效应，不仅能增加收入和从业者数量，而且能提高家庭的健康和受教育水平，进而增进社会繁荣。学员可以报名参加根据当地情况设计的证书教育计划，课程包括：营销、会计、市场研究、撰写商业计划书、战略规划、融资和电子商务。这些课程具有文化上适合、灵活和短期的特点，旨在帮助因为受经济和现实条件的限制而无法接受传统商业教育的众多女性打开眼界。自启动以来，“巾帼圆梦”已经深入到 22 个国家，包括：阿富汗、巴西、中国、埃及、印度、卢旺达和美国。我们的员工在工余或周末的时间，通过辅导、担任学员选拔委员会委员及担任客座讲师的方式，为“巾帼圆梦”贡献出时间和专长。

“巾帼圆梦”在中国于 2008 年年底启动。至 2013 年年底，将有两千多名中国女性企业家参与培训，数量将占到全球培训总数的近四分之一。同时，“巾帼圆梦”于 2011 年 6 月向中国西部扩展，在成都启动了项目。西部大开发是中国经济发展策略的重要组成部分，它需要有针对性地在当地投入大量资源，尝试各种创新手段。企业家和就业机会是地区发展的主要动力。“巾帼圆梦”的西部扩展受到了众多关注。

合作项目与伙伴

北京

中国女性创业管理课程

由清华大学经济管理学院与巴黎 HEC 商学院合办

中国女性医疗管理课程

由清华大学经济管理学院与耶鲁大学公共卫生学院合办

杭州

中国女性创业能力开发项目

由浙江大学全球创业研究中心和管理学院与牛津大学赛德商学院合办

成都

中国女性创业项目

由西南财经大学工商管理学院与牛津大学赛德商学院合办

社区义工服务计划

公司致力于通过义工服务以及与公益组织的合作，帮助困难人群并致力于改善我们工作和生活的社区。社区义工服务计划是这一理念的具体体现，鼓励员工每年用一天的时间，参与当地公益组织协调开展的团队项目。2011 年是社区义工服务计划在全球开展的第十五个年头。在中国，通过与 11 个公益组织合作，今年总共开展了 17 个项目。

慈善捐赠

高盛积极了解社区中活跃的公益组织，并通过小额慈善捐赠的方式，来帮助公益组织提升项目质量，扩大项目影响，在中国已经为众多组织提供捐赠，主要领域集中在：健康、教育、环境，以及文化、艺术和历史。

高盛慈善基金

高盛慈善基金创立于 2007 年，是专门针对公司合伙人而设立的慈善基金。基金通常由合伙人提出捐赠意愿，并推荐受赠的公益组织。公司在中国的合伙人也积极参与此项基金的活动，在社会发展的众多领域进行了捐赠。

北京：

地址：北京市西城区金融大街 7 号英蓝国际中心 18 楼

邮编：100033

电话：+86(10)6627 - 3333

传真：+86(10)6627 - 3300

新闻查询：

地址：北京市西城区金融大街 7 号英蓝国际中心 18 楼

邮编：100033

电话：+86(10)6627 - 3261

传真：+86(10)6627 - 3300

光大证券股份有限公司

公司简介

光大证券股份有限公司(以下简称“公司”)创建于 1996 年，系由中国光大集团股份公司投资控股的全国性综合类股份制证券公司，是中国证监会批准的首批三家创新试点公司之一。2009 年 8 月 4 日，公司成功发行 A 股股票，共计募集资金 109.62 亿元，并于 8 月 18 日在上海证券交易所挂牌上市，股票简称“光大证券”，股票代码“601788”。

公司成立二十年来，秉承“以客户为中心”的理念和“为国家图富强，为天下聚财富”的核心价值观，合规、稳健经营，资本充足、内控严密、运营安全、服务优质、战略前瞻、创新领先。

公司构建了覆盖全国的经营网络，具有领先且一体化的境内外金融服务平台，是中资券商在海外最大业务平台之一。公司积极投身于国内外资本市场，大力探索综合金融服务，各项业务迅速发展，业务规模及主要营业指标居国内证券公司前列，综合实力排名位居业内前十。

展望未来，公司将通过经营综合化、展业国际化、服务专业化、管理精细化、机制市场化等战略举措，逐渐提升公司的资产定价能力、风险管理能力、产品创设能力和专业销售能力，深化企业文化建设，完善公司治理机制，努力将光大证券打造成为具有国际竞争力的一流全能型投资银行。

地址：上海市新闸路 1508 号

电话：021 - 22169999

传址：021 - 62151789

邮箱：95525@ebscn.com

4008888788@ebscn.com

广发证券股份有限公司

公司简介

广发证券成立于1991年，是国内首批综合类证券公司。公司先后于2010年和2015年分别在深圳证券交易所及香港联合交易所主板上市(股票代码:000776.SZ,1776.HK)。公司营业网点已实现全国31个省、自治区、直辖市全覆盖，截至2015年6月30日，公司有证券营业部256个。

公司旗下拥有五家全资子公司，分别是广发期货有限公司、广发控股(香港)有限公司、广发信德投资管理有限公司、广发乾和投资有限公司和广发证券资产管理(广东)有限公司，控股广发基金管理有限公司，并持股易方达基金管理有限公司和广东金融高新区股权交易中心有限公司等公司，间接全资持有广发金融交易(英国)有限公司(伦敦金属交易所LME第一类交易会员)和广发证券(加拿大)有限公司，形成了以证券业务为核心、业务跨越境内外的金融控股集团架构。

目前公司总股本约76.21亿股。截至2015年6月30日，公司总资产5,171.26亿元，归属于上市公司股东的所有者权益为725.87亿元，2015年上半年营业收入为197.12亿元，营业利润为112.42亿元，归属于上市公司股东的净利润为84.06亿元。资本实力及盈利能力在国内证券行业持续领先，总市值居国内上市证券公司前列。

公司专注于中国优质中小企业及富裕人群，是拥有行业领先创新能力的资本市场综合服务商，为企业、个人及机构投资者、金融机构及政府客户提供多元化业务服务。主要业务包括:投资银行、财富管理、交易及机构客户服务、投资管理业务，各项核心业务均处于行业领先地位。

公司被誉为资本市场上的“博士军团”，秉承“知识图强，求实奉献;客户至上，合作共赢”的核心价值观，贯彻执行“稳健经营，持续创新;绩效导向，协同高效”的经营管理理念，凭借高效、灵活的市场化机制和商业化的战略视野，敏锐准确把握行业和监管的变化，以卓越的经营业绩、完善的风险管理及优质的服务成功实现持续稳健发展。

地址:广州市天河北路183号大都会广场42楼

电话:020－87555888

邮编:510075

全国客服热线:95575

广州证券股份有限公司

公司概况

广州证券1988年经中国人民银行批准成立，是全国最早设立的证券公司之一，2014年9月1日召开股份公司创立大会和董事会，正式变更为“广州证券股份有限公司”。2016年1月，公司完成增资扩股，注册资本为536,045.6852万元。

广州证券业务范围涵盖证券经纪、证券投资咨询、与证券交易、证券投资活动有关的财务顾问、证券承销与保荐、证券自营、证券资产管理、融资融券业务、以及中国证监会批准的其他业务等所有综合性业务。

广州证券在广东、北京、上海、杭州等地设立了53个证券营业部，旗下拥有全资子公司广州证券创新投资管理有限公司、广证领袖投资管理有限公司，控股广州期货有限公司、广州广证恒生证券研究所有限公司，参股金鹰基金管理有限公司。其中广证恒生为CEPA框架协议下国内首家合资证券投资咨询公司。

广州证券由广州越秀金融控股集团有限公司控股，为越秀金控的核心主体。广州越秀金融控股集团有限公司成立于2012年1月，是广州市重点打造的国资金融控股平台之一，目前拥有广州证券、越秀租赁、越秀产业基金、广州担保、越秀小贷等5家下属企业，基本形成了以证券、租赁为核心的非银行金融控股发展格局。2016年1月，广州友谊非公开发行募资百亿元收购越秀金控100%股权项目获中国证监会核准批复，越秀金控将成为首个进入国内资本市场的地方国资金控平台。

战略概括

公司以中高净值人群和中小企业为主要客户，实施股债并举、买卖结合、综合服务、创新发展的业务发展策略和立足广东、走向全国、横跨穗港、放眼全球的区域发展策略，锻造卓越的专业能力、营销能力、创新能力和管理能力，持之以恒践行融汇财智，创造价值的企业使命，致力于打造国内一流的证券企业集团。

一、使命

融汇财智，创造价值。

二、愿景

打造国内一流的证券企业集团。

三、核心价值观

不断超越，更加优秀

四、经营理念

服务经济发展，增值社会财富

五、管理理念

机制引领，以人为本

企业文化

核心价值观:

不断超越，更加优秀

发展战略:

通过股债并举、买卖结合、综合服务、创新发展，打造国内一流的证券企业集团

使命:

融汇财智，创造价值

愿景:

打造国内一流的证券企业集团

战略定位:

综合发展、特色经营、区域领先

业务发展策略:

股债并举、买卖结合、综合服务、创新发展

区域发展策略:

立足广东、走向全国、横跨穗港、放眼全球

企业精神:

精诚、笃行、共济、日新

经营理念:

服务经济发展，增值社会财富

管理理念:

机制引领，以人为本

地址:广州市珠江西路5号广州国际金融中心主塔19层、20层

邮编:510623

电话:020－88836999

传真:020－88836900

客户服务热线(委托、投诉):961303

国都证券股份有限公司

国都证券股份有限公司（以下简称“国都证券”）是由国都证券有限责任公司整体变更而来。国都证券有限责任公司是经中国证监会批准，在中诚信托有限责任公司和北京国际信托有限公司原有证券业务整合的基础上，吸收其他股东出资，于2001年12月28日成立的综合性证券公司，注册地为北京。2015年6月23日公司组织形式由有限责任公司整体变更为股份有限公司，公司正式更名为“国都证券股份有限公司”，注册资本变更为460000.0009万元。2015年12月31日完成增资扩股，注册资本增至530000.0009万元。

2010年至2015年，国都证券在证券公司分类评价中连续6年被评为A类A级证券公司。截至2014年末，公司净资产69.20亿元。

国都证券前身早在1990年开始从事证券经纪业务、1992年开始从事承销业务，并于1992年在北京设立了第一家证券营业部——工体营业部。多年的业务积淀使公司在金融服务领域拥有丰富的成功经验和众多的资深专业人士。

国都证券成立以来，始终秉承“关注客户需求，与客户共成长”的服务理念，在坚持合规经营的基础上，努力为客户提供便捷、多样化、个性化的金融服务，深得客户认可与信赖，并在业内赢得了良好的声誉。为拓展业务发展空间，公司通过设立另类子公司、香港子公司、控股期货公司、参股基金公司，整合股东、银行等金融机构的资源，搭建起一个多元化的金融服务平台。公司发展至今，已形成了门类齐全、服务模式多样化的业务体系，可针对客户的个性化需求，提供一揽子金融解决方案。

在管理方面，公司构建了完善的法人治理结构、科学严密的内部控制机制和风险管理体系，形成了以人为本、和谐发展的企业文化，打造了一支独具特色、精诚团结、锐意进取的精英团队，为公司健康稳步的发展奠定了坚实的基础。

“互信、共赢、美好生活”是国都证券的发展愿景，也是国都人的责任所在。国都证券全体同仁愿凭借自身的专业优势，携手广大客户及各界伙伴，把握经济发展的契机，共同开创我们健康丰盛的财富人生。

国海证券股份有限公司

公司概况：

国海证券股份有限公司（以下简称公司）前身为广西证券公司，1988年经中国人民银行批准正式设立，是国内首批设立并在广西区内注册的唯一一家全国性证券公司。2001年，公司增资扩股并更名为国海证券有限责任公司。2011年8月，公司借壳桂林集琦药业股份有限公司登陆A股市场，更名为国海证券股份有限公司（股票代码：000750），一跃成为国内第16家上市证券公司。公司目前是广西市值最大和唯一入选“深证100指数”的上市公司，同时是“沪深300指数”和“深证成分指数”成分股。2014－2015年连续2年被中国证监会评为A类A级证券公司。2015年成功入选世界品牌实验室“中国500最具价值品牌”榜，位列总榜单第329位和金融行业品牌子榜单第23位。

2001年增资扩股以来，公司凭借良好的股东背景、完善的法人治理，市场化的用人、分配激励机制，稳定、团结、敬业、专业的管理团队和健康、积极向上的企业文化等核心竞争优势，步入了快速健康发展的轨道，特别是2011年上市后，公司资本实力大幅提升，盈利能力持续增强。截至2015年9月末，公司总股本28.10亿元，净资本143.82亿元，合并总资产549.10亿元，合并净资产131.91亿元。2001年至2015年9月末，公司累计合并利润总额71.73亿元，母公司累计纳税35.68亿元。

目前公司拥有9家分公司、72家营业部，营业网点覆盖全国15个省级区域，控股国海富兰克林基金管理有限公司、国海良时期货有限公司和广西北部湾股权交易所股份有限公司，全资设立国海创新资本投资管理有限公司，成为涵盖证券、基金、期货、直投、区域性股权市场等多元业务体系的金融服务企业。

经营范围：

证券经纪；证券投资咨询；与证券交易、证券投资活动有关的财务顾问；证券承销与保荐；证券自营；证券资产管理；证券投资基金代销；为期货公司提供中间介绍业务；融资融券；代销金融产品。

业务资格：

证券业务外汇经营资格、网上证券委托业务资格、全国银行间同业拆借市场成员资格、国债承销业务资格、中国证券登记结算有限责任公司结算参与人资格、代理证券质押登记业务资格、增值电信业务资格、军工涉密业务咨询服务资格、保险兼业代理业务资格、全国中小企业股份转让系统主办券商业务资格、约定购回式证券交易资格、股票质押式回购交易资格、私募基金综合托管业务资格、港股通资格、期权结算业务资格、上海证券交易所股票期权交易参与人资格、客户资金消费支付服务资格。

经纪业务：

业务概况

经纪业务是稳定公司收入的主力军，为全国129万客户提供提供代理开户、代理交易、快速交易、大宗交易、中间介绍业务（IB业务）、大小非客户服务、融资融券、投资顾问与咨询、金融产品配置、港股通等全面投融资理财服务。国海证券经纪业务的广西市场占有率保持在第一位，区域和品牌优势明显，在全国15个省级区域设有69家营业部，在深圳设立深圳经纪分公司。

创新发展

在巩固传统通道业务区域市场优势的同时，公司融资融券、约定购回式证券交易、股票质押式回购、代销金融产品等创新业务发展迅速，营业收入大幅增长。各项创新业务从无到有，从小到大，创新业务收入总额在经纪业务整体收入中的比重逐年提高，2012年占比12%、2013年占比33%、2014年占比44%，创新业务实现跨越式发展。

投资银行业务：

业务概况

国海证券投资银行业务范围涵盖首次公开发行股票并上市（IPO）、上市公司再融资、企业债券、公司债券、私募债券等债券发行承销、并购重组财务顾问、全国中小企业股份转让系统（新三板）推荐挂牌及融资、资产证券化以及其他场内场外投资银行创新业务。

公司投资银行业务以“立足区域开发、打造特色投行”的策略，已先后为全国100余家企业提供包括IPO、再融资、收购兼并、债券承销在内的多元金融服务，形成中小企业IPO和再融资两大业务特色。拥有20个团队近230人，其中保荐人、准保荐人50余名，团队核心骨干均有10年以上的投资银行业务经验。

近年来公司投资银行业务发展势头良好，行业排名不断上升，先后荣获“最具成长性投行”、“最具区域影响力投行”、“最佳股权融资项目团队”、“最佳再融资承销商”、“最佳企业债承销团队”、“最具成长性债券承销团队”、“最佳中小企业私募债承销商”、“最具投资价值再融资项目”、“最佳再融资保荐人”、“最佳风控投行”等奖项。

业务特色——中小企业行业融资专家

IPO 业务：公司近年来连续完成北部湾旅、宝色股份、荣之联、东材科技、尤洛卡、长江润发、立思辰、深圳惠程等一系列主板、中小板和创业板 IPO 项目，企业上市后表现良好，获得市场一致好评。2009 年在我国创业板首批上市的 28 家企业中，成功保荐了立思辰 IPO 项目，成为业界瞩目的焦点。

再融资业务：公司近年来完成西部证券、兴业证券、农产品、中国南车、两面针、玉龙股份、漳州发展、长青股份、德力股份、万里股份、广陆数测、安彩高科、桂林旅游、盛屯矿业等一系列再融资项目。其中，公司于 2010 年先后两次完成盛屯矿业（原雄震矿业）增发，创中国资本市场单家公司一年完成两次再融资的先例。

并购重组财务顾问：公司拥有国内顶尖的收购兼并专家队伍，核心人员均来自《新财富》评选的“国内最佳并购团队”，被多家政府机构、大型集团公司聘为财务顾问。公司近年来先后完成双龙股份发行股份购买资产并配套融资、尤洛卡发行股份及支付现金购买资产、梅泰诺发行股份购买资产等并购重组财务顾问项目，专业能力与执业质量得到了交易双方的一致认可。

资产证券化业务：2014 年 11 月，公司主承销的“广农元 2014 年第一期信贷资产支持证券”在全国银行间债券市场成功发行，为全国县域农商行首单发行的信贷资产证券化产品。

固定收益证券业务

固定收益证券业务是国海证券的旗舰业务。经过多年的培育与发展，已形成了完备的业务体系，拥有成熟敬业的业务团队，积累了广泛深厚的客户资源，具有强大的产品定价能力、销售能力和广泛的市场影响力。

固定收益证券承销业务

国海证券在国债、金融债承销方面竞争优势明显，是财政部国债承销团成员、国债协会常务理事单位、国开行金融债承销团 A 类成员、农发行、进出口行金融债承销团成员、铁道债承销团成员和中国银行间市场交易商协会会员。

公司在记账式国债、国开行金融债、农发行金融债、进出口行金融债等债券的承销金额方面，排名位于券商前列。截至 2014 年末，公司记账式国债承销金额的券商排名始终保持在前 10 位，国开行金融债承销金额的券商排名保持在前 6 位，农发行金融债和进出口行金融债承销金额的券商排名保持在前 4 位。2007 年至 2014 年，公司连续 7 年获得国开行授予的“金融债优秀承销商”称号；6 次获得财政部颁发的年度“记账式国债承销优秀奖”；5 次获得农发行授予的年度“金融债券优秀承销商”称号；3 次获得进出口行授予的年度“金融债优秀承销商”称号；获得财政部颁发的 2012 年度“地方政府债券优秀承销奖”，获得中央国债登记结算有限公司授予的“2013 年度中国债券市场优秀成员优秀承销商”称号。

企业债与公司债承销方面，国海证券在广西债券市场占有率连续多年超 50%，并已将业务优势向新疆等区外市场拓展，进一步巩固了公司固定收益业务品牌和市场优势。

2009 至 2014 年公司完成了 14 株洲国投债、14 蔡家湖债、14 哈密国投债、13 豫盛润债、13 济宁供水债、13 钦州滨海债、12 柳州东城债、12 遵义投资债、12 梧州东泰债、11 彬煤债、11 香城建投债、11 华泰债、10 钦州开投债、10 丰源煤电债、10 北部湾债、09 桂投债、09 柳州投控债、09 神火债等近 40 只企业债、公司债的发行承销，整体保持快速增长趋势。

固定收益证券投资业务

固定收益证券投资范围涵盖了债券、基金等传统证券投资品种以及国债期货、利率互换、股指期货等各类金融衍生品，投资研究团队经验丰富，具备了较强的大类资产配置能力和全天候投资能力，多年来准确把握市场走势，投资业绩突出。

资产管理业务

国海证券有 10 余年的从事受托投资管理业务经验，自 2002 年获得受托投资管理业务资格以来，已建立了一支成熟、稳健、风险控制能力强的投资管理团队。公司始终把“追求绝对收益，为客户提供满意的投资回报”作为资产管理业务发展的宗旨，形成了涵盖低风险型、稳健型、积极型及创新型的完备产品链。截至 2014 年末，共管理 16 个集合资产管理计划和 55 个定向资产管理项目，受托资产管理规模486.29 亿元。

国金证券股份有限公司

一、主要概况

国金证券股份有限公司是一家资产质量优良、专业团队精干、创新能力突出、服务特色鲜明的上市证券公司，是沪深 300 指数、上证 180 指数、上证 180 金融股指数和上证中型企业指数成份股，注册地在四川省成都市。公司目前控股国金期货有限责任公司，在北京发起设立国金通用基金管理公司。2010 年 5 月 29 日，在中国证券报、上海证券报、证券时报、证券日报联合主办的“1990 - 2010：走向资本强国——中国证券市场 20 年回顾与展望暨第四届中国上市公司市值管理高峰论坛”活动中，国金证券荣获“中国 20 家最具影响力证券公司奖”。

二、经营业绩

国金证券尊崇“责任、共赢、和谐”的企业精神，秉承“规范管理、稳健经营、深化服务、科学创新”的经营理念及“专业创造价值，诚信铸就未来”的服务理念，打造了一支专业化、高素质的职业人才团队，连续保持 20 年年终税前盈利，成为证券行业仅有的 2 家连续盈利的证券公司之一。

三、主营业务发展情况

国金证券坚持“以研究咨询为驱动，以经纪业务为基础，以投资银行业务为重点突破，以自营投资业务和创新业务为重要补充”的业务模式，通过实施差异化增值服务商的竞争战略，不断提升核心竞争力。

（一）投资银行业务

公司投资银行业务定位于为中国高速成长的中小企业创造价值，拥有一支近 50 位保荐代表人为骨干的投资银行专业团队，以为客户创造价值为导向，针对客户特色提供周全、有效的解决方案与贴身式服务，得到了市场的认同和好评。投行业务范围涵盖 IPO、再融资、公司债、并购重组、场外业务等，近年来主承销家数和金额快速上升，2010 年股票主承销家数排名行业第 11 位，是发展速度最快的本土投行之一，被深圳证券交易所评为“2010 年度优秀保荐机构”，跻身十佳行列。荣誉：

《新财富》杂志“中国最佳投行”：2008年荣获“最佳配股项目——华发股份配股”；2009年荣获“最具创新能力投行”、“进步最快投行”；2010年荣获“本土最佳投行团队”；

《上海证券报》“中国最佳投资银行”：2007年荣获“最快进步团队”；2008年荣获“最具潜力团队”；

《证券时报》“中国区最佳投行”：2008年荣获“最具潜力投行”；2009年荣获“最具成长力投行”；2010年荣获“最佳创新投行”、“最具投资价值保荐项目——三安光电非公开发行”。

（二）研究咨询业务

公司研究所秉承“投资型研究”的理念，汇聚行业精英人才，以市场为中心，以客户需求为导向，构建“研究业务为基础、投资分析为纽带、研究服务为导向”的三层架构体系，积极融入市场、贴近上市公司，与不同类型投资者同行，做到领先市场半步，为基金公司、保险公司、大型企业集团、财务公司、信托公司、QFII等为代表的高端专业机构客户群提供研究咨询等一站式资本服务。近几年研究服务成绩显著，连续多年“新财富”、“水晶球”、“金牛”等业内知名评选活动中荣获“最佳团队”、“进步最快团队”、“最具影响力研究机构”、“最佳分析师”等殊荣，在业内取得较高的知名度。荣誉：

2008年《新财富》最佳分析师评选：“本土最佳研究团队”评选中荣获第五名；

2009年《新财富》最佳分析师评选：“本土最佳研究团队”评选第四名；

2010年《新财富》最佳分析师评选：“本土最佳研究团队”评选第四名。

2011年，在国内最具公信力、最客观的分析师排名之一“天眼中国证券分析师评选”中我公司研究所以荣获7个奖项成为获奖人数最多的研究机构，综合实力排名第一。

（三）经纪业务

公司经纪业务以打造“本土最具特色差异化增值服务商”为目标，秉承全心全意为客户服务的宗旨，始终坚持“以客为尊”的服务理念，以客户需求为导向，针对不同客户在不同人生阶段的理财需求，分别在交易通道、资产托管、股票投资、金融理财、家庭资产配置五个方面，为客户提供专业、专属服务。同时，公司将具有良好市场品牌和雄厚研究实力的研究所与具有网点和团队优势的经纪业务进行整合，通过优势互补，形成“以研究为驱动，产品为核心，服务为纽带”的客户导向型的经纪业务营销服务模式。在成功整合研究资源、技术资源和营销服务资源的前提下，通过整合交易终端、“研究所+投资顾问+销售服务人员”三级咨询服务体系、标准化的服务产品，为客户建立起全方位的财富管理和综合服务平台。近年来市场份额稳步提升，差异化的经纪业务发展模式初步成型。

国金证券将牢牢把握“合规经营、风险可控”的基础不动摇，坚持“差异化增值服务商”的战略发展定位，争取实现公司业务资格的“全牌照”，着力打造集证券、期货、基金管理为一体的综合业务平台，为中国资本市场的繁荣发展贡献自己的力量。

联系我们

公司现有证券营业部27家，营业网点遍及上海市、北京市、长沙市、杭州市、昆明市、厦门市、成都市及四川省其他多个地区，经营面积逾50000平方米。

地址：上海市浦东新区芳甸路1088号紫竹国际大厦

全国统一服务热线：4006－600109

佣金宝客服热线：95310

国开证券有限责任公司

一、公司概况

国开证券有限责任公司（以下简称“国开证券”）是开发银行全资控股的证券公司，由开发银行在收购原航空证券全部股权基础上增资设立而成，注册资本达到73.7亿元。2010年8月25日，国开证券正式成立，以崭新的形象登上了中国资本市场舞台。

国开证券总部位于北京，在北京、上海、深圳、天津、保定等地设立了营业部，并设有立1家控股子公司——国开泰富基金管理有限责任公司。

根据中国证监会批准，公司经营范围包括：证券经纪；证券投资咨询；与证券交易、证券投资活动有关的财务顾问；证券承销与保荐；证券自营；证券资产管理；融资融券；证监会批复的其他业务

二、公司历史沿革

公司是国家开发银行股份有限公司（以下简称“国家开发银行”）根据国务院批准的改革方案，经中国证监会《关于核准航空证券有限责任公司变更持有5%以上股权的股东的批复》（证监许可〔2010〕192号文）批准，全额收购原航空证券有限责任公司股东全部股份，并进一步增资更名设立。公司于2010年2月完成股权变更工商登记手续，企业法人营业执照号：110000006370338。公司成为国家开发银行100%控股的有限责任公司。

航空证券有限责任公司是2003年12月11日经中国证监会《关于同意航空证券有限责任公司开业的批复》（证监机构字〔2003〕256号文）批准设立，并于2003年12月29日在北京市工商行政管理局领取了《企业法人营业执照》，企业法人营业执照号为：110000006370338。

2009年9月底，航空证券股东中国航空工业集团公司及公司其他4家股东将其持有的公司股权通过天津产权交易所挂牌转让，并最终与6国家开发银行签署了股权转让协议。2010年2月10日，经中国证监会《关于核准航空证券有限责任公司变更持有5%以上股权的股东的批复》（证监许可〔2010〕192号文）依法核准公司股权变更。

2010年8月25日，国开证券有限责任公司举办了开业仪式。

2011年7月14日，根据中国证监会《2011年证券公司分类结果》显示，国开证券有限责任公司评级由CCC级上升至B级。

2011年10月10日，经中国证监会《关于核准国开证券有限责任公司变更注册资本的批复》（证监许可〔2011〕1631号文）批准，国开证券有限责任公司注册资本由23.7亿元变更为58.7亿元。

2012年3月27日，经中国证监会《关于核准国开证券有限责任公司变更注册资本的批复》（证监许可〔2012〕404号文）批准，国开证券有限责任公司注册资本由58.7亿元变更为73.7亿元。

2012年7月13日，根据中国证监会《2012年证券公司分类结果》显示，国开证券有限责任公司评级由B级上升至BBB级。

2013年6月28日，根据中国证监会《关于核准设立国

开泰富基金管理有限责任公司的批复》(证监许可〔2013〕850 号文)批准设立控股子公司——国开泰富基金管理有限责任公司。

2013 年 7 月 13 日,根据中国证监会《2013 年证券公司分类结果》显示,国开证券有限责任公司评级由 BBB 级上升至 AA 级。

2014 年 6 月,国开证券分别在吉林、江苏、福建、湖南、四川和陕西设立 6 家分公司。

2014 年 7 月 15 日,根据中国证监会《2014 年证券公司分类结果》显示,国开证券有限责任公司评级继续保持 AA 级。

三、经营宗旨

国开证券依托综合金融服务优势,服务国民经济重大中长期总体发展战略,合规经营,诚实守信,稳健发展,不断创新,充分发挥市场化手段的作用,为客户提供优质综合服务,为员工打造良好发展环境,为股东创造优异经济效益,为社会贡献和谐发展力量,逐步发展成为具有特色、业绩优良、有创新能力和市场竞争力的国内领先、国际先进的专业化投资银行。

四、经营业绩

2014 年报告期内公司实现营业收入 152,570 万元,净利润 72,005 万元,其中证券承销收入 5.88 亿元,投资收益 6.26 亿元,两融利息收入 1.65 亿元。

五、主营业务情况

(一)投资银行业务

2014 年,投资银行业务通过整合资源、突出重点、提升服务,项目储备稳步增长,新增立项项目 59 个,累计实现签约项目 36 个,投行业务获得长足发展。一是突破保荐类业务,首单独立担任保荐机构的亿利能源发行 20 亿元公司债项目获得发行批文,完成 7 个 IPO 项目分销;联席主承销伊泰 B 及卧龙地产公司债项目;参与上市公司三安光电、海润光伏和爱康科技定向增发等。二是开拓国际业务,与巴克莱资本等国际投行合作,推动天津物产等离岸债项目。阶段性完成重钢澳洲伊斯坦鑫山磁铁矿融资顾问项目。三是推动上市公司并购财务顾问业务,完成北京信威、印记传媒借壳上市顾问项目。四是开发"新三板"业务,首单广西政通项目已经股转公司审核通过;柏狮光电、山一中氚中小企业私募债顺利备案发行。

(二)债券承销业务

2014 年公司债券承销业绩突出,全口径债券承销金额、企业债券承销金额、资产支持证券承销金额均创历年之最,全年共销售固定收益类产品总计 132 只(Wind 口径),总承销金额 1842.07 亿元,全口径承销量排名券商第二位,业务范围覆盖全国 35 个省、自治区、直辖市和部分计划单列市,业务发展呈现出以下几个特点:一是企业债券销售业绩突出。全年共计承销企业债券 78 只,企业债承销规模 648 亿元,市场份额 9.34%,连续三年稳居企业债市场第一。二是积极支持棚改。共发行棚改企业债 24 只,涉及江苏、贵州、黑龙江等 12 个省市,为棚改工作提供了有力资金支持。三是坚持业务创新,推广"债贷组合"模式,共承销发行 7 只"债贷组合",融资规模 100 亿,其中棚改类"债贷组合"产品 3 只。四是支持西部发展。在西部地区共主承销债券 28 只,规模 371 亿元。落实中央"稳疆兴疆、富民固边"战略,成功发行"乌房债"和"阿克苏债",实现在新疆地区企业债"零"的突破。五是支持央企发债。全年共主承销九期铁道债,稳居铁道债承销排行榜第四位,有力支持国家铁路建设;主承销国家电网债,推动全国各地电网项目建设。六是推动产品创新。主承销"14 宁夏政府债",规模 55 亿元,成为全国第一家主承销地方政府债的证券公司;成功发行市场首只中小企业集合私募债"14 云公投集合私募债",完成公司首只并购企业债"14 天瑞集团债",成功发行公司首只二级资本金融债"14 营口银行二级资本债"。七是积极开拓交易所金融债券销售业务,主承两期国开交易所金融债,在首期上交所国开金融债销售量名列前茅。

(三)自营交易业务

2014 年公司自营投资业务体系进一步完善,投资能力持续增强。

自营投资坚持稳中求进的原则,抓住市场机会,及时调整投资组合,持仓规模持续增长;在开拓结构化产品投资的同时加大可转债投资规模,投资回报率再创新高。2014 年公司自营投资业务收入与利润同比均大幅增长,保持市场领先的收益水平。

(四)资产证券化业务

2014 年,共发行 ABS 产品 933.08 亿元,市场占比 31%,销售规模位居市场第一。其中,第九期铁路专项 ABS 信贷资产证券化产品,规模 150 亿元,是目前国内发行的单笔规模最大的证券化产品,在市场上树立了良好的声誉。

(五)资产管理业务

2014 年,资产管理规模稳步增长,总规模达到 370 亿元,收入同比增长 38.49%,实现规模与收益并重的发展目标。一是巩固和提升"银证信"和"银证债"业务,其中"银证信"管理项目金额 240.86 亿元;"银证债"存续规模 129.11 亿元,年化收益率达到 13.5%。二是推动业务创新。与阜新商业银行合作开展"银证保"业务,管理规模 3 亿元,开创"银证"合作新模式。三是支持融资融券业务,完成资产管理计划股权质押式购回业务。四是推动主动融资管理,结合项目实现主动融资管理计划解决方案。五是加强外部合作,合作外部银行 5 家,合作信托公司 16 家,合作保险公司 1 家。

(六)信用交易业务

2014 年度,信用交易业务发展迅速,年末规模余额 41.62 亿元,其中,股票质押业务规模跻身上交所前 10 名;业务收入占比 10%,成为公司新的利润增长点。一是积极开展业务创新,主动创新了"宜开宝"小额贷产品,启动了"转融通"创新业务申请。二是适时开展融资融券"百日营销"活动,业务增长速度超过市场同期水平 2 倍,营业部平均余额超过亿元大关。三是主动引进外部资金,以债权收益权转让等方式,从外部金融机构融入 15 亿资金开展业务。

(七)经纪业务

2014 年,公司经纪业务按照"降本增效、控制风险"的经营策略,通过缩减营业部面积、压缩运营成本、积极开发客户、严控经营风险等措施,全面提升业务盈利水平,经纪业务手续费收入同比增长 40.05%,托管客户资产同比增长 159%。同时,积极深化业务转型,推动营业网点向公司业务窗口和服务基地转型,为客户提供多类产品;积极推动业务创新,顺利完成非现场开户、统一账户等,通过港股通现场检查,积极筹备代销金融产品、股票期权、互联网金融等。

(八)研究业务

2014 年,研究业务围绕公司重点难点业务开展工作,逐步从成本中心向利润中心过渡;完成研究与信息报告 445 篇,其中专项研究报告 133 篇,同比增长 96.80%,涉及行业超过 20 个。提交研究协同成果 39 项,有力支持了公司"新三板"等业务的开展;完成研究咨询项目 3 个,获得收入 115 万元,实现研究业务收入零的突破。

（九）投资顾问业务

2014年投资顾问业务取得较大发展，重点加大了对新客户、新产品的开拓、开发力度，积极发展面向银行理财和中小金融机构等的投资顾问业务，成为公司固定收益板块的重要增长点和稳定的收入来源。

（十）基金业务

2014年，国开泰富在公募业务及非公募业务上双线发展，取得较好的成绩。一是"岁月鎏金"产品投资收益稳健，运作期内收益率接近10%，树立公司旗舰品牌。二是成功发行首只货币基金，募集规模达到43.34亿元，产品规模在同期成立产品中居首位。三是拓宽专户业务覆盖，成立专户产品5只，管理资产规模15亿元，投资业绩良好。四是成功设立基金子公司，成立两只产品，管理资产规模13亿元，实现首年盈利。

七、公司履行社会责任工作情况

国开证券致力于实现自身业务和服务社会的协调发展，积极支持经济社会薄弱领域发展，主动把公司业务融入经济社会发展全局，以市场化方式服务实体经济、社会发展和环境保护。一是承担社会责任，共同构建和谐社会。2014年，国开证券认真履行社会责任，由公司高管带队，组织公司员工前往怀柔，开展春季户外植树活动，共植树百余棵，为"人人参与植树，共建绿色家园"活动奉献自身力量。二是发扬社会责任意识，开展爱心捐赠活动。向实行计划生育的贫困母亲献爱心（母亲水窖）捐款16901元；充分调动全体员工积极性，支持北京工友之家公益项目，向农民工捐赠旧物，共捐赠衣物84件，书籍599本以及各类用品共计707件。三是从自身做起，促进环境保护，支持节能减排。鼓励员工外出乘坐公交、地铁，减少公务车使用；在日常办公中减少纸质浪费、采用双面打印等措施，在全公司范围内营造勤俭节约、支持环保的良好作风。四是做好员工慰问工作。为了体现公司党委和工会对职工的关怀，帮助困难员工解决具体问题、渡过难关，促进企业和社会的稳定与和谐，工会在春节前组织开展了对生病员工、困难员工和离退休员工慰问等系列活动。向13名员工寄去代表公司党委和工会组织的慰问信，走访和电话慰问离退休员工8人，发放困难补助和慰问金44000元。五是高度重视客户服务。坚持以保护投资者利益为己任，持续完善、落实投资者适当性管理制度和流程，组织投资者教育活动，设立公司客户服务热线4008895593，受理客户咨询与投诉，并通过电话、短信、邮件等多种方式主动服务客户，了解客户需求。六是做好投资者教育工作。2014年，公司共组织投资者教育活动18批次，回访客户比例超过40%。针对港股通、统一账户、非现场开户等新业务的推出，公司更新修订了客户适当性管理的操作规程。通过务实、高效的业务手段，宣介理性投资理念，帮助客户辨识风险、树立正确投资观，切实保护投资者合法权益，维护资本市场稳健发展。

通过开展上述活动，使员工和客户感受到国开证券"为社会贡献和谐发展力量"的正能量，体现了国开证券"坚持金融服务社会发展，以金融普惠、促进社会建设为己任"的理念与文化。

联系我们：

总部办公址1：
地址：北京市西城区阜成门外大街29号
邮编：100037
电话：51789000、51789100
总部办公址2：
地址：北京市东城区东直门南大街3号
　　国华投资大厦17层
邮编：100007

国联证券股份有限公司

一、公司介绍

国联证券股份有限公司创立于1992年11月，前身为无锡市证券公司，2008年5月通过改制更名为国联证券股份有限公司，注册资本15亿元人民币，2015年7月6日在香港联合交易所上市交易，股票代码为01456。作为一家国有控股的现代金融服务企业，公司多年来秉承"诚信、稳健、开放、创新"的经营理念，现控股华英证券有限责任公司、参股中海基金管理有限公司，设立国联通宝资本投资有限责任公司，证券金融控股集团构架初具。

作为综合类、创新类券商，国联证券现已形成包括经纪业务、投资银行、资产管理及投资、证券投资及信用交易等在内较为完善的业务体系。在江苏、上海、北京、浙江、广东、广西、重庆、山东、江西和湖南等省区市重要区域设立了分支机构。在行业内较早推出全国呼叫中心95570，净资本收益率和成本管理能力等指标排位表现突出。

伴随着中国资本市场进入了一个崭新的发展阶段，国联证券将积极把握这难得的历史性机遇，不断提升企业的核心竞争力，用国联人的智慧和努力，去迎接挑战、创造价值，续写更加精彩的篇章！

二、大事记

2015年

12月，制定"三年倍增计划"行动纲要。

11月，荣获"中国最受投资者尊重的上市公司评选市场贡献奖"。

11月，研究所荣获"2015年新财富最具潜力研究机构"第三名。

7月，2015年证券公司分类评价中获得A类评级。

7月，国联证券在香港联交所成功上市。

6月，首届"国联－百度杯"模拟炒股大赛开赛。

5月，获批私募基金综合托管业务资。

3月，获批互联网证券业务试点资格。

1月，获批上交所股票期权业务资格。

1月，江苏省企业研究生工作站在国联证券正式挂牌。

2014年

12月，获得第三届移动互联网与新金融生态金融行业创新发展高峰论坛最佳创新奖和最佳营销奖。

10月，获批港股通业务资格。

2013年

11月，获得代理证券质押登记业务资格。

获批于北京、上海及江阴市设立三家分公司并于包括无锡成都和大连在内的城市设立六家轻型营业部。

10月，获得中国证券登记结算公司数字证书代理服务业务资格。

7月，获得沪深证券交易所股票质押式回购交易业务资格。

6月，获批在无锡地区设立十家新型证券营业部。

4月，获得深圳证券交易所约定购回式证券交易权限。

3 月，获得第六届中国私募股权基金年会年度最佳奖。

上海证券交易所约定购回式证券交易权限

1 月，获批成立宜兴分公司。

获得转融通业务试点资格。

获得代销金融产品业务资格。

公司文化理念

1. 企业愿景：成为受人尊重的投资银行

2. 经营理念：诚信、稳健、开放、创新

3. 宣传口号：国联证券，因您而行

4. 国联十条

（1）坚持专业诚信：专业为立身之本，诚信为立业之本，将专业技能和诚信理念融入业务发展，提高公司核心竞争力。

（2）坚持客户至上：视客户为企业最宝贵的财富，围绕客户需求提供专业服务，实现合作共赢。

（3）坚持稳健经营：按照风险可测、可控、可承受原则，依法合规不动摇，防控风险不放松，促进公司稳健发展。

（4）坚持以人为本：营造尊重人、理解人、关心人、激励人的氛围，让想干事的人有机会、能干事的人有舞台、干成事的人有地位。

（5）坚持团队精神：强化大局意识、协作精神和服务精神，团结互助，优势互补，和谐共事。

（6）勇于敬业奉献：弘扬忠于职守、爱岗敬业、乐于奉献的主人翁精神，在事业中建功，岗位上立业，实现人生价值。

（7）勇于开拓创新：保持锐意进取、勇于改革的精神风貌，不断创新发展思路、工作方法、体制机制。

（8）勇于攻坚克难：具有直面困难的勇气、坚韧不拔的毅力、敢于负责的态度，提高攻克急、难、险、重问题的意识和能力。

（9）勇于追求卓越：倡导永不满足、争创一流的精神，在职责范围内将各项工作做到最好。

（10）勇于承担责任：具有高度的使命感和责任心、主动性和创造性，敢于担当，奋发向前。

国盛证券有限责任公司

国盛证券有限责任公司是 2002 年 12 月经江西省人民政府和中国证监会批准设立的证券公司。公司注册地为江西省南昌市，注册资本 20.35 亿元。2007 年 2 月 2 日，经中国证券业协会评审通过，公司成为规范发展类证券公司，2015 年证券评级为 A 级。

公司是中国证监会注册的保荐机构，曾首批获准参与股权分置改革试点。是全国银行间和交易所间同业拆借及债券市场成员单位，中国证券业协会监事单位。公司目前拥有证券经纪、证券自营、证券主承销与保荐、证券资产管理、证券投资咨询、财务顾问、融资融券、转融通、代办系统主办券商、中小企业私募债、约定购回式证券交易、证券投资基金销售、新三板做市商、港股通、股票期权、消费支付等多牌照业务资格。

截至目前，公司控股了江信国盛期货有限责任公司，发起设立了江信基金管理有限公司。在北京和新疆拥有两家分公司，共有 207 家营业部，分布于北京、上海、深圳、天津、杭州等国内中心城市及江西省各地市。

公司始终致力于建设昂扬向上的企业文化，以“共同利益观”为核心价值观，即国家、股东、客户、员工利益一体，互利共赢。以“忠诚拼搏、艰苦创业”为企业精神，始终以优质高效的服务，不断满足投资者多方位需求，实现公司的可持续发展。

公司业务

1. 经纪人发展业务

公司秉承稳健、发展的经营理念，在业务开展方面得到了国家监管部门的认可。2009 年 7 月 20 日，国盛证券经国家批准获得实施证券经纪人制度牌照的资格，跻身全国获得此类牌照 13 家券商之列。目前公司经纪人发展工作正在有条不紊地推进之中。

2. 研发咨询业务

研发咨询业务由国盛证券的研究发展中心承担，研究中心秉承公司“追求人与资本的最佳结合”的经营理念，按照“贴近市场、贴近客户、贴近业务”的要求，努力钻研、勤奋实践，以更专业、更客观、更及时的研究成果，为各类客户提供多样化、个性化、高效率的服务。研发中心拥有一支由高层次、高素质研究人员组成的专业研究队伍。70% 的研究人员具有博士、硕士以上学历，绝大多数研究员具有金融、统计、数学、管理学等学科背景，在各自的领域都有着独到而深入的研究，具有丰富的一、二级市场从业经验。

主要产品：

市场研究类：对瞬息万变的股票市场作出独特的判断，为投资者提供投资参考。目前主要包括每日晨会报告、每周分析、月度投资策略报告、季度投资策略报告以及年度投资策略报告等，并定期针对机构、大中小散户等设计不同的投资组合产品。

公司研究类：围绕上市公司投资价值进行分析，为投资者投资提供参考。目前主要包括公司实地调研分析报告、公司研究分析报告、新股上市定价分析报告、公司中报、年报点评、公司业绩预测等。

行业研究类：对重点行业的发展状况、发展趋势进行定期和不定期的分析，对行业动态和相关上市公司投资价值进行综合研究分析。分析行业周期变化特征，把握投资机会，为投资者投资提供参考。

宏观研究类：对宏观经济、金融及货币政策、国内外经济形势等进行研究分析和预测，并深入探讨宏观经济金融形势及政策的变化对证券市场可能产生的影响，为公司制定发展战略和投资者投资决策提供参考。

债券基金类：分别对债券和基金进行投资价值分析，债券类产品包括债市行情、债市评述、国债热点点评、国债定价、国债专题研究和企业债券、可转换债券等内容，基金类产品包括基金投资组合分析、重点基金投资价值分析等。

专题研究类：对证券市场中的热点及前瞻性问题、证券市场中金融创新和体制变革等方面进行全方位的专题研究，为投资者能跟踪证券市场的理论前沿服务。

3. 投资管理业务

主要从事客户资产受托管理业务。以“规范运作、合理回报、优质服务、开拓创新”作为受托投资业务发展的基本准则。目前，公司的资产管理已逐步形成了鲜明的投资风格、科学的投资管理模式、完备的风险控制体系以及高效的客户服务方式，在业内取得了良好的声誉。

科学的投资方式：以公司基本面分析为依托，结合数量化分析以中、长期为投资取向。团队式运作（从公司调研到投资决策的制订）以核心股票为基础，根据不同客户的不同投资偏好与风险承受能力搭配其他投资品种，在风险一定的情况下，以科学的投资组合方法，取得最佳收益。

缜密的风险控制体系：建立了一套完备的风险管理体系，

包括严格的风险测量体系，高效科学的危机处理机制，以风险值为基础的风险管理策略，全面的风险信息报告系统。

高素质的员工队伍：吸纳了一批在国内、外资产管理方面具有丰富实践经验的高素质人才，员工队伍具有业内较高的道德水准。产品的创新：在确保投资人权益的前提下随时提供多样化的投资产品，为投资人把握最佳获利契机。

固定收益业务

主要从事国债、金融债券、企业债券、可转换公司债券、资产抵押债券、外币债券及其他创新产品的承销、兑付和投资理财。

业务资格

国债一级自营商

全国银行间债券及拆借市场成员

交易所国债承销资格

中央国债登记结算有限责任公司结算成员

中国国债协会成员

销售能力：拥有实力强大、高效快捷、覆盖全国的债券产品的销售网络。

债券自营投资：在银行间债券市场、证交所债券市场进行国债、金融债、企业债投资。

债券市场研究：从事国债、金融债、企业债及相关业务的市场研究开发和业务品种创新工作。

其他：为客户提供银行间债券市场的资金和债券交易服务。

4. 证券经纪业务

证券经纪业务奉行“以客户为中心，以市场为导向”的现代经营法则，凸显国盛证券经纪业务服务的特色，全面深化服务内涵、提升服务层次和水平，向着更加富有专业化、个性化、人性化的服务境界迈进。

先进的交易手段：提供A股、B股、证券投资基金、国债、企债、可转债的代理买卖服务，形成多品种的交易平台，拥有刷卡交易、钱龙自助、电话委托、网上交易等多种交易委托方式，开展新股合作配售、自动配售、集合国债回购、短信服务、监管理财服务，实时代办深、沪交易所各类股东代码卡，为广大投资者提供了便捷的交易手段，交易系统安全、快捷、先进。

优秀的服务理念：营业部具备一支专业化、知识化、年轻化的员工队伍，竭诚为广大客户提供最优质的服务。通过各种业务创新手段，为客户提供各种优质服务和优惠价格，最大限度地满足客户不同的投资需求。

通畅的银证合作：各营业部均开通了包括工行、农行、建行、交行、招行、中行的银证转帐业务。

广布的营业网点：现场经纪业务与非现场经纪业务优势互补，在北京、上海、深圳以及江西省各主要城市设立了21家证券营业部、24家证券服务部，截至2003年底，拥有客户数逾25万户。全频道、多样化、个性化的优质服务使国盛证券营业网点不仅是交易通道提供者，更是服务全面的客户终端。

丰富的资讯内容：通过国盛证券网站及交易网络，每日发布券商适时信息，编制《国盛证券投资参考》和《晨会报告》，及时向客户提供各种资讯，把握投资机遇。

5. 证券投资业务

主要从事A股股票、基金、国债、公司债券的自营交易等业务。自公司成立以来，公司始终把规范发展、稳健经营的方针贯穿于证券投资业务的全过程，建立了完善的决策体系，开发和引进了先进的资产管理和风险控制系统。在证券投资业务中，注重实际绩效与投资理念的结合，在公司调研、投资组合、授权授信、分责监控等业务环节构成了完善的投资管理流程。自开展该项业务以来，取得了较好的经营业绩，资产质量一直保持在较高水平。

业务范围：

A股股票、基金、国债、公司债券的投资

业务特色：

健全、严谨的投资决策与风险控制体制，通过投资决策委员会，定期对投资报告进行讨论和表决；

严格的业务运作程序，为资产设计与之盈利需求和投资期限相匹配的投资组合，以保障资金安全和资产流动性；

规范的经营管理模式，对投资业务实行专户管理，保证资产的安全性；

奉行并坚持以上市公司业绩和成长性为决策依据的成熟理性的投资理念；

整体的资源优势和雄厚的研究力量，力争赚取超出市场平均收益的利润；

投资风险控制：

投资分散化

投资成本平均化

量化模型控制

国泰君安证券股份有限公司

公司概况

国泰君安证券股份有限公司是在国泰证券和君安证券合并的基础上发起设立的股份有限公司，是国内历史最悠久、综合实力最强的证券公司之一。自成立以来，本公司在资本实力、盈利水平和主营业务等方面持续保持在行业前列，并在长期发展过程中形成了较强的综合竞争力和品牌影响力。2008－2014年，公司连续七年在证券公司分类评价中被评为A类AA级，为目前证券公司获得的最高评级。

截至2014年12月31日，本公司直接拥有6家境内子公司和1家境外子公司，公司在全国29个省、自治区、直辖市设有30家分公司和232家证券营业部，公司全资子公司国泰君安期货公司在全国设有12家期货营业部；公司控股子公司上海证券在全国设有1家分公司和56家证券营业部，其全资子公司海证期货在全国设有4家期货营业部。

2015年6月9日，中国证监会核准本公司公开发行15.25亿股A股股票。

2015年6月26日，本公司股票在上海证券交易所上市交易，股票简称“国泰君安”，股票代码“601211”。

公司愿景

一流投资银行，卓越金融服务！

顺应中国经济发展、社会进步的时代潮流，努力满足社会日益增长的综合金融服务需求，努力构建“客户信赖，员工自豪，股东满意，社会尊敬”的理想境界，努力实现“一流投资银行，卓越金融服务”的共同愿景。

公司使命

引领金融服务，共悦财富人生！

引领产业发展，创新投行功能，推动中国资本市场和现代投资银行业发展壮大。打造卓越能力，成就客户价值，满足实体经济和投资者的服务需求。增强创利能力，坚持合作共赢，倡导利益共享，促进股东价值和员工价值同步增长。传承优秀企业文化，切实履行市场和社会责任，实现公司与社会和谐进步。

恪守“诚信、亲和、专业、创新”的核心价值观。

战略目标

健全投资银行基础功能，提升综合金融服务能力，努力把国泰君安证券打造成为行业领先的综合金融服务商。

对标国际一流投资银行，极大地发挥投资银行的基础功能和价值创造能力，力争把国泰君安证券建设成为具有国际竞争力的全能型投资银行。

联系我们

地址：上海市来安路685号

邮编：201201

电话：021－38676798

传真：021－38670798

国信证券股份有限公司

一、公司概况

国信证券股份有限公司（简称“国信证券”）前身是1994年6月30日成立的深圳国投证券有限公司。公司注册资本82亿元，法定代表人为何如，总部设在深圳，员工总数超过7000人；2014年12月29日首次向社会公开发行股票并在深圳证券交易所上市交易，证券代码“002736”。

公司拥有齐全的证券业务牌照，经营范围涵盖：证券经纪；证券投资咨询；与证券交易、证券投资活动有关的财务顾问；证券承销与保荐；证券自营；证券资产管理；融资融券；证券投资基金代销；金融产品代销；为期货公司提供中间介绍业务；证券投资基金托管；股票期权做市。

截至2014年底，公司在全国92个中心城市和地区共设有36家分公司、135家营业部；拥有3家全资子公司：国信期货有限责任公司、国信弘盛创业投资有限公司、国信证券（香港）金融控股有限公司；参股鹏华基金管理有限公司、前海股权交易中心、厦门两岸股权交易中心、青岛蓝海股权交易中心。

经过20多年的发展，国信证券已经成长为全国性大型综合类证券公司。根据中国证券业协会公布的全国证券公司经营业绩排名，国信证券近三年的总资产、净资产、净资本、营业收入、净利润五项指标均进入行业前十。2014年，公司代理买卖证券业务净收入排名行业第二；投行IPO项目承销家数排名行业第二；企业债承销家数、募集金额均排名行业第二；场外期权存量名义金额排名行业第一；资产托管业务规模排名行业第二；资产管理净值超过1470亿元。

截至2014年12月31日，公司总资产1613.52亿元，净资产327.83亿元，（母公司）净资本223.57亿元。2014年，公司实现营业收入117.92亿元，净利润49.43亿元。2015年1－3月，公司实现营业收入63.82亿元，净利润32.55亿元。

展望未来，国信证券将继续弘扬“务实、专业、和谐、自律”的企业精神，始终秉持“创造价值、成就你我”的核心理念，开拓进取，不断创新，全力打造国际一流投资银行。

二、市场地位

国信证券是行业前八家创新试点证券公司之一，创新能力、竞争优势和市场地位突出。

证券经纪业务：在行业内率先推行全面客户关系管理，零售经纪客户超过400万，托管客户资产超过8300亿元；拥有近1000人的专业投资顾问团队，以及2000多种“金色阳光”系列服务产品；建立了技术领先、功能完善的金色阳光“藏金阁”网络营业部、“金太阳”手机证券、全天候“95536”电话理财中心、国信理财微服务（官方微信）等多层次综合理财服务平台。公司实施“精品营业部”差异化品牌营销战略，在证券公司营业部总交易金额排名中，国信6家营业部连续5年（2009－2013年）进入行业前十，其中泰然九路营业部连续5年排名第一。2014年，公司代理买卖证券业务净收入排名行业第二。

投资银行业务：国内最早开展投资银行业务并注册登记为保荐机构的首批证券公司之一。具备业内一流的专业服务能力，销售网络覆盖基金、保险、信托、券商、财务公司、产业投资公司等500多家机构投资者，可为企业客户提供IPO、增发、配股、非公开发行、并购重组等股权融资服务，公司债、企业债、私募债等债权融资服务，直接投资、改制重组、私募融资等财务顾问服务，以及市值管理、高端培训等全价值链服务。国信证券是市场唯一一家连续6年（2007－2012年）被深交所评为“最佳保荐机构”的券商。国信投行拥有500多人的专业团队，注册保荐代表人超过160人，保荐代表人数量连续9年（2006－2014年）排名行业第一。2014年，股票承销家数、募集金额分别排名行业第五、第六；IPO项目承销家数排名行业第二。

固定收益证券业务：拥有集固定收益证券发行承销、销售交易和投资研究为一体的综合服务能力。业务资格包括：企业债、公司债、金融债、央行票据、中小企业私募债、非金融企业债务融资工具等固定收益品种主承销资格；记账式国债承销团成员；政策性银行金融债券承销团成员；银行间同业拆借市场业务资格；银行间/交易所债券市场成员；资产支持专项计划管理人；上海证券交易所固定收益证券综合电子平台一级交易商。作为上交所固定收益证券综合电子平台首批做市商，连续7年（2007－2013年）综合排名第一。2014年，企业债承销家数、募集金额均排名行业第二；中小企业私募债承销家数、募集金额均排名行业前二。

资产管理业务：在国内券商中率先规范资产管理业务，运作规范稳健，形成了良好的市场声誉。业务种类包含集合资产管理、定向资产管理和资产证券化业务等全部资产管理业务类别；具有业内最齐全的产品线，包括低风险的货币类产品、固定报价的理财类产品、较低风险的固定收益类投资产品、风险可控收益适中的量化投资产品，以及较高风险高收益的股票类产品、FOF产品和新三板投资产品等，可根据客户的风险收益偏好量身定制，满足不同层次的财富管理需求。资产管理总部投资经理平均证券从业年限超过9年，对资本市场具有较强的研究判断能力。国信资管在行业内首创集合理财产品合同电子化，并被证监会确定为行业标准；2013年以来，积极推进集合资产管理业务创新：现金增利1号货币资产管理产品具有风险低、操作便捷、活期理财高收益等特征，显著提升了客户保证金收益；债券分级1号、金理财8号等分级产品主要投资于股票质押式回购、债券等固定收益品种，实现了公司投融资优势资源的整合。截至2014年底，资产管理净值超过1470亿元。

研究业务：在业内率先推行行业首席分析师制，创新卖方研究服务模式，确立了研究业务的制度优势。近年来，敏锐把握中国经济结构转型升级和互联网变革时代的研究需求，对研究资源配置进行全面优化，并率先在业内针对中国企业海外上市公司开展海外市场研究，探索专业化、精品化、国际化研究路径。目前拥有一支由70多名分析师组成的研究服务团队，研究力量覆盖符合中国经济发展方向的战略性新兴产业、大消费行业以及宏观、策略、金融工程、固定收益等高价值领域,重点跟踪公司超过1200家。公司连续多年获评《新财富》"最具影响力研究机构",共有100多人次获《新财富》"最佳分析师"奖项,在医药生物、社会服务、家电、电子、通信、环保、房地产等领域的研究实力处于行业领先水平。此外,国信经济研究所还探索研究业务新模式,提供政府产业规划、招商引资、企业财务顾问、高端培训等专项研究咨询服务,实现研究服务产品化、项目化,逐步形成核心优势。

机构业务:拥有一支专业的销售交易团队,在基金、社保、保险等领域的市场份额名列前茅,并连续多年获评《新财富》"中国最佳销售团队";建立了广泛的机构客户服务网络,向社保基金、公募基金、保险机构、对冲基金等国内外专业机构投资者提供基于研究、策略、资金、产品、交易的综合服务;为银行、保险等机构提供产品设计和理财合作方案;为集团企业等机构提供财务解决方案;通过机构主交易商业务(PB)和种子基金引入优秀投资顾问和私募产品,为财富管理客户提供丰富的金融产品。2010年,在国内券商中首家推出彭博系统A股市场算法交易服务;2011年,自主开发做市商对冲交易系统及多项交易策略,成为业内首家实现对冲模式下双边自动报价的流动性服务提供商,流动性服务规模排名行业前列。此外,国信国际机构业务发展迅速,目前拥有来自欧美、韩国、新加坡以及我国香港、台湾地区等境外市场的QFII/RQFII客户30多家,市场占有率居行业前列。

自营投资业务:实行投资经理负责制,动态调整各投资经理投资额度,形成了一套符合证券公司经营特点的投资管理模式;建立了自营投资决策与风险控制体系,坚持以追求低风险绝对收益为目标,除开展股票、债券等传统自营业务外,公司还灵活运用各种金融工具和衍生品,积极稳健开展对冲基金投资和绝对收益套利投资,保障投资资金安全和收益稳定。

资本中介业务:首批获得融资融券业务、转融通业务试点资格的券商,建立了完备的征信、信用评级、授信等流程,以及高效的业务操作、交易结算、风险监控等管理制度。2014年,公司融资融券累计开户数排名行业第三;融资融券余额市场份额排名行业第七。此外,大力发展股票质押式回购、约定购回式证券交易、股权激励行权融资、股票协议逆回购、上市公司限制性股票融资等创新型资本中介业务,满足客户多样化融资需求,其中行权融资、限制性股票融资规模均排名行业第一。

柜台市场业务:首批获得柜台市场业务试点资格的券商,以私募业务、非标准化产品为主导方向,通过创设、开发、管理丰富的金融理财产品和衍生品,建立多元化的资产组合策略,拓宽客户投融资渠道,提供高效的风险管理工具。2013年,推出场外期权、权益收益互换、股票协议逆回购、资管产品发行转让等4项场外业务。2014年,获得收益凭证、上市公司限制性股票融资等创新业务资格。截至2014年底,国信柜台市场场外期权存量名义金额约187亿元,挂钩指数型保本收益凭证发行规模近35亿元,均排名行业第一。

场外市场业务:首批获得股份报价转让业务主办券商资格的证券公司,致力于在全国中小企业股份转让系统、区域性股权交易市场等场外市场为中小企业提供推荐挂牌、定向增资、并购重组、做市交易、转板上市等专业服务。2014年,累计推荐新三板挂牌企业63家,排名行业第六;做市服务市场份额排名第十,做市成交金额市场份额排名第五。此外,联合发起设立深圳前海、厦门两岸、青岛蓝海等区域股权交易中心,并通过分支机构开展浙江、新疆、重庆、吉林、武汉、佛山等地的区域市场业务,延伸中小企业服务价值链。

资产托管业务:首批获得证券投资基金托管资格的券商,拥有一支高素质的资产托管业务专业团队,可为基金公司、券商、私募等资产管理机构提供托管服务及后台运营外包服务等综合解决方案。托管产品种类包括:公募基金、券商资产管理计划、基金专户、私募基金、政府产业引导基金、对冲基金、打新基金,特别是对投资于债券、股票、期货等跨市场、多品种的复杂产品托管拥有丰富经验和领先优势。截至2014年底,资产托管业务规模超过500亿元,排名行业第二。

互联网金融业务:运用互联网思维、理念、技术提供便捷、高效的互联网金融服务,建立了以PC客户端、网上理财商城、APP、微信为核心的多渠道、立体式互联网金融服务体系。2007年,自主开发集行情、交易、资讯和客户服务于一体的综合移动金融服务平台——"金太阳"手机证券,注册用户超过650万,手机证券交易量占比达27%;2009年,"金太阳"手机证券被苹果公司iPhone、iPad产品选为中国落地宣传的唯一证券应用;2010年,"金太阳"手机证券获证券期货业科学技术奖二等奖;2012年,推出金色阳光"藏金阁"网上理财商城,服务产品超过2000种,同时引入理财产品在线销售,推出网上开户功能;2013年,国信证券微信服务号正式上线,与各分支机构的微信订阅号共同形成多层次的移动互联网微理财服务体系;2014年,获得互联网证券业务试点资格,持续探索互联网与金融的结合,通过互联网方式优化、改造金融服务流程,提升客户服务体验。

信息技术:拥有专业的IT研发与运维团队、先进的软硬件设施、完备的运营保障体系和突出的IT创新能力。近年来先后开发完成多个行业领先的信息应用系统,系统运行高度安全、稳定。2008年,企业级证券电子商务平台获"证券期货业科学技术二等奖",在网上交易和网站类系统中排名第一;2009年,入选国家信息化测评中心"中国企业信息化500强";2010年,信息安全等级保护达标工程获公安部评测机构最高等级"符合"评价,并成为行业首家通过软件开发最佳实践CMMI3级认证的券商;2011年,"金天盾"非现场客户端安全产品获中国证券业协会"网上交易双因素身份认证"专业评审总分第一;2012年,通过中国信息安全认证中心ISO20000认证审核;2013年,基于开源技术的内外网数据交换可信安全管理平台获"证券期货科学技术奖优秀奖";2014年,在国内首家引进TradeStation平台并独立运营,为专业投资者提供先进的交易服务。

国信期货:国信证券是首批获得股指期货IB业务资格的券商,通过全资子公司国信期货有限责任公司开展商品期货经纪业务、金融期货经纪业务、期货投资咨询业务及资产管理业务。国信期货具有中国金融期货交易所交易结算会员资格,上海期货交易所、大连商品交易所、郑州商品交易所会员资格。目前设有15家期货营业部,并有国信证券旗下71家证券营业部提供IB业务支持。国信期货是期货业内交易平台最为齐全的公司之一,并建立了涵盖金融、金属、能源化工、农产品、交易策略等领域的期货投资研究体系。2014年,国信期货分类评价获目前行业最高的AA级,净利润排名行业前十,期货资产管理总规模排名行业前三。

国信弘盛:国信证券通过全资子公司国信弘盛创业投资有限公司开展股权投资、股权投资基金管理、股权投资顾问等业务。国信弘盛是国内前三家获准设立的券商直接股权投资公司之一。国信弘盛累计投资PE项目61个(不含直投基金投资项目),累计投资金额超过15亿元,其中25个项目成功登陆 A 股市场。国信弘盛投资企业上市家数在券商直投行业排名前列。2014 年,国信弘盛直投基金完成募集,基金规模近 20 亿元人民币,初步实现直投业务从自有资金管理型向基金管理型的转变。

国信香港:国信证券通过全资子公司国信证券(香港)金融控股有限公司开展国际金融业务。国信香港拥有香港证券业务全牌照,可以开展经纪、投行和资产管理业务。经纪业务可向中国及海外客户提供全球多个交易市场(美国、新加坡以及中国内地 B 股、香港、台湾等)的证券销售、买卖以及期货、柜台产品、融资融券等多样化国际金融业务;投行业务可为客户提供全方位的企业融资及财务顾问服务,包括上市保荐、承销、配售、上市前重组及融资、收购兼并以及其他相关财务咨询等一站式金融服务;资产管理业务涵盖 QDII、RQFII、QFII、QFLP 等跨境投资品种,管理各类公募基金、私募股权基金,并提供基金投资顾问、专户理财和投资移民等个性化服务。

联系方式:

地址:深圳市红岭中路 1012 号国信证券大厦
邮编:518001
电话:0755-82130833
传真:0755-82130570
网址:www.guosen.com
全国统一客服热线:95536
投资者热线:(86)0755-82130188

国元证券股份有限公司

国元证券股份有限公司(以下简称"公司")是由原安徽省国际信托投资公司和原安徽省信托投资公司作为主发起人,于 2001 年 10 月成立。2007 年 10 月 30 日以股权分置改革为契机,公司借壳"北京化二"成功在深圳证券交易所上市。2009 年 10 月 29 日,公司公开增发 5 亿股,注册资本 19.641亿元。

公司经营范围:证券经纪;证券投资咨询;与证券交易、证券投资活动有关的财务顾问;证券承销与保荐;证券自营;证券资产管理;融资融券;证券投资基金代销;为期货公司提供中间介绍业务;代销金融产品。

公司最高权力机构为股东大会,决策机构为董事会,监督机构为监事会,董事长为法定代表人。董事会下设发展战略委员会、风险管理委员会、审计委员会、薪酬与提名委员会。公司内设部门有经纪业务管理总部、投资银行总部、债券业务总部、投资管理总部、客户资产管理总部、证券信用与市场营销总部、场外市场部、研究中心、信息技术部、客户资金存管中心、董事会办公室、办公室、机构管理部、人力资源部、财务会计部、资金计划部、行政管理部、稽核部、风险监管部、合规管理部、党群工作办公室等业务经营与综合管理部门。

目前公司拥有 98 家证券营业网点(含 6 家分公司),遍及全国主要城市和安徽省各地市。

公司设立六家区域分公司:上海分公司、北京分公司、深圳分公司、芜湖分公司、青岛分公司和西南分公司(其中青岛、西南分公司在建)。

公司控股和参股子公司有:国元证券(香港)有限公司、国元股权投资有限公司、国元期货有限公司、国元创新投资有限公司和长盛基金管理有限公司。

公司长期以来遵循"法制、监管、自律、规范"八字方针,弘扬"团结、敬业、求实、创新"的企业精神,秉承"诚信为本、规范运作、客户至上、优质高效"的经营理念,切实提高核心竞争力和持续发展能力,开拓创新,追求卓越,力争把公司建设成为资产规模大、市场占有率高、金融品种丰富、内控机制完善、让客户满意、让广大投资者和监管部门放心的具有国内一流水平的上市证券公司。

海通证券股份有限公司

海通证券股份有限公司(以下简称"海通证券")成立于 1988 年,是国内最早成立的证券公司中唯一未被更名、注资的大型证券公司。公司前身是上海海通证券公司,于 1994 年改制并发展成全国性的证券公司。2001 年底,公司整体改制为股份有限公司。2002 年,公司完成增资扩股,注册资本金增至 87.34 亿元,成为当时国内证券行业中资本规模最大的综合性证券公司。2005 年,公司成功托管甘肃证券和兴安证券,实现低成本快速扩张,同年公司成为创新试点券商。海通证券 A 股于 2007 年在上海证券交易所挂牌上市并完成定向增发,H 股于 2012 年在香港联合交易所挂牌上市,2015 年完成 H 股定向增发,公司注册资本金增至 115.02 亿元。自 2007 年以来,公司总资产和净资产一直位居国内证券行业第二位。

公司经纪业务基础雄厚,在境内外拥有 340 余家营业部,拥有逾 730 万零售客户和近 2 万个机构客户及高净值客户,客户资产规模超 2.2 万亿元。经纪业务总交易量市场份额稳居市场前列。公司投资银行业务具有较高的市场影响力,拥有专业的服务能力、卓越的创新能力和优秀的销售定价能力,可以为客户提供个性化、全方位的融资解决方案。尤其在金融、高科技企业和民营企业的发行承销、国有企业改制重组、文化传媒企业并购重组等方面享有盛誉。公司首批取得新三板主办券商资格,新三板做市业务处于行业领先地位。公司研究实力和影响力排名行业前茅,荣获 2015 年新财富本土最佳研究团队第二名。

公司创新业务始终走在市场前列,首批获得融资融券、约定购回式证券交易、券商柜台市场、保险资金管理、公募基金托管、合伙企业独立托管、期货资产管理、RQFLP 等创新业务资格。公司融资融券和股票质押融资等资本中介业务规模行业第一,柜台市场业务处于行业领先地位,行业内首批通过人民银行自贸区分账核算单元(FTU)验收。

公司大力推进国际化战略,积极推动境内外业务联动,着力打造海外发展的业务平台。2010 年 1 月,公司成功收购香港本地老牌券商大福证券,更名为海通国际证券,海通国际证券经营业绩快速提升,在香港人民币产品领域始终保持领先地位,首批获得合格境外机构投资者(QFII)资格,成功完成多个大型 IPO 项目发售,在香港市场赢得了"公开发售之王"的美誉。2015 年 9 月,公司成功收购葡萄牙圣灵投资银行,将其更名为海通银行,进一步提升了海通的国际知名度和品牌影响力,海外布局进一步完善,国际化战略继续深化。

公司积极推进金融控股集团建设,基本建成了以证券为核心,业务涵盖期货、直接股权投资、基金和融资租赁等多个业务领域的金融控股集团。公司拥有一家直投子公司(海通开元)和七家股权投资管理子公司(海富产业、海通吉禾、海通创新资本、海通新能源、海通创意资本、海通新创资本和海通并购资本),在国内证券业 PE 投资领域处于领先地位,打造了国内 PE 投资领域的知名品牌。公司拥有海通资产管理、海富通基金和富国基金等专业资产管理子公司，资产管理总规模逾 8000 亿元。公司成立海通创新证券投资公司，打造另类投资的专业平台。公司控股子公司海通期货稳居期货行业市场份额前三位，获得期货行业 AA 类评级。公司 2013 年成功收购恒信金融集团，成为第一家涉足融资租赁业务的证券公司。

海通证券将继续以经纪、投资银行、资产管理等中介业务为核心，以资本型中介业务和投资/租赁业务为两翼，以创新和国际化为驱动力，加强研究、人才、IT 和风控合规四根支柱建设，加强资本与投资管理、资产和财富管理、投行承揽与销售定价、机构经纪与销售交易和互联网证券等五大能力建设，致力于把海通建设成为以网上证券、财富管理证券、中小企业证券、机构业务证券为核心的国内一流、国际有影响力的金融服务集团。

恒泰证券股份有限公司

公司简介

恒投证券（于中国内地以中文公司名称“恒泰证券股份有限公司”注册成立的股份有限公司，在香港地区以“恒投证券”（中文）及“HENGTOU SECURITIES”（英文）名义开展业务，以下简称“本公司”，股份代号：1476. HK）是在中国经济发达地区的主要城市中设有战略性分布的综合性服务证券公司，通过经纪与财富管理、投资管理、自营交易及投资银行业务向公司、金融机构、政府实体及个人提供广泛的金融产品及服务。

本公司在整体业务快速发展的同时，在资产支持证券、新三板做市、互联网金融等创新业务上取得了突破。截至 2015 年 9 月 20 日，根据中国证券投资基金业协会备案和批准的交易数量，本公司的资产支持证券名列第一。本公司已开发在线证券平台及移动应用程序，为新三板报价证券设立私募股权融资平台，亦与深圳市腾讯计算机系统有限公司（腾讯）在内的领先互联网公司合作开发互联网金融渠道。2012 年至 2014 年，本公司的总收益及纯利复合年增长率分别为 61.1% 及 142.1%。中国证监会于 2015 年授予本公司“A”监管评级。

恒泰证券经纪业务

恒泰证券经纪业务，依托公司日益壮大的资本实力和灵活的经营机制，已经搭建了职能完备、布局合理的综合业务平台，并在整合传统经纪业务管理、营业网点建设、市场营销策划、产品销售推广、机构客户开发等工作职能的基础上，大力倡导市场营销理念和加速推进市场营销工作，不断优化营业网点布局，形成了以内蒙古、上海周边城市为中心，北京、深圳为两翼的核心业务区域，辐射全国主要大、中城市的优化布局结构，具有丰富的经纪业务操作经验、完善的组织架构和内部风险控制制度。

恒泰证券目前在全国拥有 30 多家证券营业网点。公司具有 A 股、B 股、国债、基金等交易代理资格。经纪业务平台为客户提供具有双向卫星、DDN 等高速、安全的交易跑道和电话委托、网上交易、磁卡委托、远程终端、热自助等多种交易手段，并以丰富的经验为各类公司股份托管提供多元化服务。公司目前开发的个性化的服务主要有国内外财经信息服务、市场重要信息分析、投资策略报告、行业与个股研究、专家操作建议、恒泰电子邮件服务、实时互动专家在线、短信信息服务等，客户资产的增值是恒泰证券客户服务的根本。

致力于专业化的营销团队建设是恒泰证券现在与未来一以贯之的经营理念；另不断完善丰富金融产品为客户提供全方位的家庭理财也是恒泰证券一直努力的方向，从 2004 年至今恒泰证券已与嘉实、长盛、易方达、南方、富国与汇添富等多家知名基金公司建立了良好的合作关系，为客户提供了货币型、债券型与股票型等不同类型且业绩表现优秀的基金产品。恒泰为客户提供的开放式基金代销服务是建立在系统化的基金代销业务客户服务体系的基础上，以专业分析判断为基础，根据市场的变化，对各类基金产品进行精选推介，以满足客户资产配置需求，从而实现客户资产价值最大化为目标。

恒泰证券经纪业务奉行以客户为中心，以市场为导向的现代经营法则，凸显恒泰证券经纪业务服务的特色，全面深化服务内涵、提升服务层次和水平，打破传统服务模式，实施新型的客户关系管理，在细分市场的基础上，根据不同类型客户的投资需求和偏好，推出个性化的全方位贴身服务；依托公司研究中心高质量的研究成果和信息资源，以标准规范的管理为客户提供精品服务；将先进的高新技术手段引入传统经纪业务领域，向着更加富有专业化、个性化、人性化的服务境界迈进。

投资银行业务

多年来，恒泰证券凭藉自身良好的品牌优势，已从区域性证券机构成长为全国性综合类券商。公司坚持将“诚信、稳健、求实、创新”作为长期经营的理念，通过为客户提供全面和个性化服务，来体现公司的服务宗旨。

投资银行事业部是恒泰证券最重要的业务部之一。专职从事企业 IPO、上市公司再融资的保荐与承销，上市公司并购与重组业务财务顾问，企业债券发行的承销，直接投资等投资银行业务。投资银行总部设于北京，并在北京、上海、深圳分设各业务部门，业务范围辐射全国。

业务类型

公司融资服务

配合企业的资金需求和财务安排，持续地为企业的 IPO、增发配股、债券融资、项目融资或海外融资提供服务。

财务顾问服务

为企业的吸收合并、重大资产重组、定向增发、收购兼并、投资咨询等活动在目标选择、方案制定、财务处理、资金运用等方面提供咨询服务。

创新业务服务

探索开展非传统的投资银行业务，包括运用新的方式、手段在传统业务中改革创新，特别是积极研究开发任何符合市场需要和发展趋势的，尤其是证监会鼓励倡导的新的具体业务创新产品，将成熟的研发产品投入到业务实践中。

专业研究服务

恒泰证券具有较强的专业研究力量，每日出版《每日财经快讯》、《市场快迅》，内部刊物《恒泰证券研究报告》定期对国内外经济发展，证券市场的走势，行业的发展变化进行细致分析。按照企业要求编制不定期的专项研究报告。

市场形象维护

恒泰证券能在企业市场形象维护方面起到重要的作用。例如协助企业在全国性报章和其他媒介发布公司信息，特别是能通过恒泰证券庞大的客户网络为企业新的金融产品和业务进行全力推介。

公关协调工作

恒泰证券利用其在证券界良好的社会背景以及有关发行

人员资深的证券从业经历，为实现企业各项资本运作早日成功的目标，将同有关主管部门和证券监管部门以及交易所做好公关协调工作，为企业提供最大可能的方便。

信息服务

恒泰证券能够在融资过程中为企业提供许多有价值的政策信息，使企业在申报过程中少费周折。此外，恒泰证券成立以来一直着重于信息的搜集分析工作，并为核心客户搜集和加工要求的各种信息。

研究发展中心

恒泰证券研发中心：智慧创造价值

重建后的恒泰证券研发中心，积极延揽国内高端经济研究人才，努力创建顺应证券市场发展趋势的研究体系，致力于全面提升客户服务能力，不断改善服务质量，持续增强服务效率。研究人员中，博士占比 43%、硕士占比 57%，研究范围从宏观、中观到微观，重点研究领域涉及新能源、新材料、新能源汽车、高端装备制造、节能环保、信息技术、生物医药、化工及消费品等行业。

核心理念：智慧创造价值。智慧为本，研究为体，价值为用

团队座右铭：行己有耻，博学于文，唯实心正，一丝不苟。

自上而下的研究体系：长周期市场价值发现

坚持基于人口与流动性两大资源的中国经济长周期增长理念，深入探索东西部经济差距成因，正确把握西部经济跨越式发展带给西部、东部以至全国的机遇和受益路线，不断发掘证券市场及上市公司投资机会，持久增进客户价值。

自下而上的研究体系：打造前瞻性价值发现工具

秉承“万物有痕”的国学思想，利用公司财务报告与经济统计数据，扑捉过往残留信息与未来增长预期之间的拓扑关系，为增进客户价值打造最贴近市场的前瞻性价值发现工具。

证券投资业务

证券投资部负责公司的自营股票投资业务。经过多年的建设完善和市场洗礼，目前已经建立了一套决策科学、管理规范、反馈及时、有效监控的证券公司自营投资业务体系，培养并稳定了一批具备较高水平的投资操作人员队伍，并不断充实和发展。自营业务坚持严格自律、风险控制优先的指导方针，并在此基础上逐步形成了符合市场发展趋势及适合自身特点的投资理念。

资产管理业务

恒泰证券资产管理部业务参照和借鉴了国际投资管理行业标准，并充分考虑了中国市场的特殊国情。同时，注重规范的业务运作和严格的风险控制。

资产管理总部组织架构参照国际投资公司的典型架构设置；设立集中决策的投资决策委员会，负责制定整体投资策略；设立独立风险管理委员会，负责监控整个资产管理业务中的风险；

各岗位相互独立、职责分明，遵循互相检查、互相制约的原则。

业务范围：证监会核准发行的券商集合理财计划、信托投资计划、定向资产管理计划。

产品类别：适合不同投资风险取向客户的系列投资产品。主要包括 FOF 投资产品、股票型投资产品、债券加强型（短债 + 新股）产品、混合型产品、衍生品投资产品、定向投资产品（定向增发、Pre - IPO 投资）等。

服务客户：企业、高端零售客户、普通投资者。

销售渠道：本公司经纪业务渠道、银行渠道、直销（面向企业和高端零售客户）、其他外部渠道。

投研团队：拥有境内资本市场丰富研究投资经验的投资管理团队以及科学、完整的投资决策体系。

投资支持：严格的风险管理及内部控制体系、自主开发的资产管理技术支持平台。

投资理念：专注价值挖掘，稳健财富增值。

投资原则：以研究支持决策，强调研究的前瞻性和准确性。注重自上而下与自下而上投资方式的互相结合；发掘具有可持续竞争优势的、且其竞争优势未被股价充分体现的股票；足够的安全边际是买入股票的必要条件；坚持长期价值投资，分享优秀企业成长。

投资文化：（DOIT）勤奋（DILIGENCE）、开放（OPENNESS）、创新（INNOVATION）、团结（TEAMWORK）。

申万宏源证券有限公司

公司简介

申万宏源证券有限公司（简称“申万宏源”），是由新中国第一家股份制证券公司——申银万国证券股份有限公司与国内资本市场第一家上市证券公司——宏源证券股份有限公司，于 2015 年 1 月 16 日合并组建而成。公司目前是国内规模最大、经营业务最齐全、营业网点分布最广泛的大型综合类证券公司之一，注册资本 330 亿元，拥有员工近 8000 名，在全国设有 18 家分公司和 309 家营业部（含西部证券），并设有香港、东京、新加坡、首尔等境外分支机构。

公司目前拥有全面的证券类业务资格，主要包括：证券经纪、证券投资咨询、融资融券、代销金融产品业务、证券投资基金代销、为期货公司提供中间介绍业务（以上各项业务限新疆、甘肃、陕西、宁夏、青海、西藏以外区域），证券资产管理，证券承销与保荐（限国债、非金融企业债务融资工具、政策性银行金融债、企业债承销），证券自营（除服务新疆、甘肃、陕西、宁夏、青海、西藏区域证券经纪业务客户的证券自营外）。

公司将在中投公司、中央汇金公司等股东单位的大力支持下，契合国家发展战略重点布局上海、新疆、香港、新加坡等区域，通过转型创新不断做大做强，朝着“具有国际竞争力、品牌影响力和系统重要性的现代投资银行”的目标加快迈进，为中国资本市场的创新发展作出积极贡献。

公司优势

1. 品牌优势

拥有独特的历史品牌优势。申万宏源前身申银万国证券是新中国第一家股份制证券公司，宏源证券是国内第一家上市证券公司，都为中国资本市场的创新发展作出了积极贡献。深厚的历史品牌优势造就了申万宏源在全国范围内拥有较高的知名度和市场影响力。

2. 股东优势

拥有中投、中央汇金公司等股东优势。公司可以充分利用中投公司的海外资源优势以及中央汇金公司的金融资源优势，大力发展跨境并购业务、跨境财富管理和资产管理业务、多元金融业务，加快做大做强，朝着具有国际竞争力、品牌影响力和系统重要性的现代投资银行的目标加快迈进。

3. 区位优势

区域布局紧扣国家发展战略。公司较好地对接首都决策资源，在上海、新疆、香港和新加坡等地区有重要业务布局，高度契合国家新一轮改革开放的战略。上海和香港

是“海上丝绸之路”对外开放的主要窗口,新加坡是“海上丝绸之路”经济带的重要中转站,新疆是建设新“丝绸之路经济带”、中国向西开放的桥头堡。这将使新公司在分享中国全面深化改革红利的过程中占取先机,形成差异化的发展优势。

4. 规模优势

盈利能力和资产实力行业领先。截至2014年6月末,营业收入合计44.7亿元,行业第4名;净利润合计16.66亿元,行业第3名;总资产合计984.3亿元,行业第6名;净资产合计329.3亿元,行业第6名。

5. 业务优势

综合业务竞争力行业领先。公司拥有全牌照的证券业务资格,在代理买卖证券业务、资产管理业务、新三板业务等领域行业排名第1名,在固定收益业务、研究咨询业务、信用交易业务和国际业务等方面位居行业前列,从而构筑了强大的综合业务竞争力。在投资控股集团的发展框架下,公司还迎来了更为广阔的业务发展空间。

6. 创新优势

创新盈利水平较高。为更好服务实体经济发展和社会居民投资理财需求,公司通过持续推动创新工作,增强五大基础功能,努力成为优秀的市场组织者、交易参与者、流动性提供者以及产品和服务的创造者。近些年来获得了一系列重要创新业务资格,不断壮大的创新业务不仅为公司转型发展注入活力,并且形成了显著的盈利贡献。

7. 管理优势

现代投资银行的管理模式基本形成。公司推行“以客户为中心、以市场为导向”的经营理念,实施条块管理结合的矩阵式管理模式;推出大部制改革、事业部改革、分支机构改革以及流程再造,以提升总部能力、做实分公司、做活营业部;构建行业领先的“全方位、全过程、全覆盖”的集团化风险管理体系;充分发挥党建工作的引领和保障作用,不断提高企业发展软实力。

8. 人才优势

拥有一支多元共融的专业化人才队伍。申万宏源人来自全国乃至世界各地,90%以上的骨干员工具有名牌大学硕士及以上学历。他们深谙中国投资之道、兼具全球战略视野,其中既有一批伴随公司历经市场风雨洗礼、引领创新潮流之先的资深证券人,又有一群高学历、高素质、朝气蓬勃的证券市场明日之星。公司为员工提供了富有竞争力的薪酬激励机制、全面的培训计划以及良好的职业发展空间。

9. 客户优势

拥有全行业数量最多的客户资源。公司目前拥有450万客户,托管客户资产达到1.58万亿元。拥有数量最多、类别最广泛的机构客户资源,包括四大国有商业银行和一大批地方性银行,国内几乎所有基金管理公司、全国社保理事会、30余家保险公司及保险资产管理公司,300余家私募等机构投资者、200多家QDII客户和50多家QFII客户等。

10. 网点优势

拥有广覆盖的市场化经营网络。公司拥有309家营业部,经营网点除西藏和青海外基本实现全国覆盖,是同行业中营业网点数量最多的证券公司。这一网点资源优势将为公司大力发展财富和资产管理业务,以及服务最广大的零售和高净值客户、中小企业服务奠定坚实基础。还持续拓展境外经营网络,将香港公司作为国际战略的实施平台,并已在日本、韩国、新加坡等国设立分支机构。

经纪业务

1. 历史与优势

经纪业务长期以来是公司一项基础业务和优势业务,在营业网点、客户数量、资产规模、市场份额等方面始终位居行业前列。目前经纪业务客户数量超过354万户,代理买卖证券业务净收入在全国证券公司中位居第1名。公司拥有强大的交易平台、便利的委托系统、专业的咨询服务、快捷的移动证券、完善的客服体系、丰富的产品服务以及全面的银证合作,能够为客户提供便捷的综合理财服务。

2. 服务内容

(1)交易所全品种交易。具备沪深交易所全品种场内业务资格,包括沪深A股、B股、债券、基金、权证、代办股权转让等交易业务,在场内品种交易数量上处于证券行业的前列水平。

(2)投资顾问与理财服务。公司总部以及遍及全国各地的营业网点配备了资深的投资顾问团队,为客户提供一站式、全方位的综合金融服务。投资顾问提供资产配置、投资组合、账户分析诊断等专业建议。公司建立和不断完善丰富的理财产品线,为客户提供不同投资规模、持有期限和风险与收益特征的产品线,有效满足客户各类理财需求。产品体系包括各类公司资产管理产品以及精选代销的各类基金产品和银行理财产品等。

(3)融资融券等信用业务服务。为个人与机构投资者提供融资、融券以及基于融资融券衍生的金融服务,满足投资者多样化的投资需求。公司专业研究团队还开展融资融券研究,为客户提供全方位融资融券咨询服务。此外,债券质押式报价回购业务、约定购回式证券交易、股票质押式回购业务,为个人与机构投资者提供高效便捷的多样化融资服务。

(4)代销金融产品。公司在行业内首批取得代销金融产品业务资格。与银行等机构积极展开合作,销售银行理财产品、集合信托计划、基金专项资产管理计划等。建立了完善的代销金融产品风险评级体系,以满足不同风险收益偏好的客户需求。

(5)期货IB业务。公司于2008年获批开展期货中间介绍业务,并在绝大多数营业网点铺开,为满足客户证券、期货多种金融服务需求提供了有效的平台。经过三年多稳步发展,客户数量和托管资产已初具规模。

机构业务

1. 历史与优势

申万宏源多年以来与许多银行、保险、基金、信托、私募、财务公司等金融机构客户密切合作,努力金融机构和企业集团客户提供一站式综合金融解决方案,提供面向境内机构客户的全能服务平台。通过提供、创设、交易、销售产品等方式满足不同机构客户的投融资需求,同时为包括量化对冲团队在内的机构客户提供主券商服务。

2. 服务内容

商业银行:代销银行金融产品。大力发展和银行合作的标准类、非标准类主动管理业务。拓展与银行从资金存管、资金融通、产品托管到企业客户并购重组、财务顾问、信贷资产证券化等多方位合作。

基金公司:在公司遍布全国近300家分支机构代销,并可向保险、银行等大型机构推介。开展产品创设合作,涉及ETF产品创设、做市、量化对冲产品合作发行以及基金子公司产品开发等。

保险公司:提供租用交易单元模式、特殊机构客户模式等专用交易通道并系统支持，搭建复杂事件处理平台，提供算法交易研究和技术支持。开展涵盖权益类、固定收益类等方面的保险机构资金委托投资业务。信用业务有效满足保险机构的资金融通需求。可提供套期保值服务、金融衍生品风险管理服务，还可在直投业务领域、代销保险产品等领域展开合作。

私募客户：为私募客户发行权益类、量化投资、结构化等产品。提供资产托管、清算和估值服务，提供高速交易系统全面对接各相关交易所。利用 CEP 平台（复杂事件处理平台）、APS 平台（全面产品支持平台），协助实现算法交易、套利交易、拆单交易、策略交易、衍生品交易以及独立风控等综合应用。

公司还为基金、银行、保险、社保和私募等机构客户提供专业、高质量、定制化的研究咨询服务。提供 A 股、B 股及港股等市场的宏观研究、行业研究、公司研究、市场研究。公司拥有本土市场最大规模的专业研究和咨询服务团队，其中分析师团队人数超过 200 人。全面开放会议推介沟通平台、分析师互动交流平台、上市公司交流服务平台和高端客户交流平台等重要工作平台。

投资银行业务

1. 历史与优势

公司长期以来一直致力于为企业客户提供一站式综合金融服务。已为数百家企业提供股权融资、债权融资、并购重组、财务顾问等中介服务，迄今为止累计 A 股 IPO 主承销家数近 300 个，曾担任汇金债、铁道债、石油债、国家电网、中国盐业、龙源电力等众多大型央企债券的主承销项目。在服务中小企业客户方面也一直走在市场的前列，在全国中小企业股份转让系统业务（包括老三板和新三板）业务上囊括了以往所有创新业务的第一单，并始终保持一、二级市场排名第一。除传统业务以外，公司还推出了资产证券化、中小企业私募债、市值管理、股权激励等业务，为企业客户提供全生命周期的综合金融服务。

2. 服务内容

股权融资

为企业提供专业的涵盖首次公开发行股票、上市公司再融资、私募股权融资的全系列、全流程的股权融资服务。在银行、证券、汽车、能源、TMT、先进装备制造、消费品、生物医药等多个行业等行业领域确立了品牌优势。历史上曾帮助“上海石化”、“青岛啤酒”、“上海汽车”、“广州造船”等众多知名国有大中型企业驶上了资本市场的快车道。近年来，还专注于中小企业的培育和保荐工作，并取得了优秀成绩，曾获得“中小企业最佳保荐机构”等殊荣。香港公司具备香港主板市场和创业板市场主保荐人资格，为内地和海外的企业客户提供上市保荐与承销、再融资、财务顾问等各类投行业务，帮助企业客户赴香港上市、收购和融资。

债权融资

主要从事企业债券、公司债券、金融债券、短期融资券、中期票据等产品的发行与承销工作，并为客户提供资产证券化、非标产品等创新融资服务。拥有企业债主承销业务资格、公司债主承销业务资格、中小企业私募债主承销业务资格、银行间债券市场成员资格、短期融资券和中期票据承销业务资格等，并于 2008 年成为中国银行间市场交易商协会会员。近些年始终保持在企业债承销市场的领先地位，完成了铁道债、石油债、国家电网、中国盐业等众多大型央企债券的主承销项目。

新三板业务

作为我国新三板市场建设最早的参与者，公司积极为全国各地的中小企业、科技企业发展提供新三板推荐挂牌服务，赢得了良好的市场品牌。业务范围包括推荐挂牌、再融资财务顾问、重组财务顾问、转板业务、债券业务等。自从承做新三板第一单企业挂牌至今，连续 8 年保持新三板挂牌推荐企业家数第一名，累计推荐挂牌企业家数超过 200 家，市场占有率超过 13%。还开展上海、重庆、沈阳、深圳等地方股权中心的挂牌交易服务。

收购兼并与财务顾问

从事上市公司与非上市公司并购重组财务顾问业务，业务范围涉及借壳上市、股权收购、资产重组、债务重组、股份回购、市值管理、并购融资策划以及企业战略咨询等。公司作为并购市场上的积极参与者之一，曾担任宝钢股份、上海家化、光明乳业等大型国企的独立财务顾问，开拓了许多创新业务模式。

结构融资业务

公司着力开拓包括企业资产证券化、信贷资产证券化、产业基金融资服务在内的结构化融资业务。目前已申报及推进多个资产证券化项目，拟发行规模超过百亿元。同时，推进合作募集产业基金等其他类结构化融资产品。

资产管理业务

1. 历史与优势

多年来，公司一方面利用资产管理平台促进各项业务转型，另一方面通过与银行、信托等金融机构合作推动业务加快发展。公司资产管理业务规模和净收入位居行业第 1 名，树立了良好市场形象。业务体系涵盖制定投资方案、设计创新投资策略与产品、开发客户资源与后续服务、业务统计与风险监控等方面的全链条。

2. 服务内容

集合资产管理：具有丰富的集合资产管理产品线，涉及权益类、固定收益类、现金类、量化对冲、信托投资等集合资产管理计划。管理产品投资范围丰富、投资期限灵活，投资收益稳健，以“信托宝”为代表的产品在客户中形成了良好品牌效应。

定向资产管理：定向资管业务成为机构和高净值客户进行委托资产管理和开展各类业务合作的最有效渠道。为客户提供多对一的资产管理服务，具有单独定制、单户操作、投向灵活、沟通无障碍等特点，投资范围涵盖股票、基金、债券、票据、信托、资产收益权、市值管理等所有品种。不断开发和完善各类投资理财产品，为各类客户提供不同投资规模、持有期限和收益与风险特征的产品线，其中“灵通”系列、“宝鼎”系列理财产品等，受到了客户的广泛欢迎。

华安证券股份有限公司

基本概况

华安证券股份有限公司前身为 1991 年设立的安徽省证券公司，安徽省最早设立的专营证券机构；2001 年安徽省证券公司在合并安徽证券交易中心的基础上增资扩股成立华安证券有限责任公司；2012 年华安证券有限责任公司整体改制变更为股份有限公司（证监许可〔2012〕1409 号文），注册资本 28.21 亿股。截至 2013 年末，公司净资产 43.58 亿元，净资本 27.85 亿元，当年实现净利润 2.44 亿。2014 年，公司在行业分类评级中被评为 A 类公司。

公司现有股东16家，主要股东均为国有大型企业集团和上市公司，具有较强的综合实力，为公司的持续发展提供了有力支撑。历经二十多年风雨洗礼，公司建立了完善的现代企业制度和规范的法人治理结构，并形成了稳健务实的经营风格。

公司业务范围涵盖证券经纪，证券投资咨询，与证券交易、证券投资活动有关的财务顾问，证券承销与保荐，证券自营，证券资产管理，融资融券，代销金融产品，证券投资基金代销，为期货公司提供中间介绍等，为广大客户提供专业高效的投资和融资服务。

公司现有营业网点104家，遍布全国各大中心城市及安徽全省，网点数量在全国100多家证券公司中位居前列。公司各项业务秉承“客户价值优先”的原则，坚持把满足客户需求、提升客户价值作为经营管理工作的出发点和落脚点。

公司是华富基金管理有限公司的主发起人和第一大股东，控股华安期货有限责任公司，参股安徽省股权托管交易中心有限责任公司，全资拥有华富嘉业投资管理有限公司和安徽华安新兴证券投资咨询有限责任公司，已初步建立起集团化发展框架。

华安证券长期以来坚持“法制、监管、自律、规范”的方针，以改革创新为动力，以集约经营为途径，以强化管理为基础，以防范风险为保障，坚持“诚信、稳健、专业、和谐”的经营理念，坚持“惠及员工、回报股东、奉献社会”的企业使命，努力推进“规范化、集团化、国际化”的发展战略，不断增强公司核心竞争力，力争将公司建设成为规模适度、服务专业、风控严密、机制灵活、管理有效的综合性证券服务平台。

产品业务介绍

证券经纪业务

证券经纪是公司的基础业务。

公司是上海证券交易所、深圳证券交易所首批会员单位，拥有A、B股交易席位72个，是全国首批取得网上证券经纪业务资格的证券公司之一。

2008年8月，经中国证监会核准，公司在省内首家获得期货中间介绍业务资格。

公司目前在各地设有证券营业部104家，分布在北京、上海、深圳、广州等大中城市和安徽省境内市、县，主要从事沪深市A、B股、基金和国债交易的代理业务。公司多年来致力于交易手段现代化，开拓网上证券经纪、柜台交易等新型业务，为广大客户提供规范、安全、便捷和专业化的证券投资服务。

投资银行业务

华安证券投资银行部自1991年起开展投资银行业务，是国内最早从事投资银行业务的证券公司之一。公司投资银行业务基础良好，主承销IPO股票及债券20只，配股7只，副主承销和分销70余只，担任企业财务顾问50多次，其中担任II股财务顾问1次。

“立足安徽，面向全国”，华安证券作为注册地在安徽的券商，自成立以来，积极为安徽省内企业提供全方位优质服务，先后主承销了省内多家企业的股票发行上市工作。在此基础上，投资银行的服务范围辐射江苏、浙江、上海等地，并在当地与多家企业建立了长期的合作关系，获得了良好声誉。

“诚信、稳健、专业、和谐”，投资银行部始终秉承这一理念，在深刻理解客户需求和透彻掌握经济动向及行业趋势的基础上，为客户策划实施与资本市场相关的专业方案，提供全面、优质、持续、高效的专业化投资银行服务，实现客户价值增值与最大化。

股权融资业务

IPO保荐与承销

上市公司公募增发保荐与承销

上市公司定向增发保荐与承销

上市公司配股保荐与承销

上市公司可转换债券/分离交易债券保荐与承销

上市公司股东可交换公司债券保荐与承销

股票衍生产品研究开发，如认股权证等

债券融资业务

企业债券发行与承销

公司债券发行与承销

次级债券发行与承销

金融债券发行与承销

资产支持证券(ABS)发行与承销

中小企业私募债券发行与承销

债券融资新品种研究开发

证券投资业务

2002年5月，经中国证监会核准，公司为华富基金管理公司的主发起人和第一大股东，控股华安期货公司，全资拥有华富嘉业投资管理公司和华安新兴证券投资咨询公司，参股安徽省股权托管交易中心，已初步建立集团化发展框架。公司秉承“诚信、稳健、专业、和谐”的经营理念，定位为一站式综合金融服务提供商，主要为广大机构及私人客户提供代理证券交易、证券投资咨询、股权融资、债务融资、财务顾问、期货中介、资产管理、代销金融产品等多品种、立体化的投融资服务。目前公司经营牌照、业务资格齐全。业务以安徽为依托，辐射全国主要地区，在安徽省内及北京、上海、广州等城市设有83家营业部，在上海设有一家分公司，同时有17家轻型营业部正在设立，致力于将营业网点打造成服务客户多元化投融资需求的综合业务平台，实现百家分支机构的全国布局。。华安证券股份有限公司于2012年12月在合肥注册成立，注册资本28.21亿元，现有股东16家，主要为国有或国有控股上市公司及大型企业。截至2013年末，公司总资产89.65亿元、净资产42.76亿元、净资本27.86亿元。公司前身为1991年5月成立的安徽省证券公司。2000年10月，在合并安徽证券交易中心基础上进行增资改制，引入11家上市公司和国有企业作为股东，设立华安证券有限责任公司。2012年12月公司再次进行增资扩股并顺利完成股份制改造，经证监会批准整体变更为华安证券股份有限公司。公司作为国内首批核准的综合类证券公司，有耕耘资本市场20多年的历史积淀，见证了我国证券市场曲折前行的奋进历程。

资产管理业务

业务资格

华安证券股份有限公司于2012年12月在合肥注册成立，注册资本28.21亿元，现有股东16家，主要为国有或国有控股上市公司及大型企业。截至2013年末，公司总资产89.65亿元、净资产42.76亿元、净资本27.86亿元。公司前身为1991年5月成立的安徽省证券公司。2000年10月，在合并安徽证券交易中心基础上进行增资改制，引入11家上市公司和国有企业作为股东，设立华安证券有限责任公司。2012年12月公司再次进行增资扩股并顺利完成股份制改造，经证监会批准整体变更为华安证券股份有限公司。公司作为国内首批核准的综合类证券公司，有耕耘资本市场20多年的历史积淀，见证了我国证券市场曲折前行的奋进历程。

服务对象

公司秉承“诚信、稳健、专业、和谐”的经营理念，定位为一站式综合金融服务提供商，主要为广大机构及私人客户提供代理证券交易、证券投资咨询、股权融资、债务融资、财务顾问、期货中介、资产管理、代销金融产品等多品种、立体化的投融资服务。目前公司经营牌照、业务资格齐全，业务以安徽为依托，辐射全国主要地区，在安徽省内及北京、上海、广州等城市设有83家营业部，在上海设有一家分公司，同时有17家轻型营业部正在设立，致力于将营业网点打造成服务客户多元化投融资需求的综合业务平台，实现百家分支机构的全国布局。

业务发展

公司为华富基金管理公司的主发起人和第一大股东，控股华安期货公司，全资拥有华富嘉业投资管理公司和华安新兴证券投资咨询公司，参股安徽省股权托管交易中心，已初步建立集团化发展框架。

部门设置

华安证券股份有限公司于2012年12月在合肥注册成立，注册资本28.21亿元，现有股东16家，主要为国有或国有控股上市公司及大型企业。截至2013年末，公司总资产89.65亿元、净资产42.76亿元、净资本27.86亿元。公司前身为1991年5月成立的安徽省证券公司。2000年10月，在合并安徽证券交易中心基础上进行增资改制，引入11家上市公司和国有企业作为股东，设立华安证券有限责任公司。2012年12月公司再次进行增资扩股并顺利完成股份制改造，经证监会批准整体变更为华安证券股份有限公司。公司作为国内首批核准的综合类证券公司，有耕耘资本市场20多年的历史积淀，见证了我国证券市场曲折前行的奋进历程。

服务宗旨

公司秉承“诚信、稳健、专业、和谐”的经营理念，定位为一站式综合金融服务提供商，主要为广大机构及私人客户提供代理证券交易、证券投资咨询、股权融资、债务融资、财务顾问、期货中介、资产管理、代销金融产品等多品种、立体化的投融资服务。目前公司经营牌照、业务资格齐全，业务以安徽为依托，辐射全国主要地区，在安徽省内及北京、上海、广州等城市设有83家营业部，在上海设有一家分公司，同时有17家轻型营业部正在设立，致力于将营业网点打造成服务客户多元化投融资需求的综合业务平台，实现百家分支机构的全国布局。

固定收益业务

固定收益部是专门从事固定收益证券以及相关衍生产品的业务部门，主要业务范围包括固定收益证券的承销、投资、产品研发与理财服务，业务品种包括国债、金融债、企业债、短期融资债、中期票据、可转换债券等。公司拥有一支具有丰富市场经验和良好客户资源的业务团队，硕士学位的占40%，为追求低风险和稳定收益的客户群体提供稳健的、高品质的专业化服务。公司是财政部国债理事会成员，具有企业债券的主承销资格。近几年来，先后参与了国家电网、广州汽车、北京基础设施、合肥城投等数十家企业债的副主承销和分销工作，树立了良好的行业品牌形象。债券主承销业务获得突破性进展，担任滁州交通开发公司、池州城投公司、金湖县国有资产公司的债券主承销商，为企业的发展搭建了一个更广阔的融资平台。

联系方式

地址：安徽省合肥市政务文化新区天鹅湖路198号

邮编：230081

电话：0551－65161666

传真：0551－65161600

邮箱：bgs@hazq.com

网址：http://www.hazq.com

华宝证券有限责任公司

华宝证券有限责任公司（以下简称：公司）是经中国证监会批准，依法注册登记，具有独立法人资格，实行自主经营，独立核算，自负盈亏的有限责任公司。

公司成立于2007年2月，注册地上海，注册资本金人民币40亿元。公司股东为：华宝投资有限公司和华宝信托有限责任公司。

公司目前经营范围：证券经纪；证券投资咨询；证券自营；证券资产管理；融资融券；证券投资基金代销；代销金融产品；为期货公司提供中间介绍业务；证券承销；与证券交易、证券投资活动有关的财务顾问等。公司在上海、北京、杭州、舟山、福州、深圳、成都、武汉等地设有营业部。

公司作为宝钢集团旗下的证券公司，在股东的大力支持下，秉承“为客户创造价值，为员工创造机会，为社会创造效益”的经营宗旨，将以崭新的面貌为新老客户提供专业的、优质的证券金融服务。

【量化业务服务平台】

华宝证券量化业务平台上的产品均为股票和期货结合的对冲型量化交易产品，通过公司特有的快速交易平台实现其交易策略和绝对收益。量化交易投资客户的共同特点为均具有非常强的策略研发能力和计算机应用能力，在整个交易过程中追求极致的速度和稳定的系统环境，并通过华宝证券提供的功能完善、毫秒级性能的API接口，获取行情、基本面、委托、成交等数据，最终实现其投资策略。同时，华宝证券为量化专业客户提供产品结构设计、资金募集、通道选择、机器托管、程序设计等全流程服务，助推专业客户成长为专业的资产管理机构。

特色服务：

A. 技术领先：提供基于全内存的主推报盘模式，系统处理速度达到毫秒级，每秒并发处理能力达到20000笔以上。

B. 接口开放：开放自主开发接口，提供完整API接口，适合个性化编程和交易下单；结合期货公司交易接口可打造支持期现结合的个性化交易客户端，满足投资者的个性化需求。

C. 行情服务：提供基于沪深交易所DATAFEED行情的快速行情服务，提供沪深交易所的高频历史TICK数据。

D. 产品设计：提供量化产品的设计服务，根据客户实际需求，通过信托、资管、基金专户等多种形式进行产品设计和创新。

E. 后台外包：提供私募机构产品后台外包服务等日常管理服务。

联系方式：

地址：上海市世纪大道100号环球金融中心57楼

邮编：200120

总机：021－68777222

传真：021－68777822

网址：www.cnhbstock.com

客服热线：400－820－9898

华创证券有限责任公司

华创证券萌生于2002年初，时值中国证券市场一轮牛市的尾声，此后数年的漫漫熊途中，华创证券历经成长初期的艰苦探索，生发出不同于其他券商的成长因子，它日渐明晰成为互联网基因，2009年以来，凭借前瞻性的战略部署和脚踏实地的创新实践，华创证券成为中国证券行业最具创新意识的新锐券商，2014年获中国证监会、中国证券业协会批准成为首批六家互联网证券业务创新试点券商之一。华创证券综合金融服务平台投资融资、财富管理、一站式综合金融服务的核心竞争力正在快速将全国布局、全业务牌照、全方位互联网思维的各项业务全面铺展，以更好服务于实体经济。

华创证券综合金融服务平台是以客户需求、客户体验为核心，打通投、融资两端，为客户提供全面财富管理的顶级平台；

华创证券综合金融服务平台以互联网思维打造，为客户提供买理财、选股票、融资快、金融支付、消费支付、账户管理、业务办理服务，实现一站式综合金融服务；

华创证券综合金融服务平台融资快提供了投、融资两端需求交流的平台：问投资、实盘大赛提供投资者投资交流的平台，并将成为民间高手快速成长、私募孵化成长的沃土。

华林证券股份有限公司

华林证券股份有限公司（以下简称“华林证券”）成立于1988年，是国内最早成立的综合类证券公司之一。华林证券总部位于深圳，目前在北京和上海分别开设分公司，分支机构覆盖全国重点城市及自治区，并设立直投子公司华林资本投资有限公司和另类投资子公司华林创新投资有限公司。

作为业务全牌照的证券公司，华林证券拥有专业的业务团队、科学的发展模式和严谨的运营体系，主营业务涵盖投资银行、场外市场、固定收益、财富管理、资产管理、投资管理、互联网金融等。其中，投行业务常年稳居市场前列；财富管理业务形成以北京、上海、广东为中心，兼具区域性优势，营业部网点逐步辐射全国；同时加大互联网金融发展力度，实现线上线下协同展业，2015年创新推出移动端免下载开户平台、智信理财师网络投顾平台、营销人员二维码展业平台等行业领先项目，并获得互联网证券试点、保证金消费支付、网上开户优化试点等创新资格；其他业务均稳步发展。

凭借专业的业务能力、卓越的业绩表现及良好的市场口碑，华林证券在境内外权威评选平台上分别斩获“2016第五届‘杰出企业社会责任奖’”、“2015（VC/PE支持）中国企业境内上市最佳主承销商”、“2015（VC/PE支持）中国企业境内上市主承销商10强”、“2015中国最佳投资顾问品牌”、“2015中国最佳区域证券经纪商”、“2015中国最暖投顾团队15强”、“2015中国最暖投顾60强”、“2015中国区域最暖投顾200强”、“2015社会企业责任大使”、“2011中国区最佳企业债承销团队”、“2010中国区最佳债券承销投行”、“2009中国区债券最佳投行”等多项殊荣。

自成立以来，华林证券始终坚持合规守法经营，建立了完善的法人治理结构和严密的内部控制体系，形成了集合规、风控、稽察与内核为一体的管理体系，为公司规范管理、高效发展、稳健经营提供保障。华林证券以“协作·创造服务中国成长”为使命，不断提升治理能力和管理水平，以“创新”为驱动，致力于打造国内最具特色的综合金融服务平台，为客户提供更优质、更安全、更具价值的财富增值服务，真正实现与客户、股东共同成长的发展目标，并最终实现国际金融集团的终极愿景，为中国证券市场的发展乃至中国券商在全球金融市场的发展贡献力量。

地址：深圳市福田区民田路178号华融大厦6楼

电话：0755－82707888

传真：0755－82707700

邮编：518048

华龙证券股份有限公司

华龙证券股份有限公司前身为华龙证券有限责任公司，成立于2001年5月18日，是由甘肃省人民政府组织筹建，经中国证监会批准的综合类全牌照证券经营机构。

华龙证券股份有限公司主要业务范围包括证券经纪、证券投资咨询、证券承销与保荐、财务顾问、证券自营、证券资产管理、融资融券、代销金融产品、直接投资等。

经过多年发展，公司已拥有广泛的客户资源、良好的社会形象和品牌影响力，在全国主要省市设有9个专业分公司，在北京、上海、深圳、重庆、杭州、无锡、乌鲁木齐、青岛、合肥、西安和兰州等主要城市设有60余家经营网点。同时，公司积极实施金融控股集团战略，发起设立了华商基金管理公司，控股华龙期货公司，主发起甘肃股权交易中心，全资控股金城资本管理公司。

经科技部、教育部批准，公司设有博士后流动工作站，拥有一大批高学历高素质的专业人才，大学本科以上人员85%，硕士以上人员26%，拥有一批经验丰富、业务精湛的保荐代表人、财富管理专家、金融产品设计专家和债务融资专家。

公司坚持“开拓西部，放眼全国”的发展战略，凭借专业化的优质服务，诚信、务实、高效、敬业的团队精神，在竞争激烈的中国证券服务业中稳步提升份额。2009年成功保荐首批创业板上市企业发行上市，成为首批保荐企业在创业板上市的全国17家证券公司之一，2012年新三板扩容后，成为推荐首批企业在新三板挂牌的证券公司。公司2008、2009、2010、2011、2012和2014年度均荣获“省长金融奖”。

公司总部

地址：兰州市城关区东岗西路638号兰州财富中心

邮编：730000

电话：0931－8888088

传真：0931－4890515

客服热线：95368（甘肃） 400－6898888（全国）

邮箱：hlzq@ hlzq. com

网址：www. hlzq. com

华融证券股份有限公司

公司简介

华融证券股份有限公司（以下简称“公司”）是经中国证监会批准，由中国华融资产管理股份有限公司（以下简称“中国华融”）作为主发起人，联合中国葛洲坝集团公司共同发起设立的全国性证券公司。2007年9月，公司在北京正式挂牌成立。目前，公司注册资本46.74亿元，其中：中国华融出资38.12亿元，中国葛洲坝集团公司、中国葛洲坝集团股份有限公司、北京纽森特投资有限公司、九江和汇进出口有限公司、江苏德源纺织服饰有限公司、星星集团有限公司、浙江金财控股集团有限公司、广州南雅房地产开发有限公司、吉林昊融集团有限公司、深圳市科铭实业有限公司、北京双融福泰投资有限公司、张家港市中达针织服饰制造有限公司、等 12 家股东共出资 8.62 亿元。公司的注册地址:北京市西城区金融大街 8 号。

公司总部设在北京,下设深圳总部、上海总部,北京、上海、深圳、湖南、新疆、陕西、贵州、四川、江西、海南、浙江、山东、福建等 14 家分公司,63 家营业部,上海和深圳 2 家投行业务部,控股华融期货有限责任公司。公司紧紧依托中国华融在资产管理、银行、信托和金融租赁等方面的综合优势,可为客户提供证券经纪、融资融券、证券承销与保荐、与证券交易及证券投资活动有关的财务顾问、证券投资咨询、证券自营、证券资产管理、投资顾问等综合化的财富管理服务。公司 2011 - 2014 年连续四年被中国证监会评为 A 类 A 级券商,2015 年被中国证监会评为 A 类 AA 级券商,2014 年最佳资产管理券商,2009 年、2011 年两次获评为"首都文明单位",2014 年获评"首都精神文明建设标兵单位"。

公司坚持以市场为导向,以客户为中心,以诚信、专业、稳健、共赢为经营宗旨,在社会各界和投资者的大力支持下,努力打造一家有尊严、有价值、有内涵、有实力、有责任的"五有"现代一流投资银行!

证券经纪业务

证券经纪业务可为投资者提供主板、创业板、中小企业板、代办股份转让、股份报价转让等市场的交易服务,提供包括普通股股票、债券、国债回购、基金、权证等综合化、多元化的交易品种服务,并凭借支持现场委托、电话委托、手机炒股、网上交易委托等多种交易方式和强大的信息技术力量,为客户提供国内最先进的交易平台服务。

资产管理业务

华融证券资产管理部专门负责开展客户资产管理业务,致力于打造资产管理业务高端品牌。建有完善的保证客户资产安全运作、为客户提供优质服务的支持系统,并通过严密的业务分工和完善的组织构架为客户资产的合规运作提供了强有力的组织保证。华融证券资产管理部可以针对客户需求提供定向、集合、专项等全方位的资产管理业务服务。

市场研究

依托中国华融的雄厚实力和"一体两翼"的战略,华融证券自成立以来取得了长足的发展。市场研究部是公司专司研究的业务部门,紧贴市场需求、发挥专业优势,以服务于股权投资和服务于财富管理为使命。

股权投资:基于公司的研究体系和上下游印证的方法,为客户提供深入的行业研究服务、公司价值判断,以及为二级市场投资者提供股票投资建议。

财富管理:以为客户创造财富为核心,以大类资产配置研究为核心,为客户提供各类金融资产的投资建议,以及针对客户需求提供大类资产配置建议。

华融证券拥有一支充满活力、积极进取的研究团队,秉承"深入思考、独立研究"的理念,遵循科学的研究方法、建立了较为完善的研究体系,研究范围覆盖宏观经济、市场策略、金融工程以及煤炭、机械、汽车、节能环保、TMT 等全部 29 个行业。

财富管理

华融证券财富管理中心以"为客户创造价值,实现资产保值增值"为理念,汇集多名具备丰富投资经验和业内知名度的资深投资顾问,精心制作涵盖资讯、策略、组合、模拟账户、财智管家等五大产品系列的华融金投顾服务体系,为客户量身定制个性化的投资建议和资产配置方案。

投资银行

华融证券投资银行致力于为各类型、各行业企业提供优质的股权融资、债券融资、并购重组和综合财务顾问、新三板等融资、咨询服务,具体涵盖首次公开发行(IPO)、增发、配股、公司债券、企业债券、可转换债券、中小企业私募债、金融债券、资产证券化、全国中小企业股份转让系统推荐挂牌与做市、重大资产重组等多种业务类型。

作为一家 2007 年 9 月成立的新锐券商,华融证券牢固树立"稳健、创新、和谐、发展"的核心价值观,始终秉承"诚信、专业、稳健、共赢"的经营宗旨,目前已具备资产证券化、金融债券、公司债券主承销商业务资格,中国证监会批准的承销保荐业务资格,国家发改委批准的企业债券主承销商资格以及新三板主办券商业务资格。公司于 2008 年取得保荐机构资格后,成功完成了杭氧股份(002430)的首次公开发行,并先后完成了中航三鑫(002163)、特变电工(600089)、金隅股份(601992)、太行水泥(600553)、苏宁环球(000718)、联化科技(002250)、亚泰集团(600881)、欧亚集团(600697)、华微电子(600360)、通葡股份(600365)、蓝科高新(601798)等多家上市公司的增发、配股、公司债业务,作为副主承销商完成了工商银行可转债发行项目,并多次担任上市公司并购重组业务的财务顾问。

公司未来将紧紧依托中国华融的强大股东背景,坚持以市场为导向、以客户为中心,着力构建"一站式"投资银行服务平台,在社会各界和投资者的大力支持下,努力打造一家有尊严、有价值、有内涵、有实力、有责任的"五有"现代一流投资银行!

新三板

全国中小企业股份转让系统推荐业务

推荐符合条件的企业在全国中小企业股份转让系统挂牌,公开转让股份,帮助企业进行股权融资、债权融资、资产重组等

全国中小企业股份转让系统做市业务

为已在全国中小企业股份转让系统挂牌的企业提供做市报价服务,提高企业股份流动性

资本市场

华融证券资本市场部,负责组织协调完成债券融资项目及公司自身融资项目的发行承销及上市。承担制定发行方案、控制承销风险、组建承销团、路演推介、询价定价、簿记配售等功能,促进公司证券承销业务进一步提升专业化、精细化水平。

资本市场部负责开发并维护公司与金融同业机构的合作关系,协调相关单位,为金融同业机构客户提供深入服务。目前已与近 70 多家银行、基金及保险等机构建立了同业合作关系。

资本市场部负责与有关监管机构的对接工作,目前与人民银行、证监会、证券交易所、证券登记公司、上海清算所、中央结算公司及全国银行间同业拆借中心等机构建立了广泛的联系。

资本市场部着力加强对国内资本市场数据统计、形势分析和新融资工具与新金融产品的全面深入研究,不断提高询价定价的专业化程度,努力为广大客户提供专业化金融服务。

截至目前，资本市场部已成功组织实施了公司15亿次级债券、五期短期融资券共计40亿元的发行承销工作，并参与了多单债券分销项目。

地址：北京市西城区金融大街8号A座3层

邮编：100033

客服热线：95390/400－898－9999

业务投诉：010－85556731

华泰证券股份有限公司

华泰证券股份有限公司（以下简称“公司”）是一家中国领先的综合性证券集团，具有庞大的客户基础、领先的互联网平台和敏捷协同的全业务链体系。

公司于1991年5月成立。2010年2月26日，公司A股在上海证券交易所挂牌上市交易，股票代码601688。2015年6月1日，公司H股在香港联合交易所有限公司挂牌上市交易，股票代码6886。在20多年的发展历程中，公司抓住了中国资本市场及证券业变革创新的历史机遇，实现了快速成长，主要财务指标和业务指标均位居国内证券行业前列。

目前，公司在境内控股华泰联合证券有限责任公司、华泰期货有限公司、江苏股权交易中心有限责任公司；在境内外全资设立华泰金融控股（香港）有限公司、华泰紫金投资有限责任公司、华泰创新投资有限公司、华泰证券（上海）资产管理有限公司；参股南方基金管理有限公司、华泰柏瑞基金管理有限公司、江苏银行股份有限公司、金浦产业投资基金管理有限公司、证通股份有限公司。

近年来，公司着力为客户提供全生命周期综合金融服务，逐步形成了以投资银行业务为龙头，以经纪与财富管理业务为基础，以投资与交易业务和资产管理业务为两翼的全业务链业务体系。

公司拥有中国规模最大的证券经纪业务及业内领先的互联网平台。2014年，公司股票基金交易市场份额位居中国证券业第1位。截至2014年底，公司证券经纪业务账户数位居行业第1；融资融券余额规模位居行业第2，托管证券市值位居行业第3。2014年，公司移动财富管理终端“涨乐财富通”在新浪网手机证券App测评中排名第1。

公司拥有领先的综合投资银行平台及业内第一的并购业务。按照中国证监会核准的并购交易数量计，公司并购业务自2012年起连续3年排名行业第一。公司的股权和债券承销金额和数量排名在2014年均位居中国证券行业前10。

公司也拥有中国证券业最大的综合资产管理平台之一和行业领先的产品创新能力。截至2014年底，集合资产管理计划的资产管理规模及2014年资产管理业务实现净收入分别位居中国证券业第2位及第3位。

今后，公司将基于证券业务优势积极拓展综合金融服务，致力于成为兼具本土优势和全球视野，在亚太市场拥有较强影响力的一流综合金融集团。

经纪业务

华泰证券通过分布于全国29个省、自治区、直辖市的逾230家证券营业部，向投资者提供专业化、个性化、全方位的证券交易代理和财富管理服务。

经纪业务总部负责经纪业务营销活动的策划与实施、营销渠道管理、营销与理财人员队伍建设、紫金理财服务产品的定价管理、投资顾问业务体系建设与管理；营业部绩效考核与经营分析、营业网点布局规划、营业部常态化管理与风险控制；IB业务、港股业务、新三板业务、股权激励自主行权业务等经纪业务相关新业务品种的管理等工作。

公司经纪业务的不断发展得到了社会的广泛认可，2008年至2011年期间，公司多次被《证券时报》、《上海证券报》评为“中国最佳经纪商”、“最佳经纪业务服务品牌”、“最佳财富管理品牌”等称号，多家营业部分别获得“中国明星营业部二十强”、“最佳区域证券营业部”、“最佳投资者教育”、“最具成长性营业部”、“最佳服务营业部”、“十佳营业部”、“最快进步营业部”等称号，经纪业务的市场竞争力和品牌影响力不断提升。

投资银行业务

华泰联合证券是华泰证券专业的投资银行子公司，整合了原华泰联合证券和华泰证券两家投行之所长，在投资银行领域具有经验丰富、团队强大、资源充沛等特色优势，持续为客户“发现价值、挖掘价值、提升价值”。作为国内首批保荐机构，累计完成各类主承销项目120余家，总承销家数排名行业前十，尤其在中小企业保荐领域业绩突出，在行业中享有盛誉。

同华泰证券业务整合完成以后，华泰联合证券拥有一支高学历、高素质、实战经验丰富的近500人的投资银行专业团队，其中保荐代表人百余名，是国内团队最庞大、保荐通道最多的投行之一，可提供股票发行承销、债券发行承销、私募并购、财务顾问、金融业务创新等综合金融服务。集两家公司投行之所长，发挥长期积累的客户资源和业务经验优势，依托华泰证券遍布全国的营业网点，华泰联合证券的市场竞争能力将进一步增强，成为集成集团服务资源向客户提供全方位金融服务的重要平台。

固定收益业务

华泰证券固定收益业务始于公司成立之初的债券部，随后快速发展：1995年财政部国债一级自营商，95三年期国债承销团主干事，2002年成立固定收益部，2006年主承销首批资产证券化产品之一——南通天电资产支持收益证券，2007年承销国内第一只公司债07长电债；2009年控股子公司华泰联合证券成立固定收益部，其固定收益业务自此蓬勃发展，连续荣获农发行、进出口行、国开行的金融债优秀承销商，2011年首次加入铁道债承销团并成为主承销商。

2011年，华泰证券与华泰联合证券变更业务范围：华泰证券从事国债、非金融企业债务融资工具的证券承销业务，华泰联合证券从事除国债、非金融企业债务融资工具以外的证券承销与保荐业务。2012年4月，华泰证券与华泰联合证券进一步业务整合：华泰联合固定收益部并入华泰证券固定收益部，在南京、上海、北京均设有业务点。至此，公司固定收益业务步入全新的蓬勃发展阶段。

1. 全面的业务范围。固定收益业务涵盖了国债、央票、金融债、企业债、公司债、短期融资券、中期票据和资产证券化等各类产品的承销、投资、交易和研究。

2. 专业的业务团队。公司集聚优秀人才组建了一支专业、高效和经验丰富的业务团队，下设销售、交易、投资、创新、运营风控五个子团队。

3. 广泛的销售网络。固定收益的机构客户销售网络遍及国内主要的商业银行、保险机构、基金公司、证券公司和财务公司，为各类固定收益产品的销售提供了根本保证；华泰证券遍及全国的200多家营业网点构建了庞大的社会公众投资者网络，为业务创新奠定了基础。

4. 突出的专业能力。固定收益业务经过多年的积累，在债券融资策划、方案设计、发行定价等方面具备了较高水平；在公司债券和城投企业债券融资方面具备了比较优势；在债券产品创新方面能力突出，设计并承销了我国第一单公司债券，在国内率先推出了企业资产证券化产品。

5. 畅通的沟通渠道。公司与国内各个固定收益产品的监管部门均建立了畅通的沟通渠道，获得了发改委、证监会、交易商协会等监管部门的高度认可与支持。

6. 高效的业务支持与风险控制体系。公司集聚了一批金融、经济、财务、法律和固定收益方面的资深专家，提升了投行项目的审核通过率，同时也是投资、交易、创新等业务高效开展的保障。

金融创新业务

金融创新部是专职于从事数量化投资和金融衍生产品业务运作管理的部门，主要业务职能是探索国内证券市场创新投资发展路径，打造量化对冲投资的程序化交易平台，建立金融衍生产品的研究、交易和产品开发体系。

部门的战略目标是把握金融衍生产品市场发展的机遇，建立权证、期货、期权和结构性产品等金融衍生品的完整产品线，打造华泰金融衍生品业务品牌。

目前，金融创新部在投资业务上，已经实现了从单边数量化投资向双边对冲交易的业务转型，形成了对冲投资业务的规范化和规模化发展，无论在投资业绩还是投资规模上，均处于行业领先水平。

资产管理业务

华泰证券是首批开展集合资产管理业务的证券公司之一，拥有包括集合资产管理、定向资产管理和专项资产管理在内的全面的服务范围，担任多家银行理财产品的投资顾问。自开展客户资产管理业务以来，华泰证券一直秉承稳健的投资理念，追求客户资产的长期稳定增值，投资业绩显著。

华泰证券理财产品的研发创新能力业内领先，截至 2012 年 7 月 30 日，总计推出 18 只具有不同投资风格、能满足不同风险偏好投资者需求的集合理财产品，逐渐形成了覆盖货币市场、债券市场、基金市场、股票市场的较为完整的集合计划产品线。

华泰证券目前已创设发行了国内券商首只创新伞型集合资产管理计划——华泰紫金鼎(2008)；公司首只 QDII 产品：紫金龙 - 大中华(2011)，满足了境内投资者实现全球资产配置并投资境外优质投资品种的需求；国内首款可以参与股指期货交易、套期保值的券商大集合资产管理计划 - 华泰紫金新兴产业(2011)；创新型客户保证金管理产品“华泰紫金天天发”(2012)。顺应创新业务改革大潮，华泰证券已实现通过定向业务模式与银行理财产品的对接，有效拓宽了银行理财产品的投资范围，助力银行实现理财收益，达到双赢合作。与其他资产管理业务相比，专项业务的限制相对较小，创新业务合作的空间更大。目前华泰证券正针对股权质押融资等相关创新业务进行深入研究，以便与银行、企业等展开合作。

未来，华泰证券资产管理总部将继续坚持以客户需求为核心的业务宗旨，保持稳健投资作风，推进以市场需求为导向的创新型产品研发，创建一个集各方优势资源于大成的共赢平台。

销售交易业务

华泰证券销售交易部秉承“专业成就未来、服务实现价值”的理念，面向公募基金、社保年金、QFII 等海内外机构投资者提供全面的投资顾问和证券交易代理服务。

投资顾问业务采取广深、上海、北京三地协同服务的业务格局，为客户提供点对点的全方位、无差异化服务，力求在第一时间将最及时、可靠的研究资讯和投资决策信息传递到客户手中。根据客户的投资风格和偏好提供全面、系统的证券研究和咨询服务，协助客户把握各类投资机会，满足客户日新月异的投资服务需求。

产品销售业务主要是销售各类理财产品并为机构客户提供渠道服务支持。在理财产品销售，特别是基金产品销售方面取得了蜚人业绩，成为全国最早获得开放式基金代销资格的券商，并分别被深圳证券交易所和上海证券交易所评定为“主交易商”和“一级交易商”，并且在“LOF”基金和“ETF”基金、智能定投业务的推广方面处于行业领先水平，重点销售基金的销售额一直稳居券商前列。

QFII 业务自 2006 年成立以来，一直致力于为 QFII 客户提供全方位的研究资讯和专业的证券交易服务。团队凭借丰富的投资经验、良好的职业道德操守、敏锐的市场感觉和及时的信息沟通，为客户提供优质、全面、高效的服务。

华泰证券销售交易部全体人员，以其勤勉、专业的形象，在业内获得了较高的声誉。在 2010 年第八届“新财富”评选中，获得最佳销售服务团队第六名。在 2011 年第九届“新财富”评选中，获得最佳销售服务团队第四名。

成功的关键源于为客户提供的专业服务能否创造价值。着眼未来，华泰证券销售团队仍将以专业服务为依托开展销售业务，客户的满意就是我们的成功！

融资融券业务

融资融券部是专职于融资融券交易运作和管理的部门，主要业务职能是研究建立信用交易制度下的管理与风控模式；探索信用交易发展的路径；建立符合转融通要求的中介服务体系；负责研究和开发融资融券产品，并为特定投资者定制满足其需求的信用交易产品。自成立以来，融资融券部结合公司由通道服务向理财服务转型的要求，致力于信用交易发展的探索与研究，融资融券部的战略目标是把握资本市场发展的机遇，建立完整的融资融券产品线，打造华泰证券信用交易业务品牌，成为行业的排头兵。

场外业务部

华泰证券场外业务部致力于利用华泰证券全业务链的资源为非上市企业提供全方位的综合服务。主要负责根据相关监管部门的规则要求为非上市股份公司提供推荐挂牌、登记托管、做市交易、委托报价转让、信息披露等服务；并协调相关资源，为非上市股份公司提供定向增资、转板、并购重组、财务顾问业务等服务。场外业务部依托华泰证券遍布全国的 200 多家营业部，借助华泰证券直投、投行等相关专业子公司的专业能力，为全国中小企业提供全过程的综合专业服务。目前已组建了一支经验丰富、专业技术精湛的高素质团队，部门业务覆盖全国及相关高新技术科技园区。

财富管理部

财富管理部是华泰证券面向非公募客户的综合服务平台，倡导全业务价值链，拓展、维护与保险、券商、信托、私募基金等机构投资者以及企业、集团财务公司、上市公司及高净值私人客户群。作为机构和高端客户维护与服务工作的运营中心，财富管理部以客户需求为导向，整合公司各项资源，为客户提供广泛的高端增值服务，主要承担投资顾问咨询、各类理财产品评价、筛选及组织发行、个人理财规划、大宗交易、市值管理、债务管理、资金管理、融资或再融资等业务。

联系我们

地址：江苏省南京市江东中路 228 号

邮编:210019
总机:025－83389999
电话:95597 或 4008895597
传真:025－83387337
邮箱:95597@ htsc. com

华西证券股份有限公司

一、公司概况

华西证券股份有限公司于 2000 年 6 月 26 日经中国证券监督管理委员会证监机构字〔2000〕133 号文批准，由原四川省证券股份有限公司与原四川证券交易中心合并重组、增资扩股成立，注册资本 21 亿元，注册地为四川省成都市，泸州老窖为第一大股东。

公司已经形成了以成都为总部，北京、深圳、上海 3 个业务分部，3 家全资子公司、6 家分公司、74 家营业部的组织架构。公司拥有全资期货子公司 1 家、直投子公司 1 家、另类投资子公司 1 家；自营业务分公司 1 家、经纪业务分公司 4 家、承销保荐分公司 1 家；公司证券营业部遍布四川、北京、上海、天津、重庆、广州、深圳、大连和杭州等地；公司员工近 3000 人，服务客户总资产近 2000 亿元。

公司倡导“助你成功，共享成果”的核心价值观，以“成就价值梦想”为使命，致力于成为最具活力和特色的证券金融服务商。多年来，无论市场变幻如何起伏跌宕，华西证券凭着其强大的市场适应能力，一直保持强劲盈利发展势头，是全国少有的连续 11 年持续盈利的证券公司。

二、公司业务

华西证券经营范围涵盖证券经纪业务，证券投资咨询，与证券交易、证券投资活动有关的财务顾问，证券承销与保荐，证券自营，证券资产管理，证券投资基金代销，融资融券，代销金融产品，为期货公司提供中间介绍业务以及中国证监会批准的其他业务。公司的管理团队市场化程度高，专业能力强，以“敦行敏动、精细高效”的企业作风，秉承“创新、协同、诚信、超越”的企业精神，全面稳妥推进各项业务的持续发展。

三、人才资源

公司现有员工近 3000 名，总部员工具有本科以上学历的人才超过 90%，很大一批是来自国家 211 重点院校和国外知名学府金融类硕士及以上学历的专业人才。近年来，随着各项业务的飞速发展，保持了 15%－20% 的团队增长速度。根据“唯德唯才，有为有位”的人才理念，公司的人才结构不断优化，已经汇聚了众多高素质、高水平的专业人才。与此同时，公司还与国内多所知名高等院校建立了战略联盟关系，从而保证了各项业务快速发展对各类人才的旺盛需求。

四、信息技术

华西证券信息技术按照确保为客户提供“最安全、最便捷”的交易通道的要求而建设。目前已建成一套强大的基础设施完备的信息系统，并拥有一支技术力量较强的 IT 运行维护及开发团队，同时在成都、深圳两地建立起集中交易系统主交易中心、同城灾难备份中心和异地灾害备份中心，既可以为客户交易及公司各项业务的开展提供安全、可靠、便捷的服务和强大的技术支持，又可以在任何极端情况下确保客户资产、信息资料安全，满足客户理财需求。

五、各项业务经营概况

（一）经纪业务

1. 经纪业务总体情况

2014 年经纪业务实现代理买卖净收入 17. 47 亿元，净收入行业占比达到 1. 78%。作为衡量经纪业务的两大核心指标：就量（市占率）而言，在克服客户规模和结构、及网点规模和结构等方面局限后保持了相对稳定，公司股票市占率达到 1. 04%；就价（佣金率）而言，2014 年经纪业务净佣金率为 1. 11‰，较 2013 年下降 7%，低于行业平均降幅，因此无论是绝对水平还是稳定性，公司经纪业务佣金率均优于同业。

2014 年，公司经纪业务通过丰富产品体系、融资融券等新的业务增长点，归集客户资产，带动有效资产增长，继续带动传统通道业务向财富管理业务转型，抵御传统中介业务下滑的冲击。具体就创新业务而言，以业务竞赛促进客户开户、开仓规模，大力推动公司融资融券业务实现赶超式发展，成为改善经纪业务收入结构的强劲动力。同时以线上线下相结合，利用实体营业网点和互联网金融的互动，积极利用互联网金融机遇吸引客户、提升客户满意度。

2. 代销金融产品业务

2014 年，公司加快经纪业务转型。根据客户投资风险偏好，积极引入各类金融产品，丰富金融产品线，为客户提供多元化的金融产品，满足客户财富管理需求。公司代销证券投资基金、金融产品、公司资产管理产品业务得到快速发展。在传统通道收入不断下滑的背景下，代销证券投资基金及金融产品业务成为公司经纪业务新的利润增长点，在同类券商中走在前列。公司根据中国证监会私募投资基金监督政策及金融产品市场变化，确立了借助信托公司通道，积极引入私募基金管理人，丰富投资证券市场标准化产品，在产品配臵方面，根据市场发展节奏，调整固定收益类、权益类产品、分级基金产品的配比，以实现客户资产保值增值。2014 年公司累计代销各类金融产品 75. 31 亿元，其中代销证券投资基金 35. 44 亿元、金融产品 15. 02 亿元、公司资产管理产品 24. 85 亿元，实现营业收入 1. 17 亿元。

3. 融资融券业务

2014 年，公司共有 69 家分支机构开展融资融券业务，基本涵盖了所有具备开户需求的客户。公司 2014 年融资融券余额由年初的 30. 41 亿元增长到 94. 08 亿元，相比上年增长 209%，超过行业整体 196% 的增长幅度，业务规模居行业 23 位。实现利息收入 4. 31 亿元，佣金收入 3. 80 亿元，总收入 8. 11亿元。

4. 约定购回业务

作为信贷类创新业务，约定购回业务是传统经纪业务的延伸和补充，并能给公司带来长期稳定的利息收入。2014 年公司约定购回业务实现利息收入 721. 28 万元，交易收入 22. 59万元。

5. 股票质押业务

2014 年公司共发生股票质押式回购初始交易 10 笔，取得股票质押回购利息收入 708. 12 万元。

6、转融通业务

公司分别于 2013 年 4 月、2014 年 8 月获得转融资和转融券业务资格。2014 年公司共发生转融资借入业务 6 笔，金额合计 14. 24 亿元，转融资平台已成为公司融资的重要渠道。截至 2014 年 12 月 31 日，公司未发生转融券业务。

7. 港股通业务

公司于 2014 年 10 月 13 日获得上交所开通港股通业务交易权限的资格批复，并在 11 月 17 日实现上线交易。公司以“审慎平稳”的原则开展了此项业务的推进工作，截至 2014 年 12 月 31 日公司共有 57 家分支机构开展港股通业务，开通业务 3,416 户,成交金额为 5,038.54 万,佣金收入 10.28 万。

(二)投行业务

2014 年公司投资银行业务收入 181,476,646.62 元,其中证券承销业务收入 133,309,166.50 元,保荐服务业务收入 16,580,000.00 元,财务顾问服务收入 31,587,480.12 元。投资银行业务实现盈利,业绩继续保持上升态势。

1. 投资银行总部业务

情况 2014 年投资银行总部完成 A 股首发 2 家、非公开发行 1 家、上市公司并购重组独立财务顾问 3 家、中小企业私募债发行 2 家。投资银行总部股权融资业务成绩良好,债券业务保持平稳发展,并购重组业务实现突破。一年来,投资银行总部逐步形成若干家核心客户,建立了稳定的战略合作关系,提供多品种持续融资服务。业务协同方面,与资产管理总部合作完成了 4.40 亿元东旭光电(000413)股权质押融资业务,为公司创造年化息差收入约 1,300 万元,有效推动公司部门间协作、创造利益。

2. 场外市场业务情况

2014 年,公司场外市场业务抓住新三板市场快速增长的历史机遇,以新三板挂牌业务为基础,向挂牌公司提供持续督导、股份定向增发等业务。完成北京英富森软件股份有限公司(430374)、成都网阔信息技术股份有限公司(430479)、东莞安尔发智能科技股份有限公司(430569)等 10 家公司的挂牌工作。截至 2015 年 3 月,2014 年度推荐企业中,遂昌千佛山生命文化股份有限公司已于 2015 年 1 月成功挂牌,四川东方水利装备工程股份有限公司、杭州天丰电源股份有限公司已于 2015 年 3 月成功挂牌。江苏同益国际物流股份有限公司仍在全国股转公司审核之中。此外,公司还与包括北京、四川、浙江、河北、湖北、江苏等多地共 28 家企业签订了保密协议或财务顾问协议,完成了大量的项目储备工作。

3. 固定收益业务情况

2014 年,公司固定收益业务完成天瑞集团债第一期和第二期债券的发行共计 25 亿,目前储备项目 3 个。

(三)自营业务

1. 股票自营

2014 年,公司坚持价值投资基本原则,加强对公司和行业研究,积极管理风险,获得了优秀的投资收益。公司常规股票业务积极应对市场,节奏把握精准,在中小股票混战的前三季度,公司坚持基本面导向的选股原则,挑选出有扎实基本面的成长股,经过仔细的研究和多次调研后,坚定看好并逐步加仓,取得了不错的收益。而在第四季度政策预期变化和降息政策落地的形势下,公司根据审慎的判断,对市场作出快速反应并及时调整策略,重点投资非银金融,获得了非常优秀的投资回报。2014 年自营股票投资收益与股票型开放式基金相比,可排到前 12% 分位。

2. 债券自营

2014 年,公司债券自营积极把握市场变化,在年初加大债券配臵力度,并在随后几个月内保持较高仓位。随着债券收益在四季度进一步下行至历史低点,公司债券自营逐步逢高减仓兑现部分收益,全年取得了可观的差价收益和票息收入。同时,公司债券自营不断推进固定收益产品的业务创新,通过开展国债期货交易、利率互换交易不断培育新的利润增长点,规避了部分利率风险,保持了债券投资业绩的基本稳定,为公司债券自营业务可持续发展奠定了良好基础。

(四)资产管理业务

2014 年上半年,公司资产管理业务开展提速,但 2014 年 8 月以来,公司资产管理业务外部经营环境和内部情况出现了巨大变化。外部环境方面,受行业政策影响,通道业务迅速萎缩,由于经济下行的影响,风险事件频出,公司开展通道业务更加谨慎,可选项目减少;内部方面,由于投资的"中铁信托"系列集合资金信托计划资金实际最终流向了公司股东企业的关联方,实际融资方出现严重财务危机导致公司面临较大风险,受到四川证监局出具警示函的监管措施。"中铁信托"事件发生后,资产管理总部暂停投资新的非标项目、也未发行新的集合计划,自 2014 年 11 月 25 日起中国证券投资基金业协会也暂停受理公司资产管理计划备案三个月。公司对资产管理业务中暴露出的问题高度重视,对资产管理业务进行了全面的自查和梳理,并从健全内控体系、严格制度执行、规范决策授权、强化风控措施、增强流程控制等方面进行整改。通过整改,公司强化了资产管理业务的决策、执行、监督机制,管理水平得到提升,业务风险得到有效管控,为公司资产管理业务未来发展奠定了基础。截至 2014 年底,公司集合资产管理计划管理资产净值为 35.82 亿元,在行业内排名 36 位;集合产品数量为 16 支,在行业内排名 39 位(以上数据均来自 WIND 资讯);公司定向资产管理业务受托资金总值为 330.92 亿元。

六、社会责任

2014 年,公司将社会责任工作列入常态工作范畴,并根据公司董事会、党政联席会和总裁办公会等决定的社会责任工作事项抓好落实。公司制定并严格执行相关制度,建立健全了影响公司商誉的重大突发事件或危机的应对机制;公司严格执行劳动法律法规及相关规定,切实保障了员工的合法权益;秉承"以人为本"的理念,公司为员工购买了商业保险,并针对员工父母、子女和女员工等群体,制定了相应的福利政策。公司对基层组织开展了"送温暖、献爱心"、关爱工程"等活动,建立了"爱心护婴金"、"爱心助学金"、"爱心贺囍金"、"爱心驿站"等。公司对家庭特别困难的员工设立了困难帮扶基金进行重点帮扶。对因本人患重大疾病或遭受意外灾害等造成生活极度困难的员工,公司积极贯彻落实《华西证券有限责任公司困难职工救助方案(试行)》,利用公司行政、工会、个人等多渠道参与救助,不断扩充保障机制,完善保险体系,切实解决职工的实际困难。此外,公司积极参加省委、省政府组织的帮扶活动,积极参加省群团组织社会服务中心、省困难职工帮扶基金会组织的公益活动,积极参加抗震救灾援助、定点扶贫、志愿者服务等活动,积极履行社会责任,回报社会。

地址:四川省成都市高新区天府二街 198 号华西证券大厦
网址:www.hx168.com.cn
电话:95584
邮编:610095

华鑫证券有限责任公司

一、历史沿革

华鑫证券有限责任公司是经中国证券监督管理委员会批准,于 2001 年 3 月在深圳市注册成立的全国性综合类证券经营机构。公司前身是原西安证券有限责任公司和中国农业银行上海市信托投资公司。西安证券是中国西北地区第一家证券公司,中国农业银行上海信托公司是中国第一批证券公司。公司于 2001 年 3 月在深圳经济特区注册成立,注册资本金人民币 16 亿元。在中国证监会 2013 年证券公司分类评价中荣获 A 级。

二、股东情况

华鑫证券共有四家股东，均为实力雄厚、信誉卓著的大型国有企业集团或上市公司。其中控股股东是上海仪电（集团）有限公司，该公司是上海市国资委授权国有资产经营单位，集团聚焦“云计算、物联网”，专注发展智能安防、智能照明、智能医疗等信息技术产业。飞乐音响是公司第二大股东，该公司是“新中国第一股”，在上海证券交易所上市，主营业务为绿色智能照明。华鑫股份是公司第三大股东，在上海证券交易所上市，主营业务为商务不动产。上海贝岭是公司第四大股东，在上海证券交易所上市，主营业务为与芯片设计、芯片制造有关的信息技术产业。

三、公司文化、价值观及愿景

企业文化：规范、专业、创新

企业价值观：对客户负责，满足客户需求，不断提升客户价值

企业愿景：抓住发展机遇，不断完善现代金融企业管理机制，塑造优秀的公司品牌，成为规范经营、特色鲜明、竞争力强的国内一流证券公司。

四、公司综合竞争实力

公司自成立以来，通过合资合作、搭建平台、特色突破等战略措施，已发展成为中国资本市场的后起之秀。具体表现在：

（一）横跨三大领域的金融控股集团

华鑫证券经营范围横跨证券、基金、期货三大领域，形成了较为完备的金融控股架构。公司是摩根士丹利华鑫基金管理有限公司第一大股东，是摩根士丹利华鑫证券有限责任公司、华鑫期货有限公司的控股股东。

（二）完备的综合金融服务体系

华鑫证券及其子公司具有完备的证券业务资格，包括：证券经纪业务资格、证券发行与承销业务资格、证券投资咨询业务资格、证券资产管理业务资格、证券自营业务资格、与证券交易、证券投资活动有关的财务顾问业务资格、证券投资基金代销业务资格、代销金融产品业务资格、融资融券业务资格、全国中小企业股份转让系统主办券商业务资格、沪、深证券交易所约定购回式证券交易业务资格、为期货公司提供中间介绍业务资格、上证 50 交易型开放式指数证券投资基金一级交易商资格、全国银行间拆借业务资格、网上证券委托业务资格、上海证券交易所固定收益证券综合电子平台交易商资格、沪、深证券交易所大宗交易业务资格、沪、深证券交易所股票质押式回购交易业务资格，可以为广大投资者提供优质的综合化金融服务。

（三）特色化金融服务

华鑫证券及其子公司定位成为专业化的财富管理机构，为地方政府及中小企业发展提供全方面资本市场解决方案，目前，公司在以下领域逐步形成了较强的竞争实力：

1. 积极助力地方政府融资发展。公司先后为天津城市基础设施建设投资集团、泉州市城建国有资产投资公司、深圳地铁集团、上海临港经济发展集团、秦皇岛开发区国有资产经营公司等地方融资平台发行公司债券。

2. 中小企业挂牌推荐服务。公司目前在报的 IPO 项目有 5 家，主要拟上市地为中小企业板和创业板。公司是“新三板主办券商”，公司为拟挂牌中小企业量身设计“挂牌 + 定增 + 做市”的一条龙融资及服务模式，成为新三板设立以来的经典案例，得到中小企业的高度认可。

3. 中小企业融资及财富管理服务。公司资产管理部门可以为上市公司及其股东、财务公司及其他中小企业提供股票质押融资、限售股减持、应收账款、票据证券化融资。同时为企业提供定制的非标融资方案。公司资产管理业务净收入位于行业中位数以上。

4. 优质的期货套保服务。公司下属华鑫期货公司荣获第四届证券期货科学技术二等奖；荣获 2014 年度中金在线排行榜最佳期货路演机构；荣获上海证券交易所 2014 年度交易优胜会员提名奖和交易进步会员奖；被郑商所评为 2014 年度品种发展优秀会员（小麦、稻谷）和品种产业服务优秀会员（小麦、稻谷）；在第 12 届中国财经风云榜峰会上，华鑫期货荣获“2014 年度最具成长性期货公司”。华鑫期货目前为上海及长三角等地区的特大型化工、金属加工企业及上市公司提供优质的期货套保服务，同时可以为广大企业及投资者等提供股指期货、股指期权等风险管理方案服务。

五、分支机构

华鑫证券在全国各地设有 50 多家分支机构，其中公司下设 4 家分公司：上海分公司、自营分公司、西安分公司、马鞍山分公司，并在全国 20 个省、自治区及直辖市有 50 家多证券营业部。除有形网点之外，公司搭建了“华鑫商城”，帮助广大投资者在线选择公司精心筛选的各类优质金融产品。

六、企业社会责任

常怀感恩之心、常思回报之责。近年来，公司及员工积极履行社会责任，在汶川地震、玉树地震、雅安地震等等重大自然灾害中，积极为灾区捐款，总计募捐人民币 340 万元，并为困难学生累计捐助超过 100 万元。

华鑫证券将偕同摩根士丹利华鑫证券、摩根士丹利华鑫基金、华鑫期货等子公司，为广大企业及投资者提供优质、高效、综合化的金融服务！

地址：深圳市福田区金田路 4018 号安联大厦
　　28 层 A01、B01（b）单元
邮编：518026
电话：0755 – 82083788
网址：http://www.cfsc.com.cn
公司各分支机构联系方式及地址：
1. 上海分公司
地址：上海市徐汇区肇嘉浜路 750 号 4 幢
电话：021 – 64339000
2. 上海证券自营分公司
地址：上海市闵行区浦江镇浦雪路 329 号 3 楼
电话：021 – 34638430
3. 西安分公司
地址：西安市莲湖区南二环西段群贤路 6 号西安锦都花园 10202 号
电话：029 – 68680333
4. 马鞍山分公司
地址：马鞍山市花山区汇秀路 1277 号金湖湾新城二区 50 – 1277
电话：0555 – 8883939

华英证券有限责任公司

成立背景

2010 年 11 月，第三次中英经济财金对话在北京顺利召开，中国国务院副总理王岐山和英国财政大臣乔治·奥斯本

(George Osborne)就多项商业协定达成一致,其中包括国联证券股份有限公司和苏格兰皇家银行建立合资证券公司的协定。

2010年11月8日,中国证券监督管理委员会以证监许可〔2010〕1564号文核准设立该合资证券公司,新公司取名"华英证券有限责任公司"。

2011年4月20日,华英证券有限责任公司正式成立,注册资本人民币8亿元,其中:国联证券股份有限公司出资比例为66.7%,苏格兰皇家银行出资比例为33.3%。

我们的优势

中外股东实力雄厚,金融资源丰富

良好的人脉关系

广泛的客户资源

广为称誉的高素质专业投行团队

公司战略

华英证券将坚持"以市场为导向、以客户为中心"的经营理念,建立有竞争力和吸引力的薪酬体制和激励机制,构筑人才体系,提升专业能力,提高核心竞争力,打造专业化的现代投资银行。

在业务条线上,华英证券将建立完整的投资银行业务流程和制度,实现股票融资业务和债券业务全面发展。以成长型中小企业为切入点,培育项目资源,积极开展IPO业务、再融资业务、债券业务和并购重组业务;同时以国际板为契机,借助RBS的优势,介入大型项目市场,实现多层次经营与发展,切实提升公司效益水平。

在业务区域上,华英证券将以区域经济发达的无锡市场作为根据地和大本营,聚焦江苏、山东、浙江等重点市场,积极开拓和储备项目资源,扩大市场份额,提升品牌知名度,并通过人才引进以及其他项目的以点带面,在其他地区及全国范围内不断传播华英证券的品牌,带动其他地区市场项目资源的开拓和储备,并最终将华英证券发展成为全国知名和行业领先的国际化的现代投资银行。

无锡

地址:江苏省无锡市新区高浪东路19号15层

电话:0510-85200510

邮编:214028

邮箱:office@ huayingsc. com

网址:www. huayingsc. com

北京

地址:北京市西城区金融街武定侯街6号卓著中心19楼

电话:010-56321829

上海

地址:上海市浦东新区源深路1088号葛洲坝大厦22层

电话:021-38991668

深圳

地址:深圳市福田区福华三路卓越皇岗世纪中心1号楼2401室

电话:0755-23901683

江海证券有限公司

江海证券有限公司作为黑龙江省辖区内唯一一家国有控股券商,自2003年组建以来,在黑龙江省及哈尔滨市政府的深切关怀及社会各界的鼎力支持下,秉承"稳健经营、创新发展"的经营理念,以风险控制为前提,以人才队伍建设为依托,通过卓有成效的产品、服务和技术创新,实现了快速发展。

公司目前注册资本13.63亿元,股东10家,主要股东均为国有资产背景的大型企业集团,前三家股东哈尔滨投资集团有限责任公司、黑龙江省大正投资集团有限责任公司及中国华融资产管理股份有限公司,出资比例合计97%。

公司建立了涵盖证券经纪、证券投资咨询、证券自营、证券承销与保荐、证券资产管理、证券投资基金代销、为期货公司提供中间介绍等业务在内的综合业务体系;设有营业网点42家,遍布北京、上海、深圳、厦门、济南、大连、沈阳及黑龙江省内各主要城市,形成了"覆盖龙江、辐射沿海、布局全国"的网络格局;出资控股江海汇鑫期货有限公司,确立了证券-期货协同发展的经纪业务架构。

江海证券集聚了一批年轻化、专业化的优秀人才,拥有一支具备博士、硕士学历和丰富实践经验的管理团队,构建了责权清晰、科学规范、运营高效的现代金融企业制度和管理体系,形成了稳健务实的经营风格。

公司积极为地方经济建设及社会发展服务,被黑龙江省政府评为"金融机构促进经济社会发展先进单位",被共青团中央授予"青年就业创业见习基地"。

江海证券凭借专业的人才技术优势,成为哈尔滨市政府的金融顾问,精心打造的"江海锦龙"系列产品,更赢得了广大投资者的认可与信赖,在业内树立了良好的信誉和品牌。

面对新的发展形势,江海证券确定了新的市场定位和发展方向,抓住行业转轨的有利时机,全面提升公司核心竞争力,力争发展成为"规模适度、业态优化、持续盈利、个性突出"的专业性、国际化现代金融企业集团,践行"服务客户、回报股东、激励员工、奉献社会"的责任与使命,与社会各界一道为中国资本市场的健康稳定发展贡献力量!

金元证券股份有限公司

金元证券股份有限公司成立于2002年8月,是经中国证监会批准,由首都机场集团公司作为核心股东出资成立的综合类证券公司,是首都机场集团金融板块的核心企业。公司注册资本31.74亿元,开业以来年年盈利,净资本率达80%以上。

公司总部位于深圳,营业网点遍布全国,其中以珠江三角洲、长江三角洲和环渤海经济带为重点,各地区中心城市为辅助,形成了面向全国的立体、多元业务营销网络。同时,公司旗下控股金元期货经纪有限公司和金元顺安基金管理公司,现已形成证券、期货、基金业务良性互动的证券控股集团运作模式。

金元证券坚持"诚信、亲和、创新、志成"的企业精神和"稳健经营、规范管理、风险控制"的经营理念,并将其贯穿于经营管理和客户服务的每个环节,在跌宕起伏的资本市场上实现了较好的业绩,实现连续多年盈利。公司全体同仁以高度使命感、事业心和专业追求致力于为客户提供优质、高效的全方位服务。并努力为繁荣和发展中国证券市场,推动中国资本市场建设进程贡献力量。

经纪业务

伴随着金元证券的稳步发展,金元证券经纪业务得到快速提升。

营业网点规模从成立伊始的9家发展到目前分布在16个省市的37家,客户资产规模和员工规模均实现了跨越式的增长。

业务特色

业务覆盖面广　交易品种丰富

金元证券经纪业务牌照齐全，可满足不同投资者的投资需求。金元证券已具有为期货公司提供中间介绍业务资格、融资融券业务资格、代销金融产品资格以及代办股份转让及股份报价转让业务资格等。

产品种类齐全、品种丰富

金元证券代销二十几家基金公司的三百多只基金，涵盖了保本型基金、股票型基金、债券型基金、货币型基金、混合型基金等所有基金品种。

公司与银行等机构积极展开合作，销售银行理财产品、集合信托计划、基金专项资产管理计划、收益凭证等，以满足不同风险收益偏好的客户需求。

投资顾问与理财服务

公司总部以及遍及全国各地的营业网点配备了资深的投资顾问团队，为客户提供一站式、全方位的综合金融服务。公司建立和不断完善丰富的理财产品线，为客户提供不同投资规模、持有期限和风险与收益特征的产品线，有效满足客户各类理财需求。

融资融券等信用业务服务

为个人与机构投资者提供融资、融券以及基于融资融券衍生的金融服务，满足投资者多样化的投资需求。公司专业研究团队还开展融资融券研究，为客户提供全方位融资融券咨询服务。此外，债券质押式报价回购业务、约定购回式证券交易、股票质押式回购业务，为个人与机构投资者提供高效便捷的多样化融资服务。

客户服务　周到细致

金元证券在业内率先设立了全国统一的客户服务中心，通过网络系统、移动通讯、电话终端等先进技术，以及邮件寄送等多种方式，为客户提供全面、细致、周到的专业化服务。

定期举办投资者教育讲座、股民学校、股市沙龙、投资者报告会，为客户提供理财知识、投资技巧及投资资讯等，与客户共同成长。

创新型投融资服务

金元证券致力于满足客户多样化投融资需求，通过内部资源整合，为客户提供股票质押融资、定增融资、并购融资、新三板挂牌企业融资及做市以及资产证券化私募配资等。

投资银行业务

金元证券具有证券发行上市保荐机构资格、股票发行主承销资格、债券发行主承销资格、并购重组财务顾问业务资格、中小企业私募债券承销业务资格、全国中小企业股份转让系统推荐及做市业务资格、上市公司股权分置改革保荐机构资格、军工涉密业务咨询服务资格等全部投资银行业务资质。

金元证券投资银行团队熟悉国内外资本市场运作，具有丰富的项目运作经验，在证券发行承销、上市保荐、资产重组、收购兼并、改制辅导等多项业务领域成绩斐然。

金元证券投资银行服务客户遍布全国经济发展地区，分布在电子及信息技术、基础设施建设、能源、交通、有色金属、医药等产业领域，绝大部分客户属于所在地区优势企业和所在行业领先企业。

业务种类

首次公开发行股票保荐及承销业务

金元证券充分了解客户行业特征、竞争环境，洞悉发展诉求，精心设计发行上市计划，帮助客户通过上市融资实现跨越式发展，达成长远战略目标。

再融资保荐及承销业务

金元证券协助客户合理设计财务结构及融资计划，发挥自身资源优势为客户安排最适当的投资者，帮助客户以最低成本达成融资目标，实现既定发展规划。

资产重组财务顾问业务

金元证券洞悉产业发展规律及资本市场运作方式，为重组双方安排合适对象，精心设计完美方案，协调各项工作关系，主导促进重组工作顺利进行，帮助客户实现资源整合和战略配置。

收购兼并财务顾问业务

金元证券熟悉企业跨越式发展要素及资本交易手段，为并购双方利益充分考虑，设计最优并购安排和策略，主导促成交易成功，实现客户组织再造、规模扩张、发展升级目标。

企业改制辅导财务顾问业务

金元证券协助客户设立长远发展规划，制定股份制改造计划，辅导建立现代企业治理结构及规范化运作，使客户符合进入资本市场之条件要求，并最终促成发行上市既定目标。

债券发行承销业务

金元证券熟悉债权融资及固定收益业务运作，结合客户资产负债结构、资金运用计划、发展规划，精心安排设计融资方案，协助客户从企业债、公司债、非公开发行债券、中小企业私募债、可转换债等多业务品种中以最低成本获得发展所需资金，优化财务结构，实现快速发展。

场外市场业务

金元证券洞悉中小企业发展诉求，致力于多层次资本市场体系建设，为中小企业量身定做资本发展路径，提供全国中小企业股份转让系统等广阔的资本展示平台，提升企业价值。

综合融资服务

我们以客户需求为导向，结合客户企业发展情况和特点，联合公司各方面力量，为客户提供包括资产证券化等全方面、多品种的融资方案，满足客户实际需要。

团队介绍

金元证券汇五洲睿智、集四海精英，拥有一个锐意创新的投行团队，主要业务骨干为来自国内外名牌大学的博士、硕士，具有扎实的理论基础，丰富的经营管理经验，对证券市场和公司管理具有极强的研究能力和实践能力。

目前投行业务在深圳、北京、上海等城市均设有分支机构，拥有一支百余人的投行业务团队，其中保荐代表人达二十名，绝大多数投行从业人员具有硕士及以上学位，多人具有注册会计师或律师专业资格，从业经历丰富，团队专业结构合理。

业务发展

自成立来，金元证券投资银行队伍积极参与国内资本市场的发展，并伴随这个全球近十年来发展最快的资本市场一同壮大。

为强力新材、宝泰隆、大西洋、风帆股份、华东重机、台基股份、中联电气、奥维通信、川投能源、新疆城建、湘潭电化等多家上市公司提供了股票 IPO 及再融资保荐及主承销商服务；

作为主承销商组织实施了首都机场集团公司、山东高速、渝开发、宝泰隆等数家大型企业的债券发行工作；

担任南方航空、千金药业、金证科技、兴业聚酯等数十家企业融资副主承销商及上市推荐人；

担任中南重工、丽鹏股份、长江电力、莱茵置业、正和股份、世纪光华、珠江国际、大厦股份等数十家企业资产收购、重组财务顾问；

担任琼中农信、东软汇聚、理想固网、中视文化、康捷医疗等三十余家企业在全国中小企业股份转让系统挂牌主办券商；

担任国电电力、丽江旅游、北方国际等数十家上市公司股权分置改革保荐机构，项目数在全国券商中排名第一十九位，在同等规模券商中排名第一。

投资业务

公司投资业务分布于投资管理总部、固定收益总部、衍生品总部几个部门。

投资管理总部是公司的自营投资部门，使用公司的自有资金进行证券投资，主要投资标的为股票。投资经理均具备扎实的研究功底和高超的投资决策水平，以控制风险为前提，赚取绝对收益为目标，兼顾业内相对排名，每年都为公司贡献较高收益。

固定收益总部主要从事固定收益证券投资和低风险套利，投资品种包括：国债、中央银行票据、金融债、企业债、公司债、短期融资券、中期票据、资产支持证券、可转换公司债券、分离式可转换公司债券、国债期货等。交易类型包括现券交易、质押式回购交易、债券远期交易和国债期货套利。通过对宏观经济、流动性、政策、市场的分析与预判，来把握合理的建仓时点与买卖时点、选择合适的投资品种，并将仓位与久期控制在相对安全的区域。通过对公司部分自有资金的良好运营，固定收益业务成为公司资本运营的重要安全垫。

衍生品总部成立的背景是近几年中国衍生品市场的蓬勃发展和金融市场对冲时代的到来。衍生品总部自成立以来，保持着稳健持续的盈利和长期极低风险的业绩水平，成为公司创新发展的有力支撑，为公司再展“新锐券商”之雄风。衍生品业务团队精干进取，均具备硕士及以上的优秀教育背景、长期的证券从业经历、扎实的金融工程专业知识、优秀的衍生品投研能力，所开展的各类金融衍生品的套利业务和套保业务、场外期权和收益互换业务，均获得了市场上的良好声誉和品牌价值。衍生品总部既是公司快速崛起的利润增长中信，也是不可或缺的风险对冲环节。

开源证券股份有限公司

公司简介

开源证券股份有限公司成立于 2001 年，是经中国证监会批准设立的证券经营机构，注册资本 13 亿元。公司于 2015 年 4 月 30 日在全国中小企业股份转让系统正式挂牌（证券简称：开源证券，证券代码：832396）。

公司的经营范围为：证券经纪；证券投资咨询；与证券交易、证券投资活动有关的财务顾问；证券承销与保荐；证券自营；证券资产管理；融资融券；证券投资基金销售；为期货公司提供中间介绍业务；代销金融产品。

截至 2015 年 12 月 31 日，公司共有证券营业部 32 家，其中陕西省内 20 家，陕西省外 12 家。具体分布为：陕西省西安市 8 家、陕西省榆林市 2 家、陕西省商洛市 1 家、陕西省铜川市 1 家、陕西省渭南市 1 家、陕西省韩城市 1 家、陕西省咸阳市 1 家、陕西省西咸新区 1 家、陕西省汉中市 1 家、陕西省宝鸡市 1 家、陕西省延安市 1 家、陕西省安康市 1 家、北京市 1 家，广东省佛山市 2 家，广东省深圳市 1 公告编号：2016－014－12－家，四川省成都市 1 家，辽宁省沈阳市 1 家，重庆市 1 家，江苏省南京市 1 家，福建省厦门市 1 家，湖南省长沙市 1 家，山东省济南市 1 家，上海市 1 家。

开源证券将紧抓发展机遇，继续坚持人才领先、创新为魂的发展战略，以建成“年轻的互联网券商”、致力于为各类客户提供金融解决方案的财富管理机构为发展重点，优先发展互联网金融业务，大力推进资产管理业务，加快突破新三板业务，立足陕西地区，加速全国布局，不断提高各项业务指标的行业排名，加速跻身一流券商行列的进程，持续以优秀的业绩回报股东、回报投资者、回报社会，与大家一起分享开源证券的下一次飞跃。公司通过不断提高自身投资能力、经营能力和服务能力，以实力超越自身，以业绩回馈广大投资者。

主要经营业务及年度业绩分析

2015 年，面对行业竞争的白热化和市场的非理性大幅波动，在公司董事会的领导下，公司经理层带领全体员工，在“人才领先、创新为魂”战略引领下，顺应社会经济和资本市场发展趋势，开拓进取，攻坚克难，抓住行业创新发展机遇，坚定不移的走市场化道路，坚持不懈的推进创新发展，不但在 2014 年高速增长的情况下，取得了历史最好业绩，同时成功挂牌新三板，打开了做大做强的资本通道；获取保荐机构资格，正式跻身全牌照券商行列；引进、打造投资银行、资产管理、固定收益、互联网金融及中后台等一流人才团队，逐渐形成机制、人才、业务和公司发展之间的“马太效应”；并在完善业务链条，提升综合金融服务能力，推动业务结构和盈利模式转型上取得了重大进展，为公司核心竞争能力的创建和长远健康发展奠定了坚实基础。截至 2015 年末，营业收入 891,653,135.92元，较去年同比增长 111.01%；净利润 260,192,493.01 元，较去年同比增长 151.05%。

①证券经纪业务

第一，经营情况

截至 2015 年末，公司证券营业部数量达到 32 家。在业务资格上，公司申报取得全国中小企业股份转让系统主办券商经纪业务、股票期权业务、沪港通业务等业务资格。2015 年是证券市场行情波动最大的一年，受互联网金融的影响，也是竞争最为激烈的一年。在做好网点扩张和市场营销的基础上，经纪业务始终坚持以客户为中心，通过培育高素质综合服务团队，不断提升客户的服务质量。2015 年公司经纪业务实现营业收入 26,092.56 万元，较去年同期 9,136.14 万元增长 185.60%；实现营业利润 7,381.22 万元，较去年同期 1,552.30万元增长 375.50%。

第二，竞争力分析

目前，行业内经纪业务竞争已十分激烈，券商降佣已是不可逆的行业发展趋势。公司经纪业务发展底子较薄，市场份额较低，为了应对互联网金融和监管环境给公司带来的机遇和挑战，公司依托于“慎重选择开设实体分支机构、大力发展互联网证券”的发展思路，加大转型力度，着重通过移动终端交易方式的整合及开发，凭借理财产品创新和高效便捷的客户体验吸引广大客户，不断推进传统经纪业务与创新业务协同发展模式，力求为客户提供更加便捷的金融服务。

②证券自营业务

第一，经营情况

2015 年公司自营业务在严格执行股东大会及董事会制定的自营业务规模、风险资本限额的前提下，注重控制合规风险及操作风险，将风险与收益合理匹配。报告期内，自营业务实现营业收入 47,190.10 万元，较去年同期 21,587.27 万元增长了 118.60%，营业利润 28,844.22 万元，较去年同期

10,075.13万元增长了186.29%。

第二,竞争力分析

在权益投资方面,重点开展二级市场投资业务、定向增发投资业务、IPO网下申购业务、新三板投资等业务。市场方面,积极把握股票市场波动趋势;定向增发投资方面,抓住了投资机遇,同市场内多家机构合作,参与多个项目的定向增发;在IPO网下申购方面,经过缜密测算,取得了良好的新股入围率。在固定收益投资方面,在资金成本相对可控的情况下,通过调整持仓结构和期限结构,既保持了一定的流动性,又增加了持仓收益。

③做市业务

第一,经营情况

公司2015年5月取得全国中小企业股份转让系统主办券商做市业务资格。2015年,公司做市业务全年实现营业收入886.19万元,营业利润532.17万元。

第二,竞争力分析

做市业务是公司创新发展的重点方向,随着做市业务的逐步发展,公司通过选取优良做市标的参与做市。根据股转系统公布数据,报告期内,公司累计为54家新三板挂牌公司股票提供做市报价服务,做市项目数量位列82家做市券商的第33位,全年做市业务规模呈现稳步上升的趋势。

④投资银行业务

第一,经营情况

2015年,公司积极拓展投资银行业务,组建了优秀的投资银行业务团队,通过制定各项业务制度,规范业务流程,在债券承销项目、新三板项目储备等方面均取得了较好的成绩。2015年底,公司获得保荐机构业务资格,完善了业务链条。报告期内,投资银行业务取得营业收入2,458.88万元,较去年同期增长了318.64%。

第二,竞争力分析

公司投资银行业务结合现阶段行业发展的有利时机及公司发展现状,及时调整业务结构,在"合法合规、风险可控"的总体目标要求下有序、规范的开展,同时设立了投资银行业务管理委员会,从业务决策、项目立项、协议签署、尽职调查、服务成果审核等各环节采取了严格的风险控制措施。通过引进新团队,加快部署业务创新力度,积极拓展公司大投行发展战略。

⑤资产管理业务

第一,经营情况

2015年公司资产管理业务紧密围绕公司发展战略,积极探索资产管理创新业务,在业务规模、渠道拓展等方面都取得了一定的进步,报告期内资产管理业务营业收入1,858.76万元,同比增长153.58%。截至2015年12月31日,公司作为管理人共管理了37支资产管理计划,资产托管总规模约为85.13亿元,较去年同比增长了35.08%,其中:集合资产管理计划12支,主动管理类定向计划为9支,被动管理类定向计划为16支。

第二,竞争力分析

根据中国证券投资基金业协会的2015年相关统计数据显示,公司资产管理业务总规模券商排名为81名,公司客户资管业务本年累计净收入排名83名。公司根据客户需求,不断完善各类资产管理计划,在丰富产品线的同时,持续开展渠道维护工作,不断深化和机构客户的合作关系。

⑥信用交易业务

第一,经营情况

2015年信用交易业务利息收入8,661.81万元,较去年同期4,193.03万元增长了106.58%,营业利润7,547.23万元,较去年同期3,612.16万元增长了108.94%。

第二,竞争力分析

近年来,信用交易业务发展迅速,各家券商均采取各种融资渠道补充资本金助力信用交易业务的发展。我公司由于资本金有限,融资渠道较窄,尚不能完全满足现有客户的融资需求,市场占比较低。由于信用交易业务的业务属性,公司将其作为未来的发展重点,通过继续拓宽融资渠道补充资本金,充分满足信用交易业务客户的融资需求。

⑦期货业务

第一,经营情况

2015年期货业务营业收入4,454.35万元,较去年同期3,243.69万元增长了37.32%,实现营业利润797.81万元,较去年同期391.22万元增长103.93%。第二,竞争力分析

公司子公司长安期货拥有上海期货交易所、大连商品交易所、郑州商品交易所三家商品交易所和中国金融期货交易所交易席位,同时设有能源化工、金融、农产品等三个事业部,在上海、郑州、西安、汉中、宝鸡、韩城等地有多家期货营业部,坚持"特色化经营、精细化管理、差异化发展"的经营理念,努力打造国内一流的期货公司。

未来展望

(一)行业发展趋势

目前,我国证券行业呈现业务同质化强,市场集中度高等特点。虽然在券商创新大会之后,证券行业多项业务限制放开,监管层对证券行业创新业务给与充分的支持,各家证券公司根据自身条件及未来发展规划,从经营宽度到产品深度都做了大胆的尝试,但仍然难改证券公司业务整体差异化不明显,竞争日渐激烈的行业格局。资本市场改革的稳步推进,也将给证券行业带来新一轮的发展机遇,多层次资本市场的建设、人民币国际化、资本账户放开等政策红利都将为证券行业打开发展的新窗口。但另一方面,证券行业也迫切面临转型的需要,传统业务的同质性导致行业竞争加速,迫使证券行业内部进行变革和转型。转型方向的选择对券商未来发展则显得至关重要,未来行业分化现象将愈加明显。随着国内对从事证券行业限制的逐步放开,商业银行、保险公司、其他金融机构也将对证券公司部分业务进行渗透,行业竞争将愈加激烈。

(二)公司发展战略

通过新三板挂牌上市引领公司跨越式发展,通过构建创新环境激活公司发展活力,通过精细化管理确保资源合理配置,通过推进合规、风控工作规避新业务新风险。围绕市场需求,不断开发金融产品、深化金融服务,为各类客户提供金融解决方案,遵循创新发展和风控合规动态平衡原则,坚持以风控能力为拓展业务的边界线,坚持合规管理。健全人才培养机制,着力培养、选拔、使用德才兼备、作风过硬的创新型优秀人才。完善公司治理机制,按现代金融企业的目标要求,建立科学有效的决策、运行、制约、激励等配套制度,实现全员齐心促发展、多项手段促增长的良性态势。

(三)经营计划或目标

公司在2015年经营状况基础上,通过持续努力,力争在十三五期间实现营业收入和利润的持续稳定增长。

(1)加强顶层设计和战略规划管理,明晰发展方向和节奏。

"善弈者谋势",公司将加强顶层设计,立足全局,谋划、

明晰中长期发展目标、重点和着力点，统筹配置资源，并根据行业、市场和监管思路的发展变化，及时调整阶段性重点和节奏，有所为有所不为。各业务条线在公司战略全局下，明确业务目标、思路和所需的资源支持保障。确保公司上下“利出一孔，力出一孔”，沿着正确的方向，达成预期目标。

（2）进一步提升资本运作水平，实现资本驱动。

全面拓宽融资渠道，适时增资，进一步有效利用短期融资券、收益凭证等融资工具，增强公司资本与资金实力，从根本上解决制约公司中长期发展的资本瓶颈。在此基础上，全面提升资本与资金的投资运用和管理水平，做大做强各类资本运用型业务，以资本驱动增长。

（3）保持机制定力和人才战略，铸造公司品牌。

机制创新是公司业务创新、人才战略和长远发展的基石，是公司发展的内生动力。一流的人才是成就公司一流事业的关键，是公司核心竞争力的体现。公司将坚持保持机制定力，不断优化各项激励约束机制，开放性引进和培养优秀人才，营造“爱才、惜才、重才、留才”的良好氛围。秉承“江海之所以能为百谷王者，以其善下之”的水文化，将公司打造成业内优秀人才实现自己职业理想乃至创业理想的事业平台，发挥优秀人才的主观能动性，共同成就公司伟业，铸就公司品牌。

（4）进一步优化业务机构，丰富盈利模式。

经纪业务将继续以客户为中心，积极向综合财富管理提供战略转型，完善考核管理机制，打造经纪业务核心竞争力，确保实现持续健康发展。自营业务将继续以获取长期稳定收益为目标，优化资产配置组合，丰富盈利模式，强化业务创新，形成权益类、固定收益类和衍生品类三项业务相机协作和均衡发展的业绩驱动机制，保持自营业绩的持续性和稳定性。此外，要加快培育和巩固新的业绩增长点，各项新业务要发挥“后发优势”，取得突破和成效。加快优化业务机构，建立可持续的盈利模式。

（5）抓住机遇，实施对战略性业务的饱和攻击。

以新三板为代表的多层次资本市场体系建设，带来了法人客户的大跃进；直接融资比例的提高促进了债券发行的大发展；战略新兴产业发展将推动股权质押等类银行资本中介业务的持续繁荣。公司将在新三板、债券发行、并购重组、资本中介等确定性业务上搭配精兵强将，集中优势资源，实施饱和攻击，形成公司优势业务，力争实现弯道超车。

（6）打造大投行、大资管业务引擎，深化业务协同，提升公司整体竞争力。

2015 年，公司已初步建立起可持续发展的“大投行”、“大资管”综合服务平台。未来，公司将着力发挥其创新发展引擎的驱动作用，建立与其他各项业务的有机接合，进一步丰富、延长并完善业务产业链，强化各业务之间的协同效应，提高客户综合金融服务能力，提升公司市场竞争能力。

（7）整合资源，优化布局，融合区域发展创造公司效益。

最大限度的整合各类资源，发挥股东优势，战略布局分支机构及业务职能，融合、共享经济发达区及特定区域经济发展，藉此实现公司效益最大化。

（8）优化完善管理体系，为业务创新发展保驾护航。

一是严守合规风控底线。二是不断完善科学、公平的薪酬体系，强化责任结果为导向的考核机制。三是加强组织创新，建立一个完全适应市场，应对竞争的组织架构和流程体系。四是以 UF2.0 上线为契机加强信息技术与网络安全管理，强化信息技术作为公司稳健运营、创新发展支柱和载体的功能。公司经营计划涉及的投资资金的来源为自有资金、定向增发、发行债券融资等。公司本着量力而为的原则，实施经营目标不会对公司经营造成重大影响。该经营计划并不构成对投资者的业绩承诺，投资者对此应保持足够的风险意识，并且应当理解经营计划与业绩承诺之间的差异。

地址：西安市锦业路 1 号都市之门 B 座 5 层

邮编：710065

电话：400－860－8866

网址：www. kysec. cn

邮箱：kyzq@ kysec. cn

联讯证券股份有限公司

公司简介

联讯证券股份有限公司（以下简称“公司”）成立于 1988 年 6 月，总股本 31.26 亿元。目前三大股东为昆山中联综合开发有限公司、海口美兰国际机场有限责任公司、大新华航空有限公司。2014 年 8 月 1 日在全国中小企业股份转让系统（下称“新三板”）挂牌，证券代码 830899。

公司定位于为中小企业和中小投资者提供投融资服务，经营范围为：证券经纪、证券投资咨询、与证券交易、证券投资活动有关的财务顾问、证券投资基金代销、证券资产管理、证券自营、代销金融产品、证券承销与保荐、融资融券、股票质押式回购交易业务、全国中小企业股份转让系统主办券商业务。

公司秉承“财富联讯，服务贴心”的经营理念，致力于在传统业务中创新，成为传统业务某些领域中的领先者。公司率先在行业内推出经纪人制度，多年净资产收益率在行业领先。联讯证券的经营特色，以客户利益为中心的服务模式在业内和监管机构均受佳评，经营管理经验和体会在《证券时报》、《证券日报》、《中国证券报》、《上海证券报》、《中国证券》等媒体均有报道和转载。

2014 年起，公司抓住机遇，创新发展，率先在行业内开拓新三板的融资渠道，短短半年时间，实施两轮融资 38 亿元，公司注册资本从 5 亿元增至 31.26 亿元，净资产从 6.5 亿元增至近 50 亿元，完成联讯的跨跃式发展。现设立 51 家（含筹建）分支机构，并在深圳前海设立直投子公司，各分支机构覆盖北京、上海、广东、江苏、浙江、福建、湖南、江西、四川、辽宁、吉林省的主要城市，新业务发展迅速：2015 年里，固定收益业务债券总交割量 2.83 万亿，首次入围银行间本币市场债券交易 100 强，交割量市场排名第 95 位，在券商中排名第 9 位；资产管理规模大幅增长，突破 500 亿，行业排名在近百家券商中居于中位数以上；代销金融产品总规模超过 40 亿，创历史新高；新三板成功推荐 6 家企业挂牌，并为 48 家企业提供做市报价服务；2015 年也是公司全面向互联网证券转型的一年，公司已与腾讯、新浪、金融界等互联网平台开展合作。同时，公司于 2014 年荣获华新奖“最受投资机构欢迎奖”，2015 年荣获华新奖“最佳公众公司治理奖”、“金融企业最佳表现奖”，2015 年荣获金融界领航中国证券行业年度评选“杰出服务奖”。

公司坚持“诚信、规范、创新、和谐”企业文化，坚守“四个诚信：公司对客户的诚信；公司对员工的诚信；公司对股东的诚信；员工对公司的诚信”。联讯证券将以登陆新三板为新起点，以客户价值为中心，以人为本，广揽英才，用心服务客户，全力打造集证券、期货、基金、直投、海外业务等为一体，具备投资融资、销售交易、资产管理、支付结算和风险管理等功能的现代投资银行，跻身中国市场最具影响力的证券公司之一。

公司业务部门

资产管理部

联讯证券资产管理部专门负责开展客户资产管理业务，致力于打造资产管理业务高端品牌。建有完善的保证客户资产安全运作、为客户提供优质服务的支持系统，并通过严密的业务分工和完善的组织构架为客户资产的合规运作提供了强有力的组织保证。

联讯证券资产管理部是公司实施业务转型的终于平台。资产管理部通过吸收优秀人才，打造了一支具有丰富经验和高素质的专业投资团队，注重产品设计创新，快速响应客户需求，为客户量身制作合适的理财产品并提供专业化、全方位的资产管理服务。

联讯证券资产管理部可以针对客户需求提供集合资产管理业务、定向资产管理业务、专项资产管理业务等全方位的资产管理业务服务。其中，集合资产管理业务可以为多个客户提供现金类、固定收益类、权益类和定向增发等财富管理服务；定向资产管理业务可以为单个客户提供证券投资、股权融资、市值管理、股票质押融资、限售股增值等服务；专项资产管理业务可以为机构投资者提供资产证券化服务。

经过几年的发展，资产管理部已经逐渐形成了完善的产品线、成熟的投研体系及专业的服务团队，目前的团队中有多人具有三年以上丰富的资产管理、自营业务及证券投资基金管理业务的从业经历。

投资研究中心

投资研究中心成立于2005年6月，为公司授权对发布证券研究报告行为及相关人员实行集中统一管理的部门。

投资研究中心（以下简称“投研中心”）是公司开展证券投资咨询业务的专业部门，配备具备证券投资咨询从业资格的专职人员，以公司网站为主要发布平台，以发布证券研究报告为主要服务手段，以制作、播出视频节目为辅助支持方式，从事面向客户的证券投资咨询服务工作。

投资研究中心涉及到的研究领域包括：

宏观经济、固定收益、市场策略、采掘行业、化工行业、有色金属行业、机械设备行业、电子元器件行业、交运设备行业、证券行业、房地产行业、农林牧渔行业、餐饮旅游行业、信息设备行业、零售行业、食品饮料行业、医药生物行业、信息服务行业、传媒行业、证券投资基金、融资融券。

金融产品零售部

为适应证券行业创新发展，公司于2012年4月正式成立金融产品零售部，负责公司金融产品代销业务。联讯证券金融产品零售部是公司适应金融产品创新，实施业务转型而成立的部门。金融产品零售部与各合作金融机构充分沟通，结合营销部门及客户需求，为各类客户提供适当的金融产品。金融产品零售部作为公司金融产品提供部门，通过与公司投资研究中心合作，结合市场情况，为公司各营业部及各级营销部门提供金融产品信息，协助组织金融产品知识培训和相关业务培训，逐步提高营业部及营销人员的金融产品服务意识，为客户提供全面财富管理的金融服务。

金融产品服务是现代金融企业服务客户的重要功能，为投资者提供个性化和综合性金融产品服务以满足投资者多样化需求。在金融产品代销业务中，联讯证券构建的“四位一体”的营销服务模式，以适当性管理和客户分类分级为基础，以丰富的产品和标准化的服务为依托，搭建贯穿客户营销和服务全过程为一体的工作流程体系，以适应市场竞争，满足广大投资者的金融服务需求。

财务顾问部

联讯证券财务顾问部成立于2011年，立志为企业高效率地利用资本市场提供专业化的咨询服务。联讯财务顾问部汇集了来自各方面的专才，从收购兼并、企业重组、战略规划、投资者关系、股权激励和管理层收购、私募和常年财务顾问等方面为企业提供多方面多层次的服务。

股权激励服务

我们是专业的上市公司股权激励方案设计的本土机构之一，部门及成员曾为包括伊利股份、泰达股份、宝石A、瑞普生物、科士达、嘉寓股份等10多家上市公司和货通达、蒙太因、一鸣电力、盛夏阳光等10余家非上市公司提供服务。

我们可提供包括薪酬激励行业调查、绩效单元贡献分析、激励方式选择、费用摊销预算、额度分配以及全流程申报服务，并对激励效果做持续性的跟踪分析和调查。

市值管理业务

我们不是股评家和经济学家，只是根据近二十余年数据分析的结论，判断各个行业市盈率的未来表现，以此作为上市公司规划增发、收购、回购以及资产重组等资本运营政策的依据。

我们可为客户量身定做面向市值管理的《资本运营规划报告》。目的是为了协助公司构建符合资本市场的管理逻辑，使公司市值能够通过该逻辑，传达给主流人群，理顺公司价值实现的路径。

并购财务顾问服务

我们的团队出身自国内知名证券公司和投资银行，常年从事上市公司兼并收购、资产重组和非公开发行组织业务：

协助公司制定并购规划并寻找、筛选、确定目标公司，拟定初步收购方案；

协助甲方与目标公司或其股东会面，搭建公司与目标公司的良好关系；

组织、协调并与各专业中介机构（如有）对目标公司进行尽职调查并出具尽职调查报告；

协助甲方设计本合同约定收购方案和收购工作所需的其他文件；

应甲方要求，协助甲方对目标公司进行整合。

另外，我们正和国内两家实力雄厚的基金合谋成立并购基金，为以后的并购重组业务扩展渠道。

融资业务

我们利用与境内投资机构的联系和本身拥有的专业人士，为企业在资本市场运营提供咨询、媒介、策划服务。提供企业融资过程中政策、财务、法律等方面的咨询以及必要的尽职调查服务；协助编制融资方案，帮助企业合理配置资源；选择合理的资本运营方式，包括企业内部资产剥离和整合、企业间资产重组等；提供全方位的中介服务，包括资产评估、项目论证以及落实资金等事项。

固定收益部

固定收益业务总部下设自营业务部、资本市场部和销售交易部，主要开展固定收益类证券自营投资、一级承销、销售交易及相关业务，业务品种范围涵盖银行间、交易所和场外市场的各类固定收益证券及其衍生产品。部门拥有一支精通业务、敬业奉献、精干高效的业务团队，在银行间市场取得了一定知名度，得到了市场成员的认可，已在市场上建立起了广泛的客户网络。

固定收益自营投资业务坚持以专业和深入的市场研究为

基础，注重不断提升研究的专业化程度和前瞻性，致力于实现自营业务的安全性、流动性和盈利性和谐统一。资本市场业务以优秀的创新能力和能力，为客户量身定制各类投融资方案和产品，提供多层次的固定收益类证券服务。销售交易业务以客户服务为基础，积极把握市场机会、拓宽销售业务渠道，建立和完善公司、市场、客户之间的长期稳定合作关系。固定收益业务总部通过各业务条线协作、一二级市场联动，为客户提供优质服务，为公司创造合理收益，为中国资本市场的创新和发展积极贡献力量。

地址：广东省惠州市惠城区江北东江三路惠州广播电视新闻中心三、四楼

邮编：516003

电话：0752－2119391

邮箱：lxzqkfzx@lxzq.com.cn

民生证券股份有限公司

公司简介

民生证券股份有限公司成立于1986年，注册资本为21.77亿元，注册地为北京。公司具备中国证监会批准的证券经纪；证券投资咨询；与证券交易、证券投资活动有关的财务顾问；证券承销与保荐；证券自营；证券资产管理；证券投资基金代销；代销金融产品业务；IB业务；全国中小企业股份转让系统主办券商；实施证券经纪人制度；融资融券业务；中小企业私募债券承销等各项业务资格。

公司及其控股的民生期货有限公司设有58家营业部，在上海、广州、深圳、南京、济南和郑州设有6家分公司。同时拥有从事直投业务和另类投资业务的两家全资子公司：民生通海投资有限公司、民生证券投资有限公司。

公司坚持"守正创新"的基本理念，坚持社会目标、企业目标、个人目标相统一，社会责任、企业责任、个人责任相统一，企业利益、社会利益、个人利益相统一，以诚信为根，责任为本，创新为源，不断通过业务和产品创新、管理和机制创新，为客户提供各种优质、规范、高效的投融资工具和专业化、个性化的金融服务。

2015年公司加强经营管理，推动业务发展。公司各项主要业务收入增加，资本投资能力显著提升，业务收入结构趋向优化；营业支出率在降低，成本管理能力在提升；公司利润增长幅度高于收入增长幅度，公司盈利能力显著增强，净利润同比增长197%，高于行业平均44个百分点，取得了公司历史上最好的经营业绩。

公司以完善的法人治理结构和科学的管理体系，高效的决策执行机制、有力的激励约束机制和严谨的合规内控机制以及完备的风险控制支持系统确保各项业务的健康发展。

公司坚持以人为本，着力打造一支以事业经理人和职业经理人为主体的富有激情的战斗团队，努力为客户创造最大财富，为公司创造最大价值。

公司理念

企业愿景

成为国内一流、具有特色的现代投资银行，成为全体民生人的精神家园。

企业使命

为客户创造财富，为公司创造价值，为员工创造事业

企业精神

敬业守信　忠诚奉献　开拓创新　立志图强

基本理念

民生在勤　守正出新

核心价值观

诚信　责任　创新

核心竞争力

理念　机制　团队

地址：北京市东城区建国门内大街28号民生金融中心A座16－18层

电话：4006198888

网址：www.mszq.com

南京证券有限责任公司

公司简介

南京证券创建于1990年12月，由中国人民银行南京分行发起设立，与新中国资本市场"同龄"。1995年，南京证券划归南京市人民政府管理。2012年，南京证券完成股份制改造，变更为股份有限公司。2015年10月，南京证券成功挂牌全国股转系统。

历经二十多年的风雨洗礼和岁月磨炼，南京证券逐步成长为一家总部在南京的全国性、多功能、综合类的证券公司，先后成为全国首批规范类证券公司和创新试点类证券公司。目前，公司注册资本24.7亿元，业务范围涵盖证券经纪、证券承销与保荐、证券自营、证券资产管理、信用交易、场外市场、金融衍生品、互联网金融等诸多领域，在江苏、宁夏、北京、上海、浙江、山东、福建、重庆、湖南、广东、广西、江西、陕西、云南等省（区、市）设有近百家分支机构，拥有南证期货、富安达基金、巨石创投、宁夏股权托管交易中心等子公司，形成了覆盖证券、期货、基金、创投、股权交易等较为完整的证券金融产业链。南京证券坚持稳健与创新并重的经营之道，创造了自成立以来持续盈利、从未亏损、稳定回报的优良业绩。公司先后成为证券行业首家"全国文明单位"、首家"全国五一劳动奖状"获得单位，并荣获"全国企业文化优秀奖"、"江苏省文明单位标兵"、"江苏省国有企业'四好'领导班子先进集体"、"江苏省先进基层党组织"等荣誉称号，形成并彰显"正规、正统、正道"的企业文化。

岁月有情，铭刻着南京证券光辉的历程；沧海桑田，凝聚着南京证券永恒的追求。迎着中国资本市场改革开放、创新发展的春风，南京证券将顺天时、应地利、聚人和，秉承"以人为本、以心为桥、以诚为基、以德兴业"的经营宗旨，发扬"稳健、规范、勤俭、和睦"的企业精神，践行"以客户为中心、以市场为导向、以人才为支撑"的发展理念，努力建设"规模适度、平台高效、业绩显著、特色鲜明"的一流现代金融企业，为中国资本市场建设和经济社会发展作出应有贡献。

地址：江苏省南京市玄武区大钟亭8号

邮编：210008

电话：86－025－83367888

网址：www.njzq.com.cn

邮箱：office@njzq.com.cn

客服热线：4008285888

平安证券有限责任公司

公司概况

平安证券有限责任公司是中国平安（保险）集团股份有

限公司旗下重要成员，前身为1991年8月创立的平安保险证券业务部，目前拥有平安财智投资管理有限公司，平安期货有限公司、中国平安证券（香港）有限公司，平安磐海资本有限责任公司共四家子公司。凭借平安集团雄厚的资金、品牌和客户优势，秉承“稳中思变，务实创新”的经营理念，公司建立了完善的合规和风险控制体系，各项业务均保持稳健增长，成为全国综合性主流券商之一。截至2012年12月31日，公司净资产85.5亿元，总资产323.3亿元。2013年4月，公司注册资本增加到55亿元。

作为首批具有主承销资格的券商之一，公司投资银行业务凭借在中小企业融资方面的优势，在股票承销与保荐上市、收购兼并等方面成绩卓越，拥有逾百家股权融资和逾百家财务顾问项目的成熟运作经验。2010－2011年股票主承销家数、IPO承销家数、中小板IPO保荐家数、创业板IPO保荐家数排名全国第一，股票主承销规模连续两年占据同业前三强。2012年，投行业务主承销14家IPO及2家再融资项目，发行家数和IPO承销收入均位居行业前三。曾连续四年荣膺深圳证券交易所“中小企业板最佳保荐机构”。

公司固定收益业务各业绩指标稳居行业前列，曾为铁道部、中铝公司、海螺水泥等数十家大型企业提供长期、优质的债券融资服务。2012年，主承销发行信用债债券42家，市场排名第五，私募发行次级债2家，中小企业私募债8家，主承销200亿12铁道债四期，90亿12平安寿险次级债，30亿12平安产险次级债等超大型项目。银行间债券综合交易量达2万亿，市场排名第四，2010－2012连续三年位列上海证券交易所一级交易商第二名。2012年累计承销国债220亿，位列记账式国债承销团成员（券商类）综合第五名，2008－2011年，连续四年荣获中国财政部颁发“记账式国债承销优秀奖”。

公司经纪业务拥有约1500名专业销售人员，在全国34个城市拥有44家营业部，初步形成立足深圳、辐射全国的服务网络体系。经纪业务积极探索证券产品、技术和服务的改良创新，致力打造高素质的销售团队、专业化的投资顾问团队及客户服务团队，满足客户多元化投资需求。2012年，正式发布安e理财终端通道类产品及服务，为客户提供高效、全面的服务和产品。

公司资产管理业务团队致力提供满足客户需求的产品，运用科学的投资目标管理体系为客户提供专业的资管服务。2012年，凭借稳健的投资风格，资管团队及所管理产品获上海证券报等主流财经媒体颁发综合五星管理人、最佳股票型券商集合理财计划等奖项。2012年底，资产管理规模突破百亿，产品投资业绩稳健良好。

公司融资融券业务致力于打造具有核心优势的资券管理平台，先后获得上交所约定购回创新业务资格、转融通业务试点资格，深交所约定购回业务资格。融资融券业务客户量、业务规模、业务收入逐年大幅增长，深市约定购回业务列行业前三。

公司研究团队致力于为客户提供专业、客观的研究成果，在宏观经济、股票策略与资产配置、大金融、大消费、大制造和新兴产业等研究领域，建立了竞争优势和影响力。股票销售交易团队以研究和专业销售、交易服务为基础，构建专业机构投资者和企业客户的综合金融服务平台，大力开拓大宗交易、质押融资、融资融券等各项创新业务。

公司投资交易业务组建了具有国际水准的对冲投资团队，自主开发交易平台，创造了稳定收益的投资模式，收益率大幅领先市场同类产品，并位列沪深300ETF做市商前两名，占市场流量15%。同时大力发展第三方理财、结构化及衍生产品，为公司提供更丰富的产品服务。

未来，平安证券将继续依托集团综合金融优势，秉承差异化、独特的增值服务理念，持续推进“积累客户、积累资产、创造产品、创造交易”的核心发展战略，以满足客户多元金融需求为宗旨，致力成为国内最专业的证券服务商。

齐鲁证券有限公司

基本概况

齐鲁证券成立于2001年5月。2007年初，按照国务院批复意见，公司收购了天同证券资产，完成了整合山东证券资源工作。此后，公司规范经营，创新发展，逐步发展成为一家全国大型综合类券商。目前，公司有员工5400多人，在全国27个省、自治区、直辖市设有27家证券分公司、229家证券营业部，控股鲁证期货公司、万家基金管理公司、鲁证创投公司、齐鲁国际控股公司、齐鲁证券（上海）资产管理公司，参股齐鲁股权交易中心、中证信用增进公司，形成了集证券、期货、基金、直投为一体的综合性证券控股集团。近几年，公司共为100多家企业提供股权融资、债券融资服务，实现融资额1000亿元，为200多家企业提供了财务顾问服务。目前公司服务客户420多万，管理客户资产近9000亿。截至2014年底，公司总资产843亿元，净资产145亿元。公司自2008年以来连续7年被中国证监会评为A类A级券商，其中2011年被评为A类AA级券商。

经营状况与市场成就

2014年，公司深化改革创新，积极推进业务转型，综合金融服务能力和盈利能力大幅提升。2014年，公司实现营业收入58.7亿元，利润25.1亿元。经纪业务，从通道服务向财富管理转型。2014年实现代理买卖证券净收入31.74亿元，行业排名第10位。投资银行业务，由以IPO业务为主向IPO、债券融资、再融资、并购重组、新三板业务并重转型。公司作为主承销商，为12家企业提供近100亿元的股权融资服务，为30家企业提供170亿元的债券融资服务，IPO和债券主承销家数均位居行业第10名左右；推荐94家企业在新三板挂牌，累计推荐113家企业挂牌，行业排名第2位。证券投资业务，从“高风险、高收益”向“低风险、中高收益”的盈利模式转型。公司认真研判市场走势，及时调整债券类、权益类投资规模，审慎开展衍生品业务，2014年实现投资收益5.1亿元。资产管理业务，公司在上海设立了资产管理子公司，为客户提供现金管理类、货币类、债券类、权益类、量化类等多元化金融产品。目前共管理42只集合产品和228只定向产品，资产管理规模1900多亿元。期货业务，公司控股鲁证期货，2014年实现利润9600万元。目前，鲁证期货正积极筹划在香港发行上市。基金业务，公司控股万家基金，目前管理基金规模近300亿元，2014年实现利润1亿元。直接投资业务，公司直投子公司——鲁证创投公司，已完成18单共计7亿元的投资。鲁证创投投资的“华泽钴镍”已在中小板借壳上市，“金海股份”、“新成新材”已在新三板挂牌。国际业务，公司在香港设立了齐鲁国际控股公司，注册资本8亿港币，目前已获得证券交易、期货、投资咨询、资管、融资等全业务牌照，完成了“海通国际”等十几单股权、债券融资项目，融资30多亿港币。创新业务，做市业务，目前公司新三板做市企业77家，做市规模11亿元，做市家数市场排名第一位；完成了国泰租赁、远东租赁资产证券化项目，融资 20 多亿元；积极开展融资融券、股票质押回购等类贷款业务，目前融资余额 560 亿元，市场份额行业排名第 13 位；建立了齐鲁证券柜台交易市场，产品保有量 111 只，规模 117 亿元；发行了私募股权众筹项目"齐富众享"，募集金额 641 万元；取得了私募基金综合托管业务试点资格，目前已经完成 35 只基金产品综合托管业务，规模 25 亿元。

公司荣誉

凭借良好的专业能力和业绩表现，齐鲁证券得到了社会各界的广泛认可，2014 年公司被授予"山东省金融发展贡献奖"、"第十届中国证券市场年会金钥匙奖"、"最具创新力证券公司"、"中国最具成长性证券经纪商"、"中国最具潜力的互联网券商"等荣誉称号。

日信证券有限责任公司

公司简介

日信证券有限责任公司（简称"日信证券"）是经中国证监会核准并在国家工商行政部门注册登记的综合性证券公司。公司成立于 2002 年 4 月，公司注册资本为 12.12 亿元。公司的股东包括"北京长安投资集团有限公司"、"内蒙古日信担保投资（集团）有限公司"等国内知名大中型企业。

公司秉承"合规经营、稳健发展"的经营理念，自成立以来，资产质量一直保持优良，经营业绩稳步提高，公司的经营管理能力得到了监管部门的肯定，在广大证券投资者中拥有较高的美誉度。

2005 年通过了中国证券业协会规范类证券公司评审；

2008 年在内蒙古自治区首届诚信企业评选中被评为"诚信企业"；

2008 年被内蒙古自治区国税局、地税局共同评定为 A 级纳税人；

2011 年在理财周报中国券商年会"金方向"评选中荣获"中国最具发展潜力证券公司"；

2011 年在搜狐网"金罗盘券商研究能力评测"中荣获"最佳券商研究团队"；

2012 年在理财周报中国券商年会"金方向"评选中荣获"中国证券公司最佳创新财富管理部门"；

2012 年被证券时报评选为"中国区最具成长性投行"；

2012 年在金融时报主办的"中国金融机构金牌榜 o 金龙奖"评选中荣获"年度最具成长性证券公司"。

公司经营业务主要包括：证券经纪；证券投资咨询；与证券交易、证券投资活动有关的财务顾问；证券承销与保荐；证券自营；证券资产管理；融资融券；证券投资基金代销；代销金融产品等综合业务。

公司下设北京分公司，在全国（北京、深圳、重庆、上海、长沙、呼和浩特、通辽、乌兰浩特、包头、赤峰、鄂尔多斯、呼伦贝尔、乌海、锡林浩特、满洲里、巴彦淖尔、武汉、广州、乌兰察布、合肥、南京、霍林郭勒、杭州、郑州、长春、贵阳、沈阳、成都、太原、济南、珠海、苏州、青岛、哈尔滨、大连、福州、南昌、天津）已拥有四十一家证券营业部，控股了北京首创期货有限责任公司，在深圳前海全资设立了日信资本投资有限公司。

公司拥有一支专业、高素质的人才队伍，包括在经纪业务、发行承销、资本投资、证券投资、财富管理、证券研究、客户服务、风险控制等方面具有丰富经验的专家，共同致力于以卓越的金融服务为客户实现价值的增长。"规范守法、诚信尽职"是公司发展经营中恪守的最高准则，在步入规范发展的繁荣轨道后，公司将继续秉承"稳健、长远"的经营思路，稳步前进。面对激烈的市场竞争，公司将进一步增强"改革、创新"意识，完善经营管理体制和运行机制，提升服务品质，夯实公司核心竞争能力。

相关机构

北京首创期货有限责任公司（Beijing Capital Futures Co.，Ltd）成立于 1996 年 1 月，是由中国证券监督管理委员会批准、经北京工商行政管理局登记注册，从事商品期货经纪、金融期货经纪、期货投资咨询的大型专业期货公司，注册资金 2 亿元人民币。

首创期货拥有金融期货经纪业务资格、金融期货交易结算业务资格，是上海期货交易所、大连商品交易所、郑州商品交易所、中国金融期货交易所的会员单位，是中国期货业协会会员、北京期货商会理事单位，是北京地区首家开通银期转账的期货公司，在中国建设银行、中国农业银行、交通银行、中国工商银行和中国银行开通了全国集中式银期转账业务。

日信资本投资有限公司

日信资本投资有限公司经国家工商局批准，于 2013 年 2 月注册成立，是日信证券按照证券监管部门有关规定全资设立的全国性直接投资子公司，注册地位于深圳前海。

日信资本配备来自于银行、证券、保险等金融一线的专业、高效的管理团队，传承日信证券诚信服务、突破创新的企业文化，强调客户至上、锐意进取的经营精神，充分结合日信证券、日信资本双方在产品、信息、人才、客户群、同业合作等方面积累的深厚社会资源，依托专业资深的投研队伍、严谨迅捷的操作流程，在"依法、合规"前提下，以资本为纽带，探索发展灵活多样的完整产品线，主要通过自有资金、发起资产管理计划以及设立直投基金，对企业进行股权投资，以及与股权相关的债权投资，同时为客户提供投融资财务顾问服务，致力于打造全方位、综合性金融服务平台，实现企业多梯级的业务发展目标和不同阶段的投融资需求。

瑞银证券有限责任公司

历史沿革

瑞银证券有限责任公司（"瑞银证券"）是由北京国翔资产管理有限公司、瑞士银行有限公司（又称瑞银集团、UBSAG）、中国建银投资有限责任公司、国家开发投资公司、中粮集团有限公司（原中国粮油食品（集团）有限公司）、国际金融公司（"IFC"）对原北京证券有限责任公司重组后共同出资组建的新证券有限责任公司。公司注册资本为 14.9 亿元人民币，总部设于北京，瑞银证券主要业务部门包括投资银行部、证券部、固定收益部、财富管理部以及资产管理部。

经营证券业务许可证编号

Z39911000

经营范围

证券经纪（含境内上市外资股）；证券投资咨询；与证券交易、证券投资活动有关的财务顾问；证券承销与保荐（含境内上市外资股）；证券自营；证券资产管理；代销金融产品业务。

注册地址

北京市西城区金融大街 7 号英蓝国际金融中心 12、15 层（邮政编码 100033）

法定代表人：程宜荪

高管人员

董事长：何迪

总经理：程宜荪

副总经理兼首席运营官、合规负责人：黄赪

副总经理：方婷

副总经理兼首席财务官：王勤

董事会秘书：盛湘

营业部

瑞银证券有限责任公司北京金融大街证券营业部

地址：北京市西城区金融大街7号英蓝国际金融中心15层

邮编：100033

瑞银证券有限责任公司上海浦东新区花园石桥路第二证券营业部

地址：上海浦东新区花园石桥路33号3710室

邮编：200120

瑞银证券有限责任公司上海花园石桥路证券营业部

地址：上海市浦东新区陆家嘴花园石桥路33号花旗集团大厦37,38层

邮编：200120

瑞银证券有限责任公司广州林和西路证券营业部

地址：广州市天河区林和西路161号中泰国际广场35层3506室

邮编：510620

瑞银证券有限责任公司深圳益田路证券营业部

地址：深圳福田区益田路6001号太平金融大厦43层04单元

邮编：518038

分公司

瑞银证券有限责任公司上海分公司

地址：上海市浦东新区陆家嘴花园石桥路33号37楼3702A室

邮编：200120

瑞银证券有限责任公司证券承销保荐上海分公司

地址：上海市浦东新区陆家嘴花园石桥路33号37楼3702B室

邮编：200120

上海证券有限责任公司

上海证券有限责任公司成立于2001年5月，目前系由国泰君安证券股份有限公司和上海国际集团有限公司投资控股的综合类证券公司。公司是全国创新类证券公司之一。

公司拥有海际证券有限责任公司和海证期货有限公司两家子公司、1家分公司以及57家营业网点，形成以上海为中心，以长三角、珠三角和京津冀经济圈为主体的经营网络。公司拥有齐全的业务牌照，业务范围涵盖场内、场外市场，能为广大投资者提供证券经纪、财富管理、投资咨询等全方位的综合金融服务。

公司成立以来，始终秉承“诚信、专业、创新、务实”的核心价值观，坚持效益、质量、规模、结构协调发展，积极探索金融创新，努力打造“上海证券”经营品牌，资产规模持续扩大，经营实力不断增强，取得了显著的社会效益和经济效益。

展望未来，公司将按照“综合化经营、差异化竞争”的战略，立足普惠金融，以最佳产品和服务为指引，加大互联网金融实践，提升客户体验，竭力为广大投资者提供更新更好的金融服务。

经营范围：证券经纪；证券投资咨询；与证券交易、证券投资活动有关的财务顾问；证券（不含股票、上市公司发行的公司债券）承销；证券自营；证券资产管理；证券投资基金代销；为期货公司提供中间介绍业务；融资融券业务；代销金融产品业务。

地址：上海市黄浦区四川中路213号久事商务大厦7楼

邮编：200002

电话：021－53686888

网址：www.shzq.com

客户服务热线：4008918918、021－962518

世纪证券有限责任公司

公司简介

世纪证券有限责任公司前身为成立于1990年的江西省证券公司。2001年7月，经中国证监会批准，公司增资扩股并更名为“世纪证券有限责任公司”，注册地址迁至广东省深圳市。多年来，公司逐步发展成为以深圳为总部，业务网络覆盖全国的综合型证券公司，目前注册资本为7亿元人民币，在全国所有省会城市及部分大中城市设立了分支机构，拥有19家分公司、33家证券营业部。

公司的经营范围包括：证券经纪；证券投资咨询；与证券交易、证券投资活动有关的财务顾问；证券承销与保荐；证券自营；证券资产管理；融资融券；证券投资基金代销；代销金融产品。公司以雄厚的资金实力、一流的人才队伍、丰富的专业经验、稳健的经营作风为广大投资者和机构客户提供全方位的专业证券服务。

历经多年的发展，公司培养和造就了一支高素质的骨干员工队伍，公司现有员工1000余人。

面对全球化背景下资本市场的机遇与挑战，公司将继续坚持“合规经营、稳健发展”的经营思想，进一步完善战略布局，不断改革创新，努力提升公司的核心竞争力，为建设和谐社会、促进证券市场健康发展贡献新的力量。

首创证券有限责任公司

公司简介

首创证券有限责任公司于2000年初成立，注册地为北京，是北京市国资委所属首创集团控股的综合类证券公司。2004年初，公司完成了增资扩股工作，增资扩股后的注册资本为65,000万元人民币。公司股东包括北京首都创业集团有限公司、北京能源投资（集团）有限公司等多家大型国有企业。

经过十多年快速发展，首创证券逐步发展成为业务种类基本齐全、拥有多家分公司及数十家营业部的综合类证券公司。公司经营范围包括证券经纪、承销、自营、投资咨询、资产管理、融资融券、投资银行、直接投资等多项金融业务。公司先后参股北京股权交易中心有限公司、中证机构间报价系统股份有限公司，相对控股中邮创业基金管理股份有限公司，全资控股首创京都期货有限公司和首正德盛资本管理有限公司，可进一步为客户提供多元化金融服务。

自成立以来，公司一直坚持“稳健经营、规范管理”的经营原则，高度重视健全内部管理体制和完善风险防范机制，初步形成了一套具有自身特色、合乎证券业规范运作要求的制

度化管理体系。

首创证券将一如既往的秉承稳健经营的原则，遵循专业化、规范化的经营方针，积极开拓市场，吸引人才，不断地推行业务创新和机制创新，抓住机遇做大做强。

业务介绍

证券经纪

营业网点：通过收购整合，公司经纪业务目前有证券营业部15家，分布为：北京3家、上海3家、石家庄3家、成都2家、深圳、天津、哈尔滨、湖南岳阳各1家，布局相对合理，基本覆盖了国内最具经济活力的地区。

业务范围：经纪业务除具备传统A/B股、基金、债券、权证等全方位交易品种的通道外，还具备开放式基金代销等资格，加之公司安全快捷的网上交易、手机炒股等多种交易手段，将为投资者提供更加全面的产品选择和便利的交易服务。

服务特色：

公司具有一支具备专业咨询服务能力的投资顾问团队，全力打造的经纪业务“首创领航”客户咨询服务终端产品正在推广，公司统一的客户服务呼叫中心也将为客户提供更加主动规范的服务，我公司经纪业务多层次全方位投资者服务的能力在不断提升。

投资银行

专业团队：

首创证券获得了主承销商资格和保荐机构资格，拥有一支业务经验丰富、工作规范严谨、业务水平较高并熟知金融、证券、财务和法律知识的投资银行团队，能为客户提供包括证券发行、股权分置改革、企业资产重组、收购、兼并、项目融资、财务顾问、管理咨询在内的全方位投资银行服务。并建立了完备的业务流程及规范，层层监督实施，业务人员具有丰富的从业经验，在财务、法律等知识领域具有较深的造诣。坚持客户至上，保护投资者利益的原则，恪守勤勉尽责、公平诚信的行业准则和职业道德，确保为客户提供优质、全面、高效、持续的精品服务。

服务范围：

首创证券投资银行业务团队秉承“专业投行、专家服务”的理念，以“让我们的客户成为行业龙头、让行业龙头成为我们的客户”为目标，在积极了解客户投资银行业务需求的基础上，为客户提供股票、公司债券的承销、保荐、企业并购、重组融资安排及其他财务顾问等优质、高效的投资银行服务。

固定收益

固定收益部从事各类固定收益证券以及相关产品的发行、销售、投资、交易和研究，拥有广泛而有效的渠道和网络，并致力新产品的开发。固定收益部的业务覆盖企业债、短期融资券、公司债券、中小企业私募债、国债、央行票据、中期票据、金融债、可转债等多种固定收益产品。固定收益部拥有一支高水平、高素质、市场感觉敏锐的专业队伍，竭诚为客户和市场成员提供高水准的服务。

资产管理

部门介绍：

首创证券资产管理业务的服务特色以“客户至上、规范运作、开拓创新”为基本准则，借鉴业内最佳实践经验，通过构建科学投资管理系统与后台支持体系，严格按照相关监管规定设计投资决策流程，风险管理流程及内部控制体系，提供完整的理财产品系列，使客户获得稳定、卓越的投资回报，并享受差异化与个性化的理财服务。

业务介绍：定向资产管理业务

首创证券定向资产管理又称为专户资产管理，是为客户单独开设投资账户，量身定做投资产品。不同客户的投资相互独立、相互隔离。首创证券定向资产管理业务服务的对象是具有理财服务需求、理财资金数额较大、可以量身定做投资产品的客户，理财资金1000万(可协商)以上的客户。

集合资产管理业务

集合资产管理业务是指经监管机构批准，证券公司通过银行、券商发行的具有“私募”性质的某一特定集合理财计划，投资者通过购买该理财计划份额而将资金归集到同一账户，由证券公司统一进行投资管理、托管银行统一进行保管。证券公司可以参加自己设计和管理的集合理财计划，并可以事前约定以参加的资金为限，为参加计划的其它客户提供最低收益保障。和定向资产管理不同，集合理财计划的服务对象既可以是个人、也可以是机构。

专项资产管理业务

为客户特定目的(如资产证券化)的专项资产管理业务。

投资咨询、顾问等服务业务

签订投资顾问合同，为客户量身定做各种投资策略、战术报告，指导客户的证券市场投资。

管理团队：

首创证券资产管理总部目前拥有高素质与专业的投资管理团队，秉承“客户至上、共同成长”的经营理念，严控风险，力争为投资者实现资产的稳定增值。

地址：北京市西城区德胜门外大街115号德胜尚城E座
邮编：100088
电话：010－59366000
传真：010－59366281
网址：www.sczq.com.cn
客户服务/投诉热线：4006200620
客户服务/投诉邮箱：tousu@sczq.com.cn

太平洋证券股份有限公司

公司简介

太平洋证券股份有限公司是2004年在云南昆明注册成立的全国性综合类证券公司。2007年，公司整体变更为股份有限公司，并在上海证券交易所上市。2012年7月公司注册资本增至16.53亿元。2014年，公司成功实施定向增发并完成资本公积金转股，注册资本增至人民币35.3亿元。

公司作为在云南本地注册的企业，是省内营业网点最多、市场份额最大的证券公司，目前已在云南省内设立31家营业部，省外设立27家营业部和5家分公司，共63个分支机构。此外公司还在沿海经济发达地区筹建8家营业部。公司投资银行业务快速成长，2012年IPO主承销业务排名上升至18位，首次达到市场前20名。公司固定收益业务经过几年的发展，取得了不俗的业绩，累计发行债券23只，募集资金281亿元，保持了良好的增长势头。

面对创新发展的新形势，公司确立了未来业务发展的目标和方向，即以资管业务为切入点，各部门分工合作，打造企业投融资—资管产品设计—产品销售投融资产业链，有效连接、满足客户投融资需求。公司致力于发展成为具有为客户提供多渠道的资本市场价值实现能力、成为以证券业务为核心的、具备一定国际竞争力的大型证券控股集团。

公司以“守正、出奇”为行为准则，追求“宁静、致远”的精神境界，以客户需求为导向，追求股东和社会价值的最大化；

以经济效益为中心，追求公司与员工的共同成长。

业务资质

公司的经营范围为：证券经纪；证券投资咨询；与证券交易、证券投资活动有关的财务顾问；证券自营；证券承销与保荐；证券资产管理；证券投资基金销售；代销金融产品；融资融券；中国证监会批准的其他业务。

1. 证券经纪业务

自2004年公司成立以来，公司的经纪业务始终坚持立足云南、辐射全国，保持着良性快速的发展。公司在全国共有52家分支机构，其中，云南省内有28家证券营业部，上海、北京等城市共有22家证券营业部和2家分公司。在证券时报社组织的“2013中国最佳财富管理机构评选”活动中，我公司获得“中国最佳区域证券经纪商”荣誉，是云南省内营业网点最多、市场份额最大的证券公司。目前正在广西、湖北、上海、江苏、广东、福建等地筹备设立1家分公司、8家证券营业部。面对行业发展新形势，公司经纪业务进行了组织架构调整，开始大力拓展信用业务、机构业务，实施综合金融业务转型，并推进在全国范围内分支机构的低成本高效扩张。

2. 投资银行业务

公司投行部门秉承研究先行、注重销售、为客户提供全方位的金融服务、培育核心客户的业务理念，通过加强统一管理、强化后台保障等多种方式确保项目质量，差异化经营实现重大突破。2010年至今，完成了30多家公司IPO、再融资、债券发行、重大资产重组项目，在环保、软件等行业细分市场影响力不断增强。2012年公司IPO主承销业务排名上升至18位，首次达到市场前20位。2010年获得“深圳证券交易所2010年保荐工作最佳进步奖”。2011年在“中国区优秀投行评选颁奖”活动中，获得“最具成长性投行”称号。2010年、2011年、2012年，连续三年获得“中国证券市场年会金钥匙奖”。

2013年根据市场环境和行业情况，公司投行进行了管理体系及保代薪酬改革，投行下属各业务部门改为团队制、实行全成本核算，以业绩为导向，控制成本。

3. 固定收益业务

近年来，随着监管政策和市场环境的变化，债券市场实现了持续快速的发展，公司抓住国家鼓励地方政府发行债券的机遇，及时布局，大力拓展城投债业务。2011年公司成功发行了7只城投债，根据万德数据统计，公司2011年度企业债券总承销金额排名行业第七、企业债券承销数量排名第九，成功跻身全国证券公司前十强的行列。2012和2013年，公司又成功发行了13只城投债，公司固定收益业务经过几年的发展，累计发行债券23只，募集资金281亿元，保持了良好的增长势头。

4. 资产管理业务

资产管理业务是公司的核心业务之一，目前公司资管部门已形成了以客户和市场为中心，涵盖客户资源开发、产品设计、投资管理、风险监控、运营维护的全面业务体系。资管部门积极把握理财市场快速成长的时机，根据不同客户的投资目标、投资需求、风险偏好和资金规模，为其提供差异化、个性化、多元化的金融理财服务。目前已开发设计出一系列能满足各类客户需求的金融理财产品，投资业绩良好。

公司的核心资管客户包括多家股份制银行、城商行、以及多地农村金融机构，数十家上市公司及多省各级地方政府。

公司资管业务于2012年取得资格，短时间内发展迅猛。公司发行集合资产管理计划14只，产品累计发行规模为22亿元，通过主动管理为客户赢取了稳定回报；发行定向资产管理计划120余只，产品存量规模310亿元。未来，公司将会推出更多元化的资管产品，满足不同客户的理财需求。

5. 证券投资业务

公司始终秉承价值投资理念。在投资标的选择上，深入、前瞻性地分析上市公司的基本面，优选治理结构良好，创新能力突出，管理水平高效，具有持续成长潜力的股票。

坚持稳健的投资策略。在资产配置上，结合经济运行趋势的变化，积极布局具有产业升级、消费升级和战略新兴产业等特征的行业，把握经济成长带来的投资机会。

不断优化操作计划。证券投资部门持续跟踪市场的变化，及时分析、评价经济政策，根据市场的不同特征，确定相应的操作计划，把握投资机会。

6. 研究咨询服务

太平洋研究院总部设在北京，下设宏观策略、行业与公司和专题创新等几个研究组织，汇集了一批专业素质高、市场经验丰富的研究人才，形成了一支精干、高效、实力较强的专业化研究团队。

太平洋研究院研究领域覆盖宏观经济、投资策略、行业与上市公司、专题等，跟踪国内外政治经济走势，能够满足各类投资者对研究服务的需求，同时也为本公司其他业务线提供支持和服务。

太平洋研究院研究强调思维创新和追求精品，为适应发展趋势和基于未来预测，研究力量加强在新兴产业研究方面，突出特色研究和实用性专题研究，特别是利用资源优势在海上丝绸之路——东盟经济研究方面走在同行前列。

研究院研究业务近年来不断得到业内认同，在《投资者报》券商研究报告准确度排名中，公司研究院曾获得第一名。研究院通过腾讯开展了“太平洋证券分析师微博访谈周”活动，对推动公司品牌和提升影响力起到了积极的作用。

7. 直投业务

太证资本管理有限责任公司是公司经证监会批准设立的直投子公司，致力于对处于成长期及上市前阶段的本土企业的股权投资事业，在北京、上海等地设有办事处。

太证资本管理团队由包括投资、投行、法律、财务等方面专业人士组成，合作稳定、专业全面且具有互补的国内外教育背景及丰富的企业管理、投资运作和投资银行从业经验，拥有广泛的社会资源，与政府部门和中介机构有着良好的沟通渠道和合作关系。

太证资本重点关注现代农业、先进制造业、节能环保、消费医疗、数字商务、高科技新技术等领域，依托母公司太平洋证券，不仅可以为企业提供资金支持，还能为企业提供完善的金融市场和投后管理服务，与企业保持长期紧密的合作关系。太证资本可以为企业提供行业资源整合、人才引进、企业改制、资产重组、收购兼并、上市策划等一系列增值服务。太证资本希望凭借自身独天得厚的优势加上勤勉认真的服务态度真正成为企业的金融管家，解决企业的后顾之忧。

太证资本秉承规范、稳健、卓越、共享的经营理念、以提高资本收益率为核心，与被投资企业共同成长、努力成为兼具良知与才能的专业金融服务商。

8. 国际业务

公司以开拓国际业务为“差异化竞争战略”的重要途径，于2012年成立了国际业务部，派出了工作人员赴纽约开拓国际业务，2013年设立了老挝合资证券公司。公司已经打造出国际业务的管理团队，建立了与华尔街资深投行、律师楼和会计师楼的紧密合作关系，确立了与老挝政府的战略合作关系并成为老挝企业上市的主要服务机构。

公司开展的国际业务主要有：

海外上市。为拟赴海外 IPO 上市的中国企业提供上市评估、尽职调查、方案设计（协助完成红筹架构的搭建）、准备申请文件、组织境外专业中介机构及承销集团开展相关工作、上市公司市值管理等服务。

国际并购。为拟进行海外并购企业提供并购目标筛选、尽职调查、价格谈判、方案设计等财务顾问服务，同时从事并购投资。公司重点关注中国政府鼓励收购的能源资源、矿产资源、森林资源、农业用地等资产的国际并购。

QDII 国际投资。开展境外资产管理业务，为国内机构和高端个人客户投资海外市场提供集合资产管理、专项资产管理和定向资产管理的投资咨询服务，通过对海外市场的深入研究以及与国际专业机构的紧密合作，精心捕捉投资机会，为客户提供量体裁衣的专业投资方案。同时，我公司也用自有资金参与投资。

老挝合资公司业务

2013 年 11 月，公司与老挝合资方共同设立的老－中证券有限公司成立，这是国内券商首家在境外设立的合资证券公司。随着合资公司的成立，已有东南亚其他几个国家希望能与公司合作，成立合资机构，共谋发展。目前已和泰国、柬埔寨方面建立了初步联系，准备前期调研和可行性论证。同时，公司正在积极筹备在东盟设立相应的办事机构。

联系我们：

昆明

地址：云南省昆明市青年路 389 号志远大厦 18 层

电话：0871－68885858

传真：0871－68898100

邮编：650021

北京

地址：北京市西城区北展北街九号华远企业号 D 座三单元

电话：010－88321818

传真：010－88321819

邮编：100044

上海

地址：上海市浦东南路 500 号国开行大厦 17 楼

电话：021－61376584

传真：021－61376550

邮编：200120

天风证券股份有限公司

企业简介

天风证券股份有限公司（简称天风证券），是一家总部设于武汉的全国性证券公司。天风证券深谙中国经济的发展和国际化经济需求，积极推行混合所有制经济，为市场提供活力与创造力，最近几年保持持续高速增长，连续被评为“最具成长性券商”。

天风证券，秉承与客户共生共荣的核心价值观，以高效，灵活，定制化解决方案，致力于为客户提供综合性优质金融服务。发展至今，天风证券已成长为一家拥有全牌照，注册资本达 46.62 亿元的全国性证券公司。

历史与发展

2000 年：四川省天风经纪有限责任公司获准设立；

2008 年：公司注册地址迁至湖北武汉；

2009 年：公司注册资本由 1.81 亿元增至 3.15 亿元；

2011 年：公司注册资本增至 8.37 亿元；

2012 年：公司注册资本增至 15.7 亿元；

完成股份改制更名为天风证券股份有限公司；

2013 年：公司注册资本增至 17.4113 亿元；

2014 年：公司注册资本增至 23.4113 亿元；

2015 年：公司注册资本增至 46.62 亿元。

组织结构

天风证券是一家全国性的证券公司，在全国多个省市设有 42 家证券营业部，在北京、上海、四川和安徽等多地设 6 家分公司、1 家控股子公司、2 家全资子公司，为全国广大投资者提供专业细致的咨询与服务。

业务资格

2008 年 5 月，公司已取得证券经纪、证券投资咨询、与证券交易、证券投资活动有关的财务顾问业务资格

2009 年 11 月，公司取得证券投资基金代销业务资格

2009 年 12 月，公司取得证券承销业务资格

2011 年，公司取得证券资产管理、证券自营业务资格

2012 年，公司取得融资融券、保荐业务资格

2013 年，公司取得代销金融产品、为期货公司提供中间介绍业务资格

2014 年，公司取得全国中小企业股份转让系统做市业务、代理证券质押登记业务资格

2015 年，公司取得互联网证券业务试点资格、开展私募基金综合托管业务资格、上海交易所股票期权交易参与人资格

此外，公司还具有国家发改委批准的债券主承销业务资格和中国人民银行批准的同业拆借资格，并获批中小企业私募债承销试点资格、报价式回购、约定式购回以及股票质押式回购等创新业务资格。

业务特色：

天风证券将构建以财富管理能力和大投行服务能力为核心双轮驱动的国际化综合金融集团。

财富管理能力——经纪业务、互联网金融、资产管理、固定收益、自营业务、研究所

专注、专心、专业，我们聚焦于每一位客户的目标与梦想，珍视每一分财富的价值与增长，用更专业的产品和更贴心的服务，协助您建立起专属的价值投资体系，实现财富的管理与传承。

经纪业务

将经纪业务打造成与客户之间的触点，是我们的目标。通过辐射全国的天风证券综合金融门店，将股票、债券交易等传统业务，期货 IB、期权、沪港通等创新性金融产品，专业的资本中介联通功能等一系列服务呈现于客户面前，构建财富管理的新模式。

互联网金融

依靠金融机构严格规范的风险控制体系，通过多类型、多渠道的互联网平台，我们希望承担起资金融通、支付和信息中介等一系列的金融中介角色，使投资者享受到参与度更高、透明度更强、成本更低、操作更便捷的服务。天风证券是国内先期获得证监会批准开展互联网证券业务试点资格券商之一。

固定收益

依托国内一流的固定收益业务团队，为公司及客户提供具有国际水准的固定收益产品投资交易、发行销售、投资顾

问、研究、产品开发等全体系投融资服务。既满足客户多样化的投顾需求，又满足公司资产保值增值的需求。

荣誉认可：据中央国债登记结算有限责任公司统计，截至2015年中期做市商业务排名券商行业第四。

资产管理

我们致力以专业化的体系实现资产管理产品的组合优化、以稳健的投资风格保证产品的绝对收益，以严密规范的风险管理保障委托资产安全，帮助投资者更为稳健高效实现财富增长。

新三板做市

通过天风证券的专业能力和平台资源优势，以领先市场的“天风模式”，为新三板挂牌企业提供做市转让服务。整合业务链条，助力创新、创业、成长型企业畅通投融资渠道、增强资本的流动性、形成合理的估值定价，与企业形成共同成长的良性合作关系。

荣誉认可：根据全国中小企业股份转让系统做市商执业情况统计显示，截至2015年11月20日，天风证券新三板做市业务以127家做市企业数量位列行业第三位。

研究所

把握金融市场发展新趋势，将研究服务方向面对整个财富管理市场。根据客户的实际需求，提供差异化、精细化的项目研究支持服务，专业化、特色化的行业及细分领域趋势研判，将最专业的声音传递给买方市场。

证券自营

通过对市场进行科学严谨的分析判断，自营投研团队。在严格规范的风险控制体系下，进行投资操作。近年来始终保持稳健收益，超越指数涨幅，体现了优秀的投资研究能力和风险掌控能力。

大投行服务能力——直投、新三板、并购融资、债券承销、投行

我们时刻关注资本市场变革和企业成长需求，以客户群体为导向，以客户需求为基础。通过打造我们的内在创新基因，优化服务结构，以更耐心、更细心的价值发现能力，伴随企业成长，成为企业值得信赖的伙伴。

直投

天风证券直投子公司天风天睿投资有限公司可以满足企业对于天使投资、PE、VC、新三板、并购基金等不同发展阶段的投融资需求。以专业化的视角、出色的资本整合能力，提供最完善的金融方案，助力企业成长。

荣誉认可：2014年，在证券时报中国区优秀投行评选中荣获“2014中国区最佳券商直投管理机构”。

新三板业务

在建设多层次资本市场体系的浪潮下，我们愿意成为中小企业与资本市场互联互通的纽带。以新三板推荐挂牌为起点，通过做市服务、收购兼并等全产业链整合运营能力，为中小企业提供全生命周期综合服务。

荣誉认可：2015年在证券时报中国区优秀投行评选中，荣获“中国区最佳股转系统主办券商”。

并购融资

以公司战略为基础，提供高效专业的“融资”方案设计；以“融智”为核心，提供包括产业布局、发展战略、财务优化等在内的一系列综合咨询服务，助推企业实现整体结构的完善优化。

荣誉认可：2015年天风证券并购团队荣获证券时报”中国区优秀投行－最佳财务顾问团队“奖项；

2014年荣获证券时报“中国区优秀投行－最佳财务顾问项目团队”；

2013年荣获证券时报“中国区优秀投行－最佳并购重组项目”奖项。

债券承销

通过强大的全方位金融资产交易平台和资源优势，我们能够为企业提供规模更加庞大、资金成本更加低廉、借贷周期更加灵活的资本支持，让企业的发展摆脱资金的困扰。

荣誉认可：证券时报主办的“2013中国区优秀投行”评选中“江苏苏海投资集团有限公司债券项目”荣获“最佳债券承销项目”。

投资银行

我们致力于为国内各类型企业提供高质量、高水准的IPO项目实施、非公开项目发行及财务顾问服务，协助企业实现战略发展目标。

荣誉认可：2014年，证券时报“中国区优秀投行评选”获“最具成长性投行”奖项。

西部证券股份有限公司

西部证券股份有限公司成立于2001年元月，注册地陕西省西安市，目前注册资本金人民币27.96亿元，公司是全国首批规范类证券公司、全国第19家创新类证券公司。2012年5月3日，公司在深圳证券交易所挂牌上市（股票代码：002673），是全国第19家上市证券公司。公司控股股东为陕西省电力建设投资开发公司，实际控制人为陕西能源集团有限公司。公司在全国设立82个证券营业部和8个经纪业务分公司，在上海、北京设立3个专业分公司和2个主要业务部门，公司下设西部期货公司和西部优势资本公司2个全资子公司，并控股西部利得基金管理公司。公司现已取得62项业务资格，业务遍布全国，致力于为广大客户提供全方位、专业化的高效服务。

公司成立16年来，在陕西省委、省政府正确领导下，在股东、全体客户和社会各界的关心支持下，公司不负重托，勇于创新，锐意进取，秉承“诚信、专业、创新、共赢”的发展理念，在各业务条线与广大客户紧密合作，实现了客户与公司互惠共赢、共同发展，为国家经济建设做出了积极贡献。2015年，中国股市跌宕起伏，公司抢抓机遇，有效化解风险，保持稳健经营，取得了历史最高的经营业绩。根据公司2015年度业绩快报，2015年公司实现营业收入56.35亿元，同比增长190.71%，实现利润总额26.57亿元，同比增长198.38%，实现净利润19.84亿元，同比增长198.97%。在全国128家证券公司排名中，公司净资本、营业收入、净利润3项核心指标分别排第28位、第27位和第30位，同比分别提升了18位、13位和8位。公司连续16年保持盈利，累计向国家上缴税金32亿元，向股东分红24.51亿元，向社会公益事业捐款1200万元，实现了物质文明和精神文明“双丰收”。多年以来，公司屡次荣获中国证监会和中国证券业协会颁发的各项荣誉，荣获陕西省政府、西安市政府“支持地方经济发展成绩显著金融企业”、“西安市先进集体”和“先进金融单位”、省公安厅“平安建设示范单位”、“省国资委文明单位”等荣誉。

2016年是“十三五”规划开局之年，陕西正处在建设丝绸之路经济带“新起点”、打造西部开发“新高地”、实现追赶超越的重要阶段，我们将以党的十八届五中全会精神为统领，主动将公司发展融入建设“一带一路”大格局中，主动作为，乘势而上，不断追赶超越，在建设丝绸之路经济带新起点上迈出新步伐，为共建“一带一路”增添陕西活力，注入陕西能量。

地址：陕西省西安市东新街232号信托大厦16－17楼
邮编：710004
网址：www.west95582.com
电话：95582
邮箱：95582@xbmail.com.cn

西南证券股份有限公司

公司简介

西南证券成立于1999年，是在原重庆国际信托投资有限公司证券部、原重庆市证券公司、原重庆有价证券公司和原重庆证券登记有限责任公司的基础上，联合其他股东共同发起设立的证券公司。目前公司总股本56.45亿股，是唯一一家注册地在重庆的全国综合性证券公司，也是中国第九家上市证券公司和重庆第一家上市金融机构。公司现有员工逾3000名，在全国多个省份获批设立119家证券营业部和9家分公司，并拥有17个投行业务部门，在实现重庆区县全覆盖的同时，基本实现了国内全覆盖。公司经营范围包括证券经纪，证券投资咨询，与证券交易、证券投资活动有关的财务顾问，证券承销与保荐，证券自营，证券资产管理，融资融券，证券投资基金代销，代销金融产品，为期货公司提供中间介绍业务，股票期权做市业务。

近年来，西南证券坚持走改革创新、综合经营和市场化发展道路，先后完成改革重组、借壳上市、增发融资、收购兼并等战略性举措，核心竞争力和综合实力显著提高，并在2015年证券公司分类评价中继续获评A类AA级行业最高评级，逐步建立全牌照、一体化、跨地域、多功能的综合金融服务模式。公司拥有西证股权投资有限公司、西证创新投资有限公司、西证国际投资有限公司、西南期货有限公司等四家全资子公司，并拥有重庆西证渝富股权投资基金管理有限公司、重庆西证电子商务有限责任公司、重庆西证小额贷款有限公司等下属企业，可从事直接股权投资业务、另类投资业务、跨境业务、商品期货、金融期货经纪、小额贷款等业务。公司持有重庆股份转让中心有限责任公司53%的股权，是全国首家控股地方股权交易中心的券商；持有全国排名前列的银华基金管理有限公司49%的股权，为其第一大股东；持有香港上市券商——西证国际证券股份有限公司74.22%的股权，标志着公司国际业务平台逐步走向成熟并拥有了重庆市唯一一家在香港上市的证券公司。

2015年上半年，西南证券实现营业收入60.39亿元，同比增长300.89%；净利润28.52亿元，同比增长420.82%。截至2015年6月30日，公司资产总额956.04亿元，净资产192.38亿元，母公司净资本130.18亿元。其中，经纪业务始终保持在重庆网点最多、交易量最大的龙头地位，行业排名保持了连续六年增长的良好势头；投行业务发挥股权业务、并购业务、债权业务三位一体的大投行运作平台优势，保持并购和再融资的行业领先地位；自营业务优化传统方向性投资和量化投资的资金配置和投资结构，获取了安全稳定持续的收益；资管业务服务模式和产品结构不断优化，服务实体经济能力持续提升。

展望未来，西南证券将立足重庆、布局全国、走向海外，坚持“为投资者、客户和实体经济创造价值”的经营宗旨，把诚信作为公司发展最重要的基础，全面推进业务转型和创新发展，不断提高自身投资能力和综合经营能力，形成公司的比较优势和差异化竞争能力，立志成为重庆和西部金融企业的标杆，尽快迈入国内券商第一阵营。

主要业务介绍

证券经纪业务

2015年上半年，西南证券继续推动业务转型，拓展并壮大通道业务之外的收入来源。通过人才的引进和培养，以及推动跨业务条线的深入合作，中间业务继续保持高速增长；金融产品货架不断充实，产品数量较去年同期增长126.83%，已基本满足不同风险偏好、不同资产段客户的投资需求。同时，公司还积极推动投顾业务模式转型，以及快融通小额贷、股票期权业务、投融通平台以及海外业务的发展。2015年上半年，公司经纪业务实现营业收入18.04亿元，较去年同期增长250.54%；实现营业利润12.98亿元，较去年同期增长343.66%。

投资银行业务

2015年上半年，西南证券投资银行业务抓住市场较好的窗口期，充分利用综合业务平台建设成果，凭借大投行运作优势，改善业务模式，深化业务创新力度，强化优势业务品种，加快IPO和再融资项目进度，同时继续提升并购重组业务优势，加大债券业务的开发力度，并不断加强全面风险管理，提高项目管理质量，增强风险控制意识，保持投行业务稳健快速发展。2015年上半年，公司投行财务顾问业务净收入市场排名第1位，并购重组业务净收入市场排名第2位（数据来源：中国证券业协会）；投行业务完成IPO项目4个，融资额12.52亿元；非公开发行项目5个，融资总额62.20亿元；完成债券发行主承销项目14个，项目融资总额203.90亿元；8个独立财务顾问项目获证监会核准后，已启动或完成相关发行工作。截止至2015年6月30日，公司投资银行业务实现营业收入6.10亿元，较去年同期增长35.38%；实现营业利润5.20亿元，较去年同期增长68.80%。

资产管理业务

2015年上半年，西南证券资管业务通过对标国内一流资管机构，以主动管理业务为抓手，加强产品创设，努力提升投研能力，产品结构进一步优化，产品条线不断丰富，新增发行主动管理产品9只，相较去年同期，新增主动管理规模18亿元至51亿元，主动管理产品规模占比大幅提升至5.7%。报告期内，公司资产管理业务实现营业收入为6.27亿元，较去年同期增长1103.44%；营业利润5.77亿元，较去年同期增长1327.26%。

证券自营业务

2015年上半年，西南证券自营业务业绩取得较大进步，整体收益率超过同期主要市场指数。传统方向性投资业务抓住市场机会，实现了近年来的最佳收益；量化投资业务继续增加资产配置比例，积极把握权益类和固定收益类量化套保套利机会，业绩创历史新高，持续获得良好投资收益。截止至2015年6月30日，公司自营业务实现收入22.31亿元，较去年同期增长370.71%；营业利润20.55亿元，较去年同期增长412.03%。

核心竞争力

作为唯一一家注册地在重庆的综合性证券公司，也是重庆唯一一家A股上市的金融机构，西南证券将抓住西部大开发和重庆长江上游区域性金融中心建设的历史机遇，紧紧围绕和服务实体经济，充分发挥在业务拓展、兼并扩张、资本实力和人才队伍等方面的区域优势，全力提升综合实力，切实将自身竞争优势转化为核心竞争力。2015 年上半年,公司国际化战略取得了实质突破,完成了对西证国际第二轮增资,其资本金由 3 亿港币增至 10 亿港币,并最终以 6.7 亿港币收购了香港本土上市券商敦沛金融 73.79% 的股份,并将其更名为西证国际证券。2015 年 5 月,西证国际证券成功发行了总额 15 亿、期限 3 年的人民币离岸债券,大幅提升了其资金实力,有效支撑公司国际业务的全面铺开。至此,公司海外平台已经搭建成功,"立足香港、布局全球"的国际化战略取得了实质突破。2015 年上半年,公司在优化业务结构,提升管理效能方面均取得成效,核心竞争力明显提升。公司创新业务进一步提速,融资融券、新三板等业务均出现快速增长,获得"股票期权做市"等多项创新业务资格,创新子公司进一步加速业务拓展,对公司发展及服务实体经济的支撑更强,手段更多。在传统优势业务中,经纪业务股票基金交易重庆本地市场份额约 20%(根据重庆市证券期货业协会数据统计),持续排名区域首位;公司投行并购及再融资业务继续保持行业领先地位;OTC 业务规模和效应在全国处于前列,为广大企业,尤其是西部中小微企业开辟了资本市场的融资通道。同时,公司探索对证券营业部实行分公司管理,着力打造区域综合业务平台,初显成效。此外,公司还积极建设竞争软实力,在信息化建设、资金管理等方面加大投入、理顺机制,持续提升运营支持与保障能力,进一步巩固和加强了公司的核心竞争力。

主要子公司介绍

西证股权投资有限公司

西证股权投资有限公司系公司全资子公司,成立于 2010 年 3 月,注册资本 6 亿元人民币,注册地重庆,法定代表人余维佳,经营范围为股权投资。西证投资还通过旗下西证重庆股权投资基金管理有限公司在股权投资管理、股权投资咨询、发起设立股权投资企业等经营范围内开展业务;通过旗下重庆西证电子商务有限责任公司利用互联网,开展商务信息咨询、经济信息咨询、计算机软件的技术开发、会议及展览服务、计算机系统服务等业务。

截至 2015 年 6 月 30 日,西证投资总资产 118,068.34 万元,净资产 117,308.37 万元;报告期内实现营业收入 39,259.75万元,净利润 30,968.70 万元。

西证创新投资有限公司

西证创新投资有限公司系公司全资子公司,成立于 2013 年 4 月,注册资本 10 亿元人民币,注册地重庆,法定代表人张纯勇,经营范围为从事投资业务及相关资产管理;投资咨询服务;企业财务顾问服务。西证创新还通过下属的重庆西证渝富股权投资基金管理有限公司 2015 年半年度报告从事股权投资管理业务;并与西证国际共同出资设立重庆西证小额贷款有限公司,在重庆市主城九区从事办理各项贷款、票据贴现、资产转让业务。

截至 2015 年 6 月 30 日,西证创新总资产 186,359.04 万元,净资产 155,283.25 万元;报告期内实现营业收入 32,892.46万元,净利润 22,730.52 万元。

西南期货有限公司

西南期货有限公司于 2013 年 10 月成为公司全资子公司,注册资本 5 亿元人民币,注册地重庆,法定代表人李星光,经营范围为商品期货经纪、金融期货经纪、期货投资咨询、资产管理。

截至 2015 年 6 月 30 日,西南期货总资产 119,730.48 万元,净资产 50,422.25 万元;报告期内实现营业收入 2,757.00 万元、净利润 1,108.96 万元。

西证国际投资有限公司

西证国际投资有限公司系公司在香港特别行政区注册设立的全资子公司,成立于 2013 年 11 月,资本金 10 亿元港币,注册地香港,董事长余维佳。

2015 年 1 月,以西证国际为主体收购香港主板上市券商敦沛金融的工作完成,并将其正式更名为西证国际证券,其旗下全资子公司持有香港证监会第 1 类(证券交易)、第 2 类(期货合约交易)、第 4 类(就证券提供意见)、第 6 类(就机构融资提供意见)、第 9 类(提供资产管理)业务牌照。

截至 2015 年 6 月 30 日,西证国际总资产 241,826.48 万元,净资产 86,702.17 万元;实现营业收入 993.20 万元,净利润 -2,004.42 万元。

重庆股份转让中心有限责任公司

重庆股份转让中心有限责任公司系公司控股子公司,公司持有 53% 股权,公司于 2013 年 2 月成为其控股股东。重庆股份转让中心注册资本 1.5625 亿元人民币人民币,注册地重庆,法定代表人崔坚,经营范围包括为非上市股份公司股份、有限公司股权以及其他各类权益的登记、托管、挂牌、交易、结算及投融资提供场所和服务。

截至 2015 年 6 月 30 日,重庆股份转让中心总资产 67,899.41万元,净资产 18,531.85 万元;实现营业收入 2,790.96 万元,净利润 1,375.96 万元。

银华基金管理有限公司

银华基金管理有限公司,公司持有 49% 股权,为其第一大股东。银华基金成立于 2001 年 5 月,注册资本 2 亿元人民币,注册地深圳,法定代表人王珠林,经营范围包括基金募集、基金销售、资产管理及中国证监会许可的其他业务。

截至 2015 年 6 月 30 日,银华基金总资产 20.60 亿元,净资产 16.81 亿元;报告期内实现营业收入 10.28 亿元,营业利润 5.83 亿元,净利润 4.39 亿元。

发展大事记

1999 年

12 月,经中国证监会批准,以原重庆信托证券部、原重庆市证券公司、原重庆有价证券公司和原重庆证券登记有限责任公司的全部净资产为基础,联合其他股东共同发起设立西南证券有限责任公司,注册资本 11.28 亿元。

2006 年

10 月,经中国证监会批准,中国建银投资有限责任公司、重庆渝富资产经营管理有限公司、云南冶金集团总公司等对西南证券有限责任公司进行了增资,注册资本增至 23.37 亿元。

2008 年

7 月,经中国证监会核准,中国建银投资有限责任公司将其持有的西南证券有限责任公司 9.59 亿元股权转让给重庆渝富资产经营管理有限公司。转让完成后,重庆渝富资产经营管理有限公司成为西南证券有限责任公司第一大股东。

2009 年

1 月,*ST 长运重大资产出售暨新增股份吸收合并西南证券有限责任公司获中国证监会核准;同年 2 月,"西南证券股份有限公司"正式成立,注册资本 19.04 亿元。

2 月,西南证券股份有限公司在上海证券交易所挂牌上市,股票简称"西南证券",股票代码"600369.SH"。

2010 年

8 月,经中国证监会批复,西南证券向特定对象非公开发行人民币普通股 4.19 亿股，募集资金总额 60.00 亿元；同年 11 月，公司注册资本变更为 23.23 亿元。

2011 年

7 月，西南证券股份有限公司在中国证监会公告的 2011 年证券公司分类结果中，分类评级连续三年获得提升，由 B 类 BB 级提高至 A 类 A 级，正式跻身 A 类券商行列。

2012 年

1 月，经中国证监会批复，核准西南证券股份有限公司增持银华基金管理有限公司 20% 股权，西南证券股份有限公司持有银华基金股权的比例由 29% 上升至 49%，成为其第一大股东。

2013 年

2 月，西南证券股份有限公司完成增资控股重庆股份转让中心有限责任公司，持有 53% 股权，成为行业内首家绝对控股区域股权交易市场的券商。

9 月，经中国证监会批复，核准西南证券股份有限公司全资收购西南期货经纪有限公司；2014 年 1 月，西南期货经纪有限公司更名为西南期货有限公司。

10 月，经中国证监会批复，核准西南证券股份有限公司在香港特别行政区设立西证国际投资有限责任公司；同年 11 月，经香港公司注册机构核准，西证国际投资有限公司正式成立。

2014 年

2 月，经中国证监会批复，西南证券股份有限公司向特定对象非公开发行人民币普通股 5 亿股，募集资金总额 43.10 亿元；同年 3 月，公司注册资本变更为 28.23 亿元。

6 月，西南证券股份有限公司启动实施对香港上市券商的收购工作；同年 11 月，中国证监会回复关于我子公司西证国际收购香港上市券商的备案确认函，公司正完善有关手续，国际化业务平台逐步完善；2015 年 5 月，所收购香港上市券商正式更名为西证国际证券股份有限公司。

7 月，西南证券股份有限公司在中国证监会公告的 2014 年证券公司分类结果中，获评证券公司最高评价——A 类 AA 级。

2015 年

7 月，中国证监会公告 2015 年证券公司分类评级结果，西南证券再次获评证券公司最高评级——A 类 AA 级，成为国内 119 家证券公司中 27 家分类评级最高的券商之一，进一步体现了西南证券合规经营的理念与扎实的合规风控水平，营造了较好的外部监管环境。

股票代码：600369.SH

客服热线：95355

官方网站：www.swsc.com.cn

信达证券股份有限公司

基本情况

信达证券股份有限公司成立于 2007 年 9 月，由中国信达资产管理股份有限公司（简称中国信达）作为主要发起人，联合中海信托股份有限公司和中国中材集团有限公司，在承继中国信达投资银行业务和收购原汉唐证券、辽宁证券的证券类资产基础上设立，注册资本 15.11 亿元。2011 年 2 月，公司注册资本增至 25.687 亿元。

雄厚的金融集团背景

公司控股股东中国信达资产管理股份有限公司的前身是中国信达资产管理公司，成立于 1999 年 4 月 19 日，是经国务院批准，为化解金融风险，支持国企改革，由财政部独家出资 100 亿元注册成立的第一家金融资产管理公司。

2010 年 6 月，在大型金融资产管理公司中，中国信达率先进行股份制改造，2012 年 4 月，首家引进战略投资者，注册资本增至 301.4 亿元人民币。

2013 年 12 月 12 日，中国信达在香港联交所主板挂牌上市，成为首家登陆国际资本市场的中国金融资产管理公司。

作为一家为客户提供综合金融服务的金融集团，中国信达在中国内地设有 31 家分公司，在内地和香港拥有 9 家从事资产管理和金融服务业务的全资或控股一级子公司，业务遍及内地及港澳地区，集资产管理、投融资、证券、期货、基金、信托、租赁、保险、地产于一体，能够为客户提供多元化的综合金融服务。

企业文化

信达证券秉承“崇德精业、诚信为本、规范经营、创新发展”的经营理念，以“客户利益至上”为经营原则，以“专业创造价值”为核心价值观，通过服务、产品、技术的创新，为客户提供专业、优质的服务，实现公司与客户的共同发展。

信达证券坚持“以人为本”的用人理念，努力营造“公开、公平、公正”的用人环境，高度重视员工培训和员工职业生涯规划，倾力打造优秀人才脱颖而出的竞争平台，建立和谐共进、充满活力、富于创新的员工文化，为公司的可持续发展提供生生不息的动力。

公司企业文化内容是：

恪守诚信，敬畏规则；

鼓励竞争，提倡合作；

崇尚创新，奖励成功；

激情工作，快乐生活。

主营业务

公司业务资格齐备，拥有全部传统证券业务牌照和多种创新业务资格；公司服务平台完善，旗下拥有信达期货有限公司、信风投资管理有限公司、信达创新有限公司、信达澳银基金管理有限公司等 4 家金融服务子公司，3 家分公司、81 家证券营业部遍布全国。

公司以信达金融系统为依托，为企业提供一揽子金融解决方案。公司数年来通过债务重组、改制、引入 PE 投资、IPO、业务重组、公司债、企业债、股票增发等持续不断的服务，帮助企业成长发展。公司以打造精品项目为己任，为客户和投资者负责。

公司通过资产管理、证券经纪、信用交易、投资顾问、期货经纪、基金管理等业务平台，为客户打造全方位理财服务体系。利用遍布全国的业务网络，公司为超过 100 万客户提供快速稳定的交易通道、准确及时的投资资讯和超过 60 家金融机构发行的上千款金融产品。

2011 年，公司首创客户保证金现金管理产品，拉开了证券行业客户现金系统性管理的序幕，为行业指明了新的利润蓝海。2012 年和 2014 年，公司分别承销 100 亿和 200 亿元资产管理公司金融债券，开创资产管理公司融资新渠道。

投行业务

公司投资银行业务是在承继中国信达资产管理公司相关业务、团队、市场资源和经验基础上发展而来的。投资银行团队历史上承销与保荐业务取得了不俗的业绩，成功完成了 20 多家企业股票承销和财务顾问业务；2007 年，担任了中国建设银行 A 股 IPO 的保荐、主承销工作。

公司债券融资业务拥有企业债(城投类、产业类)、公司债、金融债、中小企业私募债、中小企业集合债、资产支持证券等主承销资质,可以为客户提供全谱系的标准化债券融资服务以及根据客户需求提供量身定制的非标准化等结构性融资服务。公司累计债券主承销金额近500亿元人民币。

公司企业融资业务从企业发展初期的战略方向选择,到不同发展阶段的融资需求解决、再到IPO上市、借壳上市或"新三板"、"四板"挂牌,再到上市后的再融资或挂牌后的定向增资,均可为企业提供相应的保荐、推荐或财务顾问服务。公司充分发挥证券公司在股权收购、资产重组、股权融资等方面的专业特长,为企业提供更为系统、灵活的融资方案。

资管业务

公司以"规范、专业、创新、高效"作为开展客户资产管理业务的基本准则,坚持以"稳健经营、规范管理、强化风险控制、审慎投资、客户至上和创新领先"的投资原则,通过鲜明的投资风格、科学的投资管理模式、完备的风险控制体系、规范的操作流程,不断优化服务意识和质量,为客户提供高质高效的保值增值服务,并实现了资产管理规模的快速发展。

公司发行的理财产品线涵盖了FOF型产品、混合型产品、货币型产品、普通债券型产品和分级债券产品,形成了丰富完备的产品线。公司首创客户保证金现金管理产品——现金宝集合资产管理计划,被称之为"信达模式"在业内产生了积极深远的影响。

经纪业务

公司经纪业务积极探索由卖方业务向卖方、买方协同发展的全新商业模式转变,搭建以客户需求为导向,整合一体化业务链,最终形成一个客户、一个账户、系列产品,全面服务的统一服务体系,为各类客户提供一站式、综合化、差异化、个性化的产品和服务。与此同时,电子化交易、研究咨询、信达基金港等支持平台体系给公司的经纪业务发展提供了有力保障。

公司依托信达资产强大的金融背景,拥有丰富的投融资经验和类型齐备的金融产品,可以为各类型投资者提供资产配置的选择。

公司历经多年打磨,打造了一支知识全面、素质过硬的服务团队,能够为客户提供证券投资、金融市场资讯、理财产品等方面的专业建议,是客户财富稳健增长的"好伙伴"。

期货业务

公司全资子公司信达期货有限公司(简称信达期货)注册资本3亿元人民币,总部设在杭州,下设14家营业部。经营范围包括商品期货经纪、金融期货经纪和期货投资咨询业务。信达期货是国内规范化、信誉高的大型期货公司之一。信达期货拥有中国金融期货交易所全面结算会员资格及上海、大连、郑州商品交易所三大期货交易所的全权会员资格,可为客户代理所有已上市品种的标准期货合约交易,向客户提供交易、结算、交割、信息咨询、培训等服务。

现代企业组织架构及日趋完善的网点布局

信达证券按照现代企业制度建设的要求,建立了完善的组织架构和精简高效、权责明晰的组织管理体系,在北京、上海、深圳、广州、沈阳、成都等30个城市设立了证券服务机构。随着业务的发展,信达证券将进一步完善网点布局,构建更加科学高效的机构网络,使得公司能够在多个层面及时、准确的了解资本市场的信息,把握好市场发展的脉动,为投资者提供更加专业和针对性的服务,实现公司与客户的共同发展。

地址:北京市西城区闹市口大街9号院1号楼

电话:95321

邮编:100031

网址:http://www.cindasc.com/

兴业证券股份有限公司

兴业证券股份有限公司(601377SH)是中国证监会核准的全国创新类证券公司和A类AA级证券公司,经营范围包括证券经纪;证券投资咨询;与证券交易、证券投资活动有关的财务顾问;证券承销与保荐;证券自营;融资融券;证券投资基金代销;为期货公司提供中间介绍业务;代销金融产品。互联网信息服务(不含新闻、出版、教育、医疗保健、药品和医疗器械等内容及电子公告服务)。

兴业证券前身可追溯至1991年设立的兴业银行证券业务部,1994年在证券业务部基础上改组设立福建兴业证券公司,1999年根据国家关于金融业"分业经营和分业管理"的政策要求,改制增资并与兴业银行脱钩,更名为兴业证券股份有限公司。2010年10月,公司在上海证券交易所首次公开发行并上市(股票代码601377)。

经过25年坚持不懈的努力,兴业证券今天已发展成为拥有33家分公司(含筹)、59家营业部、6家控股金融子公司的中大型证券公司,基本搭建起涵盖证券、基金、期货、直接投资、另类投资和跨境业务等专业领域的证券金融控股集团。尤其是近年来,兴业证券抓住市场机遇,取得优良的经营业绩,主要业务和经营指标进入行业15强,部分业务和经营指标进入行业10强,综合竞争实力、抗风险能力、行业地位和市场影响力进一步提升,公司发展跃上了一个又快又好的新时期。

在长期的证券市场运作中,兴业证券始终坚持"市场化、规范化、专业化"的经营方针,逐步形成特色鲜明的稳健经营风格。公司坚持证券主业经营,自觉遵守各项法律、法规和行业公约,把合规管理、加强自律、防范风险放在十分突出的位置上,依靠完善的管理体制和风险控制机制防范经营风险,资产质量良好,连续3年被分类评价为A类AA级,风险管理和市场应变能力处于证券业先进行列。

兴业证券注册地设在福州市,注册资本52亿元,第一大股东为福建省财政厅。公司始终把建立健全法人治理放在首要位置,按照《公司法》和《证券公司治理准则》等法律法规制定公司章程,设立股东大会、董事会和监事会并规范运作,发挥其职能作用,形成与经营层相互促进和相互制约的制衡机制。

兴业证券十分重视队伍建设,持续推进队伍转型,通过多种方式改善队伍结构,提升队伍专业素质,本科以上人员占比达到88%。公司认真履行企业公民对于股东、员工和社会的责任,让员工享受企业发展的成果,激发员工工作积极性,积极支持社会公益事业,"十二五"期间公司及职员公益捐赠总额3350万元,曾被评为中国金融企业慈善榜证券业突出贡献奖;公司设有兴业证券慈善基金会,用于持续开展社会公益事业。

兴业证券秉承"艰苦创业、勤勉敬业、廉洁自律、励精图治"16字兴业精神,坚持"专业化、规范化、市场化"的战略指导思想,坚持"稳健规范、长远发展"的经营原则,坚持"业务必须增长、管理必须领先"的内在经营要求,坚持"提升员工价值,创造客户价值"的核心价值观,率先在证券业内倡导产业升级和推行变革转型,并取得明显成效。

在我国资本市场持续繁荣发展，证券行业加快产业升级的环境下，兴业证券确立以提升专业投资服务为核心内容的转型战略，即要把以“交易通道服务”为主的业务模式，提升为以“交易通道服务”为基础、以“专业投资服务”为核心的业务模式，争取用5年左右的时间，建立起以客户价值为导向的投资服务业务模式，使公司综合实力进入行业10强，利用上市平台进一步提升综合实力和竞争地位，基本实现将兴业证券打造为一家全国性、系统重要性的大型现代投资银行的愿景与理想。

服务与产品

服务承诺

专注倾听、深入了解，根据客户需求定制解决方案，帮助客户实现资产增值；

公开、公正、公平地对待每一个客户，恪守行规和信誉，为客户提供个性化专业服务；

积极构建客户信息反馈渠道，完善投诉机制，急客户之所急，想客户之所想；

建设先进的交易、通讯和清算系统，满足客户对硬件保障的期望。

服务范围

证券的自营和代理买卖

代理还本付息、分红派息

证券代保管、鉴证

代理登记开户

证券的承销和上市推荐

证券投资咨询

委托资产管理

发起设立证券投资基金和基金管理公司

代理网上委托证券买卖

代办股份转让、融资融券业务、代销金融产品，为期货公司提供中间介绍业务

产品系列

融资服务产品系列

并购与资产重组产品系列

管理咨询产品系列

证券定价与销售

二级市场投资组合产品系列

资讯产品系列

多种服务手段系列

VIP类产品系列

代客理财产品系列

长期客户服务计划

其他产品

英大证券有限责任公司

英大证券有限责任公司是一家全国性的证券经营机构，注册资本27亿元，注册地在深圳。公司聚集了大批高素质的金融、经济、法律、财务和计算机等各类专业人才，构建了面向全国的综合性金融理财服务平台，为广大客户提供证券代理买卖、证券承销与保荐、证券资产管理、证券投资咨询、证券投资基金销售、融资融券、期货中间介绍、代销金融产品以及与证券交易、证券投资活动有关的财务顾问等全方位、多样化的证券服务。

公司股东实力雄厚，目前控股股东英大国际控股集团有限公司为国家电网公司设立的全资子公司。国家电网公司是关系国家能源安全和国民经济命脉的国有重要骨干企业，以建设和运营电网为核心业务，承担着为经济社会发展提供安全、经济、清洁、可持续的电力供应的基本使命，经营区域覆盖26个省（自治区、直辖市），覆盖国土面积的88%，供电人口超过11亿人，管理员工186万人，名列2015年《财富》全球企业500强第7位，是全球最大的公用事业企业。

公司树立“以客户为中心”的服务理念，致力于创建体现个性化、差异化、专业化的客户服务体系。公司在深圳、北京、上海、天津、广州、郑州、成都、沈阳、南京、武汉、南昌、长沙、兰州、重庆、福州等国内经济发达地区和省会所在地设有分支机构，并控股英大期货有限公司，构建了面向全国的经纪业务框架及完善的营销和服务网络，及时满足客户各类投资需求。此外，公司研究咨询团队覆盖宏观、策略、债券及电力行业，为广大客户提供高质量的研究咨询服务。

“客户至上、回报股东、奉献社会”是我们的企业宗旨，“努力超越、追求卓越”是我们的企业精神，“以人为本、诚信立业、合规经营、创新发展”是我们的经营理念。英大证券致力于推动我国资本市场繁荣发展，为国内外企业、个人和机构投资者提供全面专业的证券服务，努力实现客户资产的保值增值。

投资银行业务

公司投资银行业务包括证券承销与保荐业务及与证券交易、证券投资活动有关的财务顾问业务。

证券承销与保荐业务

公司证券承销与保荐业务致力于为国内外优质企业的权益类融资及债务与结构融资活动提供从方案设计到发行定价与承销的全过程专业化服务。目前主要开展首次公开发行、上市公司再融资、企业债（公司债）的保荐承销及上市推荐业务。

证券承销与保荐业务是公司对股东发挥金融支撑作用的重要组成部分，因此，得到了国家电网公司的深切关怀和大力支持。借助于国家电网公司系统内各家金融单位，我公司拥有强大的市场推介及承销能力，并在现行的询价发行机制下，展现出一定的市场定价实力，确保实现客户利益最大化。

与证券交易、证券投资活动有关的财务顾问业务

财务顾问业务是我公司为政府、企（事）业客户的投融资、理财、重组并购、发展战略等经济活动提供金融咨询、经济分析和财务方案设计的一种专业化服务。

公司财务顾问业务主要包括为企业改制、并购及资产重组提供咨询服务；为企业财务融资和资金运用策略提供咨询；为企业的资本运营提供咨询服务；协助企业规划发展战略，并利用金融工具为其提供支持等。

目前，公司已建立起一支优秀的财务顾问业务团队，涵盖资本运营、兼并收购、企业管理、财务管理、金融产品开发、法律等多方面高素质人才，依靠深厚的股东背景，运用创新的金融手段可以为客户提供综合性解决方案。

资产管理业务

英大证券是国家电网公司系统中唯一具备证券资产管理业务资格的金融机构。

公司资产管理业务主要分为集合资产管理业务和定向资产管理业务。以雄厚的研发力量为基础，科学的决策管理和严密的内控体系为保障，依托坚强的股东支持，致力于为客户提供专业化、个性化、差异化的投资服务，并逐步形成稳健持

久的英大资产管理业务品牌。

期货 IB 业务

我公司已于 2010 年 12 月正式获批取得为英大期货有限公司提供中间介绍业务的资格。

我公司可向客户提供协助办理开户手续、提供期货行情信息及交易设施、协助风险控制等服务。

期货 IB 业务的开展标志着我公司金融衍生品业务创新服务迈上了新的台阶，公司也将进一步整合资源，凭借自身的产品创新能力，以及先进的交易平台和服务能力，为投资者提供更多样的综合理财服务。

招商证券股份有限公司

公司概况：

招商证券股份有限公司（以下简称招商证券）是百年招商局旗下金融企业，经过二十年创业发展，已成为拥有证券市场业务全牌照的一流券商。2009 年 11 月，招商证券在上海证券交易所上市（代码 600999），截止目前，招商证券成为中证 100、上证 180、沪深 300、新华富时中国 A50 等多个指数的成分股。

招商证券具有稳定持续的盈利能力、科学合理的风险管理架构、全面专业的服务能力。拥有多层次客户服务渠道，在国内设有 160 家营业部，同时在香港设有分支机构；全资拥有招商证券国际有限公司、招商期货有限公司、招商资本投资有限公司，参股博时基金管理公司、招商基金管理公司，构建起国内国际业务一体化的综合证券服务平台。

招商证券致力于“全面提升核心竞争力，打造中国最佳投资银行”。我们将以卓越的金融服务实现客户价值增长，推动证券行业进步，立志打造产品丰富、服务一流、能力突出、品牌卓越的国际化金融机构，成为客户信赖、社会尊重、股东满意、员工自豪的优秀企业。

拨打电话：95565 转“人工服务”

人工代填单电话委托：40088－95565

境外热线：86－755－26951111

总部地址：深圳市福田区益田路江苏大厦 38－45 层

电子邮箱：sbox@cmschina.com.cn

网上在线：进入专家在线

现场服务：招商证券营业网点

浙商证券股份有限公司

浙商证券股份有限公司（ZHESHANG SECURITIES CO.，LTD.）是中国证监会批准成立的综合性证券公司，成立于 2002 年 5 月 9 日。总部位于浙江省杭州市，注册资本 30 亿元人民币。

浙商证券是长三角南翼地区的重要财富管理机构，全资控股浙商期货有限公司、浙江浙商资本管理有限公司和浙江浙商证券资产管理有限公司，主发起设立浙商基金管理有限公司，形成“证券＋期货＋基金＋资管＋创投”的金融产业布局，为客户提供全方位、多层次、宽领域的综合投融资服务和产品。公司主要业务包括证券经纪、投资银行、资产管理、财务顾问、投资咨询、证券自营、期货业务、直接投资、融资融券等，其中，资产管理、投资银行、证券经纪、期货经纪等业务已跻身行业前列。

公司在全国范围内设有 100 多家分支机构，服务覆盖中国三大经济区——珠三角、长三角和环渤海地区，在全国 21 个经济最活跃的省份打下了综合性投融资服务的基石，形成全国性财富管理网络布局。

浙商证券致力于撮合投融资需求，管理居民财富，积极服务实体经济发展，以优质的财富管理服务赢得市场的良好口碑和客户的认可，获得了多项荣誉。

千百年文化传承，十余年励精图治，浙商证券将浙商的文化基因化为宝贵的精神财富，延续务实、创新的浙商精神，以“同创同享同成长”为核心企业文化，立志将浙商证券打造为最具浙商特色的财富增值服务商。

发展轨迹

2002 年 5 月，公司成立，注册资本 5.2 亿元。

2006 年 8 月，更名为浙商证券有限责任公司。

2007 年 4 月，发起设立浙商基金管理有限公司（2010 年 10 月正式开业）。

2007 年 10 月，公司增资扩股，注册资本增至 15.20 亿元。

2007 年 11 月，公司全资收购浙江天马期货经纪有限公司，更名浙商期货有限公司。

2008 年 2 月，公司增资扩股，注册资本增至 21.20 亿元。

2011 年 1 月，公司增资扩股，注册资本增至 29.15 亿元。

2012 年 2 月，设立全资子公司浙江浙商资本管理有限公司。

2012 年 9 月，公司变更为股份有限公司，更名为浙商证券股份有限公司，注册资本 30 亿元。

2012 年 9 月，公司参股浙江股权交易中心。

2013 年 7 月，全资子公司浙江浙商证券资产管理有限公司正式开业。

公司荣誉

“重利尚义的价值观念，个人自主的文化观念，以小博大的务实精神，自强不息的人生态度，和气生财的处世态度，诚信为本的商业道德，富而思进的责任意识是浙商文化的主要内涵。”

浙商证券以百年浙商文化为根基，一路前行，不断突破创新，在业内及社会各界赢得了多项荣誉。

最佳设计与创新证券公司

最佳服务创新证券公司

中国最具发展潜力证券公司

中国最佳资产管理证券公司

中国最具成长性证券经纪商

中国最具成长性投行

浙江省优秀证券中介机构

浙商最信赖金融机构

浙商最信赖经纪服务证券公司

最佳私募债券承销商

最佳资产管理券商

最佳 IB 业务券商

浙商证券呼叫中心——2012 年中国最佳呼叫中心

现代服务业先进企业

浙江省服务业企业 100 强

联系我们

地址：浙江省杭州市杭大路 1 号黄龙世纪广场 A 座

邮编：310007

电话：0571－87901963

传真：0571－87901955

邮箱：webmaster@stocke.com.cn

中德证券有限责任公司

中德证券有限责任公司是一家中外合资证券公司，由全球领先的综合金融机构德意志银行和具有丰富本土经验的山西证券股份有限公司共同出资设立。公司向客户提供广泛的投资银行服务，包括各类证券承销以及与资本市场相关的顾问服务等。公司董事长为侯巍先生，总经理为姜培兴先生。

2008 年 12 月，中国证监会下发《关于批准设立中德证券有限责任公司的批复》，批准山西证券与德意志银行共同出资设立中德证券有限责任公司。2009 年 4 月，公司取得营业执照正式设立。2009 年 7 月中国证监会向公司颁发了《经营证券业务许可证》。经批准的经营范围包括：股票（包括人民币普通股、外资股）和债券（包括政府债券、公司债券）的承销与保荐以及中国证监会批准的其他业务。2009 年 8 月，公司取得了保荐机构资格。

公司总部设在北京，办公地址为北京市朝阳区建国路 81 号华贸中心德意志银行大厦 22、23 层。

公司文化

中德证券有限责任公司作为一家合资券商，由德意志银行具有丰富中国和国际资本市场经验的投行团队、山西证券优秀的投行团队以及国内证券市场的投行精英共同组成，具备全球化的视野、国际市场的磨练以及丰富的本土作战经验。

中德证券的目标是成为中国一流的投资银行。中德证券本着以客户为核心、以人才为根本、以稳健为原则、以创新为导向的经营理念，竭诚为每一个客户量身打造出全面优质的个性化融资方案，在合规前提下向客户提供专业高效的金融服务。

以客户为核心

致力于为客户提供具有国际水准的金融服务，为客户实现其战略目标增添动力，成为客户最信任的资本市场顾问。

以人才为根本

创建业绩导向的企业文化；立足长远，加强专业人才的引进和培养；提供激励与挑战并存的工作环境；鼓励多元文化。

以稳健为原则

力求实现长期稳定且合理的收益率，保持卓越的财务状况，达到长期持续的发展。

以创新为导向

通过领导产品创新和行业实践，形成中德的独特竞争优势。

中国的资本市场蓬勃发展、潜力无限，充满机遇也富含挑战。我们将本着“卓越慧中，厚德致远”的公司宗旨，发扬团队精神，在机遇中寻求发展，在挑战中谋求突破，坚持不懈地为客户提供一流的专业服务，通过为客户创造价值来实现自身的发展

联系我们

地址：北京市朝阳区建国路 81 号华贸中心
德意志大厦 22 层

邮编：100025

电话：010－59026666

传真：010－59026670

中国民族证券有限责任公司

公司概况：

中国民族证券有限责任公司（以下简称“公司”）成立于 2002 年 4 月，是经中国证监会批准的综合类证券公司，注册地北京市。2013 年，股东政泉控股、乐山国资公司、兵工财务等完成对公司增资后，注册资本 44.87 亿元人民币。2014 年 8 月，民族证券与方正证券重大资产重组工作获批，公司原股东成为方正证券股东，方正证券成为公司股东。公司总部位于北京市朝阳区盘古大观，是上海证券交易所、深圳证券交易所的会员单位。在北京、上海、深圳等 18 个大中城市和经济发达地区设立了 51 家分支机构。

公司业务资质齐全，已取得证券经纪、证券投资咨询、证券交易、证券投资活动有关的财务顾问、证券承销与保荐、证券自营、证券资产管理、证券投资基金代销、全国银行间债券交易系统成员、交易所债券市场成员、证券业务外汇经营、企业债券主承销商、IPO 询价对象、LOF 基金申购、赎回代理销售、上证基金通、代办系统主办券商、深圳 ETF 申赎、上证 180 金融交易型开放式指数证券投资基金一级交易商、融资融券、证券经纪人、中小企业私募债承销、转融通、约定式购回证券交易、金融产品代销和保险兼业代理等业务资格。

公司始终秉承“诚信、和谐、进取、规范”的企业文化，各项业务取得了长足发展，行业排名逐年上升，自 2006 年以来，公司连续九年盈利，净资产收益率居行业前列。特别是随着公司创新业务的快速发展，在行业内已逐步形成了具有民族证券特色的业务品牌，先后荣获首届国家理财规划师年会“中国理财行业突出贡献奖”、第九届“中国财经风云榜”—“最佳创新业务券商”、第六届中国证券市场年会“金钥匙奖”、中国资本市场季度高级研讨会十周年“开拓奖”等殊荣，公司“民富齐实”系列产品获“2011 年度最佳经纪业务服务品牌”等称号；投行业务多次实现行业首创，公司承做的“08 钒钛债”项目成为国内证券市场首单无银行担保公司债券，“09 亿城债”成为首单在深交所综合协议交易平台上市交易的公司债券，2013 年完成了首单在交易所挂牌发行的证券公司次级债券；投行团队获得浙江省人民政府授予的“浙江省 2011 年度优秀 IPO 保荐团队”称；公司始终坚持履行企业公民的社会责任，在“2013（第五届）责任中国优企业峰会”上，登上了“2013（第五届）中国企业社会责任”100 强榜单，荣获了“2013 中国社会责任典范企业”奖。

公司系统荣获省部级、全国级“五一劳动奖状、奖章”等先进集体、个人共 130 余个。

地址：北京市朝阳区北四环中路 27 号盘古大观
A 座 40F－43F

邮编：100101

电话：400－889－5618

网址：http://www.e5618.com

中国银河证券股份有限公司

公司简介：

中国银河证券股份有限公司（以下简称“公司”，股票代码：06881.HK）是中国证券行业领先的综合性金融服务提供商，提供经纪、销售和交易、投资银行等综合证券服务。

2007 年 1 月 26 日，公司经中国证监会批准，由中国银河金融控股有限责任公司作为主发起人，联合 4 家国内机构投资者共同发起正式成立。中央汇金投资有限责任公司为公司实际控制人。公司本部设在北京，注册资本为人民币 9,537,258,757元。截至 2015 年 6 月底，公司共有员工 7916 人。

公司的经营宗旨是：根据国家法律法规、方针政策及国际

惯例，致力开拓证券业务，秉承“忠诚、包容、创新、卓越”的企业精神和“客户至上、员工为本”的经营理念，坚持“创造价值、增长财富”的企业使命，倾力打造“一流服务、最佳投行”，实现股东长期利益和公司价值的最大化，促进、支持国民经济和证券市场的发展。

公司的经营范围为：证券经纪；证券投资咨询；与证券交易、证券投资活动有关的财务顾问；证券承销与保荐；证券自营；融资融券；开放式证券投资基金代销；为银河期货经纪公司提供中间介绍业务；代销金融产品业务；保险兼业代理业务；证券投资基金托管业务；中国证监会批准的其他业务。

公司旗下拥有银河创新资本管理有限公司、中国银河国际金融控股有限公司、银河期货有限公司和银河金汇证券资产管理有限公司。

公司于2013年5月22日在香港联合交易所上市，2015年5月完成H股配售。控股股东为中国银河金融控股有限责任公司。

发展历程

2007年1月26日，经中国证监会批准，以中国银河金融控股有限责任公司作为主发起人，联合四家国内投资者，共同发起设立中国银河证券股份有限公司（以下简称“公司”）。公司收购了原中国银河证券有限责任公司的证券经纪业务、投行业务及相关资产，注册资本金为60亿元人民币。旗下拥有银河期货经纪有限公司。

2009年10月21日，设立银河创新资本管理有限公司。

2011年2月，中国银河国际金融控股有限公司于香港注册成立。

2013年5月22日，在香港联合交易所上市（股票代码：06881. HK）。

2014年4月25日，设立银河金汇证券资产管理有限公司。

2015年5月，完成H股配售。

联系我们

地址：北京市西城区金融大街35号国际企业大厦C座
邮编：100033
电话：95551；4008-888-888
传真：010-66568532
邮箱：webmaster@ chinastock. com. cn

中航证券有限公司

公司简介

中航证券有限公司（以下简称“中航证券”）是经中国证券监督管理委员会批准设立的全国性综合类证券公司，是中国十大军工央企集团唯一证券公司，于2002年10月18日在江西南昌成立。公司实际控制人为中国航空工业集团公司（以下简称“中航工业”）。

中航证券主营业务范围为：证券经纪；证券投资咨询；与证券交易、证券投资活动有关的财务顾问；证券承销与保荐；证券自营；证券资产管理；证券投资基金代销；融资融券业务；代销金融产品业务等。公司在京、津、沪、渝、粤、滇、闽、浙、鲁、辽、桂、陕、豫、鄂、甘、苏、湘、川、赣、黔、黑等21省份（直辖市）设有证券营业部。

中航证券立足中航工业，建设具有综合金融服务能力的、拥有广泛客户基础的、中国军工产业投融资首选的现代投资银行。近年来，各项业务迅猛发展，公司业绩连创新高；与深交所、上交所的战略合作，开创了中国军工产融年会新模式；获得了第十届中国证券市场年会最佳券商“金钥匙”奖。随着品牌知名度和行业影响力的不断提升，公司已成为中航工业产融结合的中坚力量。

中航证券作为中航工业金融板块的重要组成部分，在中航工业“两融、三新、五化、万亿”的发展战略指引下，公司秉承“航空报国、强军富民”的宗旨，践行“敬业诚信、创新超越”的理念，创建一流公司、建设一流团队、创造一流业绩、实现一流管理、争做一流员工。

投资银行事业

中航证券是国内首批保荐机构之一，于2008年获得保荐机构资格。多年来，公司以市场化的管理模式和组织架构，组建了一支专业结构合理、勤勉务实、高效精干的投资银行专业团队。在“承销业务、并购业务和创新业务并举，以承销业务为基础，积极开展并购和创新业务”的发展战略指引下，公司投资银行事业由股权融资业务、债券融资业务、并购融资业务、新三板融资业务、结构化融资等共同构成，立足于为企业提供全生命周期融资解决方案的专业投资银行服务。

特别的，公司依托股东背景，近年来在航空制造和军工制造领域形成了具有中航特色的投资银行品牌。2014年，由中国航空工业集团等单位主办、中航证券承办的首届中国军工产融论坛圆满举行。公司投资银行事业致力于打造我国国防工业资本化改革进程的首选综合金融服务商。

股权融资业务：为客户提供改制及上市辅导、IPO、上市公司再融资，包括增发、配股、非公开发行股份等服务。协助企业策划改制方案；协助企业确定融资方案，制订发行上市计划及日程安排；协助企业进行投资项目的可行性分析并确定募集资金投向；协调发行人及相关中介机构完成全套发行申报材料的制作并完成申报工作，组织发行人及证券服务机构进行反馈意见答复；完成估值、询价及路演推介等工作。

债券融资业务：为客户提供企业债券、公司债券、中小企业私募债券及中小企业集合债等固定收益类产品等服务。主要是依据客户的发展战略、现金流量和融资成本等特点为客户制订债券发行方案；提供尽职调查、推荐债券信用评级机构以及担保机构，负责债券申报等服务；与债券主管部门进行沟通、协调，促使债券发行尽早获得批准；制订债券发行计划、推介计划等工作。

并购融资业务：为客户提供企业资产重组、股权并购等服务。提供企业资产重组和债务重组的整体方案设计以及配套服务；企业改制和再融资方案的整体策划与咨询；资本运作的政策法规咨询；策划收购方的经营战略和发展规划，帮助收购方明确收购目的，制定收购标准；协助收购方搜寻目标、进行尽职调查；设计购并方式和交易结构；与出让方沟通、协助谈判；协助实施并购方案、控制目标公司等工作。

其他财务顾问业务：如提供私募融资服务，协助公司寻找潜在的目标投资者（战略投资者）；协助企业进行私募文件的起草及报批；代表客户进行资本投资事项的沟通与谈判等。

新三板业务：公司具有全国中小企业股份转让系统主办券商资格，可以从事包括推荐挂牌、股份登记托管、信息披露、融资、股份交易、并购重组及转板等专业化资本市场服务。

结构化融资业务：包括但不限于以下产品的承揽、承做及承销：资产证券化产品（包括信贷资产证券化及企业资产证券化产品），私募标准化产品（包括于沪/深证券交易所挂牌发行的私募债券等），以及各类非标准化债务工具（包括于各地产权/金融交易所发行的私募产品等）等。公司在资产证券化领域拥有丰富的经验，曾为多家银行和企业完成资产证券化融资项目，执行效率获客户高度评价，在业界具有良好口碑。

资产管理事业

公司资产管理事业一直秉持“专业创造价值、客户利益至上”的经营理念，经过多年积淀，形成了鲜明的投资风格、科学的投资管理模式、完备的风险控制体系以及高效的客户服务方式。经过多年发展，公司在权益类投资、固定收益、量化投资、市值管理、资产证券化、融资业务等方面积累了丰富经验和相应产品链。

集合资产管理业务：采用类似基金的销售和管理模式，为净值在100万元以上多个客户办理集合资产管理业务，为客户提供股票、基金、债券、期货、期权、股票质押融资、信托计划及其收益权等各个领域的投资服务。公司已形成了涵盖量化对冲型、债券型、FOF型、混合型、股票型、类信托型、股票质押回购等多样的集合产品序列，覆盖了风险收益水平由低至高的各类投资业务。面向不同风险偏好的投资者推出了分级型的集合计划，既能满足较低风险偏好投资者的投资确定性需求，也能为较高风险偏好的投资者提供获取高收益的机会。

定向资产管理业务：根据个性化需求，为高净值（1000万元以上）的机构和个人客户提供高端专属的定制服务。投资范围在符合国家法律法规要求的基础上由双方协商确定。具有通过定向资产管理业务为高净值客户提供定制化服务的丰富经验，包括债券等固定收益品种投资、量化对冲投资等定向业务模式均独具特色。

其他资产管理业务：根据客户需要，提供产品财务顾问、投资顾问、市值管理服务以及其他相关特色服务。尤其是为银行和信托等同业机构提供服务，积极开展银证信业务合作，及时、高效地为同业机构提供增值服务。

联系我们

南昌
地址：江西省南昌市红谷滩红谷中大道1619号南昌国际金融大厦A栋41层
电话：0791－86811898
北京
地址：北京市朝阳区安立路60号润枫德尚6号楼3层
电话：010－64818328
深圳
地址：深圳市福田区深南中路3024号航空大厦29层
电话：0755－83520492
总部客服热线：95335（0791－95335）、400－88－95335

中信建投证券股份有限公司

公司简介：

中信建投证券成立于2005年11月2日，是经中国证监会批准设立的全国性大型综合证券公司。公司注册于北京，注册资本61亿元，在全国30个省、自治区、直辖市设有224家营业网点，并设有中信建投期货有限公司、中信建投资本管理有限公司、中信建投（国际）金融控股有限公司、中信建投基金管理有限公司等4家子公司。公司拥有360余万客户，客户资产规模近8000亿元。在为政府、企业、机构和个人投资者提供优质专业的金融服务过程中，公司建立了良好的声誉，连续五年被中国证监会评为目前行业最高级别的A类AA级证券公司。

中信建投证券拥有实力强大的股东背景，北京国有资本经营管理中心、中央汇金投资有限责任公司、世纪金源投资集团有限公司与中信证券股份有限公司均为拥有雄厚资本实力、成熟资本运作经验与较高社会知名度的大型企业。

经相关监管部门批准，中信建投证券的主要业务范围包括：证券承销与保荐、证券经纪、与证券交易和证券投资活动有关的财务顾问、证券投资咨询、证券自营、证券资产管理、证券投资基金代销、为期货公司提供中间介绍业务、融资融券业务、代销金融产品业务、保险兼业代理业务、期权做市业务、证券投资基金托管以及监管部门批准的其他业务。

自成立以来，中信建投证券各项业务快速发展，在企业融资、收购兼并、证券经纪、证券金融、固定收益、资产管理、股票及衍生品交易等领域形成了自身特色和核心业务优势，并搭建了研究咨询、信息技术、运营管理、风险管理、合规管理等专业高效的业务支持体系。2005－2014年，中信建投证券累计实现营业收入480亿元，实现净利润168亿元；累计完成502单境内外股票及债券主承销项目，主承销金额6,685亿元；累计完成股票基金交易量26万亿元。凭借高度的敬业精神与突出的专业能力，中信建投证券主要业务指标及盈利能力目前均位居行业前10名。

联系方式：

地址：北京市东城区朝内大街188号
邮编：100010
网址：www.csc108.com
客服：4008－888－108

中银国际证券有限责任公司

中银国际证券有限责任公司（以下简称“中银国际证券”）经中国证监会批准于2002年2月28日在上海成立，注册资本25亿元人民币。中银国际证券由中银国际控股有限公司、中国石油天然气集团公司、上海金融发展投资基金（有限合伙）、云南省投资控股集团有限公司、江西铜业股份有限公司、凯瑞富海实业投资有限公司、中国通用技术（集团）控股有限责任公司、上海祥众投资合伙企业（有限合伙）、江苏洋河酒厂股份有限公司、上海联新投资中心（有限合伙）、江西铜业集团财务有限公司、达濠市政建设有限公司、万兴投资发展有限公司共同投资。

中银国际证券的经营范围包括：证券经纪、证券投资咨询、与证券交易、证券投资活动有关的财务顾问、证券承销与保荐、证券自营、证券资产管理、证券投资基金代销、融资融券、代销金融产品。

中银国际证券还通过全资子公司中银国际期货有限责任公司和中银国际投资有限责任公司分别从事期货业务和直接投资业务。

中银国际证券注册地在上海，并在北京、深圳、广州、武汉、成都、哈尔滨等全国47个主要城市设有分支机构。自成立以来，中银国际证券积极发挥“深厚中行背景、跨境金融服务”业务优势，依托中国银行全方位的金融服务平台、借鉴中银国际控股丰富的境外资本市场运作经验，努力为客户提供高品质、专业化、个性化的投资银行和证券服务。公司在资产管理业务领域保持了行业优势地位，经纪业务部均收入排名行业前列。

中银国际证券在多项评比中获得荣誉。近年来，公司先后获得财政部“记账式国债承销团成员优秀奖”、国家开发银行“金融债券优秀承销商”、中国证券业协会“年度证券公司投资者教育与服务优秀单位”、中国证券投资者保护基金组织“年度保护基金投资者调查年终考评优秀证券公司”、中央国债登记结算有限责任公司“中国债券市场优秀资产管理机构”、“中国债券市场优秀发行人(证券公司短融发行人)”等荣誉称号;《21世纪经济报道》“中国最佳投行证券公司”奖、“最佳承销保荐业务证券公司”、“优秀移动交易服务证券公司”奖;《证券时报》“中国最佳资产管理券商”、“中国最佳零售客户服务商”、“中国最佳机构客户服务商”;《新财富》“大项目能力最佳投行”、“最佳IPO项目”、“最佳公司债项目”;“亚洲货币(Asiamoney)最佳分析师”集体奖项评比“中国最佳券商”第三名、“进步最快研究机构”第二名、“最具独立性研究机构”第三名等各项荣誉。在《证券市场周刊》卖方分析师“水晶球”奖评选活动中,名列“本土金牌研究团队”综合排名第三,并获“进步最快研究机构”、“最具创新能力研究机构”、“最具独立性研究机构”、“金牌销售服务团队”、“进步最快销售服务团队”、“金牌路演和客户访问人”等多项评比第一。此外,公司各类集合资产管理计划表现优异,在业内评比中荣获众多奖项。中国红1号集合资产管理计划分别荣获《上海证券报》“最佳混合型券商集合理财计划”、“朝阳永续中国私募基金风云榜最受欢迎理财产品券商集合理财组冠军”;中国红稳定价值集合资产管理计划分别荣获《中国证券报》“金牛券商集合资管计划”、《上海证券报》“年度最佳奖”、《证券时报》“中国最佳权益类资管产品”;中国红基金宝集合资产管理计划获“金牛理财网”中长期(两年、三年)最高5星评级、《上海证券报》券商大集合理财产品三年长期优胜奖”;中国红货币宝集合资产管理计划还荣获《证券时报》“中国最佳固收资管产品”和“朝阳永续中国私募基金风云榜最受欢迎理财产品券商集合理财组冠军”。

在未来的发展中,中银国际证券将牢牢把握中国经济增长与资本市场发展的机遇,积极发挥业务优势,努力为客户提供高质量、专业化、多元化的投资银行服务,为促进证券市场的发展作出贡献。

中原证券股份有限公司

中原证券股份有限公司(在香港以“中州证券”名义开展业务,股票代码1375.HK)成立于2002年底,是河南省内注册的唯一法人证券公司,注册资本32.237亿元。公司成立14年来厚积薄发,稳健发展,特别是2012年以来发展加速,于2014年6月25日在香港成功上市,是中国内地120多家证券公司中的第4家、省域证券公司中的首家在港上市的证券公司,也是河南省第一家上市的金融企业。

公司现有员工2000人左右,其中,包括上市保荐代表人、投资分析师、投资顾问和海外留学人员等在内的高端人才500余人。至2015年6月底,公司总资产532亿元,管理资产规模1600多亿元。公司总部位于郑东新区,在北京、上海等全国各大城市和省内各省辖市及经济发达的县级城市,设有80多家证券、期货经营机构。公司控股有中原期货公司、中原股权交易中心、中鼎开源创投公司、中州汇联互联网金融公司,全资拥有中州蓝海另类投资子公司和香港子公司中州国际金控,与洛阳市政府合资成立中证开元创投公司,正在筹建资产管理子公司,牵头发起设立河南法人寿险公司,建设现代化、国际化大型金融控股集团迈出实质性步伐。

在刚刚过去的2015年,公司厚积薄发、抢抓机遇、加快发展、硕果累累,在八个方面表现突出:

一是经营业绩创公司成立14年来之最,单家企业核算居省管企业首位。预计2015年公司利润同比大增,将连续四年持续高速增长。公司还于去年5月和11月进行了两次高额现金分红,规模达10亿元左右,年投资回报率高达10%以上。

二是公司作为河南资本市场主力军的作用进一步加强,有力地促进了实体经济发展。去年公司通过投行、投资等途径,帮助数百家企业实现了股权和债券融资、新三板挂牌及做市及新“四板”挂牌和展示,对近百家企业进行了股权和债权投资,发展能力进一步提升。

三是中原证券被中国证监会评为A类券商,跨入全国证券公司第一方阵,极大地提升了公司的品牌和影响力。

四是圆满完成了香港增发,募集资金25亿港元,公司资本实力进一步增强。

五是香港子公司正式投入运营,并迅速完成了对一家香港本土投资银行的收购,将打开我省企业在香港上市和走向海外的战略通道。

六是公司控股的中原股权交易中心投入运营,当年即实现233家企业挂牌和展示,为全省40多万家中小微企业提供了股权登记、托管、转让和融资等的综合金融服务平台。

七是公司与香港一家上市互联网公司合资组建的互联网金融公司,在深圳注册成立,将为公司“弯道超车”、加快发展提供强有力的支撑。

八是公司获准牵头组建河南法人寿险公司,建设现代化、国际化大型金控集团迈出实质性步伐。

公司董事长、党委书记菅明军是河南省人大常委、省人大财政经济委员会委员,享受国务院特殊津贴专家,河南省劳动模范。目前还担任中国证券业协会投资银行专业委员会委员、河南省证券期货业协会会长,并被香港大公报社等评为2015年度“最具影响力上市公司领袖”。

公司已初步形成自己的企业文化核心理念,即“朴实善良、诚信厚道、严谨执着、务求实效”。我们正秉持该理念,坚持深耕实体经济、厚待投资者,在新的一年里全力推进A股回归,争取尽快实现A股上市,积极稳妥推进河南法人寿险公司组建,早日实现将公司打造成为现代化、国际化大型金融控股集团的战略目标。

主要业务

经纪业务

作为河南省内唯一注册的法人证券公司,受益于河南省连续多年排名全国第五的地区经济总量和过亿的人口规模以及年均复合增长率16.89%的经济增速(2004年至2012年),凭借覆盖全省的49家分支机构和雄厚的客户基础,公司证券经纪业务在河南省内始终保持领先地位;在此基础上,公司通过全国范围的网点新设和战略布局调整,在北京、上海、天津、深圳、杭州、济南、青岛、西安、武汉、长沙、石家庄、张家港等12个沿海发达城市或中西部中心城市拥有13家营业部,经纪业务“深耕河南、面向全国”的战略构架逐步形成。分布广泛、布局合理的有形服务网络,能够为不同地域的客户提供便捷的综合理财服务。

公司在2009年6月就较早地设立了总部级财富管理中心,有力地推进经纪业务从通道式服务向财富管理转型,在组织架构上走在了行业的前列。公司致力于打造综合型证券金融服务平台,2013年中国证监会公布《证券公司分支机构监管规定》以来，公司率先成立了黄河金三角示范区分公司、洛阳分公司等经营性分公司，走在了行业前列。公司着力打造一流的综合服务品质，构建了以行情、交易、语音资讯、服务定制、人工咨询等方式于一体的电话客户服务系统，形成了以研究所产品研发和系统咨询平台推送相结合的标准化的理财服务后台支持体系；构建了规模近800人的专业理财服务团队，为广大客户提供标准化与个性化相结合的理财服务，不断拓展中原证券服务品牌的影响力。

按照中国证券业协会公布的数据，2010年、2011年、2012年公司代理买卖证券业务净收入分别位列行业第30位、35位、39位，均高于行业中位数排名。在证券时报举办的第三届中国最佳证券经纪商暨明星营业部评选中，公司荣获“中国最佳区域证券经纪商奖”；在上海证券交易所2010年组织开展的会员投资者教育工作自查与走访调研活动中，公司荣获“投资者教育创新奖”。

投资银行

公司投资银行业务主要包括证券承销与保荐业务、债券承销业务、财务顾问业务及代办股份转让业务等，并已取得如下资格：2003年11月，获得股票主承销商资格；2004年9月，获准注册登记为证券发行上市保荐机构；2005年6月，成为第二批试点股权分置改革42家公司的保荐机构之一；2010年5月，获得代办股份与报价转让业务（三板业务）主办券商资格。2013年3月21日在全国中小企业股份转让系统获得主办券商业务备案函。

近年来，公司一直将投资银行业务作为发展战略重点，加大资源配置，完善业务体系，经过几年的积蓄和准备，投行业务已成为公司重要的收入来源，进入到一个稳定、快速发展的时期，投行专业能力得到极大提升。

资产管理

中原证券资产管理总部自成立以来，始终坚持“专业化、市场化、规范化”原则，逐渐打造了集合理财、定向理财、信托顾问和市值管理等四大业务模块，已经形成较为完备的产品开发体系、营销体系、投资管理体系、风险控制体系和服务体系，综合服务能力日益增强，受托管理资产规模迅速扩大。

中原证券资产管理总部的客户广泛分布在地方国有大中型企业、上市公司、民企、企业家及社会富裕人士等。中原证券资产管理总部在为客户提供最大增值服务的同时，以自己的诚信、规范化、专业化、个性化服务赢得了客户的肯定或好评。

江苏法尔胜股份有限公司

江苏法尔胜股份有限公司2015年半年度报告摘要

第一节　重要提示

本半年度报告摘要来自半年度报告全文，投资者欲了解详细内容，应当仔细阅读同时刊载于巨潮资讯网或深圳证券交易所网站等中国证监会指定网站上的半年度报告全文。

公司简介

股票简称	法尔胜	股票代码	000890
股票上市交易所	深圳证券交易所		
联系人和联系方式	董事会秘书	证券事务代表	
姓名	张文栋	刘晓雯	
电话	0510-86119890	0510-86119890	
传真	0510-86102007	0510-86102007	
电子信箱	zhang_wendong@chinafasten.com	liuxiaowen@chinafasten.com	

第二节　主要财务数据和股东变化

(1)主要财务数据

公司是否因会计政策变更及会计差错更正等追溯调整或重述以前年度会计数据

□是　√否

	本报告期	上年同期	本报告期比上年同期增减
营业收入(元)	728,700,703.09	750,739,959.57	-2.94%
归属于上市公司股东的净利润(元)	2,948,525.82	4,171,556.58	-29.32%
归属于上市公司股东的扣除非经常性损益的净利润(元)	2,288,928.52	3,713,832.96	-38.37%
经营活动产生的现金流量净额(元)	52,249,421.66	198,152,004.65	-73.63%
基本每股收益(元/股)	0.0078	0.0110	-29.09%
稀释每股收益(元/股)	0.0078	0.0110	-29.09%
加权平均净资产收益率	0.28%	0.40%	-0.12%
	本报告期末	上年度末	本报告期末比上年度末增减
总资产(元)	3,106,445,664.11	3,110,540,069.79	-0.13%
归属于上市公司股东的净资产(元)	1,044,327,351.69	1,041,378,825.87	0.28%

(2)前10名普通股股东持股情况表

单位：股

报告期末普通股股东总数　30,680

前10名普通股股东持股情况

股东名称	股东性质	持股比例	持普通股数量	持有有限售条件的股份数量	质押或冻结情况 股份状态	数量
江苏法尔胜泓昇集团有限公司	境内非国有法人	21.07%	79,973,918		质押	30,000,000
徐　晟	境内自然人	2.19%	8,300,092			
中融国际信托有限公司-中融-长江红荔1号结构化证券投资集合资金信托计划	其他	0.72%	2,725,200			
钱金娣	境内自然人	0.61%	2,310,000			
李锦文	境内自然人	0.55%	2,203,655			
俞　杰	境内自然人	0.50%	1,900,009			
易方达基金公司-农行-中国农业银行离退休人员福利负债	其他	0.45%	1,723,700			
张秀华	境内自然人	0.36%	1,363,200			
长江证券股份有限公司	境内非国有法人	0.35%	1,319,400			
中融国际信托有限公司-融新142号资金信托合同	其他	0.34%	1,292,687			

上述股东关联关系或一致行动的说明	公司控股股东江苏法尔胜泓昇集团有限公司与前十名股东之间不存在关联关系，也不属于《上市公司收购管理办法》规定的一致行动人。未知其他股东之间是否存在关联关系，也未知是否属于《上市公司股东持股变动信息披露管理办法》规定的一致行动人。
参与融资融券业务股东情况说明(如有)	股东钱金娣通过光大证券股份有限公司客户信用交易担保证券账户持有2310000股。股东李锦文通过普通证券账户持有104600股，通过招商证券股份有限公司客户信用交易担保证券账户持有2099055股，合计持有2203655股。股东俞杰通过普通证券账户持有1900000股，通过万联证券有限责任公司客户信用交易担保证券账户持有9股，合计持有1900009股。

(3)前10名优先股股东持股情况表

□适用　√不适用

公司报告期无优先股股东持股情况。

(4)控股股东或实际控制人变更情况

控股股东报告期内变更

□适用　√不适用

公司报告期控股股东未发生变更。

实际控制人报告期内变更

□适用　√不适用

公司报告期实际控制人未发生变更。

第三节　管理层讨论与分析

2015年上半年，国内外宏观经济形势依然严峻，钢材市场持续低迷，钢价屡创新低，由于受到需求低迷、成本增加、竞争激烈等各种不利因素的影响，国内实体经济短期内依然步履维艰，公司的生产经营也面临着非常大的困难。报告期内，公司以结构调整、转型升级为主攻方向，以自主创新和技术改造为支撑，努力提高产品质量，推进节能降耗，强化资源保障，注重质量效益提高，努力实现产品产业结构的转型升级。

(1)报告期内，实现主营业务收入728,700,703.09元，比去年同期减少了2.94%。

(2)公司继续加强内部管理，完善资金集中管理功能。各控股子公司努力进行管理模式的探索和优化，持续推行精细化管理和对标管理，积极优化调度，重点推进经济运行工作，提高经营效率。

(3)推进科技产业化，积极进行技术创新与技术改造。立足市场，推动产品产业结构升级优化，提高产品质量，保持企业的行业地位，开发新品，保持企业的持续竞争力。

(4)继续推进内部控制规范工作，按照中国证监会、深圳证券交易所、财政部《关于上市公司内部控制指引》、《关于2012年主板上市公司分类分批实施企业内部控制规范体系的通知》(财办会[2012]30号)的规定，公司全面开展内控体系建设工作，梳理风险管控流程，完善各项经营管理制度，优化内部信息系统。

(5)公司股票自2015年4月20日上午09:30开市起停牌，2015年5月5日，公司刊登了《关于筹划发行股份购买资产停牌公告》，确定本次发行股份购买资产的标的资产为一家融资租赁公司和一家商业保理公司的100%股权。

第四节　涉及财务报告的相关事项

(1)与上年度财务报告相比，会计政策、会计估计和核算方法发生变化的情况说明

□适用　√不适用

公司报告期无会计政策、会计估计和核算方法发生变化的情况。

(2)报告期内发生重大会计差错更正需追溯重述的情况说明

□适用　√不适用

公司报告期无重大会计差错更正需追溯重述的情况。

(3)与上年度财务报告相比，合并报表范围发生变化的情况说明

□适用　√不适用

公司报告期无合并报表范围发生变化的情况。

(4)董事会、监事会对会计师事务所本报告期"非标准审计报告"的说明

□适用　√不适用

江苏法尔胜股份有限公司董事会

董事长：蒋纬球

2015年8月18日

西部证券股份有限公司

西部证券股份有限公司 2015 年半年度报告摘要

第一节 重要提示

本半年度报告摘要来自半年度报告全文，投资者欲了解详细内容，应当仔细阅读同时刊载于巨潮资讯网或深圳证券交易所网站等中国证监会指定网站上的半年度报告全文。

公司简介

股票简称	西部证券	股票代码	002673
股票上市交易所	深圳证券交易所		
联系人和联系方式	董事会秘书	证券事务代表	
姓名	王宝辉	黄斌	
电话	029-87406171	029-87406171	
传真	029-87406259	029-87406259	
电子信箱	angbh@xbmail.com.cn	huangb@xbmail.com.cn	

第二节 主要财务数据及股东变化

(1)主要财务数据

公司是否因会计政策变更及会计差错更正等追溯调整或重述以前年度会计数据

√ 是 □ 否

合并

	本报告期	上年同期		本报告期比上年同期增减
		调整前	调整后	调整后
营业收入(元)	3,015,296,001.91	550,014,879.04	551,883,538.60	446.36%
归属于上市公司股东的净利润(元)	1,518,030,052.96	152,293,845.80	152,297,928.89	896.75%
归属于上市公司股东的扣除非经常性损益的净利润(元)	1,513,050,552.50	152,464,052.12	152,468,135.21	892.37%
其他综合收益(元)	98,263,688.37	32,398,422.51	32,394,339.42	203.34%
经营活动产生的现金流量净额(元)	6,542,253,303.54	619,694,668.95	613,953,503.04	965.59%
基本每股收益(元/股)	0.56	0.13	0.13	330.77%
稀释每股收益(元/股)	0.56	0.13	0.13	330.77%
加权平均净资产收益率	17.65%	3.22%	3.21%	增加 14.44 个百分点

	本报告期末	上年度末		本报告期末比上年度末增减
		调整前	调整后	调整后
资产总额(元)	60,019,232,463.37	28,915,252,876.00	28,915,252,876.00	107.57%
负债总额(元)	48,328,629,137.18	23,502,717,895.72	23,502,717,895.72	105.63%
归属于上市公司股东的净资产(元)	11,634,562,724.90	5,353,577,511.17	5,353,577,511.17	117.32%

母公司

	本报告期	上年同期		本报告期比上年同期增减
		调整前	调整后	调整后
营业收入(元)	2,932,485,367.75	532,770,173.06	532,770,173.06	450.42%
净利润(元)	1,506,877,183.38	153,341,372.71	153,341,372.71	882.69%
其他综合收益(元)	100,993,073.31	32,398,422.51	32,398,422.51	211.72%
经营活动产生的现金流量净额(元)	4,599,272,294.97	651,975,285.78	651,975,285.78	605.44%
基本每股收益(元/股)	0.56	0.13	0.13	330.77%
稀释每股收益(元/股)	0.56	0.13	0.13	330.77%
加权平均净资产收益率	17.50%	3.23%	3.23%	增加 14.27 个百分点

	本报告期末	上年度末		本报告期末比上年度末增减
		调整前	调整后	调整后
资产总额(元)	56,928,945,565.16	28,062,516,287.07	28,062,516,287.07	102.86%
负债总额(元)	45,288,040,961.20	22,694,049,430.31	22,694,049,430.31	99.56%
所有者权益总额(元)	11,640,904,603.96	5,368,466,856.76	5,368,466,856.76	116.84%

公司基本每股收益和稀释每股收益的增长幅度低于净利润的增长幅度，主要原因为报告期内，公司非公开发行股票以及实施 2014 年度权益分配所致，股本由期初 1,200,000,000 股变更为 2,795,569,620 股。

(2)母公司净资本及有关风险控制指标

单位：元

项目	本报告期末	上年度末	本报告期末比上年度末增减
净资本	9,771,777,486.92	4,195,768,565.91	132.90%
净资产	11,640,904,603.96	5,368,466,856.76	116.84%
净资本/各项风险资本准备之和	593.47%	354.46%	239.01%
净资本/净资产	83.94%	78.16%	5.78%
净资本/负债	45.56%	36.16%	9.40%
净资产/负债	54.27%	46.27%	8.00%
自营权益类证券及证券衍生品/净资本	31.45%	27.25%	4.20%
自营固定收益类证券/净资本	52.61%	89.60%	-36.99%

(3)前 10 名普通股股东持股情况表

单位：股

报告期末普通股股东总数 128,019 户

前 10 名普通股股东持股情况

股东名称	股东性质	持股比例	持普通股数量	持有有限售条件的股份数量	质押或冻结情况 股份状态	数量
陕西省电力建设投资开发公司	国有法人	25.33%	708,189,312	100,000,000		
上海城投控股股份有限公司	国有法人	16.00%	447,335,457			
西部信托有限公司	国有法人	10.73%	300,000,000			
北京远大华创投资有限公司	境内非国有法人	4.22%	117,894,200		冻结	117,894,200
肖文革	境内自然人	2.55%	71,202,530	71,202,530	质押	47,320,000
上海永润投资管理有限公司	境内非国有法人	1.70%	47,468,354	47,468,354	质押	47,456,962
上银基金-浦发银行-上银基金财富 37 号资产管理计划	其他	1.65%	46,242,034	46,242,034		
国华人寿保险股份有限公司-自有资金	其他	1.44%	40,348,100	40,348,100		
前海开源基金-工商银行-陕西省国际信托股份有限公司	其他	1.42%	39,636,074	39,636,074		
银河资本-浙商银行-银河资本-鑫鑫一号						

资产管理计划	其他	1.41%	39,556,964	39,556,964

上述股东关联关系或一致行动的说明　公司第一大股东陕西省电力建设投资开发公司持有公司第三大股东西部信托有限公司57.78%的股权，为西部信托有限公司的控股股东，构成关联关系；截止2015年06月30日，陕西省电力建设投资开发公司与西部信托有限公司合计持有公司股份1,008,189,312股，占公司总股本的36.06%。

参与融资融券业务股东情况说明(如有)　无

(4)前10名优先股股东持股情况表

□ 适用　√ 不适用

公司报告期无优先股股东持股情况。

(5)控股股东或实际控制人变更情况

控股股东报告期内变更

□ 适用　√ 不适用

公司报告期控股股东未发生变更。

实际控制人报告期内变更

□ 适用　√ 不适用

公司报告期实际控制人未发生变更。

第三节　管理层讨论与分析

(一)概述

2015年上半年，国内经济运行总体上处在合理区间，主要经济指标逐步回暖，积极因素不断增加，呈现"缓中趋稳、稳中向好"的发展态势。创新发展依然是证券行业的主基调，努力成为现代投资银行，即成为直接融资服务提供者、资产管理和财富管理者、交易和流动性提供者、市场重要投资者和有效的风险管理者是券商的发展方向。根据中国证券业协会对证券公司2015年上半年度经营数据统计显示(未经审计)，125家证券公司上半年实现营业收入3305.08亿元。各主营业务收入分别为代理买卖证券业务净收入1584.35亿元、证券承销与保荐业务净收入160.51亿元、财务顾问业务净收入43.54亿元、投资咨询业务净收入19.25亿元、受托客户资产管理业务净收入122.14亿元、证券投资收益(含公允价值变动)920.63亿元、利息净收入366.40亿元。面对行业创新发展的大环境，公司紧抓业务发展机遇，在有效控制风险的前提下，积极应对市场变化与行业变革，有针对性地制定各项经营管理措施，以创新为驱动，通过业务结构调整培育新的利润增长点，推动战略转型，各项业务均稳步发展。

(二)主营业务分析

2015年上半年，资本市场全面深化改革加速推进，股票市场量价齐升，125家证券公司实现营业收入和净利润分别为3305.08亿元和1531.96亿元，同比增长255.27%和373.57%；上市证券公司普遍经营稳定，盈利继续保持较快增长。根据中国证券业协会发布的22家上市证券公司2015年度上半年经营数据(未经审计财务报表)的统计结果，上半年上市券商合计实现营业收入1737.48亿元，同比增长280.13%；实现净利润846.93亿元，同比增长358.05%。公司累计实现营业收入301,529.60万元，同比增长446.36%；累计实现利润总额202,223.58万元，同比增长872.25%；累计实现归属于母公司净利润151,803.01万元，同比增长896.75%。报告期末，公司资产总额为600.19亿元，较年初资产总额289.15亿元增加311.04亿元，增幅107.57%；净资产为116.91亿元，较年初净资产54.13亿元增加62.78亿元，增幅为115.99%。

公司主要财务指标变动情况如下表所示：

单位：人民币元

项目	报告期	上年同期	增减幅度
营业收入	3,015,296,001.91	551,883,538.60	446.36%
利润总额	2,022,235,762.61	207,996,109.69	872.25%
归属于母公司股东的净利润	1,518,030,052.96	152,297,928.89	896.75%
项目	2015年6月30日	2014年12月31日	增减幅度
总资产	60,019,232,463.37	28,915,252,876.00	107.57%
净资产	11,690,603,326.19	5,412,534,980.28	115.99%
母公司净资本	9,771,777,486.92	4,195,768,565.91	132.90%

1.收入

单位：人民币元

项目	报告期	上年同期	增减额	增减幅度
营业收入	3,015,296,001.91	551,883,538.60	2,463,412,463.31	446.36%
手续费及佣金净收入	1,792,496,083.00	340,409,428.03	1,452,086,654.97	426.57%
其中：经纪业务手续费净收入	1,617,574,437.79	280,007,772.37	1,337,566,665.42	477.69%
投资银行业务手续费净收入	137,304,106.90	46,835,127.72	90,468,979.18	193.16%
资产管理业务手续费净收入	34,517,274.81	12,706,151.51	21,811,123.30	171.66%
利息净收入	362,415,739.51	146,005,769.18	216,409,970.33	148.22%
投资收益(损失以"－"号填列)	697,937,694.01	47,559,875.63	650,377,818.38	1367.49%
其中：对联营企业和合营企业的投资收益	−58,852.53	−9,891,538.45	9,832,685.92	不适用
公允价值变动收益(损失以"－"号填列)	159,816,614.54	16,649,452.79	143,167,161.75	859.89%
汇兑收益(损失以"－"号填列)	−6,645.80	142,072.94	−148,718.74	不适用
其他业务收入	2,636,516.65	1,116,940.03	1,519,576.62	136.05%

2.成本

单位：人民币元

项目	报告期	上年同期	增减额	增减幅度
营业支出	999,682,794.99	343,660,487.15	656,022,307.84	190.89%
营业税金及附加	165,619,324.18	26,408,149.38	139,211,174.80	527.15%
业务及管理费	794,685,609.14	315,075,285.66	479,610,323.48	152.22%
资产减值损失	37,710,916.16	1,554,263.61	36,156,652.55	2326.29%
其他业务成本	1,666,945.51	622,788.50	1,044,157.01	167.66%

3.现金流

单元：人民币元

项目	报告期	上年同期	增减额	增减幅度
经营活动现金流入小计	18,520,900,491.65	1,999,014,311.63	16,521,886,180.02	826.50%
经营活动现金流出小计	11,978,647,188.11	1,385,060,808.59	10,593,586,379.52	764.85%
经营活动产生的现金流量净额	6,542,253,303.54	613,953,503.04	5,928,299,800.50	965.59%
投资活动现金流入小计	64,138,685.51	19,624.57	64,119,060.94	326728.49%
投资活动现金流出小计	288,048,994.34	28,461,087.23	259,587,907.11	912.08%
投资活动产生的现金流量净额	−223,910,308.83	−28,441,462.66	−195,468,846.17	不适用
筹资活动现金流入小计	16,291,019,996.80	−	16,291,019,996.80	不适用
筹资活动现金流出小计	5,545,917,052.98	75,600,000.00	5,470,317,052.98	7235.87%
筹资活动产生的现金流量净额	10,745,102,943.82	−75,600,000.00	10,820,702,943.82	不适用
现金及现金等价物净增加额	17,063,439,292.73	510,054,113.32	16,553,385,179.41	3245.42%

4.费用

单位：人民币元

项目	报告期	上年同期	增减额	增减幅度
职工工资	544,139,973.28	132,722,254.37	411,417,718.91	309.98%
社会保险及住房公积金	51,807,123.00	46,507,222.51	5,299,900.49	11.40%
租赁、物业管理及水电费	40,447,321.02	33,554,308.38	6,893,012.64	20.54%
折旧与摊销	30,430,892.91	28,862,113.63	1,568,779.28	5.44%
办公及后勤费	37,334,590.49	23,812,558.42	13,522,032.07	56.79%
交易设施使用及通讯传输费	17,249,706.16	16,370,604.96	879,101.20	5.37%
营销费用	24,097,471.23	15,815,644.05	8,281,827.18	52.36%
咨讯信息费	10,040,931.37	6,520,134.65	3,520,796.72	54.00%
投资者保护基金	22,388,107.63	3,246,670.05	19,141,437.58	589.57%
职工福利、工会及教育经费	16,749,492.05	7,663,774.64	9,085,717.41	118.55%
合计	794,685,609.14	315,075,285.66	479,610,323.48	152.22%

5.比较式会计报表中变动幅度超过30%以上项目的情况

(1)资产负债表项目

单位：人民币元

项目	期末数	期初数	增减幅度	变动原因
货币资金	26,582,097,627.80	7,534,696,458.33	252.80%	期末客户资金和自有资金增加
结算备付金	3,708,780,330.95	5,692,490,847.20	−34.85%	结算备付金与银行存款之间调拨资金所致
融出资金	11,251,404,034.46	4,407,629,275.53	155.27%	融出资金规模增加
以公允价值计量且其变动计入当期损益的金融资产	6,577,396,831.37	3,100,303,523.66	112.15%	以公允价值计量且其变动计入当期损益的金融资产规模增加
衍生金融资产	498,429.00		不适用	衍生金融资产规模增加所致
买入返售金融资产	7,225,005,253.22	5,202,650,186.09	38.87%	买入返售金融资产规模增加所致
应收款项	223,676,050.66	64,981,595.06	244.21%	期末证券清算款增加所致
应收利息	255,587,963.70	132,199,245.78	93.34%	融出资金规模增加所致
存出保证金	915,325,637.90	280,492,456.94	226.33%	证券交易量增加以及期

				货客户开仓保证金增加所致
持有至到期投资	240,000,000.00	50,000,000.00	380.00%	持有至到期投资规模增加所致
递延所得税资产	28,868,776.33	20,999,516.32	37.47%	融出资金减值准备增加所致
其他资产	126,016,836.78	83,855,309.21	50.28%	预付款项增加所致
应付短期融资款	9,526,020,000.00	3,330,000,000.00	186.07%	发行收益凭证规模增加
以公允价值计量且其变动计入当期损益的金融负债	1,686,012,729.07	336,417,795.42	401.17%	按照新准则合并的结构化产品规模增加
衍生金融负债	427,054.52		不适用	衍生金融负债规模增加
卖出回购金融资产款	8,103,513,899.11	5,813,183,258.35	39.40%	卖出回购金融资产款规模增加
代理买卖证券款	25,147,674,007.32	11,535,207,475.98	118.01%	客户交易资金增加
应付职工薪酬	439,414,768.80	313,695,550.93	40.08%	计提本期职工薪酬增加
应交税费	327,931,632.27	93,460,949.38	250.88%	计提所得税金增加
应付款项	923,244,181.82	61,464,602.67	1402.07%	暂收国海证券定向增发保证金
应付利息	100,841,697.54	26,464,713.34	281.04%	应付短融款项增加
递延所得税负债	158,394,401.44	78,820,596.22	100.96%	金融资产公允价值变动影响
股本	2,795,569,620.00	1,200,000,000.00	132.96%	定向增发新股以及送股公积金转增
资本公积	5,441,380,815.18	1,463,822,818.19	271.72%	定向增发新股溢价所致
其他综合收益	241,662,612.81	143,274,942.55	68.67%	可供出售金融资产公允价值变动影响
未分配利润	1,733,513,474.24	1,124,043,547.76	54.22%	营业收入增加影响

(2)损益表项目

单位:人民币元

项目	本期数	上期数	增减幅度	变动原因
手续费及佣金净收入	1,792,496,083.00	340,409,428.03	426.57%	经纪业务和投行业务收入增加较多所致
其中:经纪业务手续费净收入	1,617,574,437.79	280,007,772.37	477.69%	投资者交易活跃,佣金收入增加
投资银行业务手续费净收入	137,304,106.90	46,835,127.72	193.16%	承销保荐收入增加
资产管理业务手续费净收入	34,517,274.81	12,706,151.51	171.66%	定向资产管理收入增加
利息净收入	362,415,739.51	146,005,769.18	148.22%	客户资金和融资规模增加所致
投资收益	697,937,694.01	47,559,875.63	1367.49%	自营业务收入增加
公允价值变动收益	159,816,614.54	16,649,452.79	859.89%	以公允价值计量且其变动计入当期损益的金融资产公允价值增加
汇兑收益	−6,645.80	142,072.94	不适用	汇率变动影响
其他业务收入	2,636,516.65	1,116,940.03	136.05%	西部利得咨询服务收入增加所致
营业税金及附加	165,619,324.18	26,408,149.38	527.15%	营业收入增加影响
业务及管理费	794,685,609.14	315,075,285.66	152.22%	应计提职工薪酬和业务拓展费用增加
资产减值损失	37,710,916.16	1,554,263.61	2326.29%	融资融券业务规模增加所致
其他业务成本	1,666,945.51	622,788.50	167.66%	西部期货提取期货风险准备金增加
营业外收入	6,957,603.67	1,262,199.09	451.23%	财政奖励、补贴增加
营业外支出	335,047.98	1,489,140.85	−77.50%	上期有罚款滞纳金支出
所得税费用	506,998,595.58	55,698,180.80	810.26%	本期利润总额增加所致
少数股东损益	−2,792,885.93		不适用	本期合并西部利得所致

(3)现金流量表项目

单位:人民币元

项目	本期数	上期数	增减幅度	变动原因
处置以公允价值计量且其变动计入当期损益的金融资产净增加额		541,833,159.63	−100.00%	本期以公允价值计量且其变动计入当期损益的金融资产为净增加额
收取利息、手续费及佣金的现金	2,456,831,429.99	538,374,602.74	356.34%	本期营业收入和利息收入增加
拆入资金净增加额		260,000,000.00	−100.00%	上期拆入资金增加
代理买卖证券收到的现金净额	13,264,282,646.12	368,993,936.07	3494.72%	本期代理买卖证券款增加
收到其他与经营活动有关的现金	2,528,490,753.69	36,098,340.40	6904.45%	本期合并结构化产品的规模增加
购置以公允价值计量且其变动计入当期损益的金融资产净减少额	2,880,281,574.19		不适用	本期以公允价值计量且其变动计入当期损益的金融资产为净增加额
融出资金净增加额	6,878,165,586.87	310,852,722.84	2112.68%	本期融出资金规模增加
支付利息、手续费及佣金的现金	224,946,512.31	47,520,599.92	373.37%	本期支付的客户资金利息增加
支付给职工以及为职工支付的现金	486,720,901.95	228,838,474.06	112.69%	本期支付的职工薪酬增加
支付的各项税费	419,695,101.68	68,382,969.69	513.74%	税费随营业收入增加而增加
支付其他与经营活动有关的现金	1,088,837,511.11	729,466,042.08	49.27%	本期支付的保证金以及可供出售金融资产增加
收回投资收到的现金	60,000,000.00		不适用	子公司持有至到期资产收回
取得投资收益收到的现金	4,123,475.21		不适用	子公司持有至到期资产收益增加
投资支付的现金	249,000,000.00	13,000,000.00	1815.38%	子公司投资增加
购建固定资产、无形资产和其他长期资产支付的现金	39,048,994.34	15,461,087.23	152.56%	购建固定资产、无形资产和其他长期资产增加
吸收投资收到的现金	4,894,999,996.80		不适用	本期定向增发新股
发行债券收到的现金	11,396,020,000.00		不适用	本期发行短期融资券、收益凭证增加
偿还债务支付的现金	5,200,000,000.00		不适用	本期支付短期融资券及利息增加
分配股利、利润或偿付利息支付的现金	345,917,052.98	75,600,000.00	357.56%	本期现金分红和短融利息增加
汇率变动对现金及现金等价物的影响	−6,645.80	142,072.94	不适用	汇率变动影响

6.公司回顾总结前期披露的经营计划在报告期内的进展情况

2015 年上半年,公司紧紧围绕年度经营目标和运营计划,严控风险、规范经营、深化转型、持续创新,各项经营业绩指标同比实现较大幅度增长:(1)通过多种途径筹措营运资金。公司已通过拆借资金、发行短期融资券、证券公司短期公司债以及收益凭证等手段合理增加负债规模,改善资金结构,提高投资收益率。2015 年 3 月,公司通过非公开发行股票募集资金近 50 亿元,进一步扩大了公司的资本实力,在保障主要业务稳步发展的基础上,有效缓减了公司创新业务对资金的需求,促进了创新业务快速发展。此外,公司把握市场有利时机,拟通过发行公司债、次级债等手段,满足公司快速发展过程中的资本需求,扩大主营优势业务及创新业务规模,提升公司的核心竞争能力,实现股东投资回报的最大化。(2)加强信息系统维护和安全管理。公司不断加大在信息系统及其安全方面的投入,不断优化和完善内部信息技术管理工作机制,在保障信息系统安全平稳运行的基础上,对软硬件及通信系统持续优化,通过业务需求和信息技术的结合不断推动产品和服务的创新。通过努力提升专业化、综合化的服务能力,实现互联网技术手段和互联网经营理念在经纪业务、投资理财、产品销售等业务系统的应用,有力保证公司各项创新业务顺利开展。同时,加强业务创新系统的压力测试和安全测试,全面提升技术服务和保障能力。(3)加强合规管理与风险控制。公司为适应向事中事后转型的新监管机制变化,在坚决守住合规风控底线的基础上,保持创新发展和合规风控的动态均衡,内部控制不断完善,风险管理机制不断健全,流动性管理能力进一步提高。在行业创新快速发展的背景下,公司持续进行风险管理技术系统优化,使风险管理手段能够有效适应创新业务与产品复杂度的不断提高;进一步推进风险管理对公司全业务、全流程的覆盖,健全风险管理指标体系,精细化与量化管理水平得以逐步提高。(4)加强子公司管理,通过业务转型扭转现状。2015 年上半年,公司加强跟踪落实子公司股东大会、董事会议题的审核、表决和决议事项,不断增进与各子公司日常沟通，及时了解各子公司日常经营管理等有关情况；截止报告期末，西部利得以有效提升市场竞争能力为主导，全面提升经营管控能力，报告期内发行了2只公募基金，目前共管理公募基金6只，共实现营业收入2,512万元；西部期货围绕构建核心竞争力和可持续盈利模式，挖掘传统业务优势和潜力，提升对机构客户服务能力，加快业务转型和产品创新，已实现营业收入4,971.89万元；西部资本以战略规划为指导，进一步加强制度建设和业务发展策略，制定了市场化业务机制和激励机制，完善与投行、经纪等相关业务线的内部衔接流程，已设立3只基金产品，完成投资决策项目13个，实现营业收入277万元，已初步实现盈利目标。

(三)主营业务构成情况

1.主要业务经营情况

面对行业创新发展的大环境及激烈的市场竞争，公司始终围绕期初制定的战略目标，紧抓业务发展机遇，在有效控制风险的前提下，积极应对市场变化与行业变革，有针对性地制定各项经营管理措施，实现了快速发展。在稳定传统业务的同时，以创新为驱动，适度增加债务融资规模，通过业务结构调整培育新的利润增长点，强化对标管理和精细化管理，坚定不移的推进整体业务的战略转型，持续改善业务结构，大力推进业务创新发展和盈利模式多元化。公司先后推出了自营业务、经纪业务、投行业务、固定收益业务和场外市场业务的三年发展规划，资产管理业务的发展规划正在进一步完善，直投业务发展规划已制定完成。按照发展规划，公司加大对投资银行、固定收益、资产管理等业务的投入与管理，以有效激励为核心，量化考核指标，优化业务团队，初步建立起可持续发展的"大投行"、"大资管"综合服务平台，并与公司其他各项业务有机接合，进一步丰富、延长并完善业务产业链，通过业务之间的协同，改变以往对单一通道业务过度依赖的传统盈利模式。主要经营业绩指标同比稳步提升，各业务收入与利润显著增长，以往对经纪业务过度依赖的局面逐步改变。

报告期内公司主要业务情况如下表所示：

单位：人民币元

业务类别	营业收入	营业支出	营业利润率	营业收入比上年同期增减	营业支出比上年同期增减	营业利润率比上年同期增减
证券经纪业务	1,738,888,458.80	496,723,166.06	71.43%	392.18%	167.41%	增加24.01%
证券自营业务	687,015,660.07	73,793,364.85	89.26%	942.35%	879.35%	增加0.69%
资产管理业务	19,768,424.92	10,048,902.72	49.17%	30.63%	31.35%	减少0.28%
投资银行业务	106,912,240.63	64,169,453.58	39.98%	189.57%	114.13%	增加21.14%
信用交易业务	355,086,449.83	64,072,506.45	81.96%	480.58%	781.78%	减少6.16%
期货业务	49,718,919.91	35,305,072.52	28.99%	188.31%	89.39%	增加37.09%

(1)证券经纪业务

报告期内，公司证券经纪业务抓住市场转暖以及融资融券业务快速扩容机遇，以财富管理为核心推进经纪业务战略转型，积极推进金融产品销售，着力扩大信用业务规模，截至6月末，公司A股、基金累计交易量15,891.50亿元(含基金公司租赁席位交易量183.72亿元)，较去年的2,271.59亿元增加了13,619.91亿元，同比增长599.58%，增幅高于市场水平。A股、基金交易量占全国市场份额为0.541%，较上年末的0.512%上升了0.029个百分点，上升幅度为5.65%(市场数据来源于沪深交易所公布的统计月报)。公司经纪业务累计实现营业收入173,888.86万元，较上年同期增加了392.18%；累计实现利润总额124,212.01万元，比上年同期增加641.22%。

公司经纪业务情况见下表：

项目	报告期	上年同期	同比变动
代理买卖股票、基金交易量(亿元)	15,891.50	2,271.59	599.58%
营业收入(万元)	173,888.85	35,330.69	392.18%
营业支出(万元)	49,672.32	18,575.30	167.41%
利润总额(万元)	124,212.01	16,757.77	641.22%

为抓住市场有利的发展契机和难得的历史机遇，公司经纪业务在做好通道业务基础上，不断加快业务转型升级，努力加强制度建设与落实，做好业务培训、业务自查及内控自评，稳步推进营业网点规划建设等重点工作。积极拓展互联网证券业务，新开户中网上开户，手机开户占比提升明显；目前公司已实现网上、手机自助开户视频见证、复核业务及95582人工座席服务的7×24小时全天候集中受理，客户开户业务办理效率及客户体验得到大幅提升。

(2)证券自营业务

报告期内，公司证券自营业务实现营业收入68,701.57万元，较上年同期6,591.04万元增加942.35%；实现利润总额61,752.78万元，较去年同期5,839.99万元增加957.41%。权益类投资保持较高仓位，围绕主线投资，积极参与IPO发行工作，取得了良好的投资收益，净值稳步增长；固定收益类投资重视信用风险，积极配置高等级信用短债，分享利率下行带来的投资收益，积极尝试投资新品种；衍生品业务继续完善投资策略，个股期权业务继续稳步推进。

(3)资产管理业务

资产管理业务报告期内累计实现营业收入1,976.84万元，较上年同期1,513.33万元增长30.63%；实现利润总额1,040.69万元，较去年同期749.39万元增加38.87%。公司资产管理业务主动适应资产管理行业由理财通道向主动管理转型的大趋势，强化主动管理能力规模继续保持稳定增长态势，营业收入和营业利润较去年同期大幅增长，共发行了包括西部慧利协和集合资产管理计划、西部慧鑫1号集合资产管理计划等在内的6只集合理财产品。截至报告期末，公司定向资产管理规模372.07亿元，较上年同期增长86.65%，市值较上年同期增长84.70%；集合资产管理总规模42.02亿元，较上年同期增长584.03%，集合资产总市值较上年同期增长635.04%；专项资产实现突破，管理规模达9.1亿元。

公司资产管理业务情况如下表所示：

单位：人民币元

项目	资产管理业务净值	资产管理业务手续费净收入	资产管理业务	净值资产管理业务手续费净收入
	本期末	本期	上期末	上年同期
集合资产管理业务	4,202,199,713.34	7,145,317.23	565,564,305.76	3,753,283.91
定向资产管理业务	36,816,704,199.31	10,282,084.54	19,938,920,631.19	9,703,087.99
专项资产管理业务	915,463,770.50			
合计	41,934,367,683.15	17,427,401.77	20,504,484,936.85	13,456,371.90

(4)投资银行业务

投行业务上半年实现营业收入10,691.22万元，较去年同期3,692.14万元增长189.57%；实现利润总额4,274.28万元，较去年同期695.44万元增加514.62%。

各项业务储备稳步增长，业务类型更趋多元化。保荐业务，在IPO业务方面，主要针对在审IPO项目进行补充半年报材料，截至报告期末共有6家企业上报中国证监会；在非公开业务方面，储备4单项目。债券业务方面，成功发行12单债券主承销项目。股权转让业务，已上报18单新三板项目，储备近40单项目。财务顾问业务，报告期内共承做4单财务顾问业务。

(5)信用交易业务

信用交易业务实现营业收入35,508.64万元，比去年同期增长了480.58%；实现利润总额29,101.39万元，比去年同期5,389.44万元增长了439.97%。

在盯市预警与资产保全的基础上，信用交易业务持续保持高速增长。截至报告期末，两融余额达到113.07亿元，上半年净增68.65亿元，增幅154.56%；转融通方面，期末累计借入转融资资金18.94亿元；转融券余额10万股。约定购回业务期末待购回初始交易金额251.17万元；股票质押回购业务期末待购回初始交易额25.14亿元。另外，针对目前快速变化的市场情况，融资融券业务通过各项措施进一步加强风险管理和控制。

(6)固定收益业务

固定收益业务实现营业收入1,434.02万元，比去年同期增长了2,212.94%；实现利润总额-390.08万元，比去年同期增加亏损87.50%。

在进一步完善制度建设，不断推进固定收益业务平台建设及业务协作的基础上，固定收益创收及项目储备量较去年同期均有大幅度增长。主承销项目完成8单项目立项及8单项目内核工作，成功发行2015渭南城投债券主承销项目，完成财务顾问项目5单，完成陕能集团清水川短期融资券等14单债券的销售工作；投资顾问类业务发展迅速；进一步完善FICC业务架构，不断探索公司FICC业务发展的思路。

(7)场外市场业务

场外市场业务坚持以推荐业务为基础，扎实推进做市业务，积极构建独立的新三板股份转让做市商技术系统，探索股权投资基金业务；不断壮大团队建设，加强内部协同，形成规模效益，严格做好业务风险自查促进业务规范。重点推进的做市业务发展迅速，截至报告期末，已为26家新三板挂牌企业提供做市服务，报告期内新增20家，公司自有资金运用收益良好。

在推荐挂牌业务方面，截至报告期末成功推荐挂牌企业45家，较上年同期增长17家，报告期内新增8家企业，行业排名第18位。持续督导业务，完成了43家挂牌企业报告期内的顺利审查、披露临时公告的信息披露和上年度报告信息披露公告工作。

(8)子公司

西部期货有限公司抓住资本市场高速增长的有利机遇，取得了远超行业发展水平的经营业绩，顺利完成资产管理业务登记备案及6只资管产品的募集发行；完成CTP主交易系统切换；完成5000万元长期次级债借入工作。截至报告期末，西部期货业务规模达20.6亿元，实现营业收入4,971.89万元。西部资本已完成三年战略规划的制定工作，在不断加强团队建设、基金管理平台建设的基础上，积极做好基金募集及投资工作。截至报告期末，已设立3只基金产品，完成投资决策项目13个，实现营业收入277万元，已初步实现盈利目标。西部利得基金管理有限公司业务规模快速发展，报告期内发行了2只公募基金，目前共管理公募基金6只，规模合计156.12亿元，较去年底增长6539%，并成立了14只专户产品。截至报告期末，西部利得共实现营业收入2,512万元，较去年同期增长344%。

2.公司营业收入地区分布情况

公司营业收入地区分布情况表：

单位：人民币元

地区	报告期		上年同期		营业收入比上年同期增减
	营业部数量	营业收入	营业部数量	营业收入	
陕西省	49	1,527,775,087.66	49	295,754,974.63	416.57%

北京市	2	21,047,832.69	2	5,312,974.35	296.16%
上海市	4	80,669,661.47	4	19,687,087.40	309.76%
广东省	2	13,598,194.69	2	4,039,786.26	236.61%
山东省	6	47,403,926.29	6	9,862,601.62	380.64%
江苏省	3	21,994,713.10	2	4,094,603.42	437.16%
河南省	2	3,821,192.55	1	396,767.03	863.08%
广西壮族自治区	1	2,820,655.59	1	773,673.04	264.58%
甘肃省	2	7,659,486.80	1	1,019,059.21	651.62%
宁夏回族自治区	1	2,118,998.09	1	427,912.59	395.19%
河北省	1	3,193,709.14	1	132,600.43	2308.52%
四川省	1	791,006.99	1	152.54	518457.09%
新疆维吾尔自治区	1	154.70	不适用		
天津市	1		不适用		
营业部小计	76	1,732,894,619.76	71	341,502,192.52	407.43%
总部及子公司、分公司		1,282,401,382.15		210,381,346.08	509.56%
合计		3,015,296,001.91		551,883,538.60	446.36%

公司营业利润地区分布情况表：

单位：人民币元

地　区	报告期		上年同期		营业利润比
	营业部数量	营业利润	营业部数量	营业利润	上年同期增减
陕西省	49	1,289,361,946.99	49	179,031,316.13	620.19%
北京市	2	15,287,718.30	2	363,900.79	4101.07%
上海市	4	65,741,822.82	4	8,364,394.54	685.97%
广东省	2	8,458,211.51	2	94,894.55	8813.27%
山东省	6	28,316,073.61	6	−106,542.05	不适用
江苏省	3	18,104,064.77	2	1,755,130.44	931.49%
河南省	2	798,164.86	1	−1,245,620.74	不适用
广西壮族自治区	1	416,763.72	1	−1,470,273.87	不适用
甘肃省	2	3,410,250.44	1	−1,483,234.72	不适用
宁夏回族自治区	1	41,207.49	1	−1,317,808.40	不适用
河北省	1	2,172,289.55	1	−957,814.24	不适用
四川省	1	−30,771.12	1	−311.46	不适用
新疆维吾尔自治区	1	−44,880.67	不适用		
天津市	1		不适用		
营业部小计	76	1,432,032,862.27	71	183,028,030.97	682.41%
公司本部及子公司、分公司		583,580,344.65		25,195,020.48	2216.25%
合计		2,015,613,206.92		208,223,051.45	868.01%

(四)核心竞争力分析

1.良好的股东背景和完善的法人治理结构

公司股东主要为国有独资公司、上市公司和实力雄厚的其他国有及民营企业。多元化的股东结构使公司的经营兼具国企的稳健与民企的灵活，为公司的长远发展提供了坚实的基础。目前，公司已建立了由股东大会、董事会、监事会和管理层组成的法人治理结构，权力机构、决策机构、监督机构和管理层之间权责明确、运作规范、相互协调、相互制衡。

2.稳健发展的经营模式

公司自成立以来，明确了自身的市场定位，确定了"稳健经营、规范发展"的指导思想，坚持以稳健求发展的经营理念指导公司经营活动，贯彻"和衷共济、共谋发展、风控至上、稳中求先"的公司文化，不断完善内控机制，在业务结构上强调卖方业务与买方业务并重、服务性业务与投资性业务并重，实现了公司的持续盈利和稳健发展。

3.显著的区域优势

公司作为陕西省内唯一的上市证券公司，经过多年的经营和发展，在经纪业务、资产管理业务、股票承销、债券承销等业务领域积累了丰富的机构及个人客户资源，在西部地区、特别是陕西地区的客户群体对公司具有较高的认知度和忠诚度。

同时，公司在稳健发展的基础上，紧跟行业创新步伐，注重新环境下业务的合理布局，目前已取得多项创新业务资格，丰富的牌照优势能够为广大客户提供全方位的金融服务。

4.坚持合规经营，实行有效的全面风险管理

公司始终坚守合规经营底线，坚持"风控至上，稳重求先"的经营理念，对各项业务经营决策均按照相关审核流程执行，对经营过程中面临的实质性风险进行严格管控，强调业务规模、收益与风险承受能力、资本充足水平相匹配。目前，公司已建立了全面风险管理体系，持续加强内控管理，根据各项业务开展情况，及时进行压力测试，风险监控，并制订应急预案，做好极端情况下流动性风险的应对，各项主要风险管理指标均优于监管指标，具有较强的风险管理和抵御能力。

(五)投资状况分析

1.对外股权投资情况

(1)对外投资情况

对外投资情况

报告期投资额(元)	上年同期投资额(元)	变动幅度
100,000,000.00	13,000,000.00	769.23%

被投资公司情况

公司名称	主要业务	上市公司占被投资公司权益比例
西部优势资本有限公司	使用自有资金或设立直投基金，对企业进行股权投资或债权投资；或投资于与股权投资、债权投资相关的其它投资基金；为客户提供与股权投资、债权投资相关的财务顾问服务	100.00%

(2)持有金融企业股权情况

单位：人民币元

公司名称	公司类别	最初投资成本	期初持股数量(股)	期初持股比例	期末持股数量(股)	期末持股比例	期　末账面值	报告期损　益	会计核算科目	股份来源
招商银行	商业银行	48,460,484.57			2,530,000.00	0.96%	47,361,600.00		可供出售金融资产	购入
东方证券	证券公司	134,188.30			4,200.00	0.00%	120,204.00		可供出售金融资产	购入
兴业银行	商业银行	87,893,999.05			4,490,000.00	1.56%	77,452,500.00	2,388,300.00	可供出售金融资产	购入
中国银行	商业银行	49,320,619.58	25,000,000.00	0.03%	15,000,000.00	1.48%	73,350,000.00	16,230,237.76	可供出售金融资产	购入
广东发展银行股份有限公司	商业银行	5,010,500.00	1,013,977	0.01%	1,013,977	0.01%	5,010,500.00		可供出售金融资产	出资
西安银行	商业银行	345,200.00	482,718	0.02%	482,718	0.02%	345,200.00		可供出售金融资产	出资
合计		191,164,991.50	26,496,695.00		23,520,895.00		203,640,004.00	18,618,537.76	−	−

(3)证券投资情况

单位：人民币元

证券品种	证券代码	证券简称	最初投资成本	期初持股数量(股)	期初持股比例	期末持股数量(股)	期末持股比例	期　末账面值	报告期损益	会计核算科目
理财产品	1250261	国联安−至和−定向增发19号资产管理计划	218,201,000.00	159,001,399.20	5.13%	198,848,461.01	7.50%	371,448,925.17	0.00	可供出售
股票	600066	宇通客车	137,951,035.97	4,400,173.00	2.85%	9,582,428.00	3.97%	196,918,895.40	46,607,741.71	交易性
股票	600276	恒瑞医药	82,260,487.17	2,160,124.00	2.35%	2,790,600.00	2.51%	124,293,324.00	37,471,812.77	交易性
理财产品	728105	财通基金−玉泉81号资产管理计划	90,000,000.00	50,029,970.03	1.29%	79,120,879.12	2.31%	114,487,912.09	0.00	可供出售
股票	601318	中国平安	99,576,951.69	730,010.00	3.5%	1,231,406.00	2.04%	100,901,407.64	2,411,374.41	交易性
基金	511990	华宝添益	100,012,471.03	800,608.00	2.32%	1,000,082.00	2.02%	100,005,199.75	7,142.76	交易性
债券	1580171	15邗城建债	99,937,600.00			1,000,000.00	2.02%	99,937,300.00	112,159.02	交易性
股票	000002	万科A	87,662,199.02			5,774,397.00	1.69%	83,844,244.44	−3,817,954.58	交易性
理财产品	918036	东方红新公益集合资产管理计划	70,000,000.00			70,000,000.00	1.64%	81,480,000.00	0.00	可供出售
债券	041556009	15奇瑞CP002	80,042,720.00			800,000.00	1.62%	80,504,080.00	1,467,917.38	交易性
期末持有的其他证券投资			7,326,039,061.76		−	−		7,458,847,575.73	714,563,881.98	−
合计			8,391,683,526.64	217,122,284.23		370,148,253.13		8,812,668,864.22	798,824,075.45	−

(4)持有其他上市公司股权情况的说明

单位:人民币元

证券代码	证券简称	最初投资成本	占该公司股权比例	期末账面价值	报告期损益	报告期所有者权益变动	会计核算科目	股份来源
601599	鹿港科技	19,499,999.16	0.57%	32,471,364.24	171,806.16	12,434,470.83	可供出售金融资产	交易所买入
600690	青岛海尔	11,049,538.16	0.02%	18,198,000.00	21,054,078.94	5,019,188.63		交易所买入
300463	迈克生物	4,718,250.00	0.09%	14,809,500.00		10,091,250.00		交易所买入
603368	柳州医药	2,478,550.38	0.08%	7,762,721.48	29,303.99	2,903,930.88		交易所买入
830877	康莱宝	2,760,000.00	1.41%	4,140,000.00		1,380,000.00		交易所买入
300443	金雷风电	1,121,892.50	0.06%	5,127,547.50		4,005,655.00		交易所买入
300436	广生堂	751,450.00	0.05%	5,228,650.00		4,477,200.00		交易所买入
400051	精密3	214,800.00	0.07%	214,800.00	–	–		出资
合计		42,594,480.20		87,952,583.22	21,255,189.09	40,311,695.34		

2.募集资金的使用情况

(1)募集资金总体使用情况

单位:人民币万元

募集资金总额	654,585.65
报告期投入募集资金总额	490,297.63
已累计投入募集资金总额	660,055.35
报告期内变更用途的募集资金总额	0
累计变更用途的募集资金总额	0
累计变更用途的募集资金总额比例	0

(2)募集资金承诺项目情况

单位:人民币万元

承诺投资项目和超募资金投向	是否已变更项目	募集资金承诺投资总额	调整后投资总额(1)	本报告期投入金额	截至期末累计投入金额(2)	截至期末投资进度(3)=(2)/(1)
承诺投资项目						
向西部期货追加投资	否	12,000.00	7,000.00	0	7,000.00	100.00%
追加自营投资规模和融资融券业务资金规模	否	100,000.00	100,000.00	0	100,000.00	100.00%
设立西部资本	否	20,000.00	10,000.00	0	10,000.00	100.00%
向西部利得追加投资	否	10,200.00	5,100.00	0	5,100.00	100.00%
信息系统投入	否	7,000.00	7,000.00	2,042.28	7,000.00	100.00%
新设营业部注册资本	否	5,000.00	6,500.00	500.00	6,500.00	100.00%
约定购回式证券交易业务或股票质押式回购交易业务	否		35,600.00	92.38	36,792.38	103.35%
非公开发行补充流动资金	否	487,423.52	487,423.52?	487,662.97	487,662.97	100.05%
承诺投资项目小计	–	641,623.52	658,623.52	490,297.63	660,055.35	–

3、主要子公司、参股公司的经营情况

公司名称	公司类型	所处行业	主要产品或服务	注册资本(元)	总资产(元)	净资产(元)	营业收入(元)	营业利润(元)	净利润(元)
西部期货有限公司	子公司	金融业	商品期货经纪业务、金融期货经纪业务	150,000,000.00	1,690,794,398.21	150,021,611.89	49,718,919.91	14,413,847.39	10,810,385.54
西部优势资本有限	公司	子公司	自有资金或设立直投基金,进行股权投资或债权投资;投资于与股权投资、债权投资相关的其它投资基金;为客户提供与股权投资、债权投资相关的财务顾问服务。	200,000,000.00	301,963,372.88	201,767,084.64	2,769,772.47	1,030,672.81	773,004.60
西部利得基金管理有限公司	控股公司	金融业	金募集,基金基销售,资产管理和中国证监会许可的其他业务。	300,000,000.00	128,531,579.10	114,739,327.74	25,118,372.51	−5,674,086.17	−5,699,767.17
陕西股权交易中心	参股公司		为非上市股份公司股份、有限公司股权、债权,以及其他各类权益的登记、托管、交易及投融资提供场所和服务;金融产品创新与交易,股权质押融资、私募融资产品、金融衍生产品等类金融产品交易;为企业改制、重组、并购、上市、投资等提供政策指导和业务咨询;与上述经营范围相关的产品和服务的信息发布;依法批准的其他相关业务。	120,000,000.00	118,586,545.35	117,741,735.67	299,354.20	−543,254.17	−543,254.17

4.涉及财务报告的相关事项

(1)与上年度财务报告相比,会计政策、会计估计和核算方法发生变化的情况说明

□适用　　√不适用

公司报告期无会计政策、会计估计和核算方法发生变化的情况。

(2)报告期内发生重大会计差错更正需追溯重述的情况说明

□适用　　√不适用

公司报告期无重大会计差错更正需追溯重述的情况。

(3)与上年度财务报告相比,合并报表范围发生变化的情况说明

□适用　　√不适用

(4)董事会、监事会对会计师事务所本报告期"非标准审计报告"的说明

□适用　　√不适用

东兴证券股份有限公司

东兴证券股份有限公司首次公开发行 A 股股票上市公告书

特别提示

本公司股票将于 2015 年 2 月 26 日在上海证券交易所上市。本公司提醒投资者应充分了解股票市场风险及本公司披露的风险因素，在新股上市初期切忌盲目跟风"炒新"，应当审慎决策、理性投资。

第一节　重要声明与提示

东兴证券股份有限公司(以下简称"公司"、"本公司"、"东兴证券"或"发行人")及本公司及全体董事、监事、高级管理人员保证上市公告书所披露信息的真实、准确、完整，承诺上市公告书不存在虚假记载、误导性陈述或重大遗漏，并承担个别和连带的法律责任。

上海证券交易所、其他政府机关对本公司股票上市及有关事项的意见，均不表明对本公司的任何保证。

本公司提醒广大投资者注意，凡本上市公告书未涉及的有关内容，请投资者查阅刊载于上海证券交易所网站(http://www.sse.com.cn)的本公司招股说明书全文。

一、本次发行前股东所持股份的流通限制、股东对所持股份自愿锁定的承诺

本公司全体股东承诺将严格遵守《公司法》、中国证监会及上海证券交易所等机构的监管规定，根据孰高孰长原则确定所持股份的锁定承诺期限。在锁定期限内，不转让或者委托他人持有或管理其持有的本公司股份，也不由本公司回购该部分股份。

本公司股东持有公司股份的锁定期限如下表所示：

股东名称	按照孰高孰长原则承诺的锁定期限
控股股东(申请 IPO 上市监管意见书前三年未增持股份)	
中国东方资产管理公司	自公司股票在证券交易所上市之日起锁定三十六个月
发起人股东(申请 IPO 上市监管意见书前三年未增持股份)	
中国铝业股份有限公司	自公司股票在证券交易所上市之日起锁定十二个月
申请 IPO 上市监管意见书前三年新认购股份的其他股东（2011 年 10 月 27 日取得中国证监会核准。截至本上市公告书出具日，均已满足中国证监会审慎监管要求中关于持股日后锁定三十六个月期限要求）	
泰禾集团股份有限公司	自公司本次发行的股票在证券交易所上市之日起锁定十二个月
北京永信国际投资(集团)有限公司	
方正和生投资有限责任公司	
中国诚通控股集团有限公司	
福建天宝矿业集团股份有限公司	
福建省长乐市长源纺织有限公司	
福建泰禾投资有限公司	
西博思投资控股有限公司	
上海永润投资管理有限公司	
申请 IPO 上市监管意见书前三年新取得股份的股东（2014 年 5 月 30 日取得北京证监局关于股份转让的无异议函）	
上海国盛集团资产有限公司	自 2014 年 5 月 30 日起锁定三十六个月与公司本次发行的股票在证券交易所上市之日起锁定十二个月孰长

根据财企〔2009〕94 号《境内证券市场转持部分国有股充实全国社会保障基金实施办法》和财金函[2015]1 号《财政部关于东兴证券股份有限公司国有股转持方案的批复》，对于本公司国有股东划转至全国社会保障基金理事会持有的本公司国有股，全国社会保障基金理事会将承继国有股东的锁定承诺。

此外，根据中国证监会《关于进一步推进新股发行体制改革的意见》，本公司控股股东中国东方资产管理公司就股份锁定期限作出承诺如下：

1.自发行人股票上市之日起 36 个月内，本公司不转让或者委托他人管理本公司已直接和间接持有的发行人股份，也不由发行人回购该部分股份。

2.本公司所持发行人本次发行前所持有的股票在上述锁定期限届满后 2 年内减持的，减持价格将不低于本次发行价格，本公司每年减持上述发行人股份数量不超过发行人股份总数的 2%，减持方式包括二级市场集中竞价交易、大宗交易，或协议转让等证券监督管理部门及证券交易所认可的合法方式。本公司拟减持发行人股份时，将提前 3 个交易日通知发行人并予以公告，并承诺将按照《公司法》、《证券法》、证券监督管理部门及证券交易所相关规定办理。

3.发行人股票上市后 6 个月内，如发行人股票连续 20 个交易日的收盘价均低于发行价，或者发行人上市后 6 个月期末(如该日不是交易日，则为该日后第一个交易日)收盘价低于发行价，本公司持有发行人股票的锁定期限自动延长 6 个月。如遇除权除息事项，上述发行价作相应调整。

如违反上述所持股份的流通限制和自愿锁定股份的承诺，本公司将在发行人股东大会及中国证监会指定报刊上公开说明未履行的具体原因并向股东和社会公众投资者道歉，并将在符合法律、法规及规范性文件规定的情况下 10 个交易日内回购违规卖出的股票；如因未履行上述承诺事项而获得收益的，将在获得收益的 5 个交易日内将前述收益支付给发行人指定账户，否则发行人有权扣留应付本公司现金分红中与本公司应上交发行人违规减持所得收益金额相等的现金分红；如因未履行关于锁定股份之承诺事项给发行人或者其他投资者造成损失的，将向发行人或者其他投资者依法承担赔偿责任。"

二、关于上市后稳定公司股价的预案

本公司分别于 2014 年 1 月 23 日和 2 月 13 日召开第三届董事会第五次会议及 2014 年第一次临时股东大会，审议通过了《关于首次公开发行 A 股股票并上市后稳定公司股价的预案》，主要内容如下：

1.启动股价稳定措施的具体条件

本公司 A 股股票上市后三年内，如公司股票收盘价连续 20 个交易日均低于公司最近一期经审计的每股净资产(最近一期审计基准日后，公司因利润分配、资本公积金转增股本、增发、配股等情况导致公司净资产或股份总数出现变化的，每股净资产相应进行调整，以下同)，非因不可抗力因素所致，本公司及控股股东将在满足法律、法规和规范性文件的情况下启动稳定公司股价的相关措施。

2.稳定公司股价的具体措施

本公司、控股股东等相关主体将采取以下措施中的一项或多项以稳定公司股价：

(1)公司回购本公司股票；

(2)公司控股股东增持公司股票；

(3)证券监督管理部门认可的其他方式。

具体措施的制定及实施应以保护公司及广大投资者利益、维护公司上市地位为原则，遵循法律、法规、本公司章程以及证券监督管理部门及证券交易所的相关规定，并履行相应的信息披露义务。

公司及控股股东将自触发稳定股价条件之日起 15 个交易日内制定稳定股价措施的方案并提交公司董事会。公司应及时召开董事会结合实际情况审议制定稳定公司股价的具体措施，并通知召开临时股东大会进行表决。对于经临时股东大会审议通过的稳定股价措施，公司及控股股东应在临时股东大会决议公告后 10 个交易日内启动执行。

(1)公司回购本公司股票的具体措施

对于公司回购本公司股份的方案，应至少包含以下内容：回购目的、方式，价格或价格区间、定价原则，拟回购股份的种类、数量及其占公司总股本的比例，拟用于回购股份的资金总额及资金来源，回购期限，预计回购股份后公司股权结构的变动情况，管理层对回购股份对公司经营、财务及未来发展的影响的分析报告。公司回购股份的价格原则上不超过最近一期经审计的每股净资产，单次触发稳定股价预案条件时用于回购股份的资金总额原则上不低于公司上一年度实现的归属于母公司股东净利润的 10%。

若公司股价在同一会计年度内多次触发股价稳定预案条件的(不包括以下情况：本公司实施稳定股价措施期间及实施完毕或按本预案终止执行当次稳定股价措施并公告日起开始计算的连续 20 个交易日股票收盘价仍均低于最近一期末经审计的每股净资产的情形，以下同)，公司将继续按照上述稳定股价预案执行，但单一会计年度用以稳定股价的回购股份资金合计不高于上一年度经审计的归属于母公司股东净利润的 20%。超过上述标准的，有关稳定股价措施在当年度不再继续实施。但如下一年度继续出现需启动稳定股价措施的情形时，公司将继续按照上述原则执行稳定股价预案。

(2)公司控股股东增持本公司股票的具体措施

本公司控股股东东方资产提出的增持公司股份具体计划包括但不限于拟增持的公司 A 股股票数量范围、价格区间及完成期限等信息，并依法履行其所需的审批/备案以及内部决策程序。东方资产增持公司股份的价格原则上不超过公司最近一期经审计的每股净资产，单次触发稳定股价预案条件时用于增持公司股份的资金总额原则上不低于东方资产上一年度自公司获得的现金分红金额的 30%。

若公司股价在同一会计年度内多次触发股价稳定预案条件的，东方资产将继续按照上述稳定股价预案执行，但单一会计年度用以稳定股价的增持资金合计不高于上一年度自公司获得的现金分红金额的 60%。超过上述标准的，有关稳定股价措施在当年度不再继续实施。但如下一年度继续出现需启动稳定股价措施的情形时，公司将继续按照上述原则执行稳定股价预案。

3.稳定股价方案的终止情形

公司在触发稳定股价预案条件后，若出现以下任一情形，已制定或公告的稳定股价方案终止执行，已开始执行的措施视为实施完毕而无需继续执行：

(1)公司股票连续 5 个交易日的收盘价均高于公司最近一期经审计的每股净资产；

(2)单一会计年度内，公司用以稳定股价的回购股份金额或控股股东用以稳定股价的增持股份

金额累计已达到上述规定的上限要求；

(3)继续回购或增持公司股份将导致公司股权分布不符合上市条件。

4.未履行稳定股价措施的约束措施

(1)公司触发稳定股价条件但未及时提出回购股份方案，或公司董事会、股东大会审议通过的稳定股价措施方案要求公司回购股份但未实际履行的，本公司将在股东大会及中国证监会指定报刊上公开说明未履行的具体原因，并向股东和社会公众投资者道歉，同时以单次不低于经审计的上一会计年度实现的可分配利润的5%、单一会计年度合计不低于经审计的上一会计年度实现的可分配利润的10%的标准向全体股东实施现金分红。前述分红金额不计入本公司按照《公司章程》年度最低现金分红要求应实施的现金分红总额。

(2)公司触发稳定股价条件但控股股东未及时提出增持公司股份方案，或公司董事会、股东大会审议通过的稳定股价方案要求控股股东增持股份但控股股东未实际履行的，控股股东将在股东大会及中国证监会指定报刊上公开说明未履行的具体原因，并向其他股东和社会公众投资者道歉，同时本公司有权将相等金额的应付控股股东现金分红予以暂时扣留，直至控股股东履行其增持义务完毕为止。

(3)公司董事及高级管理人员未履行本预案所述关于及时制定股价稳定措施并提交股东大会审议等职责的，相关董事及高级管理人员将在公司股东大会及中国证监会指定报刊上公开说明未履行的具体原因并向股东和社会公众投资者道歉，且公司可暂扣其当年薪酬或津贴，直至其采取相应的承诺措施并实施完毕为止。对于未来新聘的董事及高级管理人员，本公司将要求其履行公司本次发行时董事及高级管理人员已作出的关于稳定公司股价的承诺。

三、控股股东关于避免同业竞争的承诺

为避免与本公司之间的同业竞争，东方资产已出具《承诺函》，做出如下承诺：

"本公司确认，截至目前，本公司及本公司直接、间接控制的公司、企业(包括但不限于独资经营、合资经营、合作经营以及直接或间接拥有权益的其他公司或企业)在中国境内没有以任何形式从事与东兴证券开展的业务，即证券经纪；证券投资咨询；与证券交易、证券投资活动有关的财务顾问；证券承销与保荐；证券自营；证券资产管理业务；融资融券；证券投资基金销售；为期货公司提供中间介绍业务；代销金融产品业务等构成或可能构成实质性同业竞争的业务和经营。

本公司承诺，在本公司持有东兴证券股份并对东兴证券具有控制权或具有重大影响期间，本公司将采取有效措施，保证本公司及本公司直接、间接控制的公司、企业不会在中国境内以任何形式从事上述与东兴证券及其子公司构成实质性竞争的业务和经营。

本公司保证，不利用对东兴证券的控制关系，从事或参与从事有损东兴证券、东兴证券子公司以及东兴证券其他股东利益的行为。

如违反上述承诺，本公司将在发行人股东大会及中国证监会指定报刊上公开说明未履行的具体原因并向股东和社会公众投资者道歉，并在违反相关承诺发生之日起5个工作日内，停止在发行人处取得股东分红，同时持有的发行人股份不得转让，直至按上述承诺采取相应的措施并实施完毕为止；如因未履行有关避免同业竞争及规范关联交易之承诺事项给发行人或其他投资者造成损失的，将向发行人或其他投资者依法承担赔偿责任。"

四、控股股东关于规范与减少关联交易的承诺

控股股东东方资产已出具《承诺函》，作出承诺如下："在本公司持有东兴证券股份并对东兴证券具有控制权或具有重大影响期间，本公司及本公司直接、间接控制的公司、企业将减少、避免与东兴证券及其子公司不必要的关联交易；对于必要的关联交易，将规范关联交易审议和披露程序，本着公平、公开、公正的原则确定关联交易价格，保证关联交易的公允性，不通过关联交易取得或输送不正当利益。

如违反上述承诺，本公司将在发行人股东大会及中国证监会指定报刊上公开说明未履行的具体原因并向股东和社会公众投资者道歉，并在违反相关承诺发生之日起5个工作日内，停止在发行人处取得股东分红，同时持有的发行人股份不得转让，直至按上述承诺采取相应的措施并实施完毕为止；如因未履行有关避免同业竞争及规范关联交易之承诺事项给发行人或其他投资者造成损失的，将向发行人或其他投资者依法承担赔偿责任。"

五、关于招股说明书真实性、准确性、完整性的承诺

1.发行人承诺

本公司承诺："本次发行招股说明书不存在虚假记载、误导性陈述或重大遗漏，并对其真实性、准确性、完整性承担个别和连带的法律责任。

如本次发行招股说明书有虚假记载、误导性陈述或重大遗漏，对判断本公司是否符合法律规定的发行条件构成重大、实质影响的，在证券监管部门对本公司前述事实作出处罚决定之日起30日内，本公司将启动依法回购本次发行的全部新股的程序，回购价格不低于本次发行价格加同期银行活期存款利息(如公司股票有分红、派息、送股、资本公积金转增股本、配股等除权、除息事项，回购股数及回购价格将相应调整)。

如本次发行招股说明书有虚假记载、误导性陈述或重大遗漏，致使投资者在证券交易中遭受损失的，自赔偿责任被依法认定之日起30日内，本公司将依法赔偿投资者损失，赔偿方式和金额依据本公司与投资者协商，或证券监督管理部门、司法机关认定的方式和金额确定。"

2.控股股东承诺

本公司控股股东承诺："如因本公司过错行为导致发行人本次发行招股说明书有虚假记载、误导性陈述或重大遗漏，致使投资者在证券交易中遭受损失的，本公司将依法就发行人的赔偿义务承担连带责任。如违反前述承诺，本公司将在发行人股东大会及中国证监会指定报刊上公开说明未履行的具体原因并向股东和社会公众投资者道歉，并在违反相关承诺发生之日起5个工作日内，停止在发行人处取得股东分红，同时持有的发行人股份不得转让，直至按上述承诺采取相关的赔偿措施并实施完毕为止。"

3.董事、监事、高级管理人员承诺

本公司全体董事、监事、高级管理人员承诺："本人(公司全体董事、监事、高级管理人员)承诺东兴证券本次发行招股说明书及其摘要不存在虚假记载、误导性陈述或重大遗漏，并对其真实性、准确性、完整性承担个别和连带的法律责任。

如本次发行招股说明书有虚假记载、误导性陈述或重大遗漏，致使投资者在证券交易中遭受损失的，自赔偿责任被依法认定之日起30日内，本人(公司全体董事、监事、高级管理人员)将依法赔偿投资者损失。

如本次发行招股说明书有虚假记载、误导性陈述或重大遗漏，而本人(公司全体董事、监事、高级管理人员)非因不可抗力原因自赔偿责任被依法认定之日起30日内未启动履行上述承诺，则本人(公司全体董事、监事、高级管理人员)将在公司股东大会及中国证监会指定报刊上公开说明未履行的具体原因并向股东和社会公众投资者道歉，且停止在东兴证券处领取薪酬或津贴，直至按承诺采取相应的承诺措施并实施完毕为止。"

4.中介机构承诺

本次发行保荐机构瑞银证券有限责任公司承诺："如因本公司为发行人首次公开发行制作、出具的文件有虚假记载、误导性陈述或者重大遗漏，给投资者造成损失的，本公司将依法赔偿投资者损失。"

本次发行律师服务机构国浩律师（上海）事务所承诺："如本所在本次发行工作期间未勤勉尽责，导致本所所制作、出具的文件对重大事件作出违背事实真相的虚假记载、误导性陈述，或在披露信息时发生重大遗漏，导致发行人不符合法律规定的发行条件，造成投资者直接经济损失的，在该等违法事实被认定后，本所将依照相关法律、法规规定承担民事赔偿责任，赔偿投资者损失。该等损失的赔偿金额以投资者因此而实际发生的损失为限，具体的赔偿标准、赔偿主体范围、赔偿金额等细节内容待上述情形实际发生时，依据最终确定的赔偿方案为准。本所保证遵守以上承诺，勤勉尽责地开展业务，维护投资者合法权益，并对此承担相应的法律责任。"

本次发行审计机构瑞华会计师承诺："本公司承诺为发行人首次公开发行所制作、出具的文件不存在虚假记载、误导性陈述或者重大遗漏。本机构为发行人首次公开发行所制作、出具的文件如有虚假记载、误导性陈述或者重大遗漏，给投资者造成损失的，将依法赔偿投资者损失，但是本机构如能证明无过错时除外。"

六、财务报告审计截止日后经营状况

财务报告审计截止日(2014年12月31日)后，本公司的经营模式、行业监管政策均未发生重大变化，公司经营状况稳定，未出现可能影响公司正常经营的重大不利因素。

本公司结合目前市场情况、公司业务开展情况和后续的行业及市场发展趋势情况，对2015年第一季度经营业绩进行了审慎分析后，初步预计2015年第一季度的营业收入将较2014年同期实现增长，净利润(扣除非经常性损益)将较2014年同期增长约10%-20%。但考虑到证券公司的经营业绩受证券市场情况及行业监管影响较大，如2015年第一季度证券市场出现重大调整或监管部门出台对公司现有业务开展存在重大影响的政策，则本公司的营业收入和净利润水平将相应受到重大影响。

如无特别说明，本上市公告书中的简称或名词的释义与本公司首次公开发行股票招股说明书中的相同。

第二节　股票上市情况

一、公司股票发行上市审核情况

本上市公告书系根据《公司法》、《证券法》和《上海证券交易所股票上市规则》等有关法律法规规定，并按照上海证券交易所《股票上市公告书内容与格式指引(2013年修订)》编制而成，旨在向投资者提供有关本公司首次公开发行A股股票上市的基本情况。

经中国证监会《关于核准东兴证券股份有限公司首次公开发行股票的批复》(证监许可[2015]191号)核准，本公司首次公开发行A股股票(以下简称"本次发行")不超过50,000万股。本次发行采用网下向符合条件的投资者询价配售和网上按市值申购方式向社会公众投资者定价发行相结合的方式，发行股票数量为50,000万股，全部为新股，无老股转让，其中网下配售5,000万股，网上发行45,000万股，发行价格为9.18元/股。

经《上海证券交易所自律监管决定书》([2015]71号)核准，本公司发行的人民币普通股股票在上海证券交易所上市，股票简称"东兴证券"，股票代码"601198"，其中本次发行的50,000万股股票将于2015年2月26日起上市交易。

二、公司股票上市概况

1.上市地点：上海证券交易所

2.上市时间：2015年2月26日

3.股票简称：东兴证券

4.股票代码：601198

5.本次发行后的总股本：250,400万股

6.本次发行的股票数量：50,000万股

7.本次上市的无流通限制及锁定安排的股票数量：50,000万股

8.本次发行前股东所持股份流通限制及期限以及股东对所持股份自愿锁定的承诺：

股东	锁定期限	备注
东方资产	36 个月	上市后 6 个月内，如发行人股票连续 20 个交易日的收盘价均低于发行价，或者发行人上市后 6 个月期末（如该日不是交易日，则为该日后第一个交易日）收盘价低于发行价，本公司持有发行人股票的锁定期限自动延长 6 个月。
中铝股份	12 个月	无
泰禾集团	12 个月	无
永信投资	12 个月	无
方正和生	12 个月	无
诚通控股	12 个月	无
天宝矿业	12 个月	无
长源纺织	12 个月	无
泰禾投资	12 个月	无
西博思投资	12 个月	无
永润投资	12 个月	无
上海国盛	27 个月	自 2014 年 5 月 30 日起锁定三十六个月与公司本次发行的股票在证券交易所上市之日起锁定十二个月孰长

具体内容请参见“第一节　重要声明与提示”之“一、本次发行前股东所持股份的流通限制、股东对所持股份自愿锁定的承诺”。

9.股票登记机构：中国证券登记结算有限责任公司上海分公司

10.上市保荐机构：瑞银证券有限责任公司

第三节　公司、股东和实际控制人情况

一、公司基本情况

注册名称（中文）：	东兴证券股份有限公司
注册名称（英文）：	DONGXING SECURITIES CO., LTD.
注册资本：	200,400 万元（本次发行前）
法定代表人：	魏庆华
成立日期：	2008 年 5 月 28 日
住所：	北京市西城区金融大街 5 号（新盛大厦）12、15 层
经营范围：	证券经纪；证券投资咨询；与证券交易、证券投资活动有关的财务顾问；证券承销与保荐；证券自营；证券资产管理；融资融券；证券投资基金销售；公开募集证券投资基金管理业务；为期货公司提供中间介绍业务；代销金融产品（有效期至 2016 年 3 月 14 日）
所属行业：	资本市场服务（J67）
邮政编码：	100033
电话号码：	010-6655 5171
传真号码：	010-6655 5397
互联网网址：	http://www.dxzq.net
电子信箱：	dshms@dxzq.net.cn
董事会秘书：	刘亮

二、董事、监事、高级管理人员

1.董事

本公司现有董事 12 名，其中独立董事 4 名。公司董事由股东大会选举产生，任期 3 年，任期届满可连选连任，但独立董事连任不得超过 2 届。公司现任 12 名董事的基本情况如下表所示：

序号	姓　名	在本公司任职	本届任期
1	陈江旭	董事长	2013 年 8 月至 2016 年 8 月
2	谭世豪	副董事长	2013 年 8 月至 2016 年 8 月
3	陈景耀	董事	2013 年 8 月至 2016 年 8 月
4	徐勇力	董事	2013 年 8 月至 2016 年 8 月
5	魏庆华	董事、总经理、财务负责人	2013 年 8 月至 2016 年 8 月
6	丁　源	董事	2013 年 8 月至 2016 年 8 月
7	宁　静	董事	2013 年 8 月至 2016 年 8 月
8	屠旋旋	董事	2013 年 8 月至 2016 年 8 月
9	钟　伟	独立董事	2013 年 8 月至 2016 年 8 月
10	李　健	独立董事	2013 年 8 月至 2016 年 8 月
11	朱武祥	独立董事	2013 年 8 月至 2016 年 8 月
12	韩建旻	独立董事	2013 年 8 月至 2016 年 8 月

2.监事

本公司监事会现共有监事 5 名，其中职工代表监事 2 名，由公司职工通过民主方式选举产生。监事每届任期 3 年，任期届满，连选可以连任。公司现任 5 名监事基本情况如下表所示：

序号	姓　名	在本公司任职	本届任期
1	许向阳	监事会主席	2013 年 8 月至 2016 年 8 月
2	吴桥辉	监事	2013 年 8 月至 2016 年 8 月
3	罗小平	监事	2013 年 8 月至 2016 年 8 月
4	刘　天	职工监事	2013 年 8 月至 2016 年 8 月
5	杜　彬	职工监事	2014 年 8 月至 2016 年 8 月

3.高级管理人员

本公司现有高级管理人员 6 名。截至本上市公告书刊登日，本公司高级管理人员情况如下：

序号	姓　名	国籍	在本公司任职	任期起始日
1	魏庆华	中国	总经理、财务负责人	2012 年 12 月
2	许学礼	中国	合规总监、首席风险官	2008 年 12 月
3	银国宏	中国	副总经理	2011 年 3 月
4	高　健	中国	副总经理	2012 年 7 月
5	孙小庆	中国	副总经理	2012 年 4 月
6	刘　亮	中国	董事会秘书	2013 年 9 月

4.董事、监事、高级管理人员及其近亲属持股情况

截至本上市公告书刊登日，本公司董事、监事、高级管理人员及其近亲属不存在直接或间接持有本公司股份的情况。

三、公司控股股东及实际控制人情况

1.控股股东

东方资产成立于 1999 年 10 月，法定代表人为张子艾，注册资本为 100 亿元。东方资产是具有独立法人资格的国有独资金融企业，主要从事的业务范围为：收购并经营金融机构剥离的本外币不良资产；本外币债务追偿，对所收购本外币不良贷款形成的资产进行租赁、置换、转让与销售；本外币债务重组及企业重组；本外币债权转股权及阶段性持股，资产证券化；资产管理范围内的上市推荐及债券、股票承销；发行金融债券，商业借款；向金融机构借款和向中国人民银行申请再贷款；投资、财务及法律咨询与顾问；资产及项目评估；企业审计与破产清算；加入全国银行间债券市场，开展债券业务；根据市场原则，商业化收购、管理和处置境内金融机构的不良资产；接受委托，从事经金融监管部门批准的金融机构关闭清算业务；接受财政部、中国人民银行和国有银行的委托，管理和处置不良资产；接受其他金融机构、企业的委托，管理和处置不良资产；运用现金资本金对所管理的政策性和商业化收购不良贷款的抵债实物资产进行必要投资；经中国银行业监督管理委员会等监管机构批准的其他业务活动。

截至 2014 年 12 月 31 日，东方资产商业化业务总资产为 3,194.75 亿元，净资产为 505.90 亿元，2014 年实现净利润 73.92 亿元。以上数据未经审计。

2.实际控制人

财政部持有本公司控股股东东方资产 100%的股权，是本公司的实际控制人。财政部是国务院的组成部门，主管国家财政收支、税收政策等事宜的宏观调控。

四、公司本次发行前后的股东情况

1.股本结构

本次发行前公司总股本为 200,400 万股，本次公开发行的 50,000 万股均为新股。本次发行前后公司的股本结构如下：

股东名称	发行前		发行后		
	持股数量（股）	持股比例（%）	持股数量（股）	持股比例（%）	锁定期限
一、有限售条件 A 股流通股					
东方资产	1,500,000,000	74.85	1,454,600,484	58.09	36 个月
上海国盛	100,000,000	4.99	96,973,366	3.87	27 个月 [1]
泰禾集团	70,000,000	3.49	70,000,000	2.80	12 个月
永信投资	57,000,000	2.84	57,000,000	2.28	12 个月
方正和生	54,000,000	2.69	54,000,000	2.16	12 个月
诚通控股	50,000,000	2.50	48,486,683	1.94	12 个月
天宝矿业	50,000,000	2.50	50,000,000	2.00	12 个月
长源纺织	50,000,000	2.50	50,000,000	2.00	12 个月
泰禾投资	29,000,000	1.45	29,000,000	1.16	12 个月
西博思投资	22,000,000	1.10	22,000,000	0.88	12 个月
永润投资	20,000,000	1.00	20,000,000	0.80	12 个月
中铝股份	2,000,000	0.10	2,000,000	0.08	12 个月
社保基金	–	–	49,939,467	1.99	注 [2]
二、无限售条件 A 股流通股					
公众股股东	–	–	500,000,000	19.97	无
总计	2,004,000,000	100.00	2,504,000,000	100.00	

注 1：自 2014 年 5 月 30 日起锁定三十六个月与公司本次发行的股票在证券交易所上市之日起锁定十二个月孰长。

注 2：社保基金将承继国有股东东方资产、上海国盛和诚通控股的锁定承诺。

2.股东持股情况

本次发行后、上市前十大 A 股股东持股情况如下表所示：

序号	股东名称	持股数量（股）	占本次发行后

			总股本比例
1	中国东方资产管理公司	1,454,600,484	58.09%
2	上海国盛集团资产有限公司	96,973,366	3.87%
3	泰禾集团股份有限公司	70,000,000	2.80%
4	北京永信国际投资(集团)有限公司	57,000,000	2.28%
5	方正和生投资有限责任公司	54,000,000	2.16%
6	福建天宝矿业集团股份有限公司	50,000,000	2.00%
7	福建省长乐市长源纺织有限公司	50,000,000	2.00%
8	全国社会保障基金理事会转持二户	49,939,467	1.99%
9	中国诚通控股集团有限公司	48,486,683	1.94%
10	福建泰禾投资有限公司	29,000,000	1.16%

第四节　股票发行情况

一、发行数量:50,000 万股

二、发行价格:9.18 元/股

三、每股面值:人民币 1.00 元

四、发行方式:通过向网下投资者询价配售,与网上按市值申购定价发行相结合的方式,网下向询价对象配售 5,000 万股,占本次发行总量的 10%;网上向社会公众投资者发行 45,000 万股,占本次发行总量的 90%。

五、募集资金总额及注册会计师对资金到位的验证情况

本次发行募集资金总额为 459,000 万元。瑞华会计师事务所(特殊普通合伙)于 2015 年 2 月 15 日对本次发行的资金到位情况进行了审验,并出具了瑞华验字[2015]第 01030001 号《验资报告》。

六、发行费用

1.本次发行费用总额为 11,623 万元,其中包括:承销保荐费 10,290 万元,审计验资费用 421 万元,律师费用 300 万元,资产评估费用 57 万元,与本次发行相关的信息披露费 400 万元,发行上市手续费用 155 万元。

2.本次发行每股发行费用为 0.2325 元/股。(每股发行费用=发行费用总额/本次发行股本)。

七、募集资金净额:447,377 万元

八、发行后每股净资产:4.76 元(按 2014 年 12 月 31 日经审计的合并资产负债表中归属于母公司股东权益和本次募集资金净额合计数除以发行后总股本计算)

九、发行后每股收益:0.3997 元(按 2014 年度年度经审计的、扣除非经常性损益前后孰低的净利润除以本次发行后总股本计算)

第五节　财务会计信息

本公司 2012 年、2013 年和 2014 年经审计的财务数据已于公告中的招股说明书进行了披露,投资者欲了解相关情况请详细阅读招股说明书。

财务报告审计截止日(2014 年 12 月 31 日)后,本公司的经营模式、行业监管政策均未发生重大变化,公司经营状况稳定,未出现可能影响公司正常经营的重大不利因素。

本公司结合目前市场情况、公司业务开展情况和后续的行业及市场发展趋势情况,对 2015 年第一季度经营业绩进行了审慎分析后,初步预计 2015 年第一季度的营业收入将较 2014 年同期实现增长,净利润(扣除非经常性损益)将较 2014 年同期增长约 10%-20%。但考虑到证券公司的经营业绩受证券市场情况及行业监管影响较大,如 2015 年第一季度证券市场出现重大调整或监管部门出台对公司现有业务开展存在重大影响的政策,则本公司的营业收入和净利润水平将相应受到重大影响。

第六节　其他重要事项

一、募集资金专户存储三方监管协议的签署

为规范本公司募集资金管理和使用,保护中小投资者的权益,根据中国证监会《关于进一步规范上市公司募集资金使用的通知》、《上海证券交易所上市公司募集资金管理规定》的有关规定,公司已在交通银行股份有限公司北京天坛分行、中国工商银行股份有限公司福州台江支行、浙商银行股份有限公司北京分行(以下简称"募集资金专户存储银行")开设账户作为募集资金专项账户(以下简称"专户")。2015 年 2 月 13 日,本公司及保荐机构瑞银证券与上述银行分别签订《募集资金专户存储三方监管协议》(以下简称"三方监管协议"),三方监管协议约定的主要条款如下:

1.公司已在交通银行股份有限公司北京天坛分行开设专户,账号为 110060901018010135406,该专户仅用于公司补充资本金,不得用于其它用途。公司已在中国工商银行股份有限公司福州台江支行开设专户,账号为 1402022129601278926,该专户仅用于公司补充资本金,不得用于其它用途。公司已在浙商银行股份有限公司北京分行开设专户,账号为 1000000010120100122930,该专户仅用于公司补充资本金,不得用于其它用途。

2.本公司与募集资金专户存储银行应当共同遵守《中华人民共和国票据法》、《支付结算办法》、《人民币银行结算账户管理办法》等法律、法规、规章。

3.瑞银证券作为东兴证券的保荐机构,应当依据有关规定指定保荐代表人或其他工作人员对东兴证券募集资金使用情况进行监督。

瑞银证券承诺按照《证券发行上市保荐业务管理办法》、《上海证券交易所上市公司募集资金管理办法(2013 年修订)》以及东兴证券制订的募集资金管理制度对东兴证券募集资金管理事项履行督导职责。

瑞银证券可以采取现场调查、书面问询等方式行使其监督权。公司和募集资金专户存储银行应当配合瑞银证券的调查与查询。瑞银证券至少每半年度对公司现场调查时应当同时检查专户存储情况。

4.东兴证券授权瑞银证券指定的保荐代表人刘文成、张浩可以随时到募集资金专户存储银行查询、复印公司专户的资料;募集资金专户存储银行应当及时、准确、完整地向其提供所需的有关专户的资料。

保荐代表人向募集资金专户存储银行查询东兴证券专户有关情况时应当出具本人的合法身份证明;瑞银证券指定的其他工作人员向募集资金专户存储银行查询东兴证券专户有关情况时应当出具本人的合法身份证明和单位介绍信。

5.募集资金专户存储银行按月(每月 5 日前)向东兴证券出具真实、准确、完整的专户对账单,并抄送给瑞银证券。

6.东兴证券 1 次或 12 个月以内累计从专户支取的金额超过 5,000 万元且达到发行募集资金总额扣除发行费用后的净额的 20%的,东兴证券和相关募集资金专户存储银行应当及时以传真方式通知瑞银证券,同时提供专户的支出清单。

7.瑞银证券有权根据有关规定更换指定的保荐代表人。瑞银证券更换保荐代表人的,应当将相关证明文件书面通知相关募集资金专户存储银行,同时按三方监管协议第十二条的要求书面通知更换后保荐代表人的联系方式。更换保荐代表人不影响三方监管协议的效力。

8.募集资金专户存储银行连续三次未及时向东兴证券出具对账单,以及存在未配合瑞银证券调查专户情形的,东兴证券可以主动或在瑞银证券的要求下单方面终止三方监管协议并注销专户。同时,东兴证券应及时与其他适格机构开立募集资金专户并保证募集资金的专款专用。

9.瑞银证券发现东兴证券、募集资金专户存储银行未按约定履行三方监管协议的,应当在知悉有关事实后及时向上海证券交易所书面报告。

10.三方监管协议自东兴证券、募集资金专户存储银行、瑞银证券三方法定代表人或其授权代表签署并加盖各自单位公章之日起生效,至专户资金全部支出完毕并依法销户之日起失效。

二、招股意向书首次刊登日至上市公告书刊登日期间无其他重要事项发生

本公司自招股意向书首次刊登日(2015 年 2 月 2 日)至上市公告书刊登前,没有发生可能对本公司有较大影响的重要事项,具体如下:

1.本公司主营业务目标进展情况正常,经营状况正常。

2.本公司所处行业和市场未发生重大变化。

3.除正常经营活动所签订的商务合同外,本公司未订立其他对公司资产、负债、权益和经营成果产生重大影响的重要合同。

4.本公司与关联方未新增重大关联交易。

5.本公司未进行重大投资。

6.本公司未发生重大资产(或股权)购买、出售及置换。

7.本公司住所没有变更。

8.本公司董事、监事、高级管理人员没有发生变化。

9.本公司未发生重大诉讼、仲裁事项。

10.本公司未发生对外担保等或有事项。

11.本公司的财务状况和经营成果未发生重大变化。

12.本公司董事会、监事会和股东大会运行正常,决议及其主要内容无异常情况。

13.本公司未发生其他应披露的重大事项。

第七节　上市保荐机构及其意见

一、保荐机构基本情况

保荐人(主承销商):瑞银证券有限责任公司

法定代表人:程宜荪

住所:北京市西城区金融大街 7 号英蓝国际金融中心 12 层、15 层

联系电话:010-5832 8888

传真:010-5832 8954

保荐代表人:刘文成、张浩

项目协办人:张培鹏

项目经办人:徐琳洁、廖君、李桢、江帆、田园

二、上市保荐机构的推荐意见

上市保荐机构认为,东兴证券申请其 A 股股票上市符合《公司法》、《证券法》及《上海证券交易所股票上市规则》等国家法律、法规的有关规定,东兴证券 A 股股票具备在上海证券交易所上市的条件。瑞银证券有限责任公司同意推荐东兴证券 A 股股票在上海证券交易所上市交易,并承担相关保荐责任。

发行人:东兴证券股份有限公司

保荐机构(主承销商):瑞银证券有限责任公司

2015 年 2 月 25 日

山东华鹏玻璃股份有限公司

山东华鹏玻璃股份有限公司首次公开发行股票上市公告书

特别提示

本公司股票将于2015年4月23日在上海证券交易所上市。本公司提醒投资者应充分了解股票市场风险及本公司披露的风险因素，在新股上市初期切忌盲目跟风"炒新"，应当审慎决策、理性投资。

第一节 重要声明与提示

山东华鹏玻璃股份有限公司(以下简称"山东华鹏"、"公司"、"本公司"或"发行人")及全体董事、监事、高级管理人员保证上市公告书所披露信息的真实、准确、完整，承诺上市公告书不存在虚假记载、误导性陈述或重大遗漏，并承担个别和连带的法律责任。

上海证券交易所、其他政府机关对本公司股票上市及有关事项的意见，均不表明对本公司的任何保证。

本公司提醒广大投资者注意，凡本上市公告书未涉及的有关内容，请投资者查阅刊载于上海证券交易所网站(http://www.sse.com.cn)的本公司招股说明书全文。

一、实际控制人和股东关于股份锁定的承诺

公司实际控制人张德华、张刚承诺：自公司股票上市之日起36个月内，不转让或者委托他人管理其持有的公司公开发行前已发行的股份，也不由公司回购该部分股份。王壮等130名其他自然人股东承诺：自公司股票上市之日起12个月内，不转让或者委托他人管理其持有的公司公开发行股票前已发行的股份，也不由公司回购该部分股份。

芜湖瑞业、芜湖瑞尚、荣成中天承诺：自公司股票上市之日起12个月内，不转让或者委托他人管理其持有的公司公开发行股票前已发行的股份，也不由公司回购该部分股份。

担任公司董事、监事、高级管理人员的股东张德华、王壮、王正义、宋国明、王代永、张刚、王祖通、王孝波、王加民、王秀清，以及分别担任菏泽华鹏、安庆华鹏、辽宁华鹏、山西华鹏、甘肃石岛、器皿业务中心负责人的股东孙建辉、王德超、李永明、宋元超、刘玉福、于冬明等16人承诺：在任职期间，每年转让的股份不超过其所持有公司股份总数的25%；在离职后半年内不转让其所持有的公司股份；在申报离职6个月后的12个月内通过证券交易所挂牌交易出售公司股票的数量占其所持有公司股票总数的比例不超过50%。

公司控股股东以及担任公司董事、高级管理人员的股东张德华、张刚、王壮、王正义、宋国明、王代永、王加民、王秀清同时还承诺：

本人所持公司股票在锁定期满后两年内减持的，减持价格(如果因派发现金红利、送股、转增股本、增发新股等原因进行除权、除息的，须按照上海证券交易所的有关规定作复权处理)不低于公司首次公开发行股票时的发行价格。

公司上市后6个月内如股票连续20个交易日的收盘价(如果因派发现金红利、送股、转增股本、增发新股等原因进行除权、除息的，须按照上海证券交易所的有关规定作复权处理)均低于发行价，或者上市后6个月期末收盘价低于发行价，本人持有公司股票的锁定期限自动延长6个月。

二、滚存利润分配及分红政策

(一)本次发行前滚存利润安排

如公司首次公开发行股票发行成功，本次公开发行股票完成前滚存的未分配利润，由公司首次公开发行股票完成后的新老股东依其所持股份比例共同享有。

(二)本次发行后股利分配政策

据《公司章程》(草案)规定，公司可以采取现金、股票或二者相结合的方式分配股利。公司当年如实现盈利并有可供分配利润时，应当进行年度利润分配。公司每年以现金方式分配的利润不得少于当年实现的可分配利润的15%。若公司营收增长快速，董事会认为公司股本情况与公司经营规模不匹配时，可以在满足每年最低现金股利分配之余进行股票股利分配。公司董事会应当综合考虑所处行业特点、发展阶段、自身经营模式、盈利水平以及是否有重大资金支出安排等因素，提出差异化的现金分红政策。

三、本次发行前持股5%以上股东的持股意向及减持意向

公司本次发行前，持股5%以上的股东为张德华、芜湖瑞业、芜湖瑞尚。

公司控股股东张德华承诺：自持有公司股份锁定期满之日起两年内，将视自身财务情况及资金需求对公司股票进行增持或减持。本人所持公司股票在锁定期满后两年内进行减持的，每年减持数量不超过上一年末所持股份数量的10%，减持价格不低于发行价的110%(如公司股票在此期间除权除息的，发行价格作出相应调整)。本人减持前将提前三个交易日通知公司减持事宜，在公司公告后再实施减持计划。如本人减持行为未履行上述承诺，减持收益将归公司所有。

芜湖瑞业、芜湖瑞尚承诺：在所持公司股份锁定期届满后两年内，有意根据自身财务规划的需要通过上海证券交易所进行合理减持，最多减持所持公司全部股份，减持价格依据市场价格确定。减持前将提前三个交易日通知公司减持事宜，在公司公告后再实施减持计划。如未履行上述承诺，减持收益将归公司所有。

四、发行人上市后三年内的股价稳定措施

公司2013年度股东大会审议通过了《关于上市后三年内公司股价低于每股净资产时稳定股价的预案》。该预案规定：

1.启动稳定股价措施的条件

公司首次公开发行并上市后的36个月内，如公司股票连续20个交易日的收盘价均低于最近一期经审计的每股净资产(审计基准日后发生权益分派、公积金转增股本、配股等情况的，应做除权、除息处理)，且非因不可抗力因素所致，公司应按下述规则启动稳定股价措施。

2.稳定股价的具体措施

(1)公司回购

①公司为稳定股价之目的回购股份，应符合《上市公司回购社会公众股份管理办法(试行)》及《关于上市公司以集中竞价交易方式回购股份的补充规定》等相关法律、法规的规定，且不应导致公司股权分布不符合上市条件。

②公司董事会对回购股份作出决议，公司董事承诺就该等回购事宜在董事会中投赞成票。

③公司股东大会对回购股份做出决议，该决议须经出席会议的股东所持表决权的三分之二以上通过，公司实际控制人张德华、张刚承诺就该等回购事宜在股东大会中投赞成票。

④公司为稳定股价进行股份回购时，除应符合相关法律法规之要求之外，还应符合下列各项：

公司回购价格不高于最近一期经审计的每股净资产(审计基准日后发生权益分派、公积金转增股本、配股等情况的，应做除权、除息处理)。

每次启动条件满足时回购(以下简称"单次回购")的股份数量不低于公司股份总数的1%，但公司为稳定股价之目的回购股份(简称"累计回购股份")总数不高于公司股份总数的10%，且回购后公司的股权分布应当符合上市条件。

累计回购股份的资金累计金额不超过公司首次公开发行新股募集资金50%，单次用于回购股份的资金不超过前述资金总额的20%。

如果公司控股股东/实际控制人或者董事、高级管理人员自愿采取增资的方式稳定股价，则公司可以相应减少单次回购股份数额。

(2)控股股东/实际控制人增持

①在公司回购股份方案获得股东大会通过后实施前，公司实际控制人张德华、张刚可以单方面或与公司董事、高级管理人员共同自愿增持公司股份，增持数额合计不超过公司当次的单次回购股份数额。

②下列条件发生时，公司实际控制人张德华、张刚应在符合《上市公司收购管理办法》等法律法规的条件和要求的前提下，对公司股票进行增持：

公司回购股份方案实施完毕之次日起的连续20个交易日每日股票收盘价均低于最近一期经审计的每股净资产(审计基准日后发生权益分派、公积金转增股本、配股等情况的，应做除权、除息处理)。

③在上述2)情形下，实际控制人张德华、张刚承诺单次增持数额不少于公司股份总数的1%。

④张德华、张刚承诺在增持计划完成后6个月内将不出售所增持的股份。

(3)董事、高级管理人员增持

①在公司回购股份方案获得股东大会通过后实施前，公司董事、高级管理人员可以单方面或与公司实际控制人张德华、张刚共同自愿增持公司股份，增持数额合计不超过公司当次的单次回购股份数额。

②下列条件发生时，公司董事(不包括独立董事)、高级管理人员应在符合《上市公司收购管理办法》及《上市公司董事、监事和高级管理人员所持本公司股份及其变动管理规则》等法律法规的条件和要求的前提下，对公司股票进行增持：

实际控制人张德华、张刚增持股份方案实施完毕之次日起的连续20个交易日每日股票收盘价均低于最近一期经审计的每股净资产(审计基准日后发生权益分派、公积金转增股本、配股等情况的，应做除权、除息处理)。

③在上述2)下有增持义务的公司董事、高级管理人员承诺，为本次稳定股价而用于增持公司股份的资金不少于其上一年度从公司领取的现金薪酬的30%，但不超过50%。公司全体董事(不包括独立董事)、高级管理人员对该等增持义务的履行承担连带责任。

④有增持义务的公司董事、高级管理人员承诺，在增持计划完成后的6个月内将不出售所增持的股份。

⑤本公司若有新聘任董事、高级管理人员，本公司将要求其接受稳定公司股价预案和相关措施的约束。

(4)其他证券监管部门认可的方式

3.稳定股价措施的启动程序

(1)公司回购

①公司董事会应在上述公司回购启动条件触发之日起的15个交易日内做出回购股份的决议。

②公司董事会应当在做出回购股份决议后的2个工作日内公告董事会决议、回购股份预案，并发布召开股东大会的通知。

③公司应在股东大会做出决议之次日起开始启动回购，并应在履行相关法定手续后的60个交易日内实施完毕；

④公司回购方案实施完毕后，应在2个工作日内公告公司股份变动报告，并在10日内依法注销所回购的股份，办理工商变更登记手续。

(2)实际控制人张德华、张刚及董事、高级管理人员增持

①公司董事会应在上述实际控制人张德华、张刚及董事、高级管理人员增持条件触发之日起2个交易日内做出增持公告。

②控股股东/实际控制人及董事、高级管理人员应在增持公告做出之次日起开始启动增持，并

应在履行相关法定手续后的30个交易日内实施完毕。

4.稳定股价方案的终止情形

自股价稳定方案公告之日起60个交易日内,若出现以下任一情形,则视为本次稳定股价措施实施完毕及承诺履行完毕,已公告的稳定股价方案终止执行:

(1)公司股票连续10个交易日的收盘价均高于公司最近一期经审计的每股净资产;

(2)继续回购或增持公司股份将导致公司股权分布不符合上市条件。

5.稳定股价的进一步承诺

在启动条件首次触发后,公司实际控制人张德华、张刚及持有公司股份的董事和高级管理人员的股份锁定期自动延长6个月。为避免歧义,此处持有公司股份的董事和高级管理人员的股份锁定期,是指该等人士根据《上市公司董事、监事和高级管理人员所持本公司股份及其变动管理规则》第四条第(三)款的规定做出的承诺中载明的股份锁定期限。

本预案需经公司股东大会审议通过,公司完成首次公开发行A股股票并上市之日起生效,有效期三年。

(1)如本公司/本人承诺未能履行、确已无法履行或无法按期履行的(因相关法律法规、政策变化、自然灾害及其他不可抗力等本公司/本人无法控制的客观原因导致的除外),本公司/本人将采取以下措施:

①通过公司及时、充分披露本公司本公司/本人承诺未能履行、无法履行或无法按期履行的具体原因;

②向公司及其投资者提出补充承诺或替代承诺,以尽可能保护公司及其投资者的权益;

③将上述补充承诺或替代承诺提交公司股东大会审议;

(2)如因相关法律法规、政策变化、自然灾害及其他不可抗力等本公司/本人无法控制的客观原因导致本公司/本人承诺未能履行、确已无法履行或无法按期履行的,本公司/本人将采取以下措施:

①通过公司及时、充分披露本公司/本人承诺未能履行、无法履行或无法按期履行的具体原因;

②向公司及其投资者提出补充承诺或替代承诺,以尽可能保护公司及其投资者的权益。发行人主要股东、董事、高级管理人员承诺:如本公司/本人承诺未能履行、确已无法履行或无法按期履行的(因相关法律法规、政策变化、自然灾害及其他不可抗力等本公司/本人无法控制的客观原因导致的除外),本公司/本人违反本公司/本人承诺所得收益将归属于公司,因此给公司或投资者造成损失的,将依法对公司或投资者进行赔偿。

五、关于首次公开发行相关文件真实性、准确性、完整性的承诺

公司及其控股股东张德华先生承诺:若本招股说明书有虚假记载、误导性陈述或者重大遗漏,对判断公司是否符合法律规定的发行条件构成重大、实质影响的,公司将在中国证监会认定有关违法事实后30天内依法回购首次公开发行的全部新股,回购价格为发行价格加上同期银行存款利息;张德华先生将利用公司的控股股东地位促成公司在中国证监会认定有关违法事实后30天内启动依法回购公司首次公开发行的全部新股工作,并在前述期限内启动依法购回本公司已转让的原限售股份工作;公司上市后发生除权除息事项的,上述发行价格及回购股份数量做相应调整。

公司及其控股股东、实际控制人、董事、监事、高级管理人员承诺:若本公司招股说明书有虚假记载、误导性陈述或者重大遗漏,致使投资者在证券交易中遭受损失的,将在该等违法事实被中国证监会认定后的30天内依法赔偿投资者损失。

本次发行的保荐机构广发证券、律师服务机构安徽天禾、审计服务机构天圆全会计师事务所承诺:因本机构(本所)为发行人首次公开发行制作、出具的文件有虚假记载、误导性陈述或者重大遗漏,给投资者造成损失的,在该等违法事实被认定后,本机构(本所)将依法赔偿投资者损失。

六、相关责任主体关于因信息披露重大违规回购新股、购回股份、赔偿损失的相关承诺

发行人承诺:"若因本公司招股说明书有虚假记载、误导性陈述或者重大遗漏,对判断公司是否符合法律规定的发行条件构成重大、实质影响的,本公司董事会将在证券监管部门或司法机关依法对上述事实作出认定或处罚决定后五个工作日内,制订股份回购方案并提交股东大会审议批准。本公司将依法回购首次公开发行的全部新股,回购价格为发行价格(若公司股票有派息、送股、资本公积金转增股本等除权、除息事项的,发行价格将相应进行除权、除息调整)加上同期银行存款利息。

若因本公司招股说明书有虚假记载、误导性陈述或者重大遗漏,致使投资者在证券交易中遭受损失的,本公司将依法赔偿投资者损失。"

控股股东承诺:"若因发行人招股说明书有虚假记载、误导性陈述或者重大遗漏,对判断发行人是否符合法律规定的发行条件构成重大、实质影响的,本公司将在证券监管部门或司法机关依法对上述事实作出认定或处罚决定时,依法购回已转让的原限售股份(如有),并于5个交易日内启动购回程序,购回价格为发行价格(若公司股票有派息、送股、资本公积金转增股本等除权、除息事项的,发行价格将相应进行除权、除息调整)加上同期银行存款利息。

若因发行人本次公开发行股票的招股说明书有虚假记载、误导性陈述或者重大遗漏,致使投资者在证券交易中遭受损失的,本公司将依法赔偿投资者损失。"

实际控制人、董事、监事及高级管理人员承诺:"若因发行人本次公开发行股票的招股说明书有虚假记载、误导性陈述或者重大遗漏,致使投资者在证券交易中遭受损失的,本委/本人将依法赔偿投资者损失。"

保荐机构广发证券股份有限公司承诺:"若因本公司为发行人首次公开发行制作、出具的文件有虚假记载、误导性陈述或者重大遗漏,给投资者造成损失的,将依法赔偿投资者损失。"

发行人律师安徽天禾律师事务所承诺:"若因本所为发行人首次公开发行制作、出具的文件有虚假记载、误导性陈述或者重大遗漏,给投资者造成损失的,本所将依法赔偿投资者损失。"

发行人会计师北京天圜全会计师事务所(特殊普通合伙)承诺:"若因本所为发行人首次公开发行制作、出具的文件有虚假记载、误导性陈述或者重大遗漏,给投资者造成损失的,本所将依法赔偿投资者损失。"

七、未履行承诺事项的约束措施

(一)发行人未履行承诺的约束措施

发行人承诺将严格履行发行人就首次公开发行股票并上市所作出的所有公开承诺事项,积极接受社会监督。

1.如发行人非因不可抗力原因导致未能履行公开承诺事项的,需提出新的承诺(相关承诺需按法律、法规、公司章程的规定履行相关审批程序)并接受如下约束措施,直至新的承诺履行完毕或相应补救措施实施完毕:

(1) 在股东大会及中国证监会指定的披露媒体上公开说明未履行的具体原因并向股东和社会公众投资者道歉;

(2)对公司该等未履行承诺的行为负有个人责任的董事、监事、高级管理人员调减或停发薪酬和津贴(如该等人员在公司领薪);

(3)给投资者造成损失的,公司将向投资者依法承担赔偿责任。

2.如因相关法律法规、政策变化、自然灾害等不可抗力原因导致本公司未能履行、无法履行或无法按期履行公开承诺事项的,本公司将采取以下措施:

(1)及时、充分披露未能履行、无法履行或无法按期履行公开承诺事项的具体原因;

(2)尽快研究将投资者利益损失降低到最小的处理方案,包括提出补充承诺或替代承诺(相关承诺需按法律、法规、公司章程的规定履行相关审批程序),并提交股东大会审议,尽可能地保护投资者的权益。

(二)控股股东及其一致行动人未履行承诺的约束措施

控股股东张德华及其一致行动人张刚承诺将严格履行其就公司首次公开发行股票并上市所作出的所有公开承诺事项,积极接受社会监督。

1.如控股股东及其一致行动人非因不可抗力原因导致未能履行公开承诺事项的,需提出新的承诺并接受如下约束措施,直至新的承诺履行完毕或相应补救措施实施完毕:

(1) 在股东大会及中国证监会指定的披露媒体上公开说明未履行的具体原因并向股东和社会公众投资者道歉;

(2)不得转让公司股份;

(3)暂不领取公司分配利润中归属于控股股东及其一致行动人的部分;

(4)如果因未履行相关承诺而获得收益的,所获收益归公司所有,并在获得收益的五个工作日内将所获收益支付给公司指定账户;

(5)给投资者造成损失的,依法赔偿投资者损失。

2.如因相关法律法规、政策变化、自然灾害等不可抗力原因导致控股股东及其一致行动人未能履行、无法履行或无法按期履行公开承诺事项的,控股股东及其一致行动人将采取以下措施:

(1)及时、充分披露未能履行、无法履行或无法按期履行公开承诺事项的具体原因;

(2)尽快研究将投资者利益损失降低到最小的处理方案,包括提出补充承诺或替代承诺(相关承诺需按法律、法规、公司章程的规定履行相关审批程序),并提交股东大会审议,尽可能地保护投资者的权益。

(三)董事、监事及高级管理人员未履行承诺的约束措施

公司董事、监事及高级管理人员承诺将严格履行其就公司首次公开发行股票并上市所作出的所有公开承诺事项,积极接受社会监督。

1.如董事、监事及高级管理人员非因不可抗力原因导致未能履行公开承诺事项的,需提出新的承诺并接受如下约束措施,直至新的承诺履行完毕或相应补救措施实施完毕:

(1)在股东大会及中国证监会指定的披露媒体上公开说明未履行的具体原因并向股东和社会公众投资者道歉;

(2)不得转让公司股份;

(3)暂不领取公司分配利润中归属于董事、监事及高级管理人员的部分;

(4)不得主动要求离职,但可以变更职务;

(5)主动申请调减或停发薪酬和津贴;

(6)如果因未履行相关承诺而获得收益的,所获收益归公司所有,并在获得收益的五个工作日内将所获收益支付给公司指定账户;

(7)给投资者造成损失的,依法赔偿投资者损失。

2.如因相关法律法规、政策变化、自然灾害等不可抗力原因导致董事、监事及高级管理人员未能履行、无法履行或无法按期履行公开承诺事项的,董事、监事及高级管理人员将采取以下措施:

(1)及时、充分披露未能履行、无法履行或无法按期履行公开承诺事项的具体原因;

(2)尽快研究将投资者利益损失降低到最小的处理方案,包括提出补充承诺或替代承诺(相关承诺需按法律、法规、公司章程的规定履行相关审批程序),并提交股东大会审议,尽可能地保护投资者的权益。

八、最近一期财务会计情况

自2014年12月31日至本上市公告书签署之日,公司不存在下列情况:

1.销售规模大幅下滑、销售价格发生显著变化;

2.经营模式发生变化;

3.主要原材料的采购规模及采购价格发生重大变化;

4.主要产品的生产发生重大变化;

5.主要客户及供应商的构成发生重大变化;

6.税收政策发生重大变化;

7.发生其他可能影响投资者判断的重大事项。

根据公司合同订单数量、价格和预期发货情况,预计2015年一季度可实现营业收入及归属于公司普通股股东的净利润分别比上年同期增长5%—10%左右。

如无特别说明,本上市公告书中的简称或名词的释义与本公司首次公开发行股票招股说明书中的相同。

第二节　股票上市情况

一、股票发行上市审核情况

(一)编制上市公告书的法律依据

本上市公告书系根据《中华人民共和国证券法》、《中华人民共和国公司法》和《上海证券交易所股票上市规则》等有关法律法规规定,按照上海证券交易所《股票上市公告书内容与格式指引》编制

而成，旨在向投资者提供有关本公司首次公开发行 A 股股票上市的基本情况。

（二）股票发行的核准部门和文号

本公司首次公开发行 A 股股票（以下简称“本次发行”）已经中国证券监督管理委员会“证监许可〔2015〕538 号”文核准。

本次发行采用网下向符合条件的投资者询价配售和网上按市值申购方式向社会公众投资者定价发行相结合的方式。

（三）证券交易所同意股票上市文件的文号

本公司 A 股股票上市已经上海证券交易所“自律监管决定书[2015]143 号”文批准。

本公司发行的 A 股股票在上海证券交易所上市，证券简称“山东华鹏”，股票代码“603021”。本次网上网下公开发行的合计 2,640 万股股票将于 2015 年 4 月 23 日起上市交易。

二、股票上市概况

（一）上市地点：上海证券交易所

（二）上市时间：2015 年 4 月 23 日

（三）股票简称：山东华鹏

（四）股票代码：603021

（五）本次发行完成后总股本：10,540.00 万股

（六）本次 A 股公开发行的股票数量：2,640 万股，均为新股发行，无老股转让。

（七）本次上市的无流通限制及锁定安排的股票数量：2,640 万股

（八）发行前股东所持股份的流通限制及期限：参见本上市公告书之“第一节重要声明与提示”

（九）发行前股东对所持股份自愿锁定的承诺：参见本上市公告书之“第一节重要声明与提示”

（十）本次上市股份的其他锁定安排：参见本上市公告书之“第一节重要声明与提示”

（十一）股票登记机构：中国证券登记结算有限责任公司上海分公司

（十二）上市保荐机构：广发证券股份有限公司

第三节　发行人、股东和实际控制人情况

一、发行人基本情况

公司名称：山东华鹏玻璃股份有限公司

英文名称：SHANDONGHUAPENGGLASSCO.,LTD.

法定代表人：张德华

注册资本：7,900 万元人民币

注册地址：山东省荣成市石岛龙云路 468 号

经营范围：日用玻璃制品生产销售及自营进出口权批准书核准范围内的进出口业务；开展相关的技术咨询和技术服务（依法须经批准的项目，经相关部门批准后方可开展经营活动）。

主营业务：研发、生产和销售多个品种系列的玻璃瓶罐和玻璃器皿产品。

所属行业：C30 非金属矿物制品业

电话号码：0631-7381873

传真号码：0631-7382522

互联网址：www.huapengglass.com

电子信箱：dsh@huapengglass.com

董事会秘书：宋国明

董事、监事、高级管理人员：

序号	姓名	性别	任职	任期	股数（万元）	持股比例
1	张德华	男	董事长	2013.4.18-2016.4.17	3,978.11	50.36%
2	王　壮	男	董事、总经理	2013.4.18-2016.4.17	145.00	1.84%
3	王正义	男	董事、副总经理	2013.4.18-2016.4.17	145.00	1.84%
4	宋国明	男	董事、副总经理、董事会秘书	2013.4.18-2016.4.17	145.00	1.84%
5	王代永	男	董事、副总经理、财务负责人	2013.4.18-2016.4.17	145.00	1.84%
6	张　刚	男	副董事长	2013.4.18-2016.4.17	165.89	2.10%
7	王均光	男	独立董事	2013.4.18-2016.4.17	–	–
8	高建华	女	独立董事	2013.4.18-2016.4.17	–	–
9	张晓彤	男	独立董事	2014.10.8-2016.4.17	–	–
10	王祖通	男	监事会主席	2013.4.18-2016.4.17	145.00	1.84%
11	王孝波	男	监事	2013.4.18-2016.4.17	36.00	0.46%
12	马毓婕	女	职工代表监事	2013.2.10-2016.2.9	–	–
13	王加民	男	副总经理	2013.4.18-2016.4.17	36.00	0.46%
14	王秀清	男	总工程师	2013.4.18-2016.4.17	16.00	0.20%

本公司董事、监事和高级管理人员均直接持有公司股份，不存在间接持股。

截至本上市公告书刊登之日，本公司不存在公司债券。

二、控股股东和实际控制人的基本情况

公司的公司控股股东为张德华先生，实际控制人为张德华和张刚父子。张德华先生现持有公司 3,978.11 万股，持股比例为 50.36%，为公司控股股东。张刚先生现持有公司 165.89 万股，持股比例为 2.10%。两人合计持有公司 4,144.00 万股，持股比例为 52.46%。

张德华先生，男，中国国籍，无境外永久居留权，1953 年 1 月出生，大专学历，高级经济师、高级政工师，现任公司董事长（任期 2013 年 4 月至 2016 年 4 月）、党委书记。张德华先生具有丰富的日用玻璃行业从业经验，1969 年至 1998 年历任荣成市玻璃厂工人、车间主任、调度室主任、副厂长、新星玻璃厂厂长等职，1998 年 7 月公司成立后先后担任董事长兼总经理、董事长。张德华先生曾荣获全国五一劳动奖章、山东省“富民兴鲁”劳动奖章、山东十大优秀创业者、中国日用玻璃行业“功勋企业家”、“山东省轻工业优秀企业家”威海市优秀共产党员、威海市优秀人大代表等荣誉；现担任中国日用玻璃协会副理事长、中国日用玻璃协会瓶罐玻璃委员会副主任委员、中国日用玻璃协会器皿玻璃委员会副主任委员、中国包装联合会玻璃容器委员会副主任委员、山东省日用硅酸盐工业协会副理事长等职务。

张刚先生，男，中国国籍，无境外永久居留权，1978 年 8 月生，大专学历。现任公司副董事长（任期 2013 年 4 月至 2016 年 4 月），张德华先生之子。曾获 2010 年“荣成市十大杰出青年”荣誉称号。

三、股本结构及前十名股东情况

（一）股本结构

股东名称	本次发行前 持股（万股）	本次发行前 占总股本比例	本次发行后 持股（万股）	本次发行后 占总股本比例
一、有限售条件 A 股流通股				
张德华	3,978.11	50.36%	3,978.11	37.74%
芜湖瑞业股权投资基金（有限合伙）	570.00	7.22%	570.00	5.41%
芜湖瑞尚股权投资基金（有限合伙）	500.00	6.33%	500.00	4.74%
张　刚	165.89	2.10%	165.89	1.57%
王　壮	145.00	1.84%	145.00	1.38%
王正义	145.00	1.84%	145.00	1.38%
宋国明	145.00	1.84%	145.00	1.38%
王代永	145.00	1.84%	145.00	1.38%
刘新朋	145.00	1.84%	145.00	1.38%
王祖通	145.00	1.84%	145.00	1.38%
汤光青	145.00	1.84%	145.00	1.38%
王加民等其他 124 名股东	1,671.00	21.15%	1,671.00	15.85%
小计	7,900.00	100.00%	7,900.00	74.95%
二、无限售条件股流通股				
本次网下发行社会公众股	/	/	264.00	2.50%
本次网上发行社会公众股	/	/	2,376.00	22.54%
合计	7,900.00	100.00%	10,540.00	100.00%

注：本次发行前公司股东所持股份的锁定期限自股票上市之日起计算。详细锁定安排参见本上市公告书“第一节　重要声明与提示”之“一、关于股份限售安排和自愿锁定的承诺”。

（二）前十名股东情况

本次发行后、上市前股东户数为 22,645 户，前十名的股东情况如下：

序号	股东姓名	持股数量（万股）	持股比例（%）
1	张德华	3,978.11	37.7430%
2	芜湖瑞业股权投资基金（有限合伙）	570.00	5.4080%
3	芜湖瑞尚股权投资基金（有限合伙）	500.00	4.7438%
4	张　刚	165.89	1.5739%
5	宋国明	145.00	1.3757%
5	王　壮	145.00	1.3757%
5	刘新朋	145.00	1.3757%
5	汤光青	145.00	1.3757%
5	王正义	145.00	1.3757%
5	王祖通	145.00	1.3757%
5	王代永	145.00	1.3757%

第四节　股票发行情况

一、发行数量

公开发行新股 2,640 万股，不进行老股转让。

二、发行价格

本次发行价格为 8.73 元/股。

三、每股面值

人民币 1.00 元。

四、发行方式

网下向符合条件的投资者询价配售和网上按市值申购方式向社会公众投资者定价发行相结合的方式，其中网下向询价对象配售 264 万股，网上向社会公众投资者发行 2,376 万股。

五、募集资金总额及注册会计师对资金到位的验证情况

（一）本次发行募集资金总额 23,047.20 万元。

（二）北京天圆全会计师事务所（特殊普通合伙）于 2015 年 4 月 21 日对本次发行的资金到位情况进行了审验，并出具了“天圆全验字[2015]000017 号”《验资报告》。

（三）发行费用

本次公司公开发行新股的每股发行费用为 1.40 元（按本次发行费用总额除以发行股数计算）。

（四）本次发行募集资金净额：19,341.27 万元。

（五）发行后每股净资产：6.42 元（以本次发行后归属于母公司股东权益除以本次发行后总股本计算，本次发行后归属于母公司股东权益按发行人 2014 年 12 月 31 日经审计的归属于母公司股东权益和本次募集资金净额之和计算）。

（六）发行后每股收益：0.38 元/股（以 2014 年度经审计扣除非经常性损益前后孰低的归属于母公司股东的净利润除以本次发行后总股本计算）。

（七）发行市盈率：22.97 倍（每股收益以 2014 年度扣除非经常性损益后归属于母公司所有者的净利润除以本次发行后总股本计算）。

第五节 财务会计资料

本上市公告书已披露2014年12月31日的资产负债表、2014年度的利润表及现金流量表,上述数据已经审计。公司上市后不再另行披露2014年年度报告。敬请投资者注意。

一、主要会计数据及财务指标

二、经营业绩和财务状况的简要说明

(一)经营业绩简要说明

1、营业收入

2014年度,公司实现收入70,513.90万元,较去年同期减少2.03%,主要原因是公司以提质增效为中心,致力节能挖潜和节支增收,并努力调整产品结构和市场布局。

2、利润

2014年度,公司实现营业利润5,571.65万元,较去年同期增长34.82%,主要原因是玻璃器皿产品收入的快速增长带来的毛利率增加以及公司在节约成本的工作上做得较为突出;利润总额7,848.02万元,较去年同期增长24.23%,主要原因是营业利润的增加带来的利润总额同比增长;归属于母公司股东的净利润5,787.33万元,较去年同期增长39.81%。公司利润增长的主要原因是2014年,公司产品结构调整、市场开拓、客户服务、成本控制等多项措施并举,加之市场需求景气度有一定回升,公司营业利润、利润总额、净利润均比2013年全年有较大增幅。

(二)财务状况简要说明

1、主要资产项目变动

2014年末,公司应收票据1,750.79万元,较2013年末下降37.22%,主要是公司期末应收银行承兑汇票背书转让增加所致。

2014年末,公司应收账款14,508.45万元,较2013年末下降1.86%,主要是公司销售收入有所下降及公司更加注重回款所致。

2014年末,公司其他应收款773.09万元,较2013年末增长39.24%,主要是本期增加融资租赁保证金。

2014年末,公司存货15,986.05万元,较2013年末下降5.36%,主要原因是公司努力加快消化库存所致。

2、主要负债项目变动

2014年末,公司短期借款47,089.75万元,较2013年末下降4.29%,主要原因本期偿还短期借款增加所致。

2014年末,公司应付账款17,114.00万元,较2013年末下降9.75%,主要是公司偿还供应商货款所致。

2014年末,公司预收款项2,161.54万元,较2013年末增长19.58%,主要是客户预售货款增加所致。

2014年末,公司应交税费809.26万元,较2013年末下降27.66%,主要为设备进项税较多所致。

2014年末,公司一年内到期的非流动负债5,382.10万元,较2013年末增加272.46%,主要原因是公司为募投项目的实施增加的长期贷款,一年内到期的长期借款所致。

三、2015年1-3月业绩情况说明

财务报告审计截止日后至本上市公告书书签署之日,公司经营模式、主要产品的采购规模及采购价格、销售规模及销售价格,主要客户和供应商的构成、主要核心业务人员、税收政策及其他可能影响投资者判断的重大事项方面均未发生重大变化,整体经营情况基本稳定。

根据公司合同订单数量、价格和预期发货情况,预计2015年一季度可实现营业收入及归属于公司普通股股东的净利润分别比上年同期增长5%—10%左右。

第六节 其他重要事项

一、募集资金专户存储三方监管协议的安排

根据有关法律法规及《上海证券交易所上市公司募集资金管理办法》,本公司于2015年4月15日,分别与中国工商银行股份有限公司荣成石岛支行、威海市商业银行股份有限公司石岛支行、中国光大银行烟台分行(以下简称"开户银行")及保荐机构广发证券股份有限公司签订了《募集资金专户存储三方监管协议》。

(一)募集资金专户开设情况

1、银行名称:中国工商银行股份有限公司荣成石岛支行

账户名称:山东华鹏玻璃股份有限公司

银行账户:1614028629249149670

金额:7,000.00万元(包括待支付发行费用)

用途:引进高档玻璃器皿生产线技术改造项目

2、银行名称:威海市商业银行股份有限公司石岛支行

账户名称:山东华鹏玻璃股份有限公司

银行账户:817860001421000248

金额:5,221.19万元

用途:引进高档玻璃器皿生产线技术改造项目

3、银行名称:中国光大银行烟台分行

账户名称:山东华鹏玻璃股份有限公司

银行账号:38020188000416081

金额:8,026.01万元

用途:引进高脚玻璃杯生产线建设

(二)募集资金专户三方监管协议主要内容

本公司简称为"甲方",开户银行简称为"乙方",广发证券股份有限公司简称为"丙方"。

1、甲乙双方应当共同遵守《中华人民共和国票据法》、《支付结算办法》、《人民币银行结算账户管理办法》等法律、法规、规章。甲方应当遵守《上海证券交易所上市公司募集资金管理办法》等法律法规的规定以及甲方制定的募集资金使用管理制度。

2、丙方作为甲方的保荐人,应当依据有关规定指定保荐代表人或其他工作人员对甲方募集资金使用情况进行监督。

丙方承诺按照《证券发行上市保荐业务管理办法》、《上海证券交易所上市公司募集资金管理办法》以及甲方制订的募集资金使用管理制度对甲方募集资金管理事项履行保荐职责,进行持续督导工作。

丙方可以采取现场调查、书面问询等方式行使其监督权。甲方和乙方应当配合丙方的调查与查询。丙方每半年度对甲方现场调查时应当同时检查专户存储情况。甲方应当严格按照有关规定和审批制度,妥善管理和使用募集资金,并建立每笔募集资金使用的记账记录(包括但不限于审批单据、银行划款凭证、公司记账凭证等内容)。

3、甲方授权丙方指定的保荐代表人阎鹏、伍建筑可以随时到乙方查询、复印甲方专户的资料;乙方应当及时、准确、完整地向其提供所需的有关专户的资料。

保荐代表人向乙方查询甲方专户有关情况时应当出具本人的合法身份证明;丙方指定的其他工作人员向乙方查询甲方专户有关情况时应当出具本人的合法身份证明和单位介绍信。

4、乙方按月(每月3日前)向甲方出具真实、准确、完整的专户对账单,并抄送给丙方。

5、甲方1次或12个月以内累计从专户支取的金额超过5,000万元且达到发行募集资金总额扣除发行费用后的净额(以下简称"募集资金净额")的20%的,甲方应当及时以传真方式通知丙方,同时提供专户的支出清单。

6、丙方有权根据有关规定更换指定的保荐代表人。丙方更换保荐代表人的,应当将相关证明文件书面通知乙方,同时按本协议的要求书面通知更换后保荐代表人的联系方式。更换保荐代表人不影响本协议的效力。

7、乙方连续三次未及时向甲方出具对账单,以及存在未配合丙方调查专户情形的,甲方可以主动或在丙方的要求下单方面终止本协议并注销募集资金专户。但甲方应在终止本协议前另行确定募集资金专户,并督促新的募集资金专户开户银行与甲方及丙方另行签署募集资金三方监管协议。

8、丙方发现甲方、乙方未按约定履行本协议的,应当在知悉有关事实后及时向上海证券交易所书面报告。

9、本协议自甲、乙、丙三方法定代表人或其授权代表签署并加盖各自单位公章之日起生效,至专户资金全部支出完毕并依法销户之日起失效。

二、其他事项

本公司在招股意向书刊登日(2015年4月3日)至上市公告书刊登前,没有发生可能对本公司有较大影响的重要事项,具体如下:

(一)本公司主营业务发展目标进展情况正常。

(二)本公司所处行业和市场未发生重大变化。

(三)除正常经营活动签订的销售、采购、借款等商务合同外,本公司未订立其他对公司资产、负债、权益和经营成果产生重大影响的重要合同。

(四)本公司与关联方未发生重大关联交易。

(五)本公司未进行重大投资。

(六)本公司未发生重大资产(或股权)购买、出售及置换。

(七)本公司住所没有变更。

(八)本公司董事、监事、高级管理人员及核心技术人员没有变化。

(九)本公司未发生重大诉讼、仲裁事项。

(十)本公司未发生除正常经营业务之外的重大对外担保等或有事项。

(十一)本公司的财务状况和经营成果未发生重大变化。

(十二)本公司未召开董事会、监事会或股东大会。

(十三)本公司未发生其他应披露的重大事项。

第七节 上市保荐机构及其意见

一、上市保荐机构基本情况

保荐机构(主承销商):广发证券股份有限公司

法定代表人:孙树明

地址:广州市天河区天河北路183-187号大都会广场43楼

电话:020-87555888

传真:020-87553577

保荐代表人:阎鹏、伍建筑

项目协办人:张皓

其他联系人:陈翼

二、上市保荐机构的推荐意见

上市保荐机构认为,发行人申请股票上市符合《中华人民共和国公司法》、《中华人民共和国证券法》及《上海证券交易所股票上市规则》等有关法律、法规的规定,发行人股票已具备公开上市的条件。广发证券股份有限公司同意推荐山东华鹏玻璃股份有限公司的股票在上海证券交易所上市。

第八节 2014年度审计报告

发行人截至2014年12月31日资产负债表、2014年度利润表、现金流量表已经北京天圆全会计师事务所(特殊普通合伙)审计,并出具了标准无保留意见的天圆全审字[2015]000046号《审计报告》。发行人2014年度审计报告全文可在上交所网站(http://www.sse.com.cn)查询。

发行人:山东华鹏玻璃股份有限公司

保荐机构(主承销商):广发证券股份有限公司

2015年4月22日

安徽迎驾贡酒股份有限公司

安徽迎驾贡酒股份有限公司首次公开发行股票上市公告书

特别提示

本公司股票将于2015年5月28日在上海证券交易所上市。本公司提醒投资者应充分了解股票市场风险及本公司披露的风险因素，在新股上市初期切忌盲目跟风"炒新"，应当审慎决策、理性投资。

第一节　重要声明与提示

一、重要声明

安徽迎驾贡酒股份有限公司(以下简称"本公司"、"公司"、"迎驾贡酒"或"发行人")及全体董事、监事、高级管理人员保证上市公告书所披露信息的真实、准确、完整，承诺上市公告书不存在虚假记载、误导性陈述或重大遗漏，并承担个别和连带的法律责任。

证券交易所、其他政府机关对本公司股票上市及有关事项的意见，均不表明对本公司的任何保证。

本公司提醒广大投资者注意，凡本上市公告书未涉及的有关内容，请投资者查阅刊载于上海证券交易所网站(http://www.sse.com.cn)的本公司招股说明书全文。

二、募集资金监管协议

本次募集资金已经存入中国工商银行股份有限公司霍山支行。根据《上海证券交易所上市公司募集资金管理规定》要求，本公司将在公司公开发行新股募集资金到账后一个月内与保荐机构日信证券及专户存储募集资金的商业银行签订《募集资金专户存储三方监管协议》。中国工商银行股份有限公司霍山支行已出具承诺，未经保荐机构及保荐代表人同意，迎驾贡酒不得划转监管账户中的监管资金。

三、本次发行前股东所持股份的流通限制和自愿锁定股份的承诺

公司控股股东安徽迎驾集团股份有限公司、公司实际控制人倪永培分别承诺：自公司股票在证券交易所上市之日起36个月内，不转让或者委托他人管理其直接和间接持有的公司首次公开发行股票前已发行的股份，也不由公司回购该部分股份。除前述锁定期外，倪永培在担任公司董事、监事或高级管理人员期间每年转让的股份不超过其直接和间接持有公司股份总数的25%；倪永培离职后半年内，不转让其直接和间接持有的公司股份。

当首次出现公司上市后6个月内公司股票连续20个交易日的收盘价均低于发行价或者公司上市后6个月期末收盘价低于发行价的情形，迎驾集团、倪永培所持有的公司股份的锁定期将在原承诺锁定期限36个月的基础上自动延长6个月。若公司已发生派息、送股、资本公积转增股本等除权除息事项，则前述收盘价指公司股票复权后的价格。

所持公司股份锁定期届满之日起24个月内，迎驾集团、倪永培若试图通过任何途径或手段减持公司首次公开发行股票前已持有的公司股份，则其减持价格应不低于公司首次公开发行股票的发行价格。若在减持公司股票前，公司已发生派息、送股、资本公积转增股本等除权除息事项，则前述减持价格应不低于公司首次公开发行股票的发行价格除权除息后的价格。

公司实际控制人倪永培之妻张华和其子倪庆燊承诺：自公司股票在证券交易所上市之日起36个月内，不转让或者委托他人管理本人间接持有的公司首次公开发行股票前已发行的股份，也不由公司回购该部分股份。除前述锁定期外，在倪永培担任公司董事、监事或高级管理人员期间每年转让的股份不超过本人直接和间接持有公司股份总数的25%；倪永培离职后半年内，不转让本人直接和间接持有的公司股份。

当首次出现公司上市后6个月内公司股票连续20个交易日的收盘价均低于发行价或者公司上市后6个月期末收盘价低于发行价的情形，本人所持有的公司股份的锁定期将在原承诺锁定期限36个月的基础上自动延长6个月。若公司已发生派息、送股、资本公积转增股本等除权除息事项，则前述收盘价指公司股票复权后的价格。

公司股东联想投资有限公司、光大金控创业投资有限公司、中科汇通(深圳)股权投资基金有限公司、天津君睿祺股权投资合伙企业(有限合伙)分别承诺：

自公司股票在证券交易所上市之日起12个月内，不转让或者委托他人管理持有的公司首次公开发行股票前已发行的股份，也不由公司回购该部分股份。

四、股价稳定预案

为维护公司股票上市的股价稳定，保护投资者利益，公司董事会审议通过了《关于安徽迎驾贡酒股份有限公司上市后三年内公司股价低于每股净资产时稳定股价的预案》，具体如下：

公司上市后36个月内，如公司股票连续20个交易日的收盘价均低于公司最近一期经审计的每股净资产(最近一期审计基准日后，因利润分配、资本公积金转增股本、增发、配股等情况导致公司净资产或股份总数出现变化的，每股净资产相应进行调整)，非因不可抗力因素所致，公司将采取以下措施中的一项或多项稳定公司股价：

(1)公司回购公司股票；

(2)公司控股股东增持公司股票；

(3)公司董事、高级管理人员增持公司股票；

(4)其他证券监管部门认可的方式。

公司董事会将在公司股票价格触发启动股价稳定措施条件之日起的五个工作日内制订或要求公司控股股东提出稳定公司股价具体方案，在履行完毕相关内部决策程序和外部审批/备案程序(如需)后实施，并按照上市公司信息披露要求予以公告。公司稳定股价措施实施完毕之日起两个交易日内，公司应将稳定股价措施实施情况予以公告。公司稳定股价措施实施完毕后，如公司股票价格再度触发启动股价稳定措施的条件，则公司、控股股东、董事、高级管理人员等相关责任主体将继续按照上述方案履行相关义务。自股价稳定方案公告之日起90个自然日内，若股价稳定方案终止的条件未能实现，则公司董事会制定的股价稳定方案即刻自动重新生效，公司、控股股东、董事、高级管理人员等相关责任主体继续履行股价稳定措施；或者公司董事会即刻提出并实施新的股价稳定方案，直至股价稳定方案终止的条件实现。

(一)公司回购公司股票的具体安排

公司将自股价稳定方案公告之日起90个自然日内通过证券交易所以集中竞价的交易方式回购公司社会公众股份，回购价格不高于公司最近一期经审计的每股净资产（最近一期审计基准日后，因利润分配、资本公积金转增股本、增发、配股等情况导致公司净资产或股份总数出现变化的，每股净资产相应进行调整)，回购股份数量不低于公司股份总数的3%，回购后公司的股权分布应当符合上市条件，回购行为及信息披露、回购后的股份处置应当符合《公司法》、《证券法》及其他相关法律、行政法规的规定。

公司全体董事(独立董事除外)承诺，在公司就回购股份事宜召开的董事会上，对公司承诺的回购股份方案的相关决议投赞成票。

公司控股股东迎驾集团承诺，在公司就回购股份事宜召开的股东大会上，对公司承诺的回购股份方案的相关决议投赞成票。

(二)公司控股股东增持公司股票的具体安排

公司控股股东迎驾集团将自股价稳定方案公告之日起90个自然日内通过证券交易所以集中竞价交易方式增持公司社会公众股份，增持价格不高于公司最近一期经审计的每股净资产(最近一期审计基准日后，因利润分配、资本公积金转增股本、增发、配股等情况导致公司净资产或股份总数出现变化的，每股净资产相应进行调整)，增持股份数量不低于公司股份总数的2%，增持计划完成后的六个月内将不出售所增持的股份，增持后公司的股权分布应当符合上市条件，增持股份行为及信息披露应当符合《公司法》、《证券法》及其他相关法律、行政法规的规定。

(三)公司董事、高级管理人员增持公司股票的具体安排

董事(独立董事除外)、高级管理人员将自股价稳定方案公告之日起90个自然日内通过证券交易所以集中竞价交易方式增持公司社会公众股份，增持价格不高于公司最近一期经审计的每股净资产(最近一期审计基准日后，因利润分配、资本公积金转增股本、增发、配股等情况导致公司净资产或股份总数出现变化的，每股净资产相应进行调整)，用于增持公司股份的资金额不低于本人上一年度年薪的三分之一，增持计划完成后的六个月内将不出售所增持的股份，增持后公司的股权分布应当符合上市条件，增持股份行为及信息披露应当符合《公司法》、《证券法》及其他相关法律、行政法规的规定。

对于未来新聘的董事(独立董事除外)、高级管理人员，公司将在其作出承诺履行公司发行上市时董事、高级管理人员已作出的相应承诺要求后，方可聘任。

(四)稳定股价方案的终止情形

自股价稳定方案公告之日起90个自然日内，若出现以下任一情形，则视为本次稳定股价措施实施完毕及承诺履行完毕，已公告的稳定股价方案终止执行：

1、公司股票连续10个交易日的收盘价均高于公司最近一期经审计的每股净资产(最近一期审

计基准日后,因利润分配、资本公积金转增股本、增发、配股等情况导致公司净资产或股份总数出现变化的,每股净资产相应进行调整);

2、继续回购或增持公司股份将导致公司股权分布不符合上市条件。

(五)未履行稳定公司股价措施的约束措施

若公司董事会制订的稳定公司股价措施涉及公司控股股东增持公司股票,如控股股东未能履行稳定公司股价的承诺,则公司有权自股价稳定方案公告之日起90个自然日届满后将对控股股东的现金分红予以扣留,直至其履行增持义务。

若公司董事会制订的稳定公司股价措施涉及公司董事、高级管理人员增持公司股票,如董事、高级管理人员未能履行稳定公司股价的承诺,则公司有权自股价稳定方案公告之日起90个自然日届满后将对其从公司领取的收入予以扣留,直至其履行增持义务。

五、发行前持有5%以上股份股东关于持股意向和减持意向的承诺

发行人控股股东安徽迎驾集团股份有限公司就其持股意向和减持意向作出如下承诺:(1)减持前3个交易日公告减持计划;(2)股份减持拟通过证券交易所集中竞价交易系统、大宗交易系统进行,或通过协议转让进行,但如果预计未来一个月内公开出售解除限售存量股份的数量合计超过发行人股份总数1%的,将不通过证券交易所集中竞价交易系统转让所持股份;(3)所持股份在锁定期满后两年内减持的,减持价格不低于发行价(若存在派息、送股、资本公积金转增股本等除权、除息情形的,发行价将进行除权、除息调整);锁定期满两年后减持的,通过证券交易所集中竞价交易系统减持股份的价格不低于减持公告日前一个交易日股票收盘价;通过证券交易所大宗交易系统、协议转让减持股份的,转让价格由转让双方协商确定,并符合有关法律、法规规定;(4)若在锁定期满后两年内拟进行股份减持,减持股份数量为发行人股份总数的5%~10%;(5)减持股份行为的期限为减持计划公告后六个月,减持期限届满后,若拟继续减持股份,则须再次履行减持公告。(6)若未履行股份减持的相关承诺,其减持股份所得收益归属发行人所有。

发行人股东联想投资有限公司和天津君睿祺股权投资合伙企业(有限合伙)就其持股意向和减持意向作出如下承诺:(1)所持股份锁定期满后,在遵守相关法律、法规、规章、规范性文件及证券交易所监管规则且不违背相关承诺的情况下,将根据资金需求、投资安排等各方面因素确定是否减持发行人股份;(2)锁定期满后两年内,其减持股份的价格不低于发行价格(若存在派息、送股、资本公积转增股本、配股等除权除息事项,减持底价相应进行调整)的50%,减持比例可能达到所持发行人股份数量的100%;(3)减持方式为大宗交易或集中竞价等法律允许的方式,该等减持行为将提前3个交易日予以公告;(4)若未能履行相关持股意向及减持意向承诺的,由此所得收益归发行人所有。

六、关于招股说明书真实性、准确性、完整性的承诺

(一)控股股东、实际控制人的承诺

公司控股股东迎驾集团、实际控制人倪永培关于招股说明书真实性、准确性、完整性分别作出如下承诺:

1、《招股说明书》所载之内容不存在虚假记载、误导性陈述或重大遗漏之情形,且迎驾集团、倪永培对《招股说明书》所载之内容真实性、准确性、完整性承担相应的法律责任。

2、若证券监督管理部门或其他有权部门认定《招股说明书》所载之内容存在虚假记载、误导性陈述或者重大遗漏之情形,且该等情形对判断发行人是否符合法律规定的发行条件构成重大且实质影响的,则迎驾集团、倪永培承诺将督促发行人按如下方式依法回购首次公开发行的全部新股:

(1)若上述情形发生于发行人首次公开发行的新股已完成发行但未上市交易之阶段内,则在证券监督管理部门或其他有权部门认定上述情形之日起5个工作日内,迎驾集团及倪永培即督促发行人启动将公开发行新股的募集资金并加算同期银行存款利息返还给网上中签投资者及网下配售投资者的工作;

(2)若上述情形发生于发行人首次公开发行的新股已完成上市交易之后,则迎驾集团、倪永培将督促发行人于上述情形认定之日起20个交易日内,启动按照发行价格或证券监督管理部门认可的其他价格通过上海证券交易所交易系统回购发行人首次公开发行的全部新股的工作。

3、《招股说明书》所载之内容存在虚假记载、误导性陈述或者重大遗漏之情形,且该等情形对判断发行人是否符合法律规定的发行条件构成重大且实质影响的,迎驾集团及倪永培承诺在证券监督管理部门或其他有权部门认定上述情形之日起5个工作日内,依法启动回购首次公开发行股票时已转让的全部原限售股份工作。

4、若《招股说明书》所载之内容存在虚假记载、误导性陈述或者重大遗漏,致使投资者在证券交易中遭受损失的,则迎驾集团、倪永培将依法赔偿投资者损失。赔偿金额依据发行人与投资者协商确定的金额,或证券监督管理部门、司法机关认定的方式或金额确定。

(二)发行人承诺

公司关于招股说明书真实性、准确性、完整性分别作出如下承诺:

1、《招股说明书》所载之内容不存在虚假记载、误导性陈述或重大遗漏之情形,且本公司对《招股说明书》所载之内容真实性、准确性、完整性承担相应的法律责任。

2、若证券监督管理部门或其他有权部门认定《招股说明书》所载之内容存在虚假记载、误导性陈述或者重大遗漏之情形,且该等情形对判断本公司是否符合法律规定的发行条件构成重大且实质影响的,则本公司承诺将按如下方式依法回购本公司首次公开发行的全部新股:

(1)若上述情形发生于本公司首次公开发行的新股已完成发行但未上市交易之阶段内,则在证券监督管理部门或其他有权部门认定上述情形之日起5个工作日内,本公司即启动将公开发行新股的募集资金并加算同期银行存款利息返还给网上中签投资者及网下配售投资者的工作;

(2)若上述情形发生于本公司首次公开发行的新股已完成上市交易之后,则本公司将于上述情形认定之日起20个交易日内,启动按照发行价格或证券监督管理部门认可的其他价格通过上海证券交易所交易系统回购本公司首次公开发行的全部新股的工作。

3、若《招股说明书》所载之内容出现前述第2点所述之情形,则本公司承诺在按照前述安排实施新股回购的同时将极力促使本公司控股股东、实际控制人依法购回已转让的全部原限售股份。

4、若《招股说明书》所载之内容存在虚假记载、误导性陈述或者重大遗漏,致使投资者在证券交易中遭受损失的,则本公司将依法赔偿投资者损失。赔偿金额依据本公司与投资者协商确定的金额,或证券监督管理部门、司法机关认定的方式或金额确定。

(三)发行人除倪永培外的全体董事、监事、高级管理人员承诺

1、《招股说明书》所载之内容不存在虚假记载、误导性陈述或重大遗漏之情 形,且本人对《招股说明书》所载之内容真实性、准确性、完整性承担相应的法律责任。

2、若《招股说明书》有虚假记载、误导性陈述或者重大遗漏,给投资者造成损失的,本人将依法承担赔偿责任。

(1)证券监督管理部门或其他有权部门认定《招股说明书》存在虚假记载、误导性陈述或者重大遗漏,且本人因此承担责任的,本人在收到该等认定书面通知后5个工作日内,将启动赔偿投资者损失的相关工作。

(2)经协商确定赔偿金额,或者经证券监督管理部门、司法机关认定赔偿金额后,依据前述沟通协商的方式或其它法定形式进行赔偿。

七、关于确保履行各项承诺的约束措施

(一)发行人承诺履行约束措施

针对本公司在首次公开发行股票并上市过程中所作出的各项承诺之履行事宜,本公司承诺如下:

1、本公司将严格履行其在首次公开发行股票并上市过程中所作出的全部公开承诺事项中的各项义务和责任。

2、若本公司未能完全且有效地履行承诺事项中的各项义务或责任,则本公司承诺将采取以下措施予以约束:

(1)以自有资金补偿公众投资者因依赖相关承诺实施交易而遭受的直接损失,补偿金额依据本公司与投资者协商确定的金额,或证券监督管理部门、司法机关认定的方式或金额确定;

(2)自本公司完全消除其未履行相关承诺事项所有不利影响之日起12个月的期间内,本公司将不得发行证券,包括但不限于股票、公司债券、可转换的公司债券及证券监督管理部门认可的其他品种等;

(3)自本公司未完全消除其未履行相关承诺事项所有不利影响之前,本公司不得以任何形式向董事、监事、高级管理人员增加薪资或津贴。

(二)控股股东、实际控制人承诺履行约束措施

针对迎驾集团、倪永培在发行人首次公开发行股票并上市过程中所作出的各项承诺之履行事宜,分别承诺如下:

1、迎驾集团、倪永培将严格履行本公司/本人在迎驾贡酒首次公开发行股票并上市过程中所作出的全部公开承诺事项中的各项义务和责任。

2、若迎驾集团、倪永培未能完全且有效地履行前述承诺事项中的各项义务或责任,则迎驾集团、倪永培承诺将采取以下各项措施予以约束:

(1)所持迎驾贡酒股票的锁定期自动延长至迎驾集团、倪永培完全消除其未履行相关承诺事项所有不利影响之日(如适用);

(2)在完全消除其未履行相关承诺事项所有不利影响之前,倪永培将不得以任何方式要求迎驾贡酒增加其薪资或津贴,并且亦不得以任何形式接受迎驾贡酒增加支付的薪资或津贴。

3、若迎驾集团、倪永培未能完全且有效地履行其在迎驾贡酒首次公开发行股票并上市过程中已作出的涉及现金补偿承诺,则迎驾集团、倪永培将以自有资金(包括但不限于自迎驾贡酒所获分红)补偿发行人因依赖该等承诺而遭受的直接损失。

(三)发行人董事、高级管理人员承诺履行约束措施

针对在发行人首次公开发行股票并上市过程中所作出的各项承诺之履行事宜,公司除倪永培外的全体董事、高级管理人员承诺如下:

1、本人将严格履行其在迎驾贡酒首次公开发行股票并上市过程中所作出的全部公开承诺事项中的各项义务和责任。

2、若本人未能完全且有效地履行前述承诺事项中的各项义务或责任，则本人承诺将采取以下各项措施予以约束：

(1) 本人所持迎驾贡酒公司股票的锁定期自动延长至本人完全消除其未履行相关承诺事项所有不利影响之日(如适用)；

(2)本人完全消除其未履行相关承诺事项所有不利影响之前，本人将不得以任何方式要求迎驾贡酒增加其薪资或津贴，并且亦不得以任何形式接受迎驾贡酒增加支付的薪资或津贴。

八、中介机构关于出具文件的承诺

发行人保荐机构承诺：

本次为发行人首次公开发行股票并上市制作、出具的文件不存在虚假记载、误导性陈述或者重大遗漏。若因发行人首次公开发行股票制作、出具的文件中存在虚假记载、误导性陈述、或者重大遗漏，给投资者造成损失的，将依法赔偿投资者损失。

申报会计师、发行人律师及评估机构承诺：

本次为发行人发行上市制作、出具的文件不存在虚假记载、误导性陈述或者重大遗漏。若因其在本次发行上市期间未勤勉尽责，导致其为发行人本次发行上市制作、出具的文件有虚假记载、误导性陈述或者重大遗漏，导致发行人不符合法律规定的发行条件，造成投资者直接经济损失的，在该等违法事实被有权主管部门认定后，其将本着积极协商、切实保障投资者特别是中小投资者利益的原则，自行并督促发行人及其他过错方一并对投资者直接遭受的、可测算的经济损失，选择与投资者和解、通过第三方与投资者调解及设立投资者赔偿基金等方式进行赔偿。

发行人本次发行上市相关的中介机构保证遵守以上承诺，勤勉尽责地开展业务，维护投资者合法权益，并对此承担责任。

第二节　股票上市情况

一、公司股票发行上市审批情况

(一)编制上市公告书的法律依据

本上市公告书系根据《中华人民共和国公司法》、《中华人民共和国证券法》和《上海证券交易所股票上市规则》等有关法律法规规定，并按照上海证券交易所《股票上市公告书内容与格式指引》编制而成，旨在向投资者提供有关本公司首次公开发行股票(A股)上市的基本情况。

(二)股票发行的核准部门和文号

本公司首次公开发行A股股票(简称"本次发行")经中国证券监督管理委员会"证监许可[2015]836号"批复核准。本次发行采用网下向投资者询价配售与网上按市值申购向投资者定价发行相结合的方式进行。

(三)上海证券交易所同意股票上市文件的文号

本公司A股股票上市经上海证券交易所自律监管决定书([2015]219号)批准。本公司发行的A股股票在上海证券交易所上市，证券简称"迎驾贡酒"，证券代码"603198"；其中本次发行的8,000万股股票将于2015年5月28日起上市交易。

二、股票上市相关信息

(一)上市地点：上海证券交易所

(二)上市时间：2015年5月28日

(三)股票简称：迎驾贡酒

(四)股票代码：603198

(五)本次发行后的总股本：80,000万股

(六)本次发行的股票数量：8,000万股

(七)发行前股东所持股份的流通限制及期限：根据《公司法》的有关规定，公司公开发行股份前已发行的股份，自公司股票在证券交易所上市交易之日起一年内不得转让。

(八)发行前股东对所持股份自愿锁定的承诺(详见"第一节重要声明与提示")

(九)股票登记机构：中国证券登记结算有限责任公司上海分公司

(十)上市保荐机构：日信证券有限责任公司

第三节　发行人、股东和实际控制人情况

一、公司基本情况

中文名称：安徽迎驾贡酒股份有限公司

英文名称：ANHUIYINGJIADISTILLERYCO.,LTD.

注册资本：人民币72,000万元

法定代表人：倪永培

成立日期：2003年11月28日

住所：安徽省霍山县佛子岭镇

邮政编码：237271

电　　话：0564-5231473

传　　真：0564-5231473

互联网网址：www.yingjia.cn

电子信箱：stock@yingjia.cn

董事会秘书：韩安道

经营范围：许可经营项目：白酒生产、销售、产品包装；饲料(凭许可证经营)生产、销售。一般经营项目：纸及塑料产品印刷加工、制造、销售(分公司经营)；金属、塑料容器加工、制造、销售(分公司经营)

所属行业：根据中国证监会《上市公司行业分类指引》，发行人属于"酒、饮料和精制茶制造业"(C15)。

二、董事、监事、高级管理人员及持股情况

(一)公司董事及任职情况

序号	姓　名	职务	任职期间
1	倪永培	董事长	2014年9月——2017年9月
2	秦　海	董事、总经理	2014年9月——2017年9月
3	叶玉琼	董事、副总经理	2014年9月——2017年9月
4	杨照兵	董事	2014年9月——2017年9月
5	李家庆	董事	2014年9月——2017年9月
6	倪庆燊	董事	2014年9月——2017年9月
7	广家权	董事、总工程师	2014年9月——2017年9月
8	邱宝昌	独立董事	2014年9月——2017年9月
9	杨运杰	独立董事	2014年9月——2017年9月
10	周亚娜	独立董事	2014年9月——2017年9月
11	高景炎	独立董事	2014年9月——2017年9月

(二)公司监事及任职情况

序号	姓　名	职务	任职期间
1	姚圣来	监事会主席	2014年9月——2017年9月
2	邱　扬	监事	2014年9月——2017年9月
3	吴安琳	监事	2014年9月——2017年9月
4	高　玲	职工监事	2014年9月——2017年9月
5	宁福胜	职工监事	2014年9月——2017年9月

(三)公司高级管理人员及任职情况

序号	姓　名	职务	任职期间
1	秦　海	总经理	2014年9月——2017年9月
2	叶玉琼	副总经理	2014年9月——2017年9月
3	丁保忠	副总经理	2014年9月——2017年9月
4	韩安道	董事会秘书	2014年9月——2017年9月
5	潘　剑	财务总监	2014年9月——2017年9月
6	广家权	总工程师	2014年9月——2017年9月
7	黎绍堂	总经理助理	2014年9月——2017年9月

(四)董事、监事、高级管理人员及持股情况

截止本上市公告书刊登之日，公司董事、监事、高级管理人员直接持有本公司股份的情况如下：

序号	姓　名	职　务	持股数量(万股)	持股比例(发行后)
1	倪永培	董事长	158.40	0.20%

截止本上市公告书刊登之日，公司董事、监事、高级管理人员通过迎驾集团间接持有本公司股份的情况如下：

序号	姓　名	职务	持股迎驾集团股权比例	间接持股比例(发行后)
1	倪永培	董事长	22.73%	17.96%
2	秦　海	董事、总经理	0.60%	0.47%
3	叶玉琼	董事、副总经理	0.98%	0.77%
4	杨照兵	董事	0.17%	0.13%
5	倪庆燊	董事	7.32%	5.78%
6	广家权	董事、总工程师	0.26%	0.21%
7	宁福胜	职工监事	0.52%	0.41%
8	高　玲	职工监事	0.30%	0.24%
9	丁保忠	副总经理	0.46%	0.36%

10	韩安道	董事会秘书	0.27%	0.21%
11	潘　剑	财务总监	0.16%	0.13%
12	黎绍堂	总经理助理	0.29%	0.23%

三、控股股东和实际控制人情况

倪永培持有迎驾集团22.73%股份，为迎驾集团第一大股东；倪永培之子倪庆燊持有迎驾集团7.32%股份；倪永培之妻张华持有迎驾集团1.16%股份，倪永培及其直系亲属合计持有迎驾集团31.22%股份；迎驾集团其他单个股东持有股份均未超过5%，股权较为分散；且自迎驾集团设立至今，倪永培一直担任董事长(董事局主席)、法定代表人，能够对迎驾集团日常经营管理、重大对外投资、高级管理人员任免等重大事项决策施加重大影响。综上所述，倪永培能够控制迎驾集团。

倪永培通过迎驾集团间接控制公司87.78%股份(发行前)，同时倪永培还直接持有公司0.22%股份(发行前)。因此，倪永培为公司的实际控制人。

四、股东情况

(一)本次发行前后的股本结构变动情况

股东名称	本次发行前		本次发行后		
	股份数量（万股）	比例	股份数量（万股）	比例	锁　定期限制
一、有限售条件流通股					
安徽迎驾集团股份有限公司	63,201.60	87.78%	63,201.60	79.00%	36个月
联想投资有限公司	2,520.00	3.50%	2,520.00	3.15%	12个月
光大金控创业投资有限公司	2,160.00	3.00%	2,160.00	2.70%	12个月
中科汇通(深圳)股权投资基金有限公司	2,160.00	3.00%	2,160.00	2.70%	12个月
天津君睿祺股权投资合伙企业(有限合伙)	1,800.00	2.50%	1,800.00	2.25%	12个月
倪永培	158.40	0.22%	158.40	0.20%	36个月
二、无限售条件流通股					
公众股东	－	－	8,000.00	10.00	——
合计	72,000.00	100.00%	80,000.00	100.00	——

(二)本次上市前的股东情况

本次发行后、上市前的股东户数为66,765户，公司持股数量前十名的股东情况如下：

序号	股东	持股数(万股)	持股比例
1	安徽迎驾集团股份有限公司	63,201.6000	79.00%
2	联想投资有限公司	2,520.0	3.15%
3	光大金控创业投资有限公司	2,160.0	2.70%
4	中科汇通(深圳)股权投资基金有限公司	2,160.0	2.70%
5	天津君睿祺股权投资合伙企业(有限合伙)	1,800.0	2.25%
6	倪永培	158.4	0.20%
7	万家双引擎灵活配置混合型证券投资基金	6.0310	0.01%
8	中银保本二号混合型证券投资基金	6.0310	0.01%
9	中银多策略灵活配置混合型证券投资基金	6.0310	0.01%
10	国联安德盛安心成长混合型证券投资基金	6.0300	0.01%

注：位列第十位的股东除国联安德盛安心成长混合型证券投资基金外，还有其余?57家网下发行公募基金配售对象。

第四节　股票发行情况

一、发行数量

本次发行数量为8,000万股，全部为新股。其中，网下向配售对象询价配售股票数量为800万股，占本次发行总量的10%；网上按市值申购方式向社会公众投资者定价发行股票数量为7,200万股，占本次发行总量的90%。

二、发行价格

本次发行价格为11.80元/股。

三、每股面值

每股面值：1元。

四、发行方式

本次发行采用网下向符合条件的投资者询价配售和网上按市值申购方式向社会公众投资者定价发行相结合的方式进行。

本次发行的网上、网下申购缴款工作已于2015年5月20日(T日)结束。

在初步询价阶段提交有效报价的136个配售对象均参与了网下申购并按照2015年5月19日(T-1日)公布的《安徽迎驾贡酒股份有限公司首次公开发行股票发行公告》(以下简称“《发行公告》”)的要求及时足额缴纳了申购款。

根据网上申购情况，网上初步有效申购倍数为428.48倍，根据《发行公告》规定的回拨安排，发行人和主承销商将本次发行股份的4,800万股股票(占本次发行总量的60%)由网下回拨至网上。回拨后，网下最终发行数量为800万股，占本次发行总量的10%；网上最终发行数量为7,200万股，占本次发行总量90%。

五、募集资金总额及注册会计师对资金到位的验证情况

本次公开发行募集资金总额为94,400万元；扣除发行费用后，募集资金净额为88,300.38万元。华普天健会计师事务所(特殊普通合伙)已于2015年5月25日对发行人首次公开发行股票的资金到位情况进行了审验，并出具会验字[2015]2700号《验资报告》。

六、发行费用

(1)发行费用总额为6,099.62万元，其中承销费4,032.00万元、保荐费330.00万元、审计验资费840.54万元、律师费350.75万元、用于本次发行的信息披露费用420.35万元、发行手续费125.98万元。

(2)每股发行费用为0.76元。

七、募集资金净额

本次发行募集资金净额为88,300.38万元。

八、发行后每股净资产

本次发行后每股净资产为4.30元(以截止2014年末经审计数据为基础加本次募集资金净额按发行后总股本计算)。

九、发行后每股收益

本次发行后扣除非经常性损益后的每股收益为0.61元。(以2014年年末经审计数据为基础按发行后总股本计算)

第五节　财务会计情况

华普天健会计师事务所(特殊普通合伙)已对本公司2012年度、2013年度和2014年度的财务报告出具了标准无保留意见的《审计报告》(会审字[2015]0206号)。相关财务数据已在公告的招股说明书中详细披露，投资者欲了解相关情况请详细阅读招股说明书“第十节财务会计信息”和“第十一节管理层讨论与分析”。本上市公告书中不再披露，敬请投资者注意。

华普天健会计师事务所(特殊普通合伙)审阅了公司财务报表，包括2015年3月31日的合并及母公司资产负债表，2015年1-3月的合并及母公司利润表、合并及母公司现金流量表、合并及母公司所有者权益变动表以及财务报表附注，并出具了“会审字[2015]2368号”《审阅报告》。审阅意见如下：“我们按照《中国注册会计师审阅准则第2101号—财务报表审阅》的规定执行了审阅业务。该准则要求我们计划和实施审阅工作，以对财务报表是否不存在重大错报获取有限保证。审阅主要限于询问公司有关人员和对财务数据实施分析程序，提供的保证程度低于审计。我们没有实施审计，因而不发表审计意见。根据我们的审阅，我们没有注意到任何事项使我们相信财务报表没有按照企业会计准则的规定编制，未能在所有重大方面公允反映迎驾贡酒2015年3月31日的合并及母公司财务状况以及2015年1-3月的合并及母公司经营成果和现金流量。”

公司董事会、监事会及其董事、监事、高级管理人员已认真审阅了公司2015年1-3月财务报表，保证该等财务报表所载资料不存在虚假记载、误导性陈述或者重大遗漏，并对其内容的真实性、准确性及完整性承担个别及连带责任。公司负责人、主管会计工作负责人及会计机构负责人已认真审阅了公司2015年1-3月财务报表，保证该等财务报表真实、准确、完整。

公司2015年第一季度主要会计数据及财务指标如下表所示：

项目	2015年3月31日	2014年12月31日	变动比例
流动资产(元)	2,271,499,968.93	2,373,709,967.11	-4.31%
流动负债(元)	979,153,702.41	1,278,328,995.33	-23.40%
总资产(元)	3,791,089,904.63	3,885,257,967.58	-2.42%
归属于发行人股东的净资产(元)	2,762,623,015.67	2,556,090,500.78	8.08%
归属于发行人股东的每股净资产(元/股)	3.84	3.55	8.08%
项目	2015年1-3月	2014年1-3月	变动比例
营业总收入(元)	936,973,793.05	890,009,908.90	5.28%
营业利润(元)	281,135,990.55	239,546,768.48	17.36%
利润总额(元)	279,658,278.09	243,596,671.02	14.80%
归属于发行人股东的净利润(元)	206,532,514.89	177,912,848.91	16.09%
归属于发行人股东的扣除非经常性损益后的净利润(元)	207,653,670.61	174,858,853.08	18.76%
基本每股收益(元/股)	0.29	0.25	16.00%
扣除非经常性损益后的基本每股收益(元/股)	0.29	0.24	20.83%

加权平均净资产收益率(%)	7.77	8.66	-10.28%
扣除非经常性损益后的加权净资产收益率(%)	7.81	8.51	-8.23%
经营活动产生的现金流量净额(元)	33,813,200.56	-43,090,856.63	-178.47%
每股经营活动产生的现金流量净额(元)	0.05	-0.06	-178.47%

上表中,公司 2015 年 1-3 月经营活动产生的现金流量净额、每股经营活动产生的现金流量净额较 2014 年 1-3 月变动比例较大,主要原因为 2015 年 1-3 月公司购买商品、接受劳务支付的现金有所减少。

总体而言,公司财务报告审计截止日后经营状况良好,2015 年 1-3 月,公司实现营业收入 93,697.38 万元,较上年同期增长 5.28%;净利润 20,653.25 万元,较上年同期增长 16.09%。净利润增长速度快于营业收入增长速度,主要系随着居民消费升级,中高档白酒销售增长速度较快,从而导致主营业务毛利率较上年同期有所提高所致。

财务报告审计截止日后,公司经营情况稳定,经营模式未发生变化。本公司 2015 年各项业务经营情况正常,预计 2015 年上半年公司经营业绩与上年同期相比,无重大变化。

第六节 其他重要事项

一、主要业务发展目标的进展

自招股意向书刊登日至本公司上市公告书刊登前,本公司生产经营情况正常,主要业务发展目标进展状况正常。

二、所处行业或市场的重大变化

自招股意向书刊登日至本公司上市公告书刊登前,本公司所处行业、市场无重大变化。

三、原材料采购价格和产品销售价格的重大变化

自招股意向书刊登日至本公司上市公告书刊登前,本公司原材料采购价格和产品销售价格无重大变化。

四、重大关联交易事项

自招股意向书刊登日至本公司上市公告书刊登前,本公司未出现重大关联交易事项。

五、重大投资

自招股意向书刊登日至本公司上市公告书刊登前,本公司没有重大投资活动。

六、重大资产(或股权)购买、出售及置换

自招股意向书刊登日至本公司上市公告书刊登前,本公司无重大资产(股权)收购、出售及置换行为。

七、发行人住所的变更

自招股意向书刊登日至本公司上市公告书刊登前,本公司住所未发生变更。

八、董事、监事、高级管理人员及核心技术人员的变化

自招股意向书刊登日至本公司上市公告书刊登前,本公司董事、监事、高级管理人员及核心技术人员没有发生变化。

九、重大诉讼、仲裁事项

自招股意向书刊登日至本公司上市公告书刊登前,本公司未涉及任何重大诉讼事项或仲裁,亦无任何尚未了结或可能面临的重大诉讼或索赔要求。

十、对外担保等或有事项

自招股意向书刊登日至本公司上市公告书刊登前,本公司没有对外担保等或有事项。

十一、财务状况和经营成果的重大变化

自招股意向书刊登日至本公司上市公告书刊登前,本公司财务状况和经营成果没有重大变化。

十二、其他应披露的重大事项

自招股意向书刊登日至本公司上市公告书刊登前,本公司没有其他应披露而未披露之重大事项。

第七节 上市保荐人及其意见

一、上市保荐人情况

上市保荐人:日信证券有限责任公司

法定代表人:孔佑杰

地址:北京市西城区闹市口大街 1 号长安兴融中心西楼 11 层

联系电话:010-83991888

传真:010-88086637

联系人:李斌、刘元高

二、上市保荐人意见

本公司的上市保荐人日信证券有限责任公司(以下简称"保荐人")认为安徽迎驾贡酒股份有限公司首次公开发行的股票符合上市条件,并已向上海证券交易所出具了《安徽迎驾贡酒股份有限公司首次公开发行股票上市保荐书》。保荐人的保荐意见主要内容如下:

保荐人认为发行人的上市完全符合《中华人民共和国公司法》、《中华人民共和国证券法》及《上海证券交易所股票上市规则》的有关规定。日信证券作为发行人的保荐机构,推荐公司股票在上海证券交易所上市交易。

保荐人保证发行人的董事了解法律、法规、上海证券交易所上市规则及股票上市协议规定的董事的义务与责任,并协助发行人健全了法人治理结构、协助发行人制定了严格的信息披露制度与保密制度。保荐人已对上市文件所载的资料进行了核实,确保上市文件真实、准确、完整,符合规定要求。保荐人保证发行人的上市申请材料、上市公告书没有虚假、严重误导性陈述或者重大遗漏,并保证对其承担连带责任,并保证不利用在上市过程中获得的内幕信息进行内幕交易,为自己或他人谋取利益。

安徽迎驾贡酒股份有限公司

2015 年 5 月 27 日

恒通物流股份有限公司

恒通物流股份有限公司首次公开发行A股股票

特别提示

本公司股票将于2015年6月30日在上海证券交易所上市。本公司提醒投资者应充分了解股票市场风险及本公司披露的风险因素,在新股上市初期切忌盲目跟风"炒新",应当审慎决策、理性投资。

第一节 重要声明与提示

一、重要提示

恒通物流股份有限公司(以下简称"恒通股份"、"公司"、"本公司"或"发行人")及全体董事、监事、高级管理人员保证上市公告书所披露信息的真实、准确、完整,承诺上市公告书不存在虚假记载、误导性陈述或重大遗漏,并承担个别和连带的法律责任。

上海证券交易所、其他政府机关对本公司股票上市及有关事项的意见,均不表明对本公司的任何保证。

二、募集资金监管协议

为规范本公司募集资金管理,保护中小投资者的权益,根据有关法律法规及《上海证券交易所上市公司募集资金管理规定》,本公司分别在中国建设银行股份有限公司龙口支行、兴业银行股份有限公司烟台龙口支行、中国工商银行股份有限公司龙口支行、中国光大银行烟台龙口支行、平安银行股份有限公司烟台分行营业部开设账户作为募集资金专项账户,账号分别为37001666880050156441、378040100100027461、1606021419200051513、38150188000029191、11014783692002。

本次募集资金已存入上述银行账户,根据《上海证券交易所上市公司募集资金管理规定》要求,本公司将在公司公开发行新股募集资金到账后一个月内与保荐机构国信证券股份有限公司及专户存储募集资金的商业银行签订《募集资金专户存储三方监管协议》。上述各恒通物流股份有限公司上市公告书银行均承诺,在签订《募集资金专户存储三方监管协议》前,未经保荐机构及保荐代表人同意,恒通股份不得划转监管账户中的监管资金。

三、关于延长锁定期及减持股份不低于发行价的相关承诺

公司控股股东刘振东、持股董事于江水、唐庆华、解苓玲、于时伟、李健,持股高级管理人员王广臣、刘国阳、李健、唐鹏军、王叶萍分别承诺:"本人所持恒通物流股份有限公司(以下简称'恒通股份'、'公司')股票在锁定期满后两年内减持的,其减持价格不低于发行价;恒通股份上市后6个月内如公司股票连续20个交易日的收盘价均低于发行价,或者上市后6个月期末收盘价低于发行价,本人所持恒通股份的股票的锁定期限自动延长6个月(在公司上市后至上述期间,公司发生派发股利、送红股、转增股本、增发新股或配股等除息、除权行为,上述发行价格亦将作相应调整,即发行价应参考二级市场股价修正方法进行修正)。本人减持恒通股份的股票时,承诺将提前三个交易日予以公告。

四、关于上市后三年内公司股价低于每股净资产时稳定公司股价的预案

1、稳定股价的预案

公司上市后三年内,如公司股票连续20个交易日收盘价低于最近一期公开披露财务报告确定的每股净资产时(以下简称"启动条件"),则公司应按下述规则启动稳定股价措施(在公司财务报告公开披露后至上述期间,公司发生派发股利、送红股、转增股本、增发新恒通物流股份有限公司上市公告书股或配股等除息、除权行为,上述每股净资产亦将作相应调整)。

(1)回购或增持价格

回购或增持股份的价格不以最近一期经审计的每股净资产为限。

(2)相关责任主体

预案所称相关责任主体包括公司、控股股东、董事及高级管理人员。预案中应采取稳定股价措施的董事(本预案中的董事特指非独立董事,以下同)、高级管理人员既包括在公司上市时任职的董事、高级管理人员,也包括公司上市后三年内新任职的董事、高级管理人员。

相关责任主体离职不影响预案及其承诺的执行,新聘任的董事及高级管理人员在受聘时应作出相关承诺。

(3)稳定股价的具体措施

①公司回购股份的具体措施。

公司回购股份应当符合上市公司回购股份的相关法律法规的规定,且不应导致公司股权分布不符合上市条件,具体措施如下:

公司每次回购股份数量应不低于公司总股本的0.5%且不高于公司总股本的1%,或者每次用于回购股份的资金不得低于人民币500万元。但公司回购股份的比例最高不超过公司总股本的2%。公司单次或多次用于回购股份的资金总额累计不超过3,000万元;公司一次或多次实施回购后,剩余回购资金不足500万元的,下次回购可以仅使用剩余回购资金进行回购。

若在公司实施(或准备实施)股份回购的过程中,公司股票连续5个交易日除权后的加权平均价格超过公司最近一期经审计的除权后恒通物流股份有限公司上市公告书的每股净资产值的,公司董事会有权做出决议终止回购公司股份事宜。

回购股份的处置应符合《公司法》等相关法律法规的规定。

②控股股东、董事、高级管理人员增持股份的具体措施。

控股股东、董事、高级管理人员增持公司股份,应当符合相关法律法规的规定,且不应导致公司股权分布不符合上市条件,具体措施如下:A、控股股东应以上一会计年度从公司获得的现金分红的30%增持公司股份,股份增持的价格不以最近一期经审计的每股净资产为限;B、董事、高级管理人员应通过二级市场以竞价交易方式买入公司股票以稳定公司股价,董事、高级管理人员用于增持公司股份的资金金额为其上一会计年度从公司领取的税后现金薪酬累计额的20%。

控股股东、董事及高级管理人员单次或多次用于增持公司股份的资金总额累计不超过1,000万元。

若在控股股东、董事、高级管理人员实施(或准备实施)股份增持的过程中,公司股票连续5个交易日除权后的加权平均价格超过公司最近一期经审计的除权后的每股净资产值的,或继续增持将触发要约收购的,控股股东、董事、高级管理人员有权终止增持公司股份。

(4)公司上市后三年内新聘任的董事、高级管理人员的承诺

公司上市后三年内聘任新的董事、高级管理人员的,应要求其在任职前签署承诺书,保证严格遵守执行本预案,并按照本预案的规定履行相关稳定公司股价的义务;新聘任的董事还应同时保证在董事会上对公司回购股份的预案投赞成票。

(5)顺序安排

优先由上市公司回购股份;在上市公司回购方案无法执行或者实施后仍未解决股价问题时,由控股股东增持;前两项措施无法执行或者实施后仍未解决股价问题时,由董事及高级管理人员增持。

(6)稳定股价措施的启动程序

①公司应在触发实施稳定股价措施条件之日起2个交易日发布提示公告。

②公司董事会应在上述公司回购启动条件触发之日起的10个交易日内做出回购股份的决议。

③公司董事会应当在做出回购股份决议后的2个工作日内公告董事会决议、回购股份预案,并发布召开股东大会的通知;

④公司回购应在公司股东大会决议做出之日起次日,并应在履行相关法定手续(如需)后的6个月内实施完毕。

⑤在稳定股价措施实施过程中,股价再次达到稳定股价启动条件的,不再重复启动稳定股价措施。前次稳定股价措施实施后,再次出现本预案规定的稳定股价启动条件的,则公司、控股股东、董事及高级管理人员应按照本预案的规定再次启动稳定股价程序。

2、上市后三年内稳定股价承诺

(1)控股股东刘振东承诺:"在恒通物流股份有限公司上市后三年内,公司股票连续20个交易日的收盘价低于公司最近一期公开披露的财务报告确定的每股净资产时,且在符合上市公司回购股份的相关法律法规的条件下,本人将在股东大会上对公司回购股份的预案投赞成票。"

(2)发行人全体董事承诺:"在恒通物流股份有限公司上市后三年内,公司股票连续20个交易日的收盘价低于公司最近一期公开披露的财务报告确定的每股净资产时,且在符合上市公司回购股份的相关法律法规的条件下,届时本人如继续担任董事职务,本人将在董事会上对公司回购股份的预案投赞成票。"

3、增持股份的承诺

(1)控股股东刘振东承诺:"本人将严格遵守执行公司股东大会审议通过的《关于公司股票上市后股票价格稳定措施的预案》,包括按照该预案的规定履行稳定公司股价的义务。"

(2)发行人全体董事(独立董事除外)、高级管理人员分别承诺:"本人将严格遵守执行公司股东大会审议通过的《关于公司股票上市后股票价格稳定措施的预案》,包括按照该预案的规定履行稳定公司股价的义务。"

4、关于新任董事、高级管理人员对上述承诺的承继发行人承诺:"本公司上市后三年内新任董事、高级管理人员,在任职前需要承诺如下(新任高级管理人员只需承诺第②项):

①本人承诺,在恒通物流股份有限公司上市后三年内,公司股票连续20个交易日的收盘价低于公司最近一期公开披露的财务报告确定的每股净资产时,且在符合上市公司回购股份的相关法律法规的条件下,届时本人如继续担任董事职务,本人将在董事会上对公司回购股份的预案投赞成票。

②本人将严格遵守执行公司股东大会审议通过的《关于公司股票上市后股票价格稳定措施的预案》,包括按照该预案的规定履行稳定公司股价的义务。"

五、关于因信息披露重大违规回购新股、购回股份、赔偿损失的相关承诺

(一)关于回购股份的承诺

1、发行人承诺:"若本公司招股说明书有虚假记载、误导性陈述或者重大遗漏,对判断本公司是否符合法律规定的发行条件构成重大、实质影响的,本公司将依法回购首次公开发行的全部新股。"

2、控股股东刘振东承诺:"若恒通物流股份有限公司招股说明书有虚假记载、误导性陈述或者重大遗漏,对判断公司是否符合法律规定的发行条件构成重大、实质影响的,本人将依法购回已转让的原限售股份。"

(二)关于赔偿损失的承诺

1、发行人承诺:"若本公司招股说明书有虚假记载、误导性陈述或者重大遗漏,致使投资者在证券交易中遭受损失的,本公司将依法赔偿投资者损失。"

2、发行人控股股东及实际控制人、董事、监事、高级管理人员分别承诺:"若恒通物流股份有限公司招股说明书有虚假记载、误导性陈述或者重大遗漏,致使投资者在证券交易中遭受损失的,本人将依法赔偿投资者损失。"

六、中介机构关于因信息披露重大违规赔偿投资者损失的相关承诺

(一)保荐机构国信证券出具的承诺

国信证券承诺:如国信证券在本次发行工作期间未勤勉尽责,导致国信证券所制作、出具的

文件对重大事件作出违背事实真相的虚假记载、误导性陈述,或在披露信息时发生重大遗漏,并造成投资者直接经济损失的,在该等违法事实被认定后,国信证券将本着积极协商、切实保障投资者特别是中小投资者利益的原则,自行并督促发行人及其他过错方一并对投资者直接遭受的、可测算的经济损失,选择与投资者和解、通过第三方与投资者调解及设立投资者赔偿基金等方式进行赔偿。

(二)会计师事务所出具的承诺

审计机构承诺:山东和信承诺为恒通股份首次公开发行制作、出具的文件不存在虚假记载、误导性陈述或者重大遗漏的情形;若因山东和信为发行人首次公开发行制作、出具的文件有虚假记载、误导性陈述或者重大遗漏,给投资者造成损失的,山东和信将依法赔偿投资者损失。

(三)律师事务所出具的承诺

发行人律师承诺:中伦律师承诺为发行人本次发行上市制作、出具的法律意见书、律师工作报告以及历次补充法律意见书和其他相关法律文件不存在虚假记载、误导性陈述或者重大遗漏。如因中伦律师过错致使上述法律文件存在虚假记载、误导性陈述或者重大遗漏,并因此给投资者造成直接损失的,中伦律师将依法与发行人承担连带赔偿责任。

七、公司发行前持股5%以上股东的持股意向及减持意向公开发行前持股5%以上股东共有4名,分别为刘振东、于江水、宋建波及南山投资。

1、公司控股股东持股意向及减持意向

公司控股股东刘振东声明并承诺:(1)公司股票上市后三年内不减持发行人股份;(2)股份锁定期满后两年内,每年减持不超过减持前所持股份总数的5%,且减持价格不低于发行价(在公司财务报告公开披露后至上述期间,公司发生派发股利、送红股、转增股本、增发新股或配股等除息、除权行为,上述发行价亦将作相应调整);(3)减持恒通股份的股票时,将提前三个交易日予以公告。若预计未来一个月内公开出售股份的数量超过公司总股本1%,将通过大宗交易系统进行减持。

2、公司持股5%以上股东于江水、宋建波及南山投资持股意向及减持意向

公司持股5%以上股东于江水、宋建波及南山投资声明并承诺:

(1)公司股票上市后一年内不减持发行人股份;(2)股份锁定期满后两年内,每年减持不超过减持前所持股份总数的25%,且减持价格不低于发行价(在公司财务报告公开披露后至上述期间,公司发生派发股利、送红股、转增股本、增发新股或配股等除息、除权行为,上述发行价格亦将作相应调整);(3)减持恒通股份的股票时,将提前三个交易日予以公告。若预计未来一个月内公开出售股份的数量超过公司总股本1%,将通过大宗交易系统进行减持。

保荐机构认为上述公开承诺内容以及未能履行承诺时的约束措施的合法、合理、有效,约束措施能够切实保证上述承诺履行,以保障中小投资者的合法权益。

发行人律师认为上述承诺及约束措施具有合法性。

本公司提醒广大投资者注意,凡本上市公告书未涉及的有关内容,请投资者查阅刊载于上海证券交易所网站(http://www.sse.com.cn)的本公司招股说明书全文。

如无特别说明,本上市公告书中的简称或名词的释义与本公司首次公开发行股票招股说明书中的相同。

第二节　股票上市情况

一、股票发行上市审核情况

(一)编制上市公告书的法律依据

本上市公告书系根据《中华人民共和国公司法》、《中华人民共和国证券法》和《上海证券交易所股票上市规则》等有关法律法规规定,并按照上海证券交易所《股票上市公告书内容与格式指引》(2013年修订)编制而成,旨在向投资者提供有关本公司首次公开发行股票(A股)上市的基本情况。

(二)股票发行的核准部门和文号

本公司首次公开发行A股股票(简称"本次发行")经中国证券监督管理委员会"证监许可[2015]1188号"批复核准。本次发行采用网下向投资者询价配售与网上按市值申购向投资者定价发行相结合的方式进行。

(三)上海证券交易所同意股票上市文件的文号

本公司A股股票上市经上海证券交易所"自律监管决定书[2015]283号文"批复批准。本公司发行的A股股票在上海证券交易所上市,证券简称"恒通股份",证券代码"603223";其中本次发行的3,000万股股票将于2015年6月30日起上市交易。

二、股票上市相关信息

(一)上市地点:上海证券交易所

(二)上市时间:2015年6月30日

(三)股票简称:恒通股份

(四)股票代码:603223

(五)本次公开发行后的总股本:12,000万股

(六)本次公开发行的股票数量:3,000万股

(七)本次上市的无流通限制及锁定安排的股票数量:3,000万股

(八)发行前股东所持股份的流通限制及期限以及股东对所持股份自愿锁定的承诺:

公司控股股东、实际控制人刘振东先生承诺:自公司股票上市之日起三十六个月内,不转让或者委托他人管理其所直接或间接持有的公司本次公开发行股票前已发行的股份,也不由公司回购该部分股份。

公司其他股东承诺:自公司股票上市之日起十二个月内,不转让或者委托他人管理其所直接或间接持有的公司本次公开发行股票前已发行的股份,也不由公司回购该部分股份。

持有公司股份的董事:刘振东、于江水、唐庆华、李健、解苓玲、于时伟;监事:孙占涛、李嘉国;高级管理人员:王广臣、刘国阳、王叶萍、唐鹏军均承诺:在上述限售期届满后,在其任职期间每年转让的股份不超过其直接或间接持有公司股份总数的百分之二十五;离职后半年内,不转让其所直接或间接持有的公司股份;在向交易所申报离任六个月后的十二个月内通过交易所挂牌交易转让发行人股份数不超过其持有发行人股份总数的50%。

(九)股票登记机构:中国证券登记结算有限责任公司上海分公司

(十)上市保荐机构:国信证券股份有限公司

第三节　发行人、股东和实际控制人情况

一、发行人基本情况

中文名称:恒通物流股份有限公司

英文名称:HENGTONGLOGISTICSCO.,LTD.

注册资本:人民币9,000万元(本次公开发行前)

法定代表人:刘振东

住所:龙口市外向型加工区土城子村

经营范围:前置许可经营项目:普通货物运输(道路运输经营许可证有效期至2015年5月17日),货物专用运输(集装箱),危险货物运输(2类1项,2类2项,3类,4类1项,5类1项,6类1项,8类),仓储理货(不含危险品),物流服务,一类机动车维修(大中型货车维修,有效期至2016年3月5日;危险货物运输车辆维修,有效期至2017年1月8日)

一般经营项目:汽车配件、五金配件、汽车(不含轿车)销售;起重吊装,工程机械施工,房屋、机械设备租赁

主营业务:道路货运物流和LNG贸易物流业务、重卡销售及维修、驾校培训、仓储、吊装和汽车租赁

所属行业:道路运输业

电话号码:0535-3453777

传真号码:0535-3453777

互联网网址:www.lkhengtong.com

电子信箱:htgf@lkhengtong.com

董事会秘书:唐鹏军

董事会成员:本公司董事会共有董事9名,其中独立董事3名

姓　名	职务	任职时间
刘振东	董事长	2014.12.31-2017.12.30
于江水	副董市长	2014.12.31-2017.12.30
唐鹏军	董事	2014.12.31-2017.12.30
解苓玲	董事	2014.12.31-2017.12.30
李　健	董事	2014.12.31-2017.12.30
于时伟	董事	2014.12.31-2017.12.30
梁仕念	独立董事	2014.12.31-2017.12.30
张东明	独立董事	2014.12.31-2017.12.30
徐向艺	独立董事	2014.12.31-2017.12.30

监事会成员:本公司监事会共有监事3名,其中股东代表监事2名,职工代表监事1名。

姓　名	职务	任职时间
孙占涛	监事会主席	2014.12.31-2017.12.30
李嘉国	监事	2014.12.31-2017.12.30
孙　娉	职工监事	2014.12.31-2017.12.30

高级管理人员:本公司共有高级管理人员7名。

姓　名	职务	任职时间
刘振东	总经理	2014.12.31-2017.12.30
于江水	副总经理	2014.12.31-2017.12.30
唐鹏军	副总经理、董事会秘书	2014.12.31-2017.12.30
王广臣	副总经理	2014.12.31-2017.12.30
刘国阳	副总经理	2014.12.31-2017.12.30
王叶萍	财务总监	2014.12.31-2017.12.30
李　健	副总经理	2014.12.31-2017.12.30

截至本上市公告书刊登之日,本公司董事、监事、高级管理人员不存在直接持有本公司股票的情况,亦不存在持有本公司债券的情况。本次发行前,本公司董事、监事、高级管理人员直接或通过员工持股公司间接持有本公司股份的情况如下表:

股东名称	股份数量(股)	持股比例	所任职务
刘振东	40,999,991	45.56%	董事长、总经理
于江水	13,615,401	15.13%	副董事长、副总经理
王广臣	1,550,769	1.72%	副总经理
刘国阳	1,550,769	1.72%	副总经理
李　健	1,550,769	1.72%	董事、副总经理
王叶萍	1,550,769	1.72%	财务总监
唐鹏军	1,550,769	1.72%	董事、副总经理、董事会秘书
孙占涛	1,233,844	1.38%	监事会主席

除上述情形外,截至本上市公告书刊登之日,本公司董事、监事、高级管理人员不存在其他持有本公司股份的情况。上述股东持有的公司股份不存在质押或冻结情况,亦不存在其他有争议的情况。

二、控股股东及实际控制人情况

公司的控股股东及实际控制人为刘振东先生,其持有公司股份40,999,991股,占公司股份总数的45.56%。

三、股东情况

(一)本次发行前后的股本结构变动情况

分　类	股东名称	本次发行前 股数(股)	占比(%)	本次发行后 股数(股)	占比(%)
	刘振东	40,999,991	45.56%	40,999,991	34.17%
	于江水	13,615,401	15.13%	13,615,401	11.35%
	宋建波	9,999,997	11.11%	9,999,997	8.33%
有限售条	南山投资	9,999,997	11.11%	9,999,997	8.33%
件流通股	唐庆华	1,550,769	1.72%	1,550,769	1.29%
	王广臣	1,550,769	1.72%	1,550,769	1.29%
	刘国阳	1,550,769	1.72%	1,550,769	1.29%
	李　健	1,550,769	1.72%	1,550,769	1.29%
	王叶萍	1,550,769	1.72%	1,550,769	1.29%
	唐鹏军	1,550,769	1.72%	1,550,769	1.29%
	孙占涛	1,233,844	1.38%	1,233,844	1.03%
	曹　健	692,308	0.77%	692,308	0.58%
	李嘉国	692,308	0.77%	692,308	0.58%
	柳　丹	692,308	0.77%	692,308	0.58%
	于时伟	692,308	0.77%	692,308	0.58%
	张　泓	692,308	0.77%	692,308	0.58%
	林　林	692,308	0.77%	692,308	0.58%
	解苓玲	692,308	0.77%	692,308	0.58%
本次发行社会公众股	—	—	—	30,000,000	25.00%
总股本	—	90,000,000	100.00%	120,000,000	100.00%

(二)本次上市前的股东情况

本次发行后、上市前公司的股东户数为25,473户,公司持股数量前十名的股东情况如下:

序号	股东名称/姓名	持股数量(股)	占总股本比例(%)
1	刘振东	40,999,991	34.17%
2	于江水	13,615,401	11.35%
3	宋建波	9,999,997	8.33%
4	南山投资	9,999,997	8.33%
4	唐庆华	1,550,769	1.29%
6	王广臣	1,550,769	1.29%
7	刘国阳	1,550,769	1.29%
7	李　健	1,550,769	1.29%
9	王叶萍	1,550,769	1.29%
10	唐鹏军	1,550,769	1.29%

第四节　股票发行情况

一、发行数量:3,000万股

二、发行价格:8.31元/股

三、每股面值:1元

四、发行方式

本次发行采用网下向投资者询价配售与网上按市值申购向投资者定价发行相结合的方式进行。其中网下向投资者配售300万股,网上向社会公众投资者发行2,700万股。

五、募集资金总额及注册会计师对资金到位的验证情况

(一)本次新股募集资金总额为24,930万元。

(二)山东和信会计师事务所(特殊普通合伙)于2015年6月25日对本次发行的资金到位情况进行了审验,并出具了《验资报告》(和信验字(2015)第000034号)。

六、发行费用总额及明细构成、每股发行费用

(一)本次发行费用总额为3,801.48万元,发行费用主要包括:

1、承销、保荐、财务顾问费用:2,380.00万元

2、审计及验资费:643.00万元

3、律师费:360.00万元

4、信息披露费:355.00万元

5、发行手续费:63.48万元

(二)本次每股发行费用为1.27元/股(每股发行费用=发行费用总额/本次发行股本)。

七、新股发行募集资金净额:21,128.52万元

八、发行后每股净资产:4.50元(按本次发行后净资产除以本次发行后总股本计算,其中,本次发行后的净资产为2014年12月31日经审计归属于母公司股东的净资产加上本次新股发行募集资金净额之和)。

九、发行后每股收益:0.36元(按2014年度经审计的扣除非经常性损益前后孰低的归属于母公司的净利润除以本次发行后总股本计算)。

第五节　财务会计信息

山东和信会计师事务所(特殊普通合伙)已对本公司2012年度、2013年度和2014年度的财务报告出具了标准无保留意见的《审计报告》。相关财务数据已在公告的招股说明书中详细披露,投资者欲了解相关情况请详细阅读招股说明书"第十节财务会计信息"和"第十一节管理层讨论与分析"。本上市公告书不再披露,敬请投资者注意。

本公司在招股说明书中已披露2015年3月31日的主要财务数据,该等数据已经山东和信会计师事务所(特殊普通合伙)审阅并出具了"和信专字(2015)第000178号"《审阅报告》。公司上市后不再另行披露2015年一季度报告,敬请投资者注意。

2015年第一季度经审阅后合并财务报表的主要会计报表项目及同期对比情况如下:

单位:万元

项目	2015年3月31日	2014年12月31日	变动幅度
资产合计	77,060.56	70,368.72	9.51%
所有者权益合计	36,580.49	35,737.80	2.36%
	2015年1–3月及同比情况		
项目	2015年1–3月	2014年1–3月	变动幅度
营业收入	38,496.33	26,127.99	47.34%
营业利润	864.48	1,071.27	−19.30%
利润总额	1,133.13	986.34	14.88%
净利润	816.78	737.7810.71%	
归属于母公司股东的净利润	750.12	737.78	1.67%
扣除非经常性损益后的归属于母公司股东的净利润	548.63	822.70	−33.13%
经营活动产生的现金流量净额	804.88	852.11	−5.54%

1、资产负债表主要科目变动分析

2015年3月末公司资产总额比上年末增加9.51%,主要原因系应收账款和在建工程较前一年末增加较多所致。

2015年3月末所有者权益合计较上年末增长2.36%,主要原因系2015年1季度实现净利润816.78万元使得未分配利润金额较上年末增长。

2、利润表主要科目变动分析

2015年1–3月,公司营业收入为38,496.33万元,比上年同期增加47.34%,主要系公司LNG贸易物流业务快速发展所致。公司营业利润较去年同期下降19.30%,系由于当期资产减值损失246.19万元所致。公司利润总额和净利润较去年同期分别增加14.88%和10.71%。

2015年上半年,公司主营业务、经营模式未发生重大变化;主要原材料采购情况正常,主要原材料价格变动幅度不大;主要客户、供应商均未发生重大变化;税收政策保持稳定。公司主要经营状况良好,未出现重大不利变化。发行人预计2015年上半年经营业绩较去年同期不存在重大变化。

第六节　其他重要事项

本公司在招股意向书刊登日至上市公告书刊登前,没有发生可能对本公司有较大影响的重要事项,具体如下:

1、本公司主营业务目标进展情况正常。

2、本公司所处行业和市场未发生重大变化。

3、本公司接受或提供的产品及服务价格未发生重大变化。

4、本公司没有发生未履行法定程序的关联交易,且没有发生未在招股说明书中披露的重大关联交易。

5、本公司未进行重大投资。

6、本公司未发生重大资产(或股权)购买、出售及置换。

7、本公司住所没有变更。

8、本公司董事、监事、高级管理人员及核心技术人员没有变化。

9、未发生重大诉讼、仲裁事项。

10、本公司未发生除正常经营业务之外的重大对外担保等或有事项。

11、本公司的财务状况和经营成果未发生重大变化。

12、本公司未发生其他应披露的重大事项。

第七节　上市保荐机构及其意见

一、上市保荐机构基本情况

保荐机构:国信证券股份有限公司

法定代表人:何如

住所:深圳市红岭中路1012号国信证券大厦16–26层

电话:0755–82130833

传真:0755–82130620

保荐代表人:郭峰、李勇

联系人:郭峰

二、上市保荐机构的推荐意见

上市保荐机构认为,恒通股份申请A股股票上市符合《中华人民共和国公司法》、《中华人民共和国证券法》及《上海证券交易所股票上市规则》等国家法律、法规的有关规定,恒通股份A股股票具备在上海证券交易所上市的条件。国信证券愿意推荐恒通股份的A股股票在上海证券交易所上市交易,并承担相关保荐责任。

发行人:恒通物流股份有限公司

主承销商:国信证券股份有限公司

2015年6月29日

新疆雪峰科技(集团)股份有限公司

新疆雪峰科技(集团)股份有限公司首次公开发行股票上市公告书

特别提示

本公司股票将于 2015 年 5 月 15 日在上海证券交易所上市。本公司提醒投资者应充分了解股票市场风险及本公司披露的风险因素,在新股上市初期切忌盲目跟风“炒新”,应当审慎决策、理性投资。

第一节 重要声明与提示

一、重要提示

新疆雪峰科技(集团)股份有限公司(以下简称“雪峰科技”、“公司”、“本公司”或“发行人”)及全体董事、监事、高级管理人员保证上市公告书所披露信息的真实、准确、完整,承诺上市公告书不存在虚假记载、误导性陈述或重大遗漏,并承担个别和连带的法律责任。

上海证券交易所、其他政府机关对本公司股票上市及有关事项的意见,均不表明对本公司的任何保证。

本公司提醒广大投资者注意,凡本上市公告书未涉及的有关内容,请投资者查阅刊载于上海证券交易所网站(http://www.sse.com.cn)的本公司招股说明书全文。

如无特别说明,本上市公告书中的简称或名词的释义与本公司首次公开发行股票招股说明书中的相同。

二、股份流通限制和自愿锁定承诺、持股 5%以上股东减持意向的承诺

(一)股份流通限制和自愿锁定承诺

公司控股股东新疆维吾尔自治区人民政府国有资产监督管理委员会承诺: 自公司股票上市之日起 36 个月内,不转让或者委托他人管理其直接和间接持有的公司股份,也不由公司回购其持有的股份; 公司上市后 6 个月内如公司股票连续 20 个交易日的收盘价均低于发行价, 或者上市后 6 个月期末收盘价低于发行价,其持有股票的锁定期限在前述锁定期基础上自动延长 6 个月。

公司股东康健、周春林、张卫、张成君、李保社、阿克木艾麦提承诺:自公司股票上市之日起 12 个月内,不转让或者委托他人管理其直接和间接持有的公司股份,也不由公司回购其持有的股份;公司股票上市 12 个月后,在任职期间每年转让的股份不超过其所持有公司股份总数的 25%;在离职后半年内,也不转让其所持有的公司股份,在申报离职 6 个月后的 12 个月内通过证券交易所挂牌交易出售公司股票数量占其所持有公司股份总数的比例不超过 50%。公司上市后 6 个月内如公司股票连续 20 个交易日的收盘价均低于发行价,或者上市后 6 个月期末收盘价低于发行价,其持有股票的锁定期限在前述锁定期基础上自动延长 6 个月; 其所持公司股票在锁定期满后两年内减持的,减持价格不低于发行价,上述承诺在承诺人职务变更或离职后依然生效。

公司股东安徽江南化工股份有限公司、高能控股有限公司、北京广银创业投资中心 (有限合伙)、宁波联桥投资有限公司、浙江中义集团有限公司、云南燃二化工有限公司、新疆高联众合股权投资合伙企业(有限合伙)、新疆新投产业投资有限公司、紫腾投资有限公司、上海和盛天成投资有限公司、新疆中小企业创业投资股份有限公司、宣杨勇、杨辉、李长青、陈明郁承诺:自公司股票上市之日起 12 个月内,不转让或者委托他人管理其直接和间接持有的公司股份,也不由公司回购其持有的股份。

公司股东湖南南岭民用爆破器材股份有限公司承诺:自公司股票上市之日起 36 个月内,不转让或者委托他人管理其直接和间接持有的公司股份,也不由公司回购其持有的股份。

公司上市后如有派息、送股、资本公积金转增股本、配股等除权、除息事项,发行价相应进行调整。

(二)持股 5%以上股东减持意向的承诺

新疆国资委在作为发行人控股股东和实际控制人期间,基于对宏观经济、民爆行业和发行人未来良好的发展趋势判断, 自发行人首次公开发行股票并上市之日起原则上不减持发行人股票。如确因财务需要新疆国资委所持发行人股票在锁定期满后两年内减持的,其减持价格不低于发行价,锁定期满后两年后进行减持的,减持价格不低于最近一年每股净资产值,期间发行人如有派息、送股、资本公积金转增股本、配股等除权、除息事项,减持底价相应进行调整;减持方式为通过证券交易所竞价交易或大宗交易; 锁定期满后两年内每年减持股票总量不超过减持年度上年末所持发行人股票的 20%。新疆国资委将在减持前 3 个交易日通知发行人并予以公告。

新疆国资委将严格遵守我国法律法规关于股东持股及股份变动的规定,规范诚信履行股东的义务。如新疆国资委违反本承诺函减持的,每笔减持金额的 20%归发行人所有。

江南化工持有发行人股票在满足上市锁定期之后,在锁定期满后 12 个月内累计减持的股份总数不超过首次公开发行股票后所持发行人股份总额的 50%,减持价格不受限制;锁定期满后 12 个月以后本公司可以任意价格自由减持。减持方式为通过证券交易所竞价交易或大宗交易等合法方式进行。本公司将在减持前 3 个交易日通知雪峰科技并予以公告。

江南化工将在减持前 3 个交易日通知发行人并予以公告。

江南化工将严格遵守我国法律法规关于股东持股及股份变动的规定, 规范诚信履行股东的义务。如江南化工违反本承诺减持的,减持受益归发行人所有。

上海和盛天成、新疆新投持有发行人股票在满足上市锁定期之后,在锁定期满 12 个月内累计减持的股份总数不受限制,但减持价格不低于本次发行价格;锁定期满 12 个月后上海和盛天成、新疆新投可以任意价格自由减持。期间发行人如有派息、送股、资本公积金转增股本、配股等除权、除息事项,减持底价相应进行调整。上海和盛天成、新疆新投将在减持前 3 个交易日通知发行人并予以公告。

上海和盛天成、新疆新投将严格遵守我国法律法规关于股东持股及股份变动的规定,规范诚信履行股东的义务。如上海和盛天成、新疆新投违反本承诺减持的,每笔减持金额的 20%归发行人所有。

三、关于上市后稳定股价的承诺

为保护投资者利益, 进一步明确公司上市后三年内公司股价低于每股净资产时稳定公司股价的措施,公司制定以下股价稳定预案,公司、公司控股股东及实际控制人、在公司领薪的非独立董事(下同)、高管已就股价稳定预案做出相关承诺:

(1)启动稳定股价措施的条件

公司上市后三年内,如公司股票收盘价格连续 20 个交易日低于最近一期经审计的每股净资产值(第 20 个交易日构成“触发稳定股价措施日”,公司如有派息、送股、资本公积转增股本、股份拆细、增发、配股或缩股等除权除息事项导致公司净资产或股份总数发生变化的,每股净资产需相应进行调整),且满足法律、法规和规范性文件关于业绩发布、增持或回购相关规定的情形下,则本公司及控股股东、董事和高级管理人员等相关主体将启动稳定公司股价的措施。

公司实施股价稳定措施的目标是使股价与股票价值相匹配, 尽量促使公司股票收盘价回升达到或超过公司最近一期经审计的每股净资产。

在公司实施具体稳定股价措施期间内, 如公司股票连续 20 个交易日收盘价高于每股净资产时,将停止实施股价稳定措施。

(2)稳定股价措施的实施顺序

第一选择为公司回购股份,如公司回购股份将导致公司不满足法定上市条件,则第一选择为控股股东增持公司股份及董事、高级管理人员增持公司股份。

第二选择为公司控股股东增持公司股份及董事、高级管理人员增持股份。在下列情形之一出现时将启动第二选择:①公司无法实施回购股份或回购股份议案未获得公司股东大会批准,且控股股东、董事及高级管理人员增持公司股份不会致使公司将不满足法定上市条件;②公司虽实施股份回购计划但仍未满足“公司股票连续 20 个交易日收盘价高于每股净资产”之条件。

(3)稳定股价的具体实施

①公司回购股份

公司董事会在触发稳定股价措施日起 10 个交易日内召开董事会审议实施股份回购议案,并在做出实施回购股份或不实施回购股份的决议后的 2 个交易日内公告董事会决议、回购股份预案或不回购股份的理由,并发布召开股东大会的通知。回购股份的议案至少包含以下内容:回购目的、方式、价格或价格区间、定价原则,拟回购股份的种类、数量及其占公司总股本的比例,拟用于回购股份的资金总额及资金来源,回购期限,预计回购股份后公司的股权结构的变动情况,管理层对回购股份对公司经营、财务及未来发展的影响的分析报告。经股东大会决议决定实施回购后,公司应在公司股东大会决议做出之日起下一个交易日开始启动回购, 并应在履行完毕法律法规规定的程序后在公告期限内实施完毕。

公司回购本公司股份的行为应符合我国法律、法规、规范性文件和证券交易所关于上市公司回购股份的相关规定。

在公司符合本预案规定的回购股份的相关条件的情况下, 公司董事会经综合考虑公司经营发

展实际情况、公司所处行业情况、公司股价的二级市场表现情况、公司现金流量状况、社会资金成本和外部融资环境等因素，认为公司不宜或暂无须回购股份的，经董事会决议通过并经半数以上独立董事同意后，应将不回购股份以稳定股价事宜提交股东大会审议，并经出席会议的股东所持表决权的三分之二以上通过。

②控股股东增持公司股份

控股股东在触发稳定股价措施之日或在满足控股股东增持股份启动条件之日起 10 个交易日内，书面通知公司董事会其增持公司股票的计划并由公司公告，增持计划包括但不限于拟增持的公司股票的数量范围、价格区间及完成期限等信息，增持资金原则上不低于 1,000 万元。控股股东应在增持计划公告之日起下一个交易日开始启动增持，并应在履行完毕法律法规规定的程序后在公告期限内实施完毕，增持计划实施完毕后六个月内将不出售所增持的股份。

③董事、高级管理人员增持公司股份

公司董事、高级管理人员在触发稳定股价措施之日或在满足董事、高级管理人员增持股份启动条件之日起 10 个交易日内，书面通知公司董事会其增持公司股票的计划并由公司公告，增持计划包括但不限于拟增持的公司股票的数量范围、价格区间及完成期限等信息，增持资金原则上不低于上述人员上一年度取得年薪的 20%。董事、高级管理人员应在增持计划公告之日起下一个交易日开始启动增持，并应在履行完毕法律法规规定的程序后在公告期限内实施完毕，增持计划实施完毕后六个月内将不出售所增持的股份。

公司将履行上述稳定股价义务的相应承诺作为未来聘任公司董事和高级管理人员的必要条件，并在将来新聘该等人员时，要求其就此做出书面陈诺。

④公司及相关主体采取实施稳定股价措施时应以维护公司上市地位，保护公司及广大投资者利益为原则，遵循法律、法规及证券交易所的相关规定，并应按照上海证券交易所上市规则及其他适用的监管规定履行其相应的信息披露义务。

(4)约束措施

①控股股东负有增持股票义务，但未按本预案的规定提出增持计划和/或未实际实施增持计划的，公司有权责令控股股东在限期内履行增持股票义务，控股股东仍不履行的，公司将有权将与控股股东未实施增持的股份的增持资金额(如未提出增持计划的则为最低增持金额，即 1,000 万元)相等金额的应付现金分红予以暂时扣留直至控股股东履行其增持义务。

②在公司领取薪酬的董事(独立董事除外)、高级管理人员负有增持股票义务，但未按本预案的规定提出增持计划和/或未实际实施增持计划的，公司有权责令董事、高级管理人员在限期内履行增持股票义务，董事、高级管理人员仍不履行，公司将有权将与董事、高级管理人员未实施增的持股份的增持资金额(如未提出增持计划的则为最低增持金额，即上一年度取得年薪的 20%)相等金额的应付薪酬、应付现金分红予以暂时扣留，直至相关人员履行其增持计划义务。

公司董事、高级管理人员拒不履行本预案规定的股票增持义务情节严重的，控股股东或董事会、监事会、半数以上的独立董事有权提请股东大会同意更换相关董事，公司董事会有权解聘相关高级管理人员。

③本预案中稳定公司股价的具体措施由相关主体提出，并由公司依据信息披露的相关规定进行公告，即构成相关主体对公司及社会公众股东的公开承诺，如达到实施条件而无合理正当理由拒绝履行的，相关主体将承担相应的法律责任，给投资者造成损失的，将依法承担赔偿责任。

四、关于本次申报文件的承诺

(一)发行人的承诺

承诺公司首次公开发行并上市的招股说明书不存在虚假记载、误导性陈述或重大遗漏，并对其真实性、准确性和完整性承担个别和连带的法律责任。

公司为公开发行股票并上市制作的招股说明书如果存在虚假记载、误导性陈述或者重大遗漏，对判断本公司是否符合法律规定的发行条件构成重大、实质影响的，在证券主管部门或司法机关认定本公司存在前述违法违规情形之日起十个交易日内，公司将会同控股股东启动回购本公司首次公开发行的全部新股及购回已转让的原限售股份的程序，包括但不限于依照相关法律、法规、规章、规范性文件及证券交易所监管规则的规定召开董事会及股东大会，履行信息披露义务等；并按照届时公布的回购方案完成回购。

公司已发行尚未上市的，回购价格为发行价并加算银行同期存款利息；本公司已上市的，回购价格为发行价加算银行同期存款利息与公布回购方案前 30 个交易日公司股票的每日加权平均价格的算术平均值的孰高者。期间公司如有派息、送股、资本公积金转增股本、配股等除权除息事项，购回底价相应进行调整。

投资者因公司的招股说明书存在虚假记载、误导性陈述或者重大遗漏的而在证券交易中遭受损失的，公司将依法赔偿投资者损失。

(二)发行人控股股东、实际控制人新疆国资委承诺

新疆国资委为发行人控股股东，发行人为公开发行股票并上市制作的招股说明书如果存在虚假记载、误导性陈述或者重大遗漏，对判断发行人是否符合法律规定的发行条件构成重大、实质影响的，在证券主管部门或司法机关认定发行人存在前述违法违规情形之日起十个交易日内，新疆国资委将启动购回发行人首次公开发行股票时已转让的全部原限售股份的程序，包括但不限于依照相关法律、法规、规章、规范性文件及证券交易所监管规则的规定履行信息披露义务公告购回方案并完成购回。

发行人已发行尚未上市的，购回价格为发行价并加算银行同期存款利息发行人已上市的，购回价格为发行价加算银行同期存款利息与公布购回方案前 30 个交易日发行人股票的每日加权平均价格的算术平均值的孰高者。期间发行人如有派息、送股、资本公积金转增股本、配股等除权除息事项，购回底价相应进行调整。

投资者因发行人的招股说明书存在虚假记载、误导性陈述或者重大遗漏的而在证券交易中遭受损失的，新疆国资委将依法赔偿投资者损失。

(三)发行人董事、监事、高级管理人员承诺

承诺发行人首次公开发行并上市的招股说明书不存在虚假记载、误导性陈述或重大遗漏，并对其真实性、准确性和完整性承担个别和连带的法律责任。

发行人董事、监事、高级管理人员康健、周春林、张卫、李保社、邵明海、冯忠波、张卫东、王锴、秦新力、夏咸平、刘鸷毅、王春霞、张成君承诺发行人为首次公开发行股票并上市制作的招股说明书如果存在虚假记载、误导性陈述或者重大遗漏，致使投资者在证券交易中遭受损失的，将依法赔偿投资者损失。

发行人独立董事汪旭光、沈建文、姚文英、王军承诺发行人为首次公开发行股票并上市制作的招股说明书如果存在虚假记载、误导性陈述或者重大遗漏，致使投资者在证券交易中遭受损失的，将依法赔偿投资者损失，但能够证明自己没有过错的除外。

承诺人不因职务变更、离职等原因而放弃履行上述承诺。

(四)中介机构的承诺

1、保荐机构关于发行上市申请文件真实性的承诺

因东方花旗为发行人首次公开发行制作、出具的文件有虚假记载、误导性陈述或者重大遗漏，给投资者造成损失的，东方花旗将依法赔偿投资者损失。

2、发行人律师关于发行上市申请文件真实性的承诺

因天元律师事务所为发行人首次公开发行制作、出具的文件有虚假记载、误导性陈述或者重大遗漏，给投资者造成损失的，天元律师事务所将依法赔偿投资者损失。

3、注册会计师关于发行上市申请文件真实性的承诺

因大华会计师事务所为发行人首次公开发行制作、出具的文件有虚假记载、误导性陈述或者重大遗漏，给投资者造成损失的，大华会计师事务所将依法赔偿投资者损失，如能证明无过错的除外。

4、评估师关于发行上市申请文件真实性的承诺

因中威正信为发行人首次公开发行股票制作、出具的文件有虚假记载、误导性陈述或者重大遗漏，给投资者造成损失的，中威正信将依法赔偿投资者损失。

五、关于未履行承诺时的约束措施

为督促发行人及其控股股东、实际控制人、持股 5%以上股东、发行人董事、监事及高级管理人员严格履行公开承诺事项，特制定以下承诺履行约束措施：

1.发行人未履行公开承诺约束措施

(1)发行人承诺将严格履行发行人就首次公开发行股票并上市所作出的所有公开承诺事项，积极接受社会监督。

如发行人非因不可抗力原因导致未能履行公开承诺事项的，需提出新的承诺(相关承诺需按法律、法规、公司章程的规定履行相关审批程序)并接受如下约束措施，直至新的承诺履行完毕或相应补救措施实施完毕：

①在中国证监会指定的披露媒体上公开说明未履行的具体原因并向股东和社会公众投资者道歉；

②不得进行公开再融资；

③对该等未履行承诺的行为负有个人责任的董事、监事、高级管理人员调减或停发薪酬或津贴；

④不得批准未履行承诺的董事、监事、高级管理人员的主动离职申请，但可以进行职务变更；

⑤给投资者造成损失的，发行人将向投资者依法承担赔偿责任。

(2)如因不可抗力原因导致未能履行公开承诺事项的，需提出新的承诺(相关承诺需按法律、法规、公司章程的规定履行相关审批程序)并接受如下约束措施，直至新的承诺履行完毕或相应补救措施实施完毕：

①在中国证监会指定的披露媒体上公开说明未履行的具体原因并向股东和社会公众投资者道歉；

②尽快研究将投资者利益损失降低到最小的处理方案，并提交股东大会审议，尽可能地保护本公司投资者利益。

(2)发行人控股股东、实际控制人新疆国资委、持股 5%以上股东江南化工、上海和盛天成、新疆新投未履行公开承诺约束措施

(3) 如非因不可抗力原因导致未能履行公开承诺事项的，需提出新的承诺并接受如下约束措施，直至新的承诺履行完毕或相应补救措施实施完毕：

①在中国证监会指定的披露媒体上公开说明未履行的具体原因并向股东和社会公众投资者道歉；

②不得转让发行人股份，因继承、被强制执行、上市公司重组、为履行保护投资者利益承诺等必须转股的情形除外；

③暂不领取发行人分配利润中归属于本单位的部分；

④如果因未履行相关承诺事项而获得收益的，所获收益归发行人所有，并在获得收益的五个工作日内将所获收益支付给发行人指定账户；

⑤未履行招股说明书的公开承诺事项，给投资者造成损失的，依法赔偿投资者损失。

(4)如因不可抗力原因导致未能履行公开承诺事项的，需提出新的承诺并接受如下约束措施，直至新的承诺履行完毕或相应补救措施实施完毕：

①在中国证监会指定的披露媒体上公开说明未履行的具体原因并向股东和社会公众投资者道歉；

②尽快研究将投资者利益损失降低到最小的处理方案，尽可能地保护公司投资者利益。

上海和盛天成同时承诺保证新疆新投严格履行其所作出的所有公开承诺事项，如新疆新投非因不可抗力原因或因不可抗力原因导致未能履行公开承诺事项，和盛天成需提出新的承诺并接受上述约束措施，直至新的承诺履行完毕或相应补救措施实施完毕。

3.发行人董事、监事及高级管理人员未履行公开承诺约束事项

(1) 如非因不可抗力原因导致未能履行公开承诺事项的，需提出新的承诺并接受如下约束措施，直至新的承诺履行完毕或相应补救措施实施完毕：

①在中国证监会指定的披露媒体上公开说明未履行的具体原因并向股东和社会公众投资者道歉；

②不得转让发行人股份，因继承、被强制执行、上市公司重组、为履行投资者利益承诺必须转股的情形除外；

③暂不领取发行人分配利润中归属于本人的部分；

④可以职务变更但不得主动要求离职；

⑤主动申请调减或停发薪酬或津贴；

⑥如果因未履行相关承诺事项而获得收益的，所获收益归发行人所有，并在获得收益的五个工作日内将所获收益支付给发行人指定账户；

⑦未履行招股说明书的公开承诺事项，给投资者造成损失的，依法赔偿投资者损失。

(2)如因不可抗力原因导致未能履行公开承诺事项的，需提出新的承诺并接受如下约束措施，直至新的承诺履行完毕或相应补救措施实施完毕：

①在中国证监会指定的披露媒体上公开说明未履行的具体原因并向股东和社会公众投资者道歉；

②尽快研究将投资者利益损失降低到最小的处理方案，尽可能地保护发行人投资者利益。

六、最近一期财务会计信息

本公司 2015 年第一季度未经审计的主要会计数据如下：

单位:元

项目	2015 年 3 月 31 日	2014 年 12 月 31 日
资产总计	1,808,563,047.07	1,729,858,398.60
负债合计	826,819,420.33	677,376,281.41
所有者权益合计	981,743,626.74	1,052,482,117.19
归属于母公司所有者权益	745,160,046.36	818,544,280.66
项目	2015 年 1-3 月	2014 年 1-3 月
营业收入	105,167,088.50	94,101,393.68
营业成本	110,418,309.98	121,913,011.76
营业利润	-5,251,221.48	-27,811,618.08
利润总额	-4,750,154.84	-27,624,577.99
净利润	-8,149,341.82	-27,739,774.91
归属于母公司股东的净利润	-6,595,665.00	-24,238,697.56
项目	2015 年 1-3 月	2014 年 1-3 月
经营活动产生的现金流量净额	-71,716,259.87	-67,386,267.11
投资活动产生的现金流量净额	33,967,290.88	-43,392,190.07
筹资活动产生的现金流量净额	94,966,470.81	-9,028,902.71
现金及现金等价物净增加额	57,217,501.82	-119,807,359.89

截至本上市公告书签署日，公司主要原材料的供应及其价格没有发生重大不利变化，公司经营情况正常，产品的产销量没有发生重大不利变化，公司主要产品的销售价格没有发生重大不利变化，公司经营模式、销售模式和采购模式未发生重大变化。

公司预计 2015 年上半年经营业绩不会发生重大变化。

第二节 股票上市情况

一、股票发行上市审核情况

(一)编制上市公告书的法律依据

本上市公告书系根据《中华人民共和国公司法》、《中华人民共和国证券法》和《上海证券交易所股票上市规则》等有关法律法规规定，按照上海证券交易所《股票上市公告书内容与格式指引》(2013 年修订)编制而成，旨在向投资者说明本公司首次公开发行 A 股股票上市的基本情况。

(二)股票发行的核准部门和文号

本公司首次公开发行 A 股股票(以下简称"本次发行")经中国证券监督管理委员会"证监许可[2015]722 号"文批准。

(三)证券交易所同意股票上市文件的文号

本公司 A 股股票上市经上海证券交易所"自律监管决定书【2015】177 号"文批准。本公司发行的 A 股股票在上海证券交易所上市，证券简称"雪峰科技"，证券代码"603227"；其中本次网上网下公开发行的合计 8,235 万股股票将于 2015 年 5 月 15 日起上市交易。

二、股票上市相关信息

(一)上市地点:上海证券交易所

(二)上市时间:2015 年 5 月 15 日

(三)股票简称:雪峰科技

(四)股票代码:603227

(五)本次公开发行后的总股本:32,935 万股

(六)本次公开发行的股票数量:8,235 万股

(七)本次上市的无流通限制及锁定安排的股票数量:8,235 万股

(八)发行前股东所持股份的流通限制及期限、发行前股东对所持股份自愿锁定的承诺、本次上市股份的其他锁定安排请参见本上市公告书之"第一节重要声明与提示"。

(九)股票登记机构:中国证券登记结算有限责任公司上海分公司

(十)上市保荐机构:东方花旗证券有限公司

第三节 发行人、股东和实际控制人情况

一、发行人基本情况

公司名称:新疆雪峰科技(集团)股份有限公司

英文名称:XinjiangXuefengSci-Tech(Group)Co.,Ltd

注册资本:24,700 万元(发行前)

法定代表人:康健

变更设立日期:2011 年 12 月 30 日

住所:乌鲁木齐市天山区翠泉路东一巷 246 号

邮政编码:830002

电话:0991-8801120

传真:0991-8801837

互联网址:www.xjxfkj.com

电子信箱:ir@xjxfkj.com

董事会秘书:周春林

经营范围:许可经营项目:民用爆破器材生产、销售;地爆器材回收利用。一般经营项目:化工生产设备制造，仪器仪表、五金交电、机电经营范围:产品销售;停车场;房屋租赁;装卸;劳务管理;货物与技术的进出口

二、董事、监事、高级管理人员任职及其持股情况

(一)董事、监事、高级管理人员任职情况

序号	姓 名	职 务	任期
1	康 健	董事长、总经理	2015.1.24-2018.1.23
2	周春林	董事、副总经理、财务总监	2015.1.24-2018.1.23
3	张 卫	董事、副总经理	2015.1.24-2018.1.23
4	李保社	董事、纪委书记	2015.1.24-2018.1.23
5	邵明海	董事、副总经理	2015.1.24-2018.1.23

6	冯忠波	董事	2015.1.24–2018.1.23
7	张卫东	董事	2015.1.24–2018.1.23
8	沈建文	独立董事	2015.1.24–2018.1.23
9	姚文英	独立董事	2015.1.24–2018.1.23
10	王　军	独立董事	2015.1.24–2018.1.23
11	汪旭光	独立董事	2015.1.24–2018.1.23
12	王　锴	监事会主席	2015.1.24–2018.1.23
13	秦新力	监事	2015.3.29–2018.1.23
14	夏咸平	监事	2015.1.24–2018.1.23
15	刘鸷毅	职工监事	2015.1.24–2018.1.23
16	王春霞	职工监事	2015.1.24–2018.1.23
17	张成君	副总经理、总工程师	2015.1.24–2018.1.23
18	邵明海	副总经理	2015.1.24–2018.1.23

(二)董事、监事、高级管理人员持有股票、债券情况

董事、监事和高级管理人员直接或间接持有本公司股票、债券的情况如下:

姓　名	职　务	持投数量(万股)		本次发行后持股比例(%)	持有债券情况
		直接	间接		
康　健	董事长、总经理	200.00	–	0.607	–
周春林	董事、副总经理、财务总监	100.00	–	0.304	–
张　卫	董事、副总经理	100.00	–	0.304	–
张成君	副总经理、总工程师	100.00	–	0.304	–
李保社	董事、纪委书记	100.00	–	0.304	–
合　计	–	600.00	–	1.823	–

三、控股股东和实际控制人基本情况

新疆国资委持有本公司10,858万股股份,占本公司发行前股本的43.96%,为公司控股股东、实际控制人,其基本情况如下:

新疆国资委成立于2004年10月15日,作为新疆维吾尔自治区人民政府直属特设机构,新疆国资委根据新疆维吾尔自治区人民政府的授权,依照《中华人民共和国公司法》和《企业国有资产监督管理暂行条例》等法律法规,按照权利、义务、责任相统一,管资产和管人、管事相结合的原则,代表新疆维吾尔自治区人民政府履行出资人职责,依法对区属企业国有资产进行监督管理,保证出资人各项权利的充分行使和所有者各项权益的充分实现,确保国有资产保值增值,并依法对全区国有资产监督管理工作进行指导和监督。

根据新疆维吾尔自治区质量监督局核发的代码为76682638–3的《组织机构代码证》,新疆国资委机构类型为机关法人,负责人邵峰,地址为新疆维吾尔自治区乌鲁木齐市幸福路13号。

四、股本结构及前十名股东情况

(一)本次发行前后公司股本结构变动情况

本次发行前,公司总股本为24,700万股,本次发行8,235万股A股股票,占发行后公司总股本的25.00%。本次发行前后股本结构如下:

股东名称	发行前		发行后		锁定期(月)
	持股数量(万股)	持股比例(%)	持股数量(万股)	持股比例(%)	
一、有限售条件A股流通股					
新疆国资委	10,858	43.960	10,114.30	30.710	36
江南化工	3,200	12.955	3,200	9.716	12
高能控股	1,120	4.534	1,120	3.401	12
高联众合	1,100	4.453	1,100	3.340	12
北京广银	1,000	4.049	1,000	3.036	12
宁波联桥	1,000	4.049	1,000	3.036	12
南岭民爆	1,000	4.049	1,000	3.036	36
新疆新投	979	3.964	979	2.973	12
紫腾投资	955	3.866	955	2.900	12
浙江中义	500	2.024	500	1.518	12
上海和盛天成	473	1.915	473	1.436	12
新疆中小投	300	1.215	300	0.911	12
云南燃二	165	0.668	165	0.501	12
宣杨勇	700	2.834	700	2.125	12
杨　辉	350	1.417	350	1.063	12
康　健	200	0.810	200	0.607	12
李保社	100	0.405	100	0.304	12
周春林	100	0.405	100	0.304	12
张　卫	100	0.405	100	0.304	12
张成君	100	0.405	100	0.304	12
阿克木艾麦提	100	0.405	100	0.304	12
李长青	200	0.810	200	0.607	12
陈明邡	100	0.405	100	0.304	12
社保基金	–	–	743.70	2.258	36
合　计	24,700	100.00	24,700	74.996	–
二、无限售条件流通股					
本次发行社会公共股	–	–	8,235	25.004	–
合计	–	–	8,235	25.004	–
总合计	24,700	100.00	32,935	100.00	–

(二)本次发行后、上市前的股东情况

本次发行后、上市前的股东户数为69,200户,持股数量前十名股东的名称、持股数量及持股比例如下:

序号	股东名称	持股数量(股)	持股比例(%)
1	新疆维吾尔自治区人民政府国有资产监督管理委员会	101,142,952	30.71
2	安徽江南化工股份有限公司	32,000,000	9.72
3	高能控股有限公司	11,200,000	3.40
4	新疆高联众合股权投资合伙企业(有限合伙)	11,000,000	3.34
5	湖南南岭民用爆破器材股份有限公司	10,000,000	3.045
6	北京广银创业投资中心(有限合伙)	10,000,000	3.04
7	宁波联桥投资有限公司	10,000,000	3.04
8	新疆新投产业投资有限公司	9,790,000	2.97
9	紫腾投资有限公司	9,550,000	2.90
10	全国社会保障基金理事会转持二户	7,437,048	2.26
合计		212,120,000	64.41

第四节　股票发行情况

一、发行数量:8,235万股

二、发行价格:4.98元/股

三、每股面值:1.00元

四、发行方式

本次发行采用网下向询价对象配售和网上按市值资金申购定价发行相结合的方式。其中,网下发行数量为823.50万股,占本次发行总量的10%;网上发行数量为7411.50万股,占本次发行总量的90%。

五、募集资金总额及注册会计师对资金到位的验证情况

本次发行募集资金总额为41,010.30万元,均为新股发行。大华会计师事务所(特殊普通合伙)于2015年5月11日对本次发行的资金到位情况进行了审验,并出具了大华验字[2015]第000278号《验资报告》。

六、发行费用总额及明细构成、每股发行费用

序号	项目	公司公开发行新股发行费用金额(元)
1	承销保荐费用及辅导费用	23,155,665.00
2	审计费用	9,566,037.63
3	律师费用	2,046,226.42
4	登记托管费	329,350.00
5	评估费	1,500,000.00
6	与本次发行相关的信息披露及发行手续费用	4,278,091.67
费用合计		40,875,370.72

本次发行每股发行费用为0.50元(每股发行费用=发行费用总额/本次新股发行股数)。

七、募集资金净额:36,922.76万元

八、发行后每股净资产:2.49元(按照公司2014年12月31日经审计的净资产加本次发行筹资净额之和除以本次发行后总股本计算)

九、发行后每股收益:0.217元/股(以公司2014年12月31日扣除非经常性损益后的净利润按

照发行后股本摊薄计算)。

十、发行市盈率:22.95 倍(每股收益按照公司 2014 年经审计的扣除非经常性损益前后孰低的净利润除以本次发行后总股本计算)

第五节 财务会计资料

本公司 2012-2014 年经审计的财务数据已在招股说明书中进行详细披露，投资者欲了解相关情况请详细阅读招股说明书。

公司财务报告审计截止日后经营状况正常,2015 年 1-3 月财务数据未经审计。公司第二届董事会第五次会议审议通过了《雪峰科技 2015 年第一季度财务报告》。2015 年 1-3 月,公司归属于母公司所有者的净利润及扣除非经常性损益后归属于母公司所有者的净利润较去年同期变动幅较大,净利润变动幅度较大的原因为 2015 年 2 月公司收回了应收乌鲁木齐城市建设投资(集团)有限公司 6,920 万元资产转让款,导致当期坏账准备转回较多。公司将不再另行披露一季报。

截至本上市公告书签署日,公司主要原材料的供应及其价格没有发生重大不利变化,公司经营情况正常，产品的产销量没有发生重大不利变化，公司主要产品的销售价格没有发生重大不利变化,公司经营模式、销售模式和采购模式未发生重大变化。

公司预计 2015 年上半年经营业绩不会发生重大变化。

本公司 2015 年第一季度未经审计的主要会计数据如下:

单位:元

项目	2015 年 3 月 31 日	2014 年 12 月 31 日
资产总计	1,808,563,047.07	1,729,858,398.60
负债合计	826,819,420.33	677,376,281.41
所有者权益合计	981,743,626.74	1,052,482,117.19
归属于母公司所有者权益	745,160,046.36	818,544,280.66
项目	2015 年 1-3 月	2014 年 1-3 月
营业收入	105,167,088.50	94,101,393.68
营业成本	110,418,309.98	121,913,011.76
营业利润	-5,251,221.48	-27,811,618.08
利润总额	-4,750,154.84	-27,624,577.99
净利润	-8,149,341.82	-27,739,774.91
归属于母公司股东的净利润	-6,595,665.00	-24,238,697.56
项目	2015 年 1-3 月	2014 年 1-3 月
经营活动产生的现金流量净额	-71,716,259.87	-67,386,267.11
投资活动产生的现金流量净额	33,967,290.88	-43,392,190.07
筹资活动产生的现金流量净额	94,966,470.81	-9,028,902.71
现金及现金等价物净增加额	57,217,501.82	-119,807,359.89

第六节 其他重要事项

一、募集资金专户存储三方监管协议的安排

根据有关法律法规及《上海证券交易所上市公司募集资金管理办法》,本公司已于 2015 年 5 月 11 日分别与中国建设银行股份有限公司乌鲁木齐中山路支行、新疆天山农村商业银行股份有限公司大十字支行、哈密市商业银行股份有限公司乌鲁木齐分行、上海浦东发展银行股份有限公司乌鲁木齐分行(以下简称“开户银行”)及保荐机构东方花旗证券有限公司签订了《募集资金专户存储三方监管协议》。

根据《募集资金专户存储三方监管协议》,协议约定的主要内容如下:

本公司简称为“甲方”,开户银行简称为“乙方”,东方花旗简称为“丙方”。

1、甲方已在乙方开设募集资金专项账户(以下简称“专户”),仅用于甲方募集资金投向项目募集资金的存储和使用,不得用作其他用途。

2、甲乙双方应当共同遵守《中华人民共和国票据法》、《支付结算办法》、《人民币银行结算账户管理办法》等法律、法规、规章。

3、丙方作为甲方的保荐人,应当依据有关规定指定保荐代表人或其他工作人员对甲方募集资金使用情况进行监督。

丙方承诺按照《证券发行上市保荐业务管理办法》、《上海证券交易所上市公司募集资金管理规定》以及甲方制订的募集资金管理制度对甲方募集资金管理事项履行保荐职责，进行持续督导工作。

丙方可以采取现场调查、书面问询等方式行使其监督权。甲方和乙方应当配合丙方的调查与查询。丙方每半年度对甲方现场调查时应当同时检查专户存储情况。

4、甲方授权丙方指定的保荐代表人黄利明、孙树军可以随时到乙方查询、复印甲方专户的资料;乙方应当及时、准确、完整地向其提供所需的有关专户的资料。

保荐代表人向乙方查询甲方专户有关情况时应当出具本人的合法身份证明；丙方指定的其他工作人员向乙方查询甲方专户有关情况时应当出具本人的合法身份证明和单位介绍信。

5、乙方按月(每月 5 日前)向甲方出具真实、准确、完整的专户对账单,并抄送给丙方。

6、甲方 1 次或 12 个月以内累计从专户支取的金额超过 5,000 万元且达到发行募集资金总额扣除发行费用后的净额(以下简称“募集资金净额”)的 20%的,甲方应当及时以传真方式通知丙方,同时提供专户的支出清单。

7、丙方有权根据有关规定更换指定的保荐代表人。丙方更换保荐代表人的,应当将相关证明文件书面通知乙方,同时按本协议第十二条的要求书面通知更换后保荐代表人的联系方式。更换保荐代表人不影响本协议的效力。

8、乙方连续三次未及时向甲方出具对账单,以及存在未配合丙方调查专户情形的,甲方可以主动或在丙方的要求下单方面终止本协议并注销募集资金专户。

9、丙方发现甲方、乙方未按约定履行本协议的,应当在知悉有关事实后及时向上海证券交易所书面报告。

10、本协议自甲、乙、丙三方法定代表人或其授权代表签署并加盖各自单位公章之日起生效,至专户资金全部支出完毕并依法销户之日起失效。

二、其他事项

本公司在招股意向书刊登日至上市公告书刊登前，没有发生可能对本公司有较大影响的重要事项,具体如下:

1、本公司主要业务发展目标的进展情况正常;

2、本公司所处行业和市场未发生重大变化;

3、除与正常业务经营相关的采购、销售、借款等商务合同外,本公司未订立其他对本公司的资产、负债、权益和经营成果产生重大影响的重要合同;

4、本公司与关联方未发生重大关联交易;

5、本公司未发生重大投资;

6、本公司未发生重大资产(或股权)购买、出售及置换;

7、本公司住所未发生变更;

8、本公司董事、监事、高级管理人员及核心技术人员未发生变化;

9、本公司未发生重大诉讼、仲裁事项;

10、本公司未发生对外担保等或有事项;

11、本公司的财务状况和经营成果未发生重大变化;

12、本公司未发生其他应披露的重大事项。

第七节 上市保荐机构及其意见

一、上市保荐机构基本情况

保荐机构(主承销商):东方花旗证券有限公司

法定代表人:潘鑫军

住所:上海市中山南路 318 号 2 号楼 24 楼

电话:021-23153888

传真:021-23153500

保荐代表人:黄利明、孙树军

二、上市保荐机构的推荐意见

上市保荐机构认为,发行人申请其 A 股股票上市符合《中华人民共和国公司法》、《中华人民共和国证券法》及《上海证券交易所股票上市规则》等国家有关法律、法规的有关规定,发行人 A 股股票具备在上海证券交易所上市的条件。东方花旗证券有限公司同意推荐新疆雪峰科技(集团)股份有限公司的股票在上海证券交易所上市。

新疆雪峰科技(集团)股份有限公司

2015 年 5 月 14 日

江苏井神盐化股份有限公司

江苏井神盐化股份有限公司首次公开发行股票上市公告书

特别提示

本公司股票将于2015年12月31日在上海证券交易所上市。本公司提醒投资者应充分了解股票市场风险及本公司披露的风险因素,在新股上市初期切忌盲目跟风"炒新",应当审慎决策、理性投资。

第一节 重要声明与提示

一、重要声明

江苏井神盐化股份有限公司(以下简称"井神股份"、"公司"、"本公司"或"发行人")及全体董事、监事、高级管理人员保证上市公告书所披露信息的真实、准确、完整,承诺上市公告书不存在虚假记载、误导性陈述或重大遗漏,并承担个别和连带的法律责任。

上海证券交易所、其他政府机关对本公司股票上市及有关事项的意见,均不表明对本公司的任何保证。

本公司提醒广大投资者注意,凡本上市公告书未涉及的有关内容,请投资者查阅刊载于上海证券交易所网站(http://www.sse.com.cn)的本公司招股说明书全文。

二、本公司、控股股东、持有5%以上股份的股东、其他股东、董事、监事、高级管理人员和中介机构作出的重要承诺

(一)控股股东对所持股份的自愿锁定期、减持价格、持股意向及减持意向的承诺

控股股东苏盐集团出具《承诺函》,承诺自井神股份上市之日起三十六个月内,不转让或者委托他人管理其所持有的发行人公开发行股票前已发行的股份,也不由发行人回购该等股份;发行人上市后六个月内如其股票连续二十个交易日的收盘价(指复权后的价格,下同)均低于发行价,或者上市后六个月期末收盘价低于发行价,苏盐集团持有的井神股份公开发行股份前已发行的股份的锁定期限将自动延长六个月。控股股东苏盐集团拟长期持有发行人股票。若在锁定期满两年内减持股票,减持价格将不低于发行人首次公开发行股票时的发行价,在此期间内每年累计减持比例不超过5%;上述两年期限届满后,苏盐集团减持发行人股票时,将按市价且不低于发行人最近一期经审计的每股净资产(审计基准日后发生权益分派、公积金转增股本、配股等情况的,应做除权除息处理)的价格进行减持。苏盐集团将通过上海证券交易所竞价交易系统、大宗交易平台或上海证券交易所允许的其他转让方式减持公司股票。所持股票在锁定期满后两年内减持的,将提前五个交易日通知发行人,并由发行人在减持前三个交易日予以公告。其减持发行人股票时,将严格依照《公司法》、《证券法》、中国证监会和证券交易所的相关规定执行。如违反本承诺进行减持的,自愿将减持所得收益上缴发行人。

(二)其他持有发行人5%以上股份的股东对所持股份的自愿锁定期、减持价格、持股意向及减持意向的承诺

持股5%以上的股东汇鸿国际出具承诺函,承诺自井神股份上市之日起十二个月内,不转让或者委托他人管理该等股份,也不由井神股份回购该等股份。自锁定期满之日起十二个月内,累计减持发行人股份总数不超过发行人股票上市之日所持有发行人股份总额的40%,减持价格不低于发行价格;自锁定期满之日起二十四个月内,累计减持股份总数不超过股票上市之日所持有发行人股份总额的80%,减持价格不低于发行价格。上述两年期限届满后,汇鸿国际减持发行人股票时,将按市价且不低于发行人最近一期经审计的每股净资产(审计基准日后发生权益分派、公积金转增股本、配股等情况的,应做除权除息处理)的价格进行减持。所持股票在锁定期满后两年内减持的,将提前五个交易日通知发行人,并由发行人在减持前三个交易日予以公告。其减持发行人股票时,将严格依照《公司法》、《证券法》、中国证监会和证券交易所的相关规定执行。如违反本承诺进行减持的,自愿将减持所得收益上缴发行人。

(三)其他股东对所持股份自愿锁定的承诺

公司其他17家股东均出具《承诺函》,承诺其本次发行前持有的发行人股份,自井神股份首次公开发行股票上市之日起十二个月内,不转让或者委托他人管理该等股份,也不由发行人回购该等股份。

(四)公司及控股股东关于回购首次公开发行的全部股份的承诺

本公司承诺:公司招股说明书如果存在虚假记载、误导性陈述或者重大遗漏,对判断本公司是否符合法律规定的发行条件构成重大、实质影响的,在中国证监会对本公司作出行政处罚决定之日起三十日内,本公司将启动依法回购首次公开发行的全部新股的程序,本公司将通过上海证券交易所以发行价并加算银行同期存款利息回购首次公开发行的全部新股。

控股股东苏盐集团承诺:井神股份为首次公开发行股票并上市制作的招股说明书如果存在虚假记载、误导性陈述或者重大遗漏,对判断井神股份是否符合法律规定的发行条件构成重大、实质影响的,在中国证监会对其作出行政处罚决定之日起三十日内,苏盐集团将以发行价加算银行同期存款利息依法购回首次公开发行时转让的限售股股份。若未在前述时间内依法购回首次公开发行时转让的限售股股份,自中国证监会对井神股份作出行政处罚决定之日后第三十一日至购回股份的相关承诺履行完毕期间,苏盐集团将不得行使投票表决权,并不得领取在上述期间所获得的井神股份的分红。若井神股份未在前述规定期间启动股份回购程序,苏盐集团将积极督促公司履行承诺;若未督促,自中国证监会对井神股份作出行政处罚决定之日后第三十一日至其回购股份的相关承诺履行完毕期间,苏盐集团将不得行使投票表决权,并不得领取在上述期间所获得的井神股份的分红。

(五)本公司、控股股东及公司董事、监事、高级管理人员赔偿投资者损失的承诺

本公司承诺:投资人因本公司的招股说明书存在虚假记载、误导性陈述或者重大遗漏而在证券交易中遭受损失的,自赔偿责任成立之日起三十日内,本公司将依法赔偿投资者损失。

控股股东苏盐集团承诺:投资人因井神股份的招股说明书存在虚假记载、误导性陈述或者重大遗漏而在证券交易中遭受损失,自赔偿责任成立之日起三十日内,井神股份和苏盐集团将依法赔偿投资者损失。若苏盐集团未依法予以赔偿,自上述赔偿责任成立之日后第三十一日至依法赔偿损失的相关承诺履行完毕,苏盐集团将不得行使投票表决权,并不得领取在上述期间所获得的井神股份的分红;若井神股份未依法予以赔偿,苏盐集团将积极督促其履行承诺;若未督促,自上述赔偿责任成立之日后第三十一日至井神股份依法赔偿损失的相关承诺履行完毕,苏盐集团将不得行使投票表决权,并不得领取在上述期间所获得的井神股份的分红。

公司董事、监事、高级管理人员承诺:投资人因井神股份的招股说明书存在虚假记载、误导性陈述或者重大遗漏而在证券交易中遭受损失,自赔偿责任成立之日起三十日内,将依法赔偿投资者损失。若未依法予以赔偿,自上述赔偿责任成立之日后第三十一日至依法赔偿损失的相关承诺履行完毕,其将不得在井神股份领取薪酬。

(六)本公司、控股股东关于公司股票发行上市后稳定股价的承诺

公司股票自挂牌上市之日起三年内,若出现连续20个交易日公司股票收盘价均低于公司最近一期经审计的每股净资产情形时,则公司、控股股东苏盐集团将按照稳定股价的预案的规定启动稳定股价措施,具体内容详见本招股说明书"第五节发行人基本情况"之"十二、主要股东以及董事、监事、高级管理人员作出的重要承诺及其履行情况"。

(七)中介机构赔偿投资者损失的承诺

保荐机构西南证券承诺:因井神股份首次公开发行制作、出具的文件有虚假记载、误导性陈述或者重大遗漏,给投资者造成损失的,将依法赔偿投资者损失。

发行人会计师天衡会计师事务所承诺:因井神股份首次公开发行制作、出具的文件有虚假记载、误导性陈述或者重大遗漏,给投资者造成损失的,将依法赔偿投资者损失。

发行人律师君致律所承诺:因井神股份首次公开发行制作、出具的文件有虚假记载、误导性陈述或者重大遗漏,给投资者造成损失的,将依法赔偿投资者损失。

保荐机构认为,上述承诺及约束措施符合《中国证监会关于进一步推进新股发行体制改革的意见》等有关要求,内容合法、合理、有效。发行人律师认为,该等承诺及约束措施的内容合法、有效。

第二节 股票上市情况

一、股票发行上市审核情况

(一)编制上市公告书的法律依据

本上市公告书系根据《中华人民共和国证券法》、《中华人民共和国公司法》和《上海证券交易所股票上市规则》等有关法律法规规定,按照上海证券交易所《股票上市公告书内容与格式指引》编制而成,旨在向投资者提供有关本公司首次公开发行A股股票上市的基本情况。

(二)股票发行的核准部门和文号

本公司首次公开发行A股股票(以下简称"本次发行")已经中国证券监督管理委员会"证监许可〔2015〕1364号"文核准。

本次发行采用网下向符合条件的投资者询价配售和网上按市值申购方式向社会公众投资者定价发行相结合的方式。

(三)证券交易所同意股票上市文件的文号

本公司A股股票上市已经上海证券交易所"自律监管决定书【2015】442号"文批准。

本公司发行的A股股票在上海证券交易所上市,证券简称"井神股份",股票代码"603299"。本次网上网下公开发行的合计9,000万股股票将于2015年12月31日起上市交易。

二、股票上市概况

(一)上市地点:上海证券交易所

(二)上市时间:2015年12月31日

(三)股票简称:井神股份

(四)股票代码:603299

(五)本次发行完成后总股本:55,944万股

(六)本次公开发行A股的股票数量:9,000万股,均为新股发行,无老股转让。

(七)本次上市的无流通限制及锁定安排的股票数量:9,000万股

(八)发行前股东所持股份的流通限制及期限:参见本上市公告书之"第一节　重要声明与提示"

(九)发行前股东对所持股份自愿锁定的承诺:参见本上市公告书之"第一节　重要声明与提示"

(十)本次上市股份的其他锁定安排:参见本上市公告书之"第一节　重要声明与提示"

(十一)股票登记机构:中国证券登记结算有限责任公司上海分公司

(十二)上市保荐机构:西南证券股份有限公司

第三节　发行人、股东和实际控制人情况

一、发行人基本情况

(一)基本情况

公司名称:江苏井神盐化股份有限公司

英文名称:Jiangsu Jingshen Salt & Chemical Industry Co., Ltd

注册资本:46,944万元人民币(本次公开发行前)

法定代表人:伏运景

成立日期:2001年4月6日

董事会秘书:高寿松

住　　所:江苏省淮安市淮安区华西路18号

邮政编码:223200

联系电话:0517-85998513

传真号码:0517-87036999

互联网地址:http://www.jsjsyh.com/

电子信箱:jsgfzqb@sohu.com

经营范围:岩盐地下开采;食盐、井矿盐、盐类产品的生产、加工(以上按许可证核定的具体生产品种和有效期限经营);普通货运;火力发电(生产自用);纯碱(轻质纯碱、重质纯碱)、食品添加剂(碳酸钠)、小苏打生产、加工;氯化钙(液体氯化钙、固体氯化钙)生产、加工(限分支机构经营);销售本公司产品;技术咨询、服务及技术转让;煤炭零售(限分公经营范围:司经营);蒸汽、热水销售(饮用水除外);机电设备安装工程(除特种设备)、钢结构工程、环保工程、防腐保温工程施工;机电设备维修;机械配件、化工原料销售(危险化学品及易制毒化学品除外);自营和代理各类商品和技术的进出口业务(国家限定企业经营或禁止进出口的商品和技术除外)。(依法须经批准的项目,经相关部门批准后方可开展经营活动)

主营业务:盐矿的开采、盐及盐化工产品的生产、销售;主要产品包括食盐、小工业盐、两碱用盐、元明粉和纯碱。

所属行业:化学原料及化学制品制造业

(二)董事、监事、高级管理人员

1、董事、监事和高级管理人员任职情况

(1)董事会成员

本公司共有董事9名,其中独立董事3名,其基本情况如下:

姓　名	职位	本届任职起止日
伏运景	董事长	2015年12月-2018年12月
徐长泉	董事、总经理	2015年12月-2018年12月
王永祥	董事	2015年12月-2018年12月
钱怀国	董事	2015年12月-2018年12月
王健英	董事	2015年12月-2018年12月
高建定	董事	2015年12月-2018年12月
底同立	独立董事	2015年12月-2018年12月
荣幸华	独立董事	2015年12月-2018年12月
刘祥林	独立董事	2015年12月-2018年12月

(2)监事会成员

本公司共有监事7名,其基本情况如下:

姓　名	职　位	本届任职起止日
李宇诗	监事会主席、职工监事	2015年12月-2018年12月
姚继军	职工监事	2015年12月-2018年12月
王进虎	职工监事	2015年12月-2018年12月
刘同强	监事	2015年12月-2018年12月
卢　龙	监事	2015年12月-2018年12月
匡友本	监事	2015年12月-2018年12月
薛炳海	监事	2015年12月-2018年12月

(3)高级管理人员

本公司共有高级管理人员4名,其基本情况如下:

姓　名	职位	本届任职起止日
徐长泉	总经理	2015年12月-2018年12月
刘正友	副总经理	2015年12月-2018年12月
高寿松	副总经理、董事会秘书、财务负责人	2015年12月-2018年12月
丁超然	副总经理	2015年12月-2018年12月

2、董事、监事、高级管理人员、核心技术人员及其近亲属持有发行人股份情况

截止本上市公告书刊登之日,本公司所有董事、监事、高级管理人员与核心技术人员不存在直接或间接持有本公司股份的情况,亦不存在其亲属直接或间接持有本公司股份情况。

二、控股股东和实际控制人的基本情况

本次发行前苏盐集团持有井神股份280,139,095股,占注册资本的59.68%,为井神股份控股股东。苏盐集团为江苏省人民政府出资,江苏省国资委履行出资人职责的国有独资公司,江苏省国资委为本公司实际控制人。苏盐集团持有的本公司股份不存在质押或有其他争议的情况。

苏盐集团成立于1987年6月1日,注册资本为156,000万元人民币,法定代表人为童玉祥,住所为南京市鼓楼区江东北路386号,公司类型为有限责任公司(国有独资),主要从事食用盐专营管理,实业投资。截至2014年12月31日,苏盐集团总资产为975,175.97万元,净资产为375,352.77万元;2014年度实现的归属于母公司所有者的净利润为15,825.49万元(以上合并数据未经审计)。

三、股本结构及前十名股东情况

(一)本次发行前后的股本变动情况

本次发行前公司总股本为469,440,000股,本次拟向社会公众公开发行9,000万股人民币普通股,发行的股份占发行后总股本为16.09%。根据江苏省国资委《关于同意江苏井神盐化股份有限公司国有股转持的批复》[苏国资复(2012)52号],本次公开发行后,苏盐集团等8家国有股东向全国社会保障基金理事转持部分国有股,具体数量根据最终发行量确定。按照发行9,000万股、8家国有股东依据[苏国资复(2012)52号]、[苏国资复(2015)175号文批复的国有股转持数量计算,本次发行前后,公司股权结构如下:

股东名称	发行前 持股数（股）	发行前 持股比例(%)	发行后 持股数（股）	发行后 持股比例(%)	锁定期限制
一、有限售条件A股流通股					
江苏省盐业集团有限责任公司(SS)	280,139,095	59.68	273,169,495	48.83	自上市之日起锁定36个月
江苏汇鸿国际集团股份有限公司(SS)	30,056,175	6.40	30,056,175	5.37	自上市之日起锁定12个月
淮安高尔登投资有限公司	23,060,000	4.91	23,060,000	4.12	自上市之日起锁定12个月
莱州诚源盐化有限公司	22,960,000	4.89	22,960,000	4.10	自上市之日起锁定12个月
浙江省盐业集团有限公司(SS)	18,071,145	3.85	17,621,145	3.15	自上市之日起锁定12个月
江苏华昌化工股份有限公司	18,000,000	3.83	18,000,000	3.22	自上市之日起锁定12个月

连云港市工业投资集团有限公司(SS)	15,130,000	3.22	14,753,800	2.64	自上市之日起锁定12个月
江苏苏豪创业投资有限公司(SS)	15,037,450	3.20	14,692,852	2.63	自上市之日起锁定12个月
安徽新江淮投资有限公司	11,537,450	2.46	11,537,450	2.06	自上市之日起锁定12个月
上海上大鼎正软件股份有限公司	7,129,960	1.52	7,129,960	1.27	自上市之日起锁定12个月
江苏和睦家投资管理有限公司	6,500,000	1.38	6,500,000	1.16	自上市之日起锁定12个月
江苏集群信息产业股份有限公司	4,018,725	0.86	4,018,725	0.72	自上市之日起锁定12个月
江苏泰华德勤投资管理有限公司	4,000,000	0.85	4,000,000	0.72	自上市之日起锁定12个月
山西省盐业公司	3,500,000	0.75	3,500,000	0.63	自上市之日起锁定12个月
江苏中海联合信息工程发展有限公司	3,500,000	0.75	3,500,000	0.63	自上市之日起锁定12个月
江苏众合创业投资有限公司	3,500,000	0.75	3,500,000	0.63	自上市之日起锁定12个月
江苏省农垦投资管理有限公司(SS)	2,000,000	0.43	1,950,500	0.35	自上市之日起锁定12个月
淮安市淮阴盐化工发展有限公司(SS)	650,000	0.14	633,800	0.11	自上市之日起锁定12个月
江苏省银宝控股集团有限公司(SS)	650,000	0.14	633,800	0.11	自上市之日起锁定12个月
全国社会保障基金理事会	–	–	8,222,298	1.47	其中6,969,600股自上市之日起锁定36个月;1,252,698股自上市之日起锁定12个月
合计	469,440,000	100	469,440,000	83.91	
二、无限售条件A股流通股					
社会公众股	–	–	90,000,000	16.09	
合计	469,440,000	100	559,440,000	100	
总合计	469,440,000	100	559,440,000	100	

(二)公司前十名股东持有公司发行后股份情况

本次发行后、上市前公司股东人数为76,773户,公司前十名股东持股情况如下:

序号	股东名称	持股数(股)	持股比例(%)
1	江苏省盐业集团有限责任公司	273,169,495	48.83
2	江苏汇鸿国际集团有限公司	30,056,175	5.37
3	淮安高尔登投资有限公司	23,060,000	4.12
4	莱州诚源盐化有限公司	22,960,000	4.10
5	江苏华昌化工股份有限公司	18,000,000	3.22
6	浙江省盐业集团有限公司	18,071,145	3.15
7	连云港市工业投资集团有限公司	15,130,000	2.64
8	江苏苏豪创业投资有限公司	15,037,450	2.63
9	安徽新江淮投资有限公司	11,537,450	2.06
10	全国社会保障基金理事会转持二户	8,222,298	1.47

第四节 股票发行情况

一、发行数量:9,000万股

二、发行价格:3.69元/股

三、每股面值:人民币1.00元

四、发行方式

本次发行采用网下向投资者询价配售和网上向持有上海证券交易所市场非限售A股股份市值的社会公众投资者定价发行相结合的方式。

本次网下发行有效申购量为2,419,200万股,为网下初始发行数量6300万股的384倍,为回拨后网下发行数量900万股的2,688倍。本次网上发行有效申购户数为3,284,417户,有效申购股数为32,768,125,000股。回拨后本次网上定价发行的中签率为0.24719144%,超额认购倍数约为405倍。本次网上定价发行及网下配售均未产生余股。

五、募集资金总额及注册会计师对资金到位的验证情况

(一)本次发行募集资金总额33,210万元。

(二)天衡会计师事务所(特殊普通合伙)于2015年12月28日对本次发行的资金到位情况进行了审验,并出具了天衡验字(2015)02163号《验资报告》。

(三)发行费用

1、本次发行费用共4,420.01万元,具体如下:

项目	金额(万元)
保荐费	400
承销费	2,700
审计、验资费	715.01
律师费用	120
用于此次发行的信息披露费	350
材料制作费	10
股份登记托管、上市初费及其他费用	125

2、本次公司公开发行新股的每股发行费用为0.49元(按本次发行费用总额除以发行股数计算)。

(四)本次发行募集资金净额:28,789.99万元

(五)发行后每股净资产:3.47元(以截至2015年6月30日经审计的归属于母公司的净资产加上募集资金净额,除以本次发行后总股本计算)

(六)发行后每股收益:0.16元(按2014年度经审计的扣除非经常性损益前后孰低的归属于母公司股东的净利润除以本次发行后总股本计算)

第五节 财务会计资料

本公司在招股意向书中已披露截止2015年6月30日的合并及母公司资产负债表、2015年1–6月的合并及母公司利润表及现金流量表,上述数据已经天衡会计师事务所(特殊普通合伙)审计,出具了标准无保留意见的《审计报告》(天衡审字[2015]02111号)。以上信息本上市公告书中不再披露,敬请投资者注意。

本公司在招股意向书中已披露2015年1–10月财务信息,上述财务数据未经审计,天衡会计师事务所(特殊普通合伙)对公司2015年1–10月财务报告进行了审阅,并出具了《审阅报告》(天衡专字[2015]02239号)。

一、财务信息

根据申报会计师事务所出具的审阅报告,公司2015年1–10月主要财务数据如下:

1、合并资产负债表主要数据

单位:元

项目	2015年10月31日	2014年12月31日
流动资产	1,071,269,021.57	1,172,131,924.61
流动负债	1,450,343,668.81	1,654,901,879.74
资产总计	4,189,071,369.78	4,446,675,086.81
归属于发行人股东的所有者权益	1,669,310,547.51	1,626,452,325.46
归属于发行人股东的每股净资产	3.56	3.46

2、合并利润表主要数据及其变化情况

单位:元

项目	2015年1–10月	2014年1–10月	同比变动
营业总收入	1,655,548,119.79	2,012,497,288.43	–17.74%
营业利润(亏损以"–"号填列)	44,412,308.39	86,928,403.67	–48.91%
利润总额(亏损总额以"–"号填列)	56,376,638.74	88,735,130.10	–36.47%
归属于母公司股东的净利润	53,642,941.17	69,724,758.61	–23.06%
基本每股收益	0.11	0.15	–26.67%

公司2015年1–10月份经营情况较2014年同期水平呈现较大幅度的下滑,营业收入和净利润均比去年同期下降。公司业绩下滑的主要原因是受2014年下半年以来盐化市场持续低迷影响,两碱企业产能过剩,导致两碱用盐等产品销售量、销售价格降低,直接对净利润产生不利影响。

3、合并现金流量表主要数据及其变化情况

单位:元

项目	2015 年 1-10 月	2014 年 1-10 月	同比变动
经营活动产生的现金流量净额	286,680,900.33	296,748,681.75	-3.39%
投资活动产生的现金流量净额	-67,496,968.91	-159,607,190.02	-57.71%
筹资活动产生的现金流量净额	-250,489,732.96	-63,371,914.23	295.27%

4、2015 全年主要经营指标波动情况预计

公司根据当前的主要产品市场情况和自身生产经营状况,预计公司 2015 年度的营业收入与去年同期相比波动幅度在-10%至-20%之间;2015 年度的净利润与去年同期相比波动幅度在-30%至-40%之间。

公司预计,公司 2015 年度主要利润指标同比会有较大幅度的下降,但不会出现下降幅度超过50%的情形,更不会出现经营亏损的情况。但如果公司内外部经营环境发生重大不利变化,如公司主要产品价格大幅下降、主要生产线出现停产等,不排除公司可能在上市当年营业利润比上年下滑50%以上的情形。

二、经营情况

2015 年 1-10 月,公司经营业绩同比大幅下滑的主要原因是:工业盐及盐化工产品市场低迷,供需矛盾加大,工业盐、元明粉市场竞争加剧,价格下降。

根据两碱协会相关数据分析,2015 年以来,由于受宏观经济环境的影响,两碱下游如玻璃、建材等行业,整体开工不足,市场需求疲软,下游耗碱行业未有起色,如平板玻璃 2015 年 1-9 月份累计产量同比去年减少 7.52%。整体来看,国内纯碱市场整体仍然低迷,价格窄幅整理。烧碱下游企业没有实质好转,今年以来烧碱企业开工率水平仍没有根本性改观。

在两碱市场需求疲软的同时,周边区域市场盐产品产量不降反升,中盐镇江、实联化工新增产能均已稳定投产,其他周边井矿盐企业基本满负荷运行。特别是 2015 年山东新投产井矿盐产能迅猛增加,其中肥城海晶盐化集团及德州实华于 2015 年初分别投产 100 万吨/年产能,肥城精制盐厂于 6 月份投产 120 万吨/年产能,制盐产能已严重过剩。

第六节　其他重要事项

一、募集资金专户存储三方监管协议的安排

本次募集资金已存入上海浦东发展银行淮安分行。根据《上海证券交易所上市公司募集资金管理办法(2013 年修订)》要求,本公司将在公司公开发行新股募集资金到账后一个月内与保荐机构及专户存储募集资金的银行签署《募集资金专户存储三方监管协议》。

上海浦东发展银行淮安分行已于 2015 年 12 月 29 日出具承诺函:在各方签订本次募集资金专户存储三方监管协议前,如未获得西南证券股份有限公司书面同意,本银行将不接受井神股份从募集资金专户中支取资金的申请。

二、其他事项

本公司在招股意向书刊登日至上市公告书刊登前,可能对本公司有较大影响的重要事项具体情况如下:

(一)本公司主要业务发展目标进展情况正常。

(二)本公司所处行业和市场未发生重大变化。

(三)除正常经营活动签订的销售、采购、借款等商务合同外,本公司未订立其他对公司资产、负债、权益和经营成果产生重大影响的重要合同。

(四)本公司与关联方未发生重大关联交易。

(五)本公司未进行重大投资。

(六)本公司未发生重大资产(或股权)购买、出售及置换。

(七)本公司住所没有变更。

(八)本公司董事、监事、高级管理人员的变化详见本节"(十二)"。公司核心技术人员未发生变化。

(九)本公司未发生重大诉讼、仲裁事项。

(十)本公司未发生除正常经营业务之外的重大对外担保等或有事项。

(十一)本公司的财务状况和经营成果未发生重大变化。

(十二)2015 年 12 月 11 日,本公司召开 2015 年第一次临时股东大会会议,审议通过了《关于公司董事会换届选举的议案》、《关于公司监事会换届选举的议案》、《关于修改公司章程的议案》。会议选举组成了公司第三届董事会,董事为 9 名,分别是伏运景、徐长泉、王永祥、王健英、高建定、钱怀国、底同立、荣幸华、刘祥林,其中底同立、荣幸华、刘祥林 3 人为独立董事。9 名董事均为公司第二届董事会董事,公司董事未发生变化。会议选举组成了公司第三届监事会,监事为 7 名,分别是薛炳海、刘同强、匡友本、卢龙、李宇诗、姚继军、王进虎,其中李宇诗、姚继军、王进虎为职工监事,7 名监事均为公司第二届监事会监事,公司监事未发生变化。

2015 年 12 月 11 日本公司召开第三届董事会第一次会议,审议通过了《关于选举伏运景先生担任公司第三届董事会董事长的议案》、《关于聘任高寿松先生担任公司董事会秘书的议案》、《关于组建公司第三届董事会各专门委员会的议案》、《关于聘任徐长泉先生担任公司总经理的议案》、《关于聘任公司高级管理人员的议案》。会议选举通过了伏运景担任公司第三届董事会董事长;聘任高寿松担任公司董事会秘书;聘任徐长泉先生担任公司总经理;聘任刘正友先生担任常务副总经理,高寿松先生、丁超然先生担任公司副总经理;其中,高寿松先生兼任公司财务负责人。

2015 年 12 月 11 日本公司召开第三届监事会第一次会议,审议通过了《关于选举李宇诗先生担任公司第三届监事会监事会主席的议案》。会议选举通过了李宇诗担任公司第三届监事会主席。

除公司原副总经理熊海波于 2015 年 11 月 20 日公司第二届董事会第十三次会议决议通过了其申请退休的议案,已办理退休手续外,公司董事、监事、高级管理人员未发生变化。

(十三)本公司未发生其他应披露的重大事项。

第七节　上市保荐机构及其意见

一、上市保荐机构基本情况

保荐人(主承销商):西南证券股份有限公司

法定代表人:余维佳

联系地址:南京建邺区庐山路 188 号新地中心 48 楼

电话:025-52687908

传真:025-52687910

保荐代表人:李皓、任强

联系人:周扣山、朱凤军、黄国鑫、王博、翟悦

二、上市保荐机构的推荐意见

上市保荐机构认为,发行人申请股票上市符合《中华人民共和国公司法》、《中华人民共和国证券法》及《上海证券交易所股票上市规则》等有关法律、法规的规定,发行人股票已具备公开上市的条件。西南证券股份有限公司同意推荐江苏井神盐化股份有限公司的股票在上海证券交易所上市。

发行人:江苏井神盐化股份有限公司

保荐机构(主承销商):西南证券股份有限公司

2015 年 12 月 30 日

黑龙江珍宝岛药业股份有限公司

黑龙江珍宝岛药业股份有限公司首次公开发行股票上市公告书

特别提示

本公司股票将于2015年4月24日在上海证券交易所上市。本公司提醒投资者应充分了解股票市场风险及本公司披露的风险因素，在新股上市初期切忌盲目跟风"炒新"，应当审慎决策、理性投资。

第一节　重要声明与提示

一、重要提示

黑龙江珍宝岛药业股份有限公司(以下简称："珍宝岛"、"本公司"或"公司")及全体董事、监事、高级管理人员保证上市公告书的真实性、准确性、完整性，承诺上市公告书不存在虚假记载、误导性陈述或重大遗漏，并承担个别和连带的法律责任。

上海证券交易所、其他政府机关对本公司股票上市及有关事项的意见，均不表明对本公司的任何保证。

本公司提醒广大投资者注意，凡本上市公告书未涉及的有关内容，请投资者查阅刊载于上海证券交易所网站(www.sse.com.cn)的本公司招股说明书全文。

本公司董事、监事、高级管理人员将严格遵守《公司法》、《证券法》和《上海证券交易所股票上市规则》等有关法律、法规和中国证监会的有关规定，并自股票上市之日起做到：

1、真实、准确、完整、公允和及时地公布定期报告，披露所有对投资者有重大影响的信息，并接受中国证监会、上海证券交易所的监督管理；

2、本公司在知悉可能对股票价格产生误导性影响的任何公共传播媒介中出现的消息后，将及时予以公开澄清；

3、本公司董事、监事、高级管理人员和核心技术人员将认真听取社会公众的意见和批评，不利用已获得的内幕消息和其他不正当手段直接或间接从事本公司股票的买卖活动；

4、本公司董事、监事、高级管理人员如发生人事变动或持本公司的股票发生变化时，在报告中国证监会、上海证券交易所的同时向投资者公布；

5、本公司没有无记录的负债。

依据《上海证券交易所股票上市规则》，董事、监事、高级管理人员已在本公司股票首次上市前，签署一式三份《董事(监事、高级管理人员)声明及承诺书》，并向上海证券交易所和公司董事会备案。

二、本次发行前股东所持股份的限售安排、股东对所持股份自愿锁定及持股5%以上股东减持意向的承诺：

本次发行前公司总股本36,000万股，本次拟发行不超过6,458万股人民币普通股，发行后总股本不超过42,458万股。

本公司股东虎林创达投资有限公司承诺：自公司股票上市之日起36个月内，不转让或委托他人管理本公司直接或间接持有的公司公开发行股票前已发行的股份，也不由公司回购该部分股份。虎林创达所持公司股票在锁定期满后两年内减持的，其减持价格(如果因派发现金红利、送股、转增股本、增发新股等原因进行除权、除息的，按有关规定进行相应调整)不低于发行价。公司上市后6个月内如其股票连续20个交易日的收盘价(如果因派发现金红利、送股、转增股本、增发新股等原因进行除权、除息的，按有关规定进行相应调整)均低于发行价，或者上市后6个月期末收盘价低于发行价，虎林创达持有公司股票的锁定期限自动延长至少6个月。

本公司股东虎林龙鹏投资中心承诺：自公司股票上市之日起十二个月内，不转让或委托他人管理其持有的本公司股份，也不由公司回购该部分股份。

作为公司的董事、高级管理人员，方同华、申哲洙、怀化、方小东、马千华承诺：自股份承诺锁定期结束后，在担任公司董事、高级管理人员期间，每年转让的股份不超过其所持有本公司股份总数的25%，离职后6个月内，不转让其所持有的本公司股份。

三、公司2012年6月8日召开的2012年第一次临时股东大会、2013年4月8日召开的2012年度股东大会、2014年3月31日召开的2014年第二次临时股东大会审议通过，本次发行前的滚存利润由发行后的新老股东共享。

四、本次发行后的利润分配政策

(一)基本原则

公司实施积极连续、稳定的股利分配政策，公司的利润分配重视投资者的合理黑龙江珍宝岛药业股份有限公司上市公告书投资回报和公司的可持续发展；公司在符合相关法律法规及公司章程的情况下，兼顾公司的长远利益、全体股东的整体利益及公司的可持续发展；公司在选择利润分配方式时，相对于股票股利等分配方式优先采用现金分红的利润分配方式；具备现金分红条件的，采用现金分红进行利润分配。

(二)差异化的现金分红政策

公司董事会综合考虑所处行业特点、发展阶段、自身经营模式、盈利水平以及是否有重大资金支出安排等因素，区分下列情形。并按照公司章程规定的程序，提出差异化的现金分红政策：

1、公司发展阶段属成熟期且无重大资金支出安排的，进行利润分配时，现金分红在本次利润分配中所占比例最低应达到80%；

2、公司发展阶段属成熟期且有重大资金支出安排的，进行利润分配时，现金分红在本次利润分配中所占比例最低应达到40%；

3、公司发展阶段属成长期且有重大资金支出安排的，进行利润分配时，现金分红在本次利润分配中所占比例最低应达到20%；

公司发展阶段不易区分但有重大资金支出安排的，现金分红在本次分配所占比例不低于20%。

(三)利润分配的形式

公司利润分配可采取现金、股票、现金与股票相结合或者法律、法规允许的其他方式。在有条件的情况下，公司可以进行中期利润分配。

公司以每10股表述分红派息、转增股本的比例，股本基数以方案实施前的实际股本为准。

(四)公司现金分红的具体条件、比例和期间间隔

1、实施现金分配的条件

公司该年度或半年度实现的可分配利润为正值，即公司弥补亏损、提取公积金后所余的税后利润为正值，公司实施现金分配。

2、利润分配期间间隔

在满足利润分配条件前提下，原则上公司每年进行一次利润分配，主要以现金黑龙江珍宝岛药业股份有限公司上市公告书分红为主，但公司可以根据公司盈利情况及资金需求状况进行中期现金分红。

3、现金分红最低金额或比例

公司具备现金分红条件的，公司应当采取现金方式分配股利，以现金方式分配的利润不少于当年实现的可分配利润的20%；公司在实施上述现金分配股利的同时，可以派发股票股利。

(五)公司发放股票股利的具体条件

公司在经营情况良好且董事会认为公司股票价格与公司股本规模不匹配、发放股票股利有利于公司全体股东整体利益时，可以在满足上述现金分红的条件下，公司可以采用发放股票股利方式进行利润分配，具体分红比例由公司董事会审议通过后，提交股东大会审议决定。

(六)公司利润分配方案的决策程序和机制

1、公司每年利润分配预案由董事会结合公司章程的规定、盈利情况、资金供给和需求情况提出、拟订。董事会审议现金分红具体方案时，应认真研究和论证公司现金分红的时机、条件和最低比例、调整的条件及决策程序要求等事宜，独立董事应对利润分配方案进行审核并发表独立明确的意见，董事会通过后提交股东大会审议。

独立董事可以征集中小股东的意见，提出分红提案，并直接提交董事会审议。

股东大会对现金分红具体方案进行审议时，应通过多种渠道主动与股东特别是中小股东进行沟通和交流，包括但不限于电话、传真和邮件沟通或邀请中小股东参会等方式，充分听取中小股东的意见和诉求，并及时答复中小股东关心的问题。

2、公司因不符合现金分配条件、或公司符合现金分红条件但不提出现金利润分配预案，或最近三年以现金方式累计分配的利润低于最近三年实现的年均可分配利润的百分之三十时，公司应在董事会决议公告和年报全文中披露未进行现金分红或现金分配低于规定比例的原因，以及公司留存收益的确切用途及预计投资收益等事项进行专项说明，经独立董事发表意见后提交股东大会审议。

3、董事会审议制定或修改利润分配相关政策时，须经全体董事过半数表决通过方可提交股东大会审议；股东大会审议制定或修改利润分配相关政策时，须经出席股东大会会议的股东(包括股东代理人)所持表决权的三分之二以上表决通过。

(七)公司利润分配政策的变更

如遇到战争、自然灾害等不可抗力，并对公司生产经营造成重大影响时，或公司自身经营状况发生重大变化时，公司可对利润分配政策进行调整。公司调整利润分配方案，必须由董事会作出专题讨论，详细论证说明理由，并将书面论证报告经独立董事同意后，提交股东大会特别决议通过。

(八)利润分配政策的披露

公司在定期报告中详细披露利润分配政策的制定及执行情况，说明是否符合公司章程的规定或者股东大会决议的要求，现金分红标准和比例是否明确和清晰，相关的决策程序和机制是否完备，独立董事是否尽职履责并发挥了应有的作用，中小股东是否有充分表达意见和诉求的机会，中小股东的合法权益是否得到充分维护等。如涉及利润分配政策进行调整或变更的，还要详细说明调整或变更的条件和程序是否合规和透明等。

(九)其他事项

存在股东违规占用公司资金情况的，公司将扣减该股东所分配的现金红利，以偿还其占用的资金。公司向内资股股东支付现金股利和其他款项，以人民币计价、宣布和支付。

五、稳定公司股价的预案

公司2014年3月31日召开的2014年第二次临时股东大会审议通过了《上市后三年内公司股价低于每股净资产时稳定股价的预案》，该预案规定了公司股价连续20个交易日收盘价低于公司最近一期经审计的每股净资产，公司、公司控股股东以及董事(独立董事除外)、高级管理人员(以下简称"相关责任方")承诺按照公司《上市后三年内公司股价低于每股净资产时稳定股价的预案》采取措施稳定公司股价。

公司董事会办公室负责前述启动条件的监测。在启动条件满足的当日，公司应发布公告提示公司股价已连续20个交易日收盘价低于每股净资产，相关责任方将开展措施稳定股价，并发出召开董事会通知。具体措施包括但不限于以下措施中的一项或多项：

(一)回购公司股份

如果公司股票连续20个交易日的收盘价均低于每股净资产，公司可以启动公司回购股份：

(1)股份回购价格：以市场价格进行回购；

(2)股份回购金额：上一年度归属于上市公司股东的净利润的20%作为本年度回购资金总额；

(3)股份回购期限：自回购之日起至本年度回购资金额度用完为止；

(4)公司回购计划需根据交易所相关规定进行信息披露。

公司承诺：公司董事会未在达到稳定股价预案启动条件之日起10个交易日内审议稳定股价方案并做出决议的，公司将延期向董事发放50%的薪酬(津贴)，董事同时担任公司其他职务的，公司将延期向其发放除基本工资外的其他奖金或津贴，直至董事会审议通过稳定股价方案之日止。

(二)要求控股股东拟定增持股份的方案

如果公司股票连续20个交易日的收盘价均低于每股净资产；控股股东可以通过上海证券交易所证券交易系统在二级市场以买入的方式，增持公司股份，资金来源为自筹。

控股股东在6个月内增持的公司权益的股份不超过公司已发行股份的2%。即控股股东可以自首次增持之日起算的未来6个月内，从二级市场继续择机增持公司股份，累积增持比例不超过公司已发行总股份的2%(含首次已增持部分)。

同时控股股东在此期间增持的股份，在增持完成后2年内对其增持的股份不得出售。

控股股东在增持前应向公司董事会报告具体实施计划方案，公司将按相关规定公告。

控股股东承诺：在稳定股价方案生效后未按该方案执行的，本公司所持有的公司股票的锁定期自动延长六个月，且公司有权将应付现金分红予以暂时扣留，直至实际履行上市承诺义务为止。

(三)要求董事、高级管理人员增持公司股票的方案

如果公司股票连续20个交易日的收盘价均低于每股净资产；公司董事、高级管理人员可以基于对本公司未来发展前景的信心和公司股票价值的合理判断作出决定，通过上海证券交易所证券交易系统在二级市场以买入的方式，增持公司股份，资金来源为自筹。

公司董事、高级管理人员可以自首次增持之日起算的未来6个月内，从二级市场上继续择机增持公司股份，合计累积增持比例不超过公司已发行总股份的1%(含首次已增持部分)。

在此期间增持的股份，在增持完成后2年内对其增持的股份不得出售。

在启动股价稳定措施时应提前向公司董事会报告具体实施计划方案，公司将按相关规定公告。

对于未来新聘的董事、高级管理人员，须履行以上规定。

董事、高级管理人员承诺：在公告稳定股价方案生效后未按该方案执行的，本人自愿接受公司将自稳定股价方案期限届满之日起延期十二个月发放本人50%的薪酬(津贴)，以及除基本工资外的其他奖金或津贴。

本承诺自本公司首次公开发行人民币普通股股票并上市之日起生效，如未履行承诺，相关责任方愿依法承担相应责任。

六、信息披露责任承诺

(一)公司承诺：公司招股说明书有虚假记载、误导性陈述或者重大遗漏，对判断公司是否符合法律规定的发行条件构成重大、实质影响的，公司将依法回购首次公开发行股份。公司将按照二级市场价格回购股份，若公司股票此期间有送股、资本公积金转增股本等除权除息事项的，回购数量将进行相应调整。公司招股说明书有虚假记载、误导性陈述或者重大遗漏，致使投资者在证券交易中遭受损失的，公司将依法赔偿投资者损失。赔偿范围包括股票投资损失、佣金和印花税等损失。

(二)控股股东虎林创达承诺：公司首次公开发行的招股说明书中不存在虚假记载、误导性陈述或者重大遗漏；若有关部门认定公司首次公开发行招股说明书有虚假记载、误导性陈述或者重大遗漏，对判断是否符合法律法规的发行条件构成重大、实质影响的，本公司将依法购回已转让的本次公开发行前持有的股份。本公司将在上述事项认定后3个交易日内启动购回事项，依法购回已转让的原限售股份。购回价格根据相关法律法规确定，购回价格与公司购回时的价格保持一致，且不低于购回时的二级市场价格。

(三)公司董事、监事和高级管理人员承诺：公司招股说明书中不存在虚假记载、误导性陈述或者重大遗漏，如果因公司招股说明书有虚假记载、误导性陈述或者重大遗漏，致使投资者在证券交易中遭受损失的，公司董事、监事、高级管理人员将依法赔偿投资者损失。

(四)本次发行的保荐机构招商证券股份有限公司承诺：本公司为黑龙江珍宝岛药业股份有限公司首次公开发行制作、出具的文件不存在虚假记载、误导性陈述或者重大遗漏的情形；若因本公司为公司首次公开发行制作、出具的文件有虚假记载、误导性陈述或者重大遗漏，给投资者造成损失的，本公司将依法赔偿投资者损失。

(五)本次发行的审计机构瑞华会计师事务所(特殊普通合伙)承诺：因本所为公司首次公开发行制作、出具的文件有虚假记载、误导性陈述或者重大遗漏，给投资者造成损失的，经司法机关生效判决认定后，本所将依法赔偿投资者因本所制作、出具的文件所载内容存在虚假记载、误导性陈述或者重大遗漏而遭受的损失。

(六)本次发行的公司律师北京市康达律师事务所承诺：因本所为公司首次公开发行制作、出具的法律文件有虚假记载、误导性陈述或者重大遗漏，给投资者造成损失的，经司法机关生效判决认定后，本所将依法赔偿投资者因本所制作、出具的文件所载内容存在虚假记载、误导性陈述或者重大遗漏而遭受的损失。

七、控股股东、实际控制人关于其它相关承诺未履行的约束措施

虎林创达作为公司的控股股东，方同华、辛德丽夫妇作为公司的实际控制人出具了《避免同业竞争承诺函》、《减少和避免关联交易的承诺函》等相关承诺函，因未履行上述承诺而给公司及其他股东造成损失的，本公司将承担相应的赔偿责任。

八、最近一期财务会计信息

本公司2015年第一季度未经审计的主要会计数据如下：

单位：元

项目	2015年3月31日	2014年12月31日
资产总计	3,476,556,375.82	3,604,080,674.97
负债合计	1,478,397,270.35	1,431,469,642.30
所有者权益合计	1,998,159,105.47	2,172,611,032.67
归属于母公司所有者权益	2,016,622,772.25	2,188,498,343.14
项目	2015年1—3月	2014年1—3月
营业收入	208,745,056.20	142,595,578.80
营业成本	77,444,935.13	58,445,024.17
营业利润	27,754,090.97	4,863,845.80
利润总额	29,160,907.41	8,543,946.17
净利润	25,025,197.06	7,244,966.33
归属于母公司股东的净利润	27,601,553.37	9,814,535.08
项目	2015年1—3月	2014年1—3月
经营活动产生的现金流量净额	−114,886,757.54	−56,692,949.07
投资活动产生的现金流量净额	−11,496,946.33	−29,460,384.34
筹资活动产生的现金流量净额	−92,298,802.80	−19,378,889.01
现金及现金等价物净增加额	−218,682,506.67	−105,532,222.42

2015年第一季度，公司经营情况正常，业务良性发展，未发生重大变化或导致公司业绩异常波

动的重大不利因素。相关情况公司已经在招股说明书中做出提示。

公司上市后不再另行披露2015年第一季度报告,敬请投资者注意。

九、公司首次公开发行股票后即期回报将被摊薄的风险

公司首次公开发行股票后,随着募集资金的到位,公司的股本及净资产均将大幅增长。但由于募集资金投资项目的建设及产能的完全释放需要一定时间,公司每股收益和净资产收益率等指标将下降,公司投资者即期回报将被摊薄。

如无特别说明,本上市公告书中的简称或名词的释义与本公司首次公开发行股票招股说明书中的释义相同。

第二节　股票上市情况

一、本上市公告书是根据《中华人民共和国公司法》、《中华人民共和国证券法》、《首次公开发行股票并上市管理办法》等国家有关法律、法规的规定,并按照《上海证券交易所股票上市公告书内容与格式指引》而编制,旨在向投资者提供有关本公司的基本情况和本次股票上市的有关情况。

二、本公司本次公开发行新股6,458万股已经中国证券监督管理委员会"证监许可[2015][547]号"文核准。

三、本公司A股股票上市经《上海证券交易所自律监管决定书》2015[148]号文批准。证券简称"珍宝岛",股票代码"603567"。本次发行的6,458万股社会流通股将于2015年4月24日起上市交易。

四、股票上市的相关信息

(一)上市地点:上海证券交易所

(二)上市时间:2015年4月24日

(三)股票简称:珍宝岛

(四)股票代码:603567

(五)本次公开发行后的总股本:42,458万股

(六)首次公开发行股票数量:6,458万股

(七)发行前股东所持股份的流通限制及期限:参见本上市公告书之"第一节重要声明与提示"

(八)本次上市的无流通限制及锁定安排的股票数量:本次发行中网下向投资者询价配售的6,458,000股股份和网上按市值申购定价发行的58,122,000股股份无流通限制及锁定安排。

(九)发行前股东对所持股份自愿锁定的承诺

公司控股股东虎林创达投资有限公司承诺:自公司股票上市之日起36个月内,不转让或委托他人管理本公司直接或间接持有的公司公开发行股票前已发行的股份,也不由公司回购该部分股份。虎林创达所持公司股票在锁定期满后两年内减持的,其减持价格(如果因派发现金红利、送股、转增股本、增发新股等原因进行除权、除息的,按有关规定进行相应调整)不低于发行价。公司上市后6个月内如其股票连续20个交易日的收盘价(如果因派发现金红利、送股、转增股本、增发新股等原因进行除权、除息的,按有关规定进行相应调整)均低于发行价,或者上市后6个月期末收盘价低于发行价,虎林创达持有公司股票的锁定期限自动延长至少6个月。

公司股东虎林龙鹏投资中心承诺:自公司股票上市之日起十二个月内,不转让或委托他人管理其持有的本公司股份,也不由公司回购该部分股份。

(十)股票登记机构:中国证券登记结算有限责任公司上海分公司

(十一)上市保荐人:招商证券股份有限公司

第三节　发行人、股东和实际控制人情况

一、公司基本情况

中文名称:黑龙江珍宝岛药业股份有限公司

英文名称:Hei Long Jiang ZBD Pharmaceutical Co., Ltd.

成立日期:1996年10月28日

法定代表人:方同华

注册资本:36,000万元(本次发行前)

住所:黑龙江省鸡西市虎林市虎林镇红星街72号

邮政编码:158400

电话号码:0451-86811969

传真号码:0451-87105767

互联网网址:www.zbdzy.com

电子邮箱:zbddsh@zbdzy.com

董事会秘书:于海龙

经营范围:冻干粉针剂、口服液、口服溶液剂、合剂、糖浆剂(含中药提取)、小容量注射剂(药品生产许可证有效期至2015年12月31日)。原料药(穿琥宁、七叶皂苷钠、埃索美拉唑镁、埃索美拉唑钠、盐酸莫西沙星)、无菌原料药(炎琥宁)、煎膏剂、浸膏剂、中药提取(仅限分支机构经营)。(依法须经批准的项目,经相关部门批准后方可开展经营活动)

所属行业:C27医药制造业

二、董事、监事、高级管理人员任职及其持股情况

截至本上市公告书签署日,本公司董事、监事、高级管理人员任职情况如下:

序号	姓　名	职务	任职起止日期	本次发行后持股比例	
				直接	间接
1	方同华	董事长、总经理	2014-4至2017-4	–	30.97%
2	申哲洙	董事、副总经理	2014-4至2017-4	–	7.63%
3	王亚非	董事	2014-4至2017-4	–	–
4	刘　芳	独立董事	2014-4至2017-4	–	–
5	杨世林	独立董事	2014-4至2017-4	–	–
6	兰培宝	监事会主席	2014-4至2017-4	–	–
7	李学东	监事	2014-4至2017-4	–	–
8	钟晓敏	监事	2014-4至2017-4	–	–
9	怀　化	副总经理	2014-4至2017-4	–	4.03%
10	方小东	副总经理	2014-4至2017-4	–	0.42%
11	马千华	副总经理	2014-4至2017-4	–	0.42%
12	周雪峰	副总经理	2014-4至2017-4	–	–
13	于　淼	财务总监	2014-4至2017-4	–	–
14	于海龙	董事会秘书	2014-4至2017-4	–	–

截至本上市公告书签署日,本公司董事、监事、高级管理人员均无直接持有本公司股份的情况。

三、控股股东和实际控制人基本情况

(一)控股股东

(1)基本情况

本公司控股股东为虎林创达投资有限公司,其直接持有公司28,800万股股份,持股比例为67.83%。虎林创达成立于2010年8月16日,法定代表人为方同华,注册资本6,010万元。

(2)经营范围:工业、农业投资

(3)虎林创达最近一年主要财务数据如下:

单位:万元

项目	总资产	净资产	净利润
2014-12-31/2014年度	6,405.27	6,324.27	3,196.21

注:2014年度数据已经虎林中心会计师事务所有限公司审计。

(二)实际控制人

本公司实际控制人为方同华、辛德丽夫妇。其中,方同华持有虎林创达45.65%的股权,间接持有发行人总股本的30.97%,其妻辛德丽持有虎林创达31.35%的股权,间接持有发行人总股本的21.27%。方同华、辛德丽夫妇合计间接持有发行人总股本的52.19%。

四、股本结构及前十名股东情况

(一)本次发行前后的股本结构变动情况

发行人本次发行前的总股本为36,000万股,本次拟发行人民币普通股6,458万股,全部为公司公开发行新股,本次发行前后的股本结构如下:

股份类型	股东名称	发行前 股数(股)	发行前 比例	发行后 股数(股)	发行后 比例	锁定期
有限售条件的股份	虎林创达投资有限公司	288,000,000	80.00%	288,000,000	67.83%	36个月
	虎林龙鹏投资中心	72,000,000	20.00%	72,000,000	16.95%	12个月
	有限售条件的股份合计	360,000,000	100.00%	360,000,000	84.78%	
本次发行的股份	社会流通股	–	–	64,580,000	15.22%	–
合　计		360,000,000	100.00%	424,580,000	100.00%	

注:本次发行前本公司股东所持股份的锁定期限自本公司股票上市之日起计算

本次发行前,本公司股东均为非国有控股企业,其所持有的本公司股份性质均为非国有法人股,不存在需按《境内证券市场转持部分国有股充实全国社会保障基金实施办法》履行国有股转持的情况。

(二)本次发行后、上市前的股东户数为53,936户,持股数量前10名股东的名称、持股数量及

持股比例如下表所示：

名次	股东名称	持股数量(股)	持股比例(%)
1	虎林创达投资有限公司	288,000,000	67.83
2	虎林龙鹏投资中心(有限合伙)	72,000,000	16.95
3	宁波银行股份有限公司-国泰民益灵活配置混合型证券投资基金(LOF)	107,750	0.03
4	交通银行股份有限公司-工银瑞信绝对收益策略混合型发起式证券投资基金	107,750	0.03
5	中国农业银行股份有限公司-鹏华品牌传承灵活配置混合型证券投资基金	107,750	0.03
6	中国工商银行股份有限公司-融通通泽灵活配置混合型证券投资基金	107,750	0.03
7	中国建设银行股份有限公司-华泰柏瑞积极优选股票型证券投资基金	107,750	0.03
8	广发银行股份有限公司-安信鑫发优选灵活配置混合型证券投资基金	107,750	0.03
9	中国工商银行股份有限公司-诺安稳健回报灵活配置混合型证券投资基金	107,750	0.03
10	交通银行股份有限公司-泰达宏利风险预算混合型证券投资基金	107,750	0.03

备注:以上披露的第 3-10 名股东为网下获配 A 类投资者,同数量、比例共有 24 名,详细名单可见《名单可见《名单可见《黑龙江珍宝岛药业股份有限公司首次开发行票网下发行结果及网上中签率公告》。

第四节　股票发行情况

一、发行数量:

公开发行新股 6,458 万股,不进行老股转让。

二、发行价格

本次发行价格为 23.60 元/股。

三、每股面值

人民币 1.00 元

四、发行方式

本次发行采用网下向询价对象询价配售与网上资金申购发行相结合的方式。

本次发行网下询价配售及网上定价发行的情况如下：

项目		发行数量(股)	占发行总量之比	中签率/配售比例
网下询价配售	A 类投资者	2,586,000	4%	0.23423914%
	B 类投资者	2,070,000	3.21%	0.19565218%
	C 类投资者	1,802,000	2.79%	0.14508857%
网上资金申购发行		58,122,000	90%	0.82833280%
主承销商余股包销		0	0	0
合计		64,580,000	100%	-

五、募集资金总额及注册会计师对资金到位的验证情况

1、本次募集资金总额为 152,408.80 万元。

2、注册会计师对资金到位的验证情况：

瑞华会计师事务所(特殊普通合伙)于 2015 年 4 月 17 日对公司首次公开发行股票的资金到位情况进行了审验,并出具了瑞华验字[2015]第 21020003 号验资报告。

六、发行费用

序号	项目	费用(万元)
1	保荐费及承销费用	8,502.12
2	审计费用	355
3	律师费用	320
4	本次发行相关的信息披露费用	306
5	发行手续费用、新股发行登记费	186.45
	费用合计	9,669.57

公司本次发行的发行费用为 9,669.57 万元。

七、募集资金净额

根据瑞华会计师事务所(特殊普通合伙)出具的瑞华验字[2015]第 21020003 号验资报告,公司已收到社会公众股东缴入的出资款人民币 1,524,088,000.00 元,扣除发行费用后实际募集资金净额人民币 1,427,392,300.00 元。

八、发行后每股净资产

本次发行后每股净资产 8.28 元/股。(以经审计 2014 年 12 月 31 日的净资产值加本次发行募集资金净额)/本次发行后股本摊薄计算)

九、发行后每股收益

本次发行后扣除非经常性损益后的每股收益为 1.03 元/股。(按照公司 2014 年经会计师事务所审计的扣除非经常性损益前后孰低的净利润除以本次发行后总股本摊薄计算)。

十、摊薄后市盈率

本次发行摊薄后市盈率为 22.91 倍（每股收益按照 2014 年度经会计师事务所依据中国会计准则审计的扣除非经常性损益前后孰低的归属于母公司股东净利润除以本次发行后总股本计算)。

第五节　审计截止日后的主要财务信息及经营状况

本公司在招股意向书中已披露 2014 年 12 月 31 日的资产负债表、2014 年 1-12 月的利润表及现金流量表,上述数据已经瑞华会计师事务所(特殊普通合伙)审计(瑞华审字[2015]第 20120001 号),本上市公告书中不需再次披露,敬请投资者注意。

公司 2015 年第一季度未经审计的合并财务报表主要数据如下：

合并资产负债表

单位:元

项目	2015 年 3 月 31 日	2014 年 12 月 31 日
流动资产	1,846,619,235.84	1,966,713,748.82
非流动资产	1,629,937,139.98	1,637,366,926.15
资产总计	3,476,556,375.82	3,604,080,674.97
流动负债	1,407,626,818.77	1,359,808,320.62
非流动负债	70,770,451.58	71,661,321.68
负债合计	1,478,397,270.35	1,431,469,642.30
所有者权益合计	1,998,159,105.47	2,172,611,032.67
归属于母公司所有者权益	2,016,622,772.25	2,188,498,343.14

合并利润表

单位:元

项目	2015 年 1-3 月	2014 年 1-3 月
营业收入	208,745,056.20	142,595,578.80
营业成本	77,444,935.13	58,445,024.17
营业利润	27,754,090.97	4,863,845.80
利润总额	29,160,907.41	8,543,946.17
净利润	25,025,197.06	7,244,966.33
归属于母公司股东的净利润	27,601,553.37	9,814,535.08

合并现金流量表

单位:元

项目	2015 年 1-3 月	2014 年 1-3 月
经营活动产生的现金流量净额	-114,886,757.54	-56,692,949.07
投资活动产生的现金流量净额	-11,496,946.33	-29,460,384.34
筹资活动产生的现金流量净额	-92,298,802.80	-19,378,889.01
现金及现金等价物净增加额	-218,682,506.67	-105,532,222.42

公司 2015 年 1-3 月每股收益、每股净资产指标及净资产收益率指标如下：

项目	2015 年 1-3 月	2014 年 1-3 月
每股收益(元/股)	0.08	0.03
每股净资产(元/股)	5.55	4.87
加权平均净资产收益率	1.25%	0.56%
扣除非经常性损益后的加权净资产收益率	1.20%	0.39%

2015 年第一季度,公司经营情况正常,业务良性发展,未发生重大变化或导致公司业绩异常波动的重大不利因素。相关情况公司已经在招股说明书中做出提示。

公司上市后不再另行披露2015年第一季度报告,敬请投资者注意。

第六节　其他重要事项

一、募集资金专户存储三方监管协议的安排

根据《上海证券交易所上市公司募集资金管理办法(2013年修订)》要求,本公司将在公司公开发行新股的募集资金到账后一个月内与保荐机构招商证券股份有限公司及专户存储募集资金的中国工商银行股份有限公司哈尔滨平房支行、中国建设银行股份有限公司鸡西分行、上海浦东发展银行股份有限公司哈尔滨分行及兴业银行股份有限公司哈尔滨和兴支行签订《募集资金专户存储三方监管协议》。目前存放募集资金的商业银行已出具承诺:在此协议签订前,未经保荐机构书面同意,将不接受珍宝岛从募集资金专户支取资金的申请。

二、其他事项

本公司在招股意向书刊登日(2015年4月3日)至上市公告书刊登前,没有发生可能对本公司有较大影响的重要事项,具体如下:

(一)主要业务发展目标的进展

自招股意向书刊登日至本公司上市公告书刊登前,本公司生产经营情况正常,主要业务发展目标进展状况正常。

(二)所处行业或市场的重大变化

自招股意向书刊登日至本公司上市公告书刊登前,本公司所处行业、市场无重大变化。

(三)原材料采购价格、产品销售价格的重大变化及其他对公司生产经营产生重大影响的重要合同自招股意向书刊登日至本公司上市公告书刊登前,本公司原材料采购价格和产品销售价格无重大变化。

自招股意向书刊登日至本公司上市公告书刊登前,除正常经营活动签订的销售、采购、借款等商务合同外,本公司未订立其他对公司资产、负债、权益和经营成果产生重大影响的重要合同。

(四)重大关联交易事项

自招股意向书刊登日至本公司上市公告书刊登前,本公司未出现重大关联交易事项。

(五)重大投资

自招股意向书刊登日至本公司上市公告书刊登前,本公司没有重大投资活动。

(六)重大资产(或股权)购买、出售及置换

自招股意向书刊登日至本公司上市公告书刊登前,本公司无重大资产(或股权)收购、出售及置换行为。

(七)发行人住所的变更

自招股意向书刊登日至本公司上市公告书刊登前,本公司住所未发生变更。

(八)董事、监事、高级管理人员及核心技术人员的变化

自招股意向书刊登日至本公司上市公告书刊登前,本公司董事、监事、高级管理人员及核心技术人员没有发生变化。

(九)重大诉讼、仲裁事项

自招股意向书刊登日至本公司上市公告书刊登前,除招股意向书已经披露的事项外,本公司未涉及任何重大诉讼事项或仲裁,亦无任何尚未了结或可能面临的重大诉讼或索赔要求。

(十)对外担保等或有事项

自招股意向书刊登日至本公司上市公告书刊登前,除招股意向书已经披露的事项外,本公司没有对外担保等或有事项。

(十一)财务状况和经营成果的重大变化

自招股意向书刊登日至本公司上市公告书刊登前,本公司财务状况和经营成果没有重大变化。

(十二)董事会、监事会或股东大会

自招股意向书刊登日至本公司上市公告书刊登前,本公司董事会、监事会和黑龙江珍宝岛药业股份有限公司上市公告书股东大会运行正常,决议及其主要内容无异常。

公司于2015年4月12日召开第二届董事会第七次会议,审议通过了《2015年第一季度财务报告》,未召开股东大会。

(十三)其他应披露的重大事项

自招股意向书刊登日至本公司上市公告书刊登前,本公司没有其他应披露而未披露之重大事项。

第七节　上市保荐人及其意见

一、上市保荐机构基本情况

保荐机构(主承销商):招商证券股份有限公司

法定代表人:宫少林

地址:深圳市福田区益田路江苏大厦A座38-45楼

电话:0755-82943666

传真:0755-82943121

保荐代表人:周晋峰、胡晓和

联系人:周晋峰

二、上市保荐机构的推荐意见

本公司的上市保荐机构招商证券股份有限公司认为黑龙江珍宝岛药业股份有限公司首次公开发行的股票符合上市条件,并已向上海证券交易所出具了《招商证券股份有限公司关于黑龙江珍宝岛药业股份有限公司之股票上市保荐书》。上市保荐机构的保荐意见主要内容如下:

黑龙江珍宝岛药业股份有限公司的上市符合《中华人民共和国公司法》、《中华人民共和国证券法》及《上海证券交易所股票上市规则》的有关规定,发行人具备在上海证券交易所上市的条件。

上市保荐机构保证发行人的董事了解法律、法规、上海证券交易所上市规则及股票上市协议规定的董事的义务与责任,并协助发行人建立健全了法人治理结构、协助发行人制定了严格的信息披露制度与保密制度。上市保荐机构已对上市文件所载的资料进行了核实,确保上市文件真实、准确、完整,符合规定要求。上市保荐机构保证发行人的上市申请材料、上市公告书不存在虚假、严重误导性陈述或者重大遗漏,并保证对其承担连带责任,并保证不利用在上市过程中获得的内幕信息进行内幕交易,为自己或他人谋取利益。

鉴于上述内容,招商证券股份有限公司同意推荐黑龙江珍宝岛药业股份有限黑龙江珍宝岛药业股份有限公司上市公告书公司的股票在上海证券交易所上市。

黑龙江珍宝岛药业股份有限公司

2015年4月23日

安徽口子酒业股份有限公司

安徽口子酒业股份有限公司首次公开发行股票上市公告书

特别提示

本公司股票将于2015年6月29日在上海证券交易所上市。本公司提醒投资者应充分了解股票市场风险及本公司披露的风险因素，在新股上市初期切忌盲目跟风"炒新"，应当审慎决策、理性投资。

第一节　重要声明与提示

一、重要提示

安徽口子酒业股份有限公司(以下简称"口子窖"、"公司"、"本公司"或"发行人")及全体董事、监事、高级管理人员保证上市公告书的真实性、准确性、完整性，承诺上市公告书不存在虚假记载、误导性陈述或重大遗漏，并承担个别和连带的法律责任。

证券交易所、其他政府机关对本公司股票上市及有关事项的意见，均不表明对本公司的任何保证。

本公司提醒广大投资者注意，凡本上市公告书未涉及的有关内容，请投资者查阅刊载于上海证券交易所网站(www.sse.com.cn)的本公司招股说明书全文。

如无特别说明，本上市公告书中的简称或名词的释义与本公司招股说明书中的相同。

二、发行前股东自愿锁定股份的承诺

公司实际控制人徐进、刘安省，签署《一致行动协议》的张国强、孙朋东、徐钦祥、朱成寅、范博、周图亮、段炼、黄绍刚、赵杰、仲继华及董事束庆瑞承诺："自公司股票上市之日起三十六个月内，不转让或者委托他人管理本次发行前本人直接或间接持有的公司股份，也不由公司回购该部分股份。承诺期限届满后，在符合相关法律法规和公司章程规定的条件下，上述股份可以上市流通和转让"。

2015年4月受让天地龙实业股份的股东徐进、刘安省、安徽黄海商贸、黄绍刚、淮北顺达商贸、朱成寅、范博、孙朋东、徐钦祥、周图亮、段炼、冯本濂、陶品廉、莫长兴、赖怀伟、刘月英、赵杰、左配利、仲继华、黄海风、孙光、张孝峰、聂基辉、徐君、刘新春、张国强、张维军、朱永贵、梁长军、范胜利、束庆瑞承诺："自公司股票上市之日起三十六个月内，不转让或者委托他人管理本次发行前本人/本公司直接或间接持有的2015年4月自江苏天地龙实业有限公司受让的公司股份，也不由公司回购该部分股份。承诺期限届满后，在符合相关法律法规和公司章程规定的条件下，上述股份可以上市流通和转让"。

公司其他自然人股东承诺："自公司股票上市之日起十二个月内，不转让或者委托他人管理本次发行前本人直接或间接持有的公司股份，也不由公司回购该部分股份。承诺期限届满后，在符合相关法律法规和公司章程规定的条件下，上述股份可以上市流通和转让"。

公司法人股东GSCP Bouquet Holdings SRL、陕西天驹实业、安徽黄海商贸、淮北顺达商贸承诺："自公司股票上市之日起十二个月内，不转让或者委托他人管理本次发行前本公司直接或间接持有的口子窖股份，也不由口子窖回购该部分股份。承诺期限届满后，在符合相关法律法规和公司章程规定的条件下，上述股份可以上市流通和转让"。

同时，作为本公司董事、监事和高级管理人员的股东徐进、刘安省、张国强、徐钦祥、范博、束庆瑞、吕家芳、孙朋东、朱成寅、周图亮、黄绍刚、段炼承诺："前述锁定期满后，若仍然担任公司的董事、监事、高级管理人员，在任职期间每年转让的股份不超过所持有公司股份总数的百分之二十五；离职后半年内，不转让本人所持有的公司股份"。

公司实际控制人徐进、刘安省，签署《一致行动协议》的张国强、孙朋东、徐钦祥、朱成寅、范博、周图亮、段炼、黄绍刚、赵杰、仲继华及董事束庆瑞承诺："本人所持股票在锁定期满后两年内减持的，其减持价格不低于发行价(如果因派发现金红利、送股、转增股本、增发新股等原因进行除权、除息的，须按照证券交易所的有关规定进行调整)。在公司上市后6个月内如公司股票连续20个交易日的收盘价(如果因派发现金红利、送股、转增股本、增发新股等原因进行除权、除息的，须按照证券交易所的有关规定作复权处理，下同)均低于发行价，或者上市后6个月期末收盘价低于发行价，本人持有口子窖股票的上述锁定期自动延长6个月。上述股份锁定承诺不因本人职务变更、离职而终止。"。

三、关于稳定股价的承诺

(一)控股股东、实际控制人的承诺

公司控股股东、实际控制人徐进、刘安省先生承诺，在公司上市后三年内，如出现公司股价低于每股净资产的情况，将以增持公司股份方式来稳定股价。具体内容如下：

(一)启动股价稳定措施的前提条件

如果公司在其A股股票正式挂牌上市之日后三年内，公司股价连续20个交易日的收盘价(如果因派发现金红利、送股、转增股本、增发新股等原因进行除权、除息的，须按照证券交易所的有关规定作复权处理，下同)均低于公司最近一期经审计的每股净资产(每股净资产=合并财务报表中归属于母公司普通股股东权益合计数÷期末公司股份总数，需扣除转增股本和分红的影响，下同)(以下简称为"启动股价稳定措施的前提条件")，本人将依据法律法规、公司章程规定通过增持股份的方式实施股价稳定措施。

(二)稳定公司股价的具体措施

在启动股价稳定措施的前提条件满足时，本人应在5个交易日内，提出增持公司股份的方案(包括拟增持公司股份的数量、价格区间、增持时间等)，并通知公司，公司应按照相关规定披露本人增持公司股份的计划。在公司披露本人增持公司股份计划的3个交易日后，本人开始实施增持公司股份的计划。

本人增持公司股份的价格不高于公司最近一期经审计的每股净资产的110%。

本人用于增持股份的资金金额不低于本人自公司上市后累计从公司所获得现金分红(税后)金额的30%及本人自公司上市后在担任董事、监事和高级管理人员期间累计从公司领取的税后薪酬累计额的50%之和。

本人将在启动股价稳定措施的前提条件满足第二日起，30个交易日内完成股份增持。但如果公司股价已经不满足启动股价稳定措施的条件的，本人可不再实施增持公司股份。

本人增持公司股份后，公司的股权分布应当符合上市条件。本人增持公司股份应符合相关法律、法规及规范性文件的规定。"在启动股价稳定措施的前提条件满足时，如本人未采取上述稳定股价的具体措施，本人承诺接受以下约束措施：

(1)本人将在公司股东大会及中国证监会指定报刊上公开说明未采取上述稳定股价措施的具体原因并向公司股东和社会公众投资者道歉。

(2)本人将暂停领取应获得的公司现金分红，直至本人按本承诺的规定采取相应的股价稳定措施并实施完毕。

(3)本人将停止在公司领取薪酬，直至本人按本承诺的规定采取相应的股价稳定措施并实施完毕。

(4)本人将停止行使所持公司股份的投票权，直至本人按本承诺的规定采取相应的股价稳定措施并实施完毕。

(5)如果未履行上述承诺事项，致使投资者在证券交易中遭受损失的，本人将依法赔偿投资者损失。

(6)上述承诺为本人真实意思表示，自愿接受监管机构、自律组织及社会公众的监督，若违反上述承诺将依法承担相应责任。

(二)公司董事(不包括独立董事)、高级管理人员的承诺公司董事(不包括独立董事)、高级管理人员承诺，在公司上市后三年内，如出现公司股价低于每股净资产的情况，将以增持公司股份方式来稳定股价。具体内容如下：

(一)启动股价稳定措施的前提条件

"如果公司在其A股股票正式挂牌上市之日后三年内，公司股价连续20个交易日的收盘价(如果因派发现金红利、送股、转增股本、增发新股等原因进行除权、除息的，须按照证券交易所的有关规定作复权处理，下同)均低于公司最近一期经审计的每股净资产(每股净资产=合并财务报表中归属于母公司普通股股东权益合计数÷期末公司股份总数，需扣除转增股本和分红的影响，下同)且控股股东已履行稳定股价措施(以下简称为"启动股价稳定措施的前提条件")，本人将依据法律法规、公司章程规定通过增持股份的方式实施股价稳定措施。

(二)稳定公司股价的具体措施

在启动股价稳定措施的前提条件满足时，本人应通过二级市场以竞价交易方式买入公司股票以稳定公司股价。

本人购买公司股份的价格不高于公司最近一期经审计的每股净资产的110%，本人用于购买股份的资金金额不低于本人自公司上市后累计从公司所获得现金分红(税后)金额的20%及本人自公司上市后在担任董事、监事和高级管理人员期间累计从公司领取的税后薪酬累计额的50%之和。

本人将在启动股价稳定措施的前提条件满足第二日起，15个交易日内完成股份增持。但如果公司股价已经不满足启动股价稳定措施的条件的，本人可不再实施增持公司股份。

本人买入公司股份后，公司的股权分布应当符合上市条件。本人增持公司股份应符合相关法律、法规及规范性文件的规定。

在公司上市后三年内不因本人职务变更、离职等原因而放弃履行该承诺。

在启动股价稳定措施的前提条件满足时，如本人未采取上述稳定股价的具体措施，本人承诺接受以下约束措施：

(1)本人将在公司股东大会及中国证监会指定报刊上公开说明未采取上述稳定股价措施的具体原因并向公司股东和社会公众投资者道歉。

(2)本人将暂停取得应获得的公司现金分红，直至本人按本承诺的规定采取相应的股价稳定措施并实施完毕。

(3)本人将停止在公司领取薪酬，直至本人按本承诺的规定采取相应的股价稳定措施并实施完毕。

(4)本人将停止行使所持公司股份的投票权，直至本人按本承诺的规定采取相应的股价稳定措施并实施完毕。

(5)如果未履行上述承诺事项，致使投资者在证券交易中遭受损失的，本人将依法赔偿投资者损失。

(6)上述承诺为本人真实意思表示,自愿接受监管机构、自律组织及社会公众的监督,若违反上述承诺将依法承担相应责任。

(三)本公司的承诺

本公司承诺,在公司上市后三年内,如出现公司股价低于每股净资产的情况,将以回购公司股份方式来稳定股价。具体内容如下:

(一)启动股价稳定措施的前提条件

如果公司在其A股股票正式挂牌上市之日后三年内,公司股价连续20个交易日的收盘价(如果因派发现金红利、送股、转增股本、增发新股等原因进行除权、除息的,须按照证券交易所的有关规定作复权处理,下同)均低于公司最近一期经审计的每股净资产(每股净资产=合并财务报表中归属于母公司普通股股东权益合计数÷期末公司股份总数,需扣除转增股本和分红的影响,下同)且公司实际控制人、董事、高级管理人员已履行稳定股价措施(以下简称为"启动股价稳定措施的前提条件"),公司将依据法律法规、公司章程规定制定并实施股价稳定措施。

(二)稳定公司股价的具体措施

在启动股价稳定措施的前提条件满足时,公司应以集中竞价交易方式或证券监督管理部门认可的其他方式向社会公众股东回购公司股份(以下简称"回购股份")。公司应在10日内召开董事会,讨论公司向社会公众股东回购公司股份的方案,并提交股东大会审议。在股东大会审议通过股份回购方案后,公司将根据相关的法律法规履行法定程序后实施回购股份。

公司回购股份的资金为自有资金,回购股份的价格不超过最近一期经审计的每股净资产的110%。

公司用于回购股份的资金金额不高于回购股份事项发生时上一个会计年度经审计的归属于母公司股东净利润的20%。

公司回购股份应在公司股东大会批准并履行相关法定手续后的30日内实施完毕。如果公司股价已经不满足启动稳定公司股价措施的条件的,公司可不再实施回购股份。

回购股份后,公司的股权分布应当符合上市条件。公司回购股份应符合相关法律、法规及规范性文件的规定。

在启动股价稳定措施的前提条件满足时,如本公司未采取上述稳定股价的具体措施,本公司承诺接受以下约束措施:

(1)公司将在股东大会及中国证监会指定报刊上公开说明未采取上述稳定股价措施的具体原因并向公司股东和社会公众投资者道歉。

(2)如果未履行上述承诺事项,致使投资者在证券交易中遭受损失的,公司将依法赔偿投资者损失。

(3)上述承诺为公司真实意思表示,自愿接受监管机构、自律组织及社会公众的监督,若违反上述承诺将依法承担相应责任。

四、股东关于持股意向及减持意向的承诺

(一)控股股东、实际控制人的承诺

公司控股股东、实际控制人徐进、刘安省先生承诺:

1.除本次发行涉及的公开发售股份之外,本人已经承诺所持口子窖股份锁定36个月。本人计划,如果在锁定期满后两年内,本人拟减持股票的,减持价格(如果因上市后派发现金红利、送股、转增股本、增发新股等原因进行除权、除息的,则按照证券交易所的有关规定作复权处理)不低于发行价。锁定期满后两年内,本人每年减持所持有的口子窖公司股份数量合计不超过上一年度最后一个交易日登记在本人名下的股份总数的10%。因口子窖进行权益分派、减资缩股等导致本人所持公司股份变化的,相应年度可转让股份额度做相应变更;

2.本人减持口子窖股份应符合相关法律、法规、规章的规定,具体方式包括但不限于交易所集中竞价交易方式、大宗交易方式、协议转让方式等;

3.本人减持口子窖股份前,应提前三个交易日予以公告,并按照证券交易所的规则及时、准确地履行信息披露义务;

4.如果本人违反上述减持意向,则本人承诺接受以下约束措施:

(1)本人将在股东大会及中国证监会指定的披露媒体上公开说明违反减持意向的具体原因并向口子窖股东和社会公众投资者道歉;

(2)本人持有的口子窖股份自本人违反上述减持意向之日起6个月内不得减持;

(3)本人因违反上述减持意向所获得的收益归口子窖所有。

(二)其他持股5%以上的主要股东的承诺

GSCP Bouquet Holdings SRL承诺:

1.除本次发行涉及的公开发售股份之外,本公司已经承诺所持口子窖股份锁定12个月。本公司计划,在锁定期满后12个月内,本公司减持股份数量不超过口子窖上市前本公司所持股份总数(股份总数不含公开发售的数量,以送股、转增或增发股份后的股本数量计算,下同)的70%;在锁定期满后的24个月内,本公司减持股份数量不超过口子窖上市前本公司所持股份总数的100%;

锁定期满后两年内拟减持股票的,减持价格(如果因派发现金红利、送股、转增股本、增发新股等原因进行除权、除息的,减持价格将进行相应调整)不低于减持时口子窖最近一期经审计的每股净资产。

2.本公司减持口子窖股份应符合相关法律、法规、规章的规定,具体方式包括但不限于交易所集中竞价交易方式、大宗交易方式、协议转让方式等;

3.本公司减持口子窖股份,应按照证券交易所的规则及时准确履行信息披露义务;本公司持有口子窖股份低于5%以下时除外;

4.如果本公司违反上述减持意向,则本公司承诺接受以下约束措施:

(1)本公司持有的口子窖股份自本公司违反上述减持意向之日起6个月内不得减持;

(2)本公司因违反上述减持意向所获得的收益归口子窖所有。

(三)签署《一致行动协议》股东(除控股股东、实际控制人外)的承诺

签署《一致行动协议》股东(除控股股东、实际控制人外)范博、张国强、徐钦祥、孙朋东、朱成寅、周图亮、黄绍刚、段炼、赵杰、仲继华先生(以下"简称"其他一致行动人)承诺:

1.除本次发行涉及的公开发售股份之外,本人已经承诺所持口子窖股份锁定36个月。本人计划,如果在锁定期满后两年内,本人拟减持股票的,减持价格(如果因上市后派发现金红利、送股、转增股本、增发新股等原因进行除权、除息的,则按照证券交易所的有关规定作复权处理)不低于发行价。锁定期满后两年内,本人每年减持所持有的口子窖股份数量合计不超过上一年度最后一个交易日登记在本人名下的股份总数的20%。因口子窖进行权益分派、减资缩股等导致本人所持公司股份变化的,相应年度可转让股份额度做相应变更;

2.本人减持口子窖股份应符合相关法律、法规、规章的规定,具体方式包括但不限于交易所集中竞价交易方式、大宗交易方式、协议转让方式等;

3.本人减持口子窖股份前,应提前三个交易日予以公告,并按照证券交易所的规则及时、准确地履行信息披露义务;

4.如果本人违反上述减持意向,则本人承诺接受以下约束措施:

(1)本人将在股东大会及中国证监会指定的披露媒体上公开说明违反减持意向的具体原因并向口子窖股东和社会公众投资者道歉;

(2)本人持有的口子窖股份自本人违反上述减持意向之日起6个月内不得减持;

(3)本人因违反上述减持意向所获得的收益归口子窖所有。

五、关于承诺履行的约束措施

(一)公司控股股东、实际控制人及其他一致行动人、董事(不包括独立董事)、高级管理人员的承诺公司控股股东、实际控制人及其他一致行动人、董事(不包括独立董事)、高级管理人员就所作公开承诺的履行提出了如下约束措施:

除个别承诺中提到的约束措施外,还需遵守如下约束措施

(一)如本人非因不可抗力原因导致未能履行公开承诺事项的,需提出新的承诺并接受如下约束措施,直至新的承诺履行完毕或相应补救措施实施完毕:

1.在股东大会及中国证监会指定的披露媒体上公开说明未履行的具体原因并向股东和社会公众投资者道歉;

2.不得转让口子窖股份。因继承、被强制执行、上市公司重组、为履行保护投资者利益承诺等必须转股的情形除外;

3.暂不领取口子窖分配利润中归属于本人的部分;

4.可以职务变更但不得主动要求离职;

5.主动申请调减或停发薪酬或津贴;

6.如果因未履行相关承诺事项而获得收益的,所获收益归口子窖所有,并在获得收益的五个工作日内将所获收益支付给口子窖指定账户;

7.本人未履行相关承诺,给投资者造成损失的,依法赔偿投资者损失。

(二)如本人因不可抗力原因导致未能履行公开承诺事项的,需提出新的承诺并接受如下约束措施,直至新的承诺履行完毕或相应补救措施实施完毕:

1.在股东大会及中国证监会指定的披露媒体上公开说明未履行的具体原因并向股东和社会公众投资者道歉;

2.尽快研究将投资者利益损失降低到最小的处理方案,尽可能地保护口子窖本公司投资者利益。

(二)本公司的承诺

本公司就所作公开承诺的履行提出了如下约束措施:

除个别承诺中提到的约束措施外,还需遵守如下约束措施,

(一)如本公司非因不可抗力原因导致未能履行公开承诺事项的,需提出新的承诺(相关承诺需按法律、法规、公司章程的规定履行相关审批程序)并接受如下约束措施,直至新的承诺履行完毕或相应补救措施实施完毕:

1.在股东大会及中国证监会指定的披露媒体上公开说明未履行的具体原因并向股东和社会公众投资者道歉;

2.不得进行公开再融资;

3.对本公司该等未履行承诺的行为负有个人责任的董事、监事、高级管理人员调减或停发薪酬或津贴;

4.不得批准未履行承诺的董事、监事、高级管理人员的主动离职申请,但可以进行职务变更;

5.给投资者造成损失的,本公司将向投资者依法承担赔偿责任。

(二)如本公司因不可抗力原因导致未能履行公开承诺事项的,需提出新的承诺(相关承诺需按法律、法规、公司章程的规定履行相关审批程序)并接受如下约束措施,直至新的承诺履行完毕或相应补救措施实施完毕:

1.在股东大会及中国证监会指定的披露媒体上公开说明未履行的具体原因并向股东和社会公众投资者道歉;

2.尽快研究将投资者利益损失降低到最小的处理方案,并提交股东大会审议,尽可能地保护本公司投资者利益。

六、关于招股说明书真实性的承诺

(一)本公司的承诺

1.公司首次公开发行股票招股说明书不存在虚假记载、误导性陈述或者重大遗漏。

2.如公司招股说明书被证券监督管理部门认定存在虚假记载、误导性陈述或者重大遗漏,对判断公司是否符合法律规定的发行条件构成重大、实质影响的,公司将在证券监督管理部门作出上述认定时,按照届时公司股票二级市场的价格依法回购首次公开发行的全部新股。

3.如公司招股说明书被证券监督管理部门认定存在虚假记载、误导性陈述或者重大遗漏,致使投资者在证券交易中遭受损失的,公司将依法赔偿投资者损失:

(1)在证券监督管理部门认定公司招股说明书存在虚假记载、误导性陈述或者重大遗漏后五个工作日内,公司应启动赔偿投资者损失的相关工作;

(2)投资者损失依据证券监督管理部门或司法机关认定的金额或者公司与投资者协商确定的金额确定。

(二)控股股东、实际控制人的承诺

公司控股股东、实际控制人徐进、刘安省先生承诺:

1.公司首次公开发行股票招股说明书不存在虚假记载、误导性陈述或者重大遗漏。

2.如公司招股说明书被证券监督管理部门认定存在虚假记载、误导性陈述或者重大遗漏,对判断公司是否符合法律规定的发行条件构成重大、实质影响的,本人将在证券监督管理部门作出上述认定时,按照届时公司股票二级市场的价格依法回购首次公开发行时本人公开发售的全部股份。

3.如公司招股说明书被证券监督管理部门认定存在虚假记载、误导性陈述或者重大遗漏,致使投资者在证券交易中遭受损失的,本人将依法赔偿投资者损失。

(三)公司董事、监事、高级管理人员的承诺

公司董事、监事、高级管理人员承诺:

本人承诺安徽口子酒业股份有限公司首次公开发行股票招股说明书不存在虚假记载、误导性陈述或者重大遗漏。如公司招股说明书被证券监督管理部门认定存在虚假记载、误导性陈述或者重大遗漏,致使投资者在证券交易中遭受损失的,本人将依法赔偿投资者损失。

(四)相关中介机构的承诺华林证券有限责任公司(以下简称"华林证券")承诺:"华林证券为发行人首次公开发行股票制作、出具的文件不存在虚假记载、误导性陈述或者重大遗漏的情形,对其真实性、准确性和完整性承担法律责任。因华林证券为发行人首次公开发行股票制作、出具的文件有虚假记载、误导性陈述或者重大遗漏,给投资者造成损失的,华林证券将依法赔偿投资者损失,但是本公司能够证明自己没有过错的除外。赔偿范围包括投资者的投资差额损失和由此产生的佣金、印花税等交易费用。"

华普天健会计师事务所(特殊普通合伙)(以下简称"华普天健")承诺:"如华普天健在本次发行工作期间未勤勉尽责,导致华普天健所制作、出具的文件对重大事件作出违背事实真相的虚假记载、误导性陈述,或在披露信息时发生重大遗漏,并造成投资者直接经济损失的,在该等违法事实被认定后,华普天健将本着积极协商、切实保障投资者特别是中小投资者利益的原则,自行并督促发行人及其他过错方一并对投资者直接遭受的、可测算的经济损失,选择与投资者和解、通过第三方与投资者调解及设立投资者赔偿基金等方式进行赔偿。华普天健保证遵守以上承诺,勤勉尽责地开展业务,维护投资者合法权益,并对此承担责任。"

北京市金杜律师事务所承诺:"如因本所为安徽口子酒业股份有限公司首次公开发行制作、出具的文件有虚假记载、误导性陈述或者重大遗漏,给投资者造成损失的,本所将依法赔偿投资者损失。有权获得赔偿的投资者资格、损失计算标准、赔偿主体之间的责任划分和免责事由,按照《证券法》、《最高人民法院关于审理证券市场因虚假陈述引发的民事赔偿案件的若干规定》(法释[2003]2号)等相关法律法规的规定执行,如相关法律法规相应修订,则按届时有效的法律法规执行。本所将严格履行生效司法文书确定的赔偿责任,并接受社会监督,确保投资者合法权益得到有效保护。"

七、公司公开发行新股和股东公开发售股份情况

本次发行每股面值 1.00 元的人民币普通股 (A 股)6,000 万股。本次发行公司原股东不公开发售股份。

八、本次发行上市后的股利分配政策

根据公司章程(草案)的规定,公司发行上市后的股利分配政策主要如下:

(一)股利分配的原则

公司实施连续、稳定的利润分配政策,公司利润分配应重视对投资者的合理投资回报,并兼顾公司的可持续发展。

(二)股利分配基本条款

公司可以采用现金、股票、现金与股票相结合或者法律、法规允许的其他方式分配利润。现金方式优先于股票方式。公司具备现金分红条件的,应当采用现金分红进行利润分配。采用股票股利进行利润分配的,应当具有公司成长性、每股净资产的摊薄等真实合理因素。

公司应保持利润分配政策的连续性与稳定性,在满足现金分红条件时,每年以现金方式分配的利润应不低于当年实现的可分配利润的 15%,且不低于本次利润分配的 40%;如有重大投资计划或重大现金支出等事项发生,公司以现金方式分配的利润不少于当年实现的可分配利润的 10%,且不低于本次利润分配的公司实施现金分红时须同时满足下列条件:

(1)公司该年度实现的可分配利润(即公司弥补亏损、提取公积金后所余的税后利润)为正值、且现金流充裕,实施现金分红不会影响公司后续持续经营;

(2)审计机构对公司的该年度财务报告出具标准无保留意见的审计报告;

(3)公司累计可供分配利润为正值。

本次发行后,公司股利分配其他基本条款和发行前一致,参见本招股说明书"第十三节股利分配政策"之"一、公司最近三年的股利分配政策"。

(三)股利分配的程序

公司每年利润分配预案由公司管理层、董事会结合公司章程的规定、盈利情况、资金需求和股东回报规划提出、拟定,经董事会审议通过后提交股东大会批准。独立董事可以征集中小股东的意见,提出分红提案,并直接提交董事会审议。

董事会、独立董事和符合一定条件的股东可以向公司股东征集其在股东大会上的投票权。独立董事应对利润分配预案独立发表意见并公开披露。董事会在决策和形成利润分配预案时,要详细记录管理层建议、参会董事的发言要点、独立董事意见、董事会投票表决情况等内容,并形成书面记录作为公司档案妥善保存。

董事会审议现金分红具体方案时,应当认真研究和论证公司现金分红的时机、条件和最低比例、调整的条件及其决策程序要求等事宜,独立董事应当发表明确意见。股东大会对现金分红具体方案进行审议时,应当通过多种渠道主动与股东特别是中小股东进行沟通和交流(包括但不限于提供网络投票表决等),充分听取中小股东的意见和诉求,并及时答复中小股东关心的问题。分红预案应由出席股东大会的股东或股东代理人以过半数的表决权通过。

公司年度盈利,管理层、董事会未提出拟定现金分红预案的,管理层需就此向董事会提交详细的情况说明,包括未分红的原因、未用于分红的资金留存公司的用途和预计收益情况,并由独立董事发表独立意见并在审议通过年度报告的董事会公告中详细公开披露;董事会审议通过后提交股东大会审议批准,并由董事会向股东大会做出情况说明。股东可以选择现场、网络或其他表决方式行使表决权。

在每年现金分红比例保持稳定的基础上,如公司发展较快,董事会认为公司的发展阶段达到成熟期的,则根据公司有无重大资金支出安排计划,由董事会按照公司章程规定的利润分配政策调整的程序提出提高现金分红在本次利润分配中的最低比例,经董事会审议后,提交公司股东大会批准。

监事会应对董事会和管理层执行公司利润分配政策和股东回报规划的情况及决策程序进行监督,并应对年度内盈利但未提出利润分配的预案,就相关政策、规划执行情况发表专项说明和意见。

公司应严格按照有关规定在年报、半年报中披露利润分配预案和现金分红政策执行情况,说明是否符合公司章程的规定或者股东大会决议的要求,分红标准和比例是否明确和清晰,相关的决策程序和机制是否完备,独立董事是否尽职履责并发挥了应有的作用,中小股东是否有充分表达意见和诉求的机会,中小股东的合法权益是否得到充分维护等。对现金分红政策进行调整或变更的,还要详细说明调整或变更的条件和程序是否合规和透明等。若公司年度盈利但未提出现金分红预案,应在年报中详细说明未分红的原因、未用于分红的资金留存公司的用途和使用计划。

(四)股利分配政策的调整

公司应当严格执行公司章程确定的现金分红政策以及股东大会审议批准的现金分红具体方案。公司根据生产经营情况、投资规划和长期发展的需要,确需调整利润分配政策和股东回报规划的,调整后的利润分配政策不得违反相关法律法规、规范性文件、公司章程的有关规定;有关调整利润分配政策的议案,由独立董事、监事会发表意见,经公司董事会审议后提交公司股东大会批准,并经出席股东大会的股东所持表决权的 2/3 以上通过。公司同时应当提供网络投票方式以方便中小股东参与股东大会表决。董事会、独立董事和符合一定条件的股东可以向公司股东征集其在股东大会上的投票权。

(五)未来三年分红回报具体计划

未来三年,公司每年根据实际盈利水平、现金流量状况、未来发展资金需求情况等因素,制定相应的现金股利分配方案,在足额预留法定公积金、任意公积金以后,在无重大投资计划或重大现金支出事项发生的情况下,每年以现金方式分配的利润不少于当年实现的可分配利润的 15%,且不低于本次利润分配的 40%;如有重大投资计划或重大现金支出等事项发生,公司以现金方式分配的利润不少于当年实现的可分配利润的 10%,且不低于本次利润分配的 20%。在确保足额现金股利分配的前提下,考虑股东意愿和要求,公司可以另行增加股票股利分配和资本公积金转增。公司在每个会计年度结束后,由公司董事会提出分红预案,并交付股东大会表决。公司接受所有股东、独立董事、监事和公众投资者对公司分红的建议和监督。

九、本次发行前滚存利润的分配

经公司 2012 年第二次临时股东大会审议通过,本次发行完成后,公司本次发行前的滚存利润由发行后的全体股东共同享有。

十、财务报告审计截止日后的主要财务信息及经营状况

公司已在本招股说明书中披露财务报告审计截止日(2014 年 12 月 31 日)后的主要财务信息及经营状况。公司 2015 年 3 月 31 日的资产负债表、2015 年 1-3 月的利润表、现金流量表及财务报表附注未经审计,但已经华普天健审阅,并出具了《审阅报告》(会审字[2015]2356 号)。关于公司 2015 年 1-3 月主要财务信息及经营状况详见招股说明书"第十节管理层讨论与分析"之"九、财务报告审计截止日后的主要财务信息和经营状况"。

公司预计 2015 年上半年经营业绩显著增长,2015 年上半年净利润与去年同期相比增长幅度为+40%至+60%。主要原因是随着白酒消费市场逐步回暖,公司中高档白酒销售收入进一步增加,同时 2015 年春节比去年延后约 20 天,春节前是白酒行业传统的销售旺季,促进当年销售收入增长。公司白酒毛利率较同期变化情况不大,收入的增长使得公司营业利润有较大幅度的增长。另外公司采取了较为稳健的营销策略,进一步加强了销售费用的管理,减少了广告宣传费等部分费用的投入,也使得净利润同比增加。

第二节　股票上市情况

一、本上市公告书系根据《中华人民共和国公司法》、《中华人民共和国证券法》和《上海证券交

易所股票上市规则》等有关法律法规规定，并按照上海证券交易所《股票上市公告书内容与格式指引》编制而成，旨在向投资者提供有关本

公司首次公开发行股票(A股)上市的基本情况。

二、本公司首次公开发行A股股票(简称"本次发行")经中国证券监督管理委员会证监许可[2015]1190号文核准。本次发行采用采用网下向询价对象配售和网上按市值申购定价发行相结合的方式。

三、本公司A股股票上市经上海证券交易所"自律监管决定书[2015]277号"文批准。本公司发行的A股股票在上海证券交易所上市，证券简称"口子窖"，证券代码"603589"。

四、股票上市相关信息

1、上市地点：上海证券交易所

2、上市时间：2015年6月29日

3、股票简称：口子窖

4、股票代码：603589

5、本次公开发行后的总股本：600,000,000股

6、本次公开发行的股票数量：60,000,000股

7、本次上市的无流通限制及锁定安排的股票数量：本次发行中网下向投资者询价配售的600万股股份和网上按市值申购定价发行的5,400万股股份无流通限制及锁定安排

8、发行前股东所持股份的流通限制及期限和发行前股东对所持股份自愿锁定的承诺：参见本上市公告书之"第一节重要声明与提示"

9、本次上市股份的其他锁定安排：无

10、股票登记机构：中国证券登记结算有限责任公司上海分公司

11、上市保荐机构：华林证券有限责任公司

第三节 发行人、股东和实际控制人情况

一、发行人基本情况

1、中文名称：安徽口子酒业股份有限公司

英文名称：Anhui Kouzi Distillery Co., Ltd.

2、注册资本：54,000万元(本次发行前)

3、法定代表人：徐进

4、住所：安徽省淮北市三堤口

5、经营范围：生产、制造和销售白酒及玻璃制品。(以上涉及行政许可经营的凭许可证经营)

6、主营业务：公司自设立以来一直从事白酒的生产和销售

7、所属行业：酒、饮料和精制茶制造业

8、电话：0561-6898000

9、传真：0561-6897951

10、电子信箱：kz_zqb@126.com

11、董事会秘书：瞿惠华

12、董事、监事、高级管理人员名单及持有本公司股票情况

股东姓名	持股数(股)	职 务	本届任期
徐 进	109,568,568	董事长、总经理	2014年4月-2017年4月
张国强	9,469,818	董事、副总经理	2014年4月-2017年4月
徐钦祥	9,976,331	董事、副总经理	2014年4月-2017年4月
范 博	10,965,476	董事、副总经理、财务总监	2014年4月-2017年4月
束庆瑞	6,053,331	董事	2014年4月-2017年4月
孙朋东	10,265,767	董事	2014年4月-2017年4月
马 勇	-	独立董事	2014年4月-2017年4月
鲍金桥	-	独立董事	2014年4月-2017年4月
张 萱	-	独立董事	2014年4月-2017年4月
刘安省	79,873,450	监事会主席	2014年4月-2017年4月
吕家芳	8,817,427	监事	2014年4月-2017年4月
王 标	-	职工代表监事	2014年4月-2017年4月
朱成寅	10,555,202	副总经理	2014年4月-2017年4月
周图亮	9,976,331	总经理助理	2014年4月-2017年4月
黄绍刚	12,411,743	总经理助理	2014年4月-2017年4月
段 炼	9,541,014	总经理助理	2014年4月-2017年4月
瞿惠华	-	董事会秘书、总会计师	2014年4月-2017年4月

二、控股股东及实际控制人情况

公司控股股东、实际控制人为徐进和刘安省。本次发行前，徐进持有公司109,568,568股，占发行前总股本20.29%；刘安省持有公司79,873,450股，占发行前总股本14.79%。近三年来公司控股股东、实际控制人一直为徐进和刘安省，未发生过变更。

徐进 董事长、总经理

徐进先生于1997年9月至2002年12月，历任口子集团副总经理、总经理；2003年1月至2011年3月，历任原口子股份及口子有限董事长、总经理；2011年3月至今，任口子窖董事长、总经理。同时，徐进先生兼任口子酒营销董事，金缘坊监事，口子投资董事长，口子国际监事。

徐进先生是全国白酒标准化技术委员会兼香型白酒分技术委员会主任委员，安徽省企业联合会/安徽省企业家联合会第五届理事会副会长，第十二届全国人大代表。

刘安省 监事会主席

刘安省先生于1996年11月至2002年12月，历任口子集团总经理、董事长；2003年1月至2011年3月，历任原口子股份及口子有限监事会主席、党委书记；2011年3月至今，任口子窖监事会主席。同时，刘安省先生兼任口子投资监事会主席。

三、股本结构及前十名股东情况

(一)本次发行前后的股本结构变动情况

		发行前		发行后			
序号	股东名称	持股数(股)	比例	持股数(股)	比例	其中：锁定期为12个月的股份数(股)	其中：锁定期为36个月的股份数(股)
一、有限售条件A股流通股							
1	GSCP Bouquet Holdings SRL	136,458,000	25.27%	136,458,000	22.74%	136,458,000	
2	徐 进	109,568,568	20.29%	109,568,568	18.26%		109,568,568
3	刘安省	79,873,450	14.79%	79,873,450	13.31%		79,873,450
4	安徽黄海商贸有限公司	17,896,587	3.31%	17,896,587	2.98%	12,107,875	5,788,712
5	淮北顺达商贸有限公司	15,002,231	2.78%	15,002,231	2.50%	12,107,875	2,894,356
6	黄绍刚	12,411,743	2.30%	12,411,743	2.07%		12,411,743
7	陕西天驹实业股份有限公司	12,107,875	2.24%	12,107,875	2.02%		12,107,875
8	范 博	10,965,476	2.03%	10,965,476	1.83%		10,965,476
9	朱成寅	10,555,202	1.95%	10,555,202	1.76%		10,555,202
10	孙朋东	10,265,767	1.90%	10,265,767	1.71%		10,265,767
11	徐钦祥	9,976,331	1.85%	9,976,331	1.66%		9,976,331
12	周图亮	9,976,331	1.85%	9,976,331	1.66%		9,976,331
13	段 炼	9,541,014	1.77%	9,541,014	1.59%		9,541,014
14	张国强	9,469,818	1.75%	9,469,818	1.58%		9,469,818
15	吕家芳	8,817,427	1.63%	8,817,427	1.47%	8,817,427	
16	赵 杰	7,467,123	1.38%	7,467,123	1.24%		7,467,123
17	仲继华	6,299,351	1.17%	6,299,351	1.05%		6,299,351
18	束庆瑞	6,053,331	1.12%	6,053,331	1.01%		6,053,331
19	冯本濂	4,884,393	0.90%	4,884,393	0.81%	4,377,881	506,512
20	赖怀伟	4,855,450	0.90%	4,855,450	0.81%	4,377,881	477,569
21	陶品廉	4,456,470	0.83%	4,456,470	0.74%	3,949,958	506,512
22	刘月英	4,427,528	0.82%	4,427,528	0.74%	3,949,959	477,569
23	莫长兴	4,206,127	0.78%	4,206,127	0.70%	3,699,615	506,512
24	张维军	3,916,692	0.73%	3,916,692	0.65%	3,699,615	217,077
25	朱永贵	3,916,692	0.73%	3,916,692	0.65%	3,699,615	217,077
26	黄海风	3,557,432	0.66%	3,557,432	0.59%	3,267,996	289,436
27	左配利	2,900,561	0.54%	2,900,561	0.48%	2,466,408	434,153
28	孙 光	2,755,844	0.51%	2,755,844	0.46%	2,466,408	289,436
29	张孝峰	2,755,844	0.51%	2,755,844	0.46%	2,466,408	289,436
30	梁长军	2,683,485	0.50%	2,683,485	0.45%	2,466,408	217,077
31	凌振武	2,466,408	0.46%	2,466,408	0.41%	2,466,408	
32	聂基辉	2,447,547	0.45%	2,447,547	0.41%	2,158,111	289,436
33	徐 君	2,433,075	0.45%	2,433,075	0.41%	2,158,111	274,964
34	刘新春	2,327,998	0.43%	2,327,998	0.39%	2,096,450	231,548
35	范胜利	2,302,829	0.43%	2,302,829	0.38%	2,158,111	144,718
	合 计	540,000,000	100.00%	540,000,000	90.00%	233,524,395	306,475,605
二、无限售条件A股流通股							
1	社会公众股	-	-	60,000,000	10.00%	无锁定期限	无锁定期限
	合 计			60,000,000	10.00%		
	总合计			540,000,000	100.00%	600,000,000	100.00%

(二)本次发行后、上市前公司前十名股东持股情况

本次发行后、上市前公司的股东户数为42,897户，持股数量前10名股东的名称、持股数量及持股比例如下表所示：

序号	股东姓名或名称	持股数(股)	比例
1	GSCP Bouquet Holdings SRL	136,458,000	22.74%
2	徐 进	109,568,568	18.26%
3	刘安省	79,873,450	13.31%
4	安徽省黄海商贸有限公司	17,896,587	2.98%

5	淮北市顺达商贸有限公司	15,002,231	2.50%
6	黄绍刚	12,411,743	2.07%
7	陕西天驹实业股份有限公司	12,107,875	2.02%
8	范　博	10,965,476	1.83%
9	朱成寅	10,555,202	1.76%
10	孙朋东	10,265,767	1.71%

第四节　股票发行情况

一、发行数量:6,000 万股

二、发行价格:16.00 元/股

三、每股面值:1.00 元/股

四、发行方式:采用采用网下向询价对象配售和网上按市值申购定价发行相结合的方式,其中网下向询价对象配售 600 万股,占发行总量的 10%,网上资金申购发行 5,400 万股,占发行总量的 90%

五、募集资金总额及注册会计师对资金到位的验证情况

1、本次募集资金总额为 96,000 万元。

2、华普天健于 2015 年 6 月 24 日对本次发行的资金到位情况进行了审验,并出具了《验资报告》(会验字[2015]2901 号)。

六、发行费用

本次发行费用总计为 68,628,654.07 元,主要包括:

序号	项目	金额(元)
1	承销费用	48,000,000.00
2	保荐费用	2,000,000.00
3	审计及验资费用	9,596,226.40
4	律师费用	4,223,584.91
5	用于本次发行的信息披露费用	3,641,509.43
6	发行手续费用	1,167,333.33
合　计		68,628,654.07

公司本次发行每股发行费用为 1.14 元。

七、募集资金净额:891,371,345.93 元

八、发行后每股净资产:5.28 元(按本次发行后净资产除以本次发行后总股本计算,其中,本次发行后的净资产为 2014 年 12 月 31 日经审计归属于母公司股东的净资产加上本次发行募集资金净额之和)。

九、发行后每股收益:0.70 元(按 2014 年度经审计的扣除非经常性损益前后孰低的归属于母公司的净利润除以本次发行后总股本计算)。

十、摊薄后市盈率:本次发行摊薄后市盈率为 22.98 倍(每股收益按照 2014 年度经会计师事务所依据中国会计准则审计的扣除非经常性损益前后孰低的归属于母公司股东净利润除以本次发行后总股本计算)。

第五节　财务会计情况

公司 2015 年 3 月 31 日的资产负债表、2015 年 1-3 月的利润表、现金流量表及财务报表附注未经审计,但已经华普天健审阅,并出具了《审阅报告》(会审字[2015]2356 号),华普天健发表的审阅意见为:"根据我们的审阅,我们没有注意到任何事项使我们相信财务报表没有按照企业会计准则的规定编制,未能在所有重大方面公允反映口子酒业公司 2015 年 3 月 31 日的合并及母公司财务状况以及 2015 年 1-3 月的合并及母公司经营成果和现金流量。"

公司董事会、监事会及其董事、监事、高级管理人员已认真审阅了公司 2015 年 1-3 月财务报表,保证该等财务报表所载资料不存在虚假记载、误导性陈述或者重大遗漏,并对其内容的真实性、准确性及完整性承担个别及连带责任。

公司负责人、主管会计工作负责人及会计机构负责人已认真审阅了公司 2015 年 1-3 月财务报表,保证该等财务报表的真实、准确、完整。

发行人已在招股说明书中披露 2015 年 1-3 月的主要会计数据和财务指标。

第六节　其他重要事项

一、募集资金专户存储三方监管协议的安排

为规范本公司募集资金管理,保护投资者的权益,根据有关法律法规及《上海证券交易所上市公司募集资金管理规定》,本公司分别在中国建设银行股份有限公司淮北纺建支行、中国农业发展银行淮北市分行、徽商银行淮北濉溪支行和中国工商银行股份有限公司淮北相南支行(以下简称"开户行")开设账户作为募集资金专项账户,2015 年 6 月 23 日,本公司及保荐机构华林证券有限责任公司(以下简称"保荐机构"、"华林证券")与开户行分别签署了《募集资金专户存储三方监管协议》(以下简称"协议")。协议约定的主要条款如下:

1.公司已在开户银行开设募集资金专项账户(以下简称"专户"),该专户资金专门用于公司募投项目以及其他经公司股东大会批准的投资项目的使用,不得用作其它用途。

2.公司及开户银行应当共同遵守《中华人民共和国票据法》、《支付结算办法》、《人民币银行结算账户管理办法》等法律、法规、规章。

3.华林证券作为公司的保荐机构,应当依据有关规定指定保荐代表人或其他工作人员对公司募集资金使用情况进行监督。华林证券应当依据上海证券交易所的有关规定以及公司制订的募集资金管理制度履行其督导职责,并有权采取现场调查、书面问询等方式行使其监督权。公司和开户银行应当配合华林证券的调查与查询。华林证券每半年度对公司现场调查时应同时检查募集资金专户存储情况。

4.公司授权华林证券指定的保荐代表人可以随时到开户银行查询、复印公司专户的资料(包括但不限于存款余额、收支明细等信息);开户银行应及时、准确、完整地向其提供所需的有关专户的资料。保荐代表人向开户银行查询公司专户有关情况时应出具本人的合法身份证明;华林证券指定的其他工作人员向开户银行查询公司专户有关情况时应出具本人的合法身份证明和单位介绍信。

5.开户银行按月(每月 10 日之前)向公司出具对账单,并抄送华林证券。

开户银行应保证对账单内容真实、准确、完整。

6.公司一次或 12 个月以内累计从专户中支取的金额超过 5,000 万元的,且达到发行募集资金总额扣除发行费用后的净额(以下简称"募集资金净额")的 20%的,公司应当及时以传真、邮件等方式通知华林证券,同时提供专户的支出清单,并同时电话通知华林证券指定的保荐代表人。

7.华林证券有权根据有关规定更换指定的保荐代表人。华林证券更换保荐代表人的,应将相关证明文件书面通知开户银行,同时按本协议的要求向公司、开户银行书面通知更换后的保荐代表人联系方式。更换保荐代表人不影响本协议的效力。

8. 开户银行连续三次未及时向华林证券出具对账单或向华林证券通知专户大额支取情况,以及存在未配合华林证券调查专户情形的,公司可以主动或在华林证券要求下单方面终止本协议并注销募集资金专户。

9.本协议自公司、开户银行、华林证券三方法定代表人或其授权代表签署并加盖各自单位公章之日起生效,至专户资金全部支出完毕或依法销户(以两者中较早发生者为准)起失效。华林证券义务至督导期结束之日解除。

10.若华林证券发现公司从专用账户支取款项违反本协议规定或中国证监会、上海证券交易所相关规定,华林证券有权要求公司及时公告相关事实;若在华林证券提醒后公司未作纠正,且后果可能危及华林证券利益的情况下,华林证券有权向监管部门报告。

11.若华林证券发现开户银行未按约定履行本协议或违反中国证监会、上海证券交易所的相关规定,华林证券有权提醒开户银行纠正;若在华林证券提醒后开户银行未作纠正,且后果可能危及华林证券利益的情况下,华林证券有权向监管部门报告。

二、其他事项

本公司在招股意向书刊登日至上市公告书刊登前,没有发生可能对本公司有较大影响的重要事项,具体如下:

1.本公司主营业务目标进展情况正常。

2.本公司所处行业和市场未发生重大变化。

3.本公司接受或提供的产品及服务价格未发生重大变化。

4.本公司没有发生未履行法定程序的关联交易,且没有发生未在招股说明书中披露的重大关联交易。

5.本公司未进行重大投资。

6.本公司未发生重大资产(或股权)购买、出售及置换。

7.本公司住所没有变更。

8.本公司董事、监事、高级管理人员没有变化。

9.本公司未发生重大诉讼、仲裁事项。

10.本公司未发生除正常经营业务之外的重大对外担保等或有事项。

11.本公司的财务状况和经营成果未发生重大变化。

12.本公司未发生其他应披露的重大事项。

第七节　上市保荐机构及其意见

一、上市保荐机构基本情况

保荐机构:华林证券有限责任公司

法定代表人:陈永健

住所:北京市丰台区西四环南路 55 号 7 号楼 401

联系地址:北京市西城区金融大街 35 号国际企业大厦 A 座 17 层

电话:010-88091786

传真:010-88091790

保荐代表人:魏勇、乔绪升

二、上市保荐机构的推荐意见

上市保荐机构认为,口子窖申请 A 股股票上市符合《中华人民共和国公司法》、《中华人民共和国证券法》及《上海证券交易所股票上市规则》等国家法律、法规的有关规定,口子窖 A 股股票具备在上海证券交易所上市的条件。华林证券愿意推荐口子窖的 A 股股票在上海证券交易所上市交易,并承担相关保荐责任。

发行人:安徽口子酒业股份有限公司

保荐人(主承销商):华林证券有限责任公司

2015 年 6 月 26 日

上海金桥信息股份有限公司

上海金桥信息股份有限公司首次公开发行A股股票上市公告书

特别提示

本公司股票将于2015年5月28日在上海证券交易所上市。本公司提醒投资者应充分了解股票市场风险及本公司披露的风险因素，在新股上市初期切忌盲目跟风"炒新"，应当审慎决策、理性投资。

第一节　重要声明与提示

上海金桥信息股份有限公司(以下简称"金桥信息"、"本公司"、"公司"或"发行人")及全体董事、监事、高级管理人员保证上市公告书所披露信息的真实、准确、完整，承诺上市公告书不存在虚假记载、误导性陈述或重大遗漏，并承担个别和连带的法律责任。

证券交易所、其他政府机关对本公司股票上市及有关事项的意见，均不表明对本公司的任何保证。

本公司提醒广大投资者注意，凡本上市公告书未涉及的有关内容，请投资者查阅刊载于上海证券交易所网站(http://www.sse.com.cn)的本公司招股说明书全文。

一、发行前股东所持股份的锁定期的承诺

发行人控股股东、实际控制人金国培承诺：自发行人股票上市之日起三十六个月内，不转让或者委托他人管理其直接或间接持有的发行人公开发行股票前已发行的股份，也不由发行人回购该部分股份。对本人所持股票在锁定期满后两年内减持的，减持价格应不低于公司股票发行价格。公司上市后6个月内如公司股票连续20个交易日的收盘价均低于发行价，或者上市后6个月期末收盘价低于发行价，则本人持有公司股票的锁定期限自动延长至少6个月；对于本人作出的前述承诺，不会因本人职务变更、离职等原因，而放弃履行承诺。

发行人其他股东朱树旺、上海王狮实业有限公司、束韶华、周喆、周英、李志明、陆胜、杨明炯、沈颖华、金史平、顾立兵、孙学成、汪宗元、杨海婷、许坚翔、王际无、张曦、王琦、易学军、陈杰、王琨、韩广毅、卢捷、刘俊、章冰烨、周玉静、李鸿华承诺：自发行人股票上市之日起十二个月内，不转让或者委托他人管理其持有的发行人公开发行股票前已发行的股份，也不由发行人回购该部分股份。

担任发行人监事的股东朱树旺、顾立兵承诺：除前述股份锁定外，在担任发行人监事期间，每年转让的发行人股份不超过其所持发行人股份总数的25%；

离职后半年内，不得转让其所持发行人股份；在申报离任六个月后的十二个月内通过证券交易所挂牌交易出售发行人股份数量占其所持发行人股份总数的比例不超过50%。

担任发行人董事、高级管理人员的股东金国培、沈颖华、陆胜、周喆、金史平、王琨、李志明、周英承诺：除前述股份锁定外，在担任发行人董事、高级管理人员期间，每年转让的发行人股份不超过其所持发行人股份总数的25%；离职后半年内，不得转让其所持发行人股份；在申报离任六个月后的十二个月内通过证券交易所挂牌交易出售发行人股份数量占其所持发行人股份总数的比例不超过50%。对本人所持股票在锁定期满后两年内减持的，减持价格应不低于公司股票发行价格；公司上市后6个月内如公司股票连续20个交易日的收盘价均低于发行价，或者上市后6个月期末收盘价低于发行价，则本人持有公司股票的锁定期限自动延长至少6个月；对于本人作出的前述承诺，不会因本人职务变更、离职等原因，而放弃履行承诺。

二、稳定股价的预案及约束措施

(一)公司稳定股价措施

公司在A股股票正式挂牌上市之日后三年内，如果公司股价连续20个交易日的收盘价(如果因派发现金红利、送股、转增股本、增发新股等原因进行除权、除息的，须按照证券交易所的有关规定作复权处理，下同)低于公司上一会计年度经审计的每股净资产(每股净资产=合并财务报表中归属于母公司普通股股东权益合计数÷年末公司股份总数，下同)(以下简称为"启动股价稳定措施的前提条件")，公司将依据法律法规、公司章程规定实施以下具体的股价稳定措施：

在启动股价稳定措施的前提条件满足时，公司应在3个交易日内召开董事会，讨论公司向社会公众股东回购公司股份的方案，并提交股东大会审议。

在股东大会审议通过股份回购方案后，公司依法通知债权人，并向证券监督管理部门、证券交易所等主管部门报送相关材料，办理备案手续。

在完成必须的审议、备案、信息披露等程序后，公司方可实施相应的股份回购方案。

公司回购股份的资金为自有资金，回购股份的价格不超过上一会计年度经审计的每股净资产，回购股份的方式为以集中竞价交易方式、要约方式或证券监督管理部门认可的其他方式向社会公众股东回购股份，回购金额单次不超过上一会计年度归属于母公司股东净利润的20%，单一会计年度合计不超过上一会计年度归属于母公司股东净利润的50%。但如果公司股价已经不满足启动稳定公司股价措施的条件的，公司可不再实施向社会公众股东回购股份。

回购股份后，公司的股权分布应当符合上市条件。

公司向社会公众股东回购公司股份应符合《公司法》、《证券法》、《上市公司回购社会公众股份管理办法(试行)》、《关于上市公司以集中竞价交易方式回购股份的补充规定》等法律、法规、规范性文件的规定。

(二)公司控股股东稳定股价措施

若公司按照稳定股价预案的要求，实施股价稳定措施方案完毕后，发行人股票连续5个交易日收盘价仍低于其上一会计年度末经审计的每股净资产的，公司控股股东应在3个交易日内，提出增持公司股份的方案(包括拟增持公司股份的数量、价格区间、时间等)，并依法履行所需的审批手续，在获得批准后的3个交易日内通知公司，公司应按照相关规定披露公司控股股东增持公司股份的计划。在公司披露公司控股股东增持公司股份计划的3个交易日后，公司控股股东开始实施增持公司股份的计划。

公司控股股东增持公司股份的价格不高于公司上一会计年度经审计的每股净资产，用于增持的资金单次不低于从公司上市累计得到的现金分红的20%，单一年度不超过从公司上市累计得到的现金分红的50%。但如果公司股价已经不满足启动稳定公司股价措施的条件的，公司控股股东可不再实施增持公司股份。

公司控股股东增持公司股份后，公司的股权分布应当符合上市条件。公司控股股东增持公司股份应符合相关法律、法规及规范性文件的规定。

(三)公司董事(独立董事除外)、高级管理人员稳定股价措施

若公司和公司控股股东均按照稳定股价预案的要求，实施股价稳定措施方案完毕后，发行人股票连续5个交易日收盘价仍低于其上一会计年度末经审计的每股净资产的，董事、高级管理人员应在3个交易日内，提出增持公司股份的方案(包括拟增持公司股份的数量、价格区间、时间等)，并依法履行所需的审批手续，在获得批准后的3个交易日内通知公司，公司应按照相关规定披露董事、高级管理人员增持公司股份的计划。在公司披露董事、高级管理人员增持公司股份计划的3个交易日后，董事、高级管理人员开始实施增持公司股份的计划。

董事、高级管理人员用于购买股份的资金金额，单次不低于其在公司上市后担任董事、高管职务期间从公司处领取的现金分红累计额及上一会计年度其从发行人处领取的税后薪酬累计额之和的20%，单一年度不超过其在公司上市后担任董事、高管职务期间从公司处领取的现金分红累计额及上一会计年度其从发行人处领取的税后薪酬累计额之和的50%。但如果公司股价已经不满足启动稳定公司股价措施的条件的，公司董事、高级管理人员可不再实施增持公司股份。

公司董事、高级管理人员增持公司股份后，公司的股权分布应当符合上市条件。公司董事、高级管理人员增持公司股份应符合相关法律、法规及规范性文件的规定。

若公司新聘任董事(不包括独立董事)、高级管理人员的，公司将要求该等新聘任的董事、高级管理人员履行本公司上市时董事、高级管理人员已作出的相应承诺。

(四)未实施稳定股价预案的约束措施

1.公司应实施而未实施稳定股价预案的，将在股东大会及证监会指定报刊上公开说明未履行稳定股价预案的具体原因并向股东和社会公众投资者道歉，并将以单次不超过上一会计年度经审计的归属于母公司股东净利润的20%、单一会计年度合计不超过上一会计年度经审计的归属于母公司股东净利润的50%的标准，向全体股东实施现金分红。

2.控股股东应实施而未实施稳定股价预案的，将在股东大会及证监会指定报刊上公开说明未履行的具体原因并向公司股东和社会公众投资者道歉；并将在未采取稳定股价的具体措施的行为发生之日起5个工作日内停止从公司获得股东分红，同时其拥有的公司股份将不得转让，直至采取相应的稳定股价措施并实施完毕时为止。

3.董事(不包括独立董事)、高级管理人员应实施而未实施稳定股价预案的，将在公司股东大会及证监会指定报刊上公开说明未履行的具体原因并向股东和社会公众投资者道歉；并将在未采取稳定股价的具体措施的行为发生之日起5个工作日内停止在公司处领取股东分红及领取薪酬，同时其持有的公司股份不得转让，直至采取相应的股价稳定措施并实施完毕时为止。

三、发行前持股5%以上股东的持股意向及减持意向

公司股东除金国培外持股均未超过5%。公司控股股东股东、实际控制人金国培就其所持有发行人股票的持股意向及减持意向，声明并承诺如下：

(一)本人作为发行人的实际控制人，按照法律法规及监管要求，持有发行人的股票，并严格履行发行人首次公开发行股票招股说明书披露的股份锁定承诺。

(二)在本人所持发行人股份锁定期届满后，本人减持股份应符合相关法律法规及证券交易所

规则要求，减持方式包括但不限于二级市场集中竞价交易方式、大宗交易方式、协议转让方式等。

（三）本人减持股份的价格（如果因派发现金红利、送股、转增股本、增发新股等原因进行除权、除息的，须按照证券交易所的有关规定作复权处理，下同）根据当时的二级市场价格确定，并应符合相关法律法规及证券交易所规则要求；本人在发行人首次公开发行前所持有的股份在锁定期满后两年内减持的，减持价格不低于首次公开发行股票的发行价格。

（四）在锁定期满后的 12 个月内，本人减持股份数量不超过本人持有公司股份总数的 10%；在锁定期满后的 24 个月内，本人减持股份数量累计不超过本人持有公司股份总数的 20%。

（五）本人在减持所持有的发行人股份前，应提前 3 个交易日予以公告，并在 3 个月内完成，并按照证券交易所的规则及时、准确、完整地履行信息披露义务。

（六）本人将严格履行上述承诺事项，并承诺将遵守下列约束措施：

如果未履行上述承诺事项，本人将在公司股东大会及中国证监会指定报刊上公开说明未履行承诺的具体原因并向公司股东和社会公众投资者道歉。同时将在符合法律、法规及规范性文件规定的情况下 10 个交易日内回购违规卖出的股票，并将因未履行上述承诺而获得的收益上缴公司，同时自回购完成之日起自动延长持有股份的锁定期 3 个月。致使投资者在证券交易中遭受损失的，本人将依法赔偿投资者损失。

四、发行人及相关责任主体关于信息披露的承诺

1.发行人承诺，若本公司首次公开发行招股说明书有虚假记载、误导性陈述或者重大遗漏，对判断其是否符合法律规定的发行条件构成重大、实质影响的，本公司将依法回购首次公开发行的全部新股，致使投资者在证券交易中遭受损失的，本公司将依法赔偿投资者损失。本公司将在有权部门认定本公司招股说明书存在对判断本公司是否符合法律规定的发行条件构成重大、实质影响的虚假记载、误导性陈述或者重大遗漏后 3 个交易日内，根据相关法律法规及公司章程规定启动召开董事会、临时股东大会的程序，并经相关主管部门批准或备案后，启动股份回购措施；回购价格依据二级市场价格确定，但是不低于首次公开发行股份的的发行价格及依据相关法律法规及监管规则确定的价格。

发行人若违反上述承诺，将在股东大会及中国证监会指定报刊上公开说明未履行的具体原因并向股东和社会公众投资者道歉；如果因未履行相关公开承诺事项给投资者造成损失的，将依法向投资者赔偿相关损失。

2.发行人实际控制人金国培承诺，若公司首次公开发行招股说明书有虚假记载、误导性陈述或者重大遗漏，致使投资者在证券交易中遭受损失的，本人将依法赔偿投资者损失。本人将在有权部门认定本公司招股说明书，存在对判断本公司是否符合法律规定的发行条件构成重大、实质影响的虚假记载、误导性陈述或者重大遗漏后 3 个交易日内，采用二级市场集中竞价交易、大宗交易、协议转让或要约收购等方式购回已转让的原限售股份。购回价格依据协商价格或二级市场价格确定，但是不低于原转让价格及依据相关法律法规及监管规则确定的价格。

发行人实际控制人若违反上述承诺，将停止在发行人处获得股东分红，同时其持有的公司股份将不得转让，直至其按承诺采取相应的购回或赔偿措施并实施完毕时为止。

3.发行人现任董事、监事、高级管理人员承诺，若公司首次公开发行招股说明书有虚假记载、误导性陈述或者重大遗漏，致使投资者在证券交易中遭受损失的，本人将依法赔偿投资者损失。

发行人现任董事、监事、高级管理人员若违反上述承诺，将停止在公司处获得薪酬或津贴及股东分红，同时其持有的公司股份将不得转让，直至其按承诺采取相应的赔偿措施并实施完毕时为止。

4、与本次发行相关的中介服务机构承诺：

申万宏源证券承销保荐有限责任公司承诺，本保荐机构为发行人首次公开发行制作、出具的文件不存在虚假记载、误导性陈述或者重大遗漏的情形；若因本保荐机构为发行人首次公开发行制作、出具的文件有虚假记载、误导性陈述或者重大遗漏，给投资者造成损失的，本保荐机构将依法赔偿投资者损失。

天健会计师事务所承诺，本所为发行人首次公开发行制作、出具的文件不存在虚假记载、误导性陈述或者重大遗漏的情形；若因本所为发行人首次公开发行制作、出具的文件有虚假记载、误导性陈述或者重大遗漏，给投资者造成损失的，本所将依法赔偿投资者损失。

北京国枫律师事务所承诺，本所为发行人首次公开发行制作、出具的文件不存在虚假记载、误导性陈述或者重大遗漏的情形；若因本所为发行人首次公开发行制作、出具的文件有虚假记载、误导性陈述或者重大遗漏，给投资者造成损失的，本所将依法赔偿投资者损失。

五、公司 2015 年第一季度主要财务信息及经营状况

本部分披露的相关财务信息未经审计，但已经会计师事务所审阅。具体如下：

（一）财务报告审计截止日后主要财务信息

2015 年第一季度，公司生产经营状况正常。本公司 2015 年第一季度财务报告经公司第二届董事会第九次会议审议通过。

根据经天健审阅的公司 2015 年第一季度合并财务报表，公司 2015 年第一季度的合并报表的主要会计报表项目及同期对比情况如下：

1、合并资产负债表主要数据

单位：万元

项目	2015.3.31	2014.12.31	变动幅度
流动资产	46,780.08	52,313.92	-10.58%
非流动资产	7,178.22	7,095.93	1.16%
资产总计	53,958.30	59,409.85	-9.18%
流动负债	29,240.08	32,860.49	-11.02%
非流动负债	–	–	/
负债总计	29,240.08	32,860.49	-11.02%
股东权益总计	24,718.22	26,549.36	-6.90%
归属于母公司股东权益	24,718.22	26,549.36	-6.90%

2.合并利润表主要数据

单位：万元

项目	2015 年 1-3 月	2014 年 1-3 月	变动幅度
营业收入	4,008.81	4,892.65	-18.06%
营业成本	2,873.27	3,655.80	-21.41%
营业利润	-1,011.35	-1,216.25	16.85%
利润总额	-1,011.35	-1,216.25	16.85%
净利润	-861.94	-1,002.11	13.99%

3.合并现金流量表

单位：万元

项目	2015 年 1-3 月	2014 年 1-3 月	变动幅度
经营活动产生的现金流量净额	-8,172.35	-7,598.95	-7.55%
投资活动产生的现金流量净额	–	–	/
筹资活动产生的现金流量净额	-985.68	-2,395.42	58.85%
现金及现金等价物净增加额	-9,155.42	-9,988.22	8.34%

（二）财务报告审计截止日后主要经营状况

截至本上市公告书签署日，公司经营状况正常，经营模式未发生重大变化，发行人主要原材料的采购规模及采购价格、主要产品的收入规模及价格未发生重大变化、发行人客户和供应商的构成未发生重大变化，税收政策未发生变化，整体经营环境未发生重大变化。

公司预计 2015 年上半年经营业绩不会发生重大变化。

六、如无特别说明，本上市公告书中的简称或名词的释义与本公司首次公开发行股票招股说明书中的释义相同。

第二节　股票上市情况

一、股票发行上市审核情况

（一）编制上市公告书的法律依据

本上市公告书系根据《中华人民共和国公司法》、《中华人民共和国证券法》和《上海证券交易所股票上市规则》等有关法律法规规定，并，按照上海证券交易所《股票上市公告书内容与格式指引》编制而成，旨在向投资者提供有关本公司首次公开发行股票并上市的基本情况。

（二）股票发行的核准部门和文号

本公司首次公开发行股票已经中国证券监督管理委员会“证监许可【2015】839 号”文批准。

（三）交易所同意股票上市文件的文号

本公司股票上市经上海证券交易所“自律监管决定书【2015】220 号”文批准。

二、本次上市相关信息

（一）上市地点：上海证券交易所

（二）上市时间：2015 年 5 月 28 日

（三）股票简称：金桥信息

（四）股票代码：603918

（五）本次公开发行后的总股本：8,800 万股

（六）本次公开发行的股票数量：2,200 万股

（七）本次上市的无流通限制及锁定安排的股票数量：2,200 万股

（八）发行前股东所持股份的流通限制及期限：参见本上市公告书之“第一节　重要声明与提示”

（九）发行前股东对所持股份自愿锁定的承诺：参见本上市公告书之“第一节　重要声明与提示”

（十）本次上市股份的其他锁定安排：参见本上市公告书之“第一节　重要声明与提示”

（十一）股票登记机构：中国证券登记结算有限责任公司上海分公司

（十二）上市保荐机构：申万宏源证券承销保荐有限责任公司

第三节　发行人、股东和实际控制人情况

一、发行人基本情况

（一）公司基本情况

发行人名称：上海金桥信息股份有限公司

英文名称：Shanghai Golden Bridge InfoTech Co., Ltd.

发行后注册：资本 8,800 万元

法定代表人：金国培

住所：上海市张江高科技园区郭守敬路 498 号 12 幢

经营范围：各种信息系统、安全防范防火工程，建筑智能化工程设计与施工，计算机软硬件产品研发、销售，电子产品、机电产品、仪器仪表、办公自动化设备、家用电器销售，相关的技术咨询和技术服务，货物与技术的进出口业务（企业经营涉及行政许可的，凭许可证件经营）。

主营业务：提供各类多媒体信息系统行业应用解决方案及服务

所属行业：I65 软件和信息技术服务业

电话：021-33674997

传真：021-64647869

电子邮箱：shgbit@shgbit.com

董事会秘书：李志明

（二）发行人董事、监事、高级管理人员及其持有公司股票情况

发行人董事、监事和高级管理人员的姓名、任职情况如下：

序号	人员姓名	现任公司职务	任职起止日期	直接持股数量（万股）	直接持股比例（%）
1	金国培	董事长、总经理	2013.08.04—2016.08.03	2632.8	39.89
2	沈颖华	董事、财务总监	2013.08.04—2016.08.03	211.2	3.20
3	陆　胜	董事、副总经理	2013.08.04—2016.08.03	237.6	3.60
4	周　喆	董事、副总经理、系统集成部经理	2013.08.04—2016.08.03	264	4.00
5	金史平	董事、工程总监、技术工程部经理	2013.08.04—2016.08.03	211.2	3.20
6	王　琨	董事、北京分公司总经理	2013.08.04—2016.08.03	79.2	1.20
7	刘仁忠	独立董事	2013.08.04—2016.08.03	—	—
8	崔　军	独立董事	2013.08.04—2016.08.03	—	—
9	陈怀谷	独立董事	2013.08.04—2016.08.03	—	—
10	朱树旺	监事会主席	2013.08.04—2016.08.03	316.8	4.80
11	顾立兵	监事、综合管理部经理	2013.08.04—2016.08.03	158.4	2.40
12	邓宇辉	监事、技术工程部副经理	2013.08.04—2016.08.03	—	—
13	李志明	副总经理、董事会秘书	2013.08.04—2016.08.03	264	4.00
14	周　英	副总经理	2013.08.04—2016.08.03	264	4.00

二、控股股东及实际控制人的基本情况

金国培持有发行前本公司 39.89%股份，为本公司第一大股东、实际控制人，其基本情况如下：

金国培

1963 年 10 月出生，男，汉族，本科学历，高级工程师

1984 年毕业于浙江大学光学仪器工程学系，曾任公安部上海 832 厂技术员、上海毕昇电脑技术有限公司销售部经理。1994 年至 2010 年 9 月就职于金桥有限，历任公司信息系统部经理、公司副总经理、公司总经理。股份公司成立至今，任公司董事长、总经理。曾获 2004 年上海市科学技术进步二等奖，2010 年信息化视听行业十大领军人物。

三、股东情况

（一）本次发行前后的股本结构变动情况

股东名称	发行前 持股数量（万股）	发行前 持股比例	发行后 持股数量（万股）	发行后 持股比例	锁定期限　制
一、有限售条件 A 股流通股					
金国培	2,632.80	39.89%	2,632.80	29.92%	36 个月
朱树旺	316.80	4.80%	316.80	3.60%	12 个月
束韶华	300.00	4.54%	300.00	3.40%	12 个月
上海王狮实业有限公司	300.00	4.54%	300.00	3.40%	12 个月
李志明	264.00	4.00%	264.00	3.00%	12 个月
周　英	264.00	4.00%	264.00	3.00%	12 个月
周　喆	264.00	4.00%	264.00	3.00%	12 个月
陆　胜	237.60	3.60%	237.60	2.70%	12 个月
杨明炯	211.20	3.20%	211.20	2.40%	12 个月
沈颖华	211.20	3.20%	211.20	2.40%	12 个月
金史平	211.20	3.20%	211.20	2.40%	12 个月
顾立兵	158.40	2.40%	158.40	1.80%	12 个月
孙学成	158.40	2.40%	158.40	1.80%	12 个月
杨海婷	105.60	1.60%	105.60	1.20%	12 个月
汪宗元	105.60	1.60%	105.60	1.20%	12 个月
许坚翔	105.60	1.60%	105.60	1.20%	12 个月
王际无	79.20	1.20%	79.20	0.90%	12 个月
张　曦	79.20	1.20%	79.20	0.90%	12 个月
陈　杰	79.20	1.20%	79.20	0.90%	12 个月
王　琦	79.20	1.20%	79.20	0.90%	12 个月
易学军	79.20	1.20%	79.20	0.90%	12 个月
王　琨	79.20	1.20%	79.20	0.90%	12 个月
刘　俊	52.80	0.80%	52.80	0.60%	12 个月
卢　捷	52.80	0.80%	52.80	0.60%	12 个月
韩广毅	52.80	0.80%	52.80	0.60%	12 个月
章冰烨	40.00	0.61%	40.00	0.46%	12 个月
周玉静	40.00	0.61%	40.00	0.46%	12 个月
李鸿华	40.00	0.61%	40.00	0.46%	12 个月
合　计	6,600.00	100.00%	6,600.00	75.00%	—
二、无限售条件 A 股流通股					
本次网下发行社会公众股	—	—	220.00	2.50%	—
本次网上发行社会公众股	—	—	1,980.00	22.5%	—
合计	—		2,200.00	25.00%	—
总合计	6,600.00	100.00%	8,800.00	100.00%	—

注：上述自然人股东若为发行人董监高，则在任职期间，每年转让的股份不超过其所持有发行人股份总数的 25%，离职后半年内，不转让其所持有的发行人股份；在申报离任 6 个月后的 12 个月内通过证券交易所挂牌交易出售发行人股票的数量占其所持有发行人股票总数的比例不超过 50%。

（二）本次发行后、上市前的股东情况

公司本次发行后、上市前的股东户数为 20,040 户，其中前 10 名股东的名称、持股数量及持股比例如下：

序号	股东名称	股份（万股）	持股比例
1	金国培	2,632.80	29.92%
2	朱树旺	316.80	3.60%
3	束韶华	300.00	3.40%
4	上海王狮实业有限公司	300.00	3.40%
5	李志明	264.00	3.00%
6	周　英	264.00	3.00%
7	周　喆	264.00	3.00%
8	陆　胜	237.60	2.70%
9	杨明炯	211.20	2.40%
10	沈颖华	211.20	2.40%

第四节　股票发行情况

一、发行数量：2,200 万股，不涉及老股转让

二、发行价格：9.50 元/股

三、每股面值：人民币 1.00 元

四、发行方式：网下向投资者配售与网上资金申购定价发行相结合的方式

五、募集资金总额及注册会计师对资金到位的验证情况：

1.本次募集资金总额为 20,900.00 万元。

2.注册会计师对资金到位的验证情况：天健会计师事务所（特殊普通合伙）于 2015 年 5 月 25 日对本次发行的资金到位情况进行了审验，并出具了"天健验【2015】158 号"《验资报告》。

六、发行费用总额及明细构成、每股发行费用：

序号	项目	金额（元）
1	承销费用	24,000,000.00
2	保荐费用	1,000,000.00
3	审计及验资费用	4,718,800.00
4	律师费用	3,400,000.00
5	用于本次发行的信息披露费用	3,980,000.00
6	登记托管费及上市初费	841,782.96
	发行费用合计	37,940,650.88
	每股发行费用	1.72 元/股（发行费用除以本次发行股数）

七、募集资金净额：17,105.93 万元

八、发行后每股净资产：4.96 元/股（按照 2014 年 12 月 31 日经审计的归属于母公司股东权益加

本次发行募集资金净额除以本次发行后总股本计算）

九、发行后每股收益：0.41 元/股（按本公司 2014 年度经审计的扣除非经常性损益前后孰低的归属于母公司股东的净利润除以发行后总股本计算）

第五节　财务会计情况

本公司 2012 年-2014 年经审计的财务数据、2015 年 1-3 月经审阅的财务数据已在招股说明书中进行详细披露，投资者欲了解相关情况请详细阅读招股说明书。

2015 年第一季度，公司生产经营状况正常。根据经天健出具的“天健审【2015】4568 号”《审阅报告》，公司 2015 年第一季度的合并报表的主要会计报表项目及同期对比情况如下：

1.合并资产负债表主要数据

单位：万元

项目	2015.3.31	2014.12.31	变动幅度
流动资产	46,780.08	52,313.92	-10.58%
非流动资产	7,178.22	7,095.93	1.16%
资产总计	53,958.30	59,409.85	-9.18%
流动负债	29,240.08	32,860.49	-11.02%
非流动负债	-	-	/
负债总计	29,240.08	32,860.49	-11.02%
股东权益总计	24,718.22	26,549.36	-6.90%
归属于母公司股东权益	24,718.22	26,549.36	-6.90%

2.合并利润表主要数据

单位：万元

项目	2015 年 1-3 月	2014 年 1-3 月	变动幅度
营业收入	4,008.81	4,892.65	-18.06%
营业成本	2,873.27	3,655.80	-21.41%
营业利润	-1,011.35	-1,216.25	16.85%
利润总额	-1,011.35	-1,216.25	16.85%
净利润	-861.94	-1,002.11	13.99%

3.合并现金流量表

单位：万元

项目	2015 年 1-3 月	2014 年 1-3 月	变动幅度
经营活动产生的现金流量净额	-8,172.35	-7,598.95	-7.55%
投资活动产生的现金流量净额	-	-	/
筹资活动产生的现金流量净额	-985.68	-2,395.42	58.85%
现金及现金等价物净增加额	-9,155.42	-9,988.22	8.34%

截至本上市公告书签署日，公司经营状况正常，经营模式未发生重大变化，发行人主要原材料的采购规模及采购价格、主要产品的收入规模及价格未发生重大变化、发行人客户和供应商的构成未发生重大变化，税收政策未发生变化，整体经营环境未发生重大变化。

第六节　其他重要事项

一、募集资金专户存储三方监管协议的安排

根据《上海证券交易所上市公司募集资金管理办法(2013 年修订)》的规定，本公司已于 2015 年 5 月 25 日分别与上海浦东发展银行卢湾支行、上海浦东发展银行徐汇支行、上海银行股份有限公司万源路支行、招商银行上海分行营业部、中国银行股份有限公司上海市徐汇支行、中信银行上海中信泰富广场支行及保荐机构申万宏源证券承销保荐有限责任公司签订《募集资金专户存储三方监管协议》。

根据《募集资金专户存储三方监管协议》，协议约定的主要内容如下：

本公司简称为“甲方”，开户银行简称为“乙方”，申万宏源承销保荐简称为“丙方”。

1.甲方已在乙方开设募集资金专项账户(以下简称“专户”)，该专户仅用于甲方特定项目募集资金的存储和使用，不得用作其他用途。

2.甲乙双方应当共同遵守《中华人民共和国票据法》、《支付结算办法》、《人民币银行结算账户管理办法》等法律、法规、规章。

3.丙方作为甲方的保荐人，应当依据有关规定指定保荐代表人或其他工作人员对甲方募集资金使用情况进行监督。

丙方承诺按照《证券发行上市保荐业务管理办法》、《上海证券交易所上市公司募集资金管理办法(2013 年修订)》以及甲方制订的募集资金管理制度对甲方募集资金管理事项履行保荐职责，进行持续督导工作。

丙方可以采取现场调查、书面问询等方式行使其监督权。甲方和乙方应当配合丙方的调查与查询。丙方定期对甲方现场核查时应当同时检查专户存储情况。

4.甲方授权丙方指定的保荐代表人吴薇、崔勇可以随时到乙方查询、复印甲方专户的资料；乙方应当及时、准确、完整地向其提供所需的有关专户的资料。

保荐代表人向乙方查询甲方专户有关情况时应当出具本人的合法身份证明；丙方指定的其他工作人员向乙方查询甲方专户有关情况时应当出具本人的合法身份证明和单位介绍信。

5.乙方按月(每月 28 日前)向甲方出具真实、准确、完整的专户对账单，并抄送给丙方。

6. 甲方 1 次或 12 个月以内累计从专户支取的金额超过 5000 万元且达到发行募集资金总额扣除发行费用后的净额(以下简称“募集资金净额”)的 20%的，甲方应当及时以传真方式通知丙方，同时提供专户的支出清单。

7.丙方有权根据有关规定更换指定的保荐代表人。丙方更换保荐代表人的，

应当将相关证明文件书面通知乙方，同时按本协议第十二条的要求书面通知更换后保荐代表人的联系方式。更换保荐代表人不影响本协议的效力。

8.乙方连续三次未及时向甲方出具对账单，以及存在未配合丙方调查专户情形的，甲方可以主动或在丙方的要求下单方面终止本协议并注销募集资金专户。

9.丙方发现甲方、乙方未按约定履行本协议的，应当在知悉有关事实后及时向上海证券交易所书面报告。

10.本协议自甲、乙、丙三方法定代表人(负责人)或其授权代表签署并加盖各自单位公章之日起生效，至专户资金全部支出完毕并依法销户之日起失效。

二、其他事项

本公司在招股意向书刊登日(2015 年 5 月 11 日)至上市公告书刊登前的其他事项如下：

(一)本公司主要业务发展目标的进展情况正常；

(二)本公司所处行业和市场未发生重大变化；

(三)除与正常业务经营相关的采购、销售、借款等商务合同外，本公司未订立其他对本公司的资产、负债、权益和经营成果产生重大影响的重要合同；

(四)本公司与关联方未发生重大关联交易；

(五)本公司未发生重大投资；

(六)本公司未发生重大资产(或股权)购买、出售及置换；

(七)本公司住所未发生变更；

(八)本公司董事、监事、高级管理人员及核心技术人员未发生变化；

(九)本公司未发生重大诉讼、仲裁事项；

(十)本公司未发生对外担保等或有事项；

(十一)本公司的财务状况和经营成果未发生重大变化；

(十二)本公司未发生其他应披露的重大事项。

第七节　上市保荐机构及其意见

一、上市保荐机构基本情况

保荐机构：申万宏源证券承销保荐有限责任公司

法定代表人：赵玉华

住所：新疆乌鲁木齐市高新区(新市区)北京南路 358 号大成国际大厦 20 楼 2004 室)

联系地址：上海市徐汇区常熟路 239 号

联系电话：021-33389888

传　　真：021-54047982

保荐代表人：崔勇吴薇

联系人：吴薇

二、上市保荐机构的推荐意见

上市保荐机构申万宏源证券承销保荐有限责任公司认为，发行人申请其股票上市符合《中华人民共和国公司法》、《中华人民共和国证券法》及《上海证券交易所股票上市规则》等法律、法规的规定，发行人股票具备在上海证券交易所上市的条件。上市保荐机构同意推荐上海金桥信息股份有限公司在上海证券交易所上市。

发行人：上海金桥信息股份有限公司

保荐机构(主承销商)：申万宏源证券承销保荐有限责任公司

2015 年 5 月 27 日

湖南艾华集团股份有限公司

湖南艾华集团股份有限公司首次公开发行股票上市公告书

特别提示

本公司股票将于2015年5月15日在上海证券交易所上市。本公司提醒投资者应充分了解股票市场风险及本公司披露的风险因素，在新股上市初期切忌盲目跟风“炒新”，应当审慎决策、理性投资。

第一节　重要声明与提示

一、重要声明

湖南艾华集团股份有限公司(以下简称“本公司”、“公司”、“艾华集团”或“发行人”)及全体董事、监事、高级管理人员保证上市公告书所披露信息的真实、准确、完整，承诺上市公告书不存在虚假记载、误导性陈述或重大遗漏，并承担个别和连带的法律责任。

证券交易所、其他政府机关对本公司股票上市及有关事项的意见，均不表明对本公司的任何保证。

本公司提醒广大投资者注意，凡本上市公告书未涉及的有关内容，请投资者查阅刊载于上海证券交易所网站(http://www.sse.com.cn)的本公司招股说明书全文。

二、募集资金监管协议

本次募集资金已经存入平安银行北京金融街支行。根据《上海证券交易所上市公司募集资金管理规定》要求，本公司将在公司公开发行新股募集资金到账后一个月内与保荐机构平安证券及专户存储募集资金的商业银行签订《募集资金专户存储三方监管协议》。平安银行北京金融街支行已出具承诺，未经保荐机构及保荐代表人同意，艾华集团不得划转监管账户中的监管资金。

三、本次发行前股东所持股份的流通限制及自愿锁定股份的承诺

发行人控股股东湖南艾华投资有限公司及实际控制人艾立华、王安安以及其他自然人股东承诺：“自艾华集团股票上市之日起三十六个月内，不转让或者委托他人管理其直接或间接持有的艾华集团公开发行股票前已发行的股份，也不由艾华集团回购其直接或间接持有的艾华集团公开发行股票前已发行的股份。”

作为担任发行人董事、监事、高级管理人员的王安安、艾立宇、殷宝华、张建国、徐兵、颜耀凡、朱勇另行承诺：“在本人任职期间每年转让的股份数额不超过本人所持有艾华集团股份总数的25%；若本人从艾华集团离职，离职后半年内，不转让本人所持有的艾华集团股份。”

发行人控股股东湖南艾华投资有限公司、持有发行人股份的董事和高级管理人员王安安、艾立宇、殷宝华、张建国、颜耀凡、朱勇承诺：所持股票在上述锁定期满后两年内减持的，其减持价格不低于发行价；公司上市后6个月内如公司股票连续20个交易日的收盘价均低于发行价，或者上市后6个月期末收盘价低于发行价，持有公司股票的锁定期限自动延长6个月。

发行人股东平安财智承诺：自艾华集团股票上市后18个月内，不转让或者委托他人管理其直接或间接持有的艾华集团公开发行股票前已发行的股份，也不由艾华集团回购其直接或间接持有的艾华集团公开发行股票前已发行的股份。

四、稳定股价的预案

如果公司首次公开发行并上市后三年内股价出现低于每股净资产的情况时，公司将启动以下稳定股价预案：

(一)启动股价稳定措施的预警条件和具体条件

1.预警条件：公司股票连续5个交易日的收盘价均低于每股净资产的120%时，公司将在10个工作日内召开投资者见面会或通过电子信息交流平台，与投资者就上市公司经营状况、财务指标、发展战略等进行深入沟通。

2.启动条件及程序：当公司股票连续20个交易日的收盘价低于每股净资产时，应当在5日内召开董事会、25日内召开股东大会，审议稳定股价具体方案，明确该等具体方案的实施期间，并在股东大会审议通过该等方案后的5个交易日内启动稳定股价具体方案的实施。

3.停止条件：在上述第2项稳定股价具体方案的实施期间内，如公司股票连续20个交易日收盘价高于每股净资产时，将停止实施股价稳定措施。上述第2项稳定股价具体方案实施期满后，如再次发生上述第2项的启动条件，则再次启动稳定股价措施。

(二)稳定股价的具体措施

公司稳定股价的具体措施包括发行人回购公司股票；控股股东湖南艾华投资有限公司增持公司股票；公司董事、高级管理人员增持公司股票。启动上述措施的具体条件分别为：

1.发行人采用回购公司股票并注销的方案时应当符合以下条件：公司股票连续20个交易日的收盘价均低于最近一期每股净资产；公司上市后满一年；公司最近一年无重大违法行为；上市公司不处于亏损状态；回购股份后，上市公司具备持续经营能力；回购股份后，上市公司的股权分布应当符合上市条件。

2.控股股东湖南艾华投资有限公司、公司董事、高级管理人员增持公司股票时应当符合以下条件：公司股票连续20个交易日的收盘价均低于最近一期每股净资产；增持完成后不会影响公司的上市地位。

如果上述股价稳定措施的具体条件皆满足，公司和控股股东湖南艾华投资有限公司以及公司董事、高级管理人员将协商选择其中一种或几种方式予以实施。

(三)发行人回购公司股票

回购公司股票的具体条件成就后30日内，公司董事会应制定回购股票的具体方案，方案中的回购价格不低于每股净资产的价值，单次回购比例不高于公司股本总额的2%。

具体方案需经全体董事的过半数表决通过，独立董事应当对具体方案进行审核并发表独立意见。上市公司股东大会对具体方案作出决议，必须经出席会议的股东所持表决权的2/3以上通过。回购股票的期限为自股东大会审议通过本回购股份具体方案之日起六个月内。如果在此期限内回购资金使用金额达到最高限额，则回购方案即实施完毕，回购期限自该日起提前届满。公司在启动回购股票时，需提前3个交易日予以公告具体实施方案。

(四)控股股东湖南艾华投资有限公司增持公司股票

湖南艾华投资有限公司增持公司股票的具体条件成就后30日内，湖南艾华投资有限公司股东会需通过增持公司股票的具体方案，方案中的增持价格按照公开市场价格进行，增持比例不低于公司股本总额的1%。

湖南艾华投资有限公司在具体方案经股东会审议批准后两个交易日内以书面方式通知上市公司，增持股票的期限为自上市公司公告具体方案之日起12个月内。湖南艾华投资有限公司在启动增持股票时，需提前3个交易日予以公告具体实施方案。

(五)公司董事、高级管理人员增持公司股票

公司董事(独立董事除外)、高级管理人员应在不迟于股东大会审议通过稳定股价具体方案后的5个交易日内，根据股东大会审议通过的稳定股价具体方案，按照公开市场价格进行增持，购买所增持股票的总金额不低于其上年度初至董事会审议通过稳定股价具体方案日期间，从公司获取的税后薪酬及税后现金分红总额的30%。董事、高级管理人员应按照证监会相关规定、公司章程、交易所相关规定的要求完成相关事项的信息披露。

五、公开发行前持股5%以上股东的持股意向及减持意向

公司公开发行前持股5%以上的股东有湖南艾华投资有限公司、自然人股东王安安。公司控股股东湖南艾华投资有限公司和王安安持股意向及减持意向如下：

1.湖南艾华投资有限公司和王安安拟长期持有公司股票；

2.如果在锁定期满后，拟减持股票的，将认真遵守证监会、交易所关于股东减持的相关规定，结合公司稳定股价、开展经营、资本运作的需要，审慎制定股票减持计划，在股票锁定期满后逐步减持；

3.减持公司股份应符合相关法律、法规、规章的规定，具体方式包括但不限于交易所集中竞价交易方式、大宗交易方式、协议转让方式等；

4.减持公司股份前，应提前三个交易日予以公告，并按照证券交易所的规则及时、准确地履行信息披露义务；持有公司股份低于5%以下时除外；

5.如果在锁定期满后两年内拟减持股票的，减持价格不低于发行价(指发行人首次公开发行股票的发行价格，如果因公司上市后派发现金红利、送股、转增股本、增发新股等原因进行除权、除息的，则按照证券交易所的有关规定作除权除息处理)；

6.如果未履行上述减持意向，湖南艾华投资有限公司和王安安将在股东大会及中国证监会指定的披露媒体上公开说明未履行承诺的具体原因并向公司股东和社会公众投资者致歉；

7.如果未履行上述减持意向，湖南艾华投资有限公司和王安安持有的公司股份自未履行上述减

持意向之日起 6 个月内不得减持。

六、关于虚假记载、误导性陈述或者重大遗漏的承诺

1.发行人及其控股股东承诺

发行人及其控股股东承诺招股说明书如有虚假记载、误导性陈述或者重大遗漏，对判断发行人是否符合法律规定的发行条件构成重大、实质影响的，经相关监管部门认定后：(1)如果公司股票已发行但未上市的，自认定之日起 30 日内，发行人将依法按照发行价加计银行同期存款利息回购本次公开发行的全部新股；发行人控股股东将依法按照发行价加计银行同期存款利息购回已转让的原限售股份；(2)如果公司股票已上市的，致使投资者在证券交易中遭受损失的，发行人及其控股股东将依法回购首次公开发行的全部新股和已转让的原限售股份，并按公开发行新股与公开发售股份的比例依法赔偿投资者损失。赔偿投资者损失的具体措施将在发行人董事会、股东大会通过后公告实施，控股股东将回避表决。发行人及控股股东将自该公告刊登之日起 60 日内完成赔偿对象认定、申报确认、支付赔偿金等程序。

2.发行人及其控股股东、实际控制人、董事、监事、高级管理人员承诺

发行人及其控股股东、实际控制人、董事、监事、高级管理人员承诺如发行人招股说明书有虚假记载、误导性陈述或者重大遗漏，致使投资者在证券交易中遭受损失的，将依法赔偿投资者损失。

3.保荐机构、发行人律师、申报会计师、资产评估机构承诺

平安证券有限责任公司作为保荐机构、主承销商承诺：因我公司为发行人首次公开发行制作、出具的文件中有虚假记载、误导性陈述、或者重大遗漏，给投资者造成损失的，将依法赔偿投资者损失。

天职国际会计师事务所(特殊普通合伙)作为申报会计师、验资机构承诺：因我所为发行人首次公开发行制作、出具的文件有虚假记载、误导性陈述、或者重大遗漏，给投资者造成损失的，将依法赔偿投资者损失。

湖南启元律师事务所作为发行人律师承诺：因我所为发行人首次公开发行制作、出具的文件有虚假记载、误导性陈述、或者重大遗漏，给投资者造成损失的，将依法赔偿投资者损失。

沃克森(北京)国际资产评估有限公司作为发行人的资产评估机构承诺：因我公司为发行人首次公开发行制作、出具的文件有虚假记载、误导性陈述、或者重大遗漏，给投资者造成损失的，将依法赔偿投资者损失。

七、未履行承诺的约束措施

发行人承诺：本公司将严格履行本公司就首次公开发行股票并上市所作出的所有公开承诺事项，积极接受社会监督。

如本公司未能履行招股说明书等募集文件公开承诺事项，则：(1)本公司将立即停止制定或实施现金分红计划、停止发放公司董事、监事和高级管理人员的薪酬、津贴，直到本公司履行相关承诺；(2)本公司将立即停止制定或实施重大资产购买、出售等行为，以及增发股份、发行公司债券以及重大资产重组等资本运作行为，直到公司履行相关承诺；(3)本公司将在 5 个工作日内自动冻结以下金额的货币资金：发行新股股份数乘以股票发行价加算股票发行后至回购时相关期间银行同期存款利息，以用于本公司履行相关承诺。如本公司上市后有利润分配或送配股份等除权、除息行为，上述发行价为除权除息后的价格。

发行人控股股东艾华投资承诺：我公司若违反招股说明书等募集文件公开承诺的，应在违反承诺的事实发生后 30 日内将违反承诺所得的全部资金上交发行人，如我公司未及时将违反上述承诺所得的全部资金上交发行人，则发行人有权扣留应付我公司现金分红中相应金额的资金。

发行人董事、监事、高级管理人员承诺：本人若违反招股说明书等募集文件公开承诺的，应在违反承诺的事实发生后 30 日内将违反承诺所得的全部资金上交发行人，如本人未及时将违反上述承诺所得的全部资金上交发行人，则发行人有权扣留应付本人现金分红中相应金额的资金。本人上述承诺，不会因为本人在发行人所担任的职务变更或离职等原因而改变。

第二节　股票上市情况

一、公司股票发行上市审批情况

(一)编制上市公告书的法律依据

本上市公告书系根据《中华人民共和国公司法》、《中华人民共和国证券法》和《上海证券交易所股票上市规则》等有关法律法规规定，并按照上海证券交易所《股票上市公告书内容与格式指引》编制而成，旨在向投资者提供有关本公司首次公开发行股票(A 股)上市的基本情况。

(二)股票发行的核准部门和文号

本公司首次公开发行 A 股股票(简称"本次发行")经中国证券监督管理委员会"证监许可[2015]704 号"批复核准。本次发行采用网下向投资者询价配售与网上按市值申购向投资者定价发行相结合的方式进行。

(三)上海证券交易所同意股票上市文件的文号

本公司 A 股股票上市经上海证券交易所自律监管决定书([2015]179 号)批准。本公司发行的 A 股股票在上海证券交易所上市，证券简称"艾华集团"，证券代码"603989"；其中本次发行的 5,000 万股股票将于 2015 年 5 月 15 日起上市交易。

二、股票上市相关信息

(一)上市地点：上海证券交易所

(二)上市时间：2015 年 5 月 15 日

(三)股票简称：艾华集团

(四)股票代码：603989

(五)本次发行后的总股本：20,000 万股

(六)本次发行的股票数量：5,000 万股

(七)发行前股东所持股份的流通限制及期限：

根据《公司法》的有关规定，公司公开发行股份前已发行的股份，自公司股票在证券交易所上市交易之日起一年内不得转让。

(八)发行前股东对所持股份自愿锁定的承诺(详见"第一节重要声明与提示")

(九)股票登记机构：中国证券登记结算有限责任公司上海分公司

(十)上市保荐机构：平安证券有限责任公司

第三节　发行人、股东和实际控制人情况

一、公司基本情况

中文名称：湖南艾华集团股份有限公司

英文名称：HUNAN AIHUA GROUP CO.,LTD.

注册资本：人民币 15,000 万元

法定代表人：艾立华

成立日期：1993 年 12 月 29 日

住所：湖南省益阳市桃花仑东路(紫竹路南侧)

邮政编码：413000

电话：0737-6183891

传真：0737-6183891

互联网网址：www.aihuaglobal.com

电子信箱：aihua@aihuaglobal.com

董事会秘书：朱勇

经营范围：铝电解电容器、铝箔的生产与销售；生产电容器的设备制造；对外投资

所属行业：根据中国证监会《上市公司行业分类指引》，发行人属于"计算机、通信和其他电子设备制造业"(C39)

二、董事、监事、高级管理人员及持股情况

(一)公司董事及任职情况

序号	姓　名	职　务	任职期间
1	艾立华	董事长	2012 年 11 月-2015 年 11 月
2	王安安	董事、总经理	2012 年 11 月-2015 年 11 月
3	艾立宇	董事	2012 年 11 月-2015 年 11 月
4	殷宝华	董事、副总经理	2012 年 11 月-2015 年 11 月
5	温学礼	独立董事	2012 年 11 月-2015 年 11 月
6	王远明	独立董事	2012 年 11 月-2015 年 11 月
7	舒强兴	独立董事	2012 年 11 月-2015 年 11 月

(二)公司监事及任职情况

序号	姓　名	职　务	任职期间
1	徐　兵	监事会主席	2012 年 11 月-2015 年 11 月
2	夏凤琴	监事	2012 年 11 月-2015 年 11 月
3	黄靖文	职工监事	2012 年 11 月-2015 年 11 月

(三)公司高级管理人员及任职情况

序号	姓　名	职　务	任职期间
1	王安安	总经理	2012 年 11 月-2015 年 11 月
2	殷宝华	副总经理	2012 年 11 月-2015 年 11 月
3	张建国	副总经理	2012 年 11 月-2015 年 11 月
4	颜耀凡	财务总监	2012 年 11 月-2015 年 11 月
5	朱　勇	董事会秘书	2012 年 11 月-2015 年 11 月

(四)董事、监事、高级管理人员及持股情况

姓　名	职务	任职期间	持有公司股份(万股)	发行后持股比例(%)
王安安	董事、总经理	2012 年 11 月-2015 年 11 月	3,244.13	16.22%
艾立宇	董事	2012 年 11 月-2015 年 11 月	350.00	1.75%
殷宝华	董事、副总经理	2012 年 11 月-2015 年 11 月	350.00	1.75%
徐　兵	监事会主席	2012 年 11 月-2015 年 11 月	15.00	0.08%
张建国	副总经理	2012 年 11 月-2015 年 11 月	45.00	0.23%
颜耀凡	财务总监	2012 年 11 月-2015 年 11 月	30.00	0.15%
朱　勇	董事会秘书	2012 年 11 月-2015 年 11 月	15.00	0.08%

注:除上述直接持股外,艾立华、王安安通过艾华投资间接持有本公司 9,768.88 万股。

三、控股股东和实际控制人的情况

公司控股股东为湖南艾华投资有限公司和实际控制人为艾立华、王安安。

湖南艾华投资有限公司持有发行前本公司 65.13%的股份,为公司控股股东。湖南艾华投资有限公司成立于 2009 年 4 月 13 日,注册资本 3300 万元,注册地为益阳市赫山区金秀路桐子坝巷 7 号,主要从事对外实业投资,法定代表人为艾立华。

艾立华、王安安夫妇为公司实际控制人,直接和间接持有本公司 13,013.01 万股,占公司总股本的 86.76%,其中王安安直接持有本公司 3,244.13 万股,占公司总股本的 21.63%;艾立华、王安安通过艾华投资间接持有本公司 9,768.88 万股,占发行前公司总股本的 65.13%。

湖南艾华投资有限公司和实际控制人持有的公司股票不存在被质押或其他有争议的情况。

四、股东情况

(一)本次发行前后的股本结构变动情况

	发行前		发行后	
股东类别	股数(万股)	比例(%)	股数(万股)	比例(%)
一、有限售条件流通股				
艾华投资	9,768.88	65.13	9,768.88	48.84
王安安	3,244.13	21.63	3,244.13	16.22
平安财智	625	4.17	625	3.13
艾立宇	350	2.33	350	1.75
殷宝华	350	2.33	350	1.75
袁　烨	260	1.73	260	1.30
张建国	45	0.3	45	0.23
何建民	40	0.27	40	0.20
周运动	40	0.27	40	0.20
袁德明	40	0.27	40	0.20
颜耀凡	30	0.2	30	0.15
陈太平	30	0.2	30	0.15
曾丽军	30	0.2	30	0.15
艾立平	30	0.2	30	0.15
张　健	20	0.13	20	0.10
朱　勇	15	0.1	15	0.08
徐　兵	15	0.1	15	0.08
徐　虹	15	0.1	15	0.08
袁欣欣	12	0.08	12	0.06
朱立希	10	0.07	10	0.05
周　航	10	0.07	10	0.05
徐爱华	10	0.07	10	0.05
余日红	10	0.07	10	0.05
二、本次流通股	-	-	5,000.00	25.00
合　计	15,000.00	100.00	20,000.00	100.00

(二)本次上市前的股东情况

本次发行后、上市前的股东户数为 411,181 户,公司持股数量前十名的股东情况如下:

序号	股　东	持股数(万股)	持股比例(%)
1	艾华投资	9,768.88	48.84
2	王安安	3,244.13	16.22
3	平安财智	625	3.13
4	艾立宇	350	1.75
5	殷宝华	350	1.75
6	袁　烨	260	1.30
7	张建国	45	0.23
8	何建民	40	0.20
9	周运动	40	0.20
10	袁德明	40	0.20

第四节　股票发行情况

一、发行数量

本次发行数量为 5,000 万股,全部为新股。其中,网下向配售对象询价配售股票数量为 500 万股,占本次发行总量的 10%;网上按市值申购方式向社会公众投资者定价发行股票数量为 4,500 万股,占本次发行总量的 90%。

二、发行价格

本次发行价格为 20.74 元/股。

三、每股面值

每股面值:1 元。

四、发行方式

本次发行采用网下向符合条件的投资者询价配售和网上按市值申购方式向社会公众投资者定价发行相结合的方式进行。

本次发行的网上、网下申购缴款工作已于 2015 年 5 月 7 日(T 日)结束。在初步询价阶段提交有效报价的 145 个配售对象中有 144 个参与了网下申购并按照 2015 年 5 月 6 日 (T-1 日) 公布的《湖南艾华集团股份有限公司首次公开发行股票发行公告》(以下简称"《发行公告》")的要求及时足额缴纳了申购款。其中,有 1 家网下投资者管理的 1 个配售对象未按照要求完成网下申购。

根据网上申购情况,网上初步有效申购倍数为 351.06 倍,根据《发行公告》规定的回拨安排,发行人和主承销商将本次发行股份的 2,500 万股股票(占本次发行总量的 50%)由网下回拨至网上。回拨后,网下最终发行数量为 500 万股,占本次发行总量的 10%;网上最终发行数量为 4,500 万股,占本次发行总量 90%。

五、募集资金总额及注册会计师对资金到位的验证情况

本次公开发行募集资金总额为 103,700 万元;扣除发行费用后,募集资金净额为 98,707 万元。天职国际会计师事务(特殊普通合伙)已于 2015 年 5 月 12 日对发行人首次公开发行股票的资金到位情况进行了审验,并出具天职业字[2015]10033 号《验资报告》。

六、发行费用

1、发行费用总额为 4,993 万元,其中承销费 3,200 万元、保荐费 400 万元、审计费 450 万元、律师费 470 万元、用于本次发行的信息披露费用 363 万元、发行手续费及其他 110 万元。

2、每股发行费用为 0.9986 元。

七、募集资金净额

本次发行募集资金净额为 98,707 万元。

八、发行后每股净资产

本次发行后每股净资产为 8.80 元。(以截止 2014 年末经审计数据为基础加本次募集资金净额按发行后总股本计算)

九、发行后每股收益

本次发行后扣除非经常性损益后的每股收益为 0.9022 元。(以 2014 年年末经审计数据为基础按发行后总股本计算)

第五节　财务会计情况

天职国际会计师事务所(特殊普通合伙)已对本公司 2012 年度、2013 年度和 2014 年度的财务报告出具了标准无保留意见的《审计报告》(天职业字[2015]1637 号)。相关财务数据已在公告的招股说明书中详细披露,投资者欲了解相关情况请详细阅读招股说明书"第十节　财务会计信息"和"第十一节　管理层讨论与分析"。本上市公告书中不再披露,敬请投资者注意。

公司第二届董事会第十六次会议审议通过了《公司 2015 年第一季度业绩财务审阅报告》。公司 2015 年第一季度主要会计数据及财务指标如下表所示:

项目	2015 年 3 月 31 日	2014 年 12 月 31 日	变动比例(%)
流动资产(元)	654,331,781.10	645,155,292.56	1.42
流动负债(元)	377,896,738.10	353,172,205.30	7.00

总资产(元)	1,178,221,614.83	1,167,275,076.92	0.94
归属于上市公司股东的净资产(元)	760,956,437.71	772,903,805.56	−1.55
归属于发行人股东的每股净资产(元/股)	5.07	5.15	−1.55
项目	2015 年 1−3 月	2014 年 1−3 月	变动比例(%)
营业总收入(元)	278,547,210.05	276,077,828.76	0.89
营业利润(元)	64,780,361.84	60,954,839.56	6.28
利润总额(元)	64,558,654.63	69,199,797.39	−6.71
归属于发行人股东的净利润(元)	48,052,632.15	51,413,039.19	−6.54
归属于发行人股东的扣除非经常性损益后的净利润(元)	48,221,100.17	45,249,247.99	6.57
基本每股收益(元/股)	0.32	0.34	−6.54
稀释每股收益(元/股)	0.32	0.34	−6.54
加权平均净资产收益率(%)	6.03	7.26	−16.94
扣除非经常性损益后的加权净资产收益率(%)	6.05	6.39	−5.32
经营活动产生的现金流量净额(元)	57,537,801.86	25,699,321.89	123.89

2015 年 1 季度公司所属行业的市场前景、公司经营模式、采购、生产、销售及管理状况等均未发生较大变化，公司 2015 年 1 季度营业收入较上年同期增长为 0.89%，归属于发行人股东的净利润较上年同期下降 6.54%，扣除非经常性损益后归属于发行人股东的净利润较上年同期增长为 6.57%。

公司 2015 年 1 季度经营活动产生的现金流量净额较上年同期增长 123.89%，主要原因系：(1)与上年同期相比，2015 年 1 季度应收账款回款相对较好；(2) 本期比上年同期到期支付的经营应付款减少，导致本期经营活动现金流量增加。

公司预计 2015 年 2 季度所属行业的市场前景、公司经营模式、采购、生产、销售及管理状况等不会发生重大变化。

第六节 其他重要事项

一、主要业务发展目标的进展

自招股意向书刊登日至本公司上市公告书刊登前，本公司生产经营情况正常，主要业务发展目标进展状况正常。

二、所处行业或市场的重大变化

自招股意向书刊登日至本公司上市公告书刊登前，本公司所处行业、市场无重大变化。

三、原材料采购价格和产品销售价格的重大变化

自招股意向书刊登日至本公司上市公告书刊登前，本公司原材料采购价格和产品销售价格无重大变化。

四、重大关联交易事项

自招股意向书刊登日至本公司上市公告书刊登前，本公司未出现重大关联交易事项。

五、重大投资

自招股意向书刊登日至本公司上市公告书刊登前，本公司没有重大投资活动。

六、重大资产(或股权)购买、出售及置换

自招股意向书刊登日至本公司上市公告书刊登前，本公司无重大资产(股权)收购、出售及置换行为。

七、发行人住所的变更

自招股意向书刊登日至本公司上市公告书刊登前，本公司住所未发生变更。

八、董事、监事、高级管理人员及核心技术人员的变化

自招股意向书刊登日至本公司上市公告书刊登前，本公司董事、监事、高级管理人员及核心技术人员没有发生变化。

九、重大诉讼、仲裁事项

自招股意向书刊登日至本公司上市公告书刊登前，本公司未涉及任何重大诉讼事项或仲裁，亦无任何尚未了结或可能面临的重大诉讼或索赔要求。

十、对外担保等或有事项

自招股意向书刊登日至本公司上市公告书刊登前，本公司没有对外担保等或有事项。

十一、财务状况和经营成果的重大变化

自招股意向书刊登日至本公司上市公告书刊登前，本公司财务状况和经营成果没有重大变化。

十二、其他应披露的重大事项

自招股意向书刊登日至本公司上市公告书刊登前，本公司没有其他应披露而未披露之重大事项。

第七节 上市保荐人及其意见

一、上市保荐人情况

上市保荐人：平安证券有限责任公司

法定代表人：谢永林

地址：深圳市福田中心区金田路 4036 号荣超大厦 16−20 层

联系电话：010−59734995

传真：010−59734978

联系人：欧阳刚、杨淑敏

二、上市保荐人意见

本公司的上市保荐人平安证券有限责任公司(以下简称“保荐人”)认为湖南艾华集团股份有限公司首次公开发行的股票符合上市条件，并已向上海证券交易所出具了《平安证券有限责任公司关于湖南艾华集团股份有限公司股票上市保荐书》。保荐人的保荐意见主要内容如下：

发行人申请其股票上市符合《中华人民共和国公司法》、《中华人民共和国证券法》及《上海证券交易所股票上市规则》等法律、法规的有关规定，发行人股票具备在上海证券交易所上市的条件。

保荐人保证发行人的董事了解法律、法规、上海证券交易所上市规则及股票上市协议规定的董事的义务与责任，并协助发行人建立健全了法人治理结构、协助发行人制定了严格的信息披露制度与保密制度。保荐人已对上市文件所载的资料进行了核实，确保上市文件真实、准确、完整，符合规定要求。保荐人保证发行人的上市申请材料、上市公告书不存在虚假、严重误导性陈述或者重大遗漏，并保证对其承担连带责任，并保证不利用在上市过程中获得的内幕信息进行内幕交易，为自己或他人谋取利益。

湖南艾华集团股份有限公司

2015 年 5 月 14 日

上海浦东发展银行股份有限公司

公司概况	公司名称	上海浦东发展银行股份有限公司			证券简称	浦发银行
	法人代表	吉晓辉	董秘	穆矢	证券代码	600000
	公司网址	www.spdb.com.cn		电子信箱	bdo@spdb.com.cn	
	电话	021-63611226 61618888		传真	021-63230807	
	办公地址	上海市中山东一路12号				
	经营范围	(一)吸收公众存款;(二)发放短期、中期和长期贷款;(三)办理结算;(四)办理票据贴现等				

主要财务指标	指标\报告期	2015.06.30	2014.12.31	2014.06.30	2013.12.31
	基本每股收益(元)	1.2810	2.5210	1.2150	2.1940
	基本每股收益(扣除后)(元)	1.2580	2.5010	1.2040	2.1660
	稀释每股收益(元)	1.2810	2.5210	1.2150	2.1940
	每股净资产(元)	13.7120	13.1460	11.7036	10.9570
	每股经营现金净流量(元)	0.0192	0.0237	0.0072	0.0238
	每股现金流量(元)	1.0905	-4.1458	-5.0062	-1.3970
	每股资本公积金(元)	3.2509	3.2509	3.1827	3.2509
	每股盈余公积金(元)	3.4124	2.6616	2.6616	2.0083
	每股未分配利润(元)	3.4780	4.1900	2.8920	3.3774
	净资产收益率(%)	9.3500	19.1800	10.3778	20.0230
	加权净资产收益率(%)	9.3700	21.0200	10.5200	21.5300
	净资产收益率(扣除)(%)	8.2136	19.0200	10.2889	19.7700
	总资产(万元)	460374000.00	419592400.00	393021700.00	368012500.00
	归属母公司股东权益(万元)	28569600.00	26016900.00	21831200.00	20437500.00
	营业收入(万元)	7070100.00	12318100.00	5904300.00	10001500.00
	营业支出(万元)	-3949000.00	16400.00	-2928600.00	-4649200.00
	投资收益(万元)	68900.00	-26200.00	-62400.00	82000.00
	净利润(万元)	2412600.00	4736000.00	2286700.00	4120000.00
	营业利润(万元)	3121100.00	6175100.00	2975700.00	5352300.00
	利润总额(万元)	3152600.00	6203000.00	2982900.00	5384900.00

广州白云国际机场股份有限公司

公司概况	公司名称	广州白云国际机场股份有限公司			证券简称	白云机场
	法人代表	刘建强	董秘	戚耀明	证券代码	600004
	公司网址	www.gbiac.net		电子信箱	irm@gbiac.net	
	电话	020-36063595 36063593		传真	020-36063416	
	办公地址	广东省广州市白云国际机场南工作区自编一号股份公司本部办公大楼				
	经营范围	旅客过港服务,与航空运输有关的地面服务、交通运输和仓储服务等				

主要财务指标	指标\报告期	2015.06.30	2014.12.31	2014.06.30	2013.12.31
	基本每股收益(元)	0.5400	0.9500	0.4600	0.7800
	基本每股收益(扣除后)(元)	0.5300	0.9700	0.4500	0.8000
	稀释每股收益(元)	0.5400	0.9500	0.4600	0.7800
	每股净资产(元)	7.8081	7.3832	6.8026	6.7201
	每股经营现金净流量(元)	0.9258	1.5859	0.7196	1.7095
	每股现金流量(元)	-0.7445	1.1754	0.6968	0.4852
	每股资本公积金(元)	2.9593	2.7955	2.7920	2.7705
	每股盈余公积金(元)	0.5000	0.5000	0.5000	0.5000
	每股未分配利润(元)	3.2480	3.0004	2.5106	2.4246
	净资产收益率(%)	6.8852	12.8098	6.7026	11.5805
	加权净资产收益率(%)	7.0300	13.3800	6.5600	11.9100
	净资产收益率(扣除)(%)	6.7843	13.0710	6.5506	11.8496
	总资产(万元)	1179102.46	1107389.78	1056260.67	994973.97
	归属母公司股东权益(万元)	897929.70	849073.70	782302.40	772811.31
	营业收入(万元)	277393.27	552767.86	268143.78	514131.34
	营业支出(万元)	166857.51	339268.50	174361.39	326125.19
	投资收益(万元)	108.97	969.99	120.40	204.89
	净利润(万元)	64954.36	115685.47	55762.87	95054.40
	营业利润(万元)	85305.85	157595.89	70194.00	131539.43
	利润总额(万元)	86537.00	154964.78	71802.62	128949.92

武汉钢铁股份有限公司

公司概况	公司名称	武汉钢铁股份有限公司			证券简称	武钢股份
	法人代表	马国强	董秘	李海涛	证券代码	600005
	公司网址	www.wisco.com.cn		电子信箱	wiscl@wisco.com.cn	
	电话	027-86217195		传真	027-86217296	
	办公地址	湖北省武汉市青山区厂前				
	经营范围	冶金产品及副产品、钢铁延伸产品制造、冶金产品的技术开发等				

主要财务指标	指标\报告期	2015.06.30	2014.12.31	2014.06.30	2013.12.31
	基本每股收益(元)	0.0520	0.1250	0.0570	0.0560
	基本每股收益(扣除后)(元)	0.0500	0.0390	0.0510	0.0200
	稀释每股收益(元)	0.0520	0.1250	0.0570	0.0560
	每股净资产(元)	3.5789	3.5923	3.5839	3.5602
	每股经营现金净流量(元)	0.2241	0.7632	-0.0019	0.3338
	每股现金流量(元)	-0.0680	-0.0483	-0.0535	0.0722
	每股资本公积金(元)	0.9837	0.9837	1.0047	1.2685
	每股盈余公积金(元)	0.4707	0.4707	0.4700	0.4950
	每股未分配利润(元)	1.1749	1.1732	1.1067	1.1839
	净资产收益率(%)	1.4439	3.4678	1.1832	1.1889
	加权净资产收益率(%)	1.4510	3.1760	1.4690	1.4430
	净资产收益率(扣除)(%)	1.4091	1.0865	1.1144	0.5695
	总资产(万元)	9831062.64	9606350.92	9783999.69	11580811.90
	归属母公司股东权益(万元)	3612446.79	3626035.52	3617468.62	3958957.85
	营业收入(万元)	3451833.99	9937308.94	4974783.70	10148930.06
	营业支出(万元)	3145131.53	9193349.76	4593338.07	9523028.29
	投资收益(万元)	5650.35	61904.62	11904.16	19545.45
	净利润(万元)	53472.06	129259.73	59587.50	58331.58
	营业利润(万元)	68594.02	116241.23	82083.56	45771.53
	利润总额(万元)	70361.20	154679.70	90278.51	80265.03

东风汽车股份有限公司

公司概况	公司名称	东风汽车股份有限公司			证券简称	东风汽车
	法人代表	朱福寿	董秘	张新峰	证券代码	600006
	公司网址	www.dfac.com		电子信箱	zhangxinfeng@dfac.com	
	电话	027-84287896 84287977		传真	027-84287988	
	办公地址	湖北省武汉市汉阳经济技术开发区创业路58号				
	经营范围	汽车(小轿车除外)、汽车发动机及零部件、铸件的开发、设计、生产、销售等				

主要财务指标	指标\报告期	2015.06.30	2014.12.31	2014.06.30	2013.12.31
	基本每股收益(元)	0.1179	0.0703	0.0610	0.0246
	基本每股收益(扣除后)(元)	0.1025	0.0510	0.0498	-0.0483
	稀释每股收益(元)	0.1179	0.0703	0.0610	0.0246
	每股净资产(元)	3.1425	3.0455	3.0359	2.9843
	每股经营现金净流量(元)	0.0049	-0.1642	0.1371	-0.2586
	每股现金流量(元)	0.0766	0.0302	0.0977	0.1225
	每股资本公积金(元)	0.3073	0.3071	0.3191	0.3071
	每股盈余公积金(元)	0.3521	0.3521	0.3521	0.3521
	每股未分配利润(元)	1.4708	1.3741	1.3648	1.3114
	净资产收益率(%)	3.7519	2.3081	2.0108	0.8408
	加权净资产收益率(%)	3.8000	2.3300	2.0300	0.8200
	净资产收益率(扣除)(%)	3.2604	1.6759	1.6390	-1.6006
	总资产(万元)	2038952.17	1943925.27	1992199.06	2019184.50
	归属母公司股东权益(万元)	628500.70	609090.79	607189.31	596878.52
	营业收入(万元)	780176.66	1747125.18	896210.52	1930569.42
	营业支出(万元)	657705.56	1500519.56	770257.98	1680277.66
	投资收益(万元)	21022.00	47461.52	23380.01	39321.56
	净利润(万元)	21585.47	17624.43	16537.18	30720.12
	营业利润(万元)	18253.85	16966.35	18250.60	9445.07
	利润总额(万元)	19143.24	19632.57	19146.38	36595.45

中国国际贸易中心股份有限公司

公司概况	公司名称	中国国际贸易中心股份有限公司			证券简称	中国国贸
	法人代表	洪敬南	董秘	王京京	证券代码	600007
	公司网址	www.cwtc.com		电子信箱	dongmi@cwtc.com	
	电　话	010-65052288		传　真	010-65053862	
	办公地址	北京市朝阳区建国门外大街一号				
	经营范围	出租办公场所、公寓、商场及展览场地等				

主要财务指标	指标\报告期	2015.06.30	2014.12.31	2014.06.30	2013.12.31
	基本每股收益(元)	0.3000	0.5300	0.2800	0.3200
	基本每股收益(扣除后)(元)	0.3000	0.5400	0.2800	0.4200
	稀释每股收益(元)	0.3000	0.5300	0.2800	0.3200
	每股净资产(元)	5.2889	5.1861	4.9348	4.8235
	每股经营现金净流量(元)	0.5632	1.0809	0.5457	1.0895
	每股现金流量(元)	-0.1166	0.3638	0.0306	-0.0199
	每股资本公积金(元)	1.8590	1.8590	1.8590	1.8590
	每股盈余公积金(元)	0.5000	0.5000	0.4861	0.4861
	每股未分配利润(元)	1.9300	1.8271	1.5898	1.4784
	净资产收益率(%)	5.7256	10.2703	5.7015	6.6932
	加权净资产收益率(%)	5.7500	10.7000	5.7300	6.8500
	净资产收益率(扣除)(%)	5.6652	10.3305	5.6554	8.6915
	总资产(万元)	982988.50	970553.14	929726.62	932075.09
	归属母公司股东权益(万元)	532745.18	522387.96	497077.79	485861.05
	营业收入(万元)	109514.58	223426.66	108049.76	205014.90
	营业支出(万元)	52050.69	112453.67	52132.69	106160.10
	投资收益(万元)	825.12	1651.20	580.64	867.60
	净利润(万元)	30531.60	53709.95	28366.57	32579.88
	营业利润(万元)	40273.75	72007.09	37476.52	56410.48
	利润总额(万元)	40702.71	71587.49	37781.35	43465.13

北京首创股份有限公司

公司概况	公司名称	北京首创股份有限公司			证券简称	首创股份
	法人代表	刘晓光	董秘	郭鹏	证券代码	600008
	公司网址	www.capitalwater.cn		电子信箱	securities@capitalwater.cn	
	电　话	010-64689035		传　真	010-64689030	
	办公地址	北京市朝阳区北三环东路8号静安中心三层				
	经营范围	公用基础设施的投资及投资管理、高科技产品的技术开发、咨询、转让等				

主要财务指标	指标\报告期	2015.06.30	2014.12.31	2014.06.30	2013.12.31
	基本每股收益(元)	0.0866	0.2774	0.0589	0.2733
	基本每股收益(扣除后)(元)	0.0308	0.1708	0.0651	0.1482
	稀释每股收益(元)	0.0866	0.2774	0.0589	0.2733
	每股净资产(元)	3.3593	2.8397	2.6774	2.7696
	每股经营现金净流量(元)	0.0059	0.1554	0.0096	0.0486
	每股现金流量(元)	0.7772	0.0670	0.5485	0.3121
	每股资本公积金(元)	1.3906	0.7116	0.7451	0.7138
	每股盈余公积金(元)	0.3060	0.3352	0.2994	0.2994
	每股未分配利润(元)	0.6258	0.7551	0.5725	0.6636
	净资产收益率(%)	2.5766	9.7679	2.2003	9.8679
	加权净资产收益率(%)	2.9100	9.8900	2.1600	10.1900
	净资产收益率(扣除)(%)	0.9164	6.0153	2.4312	5.3522
	总资产(万元)	3346274.26	2517439.24	2664254.54	2428371.69
	归属母公司股东权益(万元)	809693.40	624732.93	589037.43	609311.72
	营业收入(万元)	183774.35	558938.32	180588.88	423065.36
	营业支出(万元)	117421.54	387457.28	109353.61	255085.89
	投资收益(万元)	10487.27	31737.34	4241.89	29987.92
	净利润(万元)	22704.02	68813.94	17166.53	84836.72
	营业利润(万元)	20286.75	76236.56	20862.20	75722.91
	利润总额(万元)	27429.93	87195.63	21723.65	109357.15

上海国际机场股份有限公司

公司概况	公司名称	上海国际机场股份有限公司			证券简称	上海机场
	法人代表	贾锐军	董秘	黄晔	证券代码	600009
	公司网址	www.shairport.com		电子信箱	ir@shairport.com	
	电　话	021-68341609		传　真	021-68341615	
	办公地址	上海市浦东新区启航路900号				
	经营范围	为国内外航空运输企业及旅客提供地面保障服务等				

主要财务指标	指标\报告期	2015.06.30	2014.12.31	2014.06.30	2013.12.31
	基本每股收益(元)	0.6700	1.0900	0.5300	0.9700
	基本每股收益(扣除后)(元)	0.6500	1.0900	0.5300	0.9700
	稀释每股收益(元)	0.6700	1.0900	0.5300	0.9700
	每股净资产(元)	9.9015	9.5812	9.0274	8.7900
	每股经营现金净流量(元)	0.4276	1.5470	0.4498	1.4784
	每股现金流量(元)	0.2471	1.1854	0.3434	0.9757
	每股资本公积金(元)	1.3366	1.3366	1.3366	1.3366
	每股盈余公积金(元)	0.6797	0.6797	0.6797	0.6797
	每股未分配利润(元)	6.8852	6.5649	6.0111	5.7775
	净资产收益率(%)	6.7697	11.3502	5.9114	11.0524
	加权净资产收益率(%)	6.7600	11.7700	5.8900	11.3600
	净资产收益率(扣除)(%)	6.5567	11.3484	5.9114	11.0263
	总资产(万元)	2420414.04	2301506.25	2193387.20	2091832.95
	归属母公司股东权益(万元)	1907982.31	1846260.72	1739538.79	1694515.96
	营业收入(万元)	309410.46	575088.29	274864.29	521512.98
	营业支出(万元)	164209.20	323406.88	154308.07	292333.75
	投资收益(万元)	30343.44	59244.53	31320.02	53572.93
	净利润(万元)	136096.01	225017.59	109772.65	202297.34
	营业利润(万元)	166002.35	280565.45	137620.50	251058.03
	利润总额(万元)	171420.51	280609.56	137622.47	251485.70

内蒙古包钢钢联股份有限公司

公司概况	公司名称	内蒙古包钢钢联股份有限公司			证券简称	包钢股份
	法人代表	周秉利	董秘	董林	证券代码	600010
	公司网址			电子信箱	glgfzqb@126.com	
	电　话	0472-2189515 2189529		传　真	0472-2189530	
	办公地址	内蒙古自治区包头市昆区包钢厂区信息大楼东副楼				
	经营范围	生产销售黑色金属及其延压加工产品、冶金机械、设备及配件、汽车等				

主要财务指标	指标\报告期	2015.06.30	2014.12.31	2014.06.30	2013.12.31
	基本每股收益(元)	-0.0242	0.0125	0.0046	0.0157
	基本每股收益(扣除后)(元)	-0.0367	0.0179	0.0048	0.0200
	稀释每股收益(元)	-0.0242	0.0125	0.0046	0.0159
	每股净资产(元)	1.4750	1.1843	2.3584	2.3642
	每股经营现金净流量(元)	0.1528	0.1852	0.1202	0.8933
	每股现金流量(元)	0.4955	0.0176	0.1223	-0.2013
	每股资本公积金(元)	0.4148	0.0351	1.0202	1.0202
	每股盈余公积金(元)	0.0269	0.0546	0.1093	0.1093
	每股未分配利润(元)	0.0287	0.0867	0.2154	0.2209
	净资产收益率(%)	-0.9464	1.0569	0.1938	1.3251
	加权净资产收益率(%)	-1.9212	1.0568	0.1933	1.2300
	净资产收益率(扣除)(%)	-1.4324	1.5100	0.2036	0.7591
	总资产(万元)	13879502.12	10366616.34	9178593.01	9025622.81
	归属母公司股东权益(万元)	4802801.32	1895509.46	1887349.50	1891943.38
	营业收入(万元)	1149660.75	2979189.36	1467165.37	3777042.02
	营业支出(万元)	1095899.86	2654349.82	1342396.42	3475750.50
	投资收益(万元)	1978.70	4775.12	2610.47	4944.07
	净利润(万元)	-46492.20	20130.87	2607.89	24867.33
	营业利润(万元)	-84035.70	51929.39	9411.61	38231.76
	利润总额(万元)	-61321.84	42224.79	8821.25	42164.93

华能国际电力股份有限公司

公司概况	公司名称	华能国际电力股份有限公司			证券简称	华能国际
	法人代表	曹培玺	董秘	杜大明	证券代码	600011
	公司网址	www.hpi.com.cn		电子信箱	zqb@hpi.com.cn	
	电　话	010-63226999		传　真	010-66412321	
	办公地址	北京市西城区复兴门内大街6号楼华能大厦				
	经营范围	投资、建设、营运管理电厂、开发、投资、经营等				

主要财务指标	指标\报告期	2015.06.30	2014.12.31	2014.06.30	2013.12.31
	基本每股收益(元)	0.6300	0.7500	0.5400	0.7500
	基本每股收益(扣除后)(元)	0.6000	0.7500	0.4800	0.8300
	稀释每股收益(元)	0.6300	0.7500	0.5400	0.7500
	每股净资产(元)	4.8552	4.7986	4.5227	4.3932
	每股经营现金净流量(元)	1.6677	2.3106	1.2846	2.8629
	每股现金流量(元)	-0.2101	0.2009	0.1848	-0.0828
	每股资本公积金(元)	0.9949	1.3012	1.1826	1.1829
	每股盈余公积金(元)	0.5677	0.5022	0.5074	0.5074
	每股未分配利润(元)	2.2812	2.0632	1.8519	1.7552
	净资产收益率(%)	12.9383	15.2399	10.5435	17.0373
	加权净资产收益率(%)	12.5800	16.2700	10.8000	17.8700
	净资产收益率(扣除)(%)	12.4167	15.2804	10.6785	18.8034
	总资产(万元)	29640541.10	27216494.96	26364861.25	26027485.31
	归属母公司股东权益(万元)	7001343.05	6919821.85	6356877.55	6174777.98
	营业收入(万元)	6530547.20	12540685.50	7218329.61	13383287.47
	营业支出(万元)	4540932.88	9401050.11	5348531.45	10286504.53
	投资收益(万元)	90941.37	142388.94	78312.82	85104.41
	净利润(万元)	1118228.73	1336421.30	939884.75	1310434.82
	营业利润(万元)	1434494.55	1855199.85	1266691.20	1834794.86
	利润总额(万元)	1479407.88	1887479.25	1290296.15	1764930.12

安徽皖通高速公路股份有限公司

公司概况	公司名称	安徽皖通高速公路股份有限公司			证券简称	皖通高速
	法人代表	周仁强	董秘	韩榕	证券代码	600012
	公司网址	www.anhui-expressway.net		电子信箱	wtgs@anhui-expressway.cn	
	电　话	0551-65338697 63738923		传　真	0551-65338696	
	办公地址	安徽省合肥市望江西路520号				
	经营范围	高等级公路投资、建设、设计、监理、收费、养护、施救、路产路权管理等				

主要财务指标	指标\报告期	2015.06.30	2014.12.31	2014.06.30	2013.12.31
	基本每股收益(元)	0.2839	0.5190	0.2643	0.5112
	基本每股收益(扣除后)(元)	0.2844	0.5010	0.2638	0.5100
	稀释每股收益(元)	0.2839	0.5190	0.2643	0.5112
	每股净资产(元)	4.6146	4.5833	4.3500	4.2563
	每股经营现金净流量(元)	0.4421	0.9621	0.4377	0.9002
	每股现金流量(元)	0.0519	-0.0499	0.0787	-0.1309
	每股资本公积金(元)	0.1691	0.1691	0.1691	0.1691
	每股盈余公积金(元)	0.5386	0.5386	0.5386	0.5386
	每股未分配利润(元)	2.8751	2.8212	2.5665	2.5222
	净资产收益率(%)	6.1524	11.3243	6.1452	12.0109
	加权净资产收益率(%)	6.0600	11.8300	6.0700	12.5400
	净资产收益率(扣除)(%)	6.1627	10.9247	6.1352	11.9812
	总资产(万元)	1167627.81	1153244.05	1264528.74	1220296.81
	归属母公司股东权益(万元)	765387.36	760195.85	713296.94	705953.19
	营业收入(万元)	120194.82	233956.95	116487.39	233010.42
	营业支出(万元)	49045.49	92909.13	45949.09	89774.99
	投资收益(万元)	5424.96	12701.32	7649.91	8865.61
	净利润(万元)	48922.95	86766.16	44174.46	91721.19
	营业利润(万元)	62799.62	117010.40	58487.29	120580.30
	利润总额(万元)	62695.42	117153.24	58575.51	120858.72

华夏银行股份有限公司

公司概况	公司名称	华夏银行股份有限公司			证券简称	华夏银行
	法人代表	吴建	董秘	赵军学	证券代码	600015
	公司网址	www.hxb.com.cn		电子信箱	zhdb@hxb.com.cn	
	电　话	010-85239938 85238570		传　真	010-85239605	
	办公地址	北京市东城区建国门内大街22号华夏银行大厦				
	经营范围	吸收公众存款、发放短期、中期和长期贷款、办理国内外结算等				

主要财务指标	指标\报告期	2015.06.30	2014.12.31	2014.06.30	2013.12.31
	基本每股收益(元)	0.8700	2.0200	0.8100	1.7400
	基本每股收益(扣除后)(元)	0.8600	2.0100	0.8000	1.7400
	稀释每股收益(元)	0.8700	2.0200	0.8100	1.7400
	每股净资产(元)	10.4000	9.4900	10.2700	7.9900
	每股经营现金净流量(元)	0.0051	0.0193	0.0126	0.0079
	每股现金流量(元)	1.5261	0.4358	-10.6019	7.9935
	每股资本公积金(元)	3.4299	3.4299	3.3617	3.4299
	每股盈余公积金(元)	0.8887	0.6888	0.6888	0.5149
	每股未分配利润(元)	4.6972	4.3453	3.2997	3.4012
	净资产收益率(%)	8.3400	17.7226	9.4797	18.1527
	加权净资产收益率(%)	8.7200	19.3100	9.6600	19.3000
	净资产收益率(扣除)(%)	8.3189	17.6546	9.4020	18.1187
	总资产(万元)	191723200.00	185162800.00	177856000.00	167244700.00
	归属母公司股东权益(万元)	11110800.00	10145800.00	9145900.00	8542000.00
	营业收入(万元)	2832800.00	5488500.00	2637700.00	4521900.00
	营业支出(万元)	-1594200.00	-3099400.00	-1487600.00	-2455900.00
	投资收益(万元)	-27500.00	58000.00	32600.00	-11600.00
	净利润(万元)	931200.00	1802300.00	869000.00	1551100.00
	营业利润(万元)	1238600.00	2389100.00	1150100.00	2066000.00
	利润总额(万元)	1241600.00	2400300.00	1160000.00	2070500.00

中国民生银行股份有限公司

公司概况	公司名称	中国民生银行股份有限公司			证券简称	民生银行
	法人代表	洪崎	董秘	万青元	证券代码	600016
	公司网址	www.cmbc.com.cn		电子信箱	cmbc@cmbc.com.cn	
	电　话	010-68946790		传　真	010-58560720	
	办公地址	北京市西城区复兴门内大街2号民生银行大厦				
	经营范围	吸收公众存款、发放短期、中期和长期贷款、发放委托贷款等				

主要财务指标	指标\报告期	2015.06.30	2014.12.31	2014.06.30	2013.12.31
	基本每股收益(元)	0.7800	1.3100	0.7500	1.2400
	基本每股收益(扣除后)(元)	0.7800	1.3100	0.7500	1.4900
	稀释每股收益(元)	0.7400	1.2400	0.7100	1.1900
	每股净资产(元)	7.6820	7.0300	6.5300	6.9700
	每股经营现金净流量(元)	0.0067	0.0249	0.0095	0.0264
	每股现金流量(元)	0.2220	-0.7282	0.7857	-3.5806
	每股资本公积金(元)	1.7749	1.4625	1.4139	1.7357
	每股盈余公积金(元)	0.6430	0.5000	0.5000	0.5801
	每股未分配利润(元)	2.8160	2.6358	2.3634	2.2570
	净资产收益率(%)	9.5541	18.5499	11.5077	21.3836
	加权净资产收益率(%)	10.4900	20.4100	24.2200	23.2300
	净资产收益率(扣除)(%)	9.5212	18.5290	11.5149	21.3275
	总资产(万元)	430107300.00	401513600.00	357145100.00	322621000.00
	归属母公司股东权益(万元)	28027900.00	24014200.00	22219900.00	19771200.00
	营业收入(万元)	7690200.00	13546900.00	6512900.00	11588600.00
	营业支出(万元)	-4159700.00	7599000.00	-3080100.00	-5908300.00
	投资收益(万元)	306900.00	173700.00	188000.00	319300.00
	净利润(万元)	2727200.00	4556700.00	2609100.00	4328200.00
	营业利润(万元)	3530500.00	5947900.00	3432800.00	5680300.00
	利润总额(万元)	3552900.00	5979300.00	3439700.00	5715100.00

日照港股份有限公司

公司概况

项目	内容			项目	内容
公司名称	日照港股份有限公司			证券简称	日 照 港
法人代表	杜传志	董秘	余慧芳	证券代码	600017
公司网址	www.rzpcl.com			电子信箱	yhfang@rzport.com
电　　话	0633-8388822			传　　真	0633-8387361
办公地址	山东省日照市海滨二路				
经营范围	港口货物中转、装卸、搬运和仓储(不含易燃易爆危险品)服务等				

主要财务指标

指标＼报告期	2015.06.30	2014.12.31	2014.06.30	2013.12.31
基本每股收益(元)	0.0700	0.1860	0.1300	0.2610
基本每股收益(扣除后)(元)	0.0700	0.1840	0.1300	0.2600
稀释每股收益(元)	0.0700	0.1860	0.1300	0.2610
每股净资产(元)	3.2609	3.2325	3.1745	3.0791
每股经营现金净流量(元)	0.2147	0.3645	0.1727	0.2869
每股现金流量(元)	0.1420	0.0751	0.1895	–0.0294
每股资本公积金(元)	0.9610	0.9610	0.9610	0.9610
每股盈余公积金(元)	0.1547	0.1547	0.1379	0.1379
每股未分配利润(元)	1.1295	1.0960	1.0572	0.9666
净资产收益率(%)	2.2543	5.7585	4.1122	8.4676
加权净资产收益率(%)	2.2500	5.9100	4.1600	8.8500
净资产收益率(扣除)(%)	2.2511	5.6794	4.0985	8.4516
总资产(万元)	1846748.81	1756384.85	1731082.44	1588850.90
归属母公司股东权益(万元)	1002953.93	994198.97	976364.89	947030.89
营业收入(万元)	220276.75	508360.38	261438.58	496550.06
营业支出(万元)	166798.06	376230.01	182938.15	357740.92
投资收益(万元)	–30.31	335.35	456.97	12745.11
净利润(万元)	25862.57	72075.45	48313.62	83265.03
营业利润(万元)	32781.37	84946.87	57409.88	102135.08
利润总额(万元)	32829.99	85055.30	57592.96	102342.99

上海国际港务(集团)股份有限公司

公司概况

项目	内容			项目	内容
公司名称	上海国际港务(集团)股份有限公司			证券简称	上港集团
法人代表	陈戌源	董秘	丁向明	证券代码	600018
公司网址	www.portshanghai.com.cn			电子信箱	dongmi@portshanghai.com.cn
电　　话	021-55333388			传　　真	021-35308688
办公地址	上海市虹口区东大名路 358 号(国际港务大厦)				
经营范围	集装箱装卸业务、散杂货装卸业务、港口服务和港口物流业务等				

主要财务指标

指标＼报告期	2015.06.30	2014.12.31	2014.06.30	2013.12.31
基本每股收益(元)	0.1357	0.2974	0.1289	0.2310
基本每股收益(扣除后)(元)	0.1318	0.2734	0.1230	0.2243
稀释每股收益(元)	0.1357	0.2974	0.1289	0.2310
每股净资产(元)	2.4392	2.3978	2.1933	2.1894
每股经营现金净流量(元)	0.1979	0.4486	0.2162	0.3785
每股现金流量(元)	0.1717	0.1668	0.0295	–0.1572
每股资本公积金(元)	0.3733	0.3022	0.3344	0.3014
每股盈余公积金(元)	0.1762	0.1795	0.1511	0.1511
每股未分配利润(元)	0.8127	0.8457	0.7081	0.7043
净资产收益率(%)	5.4805	12.4014	5.8749	10.5491
加权净资产收益率(%)	5.5777	13.1346	5.7713	10.7609
净资产收益率(扣除)(%)	5.3230	11.4000	5.6096	10.2435
总资产(万元)	9868087.71	9427950.04	8904400.39	8861162.19
归属母公司股东权益(万元)	5652453.23	5456276.18	4990837.14	4981960.56
营业收入(万元)	1477329.05	2877870.35	1379585.63	2816229.85
营业支出(万元)	959043.44	1824965.01	860957.98	1868288.49
投资收益(万元)	90087.38	169811.97	53601.59	90879.67
净利润(万元)	376510.76	784779.33	347254.54	627561.48
营业利润(万元)	433847.78	892646.91	395218.66	714834.21
利润总额(万元)	471444.02	982908.37	436138.32	782140.71

宝山钢铁股份有限公司

公司概况

项目	内容			项目	内容
公司名称	宝山钢铁股份有限公司			证券简称	宝钢股份
法人代表	陈德荣	董秘	朱可炳	证券代码	600019
公司网址	www.baosteel.com			电子信箱	ir@baosteel.com
电　　话	021-26647000			传　　真	021-26646999
办公地址	上海市宝山区富锦路 885 号宝钢指挥中心				
经营范围	钢铁产品的制造和销售以及钢铁产销过程中产生的副产品的销售与服务等				

主要财务指标

指标＼报告期	2015.06.30	2014.12.31	2014.06.30	2013.12.31
基本每股收益(元)	0.1900	0.3500	0.1900	0.3500
基本每股收益(扣除后)(元)	0.1900	0.3500	0.1900	0.3800
稀释每股收益(元)	0.1900	0.3500	0.1900	0.3500
每股净资产(元)	6.9802	6.9369	6.7934	6.7092
每股经营现金净流量(元)	0.5712	1.7170	0.8671	0.7340
每股现金流量(元)	0.2240	–0.0187	0.3617	0.2408
每股资本公积金(元)	2.0485	2.0189	1.9907	2.0273
每股盈余公积金(元)	1.5697	1.5695	1.4891	1.4879
每股未分配利润(元)	2.4273	2.4143	2.3405	2.2440
净资产收益率(%)	2.7614	5.0695	2.8186	5.2650
加权净资产收益率(%)	2.7600	5.1600	2.8300	5.2900
净资产收益率(扣除)(%)	2.7349	5.0710	2.8097	5.7196
总资产(万元)	23301403.60	22865251.40	22891722.30	22670433.87
归属母公司股东权益(万元)	11495877.81	11425792.31	11189922.94	11041304.10
营业收入(万元)	8077060.72	18741364.01	9759840.19	18968837.97
营业支出(万元)	7152536.97	16893113.55	8820425.35	17171819.98
投资收益(万元)	42472.15	37890.60	21783.01	68405.42
净利润(万元)	329377.56	609069.22	332564.11	604033.46
营业利润(万元)	442835.24	764074.68	446347.70	768354.78
利润总额(万元)	439925.08	827777.38	447137.37	800976.14

河南中原高速公路股份有限公司

公司概况

项目	内容			项目	内容
公司名称	河南中原高速公路股份有限公司			证券简称	中原高速
法人代表	金雷	董秘	许亮	证券代码	600020
公司网址	www.zygs.com			电子信箱	zygs600020@163.com
电　　话	0371-67717696 67717695			传　　真	0371-87166867
办公地址	河南省郑州市郑东新区农业东路 100 号				
经营范围	高速公路和特大桥梁的投资、经营管理和维护等				

主要财务指标

指标＼报告期	2015.06.30	2014.12.31	2014.06.30	2013.12.31
基本每股收益(元)	0.3535	0.3962	0.1388	0.1756
基本每股收益(扣除后)(元)	0.3469	0.3844	0.1355	0.1468
稀释每股收益(元)	0.3535	0.3962	0.1388	0.1756
每股净资产(元)	5.1701	3.4382	3.1797	3.1017
每股经营现金净流量(元)	0.4893	1.1308	0.6375	0.9694
每股现金流量(元)	1.3108	–0.4330	–0.5157	0.7109
每股资本公积金(元)	0.7812	0.7812	0.7892	0.7812
每股盈余公积金(元)	0.4720	0.4720	0.4463	0.4463
每股未分配利润(元)	1.4094	1.1759	0.9443	0.8605
净资产收益率(%)	6.8366	11.5227	4.3641	5.6608
加权净资产收益率(%)	9.7800	12.1100	4.3700	5.7300
净资产收益率(扣除)(%)	6.7095	11.1789	4.2621	4.7313
总资产(万元)	4562537.79	3931425.65	3813980.64	3534812.63
归属母公司股东权益(万元)	1161916.49	772686.26	714604.37	697070.28
营业收入(万元)	263536.11	388515.17	145218.63	305088.06
营业支出(万元)	93749.33	156971.38	51504.71	135991.91
投资收益(万元)	24551.99	41709.06	16334.30	34302.52
净利润(万元)	79869.17	89582.66	31073.09	39688.32
营业利润(万元)	102107.01	107794.55	38107.58	38185.23
利润总额(万元)	102680.77	108153.34	38602.93	46914.48

上海电力股份有限公司

公司概况	公司名称	上海电力股份有限公司			证券简称	上海电力
	法人代表	王运丹	董秘	夏梅兴	证券代码	600021
	公司网址	www.shanghaipower.com		电子信箱	sepco@shanghaipower.com	
	电　话	021-23108718 23108800		传　真	021-23108717	
	办公地址	上海市中山南路 268 号				
	经营范围	从事火力发电厂的运营、向用户提供电力和热力产品等				

	指标\报告期	2015.06.30	2014.12.31	2014.06.30	2013.12.31
主要财务指标	基本每股收益(元)	0.3339	0.6195	0.2448	0.5326
	基本每股收益(扣除后)(元)	0.2475	0.3041	0.2248	0.5929
	稀释每股收益(元)	0.3339	0.6195	0.2448	0.5326
	每股净资产(元)	4.5581	4.5611	3.6487	3.7011
	每股经营现金净流量(元)	1.4633	1.2578	1.0906	1.6104
	每股现金流量(元)	0.3333	0.4543	0.5149	-0.1245
	每股资本公积金(元)	1.9647	1.9647	1.5344	1.9626
	每股盈余公积金(元)	0.2951	0.2951	0.2612	0.2612
	每股未分配利润(元)	1.2967	1.2128	0.8520	0.8271
	净资产收益率(%)	7.3256	13.5831	6.7784	14.9079
	加权净资产收益率(%)	7.3200	14.9600	6.2600	15.1100
	净资产收益率(扣除)(%)	5.4310	6.6669	6.2309	16.0194
	总资产(万元)	4759214.90	4734365.41	4127894.12	3518726.92
	归属母公司股东权益(万元)	975309.16	975948.60	780734.65	796746.43
	营业收入(万元)	831449.02	1610196.68	756179.22	1513172.26
	营业支出(万元)	606492.10	1260135.94	587701.54	1182651.01
	投资收益(万元)	44449.78	81684.13	37555.30	84066.79
	净利润(万元)	120418.75	195236.41	81618.82	168666.46
	营业利润(万元)	150977.63	184197.44	98361.75	213239.91
	利润总额(万元)	153830.06	249788.19	104068.00	204408.78

山东钢铁股份有限公司

公司概况	公司名称	山东钢铁股份有限公司			证券简称	山东钢铁
	法人代表	陈启祥	董秘	金立山	证券代码	600022
	公司网址	www.sdsteel.cc		电子信箱	sdgt600022@126.com	
	电　话	0531-67606889		传　真	0531-67606881	
	办公地址	山东省济南市高新区舜华路 2000 号舜泰广场 4 号楼				
	经营范围	钢铁冶炼、加工、钢材、水渣生产、销售等				

	指标\报告期	2015.06.30	2014.12.31	2014.06.30	2013.12.31
主要财务指标	基本每股收益(元)	0.0012	-0.2173	-0.1239	0.0246
	基本每股收益(扣除后)(元)	-	-0.2153	-0.1228	-0.0054
	稀释每股收益(元)	0.0012	-0.2173	-0.1239	0.0246
	每股净资产(元)	1.8058	1.8042	1.8982	2.0212
	每股经营现金净流量(元)	0.0234	-0.1950	-0.0740	0.4943
	每股现金流量(元)	0.0892	-0.0264	-0.1109	-0.1260
	每股资本公积金(元)	1.1908	1.1908	1.1908	1.1908
	每股盈余公积金(元)	0.1111	0.1111	0.1111	0.1111
	每股未分配利润(元)	-0.4987	-0.4998	-0.4064	-0.2826
	净资产收益率(%)	0.0641	-12.0422	-6.5259	1.2168
	加权净资产收益率(%)	0.0600	-11.3592	-6.3200	1.2200
	净资产收益率(扣除)(%)	0.0012	-11.9349	-6.4691	-0.2653
	总资产(万元)	4747133.65	4696273.10	4826280.14	5155476.93
	归属母公司股东权益(万元)	1162268.51	1161260.40	1221718.66	1300907.80
	营业收入(万元)	2300392.30	5186521.74	2716492.52	7046979.74
	营业支出(万元)	2172693.97	4973779.40	2658602.35	6699864.71
	投资收益(万元)	206.59	282.91	165.44	27999.84
	净利润(万元)	959.62	-139357.42	-79519.40	16383.82
	营业利润(万元)	113.14	-136019.92	-77864.94	27917.27
	利润总额(万元)	1133.00	-137571.00	-78814.59	21847.52

浙江浙能电力股份有限公司

公司概况	公司名称	浙江浙能电力股份有限公司			证券简称	浙能电力
	法人代表	吴国潮	董秘	曹路	证券代码	600023
	公司网址	www.zzepc.com.cn		电子信箱	zzep@zjenergy.com.cn	
	电　话	0571-87210223		传　真	0571-89938659	
	办公地址	浙江省杭州市天目山路 152 号浙能大楼				
	经营范围	火力发电业务，辅以提供热力产品，以及对核电投资等				

	指标\报告期	2015.06.30	2014.12.31	2014.06.30	2013.12.31
主要财务指标	基本每股收益(元)	0.3200	0.5000	0.2500	0.5500
	基本每股收益(扣除后)(元)	0.3100	0.4900	0.2500	0.5400
	稀释每股收益(元)	0.3200	0.4900	0.2500	0.5500
	每股净资产(元)	3.9013	3.6726	3.1376	3.9692
	每股经营现金净流量(元)	0.6038	0.8806	0.3798	1.4565
	每股现金流量(元)	0.1072	0.3685	-0.1958	0.2865
	每股资本公积金(元)	1.7244	1.4011	1.3042	1.9487
	每股盈余公积金(元)	0.1010	0.1161	0.0651	0.0847
	每股未分配利润(元)	0.8792	0.9672	0.7683	0.8687
	净资产收益率(%)	7.3659	13.7199	8.0944	15.9298
	加权净资产收益率(%)	8.3000	15.3000	8.1400	20.0400
	净资产收益率(扣除)(%)	7.2561	13.3005	7.9237	15.8145
	总资产(万元)	10570289.72	10420358.80	8939805.95	9201770.31
	归属母公司股东权益(万元)	5306092.64	4347226.57	3714049.77	3614162.24
	营业收入(万元)	1955014.91	4417896.09	1931995.95	5391600.26
	营业支出(万元)	1445178.92	3540935.30	1535004.08	4371448.47
	投资收益(万元)	197767.16	299870.95	157986.80	282837.48
	净利润(万元)	458713.22	707808.12	346160.08	769970.33
	营业利润(万元)	545412.75	834311.81	400607.39	935625.69
	利润总额(万元)	551750.58	854874.96	411340.28	929950.01

中海发展股份有限公司

公司概况	公司名称	中海发展股份有限公司			证券简称	中海发展
	法人代表	许立荣	董秘	姚巧红	证券代码	600026
	公司网址	www.cnshippingdev.com		电子信箱	csd@cnshipping.com	
	电　话	021-65967678		传　真	021-65966160	
	办公地址	上海市东大名路 700 号 16 楼				
	经营范围	主营沿海、远洋、长江货物运输、船舶租赁、货物代理、代运业务等				

	指标\报告期	2015.06.30	2014.12.31	2014.06.30	2013.12.31
主要财务指标	基本每股收益(元)	0.0762	0.0913	0.0125	-0.6751
	基本每股收益(扣除后)(元)	0.1252	0.0162	0.0294	-0.5511
	稀释每股收益(元)	0.0762	0.0913	0.0125	-0.6751
	每股净资产(元)	6.2256	6.2702	6.2307	6.2350
	每股经营现金净流量(元)	0.5414	0.9441	0.4398	0.4567
	每股现金流量(元)	-0.0318	0.1522	0.4672	-0.4014
	每股资本公积金(元)	1.9261	1.2724	1.4910	1.1641
	每股盈余公积金(元)	0.7136	0.8265	0.8452	0.8452
	每股未分配利润(元)	2.7861	3.1756	3.1684	3.1559
	净资产收益率(%)	1.1917	1.4246	0.2008	-10.8275
	加权净资产收益率(%)	1.2200	1.4600	0.2000	-10.2700
	净资产收益率(扣除)(%)	1.9571	0.2526	0.4715	-8.8381
	总资产(万元)	6696519.09	6575040.16	6394260.69	5884247.90
	归属母公司股东权益(万元)	2510197.78	2182900.07	2121275.36	2122737.13
	营业收入(万元)	584374.69	1233382.04	631693.46	1139203.69
	营业支出(万元)	476816.72	1096728.87	547068.60	1125445.53
	投资收益(万元)	6224.57	29754.33	11477.42	11706.00
	净利润(万元)	32941.29	40337.98	7665.44	-228174.16
	营业利润(万元)	40729.15	-6338.87	19276.13	-172846.97
	利润总额(万元)	22487.09	32354.61	11129.95	-229364.48

华电国际电力股份有限公司

公司概况	公司名称	华电国际电力股份有限公司			证券简称	华电国际
	法人代表	李庆奎	董秘	周连青	证券代码	600027
	公司网址	www.hdpi.com.cn		电子信箱	zhoulq@hdpi.com.cn	
	电话	010-83567779 83567900		传真	010-83567963 83567967	
	办公地址	北京市西城区宣武门内大街2号				
	经营范围	电厂经营建设和电力产品生产销售等				

主要财务指标	2015.06.30	2014.12.31	2014.06.30	2013.12.31
基本每股收益(元)	0.3980	0.7360	0.3630	0.5610
基本每股收益(扣除后)(元)	0.3940	0.8890	0.3570	0.6250
稀释每股收益(元)	–	–	0.3630	–
每股净资产(元)	3.7308	3.5941	3.2575	3.1149
每股经营现金净流量(元)	1.6742	2.6978	1.6263	2.9691
每股现金流量(元)	0.0830	0.2594	0.3541	–0.0190
每股资本公积金(元)	1.0520	1.0519	0.7755	0.8579
每股盈余公积金(元)	0.2078	0.2078	0.2203	0.2184
每股未分配利润(元)	1.4470	1.3190	1.2429	1.0302
净资产收益率(%)	10.6681	18.6444	11.1536	18.0200
加权净资产收益率(%)	10.6300	21.8800	11.1400	19.7200
净资产收益率(扣除)(%)	10.5727	22.5312	10.9635	20.0513
总资产(万元)	18697585.10	18826458.20	18138417.10	17281784.50
归属母公司股东权益(万元)	3285821.80	3165458.70	2401124.60	2296040.30
营业收入(万元)	3058063.10	6839771.70	3378443.00	6662466.60
营业支出(万元)	2101973.10	4932651.40	2545511.10	5104208.00
投资收益(万元)	23221.40	83177.20	28640.80	50915.40
净利润(万元)	434122.10	745868.00	342814.60	565525.90
营业利润(万元)	556492.60	973947.40	429372.20	733141.50
利润总额(万元)	565180.90	940172.60	435366.70	722038.00

中国石油化工股份有限公司

公司概况	公司名称	中国石油化工股份有限公司			证券简称	中国石化
	法人代表	王玉普	董秘	黄文生	证券代码	600028
	公司网址	www.sinopec.com		电子信箱	ir@sinopec.com	
	电话	010-59960028		传真	010-59960386	
	办公地址	北京市朝阳区朝阳门北大街22号				
	经营范围	石油、天然气勘探、开采、石油炼制、石油化工、成品油销售等				

主要财务指标	2015.06.30	2014.12.31	2014.06.30	2013.12.31
基本每股收益(元)	0.2020	0.4060	0.2690	0.5790
基本每股收益(扣除后)(元)	0.1940	0.3700	0.2690	0.5740
稀释每股收益(元)	0.2020	0.4060	0.2680	0.5430
每股净资产(元)	5.6287	5.0890	5.0310	4.9120
每股经营现金净流量(元)	0.5570	1.2542	0.4984	1.3031
每股现金流量(元)	0.5218	–0.0481	–0.0156	0.0394
每股资本公积金(元)	0.9835	0.4118	0.3531	0.3170
每股盈余公积金(元)	1.5987	1.6364	1.6297	1.6329
每股未分配利润(元)	2.0800	2.0352	2.0416	1.9263
净资产收益率(%)	3.5844	7.9784	5.3488	11.7786
加权净资产收益率(%)	3.8100	8.1400	5.3700	12.2400
净资产收益率(扣除)(%)	3.4383	7.2732	5.3359	11.6873
总资产(万元)	147035500.00	145136800.00	142954300.00	138291600.00
归属母公司股东权益(万元)	68147400.00	59448300.00	58760400.00	57034600.00
营业收入(万元)	104036200.00	282591400.00	135617200.00	288031100.00
营业支出(万元)	81973300.00	242901700.00	114804900.00	245704100.00
投资收益(万元)	446100.00	813700.00	225200.00	251000.00
净利润(万元)	3054200.00	4891000.00	3269400.00	7137700.00
营业利润(万元)	3928400.00	6548100.00	4483200.00	9645300.00
利润总额(万元)	4021600.00	6648100.00	4460200.00	9698200.00

中国南方航空股份有限公司

公司概况	公司名称	中国南方航空股份有限公司			证券简称	南方航空
	法人代表	司献民	董秘	谢兵	证券代码	600029
	公司网址	www.csair.com		电子信箱	webmaster@csair.com	
	电话	020-86124462		传真	020-86659040	
	办公地址	广东省广州市机场路278号				
	经营范围	国内、地区和国际定期及不定期航空客、货、邮、行李运输业务等				

主要财务指标	2015.06.30	2014.12.31	2014.06.30	2013.12.31
基本每股收益(元)	0.3500	0.1800	–0.1000	0.1900
基本每股收益(扣除后)(元)	0.3400	0.1400	–0.1100	0.1900
稀释每股收益(元)	0.3500	0.1800	–0.1000	0.1900
每股净资产(元)	3.9367	3.6213	3.3340	3.4773
每股经营现金净流量(元)	1.1443	1.5396	0.3726	1.1334
每股现金流量(元)	–0.5981	0.5804	0.1709	0.2127
每股资本公积金(元)	1.4654	1.4655	1.4678	1.4656
每股盈余公积金(元)	0.1330	0.1330	0.1191	0.1191
每股未分配利润(元)	1.3320	1.0174	0.7471	0.8908
净资产收益率(%)	9.0088	4.9868	–3.1100	5.5508
加权净资产收益率(%)	9.3400	5.0900	–3.0300	5.6700
净资产收益率(扣除)(%)	8.5742	3.9967	–3.3972	5.3722
总资产(万元)	18817500.00	18969700.00	17776900.00	16514500.00
归属母公司股东权益(万元)	3865100.00	3555400.00	3273300.00	3413900.00
营业收入(万元)	5332700.00	10831300.00	5021200.00	9813000.00
营业支出(万元)	4356300.00	9515100.00	4544600.00	8706100.00
投资收益(万元)	44000.00	41600.00	8000.00	43100.00
净利润(万元)	409700.00	241800.00	–76800.00	264900.00
营业利润(万元)	400000.00	40500.00	–215900.00	141500.00
利润总额(万元)	530800.00	309500.00	–106500.00	335000.00

中信证券股份有限公司

公司概况	公司名称	中信证券股份有限公司			证券简称	中信证券
	法人代表	王东明	董秘	郑京	证券代码	600030
	公司网址	www.cs.ecitic.com		电子信箱	ir@citics.com	
	电话	0755-23835383 010-60836030		传真	0755-23835525 010-60836031	
	办公地址	广东省深圳市福田区中心三路8号中信证券大厦 北京市朝阳区亮马桥路48号中信证券大厦				
	经营范围	证券(含境内上市外资股)的代理买卖、代理证券还本付息、分红派息等				

主要财务指标	2015.06.30	2014.12.31	2014.06.30	2013.12.31
基本每股收益(元)	1.1300	1.0300	0.3700	0.4800
基本每股收益(扣除后)(元)	1.1300	0.8800	0.2200	0.4800
稀释每股收益(元)	1.1300	1.0300	0.3700	0.4800
每股净资产(元)	10.7500	9.0000	8.1448	7.9600
每股经营现金净流量(元)	1.3960	1.1964	0.3270	0.6226
每股现金流量(元)	15.5863	6.0466	0.6707	0.5543
每股资本公积金(元)	4.4857	3.0970	3.0435	3.1247
每股盈余公积金(元)	0.5854	0.6438	0.5845	0.5845
每股未分配利润(元)	3.4322	2.9691	2.5357	2.3266
净资产收益率(%)	9.5710	11.4403	4.5425	5.9802
加权净资产收益率(%)	11.7900	12.1800	4.5600	6.0200
净资产收益率(扣除)(%)	9.5644	9.7467	2.6865	6.0074
总资产(万元)	77550570.59	47962645.02	33974380.77	27135424.90
归属母公司股东权益(万元)	13029217.71	9909867.03	8973090.91	8768848.47
营业收入(万元)	3111140.06	2919753.11	1053481.55	1611527.22
营业支出(万元)	1419655.41	1601725.21	693254.14	925564.90
投资收益(万元)	865551.79	1031126.02	330729.69	603588.71
净利润(万元)	1274230.26	1186149.92	433351.04	530804.69
营业利润(万元)	1691484.65	1318027.90	360227.42	685962.32
利润总额(万元)	1692671.92	1542194.67	582399.09	684609.12

三一重工股份有限公司

公司概况	公司名称	三一重工股份有限公司			证券简称	三一重工
	法人代表	梁稳根	董秘	肖友良	证券代码	600031
	公司网址	www.sany.com.cn		电子信箱	sany@sany.com.cn	
	电　话	010-60738888		传　真	010-60738868	
	办公地址	北京市昌平区回龙观镇北清路8号三一产业园				
	经营范围	建筑工程机械、起重机械、停车库、通用设备及机电设备的生产、销售与维修等				

主要财务指标	指标\报告期	2015.06.30	2014.12.31	2014.06.30	2013.12.31
	基本每股收益(元)	0.0400	0.0930	0.1800	0.3810
	基本每股收益(扣除后)(元)	0.0300	0.0330	0.1600	0.3170
	稀释每股收益(元)	0.0400	0.0930	0.1800	0.3810
	每股净资产(元)	3.0829	3.1229	3.2937	3.1363
	每股经营现金净流量(元)	0.0365	0.1617	0.1316	0.3636
	每股现金流量(元)	-0.3643	-0.1024	-0.0327	-0.3842
	每股资本公积金(元)	0.1002	0.1002	0.1149	0.0263
	每股盈余公积金(元)	0.3430	0.3430	0.3200	0.3200
	每股未分配利润(元)	1.8057	1.8097	1.9194	1.8596
	净资产收益率(%)	1.4259	2.9817	5.4591	12.1552
	加权净资产收益率(%)	1.4000	2.9500	5.5000	12.1900
	净资产收益率(扣除)(%)	1.1139	1.0691	4.8723	10.0951
	总资产(万元)	6049818.50	6300944.50	6849176.80	6386778.30
	归属母公司股东权益(万元)	2348109.60	2378543.10	2508652.70	2388772.20
	营业收入(万元)	1369685.20	3036472.10	1972147.70	3732789.00
	营业支出(万元)	1003943.10	2253867.00	1423353.40	2755269.40
	投资收益(万元)	7535.90	40717.10	21100.90	-19762.30
	净利润(万元)	36456.90	75597.20	143090.70	309485.20
	营业利润(万元)	35646.20	71742.90	143289.10	274761.20
	利润总额(万元)	44382.10	98513.00	163870.20	345040.70

福建发展高速公路股份有限公司

公司概况	公司名称	福建发展高速公路股份有限公司			证券简称	福建高速
	法人代表	黄祥谈	董秘	何高文	证券代码	600033
	公司网址	www.fjgs.com.cn		电子信箱	stock@fjgs.com.cn	
	电　话	0591-87077366		传　真	0591-87077366	
	办公地址	福建省福州市东水路18号福建交通综合大楼26层				
	经营范围	高速公路的建设、运营、收费、养护与管理等				

主要财务指标	指标\报告期	2015.06.30	2014.12.31	2014.06.30	2013.12.31
	基本每股收益(元)	0.1168	0.2189	0.1179	0.1982
	基本每股收益(扣除后)(元)	0.1138	0.2131	0.1122	0.2009
	稀释每股收益(元)	0.1168	0.2189	0.1179	0.1982
	每股净资产(元)	2.8492	2.8324	2.7540	2.7100
	每股经营现金净流量(元)	0.4772	0.6664	0.3604	0.6655
	每股现金流量(元)	0.0286	0.0277	0.0198	-0.1036
	每股资本公积金(元)	0.6051	0.6051	0.6277	0.6051
	每股盈余公积金(元)	0.2708	0.2708	0.2546	0.2546
	每股未分配利润(元)	0.9733	0.9565	0.8717	0.8539
	净资产收益率(%)	4.0999	7.7286	4.2802	7.3026
	加权净资产收益率(%)	4.0400	7.9200	4.2400	7.4600
	净资产收益率(扣除)(%)	3.9940	7.5240	4.0727	7.4023
	总资产(万元)	1910989.27	1869010.64	1889695.64	1914886.08
	归属母公司股东权益(万元)	781940.51	777325.63	755801.16	744693.59
	营业收入(万元)	126577.69	263602.77	128484.26	262511.81
	营业支出(万元)	37525.11	86223.67	38164.40	86778.03
	投资收益(万元)	-3744.43	-10280.80	-4599.30	-9575.77
	净利润(万元)	42218.88	79093.82	42172.91	72085.52
	营业利润(万元)	56388.90	107330.53	55587.14	101392.21
	利润总额(万元)	58205.75	109764.99	57914.50	100802.92

湖北楚天高速公路股份有限公司

公司概况	公司名称	湖北楚天高速公路股份有限公司			证券简称	楚天高速
	法人代表	肖跃文	董秘	郭生辉	证券代码	600035
	公司网址	www.hbctgs.com		电子信箱	600035@hbctgs.com	
	电　话	027-87576667		传　真	027-87576667	
	办公地址	湖北省武汉市洪山区珞瑜路1077号东湖广场宽堂写字楼7-9层				
	经营范围	对汉荆段及江宜段高速公路的经营管理等				

主要财务指标	指标\报告期	2015.06.30	2014.12.31	2014.06.30	2013.12.31
	基本每股收益(元)	0.1900	0.2300	0.0900	0.2100
	基本每股收益(扣除后)(元)	0.1900	0.1800	0.0900	0.2100
	稀释每股收益(元)	0.1900	0.2300	0.0900	0.2100
	每股净资产(元)	2.6980	3.0734	2.9459	3.7807
	每股经营现金净流量(元)	0.2359	0.5845	0.3013	0.6760
	每股现金流量(元)	0.1314	-0.1412	0.4528	-1.0649
	每股资本公积金(元)	0.2468	0.4961	0.4961	0.9449
	每股盈余公积金(元)	0.4470	0.5363	0.5359	0.6966
	每股未分配利润(元)	1.0029	1.0410	0.9139	1.1392
	净资产收益率(%)	7.1804	7.6256	3.6268	7.2490
	加权净资产收益率(%)	7.2400	7.8400	3.6200	7.4400
	净资产收益率(扣除)(%)	7.1814	5.8107	3.6267	7.2425
	总资产(万元)	927869.61	901303.29	1390661.64	1310088.59
	归属母公司股东权益(万元)	392126.22	372234.37	356789.13	352234.11
	营业收入(万元)	59920.07	113024.25	55384.77	101087.29
	营业支出(万元)	18345.18	41270.51	16914.06	37067.37
	投资收益(万元)	-245.39	8819.81	-	-32.46
	净利润(万元)	27964.07	27817.59	12628.43	25521.87
	营业利润(万元)	24042.96	43821.68	20668.12	38341.97
	利润总额(万元)	24037.38	43962.81	20673.24	38396.82

招商银行股份有限公司

公司概况	公司名称	招商银行股份有限公司			证券简称	招商银行
	法人代表	李建红	董秘	许世清	证券代码	600036
	公司网址	www.cmbchina.com		电子信箱	cmb@cmbchina.com	
	电　话	0755-83198888		传　真	0755-83195109	
	办公地址	广东省深圳市福田区深南大道7088号				
	经营范围	从事银行业及相关金融服务等				

主要财务指标	指标\报告期	2015.06.30	2014.12.31	2014.06.30	2013.12.31
	基本每股收益(元)	1.3100	2.2200	1.2100	2.3000
	基本每股收益(扣除后)(元)	1.3000	2.2000	1.2000	2.2800
	稀释每股收益(元)	1.3100	2.2200	1.2100	2.3000
	每股净资产(元)	13.1700	12.4700	11.3400	10.5300
	每股经营现金净流量(元)	0.0113	0.0321	0.0115	0.0250
	每股现金流量(元)	3.3397	4.8185	13.7870	-4.0803
	每股资本公积金(元)	2.6774	2.6774	2.6433	2.6774
	每股盈余公积金(元)	1.1376	1.1376	0.9319	0.9319
	每股未分配利润(元)	6.1307	5.4941	4.9903	4.4055
	净资产收益率(%)	9.9303	17.7832	10.6524	19.4915
	加权净资产收益率(%)	10.2000	19.2800	21.4900	23.1200
	净资产收益率(扣除)(%)	9.8737	17.6178	10.5859	19.3404
	总资产(万元)	522122100.00	473182900.00	503312200.00	401639900.00
	归属母公司股东权益(万元)	33207500.00	31440400.00	28593600.00	26546500.00
	营业收入(万元)	10413500.00	16586300.00	8426000.00	13260400.00
	营业支出(万元)	6099700.00	9309400.00	-4424500.00	6469300.00
	投资收益(万元)	598500.00	576200.00	200.00	361500.00
	净利润(万元)	3316900.00	5604900.00	3051900.00	5174200.00
	营业利润(万元)	4313800.00	7276900.00	4001500.00	6791100.00
	利润总额(万元)	4338400.00	7343100.00	4026500.00	6842500.00

北京歌华有线电视网络股份有限公司

公司概况	公司名称	北京歌华有线电视网络股份有限公司			证券简称	歌华有线
	法人代表	郭章鹏	董秘	梁彦军	证券代码	600037
	公司网址	www.bgctv.com.cn		电子信箱	600037@bgctv.com.cn	
	电　　话	010-62364114 62035573		传　　真	010-62035573 62364114	
	办公地址	北京市东城区青龙胡同1号歌华大厦7层				
	经营范围	广播电视网络的建设开发、经营管理和维护、广播电视节目收转等				

主要财务指标	指标\报告期	2015.06.30	2014.12.31	2014.06.30	2013.12.31
	基本每股收益(元)	0.2721	0.5359	0.1790	0.3553
	基本每股收益(扣除后)(元)	0.0790	0.1224	–0.0169	–0.0624
	稀释每股收益(元)	0.2721	0.5359	0.1790	0.3553
	每股净资产(元)	6.7385	5.9122	5.5287	5.4494
	每股经营现金净流量(元)	0.3242	1.1256	0.2983	0.9726
	每股现金流量(元)	–0.1150	0.5213	0.1064	0.2670
	每股资本公积金(元)	2.9851	1.6936	1.9362	1.6478
	每股盈余公积金(元)	0.4932	0.5417	0.4910	0.4910
	每股未分配利润(元)	2.2602	2.3988	2.1015	2.0225
	净资产收益率(%)	3.8000	9.0431	3.2378	6.5199
	加权净资产收益率(%)	4.3500	9.4400	3.2300	6.6900
	净资产收益率(扣除)(%)	1.1034	2.0659	–0.3061	–1.1451
	总资产(万元)	1030311.44	1045367.29	1027343.48	1031766.33
	归属母公司股东权益(万元)	787289.34	628930.88	586258.55	577840.28
	营业收入(万元)	112999.67	246599.85	113218.89	224961.37
	营业支出(万元)	93913.34	209216.51	97094.62	203800.87
	投资收益(万元)	2824.76	3324.41	1023.78	3373.90
	净利润(万元)	29908.81	56900.90	18983.63	37814.74
	营业利润(万元)	10604.35	13546.18	4157.90	–3696.12
	利润总额(万元)	29999.84	57435.21	25165.22	38410.93

中航直升机股份有限公司

公司概况	公司名称	中航直升机股份有限公司			证券简称	中直股份
	法人代表	余枫	董秘	顾韶辉	证券代码	600038
	公司网址	www.hafei.com		电子信箱	gsh0808@sina.com	
	电　　话	0451-86528350		传　　真	0451-86524324	
	办公地址	黑龙江省哈尔滨市平房区友协大街15号				
	经营范围	航空产品及零部件的开发、设计研制、生产和销售等				

主要财务指标	指标\报告期	2015.06.30	2014.12.31	2014.06.30	2013.12.31
	基本每股收益(元)	0.3169	0.5629	0.2589	0.4918
	基本每股收益(扣除后)(元)	0.3080	0.5153	0.2469	0.4429
	稀释每股收益(元)	0.3169	0.5629	0.2589	0.4918
	每股净资产(元)	10.6645	10.4732	10.1485	9.9954
	每股经营现金净流量(元)	–1.8626	–0.4350	–1.9294	0.3919
	每股现金流量(元)	–0.7719	–0.8592	–1.9167	1.0240
	每股资本公积金(元)	7.1805	7.1805	7.1805	7.1805
	每股盈余公积金(元)	0.5246	0.5246	0.4890	0.4890
	每股未分配利润(元)	1.8157	1.6388	1.3704	1.2415
	净资产收益率(%)	2.9715	5.3751	2.5511	4.1960
	加权净资产收益率(%)	2.9787	5.5005	2.5540	5.9926
	净资产收益率(扣除)(%)	2.8878	4.9200	2.4333	2.9405
	总资产(万元)	2099906.01	2038615.39	1905307.05	2073011.09
	归属母公司股东权益(万元)	628646.30	617368.01	598228.69	589206.87
	营业收入(万元)	555216.28	1245543.61	543585.50	1083067.46
	营业支出(万元)	469476.35	1105272.38	483427.90	965426.93
	投资收益(万元)	–30.43	–262.36	–317.65	–1311.76
	净利润(万元)	18690.16	33186.46	15257.92	24644.68
	营业利润(万元)	19625.37	35369.90	17377.01	29159.08
	利润总额(万元)	20354.38	39450.89	18310.86	30125.07

四川路桥建设股份有限公司

公司概况	公司名称	四川路桥建设股份有限公司			证券简称	四川路桥
	法人代表	孙云	董秘	曹川	证券代码	600039
	公司网址	www.scrbc.com.cn		电子信箱	srbcdsh@163.com	
	电　　话	028-85126085		传　　真	028-85126084	
	办公地址	四川省成都市高新区九兴大道12号				
	经营范围	各级公路工程和桥梁、隧道工程的施工等				

主要财务指标	指标\报告期	2015.06.30	2014.12.31	2014.06.30	2013.12.31
	基本每股收益(元)	0.1075	0.2958	0.1728	0.2451
	基本每股收益(扣除后)(元)	0.0927	0.1813	0.0905	0.4911
	稀释每股收益(元)	0.1075	0.2958	0.1728	0.2451
	每股净资产(元)	2.5472	2.4721	4.6158	4.3079
	每股经营现金净流量(元)	0.3662	0.5883	0.5397	1.2443
	每股现金流量(元)	0.6242	–0.4675	–0.7425	2.0158
	每股资本公积金(元)	0.2938	0.2938	1.6331	1.5875
	每股盈余公积金(元)	0.0671	0.0671	0.1217	0.1217
	每股未分配利润(元)	0.9759	0.9184	1.6032	1.3076
	净资产收益率(%)	4.2205	11.9660	7.4874	7.8859
	加权净资产收益率(%)	3.6000	12.8000	7.7200	12.7500
	净资产收益率(扣除)(%)	3.9249	7.3323	3.9196	7.9010
	总资产(万元)	5315978.95	5217515.84	4703069.05	4426629.06
	归属母公司股东权益(万元)	769199.03	746513.56	696927.89	650430.61
	营业收入(万元)	1087157.55	2697274.35	1070785.27	2542691.31
	营业支出(万元)	937318.95	2346154.08	919164.54	2221065.44
	投资收益(万元)	3496.93	1205.68	11.30	1217.73
	净利润(万元)	30259.12	92495.17	51153.02	55353.42
	营业利润(万元)	37689.35	117830.93	63239.86	71337.26
	利润总额(万元)	37298.98	118161.24	63042.20	71116.51

保利房地产(集团)股份有限公司

公司概况	公司名称	保利房地产(集团)股份有限公司			证券简称	保利地产
	法人代表	宋广菊	董秘	黄海	证券代码	600048
	公司网址	www.polycn.com		电子信箱	stock@polycn.com	
	电　　话	020-89898833		传　　真	020-89898666 8831	
	办公地址	广东省广州市海珠区阅江中路688号保利国际广场北塔29-33层				
	经营范围	房地产开发、销售、租赁及其物业管理等				

主要财务指标	指标\报告期	2015.06.30	2014.12.31	2014.06.30	2013.12.31
	基本每股收益(元)	0.4600	1.1400	0.3600	1.0000
	基本每股收益(扣除后)(元)	0.4600	1.1200	0.3400	1.0000
	稀释每股收益(元)	0.4600	1.1400	0.3600	1.0000
	每股净资产(元)	5.9726	5.7233	4.9998	7.2517
	每股经营现金净流量(元)	0.9160	–0.9747	–1.3337	–1.3665
	每股现金流量(元)	–0.1221	0.5815	0.4801	0.0746
	每股资本公积金(元)	0.6580	0.6447	0.6950	1.5360
	每股盈余公积金(元)	0.1594	0.1598	0.1028	0.1542
	每股未分配利润(元)	4.1552	3.9189	3.2020	4.5615
	净资产收益率(%)	7.7071	19.8671	7.1400	20.7623
	加权净资产收益率(%)	7.7900	21.6500	7.2100	22.9500
	净资产收益率(扣除)(%)	7.6058	19.5617	6.8835	20.6421
	总资产(万元)	37944711.28	36576564.33	35213027.05	31393985.43
	归属母公司股东权益(万元)	6422174.74	6140953.76	5353321.58	5176286.94
	营业收入(万元)	4234496.18	10905649.71	3399931.58	9235552.42
	营业支出(万元)	2697191.28	7412257.33	2251321.15	6265521.52
	投资收益(万元)	34821.26	115279.36	45047.81	63505.26
	净利润(万元)	590079.04	1423136.13	419052.64	1186446.23
	营业利润(万元)	800733.20	1898053.42	584279.61	1600682.43
	利润总额(万元)	807458.01	1903182.31	582060.64	1610169.65

中国联合网络通信股份有限公司

公司概况	公司名称	中国联合网络通信股份有限公司			证券简称	中国联通
	法人代表	常小兵	董秘	李超	证券代码	600050
	公司网址	www.chinaunicom-a.com		电子信箱	chaoli@chinaunicom-a.com	
	电　话	021-52732228		传　真	021-52732220	
	办公地址	上海市长宁区长宁路1033号29楼				
	经营范围	从事国(境)内外电信行业的投资等				

主要财务指标	指标\报告期	2015.06.30	2014.12.31	2014.06.30	2013.12.31
	基本每股收益(元)	0.1087	0.1878	0.1048	0.1624
	基本每股收益(扣除后)(元)	0.1078	0.1886	0.1016	0.1539
	稀释每股收益(元)	0.1061	0.1839	0.1023	0.1590
	每股净资产(元)	3.6894	3.6485	3.5837	3.5316
	每股经营现金净流量(元)	1.9047	4.3606	2.0906	3.9332
	每股现金流量(元)	-0.3563	0.1797	-0.1042	0.1532
	每股资本公积金(元)	1.3121	1.3121	1.2623	1.3221
	每股盈余公积金(元)	0.0493	0.0493	0.0434	0.0434
	每股未分配利润(元)	1.3978	1.3564	1.2794	1.2279
	净资产收益率(%)	2.9467	5.1486	2.9258	4.5991
	加权净资产收益率(%)	2.9400	5.2000	2.9300	4.6800
	净资产收益率(扣除)(%)	2.9222	5.1703	2.8355	4.3472
	总资产(万元)	54024189.37	54712456.88	51879950.06	53136445.33
	归属母公司股东权益(万元)	7820207.97	7733651.94	7596166.52	7485893.95
	营业收入(万元)	14468466.43	28857087.44	15345950.06	30372720.32
	营业支出(万元)	10543463.36	19993689.04	10303379.75	21165704.24
	投资收益(万元)	-21903.69	36332.47	22279.31	19794.90
	净利润(万元)	692292.46	1196788.96	664863.87	1029243.63
	营业利润(万元)	876674.10	1589340.37	851982.47	1291741.92
	利润总额(万元)	884375.05	1583649.57	879528.60	1367665.85

宁波联合集团股份有限公司

公司概况	公司名称	宁波联合集团股份有限公司			证券简称	宁波联合
	法人代表	李水荣	董秘	董庆慈	证券代码	600051
	公司网址	www.nug.com.cn		电子信箱	dqc@nug.com.cn	
	电　话	0574-86221609		传　真	0574-86221320	
	办公地址	浙江省宁波市开发区东海路1号联合大厦				
	经营范围	基础设施、房地产、对外贸易、医药生物和其他高新技术产业的开发等				

主要财务指标	指标\报告期	2015.06.30	2014.12.31	2014.06.30	2013.12.31
	基本每股收益(元)	0.3580	0.3800	0.3600	0.2000
	基本每股收益(扣除后)(元)	0.1490	0.1900	0.2600	-0.1300
	稀释每股收益(元)	0.3550	0.3800	0.3600	0.2000
	每股净资产(元)	6.7858	5.9793	5.7113	5.8802
	每股经营现金净流量(元)	-0.1939	-0.6329	-0.3582	-2.3949
	每股现金流量(元)	-0.0576	-0.3672	-0.0251	-0.9307
	每股资本公积金(元)	0.7186	0.7066	1.8256	0.8911
	每股盈余公积金(元)	0.6528	0.6528	0.6528	0.6711
	每股未分配利润(元)	2.5914	2.2428	2.2302	2.0878
	净资产收益率(%)	5.1373	6.1489	6.2160	3.3758
	加权净资产收益率(%)	5.4700	6.3400	6.0600	3.2800
	净资产收益率(扣除)(%)	2.1374	3.0846	4.4195	-2.1310
	总资产(万元)	802588.18	767367.44	734367.46	772991.16
	归属母公司股东权益(万元)	210957.64	185883.35	177553.44	177818.70
	营业收入(万元)	138834.86	444256.13	196811.09	282346.21
	营业支出(万元)	100613.88	349773.96	141680.86	249831.19
	投资收益(万元)	6297.55	3834.52	3097.19	11741.41
	净利润(万元)	16118.30	24459.35	20882.18	4466.14
	营业利润(万元)	19303.63	32166.97	25699.61	5910.94
	利润总额(万元)	20879.79	35826.61	26546.28	8777.19

浙江广厦股份有限公司

公司概况	公司名称	浙江广厦股份有限公司			证券简称	浙江广厦
	法人代表	张汉文	董秘	包宇芬	证券代码	600052
	公司网址	www.gsgf.com		电子信箱	stock600052@gsgf.com	
	电　话	0571-87974176		传　真	0571-85125355	
	办公地址	浙江省杭州市西湖区莫干山路231号锐明大厦14层				
	经营范围	房地产投资、实业投资、房地产中介代理、园林、绿化、市政、幕墙等				

主要财务指标	指标\报告期	2015.06.30	2014.12.31	2014.06.30	2013.12.31
	基本每股收益(元)	-0.0800	0.2400	-0.1400	0.0600
	基本每股收益(扣除后)(元)	-0.0800	-0.3800	-0.1300	0.0700
	稀释每股收益(元)	-0.0800	0.2400	-0.1400	0.0600
	每股净资产(元)	2.1680	2.2982	1.9191	2.0969
	每股经营现金净流量(元)	0.0889	-0.5971	-0.1515	0.1556
	每股现金流量(元)	-0.0838	0.0670	-0.0562	0.0034
	每股资本公积金(元)	0.0522	0.0301	0.0320	0.0320
	每股盈余公积金(元)	0.1922	0.1922	0.1575	0.1575
	每股未分配利润(元)	0.9235	1.0758	0.7295	0.9074
	净资产收益率(%)	-3.5657	10.5825	-7.1832	3.0509
	加权净资产收益率(%)	-3.4400	11.0800	-6.8000	3.0500
	净资产收益率(扣除)(%)	-3.8329	-16.5080	-7.0330	3.3595
	总资产(万元)	964746.15	940528.35	1060910.78	1016266.06
	归属母公司股东权益(万元)	189004.95	200351.03	167301.57	182807.59
	营业收入(万元)	39009.12	175915.17	45972.34	192082.96
	营业支出(万元)	24111.42	135463.70	27658.95	111905.90
	投资收益(万元)	185.80	53956.59	81.56	4606.29
	净利润(万元)	-6698.28	21594.00	-12034.95	5028.05
	营业利润(万元)	-5182.09	26933.35	-8554.58	16476.83
	利润总额(万元)	-4760.68	27333.89	-8878.63	15629.98

江西中江地产股份有限公司

公司概况	公司名称	江西中江地产股份有限公司			证券简称	中江地产
	法人代表	钟虹光	董秘	王芳	证券代码	600053
	公司网址	www.jzjt.com		电子信箱	zjre600053@126.com	
	电　话	0791-88666003		传　真	0791-88666007	
	办公地址	江西省南昌市东湖区沿江北大道1379号紫金城A栋写字楼				
	经营范围	房地产开发及经营、土地开发及经营、对旅游项目的投资、装饰工程等				

主要财务指标	指标\报告期	2015.06.30	2014.12.31	2014.06.30	2013.12.31
	基本每股收益(元)	0.0635	0.1743	0.0414	0.0590
	基本每股收益(扣除后)(元)	0.0636	0.1726	0.0414	0.0581
	稀释每股收益(元)	0.0635	0.1743	0.0414	0.0590
	每股净资产(元)	2.0259	2.0224	1.8895	1.8682
	每股经营现金净流量(元)	0.4663	0.7532	0.4402	1.0403
	每股现金流量(元)	0.1083	-0.0880	-0.1035	0.1047
	每股资本公积金(元)	0.4352	0.4352	0.4352	0.4352
	每股盈余公积金(元)	0.0960	0.0960	0.0786	0.0786
	每股未分配利润(元)	0.4947	0.4911	0.3757	0.3543
	净资产收益率(%)	3.1300	8.6163	2.1900	3.1572
	加权净资产收益率(%)	3.1070	8.9600	2.1904	3.1900
	净资产收益率(扣除)(%)	3.1380	8.5361	2.1931	3.1082
	总资产(万元)	261045.30	251873.78	283982.55	282801.67
	归属母公司股东权益(万元)	87832.06	87679.83	81918.78	80992.14
	营业收入(万元)	16932.08	80321.94	13986.97	60488.12
	营业支出(万元)	10348.02	59111.59	7869.09	49496.54
	投资收益(万元)	3.20	3.10	-	-20.68
	净利润(万元)	2753.48	7554.77	1793.72	2557.06
	营业利润(万元)	3660.42	10466.64	2787.88	3498.70
	利润总额(万元)	3636.01	10440.74	2766.75	3468.31

黄山旅游发展股份有限公司

公司概况					
公司名称	黄山旅游发展股份有限公司			证券简称	黄山旅游
法人代表	黄林沐	董秘	丁维	证券代码	600054
公司网址	www.huangshan.com.cn		电子信箱	hs600054@126.com	
电　话	0559-5580567 5580526		传　真	0559-5580505	
办公地址	安徽省黄山市黄山风景区温泉				
经营范围	园林门票、客运索道、酒店食宿及旅游服务等				

主要财务指标 指标\报告期	2015.06.30	2014.12.31	2014.06.30	2013.12.31
基本每股收益(元)	0.2637	0.4400	0.2388	0.3100
基本每股收益(扣除后)(元)	0.2574	0.4700	0.2371	0.3000
稀释每股收益(元)	0.2637	0.4400	0.2388	0.3100
每股净资产(元)	4.9160	4.7122	4.5071	4.3083
每股经营现金净流量(元)	0.2277	0.8679	0.1724	0.5107
每股现金流量(元)	-0.0086	-0.0501	-0.1657	-0.0303
每股资本公积金(元)	0.2797	0.2797	0.2797	0.2797
每股盈余公积金(元)	0.5802	0.5802	0.5291	0.5291
每股未分配利润(元)	3.0561	2.8523	2.6984	2.4995
净资产收益率(%)	5.3651	9.4206	5.2989	7.0816
加权净资产收益率(%)	5.4800	9.8600	5.4200	7.3200
净资产收益率(扣除)(%)	5.2364	9.8711	5.2615	7.0134
总资产(万元)	341694.69	343170.18	336787.58	335506.85
归属母公司股东权益(万元)	231714.18	222110.53	212443.46	203071.73
营业收入(万元)	65621.99	148991.00	62182.01	129409.03
营业支出(万元)	35799.87	76330.43	33669.37	68276.94
投资收益(万元)	525.26	119.10	183.32	-172.04
净利润(万元)	12545.47	22185.95	12007.20	16144.25
营业利润(万元)	16493.07	32530.65	15886.85	23106.65
利润总额(万元)	16895.04	30712.01	15999.08	23201.59

华润万东医疗装备股份有限公司

公司概况					
公司名称	华润万东医疗装备股份有限公司			证券简称	华润万东
法人代表	吴光明	董秘	吴光明(代)	证券代码	600055
公司网址	www.wandong.com.cn		电子信箱	wdyL055@263.net.cn	
电　话	010-84569688		传　真	010-84575717	
办公地址	北京市朝阳区酒仙桥东路9号院3号楼				
经营范围	各类医疗器械的生产和销售等				

主要财务指标 指标\报告期	2015.06.30	2014.12.31	2014.06.30	2013.12.31
基本每股收益(元)	0.0930	0.1190	0.0504	0.2000
基本每股收益(扣除后)(元)	0.0912	0.0840	0.0149	0.1600
稀释每股收益(元)	0.0930	0.1190	0.0504	0.2000
每股净资产(元)	3.1381	3.0851	3.0753	3.0749
每股经营现金净流量(元)	-0.3207	0.1586	-0.2476	0.0993
每股现金流量(元)	-0.2561	0.0375	-0.3950	-0.3343
每股资本公积金(元)	0.5241	0.5241	0.5241	0.5241
每股盈余公积金(元)	0.3722	0.3722	0.3508	0.3508
每股未分配利润(元)	1.2425	1.1896	1.2005	1.2000
净资产收益率(%)	2.9621	3.8475	1.6390	6.5544
加权净资产收益率(%)	3.0100	3.8100	1.6500	6.7000
净资产收益率(扣除)(%)	2.9071	2.7341	0.4841	5.3213
总资产(万元)	133525.34	122688.78	107749.73	114304.97
归属母公司股东权益(万元)	67923.71	66777.55	66564.54	66555.80
营业收入(万元)	34406.00	73987.49	30482.10	76468.10
营业支出(万元)	22734.78	51877.25	19855.95	51109.59
投资收益(万元)	-50.36	-3.81	10.37	-253.85
净利润(万元)	1912.30	2538.39	937.16	4473.79
营业利润(万元)	799.04	-1284.62	42.44	1902.14
利润总额(万元)	1915.15	2751.03	945.17	4521.68

中国医药健康产业股份有限公司

公司概况					
公司名称	中国医药健康产业股份有限公司			证券简称	中国医药
法人代表	张本智	董秘	侯文玲	证券代码	600056
公司网址	www.meheco.cn		电子信箱	meheco600056@sina.com	
电　话	010-67164267		传　真	010-67152359	
办公地址	北京市东城区光明中街18号				
经营范围	高新技术及成套设备的进出口贸易、易货贸易、国际招标采购等				

主要财务指标 指标\报告期	2015.06.30	2014.12.31	2014.06.30	2013.12.31
基本每股收益(元)	0.3690	0.5568	0.2870	0.5300
基本每股收益(扣除后)(元)	0.3641	0.5326	0.2839	1.1278
稀释每股收益(元)	0.3690	0.5568	0.2870	0.5300
每股净资产(元)	5.1345	4.9145	4.4574	7.5158
每股经营现金净流量(元)	-0.6096	0.9825	-0.4207	-0.0311
每股现金流量(元)	-0.6950	0.4116	-0.1924	-0.8967
每股资本公积金(元)	1.7081	1.7081	1.8441	1.7791
每股盈余公积金(元)	0.2639	0.2639	0.2035	0.4504
每股未分配利润(元)	1.8186	1.6127	1.4098	3.9257
净资产收益率(%)	7.1857	11.0567	6.2832	14.1038
加权净资产收益率(%)	7.1500	11.0700	7.0900	16.0700
净资产收益率(扣除)(%)	7.0911	10.5752	6.2160	12.6040
总资产(万元)	1476772.92	1420361.57	1400595.88	1279048.14
归属母公司股东权益(万元)	519877.95	497597.18	451314.28	343760.36
营业收入(万元)	950986.41	1785737.26	874013.48	1482950.82
营业支出(万元)	822598.57	1578953.22	774081.46	1295170.30
投资收益(万元)	240.82	1157.04	9.95	983.57
净利润(万元)	42282.53	61368.49	31424.55	53641.81
营业利润(万元)	54060.32	77731.63	40419.88	70964.90
利润总额(万元)	54612.98	79570.88	41134.60	72279.80

厦门象屿股份有限公司

公司概况					
公司名称	厦门象屿股份有限公司			证券简称	象屿股份
法人代表	王龙雏	董秘	高晨霞	证券代码	600057
公司网址	www.xiangyu.cn		电子信箱	stock@xiangyu.cn	
电　话	0592-6516003 5603375		传　真	0592-5051631	
办公地址	厦门现代物流园区象屿路99号厦门国际航运中心E栋9层				
经营范围	物流园区相关项目的开发经营、房地产租赁服务等				

主要财务指标 指标\报告期	2015.06.30	2014.12.31	2014.06.30	2013.12.31
基本每股收益(元)	0.1700	0.3200	0.1900	0.2800
基本每股收益(扣除后)(元)	0.1700	0.1900	0.1100	-0.1400
稀释每股收益(元)	0.1700	0.3200	0.1900	0.2800
每股净资产(元)	3.8175	3.6407	2.2860	2.1025
每股经营现金净流量(元)	2.0007	-4.6371	-0.3927	-5.4432
每股现金流量(元)	0.6169	0.0374	0.3186	0.1073
每股资本公积金(元)	1.6259	1.6259	0.1939	0.2124
每股盈余公积金(元)	0.0697	0.0697	0.0817	0.0817
每股未分配利润(元)	1.1575	0.9860	1.0390	0.8534
净资产收益率(%)	4.5275	7.5145	8.1194	13.3554
加权净资产收益率(%)	4.6400	13.5700	8.4600	14.3800
净资产收益率(扣除)(%)	4.3454	4.3354	4.7036	-6.7820
总资产(万元)	2269548.14	2079278.34	1483008.41	1320640.59
归属母公司股东权益(万元)	395586.76	377269.81	196560.56	180777.94
营业收入(万元)	2641625.92	4838397.21	2187846.90	3540232.80
营业支出(万元)	2521448.98	4675082.23	2123559.89	3461991.15
投资收益(万元)	17709.03	49719.53	26008.13	42923.75
净利润(万元)	27086.04	35542.03	19531.39	26904.10
营业利润(万元)	31437.11	41956.64	20804.50	22927.17
利润总额(万元)	33251.77	51392.49	27710.89	25697.78

五矿发展股份有限公司

公司概况

公司名称	五矿发展股份有限公司			证券简称	五矿发展
法人代表	刘青春	董秘	王宏利	证券代码	600058
公司网址	www.minlist.com.cn		电子信箱	wanghl@minmetals.com	
电　　话	010-68494205 68494267		传　　真	010-68494207	
办公地址	北京市海淀区三里河路5号B座				
经营范围	国内外贸易、国际货运、货代、仓储、国际招标投标、酒店经营、工业生产等				

主要财务指标

指标\报告期	2015.06.30	2014.12.31	2014.06.30	2013.12.31
基本每股收益(元)	-0.2739	0.1960	0.0241	0.2610
基本每股收益(扣除后)(元)	-0.3095	-0.2495	-0.2010	0.1126
稀释每股收益(元)	-0.2739	0.1960	0.0241	0.2610
每股净资产(元)	7.7106	8.0600	7.8904	7.9687
每股经营现金净流量(元)	-0.5104	-1.5436	-4.7341	-2.8849
每股现金流量(元)	0.9521	0.0290	0.8367	-0.0744
每股资本公积金(元)	3.5362	3.5371	3.5408	3.5371
每股盈余公积金(元)	0.9042	0.9042	0.8498	0.8498
每股未分配利润(元)	2.2418	2.5957	2.4782	2.5592
净资产收益率(%)	-3.5519	2.4312	0.3048	3.2755
加权净资产收益率(%)	-3.4557	2.4450	0.3013	3.3303
净资产收益率(扣除)(%)	-4.0141	-3.0960	-2.5468	1.4129
总资产(万元)	5131341.34	4681890.55	5531151.97	4617274.39
归属母公司股东权益(万元)	826504.33	863958.66	845775.85	854173.87
营业收入(万元)	3556472.49	13455938.50	6973589.05	20325915.00
营业支出(万元)	3435585.71	13078845.05	6842043.65	20023357.59
投资收益(万元)	-216.88	21944.20	21826.62	1344.03
净利润(万元)	-62524.65	-13023.02	-13697.89	6548.16
营业利润(万元)	-59298.57	21956.84	-22716.23	29234.52
利润总额(万元)	-58911.22	32935.85	-22679.43	31499.47

浙江古越龙山绍兴酒股份有限公司

公司概况

公司名称	浙江古越龙山绍兴酒股份有限公司			证券简称	古越龙山
法人代表	傅建伟	董秘	周娟英	证券代码	600059
公司网址	www.shaoxingwine.com.cn		电子信箱	zjy@shaoxingwine.com.cn	
电　　话	0575-85158435 85176000		传　　真	0575-85166884	
办公地址	浙江省绍兴市北海桥				
经营范围	黄酒、白酒、饮料、副食品及食品原辅料开发、制造、销售等				

主要财务指标

指标\报告期	2015.06.30	2014.12.31	2014.06.30	2013.12.31
基本每股收益(元)	0.0900	0.2600	0.1000	0.2300
基本每股收益(扣除后)(元)	0.0800	0.1000	0.1000	0.2100
稀释每股收益(元)	0.0900	0.2600	0.1000	0.2300
每股净资产(元)	4.6664	4.5799	4.4311	3.9194
每股经营现金净流量(元)	-0.1646	-0.0860	-0.3157	0.1145
每股现金流量(元)	-0.2393	0.1788	0.3043	-0.3504
每股资本公积金(元)	2.3258	2.3258	2.3273	1.5113
每股盈余公积金(元)	0.2474	0.2474	0.2230	0.2840
每股未分配利润(元)	1.0972	1.0107	0.8848	1.1271
净资产收益率(%)	1.8539	4.9919	1.7673	5.7846
加权净资产收益率(%)	1.8700	6.1600	2.5600	5.8800
净资产收益率(扣除)(%)	1.7260	1.9790	1.7217	5.3069
总资产(万元)	417371.56	432772.17	395535.31	358863.82
归属母公司股东权益(万元)	377287.98	370296.02	358267.38	248828.32
营业收入(万元)	70993.80	133794.77	66092.91	146792.38
营业支出(万元)	45584.79	86206.74	39655.75	89762.66
投资收益(万元)	385.01	14265.74	156.19	629.53
净利润(万元)	6979.17	18593.75	6393.94	14506.14
营业利润(万元)	9419.31	24076.94	8466.46	17855.07
利润总额(万元)	9499.51	24700.04	8522.66	19165.03

青岛海信电器股份有限公司

公司概况

公司名称	青岛海信电器股份有限公司			证券简称	海信电器
法人代表	刘洪新	董秘	舒鹏	证券代码	600060
公司网址	www.hisense.com		电子信箱	zqb@hisense.com	
电　　话	0532-83889556		传　　真	0532-83889556	
办公地址	山东省青岛市经济技术开发区前湾港路218号				
经营范围	电视机、广播电视设备、通讯产品制造、信息技术产品、家用、商用电器、电子产品的制造、销售等				

主要财务指标

指标\报告期	2015.06.30	2014.12.31	2014.06.30	2013.12.31
基本每股收益(元)	0.4780	1.0700	0.4680	1.2110
基本每股收益(扣除后)(元)	0.4430	1.0090	0.4360	1.1360
稀释每股收益(元)	0.4780	1.0700	0.4680	1.2100
每股净资产(元)	8.4223	8.2695	7.6672	7.5569
每股经营现金净流量(元)	0.4074	0.7295	1.1732	1.0049
每股现金流量(元)	-0.2177	0.0573	0.3007	1.0344
每股资本公积金(元)	1.7262	1.7262	1.7262	1.7259
每股盈余公积金(元)	1.1405	1.1405	1.1405	1.1405
每股未分配利润(元)	4.5556	4.4029	3.8006	3.6906
净资产收益率(%)	5.6726	12.9388	6.1102	16.0080
加权净资产收益率(%)	5.6200	13.5200	6.0100	17.0300
净资产收益率(扣除)(%)	5.2650	12.1997	5.6905	15.0111
总资产(万元)	1954975.58	2070351.33	1945081.60	2000339.61
归属母公司股东权益(万元)	1102036.01	1082045.60	1003239.36	988805.62
营业收入(万元)	1400144.50	2900706.92	1325835.20	2847985.91
营业支出(万元)	1186582.83	2412394.90	1110907.84	2337642.76
投资收益(万元)	926.59	4506.29	2894.44	8225.84
净利润(万元)	64480.85	144280.22	61789.86	162334.93
营业利润(万元)	67007.18	141912.11	67718.89	178516.09
利润总额(万元)	76100.16	165885.12	71357.45	187017.06

国投安信股份有限公司

公司概况

公司名称	国投安信股份有限公司			证券简称	国投安信
法人代表	施洪祥	董秘	李启亚	证券代码	600061
公司网址	www.sdicessence.com.cn		电子信箱	600061@essence.com.cn	
电　　话	021-68763708		传　　真	021-68762523	
办公地址	上海市浦东新区世纪大道1589号长泰国际金融大厦22层				
经营范围	纺织品、纺织原材料、化轻材料、新产品的开发、生产、销售等				

主要财务指标

指标\报告期	2015.06.30	2014.12.31	2014.06.30	2013.12.31
基本每股收益(元)	0.8000	0.0100	0.1400	0.0100
基本每股收益(扣除后)(元)	0.7400	-0.0100	0.0100	0.0100
稀释每股收益(元)	0.8000	0.0100	0.1400	0.0100
每股净资产(元)	6.8961	1.4435	1.3961	1.3900
每股经营现金净流量(元)	9.8064	0.4027	-3.4838	-0.1132
每股现金流量(元)	17.6400	-0.0737	6.8000	0.0377
每股资本公积金(元)	4.7504	22.9055	0.0330	0.0329
每股盈余公积金(元)	0.0090	0.0774	0.0531	0.0531
每股未分配利润(元)	0.9017	1.9546	0.3100	0.3039
净资产收益率(%)	9.7836	1.0012	0.4352	1.0658
加权净资产收益率(%)	11.7700	1.0200	0.4400	1.0700
净资产收益率(扣除)(%)	9.1028	-0.5132	0.7431	0.6647
总资产(万元)	19272760.94	9511966.67	218175.08	204732.67
归属母公司股东权益(万元)	2547515.29	1157789.03	59902.70	59642.00
营业收入(万元)	135541.46	471684.32	198319.41	435623.89
营业支出(万元)	137577.14	449797.07	188412.86	417455.24
投资收益(万元)	119390.67	582.20	22579.90	-117.20
净利润(万元)	262271.38	488.52	50013.64	621.08
营业利润(万元)	355876.56	283.18	68359.79	754.52
利润总额(万元)	355883.85	598.01	68611.54	992.13

华润双鹤药业股份有限公司

公司概况					
公司名称	华润双鹤药业股份有限公司			证券简称	华润双鹤
法人代表	王春城	董秘	范彦喜	证券代码	600062
公司网址	www.dcpc.com.cn		电子信箱	mss@dcpc.com	
电　　话	010-64398099		传　　真	010-64398086	
办公地址	北京市朝阳区望京利泽东二路1号				
经营范围	加工、制造、销售制剂药品、化学原料药、制药装备等				

主要财务指标

指标\报告期	2015.06.30	2014.12.31	2014.06.30	2013.12.31
基本每股收益(元)	0.5804	0.9479	0.5515	1.5230
基本每股收益(扣除后)(元)	0.5434	0.9140	0.5346	1.0834
稀释每股收益(元)	0.5804	0.9479	0.5515	1.5230
每股净资产(元)	10.5161	9.9338	9.5375	9.3279
每股经营现金净流量(元)	0.3251	1.2566	0.2567	0.9555
每股现金流量(元)	-0.0855	-0.0764	0.1525	0.9340
每股资本公积金(元)	2.0277	2.0277	2.0277	2.0277
每股盈余公积金(元)	0.5333	0.5333	0.5333	0.5333
每股未分配利润(元)	6.9532	6.3728	5.9764	5.7669
净资产收益率(%)	5.5191	9.5421	5.7830	16.3273
加权净资产收益率(%)	5.6800	9.8700	5.7800	17.5600
净资产收益率(扣除)(%)	5.1678	9.2009	5.6048	11.6143
总资产(万元)	682386.19	661929.63	652630.72	648091.59
归属母公司股东权益(万元)	601201.14	567912.53	545253.59	533273.74
营业收入(万元)	210684.17	428096.10	216132.80	683457.43
营业支出(万元)	103411.74	220598.22	112037.78	446995.74
投资收益(万元)	1314.38	486.38	2.06	27128.88
净利润(万元)	33230.10	54366.48	31621.20	87344.49
营业利润(万元)	39402.12	63840.06	37499.97	103389.01
利润总额(万元)	40565.48	65837.81	38663.94	106677.84

安徽皖维高新材料股份有限公司

公司概况					
公司名称	安徽皖维高新材料股份有限公司			证券简称	皖维高新
法人代表	吴福胜	董秘	吴尚义	证券代码	600063
公司网址	www.wwgf.com.cn		电子信箱	wusy@wwgf.com.cn	
电　　话	0551-82189280 82189294		传　　真	0551-82189447	
办公地址	安徽省巢湖市皖维路56号				
经营范围	系列聚乙烯醇、高强高模PVA纤维、超高强高模PVA纤维、环保水泥等				

主要财务指标

指标\报告期	2015.06.30	2014.12.31	2014.06.30	2013.12.31
基本每股收益(元)	0.0330	0.1200	0.0410	0.0100
基本每股收益(扣除后)(元)	0.0230	0.0800	0.0300	-0.0200
稀释每股收益(元)	0.0330	0.1200	0.0410	0.0100
每股净资产(元)	2.6951	2.4632	1.6262	1.6128
每股经营现金净流量(元)	0.1735	0.5451	0.1465	0.2349
每股现金流量(元)	0.1501	0.0733	0.0800	-0.0275
每股资本公积金(元)	0.3604	0.4160	0.5362	0.2620
每股盈余公积金(元)	0.0776	0.0806	0.0699	0.0699
每股未分配利润(元)	0.0906	0.0707	-0.0003	-0.0361
净资产收益率(%)	1.1336	4.8738	2.5111	0.8402
加权净资产收益率(%)	1.3200	7.1700	2.5100	0.8400
净资产收益率(扣除)(%)	0.7916	3.2710	1.8594	-1.2261
总资产(万元)	861651.09	753022.09	624402.65	621930.12
归属母公司股东权益(万元)	443577.73	391446.27	243582.08	241576.06
营业收入(万元)	165629.30	412609.25	203863.16	357305.88
营业支出(万元)	133733.98	335982.81	168174.87	309896.68
投资收益(万元)	3448.21	2847.93	1064.09	1131.82
净利润(万元)	5028.41	18401.76	6569.39	2767.30
营业利润(万元)	5640.08	19629.71	6287.52	-3696.73
利润总额(万元)	6179.36	23687.83	7979.99	3217.12

南京高科股份有限公司

公司概况					
公司名称	南京高科股份有限公司			证券简称	南京高科
法人代表	徐益民	董秘	谢建晖	证券代码	600064
公司网址	www.600064.com		电子信箱	600064@600064.com	
电　　话	025-85800728		传　　真	025-85800720	
办公地址	江苏省南京市经济技术开发区新港大道129号				
经营范围	高新技术产业投资、开发、市政基础设施建设、投资及管理等				

主要财务指标

指标\报告期	2015.06.30	2014.12.31	2014.06.30	2013.12.31
基本每股收益(元)	0.6670	1.1810	0.3420	0.8340
基本每股收益(扣除后)(元)	0.2420	0.8950	0.3410	0.6900
稀释每股收益(元)	0.6670	1.1810	0.3420	0.8340
每股净资产(元)	13.3488	15.9993	9.6789	9.6318
每股经营现金净流量(元)	1.2003	2.4568	0.8724	1.7624
每股现金流量(元)	0.1875	-0.0654	-0.0018	-0.0900
每股资本公积金(元)	0.5945	0.8917	4.6931	0.8917
每股盈余公积金(元)	0.5849	0.8774	0.7843	0.7843
每股未分配利润(元)	2.7821	3.7721	3.2014	2.9440
净资产收益率(%)	4.9993	7.3831	5.2933	8.6577
加权净资产收益率(%)	5.5500	9.2300	5.2600	8.5000
净资产收益率(扣除)(%)	1.8125	5.5934	5.2855	7.1612
总资产(万元)	2304065.47	2036705.05	1666702.65	1556191.83
归属母公司股东权益(万元)	1033636.56	825915.03	499640.56	497209.38
营业收入(万元)	156371.38	324207.41	155750.41	350200.69
营业支出(万元)	115936.88	219226.59	112172.05	255796.02
投资收益(万元)	62373.37	48178.98	26628.41	34763.96
净利润(万元)	52261.27	63916.82	26756.03	46003.12
营业利润(万元)	68816.00	77300.88	31129.64	55083.71
利润总额(万元)	68834.49	77587.91	31100.90	55256.77

郑州宇通客车股份有限公司

公司概况					
公司名称	郑州宇通客车股份有限公司			证券简称	宇通客车
法人代表	汤玉祥	董秘	于莉	证券代码	600066
公司网址	www.yutong.com		电子信箱	sbd@yutong.com	
电　　话	0371-66718281 66899008		传　　真	0371-66899399-1389	
办公地址	郑州市管城区宇通路宇通工业园				
经营范围	客车及其附件的生产和销售等				

主要财务指标

指标\报告期	2015.06.30	2014.12.31	2014.06.30	2013.12.31
基本每股收益(元)	0.4300	1.7700	0.4300	1.5300
基本每股收益(扣除后)(元)	0.4000	1.4800	0.3200	1.2500
稀释每股收益(元)	0.4300	1.7700	0.4300	1.5300
每股净资产(元)	4.6393	7.3135	6.9293	6.8674
每股经营现金净流量(元)	0.8400	2.1696	0.9191	2.1998
每股现金流量(元)	-0.7055	0.2256	-0.2724	1.1482
每股资本公积金(元)	0.5816	1.3677	1.7877	2.0934
每股盈余公积金(元)	0.5667	0.8500	0.6753	0.7844
每股未分配利润(元)	2.4907	4.0956	3.4655	3.5632
净资产收益率(%)	9.2033	24.1810	7.8948	20.8364
加权净资产收益率(%)	8.5700	25.5400	8.3600	26.3800
净资产收益率(扣除)(%)	8.5314	17.4714	6.7530	18.4080
总资产(万元)	2278162.97	2382349.98	1626477.12	1861552.74
归属母公司股东权益(万元)	1028077.20	1080446.09	882585.86	947803.11
营业收入(万元)	1038723.97	2572829.95	940732.58	2219797.87
营业支出(万元)	795874.66	1948136.06	729763.22	1707639.48
投资收益(万元)	1234.62	9789.70	4563.41	3596.02
净利润(万元)	96598.35	265263.11	82878.87	229086.27
营业利润(万元)	103533.37	290271.13	88007.23	240711.02
利润总额(万元)	108927.26	305084.04	93944.82	261849.86

冠城大通股份有限公司

公司概况

公司名称	冠城大通股份有限公司			证券简称	冠城大通
法人代表	韩国龙	董秘	肖林寿	证券代码	600067
公司网址	www.gcdt.net		电子信箱	gcdt@gcdt.net	
电　　话	0591-83350026		传　　真	0591-83350013	
办公地址	福建省福州市鼓楼区五一中路32号元洪大厦26层				
经营范围	特种漆包线生产与销售、房地产开发等				

主要财务指标

指标\报告期	2015.06.30	2014.12.31	2014.06.30	2013.12.31
基本每股收益(元)	0.2400	0.6300	0.3100	1.0800
基本每股收益(扣除后)(元)	0.2000	0.5900	0.3000	0.5700
稀释每股收益(元)	0.2400	0.5800	0.3100	1.0800
每股净资产(元)	4.8122	4.6335	4.2535	3.9406
每股经营现金净流量(元)	0.0224	1.1399	0.1377	-0.2204
每股现金流量(元)	-0.8099	1.9304	-0.0589	-0.8366
每股资本公积金(元)	1.1242	0.1203	0.1103	0.1082
每股盈余公积金(元)	0.2246	0.2824	0.2222	0.2222
每股未分配利润(元)	2.4601	3.1725	2.9209	2.6080
净资产收益率(%)	4.3243	13.5834	7.3569	27.2356
加权净资产收益率(%)	5.0000	14.7400	7.6400	30.9500
净资产收益率(扣除)(%)	3.6660	12.6914	6.9594	14.3182
总资产(万元)	1890938.08	1979284.84	1765378.83	1571776.49
归属母公司股东权益(万元)	713602.44	552931.46	506403.79	469156.78
营业收入(万元)	292264.12	756420.67	358473.12	822548.03
营业支出(万元)	217157.66	538843.48	264205.76	628311.15
投资收益(万元)	8350.45	3189.94	1136.28	65962.94
净利润(万元)	35083.89	90745.13	36829.42	128480.13
营业利润(万元)	40485.00	119869.80	49639.16	162607.23
利润总额(万元)	46738.60	123218.02	50864.32	162609.92

中国葛洲坝集团股份有限公司

公司概况

公司名称	中国葛洲坝集团股份有限公司			证券简称	葛洲坝
法人代表	聂凯	董秘	彭立权	证券代码	600068
公司网址	www.cggc.cn		电子信箱	gzb@cggc.cn	
电　　话	027-59270353		传　　真	027-59270357	
办公地址	湖北省武汉市硚口区解放大道558号葛洲坝大厦				
经营范围	水泥生产销售、建筑工程承包施工、民用爆破、水力发电、高速公路等				

主要财务指标

指标\报告期	2015.06.30	2014.12.31	2014.06.30	2013.12.31
基本每股收益(元)	0.2730	0.5290	0.2870	0.4540
基本每股收益(扣除后)(元)	0.2400	0.4690	0.2760	0.4360
稀释每股收益(元)	0.2730	0.5290	0.2870	0.4540
每股净资产(元)	4.1749	4.5040	3.9904	3.9139
每股经营现金净流量(元)	-0.7737	0.2489	-0.4851	1.3470
每股现金流量(元)	0.1574	0.4830	0.1820	0.5060
每股资本公积金(元)	1.6148	1.5682	1.3815	0.8535
每股盈余公积金(元)	0.1834	0.1834	0.1363	0.1799
每股未分配利润(元)	0.9690	0.8464	1.4583	1.7014
净资产收益率(%)	6.5289	11.0271	6.8588	11.6102
加权净资产收益率(%)	6.5180	12.5750	8.1970	12.1400
净资产收益率(扣除)(%)	5.7538	9.7716	6.6251	11.1374
总资产(万元)	11484960.13	10490025.50	9621219.70	8632958.37
归属母公司股东权益(万元)	1922439.26	1859824.65	1837479.42	1364952.30
营业收入(万元)	3383240.13	7160539.03	3568029.18	5952755.74
营业支出(万元)	2852877.11	6138931.28	3087699.02	5161759.31
投资收益(万元)	31554.12	24836.21	707.66	5821.64
净利润(万元)	169417.56	296012.67	135191.50	195539.30
营业利润(万元)	206421.35	354209.54	156173.11	236268.38
利润总额(万元)	220218.36	390527.27	170416.84	259402.00

河南银鸽实业投资股份有限公司

公司概况

公司名称	河南银鸽实业投资股份有限公司			证券简称	*ST银鸽
法人代表	贾粮钢	董秘	谭洪涛	证券代码	600069
公司网址	www.yinge.com.cn		电子信箱	yinge@yinge.cn	
电　　话	0395-5615559 5615539		传　　真	0395-5615583	
办公地址	河南省漯河市人民东路与东环路交叉口银鸽投资科技研发大厦703室				
经营范围	纸张、纸浆及其深加工产品、百货销售、技术服务、投资咨询等				

主要财务指标

指标\报告期	2015.06.30	2014.12.31	2014.06.30	2013.12.31
基本每股收益(元)	-0.0900	-0.8400	-0.1800	-0.3400
基本每股收益(扣除后)(元)	-0.1300	-0.8700	-0.1900	-0.3800
稀释每股收益(元)	-0.0900	-0.8400	-0.1800	-0.3400
每股净资产(元)	0.9715	1.0658	1.7305	1.9100
每股经营现金净流量(元)	-0.0365	-0.0032	-0.0585	-0.1450
每股现金流量(元)	-0.0796	-0.1157	0.1014	0.1218
每股资本公积金(元)	0.9324	0.9324	0.9324	0.9324
每股盈余公积金(元)	0.0892	0.0892	0.0892	0.0892
每股未分配利润(元)	-1.0501	-0.9559	-0.2911	-0.1121
净资产收益率(%)	-9.6979	-79.1790	-10.3472	-17.6792
加权净资产收益率(%)	-9.2500	-56.7200	-9.8400	-16.3000
净资产收益率(扣除)(%)	-13.8768	-81.8659	-11.0723	-19.7818
总资产(万元)	517993.97	556378.86	655155.08	609129.22
归属母公司股东权益(万元)	80187.74	87964.30	142834.28	157613.60
营业收入(万元)	122776.36	300524.27	152010.44	351495.97
营业支出(万元)	114562.33	284464.32	143605.87	323949.83
投资收益(万元)	-	1659.84	-	-8.82
净利润(万元)	-8781.71	-74396.28	-15797.22	-30177.45
营业利润(万元)	-14454.10	-92904.44	-21415.05	-28863.69
利润总额(万元)	-10158.94	-90766.87	-19802.83	-27629.80

浙江富润股份有限公司

公司概况

公司名称	浙江富润股份有限公司			证券简称	浙江富润
法人代表	赵林中	董秘	卢伯军	证券代码	600070
公司网址	www.furun.net		电子信箱	whf65@126.com	
电　　话	0575-87015296 87015763		传　　真	0575-87026018	
办公地址	浙江省诸暨市陶朱南路12号				
经营范围	绢丝及绢丝绸、精纺呢绒、纺织服装、纺织品印染加工、药品零售等				

主要财务指标

指标\报告期	2015.06.30	2014.12.31	2014.06.30	2013.12.31
基本每股收益(元)	0.0007	-0.2400	0.0230	0.4500
基本每股收益(扣除后)(元)	0.0002	-0.2400	0.0247	0.1100
稀释每股收益(元)	0.0007	-0.2400	0.0230	0.4500
每股净资产(元)	3.1405	3.5412	3.0568	4.7256
每股经营现金净流量(元)	-0.1429	-0.0472	-0.1730	0.3843
每股现金流量(元)	-0.2891	-0.2971	-0.3123	0.2627
每股资本公积金(元)	0.0923	0.2200	1.1219	0.8300
每股盈余公积金(元)	0.1675	0.2177	0.2120	0.3181
每股未分配利润(元)	0.1411	0.4325	0.7229	1.3396
净资产收益率(%)	0.0220	-6.7573	0.9783	14.1712
加权净资产收益率(%)	0.0200	-7.2100	0.9500	15.1300
净资产收益率(扣除)(%)	0.0048	-6.8802	1.0497	3.3652
总资产(万元)	227792.58	204635.50	181764.27	176944.91
归属母公司股东权益(万元)	111993.94	97140.80	83854.65	86421.65
营业收入(万元)	39537.53	96389.04	49687.93	107237.32
营业支出(万元)	34259.25	85507.14	43700.57	92376.16
投资收益(万元)	905.72	1045.06	805.62	3139.29
净利润(万元)	150.68	-4269.29	2049.87	18937.87
营业利润(万元)	268.71	-4013.94	2464.16	9484.38
利润总额(万元)	374.06	-3797.50	2420.17	22905.13

凤凰光学股份有限公司

公司概况	公司名称	凤凰光学股份有限公司		证券简称	*ST 光学
	法人代表	刘翔	董秘 朱群峰	证券代码	600071
	公司网址	www.phenixoptics.com.cn		电子信箱	600071@phenixoptics.com.cn
	电　话	0793-8259547 8259523		传　真	0793-8259547
	办公地址	江西省上饶市凤凰西大道 197 号			
	经营范围	光学镜头、照相器材、钢片快门、光学原材料、仪器零配件等产品的生产和销售			

主要财务指标	指标\报告期	2015.06.30	2014.12.31	2014.06.30	2013.12.31
	基本每股收益(元)	-0.0249	-0.4245	-0.0747	-0.1189
	基本每股收益(扣除后)(元)	-0.0348	-0.4478	-0.0747	-0.1205
	稀释每股收益(元)	-0.0249	-0.4245	-0.0747	-0.1189
	每股净资产(元)	2.0484	2.0733	2.4231	2.4978
	每股经营现金净流量(元)	-0.0501	-0.2035	-0.1939	0.0511
	每股现金流量(元)	0.2884	-0.3173	-0.1592	-0.4041
	每股资本公积金(元)	0.4640	0.4640	0.4640	0.4640
	每股盈余公积金(元)	0.2961	0.2961	0.2961	0.2961
	每股未分配利润(元)	0.2883	0.3133	0.6631	0.7378
	净资产收益率(%)	-1.2173	-20.4749	-3.0837	-4.7592
	加权净资产收益率(%)	-1.2100	-18.5700	-3.0400	-4.6500
	净资产收益率(扣除)(%)	-1.6998	-21.5991	-3.0813	-4.8226
	总资产(万元)	112900.82	107484.29	111506.50	93234.05
	归属母公司股东权益(万元)	48643.65	49235.80	57542.35	59316.80
	营业收入(万元)	36514.66	89097.23	41815.82	69778.27
	营业支出(万元)	33464.78	85499.91	39774.48	65250.43
	投资收益(万元)	450.08	584.97	458.42	472.60
	净利润(万元)	-1180.03	-15817.85	-2537.91	-4193.31
	营业利润(万元)	-1444.66	-15625.03	-2238.36	-4081.68
	利润总额(万元)	-1112.15	-15376.86	-2238.32	-4130.01

中船钢构工程股份有限公司

公司概况	公司名称	中船钢构工程股份有限公司		证券简称	钢构工程
	法人代表	高康	董秘 陈慧	证券代码	600072
	公司网址	www.jnhi.com		电子信箱	mail@jnhi.com
	电　话	021-66990372		传　真	021-66990300
	办公地址	上海市崇明县长兴岛长兴江南大道 988 号钢构工程公司办公室			
	经营范围	大型钢结构、压力容器、港口机械等			

主要财务指标	指标\报告期	2015.06.30	2014.12.31	2014.06.30	2013.12.31
	基本每股收益(元)	-0.0610	0.0220	-0.1140	-0.3810
	基本每股收益(扣除后)(元)	-0.0770	-0.0410	-0.1210	-0.3890
	稀释每股收益(元)	-0.0610	0.0220	-0.1140	-0.3810
	每股净资产(元)	2.3034	2.3742	2.2662	2.3825
	每股经营现金净流量(元)	0.0603	-0.2343	-0.1478	-0.1129
	每股现金流量(元)	-0.4433	0.3284	-0.1853	-0.1686
	每股资本公积金(元)	0.8477	0.8477	0.8758	0.8477
	每股盈余公积金(元)	0.2611	0.2611	0.2611	0.2611
	每股未分配利润(元)	0.1946	0.2653	0.1294	0.2438
	净资产收益率(%)	-2.6383	0.9094	-5.0464	-15.9974
	加权净资产收益率(%)	-2.5980	0.9080	-4.9200	-14.8200
	净资产收益率(扣除)(%)	-3.3278	-1.7430	-5.3386	-16.3470
	总资产(万元)	216090.65	239376.99	219695.82	214698.66
	归属母公司股东权益(万元)	110201.70	113587.62	108423.74	113984.99
	营业收入(万元)	44152.14	97974.38	34338.80	92115.12
	营业支出(万元)	41026.95	84205.67	33210.68	96179.59
	投资收益(万元)	169.23	3583.89	321.34	831.26
	净利润(万元)	-2851.36	1178.56	-5463.16	-18071.39
	营业利润(万元)	-3610.76	1038.33	-5779.90	-18392.28
	利润总额(万元)	-2851.36	1178.56	-5463.16	-17943.56

上海梅林正广和股份有限公司

公司概况	公司名称	上海梅林正广和股份有限公司		证券简称	上海梅林
	法人代表	马勇健	董秘 马勇健	证券代码	600073
	公司网址	www.shanghaimaling.com		电子信箱	ml@shanghaimaling.com
	电　话	021-22257017		传　真	021-22257015
	办公地址	上海市恒丰路 601 号(邮电大厦)			
	经营范围	资产经营、电子商务、信息采集、信息加工、信息发布、经济信息服务等			

主要财务指标	指标\报告期	2015.06.30	2014.12.31	2014.06.30	2013.12.31
	基本每股收益(元)	0.0850	0.1595	0.0890	0.1888
	基本每股收益(扣除后)(元)	0.0730	0.1327	0.0810	0.1600
	稀释每股收益(元)	0.0850	0.1595	0.0890	0.1888
	每股净资产(元)	3.3619	3.2714	2.4493	2.4106
	每股经营现金净流量(元)	0.2225	0.1692	0.0988	0.2468
	每股现金流量(元)	-0.0210	0.7242	0.0546	0.2031
	每股资本公积金(元)	1.9200	1.9200	1.1204	1.1195
	每股盈余公积金(元)	0.0694	0.0694	0.0685	0.0685
	每股未分配利润(元)	0.3651	0.2803	0.2707	0.2288
	净资产收益率(%)	2.5214	4.3273	4.1624	7.8314
	加权净资产收益率(%)	2.5600	6.3100	4.2000	8.0700
	净资产收益率(扣除)(%)	2.1593	3.6015	3.7508	6.5142
	总资产(万元)	625256.58	658672.57	547476.76	576864.65
	归属母公司股东权益(万元)	315255.81	306765.47	201509.60	198325.24
	营业收入(万元)	481156.60	1059081.15	524362.73	1034755.39
	营业支出(万元)	405646.05	901703.55	447583.25	889842.46
	投资收益(万元)	1807.00	3148.66	1922.14	3481.28
	净利润(万元)	8519.01	12893.16	9546.94	16326.61
	营业利润(万元)	9013.50	14304.03	10438.30	16147.71
	利润总额(万元)	10176.54	17969.06	11480.71	20075.00

江苏保千里视像科技集团股份有限公司

公司概况	公司名称	江苏保千里视像科技集团股份有限公司		证券简称	保千里
	法人代表	庄敏	董秘 周皓琳	证券代码	600074
	公司网址	www.protruly.com.cn		电子信箱	stock@protruly.com.cn
	电　话	0755-26009465		传　真	0755-26008476
	办公地址	广东省深圳市南山区登良路 23 号汉京国际大厦 16 层			
	经营范围	生产、销售双向拉伸聚酯薄膜、双向拉伸聚丙烯薄膜、聚乙烯薄膜等			

主要财务指标	指标\报告期	2015.06.30	2014.12.31	2014.06.30	2013.12.31
	基本每股收益(元)	0.0600	0.0290	0.0700	0.2660
	基本每股收益(扣除后)(元)	0.0600	-0.0180	0.0700	-0.6150
	稀释每股收益(元)	0.0600	0.0290	0.0700	0.2660
	每股净资产(元)	0.5226	0.6961	0.6967	0.1047
	每股经营现金净流量(元)	-0.0332	0.0499	0.1710	0.0239
	每股现金流量(元)	0.1932	0.0011	0.1174	-0.0244
	每股资本公积金(元)	-0.6820	-0.9118	0.5690	-0.0053
	每股盈余公积金(元)	0.0084	0.0140	0.0548	0.0548
	每股未分配利润(元)	0.1963	0.2500	-0.9271	-0.9447
	净资产收益率(%)	8.7219	4.2360	4.6088	253.6572
	加权净资产收益率(%)	19.3900	4.5200	39.8400	-
	净资产收益率(扣除)(%)	8.7207	-2.4692	-2.6372	-587.8185
	总资产(万元)	161747.99	90268.90	97920.58	140313.52
	归属母公司股东权益(万元)	117900.57	47903.09	62420.39	9381.30
	营业收入(万元)	49476.21	73962.59	38216.91	140150.11
	营业支出(万元)	28471.92	63550.86	23014.28	134515.79
	投资收益(万元)	-	4124.26	52.90	-596.56
	净利润(万元)	10283.21	2275.33	10014.99	24806.36
	营业利润(万元)	10612.77	3105.86	10356.69	-76208.98
	利润总额(万元)	11801.37	3030.25	11108.31	31330.28

新疆天业股份有限公司

公司概况						
公司概况	公司名称	新疆天业股份有限公司			证券简称	新疆天业
	法人代表	吴彬	董秘	李刚	证券代码	600075
	公司网址	www.xj-tianye.com		电子信箱	ygdq@sohu.com	
	电　　话	0993-2623118		传　　真	0993-2623163	
	办公地址	新疆维吾尔自治区石河子市经济技术开发区北三东路36号				
	经营范围	化工产品、塑料制品的生产和销售、商贸、番茄制品加工、柠檬酸的生产和销售等				

主要财务指标	指标\报告期	2015.06.30	2014.12.31	2014.06.30	2013.12.31
主要财务指标	基本每股收益(元)	0.0600	0.0900	0.0700	-0.4900
	基本每股收益(扣除后)(元)	0.0500	-0.2100	-0.2000	-0.5300
	稀释每股收益(元)	0.0600	0.0900	0.0700	-0.4900
	每股净资产(元)	3.5748	3.5151	3.5082	3.4262
	每股经营现金净流量(元)	0.0467	1.6322	0.7441	0.9195
	每股现金流量(元)	0.0191	-0.0791	0.4439	-0.0996
	每股资本公积金(元)	0.5644	0.5644	0.5745	0.5644
	每股盈余公积金(元)	0.4846	0.4846	0.4338	0.4338
	每股未分配利润(元)	1.5257	1.4660	1.4999	1.4280
	净资产收益率(%)	1.6698	2.5278	2.0501	-14.3522
	加权净资产收益率(%)	1.6800	2.5600	2.0800	-13.3900
	净资产收益率(扣除)(%)	1.3415	-5.9131	-5.7398	-15.4340
	总资产(万元)	340174.82	366830.32	520542.62	450254.94
	归属母公司股东权益(万元)	156786.18	154168.17	153866.89	150271.05
	营业收入(万元)	104373.69	427004.29	200356.44	394110.91
	营业支出(万元)	94758.16	390590.68	178272.76	351808.16
	投资收益(万元)	6076.16	12738.35	11299.77	-412.75
	净利润(万元)	1382.63	4037.02	3224.83	-21804.19
	营业利润(万元)	1772.00	4191.91	2826.06	-22858.74
	利润总额(万元)	2068.18	5600.02	3490.21	-21018.93

潍坊北大青鸟华光科技股份有限公司

公司概况						
公司概况	公司名称	潍坊北大青鸟华光科技股份有限公司			证券简称	青鸟华光
	法人代表	王殿斌	董秘	原晋锋	证券代码	600076
	公司网址	www.hg.com.cn		电子信箱	info@hg.com.cn	
	电　　话	0536-2991601		传　　真	0536-8865200	
	办公地址	山东省潍坊市高新技术产业开发区北宫东街6号				
	经营范围	通信类产品、计算机类产品、广电类产品、锂离子二次电池类产品的研发、生产和销售				

主要财务指标	指标\报告期	2015.06.30	2014.12.31	2014.06.30	2013.12.31
主要财务指标	基本每股收益(元)	-0.0300	-0.0300	-0.0300	0.1400
	基本每股收益(扣除后)(元)	-0.0300	-0.0500	-0.0300	-0.0600
	稀释每股收益(元)	-0.0300	-0.0300	-0.0300	0.1400
	每股净资产(元)	0.3127	0.3473	0.3485	0.3778
	每股经营现金净流量(元)	-0.0101	-0.2663	-0.2969	-0.0931
	每股现金流量(元)	-0.0118	-0.1022	-0.1191	0.1279
	每股资本公积金(元)	1.3344	1.3344	1.3336	1.3336
	每股盈余公积金(元)	0.2290	0.2290	0.2290	0.2290
	每股未分配利润(元)	-2.2507	-2.2161	-2.2141	-2.1848
	净资产收益率(%)	-11.0648	-8.7788	-8.4015	37.7185
	加权净资产收益率(%)	-10.4800	-8.4100	-8.0600	46.4900
	净资产收益率(扣除)(%)	-10.5402	-15.4387	-8.4108	-14.9828
	总资产(万元)	78415.84	78379.18	61873.96	55833.39
	归属母公司股东权益(万元)	11430.99	12695.81	12740.00	13810.34
	营业收入(万元)	204.65	1725.30	295.10	1366.75
	营业支出(万元)	199.81	1439.37	196.48	1121.60
	投资收益(万元)	15.89	1.39	-0.22	23.51
	净利润(万元)	-1476.53	-1490.09	-1340.39	4636.67
	营业利润(万元)	-1416.55	-2427.35	-1341.57	-2775.69
	利润总额(万元)	-1476.52	-1581.83	-1340.38	4505.27

宋都基业投资股份有限公司

公司概况						
公司概况	公司名称	宋都基业投资股份有限公司			证券简称	宋都股份
	法人代表	俞建午	董秘	龚睿	证券代码	600077
	公司网址	www.songdu.com		电子信箱	600077@songdu.com	
	电　　话	0571-86759621		传　　真	0571-86056788	
	办公地址	浙江省杭州市富春路789号宋都大厦				
	经营范围	实业投资、企业管理咨询等				

主要财务指标	指标\报告期	2015.06.30	2014.12.31	2014.06.30	2013.12.31
主要财务指标	基本每股收益(元)	0.0050	0.0300	0.0150	0.3400
	基本每股收益(扣除后)(元)	0.0004	0.0400	0.0260	0.3100
	稀释每股收益(元)	0.0053	0.0300	0.0150	0.3400
	每股净资产(元)	2.7910	2.7913	2.3512	2.3853
	每股经营现金净流量(元)	0.5054	-2.0179	-3.7352	-2.9260
	每股现金流量(元)	-0.3561	1.5808	-0.2578	-1.3339
	每股资本公积金(元)	2.6669	2.6826	1.6584	1.7245
	每股盈余公积金(元)	0.2056	0.2056	0.3169	0.3169
	每股未分配利润(元)	3.9075	3.8927	8.1004	8.1951
	净资产收益率(%)	0.1913	0.9915	0.6340	14.1489
	加权净资产收益率(%)	0.1900	1.4300	0.6200	15.4600
	净资产收益率(扣除)(%)	0.0144	1.1211	1.0977	12.9280
	总资产(万元)	1384168.21	1368507.12	1273687.98	1132467.19
	归属母公司股东权益(万元)	374023.78	374063.51	256507.18	260231.36
	营业收入(万元)	137370.01	232303.10	137902.28	279129.48
	营业支出(万元)	114026.69	185697.87	111526.91	185819.90
	投资收益(万元)	-440.19	735.49	-210.47	-512.87
	净利润(万元)	1381.68	5455.79	3000.40	36482.37
	营业利润(万元)	3426.17	11102.05	5372.54	51855.49
	利润总额(万元)	3310.97	8737.34	3292.46	50851.73

江苏澄星磷化工股份有限公司

公司概况						
公司概况	公司名称	江苏澄星磷化工股份有限公司			证券简称	澄星股份
	法人代表	李兴	董秘	夏正华	证券代码	600078
	公司网址			电子信箱	cx@phosphatechina.com	
	电　　话	0510-80622329		传　　真	0510-86281884	
	办公地址	江苏省江阴市梅园大街618号				
	经营范围	精细磷化工系列产品的生产和销售、自产化工原料和化工产品的进出口等				

主要财务指标	指标\报告期	2015.06.30	2014.12.31	2014.06.30	2013.12.31
主要财务指标	基本每股收益(元)	0.0312	0.0340	0.0287	0.0360
	基本每股收益(扣除后)(元)	0.0263	0.0130	0.0088	-0.0160
	稀释每股收益(元)	0.0312	0.0340	0.0287	0.0360
	每股净资产(元)	2.6953	2.6791	2.6608	2.6489
	每股经营现金净流量(元)	0.0485	0.3965	0.3053	0.6187
	每股现金流量(元)	-0.2399	-0.0539	0.2501	-0.4004
	每股资本公积金(元)	0.5875	0.5875	0.5747	0.5768
	每股盈余公积金(元)	0.1898	0.1898	0.1892	0.1892
	每股未分配利润(元)	0.9012	0.8850	0.8810	0.8669
	净资产收益率(%)	1.1564	1.2534	1.0774	1.3460
	加权净资产收益率(%)	1.1600	1.2600	1.0800	1.3500
	净资产收益率(扣除)(%)	0.9770	0.4978	0.3304	-0.6097
	总资产(万元)	567548.26	512132.62	482617.43	488273.33
	归属母公司股东权益(万元)	178581.90	177510.62	176298.13	175511.87
	营业收入(万元)	129551.11	259556.13	122818.21	246019.04
	营业支出(万元)	109937.84	223642.41	106873.51	212585.43
	投资收益(万元)	-	141.49	-	-
	净利润(万元)	3129.89	4039.30	2749.83	4856.65
	营业利润(万元)	3410.73	3552.12	1430.11	1804.62
	利润总额(万元)	3822.52	5223.93	3401.71	5469.89

人福医药集团股份公司

公司概况	公司名称	人福医药集团股份公司			证券简称	人福医药
	法人代表	王学海	董秘	李前伦	证券代码	600079
	公司网址	www.humanwell.com.cn		电子信箱	renfu.pr@renfu.com.cn	
	电　　话	027-87597232		传　　真	027-87596393	
	办公地址	湖北省武汉市东湖高新区高新大道 666 号				
	经营范围	医药、医疗器械、生殖健康等产品及技术的研发、生产、销售及技术服务等				

	指标\报告期	2015.06.30	2014.12.31	2014.06.30	2013.12.31
主要财务指标	基本每股收益(元)	0.5100	0.8500	0.4300	0.8300
	基本每股收益(扣除后)(元)	0.4900	0.8100	0.4100	0.7800
	稀释每股收益(元)	0.5100	0.8500	0.4300	0.8300
	每股净资产(元)	11.8278	8.9316	8.6389	8.2100
	每股经营现金净流量(元)	0.1642	0.9507	0.7885	0.9422
	每股现金流量(元)	1.0942	0.3201	-0.1200	0.4718
	每股资本公积金(元)	6.9888	3.8450	3.8662	3.8775
	每股盈余公积金(元)	0.2798	0.3402	0.3162	0.3162
	每股未分配利润(元)	3.5364	3.7333	3.4557	3.0229
	净资产收益率(%)	3.9438	9.5656	5.0092	9.6213
	加权净资产收益率(%)	4.8700	9.9700	5.1300	11.9200
	净资产收益率(扣除)(%)	3.7646	9.0459	4.7657	9.1088
	总资产(万元)	1550620.23	1216713.11	1050454.46	970700.50
	归属母公司股东权益(万元)	760557.89	472285.16	456807.66	434223.60
	营业收入(万元)	447538.09	705162.80	331450.32	601021.14
	营业支出(万元)	279669.71	413751.50	193410.00	351485.58
	投资收益(万元)	8186.59	3687.55	669.67	1727.94
	净利润(万元)	38768.88	63573.23	32288.55	60125.02
	营业利润(万元)	47082.93	79486.09	40052.92	74344.53
	利润总额(万元)	48570.07	82149.25	41682.95	76994.81

金花企业(集团)股份有限公司

公司概况	公司名称	金花企业(集团)股份有限公司			证券简称	金花股份
	法人代表	吴一坚	董秘	孙明	证券代码	600080
	公司网址	www.ginwa.com.cn		电子信箱	irm@ginwa.com.cn	
	电　　话	029-88336635		传　　真	029-81778626	
	办公地址	陕西省西安市高新技术产业开发区科技四路 202 号				
	经营范围	生物制药、旅游开发、影视等				

	指标\报告期	2015.06.30	2014.12.31	2014.06.30	2013.12.31
主要财务指标	基本每股收益(元)	0.0396	0.1014	0.0602	0.1493
	基本每股收益(扣除后)(元)	0.0322	0.0926	0.0564	0.1286
	稀释每股收益(元)	0.0396	0.1014	0.0602	0.1493
	每股净资产(元)	3.3799	3.3403	3.3253	3.2650
	每股经营现金净流量(元)	0.0429	0.1125	0.0447	0.1440
	每股现金流量(元)	0.0242	0.0669	0.0795	0.0654
	每股资本公积金(元)	0.8274	0.8274	0.8274	0.8274
	每股盈余公积金(元)	0.3289	0.3289	0.3184	0.3184
	每股未分配利润(元)	1.2237	1.1840	1.1794	1.1192
	净资产收益率(%)	1.1731	3.0351	1.8111	4.5741
	加权净资产收益率(%)	1.1800	3.0600	1.8276	4.6600
	净资产收益率(扣除)(%)	0.9536	2.7716	1.6961	3.9372
	总资产(万元)	126311.67	126676.23	122099.02	118505.91
	归属母公司股东权益(万元)	103187.56	101977.11	101518.83	99680.25
	营业收入(万元)	40134.34	71279.01	27276.38	47109.96
	营业支出(万元)	25994.73	35552.37	11542.26	18393.92
	投资收益(万元)	18.65	9.79	51.67	205.27
	净利润(万元)	1204.93	2980.81	1820.39	4529.18
	营业利润(万元)	1161.36	2782.66	1705.71	3903.01
	利润总额(万元)	1427.53	3099.70	1792.62	4457.10

东风电子科技股份有限公司

公司概况	公司名称	东风电子科技股份有限公司			证券简称	东风科技
	法人代表	高大林	董秘	天涯	证券代码	600081
	公司网址	www.detc.com.cn		电子信箱	tianya@detc.com.cn	
	电　　话	021-62033003*52 53		传　　真	021-62032133	
	办公地址	上海市中山北路 2000 号 22 楼				
	经营范围	研究、开发、采购、制造、销售汽车仪表系统、饰件系统、制动系统等				

	指标\报告期	2015.06.30	2014.12.31	2014.06.30	2013.12.31
主要财务指标	基本每股收益(元)	0.3771	0.6472	0.3519	0.5457
	基本每股收益(扣除后)(元)	0.3398	0.4300	0.2913	0.5375
	稀释每股收益(元)	0.3771	0.6472	0.3519	0.5457
	每股净资产(元)	3.3306	3.1535	2.8582	2.6723
	每股经营现金净流量(元)	0.7662	1.1548	0.4830	0.7314
	每股现金流量(元)	0.2691	0.6830	0.6298	0.0983
	每股资本公积金(元)	0.0486	0.0486	0.0486	0.0486
	每股盈余公积金(元)	0.3507	0.3507	0.2757	0.2757
	每股未分配利润(元)	1.9313	1.7542	1.5339	1.3481
	净资产收益率(%)	11.3220	20.5230	12.3112	20.4196
	加权净资产收益率(%)	11.2832	22.1131	12.3541	21.9664
	净资产收益率(扣除)(%)	10.2023	13.6358	10.1916	20.1136
	总资产(万元)	423175.62	424329.27	420280.99	263676.95
	归属母公司股东权益(万元)	104435.57	98882.54	89622.44	83793.97
	营业收入(万元)	225687.99	490161.46	246888.00	308269.77
	营业支出(万元)	185591.83	388996.17	192487.25	253334.87
	投资收益(万元)	4840.64	7313.88	5212.73	14891.34
	净利润(万元)	18883.70	38155.24	17993.93	22996.70
	营业利润(万元)	18500.54	30637.05	20953.29	24164.54
	利润总额(万元)	19967.21	45524.61	21035.26	24253.45

天津海泰科技发展股份有限公司

公司概况	公司名称	天津海泰科技发展股份有限公司			证券简称	海泰发展
	法人代表	宋克新	董秘	李刚	证券代码	600082
	公司网址	www.hitech-develop.com		电子信箱	irm@hitech-develop.com	
	电　　话	022-85689891		传　　真	022-85689889	
	办公地址	天津市新技术产业园区华苑产业区海泰西路 18 号				
	经营范围	高新技术企业孵化器建设和经营、创业孵化服务、高新技术产业开发、投资及管理等				

	指标\报告期	2015.06.30	2014.12.31	2014.06.30	2013.12.31
主要财务指标	基本每股收益(元)	0.0133	0.0631	0.0247	0.0627
	基本每股收益(扣除后)(元)	0.0007	0.0430	0.0057	0.0585
	稀释每股收益(元)	0.0133	0.0631	0.0247	0.0627
	每股净资产(元)	2.7152	2.7019	2.6635	2.6388
	每股经营现金净流量(元)	-0.1351	-0.1999	-0.0826	-0.4181
	每股现金流量(元)	-0.0679	0.0024	0.0964	-0.3056
	每股资本公积金(元)	0.6386	0.6386	0.6386	0.6386
	每股盈余公积金(元)	0.1555	0.1555	0.1490	0.1490
	每股未分配利润(元)	0.9211	0.9078	0.8760	0.8513
	净资产收益率(%)	0.4896	2.3343	0.9268	2.3749
	加权净资产收益率(%)	0.4900	2.3600	0.9300	2.4000
	净资产收益率(扣除)(%)	0.0251	1.5919	0.2145	2.2162
	总资产(万元)	343003.14	343126.03	337076.21	313498.44
	归属母公司股东权益(万元)	175432.40	174573.43	172093.39	170498.36
	营业收入(万元)	37348.41	92141.04	28089.22	86984.29
	营业支出(万元)	32705.90	74845.32	23701.12	72633.96
	投资收益(万元)	81.27	198.66	134.44	183.44
	净利润(万元)	858.97	4075.07	1595.03	4049.12
	营业利润(万元)	304.88	3919.83	655.99	5257.40
	利润总额(万元)	1310.23	5444.56	2156.13	5434.61

广东博信投资控股股份有限公司

公司概况	公司名称	广东博信投资控股股份有限公司			证券简称	博信股份
	法人代表	朱凤廉	董秘	裯振生	证券代码	600083
	公司网址	www.600083.com		电子信箱	gdbx600083@163.com	
	电　　话	0763-3663333		传　　真	0763-3663311	
	办公地址	广东省清远市新城方正二街1号自来水大厦7楼				
	经营范围	偏转线圈、金属漆包线、会聚磁组件等电子元器件的研究、开发、生产、销售等				

主要财务指标	指标\报告期	2015.06.30	2014.12.31	2014.06.30	2013.12.31
	基本每股收益(元)	0.0420	0.0250	0.0090	0.0330
	基本每股收益(扣除后)(元)	0.0420	0.0250	0.0090	0.0330
	稀释每股收益(元)	0.0420	0.0250	0.0090	0.0330
	每股净资产(元)	0.2152	0.1684	0.1485	0.1375
	每股经营现金净流量(元)	-0.3669	0.2667	-0.0279	0.0502
	每股现金流量(元)	-0.3685	0.2859	-0.0085	0.0482
	每股资本公积金(元)	0.4193	0.4193	0.4193	0.4193
	每股盈余公积金(元)	-	-	-	-
	每股未分配利润(元)	-1.2189	-1.2612	-1.2778	-1.2866
	净资产收益率(%)	19.6910	15.0394	5.9286	23.6685
	加权净资产收益率(%)	22.3500	16.8700	6.2000	27.9500
	净资产收益率(扣除)(%)	19.6222	14.8215	5.9167	23.6454
	总资产(万元)	12861.16	18137.34	9176.35	8801.85
	归属母公司股东权益(万元)	4948.46	3873.13	3415.28	3162.43
	营业收入(万元)	6771.16	9057.71	3366.21	8203.91
	营业支出(万元)	4096.98	6508.52	2319.28	5865.71
	投资收益(万元)	-	-	-	-
	净利润(万元)	1323.26	871.01	328.72	748.50
	营业利润(万元)	1933.47	1389.63	541.62	1209.71
	利润总额(万元)	1939.23	1398.87	542.36	1210.62

中信国安葡萄酒业股份有限公司

公司概况	公司名称	中信国安葡萄酒业股份有限公司			证券简称	中葡股份
	法人代表	赵欣	董秘	侯伟	证券代码	600084
	公司网址	www.guoanwine.com		电子信箱	zpjy600084@163.com	
	电　　话	0991-8881238		传　　真	0991-8882439	
	办公地址	新疆维吾尔自治区乌鲁木齐市红山路39号				
	经营范围	农业综合开发、葡萄酒生产销售等				

主要财务指标	指标\报告期	2015.06.30	2014.12.31	2014.06.30	2013.12.31
	基本每股收益(元)	-0.0454	0.0129	-0.0971	0.0194
	基本每股收益(扣除后)(元)	-0.0484	-0.1341	-0.1261	-0.1173
	稀释每股收益(元)	-0.0454	0.0129	-0.0971	0.0194
	每股净资产(元)	2.1208	2.1662	1.0790	1.1761
	每股经营现金净流量(元)	-0.1736	-0.3329	-0.1058	0.0349
	每股现金流量(元)	-0.5162	0.8291	-0.1678	-0.0406
	每股资本公积金(元)	2.4102	2.4102	1.9150	1.9150
	每股盈余公积金(元)	0.0744	0.0744	0.1032	0.1032
	每股未分配利润(元)	-1.3637	-1.3184	-1.9392	-1.8421
	净资产收益率(%)	-2.1393	0.4305	-8.9972	1.6512
	加权净资产收益率(%)	-2.1167	1.0941	-8.6100	1.6650
	净资产收益率(扣除)(%)	-2.2809	-4.4632	-11.6893	-9.9730
	总资产(万元)	423104.28	396371.37	280232.20	299265.31
	归属母公司股东权益(万元)	238324.09	243422.54	87392.72	95255.58
	营业收入(万元)	16970.52	52345.36	15413.48	55214.16
	营业支出(万元)	7678.78	18091.94	7299.79	24563.59
	投资收益(万元)	2368.40	8305.95	-13.27	-3468.61
	净利润(万元)	-5209.41	840.80	-8034.78	880.08
	营业利润(万元)	-6424.53	-1634.11	-8581.83	-14234.06
	利润总额(万元)	-5209.41	953.14	-8034.78	1338.78

北京同仁堂股份有限公司

公司概况	公司名称	北京同仁堂股份有限公司			证券简称	同仁堂
	法人代表	高振坤	董秘	贾泽涛	证券代码	600085
	公司网址	www.tongrentang.com		电子信箱	jiazetao@tongrentang.com	
	电　　话	010-67020018		传　　真	010-67020018	
	办公地址	北京市崇文区东兴隆街52号 北京市崇文门外大街42号				
	经营范围	中药生产、科研、销售等				

主要财务指标	指标\报告期	2015.06.30	2014.12.31	2014.06.30	2013.12.31
	基本每股收益(元)	0.3650	0.5820	0.3250	0.5030
	基本每股收益(扣除后)(元)	0.3640	0.5690	0.3190	0.4850
	稀释每股收益(元)	0.3580	0.5620	0.3140	0.4870
	每股净资产(元)	4.8600	4.2090	3.9625	3.8273
	每股经营现金净流量(元)	0.4310	0.5308	0.3781	0.5159
	每股现金流量(元)	0.3772	-0.2254	0.1854	0.9512
	每股资本公积金(元)	1.4504	0.7196	0.8279	0.7185
	每股盈余公积金(元)	0.3430	0.3588	0.3206	0.3207
	每股未分配利润(元)	2.0999	2.0529	1.8337	1.7089
	净资产收益率(%)	7.3490	13.8372	8.1995	13.0733
	加权净资产收益率(%)	7.8400	14.4900	8.1300	14.9100
	净资产收益率(扣除)(%)	7.3208	13.5110	8.0509	12.6215
	总资产(万元)	1417221.48	1294667.59	1296892.33	1191190.00
	归属母公司股东权益(万元)	666532.82	551895.78	519533.01	501797.21
	营业收入(万元)	565744.14	968586.75	518836.04	871464.74
	营业支出(万元)	294563.78	550425.76	286594.11	497856.92
	投资收益(万元)	234.49	284.75	277.87	388.47
	净利润(万元)	83045.21	125396.53	72224.38	106670.13
	营业利润(万元)	99084.65	149974.51	87250.07	126359.95
	利润总额(万元)	99510.26	152251.51	87810.84	129580.94

东方金钰股份有限公司

公司概况	公司名称	东方金钰股份有限公司			证券简称	东方金钰
	法人代表	赵兴龙	董秘	顾峰	证券代码	600086
	公司网址	www.goldjade.cn		电子信箱	dfjy600086@sina.cn	
	电　　话	0755-25266298		传　　真	0755-25266279	
	办公地址	广东省深圳市罗湖区贝丽北路水贝工业区2栋东方金钰珠宝大厦3楼				
	经营范围	宝石及珠宝饰品的加工、批发、销售、翡翠原材料的批发销售等				

主要财务指标	指标\报告期	2015.06.30	2014.12.31	2014.06.30	2013.12.31
	基本每股收益(元)	0.6265	0.2802	0.1964	0.4461
	基本每股收益(扣除后)(元)	0.6274	0.2878	0.2067	0.2237
	稀释每股收益(元)	0.6265	0.2802	0.1964	0.4461
	每股净资产(元)	6.0336	2.8143	2.7305	2.5341
	每股经营现金净流量(元)	-2.0594	-0.9649	1.2825	-0.9051
	每股现金流量(元)	0.3546	-0.2114	-0.2115	0.0588
	每股资本公积金(元)	3.4039	0.4750	0.4750	0.4750
	每股盈余公积金(元)	0.0892	0.1140	0.1032	0.1032
	每股未分配利润(元)	1.5404	1.2253	1.1522	0.9559
	净资产收益率(%)	9.6323	9.9552	7.1922	17.6048
	加权净资产收益率(%)	12.4700	10.4300	7.4600	19.3000
	净资产收益率(扣除)(%)	9.6452	10.2272	7.5718	8.8290
	总资产(万元)	850056.25	612750.13	597877.29	521019.48
	归属母公司股东权益(万元)	271510.16	99141.72	96190.25	89272.01
	营业收入(万元)	433185.05	454255.27	249679.89	592802.36
	营业支出(万元)	384836.36	423853.60	229867.20	570484.87
	投资收益(万元)	7900.50	6223.95	3634.87	15291.55
	净利润(万元)	26119.17	9821.04	6918.24	15716.18
	营业利润(万元)	34913.73	13182.73	8732.89	18620.63
	利润总额(万元)	34914.78	13042.37	8673.69	18950.34

中视传媒股份有限公司

公司概况	公司名称	中视传媒股份有限公司			证券简称	中视传媒
	法人代表	赵刚	董秘	贺芳	证券代码	600088
	公司网址	www.ctv-media.com.cn		电子信箱	irmanager@ctv-media.com.cn	
	电　话	021-68765168		传　真	021-68763868	
	办公地址	上海市浦东新区福山路450号新天国际大厦17层A座				
	经营范围	影视拍摄基地开发、经营、影视拍摄[摄制电影(单片)]、电视剧节目制作等				

主要财务指标	指标\报告期	2015.06.30	2014.12.31	2014.06.30	2013.12.31
	基本每股收益(元)	0.0920	0.1590	0.0800	0.2040
	基本每股收益(扣除后)(元)	0.0910	0.1360	0.0800	0.1900
	稀释每股收益(元)	0.0920	0.1590	0.0800	0.2040
	每股净资产(元)	3.4809	3.4371	3.3580	3.3400
	每股经营现金净流量(元)	-0.2261	0.2805	-0.1888	-0.4366
	每股现金流量(元)	-0.2800	0.1544	-0.2763	-0.5875
	每股资本公积金(元)	0.9653	0.9653	0.9653	0.9653
	每股盈余公积金(元)	0.3815	0.3815	0.3653	0.3653
	每股未分配利润(元)	1.1341	1.0902	1.0273	1.0094
	净资产收益率(%)	2.6385	4.6267	2.3799	6.1186
	加权净资产收益率(%)	2.6400	4.6900	2.3600	6.2600
	净资产收益率(扣除)(%)	2.6214	3.9483	2.3763	5.6805
	总资产(万元)	142836.90	150823.09	143390.94	153633.60
	归属母公司股东权益(万元)	115364.91	113911.80	111289.99	110696.21
	营业收入(万元)	22651.99	75603.83	31175.25	124032.51
	营业支出(万元)	15302.18	59932.20	23967.80	105212.87
	投资收益(万元)	-	-	-	-
	净利润(万元)	3091.14	5620.32	2654.69	7283.34
	营业利润(万元)	4094.59	6457.70	3534.20	9080.86
	利润总额(万元)	4121.52	7512.56	3539.58	9742.46

特变电工股份有限公司

公司概况	公司名称	特变电工股份有限公司			证券简称	特变电工
	法人代表	张新	董秘	郭俊香	证券代码	600089
	公司网址	www.tbea.com.cn		电子信箱	gjxtbea@tbea.com.cn	
	电　话	0994-6508000		传　真	0994-2723615	
	办公地址	新疆维吾尔自治区昌吉市北京南路189号				
	经营范围	变压器、电线电缆以及输变电成套工程业务等				

主要财务指标	指标\报告期	2015.06.30	2014.12.31	2014.06.30	2013.12.31
	基本每股收益(元)	0.3427	0.5240	0.2981	0.5040
	基本每股收益(扣除后)(元)	0.3058	0.4357	0.2618	0.4171
	稀释每股收益(元)	0.3427	0.5240	0.2981	0.5040
	每股净资产(元)	6.1576	6.0329	5.9176	5.5402
	每股经营现金净流量(元)	0.2341	-0.4264	-0.5141	0.6753
	每股现金流量(元)	0.9353	0.2165	0.3346	-0.4107
	每股资本公积金(元)	2.5080	2.4888	2.4668	1.7515
	每股盈余公积金(元)	0.2522	0.2529	0.2322	0.2789
	每股未分配利润(元)	2.5705	2.3953	2.2472	2.5111
	净资产收益率(%)	5.5499	8.4339	4.8970	9.0976
	加权净资产收益率(%)	5.5447	8.9076	5.0700	9.4000
	净资产收益率(扣除)(%)	4.9528	7.0131	4.2999	7.5285
	总资产(万元)	6607977.57	5929171.12	5433832.92	5125087.55
	归属母公司股东权益(万元)	2000637.67	1954742.46	1873449.28	1460143.35
	营业收入(万元)	1859390.56	3607475.63	1707059.98	2917468.80
	营业支出(万元)	1530430.56	2993441.27	1424278.46	2445462.95
	投资收益(万元)	1828.57	-12715.96	-1725.34	6346.99
	净利润(万元)	117983.73	181141.85	96971.91	137838.56
	营业利润(万元)	119432.98	169316.60	94081.32	129178.98
	利润总额(万元)	135194.58	205092.26	108517.97	155364.64

新疆啤酒花股份有限公司

公司概况	公司名称	新疆啤酒花股份有限公司			证券简称	啤 酒 花
	法人代表	黎启基	董秘	李冲	证券代码	600090
	公司网址	www.xjhops.com		电子信箱	xjhops@163.com	
	电　话	0991-3687305		传　真	0991-3687310	
	办公地址	新疆维吾尔自治区乌鲁木齐市经济技术开发区上海路130号				
	经营范围	啤酒花、啤酒大麦、食品饮料、房地产开发、农副产品等				

主要财务指标	指标\报告期	2015.06.30	2014.12.31	2014.06.30	2013.12.31
	基本每股收益(元)	0.0820	0.1030	0.0800	0.2570
	基本每股收益(扣除后)(元)	0.0610	0.0900	0.0750	0.1550
	稀释每股收益(元)	0.0820	0.1030	0.0800	0.2570
	每股净资产(元)	1.3094	1.2279	1.5520	1.4720
	每股经营现金净流量(元)	0.7275	0.5330	0.6641	0.5844
	每股现金流量(元)	0.7741	0.1159	0.4485	0.2050
	每股资本公积金(元)	1.0468	1.0468	1.0468	1.0468
	每股盈余公积金(元)	0.1041	0.1041	0.1041	0.1041
	每股未分配利润(元)	-0.8386	-0.9201	-0.5988	-1.0227
	净资产收益率(%)	6.2255	8.3581	5.1591	19.7776
	加权净资产收益率(%)	6.4250	8.4440	6.6390	25.6790
	净资产收益率(扣除)(%)	4.6758	7.3338	4.8298	10.5409
	总资产(万元)	150134.32	135001.44	138592.75	133172.26
	归属母公司股东权益(万元)	48175.95	45176.77	57101.67	42827.81
	营业收入(万元)	72075.44	113216.49	63127.92	130725.84
	营业支出(万元)	44141.42	70301.80	38823.73	80138.42
	投资收益(万元)	1124.64	111.87	28.26	4496.95
	净利润(万元)	6916.93	9470.60	6368.04	16657.60
	营业利润(万元)	8036.09	10831.38	7829.47	19509.31
	利润总额(万元)	8185.24	11922.12	8203.08	20700.23

包头明天科技股份有限公司

公司概况	公司名称	包头明天科技股份有限公司			证券简称	*ST 明科
	法人代表	李国春	董秘	关明	证券代码	600091
	公司网址	www.tomotech.com		电子信箱	600091@sina.com	
	电　话	0472-2207068 2207058		传　真	0472-2207059	
	办公地址	内蒙古自治区包头市稀土高新技术产业开发区曙光路22号				
	经营范围	生产、销售烧碱、聚氯乙烯树脂、苯酚、盐酸、硫酸、氢氟酸、电石等化工产品				

主要财务指标	指标\报告期	2015.06.30	2014.12.31	2014.06.30	2013.12.31
	基本每股收益(元)	-0.2400	-0.4800	-0.2300	-0.3300
	基本每股收益(扣除后)(元)	-0.2400	-0.5400	-0.2600	-0.3600
	稀释每股收益(元)	-0.2400	-0.4800	-0.2300	-0.3300
	每股净资产(元)	0.6469	0.8532	1.1014	1.3330
	每股经营现金净流量(元)	-0.1092	-0.1773	-0.0259	-0.2599
	每股现金流量(元)	-0.0019	-0.1112	-0.0351	0.0184
	每股资本公积金(元)	3.6190	3.6190	3.6190	3.6190
	每股盈余公积金(元)	0.1915	0.1915	0.1915	0.1915
	每股未分配利润(元)	-4.1986	-3.9573	-3.7091	-3.4775
	净资产收益率(%)	-37.3131	-56.2355	-21.0281	-24.5988
	加权净资产收益率(%)	-32.9500	-43.8900	-19.0300	-21.9000
	净资产收益率(扣除)(%)	-37.3161	-62.9582	-23.8561	-27.0899
	总资产(万元)	119981.03	121529.41	126515.89	130792.54
	归属母公司股东权益(万元)	21768.85	28711.24	37065.47	44857.67
	营业收入(万元)	703.68	2134.01	769.91	2552.90
	营业支出(万元)	649.72	2082.67	747.35	2360.74
	投资收益(万元)	-2235.60	-5648.70	-2917.80	51.91
	净利润(万元)	-8122.63	-16145.92	-7794.15	-11034.44
	营业利润(万元)	-8123.28	-18076.09	-8842.37	-12151.90
	利润总额(万元)	-8122.63	-16145.92	-7794.15	-11034.44

四川禾嘉股份有限公司

公司概况	公司名称	四川禾嘉股份有限公司			证券简称	禾嘉股份
	法人代表	冷天辉	董秘	徐德智	证券代码	600093
	公司网址	www.hejia.com		电子信箱	dmb@hejia.com	
	电话	028-85155498		传真	028-85178855	
	办公地址	四川省成都市高新技术产业开发区九兴大道3号				
	经营范围	投资及管理				

主要财务指标	指标\报告期	2015.06.30	2014.12.31	2014.06.30	2013.12.31
	基本每股收益(元)	0.1320	0.1100	0.0770	0.1600
	基本每股收益(扣除后)(元)	0.1320	0.1110	0.0760	0.1150
	稀释每股收益(元)	0.1320	0.1100	0.0770	0.1600
	每股净资产(元)	4.7274	1.4239	1.3913	1.3140
	每股经营现金净流量(元)	-0.3431	0.2907	0.0834	0.1037
	每股现金流量(元)	3.8344	-0.5238	-0.1322	0.4799
	每股资本公积金(元)	3.5983	0.1063	0.1063	0.1063
	每股盈余公积金(元)	0.0119	0.0413	0.0413	0.0413
	每股未分配利润(元)	0.1172	0.2762	0.2437	0.1663
	净资产收益率(%)	0.8014	7.7175	5.5572	12.2005
	加权净资产收益率(%)	8.8500	8.0300	5.7200	12.9900
	净资产收益率(扣除)(%)	0.8001	7.8074	5.4983	8.7420
	总资产(万元)	569183.33	77149.38	73098.55	70488.60
	归属母公司股东权益(万元)	530624.49	45912.19	44861.94	42368.90
	营业收入(万元)	18097.33	40500.83	20827.70	38849.29
	营业支出(万元)	14407.29	29931.85	14928.57	27557.33
	投资收益(万元)	3334.18	-100.49	-	1152.31
	净利润(万元)	4252.53	3543.29	2493.05	5094.77
	营业利润(万元)	4484.41	4479.24	3083.20	5779.10
	利润总额(万元)	4491.22	4430.89	3109.62	6461.34

上海大名城企业股份有限公司

公司概况	公司名称	上海大名城企业股份有限公司			证券简称	大名城
	法人代表	俞培俤	董秘	张燕琦	证券代码	600094
	公司网址	www.greattown.cn		电子信箱	dmc@greattown.cn	
	电话	021-62478900		传真	021-62479099	
	办公地址	上海市闵行区红松东路1116号上海虹桥元一大厦5楼				
	经营范围	房地产综合开发、建造、销售商品房、物业管理、物业租赁等				

主要财务指标	指标\报告期	2015.06.30	2014.12.31	2014.06.30	2013.12.31
	基本每股收益(元)	0.0649	0.2111	0.0565	0.1690
	基本每股收益(扣除后)(元)	0.0586	0.2121	0.0578	0.1497
	稀释每股收益(元)	0.0649	0.2111	0.0565	0.1690
	每股净资产(元)	2.7813	2.7564	1.7941	1.7376
	每股经营现金净流量(元)	-2.3715	-1.3108	-1.0102	-1.9852
	每股现金流量(元)	0.3188	-0.0381	0.4173	0.3894
	每股资本公积金(元)	1.2351	1.2351	0.2724	0.2724
	每股盈余公积金(元)	0.1190	0.1190	0.1501	0.1501
	每股未分配利润(元)	0.4272	0.4023	0.3716	0.3150
	净资产收益率(%)	2.3337	6.2301	3.1510	9.7262
	加权净资产收益率(%)	2.3400	10.1800	3.2000	10.2200
	净资产收益率(扣除)(%)	2.1066	6.2593	3.2189	8.6135
	总资产(万元)	3111252.48	2152855.45	2001766.75	1508641.30
	归属母公司股东权益(万元)	559470.86	554460.77	271187.84	262642.84
	营业收入(万元)	206384.30	537990.33	113207.31	293989.32
	营业支出(万元)	129079.40	347402.92	55032.90	159137.33
	投资收益(万元)	1522.35	195.13	10.85	7591.54
	净利润(万元)	18967.20	58828.84	13285.07	41076.16
	营业利润(万元)	26329.66	81425.30	19719.01	59985.94
	利润总额(万元)	25925.59	80943.70	19327.15	57687.87

哈尔滨高科技(集团)股份有限公司

公司概况	公司名称	哈尔滨高科技(集团)股份有限公司			证券简称	哈高科
	法人代表	杨登瑞	董秘	马昆	证券代码	600095
	公司网址	www.hgk-group.com		电子信箱	mkn@hgk-group.com	
	电话	0451-84348141 84346722		传真	0451-84348057 84346722	
	办公地址	黑龙江省哈尔滨市高新技术产业开发区迎宾路集中区天平路2号				
	经营范围	大豆深加工、药业、房地产开发等				

主要财务指标	指标\报告期	2015.06.30	2014.12.31	2014.06.30	2013.12.31
	基本每股收益(元)	-0.0295	0.0320	-0.0029	0.0918
	基本每股收益(扣除后)(元)	-0.0449	0.0042	-0.0052	0.0584
	稀释每股收益(元)	-0.0295	0.0320	-0.0029	0.0918
	每股净资产(元)	1.9463	1.9736	1.9151	1.9470
	每股经营现金净流量(元)	0.0781	0.0850	0.0318	0.3803
	每股现金流量(元)	0.0556	-0.2203	-0.1354	-0.3782
	每股资本公积金(元)	0.7402	0.7402	0.7565	0.7402
	每股盈余公积金(元)	0.1003	0.1003	0.1003	0.1003
	每股未分配利润(元)	0.0536	0.0931	0.0582	0.0891
	净资产收益率(%)	-1.5144	1.6239	-0.1507	4.7131
	加权净资产收益率(%)	-1.5038	1.5600	-0.1500	4.8100
	净资产收益率(扣除)(%)	-2.3083	0.2106	-0.2708	2.9997
	总资产(万元)	120134.22	120464.78	128209.48	144302.39
	归属母公司股东权益(万元)	70314.44	71298.68	69183.95	70337.96
	营业收入(万元)	10605.09	44016.54	28559.09	55276.01
	营业支出(万元)	6188.24	28263.35	19628.55	37086.93
	投资收益(万元)	447.40	-96.73	-98.29	1876.86
	净利润(万元)	-1361.73	565.29	-500.13	3562.43
	营业利润(万元)	-1330.04	1515.72	-52.82	5561.33
	利润总额(万元)	-1198.11	1484.03	57.92	5854.06

云南云天化股份有限公司

公司概况	公司名称	云南云天化股份有限公司			证券简称	云天化
	法人代表	张文学	董秘	钟德红	证券代码	600096
	公司网址	www.yyth.com.cn		电子信箱	zhongdehong@yth.cn	
	电话	0871-64327127		传真	0871-64327155	
	办公地址	云南省昆明市滇池路1417号				
	经营范围	化肥、化工原料、新材料、新能源及产品的研发、生产、销售				

主要财务指标	指标\报告期	2015.06.30	2014.12.31	2014.06.30	2013.12.31
	基本每股收益(元)	0.0304	-2.2881	-0.8507	0.3795
	基本每股收益(扣除后)(元)	-0.0469	-2.3924	-1.0095	-1.1262
	稀释每股收益(元)	0.0304	-2.2881	-0.8507	0.3795
	每股净资产(元)	4.9345	4.8972	6.3379	7.2749
	每股经营现金净流量(元)	3.4657	-0.3568	-0.3160	-2.1561
	每股现金流量(元)	-0.9442	-0.6093	1.9893	-0.7856
	每股资本公积金(元)	3.6156	3.6156	3.6155	3.6157
	每股盈余公积金(元)	0.2398	1.2084	1.2084	1.2084
	每股未分配利润(元)	-0.0333	-1.0323	0.4051	1.3558
	净资产收益率(%)	0.6158	-46.7230	-13.4225	7.2160
	加权净资产收益率(%)	0.6200	-37.6000	-12.4100	4.9800
	净资产收益率(扣除)(%)	-0.9510	-48.8529	-15.9273	-17.8067
	总资产(万元)	6543849.39	6850913.83	7261750.04	6566861.97
	归属母公司股东权益(万元)	557147.70	552934.18	715602.74	821389.17
	营业收入(万元)	2542388.97	5449227.81	2356487.66	5589623.59
	营业支出(万元)	2154881.98	4933383.94	2138557.72	4871510.69
	投资收益(万元)	1244.96	4320.85	3532.24	170091.44
	净利润(万元)	7011.75	-275647.52	-99755.65	48787.35
	营业利润(万元)	4352.43	-274980.88	-111181.05	57966.42
	利润总额(万元)	14814.75	-263010.57	-93611.27	93350.36

上海开创国际海洋资源股份有限公司

公司概况	公司名称	上海开创国际海洋资源股份有限公司		证券简称	开创国际
	法人代表	汤期庆	董秘 汪涛	证券代码	600097
	公司网址	www.skmic.sh.cn	电子信箱	ir@skmic.sh.cn	
	电　话	021-65686875 65690310	传　真	021-65696280	
	办公地址	上海市杨浦区安浦路 661 号滨江国际广场 3 号楼 3 层			
	经营范围	远洋捕捞、食品销售管理、渔用设备、产品销售等			

主要财务指标 指标\报告期	2015.06.30	2014.12.31	2014.06.30	2013.12.31
基本每股收益(元)	0.0300	0.5200	0.1900	0.5100
基本每股收益(扣除后)(元)	–0.0100	0.3200	0.1800	0.5000
稀释每股收益(元)	0.0300	0.5200	0.1900	0.5100
每股净资产(元)	4.4009	4.5341	4.2035	4.2062
每股经营现金净流量(元)	–0.2205	0.4148	0.0402	0.4494
每股现金流量(元)	–0.2343	0.1675	0.0514	–0.0494
每股资本公积金(元)	0.0622	0.0622	0.0622	0.0622
每股盈余公积金(元)	0.1733	0.1733	0.1477	0.1477
每股未分配利润(元)	0.9752	1.0406	0.8997	0.9061
净资产收益率(%)	0.6290	11.5566	4.4509	12.0991
加权净资产收益率(%)	0.6100	12.0400	4.3800	12.5600
净资产收益率(扣除)(%)	–0.3132	7.1627	4.3863	11.7862
总资产(万元)	134227.16	135121.88	138318.17	129994.73
归属母公司股东权益(万元)	89160.58	91860.75	85161.12	85217.56
营业收入(万元)	27911.05	83101.09	42499.33	81556.01
营业支出(万元)	26822.16	69388.37	37562.62	69867.48
投资收益(万元)	–	–	–	–
净利润(万元)	560.84	10615.95	3790.43	10310.60
营业利润(万元)	–9212.30	–9055.36	–5334.05	–6755.55
利润总额(万元)	560.84	10615.95	3790.43	10310.60

广州发展集团股份有限公司

公司概况	公司名称	广州发展集团股份有限公司		证券简称	广州发展
	法人代表	伍竹林	董秘 张雪球	证券代码	600098
	公司网址	www.gdih.cn	电子信箱	600098@gdgc.com.cn	
	电　话	020-37850968 37850978	传　真	020-37850938	
	办公地址	广东省广州市天河区临江大道 3 号 31-32 楼			
	经营范围	电力、能源物流、基建等产业的投资、建设、生产管理和经营业务等			

主要财务指标 指标\报告期	2015.06.30	2014.12.31	2014.06.30	2013.12.31
基本每股收益(元)	0.1959	0.4477	0.2353	0.3775
基本每股收益(扣除后)(元)	0.1793	0.4294	0.2228	0.3553
稀释每股收益(元)	0.1959	0.4477	0.2353	0.3775
每股净资产(元)	5.1265	5.0987	4.9456	4.8966
每股经营现金净流量(元)	0.6895	1.1870	0.5431	1.0088
每股现金流量(元)	0.3128	–0.1891	–0.2060	–0.0657
每股资本公积金(元)	1.4033	1.4033	1.3928	1.4326
每股盈余公积金(元)	0.9714	0.9714	0.9373	0.9368
每股未分配利润(元)	1.7319	1.7160	1.6367	1.4377
净资产收益率(%)	3.8217	8.8066	4.7532	7.6767
加权净资产收益率(%)	3.7700	9.0522	4.8000	7.8500
净资产收益率(扣除)(%)	3.4973	8.4454	4.4985	7.2749
总资产(万元)	3468709.06	3377915.60	3352101.14	3398736.48
归属母公司股东权益(万元)	1397576.83	1390013.42	1356188.08	1312683.84
营业收入(万元)	845788.10	1944579.52	914003.07	1689453.19
营业支出(万元)	693365.37	1618299.20	762262.24	1393431.72
投资收益(万元)	17980.57	58638.74	30251.06	50555.51
净利润(万元)	79076.11	170666.10	86135.57	147624.67
营业利润(万元)	97254.53	214677.91	104130.72	189018.95
利润总额(万元)	104178.26	218208.14	109761.15	191418.98

林海股份有限公司

公司概况	公司名称	林海股份有限公司		证券简称	林海股份
	法人代表	刘群	董秘 袁瑞明	证券代码	600099
	公司网址	www.linhai.cn	电子信箱	18052610333@189.cn	
	电　话	0523-86992016	传　真	0523-86551403	
	办公地址	江苏省泰州市迎春西路 199 号			
	经营范围	林业及园林动力机械、农业机械、喷灌机械、木材采运设备等			

主要财务指标 指标\报告期	2015.06.30	2014.12.31	2014.06.30	2013.12.31
基本每股收益(元)	0.0066	0.0134	0.0069	0.0018
基本每股收益(扣除后)(元)	0.0065	0.0127	0.0069	–0.0245
稀释每股收益(元)	0.0066	0.0134	0.0069	0.0018
每股净资产(元)	2.1500	2.1433	2.1869	2.1800
每股经营现金净流量(元)	–0.1251	–0.1033	–0.0992	–0.1105
每股现金流量(元)	–0.1322	–0.1431	–0.1053	–0.1621
每股资本公积金(元)	0.9100	0.9100	0.9100	0.9100
每股盈余公积金(元)	0.1140	0.1140	0.1135	0.1135
每股未分配利润(元)	0.1259	0.1193	0.1633	0.1565
净资产收益率(%)	0.3083	0.6237	0.3150	0.0841
加权净资产收益率(%)	0.3100	0.6100	0.3160	0.0800
净资产收益率(扣除)(%)	0.3021	0.5902	0.3147	–1.1227
总资产(万元)	58814.42	56258.25	58462.94	54198.81
归属母公司股东权益(万元)	47109.92	46964.68	47918.32	47767.37
营业收入(万元)	17349.41	35783.47	16646.05	28036.87
营业支出(万元)	15006.59	30953.84	14642.89	25101.95
投资收益(万元)	–	–119.86	–	–11.06
净利润(万元)	145.24	292.91	150.96	40.19
营业利润(万元)	178.20	327.59	178.03	–542.93
利润总额(万元)	181.70	346.15	178.22	68.60

同方股份有限公司

公司概况	公司名称	同方股份有限公司		证券简称	同方股份
	法人代表	周立业	董秘 孙岷	证券代码	600100
	公司网址	www.thtf.com.cn	电子信箱	600100@thtf.com.cn	
	电　话	010-82399888	传　真	010-82399765	
	办公地址	北京市海淀区清华同方科技大厦 A 座 29 层			
	经营范围	计算机产品、商品销售、网络、软件、系统集成与信息服务等			

主要财务指标 指标\报告期	2015.06.30	2014.12.31	2014.06.30	2013.12.31
基本每股收益(元)	0.3255	0.3438	0.0191	0.3262
基本每股收益(扣除后)(元)	0.1381	0.2795	0.0567	0.0785
稀释每股收益(元)	0.3255	0.3438	0.0191	0.3262
每股净资产(元)	5.8986	5.2518	4.7813	4.8715
每股经营现金净流量(元)	–0.6544	0.3895	–0.2749	0.3929
每股现金流量(元)	–0.0637	0.3789	–0.2951	0.5864
每股资本公积金(元)	3.2564	2.1910	2.1834	2.1676
每股盈余公积金(元)	0.2558	0.3449	0.3106	0.3106
每股未分配利润(元)	1.4025	1.5981	1.3077	1.3886
净资产收益率(%)	5.0431	6.5464	0.3990	6.3225
加权净资产收益率(%)	5.7100	6.7800	0.3900	6.9300
净资产收益率(扣除)(%)	2.1398	5.3218	1.1850	1.5210
总资产(万元)	5274732.24	4972500.89	4391726.01	4261841.03
归属母公司股东权益(万元)	1748279.77	1154289.93	1050880.67	1075790.43
营业收入(万元)	1056095.30	2599372.40	986652.89	2265014.41
营业支出(万元)	839941.80	2082969.22	781741.93	1838429.99
投资收益(万元)	144763.51	87740.26	25103.15	115169.30
净利润(万元)	99925.13	121341.07	20569.54	107803.76
营业利润(万元)	96384.19	112941.69	8358.20	134361.02
利润总额(万元)	110436.29	142318.00	22768.04	131599.50

四川明星电力股份有限公司

公司概况	公司名称	四川明星电力股份有限公司			证券简称	明星电力
	法人代表	秦怀平	董秘	唐敏	证券代码	600101
	公司网址	www.mxdl.com.cn		电子信箱	600101@mxdl.com.cn	
	电　话	0825-2210081		传　真	0825-2210089	
	办公地址	四川省遂宁市开发区明月路88号				
	经营范围	电力、热力生产供应、送变电工程、线路、设备安装、施工、批发等				

	指标\报告期	2015.06.30	2014.12.31	2014.06.30	2013.12.31
主要财务指标	基本每股收益(元)	0.1430	0.3000	0.1650	0.5100
	基本每股收益(扣除后)(元)	0.1370	0.2800	0.1590	0.2000
	稀释每股收益(元)	0.1430	0.3000	0.1650	0.5100
	每股净资产(元)	5.7155	5.6229	5.6200	5.3569
	每股经营现金净流量(元)	0.1314	0.5619	0.1653	0.4952
	每股现金流量(元)	–0.0509	–0.1133	–0.0461	0.2959
	每股资本公积金(元)	1.4233	1.4233	1.4143	1.4143
	每股盈余公积金(元)	0.3174	0.3174	0.2799	0.2799
	每股未分配利润(元)	2.9583	2.8655	2.8171	2.6573
	净资产收益率(%)	2.4997	5.3481	2.9968	9.4855
	加权净资产收益率(%)	2.5200	5.4700	3.0400	9.9000
	净资产收益率(扣除)(%)	2.4053	5.0359	2.8848	11.9874
	总资产(万元)	274226.36	269211.85	263507.51	256694.22
	归属母公司股东权益(万元)	185284.96	182283.53	179029.61	173841.98
	营业收入(万元)	59834.64	124489.71	56576.92	108072.98
	营业支出(万元)	49790.01	100193.93	45697.63	86415.90
	投资收益(万元)	1483.90	2434.59	1172.00	14996.78
	净利润(万元)	4267.99	8142.98	4928.75	14943.77
	营业利润(万元)	4840.90	9515.44	5620.47	18928.74
	利润总额(万元)	5015.92	10260.86	5820.88	18439.72

福建省青山纸业股份有限公司

公司概况	公司名称	福建省青山纸业股份有限公司			证券简称	青山纸业
	法人代表	潘士颖	董秘	林建平	证券代码	600103
	公司网址	www.qingshanpaper.com		电子信箱	dm@qingshanpaper.com	
	电　话	0591-83367773		传　真	0591-87110973	
	办公地址	福建省沙县青州镇				
	经营范围	纸袋纸系列产品及副产品、高强牛皮卡纸、精制牛皮纸、高强瓦楞纸等				

	指标\报告期	2015.06.30	2014.12.31	2014.06.30	2013.12.31
主要财务指标	基本每股收益(元)	–0.0700	0.0258	0.0303	0.0162
	基本每股收益(扣除后)(元)	–0.0709	–0.2275	–0.1150	–0.1451
	稀释每股收益(元)	–0.0700	0.0258	0.0303	0.0162
	每股净资产(元)	1.1014	1.1714	1.1759	1.2663
	每股经营现金净流量(元)	–0.0224	0.1150	0.0086	0.0738
	每股现金流量(元)	–0.0319	0.0489	–0.0118	–0.0205
	每股资本公积金(元)	0.0070	0.0070	0.0070	0.0070
	每股盈余公积金(元)	0.1927	0.1927	0.1927	0.1927
	每股未分配利润(元)	–0.0983	–0.0284	–0.0238	–0.0541
	净资产收益率(%)	–6.3516	2.1989	2.5762	1.2822
	加权净资产收益率(%)	–6.1600	2.1500	2.4500	1.2600
	净资产收益率(扣除)(%)	–6.4354	–19.4260	–9.7783	–11.4595
	总资产(万元)	353185.81	337839.21	356033.40	362098.72
	归属母公司股东权益(万元)	116951.63	124379.95	124861.63	134464.54
	营业收入(万元)	101383.03	189548.85	87099.72	180920.50
	营业支出(万元)	89811.55	173509.63	77214.58	159777.06
	投资收益(万元)	–44.74	27503.82	16112.62	9758.63
	净利润(万元)	–6767.36	4115.35	3952.93	2671.32
	营业利润(万元)	–6017.28	6353.37	5445.68	–1985.88
	利润总额(万元)	–5940.45	5761.99	4740.04	3950.49

上海汽车集团股份有限公司

公司概况	公司名称	上海汽车集团股份有限公司			证券简称	上汽集团
	法人代表	陈虹	董秘	王剑璋	证券代码	600104
	公司网址	www.saicmotor.com		电子信箱	saicmotor@saic.com.cn	
	电　话	021-22011138		传　真	021-22011777	
	办公地址	上海市静安区威海路489号				
	经营范围	汽车,摩托车,拖拉机等各种机动车整车,机械设备,总成及零部件的生产、销售等				

	指标\报告期	2015.06.30	2014.12.31	2014.06.30	2013.12.31
主要财务指标	基本每股收益(元)	1.2850	2.5370	1.2310	2.2500
	基本每股收益(扣除后)(元)	1.2450	2.3510	1.2060	2.0660
	稀释每股收益(元)	–	–	–	–
	每股净资产(元)	14.4267	14.2999	12.5052	12.4943
	每股经营现金净流量(元)	1.0659	2.1118	0.4924	1.8686
	每股现金流量(元)	–0.7419	–0.2001	0.2749	2.4924
	每股资本公积金(元)	3.4222	3.4453	3.8324	3.4438
	每股盈余公积金(元)	1.9805	1.9805	1.6134	1.5367
	每股未分配利润(元)	6.8709	6.9008	6.0462	6.0275
	净资产收益率(%)	8.9056	17.7424	9.8444	18.0053
	加权净资产收益率(%)	8.5600	18.9700	9.4000	19.0700
	净资产收益率(扣除)(%)	8.6278	16.4376	9.6406	16.5366
	总资产(万元)	47426246.02	41487067.35	37354255.42	37364074.08
	归属母公司股东权益(万元)	15906289.10	15766438.60	13787648.43	13775723.86
	营业收入(万元)	31975613.06	62671239.45	31826170.67	56334567.24
	营业支出(万元)	28696708.94	54923602.59	28130585.45	49098848.21
	投资收益(万元)	1508279.71	2783466.87	1485066.01	2545641.68
	净利润(万元)	1990483.58	3825077.30	1926437.03	3558394.15
	营业利润(万元)	2226419.23	4033376.85	2205667.76	4017911.49
	利润总额(万元)	2286008.04	4268879.52	2244672.66	4149299.77

江苏永鼎股份有限公司

公司概况	公司名称	江苏永鼎股份有限公司			证券简称	永鼎股份
	法人代表	莫林弟	董秘	彭勇泉	证券代码	600105
	公司网址	www.yongding.com.cn		电子信箱	zqb@yongding.com.cn	
	电　话	0512-63272489		传　真	0512-63271866	
	办公地址	江苏省苏州市吴江区芦墟镇318国道72K北侧				
	经营范围	光缆、电缆的生产和销售、房地产开发和销售、境外工程承揽与施工等				

	指标\报告期	2015.06.30	2014.12.31	2014.06.30	2013.12.31
主要财务指标	基本每股收益(元)	0.1960	0.3800	0.2880	0.4700
	基本每股收益(扣除后)(元)	0.1720	0.0500	–0.0060	0.0600
	稀释每股收益(元)	0.1960	0.3800	0.2880	0.4700
	每股净资产(元)	4.4989	4.4528	4.1717	4.0839
	每股经营现金净流量(元)	–0.2077	0.4714	–0.1702	0.1660
	每股现金流量(元)	–0.2757	0.2505	–0.1282	–0.0396
	每股资本公积金(元)	1.4050	1.9030	1.2126	1.2126
	每股盈余公积金(元)	0.5789	0.5888	0.5511	0.5511
	每股未分配利润(元)	1.5151	1.5515	1.4080	1.3202
	净资产收益率(%)	4.3586	8.4559	6.8973	11.5321
	加权净资产收益率(%)	4.3100	9.0600	6.9700	12.0800
	净资产收益率(扣除)(%)	3.8273	1.0408	–0.1405	1.5861
	总资产(万元)	260225.66	312606.44	248025.82	273047.43
	归属母公司股东权益(万元)	171389.06	192126.78	158921.00	155578.79
	营业收入(万元)	66282.03	192886.91	69365.45	113859.34
	营业支出(万元)	55421.84	169742.72	56184.82	93118.51
	投资收益(万元)	3769.43	10139.83	7221.00	8826.81
	净利润(万元)	8446.38	17908.02	13892.15	14569.84
	营业利润(万元)	8292.21	16382.71	14082.57	18626.28
	利润总额(万元)	9260.83	20764.06	16657.12	19587.41

重庆路桥股份有限公司

公司概况	公司名称	重庆路桥股份有限公司			证券简称	重庆路桥
	法人代表	江津	董秘	张漫	证券代码	600106
	公司网址	www.cqrb.com.cn		电子信箱	cqrb@cqrb.com.cn	
	电　　话	023-62803632		传　　真	023-62909387	
	办公地址	重庆市南坪经济技术开发区丹龙路 11 号				
	经营范围	长江石板坡大桥,嘉陵江石门大桥,嘉华嘉陵江大桥,长寿湖旅游专用高速公路经营,维护等				

	指标＼报告期	2015.06.30	2014.12.31	2014.06.30	2013.12.31
主要财务指标	基本每股收益(元)	0.1630	0.2700	0.1569	0.3000
	基本每股收益(扣除后)(元)	0.1527	0.2400	0.1439	0.2300
	稀释每股收益(元)	0.1630	0.2700	0.1569	0.3000
	每股净资产(元)	3.5028	3.2436	2.5641	3.0000
	每股经营现金净流量(元)	0.2152	0.3093	0.1185	0.2801
	每股现金流量(元)	1.2514	–0.0238	–0.0413	0.6327
	每股资本公积金(元)	0.0598	0.0598	0.0598	0.0598
	每股盈余公积金(元)	0.3220	0.3220	0.2955	0.2955
	每股未分配利润(元)	1.3719	1.2909	1.2088	1.1429
	净资产收益率(%)	4.6541	8.3861	6.1207	12.1033
	加权净资产收益率(%)	4.7900	8.7600	5.1800	12.5200
	净资产收益率(扣除)(%)	4.3595	7.4380	5.6112	9.1800
	总资产(万元)	760348.98	630317.96	567065.09	635155.25
	归属母公司股东权益(万元)	317961.18	294438.66	232751.71	272512.79
	营业收入(万元)	16002.08	33960.94	16732.84	33469.72
	营业支出(万元)	1852.04	3288.69	1737.67	3626.94
	投资收益(万元)	11853.08	15529.38	10398.72	22876.26
	净利润(万元)	14798.22	24691.94	14246.03	27446.24
	营业利润(万元)	15234.21	26035.65	15108.28	29885.27
	利润总额(万元)	15243.65	26465.86	15121.59	30212.12

湖北美尔雅股份有限公司

公司概况	公司名称	湖北美尔雅股份有限公司			证券简称	美尔雅
	法人代表	杨闻孙	董秘	王黎	证券代码	600107
	公司网址	www.mailyard.com.cn		电子信箱	gufen@mailyard.com.cn	
	电　　话	0714-6360298 6360238		传　　真	0714-6360219	
	办公地址	湖北省黄石市团城山开发区美尔雅工业园				
	经营范围	精毛纺织制品、服装及辅料制造、加工和销售,兼营酒店业等				

	指标＼报告期	2015.06.30	2014.12.31	2014.06.30	2013.12.31
主要财务指标	基本每股收益(元)	0.0060	–0.0200	0.0020	0.0300
	基本每股收益(扣除后)(元)	–	–0.0500	0.0020	–0.0500
	稀释每股收益(元)	0.0060	–0.0200	0.0020	0.0300
	每股净资产(元)	1.4614	1.4557	1.4780	1.4762
	每股经营现金净流量(元)	0.1358	1.6764	–0.0699	0.0405
	每股现金流量(元)	0.1514	–2.1275	–0.0366	–0.1341
	每股资本公积金(元)	0.4432	0.4432	0.4430	0.4430
	每股盈余公积金(元)	0.0674	0.0674	0.0674	0.0674
	每股未分配利润(元)	–0.0492	–0.0549	–0.0324	–0.0342
	净资产收益率(%)	0.3907	–1.4244	0.1210	2.1961
	加权净资产收益率(%)	0.3900	–1.4100	0.1200	2.2200
	净资产收益率(扣除)(%)	0.0001	–3.6156	0.1316	–3.4708
	总资产(万元)	130716.43	124665.59	241571.86	250828.17
	归属母公司股东权益(万元)	52610.21	52404.65	53208.54	53144.17
	营业收入(万元)	24628.35	46040.20	26751.45	55035.39
	营业支出(万元)	14561.15	24741.55	12890.18	33025.14
	投资收益(万元)	824.39	570.49	194.41	92.60
	净利润(万元)	207.01	758.18	271.62	2252.89
	营业利润(万元)	753.30	1635.88	670.38	1059.77
	利润总额(万元)	754.19	1856.11	678.19	3822.63

甘肃亚盛实业(集团)股份有限公司

公司概况	公司名称	甘肃亚盛实业(集团)股份有限公司			证券简称	亚盛集团
	法人代表	杨树军	董秘	殷图廷	证券代码	600108
	公司网址	www.yasheng.com.cn		电子信箱	ysjtdshbgs@163.com	
	电　　话	0931-8857057		传　　真	0931-8857182	
	办公地址	甘肃省兰州市城关区雁兴路 21 号				
	经营范围	高科技农业新技术,新品种开发,加工,生产等				

	指标＼报告期	2015.06.30	2014.12.31	2014.06.30	2013.12.31
主要财务指标	基本每股收益(元)	0.0447	0.1059	0.0581	0.2089
	基本每股收益(扣除后)(元)	0.0058	0.0941	0.0544	0.1656
	稀释每股收益(元)	0.0447	0.1059	0.0581	0.2089
	每股净资产(元)	2.4212	2.4194	2.2571	2.3959
	每股经营现金净流量(元)	0.0791	0.0701	0.0672	0.1889
	每股现金流量(元)	0.0913	–0.0540	0.3056	0.0874
	每股资本公积金(元)	0.2769	0.2827	0.3290	0.5533
	每股盈余公积金(元)	0.1507	0.1507	0.1418	0.1418
	每股未分配利润(元)	0.8756	0.8251	0.7863	0.7482
	净资产收益率(%)	1.8467	4.3761	2.5755	8.1558
	加权净资产收益率(%)	1.8300	4.4300	2.3100	8.4100
	净资产收益率(扣除)(%)	0.2411	3.8909	2.4102	6.9123
	总资产(万元)	734510.00	761082.97	746999.37	682037.25
	归属母公司股东权益(万元)	471386.89	471029.78	439435.86	487251.70
	营业收入(万元)	89139.74	224484.88	84846.67	269888.66
	营业支出(万元)	70144.50	174684.30	62242.19	208477.33
	投资收益(万元)	7076.62	770.61	436.10	258.33
	净利润(万元)	8772.63	20978.02	11349.41	40599.76
	营业利润(万元)	9334.31	20062.81	11224.44	35237.23
	利润总额(万元)	9850.00	21172.28	11608.80	40610.45

国金证券股份有限公司

公司概况	公司名称	国金证券股份有限公司			证券简称	国金证券
	法人代表	冉云	董秘	周洪刚	证券代码	600109
	公司网址	www.gjzq.com.cn		电子信箱	tzzgx@gjzq.com.cn	
	电　　话	028-86690021		传　　真	028-86695681	
	办公地址	四川省成都市青羊区东城根上街 95 号成证大厦 16 楼				
	经营范围	证券代理买卖、证券的自营买卖、证券的承销、证券投资咨询等				

	指标＼报告期	2015.06.30	2014.12.31	2014.06.30	2013.12.31
主要财务指标	基本每股收益(元)	0.4300	0.3230	0.1460	0.1220
	基本每股收益(扣除后)(元)	0.4250	0.3210	0.1450	0.2320
	稀释每股收益(元)	0.4300	0.3230	0.1460	0.1220
	每股净资产(元)	5.1695	3.4788	5.7827	5.1993
	每股经营现金净流量(元)	0.5326	0.3769	0.3601	0.3123
	每股现金流量(元)	10.9364	2.0748	1.8234	–1.9446
	每股资本公积金(元)	2.5929	1.2717	2.5307	2.0363
	每股盈余公积金(元)	0.1411	0.1504	0.2678	0.2678
	每股未分配利润(元)	1.0776	0.7440	1.4636	1.2502
	净资产收益率(%)	7.8892	8.4760	5.0606	4.7101
	加权净资产收益率(%)	10.9200	11.2900	5.4600	4.8300
	净资产收益率(扣除)(%)	7.7927	8.4305	5.0306	4.4649
	总资产(万元)	7134562.25	2628075.51	1699268.74	1385213.87
	归属母公司股东权益(万元)	1563441.00	986891.99	748323.18	672827.48
	营业收入(万元)	330293.60	272172.25	117371.35	154626.08
	营业支出(万元)	169228.21	165256.21	70766.20	114212.50
	投资收益(万元)	47386.43	69460.71	43801.28	28562.61
	净利润(万元)	123214.26	83658.68	37913.05	31473.48
	营业利润(万元)	161065.39	106916.04	46605.15	40413.58
	利润总额(万元)	163078.60	107515.15	46905.53	42615.34

中科英华高技术股份有限公司

公司概况						
公司名称	中科英华高技术股份有限公司			证券简称	中科英华	
法人代表	王为钢	董秘	王寒朵	证券代码	600110	
公司网址	www.kinwa.com.cn		电子信箱	ir@kinwa.com.cn		
电　话	0431-85161088		传　真	0431-85161071		
办公地址	吉林省长春市高新技术产业开发区北区航空街1666号					
经营范围	热缩材料等高技术、新材料、新产品的开发、生产与经营等					

主要财务指标：指标\报告期	2015.06.30	2014.12.31	2014.06.30	2013.12.31
基本每股收益(元)	0.0310	–0.2279	0.0033	0.0048
基本每股收益(扣除后)(元)	0.0288	–0.3029	0.0014	–0.1297
稀释每股收益(元)	0.0310	–0.2279	0.0033	0.0048
每股净资产(元)	1.5776	1.5184	1.7350	1.7302
每股经营现金净流量(元)	0.1949	0.1945	0.0192	–0.1953
每股现金流量(元)	–0.0127	–0.0525	0.0984	0.0238
每股资本公积金(元)	0.6204	0.6204	0.6319	0.6204
每股盈余公积金(元)	0.0628	0.0628	0.0628	0.0628
每股未分配利润(元)	–0.1452	–0.1762	0.0550	0.0516
净资产收益率(%)	1.9675	–15.0058	0.1914	0.2777
加权净资产收益率(%)	2.0052	–14.0300	0.1918	0.2800
净资产收益率(扣除)(%)	1.8276	–19.9471	0.0795	–7.4962
总资产(万元)	679023.98	692378.26	706357.63	643365.40
归属母公司股东权益(万元)	181475.34	174667.68	199576.07	199027.38
营业收入(万元)	87988.57	189237.21	110877.38	197298.85
营业支出(万元)	77830.68	172351.78	90147.50	175585.51
投资收益(万元)	21777.99	7691.35	–2896.64	2225.21
净利润(万元)	3195.22	–28566.37	731.08	146.66
营业利润(万元)	3299.75	–29024.84	335.12	–9871.43
利润总额(万元)	3564.36	–28920.62	571.38	568.83

中国北方稀土(集团)高科技股份有限公司

公司概况						
公司名称	中国北方稀土(集团)高科技股份有限公司			证券简称	北方稀土	
法人代表	孟志泉	董秘	张日辉	证券代码	600111	
公司网址	www.reht.com		电子信箱	cnrezqb@126.com		
电　话	0472-2207525 2207799		传　真	0472-2207788		
办公地址	内蒙古自治区包头市稀土高新技术产业开发区黄河路83号					
经营范围	稀土精矿、稀土深加工产品、稀土新材料生产与销售等					

主要财务指标：指标\报告期	2015.06.30	2014.12.31	2014.06.30	2013.12.31
基本每股收益(元)	0.0720	0.2650	0.0710	0.6240
基本每股收益(扣除后)(元)	0.0620	0.2530	0.0630	0.5760
稀释每股收益(元)	0.0720	0.2650	0.0710	0.6240
每股净资产(元)	2.2745	3.4284	3.1443	3.2288
每股经营现金净流量(元)	0.6287	0.2879	0.0261	0.4685
每股现金流量(元)	0.2183	–0.8178	–0.5311	0.4999
每股资本公积金(元)	0.0457	0.0685	0.0633	0.0633
每股盈余公积金(元)	0.2969	0.4454	0.4454	0.4454
每股未分配利润(元)	0.9252	1.9051	1.6268	1.8396
净资产收益率(%)	3.1544	7.7438	3.6549	20.1294
加权净资产收益率(%)	3.1300	7.8580	3.2900	19.9580
净资产收益率(扣除)(%)	2.7233	7.3899	3.3200	18.6497
总资产(万元)	1536908.42	1708620.08	1725169.60	1846292.68
归属母公司股东权益(万元)	826348.66	830376.01	761557.27	812968.76
营业收入(万元)	322488.93	583782.64	238478.66	847192.67
营业支出(万元)	238772.69	392391.85	163740.02	539071.50
投资收益(万元)	638.95	–90.96	–129.64	–620.76
净利润(万元)	21989.75	26345.79	7294.37	95008.26
营业利润(万元)	26578.15	37001.09	7027.35	104085.97
利润总额(万元)	31581.00	42701.88	10619.28	120848.19

贵州长征天成控股股份有限公司

公司概况						
公司名称	贵州长征天成控股股份有限公司			证券简称	天成控股	
法人代表	王国生	董秘	陈磊	证券代码	600112	
公司网址	www.tckg.cn		电子信箱	czdq600112@126.com		
电　话	0852-8620788		传　真	0852-8654903		
办公地址	贵州省遵义市武汉路1号(长征电气工业园)					
经营范围	高、中、低压电器元件及成套设备,风力发电设备的设计、研制、生产、销售等					

主要财务指标：指标\报告期	2015.06.30	2014.12.31	2014.06.30	2013.12.31
基本每股收益(元)	0.0067	0.0312	0.0605	0.0143
基本每股收益(扣除后)(元)	0.0034	–0.1000	–0.0497	–0.0998
稀释每股收益(元)	0.0067	0.0312	0.0605	0.0143
每股净资产(元)	2.4912	2.4895	2.3977	2.3291
每股经营现金净流量(元)	0.1168	–0.0762	–0.0708	–0.0256
每股现金流量(元)	0.0605	–0.3752	–0.3472	0.2862
每股资本公积金(元)	0.7704	0.7704	0.6494	0.6364
每股盈余公积金(元)	0.0449	0.0449	0.0449	0.0449
每股未分配利润(元)	0.6759	0.6741	0.7034	0.6479
净资产收益率(%)	0.2696	1.2552	2.5249	0.6137
加权净资产收益率(%)	0.2695	1.2794	2.5597	0.6153
净资产收益率(扣除)(%)	0.1374	–4.0189	–2.0709	–4.2845
总资产(万元)	276082.19	263341.61	263659.00	306438.69
归属母公司股东权益(万元)	126851.61	126764.19	122089.92	118601.07
营业收入(万元)	28300.70	48916.26	21408.29	65463.13
营业支出(万元)	20555.63	28528.35	12785.16	43892.20
投资收益(万元)	2607.71	6635.50	5637.26	105.30
净利润(万元)	342.02	1591.12	3082.62	727.89
营业利润(万元)	431.37	1792.61	2896.95	–5122.59
利润总额(万元)	611.16	2481.06	3149.70	714.94

浙江东日股份有限公司

公司概况						
公司名称	浙江东日股份有限公司			证券简称	浙江东日	
法人代表	杨作军	董秘	郑羲亮	证券代码	600113	
公司网址	www.dongri.com		电子信箱	600113@dongri.com		
电　话	0577-88812155		传　真	0577-88842287		
办公地址	浙江省温州市矮凳桥92号					
经营范围	房地产销售、租赁以及物业管理等					

主要财务指标：指标\报告期	2015.06.30	2014.12.31	2014.06.30	2013.12.31
基本每股收益(元)	0.0400	0.0500	0.0400	0.0600
基本每股收益(扣除后)(元)	0.0300	0.0500	0.0400	0.0500
稀释每股收益(元)	0.0400	0.0500	0.0400	0.0600
每股净资产(元)	1.8794	1.8436	1.8490	1.8110
每股经营现金净流量(元)	0.1697	0.1492	0.1184	–0.0135
每股现金流量(元)	0.0425	0.0778	0.1316	0.1280
每股资本公积金(元)	0.3368	0.3368	0.3369	0.3369
每股盈余公积金(元)	0.1403	0.1403	0.1344	0.1344
每股未分配利润(元)	0.4023	0.3665	0.3777	0.3397
净资产收益率(%)	1.9066	2.8549	2.0547	3.5272
加权净资产收益率(%)	1.9200	2.8800	2.0800	3.5900
净资产收益率(扣除)(%)	1.8413	2.7477	2.0513	2.8573
总资产(万元)	122910.16	106713.09	104134.19	92118.03
归属母公司股东权益(万元)	59878.31	58736.65	58908.91	57698.49
营业收入(万元)	11644.31	44409.29	18689.80	34643.15
营业支出(万元)	9701.59	40603.38	16810.33	30674.44
投资收益(万元)	953.45	938.35	936.55	925.01
净利润(万元)	955.79	1528.22	1102.44	1883.09
营业利润(万元)	1178.26	1744.78	1313.14	1849.17
利润总额(万元)	1168.93	1792.16	1293.83	2341.04

东睦新材料集团股份有限公司

公司概况	公司名称	东睦新材料集团股份有限公司			证券简称	东睦股份
	法人代表	芦德宝	董秘	曹阳	证券代码	600114
	公司网址	www.pm-china.com		电子信箱	caoyang@pm-china.com	
	电　话	0574-87841061		传　真	0574-87831133	
	办公地址	浙江省宁波市鄞州工业园区(姜山)景江路 8 号				
	经营范围	粉末冶金机械零件的生产和销售				

主要财务指标	指标\报告期	2015.06.30	2014.12.31	2014.06.30	2013.12.31
	基本每股收益(元)	0.2300	0.3500	0.1800	0.2500
	基本每股收益(扣除后)(元)	0.2000	0.3200	0.1700	0.3500
	稀释每股收益(元)	0.2300	0.3400	0.1800	0.2400
	每股净资产(元)	3.8028	3.6600	3.5583	3.6100
	每股经营现金净流量(元)	0.2870	0.5235	0.3222	1.0910
	每股现金流量(元)	-0.0338	0.0406	0.0868	0.0300
	每股资本公积金(元)	1.9734	1.9674	1.9575	1.6208
	每股盈余公积金(元)	0.1761	0.1761	0.1509	0.2769
	每股未分配利润(元)	0.6970	0.5910	0.4500	0.7144
	净资产收益率(%)	5.9427	8.9407	4.5175	9.8917
	加权净资产收益率(%)	6.0600	10.4200	5.9500	10.9700
	净资产收益率(扣除)(%)	5.1674	8.1532	4.2026	9.5526
	总资产(万元)	216721.65	209110.87	177759.82	170522.76
	归属母公司股东权益(万元)	143446.65	137987.64	134225.47	70109.83
	营业收入(万元)	68784.09	123066.54	60765.60	114019.63
	营业支出(万元)	46374.36	85524.93	41722.16	82041.55
	投资收益(万元)	293.35	55.84	-	7.20
	净利润(万元)	9120.76	13112.05	6699.97	8123.26
	营业利润(万元)	9949.77	13997.74	7678.05	9133.97
	利润总额(万元)	10622.70	15077.75	8240.28	9304.99

中国东方航空股份有限公司

公司概况	公司名称	中国东方航空股份有限公司			证券简称	东方航空
	法人代表	刘绍勇	董秘	汪健	证券代码	600115
	公司网址	www.ceair.com		电子信箱	ir@ceair.com	
	电　话	021-22330928 22330921		传　真	021-62686116	
	办公地址	上海市虹桥路 2550 号				
	经营范围	国内和经批准的地区、国际航空客、货、邮、行李运输业务及延伸服务等				

主要财务指标	指标\报告期	2015.06.30	2014.12.31	2014.06.30	2013.12.31
	基本每股收益(元)	0.2812	0.2696	0.0012	0.2000
	基本每股收益(扣除后)(元)	0.2553	-0.0181	-0.0147	0.1005
	稀释每股收益(元)	0.2812	0.2696	0.0012	0.2000
	每股净资产(元)	2.4665	2.1852	1.9354	2.0358
	每股经营现金净流量(元)	0.8080	0.9667	0.4136	0.8502
	每股现金流量(元)	-0.0412	-0.0540	0.0893	-0.0430
	每股资本公积金(元)	1.3737	1.3737	1.1662	1.3759
	每股盈余公积金(元)	-	-	-	-
	每股未分配利润(元)	0.3179	0.0367	-0.2308	-0.2329
	净资产收益率(%)	11.4012	12.3375	0.0571	9.6521
	加权净资产收益率(%)	12.0900	13.0600	0.0600	10.8700
	净资产收益率(扣除)(%)	10.3519	-0.8304	-0.7583	4.9345
	总资产(万元)	17611200.00	16354200.00	15065400.00	13784600.00
	归属母公司股东权益(万元)	3126000.00	2769600.00	2452900.00	2464600.00
	营业收入(万元)	4431100.00	8974600.00	4264800.00	8810900.00
	营业支出(万元)	3694000.00	7964500.00	-3931600.00	-8045500.00
	投资收益(万元)	11300.00	14200.00	3500.00	6800.00
	净利润(万元)	385900.00	354700.00	4700.00	207900.00
	营业利润(万元)	210000.00	-40000.00	-231200.00	-105600.00
	利润总额(万元)	469000.00	412000.00	20600.00	220500.00

重庆三峡水利电力(集团)股份有限公司

公司概况	公司名称	重庆三峡水利电力(集团)股份有限公司			证券简称	三峡水利
	法人代表	叶建桥	董秘	陈丽娟	证券代码	600116
	公司网址	www.cqsxsl.com		电子信箱	sxsl600116@163.com	
	电　话	023-63801161		传　真	023-63801165	
	办公地址	重庆市渝中区邹容路 68 号大都会商厦 3611 室 重庆市万州区高笋塘 85 号				
	经营范围	发电、供电、电力建设咨询服务、制造第一类压力容器等				

主要财务指标	指标\报告期	2015.06.30	2014.12.31	2014.06.30	2013.12.31
	基本每股收益(元)	0.3500	0.5300	0.2500	0.3900
	基本每股收益(扣除后)(元)	0.3400	0.4100	0.2400	0.3000
	稀释每股收益(元)	0.3500	0.5300	0.2500	0.3900
	每股净资产(元)	6.3386	4.3096	4.4377	4.1800
	每股经营现金净流量(元)	0.1189	1.3330	0.5059	1.2651
	每股现金流量(元)	1.5427	-0.4672	0.2975	0.8582
	每股资本公积金(元)	3.8788	1.9189	1.9189	1.9189
	每股盈余公积金(元)	0.2089	0.2584	0.1968	0.1968
	每股未分配利润(元)	1.2487	1.1301	1.3220	1.0686
	净资产收益率(%)	5.2891	12.3195	5.7109	9.3086
	加权净资产收益率(%)	5.8300	12.9100	5.8800	9.5200
	净资产收益率(扣除)(%)	5.1795	9.5702	5.4625	7.2152
	总资产(万元)	443456.63	360706.16	378220.50	352346.49
	归属母公司股东权益(万元)	209807.27	115296.09	118722.47	111942.34
	营业收入(万元)	49732.57	129783.46	48281.72	136911.33
	营业支出(万元)	31782.79	97786.92	34649.09	109575.48
	投资收益(万元)	737.19	2593.25	862.70	1446.56
	净利润(万元)	10686.08	12547.63	6485.58	9312.42
	营业利润(万元)	11998.32	9831.15	7014.39	8066.93
	利润总额(万元)	12267.14	13083.91	7325.48	11527.92

西宁特殊钢股份有限公司

公司概况	公司名称	西宁特殊钢股份有限公司			证券简称	西宁特钢
	法人代表	郭海荣	董秘	杨凯	证券代码	600117
	公司网址	www.xntg.com		电子信箱	xntg@public.xn.qh.cn	
	电　话	0971-5299673 5299865		传　真	0971-5218389	
	办公地址	青海省西宁市柴达木西路 52 号				
	经营范围	特殊钢冶炼及压延、机械设备制造、来料加工、副产品出售等				

主要财务指标	指标\报告期	2015.06.30	2014.12.31	2014.06.30	2013.12.31
	基本每股收益(元)	-0.3200	0.0600	-0.1700	0.1200
	基本每股收益(扣除后)(元)	-0.3300	-0.0800	-0.1700	-0.0600
	稀释每股收益(元)	-0.3200	0.0600	-0.1700	0.1200
	每股净资产(元)	3.3182	3.6371	3.6346	3.7983
	每股经营现金净流量(元)	-0.1826	-0.1421	0.2579	-0.1891
	每股现金流量(元)	-0.0091	0.0023	1.0810	-0.0692
	每股资本公积金(元)	0.5395	0.5395	0.9603	1.0840
	每股盈余公积金(元)	0.2597	0.2597	0.2597	0.2597
	每股未分配利润(元)	1.4959	1.8137	1.3987	1.7576
	净资产收益率(%)	-9.5786	1.5424	-4.6350	-2.5299
	加权净资产收益率(%)	-9.1400	1.4700	-4.5400	-2.4900
	净资产收益率(扣除)(%)	-9.8432	-2.0996	-4.7980	-1.5095
	总资产(万元)	2421512.32	2268725.37	1977500.98	1854758.30
	归属母公司股东权益(万元)	245954.72	269591.89	269406.31	305342.37
	营业收入(万元)	237116.88	731438.75	285822.77	725495.68
	营业支出(万元)	205238.72	583232.32	235911.37	613325.05
	投资收益(万元)	240.00	240.00	240.00	240.00
	净利润(万元)	-23728.50	7217.57	-11468.72	12384.99
	营业利润(万元)	-24858.09	5470.32	-9534.78	-11466.77
	利润总额(万元)	-23904.75	21438.37	-9064.75	21362.41

中国东方红卫星股份有限公司

公司概况				
公司名称	中国东方红卫星股份有限公司		证券简称	中国卫星
法人代表	李开民	董秘　万银娟	证券代码	600118
公司网址	www.spacesat.com.cn		电子信箱	600118@spacesat.com.cn
电　　话	010-68197793　68118118		传　　真	010-68197777
办公地址	北京市海淀区中关村南大街 31 号神舟科技大厦 12 层			
经营范围	卫星及相关产品研制、设计、制造、销售等			

主要财务指标

指标\报告期	2015.06.30	2014.12.31	2014.06.30	2013.12.31
基本每股收益(元)	0.1400	0.3000	0.1300	0.2800
基本每股收益(扣除后)(元)	0.1300	0.2800	0.1300	0.2300
稀释每股收益(元)	0.1400	0.3000	0.1300	0.2800
每股净资产(元)	3.7051	3.6383	3.4713	3.4248
每股经营现金净流量(元)	-0.3511	0.1969	-0.3161	0.0668
每股现金流量(元)	-0.4830	-0.2096	-0.4575	0.9899
每股资本公积金(元)	1.3638	1.3638	1.3613	1.3731
每股盈余公积金(元)	0.0611	0.0611	0.0478	0.0478
每股未分配利润(元)	1.2726	1.2108	1.0576	1.0027
净资产收益率(%)	3.8275	8.2830	3.8861	7.5509
加权净资产收益率(%)	3.8300	8.5400	3.8700	10.2800
净资产收益率(扣除)(%)	3.5182	7.5605	3.7532	6.2099
总资产(万元)	987325.18	877646.79	891569.77	791449.42
归属母公司股东权益(万元)	438125.13	430220.53	410479.02	404978.75
营业收入(万元)	200483.40	466410.38	220643.23	480352.70
营业支出(万元)	171346.88	397602.52	193543.17	424950.71
投资收益(万元)	104.95	-29.99	-	920.56
净利润(万元)	18233.82	41014.77	17657.42	36688.31
营业利润(万元)	17372.95	41026.31	17957.05	31191.14
利润总额(万元)	19407.03	46626.89	18817.87	38391.24

长发集团长江投资实业股份有限公司

公司概况				
公司名称	长发集团长江投资实业股份有限公司		证券简称	长江投资
法人代表	居亮	董秘　李铁	证券代码	600119
公司网址	www.cjtz.cn		电子信箱	litie@cjtz.cn
电　　话	021-68407009　68407032		传　　真	021-68407010
办公地址	上海市闵行区光华路 888 号			
经营范围	实业投资、国内贸易、信息咨询服务等			

主要财务指标

指标\报告期	2015.06.30	2014.12.31	2014.06.30	2013.12.31
基本每股收益(元)	0.0800	0.1326	0.0700	0.1174
基本每股收益(扣除后)(元)	0.0200	0.0860	0.0600	0.0629
稀释每股收益(元)	0.0800	0.1326	0.0700	0.1174
每股净资产(元)	2.4928	2.5298	2.4342	2.4326
每股经营现金净流量(元)	0.2847	0.0715	0.5922	-0.2420
每股现金流量(元)	0.1639	0.1646	0.1215	-0.2199
每股资本公积金(元)	1.0465	1.0465	1.0465	1.0465
每股盈余公积金(元)	0.0864	0.0864	0.0859	0.0859
每股未分配利润(元)	0.3587	0.3611	0.3012	0.2996
净资产收益率(%)	3.1517	5.2407	2.9663	4.8256
加权净资产收益率(%)	3.0900	5.4100	2.9500	4.8900
净资产收益率(扣除)(%)	0.9972	3.4012	2.4103	2.5851
总资产(万元)	222656.48	206442.13	193902.14	197608.33
归属母公司股东权益(万元)	76627.76	77766.36	74825.89	74778.98
营业收入(万元)	114381.47	152712.15	61436.73	155924.34
营业支出(万元)	104358.88	132713.35	51673.68	135818.38
投资收益(万元)	-312.26	279.90	118.46	183.05
净利润(万元)	3045.25	5397.52	2923.77	4799.84
营业利润(万元)	1647.80	4590.38	2888.95	2315.63
利润总额(万元)	3785.84	7442.76	3964.90	5440.20

浙江东方集团股份有限公司

公司概况				
公司名称	浙江东方集团股份有限公司		证券简称	浙江东方
法人代表	胡承江	董秘　王俊	证券代码	600120
公司网址	www.zjorient.com		电子信箱	invest@zjorient.com
电　　话	0571-87600383		传　　真	0571-87600324
办公地址	浙江省杭州市西湖大道 12 号			
经营范围	以毛、棉、麻、晴纶为主要原料的针织、梭织服装、服饰和家用纺织品出口业务			

主要财务指标

指标\报告期	2015.06.30	2014.12.31	2014.06.30	2013.12.31
基本每股收益(元)	0.5900	1.2200	0.5800	1.2000
基本每股收益(扣除后)(元)	-0.0900	-0.1400	0.0600	0.0400
稀释每股收益(元)	0.5900	1.2200	0.5800	1.2000
每股净资产(元)	10.6496	8.1927	7.4206	8.6148
每股经营现金净流量(元)	0.1697	-0.4211	-1.1564	-2.0533
每股现金流量(元)	-0.2301	-0.7074	-0.7734	0.3727
每股资本公积金(元)	0.0846	0.0846	2.6450	0.0855
每股盈余公积金(元)	0.5728	0.5728	0.5728	0.5728
每股未分配利润(元)	4.4317	3.8435	3.2043	2.9861
净资产收益率(%)	5.5248	14.8929	7.7927	13.9700
加权净资产收益率(%)	5.8800	14.5200	7.0500	15.2100
净资产收益率(扣除)(%)	-0.8306	-1.7064	0.7835	0.4924
总资产(万元)	1188153.86	1123076.41	1131695.49	1171664.89
归属母公司股东权益(万元)	538309.79	414119.71	375091.73	435454.57
营业收入(万元)	322069.53	1052235.50	456013.65	1082775.46
营业支出(万元)	283321.86	955712.75	415897.93	995602.85
投资收益(万元)	46756.79	95618.52	36515.21	81509.42
净利润(万元)	31851.33	68424.63	33223.04	71151.10
营业利润(万元)	43834.88	90072.67	39981.70	92026.75
利润总额(万元)	43645.62	95175.67	40984.52	95141.81

郑州煤电股份有限公司

公司概况				
公司名称	郑州煤电股份有限公司		证券简称	郑州煤电
法人代表	王连海	董秘　陈晓燕	证券代码	600121
公司网址	www.zzce.com.cn		电子信箱	zzce@zmjt.cn
电　　话	0371-87785116		传　　真	0371-87785126
办公地址	河南省郑州市中原西路 188 号			
经营范围	煤炭生产和销售、企业专用通信网建设与服务等			

主要财务指标

指标\报告期	2015.06.30	2014.12.31	2014.06.30	2013.12.31
基本每股收益(元)	-0.1700	0.0600	-0.0500	0.0500
基本每股收益(扣除后)(元)	-0.3700	-0.2000	-0.0517	0.0500
稀释每股收益(元)	-0.1700	0.0600	-0.0500	0.0500
每股净资产(元)	3.8979	4.1539	3.8415	3.7575
每股经营现金净流量(元)	-0.7635	-0.3037	-0.3368	0.3259
每股现金流量(元)	-0.2251	-0.5638	0.1422	0.6625
每股资本公积金(元)	0.4955	0.4955	0.6403	0.4872
每股盈余公积金(元)	0.4205	0.4205	0.4205	0.4205
每股未分配利润(元)	1.3529	1.5221	1.4096	1.4608
净资产收益率(%)	-4.3418	1.4770	-1.3321	1.1343
加权净资产收益率(%)	-4.1600	1.5400	-1.3700	1.2900
净资产收益率(扣除)(%)	-9.5441	-4.7320	-1.3458	1.2323
总资产(万元)	1072380.11	1136503.94	1173676.57	1100982.02
归属母公司股东权益(万元)	395773.69	421761.02	390040.76	400324.77
营业收入(万元)	680190.56	1949455.31	670687.78	2055006.99
营业支出(万元)	666500.43	1834809.65	604060.51	1881540.37
投资收益(万元)	29607.17	34147.57	295.87	-2.50
净利润(万元)	-19026.71	16258.33	1027.68	21127.35
营业利润(万元)	-11388.55	27284.61	6663.94	45431.36
利润总额(万元)	-12064.35	29303.07	6757.54	44800.82

江苏宏图高科技股份有限公司

公司概况	公司名称	江苏宏图高科技股份有限公司			证券简称	宏图高科
	法人代表	杨怀珍	董秘	韩宏图	证券代码	600122
	公司网址	www.hiteker.cn		电子信箱	hiteker@hiteker.com.cn	
	电　话	025-83274692 83274691		传　真	025-83274701	
	办公地址	江苏省南京市雨花台区软件大道68号				
	经营范围	计算机(软硬件)、打印机、网络设备、系统工程集成、通信设备等				

	指标\报告期	2015.06.30	2014.12.31	2014.06.30	2013.12.31
主要财务指标	基本每股收益(元)	0.2271	0.3212	0.0805	0.2400
	基本每股收益(扣除后)(元)	0.1272	0.2354	0.0818	0.2160
	稀释每股收益(元)	0.2253	0.3195	0.0805	0.2400
	每股净资产(元)	6.9133	6.9645	4.9708	5.0693
	每股经营现金净流量(元)	0.3455	0.3574	0.0767	0.3546
	每股现金流量(元)	0.1399	0.8550	0.2333	0.6114
	每股资本公积金(元)	1.8046	1.7998	2.5666	1.7765
	每股盈余公积金(元)	0.0867	0.0867	0.0771	0.0771
	每股未分配利润(元)	1.7385	1.5512	1.3270	1.2765
	净资产收益率(%)	3.2848	4.5937	1.6204	4.7916
	加权净资产收益率(%)	3.2850	5.3400	1.5760	4.8300
	净资产收益率(扣除)(%)	1.8393	3.3667	1.6449	4.2308
	总资产(万元)	1767413.77	1783354.80	1461985.18	1446844.21
	归属母公司股东权益(万元)	792503.63	798477.73	567457.97	575551.06
	营业收入(万元)	830253.70	1747210.71	763140.42	1591465.53
	营业支出(万元)	759339.17	1587230.30	701032.50	1432068.42
	投资收益(万元)	21137.39	14080.22	2736.23	3826.31
	净利润(万元)	25035.87	40157.50	9925.74	30873.81
	营业利润(万元)	30215.09	52808.86	14393.54	40034.63
	利润总额(万元)	30417.00	53707.62	14019.01	43669.42

山西兰花科技创业股份有限公司

公司概况	公司名称	山西兰花科技创业股份有限公司			证券简称	兰花科创
	法人代表	郝跃洲	董秘	王立印	证券代码	600123
	公司网址	www.chinalanhua.com		电子信箱	wly@chinalanhua.com	
	电　话	0356-2189656		传　真	0356-2189608 2189600	
	办公地址	山西省晋城市凤台东街2288号兰花科技大厦				
	经营范围	煤炭、化肥的生产和销售等				

	指标\报告期	2015.06.30	2014.12.31	2014.06.30	2013.12.31
主要财务指标	基本每股收益(元)	0.0695	0.0585	-0.0069	0.8765
	基本每股收益(扣除后)(元)	0.1016	0.2545	0.1620	0.9001
	稀释每股收益(元)	0.0695	0.0585	-0.0069	0.8765
	每股净资产(元)	8.4775	8.3333	8.5446	8.4962
	每股经营现金净流量(元)	0.2215	0.0713	0.3306	-0.3404
	每股现金流量(元)	-0.0293	-0.1067	0.7432	-0.9100
	每股资本公积金(元)	0.3457	0.3392	0.3438	0.3404
	每股盈余公积金(元)	1.1476	1.1476	1.1273	1.1273
	每股未分配利润(元)	5.4577	5.4062	5.6241	5.6311
	净资产收益率(%)	0.8193	0.7014	-0.0813	10.3163
	加权净资产收益率(%)	0.8300	0.6900	-0.0800	10.4100
	净资产收益率(扣除)(%)	1.1983	3.0546	1.8957	10.5940
	总资产(万元)	2225742.66	2183310.97	2155237.69	2048319.48
	归属母公司股东权益(万元)	968467.56	951991.67	976135.55	970607.91
	营业收入(万元)	242288.16	521590.03	257234.83	657750.15
	营业支出(万元)	163700.96	363544.16	174720.19	425686.20
	投资收益(万元)	4646.06	13054.65	13078.79	38238.27
	净利润(万元)	2712.83	-1693.91	-5983.06	87633.32
	营业利润(万元)	15045.62	12279.12	-947.09	125865.60
	利润总额(万元)	11097.21	9866.70	-1317.51	122617.66

中铁铁龙集装箱物流股份有限公司

公司概况	公司名称	中铁铁龙集装箱物流股份有限公司			证券简称	铁龙物流
	法人代表	吴云天	董秘	畅晓东	证券代码	600125
	公司网址	www.chinacrt.com		电子信箱	changxiaodong@chinacrt.com	
	电　话	0411-82810881		传　真	0411-82816639	
	办公地址	辽宁省大连市中山区新安街1号				
	经营范围	铁路特种集装箱业务、铁路货运及临港物流业务、房地产业务等				

	指标\报告期	2015.06.30	2014.12.31	2014.06.30	2013.12.31
主要财务指标	基本每股收益(元)	0.1200	0.2620	0.1340	0.3230
	基本每股收益(扣除后)(元)	0.1130	0.2380	0.1300	0.3120
	稀释每股收益(元)	0.1200	0.2620	0.1340	0.3230
	每股净资产(元)	3.6289	3.5887	3.4609	3.3270
	每股经营现金净流量(元)	0.2003	0.4435	0.1005	0.0829
	每股现金流量(元)	-0.1078	0.2295	0.1810	-0.0810
	每股资本公积金(元)	0.1209	0.1209	0.1209	0.1209
	每股盈余公积金(元)	0.3623	0.3623	0.3375	0.3375
	每股未分配利润(元)	2.1458	2.1056	2.0025	1.8687
	净资产收益率(%)	3.3125	7.2922	3.8672	9.7025
	加权净资产收益率(%)	3.3070	7.5680	3.9430	10.0100
	净资产收益率(扣除)(%)	3.1138	6.6319	3.7693	9.3860
	总资产(万元)	660522.50	670446.22	670266.22	539253.40
	归属母公司股东权益(万元)	473764.88	468515.54	451822.79	434350.06
	营业收入(万元)	339347.61	590565.83	194751.01	428059.97
	营业支出(万元)	310737.41	533748.61	164309.75	361372.02
	投资收益(万元)	713.94	1765.33	131.76	1341.10
	净利润(万元)	15528.05	34098.04	17311.32	42127.94
	营业利润(万元)	20302.35	41614.41	22838.20	53128.67
	利润总额(万元)	21255.97	44657.04	23362.25	54366.65

杭州钢铁股份有限公司

公司概况	公司名称	杭州钢铁股份有限公司			证券简称	杭钢股份
	法人代表	汤民强	董秘	周尧福	证券代码	600126
	公司网址	www.hzsteel.com		电子信箱	hggf@hzsteel.com	
	电　话	0571-88132917		传　真	0571-88132919	
	办公地址	浙江省杭州市拱墅区半山路178号				
	经营范围	钢铁及压延产品、焦炭及其副产品的生产、销售等				

	指标\报告期	2015.06.30	2014.12.31	2014.06.30	2013.12.31
主要财务指标	基本每股收益(元)	-0.3500	0.0100	0.0100	0.0200
	基本每股收益(扣除后)(元)	-0.3500	-0.1100	0.0060	-0.0035
	稀释每股收益(元)	-0.3500	0.0100	0.0100	0.0200
	每股净资产(元)	3.5894	3.9425	3.9404	3.9397
	每股经营现金净流量(元)	0.4342	1.2995	0.1172	0.1611
	每股现金流量(元)	0.0004	0.0395	0.2014	-0.0823
	每股资本公积金(元)	0.8770	0.8770	0.8770	0.8770
	每股盈余公积金(元)	0.6281	0.6281	0.6281	0.6281
	每股未分配利润(元)	1.0842	1.4373	1.4352	1.4345
	净资产收益率(%)	-9.8378	0.3245	0.2707	0.6248
	加权净资产收益率(%)	-9.3800	0.3200	0.2700	0.6300
	净资产收益率(扣除)(%)	-9.8424	-2.8117	0.1527	-0.0887
	总资产(万元)	637564.52	702852.40	874226.29	856557.16
	归属母公司股东权益(万元)	301125.71	330749.84	330571.34	330515.42
	营业收入(万元)	543507.13	1444905.28	784257.02	1718346.58
	营业支出(万元)	545683.22	1390652.53	753583.39	1664356.29
	投资收益(万元)	-16.90	448.28	-14.94	11494.88
	净利润(万元)	-28812.90	2413.31	1543.76	4132.76
	营业利润(万元)	-27572.32	-4329.49	2587.96	6614.82
	利润总额(万元)	-27842.51	4405.08	2807.67	7075.96

金健米业股份有限公司

公司概况	公司名称	金健米业股份有限公司			证券简称	金健米业
	法人代表	谢文辉	董秘	刘俊	证券代码	600127
	公司网址	www.jjmy.cn		电子信箱	dm_600127@163.com	
	电　话	0736-2588288 2588216		传　真	0736-2588220	
	办公地址	湖南省常德市常德经济技术开发区德山办事处莲池居委会崇德路158号				
	经营范围	开发、生产、销售定型包装粮油及制品、食品包装材料等				

主要财务指标	指标\报告期	2015.06.30	2014.12.31	2014.06.30	2013.12.31
	基本每股收益(元)	−0.1336	0.0191	0.0068	0.0199
	基本每股收益(扣除后)(元)	−0.1385	−0.1000	−0.0194	−0.1400
	稀释每股收益(元)	−0.1336	0.0191	0.0068	0.0199
	每股净资产(元)	1.2787	1.4123	1.4002	1.3934
	每股经营现金净流量(元)	−0.1015	−0.0382	0.1007	0.1891
	每股现金流量(元)	−0.0240	−0.3106	−0.2148	0.3606
	每股资本公积金(元)	0.7261	0.7261	0.7263	0.7263
	每股盈余公积金(元)	0.0254	0.0254	0.0254	0.0254
	每股未分配利润(元)	−0.4728	−0.3392	−0.3516	−0.3583
	净资产收益率(%)	−10.4440	1.3551	0.4848	1.2311
	加权净资产收益率(%)	−9.9257	1.3600	0.4860	2.0700
	净资产收益率(扣除)(%)	−10.8303	−7.3524	−1.3855	−8.5470
	总资产(万元)	141907.85	137021.48	124637.44	141167.96
	归属母公司股东权益(万元)	82067.42	90638.53	89861.39	89425.70
	营业收入(万元)	89023.54	168090.41	76135.37	149864.11
	营业支出(万元)	78155.41	147830.67	66579.45	131821.98
	投资收益(万元)	19.68	264.92	20.02	5069.24
	净利润(万元)	−8494.00	1296.41	505.65	1264.08
	营业利润(万元)	−9220.79	−7030.07	−1475.47	−3178.04
	利润总额(万元)	−8491.87	1588.05	535.67	1344.30

江苏弘业股份有限公司

公司概况	公司名称	江苏弘业股份有限公司			证券简称	弘业股份
	法人代表	吴廷昌	董秘	王翠	证券代码	600128
	公司网址	www.artall.com.cn		电子信箱	hyzqb@artall.com	
	电　话	025-52262530		传　真	025-52278488	
	办公地址	江苏省南京市中华路50号弘业大厦				
	经营范围	承包与其实力、规模、业绩相适应的国外工程项目等				

主要财务指标	指标\报告期	2015.06.30	2014.12.31	2014.06.30	2013.12.31
	基本每股收益(元)	0.0869	0.2859	0.0997	0.2787
	基本每股收益(扣除后)(元)	0.0334	0.1574	0.0595	0.1362
	稀释每股收益(元)	0.0869	0.2859	0.0997	0.2787
	每股净资产(元)	6.0918	6.0110	5.7503	5.7422
	每股经营现金净流量(元)	0.4434	−0.8707	−0.6125	0.0710
	每股现金流量(元)	0.3058	−0.7116	−0.5534	0.3324
	每股资本公积金(元)	2.8675	2.8645	2.8270	2.8636
	每股盈余公积金(元)	0.5108	0.5108	0.4991	0.4937
	每股未分配利润(元)	1.5311	1.5442	1.4244	1.3654
	净资产收益率(%)	1.4267	4.7567	1.7346	4.8536
	加权净资产收益率(%)	1.4363	4.8591	1.7359	4.9400
	净资产收益率(扣除)(%)	0.5486	2.6182	1.0341	2.3727
	总资产(万元)	303609.45	325991.88	334380.31	278661.11
	归属母公司股东权益(万元)	150326.09	148333.00	141899.10	141698.39
	营业收入(万元)	193579.44	400213.60	171972.73	376072.38
	营业支出(万元)	179830.96	369307.19	159323.43	347931.82
	投资收益(万元)	3591.41	3477.52	981.84	4288.82
	净利润(万元)	1946.42	7896.37	2611.71	7490.60
	营业利润(万元)	2309.38	7832.84	2605.67	7993.73
	利润总额(万元)	2635.33	9675.64	3298.28	9086.08

重庆太极实业(集团)股份有限公司

公司概况	公司名称	重庆太极实业(集团)股份有限公司			证券简称	太极集团
	法人代表	白礼西	董秘	蒋茜	证券代码	600129
	公司网址	www.taiji.com		电子信箱	tjzq@taiji.com	
	电　话	023-72800072 89886129		传　真	023-89886129	
	办公地址	重庆市涪陵区太极大道1号				
	经营范围	中成药、西药加工、销售等				

主要财务指标	指标\报告期	2015.06.30	2014.12.31	2014.06.30	2013.12.31
	基本每股收益(元)	0.4216	−0.6500	0.0553	0.0300
	基本每股收益(扣除后)(元)	−0.5948	−0.6600	0.0470	−0.4000
	稀释每股收益(元)	0.4216	−0.6500	0.0553	0.0300
	每股净资产(元)	3.1814	2.3733	2.9834	2.2204
	每股经营现金净流量(元)	0.0460	−0.6472	0.0635	−0.3267
	每股现金流量(元)	0.5025	0.6404	−0.1498	−0.6405
	每股资本公积金(元)	1.0726	1.0726	1.8828	1.0676
	每股盈余公积金(元)	0.2395	0.2395	0.1724	0.1724
	每股未分配利润(元)	−0.6767	−1.0983	−0.0746	−0.1299
	净资产收益率(%)	13.2527	−27.3047	1.8548	1.3250
	加权净资产收益率(%)	15.1800	−29.8900	2.1300	1.3600
	净资产收益率(扣除)(%)	−18.6953	−27.7387	1.5748	−18.1191
	总资产(万元)	1045889.97	1035228.52	959861.71	936808.25
	归属母公司股东权益(万元)	135812.74	101314.37	127358.17	94788.67
	营业收入(万元)	384743.92	695805.35	369722.25	660307.77
	营业支出(万元)	274132.07	499149.26	270695.84	478269.27
	投资收益(万元)	43422.21	243.89	50.60	567.48
	净利润(万元)	18611.49	−26400.44	4342.01	4403.58
	营业利润(万元)	21976.63	−26093.16	4637.45	−13767.24
	利润总额(万元)	22059.08	−25354.49	4979.07	6370.70

宁波波导股份有限公司

公司概况	公司名称	宁波波导股份有限公司			证券简称	波导股份
	法人代表	徐立华	董秘	马思甜	证券代码	600130
	公司网址	www.chinabird.com		电子信箱	birdzq@chinabird.com	
	电　话	0574-88918855		传　真	0574-88929054	
	办公地址	浙江省奉化市大成东路999号				
	经营范围	电子通讯产品、通讯系统、计算机及配件、现代办公室设备研究开发、制造、维修等				

主要财务指标	指标\报告期	2015.06.30	2014.12.31	2014.06.30	2013.12.31
	基本每股收益(元)	0.0300	0.1000	0.0400	0.0900
	基本每股收益(扣除后)(元)	0.0110	0.0500	0.0130	0.0200
	稀释每股收益(元)	0.0300	0.1000	0.0400	0.0900
	每股净资产(元)	1.1968	1.1700	1.1117	1.0732
	每股经营现金净流量(元)	0.0876	−0.1530	−0.1293	0.1205
	每股现金流量(元)	0.1418	−0.1643	−0.1232	0.0531
	每股资本公积金(元)	0.5936	0.5936	0.5936	0.5936
	每股盈余公积金(元)	0.0865	0.0865	0.0865	0.0865
	每股未分配利润(元)	−0.4832	−0.5100	−0.5682	−0.6068
	净资产收益率(%)	2.2446	8.2749	3.4745	8.2464
	加权净资产收益率(%)	2.2700	8.6300	3.5400	8.6000
	净资产收益率(扣除)(%)	0.9110	4.4850	1.1897	2.0889
	总资产(万元)	122606.66	120098.28	109689.73	108237.39
	归属母公司股东权益(万元)	91916.30	89852.99	85380.95	82419.19
	营业收入(万元)	75926.03	160277.99	78357.45	133675.45
	营业支出(万元)	69189.99	142887.05	70354.18	121658.76
	投资收益(万元)	1000.75	2925.25	1748.02	3289.84
	净利润(万元)	2063.19	7435.22	2966.57	6796.65
	营业利润(万元)	1305.12	6202.30	2555.01	4558.71
	利润总额(万元)	2115.91	7821.23	3165.00	6946.01

四川岷江水利电力股份有限公司

公司概况	公司名称	四川岷江水利电力股份有限公司		证券简称	岷江水电
	法人代表	张有才	董秘 肖劲松	证券代码	600131
	公司网址	www.mjsdgs.com		电子信箱	xjs600131@263.net
	电　话	028-80808131		传　真	028-80808132
	办公地址	四川省都江堰市奎光路 301 号			
	经营范围	电力生产、电力购售			

主要财务指标	指标\报告期	2015.06.30	2014.12.31	2014.06.30	2013.12.31
	基本每股收益(元)	0.1520	0.3100	0.1430	-0.3200
	基本每股收益(扣除后)(元)	0.1500	0.2700	0.1450	-0.0500
	稀释每股收益(元)	0.1520	0.3100	0.1430	-0.3200
	每股净资产(元)	1.7003	1.5980	1.4314	1.2883
	每股经营现金净流量(元)	0.1130	0.3440	0.1799	0.3055
	每股现金流量(元)	-0.0596	-0.0089	0.1063	-0.0077
	每股资本公积金(元)	0.0935	0.0935	0.0935	0.0935
	每股盈余公积金(元)	0.2547	0.2547	0.2201	0.2201
	每股未分配利润(元)	0.3521	0.2497	0.1178	-0.0253
	净资产收益率(%)	8.9615	19.3816	9.9980	-24.9565
	加权净资产收益率(%)	9.1000	21.4600	10.5200	-21.4500
	净资产收益率(扣除)(%)	8.8157	16.6432	10.1625	-4.1094
	总资产(万元)	232953.40	227575.19	238710.44	232645.25
	归属母公司股东权益(万元)	85718.35	80557.34	72158.44	64944.06
	营业收入(万元)	43429.92	82981.27	38901.96	77175.96
	营业支出(万元)	35670.96	64785.07	29991.52	61171.43
	投资收益(万元)	6613.71	10509.13	5746.74	3611.41
	净利润(万元)	7429.91	15182.35	6979.51	-16683.25
	营业利润(万元)	7633.19	13267.99	7150.85	-3743.22
	利润总额(万元)	7791.12	15977.50	6979.34	-17990.85

重庆啤酒股份有限公司

公司概况	公司名称	重庆啤酒股份有限公司		证券简称	重庆啤酒
	法人代表	黎启基	董秘 邓炜	证券代码	600132
	公司网址	www.chongqingbeer.com		电子信箱	600132@chongqingbeer.com
	电　话	023-89139399		传　真	023-89139393
	办公地址	重庆市九龙坡区马王乡龙泉村一号			
	经营范围	生产及销售啤酒等			

主要财务指标	指标\报告期	2015.06.30	2014.12.31	2014.06.30	2013.12.31
	基本每股收益(元)	0.1700	0.1500	0.2300	0.3300
	基本每股收益(扣除后)(元)	0.1700	0.1500	0.2300	0.3500
	稀释每股收益(元)	0.1700	0.1500	0.2300	0.3300
	每股净资产(元)	2.6080	2.6380	3.2016	3.1717
	每股经营现金净流量(元)	0.8597	0.8558	0.6571	1.1528
	每股现金流量(元)	0.2478	-0.4376	0.3296	-0.2033
	每股资本公积金(元)	-	-	-	-
	每股盈余公积金(元)	0.5000	0.5000	0.5000	0.5000
	每股未分配利润(元)	1.1842	1.2142	1.7016	1.6717
	净资产收益率(%)	6.5183	5.7520	7.1815	10.3413
	加权净资产收益率(%)	6.2400	5.6900	7.0000	10.6400
	净资产收益率(扣除)(%)	6.6925	5.8368	7.0991	10.9039
	总资产(万元)	405832.25	392529.07	452556.32	433843.75
	归属母公司股东权益(万元)	126217.65	127669.80	154947.82	153499.73
	营业收入(万元)	168315.47	316860.54	153577.04	338684.74
	营业支出(万元)	101999.60	175549.82	82280.99	185441.29
	投资收益(万元)	2057.37	4480.09	1924.30	3962.04
	净利润(万元)	4970.53	-3150.22	9357.74	10167.63
	营业利润(万元)	8163.83	2870.57	12469.27	17331.91
	利润总额(万元)	7943.53	2502.84	12621.80	17093.40

武汉东湖高新集团股份有限公司

公司概况	公司名称	武汉东湖高新集团股份有限公司		证券简称	东湖高新
	法人代表	喻中权	董秘 喻中权(代)	证券代码	600133
	公司网址	www.elht.com		电子信箱	dhgx@hotmail.com
	电　话	027-87172038		传　真	027-87172038
	办公地址	湖北省武汉市东湖开发区佳园路 1 号东湖高新大楼			
	经营范围	科技工业园、烟气脱硫和环保电力的建设、开发及运营等			

主要财务指标	指标\报告期	2015.06.30	2014.12.31	2014.06.30	2013.12.31
	基本每股收益(元)	0.0196	0.4661	0.0947	-0.7520
	基本每股收益(扣除后)(元)	0.0041	0.4420	0.0931	0.2426
	稀释每股收益(元)	0.0196	0.4661	0.0947	-0.7520
	每股净资产(元)	2.4097	2.3922	1.9870	1.8600
	每股经营现金净流量(元)	0.2564	-2.6204	-0.9757	-0.6643
	每股现金流量(元)	1.1507	-0.7660	0.7086	1.4858
	每股资本公积金(元)	0.8556	0.8556	0.8555	0.8555
	每股盈余公积金(元)	0.2151	0.2151	0.2151	0.2151
	每股未分配利润(元)	0.2612	0.2416	-0.1298	-0.2245
	净资产收益率(%)	0.8134	19.4853	4.7676	-39.3557
	加权净资产收益率(%)	0.8200	21.9300	4.9300	-36.0900
	净资产收益率(扣除)(%)	0.1682	18.4748	4.6857	12.6962
	总资产(万元)	1478048.04	1348065.56	1190072.94	1036338.56
	归属母公司股东权益(万元)	152836.11	151728.97	126030.01	117851.39
	营业收入(万元)	213350.56	745120.08	258840.31	507124.07
	营业支出(万元)	175178.74	635989.29	225615.41	433863.95
	投资收益(万元)	493.51	356.88	125.21	4540.37
	净利润(万元)	1590.41	29643.77	5812.10	-46634.59
	营业利润(万元)	4337.34	41536.79	7938.11	-41438.56
	利润总额(万元)	4630.89	42629.01	8069.09	-40012.78

乐凯胶片股份有限公司

公司概况	公司名称	乐凯胶片股份有限公司		证券简称	乐凯胶片
	法人代表	滕方迁	董秘 张永光	证券代码	600135
	公司网址	gufen.luckyfilm.com.cn		电子信箱	stock@luckyfilm.com.cn
	电　话	0312-3302372 3302386		传　真	0312-3302386
	办公地址	河北省保定市乐凯南大街 6 号			
	经营范围	彩色胶卷、彩色相纸、彩色电影胶片等彩色感光材料的科研、生产、销售等			

主要财务指标	指标\报告期	2015.06.30	2014.12.31	2014.06.30	2013.12.31
	基本每股收益(元)	0.0282	0.0806	0.0561	0.0719
	基本每股收益(扣除后)(元)	0.0252	0.0555	0.0619	0.0298
	稀释每股收益(元)	0.0282	0.0806	0.0561	0.0719
	每股净资产(元)	4.2466	2.9020	2.8838	2.8422
	每股经营现金净流量(元)	-0.1357	-0.2023	-0.1211	0.2244
	每股现金流量(元)	1.4595	-0.2738	-0.1497	0.4463
	每股资本公积金(元)	2.4127	0.9948	0.9973	0.9989
	每股盈余公积金(元)	0.3767	0.4108	0.4032	0.4032
	每股未分配利润(元)	0.4572	0.4950	0.4833	0.4441
	净资产收益率(%)	0.6177	2.7763	1.9367	2.4830
	加权净资产收益率(%)	0.8952	2.7900	1.9563	2.4900
	净资产收益率(扣除)(%)	0.5531	1.9112	1.7362	1.0501
	总资产(万元)	173011.00	118749.03	110972.69	109300.38
	归属母公司股东权益(万元)	158393.95	99248.76	98625.38	97341.84
	营业收入(万元)	50033.75	94621.94	45830.98	94697.76
	营业支出(万元)	41175.55	76171.88	36224.31	75664.14
	投资收益(万元)	236.38	387.06	178.66	249.58
	净利润(万元)	1171.27	3113.17	2125.27	2863.44
	营业利润(万元)	1466.39	3236.49	2598.12	3340.60
	利润总额(万元)	1512.05	3653.74	2654.15	3657.93

武汉道博股份有限公司

公司概况	公司名称	武汉道博股份有限公司			证券简称	道博股份
	法人代表	易仁涛	董秘	周家敏	证券代码	600136
	公司网址	www.whggfz.com		电子信箱	zhoujiamin0716@126.com	
	电　话	027-87115482		传　真	027-87115487	
	办公地址	湖北省武汉市武昌区中南路99号保利大夏A座48楼				
	经营范围	羊绒制品、能源、原材料、冶金电子、纺织、机械、化工及环境工程的研究、开发、销售等				

主要财务指标	指标＼报告期	2015.06.30	2014.12.31	2014.06.30	2013.12.31
	基本每股收益(元)	0.1500	0.0100	-0.0100	0.0100
	基本每股收益(扣除后)(元)	0.1200	0.0100	-0.0100	-0.0039
	稀释每股收益(元)	0.1500	0.0100	-0.0100	0.0100
	每股净资产(元)	5.1089	1.2902	1.2698	1.2811
	每股经营现金净流量(元)	-0.1760	0.0514	-0.0444	0.1919
	每股现金流量(元)	0.1077	-0.1509	-0.1409	-0.0935
	每股资本公积金(元)	3.7998	0.0174	0.0174	0.0174
	每股盈余公积金(元)	0.0423	0.0665	0.0665	0.0665
	每股未分配利润(元)	0.2668	0.2063	0.1860	0.1972
	净资产收益率(%)	2.6512	0.7081	-0.8846	0.8824
	加权净资产收益率(%)	3.7000	0.7100	-0.8800	0.8900
	净资产收益率(扣除)(%)	2.1491	0.7417	-0.8786	-0.3054
	总资产(万元)	117647.68	19153.30	19698.37	19351.13
	归属母公司股东权益(万元)	83795.75	13475.37	13262.65	13379.96
	营业收入(万元)	10474.70	7096.90	2675.74	8766.64
	营业支出(万元)	6000.95	5824.89	2121.19	7094.62
	投资收益(万元)	4.92	5.90	5.90	231.58
	净利润(万元)	2204.76	132.64	-120.37	103.28
	营业利润(万元)	2214.08	381.34	-23.47	266.72
	利润总额(万元)	2774.98	375.06	-24.76	250.20

四川浪莎控股股份有限公司

公司概况	公司名称	四川浪莎控股股份有限公司			证券简称	浪莎股份
	法人代表	翁荣金	董秘	马中明	证券代码	600137
	公司网址	www.langshastock.com		电子信箱	cjbz@vip.163.com	
	电　话	0831-8216216		传　真	0831-8216016	
	办公地址	四川省宜宾市外南街63号				
	经营范围	生产、销售针织品、针织品面料、针织内衣等内装产品等				

主要财务指标	指标＼报告期	2015.06.30	2014.12.31	2014.06.30	2013.12.31
	基本每股收益(元)	0.0110	0.0200	0.0560	0.0840
	基本每股收益(扣除后)(元)	0.0080	0.0020	0.0500	0.0670
	稀释每股收益(元)	0.0110	0.0200	0.0560	0.0840
	每股净资产(元)	4.7529	4.7421	4.7780	4.7219
	每股经营现金净流量(元)	-0.2814	0.6010	-0.1553	0.2389
	每股现金流量(元)	-0.2878	0.5838	-0.1623	0.1666
	每股资本公积金(元)	3.5158	3.5158	3.5158	3.5158
	每股盈余公积金(元)	0.1078	0.1078	0.1078	0.1078
	每股未分配利润(元)	0.1293	0.1185	0.1544	0.0983
	净资产收益率(%)	0.2273	0.4249	1.1730	1.7804
	加权净资产收益率(%)	0.2300	0.4300	1.1800	1.8000
	净资产收益率(扣除)(%)	0.1611	0.0450	1.0445	1.4145
	总资产(万元)	55516.48	59966.73	58222.12	59740.48
	归属母公司股东权益(万元)	46206.50	46101.49	46450.50	45905.62
	营业收入(万元)	7069.08	33065.73	13869.30	43782.27
	营业支出(万元)	6014.83	28647.28	11597.25	36485.25
	投资收益(万元)	-	-	-	-
	净利润(万元)	105.01	195.87	544.88	817.29
	营业利润(万元)	249.14	77.68	695.17	834.10
	利润总额(万元)	285.14	283.73	765.39	1030.07

中青旅控股股份有限公司

公司概况	公司名称	中青旅控股股份有限公司			证券简称	中青旅
	法人代表	张骏	董秘	王蕾	证券代码	600138
	公司网址	www.aoyou.com		电子信箱	zhqb@aoyou.com	
	电　话	010-58158702 58158717		传　真	010-58158708	
	办公地址	北京市东城区东直门南大街5号中青旅大厦				
	经营范围	旅游、高科技、风险投资领域的投资、旅游服务、高新技术产品开发等				

主要财务指标	指标＼报告期	2015.06.30	2014.12.31	2014.06.30	2013.12.31
	基本每股收益(元)	0.2287	0.5300	0.3937	0.3900
	基本每股收益(扣除后)(元)	0.1990	0.3900	0.4080	0.4500
	稀释每股收益(元)	-	-	-	-
	每股净资产(元)	6.3330	6.1029	9.0873	7.0466
	每股经营现金净流量(元)	0.0480	0.7242	0.2576	1.1909
	每股现金流量(元)	-0.1269	0.1043	0.6664	0.1418
	每股资本公积金(元)	2.3665	2.3665	4.2403	1.9778
	每股盈余公积金(元)	0.2041	0.2041	0.2636	0.3077
	每股未分配利润(元)	2.7967	2.5679	3.6345	3.8218
	净资产收益率(%)	3.6118	8.2334	4.3763	10.9530
	加权净资产收益率(%)	3.6800	9.6000	5.9550	8.4400
	净资产收益率(扣除)(%)	3.1430	6.0475	3.9687	6.4049
	总资产(万元)	908594.07	887823.69	896351.87	825977.37
	归属母公司股东权益(万元)	458404.55	441753.79	438515.71	292681.56
	营业收入(万元)	477215.79	1060723.17	489603.81	931603.75
	营业支出(万元)	372605.50	849156.16	393299.26	747103.41
	投资收益(万元)	-256.37	6136.47	6962.27	193.21
	净利润(万元)	24224.98	50747.14	33166.41	41135.53
	营业利润(万元)	28891.79	63194.96	37744.42	42200.15
	利润总额(万元)	33255.16	66994.33	41387.07	56831.63

四川西部资源控股股份有限公司

公司概况	公司名称	四川西部资源控股股份有限公司			证券简称	西部资源
	法人代表	王成	董秘	王娜	证券代码	600139
	公司网址	www.scxbzy.com		电子信箱	qinhua@scxbzy.com	
	电　话	028-85917855		传　真	085910202*8160	
	办公地址	四川省成都市锦江区锦江工业开发区毕升路168号				
	经营范围	铜矿石、铜精矿采选、销售等				

主要财务指标	指标＼报告期	2015.06.30	2014.12.31	2014.06.30	2013.12.31
	基本每股收益(元)	0.0114	0.0242	0.0059	-0.0852
	基本每股收益(扣除后)(元)	-0.1315	-0.0173	-0.0336	-0.8444
	稀释每股收益(元)	0.0114	0.0242	0.0059	-0.0852
	每股净资产(元)	1.9692	1.9600	1.9490	1.9500
	每股经营现金净流量(元)	0.0886	0.1061	-0.0264	0.1165
	每股现金流量(元)	-0.0226	-0.3897	-0.4015	0.2243
	每股资本公积金(元)	0.5695	0.5751	0.5743	0.5743
	每股盈余公积金(元)	0.1195	0.1195	0.1195	0.1195
	每股未分配利润(元)	0.2433	0.2319	0.2136	0.2077
	净资产收益率(%)	0.5777	1.2329	0.3025	-4.3777
	加权净资产收益率(%)	0.5800	1.2400	0.3000	-
	净资产收益率(扣除)(%)	-6.6792	-0.8824	-1.7238	-4.3404
	总资产(万元)	620371.09	646820.92	248145.41	236848.20
	归属母公司股东权益(万元)	130341.35	129986.15	129003.55	128764.22
	营业收入(万元)	59618.31	46254.20	15506.70	42304.69
	营业支出(万元)	44491.50	23401.25	8264.01	17751.35
	投资收益(万元)	9118.83	1774.38	1296.40	-
	净利润(万元)	1200.58	1267.04	375.36	-5963.91
	营业利润(万元)	2074.94	998.36	-174.71	-3351.00
	利润总额(万元)	2589.60	3091.75	1140.69	-3399.56

湖北兴发化工集团股份有限公司

公司概况						
公司名称	湖北兴发化工集团股份有限公司			证券简称	兴发集团	
法人代表	李国璋	董秘	程亚利	证券代码	600141	
公司网址	www.xingfagroup.com			电子信箱	yalicheng@xingfagroup.com	
电　　话	0717-6760939			传　　真	0717-6760850	
办公地址	湖北省宜昌市兴山县古夫镇高阳大道58号					
经营范围	磷化工系列产品及精细化工产品生产销售等					

主要财务指标

指标\报告期	2015.06.30	2014.12.31	2014.06.30	2013.12.31
基本每股收益(元)	0.0969	1.0404	0.0813	0.1300
基本每股收益(扣除后)(元)	0.0616	0.0788	0.0318	0.0600
稀释每股收益(元)	0.0969	1.0404	0.0813	0.1300
每股净资产(元)	9.1508	9.2439	7.7328	7.7575
每股经营现金净流量(元)	0.8617	1.2529	0.7316	0.5257
每股现金流量(元)	−0.1371	0.3570	0.3353	−2.4718
每股资本公积金(元)	5.4027	5.3933	4.3230	4.3373
每股盈余公积金(元)	0.4015	0.4010	0.4023	0.4023
每股未分配利润(元)	2.3091	2.4091	1.9745	1.9878
净资产收益率(%)	1.0590	10.0755	1.0512	1.7990
加权净资产收益率(%)	0.5200	12.2300	1.0500	1.7300
净资产收益率(扣除)(%)	0.6734	0.7627	0.4108	0.7160
总资产(万元)	2132799.98	1966181.96	1599550.56	1507664.79
归属母公司股东权益(万元)	484978.16	490605.84	336676.32	337624.91
营业收入(万元)	666941.44	1139197.65	567343.41	1093440.50
营业支出(万元)	578770.22	983367.68	505928.04	983643.12
投资收益(万元)	−10.44	52040.63	7596.85	15456.13
净利润(万元)	6833.17	53932.22	6230.01	7821.75
营业利润(万元)	6444.83	56638.09	5031.06	9635.90
利润总额(万元)	8880.27	58629.71	6936.50	13397.72

金发科技股份有限公司

公司概况						
公司名称	金发科技股份有限公司			证券简称	金发科技	
法人代表	袁志敏	董秘	宁凯军	证券代码	600143	
公司网址	www.kingfa.com.cn			电子信箱	kjning@kingfa.com.cn	
电　　话	020-66818881			传　　真	020-66818881	
办公地址	广州市广州高新技术产业开发区科学城科丰路33号					
经营范围	塑料、化工产品、塑料回收及再生利用、日用机械、金属制品等					

主要财务指标

指标\报告期	2015.06.30	2014.12.31	2014.06.30	2013.12.31
基本每股收益(元)	0.1700	0.1900	0.1200	0.2900
基本每股收益(扣除后)(元)	0.1400	0.1600	0.1000	0.2300
稀释每股收益(元)	0.1700	0.1900	0.1200	0.2900
每股净资产(元)	3.1912	3.1197	3.0485	2.9624
每股经营现金净流量(元)	0.2212	0.3922	0.1965	0.2441
每股现金流量(元)	−0.0984	−0.1163	−0.0155	−0.1847
每股资本公积金(元)	1.1035	1.0975	1.0984	1.1809
每股盈余公积金(元)	0.1566	0.1566	0.1470	0.1429
每股未分配利润(元)	0.9303	0.8653	0.8032	0.7582
净资产收益率(%)	5.1709	6.2400	4.0342	9.6738
加权净资产收益率(%)	5.1500	6.3400	3.9800	9.5100
净资产收益率(扣除)(%)	4.4952	5.1306	3.2184	7.8020
总资产(万元)	1400295.11	1373811.38	1351329.79	1330008.81
归属母公司股东权益(万元)	816938.20	798640.77	780419.00	780408.40
营业收入(万元)	764585.48	1609362.91	749239.31	1442598.08
营业支出(万元)	637942.39	1378648.10	639549.50	1226206.89
投资收益(万元)	1316.86	−1295.66	781.52	1362.85
净利润(万元)	41973.39	48245.41	30738.14	75066.24
营业利润(万元)	40773.20	45070.76	30848.88	70375.26
利润总额(万元)	45681.02	58101.35	37669.32	87742.93

新疆亿路万源实业投资控股股份有限公司

公司概况						
公司名称	新疆亿路万源实业投资控股股份有限公司			证券简称	*ST新亿	
法人代表	庞建东	董秘	许锡(代)	证券代码	600145	
公司网址	www.gc145.com			电子信箱	gcny600145@163.com	
电　　话	0851—5973347			传　　真	0851−85973347	
办公地址	新疆维吾尔自治区乌鲁木齐市新华北路305号美丽华酒店B座13楼					
经营范围	建筑卫生陶瓷、复合材料浴缸、塑料制品、五金配件、厨房设备等					

主要财务指标

指标\报告期	2015.06.30	2014.12.31	2014.06.30	2013.12.31
基本每股收益(元)	−0.0077	−4.0700	−0.0037	−0.2400
基本每股收益(扣除后)(元)	−0.0076	−0.4200	−0.0038	−0.2492
稀释每股收益(元)	−0.0077	−4.0700	−0.0037	−0.2400
每股净资产(元)	−3.8110	−3.7925	0.2811	0.2780
每股经营现金净流量(元)	−0.0125	−0.0008	0.0002	−0.0383
每股现金流量(元)	−0.0001	–	−0.0001	−0.0452
每股资本公积金(元)	0.1786	0.1786	0.1786	0.1786
每股盈余公积金(元)	0.1038	0.1038	0.1038	0.1038
每股未分配利润(元)	−5.0933	−5.0857	−1.0012	−1.0042
净资产收益率(%)	–	–	−1.3203	−82.7000
加权净资产收益率(%)	–	–	−1.3400	−57.5300
净资产收益率(扣除)(%)	0.2007	11.1822	−1.3483	−87.6135
总资产(万元)	3479.41	3051.78	15559.99	17924.38
归属母公司股东权益(万元)	−143934.75	−143645.68	10617.51	10507.47
营业收入(万元)	373.46	4225.43	1795.97	3615.00
营业支出(万元)	329.97	4247.34	1643.66	3678.87
投资收益(万元)	–	−9693.57	–	−302.68
净利润(万元)	−301.24	−153962.04	−149.37	−9700.54
营业利润(万元)	−301.04	−16166.46	−152.67	−9829.75
利润总额(万元)	−301.24	−153962.04	−149.37	−9592.42

商赢环球股份有限公司

公司概况						
公司名称	商赢环球股份有限公司			证券简称	商赢环球	
法人代表	罗俊	董秘	张子君	证券代码	600146	
公司网址	www.600146.net			电子信箱	dy600146@vip.sina.com	
电　　话	021-64698668 64698868-3018			传　　真	021-64699688	
办公地址	上海市徐汇区中山西路1600号宏汇国际广场A座606-608室					
经营范围	生产销售工程用塑料板材、管材、异型材、电线、电缆等					

主要财务指标

指标\报告期	2015.06.30	2014.12.31	2014.06.30	2013.12.31
基本每股收益(元)	−0.0590	0.0660	−0.0670	−0.4600
基本每股收益(扣除后)(元)	−0.0570	−0.1540	−0.0660	−0.4650
稀释每股收益(元)	−0.0590	0.0660	−0.0670	−0.4600
每股净资产(元)	0.6836	0.7421	0.6393	0.7058
每股经营现金净流量(元)	−0.0465	−0.1481	−0.1333	−0.1861
每股现金流量(元)	−0.0325	−0.0911	−0.0937	−0.0572
每股资本公积金(元)	0.6121	0.6121	0.6418	0.6418
每股盈余公积金(元)	0.0207	0.0207	0.0212	0.0212
每股未分配利润(元)	−0.9492	−0.8906	−1.0236	−0.9571
净资产收益率(%)	−8.5716	8.8938	−10.4060	−65.1783
加权净资产收益率(%)	−8.2200	9.0900	−9.8900	−49.3700
净资产收益率(扣除)(%)	−8.2944	−20.7953	−10.3354	−65.8550
总资产(万元)	29428.55	29574.28	31603.78	33196.11
归属母公司股东权益(万元)	13671.07	14842.89	12785.52	14115.98
营业收入(万元)	233.42	2162.12	1571.43	4099.85
营业支出(万元)	290.53	2075.88	1503.08	3801.83
投资收益(万元)	–	3112.82	−87.96	−31.54
净利润(万元)	−1496.57	512.56	−1786.39	−16293.22
营业利润(万元)	−1423.61	−257.31	−1777.21	−16245.27
利润总额(万元)	−1496.57	512.56	−1786.39	−16293.22

长春一东离合器股份有限公司

公司概况	公司名称	长春一东离合器股份有限公司		证券简称	长春一东
	法人代表	李艰	董秘	李东毅	证券代码	600148
	公司网址	www.ccyd.com.cn		电子信箱	600148@ccyd.com.cn
	电　话	0431-85158520 85158570		传　真	0431-85174234
	办公地址	吉林省长春市高新技术产业开发区超然街 2555 号			
	经营范围	制造汽车离合器、机械配件和汽车零件			

主要财务指标	指标＼报告期	2015.06.30	2014.12.31	2014.06.30	2013.12.31
	基本每股收益(元)	0.0547	0.2721	0.1330	0.2100
	基本每股收益(扣除后)(元)	0.0472	0.2400	0.1260	0.1700
	稀释每股收益(元)	0.0547	0.2721	0.1330	0.2100
	每股净资产(元)	2.6002	2.6188	2.4724	2.3946
	每股经营现金净流量(元)	0.3279	0.4068	0.4074	0.3475
	每股现金流量(元)	0.1795	0.0703	0.2868	–0.0853
	每股资本公积金(元)	0.6297	0.6297	0.6297	0.6297
	每股盈余公积金(元)	0.1996	0.1996	0.1807	0.1807
	每股未分配利润(元)	0.7385	0.7655	0.6452	0.5747
	净资产收益率(%)	2.1023	10.3921	5.3806	8.6943
	加权净资产收益率(%)	2.0900	10.8900	5.4700	9.1100
	净资产收益率(扣除)(%)	1.8142	9.1880	5.1049	7.0347
	总资产(万元)	86583.31	88266.21	92266.49	87504.49
	归属母公司股东权益(万元)	36796.77	37060.32	34988.50	33888.07
	营业收入(万元)	26143.63	66868.14	34913.86	66748.89
	营业支出(万元)	18616.62	45602.43	24065.15	47173.74
	投资收益(万元)	–	–	–	14.28
	净利润(万元)	1181.54	5515.62	2753.44	4467.91
	营业利润(万元)	1272.03	5871.06	3018.32	4357.51
	利润总额(万元)	1400.02	6378.80	3131.92	5263.91

廊坊发展股份有限公司

公司概况	公司名称	廊坊发展股份有限公司		证券简称	廊坊发展
	法人代表	邵为军	董秘	曹玫	证券代码	600149
	公司网址			电子信箱	lf600149@163.com
	电　话	0316-6066958		传　真	0316-6069858
	办公地址	河北省廊坊市开发区科技谷园区青果路 99 号			
	经营范围	各类轧辊的设计制造及销售			

主要财务指标	指标＼报告期	2015.06.30	2014.12.31	2014.06.30	2013.12.31
	基本每股收益(元)	–0.0120	0.0160	0.0030	–0.1332
	基本每股收益(扣除后)(元)	–0.0160	–0.0174	–0.0090	–0.1161
	稀释每股收益(元)	–0.0120	0.0160	0.0030	–0.1332
	每股净资产(元)	0.7060	0.7177	0.7042	0.7017
	每股经营现金净流量(元)	–0.0141	0.0151	–0.0034	–0.0051
	每股现金流量(元)	–0.0192	–0.0433	–0.0834	–0.0073
	每股资本公积金(元)	0.2788	0.2788	0.2787	0.2788
	每股盈余公积金(元)	0.1224	0.1224	0.1224	0.1224
	每股未分配利润(元)	–0.6952	–0.6835	–0.6969	–0.6995
	净资产收益率(%)	–1.6544	2.2266	0.3654	–18.9794
	加权净资产收益率(%)	–1.6400	2.2500	0.3700	–17.3300
	净资产收益率(扣除)(%)	–2.2013	–2.4201	–1.3032	–16.5469
	总资产(万元)	29790.38	30157.78	29702.11	30891.51
	归属母公司股东权益(万元)	26839.17	27283.19	26770.95	26675.70
	营业收入(万元)	138.31	3968.50	1966.72	5163.02
	营业支出(万元)	26.14	2821.04	1701.20	4497.83
	投资收益(万元)	129.46	273.13	59.86	–
	净利润(万元)	–456.13	591.58	97.82	–5062.89
	营业利润(万元)	–456.13	–432.32	–317.55	–3930.23
	利润总额(万元)	–456.13	591.58	97.82	–5059.58

中国船舶工业股份有限公司

公司概况	公司名称	中国船舶工业股份有限公司		证券简称	中国船舶
	法人代表	董强	董秘	陶健	证券代码	600150
	公司网址	cssholdings.cssc.net.cn		电子信箱	stock@cssholdings.com
	电　话	021-68860618		传　真	021-68860568
	办公地址	上海市浦东新区浦东大道 1 号 15A 层			
	经营范围	船舶行业和柴油机生产行业内的投资、民用船舶销售			

主要财务指标	指标＼报告期	2015.06.30	2014.12.31	2014.06.30	2013.12.31
	基本每股收益(元)	0.1250	0.0300	0.0870	0.0300
	基本每股收益(扣除后)(元)	0.0970	–0.1800	0.0740	–0.1300
	稀释每股收益(元)	0.1250	0.0300	0.0870	0.0300
	每股净资产(元)	12.7456	12.6272	12.6665	12.5885
	每股经营现金净流量(元)	–2.8553	–0.6461	1.0913	–1.8816
	每股现金流量(元)	–0.2676	–0.0123	–0.3702	–4.8889
	每股资本公积金(元)	3.2650	3.2650	3.2500	3.2500
	每股盈余公积金(元)	0.4199	0.4199	0.4151	0.4151
	每股未分配利润(元)	8.0514	7.9368	7.9963	7.9195
	净资产收益率(%)	0.9775	0.2539	0.6856	0.2279
	加权净资产收益率(%)	0.9800	0.2500	0.6900	0.2200
	净资产收益率(扣除)(%)	0.7596	–1.4025	0.5839	–1.0091
	总资产(万元)	5379408.95	5178532.90	5373626.30	5102680.77
	归属母公司股东权益(万元)	1756487.45	1740182.02	1745599.27	1734837.84
	营业收入(万元)	1424107.42	2832366.59	1382302.05	2219815.38
	营业支出(万元)	1334491.03	2554403.50	1264987.60	1963335.80
	投资收益(万元)	–2814.33	–5061.61	–330.08	1036.80
	净利润(万元)	4286.87	–4036.81	6331.29	–218.26
	营业利润(万元)	1999.85	–26483.98	9881.07	–41707.47
	利润总额(万元)	6271.75	–3039.64	9988.86	8416.49

上海航天汽车机电股份有限公司

公司概况	公司名称	上海航天汽车机电股份有限公司		证券简称	航天机电
	法人代表	姜文正	董秘	王慧莉	证券代码	600151
	公司网址	www.ht-saae.com		电子信箱	saae@ht-saae.com
	电　话	021-64827176		传　真	021-64827177
	办公地址	上海市漕溪路 222 号航天大厦南楼			
	经营范围	研制、开发卫星及卫星应用、运载火箭应用等			

主要财务指标	指标＼报告期	2015.06.30	2014.12.31	2014.06.30	2013.12.31
	基本每股收益(元)	–0.0140	0.0179	0.0270	0.1154
	基本每股收益(扣除后)(元)	–0.0230	–0.0026	0.0190	0.0460
	稀释每股收益(元)	–0.0140	0.0179	0.0270	0.1154
	每股净资产(元)	3.2401	2.9961	3.0134	3.0212
	每股经营现金净流量(元)	–0.0471	0.2176	–0.4720	0.0917
	每股现金流量(元)	–0.0058	–0.0921	–0.0264	–0.1148
	每股资本公积金(元)	2.2905	2.2905	2.2906	2.2905
	每股盈余公积金(元)	0.1673	0.1673	0.1673	0.1673
	每股未分配利润(元)	–0.4690	–0.4546	–0.4453	–0.4375
	净资产收益率(%)	–0.4452	0.5978	0.9009	3.8192
	加权净资产收益率(%)	–0.4830	0.5953	0.8950	3.8920
	净资产收益率(扣除)(%)	–0.7126	–0.0868	0.6254	1.5218
	总资产(万元)	963491.01	873683.55	823402.39	782183.51
	归属母公司股东权益(万元)	405074.39	374568.97	376726.31	377709.57
	营业收入(万元)	135495.98	378681.09	151019.91	335886.89
	营业支出(万元)	118431.36	309268.18	131700.98	287119.38
	投资收益(万元)	8581.81	21299.57	7379.31	20955.31
	净利润(万元)	–2122.74	4798.57	3855.04	18756.11
	营业利润(万元)	–3132.86	4689.55	3137.11	16995.25
	利润总额(万元)	–2161.29	7219.73	4272.06	19754.10

宁波维科精华集团股份有限公司

公司概况					
公司名称	宁波维科精华集团股份有限公司			证券简称	维科精华
法人代表	何承命	董秘	薛春林	证券代码	600152
公司网址	www.vekenelite.com		电子信箱	xcl@mail.veken.com	
电　　话	0574-87341480		传　　真	0574-87279527	
办公地址	浙江省宁波市和义路 99 号维科大厦 10 楼				
经营范围	纱、线、带制品、床上用品、家纺织品、针织品、装饰布等				

主要财务指标：指标\报告期	2015.06.30	2014.12.31	2014.06.30	2013.12.31
基本每股收益(元)	0.0657	-0.7522	-0.2152	0.1087
基本每股收益(扣除后)(元)	-0.1473	-0.8700	-0.2897	-0.6589
稀释每股收益(元)	0.0657	-0.7522	-0.2152	0.1087
每股净资产(元)	1.9396	1.9799	2.4792	2.7237
每股经营现金净流量(元)	-0.0905	-0.1717	-0.0717	-0.3489
每股现金流量(元)	-0.1111	-0.2228	-0.1369	-0.6399
每股资本公积金(元)	0.4380	0.5477	0.5329	0.5280
每股盈余公积金(元)	0.4231	0.4231	0.4231	0.4231
每股未分配利润(元)	0.0642	-0.0015	0.5246	0.7807
净资产收益率(%)	3.3853	-37.9897	-8.6805	3.5922
加权净资产收益率(%)	3.2600	-32.0800	-8.2200	4.0500
净资产收益率(扣除)(%)	-7.5921	-43.9408	-11.6835	-24.5904
总资产(万元)	149918.15	176804.46	210912.67	235251.83
归属母公司股东权益(万元)	56925.10	58108.59	72762.39	80256.88
营业收入(万元)	36317.80	125372.18	64863.66	232205.95
营业支出(万元)	33435.59	116853.47	60335.51	214245.47
投资收益(万元)	6696.56	6850.78	2962.28	7702.60
净利润(万元)	1425.50	-25932.61	-7487.71	1270.74
营业利润(万元)	1148.11	-25110.27	-7373.26	-11449.12
利润总额(万元)	1517.43	-25465.97	-7306.73	3313.87

厦门建发股份有限公司

公司概况					
公司名称	厦门建发股份有限公司			证券简称	建发股份
法人代表	张勇峰	董秘	林茂	证券代码	600153
公司网址	www.chinacnd.com		电子信箱	lm@chinacnd.com	
电　　话	0592-2132319		传　　真	0592-2592459	
办公地址	福建省厦门市思明区环岛东路 1699 号建发国际大厦 29 层				
经营范围	进出口及国内贸易、房地产开发与经营、物流服务及实业投资等				

主要财务指标：指标\报告期	2015.06.30	2014.12.31	2014.06.30	2013.12.31
基本每股收益(元)	0.2600	0.9400	0.4100	1.1500
基本每股收益(扣除后)(元)	0.1900	0.8100	0.4000	1.0800
稀释每股收益(元)	-	-	0.4100	1.2000
每股净资产(元)	6.3317	6.0218	5.7043	5.6093
每股经营现金净流量(元)	-0.1992	-0.1665	-2.4653	-0.8585
每股现金流量(元)	-0.0779	-0.1428	0.8390	0.4605
每股资本公积金(元)	0.9150	0.9137	0.9678	0.1239
每股盈余公积金(元)	0.2686	0.2686	0.2604	0.3299
每股未分配利润(元)	4.0498	3.7932	3.4717	4.1502
净资产收益率(%)	4.0627	14.6851	6.2052	21.4542
加权净资产收益率(%)	4.1600	16.2000	7.2800	23.8300
净资产收益率(扣除)(%)	2.9471	12.5849	6.0637	19.3384
总资产(万元)	10216339.79	9352337.38	9802078.60	8004510.96
归属母公司股东权益(万元)	1795158.64	1707302.54	1617293.18	1255221.32
营业收入(万元)	5222802.17	12092483.10	5317816.21	10206779.92
营业支出(万元)	4884679.43	11077860.42	4895649.60	9304187.03
投资收益(万元)	23281.36	56059.02	9909.38	30459.37
净利润(万元)	89142.81	337449.69	128789.08	339183.04
营业利润(万元)	113547.23	460632.28	173039.57	452288.47
利润总额(万元)	116849.70	468350.47	174932.41	458251.81

河北宝硕股份有限公司

公司概况					
公司名称	河北宝硕股份有限公司			证券简称	宝硕股份
法人代表	黄代云	董秘	赵长栓	证券代码	600155
公司网址	www.baoshuo.com.cn		电子信箱	baoshuo600155@sina.com	
电　　话	0312-3109607		传　　真	0312-3109607	
办公地址	河北省保定市国家高新技术产业开发区朝阳北大街 1098 号				
经营范围	塑料制品和化工产品的生产和销售				

主要财务指标：指标\报告期	2015.06.30	2014.12.31	2014.06.30	2013.12.31
基本每股收益(元)	-0.1100	-0.3600	-0.0800	1.6800
基本每股收益(扣除后)(元)	-0.1300	-0.3400	-0.1400	-0.3500
稀释每股收益(元)	-0.1100	-0.3600	-0.0800	1.6800
每股净资产(元)	0.1563	0.2688	0.1113	0.1900
每股经营现金净流量(元)	-0.0749	-0.2484	-0.2885	-1.9437
每股现金流量(元)	0.0147	0.1058	-0.2921	0.2439
每股资本公积金(元)	0.7741	0.7741	0.5766	0.5766
每股盈余公积金(元)	0.0340	0.0340	0.0393	0.0393
每股未分配利润(元)	-1.6518	-1.5392	-1.5046	-1.4213
净资产收益率(%)	-71.9922	-114.9630	-74.8770	864.2250
加权净资产收益率(%)	-52.9400	-2228.3700	-54.4800	-
净资产收益率(扣除)(%)	-80.1244	-110.9760	-125.3604	-177.7139
总资产(万元)	191389.11	189445.13	173845.66	179772.64
归属母公司股东权益(万元)	7449.73	12812.95	4589.57	8026.11
营业收入(万元)	16378.37	40946.73	17675.98	7170.00
营业支出(万元)	15538.08	39974.19	17408.43	6822.09
投资收益(万元)	326.73	11.60	5.60	-
净利润(万元)	-5482.72	-15179.02	-3617.68	69350.04
营业利润(万元)	-5762.02	-14706.51	-5942.24	-16848.83
利润总额(万元)	-5482.44	-15178.03	-3617.68	69350.04

湖南华升股份有限公司

公司概况					
公司名称	湖南华升股份有限公司			证券简称	华升股份
法人代表	刘政	董秘	朱小明	证券代码	600156
公司网址			电子信箱	hnhsgf@163.com	
电　　话	0731-85237818		传　　真	0731-85237861	
办公地址	湖南省长沙市芙蓉中路三段 420 号华升大厦				
经营范围	苎麻纺织品的开发、生产和进出口贸易				

主要财务指标：指标\报告期	2015.06.30	2014.12.31	2014.06.30	2013.12.31
基本每股收益(元)	-0.0039	-0.0788	-0.0251	0.1970
基本每股收益(扣除后)(元)	-0.0255	-0.1105	-0.0318	-0.2905
稀释每股收益(元)	-0.0039	-0.0788	-0.0251	0.1970
每股净资产(元)	1.6920	1.6959	1.7288	1.7747
每股经营现金净流量(元)	0.0622	-0.2742	-0.0884	-0.2125
每股现金流量(元)	0.0408	0.0857	0.1772	-0.1236
每股资本公积金(元)	0.3327	0.3327	0.3327	0.3327
每股盈余公积金(元)	0.0490	0.0490	0.0490	0.0490
每股未分配利润(元)	0.3103	0.3142	0.3471	0.3930
净资产收益率(%)	-0.2318	-4.6462	-1.4510	11.0980
加权净资产收益率(%)	-0.2300	-4.5400	-1.4400	11.9600
净资产收益率(扣除)(%)	-1.5072	-6.5161	-1.8389	-17.7520
总资产(万元)	111276.94	111080.02	112958.15	118671.51
归属母公司股东权益(万元)	68037.02	68194.74	69515.58	71363.24
营业收入(万元)	29559.60	90708.68	45392.69	98209.12
营业支出(万元)	27237.27	83238.62	42203.61	91679.62
投资收益(万元)	75.84	224.36	40.27	24183.56
净利润(万元)	-391.70	-3301.21	-1307.10	9103.83
营业利润(万元)	-1407.60	-4588.98	-1489.25	11082.02
利润总额(万元)	-284.67	-3078.79	-1169.08	11713.33

永泰能源股份有限公司

公司概况	公司名称	永泰能源股份有限公司			证券简称	永泰能源
	法人代表	徐培忠	董秘	李军	证券代码	600157
	公司网址	www.wtecl.com		电子信箱	wteclzqb@126.com	
	电　话	0351-8366511 -8366507		传　真	0351-8366501	
	办公地址	山西省太原市小店区亲贤北街9号双喜广场26-27F				
	经营范围	煤炭开采与经营、煤炭洗选加工				

	指标\报告期	2015.06.30	2014.12.31	2014.06.30	2013.12.31
主要财务指标	基本每股收益(元)	0.0463	0.1146	0.0384	0.1348
	基本每股收益(扣除后)(元)	0.0143	0.0320	0.0093	0.1167
	稀释每股收益(元)	0.0463	0.1146	0.0384	0.1348
	每股净资产(元)	1.7908	2.8200	2.8355	5.5622
	每股经营现金净流量(元)	0.1102	0.5601	0.2981	1.1538
	每股现金流量(元)	0.2957	-0.3872	-0.3973	-3.7735
	每股资本公积金(元)	0.6183	1.3329	1.3354	3.6729
	每股盈余公积金(元)	0.0177	0.0563	0.0503	0.1006
	每股未分配利润(元)	0.1493	0.3971	0.3916	0.6770
	净资产收益率(%)	2.1932	4.0651	3.6371	4.8465
	加权净资产收益率(%)	2.6300	4.0900	3.6500	5.4200
	净资产收益率(扣除)(%)	0.6757	1.1349	0.8775	4.1979
	总资产(万元)	8586920.32	5210945.63	4835790.09	4761489.24
	归属母公司股东权益(万元)	2004771.69	996900.16	1002397.66	983148.91
	营业收入(万元)	451378.38	791205.99	399436.12	984325.95
	营业支出(万元)	243018.04	469415.97	237111.49	676040.44
	投资收益(万元)	3932.27	9915.56	8454.25	5207.34
	净利润(万元)	56430.97	48432.69	41375.53	62807.47
	营业利润(万元)	42147.26	41756.75	28904.23	87943.65
	利润总额(万元)	70750.07	63931.72	50905.17	90705.72

中体产业集团股份有限公司

公司概况	公司名称	中体产业集团股份有限公司			证券简称	中体产业
	法人代表	刘军	董秘	段越清	证券代码	600158
	公司网址	www.csig158.com		电子信箱	csig@csig158.com	
	电　话	010-85160816 85160999		传　真	010-65515338	
	办公地址	北京市朝阳区朝外大街225号				
	经营范围	体育用品的生产、加工、销售、体育场馆、设施的建设、开发、经营等				

	指标\报告期	2015.06.30	2014.12.31	2014.06.30	2013.12.31
主要财务指标	基本每股收益(元)	0.0146	0.1222	0.0685	0.1616
	基本每股收益(扣除后)(元)	-0.0106	0.0710	0.0248	0.0966
	稀释每股收益(元)	0.0146	0.1222	0.0685	0.1616
	每股净资产(元)	1.7632	1.7882	1.7358	1.6887
	每股经营现金净流量(元)	0.0023	-0.0389	-0.2108	-0.1117
	每股现金流量(元)	-0.0679	-0.3757	-0.3508	0.3087
	每股资本公积金(元)	0.0282	0.0282	0.0484	0.0006
	每股盈余公积金(元)	0.1177	0.1177	0.1049	0.1049
	每股未分配利润(元)	0.5999	0.6233	0.5824	0.5629
	净资产收益率(%)	0.8264	6.8347	3.9468	9.5672
	加权净资产收益率(%)	0.8200	7.0100	3.9600	10.0700
	净资产收益率(扣除)(%)	-0.5995	3.9721	1.4279	5.7233
	总资产(万元)	359910.62	364389.33	362764.50	362860.70
	归属母公司股东权益(万元)	148765.19	150877.85	146453.35	142478.80
	营业收入(万元)	26814.41	115164.08	39621.65	98496.75
	营业支出(万元)	20939.23	86378.15	29546.57	65016.46
	投资收益(万元)	3070.73	8129.69	6453.55	4198.82
	净利润(万元)	291.50	10805.85	5420.54	18872.07
	营业利润(万元)	373.68	13396.15	6888.61	22113.64
	利润总额(万元)	355.39	13841.36	6888.45	25138.07

北京市大龙伟业房地产开发股份有限公司

公司概况	公司名称	北京市大龙伟业房地产开发股份有限公司			证券简称	大龙地产
	法人代表	马云虎	董秘	马志方	证券代码	600159
	公司网址	www.dldc.com.cn		电子信箱	mazhifang2005@tom.com	
	电　话	010-69446339		传　真	010-69446339	
	办公地址	北京市顺义区府前东街甲2号				
	经营范围	房地产开发经营等				

	指标\报告期	2015.06.30	2014.12.31	2014.06.30	2013.12.31
主要财务指标	基本每股收益(元)	-0.0198	0.1600	-0.0074	0.2800
	基本每股收益(扣除后)(元)	-0.0274	0.1400	-0.0163	0.0100
	稀释每股收益(元)	-0.0198	0.1600	-0.0074	0.2800
	每股净资产(元)	2.4968	2.5667	2.4013	2.4086
	每股经营现金净流量(元)	-0.0891	0.3543	-0.0728	1.2602
	每股现金流量(元)	-0.2113	-0.1962	-0.3633	0.4018
	每股资本公积金(元)	0.4171	0.4171	0.4171	0.4171
	每股盈余公积金(元)	0.0325	0.0325	0.0325	0.0325
	每股未分配利润(元)	1.0473	1.1171	0.9517	0.9591
	净资产收益率(%)	-0.7933	6.1575	-0.3060	11.4673
	加权净资产收益率(%)	-0.7800	6.3500	-0.3100	12.1600
	净资产收益率(扣除)(%)	-1.0952	5.5609	-0.6793	0.3942
	总资产(万元)	274028.06	300360.23	321980.16	334479.05
	归属母公司股东权益(万元)	207239.09	213033.18	199305.60	199915.56
	营业收入(万元)	19053.20	121744.83	20055.51	67665.90
	营业支出(万元)	17200.57	100964.69	17594.02	53547.91
	投资收益(万元)	908.48	1582.77	975.10	503.60
	净利润(万元)	-1664.41	13369.39	-627.87	22903.78
	营业利润(万元)	-1614.77	17410.19	-500.34	2262.24
	利润总额(万元)	-1692.38	17526.08	-481.99	31308.80

浙江巨化股份有限公司

公司概况	公司名称	浙江巨化股份有限公司			证券简称	巨化股份
	法人代表	胡仲明	董秘	刘云华	证券代码	600160
	公司网址	www.jhgf.com.cn		电子信箱	jhgf@juhua.com.cn	
	电　话	0570-3091758 3091704		传　真	0570-3091777	
	办公地址	浙江省衢州市柯城区				
	经营范围	氟化工原料及后续产品、基本化工原料及后续产品和化肥、农药的生产与销售				

	指标\报告期	2015.06.30	2014.12.31	2014.06.30	2013.12.31
主要财务指标	基本每股收益(元)	0.0470	0.0900	0.0370	0.1800
	基本每股收益(扣除后)(元)	0.0400	0.0600	0.0130	0.1480
	稀释每股收益(元)	0.0470	0.0900	0.0370	0.1800
	每股净资产(元)	3.9610	4.0079	3.9556	4.1186
	每股经营现金净流量(元)	0.0871	0.3436	0.0208	0.4387
	每股现金流量(元)	-0.0580	-0.7278	-0.5913	0.6311
	每股资本公积金(元)	1.3607	1.3607	1.3583	1.3689
	每股盈余公积金(元)	0.2693	0.2693	0.2604	0.2604
	每股未分配利润(元)	1.3200	1.3727	1.3284	1.4910
	净资产收益率(%)	1.1937	2.2391	0.9365	3.3999
	加权净资产收益率(%)	1.1800	2.2100	0.8900	4.2700
	净资产收益率(扣除)(%)	1.0119	1.3723	0.3331	2.8166
	总资产(万元)	906354.12	895736.97	936698.57	965044.29
	归属母公司股东权益(万元)	717302.75	725805.57	716326.45	747703.02
	营业收入(万元)	442152.08	976354.69	466501.61	973652.63
	营业支出(万元)	394014.44	888673.30	430279.70	885896.14
	投资收益(万元)	2215.53	7690.07	4027.66	1339.28
	净利润(万元)	8659.67	16387.50	6516.45	25002.02
	营业利润(万元)	9866.58	20303.26	6806.85	28363.50
	利润总额(万元)	10401.90	21703.52	8149.50	30580.54

北京天坛生物制品股份有限公司

公司概况					
公司名称	北京天坛生物制品股份有限公司			证券简称	天坛生物
法人代表	魏树源	董秘	慈翔	证券代码	600161
公司网址	www.tiantanbio.com		电子信箱	jlb@TiantanBio.com	
电　　话	010-60963010 60963333		传　　真	010-60963311	
办公地址	北京市经济技术开发区博兴二路6号,9号				
经营范围	制造生物制品、体外诊断试剂等				

主要财务指标 指标\报告期	2015.06.30	2014.12.31	2014.06.30	2013.12.31
基本每股收益(元)	0.1100	0.2500	0.4400	0.7200
基本每股收益(扣除后)(元)	0.0900	0.2200	0.4400	0.7100
稀释每股收益(元)	0.1100	0.2500	0.4400	0.7200
每股净资产(元)	3.8759	3.7655	4.1808	3.7365
每股经营现金净流量(元)	0.2029	0.9272	0.3896	1.0989
每股现金流量(元)	–0.8548	0.5545	1.8616	0.5264
每股资本公积金(元)	0.3221	0.3183	0.3183	0.3183
每股盈余公积金(元)	0.2809	0.2809	0.2746	0.2746
每股未分配利润(元)	2.2785	2.1720	2.5879	2.1436
净资产收益率(%)	2.7484	6.6148	10.6275	19.3158
加权净资产收益率(%)	2.7900	6.8400	11.2200	21.3800
净资产收益率(扣除)(%)	2.3787	5.7597	10.5171	18.9268
总资产(万元)	576452.27	601544.84	679767.64	563453.91
归属母公司股东权益(万元)	199788.74	194097.69	215506.34	192603.44
营业收入(万元)	82413.39	182655.11	108329.23	183650.41
营业支出(万元)	41104.81	77299.66	45834.51	79278.20
投资收益(万元)	–	173.68	173.68	–
净利润(万元)	11234.84	22615.59	28342.76	46148.19
营业利润(万元)	15025.58	28489.91	33283.33	53725.99
利润总额(万元)	15093.58	30357.13	33567.91	54679.83

深圳香江控股股份有限公司

公司概况					
公司名称	深圳香江控股股份有限公司			证券简称	香江控股
法人代表	翟美卿	董秘	舒剑刚	证券代码	600162
公司网址	www.hkhc.com.cn		电子信箱	hkhc@hkhc.com.cn	
电　　话	020-34821006		传　　真	020-34821008	
办公地址	广东省广州市番禺区迎宾路锦绣香江花园香江控股办公楼				
经营范围	从事工程机械和商贸物流业务的经营				

主要财务指标 指标\报告期	2015.06.30	2014.12.31	2014.06.30	2013.12.31
基本每股收益(元)	0.2100	0.3340	0.1820	0.2510
基本每股收益(扣除后)(元)	0.1940	0.3460	0.1760	0.2200
稀释每股收益(元)	–	–	–	–
每股净资产(元)	2.4415	2.3555	2.2037	2.1017
每股经营现金净流量(元)	0.1451	–0.4812	–0.4721	–0.5897
每股现金流量(元)	–0.6530	0.2711	–0.3452	–0.9705
每股资本公积金(元)	0.0200	0.0885	0.0286	0.0286
每股盈余公积金(元)	0.1382	0.1382	0.1375	0.1375
每股未分配利润(元)	1.2832	1.1835	1.0376	0.9356
净资产收益率(%)	8.5884	14.1649	8.2587	11.9249
加权净资产收益率(%)	8.6440	14.9700	8.0570	12.5700
净资产收益率(扣除)(%)	7.9492	14.6919	8.0015	10.3231
总资产(万元)	1392084.61	1427397.05	1375197.40	1331012.09
归属母公司股东权益(万元)	187461.19	185065.27	169202.56	161371.12
营业收入(万元)	186087.64	440740.85	129500.45	291974.48
营业支出(万元)	107828.55	282706.10	70432.84	142278.17
投资收益(万元)	–119.62	1093.14	–64.31	3554.60
净利润(万元)	13493.19	24760.97	13336.49	37366.94
营业利润(万元)	27795.82	44340.32	20359.29	57140.80
利润总额(万元)	28999.51	42158.72	20955.35	56740.71

福建省南纸股份有限公司

公司概况					
公司名称	福建省南纸股份有限公司			证券简称	*ST南纸
法人代表	张骏	董秘	李永和	证券代码	600163
公司网址	www.nanpingpaper.com		电子信箱	nzzqb@fjnz163.com	
电　　话	0591-87868796		传　　真	0591-87865515	
办公地址	福建省福州市鼓楼区五四路国际大厦二十二层A、B、C座				
经营范围	新闻纸、纸浆、纸制品及副产品等的生产和销售				

主要财务指标 指标\报告期	2015.06.30	2014.12.31	2014.06.30	2013.12.31
基本每股收益(元)	–0.0660	–0.7780	–0.2190	–1.0700
基本每股收益(扣除后)(元)	–0.1590	–0.6700	–0.2870	–1.0840
稀释每股收益(元)	–0.0660	–0.7780	–0.2190	–1.0700
每股净资产(元)	1.4013	0.1403	0.6176	0.9118
每股经营现金净流量(元)	0.1669	–0.0650	0.2382	–0.3043
每股现金流量(元)	0.1814	0.0327	–0.0154	–0.5071
每股资本公积金(元)	2.0487	2.7921	1.6255	1.6255
每股盈余公积金(元)	0.0708	0.0980	0.0980	0.0980
每股未分配利润(元)	–1.7181	–2.2961	–2.1100	–1.8138
净资产收益率(%)	–4.3376	–554.2653	–47.9575	–117.3456
加权净资产收益率(%)	–5.2630	–148.2230	–12.6810	–73.8870
净资产收益率(扣除)(%)	–9.0546	–477.6059	–46.5276	–118.8476
总资产(万元)	278888.93	472368.39	244596.40	261432.81
归属母公司股东权益(万元)	140058.37	115603.14	44554.96	65780.64
营业收入(万元)	46519.87	107040.30	75210.90	140890.41
营业支出(万元)	37184.22	114910.28	69125.39	154290.80
投资收益(万元)	1680.94	90.00	413.96	84.74
净利润(万元)	–5441.88	–56141.11	–19934.91	–77196.47
营业利润(万元)	–4860.63	–54666.29	–18982.61	–78181.03
利润总额(万元)	–4684.09	–53745.08	–19615.53	–77194.01

宁夏新日恒力钢丝绳股份有限公司

公司概况					
公司名称	宁夏新日恒力钢丝绳股份有限公司			证券简称	新日恒力
法人代表	虞建明	董秘	赵丽莉	证券代码	600165
公司网址	www.nxhengli.com.cn		电子信箱	root@nxhengli.com.cn	
电　　话	0951-6898015 0952-3671222		传　　真	0951-6898221	
办公地址	宁夏回族自治区石嘴山市惠农区河滨街				
经营范围	丝、钢丝绳、钢绞线等钢丝及其制品的生产与销售				

主要财务指标 指标\报告期	2015.06.30	2014.12.31	2014.06.30	2013.12.31
基本每股收益(元)	–0.2130	–0.3940	0.0590	0.0280
基本每股收益(扣除后)(元)	–0.2180	–0.7520	–0.2170	0.7300
稀释每股收益(元)	–0.2130	–0.3940	0.0590	0.0280
每股净资产(元)	3.1475	3.3610	3.8460	3.7850
每股经营现金净流量(元)	0.4745	–0.8830	0.1180	0.0219
每股现金流量(元)	–0.0893	–0.0517	0.1603	–0.2387
每股资本公积金(元)	2.5359	2.5359	2.5222	2.5439
每股盈余公积金(元)	0.1348	0.1348	0.1348	0.1348
每股未分配利润(元)	–0.5357	–0.3232	0.1783	0.0709
净资产收益率(%)	–6.7517	–11.7252	1.5452	1.0680
加权净资产收益率(%)	–6.5290	–11.0690	1.5570	1.0730
净资产收益率(扣除)(%)	–6.9262	–22.3616	–5.6537	–1.9296
总资产(万元)	248458.97	240079.47	252166.95	256136.25
归属母公司股东权益(万元)	86227.90	92078.39	105362.87	102936.74
营业收入(万元)	38205.65	134316.57	73240.33	176390.32
营业支出(万元)	35203.85	126288.13	68035.02	155612.09
投资收益(万元)	1800.76	8634.24	8674.19	171.13
净利润(万元)	–5841.21	–11408.23	1504.97	697.24
营业利润(万元)	–6047.06	–12679.78	1642.14	–2267.29
利润总额(万元)	–5784.83	–11314.83	1904.21	1112.63

北汽福田汽车股份有限公司

公司概况	公司名称	北汽福田汽车股份有限公司			证券简称	福田汽车
	法人代表	徐和谊	董秘	王金玉	证券代码	600166
	公司网址	www.foton.com.cn		电子信箱	600166@foton.com.cn	
	电　　话	010-80716459		传　　真	010-80716459	
	办公地址	北京市昌平区沙河镇沙阳路老牛湾村北				
	经营范围	轻型载货汽车、中重型载货汽车、轻型客车、大中客车等				

	指标\报告期	2015.06.30	2014.12.31	2014.06.30	2013.12.31
主要财务指标	基本每股收益(元)	0.0460	0.1700	0.0960	0.2590
	基本每股收益(扣除后)(元)	-0.0240	-0.1980	0.0030	0.0780
	稀释每股收益(元)	–	0.1700	–	0.2590
	每股净资产(元)	5.4689	5.4408	5.4439	5.3270
	每股经营现金净流量(元)	-0.1818	0.3923	-0.4492	0.3924
	每股现金流量(元)	0.1745	-0.1795	-0.0849	-1.1392
	每股资本公积金(元)	3.0507	2.7614	2.7769	2.7557
	每股盈余公积金(元)	0.5593	0.6639	0.5925	0.6015
	每股未分配利润(元)	0.8913	1.0540	1.1114	1.0446
	净资产收益率(%)	0.8477	3.1210	1.8836	5.0982
	加权净资产收益率(%)	0.9200	3.1400	1.7900	4.8600
	净资产收益率(扣除)(%)	-0.4403	-3.6327	0.0519	1.4716
	总资产(万元)	3930788.84	3469747.04	3549314.23	3255817.97
	归属母公司股东权益(万元)	1823926.46	1528676.64	1529544.04	1509277.68
	营业收入(万元)	1722058.15	3369128.36	1880523.81	3415254.31
	营业支出(万元)	1501338.41	2967952.30	1623812.27	2979133.08
	投资收益(万元)	4751.20	19753.79	10256.03	6150.77
	净利润(万元)	11333.39	45863.34	24317.97	71256.38
	营业利润(万元)	-12624.63	-63163.25	1233.95	23597.63
	利润总额(万元)	15114.38	45955.55	32902.44	77698.54

联美控股股份有限公司

公司概况	公司名称	联美控股股份有限公司			证券简称	联美控股
	法人代表	朱昌一	董秘	刘思生	证券代码	600167
	公司网址			电子信箱	zqb@shnd.sina.net	
	电　　话	024-23784835		传　　真	024-83781352	
	办公地址	辽宁省沈阳市浑南新区远航中路1号				
	经营范围	供热、供水、房屋租赁、市政建设、工程施工、物业管理				

	指标\报告期	2015.06.30	2014.12.31	2014.06.30	2013.12.31
主要财务指标	基本每股收益(元)	0.6281	0.7715	0.5465	0.6573
	基本每股收益(扣除后)(元)	0.6266	0.7256	0.5424	0.6103
	稀释每股收益(元)	0.6281	0.7715	0.5465	0.6573
	每股净资产(元)	5.3149	4.6868	4.6617	4.1152
	每股经营现金净流量(元)	-4.8146	1.8336	-0.7698	2.5898
	每股现金流量(元)	-5.3112	1.0544	-0.8746	1.8963
	每股资本公积金(元)	1.1707	1.1707	1.1707	1.1707
	每股盈余公积金(元)	0.0495	0.0495	0.0227	0.0227
	每股未分配利润(元)	3.0947	2.4666	2.4683	1.9218
	净资产收益率(%)	11.8184	16.4618	11.7223	15.9717
	加权净资产收益率(%)	12.5600	17.1400	12.4500	16.9400
	净资产收益率(扣除)(%)	11.7901	15.4833	11.6362	14.8300
	总资产(万元)	275234.06	289310.02	254446.34	271102.76
	归属母公司股东权益(万元)	112144.53	98890.86	98361.91	86831.66
	营业收入(万元)	39016.89	66148.55	33782.39	58200.96
	营业支出(万元)	19894.80	41828.33	17075.47	36280.16
	投资收益(万元)	–	–	–	–
	净利润(万元)	13253.44	16280.09	11529.89	13870.01
	营业利润(万元)	17662.84	20359.27	15210.85	17078.51
	利润总额(万元)	17705.53	21656.44	15323.75	18400.71

武汉三镇实业控股股份有限公司

公司概况	公司名称	武汉三镇实业控股股份有限公司			证券简称	武汉控股
	法人代表	王贤兵	董秘	涂立俊(代)	证券代码	600168
	公司网址	www.600168.com.cn		电子信箱	dmxx@600168.com.cn	
	电　　话	027-85725739		传　　真	027-85725739	
	办公地址	湖北省武汉市武昌区友谊大道特8号长江隧道公司管理大楼				
	经营范围	城市给排水、污水综合处理、道路、桥梁、供气、供电、通讯等				

	指标\报告期	2015.06.30	2014.12.31	2014.06.30	2013.12.31
主要财务指标	基本每股收益(元)	0.2600	0.4600	0.2800	0.4500
	基本每股收益(扣除后)(元)	0.2400	0.4200	0.2600	0.1900
	稀释每股收益(元)	0.2600	0.4600	0.2800	0.4500
	每股净资产(元)	5.9573	5.8296	5.6590	5.4248
	每股经营现金净流量(元)	0.2193	0.8309	0.2969	0.7541
	每股现金流量(元)	-0.3234	-0.0873	-0.5923	0.5959
	每股资本公积金(元)	2.1318	2.1318	2.1549	2.1478
	每股盈余公积金(元)	0.2804	0.2804	0.2347	0.2347
	每股未分配利润(元)	2.5238	2.4015	2.2694	2.0424
	净资产收益率(%)	4.3693	7.8536	4.9482	7.0604
	加权净资产收益率(%)	4.4200	8.1000	5.0500	8.7800
	净资产收益率(扣除)(%)	4.0224	7.1644	4.5928	2.5208
	总资产(万元)	769793.24	750070.00	688037.51	718777.70
	归属母公司股东权益(万元)	422711.45	413653.86	401542.69	384927.66
	营业收入(万元)	55927.10	117820.50	56462.16	103514.30
	营业支出(万元)	35128.76	77301.00	33236.85	70402.07
	投资收益(万元)	133.66	455.19	74.57	-24.86
	净利润(万元)	18387.61	32543.58	19869.13	27177.42
	营业利润(万元)	13337.06	21718.12	15182.62	14503.43
	利润总额(万元)	21825.54	39523.19	24236.29	32625.85

太原重工股份有限公司

公司概况	公司名称	太原重工股份有限公司			证券简称	太原重工
	法人代表	王创民	董秘	李迎魁	证券代码	600169
	公司网址	www.tyhi.com.cn		电子信箱	tyhi@public.ty.sx.cn	
	电　　话	0351-6361155		传　　真	0351-6362554	
	办公地址	山西省太原市万柏林区玉河街53号				
	经营范围	制造销售火车轴、冶金、轧钢、锻压、起重、非标设备、加压气化炉等				

	指标\报告期	2015.06.30	2014.12.31	2014.06.30	2013.12.31
主要财务指标	基本每股收益(元)	0.0031	0.0133	0.0047	0.0105
	基本每股收益(扣除后)(元)	-0.0154	-0.0210	-0.0077	-0.0059
	稀释每股收益(元)	0.0031	–	–	–
	每股净资产(元)	2.2362	2.2331	2.2352	2.2299
	每股经营现金净流量(元)	-0.1641	-0.5950	-0.3649	-0.3413
	每股现金流量(元)	-0.2105	-0.0584	0.1305	0.0022
	每股资本公积金(元)	0.5072	0.5072	0.5072	0.5072
	每股盈余公积金(元)	0.1122	0.1122	0.1122	0.1122
	每股未分配利润(元)	0.6172	0.6141	0.6155	0.6108
	净资产收益率(%)	0.1398	0.5937	0.2098	0.4719
	加权净资产收益率(%)	0.1399	0.5939	0.2100	0.4700
	净资产收益率(扣除)(%)	-0.6890	-0.9425	-0.3437	-0.2668
	总资产(万元)	2707190.09	2760071.30	2551716.84	2377191.47
	归属母公司股东权益(万元)	542040.21	541282.15	541790.91	540517.14
	营业收入(万元)	298406.12	902332.17	371582.43	955141.33
	营业支出(万元)	244711.79	762437.96	308283.00	817357.87
	投资收益(万元)	–	–	–	9.93
	净利润(万元)	733.32	3322.64	1136.74	2550.47
	营业利润(万元)	-2074.64	-7825.92	-3395.47	-3891.03
	利润总额(万元)	3235.29	2033.62	179.72	959.23

上海建工集团股份有限公司

公司概况	公司名称	上海建工集团股份有限公司			证券简称	上海建工
	法人代表	徐征	董秘	李胜	证券代码	600170
	公司网址	www.scg.com.cn		电子信箱	ir@scg.com.cn	
	电　　话	021-35100838　35318170		传　　真	021-55886222	
	办公地址	上海市虹口区东大名路666号				
	经营范围	各类建设工程总承包、设计、施工、咨询、设备、材料、构配件生产等				

主要财务指标	指标\报告期	2015.06.30	2014.12.31	2014.06.30	2013.12.31
	基本每股收益(元)	0.1600	0.4800	0.1800	0.4500
	基本每股收益(扣除后)(元)	0.1600	0.3800	0.2200	0.4400
	稀释每股收益(元)	0.1600	0.4800	0.1800	0.4500
	每股净资产(元)	3.2360	3.9281	3.6664	4.6747
	每股经营现金净流量(元)	-1.1564	-0.2055	-1.3847	0.8025
	每股现金流量(元)	-1.0112	0.8899	-2.0407	0.8404
	每股资本公积金(元)	0.6920	1.2092	0.7762	1.4936
	每股盈余公积金(元)	0.1223	0.1590	0.1788	0.2329
	每股未分配利润(元)	1.1895	1.5387	1.7179	2.1262
	净资产收益率(%)	4.9373	9.8662	6.4644	12.4722
	加权净资产收益率(%)	5.1000	12.7600	6.3200	12.5800
	净资产收益率(扣除)(%)	4.8551	7.8389	5.9642	9.4248
	总资产(万元)	12108234.62	11711187.31	9660347.59	9676447.83
	归属母公司股东权益(万元)	1923205.92	1796914.15	1322786.56	1353017.57
	营业收入(万元)	5995302.18	11366168.74	5511874.41	10289211.87
	营业支出(万元)	5490283.11	10401220.91	5066665.09	9499323.73
	投资收益(万元)	6969.20	3258.33	-1190.16	7208.20
	净利润(万元)	98314.48	184747.02	88695.94	167283.41
	营业利润(万元)	129979.17	198206.17	112974.68	164621.70
	利润总额(万元)	134158.32	238944.84	119917.68	217352.26

上海贝岭股份有限公司

公司概况	公司名称	上海贝岭股份有限公司			证券简称	上海贝岭
	法人代表	赵贵武	董秘	周承捷	证券代码	600171
	公司网址	www.belling.com.cn		电子信箱	bloffice@belling.com.cn	
	电　　话	021-24261157		传　　真	021-64854424	
	办公地址	上海市漕河泾开发区宜山路810号				
	经营范围	集成电路的设计、制造、销售和技术服务				

主要财务指标	指标\报告期	2015.06.30	2014.12.31	2014.06.30	2013.12.31
	基本每股收益(元)	0.0330	0.0600	0.0180	0.0600
	基本每股收益(扣除后)(元)	0.0220	-0.0400	-0.0270	-0.0800
	稀释每股收益(元)	0.0330	0.0600	0.0180	0.0600
	每股净资产(元)	2.6691	2.4146	2.6187	2.6205
	每股经营现金净流量(元)	0.0068	0.0220	-0.0188	0.0619
	每股现金流量(元)	0.9808	-0.2078	-0.2002	0.0055
	每股资本公积金(元)	1.1899	1.1899	1.1916	1.1916
	每股盈余公积金(元)	0.2037	0.2037	0.1974	0.1974
	每股未分配利润(元)	0.2756	0.2626	0.2296	0.2315
	净资产收益率(%)	1.2332	2.3782	0.6939	2.2877
	加权净资产收益率(%)	1.2900	2.1700	0.7300	2.1400
	净资产收益率(扣除)(%)	0.8135	-1.7314	-1.0133	-2.9286
	总资产(万元)	201618.28	185573.60	209644.99	210630.21
	归属母公司股东权益(万元)	179848.62	162695.44	176447.84	176571.02
	营业收入(万元)	24609.32	46790.22	21943.34	58551.50
	营业支出(万元)	18379.76	36411.20	17405.52	48839.72
	投资收益(万元)	443.04	3307.92	327.91	436.16
	净利润(万元)	2359.36	4044.45	1310.97	4261.74
	营业利润(万元)	1450.95	-525.76	-1990.23	-5731.37
	利润总额(万元)	2415.85	4531.65	1347.97	5036.58

河南黄河旋风股份有限公司

公司概况	公司名称	河南黄河旋风股份有限公司			证券简称	黄河旋风
	法人代表	乔秋生	董秘	杜长洪	证券代码	600172
	公司网址	www.hhxf.com		电子信箱	hhxfzjb@hhxf.com	
	电　　话	0374-6108899　6165530		传　　真	0374-6108986	
	办公地址	河南省长葛市人民路200号				
	经营范围	人造金刚石、人造金刚石磨料磨具磨削及其他金刚石制品等				

主要财务指标	指标\报告期	2015.06.30	2014.12.31	2014.06.30	2013.12.31
	基本每股收益(元)	0.1577	0.4192	0.2131	0.3929
	基本每股收益(扣除后)(元)	0.1464	0.4114	0.2111	0.3931
	稀释每股收益(元)	0.1577	0.4192	0.2131	0.3929
	每股净资产(元)	5.0700	4.5200	4.3100	4.1500
	每股经营现金净流量(元)	0.1069	0.8012	0.2595	0.8315
	每股现金流量(元)	0.2640	-0.1537	0.0308	-0.0458
	每股资本公积金(元)	2.3413	1.4073	1.4073	1.4073
	每股盈余公积金(元)	0.2455	0.3199	0.2781	0.2781
	每股未分配利润(元)	1.4850	1.7897	1.6254	1.4623
	净资产收益率(%)	2.9892	9.2812	4.9436	9.4723
	加权净资产收益率(%)	3.1700	9.6800	2.7300	9.8900
	净资产收益率(扣除)(%)	2.7747	9.1081	4.8977	9.4779
	总资产(万元)	624990.83	496840.24	474762.34	453870.86
	归属母公司股东权益(万元)	352505.96	240915.86	229922.29	221222.73
	营业收入(万元)	84755.16	166206.20	80841.07	155631.17
	营业支出(万元)	56139.00	111873.90	53113.98	104289.28
	投资收益(万元)	1419.06	1295.38	649.27	2408.81
	净利润(万元)	10536.94	22359.94	11366.37	20954.96
	营业利润(万元)	11746.11	25268.82	12762.93	23883.79
	利润总额(万元)	11894.60	25762.39	12894.04	23903.91

卧龙地产集团股份有限公司

公司概况	公司名称	卧龙地产集团股份有限公司			证券简称	卧龙地产
	法人代表	陈嫣妮	董秘	马亚军	证券代码	600173
	公司网址	www.wolong-re.com		电子信箱	wolong600173@wolong.com	
	电　　话	0575-82177017　82176751		传　　真	0575-82177000	
	办公地址	浙江省上虞市经济开发区人民西路1801号				
	经营范围	房地产开发与经营，建筑工程、装饰装潢工程设计、施工、物业管理				

主要财务指标	指标\报告期	2015.06.30	2014.12.31	2014.06.30	2013.12.31
	基本每股收益(元)	0.0650	0.3585	0.0840	0.0900
	基本每股收益(扣除后)(元)	0.0630	0.3452	0.0820	0.0951
	稀释每股收益(元)	0.0650	0.3585	0.0840	0.0900
	每股净资产(元)	2.2298	2.2150	2.0760	2.0190
	每股经营现金净流量(元)	0.0444	0.6227	0.1362	-0.0804
	每股现金流量(元)	0.0582	0.9529	0.4952	-0.3508
	每股资本公积金(元)	0.0218	0.0218	0.1102	0.1076
	每股盈余公积金(元)	0.1713	0.1713	0.1654	0.1654
	每股未分配利润(元)	1.0367	1.0219	0.8004	0.7460
	净资产收益率(%)	2.9070	16.1870	4.0655	4.4673
	加权净资产收益率(%)	2.8900	16.5800	4.1000	4.5200
	净资产收益率(扣除)(%)	2.8079	15.5838	3.9624	4.7103
	总资产(万元)	453052.72	445108.41	396793.64	352216.68
	归属母公司股东权益(万元)	161696.26	160621.50	150540.73	146405.10
	营业收入(万元)	67122.75	194347.78	55374.02	101717.03
	营业支出(万元)	47899.57	130764.42	36828.22	71328.77
	投资收益(万元)	163.46	1156.28	142.31	-
	净利润(万元)	4696.02	25409.24	6120.23	6540.43
	营业利润(万元)	7766.09	38469.78	8615.05	7884.51
	利润总额(万元)	7767.06	38609.48	8783.10	7375.44

美都能源股份有限公司

公司概况	公司名称	美都能源股份有限公司			证券简称	美都能源
	法人代表	闻掌华	董秘	王勤	证券代码	600175
	公司网址	www.chinameidu.com			电子信箱	wangqin5182@sohu.com
	电　　话	0571-88301613　88301610			传　　真	0571-88301607
	办公地址	浙江省杭州市密渡桥路70号美都恒升名楼4楼				
	经营范围	房地产开发、酒店业、贸易及实业投资等				

	指标\报告期	2015.06.30	2014.12.31	2014.06.30	2013.12.31
主要财务指标	基本每股收益(元)	0.0700	0.1100	0.0700	0.1000
	基本每股收益(扣除后)(元)	-0.0800	-0.0800	0.0700	0.1300
	稀释每股收益(元)	0.0700	0.1100	0.0700	0.1000
	每股净资产(元)	1.8954	1.8290	1.5496	1.5687
	每股经营现金净流量(元)	0.0904	0.0767	-0.1649	-0.2108
	每股现金流量(元)	-0.5670	0.3495	0.3534	0.3241
	每股资本公积金(元)	0.5719	0.5711	0.1748	0.1822
	每股盈余公积金(元)	0.0618	0.0617	0.0806	0.0843
	每股未分配利润(元)	0.2618	0.1985	0.2944	0.3019
	净资产收益率(%)	3.6316	4.2087	4.2385	6.5591
	加权净资产收益率(%)	3.6900	6.2700	4.2900	6.7600
	净资产收益率(扣除)(%)	-3.9913	-3.0663	4.2891	8.3621
	总资产(万元)	1438236.73	1443887.60	1235898.93	1034944.55
	归属母公司股东权益(万元)	464559.72	449413.04	225338.23	218168.08
	营业收入(万元)	239533.06	421139.27	223383.62	514022.04
	营业支出(万元)	221777.24	319440.86	169399.01	444974.67
	投资收益(万元)	11527.16	37984.12	4535.24	9079.58
	净利润(万元)	17213.01	22164.24	9551.00	14309.96
	营业利润(万元)	22776.90	24802.88	15447.42	24163.99
	利润总额(万元)	23303.75	24571.23	15239.67	24105.98

中国巨石股份有限公司

公司概况	公司名称	中国巨石股份有限公司			证券简称	中国巨石
	法人代表	曹江林	董秘	李畅	证券代码	600176
	公司网址	www.cfgcl.com.cn			电子信箱	cfgcl@cfgcl.com.cn
	电　　话	0573-88181888			传　　真	0573-88181097
	办公地址	浙江省桐乡市梧桐街道文华南路669号				
	经营范围	新材料的研发、生产和销售、商业房地产开发与经营等				

	指标\报告期	2015.06.30	2014.12.31	2014.06.30	2013.12.31
主要财务指标	基本每股收益(元)	0.5516	0.5438	0.1503	0.3657
	基本每股收益(扣除后)(元)	0.5366	0.5345	0.1457	0.1498
	稀释每股收益(元)	0.5516	0.5438	0.1503	0.3657
	每股净资产(元)	5.1600	4.6071	4.2658	4.2459
	每股经营现金净流量(元)	0.8806	1.9060	0.4205	1.6340
	每股现金流量(元)	0.7115	-0.9719	-0.3762	0.0677
	每股资本公积金(元)	1.4640	1.4195	1.4194	1.4194
	每股盈余公积金(元)	0.2023	0.2023	0.1816	0.1816
	每股未分配利润(元)	2.5181	2.1315	1.7587	1.7187
	净资产收益率(%)	10.6902	11.8034	3.5232	8.6132
	加权净资产收益率(%)	10.9248	12.2100	3.4944	8.6400
	净资产收益率(扣除)(%)	10.3983	11.6007	3.4144	3.5273
	总资产(万元)	2068856.33	1932512.51	1945788.35	1923001.12
	归属母公司股东权益(万元)	450278.59	402033.18	372245.83	370509.92
	营业收入(万元)	345316.58	626815.35	283398.62	520964.13
	营业支出(万元)	205379.14	405032.78	187305.46	357521.85
	投资收益(万元)	-225.07	-468.46	-253.32	6792.97
	净利润(万元)	48004.95	47338.26	13114.92	31912.81
	营业利润(万元)	55703.56	59007.88	18825.40	29783.39
	利润总额(万元)	57711.54	60595.81	19779.23	44277.55

雅戈尔集团股份有限公司

公司概况	公司名称	雅戈尔集团股份有限公司			证券简称	雅 戈 尔
	法人代表	李如成	董秘	刘新宇	证券代码	600177
	公司网址	www.youngor.com			电子信箱	ir@youngor.com
	电　　话	0574-87425136			传　　真	0574-87425390
	办公地址	浙江省宁波市鄞州区鄞县大道西段2号				
	经营范围	服装服饰产品及服装辅料的设计制造、销售、房地产开发、销售等				

	指标\报告期	2015.06.30	2014.12.31	2014.06.30	2013.12.31
主要财务指标	基本每股收益(元)	1.3000	1.4200	0.8200	0.6100
	基本每股收益(扣除后)(元)	0.6500	0.6200	0.6000	1.1100
	稀释每股收益(元)	1.3000	1.4200	0.8200	0.6100
	每股净资产(元)	8.5171	7.4226	6.2883	6.2566
	每股经营现金净流量(元)	0.5311	1.4310	0.2982	2.6057
	每股现金流量(元)	0.2320	-0.0163	-0.2787	0.1590
	每股资本公积金(元)	0.1531	0.1531	0.4067	0.6961
	每股盈余公积金(元)	0.5601	0.5601	0.5601	0.5601
	每股未分配利润(元)	5.7135	4.9099	4.3272	4.0058
	净资产收益率(%)	15.3062	19.1347	13.0622	9.7594
	加权净资产收益率(%)	16.0200	20.8900	13.1800	9.6900
	净资产收益率(扣除)(%)	7.6689	8.4089	9.6205	17.7072
	总资产(万元)	4597800.68	4762372.21	4690277.38	4834612.66
	归属母公司股东权益(万元)	1896425.04	1652717.87	1400162.58	1393110.17
	营业收入(万元)	871278.57	1590321.60	757689.35	1516687.56
	营业支出(万元)	590617.90	964711.01	458909.96	810264.90
	投资收益(万元)	188336.52	314845.42	137782.30	65364.42
	净利润(万元)	290623.12	321481.87	182891.80	135959.70
	营业利润(万元)	271901.55	379174.38	227406.56	258688.65
	利润总额(万元)	351889.89	389930.64	230674.25	212922.76

哈尔滨东安汽车动力股份有限公司

公司概况	公司名称	哈尔滨东安汽车动力股份有限公司			证券简称	东安动力
	法人代表	张宝林	董秘	王江华	证券代码	600178
	公司网址	www.daae.com.cn			电子信箱	dadl600178@263.net.cn
	电　　话	0451-86528172　86528173			传　　真	0451-86505502
	办公地址	黑龙江省哈尔滨市平房区保国街51号				
	经营范围	微型汽车发动机、变速器、零部件及相关产品的研制、生产销售等				

	指标\报告期	2015.06.30	2014.12.31	2014.06.30	2013.12.31
主要财务指标	基本每股收益(元)	0.1459	0.0702	-0.0347	-1.2056
	基本每股收益(扣除后)(元)	-0.1152	-0.0868	-0.0351	-
	稀释每股收益(元)	0.1459	0.0702	-0.0347	-1.2056
	每股净资产(元)	3.8788	3.7329	3.6258	3.6605
	每股经营现金净流量(元)	0.1296	-0.1893	0.0128	-0.3405
	每股现金流量(元)	0.0113	-0.2569	0.0691	-0.4365
	每股资本公积金(元)	1.8599	1.8599	1.8578	1.8578
	每股盈余公积金(元)	0.5242	0.5242	0.5242	0.5242
	每股未分配利润(元)	0.4946	0.3487	0.2438	0.2785
	净资产收益率(%)	3.7622	1.8801	-0.9569	-32.9359
	加权净资产收益率(%)	3.8300	1.9000	-0.9500	-28.2800
	净资产收益率(扣除)(%)	-2.9698	-2.3251	-0.9685	-32.8581
	总资产(万元)	310091.28	286429.86	299279.89	289607.21
	归属母公司股东权益(万元)	179231.69	172488.67	167542.69	169145.85
	营业收入(万元)	60766.70	74320.44	39535.98	85547.03
	营业支出(万元)	55679.36	69901.34	37015.60	85678.49
	投资收益(万元)	2519.54	10462.35	5021.12	7891.34
	净利润(万元)	6743.02	3243.03	-1603.15	-55709.63
	营业利润(万元)	6677.17	2085.07	-1622.69	-55578.04
	利润总额(万元)	6743.02	3243.03	-1603.15	-55709.63

黑龙江黑化股份有限公司

公司概况				
公司名称	黑龙江黑化股份有限公司		证券简称	黑化股份
法人代表	隋继广	董秘 张连增	证券代码	600179
公司网址	www.hh.chemchina.com		电子信箱	hhgf600179@126.com
电　话	0452-8927290　8927129		传　真	0452-8927129
办公地址	黑龙江省齐齐哈尔市富拉尔基区向阳大街2号			
经营范围	生产与销售焦炭及焦化产品、化学肥料、甲醇等			

主要财务指标：指标\报告期	2015.06.30	2014.12.31	2014.06.30	2013.12.31
基本每股收益(元)	-0.4200	-0.7800	-0.5000	0.0300
基本每股收益(扣除后)(元)	-0.4200	-0.7400	-0.4900	-0.0600
稀释每股收益(元)	-0.4200	-0.7800	-0.5000	0.0300
每股净资产(元)	-0.4280	0.0176	0.3036	0.8006
每股经营现金净流量(元)	0.7269	0.1228	0.0956	-0.1019
每股现金流量(元)	-0.1728	0.0978	-0.0434	0.0471
每股资本公积金(元)	0.8350	0.8350	0.8350	0.8350
每股盈余公积金(元)	0.0720	0.0720	0.0720	0.0720
每股未分配利润(元)	-2.3798	-1.9642	-1.6771	-1.1801
净资产收益率(%)	-	-4447.7759	-163.7262	3.3831
加权净资产收益率(%)	-	-191.0000	-90.0300	3.4600
净资产收益率(扣除)(%)	98.4533	-4228.4518	-161.1812	-7.4441
总资产(万元)	129276.40	156398.63	226555.41	228340.17
归属母公司股东权益(万元)	-16692.32	687.54	11839.15	31222.93
营业收入(万元)	51717.44	108018.07	47639.34	164195.46
营业支出(万元)	60987.20	125305.06	59719.05	156558.97
投资收益(万元)	-	-	-	-
净利润(万元)	-16262.73	-30779.43	-19383.78	1056.32
营业利润(万元)	-16486.46	-29271.50	-19146.65	-2308.35
利润总额(万元)	-16262.73	-30779.43	-19447.95	966.45

瑞茂通供应链管理股份有限公司

公司概况				
公司名称	瑞茂通供应链管理股份有限公司		证券简称	瑞 茂 通
法人代表	万永兴	董秘 张菊芳	证券代码	600180
公司网址	www.ccsoln.com		电子信箱	ir@ccsoln.com
电　话	0371-89988090		传　真	010-59715880
办公地址	北京市西城区宣武门外大街10号庄胜广场中央办公区北翼13层			
经营范围	投资、房地产租赁及建材生产等			

主要财务指标：指标\报告期	2015.06.30	2014.12.31	2014.06.30	2013.12.31
基本每股收益(元)	0.1397	0.5739	0.1526	0.5403
基本每股收益(扣除后)(元)	0.1043	0.2778	0.0706	0.4439
稀释每股收益(元)	0.1397	0.5726	0.1521	0.5391
每股净资产(元)	3.7400	2.4584	2.1962	2.0020
每股经营现金净流量(元)	-0.4832	-0.8266	0.2606	-2.1598
每股现金流量(元)	1.3304	0.0642	-0.0082	-0.3367
每股资本公积金(元)	1.4410	0.0935	0.0824	0.0312
每股盈余公积金(元)	0.0894	0.1035	0.0557	0.0284
每股未分配利润(元)	1.2110	1.2629	1.0602	0.9424
净资产收益率(%)	3.2291	23.2794	6.9091	26.9822
加权净资产收益率(%)	5.5200	25.7100	7.3200	31.2400
净资产收益率(扣除)(%)	2.4101	11.2683	3.1962	22.1652
总资产(万元)	1021622.96	798787.12	636564.94	662975.80
归属母公司股东权益(万元)	380460.89	215909.72	192881.42	174621.18
营业收入(万元)	349472.93	833948.58	324746.15	649070.60
营业支出(万元)	298822.59	711378.47	281579.07	552199.49
投资收益(万元)	5599.95	31049.62	8982.28	2301.89
净利润(万元)	12245.73	50156.94	13326.44	47116.56
营业利润(万元)	14529.13	46431.16	16076.27	46580.83
利润总额(万元)	15307.23	58421.55	16630.10	54711.91

佳通轮胎股份有限公司

公司概况				
公司名称	佳通轮胎股份有限公司		证券简称	S 佳 通
法人代表	李怀靖	董秘 张翠	证券代码	600182
公司网址	www.gititirecorp.com		电子信箱	giticorp@giti.com
电　话	021-22073132		传　真	021-22073002
办公地址	上海市长宁区临虹路28-2号			
经营范围	轮胎生产及销售等			

主要财务指标：指标\报告期	2015.06.30	2014.12.31	2014.06.30	2013.12.31
基本每股收益(元)	0.3100	0.6151	0.3000	0.8300
基本每股收益(扣除后)(元)	0.3100	0.5981	0.3000	0.8300
稀释每股收益(元)	0.3100	0.6151	0.3000	0.8300
每股净资产(元)	3.0305	3.3161	3.0059	2.9810
每股经营现金净流量(元)	1.0048	3.5011	1.6554	2.0821
每股现金流量(元)	-0.0882	-0.1051	-0.1462	-0.0807
每股资本公积金(元)	0.0035	0.0035	0.0035	0.0035
每股盈余公积金(元)	0.1787	0.1787	0.1019	0.1019
每股未分配利润(元)	1.8483	2.1339	1.9005	1.8756
净资产收益率(%)	10.3731	18.5487	10.1437	27.8847
加权净资产收益率(%)	9.3200	19.6800	9.8800	31.5800
净资产收益率(扣除)(%)	10.2991	18.0368	9.8433	27.8030
总资产(万元)	297282.79	315985.51	346466.52	381241.96
归属母公司股东权益(万元)	103036.34	112748.29	102201.97	101354.94
营业收入(万元)	169656.70	398813.53	184757.83	464986.02
营业支出(万元)	127733.42	312950.13	145632.23	355292.12
投资收益(万元)	-	-	-	-
净利润(万元)	21413.79	41808.76	10367.03	28262.54
营业利润(万元)	28504.94	54530.24	26979.83	74425.56
利润总额(万元)	28704.37	56039.31	27782.49	74642.09

广东生益科技股份有限公司

公司概况				
公司名称	广东生益科技股份有限公司		证券简称	生益科技
法人代表	刘述峰	董秘 温世龙	证券代码	600183
公司网址	www.syst.com.cn		电子信箱	tzzgx@syst.com.cn
电　话	0769-22271828*8225		传　真	0769-22174183
办公地址	广东省东莞市万江区莞穗大道411号			
经营范围	生产和销售覆铜板和粘结片、印刷线路板、陶瓷电子元件、液晶产品等			

主要财务指标：指标\报告期	2015.06.30	2014.12.31	2014.06.30	2013.12.31
基本每股收益(元)	0.1600	0.3600	0.2000	0.3900
基本每股收益(扣除后)(元)	0.1700	0.3500	0.1900	0.2700
稀释每股收益(元)	0.1600	0.3600	0.2000	0.3900
每股净资产(元)	3.0053	52000.0000	2.9100	3.1024
每股经营现金净流量(元)	0.2751	0.1446	0.0001	0.5055
每股现金流量(元)	-0.0428	-0.5113	-0.4535	0.3759
每股资本公积金(元)	0.7651	0.7551	0.7456	0.7361
每股盈余公积金(元)	0.3569	0.3569	0.3297	0.3297
每股未分配利润(元)	0.8845	0.9727	0.8351	1.0377
净资产收益率(%)	5.3813	11.7459	6.7849	12.6360
加权净资产收益率(%)	5.3100	12.1000	6.5700	13.1700
净资产收益率(扣除)(%)	5.6830	11.3088	6.6478	8.6517
总资产(万元)	848531.55	831433.27	816623.26	793371.18
归属母公司股东权益(万元)	427662.34	438808.36	414006.35	441477.47
营业收入(万元)	358746.60	741806.74	360792.65	657025.92
营业支出(万元)	293824.49	612674.55	296862.40	558651.53
投资收益(万元)	348.84	906.95	443.74	-43.03
净利润(万元)	23202.55	52238.76	28090.77	55785.03
营业利润(万元)	26931.93	56962.88	32243.17	42998.16
利润总额(万元)	26351.96	59063.49	32825.06	63856.34

北方光电股份有限公司

公司概况	公司名称	北方光电股份有限公司			证券简称	光电股份
	法人代表	叶明华	董秘	孙峰	证券代码	600184
	公司网址	www.sicong.com		电子信箱	newhgzqb@163.com	
	电　话	029-82537951		传　真	029-82526666	
	办公地址	陕西省西安市长乐中路35号				
	经营范围	光电装备、光电仪器产品、信息技术产品、太阳能电池及太阳能发电系统等				

主要财务指标	指标\报告期	2015.06.30	2014.12.31	2014.06.30	2013.12.31
	基本每股收益(元)	0.0400	0.3000	0.0300	–0.7900
	基本每股收益(扣除后)(元)	0.0300	0.2800	0.0300	–0.2600
	稀释每股收益(元)	0.0400	0.3000	0.0300	–0.7900
	每股净资产(元)	2.3969	4.7203	4.4857	4.4117
	每股经营现金净流量(元)	–1.2783	1.9429	–1.2419	–0.0062
	每股现金流量(元)	–0.7802	–0.3836	–1.8940	0.6323
	每股资本公积金(元)	0.5639	2.1279	2.1163	2.1163
	每股盈余公积金(元)	0.1099	0.2197	0.2197	0.2197
	每股未分配利润(元)	0.7207	1.3698	1.1406	1.0744
	净资产收益率(%)	1.4931	6.2575	1.4742	–18.0070
	加权净资产收益率(%)	1.5000	6.4800	1.4900	–17.1500
	净资产收益率(扣除)(%)	1.3677	6.0373	1.3957	–5.9699
	总资产(万元)	296293.19	292748.76	242319.05	252385.63
	归属母公司股东权益(万元)	100373.23	98834.73	93922.26	92372.42
	营业收入(万元)	92727.20	183604.49	71320.85	174291.07
	营业支出(万元)	81993.75	154469.35	60731.86	147963.58
	投资收益(万元)	86.70	222.64	168.60	4779.01
	净利润(万元)	1535.87	6205.30	1368.96	–16739.83
	营业利润(万元)	1593.41	6456.60	1454.78	–3124.45
	利润总额(万元)	1726.79	6712.62	1541.80	–17957.13

格力地产股份有限公司

公司概况	公司名称	格力地产股份有限公司			证券简称	格力地产
	法人代表	鲁君四	董秘	黄华敏	证券代码	600185
	公司网址	www.greedc.com		电子信箱	gldc@greedc.com	
	电　话	0756-8860606		传　真	0756-8309666	
	办公地址	广东省珠海市石花西路213号				
	经营范围	实业投资、投资及投资管理、房地产开发经营、物业管理等				

主要财务指标	指标\报告期	2015.06.30	2014.12.31	2014.06.30	2013.12.31
	基本每股收益(元)	1.5900	0.5400	0.2300	0.6100
	基本每股收益(扣除后)(元)	–0.0500	0.1700	0.1400	0.5200
	稀释每股收益(元)	1.4800	0.5400	0.2300	0.6100
	每股净资产(元)	5.9989	5.6889	5.0219	5.1331
	每股经营现金净流量(元)	–4.4764	–1.9829	–0.6803	–0.2212
	每股现金流量(元)	–1.5964	1.6728	–0.7193	1.3220
	每股资本公积金(元)	–0.6600	–0.6604	0.6535	0.7971
	每股盈余公积金(元)	0.2986	0.2987	0.2848	0.2848
	每股未分配利润(元)	4.9690	3.3796	3.0835	3.0512
	净资产收益率(%)	26.4963	9.5306	4.6263	11.8983
	加权净资产收益率(%)	27.2000	10.2200	4.4300	13.2100
	净资产收益率(扣除)(%)	–0.7614	3.0446	2.8343	10.1431
	总资产(万元)	1992481.64	1851876.13	1571089.08	1567190.75
	归属母公司股东权益(万元)	346500.72	328587.07	290059.63	296486.81
	营业收入(万元)	11517.19	146630.33	86872.08	216360.14
	营业支出(万元)	8928.44	98093.82	59879.33	127152.22
	投资收益(万元)	109061.35	26545.25	5167.87	3445.24
	净利润(万元)	91762.10	31284.86	13419.14	35276.80
	营业利润(万元)	115010.95	37574.20	16358.18	42404.93
	利润总额(万元)	105426.97	21439.04	16369.16	43195.53

河南莲花味精股份有限公司

公司概况	公司名称	河南莲花味精股份有限公司			证券简称	莲花味精
	法人代表	夏建统	董秘	时祖健	证券代码	600186
	公司网址	www.chinalotus.com.cn		电子信箱	a600186@sina.com	
	电　话	0394-4298666		传　真	0394-4298899	
	办公地址	河南省项城市莲花大道18号				
	经营范围	味精和调味品的生产及销售、热力、电力的生产及销售等				

主要财务指标	指标\报告期	2015.06.30	2014.12.31	2014.06.30	2013.12.31
	基本每股收益(元)	–0.4716	0.0225	–0.0584	–0.3070
	基本每股收益(扣除后)(元)	–0.4728	–0.2500	–0.1156	–0.3093
	稀释每股收益(元)	–0.4716	0.0225	–0.0584	–0.3070
	每股净资产(元)	0.0932	0.5648	0.4913	0.5497
	每股经营现金净流量(元)	–0.0069	–0.0364	0.0100	0.0670
	每股现金流量(元)	–0.0120	–0.0035	0.0173	–0.0081
	每股资本公积金(元)	0.2999	0.2999	0.3008	0.3008
	每股盈余公积金(元)	0.0781	0.0781	0.0781	0.0781
	每股未分配利润(元)	–1.2848	–0.8132	–0.8875	–0.8292
	净资产收益率(%)	–505.8098	3.9793	–11.8771	–55.8413
	加权净资产收益率(%)	–143.3300	4.0500	–11.2100	–43.8400
	净资产收益率(扣除)(%)	–507.0907	–44.2985	–23.5238	–56.2600
	总资产(万元)	215171.28	263625.81	260438.57	260375.26
	归属母公司股东权益(万元)	9901.47	59984.11	52181.14	58378.74
	营业收入(万元)	88029.08	200493.88	94202.28	215661.86
	营业支出(万元)	87077.24	189073.60	90125.09	210481.94
	投资收益(万元)	–284.18	2301.94	–576.70	–3439.31
	净利润(万元)	–52756.38	1650.96	–6197.60	–32599.47
	营业利润(万元)	–52883.20	–24005.05	–11914.31	–34393.22
	利润总额(万元)	–52756.38	1650.96	–5835.17	–34147.47

黑龙江国中水务股份有限公司

公司概况	公司名称	黑龙江国中水务股份有限公司			证券简称	国中水务
	法人代表	尹峻	董秘	刘玉萍	证券代码	600187
	公司网址	www.interchinawater.com		电子信箱	liuyuping@interchina-bj.com	
	电　话	010-51695607		传　真	010-65220997	
	办公地址	北京市东城区灯市口大街33号国中商业大厦10层				
	经营范围	机制纸及纸浆、供排水及污水处理				

主要财务指标	指标\报告期	2015.06.30	2014.12.31	2014.06.30	2013.12.31
	基本每股收益(元)	0.0084	0.1032	0.0353	0.1036
	基本每股收益(扣除后)(元)	0.0016	0.0860	0.0255	0.0775
	稀释每股收益(元)	0.0084	0.1032	0.0353	0.1036
	每股净资产(元)	1.8373	1.8289	1.7618	1.7257
	每股经营现金净流量(元)	0.0044	0.0724	–0.0092	0.0963
	每股现金流量(元)	0.0123	–0.0840	0.0326	0.0917
	每股资本公积金(元)	0.9189	0.9189	0.9189	0.9189
	每股盈余公积金(元)	0.0210	0.0210	0.0210	0.0210
	每股未分配利润(元)	–0.1028	–0.1111	–0.1790	–0.2143
	净资产收益率(%)	0.4552	5.6412	2.0045	5.6835
	加权净资产收益率(%)	0.4600	5.8100	2.0300	7.7900
	净资产收益率(扣除)(%)	0.0875	4.6995	1.4479	4.2538
	总资产(万元)	418393.06	393953.95	372351.43	355191.22
	归属母公司股东权益(万元)	267440.85	266220.55	256452.75	251190.14
	营业收入(万元)	25855.49	71992.72	26486.48	58940.12
	营业支出(万元)	15272.44	36234.72	13421.77	31237.10
	投资收益(万元)	–177.25	368.44	250.24	878.38
	净利润(万元)	1331.71	15492.34	5140.70	14276.35
	营业利润(万元)	33.55	14938.96	4703.65	13709.59
	利润总额(万元)	1913.88	18542.35	6368.68	17608.95

兖州煤业股份有限公司

公司概况	公司名称	兖州煤业股份有限公司			证券简称	兖州煤业
	法人代表	李希勇	董秘	张宝才	证券代码	600188
	公司网址	www.yanzhoucoal.com.cn			电子信箱	yzc@yanzhoucoal.com.cn
	电　话	0537-5382319 0852-21366185			传　真	0537-5383311 0852-31706606
	办公地址	山东省邹城市凫山南路 298 号				
	经营范围	地下煤炭开采、洗选加工、销售和煤炭铁路运输等				

主要财务指标 指标\报告期	2015.06.30	2014.12.31	2014.06.30	2013.12.31
基本每股收益(元)	0.1009	0.4570	0.1699	0.2585
基本每股收益(扣除后)(元)	0.0116	0.2602	0.0749	0.2400
稀释每股收益(元)	0.1009	0.4570	0.1699	0.2600
每股净资产(元)	8.3926	7.9700	8.3707	7.9300
每股经营现金净流量(元)	–0.1193	1.1505	–0.0498	0.6011
每股现金流量(元)	0.0801	1.8790	0.5561	–0.3729
每股资本公积金(元)	0.2615	0.2615	0.2613	0.6315
每股盈余公积金(元)	1.2150	1.1996	1.1170	1.1170
每股未分配利润(元)	5.9436	5.8511	5.6393	5.4894
净资产收益率(%)	1.5243	5.8272	2.0295	3.2611
加权净资产收益率(%)	1.6400	5.8900	2.0400	2.9800
净资产收益率(扣除)(%)	0.4607	3.3572	0.8953	3.0595
总资产(万元)	13199102.10	13113519.80	13671764.40	12569947.40
归属母公司股东权益(万元)	4127800.00	3919867.80	4117040.10	3898048.60
营业收入(万元)	2514340.60	6392273.80	3242861.20	5872658.90
营业支出(万元)	2021559.00	5170399.60	2685309.50	4561119.80
投资收益(万元)	19679.20	2354.90	–8926.80	–7055.80
净利润(万元)	54488.70	185844.80	83555.20	127121.10
营业利润(万元)	66801.40	254662.80	29085.10	–11012.70
利润总额(万元)	96908.50	336624.50	66964.90	13032.40

吉林森林工业股份有限公司

公司概况	公司名称	吉林森林工业股份有限公司			证券简称	吉林森工
	法人代表	柏广新	董秘	时军	证券代码	600189
	公司网址	www.jlsg.com.cn			电子信箱	gfgs@jlsg.com.cn
	电　话	0431-88912969			传　真	0431-88930595
	办公地址	吉林省长春市朝阳区延安大街 1399 号				
	经营范围	森林采伐、人造板及饰面材料、进出口贸易、林化产品等的生产与销售等				

主要财务指标 指标\报告期	2015.06.30	2014.12.31	2014.06.30	2013.12.31
基本每股收益(元)	–0.0800	0.0300	0.0100	0.1300
基本每股收益(扣除后)(元)	–0.0700	–0.0800	–0.0300	0.0700
稀释每股收益(元)	–0.0800	0.0300	0.0100	0.1300
每股净资产(元)	4.0736	4.2288	4.2023	4.2958
每股经营现金净流量(元)	–0.0980	0.0124	–0.4047	0.3836
每股现金流量(元)	0.8925	–0.3445	0.2957	–0.6185
每股资本公积金(元)	2.1070	2.0793	2.0791	2.0791
每股盈余公积金(元)	0.5670	0.5670	0.5623	0.5623
每股未分配利润(元)	0.3996	0.5821	0.5609	0.6544
净资产收益率(%)	–2.0247	0.8078	0.1857	3.0853
加权净资产收益率(%)	–1.9700	0.8000	0.1800	3.1100
净资产收益率(扣除)(%)	–1.8019	–1.8911	–0.6926	1.5337
总资产(万元)	493346.30	387435.37	388711.07	340268.53
归属母公司股东权益(万元)	126485.91	131304.46	130479.96	133383.87
营业收入(万元)	78850.65	141750.18	65153.53	133943.17
营业支出(万元)	56278.23	106784.44	52796.27	108846.97
投资收益(万元)	112.98	3776.51	3825.77	5762.86
净利润(万元)	–3195.38	1223.48	242.24	4115.34
营业利润(万元)	–3034.25	–2535.11	–339.62	253.57
利润总额(万元)	–1966.26	3567.29	566.83	6572.25

锦州港股份有限公司

公司概况	公司名称	锦州港股份有限公司			证券简称	锦 州 港
	法人代表	徐健	董秘	李桂萍	证券代码	600190
	公司网址	www.jinzhouport.com			电子信箱	JZP@jinzhouport.com
	电　话	0416-3586462 3586234			传　真	0416-3582431
	办公地址	辽宁省锦州市经济技术开发区锦港大街一段 1 号				
	经营范围	港口装卸、仓储及船货代理服务等				

主要财务指标 指标\报告期	2015.06.30	2014.12.31	2014.06.30	2013.12.31
基本每股收益(元)	0.0550	0.1100	0.0650	0.1000
基本每股收益(扣除后)(元)	0.0370	0.0600	0.0620	0.0800
稀释每股收益(元)	0.0550	0.1100	0.0650	0.1000
每股净资产(元)	2.9623	2.9036	2.8568	2.8135
每股经营现金净流量(元)	0.1983	0.1576	0.0701	0.2683
每股现金流量(元)	–0.0706	–0.3151	–0.2865	0.4146
每股资本公积金(元)	1.3302	1.3302	1.3302	1.3302
每股盈余公积金(元)	0.1600	0.1600	0.1470	0.1470
每股未分配利润(元)	0.4658	0.4106	0.3768	0.3363
净资产收益率(%)	1.8655	3.7982	2.2922	2.7459
加权净资产收益率(%)	1.8900	3.8600	2.3000	3.7300
净资产收益率(扣除)(%)	1.2454	1.9006	2.1573	2.1194
总资产(万元)	1183968.59	1219498.29	1170433.74	1119838.47
归属母公司股东权益(万元)	593143.08	581390.95	572016.05	563353.91
营业收入(万元)	118494.42	212699.47	121837.85	184463.03
营业支出(万元)	90288.53	160815.17	88604.64	132340.87
投资收益(万元)	1145.28	3823.55	–617.86	1375.27
净利润(万元)	11289.52	23191.76	13111.93	15469.38
营业利润(万元)	12647.23	19550.77	18200.95	19975.50
利润总额(万元)	14712.02	30796.58	18627.99	22700.82

包头华资实业股份有限公司

公司概况	公司名称	包头华资实业股份有限公司			证券简称	华资实业
	法人代表	宋卫东	董秘	李怀庆	证券代码	600191
	公司网址	www.huazi.com			电子信箱	wxy@basestone.net
	电　话	0472-6957558 6957240			传　真	0472-4190473
	办公地址	内蒙古自治区包头市东河区				
	经营范围	生产、销售糖、食用酒精、颗粒粕、电子元器件、计算机的研制、生产等				

主要财务指标 指标\报告期	2015.06.30	2014.12.31	2014.06.30	2013.12.31
基本每股收益(元)	0.3239	0.0266	0.0561	0.0142
基本每股收益(扣除后)(元)	0.3248	0.0233	0.0338	–
稀释每股收益(元)	0.3239	0.0266	0.0561	0.0142
每股净资产(元)	4.4275	3.9544	3.4523	3.4349
每股经营现金净流量(元)	–0.0938	–0.1166	–0.0426	–0.1874
每股现金流量(元)	–0.0393	–0.2688	0.0983	–0.1580
每股资本公积金(元)	0.8720	0.8720	1.7474	1.7810
每股盈余公积金(元)	0.2003	0.2003	0.1967	0.1967
每股未分配利润(元)	0.7891	0.4752	0.5082	0.4572
净资产收益率(%)	7.3168	0.6738	1.6241	0.4125
加权净资产收益率(%)	7.7300	0.7200	1.6300	0.4100
净资产收益率(扣除)(%)	7.3352	0.5902	0.9776	–1.9165
总资产(万元)	288792.09	264922.60	232543.50	229229.27
归属母公司股东权益(万元)	214702.36	191760.47	167413.57	166568.73
营业收入(万元)	2922.11	27697.56	11269.85	22274.59
营业支出(万元)	3041.02	29511.85	12064.16	23897.22
投资收益(万元)	21613.58	16022.80	7452.56	12174.39
净利润(万元)	15707.62	1286.61	2719.00	687.16
营业利润(万元)	15418.50	843.95	1645.75	324.26
利润总额(万元)	15378.99	1004.20	2728.07	344.52

兰州长城电工股份有限公司

公司概况

公司名称	兰州长城电工股份有限公司			证券简称	长城电工
法人代表	杨林	董秘	白天洪	证券代码	600192
公司网址	www.chinagwe.com		电子信箱	gwe@chinagwe.com	
电　话	0931-8415501		传　真	0931-8414606	
办公地址	甘肃省兰州市城关区农民巷 215 号				
经营范围	电器机械及器材、电器元件的研究开发、生产、批发零售等				

主要财务指标

指标\报告期	2015.06.30	2014.12.31	2014.06.30	2013.12.31
基本每股收益(元)	0.0785	0.1759	0.1316	0.1854
基本每股收益(扣除后)(元)	0.0405	0.0389	0.0879	0.0740
稀释每股收益(元)	–	0.1759	0.1316	0.1610
每股净资产(元)	4.2600	4.2000	4.1524	4.0377
每股经营现金净流量(元)	0.0048	0.2691	0.0141	–0.0252
每股现金流量(元)	0.0236	0.0247	–0.3031	0.3472
每股资本公积金(元)	2.0444	2.0444	2.0427	2.0427
每股盈余公积金(元)	0.1076	0.1076	0.1076	0.1076
每股未分配利润(元)	1.1069	1.0464	1.0021	0.8875
净资产收益率(%)	1.8437	4.1901	3.1699	3.9862
加权净资产收益率(%)	1.8569	4.2700	3.2143	4.9200
净资产收益率(扣除)(%)	0.9499	0.9267	2.1183	1.5915
总资产(万元)	438445.07	422448.49	381120.33	380352.63
归属母公司股东权益(万元)	188135.23	185461.65	183429.57	178365.46
营业收入(万元)	104272.04	205800.28	114276.53	201097.95
营业支出(万元)	79592.13	154793.51	86221.68	148776.36
投资收益(万元)	–131.42	215.64	–13.92	17.77
净利润(万元)	3813.18	8228.70	5814.60	7110.05
营业利润(万元)	2401.83	2920.17	4687.34	4744.39
利润总额(万元)	4204.94	9935.33	6997.13	9690.84

上海创兴资源开发股份有限公司

公司概况

公司名称	上海创兴资源开发股份有限公司			证券简称	创兴资源
法人代表	翟金水	董秘	陈海燕	证券代码	600193
公司网址			电子信箱	cxkj_irm@126.com	
电　话	021-58125999		传　真	021-58125066	
办公地址	上海市浦东新区康桥路 1388 号				
经营范围	矿业投资、实业投资、从事货物及技术的进出口业务				

主要财务指标

指标\报告期	2015.06.30	2014.12.31	2014.06.30	2013.12.31
基本每股收益(元)	0.0400	–0.9400	–0.0460	0.2500
基本每股收益(扣除后)(元)	–0.0300	–0.8900	–0.0460	–0.1100
稀释每股收益(元)	0.0400	–0.9400	–0.0460	0.2500
每股净资产(元)	0.8196	0.7889	1.6272	1.6694
每股经营现金净流量(元)	–0.1333	–0.0013	0.0293	–0.0164
每股现金流量(元)	–0.0367	–0.0059	–0.0454	0.2893
每股资本公积金(元)	0.3207	0.3257	0.2779	0.2779
每股盈余公积金(元)	0.1148	0.1148	0.1146	0.1146
每股未分配利润(元)	–0.6484	–0.6841	0.2051	0.2509
净资产收益率(%)	4.3534	–118.6629	–2.8121	11.7416
加权净资产收益率(%)	4.4200	–76.8300	–2.7800	13.9300
净资产收益率(扣除)(%)	–3.4025	–112.8704	–2.8053	–5.1613
总资产(万元)	64176.92	82913.90	119070.54	122725.87
归属母公司股东权益(万元)	34863.20	33557.45	69217.81	71010.66
营业收入(万元)	137.37	5123.80	4784.45	9933.02
营业支出(万元)	98.65	5849.20	4790.15	8269.30
投资收益(万元)	2831.48	–1369.20	–685.82	18742.55
净利润(万元)	1517.74	–40154.78	–1946.48	8337.79
营业利润(万元)	1959.35	–37736.10	–2485.50	12909.84
利润总额(万元)	2235.95	–39679.78	–2490.14	11776.90

中牧实业股份有限公司

公司概况

公司名称	中牧实业股份有限公司			证券简称	中牧股份
法人代表	胡启毅	董秘	梁传玉	证券代码	600195
公司网址	www.cahic.com		电子信箱	600195@cahic.com	
电　话	010-63702195		传　真	010-63702196	
办公地址	北京市丰台区南四环西路 188 号八区 16-19 号楼				
经营范围	饲料行业、动物保健品行业及畜牧业生产资料贸易等				

主要财务指标

指标\报告期	2015.06.30	2014.12.31	2014.06.30	2013.12.31
基本每股收益(元)	0.3377	0.6756	0.3548	0.5944
基本每股收益(扣除后)(元)	0.3336	0.5452	0.3455	0.5851
稀释每股收益(元)	0.3377	0.6756	0.3548	0.5944
每股净资产(元)	6.7681	6.6327	6.2831	6.0121
每股经营现金净流量(元)	–0.2827	0.6692	–0.2398	0.5891
每股现金流量(元)	–0.1790	–1.3164	–1.0260	0.9558
每股资本公积金(元)	2.1317	2.1317	1.7923	1.7112
每股盈余公积金(元)	0.5528	0.5528	0.5528	0.5528
每股未分配利润(元)	3.0799	2.9472	2.9379	2.7481
净资产收益率(%)	4.9896	10.1861	5.6468	9.1237
加权净资产收益率(%)	4.9400	10.4200	5.7100	10.9000
净资产收益率(扣除)(%)	4.9293	8.2203	5.4984	8.9804
总资产(万元)	429328.42	427949.11	417414.69	371400.79
归属母公司股东权益(万元)	290891.10	285072.75	270048.20	258401.66
营业收入(万元)	208823.51	403544.13	158054.08	363975.10
营业支出(万元)	161100.22	306903.36	115468.75	275533.42
投资收益(万元)	2710.53	11245.59	2803.23	3945.32
净利润(万元)	15398.53	28372.20	15249.07	23575.90
营业利润(万元)	17995.37	32247.24	17521.72	29231.17
利润总额(万元)	18199.00	33227.76	17977.79	29754.37

上海复星医药(集团)股份有限公司

公司概况

公司名称	上海复星医药(集团)股份有限公司			证券简称	复星医药
法人代表	陈启宇	董秘	周飚	证券代码	600196
公司网址	www.fosunpharma.com		电子信箱	ir@fosunpharma.com	
电　话	021-23138196		传　真	021-23138035	
办公地址	上海市宜山路 1289 号 A 楼				
经营范围	药品制造、药品销售、医疗器械和医疗诊断产品等				

主要财务指标

指标\报告期	2015.06.30	2014.12.31	2014.06.30	2013.12.31
基本每股收益(元)	0.5600	0.9200	0.4400	0.9000
基本每股收益(扣除后)(元)	0.3800	0.5800	0.2900	0.4600
稀释每股收益(元)	0.5600	0.9200	0.4400	0.9000
每股净资产(元)	7.5683	7.2135	6.6750	6.8433
每股经营现金净流量(元)	0.2931	0.5192	0.1746	0.4515
每股现金流量(元)	–0.0672	0.2569	0.4321	–0.7835
每股资本公积金(元)	2.6225	2.6490	1.7931	2.0093
每股盈余公积金(元)	0.7192	0.7191	0.6426	0.6630
每股未分配利润(元)	2.6449	2.3607	3.2404	3.1747
净资产收益率(%)	7.4514	12.6710	6.4939	13.2209
加权净资产收益率(%)	7.4800	13.3800	6.5400	12.3000
净资产收益率(扣除)(%)	5.0445	7.9822	4.3408	6.6909
总资产(万元)	3634631.05	3533627.73	3104795.41	2947519.09
归属母公司股东权益(万元)	1749319.81	1667484.88	1543003.91	1533218.45
营业收入(万元)	592138.40	1202553.20	553853.93	999640.90
营业支出(万元)	292946.51	671856.88	318661.63	554336.90
投资收益(万元)	126771.21	192501.15	99126.92	214062.01
净利润(万元)	151610.55	236983.89	100201.46	202705.77
营业利润(万元)	178803.41	239434.68	133115.99	281883.32
利润总额(万元)	181009.36	271805.36	133816.75	290627.22

新疆伊力特实业股份有限公司

公司概况	公司名称	新疆伊力特实业股份有限公司		证券简称	伊力特
	法人代表	徐勇辉	董秘 君洁	证券代码	600197
	公司网址	www.xjyilite.com		电子信箱	yilitedm@163.com
	电话	0991-3667490		传真	0991-3672172
	办公地址	新疆维吾尔自治区伊犁哈萨克自治州新源县肖尔布拉克			
	经营范围	白酒生产和销售等业务			

主要财务指标 指标\报告期	2015.06.30	2014.12.31	2014.06.30	2013.12.31
基本每股收益(元)	0.3002	0.6079	0.3335	0.6185
基本每股收益(扣除后)(元)	0.2970	0.5347	0.3307	0.2636
稀释每股收益(元)	0.3002	0.6079	0.3335	0.6185
每股净资产(元)	3.7920	3.7219	3.4480	3.3443
每股经营现金净流量(元)	0.1497	0.5575	-0.0733	0.9012
每股现金流量(元)	0.1098	0.9587	0.5722	0.3595
每股资本公积金(元)	0.4617	0.4617	0.4617	0.4617
每股盈余公积金(元)	0.5788	0.5788	0.5326	0.5326
每股未分配利润(元)	1.7515	1.6813	1.4531	1.3496
净资产收益率(%)	7.9154	16.3326	9.6727	18.4934
加权净资产收益率(%)	7.7500	17.0200	10.1600	19.4000
净资产收益率(扣除)(%)	7.8319	14.3655	9.5908	7.8822
总资产(万元)	223290.29	230918.30	215805.83	229937.54
归属母公司股东权益(万元)	167227.58	164133.88	152054.69	147484.42
营业收入(万元)	80692.96	162829.34	80059.91	175307.26
营业支出(万元)	40366.33	77587.08	38576.05	90944.27
投资收益(万元)	182.95	-23.59	-117.92	16067.41
净利润(万元)	13227.18	26881.61	14707.81	27274.86
营业利润(万元)	20261.54	37686.33	23248.80	39763.05
利润总额(万元)	20372.64	39320.29	23350.20	40193.19

大唐电信科技股份有限公司

公司概况	公司名称	大唐电信科技股份有限公司		证券简称	大唐电信
	法人代表	曹斌	董秘 齐秀彬	证券代码	600198
	公司网址	www.datang.com		电子信箱	dt600198@datang.com
	电话	010-58919172		传真	010-58919173
	办公地址	北京市海淀区永嘉北路6号			
	经营范围	各类通讯网络系统、各类通信终端、计算机软硬件等产品开发、生产、销售等			

主要财务指标 指标\报告期	2015.06.30	2014.12.31	2014.06.30	2013.12.31
基本每股收益(元)	-0.3326	0.2562	-0.1163	0.2098
基本每股收益(扣除后)(元)	-0.3744	-0.0648	-0.1737	-0.0401
稀释每股收益(元)	-0.3326	0.2562	-0.1163	0.2098
每股净资产(元)	4.2316	4.5695	4.2172	3.1121
每股经营现金净流量(元)	0.1283	-0.6655	-1.1114	-0.2050
每股现金流量(元)	-0.4513	0.4139	-0.4325	0.1405
每股资本公积金(元)	4.1752	4.1752	4.1676	3.1198
每股盈余公积金(元)	0.0678	0.0678	0.0678	0.0807
每股未分配利润(元)	-1.0080	-0.6754	-1.0159	-1.0856
净资产收益率(%)	-7.8597	5.3846	-2.4458	6.7416
加权净资产收益率(%)	-7.5579	6.1289	-2.8190	6.9992
净资产收益率(扣除)(%)	-8.8482	-1.3621	-3.6527	-1.2891
总资产(万元)	1400934.29	1396461.01	1338563.70	1114945.00
归属母公司股东权益(万元)	373269.94	403076.87	372001.88	230830.38
营业收入(万元)	265744.94	798403.10	299285.02	791517.26
营业支出(万元)	226675.23	638428.92	244145.49	650057.84
投资收益(万元)	-66.76	2742.06	-563.22	2320.77
净利润(万元)	-29676.98	24767.53	-9098.28	15561.59
营业利润(万元)	-33620.05	5808.47	-12567.36	6385.39
利润总额(万元)	-28984.29	31733.30	-5968.30	26525.17

安徽金种子酒业股份有限公司

公司概况	公司名称	安徽金种子酒业股份有限公司		证券简称	金种子酒
	法人代表	锁炳勋	董秘 金彪	证券代码	600199
	公司网址	www.jzz.cn		电子信箱	jinbiao@600199.com.cn
	电话	0558-2210568 2210699		传真	0558-2212666 2212836
	办公地址	安徽省阜阳市莲花路259号			
	经营范围	白酒的生产与销售等			

主要财务指标 指标\报告期	2015.06.30	2014.12.31	2014.06.30	2013.12.31
基本每股收益(元)	0.0617	0.1600	0.0884	0.2400
基本每股收益(扣除后)(元)	0.0282	0.1100	0.0639	0.2300
稀释每股收益(元)	0.0617	0.1600	0.0884	0.2400
每股净资产(元)	3.9990	3.9875	3.9154	3.9074
每股经营现金净流量(元)	0.5104	0.0959	-0.0714	0.5223
每股现金流量(元)	1.4333	-0.6823	-0.0610	-1.3011
每股资本公积金(元)	1.2609	1.2609	1.2609	1.2609
每股盈余公积金(元)	0.1944	0.1944	0.1835	0.1835
每股未分配利润(元)	1.4875	1.4758	1.4157	1.4073
净资产收益率(%)	1.5417	3.9962	2.2577	6.1453
加权净资产收益率(%)	1.5300	4.0400	2.2400	6.1000
净资产收益率(扣除)(%)	0.7043	2.7936	1.6323	5.8074
总资产(万元)	329585.51	322025.65	335611.89	318009.16
归属母公司股东权益(万元)	222252.76	221615.82	217608.93	217162.29
营业收入(万元)	86350.52	207503.46	104425.50	208061.90
营业支出(万元)	34228.45	78134.86	39247.51	70656.93
投资收益(万元)	2099.69	3310.12	1428.52	1258.06
净利润(万元)	3434.91	8857.32	4912.87	13345.25
营业利润(万元)	4992.81	11221.44	7687.80	21040.15
利润总额(万元)	5355.48	11660.06	8054.70	20831.44

江苏吴中实业股份有限公司

公司概况	公司名称	江苏吴中实业股份有限公司		证券简称	江苏吴中
	法人代表	赵唯一	董秘 朱菊芳	证券代码	600200
	公司网址	www.600200.com		电子信箱	jswz@600200.com
	电话	0512-66981888 65626898		传真	0512-65270086
	办公地址	苏州市吴中区东方大道988号			
	经营范围	服装与医药等			

主要财务指标 指标\报告期	2015.06.30	2014.12.31	2014.06.30	2013.12.31
基本每股收益(元)	0.0280	0.0650	0.0270	0.0810
基本每股收益(扣除后)(元)	0.0190	0.0420	0.0200	0.0630
稀释每股收益(元)	0.0280	0.0650	0.0270	0.0810
每股净资产(元)	1.5923	1.5878	1.5493	1.5473
每股经营现金净流量(元)	-0.2079	-0.5094	-0.2748	0.3686
每股现金流量(元)	-0.1049	-0.2719	-0.1109	0.1853
每股资本公积金(元)	0.0829	0.0327	0.0327	0.0327
每股盈余公积金(元)	0.1882	0.1897	0.1897	0.1897
每股未分配利润(元)	0.3703	0.3654	0.3270	0.3249
净资产收益率(%)	1.7387	4.1249	1.7438	5.2367
加权净资产收益率(%)	1.7500	4.1800	1.7400	5.3500
净资产收益率(扣除)(%)	1.1736	2.6360	1.3076	4.0940
总资产(万元)	400679.72	401888.54	392201.28	393036.56
归属母公司股东权益(万元)	100090.41	99031.05	96631.13	96505.33
营业收入(万元)	137898.64	306648.73	153120.70	387530.15
营业支出(万元)	118890.61	258846.21	129549.70	334834.74
投资收益(万元)	3676.14	718.94	655.29	416.34
净利润(万元)	3223.02	8682.80	1685.06	5053.72
营业利润(万元)	4093.83	11659.21	5722.67	13887.55
利润总额(万元)	4613.93	13293.71	6219.12	15010.04

内蒙古金宇集团股份有限公司

公司概况	公司名称	内蒙古金宇集团股份有限公司			证券简称	金宇集团
	法人代表	张翀宇	董秘	李树剑	证券代码	600201
	公司网址	www.jinyu.com.cn		电子信箱	lisj@jinyu.com.cn	
	电　话	0471-6539434		传　真	0471-6539430	
	办公地址	内蒙古自治区呼和浩特市鄂尔多斯西街58号				
	经营范围	生物药品制造、房地产开发、羊绒纺织、生物技术开发应用等				

主要财务指标	指标\报告期	2015.06.30	2014.12.31	2014.06.30	2013.12.31
	基本每股收益(元)	0.9100	1.4400	0.7600	0.8900
	基本每股收益(扣除后)(元)	0.8700	1.4300	0.7500	0.6700
	稀释每股收益(元)	0.9100	1.4300	0.7600	0.8900
	每股净资产(元)	6.4139	5.7115	5.2113	4.5645
	每股经营现金净流量(元)	0.0608	2.0471	0.3997	2.3123
	每股现金流量(元)	–0.4474	0.8283	–0.3458	1.4358
	每股资本公积金(元)	1.1260	1.0381	0.9794	0.7557
	每股盈余公积金(元)	0.4109	0.4117	0.3604	0.3668
	每股未分配利润(元)	4.0769	3.4870	2.8716	2.4421
	净资产收益率(%)	13.9721	24.7647	14.3467	19.5728
	加权净资产收益率(%)	14.7000	28.0000	15.1300	21.3500
	净资产收益率(扣除)(%)	13.9176	24.6212	14.2080	14.7373
	总资产(万元)	221017.05	209799.48	177978.48	171166.44
	归属母公司股东权益(万元)	183704.93	163265.40	148968.44	128179.19
	营业收入(万元)	56825.37	106293.20	50492.37	67138.30
	营业支出(万元)	15102.60	25283.91	14651.41	19714.23
	投资收益(万元)	493.78	423.02	434.07	8173.72
	净利润(万元)	25574.09	40211.70	21371.99	25088.31
	营业利润(万元)	30796.37	48031.37	25068.88	29698.20
	利润总额(万元)	30853.25	48296.53	25276.31	29987.36

哈尔滨空调股份有限公司

公司概况	公司名称	哈尔滨空调股份有限公司			证券简称	哈 空 调
	法人代表	杨凤明	董秘	孙淑玲	证券代码	600202
	公司网址	www.hac.com.cn		电子信箱	ssl@hac.com.cn	
	电　话	0451-84644521		传　真	0451-84676205	
	办公地址	黑龙江省哈尔滨市高新技术开发区迎宾路集中区滇池街7号				
	经营范围	空气冷却设备、空气调节设备、节能换热设备的开发、生产与销售等				

主要财务指标	指标\报告期	2015.06.30	2014.12.31	2014.06.30	2013.12.31
	基本每股收益(元)	0.0056	0.0588	–0.0085	–0.2296
	基本每股收益(扣除后)(元)	–0.0025	0.0325	–0.0178	–
	稀释每股收益(元)	0.0056	0.0588	–0.0085	–0.2296
	每股净资产(元)	2.2388	2.2332	2.1659	2.1744
	每股经营现金净流量(元)	–0.1969	0.6908	0.4318	0.2065
	每股现金流量(元)	–0.0791	–0.0959	0.0559	–0.1628
	每股资本公积金(元)	0.1996	0.1996	0.2000	0.2000
	每股盈余公积金(元)	0.3362	0.3362	0.3256	0.3256
	每股未分配利润(元)	0.7026	0.6970	0.6403	0.6488
	净资产收益率(%)	0.2481	2.6346	–0.3920	–10.5574
	加权净资产收益率(%)	0.2500	2.6700	–0.3900	–10.0000
	净资产收益率(扣除)(%)	–0.1123	1.4573	–0.8212	–11.3769
	总资产(万元)	255533.42	261535.19	256438.06	272356.34
	归属母公司股东权益(万元)	85821.65	85608.73	83028.23	83352.26
	营业收入(万元)	35152.13	105899.05	44142.69	87964.49
	营业支出(万元)	27961.58	81247.39	33555.22	73683.75
	投资收益(万元)	1689.42	156.97	–37.28	69.15
	净利润(万元)	212.96	2255.45	–325.44	–8799.80
	营业利润(万元)	–390.33	1326.11	–693.80	–11087.54
	利润总额(万元)	–51.25	2417.45	–353.26	–10456.12

福建福日电子股份有限公司

公司概况	公司名称	福建福日电子股份有限公司			证券简称	福日电子
	法人代表	卞志航	董秘	许政声	证券代码	600203
	公司网址	www.furielec.com		电子信箱	xuzs@furielec.com	
	电　话	0591-83315984 83318998		传　真	0591-83319978	
	办公地址	福建省福州市鼓楼区五一北路153号正祥商务中心2号楼12、13层				
	经营范围	电子计算机及配件、电子产品及通讯设备、家用电器、电子元、器件的制造、销售				

主要财务指标	指标\报告期	2015.06.30	2014.12.31	2014.06.30	2013.12.31
	基本每股收益(元)	0.0621	0.2878	0.0220	0.3200
	基本每股收益(扣除后)(元)	–0.0616	–0.2039	–0.0734	–0.4100
	稀释每股收益(元)	0.0621	0.2878	0.0220	0.3200
	每股净资产(元)	4.4315	3.8853	2.3720	2.0068
	每股经营现金净流量(元)	–0.3181	–0.1791	–0.3893	–0.0769
	每股现金流量(元)	–0.4310	0.3419	–0.2879	0.3739
	每股资本公积金(元)	2.8100	2.8100	1.9390	1.7002
	每股盈余公积金(元)	0.0586	0.0586	0.0485	0.0572
	每股未分配利润(元)	–0.2984	–0.2905	–0.6155	–0.7506
	净资产收益率(%)	1.4018	5.3179	0.8714	15.8057
	加权净资产收益率(%)	1.4800	11.7900	1.0100	16.6600
	净资产收益率(扣除)(%)	–1.3894	–3.7670	–2.8589	–20.6524
	总资产(万元)	431596.05	398192.71	190949.75	198455.07
	归属母公司股东权益(万元)	168523.23	147748.72	67311.43	48273.32
	营业收入(万元)	309454.12	351128.96	128874.28	249947.67
	营业支出(万元)	293388.05	339144.14	122813.32	244865.03
	投资收益(万元)	5536.88	17951.43	3326.25	22035.86
	净利润(万元)	2735.70	6352.98	586.54	7629.96
	营业利润(万元)	3367.39	9109.56	1120.36	6183.55
	利润总额(万元)	4176.34	9315.73	1241.22	7862.63

有研新材料股份有限公司

公司概况	公司名称	有研新材料股份有限公司			证券简称	有研新材
	法人代表	张少明	董秘	上官永恒	证券代码	600206
	公司网址	www.gritek.com		电子信箱	stock@griam.cn	
	电　话	010-62023601		传　真	010-62362059	
	办公地址	北京市海淀区北三环中路43号				
	经营范围	单晶硅、锗、化合物、半导体材料及相关电子材料的研究、开发生产和销售				

主要财务指标	指标\报告期	2015.06.30	2014.12.31	2014.06.30	2013.12.31
	基本每股收益(元)	0.0270	0.0700	–0.0360	0.0500
	基本每股收益(扣除后)(元)	0.0200	–0.1300	–0.0400	0.0400
	稀释每股收益(元)	0.0270	0.0700	–0.0360	0.0500
	每股净资产(元)	3.2813	3.2545	3.1517	4.3779
	每股经营现金净流量(元)	–0.2175	–0.0979	–0.1666	0.2882
	每股现金流量(元)	–0.0835	0.2472	–0.0709	0.6600
	每股资本公积金(元)	1.6753	1.6784	1.6815	3.7733
	每股盈余公积金(元)	0.0764	0.0764	0.0761	0.2298
	每股未分配利润(元)	0.5299	0.5032	0.3945	1.2972
	净资产收益率(%)	0.8152	2.2064	–1.1166	0.1585
	加权净资产收益率(%)	0.8200	1.9300	–1.1800	1.6500
	净资产收益率(扣除)(%)	0.6242	–3.9344	–1.2363	0.1549
	总资产(万元)	309046.98	313553.67	330657.39	293744.18
	归属母公司股东权益(万元)	275226.20	273241.01	264353.71	175016.79
	营业收入(万元)	117094.92	242293.78	108438.53	230252.64
	营业支出(万元)	106195.75	219085.54	96147.99	187028.72
	投资收益(万元)	–	4851.29	307.32	19.13
	净利润(万元)	2539.59	6951.37	–2510.89	8326.13
	营业利润(万元)	2411.11	–3319.51	–2328.89	8875.16
	利润总额(万元)	3054.25	10003.52	–1891.95	9596.47

河南安彩高科股份有限公司

公司概况	公司名称	河南安彩高科股份有限公司			证券简称	安彩高科
	法人代表	蔡志端	董秘	蔡志端(代)	证券代码	600207
	公司网址	www.acht.com.cn		电子信箱	achtzqb@acbc.com.cn	
	电　　话	0372-3732533		传　　真	0372-3938035	
	办公地址	河南省安阳市中州路南段				
	经营范围	21#、25#、29# 彩玻的生产和销售				

	指标\报告期	2015.06.30	2014.12.31	2014.06.30	2013.12.31
主要财务指标	基本每股收益(元)	-0.1384	-0.3912	-0.0562	0.0170
	基本每股收益(扣除后)(元)	-0.1407	-0.4052	-0.0578	-0.3014
	稀释每股收益(元)	-0.1384	-0.3912	-0.0562	0.0170
	每股净资产(元)	0.9840	1.1214	1.4544	1.5091
	每股经营现金净流量(元)	-0.1807	0.1840	0.2326	-0.0193
	每股现金流量(元)	-0.0987	-0.0395	0.1668	0.1543
	每股资本公积金(元)	2.8388	2.8388	2.8388	2.8388
	每股盈余公积金(元)	0.5624	0.5624	0.5624	0.5624
	每股未分配利润(元)	-3.4256	-3.2872	-2.9522	-2.8960
	净资产收益率(%)	-14.0648	-34.8893	-3.8671	0.9558
	加权净资产收益率(%)	-13.1535	-29.7500	-3.7977	1.6000
	净资产收益率(扣除)(%)	-14.2953	-36.1305	-3.9767	-16.9551
	总资产(万元)	326966.11	290593.67	287190.41	287777.42
	归属母公司股东权益(万元)	67895.58	77374.13	100355.21	104130.61
	营业收入(万元)	85786.88	191273.23	93986.52	175579.01
	营业支出(万元)	80460.47	170671.23	83167.03	159509.07
	投资收益(万元)	334.28	-	-	224.00
	净利润(万元)	-9278.13	-26349.04	-3880.85	995.25
	营业利润(万元)	-9121.06	-25681.11	-3190.12	-15083.92
	利润总额(万元)	-8970.54	-24914.39	-3043.52	2995.95

新湖中宝股份有限公司

公司概况	公司名称	新湖中宝股份有限公司			证券简称	新湖中宝
	法人代表	林俊波	董秘	虞迪锋	证券代码	600208
	公司网址	www.600208.net		电子信箱	yudf@600208.net	
	电　　话	0571-87395003 85171837		传　　真	0571-87395052	
	办公地址	浙江省杭州市西溪路 128 号新湖商务大厦 11 层				
	经营范围	港口设施、酒店服务、教育产业和房地产业				

	指标\报告期	2015.06.30	2014.12.31	2014.06.30	2013.12.31
主要财务指标	基本每股收益(元)	0.0540	0.1700	0.0440	0.1600
	基本每股收益(扣除后)(元)	0.0390	0.1000	-0.0100	0.0400
	稀释每股收益(元)	0.0540	0.1700	0.0440	0.1600
	每股净资产(元)	2.5538	2.3928	2.0932	2.0611
	每股经营现金净流量(元)	-0.1596	-0.6235	-0.3921	-0.1377
	每股现金流量(元)	-0.5140	0.2422	-0.3275	0.3421
	每股资本公积金(元)	0.5966	0.5511	0.1359	0.1478
	每股盈余公积金(元)	0.0849	0.0861	0.0953	0.0953
	每股未分配利润(元)	0.7011	0.7124	0.8625	0.8185
	净资产收益率(%)	2.1114	5.6289	2.1018	7.6211
	加权净资产收益率(%)	2.1600	8.0900	2.1200	7.6700
	净资产收益率(扣除)(%)	1.5065	3.3219	-0.4779	1.9857
	总资产(万元)	7689761.80	7084923.32	6144139.68	5857925.13
	归属母公司股东权益(万元)	2078326.60	1922077.45	1310115.15	1290022.23
	营业收入(万元)	497961.44	1103833.91	286591.56	920904.04
	营业支出(万元)	383595.54	859646.79	224058.79	697489.36
	投资收益(万元)	39368.27	105607.47	51931.73	87689.90
	净利润(万元)	50084.27	114600.44	27535.70	98313.75
	营业利润(万元)	70920.19	148656.52	36049.14	126669.46
	利润总额(万元)	70460.73	149567.77	36032.12	134056.19

罗顿发展股份有限公司

公司概况	公司名称	罗顿发展股份有限公司			证券简称	罗顿发展
	法人代表	高松	董秘	林丽娟	证券代码	600209
	公司网址	www.lawtonfz.com.cn		电子信箱	golden@public.hk.hi.cn	
	电　　话	0898-66258868		传　　真	0898-66254868	
	办公地址	海南省海口市人民大道 68 号 12 楼				
	经营范围	酒店经营与管理和装饰工程等				

	指标\报告期	2015.06.30	2014.12.31	2014.06.30	2013.12.31
主要财务指标	基本每股收益(元)	0.0621	0.2878	0.0070	-0.0565
	基本每股收益(扣除后)(元)	-0.0616	-0.2039	0.0070	-0.0579
	稀释每股收益(元)	0.0621	0.2878	0.0070	-0.0565
	每股净资产(元)	4.4315	3.8853	1.5090	1.5016
	每股经营现金净流量(元)	-0.3181	-0.1791	-0.0235	-0.0633
	每股现金流量(元)	-0.4310	0.3419	-0.0322	-0.0824
	每股资本公积金(元)	2.8100	2.8100	0.2697	0.2697
	每股盈余公积金(元)	0.0586	0.0586	0.0709	0.0709
	每股未分配利润(元)	-0.2984	-0.2905	0.1685	0.1610
	净资产收益率(%)	1.4018	5.3179	0.4950	-3.7599
	加权净资产收益率(%)	1.4800	11.7900	0.5000	-3.6900
	净资产收益率(扣除)(%)	-1.3894	-3.7670	0.4888	-3.8570
	总资产(万元)	431596.05	398192.71	111180.12	108094.66
	归属母公司股东权益(万元)	168523.23	147748.72	66248.13	65920.19
	营业收入(万元)	309454.12	351128.96	6790.55	20380.70
	营业支出(万元)	293388.05	339144.14	4152.78	17523.27
	投资收益(万元)	5536.88	17951.43	5.43	1.95
	净利润(万元)	2735.70	6352.98	327.94	-2478.52
	营业利润(万元)	3367.39	9109.56	391.36	-3612.90
	利润总额(万元)	4176.34	9315.73	379.74	-3611.45

上海紫江企业集团股份有限公司

公司概况	公司名称	上海紫江企业集团股份有限公司			证券简称	紫江企业
	法人代表	张少明	董秘	上官永恒	证券代码	600210
	公司网址	www.zijiangqy.com		电子信箱	zhangping@griam.cn	
	电　　话	010-62023601		传　　真	010-62362059	
	办公地址	北京市海淀区北三环中路 43 号				
	经营范围	包装业务和房地产业务				

	指标\报告期	2015.06.30	2014.12.31	2014.06.30	2013.12.31
主要财务指标	基本每股收益(元)	0.0270	0.0700	0.1070	0.1590
	基本每股收益(扣除后)(元)	0.0200	-0.1300	0.1020	0.1480
	稀释每股收益(元)	0.0270	0.0700	0.1070	0.1590
	每股净资产(元)	3.2813	3.2545	2.6782	2.5449
	每股经营现金净流量(元)	-0.2175	-0.0979	0.1828	0.7287
	每股现金流量(元)	-0.0835	0.2472	0.0323	-0.0663
	每股资本公积金(元)	1.6753	1.6784	0.3293	0.3026
	每股盈余公积金(元)	0.0764	0.0764	0.2818	0.2818
	每股未分配利润(元)	0.5299	0.5032	1.0672	0.9606
	净资产收益率(%)	0.8152	2.2064	3.9814	6.2335
	加权净资产收益率(%)	0.8200	1.9300	4.0800	6.1900
	净资产收益率(扣除)(%)	0.6242	-3.9344	3.8057	5.8096
	总资产(万元)	309046.98	313553.67	1104964.52	1064323.27
	归属母公司股东权益(万元)	275226.20	273241.01	384791.96	365640.60
	营业收入(万元)	117094.92	242293.78	451038.33	862606.22
	营业支出(万元)	106195.75	219085.54	371905.01	714779.74
	投资收益(万元)	-	4851.29	1625.56	3650.76
	净利润(万元)	2539.59	6951.37	15320.01	22792.12
	营业利润(万元)	2411.11	-3319.51	21720.70	31905.34
	利润总额(万元)	3054.25	10003.52	22249.67	32993.98

西藏诺迪康药业股份有限公司

公司概况						
公司名称	西藏诺迪康药业股份有限公司			证券简称	西藏药业	
法人代表	陈达彬	董秘	刘岚	证券代码	600211	
公司网址	www.xzyy.cn		电子信箱	zqb@xzyy.cn		
电 话	0891-6835752 028-86653915		传 真	0891-6837749 028-86660740		
办公地址	西藏自治区拉萨市北京中路93号					
经营范围	生产、销售诺迪康胶囊、诺迪康颗粒、诺迪康口服液、藏药产品及医疗器械等					

主要财务指标

指标\报告期	2015.06.30	2014.12.31	2014.06.30	2013.12.31
基本每股收益(元)	–0.1384	–0.3912	0.1410	0.1870
基本每股收益(扣除后)(元)	–0.1407	–0.4052	0.1400	0.1515
稀释每股收益(元)	–0.1384	–0.3912	0.1410	0.1870
每股净资产(元)	0.9840	1.1214	2.7502	2.6692
每股经营现金净流量(元)	–0.1807	0.1840	–1.0716	1.9179
每股现金流量(元)	–0.0987	–0.0395	–1.0498	1.7023
每股资本公积金(元)	2.8388	2.8388	1.4882	1.4882
每股盈余公积金(元)	0.5624	0.5624	0.1821	0.1821
每股未分配利润(元)	–3.4256	–3.2872	0.0799	–0.0012
净资产收益率(%)	–14.0648	–34.8893	5.1292	6.9874
加权净资产收益率(%)	–13.1535	–29.7500	5.2100	7.1800
净资产收益率(扣除)(%)	–14.2953	–36.1305	5.0766	5.6763
总资产(万元)	326966.11	290593.67	110621.60	113746.06
归属母公司股东权益(万元)	67895.58	77374.13	40040.55	38860.34
营业收入(万元)	85786.88	191273.23	76319.95	140222.12
营业支出(万元)	80460.47	170671.23	61045.65	112245.75
投资收益(万元)	334.28	–	–85.01	209.64
净利润(万元)	–9278.13	–26349.04	2053.74	2715.32
营业利润(万元)	–9121.06	–25681.11	2253.35	865.96
利润总额(万元)	–8970.54	–24914.39	2275.80	3009.66

山东江泉实业股份有限公司

公司概况						
公司名称	山东江泉实业股份有限公司			证券简称	江泉实业	
法人代表	连德团	董秘	王广勇	证券代码	600212	
公司网址	www.jiangquan.com.cn		电子信箱	wang600212@126.com		
电 话	0539-7100051		传 真	0539-7100153		
办公地址	山东省临沂市罗庄区江泉工业园三江路6号					
经营范围	电力生产供应、供热、供汽等					

主要财务指标

指标\报告期	2015.06.30	2014.12.31	2014.06.30	2013.12.31
基本每股收益(元)	0.0540	0.1700	–0.0253	0.0416
基本每股收益(扣除后)(元)	0.0390	0.1000	–0.0206	0.0344
稀释每股收益(元)	0.0540	0.1700	–0.0253	0.0416
每股净资产(元)	2.5538	2.3928	1.9796	2.0049
每股经营现金净流量(元)	–0.1596	–0.6235	–0.0413	0.2325
每股现金流量(元)	–0.5140	0.2422	0.0448	0.0255
每股资本公积金(元)	0.5966	0.5511	0.8632	0.8632
每股盈余公积金(元)	0.0849	0.0861	0.1899	0.1899
每股未分配利润(元)	0.7011	0.7124	–0.0735	–0.0482
净资产收益率(%)	2.1114	5.6289	–1.2786	2.0756
加权净资产收益率(%)	2.1600	8.0900	–1.2705	2.1000
净资产收益率(扣除)(%)	1.5065	3.3219	–1.0391	1.7136
总资产(万元)	7689761.80	7084923.32	123198.19	113317.02
归属母公司股东权益(万元)	2078326.60	1922077.45	101293.57	102588.72
营业收入(万元)	497961.44	1103833.91	36016.77	68094.53
营业支出(万元)	383595.54	859646.79	32967.81	60846.04
投资收益(万元)	39368.27	105607.47	–1012.13	728.22
净利润(万元)	50084.27	114600.44	–1295.15	2129.37
营业利润(万元)	70920.19	148656.52	–1095.97	2234.82
利润总额(万元)	70460.73	149567.77	–1338.55	2606.27

扬州亚星客车股份有限公司

公司概况						
公司名称	扬州亚星客车股份有限公司			证券简称	亚星客车	
法人代表	金长山	董秘	刘竹金	证券代码	600213	
公司网址	www.asiastarbus.com		电子信箱	liuzhujin@asiastarbus.com		
电 话	0514-82989118		传 真	0514-87852329		
办公地址	江苏省扬州市渡江南路41号					
经营范围	客车、特种车、农用车、汽车零部件的开发、制造、销售、进出口等					

主要财务指标

指标\报告期	2015.06.30	2014.12.31	2014.06.30	2013.12.31
基本每股收益(元)	–0.0300	0.0211	–0.2500	0.0200
基本每股收益(扣除后)(元)	–0.0330	0.0166	–0.3100	–0.2000
稀释每股收益(元)	–0.0300	0.0211	–0.2500	0.0200
每股净资产(元)	1.6073	1.6441	0.6138	0.8655
每股经营现金净流量(元)	–0.0455	–0.3557	–0.9946	–0.1602
每股现金流量(元)	–0.0478	0.0631	–0.7639	0.1929
每股资本公积金(元)	0.2697	0.2697	1.5550	1.5550
每股盈余公积金(元)	0.0709	0.0709	0.1935	0.1935
每股未分配利润(元)	0.2426	0.2794	–2.1392	–1.8882
净资产收益率(%)	–1.8894	1.2836	–40.8983	2.7539
加权净资产收益率(%)	–1.8700	1.2900	–33.9400	2.7900
净资产收益率(扣除)(%)	–2.0377	1.0111	–51.1912	–23.2901
总资产(万元)	95951.32	99319.57	162491.97	182152.32
归属母公司股东权益(万元)	70560.11	72178.60	13503.66	19041.51
营业收入(万元)	1821.68	20209.86	51073.03	120821.63
营业支出(万元)	1504.10	15050.75	49167.42	107597.46
投资收益(万元)	112.82	1498.59	–	23.59
净利润(万元)	–1818.51	–130.13	–5522.77	524.38
营业利润(万元)	–1813.48	695.18	–7007.82	–4529.82
利润总额(万元)	–1806.25	687.77	–5630.94	562.90

长春经开(集团)股份有限公司

公司概况						
公司名称	长春经开(集团)股份有限公司			证券简称	长春经开	
法人代表	陈平	董秘	王昱人	证券代码	600215	
公司网址	www.ccjk600215.com		电子信箱	ccjk8508@mail.cetdz.com.cn		
电 话	0431-84644225		传 真	0431-84630809		
办公地址	吉林省长春市经济技术开发区自由大路5188号					
经营范围	公用设施投资、开发、建设、租赁、经营、管理、实业与科技投资					

主要财务指标

指标\报告期	2015.06.30	2014.12.31	2014.06.30	2013.12.31
基本每股收益(元)	0.1240	0.1130	–0.1042	0.0175
基本每股收益(扣除后)(元)	0.1210	0.0860	–0.1016	–0.0935
稀释每股收益(元)	0.1240	0.1130	–0.1042	0.0175
每股净资产(元)	2.7509	2.5487	5.0726	5.1820
每股经营现金净流量(元)	0.2332	0.5794	0.8917	–0.2229
每股现金流量(元)	–0.0399	0.1235	–0.6245	0.0576
每股资本公积金(元)	0.2638	0.1935	2.1042	2.1042
每股盈余公积金(元)	0.2893	0.3054	0.4233	0.4233
每股未分配利润(元)	1.0223	0.9497	1.5451	1.6545
净资产收益率(%)	4.4621	4.4221	–2.0548	0.3373
加权净资产收益率(%)	4.6700	4.3800	–2.0318	0.3400
净资产收益率(扣除)(%)	4.3679	3.3900	–2.0029	–1.8035
总资产(万元)	1135752.35	1079526.91	440559.04	473057.84
归属母公司股东权益(万元)	417236.45	366177.90	235891.43	240982.18
营业收入(万元)	433865.24	850135.05	10170.24	66352.37
营业支出(万元)	348637.96	708051.74	7808.60	52437.76
投资收益(万元)	1945.20	5836.42	175.89	2500.59
净利润(万元)	19170.77	17428.49	–4847.08	812.86
营业利润(万元)	24368.17	21514.14	–4732.67	–4187.92
利润总额(万元)	24829.62	23013.29	–4853.31	2615.50

浙江医药股份有限公司

公司概况	公司名称	浙江医药股份有限公司			证券简称	浙江医药
	法人代表	李春波	董秘	叶伟东	证券代码	600216
	公司网址	www.china-zmc.com		电子信箱	zmc3@163.com	
	电　话	0575-85211969		传　真	0575-85211976	
	办公地址	浙江省绍兴市滨海新城马欢路 398 号科创园 A 楼(综合楼)3 层				
	经营范围	化学原料药及其制剂产品的研制、开发、生产与销售				

主要财务指标	指标\报告期	2015.06.30	2014.12.31	2014.06.30	2013.12.31
	基本每股收益(元)	0.1440	0.1800	0.2300	0.4800
	基本每股收益(扣除后)(元)	-0.0730	0.2300	0.2300	0.4800
	稀释每股收益(元)	0.1440	0.1800	0.2300	0.4800
	每股净资产(元)	7.0578	6.9845	6.9360	6.8989
	每股经营现金净流量(元)	-0.0295	0.5874	0.1404	0.6998
	每股现金流量(元)	0.1076	-0.4573	-0.2593	-0.8479
	每股资本公积金(元)	0.9717	0.9717	1.2127	1.2517
	每股盈余公积金(元)	0.9681	0.9681	0.9596	0.9596
	每股未分配利润(元)	3.7947	3.7106	3.7637	3.6877
	净资产收益率(%)	2.0412	2.5961	3.2585	7.0004
	加权净资产收益率(%)	2.0400	2.6200	3.2400	7.1800
	净资产收益率(扣除)(%)	-1.0347	3.2956	3.3280	6.9808
	总资产(万元)	831204.99	786942.53	775227.72	755636.64
	归属母公司股东权益(万元)	660682.14	653825.12	649281.39	645813.26
	营业收入(万元)	214564.01	483229.18	254431.30	493292.02
	营业支出(万元)	179669.58	379340.49	195800.03	368382.28
	投资收益(万元)	23445.21	125.68	341.71	678.87
	净利润(万元)	13171.57	17134.13	21156.53	45209.52
	营业利润(万元)	16582.30	27227.97	26570.83	55499.36
	利润总额(万元)	17108.90	21008.02	25838.55	54764.68

陕西秦岭水泥(集团)股份有限公司

公司概况	公司名称	陕西秦岭水泥(集团)股份有限公司			证券简称	*ST 秦岭
	法人代表	管爱国	董秘	管爱国(代)	证券代码	600217
	公司网址	www.qinling.com		电子信箱	1794463177@qq.com	
	电　话	010-59535600		传　真	010-59535600	
	办公地址	北京市西城区宣武门外大街甲 1 号环球财讯中心 B 座 8 层				
	经营范围	水泥生产与销售				

主要财务指标	指标\报告期	2015.06.30	2014.12.31	2014.06.30	2013.12.31
	基本每股收益(元)	0.1000	-0.3788	0.1300	-0.1800
	基本每股收益(扣除后)(元)	0.0900	-0.3644	0.1100	-0.1927
	稀释每股收益(元)	0.1000	-0.3788	0.1300	-0.1800
	每股净资产(元)	0.9859	-0.3175	-0.1317	0.0613
	每股经营现金净流量(元)	-0.0086	-0.0501	0.1391	-0.1117
	每股现金流量(元)	0.0213	0.0008	-0.1308	-0.0237
	每股资本公积金(元)	-0.4915	0.7094	0.4314	0.4314
	每股盈余公积金(元)	0.0444	0.0875	0.1036	0.1036
	每股未分配利润(元)	0.4330	0.6551	-1.6796	-1.4736
	净资产收益率(%)	10.2015	119.3015	146.5422	-288.9972
	加权净资产收益率(%)	10.7600	4574.0500	17.0500	-161.2500
	净资产收益率(扣除)(%)	9.5562	114.7653	133.3344	-314.3706
	总资产(万元)	232020.56	217407.79	215991.15	223208.32
	归属母公司股东权益(万元)	78060.35	70016.89	-9563.35	4049.54
	营业收入(万元)	77725.32	67423.76	65943.66	79753.97
	营业支出(万元)	36081.13	62919.44	34523.31	65576.09
	投资收益(万元)	158.20	-	-	233.96
	净利润(万元)	8362.98	-25036.63	9367.42	-11724.18
	营业利润(万元)	10024.53	-24823.83	10814.11	-12751.68
	利润总额(万元)	10700.05	-25036.63	12073.76	-11724.18

安徽全柴动力股份有限公司

公司概况	公司名称	安徽全柴动力股份有限公司			证券简称	全柴动力
	法人代表	谢力	董秘	徐明余	证券代码	600218
	公司网址	www.quanchai.com.cn		电子信箱	qcxumy@163.com	
	电　话	0550-5038369		传　真	0550-5011156	
	办公地址	安徽省滁州市全椒县襄河镇吴敬梓路 788 号				
	经营范围	多缸柴油机、单缸柴油机及新型塑料管材的开发、生产和销售				

主要财务指标	指标\报告期	2015.06.30	2014.12.31	2014.06.30	2013.12.31
	基本每股收益(元)	0.1430	0.1300	0.1156	0.1200
	基本每股收益(扣除后)(元)	0.1176	0.0700	0.1000	0.0700
	稀释每股收益(元)	0.1430	-	0.1156	0.1200
	每股净资产(元)	4.8036	3.9066	3.8790	3.7537
	每股经营现金净流量(元)	0.1538	0.1330	0.0414	0.1442
	每股现金流量(元)	0.2824	-0.0940	0.0181	0.0976
	每股资本公积金(元)	2.8326	1.6940	1.6390	1.6390
	每股盈余公积金(元)	0.1928	0.2509	0.2387	0.2387
	每股未分配利润(元)	0.7529	0.9380	0.9769	0.8614
	净资产收益率(%)	2.7468	3.2227	2.9791	3.2479
	加权净资产收益率(%)	3.1100	3.3000	3.0300	3.3100
	净资产收益率(扣除)(%)	2.2585	1.7745	2.4602	1.7788
	总资产(万元)	320669.75	246775.98	259519.79	252107.88
	归属母公司股东权益(万元)	177134.58	110819.98	109932.09	106380.13
	营业收入(万元)	173651.58	271289.03	153843.98	318736.72
	营业支出(万元)	151473.69	239129.89	134947.20	286448.93
	投资收益(万元)	249.94	-656.19	-101.50	49.24
	净利润(万元)	4842.76	3540.15	3274.94	3455.13
	营业利润(万元)	5220.88	2737.95	3555.07	2282.24
	利润总额(万元)	6021.17	4397.74	4164.23	3925.79

山东南山铝业股份有限公司

公司概况	公司名称	山东南山铝业股份有限公司			证券简称	南山铝业
	法人代表	宋昌明	董秘	隋冠男	证券代码	600219
	公司网址	www.600219.com.cn		电子信箱	suiguannan@nanshan.com.cn	
	电　话	0535-8666352 8616188		传　真	0535-8616230	
	办公地址	山东省龙口市东江镇南山村				
	经营范围	铝制品、毛纺织品的开发、生产及销售、电力的生产及供应				

主要财务指标	指标\报告期	2015.06.30	2014.12.31	2014.06.30	2013.12.31
	基本每股收益(元)	0.1300	0.4700	0.1700	0.4100
	基本每股收益(扣除后)(元)	0.1300	0.4600	0.1700	0.4000
	稀释每股收益(元)	0.1300	0.4700	0.1700	0.4100
	每股净资产(元)	8.2461	9.2255	8.9775	8.9479
	每股经营现金净流量(元)	0.1413	0.7405	0.1411	0.7291
	每股现金流量(元)	-0.1143	-0.7801	-0.3196	-0.4222
	每股资本公积金(元)	5.0345	5.0381	5.0383	5.0383
	每股盈余公积金(元)	0.2142	0.3091	0.2737	0.2737
	每股未分配利润(元)	2.0254	2.9153	2.6967	2.6795
	净资产收益率(%)	1.2760	5.0370	1.8623	4.5857
	加权净资产收益率(%)	1.3800	5.1900	1.8500	4.6600
	净资产收益率(扣除)(%)	1.2659	4.9593	1.8485	4.5117
	总资产(万元)	3233652.54	3171403.02	3054096.23	2942893.56
	归属母公司股东权益(万元)	2337932.99	1812525.65	1736400.62	1730669.86
	营业收入(万元)	673955.71	1405602.70	672525.15	1452451.61
	营业支出(万元)	585104.46	1197983.77	584931.42	1233213.94
	投资收益(万元)	2287.22	4421.53	2550.87	2469.19
	净利润(万元)	34236.69	99493.22	32336.81	79362.63
	营业利润(万元)	43342.35	114291.07	41831.97	114362.09
	利润总额(万元)	44478.89	116570.78	42403.56	116455.44

江苏阳光股份有限公司

公司概况	公司名称	江苏阳光股份有限公司		证券简称	江苏阳光
	法人代表	陈丽芬	董秘 徐伟民	证券代码	600220
	公司网址	www.sunshine.com.cn		电子信箱	jsyg88@pub.wx.jsinfo.net
	电　话	0510-86121688		传　真	0510-86121688
	办公地址	江苏省江阴市新桥镇马嘶桥			
	经营范围	中高档精毛纺呢绒、高档男士西服和女式时装生产和销售			

主要财务指标	指标\报告期	2015.06.30	2014.12.31	2014.06.30	2013.12.31
	基本每股收益(元)	0.0158	0.0443	0.0174	0.0599
	基本每股收益(扣除后)(元)	0.0143	0.0400	0.0162	0.0505
	稀释每股收益(元)	0.0158	0.0443	0.0174	0.0599
	每股净资产(元)	0.9633	0.9475	0.9207	0.9130
	每股经营现金净流量(元)	0.1200	0.1232	0.1653	0.2306
	每股现金流量(元)	-0.0090	0.0699	0.1945	-0.1535
	每股资本公积金(元)	-	-	-	-
	每股盈余公积金(元)	0.0856	0.0856	0.0944	0.0954
	每股未分配利润(元)	-0.1223	-0.1381	-0.1737	-0.1824
	净资产收益率(%)	1.6424	4.6706	1.8947	6.5660
	加权净资产收益率(%)	1.6600	4.7700	1.8900	6.7900
	净资产收益率(扣除)(%)	1.4836	4.2187	1.7606	5.5359
	总资产(万元)	436809.53	387731.78	400678.44	384835.09
	归属母公司股东权益(万元)	171792.25	168970.81	164189.67	162818.30
	营业收入(万元)	95258.42	226520.19	107361.16	234200.81
	营业支出(万元)	75097.14	180871.34	86500.89	189343.59
	投资收益(万元)	243.03	178.84	20.81	45.43
	净利润(万元)	3258.95	9142.08	3110.89	10690.59
	营业利润(万元)	4048.46	10340.77	4418.98	13854.78
	利润总额(万元)	4335.17	11105.73	4632.77	12841.83

海南航空股份有限公司

公司概况	公司名称	海南航空股份有限公司		证券简称	海南航空
	法人代表	辛笛	董秘 李瑞	证券代码	600221
	公司网址	www.hnair.com		电子信箱	webmaster@hnair.com
	电　话	0898-66739961		传　真	0898-66739960
	办公地址	海南省海口市国兴大道7号海航大厦			
	经营范围	航空客货运输业务			

主要财务指标	指标\报告期	2015.06.30	2014.12.31	2014.06.30	2013.12.31
	基本每股收益(元)	0.1315	0.2130	0.0396	0.1730
	基本每股收益(扣除后)(元)	0.1086	0.1670	0.0122	0.1470
	稀释每股收益(元)	0.1315	0.2130	0.0396	0.1730
	每股净资产(元)	2.4279	2.3519	2.1143	2.0858
	每股经营现金净流量(元)	0.5798	0.4929	0.3973	0.6432
	每股现金流量(元)	0.2159	0.0133	0.2565	-0.1591
	每股资本公积金(元)	0.4669	0.4669	0.4571	0.5585
	每股盈余公积金(元)	0.0796	0.0796	0.0655	0.0700
	每股未分配利润(元)	0.8163	0.7485	0.5917	0.5771
	净资产收益率(%)	5.4180	9.0437	1.8744	8.2846
	加权净资产收益率(%)	5.5000	9.0000	1.8300	9.0000
	净资产收益率(扣除)(%)	4.4720	7.0801	0.5756	7.0711
	总资产(万元)	12330012.30	12198204.10	11529987.90	11228072.30
	归属母公司股东权益(万元)	2957686.10	2865163.50	2575639.20	2686952.40
	营业收入(万元)	1662201.90	3604377.10	1798935.90	3023136.20
	营业支出(万元)	1228095.40	2770288.20	1450160.30	2350115.80
	投资收益(万元)	39080.40	80465.10	26794.20	60626.50
	净利润(万元)	172905.40	264264.80	48278.90	210505.20
	营业利润(万元)	182539.40	249865.10	15830.50	226521.70
	利润总额(万元)	215133.60	321262.60	60827.10	267265.50

河南太龙药业股份有限公司

公司概况	公司名称	河南太龙药业股份有限公司		证券简称	太龙药业
	法人代表	李景亮	董秘 罗剑超	证券代码	600222
	公司网址	www.taloph.com		电子信箱	ljc@taloph.com
	电　话	0371-67982194 67986158		传　真	0371-67993600
	办公地址	河南省郑州市高新技术产业开发区金梭路8号			
	经营范围	研制、开发、生产和销售中成药和西药			

主要财务指标	指标\报告期	2015.06.30	2014.12.31	2014.06.30	2013.12.31
	基本每股收益(元)	0.0032	0.0645	0.0273	0.0806
	基本每股收益(扣除后)(元)	0.0022	0.0615	0.0262	0.0749
	稀释每股收益(元)	0.0032	0.0645	0.0273	0.0806
	每股净资产(元)	2.5737	2.1434	2.1062	2.1039
	每股经营现金净流量(元)	-0.1617	0.1803	0.0463	-0.0134
	每股现金流量(元)	-0.0477	0.3895	0.0933	0.6627
	每股资本公积金(元)	1.1369	0.6308	0.6308	0.6308
	每股盈余公积金(元)	0.0882	0.1020	0.0991	0.0991
	每股未分配利润(元)	0.3485	0.4106	0.3763	0.3740
	净资产收益率(%)	0.1253	3.0096	1.2982	3.4513
	加权净资产收益率(%)	0.1500	3.0400	1.3000	4.4900
	净资产收益率(扣除)(%)	0.0858	2.8674	1.2449	3.2090
	总资产(万元)	266500.23	229170.66	215744.77	195362.35
	归属母公司股东权益(万元)	147702.22	106443.02	104597.39	104481.03
	营业收入(万元)	48993.51	125423.02	62161.92	130467.49
	营业支出(万元)	38289.84	100477.22	51382.93	105137.68
	投资收益(万元)	53.15	245.90	150.00	-
	净利润(万元)	275.57	5017.27	1357.88	3605.95
	营业利润(万元)	343.46	6420.64	2527.35	6361.40
	利润总额(万元)	345.55	6517.70	2617.26	6698.93

鲁商置业股份有限公司

公司概况	公司名称	鲁商置业股份有限公司		证券简称	鲁商置业
	法人代表	李彦勇	董秘 李璐	证券代码	600223
	公司网址	www.lshzy.com.cn		电子信箱	600223lszy@163.com
	电　话	0531-66699999		传　真	0531-66697128
	办公地址	山东省济南市经十路9777号			
	经营范围	房地产开发与经营			

主要财务指标	指标\报告期	2015.06.30	2014.12.31	2014.06.30	2013.12.31
	基本每股收益(元)	0.0400	0.2100	0.0500	0.2600
	基本每股收益(扣除后)(元)	0.0500	0.2200	0.0500	0.2600
	稀释每股收益(元)	0.0400	0.2100	0.0500	0.2600
	每股净资产(元)	2.0662	2.0217	1.8614	1.8245
	每股经营现金净流量(元)	-0.8232	-2.3608	-2.1831	-1.0868
	每股现金流量(元)	0.0001	-1.4555	-1.7789	1.9170
	每股资本公积金(元)	0.2989	0.2989	0.2989	0.3221
	每股盈余公积金(元)	0.1006	0.1006	0.1006	0.1006
	每股未分配利润(元)	0.6668	0.6223	0.4620	0.4163
	净资产收益率(%)	2.1535	10.2002	2.4533	14.4570
	加权净资产收益率(%)	2.1800	10.6800	2.4700	15.5800
	净资产收益率(扣除)(%)	2.6399	10.6672	2.5314	14.3342
	总资产(万元)	3182811.78	3081763.16	2903287.18	2729893.11
	归属母公司股东权益(万元)	206823.77	202369.83	186324.36	184076.58
	营业收入(万元)	200466.65	568186.32	132112.81	529303.66
	营业支出(万元)	157231.89	441205.16	91411.33	379964.27
	投资收益(万元)	1105.93	2353.33	209.59	346.43
	净利润(万元)	5170.97	24403.01	4571.18	26402.64
	营业利润(万元)	10261.80	38464.20	10855.34	54337.12
	利润总额(万元)	9100.61	36986.04	10744.77	54739.31

天津松江股份有限公司

公司概况					
公司名称	天津松江股份有限公司			证券简称	天津松江
法人代表	曹立明	董秘	詹鹏飞	证券代码	600225
公司网址	www.ciity.com.cn		电子信箱	songjiangzqb@sina.com	
电　　话	022-58915818		传　　真	022-58915816	
办公地址	天津市西青区友谊南路与外环线交口东北侧环岛西路天湾园公建1号楼				
经营范围	房地产、高新技术产业、公用事业、环保业、物流业等				

主要财务指标 指标\报告期	2015.06.30	2014.12.31	2014.06.30	2013.12.31
基本每股收益(元)	-0.4430	0.0200	-0.3380	-0.4600
基本每股收益(扣除后)(元)	-0.4840	-0.0800	-0.4170	-0.5600
稀释每股收益(元)	-0.4430	0.0200	-0.3380	-0.4600
每股净资产(元)	2.3470	1.5064	1.1460	1.4844
每股经营现金净流量(元)	-0.4194	-2.3561	-1.6070	-2.6750
每股现金流量(元)	0.2762	-2.5684	-2.3935	1.1576
每股资本公积金(元)	1.2276	-0.2602	-0.2602	-0.2602
每股盈余公积金(元)	0.1681	0.2511	0.1736	0.1736
每股未分配利润(元)	-0.0487	0.5156	0.2326	0.5710
净资产收益率(%)	-16.7860	1.4120	-29.5261	-31.0934
加权净资产收益率(%)	-19.7200	1.4200	-25.7300	-26.9100
净资产收益率(扣除)(%)	-18.3330	-4.9871	-36.3938	-37.9919
总资产(万元)	1458130.16	1349922.37	1249516.83	1274660.00
归属母公司股东权益(万元)	219557.69	94363.11	71787.96	92984.13
营业收入(万元)	19237.15	254767.42	41683.78	284115.01
营业支出(万元)	11843.21	112107.04	26811.12	214454.30
投资收益(万元)	337.40	3043.80	3597.32	6391.30
净利润(万元)	-41933.35	4426.32	-21196.17	-28911.95
营业利润(万元)	-45040.65	21962.13	-25724.04	-26804.66
利润总额(万元)	-45152.29	23810.36	-25826.98	-28465.22

浙江升华拜克生物股份有限公司

公司概况					
公司名称	浙江升华拜克生物股份有限公司			证券简称	升华拜克
法人代表	顾利荣	董秘	陶舜晓	证券代码	600226
公司网址	www.biok.com		电子信箱	taosx@biok.com	
电　　话	0572-8402738		传　　真	0572-8089511	
办公地址	浙江省湖州市德清县钟管镇工业区				
经营范围	从事兽药、农药原料药及制成品、相关饲料添加剂的生产经营等				

主要财务指标 指标\报告期	2015.06.30	2014.12.31	2014.06.30	2013.12.31
基本每股收益(元)	0.2300	0.2000	0.1200	0.0700
基本每股收益(扣除后)(元)	0.1900	0.1300	0.0900	0.0500
稀释每股收益(元)	0.2300	0.2000	0.1200	0.0700
每股净资产(元)	3.6086	3.5154	3.4360	3.3403
每股经营现金净流量(元)	0.0912	0.0602	0.0547	0.2941
每股现金流量(元)	0.0965	-0.2749	0.0443	0.0049
每股资本公积金(元)	0.8510	0.8510	0.8510	0.8510
每股盈余公积金(元)	0.4050	0.3794	0.3485	0.3485
每股未分配利润(元)	1.3445	1.2915	1.2430	1.1481
净资产收益率(%)	6.3348	5.8153	3.6369	2.0467
加权净资产收益率(%)	6.3000	5.9700	3.6800	2.0500
净资产收益率(扣除)(%)	5.2478	3.6045	2.6448	1.6402
总资产(万元)	229149.17	233377.72	243948.04	232574.91
归属母公司股东权益(万元)	146347.96	142565.02	139347.53	135466.11
营业收入(万元)	52973.55	134393.18	70234.17	160686.43
营业支出(万元)	45078.44	116276.43	60732.46	142813.42
投资收益(万元)	11117.53	13145.63	5554.52	6151.78
净利润(万元)	8883.89	7688.01	5067.87	2772.58
营业利润(万元)	8846.79	8209.11	4814.72	1921.50
利润总额(万元)	9006.83	8855.52	5280.11	2837.70

贵州赤天化股份有限公司

公司概况					
公司名称	贵州赤天化股份有限公司			证券简称	赤 天 化
法人代表	丁林洪	董秘	吴善华	证券代码	600227
公司网址	www.chth.com.cn		电子信箱	gfgs_bgs@chth.cn	
电　　话	0851-84396315		传　　真	0851-84391503	
办公地址	贵州省贵阳市阳关大道28号1号楼				
经营范围	尿素的生产和销售				

主要财务指标 指标\报告期	2015.06.30	2014.12.31	2014.06.30	2013.12.31
基本每股收益(元)	-0.1466	-0.6047	-0.1527	0.0079
基本每股收益(扣除后)(元)	-0.1554	-0.6761	-0.1979	-0.1269
稀释每股收益(元)	-0.1466	-0.6047	-0.1527	0.0079
每股净资产(元)	2.8456	2.9990	3.5092	3.6383
每股经营现金净流量(元)	0.0526	0.3571	0.0738	0.1954
每股现金流量(元)	0.0355	-0.0874	-0.1418	-0.0897
每股资本公积金(元)	1.4256	1.4272	1.4323	1.5063
每股盈余公积金(元)	0.2479	0.2479	0.2519	0.2479
每股未分配利润(元)	0.1331	0.2797	0.7844	0.9044
净资产收益率(%)	-5.1525	-20.1636	-4.3523	0.3203
加权净资产收益率(%)	-5.0100	-17.8400	-4.2400	0.3200
净资产收益率(扣除)(%)	-5.4609	-22.5462	-5.6391	-3.4866
总资产(万元)	722807.83	722992.42	792772.12	814305.67
归属母公司股东权益(万元)	270443.60	285018.60	333514.97	352056.71
营业收入(万元)	149663.06	328670.03	144059.90	415875.29
营业支出(万元)	140450.60	332498.48	134895.93	363613.55
投资收益(万元)	-21.91	7452.05	1606.57	17909.72
净利润(万元)	-13243.89	-56429.17	-13993.90	1586.08
营业利润(万元)	-13756.98	-56253.66	-13277.17	3063.47
利润总额(万元)	-12889.03	-55620.20	-13079.77	4783.71

江西昌九生物化工股份有限公司

公司概况					
公司名称	江西昌九生物化工股份有限公司			证券简称	昌九生化
法人代表	姚伟彪	董秘	黄伟雄	证券代码	600228
公司网址	www.600228.net		电子信箱	cjsh600228@sina.com	
电　　话	0791-88504560		传　　真	0791-88504797	
办公地址	江西省南昌市青山湖区尤氨路				
经营范围	化工、化肥、环保及生化产品的生产与销售等				

主要财务指标 指标\报告期	2015.06.30	2014.12.31	2014.06.30	2013.12.31
基本每股收益(元)	-0.0200	0.1400	-0.0900	-0.8100
基本每股收益(扣除后)(元)	-0.0100	-0.1600	-0.0800	-
稀释每股收益(元)	-0.0200	0.1400	-0.0900	-0.8100
每股净资产(元)	0.3193	0.3353	-0.5630	-0.4789
每股经营现金净流量(元)	0.1339	0.0259	0.0165	0.1525
每股现金流量(元)	-0.0457	-0.0095	0.0436	-0.1648
每股资本公积金(元)	1.3922	1.3922	0.7292	0.7292
每股盈余公积金(元)	0.0544	0.0544	0.0544	0.0544
每股未分配利润(元)	-2.1837	-2.1597	-2.3932	-2.3047
净资产收益率(%)	-7.4962	43.2384	-	-
加权净资产收益率(%)	-7.4000	-	-	-
净资产收益率(扣除)(%)	-2.9689	-46.8807	13.3936	132.9170
总资产(万元)	61007.39	62206.14	68288.33	67159.29
归属母公司股东权益(万元)	7706.27	8091.97	-13585.69	-11557.36
营业收入(万元)	30244.56	72581.99	33260.97	71969.43
营业支出(万元)	25995.82	66525.37	30730.42	66445.42
投资收益(万元)	-	-	-	-109.02
净利润(万元)	-440.44	4038.53	-2134.80	-19463.93
营业利润(万元)	155.95	-3671.67	-1889.58	-16374.86
利润总额(万元)	-277.57	4085.85	-1743.54	-20408.49

青岛城市传媒股份有限公司

公司名称	青岛城市传媒股份有限公司			证券简称	城市传媒
法人代表	孟鸣飞	董秘	马琪	证券代码	600229
公司网址	www.citymedia.com		电子信箱	QCMC@citymedia.cn	
电　话	0532-68068888		传　真	0532-68068645	
办公地址	山东省青岛市崂山区海尔路182号				
经营范围	纯碱、肥料、农药氯化钙及其他化工产品的生产和销售				

主要财务指标

指标\报告期	2015.06.30	2014.12.31	2014.06.30	2013.12.31
基本每股收益(元)	0.1500	0.1900	0.0500	0.0600
基本每股收益(扣除后)(元)	0.0800	0.0170	0.0600	-0.2300
稀释每股收益(元)	0.1500	0.1900	0.0500	0.0600
每股净资产(元)	3.0643	2.9141	2.7691	2.7149
每股经营现金净流量(元)	-0.3571	0.3746	0.0020	0.8373
每股现金流量(元)	-0.4376	0.0840	-0.1758	0.5521
每股资本公积金(元)	1.8749	1.8749	1.8776	1.8775
每股盈余公积金(元)	0.3451	0.3451	0.3451	0.3451
每股未分配利润(元)	-0.1661	-0.3137	-0.4549	-0.5078
净资产收益率(%)	4.8165	6.6582	1.9100	2.2603
加权净资产收益率(%)	4.9400	6.8900	1.9300	2.2900
净资产收益率(扣除)(%)	2.6275	0.5934	2.0920	-8.4873
总资产(万元)	314241.39	316142.72	275136.06	281290.27
归属母公司股东权益(万元)	121281.83	115337.51	109595.74	107451.97
营业收入(万元)	90185.43	183336.63	90272.09	181621.78
营业支出(万元)	67604.74	146390.59	71962.25	163551.38
投资收益(万元)	112.42	241.72	246.67	413.83
净利润(万元)	6001.36	7671.16	2093.31	2428.74
营业利润(万元)	4947.28	2482.01	3363.17	-12214.45
利润总额(万元)	8161.17	8676.46	3082.35	2705.88

沧州大化股份有限公司

公司名称	沧州大化股份有限公司			证券简称	沧州大化
法人代表	谢华生	董秘	金津	证券代码	600230
公司网址	www.czdh.chemchina.com		电子信箱	czdhzqb@126.com	
电　话	0317-3556143 3556897		传　真	0317-3025065	
办公地址	河北省沧州市运河区永济东路19号				
经营范围	尿素、TDI等化工产品的生产及销售				

主要财务指标

指标\报告期	2015.06.30	2014.12.31	2014.06.30	2013.12.31
基本每股收益(元)	-0.7972	-0.6879	-0.1538	0.4734
基本每股收益(扣除后)(元)	-0.8060	-0.6962	-0.1540	0.4696
稀释每股收益(元)	-0.7972	-0.6879	-0.1538	0.4734
每股净资产(元)	5.0908	5.8718	6.4011	6.1936
每股经营现金净流量(元)	-0.2745	0.5255	0.0875	2.7018
每股现金流量(元)	-1.1011	0.2321	0.9182	-0.5001
每股资本公积金(元)	2.1829	2.1829	2.1865	1.3512
每股盈余公积金(元)	0.5994	0.5994	0.5994	0.6800
每股未分配利润(元)	1.2830	2.0802	2.5955	3.1517
净资产收益率(%)	-15.6591	-11.1369	-2.1657	7.6426
加权净资产收益率(%)	-14.5500	-11.3700	-2.5000	7.8600
净资产收益率(扣除)(%)	-15.8333	-11.2711	-2.1677	7.5823
总资产(万元)	427128.00	470178.19	493565.69	460209.85
归属母公司股东权益(万元)	149765.26	172741.51	188313.97	160619.09
营业收入(万元)	95695.39	311603.33	171734.96	349108.53
营业支出(万元)	95268.39	282450.79	151781.59	280977.17
投资收益(万元)	-	-0.30	-	44.07
净利润(万元)	-27290.60	-21735.06	-4078.38	12275.53
营业利润(万元)	-27512.45	-20978.61	-3164.04	15900.92
利润总额(万元)	-27290.60	-20723.30	-3179.12	15840.32

凌源钢铁股份有限公司

公司名称	凌源钢铁股份有限公司			证券简称	凌钢股份
法人代表	张振勇	董秘	何志国	证券代码	600231
公司网址	www.lggf.com.cn		电子信箱	lggf_zqb@126.com	
电　话	0421-6838192 6838259		传　真	0421-6831910	
办公地址	辽宁省凌源市钢铁路3号				
经营范围	生产、经营、开发冶金产品(含副产品)、进出口业务				

主要财务指标

指标\报告期	2015.06.30	2014.12.31	2014.06.30	2013.12.31
基本每股收益(元)	-0.1800	-0.8900	-0.3400	0.0950
基本每股收益(扣除后)(元)	-0.1800	-0.9100	-0.3400	-0.5100
稀释每股收益(元)	-0.1800	-0.8900	-0.3400	0.0950
每股净资产(元)	3.6700	3.8400	4.4190	4.7600
每股经营现金净流量(元)	1.0529	1.7266	1.2862	1.1213
每股现金流量(元)	1.3250	0.3309	1.0964	-0.0184
每股资本公积金(元)	0.0651	0.0651	0.0699	0.0651
每股盈余公积金(元)	0.7152	0.7152	0.7166	0.7166
每股未分配利润(元)	1.8400	2.0166	2.5974	2.9329
净资产收益率(%)	-4.8077	-23.0920	-7.5926	1.9966
加权净资产收益率(%)	-4.7100	-20.5900	-7.3100	1.9900
净资产收益率(扣除)(%)	-4.8471	-23.6035	-7.6194	-10.6109
总资产(万元)	1517594.70	1432157.89	1419307.21	1422209.52
归属母公司股东权益(万元)	295441.35	308583.95	355291.19	382667.85
营业收入(万元)	618449.44	1437296.43	724514.46	1565075.90
营业支出(万元)	591110.12	1388342.61	701253.83	1522921.93
投资收益(万元)	198.28	122.66	28.68	20172.02
净利润(万元)	-14203.99	-71258.27	-26975.68	7640.47
营业利润(万元)	-20202.96	-94696.09	-36034.99	-41262.89
利润总额(万元)	-20047.89	-92591.57	-35908.07	2951.56

浙江金鹰股份有限公司

公司名称	浙江金鹰股份有限公司			证券简称	金鹰股份
法人代表	傅国定	董秘	程涌	证券代码	600232
公司网址	www.cn-goldeagle.com		电子信箱	gecl@zsptt.zj.cn	
电　话	0580-8021228		传　真	0580-8020228	
办公地址	浙江省舟山市定海区小沙镇				
经营范围	绢、麻、丝、毛纺机械成套设备制造销售等				

主要财务指标

指标\报告期	2015.06.30	2014.12.31	2014.06.30	2013.12.31
基本每股收益(元)	0.0290	0.0700	0.0290	0.0300
基本每股收益(扣除后)(元)	0.0280	0.0600	0.0260	0.0100
稀释每股收益(元)	0.0290	0.0700	0.0290	0.0300
每股净资产(元)	3.1726	3.2240	3.1821	3.2333
每股经营现金净流量(元)	0.0026	0.2256	0.0217	0.3183
每股现金流量(元)	-0.0600	-0.0436	-0.2273	0.0763
每股资本公积金(元)	1.0895	1.0895	1.0895	1.0895
每股盈余公积金(元)	0.3168	0.3168	0.3074	0.3074
每股未分配利润(元)	0.7663	0.8174	0.7852	0.8365
净资产收益率(%)	0.9112	2.1857	0.9030	0.9781
加权净资产收益率(%)	0.9040	2.1800	0.8850	0.9700
净资产收益率(扣除)(%)	0.8849	1.9701	0.8197	0.4498
总资产(万元)	177594.66	180659.89	177772.37	183898.73
归属母公司股东权益(万元)	115712.20	117575.56	116056.46	117926.24
营业收入(万元)	48444.22	117597.23	51351.72	126271.59
营业支出(万元)	41226.58	99500.88	44100.90	108358.92
投资收益(万元)	-	-	-	32.02
净利润(万元)	1131.66	2722.00	1047.97	1153.42
营业利润(万元)	1716.47	4088.94	1581.58	2585.56
利润总额(万元)	1696.74	4306.58	1654.49	3069.13

大连大杨创世股份有限公司

公司概况						
	公司名称	大连大杨创世股份有限公司			证券简称	大杨创世
	法人代表	李桂莲	董秘	潘丽香	证券代码	600233
	公司网址	www.trands.com		电子信箱	panlixiang@dayang.net	
	电　话	0411-87555199		传　真	0411-87612800	
	办公地址	辽宁省大连市经济技术开发区哈尔滨路 23 号				
	经营范围	服装制造、包装制品、服饰辅料制造等				

主要财务指标	指标\报告期	2015.06.30	2014.12.31	2014.06.30	2013.12.31
	基本每股收益(元)	0.1231	0.2920	0.1423	0.3282
	基本每股收益(扣除后)(元)	0.0214	0.1020	0.0487	0.2343
	稀释每股收益(元)	–	–	–	0.3282
	每股净资产(元)	6.3324	6.3093	6.1792	6.1867
	每股经营现金净流量(元)	0.1401	0.3520	0.0051	0.5327
	每股现金流量(元)	0.0100	–0.1114	–0.3139	–0.3344
	每股资本公积金(元)	1.1019	1.1019	1.1217	1.1217
	每股盈余公积金(元)	0.5706	0.5706	0.5294	0.5294
	每股未分配利润(元)	3.6606	3.6375	3.5286	3.5363
	净资产收益率(%)	1.9440	4.6330	2.3032	5.3050
	加权净资产收益率(%)	1.9400	4.6900	2.2800	5.3900
	净资产收益率(扣除)(%)	0.3379	1.6144	0.7888	3.7875
	总资产(万元)	147127.65	148915.94	142282.85	135491.84
	归属母公司股东权益(万元)	104484.63	104103.07	101957.51	102080.53
	营业收入(万元)	43709.86	91855.98	34828.28	80848.26
	营业支出(万元)	34384.65	72152.41	26005.66	59326.75
	投资收益(万元)	2061.86	4215.13	2193.65	2256.46
	净利润(万元)	2983.61	6951.64	2348.24	5415.39
	营业利润(万元)	4341.46	9373.47	4722.01	10371.16
	利润总额(万元)	4488.13	9409.11	4809.71	10628.63

山西广和山水文化传播股份有限公司

公司概况						
	公司名称	山西广和山水文化传播股份有限公司			证券简称	山水文化
	法人代表	李阳	董秘	戴蓉	证券代码	600234
	公司网址			电子信箱	tljt600234@163.com	
	电　话	0351-4040922		传　真	0351-4039403	
	办公地址	山西省太原市迎泽大街 289 号				
	经营范围	批发零售针纺织品、百货、劳保用品、日用杂品等				

主要财务指标	指标\报告期	2015.06.30	2014.12.31	2014.06.30	2013.12.31
	基本每股收益(元)	–0.0900	–0.0500	–0.0300	0.1700
	基本每股收益(扣除后)(元)	–0.0800	–0.2000	–0.0300	–0.1600
	稀释每股收益(元)	–0.0900	–0.0500	–0.0300	0.1700
	每股净资产(元)	0.2237	0.3108	0.1847	0.2177
	每股经营现金净流量(元)	–0.0021	–0.1199	–0.0062	0.0137
	每股现金流量(元)	–0.0061	–0.0020	–0.0101	–0.0045
	每股资本公积金(元)	1.4495	1.4495	1.3024	1.3024
	每股盈余公积金(元)	0.0623	0.0623	0.0623	0.0623
	每股未分配利润(元)	–2.2882	–2.2010	–2.1800	–2.1471
	净资产收益率(%)	–38.9747	–17.3434	–17.8501	76.1708
	加权净资产收益率(%)	–32.6200	–20.4000	–16.3900	–
	净资产收益率(扣除)(%)	–34.7477	–64.1029	–17.8501	–74.5334
	总资产(万元)	45967.02	46941.89	43842.61	44199.91
	归属母公司股东权益(万元)	4528.06	6292.86	3738.97	4406.38
	营业收入(万元)	548.98	1057.83	529.03	1044.45
	营业支出(万元)	–	1.11	0.86	15.11
	投资收益(万元)	–	–	–	–
	净利润(万元)	–1787.97	–2097.84	–667.41	3356.37
	营业利润(万元)	–1596.57	–1176.38	–858.61	3181.94
	利润总额(万元)	–1787.97	–1128.88	–858.61	4274.32

民丰特种纸股份有限公司

公司概况						
	公司名称	民丰特种纸股份有限公司			证券简称	民丰特纸
	法人代表	吴立东	董秘	姚名欢	证券代码	600235
	公司网址	www.minfenggroup.com		电子信箱	dsh@mfspchina.com	
	电　话	0573-82812992		传　真	0573-82812992	
	办公地址	浙江省嘉兴市甪里街 70 号				
	经营范围	纸浆、纸和纸制品的制造、销售等				

主要财务指标	指标\报告期	2015.06.30	2014.12.31	2014.06.30	2013.12.31
	基本每股收益(元)	–0.0350	0.0100	–0.0570	0.0500
	基本每股收益(扣除后)(元)	–0.0370	–0.0800	–0.0660	0.0400
	稀释每股收益(元)	–0.0350	0.0100	–0.0570	0.0500
	每股净资产(元)	3.9583	4.0082	3.9389	3.9961
	每股经营现金净流量(元)	0.0739	0.3504	–0.1293	0.0416
	每股现金流量(元)	0.2921	–0.2096	–0.1566	–0.0176
	每股资本公积金(元)	2.3599	2.3599	2.3599	2.3599
	每股盈余公积金(元)	0.2000	0.2000	0.1983	0.1983
	每股未分配利润(元)	0.3984	0.4483	0.3806	0.4379
	净资产收益率(%)	–0.8829	0.3020	–1.4540	1.2280
	加权净资产收益率(%)	–0.8800	0.3000	–1.4400	1.3400
	净资产收益率(扣除)(%)	–0.9435	–1.8891	–1.6780	0.8769
	总资产(万元)	263903.88	237637.83	237319.88	229248.36
	归属母公司股东权益(万元)	139054.29	140809.00	138371.89	140383.80
	营业收入(万元)	69082.55	137311.41	64142.40	125619.81
	营业支出(万元)	58173.51	115233.08	54503.19	100618.27
	投资收益(万元)	9.73	–5.63	107.33	258.70
	净利润(万元)	–1287.69	83.90	–2011.90	1723.94
	营业利润(万元)	–1215.07	–2854.67	–2375.04	1806.85
	利润总额(万元)	–1287.69	246.25	–2130.07	2064.03

广西桂冠电力股份有限公司

公司概况						
	公司名称	广西桂冠电力股份有限公司			证券简称	桂冠电力
	法人代表	王森	董秘	张云	证券代码	600236
	公司网址	www.ggep.com.cn		电子信箱	zhangyun@ggep.com.cn	
	电　话	0771-6118880		传　真	0771-6118899	
	办公地址	广西壮族自治区南宁市青秀区民族大道 126 号				
	经营范围	开发建设和管理水电站、火电厂和输变电工程等				

主要财务指标	指标\报告期	2015.06.30	2014.12.31	2014.06.30	2013.12.31
	基本每股收益(元)	0.2650	0.2600	0.0940	0.0990
	基本每股收益(扣除后)(元)	0.2440	0.2740	0.0940	0.0910
	稀释每股收益(元)	0.2650	0.2600	0.0940	0.0990
	每股净资产(元)	1.8567	1.7160	1.5514	1.5204
	每股经营现金净流量(元)	0.8455	1.4112	0.5823	1.0485
	每股现金流量(元)	–0.1913	0.2944	0.0911	0.0051
	每股资本公积金(元)	0.0254	0.0254	0.0307	0.0439
	每股盈余公积金(元)	0.2566	0.2566	0.2514	0.2076
	每股未分配利润(元)	0.5648	0.4298	0.2692	0.2689
	净资产收益率(%)	14.2723	15.1489	6.0700	6.4993
	加权净资产收益率(%)	14.3400	16.1400	6.0300	6.6300
	净资产收益率(扣除)(%)	13.1626	15.9363	6.0318	5.9792
	总资产(万元)	2110653.37	2214229.19	2232209.84	2192666.17
	归属母公司股东权益(万元)	423420.65	391323.96	353780.76	346708.51
	营业收入(万元)	296993.73	570338.44	249799.30	494410.29
	营业支出(万元)	149895.52	338474.30	155826.06	343959.83
	投资收益(万元)	–1915.05	–3834.60	–2289.02	2760.89
	净利润(万元)	86552.19	95067.21	21474.49	22533.76
	营业利润(万元)	91521.50	109380.94	35530.64	37770.06
	利润总额(万元)	99903.41	114447.10	40474.28	41452.69

安徽铜峰电子股份有限公司

公司概况	公司名称	安徽铜峰电子股份有限公司		证券简称	铜峰电子
	法人代表	王晓云	董秘　徐文焕	证券代码	600237
	公司网址	www.tong-feng.com		电子信箱	600237@tong-feng.com
	电　　话	0562-2819178		传　　真	0562-5881888
	办公地址	安徽省铜陵市经济技术开发区铜峰工业园			
	经营范围	薄膜电容器及其相关材料的研究、开发、生产、销售等			

主要财务指标	指标\报告期	2015.06.30	2014.12.31	2014.06.30	2013.12.31
	基本每股收益(元)	0.0033	−0.1500	−0.0353	0.0200
	基本每股收益(扣除后)(元)	0.0011	−0.1600	−0.0394	−0.0200
	稀释每股收益(元)	0.0033	−0.1500	−0.0353	0.0200
	每股净资产(元)	2.5111	2.5110	2.6197	2.6691
	每股经营现金净流量(元)	0.0788	0.0807	0.0746	−0.0480
	每股现金流量(元)	−0.2257	−0.2308	−0.0419	0.4794
	每股资本公积金(元)	1.4807	1.4839	1.4841	1.4841
	每股盈余公积金(元)	0.1228	0.1228	0.1228	0.1228
	每股未分配利润(元)	−0.0924	−0.0957	0.0128	0.0622
	净资产收益率(%)	0.1307	−5.8883	−1.3490	0.8446
	加权净资产收益率(%)	0.1300	−5.8800	−1.3300	0.8800
	净资产收益率(扣除)(%)	0.0421	−6.4704	−1.5027	−0.8222
	总资产(万元)	215332.21	211628.81	218310.65	203889.98
	归属母公司股东权益(万元)	141719.83	141715.51	147848.74	150637.66
	营业收入(万元)	34851.42	67246.12	35132.32	64776.80
	营业支出(万元)	28434.98	58451.15	30433.72	52109.40
	投资收益(万元)	164.84	236.23	155.96	323.88
	净利润(万元)	145.58	−8583.66	−1994.55	1272.23
	营业利润(万元)	141.86	−9878.87	−2252.67	−1298.60
	利润总额(万元)	305.28	−8903.05	−1934.81	1664.23

海南椰岛(集团)股份有限公司

公司概况	公司名称	海南椰岛(集团)股份有限公司		证券简称	海南椰岛
	法人代表	雷立	董秘　王一博	证券代码	600238
	公司网址	www.yedao.com		电子信箱	yedaohainan@163.com
	电　　话	0898-66532987		传　　真	0898-66780881
	办公地址	海南省海口市龙昆北路13-1号			
	经营范围	药酒、饮料、医疗保健品、营养食品的生产与销售及贸易			

主要财务指标	指标\报告期	2015.06.30	2014.12.31	2014.06.30	2013.12.31
	基本每股收益(元)	0.0033	0.0900	0.0928	0.3000
	基本每股收益(扣除后)(元)	−0.0192	−0.0300	0.0037	0.2400
	稀释每股收益(元)	0.0033	0.0900	0.0928	0.3000
	每股净资产(元)	1.9813	1.9800	1.9773	1.9845
	每股经营现金净流量(元)	−0.1680	−0.3947	−0.4575	0.5378
	每股现金流量(元)	−0.1871	−0.3591	−0.6446	0.2458
	每股资本公积金(元)	0.2844	0.2844	0.2844	0.2844
	每股盈余公积金(元)	0.2706	0.2706	0.2309	0.2309
	每股未分配利润(元)	0.4304	0.4270	0.4660	0.4732
	净资产收益率(%)	0.1672	4.7250	4.6938	15.2289
	加权净资产收益率(%)	0.1700	4.7200	4.5700	15.9400
	净资产收益率(扣除)(%)	−0.9703	−1.3096	0.1880	12.1631
	总资产(万元)	126958.26	141682.80	124531.30	142363.50
	归属母公司股东权益(万元)	88800.96	88652.17	88623.03	88946.08
	营业收入(万元)	18799.57	49155.74	21539.31	91055.00
	营业支出(万元)	10955.51	28273.31	11911.40	48394.71
	投资收益(万元)	445.89	4764.91	4805.42	−154.83
	净利润(万元)	146.42	4241.10	4159.75	13545.55
	营业利润(万元)	−1146.69	5426.66	4491.57	14827.43
	利润总额(万元)	226.59	5718.53	4818.40	18048.12

云南城投置业股份有限公司

公司概况	公司名称	云南城投置业股份有限公司		证券简称	云南城投
	法人代表	许雷	董秘　栗亭倩	证券代码	600239
	公司网址	www.ynctzy.com		电子信箱	ynctzy@163.com
	电　　话	0871-7199767		传　　真	0871-7199767
	办公地址	云南省昆明市民航路869号融城金阶广场A座			
	经营范围	房地产开发与经营、商品房销售、房屋租赁			

主要财务指标	指标\报告期	2015.06.30	2014.12.31	2014.06.30	2013.12.31
	基本每股收益(元)	−0.1663	0.5400	0.1080	0.3900
	基本每股收益(扣除后)(元)	−0.2164	0.2100	−0.2363	−
	稀释每股收益(元)	−0.1663	0.5400	0.1080	0.3900
	每股净资产(元)	3.5755	4.8949	4.6016	4.6136
	每股经营现金净流量(元)	−0.5493	−3.1171	−2.8985	−2.1015
	每股现金流量(元)	−0.2257	2.6235	2.7486	−3.3982
	每股资本公积金(元)	1.7342	2.2666	2.4006	2.4006
	每股盈余公积金(元)	0.1539	0.2001	0.1782	0.1782
	每股未分配利润(元)	0.6874	1.4282	1.0228	1.0348
	净资产收益率(%)	−3.7562	10.9347	2.3467	8.4196
	加权净资产收益率(%)	−3.6776	11.1200	2.3436	8.6400
	净资产收益率(扣除)(%)	−4.8884	4.2007	−5.1343	1.8858
	总资产(万元)	3585545.67	3347804.37	3025113.62	2418143.76
	归属母公司股东权益(万元)	382745.44	403061.59	378909.49	379898.82
	营业收入(万元)	28211.76	394747.17	67043.24	296163.62
	营业支出(万元)	16714.14	237348.20	39809.38	198998.19
	投资收益(万元)	−2700.99	17425.93	19094.89	32664.74
	净利润(万元)	−17259.62	49646.57	8891.82	31986.07
	营业利润(万元)	−18454.28	74163.10	13024.34	63336.83
	利润总额(万元)	−18467.86	72024.56	13358.23	62607.41

北京华业地产股份有限公司

公司概况	公司名称	北京华业地产股份有限公司		证券简称	华业地产
	法人代表	徐红	董秘　赵双燕	证券代码	600240
	公司网址	www.huayedc.com		电子信箱	zhaosy@huayedc.com
	电　　话	010-85710735		传　　真	010-85710505
	办公地址	北京市朝阳区东四环中路39号A座16层			
	经营范围	在合法取得地块上从事房地产开发经营业务、物业管理			

主要财务指标	指标\报告期	2015.06.30	2014.12.31	2014.06.30	2013.12.31
	基本每股收益(元)	0.3141	0.2900	0.0962	0.3519
	基本每股收益(扣除后)(元)	0.3143	0.1900	0.0440	0.3334
	稀释每股收益(元)	0.3141	0.2900	0.0962	0.3508
	每股净资产(元)	3.0159	2.7021	2.5101	2.4158
	每股经营现金净流量(元)	1.2639	0.9726	−1.4189	1.0673
	每股现金流量(元)	0.1378	0.3661	0.1506	0.4416
	每股资本公积金(元)	0.1973	0.1975	0.2005	0.2024
	每股盈余公积金(元)	0.0285	0.0285	0.0086	0.0086
	每股未分配利润(元)	1.7902	1.4761	1.3010	1.2048
	净资产收益率(%)	10.4144	10.7744	3.8322	14.5442
	加权净资产收益率(%)	10.9900	11.3800	3.9000	14.1200
	净资产收益率(扣除)(%)	10.4213	7.0878	1.7517	13.7813
	总资产(万元)	1973970.84	1688801.16	1638039.39	1373467.76
	归属母公司股东权益(万元)	429539.44	384841.84	357507.34	344068.77
	营业收入(万元)	315908.94	275095.23	82144.13	279286.36
	营业支出(万元)	196833.70	159069.70	45758.08	150037.14
	投资收益(万元)	458.36	8639.58	8263.82	4.30
	净利润(万元)	44635.38	41041.46	13700.22	50041.91
	营业利润(万元)	63465.45	58385.43	17353.46	68543.66
	利润总额(万元)	63435.77	58105.00	17337.55	68740.35

辽宁时代万恒股份有限公司

公司概况	公司名称	辽宁时代万恒股份有限公司		证券简称	时代万恒
	法人代表	魏钢	董秘 蒋明	证券代码	600241
	公司网址	www.shidaiwanheng.com		电子信箱	600241@shidaiwanheng.com
	电　　话	0411-82357777-699		传　　真	0411-82798000
	办公地址	辽宁省大连市中山区港湾街7号			
	经营范围	服装、服饰的出口业务及化工原料、矿产品等进口业务			

主要财务指标	指标\报告期	2015.06.30	2014.12.31	2014.06.30	2013.12.31
	基本每股收益(元)	-0.2500	-0.4800	-0.1038	0.0800
	基本每股收益(扣除后)(元)	-0.2500	-0.5100	-0.1064	0.0800
	稀释每股收益(元)	-0.2500	-0.4800	-0.1038	0.0800
	每股净资产(元)	1.6684	1.9614	2.3788	2.5061
	每股经营现金净流量(元)	-0.7130	-0.1185	-0.4444	0.2844
	每股现金流量(元)	0.2809	0.1033	0.1189	-0.7042
	每股资本公积金(元)	0.4453	0.4726	0.5126	0.5126
	每股盈余公积金(元)	0.2070	0.2074	0.2070	0.2070
	每股未分配利润(元)	0.1105	0.3632	0.6660	0.7948
	净资产收益率(%)	-14.7609	-24.6802	-4.3628	3.0639
	加权净资产收益率(%)	-13.2700	-21.7400	-4.2300	2.8000
	净资产收益率(扣除)(%)	-14.9629	-26.0740	-4.4732	3.2201
	总资产(万元)	217860.91	206382.94	180589.83	174117.95
	归属母公司股东权益(万元)	30065.31	35670.54	42865.40	45159.88
	营业收入(万元)	41972.37	134391.70	41180.25	159138.77
	营业支出(万元)	35560.67	116148.75	34645.58	127433.13
	投资收益(万元)	-131.79	1016.77	805.51	-120.28
	净利润(万元)	-4821.24	-8672.99	-1870.15	1383.65
	营业利润(万元)	-4929.68	-6693.28	-1998.30	7723.91
	利润总额(万元)	-4826.41	-6729.00	-1899.56	7783.75

中昌海运股份有限公司

公司概况	公司名称	中昌海运股份有限公司		证券简称	*ST中昌
	法人代表	陈胜杰	董秘 谢晶	证券代码	600242
	公司网址	www.zchy.net.cn		电子信箱	a600242@163.com
	电　　话	0662-3229088		传　　真	0662-2881697
	办公地址	广东省阳江市江城区安宁路富华小区A7号(7-8层)			
	经营范围	经营沿海、内河货物运输、船舶租赁、买卖、货物代理、代运业务等			

主要财务指标	指标\报告期	2015.06.30	2014.12.31	2014.06.30	2013.12.31
	基本每股收益(元)	-0.1310	-1.2100	-0.1910	-0.3000
	基本每股收益(扣除后)(元)	-0.2010	-0.8500	-0.2040	-
	稀释每股收益(元)	-0.1310	-1.2100	-0.1910	-0.3000
	每股净资产(元)	-0.3582	-0.2281	0.7890	0.9803
	每股经营现金净流量(元)	-0.0378	0.2183	0.0605	-0.1780
	每股现金流量(元)	0.0592	0.0068	0.0780	-0.0619
	每股资本公积金(元)	1.4491	1.4491	1.4491	1.4491
	每股盈余公积金(元)	0.1151	0.1151	0.1151	0.1151
	每股未分配利润(元)	-2.9224	-2.7909	-1.7752	-1.5839
	净资产收益率(%)	-	529.6675	-24.2367	-30.3236
	加权净资产收益率(%)	-	-321.3300	-21.6200	-26.3300
	净资产收益率(扣除)(%)	56.0449	373.9229	-25.9121	-40.0824
	总资产(万元)	213526.72	214351.15	248347.89	242402.54
	归属母公司股东权益(万元)	-9789.57	-6195.83	21567.03	26794.15
	营业收入(万元)	12950.24	25780.82	12228.90	43016.19
	营业支出(万元)	12799.89	28864.02	12547.50	38985.48
	投资收益(万元)	-	-	-	-
	净利润(万元)	-4066.79	-36496.35	-5227.13	-8124.96
	营业利润(万元)	-6589.66	-26284.58	-7379.52	-12343.44
	利润总额(万元)	-4065.49	-36005.79	-6896.39	-8583.70

青海华鼎实业股份有限公司

公司概况	公司名称	青海华鼎实业股份有限公司		证券简称	青海华鼎
	法人代表	于世光	董秘 刘文忠	证券代码	600243
	公司网址	www.qhhdsy.com		电子信箱	liuwzhd@21cn.com
	电　　话	0971-7111668 7111159		传　　真	0971-7111669
	办公地址	青海省西宁市七一路318号			
	经营范围	数控机床、小型食品机械、齿轮箱、电梯件等机械产品的生产			

主要财务指标	指标\报告期	2015.06.30	2014.12.31	2014.06.30	2013.12.31
	基本每股收益(元)	-0.0806	-0.0200	-0.0862	0.0600
	基本每股收益(扣除后)(元)	-0.1179	-0.1400	-0.1100	-0.2600
	稀释每股收益(元)	-0.0806	-0.0200	-0.0862	0.0600
	每股净资产(元)	3.0249	3.1055	3.0421	3.1283
	每股经营现金净流量(元)	-0.2188	-0.2552	0.0064	0.2758
	每股现金流量(元)	-0.0619	-0.5485	-0.4451	0.5118
	每股资本公积金(元)	1.6078	1.6078	1.6078	1.6078
	每股盈余公积金(元)	0.0764	0.0764	0.0764	0.0764
	每股未分配利润(元)	0.3406	0.4212	0.3578	0.4440
	净资产收益率(%)	-2.6648	-0.7324	-2.8318	2.0641
	加权净资产收益率(%)	-2.6600	-0.6700	-2.7900	2.0900
	净资产收益率(扣除)(%)	-3.8963	-4.4369	-3.6151	-8.3595
	总资产(万元)	253148.84	233903.84	223309.42	225627.12
	归属母公司股东权益(万元)	71644.87	73554.03	72052.34	74092.75
	营业收入(万元)	50592.63	112578.80	50445.12	109508.14
	营业支出(万元)	39893.49	87341.85	40807.75	86355.66
	投资收益(万元)	21.12	21.89	18.05	25.34
	净利润(万元)	-1899.97	-405.81	-2040.40	1529.37
	营业利润(万元)	-3082.36	-2679.31	-3447.12	-8212.20
	利润总额(万元)	-2063.56	499.95	-2702.49	773.64

北京万通地产股份有限公司

公司概况	公司名称	北京万通地产股份有限公司		证券简称	万通地产
	法人代表	李虹	董秘 程晓晞	证券代码	600246
	公司网址	www.vantone.com		电子信箱	chengxiaoxi@vantone.com
	电　　话	010-59070788 59071169		传　　真	010-59071159
	办公地址	北京市朝阳区朝外大街甲6号万通中心写字楼D座4层			
	经营范围	住宅的开发和销售及商用物业的开发和出租			

主要财务指标	指标\报告期	2015.06.30	2014.12.31	2014.06.30	2013.12.31
	基本每股收益(元)	0.0122	0.0371	0.0398	0.3128
	基本每股收益(扣除后)(元)	0.0116	-0.0670	-0.0082	0.0765
	稀释每股收益(元)	0.0122	0.0371	0.0398	0.3128
	每股净资产(元)	2.9124	2.9002	3.0365	3.0661
	每股经营现金净流量(元)	-0.0978	-0.9725	-0.8676	-0.4488
	每股现金流量(元)	-0.5398	-0.5525	-0.6011	0.5988
	每股资本公积金(元)	0.6777	0.6777	0.8109	0.8109
	每股盈余公积金(元)	0.1372	0.1372	0.1351	0.1351
	每股未分配利润(元)	1.1010	1.0888	1.0936	1.1239
	净资产收益率(%)	0.4177	1.2777	1.3092	10.2033
	加权净资产收益率(%)	0.4200	1.2200	1.3000	10.4900
	净资产收益率(扣除)(%)	0.3970	-2.3109	-0.2692	2.4960
	总资产(万元)	1382069.94	1423081.64	1270048.57	1192594.79
	归属母公司股东权益(万元)	354375.01	352901.21	369478.08	373087.01
	营业收入(万元)	78485.62	191157.59	33748.48	329925.12
	营业支出(万元)	41254.95	135786.96	12211.61	202247.07
	投资收益(万元)	-177.45	5921.26	-498.28	29536.81
	净利润(万元)	1952.07	9764.91	4837.23	38067.27
	营业利润(万元)	6063.89	2167.21	718.77	66295.55
	利润总额(万元)	6183.28	13759.27	12786.32	68810.47

吉林成城集团股份有限公司

公司概况					
公司名称	吉林成城集团股份有限公司			证券简称	*ST 成城
法人代表	方项	董秘	徐昕欣	证券代码	600247
公司网址				电子信箱	ccgcxu@126.com
电　　话	0755-83558842			传　　真	0755-83556248
办公地址	广东省深圳市福田区深南大道 6008 号特区报业大厦 10B				
经营范围	商品销售业务、商业地产租赁业务、物业管理咨询及房地产销售业务				

主要财务指标：指标\报告期	2015.06.30	2014.12.31	2014.06.30	2013.12.31
基本每股收益(元)	-0.0180	-1.0295	-0.0510	-0.4100
基本每股收益(扣除后)(元)	-0.0180	-0.9200	-0.0510	-0.3440
稀释每股收益(元)	-0.0180	-1.0295	-0.0510	-0.4100
每股净资产(元)	0.1175	0.1360	1.0851	1.1360
每股经营现金净流量(元)	-0.0002	0.0066	0.0007	0.2349
每股现金流量(元)	-0.0001	0.0059	–	-0.0125
每股资本公积金(元)	0.0158	0.0158	0.0158	0.0158
每股盈余公积金(元)	0.1744	0.1744	0.1744	0.1744
每股未分配利润(元)	-1.0727	-1.0542	-0.1050	-0.0541
净资产收益率(%)	-15.7363	-757.1216	-4.6639	-36.1020
加权净资产收益率(%)	-14.5900	-156.3500	-4.5600	-30.5800
净资产收益率(扣除)(%)	-15.1118	-681.8329	-4.6639	-30.2483
总资产(万元)	86231.07	87435.95	112552.38	112574.71
归属母公司股东权益(万元)	3952.64	4574.64	36507.53	38220.99
营业收入(万元)	1009.66	2267.75	1130.45	8433.26
营业支出(万元)	181.29	553.86	271.60	5992.94
投资收益(万元)	1218.00	-1384.43	68.40	-556.87
净利润(万元)	-662.43	-34763.38	-1702.67	-13798.50
营业利润(万元)	-637.75	-31319.20	-1765.89	-11239.04
利润总额(万元)	-662.43	-34763.38	-1765.89	-13476.33

陕西延长石油化建股份有限公司

公司概况					
公司名称	陕西延长石油化建股份有限公司			证券简称	延长化建
法人代表	高建成	董秘	赵永宏	证券代码	600248
公司网址	www.ycpcec.com			电子信箱	zhaoyonghong@vip.sina.com
电　　话	029-87016795			传　　真	029-87035723
办公地址	陕西省西安市杨凌农业高新技术产业示范区新桥北路 2 号延长化建大厦				
经营范围	化工石油工程施工				

主要财务指标：指标\报告期	2015.06.30	2014.12.31	2014.06.30	2013.12.31
基本每股收益(元)	0.1519	0.4325	0.2506	0.4366
基本每股收益(扣除后)(元)	0.1495	0.4224	0.2419	0.4000
稀释每股收益(元)	0.1519	0.4325	0.2506	0.4366
每股净资产(元)	3.7272	3.6254	3.5408	2.9133
每股经营现金净流量(元)	-0.6951	0.6089	0.4936	0.1789
每股现金流量(元)	-1.0048	0.9392	1.1005	-0.0985
每股资本公积金(元)	1.3464	1.3464	1.3464	0.8689
每股盈余公积金(元)	0.0543	0.0543	0.0474	0.0528
每股未分配利润(元)	1.1034	1.0015	0.9442	0.7899
净资产收益率(%)	4.0742	11.5286	6.6027	14.9857
加权净资产收益率(%)	4.1200	12.8500	7.8900	15.8300
净资产收益率(扣除)(%)	4.0114	11.2600	6.3728	13.7307
总资产(万元)	502276.19	508355.66	486390.51	421723.85
归属母公司股东权益(万元)	176552.30	171730.48	167721.75	124103.60
营业收入(万元)	211589.83	519497.26	253591.81	499925.72
营业支出(万元)	193224.24	467373.29	231653.81	451070.31
投资收益(万元)	–	–	–	98.71
净利润(万元)	7193.11	19798.05	11074.23	18597.82
营业利润(万元)	8440.85	23267.88	13240.19	22998.26
利润总额(万元)	8571.38	23364.09	13309.03	23095.54

柳州两面针股份有限公司

公司概况					
公司名称	柳州两面针股份有限公司			证券简称	两面针
法人代表	钟春彬	董秘	莫善军	证券代码	600249
公司网址	www.lmz.com.cn			电子信箱	lmzstock@lmz.com.cn
电　　话	0772-2506159			传　　真	0772-2506158
办公地址	广西壮族自治区柳州市东环路 282 号				
经营范围	牙膏、日用化妆品、香皂、膏霜、香水类、牙刷、旅游用品、家用卫生品等				

主要财务指标：指标\报告期	2015.06.30	2014.12.31	2014.06.30	2013.12.31
基本每股收益(元)	-0.1679	0.0487	-0.1530	0.0193
基本每股收益(扣除后)(元)	-0.1734	-0.3935	-0.1633	-0.2415
稀释每股收益(元)	-0.1679	0.0487	-0.1530	0.0193
每股净资产(元)	4.3324	4.8127	3.7484	3.9818
每股经营现金净流量(元)	-0.3414	-0.3699	-0.0682	0.0053
每股现金流量(元)	0.1459	0.5249	-0.3368	0.1733
每股资本公积金(元)	1.5595	1.1277	1.6552	1.1277
每股盈余公积金(元)	0.4320	0.5280	0.5076	0.5054
每股未分配利润(元)	0.4471	0.7454	0.5856	0.7193
净资产收益率(%)	-3.7583	1.0116	-4.0812	0.5639
加权净资产收益率(%)	-3.6900	1.1100	-3.9800	0.4700
净资产收益率(扣除)(%)	-3.8817	-8.1766	-4.3554	-6.0640
总资产(万元)	429508.66	410896.72	305491.99	324720.24
归属母公司股东权益(万元)	238282.34	216570.63	168677.57	178216.75
营业收入(万元)	64905.11	118698.92	56044.99	118355.01
营业支出(万元)	57171.19	104817.20	48665.57	93741.04
投资收益(万元)	878.97	27195.81	767.31	17125.73
净利润(万元)	-11392.87	-3238.18	-8653.98	777.55
营业利润(万元)	-11806.19	-367.85	-9056.11	1631.76
利润总额(万元)	-11398.33	-23.84	-8538.11	2889.94

南京纺织品进出口股份有限公司

公司概况					
公司名称	南京纺织品进出口股份有限公司			证券简称	南纺股份
法人代表	徐德健	董秘	张金源	证券代码	600250
公司网址	www.nantex.com.cn			电子信箱	zl@nantex.com.cn
电　　话	025-83331634 83331603			传　　真	025-83331639
办公地址	江苏省南京市鼓楼区云南北路 77 号				
经营范围	纺织、丝绸、针织、服装机电设备、化工原料、轻工产品等产品的进出口业务				

主要财务指标：指标\报告期	2015.06.30	2014.12.31	2014.06.30	2013.12.31
基本每股收益(元)	-0.3800	0.0600	-0.2400	0.4600
基本每股收益(扣除后)(元)	-0.3500	-0.1500	-0.2500	-0.4200
稀释每股收益(元)	–	–	-0.2414	0.4588
每股净资产(元)	1.1051	1.4640	1.1619	1.5293
每股经营现金净流量(元)	-0.1559	0.9629	-0.0772	-0.2884
每股现金流量(元)	-0.3685	-0.3691	-1.3166	0.8442
每股资本公积金(元)	0.7007	0.6880	0.6884	0.8057
每股盈余公积金(元)	0.4095	0.4095	0.4095	0.4095
每股未分配利润(元)	-1.0114	-0.6331	-0.9360	-0.6946
净资产收益率(%)	-34.2310	4.2018	-20.7721	29.9972
加权净资产收益率(%)	-29.5300	4.1300	-17.9400	33.6600
净资产收益率(扣除)(%)	-31.8137	-10.0810	-21.1676	-27.7132
总资产(万元)	172187.63	201784.24	220701.59	276689.82
归属母公司股东权益(万元)	28588.74	37871.45	30057.80	39562.34
营业收入(万元)	54176.36	279166.16	170776.53	516554.12
营业支出(万元)	51028.32	267404.17	164512.81	498795.58
投资收益(万元)	-4467.42	8482.22	-3614.62	32774.98
净利润(万元)	-9853.61	1272.11	-6380.92	12543.47
营业利润(万元)	-9507.13	569.17	-6464.82	8651.70
利润总额(万元)	-9746.69	1569.60	-6345.88	12719.24

新疆冠农果茸集团股份有限公司

公司概况	公司名称	新疆冠农果茸集团股份有限公司			证券简称	冠农股份
	法人代表	郭良	董秘	金建霞	证券代码	600251
	公司网址	www.gngf.cn		电子信箱	gn600251@126.com	
	电　话	0996-2113386 2113788		传　真	0996-2113676	
	办公地址	新疆维吾尔自治区库尔勒市团结南路 48 号小区				
	经营范围	果业种植、仓储、加工及销售				

主要财务指标	指标\报告期	2015.06.30	2014.12.31	2014.06.30	2013.12.31
	基本每股收益(元)	0.1454	0.4290	0.4482	0.8200
	基本每股收益(扣除后)(元)	0.1354	0.3766	0.4382	0.5700
	稀释每股收益(元)	0.1454	0.4290	0.4482	0.8200
	每股净资产(元)	2.4343	4.7778	4.7805	3.8317
	每股经营现金净流量(元)	0.2618	-1.2779	0.3885	0.0502
	每股现金流量(元)	0.0121	0.0355	1.4584	-0.1773
	每股资本公积金(元)	0.4718	1.9436	1.9383	1.0333
	每股盈余公积金(元)	0.1578	0.3157	0.2808	0.3043
	每股未分配利润(元)	0.8041	1.5175	1.5615	1.4941
	净资产收益率(%)	5.9716	8.6318	8.6500	21.4173
	加权净资产收益率(%)	6.1600	11.3400	11.0500	23.2100
	净资产收益率(扣除)(%)	5.5604	7.5767	8.4586	14.8965
	总资产(万元)	340864.27	365555.07	278516.51	273509.58
	归属母公司股东权益(万元)	191052.86	187492.46	187598.46	138745.68
	营业收入(万元)	84829.45	115359.78	56743.21	127925.46
	营业支出(万元)	75087.44	100998.71	52887.24	118213.08
	投资收益(万元)	12846.24	24465.61	18436.79	35711.91
	净利润(万元)	12721.19	17907.91	16227.79	29715.64
	营业利润(万元)	12798.45	17451.08	16588.62	24437.34
	利润总额(万元)	13200.93	18534.54	16992.02	29489.37

广西梧州中恒集团股份有限公司

公司概况	公司名称	广西梧州中恒集团股份有限公司			证券简称	中恒集团
	法人代表	许淑清	董秘	许森	证券代码	600252
	公司网址	www.wz-zhongheng.com		电子信箱	pwm680@tom.com	
	电　话	0774-3939128		传　真	0774-3939053	
	办公地址	广西壮族自治区梧州市工业园区工业大道 1 号				
	经营范围	对医药、能源、基础设施、城市公用事业、酒店旅游业、物流业的投资与管理等				

主要财务指标	指标\报告期	2015.06.30	2014.12.31	2014.06.30	2013.12.31
	基本每股收益(元)	0.5350	1.4530	0.4490	0.6800
	基本每股收益(扣除后)(元)	0.2680	0.7830	0.3890	0.5730
	稀释每股收益(元)	0.5350	1.4530	0.4490	0.6800
	每股净资产(元)	4.8062	51050.0000	3.4470	3.3800
	每股经营现金净流量(元)	0.0036	0.4920	0.3579	0.8657
	每股现金流量(元)	-0.5380	1.8472	0.4730	-0.0187
	每股资本公积金(元)	0.7738	0.7735	0.6964	0.8738
	每股盈余公积金(元)	0.4933	0.4393	0.3640	0.3187
	每股未分配利润(元)	2.0445	2.1639	1.3866	1.1828
	净资产收益率(%)	11.1225	26.9627	13.0286	20.1494
	加权净资产收益率(%)	9.9700	36.1700	12.4800	22.1000
	净资产收益率(扣除)(%)	5.5696	14.5227	11.2873	16.9666
	总资产(万元)	722589.08	802622.34	604682.75	605774.39
	归属母公司股东权益(万元)	556735.24	591386.97	376323.95	368506.08
	营业收入(万元)	105224.41	321440.64	179342.81	399669.76
	营业支出(万元)	24846.77	70764.25	41067.34	76954.29
	投资收益(万元)	39495.68	85960.70	1327.50	788.82
	净利润(万元)	61923.79	159447.75	49029.83	74251.59
	营业利润(万元)	74613.86	186001.50	50441.50	74271.01
	利润总额(万元)	77064.26	198130.70	57740.57	87907.15

安徽鑫科新材料股份有限公司

公司概况	公司名称	安徽鑫科新材料股份有限公司			证券简称	鑫科材料
	法人代表	张晓光	董秘	张龙	证券代码	600255
	公司网址	www.ahxinke.com		电子信箱	yll@ahxinke.com	
	电　话	0553-5847423 5840468		传　真	0553-5847423	
	办公地址	安徽省芜湖市经济技术开发区珠江路 3 号				
	经营范围	铜基合金材料、金属基复合材料及制品、超细金属及特种粉末材料等				

主要财务指标	指标\报告期	2015.06.30	2014.12.31	2014.06.30	2013.12.31
	基本每股收益(元)	-0.0200	0.0200	0.0200	-0.0400
	基本每股收益(扣除后)(元)	-0.0300	-0.0200	-0.0100	-0.1700
	稀释每股收益(元)	-0.0200	0.0200	0.0200	-0.0400
	每股净资产(元)	1.8294	1.2807	3.1884	3.1794
	每股经营现金净流量(元)	-0.0262	0.1668	-0.4434	0.0264
	每股现金流量(元)	-0.0120	-0.1266	-0.4831	0.0504
	每股资本公积金(元)	0.6561	0.1248	1.8666	1.8120
	每股盈余公积金(元)	0.0285	0.0322	0.0764	0.0764
	每股未分配利润(元)	0.0650	0.0954	0.2454	0.2010
	净资产收益率(%)	-1.0549	1.3051	1.3923	-2.7059
	加权净资产收益率(%)	-1.3000	1.3100	1.3900	-4.0700
	净资产收益率(扣除)(%)	-1.4578	-1.8671	-1.0514	-4.1825
	总资产(万元)	525285.17	348087.89	355423.05	331218.32
	归属母公司股东权益(万元)	323724.38	200274.20	199432.67	198872.80
	营业收入(万元)	258734.65	589186.53	276365.01	437872.32
	营业支出(万元)	252491.79	571463.11	267602.62	425413.51
	投资收益(万元)	1114.82	5479.21	5169.34	1698.98
	净利润(万元)	-3130.83	3553.06	3188.09	-4804.74
	营业利润(万元)	-3203.44	2902.09	3452.51	-6007.85
	利润总额(万元)	-2946.38	4525.62	3713.77	-4699.66

广汇能源股份有限公司

公司概况	公司名称	广汇能源股份有限公司			证券简称	广汇能源
	法人代表	宋东升	董秘	倪娟	证券代码	600256
	公司网址	www.xjguanghui.com		电子信箱	guanghuigufen@xjghjt.com	
	电　话	0991-2365211 3759961		传　真	0991-8637008	
	办公地址	新疆维吾尔自治区乌鲁木齐市新华北路 165 号广汇中天广场 27 层				
	经营范围	液化天然气、现代物流、住宅消费服务、石材和化学建材等				

主要财务指标	指标\报告期	2015.06.30	2014.12.31	2014.06.30	2013.12.31
	基本每股收益(元)	0.0779	0.3137	0.2353	0.1430
	基本每股收益(扣除后)(元)	0.0392	0.1578	0.0833	0.1207
	稀释每股收益(元)	0.0779	0.3137	0.2353	0.1430
	每股净资产(元)	2.1459	2.0687	2.0232	1.7847
	每股经营现金净流量(元)	0.1778	0.1042	0.0942	-0.0447
	每股现金流量(元)	0.0773	0.2067	0.1456	-0.0468
	每股资本公积金(元)	0.1344	0.1344	0.1567	0.1567
	每股盈余公积金(元)	0.1484	0.1484	0.1470	0.1470
	每股未分配利润(元)	0.8657	0.7878	0.7108	0.4755
	净资产收益率(%)	3.6296	15.1652	11.6300	8.0599
	加权净资产收益率(%)	3.7000	16.3800	12.3600	8.9500
	净资产收益率(扣除)(%)	1.8287	7.6304	4.1181	6.8019
	总资产(万元)	4004196.85	3763626.43	3454730.55	2895969.13
	归属母公司股东权益(万元)	1120454.42	1080132.18	1056417.40	931872.98
	营业收入(万元)	288756.26	671726.88	306653.60	480528.48
	营业支出(万元)	196128.65	447469.67	206838.16	307107.10
	投资收益(万元)	355.75	62761.24	62754.09	18940.99
	净利润(万元)	41420.09	168387.70	122860.34	75108.01
	营业利润(万元)	27545.81	169688.71	115903.17	97072.38
	利润总额(万元)	53036.23	163803.86	136830.89	99348.43

大湖水殖股份有限公司

公司概况	公司名称	大湖水殖股份有限公司			证券简称	大湖股份
	法人代表	罗订坤	董秘	童菁	证券代码	600257
	公司网址	www.dhszgf.com		电子信箱	dhgf@dhszgf.com	
	电　　话	0736-7252796		传　　真	0736-7266736	
	办公地址	湖南省常德市建设东路348号泓鑫桃林六号楼				
	经营范围	水产品、水禽养殖、加工、销售及深度综合开发				

	指标\报告期	2015.06.30	2014.12.31	2014.06.30	2013.12.31
主要财务指标	基本每股收益(元)	0.0163	0.0038	0.2688	0.5098
	基本每股收益(扣除后)(元)	0.0051	0.0054	0.2692	0.5061
	稀释每股收益(元)	0.0163	0.0038	–	–
	每股净资产(元)	1.7891	1.7728	4.6773	4.6200
	每股经营现金净流量(元)	–0.1195	0.0015	0.4284	1.0349
	每股现金流量(元)	–0.0117	–0.1883	–0.3696	–0.4763
	每股资本公积金(元)	0.2316	0.2316	0.7511	0.5288
	每股盈余公积金(元)	0.0991	0.0991	0.7251	0.7251
	每股未分配利润(元)	0.4585	0.4422	2.1817	2.1629
	净资产收益率(%)	0.9113	0.2115	5.7479	11.0366
	加权净资产收益率(%)	0.9200	0.2100	5.7300	11.5400
	净资产收益率(扣除)(%)	0.2823	0.3038	5.7561	10.9574
	总资产(万元)	148331.64	141865.29	214498.18	217174.20
	归属母公司股东权益(万元)	76404.23	75707.95	108233.04	106889.52
	营业收入(万元)	32100.29	67646.62	128353.23	296453.08
	营业支出(万元)	23349.14	50973.53	82018.17	200834.31
	投资收益(万元)	–136.18	2192.78	760.87	2727.63
	净利润(万元)	943.42	336.45	7552.80	13660.89
	营业利润(万元)	598.75	981.06	9825.85	17610.77
	利润总额(万元)	1231.53	880.88	9850.69	17569.82

北京首旅酒店(集团)股份有限公司

公司概况	公司名称	北京首旅酒店(集团)股份有限公司			证券简称	首旅酒店
	法人代表	张润钢	董秘	段中鹏	证券代码	600258
	公司网址	www.btghg.com		电子信箱	dzpxx@sohu.com	
	电　　话	010-66014466-2446		传　　真	010-66019471	
	办公地址	北京市西城区复兴门内大街51号				
	经营范围	项目投资及管理、旅游服务、饭店经营及管理				

	指标\报告期	2015.06.30	2014.12.31	2014.06.30	2013.12.31
主要财务指标	基本每股收益(元)	0.1811	0.4861	0.2688	0.5098
	基本每股收益(扣除后)(元)	0.0392	0.4229	0.2692	0.5061
	稀释每股收益(元)	–	–	–	–
	每股净资产(元)	5.0847	4.9514	4.6773	4.6193
	每股经营现金净流量(元)	0.5301	1.0650	0.4284	1.0349
	每股现金流量(元)	–0.5811	–0.2185	–0.3696	–0.4763
	每股资本公积金(元)	0.5272	0.5051	0.7511	0.7137
	每股盈余公积金(元)	0.7690	0.7690	0.7251	0.7251
	每股未分配利润(元)	2.3861	2.3550	2.1817	2.1629
	净资产收益率(%)	3.5622	9.8165	5.7479	11.0366
	加权净资产收益率(%)	3.5900	10.2500	5.7300	11.5400
	净资产收益率(扣除)(%)	0.7718	8.5400	5.7561	10.9574
	总资产(万元)	400706.27	222914.32	214498.18	217174.20
	归属母公司股东权益(万元)	117658.85	114575.61	108233.04	106889.52
	营业收入(万元)	63681.61	279062.24	128353.23	296453.08
	营业支出(万元)	8440.08	185752.89	82018.17	200834.31
	投资收益(万元)	3863.18	3621.68	760.87	2727.63
	净利润(万元)	3847.94	13359.21	6221.16	11797.01
	营业利润(万元)	6137.61	16901.92	9825.85	17610.77
	利润总额(万元)	6488.72	17001.17	9850.69	17569.82

广晟有色金属股份有限公司

公司概况	公司名称	广晟有色金属股份有限公司			证券简称	广晟有色
	法人代表	谢亮	董秘	胡远芳	证券代码	600259
	公司网址	www.gsysgf.com		电子信箱	ysgsys@gdmi.com	
	电　　话	020-87226381 87705052		传　　真	020-87649987	
	办公地址	广东省广州市天河区林和西路157号保利中汇广场A栋31-32楼				
	经营范围	有色金属的开采、加工与销售				

	指标\报告期	2015.06.30	2014.12.31	2014.06.30	2013.12.31
主要财务指标	基本每股收益(元)	–0.1300	0.0700	0.0500	–0.2800
	基本每股收益(扣除后)(元)	–0.2500	–0.0900	–0.0400	–0.4400
	稀释每股收益(元)	–0.1300	0.0700	0.0500	–0.2800
	每股净资产(元)	2.9397	3.1394	1.8460	2.1600
	每股经营现金净流量(元)	–0.8855	–1.7279	–0.6434	–0.5496
	每股现金流量(元)	0.4092	–0.9768	–0.7656	0.6007
	每股资本公积金(元)	2.9034	2.9034	1.7905	2.0614
	每股盈余公积金(元)	0.0819	0.0819	0.0861	0.0861
	每股未分配利润(元)	–1.0771	–0.9436	–1.0368	–1.0667
	净资产收益率(%)	–4.5424	2.2719	1.5170	–17.3439
	加权净资产收益率(%)	–4.3500	2.5700	1.5300	–12.1500
	净资产收益率(扣除)(%)	–8.6670	–2.8715	–1.9029	–24.0683
	总资产(万元)	412270.65	372719.63	309649.54	306532.94
	归属母公司股东权益(万元)	77055.49	82289.70	46038.55	53976.86
	营业收入(万元)	140999.24	262113.42	110281.47	189936.73
	营业支出(万元)	130956.69	229835.60	93496.63	158280.96
	投资收益(万元)	2193.34	292.12	–195.81	452.82
	净利润(万元)	–4424.57	1838.17	1073.84	–6768.85
	营业利润(万元)	–6252.41	–730.79	851.67	–9271.99
	利润总额(万元)	–4441.34	4622.42	3107.51	–5446.71

湖北凯乐科技股份有限公司

公司概况	公司名称	湖北凯乐科技股份有限公司			证券简称	凯乐科技
	法人代表	朱弟雄	董秘	陈杰	证券代码	600260
	公司网址	www.cnkaile.com		电子信箱	kaile@cnkaile.com	
	电　　话	027-87250890		传　　真	027-87250586	
	办公地址	湖北省公安县斗湖堤镇城关				
	经营范围	塑料硬管及管件、软管、管材、塑料零件及塑料土工合成材料等				

	指标\报告期	2015.06.30	2014.12.31	2014.06.30	2013.12.31
主要财务指标	基本每股收益(元)	0.1300	0.0900	0.1500	0.1500
	基本每股收益(扣除后)(元)	0.1100	–0.0200	0.1100	0.1400
	稀释每股收益(元)	0.1300	0.0900	0.1500	0.1500
	每股净资产(元)	4.1845	3.3076	3.4616	3.3485
	每股经营现金净流量(元)	0.1386	–0.1555	0.0605	0.3975
	每股现金流量(元)	0.5547	0.0571	–0.0445	0.0694
	每股资本公积金(元)	1.7475	0.6599	0.7030	0.7409
	每股盈余公积金(元)	0.3323	0.4072	0.3872	0.3771
	每股未分配利润(元)	1.0796	1.2406	1.3714	1.2305
	净资产收益率(%)	2.5801	2.7226	4.3587	4.4490
	加权净资产收益率(%)	3.4300	2.7000	4.4600	4.5600
	净资产收益率(扣除)(%)	2.3625	–0.5328	3.1733	4.1179
	总资产(万元)	698489.92	559635.51	535053.48	548702.34
	归属母公司股东权益(万元)	279000.13	174524.22	182646.89	176682.31
	营业收入(万元)	138909.15	174309.14	99489.59	191963.55
	营业支出(万元)	111866.46	132870.77	70272.26	139425.27
	投资收益(万元)	605.13	6601.38	2388.88	155.31
	净利润(万元)	7161.86	5131.88	7961.12	7860.65
	营业利润(万元)	8455.17	5723.95	11213.91	11138.72
	利润总额(万元)	8582.62	5932.50	11553.32	11811.18

浙江阳光照明电器集团股份有限公司

公司概况	公司名称	浙江阳光照明电器集团股份有限公司		证券简称	阳光照明
	法人代表	陈卫	董秘 赵芳华	证券代码	600261
	公司网址	www.yankon.com		电子信箱	ygjt@yankon.com
	电　话	0575-82027721		传　真	0575-82027720
	办公地址	浙江省上虞市百官镇凤山路485号			
	经营范围	节能电光源、照明电器、仪器设备的开发、制造、销售、照明电器等			

主要财务指标	指标\报告期	2015.06.30	2014.12.31	2014.06.30	2013.12.31
	基本每股收益(元)	0.1200	0.3000	0.0900	0.2400
	基本每股收益(扣除后)(元)	0.1100	0.2700	0.0900	0.1900
	稀释每股收益(元)	0.1200	0.3000	0.0900	0.2400
	每股净资产(元)	1.8761	2.7789	2.6239	3.8772
	每股经营现金净流量(元)	0.1631	0.6215	0.3251	0.6691
	每股现金流量(元)	-0.0640	0.2763	0.0167	-0.0113
	每股资本公积金(元)	0.1835	0.7753	0.7753	1.6629
	每股盈余公积金(元)	0.1506	0.2259	0.1879	0.2819
	每股未分配利润(元)	0.5527	0.7947	0.6770	0.9565
	净资产收益率(%)	6.5502	10.7090	5.3082	9.2618
	加权净资产收益率(%)	6.4800	11.1400	5.2500	9.5500
	净资产收益率(扣除)(%)	5.8965	9.8320	4.9607	7.5074
	总资产(万元)	462201.87	444366.28	417571.52	437770.27
	归属母公司股东权益(万元)	272432.24	269018.92	254010.56	250228.37
	营业收入(万元)	190000.36	325118.73	152404.64	316899.57
	营业支出(万元)	144273.59	247328.50	117526.51	251243.65
	投资收益(万元)	110.81	32.18	24.93	-907.91
	净利润(万元)	18260.66	29377.43	13948.99	23168.20
	营业利润(万元)	19726.03	31182.61	15375.12	10858.48
	利润总额(万元)	21579.14	33962.62	16527.79	28966.27

内蒙古北方重型汽车股份有限公司

公司概况	公司名称	内蒙古北方重型汽车股份有限公司		证券简称	北方股份
	法人代表	李建平	董秘 常德明	证券代码	600262
	公司网址	www.chinanhl.com		电子信箱	cdm@chinanhl.com
	电　话	0472-2642210 2642227		传　真	0472-2207538
	办公地址	内蒙古自治区包头市稀土高新技术产业开发区北方股份大厦证券部			
	经营范围	制造、销售各种型号的特雷克斯牌非公路矿用自卸汽车及相应的零部件			

主要财务指标	指标\报告期	2015.06.30	2014.12.31	2014.06.30	2013.12.31
	基本每股收益(元)	-0.0564	0.7300	0.2407	0.7000
	基本每股收益(扣除后)(元)	-0.1417	0.3700	0.0833	0.5900
	稀释每股收益(元)	-0.0564	0.7300	0.2407	0.7000
	每股净资产(元)	6.7386	7.0339	6.5011	6.4956
	每股经营现金净流量(元)	0.7500	1.0075	0.3470	0.4080
	每股现金流量(元)	-2.0319	0.1432	-0.5468	0.8605
	每股资本公积金(元)	2.3761	2.3761	2.3489	2.3489
	每股盈余公积金(元)	1.9670	1.9670	1.7334	1.7334
	每股未分配利润(元)	1.3240	1.6303	1.3714	1.3807
	净资产收益率(%)	-0.8368	10.4247	3.7020	10.7143
	加权净资产收益率(%)	-0.8000	10.8800	3.6400	11.0900
	净资产收益率(扣除)(%)	-2.1025	5.3039	1.2807	9.1079
	总资产(万元)	274098.52	325491.26	326145.37	337995.66
	归属母公司股东权益(万元)	114557.02	119576.13	110518.20	110424.84
	营业收入(万元)	50934.23	147974.15	74664.74	218124.02
	营业支出(万元)	41816.36	115324.85	59099.59	174189.57
	投资收益(万元)	1465.31	2218.53	401.38	2508.66
	净利润(万元)	-1849.70	10736.62	4091.43	11831.28
	营业利润(万元)	-3745.90	6241.63	1499.03	10861.19
	利润总额(万元)	-2018.87	13487.33	4666.05	12892.67

云南景谷林业股份有限公司

公司概况	公司名称	云南景谷林业股份有限公司		证券简称	ST 景谷
	法人代表	晏国斌	董秘 杨忠明	证券代码	600265
	公司网址	www.jgly.cn		电子信箱	jgan2301@sina.com
	电　话	0879-5224480 5226908		传　真	0879-5223881
	办公地址	云南省普洱市景谷傣族彝族自治县林纸路201号			
	经营范围	林产化工产品制造、人造板制造、森林资源培育、木材采运、加工等			

主要财务指标	指标\报告期	2015.06.30	2014.12.31	2014.06.30	2013.12.31
	基本每股收益(元)	-0.2000	-0.3500	-0.2600	0.1100
	基本每股收益(扣除后)(元)	-0.1900	-0.5800	-0.3000	-0.6500
	稀释每股收益(元)	-0.2000	-0.3500	-0.2600	0.1100
	每股净资产(元)	-0.1217	0.0789	0.1671	0.4312
	每股经营现金净流量(元)	-0.0088	0.2563	0.3773	0.6713
	每股现金流量(元)	-0.0109	-0.4594	-0.0962	0.4430
	每股资本公积金(元)	1.3604	1.3604	1.3604	1.3604
	每股盈余公积金(元)	0.1062	0.1062	0.1062	0.1062
	每股未分配利润(元)	-2.5883	-2.3877	-2.2996	-2.0354
	净资产收益率(%)	164.8746	-446.3367	-158.0627	25.3854
	加权净资产收益率(%)	-938.7800	-138.1100	-97.2000	29.0800
	净资产收益率(扣除)(%)	169.5672	-730.8553	-179.6248	-151.0833
	总资产(万元)	42146.61	41614.39	44828.34	53807.87
	归属母公司股东权益(万元)	-1579.21	1024.51	2168.96	5597.27
	营业收入(万元)	5207.64	9592.73	5018.92	25023.85
	营业支出(万元)	4624.85	9685.78	5226.63	14872.27
	投资收益(万元)	-	-	-	-
	净利润(万元)	-2608.86	-4670.81	-3428.31	1420.89
	营业利润(万元)	-2682.96	-7586.05	-3932.28	1283.86
	利润总额(万元)	-2608.86	-4670.81	-3523.68	1382.06

北京城建投资发展股份有限公司

公司概况	公司名称	北京城建投资发展股份有限公司		证券简称	北京城建
	法人代表	陈代华	董秘 张财广	证券代码	600266
	公司网址	www.bucid.com		电子信箱	tz@bucid.com
	电　话	010-82275538 82275598		传　真	010-82275598
	办公地址	北京市朝阳区北土城西路11号城建开发大厦			
	经营范围	房地产开发、销售商品房、投资及投资管理等			

主要财务指标	指标\报告期	2015.06.30	2014.12.31	2014.06.30	2013.12.31
	基本每股收益(元)	0.1863	1.1100	0.2441	1.4900
	基本每股收益(扣除后)(元)	0.1830	0.9200	0.1789	1.4033
	稀释每股收益(元)	0.1863	1.1100	0.2441	1.4900
	每股净资产(元)	12.3645	9.9972	7.7948	9.5949
	每股经营现金净流量(元)	-0.0421	-3.8965	-2.5163	-4.1449
	每股现金流量(元)	-0.0825	0.7949	-0.4458	-0.4810
	每股资本公积金(元)	2.4232	2.4232	1.2618	1.4561
	每股盈余公积金(元)	0.3813	0.3813	0.5291	0.6350
	每股未分配利润(元)	4.0354	4.1191	5.0039	6.3082
	净资产收益率(%)	1.5067	8.7628	2.2341	15.0540
	加权净资产收益率(%)	1.8500	13.1000	2.9300	15.7200
	净资产收益率(扣除)(%)	1.4802	7.2744	2.2136	14.6251
	总资产(万元)	5861053.83	5035193.15	3889094.59	3872299.04
	归属母公司股东权益(万元)	1937562.50	1566604.36	831739.22	889623.44
	营业收入(万元)	327457.88	1001104.74	352303.89	1034371.87
	营业支出(万元)	238354.74	654133.05	243863.67	690568.80
	投资收益(万元)	11802.86	9903.03	4522.02	27172.83
	净利润(万元)	31353.08	149954.22	34864.98	145612.11
	营业利润(万元)	48574.85	190314.78	47191.96	191968.99
	利润总额(万元)	49971.36	192141.73	47372.87	193101.03

浙江海正药业股份有限公司

公司概况						
	公司名称	浙江海正药业股份有限公司			证券简称	海正药业
	法人代表	白骅	董秘	张薇	证券代码	600267
	公司网址	www.hisunpharm.com		电子信箱	hy@hisunpharm.com	
	电　　话	0576-88827809 0571-85278141		传　　真	0576-88827887 0571-8527005	
	办公地址	浙江省台州市椒江区外沙路46号				
	经营范围	化学原料药、化学中间体、医药制剂、生物制药、中成药、中药制剂等				

主要财务指标	指标\报告期	2015.06.30	2014.12.31	2014.06.30	2013.12.31
	基本每股收益(元)	0.0380	0.3500	0.2020	0.3600
	基本每股收益(扣除后)(元)	0.0290	0.2100	0.1790	0.2600
	稀释每股收益(元)	0.0380	0.3500	0.2020	0.3600
	每股净资产(元)	7.2028	7.2747	5.9145	5.8197
	每股经营现金净流量(元)	0.4592	0.5914	0.2857	0.6279
	每股现金流量(元)	−0.1273	0.3264	−0.1017	0.6432
	每股资本公积金(元)	3.7846	3.7846	2.2144	2.2131
	每股盈余公积金(元)	0.3343	0.3343	0.3739	0.3739
	每股未分配利润(元)	2.0851	2.1571	2.3262	2.2342
	净资产收益率(%)	0.5285	4.3835	3.4150	6.1770
	加权净资产收益率(%)	0.5220	5.6200	3.4110	6.3100
	净资产收益率(扣除)(%)	0.3976	2.6087	3.0272	4.5018
	总资产(万元)	1808162.40	1729830.37	1540451.34	1397208.66
	归属母公司股东权益(万元)	695449.63	702393.82	496649.29	488681.59
	营业收入(万元)	451053.31	1009674.79	477271.86	860431.16
	营业支出(万元)	331171.11	671626.80	319755.17	562114.57
	投资收益(万元)	1964.60	4220.66	361.40	1395.57
	净利润(万元)	9764.12	55197.05	16960.65	30185.74
	营业利润(万元)	13142.37	64224.78	37370.19	56289.91
	利润总额(万元)	14190.96	79842.82	39655.13	66152.67

国电南京自动化股份有限公司

公司概况						
	公司名称	国电南京自动化股份有限公司			证券简称	国电南自
	法人代表	江炳思	董秘	经海林	证券代码	600268
	公司网址	www.sac-china.com		电子信箱	s-dept@sac-china.com	
	电　　话	025-83410173 83537368		传　　真	025-83410871	
	办公地址	江苏省南京市浦口高新技术开发区星火路8号				
	经营范围	继电保护系统、控制系统、电力自动化系统、监测系统、管理信息系统等				

主要财务指标	指标\报告期	2015.06.30	2014.12.31	2014.06.30	2013.12.31
	基本每股收益(元)	−0.1900	−0.5400	−0.2300	0.0100
	基本每股收益(扣除后)(元)	−0.2000	−0.5700	−0.2400	−0.0400
	稀释每股收益(元)	−0.1900	−0.5400	−0.2300	0.0100
	每股净资产(元)	2.8375	3.1247	3.3804	3.6957
	每股经营现金净流量(元)	−0.5651	0.5615	−0.9826	0.3254
	每股现金流量(元)	−0.4778	−0.2727	−0.0959	−0.0703
	每股资本公积金(元)	1.6106	1.6106	1.6106	1.6106
	每股盈余公积金(元)	0.2621	0.2621	0.2621	0.2621
	每股未分配利润(元)	−0.0352	0.2520	0.5077	0.8231
	净资产收益率(%)	−6.5993	−17.1772	−6.6656	0.2183
	加权净资产收益率(%)	−6.1800	−15.5800	−6.2900	0.2200
	净资产收益率(扣除)(%)	−7.0422	−18.2347	−7.1876	−1.1043
	总资产(万元)	1006071.93	1038893.81	1066132.92	1021919.87
	归属母公司股东权益(万元)	180249.21	198496.81	214739.36	234770.16
	营业收入(万元)	177682.87	486057.83	179569.06	519335.59
	营业支出(万元)	132725.73	376364.58	139683.94	397777.06
	投资收益(万元)	−268.61	−483.25	−480.20	−958.15
	净利润(万元)	−11228.89	−27718.21	−14313.58	512.42
	营业利润(万元)	−14230.95	−38711.49	−15227.42	2267.94
	利润总额(万元)	−9438.94	−24428.35	−9758.86	17220.85

江西赣粤高速公路股份有限公司

公司概况						
	公司名称	江西赣粤高速公路股份有限公司			证券简称	赣粤高速
	法人代表	吴克海	董秘	熊长水	证券代码	600269
	公司网址	www.600269.cn		电子信箱	xcs@600269.cn	
	电　　话	0791-86539322 86527021		传　　真	0791-86527021 86539322	
	办公地址	江西省南昌市西湖区朝阳洲中路367号赣粤大厦				
	经营范围	高速公路等交通基础设施项目的投资、建设、经营管理和维护				

主要财务指标	指标\报告期	2015.06.30	2014.12.31	2014.06.30	2013.12.31
	基本每股收益(元)	0.1800	0.3000	0.1900	0.2800
	基本每股收益(扣除后)(元)	0.1400	0.2300	0.1400	0.2900
	稀释每股收益(元)	0.1800	0.3000	0.1900	0.2800
	每股净资产(元)	5.4129	5.2866	4.9985	4.8930
	每股经营现金净流量(元)	0.3338	0.6663	0.3497	0.6914
	每股现金流量(元)	0.0388	0.0980	0.1536	−0.4231
	每股资本公积金(元)	0.7870	0.7870	0.8069	0.8043
	每股盈余公积金(元)	0.4791	0.4791	0.4438	0.4438
	每股未分配利润(元)	2.9048	2.8224	2.7478	2.6448
	净资产收益率(%)	3.3698	5.6331	3.7603	5.7204
	加权净资产收益率(%)	3.4000	5.8600	3.7800	5.8500
	净资产收益率(扣除)(%)	2.6328	4.3169	2.8463	5.9140
	总资产(万元)	3153534.15	3082072.90	2870915.16	2811920.78
	归属母公司股东权益(万元)	1264128.50	1234625.02	1167348.94	1142704.75
	营业收入(万元)	232171.57	408050.81	177287.72	391330.58
	营业支出(万元)	137862.99	236994.12	86425.53	216535.69
	投资收益(万元)	1981.83	3655.10	2841.82	1178.49
	净利润(万元)	38486.35	57251.67	43896.05	65367.62
	营业利润(万元)	52136.68	78397.79	49224.31	56727.99
	利润总额(万元)	58176.40	90048.08	57323.09	85990.09

中外运空运发展股份有限公司

公司概况						
	公司名称	中外运空运发展股份有限公司			证券简称	外运发展
	法人代表	张建卫	董秘	王晓征	证券代码	600270
	公司网址	www.sinoair.com		电子信箱	stock@sinoair.com	
	电　　话	010-80418928		传　　真	010-80418933	
	办公地址	北京市顺义区天竺空港工业区A区天柱路20号				
	经营范围	经营国际航空货运代理、航空快递和国内物流综合服务业务				

主要财务指标	指标\报告期	2015.06.30	2014.12.31	2014.06.30	2013.12.31
	基本每股收益(元)	0.5321	0.6819	0.2245	0.7519
	基本每股收益(扣除后)(元)	0.5107	0.8343	0.3983	0.7405
	稀释每股收益(元)	–	–	–	0.7519
	每股净资产(元)	8.8010	7.2056	6.4721	6.1509
	每股经营现金净流量(元)	0.0172	0.0381	−0.0189	0.0364
	每股现金流量(元)	−0.1271	0.0610	0.7648	0.2997
	每股资本公积金(元)	0.5947	0.5773	0.6453	0.5485
	每股盈余公积金(元)	0.5412	0.5412	0.5412	0.5412
	每股未分配利润(元)	4.9703	4.4419	4.2859	4.0614
	净资产收益率(%)	6.0455	9.4634	3.4683	12.2242
	加权净资产收益率(%)	7.0100	10.1500	3.6000	12.4400
	净资产收益率(扣除)(%)	5.8032	11.5781	6.1534	12.0394
	总资产(万元)	950475.30	761738.79	676013.17	644901.30
	归属母公司股东权益(万元)	796911.28	652449.95	586040.67	556953.29
	营业收入(万元)	205378.68	417113.11	192060.77	390141.16
	营业支出(万元)	187527.51	377419.42	172164.76	352801.48
	投资收益(万元)	47657.77	75484.30	34459.63	67126.25
	净利润(万元)	48128.23	61665.11	20325.76	68083.28
	营业利润(万元)	48066.20	59913.47	17612.94	70884.87
	利润总额(万元)	48392.85	60796.26	17769.57	70421.29

航天信息股份有限公司

公司概况					
公司名称	航天信息股份有限公司			证券简称	航天信息
法人代表	时旸	董秘	陈仕俗	证券代码	600271
公司网址	www.aisino.com	电子信箱	stock@aisino.com		
电话	010-88896053 88896051	传真	010-88896055		
办公地址	北京市海淀区杏石口路甲 18 号航天信息园				
经营范围	电子及通信设备、计算机及外部设备、智能机电产品、财税专用设备的研制、生产、销售				

主要财务指标				
指标\报告期	2015.06.30	2014.12.31	2014.06.30	2013.12.31
基本每股收益(元)	0.8800	1.2400	0.6800	1.1800
基本每股收益(扣除后)(元)	0.8800	1.1900	0.6700	1.1300
稀释每股收益(元)	0.8600	1.2400	0.6800	1.1800
每股净资产(元)	8.0011	7.2695	6.7012	6.6166
每股经营现金净流量(元)	0.4182	1.9036	-0.0617	1.5968
每股现金流量(元)	1.8855	0.3754	-1.3678	0.5463
每股资本公积金(元)	0.7103	0.2331	0.2234	0.2234
每股盈余公积金(元)	0.7277	0.7277	0.6476	0.6476
每股未分配利润(元)	5.5628	5.3084	4.8302	4.7456
净资产收益率(%)	11.0542	17.0968	10.2160	17.8817
加权净资产收益率(%)	11.6300	18.0400	9.9800	19.0700
净资产收益率(扣除)(%)	10.9364	16.3250	10.0232	17.1234
总资产(万元)	1413887.24	1063804.16	1005926.83	929800.74
归属母公司股东权益(万元)	738817.09	671261.58	618790.75	610978.87
营业收入(万元)	925459.42	1995919.05	811443.71	1658246.16
营业支出(万元)	730939.27	1653034.54	652395.47	1378172.95
投资收益(万元)	1080.20	459.11	633.47	1259.57
净利润(万元)	111523.83	167183.96	63215.87	109253.42
营业利润(万元)	118536.45	194299.41	99536.49	166189.53
利润总额(万元)	134959.02	206194.33	104115.30	178802.82

上海开开实业股份有限公司

公司概况					
公司名称	上海开开实业股份有限公司			证券简称	开开实业
法人代表	王强	董秘	刘光靓	证券代码	600272
公司网址	www.chinesekk.com	电子信箱	dm@chinesekk.com		
电话	021-62712138 62712230	传真	021-62712138		
办公地址	上海市新闸路 921 号二楼				
经营范围	生产衬衫、羊毛衫、针绵织品、服装、鞋帽、纺织面料等				

主要财务指标				
指标\报告期	2015.06.30	2014.12.31	2014.06.30	2013.12.31
基本每股收益(元)	0.0500	0.1500	0.1800	0.1000
基本每股收益(扣除后)(元)	0.0200	-0.0200	0.0100	0.0800
稀释每股收益(元)	0.0500	0.1500	0.1800	0.1000
每股净资产(元)	1.9123	1.6804	1.6842	1.5555
每股经营现金净流量(元)	0.0317	0.1134	0.0326	0.0592
每股现金流量(元)	0.2172	-0.1238	-0.0046	-0.1357
每股资本公积金(元)	0.0552	0.0552	0.1813	0.1936
每股盈余公积金(元)	0.1620	0.1620	0.1389	0.1389
每股未分配利润(元)	0.3599	0.3145	0.3640	0.2231
净资产收益率(%)	2.3713	8.9008	10.4476	6.7321
加权净资产收益率(%)	2.6600	9.2700	10.8200	7.2000
净资产收益率(扣除)(%)	0.8683	-1.4671	0.8327	4.8433
总资产(万元)	96625.71	92658.64	102131.87	101504.17
归属母公司股东权益(万元)	46468.13	40833.83	40926.54	37798.94
营业收入(万元)	43958.60	88279.82	44511.41	85943.90
营业支出(万元)	34781.80	71160.38	35805.27	67899.86
投资收益(万元)	193.78	3708.72	3719.05	327.34
净利润(万元)	1098.68	3663.93	4275.86	2544.68
营业利润(万元)	1235.26	4171.50	4539.66	3096.49
利润总额(万元)	1708.54	4675.22	4775.99	3647.64

浙江嘉化能源化工股份有限公司

公司概况					
公司名称	浙江嘉化能源化工股份有限公司			证券简称	嘉化能源
法人代表	管建忠	董秘	林琳	证券代码	600273
公司网址	www.jhec.com.cn	电子信箱	jhnydsh@163.com		
电话	0573-85585166	传真	0573-85585033		
办公地址	浙江省嘉兴市乍浦滨海大道 2288 号				
经营范围	化学危险品的生产等				

主要财务指标				
指标\报告期	2015.06.30	2014.12.31	2014.06.30	2013.12.31
基本每股收益(元)	0.2400	0.5700	0.3200	0.4600
基本每股收益(扣除后)(元)	0.2100	0.5300	0.2900	-0.1600
稀释每股收益(元)	0.2400	0.5700	0.3200	0.4600
每股净资产(元)	2.3535	2.1929	1.8078	1.7845
每股经营现金净流量(元)	0.1461	0.2555	0.4230	0.8395
每股现金流量(元)	-0.3127	0.3784	0.1618	0.0553
每股资本公积金(元)	1.0783	1.0783	1.1963	1.1901
每股盈余公积金(元)	0.0330	0.0330	0.1155	0.2198
每股未分配利润(元)	0.2400	0.0629	-0.5040	1.5640
净资产收益率(%)	10.2034	20.2155	1.2873	-5.7840
加权净资产收益率(%)	10.5700	33.6500	14.9500	25.0300
净资产收益率(扣除)(%)	8.8607	18.6328	-9.8474	-9.0120
总资产(万元)	580042.50	500781.18	115908.52	414915.23
归属母公司股东权益(万元)	307433.51	286453.82	56946.06	185425.09
营业收入(万元)	157550.43	338539.00	162411.34	232958.05
营业支出(万元)	111123.19	247433.28	115334.03	153945.98
投资收益(万元)	4608.00	5900.14	3247.91	1845.39
净利润(万元)	31402.86	58205.16	29956.51	43238.99
营业利润(万元)	37399.21	67963.52	34794.99	51842.88
利润总额(万元)	37360.51	67691.33	34850.33	50430.39

湖北武昌鱼股份有限公司

公司概况					
公司名称	湖北武昌鱼股份有限公司			证券简称	武昌鱼
法人代表	高士庆	董秘	许轼	证券代码	600275
公司网址	www.wuchangyu.com.cn	电子信箱	wuchangyu@263.net		
电话	0711-5115556 010-84094197	传真	0711-5115556		
办公地址	湖北省鄂州市洋澜路中段东侧第三幢第四层				
经营范围	淡水鱼类及其他水产品养殖、畜禽养殖(屠宰)、蔬菜种植等				

主要财务指标				
指标\报告期	2015.06.30	2014.12.31	2014.06.30	2013.12.31
基本每股收益(元)	-0.0389	0.0113	-0.0157	-0.0768
基本每股收益(扣除后)(元)	-0.0446	-0.0430	-0.0157	-0.0770
稀释每股收益(元)	-0.0389	0.0113	-0.0157	-0.0768
每股净资产(元)	0.3937	0.4326	0.4055	0.4213
每股经营现金净流量(元)	-0.0283	0.0004	0.0036	-0.0335
每股现金流量(元)	0.0583	0.0029	0.0036	-0.0349
每股资本公积金(元)	0.2596	0.2596	0.2596	0.2596
每股盈余公积金(元)	0.0495	0.0495	0.0495	0.0495
每股未分配利润(元)	-0.9153	-0.8765	-0.9035	-0.8878
净资产收益率(%)	-9.8694	2.6178	-3.8787	-18.2225
加权净资产收益率(%)	-9.6703	2.6525	-3.8049	-16.7009
净资产收益率(扣除)(%)	-11.3328	-9.9374	-3.8809	-18.2788
总资产(万元)	39205.64	36666.74	29814.52	31479.87
归属母公司股东权益(万元)	20035.03	22012.37	20635.73	21436.13
营业收入(万元)	694.51	1191.24	366.00	1174.10
营业支出(万元)	218.59	772.04	237.58	807.44
投资收益(万元)	-217.12	2212.03	-218.93	-1327.51
净利润(万元)	-1980.53	569.72	-800.40	-3906.21
营业利润(万元)	-1883.77	967.87	-800.96	-3916.61
利润总额(万元)	-1980.43	569.92	-800.51	-3892.79

江苏恒瑞医药股份有限公司

公司概况						
	公司名称	江苏恒瑞医药股份有限公司			证券简称	恒瑞医药
	法人代表	孙飘扬	董秘	戴洪斌	证券代码	600276
	公司网址	www.hrs.com.cn		电子信箱	600276@hrs.com.cn	
	电　　话	0518-81220678 81220012		传　　真	0518-85453845	
	办公地址	江苏省连云港市经济技术开发区昆仑山路7号				
	经营范围	原料药、片剂、硬胶囊剂、注射剂的制造、销售				

主要财务指标	指标\报告期	2015.06.30	2014.12.31	2014.06.30	2013.12.31
	基本每股收益(元)	0.5424	1.0100	0.3884	0.8251
	基本每股收益(扣除后)(元)	0.5452	0.9973	0.3882	0.8123
	稀释每股收益(元)	0.5424	1.0100	0.3884	0.8251
	每股净资产(元)	4.5414	5.2720	4.7367	4.6737
	每股经营现金净流量(元)	0.5331	1.0460	0.5316	1.0035
	每股现金流量(元)	0.3547	0.8504	0.4310	0.6173
	每股资本公积金(元)	0.2033	0.3372	0.3009	0.2438
	每股盈余公积金(元)	0.4005	0.5206	0.4304	0.4759
	每股未分配利润(元)	2.9391	3.4156	3.0062	2.9549
	净资产收益率(%)	11.9437	19.1013	10.6681	19.4756
	加权净资产收益率(%)	12.5200	21.2800	11.2800	21.2200
	净资产收益率(扣除)(%)	12.0044	18.8616	10.6605	19.1741
	总资产(万元)	1023695.00	908686.09	816500.89	722026.63
	归属母公司股东权益(万元)	888533.08	793439.19	712397.29	635723.12
	营业收入(万元)	438620.12	745225.31	351044.31	620307.44
	营业支出(万元)	68604.45	131321.61	65150.78	115808.17
	投资收益(万元)	20.09	20.09	20.09	20.09
	净利润(万元)	108580.23	157292.91	78430.46	129205.27
	营业利润(万元)	129191.50	177244.81	92546.01	145107.38
	利润总额(万元)	128544.24	179965.11	92665.90	147853.17

内蒙古亿利能源股份有限公司

公司概况						
	公司名称	内蒙古亿利能源股份有限公司			证券简称	亿利能源
	法人代表	田继生	董秘	艾宏刚	证券代码	600277
	公司网址	www.elion.cn		电子信箱	ylny600277@126.com	
	电　　话	010-56632450 56632432		传　　真	010-56632585	
	办公地址	北京市西城区复兴门内大街28号凯晨世贸中心东座6层				
	经营范围	环保节能技术开发、转让、推广、咨询、服务、规划设计、投资建设等				

主要财务指标	指标\报告期	2015.06.30	2014.12.31	2014.06.30	2013.12.31
	基本每股收益(元)	0.0500	0.1200	0.1700	0.1500
	基本每股收益(扣除后)(元)	0.0500	-0.0300	0.0100	0.1200
	稀释每股收益(元)	0.0500	-	-	0.1500
	每股净资产(元)	4.4125	4.3226	4.3935	4.2108
	每股经营现金净流量(元)	0.2094	0.2289	0.2153	0.0393
	每股现金流量(元)	-0.1438	-0.4521	-0.0422	0.4862
	每股资本公积金(元)	2.8098	2.7680	2.7635	2.7559
	每股盈余公积金(元)	0.0879	0.0879	0.0681	0.0681
	每股未分配利润(元)	0.4923	0.4443	0.5414	0.3707
	净资产收益率(%)	1.0883	2.8536	3.8851	2.8674
	加权净资产收益率(%)	1.1000	2.8900	3.9700	3.7100
	净资产收益率(扣除)(%)	1.0649	-0.6091	0.2494	2.3830
	总资产(万元)	2095912.60	2016163.60	2207584.98	2265041.94
	归属母公司股东权益(万元)	922034.41	903239.24	918061.23	879892.71
	营业收入(万元)	382679.09	1201001.65	724591.69	1439267.89
	营业支出(万元)	321794.30	1090446.84	666102.64	1288665.46
	投资收益(万元)	-1511.43	41466.57	44420.40	6714.77
	净利润(万元)	7737.02	23173.08	35667.84	25230.31
	营业利润(万元)	5479.72	24488.22	36456.31	34091.50
	利润总额(万元)	8551.29	30354.51	38986.08	37670.06

东方国际创业股份有限公司

公司概况						
	公司名称	东方国际创业股份有限公司			证券简称	东方创业
	法人代表	吕勇明	董秘	陈乃轶	证券代码	600278
	公司网址	www.oie.com.cn		电子信箱	oiehq@oie.com.cn	
	电　　话	021-62785521 62789999		传　　真	021-62784020	
	办公地址	上海市娄山关路85号A座				
	经营范围	自营和代理商品、技术进出口业务等				

主要财务指标	指标\报告期	2015.06.30	2014.12.31	2014.06.30	2013.12.31
	基本每股收益(元)	0.1700	0.2600	0.1100	0.2400
	基本每股收益(扣除后)(元)	0.0400	0.1300	0.1000	0.1400
	稀释每股收益(元)	0.1700	0.2600	0.1100	0.2400
	每股净资产(元)	5.8017	5.6757	5.0922	5.0623
	每股经营现金净流量(元)	0.3998	-0.4662	-0.0183	0.6834
	每股现金流量(元)	0.7318	-0.7144	-0.0886	0.1257
	每股资本公积金(元)	1.6852	1.6852	2.1045	2.1816
	每股盈余公积金(元)	0.3080	0.3080	0.2863	0.2863
	每股未分配利润(元)	1.9263	1.7581	1.7085	1.6014
	净资产收益率(%)	2.8983	4.5531	2.1017	4.6580
	加权净资产收益率(%)	2.9200	5.0700	2.1100	4.6800
	净资产收益率(扣除)(%)	0.6801	2.3557	2.0335	2.7077
	总资产(万元)	649533.93	611814.67	586393.48	554924.17
	归属母公司股东权益(万元)	302991.04	296410.03	265938.36	264373.83
	营业收入(万元)	633476.96	1454868.77	682632.79	1405914.95
	营业支出(万元)	602039.99	1378975.94	645755.86	1327692.82
	投资收益(万元)	10202.59	8129.04	1568.28	7870.65
	净利润(万元)	10229.87	16794.57	5589.11	12314.49
	营业利润(万元)	12597.94	18788.54	9273.25	18029.46
	利润总额(万元)	14425.01	22295.15	9501.74	19621.49

重庆港九股份有限公司

公司概况						
	公司名称	重庆港九股份有限公司			证券简称	重庆港九
	法人代表	孙万发	董秘	张强	证券代码	600279
	公司网址	www.cqgj.com.cn		电子信箱	zhangqiang921@sina.com	
	电　　话	023-63100700		传　　真	023-63100700	
	办公地址	重庆市江北区海尔路298号				
	经营范围	内河货物运输、货物装卸、搬运、商品储存、船舶修理等				

主要财务指标	指标\报告期	2015.06.30	2014.12.31	2014.06.30	2013.12.31
	基本每股收益(元)	0.0900	0.2200	0.1125	0.2200
	基本每股收益(扣除后)(元)	0.0745	0.1900	0.1362	0.1700
	稀释每股收益(元)	0.0900	0.2200	0.1125	0.2200
	每股净资产(元)	7.1248	7.1017	6.2305	6.1564
	每股经营现金净流量(元)	0.0425	0.5509	-0.2104	0.1307
	每股现金流量(元)	-0.0500	0.9475	-0.0092	-0.0836
	每股资本公积金(元)	5.0630	5.0630	3.9658	6.3504
	每股盈余公积金(元)	0.1676	0.1676	0.2114	0.2114
	每股未分配利润(元)	0.8872	0.8672	1.0487	0.9766
	净资产收益率(%)	1.2631	2.9133	2.2804	3.7006
	加权净资产收益率(%)	1.2600	3.2100	1.6500	3.7600
	净资产收益率(扣除)(%)	1.0461	2.0701	2.1851	2.7907
	总资产(万元)	753398.84	717886.15	529694.91	648299.30
	归属母公司股东权益(万元)	329144.15	328077.62	213139.29	292179.93
	营业收入(万元)	89639.08	189529.59	93129.48	126981.66
	营业支出(万元)	69063.88	149392.65	71576.72	88658.83
	投资收益(万元)	18.00	83.31	18.57	1279.16
	净利润(万元)	6677.19	15470.22	8314.73	12548.95
	营业利润(万元)	6857.17	13897.87	9300.41	13504.34
	利润总额(万元)	8038.44	18489.29	10295.91	14905.39

南京中央商场(集团)股份有限公司

公司概况	公司名称	南京中央商场(集团)股份有限公司			证券简称	中央商场
	法人代表	吴晓国	董秘	刘宇袖	证券代码	600280
	公司网址	www.600280.com		电子信箱	liuyuxiu@njzsgroup.com	
	电　　话	025-66008022		传　　真	025-66008020	
	办公地址	江苏省南京市建邺区雨润路10号				
	经营范围	百货、食品、针织服装、五金交电化工等商品的零售、批发等				

主要财务指标	指标\报告期	2015.06.30	2014.12.31	2014.06.30	2013.12.31
	基本每股收益(元)	0.1440	0.7100	0.2820	0.9930
	基本每股收益(扣除后)(元)	0.1410	0.5600	0.2030	0.9740
	稀释每股收益(元)	0.1440	0.7100	0.2820	0.9930
	每股净资产(元)	1.4808	2.9237	2.7290	2.2646
	每股经营现金净流量(元)	0.1181	-3.0564	-1.1881	-1.2783
	每股现金流量(元)	-0.1971	-0.5989	-1.2221	-0.3443
	每股资本公积金(元)	0.0111	0.0222	0.2245	0.0222
	每股盈余公积金(元)	0.2264	0.4033	0.3022	0.2850
	每股未分配利润(元)	0.1163	1.2442	1.2023	0.7551
	净资产收益率(%)	9.7244	24.2799	20.6841	43.8602
	加权净资产收益率(%)	9.3900	27.4600	22.3100	54.4800
	净资产收益率(扣除)(%)	9.4913	19.1531	14.8505	43.0181
	总资产(万元)	1524827.47	1356392.47	1151136.27	1013951.08
	归属母公司股东权益(万元)	170050.09	167867.85	156688.95	130023.45
	营业收入(万元)	348443.13	687130.05	377513.28	731864.30
	营业支出(万元)	275815.89	539951.58	297331.74	545194.79
	投资收益(万元)	254.95	2289.84	122.81	492.93
	净利润(万元)	16642.63	40870.31	32630.24	57236.16
	营业利润(万元)	24502.52	47770.45	30240.73	78635.21
	利润总额(万元)	24518.17	57803.66	41204.59	78164.67

太原化工股份有限公司

公司概况	公司名称	太原化工股份有限公司			证券简称	太化股份
	法人代表	邢亚东	董秘	贾晓亮	证券代码	600281
	公司网址	www.thgf.cn		电子信箱	sxtjjxl@126.com	
	电　　话	0351-5638003 5638016		传　　真	0351-5638000 5638066	
	办公地址	山西省太原市晋源区义井街20号				
	经营范围	研制、开发、生产、销售化工产品及原料、化肥、焦炭、煤气等				

主要财务指标	指标\报告期	2015.06.30	2014.12.31	2014.06.30	2013.12.31
	基本每股收益(元)	-0.0340	0.0371	0.0030	-0.5500
	基本每股收益(扣除后)(元)	-0.0350	-0.0726	-0.0231	-
	稀释每股收益(元)	-	-	-	-
	每股净资产(元)	1.3181	1.3518	1.3163	1.3172
	每股经营现金净流量(元)	-0.1172	-0.2354	-0.0265	-0.7406
	每股现金流量(元)	-0.0806	0.0547	-0.0293	-0.2390
	每股资本公积金(元)	1.1226	1.1226	1.1226	1.1226
	每股盈余公积金(元)	0.1062	0.1062	0.1062	0.1062
	每股未分配利润(元)	-0.9260	-0.8923	-0.9270	-0.9294
	净资产收益率(%)	-2.5573	2.7475	0.1863	-41.7537
	加权净资产收益率(%)	-2.5200	2.7800	0.1900	-34.7800
	净资产收益率(扣除)(%)	-2.6292	-5.3707	-1.7574	-43.0720
	总资产(万元)	243068.71	253958.49	247169.50	247911.74
	归属母公司股东权益(万元)	67803.13	69538.99	67711.32	67756.66
	营业收入(万元)	178400.95	337014.42	162929.99	316984.89
	营业支出(万元)	176630.11	331791.55	160041.43	322808.29
	投资收益(万元)	17.72	-	-	-
	净利润(万元)	-1750.94	2120.01	126.15	-28290.90
	营业利润(万元)	-1980.26	-2988.41	-1683.52	-29425.70
	利润总额(万元)	-1915.69	2697.55	63.37	-28271.20

南京钢铁股份有限公司

公司概况	公司名称	南京钢铁股份有限公司			证券简称	南钢股份
	法人代表	杨思明	董秘	徐林	证券代码	600282
	公司网址	www.600282.net		电子信箱	webmaster@600282.net	
	电　　话	025-57072073 57072083		传　　真	025-57072064	
	办公地址	江苏省南京市六合区卸甲甸				
	经营范围	黑色金属冶炼及压延加工、钢材、钢坯及其他金属材料销售等				

主要财务指标	指标\报告期	2015.06.30	2014.12.31	2014.06.30	2013.12.31
	基本每股收益(元)	0.0090	0.0753	0.0300	-0.1596
	基本每股收益(扣除后)(元)	0.0030	0.0297	0.0120	-0.1334
	稀释每股收益(元)	0.0090	0.0753	0.0300	-0.1596
	每股净资产(元)	2.2186	2.2082	2.1649	2.1348
	每股经营现金净流量(元)	0.2241	0.9738	0.6451	0.7709
	每股现金流量(元)	-0.1329	0.1581	0.0169	-0.1873
	每股资本公积金(元)	0.1313	0.1313	0.1313	0.1313
	每股盈余公积金(元)	0.1699	0.1699	0.1699	0.1699
	每股未分配利润(元)	0.9158	0.9068	0.8616	0.8315
	净资产收益率(%)	0.4052	3.4110	1.3896	-7.4747
	加权净资产收益率(%)	0.4100	3.4700	1.4000	-7.2400
	净资产收益率(扣除)(%)	0.1448	1.3450	0.5588	-6.2503
	总资产(万元)	4270584.99	3953769.36	4108932.14	3671072.19
	归属母公司股东权益(万元)	859856.00	855833.49	839068.12	827389.13
	营业收入(万元)	1186726.06	2788548.08	1331496.93	2682251.36
	营业支出(万元)	1067418.34	2526701.19	1207042.68	2541071.75
	投资收益(万元)	-2036.58	47621.44	8620.05	21933.64
	净利润(万元)	3493.31	29227.78	11660.04	-61845.03
	营业利润(万元)	-4827.24	23760.73	279.87	-103216.59
	利润总额(万元)	5707.72	37520.70	9751.88	-92536.92

钱江水利开发股份有限公司

公司概况	公司名称	钱江水利开发股份有限公司			证券简称	钱江水利
	法人代表	刘正洪	董秘	朱建	证券代码	600283
	公司网址	www.qjwater.com.cn		电子信箱	qjsl@qjwater.com.cn	
	电　　话	0571-87974378 87974387		传　　真	0571-87974400	
	办公地址	浙江省杭州市三台山路3号				
	经营范围	水力发电、供水、水利资源开发、水利工程承包等				

主要财务指标	指标\报告期	2015.06.30	2014.12.31	2014.06.30	2013.12.31
	基本每股收益(元)	0.0800	0.0600	0.0300	0.0700
	基本每股收益(扣除后)(元)	0.0700	0.0100	0.0260	0.0600
	稀释每股收益(元)	0.0800	0.0600	0.0300	0.0700
	每股净资产(元)	5.0314	3.4053	3.2034	3.2192
	每股经营现金净流量(元)	0.1487	0.1085	0.0446	0.1498
	每股现金流量(元)	0.1886	-0.3211	-0.3796	-0.3061
	每股资本公积金(元)	3.3110	1.8130	1.8022	1.8017
	每股盈余公积金(元)	0.2071	0.2562	0.2505	0.2505
	每股未分配利润(元)	0.1796	0.1733	0.1507	0.1669
	净资产收益率(%)	1.5804	1.8221	1.0553	2.0490
	加权净资产收益率(%)	1.9200	1.8400	1.0400	2.0400
	净资产收益率(扣除)(%)	1.3049	0.3761	0.7962	1.7689
	总资产(万元)	468678.59	427699.47	402546.04	359397.90
	归属母公司股东权益(万元)	177606.32	97163.47	91402.29	91852.13
	营业收入(万元)	36119.00	80297.99	38801.46	73374.21
	营业支出(万元)	20653.30	49000.56	24303.14	44633.32
	投资收益(万元)	2068.97	-126.73	372.05	327.97
	净利润(万元)	-121.43	-1097.53	964.56	1882.04
	营业利润(万元)	400.65	-451.65	865.64	3325.72
	利润总额(万元)	944.50	1293.69	1250.19	3688.92

上海浦东路桥建设股份有限公司

公司概况					
公司名称	上海浦东路桥建设股份有限公司			证券简称	浦东建设
法人代表	郭亚兵	董秘	马家顺	证券代码	600284
公司网址	www.pdjs.com.cn		电子信箱	pdjs@pdjs.com.cn	
电　　话	021-58206677*244		传　　真	021-68765759	
办公地址	上海市浦东新区银城中路 8 号中融碧玉蓝天大厦 14F				
经营范围	道路、公路、桥梁路面摊铺施工、其他基础工程总包施工、沥青销售				

主要财务指标：指标\报告期	2015.06.30	2014.12.31	2014.06.30	2013.12.31
基本每股收益(元)	0.2083	0.5089	0.1897	0.8735
基本每股收益(扣除后)(元)	0.1787	0.4296	0.1488	0.7297
稀释每股收益(元)	0.2083	0.5089	0.1897	0.8735
每股净资产(元)	6.9117	6.8524	6.6315	7.0116
每股经营现金净流量(元)	-0.9133	0.3581	-0.9547	0.3438
每股现金流量(元)	2.9127	-0.8703	0.3558	2.1029
每股资本公积金(元)	3.2818	3.2818	3.4420	3.7354
每股盈余公积金(元)	0.3231	0.3231	0.2147	0.2596
每股未分配利润(元)	2.3013	2.2480	1.9749	2.0166
净资产收益率(%)	3.0131	7.4271	2.7006	10.6816
加权净资产收益率(%)	2.9900	7.3000	2.6800	11.9500
净资产收益率(扣除)(%)	2.5849	6.2698	2.2436	10.4326
总资产(万元)	1543399.85	1490352.32	1417977.30	1588112.89
归属母公司股东权益(万元)	479005.06	474897.08	459590.39	485935.04
营业收入(万元)	122222.40	376531.58	148321.04	382536.49
营业支出(万元)	112184.34	326993.25	131287.29	273446.65
投资收益(万元)	29620.94	54290.50	26521.54	60927.79
净利润(万元)	18117.28	44711.81	17667.34	90448.09
营业利润(万元)	21939.86	53169.83	19501.18	117226.88
利润总额(万元)	23407.83	56813.68	23151.08	120057.01

河南羚锐制药股份有限公司

公司概况					
公司名称	河南羚锐制药股份有限公司			证券简称	羚锐制药
法人代表	程剑军	董秘	叶强	证券代码	600285
公司网址	www.lingrui.com		电子信箱	yeqiang@lingrui.com	
电　　话	0376-2973569		传　　真	0376-2973606	
办公地址	河南省信阳市新县城关解放路 59 号				
经营范围	中药硬膏剂、冲剂、搽剂、片剂、胶囊剂的生产和销售				

主要财务指标：指标\报告期	2015.06.30	2014.12.31	2014.06.30	2013.12.31
基本每股收益(元)	0.1530	0.1400	0.0740	0.2000
基本每股收益(扣除后)(元)	0.1330	0.1300	0.1020	0.1500
稀释每股收益(元)	0.1530	0.1400	0.0740	0.2000
每股净资产(元)	3.4185	2.8820	2.6900	2.7075
每股经营现金净流量(元)	0.1015	0.2321	0.0671	0.3562
每股现金流量(元)	0.0189	-0.1329	-0.3831	0.5947
每股资本公积金(元)	0.2438	0.2331	0.8142	0.8113
每股盈余公积金(元)	0.1128	0.1128	0.1476	0.1476
每股未分配利润(元)	0.6329	0.5399	0.7278	0.7675
净资产收益率(%)	4.4736	4.9350	4.1015	10.8928
加权净资产收益率(%)	4.7200	6.7900	3.9800	11.6700
净资产收益率(扣除)(%)	3.8791	4.4494	3.7877	5.5368
总资产(万元)	283568.04	247445.32	176390.68	164812.41
归属母公司股东权益(万元)	183056.12	154347.79	96104.54	96730.82
营业收入(万元)	52190.78	82627.41	41359.00	68697.48
营业支出(万元)	19959.95	33216.82	16437.33	28907.40
投资收益(万元)	3066.40	2874.14	1789.77	8024.44
净利润(万元)	8277.82	7621.70	3969.07	10538.87
营业利润(万元)	9297.82	8033.95	4348.00	12289.62
利润总额(万元)	9534.80	8578.61	4510.65	12255.29

江苏舜天股份有限公司

公司概况					
公司名称	江苏舜天股份有限公司			证券简称	江苏舜天
法人代表	杨青峰	董秘	陈浩杰	证券代码	600287
公司网址	www.saintycorp.com		电子信箱	ir@saintycorp.com	
电　　话	025-52875628		传　　真	025-84201927	
办公地址	江苏省南京市雨花台区软件大道 21 号 B 座				
经营范围	主营服装、纺织品及其他产品的进出口业务				

主要财务指标：指标\报告期	2015.06.30	2014.12.31	2014.06.30	2013.12.31
基本每股收益(元)	0.0922	0.1198	0.0959	0.7642
基本每股收益(扣除后)(元)	0.0643	0.0804	0.0840	0.0474
稀释每股收益(元)	-	-	-	-
每股净资产(元)	2.7836	2.7440	2.7165	2.6963
每股经营现金净流量(元)	0.1933	-0.5677	0.0529	0.6548
每股现金流量(元)	0.1611	-0.2445	0.5442	0.2625
每股资本公积金(元)	0.4366	0.4366	0.4401	0.4366
每股盈余公积金(元)	0.2844	0.2844	0.2683	0.2683
每股未分配利润(元)	1.0518	1.0196	1.0119	0.9960
净资产收益率(%)	3.3108	4.3648	3.5320	28.3441
加权净资产收益率(%)	3.3100	4.4100	3.5100	32.7500
净资产收益率(扣除)(%)	2.3084	2.9301	3.0926	1.7566
总资产(万元)	444110.40	436983.87	476079.28	485439.29
归属母公司股东权益(万元)	121585.25	119856.41	118655.99	117772.00
营业收入(万元)	281278.86	577757.62	278145.89	579761.75
营业支出(万元)	256979.59	528141.00	255649.16	531243.96
投资收益(万元)	1107.43	3916.79	2712.47	35492.22
净利润(万元)	5440.70	9025.86	4190.92	33381.44
营业利润(万元)	7429.24	12349.21	6044.60	39504.97
利润总额(万元)	7669.53	12683.43	6215.91	40037.19

大恒新纪元科技股份有限公司

公司概况					
公司名称	大恒新纪元科技股份有限公司			证券简称	大恒科技
法人代表	鲁勇志	董秘	严宏深	证券代码	600288
公司网址	www.dhxjy.com.cn		电子信箱	600288@dhkj.sina.net	
电　　话	010-82827855 82827852		传　　真	010-82827853	
办公地址	北京市海淀区苏州街 3 号大恒科技大厦北座 15 层				
经营范围	光机电一体化产品开发、生产、销售等				

主要财务指标：指标\报告期	2015.06.30	2014.12.31	2014.06.30	2013.12.31
基本每股收益(元)	0.0233	0.0608	0.0063	0.0849
基本每股收益(扣除后)(元)	0.0140	0.0512	0.0017	0.0251
稀释每股收益(元)	0.0233	0.0608	0.0063	0.0849
每股净资产(元)	3.3421	3.3378	3.2284	3.2221
每股经营现金净流量(元)	-0.2434	0.4726	-0.3051	0.0196
每股现金流量(元)	-0.7714	0.1308	-0.3167	-0.0360
每股资本公积金(元)	0.4279	0.4279	0.3882	0.3882
每股盈余公积金(元)	0.2020	0.2020	0.2017	0.2017
每股未分配利润(元)	1.6716	1.6673	1.6385	1.6322
净资产收益率(%)	0.6981	1.8209	0.1953	2.6349
加权净资产收益率(%)	0.7000	1.8800	0.2000	2.6500
净资产收益率(扣除)(%)	0.4198	1.5352	0.0529	0.7785
总资产(万元)	294220.40	316257.57	329282.51	334382.69
归属母公司股东权益(万元)	145984.93	145795.77	141017.05	140741.60
营业收入(万元)	110994.61	334948.53	146664.23	354869.48
营业支出(万元)	89916.85	276317.74	122488.66	300024.22
投资收益(万元)	5677.92	4908.26	2330.71	4345.34
净利润(万元)	606.44	915.46	275.45	3708.35
营业利润(万元)	-2095.91	-795.33	-3257.26	-6258.89
利润总额(万元)	928.94	2049.44	-1533.24	2794.88

亿阳信通股份有限公司

公司概况

公司名称	亿阳信通股份有限公司			证券简称	亿阳信通
法人代表	曲飞	董秘	方圆	证券代码	600289
公司网址	www.boco.com.cn		电子信箱	bit@boco.com.cn	
电　　话	010-88157899 88128686		传　　真	010-88140589	
办公地址	北京市海淀区杏石口路 99 号 B 座				
经营范围	电信、交通、能源、金融、政府等行业的 IT 应用为主				

主要财务指标

指标＼报告期	2015.06.30	2014.12.31	2014.06.30	2013.12.31
基本每股收益(元)	0.0234	0.1718	0.0097	0.1464
基本每股收益(扣除后)(元)	0.0240	0.1605	0.0098	0.1341
稀释每股收益(元)	0.0234	0.1718	0.0097	0.1464
每股净资产(元)	3.4077	3.4184	3.2775	3.3277
每股经营现金净流量(元)	-0.2491	0.3937	-0.2056	0.3728
每股现金流量(元)	-0.4700	-0.3212	-0.4346	-0.1359
每股资本公积金(元)	0.7005	0.7005	0.7335	0.7483
每股盈余公积金(元)	0.4143	0.4143	0.3752	0.3752
每股未分配利润(元)	1.2930	1.3038	1.1688	1.2042
净资产收益率(%)	0.6854	5.0458	0.2945	4.4331
加权净资产收益率(%)	0.6821	5.1700	0.2896	4.4200
净资产收益率(扣除)(%)	0.7053	4.7149	0.2983	4.0609
总资产(万元)	280037.19	279829.02	274514.39	289378.02
归属母公司股东权益(万元)	193344.64	193955.45	187320.56	190189.49
营业收入(万元)	59831.52	117203.90	44759.87	111523.90
营业支出(万元)	27254.74	43681.98	16195.22	48007.84
投资收益(万元)	-254.49	-11.95	-	9.12
净利润(万元)	1099.36	9097.88	551.57	8431.38
营业利润(万元)	2155.51	8666.22	-37.21	8030.20
利润总额(万元)	2438.43	11724.59	1043.49	9790.17

华仪电气股份有限公司

公司概况

公司名称	华仪电气股份有限公司			证券简称	华仪电气
法人代表	陈道荣	董秘	张传晕	证券代码	600290
公司网址	www.heag.com		电子信箱	hyzqb@heag.com	
电　　话	0577-62661122		传　　真	0577-62237777	
办公地址	浙江省乐清市经济开发区(盐盆新区)纬四路				
经营范围	高压电器和风电设备制造				

主要财务指标

指标＼报告期	2015.06.30	2014.12.31	2014.06.30	2013.12.31
基本每股收益(元)	0.1531	0.1700	0.1406	0.0800
基本每股收益(扣除后)(元)	0.1540	0.1400	0.1067	0.0400
稀释每股收益(元)	0.1531	0.1700	0.1406	0.0800
每股净资产(元)	3.8814	3.7882	3.7826	3.6420
每股经营现金净流量(元)	-0.4910	-0.5304	-0.1556	0.4571
每股现金流量(元)	-0.0737	-0.7042	-0.5468	0.1515
每股资本公积金(元)	1.8009	1.8009	1.8009	1.8009
每股盈余公积金(元)	0.0809	0.0809	0.0809	0.0809
每股未分配利润(元)	0.9995	0.9064	0.9008	0.7602
净资产收益率(%)	3.9452	4.5454	3.7165	2.3246
加权净资产收益率(%)	3.9800	4.6300	3.7900	2.3500
净资产收益率(扣除)(%)	3.9677	3.8098	2.8205	1.0124
总资产(万元)	515909.42	475064.63	490657.91	456094.57
归属母公司股东权益(万元)	204502.21	199595.53	199300.06	191893.06
营业收入(万元)	89396.59	174903.22	82867.22	153268.80
营业支出(万元)	61792.75	133127.22	62883.62	116210.51
投资收益(万元)	223.32	2091.13	2420.46	5165.46
净利润(万元)	7950.66	9288.83	7407.00	4460.71
营业利润(万元)	10844.33	11458.15	8765.00	4947.51
利润总额(万元)	10699.84	10940.80	8810.68	4955.01

内蒙古西水创业股份有限公司

公司概况

公司名称	内蒙古西水创业股份有限公司			证券简称	西水股份
法人代表	郭予丰	董秘	苏宏伟	证券代码	600291
公司网址			电子信箱	xishuigufen@163.com	
电　　话	0473-6953126		传　　真	0473-6953126	
办公地址	内蒙古乌海市海勃湾滨河区世景苑西 4-21 号				
经营范围	水泥、熟料的制造、销售、计算机硬件销售及软件开发、网络产品的研制等				

主要财务指标

指标＼报告期	2015.06.30	2014.12.31	2014.06.30	2013.12.31
基本每股收益(元)	0.9604	0.2219	0.3767	0.1870
基本每股收益(扣除后)(元)	0.6586	0.0939	-0.0274	0.0630
稀释每股收益(元)	0.9604	0.2219	0.3767	0.1870
每股净资产(元)	9.7793	8.1672	6.3385	5.8031
每股经营现金净流量(元)	148.5014	66.3554	16.2786	2.2213
每股现金流量(元)	26.4680	9.9127	1.6844	-1.6985
每股资本公积金(元)	1.1420	0.8375	3.2813	3.1226
每股盈余公积金(元)	0.2353	0.2353	0.2330	0.2330
每股未分配利润(元)	2.6205	1.6671	1.8242	1.4475
净资产收益率(%)	9.8206	2.7174	5.9435	3.2226
加权净资产收益率(%)	10.7000	3.1800	6.5700	3.1400
净资产收益率(扣除)(%)	6.7344	1.1493	-0.4326	1.0855
总资产(万元)	11762109.80	4874953.95	2575489.39	1755029.23
归属母公司股东权益(万元)	375524.24	313619.69	243397.58	222840.28
营业收入(万元)	3327.38	5037.42	1805.38	18458.22
营业支出(万元)	250959.03	128461.71	9021.36	24103.66
投资收益(万元)	518672.16	179056.56	63033.75	76748.18
净利润(万元)	174618.82	41188.97	14466.25	7181.16
营业利润(万元)	246447.17	24630.04	31818.27	28331.27
利润总额(万元)	247949.05	15947.12	32246.13	29529.58

中电投远达环保(集团)股份有限公司

公司概况

公司名称	中电投远达环保(集团)股份有限公司			证券简称	中电远达
法人代表	刘艺	董秘	黄青华	证券代码	600292
公司网址	www.jiulongep.com		电子信箱	dm@jiulongep.com	
电　　话	023-65933051 65933055		传　　真	023-65933000	
办公地址	重庆市北部新区黄环北路 10 号 1 栋				
经营范围	电力生产、电力技术服务、销售电机及输变电设备等				

主要财务指标

指标＼报告期	2015.06.30	2014.12.31	2014.06.30	2013.12.31
基本每股收益(元)	0.3800	0.4300	0.3500	0.4100
基本每股收益(扣除后)(元)	0.1600	0.4100	0.3300	0.4200
稀释每股收益(元)	0.3800	0.4300	0.3500	0.4100
每股净资产(元)	7.9566	7.9345	5.7528	5.5852
每股经营现金净流量(元)	0.7779	-0.2607	0.0731	0.5861
每股现金流量(元)	0.2932	0.5818	-0.2616	-0.6465
每股资本公积金(元)	5.2589	5.2589	3.4490	3.4849
每股盈余公积金(元)	0.1907	0.1907	0.2039	0.2039
每股未分配利润(元)	1.2526	0.9989	1.0907	0.8881
净资产收益率(%)	4.8216	4.8757	6.1286	7.2796
加权净资产收益率(%)	4.8400	6.5900	6.1900	7.3000
净资产收益率(扣除)(%)	1.9614	4.6053	5.7257	7.4441
总资产(万元)	893413.83	865527.67	649163.70	574878.44
归属母公司股东权益(万元)	477896.27	476570.65	294472.08	285892.16
营业收入(万元)	173596.69	348430.61	179124.69	325063.51
营业支出(万元)	144748.23	283688.12	142569.60	264899.66
投资收益(万元)	18331.46	1351.56	1030.99	253.99
净利润(万元)	24047.88	25306.99	18046.92	20811.85
营业利润(万元)	30108.26	28688.56	21744.06	35319.86
利润总额(万元)	30907.15	30114.94	23149.91	34939.88

湖北三峡新型建材股份有限公司

公司概况	公司名称	湖北三峡新型建材股份有限公司			证券简称	三峡新材
	法人代表	许锡忠	董秘	杨晓凭	证券代码	600293
	公司网址	www.sxxc.com.cn		电子信箱	zhanggc@sxxc.com.cn	
	电话	0717-3280108		传真	0717-3285258	
	办公地址	湖北省当阳市经济技术开发区				
	经营范围	平板玻璃及玻璃深加工制品、石膏及制品的生产和销售等				

主要财务指标	指标\报告期	2015.06.30	2014.12.31	2014.06.30	2013.12.31
	基本每股收益(元)	0.0068	0.0330	0.0063	0.0901
	基本每股收益(扣除后)(元)	-0.0008	0.0221	0.0052	-0.0318
	稀释每股收益(元)	0.0068	0.0330	0.0063	0.0901
	每股净资产(元)	2.1555	2.1590	2.1320	2.1257
	每股经营现金净流量(元)	0.0099	-0.4426	0.2146	0.0930
	每股现金流量(元)	0.0637	-0.3082	-0.1011	0.0897
	每股资本公积金(元)	0.9288	0.9391	0.9390	0.9390
	每股盈余公积金(元)	0.1676	0.1676	0.1643	0.1643
	每股未分配利润(元)	0.0590	0.0522	0.0288	0.0225
	净资产收益率(%)	0.3154	1.5296	0.2946	4.2387
	加权净资产收益率(%)	0.3200	1.5400	0.3600	4.2900
	净资产收益率(扣除)(%)	-0.0358	1.0227	0.2459	-1.4964
	总资产(万元)	253966.18	256767.05	249733.32	288852.48
	归属母公司股东权益(万元)	74256.06	74377.68	73448.52	73232.11
	营业收入(万元)	49737.20	130280.28	59688.08	112671.07
	营业支出(万元)	42523.11	111029.75	50582.56	96667.42
	投资收益(万元)	-	-69.94	-	204.08
	净利润(万元)	237.20	1124.22	216.41	3104.11
	营业利润(万元)	-16.60	966.04	142.74	-1723.33
	利润总额(万元)	244.15	1409.32	178.53	3216.28

内蒙古鄂尔多斯资源股份有限公司

公司概况	公司名称	内蒙古鄂尔多斯资源股份有限公司			证券简称	鄂尔多斯
	法人代表	王臻	董秘	曾广春	证券代码	600295
	公司网址	www.chinaerdos.com		电子信箱	zeng_gc@chinaerdos.com	
	电话	0477-8543509 8543776		传真	0477-8520402	
	办公地址	内蒙古自治区鄂尔多斯市东胜区罕台镇羊绒工业园区				
	经营范围	生产无毛绒、羊绒纱、羊绒衫并销售公司自产产品				

主要财务指标	指标\报告期	2015.06.30	2014.12.31	2014.06.30	2013.12.31
	基本每股收益(元)	0.1100	0.4100	0.1700	0.7100
	基本每股收益(扣除后)(元)	0.0200	0.2800	0.1000	0.5000
	稀释每股收益(元)	0.1100	0.4100	0.1700	0.7100
	每股净资产(元)	6.7443	6.7251	6.4943	6.4325
	每股经营现金净流量(元)	1.4492	4.7837	1.0106	2.5008
	每股现金流量(元)	-0.5135	-0.5267	0.0523	0.4395
	每股资本公积金(元)	1.2613	1.4357	1.2580	1.2571
	每股盈余公积金(元)	0.4633	0.4633	0.4633	0.4633
	每股未分配利润(元)	3.9465	3.9393	3.6851	3.6336
	净资产收益率(%)	1.5903	6.0736	2.6414	11.1010
	加权净资产收益率(%)	1.5200	6.1500	2.6300	11.6600
	净资产收益率(扣除)(%)	0.2373	4.2180	1.4692	7.7773
	总资产(万元)	4366010.89	4397367.74	4205118.86	3902040.88
	归属母公司股东权益(万元)	696007.07	712031.35	670216.32	663833.47
	营业收入(万元)	714229.62	1556840.02	703516.35	1391020.37
	营业支出(万元)	500371.69	1097844.12	486451.35	986060.32
	投资收益(万元)	2425.57	10735.62	7729.37	19318.22
	净利润(万元)	32667.67	86747.92	17702.96	73692.47
	营业利润(万元)	31090.92	78713.99	35113.59	107135.03
	利润总额(万元)	42652.13	106938.90	51951.37	140114.17

广汇汽车服务股份公司

公司概况	公司名称	广汇汽车服务股份公司			证券简称	广汇汽车
	法人代表	李建平	董秘	王本	证券代码	600297
	公司网址	www.chinagrandauto.com.cn		电子信箱	IR@chinagrandauto.com	
	电话	021-61690533		传真	021-61341259	
	办公地址	上海市浦东新区张东路1388号张江集电港二期19幢				
	经营范围	汽车及配件销售、二手车销售、汽车维修、汽车保险代理、汽车及配件进出口的项目开发等				

主要财务指标	指标\报告期	2015.06.30	2014.12.31	2014.06.30	2013.12.31
	基本每股收益(元)	0.2942	0.0967	0.3481	0.1507
	基本每股收益(扣除后)(元)	0.2919	0.0455	0.2862	0.0680
	稀释每股收益(元)	0.2942	0.0967	0.3481	0.1507
	每股净资产(元)	5.4278	2.7504	2.6301	2.7139
	每股经营现金净流量(元)	-0.8919	0.2073	-4.6837	0.1639
	每股现金流量(元)	0.7175	-0.3240	-6.7227	0.0071
	每股资本公积金(元)	2.7255	0.7210	0.7942	0.7210
	每股盈余公积金(元)	0.0751	0.1117	0.1038	0.1038
	每股未分配利润(元)	1.6272	0.7758	0.7320	0.7321
	净资产收益率(%)	4.5416	3.5148	1.7151	5.5521
	加权净资产收益率(%)	6.2100	3.5200	7.5300	5.7200
	净资产收益率(扣除)(%)	4.5058	1.6558	1.1154	2.5074
	总资产(万元)	6796881.70	150634.29	138073.46	137623.00
	归属母公司股东权益(万元)	1990326.25	96264.61	92052.79	94988.15
	营业收入(万元)	4334634.55	37151.41	4358167.08	42745.06
	营业支出(万元)	3920541.82	29882.78	3987453.55	32413.31
	投资收益(万元)	2652.52	839.04	12810.49	1940.66
	净利润(万元)	99800.67	3409.53	116120.73	5363.22
	营业利润(万元)	127063.23	1960.43	130214.63	4288.39
	利润总额(万元)	127207.94	3579.31	144116.20	6052.14

安琪酵母股份有限公司

公司概况	公司名称	安琪酵母股份有限公司			证券简称	安琪酵母
	法人代表	俞学锋	董秘	周帮俊	证券代码	600298
	公司网址	www.angelyeast.com		电子信箱	zbj@angelyeast.com	
	电话	0717-6369865 6371088		传真	0717-6369865	
	办公地址	湖北省宜昌市城东大道168号				
	经营范围	酵母及深加工产品、保健食品、特殊营养食品、烘焙原料、食品添加剂等				

主要财务指标	指标\报告期	2015.06.30	2014.12.31	2014.06.30	2013.12.31
	基本每股收益(元)	0.4250	0.4465	0.2620	0.4443
	基本每股收益(扣除后)(元)	0.3350	0.3405	0.2170	0.3527
	稀释每股收益(元)	0.4250	0.4465	0.2620	0.4443
	每股净资产(元)	8.7529	8.5600	8.3928	8.3000
	每股经营现金净流量(元)	0.2975	2.1214	0.2610	1.4810
	每股现金流量(元)	-0.1432	0.2174	0.0458	-0.8494
	每股资本公积金(元)	3.4744	3.4744	3.4744	3.4744
	每股盈余公积金(元)	0.3731	0.3731	0.3496	0.3496
	每股未分配利润(元)	4.1678	3.8924	3.7313	3.6194
	净资产收益率(%)	4.8593	5.2152	3.1204	5.3525
	加权净资产收益率(%)	4.8700	5.2900	3.1200	5.3800
	净资产收益率(扣除)(%)	3.8276	3.9763	2.5894	4.2497
	总资产(万元)	599297.31	628220.79	640726.66	633887.39
	归属母公司股东权益(万元)	288525.17	282235.73	276655.38	273590.26
	营业收入(万元)	205344.64	365411.46	173962.53	311938.13
	营业支出(万元)	143056.33	258373.66	120508.65	220639.20
	投资收益(万元)	261.21	-1512.32	-401.67	-20.05
	净利润(万元)	15835.99	17682.35	8632.79	14643.98
	营业利润(万元)	17991.14	19307.43	11448.98	21147.47
	利润总额(万元)	19987.62	23789.40	13139.43	24721.98

蓝星化工新材料股份有限公司

公司概况	公司名称	蓝星化工新材料股份有限公司			证券简称	蓝星新材
	法人代表	陆晓宝	董秘	冯新华	证券代码	600299
	公司网址	www.star-nm.com		电子信箱	xcl-008@star-nm.com	
	电　话	010-61958799		传　真	010-61958805	
	办公地址	北京市朝阳区北土城西路9号六楼				
	经营范围	有机硅单体及相关产品的研制、生产、销售等				

主要财务指标	指标\报告期	2015.06.30	2014.12.31	2014.06.30	2013.12.31
	基本每股收益(元)	-1.4000	0.4700	-0.9500	-2.1800
	基本每股收益(扣除后)(元)	-1.4100	-1.9300	-1.0800	-2.3700
	稀释每股收益(元)	-1.4000	0.4700	-0.9500	-2.1800
	每股净资产(元)	0.5082	1.9029	0.5223	1.4608
	每股经营现金净流量(元)	-0.4262	0.3187	0.7557	0.8110
	每股现金流量(元)	-0.3079	-0.4252	0.5935	0.0246
	每股资本公积金(元)	3.4993	6.0822	3.4993	3.4993
	每股盈余公积金(元)	0.2634	0.2634	0.2634	0.2634
	每股未分配利润(元)	-4.2985	9.4033	-4.3137	-3.3608
	净资产收益率(%)	-276.1870	24.4806	-182.4340	-149.1156
	加权净资产收益率(%)	-116.4200	27.5000	-96.0900	-85.5000
	净资产收益率(扣除)(%)	-277.0217	-101.3670	-206.4918	-162.3170
	总资产(万元)	1829119.09	3271224.32	2080575.77	2000715.91
	归属母公司股东权益(万元)	26562.00	763495.18	27300.20	76357.43
	营业收入(万元)	297075.88	954443.74	497112.19	826253.97
	营业支出(万元)	296473.66	899020.36	477194.59	803582.63
	投资收益(万元)	-	112740.86	699.94	-221.50
	净利润(万元)	-79952.28	14375.03	-49804.86	-113860.85
	营业利润(万元)	-79209.84	285.78	-63607.14	-131010.40
	利润总额(万元)	-79124.48	14049.60	-56804.48	-119608.13

维维食品饮料股份有限公司

公司概况	公司名称	维维食品饮料股份有限公司			证券简称	维维股份
	法人代表	杨启典	董秘	孟召永	证券代码	600300
	公司网址	www.vvgroup.com		电子信箱	mengzy@vvgroup.com	
	电　话	0516-83398138 83398890		传　真	0516-83394888	
	办公地址	江苏省徐州市维维大道300号				
	经营范围	研究、开发、生产食品、饮料系列产品及相关产品、销售自产产品				

主要财务指标	指标\报告期	2015.06.30	2014.12.31	2014.06.30	2013.12.31
	基本每股收益(元)	0.0600	0.1200	0.0400	0.0500
	基本每股收益(扣除后)(元)	0.0010	0.0400	0.0300	-0.1200
	稀释每股收益(元)	0.0600	0.1200	0.0400	0.0500
	每股净资产(元)	1.6090	1.5680	1.4959	1.4625
	每股经营现金净流量(元)	0.0045	0.0785	-0.1785	0.1258
	每股现金流量(元)	0.1467	-0.1213	0.0583	-0.1226
	每股资本公积金(元)	0.1523	0.1523	0.1641	0.1168
	每股盈余公积金(元)	0.1007	0.1007	0.0974	0.0974
	每股未分配利润(元)	0.3561	0.3150	0.2344	0.2483
	净资产收益率(%)	3.7946	7.6533	2.4101	3.2957
	加权净资产收益率(%)	3.8300	7.9500	2.3800	3.3100
	净资产收益率(扣除)(%)	0.0881	2.5966	2.2525	-8.3006
	总资产(万元)	789128.62	752045.21	757901.43	702695.39
	归属母公司股东权益(万元)	269029.72	262165.17	250106.19	244528.77
	营业收入(万元)	236908.61	446242.48	222304.35	506183.01
	营业支出(万元)	166148.62	290697.76	142201.73	348406.78
	投资收益(万元)	9392.01	1693.37	1333.41	32939.24
	净利润(万元)	10209.02	17890.94	6027.89	8058.99
	营业利润(万元)	15765.34	30633.08	10907.19	14986.84
	利润总额(万元)	16329.93	30819.79	11038.88	24236.83

南宁化工股份有限公司

公司概况	公司名称	南宁化工股份有限公司			证券简称	*ST南化
	法人代表	覃卫国	董秘	蔡桂生	证券代码	600301
	公司网址	www.nh.com.cn		电子信箱	nhzq@nnchem.com	
	电　话	0771-4835135 4821093		传　真	0771-4835643 4821093	
	办公地址	广西壮族自治区南宁市南建路26号				
	经营范围	氯碱化学工业及其系列产品、农药、消毒剂等无机和有机化工产品等				

主要财务指标	指标\报告期	2015.06.30	2014.12.31	2014.06.30	2013.12.31
	基本每股收益(元)	-0.0434	-1.0283	-0.1164	0.2029
	基本每股收益(扣除后)(元)	-0.2780	-0.9574	-0.1176	-1.0951
	稀释每股收益(元)	-0.0434	-1.0283	-0.1164	0.2029
	每股净资产(元)	-0.9217	-0.8784	-0.0125	0.1047
	每股经营现金净流量(元)	-0.1862	-0.5385	-0.3445	-0.0979
	每股现金流量(元)	-0.1976	-0.2459	-0.0457	-0.0359
	每股资本公积金(元)	2.4885	2.4885	2.4246	2.4246
	每股盈余公积金(元)	0.2424	0.2424	0.2424	0.2424
	每股未分配利润(元)	-4.6945	-4.6512	-3.7392	-3.6228
	净资产收益率(%)	-	-117.0759	928.7330	193.6835
	加权净资产收益率(%)	-	-	-252.5000	-
	净资产收益率(扣除)(%)	30.1610	108.9949	938.2709	-1045.5065
	总资产(万元)	133691.50	141516.47	213516.13	217990.89
	归属母公司股东权益(万元)	-21674.58	-20654.29	-294.76	2463.06
	营业收入(万元)	11165.86	64290.66	39943.65	67801.99
	营业支出(万元)	10597.53	63311.74	39852.68	74193.96
	投资收益(万元)	-49.77	-10870.96	14.02	403.96
	净利润(万元)	-1203.83	-31786.43	-2737.51	4770.53
	营业利润(万元)	-6721.58	-42002.88	-9346.50	-32317.68
	利润总额(万元)	-1203.83	-31786.43	-4035.61	232.81

西安标准工业股份有限公司

公司概况	公司名称	西安标准工业股份有限公司			证券简称	标准股份
	法人代表	耿莉萍	董秘	郑璇	证券代码	600302
	公司网址	www.chinatypical.com		电子信箱	typical@chinatypical.com	
	电　话	029-88279352		传　真	029-88263001	
	办公地址	陕西省西安市太白南路335号				
	经营范围	缝制设备研发、生产、销售				

主要财务指标	指标\报告期	2015.06.30	2014.12.31	2014.06.30	2013.12.31
	基本每股收益(元)	-0.1003	-0.2826	-0.1157	0.0326
	基本每股收益(扣除后)(元)	-0.1035	-0.2960	-0.1095	-0.1590
	稀释每股收益(元)	-0.1003	-0.2826	-0.1157	0.0326
	每股净资产(元)	3.1038	3.2067	3.3713	3.4872
	每股经营现金净流量(元)	-0.1755	0.0514	-0.1669	0.1547
	每股现金流量(元)	-0.1958	-0.0763	-0.2202	0.3215
	每股资本公积金(元)	1.0037	1.0032	1.0007	1.0007
	每股盈余公积金(元)	0.6665	0.6665	0.6665	0.6665
	每股未分配利润(元)	0.4375	0.5378	0.7038	0.8195
	净资产收益率(%)	-3.2325	-8.8123	-3.4310	0.9360
	加权净资产收益率(%)	-3.1798	-8.4400	-3.3730	0.9400
	净资产收益率(扣除)(%)	-3.3336	-9.2314	-3.2483	-4.5601
	总资产(万元)	153369.31	159591.10	166868.48	174299.80
	归属母公司股东权益(万元)	107394.16	110953.96	116649.93	120660.89
	营业收入(万元)	37026.85	79825.94	44993.87	82119.97
	营业支出(万元)	31402.98	68733.48	38672.07	69384.14
	投资收益(万元)	79.76	111.94	47.72	1.79
	净利润(万元)	-3381.76	-9600.35	-4002.25	1129.39
	营业利润(万元)	-3550.09	-9973.11	-3785.40	-5311.00
	利润总额(万元)	-3426.09	-9564.25	-3990.14	1427.01

辽宁曙光汽车集团股份有限公司

公司概况

公司名称	辽宁曙光汽车集团股份有限公司			证券简称	曙光股份
法人代表	李海阳	董秘	那涛	证券代码	600303
公司网址	www.sgautomotive.com		电子信箱	dongban@sgautomotive.com	
电　　话	0415-4146825		传　　真	0415-4142821	
办公地址	辽宁省丹东市振安区曙光路50号				
经营范围	汽车前后桥、汽车底盘、汽车零部件、客车的生产、销售等				

主要财务指标

指标\报告期	2015.06.30	2014.12.31	2014.06.30	2013.12.31
基本每股收益(元)	–	0.0200	–	–0.4700
基本每股收益(扣除后)(元)	–0.1500	–0.4500	–0.0800	–0.6300
稀释每股收益(元)	–	0.0200	–	–0.4700
每股净资产(元)	3.6714	3.6459	3.6331	3.5839
每股经营现金净流量(元)	–0.2520	0.3224	–0.1426	–0.4298
每股现金流量(元)	–0.4176	0.1243	0.2923	–0.7921
每股资本公积金(元)	1.3013	1.2800	1.2800	1.1272
每股盈余公积金(元)	0.3986	0.3986	0.3921	0.4234
每股未分配利润(元)	0.9805	0.9765	0.9700	1.0436
净资产收益率(%)	0.1092	0.4508	0.0970	–13.0575
加权净资产收益率(%)	0.1100	0.4700	0.1000	–10.7700
净资产收益率(扣除)(%)	–4.0139	–11.9975	–2.0503	–17.5795
总资产(万元)	827147.40	836805.54	801588.29	758202.05
归属母公司股东权益(万元)	227746.70	226164.98	225369.78	205897.21
营业收入(万元)	157117.97	405648.09	214435.20	483630.90
营业支出(万元)	136329.55	345220.80	184324.75	426552.17
投资收益(万元)	–1.39	2212.68	–294.54	–1051.89
净利润(万元)	337.06	2373.80	218.71	–26885.06
营业利润(万元)	–9630.23	–18728.32	–3284.37	–41297.40
利润总额(万元)	3220.44	7359.57	3148.61	–29496.61

江苏恒顺醋业股份有限公司

公司概况

公司名称	江苏恒顺醋业股份有限公司			证券简称	恒顺醋业
法人代表	张玉宏	董秘	魏陈云	证券代码	600305
公司网址	www.zjhengshun.com		电子信箱	wcy08@163.com	
电　　话	0511-85226003		传　　真	0511-85230209	
办公地址	江苏省镇江市丹徒新城恒顺大道66号				
经营范围	食醋、酱油、酱菜、复合调味料、调味剂、副食品、粮油制品、饮料等				

主要财务指标

指标\报告期	2015.06.30	2014.12.31	2014.06.30	2013.12.31
基本每股收益(元)	0.6008	0.2618	0.1376	0.1538
基本每股收益(扣除后)(元)	0.1893	0.2342	0.1311	0.1642
稀释每股收益(元)	0.6008	0.2618	0.1376	0.1538
每股净资产(元)	4.7107	4.1884	4.0631	2.1541
每股经营现金净流量(元)	0.4130	0.7724	0.3377	1.6352
每股现金流量(元)	–0.2655	–0.1928	0.1284	0.5057
每股资本公积金(元)	2.5800	2.6083	2.5826	0.6897
每股盈余公积金(元)	0.1443	0.1443	0.1223	0.1449
每股未分配利润(元)	0.9863	0.4605	0.3583	0.3195
净资产收益率(%)	12.7541	5.9254	3.0337	7.1406
加权净资产收益率(%)	13.3600	7.3900	4.7700	7.4200
净资产收益率(扣除)(%)	4.0184	5.2994	2.8896	7.6235
总资产(万元)	219350.78	224669.71	233939.68	245757.79
归属母公司股东权益(万元)	141964.65	126973.36	122449.94	54778.98
营业收入(万元)	64826.27	120758.04	58897.60	111097.35
营业支出(万元)	38212.47	72828.00	35449.47	68293.67
投资收益(万元)	14433.37	–3725.49	–721.21	170.36
净利润(万元)	18344.23	8119.88	3714.76	3911.55
营业利润(万元)	21660.14	10058.71	5108.03	6697.30
利润总额(万元)	21924.40	11072.52	5311.80	6098.81

沈阳商业城股份有限公司

公司概况

公司名称	沈阳商业城股份有限公司			证券简称	商业城
法人代表	王奇	董秘	张凤伟	证券代码	600306
公司网址	www.sysyc.cn		电子信箱	sycgf3801@sina.com.cn	
电　　话	024-24865832		传　　真	024-24848007 24865832	
办公地址	辽宁省沈阳市沈河区中街路212号				
经营范围	日用百货、箱包皮具、食品、服装、鞋帽、针纺织品、文化钟表等				

主要财务指标

指标\报告期	2015.06.30	2014.12.31	2014.06.30	2013.12.31
基本每股收益(元)	–0.4100	0.1800	–0.6400	–1.5600
基本每股收益(扣除后)(元)	–0.4100	–1.5088	–0.6400	–1.5600
稀释每股收益(元)	–0.4100	0.1800	–0.6400	–1.5600
每股净资产(元)	0.2667	0.6717	–0.2660	0.3775
每股经营现金净流量(元)	–0.8605	–0.0841	–0.4432	–1.0774
每股现金流量(元)	–0.6862	0.2830	0.8133	–0.9951
每股资本公积金(元)	1.1455	1.1455	1.0323	1.0323
每股盈余公积金(元)	0.1056	0.1056	0.1056	0.1056
每股未分配利润(元)	–1.9844	–1.5794	–2.4040	–1.7605
净资产收益率(%)	–151.8722	26.9617	–241.8735	–412.4525
加权净资产收益率(%)	–86.3200	38.6950	–1155.2600	–78.2700
净资产收益率(扣除)(%)	–153.0972	–224.6319	242.8129	–414.3788
总资产(万元)	224651.92	247960.28	371753.47	353780.47
归属母公司股东权益(万元)	4750.43	11965.02	–4739.35	6723.88
营业收入(万元)	65720.27	149369.65	82181.52	186038.76
营业支出(万元)	54173.63	124330.95	68959.27	161491.40
投资收益(万元)	–	31552.58	–	–2.22
净利润(万元)	–7222.07	549.11	–11463.23	–27732.80
营业利润(万元)	–6993.17	1489.32	–11043.63	–27654.03
利润总额(万元)	–6933.43	1557.53	–10984.26	–27529.24

甘肃酒钢集团宏兴钢铁股份有限公司

公司概况

公司名称	甘肃酒钢集团宏兴钢铁股份有限公司			证券简称	酒钢宏兴
法人代表	程子建	董秘	齐晓东	证券代码	600307
公司网址	www.jisco.cn		电子信箱	irjg@jiugang.com	
电　　话	0937-6715370		传　　真	0937-6715370	
办公地址	甘肃省嘉峪关市雄关东路12号				
经营范围	钢、铁及其压延产品的生产和销售				

主要财务指标

指标\报告期	2015.06.30	2014.12.31	2014.06.30	2013.12.31
基本每股收益(元)	–0.2450	0.0062	–0.0514	–0.3734
基本每股收益(扣除后)(元)	–0.2450	0.0005	–0.0528	–0.3751
稀释每股收益(元)	–0.2450	0.0062	–0.0514	–0.3734
每股净资产(元)	2.3800	2.6194	2.5744	2.6221
每股经营现金净流量(元)	–0.2390	1.0772	0.4571	–0.4723
每股现金流量(元)	–0.9443	0.1724	0.0362	0.2141
每股资本公积金(元)	1.0963	1.0963	1.0964	1.0964
每股盈余公积金(元)	0.2025	0.2025	0.2025	0.2025
每股未分配利润(元)	0.0668	0.3117	0.2541	0.3055
净资产收益率(%)	–10.2950	0.2385	–1.9961	–14.2388
加权净资产收益率(%)	–9.8100	0.2380	–1.9800	–13.1843
净资产收益率(扣除)(%)	–10.2954	0.0205	–2.0517	–14.3053
总资产(万元)	4720794.94	5314566.40	5462868.91	5741546.36
归属母公司股东权益(万元)	1490290.99	1640608.61	1612459.59	1642322.91
营业收入(万元)	3378686.80	9575319.61	5448854.93	9456976.00
营业支出(万元)	3245456.85	8868174.61	5142193.83	9030540.23
投资收益(万元)	–54.16	10504.83	1416.10	4188.98
净利润(万元)	–154253.60	2230.39	–32185.69	–233847.75
营业利润(万元)	–189533.07	–673.66	–40486.75	–294635.61
利润总额(万元)	–189518.60	3642.60	–39366.63	–293333.97

山东华泰纸业股份有限公司

公司概况					
公司名称	山东华泰纸业股份有限公司			证券简称	华泰股份
法人代表	李晓亮	董秘	魏文光	证券代码	600308
公司网址	www.huataipaper.com		电子信箱	htjtzq@163.com	
电　话	0546-7798799 7798848		传　真	0546-6888018	
办公地址	山东省东营市广饶县大王镇				
经营范围	造纸、纸制品及纸料加工、热电等				

主要财务指标　指标\报告期	2015.06.30	2014.12.31	2014.06.30	2013.12.31
基本每股收益(元)	0.0500	0.0515	0.0480	0.0550
基本每股收益(扣除后)(元)	-0.0120	-0.1376	-0.0190	-0.0710
稀释每股收益(元)	0.0500	0.0515	0.0480	0.0550
每股净资产(元)	5.4266	5.3908	5.3835	5.3673
每股经营现金净流量(元)	0.6277	1.0389	0.4940	1.4534
每股现金流量(元)	-0.2075	0.0278	0.4737	0.0816
每股资本公积金(元)	1.9218	1.9218	1.9218	1.9218
每股盈余公积金(元)	0.3990	0.3990	0.3929	0.3929
每股未分配利润(元)	2.0877	2.0535	2.0565	2.0330
净资产收益率(%)	0.9259	0.9552	0.9000	1.0311
加权净资产收益率(%)	0.9280	0.9570	0.9000	1.0340
净资产收益率(扣除)(%)	-0.2211	-2.5518	-0.3458	-1.3183
总资产(万元)	1682035.25	1706600.55	1729896.03	1646653.89
归属母公司股东权益(万元)	633588.44	629411.46	628551.10	626154.75
营业收入(万元)	484252.02	926178.23	444580.50	975741.07
营业支出(万元)	420475.78	798937.07	376113.43	849879.28
投资收益(万元)	-92.80	-999.20	-378.92	1886.84
净利润(万元)	5008.48	5174.59	5656.70	6461.34
营业利润(万元)	-514.52	-14575.04	-545.83	-5712.07
利润总额(万元)	6937.15	8439.07	7733.99	10854.73

万华化学集团股份有限公司

公司概况					
公司名称	万华化学集团股份有限公司			证券简称	万华化学
法人代表	丁建生	董秘	寇光武	证券代码	600309
公司网址	www.whchem.com		电子信箱	stocks@whchem.com	
电　话	0535-6698537		传　真	0535-6837894	
办公地址	山东省烟台市幸福南路 7 号				
经营范围	聚氨酯及助剂、异氰酸酯(MDI)及衍生产品开发、生产和销售				

主要财务指标　指标\报告期	2015.06.30	2014.12.31	2014.06.30	2013.12.31
基本每股收益(元)	0.4700	1.1200	0.6500	1.3400
基本每股收益(扣除后)(元)	0.4500	1.1400	0.6200	1.2900
稀释每股收益(元)	-	-	-	-
每股净资产(元)	5.0684	4.8994	4.4297	4.4757
每股经营现金净流量(元)	0.8964	1.8593	0.8403	1.7894
每股现金流量(元)	-0.0061	0.0026	0.3070	-0.1774
每股资本公积金(元)	0.0224	0.0224	0.0177	0.0139
每股盈余公积金(元)	0.7304	0.7304	0.7304	0.7304
每股未分配利润(元)	3.3232	3.1521	2.6828	2.7332
净资产收益率(%)	9.2950	22.8370	14.6637	29.8764
加权净资产收益率(%)	9.3600	24.1700	13.8600	32.6200
净资产收益率(扣除)(%)	8.9159	23.1909	14.0726	28.7523
总资产(万元)	4432629.94	4159208.56	3600000.59	3114367.88
归属母公司股东权益(万元)	1095961.17	1059408.44	957851.52	967792.43
营业收入(万元)	1004226.34	2208836.85	1166482.10	2023797.32
营业支出(万元)	671802.88	1526963.97	812329.65	1358294.92
投资收益(万元)	531.06	-125.71	130.23	-1652.12
净利润(万元)	139634.81	321754.71	140456.18	289141.23
营业利润(万元)	189835.97	414531.36	225225.98	426090.91
利润总额(万元)	187222.42	416852.74	235672.59	442568.42

广西桂东电力股份有限公司

公司概况					
公司名称	广西桂东电力股份有限公司			证券简称	桂东电力
法人代表	秦敏	董秘	陆培军	证券代码	600310
公司网址	www.gdep.com.cn		电子信箱	600310@gdep.com.cn	
电　话	0774-5297796 5283977		传　真	0774-5285255	
办公地址	广西壮族自治区贺州市平安西路 12 号				
经营范围	水力发电、供电、电力投资开发、供水、交通建设及其基础设施开发				

主要财务指标　指标\报告期	2015.06.30	2014.12.31	2014.06.30	2013.12.31
基本每股收益(元)	1.4176	-0.0294	0.1425	0.1984
基本每股收益(扣除后)(元)	-0.3671	-1.6216	0.0472	0.1363
稀释每股收益(元)	-	-	0.1425	0.1984
每股净资产(元)	11.8879	13.8347	10.2243	11.9075
每股经营现金净流量(元)	0.3776	-0.1604	-0.0608	1.0022
每股现金流量(元)	1.6053	2.1745	0.3320	0.2867
每股资本公积金(元)	2.0895	2.0889	8.1451	9.7222
每股盈余公积金(元)	0.4371	0.4371	0.2996	0.2998
每股未分配利润(元)	1.6029	0.4653	0.7772	0.8847
净资产收益率(%)	11.9251	1.0040	1.3936	1.6663
加权净资产收益率(%)	11.0100	-0.2300	1.2800	1.7200
净资产收益率(扣除)(%)	-3.0877	-10.5046	0.4621	1.1448
总资产(万元)	939472.35	926254.06	769614.18	821736.89
归属母公司股东权益(万元)	328015.71	377092.03	282113.24	328559.05
营业收入(万元)	163817.85	211453.47	94027.88	222370.41
营业支出(万元)	140006.38	174228.28	71533.86	177947.61
投资收益(万元)	60369.07	50893.03	2333.20	537.03
净利润(万元)	39292.91	-420.21	3931.46	5474.71
营业利润(万元)	53106.20	9186.79	3091.63	7346.15
利润总额(万元)	53652.85	13187.20	6262.12	10041.95

甘肃荣华实业(集团)股份有限公司

公司概况					
公司名称	甘肃荣华实业(集团)股份有限公司			证券简称	荣华实业
法人代表	刘永	董秘	辛永清	证券代码	600311
公司网址	www.rong-hua.net		电子信箱	rhxyongqin@163.com	
电　话	0935-6151222		传　真	0935-6151333	
办公地址	甘肃省武威市凉州区发放镇沙子沟村				
经营范围	谷氨酸,生物发酵肥,淀粉及其副产品,饲料,包装材料,塑料制品的生产,批发零售等				

主要财务指标　指标\报告期	2015.06.30	2014.12.31	2014.06.30	2013.12.31
基本每股收益(元)	-0.0220	-0.0376	0.0010	0.0073
基本每股收益(扣除后)(元)	-0.0213	-0.0450	-0.0060	0.0075
稀释每股收益(元)	-0.0220	-0.0376	0.0010	0.0073
每股净资产(元)	1.3122	1.3350	1.3740	1.3714
每股经营现金净流量(元)	-0.0018	0.0194	0.0378	-0.0282
每股现金流量(元)	0.1618	0.1645	0.0475	-0.0034
每股资本公积金(元)	0.3297	0.3297	0.3297	0.3297
每股盈余公积金(元)	0.0787	0.0787	0.0787	0.0787
每股未分配利润(元)	-0.0961	-0.0746	-0.0359	-0.0369
净资产收益率(%)	-1.6437	-2.8199	0.0720	0.5334
加权净资产收益率(%)	-1.6300	-2.7800	0.0720	0.5300
净资产收益率(扣除)(%)	-1.6208	-3.3734	-0.4653	0.5492
总资产(万元)	96811.81	97899.22	98711.84	99318.18
归属母公司股东权益(万元)	87336.82	88858.48	91450.71	91283.58
营业收入(万元)	7133.18	21531.45	12118.43	21033.31
营业支出(万元)	6978.72	20087.18	10284.36	16218.11
投资收益(万元)	-	-	-	-
净利润(万元)	-1435.53	-2505.76	65.88	486.92
营业利润(万元)	-1415.53	-3965.63	-425.55	550.71
利润总额(万元)	-1435.53	-3473.84	65.88	538.56

河南平高电气股份有限公司

公司概况	公司名称	河南平高电气股份有限公司			证券简称	平高电气
	法人代表	李永河	董秘	常永斌	证券代码	600312
	公司网址	www.pinggao.com		电子信箱	changyb@pinggao.sgcc.com.cn	
	电　　话	0375-3804039		传　　真	0375-3804464	
	办公地址	河南省平顶山市南环东路22号				
	经营范围	制造、销售高压开关设备、控制设备及其配件、技术服务、咨询服务				

主要财务指标	指标\报告期	2015.06.30	2014.12.31	2014.06.30	2013.12.31
	基本每股收益(元)	0.2600	0.6553	0.2400	0.4867
	基本每股收益(扣除后)(元)	0.2400	0.6137	0.2300	0.4767
	稀释每股收益(元)	0.2600	0.6553	0.2400	0.4867
	每股净资产(元)	5.4177	5.1595	4.8261	3.9414
	每股经营现金净流量(元)	-0.2018	0.2427	0.2028	-0.2439
	每股现金流量(元)	-0.1796	0.2341	0.5471	-0.7968
	每股资本公积金(元)	2.6581	2.6581	2.6581	2.3457
	每股盈余公积金(元)	0.2238	0.2238	0.1691	0.2349
	每股未分配利润(元)	1.5359	1.2776	0.9989	1.0734
	净资产收益率(%)	4.7670	11.8120	4.6845	12.3488
	加权净资产收益率(%)	4.8800	13.3300	5.8300	12.9900
	净资产收益率(扣除)(%)	4.3897	11.0627	4.5916	12.0953
	总资产(万元)	1088881.86	991154.13	821854.88	722619.34
	归属母公司股东权益(万元)	616260.97	586883.82	548965.26	381143.22
	营业收入(万元)	194143.55	460582.65	163382.88	381839.32
	营业支出(万元)	135107.37	327607.69	115767.85	283612.97
	投资收益(万元)	-	5019.12	1912.54	2788.59
	净利润(万元)	31245.82	70339.46	25713.35	39733.07
	营业利润(万元)	34263.18	79279.79	29427.05	45430.85
	利润总额(万元)	37036.13	80907.14	30030.39	46403.61

中农发种业集团股份有限公司

公司概况	公司名称	中农发种业集团股份有限公司			证券简称	农发种业
	法人代表	陈章瑞	董秘	周紫雨	证券代码	600313
	公司网址	www.zhnzy.com.cn		电子信箱	zziyu2003@163.com	
	电　　话	0010-56342171		传　　真	0010-56342170	
	办公地址	北京市朝阳区东三环北路16号全国农业展览馆文化产业楼(2层)				
	经营范围	小麦、水稻、杂交水稻、杂交玉米、棉花、油菜、大豆、蔬菜、花卉等				

主要财务指标	指标\报告期	2015.06.30	2014.12.31	2014.06.30	2013.12.31
	基本每股收益(元)	0.0048	0.3010	-0.0070	0.1162
	基本每股收益(扣除后)(元)	-0.0108	0.0741	-0.0148	0.1061
	稀释每股收益(元)	0.0048	0.3010	-0.0070	0.1162
	每股净资产(元)	3.0060	3.1012	2.7846	2.7915
	每股经营现金净流量(元)	-0.1391	0.0010	-0.7332	0.0206
	每股现金流量(元)	-0.3368	0.0366	-0.8139	-0.2964
	每股资本公积金(元)	1.7181	1.7181	1.7094	1.7094
	每股盈余公积金(元)	0.0234	0.0234	0.0073	0.0073
	每股未分配利润(元)	0.2645	0.3597	0.0678	0.0748
	净资产收益率(%)	0.1590	9.7054	-0.2504	4.1634
	加权净资产收益率(%)	0.1600	10.2300	-0.2500	4.0300
	净资产收益率(扣除)(%)	-0.3596	2.3894	-0.5307	3.8023
	总资产(万元)	232750.56	232398.31	194443.55	177155.73
	归属母公司股东权益(万元)	110406.00	113903.37	102273.10	102529.16
	营业收入(万元)	107929.12	305035.96	98584.38	252914.88
	营业支出(万元)	101606.28	283808.96	95629.76	234625.82
	投资收益(万元)	536.08	1615.47	-	-2.47
	净利润(万元)	-107.36	15386.94	-256.06	4268.68
	营业利润(万元)	-1275.00	6264.28	-1259.89	7304.05
	利润总额(万元)	-91.74	15580.39	-808.56	8521.41

上海家化联合股份有限公司

公司概况	公司名称	上海家化联合股份有限公司			证券简称	上海家化
	法人代表	谢文坚	董秘	谢文坚	证券代码	600315
	公司网址	www.jahwa.com.cn		电子信箱	hanmin@jahwa.com.cn	
	电　　话	021-25016000 25254991		传　　真	021-65129748	
	办公地址	上海市保定路527号				
	经营范围	六神、美加净、清妃、高夫、佰草集、飘洒等系列洗浴、护肤、护发及美容产品等				

主要财务指标	指标\报告期	2015.06.30	2014.12.31	2014.06.30	2013.12.31
	基本每股收益(元)	0.9500	1.3400	0.8500	1.1900
	基本每股收益(扣除后)(元)	0.9300	1.3000	0.8400	1.1600
	稀释每股收益(元)	0.9500	1.3400	0.8500	1.1900
	每股净资产(元)	6.3173	5.6590	5.3615	4.9451
	每股经营现金净流量(元)	0.4609	1.6800	0.8038	1.5299
	每股现金流量(元)	-1.5386	1.3393	0.7075	0.6016
	每股资本公积金(元)	1.7158	1.7021	1.6371	1.5637
	每股盈余公积金(元)	0.5836	0.5836	0.4445	0.4445
	每股未分配利润(元)	2.9008	2.5578	2.2832	1.9403
	净资产收益率(%)	15.0865	23.5990	15.9079	24.0625
	加权净资产收益率(%)	15.6100	26.5300	16.3300	24.8900
	净资产收益率(扣除)(%)	14.6436	22.9598	15.6722	23.5226
	总资产(万元)	633222.95	553363.37	506961.80	452021.89
	归属母公司股东权益(万元)	424751.11	380490.46	360533.74	332531.94
	营业收入(万元)	321505.63	533465.93	281937.91	446850.37
	营业支出(万元)	126357.17	203699.16	102839.79	165518.92
	投资收益(万元)	9907.27	22566.31	8788.67	16179.69
	净利润(万元)	64080.06	90753.28	57353.20	80015.41
	营业利润(万元)	74579.75	112310.21	67856.38	93593.42
	利润总额(万元)	76281.97	114210.20	68728.50	96064.24

江西洪都航空工业股份有限公司

公司概况	公司名称	江西洪都航空工业股份有限公司			证券简称	洪都航空
	法人代表	宋承志	董秘	邓峰	证券代码	600316
	公司网址	www.hongdu-aviation.com		电子信箱	hdhk600316@126.com	
	电　　话	0791-88468162 87668769		传　　真	0791-88467843	
	办公地址	江西省南昌市新溪桥				
	经营范围	航空产品的开发与研制、生产与销售、航空制造技术的开发、咨询、服务				

主要财务指标	指标\报告期	2015.06.30	2014.12.31	2014.06.30	2013.12.31
	基本每股收益(元)	0.0211	0.1376	0.0197	0.1268
	基本每股收益(扣除后)(元)	-0.0329	0.0386	0.0195	0.0583
	稀释每股收益(元)	0.0211	0.1376	0.0197	0.1268
	每股净资产(元)	7.1681	6.8579	6.7000	6.6204
	每股经营现金净流量(元)	-1.0429	-0.5586	-0.3364	-0.0952
	每股现金流量(元)	-0.3166	-0.8257	-0.4361	-0.6450
	每股资本公积金(元)	4.3788	4.3799	4.6968	4.6367
	每股盈余公积金(元)	0.2295	0.2295	0.2172	0.2172
	每股未分配利润(元)	0.8627	0.8517	0.7860	0.7663
	净资产收益率(%)	0.2937	2.0072	0.2939	1.9149
	加权净资产收益率(%)	0.3000	2.0300	0.3000	1.9500
	净资产收益率(扣除)(%)	-0.4586	0.5632	0.2908	0.8803
	总资产(万元)	996024.80	891121.40	801055.07	743499.27
	归属母公司股东权益(万元)	514034.84	491789.76	480469.91	474758.09
	营业收入(万元)	110888.63	345074.03	94569.46	286049.85
	营业支出(万元)	103041.26	324701.73	85728.19	261413.91
	投资收益(万元)	4711.98	9038.55	108.47	5108.85
	净利润(万元)	1548.02	10106.00	1412.26	9091.22
	营业利润(万元)	1769.91	10744.39	1716.42	8310.29
	利润总额(万元)	1780.38	11863.63	1727.73	10316.48

营口港务股份有限公司

公司概况	公司名称	营口港务股份有限公司			证券简称	营口港
	法人代表	李和忠	董秘	周志旭	证券代码	600317
	公司网址	www.ykplc.com			电子信箱	lili_ykp@ykport.com.cn
	电　话	0417-6268506			传　真	0417-6268506
	办公地址	辽宁省营口市鲅鱼圈区营港路1号				
	经营范围	港口装卸、堆存和运输服务				

主要财务指标	指标\报告期	2015.06.30	2014.12.31	2014.06.30	2013.12.31
	基本每股收益(元)	0.0498	0.0834	0.0562	0.0790
	基本每股收益(扣除后)(元)	0.0499	0.0834	0.0561	0.2373
	稀释每股收益(元)	0.0498	0.0834	0.0562	0.0790
	每股净资产(元)	1.5224	1.4713	1.4437	4.5267
	每股经营现金净流量(元)	0.1284	0.1418	0.0950	0.5400
	每股现金流量(元)	-0.0154	0.1649	-0.0053	0.2459
	每股资本公积金(元)	0.2401	0.2401	0.2401	2.7202
	每股盈余公积金(元)	0.0594	0.0594	0.0510	0.1530
	每股未分配利润(元)	0.2201	0.1704	0.1516	0.6536
	净资产收益率(%)	3.2684	5.6665	3.8913	5.2332
	加权净资产收益率(%)	3.3256	5.5979	3.6551	5.3592
	净资产收益率(扣除)(%)	3.2808	5.6658	3.8891	5.2425
	总资产(万元)	1686279.42	1722295.39	1588796.62	1614543.29
	归属母公司股东权益(万元)	985434.88	952373.24	934490.62	976705.44
	营业收入(万元)	191144.55	391048.76	199325.45	368711.16
	营业支出(万元)	121226.62	269305.02	124558.87	240528.88
	投资收益(万元)	1632.14	3617.21	1535.72	1029.15
	净利润(万元)	33762.10	56305.92	37386.75	53539.53
	营业利润(万元)	44093.92	68119.06	48798.69	68103.15
	利润总额(万元)	43894.15	68141.31	48827.04	68000.47

安徽巢东水泥股份有限公司

公司概况	公司名称	安徽巢东水泥股份有限公司			证券简称	巢东股份
	法人代表	徐立新	董秘	谢旻	证券代码	600318
	公司网址	www.cd600318.cn			电子信箱	cddms@vip.sina.com
	电　话	0551-88610368　82389232			传　真	0551-82391918
	办公地址	安徽省巢湖市居巢区银屏镇海昌大道				
	经营范围	水泥及相关产品、轻钢结构、新型建材产品的生产、销售、建材设计等				

主要财务指标	指标\报告期	2015.06.30	2014.12.31	2014.06.30	2013.12.31
	基本每股收益(元)	0.0100	0.4400	0.4200	0.4400
	基本每股收益(扣除后)(元)	0.0100	0.4300	0.4200	0.4000
	稀释每股收益(元)	0.0100	0.4400	0.4200	0.4400
	每股净资产(元)	4.4897	4.4813	4.4669	4.1161
	每股经营现金净流量(元)	0.3577	1.8044	1.4447	0.9587
	每股现金流量(元)	0.2597	0.0385	0.0871	0.1485
	每股资本公积金(元)	1.4621	1.4621	1.4621	1.4621
	每股盈余公积金(元)	0.3022	0.3022	0.2585	0.2585
	每股未分配利润(元)	1.7156	1.7073	1.7366	1.3858
	净资产收益率(%)	0.1859	9.7121	9.4213	10.7473
	加权净资产收益率(%)	0.1900	10.1200	9.8100	11.7400
	净资产收益率(扣除)(%)	0.1462	9.5776	9.3898	9.7084
	总资产(万元)	636641.43	190041.73	194276.90	205961.02
	归属母公司股东权益(万元)	108649.65	108447.69	108099.43	99609.10
	营业收入(万元)	43894.27	122227.77	63108.34	117805.87
	营业支出(万元)	35415.99	84038.42	41322.94	87469.16
	投资收益(万元)	18.75	23.63	18.75	-2725.20
	净利润(万元)	2203.73	10532.59	10184.33	10705.24
	营业利润(万元)	4866.74	16153.00	14009.13	8261.54
	利润总额(万元)	4886.08	16379.58	14054.55	12380.09

潍坊亚星化学股份有限公司

公司概况	公司名称	潍坊亚星化学股份有限公司			证券简称	亚星化学
	法人代表	王瑞林	董秘	孙岩	证券代码	600319
	公司网址	www.chinayaxing.com			电子信箱	info@chinayaxing.com
	电　话	0536-8591007　8591189			传　真	0536-8663853　8660047
	办公地址	山东省潍坊市奎文区北宫东街321号				
	经营范围	生产经营烧碱、聚氯乙烯、氯化聚乙烯、液氯、漂液、非药品易制毒化学品盐酸等				

主要财务指标	指标\报告期	2015.06.30	2014.12.31	2014.06.30	2013.12.31
	基本每股收益(元)	-0.2740	-0.5700	-0.2160	0.0100
	基本每股收益(扣除后)(元)	-0.2640	-0.5700	-0.2200	-0.6100
	稀释每股收益(元)	-0.2740	-0.5700	-0.2160	0.0100
	每股净资产(元)	0.2876	0.5605	0.9781	1.1931
	每股经营现金净流量(元)	-0.1630	0.2592	0.2415	-0.0506
	每股现金流量(元)	-0.0794	-0.1425	-0.1799	-0.0669
	每股资本公积金(元)	2.2686	2.2686	2.2686	2.2686
	每股盈余公积金(元)	0.1578	0.1578	0.1578	0.1578
	每股未分配利润(元)	-3.1495	-2.8751	-2.4581	-2.3074
	净资产收益率(%)	-95.3976	-101.2905	-22.0779	2.3353
	加权净资产收益率(%)	-63.6000	-67.2200	-19.9000	0.5900
	净资产收益率(扣除)(%)	-91.9137	-102.4473	-22.5121	-49.1390
	总资产(万元)	225537.07	228934.88	230492.60	214334.93
	归属母公司股东权益(万元)	9075.68	17689.55	30866.83	35614.16
	营业收入(万元)	68742.64	148902.44	71195.40	162824.40
	营业支出(万元)	67877.32	146701.03	68096.50	155712.62
	投资收益(万元)	-	-	-	-
	净利润(万元)	-9993.49	-19686.77	-7597.61	-2960.05
	营业利润(万元)	-9541.91	-19861.48	-7728.47	-21941.28
	利润总额(万元)	-9993.49	-19686.77	-7597.61	-3028.49

上海振华重工(集团)股份有限公司

公司概况	公司名称	上海振华重工(集团)股份有限公司			证券简称	振华重工
	法人代表	宋海良	董秘	王珏	证券代码	600320
	公司网址	www.zpmc.com			电子信箱	zpmc@public.sta.net.cn
	电　话	021-50390727			传　真	021-31193316
	办公地址	上海市东方路3261号				
	经营范围	从事设计、建造、销售大型港口设备、工程船舶及大型金属结构及其部件、配件等				

主要财务指标	指标\报告期	2015.06.30	2014.12.31	2014.06.30	2013.12.31
	基本每股收益(元)	0.0250	0.0450	0.0130	0.0300
	基本每股收益(扣除后)(元)	-0.0670	-0.0200	-0.0160	-0.2300
	稀释每股收益(元)	0.0250	0.0450	0.0130	0.0300
	每股净资产(元)	3.3829	3.3667	3.3145	3.3052
	每股经营现金净流量(元)	-0.3996	-0.1989	-0.1597	0.2199
	每股现金流量(元)	-0.1519	-0.2927	0.1415	0.1811
	每股资本公积金(元)	1.2626	1.2626	1.3154	1.2626
	每股盈余公积金(元)	0.3541	0.3541	0.3463	0.3463
	每股未分配利润(元)	0.7022	0.6772	0.6528	0.6396
	净资产收益率(%)	0.7406	1.3490	0.3973	0.9700
	加权净资产收益率(%)	0.7400	1.3600	0.4000	0.9700
	净资产收益率(扣除)(%)	-1.9853	-0.5384	-0.4954	-6.9550
	总资产(万元)	5520063.96	5614522.73	5890954.21	4926509.39
	归属母公司股东权益(万元)	1485203.67	1478060.38	1455147.71	1451060.48
	营业收入(万元)	1032394.14	2506942.15	1124297.06	2320155.58
	营业支出(万元)	928509.56	2170068.09	1004636.42	2143701.71
	投资收益(万元)	37784.82	37092.30	21695.48	89803.65
	净利润(万元)	8832.82	14804.84	4504.90	13407.66
	营业利润(万元)	12643.25	11307.39	3986.80	-17263.74
	利润总额(万元)	15126.13	16250.30	5840.45	12042.91

四川国栋建设股份有限公司

公司概况					
公司名称	四川国栋建设股份有限公司			证券简称	国栋建设
法人代表	王春鸣	董秘	曾莉	证券代码	600321
公司网址	www.guodong.cn		电子信箱	executive@guodong.cn	
电　话	028-86119148		传　真	028-86154162	
办公地址	四川省成都市金盾路 52 号国栋中央商务大厦 28/29 楼				
经营范围	生产销售溅射镀膜玻璃、中空玻璃、钢化及夹胶玻璃等				

主要财务指标 指标＼报告期	2015.06.30	2014.12.31	2014.06.30	2013.12.31
基本每股收益(元)	0.0140	0.0050	-0.0130	0.0630
基本每股收益(扣除后)(元)	0.0140	0.0040	-0.0140	-0.0890
稀释每股收益(元)	0.0140	0.0050	-0.0130	0.0630
每股净资产(元)	1.8209	1.8200	1.7864	1.8200
每股经营现金净流量(元)	0.0244	0.0432	0.0382	0.0654
每股现金流量(元)	0.0086	0.0448	0.0500	-0.2012
每股资本公积金(元)	0.6686	0.6357	0.6257	0.6257
每股盈余公积金(元)	0.0642	0.0821	0.0820	0.0820
每股未分配利润(元)	0.0881	0.0970	0.0787	0.1120
净资产收益率(%)	0.6754	0.2817	-0.7452	3.4832
加权净资产收益率(%)	0.7600	0.2800	-0.7300	3.5500
净资产收益率(扣除)(%)	0.6754	0.2124	-0.7764	-4.8750
总资产(万元)	356546.64	348600.73	338978.74	327429.91
归属母公司股东权益(万元)	275053.48	214305.69	210953.19	214887.01
营业收入(万元)	30283.03	77302.68	38301.77	74483.99
营业支出(万元)	26264.54	68418.69	35813.29	74937.46
投资收益(万元)	-	-	-	17808.13
净利润(万元)	1859.36	604.05	-1572.06	7484.98
营业利润(万元)	1364.56	-441.64	-1529.09	5137.73
利润总额(万元)	1860.80	725.67	-1463.40	7491.61

天津市房地产发展(集团)股份有限公司

公司概况					
公司名称	天津市房地产发展(集团)股份有限公司			证券简称	天房发展
法人代表	熊光宇	董秘	杨新喆	证券代码	600322
公司网址	www.tffzgroup.cn		电子信箱	tffz@sina.com	
电　话	022-23317185		传　真	022-23317185	
办公地址	天津市和平区常德道 80 号				
经营范围	房地产的开发经营、销售与出租				

主要财务指标 指标＼报告期	2015.06.30	2014.12.31	2014.06.30	2013.12.31
基本每股收益(元)	0.0295	0.1500	0.0566	0.1300
基本每股收益(扣除后)(元)	0.0295	0.1500	0.0565	0.0700
稀释每股收益(元)	0.0295	0.1500	0.0566	0.1300
每股净资产(元)	4.1336	4.1501	4.0546	4.0381
每股经营现金净流量(元)	-0.6831	-2.9270	-1.1068	-1.3574
每股现金流量(元)	0.7223	-2.2469	-0.8094	1.7547
每股资本公积金(元)	1.9944	1.9944	1.9944	1.9944
每股盈余公积金(元)	0.2673	0.2673	0.2612	0.2612
每股未分配利润(元)	0.8719	0.8884	0.7990	0.7824
净资产收益率(%)	0.7142	3.6691	1.3952	3.2200
加权净资产收益率(%)	0.7100	3.7200	1.3900	3.2300
净资产收益率(扣除)(%)	0.7133	3.6677	1.3923	1.8300
总资产(万元)	2074583.18	1878021.04	1847072.60	1760448.07
归属母公司股东权益(万元)	457050.99	458873.15	448322.16	446490.16
营业收入(万元)	80289.94	318103.74	111634.90	174943.66
营业支出(万元)	42114.25	212498.92	70729.30	108585.72
投资收益(万元)	-580.04	235.70	13.00	71.81
净利润(万元)	8181.01	30750.71	6254.80	14370.44
营业利润(万元)	12393.13	43136.65	13070.85	16110.59
利润总额(万元)	12397.23	43146.52	13091.26	24367.67

瀚蓝环境股份有限公司

公司概况					
公司名称	瀚蓝环境股份有限公司			证券简称	瀚蓝环境
法人代表	金铎	董秘	黄春然	证券代码	600323
公司网址	www.grandblue.cn		电子信箱	600323@grandblue.cn	
电　话	0757-86280996		传　真	0757-86328565	
办公地址	广东省佛山市南海区桂城南海大道建行大厦				
经营范围	供水业务、污水处理业务和固废处理业务等				

主要财务指标 指标＼报告期	2015.06.30	2014.12.31	2014.06.30	2013.12.31
基本每股收益(元)	0.2500	0.4900	0.2600	0.4600
基本每股收益(扣除后)(元)	0.2500	0.4200	0.2500	0.3900
稀释每股收益(元)	0.2500	0.4900	0.2600	0.4600
每股净资产(元)	5.4535	4.6444	4.3581	4.2169
每股经营现金净流量(元)	0.7645	1.1568	0.5333	1.1968
每股现金流量(元)	0.9686	0.1662	0.3059	-0.1111
每股资本公积金(元)	2.2776	1.4791	0.9433	0.7213
每股盈余公积金(元)	0.4514	0.4826	0.5686	0.5686
每股未分配利润(元)	1.6849	1.6441	1.8462	1.7080
净资产收益率(%)	4.5281	9.2733	5.5343	9.5750
加权净资产收益率(%)	4.4300	13.6000	6.8000	13.0500
净资产收益率(扣除)(%)	4.4933	7.2797	5.1926	9.2397
总资产(万元)	1222817.27	1097984.82	585279.19	578839.72
归属母公司股东权益(万元)	417880.17	332905.59	252437.49	233889.08
营业收入(万元)	166470.49	243529.59	113073.77	215632.83
营业支出(万元)	114647.29	167765.82	76435.02	150553.21
投资收益(万元)	-	-	3282.10	4766.83
净利润(万元)	21536.33	35163.00	18832.19	33214.99
营业利润(万元)	26239.63	45401.20	23342.64	41662.55
利润总额(万元)	28331.25	46739.39	24494.97	42789.41

珠海华发实业股份有限公司

公司概况					
公司名称	珠海华发实业股份有限公司			证券简称	华发股份
法人代表	李光宁	董秘	侯贵明	证券代码	600325
公司网址	www.cnhuafas.com		电子信箱	zqb@cnhuafas.com	
电　话	0756-8282111		传　真	0756-8281000	
办公地址	广东省珠海市昌盛路 155 号				
经营范围	房地产开发和销售				

主要财务指标 指标＼报告期	2015.06.30	2014.12.31	2014.06.30	2013.12.31
基本每股收益(元)	0.3000	0.7900	0.0600	0.6600
基本每股收益(扣除后)(元)	0.2400	0.7400	0.0600	0.6200
稀释每股收益(元)	0.3000	0.7900	0.0600	0.6600
每股净资产(元)	8.6588	8.4620	7.6758	7.8115
每股经营现金净流量(元)	0.6899	2.4872	-0.9661	1.0670
每股现金流量(元)	1.2462	0.1155	-0.9044	3.2230
每股资本公积金(元)	2.0187	2.0211	1.9857	1.9756
每股盈余公积金(元)	0.2524	0.2524	0.2501	0.2501
每股未分配利润(元)	5.3709	5.1732	4.4399	4.5839
净资产收益率(%)	3.4388	9.3538	0.7288	8.4348
加权净资产收益率(%)	3.4600	9.7300	0.7100	8.5800
净资产收益率(扣除)(%)	2.7960	8.7661	0.7351	7.9043
总资产(万元)	7558904.16	6743109.10	5577960.55	4372816.72
归属母公司股东权益(万元)	707460.42	691380.43	627145.68	638232.29
营业收入(万元)	223252.43	710430.20	199606.37	701712.55
营业支出(万元)	134181.61	466582.03	136448.31	485959.46
投资收益(万元)	5966.13	4858.00	-100.25	2629.34
净利润(万元)	23509.25	62876.10	3861.86	54767.81
营业利润(万元)	33632.69	84471.43	8662.41	85000.76
利润总额(万元)	34235.44	84104.11	8419.43	85620.54

西藏天路股份有限公司

公司概况	公司名称	西藏天路股份有限公司		证券简称	西藏天路
	法人代表	多吉罗布	董秘 西虹	证券代码	600326
	公司网址	www.xztianlu.com		电子信箱	xztlgf@263.net
	电　话	0891-6902701		传　真	0891-6903003
	办公地址	西藏自治区拉萨市夺底路14号			
	经营范围	公路工程施工的基础设施建设、主要承担西藏自治区内的公路桥梁的建设任务			

主要财务指标	2015.06.30	2014.12.31	2014.06.30	2013.12.31
指标\报告期	2015.06.30	2014.12.31	2014.06.30	2013.12.31
基本每股收益(元)	0.1047	0.1200	-0.0020	0.0100
基本每股收益(扣除后)(元)	0.1051	0.1200	-0.0009	0.0100
稀释每股收益(元)	0.1047	0.1200	-0.0020	0.0100
每股净资产(元)	2.1135	2.0571	1.9488	1.9498
每股经营现金净流量(元)	0.0243	0.2856	-0.1126	0.3625
每股现金流量(元)	0.3567	-0.0709	0.1324	-0.4616
每股资本公积金(元)	0.3505	0.3505	0.3629	0.3629
每股盈余公积金(元)	0.1201	0.1201	0.1201	0.1201
每股未分配利润(元)	0.6380	0.5832	0.4648	0.4668
净资产收益率(%)	4.9547	5.6593	-0.1036	0.4566
加权净资产收益率(%)	5.0200	5.8000	-0.1000	0.4600
净资产收益率(扣除)(%)	4.9722	5.6719	-0.0466	0.4228
总资产(万元)	382261.87	317065.11	300557.48	291716.15
归属母公司股东权益(万元)	115649.99	112566.91	106639.63	106690.59
营业收入(万元)	89778.41	141582.74	48087.74	174537.24
营业支出(万元)	69902.86	104199.98	37750.50	146529.72
投资收益(万元)	566.14	14.42	-69.01	224.34
净利润(万元)	8464.19	11120.54	-110.45	487.19
营业利润(万元)	9847.71	14706.45	2675.39	5555.36
利润总额(万元)	9754.46	14674.67	2625.04	5782.23

无锡商业大厦大东方股份有限公司

公司概况	公司名称	无锡商业大厦大东方股份有限公司		证券简称	大东方
	法人代表	潘霄燕	董秘 陈辉	证券代码	600327
	公司网址	www.eastall.com		电子信箱	cmc@eastall.com
	电　话	0510-82702093		传　真	0510-82700159
	办公地址	江苏省无锡市中山路343号			
	经营范围	国内一般商业百货零售			

主要财务指标	2015.06.30	2014.12.31	2014.06.30	2013.12.31
指标\报告期	2015.06.30	2014.12.31	2014.06.30	2013.12.31
基本每股收益(元)	0.2230	0.2820	0.2110	0.3580
基本每股收益(扣除后)(元)	0.1920	0.2500	0.2030	0.3130
稀释每股收益(元)	0.2230	0.2820	0.2110	0.3580
每股净资产(元)	4.4513	2.7841	2.7231	2.6324
每股经营现金净流量(元)	0.2479	0.2723	-0.0573	0.2107
每股现金流量(元)	-0.0481	0.0903	-0.1174	-0.7140
每股资本公积金(元)	0.1475	0.0693	0.0794	0.0794
每股盈余公积金(元)	0.3561	0.3561	0.3332	0.3332
每股未分配利润(元)	1.4814	1.3587	1.3104	1.2197
净资产收益率(%)	5.0043	10.1247	7.7386	13.6065
加权净资产收益率(%)	6.1600	10.3600	7.8700	14.3600
净资产收益率(扣除)(%)	4.3245	8.9873	7.4414	11.8729
总资产(万元)	535676.46	456859.58	457886.44	457066.35
归属母公司股东权益(万元)	232231.26	145250.19	142067.72	137334.16
营业收入(万元)	422726.26	855367.88	440327.61	889887.05
营业支出(万元)	366300.37	748063.21	381810.53	776395.38
投资收益(万元)	2548.69	3253.68	996.10	3463.86
净利润(万元)	12857.83	15207.48	10994.11	18686.43
营业利润(万元)	16172.88	20937.71	16464.43	26023.57
利润总额(万元)	16778.91	22130.22	16969.37	28833.28

内蒙古兰太实业股份有限公司

公司概况	公司名称	内蒙古兰太实业股份有限公司		证券简称	兰太实业
	法人代表	李德禄	董秘 陈云泉	证券代码	600328
	公司网址	www.lantaicn.com		电子信箱	ltzqb@lantaicn.com
	电　话	0483-8182016 8182718		传　真	0483-8182022
	办公地址	内蒙古自治区阿拉善盟阿拉善左旗乌斯太镇阿拉善经济开发区			
	经营范围	加碘食用盐、化工原料盐、农牧渔业盐产品、金属钠、液氯、CPE等			

主要财务指标	2015.06.30	2014.12.31	2014.06.30	2013.12.31
指标\报告期	2015.06.30	2014.12.31	2014.06.30	2013.12.31
基本每股收益(元)	-0.0540	0.0400	0.0190	0.0980
基本每股收益(扣除后)(元)	-0.0700	-0.0050	0.0120	-0.0005
稀释每股收益(元)	-0.0540	0.0400	0.0190	0.0980
每股净资产(元)	3.4419	3.4958	3.5415	3.5102
每股经营现金净流量(元)	0.5778	0.7458	0.1307	0.2586
每股现金流量(元)	0.0783	-0.0793	-0.2474	-0.3713
每股资本公积金(元)	1.0488	1.0431	1.0329	1.0329
每股盈余公积金(元)	0.2550	0.2550	0.2297	0.2297
每股未分配利润(元)	1.0984	1.1528	1.1869	1.1677
净资产收益率(%)	-1.5812	1.1548	0.5416	2.7806
加权净资产收益率(%)	-1.5700	1.1520	0.5400	2.8500
净资产收益率(扣除)(%)	-2.0342	-0.1376	0.3357	-0.0140
总资产(万元)	683503.58	682270.63	711199.61	718596.03
归属母公司股东权益(万元)	123604.22	125539.86	127181.01	126057.64
营业收入(万元)	119022.49	271687.80	135183.07	201273.14
营业支出(万元)	85322.89	199968.06	102471.77	138992.88
投资收益(万元)	-933.02	1157.82	140.00	7119.72
净利润(万元)	-3629.10	-9333.59	688.82	3505.12
营业利润(万元)	-3608.17	-11130.57	-2699.45	5202.78
利润总额(万元)	-3040.45	-10414.26	-2396.00	2064.22

天津中新药业集团股份有限公司

公司概况	公司名称	天津中新药业集团股份有限公司		证券简称	中新药业
	法人代表	王志强	董秘 焦艳	证券代码	600329
	公司网址	www.zhongxinyaoye.com		电子信箱	zxyy600329@163.com
	电　话	022-27020892		传　真	022-27020926
	办公地址	天津市南开区白堤路17号			
	经营范围	生产及出售中药、西药、保健品及医疗器械			

主要财务指标	2015.06.30	2014.12.31	2014.06.30	2013.12.31
指标\报告期	2015.06.30	2014.12.31	2014.06.30	2013.12.31
基本每股收益(元)	0.3200	0.4800	0.2700	0.4800
基本每股收益(扣除后)(元)	0.2800	0.4600	0.2600	0.3900
稀释每股收益(元)	0.3200	0.4800	0.2700	0.4800
每股净资产(元)	4.8403	3.7383	3.4887	3.2698
每股经营现金净流量(元)	0.2933	0.3880	0.2353	0.2887
每股现金流量(元)	1.0886	-0.1382	-0.1371	0.4255
每股资本公积金(元)	1.7005	0.7070	0.7561	0.7554
每股盈余公积金(元)	0.4051	0.4213	0.3730	0.3730
每股未分配利润(元)	1.6344	1.5270	1.3596	1.1413
净资产收益率(%)	6.4183	12.9461	7.6894	14.5527
加权净资产收益率(%)	8.4200	13.8500	7.9000	15.4500
净资产收益率(扣除)(%)	5.4930	12.4243	7.5869	11.9940
总资产(万元)	641804.59	543720.74	525593.96	526233.15
归属母公司股东权益(万元)	372159.10	276377.65	257922.98	241738.11
营业收入(万元)	336168.09	708687.93	333495.98	601013.67
营业支出(万元)	221529.79	493618.72	223635.67	409402.67
投资收益(万元)	3602.56	8360.62	3177.83	10549.07
净利润(万元)	24289.88	37943.66	19832.81	35179.44
营业利润(万元)	26385.46	41328.19	24717.85	40502.42
利润总额(万元)	28987.08	43087.86	25073.25	41706.21

天通控股股份有限公司

公司概况					
公司名称	天通控股股份有限公司			证券简称	天通股份
法人代表	潘建清	董秘	许丽秀	证券代码	600330
公司网址	www.tdgcore.com		电子信箱	xlx@tdgcore.com	
电　话	0573-80701330		传　真	0573-80701300	
办公地址	浙江省海宁市经济开发区双联路 129 号				
经营范围	软磁铁氧体 MnZn 和 NiZn 磁芯的生产和销售				

主要财务指标：指标\报告期	2015.06.30	2014.12.31	2014.06.30	2013.12.31
基本每股收益(元)	0.0280	0.0210	0.0250	0.0210
基本每股收益(扣除后)(元)	-0.0040	-0.1030	-0.0060	-0.0850
稀释每股收益(元)	0.0280	0.0210	0.0250	0.0210
每股净资产(元)	4.1619	2.2851	2.2889	1.9890
每股经营现金净流量(元)	0.0801	0.0865	-0.0242	0.1388
每股现金流量(元)	1.4568	0.0598	0.0496	0.0059
每股资本公积金(元)	3.1566	1.3098	1.3025	1.0311
每股盈余公积金(元)	0.0984	0.1259	0.1259	0.1388
每股未分配利润(元)	-0.0878	-0.1440	-0.1404	-0.1817
净资产收益率(%)	0.5932	0.9151	1.0728	1.0366
加权净资产收益率(%)	0.8300	0.9500	1.1600	1.0400
净资产收益率(扣除)(%)	-0.0843	-4.4271	-0.2409	-4.2908
总资产(万元)	437949.58	286118.64	267781.76	252737.80
归属母公司股东权益(万元)	345636.60	148260.21	148505.28	117117.54
营业收入(万元)	63514.22	116822.91	57292.38	125610.07
营业支出(万元)	50477.79	91550.97	44596.08	99740.00
投资收益(万元)	94.94	1011.49	713.49	743.38
净利润(万元)	2074.92	1303.47	1593.20	1214.05
营业利润(万元)	-278.00	-5590.16	480.17	-4374.69
利润总额(万元)	2167.28	1761.68	1846.44	1799.12

四川宏达股份有限公司

公司概况					
公司名称	四川宏达股份有限公司			证券简称	宏达股份
法人代表	王国成	董秘	王延俊	证券代码	600331
公司网址	www.sichuanhongda.com		电子信箱	dshbgs@sinohongda.com	
电　话	028-86141081		传　真	028-86140372	
办公地址	四川省成都市锦里东路 2 号宏达国际广场 28 楼				
经营范围	工业硫酸、普通过磷酸钙、复合肥、锌锭、氧化锌、硝酸钾、氯化氨等				

主要财务指标：指标\报告期	2015.06.30	2014.12.31	2014.06.30	2013.12.31
基本每股收益(元)	-0.0457	-0.2476	-0.0950	0.0256
基本每股收益(扣除后)(元)	-0.0523	-0.1614	-0.1083	-0.0923
稀释每股收益(元)	-0.0457	-0.2476	-0.0950	0.0256
每股净资产(元)	2.0392	2.0886	0.6438	0.7403
每股经营现金净流量(元)	0.3808	-0.3113	0.0900	0.2239
每股现金流量(元)	0.2429	0.0570	-0.0444	-0.8565
每股资本公积金(元)	1.5147	1.5147	0.2453	0.2453
每股盈余公积金(元)	0.0850	0.0850	0.1673	0.1673
每股未分配利润(元)	-0.5638	-0.5181	-0.7875	-0.6925
净资产收益率(%)	-2.2430	-7.9667	-14.7599	3.4620
加权净资产收益率(%)	-2.2200	-18.1200	-13.7300	3.4700
净资产收益率(扣除)(%)	-2.5657	-5.1938	-16.8141	-12.4704
总资产(万元)	987630.08	1018111.23	842426.89	787668.39
归属母公司股东权益(万元)	414360.15	424411.24	66440.69	76399.19
营业收入(万元)	224371.63	375912.36	158326.14	351126.01
营业支出(万元)	202753.03	325518.19	133626.07	289169.69
投资收益(万元)	2524.95	5286.59	56.05	19802.11
净利润(万元)	-10436.93	-33954.95	-9806.58	2644.96
营业利润(万元)	-12479.35	-28807.18	-10268.11	2208.22
利润总额(万元)	-11169.66	-30457.90	-8940.11	8729.89

广州白云山医药集团股份有限公司

公司概况					
公司名称	广州白云山医药集团股份有限公司			证券简称	白 云 山
法人代表	李楚源	董秘	陈静	证券代码	600332
公司网址	www.gybys.com.cn		电子信箱	chenj@gybys.com.cn	
电　话	020-66281217　66281219		传　真	020-66281229	
办公地址	广东省广州市荔湾区沙面北街 45 号				
经营范围	中成药的制造与销售及天然药物和生物医药的研究开发等				

主要财务指标：指标\报告期	2015.06.30	2014.12.31	2014.06.30	2013.12.31
基本每股收益(元)	0.6000	0.9230	0.5220	0.7680
基本每股收益(扣除后)(元)	0.5960	0.8620	0.5110	-
稀释每股收益(元)	0.6000	0.9230	0.5220	0.7680
每股净资产(元)	6.3000	5.9900	5.5800	5.2900
每股经营现金净流量(元)	0.9862	1.3640	0.9037	1.0370
每股现金流量(元)	0.7884	0.8597	0.6876	0.6231
每股资本公积金(元)	1.9102	1.9254	1.9289	1.9312
每股盈余公积金(元)	0.6316	0.6315	0.5605	0.5605
每股未分配利润(元)	2.7479	2.4272	2.0964	1.8047
净资产收益率(%)	9.5265	15.4100	9.3500	14.3454
加权净资产收益率(%)	9.5400	16.3800	9.7300	15.7100
净资产收益率(扣除)(%)	9.4622	14.3800	9.1550	13.0538
总资产(万元)	1649076.97	1421078.35	1379909.02	1224912.32
归属母公司股东权益(万元)	813543.38	773930.05	720580.43	683176.79
营业收入(万元)	1047215.65	1879988.06	1002029.03	1760819.33
营业支出(万元)	660710.73	1217391.88	645360.99	1180629.48
投资收益(万元)	10041.18	16098.32	14164.79	21972.51
净利润(万元)	79246.76	121064.35	67365.92	98004.51
营业利润(万元)	95755.10	136283.50	84001.17	112007.36
利润总额(万元)	96298.05	146717.69	85597.16	122919.04

长春燃气股份有限公司

公司概况					
公司名称	长春燃气股份有限公司			证券简称	长春燃气
法人代表	张志超	董秘	孙树怀	证券代码	600333
公司网址	www.ccrq.com.cn		电子信箱	ccrq_zy@163.com	
电　话	0431-85954615　85954383		传　真	0431-85954383	
办公地址	吉林省长春市朝阳区延安大街 421 号				
经营范围	焦炉煤气、冶金焦炭、煤焦油的生产、销售、天然气、液化石油气供应等				

主要财务指标：指标\报告期	2015.06.30	2014.12.31	2014.06.30	2013.12.31
基本每股收益(元)	-0.0300	0.0500	0.0200	0.0700
基本每股收益(扣除后)(元)	-0.0300	0.0200	0.0200	-0.0500
稀释每股收益(元)	-0.0300	0.0500	0.0200	0.0700
每股净资产(元)	3.5716	3.5945	3.5608	3.5745
每股经营现金净流量(元)	-0.3424	-0.0589	-0.1952	-0.0322
每股现金流量(元)	0.1462	-0.3826	-0.3489	0.4454
每股资本公积金(元)	1.0636	1.0636	1.0636	1.0636
每股盈余公积金(元)	0.2703	0.2703	0.2643	0.2643
每股未分配利润(元)	1.2280	1.2564	1.2329	1.2465
净资产收益率(%)	-0.7949	1.2772	0.4583	2.0177
加权净资产收益率(%)	-0.7900	1.2800	0.4600	2.7000
净资产收益率(扣除)(%)	-0.8216	0.4778	0.4451	-1.4578
总资产(万元)	470760.10	440053.56	381633.73	374783.99
归属母公司股东权益(万元)	189157.76	190370.35	188586.12	-
营业收入(万元)	73465.10	164192.56	83523.77	174937.15
营业支出(万元)	56744.66	125256.48	65865.96	142200.56
投资收益(万元)	1645.01	1987.40	1322.17	1431.83
净利润(万元)	-1739.78	2076.87	864.23	3819.81
营业利润(万元)	-1891.94	1248.97	1258.12	-1654.60
利润总额(万元)	-1823.91	3258.40	1291.20	4493.43

国机汽车股份有限公司

公司概况	公司名称	国机汽车股份有限公司			证券简称	国机汽车
	法人代表	丁宏祥	董秘	谈正国	证券代码	600335
	公司网址	www.sinomach-auto.com		电子信箱	600335@sinomach-auto.com	
	电　话	010-88825988		传　真	010-88825988	
	办公地址	北京市海淀区中关村南三街6号中科资源大厦北楼				
	经营范围	生产和销售工程机械产品				

主要财务指标	指标\报告期	2015.06.30	2014.12.31	2014.06.30	2013.12.31
	基本每股收益(元)	0.7236	1.3852	0.6341	1.2403
	基本每股收益(扣除后)(元)	0.7041	1.3388	0.6721	1.0596
	稀释每股收益(元)	0.7236	1.3852	0.6341	1.2403
	每股净资产(元)	8.7694	8.1096	6.8372	7.0700
	每股经营现金净流量(元)	6.8234	-5.6895	4.9728	-3.4025
	每股现金流量(元)	3.1246	2.1577	1.8982	1.4415
	每股资本公积金(元)	1.9803	1.9796	1.5456	1.9451
	每股盈余公积金(元)	0.1472	0.1472	0.1266	0.1266
	每股未分配利润(元)	5.0274	4.5038	4.1691	3.7352
	净资产收益率(%)	8.2510	16.8132	9.6923	19.0881
	加权净资产收益率(%)	8.4700	19.0100	9.3800	20.8600
	净资产收益率(扣除)(%)	8.0294	15.4455	9.8297	16.6293
	总资产(万元)	3028720.01	3453047.71	2173785.63	2639294.45
	归属母公司股东权益(万元)	549969.59	508589.15	382884.35	395521.80
	营业收入(万元)	3556765.07	9034353.93	4793588.62	7943203.50
	营业支出(万元)	3400599.85	8679170.85	4654354.50	7703957.78
	投资收益(万元)	208.73	6211.69	1475.52	10440.28
	净利润(万元)	41451.69	78179.37	36922.31	72505.95
	营业利润(万元)	53875.05	111037.26	56003.33	95456.62
	利润总额(万元)	55574.48	112572.20	55398.16	101977.61

澳柯玛股份有限公司

公司概况	公司名称	澳柯玛股份有限公司			证券简称	澳柯玛
	法人代表	李蔚	董秘	孙武	证券代码	600336
	公司网址	www.aucma.com.cn		电子信箱	sunwu@aucma.com.cn	
	电　话	0532-86765129		传　真	0532-86765129	
	办公地址	山东省青岛市经济技术开发区前湾港路315号				
	经营范围	冷柜系列、水净化设备、车用冷热转换箱、自动售货机、锂电池等				

主要财务指标	指标\报告期	2015.06.30	2014.12.31	2014.06.30	2013.12.31
	基本每股收益(元)	0.1101	0.1000	0.1114	0.2200
	基本每股收益(扣除后)(元)	0.0967	0.0900	0.1066	0.0900
	稀释每股收益(元)	0.1101	0.1000	0.1114	0.2200
	每股净资产(元)	1.5631	1.4530	1.4596	1.3481
	每股经营现金净流量(元)	0.1733	-0.0505	-0.2675	0.3475
	每股现金流量(元)	0.0339	-0.2400	-0.2916	-0.1012
	每股资本公积金(元)	0.7340	0.7340	0.7339	0.7339
	每股盈余公积金(元)	0.0958	0.0958	0.0908	0.0908
	每股未分配利润(元)	-0.2666	-0.3767	-0.3651	-0.4765
	净资产收益率(%)	7.0464	7.2118	7.6357	16.5464
	加权净资产收益率(%)	7.3000	7.4800	7.9400	18.0600
	净资产收益率(扣除)(%)	6.1843	5.9646	7.3014	6.6638
	总资产(万元)	316666.59	300683.17	321960.72	326824.37
	归属母公司股东权益(万元)	106617.60	99104.88	99553.07	91951.51
	营业收入(万元)	215380.49	412110.57	233713.10	431235.74
	营业支出(万元)	160736.45	314079.44	178867.61	337373.66
	投资收益(万元)	-36.22	-186.63	308.79	626.75
	净利润(万元)	7327.94	7082.81	7601.56	15214.68
	营业利润(万元)	8318.57	8273.96	8930.97	8754.58
	利润总额(万元)	9193.65	9334.44	9198.62	17477.89

美克国际家居用品股份有限公司

公司概况	公司名称	美克国际家居用品股份有限公司			证券简称	美克家居
	法人代表	寇卫平	董秘	黄新	证券代码	600337
	公司网址	www.markorfurniture.com		电子信箱	mkzq1@markor.com.cn	
	电　话	0991-3836028		传　真	0991-3838191	
	办公地址	新疆维吾尔自治区乌鲁木齐市经济开发区迎宾路160号				
	经营范围	装饰装修材料、实木家具、聚脂家具及配套产品生产及销售等				

主要财务指标	指标\报告期	2015.06.30	2014.12.31	2014.06.30	2013.12.31
	基本每股收益(元)	0.2000	0.3600	0.1400	0.2700
	基本每股收益(扣除后)(元)	0.1940	0.3430	0.1440	0.2410
	稀释每股收益(元)	0.2000	0.3600	0.1400	0.2700
	每股净资产(元)	4.4600	4.4073	4.1809	4.1833
	每股经营现金净流量(元)	0.1897	-0.0569	0.0166	0.4877
	每股现金流量(元)	0.1287	-0.3871	-0.1296	0.0236
	每股资本公积金(元)	1.4687	1.4689	1.4554	1.4557
	每股盈余公积金(元)	0.2671	0.2669	0.2302	0.2300
	每股未分配利润(元)	1.7633	1.7135	1.5340	1.5379
	净资产收益率(%)	4.4596	8.1934	3.4665	6.3524
	加权净资产收益率(%)	4.4800	8.3900	3.4600	6.5800
	净资产收益率(扣除)(%)	4.3425	7.7844	3.4480	5.7054
	总资产(万元)	429106.38	399649.54	396868.40	377457.92
	归属母公司股东权益(万元)	288167.88	285067.28	270427.74	270775.63
	营业收入(万元)	128874.60	271377.15	127110.54	267515.93
	营业支出(万元)	51199.13	112090.02	60912.58	127266.75
	投资收益(万元)	0.97	-47.88	36.95	993.55
	净利润(万元)	12851.11	23356.57	9374.44	17200.84
	营业利润(万元)	15479.49	29622.07	11118.16	21640.83
	利润总额(万元)	15918.85	30828.65	11522.61	22604.63

西藏珠峰工业股份有限公司

公司概况	公司名称	西藏珠峰工业股份有限公司			证券简称	西藏珠峰
	法人代表	黄建荣	董秘	孙华	证券代码	600338
	公司网址	www.zfmotor.com		电子信箱	sunhua@zhufenggufen.com	
	电　话	021-66284908		传　真	021-66284923	
	办公地址	上海市闸北区柳营路305号7楼				
	经营范围	锌、铟等有色金属冶炼及相关产品生产、销售				

主要财务指标	指标\报告期	2015.06.30	2014.12.31	2014.06.30	2013.12.31
	基本每股收益(元)	-0.1874	0.0540	-0.1800	0.1319
	基本每股收益(扣除后)(元)	-0.1873	-0.4257	-0.1800	-
	稀释每股收益(元)	-0.1874	0.0540	-0.1800	0.1319
	每股净资产(元)	0.0511	0.2385	-0.0095	0.1719
	每股经营现金净流量(元)	-0.8969	0.3426	0.7891	0.0186
	每股现金流量(元)	-0.4121	0.4640	0.3150	-0.1191
	每股资本公积金(元)	0.3155	0.3155	0.3155	0.3155
	每股盈余公积金(元)	0.0901	0.0901	0.0901	0.0901
	每股未分配利润(元)	-1.4082	-1.2207	-1.4561	-1.2747
	净资产收益率(%)	-366.9870	22.6380	-	76.7431
	加权净资产收益率(%)	-	26.3100	-	137.3300
	净资产收益率(扣除)(%)	-366.7321	-178.4916	1925.4637	-244.8569
	总资产(万元)	39677.09	49930.86	54157.79	53402.59
	归属母公司股东权益(万元)	808.67	3776.39	-150.95	2721.25
	营业收入(万元)	56190.22	154160.33	63825.65	156907.42
	营业支出(万元)	56806.21	152559.57	63869.71	154272.47
	投资收益(万元)	19.46	7545.95	-46.53	-241.00
	净利润(万元)	-3241.80	1037.11	-2872.21	2088.37
	营业利润(万元)	-3315.16	1265.01	-3003.24	-6587.51
	利润总额(万元)	-3317.23	1432.47	-2971.18	2400.32

新疆独山子天利高新技术股份有限公司

公司概况	公司名称	新疆独山子天利高新技术股份有限公司			证券简称	天利高新
	法人代表	陈俊豪	董秘	唐涛	证券代码	600339
	公司网址	www.600339.cc		电子信箱	tlgx_xy7262@sina.com	
	电　话	0992-3655959 3658055		传　真	0992-3659999	
	办公地址	新疆维吾尔自治区克拉玛依市独山子区大庆东路2号				
	经营范围	许可经营项目：普通货物运输等				

	指标\报告期	2015.06.30	2014.12.31	2014.06.30	2013.12.31
主要财务指标	基本每股收益(元)	-0.3636	-0.2929	-0.0895	0.0093
	基本每股收益(扣除后)(元)	-0.3780	-0.3323	-0.0971	-0.0378
	稀释每股收益(元)	-0.3636	-0.2929	-0.0895	0.0093
	每股净资产(元)	1.3731	1.7364	1.9409	2.0302
	每股经营现金净流量(元)	0.4467	0.1516	0.1499	0.6146
	每股现金流量(元)	0.0142	-0.0820	0.0660	-0.1669
	每股资本公积金(元)	0.7788	0.7788	0.7788	0.7788
	每股盈余公积金(元)	0.1794	0.1794	0.1794	0.1794
	每股未分配利润(元)	-0.5858	-0.2222	-0.0188	0.0707
	净资产收益率(%)	-26.4798	-16.8657	-4.6088	0.4603
	加权净资产收益率(%)	-23.3900	-15.5500	-4.5100	0.4600
	净资产收益率(扣除)(%)	-27.5265	-19.1389	-5.0003	-1.8600
	总资产(万元)	376933.74	393385.05	394378.94	389446.07
	归属母公司股东权益(万元)	79386.98	100391.63	112213.86	117375.03
	营业收入(万元)	85103.24	262640.25	128570.57	305726.21
	营业支出(万元)	83734.50	241185.18	113991.98	271092.64
	投资收益(万元)	614.60	2356.26	403.65	1192.71
	净利润(万元)	-23588.01	-19595.16	-5171.69	540.22
	营业利润(万元)	-24481.76	-19293.32	-6558.43	-569.27
	利润总额(万元)	-23578.29	-17613.59	-5985.47	2466.75

华夏幸福基业股份有限公司

公司概况	公司名称	华夏幸福基业股份有限公司			证券简称	华夏幸福
	法人代表	王文学	董秘	朱洲	证券代码	600340
	公司网址	www.cfldcn.com		电子信箱	ir@cfldcn.com	
	电　话	010-56982988		传　真	010-56982989	
	办公地址	北京市朝阳区东三环北路霞光里18号佳程广场A座23层				
	经营范围	实业投资、企业管理咨询、建筑装饰材料的销售				

	指标\报告期	2015.06.30	2014.12.31	2014.06.30	2013.12.31
主要财务指标	基本每股收益(元)	1.1500	2.6700	0.8700	2.0500
	基本每股收益(扣除后)(元)	1.0800	2.6300	0.8700	2.0300
	稀释每股收益(元)	1.1500	2.6700	0.8700	2.0500
	每股净资产(元)	4.3815	7.4032	6.5409	5.0272
	每股经营现金净流量(元)	-0.6279	-3.7449	-1.1914	-2.6264
	每股现金流量(元)	3.6546	3.3066	5.3823	3.4427
	每股资本公积金(元)	0.0079	0.0158	0.0120	0.0120
	每股盈余公积金(元)	0.2052	0.4103	0.2841	0.2841
	每股未分配利润(元)	3.1682	5.9762	5.2448	3.7311
	净资产收益率(%)	26.1448	36.1210	26.5928	40.8229
	加权净资产收益率(%)	26.3600	42.8300	20.8400	44.3000
	净资产收益率(扣除)(%)	24.5445	35.5187	26.5152	40.4771
	总资产(万元)	13840094.41	11396418.91	9899785.45	7409381.09
	归属母公司股东权益(万元)	1159236.47	979356.52	865285.94	665042.39
	营业收入(万元)	1687224.37	2688554.85	1138248.98	2105975.36
	营业支出(万元)	1046661.46	1726920.40	617075.95	1393903.94
	投资收益(万元)	21387.08	9015.79	3512.01	2482.72
	净利润(万元)	316489.05	380140.61	269835.42	268637.61
	营业利润(万元)	427394.27	506373.34	364750.96	358053.70
	利润总额(万元)	431101.12	505963.86	364835.67	358599.32

陕西航天动力高科技股份有限公司

公司概况	公司名称	陕西航天动力高科技股份有限公司			证券简称	航天动力
	法人代表	王新敏	董秘	崔积堂	证券代码	600343
	公司网址	www.china-htdl.com		电子信箱	zqb@china-htdl.com	
	电　话	029-81881823		传　真	029-81881812	
	办公地址	陕西省西安市高新技术产业开发区锦业路78号				
	经营范围	航天技术流体机械系列液力变矩器、特种泵的研究、设计、试验、生产、销售等				

	指标\报告期	2015.06.30	2014.12.31	2014.06.30	2013.12.31
主要财务指标	基本每股收益(元)	0.0206	0.0959	0.0238	0.1200
	基本每股收益(扣除后)(元)	0.0165	0.0609	0.0168	0.1800
	稀释每股收益(元)	0.0206	0.0959	0.0238	0.1200
	每股净资产(元)	3.4238	3.4024	3.3920	6.8318
	每股经营现金净流量(元)	-0.3050	0.2401	-0.1408	0.2402
	每股现金流量(元)	-0.4556	0.3353	-0.2236	1.2719
	每股资本公积金(元)	1.8543	1.8543	1.8500	4.7000
	每股盈余公积金(元)	0.0629	0.0629	0.0576	0.1153
	每股未分配利润(元)	0.5010	0.4804	0.4817	0.8795
	净资产收益率(%)	0.6018	2.8179	0.7452	3.2643
	加权净资产收益率(%)	0.6037	2.8409	0.7098	0.0858
	净资产收益率(扣除)(%)	0.4818	1.7886	0.5391	2.3558
	总资产(万元)	386916.92	399900.27	375874.22	379613.29
	归属母公司股东权益(万元)	218511.18	217142.13	216477.85	214422.32
	营业收入(万元)	53944.73	131061.60	54307.49	138672.19
	营业支出(万元)	45035.31	108625.77	44446.48	113222.02
	投资收益(万元)	-	46.51	-	77.45
	净利润(万元)	1499.95	7545.91	1803.09	8313.93
	营业利润(万元)	1229.83	4315.75	1112.76	6134.42
	利润总额(万元)	1774.36	8536.54	2087.86	9298.81

武汉长江通信产业集团股份有限公司

公司概况	公司名称	武汉长江通信产业集团股份有限公司			证券简称	长江通信
	法人代表	童国华	董秘	梅勇	证券代码	600345
	公司网址	www.ycig.com		电子信箱	sh600345@ycig.com	
	电　话	027-67840308 67840265		传　真	027-67840308 67840274	
	办公地址	湖北省武汉市东湖开发区关东工业园文华路2号				
	经营范围	通信、电子、计算机技术及产品的开发、研制、技术服务等				

	指标\报告期	2015.06.30	2014.12.31	2014.06.30	2013.12.31
主要财务指标	基本每股收益(元)	0.1100	0.2200	0.1600	-0.4000
	基本每股收益(扣除后)(元)	0.1000	0.0300	0.1400	-
	稀释每股收益(元)	0.1100	0.2200	0.1600	-0.4000
	每股净资产(元)	6.0859	5.9885	5.5944	5.4331
	每股经营现金净流量(元)	-0.6099	-0.0668	-0.2431	-0.2681
	每股现金流量(元)	-0.9998	0.0171	-0.4716	-0.2334
	每股资本公积金(元)	1.9057	1.9057	1.7571	1.7571
	每股盈余公积金(元)	1.2876	1.2876	1.2759	1.2759
	每股未分配利润(元)	1.7197	1.6110	1.5614	1.4001
	净资产收益率(%)	1.7872	3.7171	2.8835	-7.3279
	加权净资产收益率(%)	1.8000	3.8600	2.9300	-6.9300
	净资产收益率(扣除)(%)	1.6856	0.5059	2.5666	-9.2505
	总资产(万元)	167284.50	166799.64	187338.29	198007.61
	归属母公司股东权益(万元)	120501.00	118571.81	110769.21	107575.21
	营业收入(万元)	28709.43	86593.28	47746.48	106395.12
	营业支出(万元)	25223.86	77006.82	43932.12	96467.28
	投资收益(万元)	5916.15	11573.86	6472.46	7397.59
	净利润(万元)	2184.62	3962.92	3194.00	-7883.03
	营业利润(万元)	1836.24	730.66	2035.30	-12507.38
	利润总额(万元)	2198.98	3993.60	2656.17	-11941.03

大连橡胶塑料机械股份有限公司

公司概况	公司名称	大连橡胶塑料机械股份有限公司			证券简称	大橡塑
	法人代表	洛少宁	董秘	李静	证券代码	600346
	公司网址	www.dlrpm.com		电子信箱	office@dlrpm.com	
	电　话	0411–86641378		传　真	0411–86641645	
	办公地址	辽宁省大连市甘井子区营辉路 18 号				
	经营范围	从事橡胶机械专用设备、塑料机械专用设备及其零配件的研制、生产和销售				

	指标\报告期	2015.06.30	2014.12.31	2014.06.30	2013.12.31
主要财务指标	基本每股收益(元)	–0.4300	–0.6700	–0.3100	0.0500
	基本每股收益(扣除后)(元)	–0.4500	–0.7100	–0.3300	–0.0900
	稀释每股收益(元)	–0.4300	–0.6700	–0.3100	0.0500
	每股净资产(元)	1.8089	2.2809	2.6620	2.3785
	每股经营现金净流量(元)	0.0339	0.5371	0.3331	0.5366
	每股现金流量(元)	–0.0046	0.1668	–0.0392	0.2232
	每股资本公积金(元)	2.0355	2.0355	2.0355	1.4643
	每股盈余公积金(元)	0.0469	0.0469	0.0469	0.0565
	每股未分配利润(元)	–1.1865	–0.7552	–0.4011	–0.1164
	净资产收益率(%)	–23.8477	–28.8725	–11.4384	1.9306
	加权净资产收益率(%)	–21.1000	–25.9300	–11.4700	1.9400
	净资产收益率(扣除)(%)	–25.0330	–30.4806	–12.1073	–3.8687
	总资产(万元)	301431.87	300480.12	295854.10	288635.10
	归属母公司股东权益(万元)	52520.45	66223.76	77288.06	57321.83
	营业收入(万元)	40430.47	87605.56	38560.32	121781.25
	营业支出(万元)	36349.33	74667.48	32404.56	94399.78
	投资收益(万元)	271.73	359.62	285.72	110.71
	净利润(万元)	–12142.39	–18976.74	–8840.51	1106.68
	营业利润(万元)	–12718.87	–19495.09	–9085.21	–2180.54
	利润总额(万元)	–12095.61	–18432.99	–8566.71	1143.02

阳泉煤业(集团)股份有限公司

公司概况	公司名称	阳泉煤业(集团)股份有限公司			证券简称	阳泉煤业
	法人代表	白英	董秘	陆新	证券代码	600348
	公司网址	www.yqmy.cc		电子信箱	yqmy600348@sina.com	
	电　话	0353–7080590 7071015		传　真	0353–7080589	
	办公地址	山西省阳泉市北大街 5 号				
	经营范围	煤炭生产、洗选加工、销售、电力生产、销售、热力生产、销售等				

	指标\报告期	2015.06.30	2014.12.31	2014.06.30	2013.12.31
主要财务指标	基本每股收益(元)	0.1300	0.3300	0.1500	0.3900
	基本每股收益(扣除后)(元)	0.1400	0.3300	0.1500	–
	稀释每股收益(元)	0.1300	0.3300	0.1500	0.3900
	每股净资产(元)	5.6385	5.3743	5.5592	5.3420
	每股经营现金净流量(元)	–0.3349	0.5030	–0.6396	1.0715
	每股现金流量(元)	–0.0867	–0.6742	–0.6167	–0.6628
	每股资本公积金(元)	–	0.2551	0.0119	0.0153
	每股盈余公积金(元)	0.4519	0.5067	0.6138	0.6138
	每股未分配利润(元)	3.1620	3.0280	2.8820	2.8516
	净资产收益率(%)	2.3752	6.1249	2.6524	7.2788
	加权净资产收益率(%)	2.0300	5.5500	2.3200	6.4500
	净资产收益率(扣除)(%)	2.4102	6.0664	2.6622	7.3219
	总资产(万元)	3177193.24	3187762.88	2775931.96	2713534.03
	归属母公司股东权益(万元)	1356064.86	1354891.81	1336984.43	1284755.85
	营业收入(万元)	910767.17	2072267.85	1128886.67	2616921.57
	营业支出(万元)	744464.07	1715776.03	959205.85	2189557.12
	投资收益(万元)	4690.37	9149.19	5023.27	9450.23
	净利润(万元)	24489.44	64050.98	35462.12	93515.07
	营业利润(万元)	30910.56	90330.60	42063.94	144974.26
	利润总额(万元)	30137.93	90556.30	41796.96	144463.90

山东高速股份有限公司

公司概况	公司名称	山东高速股份有限公司			证券简称	山东高速
	法人代表	孙亮	董秘	张震	证券代码	600350
	公司网址	www.sdecl.com.cn		电子信箱	zhangz@sdecl.com.cn	
	电　话	0531–89260052		传　真	0531–89260050	
	办公地址	山东省济南市奥体中路 5006 号				
	经营范围	从事对高等级公路、桥梁、隧道基础设施的投资、管理、养护等				

	指标\报告期	2015.06.30	2014.12.31	2014.06.30	2013.12.31
主要财务指标	基本每股收益(元)	0.2050	0.5350	0.2000	0.4830
	基本每股收益(扣除后)(元)	0.1980	0.4850	0.1960	0.4540
	稀释每股收益(元)	0.2050	0.5350	0.2000	0.4830
	每股净资产(元)	4.4131	4.4026	4.0677	4.0185
	每股经营现金净流量(元)	0.1219	0.5599	0.0487	0.3809
	每股现金流量(元)	–0.1277	0.2132	0.1178	0.0278
	每股资本公积金(元)	1.0169	1.0169	1.0169	1.0169
	每股盈余公积金(元)	0.4109	0.4109	0.3556	0.3556
	每股未分配利润(元)	1.9852	1.9747	1.6951	1.6459
	净资产收益率(%)	4.6344	12.1533	4.9219	12.0109
	加权净资产收益率(%)	4.5700	12.7100	5.3200	12.5700
	净资产收益率(扣除)(%)	4.4933	11.0219	4.8108	11.2893
	总资产(万元)	4301635.00	4400897.96	4257403.27	3906667.91
	归属母公司股东权益(万元)	2123201.62	2118141.29	1957040.51	1933366.10
	营业收入(万元)	291105.41	635473.85	336363.51	583146.32
	营业支出(万元)	102264.94	225268.45	156097.00	196097.36
	投资收益(万元)	5734.49	30687.26	10757.13	13599.51
	净利润(万元)	91003.03	243841.36	96323.01	232214.77
	营业利润(万元)	135558.03	322339.57	127644.71	299375.42
	利润总额(万元)	139559.07	337022.06	130559.39	305316.05

亚宝药业集团股份有限公司

公司概况	公司名称	亚宝药业集团股份有限公司			证券简称	亚宝药业
	法人代表	任武贤	董秘	任蓬勃	证券代码	600351
	公司网址	www.yabao.com.cn		电子信箱	yabaorpb@vip.sina.com	
	电　话	0359–3388071 3388078		传　真	0359–3388076	
	办公地址	山西省运城市风陵渡经济开发区工业大道 1 号				
	经营范围	中西药制剂、化学合成原料药的生产与销售				

	指标\报告期	2015.06.30	2014.12.31	2014.06.30	2013.12.31
主要财务指标	基本每股收益(元)	0.2050	0.2458	0.1350	0.1700
	基本每股收益(扣除后)(元)	0.1780	0.2330	0.1320	0.1200
	稀释每股收益(元)	0.2050	0.2458	0.1350	0.1700
	每股净资产(元)	2.6436	2.6186	2.5075	2.4328
	每股经营现金净流量(元)	0.2288	0.2581	0.1602	0.0821
	每股现金流量(元)	0.0808	–0.5524	–0.4927	0.0964
	每股资本公积金(元)	0.5813	0.5813	0.5813	0.5813
	每股盈余公积金(元)	0.1779	0.1779	0.1519	0.1519
	每股未分配利润(元)	0.8845	0.8595	0.7744	0.6997
	净资产收益率(%)	7.7549	9.3882	5.3720	7.0209
	加权净资产收益率(%)	7.6200	9.7500	5.4300	7.2000
	净资产收益率(扣除)(%)	6.7379	8.8996	5.2534	4.8358
	总资产(万元)	342584.78	318499.84	303639.23	320233.52
	归属母公司股东权益(万元)	182939.54	181208.83	173518.02	168348.64
	营业收入(万元)	108806.56	188965.74	96558.68	162488.28
	营业支出(万元)	49562.19	89674.56	44778.55	88563.46
	投资收益(万元)	1364.88	220.25	103.15	805.52
	净利润(万元)	14000.67	16510.67	9321.37	11819.55
	营业利润(万元)	15385.93	18361.30	11513.14	9063.23
	利润总额(万元)	16303.56	19006.15	11600.04	13014.21

浙江龙盛集团股份有限公司

公司概况	公司名称	浙江龙盛集团股份有限公司			证券简称	浙江龙盛
	法人代表	阮伟祥	董秘	姚建芳	证券代码	600352
	公司网址	www.longsheng.com		电子信箱	mail@longsheng.com	
	电　话	0575-82048616		传　真	0575-82041589	
	办公地址	浙江省绍兴市上虞区道墟镇龙盛大道 1 号				
	经营范围	染料、助剂、中间体的生产和销售				

主要财务指标	指标＼报告期	2015.06.30	2014.12.31	2014.06.30	2013.12.31
	基本每股收益(元)	0.5837	1.6580	1.0110	0.9084
	基本每股收益(扣除后)(元)	0.3743	1.4403	0.9801	0.7768
	稀释每股收益(元)	0.5837	1.6580	1.0103	0.9050
	每股净资产(元)	3.9598	7.3124	6.7785	6.0453
	每股经营现金净流量(元)	0.3323	1.7317	0.8352	0.5885
	每股现金流量(元)	0.7543	−0.0248	0.0418	0.1415
	每股资本公积金(元)	0.4685	1.3731	1.7983	1.7913
	每股盈余公积金(元)	0.1009	0.2145	0.1560	0.1572
	每股未分配利润(元)	2.4011	4.4145	3.8309	3.1157
	净资产收益率(%)	14.5229	22.6436	14.8954	14.7220
	加权净资产收益率(%)	15.3700	24.9700	15.6400	16.1900
	净资产收益率(扣除)(%)	9.3112	19.6702	14.4404	12.5892
	总资产(万元)	2605348.58	2302455.66	2133535.21	1897463.99
	归属母公司股东权益(万元)	1288248.07	1118765.21	1035662.57	916389.80
	营业收入(万元)	758864.78	1514998.60	828599.75	1408582.26
	营业支出(万元)	467220.47	942350.65	496480.80	986840.26
	投资收益(万元)	66885.25	44432.08	9289.02	10271.10
	净利润(万元)	202139.15	280773.35	154265.90	134910.99
	营业利润(万元)	227186.55	332784.87	201823.44	169828.39
	利润总额(万元)	231651.10	333222.01	202462.31	181752.63

成都旭光电子股份有限公司

公司概况	公司名称	成都旭光电子股份有限公司			证券简称	旭光股份
	法人代表	葛行	董秘	刘卫东	证券代码	600353
	公司网址	www.xuguang.com.cn		电子信箱	lwd898@163.com	
	电　话	028-83967182		传　真	028-83967187	
	办公地址	四川省成都市新都区新都镇新工大道 318 号				
	经营范围	电子管、开关管和开关柜及电器元件等三大系列				

主要财务指标	指标＼报告期	2015.06.30	2014.12.31	2014.06.30	2013.12.31
	基本每股收益(元)	0.0683	0.2325	0.1751	0.3190
	基本每股收益(扣除后)(元)	0.0388	0.0413	0.0299	0.0575
	稀释每股收益(元)	0.0683	0.2325	0.1751	0.3190
	每股净资产(元)	3.6783	3.6101	3.6527	3.5391
	每股经营现金净流量(元)	0.0584	0.0020	0.0544	0.0210
	每股现金流量(元)	0.1668	−0.5062	−0.3219	0.1975
	每股资本公积金(元)	1.3289	1.3289	1.3289	1.3904
	每股盈余公积金(元)	0.3367	0.3367	0.3141	0.3141
	每股未分配利润(元)	1.0127	0.9444	1.0096	0.8345
	净资产收益率(%)	1.8563	6.4400	4.7934	9.0131
	加权净资产收益率(%)	1.8813	6.4888	4.7934	9.0800
	净资产收益率(扣除)(%)	1.0560	1.1448	0.8179	1.6260
	总资产(万元)	131549.59	126143.31	120690.82	117647.41
	归属母公司股东权益(万元)	99999.56	98143.29	99301.42	96212.91
	营业收入(万元)	32927.49	54539.23	20459.49	44359.44
	营业支出(万元)	26580.01	43061.86	16073.95	34465.33
	投资收益(万元)	536.62	5241.28	4435.65	8147.03
	净利润(万元)	2559.47	6559.23	4759.95	8671.75
	营业利润(万元)	2691.61	7549.93	5707.79	10465.86
	利润总额(万元)	3021.82	8163.39	5915.37	10496.27

甘肃省敦煌种业股份有限公司

公司概况	公司名称	甘肃省敦煌种业股份有限公司			证券简称	敦煌种业
	法人代表	马宗海	董秘	顾生明	证券代码	600354
	公司网址	www.dhseed.com		电子信箱	dhzyzqp@sina.com	
	电　话	0937-2663908		传　真	0937-2663908	
	办公地址	甘肃省酒泉市肃州区肃州路 28 号				
	经营范围	农作物制种和棉花收购加工业务				

主要财务指标	指标＼报告期	2015.06.30	2014.12.31	2014.06.30	2013.12.31
	基本每股收益(元)	−0.2314	−0.7237	−0.2844	0.0390
	基本每股收益(扣除后)(元)	−0.2321	−0.7673	−0.2851	−0.0090
	稀释每股收益(元)	−0.2314	−0.7237	−0.2844	0.0390
	每股净资产(元)	1.2754	1.5068	1.9461	2.2305
	每股经营现金净流量(元)	0.0301	1.0544	0.5271	0.4593
	每股现金流量(元)	−0.6405	0.1326	−0.8516	−0.6818
	每股资本公积金(元)	1.1544	1.1544	1.1544	1.1544
	每股盈余公积金(元)	0.0689	0.0689	0.0689	0.0689
	每股未分配利润(元)	−0.9479	−0.7165	−0.2772	0.0072
	净资产收益率(%)	−18.1456	−48.0260	−14.6121	1.7358
	加权净资产收益率(%)	−16.6400	−39.0000	−13.6200	1.7500
	净资产收益率(扣除)(%)	−18.1980	−50.9200	−14.6521	−0.4028
	总资产(万元)	317442.83	368622.56	329816.85	410467.76
	归属母公司股东权益(万元)	57112.17	67475.51	87147.24	99881.27
	营业收入(万元)	32023.75	125586.05	33004.57	187481.18
	营业支出(万元)	26057.73	81995.72	26908.05	123570.45
	投资收益(万元)	351.76	−669.61	−228.06	477.38
	净利润(万元)	−12965.80	−25565.04	−12734.03	1733.74
	营业利润(万元)	−12657.94	−24371.90	−13986.64	13657.86
	利润总额(万元)	−12871.78	−22549.53	−13908.65	15295.48

精伦电子股份有限公司

公司概况	公司名称	精伦电子股份有限公司			证券简称	精伦电子
	法人代表	张学阳	董秘	张万宏	证券代码	600355
	公司网址	www.routon.com		电子信箱	ir@routon.com	
	电　话	027-87921111 3231		传　真	027-87467166	
	办公地址	湖北省武汉市东湖开发区光谷大道 70 号				
	经营范围	媒体屏产品、二代身份证阅读机具、工业缝纫机伺服控制器等				

主要财务指标	指标＼报告期	2015.06.30	2014.12.31	2014.06.30	2013.12.31
	基本每股收益(元)	−0.2200	0.0200	−0.0100	−0.2300
	基本每股收益(扣除后)(元)	−0.2400	0.0030	−0.0200	−0.3200
	稀释每股收益(元)	−0.2200	0.0200	−0.0100	−0.2300
	每股净资产(元)	1.7676	1.7016	1.6644	1.6769
	每股经营现金净流量(元)	−0.0428	−0.0677	−0.0679	−0.1114
	每股现金流量(元)	0.0288	−0.1278	−0.0659	0.1000
	每股资本公积金(元)	1.6135	1.3293	1.3293	1.3293
	每股盈余公积金(元)	0.1683	0.1683	0.1683	0.1683
	每股未分配利润(元)	−1.0141	−0.7960	−0.8332	−0.8207
	净资产收益率(%)	−12.3386	1.4514	−0.7511	−13.8199
	加权净资产收益率(%)	−12.5700	1.4700	−0.7500	−12.9600
	净资产收益率(扣除)(%)	−13.4000	0.2598	−1.1730	−19.0134
	总资产(万元)	59569.43	55069.43	58328.04	57517.13
	归属母公司股东权益(万元)	43491.96	41867.15	40951.88	41259.47
	营业收入(万元)	19604.15	38329.70	19479.93	31544.66
	营业支出(万元)	14080.90	28139.17	13911.33	23171.58
	投资收益(万元)	−256.43	31.19	−465.69	589.76
	净利润(万元)	−5366.30	607.68	−307.59	−5702.00
	营业利润(万元)	−5929.02	−144.24	−485.92	−7951.68
	利润总额(万元)	−5341.91	597.02	−313.15	−5862.34

牡丹江恒丰纸业股份有限公司

公司概况	公司名称	牡丹江恒丰纸业股份有限公司			证券简称	恒丰纸业
	法人代表	徐祥	董秘	刘新欢	证券代码	600356
	公司网址	www.hengfengpaper.com		电子信箱	sh356@hengfengpaper.com	
	电　话	0453-6886668		传　真	0453-6886667	
	办公地址	黑龙江省牡丹江市阳明区恒丰路11号				
	经营范围	纸、纸浆和纸制品的制造、销售、造纸原辅材料生产等				

	指标\报告期	2015.06.30	2014.12.31	2014.06.30	2013.12.31
主要财务指标	基本每股收益(元)	0.1100	0.3200	0.1000	0.3000
	基本每股收益(扣除后)(元)	0.1100	–	0.1000	0.3000
	稀释每股收益(元)	0.1100	0.3100	0.1000	0.2900
	每股净资产(元)	6.3667	6.3008	6.1777	6.0742
	每股经营现金净流量(元)	0.4265	1.0944	0.6458	0.6979
	每股现金流量(元)	0.1432	0.3150	0.3022	–0.3600
	每股资本公积金(元)	3.0987	2.7366	2.7341	2.7340
	每股盈余公积金(元)	0.4748	0.5613	0.5307	0.5307
	每股未分配利润(元)	1.7933	2.0029	1.9129	1.8094
	净资产收益率(%)	1.5598	4.9986	1.6747	4.8086
	加权净资产收益率(%)	1.7300	5.0900	1.6900	5.0500
	净资产收益率(扣除)(%)	1.5161	4.8955	1.6237	4.6984
	总资产(万元)	264835.25	270284.39	268594.44	266116.16
	归属母公司股东权益(万元)	190193.00	159193.37	155881.25	153269.15
	营业收入(万元)	63058.98	149727.89	65135.45	151779.20
	营业支出(万元)	47363.79	110750.14	50449.54	109780.69
	投资收益(万元)	–	–	–	–
	净利润(万元)	2943.61	7978.86	2610.60	7370.16
	营业利润(万元)	3877.61	10510.36	3409.92	10189.17
	利润总额(万元)	3989.30	10729.18	3516.08	10416.13

国旅联合股份有限公司

公司概况	公司名称	国旅联合股份有限公司			证券简称	国旅联合
	法人代表	王东红	董秘	陆邦一	证券代码	600358
	公司网址	www.cutc.com.cn		电子信箱	webmaster@cutc.com.cn	
	电　话	025-84700028		传　真	025-84702099	
	办公地址	江苏省南京市江宁区汤山街道温泉路8号				
	经营范围	旅行服务、旅游综合服务业务、旅游客运业务等				

	指标\报告期	2015.06.30	2014.12.31	2014.06.30	2013.12.31
主要财务指标	基本每股收益(元)	0.0900	–0.3800	–0.0610	0.0200
	基本每股收益(扣除后)(元)	–0.0600	–0.3800	–0.0600	–0.2700
	稀释每股收益(元)	0.0900	–0.3800	–0.0610	0.0200
	每股净资产(元)	0.7700	0.6776	1.0001	1.0616
	每股经营现金净流量(元)	–0.0379	0.1153	–0.0418	0.0138
	每股现金流量(元)	–0.0720	–0.2218	–0.1935	0.2363
	每股资本公积金(元)	0.1337	0.1337	0.1337	0.1337
	每股盈余公积金(元)	0.0190	0.0190	0.0190	0.0190
	每股未分配利润(元)	–0.3827	–0.4751	–0.1526	–0.0911
	净资产收益率(%)	12.0033	–56.6757	–6.1492	2.2812
	加权净资产收益率(%)	12.7700	–44.1600	–5.9700	2.3100
	净资产收益率(扣除)(%)	–7.7200	–56.3184	–6.4599	–25.8908
	总资产(万元)	71169.07	73134.10	88802.38	105414.15
	归属母公司股东权益(万元)	33263.91	29271.15	43204.07	45860.78
	营业收入(万元)	4524.30	8855.79	4933.54	11856.87
	营业支出(万元)	522.74	1506.00	638.81	1979.82
	投资收益(万元)	8163.81	–427.84	205.55	14983.44
	净利润(万元)	4038.22	–16574.50	–2656.71	1046.17
	营业利润(万元)	5381.27	–16428.58	–2571.61	4099.87
	利润总额(万元)	5995.19	–16542.29	–2642.94	3671.67

新疆塔里木农业综合开发股份有限公司

公司概况	公司名称	新疆塔里木农业综合开发股份有限公司			证券简称	新农开发
	法人代表	李远晨	董秘	张春疆	证券代码	600359
	公司网址	www.xnkf.com		电子信箱	zhang-chunjiang@126.com	
	电　话	0997-2134018 2125499		传　真	0997-2125238	
	办公地址	新疆维吾尔自治区阿克苏市南大街2号新农大厦19层				
	经营范围	农业种植、牧渔养殖、农产品、畜产品的生产、加工及销售等				

	指标\报告期	2015.06.30	2014.12.31	2014.06.30	2013.12.31
主要财务指标	基本每股收益(元)	0.1800	0.0600	0.0160	0.0500
	基本每股收益(扣除后)(元)	–0.2200	–0.2500	0.0090	–0.0500
	稀释每股收益(元)	0.1800	0.0600	0.0160	0.0500
	每股净资产(元)	2.7596	2.5894	1.2899	1.2742
	每股经营现金净流量(元)	0.0998	–0.0896	–0.3325	0.2276
	每股现金流量(元)	–0.9743	1.0510	–0.5274	–0.9246
	每股资本公积金(元)	2.9370	2.9432	1.9465	1.9465
	每股盈余公积金(元)	0.1670	0.1670	0.1984	0.1984
	每股未分配利润(元)	–1.3443	–1.5207	–1.8550	–1.8707
	净资产收益率(%)	6.3920	2.0578	1.2175	3.7088
	加权净资产收益率(%)	6.6000	2.9100	1.2200	3.7800
	净资产收益率(扣除)(%)	–8.0276	–8.0693	0.7223	–3.6944
	总资产(万元)	249817.71	244805.85	182465.65	191199.50
	归属母公司股东权益(万元)	105282.62	98789.68	41405.01	40900.90
	营业收入(万元)	29701.62	66772.97	29022.50	86809.48
	营业支出(万元)	22302.67	54230.80	22391.40	71861.74
	投资收益(万元)	–1.75	–221.43	3.13	530.68
	净利润(万元)	4541.45	–484.50	504.11	1516.93
	营业利润(万元)	–10576.21	–10769.54	–944.32	–4246.77
	利润总额(万元)	4567.19	–47.41	–634.05	–1194.04

吉林华微电子股份有限公司

公司概况	公司名称	吉林华微电子股份有限公司			证券简称	华微电子
	法人代表	夏增文	董秘	聂嘉宏	证券代码	600360
	公司网址	www.hwdz.com.cn		电子信箱	niejiahong@hwdz.com.cn	
	电　话	0432-64684562		传　真	0432-64665812	
	办公地址	吉林省吉林市高新区深圳街99号				
	经营范围	半导体器件、集成电路、电力电子产品、汽车电子产品、自动化仪表等				

	指标\报告期	2015.06.30	2014.12.31	2014.06.30	2013.12.31
主要财务指标	基本每股收益(元)	0.0260	0.0500	0.0250	0.0600
	基本每股收益(扣除后)(元)	0.0210	0.0300	0.0140	0.0300
	稀释每股收益(元)	0.0260	0.0500	0.0250	0.0600
	每股净资产(元)	2.6863	2.6602	2.6373	2.6319
	每股经营现金净流量(元)	0.1739	0.3207	0.1684	0.2273
	每股现金流量(元)	0.0398	0.0118	0.1918	0.3494
	每股资本公积金(元)	0.6622	0.6622	0.6622	0.6622
	每股盈余公积金(元)	0.1221	0.1221	0.1194	0.1194
	每股未分配利润(元)	0.9021	0.8760	0.8558	0.8504
	净资产收益率(%)	0.9710	1.8164	0.9631	2.2639
	加权净资产收益率(%)	0.9800	1.8300	0.9600	2.3800
	净资产收益率(扣除)(%)	0.7736	1.2127	0.5496	1.0434
	总资产(万元)	350322.24	358228.10	354139.15	347228.00
	归属母公司股东权益(万元)	198271.27	196346.11	194654.37	194255.74
	营业收入(万元)	54871.83	123581.42	62022.48	124786.55
	营业支出(万元)	42538.65	97642.52	49678.58	98052.06
	投资收益(万元)	333.76	435.53	–	2967.30
	净利润(万元)	1460.07	2728.31	1874.80	4397.78
	营业利润(万元)	1731.38	2230.16	1149.39	4020.49
	利润总额(万元)	2191.44	3624.99	2096.40	4695.83

北京华联综合超市股份有限公司

公司概况

公司名称	北京华联综合超市股份有限公司			证券简称	华联综超
法人代表	李翠芳	董秘	李春生	证券代码	600361
公司网址	www.beijing-hualian.com		电子信箱	zczqb@beijing-hualian.com	
电　话	010-57391823		传　真	010-57391823	
办公地址	北京市大兴区青云店镇祥云路北四条 208 号				
经营范围	商业零售、经营大型综合超市和百货店				

主要财务指标

指标＼报告期	2015.06.30	2014.12.31	2014.06.30	2013.12.31
基本每股收益(元)	0.0900	0.1500	0.1700	0.0600
基本每股收益(扣除后)(元)	0.0006	0.0100	0.0300	0.0100
稀释每股收益(元)	–	–	0.1700	–
每股净资产(元)	4.6354	4.6439	4.6608	4.5517
每股经营现金净流量(元)	–0.1512	0.8291	0.4789	0.9491
每股现金流量(元)	1.5505	0.2553	0.2263	0.9250
每股资本公积金(元)	2.5183	2.5183	2.5183	2.5183
每股盈余公积金(元)	0.2145	0.2148	0.2053	0.2053
每股未分配利润(元)	0.9048	0.9124	0.9373	0.8281
净资产收益率(%)	1.9675	3.3139	3.6294	1.3383
加权净资产收益率(%)	1.9400	3.3500	3.6600	1.3400
净资产收益率(扣除)(%)	0.0132	0.1644	0.5647	0.1215
总资产(万元)	1241089.48	1150886.83	1107565.31	1129912.91
归属母公司股东权益(万元)	308630.65	309192.91	310321.67	303053.76
营业收入(万元)	686517.18	1333170.41	679965.56	1274753.48
营业支出(万元)	532456.54	1039479.95	536486.19	1009681.34
投资收益(万元)	2292.26	3985.32	2500.57	3423.07
净利润(万元)	6010.05	10179.73	11262.75	4055.91
营业利润(万元)	308.73	1958.15	1056.68	1253.12
利润总额(万元)	7250.83	12738.75	12386.00	3565.18

江西铜业股份有限公司

公司概况

公司名称	江西铜业股份有限公司			证券简称	江西铜业
法人代表	李保民	董秘	黄东风	证券代码	600362
公司网址	www.jxcc.com		电子信箱	jccl@jxcc.com	
电　话	0791-82710117　82710111		传　真	0791-82710114	
办公地址	江西省南昌市昌东大道 7666 号				
经营范围	有色金属矿、稀贵金属矿及非金属矿、有色金属及相关副产品的冶炼等				

主要财务指标

指标＼报告期	2015.06.30	2014.12.31	2014.06.30	2013.12.31
基本每股收益(元)	0.2600	0.8200	0.3500	1.0300
基本每股收益(扣除后)(元)	0.1300	0.5000	0.1400	0.9000
稀释每股收益(元)	–	0.8200	–	1.0300
每股净资产(元)	13.3046	13.2075	12.7389	12.8577
每股经营现金净流量(元)	1.4410	0.5012	1.1727	1.5111
每股现金流量(元)	–0.3381	–0.0785	0.3325	0.8629
每股资本公积金(元)	3.3748	3.3748	3.3740	3.3742
每股盈余公积金(元)	4.0731	4.0731	3.9607	3.9607
每股未分配利润(元)	4.8249	4.7661	4.4006	4.5551
净资产收益率(%)	1.9456	6.2331	2.7121	8.0072
加权净资产收益率(%)	1.9500	6.3200	2.7000	8.1600
净资产收益率(扣除)(%)	0.9993	3.7905	1.0955	7.0126
总资产(万元)	9005420.36	9532237.49	9632922.44	8876665.41
归属母公司股东权益(万元)	4607024.16	4573387.62	4411139.07	4452278.61
营业收入(万元)	7554552.54	19883348.60	9293626.83	17589019.10
营业支出(万元)	7330354.06	19222468.56	9039343.48	16842291.49
投资收益(万元)	75715.18	125640.68	68815.50	57403.03
净利润(万元)	91718.77	284955.63	119634.28	356500.92
营业利润(万元)	123552.05	379466.92	167116.58	469507.06
利润总额(万元)	130691.31	386381.54	175052.35	478013.40

江西联创光电科技股份有限公司

公司概况

公司名称	江西联创光电科技股份有限公司			证券简称	联创光电
法人代表	肖文	董秘	邓方俊	证券代码	600363
公司网址	www.lianchuang.com.cn		电子信箱	600363@lianchuang.com.cn	
电　话	0791-88161979		传　真	0791-88162001	
办公地址	江西省南昌市高新产业技术开发区京东大道 168 号				
经营范围	光电器件、继电器、通信线缆等				

主要财务指标

指标＼报告期	2015.06.30	2014.12.31	2014.06.30	2013.12.31
基本每股收益(元)	0.1900	0.3000	0.1357	0.3600
基本每股收益(扣除后)(元)	0.1800	0.2800	0.1306	–
稀释每股收益(元)	0.1900	0.3000	0.1357	0.3600
每股净资产(元)	4.1662	4.0196	3.8427	3.7497
每股经营现金净流量(元)	–0.2293	0.1055	–0.0085	–0.1885
每股现金流量(元)	0.4735	0.1804	0.0209	–0.3392
每股资本公积金(元)	1.4287	1.4313	1.2769	1.2856
每股盈余公积金(元)	0.2189	0.2189	0.2065	0.2065
每股未分配利润(元)	1.5233	1.3695	1.3596	1.2578
净资产收益率(%)	4.5797	7.4804	3.5327	9.4991
加权净资产收益率(%)	4.6400	7.7300	3.5600	9.8600
净资产收益率(扣除)(%)	4.2879	6.8546	3.3991	6.0574
总资产(万元)	368139.73	320770.09	295809.97	280297.83
归属母公司股东权益(万元)	184759.50	178258.35	170413.71	166289.82
营业收入(万元)	115817.41	195704.95	89077.18	160227.27
营业支出(万元)	100500.57	165786.50	75487.10	132797.57
投资收益(万元)	9169.97	14231.79	6384.79	18339.46
净利润(万元)	8829.63	14544.35	6020.15	15796.04
营业利润(万元)	8045.62	13152.22	5602.74	15735.00
利润总额(万元)	8672.85	14381.73	5885.73	16182.87

通化葡萄酒股份有限公司

公司概况

公司名称	通化葡萄酒股份有限公司			证券简称	通葡股份
法人代表	何为民	董秘	高振才	证券代码	600365
公司网址	www.tonhwa.com		电子信箱	gaozhencai@163.com	
电　话	0435-3530506　3949249		传　真	0435-3949616	
办公地址	吉林省通化市前兴路 28 号				
经营范围	果露酒、葡萄酒制造、销售、土特产品收购、加工、物资运输等				

主要财务指标

指标＼报告期	2015.06.30	2014.12.31	2014.06.30	2013.12.31
基本每股收益(元)	0.0200	0.0100	0.0080	0.0500
基本每股收益(扣除后)(元)	–0.0040	–0.0200	–0.0300	0.0100
稀释每股收益(元)	0.0200	0.0100	0.0080	0.0500
每股净资产(元)	3.4457	3.4224	3.4187	3.4111
每股经营现金净流量(元)	0.2062	–0.1304	–0.4063	–0.3353
每股现金流量(元)	–0.6438	0.5182	0.1781	0.5493
每股资本公积金(元)	3.7395	3.7395	3.7395	3.7395
每股盈余公积金(元)	0.0358	0.0358	0.0358	0.0358
每股未分配利润(元)	–1.3296	–1.3529	–1.3566	–1.3642
净资产收益率(%)	0.6760	0.3285	0.2202	1.4461
加权净资产收益率(%)	0.6100	0.3300	0.4400	2.3700
净资产收益率(扣除)(%)	–0.0726	–0.6160	–0.7905	0.2127
总资产(万元)	95257.05	76353.13	75137.74	75126.43
归属母公司股东权益(万元)	68913.29	68447.41	68373.13	68222.58
营业收入(万元)	18537.00	10979.44	4240.40	8497.26
营业支出(万元)	12709.22	6569.97	2506.89	3915.00
投资收益(万元)	–	594.90	594.90	803.07
净利润(万元)	1405.81	222.81	150.55	986.60
营业利润(万元)	1549.37	–136.23	55.00	888.68
利润总额(万元)	2065.29	132.82	151.15	927.09

宁波韵升股份有限公司

公司概况					
公司名称	宁波韵升股份有限公司			证券简称	宁波韵升
法人代表	竺晓东	董秘	傅健杰	证券代码	600366
公司网址	www.yunsheng.com		电子信箱	fujj@ysweb.com	
电　话	0574-87776939		传　真	0574-87776466	
办公地址	浙江省宁波市国家高新区扬帆路 1 号				
经营范围	钕铁硼永磁材料、八音琴和电机产品的生产和销售及进出口贸易				

主要财务指标

指标\报告期	2015.06.30	2014.12.31	2014.06.30	2013.12.31
基本每股收益(元)	0.4362	0.3849	0.2776	0.6806
基本每股收益(扣除后)(元)	0.3066	0.2339	0.2003	-
稀释每股收益(元)	0.4362	0.3849	0.2776	0.6806
每股净资产(元)	6.3321	6.0092	5.9013	5.7742
每股经营现金净流量(元)	–0.0270	0.3246	0.0475	0.4664
每股现金流量(元)	–0.2051	–1.4583	–0.3453	–0.8801
每股资本公积金(元)	0.8287	0.5684	0.5675	0.5680
每股盈余公积金(元)	0.5238	0.5447	0.5447	0.5447
每股未分配利润(元)	3.9824	3.8990	3.7917	3.6641
净资产收益率(%)	6.7125	6.4054	4.7042	11.7868
加权净资产收益率(%)	7.0500	6.5300	4.6900	12.1200
净资产收益率(扣除)(%)	4.7186	3.8919	3.3943	7.9727
总资产(万元)	415843.86	393811.92	372794.65	394117.99
归属母公司股东权益(万元)	338752.19	309172.44	303623.12	297082.11
营业收入(万元)	71469.69	143537.67	74947.04	213844.26
营业支出(万元)	52842.79	103510.86	50033.06	147842.76
投资收益(万元)	15094.84	9330.95	4929.08	8191.64
净利润(万元)	23450.70	21960.84	14282.92	35016.46
营业利润(万元)	22219.04	24107.55	19434.84	36234.96
利润总额(万元)	25502.29	25748.67	21064.83	43962.36

贵州红星发展股份有限公司

公司概况					
公司名称	贵州红星发展股份有限公司			证券简称	红星发展
法人代表	高月飞	董秘	万洋	证券代码	600367
公司网址	www.hxfz.com.cn		电子信箱	wanyang@hxfz.com.cn	
电　话	0851-36780388		传　真	0851-36780066	
办公地址	贵州省安顺市镇宁县丁旗镇				
经营范围	钡、锶、锰盐产品的研发、生产和销售				

主要财务指标

指标\报告期	2015.06.30	2014.12.31	2014.06.30	2013.12.31
基本每股收益(元)	–0.0300	0.0900	–0.0100	0.0100
基本每股收益(扣除后)(元)	–0.0600	0.0300	–0.0100	–0.0600
稀释每股收益(元)	–0.0300	0.0900	–0.0100	0.0100
每股净资产(元)	4.1661	4.2000	4.0964	4.1200
每股经营现金净流量(元)	0.1727	–0.1561	–0.0122	–0.0016
每股现金流量(元)	0.0462	–0.1337	–0.0327	–0.1105
每股资本公积金(元)	0.9794	0.9756	0.9756	0.9756
每股盈余公积金(元)	0.6607	0.6607	0.6426	0.6426
每股未分配利润(元)	1.5218	1.5566	1.4744	1.4983
净资产收益率(%)	–0.8350	2.0590	–0.3378	0.2721
加权净资产收益率(%)	–0.8300	2.0800	–0.3400	0.2700
净资产收益率(扣除)(%)	–1.4952	0.8308	–0.3617	–1.5202
总资产(万元)	182041.63	180468.27	178590.60	176662.50
归属母公司股东权益(万元)	121317.93	122217.10	119287.64	119970.83
营业收入(万元)	50786.21	109278.39	51044.41	105306.22
营业支出(万元)	39669.23	83423.05	40086.15	81879.89
投资收益(万元)	–423.60	–668.18	–336.22	–4311.68
净利润(万元)	–1007.71	2904.72	–402.99	326.39
营业利润(万元)	–1951.87	1690.84	–601.55	–2503.52
利润总额(万元)	–1303.31	4359.38	–587.61	352.44

广西五洲交通股份有限公司

公司概况					
公司名称	广西五洲交通股份有限公司			证券简称	五洲交通
法人代表	梁君	董秘	韩钢	证券代码	600368
公司网址			电子信箱	wzjt600368@sohu.com	
电　话	0771-5568918 5518383		传　真	0771-5518111	
办公地址	广西壮族自治区南宁市民族大道 115-1 号现代国际大厦 27 层				
经营范围	经营收费公路、桥梁				

主要财务指标

指标\报告期	2015.06.30	2014.12.31	2014.06.30	2013.12.31
基本每股收益(元)	0.0800	0.0900	0.1500	0.2300
基本每股收益(扣除后)(元)	0.0700	0.0800	0.1400	0.2000
稀释每股收益(元)	0.0800	0.0900	0.1500	0.2300
每股净资产(元)	3.6302	3.5470	3.7415	3.5886
每股经营现金净流量(元)	0.7843	0.3207	0.3092	–0.4179
每股现金流量(元)	0.4437	–0.6599	0.0077	0.3735
每股资本公积金(元)	0.6956	0.6956	0.8042	0.8042
每股盈余公积金(元)	0.4284	0.4284	0.4053	0.4053
每股未分配利润(元)	1.4856	1.4220	1.5120	1.3791
净资产收益率(%)	2.2768	2.4830	4.1141	6.4104
加权净资产收益率(%)	2.3000	2.4300	4.2000	6.6000
净资产收益率(扣除)(%)	1.8631	2.1651	3.8183	5.6183
总资产(万元)	1383778.21	1395389.42	1501803.90	1393489.34
归属母公司股东权益(万元)	302686.33	295753.01	311963.05	299219.71
营业收入(万元)	128699.92	328978.41	111721.78	617554.93
营业支出(万元)	79093.03	233289.28	64601.51	527198.37
投资收益(万元)	744.36	5072.17	979.26	1276.79
净利润(万元)	2822.37	2084.55	12834.59	19181.05
营业利润(万元)	5395.99	8587.90	12823.22	20598.90
利润总额(万元)	6786.87	7870.96	12920.62	22498.44

西南证券股份有限公司

公司概况					
公司名称	西南证券股份有限公司			证券简称	西南证券
法人代表	余维佳	董秘	徐鸣镝	证券代码	600369
公司网址	www.swsc.com.cn		电子信箱	xmd@swsc.com.cn	
电　话	023-63786433		传　真	023-63786477	
办公地址	重庆市江北区桥北苑 8 号西南证券大厦				
经营范围	证券经纪、证券投资、投资银行				

主要财务指标

指标\报告期	2015.06.30	2014.12.31	2014.06.30	2013.12.31
基本每股收益(元)	1.0100	0.4900	0.2000	0.2700
基本每股收益(扣除后)(元)	0.9900	0.4800	0.2000	0.2600
稀释每股收益(元)	1.0100	0.4900	0.2000	0.2700
每股净资产(元)	6.6007	5.9345	5.4737	4.6583
每股经营现金净流量(元)	1.2518	0.5831	0.7316	–0.4170
每股现金流量(元)	10.7552	2.6231	0.2012	–0.0513
每股资本公积金(元)	3.7819	3.7819	3.8404	2.9749
每股盈余公积金(元)	0.1792	0.1792	0.1315	0.1598
每股未分配利润(元)	1.2274	0.4003	0.2672	0.2372
净资产收益率(%)	15.2569	7.9941	3.5075	5.8260
加权净资产收益率(%)	15.9900	8.8300	3.9100	5.8800
净资产收益率(扣除)(%)	15.0057	7.9123	3.5022	5.6008
总资产(万元)	9560437.65	5820255.52	3267186.23	2999786.63
归属母公司股东权益(万元)	1863091.29	1675048.71	1544990.60	1081920.59
营业收入(万元)	603920.24	367482.92	150646.75	196412.65
营业支出(万元)	250597.11	202886.47	77781.44	119789.92
投资收益(万元)	342269.07	124855.91	24491.29	88780.57
净利润(万元)	285194.72	134679.70	54190.59	63032.88
营业利润(万元)	353323.13	164596.45	72865.30	76622.73
利润总额(万元)	359563.16	166428.66	73114.34	70913.14

江苏三房巷实业股份有限公司

公司概况	公司名称	江苏三房巷实业股份有限公司		证券简称	三房巷
	法人代表	卞平刚	董秘 张民	证券代码	600370
	公司网址	www.jssfx.com		电子信箱	jssfx@sfxjt.com
	电　话	0510-86229867		传　真	0510-86229823
	办公地址	江苏省江阴市周庄镇三房巷村			
	经营范围	各类棉纱、印染布、涤棉布加工与销售；布匹染整、印花及进出口业务等			

主要财务指标	指标\报告期	2015.06.30	2014.12.31	2014.06.30	2013.12.31
	基本每股收益(元)	0.0599	0.0472	0.0548	0.0779
	基本每股收益(扣除后)(元)	0.0518	0.0304	0.0523	0.0733
	稀释每股收益(元)	0.0599	0.0472	0.0548	0.0779
	每股净资产(元)	3.7715	3.7263	3.7339	3.7291
	每股经营现金净流量(元)	0.3509	0.4004	0.2174	0.3189
	每股现金流量(元)	0.3258	0.2651	0.1471	0.1766
	每股资本公积金(元)	1.6850	1.6850	1.6850	1.6850
	每股盈余公积金(元)	0.3238	0.3238	0.3238	0.3238
	每股未分配利润(元)	0.7627	0.7175	0.7251	0.7203
	净资产收益率(%)	1.5869	1.2666	1.4677	2.0892
	加权净资产收益率(%)	1.5900	1.2700	1.4600	2.1000
	净资产收益率(扣除)(%)	1.3723	0.8168	1.4006	1.9658
	总资产(万元)	155626.04	155405.29	151649.91	152018.89
	归属母公司股东权益(万元)	120270.95	118829.77	119072.27	118919.10
	营业收入(万元)	52084.27	111374.51	54030.90	132497.23
	营业支出(万元)	46903.42	100959.14	49829.85	121219.81
	投资收益(万元)	–	525.20	–	–
	净利润(万元)	2860.67	3037.05	1747.65	2484.40
	营业利润(万元)	3645.52	4332.85	2390.16	4162.68
	利润总额(万元)	3976.95	4352.07	2392.16	4165.67

万向德农股份有限公司

公司概况	公司名称	万向德农股份有限公司		证券简称	万向德农
	法人代表	管大源	董秘 祁堃	证券代码	600371
	公司网址	www.wxdoneed.com		电子信箱	wxdoneed@163.com
	电　话	0451-82368448		传　真	0451-82368448
	办公地址	黑龙江省哈尔滨市南岗区玉山路 18 号			
	经营范围	专门经营不再分装的包装种子、化肥零售等			

主要财务指标	指标\报告期	2015.06.30	2014.12.31	2014.06.30	2013.12.31
	基本每股收益(元)	0.0500	0.0200	–0.0800	–0.1700
	基本每股收益(扣除后)(元)	0.0300	–0.0600	–0.0900	–0.2400
	稀释每股收益(元)	0.0500	0.0200	–0.0800	–0.1700
	每股净资产(元)	1.9187	1.8701	1.6526	1.7331
	每股经营现金净流量(元)	0.6230	1.3483	0.3364	0.2514
	每股现金流量(元)	0.2937	0.1853	–0.2262	0.1864
	每股资本公积金(元)	0.1582	0.1582	0.0429	0.0429
	每股盈余公积金(元)	0.1987	0.1987	0.1987	0.1987
	每股未分配利润(元)	0.5618	0.5132	0.4111	0.4915
	净资产收益率(%)	2.5347	1.1586	–4.8682	–9.9816
	加权净资产收益率(%)	2.6100	1.2400	–4.7500	–9.0900
	净资产收益率(扣除)(%)	1.6999	–3.1906	–5.1998	–13.9867
	总资产(万元)	76103.71	79495.66	88840.10	101312.61
	归属母公司股东权益(万元)	39256.63	38261.59	33812.45	35458.52
	营业收入(万元)	17529.97	43819.93	18090.12	41301.51
	营业支出(万元)	12698.52	30855.07	13179.34	32352.10
	投资收益(万元)	–	805.62	–	543.36
	净利润(万元)	1059.17	262.52	–1646.07	–3539.34
	营业利润(万元)	742.88	–1675.92	–1880.18	–5341.24
	利润总额(万元)	1059.17	265.41	–1748.29	–5267.32

中航航空电子系统股份有限公司

公司概况	公司名称	中航航空电子系统股份有限公司		证券简称	中航电子
	法人代表	卢广山	董秘 孙洪伟	证券代码	600372
	公司网址			电子信箱	hondianzq@avic.com
	电　话	010-58355270		传　真	010-58355275
	办公地址	北京市朝阳区曙光西里甲 5 号院 20 号楼第八、九层			
	经营范围	航空机载照明与控制系统产品的制造业务			

主要财务指标	指标\报告期	2015.06.30	2014.12.31	2014.06.30	2013.12.31
	基本每股收益(元)	0.0871	0.3400	0.1538	0.3567
	基本每股收益(扣除后)(元)	0.0795	0.2600	0.1223	0.2422
	稀释每股收益(元)	0.0871	0.3400	0.1538	0.3567
	每股净资产(元)	2.9989	2.9319	2.9490	2.7805
	每股经营现金净流量(元)	–0.3658	0.0518	–0.3012	0.1734
	每股现金流量(元)	–0.1431	0.0135	–0.0433	0.1335
	每股资本公积金(元)	0.5700	0.5681	0.8221	0.7615
	每股盈余公积金(元)	0.2048	0.2048	0.1862	0.1862
	每股未分配利润(元)	1.1177	1.0807	0.9117	0.8078
	净资产收益率(%)	2.9035	11.6445	5.2169	12.8274
	加权净资产收益率(%)	2.9400	11.5500	5.3700	10.3800
	净资产收益率(扣除)(%)	2.6498	8.9341	4.1477	8.7108
	总资产(万元)	1496646.11	1448754.11	1361535.71	1323731.18
	归属母公司股东权益(万元)	527547.06	515777.71	518782.49	489128.53
	营业收入(万元)	270574.63	660665.94	283671.48	599857.51
	营业支出(万元)	182583.01	445600.26	196165.73	407875.30
	投资收益(万元)	16.57	1162.78	19.17	7001.43
	净利润(万元)	15958.78	61317.74	27064.15	62742.27
	营业利润(万元)	19595.21	67834.48	32058.76	70851.98
	利润总额(万元)	21176.75	72219.61	33714.31	77022.85

中文天地出版传媒股份有限公司

公司概况	公司名称	中文天地出版传媒股份有限公司		证券简称	中文传媒
	法人代表	赵东亮	董秘 吴涤	证券代码	600373
	公司网址	www.600373.com.cn		电子信箱	zwcm@600373.com.cn
	电　话	0791-85896008		传　真	0791-85896008
	办公地址	江西省南昌市红谷滩新区学府大道 299 号			
	经营范围	国内版图书、电子、期刊批发、文化艺术品经营			

主要财务指标	指标\报告期	2015.06.30	2014.12.31	2014.06.30	2013.12.31
	基本每股收益(元)	0.3900	0.6800	0.3400	1.0000
	基本每股收益(扣除后)(元)	0.3700	0.6400	0.3265	0.9900
	稀释每股收益(元)	0.3900	0.6800	0.3400	1.0000
	每股净资产(元)	6.7040	5.4082	5.0702	8.7064
	每股经营现金净流量(元)	0.1974	0.6829	0.1406	2.2063
	每股现金流量(元)	0.0101	–0.3039	–0.3890	3.3955
	每股资本公积金(元)	3.9451	2.6302	2.6302	5.5344
	每股盈余公积金(元)	0.0576	0.0670	0.0563	0.1013
	每股未分配利润(元)	1.7012	1.7110	1.3837	2.0707
	净资产收益率(%)	5.6518	12.6187	6.7928	11.1105
	加权净资产收益率(%)	6.0600	13.3200	6.8800	12.3300
	净资产收益率(扣除)(%)	5.4137	11.9031	6.4404	11.0748
	总资产(万元)	1632844.98	1240370.57	1229343.90	1194098.40
	归属母公司股东权益(万元)	923765.67	641243.28	601162.43	573500.84
	营业收入(万元)	526958.22	1050313.96	614572.54	1138677.65
	营业支出(万元)	364749.32	840503.31	510296.05	962691.38
	投资收益(万元)	3090.24	4494.62	–318.21	1681.24
	净利润(万元)	53118.11	90329.32	40835.83	63718.82
	营业利润(万元)	49167.05	87225.49	41375.33	68298.44
	利润总额(万元)	53272.66	95202.88	47249.78	72242.73

华菱星马汽车(集团)股份有限公司

公司概况					
公司名称	华菱星马汽车(集团)股份有限公司			证券简称	华菱星马
法人代表	刘汉如	董秘	李峰	证券代码	600375
公司网址	www.camc.biz		电子信箱	camc@camc.biz	
电　　话	0555-8323038		传　　真	0555-8323031	
办公地址	安徽省马鞍山市经济技术开发区				
经营范围	重卡、专用车及汽车零部件的研发、生产与销售				

主要财务指标 指标\报告期	2015.06.30	2014.12.31	2014.06.30	2013.12.31
基本每股收益(元)	–0.4000	–0.6800	0.1600	0.5200
基本每股收益(扣除后)(元)	–0.4200	–0.7300	0.1500	0.3900
稀释每股收益(元)	–0.4000	–0.6800	0.1600	0.5200
每股净资产(元)	6.0184	6.4145	7.2546	7.3918
每股经营现金净流量(元)	–0.2804	–0.4334	0.1544	0.8383
每股现金流量(元)	0.0898	–1.8472	–0.3332	0.7645
每股资本公积金(元)	4.7952	4.7952	4.7952	4.7952
每股盈余公积金(元)	0.1840	0.1840	0.1840	0.1840
每股未分配利润(元)	0.0392	0.4353	1.2755	1.4126
净资产收益率(%)	–6.5816	–10.5578	2.2462	6.0356
加权净资产收益率(%)	–6.3700	–9.8500	2.2000	7.3300
净资产收益率(扣除)(%)	–7.0168	–11.3996	2.0251	4.5758
总资产(万元)	963420.21	882238.11	977252.37	839477.17
归属母公司股东权益(万元)	334468.84	356481.57	403170.33	410792.90
营业收入(万元)	229073.97	499736.23	304012.98	656050.47
营业支出(万元)	207593.07	449343.24	255000.95	564212.79
投资收益(万元)	287.03	–27.41	–	–
净利润(万元)	–22152.24	–38349.31	9056.03	24793.62
营业利润(万元)	–23073.97	–46805.01	10121.75	23568.45
利润总额(万元)	–21361.02	–43177.21	11079.27	29861.36

北京首都开发股份有限公司

公司概况					
公司名称	北京首都开发股份有限公司			证券简称	首开股份
法人代表	刘希模	董秘	王怡	证券代码	600376
公司网址	www.shoukaigufen.com		电子信箱	bcdc@bcdh.com.cn	
电　　话	010-66428156 66428113		传　　真	010-66428061	
办公地址	北京市西城区复兴门内大街156号招商国际金融中心D座				
经营范围	房地产的开发与经营				

主要财务指标 指标\报告期	2015.06.30	2014.12.31	2014.06.30	2013.12.31
基本每股收益(元)	0.4107	0.7349	0.3400	0.5749
基本每股收益(扣除后)(元)	0.3608	0.6405	0.2982	0.4964
稀释每股收益(元)	0.4107	0.7349	0.3400	0.5749
每股净资产(元)	6.6668	6.5016	6.2566	6.2245
每股经营现金净流量(元)	–1.0327	1.4675	0.2910	–3.6904
每股现金流量(元)	2.4698	–0.6240	0.6365	–0.7228
每股资本公积金(元)	1.8073	1.8073	1.8159	1.9486
每股盈余公积金(元)	0.5869	0.5869	0.5317	0.5317
每股未分配利润(元)	3.2444	3.0737	2.9089	2.7441
净资产收益率(%)	6.1608	11.3040	5.5099	9.2354
加权净资产收益率(%)	6.0900	11.8000	5.4200	9.5600
净资产收益率(扣除)(%)	5.4123	9.8510	4.7666	7.9747
总资产(万元)	11098118.00	9761388.46	9434271.49	9211709.77
归属母公司股东权益(万元)	1494706.27	1457677.75	1402728.88	1395543.51
营业收入(万元)	748638.62	2085050.29	981758.33	1350133.97
营业支出(万元)	410096.82	1364720.22	682539.88	853621.11
投资收益(万元)	2312.73	8957.26	10714.53	27936.67
净利润(万元)	104535.36	198165.79	77289.58	128883.87
营业利润(万元)	143435.60	285583.60	134904.26	179581.72
利润总额(万元)	146116.61	289207.96	138313.59	190957.68

江苏宁沪高速公路股份有限公司

公司概况					
公司名称	江苏宁沪高速公路股份有限公司			证券简称	宁沪高速
法人代表	钱永祥	董秘	姚永嘉	证券代码	600377
公司网址	www.jsexpressway.com		电子信箱	jsnh@jsexpwy.com	
电　　话	025-84362700*301836		传　　真	025-84466643	
办公地址	江苏省南京市栖霞区仙林大道6号				
经营范围	沪宁高速公路江苏段、312国道沪宁段、南京至连云港一级公路南京段等				

主要财务指标 指标\报告期	2015.06.30	2014.12.31	2014.06.30	2013.12.31
基本每股收益(元)	0.3428	0.5111	0.2700	0.5375
基本每股收益(扣除后)(元)	0.2906	0.5112	0.2668	0.5260
稀释每股收益(元)	–	–	–	–
每股净资产(元)	3.9183	4.0392	3.7712	3.8899
每股经营现金净流量(元)	0.4114	0.6138	0.3261	0.6122
每股现金流量(元)	–0.0121	0.0340	0.0202	–0.0550
每股资本公积金(元)	2.0737	2.2850	1.4990	1.5045
每股盈余公积金(元)	0.5810	0.5810	0.5624	0.5624
每股未分配利润(元)	0.2309	0.2682	0.7098	0.8230
净资产收益率(%)	8.7475	12.6534	7.0743	13.8175
加权净资产收益率(%)	7.9600	13.2100	6.6400	14.4900
净资产收益率(扣除)(%)	7.4154	12.6571	7.0750	13.5147
总资产(万元)	3765524.58	3748161.71	2676764.51	2683391.24
归属母公司股东权益(万元)	1973924.99	2101598.01	1899838.08	1959648.39
营业收入(万元)	431066.70	787907.63	392676.72	761422.67
营业支出(万元)	205450.75	402031.17	195833.56	369414.38
投资收益(万元)	27678.17	35228.73	19238.37	31539.95
净利润(万元)	177183.50	264728.91	134401.07	270774.31
营业利润(万元)	191057.30	346726.15	180790.57	355716.25
利润总额(万元)	190206.62	345502.00	180153.30	362749.71

四川天一科技股份有限公司

公司概况					
公司名称	四川天一科技股份有限公司			证券简称	天科股份
法人代表	古共伟	董秘	魏丹	证券代码	600378
公司网址	www.tianke.com		电子信箱	ctyc@tianke.com	
电　　话	028-85963417 85963659		传　　真	028-85963417	
办公地址	四川省成都市外南机场路常乐2段12号				
经营范围	碳一化学技术及催化剂、变压吸附气体分离技术及装置、合成芳樟醇、维生素E等				

主要财务指标 指标\报告期	2015.06.30	2014.12.31	2014.06.30	2013.12.31
基本每股收益(元)	0.0900	0.2600	0.1260	0.2500
基本每股收益(扣除后)(元)	0.0900	0.2600	0.1260	0.2500
稀释每股收益(元)	0.0900	0.2600	0.1260	0.2500
每股净资产(元)	2.4295	2.4125	2.2786	2.2453
每股经营现金净流量(元)	–0.1610	0.3081	–0.0471	0.3011
每股现金流量(元)	–0.2478	0.1454	–0.1595	0.1068
每股资本公积金(元)	0.5151	0.5151	0.5151	0.5151
每股盈余公积金(元)	0.1764	0.1764	0.1506	0.1506
每股未分配利润(元)	0.7213	0.7102	0.6045	0.5782
净资产收益率(%)	3.7527	10.6839	5.5417	11.1841
加权净资产收益率(%)	3.7300	11.1100	5.5100	11.6900
净资产收益率(扣除)(%)	3.7274	10.7593	5.5298	11.0443
总资产(万元)	108300.82	112932.76	109597.84	111645.46
归属母公司股东权益(万元)	72202.99	71697.17	67719.03	66728.75
营业收入(万元)	28904.03	60768.58	32775.79	68435.86
营业支出(万元)	20734.92	40890.70	22649.15	48639.29
投资收益(万元)	–25.03	–24.70	–15.64	–17.63
净利润(万元)	2760.13	7759.76	3752.77	7463.04
营业利润(万元)	3203.43	9288.59	4403.08	8667.00
利润总额(万元)	3224.99	9199.69	4413.26	8769.71

陕西宝光真空电器股份有限公司

公司概况	公司名称	陕西宝光真空电器股份有限公司			证券简称	宝光股份
	法人代表	杨天夫	董秘	杨天夫(代)	证券代码	600379
	公司网址	www.baoguang.com.cn		电子信箱	office@baoguang.com.cn	
	电　话	0917-3561512		传　真	0917-3561512	
	办公地址	陕西省宝鸡市宝光路53号				
	经营范围	高、中、低压真空灭弧室、真空断路器、真空开关柜等产品的研制等				

	指标\报告期	2015.06.30	2014.12.31	2014.06.30	2013.12.31
主要财务指标	基本每股收益(元)	0.0593	0.0861	0.0690	0.0793
	基本每股收益(扣除后)(元)	0.0565	0.0727	0.0650	0.0654
	稀释每股收益(元)	0.0593	0.0861	0.0690	0.0793
	每股净资产(元)	1.7851	1.7260	1.7031	1.6635
	每股经营现金净流量(元)	0.5240	0.1360	-0.1002	0.1587
	每股现金流量(元)	0.6342	-0.0687	-0.1856	0.0368
	每股资本公积金(元)	0.0322	0.0321	0.0321	0.0321
	每股盈余公积金(元)	0.1062	0.1062	0.0952	0.0952
	每股未分配利润(元)	0.6451	0.5871	0.5749	0.5360
	净资产收益率(%)	3.3195	4.9871	4.0755	4.7687
	加权净资产收益率(%)	3.3750	5.0900	4.1230	4.8500
	净资产收益率(扣除)(%)	3.1635	4.2099	3.8280	3.9312
	总资产(万元)	80214.02	61970.96	65574.38	64457.21
	归属母公司股东权益(万元)	42102.28	40710.03	40168.05	39236.08
	营业收入(万元)	26730.60	59214.33	32206.23	59018.92
	营业支出(万元)	19735.94	43823.11	24921.92	44442.51
	投资收益(万元)	-	0.11	0.11	0.27
	净利润(万元)	1400.49	2041.15	1637.03	1871.06
	营业利润(万元)	1408.40	1960.35	1609.43	1760.18
	利润总额(万元)	1488.89	2333.42	1727.68	2151.19

健康元药业集团股份有限公司

公司概况	公司名称	健康元药业集团股份有限公司			证券简称	健康元
	法人代表	朱保国	董秘	邱庆丰	证券代码	600380
	公司网址	www.joincare.com		电子信箱	qiuqingfeng@joincare.com	
	电　话	0755-86252311 86252388		传　真	0755-86252398	
	办公地址	广东省深圳市南山区高新区北区郎山路17号健康元药业集团大厦				
	经营范围	中药、保健品及西药的研究、开发及生产经营				

	指标\报告期	2015.06.30	2014.12.31	2014.06.30	2013.12.31
主要财务指标	基本每股收益(元)	0.2144	0.2292	0.1295	0.1770
	基本每股收益(扣除后)(元)	0.1847	0.2080	0.1205	0.1569
	稀释每股收益(元)	0.2144	0.2292	0.1295	0.1770
	每股净资产(元)	2.9965	2.8160	2.7299	2.6418
	每股经营现金净流量(元)	0.2629	0.6336	0.1749	0.4111
	每股现金流量(元)	-0.2348	0.1962	0.2976	-0.2729
	每股资本公积金(元)	0.3887	0.2819	0.2818	0.2828
	每股盈余公积金(元)	0.1954	0.2002	0.1930	0.1930
	每股未分配利润(元)	1.4565	1.3795	1.2871	1.1976
	净资产收益率(%)	7.0104	8.1377	4.7452	6.7003
	加权净资产收益率(%)	7.3190	8.3740	4.7860	6.8750
	净资产收益率(扣除)(%)	6.0413	7.3878	4.4145	5.9397
	总资产(万元)	1250318.02	1208431.44	1189094.26	1074532.51
	归属母公司股东权益(万元)	474605.01	435306.59	422004.27	408377.36
	营业收入(万元)	417972.53	741790.62	356650.81	621988.52
	营业支出(万元)	164312.37	303600.99	145648.22	246327.39
	投资收益(万元)	3568.94	3378.55	1297.61	1564.29
	净利润(万元)	54678.08	68380.33	20024.94	27362.45
	营业利润(万元)	56394.51	73372.26	42892.65	65797.89
	利润总额(万元)	63890.64	80051.18	45354.66	70791.11

青海春天药用资源科技股份有限公司

公司概况	公司名称	青海春天药用资源科技股份有限公司			证券简称	青海春天
	法人代表	张雪峰	董秘	陈定	证券代码	600381
	公司网址	www.xcky.cn		电子信箱	investor@verygrass.com	
	电　话	0971-8816171		传　真	0971-8816171	
	办公地址	青海省西宁经济技术开发区东新路1号				
	经营范围	矿产资源,天然气,水泥,水电,火电资源的投资开发				

	指标\报告期	2015.06.30	2014.12.31	2014.06.30	2013.12.31
主要财务指标	基本每股收益(元)	0.1022	0.3989	0.4087	0.1652
	基本每股收益(扣除后)(元)	0.0997	-0.5887	0.3698	-0.1080
	稀释每股收益(元)	0.1022	0.3989	0.4087	0.1652
	每股净资产(元)	2.1173	1.2204	0.6197	-0.0214
	每股经营现金净流量(元)	0.2024	-0.1832	1.5796	-0.0175
	每股现金流量(元)	-0.1686	-0.2360	0.7492	-0.0050
	每股资本公积金(元)	0.1935	0.8275	11.8111	0.4760
	每股盈余公积金(元)	0.1450	0.1985	0.0804	0.0100
	每股未分配利润(元)	0.7788	0.9779	-12.2690	-1.5077
	净资产收益率(%)	4.1293	32.6876	-20.7566	-
	加权净资产收益率(%)	4.1100	77.4800	12.7500	-
	净资产收益率(扣除)(%)	4.0297	-48.2351	-20.5056	505.2834
	总资产(万元)	184176.53	191606.89	152266.83	148899.12
	归属母公司股东权益(万元)	145737.88	147005.66	12326.54	-3423.85
	营业收入(万元)	54236.84	2990.25	107827.40	416.75
	营业支出(万元)	27019.64	2762.31	59044.31	166.62
	投资收益(万元)	244.72	-643.87	923.38	19573.23
	净利润(万元)	6030.17	6075.43	20042.70	792.74
	营业利润(万元)	7393.63	-13541.49	21405.63	310.49
	利润总额(万元)	7391.11	6097.53	23650.42	805.23

广东明珠集团股份有限公司

公司概况	公司名称	广东明珠集团股份有限公司			证券简称	广东明珠
	法人代表	张文东	董秘	钟健如	证券代码	600382
	公司网址	www.gdmzh.com		电子信箱	gdmzh@gdmzh.com	
	电　话	0753-3327282 3338549		传　真	0753-3338549	
	办公地址	广东省兴宁市官汕路99号				
	经营范围	以实业投资发展、贸易、建筑安装、房地产开发以及生产等				

	指标\报告期	2015.06.30	2014.12.31	2014.06.30	2013.12.31
主要财务指标	基本每股收益(元)	0.3500	2.4700	2.3700	0.5900
	基本每股收益(扣除后)(元)	0.2300	0.2300	0.2200	0.4700
	稀释每股收益(元)	0.3500	2.4700	2.3700	0.5900
	每股净资产(元)	7.6261	7.3016	7.2052	4.8622
	每股经营现金净流量(元)	-2.4581	-1.1568	-0.3116	-0.0035
	每股现金流量(元)	-0.8137	0.8345	2.3747	-0.2750
	每股资本公积金(元)	0.2726	0.2726	0.2726	0.2726
	每股盈余公积金(元)	0.5313	0.5313	0.4724	0.4724
	每股未分配利润(元)	5.8222	5.4976	5.4602	3.1172
	净资产收益率(%)	4.6490	33.8203	32.9352	12.1187
	加权净资产收益率(%)	4.7500	40.6500	39.3300	12.8800
	净资产收益率(扣除)(%)	3.0365	3.0876	3.0226	9.6032
	总资产(万元)	292639.42	270494.96	279953.40	189780.83
	归属母公司股东权益(万元)	260620.67	249529.75	246236.49	166163.22
	营业收入(万元)	3964.76	13525.68	4866.78	5453.82
	营业支出(万元)	450.39	5289.91	1402.77	713.22
	投资收益(万元)	8295.64	8672.62	8295.64	17796.15
	净利润(万元)	12142.93	92534.98	81098.51	20136.80
	营业利润(万元)	11167.02	14680.62	10187.73	21548.83
	利润总额(万元)	13359.01	120506.12	115988.06	21359.01

金地(集团)股份有限公司

公司概况	公司名称	金地(集团)股份有限公司			证券简称	金地集团
	法人代表	凌克	董秘	徐家俊	证券代码	600383
	公司网址	www.gemdale.com		电子信箱	ir@gemdale.com	
	电　　话	0755-82039509		传　　真	0755-82039900	
	办公地址	广东省深圳市福田区福强路金地商业大楼				
	经营范围	主要从事房地产开发经营、自有物业管理、兴办各类实体、经营进出口业务				

主要财务指标	指标\报告期	2015.06.30	2014.12.31	2014.06.30	2013.12.31
	基本每股收益(元)	0.1200	0.8900	0.0400	0.8100
	基本每股收益(扣除后)(元)	0.0900	0.7800	0.0200	0.4800
	稀释每股收益(元)	0.1200	0.8900	0.0400	0.8100
	每股净资产(元)	7.0115	7.0098	6.3578	6.5111
	每股经营现金净流量(元)	–0.5686	–0.2118	–0.9925	–0.3491
	每股现金流量(元)	0.2150	–0.1094	–0.0867	–0.5151
	每股资本公积金(元)	1.0597	1.0467	1.2544	1.2656
	每股盈余公积金(元)	0.3312	0.3312	0.2704	0.2706
	每股未分配利润(元)	4.4941	4.5081	3.7319	3.8564
	净资产收益率(%)	1.6537	12.6966	0.5557	12.3954
	加权净资产收益率(%)	1.6400	13.2300	0.5400	13.1100
	净资产收益率(扣除)(%)	1.3129	11.0511	0.3643	7.4310
	总资产(万元)	13264421.05	12466740.61	13473447.51	12392633.30
	归属母公司股东权益(万元)	3149178.85	3148430.79	2842907.92	2911433.18
	营业收入(万元)	808751.91	4563637.80	908387.13	3483584.13
	营业支出(万元)	581048.46	3243505.24	695796.30	2545986.32
	投资收益(万元)	37278.91	8136.27	–682.77	45054.65
	净利润(万元)	63667.52	496398.93	15798.07	360883.50
	营业利润(万元)	77062.27	714435.54	41163.60	626894.17
	利润总额(万元)	84982.82	711253.84	42181.25	631188.04

山东金泰集团股份有限公司

公司概况	公司名称	山东金泰集团股份有限公司			证券简称	山东金泰
	法人代表	林云	董秘	杨继座	证券代码	600385
	公司网址	www.sdjintai.com.cn		电子信箱	jtjt-jn@263.net	
	电　　话	0531-88902341		传　　真	0531-88902341	
	办公地址	山东省济南市洪楼西路29号				
	经营范围	化学原料药、化学药品制剂、中药制剂、生物药品的研制、生产等				

主要财务指标	指标\报告期	2015.06.30	2014.12.31	2014.06.30	2013.12.31
	基本每股收益(元)	–0.0101	0.2500	0.0700	0.1800
	基本每股收益(扣除后)(元)	0.0021	0.2300	0.0800	0.0400
	稀释每股收益(元)	–0.0101	0.2500	0.0700	0.1800
	每股净资产(元)	0.3502	0.3607	0.1867	0.1152
	每股经营现金净流量(元)	0.6275	–0.0992	0.2194	–0.3125
	每股现金流量(元)	0.6181	–0.0957	0.2225	0.1459
	每股资本公积金(元)	2.0191	2.0191	2.0191	2.0191
	每股盈余公积金(元)	0.1106	0.1106	0.1106	0.1106
	每股未分配利润(元)	–2.7788	–2.7687	–2.9478	–3.0137
	净资产收益率(%)	–2.8799	67.9237	35.2888	157.2629
	加权净资产收益率(%)	–2.8400	102.9700	43.6500	–
	净资产收益率(扣除)(%)	0.6035	64.2498	42.2927	34.0045
	总资产(万元)	16540.93	23086.55	13450.41	11176.21
	归属母公司股东权益(万元)	5186.97	5342.69	2765.32	1705.93
	营业收入(万元)	17003.34	202859.81	66544.76	53793.37
	营业支出(万元)	16366.62	196494.16	64497.94	51196.21
	投资收益(万元)	7.04	709.30	–	115.58
	净利润(万元)	–149.38	4023.65	975.85	2682.80
	营业利润(万元)	100.21	5411.47	1453.11	1016.51
	利润总额(万元)	–80.47	4994.51	1254.23	2995.02

北京巴士传媒股份有限公司

公司概况	公司名称	北京巴士传媒股份有限公司			证券简称	北巴传媒
	法人代表	王春杰	董秘	王婕	证券代码	600386
	公司网址	www.bbcm.com.cn		电子信箱	bbcm@bbcm.com.cn	
	电　　话	010-68477383		传　　真	010-68731430	
	办公地址	北京市海淀区紫竹院路32号				
	经营范围	设计、制作、代理、发布国内及外商来华广告等				

主要财务指标	指标\报告期	2015.06.30	2014.12.31	2014.06.30	2013.12.31
	基本每股收益(元)	0.2200	0.4700	0.2200	0.4300
	基本每股收益(扣除后)(元)	0.2200	0.4600	0.2200	0.4300
	稀释每股收益(元)	0.2200	0.4700	0.2200	0.4300
	每股净资产(元)	4.2693	4.1946	3.9259	3.8986
	每股经营现金净流量(元)	0.4501	0.9163	0.6182	0.4445
	每股现金流量(元)	0.1318	–0.1551	0.0680	–0.0427
	每股资本公积金(元)	1.6047	1.6047	1.7706	1.6942
	每股盈余公积金(元)	0.3259	0.3259	0.2947	0.2947
	每股未分配利润(元)	1.0206	1.0762	0.8605	0.9097
	净资产收益率(%)	5.2544	11.1503	5.6258	11.0841
	加权净资产收益率(%)	5.1900	11.4900	5.5200	11.4400
	净资产收益率(扣除)(%)	5.1738	11.0632	5.6022	10.9119
	总资产(万元)	264118.93	264697.95	275598.04	247571.14
	归属母公司股东权益(万元)	172137.42	169125.69	158290.59	157193.51
	营业收入(万元)	138492.22	300041.91	143024.69	310591.66
	营业支出(万元)	100789.22	224896.90	107568.78	234733.34
	投资收益(万元)	273.78	198.33	185.38	245.79
	净利润(万元)	9740.60	19999.67	8905.04	17423.54
	营业利润(万元)	12815.19	26951.01	12808.80	24952.07
	利润总额(万元)	12996.74	27150.15	12837.48	25121.95

浙江海越股份有限公司

公司概况	公司名称	浙江海越股份有限公司			证券简称	海越股份
	法人代表	吕小奎	董秘	陈海平	证券代码	600387
	公司网址	www.hy600387.com		电子信箱	haiyue600387@163.com	
	电　　话	0575-87016161		传　　真	0575-87032163	
	办公地址	浙江省诸暨市西施大街59号				
	经营范围	交通、能源等基础设施的投资和经营				

主要财务指标	指标\报告期	2015.06.30	2014.12.31	2014.06.30	2013.12.31
	基本每股收益(元)	0.1100	0.2900	0.1100	0.1600
	基本每股收益(扣除后)(元)	–0.0200	–0.0200	0.0300	–
	稀释每股收益(元)	0.1100	0.2900	0.1100	0.1600
	每股净资产(元)	3.6762	3.0804	3.1863	2.9016
	每股经营现金净流量(元)	–0.0497	–0.3195	–1.0205	–0.4938
	每股现金流量(元)	–0.7674	0.7978	0.4344	–0.2244
	每股资本公积金(元)	0.4389	0.4389	1.0628	0.8856
	每股盈余公积金(元)	0.3118	0.3118	0.2964	0.2964
	每股未分配利润(元)	1.0384	0.9323	0.8271	0.7195
	净资产收益率(%)	2.8879	9.3525	3.3754	5.6177
	加权净资产收益率(%)	3.1400	9.6200	3.5300	5.8300
	净资产收益率(扣除)(%)	–0.5269	–0.7222	0.9532	–4.4742
	总资产(万元)	939107.74	938526.18	813881.80	683843.81
	归属母公司股东权益(万元)	141939.16	118932.97	123023.97	112030.40
	营业收入(万元)	225759.42	304041.80	159499.55	453277.50
	营业支出(万元)	217539.38	295734.59	155799.23	447105.56
	投资收益(万元)	9491.61	21428.47	8131.73	12308.06
	净利润(万元)	683.45	7641.28	4152.56	6293.57
	营业利润(万元)	1097.33	10272.04	3280.58	1229.74
	利润总额(万元)	2628.25	11181.39	3861.38	6414.60

福建龙净环保股份有限公司

公司概况	公司名称	福建龙净环保股份有限公司			证券简称	龙净环保
	法人代表	周苏华	董秘	罗继永	证券代码	600388
	公司网址	www.longking.com.cn		电子信箱	longkinghb@163.com	
	电　　话	0597-2210288		传　　真	0597-2290903	
	办公地址	福建省龙岩市新罗区陵园路 81 号				
	经营范围	环境污染防治设备、工业自动控制系统装置、环保专用仪器、仪表等				

主要财务指标	指标\报告期	2015.06.30	2014.12.31	2014.06.30	2013.12.31
	基本每股收益(元)	0.1600	1.0800	0.1300	1.0700
	基本每股收益(扣除后)(元)	0.1500	0.8900	0.1200	0.7300
	稀释每股收益(元)	0.1600	1.0800	0.1300	1.0700
	每股净资产(元)	2.9712	7.3564	6.7955	6.5087
	每股经营现金净流量(元)	0.1753	1.1583	–0.2721	0.1879
	每股现金流量(元)	–0.1623	1.5473	0.1484	0.2929
	每股资本公积金(元)	0.4887	2.2218	2.0780	2.2181
	每股盈余公积金(元)	0.1618	0.4044	0.3310	0.3310
	每股未分配利润(元)	1.3246	3.7389	3.3928	3.0587
	净资产收益率(%)	5.4209	14.7316	4.9167	16.4095
	加权净资产收益率(%)	5.3700	15.6700	5.0200	16.9800
	净资产收益率(扣除)(%)	5.0121	12.0698	4.4366	11.2888
	总资产(万元)	1243498.68	1144141.02	1006450.00	853501.48
	归属母公司股东权益(万元)	317637.20	314572.63	290589.11	278324.23
	营业收入(万元)	246661.60	602666.36	226219.16	556821.18
	营业支出(万元)	183748.22	462138.83	177181.09	438751.50
	投资收益(万元)	327.01	6061.76	520.08	12857.08
	净利润(万元)	17046.97	46698.77	14435.96	46331.94
	营业利润(万元)	19089.41	50893.09	14587.06	50608.85
	利润总额(万元)	20435.08	54903.40	16658.89	55205.18

南通江山农药化工股份有限公司

公司概况	公司名称	南通江山农药化工股份有限公司			证券简称	江山股份
	法人代表	李大军	董秘	宋金华	证券代码	600389
	公司网址	www.jsac.com.cn		电子信箱	songjh@jsac.com.cn	
	电　　话	0513-83558270 83530931		传　　真	0513-83521807	
	办公地址	江苏省南通市经济技术开发区江山路 998 号				
	经营范围	化学农药、有机化学品、无机化学品、高分子聚合物等制造、加工、销售				

主要财务指标	指标\报告期	2015.06.30	2014.12.31	2014.06.30	2013.12.31
	基本每股收益(元)	0.0829	1.0190	0.8375	1.5293
	基本每股收益(扣除后)(元)	0.0577	1.0108	0.8279	1.5119
	稀释每股收益(元)	0.0829	1.0190	0.8375	1.5293
	每股净资产(元)	6.5062	6.7334	6.4799	6.1123
	每股经营现金净流量(元)	0.0524	2.1078	1.2364	3.2385
	每股现金流量(元)	–0.2771	–0.0355	–0.1044	0.0869
	每股资本公积金(元)	1.0836	1.0836	1.0822	1.0822
	每股盈余公积金(元)	0.7303	0.7303	0.6445	0.6445
	每股未分配利润(元)	3.4499	3.6770	3.7459	3.3784
	净资产收益率(%)	1.2741	15.1334	12.9240	25.0193
	加权净资产收益率(%)	1.3300	15.7700	12.8227	28.3300
	净资产收益率(扣除)(%)	0.8875	15.0116	12.7767	24.7345
	总资产(万元)	304420.52	328678.29	311315.43	327259.60
	归属母公司股东权益(万元)	128823.57	133320.51	128301.24	121024.04
	营业收入(万元)	156281.14	297591.67	166837.99	316257.21
	营业支出(万元)	142018.47	240994.40	130631.17	242192.21
	投资收益(万元)	313.85	1225.26	831.49	3095.37
	净利润(万元)	1641.32	20175.93	16581.59	30279.39
	营业利润(万元)	1522.04	25483.31	21629.49	38400.72
	利润总额(万元)	2186.13	26090.01	21916.26	38860.24

金瑞新材料科技股份有限公司

公司概况	公司名称	金瑞新材料科技股份有限公司			证券简称	金瑞科技
	法人代表	杨应亮	董秘	李淼	证券代码	600390
	公司网址	www.king-ray.com.cn		电子信箱	kingray@minmetals.com	
	电　　话	0731-88657400 88657300		传　　真	0731-88827884	
	办公地址	湖南省长沙市岳麓区麓山南路 966 号				
	经营范围	电子基础材料、金属材料、超硬材料及其制品、专用设备的技术开发等				

主要财务指标	指标\报告期	2015.06.30	2014.12.31	2014.06.30	2013.12.31
	基本每股收益(元)	–0.0527	–0.0720	–0.0330	0.0260
	基本每股收益(扣除后)(元)	–0.0821	–0.1080	–0.0470	–0.2660
	稀释每股收益(元)	–0.0527	–0.0720	–0.0330	0.0260
	每股净资产(元)	2.2218	2.2805	2.3391	2.3691
	每股经营现金净流量(元)	–0.3869	–0.4327	–0.3456	0.0447
	每股现金流量(元)	0.0311	–0.0366	0.0310	0.0319
	每股资本公积金(元)	1.4821	1.4821	1.5043	1.5043
	每股盈余公积金(元)	0.0601	0.0601	0.0601	0.0601
	每股未分配利润(元)	–0.3229	–0.2702	–0.2314	–0.1984
	净资产收益率(%)	–2.3707	–3.1475	–1.4099	1.0659
	加权净资产收益率(%)	–2.3400	–3.0700	–1.4000	1.2300
	净资产收益率(扣除)(%)	–3.6969	–4.7488	–2.0081	–10.8765
	总资产(万元)	234000.09	215865.75	194995.06	169281.81
	归属母公司股东权益(万元)	86797.91	89091.39	91379.53	92552.49
	营业收入(万元)	65467.12	130388.92	61519.68	105277.55
	营业支出(万元)	61864.25	117694.87	55667.40	97983.21
	投资收益(万元)	–	–	–	8340.91
	净利润(万元)	–2335.36	–2381.25	–1288.40	986.51
	营业利润(万元)	–3429.36	–3274.73	–1420.27	–1596.06
	利润总额(万元)	–2245.96	–1738.15	–808.42	854.22

四川成发航空科技股份有限公司

公司概况	公司名称	四川成发航空科技股份有限公司			证券简称	成发科技
	法人代表	陈锦	董秘	陈育培	证券代码	600391
	公司网址	www.fast.avic.com		电子信箱	board-fast@avic.com	
	电　　话	028-89358665 89358616		传　　真	028-89358615	
	办公地址	四川省成都市新都区三河街成发工业园				
	经营范围	研究、制造、加工、维修销售航空发动机及零部件等				

主要财务指标	指标\报告期	2015.06.30	2014.12.31	2014.06.30	2013.12.31
	基本每股收益(元)	0.0700	0.0900	0.0700	0.1000
	基本每股收益(扣除后)(元)	0.0600	0.0700	0.0700	0.0800
	稀释每股收益(元)	0.0700	0.0900	0.0700	0.1000
	每股净资产(元)	5.1024	5.0590	5.0580	5.0080
	每股经营现金净流量(元)	0.1627	0.0836	–0.0532	0.1289
	每股现金流量(元)	–0.2002	–0.3860	–0.1738	–0.0060
	每股资本公积金(元)	3.0641	3.0641	3.0641	3.0641
	每股盈余公积金(元)	0.2058	0.2058	0.1987	0.1987
	每股未分配利润(元)	0.8099	0.7732	0.7582	0.7207
	净资产收益率(%)	1.3077	1.7708	1.3330	1.9289
	加权净资产收益率(%)	1.3100	1.7800	1.3400	1.9500
	净资产收益率(扣除)(%)	1.2191	1.2885	1.3048	1.6932
	总资产(万元)	463380.66	444212.47	432423.64	422592.00
	归属母公司股东权益(万元)	168445.68	167012.89	166978.86	165328.66
	营业收入(万元)	90112.97	196305.77	89067.18	181504.60
	营业支出(万元)	70934.78	156019.10	69357.14	143284.14
	投资收益(万元)	–	–	–	–
	净利润(万元)	3291.91	3725.12	2225.80	3188.99
	营业利润(万元)	3773.99	3737.88	3224.39	4453.65
	利润总额(万元)	3935.92	4645.36	3282.99	4898.04

盛和资源控股股份有限公司

公司概况	公司名称	盛和资源控股股份有限公司			证券简称	盛和资源
	法人代表	胡泽松	董秘	黄厚兵	证券代码	600392
	公司网址	www.scshre.com		电子信箱	600392@scshre.com	
	电　话	028-85425108		传　真	028-85530349	
	办公地址	成都市高新区盛和一路66号城南天府7楼				
	经营范围	研制、开发、生产、销售智能电子设备及其网络系统等				

主要财务指标	指标\报告期	2015.06.30	2014.12.31	2014.06.30	2013.12.31
	基本每股收益(元)	0.0583	0.5100	0.0198	0.3900
	基本每股收益(扣除后)(元)	0.0569	0.5100	0.0195	0.3900
	稀释每股收益(元)	0.0583	0.5100	0.0198	0.3900
	每股净资产(元)	3.3930	3.3333	2.8419	2.8212
	每股经营现金净流量(元)	-0.0150	-0.2879	-0.3887	-0.6723
	每股现金流量(元)	-0.3269	-0.0229	-0.1959	-0.6940
	每股资本公积金(元)	0.0276	0.0276	0.0386	0.0386
	每股盈余公积金(元)	0.0938	-	-	-
	每股未分配利润(元)	2.2579	2.2934	1.8024	1.7826
	净资产收益率(%)	1.7183	15.3241	0.6975	13.9226
	加权净资产收益率(%)	1.7300	16.6000	0.7000	15.0300
	净资产收益率(扣除)(%)	1.6763	15.2694	0.6845	13.7884
	总资产(万元)	187658.49	184108.44	144841.56	128803.11
	归属母公司股东权益(万元)	127717.86	125469.46	106972.93	106194.19
	营业收入(万元)	54480.12	151450.07	50004.96	137469.97
	营业支出(万元)	45883.35	117408.11	44030.34	114564.49
	投资收益(万元)	70.64	330.05	123.06	4.52
	净利润(万元)	2176.01	19566.11	746.17	14784.96
	营业利润(万元)	2629.53	23187.96	1843.56	17078.53
	利润总额(万元)	2653.20	23063.58	1814.65	17377.11

广州东华实业股份有限公司

公司概况	公司名称	广州东华实业股份有限公司			证券简称	东华实业
	法人代表	杨树坪	董秘	蔡锦鹭	证券代码	600393
	公司网址	www.gzdh.com.cn		电子信箱	caijinlu@tom.com	
	电　话	020-87379702 87397172		传　真	020-87386297	
	办公地址	广州市越秀区寺右新马路111-115号五羊新城广场首层				
	经营范围	房地产开发、出售、出租房屋、房屋拆迁、土建工程电气配套承装、旅游等业务				

主要财务指标	指标\报告期	2015.06.30	2014.12.31	2014.06.30	2013.12.31
	基本每股收益(元)	0.0680	0.2100	0.0130	0.0800
	基本每股收益(扣除后)(元)	0.0230	0.0600	0.0150	0.0900
	稀释每股收益(元)	0.0680	0.2100	0.0130	0.0800
	每股净资产(元)	3.2679	3.3000	3.1079	3.1949
	每股经营现金净流量(元)	-0.5094	-0.0174	0.1599	-0.1645
	每股现金流量(元)	-0.5753	0.5109	0.5170	0.1226
	每股资本公积金(元)	0.7221	0.7221	0.7221	0.7221
	每股盈余公积金(元)	0.3276	0.3276	0.3276	0.3276
	每股未分配利润(元)	1.2182	1.2503	1.0582	1.1451
	净资产收益率(%)	2.0780	6.2166	0.4189	2.6418
	加权净资产收益率(%)	2.0600	6.3200	0.4100	2.6600
	净资产收益率(扣除)(%)	0.6924	1.7917	0.4699	2.8173
	总资产(万元)	347533.34	340862.48	373069.08	334526.44
	归属母公司股东权益(万元)	98037.21	99000.01	93236.19	95845.62
	营业收入(万元)	29989.70	89130.41	16013.00	48956.38
	营业支出(万元)	16711.06	60161.29	6960.26	27388.42
	投资收益(万元)	-	-	-	1026.35
	净利润(万元)	1952.75	5765.43	390.57	2532.01
	营业利润(万元)	821.61	2003.76	-237.93	2865.79
	利润总额(万元)	2654.09	6409.39	-310.32	2921.40

贵州盘江精煤股份有限公司

公司概况	公司名称	贵州盘江精煤股份有限公司			证券简称	盘江股份
	法人代表	张仕和	董秘	张发安	证券代码	600395
	公司网址	www.pjgf.cn		电子信箱	pjzfa@163.com	
	电　话	0858-3703046 3703068		传　真	0858-3703046	
	办公地址	贵州省六盘水市红果经济开发区干沟桥				
	经营范围	原煤开采、洗选加工及销售				

主要财务指标	指标\报告期	2015.06.30	2014.12.31	2014.06.30	2013.12.31
	基本每股收益(元)	0.0130	0.1860	0.1610	0.2900
	基本每股收益(扣除后)(元)	0.0120	0.1810	0.1610	0.2840
	稀释每股收益(元)	0.0130	0.1860	0.1610	0.2900
	每股净资产(元)	3.5280	3.6554	4.2857	4.3607
	每股经营现金净流量(元)	0.1956	0.4657	0.1727	0.5476
	每股现金流量(元)	0.0658	-0.0168	0.0181	-0.0297
	每股资本公积金(元)	1.4135	1.4135	1.4135	1.4135
	每股盈余公积金(元)	0.4043	0.4043	0.4480	0.4480
	每股未分配利润(元)	0.5512	0.6984	1.2074	1.3463
	净资产收益率(%)	0.3636	5.0780	3.7581	6.6479
	加权净资产收益率(%)	0.3500	4.9060	3.6680	6.5300
	净资产收益率(扣除)(%)	0.3409	4.9582	3.7646	6.5221
	总资产(万元)	1063815.82	1093560.25	1411676.73	1394789.86
	归属母公司股东权益(万元)	583903.54	604987.16	709307.61	721719.80
	营业收入(万元)	198626.79	517483.76	289580.12	578368.61
	营业支出(万元)	143433.30	345237.25	193492.72	378417.24
	投资收益(万元)	-4062.92	-4182.43	710.32	-670.83
	净利润(万元)	2122.79	30721.40	26656.40	47978.89
	营业利润(万元)	3380.72	34719.99	26335.80	43025.19
	利润总额(万元)	3264.43	35913.89	26245.79	44156.00

沈阳金山能源股份有限公司

公司概况	公司名称	沈阳金山能源股份有限公司			证券简称	金山股份
	法人代表	彭兴宇	董秘	薛滨	证券代码	600396
	公司网址	www.chd.com.cn		电子信箱	zqb600396@126.com	
	电　话	024-83996005 83996041		传　真	024-83996039	
	办公地址	辽宁省沈阳市和平区南五马路183号泰宸商务大厦B座22-26层				
	经营范围	火力发电、风力发电、供暖及供热				

主要财务指标	指标\报告期	2015.06.30	2014.12.31	2014.06.30	2013.12.31
	基本每股收益(元)	0.1653	0.3247	0.2570	0.6339
	基本每股收益(扣除后)(元)	0.1603	0.3282	0.2547	0.6267
	稀释每股收益(元)	0.1653	0.3247	0.2570	0.6339
	每股净资产(元)	2.6161	2.4248	2.3572	3.8753
	每股经营现金净流量(元)	0.8024	1.9112	0.8749	5.1698
	每股现金流量(元)	-0.0257	0.0149	0.4181	0.0944
	每股资本公积金(元)	0.5556	0.5296	0.5285	0.5766
	每股盈余公积金(元)	0.1228	0.1228	0.0850	0.2168
	每股未分配利润(元)	0.9377	0.7724	0.7437	2.0819
	净资产收益率(%)	6.3203	13.1490	10.7066	16.3563
	加权净资产收益率(%)	6.5600	14.2300	11.5600	17.5300
	净资产收益率(扣除)(%)	6.1293	13.2931	10.6101	16.1725
	总资产(万元)	1493421.96	1501080.88	1516944.23	1493258.42
	归属母公司股东权益(万元)	227251.13	210632.19	204762.42	131994.15
	营业收入(万元)	227581.40	461234.33	220946.10	441267.10
	营业支出(万元)	160980.18	324214.74	148111.82	311001.43
	投资收益(万元)	1495.52	2641.23	3445.78	6786.44
	净利润(万元)	22724.64	45954.90	21923.04	21589.38
	营业利润(万元)	26950.98	49308.19	34059.22	42621.30
	利润总额(万元)	27711.37	48681.81	34355.09	42434.29

安源煤业集团股份有限公司

公司概况	公司名称	安源煤业集团股份有限公司		证券简称	安源煤业
	法人代表	李良仕	董秘 姚培武	证券代码	600397
	公司网址	www.anyuan2002.com		电子信箱	qianwei_nc2014@163.com
	电　话	0791-87151886		传　真	0791-87151886
	办公地址	江西省南昌市西湖区丁公路117号煤炭大厦			
	经营范围	煤炭采掘销售、浮法玻璃生产、玻璃深加工及客车制造			

主要财务指标	指标\报告期	2015.06.30	2014.12.31	2014.06.30	2013.12.31
	基本每股收益(元)	-0.1128	0.0964	0.0208	0.2500
	基本每股收益(扣除后)(元)	-0.1196	0.0547	0.0137	0.2400
	稀释每股收益(元)	-0.1128	0.0964	0.0208	0.2500
	每股净资产(元)	3.4249	3.5329	3.4600	3.9306
	每股经营现金净流量(元)	0.0680	0.5344	0.0848	0.0500
	每股现金流量(元)	-0.0246	-0.0769	0.2402	-0.1815
	每股资本公积金(元)	1.8654	1.8654	1.8654	1.8654
	每股盈余公积金(元)	0.2424	0.2424	0.2424	0.2424
	每股未分配利润(元)	0.2014	0.3142	0.2385	0.7178
	净资产收益率(%)	-3.2922	2.7284	0.6002	6.3806
	加权净资产收益率(%)	-3.2400	2.5900	0.5300	6.6400
	净资产收益率(扣除)(%)	-3.4920	1.5470	0.3965	6.0033
	总资产(万元)	950083.41	922149.04	973850.28	927568.04
	归属母公司股东权益(万元)	339053.48	349743.17	342524.41	389113.66
	营业收入(万元)	264997.26	1065164.40	709023.19	1743547.66
	营业支出(万元)	246837.47	984516.42	671020.31	1636058.44
	投资收益(万元)	-	-	-	-
	净利润(万元)	-12898.04	7021.81	2055.83	24827.76
	营业利润(万元)	-11380.99	8650.33	3405.84	36679.56
	利润总额(万元)	-10405.84	14022.88	4262.04	38814.58

海澜之家股份有限公司

公司概况	公司名称	海澜之家股份有限公司		证券简称	海澜之家
	法人代表	周建平	董秘 许庆华	证券代码	600398
	公司网址	www.heilanhome.com		电子信箱	600398@heilanhome.com
	电　话	0510-86121071		传　真	0510-86126877
	办公地址	江苏省江阴市新桥镇			
	经营范围	高档精纺呢绒、高档西服、衬衫、职业服的生产和销售、染整加工业务			

主要财务指标	指标\报告期	2015.06.30	2014.12.31	2014.06.30	2013.12.31
	基本每股收益(元)	0.3700	0.5400	0.2900	0.2200
	基本每股收益(扣除后)(元)	0.3600	0.5100	0.2600	0.2100
	稀释每股收益(元)	-	-	-	0.2200
	每股净资产(元)	1.5579	1.5672	1.3047	3.3385
	每股经营现金净流量(元)	1.1600	1.6466	0.2379	0.4580
	每股现金流量(元)	-0.4330	1.3556	0.3556	0.3575
	每股资本公积金(元)	1.7271	1.7271	1.6996	-
	每股盈余公积金(元)	0.4851	0.4851	0.2750	0.3212
	每股未分配利润(元)	2.7799	2.8153	2.0435	2.0129
	净资产收益率(%)	23.7999	33.7285	20.9453	6.5658
	加权净资产收益率(%)	22.8100	40.6300	23.4200	6.7400
	净资产收益率(扣除)(%)	23.3141	31.8309	18.7174	6.4363
	总资产(万元)	1876598.94	1853043.20	1515341.60	1122575.64
	归属母公司股东权益(万元)	699947.10	704084.95	586181.65	333417.96
	营业收入(万元)	793290.58	1233844.11	568341.01	136544.63
	营业支出(万元)	464673.28	741711.11	339937.19	77023.53
	投资收益(万元)	132.71	133.02	-	482.33
	净利润(万元)	166625.89	237896.93	122777.69	14173.50
	营业利润(万元)	214021.16	312643.36	147306.33	18285.55
	利润总额(万元)	218383.64	322706.11	160289.00	17470.16

抚顺特殊钢股份有限公司

公司概况	公司名称	抚顺特殊钢股份有限公司		证券简称	抚顺特钢
	法人代表	杨华	董秘 孔德生	证券代码	600399
	公司网址	www.fs-ss.com		电子信箱	fstg@fs-ss.com
	电　话	024-56676495 56678441		传　真	024-56688966 56676495
	办公地址	辽宁省抚顺市望花区鞍山路东段8号			
	经营范围	钢冶炼、压延钢加工及冶金技术服务、工业(含液体)制造、销售等			

主要财务指标	指标\报告期	2015.06.30	2014.12.31	2014.06.30	2013.12.31
	基本每股收益(元)	0.2158	0.0900	0.0280	0.0446
	基本每股收益(扣除后)(元)	0.1470	0.0600	0.0190	-
	稀释每股收益(元)	0.2158	0.0900	0.0280	0.0446
	每股净资产(元)	1.4257	3.3626	3.3201	3.2923
	每股经营现金净流量(元)	0.1678	1.5495	0.3505	0.3316
	每股现金流量(元)	-0.1393	-0.3358	-0.6412	0.5297
	每股资本公积金(元)	0.1251	1.4126	1.4126	1.4126
	每股盈余公积金(元)	0.0608	0.1520	0.1422	0.1422
	每股未分配利润(元)	0.2398	0.7980	0.7653	0.7375
	净资产收益率(%)	7.0592	2.6857	0.8389	1.3545
	加权净资产收益率(%)	7.2100	2.7100	0.8390	1.3600
	净资产收益率(扣除)(%)	4.8084	1.7679	0.5592	1.0607
	总资产(万元)	1305048.25	1165261.00	1148494.02	1150868.21
	归属母公司股东权益(万元)	185338.90	174855.41	172647.77	171199.39
	营业收入(万元)	258063.67	545258.89	287370.30	545953.93
	营业支出(万元)	207531.59	448221.17	249978.36	475284.39
	投资收益(万元)	-186.10	-198.44	-87.17	1061.81
	净利润(万元)	13083.49	4696.02	1448.37	2318.94
	营业利润(万元)	10125.10	5056.42	2462.86	2498.21
	利润总额(万元)	15033.12	6960.38	3031.01	3088.75

江苏红豆实业股份有限公司

公司概况	公司名称	江苏红豆实业股份有限公司		证券简称	红豆股份
	法人代表	刘连红	董秘 孟晓平	证券代码	600400
	公司网址	www.hongdou.com.cn		电子信箱	hongdou@hongdou.com
	电　话	0510-66868422 66868278		传　真	0510-88350139
	办公地址	江苏省无锡市锡山区港下镇			
	经营范围	服装、针织品、服装面料的生产与销售、锦纶丝的生产与销售等			

主要财务指标	指标\报告期	2015.06.30	2014.12.31	2014.06.30	2013.12.31
	基本每股收益(元)	0.0500	0.1200	0.0400	0.0900
	基本每股收益(扣除后)(元)	0.0500	0.1100	0.0300	0.0300
	稀释每股收益(元)	0.0500	0.1200	0.0400	0.0900
	每股净资产(元)	2.5813	2.5794	2.5034	2.4924
	每股经营现金净流量(元)	0.4793	1.2288	-0.0637	1.4385
	每股现金流量(元)	0.9430	-0.6619	-0.1978	0.4871
	每股资本公积金(元)	0.4520	0.4520	0.4520	0.4520
	每股盈余公积金(元)	0.1975	0.1975	0.1905	0.1905
	每股未分配利润(元)	0.9318	0.9299	0.8610	0.8500
	净资产收益率(%)	2.0106	4.5337	1.6376	3.4316
	加权净资产收益率(%)	2.0000	4.6200	1.6300	3.4800
	净资产收益率(扣除)(%)	1.9756	4.0912	1.2808	1.1891
	总资产(万元)	649671.15	578876.59	711149.77	699647.59
	归属母公司股东权益(万元)	144655.41	144548.91	140293.00	139676.71
	营业收入(万元)	109056.91	284233.79	91300.53	239436.37
	营业支出(万元)	80054.13	222906.10	65817.13	181915.18
	投资收益(万元)	1180.08	2140.38	1042.24	5407.20
	净利润(万元)	3221.10	7355.68	2297.49	4793.14
	营业利润(万元)	4448.83	9359.48	3597.94	5165.84
	利润总额(万元)	4446.52	9786.69	4097.11	5636.80

海润光伏科技股份有限公司

公司概况	公司名称	海润光伏科技股份有限公司		证券简称	*ST 海润
	法人代表	杨怀进	董秘 曹敏	证券代码	600401
	公司网址	www.hareonsolar.com		电子信箱	ir@hareon.net
	电　　话	00510-86530938		传　　真	0510-86530766
	办公地址	江苏省江阴市徐霞客镇璜塘工业园区环镇北路 178 号			
	经营范围	研究、开发、生产、加工单晶硅片、单晶硅棒、多晶硅锭、多晶硅片			

主要财务指标 指标\报告期	2015.06.30	2014.12.31	2014.06.30	2013.12.31
基本每股收益(元)	0.0076	−0.8013	0.0049	−0.1955
基本每股收益(扣除后)(元)	−0.0022	−0.8296	0.0001	−0.2258
稀释每股收益(元)	0.0076	−0.8013	0.0049	−0.1955
每股净资产(元)	1.0212	3.0749	2.0817	2.1782
每股经营现金净流量(元)	0.0333	−0.3318	−0.2472	1.3351
每股现金流量(元)	0.0189	0.1955	−0.0911	−0.4420
每股资本公积金(元)	0.2658	2.7973	1.1580	1.2539
每股盈余公积金(元)	0.0170	0.0511	0.0744	0.0777
每股未分配利润(元)	−0.2286	−0.7086	−0.1507	−0.1625
净资产收益率(%)	0.7413	−19.5665	0.2363	−8.9741
加权净资产收益率(%)	0.7400	−35.9800	0.0600	−7.8200
净资产收益率(扣除)(%)	−0.2189	−20.2575	0.0060	−10.3644
总资产(万元)	1518271.68	1556632.41	1455784.34	1347307.57
归属母公司股东权益(万元)	482527.97	484295.48	225338.20	225756.33
营业收入(万元)	189697.40	495840.70	332382.66	475864.34
营业支出(万元)	154053.59	435160.83	279715.61	406585.11
投资收益(万元)	15285.04	724.97	335.96	1137.99
净利润(万元)	3505.80	−93281.21	1480.45	−28715.89
营业利润(万元)	−898.92	−100701.17	1575.02	−34706.24
利润总额(万元)	4273.55	−97771.26	2201.40	−31838.16

河南大有能源股份有限公司

公司概况	公司名称	河南大有能源股份有限公司		证券简称	大有能源
	法人代表	贺治强	董秘 张建强	证券代码	600403
	公司网址	www.hndyny.com		电子信箱	dsh@hndyny.com
	电　　话	0398-5886075 5888908		传　　真	0398-5897007
	办公地址	河南省三门峡市义马市千秋路 6 号			
	经营范围	原煤开采、煤炭批发经营、对煤炭行业的投资、煤炭洗选加工			

主要财务指标 指标\报告期	2015.06.30	2014.12.31	2014.06.30	2013.12.31
基本每股收益(元)	−0.0972	0.0500	0.0438	0.5000
基本每股收益(扣除后)(元)	−0.0689	0.0800	0.0443	0.5100
稀释每股收益(元)	−0.0972	0.0500	0.0438	0.5000
每股净资产(元)	4.0017	4.1206	4.3315	4.3422
每股经营现金净流量(元)	−0.1505	0.0409	0.0075	0.3055
每股现金流量(元)	0.0615	−0.1289	0.0796	−1.1780
每股资本公积金(元)	0.1374	0.1374	0.1374	0.1374
每股盈余公积金(元)	0.2183	0.2183	0.2183	0.2183
每股未分配利润(元)	2.6328	2.7450	2.7425	2.8488
净资产收益率(%)	−2.4284	1.1223	1.0105	11.4977
加权净资产收益率(%)	−2.3900	1.1100	1.0100	11.7100
净资产收益率(扣除)(%)	−1.7211	1.9771	1.0220	11.6504
总资产(万元)	1651796.36	1618327.56	1604441.53	1543493.80
归属母公司股东权益(万元)	956723.52	985161.93	1035582.87	1038143.87
营业收入(万元)	287340.25	748084.13	432460.10	1116583.63
营业支出(万元)	251513.93	560919.36	328915.70	783054.88
投资收益(万元)	−3022.67	−2210.62	706.24	2324.57
净利润(万元)	−29181.16	9709.89	10464.25	119362.85
营业利润(万元)	−22752.04	29220.98	19651.07	166041.86
利润总额(万元)	−29519.75	15492.52	19487.72	167346.29

北京动力源科技股份有限公司

公司概况	公司名称	北京动力源科技股份有限公司		证券简称	动力源
	法人代表	何振亚	董秘 郭玉洁	证券代码	600405
	公司网址	www.dpc.com.cn		电子信箱	gyj@dpc.com.cn
	电　　话	010-83681321		传　　真	010-63783054
	办公地址	北京市丰台区科技园区星火路 8 号			
	经营范围	直流电源产品、交流电源产品及相关服务和集中监控系统产品及相关服务			

主要财务指标 指标\报告期	2015.06.30	2014.12.31	2014.06.30	2013.12.31
基本每股收益(元)	−0.0380	0.1080	0.0890	0.1180
基本每股收益(扣除后)(元)	−0.0520	0.0570	0.0550	0.0840
稀释每股收益(元)	−0.0380	0.1080	0.0890	0.1180
每股净资产(元)	1.7212	1.7588	2.6157	2.5265
每股经营现金净流量(元)	−0.0801	0.1010	−0.3436	0.0103
每股现金流量(元)	0.0361	−0.2340	−0.3731	0.4871
每股资本公积金(元)	0.2570	0.2570	0.8855	0.8855
每股盈余公积金(元)	0.0731	0.0731	0.0955	0.0955
每股未分配利润(元)	0.3910	0.4287	0.6347	0.5455
净资产收益率(%)	−2.1884	6.1280	3.4087	4.3686
加权净资产收益率(%)	−2.1600	6.2500	3.4700	5.6200
净资产收益率(扣除)(%)	−3.0209	3.2491	2.1077	3.1102
总资产(万元)	202461.55	178284.67	172950.09	165827.37
归属母公司股东权益(万元)	72958.83	74555.48	73919.50	71398.92
营业收入(万元)	40924.09	93932.67	39394.59	79326.97
营业支出(万元)	27924.66	62195.44	24915.59	52474.23
投资收益(万元)	2.10	−67.45	−21.34	−37.04
净利润(万元)	−1595.21	4600.19	2519.73	3119.14
营业利润(万元)	−2484.61	2378.24	1502.20	2453.47
利润总额(万元)	−1496.36	4576.94	2633.70	3510.82

国电南瑞科技股份有限公司

公司概况	公司名称	国电南瑞科技股份有限公司		证券简称	国电南瑞
	法人代表	奚国富	董秘 方飞龙	证券代码	600406
	公司网址	www.naritech.cn		电子信箱	stock@sgepri.sgcc.com.cn
	电　　话	025-81087102		传　　真	025-83422355
	办公地址	江苏省南京市江宁区诚信大道 19 号			
	经营范围	电网调度自动化、变电站自动化、农村电网自动化等			

主要财务指标 指标\报告期	2015.06.30	2014.12.31	2014.06.30	2013.12.31
基本每股收益(元)	0.0100	0.5300	0.2300	0.6600
基本每股收益(扣除后)(元)	0.0100	0.5200	0.2300	0.5300
稀释每股收益(元)	0.0100	0.5300	0.2300	0.6600
每股净资产(元)	2.7928	2.9400	2.6292	2.4999
每股经营现金净流量(元)	−0.2090	0.6972	−0.1162	0.3036
每股现金流量(元)	−0.5540	0.4038	−0.2891	0.1136
每股资本公积金(元)	0.4728	0.4728	0.4584	0.4584
每股盈余公积金(元)	0.2004	0.2004	0.1766	0.1766
每股未分配利润(元)	1.1196	1.2693	0.9942	0.8649
净资产收益率(%)	0.3674	17.9516	8.7220	26.3552
加权净资产收益率(%)	0.3500	19.4000	8.7700	29.3500
净资产收益率(扣除)(%)	0.3029	17.6549	8.6670	19.2681
总资产(万元)	1308267.24	1479667.13	1282963.54	1327360.25
归属母公司股东权益(万元)	678361.75	714732.46	638623.87	607212.56
营业收入(万元)	279909.32	890700.19	363975.72	957563.49
营业支出(万元)	234380.38	648437.15	262603.65	698176.22
投资收益(万元)	–	–	–	–
净利润(万元)	2570.12	130135.75	55700.84	160032.12
营业利润(万元)	−1158.82	124822.18	52434.64	148753.11
利润总额(万元)	4724.74	146122.02	60164.60	179555.86

山西安泰集团股份有限公司

公司概况	公司名称	山西安泰集团股份有限公司			证券简称	*ST 安泰
	法人代表	李猛	董秘	郭全虎	证券代码	600408
	公司网址	www.antaigroup.com		电子信箱	securities_dpt@antaigroup.com	
	电　话	0354-7531034		传　真	0354-7536786	
	办公地址	山西省介休市义安镇				
	经营范围	煤炭洗选、焦炭、生铁、水泥及其制品、电力的生产与销售				

主要财务指标	指标\报告期	2015.06.30	2014.12.31	2014.06.30	2013.12.31
	基本每股收益(元)	-0.2300	-0.6800	-0.2000	-0.2400
	基本每股收益(扣除后)(元)	-0.2400	-0.7000	-0.2100	-0.2700
	稀释每股收益(元)	-0.2300	-0.6800	-0.2000	-0.2400
	每股净资产(元)	1.2570	1.4907	1.9656	2.1641
	每股经营现金净流量(元)	-0.2267	-0.7498	-0.0863	0.3743
	每股现金流量(元)	-0.0015	-0.4337	-0.2421	0.3880
	每股资本公积金(元)	1.4433	1.4433	1.4433	1.4433
	每股盈余公积金(元)	0.1316	0.1316	0.1316	0.1316
	每股未分配利润(元)	-1.3215	-1.0870	-0.6099	-0.4113
	净资产收益率(%)	-18.6601	-45.3288	-10.1061	-11.1524
	加权净资产收益率(%)	-17.0800	-36.8200	-9.6200	-10.5500
	净资产收益率(扣除)(%)	-19.4487	-46.8228	-10.8121	-12.5196
	总资产(万元)	763558.84	776082.81	736426.05	756918.88
	归属母公司股东权益(万元)	126552.36	150084.34	197896.71	217881.46
	营业收入(万元)	113553.15	335724.93	193745.04	448376.64
	营业支出(万元)	109383.11	324073.33	181132.89	418563.72
	投资收益(万元)	-0.02	-26.22	-29.19	-30.53
	净利润(万元)	-29860.31	-85711.49	-19999.66	-24299.05
	营业利润(万元)	-30823.62	-86395.43	-28380.89	-39446.07
	利润总额(万元)	-29860.03	-85264.78	-26586.51	-35855.51

唐山三友化工股份有限公司

公司概况	公司名称	唐山三友化工股份有限公司			证券简称	三友化工
	法人代表	么志义	董秘	刘印江	证券代码	600409
	公司网址	www.sanyou-chem.com.cn		电子信箱	zhengquanbu@sanyou-chem.com.cn	
	电　话	0315-8519078		传　真	0315-8511006	
	办公地址	河北省唐山市南堡开发区				
	经营范围	生产和销售“三友”牌纯碱				

主要财务指标	指标\报告期	2015.06.30	2014.12.31	2014.06.30	2013.12.31
	基本每股收益(元)	0.1024	0.2579	0.0840	0.2406
	基本每股收益(扣除后)(元)	0.0920	0.2590	0.0856	0.2336
	稀释每股收益(元)	0.1024	0.2579	0.0840	0.2406
	每股净资产(元)	3.3927	3.2907	3.1546	3.0775
	每股经营现金净流量(元)	0.2373	0.3835	0.0412	-0.2315
	每股现金流量(元)	-0.0330	0.1274	0.2153	0.1223
	每股资本公积金(元)	1.2783	1.2783	1.2804	1.2050
	每股盈余公积金(元)	0.1264	0.1264	0.1140	0.1140
	每股未分配利润(元)	0.9682	0.8657	0.7380	0.7341
	净资产收益率(%)	3.0191	7.8363	2.6613	7.8175
	加权净资产收益率(%)	3.0700	8.0900	2.6700	8.1100
	净资产收益率(扣除)(%)	2.7111	7.8712	2.7129	7.5912
	总资产(万元)	2030512.55	2002594.17	1979243.09	1879341.24
	归属母公司股东权益(万元)	627781.84	608897.98	583723.73	569450.89
	营业收入(万元)	650727.55	1269535.07	587630.36	1178686.24
	营业支出(万元)	520491.22	1013837.20	481273.82	966226.76
	投资收益(万元)	114.58	198.50	0.72	38.57
	净利润(万元)	17573.35	48504.87	15534.69	44516.96
	营业利润(万元)	20534.88	63199.84	21573.23	50069.48
	利润总额(万元)	23775.73	64242.51	21998.07	53051.88

北京华胜天成科技股份有限公司

公司概况	公司名称	北京华胜天成科技股份有限公司			证券简称	华胜天成
	法人代表	王维航	董秘	代双珠	证券代码	600410
	公司网址	www.teamsun.com.cn		电子信箱	securities@teamsun.com.cn	
	电　话	010-82733988		传　真	010-82733666	
	办公地址	北京市海淀区学清路8号科技财富中心A座10-11层				
	经营范围	为电信、金融等行业用户提供系统集成及专业服务				

主要财务指标	指标\报告期	2015.06.30	2014.12.31	2014.06.30	2013.12.31
	基本每股收益(元)	0.0852	0.1477	0.0989	0.0645
	基本每股收益(扣除后)(元)	0.0750	0.0725	0.0585	0.0369
	稀释每股收益(元)	-	-	-	-
	每股净资产(元)	3.6380	3.6107	3.6750	3.5887
	每股经营现金净流量(元)	-0.2153	0.4311	-0.2595	0.5014
	每股现金流量(元)	-1.1842	0.5948	-0.2039	0.9176
	每股资本公积金(元)	1.0077	1.0033	1.0159	1.0461
	每股盈余公积金(元)	0.2747	0.2747	0.2614	0.2601
	每股未分配利润(元)	1.4793	1.4561	1.4712	1.3627
	净资产收益率(%)	2.3428	4.1083	2.7042	1.8014
	加权净资产收益率(%)	2.3400	4.1500	2.7200	1.7800
	净资产收益率(扣除)(%)	2.0604	2.0161	1.5991	1.0304
	总资产(万元)	653502.02	660811.86	650133.65	570736.45
	归属母公司股东权益(万元)	233315.59	231561.56	236263.94	231843.21
	营业收入(万元)	207673.64	427854.45	211728.70	481601.65
	营业支出(万元)	168466.83	347578.67	174501.50	405024.07
	投资收益(万元)	491.06	3985.59	3482.04	183.35
	净利润(万元)	4902.63	10546.83	6389.08	4176.40
	营业利润(万元)	4821.22	9398.95	6646.57	3676.08
	利润总额(万元)	5157.67	11612.68	7897.72	7047.45

浙江中国小商品城集团股份有限公司

公司概况	公司名称	浙江中国小商品城集团股份有限公司			证券简称	小商品城
	法人代表	朱旻	董秘	鲍江钱	证券代码	600415
	公司网址	www.cccgroup.com.cn		电子信箱	600415@cccgroup.com.cn	
	电　话	0579-85182700 85182812		传　真	0579-85197755	
	办公地址	浙江省义乌市福田路105号海洋商务写字楼				
	经营范围	市场网点经营、房地产开发销售、酒店服务、商品销售等				

主要财务指标	指标\报告期	2015.06.30	2014.12.31	2014.06.30	2013.12.31
	基本每股收益(元)	0.0400	0.1500	0.0700	0.2600
	基本每股收益(扣除后)(元)	0.0300	0.1200	0.0600	0.2500
	稀释每股收益(元)	0.0400	0.1500	0.0700	0.2600
	每股净资产(元)	1.6005	3.2399	3.2636	3.1896
	每股经营现金净流量(元)	0.1289	0.4160	-0.0552	-0.1196
	每股现金流量(元)	-0.1072	0.2778	-0.1432	-0.1314
	每股资本公积金(元)	0.2698	0.5396	0.5396	0.5396
	每股盈余公积金(元)	0.1243	0.2485	0.2311	0.2311
	每股未分配利润(元)	0.2065	1.4517	1.4929	1.4189
	净资产收益率(%)	2.5358	4.6380	2.2674	8.1498
	加权净资产收益率(%)	2.4700	4.6900	2.2900	8.4000
	净资产收益率(扣除)(%)	2.0288	3.6489	1.8186	7.8034
	总资产(万元)	2896380.12	2849840.53	2535985.18	2407031.07
	归属母公司股东权益(万元)	871197.93	881762.68	888218.04	868078.15
	营业收入(万元)	168554.84	384328.22	196519.41	365465.34
	营业支出(万元)	83714.52	199256.32	96414.79	181587.47
	投资收益(万元)	1356.86	3190.95	-1529.07	2744.23
	净利润(万元)	21312.50	40646.35	20139.77	70746.63
	营业利润(万元)	29772.09	54337.21	27686.32	92772.09
	利润总额(万元)	29254.01	54398.71	28867.77	94341.68

湘潭电机股份有限公司

公司概况	公司名称	湘潭电机股份有限公司			证券简称	湘电股份
	法人代表	柳秀导	董秘	李怡文	证券代码	600416
	公司网址	www.xemc.com.cn		电子信箱	mail.xemc.com.cn	
	电　　话	0731-58595252		传　　真	0731-58595252	
	办公地址	湖南省湘潭市下摄司街 302 号				
	经营范围	大中型交直流电机(含特种电机)的开发、生产和销售业务等				

主要财务指标	指标＼报告期	2015.06.30	2014.12.31	2014.06.30	2013.12.31
	基本每股收益(元)	-0.0900	0.0900	0.0400	0.0800
	基本每股收益(扣除后)(元)	-0.1000	-0.0200	0.0300	0.0100
	稀释每股收益(元)	-0.0900	0.0900	0.0400	0.0800
	每股净资产(元)	5.0171	3.5036	3.5165	3.4713
	每股经营现金净流量(元)	-0.9503	0.2277	-0.9478	-0.5225
	每股现金流量(元)	-0.3960	0.0463	-0.7368	0.3388
	每股资本公积金(元)	3.4703	1.7062	1.7062	1.7011
	每股盈余公积金(元)	0.2544	0.3079	0.3022	0.3011
	每股未分配利润(元)	0.3518	0.5408	0.5281	0.4882
	净资产收益率(%)	-1.7638	2.5518	1.1650	2.2764
	加权净资产收益率(%)	-2.9700	2.5700	1.1700	2.3000
	净资产收益率(扣除)(%)	-1.8523	-0.4625	0.9533	0.2165
	总资产(万元)	1849610.24	1668771.86	1681680.37	1569206.07
	归属母公司股东权益(万元)	372974.73	213185.76	213972.15	211222.66
	营业收入(万元)	436562.27	774943.62	371825.45	662646.25
	营业支出(万元)	383038.05	645175.28	311587.06	543334.08
	投资收益(万元)	4.99	57.78	-259.99	401.54
	净利润(万元)	-8431.44	5440.03	2493.35	4808.30
	营业利润(万元)	-9027.85	-2668.61	2207.97	463.42
	利润总额(万元)	-8591.80	5620.60	2750.21	5955.76

安徽江淮汽车股份有限公司

公司概况	公司名称	安徽江淮汽车股份有限公司			证券简称	江淮汽车
	法人代表	安进	董秘	冯梁森	证券代码	600418
	公司网址	www.jac.com.cn		电子信箱	jqgf@jac.com.cn	
	电　　话	0551-62296835		传　　真	0551-62296837	
	办公地址	安徽省合肥市东流路 176 号				
	经营范围	汽车、汽车底盘及其汽车变速箱等零部件的开发、生产和销售				

主要财务指标	指标＼报告期	2015.06.30	2014.12.31	2014.06.30	2013.12.31
	基本每股收益(元)	0.4000	0.4100	0.3600	0.7100
	基本每股收益(扣除后)(元)	0.3400	0.2400	0.3200	0.5800
	稀释每股收益(元)	0.4000	0.4100	0.3600	0.7100
	每股净资产(元)	5.5758	5.4479	5.3900	5.3232
	每股经营现金净流量(元)	0.9207	1.2861	-0.1333	1.9285
	每股现金流量(元)	0.3374	0.6004	0.6372	1.1953
	每股资本公积金(元)	0.9302	2.3521	0.9867	1.0591
	每股盈余公积金(元)	0.8599	0.9792	0.8502	0.8502
	每股未分配利润(元)	2.7369	2.8241	2.5492	2.4111
	净资产收益率(%)	6.5816	7.5528	6.6423	13.4105
	加权净资产收益率(%)	6.7000	7.6900	6.5900	14.3300
	净资产收益率(扣除)(%)	5.5518	4.3351	5.9563	10.8378
	总资产(万元)	3904069.79	3550412.67	2638578.00	2367223.52
	归属母公司股东权益(万元)	815865.58	777158.22	692762.70	683977.94
	营业收入(万元)	2350469.69	3416940.84	1810490.44	3362023.79
	营业支出(万元)	2035162.52	2952203.44	1531344.50	2817524.26
	投资收益(万元)	6397.78	9799.03	2683.89	2656.73
	净利润(万元)	55918.25	53907.72	46015.10	91725.00
	营业利润(万元)	-10990.43	17806.78	35923.29	85349.13
	利润总额(万元)	65530.23	57108.50	52554.01	103479.10

新疆天润乳业股份有限公司

公司概况	公司名称	新疆天润乳业股份有限公司			证券简称	天润乳业
	法人代表	刘让	董秘	王巧玲	证券代码	600419
	公司网址	www.xjth.cn		电子信箱	thwql@126.com	
	电　　话	0991-3960621 3966085		传　　真	0991-3930026	
	办公地址	新疆乌鲁木齐市经济技术开发区(头屯河区)乌昌公路 2702 号				
	经营范围	造纸、纸制品及纸料加工、销售、化工产品(有毒除外)、印刷物资的销售等				

主要财务指标	指标＼报告期	2015.06.30	2014.12.31	2014.06.30	2013.12.31
	基本每股收益(元)	0.2300	0.1500	0.1000	0.4000
	基本每股收益(扣除后)(元)	0.2000	0.1100	0.0700	-0.4200
	稀释每股收益(元)	0.2300	0.1500	0.1000	0.4000
	每股净资产(元)	3.3139	3.0844	3.0436	2.9390
	每股经营现金净流量(元)	0.5761	0.5700	0.4320	-0.1350
	每股现金流量(元)	0.5683	0.1984	0.3907	0.7588
	每股资本公积金(元)	3.2628	3.2628	3.2628	3.2628
	每股盈余公积金(元)	0.1886	0.1886	0.1886	0.1886
	每股未分配利润(元)	-1.1374	-1.3670	-1.4077	-1.5124
	净资产收益率(%)	6.9260	4.7137	3.4374	13.7239
	加权净资产收益率(%)	7.1700	4.8300	3.5000	19.4900
	净资产收益率(扣除)(%)	5.9733	3.5043	2.2971	-14.1297
	总资产(万元)	59035.47	49167.91	48562.02	45704.75
	归属母公司股东权益(万元)	28628.68	26645.85	26293.66	25389.83
	营业收入(万元)	25424.87	32651.49	17046.66	8748.18
	营业支出(万元)	17380.28	24720.91	13448.67	6592.25
	投资收益(万元)	-	-	-	-
	净利润(万元)	2375.69	1820.10	903.83	3484.49
	营业利润(万元)	2527.50	1793.03	994.92	-3417.41
	利润总额(万元)	2839.46	2188.89	1362.02	3745.07

上海现代制药股份有限公司

公司概况	公司名称	上海现代制药股份有限公司			证券简称	现代制药
	法人代表	周斌	董秘	魏冬松	证券代码	600420
	公司网址	www.shyndec.com		电子信箱	xdzy_weidongsong@sinopharm.com	
	电　　话	021-52372865 52373839		传　　真	021-62510787	
	办公地址	上海市静安区北京西路 1320 号				
	经营范围	医药产品的开发、生产、经营、医药产品的代理销售				

主要财务指标	指标＼报告期	2015.06.30	2014.12.31	2014.06.30	2013.12.31
	基本每股收益(元)	0.4267	0.6603	0.3548	0.4615
	基本每股收益(扣除后)(元)	0.3986	0.5359	0.3241	0.3489
	稀释每股收益(元)	0.4267	0.6603	0.3548	0.4615
	每股净资产(元)	4.2806	4.0562	3.8100	3.4587
	每股经营现金净流量(元)	-0.0463	0.8985	0.6775	0.7211
	每股现金流量(元)	-0.1303	-0.0863	0.1471	-0.1068
	每股资本公积金(元)	0.2551	0.2578	0.2620	0.2620
	每股盈余公积金(元)	0.3221	0.3221	0.2740	0.2740
	每股未分配利润(元)	2.7074	2.4802	2.2775	1.9227
	净资产收益率(%)	9.9674	16.2790	9.3040	13.3430
	加权净资产收益率(%)	9.9900	17.6900	9.7600	13.0500
	净资产收益率(扣除)(%)	9.3124	13.2121	-	10.0882
	总资产(万元)	423141.51	380921.58	375628.31	314561.39
	归属母公司股东权益(万元)	123168.16	116709.60	109727.26	99518.23
	营业收入(万元)	144299.69	274883.57	137156.93	234974.80
	营业支出(万元)	74590.88	147379.58	74618.37	136879.69
	投资收益(万元)	-	-7.30	-6.22	347.38
	净利润(万元)	16323.78	24753.50	10209.04	13278.75
	营业利润(万元)	19713.92	25296.83	15816.98	18016.84
	利润总额(万元)	20676.59	29713.98	16872.80	21637.00

湖北仰帆控股股份有限公司

公司概况	公司名称	湖北仰帆控股股份有限公司			证券简称	仰帆控股
	法人代表	周伟兴	董秘	闻彩兵	证券代码	600421
	公司网址			电子信箱		
	电　话	027-87654767		传　真	027-87654767	
	办公地址	湖北省武汉市武昌区武珞路628号亚洲贸易广场B座22层				
	经营范围	企业投资开发、房地产开发、经营				

主要财务指标	指标\报告期	2015.06.30	2014.12.31	2014.06.30	2013.12.31
	基本每股收益(元)	0.0030	0.0100	0.0060	0.0700
	基本每股收益(扣除后)(元)	0.0015	0.0090	0.0019	-0.0100
	稀释每股收益(元)	0.0030	0.0100	0.0060	0.0700
	每股净资产(元)	0.0307	0.0279	0.0226	0.0168
	每股经营现金净流量(元)	-0.0532	0.0101	0.0103	-0.0071
	每股现金流量(元)	-0.0565	-0.4766	-0.5048	-0.1019
	每股资本公积金(元)	1.0013	1.0013	1.0013	1.0013
	每股盈余公积金(元)	0.1433	0.1433	0.1433	0.1433
	每股未分配利润(元)	-2.1139	-2.1167	-2.1220	-2.1278
	净资产收益率(%)	9.2302	39.7609	25.4856	419.7445
	加权净资产收益率(%)	9.2300	49.6300	-	-38.0900
	净资产收益率(扣除)(%)	4.9386	31.8910	8.5157	-49.8008
	总资产(万元)	8314.70	9254.66	9030.31	17210.39
	归属母公司股东权益(万元)	601.17	545.68	441.14	328.71
	营业收入(万元)	1793.86	4411.30	2811.90	11141.81
	营业支出(万元)	1033.57	2939.45	2347.31	10888.15
	投资收益(万元)	-	0.15	-	1156.46
	净利润(万元)	103.75	367.62	112.43	1379.75
	营业利润(万元)	146.27	472.38	144.01	1041.03
	利润总额(万元)	172.07	516.26	218.87	1429.62

昆药集团股份有限公司

公司概况	公司名称	昆药集团股份有限公司			证券简称	昆药集团
	法人代表	何勤	董秘	徐朝能	证券代码	600422
	公司网址	www.kpc.com.cn		电子信箱	irm.kpc@holley.cn	
	电　话	0871-8324311		传　真	0871-8324267	
	办公地址	云南省昆明市国家高新技术开发区科医路166号				
	经营范围	天然植物药的生产经营和外购药品的批发零售				

主要财务指标	指标\报告期	2015.06.30	2014.12.31	2014.06.30	2013.12.31
	基本每股收益(元)	0.6325	0.8567	0.4337	0.7118
	基本每股收益(扣除后)(元)	0.5789	0.7350	0.3785	0.6553
	稀释每股收益(元)	0.6325	0.8567	0.4337	0.7118
	每股净资产(元)	6.1024	5.6408	5.2372	5.1534
	每股经营现金净流量(元)	0.6423	1.1114	0.6728	0.7093
	每股现金流量(元)	0.4167	0.6983	0.6091	0.0248
	每股资本公积金(元)	2.4801	2.4801	2.5014	2.5014
	每股盈余公积金(元)	0.3390	0.3390	0.2758	0.2758
	每股未分配利润(元)	2.2744	1.8119	1.4522	1.3684
	净资产收益率(%)	10.3642	15.1870	8.2816	13.1755
	加权净资产收益率(%)	10.6200	15.8400	7.9500	18.1500
	净资产收益率(扣除)(%)	9.4857	13.0291	7.2273	12.1292
	总资产(万元)	330090.03	302406.77	289877.47	288583.95
	归属母公司股东权益(万元)	208172.37	192425.39	178655.00	175799.14
	营业收入(万元)	208636.95	412050.92	195258.08	358429.49
	营业支出(万元)	133049.08	288679.02	133195.07	253943.49
	投资收益(万元)	978.60	2257.83	1320.50	499.09
	净利润(万元)	21915.42	30769.51	14795.53	23162.33
	营业利润(万元)	24675.95	33953.86	17968.46	26605.26
	利润总额(万元)	25815.27	36595.11	18874.59	28362.91

柳州化工股份有限公司

公司概况	公司名称	柳州化工股份有限公司			证券简称	柳化股份
	法人代表	覃永强	董秘	龙立萍	证券代码	600423
	公司网址	www.lzhg.cn		电子信箱	lhgf@vip.163.com	
	电　话	0772-2516580 2519434		传　真	0772-2510401	
	办公地址	广西壮族自治区柳州市北雀路67号				
	经营范围	以煤为原料、以合成氨为中间产品的系列氨加工产品的生产和销售				

主要财务指标	指标\报告期	2015.06.30	2014.12.31	2014.06.30	2013.12.31
	基本每股收益(元)	-0.2400	0.0200	-0.0500	-0.3700
	基本每股收益(扣除后)(元)	-0.2500	-0.0400	-0.0500	-0.5100
	稀释每股收益(元)	-	-	-0.0500	-0.3700
	每股净资产(元)	2.9726	3.2618	3.2060	3.3363
	每股经营现金净流量(元)	0.2658	1.2205	0.9197	1.0373
	每股现金流量(元)	-0.4658	0.5617	0.3295	0.2526
	每股资本公积金(元)	1.2975	1.2975	1.4182	2.1189
	每股盈余公积金(元)	0.2232	0.2232	0.2232	0.2232
	每股未分配利润(元)	0.4410	0.7344	0.5452	0.6014
	净资产收益率(%)	-8.1884	0.6749	-1.4731	-11.1713
	加权净资产收益率(%)	-7.7500	0.5600	-1.2000	-10.3600
	净资产收益率(扣除)(%)	-8.4070	-1.2077	-1.5820	-15.2318
	总资产(万元)	521621.08	533525.12	537978.33	523372.55
	归属母公司股东权益(万元)	118711.21	130260.71	128030.07	157752.84
	营业收入(万元)	135647.83	310013.32	150984.11	258669.31
	营业支出(万元)	122363.11	259798.97	130262.12	231822.50
	投资收益(万元)	-	343.47	-	5392.67
	净利润(万元)	-9720.58	860.85	-1885.96	-14883.99
	营业利润(万元)	-10737.61	1222.30	-1747.60	-16126.34
	利润总额(万元)	-10072.41	1804.91	-1582.98	-15210.76

新疆青松建材化工(集团)股份有限公司

公司概况	公司名称	新疆青松建材化工(集团)股份有限公司			证券简称	青松建化
	法人代表	甘军	董秘	尹华军	证券代码	600425
	公司网址	www.xjqscc.com		电子信箱	yhj0186@sina.com	
	电　话	0997-2813793 2811282		传　真	0997-2811675	
	办公地址	新疆维吾尔自治区阿克苏市林园				
	经营范围	水泥及水泥制品的生产和销售				

主要财务指标	指标\报告期	2015.06.30	2014.12.31	2014.06.30	2013.12.31
	基本每股收益(元)	-0.1690	0.0040	-0.1120	0.0600
	基本每股收益(扣除后)(元)	-0.1690	-0.1400	-0.1190	0.0300
	稀释每股收益(元)	-0.1690	0.0040	-0.1120	0.0600
	每股净资产(元)	3.6410	3.8494	3.7469	3.9083
	每股经营现金净流量(元)	-0.1350	0.3676	0.0132	0.0918
	每股现金流量(元)	0.0699	0.1460	0.7114	-2.1242
	每股资本公积金(元)	2.3221	2.3221	2.3221	2.3221
	每股盈余公积金(元)	0.0951	0.0951	0.0829	0.0829
	每股未分配利润(元)	0.2225	0.4313	0.3268	0.4887
	净资产收益率(%)	-4.6345	0.1214	-2.9884	1.6078
	加权净资产收益率(%)	-4.4900	0.1200	-2.9190	1.6200
	净资产收益率(扣除)(%)	-4.6360	-3.6451	-3.1793	0.6482
	总资产(万元)	1232886.05	1227846.80	1279540.88	1185118.24
	归属母公司股东权益(万元)	502012.47	530748.78	516615.09	538867.50
	营业收入(万元)	82503.01	273137.70	122792.69	242548.90
	营业支出(万元)	85052.68	261870.92	120641.73	210732.70
	投资收益(万元)	126.36	2748.68	648.71	4646.64
	净利润(万元)	-33650.59	-11840.19	-15438.44	8663.86
	营业利润(万元)	-34726.55	-47752.31	-28453.43	-9437.82
	利润总额(万元)	-33256.42	-10035.58	-23949.92	9946.47

山东华鲁恒升化工股份有限公司

公司概况	公司名称	山东华鲁恒升化工股份有限公司		证券简称	华鲁恒升
	法人代表	常怀春	董秘	高文军	证券代码 600426
	公司网址	www.hl-hengsheng.com		电子信箱	hl600426@sina.com
	电　话	0534-2465426		传　真	0534-2465017
	办公地址	山东省德州市德城区天衢西路 24 号			
	经营范围	尿素、DMF 和三甲胺的生产和销售			

主要财务指标	指标\报告期	2015.06.30	2014.12.31	2014.06.30	2013.12.31
	基本每股收益(元)	0.5520	0.8440	0.4320	0.5130
	基本每股收益(扣除后)(元)	0.5480	0.8430	0.4330	0.5110
	稀释每股收益(元)	0.5520	0.8440	0.4320	0.5130
	每股净资产(元)	7.3375	6.9344	6.5067	6.1541
	每股经营现金净流量(元)	1.3521	1.6847	0.8708	1.4543
	每股现金流量(元)	0.2058	0.2770	0.2395	-0.4128
	每股资本公积金(元)	2.4413	2.4413	2.4245	2.4245
	每股盈余公积金(元)	0.4655	0.4655	0.3812	0.3812
	每股未分配利润(元)	3.4292	3.0276	2.7002	2.3484
	净资产收益率(%)	7.5182	12.1647	6.6365	8.3413
	加权净资产收益率(%)	7.6500	12.9200	6.7900	8.5800
	净资产收益率(扣除)(%)	7.4638	12.1598	6.6532	8.3053
	总资产(万元)	1282648.85	1304996.45	1316642.74	1237801.62
	归属母公司股东权益(万元)	699723.06	661279.69	620497.00	586865.89
	营业收入(万元)	467339.81	971012.19	470232.49	846941.37
	营业支出(万元)	370296.78	806805.07	391793.92	732398.68
	投资收益(万元)	-	-	-	-
	净利润(万元)	52606.36	80442.80	41179.53	48952.28
	营业利润(万元)	61620.18	95456.50	48644.57	57524.90
	利润总额(万元)	62067.72	95494.48	48523.11	57773.24

中远航运股份有限公司

公司概况	公司名称	中远航运股份有限公司		证券简称	中远航运
	法人代表	万敏	董秘	李建雄	证券代码 600428
	公司网址	www.coscol.com.cn		电子信箱	info@coscol.com.cn
	电　话	020-38161888		传　真	020-38162888
	办公地址	广东省广州市天河区珠江新城花城大道 20 号广州远洋大厦 15-26 楼			
	经营范围	远洋及沿海运输			

主要财务指标	指标\报告期	2015.06.30	2014.12.31	2014.06.30	2013.12.31
	基本每股收益(元)	0.2320	0.1170	0.0070	0.0190
	基本每股收益(扣除后)(元)	0.0600	0.0220	-0.0010	-0.0310
	稀释每股收益(元)	0.2320	0.1170	0.0070	0.0190
	每股净资产(元)	4.0740	3.8620	3.8500	3.8348
	每股经营现金净流量(元)	0.3745	0.4613	0.2149	0.1796
	每股现金流量(元)	-0.5303	0.0120	-0.3286	-1.3524
	每股资本公积金(元)	1.3336	1.3336	1.3401	1.3420
	每股盈余公积金(元)	0.4756	0.4756	0.4737	0.4737
	每股未分配利润(元)	1.5221	1.3104	1.2020	1.1952
	净资产收益率(%)	5.6892	3.0302	0.1756	0.5035
	加权净资产收益率(%)	5.8300	3.0400	0.1800	0.5000
	净资产收益率(扣除)(%)	1.4663	0.5739	-0.0350	-0.8146
	总资产(万元)	1732370.16	1789102.01	1712002.55	1752091.00
	归属母公司股东权益(万元)	688683.12	652847.85	651368.27	648246.47
	营业收入(万元)	363123.61	766332.26	357181.88	744161.44
	营业支出(万元)	319654.37	697545.26	323897.80	696661.77
	投资收益(万元)	38710.68	9256.75	4235.78	8547.24
	净利润(万元)	38841.68	19646.73	1143.77	3263.88
	营业利润(万元)	44891.23	763.58	1504.02	-7793.00
	利润总额(万元)	53880.34	21965.31	2950.23	1537.58

北京三元食品股份有限公司

公司概况	公司名称	北京三元食品股份有限公司		证券简称	三元股份
	法人代表	张福平	董秘	谷子	证券代码 600429
	公司网址	www.sanyuan.com.cn		电子信箱	zhengquanbu@sanyuan.com.cn
	电　话	010-56306020 56306096		传　真	010-56306655
	办公地址	北京市大兴区瀛海瀛昌街 8 号			
	经营范围	乳及乳制品的生产、销售业务			

主要财务指标	指标\报告期	2015.06.30	2014.12.31	2014.06.30	2013.12.31
	基本每股收益(元)	0.0383	0.0602	0.2023	-0.2560
	基本每股收益(扣除后)(元)	0.0185	-0.2979	-0.0858	-0.2724
	稀释每股收益(元)	0.0383	0.0602	0.2023	-0.2560
	每股净资产(元)	3.7300	1.7679	1.9106	1.7826
	每股经营现金净流量(元)	0.1459	0.0786	0.0654	-0.0307
	每股现金流量(元)	0.9840	0.1354	0.0509	-0.1822
	每股资本公积金(元)	2.8509	1.0282	1.0282	1.1025
	每股盈余公积金(元)	0.0507	0.0858	0.0858	0.0858
	每股未分配利润(元)	-0.1726	-0.3482	-0.2060	-0.4084
	净资产收益率(%)	0.8876	3.4053	10.5896	-14.3600
	加权净资产收益率(%)	1.1700	3.4500	10.9567	-13.4000
	净资产收益率(扣除)(%)	0.4278	-16.8509	-4.4919	-15.2810
	总资产(万元)	746929.10	417999.26	422257.13	351671.61
	归属母公司股东权益(万元)	558586.51	156463.00	169088.05	157759.83
	营业收入(万元)	222974.82	450247.71	224875.66	378773.19
	营业支出(万元)	155713.47	337776.57	170939.09	298128.95
	投资收益(万元)	2810.82	-3161.72	1640.59	4905.16
	净利润(万元)	4800.19	3850.67	17905.80	-22654.30
	营业利润(万元)	3140.81	-29507.53	-8132.98	-29386.90
	利润总额(万元)	3598.85	2189.12	17383.69	-27941.46

吉林吉恩镍业股份有限公司

公司概况	公司名称	吉林吉恩镍业股份有限公司		证券简称	吉恩镍业
	法人代表	吴术	董秘	王行龙	证券代码 600432
	公司网址	www.jlnickel.com.cn		电子信箱	zhq@jlnickel.com.cn
	电　话	0432-65610887		传　真	0432-65614429
	办公地址	吉林省磐石市红旗岭镇红旗大街 54 号			
	经营范围	硫酸镍、高冰镍、电解镍、氢氧化镍、氯化镍、硫酸铜、铜精矿等			

主要财务指标	指标\报告期	2015.06.30	2014.12.31	2014.06.30	2013.12.31
	基本每股收益(元)	-0.2200	-0.5300	0.0050	0.1200
	基本每股收益(扣除后)(元)	-0.2200	-0.5400	0.0040	-0.1300
	稀释每股收益(元)	-0.2200	-0.5300	0.0050	0.1200
	每股净资产(元)	4.8824	5.1135	3.5334	3.6561
	每股经营现金净流量(元)	0.1146	-0.4370	-0.1071	0.1019
	每股现金流量(元)	0.1191	0.4216	1.7910	-0.0891
	每股资本公积金(元)	3.8984	3.8984	1.4236	1.4144
	每股盈余公积金(元)	0.1419	0.1419	0.2805	0.2805
	每股未分配利润(元)	0.0967	0.3149	1.3135	1.3587
	净资产收益率(%)	-4.4701	-6.5656	0.1341	3.3229
	加权净资产收益率(%)	-4.3600	-13.0200	0.1300	3.0100
	净资产收益率(扣除)(%)	-4.5551	-6.6178	0.1061	-3.5804
	总资产(万元)	2604073.35	2645408.84	2403855.73	1988550.60
	归属母公司股东权益(万元)	783007.42	820067.86	286600.43	296551.14
	营业收入(万元)	225238.13	353727.68	142481.84	236934.46
	营业支出(万元)	203820.34	286633.43	114873.84	186999.07
	投资收益(万元)	1126.77	-1154.17	-483.38	-421.96
	净利润(万元)	-38643.71	-60702.74	384.37	9854.05
	营业利润(万元)	-44128.65	-78526.83	-4400.91	-17788.39
	利润总额(万元)	-43339.49	-78359.33	-4431.23	2746.61

广东冠豪高新技术股份有限公司

公司概况	公司名称	广东冠豪高新技术股份有限公司			证券简称	冠豪高新
	法人代表	童来明	董秘	陈华春	证券代码	600433
	公司网址	www.guanhao.com		电子信箱	chc@guanhao.com	
	电　话	0759-2820938		传　真	0759-2820680	
	办公地址	广东省湛江市东海岛东海大道313号				
	经营范围	生产和销售热敏记录纸、无碳复写纸及其微胶囊				

	指标\报告期	2015.06.30	2014.12.31	2014.06.30	2013.12.31
主要财务指标	基本每股收益(元)	0.0100	0.1100	0.0600	0.1300
	基本每股收益(扣除后)(元)	0.0019	0.0500	0.0300	0.0500
	稀释每股收益(元)	0.0100	0.1100	0.0600	0.1300
	每股净资产(元)	1.8964	1.4726	1.4689	1.4068
	每股经营现金净流量(元)	0.0316	0.1137	0.0658	0.0777
	每股现金流量(元)	0.0499	−0.1217	−0.1211	0.0693
	每股资本公积金(元)	0.5474	0.0791	0.0791	0.0791
	每股盈余公积金(元)	0.0583	0.0622	0.0544	0.0544
	每股未分配利润(元)	0.2908	0.3312	0.3353	0.2729
	净资产收益率(%)	0.5638	7.1852	4.2524	9.1869
	加权净资产收益率(%)	0.6500	7.3200	4.3400	9.4900
	净资产收益率(扣除)(%)	0.1006	3.5741	1.9748	3.7107
	总资产(万元)	378774.52	352359.84	317083.77	297923.74
	归属母公司股东权益(万元)	241098.06	175276.95	174835.76	167400.96
	营业收入(万元)	50335.36	96263.23	49847.20	94573.45
	营业支出(万元)	40184.91	72167.69	37767.33	70809.95
	投资收益(万元)	202.46	673.48	347.60	9882.52
	净利润(万元)	1228.59	13204.96	7434.80	15382.93
	营业利润(万元)	397.03	7134.57	4154.13	16689.77
	利润总额(万元)	1714.46	15517.85	8844.22	17922.97

北方导航控制技术股份有限公司

公司概况	公司名称	北方导航控制技术股份有限公司			证券简称	北方导航
	法人代表	苏立航	董秘	赵晗	证券代码	600435
	公司网址	www.bfdh.com.cn		电子信箱	600435@bfdh.com.cn	
	电　话	010-58089788		传　真	010-58089803	
	办公地址	北京市北京经济技术开发区科创十五街2号				
	经营范围	惯性导航制导类产品、精密光机电一体化产品、遥感信息系统技术产品等				

	指标\报告期	2015.06.30	2014.12.31	2014.06.30	2013.12.31
主要财务指标	基本每股收益(元)	0.0050	0.0400	0.0040	0.0300
	基本每股收益(扣除后)(元)	0.0003	−0.0500	0.0010	0.0200
	稀释每股收益(元)	0.0050	0.0400	0.0040	0.0300
	每股净资产(元)	2.7172	2.7113	2.7678	2.8124
	每股经营现金净流量(元)	−0.4549	0.3287	−0.1366	0.3166
	每股现金流量(元)	−0.7044	0.2193	−0.4423	0.0851
	每股资本公积金(元)	1.0413	1.0413	1.0206	1.0206
	每股盈余公积金(元)	0.1124	0.1124	0.1124	0.1124
	每股未分配利润(元)	0.5594	0.5545	0.6325	0.6788
	净资产收益率(%)	0.1823	1.6101	0.1332	1.0941
	加权净资产收益率(%)	0.1830	1.4200	0.1300	1.0800
	净资产收益率(扣除)(%)	0.0125	−1.7367	0.0392	0.5526
	总资产(万元)	385611.37	410249.94	348153.06	371960.25
	归属母公司股东权益(万元)	202338.46	201896.73	206109.64	209427.89
	营业收入(万元)	54190.71	160626.73	42937.43	105169.86
	营业支出(万元)	36766.74	116161.33	27591.10	72202.57
	投资收益(万元)	–	1277.87	–	4.26
	净利润(万元)	2873.39	11315.85	274.54	2291.33
	营业利润(万元)	3052.61	6136.79	2094.46	6690.72
	利润总额(万元)	3523.45	13046.22	2433.22	8266.92

漳州片仔癀药业股份有限公司

公司概况	公司名称	漳州片仔癀药业股份有限公司			证券简称	片仔癀
	法人代表	刘建顺	董秘	陈金城	证券代码	600436
	公司网址	www.zzpzh.com		电子信箱	pzhych@zzpzh.com	
	电　话	0596-2305239 2301955		传　真	0596-2300313	
	办公地址	福建省漳州市芗城区上街1号				
	经营范围	片仔癀、茵胆平肝胶囊、清热止咳颗粒心舒宝片等中成药的生产经营				

	指标\报告期	2015.06.30	2014.12.31	2014.06.30	2013.12.31
主要财务指标	基本每股收益(元)	0.6300	2.7300	1.3500	2.7300
	基本每股收益(扣除后)(元)	0.6200	2.3700	1.3300	2.5700
	稀释每股收益(元)	0.6300	2.7300	1.3500	2.7300
	每股净资产(元)	7.4851	18.0778	15.6155	15.5779
	每股经营现金净流量(元)	0.2915	1.6440	0.4213	1.7052
	每股现金流量(元)	−0.1622	0.4155	−1.0982	1.2995
	每股资本公积金(元)	2.0090	6.3939	7.0681	7.2943
	每股盈余公积金(元)	0.6408	1.6020	1.3522	1.3522
	每股未分配利润(元)	3.1639	7.2321	6.2068	5.9430
	净资产收益率(%)	8.3796	15.0881	8.6513	17.1480
	加权净资产收益率(%)	8.3100	16.7900	8.3100	21.9200
	净资产收益率(扣除)(%)	8.3145	13.1185	8.4922	16.1108
	总资产(万元)	375803.34	364963.72	320359.29	325929.44
	归属母公司股东权益(万元)	301061.26	290843.93	251228.82	250623.73
	营业收入(万元)	81385.15	145386.98	76495.98	139586.85
	营业支出(万元)	38466.05	72815.83	39126.77	63415.06
	投资收益(万元)	1474.84	6250.76	621.28	2147.67
	净利润(万元)	25238.42	43789.07	21734.62	42976.84
	营业利润(万元)	29641.57	50815.08	24894.61	49668.16
	利润总额(万元)	29866.52	51760.13	25356.64	50953.37

通威股份有限公司

公司概况	公司名称	通威股份有限公司			证券简称	通威股份
	法人代表	刘汉元	董秘	李高飞	证券代码	600438
	公司网址	www.tongwei.com.cn		电子信箱	ligaofei@tongwei.com	
	电　话	028-86168571 86168552		传　真	028-85199999	
	办公地址	四川省成都市高新区天府大道中段588号通威国际中心				
	经营范围	生产、销售饲料及饲料添加剂				

	指标\报告期	2015.06.30	2014.12.31	2014.06.30	2013.12.31
主要财务指标	基本每股收益(元)	0.1138	0.4030	0.1033	0.4125
	基本每股收益(扣除后)(元)	0.1134	0.3787	0.0875	0.3888
	稀释每股收益(元)	0.1138	0.4030	0.1033	0.4125
	每股净资产(元)	2.7595	2.8507	2.5676	2.7716
	每股经营现金净流量(元)	0.9374	0.7094	0.3896	1.0115
	每股现金流量(元)	0.2319	0.4720	−0.0453	0.3056
	每股资本公积金(元)	0.5563	0.5568	0.5695	0.5758
	每股盈余公积金(元)	0.2360	0.2360	0.2074	0.2074
	每股未分配利润(元)	1.0285	1.1147	0.8435	1.0403
	净资产收益率(%)	4.1233	14.1368	4.0218	13.5058
	加权净资产收益率(%)	3.9600	14.2900	3.6600	17.2800
	净资产收益率(扣除)(%)	4.1104	13.2828	3.4096	12.7291
	总资产(万元)	682887.85	617929.07	628620.22	533640.42
	归属母公司股东权益(万元)	225481.40	232934.60	209804.77	226473.11
	营业收入(万元)	639953.01	1540893.06	637239.73	1518986.00
	营业支出(万元)	566779.45	1366118.80	567823.55	1370288.34
	投资收益(万元)	403.01	5777.25	4221.12	2837.01
	净利润(万元)	9650.97	33726.51	8437.92	30587.10
	营业利润(万元)	10795.37	37497.31	9154.54	33754.22
	利润总额(万元)	11312.47	42008.99	11579.83	37388.29

河南瑞贝卡发制品股份有限公司

公司概况	公司名称	河南瑞贝卡发制品股份有限公司			证券简称	瑞贝卡
	法人代表	郑有全	董秘	胡丽平	证券代码	600439
	公司网址	www.rebecca.com.cn		电子信箱	rbk600439@rebeccafashion.cn	
	电　　话	0374-5136699		传　　真	0374-5136567	
	办公地址	河南省许昌市瑞贝卡大道 666 号				
	经营范围	发制品的生产和销售				

主要财务指标	指标\报告期	2015.06.30	2014.12.31	2014.06.30	2013.12.31
	基本每股收益(元)	0.0891	0.1700	0.0886	0.1829
	基本每股收益(扣除后)(元)	0.0884	0.1600	0.0880	0.1672
	稀释每股收益(元)	0.0891	0.1700	0.0886	0.1829
	每股净资产(元)	2.4278	2.3978	2.3842	2.3855
	每股经营现金净流量(元)	–0.0740	–0.0481	–0.0705	0.0478
	每股现金流量(元)	0.2826	–0.2723	–0.0063	–0.4251
	每股资本公积金(元)	0.4634	0.4634	0.4634	0.4634
	每股盈余公积金(元)	0.1743	0.1743	0.1620	0.1620
	每股未分配利润(元)	1.0323	0.9832	0.9184	0.9098
	净资产收益率(%)	3.6692	6.9113	3.7177	7.6688
	加权净资产收益率(%)	3.6600	6.8600	3.7400	7.8100
	净资产收益率(扣除)(%)	3.6396	6.7273	3.6928	7.0076
	总资产(万元)	466123.19	427773.31	420611.90	404471.54
	归属母公司股东权益(万元)	229022.40	226187.98	224905.61	225032.68
	营业收入(万元)	104266.50	193226.00	97963.73	212914.21
	营业支出(万元)	76454.77	143518.11	76737.78	165669.77
	投资收益(万元)	–	–	–	800.00
	净利润(万元)	8388.63	15574.56	8361.32	17257.29
	营业利润(万元)	6283.79	3711.10	1668.02	860.40
	利润总额(万元)	9367.54	18007.82	9235.95	19506.35

安徽国通高新管业股份有限公司

公司概况	公司名称	安徽国通高新管业股份有限公司			证券简称	*ST 国通
	法人代表	陈学东	董秘	钱俊	证券代码	600444
	公司网址	www.guotone.com		电子信箱	gt600444@126.com	
	电　　话	0551-63817860		传　　真	0551-63817000	
	办公地址	安徽省合肥市经济技术开发区繁华大道国通工业园				
	经营范围	PVC 波纹管、PE 波纹管、燃气管、给水管的研发、生产、销售业务				

主要财务指标	指标\报告期	2015.06.30	2014.12.31	2014.06.30	2013.12.31
	基本每股收益(元)	–0.0700	–0.2700	–0.1801	0.0400
	基本每股收益(扣除后)(元)	–0.0750	–0.2800	–0.1805	–0.1400
	稀释每股收益(元)	–0.0700	–0.2700	–0.1801	0.0400
	每股净资产(元)	–0.2964	–0.2251	–0.1337	0.0465
	每股经营现金净流量(元)	–0.1011	0.1146	–0.0109	–0.2946
	每股现金流量(元)	–0.0980	–0.1597	–0.2098	–0.0040
	每股资本公积金(元)	1.0516	2.7470	1.0516	1.0516
	每股盈余公积金(元)	0.1520	0.1090	0.1520	0.1520
	每股未分配利润(元)	–2.5013	–1.8323	–2.3373	–2.1572
	净资产收益率(%)	0.2430	1.2089	–134.7778	95.2380
	加权净资产收益率(%)	–	–	–	–
	净资产收益率(扣除)(%)	25.4676	124.1208	135.0768	–309.8143
	总资产(万元)	44808.64	96246.02	46960.83	50147.23
	归属母公司股东权益(万元)	–3112.58	29669.19	–1403.33	488.24
	营业收入(万元)	15465.24	37742.09	15491.20	42150.30
	营业支出(万元)	13406.69	33385.49	14022.15	37909.39
	投资收益(万元)	–	–	–	16.56
	净利润(万元)	–882.88	–3207.09	–1891.37	464.99
	营业利润(万元)	–936.47	–3365.39	–2084.59	–2210.05
	利润总额(万元)	–893.86	–3289.11	–2093.05	–166.26

深圳市金证科技股份有限公司

公司概况	公司名称	深圳市金证科技股份有限公司			证券简称	金证股份
	法人代表	赵剑	董秘	王凯	证券代码	600446
	公司网址	www.szkingdom.com		电子信箱	wangkai@szkingdom.com	
	电　　话	0755-86393989		传　　真	0755-86393986	
	办公地址	广东省深圳市南山区高新南五道金证科技大楼 8-9 层				
	经营范围	金融证券软件、系统集成及服务				

主要财务指标	指标\报告期	2015.06.30	2014.12.31	2014.06.30	2013.12.31
	基本每股收益(元)	0.3100	0.5800	0.1686	0.4200
	基本每股收益(扣除后)(元)	0.2600	0.5700	0.1624	0.3900
	稀释每股收益(元)	0.3100	0.5800	0.1673	0.4100
	每股净资产(元)	4.0890	3.1545	2.7156	2.6010
	每股经营现金净流量(元)	–0.3859	0.3799	–0.3840	0.3380
	每股现金流量(元)	1.2090	–0.2248	–0.5330	0.2642
	每股资本公积金(元)	1.0198	0.1919	0.1546	0.1157
	每股盈余公积金(元)	0.2861	0.2698	0.2187	0.2200
	每股未分配利润(元)	1.7831	1.6928	1.3422	1.2653
	净资产收益率(%)	7.2710	18.3008	6.1794	15.9885
	加权净资产收益率(%)	9.4100	20.3400	6.9300	17.5000
	净资产收益率(扣除)(%)	6.1885	17.9175	5.9528	14.9944
	总资产(万元)	248803.49	191882.50	219988.44	180528.40
	归属母公司股东权益(万元)	113196.86	83795.70	71730.08	68304.12
	营业收入(万元)	104032.35	236804.28	101433.28	203161.34
	营业支出(万元)	77931.87	185570.19	79752.07	161299.34
	投资收益(万元)	772.78	–271.64	–127.44	–241.93
	净利润(万元)	9132.48	17707.78	4432.49	10920.80
	营业利润(万元)	9136.69	19271.82	5624.89	13145.00
	利润总额(万元)	9822.42	19857.77	5919.03	13888.57

华纺股份有限公司

公司概况	公司名称	华纺股份有限公司			证券简称	华纺股份
	法人代表	王力民	董秘	丁泽涛	证券代码	600448
	公司网址	www.hfgf.cn		电子信箱	hfzqb@hfgf.cn	
	电　　话	0543-3288255		传　　真	0543-3288555	
	办公地址	山东省滨州市黄河二路 819 号				
	经营范围	棉纺、毛纺、印染产品的生产、加工、销售和进出口贸易				

主要财务指标	指标\报告期	2015.06.30	2014.12.31	2014.06.30	2013.12.31
	基本每股收益(元)	0.0200	0.0600	0.0400	0.0500
	基本每股收益(扣除后)(元)	0.0200	0.0400	0.0300	0.0200
	稀释每股收益(元)	0.0200	0.0600	0.0400	0.0500
	每股净资产(元)	1.9781	1.9600	1.9194	1.3159
	每股经营现金净流量(元)	0.1191	0.0896	0.1192	0.1715
	每股现金流量(元)	0.0665	–0.3037	0.6158	0.3274
	每股资本公积金(元)	1.5504	1.5504	1.5385	1.1777
	每股盈余公积金(元)	0.0188	0.0188	0.0188	0.0248
	每股未分配利润(元)	–0.5910	–0.6136	–0.6378	–0.8865
	净资产收益率(%)	1.1438	2.9440	1.7401	4.0403
	加权净资产收益率(%)	1.1500	3.3800	2.2900	4.1200
	净资产收益率(扣除)(%)	1.2094	1.9384	1.5472	1.5003
	总资产(万元)	236162.76	211871.91	210253.30	170637.33
	归属母公司股东权益(万元)	83548.77	82594.73	81069.74	42083.99
	营业收入(万元)	109173.42	225031.11	107219.14	222181.31
	营业支出(万元)	101374.71	206336.61	99861.44	205159.25
	投资收益(万元)	–	–	–	–
	净利润(万元)	955.63	2279.53	1410.69	1700.31
	营业利润(万元)	1010.48	1478.17	1180.45	487.99
	利润总额(万元)	955.63	2308.80	1336.87	1616.82

宁夏建材集团股份有限公司

公司概况	公司名称	宁夏建材集团股份有限公司			证券简称	宁夏建材
	法人代表	尹自波	董秘	武雄	证券代码	600449
	公司网址	www.saimasy.com.cn		电子信箱	wuxiong@sinoma.cn	
	电　　话	0951-2085256 2052215		传　　真	0951-2085256	
	办公地址	宁夏回族自治区银川市金凤区人民广场东街 219 号建材大厦				
	经营范围	水泥及水泥熟料的生产与销售				

主要财务指标	指标\报告期	2015.06.30	2014.12.31	2014.06.30	2013.12.31
	基本每股收益(元)	-0.0900	0.5679	0.2400	0.6300
	基本每股收益(扣除后)(元)	-0.1100	0.5428	0.2300	0.6900
	稀释每股收益(元)	-0.0900	0.5679	0.2400	0.6300
	每股净资产(元)	8.5968	8.8588	8.5800	8.5232
	每股经营现金净流量(元)	0.2383	1.0313	0.3211	1.2077
	每股现金流量(元)	0.0403	0.3017	-0.0118	-0.8120
	每股资本公积金(元)	4.2381	4.2367	4.2549	4.2549
	每股盈余公积金(元)	0.3144	0.3144	0.2766	0.2766
	每股未分配利润(元)	3.0294	3.2978	3.0351	2.9873
	净资产收益率(%)	-1.0274	6.4095	2.7729	7.3598
	加权净资产收益率(%)	-1.0100	6.5500	2.7500	7.6200
	净资产收益率(扣除)(%)	-1.3280	6.1263	2.6751	8.0504
	总资产(万元)	808192.91	812991.42	816728.95	799705.51
	归属母公司股东权益(万元)	411084.46	423611.12	410272.15	407682.29
	营业收入(万元)	132486.28	389263.97	185755.65	420687.37
	营业支出(万元)	105797.14	278412.04	130314.92	301194.03
	投资收益(万元)	372.18	371.08	371.08	-7325.99
	净利润(万元)	-2967.63	32985.74	11376.34	30004.56
	营业利润(万元)	-8426.46	22506.48	15957.79	24403.49
	利润总额(万元)	-2331.51	43704.04	18080.88	47194.29

重庆涪陵电力实业股份有限公司

公司概况	公司名称	重庆涪陵电力实业股份有限公司			证券简称	涪陵电力
	法人代表	张波	董秘	蔡彬	证券代码	600452
	公司网址	www.flepc.com		电子信箱	fldlcaibin@163.com	
	电　　话	023-72286777 72286349		传　　真	023-72286777 72286349	
	办公地址	重庆市涪陵区望州路 20 号				
	经营范围	电力供应、销售				

主要财务指标	指标\报告期	2015.06.30	2014.12.31	2014.06.30	2013.12.31
	基本每股收益(元)	0.8500	0.4500	0.2200	0.3400
	基本每股收益(扣除后)(元)	0.2200	0.2600	0.2100	0.2400
	稀释每股收益(元)	0.8500	0.4500	0.2200	0.3400
	每股净资产(元)	3.9468	3.2844	2.9026	2.6805
	每股经营现金净流量(元)	0.7684	0.9468	0.6005	0.6184
	每股现金流量(元)	1.4255	0.7224	0.2752	-0.2922
	每股资本公积金(元)	1.6805	1.6658	1.5121	1.5116
	每股盈余公积金(元)	0.2542	0.2542	0.2137	0.2137
	每股未分配利润(元)	1.0121	0.3645	0.1768	-0.0448
	净资产收益率(%)	21.4768	13.6937	7.6345	12.6258
	加权净资产收益率(%)	22.7900	15.3800	7.9400	13.8400
	净资产收益率(扣除)(%)	5.6086	8.0588	7.4018	9.0243
	总资产(万元)	104134.70	83611.52	77163.50	73557.98
	归属母公司股东权益(万元)	63148.48	52550.44	46441.57	42888.09
	营业收入(万元)	60304.75	126862.92	56799.50	124392.17
	营业支出(万元)	54878.37	111186.81	50975.84	107310.63
	投资收益(万元)	12181.21	1067.70	657.93	515.64
	净利润(万元)	13562.27	7196.08	3545.58	5414.95
	营业利润(万元)	15548.75	5529.47	4186.23	4766.27
	利润总额(万元)	15563.54	8873.71	4215.13	6260.15

西安博通资讯股份有限公司

公司概况	公司名称	西安博通资讯股份有限公司			证券简称	博通股份
	法人代表	王萍	董秘	蔡启龙	证券代码	600455
	公司网址	www.butone.com		电子信箱	caiql@butone.com	
	电　　话	029-82693206		传　　真	029-82693205	
	办公地址	陕西省西安市高新技术开发区东区火炬路 3 号楼 10 层 C 座				
	经营范围	拥有自主知识产权应用软件产品、行业解决方案的研发销售等				

主要财务指标	指标\报告期	2015.06.30	2014.12.31	2014.06.30	2013.12.31
	基本每股收益(元)	-0.0250	0.0960	0.0100	0.1700
	基本每股收益(扣除后)(元)	-0.0370	-0.0440	-0.0100	0.0700
	稀释每股收益(元)	-0.0250	0.0960	0.0100	0.1700
	每股净资产(元)	2.0730	2.0982	2.0072	2.0021
	每股经营现金净流量(元)	-0.7685	0.6676	-0.7836	0.1257
	每股现金流量(元)	-0.4448	-0.2932	-1.1502	-1.4994
	每股资本公积金(元)	2.3322	2.3322	2.3322	2.3322
	每股盈余公积金(元)	0.1176	0.1176	0.1176	0.1176
	每股未分配利润(元)	-1.3768	-1.3516	-1.4425	-1.4477
	净资产收益率(%)	-1.2152	4.5793	0.2547	8.4268
	加权净资产收益率(%)	-1.2080	4.6870	0.2500	8.8000
	净资产收益率(扣除)(%)	-1.8006	-2.1061	-0.5905	3.2684
	总资产(万元)	64189.61	71593.38	61984.02	70620.35
	归属母公司股东权益(万元)	12947.62	13104.96	12536.77	12504.84
	营业收入(万元)	8530.97	20777.15	9344.58	26045.64
	营业支出(万元)	4105.39	10797.09	4441.76	15574.92
	投资收益(万元)	-	-0.15	-	567.24
	净利润(万元)	-85.26	1016.15	31.93	1053.75
	营业利润(万元)	-159.04	115.73	194.61	1672.02
	利润总额(万元)	-81.45	1017.51	298.37	1672.49

宝鸡钛业股份有限公司

公司概况	公司名称	宝鸡钛业股份有限公司			证券简称	宝钛股份
	法人代表	邹武装	董秘	郑海山	证券代码	600456
	公司网址	www.baoti.com		电子信箱	zhenghaishan@baoti.com	
	电　　话	0917-3382333 3382666		传　　真	0917-3382132	
	办公地址	陕西省宝鸡市钛城路 1 号				
	经营范围	钛及钛合金材料的生产、加工和销售等				

主要财务指标	指标\报告期	2015.06.30	2014.12.31	2014.06.30	2013.12.31
	基本每股收益(元)	-0.1162	0.0277	0.0050	0.0271
	基本每股收益(扣除后)(元)	-0.1217	0.0017	0.0004	-0.0196
	稀释每股收益(元)	-0.1162	0.0277	0.0050	0.0271
	每股净资产(元)	8.2425	8.4085	8.3675	8.4125
	每股经营现金净流量(元)	0.0723	0.6062	0.5421	-0.2854
	每股现金流量(元)	0.1568	0.8844	0.0801	0.2043
	每股资本公积金(元)	5.5099	5.5099	5.5099	5.5099
	每股盈余公积金(元)	0.4125	0.4125	0.4125	0.4125
	每股未分配利润(元)	1.3199	1.4861	1.4452	1.4901
	净资产收益率(%)	-1.4100	0.3297	0.0605	0.3222
	加权净资产收益率(%)	-1.3946	0.3296	0.0604	0.3200
	净资产收益率(扣除)(%)	-1.4765	0.0204	0.0044	-0.2324
	总资产(万元)	734063.53	693637.05	659502.35	658879.86
	归属母公司股东权益(万元)	354644.40	361787.32	360025.52	361958.91
	营业收入(万元)	101671.47	248122.76	124695.66	237256.31
	营业支出(万元)	84882.27	202710.15	103461.78	198587.90
	投资收益(万元)	-136.16	-126.39	32.72	397.37
	净利润(万元)	-4833.86	1764.02	217.94	1166.40
	营业利润(万元)	-5373.89	506.75	-196.29	-487.20
	利润总额(万元)	-5015.13	2004.32	109.84	1992.94

株洲时代新材料科技股份有限公司

公司概况	公司名称	株洲时代新材料科技股份有限公司			证券简称	时代新材
	法人代表	曾鸿平	董秘	季晓康	证券代码	600458
	公司网址	www.trp.com.cn		电子信箱	tmt@csrzic.com	
	电　话	0731-22837786		传　真	0731-22837888	
	办公地址	湖南省株洲市天元区海天路18号				
	经营范围	轨道交通装备零部件的开发、设计、制造、销售等				

主要财务指标	指标\报告期	2015.06.30	2014.12.31	2014.06.30	2013.12.31
	基本每股收益(元)	0.3100	0.1700	0.0900	0.2100
	基本每股收益(扣除后)(元)	0.2800		0.0900	0.1800
	稀释每股收益(元)		0.1700	0.0900	0.2100
	每股净资产(元)	4.4515	4.5699	4.6716	4.6367
	每股经营现金净流量(元)	-0.1719	-0.4243	0.1068	-0.2574
	每股现金流量(元)	0.1585	0.3653	0.7243	0.3236
	每股资本公积金(元)	2.6269	2.6269	2.6269	2.6269
	每股盈余公积金(元)	0.1581	0.1483	0.1483	0.1483
	每股未分配利润(元)	1.1602	0.9758	0.9015	0.8697
	净资产收益率(%)	7.0075	3.6365	1.9660	3.9640
	加权净资产收益率(%)	7.0700	3.5400	1.9600	5.0200
	净资产收益率(扣除)(%)	6.2654	3.4820	1.9479	3.4031
	总资产(万元)	1086796.35	1068438.83	674631.30	561765.54
	归属母公司股东权益(万元)	294434.66	302260.21	308992.59	306679.10
	营业收入(万元)	555792.22	367513.65	218144.77	416470.46
	营业支出(万元)	471283.25	290061.29	170658.00	342500.34
	投资收益(万元)	-35.18	233.16	64.54	13.87
	净利润(万元)	20659.85	10609.34	6074.77	12156.87
	营业利润(万元)	22442.89	11834.73	7065.70	11055.71
	利润总额(万元)	25174.10	12426.13	7125.69	13142.55

贵研铂业股份有限公司

公司概况	公司名称	贵研铂业股份有限公司			证券简称	贵研铂业
	法人代表	汪云曙	董秘	郭俊梅	证券代码	600459
	公司网址	www.sino-platinum.com.cn		电子信箱	stock@ipm.com.cn	
	电　话	0871-8328190		传　真	0871-8326661	
	办公地址	云南省昆明市高新技术产业开发区科技路988号				
	经营范围	贵金属和相关产品的生产、综合回收利用和销售等				

主要财务指标	指标\报告期	2015.06.30	2014.12.31	2014.06.30	2013.12.31
	基本每股收益(元)	0.1500	0.3300	0.1600	0.4200
	基本每股收益(扣除后)(元)	0.1300	0.2200	0.1500	0.2900
	稀释每股收益(元)	0.1500	0.3300	0.1600	0.4200
	每股净资产(元)	6.7441	6.6904	6.5302	8.3964
	每股经营现金净流量(元)	-1.2689	0.1333	-0.2748	-0.1756
	每股现金流量(元)	-1.0719	-0.0740	-0.7056	0.6378
	每股资本公积金(元)	4.4733	4.4733	4.4723	6.1140
	每股盈余公积金(元)	0.2532	0.2532	0.2368	0.3078
	每股未分配利润(元)	1.0182	0.9675	0.8169	0.9736
	净资产收益率(%)	2.2342	4.8928	2.4541	4.7390
	加权净资产收益率(%)	2.2300	4.9800	2.4500	5.3900
	净资产收益率(扣除)(%)	1.8653	3.2984	2.2624	3.2710
	总资产(万元)	317399.21	287320.26	261307.08	239445.39
	归属母公司股东权益(万元)	176005.10	174604.82	170423.35	168559.99
	营业收入(万元)	285299.09	688070.53	300059.86	542658.14
	营业支出(万元)	274484.84	660810.49	286258.79	520350.91
	投资收益(万元)	846.36	954.81	249.88	1910.68
	净利润(万元)	4235.39	9148.40	4182.35	7988.00
	营业利润(万元)	2432.32	6893.89	5284.55	7360.16
	利润总额(万元)	5223.17	10955.31	5676.34	9502.78

杭州士兰微电子股份有限公司

公司概况	公司名称	杭州士兰微电子股份有限公司			证券简称	士 兰 微
	法人代表	陈向东	董秘	陈越	证券代码	600460
	公司网址	www.silan.com.cn		电子信箱	600460@silan.com.cn	
	电　话	0571-88210880 88212980		传　真	0571-88210763	
	办公地址	浙江省杭州市黄姑山路4号				
	经营范围	电子元器件、电子零部件及其他电子产品设计、制造、销售、经营进出口业务				

主要财务指标	指标\报告期	2015.06.30	2014.12.31	2014.06.30	2013.12.31
	基本每股收益(元)	0.0500	0.1300	0.0500	0.1300
	基本每股收益(扣除后)(元)	0.0270	0.0800	0.0250	0.0400
	稀释每股收益(元)	0.0500	0.1300	0.0500	0.1300
	每股净资产(元)	1.9438	1.9233	1.8460	2.3531
	每股经营现金净流量(元)	0.0635	0.2142	0.0400	0.2115
	每股现金流量(元)	0.1094	-0.1477	-0.0703	0.2325
	每股资本公积金(元)	0.1370	0.1370	0.1592	0.5245
	每股盈余公积金(元)	0.0974	0.0974	0.0843	0.1096
	每股未分配利润(元)	0.7042	0.6775	0.6083	0.7266
	净资产收益率(%)	2.6573	6.8513	2.6733	5.1061
	加权净资产收益率(%)	2.6500	7.0600	2.7000	6.0500
	净资产收益率(扣除)(%)	1.4067	3.9272	1.3383	1.5679
	总资产(万元)	403633.32	401815.61	384682.38	413386.66
	归属母公司股东权益(万元)	242426.62	239872.44	230230.81	225746.10
	营业收入(万元)	94217.75	187002.93	87099.59	163793.43
	营业支出(万元)	68461.65	131919.26	63154.85	121173.82
	投资收益(万元)	1993.45	5203.17	3082.54	7294.84
	净利润(万元)	6535.11	16706.59	6154.78	11526.77
	营业利润(万元)	4363.99	11646.85	4963.78	6368.22
	利润总额(万元)	7045.45	18502.15	7204.35	12431.50

江西洪城水业股份有限公司

公司概况	公司名称	江西洪城水业股份有限公司			证券简称	洪城水业
	法人代表	李钢	董秘	付方俊	证券代码	600461
	公司网址	www.jxhcsy.com		电子信箱	ytx1@sina.com	
	电　话	0791-85235057 85210336		传　真	0791-85226672	
	办公地址	江西省南昌市灌婴路99号				
	经营范围	自来水、水表、给排水设备、节水设备、仪器仪表、环保设备的生产、销售等				

主要财务指标	指标\报告期	2015.06.30	2014.12.31	2014.06.30	2013.12.31
	基本每股收益(元)	0.3200	0.4500	0.2140	0.3000
	基本每股收益(扣除后)(元)	0.2800	0.4000	0.1864	0.2500
	稀释每股收益(元)	0.3200	0.4500	0.2140	0.3000
	每股净资产(元)	5.7889	5.6204	5.3865	5.2901
	每股经营现金净流量(元)	0.6058	1.6416	0.6931	1.3556
	每股现金流量(元)	0.0968	0.2517	-0.0473	0.0782
	每股资本公积金(元)	3.5574	3.5574	3.5574	3.5574
	每股盈余公积金(元)	0.1876	0.1876	0.1575	0.1575
	每股未分配利润(元)	1.0331	0.8673	0.6620	0.5679
	净资产收益率(%)	5.4564	7.9971	3.9750	5.7037
	加权净资产收益率(%)	5.3100	8.2700	3.8500	5.8300
	净资产收益率(扣除)(%)	4.8182	7.0802	3.4605	4.7613
	总资产(万元)	518132.81	496860.82	486134.60	463219.12
	归属母公司股东权益(万元)	191032.98	185472.41	177756.14	174572.38
	营业收入(万元)	75773.98	144847.82	66471.69	118766.62
	营业支出(万元)	50251.73	96045.32	44734.60	80402.06
	投资收益(万元)	1782.64	1612.57	907.51	1438.60
	净利润(万元)	10549.85	15190.04	7065.77	9957.00
	营业利润(万元)	12026.72	17794.01	8357.28	11153.37
	利润总额(万元)	12782.51	18579.11	8715.34	11798.42

延边石岘白麓纸业股份有限公司

公司概况					
公司名称	延边石岘白麓纸业股份有限公司			证券简称	石岘纸业
法人代表	郑艳民	董秘	崔文根	证券代码	600462
公司网址	www.jlshixian.com		电子信箱	cwg0048@vip.sina.com	
电 话	0433-3810015		传 真	0433-3810019	
办公地址	吉林省图们市石岘镇				
经营范围	新闻纸、胶版纸、商品木浆等产品的生产和销售				

主要财务指标

指标\报告期	2015.06.30	2014.12.31	2014.06.30	2013.12.31
基本每股收益(元)	-0.0501	0.0041	0.0038	0.0135
基本每股收益(扣除后)(元)	-0.0413	-0.0315	-0.0267	-0.2950
稀释每股收益(元)	-0.0501	0.0041	0.0038	0.0135
每股净资产(元)	0.5503	0.6004	0.6001	0.5963
每股经营现金净流量(元)	-0.0097	-0.0453	-0.0095	-0.4157
每股现金流量(元)	-0.0025	-0.0539	-0.0113	-0.2996
每股资本公积金(元)	1.2047	1.2047	1.2047	1.2047
每股盈余公积金(元)	0.0408	0.0408	0.0408	0.0408
每股未分配利润(元)	-1.6953	-1.6451	-1.6455	-1.6492
净资产收益率(%)	-9.1132	0.6867	0.6320	2.2611
加权净资产收益率(%)	-8.7200	0.6900	0.6300	2.2900
净资产收益率(扣除)(%)	-7.5112	-5.2402	-4.4481	-49.4780
总资产(万元)	39887.38	42986.63	45602.31	47848.44
归属母公司股东权益(万元)	29372.75	32049.56	32031.92	31829.47
营业收入(万元)	13460.87	28932.69	14054.72	30088.05
营业支出(万元)	12678.37	25482.79	12932.21	33256.31
投资收益(万元)	-	-	-	-5400.00
净利润(万元)	-2676.81	220.10	202.46	719.70
营业利润(万元)	-2332.21	-1607.57	-1424.82	-15469.34
利润总额(万元)	-2676.79	220.10	202.46	719.70

北京空港科技园区股份有限公司

公司概况					
公司名称	北京空港科技园区股份有限公司			证券简称	空港股份
法人代表	田建国	董秘	刘彦明	证券代码	600463
公司网址	www.600463.com.cn		电子信箱	yanm_liu@163.com	
电 话	010-80489305		传 真	010-80491684	
办公地址	北京市顺义区空港工业区B区裕民大街甲6号				
经营范围	高新技术的开发、转让和咨询、销售开发后的产品等				

主要财务指标

指标\报告期	2015.06.30	2014.12.31	2014.06.30	2013.12.31
基本每股收益(元)	0.0500	0.1700	0.1200	0.3000
基本每股收益(扣除后)(元)	0.0400	0.1600	0.1100	0.2900
稀释每股收益(元)	0.0500	0.1700	0.1200	0.3000
每股净资产(元)	3.1159	3.1698	3.1162	3.1010
每股经营现金净流量(元)	-0.2547	-0.3608	0.3204	-0.8871
每股现金流量(元)	-0.5671	-0.1312	-0.1003	-0.4883
每股资本公积金(元)	0.3894	0.3894	0.3894	0.3894
每股盈余公积金(元)	0.2556	0.2556	0.2533	0.2533
每股未分配利润(元)	1.4709	1.5248	1.4735	1.4583
净资产收益率(%)	1.4800	5.3260	3.6977	9.6475
加权净资产收益率(%)	1.4600	5.4000	3.6700	9.9700
净资产收益率(扣除)(%)	1.3472	5.0001	3.4534	9.2242
总资产(万元)	267031.91	277149.08	255228.94	263999.40
归属母公司股东权益(万元)	78520.47	79878.34	78527.70	78144.01
营业收入(万元)	26297.00	75806.80	37925.95	91820.15
营业支出(万元)	17696.02	54485.18	26813.58	66270.31
投资收益(万元)	-15.12	11.43	-11.96	104.43
净利润(万元)	1593.02	4569.55	2903.69	7538.96
营业利润(万元)	1987.48	5679.61	3741.74	9894.29
利润总额(万元)	2154.68	6198.21	4014.13	10359.72

四川蓝光发展股份有限公司

公司概况					
公司名称	四川蓝光发展股份有限公司			证券简称	蓝光发展
法人代表	张志成	董秘	蒋黎	证券代码	600466
公司网址	www.brc.com.cn		电子信箱	jiangl@brc.com.cn	
电 话	028-87826466		传 真	028-87829595	
办公地址	四川省成都高新区(西区)西芯大道9号				
经营范围	投资及投资管理、企业策划、咨询服务、企业管理、房地产投资等				

主要财务指标

指标\报告期	2015.06.30	2014.12.31	2014.06.30	2013.12.31
基本每股收益(元)	-0.1745	0.0287	-0.1484	0.0513
基本每股收益(扣除后)(元)	-0.1300	-0.0073	-0.0047	-0.0113
稀释每股收益(元)	-0.1745	0.0287	-0.1484	0.0513
每股净资产(元)	3.6736	1.3625	1.3555	1.3300
每股经营现金净流量(元)	-0.4643	0.0848	-3.7252	0.0712
每股现金流量(元)	-0.5489	0.0297	2.4967	0.0067
每股资本公积金(元)	0.9492	0.3266	0.3266	0.3266
每股盈余公积金(元)	0.1062	0.0524	0.0487	0.0487
每股未分配利润(元)	1.4312	-0.0165	-0.0198	-0.0415
净资产收益率(%)	-4.4310	2.1033	1.5969	3.8473
加权净资产收益率(%)	-5.3400	2.1300	-5.9400	3.9200
净资产收益率(扣除)(%)	-3.3109	-0.5385	-0.3447	-0.8463
总资产(万元)	5332338.40	74439.00	67343.06	66705.00
归属母公司股东权益(万元)	777708.10	59815.41	59507.60	58557.30
营业收入(万元)	350966.10	39911.26	152173.80	37692.22
营业支出(万元)	252133.30	15573.10	99712.30	14891.62
投资收益(万元)	-329.60	958.99	1930.30	1668.79
净利润(万元)	-36553.90	1256.30	-28964.80	2249.51
营业利润(万元)	-38046.70	830.44	-31525.30	1407.73
利润总额(万元)	-38342.50	1736.34	-30087.60	2911.20

山东好当家海洋发展股份有限公司

公司概况					
公司名称	山东好当家海洋发展股份有限公司			证券简称	好当家
法人代表	唐传勤	董秘	戚燕	证券代码	600467
公司网址	www.sdhaodangjia.com		电子信箱	lijunfeng@sdhaodangjia.com	
电 话	0631-7438073		传 真	0631-7438073	
办公地址	山东省威海市荣成市虎山镇沙咀子				
经营范围	海水养殖、许可范围内水产加工品、速冻食品、饮料的加工、销售等				

主要财务指标

指标\报告期	2015.06.30	2014.12.31	2014.06.30	2013.12.31
基本每股收益(元)	0.0470	0.0300	0.0300	0.1600
基本每股收益(扣除后)(元)	0.0390	0.0100	0.0300	0.1000
稀释每股收益(元)	0.0470	0.0300	0.0300	0.1600
每股净资产(元)	4.0086	3.9707	3.9743	3.9949
每股经营现金净流量(元)	0.0987	0.2929	0.0292	0.1298
每股现金流量(元)	0.1778	0.0062	-0.0124	-0.3545
每股资本公积金(元)	1.5455	1.5455	1.5478	1.5478
每股盈余公积金(元)	0.2640	0.2640	0.2583	0.2583
每股未分配利润(元)	1.1991	1.1612	1.1682	1.1888
净资产收益率(%)	1.1696	0.7094	0.7405	3.9389
加权净资产收益率(%)	1.1700	0.7100	0.7400	3.9800
净资产收益率(扣除)(%)	0.9700	0.2237	0.7078	2.6106
总资产(万元)	492845.73	474024.43	440989.27	418339.90
归属母公司股东权益(万元)	292828.29	290060.93	290324.69	291827.27
营业收入(万元)	46150.77	88125.46	44303.38	96933.18
营业支出(万元)	37479.46	72948.66	36207.89	77071.51
投资收益(万元)	1860.12	956.65	844.80	632.27
净利润(万元)	3176.97	1407.59	2149.90	11494.93
营业利润(万元)	2396.37	386.86	1716.83	6413.37
利润总额(万元)	3175.49	2023.20	1843.33	11477.67

天津百利特精电气股份有限公司

公司概况					
公司名称	天津百利特精电气股份有限公司		证券简称	百利电气
法人代表	左斌	董秘	刘敏	证券代码	600468
公司网址	www.benefo.tj.cn		电子信箱	benefo600468@126.com	
电　　话	022-83963876　23979181		传　　真	022-83963876	
办公地址	天津市和平区烟台道78号				
经营范围	输配电设备制造与稀有金属加工等				

主要财务指标 指标\报告期	2015.06.30	2014.12.31	2014.06.30	2013.12.31
基本每股收益(元)	0.0606	0.1065	0.0333	0.0741
基本每股收益(扣除后)(元)	0.0523	0.0382	0.0300	0.0457
稀释每股收益(元)	0.0606	0.1065	0.0333	0.0741
每股净资产(元)	1.4308	1.3990	1.3526	1.3154
每股经营现金净流量(元)	0.0517	0.6354	0.0470	0.0223
每股现金流量(元)	-0.1625	0.2869	0.0043	-0.0866
每股资本公积金(元)	0.0778	0.0770	0.0809	0.0769
每股盈余公积金(元)	0.0607	0.0607	0.0496	0.0496
每股未分配利润(元)	0.2898	0.2612	0.2221	0.1889
净资产收益率(%)	4.2360	7.6130	2.4605	5.6302
加权净资产收益率(%)	4.2700	7.8400	2.4900	5.7700
净资产收益率(扣除)(%)	3.6563	2.7337	2.2170	3.4719
总资产(万元)	146361.28	152706.83	138094.53	130195.92
归属母公司股东权益(万元)	65272.96	63819.01	61702.63	60006.03
营业收入(万元)	44846.49	91052.94	36053.73	75623.38
营业支出(万元)	35418.98	73550.63	28192.82	56263.95
投资收益(万元)	2711.62	5395.35	1890.37	2957.25
净利润(万元)	3267.67	5582.47	1518.20	3378.46
营业利润(万元)	3159.30	5765.23	1746.26	4455.02
利润总额(万元)	3752.39	6452.21	1931.89	4903.12

风神轮胎股份有限公司

公司概况					
公司名称	风神轮胎股份有限公司		证券简称	风神股份
法人代表	王锋	董秘	刘新军	证券代码	600469
公司网址	www.aeolustyre.com		电子信箱	company@aeolustyre.com	
电　　话	0391-3999080　3999007		传　　真	0391-3999080	
办公地址	河南省焦作市焦东南路48号				
经营范围	轮胎的研制、设计、开发、生产、经营及轮胎进出口等				

主要财务指标 指标\报告期	2015.06.30	2014.12.31	2014.06.30	2013.12.31
基本每股收益(元)	0.3900	0.8800	0.4940	0.8400
基本每股收益(扣除后)(元)	0.3800	0.8700	0.4800	0.8200
稀释每股收益(元)	0.3900	0.8800	0.4940	0.8400
每股净资产(元)	7.6865	7.4554	6.9846	6.5937
每股经营现金净流量(元)	1.4514	2.3160	1.2732	0.8346
每股现金流量(元)	0.5544	0.8651	0.6506	0.0113
每股资本公积金(元)	2.1197	2.1197	2.1258	2.1292
每股盈余公积金(元)	0.5721	0.5721	0.4836	0.4836
每股未分配利润(元)	3.9186	3.6773	3.3752	2.9809
净资产收益率(%)	5.0907	11.8696	7.0767	12.6630
加权净资产收益率(%)	5.1700	12.6000	7.2800	13.3900
净资产收益率(扣除)(%)	4.9478	11.6441	6.8757	12.4638
总资产(万元)	723800.38	698955.89	757284.14	722322.87
归属母公司股东权益(万元)	288199.77	279536.18	261881.69	-
营业收入(万元)	330447.93	816683.68	399901.06	853818.06
营业支出(万元)	264927.37	636403.27	311962.91	680794.01
投资收益(万元)	2002.84	252.25	181.06	78.05
净利润(万元)	14671.25	33179.77	18532.54	31306.16
营业利润(万元)	18239.25	39834.99	21714.50	37119.18
利润总额(万元)	18723.68	40513.53	22333.78	37481.54

安徽六国化工股份有限公司

公司概况					
公司名称	安徽六国化工股份有限公司		证券简称	六国化工
法人代表	陈嘉生	董秘	邢金俄	证券代码	600470
公司网址	www.liuguo.com		电子信箱	tlxxe@163.com	
电　　话	0562-3801021　3801675		传　　真	0562-3802688	
办公地址	安徽省铜陵市铜港路				
经营范围	化学肥料(含复混肥料)、磷石膏生产、加工、销售等				

主要财务指标 指标\报告期	2015.06.30	2014.12.31	2014.06.30	2013.12.31
基本每股收益(元)	0.1050	-0.4000	-0.1100	0.0300
基本每股收益(扣除后)(元)	0.0920	-0.4700	-0.1300	-0.0400
稀释每股收益(元)	0.1050	-0.4000	-0.1100	0.0300
每股净资产(元)	3.9624	3.8521	4.1186	4.3421
每股经营现金净流量(元)	0.0296	1.1284	0.3973	-0.4339
每股现金流量(元)	-0.1563	-0.3194	0.1549	-0.4013
每股资本公积金(元)	2.4208	2.4208	2.4208	2.4208
每股盈余公积金(元)	0.1948	0.1948	0.1948	0.1948
每股未分配利润(元)	0.3110	0.2060	0.4909	0.7018
净资产收益率(%)	2.6482	-10.2735	-2.6915	0.6265
加权净资产收益率(%)	2.6900	-9.6600	-2.5900	0.6200
净资产收益率(扣除)(%)	2.3221	-12.0968	-3.1759	-0.8253
总资产(万元)	655100.46	643048.15	652756.51	642708.99
归属母公司股东权益(万元)	206679.50	200924.56	214827.77	226485.43
营业收入(万元)	275369.20	527174.80	240393.26	571494.83
营业支出(万元)	245368.23	500037.34	226131.09	535393.64
投资收益(万元)	494.67	149.17	-	1185.61
净利润(万元)	2988.05	-33406.07	-5782.03	1418.98
营业利润(万元)	2224.41	-38454.00	-10720.38	-6897.24
利润总额(万元)	3017.65	-34001.73	-9182.58	-95.49

无锡华光锅炉股份有限公司

公司概况					
公司名称	无锡华光锅炉股份有限公司		证券简称	华光股份
法人代表	王福军	董秘	周建伟	证券代码	600475
公司网址	www.wxboiler.com		电子信箱	600475@wxboiler.com	
电　　话	0510-85215556		传　　真	051-85215605	
办公地址	江苏省无锡市城南路3号				
经营范围	电站锅炉、工业锅炉、锅炉辅机、水处理设备、压力容器、烟气脱硫脱硝成套设备的制造、销售				

主要财务指标 指标\报告期	2015.06.30	2014.12.31	2014.06.30	2013.12.31
基本每股收益(元)	0.2101	0.3251	0.2100	0.2956
基本每股收益(扣除后)(元)	0.2051	0.2023	0.2052	0.2169
稀释每股收益(元)	0.2101	0.3251	0.2100	0.2956
每股净资产(元)	5.4489	5.3388	5.2222	5.1137
每股经营现金净流量(元)	0.3427	0.3867	-0.3891	0.8251
每股现金流量(元)	-0.2234	-0.1721	-0.5977	-0.7460
每股资本公积金(元)	0.3498	0.3498	0.3498	0.3498
每股盈余公积金(元)	0.6923	0.6923	0.6759	0.6759
每股未分配利润(元)	3.4067	3.2966	3.1965	3.0880
净资产收益率(%)	3.8556	6.0895	3.9941	5.7799
加权净资产收益率(%)	3.8900	6.2200	4.0400	5.2000
净资产收益率(扣除)(%)	3.7645	3.7890	3.9299	4.2415
总资产(万元)	466102.49	450815.51	457001.55	463258.38
归属母公司股东权益(万元)	139490.66	136672.46	133689.41	130909.73
营业收入(万元)	163874.55	314434.48	160370.41	332498.63
营业支出(万元)	133151.32	252014.48	130340.13	271841.11
投资收益(万元)	694.83	1158.43	481.26	258.32
净利润(万元)	8126.49	12189.75	5339.68	7566.44
营业利润(万元)	9870.64	11030.91	9194.55	11320.19
利润总额(万元)	9909.43	14681.20	9363.16	14819.88

湖南湘邮科技股份有限公司

公司概况	公司名称	湖南湘邮科技股份有限公司			证券简称	湘邮科技
	法人代表	阎洪生	董秘	汪志刚	证券代码	600476
	公司网址	www.copote.com		电子信箱	copote@copote.com	
	电　话	0731-88998688 88998817		传　真	0731-88998686 88998859	
	办公地址	湖南省长沙市高新技术产业开发区麓谷基地玉兰路2号				
	经营范围	研制、开发、生产、销售计算机软、硬件及邮电高科技电子产品等				

	指标\报告期	2015.06.30	2014.12.31	2014.06.30	2013.12.31
主要财务指标	基本每股收益(元)	−0.0334	0.0450	−0.0354	−0.3850
	基本每股收益(扣除后)(元)	−0.0449	−0.2820	−0.0834	−0.3940
	稀释每股收益(元)	−0.0334	0.0450	−0.0354	−0.3850
	每股净资产(元)	1.3992	1.4327	1.3506	1.3860
	每股经营现金净流量(元)	−0.1553	−0.0308	−0.1488	−0.2641
	每股现金流量(元)	−0.2990	0.1854	−0.0213	−0.3307
	每股资本公积金(元)	0.8158	0.8158	0.8139	0.8139
	每股盈余公积金(元)	0.0834	0.0834	0.0834	0.0834
	每股未分配利润(元)	−0.5000	−0.4666	−0.5468	−0.5114
	净资产收益率(%)	−2.3878	3.1272	−2.6184	−27.7588
	加权净资产收益率(%)	−2.3600	3.1800	−2.5800	−24.3800
	净资产收益率(扣除)(%)	−3.2088	−19.6682	−6.1754	−28.4594
	总资产(万元)	35225.59	37277.90	34303.74	35255.88
	归属母公司股东权益(万元)	22537.59	23075.75	21754.16	22323.77
	营业收入(万元)	9352.65	16138.65	3924.55	23352.06
	营业支出(万元)	8525.33	15279.18	3414.22	22423.60
	投资收益(万元)	140.72	4902.50	746.74	149.63
	净利润(万元)	−538.21	721.20	−569.74	−6198.30
	营业利润(万元)	−723.24	270.75	−735.84	−6516.54
	利润总额(万元)	−538.21	765.06	−572.21	−6301.70

杭萧钢构股份有限公司

公司概况	公司名称	杭萧钢构股份有限公司			证券简称	杭萧钢构
	法人代表	单银木	董秘	陈瑞	证券代码	600477
	公司网址	www.hxss.com.cn		电子信箱	chen.rui@hxss.com.cn	
	电　话	0571-87246788		传　真	0571-87247920	
	办公地址	浙江省杭州市中河中路258号瑞丰大厦3楼、5楼、7楼				
	经营范围	钢结构工程的设计、制作与安装				

	指标\报告期	2015.06.30	2014.12.31	2014.06.30	2013.12.31
主要财务指标	基本每股收益(元)	0.0390	0.1120	0.0340	0.0960
	基本每股收益(扣除后)(元)	0.0600	0.0800	0.0240	0.0780
	稀释每股收益(元)	0.0390	0.1110	0.0340	0.0960
	每股净资产(元)	1.6475	2.1199	2.0449	1.7017
	每股经营现金净流量(元)	0.1893	−0.4157	−0.4754	0.1922
	每股现金流量(元)	0.2213	0.0645	0.0219	−0.1106
	每股资本公积金(元)	0.1935	0.5022	0.4974	0.0617
	每股盈余公积金(元)	0.0998	0.1332	0.1281	0.1529
	每股未分配利润(元)	0.3527	0.4795	0.4187	0.4866
	净资产收益率(%)	2.3228	5.0507	2.0156	5.6518
	加权净资产收益率(%)	2.3300	5.5700	2.3500	5.8200
	净资产收益率(扣除)(%)	3.5533	3.6206	1.4369	4.5735
	总资产(万元)	626203.78	653531.23	641726.68	620085.85
	归属母公司股东权益(万元)	121650.52	117326.16	113178.00	78864.72
	营业收入(万元)	149637.35	393290.85	165774.08	397376.74
	营业支出(万元)	114889.47	327710.63	137390.85	341556.64
	投资收益(万元)	–	–	–	–
	净利润(万元)	3240.37	7362.12	3221.38	6601.64
	营业利润(万元)	5761.09	6977.25	3119.02	7008.88
	利润总额(万元)	4103.79	9333.46	4020.88	8351.91

湖南科力远新能源股份有限公司

公司概况	公司名称	湖南科力远新能源股份有限公司			证券简称	科力远
	法人代表	钟发平	董秘	赵丽萍	证券代码	600478
	公司网址	www.corun.com		电子信箱	zhaoliping@corun.com	
	电　话	0731-88983638		传　真	0731-88983623	
	办公地址	湖南省长沙市岳麓区长沙国家高新技术产业开发区桐梓坡西路348号				
	经营范围	法律、法规、政策允许的新材料、新能源的研究、开发、生产、销售等				

	指标\报告期	2015.06.30	2014.12.31	2014.06.30	2013.12.31
主要财务指标	基本每股收益(元)	−0.0420	−0.0973	0.0170	0.0140
	基本每股收益(扣除后)(元)	−0.0750	−0.1908	−0.0670	−0.1602
	稀释每股收益(元)	−0.0420	−0.0973	0.0170	0.0140
	每股净资产(元)	1.5530	1.8583	3.0723	3.0365
	每股经营现金净流量(元)	0.0152	0.1975	0.1273	0.3664
	每股现金流量(元)	0.0145	0.4322	0.2841	−1.3192
	每股资本公积金(元)	0.6353	0.9375	1.9052	2.0490
	每股盈余公积金(元)	0.0323	0.0635	0.0953	0.0953
	每股未分配利润(元)	−0.0365	0.0039	0.2145	0.1518
	净资产收益率(%)	−2.4755	−5.2349	0.4577	1.0665
	加权净资产收益率(%)	−4.1600	−4.9300	0.5600	0.6800
	净资产收益率(扣除)(%)	−4.4206	−10.2686	−2.2307	−4.9047
	总资产(万元)	277795.63	259089.98	210956.43	202559.41
	归属母公司股东权益(万元)	144023.03	87755.30	96724.47	98591.52
	营业收入(万元)	36246.88	85470.67	39204.72	113732.28
	营业支出(万元)	30825.82	71198.38	31802.86	93999.93
	投资收益(万元)	−386.49	−1132.52	90.42	−338.83
	净利润(万元)	−3300.98	−4428.29	900.83	2521.33
	营业利润(万元)	−6185.40	−8107.57	−1621.72	−4525.67
	利润总额(万元)	−3091.99	−4267.71	1136.21	4860.50

株洲千金药业股份有限公司

公司概况	公司名称	株洲千金药业股份有限公司			证券简称	千金药业
	法人代表	江端预	董秘	谢爱维	证券代码	600479
	公司网址	www.cnqjyy.com		电子信箱	qianjin@cnqjyy.com	
	电　话	0731-22496088 22492897		传　真	0731-22496088	
	办公地址	湖南省株洲市天元区株洲大道801号				
	经营范围	中成药产品、中药保健品、化学药制品的开发、生产和销售				

	指标\报告期	2015.06.30	2014.12.31	2014.06.30	2013.12.31
主要财务指标	基本每股收益(元)	0.1185	0.3448	0.1296	0.4060
	基本每股收益(扣除后)(元)	0.0967	0.2917	0.1136	0.3920
	稀释每股收益(元)	0.1185	0.3448	0.1296	0.4060
	每股净资产(元)	3.6007	3.6791	3.4602	3.3076
	每股经营现金净流量(元)	0.4127	0.6015	0.3587	0.4515
	每股现金流量(元)	0.1958	0.0616	0.1418	0.0798
	每股资本公积金(元)	0.6904	0.6873	0.6836	0.4805
	每股盈余公积金(元)	0.4957	0.4957	0.4685	0.4685
	每股未分配利润(元)	1.4147	1.4961	1.3081	1.3585
	净资产收益率(%)	3.2913	9.3711	3.7444	12.2760
	加权净资产收益率(%)	3.1700	9.6400	3.6600	12.5200
	净资产收益率(扣除)(%)	2.6868	7.9276	3.2819	11.8503
	总资产(万元)	218901.15	222892.91	198916.40	188831.34
	归属母公司股东权益(万元)	109756.85	112145.22	105473.53	100820.92
	营业收入(万元)	110760.22	219424.05	102577.76	197285.51
	营业支出(万元)	61991.96	114109.18	57863.37	100681.71
	投资收益(万元)	408.00	534.48	354.97	510.36
	净利润(万元)	2829.01	11769.59	3949.31	12376.79
	营业利润(万元)	3576.65	13041.48	4397.86	14998.53
	利润总额(万元)	3937.47	14041.71	4783.58	15285.00

凌云工业股份有限公司

公司概况	公司名称	凌云工业股份有限公司			证券简称	凌云股份
	法人代表	李喜增	董秘	张建华	证券代码	600480
	公司网址	www.lingyun.com.cn		电子信箱	zhangjianhua@lygf.com	
	电　话	0312-3951002		传　真	0312-3951234	
	办公地址	河北省涿州市松林店镇				
	经营范围	生产和销售塑料燃气管道系统、给水管道系统、供热管道系统等				

	指标＼报告期	2015.06.30	2014.12.31	2014.06.30	2013.12.31
主要财务指标	基本每股收益(元)	0.2900	0.3800	0.2400	0.3700
	基本每股收益(扣除后)(元)	0.2800	0.3400	0.2300	0.3200
	稀释每股收益(元)	0.2900	0.3800	0.2400	0.3700
	每股净资产(元)	5.7454	5.5762	5.4379	5.3175
	每股经营现金净流量(元)	–1.1708	2.0522	–0.2698	0.6378
	每股现金流量(元)	–1.2227	1.2479	–0.2614	–0.1367
	每股资本公积金(元)	1.7780	1.7780	1.7780	1.7780
	每股盈余公积金(元)	0.1646	0.1646	0.1588	0.1588
	每股未分配利润(元)	2.8027	2.6335	2.5011	2.3807
	净资产收益率(%)	5.0333	6.7984	4.4211	6.9948
	加权净资产收益率(%)	5.0500	6.9600	4.4200	7.1900
	净资产收益率(扣除)(%)	4.8413	6.1471	4.2924	5.9944
	总资产(万元)	830617.36	751788.53	730484.67	666403.19
	归属母公司股东权益(万元)	207818.67	201699.06	196695.85	192340.36
	营业收入(万元)	356397.74	655358.78	313669.59	563282.41
	营业支出(万元)	281898.94	526307.92	249035.25	457366.05
	投资收益(万元)	2122.45	2801.34	1169.79	2900.70
	净利润(万元)	19830.90	27591.59	8696.07	13453.81
	营业利润(万元)	24262.44	33911.56	19528.08	26272.65
	利润总额(万元)	24804.16	35847.80	19916.71	28844.55

双良节能系统股份有限公司

公司概况	公司名称	双良节能系统股份有限公司			证券简称	双良节能
	法人代表	缪志强	董秘	王晓松	证券代码	600481
	公司网址	www.shuangliang.com		电子信箱	600481@shuangliang.com	
	电　话	0510-86632358		传　真	0510-86630191*481	
	办公地址	江苏省江阴市利港镇西利路 88 号				
	经营范围	研究、开发、生产空调、热泵、空气冷却设备、海水淡化节能设备等				

	指标＼报告期	2015.06.30	2014.12.31	2014.06.30	2013.12.31
主要财务指标	基本每股收益(元)	0.2300	0.3613	0.1827	0.6425
	基本每股收益(扣除后)(元)	0.2243	0.3589	0.1724	0.6272
	稀释每股收益(元)	0.2300	0.3612	0.1827	0.6423
	每股净资产(元)	2.4626	2.7594	2.6132	3.0780
	每股经营现金净流量(元)	0.1712	1.0660	0.0904	0.9622
	每股现金流量(元)	–0.3283	–0.1578	–0.3931	–0.2943
	每股资本公积金(元)	0.8221	1.1367	1.0359	1.0361
	每股盈余公积金(元)	0.3635	0.3408	0.2981	0.2981
	每股未分配利润(元)	0.2773	0.4702	0.2793	0.7439
	净资产收益率(%)	9.3376	13.0926	7.0934	20.8741
	加权净资产收益率(%)	7.9600	13.0500	6.4200	22.4800
	净资产收益率(扣除)(%)	9.1080	13.0064	7.1155	20.3764
	总资产(万元)	593951.51	801236.69	766180.43	729840.92
	归属母公司股东权益(万元)	199528.31	238656.52	211698.15	249350.66
	营业收入(万元)	221555.60	680769.69	309330.33	655922.17
	营业支出(万元)	170422.21	580926.98	260465.00	535725.81
	投资收益(万元)	–344.18	–556.73	–213.41	–286.14
	净利润(万元)	18186.02	31340.15	12746.32	56110.61
	营业利润(万元)	16304.90	23101.55	15663.05	56751.29
	利润总额(万元)	22643.15	38038.62	16775.29	72532.29

风帆股份有限公司

公司概况	公司名称	风帆股份有限公司			证券简称	风帆股份
	法人代表	刘宝生	董秘	张亚光	证券代码	600482
	公司网址	www.sail.com.cn		电子信箱	sh600482@126.com	
	电　话	0312-3208529 3208588		传　真	0312-3208529	
	办公地址	河北省保定市富昌路 8 号				
	经营范围	蓄电池开发、生产、销售等				

	指标＼报告期	2015.06.30	2014.12.31	2014.06.30	2013.12.31
主要财务指标	基本每股收益(元)	0.1900	0.2700	0.1400	0.2400
	基本每股收益(扣除后)(元)	0.1900	0.2400	0.1200	0.2100
	稀释每股收益(元)	0.1900	0.2700	0.1400	0.2400
	每股净资产(元)	3.9896	3.8849	3.7400	3.6644
	每股经营现金净流量(元)	0.3230	0.6127	0.2773	0.1602
	每股现金流量(元)	–0.4042	0.0842	–0.0120	0.1492
	每股资本公积金(元)	2.4209	2.4209	2.3977	2.3977
	每股盈余公积金(元)	0.1855	0.1855	0.1560	0.1560
	每股未分配利润(元)	0.3832	0.2785	0.1778	0.1067
	净资产收益率(%)	4.6606	6.9258	3.6721	5.9758
	加权净资产收益率(%)	4.6700	7.1900	3.6900	7.9900
	净资产收益率(扣除)(%)	4.6531	6.2365	3.1382	5.1510
	总资产(万元)	418339.12	434381.14	416143.47	413632.08
	归属母公司股东权益(万元)	214044.72	208425.31	198485.47	194716.66
	营业收入(万元)	304294.99	574802.26	282991.86	522367.49
	营业支出(万元)	266938.26	497888.11	249915.00	453497.88
	投资收益(万元)	191.49	381.14	20.94	345.12
	净利润(万元)	9835.45	13883.99	7288.58	11635.88
	营业利润(万元)	12427.07	16323.84	8392.18	13302.88
	利润总额(万元)	12446.07	18047.17	9669.86	15035.33

福建福能股份有限公司

公司概况	公司名称	福建福能股份有限公司			证券简称	福能股份
	法人代表	林金本	董秘	陈伟	证券代码	600483
	公司网址	www.fjec.com.cn		电子信箱	nf600483@sina.com	
	电　话	0591-86211275 86211273		传　真	0591-86211275	
	办公地址	福建省福州市五四路 109 号东煌大厦 13 楼				
	经营范围	纺织品、PU 革的制造、经营本公司自产产品及相关的出口业务				

	指标＼报告期	2015.06.30	2014.12.31	2014.06.30	2013.12.31
主要财务指标	基本每股收益(元)	0.3000	0.7300	0.3600	0.7800
	基本每股收益(扣除后)(元)	0.3000	0.7300	0.3600	0.7600
	稀释每股收益(元)	0.3000	0.7300	0.3600	0.7800
	每股净资产(元)	4.7235	4.6026	2.5518	2.5726
	每股经营现金净流量(元)	0.2521	0.5598	3.3050	0.5330
	每股现金流量(元)	–0.0854	0.0900	0.7689	–0.2417
	每股资本公积金(元)	0.2335	0.2335	1.0439	0.0880
	每股盈余公积金(元)	0.0586	0.0586	0.2233	0.0489
	每股未分配利润(元)	0.3891	0.3547	0.2846	0.1925
	净资产收益率(%)	6.2593	13.7334	0.8414	2.8899
	加权净资产收益率(%)	6.2200	17.4500	9.3600	20.3500
	净资产收益率(扣除)(%)	6.2447	13.6902	0.7745	1.4177
	总资产(万元)	1421972.39	1435418.82	103876.48	1239971.04
	归属母公司股东权益(万元)	594379.55	579172.88	73615.23	358528.00
	营业收入(万元)	289464.94	580932.17	226779.26	576683.55
	营业支出(万元)	216652.88	420634.78	155140.60	417898.62
	投资收益(万元)	614.56	–	96.99	1300.87
	净利润(万元)	37486.51	79983.37	34571.08	79521.12
	营业利润(万元)	46309.81	100229.18	44742.48	99949.41
	利润总额(万元)	46995.95	101659.73	44857.06	100840.89

北京信威通信科技集团股份有限公司

公司概况	公司名称	北京信威通信科技集团股份有限公司			证券简称	信威集团
	法人代表	王靖	董秘	王志刚	证券代码	600485
	公司网址	www.xinweigroup.com.cn		电子信箱	investor@xinwei.com.cn	
	电　话	010-62802618		传　真	010-62802688	
	办公地址	北京市海淀区东北旺西路8号中关村软件园7号楼一层				
	经营范围	通信网测试维护产品的研制开发、生产、销售和服务				

主要财务指标	指标\报告期	2015.06.30	2014.12.31	2014.06.30	2013.12.31
	基本每股收益(元)	0.1171	0.6732	0.0007	0.6263
	基本每股收益(扣除后)(元)	0.1048	0.6600	-0.0022	0.6141
	稀释每股收益(元)	-	-	-	0.1070
	每股净资产(元)	4.8832	3.5319	3.3615	3.3290
	每股经营现金净流量(元)	-0.3263	0.4028	2.5876	-0.5903
	每股现金流量(元)	-0.3757	0.3597	-2.7468	-0.0768
	每股资本公积金(元)	2.3131	2.3131	0.9926	0.0457
	每股盈余公积金(元)	0.0435	0.0435	0.2237	0.0595
	每股未分配利润(元)	1.5271	1.3720	1.1452	1.1450
	净资产收益率(%)	3.2104	17.5513	0.9647	3.2088
	加权净资产收益率(%)	3.2600	28.9300	0.0400	47.9000
	净资产收益率(扣除)(%)	2.8732	17.3816	0.3981	-1.8825
	总资产(万元)	1308538.20	1421549.66	58992.41	632218.08
	归属母公司股东权益(万元)	1066493.97	1032623.70	46585.32	430172.71
	营业收入(万元)	47345.33	315680.79	6374.13	235841.13
	营业支出(万元)	9278.27	25713.77	2967.33	14489.44
	投资收益(万元)	5365.91	-4118.19	159.87	774.48
	净利润(万元)	36014.23	190991.32	153.49	171173.99
	营业利润(万元)	6502.88	211211.46	-4478.71	164214.88
	利润总额(万元)	41493.05	219576.65	891.61	193805.33

江苏扬农化工股份有限公司

公司概况	公司名称	江苏扬农化工股份有限公司			证券简称	扬农化工
	法人代表	程晓曦	董秘	吴孝举	证券代码	600486
	公司网址	www.yngf.com		电子信箱	stockcom@yngf.com	
	电　话	0514-85860486		传　真	0514-85889486	
	办公地址	江苏省扬州市文峰路39号				
	经营范围	卫生用、农用拟除虫菊酯系列产品的生产和销售				

主要财务指标	指标\报告期	2015.06.30	2014.12.31	2014.06.30	2013.12.31
	基本每股收益(元)	0.9710	1.7610	0.9580	2.1930
	基本每股收益(扣除后)(元)	0.8890	1.6160	0.9160	-
	稀释每股收益(元)	0.9710	1.7610	0.9580	2.1930
	每股净资产(元)	11.5206	10.5243	9.7045	13.2981
	每股经营现金净流量(元)	0.7104	2.1435	0.8737	4.1369
	每股现金流量(元)	0.5750	0.5792	-0.7542	0.3570
	每股资本公积金(元)	3.1573	3.1573	3.1573	4.9359
	每股盈余公积金(元)	0.6363	0.6363	0.4559	0.6838
	每股未分配利润(元)	6.4080	5.4375	4.8157	6.3059
	净资产收益率(%)	8.4246	16.7293	9.8760	16.4920
	加权净资产收益率(%)	8.8100	18.2100	10.3000	17.8100
	净资产收益率(扣除)(%)	7.7174	15.3526	9.4397	16.4010
	总资产(万元)	467607.99	430776.54	400906.39	364114.20
	归属母公司股东权益(万元)	297519.44	271788.07	250617.08	228948.43
	营业收入(万元)	180225.42	282049.03	160966.39	300458.08
	营业支出(万元)	135365.52	207878.62	120388.42	231018.77
	投资收益(万元)	2418.81	3269.56	578.63	1020.00
	净利润(万元)	25973.80	46897.49	24750.89	37758.20
	营业利润(万元)	31588.22	54491.41	29927.43	46788.40
	利润总额(万元)	31519.91	55287.50	30457.48	45587.26

江苏亨通光电股份有限公司

公司概况	公司名称	江苏亨通光电股份有限公司			证券简称	亨通光电
	法人代表	尹纪成	董秘	王军	证券代码	600487
	公司网址	www.htgd.com.cn		电子信箱	htgd@htgd.com.cn	
	电　话	0512-63430985		传　真	0512-63092355	
	办公地址	江苏省吴江市经济开发区亨通路100号				
	经营范围	光纤光缆的生产与销售				

主要财务指标	指标\报告期	2015.06.30	2014.12.31	2014.06.30	2013.12.31
	基本每股收益(元)	0.3400	0.8680	0.2280	1.4050
	基本每股收益(扣除后)(元)	0.2700	0.6730	0.1540	1.0170
	稀释每股收益(元)	0.3400	0.8680	0.2280	1.4050
	每股净资产(元)	10.0216	9.8951	9.3142	13.0738
	每股经营现金净流量(元)	0.0048	0.5500	-0.1336	0.5441
	每股现金流量(元)	2.0155	-0.3116	1.3839	-1.0042
	每股资本公积金(元)	4.2648	4.2648	4.2898	4.2242
	每股盈余公积金(元)	0.4540	0.4540	0.4056	0.8103
	每股未分配利润(元)	4.4249	4.1873	3.6186	7.0393
	净资产收益率(%)	3.3915	8.4060	2.2440	10.7501
	加权净资产收益率(%)	3.4000	9.1300	2.6000	11.2200
	净资产收益率(扣除)(%)	2.6984	6.5204	1.5117	7.7769
	总资产(万元)	1569152.29	1238838.50	1175572.22	997262.81
	归属母公司股东权益(万元)	414648.84	409415.23	385380.36	270736.05
	营业收入(万元)	541585.83	1041954.91	402777.84	858653.32
	营业支出(万元)	435419.54	843644.05	320942.13	685799.78
	投资收益(万元)	74.34	985.79	535.67	1159.90
	净利润(万元)	17720.60	38344.28	8647.75	29104.28
	营业利润(万元)	18218.50	36785.89	10255.39	30411.30
	利润总额(万元)	22381.84	45765.01	13312.82	40341.88

天津天药药业股份有限公司

公司概况	公司名称	天津天药药业股份有限公司			证券简称	天药股份
	法人代表	李立群	董秘	王春丽	证券代码	600488
	公司网址	www.kingyork.biz/tianyaoyaoye		电子信箱	tjpc600488@vip.sina.com	
	电　话	022-65277565		传　真	022-65277561	
	办公地址	天津市开发区西区新业九街19号(金耀生物园)				
	经营范围	皮质激素类原料药和制剂的生产和销售、出口				

主要财务指标	指标\报告期	2015.06.30	2014.12.31	2014.06.30	2013.12.31
	基本每股收益(元)	0.0490	0.0900	0.0370	0.0560
	基本每股收益(扣除后)(元)	0.0490	0.0670	0.0140	0.0400
	稀释每股收益(元)	0.0490	0.0900	0.0370	0.0560
	每股净资产(元)	2.4925	2.4715	2.4181	2.3993
	每股经营现金净流量(元)	0.0581	0.1860	0.1191	0.0880
	每股现金流量(元)	0.0305	-0.0307	0.0943	0.3477
	每股资本公积金(元)	0.6334	0.6334	0.6334	0.6334
	每股盈余公积金(元)	0.1534	0.1486	0.1433	0.1417
	每股未分配利润(元)	0.7100	0.6938	0.6455	0.6286
	净资产收益率(%)	1.9685	3.6460	1.5121	2.2524
	加权净资产收益率(%)	1.9700	3.7000	1.5100	2.1200
	净资产收益率(扣除)(%)	1.9673	2.6958	0.5928	1.6181
	总资产(万元)	299991.46	289679.94	306186.95	311159.77
	归属母公司股东权益(万元)	239495.96	237473.26	232341.37	230536.78
	营业收入(万元)	72813.52	138891.90	71396.47	148053.82
	营业支出(万元)	60925.41	117534.02	61984.83	127669.79
	投资收益(万元)	798.55	370.17	-68.33	45.08
	净利润(万元)	4718.22	8672.39	3513.28	5192.57
	营业利润(万元)	5463.83	6984.34	1646.97	4467.97
	利润总额(万元)	5468.91	9948.89	4461.40	5704.09

中金黄金股份有限公司

公司概况					
公司名称	中金黄金股份有限公司			证券简称	中金黄金
法人代表	宋鑫	董秘	宋宪彬	证券代码	600489
公司网址	www.zjgold.com		电子信箱	yw@zjgold.com	
电　　话	010-56353909　56353910		传　　真	010-56353910	
办公地址	北京市东城区安外大街 9 号				
经营范围	黄金等有色金属地质勘查、采选、冶炼等				

主要财务指标：指标\报告期	2015.06.30	2014.12.31	2014.06.30	2013.12.31
基本每股收益(元)	0.0200	0.0300	0.1000	0.1500
基本每股收益(扣除后)(元)	0.0200	0.0200	0.0900	0.1400
稀释每股收益(元)	0.0200	0.0300	0.1000	0.1500
每股净资产(元)	3.3887	3.3744	3.4457	3.3891
每股经营现金净流量(元)	−0.0695	0.2758	0.2909	0.2762
每股现金流量(元)	0.3793	0.0541	0.2576	−0.2573
每股资本公积金(元)	0.5642	0.5642	0.5642	0.5642
每股盈余公积金(元)	0.1959	0.1959	0.1770	0.1770
每股未分配利润(元)	1.6152	1.6076	1.6941	1.6418
净资产收益率(%)	0.5185	0.8492	2.7933	4.3215
加权净资产收益率(%)	0.5200	0.8500	2.8200	4.3300
净资产收益率(扣除)(%)	0.5530	0.5151	2.6539	3.9863
总资产(万元)	3268001.24	2764050.52	2557423.51	2342340.53
归属母公司股东权益(万元)	997374.51	993149.87	1014162.30	997504.37
营业收入(万元)	1773684.56	3355115.64	1592934.16	3049112.45
营业支出(万元)	1655771.70	3065005.76	1447472.27	2756133.01
投资收益(万元)	−461.33	3.75	151.99	917.91
净利润(万元)	10525.85	29175.82	28328.89	43107.11
营业利润(万元)	17005.34	43498.81	56235.17	89108.18
利润总额(万元)	16625.01	49083.11	59162.00	96256.86

鹏欣环球资源股份有限公司

公司概况					
公司名称	鹏欣环球资源股份有限公司			证券简称	鹏欣资源
法人代表	何昌明	董秘	宋乐	证券代码	600490
公司网址	www.pengxinzy.com.cn		电子信箱	600490@pengxinzy.com.cn	
电　　话	021-61677666*7397		传　　真	021-62429110	
办公地址	上海市虹桥路 2188 弄 41 号、47 号楼				
经营范围	医药中间体、农药中间体及有机新材料等精细化工品的生产和销售				

主要财务指标：指标\报告期	2015.06.30	2014.12.31	2014.06.30	2013.12.31
基本每股收益(元)	0.0303	0.0509	0.0280	0.1136
基本每股收益(扣除后)(元)	0.0292	0.0525	0.0281	–
稀释每股收益(元)	0.0303	0.0509	0.0280	0.1136
每股净资产(元)	1.1401	1.1109	1.0931	1.7407
每股经营现金净流量(元)	0.2644	0.3605	0.1272	0.1437
每股现金流量(元)	0.2118	0.0053	−0.1672	0.0686
每股资本公积金(元)	0.1130	0.1130	0.1130	0.8381
每股盈余公积金(元)	0.0104	0.0104	0.0104	0.0177
每股未分配利润(元)	0.0330	0.0027	−0.0202	−0.0820
净资产收益率(%)	2.6556	4.5836	2.5631	6.5239
加权净资产收益率(%)	2.6887	4.8500	2.7000	6.6700
净资产收益率(扣除)(%)	2.5606	4.7214	2.5720	6.2898
总资产(万元)	465039.05	412758.25	453034.73	437877.90
归属母公司股东权益(万元)	168621.48	164306.25	161669.74	151437.29
营业收入(万元)	84481.59	218436.73	129692.45	221884.91
营业支出(万元)	65683.20	170321.34	102772.51	173263.64
投资收益(万元)	−523.88	165.15	361.79	−332.72
净利润(万元)	10654.83	21497.87	4143.77	9879.65
营业利润(万元)	10260.58	23798.24	12882.64	25954.53
利润总额(万元)	10654.83	23072.51	12826.41	26848.39

龙元建设集团股份有限公司

公司概况					
公司名称	龙元建设集团股份有限公司			证券简称	龙元建设
法人代表	赖振元	董秘	张丽	证券代码	600491
公司网址	www.lycg.com.cn		电子信箱	webmaster@lycg.com.cn	
电　　话	021-65615689		传　　真	021-65615689	
办公地址	上海市逸仙路 768 号				
经营范围	民用、工业、市政及公共设施等各类工程的建筑施工、工程安装				

主要财务指标：指标\报告期	2015.06.30	2014.12.31	2014.06.30	2013.12.31
基本每股收益(元)	0.0979	0.2600	0.0908	0.2300
基本每股收益(扣除后)(元)	0.0637	0.1600	0.0656	0.1800
稀释每股收益(元)	0.0979	0.2600	0.0908	0.2300
每股净资产(元)	3.5925	3.4866	3.3044	3.2757
每股经营现金净流量(元)	−0.7651	−0.2941	−0.8300	0.1219
每股现金流量(元)	−0.7210	0.0779	−0.3578	0.1876
每股资本公积金(元)	0.4556	0.4556	0.4556	0.4556
每股盈余公积金(元)	0.3519	0.3519	0.3096	0.3096
每股未分配利润(元)	1.6574	1.5894	1.4681	1.4516
净资产收益率(%)	2.7255	7.3186	2.7467	7.1400
加权净资产收益率(%)	2.7700	7.5600	2.7300	7.3500
净资产收益率(扣除)(%)	1.7719	4.5855	1.9842	5.4825
总资产(万元)	2177845.23	2084340.94	1869691.84	1760474.42
归属母公司股东权益(万元)	340428.78	330388.37	313122.99	310402.05
营业收入(万元)	780544.53	1623029.98	704737.43	1532796.85
营业支出(万元)	712834.75	1486357.69	641567.21	1401296.53
投资收益(万元)	−11.42	−7.31	−12.23	−140.35
净利润(万元)	9366.33	24297.19	8600.61	22162.85
营业利润(万元)	13509.42	37386.02	13290.38	33310.76
利润总额(万元)	13648.34	39317.87	13387.21	34852.22

福建凤竹纺织科技股份有限公司

公司概况					
公司名称	福建凤竹纺织科技股份有限公司			证券简称	凤竹纺织
法人代表	陈澄清	董秘	陈美珍	证券代码	600493
公司网址	www.fynex.com.cn		电子信箱	tzzq@fynex.com.cn	
电　　话	0595-85656506		传　　真	0595-85656941	
办公地址	福建省晋江市青阳凤竹工业区				
经营范围	生产、加工针织、机织色布、漂染、染纱、服装,销售自产产品等				

主要财务指标：指标\报告期	2015.06.30	2014.12.31	2014.06.30	2013.12.31
基本每股收益(元)	0.0103	0.0368	0.0025	0.0025
基本每股收益(扣除后)(元)	0.0071	−0.0237	−0.0443	−0.0443
稀释每股收益(元)	0.0103	0.0368	0.0025	0.0025
每股净资产(元)	2.3150	2.3248	2.3104	2.3104
每股经营现金净流量(元)	0.1023	0.6852	0.2782	0.2782
每股现金流量(元)	−0.0193	0.0712	0.0852	0.0852
每股资本公积金(元)	0.7019	0.7019	0.7019	0.7019
每股盈余公积金(元)	0.3005	0.3005	0.2975	0.2975
每股未分配利润(元)	0.3126	0.3223	0.3110	0.3110
净资产收益率(%)	0.4429	1.5839	0.1062	0.1062
加权净资产收益率(%)	0.4407	1.5907	0.1063	0.1063
净资产收益率(扣除)(%)	0.3081	−1.0188	−1.9177	−1.9177
总资产(万元)	105584.41	108949.07	117703.21	117703.21
归属母公司股东权益(万元)	62968.86	63233.97	62843.18	62843.18
营业收入(万元)	34049.99	77683.32	34672.17	34672.17
营业支出(万元)	29576.47	69307.12	31648.77	31648.77
投资收益(万元)	–	228.81	221.20	221.20
净利润(万元)	278.89	1001.53	66.75	66.75
营业利润(万元)	406.50	−564.35	−1250.48	−1250.48
利润总额(万元)	520.65	1420.27	41.46	41.46

晋西车轴股份有限公司

公司概况	公司名称	晋西车轴股份有限公司			证券简称	晋西车轴
	法人代表	李照智	董秘	周海红	证券代码	600495
	公司网址	www.jinxiaxle.com.cn			电子信箱	zhh@jinxiaxle.com
	电　话	0351-6628286 6629027			传　真	0351-6628286
	办公地址	山西省太原市和平北路北巷5号				
	经营范围	各类车轴的生产及销售,合金钢等精密锻件生产、销售或委托加工				

主要财务指标	指标\报告期	2015.06.30	2014.12.31	2014.06.30	2013.12.31
	基本每股收益(元)	0.0200	0.2100	0.0600	0.3400
	基本每股收益(扣除后)(元)	0.0200	0.0300	0.0400	0.1500
	稀释每股收益(元)	0.0200	0.2100	0.0600	0.3400
	每股净资产(元)	4.5257	4.5444	7.0227	7.0365
	每股经营现金净流量(元)	-0.3131	0.1457	-0.4539	0.4049
	每股现金流量(元)	-0.4782	-0.0604	-0.8803	0.9946
	每股资本公积金(元)	2.5292	2.5292	4.6362	4.6466
	每股盈余公积金(元)	0.2400	0.2142	0.3046	0.2132
	每股未分配利润(元)	0.7552	0.8011	1.0818	1.1767
	净资产收益率(%)	0.9929	4.6018	1.3758	3.8750
	加权净资产收益率(%)	0.9900	4.6800	1.3600	5.5500
	净资产收益率(扣除)(%)	0.6627	0.6190	0.9169	1.7624
	总资产(万元)	408035.30	426757.32	398197.67	391375.07
	归属母公司股东权益(万元)	303773.34	305030.85	294608.05	295188.90
	营业收入(万元)	96764.96	250259.01	105890.64	283002.27
	营业支出(万元)	86827.22	228697.37	96127.25	252115.31
	投资收益(万元)	2394.62	12265.30	2316.39	917.59
	净利润(万元)	3006.40	14037.19	4053.32	11438.42
	营业利润(万元)	3482.25	13108.92	5153.86	6573.52
	利润总额(万元)	3652.39	16013.81	5407.00	14662.70

长江精工钢结构(集团)股份有限公司

公司概况	公司名称	长江精工钢结构(集团)股份有限公司			证券简称	精工钢构
	法人代表	方朝阳	董秘	沈月华	证券代码	600496
	公司网址	www.600496.com			电子信箱	600496@jgsteel.cn
	电　话	021-31215599-6858 0564-3631386			传　真	021-31215599-6870 0564-3630000
	办公地址	安徽省六安市经济技术开发区长江精工工业园				
	经营范围	轻型、高层用钢结构产品及新型墙体材料生产销售等				

主要财务指标	指标\报告期	2015.06.30	2014.12.31	2014.06.30	2013.12.31
	基本每股收益(元)	0.0850	0.4400	0.2000	0.4000
	基本每股收益(扣除后)(元)	0.0749	0.3600	0.1400	0.3900
	稀释每股收益(元)	0.0850	0.4400	0.2000	0.4000
	每股净资产(元)	2.2982	4.9098	4.0483	3.9305
	每股经营现金净流量(元)	0.0022	0.1702	0.0827	-0.0159
	每股现金流量(元)	-0.0562	0.3410	-0.3637	0.2333
	每股资本公积金(元)	0.2162	1.6757	0.6893	0.7846
	每股盈余公积金(元)	0.0730	0.1606	0.1830	0.1428
	每股未分配利润(元)	1.0159	2.0881	2.1912	0.7836
	净资产收益率(%)	3.6967	7.9063	4.8514	10.2855
	加权净资产收益率(%)	3.7500	10.4500	4.9300	10.7600
	净资产收益率(扣除)(%)	3.2600	6.4180	3.5105	9.8679
	总资产(万元)	1000269.87	978906.30	835771.09	838661.33
	归属母公司股东权益(万元)	347129.46	337087.13	237458.79	230550.47
	营业收入(万元)	327870.90	688577.99	297011.66	751971.20
	营业支出(万元)	273430.93	574380.67	251480.51	636993.58
	投资收益(万元)	-444.01	-513.74	-71.87	54.73
	净利润(万元)	12782.86	26494.34	11520.03	23713.30
	营业利润(万元)	13259.82	26649.51	9650.04	27863.62
	利润总额(万元)	14391.91	31489.03	13437.48	28905.90

云南驰宏锌锗股份有限公司

公司概况	公司名称	云南驰宏锌锗股份有限公司			证券简称	驰宏锌锗
	法人代表	董英	董秘	黎文刚	证券代码	600497
	公司网址	www.chxz.com			电子信箱	ynchxz@chxz.com
	电　话	0874-8966698			传　真	0874-8966789
	办公地址	云南省曲靖市经济技术开发区				
	经营范围	铅、锌、锗系列产品的生产与销售等				

主要财务指标	指标\报告期	2015.06.30	2014.12.31	2014.06.30	2013.12.31
	基本每股收益(元)	0.0391	0.0966	0.0566	0.3789
	基本每股收益(扣除后)(元)	0.0392	0.0826	0.0347	0.2116
	稀释每股收益(元)	0.0391	0.0966	0.0566	0.3789
	每股净资产(元)	4.1729	4.3133	4.3200	4.4006
	每股经营现金净流量(元)	0.5299	0.5302	0.2306	0.4981
	每股现金流量(元)	0.2043	-0.0837	0.1524	-0.0243
	每股资本公积金(元)	2.4216	2.4213	2.3918	2.3915
	每股盈余公积金(元)	0.3110	0.3110	0.2981	0.2981
	每股未分配利润(元)	0.5717	0.6827	0.6555	0.7490
	净资产收益率(%)	0.9367	2.2407	1.3110	8.0322
	加权净资产收益率(%)	0.9100	1.8000	1.2800	8.8900
	净资产收益率(扣除)(%)	0.9396	1.9152	0.8030	4.4858
	总资产(万元)	3324114.69	3283980.22	3107012.27	2969920.51
	归属母公司股东权益(万元)	695864.45	719264.45	719908.15	733829.10
	营业收入(万元)	1051780.16	1889758.70	932278.71	1807761.97
	营业支出(万元)	956105.94	1685439.21	842274.63	1623294.68
	投资收益(万元)	-445.79	2146.01	2738.72	4129.99
	净利润(万元)	5374.34	13328.98	9433.66	58942.31
	营业利润(万元)	5931.14	20504.58	11065.66	46952.20
	利润总额(万元)	5591.60	22747.41	12051.46	71070.71

烽火通信科技股份有限公司

公司概况	公司名称	烽火通信科技股份有限公司			证券简称	烽火通信
	法人代表	童国华	董秘	戈俊	证券代码	600498
	公司网址	www.fiberhome.com.cn			电子信箱	info@fiberhome.com.cn
	电　话	027-87693885			传　真	027-87691704
	办公地址	湖北省武汉市洪山区光谷创业街42号				
	经营范围	光纤通信和相关通信技术、信息技术领域科技开发等				

主要财务指标	指标\报告期	2015.06.30	2014.12.31	0.2800	0.5400
	基本每股收益(元)	0.3300	0.5600	0.2800	0.4700
	基本每股收益(扣除后)(元)	0.3200	0.5300	0.2800	0.5400
	稀释每股收益(元)	0.3300	0.5600	5.9635	5.8466
	每股净资产(元)	6.2846	6.2299	-0.8025	0.5742
	每股经营现金净流量(元)	-0.5268	0.8251	-1.2897	0.3128
	每股现金流量(元)	-1.2026	0.2699	2.8188	2.8144
	每股资本公积金(元)	2.9720	2.8796	0.2815	0.2818
	每股盈余公积金(元)	0.2972	0.3127	1.8648	1.7531
	每股未分配利润(元)	2.0202	2.0399	4.7515	9.1941
	净资产收益率(%)	5.0732	8.7131	4.7600	9.5300
	加权净资产收益率(%)	5.2600	9.2700	4.6608	7.9782
	净资产收益率(扣除)(%)	4.8330	8.2201	1410974.23	1435821.05
	总资产(万元)	1714060.99	1543286.96	576495.12	564621.04
	归属母公司股东权益(万元)	657946.28	619953.81	499484.78	910944.95
	营业收入(万元)	611916.24	1072125.45	373823.90	660505.06
	营业支出(万元)	457340.61	788247.76	3296.45	4992.14
	投资收益(万元)	3385.86	6010.42	27392.00	51911.71
	净利润(万元)	37415.98	63011.51	25755.61	49421.82
	营业利润(万元)	33311.46	47640.13	31436.56	69938.56
	利润总额(万元)	39599.92	66311.61	0.2800	0.5400

广东科达洁能股份有限公司

公司概况	公司名称	广东科达洁能股份有限公司			证券简称	科达洁能
	法人代表	边程	董秘	朱亚锋	证券代码	600499
	公司网址	www.kedachina.com.cn		电子信箱	600499@kedachina.com.cn	
	电　话	0757-23833869		传　真	0757-23833869	
	办公地址	广东省佛山市顺德区陈村镇广隆工业园环镇西路 1 号				
	经营范围	陶瓷、石材、墙体材料、节能环保等建材机械设备制造等				

主要财务指标	指标\报告期	2015.06.30	2014.12.31	2014.06.30	2013.12.31
	基本每股收益(元)	0.3860	0.6470	0.3820	0.5600
	基本每股收益(扣除后)(元)	0.3340	0.5870	0.3650	0.5230
	稀释每股收益(元)	0.3830	0.6380	0.3770	0.5520
	每股净资产(元)	5.4181	5.1852	4.9228	4.3217
	每股经营现金净流量(元)	0.4284	−0.4077	−0.3072	0.0044
	每股现金流量(元)	0.2823	−0.2402	0.1131	−0.0316
	每股资本公积金(元)	1.6911	1.6129	1.6175	1.1252
	每股盈余公积金(元)	0.3267	0.3307	0.2767	0.2895
	每股未分配利润(元)	2.3917	2.2345	2.0231	1.9011
	净资产收益率(%)	7.0442	12.3394	7.6047	12.8573
	加权净资产收益率(%)	7.2000	13.2800	8.1000	13.8900
	净资产收益率(扣除)(%)	6.1034	11.1997	7.2637	12.0069
	总资产(万元)	765233.98	757676.84	765256.49	642650.29
	归属母公司股东权益(万元)	382375.43	361527.56	343231.66	287934.04
	营业收入(万元)	211236.43	446587.59	216107.82	381189.64
	营业支出(万元)	161292.77	340371.70	162230.32	291495.08
	投资收益(万元)	3336.88	6455.47	2704.90	5607.88
	净利润(万元)	27023.01	42820.59	26101.90	37020.62
	营业利润(万元)	26444.34	45914.13	27593.22	39245.69
	利润总额(万元)	31192.15	51231.19	29037.72	42469.27

中化国际(控股)股份有限公司

公司概况	公司名称	中化国际(控股)股份有限公司			证券简称	中化国际
	法人代表	张增根	董秘	刘翔	证券代码	600500
	公司网址	www.sinochemintl.com		电子信箱	ir@sinochem.com	
	电　话	021-61048666 50475048		传　真	021-50470206	
	办公地址	上海市浦东新区世纪大道 88 号金茂大厦 3 区 18 层				
	经营范围	化工原料、精细化工、农用化工、塑料、橡胶制品等的进出口、内销贸易等				

主要财务指标	指标\报告期	2015.06.30	2014.12.31	2014.06.30	2013.12.31
	基本每股收益(元)	0.1800	0.4100	0.2700	0.4100
	基本每股收益(扣除后)(元)	0.1100	0.0100	0.0900	0.3300
	稀释每股收益(元)	0.1800	0.4100	0.2700	0.4100
	每股净资产(元)	5.2417	5.2308	5.2078	5.0600
	每股经营现金净流量(元)	0.1687	0.4591	0.4235	0.4072
	每股现金流量(元)	−0.2703	0.4526	0.8923	−1.6597
	每股资本公积金(元)	2.1388	2.1450	2.0974	2.1112
	每股盈余公积金(元)	0.2974	0.2974	0.2637	0.2637
	每股未分配利润(元)	2.0289	1.9781	1.9264	1.7807
	净资产收益率(%)	3.4477	7.7671	5.1021	5.7719
	加权净资产收益率(%)	3.4100	7.1500	5.1200	8.2000
	净资产收益率(扣除)(%)	2.0931	0.1310	1.6458	4.7118
	总资产(万元)	3302083.01	3020498.03	3362446.75	2893850.90
	归属母公司股东权益(万元)	1091857.79	1090741.66	1084783.67	1054297.04
	营业收入(万元)	1922066.61	3860519.67	1910691.78	4681041.35
	营业支出(万元)	1759275.79	3591677.93	1788354.93	4410376.25
	投资收益(万元)	25171.97	107296.29	72836.73	36730.63
	净利润(万元)	46311.67	88265.43	55346.84	60853.37
	营业利润(万元)	53216.61	82115.01	75456.31	86050.80
	利润总额(万元)	55828.03	121872.56	79305.98	94396.17

航天晨光股份有限公司

公司概况	公司名称	航天晨光股份有限公司			证券简称	航天晨光
	法人代表	伍青	董秘	陆卫杰	证券代码	600501
	公司网址	www.aerosun.cn		电子信箱	zt@aerosun.cn	
	电　话	025-52826007 52826030		传　真	025-52826039	
	办公地址	江苏省南京市江宁经济技术开发区天元中路 188 号				
	经营范围	专用汽车类产品和波纹柔性管类产品				

主要财务指标	指标\报告期	2015.06.30	2014.12.31	2014.06.30	2013.12.31
	基本每股收益(元)	0.0700	0.2200	0.0700	0.1000
	基本每股收益(扣除后)(元)	0.0700	0.1900	0.0700	0.0800
	稀释每股收益(元)	0.0700	0.2200	0.0700	0.1000
	每股净资产(元)	5.2093	3.2176	3.0729	3.0300
	每股经营现金净流量(元)	−0.4373	0.3049	−0.1856	0.2290
	每股现金流量(元)	1.6985	−0.2447	−0.4087	0.1988
	每股资本公积金(元)	3.3465	1.2843	1.2843	1.2843
	每股盈余公积金(元)	0.1983	0.2146	0.2039	0.2039
	每股未分配利润(元)	0.6645	0.7187	0.5847	0.5427
	净资产收益率(%)	1.2494	6.8105	2.3443	3.2339
	加权净资产收益率(%)	2.1700	6.9800	2.3500	3.2500
	净资产收益率(扣除)(%)	1.1684	6.0268	2.2595	2.5788
	总资产(万元)	507708.81	411080.35	427601.17	404076.68
	归属母公司股东权益(万元)	219459.07	125255.25	119621.98	117985.49
	营业收入(万元)	163522.99	362527.10	182524.18	376623.95
	营业支出(万元)	133817.21	290753.93	153762.08	305113.22
	投资收益(万元)	1558.49	2731.66	1864.06	1604.10
	净利润(万元)	3232.23	10088.47	2804.34	3815.49
	营业利润(万元)	3131.84	9658.33	3238.26	3689.41
	利润总额(万元)	3516.28	11112.64	3468.41	5059.66

安徽水利开发股份有限公司

公司概况	公司名称	安徽水利开发股份有限公司			证券简称	安徽水利
	法人代表	赵时运	董秘	赵作平	证券代码	600502
	公司网址	www.cahsl.com		电子信箱	ahslzqb@163.com	
	电　话	0552-3950553		传　真	0552-3950276	
	办公地址	安徽省蚌埠市东海大道张公山南侧				
	经营范围	水利水电工程及其他工程施工、小水电和城乡供水				

主要财务指标	指标\报告期	2015.06.30	2014.12.31	2014.06.30	2013.12.31
	基本每股收益(元)	0.2200	0.4600	0.2600	0.4000
	基本每股收益(扣除后)(元)	0.2200	0.4500	0.2600	0.3300
	稀释每股收益(元)	0.2200	0.4600	0.2600	0.4000
	每股净资产(元)	4.6002	3.5119	3.3041	3.0913
	每股经营现金净流量(元)	−0.5588	−1.8792	−1.2481	−0.4431
	每股现金流量(元)	0.6820	0.1179	−0.0248	0.1806
	每股资本公积金(元)	1.1079	0.0544	0.0544	0.0544
	每股盈余公积金(元)	0.3242	0.3436	0.2535	0.2535
	每股未分配利润(元)	1.9824	1.9220	1.8104	1.5926
	净资产收益率(%)	4.6927	13.0836	7.8015	13.0745
	加权净资产收益率(%)	6.3000	13.9200	8.0100	13.9800
	净资产收益率(扣除)(%)	4.6476	12.8068	7.7755	12.4691
	总资产(万元)	1346008.56	1233986.74	1121837.65	941643.46
	归属母公司股东权益(万元)	244689.84	176271.57	165844.86	155159.17
	营业收入(万元)	450425.39	840943.15	398831.71	681223.44
	营业支出(万元)	397423.46	722115.94	336955.48	570500.37
	投资收益(万元)	186.44	−11.23	22.63	880.26
	净利润(万元)	11890.48	23270.43	12938.46	20286.26
	营业利润(万元)	15443.87	37947.73	18914.07	32694.98
	利润总额(万元)	15591.07	38268.10	18971.74	33947.40

华丽家族股份有限公司

公司概况	公司名称	华丽家族股份有限公司			证券简称	华丽家族
	法人代表	林立新	董秘	金泽清	证券代码	600503
	公司网址	www.deluxe-family.com		电子信箱	dmb@deluxe-family.com	
	电　话	021-62376199		传　真	021-62376089	
	办公地址	上海市虹桥路2272号虹桥商务中心3楼L座				
	经营范围	房地产开发经营				

主要财务指标	指标\报告期	2015.06.30	2014.12.31	2014.06.30	2013.12.31
	基本每股收益(元)	0.0074	0.0158	0.0054	0.0200
	基本每股收益(扣除后)(元)	0.0022	0.0076	0.0054	0.0032
	稀释每股收益(元)	0.0074	0.0158	0.0054	0.0200
	每股净资产(元)	2.2462	2.2428	1.7280	1.7296
	每股经营现金净流量(元)	0.0732	0.0357	0.1066	0.4848
	每股现金流量(元)	-0.0100	0.3554	0.0135	-0.0238
	每股资本公积金(元)	0.7366	0.7366	0.0280	0.0280
	每股盈余公积金(元)	0.1195	0.1195	0.1681	0.1681
	每股未分配利润(元)	0.3901	0.3866	0.5319	0.5335
	净资产收益率(%)	0.3315	0.5514	0.3135	1.1538
	加权净资产收益率(%)	0.3300	0.8300	0.3100	1.1600
	净资产收益率(扣除)(%)	0.0987	0.2660	0.3121	0.1873
	总资产(万元)	518235.54	439430.97	293262.96	307749.78
	归属母公司股东权益(万元)	359911.60	359359.48	196836.12	197016.47
	营业收入(万元)	5157.63	41196.28	26596.96	72137.98
	营业支出(万元)	3450.78	28740.45	18642.56	51019.63
	投资收益(万元)	2188.56	1065.21	--	0.33
	净利润(万元)	1133.85	1981.54	617.00	2273.15
	营业利润(万元)	1162.39	3634.39	1793.96	3068.40
	利润总额(万元)	1345.31	3598.60	1796.65	4835.82

四川西昌电力股份有限公司

公司概况	公司名称	四川西昌电力股份有限公司			证券简称	西昌电力
	法人代表	卿松	董秘	邱永志	证券代码	600505
	公司网址	www.xcep.com.cn		电子信箱	xcdlgs@163.net	
	电　话	0834-3830167		传　真	0834-3830169	
	办公地址	四川省西昌市胜利路66号				
	经营范围	生产、开发电力产品及发、供、用电设备、发电、供电、电力、电子设计、安装、调试				

主要财务指标	指标\报告期	2015.06.30	2014.12.31	2014.06.30	2013.12.31
	基本每股收益(元)	0.0006	0.1695	0.0049	0.1834
	基本每股收益(扣除后)(元)	-0.0042	0.1590	0.0051	0.1406
	稀释每股收益(元)	0.0006	0.1695	0.0049	0.1834
	每股净资产(元)	2.5240	2.5533	2.3887	2.4138
	每股经营现金净流量(元)	0.1821	0.4629	0.1703	0.4731
	每股现金流量(元)	-0.0487	-0.1492	-0.1089	-0.1717
	每股资本公积金(元)	0.2090	0.2090	0.2090	0.2090
	每股盈余公积金(元)	0.2742	0.2742	0.2537	0.2537
	每股未分配利润(元)	1.0407	1.0701	0.9260	0.9512
	净资产收益率(%)	0.0249	6.6394	0.2047	7.5995
	加权净资产收益率(%)	0.0200	6.8300	0.2000	7.8500
	净资产收益率(扣除)(%)	-0.1681	6.2266	0.2130	5.8258
	总资产(万元)	181168.71	181867.63	184855.44	187479.28
	归属母公司股东权益(万元)	92015.75	93086.55	87084.42	87999.84
	营业收入(万元)	36487.47	76313.49	31867.14	65272.68
	营业支出(万元)	31802.79	58344.56	25947.01	46509.35
	投资收益(万元)	-464.62	-784.25	-940.30	370.20
	净利润(万元)	68.34	6011.10	178.28	6687.53
	营业利润(万元)	-249.04	6672.50	343.58	6348.79
	利润总额(万元)	-40.10	7506.76	314.86	7760.72

新疆库尔勒香梨股份有限公司

公司概况	公司名称	新疆库尔勒香梨股份有限公司			证券简称	香梨股份
	法人代表	刘赟东	董秘	康莹	证券代码	600506
	公司网址	www.xjxlgf.com.cn		电子信箱	xlgf_dmb@163.com	
	电　话	0996-2115936		传　真	0996-2115935	
	办公地址	新疆维吾尔自治区库尔勒市圣果路圣果名苑				
	经营范围	农业、林业、果业的种植为主、农副产品的收购加工和销售				

主要财务指标	指标\报告期	2015.06.30	2014.12.31	2014.06.30	2013.12.31
	基本每股收益(元)	-0.0120	-0.1020	-0.0450	0.0320
	基本每股收益(扣除后)(元)	-0.0120	-0.1120	-0.0450	-0.0250
	稀释每股收益(元)	-0.0120	-0.1020	-0.0450	0.0320
	每股净资产(元)	1.8283	1.8400	1.8970	1.9423
	每股经营现金净流量(元)	0.2961	0.0196	0.3418	-0.0003
	每股现金流量(元)	0.2964	-0.2765	0.3410	-0.1438
	每股资本公积金(元)	1.5164	1.5164	1.5164	1.5164
	每股盈余公积金(元)	0.2315	0.2315	0.2315	0.2315
	每股未分配利润(元)	-0.9196	-0.9077	-0.8509	-0.8056
	净资产收益率(%)	-0.6498	-5.5477	-2.3889	1.6702
	加权净资产收益率(%)	-0.6500	-5.4000	-2.3600	1.6800
	净资产收益率(扣除)(%)	-0.6498	-6.0995	-2.3635	-1.2777
	总资产(万元)	28550.60	28778.85	30040.59	30353.53
	归属母公司股东权益(万元)	27005.56	27181.05	28019.63	28688.98
	营业收入(万元)	4311.53	11180.97	4701.59	11510.79
	营业支出(万元)	3828.66	10486.35	4537.70	10331.32
	投资收益(万元)	-	15.15	-	-
	净利润(万元)	-175.48	-1631.97	-669.35	479.16
	营业利润(万元)	-171.71	-1910.36	-714.25	-335.26
	利润总额(万元)	-171.71	-1775.54	-721.37	510.45

方大特钢科技股份有限公司

公司概况	公司名称	方大特钢科技股份有限公司			证券简称	方大特钢
	法人代表	钟崇武	董秘	田小龙	证券代码	600507
	公司网址	www.fangda-specialsteels.com		电子信箱	fdtg600507@163.com	
	电　话	0791-88392677 88394025		传　真	0791-88386926	
	办公地址	江西省南昌市青山湖区冶金大道475号				
	经营范围	汽车钢板弹簧、扭杆弹簧、圆簧、弹簧扁钢、减震器、弹簧专用设备等				

主要财务指标	指标\报告期	2015.06.30	2014.12.31	2014.06.30	2013.12.31
	基本每股收益(元)	0.1100	0.4300	0.2300	0.4300
	基本每股收益(扣除后)(元)	0.1100	0.4100	0.2000	0.3900
	稀释每股收益(元)	0.1100	0.4300	0.2200	0.4200
	每股净资产(元)	1.5592	2.2490	2.0456	1.9488
	每股经营现金净流量(元)	0.3347	0.6280	-0.0974	0.5594
	每股现金流量(元)	0.1160	0.0171	0.0990	-0.7028
	每股资本公积金(元)	0.0435	0.0706	0.0434	0.0434
	每股盈余公积金(元)	0.2409	0.2414	0.2037	0.2037
	每股未分配利润(元)	0.2476	0.9225	0.7724	0.6749
	净资产收益率(%)	7.0936	19.0884	11.1214	21.7771
	加权净资产收益率(%)	5.8100	20.4500	11.1500	21.1000
	净资产收益率(扣除)(%)	6.7645	18.2796	9.8657	19.5550
	总资产(万元)	944511.47	937414.42	1047667.00	997515.69
	归属母公司股东权益(万元)	206757.98	299986.86	271260.11	258423.52
	营业收入(万元)	426414.91	1150930.34	580065.39	1321465.75
	营业支出(万元)	365112.02	970561.65	493670.37	1151141.25
	投资收益(万元)	696.60	719.72	199.96	1119.26
	净利润(万元)	15163.86	59867.87	30168.06	56277.03
	营业利润(万元)	21459.95	78021.22	39655.17	75064.15
	利润总额(万元)	21483.03	80467.66	44221.76	82052.97

上海大屯能源股份有限公司

公司概况	公司名称	上海大屯能源股份有限公司			证券简称	上海能源
	法人代表	义宝厚	董秘	戚后勤	证券代码	600508
	公司网址	www.sdtny.com		电子信箱	shdtny@sh163.net	
	电　话	021-68864621		传　真	021-68865615	
	办公地址	上海市浦东新区浦东南路256号(华夏银行大厦12层)				
	经营范围	煤炭开采、洗选加工、煤炭销售、铁路运输、矿山采掘设备、洗选设备等				

主要财务指标	指标\报告期	2015.06.30	2014.12.31	2014.06.30	2013.12.31
	基本每股收益(元)	0.0200	0.0700	0.0900	0.2100
	基本每股收益(扣除后)(元)	0.0200	0.0800	0.0900	0.2000
	稀释每股收益(元)	0.0200	0.0700	0.0900	0.2100
	每股净资产(元)	11.0243	11.0281	11.1125	11.0085
	每股经营现金净流量(元)	0.6906	1.0904	0.3691	1.0892
	每股现金流量(元)	0.0619	-0.2017	-0.0223	0.0492
	每股资本公积金(元)	1.2334	1.2320	1.2320	1.2319
	每股盈余公积金(元)	0.5000	0.5000	0.5000	0.5000
	每股未分配利润(元)	8.0549	8.0381	8.0564	7.9711
	净资产收益率(%)	0.1521	0.6078	0.7681	1.9186
	加权净资产收益率(%)	0.1500	0.6100	0.7700	1.9400
	净资产收益率(扣除)(%)	0.1490	0.7581	0.7918	1.8131
	总资产(万元)	1403445.07	1403557.09	1422317.09	1311742.13
	归属母公司股东权益(万元)	796743.27	797019.42	803117.03	795605.36
	营业收入(万元)	251751.90	635164.67	339508.32	846101.30
	营业支出(万元)	206744.10	524827.91	278775.98	722602.61
	投资收益(万元)	8.00	8.00	-	8.00
	净利润(万元)	163.50	1577.62	6168.43	15264.52
	营业利润(万元)	723.47	3927.34	6265.83	19008.80
	利润总额(万元)	752.11	2679.93	6011.13	20157.52

新疆天富热电股份有限公司

公司概况	公司名称	新疆天富热电股份有限公司			证券简称	天富热电
	法人代表	赵磊	董秘	陈志勇	证券代码	600509
	公司网址	www.tfrd.com.cn		电子信箱	tfrd.600509@163.com	
	电　话	0993-2901128 2902860		传　真	0993-2901728 2904371	
	办公地址	新疆维吾尔自治区石河子市红星路54号				
	经营范围	电、热的生产与供应				

主要财务指标	指标\报告期	2015.06.30	2014.12.31	2014.06.30	2013.12.31
	基本每股收益(元)	0.2240	0.3800	0.2060	0.3200
	基本每股收益(扣除后)(元)	0.2100	0.3100	0.1800	0.2300
	稀释每股收益(元)	0.2240	0.3800	0.2060	0.3200
	每股净资产(元)	5.0859	4.8616	4.6803	4.7746
	每股经营现金净流量(元)	0.4256	0.7138	0.4335	0.7059
	每股现金流量(元)	0.5188	0.0316	0.1953	-0.6518
	每股资本公积金(元)	2.8340	2.8340	2.8303	2.8303
	每股盈余公积金(元)	0.2594	0.2594	0.2192	0.2192
	每股未分配利润(元)	0.9925	0.7683	0.6307	0.7251
	净资产收益率(%)	4.4098	7.8857	4.3933	6.2724
	加权净资产收益率(%)	4.5100	8.0100	4.2200	7.1300
	净资产收益率(扣除)(%)	4.1252	6.2738	3.7735	4.4945
	总资产(万元)	1538793.63	1429508.25	1264311.37	1126978.32
	归属母公司股东权益(万元)	460629.50	440316.53	423889.07	432437.35
	营业收入(万元)	170900.69	355895.54	160525.96	310750.34
	营业支出(万元)	117003.62	262899.30	117808.11	228363.16
	投资收益(万元)	-242.00	-695.15	-126.70	162.44
	净利润(万元)	20606.23	35905.88	18622.61	27124.31
	营业利润(万元)	23776.08	37705.08	21664.72	29517.82
	利润总额(万元)	25512.94	40729.05	23246.50	33457.24

黑牡丹(集团)股份有限公司

公司概况	公司名称	黑牡丹(集团)股份有限公司			证券简称	黑 牡 丹
	法人代表	戈亚芳	董秘	周明	证券代码	600510
	公司网址	www.blackpeony.com		电子信箱	600510@blackpeony.com	
	电　话	0519-68866958		传　真	0519-68866908	
	办公地址	江苏省常州市青洋北路47号				
	经营范围	牛仔布、服装的制造和加工				

主要财务指标	指标\报告期	2015.06.30	2014.12.31	2014.06.30	2013.12.31
	基本每股收益(元)	0.1700	0.3000	0.2300	0.4900
	基本每股收益(扣除后)(元)	0.1600	0.2300	0.2200	0.4400
	稀释每股收益(元)	0.1700	0.3000	0.2300	0.4900
	每股净资产(元)	6.1762	5.8458	5.7685	5.6919
	每股经营现金净流量(元)	-0.4486	-1.2103	-1.1560	-1.5327
	每股现金流量(元)	0.4993	-0.5571	-0.3088	0.3151
	每股资本公积金(元)	2.1011	2.1011	2.1012	2.1012
	每股盈余公积金(元)	0.4362	0.4362	0.4302	0.4302
	每股未分配利润(元)	2.3864	2.3067	2.2354	2.1582
	净资产收益率(%)	2.6716	5.1750	3.9053	8.6648
	加权净资产收益率(%)	2.7900	5.2400	3.8800	8.9500
	净资产收益率(扣除)(%)	2.5169	3.9851	3.8643	7.7711
	总资产(万元)	1767546.93	1603443.66	1464050.79	1448530.31
	归属母公司股东权益(万元)	491329.15	465047.54	458899.86	452805.40
	营业收入(万元)	241040.12	527465.30	355508.39	455705.61
	营业支出(万元)	199473.77	439343.98	291427.97	353154.99
	投资收益(万元)	885.01	895.78	10.65	921.94
	净利润(万元)	14373.59	31907.59	17921.24	39234.52
	营业利润(万元)	19188.63	43151.74	35180.58	59174.58
	利润总额(万元)	20077.82	43376.07	35129.78	59034.28

国药集团药业股份有限公司

公司概况	公司名称	国药集团药业股份有限公司			证券简称	国药股份
	法人代表	李智明	董秘	吕致远	证券代码	600511
	公司网址	www.cncm.com.cn		电子信箱	lvzhiyuan@cncm.com.cn	
	电　话	010-67262920 67271828		传　真	010-67262919 67271828	
	办公地址	北京市东城区永外三元西巷甲12号				
	经营范围	批发中成药、化学药制剂、化学原料药、抗生素、生化药品、生物制品等				

主要财务指标	指标\报告期	2015.06.30	2014.12.31	2014.06.30	2013.12.31
	基本每股收益(元)	0.5440	1.0080	0.5096	0.8595
	基本每股收益(扣除后)(元)	0.5329	0.9813	0.5011	0.8301
	稀释每股收益(元)	0.5440	1.0080	0.5096	0.8595
	每股净资产(元)	5.6812	5.1797	4.6561	4.4011
	每股经营现金净流量(元)	0.7992	0.4573	0.3713	0.3876
	每股现金流量(元)	0.5869	-0.2555	0.0003	0.4125
	每股资本公积金(元)	0.0567	0.0567	0.1053	0.0999
	每股盈余公积金(元)	0.5483	0.5483	0.4588	0.4588
	每股未分配利润(元)	3.9450	3.5009	3.0921	2.8424
	净资产收益率(%)	9.5763	19.4614	10.9456	19.5283
	加权净资产收益率(%)	10.0200	24.4400	11.2500	21.1200
	净资产收益率(扣除)(%)	9.3801	18.9460	10.7630	18.8609
	总资产(万元)	566207.63	553785.55	510361.81	507923.94
	归属母公司股东权益(万元)	272014.57	248005.31	222933.38	210724.90
	营业收入(万元)	593972.56	1153834.25	558364.45	1008147.42
	营业支出(万元)	547712.08	1062588.25	512808.74	933465.51
	投资收益(万元)	6095.66	10046.01	5330.96	8909.43
	净利润(万元)	26817.56	49805.12	24401.34	41150.97
	营业利润(万元)	32285.21	58340.54	29613.22	43671.35
	利润总额(万元)	33510.69	62494.50	31718.89	52781.83

腾达建设集团股份有限公司

公司概况	公司名称	腾达建设集团股份有限公司		证券简称	腾达建设
	法人代表	徐君明	董秘	王士金	证券代码	600512
	公司网址	www.tengdajs.com		电子信箱	zqb@tengdajs.com
	电　话	021-68406906		传　真	021-68406906
	办公地址	浙江省台州市路桥区路桥大道东1号			
	经营范围	市政公用工程、房屋建筑工程、公路工程、桥梁工程、公路路面工程等			

主要财务指标	指标\报告期	2015.06.30	2014.12.31	2014.06.30	2013.12.31
	基本每股收益(元)	0.0200	0.0300	0.0300	0.2000
	基本每股收益(扣除后)(元)	0.0100	0.0200	0.0200	0.0300
	稀释每股收益(元)	0.0200	0.0300	0.0300	0.2000
	每股净资产(元)	2.0191	1.5885	1.5778	1.6173
	每股经营现金净流量(元)	–0.2924	0.0098	–0.5097	–0.0488
	每股现金流量(元)	–0.2775	0.0442	–0.3031	0.0250
	每股资本公积金(元)	0.6219	0.0340	0.0341	0.0339
	每股盈余公积金(元)	0.1120	0.1547	0.1187	0.1187
	每股未分配利润(元)	0.2544	0.3618	0.3939	0.4352
	净资产收益率(%)	0.6187	2.0520	1.8202	12.6673
	加权净资产收益率(%)	1.0800	2.0600	1.7600	13.5100
	净资产收益率(扣除)(%)	0.4933	1.3171	1.4665	2.1623
	总资产(万元)	508796.94	566125.13	564298.99	553791.49
	归属母公司股东权益(万元)	205553.13	117060.81	116272.53	119181.77
	营业收入(万元)	123804.20	291353.08	88156.83	185152.76
	营业支出(万元)	108562.93	260050.47	78038.74	158273.79
	投资收益(万元)	18.00	22.86	–	–
	净利润(万元)	576.76	1149.70	2116.41	15097.14
	营业利润(万元)	1486.54	5220.82	2704.93	7390.00
	利润总额(万元)	1470.30	5352.98	2666.60	21511.02

江苏联环药业股份有限公司

公司概况	公司名称	江苏联环药业股份有限公司		证券简称	联环药业
	法人代表	姚兴田	董秘	潘和平	证券代码	600513
	公司网址	www.lhpharma.com		电子信箱	php@lhpharma.com
	电　话	0514-87813082		传　真	0514-87815079
	办公地址	江苏省扬州市文峰路21号			
	经营范围	制造和销售化学原料药、化学药制剂、有机中间体			

主要财务指标	指标\报告期	2015.06.30	2014.12.31	2014.06.30	2013.12.31
	基本每股收益(元)	0.1400	0.2800	0.1400	0.2400
	基本每股收益(扣除后)(元)	0.1400	0.2800	0.1400	0.2300
	稀释每股收益(元)	–	–	–	0.2400
	每股净资产(元)	4.4274	2.7691	2.6293	2.5634
	每股经营现金净流量(元)	0.0872	0.4435	0.0798	0.2372
	每股现金流量(元)	1.6126	–0.0627	–0.1057	0.1757
	每股资本公积金(元)	2.2145	0.5286	0.5286	0.5286
	每股盈余公积金(元)	0.1705	0.1838	0.1609	0.1609
	每股未分配利润(元)	1.0425	1.0568	0.9399	0.8739
	净资产收益率(%)	3.1826	10.1389	5.3605	9.5414
	加权净资产收益率(%)	4.4100	10.5300	5.3500	9.7800
	净资产收益率(扣除)(%)	3.2067	10.2465	5.4452	8.7138
	总资产(万元)	95218.73	65895.89	67449.93	64947.54
	归属母公司股东权益(万元)	74783.52	43392.48	41201.58	40168.20
	营业收入(万元)	32832.11	66868.82	33632.45	62330.28
	营业支出(万元)	15041.18	32081.43	17355.40	33440.09
	投资收益(万元)	281.40	570.43	287.84	515.48
	净利润(万元)	2379.26	4389.29	2208.63	3832.61
	营业利润(万元)	2899.78	5371.33	2747.53	4661.04
	利润总额(万元)	2877.59	5295.68	2705.16	4576.56

海南海岛建设股份有限公司

公司概况	公司名称	海南海岛建设股份有限公司		证券简称	海岛建设
	法人代表	李同双	董秘	蹇军法	证券代码	600515
	公司网址	www.zhuxin.biz		电子信箱	jf_qian@hnair.com
	电　话	0898-68876900　68876481		传　真	0898-66552246
	办公地址	海南省海口市国兴大道7号海口海航大厦17楼			
	经营范围	商品零售业、旅游宾馆业和房地产业			

主要财务指标	指标\报告期	2015.06.30	2014.12.31	2014.06.30	2013.12.31
	基本每股收益(元)	0.0420	0.0880	0.0300	0.0780
	基本每股收益(扣除后)(元)	0.0450	0.0730	0.0300	–0.0360
	稀释每股收益(元)	0.0420	0.0880	0.0300	0.0780
	每股净资产(元)	1.9733	1.9362	1.8977	1.8666
	每股经营现金净流量(元)	0.2011	0.7399	0.0523	0.1879
	每股现金流量(元)	–0.9216	1.4350	0.9042	0.1756
	每股资本公积金(元)	1.3186	1.5255	1.4140	1.4140
	每股盈余公积金(元)	0.1081	0.1081	0.1081	0.1081
	每股未分配利润(元)	–0.5372	–0.5794	–0.6244	–0.6555
	净资产收益率(%)	2.1476	4.5649	1.6374	4.1907
	加权净资产收益率(%)	1.9600	4.6000	1.6500	2.7000
	净资产收益率(扣除)(%)	2.2995	3.7847	1.6294	–1.9187
	总资产(万元)	345402.53	381419.98	319663.89	281387.03
	归属母公司股东权益(万元)	83427.67	90388.97	80230.35	78916.69
	营业收入(万元)	64962.84	111562.23	51890.35	103670.33
	营业支出(万元)	44036.23	75256.67	36157.70	74034.90
	投资收益(万元)	–229.35	706.90	–33.04	–74.60
	净利润(万元)	1791.71	3736.74	1313.66	3307.20
	营业利润(万元)	2856.26	5226.48	1612.14	3779.13
	利润总额(万元)	2876.40	5246.69	1620.65	5609.83

方大炭素新材料科技股份有限公司

公司概况	公司名称	方大炭素新材料科技股份有限公司		证券简称	方大炭素
	法人代表	何忠华	董秘	安民	证券代码	600516
	公司网址	www.fdtsgs.com		电子信箱	anmin516@163.com
	电　话	0931-6239320　6239122		传　真	0931-6239221　6239320
	办公地址	甘肃省兰州市红古区海石湾2号街坊354号			
	经营范围	石墨电极、炭砖、炭糊、特种炭素新材料等石墨及炭素制品的生产销售			

主要财务指标	指标\报告期	2015.06.30	2014.12.31	2014.06.30	2013.12.31
	基本每股收益(元)	0.0173	0.1624	0.1531	0.1451
	基本每股收益(扣除后)(元)	0.0549	0.1331	0.1424	0.1490
	稀释每股收益(元)	0.0173	0.1624	0.1531	0.1451
	每股净资产(元)	3.3596	3.3418	3.3308	3.2227
	每股经营现金净流量(元)	0.0940	0.2890	–0.0948	0.3545
	每股现金流量(元)	–0.7092	–0.0499	–0.1936	0.5508
	每股资本公积金(元)	0.9729	0.9729	0.9729	0.9729
	每股盈余公积金(元)	0.1436	0.1436	0.1365	0.1365
	每股未分配利润(元)	1.2317	1.2144	1.2122	1.1091
	净资产收益率(%)	0.5160	4.8593	4.5958	4.2606
	加权净资产收益率(%)	0.5200	4.9100	4.6400	5.8400
	净资产收益率(扣除)(%)	1.6330	3.9835	4.2738	4.3952
	总资产(万元)	934064.21	958348.50	1020241.47	1025210.83
	归属母公司股东权益(万元)	577564.52	574501.01	572616.40	554029.71
	营业收入(万元)	119139.30	344900.89	178750.53	337344.92
	营业支出(万元)	89483.20	243838.02	117603.64	230992.61
	投资收益(万元)	3773.94	7563.66	248.21	1815.50
	净利润(万元)	2448.70	26352.09	26316.09	23605.08
	营业利润(万元)	11999.52	31115.29	26735.60	33903.41
	利润总额(万元)	4434.90	35092.12	29208.68	33951.68

上海置信电气股份有限公司

公司概况

公司名称	上海置信电气股份有限公司			证券简称	置信电气
法人代表	张建伟	董秘	牛希红	证券代码	600517
公司网址	www.zhixindianqi.com.cn		电子信箱	600517@zhixindianqi.com	
电　　话	021-52311588　52311566		传　　真	021-52311580	
办公地址	上海市长宁区天山西路 588 号				
经营范围	电气领域内的科技咨询、技术开发、转让、服务、生产销售自身开发的产品				

主要财务指标

指标\报告期	2015.06.30	2014.12.31	2014.06.30	2013.12.31
基本每股收益(元)	0.0300	0.2300	0.0780	0.4140
基本每股收益(扣除后)(元)	0.0200	0.2200	0.0760	0.3950
稀释每股收益(元)	0.0300	0.2300	0.0780	0.4140
每股净资产(元)	1.8735	1.8486	1.6967	3.0644
每股经营现金净流量(元)	-0.3082	0.0333	-0.3639	0.1144
每股现金流量(元)	-0.3100	0.2556	-0.2247	0.3221
每股资本公积金(元)	0.2007	0.2007	0.2007	1.1613
每股盈余公积金(元)	0.1256	0.1256	0.1137	0.2047
每股未分配利润(元)	0.5471	0.5222	0.3822	0.6984
净资产收益率(%)	1.3324	12.4130	4.5726	13.3770
加权净资产收益率(%)	1.3400	12.9200	4.4600	14.1500
净资产收益率(扣除)(%)	1.0734	11.7335	4.4912	12.7738
总资产(万元)	511470.55	524480.34	472605.11	443494.40
归属母公司股东权益(万元)	233164.04	230057.27	211155.53	211871.23
营业收入(万元)	179192.51	420137.38	150840.31	326890.64
营业支出(万元)	154867.89	343105.94	119005.33	257849.92
投资收益(万元)	-1.90	-0.02	-	12.32
净利润(万元)	2988.18	30557.62	9655.32	28342.05
营业利润(万元)	4583.98	39122.55	14565.41	36737.47
利润总额(万元)	5105.05	40318.44	14823.88	38375.37

康美药业股份有限公司

公司概况

公司名称	康美药业股份有限公司			证券简称	康美药业
法人代表	马兴田	董秘	邱锡伟	证券代码	600518
公司网址	www.kangmei.com.cn		电子信箱	kangmei@kangmei.com.cn	
电　　话	0755-33187777*8009		传　　真	0755-86275777	
办公地址	广东省深圳市福田区下梅林泰科路				
经营范围	中药饮片、化学药品等的生产与销售等				

主要财务指标

指标\报告期	2015.06.30	2014.12.31	2014.06.30	2013.12.31
基本每股收益(元)	0.3260	1.0400	0.4670	0.8550
基本每股收益(扣除后)(元)	0.3250	1.0290	0.4610	0.8430
稀释每股收益(元)	0.3260	1.0400	0.4670	0.8550
每股净资产(元)	3.9671	7.6026	5.6756	5.4703
每股经营现金净流量(元)	0.0543	0.5149	0.5859	0.7614
每股现金流量(元)	0.4331	0.6843	-0.0512	1.0769
每股资本公积金(元)	0.8317	2.1634	2.1586	2.1602
每股盈余公积金(元)	0.1993	0.3986	0.2936	0.2936
每股未分配利润(元)	1.2574	2.6911	2.2234	2.0164
净资产收益率(%)	8.2138	13.6748	8.2274	15.6291
加权净资产收益率(%)	8.2200	17.7400	8.1900	16.6300
净资产收益率(扣除)(%)	8.1815	13.5399	8.1148	15.4062
总资产(万元)	3212027.46	2787931.70	2474373.03	2225138.90
归属母公司股东权益(万元)	1744500.19	1671596.52	1247899.23	1202763.69
营业收入(万元)	906513.70	1594918.88	776192.27	1335872.85
营业支出(万元)	650056.52	1176822.11	568230.94	987268.88
投资收益(万元)	3960.09	5304.41	2976.04	4870.54
净利润(万元)	143238.23	228589.22	102670.25	187981.70
营业利润(万元)	169958.71	266641.66	135645.94	217933.64
利润总额(万元)	170679.93	270722.25	137326.91	221401.04

贵州茅台酒股份有限公司

公司概况

公司名称	贵州茅台酒股份有限公司			证券简称	贵州茅台
法人代表	袁仁国	董秘	樊宁屏	证券代码	600519
公司网址	www.moutaichina.com		电子信箱	fnp@moutaichina.com	
电　　话	0852-2386002		传　　真	0851-22386193	
办公地址	贵州省仁怀市茅台镇				
经营范围	贵州茅台酒系列产品的生产与销售				

主要财务指标

指标\报告期	2015.06.30	2014.12.31	2014.06.30	2013.12.31
基本每股收益(元)	6.9100	13.4400	6.3300	14.5800
基本每股收益(扣除后)(元)	6.9100	13.5900	6.3500	14.8800
稀释每股收益(元)	6.9100	13.4400	6.3300	14.5800
每股净资产(元)	53.6800	46.7868	39.6472	41.0547
每股经营现金净流量(元)	4.2922	11.0618	3.7555	12.1896
每股现金流量(元)	3.1171	2.6318	-3.3410	-0.0677
每股资本公积金(元)	1.2040	1.2040	1.2040	1.3244
每股盈余公积金(元)	4.5967	4.5967	4.6205	4.0656
每股未分配利润(元)	46.7764	39.9003	32.7977	34.6520
净资产收益率(%)	12.8673	28.7286	15.9680	35.5135
加权净资产收益率(%)	13.7500	31.9600	15.6400	39.4300
净资产收益率(扣除)(%)	12.8700	29.0487	16.0124	36.2523
总资产(万元)	7233774.42	6587316.52	5521813.15	5545415.07
归属母公司股东权益(万元)	6130434.56	5343040.24	4527707.47	4262221.65
营业收入(万元)	1577864.75	3157392.85	1432162.84	3092180.13
营业支出(万元)	116587.80	233855.05	98754.33	219392.03
投资收益(万元)	334.22	309.53	301.00	301.00
净利润(万元)	836452.05	1626937.15	722985.38	1513663.98
营业利润(万元)	1115161.39	2210297.33	1025097.70	2179154.50
利润总额(万元)	1114943.35	2188234.24	1022317.89	2143236.04

铜陵中发三佳科技股份有限公司

公司概况

公司名称	铜陵中发三佳科技股份有限公司			证券简称	中发科技
法人代表	黄言勇	董秘	夏军	证券代码	600520
公司网址	www.chinatrinity.com		电子信箱	office@chinatrinity.com	
电　　话	0562-2627520　2627503		传　　真	0562-2627555	
办公地址	安徽省铜陵市石城路电子工业区				
经营范围	半导体集成电路塑封模具与化学建材挤出模具等精密模具的生产等				

主要财务指标

指标\报告期	2015.06.30	2014.12.31	2014.06.30	2013.12.31
基本每股收益(元)	-0.0830	-0.4655	-0.1042	0.0597
基本每股收益(扣除后)(元)	-0.0753	-0.4537	-0.1197	-0.1926
稀释每股收益(元)	-0.0830	-0.4655	-0.1042	0.0597
每股净资产(元)	2.9052	2.9898	3.3266	1.7808
每股经营现金净流量(元)	0.7395	-0.5834	-0.1776	0.2063
每股现金流量(元)	-0.5802	0.6225	1.4653	-0.2343
每股资本公积金(元)	2.3954	2.3943	2.3943	0.7575
每股盈余公积金(元)	0.0767	0.0767	0.0767	0.1075
每股未分配利润(元)	-0.5669	-0.4812	-0.1443	-0.0842
净资产收益率(%)	-2.8561	-14.0842	-2.5330	3.3514
加权净资产收益率(%)	-2.4780	-16.9300	-4.3400	2.8900
净资产收益率(扣除)(%)	-2.5927	-13.7249	-2.9118	-10.8157
总资产(万元)	87260.41	79631.74	96014.02	63663.51
归属母公司股东权益(万元)	46027.75	47367.09	52703.40	20130.47
营业收入(万元)	10398.60	30120.03	14471.95	32632.33
营业支出(万元)	8264.69	25020.05	11841.80	26003.87
投资收益(万元)	-39.44	-	-	-67.34
净利润(万元)	-1262.25	-7085.38	-1334.96	674.65
营业利润(万元)	-1099.01	-6526.88	-1522.61	-2464.95
利润总额(万元)	-1262.25	-6975.32	-1305.24	945.68

浙江华海药业股份有限公司

公司概况	公司名称	浙江华海药业股份有限公司		证券简称	华海药业
	法人代表	陈保华	董秘 祝永华	证券代码	600521
	公司网址	www.huahaipharm.com		电子信箱	600521@huahaipharm.com
	电　　话	0576-85991096		传　　真	0576-85016010
	办公地址	浙江省台州市临海市汛桥			
	经营范围	片剂、硬胶囊剂、原料药制造等			

	指标\报告期	2015.06.30	2014.12.31	2014.06.30	2013.12.31
主要财务指标	基本每股收益(元)	0.3000	0.3400	0.1600	0.4800
	基本每股收益(扣除后)(元)	0.2800	0.3200	0.1500	0.4200
	稀释每股收益(元)	0.3000	0.3400	0.1600	0.4800
	每股净资产(元)	4.2490	4.1001	3.7929	3.8291
	每股经营现金净流量(元)	0.0143	0.4183	0.0985	0.6243
	每股现金流量(元)	−0.0203	−0.0099	0.0588	0.3792
	每股资本公积金(元)	1.1685	1.1682	1.0325	1.0329
	每股盈余公积金(元)	0.3276	0.3277	0.2870	0.2870
	每股未分配利润(元)	1.7583	1.6094	1.4770	1.5130
	净资产收益率(%)	7.0465	8.2422	4.3256	11.9445
	加权净资产收益率(%)	7.0800	8.5900	4.2300	14.2500
	净资产收益率(扣除)(%)	6.6178	7.8124	3.8694	10.5973
	总资产(万元)	499092.27	451001.62	422742.43	446610.41
	归属母公司股东权益(万元)	333925.50	322124.13	297854.41	300697.14
	营业收入(万元)	163569.80	258498.76	115002.52	229640.77
	营业支出(万元)	90630.96	143007.36	66231.46	128925.85
	投资收益(万元)	149.87	2833.16	2402.39	2156.65
	净利润(万元)	23798.25	25673.05	12884.07	35916.84
	营业利润(万元)	26769.37	30736.11	14212.49	39984.76
	利润总额(万元)	28008.62	31294.70	14389.48	41229.91

江苏中天科技股份有限公司

公司概况	公司名称	江苏中天科技股份有限公司		证券简称	中天科技
	法人代表	薛济萍	董秘 杨栋云	证券代码	600522
	公司网址	www.chinaztt.com		电子信箱	zqb@chinaztt.com
	电　　话	0513-83599505		传　　真	0513-83599504
	办公地址	江苏省南通市经济技术开发区中天路六号			
	经营范围	光纤、光缆、电线、电缆、导线及相关材料和附件等			

	指标\报告期	2015.06.30	2014.12.31	2014.06.30	2013.12.31
主要财务指标	基本每股收益(元)	0.4438	0.7600	0.5150	0.7470
	基本每股收益(扣除后)(元)	0.3400	0.6500	0.3830	0.6740
	稀释每股收益(元)	0.4438	0.7600	0.5150	0.7470
	每股净资产(元)	9.4970	9.1082	7.6941	7.4413
	每股经营现金净流量(元)	0.1468	−0.2293	−0.0306	0.4173
	每股现金流量(元)	−0.3067	1.2006	0.1427	−0.4321
	每股资本公积金(元)	4.4861	4.4787	3.0862	3.2510
	每股盈余公积金(元)	0.2966	0.2966	0.3034	0.3034
	每股未分配利润(元)	3.2226	2.8888	3.3098	2.8948
	净资产收益率(%)	4.6726	7.1966	6.6930	10.0437
	加权净资产收益率(%)	4.7500	9.3500	6.7700	11.0500
	净资产收益率(扣除)(%)	3.5754	6.1542	4.9812	9.0519
	总资产(万元)	1254498.90	1179917.13	960110.19	898525.86
	归属母公司股东权益(万元)	819370.81	785821.98	542054.38	524243.91
	营业收入(万元)	624001.66	864134.05	394274.15	677133.36
	营业支出(万元)	529372.24	700233.47	316896.32	532865.06
	投资收益(万元)	10799.31	9794.51	10315.91	2609.94
	净利润(万元)	39352.90	59138.56	36279.76	52653.49
	营业利润(万元)	45946.91	67111.55	44975.33	61350.16
	利润总额(万元)	48160.85	71427.78	47620.27	66360.36

贵州贵航汽车零部件股份有限公司

公司概况	公司名称	贵州贵航汽车零部件股份有限公司		证券简称	贵航股份
	法人代表	张晓军	董秘 周开林	证券代码	600523
	公司网址	www.gzghgf.com		电子信箱	ghgf700523@163.com
	电　　话	0851-3802670		传　　真	0851-3803931
	办公地址	贵州省贵阳市小河区珠江路166号			
	经营范围	汽车、摩托车零部件的开发、制造、销售等			

	指标\报告期	2015.06.30	2014.12.31	2014.06.30	2013.12.31
主要财务指标	基本每股收益(元)	0.2600	0.4600	0.1600	0.4500
	基本每股收益(扣除后)(元)	0.2600	0.3900	0.1600	0.3800
	稀释每股收益(元)	0.2600	0.4600	0.1600	0.4500
	每股净资产(元)	6.5054	6.3974	6.0750	6.0530
	每股经营现金净流量(元)	0.1456	0.3078	−0.2642	0.0317
	每股现金流量(元)	−0.7568	0.4015	0.0797	0.1269
	每股资本公积金(元)	3.2059	3.2145	3.1774	3.1771
	每股盈余公积金(元)	0.5591	0.5302	0.5013	0.5013
	每股未分配利润(元)	1.7310	1.6451	1.3788	1.3639
	净资产收益率(%)	4.0705	7.2071	2.6661	7.5094
	加权净资产收益率(%)	4.0500	7.4400	2.6700	7.7600
	净资产收益率(扣除)(%)	4.0455	6.1266	2.6532	6.2086
	总资产(万元)	361503.19	375596.46	363682.18	322390.69
	归属母公司股东权益(万元)	187870.73	184752.36	175443.59	174805.84
	营业收入(万元)	153536.92	306752.66	145859.54	272025.78
	营业支出(万元)	122637.10	247377.03	117196.42	222032.99
	投资收益(万元)	2288.27	7452.68	3172.43	5906.02
	净利润(万元)	8286.93	15141.55	4677.55	13126.92
	营业利润(万元)	9106.10	15828.45	5981.54	13410.52
	利润总额(万元)	9200.19	17536.88	6034.01	16136.80

长园集团股份有限公司

公司概况	公司名称	长园集团股份有限公司		证券简称	长园集团
	法人代表	许晓文	董秘 倪昭华	证券代码	600525
	公司网址	www.cyg.com		电子信箱	zqb@cyg.com
	电　　话	0755-26719476		传　　真	0755-26739900
	办公地址	广东省深圳市南山区高新区科苑中路长园新材料港6栋5楼			
	经营范围	高分子热缩材料、功能材料、辐射加工、机电产品、通信电缆附件等			

	指标\报告期	2015.06.30	2014.12.31	2014.06.30	2013.12.31
主要财务指标	基本每股收益(元)	0.1707	0.4200	0.1470	0.3500
	基本每股收益(扣除后)(元)	0.1043	0.3300	0.1274	0.2800
	稀释每股收益(元)	0.1707	0.4200	0.1470	0.3500
	每股净资产(元)	3.2005	3.2209	2.9888	2.9242
	每股经营现金净流量(元)	−0.0315	0.3260	−0.1711	0.4050
	每股现金流量(元)	0.1084	−0.0303	−0.2687	0.1424
	每股资本公积金(元)	0.1365	0.1266	0.2161	0.1886
	每股盈余公积金(元)	0.1384	0.1419	0.1358	0.1358
	每股未分配利润(元)	1.9062	1.9074	1.6369	1.5999
	净资产收益率(%)	5.3113	13.1529	4.9196	12.0353
	加权净资产收益率(%)	5.2600	13.8000	4.9100	12.7300
	净资产收益率(扣除)(%)	3.2450	10.3065	4.2640	9.7207
	总资产(万元)	669389.71	627743.30	501838.34	476909.36
	归属母公司股东权益(万元)	283227.64	278131.47	258087.49	252507.66
	营业收入(万元)	157484.85	334864.03	138509.89	282151.12
	营业支出(万元)	89403.88	189899.98	78791.28	157516.43
	投资收益(万元)	5454.80	7014.72	998.53	3789.64
	净利润(万元)	16384.58	38698.20	12696.98	30389.95
	营业利润(万元)	15162.15	34406.45	11918.52	27034.89
	利润总额(万元)	19964.81	45377.95	16207.19	36878.96

浙江菲达环保科技股份有限公司

公司概况					
公司名称	浙江菲达环保科技股份有限公司			证券简称	菲达环保
法人代表	舒英钢	董秘	周明良	证券代码	600526
公司网址	www.feida.biz		电子信箱	feida@ep.zjbnet.com	
电　话	0575-87211326		传　真	0575-87214695	
办公地址	浙江省诸暨市望云路88号				
经营范围	除尘器、气力输送设备				

主要财务指标 指标\报告期	2015.06.30	2014.12.31	2014.06.30	2013.12.31
基本每股收益(元)	0.1000	0.1400	0.0800	0.2100
基本每股收益(扣除后)(元)	0.0900	0.1000	0.0600	0.1700
稀释每股收益(元)	0.1000	0.1400	0.0800	0.2100
每股净资产(元)	4.6781	3.2798	3.2187	6.3861
每股经营现金净流量(元)	-0.3732	-1.0407	-0.9038	-0.4749
每股现金流量(元)	0.0975	-0.4844	-0.1075	1.6025
每股资本公积金(元)	3.1077	1.6239	1.6242	4.2484
每股盈余公积金(元)	0.0532	0.0715	0.0658	0.1316
每股未分配利润(元)	0.5185	0.5864	0.5306	1.0102
净资产收益率(%)	1.7651	4.1796	2.3473	3.0864
加权净资产收益率(%)	2.5800	4.2400	2.3400	3.6200
净资产收益率(扣除)(%)	1.5681	3.0058	1.8806	2.4323
总资产(万元)	635637.56	476125.53	455333.46	346029.44
归属母公司股东权益(万元)	256079.23	133449.87	130965.86	129919.37
营业收入(万元)	149823.36	278337.58	119474.24	196001.75
营业支出(万元)	123552.32	235177.74	100237.07	164587.80
投资收益(万元)	-85.10	27.12	42.85	58.70
净利润(万元)	4785.52	5735.23	3074.13	4009.90
营业利润(万元)	5700.19	6086.26	3444.84	4687.69
利润总额(万元)	6144.81	7805.46	4054.05	5512.41

江苏江南高纤股份有限公司

公司概况					
公司名称	江苏江南高纤股份有限公司			证券简称	江南高纤
法人代表	陶国平	董秘	陆正中	证券代码	600527
公司网址	www.jngx.cn		电子信箱	jngxlzz@163.com	
电　话	0512-65712564		传　真	0512-65712238	
办公地址	江苏省苏州市相城区黄埭镇苏阳路				
经营范围	生产、销售短纤维、涤纶毛条等				

主要财务指标 指标\报告期	2015.06.30	2014.12.31	2014.06.30	2013.12.31
基本每股收益(元)	0.0100	0.0400	0.1000	0.3000
基本每股收益(扣除后)(元)	0.0100	0.0300	0.1000	0.2900
稀释每股收益(元)	0.0100	0.0400	0.1000	0.3000
每股净资产(元)	2.1180	2.1944	2.2500	2.2461
每股经营现金净流量(元)	-0.0503	0.1063	0.0468	0.2166
每股现金流量(元)	-0.1275	-0.0254	-0.0649	0.0245
每股资本公积金(元)	0.1601	0.1601	0.1611	0.1609
每股盈余公积金(元)	0.1427	0.1427	0.1395	0.1395
每股未分配利润(元)	0.8092	0.8899	0.9533	0.9457
净资产收益率(%)	0.4421	1.7140	4.3336	13.2658
加权净资产收益率(%)	0.4300	1.6900	4.2600	13.9100
净资产收益率(扣除)(%)	0.3997	1.5622	4.2576	12.9441
总资产(万元)	182262.56	185241.94	193372.65	192799.50
归属母公司股东权益(万元)	169885.38	176010.85	180785.13	180157.05
营业收入(万元)	70112.33	164382.61	71170.47	163374.54
营业支出(万元)	62785.29	144853.86	60763.15	135356.46
投资收益(万元)	-2226.24	-8555.43	899.95	3635.65
净利润(万元)	764.59	3092.51	7834.47	23899.35
营业利润(万元)	1584.23	3312.09	8103.71	25767.04
利润总额(万元)	1760.76	4212.29	8851.15	26567.25

中铁二局股份有限公司

公司概况					
公司名称	中铁二局股份有限公司			证券简称	中铁二局
法人代表	邓元发	董秘	邓爱民	证券代码	600528
公司网址	www.crec.com.cn		电子信箱	ztejdb@cregc.com.cn	
电　话	028-66752888 66752811		传　真	028-87670263	
办公地址	四川省成都市马家花园10号中铁二局大厦				
经营范围	承担各类型工业、能源、交通、民用等工程项目施工的承包等				

主要财务指标 指标\报告期	2015.06.30	2014.12.31	2014.06.30	2013.12.31
基本每股收益(元)	0.0788	0.1938	0.1149	0.2889
基本每股收益(扣除后)(元)	0.0672	0.1327	0.1005	0.2805
稀释每股收益(元)	-	-	-	-
每股净资产(元)	4.1870	4.1682	4.0892	4.0743
每股经营现金净流量(元)	-3.5994	1.0277	0.1802	0.0923
每股现金流量(元)	-0.2056	0.7954	0.8863	-0.5556
每股资本公积金(元)	1.0950	1.0950	1.0950	1.0950
每股盈余公积金(元)	0.3381	0.3238	0.3413	0.3160
每股未分配利润(元)	1.7539	1.7493	1.6528	1.6633
净资产收益率(%)	1.8823	4.6506	2.8094	7.0915
加权净资产收益率(%)	1.8700	4.7000	2.8100	7.2400
净资产收益率(扣除)(%)	1.6046	3.1848	2.4575	6.8843
总资产(万元)	5922111.93	5898059.15	5699741.01	5114677.75
归属母公司股东权益(万元)	610963.37	608218.25	596696.34	594524.55
营业收入(万元)	2411346.35	7151263.90	3317184.05	7956690.57
营业支出(万元)	2253504.71	6728861.69	3128649.76	7532177.00
投资收益(万元)	600.22	17785.71	2699.72	32196.34
净利润(万元)	2347.99	36903.00	16763.78	42160.61
营业利润(万元)	-568.64	41600.18	27048.18	92576.84
利润总额(万元)	1378.61	53717.11	29663.98	93765.27

山东省药用玻璃股份有限公司

公司概况					
公司名称	山东省药用玻璃股份有限公司			证券简称	山东药玻
法人代表	柴文	董秘	赵海宝	证券代码	600529
公司网址	www.pharmglass.com		电子信箱	sdyb@pharmglass.com	
电　话	0533-3259016 3259028		传　真	0533-3249700	
办公地址	山东省淄博市沂源县药玻路				
经营范围	各种药用玻璃包装产品的制造、销售				

主要财务指标 指标\报告期	2015.06.30	2014.12.31	2014.06.30	2013.12.31
基本每股收益(元)	0.2828	0.4800	0.2619	0.4800
基本每股收益(扣除后)(元)	0.2812	0.4900	0.2619	0.4600
稀释每股收益(元)	0.2828	0.4800	0.2619	0.4800
每股净资产(元)	8.3551	8.2226	7.9900	7.8871
每股经营现金净流量(元)	0.6806	1.0360	0.3924	1.0436
每股现金流量(元)	0.1650	0.2663	0.0654	0.1978
每股资本公积金(元)	2.2794	2.2794	2.2794	2.2794
每股盈余公积金(元)	0.7468	0.7468	0.6963	0.6963
每股未分配利润(元)	4.2197	4.0869	3.9148	3.8028
净资产收益率(%)	3.3850	5.8924	3.2784	6.0263
加权净资产收益率(%)	3.3800	6.0200	3.2700	6.1700
净资产收益率(扣除)(%)	3.3659	5.9716	3.2776	5.8793
总资产(万元)	290919.05	281818.01	277239.49	270546.30
归属母公司股东权益(万元)	215044.22	211633.07	205646.09	202998.27
营业收入(万元)	89296.51	169111.25	81354.45	154454.50
营业支出(万元)	62452.05	124346.49	59350.36	110493.56
投资收益(万元)	95.94	-33.06	0.39	0.52
净利润(万元)	7260.06	12363.64	6741.80	12233.37
营业利润(万元)	9631.58	17060.38	9019.95	16106.84
利润总额(万元)	9686.50	16837.95	9021.95	16435.72

上海交大昂立股份有限公司

公司概况	公司名称	上海交大昂立股份有限公司			证券简称	交大昂立
	法人代表	杨国平	董秘	娄健颖	证券代码	600530
	公司网址	www.onlly.com.cn		电子信箱	stock@mail.onlly.com.cn	
	电　　话	021-54277900　54277820		传　　真	021-54277827	
	办公地址	上海市宜山路 700 号				
	经营范围	生物制品、保健食品、参制品等保健食品的研制、生产和销售				

主要财务指标	指标\报告期	2015.06.30	2014.12.31	2014.06.30	2013.12.31
	基本每股收益(元)	0.2180	0.2720	0.0810	0.2660
	基本每股收益(扣除后)(元)	−0.0720	0.0950	0.0790	0.0610
	稀释每股收益(元)	0.2180	0.2720	0.0810	0.2660
	每股净资产(元)	6.3498	6.6830	4.0653	4.2449
	每股经营现金净流量(元)	0.0368	−0.0919	−0.0921	−0.7832
	每股现金流量(元)	0.5869	0.1214	0.0899	−0.0933
	每股资本公积金(元)	1.6932	1.6932	2.6619	2.7721
	每股盈余公积金(元)	0.2802	0.2802	0.2537	0.2537
	每股未分配利润(元)	0.5329	0.3146	0.1497	0.2191
	净资产收益率(%)	3.4372	4.0704	1.9821	6.2652
	加权净资产收益率(%)	3.3500	4.9800	1.9000	5.9400
	净资产收益率(扣除)(%)	−1.1337	1.4208	1.9479	1.4280
	总资产(万元)	270686.99	277002.70	181959.27	179299.95
	归属母公司股东权益(万元)	198113.75	208510.22	126837.00	132441.20
	营业收入(万元)	13675.36	33763.92	18261.78	35703.26
	营业支出(万元)	5445.71	13357.76	7703.28	13314.88
	投资收益(万元)	13509.81	9044.30	1182.19	9433.08
	净利润(万元)	6876.40	9541.34	2514.09	8297.72
	营业利润(万元)	9814.53	10959.18	3902.66	9062.61
	利润总额(万元)	9825.86	11116.75	3948.71	9325.97

河南豫光金铅股份有限公司

公司概况	公司名称	河南豫光金铅股份有限公司			证券简称	豫光金铅
	法人代表	杨安国	董秘	苗红强	证券代码	600531
	公司网址	www.yggf.com.cn		电子信箱	yuguang@yggf.com.cn	
	电　　话	0391-6665836		传　　真	0391-6688986	
	办公地址	河南省济源市荆梁南街 1 号				
	经营范围	电解铅、白银、黄金、冰铜、硫酸、次氧化锌的生产和销售				

主要财务指标	指标\报告期	2015.06.30	2014.12.31	2014.06.30	2013.12.31
	基本每股收益(元)	0.0239	0.0800	0.0400	−1.6900
	基本每股收益(扣除后)(元)	−0.1015	−0.2400	−0.3900	−1.9900
	稀释每股收益(元)	0.0239	0.0800	0.0400	−1.6900
	每股净资产(元)	4.5876	4.6018	4.5971	4.5461
	每股经营现金净流量(元)	2.8722	0.2970	−0.3929	−3.4142
	每股现金流量(元)	0.5280	−0.4738	0.2409	−0.8957
	每股资本公积金(元)	2.5969	2.5969	2.5969	2.5969
	每股盈余公积金(元)	0.4887	0.4887	0.4887	0.4887
	每股未分配利润(元)	0.5396	0.5457	0.5080	0.4663
	净资产收益率(%)	0.5209	1.7256	0.9067	−37.1510
	加权净资产收益率(%)	0.5200	1.7300	0.8600	−30.7900
	净资产收益率(扣除)(%)	−2.2131	−5.1293	−8.5819	−43.7139
	总资产(万元)	850547.89	877189.26	876699.70	806075.78
	归属母公司股东权益(万元)	135449.23	135867.49	135730.18	134224.96
	营业收入(万元)	575916.56	887917.48	422955.45	1129125.40
	营业支出(万元)	567097.44	850250.55	407825.81	1120577.44
	投资收益(万元)	11167.80	9446.66	8211.17	12730.13
	净利润(万元)	687.33	2704.44	1230.67	−49865.95
	营业利润(万元)	−3918.04	−19433.48	−7683.65	−57233.98
	利润总额(万元)	2789.03	1983.84	1830.34	−47934.56

山东宏达矿业股份有限公司

公司概况	公司名称	山东宏达矿业股份有限公司			证券简称	宏达矿业
	法人代表	段连文	董秘	于晓兵	证券代码	600532
	公司网址	hd.hdky.net		电子信箱	yxb@hdky.net	
	电　　话	0533-7608266　7608677		传　　真	0533-7608266　7608677	
	办公地址	山东省淄博市临淄区凤凰镇南金村				
	经营范围	农药及化工原料的生产、销售、火力发电及电力销售等				

主要财务指标	指标\报告期	2015.06.30	2014.12.31	2014.06.30	2013.12.31
	基本每股收益(元)	0.0100	0.4400	0.1600	0.4100
	基本每股收益(扣除后)(元)	0.0100	0.3300	0.1600	0.4100
	稀释每股收益(元)	0.0100	0.4400	0.1600	0.4100
	每股净资产(元)	2.9497	3.0444	2.7638	2.6754
	每股经营现金净流量(元)	0.1859	0.5079	−0.1430	−0.1222
	每股现金流量(元)	−0.2075	0.3599	−0.2554	0.1567
	每股资本公积金(元)	0.4679	0.4679	0.4679	0.4679
	每股盈余公积金(元)	0.0449	0.0449	0.0099	0.0099
	每股未分配利润(元)	1.4249	1.5159	1.2628	1.1769
	净资产收益率(%)	0.3040	14.5869	5.6434	15.4430
	加权净资产收益率(%)	0.3000	15.5700	5.7100	16.6800
	净资产收益率(扣除)(%)	0.3036	10.8055	5.6276	15.4293
	总资产(万元)	205686.95	221417.29	205207.73	194499.31
	归属母公司股东权益(万元)	116879.01	120631.12	109511.31	106009.38
	营业收入(万元)	26803.04	69274.56	34478.23	68697.51
	营业支出(万元)	24330.30	50697.05	24149.31	41582.86
	投资收益(万元)	1867.36	7139.41	1904.17	3737.61
	净利润(万元)	355.32	17596.30	6180.17	16370.98
	营业利润(万元)	−260.57	15251.13	7552.01	20662.67
	利润总额(万元)	−259.88	20168.13	7575.09	20685.49

南京栖霞建设股份有限公司

公司概况	公司名称	南京栖霞建设股份有限公司			证券简称	栖霞建设
	法人代表	江劲松	董秘	王海刚	证券代码	600533
	公司网址	www.chixia.com		电子信箱	invest@chixia.com	
	电　　话	025-85600533		传　　真	025-85502482	
	办公地址	江苏省南京市玄武区龙蟠路 9 号				
	经营范围	住宅小区综合开发建设、商品房销售、租赁、售后服务等				

主要财务指标	指标\报告期	2015.06.30	2014.12.31	2014.06.30	2013.12.31
	基本每股收益(元)	0.0730	0.0123	0.0264	0.1642
	基本每股收益(扣除后)(元)	0.0737	−0.0456	0.0282	0.1655
	稀释每股收益(元)	0.0730	0.0123	0.0264	0.1642
	每股净资产(元)	3.7270	3.4381	3.3776	3.5284
	每股经营现金净流量(元)	0.2797	0.9160	0.2800	0.7682
	每股现金流量(元)	−0.1420	0.1949	0.4069	−0.0076
	每股资本公积金(元)	0.9940	0.9940	1.3808	1.4580
	每股盈余公积金(元)	0.2520	0.2520	0.2398	0.2398
	每股未分配利润(元)	0.7536	0.7307	0.7570	0.8306
	净资产收益率(%)	1.9575	0.3577	0.7811	4.6538
	加权净资产收益率(%)	2.0300	0.3600	0.7700	4.7500
	净资产收益率(扣除)(%)	1.9770	−1.3257	0.8359	4.6892
	总资产(万元)	1357223.52	1463752.92	1501616.54	1402903.58
	归属母公司股东权益(万元)	391336.10	360998.08	354647.66	370481.55
	营业收入(万元)	303389.48	284117.89	123992.80	215727.74
	营业支出(万元)	264841.90	241296.52	104059.59	159433.74
	投资收益(万元)	788.91	7179.46	917.35	7803.13
	净利润(万元)	7500.31	1239.79	2770.14	17241.51
	营业利润(万元)	9881.03	7792.47	3521.64	28803.93
	利润总额(万元)	9782.09	7676.42	3265.84	28455.91

天士力制药集团股份有限公司

公司概况						
	公司名称	天士力制药集团股份有限公司			证券简称	天士力
	法人代表	闫凯境	董秘	刘俊峰	证券代码	600535
	公司网址	www.tasly.com		电子信箱	stock@tasly.com	
	电话	022-26736999 26735302		传真	022-26736721	
	办公地址	天津市北辰区普济河东道2号(天士力现代中药城)				
	经营范围	滴丸剂、颗粒剂、硬胶囊剂、软胶囊剂、片剂、丸剂的生产等				

主要财务指标	指标\报告期	2015.06.30	2014.12.31	2014.06.30	2013.12.31
	基本每股收益(元)	0.7900	1.3200	0.7200	1.0700
	基本每股收益(扣除后)(元)	0.7700	1.3000	0.7100	0.9900
	稀释每股收益(元)	0.7900	1.3200	0.7200	1.0700
	每股净资产(元)	6.3154	4.6840	4.0809	3.7103
	每股经营现金净流量(元)	0.1587	0.5972	0.4472	0.3352
	每股现金流量(元)	-0.0805	0.1174	-0.0789	-0.0970
	每股资本公积金(元)	1.6418	0.2366	0.2375	0.2713
	每股盈余公积金(元)	0.5890	0.6161	0.5063	0.5063
	每股未分配利润(元)	3.0861	2.8328	2.3387	1.9679
	净资产收益率(%)	12.1647	28.2824	17.6631	28.7113
	加权净资产收益率(%)	15.7300	31.9400	17.6300	28.0500
	净资产收益率(扣除)(%)	11.8999	27.8225	17.4825	26.6269
	总资产(万元)	1443638.24	1292134.90	1156140.70	1039860.07
	归属母公司股东权益(万元)	682368.70	483788.03	421497.60	386690.82
	营业收入(万元)	622999.80	1256690.19	610863.14	1109787.02
	营业支出(万元)	377846.27	785688.06	381564.10	704265.77
	投资收益(万元)	308.37	-80.43	351.22	380.92
	净利润(万元)	86063.80	145037.65	74449.62	110026.15
	营业利润(万元)	98306.80	170909.34	98551.88	140140.36
	利润总额(万元)	100013.04	173307.05	99077.73	141793.09

中国软件与技术服务股份有限公司

公司概况						
	公司名称	中国软件与技术服务股份有限公司			证券简称	中国软件
	法人代表	杨军	董秘	陈复兴	证券代码	600536
	公司网址	www.css.com.cn		电子信箱	cfx@css.com.cn	
	电话	010-51508699		传真	010-51508661	
	办公地址	北京市海淀区学院南路55号中软大厦A座7层董事会办公室				
	经营范围	制造医用光学仪器设备、医用红外热像仪等				

主要财务指标	指标\报告期	2015.06.30	2014.12.31	2014.06.30	2013.12.31
	基本每股收益(元)	-0.1600	0.0700	-0.1500	0.2800
	基本每股收益(扣除后)(元)	-0.2500	-0.0040	-0.1900	-0.0800
	稀释每股收益(元)	-0.1600	0.0700	-0.1500	0.2800
	每股净资产(元)	3.6912	3.8673	3.6528	7.6753
	每股经营现金净流量(元)	-0.9153	0.4828	-0.6952	-0.8958
	每股现金流量(元)	-0.9570	-0.4040	-1.3023	1.8239
	每股资本公积金(元)	1.9521	1.9521	1.9528	4.9057
	每股盈余公积金(元)	0.0982	0.0982	0.0951	0.1902
	每股未分配利润(元)	0.7294	0.9061	0.6936	1.7628
	净资产收益率(%)	-4.2183	1.7537	-4.0479	3.3579
	加权净资产收益率(%)	-4.1100	1.7600	-3.9400	4.9300
	净资产收益率(扣除)(%)	-6.8514	-0.1108	-5.1677	-1.0080
	总资产(万元)	407152.54	442730.19	402561.12	452159.66
	归属母公司股东权益(万元)	182554.29	191263.25	180653.27	189795.54
	营业收入(万元)	122479.98	323250.17	123494.59	298064.29
	营业支出(万元)	79089.78	203539.62	79048.53	184582.36
	投资收益(万元)	2553.87	499.89	686.50	6389.69
	净利润(万元)	-10766.10	4813.86	-7312.73	6373.09
	营业利润(万元)	-17780.32	-7892.62	-15140.98	-2091.83
	利润总额(万元)	-11113.78	5657.81	-8466.29	11061.46

亿晶光电科技股份有限公司

公司概况						
	公司名称	亿晶光电科技股份有限公司			证券简称	亿晶光电
	法人代表	荀建华	董秘	刘党旗	证券代码	600537
	公司网址	www.egingpv.com		电子信箱	eging-public@egingpv.com	
	电话	0519-82585558		传真	0519-82585550	
	办公地址	江苏省金坛市尧塘镇金武路18号				
	经营范围	果蔬加工、包括速冻、脱水、保鲜、腌渍、调理果蔬等				

主要财务指标	指标\报告期	2015.06.30	2014.12.31	2014.06.30	2013.12.31
	基本每股收益(元)	0.0600	0.2500	0.2100	0.1400
	基本每股收益(扣除后)(元)	0.0300	0.2200	0.1900	0.1300
	稀释每股收益(元)	0.0600	0.2500	0.2100	0.1400
	每股净资产(元)	4.3343	2.7970	2.7538	2.5702
	每股经营现金净流量(元)	0.0773	0.4160	0.0989	1.4729
	每股现金流量(元)	-0.1390	-0.5859	-0.3221	0.8283
	每股资本公积金(元)	1.9286	0.0304	0.0210	-
	每股盈余公积金(元)	0.0176	0.0213	0.0060	0.0060
	每股未分配利润(元)	1.3887	1.7458	1.7271	1.5644
	净资产收益率(%)	1.3049	8.8197	7.7216	5.5156
	加权净资产收益率(%)	1.4000	9.2900	7.9400	5.6700
	净资产收益率(扣除)(%)	0.5799	7.9087	6.8958	5.1008
	总资产(万元)	686845.80	536594.11	486108.51	483371.70
	归属母公司股东权益(万元)	254936.88	135896.28	133799.38	124876.29
	营业收入(万元)	142016.07	324927.84	126904.08	269014.09
	营业支出(万元)	117330.54	263613.14	99281.84	217302.83
	投资收益(万元)	1214.03	64.84	-	487.53
	净利润(万元)	3306.17	11518.67	10331.47	6887.68
	营业利润(万元)	2179.63	7177.28	9256.41	6898.26
	利润总额(万元)	2814.12	8346.47	10364.80	6934.63

北海国发海洋生物产业股份有限公司

公司概况						
	公司名称	北海国发海洋生物产业股份有限公司			证券简称	国发股份
	法人代表	潘利斌	董秘	李勇	证券代码	600538
	公司网址	www.gofar.com.cn		电子信箱	securities@gofar.com.cn	
	电话	0779-3200619		传真	0779-3200618	
	办公地址	广西壮族自治区北海市北京路9号				
	经营范围	藻类、贝类、甲壳类等海洋生物系列产品的研究、开发、生产和销售等				

主要财务指标	指标\报告期	2015.06.30	2014.12.31	2014.06.30	2013.12.31
	基本每股收益(元)	0.0015	-0.1300	-0.0500	0.0400
	基本每股收益(扣除后)(元)	-0.0008	-0.1100	-0.0500	-0.0900
	稀释每股收益(元)	0.0015	-0.1300	-0.0500	0.0400
	每股净资产(元)	1.4620	1.4602	1.5359	0.1593
	每股经营现金净流量(元)	-0.0573	-0.0884	-0.0224	-0.0177
	每股现金流量(元)	-0.4780	0.6198	0.7544	0.0325
	每股资本公积金(元)	1.2638	1.2638	1.2638	0.3196
	每股盈余公积金(元)	0.0788	0.0788	0.0788	0.1311
	每股未分配利润(元)	-0.8808	-0.8823	-0.8068	-1.2913
	净资产收益率(%)	0.1040	-7.2546	-1.9784	24.0298
	加权净资产收益率(%)	0.1000	-11.7600	-9.3300	31.9200
	净资产收益率(扣除)(%)	-0.0559	-6.2344	-2.1537	-56.2072
	总资产(万元)	96792.41	99115.83	104897.38	69074.11
	归属母公司股东权益(万元)	67896.79	67813.37	71326.46	4448.02
	营业收入(万元)	23933.09	41541.22	21520.10	45241.53
	营业支出(万元)	20391.78	36988.25	19188.35	38219.04
	投资收益(万元)	512.39	261.94	-	-
	净利润(万元)	319.41	-6479.35	-1411.09	1068.85
	营业利润(万元)	182.41	-5727.61	-1652.05	-2287.54
	利润总额(万元)	390.18	-6458.76	-1349.38	1362.78

太原狮头水泥股份有限公司

公司概况	公司名称	太原狮头水泥股份有限公司			证券简称	*ST 狮头
	法人代表	崔照宏	董秘	郝瑛	证券代码	600539
	公司网址	www.600539.com.cn		电子信箱	haoying@lionhead.com.cn	
	电　话	0351-2857002 2857006		传　真	0351-2857006	
	办公地址	山西省太原市万柏林区开城街 1 号				
	经营范围	水泥、水泥熟料、商品混凝土、新型墙体材料的生产和销售等				

	指标\报告期	2015.06.30	2014.12.31	2014.06.30	2013.12.31
主要财务指标	基本每股收益(元)	0.0051	-0.1800	-0.0467	-0.5700
	基本每股收益(扣除后)(元)	0.0050	-0.1800	-0.0469	-0.5800
	稀释每股收益(元)	0.0051	-0.1800	-0.0467	-0.5700
	每股净资产(元)	2.0362	2.0311	2.1654	2.0599
	每股经营现金净流量(元)	-0.0627	-0.1408	-0.1017	0.0104
	每股现金流量(元)	0.0140	-0.9056	-0.5433	-1.1408
	每股资本公积金(元)	2.3755	2.3755	2.3755	2.2233
	每股盈余公积金(元)	0.1626	0.1626	0.1626	0.1626
	每股未分配利润(元)	-1.5019	-1.5070	-1.3727	-1.3260
	净资产收益率(%)	0.2527	-8.9122	-2.1578	-27.4740
	加权净资产收益率(%)	0.2530	-9.1900	-2.1810	-24.1600
	净资产收益率(扣除)(%)	0.2460	-8.6674	-2.1641	-28.1838
	总资产(万元)	99903.66	92159.72	97840.69	91668.94
	归属母公司股东权益(万元)	46832.96	46714.62	49803.27	47377.91
	营业收入(万元)	2383.86	2069.05	918.31	8199.66
	营业支出(万元)	1432.86	1276.93	531.83	8617.07
	投资收益(万元)	-	-	-	43.86
	净利润(万元)	47.78	-4971.10	-1074.65	-13016.59
	营业利润(万元)	44.65	-4723.69	-1279.00	-13567.33
	利润总额(万元)	47.78	-4971.10	-1275.86	-13231.05

新疆赛里木现代农业股份有限公司

公司概况	公司名称	新疆赛里木现代农业股份有限公司			证券简称	新赛股份
	法人代表	马晓宏	董秘	陈建江	证券代码	600540
	公司网址	www.xinsai.com.cn		电子信箱	gmgsgwq@sina.com	
	电　话	0909-2268156 2268210		传　真	0909-2268162	
	办公地址	新疆维吾尔自治区博乐市红星路 158 号				
	经营范围	棉花种植、加工、销售及食用油的生产、销售等				

	指标\报告期	2015.06.30	2014.12.31	2014.06.30	2013.12.31
主要财务指标	基本每股收益(元)	-0.0354	0.0474	0.0258	-0.1272
	基本每股收益(扣除后)(元)	-0.0636	-0.4644	-0.0161	-
	稀释每股收益(元)	-0.0354	0.0474	0.0258	-0.1272
	每股净资产(元)	3.2706	3.3063	2.2634	2.2375
	每股经营现金净流量(元)	-0.0905	0.1510	-0.1436	0.1558
	每股现金流量(元)	-1.3770	1.3189	-0.4666	-0.5834
	每股资本公积金(元)	2.5216	2.5216	1.5425	1.5425
	每股盈余公积金(元)	0.1134	0.1134	0.1357	0.1357
	每股未分配利润(元)	-0.3644	-0.3290	-0.4151	-0.4409
	净资产收益率(%)	-1.0819	1.1985	1.1391	-5.6865
	加权净资产收益率(%)	-1.0800	2.0970	1.1000	-5.5283
	净资产收益率(扣除)(%)	-1.9459	-11.7370	-0.7117	-13.9963
	总资产(万元)	274517.18	336095.35	267127.51	265701.82
	归属母公司股东权益(万元)	118477.58	119759.96	68515.14	67731.64
	营业收入(万元)	27764.97	110326.50	29745.60	136101.40
	营业支出(万元)	26998.14	110364.15	27914.68	126075.51
	投资收益(万元)	263.27	6478.82	852.53	580.28
	净利润(万元)	-1948.48	-1052.51	780.47	-3851.59
	营业利润(万元)	-2650.41	-9300.84	-642.92	-9116.98
	利润总额(万元)	-1942.81	-834.96	851.65	-4539.02

甘肃莫高实业发展股份有限公司

公司概况	公司名称	甘肃莫高实业发展股份有限公司			证券简称	莫高股份
	法人代表	赵国柱	董秘	贾洪文	证券代码	600543
	公司网址	www.mogao.com		电子信箱	mgjiahw@126.com	
	电　话	0931-8776219 8776209		传　真	0931-4890543	
	办公地址	甘肃省兰州市城关区东岗西路 638 号兰州财富中心 23 层				
	经营范围	农产品及加工品、药品的生产和销售等				

	指标\报告期	2015.06.30	2014.12.31	2014.06.30	2013.12.31
主要财务指标	基本每股收益(元)	0.0500	0.0500	0.0600	-0.2600
	基本每股收益(扣除后)(元)	0.0500	0.0600	0.0600	-
	稀释每股收益(元)	0.0500	0.0500	0.0600	-0.2600
	每股净资产(元)	3.3752	3.3234	3.3317	3.2701
	每股经营现金净流量(元)	0.0030	0.4044	0.0569	0.2221
	每股现金流量(元)	-0.0186	-0.5147	-0.1610	-0.7071
	每股资本公积金(元)	1.4510	1.4510	1.4510	1.4510
	每股盈余公积金(元)	0.3109	0.3109	0.3071	0.3071
	每股未分配利润(元)	0.6133	0.5615	0.5737	0.5121
	净资产收益率(%)	1.5348	1.6026	1.8482	-7.8807
	加权净资产收益率(%)	1.5500	1.6200	1.8700	-7.5100
	净资产收益率(扣除)(%)	1.5013	1.7568	1.8435	-8.6131
	总资产(万元)	126844.51	126370.95	122764.21	121900.79
	归属母公司股东权益(万元)	108383.63	106720.15	106987.10	-
	营业收入(万元)	13378.18	32517.37	14455.36	36473.71
	营业支出(万元)	5240.57	17051.25	5296.65	18605.22
	投资收益(万元)	684.10	1635.88	639.90	334.58
	净利润(万元)	1656.03	1701.85	1977.29	-8275.55
	营业利润(万元)	2622.71	3020.17	3365.37	-5694.70
	利润总额(万元)	2667.26	2791.93	3368.23	-8512.72

新疆城建(集团)股份有限公司

公司概况	公司名称	新疆城建(集团)股份有限公司			证券简称	新疆城建
	法人代表	刘军	董秘	李若帆	证券代码	600545
	公司网址	www.xjcj.com		电子信箱	xjcj888@sina.com	
	电　话	0991-4889803 4889812		传　真	0991-4889813	
	办公地址	新疆维吾尔自治区乌鲁木齐市南湖南路 133 号城建大厦 22 层				
	经营范围	城市基础设施建设与运营、城市源水供应、房地产开发与销售等				

	指标\报告期	2015.06.30	2014.12.31	2014.06.30	2013.12.31
主要财务指标	基本每股收益(元)	-0.0025	0.1430	0.0500	0.2600
	基本每股收益(扣除后)(元)	-0.0098	0.1177	0.0500	0.0065
	稀释每股收益(元)	-0.0025	0.1430	0.0500	0.2600
	每股净资产(元)	3.0457	3.0912	3.1095	3.0565
	每股经营现金净流量(元)	-0.4627	0.3563	1.0087	0.0339
	每股现金流量(元)	0.4268	-0.2632	0.5712	0.3352
	每股资本公积金(元)	0.8312	0.8312	0.8317	0.8317
	每股盈余公积金(元)	0.2258	0.2258	0.2193	0.2193
	每股未分配利润(元)	0.9857	1.0312	1.0556	1.0026
	净资产收益率(%)	-0.0823	4.6246	1.7051	8.5709
	加权净资产收益率(%)	-0.0811	4.6469	1.7200	8.8300
	净资产收益率(扣除)(%)	-0.3232	3.8077	1.4516	0.2123
	总资产(万元)	990528.68	958024.97	888647.43	842608.93
	归属母公司股东权益(万元)	205823.97	208899.28	210135.13	206552.22
	营业收入(万元)	110568.75	566500.15	151108.02	444095.80
	营业支出(万元)	98833.20	497200.94	127156.59	397638.32
	投资收益(万元)	51.63	1295.59	501.79	307.99
	净利润(万元)	-515.93	15313.83	3582.91	17703.45
	营业利润(万元)	-750.88	19736.07	9390.73	-138.57
	利润总额(万元)	-222.35	19891.09	9523.33	20130.78

山煤国际能源集团股份有限公司

公司概况

公司名称	山煤国际能源集团股份有限公司			证券简称	山煤国际
法人代表	郭海	董秘	马凌云	证券代码	600546
公司网址	www.smgjcoal.com		电子信箱	smzqb@shanxicoal.cn	
电　话	0351-4645546		传　真	0351-4645846	
办公地址	山西省太原市长风街 115 号				
经营范围	煤炭生产和销售等				

主要财务指标

指标\报告期	2015.06.30	2014.12.31	2014.06.30	2013.12.31
基本每股收益(元)	–	–0.8700	0.0300	0.1200
基本每股收益(扣除后)(元)	0.0100	–0.8600	0.0200	–
稀释每股收益(元)	–	–0.8700	0.0300	0.1200
每股净资产(元)	3.1691	3.1193	4.0423	4.0228
每股经营现金净流量(元)	0.0752	0.5004	0.1310	0.5822
每股现金流量(元)	0.3954	–0.1362	0.8471	–0.4282
每股资本公积金(元)	1.1325	1.1325	1.1317	1.1317
每股盈余公积金(元)	0.1041	0.1041	0.1041	0.1041
每股未分配利润(元)	0.7338	0.7293	1.6304	1.6491
净资产收益率(%)	0.1421	–27.8842	0.7744	3.0596
加权净资产收益率(%)	0.1400	–27.8800	0.7800	3.0600
净资产收益率(扣除)(%)	0.2023	–27.6468	0.5156	0.8121
总资产(万元)	5120966.33	4779748.58	5128152.15	4604775.63
归属母公司股东权益(万元)	628251.26	618393.15	801364.93	797505.47
营业收入(万元)	2496800.48	6323767.06	3524983.45	8132856.26
营业支出(万元)	2345122.42	6009321.05	3365896.41	7719116.48
投资收益(万元)	44.25	3.00	70.00	40.57
净利润(万元)	6094.83	–159056.51	6205.86	24400.81
营业利润(万元)	14607.43	–139622.17	34661.01	116287.44
利润总额(万元)	13402.79	–142561.09	35014.53	113232.75

山东黄金矿业股份有限公司

公司概况

公司名称	山东黄金矿业股份有限公司			证券简称	山东黄金
法人代表	王立君	董秘	邱子裕	证券代码	600547
公司网址	www.sdhjgf.com		电子信箱	ir@sd-gold.com	
电　话	0531-67710376		传　真	0531-67710380	
办公地址	山东省济南市舜华路 2000 号舜泰广场 3 号楼				
经营范围	黄金开采和选冶加工、同时伴有白银、硫精矿的生产				

主要财务指标

指标\报告期	2015.06.30	2014.12.31	2014.06.30	2013.12.31
基本每股收益(元)	0.0300	0.5800	0.2200	0.7900
基本每股收益(扣除后)(元)	0.0300	0.5700	0.2200	0.8000
稀释每股收益(元)	0.0300	0.5800	0.2200	0.7900
每股净资产(元)	6.4003	6.4706	6.0731	5.9550
每股经营现金净流量(元)	0.5763	1.7449	0.7006	2.0306
每股现金流量(元)	0.1320	–0.3051	–0.3774	–0.0256
每股资本公积金(元)	0.0216	0.0189	–	–
每股盈余公积金(元)	0.2856	0.2856	0.2531	0.2621
每股未分配利润(元)	5.0886	5.1546	4.8129	4.6935
净资产收益率(%)	0.5281	9.0333	3.6099	13.2989
加权净资产收益率(%)	0.5200	9.4100	3.6200	13.8800
净资产收益率(扣除)(%)	0.5141	8.8330	3.5983	13.3849
总资产(万元)	2322563.89	2259901.24	2175254.11	2189211.21
归属母公司股东权益(万元)	910811.90	920809.01	864246.98	847433.72
营业收入(万元)	1968421.47	4579427.17	2468644.55	4616775.88
营业支出(万元)	1858895.04	4249525.50	2310005.95	4259929.22
投资收益(万元)	13009.00	–5890.26	1646.80	6841.11
净利润(万元)	4882.93	85302.65	31198.11	112699.61
营业利润(万元)	8717.63	113785.42	43170.68	149238.33
利润总额(万元)	8905.78	114818.26	43279.34	148149.93

深圳高速公路股份有限公司

公司概况

公司名称	深圳高速公路股份有限公司			证券简称	深 高 速
法人代表	胡伟	董秘	吴倩	证券代码	600548
公司网址	www.sz-expressway.com		电子信箱	secretary@sz-expressway.com	
电　话	0755-82853338 82853331		传　真	0755-82853400	
办公地址	广东省深圳市福田区益田路江苏大厦裙楼 2-4 层				
经营范围	公路和道路的投资和建造、建设管理、经营管理等				

主要财务指标

指标\报告期	2015.06.30	2014.12.31	2014.06.30	2013.12.31
基本每股收益(元)	0.2470	1.0030	0.7780	0.3300
基本每股收益(扣除后)(元)	0.2220	0.4420	0.2460	0.3800
稀释每股收益(元)	0.2470	1.0030	0.7780	0.3300
每股净资产(元)	5.2070	5.4100	5.1922	4.5700
每股经营现金净流量(元)	0.1831	0.8225	0.3597	0.8076
每股现金流量(元)	–0.1056	0.0759	0.5113	–0.3965
每股资本公积金(元)	1.0429	1.0429	1.4596	1.4595
每股盈余公积金(元)	0.8642	0.8642	0.7710	0.7710
每股未分配利润(元)	1.8901	2.0930	1.9616	1.3433
净资产收益率(%)	4.7464	18.5367	14.9901	7.2154
加权净资产收益率(%)	4.5300	20.1400	15.7700	7.4000
净资产收益率(扣除)(%)	4.2664	8.1707	4.7348	8.3054
总资产(万元)	2420572.98	2432932.42	2559324.64	2284010.75
归属母公司股东权益(万元)	1135519.40	1179758.19	1132304.44	997442.04
营业收入(万元)	149961.80	362035.75	192804.63	327928.11
营业支出(万元)	68286.64	170525.59	91623.06	152619.73
投资收益(万元)	13662.00	18704.23	10830.05	18567.66
净利润(万元)	56131.66	227146.95	169733.02	71969.16
营业利润(万元)	70200.44	145857.05	77653.84	115280.88
利润总额(万元)	70134.42	296691.80	228210.58	91417.33

厦门钨业股份有限公司

公司概况

公司名称	厦门钨业股份有限公司			证券简称	厦门钨业
法人代表	黄长庚	董秘	许火耀	证券代码	600549
公司网址	www.cxtc.com		电子信箱	xtc@public.xm.fj.cn	
电　话	0592-5363856		传　真	0592-5363857	
办公地址	福建省厦门市开元区湖滨南路 619 号 16 层				
经营范围	钨及有色金属冶炼、加工、钨合金、钨深加工产品的生产和销售				

主要财务指标

指标\报告期	2015.06.30	2014.12.31	2014.06.30	2013.12.31
基本每股收益(元)	0.0315	0.6468	0.2053	0.6738
基本每股收益(扣除后)(元)	0.0144	0.4784	0.1397	0.5494
稀释每股收益(元)	0.0315	0.6468	0.2053	0.6738
每股净资产(元)	6.7603	8.9383	6.1030	6.1001
每股经营现金净流量(元)	–1.0255	–0.0527	–0.7813	4.1030
每股现金流量(元)	–0.5970	0.4117	–0.0800	–0.1188
每股资本公积金(元)	3.0986	4.3281	1.1439	1.1237
每股盈余公积金(元)	0.2930	0.3809	0.3579	0.3579
每股未分配利润(元)	2.2772	3.1195	3.4708	3.5155
净资产收益率(%)	0.4654	5.9318	3.3635	11.0465
加权净资产收益率(%)	0.4600	10.2600	3.3200	11.4200
净资产收益率(扣除)(%)	0.2125	4.3869	–	9.0068
总资产(万元)	1637030.86	1731820.25	1591554.70	1544954.39
归属母公司股东权益(万元)	731171.40	743651.45	416214.35	416011.80
营业收入(万元)	441451.34	1014273.15	389237.97	987544.99
营业支出(万元)	356202.74	692952.51	296377.96	685856.01
投资收益(万元)	2118.68	5248.24	3484.62	12688.10
净利润(万元)	12786.54	93330.65	13999.23	45954.62
营业利润(万元)	16352.67	121147.46	30989.73	131732.86
利润总额(万元)	17289.20	133113.92	35816.27	133697.53

保定天威保变电气股份有限公司

公司概况	公司名称	保定天威保变电气股份有限公司			证券简称	保变电气
	法人代表	薛桓	董秘	薛桓(代)	证券代码	600550
	公司网址	www.twbb.com		电子信箱	tzb@twbb.com	
	电　话	0312-3252455		传　真	0312-3230382	
	办公地址	河北省保定市天威西路2222号				
	经营范围	变压器、互感器、电抗器等输变电设备及辅助设备、零部件的制造与销售等				

主要财务指标	指标\报告期	2015.06.30	2014.12.31	2014.06.30	2013.12.31
	基本每股收益(元)	0.1500	0.0490	0.0400	-3.8100
	基本每股收益(扣除后)(元)	0.0010	-0.0730	0.0200	-3.8800
	稀释每股收益(元)	0.1500	-	0.0400	-
	每股净资产(元)	0.6232	0.5960	0.0960	0.0462
	每股经营现金净流量(元)	-0.3179	0.4096	0.1324	0.4941
	每股现金流量(元)	0.1066	-0.2280	-0.2580	0.1046
	每股资本公积金(元)	2.3905	2.5140	2.2147	2.3528
	每股盈余公积金(元)	0.2122	0.2122	0.2372	0.2372
	每股未分配利润(元)	-2.9887	-3.1380	-3.3696	-3.5552
	净资产收益率(%)	24.1387	7.4022	194.5869	-8257.3960
	加权净资产收益率(%)	26.4700	77.4400	62.0100	-170.7000
	净资产收益率(扣除)(%)	0.1110	-11.0081	171.5347	-8395.7588
	总资产(万元)	923217.20	856900.55	904614.00	992717.53
	归属母公司股东权益(万元)	95636.58	91470.08	13182.90	6337.77
	营业收入(万元)	186614.51	389504.27	221439.10	435899.37
	营业支出(万元)	147477.71	306017.83	176826.18	400410.77
	投资收益(万元)	22278.49	10887.34	10264.60	15576.88
	净利润(万元)	23713.89	7619.63	6378.74	-581727.27
	营业利润(万元)	23304.10	2230.97	4824.07	-537666.90
	利润总额(万元)	24507.28	8530.04	6031.32	-582271.29

时代出版传媒股份有限公司

公司概况	公司名称	时代出版传媒股份有限公司			证券简称	时代出版
	法人代表	王亚非	董秘	刘红	证券代码	600551
	公司网址	www.press-mart.com		电子信箱	luyl@press-mart.com	
	电　话	0551-3533671 3533053		传　真	0551-3533050	
	办公地址	安徽省合肥市蜀山区翡翠路1118号出版传媒广场				
	经营范围	出版传媒、印刷复制以及与其密切相关的高新科技研发与成果转化等				

主要财务指标	指标\报告期	2015.06.30	2014.12.31	2014.06.30	2013.12.31
	基本每股收益(元)	0.4580	0.7708	0.4139	0.6854
	基本每股收益(扣除后)(元)	0.4160	0.6382	0.3843	0.5529
	稀释每股收益(元)	0.4580	0.7708	0.4139	0.6854
	每股净资产(元)	7.7544	7.2467	6.8796	6.6755
	每股经营现金净流量(元)	-0.2823	0.8086	0.0370	0.6266
	每股现金流量(元)	-0.1770	-0.0813	-0.2710	-0.5540
	每股资本公积金(元)	2.6585	2.6585	2.6698	2.6697
	每股盈余公积金(元)	0.2477	0.2477	0.2179	0.2179
	每股未分配利润(元)	3.5450	3.3190	2.9919	2.7880
	净资产收益率(%)	5.9058	10.6369	6.0163	10.2667
	加权净资产收益率(%)	5.9800	11.1000	6.0800	10.6900
	净资产收益率(扣除)(%)	5.3645	8.8073	5.5862	8.2829
	总资产(万元)	632813.63	616564.22	588607.96	546740.76
	归属母公司股东权益(万元)	392237.52	366557.08	347987.52	337666.18
	营业收入(万元)	274003.93	536373.88	253427.59	432407.04
	营业支出(万元)	238376.00	465044.15	221362.83	364873.79
	投资收益(万元)	4048.05	6555.55	2749.87	4038.12
	净利润(万元)	23440.70	39250.34	20935.82	34667.30
	营业利润(万元)	19721.41	30352.46	18713.99	27626.34
	利润总额(万元)	23785.18	40212.72	21651.32	35578.97

安徽方兴科技股份有限公司

公司概况	公司名称	安徽方兴科技股份有限公司			证券简称	方兴科技
	法人代表	茆令文	董秘	黄晓婷	证券代码	600552
	公司网址	www.fangxingkj.com		电子信箱	chch0254@sina.com	
	电　话	0552-4077780		传　真	0552-4077780	
	办公地址	安徽省蚌埠市黄山大道8009号				
	经营范围	浮法玻璃、在线镀膜玻璃、ITO导电膜玻璃、玻璃深加工制品及新型材料的开发等				

主要财务指标	指标\报告期	2015.06.30	2014.12.31	2014.06.30	2013.12.31
	基本每股收益(元)	0.1208	0.3053	0.1992	0.6500
	基本每股收益(扣除后)(元)	0.1128	0.2904	0.1959	0.5100
	稀释每股收益(元)	0.1208	0.3053	0.1992	0.6500
	每股净资产(元)	4.8837	4.7629	4.6568	6.7513
	每股经营现金净流量(元)	0.1372	0.0625	0.0683	0.4819
	每股现金流量(元)	0.0899	-0.9649	-0.5689	2.7369
	每股资本公积金(元)	2.6214	2.6214	2.6214	4.4321
	每股盈余公积金(元)	0.0695	0.0695	0.0695	0.1042
	每股未分配利润(元)	1.1929	1.0720	0.9659	1.2150
	净资产收益率(%)	2.4743	6.4108	4.2778	8.9625
	加权净资产收益率(%)	2.5100	6.6000	4.3400	11.0700
	净资产收益率(扣除)(%)	2.3105	6.0975	4.2058	7.1016
	总资产(万元)	282546.77	243149.37	231813.63	213204.49
	归属母公司股东权益(万元)	175323.64	170985.65	167175.45	161579.67
	营业收入(万元)	45490.98	94219.84	48149.33	98262.74
	营业支出(万元)	34581.46	70996.16	35645.03	73737.95
	投资收益(万元)	21.79	6.24	3.60	11.12
	净利润(万元)	4354.07	11104.99	7151.43	14481.62
	营业利润(万元)	4839.32	12432.47	8291.18	14946.42
	利润总额(万元)	5214.42	13226.61	8454.77	17190.99

上海九龙山旅游股份有限公司

公司概况	公司名称	上海九龙山旅游股份有限公司			证券简称	九龙山
	法人代表	郭亚军	董秘	孙爱林	证券代码	600555
	公司网址	www.ninedragon.com.cn		电子信箱	chenhaiyan@ninedragon.com.cn	
	电　话	021-60625366		传　真	021-60625377	
	办公地址	上海市浦东新区浦东南路588号浦发大厦15楼				
	经营范围	旅游景点综合经营管理,酒店管理,游艇销售,展览等				

主要财务指标	指标\报告期	2015.06.30	2014.12.31	2014.06.30	2013.12.31
	基本每股收益(元)	-0.0200	0.0300	0.0100	0.0200
	基本每股收益(扣除后)(元)	-0.0200	-0.1200	-0.0300	-0.0900
	稀释每股收益(元)	-0.0200	0.0300	0.0100	0.0200
	每股净资产(元)	1.2680	1.2912	1.2647	1.2575
	每股经营现金净流量(元)	-0.0761	-0.1975	-0.0706	0.0274
	每股现金流量(元)	-0.0173	0.0860	-0.0554	0.0372
	每股资本公积金(元)	0.3098	0.3098	0.3098	0.3098
	每股盈余公积金(元)	0.1039	0.1039	0.1039	0.1039
	每股未分配利润(元)	-0.1495	-0.1263	-0.1518	-0.1603
	净资产收益率(%)	-1.8259	2.6344	0.6765	1.6624
	加权净资产收益率(%)	-1.8100	2.6700	0.6800	1.6800
	净资产收益率(扣除)(%)	-1.7671	-9.4452	-2.1790	-7.4045
	总资产(万元)	335392.88	334552.72	271977.08	276904.82
	归属母公司股东权益(万元)	165287.54	168308.00	164854.56	163919.17
	营业收入(万元)	9825.60	3089.91	585.83	6742.66
	营业支出(万元)	7383.79	2805.59	464.85	4097.83
	投资收益(万元)	-75.94	15419.52	-127.61	6725.97
	净利润(万元)	-2961.43	3969.10	1115.23	2724.95
	营业利润(万元)	-2940.18	-852.59	-3595.79	-5266.02
	利润总额(万元)	-2961.43	5580.31	1111.66	4344.23

广西慧球科技股份有限公司

公司概况

公司名称	广西慧球科技股份有限公司			证券简称	慧球科技
法人代表	顾国平	董秘	苏忠	证券代码	600556
公司网址	www.bsyy.com.cn		电子信箱	bsyy_bh@163.net	
电　话	0779-2228937		传　真	0779-2228936	
办公地址	广西壮族自治区北海市北海大道西 16 号海富大厦 17 层 D 座				
经营范围	化学药品、抗生素,中药材、中药饮片、中成药,生化药品、生物制品等				

主要财务指标

指标\报告期	2015.06.30	2014.12.31	2014.06.30	2013.12.31
基本每股收益(元)	0.0048	0.0020	0.0001	0.0830
基本每股收益(扣除后)(元)	0.0048	0.0030	0.0016	–
稀释每股收益(元)	0.0048	0.0020	0.0001	0.0830
每股净资产(元)	0.0098	0.0050	0.0036	0.0035
每股经营现金净流量(元)	–0.1632	–0.0064	–0.0109	0.0150
每股现金流量(元)	0.0139	–0.0057	–0.0104	0.0161
每股资本公积金(元)	0.9174	0.9174	0.9174	0.9174
每股盈余公积金(元)	0.0975	0.0975	0.0975	0.0975
每股未分配利润(元)	–2.0051	–2.0099	–2.0113	–2.0114
净资产收益率(%)	48.8755	30.6147	2.2786	2373.8353
加权净资产收益率(%)	64.6800	–	–	–
净资产收益率(扣除)(%)	49.1704	61.4258	45.4622	78.7580
总资产(万元)	10677.90	5447.26	5530.82	5498.96
归属母公司股东权益(万元)	387.67	198.20	140.73	137.52
营业收入(万元)	3506.41	4736.88	2111.63	4254.01
营业支出(万元)	2440.52	3286.56	1431.01	2928.80
投资收益(万元)	1.45	49.56	27.01	–
净利润(万元)	189.48	60.68	3.21	3264.48
营业利润(万元)	328.19	303.12	100.82	241.14
利润总额(万元)	327.04	242.05	101.85	3459.11

江苏康缘药业股份有限公司

公司概况

公司名称	江苏康缘药业股份有限公司			证券简称	康缘药业
法人代表	肖伟	董秘	程凡	证券代码	600557
公司网址	www.kanion.com		电子信箱	chf@kanion.com	
电　话	0518-85521990		传　真	0518-85521990	
办公地址	江苏省连云港市经济技术开发区江宁工业城				
经营范围	中成药制剂、保健品制造、销售等				

主要财务指标

指标\报告期	2015.06.30	2014.12.31	2014.06.30	2013.12.31
基本每股收益(元)	0.3700	0.6400	0.3220	0.7100
基本每股收益(扣除后)(元)	0.3600	0.6300	0.3170	0.6300
稀释每股收益(元)	0.3700	0.6400	0.3220	0.7100
每股净资产(元)	5.1344	4.8647	3.9887	4.5206
每股经营现金净流量(元)	0.3822	0.6065	0.3443	0.9337
每股现金流量(元)	–0.6174	0.5162	–0.0422	–0.1294
每股资本公积金(元)	1.0131	1.0131	0.3710	0.6451
每股盈余公积金(元)	0.3935	0.3935	0.3417	0.4101
每股未分配利润(元)	2.7295	2.4598	2.2777	2.4674
净资产收益率(%)	7.2004	12.7895	8.0613	15.8076
加权净资产收益率(%)	7.3200	15.8700	8.1900	17.0900
净资产收益率(扣除)(%)	7.0976	12.4901	7.9587	14.0061
总资产(万元)	419756.12	415497.17	361273.62	343219.37
归属母公司股东权益(万元)	263758.58	249904.13	198947.56	187895.73
营业收入(万元)	142733.72	256292.82	123538.73	223030.29
营业支出(万元)	37021.70	64543.47	32453.39	56501.11
投资收益(万元)	0.24	–0.10	–0.10	71.57
净利润(万元)	19170.23	32311.05	16037.72	29701.76
营业利润(万元)	22247.73	36166.63	18894.76	30678.73
利润总额(万元)	22581.24	37252.32	19191.00	34658.36

四川大西洋焊接材料股份有限公司

公司概况

公司名称	四川大西洋焊接材料股份有限公司			证券简称	大 西 洋
法人代表	李欣雨	董秘	唐敏	证券代码	600558
公司网址	www.weldatlantic.com		电子信箱	dxy600558@vip.163.com	
电　话	0813-5101327		传　真	0813-5109042	
办公地址	四川省自贡市大安区马冲口街 2 号				
经营范围	开发、生产、销售电焊条、焊丝、焊剂三大类别、八大系列等				

主要财务指标

指标\报告期	2015.06.30	2014.12.31	2014.06.30	2013.12.31
基本每股收益(元)	0.0780	0.1851	0.0970	0.1838
基本每股收益(扣除后)(元)	0.0180	0.1414	0.1080	0.1693
稀释每股收益(元)	0.0780	0.1851	0.0970	0.1838
每股净资产(元)	4.5488	4.4722	5.7174	5.3127
每股经营现金净流量(元)	0.1608	0.1786	–0.0525	0.1346
每股现金流量(元)	–0.2822	0.1403	0.4872	–0.3239
每股资本公积金(元)	2.3737	2.3844	3.3861	2.3961
每股盈余公积金(元)	0.2016	0.1954	0.2461	0.3530
每股未分配利润(元)	0.9735	0.9028	1.0852	1.5636
净资产收益率(%)	1.7140	3.3235	1.6938	3.6220
加权净资产收益率(%)	1.7240	3.5900	2.6630	3.6400
净资产收益率(扣除)(%)	0.4053	2.5382	1.5806	3.3365
总资产(万元)	264058.75	268145.41	274560.15	228360.82
归属母公司股东权益(万元)	181469.54	178826.37	175452.81	110110.60
营业收入(万元)	87622.30	217848.39	113514.51	218611.07
营业支出(万元)	72665.99	184546.56	95236.08	187319.72
投资收益(万元)	691.80	1326.96	423.04	13.98
净利润(万元)	3597.40	7118.03	3703.53	4748.75
营业利润(万元)	2432.36	8396.59	4258.09	5516.30
利润总额(万元)	4551.40	8850.22	4560.17	5893.88

河北衡水老白干酒业股份有限公司

公司概况

公司名称	河北衡水老白干酒业股份有限公司			证券简称	老白干酒
法人代表	刘彦龙	董秘	刘勇	证券代码	600559
公司网址	www.hengshuilaobaigan.net		电子信箱	hslbg@hengshuilaobaigan.net	
电　话	0318-2122755		传　真	0318-2669976	
办公地址	河北省衡水市路北开发区振华新路酒都大厦				
经营范围	衡水老白干酒的生产与销售、商品猪及种猪的饲养与销售				

主要财务指标

指标\报告期	2015.06.30	2014.12.31	2014.06.30	2013.12.31
基本每股收益(元)	0.1300	0.4200	0.1000	0.4700
基本每股收益(扣除后)(元)	0.1000	0.2900	0.0600	0.4000
稀释每股收益(元)	0.1300	0.4200	0.1000	0.4700
每股净资产(元)	4.7530	4.7672	4.5829	4.4603
每股经营现金净流量(元)	0.9758	0.0637	0.8085	–0.1049
每股现金流量(元)	–0.0175	–0.0974	–0.0094	–0.0853
每股资本公积金(元)	1.1887	1.1887	1.1887	1.1887
每股盈余公积金(元)	0.4164	0.4164	0.4101	0.4101
每股未分配利润(元)	2.0339	2.0582	1.8935	1.7921
净资产收益率(%)	2.6446	8.8608	2.2126	10.4990
加权净资产收益率(%)	2.6200	9.1600	2.2500	10.4600
净资产收益率(扣除)(%)	2.1653	6.0749	1.3207	9.0199
总资产(万元)	235043.18	224351.29	217178.93	185726.37
归属母公司股东权益(万元)	66542.66	66740.63	64160.38	62443.89
营业收入(万元)	91469.38	210915.66	66492.33	180270.40
营业支出(万元)	33800.46	88228.57	23381.02	88840.25
投资收益(万元)	–35.98	–17.58	–	–
净利润(万元)	1759.79	5913.76	1419.61	6555.97
营业利润(万元)	3040.33	12805.83	2076.53	10094.05
利润总额(万元)	3525.33	14999.63	2832.28	11311.89

北京金自天正智能控制股份有限公司

公司概况	公司名称	北京金自天正智能控制股份有限公司			证券简称	金自天正
	法人代表	孙彦广	董秘	胡邦周	证券代码	600560
	公司网址	www.aritime.com		电子信箱	hubangzhou@163.com	
	电　　话	010-56982304		传　　真	010-63713257	
	办公地址	北京市丰台区科学城富丰路6号				
	经营范围	自动化系统的技术开发、技术转让、技术咨询、技术培训、技术服务				

主要财务指标	指标\报告期	2015.06.30	2014.12.31	2014.06.30	2013.12.31
	基本每股收益(元)	0.0600	0.0787	0.0900	0.2800
	基本每股收益(扣除后)(元)	0.0424	0.0653	0.0696	0.2100
	稀释每股收益(元)	0.0600	0.0787	0.0900	0.2800
	每股净资产(元)	3.1766	3.1401	3.1381	3.1442
	每股经营现金净流量(元)	0.1358	-0.6300	-0.1197	0.4762
	每股现金流量(元)	0.2361	-1.3675	-0.6848	-0.0278
	每股资本公积金(元)	0.9243	0.9243	0.9297	0.9286
	每股盈余公积金(元)	0.2366	0.2366	0.2366	0.2366
	每股未分配利润(元)	1.0106	0.9752	0.9718	0.9789
	净资产收益率(%)	1.8992	2.5049	2.7179	8.8936
	加权净资产收益率(%)	1.9000	2.5100	2.6900	9.1700
	净资产收益率(扣除)(%)	1.3362	2.0789	2.2165	6.7415
	总资产(万元)	190765.39	192289.81	187304.18	193637.83
	归属母公司股东权益(万元)	71043.97	70226.96	70182.95	70317.73
	营业收入(万元)	27428.12	57196.69	31024.58	103012.24
	营业支出(万元)	21340.13	43607.94	24088.32	85878.32
	投资收益(万元)	317.47	762.47	307.96	327.14
	净利润(万元)	1490.20	2049.88	1907.48	6253.78
	营业利润(万元)	1546.52	1714.39	2324.00	5702.83
	利润总额(万元)	1770.44	2391.18	2596.46	7577.93

江西长运股份有限公司

公司概况	公司名称	江西长运股份有限公司			证券简称	江西长运
	法人代表	葛黎明	董秘	黄笑	证券代码	600561
	公司网址	www.jxcy.com.cn		电子信箱	dongsihui@jxcy.com.cn	
	电　　话	0791-6298107		传　　真	0791-86217722	
	办公地址	江西省南昌市广场南路118号				
	经营范围	公路旅客运输、旅游服务、汽车租赁等				

主要财务指标	指标\报告期	2015.06.30	2014.12.31	2014.06.30	2013.12.31
	基本每股收益(元)	0.1900	0.6300	0.2700	0.6200
	基本每股收益(扣除后)(元)	0.1200	0.5200	0.2100	-
	稀释每股收益(元)	0.1900	0.6300	0.2700	0.6200
	每股净资产(元)	6.3255	6.3125	5.9585	5.8628
	每股经营现金净流量(元)	0.9074	1.6517	0.8729	1.5798
	每股现金流量(元)	0.2476	-0.3879	-0.5670	1.5197
	每股资本公积金(元)	2.0049	2.0114	2.0524	2.0524
	每股盈余公积金(元)	0.5913	0.5913	0.5312	0.5312
	每股未分配利润(元)	2.6326	2.6320	2.3304	2.2443
	净资产收益率(%)	3.0133	9.9453	4.4664	9.7593
	加权净资产收益率(%)	2.9900	10.3100	4.4400	11.3600
	净资产收益率(扣除)(%)	1.9202	8.3084	3.5089	7.0825
	总资产(万元)	531382.92	433706.60	416489.61	423978.45
	归属母公司股东权益(万元)	149955.35	149647.02	141255.51	138986.89
	营业收入(万元)	137723.69	256849.83	132385.22	245386.76
	营业支出(万元)	114596.49	218513.67	109164.02	199871.64
	投资收益(万元)	14.29	212.88	-43.65	1251.64
	净利润(万元)	5982.87	19167.32	6308.99	13564.12
	营业利润(万元)	2310.99	7600.49	7914.37	14105.04
	利润总额(万元)	8810.90	25622.06	10989.93	23507.48

国睿科技股份有限公司

公司概况	公司名称	国睿科技股份有限公司			证券简称	国睿科技
	法人代表	周万幸	董秘	王贵夫	证券代码	600562
	公司网址	www.glaruntech.com		电子信箱	dmbgs@glarun.com	
	电　　话	025-57889698		传　　真	025-52787018	
	办公地址	江苏省南京市江宁经济开发区将军大道39号				
	经营范围	通信传输设备,机电一体化设备,工业自动化设备,微波器件等				

主要财务指标	指标\报告期	2015.06.30	2014.12.31	2014.06.30	2013.12.31
	基本每股收益(元)	0.2200	0.5700	0.2200	0.7400
	基本每股收益(扣除后)(元)	0.2100	0.5300	0.2000	0.3800
	稀释每股收益(元)	0.2200	0.5700	0.2200	0.7400
	每股净资产(元)	3.4839	3.4342	6.1665	6.0334
	每股经营现金净流量(元)	-0.2953	0.0956	-0.2948	0.6754
	每股现金流量(元)	-0.3525	-0.1466	-0.3934	1.0851
	每股资本公积金(元)	0.0830	0.0830	1.1660	0.8660
	每股盈余公积金(元)	0.1968	0.1968	0.3558	0.3558
	每股未分配利润(元)	2.2041	2.1544	3.6448	3.8117
	净资产收益率(%)	6.3353	16.5241	7.0236	12.1917
	加权净资产收益率(%)	6.4100	17.6600	6.9900	10.7200
	净资产收益率(扣除)(%)	6.1188	15.3500	6.5964	5.1714
	总资产(万元)	143003.08	137059.00	129986.53	129689.28
	归属母公司股东权益(万元)	89557.58	88279.60	79259.03	77548.08
	营业收入(万元)	33757.11	96196.91	35219.40	90407.12
	营业支出(万元)	22138.42	66817.50	24343.16	63962.48
	投资收益(万元)	-	-	-	81.19
	净利润(万元)	5673.73	14587.44	5566.87	9454.46
	营业利润(万元)	6650.73	16160.78	6270.42	10216.00
	利润总额(万元)	6856.97	17380.92	6669.08	11342.06

厦门法拉电子股份有限公司

公司概况	公司名称	厦门法拉电子股份有限公司			证券简称	法拉电子
	法人代表	曾福生	董秘	许琼玖	证券代码	600563
	公司网址	www.faratronic.com		电子信箱	xuqj@faratronic.com.cn	
	电　　话	0592-6208590　6208778		传　　真	0592-6208555	
	办公地址	福建省厦门市新园路99号				
	经营范围	薄膜电容器、金属化膜及电子变压器的生产及销售				

主要财务指标	指标\报告期	2015.06.30	2014.12.31	2014.06.30	2013.12.31
	基本每股收益(元)	0.6795	1.3600	0.6800	1.2700
	基本每股收益(扣除后)(元)	0.6644	1.3200	0.6800	1.2200
	稀释每股收益(元)	0.6795	1.3600	0.6800	1.2700
	每股净资产(元)	7.8155	7.8355	7.1591	7.1743
	每股经营现金净流量(元)	0.8363	1.3443	0.4784	1.4235
	每股现金流量(元)	-0.0006	-1.5034	-0.7912	0.4519
	每股资本公积金(元)	1.1643	1.1643	1.1646	1.1646
	每股盈余公积金(元)	0.6983	0.6983	0.6983	0.6983
	每股未分配利润(元)	4.9517	4.9722	4.2962	4.3113
	净资产收益率(%)	8.6941	17.3682	9.5674	17.7312
	加权净资产收益率(%)	8.1900	18.2800	9.2600	18.7400
	净资产收益率(扣除)(%)	8.5015	16.9056	9.5205	16.9382
	总资产(万元)	198977.08	202285.87	188270.91	188401.97
	归属母公司股东权益(万元)	175848.36	176298.89	161080.27	161420.95
	营业收入(万元)	67615.93	141621.04	72204.79	132676.14
	营业支出(万元)	40754.41	88086.04	44212.74	81991.39
	投资收益(万元)	1182.03	652.02	217.08	353.41
	净利润(万元)	16026.19	32313.07	15411.13	28621.84
	营业利润(万元)	18824.42	37076.47	18863.64	34039.96
	利润总额(万元)	18851.52	37855.76	18957.04	35278.79

重庆市迪马实业股份有限公司

公司概况	公司名称	重庆市迪马实业股份有限公司			证券简称	迪马股份
	法人代表	向志鹏	董秘	张爱明	证券代码	600565
	公司网址	www.dongyuan.dongyin.com		电子信箱	cqdimagf@163.com	
	电　　话	023-89021876 89021877		传　　真	023-89021878	
	办公地址	重庆市南岸区南城大道 199 号正联大厦 21 楼				
	经营范围	生产经营专用汽车、有线电视网络产品				

主要财务指标	指标 \ 报告期	2015.06.30	2014.12.31	2014.06.30	2013.12.31
	基本每股收益(元)	0.0700	0.2900	0.0800	0.0500
	基本每股收益(扣除后)(元)	0.0700	0.3100	0.1500	0.0400
	稀释每股收益(元)	0.0700	0.2900	0.0800	0.0500
	每股净资产(元)	2.5264	2.5121	2.2587	1.7752
	每股经营现金净流量(元)	-0.5833	-0.2478	0.0456	-1.5873
	每股现金流量(元)	-0.8969	0.5355	-0.0669	-0.4089
	每股资本公积金(元)	1.0105	1.0266	0.8811	2.8372
	每股盈余公积金(元)	0.0425	0.0425	0.0603	0.1598
	每股未分配利润(元)	0.4734	0.4300	0.3173	0.6595
	净资产收益率(%)	2.9077	10.4430	3.3527	2.6586
	加权净资产收益率(%)	2.9200	13.1900	4.3800	2.6700
	净资产收益率(扣除)(%)	2.8874	9.6607	3.1170	2.4899
	总资产(万元)	2482034.63	2339887.43	1986192.73	1947889.67
	归属母公司股东权益(万元)	592665.11	586231.03	430600.18	335264.24
	营业收入(万元)	239739.95	735020.12	275549.01	304984.33
	营业支出(万元)	171083.21	538503.14	213327.54	237533.48
	投资收益(万元)	-915.55	3710.50	4016.27	-150.22
	净利润(万元)	17169.99	61606.78	14436.54	3398.06
	营业利润(万元)	24487.61	82639.09	22847.21	11440.17
	利润总额(万元)	24594.71	82917.03	22570.07	11633.43

湖北济川药业股份有限公司

公司概况	公司名称	湖北济川药业股份有限公司			证券简称	济川药业
	法人代表	曹龙祥	董秘	吴宏亮	证券代码	600566
	公司网址	www.jumpcan.com		电子信箱	jcyy@jumpcan.com	
	电　　话	0523-89719161		传　　真	0523-89719009	
	办公地址	江苏省泰兴市大庆西路宝塔湾				
	经营范围	各类阀门、水工机械及环保设备的生产、销售等				

主要财务指标	指标 \ 报告期	2015.06.30	2014.12.31	2014.06.30	2013.12.31
	基本每股收益(元)	0.4240	0.6700	0.3290	0.6600
	基本每股收益(扣除后)(元)	0.3890	0.6100	0.2990	-
	稀释每股收益(元)	0.4240	0.6700	0.3290	0.6600
	每股净资产(元)	2.9594	2.9355	2.5974	3.1326
	每股经营现金净流量(元)	0.8572	1.6053	0.7372	0.7806
	每股现金流量(元)	-1.1449	1.5091	0.3471	0.1010
	每股资本公积金(元)	2.5734	2.5734	2.5734	1.0368
	每股盈余公积金(元)	0.2375	0.2375	0.1020	0.1064
	每股未分配利润(元)	2.2146	2.1661	1.6131	0.9894
	净资产收益率(%)	14.3215	22.6414	12.5695	34.9462
	加权净资产收益率(%)	14.3800	26.2000	14.1900	42.3500
	净资产收益率(扣除)(%)	13.1472	20.8460	11.4180	31.2551
	总资产(万元)	344274.39	335771.60	277400.33	201445.42
	归属母公司股东权益(万元)	231261.30	229399.45	202972.80	115241.27
	营业收入(万元)	187271.73	298641.22	146744.99	244757.76
	营业支出(万元)	28909.01	46894.38	23802.99	36969.83
	投资收益(万元)	833.36	1031.61	206.10	206.84
	净利润(万元)	32952.13	51939.26	25512.61	40272.40
	营业利润(万元)	35828.02	56447.66	26621.16	41459.00
	利润总额(万元)	38390.59	60464.58	29366.95	46486.86

安徽山鹰纸业股份有限公司

公司概况	公司名称	安徽山鹰纸业股份有限公司			证券简称	山鹰纸业
	法人代表	吴明武	董秘	杨昊悦	证券代码	600567
	公司网址	www.shanyingpaper.com		电子信箱	stock@shanyingpaper.com	
	电　　话	021-62376587		传　　真	021-62376799	
	办公地址	上海市长宁区虹桥路 2272 号虹桥商务大厦 6 楼 F 座				
	经营范围	纸、纸板、纸箱的制造、公司生产产品出口及公司生产、科研所需的原辅材料、机械设备等				

主要财务指标	指标 \ 报告期	2015.06.30	2014.12.31	2014.06.30	2013.12.31
	基本每股收益(元)	0.0400	0.0300	0.0300	0.0900
	基本每股收益(扣除后)(元)	0.0300	0.0100	0.0200	0.0500
	稀释每股收益(元)	0.0400	0.0300	0.0300	0.0900
	每股净资产(元)	1.6144	1.5796	2.4067	2.3972
	每股经营现金净流量(元)	0.1213	0.5868	0.0355	0.3502
	每股现金流量(元)	0.0276	-0.1045	-0.1309	0.2634
	每股资本公积金(元)	1.2595	1.2595	1.2595	1.2595
	每股盈余公积金(元)	0.0310	0.0310	0.0177	0.0177
	每股未分配利润(元)	0.1760	0.1214	0.1300	0.1207
	净资产收益率(%)	2.2033	1.8477	1.6599	3.5297
	加权净资产收益率(%)	2.2300	1.8500	1.6600	6.6000
	净资产收益率(扣除)(%)	1.6141	0.7060	1.1718	1.7843
	总资产(万元)	1897626.18	1849975.44	1811182.21	1815005.45
	归属母公司股东权益(万元)	608122.14	595040.60	591244.00	588928.80
	营业收入(万元)	428197.29	773538.80	394364.58	657806.05
	营业支出(万元)	345686.22	643835.08	324836.67	546864.87
	投资收益(万元)	0.78	100.78	-85.63	82.62
	净利润(万元)	13352.17	11069.46	9813.81	20787.14
	营业利润(万元)	13451.58	1718.09	10036.68	14606.18
	利润总额(万元)	17568.36	11522.01	13898.60	30452.74

中珠控股股份有限公司

公司概况	公司名称	中珠控股股份有限公司			证券简称	中珠控股
	法人代表	叶继革	董秘	陈小峥	证券代码	600568
	公司网址	www.zzkg600568.com		电子信箱	zzkg_stock@126.com	
	电　　话	0728-6402068		传　　真	0728-6402099	
	办公地址	湖北省潜江市章华南路特 1 号				
	经营范围	房地产开发、物业管理、实业投资、基础建设投资、投资管理				

主要财务指标	指标 \ 报告期	2015.06.30	2014.12.31	2014.06.30	2013.12.31
	基本每股收益(元)	0.1147	0.0885	0.0294	0.1705
	基本每股收益(扣除后)(元)	0.0051	0.0726	0.0282	0.1813
	稀释每股收益(元)	0.1147	0.0885	0.0294	0.1705
	每股净资产(元)	4.7814	4.6867	2.8800	2.8136
	每股经营现金净流量(元)	-0.0291	0.0283	-0.2072	0.0097
	每股现金流量(元)	-1.5162	2.4012	-0.1724	0.1970
	每股资本公积金(元)	2.6444	2.6444	0.4923	0.4553
	每股盈余公积金(元)	0.1259	0.1259	0.1423	0.1423
	每股未分配利润(元)	1.0112	0.9165	1.2454	1.2160
	净资产收益率(%)	2.3998	1.3649	1.0217	6.0587
	加权净资产收益率(%)	2.4200	3.0700	1.0300	6.2500
	净资产收益率(扣除)(%)	0.1060	1.1202	0.9792	6.4435
	总资产(万元)	485488.90	454039.64	295115.54	264091.98
	归属母公司股东权益(万元)	242229.33	237429.51	105474.05	103042.55
	营业收入(万元)	32547.47	106998.71	49458.63	79063.84
	营业支出(万元)	26724.01	86967.16	40633.81	64131.61
	投资收益(万元)	2702.63	653.73	-15.07	6493.59
	净利润(万元)	5742.83	3163.87	1077.59	6243.03
	营业利润(万元)	3687.70	5949.45	2330.79	8552.73
	利润总额(万元)	6549.38	5987.68	2375.72	7764.98

安阳钢铁股份有限公司

公司概况						
	公司名称	安阳钢铁股份有限公司			证券简称	安阳钢铁
	法人代表	李 涛	董秘	杨平(代)	证券代码	600569
	公司网址	www.aysteel.com.cn		电子信箱	aygtdb312@126.com	
	电　　话	0372-3120175		传　　真	0372-3120181	
	办公地址	河南省安阳市殷都区梅元庄				
	经营范围	钢铁及钢铁延伸产品的生产和销售				

主要财务指标	指标\报告期	2015.06.30	2014.12.31	2014.06.30	2013.12.31
	基本每股收益(元)	-0.1640	0.0120	0.0200	0.0220
	基本每股收益(扣除后)(元)	-0.1740	0.0020	0.0170	0.0090
	稀释每股收益(元)	-0.1640	0.0120	0.0200	0.0220
	每股净资产(元)	2.8580	3.0168	3.0290	3.0006
	每股经营现金净流量(元)	0.7167	2.0518	1.7873	1.3972
	每股现金流量(元)	0.2289	-0.0235	0.0989	-0.8017
	每股资本公积金(元)	1.4358	1.4358	1.4358	1.4358
	每股盈余公积金(元)	0.7198	0.7198	0.7198	0.7198
	每股未分配利润(元)	-0.3214	-0.1571	-0.1492	-0.1690
	净资产收益率(%)	-5.7493	0.3951	0.6518	0.7247
	加权净资产收益率(%)	-5.5900	0.4000	0.6500	0.7300
	净资产收益率(扣除)(%)	-6.0997	0.0753	0.5471	0.2930
	总资产(万元)	3381164.80	3214656.70	3360327.56	3182156.68
	归属母公司股东权益(万元)	684105.16	722136.30	725040.16	718251.57
	营业收入(万元)	1117321.21	2685175.97	1375904.28	2613773.00
	营业支出(万元)	1051330.21	2472339.54	1262266.54	2438500.46
	投资收益(万元)	-	-22.62	-	75.49
	净利润(万元)	-38932.98	3342.26	4725.54	5205.04
	营业利润(万元)	-39183.74	2742.77	4152.45	1083.64
	利润总额(万元)	-38689.22	3951.96	4588.34	4695.62

恒生电子股份有限公司

公司概况						
	公司名称	恒生电子股份有限公司			证券简称	恒生电子
	法人代表	彭政纲	董秘	童晨晖	证券代码	600570
	公司网址	www.hundsun.com		电子信箱	investor@hundsun.com	
	电　　话	0571-28829702		传　　真	0571-28829703	
	办公地址	浙江省杭州市滨江区江南大道3588号恒生大厦				
	经营范围	计算机软件的技术开发、咨询、服务、成果转让、计算机系统集成等				

主要财务指标	指标\报告期	2015.06.30	2014.12.31	2014.06.30	2013.12.31
	基本每股收益(元)	0.3400	0.5800	0.1800	0.5200
	基本每股收益(扣除后)(元)	0.2600	0.4700	0.1100	0.4400
	稀释每股收益(元)	0.3400	0.5800	0.1800	0.5200
	每股净资产(元)	3.5140	3.1014	2.6804	2.6708
	每股经营现金净流量(元)	0.3211	0.9931	-0.3212	0.6441
	每股现金流量(元)	-0.5161	0.2901	-0.0432	-0.0262
	每股资本公积金(元)	0.1804	0.0582	0.1088	0.1238
	每股盈余公积金(元)	0.3485	0.3485	0.2785	0.2785
	每股未分配利润(元)	1.7851	1.6235	1.2944	1.2699
	净资产收益率(%)	9.7218	18.8159	6.8812	19.5943
	加权净资产收益率(%)	10.3200	20.3200	6.7600	21.7300
	净资产收益率(扣除)(%)	7.4983	15.0063	4.0299	16.5305
	总资产(万元)	320250.59	303078.92	216342.32	233869.98
	归属母公司股东权益(万元)	217096.88	191603.89	175579.30	165006.06
	营业收入(万元)	90840.20	142183.91	46267.06	121054.72
	营业支出(万元)	8845.25	8982.36	4160.78	21982.07
	投资收益(万元)	6444.20	12256.37	5092.81	10385.27
	净利润(万元)	23442.08	35502.09	11394.85	32331.79
	营业利润(万元)	18429.62	29232.38	7456.58	28844.91
	利润总额(万元)	25342.89	38612.39	11799.46	36821.84

信雅达系统工程股份有限公司

公司概况						
	公司名称	信雅达系统工程股份有限公司			证券简称	信 雅 达
	法人代表	郭华强	董秘	叶晖	证券代码	600571
	公司网址	www.sunyard.com		电子信箱	mail@sunyard.com	
	电　　话	0571-56686627		传　　真	0571-56686777	
	办公地址	浙江省杭州市滨江区江南大道3888号				
	经营范围	电子文档影像、电子商务和信息安全等软件产品的生产、销售、提供系统集成等				

主要财务指标	指标\报告期	2015.06.30	2014.12.31	2014.06.30	2013.12.31
	基本每股收益(元)	0.2280	0.5500	0.2160	0.4540
	基本每股收益(扣除后)(元)	0.1100	0.3700	0.1600	0.3550
	稀释每股收益(元)	0.2280	0.5500	0.2160	0.4540
	每股净资产(元)	3.4878	3.4299	3.1006	3.0218
	每股经营现金净流量(元)	-0.9473	1.2273	-0.7237	-0.0294
	每股现金流量(元)	-0.1137	0.4718	-0.2049	-0.2230
	每股资本公积金(元)	0.6234	0.6234	0.6269	0.6249
	每股盈余公积金(元)	0.2243	0.2243	0.1931	0.1931
	每股未分配利润(元)	1.6402	1.5822	1.2806	1.2038
	净资产收益率(%)	6.5354	15.9744	6.9804	15.0259
	加权净资产收益率(%)	6.4300	16.9600	6.9100	15.9100
	净资产收益率(扣除)(%)	3.1654	10.8213	5.1541	11.7551
	总资产(万元)	113882.97	122588.98	109077.90	96536.14
	归属母公司股东权益(万元)	70599.90	69427.06	62826.98	61248.43
	营业收入(万元)	39242.57	110083.46	38763.22	92436.24
	营业支出(万元)	17280.81	54424.45	17199.95	45680.09
	投资收益(万元)	3037.37	1751.54	213.61	10.36
	净利润(万元)	4396.06	12130.57	4385.55	9203.15
	营业利润(万元)	3351.64	8065.02	2257.94	6782.73
	利润总额(万元)	4565.49	12616.39	4627.22	10140.41

浙江康恩贝制药股份有限公司

公司概况						
	公司名称	浙江康恩贝制药股份有限公司			证券简称	康 恩 贝
	法人代表	胡季强	董秘	杨俊德	证券代码	600572
	公司网址	www.conba.com.cn		电子信箱	yangjd@conbagroup.com	
	电　　话	0571-87774710 87774828		传　　真	0571-87774709	
	办公地址	浙江省杭州市高新技术开发区滨江科技经济园滨康路568号				
	经营范围	化学原料药、化学药剂、中成药、非酒精饮料、营养食品、蜂产品、卫生材料及敷料的制造、销售等				

主要财务指标	指标\报告期	2015.06.30	2014.12.31	2014.06.30	2013.12.31
	基本每股收益(元)	0.5100	0.6820	0.3600	0.5160
	基本每股收益(扣除后)(元)	0.3600	0.4310	0.2500	0.3060
	稀释每股收益(元)	0.5100	0.6820	0.3600	0.5160
	每股净资产(元)	4.6548	3.4467	3.1212	2.9244
	每股经营现金净流量(元)	0.2243	0.7626	0.3416	0.2907
	每股现金流量(元)	1.7398	-0.1232	0.0071	-0.9857
	每股资本公积金(元)	1.7790	0.7087	0.7094	0.7087
	每股盈余公积金(元)	0.1564	0.1902	0.1902	0.1570
	每股未分配利润(元)	1.7194	1.5478	1.2216	1.0588
	净资产收益率(%)	9.5963	19.7944	11.4057	17.6283
	加权净资产收益率(%)	12.6800	21.4200	11.4700	18.5600
	净资产收益率(扣除)(%)	6.7680	12.5150	8.1175	10.4525
	总资产(万元)	951877.28	629887.66	584717.09	445384.62
	归属母公司股东权益(万元)	458307.10	279042.64	252689.88	236761.50
	营业收入(万元)	221138.86	358161.55	167942.72	292415.85
	营业支出(万元)	80118.64	110440.82	51957.66	94193.20
	投资收益(万元)	16425.65	23025.48	8946.18	12295.42
	净利润(万元)	49303.45	72775.40	28821.08	41736.97
	营业利润(万元)	57144.84	80035.99	38271.68	48011.11
	利润总额(万元)	58993.15	85148.65	41451.37	55321.98

福建省燕京惠泉啤酒股份有限公司

公司概况					
公司名称	福建省燕京惠泉啤酒股份有限公司			证券简称	惠泉啤酒
法人代表	王启林	董秘	何泽平	证券代码	600573
公司网址	www.hqbeer.com		电子信箱	hqbeer@hqbeer.com	
电　　话	0595-87396105		传　　真	0595-87384369	
办公地址	福建省泉州市惠安县螺城镇建设大街157号				
经营范围	生产啤酒、对外贸易				

主要财务指标 指标＼报告期	2015.06.30	2014.12.31	2014.06.30	2013.12.31
基本每股收益(元)	0.0400	0.1300	0.0300	0.0800
基本每股收益(扣除后)(元)	0.0200	0.0600	−0.0100	0.0400
稀释每股收益(元)	–	–	–	0.0800
每股净资产(元)	4.3439	4.3414	4.2605	4.2578
每股经营现金净流量(元)	0.3411	0.3331	0.3629	0.3151
每股现金流量(元)	−0.9675	0.2404	−0.0692	0.1652
每股资本公积金(元)	2.0243	2.0243	2.0243	2.0243
每股盈余公积金(元)	0.5116	0.5116	0.4949	0.4949
每股未分配利润(元)	0.8081	0.8056	0.7413	0.7386
净资产收益率(%)	0.9780	2.9899	0.6512	1.9141
加权净资产收益率(%)	0.9700	3.0300	0.6500	1.9300
净资产收益率(扣除)(%)	0.4362	1.3808	−0.2198	0.8234
总资产(万元)	122305.41	118124.57	120577.73	115128.14
归属母公司股东权益(万元)	108598.24	108536.20	106512.53	106443.94
营业收入(万元)	40535.10	82900.84	40938.83	79630.65
营业支出(万元)	26525.56	54678.01	27574.43	54065.12
投资收益(万元)	402.09	630.53	234.63	483.09
净利润(万元)	983.43	3115.91	693.59	2037.40
营业利润(万元)	798.47	2204.86	26.00	1687.51
利润总额(万元)	984.56	3284.26	727.88	2422.93

安徽皖江物流(集团)股份有限公司

公司概况					
公司名称	安徽皖江物流(集团)股份有限公司			证券简称	皖江物流
法人代表	张宝春	董秘	马进华(代)	证券代码	600575
公司网址	www.wuhuport.com		电子信箱	whps@whpstc.com	
电　　话	0553-5840528 5840085		传　　真	0553-5840085 5840510	
办公地址	安徽省芜湖市长江中路港一路16号				
经营范围	煤炭、外贸集装箱、散货、件杂货等货类的装卸中转				

主要财务指标 指标＼报告期	2015.06.30	2014.12.31	2014.06.30	2013.12.31
基本每股收益(元)	0.0400	−1.0400	0.0300	0.1100
基本每股收益(扣除后)(元)	0.0300	−0.9100	0.0300	0.1000
稀释每股收益(元)	0.0400	−1.0400	0.0300	0.1100
每股净资产(元)	1.2257	1.1845	2.0096	1.9730
每股经营现金净流量(元)	0.1050	−0.1887	−0.2989	0.2927
每股现金流量(元)	0.0578	−1.5184	−0.1557	0.3486
每股资本公积金(元)	0.8730	0.8730	0.6658	0.6658
每股盈余公积金(元)	0.0411	0.0411	0.0436	0.0436
每股未分配利润(元)	−0.6908	−0.7313	0.2965	0.2617
净资产收益率(%)	3.3101	−80.1657	1.7325	5.5209
加权净资产收益率(%)	3.3700	−0.6300	1.7500	5.6500
净资产收益率(扣除)(%)	2.1460	−69.9400	1.3131	5.2638
总资产(万元)	708214.06	732163.30	2701877.53	2467098.56
归属母公司股东权益(万元)	353495.47	341598.68	489387.46	480494.17
营业收入(万元)	217461.50	2154078.53	1403865.68	3414514.96
营业支出(万元)	195090.05	2063987.13	1344767.35	3279445.57
投资收益(万元)	1206.99	871226.32	590.90	−110.00
净利润(万元)	11641.14	−274822.19	8478.86	26527.58
营业利润(万元)	10492.33	−229705.55	9845.38	34603.95
利润总额(万元)	15641.02	−262459.46	12592.33	36193.55

浙江万好万家实业股份有限公司

公司概况					
公司名称	浙江万好万家实业股份有限公司			证券简称	万好万家
法人代表	孔德永	董秘	詹纯伟	证券代码	600576
公司网址	www.cn-pg.cn		电子信箱	irm@cn-pg.cn	
电　　话	0571-85866518		传　　真	0571-85866566	
办公地址	浙江省杭州市密渡桥路1号白马大厦12楼				
经营范围	房地产投资、酒店投资管理				

主要财务指标 指标＼报告期	2015.06.30	2014.12.31	2014.06.30	2013.12.31
基本每股收益(元)	−0.0660	−0.0600	−0.0350	0.0400
基本每股收益(扣除后)(元)	−0.0670	−0.1000	−0.0400	−0.0900
稀释每股收益(元)	−0.0660	−0.0600	−0.0350	0.0400
每股净资产(元)	2.1661	2.2319	2.2623	2.2986
每股经营现金净流量(元)	−0.1051	−0.1835	−0.0939	0.0503
每股现金流量(元)	0.1066	−0.1943	0.0538	−0.1428
每股资本公积金(元)	1.3991	1.3991	1.3991	1.3991
每股盈余公积金(元)	0.2105	0.2105	0.2105	0.2105
每股未分配利润(元)	−0.4543	−0.3886	−0.3583	−0.3237
净资产收益率(%)	−3.0337	−2.9106	−1.5331	1.6620
加权净资产收益率(%)	−2.9900	−2.8700	−1.5200	1.6800
净资产收益率(扣除)(%)	−3.0735	−4.4775	−1.7659	−3.9403
总资产(万元)	63971.88	64718.29	65718.97	71818.55
归属母公司股东权益(万元)	47242.01	48675.49	49338.98	50131.37
营业收入(万元)	276.47	1193.33	849.59	8003.76
营业支出(万元)	377.42	957.52	636.46	5921.05
投资收益(万元)	−83.44	−1174.12	−1080.54	2715.83
净利润(万元)	−2004.07	−2255.07	−756.41	833.17
营业利润(万元)	−2006.90	−2701.99	−1137.73	775.67
利润总额(万元)	−2001.34	−2132.15	−1138.60	753.69

铜陵精达特种电磁线股份有限公司

公司概况					
公司名称	铜陵精达特种电磁线股份有限公司			证券简称	精达股份
法人代表	李晓	董秘	胡孔友	证券代码	600577
公司网址	www.jingda.cn		电子信箱	zqb@jingda.cn	
电　　话	0562-2809086		传　　真	0562-2809086	
办公地址	安徽省铜陵市经济技术开发区黄山大道北段988号				
经营范围	漆包电磁线制造和销售				

主要财务指标 指标＼报告期	2015.06.30	2014.12.31	2014.06.30	2013.12.31
基本每股收益(元)	0.0440	0.1700	0.1200	0.1900
基本每股收益(扣除后)(元)	0.0340	0.1500	0.1170	0.1600
稀释每股收益(元)	0.0440	0.1700	0.1200	0.1900
每股净资产(元)	1.3927	2.7967	2.3972	2.2968
每股经营现金净流量(元)	0.2675	1.0051	0.8254	−0.1644
每股现金流量(元)	0.0870	−0.0322	−0.0888	0.1381
每股资本公积金(元)	0.0117	0.9234	0.2575	0.2575
每股盈余公积金(元)	0.0343	0.0686	0.0835	0.0835
每股未分配利润(元)	0.3465	0.8051	1.0561	0.9557
净资产收益率(%)	3.1561	4.9331	5.0199	8.0809
加权净资产收益率(%)	3.0900	6.6600	5.1100	8.2900
净资产收益率(扣除)(%)	2.4441	4.2461	4.8600	7.0429
总资产(万元)	507850.56	520150.73	451101.63	496939.37
归属母公司股东权益(万元)	272323.69	273426.11	170094.41	162974.95
营业收入(万元)	452256.53	926809.78	485453.01	954957.91
营业支出(万元)	406983.71	839223.05	441368.89	871198.42
投资收益(万元)	1225.97	1222.12	425.00	−30.75
净利润(万元)	9704.87	16192.77	8538.60	13169.77
营业利润(万元)	12329.19	18777.66	12758.45	17159.15
利润总额(万元)	12032.22	20050.97	12721.89	18555.15

北京京能电力股份有限公司

公司概况	公司名称	北京京能电力股份有限公司		证券简称	京能电力
	法人代表	郭明星	董秘 樊俊杰	证券代码	600578
	公司网址	www.jingnengpower.com		电子信箱	jndl@powerbeijing.com
	电　　话	010-65666995		传　　真	010-85218610
	办公地址	北京市朝阳区永安东里16号CBD国际大厦A区22层			
	经营范围	电力、热力产品的生产、销售			

主要财务指标	指标\报告期	2015.06.30	2014.12.31	2014.06.30	2013.12.31
	基本每股收益(元)	0.2800	0.5500	0.3100	0.4900
	基本每股收益(扣除后)(元)	0.2700	0.5100	0.3100	0.4800
	稀释每股收益(元)	0.2800	0.5500	0.3100	0.4900
	每股净资产(元)	3.1765	3.0966	3.1535	2.8407
	每股经营现金净流量(元)	0.5065	1.1102	0.4400	0.8271
	每股现金流量(元)	0.0461	0.2501	0.2844	0.2616
	每股资本公积金(元)	0.7758	0.7756	0.7366	0.7366
	每股盈余公积金(元)	0.5157	0.5157	0.3229	0.3229
	每股未分配利润(元)	0.8850	0.8053	1.0939	0.7812
	净资产收益率(%)	8.8040	17.8408	9.9184	16.7450
	加权净资产收益率(%)	8.6400	17.8700	10.4400	18.9400
	净资产收益率(扣除)(%)	8.5803	16.3960	9.7881	16.6019
	总资产(万元)	3989573.77	4001431.04	3306616.88	3089150.94
	归属母公司股东权益(万元)	1466712.55	1429816.63	1456074.76	1311654.88
	营业收入(万元)	516816.59	1296385.81	502875.88	1007084.11
	营业支出(万元)	369659.37	901454.85	326512.45	670052.58
	投资收益(万元)	89517.36	159265.95	80405.49	118477.51
	净利润(万元)	156373.05	319468.34	144419.88	219637.21
	营业利润(万元)	158365.44	368922.64	195039.08	318389.43
	利润总额(万元)	164958.67	383366.72	198682.14	320930.27

青岛天华院化学工程股份有限公司

公司概况	公司名称	青岛天华院化学工程股份有限公司		证券简称	天华院
	法人代表	肖世猛	董秘 阎建亭	证券代码	600579
	公司网址	www.thy.chemchina.com		电子信箱	thy@sciences.chemchina.com
	电　　话	0931-7313058		传　　真	0931-7311554
	办公地址	甘肃省兰州市西固区合水北路3号			
	经营范围	全钢丝载重子午线轮胎的制造与销售			

主要财务指标	指标\报告期	2015.06.30	2014.12.31	2014.06.30	2013.12.31
	基本每股收益(元)	0.0251	0.1600	0.0240	-0.1000
	基本每股收益(扣除后)(元)	-0.0218	0.1400	0.0162	-
	稀释每股收益(元)	0.0251	0.1600	0.0240	-0.1000
	每股净资产(元)	1.7643	1.7393	1.5859	1.5619
	每股经营现金净流量(元)	-0.1524	0.0140	-0.1548	0.3001
	每股现金流量(元)	-0.1133	-0.0366	-0.2083	-0.7859
	每股资本公积金(元)	2.8671	2.8671	2.8264	2.8264
	每股盈余公积金(元)	0.0739	0.0739	0.0731	0.0731
	每股未分配利润(元)	-2.1766	-2.2017	-2.3136	-2.3376
	净资产收益率(%)	1.4200	9.2419	1.5109	-6.7070
	加权净资产收益率(%)	1.4300	9.6900	1.5200	-15.6400
	净资产收益率(扣除)(%)	-1.2360	8.2917	1.0223	-17.8347
	总资产(万元)	143059.63	135991.92	141893.78	138008.59
	归属母公司股东权益(万元)	69174.35	68192.08	62839.23	61889.82
	营业收入(万元)	23378.35	82386.22	27713.77	124590.25
	营业支出(万元)	16900.89	61646.94	21221.87	104172.70
	投资收益(万元)	-	-	-	-
	净利润(万元)	982.27	6302.26	949.41	-4150.94
	营业利润(万元)	-2101.48	6018.17	-315.65	-6659.48
	利润总额(万元)	1066.45	7657.36	1020.55	-2786.38

卧龙电气集团股份有限公司

公司概况	公司名称	卧龙电气集团股份有限公司		证券简称	卧龙电气
	法人代表	王建乔	董秘 王海龙	证券代码	600580
	公司网址	www.wolong.com.cn		电子信箱	wanghailong@wolong.com
	电　　话	0575-82176628 82176629		传　　真	0575-82176636
	办公地址	浙江省上虞市人民西路1801号			
	经营范围	设计、生产、销售各种微分电机及其电子控制装置和电动车等产品			

主要财务指标	指标\报告期	2015.06.30	2014.12.31	2014.06.30	2013.12.31
	基本每股收益(元)	0.1780	0.4014	0.1325	0.3278
	基本每股收益(扣除后)(元)	0.1452	0.3010	0.1257	0.2849
	稀释每股收益(元)	0.1780	0.4014	0.1325	0.3278
	每股净资产(元)	3.4978	3.3963	3.2849	3.2256
	每股经营现金净流量(元)	0.1554	0.5789	0.0495	0.2436
	每股现金流量(元)	0.2333	-0.2574	-0.5064	0.2269
	每股资本公积金(元)	0.9238	0.9268	0.9378	0.9210
	每股盈余公积金(元)	0.1361	0.1361	0.1157	0.1157
	每股未分配利润(元)	1.5990	1.4809	1.2324	1.1999
	净资产收益率(%)	5.0897	11.8190	4.0345	10.1624
	加权净资产收益率(%)	5.1200	12.1200	4.0200	10.6800
	净资产收益率(扣除)(%)	4.1511	8.8613	3.8256	6.8716
	总资产(万元)	1361427.65	979362.71	864179.59	888878.80
	归属母公司股东权益(万元)	388439.95	377173.73	364793.94	358213.02
	营业收入(万元)	439113.38	689256.22	335052.74	572765.05
	营业支出(万元)	346709.87	546944.47	263397.36	441174.43
	投资收益(万元)	1070.89	3011.17	1057.82	1652.75
	净利润(万元)	23228.01	47596.97	14717.75	36403.20
	营业利润(万元)	20998.50	32130.28	16227.72	26992.08
	利润总额(万元)	25563.08	45701.08	17373.27	35543.87

新疆八一钢铁股份有限公司

公司概况	公司名称	新疆八一钢铁股份有限公司		证券简称	八一钢铁
	法人代表	沈东新	董秘 董新风	证券代码	600581
	公司网址	www.bygt.com.cn		电子信箱	dongxf@bygt.com.cn
	电　　话	0991-3890166 3881187		传　　真	0991-3890266
	办公地址	新疆维吾尔自治区乌鲁木齐市头屯河区新钢路			
	经营范围	钢铁冶炼、轧制、加工及其延压产品的生产和销售			

主要财务指标	指标\报告期	2015.06.30	2014.12.31	2014.06.30	2013.12.31
	基本每股收益(元)	-1.0600	-2.6500	-0.9400	0.0400
	基本每股收益(扣除后)(元)	-1.1100	-2.6900	-0.9400	0.0400
	稀释每股收益(元)	-1.0600	-2.6500	-0.9400	0.0400
	每股净资产(元)	1.0388	2.0880	3.8251	4.7564
	每股经营现金净流量(元)	0.0940	-1.4459	0.3080	3.3063
	每股现金流量(元)	-0.2527	0.1323	-0.1500	-0.0353
	每股资本公积金(元)	1.3633	1.3633	1.3633	1.3633
	每股盈余公积金(元)	1.0428	1.0428	1.0428	1.0428
	每股未分配利润(元)	-2.3776	-1.3193	0.3963	1.3503
	净资产收益率(%)	-101.8715	-127.1401	-24.5501	0.9156
	加权净资产收益率(%)	-67.8900	-77.6100	-21.9200	0.9100
	净资产收益率(扣除)(%)	-107.2312	-128.8356	-24.5682	0.9072
	总资产(万元)	2075753.51	2122825.54	2165621.80	2250122.66
	归属母公司股东权益(万元)	79620.21	160033.13	293175.29	364556.35
	营业收入(万元)	605382.85	2063634.05	1081277.52	2319589.55
	营业支出(万元)	621307.64	2032709.95	1057729.79	2133598.41
	投资收益(万元)	-	-	-	-
	净利润(万元)	-81110.30	-203466.27	-71974.76	3338.04
	营业利润(万元)	-85377.69	-209790.28	-75117.18	8264.17
	利润总额(万元)	-81110.27	-207076.97	-75063.94	8296.57

天地科技股份有限公司

公司概况					
公司名称	天地科技股份有限公司			证券简称	天地科技
法人代表	王金华	董秘	范建	证券代码	600582
公司网址	www.tdtec.com		电子信箱	fanjian@tdtec.com	
电　话	010-84262803 84262851		传　真	010-84262838	
办公地址	北京市朝阳区和平街青年沟东路5号天地大厦				
经营范围	电子产品、环保设备、矿山机电产品的生产与销售等				

主要财务指标：指标\报告期	2015.06.30	2014.12.31	2014.06.30	2013.12.31
基本每股收益(元)	0.2600	0.8444	0.2900	0.7020
基本每股收益(扣除后)(元)	0.2470	0.5198	0.2560	0.6260
稀释每股收益(元)	0.2600	0.8444	0.2900	0.7020
每股净资产(元)	6.2754	5.6387	5.0124	4.8229
每股经营现金净流量(元)	0.1074	0.2144	0.0587	-0.1558
每股现金流量(元)	0.2999	-0.1685	-0.1890	-0.5484
每股资本公积金(元)	1.8415	1.0786	0.0527	0.0632
每股盈余公积金(元)	0.1512	0.1650	0.2146	0.2146
每股未分配利润(元)	3.2773	3.4057	3.7058	3.5158
净资产收益率(%)	4.0913	14.9755	5.7857	14.5643
加权净资产收益率(%)	4.2200	16.9700	5.8300	15.5000
净资产收益率(扣除)(%)	3.8817	5.9016	5.1019	12.9794
总资产(万元)	3003240.37	2815568.70	1905226.76	1892738.43
归属母公司股东权益(万元)	1298568.80	1069115.09	608460.14	585466.78
营业收入(万元)	597019.31	1657863.24	498774.87	1267414.96
营业支出(万元)	387667.09	1145565.65	348300.72	929563.37
投资收益(万元)	-4.04	769.48	89.09	245.31
净利润(万元)	62158.15	186208.50	35203.93	85269.37
营业利润(万元)	74762.35	198287.70	53617.23	115577.74
利润总额(万元)	81059.53	224060.08	61368.93	131554.39

海洋石油工程股份有限公司

公司概况					
公司名称	海洋石油工程股份有限公司			证券简称	海油工程
法人代表	周学仲	董秘	刘连举	证券代码	600583
公司网址	www.cnoocengineering.com		电子信箱	mingyf@mail.cooec.com.cn	
电　话	022-59898808		传　真	022-59898800	
办公地址	天津市港保税区海滨十五路199号				
经营范围	海洋、陆地油气开发工程及配套工程的设计、建造、安装等				

主要财务指标：指标\报告期	2015.06.30	2014.12.31	2014.06.30	2013.12.31
基本每股收益(元)	0.3500	0.9700	0.3900	0.6900
基本每股收益(扣除后)(元)	0.3100	0.9000	0.3600	0.6100
稀释每股收益(元)	0.3500	0.9700	0.3900	0.6900
每股净资产(元)	4.7888	4.6495	4.0599	3.7506
每股经营现金净流量(元)	0.3582	0.9841	0.3559	0.7620
每股现金流量(元)	0.1138	0.3398	0.2297	0.1685
每股资本公积金(元)	0.9608	0.9608	1.0067	1.0033
每股盈余公积金(元)	0.2429	0.2429	0.1820	0.1820
每股未分配利润(元)	2.4083	2.2865	1.7738	1.4823
净资产收益率(%)	7.3473	20.7560	9.6423	16.5487
加权净资产收益率(%)	7.3400	22.8000	9.9100	22.5100
净资产收益率(扣除)(%)	6.4378	19.2762	8.8338	14.7256
总资产(万元)	2924918.31	3114777.11	2903403.34	2810420.86
归属母公司股东权益(万元)	2117295.51	2055730.22	1795034.34	1658281.72
营业收入(万元)	693502.31	2203137.52	979012.33	2033921.79
营业支出(万元)	488256.14	1496706.09	717144.69	1556407.51
投资收益(万元)	15905.00	18204.87	12039.27	15305.22
净利润(万元)	155437.85	427187.21	173082.38	274423.68
营业利润(万元)	173914.56	482391.03	200213.80	308661.19
利润总额(万元)	182522.43	511253.52	208186.55	325700.62

江苏长电科技股份有限公司

公司概况					
公司名称	江苏长电科技股份有限公司			证券简称	长电科技
法人代表	王新潮	董秘	朱正义	证券代码	600584
公司网址	www.cj-elec.com		电子信箱	cdkj@cj-elec.com	
电　话	0510-86856061		传　真	0510-86199179	
办公地址	江苏省江阴市滨江中路275号				
经营范围	集成电路封装、测试和分立器件的生产、销售业务				

主要财务指标：指标\报告期	2015.06.30	2014.12.31	2014.06.30	2013.12.31
基本每股收益(元)	0.1300	0.1800	0.0600	0.0100
基本每股收益(扣除后)(元)	0.1300	0.1400	0.0427	-0.0006
稀释每股收益(元)	0.1300	0.1800	0.0600	0.0100
每股净资产(元)	3.8650	3.8228	2.8947	2.8511
每股经营现金净流量(元)	0.5867	1.0650	0.2350	0.9498
每股现金流量(元)	2.8874	2.1082	0.4231	0.0529
每股资本公积金(元)	1.9694	2.0431	1.1192	1.1192
每股盈余公积金(元)	0.0870	0.0870	0.1004	0.1004
每股未分配利润(元)	0.8130	0.6974	0.6788	0.6362
净资产收益率(%)	3.2493	4.1624	1.9907	0.4573
加权净资产收益率(%)	3.2300	5.5900	2.0000	0.4600
净资产收益率(扣除)(%)	2.5806	3.2606	1.4748	-0.0197
总资产(万元)	1436263.39	1090230.47	835645.54	758252.66
归属母公司股东权益(万元)	380532.12	376385.09	246955.28	243235.16
营业收入(万元)	341199.50	642827.33	294481.34	510206.01
营业支出(万元)	264904.30	506967.03	233594.70	409172.42
投资收益(万元)	-434.26	154.89	192.26	-3961.35
净利润(万元)	14095.70	20875.84	4916.10	1112.22
营业利润(万元)	15037.41	21918.79	7973.33	2680.48
利润总额(万元)	17524.43	25791.05	9399.01	7850.98

安徽海螺水泥股份有限公司

公司概况					
公司名称	安徽海螺水泥股份有限公司			证券简称	海螺水泥
法人代表	郭文叁	董秘	杨开发	证券代码	600585
公司网址	www.conch.cn		电子信箱	dms@conch.cn	
电　话	0553-8398911 8398976		传　真	0553-8398931	
办公地址	安徽省芜湖市九华山南路1011号 香港中环康乐广场1号怡和大厦40楼				
经营范围	生产和销售各种优质水泥以及生产各种高标号水泥所需的商品熟料等				

主要财务指标：指标\报告期	2015.06.30	2014.12.31	2014.06.30	2013.12.31
基本每股收益(元)	0.8900	2.0700	1.1000	1.7700
基本每股收益(扣除后)(元)	0.5300	1.9600	1.0500	1.6900
稀释每股收益(元)	0.8900	2.0700	1.1000	1.7700
每股净资产(元)	12.7906	12.5000	11.3240	10.5900
每股经营现金净流量(元)	0.7900	3.3315	1.5387	2.8680
每股现金流量(元)	-1.3243	1.1309	0.0783	-0.3004
每股资本公积金(元)	2.0166	2.0166	1.9235	1.9386
每股盈余公积金(元)	0.5000	0.5000	0.5000	0.5000
每股未分配利润(元)	9.1187	8.8807	7.9048	7.1563
净资产收益率(%)	6.9419	16.6000	9.7007	16.7200
加权净资产收益率(%)	6.9000	18.4700	9.9200	18.0500
净资产收益率(扣除)(%)	4.1532	15.6900	9.2540	15.9529
总资产(万元)	10517972.42	10225309.73	9590473.77	9309447.98
归属母公司股东权益(万元)	6778147.29	6621660.79	6000905.07	5611802.83
营业收入(万元)	2422332.32	6075850.09	2878448.34	5526167.66
营业支出(万元)	1739247.83	4026433.00	1847209.55	3701808.22
投资收益(万元)	188515.38	-2141.31	-2560.59	-264.07
净利润(万元)	474112.69	1158759.58	582129.13	938015.93
营业利润(万元)	545730.97	1382347.86	736551.12	1174267.91
利润总额(万元)	624195.44	1488281.00	784520.90	1263126.62

山东金晶科技股份有限公司

公司概况						
	公司名称	山东金晶科技股份有限公司			证券简称	金晶科技
	法人代表	王刚	董秘	董保森	证券代码	600586
	公司网址	www.cnggg.cn		电子信箱	dongbaosen@cnggg.cn	
	电　话	0533-3586666		传　真	0533-3585586	
	办公地址	山东省淄博市高新技术开发区宝石镇王庄				
	经营范围	浮法玻璃、在线镀膜玻璃和超白玻璃的生产、销售				

主要财务指标	指标\报告期	2015.06.30	2014.12.31	2014.06.30	2013.12.31
	基本每股收益(元)	-0.0500	-0.1400	0.0300	0.0700
	基本每股收益(扣除后)(元)	-0.0800	-0.1500	0.0300	-
	稀释每股收益(元)	-0.0500	-0.1400	0.0300	0.0700
	每股净资产(元)	2.7100	2.7627	2.9289	2.9033
	每股经营现金净流量(元)	0.2131	0.2242	0.2744	0.2832
	每股现金流量(元)	0.2953	0.1865	0.2057	-0.3176
	每股资本公积金(元)	1.3167	1.3167	1.3166	1.3166
	每股盈余公积金(元)	0.0795	0.0795	0.0790	0.0790
	每股未分配利润(元)	0.3138	0.3665	0.5332	0.5076
	净资产收益率(%)	-1.9444	-5.0891	0.8753	2.4178
	加权净资产收益率(%)	-1.9300	-4.9600	0.8800	2.4500
	净资产收益率(扣除)(%)	-2.7898	-5.3085	0.8696	1.6700
	总资产(万元)	960650.64	895436.26	908346.70	839153.32
	归属母公司股东权益(万元)	385551.64	393048.59	416696.50	413049.27
	营业收入(万元)	160103.19	358105.17	167165.19	346444.34
	营业支出(万元)	136830.57	309951.40	132410.31	287179.68
	投资收益(万元)	-1081.33	-7978.87	-2154.35	-975.20
	净利润(万元)	-7641.34	-19947.32	3647.24	9986.76
	营业利润(万元)	-7690.23	-22663.56	4786.98	9269.89
	利润总额(万元)	-4256.39	-21772.27	4830.83	12367.32

山东新华医疗器械股份有限公司

公司概况						
	公司名称	山东新华医疗器械股份有限公司			证券简称	新华医疗
	法人代表	赵毅新	董秘	李财祥	证券代码	600587
	公司网址	www.shinva.com		电子信箱	shinva@163.com	
	电　话	0533-3587766		传　真	0533-3587768	
	办公地址	山东省淄博市高新技术产业开发区新华医疗科技园				
	经营范围	消毒灭菌设备、放射诊断治疗设备的生产与销售				

主要财务指标	指标\报告期	2015.06.30	2014.12.31	2014.06.30	2013.12.31
	基本每股收益(元)	0.3400	0.8200	0.7900	1.2800
	基本每股收益(扣除后)(元)	0.3100	0.7400	0.6800	1.1600
	稀释每股收益(元)	0.3400	0.8200	0.7900	1.2800
	每股净资产(元)	7.8249	7.2287	12.8176	12.1397
	每股经营现金净流量(元)	-0.6109	0.1291	0.0646	0.1125
	每股现金流量(元)	-0.6469	0.7454	0.2080	-0.0701
	每股资本公积金(元)	4.0534	3.7773	7.5756	7.6912
	每股盈余公积金(元)	0.2253	0.2271	0.3694	0.3694
	每股未分配利润(元)	2.5465	2.2236	3.8699	3.0791
	净资产收益率(%)	4.3559	11.2019	6.1701	9.6011
	加权净资产收益率(%)	4.5500	12.7200	6.3100	13.2500
	净资产收益率(扣除)(%)	3.9168	9.9693	5.2889	8.7070
	总资产(万元)	875369.82	807050.95	660935.89	539080.11
	归属母公司股东权益(万元)	318025.09	291417.21	254779.59	241305.66
	营业收入(万元)	344121.85	628346.67	272474.22	419376.43
	营业支出(万元)	268053.07	484415.51	211073.49	323282.75
	投资收益(万元)	-31.70	-185.00	-126.54	85.77
	净利润(万元)	17557.31	39128.67	15720.16	23168.02
	营业利润(万元)	20544.66	45559.19	20091.90	29737.79
	利润总额(万元)	22522.69	49736.90	22758.54	33006.29

用友网络科技股份有限公司

公司概况						
	公司名称	用友网络科技股份有限公司			证券简称	用友网络
	法人代表	王文京	董秘	欧阳青	证券代码	600588
	公司网址	www.yonyou.com		电子信箱	ir@yonyou.com	
	电　话	010-62436838 62436637		传　真	010-62436639	
	办公地址	北京市海淀区北清路 68 号				
	经营范围	电子计算机软件、硬件及外部设备的技术开发、技术服务等				

主要财务指标	指标\报告期	2015.06.30	2014.12.31	2014.06.30	2013.12.31
	基本每股收益(元)	-0.1200	0.4700	0.0100	0.5700
	基本每股收益(扣除后)(元)	-0.1430	0.4400	0.0080	0.4400
	稀释每股收益(元)	-0.1190	0.4700	0.0100	0.5700
	每股净资产(元)	2.4873	3.4000	2.8583	3.3600
	每股经营现金净流量(元)	-0.3875	0.6866	-0.3388	0.7620
	每股现金流量(元)	-0.3009	0.7278	0.0468	0.4091
	每股资本公积金(元)	0.3863	0.6360	0.5460	0.4594
	每股盈余公积金(元)	0.4209	0.5051	0.4487	0.5384
	每股未分配利润(元)	0.6822	1.2626	0.8657	1.3272
	净资产收益率(%)	-4.8242	13.8040	0.3385	16.9776
	加权净资产收益率(%)	-4.4400	15.7400	0.3200	18.5000
	净资产收益率(扣除)(%)	-5.7401	12.9973	0.2752	13.0087
	总资产(万元)	876774.33	881063.49	744053.03	722980.39
	归属母公司股东权益(万元)	349634.44	345095.91	333114.38	322720.57
	营业收入(万元)	151494.32	437424.20	155447.61	436269.08
	营业支出(万元)	57676.96	142069.25	55826.14	164534.65
	投资收益(万元)	689.72	2543.52	17.41	8301.55
	净利润(万元)	-14558.56	56955.54	1127.43	54790.23
	营业利润(万元)	-27196.18	29824.31	-10322.49	31334.07
	利润总额(万元)	-10224.02	61182.31	5153.44	64706.47

广东榕泰实业股份有限公司

公司概况						
	公司名称	广东榕泰实业股份有限公司			证券简称	广东榕泰
	法人代表	杨宝生	董秘	徐罗旭	证券代码	600589
	公司网址	www.gdrongtai.cn		电子信箱	600589@rongtai.com.cn	
	电　话	0663-3568053		传　真	0663-3568052	
	办公地址	广东省揭阳市榕城区新兴东二路 1 号				
	经营范围	生产、销售氨基塑料及制品和氨基复合材料及制品、甲醛及其辅产品等				

主要财务指标	指标\报告期	2015.06.30	2014.12.31	2014.06.30	2013.12.31
	基本每股收益(元)	0.0350	0.0500	0.0600	0.0900
	基本每股收益(扣除后)(元)	0.0340	0.0500	0.0600	0.0900
	稀释每股收益(元)	0.0350	0.0500	0.0600	0.0900
	每股净资产(元)	3.3882	3.3692	3.3769	3.3458
	每股经营现金净流量(元)	0.0591	0.4025	-0.0478	0.2145
	每股现金流量(元)	-0.4963	0.5903	-0.2690	0.4037
	每股资本公积金(元)	0.9361	0.9361	0.9361	0.9361
	每股盈余公积金(元)	0.2304	0.2304	0.2252	0.2252
	每股未分配利润(元)	1.2217	1.2027	1.2156	1.1844
	净资产收益率(%)	1.0188	1.5261	1.7514	2.7140
	加权净资产收益率(%)	1.0210	1.5300	1.7530	2.7200
	净资产收益率(扣除)(%)	1.0136	1.5207	1.7498	2.5565
	总资产(万元)	378141.78	372055.89	356139.95	342874.24
	归属母公司股东权益(万元)	203879.49	202735.08	203199.95	201325.97
	营业收入(万元)	51252.79	118979.54	62540.18	118617.30
	营业支出(万元)	40331.05	100015.07	50829.45	97226.04
	投资收益(万元)	-13.72	41.38	-1.22	22.55
	净利润(万元)	2075.97	3083.18	3558.82	5464.03
	营业利润(万元)	2340.71	3058.35	3989.40	5779.25
	利润总额(万元)	2353.12	3076.06	3993.20	6107.87

泰豪科技股份有限公司

公司概况	公司名称	泰豪科技股份有限公司			证券简称	泰豪科技
	法人代表	杨剑	董秘	李结平	证券代码	600590
	公司网址	www.tellhow.com		电子信箱	tsinghua@tellhow.com	
	电　话	0791-88110590		传　真	0791-88106688	
	办公地址	江西省南昌市高新开发区泰豪大厦				
	经营范围	楼宇电气产品、发电机组产品、电力电气产品及光电信息产品等				

	指标\报告期	2015.06.30	2014.12.31	2014.06.30	2013.12.31
主要财务指标	基本每股收益(元)	0.0300	0.1200	-0.0800	0.0300
	基本每股收益(扣除后)(元)	0.0200	0.0800	-0.0900	-0.0100
	稀释每股收益(元)	0.0300	0.1200	-0.0800	0.0300
	每股净资产(元)	4.2852	4.3187	4.1890	4.2667
	每股经营现金净流量(元)	-0.7405	0.3617	-0.8535	0.4190
	每股现金流量(元)	-1.0156	0.4162	-0.3504	-0.6325
	每股资本公积金(元)	2.2514	2.2514	2.2717	2.2717
	每股盈余公积金(元)	0.1407	0.1407	0.1423	0.1423
	每股未分配利润(元)	0.9050	0.9385	0.7750	0.8527
	净资产收益率(%)	0.6180	2.6797	-1.8546	0.6874
	加权净资产收益率(%)	0.6100	2.7100	-1.8400	0.6800
	净资产收益率(扣除)(%)	0.4544	1.7638	-2.2191	-0.1827
	总资产(万元)	572007.23	582152.26	625606.79	634412.99
	归属母公司股东权益(万元)	216970.97	218667.94	209586.74	213473.77
	营业收入(万元)	100509.56	292070.96	91312.29	250148.85
	营业支出(万元)	83154.11	242040.27	77112.66	207605.68
	投资收益(万元)	-84.60	1989.86	-3.08	4208.48
	净利润(万元)	1210.81	5817.89	-3887.03	1467.40
	营业利润(万元)	444.73	6240.60	-5266.55	2401.95
	利润总额(万元)	1674.54	9396.22	-3726.08	3656.74

福建龙溪轴承(集团)股份有限公司

公司概况	公司名称	福建龙溪轴承(集团)股份有限公司			证券简称	龙溪股份
	法人代表	曾凡沛	董秘	黄继新	证券代码	600592
	公司网址	www.ls.com.cn		电子信箱	huang@ls.com.cn	
	电　话	0596-2072091		传　真	0596-2072136	
	办公地址	福建省漳州市延安北路				
	经营范围	轴承、汽车零部件、普通机械、电器机械及器材的制造、销售				

	指标\报告期	2015.06.30	2014.12.31	2014.06.30	2013.12.31
主要财务指标	基本每股收益(元)	0.0510	0.1200	0.0630	0.1400
	基本每股收益(扣除后)(元)	-0.0217	-0.0500	0.0090	-
	稀释每股收益(元)	0.0510	0.1200	0.0630	0.1400
	每股净资产(元)	5.5115	5.7347	4.5751	4.6600
	每股经营现金净流量(元)	0.0211	0.2555	0.0580	0.0921
	每股现金流量(元)	0.2388	-0.0337	0.1192	0.0781
	每股资本公积金(元)	1.7590	1.7590	2.1798	2.2297
	每股盈余公积金(元)	0.3627	0.3627	0.3400	0.3400
	每股未分配利润(元)	0.9943	1.0436	1.0471	1.0839
	净资产收益率(%)	0.9201	2.1194	1.3801	2.7272
	加权净资产收益率(%)	0.8950	2.3900	1.3700	3.0200
	净资产收益率(扣除)(%)	-0.3934	-0.9440	-	-0.4169
	总资产(万元)	303411.95	309801.57	265322.35	280294.85
	归属母公司股东权益(万元)	220212.53	229131.45	182798.27	186193.01
	营业收入(万元)	33051.41	73045.62	40836.11	70510.59
	营业支出(万元)	24792.71	52018.23	29710.50	52425.37
	投资收益(万元)	2831.11	5424.74	1766.60	3995.98
	净利润(万元)	1390.22	2830.40	2522.78	5077.93
	营业利润(万元)	851.45	1267.89	1593.46	1908.96
	利润总额(万元)	1818.16	4110.42	2674.56	4965.30

大连圣亚旅游控股股份有限公司

公司概况	公司名称	大连圣亚旅游控股股份有限公司			证券简称	大连圣亚
	法人代表	张志新	董秘	丁霞	证券代码	600593
	公司网址	www.sunasia.com		电子信箱	dingxia@sunasia.com	
	电　话	0411-84685225		传　真	0411-84685217	
	办公地址	辽宁省大连市沙河口区中山路 608-6-8 号				
	经营范围	建设、经营水族馆、海洋探险人造景观、游乐园等				

	指标\报告期	2015.06.30	2014.12.31	2014.06.30	2013.12.31
主要财务指标	基本每股收益(元)	0.0921	0.4186	-0.0244	0.3536
	基本每股收益(扣除后)(元)	0.0437	0.4371	-0.0267	0.2888
	稀释每股收益(元)	0.0921	0.4186	-0.0244	0.3536
	每股净资产(元)	3.8239	3.8819	3.4389	3.4633
	每股经营现金净流量(元)	0.4516	1.1087	0.2644	1.5773
	每股现金流量(元)	-0.1340	-0.6189	-0.3529	0.4210
	每股资本公积金(元)	2.1495	2.1495	2.1495	2.1495
	每股盈余公积金(元)	0.1668	0.1668	0.1449	0.1449
	每股未分配利润(元)	0.5077	0.5656	0.1445	0.1688
	净资产收益率(%)	2.4078	10.7835	-0.7086	10.2093
	加权净资产收益率(%)	2.3900	11.4000	-0.7100	10.7100
	净资产收益率(扣除)(%)	1.1441	11.2590	-0.7778	8.3402
	总资产(万元)	65458.00	67592.41	70214.47	73754.75
	归属母公司股东权益(万元)	35180.28	35713.19	31637.88	31862.07
	营业收入(万元)	11705.84	29012.36	11035.52	25244.41
	营业支出(万元)	6557.32	13276.39	6104.25	11752.49
	投资收益(万元)	-	7.36	-	-2.19
	净利润(万元)	1088.66	3898.34	-224.19	3252.90
	营业利润(万元)	1229.76	5366.88	-116.74	3807.45
	利润总额(万元)	1338.45	5140.03	-94.17	4866.53

贵州益佰制药股份有限公司

公司概况	公司名称	贵州益佰制药股份有限公司			证券简称	益佰制药
	法人代表	窦啟玲	董秘	李刚	证券代码	600594
	公司网址	www.gzcci.com		电子信箱	600594@gz100.cn	
	电　话	0851-4705177		传　真	0851-4719910	
	办公地址	贵州省贵阳市白云大道 220-1 号				
	经营范围	胶囊剂、小容量注射剂、洗剂、栓剂、合剂、片剂、颗粒剂、糖浆剂等				

	指标\报告期	2015.06.30	2014.12.31	2014.06.30	2013.12.31
主要财务指标	基本每股收益(元)	0.1510	1.2170	0.4260	1.1900
	基本每股收益(扣除后)(元)	0.1360	1.1440	0.4130	1.1370
	稀释每股收益(元)	0.1510	1.2170	0.4260	1.1900
	每股净资产(元)	8.8143	8.6630	7.8606	5.3347
	每股经营现金净流量(元)	0.1326	1.3678	0.7779	1.6007
	每股现金流量(元)	-1.3662	2.3783	3.8665	-0.3978
	每股资本公积金(元)	2.9406	2.9406	2.9275	0.3444
	每股盈余公积金(元)	0.5885	0.5885	0.4916	0.5398
	每股未分配利润(元)	4.2853	4.1340	3.4415	3.4505
	净资产收益率(%)	1.7163	13.9476	5.3332	22.3073
	加权净资产收益率(%)	1.7310	15.2260	5.7300	24.7620
	净资产收益率(扣除)(%)	1.5382	13.1086	5.1739	21.3242
	总资产(万元)	496268.77	549567.50	431472.63	320087.25
	归属母公司股东权益(万元)	349015.30	343025.04	311279.75	192382.49
	营业收入(万元)	158978.87	315707.51	125127.16	278490.00
	营业支出(万元)	32086.74	57132.21	23169.02	49682.61
	投资收益(万元)	-68.20	2752.02	344.80	686.53
	净利润(万元)	6113.59	48120.20	16601.11	42915.36
	营业利润(万元)	6979.00	52413.10	18567.79	49299.38
	利润总额(万元)	7709.22	55652.58	19147.76	51549.01

河南中孚实业股份有限公司

公司概况						
	公司名称	河南中孚实业股份有限公司			证券简称	中孚实业
	法人代表	贺怀钦	董秘	杨萍	证券代码	600595
	公司网址	www.zfsy.com.cn		电子信箱	JSCN@jscnnet.com	
	电　话	0371-64569088		传　真	0371-64569089	
	办公地址	河南省巩义市新华路 31 号				
	经营范围	电解铝、铝材、炭素的生产、销售等				

主要财务指标	指标\报告期	2015.06.30	2014.12.31	2014.06.30	2013.12.31
	基本每股收益(元)	-0.0400	0.0200	0.0800	-0.5500
	基本每股收益(扣除后)(元)	-0.0400	-0.1400	-0.0100	-
	稀释每股收益(元)	-0.0400	0.0200	0.0800	-0.5500
	每股净资产(元)	3.1015	3.1450	3.1890	3.1095
	每股经营现金净流量(元)	0.2077	0.8277	0.4299	0.3319
	每股现金流量(元)	0.1715	-0.4223	-0.0247	-0.7335
	每股资本公积金(元)	1.7750	1.7750	1.7612	1.7612
	每股盈余公积金(元)	0.1456	0.1456	0.1456	0.1456
	每股未分配利润(元)	0.1803	0.2235	0.2808	0.1990
	净资产收益率(%)	-1.3951	0.7790	2.5631	-15.6712
	加权净资产收益率(%)	-1.3900	0.7800	2.5900	-17.0700
	净资产收益率(扣除)(%)	-1.4432	-4.5700	-0.4450	-16.8499
	总资产(万元)	2576588.72	2516812.42	2588787.53	2662400.46
	归属母公司股东权益(万元)	540133.80	547720.84	555374.73	541526.62
	营业收入(万元)	442237.61	967284.99	508885.33	1066832.31
	营业支出(万元)	408522.72	884824.89	479375.96	1008768.44
	投资收益(万元)	230.91	3722.88	2556.87	-689.85
	净利润(万元)	-16744.13	-17897.59	14234.72	-84863.76
	营业利润(万元)	-17577.51	-55822.97	-23098.59	-111756.30
	利润总额(万元)	-17310.79	-19609.07	3449.17	-103707.04

浙江新安化工集团股份有限公司

公司概况						
	公司名称	浙江新安化工集团股份有限公司			证券简称	新安股份
	法人代表	季诚建	董秘	姜永平	证券代码	600596
	公司网址	www.wynca.com		电子信箱	jiang_yp888@sohu.com	
	电　话	0571-64715693 64726275		传　真	0571-64715693 64726275	
	办公地址	浙江省建德市江滨中路新安大厦 1 号				
	经营范围	农药、化工、新材料及化工机械的制造加工和销售				

主要财务指标	指标\报告期	2015.06.30	2014.12.31	2014.06.30	2013.12.31
	基本每股收益(元)	-0.0501	0.0732	0.1330	0.6409
	基本每股收益(扣除后)(元)	-0.0587	0.0900	0.1232	0.6037
	稀释每股收益(元)	-0.0501	0.0732	0.1330	0.6409
	每股净资产(元)	6.1766	6.3308	6.3773	6.4622
	每股经营现金净流量(元)	0.4142	0.5574	0.0403	1.6137
	每股现金流量(元)	-0.0965	0.0045	-0.0550	-0.0720
	每股资本公积金(元)	1.0959	1.1019	1.0791	1.0791
	每股盈余公积金(元)	0.5998	0.5998	0.5758	0.5758
	每股未分配利润(元)	3.4053	3.5554	3.6392	3.7262
	净资产收益率(%)	-0.8104	1.1562	2.0859	9.9181
	加权净资产收益率(%)	-0.8000	1.1500	2.0700	10.3500
	净资产收益率(扣除)(%)	-0.9500	1.4224	1.9315	9.3418
	总资产(万元)	797105.17	797355.53	806310.58	723895.97
	归属母公司股东权益(万元)	419507.55	429978.65	433139.52	438904.36
	营业收入(万元)	400221.57	771583.17	402445.59	676532.53
	营业支出(万元)	359720.82	669467.76	341904.00	531713.92
	投资收益(万元)	2169.74	5603.75	2001.35	5292.97
	净利润(万元)	-3185.60	6141.13	9034.67	43530.87
	营业利润(万元)	-705.77	11558.51	13609.06	54359.35
	利润总额(万元)	-1710.26	7026.90	12831.19	53985.71

光明乳业股份有限公司

公司概况						
	公司名称	光明乳业股份有限公司			证券简称	光明乳业
	法人代表	张崇建	董秘	沈小燕	证券代码	600597
	公司网址	www.brightdairy.com		电子信箱	600597@brightdairy.com	
	电　话	021-54584520*5506		传　真	021-64013337	
	办公地址	上海市吴中路 578 号				
	经营范围	生产、开发与销售乳、乳制品和饲料以及便利店零售业务				

主要财务指标	指标\报告期	2015.06.30	2014.12.31	2014.06.30	2013.12.31
	基本每股收益(元)	0.1642	0.4600	0.1710	0.3300
	基本每股收益(扣除后)(元)	0.1474	0.4700	0.1628	0.2900
	稀释每股收益(元)	0.1640	0.4600	-	-
	每股净资产(元)	3.2030	3.6661	3.4502	3.4938
	每股经营现金净流量(元)	0.6708	0.2728	-0.5781	1.0660
	每股现金流量(元)	1.8599	-0.4865	-0.9165	0.2131
	每股资本公积金(元)	1.1835	1.4393	1.3964	1.4342
	每股盈余公积金(元)	0.3335	0.3335	0.2975	0.2975
	每股未分配利润(元)	0.8561	0.9727	0.7224	0.7514
	净资产收益率(%)	5.1013	12.5879	4.9553	9.4911
	加权净资产收益率(%)	4.4400	13.0700	4.8100	9.9000
	净资产收益率(扣除)(%)	4.5773	12.6793	4.7197	8.2770
	总资产(万元)	1531533.20	1288314.51	1272202.40	1156805.22
	归属母公司股东权益(万元)	394174.09	451164.60	422479.50	427811.28
	营业收入(万元)	1006106.19	2038506.19	987201.49	1629091.01
	营业支出(万元)	648502.82	1333077.41	644598.22	1063042.30
	投资收益(万元)	-141.91	-37.14	29.19	1534.43
	净利润(万元)	22673.19	58305.76	20935.14	40604.05
	营业利润(万元)	23461.32	69792.49	28573.95	62611.83
	利润总额(万元)	26312.76	71391.39	29812.25	70833.22

黑龙江北大荒农业股份有限公司

公司概况						
	公司名称	黑龙江北大荒农业股份有限公司			证券简称	北大荒
	法人代表	刘长友	董秘	刘长友(代)	证券代码	600598
	公司网址	www.hacl.cn		电子信箱	600598@hacl.cn	
	电　话	0451-55195980		传　真	0451-55195986	
	办公地址	黑龙江省哈尔滨市南岗区汉水路 263 号				
	经营范围	水稻、小麦、大豆、玉米等粮食作物的生产、精深加工、销售等				

主要财务指标	指标\报告期	2015.06.30	2014.12.31	2014.06.30	2013.12.31
	基本每股收益(元)	0.3420	0.4500	0.5580	-0.2100
	基本每股收益(扣除后)(元)	0.3440	0.1180	0.2020	-0.1800
	稀释每股收益(元)	0.3420	0.4500	0.5580	-0.2100
	每股净资产(元)	3.1453	3.1932	3.3254	2.7477
	每股经营现金净流量(元)	0.9706	1.0745	1.3377	1.0244
	每股现金流量(元)	-0.3301	-0.0804	0.1984	0.0448
	每股资本公积金(元)	1.3628	1.3628	1.3903	1.3702
	每股盈余公积金(元)	0.6363	0.6363	0.6363	0.6363
	每股未分配利润(元)	0.1401	0.1884	0.2961	-0.2615
	净资产收益率(%)	10.8658	14.0897	16.7696	-7.7138
	加权净资产收益率(%)	10.3600	15.1400	18.4300	-7.7400
	净资产收益率(扣除)(%)	10.9488	3.6868	6.0769	-6.5555
	总资产(万元)	880048.10	822902.53	1006145.66	1385243.00
	归属母公司股东权益(万元)	559125.09	567654.51	591151.71	488456.86
	营业收入(万元)	188796.19	510908.75	316656.11	938855.60
	营业支出(万元)	68104.76	258374.39	192770.51	693941.80
	投资收益(万元)	323.92	68822.14	64283.05	227.56
	净利润(万元)	59626.97	72256.19	99133.51	-37678.51
	营业利润(万元)	60215.12	83810.79	97785.10	-41433.06
	利润总额(万元)	59773.67	73533.76	96329.43	-50630.28

熊猫金控股份有限公司

公司概况					
公司名称	熊猫金控股份有限公司			证券简称	熊猫金控
法人代表	李民	董秘	黄叶璞	证券代码	600599
公司网址	www.pandafireworks.com		电子信箱	600599@pandafireworks.com	
电　话	0731-83620963		传　真	0731-83620966	
办公地址	湖南省浏阳市浏阳大道 271 号				
经营范围	花炮产品销售、花炮材料销售、纸品销售、印刷包装材料销售、租赁等				

主要财务指标

指标\报告期	2015.06.30	2014.12.31	2014.06.30	2013.12.31
基本每股收益(元)	0.0370	0.0800	0.1830	0.0900
基本每股收益(扣除后)(元)	-0.0370	-0.3600	0.0320	-
稀释每股收益(元)	0.0370	0.0800	0.1830	0.0900
每股净资产(元)	4.1475	4.1896	4.1523	3.9696
每股经营现金净流量(元)	-0.1914	-0.3831	-0.0157	0.0083
每股现金流量(元)	-2.5866	2.6146	-0.1205	0.0158
每股资本公积金(元)	3.0487	3.0487	2.9041	2.9041
每股盈余公积金(元)	0.0480	0.0480	0.0348	0.0348
每股未分配利润(元)	0.0441	0.0874	0.2086	0.0252
净资产收益率(%)	0.8872	1.7985	4.4176	1.9206
加权净资产收益率(%)	0.8760	1.8500	4.5170	3.4900
净资产收益率(扣除)(%)	-0.8878	-8.5505	0.7799	-3.7521
总资产(万元)	88303.03	90257.78	92763.99	88796.68
归属母公司股东权益(万元)	68848.71	69547.96	68928.44	65894.71
营业收入(万元)	15488.85	18663.41	11042.45	16216.06
营业支出(万元)	6707.67	12769.62	7456.28	10266.65
投资收益(万元)	1278.92	10221.67	3513.08	4517.25
净利润(万元)	626.30	1329.88	3044.99	1265.61
营业利润(万元)	674.60	2864.24	3762.28	1170.56
利润总额(万元)	648.49	2655.78	3732.64	1486.58

青岛啤酒股份有限公司

公司概况					
公司名称	青岛啤酒股份有限公司			证券简称	青岛啤酒
法人代表	孙明波	董秘	张瑞祥	证券代码	600600
公司网址	www.tsingtao.com.cn		电子信箱	secretary@tsingtao.com.cn	
电　话	0532-85713831		传　真	0532-85713240	
办公地址	山东省青岛市香港中路五四广场青啤大厦				
经营范围	啤酒制造、技术研究、开发、转让、咨询服务、国内商业、自营进出口				

主要财务指标

指标\报告期	2015.06.30	2014.12.31	2014.06.30	2013.12.31
基本每股收益(元)	0.8870	1.4730	1.0400	1.4610
基本每股收益(扣除后)(元)	0.7700	1.2370	0.9230	1.2260
稀释每股收益(元)	0.8870	1.4730	1.0400	1.4610
每股净资产(元)	11.8229	11.3899	10.9666	10.3780
每股经营现金净流量(元)	3.2725	1.2514	2.8636	2.5175
每股现金流量(元)	2.4921	-1.5755	0.7789	0.8333
每股资本公积金(元)	3.0154	3.0196	3.0168	3.0168
每股盈余公积金(元)	0.9003	0.9003	0.7842	0.7842
每股未分配利润(元)	6.8503	6.4130	6.1453	5.5556
净资产收益率(%)	7.5049	12.9332	9.4809	14.0748
加权净资产收益率(%)	7.5000	13.5300	9.5400	14.8700
净资产收益率(扣除)(%)	6.5110	10.8621	8.4151	11.8103
总资产(万元)	3055302.77	2700391.31	2925944.10	2736486.65
归属母公司股东权益(万元)	1597258.79	1538756.22	1481574.30	1402055.90
营业收入(万元)	1606659.41	2904932.12	1695806.81	2829097.84
营业支出(万元)	982240.49	1789929.13	1014504.83	1700789.40
投资收益(万元)	2559.33	2395.95	3478.71	22922.55
净利润(万元)	121954.45	201953.21	140466.11	197337.21
营业利润(万元)	144523.57	228425.30	167923.73	235094.17
利润总额(万元)	164783.34	268299.88	188022.74	266653.37

方正科技集团股份有限公司

公司概况					
公司名称	方正科技集团股份有限公司			证券简称	方正科技
法人代表	刘欲晓	董秘	侯郁波	证券代码	600601
公司网址	www.foundertech.com		电子信箱	ir@founder.com	
电　话	021-58400030		传　真	021-58408970	
办公地址	上海市浦东南路 360 号新上海国际大厦 36 层				
经营范围	电子计算机及配件、软件等				

主要财务指标

指标\报告期	2015.06.30	2014.12.31	2014.06.30	2013.12.31
基本每股收益(元)	0.0013	0.1192	0.0325	0.0321
基本每股收益(扣除后)(元)	-0.0125	0.0434	0.0293	0.0241
稀释每股收益(元)	0.0013	0.1192	0.0325	0.0321
每股净资产(元)	1.6286	1.6088	2.0073	1.9748
每股经营现金净流量(元)	-0.1167	0.3763	-0.0315	0.3335
每股现金流量(元)	-0.2065	-0.0940	-0.1675	0.0285
每股资本公积金(元)	0.0660	0.0660	0.4093	0.4093
每股盈余公积金(元)	-	-	0.0149	0.0149
每股未分配利润(元)	0.5474	0.5461	0.5865	0.5540
净资产收益率(%)	0.0787	7.4113	1.6174	1.6239
加权净资产收益率(%)	0.0800	6.7500	1.6300	1.6300
净资产收益率(扣除)(%)	-0.7698	2.7004	1.4575	1.2189
总资产(万元)	892092.67	917609.87	633305.40	637227.69
归属母公司股东权益(万元)	357467.83	353111.05	440582.56	433437.04
营业收入(万元)	277517.63	686248.67	211279.25	523379.30
营业支出(万元)	239246.50	583938.23	190698.74	484475.45
投资收益(万元)	37.47	108.37	34.35	85.16
净利润(万元)	277.19	31721.55	7125.88	7038.54
营业利润(万元)	166.17	30017.17	7854.52	8031.47
利润总额(万元)	1997.54	36274.63	8735.46	10121.75

上海仪电电子股份有限公司

公司概况					
公司名称	上海仪电电子股份有限公司			证券简称	仪电电子
法人代表	刘家雄	董秘	张杏兴	证券代码	600602
公司网址	www.inesa-e.com		电子信箱	stock@inesa-e.com	
电　话	021-62980202 34695939		传　真	021-62982121	
办公地址	上海市徐汇区桂林路 406 号 2 号楼 9 楼				
经营范围	电视机、平板显示器件、家庭视听设备、微波炉等小家电产品等				

主要财务指标

指标\报告期	2015.06.30	2014.12.31	2014.06.30	2013.12.31
基本每股收益(元)	0.0307	0.0900	0.0375	0.1000
基本每股收益(扣除后)(元)	-0.0043	-0.0200	-0.0048	0.0100
稀释每股收益(元)	0.0307	0.0900	0.0375	0.1000
每股净资产(元)	2.2491	2.2330	2.1725	2.1350
每股经营现金净流量(元)	-0.1600	-0.0578	-0.0939	-0.0198
每股现金流量(元)	-0.2230	0.5107	0.4385	0.0325
每股资本公积金(元)	0.9227	0.9373	0.9322	0.9321
每股盈余公积金(元)	0.2754	0.2754	0.2754	0.2754
每股未分配利润(元)	0.0510	0.0202	-0.0351	-0.0725
净资产收益率(%)	1.3662	4.1538	1.7240	4.5550
加权净资产收益率(%)	1.3700	4.2500	1.7400	4.6600
净资产收益率(扣除)(%)	-0.1929	-0.6898	-0.2231	0.3940
总资产(万元)	313454.45	322496.39	302151.39	284635.20
归属母公司股东权益(万元)	263806.59	261916.07	254825.95	250423.08
营业收入(万元)	49056.60	125631.52	47961.67	113838.21
营业支出(万元)	41524.54	105139.23	39610.69	96734.86
投资收益(万元)	5096.76	10072.85	1773.84	8316.45
净利润(万元)	3692.72	13449.43	4393.15	11406.85
营业利润(万元)	2136.95	5324.07	-1833.46	3265.33
利润总额(万元)	3992.89	14517.16	5161.52	12585.37

大洲兴业控股股份有限公司

公司概况	公司名称	大洲兴业控股股份有限公司		证券简称	大洲兴业
	法人代表	陈铁铭	董秘 曾艺伟	证券代码	600603
	公司网址			电子信箱	xy600603@163.com
	电　　话	0592-2033603		传　　真	0592-2033178
	办公地址	福建省厦门市思明区鹭江道2号1701室			
	经营范围	新能源产业、新材料产业、房地产综合开发经营等			

	指标\报告期	2015.06.30	2014.12.31	2014.06.30	2013.12.31
主要财务指标	基本每股收益(元)	-0.0511	-0.1210	0.0030	0.6330
	基本每股收益(扣除后)(元)	-0.0511	-0.1040	-0.0270	-0.0640
	稀释每股收益(元)	-0.0511	-0.1210	0.0030	0.6330
	每股净资产(元)	0.1684	0.2195	0.0487	0.0442
	每股经营现金净流量(元)	-0.0517	0.1931	0.1356	-0.0302
	每股现金流量(元)	-0.0475	0.1046	0.1057	-0.0424
	每股资本公积金(元)	2.8050	2.8050	2.5127	2.5127
	每股盈余公积金(元)	0.3418	0.3418	0.3418	0.3418
	每股未分配利润(元)	-4.0019	-3.9508	-3.8262	-3.8296
	净资产收益率(%)	-30.3186	-55.2439	6.8018	1432.0000
	加权净资产收益率(%)	-26.3300	-	7.1300	-
	净资产收益率(扣除)(%)	-30.3186	-47.5203	-55.4182	-145.6691
	总资产(万元)	39887.82	40079.12	37149.25	37142.54
	归属母公司股东权益(万元)	3278.21	4272.11	948.18	859.72
	营业收入(万元)	1762.63	4880.46	1857.37	4655.89
	营业支出(万元)	1574.44	4018.02	1271.74	2746.67
	投资收益(万元)	-59.74	-	-	-
	净利润(万元)	-1090.31	-2485.33	64.49	12311.12
	营业利润(万元)	-1090.31	-1756.68	-125.98	1152.45
	利润总额(万元)	-1090.31	-2444.55	106.06	12651.55

上海市北高新股份有限公司

公司概况	公司名称	上海市北高新股份有限公司		证券简称	市北高新
	法人代表	丁明年	董秘 胡申	证券代码	600604
	公司网址	www.shibeiht.com		电子信箱	zhengquan@shibei.com
	电　　话	021-66528130		传　　真	021-56770134
	办公地址	上海市江场三路262号1楼			
	经营范围	生产销售纺纱机械、化纤机械等产品			

	指标\报告期	2015.06.30	2014.12.31	2014.06.30	2013.12.31
主要财务指标	基本每股收益(元)	-0.0324	0.0300	0.0300	0.3033
	基本每股收益(扣除后)(元)	-0.0439	0.0200	0.0289	0.3016
	稀释每股收益(元)	-0.0324	0.0300	0.0300	0.3033
	每股净资产(元)	3.2000	2.2739	2.2780	2.2790
	每股经营现金净流量(元)	-0.9111	-1.0292	-0.0917	-0.4739
	每股现金流量(元)	-0.2306	0.2067	0.0557	-0.4296
	每股资本公积金(元)	1.5787	2.2426	0.4816	0.4816
	每股盈余公积金(元)	0.0353	0.0444	0.0409	0.0409
	每股未分配利润(元)	0.5870	0.7750	0.7555	0.7566
	净资产收益率(%)	-0.8402	1.1406	1.3153	13.3100
	加权净资产收益率(%)	-0.8100	1.1400	1.3200	14.1700
	净资产收益率(扣除)(%)	-1.1363	1.0502	1.2704	13.2353
	总资产(万元)	678427.84	527981.99	227808.93	216351.96
	归属母公司股东权益(万元)	228005.38	230091.37	129035.33	129094.10
	营业收入(万元)	8048.42	12324.21	6806.18	42621.82
	营业支出(万元)	4722.09	5724.64	2873.02	18050.52
	投资收益(万元)	-67.65	1501.63	1184.94	5981.51
	净利润(万元)	-1992.25	1256.83	1697.23	17182.45
	营业利润(万元)	-1641.16	1253.53	1846.01	22546.21
	利润总额(万元)	-1561.08	1434.79	1923.35	22677.84

上海汇通能源股份有限公司

公司概况	公司名称	上海汇通能源股份有限公司		证券简称	汇通能源
	法人代表	郑树昌	董秘 邵宗超	证券代码	600605
	公司网址	www.huitongenergy.com		电子信箱	shaozongchao@sohu.com
	电　　话	021-62560000*108 147		传　　真	021-62566022
	办公地址	上海市南京西路1576号轻工机械大厦4楼			
	经营范围	轻工机械及成套设备的制造、销售			

	指标\报告期	2015.06.30	2014.12.31	2014.06.30	2013.12.31
主要财务指标	基本每股收益(元)	0.0510	0.0540	0.0220	0.0452
	基本每股收益(扣除后)(元)	0.0440	0.0247	0.0140	0.0109
	稀释每股收益(元)	0.0510	0.0540	0.0220	0.0452
	每股净资产(元)	3.3276	3.2939	3.2767	3.2549
	每股经营现金净流量(元)	0.1232	0.9876	0.7751	-0.1861
	每股现金流量(元)	0.9416	0.4420	0.5935	-0.4554
	每股资本公积金(元)	0.7915	0.7915	0.7915	0.7915
	每股盈余公积金(元)	0.5411	0.5411	0.5398	0.5398
	每股未分配利润(元)	0.9950	0.9613	0.9453	0.9235
	净资产收益率(%)	1.5253	1.6397	0.6662	1.3884
	加权净资产收益率(%)	1.5290	1.6489	0.6680	1.3949
	净资产收益率(扣除)(%)	1.3109	0.7492	0.4365	0.3349
	总资产(万元)	119663.38	92752.57	94310.93	82902.12
	归属母公司股东权益(万元)	49030.88	48533.48	48280.32	47958.67
	营业收入(万元)	68837.08	212305.38	104808.15	219491.64
	营业支出(万元)	65195.15	205791.34	101821.16	213346.25
	投资收益(万元)	-92.76	-70.76	-75.49	-50.78
	净利润(万元)	747.85	795.82	321.65	665.87
	营业利润(万元)	774.06	671.54	276.75	210.53
	利润总额(万元)	914.18	1099.84	438.68	771.57

绿地控股股份有限公司

公司概况	公司名称	绿地控股股份有限公司		证券简称	绿地控股
	法人代表	张玉良	董秘 王晓东	证券代码	600606
	公司网址	www.ldjt.com.cn		电子信箱	ir@ldjt.com.cn
	电　　话	021-63600606 23296400		传　　真	021-53188660*6400
	办公地址	上海市黄浦区打浦路700号			
	经营范围	实业投资，房地产开发经营、租赁、置换等			

	指标\报告期	2015.06.30	2014.12.31	2014.06.30	2013.12.31
主要财务指标	基本每股收益(元)	0.3200	-0.7000	-0.4500	0.1300
	基本每股收益(扣除后)(元)	0.3200	-0.8500	-0.5200	0.0800
	稀释每股收益(元)	0.3200	-0.7000	-0.4500	0.1300
	每股净资产(元)	3.9750	3.5983	3.7694	4.2202
	每股经营现金净流量(元)	-2.2969	0.0025	0.2905	0.1187
	每股现金流量(元)	-0.3342	-0.0064	-0.0634	-0.2410
	每股资本公积金(元)	0.7621	0.7166	1.1276	1.0916
	每股盈余公积金(元)	0.1900	0.1900	0.3073	0.3073
	每股未分配利润(元)	2.0475	1.9369	1.3345	1.8213
	净资产收益率(%)	8.1345	-19.5487	-11.8276	3.1832
	加权净资产收益率(%)	8.3000	-17.9800	-11.1000	3.1800
	净资产收益率(扣除)(%)	8.0037	-23.5360	-13.6722	1.8269
	总资产(万元)	53676643.88	50895866.15	562807.52	615887.95
	归属母公司股东权益(万元)	4836822.95	4648448.58	195373.78	218742.22
	营业收入(万元)	8598655.54	11027.97	6932.56	89241.92
	营业支出(万元)	7403301.28	-1701.98	314.04	40412.63
	投资收益(万元)	134857.06	14329.32	3252.54	7647.14
	净利润(万元)	393528.68	-36820.14	-23108.05	6963.07
	营业利润(万元)	525032.14	-39340.85	-26393.19	8275.82
	利润总额(万元)	539071.64	-35521.58	-23201.51	8919.37

上海宽频科技股份有限公司

公司概况						
公司概况	公司名称	上海宽频科技股份有限公司			证券简称	*ST 沪科
公司概况	法人代表	雷升逵	董秘	刘文鑫	证券代码	600608
公司概况	公司网址	www.600608.net		电子信箱	invest@600608.net	
公司概况	电　　话	021-62317066		传　　真	021-62317066	
公司概况	办公地址	上海市闸北区江场西路 299 弄 1 号楼 1601 室				
公司概况	经营范围	通信网络设备、计算机信息工程、集成电路设计与销售等				

主要财务指标	指标＼报告期	2015.06.30	2014.12.31	2014.06.30	2013.12.31
	基本每股收益(元)	–0.0400	–0.0400	–0.0400	–0.0100
	基本每股收益(扣除后)(元)	–0.0400	–0.0900	–0.0400	–0.0900
	稀释每股收益(元)	–0.0400	–0.0400	–0.0400	–0.0100
	每股净资产(元)	–0.1104	–0.0740	–0.0360	0.0032
	每股经营现金净流量(元)	–0.0141	–0.0238	–0.0037	–0.0528
	每股现金流量(元)	–0.0336	–0.0051	–0.0152	0.0133
	每股资本公积金(元)	1.3350	1.3350	1.3740	1.3740
	每股盈余公积金(元)	0.1423	0.1423	0.1423	0.1423
	每股未分配利润(元)	–2.5878	–2.5513	–2.5523	–2.5131
	净资产收益率(%)	–	–	–	–302.6307
	加权净资产收益率(%)	–	–	–	–0.8700
	净资产收益率(扣除)(%)	33.1356	119.2404	108.7456	–2699.1323
	总资产(万元)	19189.34	19521.78	22252.81	22777.58
	归属母公司股东权益(万元)	–3632.15	–2434.42	–1183.70	103.74
	营业收入(万元)	8930.18	59700.40	11368.22	22241.50
	营业支出(万元)	8511.26	57862.01	10540.53	18407.08
	投资收益(万元)	–	1362.76	–196.71	2073.14
	净利润(万元)	–1238.79	–1547.89	–1287.44	–313.96
	营业利润(万元)	–1244.59	–1423.50	–1376.48	–511.64
	利润总额(万元)	–1238.79	–1383.23	–1376.70	–284.21

金杯汽车股份有限公司

公司概况						
公司概况	公司名称	金杯汽车股份有限公司			证券简称	金杯汽车
公司概况	法人代表	祁玉民	董秘	赵晓军	证券代码	600609
公司概况	公司网址			电子信箱	stock@syjbauto.com.cn	
公司概况	电　　话	024-24803399 24815610		传　　真	024-24163399	
公司概况	办公地址	辽宁省沈阳市沈河区万柳塘路 38 号				
公司概况	经营范围	汽车及配件制造				

主要财务指标	指标＼报告期	2015.06.30	2014.12.31	2014.06.30	2013.12.31
	基本每股收益(元)	0.0110	–0.1310	0.0060	0.0160
	基本每股收益(扣除后)(元)	–0.0800	–0.1400	–0.0030	–0.0150
	稀释每股收益(元)	0.0110	–0.1310	0.0060	0.0160
	每股净资产(元)	0.2452	0.2270	0.3722	0.3666
	每股经营现金净流量(元)	–0.2232	0.4506	0.1152	0.3241
	每股现金流量(元)	–0.2614	0.9629	0.0555	0.4816
	每股资本公积金(元)	1.0069	1.0069	1.0227	1.0227
	每股盈余公积金(元)	0.3786	0.3786	0.3786	0.3786
	每股未分配利润(元)	–2.1508	–2.1616	–2.0243	–2.0307
	净资产收益率(%)	4.4306	–57.6266	1.7237	4.4119
	加权净资产收益率(%)	4.6700	–42.2100	1.7400	4.6700
	净资产收益率(扣除)(%)	–32.7010	–63.6533	–0.8434	–3.9719
	总资产(万元)	983476.76	929006.76	782655.50	756041.86
	归属母公司股东权益(万元)	26792.20	24815.86	40672.99	40056.51
	营业收入(万元)	226030.67	514654.72	271912.54	569012.05
	营业支出(万元)	184875.95	430595.62	230080.23	494652.63
	投资收益(万元)	187.65	232.71	123.31	344.94
	净利润(万元)	9273.30	–1055.70	701.09	1767.25
	营业利润(万元)	4358.99	1419.79	8041.63	6224.89
	利润总额(万元)	14307.36	3952.58	9085.75	12474.31

上海中毅达股份有限公司

公司概况						
公司概况	公司名称	上海中毅达股份有限公司			证券简称	中毅达
公司概况	法人代表	吴邦兴	董秘	林旭楠	证券代码	600610
公司概况	公司网址	www.ctmco.com.cn		电子信箱	linxunan@600610.com.cn	
公司概况	电　　话	021-33568806		传　　真	021-33568802	
公司概况	办公地址	上海市徐汇区淮海中路 1010 号嘉华中心 3704 室				
公司概况	经营范围	纺织机械及有关器材的生产与销售等				

主要财务指标	指标＼报告期	2015.06.30	2014.12.31	2014.06.30	2013.12.31
	基本每股收益(元)	0.0100	0.0900	–0.0400	–0.1000
	基本每股收益(扣除后)(元)	0.0100	–0.0400	–0.0800	–0.1500
	稀释每股收益(元)	0.0100	0.0900	–0.0400	–0.1000
	每股净资产(元)	0.9442	0.9400	0.1961	0.2445
	每股经营现金净流量(元)	0.0272	–0.0228	–0.0606	–0.0818
	每股现金流量(元)	–0.0600	0.0486	0.0832	–0.0170
	每股资本公积金(元)	0.2078	0.2078	0.3224	0.3321
	每股盈余公积金(元)	–	–	–	–
	每股未分配利润(元)	–0.2636	–0.2692	–1.1262	–1.0876
	净资产收益率(%)	0.5962	9.9414	–19.6921	–40.8417
	加权净资产收益率(%)	0.0100	0.2100	–17.5300	–32.9900
	净资产收益率(扣除)(%)	0.5962	–3.9522	–41.5395	–60.1496
	总资产(万元)	122390.91	114247.55	35763.58	34907.02
	归属母公司股东权益(万元)	101145.65	100542.59	7004.03	8730.56
	营业收入(万元)	7164.26	6971.60	2994.31	8486.04
	营业支出(万元)	5535.63	6696.12	3100.11	8688.50
	投资收益(万元)	223.18	5656.09	525.40	1364.53
	净利润(万元)	603.06	9973.29	–1379.24	–3565.71
	营业利润(万元)	902.59	1822.64	–1854.62	–3906.82
	利润总额(万元)	914.49	10103.86	–1390.30	–3571.66

大众交通(集团)股份有限公司

公司概况						
公司概况	公司名称	大众交通(集团)股份有限公司			证券简称	大众交通
公司概况	法人代表	杨国平	董秘	赵思渊	证券代码	600611
公司概况	公司网址	www.96822.com		电子信箱	dzjt@96822.com	
公司概况	电　　话	021-64285708 64289122		传　　真	021-64285642	
公司概况	办公地址	上海市徐汇区中山西路 1515 号大众大厦 22 楼				
公司概况	经营范围	企业经营管理咨询、现代物流、交通运输等				

主要财务指标	指标＼报告期	2015.06.30	2014.12.31	2014.06.30	2013.12.31
	基本每股收益(元)	0.1600	0.2700	0.1300	0.2600
	基本每股收益(扣除后)(元)	0.0900	0.1600	0.1000	0.1700
	稀释每股收益(元)	0.1600	0.2700	0.1300	0.2600
	每股净资产(元)	4.7058	4.0202	3.5555	3.5045
	每股经营现金净流量(元)	0.4266	0.4061	0.0402	0.2371
	每股现金流量(元)	0.3239	0.0624	–0.0887	–0.0919
	每股资本公积金(元)	0.4027	0.4043	0.6182	0.6195
	每股盈余公积金(元)	0.5426	0.5426	0.5160	0.5160
	每股未分配利润(元)	1.5985	1.5311	1.4213	1.3691
	净资产收益率(%)	3.3456	6.6806	3.7169	7.3905
	加权净资产收益率(%)	3.5800	7.1500	3.7200	7.4700
	净资产收益率(扣除)(%)	1.8419	4.0666	2.7006	4.7111
	总资产(万元)	1291593.48	1124005.97	1032868.35	1017386.94
	归属母公司股东权益(万元)	741666.65	633620.00	560373.75	552343.09
	营业收入(万元)	109068.30	271903.05	140395.52	299840.73
	营业支出(万元)	76264.06	210804.32	111788.53	234304.39
	投资收益(万元)	17639.35	19942.10	4508.37	21083.63
	净利润(万元)	27507.53	49644.93	20828.37	40821.01
	营业利润(万元)	32596.08	49413.34	21441.71	50250.79
	利润总额(万元)	34238.63	61566.12	31442.78	61433.08

老凤祥股份有限公司

公司概况	公司名称	老凤祥股份有限公司			证券简称	老 凤 祥
	法人代表	石力华	董秘	周富良	证券代码	600612
	公司网址	www.chinafirstpencil.com		电子信箱	cfp612@126.com	
	电　　话	021-54480605　64833388*608		传　　真	021-54481529	
	办公地址	上海市漕溪路 270 号六楼				
	经营范围	黄金首饰、铅笔制造、铅笔机械、化工原料、制笔零件等				

主要财务指标	指标\报告期	2015.06.30	2014.12.31	2014.06.30	2013.12.31
	基本每股收益(元)	1.0239	1.7967	0.8061	1.7011
	基本每股收益(扣除后)(元)	0.9142	1.6251	0.7647	1.3994
	稀释每股收益(元)	1.0239	1.7967	0.8061	1.7011
	每股净资产(元)	8.5641	7.5433	7.1489	6.3715
	每股经营现金净流量(元)	1.4675	4.9306	2.9146	2.9099
	每股现金流量(元)	1.2006	3.5263	2.3576	1.7380
	每股资本公积金(元)	0.9756	0.9846	1.1526	1.1816
	每股盈余公积金(元)	0.5348	0.5348	0.4425	0.4425
	每股未分配利润(元)	5.6167	4.5928	4.5545	3.7484
	净资产收益率(%)	11.9562	23.8188	11.2761	26.6981
	加权净资产收益率(%)	12.7100	25.5600	11.9200	28.7100
	净资产收益率(扣除)(%)	10.6754	21.5434	10.6968	21.9634
	总资产(万元)	1182371.18	1157177.60	952624.88	933745.90
	归属母公司股东权益(万元)	448002.40	394604.40	373973.97	333302.08
	营业收入(万元)	2099993.82	3283501.81	1835703.74	3298465.57
	营业支出(万元)	1944529.74	2995465.82	1688565.62	3035646.37
	投资收益(万元)	2208.36	793.09	-166.15	1312.45
	净利润(万元)	69033.84	122830.04	42169.76	88985.47
	营业利润(万元)	89233.87	151898.75	71365.94	126439.52
	利润总额(万元)	92053.46	164134.39	74635.72	147725.45

上海神奇制药投资管理股份有限公司

公司概况	公司名称	上海神奇制药投资管理股份有限公司			证券简称	神奇制药
	法人代表	张芝庭	董秘	梅君	证券代码	600613
	公司网址	www.gzsq.com		电子信箱	shanghaiys@126.com	
	电　　话	021-53750009		传　　真	021-53750012	
	办公地址	上海市威海路 128 号长发大厦 613 室				
	经营范围	在国家法律允许和政策鼓励的范围内进行投资管理				

主要财务指标	指标\报告期	2015.06.30	2014.12.31	2014.06.30	2013.12.31
	基本每股收益(元)	0.2100	0.4000	0.2000	0.2900
	基本每股收益(扣除后)(元)	0.2100	0.4000	0.2000	-
	稀释每股收益(元)	0.2100	0.4000	0.2000	0.2900
	每股净资产(元)	4.9610	4.4172	4.1861	4.0122
	每股经营现金净流量(元)	0.1403	-0.0194	-0.0706	0.1680
	每股现金流量(元)	0.1197	-0.0696	-0.0577	0.6661
	每股资本公积金(元)	2.3780	2.3780	2.3782	2.3782
	每股盈余公积金(元)	0.0889	0.0889	0.0664	0.0664
	每股未分配利润(元)	1.1384	0.9499	0.7415	0.5676
	净资产收益率(%)	4.2695	9.1647	4.7103	6.2465
	加权净资产收益率(%)	4.6800	9.6100	4.8100	9.4000
	净资产收益率(扣除)(%)	4.1336	9.0622	4.7242	4.9166
	总资产(万元)	264061.09	225356.96	217476.56	199543.26
	归属母公司股东权益(万元)	220792.75	196591.54	186304.21	178565.05
	营业收入(万元)	63431.58	129371.33	54685.12	92918.42
	营业支出(万元)	14714.09	27561.09	10531.21	24001.95
	投资收益(万元)	395.25	143.25	36.56	160.87
	净利润(万元)	9500.22	18090.06	8775.52	11154.00
	营业利润(万元)	10869.90	21176.37	10451.14	12506.84
	利润总额(万元)	11231.46	21416.76	10419.58	13720.76

上海鼎立科技发展(集团)股份有限公司

公司概况	公司名称	上海鼎立科技发展(集团)股份有限公司			证券简称	鼎立股份
	法人代表	许宝星	董秘	姜卫星	证券代码	600614
	公司网址	www.600614.com		电子信箱	jiang_wx@600614.com	
	电　　话	021-35071889*698		传　　真	021-35080120	
	办公地址	上海市杨浦区国权路 39 号财富广场(金座)18 楼				
	经营范围	房地产开发、销售、物业管理、建筑材料的销售				

主要财务指标	指标\报告期	2015.06.30	2014.12.31	2014.06.30	2013.12.31
	基本每股收益(元)	0.0900	0.1300	0.0400	0.0600
	基本每股收益(扣除后)(元)	0.0500	0.0600	-0.0100	0.0400
	稀释每股收益(元)	0.0900	0.1300	0.0400	0.0600
	每股净资产(元)	3.9787	3.4615	1.5898	1.5715
	每股经营现金净流量(元)	-0.2212	-0.3397	-0.0994	0.2634
	每股现金流量(元)	0.1097	0.0168	0.0210	-0.1040
	每股资本公积金(元)	2.6587	2.1828	0.3443	0.3443
	每股盈余公积金(元)	0.0387	0.0413	0.0480	0.0480
	每股未分配利润(元)	0.2709	0.2293	0.1975	0.1792
	净资产收益率(%)	2.2811	3.0909	2.4084	3.6805
	加权净资产收益率(%)	2.7600	6.4900	2.4100	3.6300
	净资产收益率(扣除)(%)	1.1534	1.3534	-0.6271	2.3039
	总资产(万元)	656090.06	629146.49	289190.13	270179.03
	归属母公司股东权益(万元)	304801.56	248742.47	90207.62	89169.62
	营业收入(万元)	87548.46	127000.38	60468.20	128543.03
	营业支出(万元)	67752.42	99884.89	50531.89	109620.20
	投资收益(万元)	4513.31	486.23	214.36	481.96
	净利润(万元)	6221.50	7576.38	2172.52	3281.90
	营业利润(万元)	6668.51	3617.72	186.84	3380.20
	利润总额(万元)	7268.68	9613.79	3124.94	4738.35

上海丰华(集团)股份有限公司

公司概况	公司名称	上海丰华(集团)股份有限公司			证券简称	丰华股份
	法人代表	涂建敏	董秘	查大兵	证券代码	600615
	公司网址	www.fenghwa.sh.cn		电子信箱	gfzhang615@163.com	
	电　　话	021-58702762		传　　真	021-58702762	
	办公地址	上海市浦东新区浦建路 76 号由由国际广场 901 室				
	经营范围	房地产开发、房屋租赁、物业管理、酒店管理、对外投资等				

主要财务指标	指标\报告期	2015.06.30	2014.12.31	2014.06.30	2013.12.31
	基本每股收益(元)	0.0340	0.0700	0.0370	0.0880
	基本每股收益(扣除后)(元)	-0.0070	-0.0240	-0.0250	-0.0400
	稀释每股收益(元)	0.0340	0.0700	0.0370	0.0880
	每股净资产(元)	2.6513	2.6170	2.5844	2.5470
	每股经营现金净流量(元)	-0.0469	-0.1246	-0.0192	0.0037
	每股现金流量(元)	1.9230	0.0081	0.0333	-2.0050
	每股资本公积金(元)	2.4467	2.4467	2.4467	2.4467
	每股盈余公积金(元)	0.3140	0.3140	0.3140	0.3140
	每股未分配利润(元)	-1.1095	-1.1438	-1.1763	-1.2138
	净资产收益率(%)	1.2938	2.6738	1.4485	3.4540
	加权净资产收益率(%)	1.3020	2.7100	1.4590	3.3700
	净资产收益率(扣除)(%)	-0.2726	-0.9001	-0.9719	-1.5859
	总资产(万元)	63659.59	64142.10	63021.46	62258.41
	归属母公司股东权益(万元)	49849.30	49204.34	48592.61	47888.72
	营业收入(万元)	3569.85	7054.32	3330.62	7659.09
	营业支出(万元)	2683.67	5812.97	2842.62	6414.21
	投资收益(万元)	1024.35	2316.35	1150.39	1871.86
	净利润(万元)	824.54	1531.73	703.88	1654.08
	营业利润(万元)	954.17	1577.85	705.01	1612.03
	利润总额(万元)	962.38	1640.09	755.94	1867.95

上海金枫酒业股份有限公司

公司概况	公司名称	上海金枫酒业股份有限公司			证券简称	金枫酒业
	法人代表	葛俊杰	董秘	张黎云	证券代码	600616
	公司网址	www.jinfengwine.com		电子信箱	lily@jinfengwine.com	
	电　话	021-58352625 50812727*908		传　真	021-58352620	
	办公地址	上海市普陀区宁夏路 777 号(海棠大厦内)				
	经营范围	食品销售管理(非实物方式)、酒、仓储货运、租赁				

主要财务指标	指标\报告期	2015.06.30	2014.12.31	2014.06.30	2013.12.31
	基本每股收益(元)	0.0700	0.1400	0.1300	0.2700
	基本每股收益(扣除后)(元)	0.0700	0.1200	0.1200	0.2600
	稀释每股收益(元)	0.0700	0.1400	0.1300	0.2700
	每股净资产(元)	3.7248	3.7026	3.6811	3.0134
	每股经营现金净流量(元)	-0.0545	0.1641	-0.1080	0.3194
	每股现金流量(元)	-0.5317	0.2988	0.2424	-0.1535
	每股资本公积金(元)	1.0298	1.0298	1.0298	0.0963
	每股盈余公积金(元)	0.1159	0.1159	0.1054	0.1237
	每股未分配利润(元)	1.5792	1.5570	1.5459	1.7934
	净资产收益率(%)	1.9394	3.7447	3.1841	8.8406
	加权净资产收益率(%)	1.9300	4.0700	3.7100	9.0700
	净资产收益率(扣除)(%)	1.9406	3.0785	2.8980	8.6480
	总资产(万元)	234523.03	221132.17	226247.24	159141.71
	归属母公司股东权益(万元)	191686.60	190542.09	189438.85	132188.87
	营业收入(万元)	44153.73	94154.85	44694.49	102585.50
	营业支出(万元)	22241.72	48778.18	21598.03	47674.92
	投资收益(万元)	727.04	1574.36	720.45	94.67
	净利润(万元)	3304.01	6819.47	6031.94	11686.35
	营业利润(万元)	4821.04	7757.99	7259.42	15206.84
	利润总额(万元)	4817.24	9453.32	7981.31	15546.71

山西省国新能源股份有限公司

公司概况	公司名称	山西省国新能源股份有限公司			证券简称	国新能源
	法人代表	刘军	董秘	张帆	证券代码	600617
	公司网址	www.600617.net		电子信箱	zhangfan600617@163.com	
	电　话	0351-7991685		传　真	0351-7991708	
	办公地址	山西省太原市高新技术产业开发区中心街 6 号				
	经营范围	生产销售聚酯切片、合成纤维及深加工产品、投资兴办企业、销售自产产品				

主要财务指标	指标\报告期	2015.06.30	2014.12.31	2014.06.30	2013.12.31
	基本每股收益(元)	0.2608	0.7367	0.3836	0.7777
	基本每股收益(扣除后)(元)	0.2596	0.7083	0.3378	0.8068
	稀释每股收益(元)	0.2608	0.7367	0.3836	0.7777
	每股净资产(元)	2.3297	3.5171	3.0933	2.0301
	每股经营现金净流量(元)	0.1590	0.0600	0.0078	1.2678
	每股现金流量(元)	-0.1060	0.2717	0.5075	0.6100
	每股资本公积金(元)	0.0466	0.7792	0.7412	0.0066
	每股盈余公积金(元)	0.0434	0.0738	-	-
	每股未分配利润(元)	1.2397	1.6641	1.3521	1.0235
	净资产收益率(%)	11.1940	20.8588	12.2965	26.9331
	加权净资产收益率(%)	11.8600	23.8400	13.7200	27.8500
	净资产收益率(扣除)(%)	11.1416	20.0540	10.8295	27.9416
	总资产(万元)	1556749.72	1422759.34	1246706.68	1078907.59
	归属母公司股东权益(万元)	234867.90	208576.75	183444.64	114302.48
	营业收入(万元)	334751.30	550286.08	254605.58	439340.92
	营业支出(万元)	259153.93	432563.00	198173.51	343781.91
	投资收益(万元)	157.32	2871.04	1388.48	2342.33
	净利润(万元)	26710.62	44034.62	22557.26	30785.19
	营业利润(万元)	36093.28	58074.41	26798.54	43089.17
	利润总额(万元)	36196.27	58345.38	30365.07	41855.14

上海氯碱化工股份有限公司

公司概况	公司名称	上海氯碱化工股份有限公司			证券简称	氯碱化工
	法人代表	黄岱列	董秘	许沛文	证券代码	600618
	公司网址	www.scacc.com		电子信箱	dshmss@scacc.com	
	电　话	021-64340601 64342640		传　真	021-64341341	
	办公地址	上海市龙吴路 4747 号				
	经营范围	聚氯乙烯、烧碱、氯系列等基本化工原料及加工产品				

主要财务指标	指标\报告期	2015.06.30	2014.12.31	2014.06.30	2013.12.31
	基本每股收益(元)	-0.0421	-0.5124	-0.0426	0.0144
	基本每股收益(扣除后)(元)	0.0396	-0.2267	-0.0352	-0.1210
	稀释每股收益(元)	-0.0421	-0.5124	-0.0426	0.0144
	每股净资产(元)	1.8363	1.8719	2.4200	2.4600
	每股经营现金净流量(元)	0.0531	-0.0251	-0.0013	0.5016
	每股现金流量(元)	0.1005	-0.1477	-0.1135	-0.0006
	每股资本公积金(元)	1.4557	1.4557	1.3782	1.3778
	每股盈余公积金(元)	0.0098	0.0098	0.0098	0.0098
	每股未分配利润(元)	-0.6373	-0.5953	0.0278	0.0754
	净资产收益率(%)	-2.2905	-27.3717	-1.7655	0.5837
	加权净资产收益率(%)	-2.2680	-24.4467	-1.7480	0.5857
	净资产收益率(扣除)(%)	2.1572	-12.1117	-1.4577	-4.9108
	总资产(万元)	593831.53	575471.76	604703.99	599258.10
	归属母公司股东权益(万元)	212349.19	216465.55	279354.83	284820.10
	营业收入(万元)	317090.90	701540.93	299960.86	697421.17
	营业支出(万元)	286446.12	637594.46	273582.29	634419.53
	投资收益(万元)	4416.83	6263.28	2794.20	14412.50
	净利润(万元)	-4553.26	-58759.07	-4931.92	1662.38
	营业利润(万元)	-4424.84	-59638.48	-4750.65	-8857.98
	利润总额(万元)	-4361.82	-58296.80	-4532.90	3131.37

上海海立(集团)股份有限公司

公司概况	公司名称	上海海立(集团)股份有限公司			证券简称	海立股份
	法人代表	沈建芳	董秘	罗敏	证券代码	600619
	公司网址	www.highly.cc		电子信箱	luomin@highly.cc	
	电　话	021-58547777 58547618		传　真	021-50326960	
	办公地址	上海市浦东新区金桥出口加工区宁桥路 888 号				
	经营范围	生产销售空调压缩机、冰箱压缩机以及除湿机压缩机等				

主要财务指标	指标\报告期	2015.06.30	2014.12.31	2014.06.30	2013.12.31
	基本每股收益(元)	0.0800	0.1400	0.1000	0.1600
	基本每股收益(扣除后)(元)	0.0500	0.1000	0.0800	0.1000
	稀释每股收益(元)	0.0800	0.1400	0.1000	0.1600
	每股净资产(元)	3.5805	3.5889	3.5495	3.5494
	每股经营现金净流量(元)	0.1510	0.6935	-0.3738	0.6268
	每股现金流量(元)	-0.3448	0.2794	0.4092	0.1236
	每股资本公积金(元)	1.2343	1.2242	1.2488	1.2493
	每股盈余公积金(元)	0.3437	0.3437	0.3341	0.3341
	每股未分配利润(元)	0.9780	1.0047	0.9729	0.9828
	净资产收益率(%)	2.1413	3.9023	2.7793	4.3935
	加权净资产收益率(%)	2.1100	3.9200	2.7400	4.4000
	净资产收益率(扣除)(%)	1.3750	2.8493	2.3151	2.8295
	总资产(万元)	874400.44	865139.56	981685.96	812548.61
	归属母公司股东权益(万元)	239084.36	239647.53	237014.67	237006.32
	营业收入(万元)	331342.14	680844.72	388389.44	662161.96
	营业支出(万元)	285743.16	595327.06	343304.63	578726.64
	投资收益(万元)	565.51	2232.06	937.61	2455.42
	净利润(万元)	8353.89	13740.10	6587.32	10412.92
	营业利润(万元)	8581.57	12591.12	8991.16	12699.94
	利润总额(万元)	10605.88	16565.89	10723.66	16796.09

上海市天宸股份有限公司

公司概况	公司名称	上海市天宸股份有限公司		证券简称	天宸股份
	法人代表	叶茂菁	董秘	许旭羽	证券代码	600620
	公司网址	www.shstc.com		电子信箱	xuxuyu@shstc.com
	电　话	021-62782233		传　真	021-62789070
	办公地址	上海市长宁区仙霞路 8 号 29 楼			
	经营范围	实业投资、信息网络安全产品开发、国内贸易、房地产开发经营			

主要财务指标 指标\报告期	2015.06.30	2014.12.31	2014.06.30	2013.12.31
基本每股收益(元)	0.1536	0.1800	0.0926	0.2600
基本每股收益(扣除后)(元)	0.1150	0.0400	0.0922	−0.0500
稀释每股收益(元)	0.1536	0.1800	0.0926	0.2600
每股净资产(元)	12.9992	1.8208	1.7451	1.8117
每股经营现金净流量(元)	−0.0040	0.2201	−0.0337	−0.0663
每股现金流量(元)	0.1320	0.1626	−0.0588	0.0421
每股资本公积金(元)	0.0125	0.0172	0.0097	0.0189
每股盈余公积金(元)	0.2312	0.2312	0.2084	0.2084
每股未分配利润(元)	0.6703	0.5867	0.5270	0.5844
净资产收益率(%)	1.1817	9.6202	5.3082	14.2739
加权净资产收益率(%)	2.0700	9.7800	5.2100	15.0400
净资产收益率(扣除)(%)	0.8844	2.0001	5.2847	−2.6699
总资产(万元)	767882.03	86035.27	92430.87	94239.28
归属母公司股东权益(万元)	595084.28	83354.04	79889.19	82938.47
营业收入(万元)	2557.07	3681.40	1875.56	3626.29
营业支出(万元)	1601.79	3235.02	1630.55	3251.04
投资收益(万元)	8280.33	11765.87	6064.75	18097.15
净利润(万元)	7034.99	7773.23	4240.71	11838.53
营业利润(万元)	7642.70	7680.91	4119.43	12258.13
利润总额(万元)	7653.69	7854.99	4144.06	12112.22

上海华鑫股份有限公司

公司概况	公司名称	上海华鑫股份有限公司			证券简称	华鑫股份
	法人代表	毛辰	董秘	胡之奎	证券代码	600621
	公司网址	www.shchinafortune.com		电子信箱	shcf@shchinafortune.com	
	电　话	021-63226000*203		传　真	021-63502688	
	办公地址	上海市徐汇区田林路 142 号 G 楼 5—6 层				
	经营范围	表面贴装、印刷电路板、网络产品与工程、电子设备、物业经营等				

主要财务指标 指标\报告期	2015.06.30	2014.12.31	2014.06.30	2013.12.31
基本每股收益(元)	0.2994	0.2953	0.1684	0.5648
基本每股收益(扣除后)(元)	0.2974	0.2844	0.1657	0.5689
稀释每股收益(元)	0.2994	0.2953	0.1684	0.5648
每股净资产(元)	3.6840	3.3453	3.1895	3.1920
每股经营现金净流量(元)	−0.1185	−0.0325	0.2755	0.8498
每股现金流量(元)	−0.7723	−0.2697	0.1473	1.1309
每股资本公积金(元)	0.4151	0.4151	0.4133	0.4142
每股盈余公积金(元)	0.3510	0.3510	0.3435	0.3435
每股未分配利润(元)	1.8514	1.5520	1.4326	1.4342
净资产收益率(%)	8.1268	8.8263	5.2796	17.6956
加权净资产收益率(%)	8.5200	9.0300	5.2800	19.0600
净资产收益率(扣除)(%)	8.0719	8.5008	5.1941	17.8219
总资产(万元)	334935.92	365767.78	333160.47	337660.39
归属母公司股东权益(万元)	193073.50	175323.32	167157.66	167287.23
营业收入(万元)	29854.27	59738.70	37992.03	111682.78
营业支出(万元)	8396.10	30536.65	19148.80	54646.84
投资收益(万元)	3600.12	2455.22	−40.96	2509.16
净利润(万元)	14944.15	15220.92	8825.26	29602.43
营业利润(万元)	19192.57	18871.92	10474.39	36045.65
利润总额(万元)	19311.82	18277.72	10441.59	35239.59

上海嘉宝实业(集团)股份有限公司

公司概况	公司名称	上海嘉宝实业(集团)股份有限公司			证券简称	嘉宝集团
	法人代表	钱明	董秘	孙红良	证券代码	600622
	公司网址	www.jbjt.com		电子信箱	jbdm@jbjt.com	
	电　话	021-59529711		传　真	021-59536931	
	办公地址	上海市嘉定区清河路 55 号 6-7F				
	经营范围	实业投资、国内贸易(除专项规定)、劳务服务、进出口业务等				

主要财务指标 指标\报告期	2015.06.30	2014.12.31	2014.06.30	2013.12.31
基本每股收益(元)	0.3570	0.6970	0.5380	0.6590
基本每股收益(扣除后)(元)	0.1600	0.4610	0.3370	0.5210
稀释每股收益(元)	0.3570	0.6970	0.5380	0.6590
每股净资产(元)	5.9559	5.7629	5.5684	5.2165
每股经营现金净流量(元)	0.2915	−3.0890	0.5145	1.0739
每股现金流量(元)	0.9705	−0.7591	−0.4438	0.6349
每股资本公积金(元)	1.1885	1.2615	1.3838	1.3694
每股盈余公积金(元)	0.3900	0.3900	0.3377	0.3377
每股未分配利润(元)	3.1019	2.9515	2.8470	2.5095
净资产收益率(%)	6.0018	12.1005	9.6536	12.6323
加权净资产收益率(%)	5.9930	12.7800	9.7870	13.3600
净资产收益率(扣除)(%)	2.6798	8.0075	6.0603	9.9930
总资产(万元)	890846.29	892793.34	905892.64	789959.67
归属母公司股东权益(万元)	306314.10	296389.02	286387.15	268286.06
营业收入(万元)	103355.42	163737.15	95940.80	189948.53
营业支出(万元)	78355.50	98476.74	51396.67	126180.36
投资收益(万元)	2831.28	7745.08	1526.97	5317.12
净利润(万元)	19136.27	39966.02	27646.54	33890.76
营业利润(万元)	14289.03	39205.45	25868.48	39289.14
利润总额(万元)	25455.04	51766.69	38300.78	47988.96

双钱集团股份有限公司

公司概况	公司名称	双钱集团股份有限公司			证券简称	双钱股份
	法人代表	刘训峰	董秘	马晓宾	证券代码	600623
	公司网址	www.doublecoinholdings.com		电子信箱	company@doublecoinholdings.com	
	电　话	021-23537288　26067029		传　真	021-26067032	
	办公地址	上海市虹口区吴淞路 290 号耀江国际广场办公大楼				
	经营范围	轮胎、力车胎、胶鞋及其橡胶制品和前述产品的配件、橡胶原辅材料等				

主要财务指标 指标\报告期	2015.06.30	2014.12.31	2014.06.30	2013.12.31
基本每股收益(元)	−0.1030	0.3850	0.1880	0.3440
基本每股收益(扣除后)(元)	−0.1230	−0.1620	0.1390	0.2960
稀释每股收益(元)	−0.1030	0.3850	0.1880	0.3440
每股净资产(元)	3.3525	3.3983	3.1452	3.0617
每股经营现金净流量(元)	0.8977	−0.0387	−0.2411	0.7595
每股现金流量(元)	−0.3720	0.4030	0.2153	0.2323
每股资本公积金(元)	0.6824	8.2551	0.7950	0.7927
每股盈余公积金(元)	0.2481	0.8331	0.2411	0.2411
每股未分配利润(元)	0.9930	2.9028	1.1094	1.0299
净资产收益率(%)	−3.0661	11.3249	5.9623	11.2249
加权净资产收益率(%)	−3.0940	11.9200	5.9430	11.7200
净资产收益率(扣除)(%)	−3.6816	−4.7598	4.4348	9.6827
总资产(万元)	1344805.02	3208915.93	1374946.71	1133680.78
归属母公司股东权益(万元)	298196.30	1176581.37	279752.93	272324.75
营业收入(万元)	585668.65	1473056.49	700030.08	1433218.23
营业支出(万元)	523114.63	1314123.19	610416.19	1242759.07
投资收益(万元)	997.00	14826.84	487.26	5225.91
净利润(万元)	−23683.09	44946.72	16679.70	30568.17
营业利润(万元)	−23279.13	−17780.13	15560.78	34239.11
利润总额(万元)	−21851.34	60946.32	20866.92	38377.52

上海复旦复华科技股份有限公司

公司概况	公司名称	上海复旦复华科技股份有限公司			证券简称	复旦复华
	法人代表	张陆洋	董秘	任琳芳	证券代码	600624
	公司网址	www.forwardgroup.com		电子信箱	shareholder@forwardgroup.com	
	电　话	021-63872288		传　真	021-63869700	
	办公地址	上海市国权路 525 号				
	经营范围	电脑系统、通讯设备、自动化仪表、生物技术、光源照明等				

主要财务指标	指标\报告期	2015.06.30	2014.12.31	2014.06.30	2013.12.31
	基本每股收益(元)	0.0453	0.1090	0.0482	0.0980
	基本每股收益(扣除后)(元)	0.0435	0.0810	0.0460	0.0780
	稀释每股收益(元)	0.0453	0.1090	0.0482	0.0980
	每股净资产(元)	2.5500	2.5316	1.7289	1.7223
	每股经营现金净流量(元)	0.1624	0.0883	0.0647	-0.3864
	每股现金流量(元)	0.0427	-0.2618	-0.2061	-0.2143
	每股资本公积金(元)	1.1159	1.1159	0.2710	0.2710
	每股盈余公积金(元)	0.0412	0.0412	0.0407	0.0407
	每股未分配利润(元)	0.4355	0.4212	0.4538	0.4486
	净资产收益率(%)	1.7776	3.9506	2.7890	5.6711
	加权净资产收益率(%)	1.7700	5.2520	2.7600	5.7280
	净资产收益率(扣除)(%)	1.7083	2.9086	2.6584	4.5320
	总资产(万元)	167202.38	165424.01	153204.78	154108.08
	归属母公司股东权益(万元)	103155.35	102569.84	59674.44	59445.77
	营业收入(万元)	35348.84	100789.78	47062.11	95165.46
	营业支出(万元)	25246.66	79248.38	35799.56	75911.42
	投资收益(万元)	-27.97	-42.26	-30.84	-197.22
	净利润(万元)	2071.86	4603.72	1664.29	3371.22
	营业利润(万元)	2400.76	4140.16	2201.48	3889.10
	利润总额(万元)	2611.87	5375.84	2435.75	4947.00

上海申达股份有限公司

公司概况	公司名称	上海申达股份有限公司			证券简称	申达股份
	法人代表	安秀清	董秘	陆志军(代)	证券代码	600626
	公司网址	www.cnshenda.com.cn		电子信箱	600626@sh-shenda.com	
	电　话	021-62328282		传　真	021-62317250	
	办公地址	上海市江宁路 1500 号申达国际大厦(近澳门路)				
	经营范围	纺纱织布、两纱两布、各类纺织品服装、复制品及技术出口等				

主要财务指标	指标\报告期	2015.06.30	2014.12.31	2014.06.30	2013.12.31
	基本每股收益(元)	0.0740	0.2078	0.1027	0.2710
	基本每股收益(扣除后)(元)	0.0582	0.1727	0.0975	-
	稀释每股收益(元)	0.0740	0.2078	0.1027	0.2710
	每股净资产(元)	3.1785	3.1745	3.0281	3.0254
	每股经营现金净流量(元)	-0.1442	-0.0307	-0.3271	0.0063
	每股现金流量(元)	-0.3325	-0.5096	-0.4570	-0.2743
	每股资本公积金(元)	0.2001	0.2001	0.2001	0.2001
	每股盈余公积金(元)	0.9382	0.9382	1.3622	1.2801
	每股未分配利润(元)	0.9689	0.9949	0.4657	0.5451
	净资产收益率(%)	2.3267	6.5475	3.3912	8.9577
	加权净资产收益率(%)	2.2800	6.7400	3.3400	9.2200
	净资产收益率(扣除)(%)	1.8295	5.4416	3.2213	6.6319
	总资产(万元)	405125.88	396901.95	388111.51	378977.94
	归属母公司股东权益(万元)	225751.31	225464.14	215069.18	214878.09
	营业收入(万元)	335942.40	701807.11	335714.49	695112.78
	营业支出(万元)	311073.79	644354.61	307689.54	639124.15
	投资收益(万元)	1056.58	6220.34	2528.88	9312.85
	净利润(万元)	5985.21	16906.08	7293.51	19248.14
	营业利润(万元)	6997.02	19645.16	9547.50	21262.16
	利润总额(万元)	7515.62	21010.29	9468.71	25592.25

上海新世界股份有限公司

公司概况	公司名称	上海新世界股份有限公司			证券简称	新 世 界
	法人代表	徐若海	董秘	王文华	证券代码	600628
	公司网址	www.newworld-china.com		电子信箱	nwuser@sh163.net	
	电　话	021-63588888 3322		传　真	021-63583331	
	办公地址	上海市南京西路 2-88 号				
	经营范围	日用百货零售与批发、兼营房地产、酒店、旅游、投资咨询、成衣加工等				

主要财务指标	指标\报告期	2015.06.30	2014.12.31	2014.06.30	2013.12.31
	基本每股收益(元)	0.0700	0.4500	0.2500	0.4600
	基本每股收益(扣除后)(元)	0.0600	0.3600	0.1900	0.3600
	稀释每股收益(元)	0.0700	0.4500	0.2500	0.4600
	每股净资产(元)	4.8926	4.8223	4.7622	4.5103
	每股经营现金净流量(元)	0.2081	0.8780	0.2366	0.7799
	每股现金流量(元)	-0.0649	-0.1849	0.0367	0.2574
	每股资本公积金(元)	0.8716	0.8716	0.8852	0.8832
	每股盈余公积金(元)	0.5371	0.5374	0.4945	0.4948
	每股未分配利润(元)	2.4562	2.3900	2.3825	2.1324
	净资产收益率(%)	1.3533	9.3449	5.2507	10.1404
	加权净资产收益率(%)	1.3600	9.5900	5.3900	10.4300
	净资产收益率(扣除)(%)	1.3149	7.4878	4.0622	8.0175
	总资产(万元)	476347.83	521457.21	536907.48	522668.10
	归属母公司股东权益(万元)	260187.13	256450.50	253251.55	239859.44
	营业收入(万元)	151570.31	333262.83	163541.68	345031.97
	营业支出(万元)	106363.47	243486.40	118444.23	251754.32
	投资收益(万元)	-7561.14	-211.62	6.98	-1634.56
	净利润(万元)	4042.32	24799.48	13297.54	24322.66
	营业利润(万元)	7339.21	27066.40	14441.65	27713.94
	利润总额(万元)	7406.25	33196.47	17331.77	34209.20

华东建筑集团股份有限公司

公司概况	公司名称	华东建筑集团股份有限公司			证券简称	华建集团
	法人代表	秦云	董秘	徐志浩	证券代码	600629
	公司网址			电子信箱	chenyl@lengguang.sh.cn	
	电　话	021-62464018		传　真	021-62192863	
	办公地址	上海市延安西路 2558 号 2 号楼				
	经营范围	实业投资、自有房屋出租、石英玻璃、电子仪表、半导体材料、机电设备等				

主要财务指标	指标\报告期	2015.06.30	2014.12.31	2014.06.30	2013.12.31
	基本每股收益(元)	0.0040	0.0130	-0.0110	0.0400
	基本每股收益(扣除后)(元)	-0.0090	-0.0820	-0.0730	-0.0900
	稀释每股收益(元)	0.0040	0.0130	-0.0110	0.0400
	每股净资产(元)	2.2467	2.2426	2.2194	2.2300
	每股经营现金净流量(元)	0.7280	0.4324	0.0720	-0.0611
	每股现金流量(元)	-0.0076	-0.9466	-0.1153	-0.8298
	每股资本公积金(元)	1.7279	3.2093	1.7279	1.7279
	每股盈余公积金(元)	0.1697	1.5038	0.1697	0.1697
	每股未分配利润(元)	-0.6509	3.9798	-0.6781	-0.6676
	净资产收益率(%)	0.1826	0.5641	-0.4738	1.7887
	加权净资产收益率(%)	0.1830	0.5660	-0.4730	1.8050
	净资产收益率(扣除)(%)	-0.4035	-3.6525	-3.2753	-4.0145
	总资产(万元)	154318.61	388390.86	153081.63	156383.12
	归属母公司股东权益(万元)	78185.30	56931.45	77236.33	77602.30
	营业收入(万元)	21023.59	48497.96	23790.10	38084.66
	营业支出(万元)	15329.47	36860.73	19561.24	27146.27
	投资收益(万元)	270.49	224.75	88.22	2930.97
	净利润(万元)	-85.09	718.01	-365.97	1388.11
	营业利润(万元)	-229.93	-3145.76	-3322.63	-748.15
	利润总额(万元)	336.15	854.78	-562.21	2653.76

上海龙头(集团)股份有限公司

公司概况	公司名称	上海龙头(集团)股份有限公司			证券简称	龙头股份
	法人代表	朱勇	董秘	陈峰	证券代码	600630
	公司网址	www.shanghaidragon.com.cn		电子信箱	ltdsh@shanghaidragon.com.cn	
	电　话	021-34061116 63159108		传　真	021-54666630 63158280	
	办公地址	上海市制造局路 584 号 A 座 4 楼				
	经营范围	纺织品制造业、针织、家用纺织品、服装服饰及纺织品印染等				

主要财务指标	指标＼报告期	2015.06.30	2014.12.31	2014.06.30	2013.12.31
	基本每股收益(元)	0.0900	0.1500	0.0700	0.1200
	基本每股收益(扣除后)(元)	0.0800	0.1200	0.0500	-0.2200
	稀释每股收益(元)	0.0900	0.1500	0.0700	0.1200
	每股净资产(元)	3.8890	3.8404	3.7633	3.6911
	每股经营现金净流量(元)	-0.0320	0.2216	0.1870	0.1347
	每股现金流量(元)	-0.1118	0.0355	0.1215	-0.0003
	每股资本公积金(元)	2.1955	2.1955	2.2150	2.2153
	每股盈余公积金(元)	0.0291	0.0291	0.0232	0.0232
	每股未分配利润(元)	0.6429	0.5961	0.5251	0.4526
	净资产收益率(%)	2.3594	3.8895	1.9272	3.3309
	加权净资产收益率(%)	2.3600	3.9700	1.9500	3.3900
	净资产收益率(扣除)(%)	2.0170	3.0241	1.4215	-5.8930
	总资产(万元)	241029.91	230728.20	253695.05	252187.78
	归属母公司股东权益(万元)	165227.46	163162.97	159889.37	156822.59
	营业收入(万元)	196593.09	412726.18	189915.95	418914.43
	营业支出(万元)	154819.86	331516.89	151324.12	338346.30
	投资收益(万元)	605.31	1600.14	972.50	13209.00
	净利润(万元)	3898.51	6375.23	3081.46	5223.68
	营业利润(万元)	4235.82	6216.97	2934.94	4716.63
	利润总额(万元)	4990.16	7858.52	3997.36	6841.62

浙报传媒集团股份有限公司

公司概况	公司名称	浙报传媒集团股份有限公司			证券简称	浙报传媒
	法人代表	张雪南	董秘	梁楠	证券代码	600633
	公司网址	www.600633.cn		电子信箱	zdm@600633.cn	
	电　话	0571-85310949 85310180		传　真	0571-85058016	
	办公地址	浙江省杭州市体育场路 178 号 26-27 楼				
	经营范围	传播与文化产业的投资、开发、管理及咨询服务				

主要财务指标	指标＼报告期	2015.06.30	2014.12.31	2014.06.30	2013.12.31
	基本每股收益(元)	0.2381	0.4400	0.2400	0.7600
	基本每股收益(扣除后)(元)	0.1928	0.3800	0.2200	0.7100
	稀释每股收益(元)	0.2381	0.4400	0.2400	0.7600
	每股净资产(元)	3.2272	3.2091	3.0342	5.9638
	每股经营现金净流量(元)	0.0312	0.4954	-0.0353	1.3437
	每股现金流量(元)	-0.2565	0.0960	-0.2896	0.6223
	每股资本公积金(元)	1.2460	1.2459	1.2559	3.5421
	每股盈余公积金(元)	0.0654	0.0654	0.0501	0.1002
	每股未分配利润(元)	0.9159	0.8978	0.7283	1.3216
	净资产收益率(%)	7.3788	13.5657	7.9914	11.6178
	加权净资产收益率(%)	7.2300	14.0800	7.9200	15.4400
	净资产收益率(扣除)(%)	5.9751	11.9016	7.1418	10.7480
	总资产(万元)	695446.57	708486.09	650902.38	656217.19
	归属母公司股东权益(万元)	383479.64	381330.67	360549.58	354335.54
	营业收入(万元)	150505.40	306594.73	126808.39	235574.92
	营业支出(万元)	81295.42	163274.12	62748.57	122374.29
	投资收益(万元)	12367.12	7547.24	7964.51	4278.73
	净利润(万元)	36575.91	61146.50	28812.80	41165.83
	营业利润(万元)	37701.40	61255.09	37737.84	49851.15
	利润总额(万元)	39580.73	67422.55	38731.30	52929.58

上海中技投资控股股份有限公司

公司概况	公司名称	上海中技投资控股股份有限公司			证券简称	中技控股
	法人代表	朱建舟	董秘	戴尔君	证券代码	600634
	公司网址	www.zpzchina.com		电子信箱	zpz@zpzchina.com	
	电　话	021-65929055		传　真	021-65283425	
	办公地址	上海市虹口区广粤路 437 号 2 幢				
	经营范围	房地产开发与经营等				

主要财务指标	指标＼报告期	2015.06.30	2014.12.31	2014.06.30	2013.12.31
	基本每股收益(元)	0.0700	0.2300	0.0800	0.5400
	基本每股收益(扣除后)(元)	0.0500	0.2000	0.0500	0.4300
	稀释每股收益(元)	0.0700	0.2300	0.0800	0.5400
	每股净资产(元)	4.1870	4.1033	3.9689	5.8367
	每股经营现金净流量(元)	-0.2054	0.6399	0.1890	1.0649
	每股现金流量(元)	0.1880	-0.0688	-0.0058	1.5894
	每股资本公积金(元)	1.9500	1.9333	1.9553	3.4329
	每股盈余公积金(元)	0.1192	0.1192	0.0839	0.1259
	每股未分配利润(元)	1.1178	1.0508	0.9297	1.2779
	净资产收益率(%)	1.5991	5.7060	1.9598	5.2283
	加权净资产收益率(%)	1.6200	5.8400	1.9800	12.4200
	净资产收益率(扣除)(%)	1.2534	4.8405	1.2611	4.1232
	总资产(万元)	693338.15	677366.57	705963.07	653927.04
	归属母公司股东权益(万元)	241058.02	236239.19	228503.09	224024.82
	营业收入(万元)	83100.99	282326.86	150554.80	355248.17
	营业支出(万元)	60987.15	222679.12	121770.38	292527.21
	投资收益(万元)	-268.54	-52.06	62.62	537.53
	净利润(万元)	4166.01	14533.14	4478.27	11712.71
	营业利润(万元)	4335.10	16682.87	4953.45	13400.53
	利润总额(万元)	5422.66	19832.07	6660.45	16144.32

上海大众公用事业(集团)股份有限公司

公司概况	公司名称	上海大众公用事业(集团)股份有限公司			证券简称	大众公用
	法人代表	杨国平	董秘	赵飞	证券代码	600635
	公司网址	www.dzug.cn		电子信箱	master@dzug.cn	
	电　话	021-64280679		传　真	021-64288727	
	办公地址	上海市徐汇区中山西路 1515 号大众大厦 8 楼、9 楼				
	经营范围	交通运输业和城市燃气业等				

主要财务指标	指标＼报告期	2015.06.30	2014.12.31	2014.06.30	2013.12.31
	基本每股收益(元)	0.1500	0.2100	0.0751	0.1700
	基本每股收益(扣除后)(元)	0.0800	0.1000	0.0602	0.0600
	稀释每股收益(元)	0.1500	0.2100	0.0751	0.1700
	每股净资产(元)	2.2023	2.6800	2.3523	2.3993
	每股经营现金净流量(元)	0.1382	0.4153	0.4937	0.3237
	每股现金流量(元)	0.1201	0.3469	0.4120	-0.1671
	每股资本公积金(元)	0.0846	0.1260	0.3765	0.4285
	每股盈余公积金(元)	0.1592	0.2388	0.2221	0.2221
	每股未分配利润(元)	0.3649	0.8591	0.7543	0.7494
	净资产收益率(%)	6.7538	7.7234	3.1933	7.0700
	加权净资产收益率(%)	7.4600	8.1300	3.1600	7.1200
	净资产收益率(扣除)(%)	3.4239	3.8488	2.5585	2.5769
	总资产(万元)	1411616.84	1230575.71	1169360.63	1076014.13
	归属母公司股东权益(万元)	543386.26	440830.61	386923.42	394660.83
	营业收入(万元)	256649.67	413104.26	218601.54	387409.29
	营业支出(万元)	225299.78	368601.77	202476.08	346815.34
	投资收益(万元)	46088.88	52885.24	22579.27	55704.33
	净利润(万元)	38961.74	37425.64	12355.81	27902.41
	营业利润(万元)	50306.83	39781.24	14206.07	34582.89
	利润总额(万元)	42609.43	41676.42	14351.62	36324.79

上海三爱富新材料股份有限公司

公司概况						
	公司名称	上海三爱富新材料股份有限公司			证券简称	三爱富
	法人代表	金健	董秘	李莉	证券代码	600636
	公司网址	www.sh3f.com		电子信箱	bod@sh3f.com	
	电话	021-64823549 64823552		传真	021-64823550	
	办公地址	上海市漕溪路 250 号银海大楼 A805 室				
	经营范围	有机氟原料及其产品的生产和销售				

主要财务指标	指标\报告期	2015.06.30	2014.12.31	2014.06.30	2013.12.31
	基本每股收益(元)	-0.0913	0.0170	0.0583	0.1840
	基本每股收益(扣除后)(元)	-0.1800	-0.2140	-0.0175	-0.1270
	稀释每股收益(元)	-0.0913	0.0170	0.0583	0.1840
	每股净资产(元)	4.1581	4.2594	4.3764	4.3783
	每股经营现金净流量(元)	0.1920	-0.0934	0.0950	0.7718
	每股现金流量(元)	2.6594	-0.0331	-0.0954	-0.1812
	每股资本公积金(元)	0.2265	0.2265	0.2249	0.2249
	每股盈余公积金(元)	0.2385	0.2385	0.2385	0.2385
	每股未分配利润(元)	2.6969	2.7982	2.9130	2.9149
	净资产收益率(%)	-2.1961	0.3975	1.3316	4.2135
	加权净资产收益率(%)	-1.6400	0.3900	1.0600	4.2000
	净资产收益率(扣除)(%)	-4.2472	-5.0289	-0.4009	-2.9036
	总资产(万元)	520840.84	388130.26	358639.02	332473.08
	归属母公司股东权益(万元)	158820.06	162689.73	167158.53	167228.81
	营业收入(万元)	216526.95	393993.31	160535.09	328667.86
	营业支出(万元)	196783.75	356322.17	140492.77	288726.11
	投资收益(万元)	116.71	967.63	280.99	951.46
	净利润(万元)	-1429.39	4913.76	2225.87	7046.19
	营业利润(万元)	-4433.55	-1992.06	3488.91	-2407.60
	利润总额(万元)	428.54	8833.22	8156.74	16237.10

上海东方明珠新媒体股份有限公司

公司概况						
	公司名称	上海东方明珠新媒体股份有限公司			证券简称	东方明珠
	法人代表	凌钢	董秘	许峰	证券代码	600637
	公司网址	www.bestv.com.cn		电子信箱	bestvdongban@126.com	
	电话	021-33396736 33396637		传真	021-33396636	
	办公地址	上海市徐汇区宜山路 757 号百视通大厦				
	经营范围	电子、信息、网络产品的设计、研究、开发、委托加工、销售、维修等				

主要财务指标	指标\报告期	2015.06.30	2014.12.31	2014.06.30	2013.12.31
	基本每股收益(元)	0.6174	0.7053	0.5519	0.6100
	基本每股收益(扣除后)(元)	0.2730	0.6554	0.3120	0.5628
	稀释每股收益(元)	0.6174	0.7053	0.5519	0.6100
	每股净资产(元)	10.2125	4.0137	3.6487	3.3405
	每股经营现金净流量(元)	0.1532	0.9886	0.2071	0.6660
	每股现金流量(元)	1.2830	0.3583	1.0555	0.2616
	每股资本公积金(元)	5.5345	5.4685	0.9785	0.9967
	每股盈余公积金(元)	0.3740	0.8820	0.0108	0.0108
	每股未分配利润(元)	2.5262	4.9142	1.6615	1.3535
	净资产收益率(%)	5.4544	17.5714	9.5368	18.2065
	加权净资产收益率(%)	8.3490	19.1816	9.1886	19.7857
	净资产收益率(扣除)(%)	1.1858	16.3287	8.5514	16.8469
	总资产(万元)	3860709.30	2795256.20	552090.16	514924.42
	归属母公司股东权益(万元)	2682358.32	1528855.82	406369.00	372038.19
	营业收入(万元)	1100232.25	297781.57	717392.13	263735.09
	营业支出(万元)	805631.64	162390.49	507614.84	142590.65
	投资收益(万元)	42972.12	4957.24	59785.27	3511.15
	净利润(万元)	175583.76	71005.18	147184.20	66145.07
	营业利润(万元)	209882.96	73778.61	172551.31	70922.51
	利润总额(万元)	225011.35	80217.39	190850.09	77074.15

上海新黄浦置业股份有限公司

公司概况						
	公司名称	上海新黄浦置业股份有限公司			证券简称	新黄浦
	法人代表	程齐鸣	董秘	李薇洁	证券代码	600638
	公司网址	www.600638.com		电子信箱	stock@600638.com	
	电话	021-63238888		传真	021-63237777	
	办公地址	上海市北京东路 668 号西楼 32 层				
	经营范围	房地产经营、旧危房改造、室内外建筑装潢、物业管理、房产咨询等				

主要财务指标	指标\报告期	2015.06.30	2014.12.31	2014.06.30	2013.12.31
	基本每股收益(元)	0.1468	0.3020	0.1089	0.4070
	基本每股收益(扣除后)(元)	0.0981	0.2470	0.0640	0.2910
	稀释每股收益(元)	0.1468	0.3020	0.1089	0.4070
	每股净资产(元)	6.3165	6.1798	5.8493	5.9826
	每股经营现金净流量(元)	0.8282	0.5625	-0.3708	-0.5899
	每股现金流量(元)	0.6906	-0.9689	0.2376	0.8187
	每股资本公积金(元)	1.8312	1.8312	1.8393	1.8536
	每股盈余公积金(元)	0.5504	0.5504	0.5386	0.5386
	每股未分配利润(元)	2.7950	2.6482	2.4678	2.5869
	净资产收益率(%)	2.3247	4.8937	1.8620	6.8007
	加权净资产收益率(%)	2.3500	4.9900	1.8000	6.8400
	净资产收益率(扣除)(%)	1.5530	4.0030	1.0941	4.8620
	总资产(万元)	1011089.16	1010618.98	985995.78	944287.36
	归属母公司股东权益(万元)	354456.50	346788.56	328240.79	335723.53
	营业收入(万元)	63161.46	101178.78	67177.45	82880.18
	营业支出(万元)	51123.20	75654.22	57107.11	59968.73
	投资收益(万元)	6268.79	12324.04	4203.77	14583.49
	净利润(万元)	8695.36	16714.67	6111.69	22831.66
	营业利润(万元)	7182.77	15901.81	4746.50	19807.39
	利润总额(万元)	9744.52	19199.45	7379.15	27679.24

上海金桥出口加工区开发股份有限公司

公司概况						
	公司名称	上海金桥出口加工区开发股份有限公司			证券简称	浦东金桥
	法人代表	黄国平	董秘	严少云	证券代码	600639
	公司网址	www.58991818.com		电子信箱	jqir@58991818.com	
	电话	021-50307702		传真	021-50301533	
	办公地址	上海市浦东新区新金桥路 27 号 1 号楼				
	经营范围	房地产开发和销售业务、房地产租赁业务、酒店公寓业务等				

主要财务指标	指标\报告期	2015.06.30	2014.12.31	2014.06.30	2013.12.31
	基本每股收益(元)	0.2510	0.4627	0.2339	0.4600
	基本每股收益(扣除后)(元)	0.2476	0.4439	0.2223	0.3980
	稀释每股收益(元)	0.2510	0.4627	0.2339	0.4600
	每股净资产(元)	8.8294	6.2565	5.0647	4.9706
	每股经营现金净流量(元)	-0.6268	0.3109	-0.0218	0.2251
	每股现金流量(元)	0.0111	0.0421	-0.2746	0.1859
	每股资本公积金(元)	0.8707	0.8707	0.8860	0.8858
	每股盈余公积金(元)	0.6400	0.6400	0.5944	0.5944
	每股未分配利润(元)	2.8785	2.7676	2.5843	2.4905
	净资产收益率(%)	2.8423	7.3949	4.6174	9.2549
	加权净资产收益率(%)	3.3000	8.2400	4.6000	9.5900
	净资产收益率(扣除)(%)	2.8040	7.0947	4.3897	8.0077
	总资产(万元)	1575785.99	1241576.97	1030515.16	1030663.01
	归属母公司股东权益(万元)	820094.69	581117.98	470423.38	461682.78
	营业收入(万元)	74782.31	191425.10	96167.08	142865.65
	营业支出(万元)	26245.37	85724.80	42198.98	45251.38
	投资收益(万元)	3368.67	3363.91	2023.31	2297.04
	净利润(万元)	25429.95	51802.71	21721.52	42728.45
	营业利润(万元)	32935.28	63470.25	34164.24	54449.69
	利润总额(万元)	33354.26	66127.18	35592.29	62862.90

号百控股股份有限公司

公司概况	公司名称	号百控股股份有限公司		证券简称	号百控股
	法人代表	王玮	董秘 李培忠	证券代码	600640
	公司网址	www.besttoneh.com		电子信箱	02162762171@189.cn
	电　　话	021-62762171		传　　真	021-62763321
	办公地址	上海市江宁路1207号国脉大厦			
	经营范围	无线通信、图像、数据及各类通信产品、通信系统的设计、开发、开通等			

主要财务指标	指标\报告期	2015.06.30	2014.12.31	2014.06.30	2013.12.31
	基本每股收益(元)	0.0795	0.1638	0.0793	0.1518
	基本每股收益(扣除后)(元)	-0.0014	0.0320	0.0299	0.0812
	稀释每股收益(元)	0.0795	0.1638	0.0793	0.1518
	每股净资产(元)	4.7501	4.7205	4.6360	4.6027
	每股经营现金净流量(元)	-0.5097	0.0953	-0.1218	0.3664
	每股现金流量(元)	1.3938	-1.8159	-1.6990	0.2738
	每股资本公积金(元)	2.5359	2.5359	2.5359	2.5359
	每股盈余公积金(元)	0.4259	0.4259	0.4177	0.4177
	每股未分配利润(元)	0.7883	0.7587	0.6825	0.6492
	净资产收益率(%)	1.6744	3.4705	1.7112	3.2974
	加权净资产收益率(%)	1.6708	3.5201	1.7089	3.3526
	净资产收益率(扣除)(%)	-0.0294	0.6788	0.6458	1.7636
	总资产(万元)	368534.41	373287.77	358157.42	360060.52
	归属母公司股东权益(万元)	254301.83	252720.72	248197.32	246412.75
	营业收入(万元)	154562.58	238127.42	103951.79	186581.91
	营业支出(万元)	136816.35	198076.73	83668.16	143182.65
	投资收益(万元)	3306.24	6740.43	2520.69	2681.23
	净利润(万元)	4554.69	9479.32	4247.25	8125.10
	营业利润(万元)	3463.00	11051.21	5085.87	10418.84
	利润总额(万元)	5735.64	12236.38	5552.75	11663.83

上海万业企业股份有限公司

公司概况	公司名称	上海万业企业股份有限公司		证券简称	万业企业
	法人代表	程光	董秘 吴云韶	证券代码	600641
	公司网址	www.600641.com.cn		电子信箱	wyqy@vip.sina.com
	电　　话	021-50367718		传　　真	021-50366858
	办公地址	上海市浦东大道720号9楼			
	经营范围	实业投资、资产经营、房地产开发经营、钢材、木材、建筑材料等			

主要财务指标	指标\报告期	2015.06.30	2014.12.31	2014.06.30	2013.12.31
	基本每股收益(元)	0.1863	0.4968	0.3003	0.2812
	基本每股收益(扣除后)(元)	0.1721	0.1826	0.0183	0.2435
	稀释每股收益(元)	0.1863	0.4968	0.3003	0.2812
	每股净资产(元)	4.5274	4.4847	4.2688	3.2970
	每股经营现金净流量(元)	0.1303	0.7935	0.2368	0.5656
	每股现金流量(元)	-0.3123	-0.3367	0.2507	0.5634
	每股资本公积金(元)	0.2373	0.2373	0.2582	0.0455
	每股盈余公积金(元)	0.9997	0.9869	0.9741	0.4527
	每股未分配利润(元)	2.2440	2.2206	2.0369	1.8375
	净资产收益率(%)	4.1142	11.0774	7.0337	8.5290
	加权净资产收益率(%)	4.0400	12.1000	8.7500	8.7700
	净资产收益率(扣除)(%)	3.8004	4.0705	0.4295	7.3853
	总资产(万元)	670071.75	720074.84	819011.80	802166.20
	归属母公司股东权益(万元)	364978.66	361541.28	344133.99	265789.45
	营业收入(万元)	97949.32	182590.05	47928.69	182759.29
	营业支出(万元)	62178.55	122924.74	34433.15	123273.19
	投资收益(万元)	4.88	33143.41	31984.14	3910.72
	净利润(万元)	17530.36	48314.69	24205.51	22669.07
	营业利润(万元)	21912.60	59337.69	32682.18	28421.03
	利润总额(万元)	23457.55	61777.96	32647.63	28748.90

申能股份有限公司

公司概况	公司名称	申能股份有限公司		证券简称	申能股份
	法人代表	吴建雄	董秘 周燕飞	证券代码	600642
	公司网址	www.shenergy.net.cn		电子信箱	zhengquan@shenergy.com.cn
	电　　话	021-63900642　33570888		传　　真	021-33588616
	办公地址	上海市虹井路159号5楼			
	经营范围	电力、石油天然气的投资、建设和经营管理			

主要财务指标	指标\报告期	2015.06.30	2014.12.31	2014.06.30	2013.12.31
	基本每股收益(元)	0.3410	0.4530	0.2470	0.5370
	基本每股收益(扣除后)(元)	0.2940	0.4110	0.2470	0.5300
	稀释每股收益(元)	0.3410	0.4530	0.2470	0.5370
	每股净资产(元)	5.2042	5.1001	4.6582	4.6448
	每股经营现金净流量(元)	0.4332	0.9593	0.6201	0.7371
	每股现金流量(元)	0.0775	-0.0026	0.2287	0.1011
	每股资本公积金(元)	0.7083	0.7087	0.8826	0.9161
	每股盈余公积金(元)	2.1742	2.1742	1.9334	1.9334
	每股未分配利润(元)	0.9835	0.8428	0.8422	0.7952
	净资产收益率(%)	6.5468	8.8790	5.3023	11.5827
	加权净资产收益率(%)	6.5100	9.5500	5.2400	12.1500
	净资产收益率(扣除)(%)	5.6422	8.0626	5.2962	11.4396
	总资产(万元)	4570751.48	4475649.22	4105532.58	4140769.81
	归属母公司股东权益(万元)	2368952.34	2318527.54	2120443.66	2114311.20
	营业收入(万元)	1545549.36	2540740.78	1334587.31	2574539.68
	营业支出(万元)	1397796.31	2263461.33	1193487.32	2210320.26
	投资收益(万元)	132411.45	143850.66	75438.50	151719.49
	净利润(万元)	185084.15	271709.40	112432.68	244893.34
	营业利润(万元)	216912.03	318551.03	170747.27	379250.88
	利润总额(万元)	217575.24	326761.87	171154.79	384708.54

上海爱建股份有限公司

公司概况	公司名称	上海爱建股份有限公司		证券简称	爱建股份
	法人代表	范永进	董秘 侯学东	证券代码	600643
	公司网址	www.aj.com.cn		电子信箱	dongmi@aj.com.cn
	电　　话	021-64396600		传　　真	021-64392118
	办公地址	上海市零陵路599号			
	经营范围	实业投资、投资管理、房地产开发、经营及咨询、外经贸部批准的进出口业务			

主要财务指标	指标\报告期	2015.06.30	2014.12.31	2014.06.30	2013.12.31
	基本每股收益(元)	0.2090	0.4640	0.2100	0.4300
	基本每股收益(扣除后)(元)	0.1740	0.3330	0.2050	0.2290
	稀释每股收益(元)	0.2090	0.4640	0.2100	0.4300
	每股净资产(元)	3.8348	4.6610	4.4180	4.2648
	每股经营现金净流量(元)	0.1625	-0.7477	0.2864	-0.7017
	每股现金流量(元)	0.0771	0.0159	0.0182	-0.3088
	每股资本公积金(元)	1.7773	2.6104	2.6944	2.6920
	每股盈余公积金(元)	-	-	-	-
	每股未分配利润(元)	0.8854	0.8788	0.7211	0.5703
	净资产收益率(%)	5.4608	9.9454	4.7555	10.0802
	加权净资产收益率(%)	5.6400	10.3800	4.8100	10.6300
	净资产收益率(扣除)(%)	4.5405	7.1463	-	5.3641
	总资产(万元)	990007.13	815315.34	693577.62	596319.99
	归属母公司股东权益(万元)	551110.69	515270.64	488401.70	471472.27
	营业收入(万元)	16953.79	35191.41	13377.25	17823.82
	营业支出(万元)	7334.46	17183.52	5724.43	10040.74
	投资收益(万元)	11111.72	18352.93	3655.25	14242.89
	净利润(万元)	30123.35	51201.63	23225.98	47525.47
	营业利润(万元)	41149.22	68403.00	31946.80	59491.09
	利润总额(万元)	41299.85	69264.19	32182.51	61576.47

乐山电力股份有限公司

公司概况	公司名称	乐山电力股份有限公司			证券简称	*ST 乐电
	法人代表	廖政权	董秘	王迅	证券代码	600644
	公司网址	www.lsep.com.cn		电子信箱	600644@vip.163.com	
	电　话	0833-2445800		传　真	0833-2445800	
	办公地址	四川省乐山市市中区嘉定北路 46 号				
	经营范围	电力设施承装、承修、承试等				

主要财务指标	指标\报告期	2015.06.30	2014.12.31	2014.06.30	2013.12.31
	基本每股收益(元)	0.0689	-3.0025	0.0873	-0.9146
	基本每股收益(扣除后)(元)	0.0678	-4.3801	0.0360	-0.9417
	稀释每股收益(元)	0.0689	-3.0025	0.0873	-0.9146
	每股净资产(元)	1.7306	1.6617	1.4768	1.3946
	每股经营现金净流量(元)	0.0514	0.0816	0.3395	0.5124
	每股现金流量(元)	-1.1344	1.4020	0.1502	-0.0375
	每股资本公积金(元)	2.5508	2.5508	0.0201	0.0201
	每股盈余公积金(元)	0.1890	0.1890	0.3117	0.3117
	每股未分配利润(元)	-2.0092	-2.0781	0.1500	0.0627
	净资产收益率(%)	3.9805	-127.3465	5.9134	-65.5822
	加权净资产收益率(%)	4.0600	-406.4500	6.0800	-47.6600
	净资产收益率(扣除)(%)	3.9197	-185.7761	2.4375	-67.5272
	总资产(万元)	259431.50	266171.01	313382.25	304006.68
	归属母公司股东权益(万元)	93174.57	89465.77	48214.10	45529.62
	营业收入(万元)	77243.51	153981.03	73975.97	146270.42
	营业支出(万元)	56324.94	112097.47	54225.71	114078.88
	投资收益(万元)	164.52	85756.85	2521.06	287.00
	净利润(万元)	4144.24	-183838.25	2851.09	-29859.32
	营业利润(万元)	4937.66	-164114.46	803.36	-63129.23
	利润总额(万元)	5462.36	-191005.71	709.11	-61716.20

中源协和细胞基因工程股份有限公司

公司概况	公司名称	中源协和细胞基因工程股份有限公司			证券简称	中源协和
	法人代表	李德福	董秘	夏亮	证券代码	600645
	公司网址	www.vcanbio.com		电子信箱	zhongyuanxiehe@sohu.com	
	电　话	022-58617160		传　真	022-58617161	
	办公地址	天津空港经济区东九道 45 号				
	经营范围	生命科学开发、干细胞基因工程产业化、风险投资、投资理财、投资咨询等				

主要财务指标	指标\报告期	2015.06.30	2014.12.31	2014.06.30	2013.12.31
	基本每股收益(元)	0.7500	0.1000	0.0600	0.0200
	基本每股收益(扣除后)(元)	0.1100	0.1000	0.0400	-0.0200
	稀释每股收益(元)	0.7500	0.1000	0.0600	0.0200
	每股净资产(元)	4.1317	2.7503	1.2729	1.4358
	每股经营现金净流量(元)	0.1240	0.5899	0.2074	0.3170
	每股现金流量(元)	0.2941	-1.3231	-0.2113	0.5355
	每股资本公积金(元)	2.7361	2.1121	0.7084	0.9262
	每股盈余公积金(元)	0.0600	0.0617	0.0663	0.0663
	每股未分配利润(元)	0.3356	-0.4235	-0.5018	-0.5567
	净资产收益率(%)	18.0846	3.4350	4.3125	1.4388
	加权净资产收益率(%)	20.7400	7.2800	3.7500	4.0300
	净资产收益率(扣除)(%)	2.5328	3.5572	2.7771	-1.0485
	总资产(万元)	294424.59	241688.41	141919.18	148496.23
	归属母公司股东权益(万元)	159587.94	103246.11	44462.44	50150.38
	营业收入(万元)	33172.44	47686.46	19364.66	36130.98
	营业支出(万元)	9873.70	12613.81	5725.34	10779.48
	投资收益(万元)	30511.64	1739.40	-7.89	-180.49
	净利润(万元)	29459.98	4687.43	1917.45	721.57
	营业利润(万元)	36036.17	5684.00	2554.41	353.94
	利润总额(万元)	36262.25	6312.87	2790.29	2249.91

上海同达创业投资股份有限公司

公司概况	公司名称	上海同达创业投资股份有限公司			证券简称	同达创业
	法人代表	周立武	董秘	薛玉宝	证券代码	600647
	公司网址	www.shtdcy.com		电子信箱	xueyb@126.com	
	电　话	021-68871928 61638809		传　真	021-58792032	
	办公地址	上海市浦东商城路 660 号乐凯大厦 21 楼				
	经营范围	主要经营中式快餐连锁业及产品贸易代理				

主要财务指标	指标\报告期	2015.06.30	2014.12.31	2014.06.30	2013.12.31
	基本每股收益(元)	0.4744	-0.0242	-0.1332	0.2416
	基本每股收益(扣除后)(元)	-0.1151	-0.1147	-0.1384	0.1043
	稀释每股收益(元)	0.4744	-0.0242	-0.1332	0.2416
	每股净资产(元)	1.9474	1.7319	1.3861	1.5707
	每股经营现金净流量(元)	0.0733	-0.2523	-0.3399	0.5831
	每股现金流量(元)	1.2256	-0.1283	-0.2232	0.6668
	每股资本公积金(元)	0.0049	0.0049	0.0269	0.0053
	每股盈余公积金(元)	0.0972	0.0972	0.0926	0.0926
	每股未分配利润(元)	0.8454	0.3710	0.2666	0.4728
	净资产收益率(%)	24.3579	-1.3963	-9.6084	15.3813
	加权净资产收益率(%)	23.9200	-1.5400	-8.8600	16.3900
	净资产收益率(扣除)(%)	-5.9088	-6.6250	-9.9879	6.6404
	总资产(万元)	56218.45	53166.10	43203.97	46600.86
	归属母公司股东权益(万元)	27097.48	24097.82	19286.28	21855.36
	营业收入(万元)	6499.14	12816.82	6514.79	25291.58
	营业支出(万元)	4190.76	9948.45	5200.86	13545.37
	投资收益(万元)	10437.68	2053.08	230.16	141.77
	净利润(万元)	6659.81	-1622.47	-1853.11	3361.63
	营业利润(万元)	9083.11	-1177.78	-3110.47	5946.93
	利润总额(万元)	9097.91	-1096.37	-3128.94	6065.49

上海外高桥集团股份有限公司

公司概况	公司名称	上海外高桥集团股份有限公司			证券简称	外 高 桥
	法人代表	舒榕斌	董秘	黄镳	证券代码	600648
	公司网址	www.shwgq.com		电子信箱	gudong@shwgq.com	
	电　话	021-51980848 51985198		传　真	021-51980850	
	办公地址	上海市浦东新区洲海路 999 号森兰国际大厦 B 栋 11-13 层				
	经营范围	房地产开发与租赁、贸易及物流、酒店经营管理等				

主要财务指标	指标\报告期	2015.06.30	2014.12.31	2014.06.30	2013.12.31
	基本每股收益(元)	0.2747	0.6400	0.1300	0.5400
	基本每股收益(扣除后)(元)	0.2690	0.4600	0.1100	-
	稀释每股收益(元)	0.2747	0.6400	0.1300	0.5400
	每股净资产(元)	7.8947	7.8290	7.0509	5.3385
	每股经营现金净流量(元)	-0.6461	0.2164	-0.0536	-0.5815
	每股现金流量(元)	0.0173	0.5634	0.3420	-0.2870
	每股资本公积金(元)	3.4372	3.4372	3.7290	1.6931
	每股盈余公积金(元)	0.4176	0.4176	0.3921	0.4404
	每股未分配利润(元)	2.4971	2.4124	1.9396	2.2162
	净资产收益率(%)	3.4794	7.8525	1.6527	10.0909
	加权净资产收益率(%)	3.4700	9.8400	1.9600	10.5200
	净资产收益率(扣除)(%)	3.4071	5.6937	1.4675	10.4322
	总资产(万元)	2787957.49	2615655.87	2556655.03	2500258.64
	归属母公司股东权益(万元)	896325.08	888861.96	800525.09	539607.82
	营业收入(万元)	352340.07	776113.42	253721.40	706062.33
	营业支出(万元)	253149.39	586238.23	189438.89	500199.93
	投资收益(万元)	3880.95	21311.27	3682.62	6278.06
	净利润(万元)	33292.15	75063.17	13229.90	54451.39
	营业利润(万元)	46140.11	97701.92	20781.33	75396.05
	利润总额(万元)	46629.17	101471.40	21794.74	74204.98

上海城投控股股份有限公司

公司概况	公司名称	上海城投控股股份有限公司			证券简称	城投控股
	法人代表	安红军	董秘	俞有勤	证券代码	600649
	公司网址	www.sh600649.com		电子信箱	ctkg@600649sh.com	
	电　话	021-66981556 66981171		传　真	021-66986655	
	办公地址	上海市吴淞路130号城投控股大厦19楼				
	经营范围	实业投资、原水供应、自来水开发、污水治理等				

主要财务指标	指标\报告期	2015.06.30	2014.12.31	2014.06.30	2013.12.31
	基本每股收益(元)	0.9900	0.6600	0.2200	0.4600
	基本每股收益(扣除后)(元)	0.2800	0.4300	0.2100	0.2600
	稀释每股收益(元)	0.9900	0.6600	0.2200	0.4600
	每股净资产(元)	6.6424	5.5830	4.7771	4.7757
	每股经营现金净流量(元)	0.2497	0.3772	-0.6147	0.2063
	每股现金流量(元)	0.5967	-0.0404	-0.4192	0.5735
	每股资本公积金(元)	1.3762	1.2029	1.2210	1.2903
	每股盈余公积金(元)	0.5110	0.5110	0.4712	0.4712
	每股未分配利润(元)	3.2331	2.4439	2.0850	2.0142
	净资产收益率(%)	14.8918	11.8016	4.6291	9.6629
	加权净资产收益率(%)	15.9200	12.7700	4.5700	9.8400
	净资产收益率(扣除)(%)	4.1444	7.6414	4.4870	5.5470
	总资产(万元)	4425932.71	4162056.96	3574637.81	3439775.77
	归属母公司股东权益(万元)	1984425.17	1667924.38	1427168.25	1426747.75
	营业收入(万元)	269012.91	493073.78	293347.57	351659.79
	营业支出(万元)	180578.69	309822.67	190722.25	212274.87
	投资收益(万元)	332838.80	149844.49	9865.23	95364.60
	净利润(万元)	296397.42	199130.21	66065.34	137864.54
	营业利润(万元)	370995.74	243772.11	81651.33	184907.89
	利润总额(万元)	373754.62	249802.47	85100.11	186857.47

上海锦江国际实业投资股份有限公司

公司概况	公司名称	上海锦江国际实业投资股份有限公司			证券简称	锦江投资
	法人代表	邵晓明	董秘	沈赟	证券代码	600650
	公司网址	www.jjtz.com		电子信箱	dshms@jjtz.com	
	电　话	021-63218800		传　真	021-63213119	
	办公地址	上海市延安东路100号28楼				
	经营范围	宾馆、物业管理、俱乐部、商场、房地产开发经营、车辆服务、洗涤制衣等				

主要财务指标	指标\报告期	2015.06.30	2014.12.31	2014.06.30	2013.12.31
	基本每股收益(元)	0.2090	0.3880	0.1860	0.4260
	基本每股收益(扣除后)(元)	0.1830	0.3400	0.1800	-
	稀释每股收益(元)	-	-	-	-
	每股净资产(元)	7.0005	4.2147	3.9446	4.0204
	每股经营现金净流量(元)	0.2105	0.6152	0.1834	0.4685
	每股现金流量(元)	0.0707	0.0255	-0.0969	0.2789
	每股资本公积金(元)	0.7158	0.7158	0.7835	0.7852
	每股盈余公积金(元)	0.5194	0.5194	0.4883	0.4860
	每股未分配利润(元)	1.8026	1.8441	1.6728	1.7492
	净资产收益率(%)	2.9785	9.2139	4.7120	10.8400
	加权净资产收益率(%)	3.6400	9.4300	4.6700	10.8400
	净资产收益率(扣除)(%)	2.6121	8.0696	4.5591	7.9470
	总资产(万元)	564318.83	344765.47	344473.27	332327.27
	归属母公司股东权益(万元)	386153.50	232486.74	217586.93	221767.10
	营业收入(万元)	106393.75	218215.99	105280.40	208859.18
	营业支出(万元)	84415.73	173829.72	83031.99	166949.21
	投资收益(万元)	9249.94	19135.05	7230.03	20391.49
	净利润(万元)	13681.87	26758.92	10252.63	23491.88
	营业利润(万元)	15210.70	28384.48	13668.64	29317.18
	利润总额(万元)	15742.93	31928.17	14495.27	33221.93

上海飞乐音响股份有限公司

公司概况	公司名称	上海飞乐音响股份有限公司			证券简称	飞乐音响
	法人代表	蔡小庆	董秘	赵开兰	证券代码	600651
	公司网址	www.facs.com.cn		电子信箱	office@facs.com.cn	
	电　话	021-59900651		传　真	021-59978260	
	办公地址	上海市徐汇区桂林路406号1号楼13楼				
	经营范围	IC卡、绿色照明、其他电子产品的生产和销售等				

主要财务指标	指标\报告期	2015.06.30	2014.12.31	2014.06.30	2013.12.31
	基本每股收益(元)	0.0720	0.0870	0.0260	0.0780
	基本每股收益(扣除后)(元)	0.0700	0.0670	0.0180	0.0490
	稀释每股收益(元)	0.0720	0.0870	0.0260	0.0780
	每股净资产(元)	3.0474	2.9411	1.5975	1.6015
	每股经营现金净流量(元)	-0.4887	0.0100	-0.0415	0.0246
	每股现金流量(元)	0.0513	0.1788	0.0034	-0.0083
	每股资本公积金(元)	1.4632	1.4632	0.0074	0.0076
	每股盈余公积金(元)	0.0490	0.0490	0.0630	0.0630
	每股未分配利润(元)	0.5085	0.4401	0.5274	0.5308
	净资产收益率(%)	2.3579	2.2303	1.6123	4.8529
	加权净资产收益率(%)	2.4150	5.3250	1.6000	4.8610
	净资产收益率(扣除)(%)	2.2950	1.7113	1.1014	3.0326
	总资产(万元)	621143.97	554280.63	256278.48	243647.16
	归属母公司股东权益(万元)	300240.76	289766.73	118065.98	118361.28
	营业收入(万元)	147380.10	213414.69	101220.16	214241.84
	营业支出(万元)	112279.83	167017.53	79019.76	170399.69
	投资收益(万元)	6929.61	2916.73	-958.78	2153.61
	净利润(万元)	7552.00	7773.94	1903.63	5743.90
	营业利润(万元)	9297.40	7873.40	2850.47	3023.30
	利润总额(万元)	9560.07	9923.41	3520.14	7725.26

上海游久游戏股份有限公司

公司概况	公司名称	上海游久游戏股份有限公司			证券简称	游久游戏
	法人代表	肖勇	董秘	张亮	证券代码	600652
	公司网址	www.sh-ace.com		电子信箱	zhangliang@sh-ace.com	
	电　话	021-64710022 8818 8105		传　真	021-64711120	
	办公地址	上海市肇嘉浜路666号				
	经营范围	从事游戏制作、运营的技术开发、技术服务、技术咨询、技术转让等				

主要财务指标	指标\报告期	2015.06.30	2014.12.31	2014.06.30	2013.12.31
	基本每股收益(元)	0.0280	-0.2300	-0.0940	0.0100
	基本每股收益(扣除后)(元)	0.0200	-0.2600	-0.0990	-0.0600
	稀释每股收益(元)	0.0280	-0.2300	-0.0940	0.0100
	每股净资产(元)	2.4614	2.3851	1.6250	1.7222
	每股经营现金净流量(元)	0.3392	0.1312	0.0276	-0.4398
	每股现金流量(元)	0.0042	0.0564	0.0602	0.1051
	每股资本公积金(元)	1.0696	1.0696	0.0010	0.0010
	每股盈余公积金(元)	0.0198	0.0198	0.0296	0.0296
	每股未分配利润(元)	0.3234	0.2957	0.5944	0.6915
	净资产收益率(%)	1.1266	-6.9126	-5.7956	0.4664
	加权净资产收益率(%)	1.1400	-12.7900	-5.6300	0.4600
	净资产收益率(扣除)(%)	0.8067	-7.7736	-6.0746	-3.4872
	总资产(万元)	434022.45	447527.57	331913.98	322022.38
	归属母公司股东权益(万元)	204961.90	198607.44	90515.22	95924.97
	营业收入(万元)	92469.14	167523.82	80046.11	185781.01
	营业支出(万元)	56479.06	124441.48	62959.90	121271.38
	投资收益(万元)	1900.73	1704.86	1718.22	3734.41
	净利润(万元)	-1410.40	-21215.05	-5245.86	447.43
	营业利润(万元)	-1877.55	-24332.17	-9214.03	-1586.88
	利润总额(万元)	-1476.20	-22109.64	-9493.91	1099.80

上海申华控股股份有限公司

公司概况						
	公司名称	上海申华控股股份有限公司			证券简称	申华控股
	法人代表	祁玉民	董秘	翟锋	证券代码	600653
	公司网址	www.shkg.com.cn		电子信箱	stock@shkg.com.cn	
	电　　话	021-63372010 63372011		传　　真	021-63372000	
	办公地址	上海市宁波路1号				
	经营范围	实业投资、兴办各类经济实体、国内商业等				

主要财务指标	指标\报告期	2015.06.30	2014.12.31	2014.06.30	2013.12.31
	基本每股收益(元)	0.0314	-0.1139	-0.0463	0.0989
	基本每股收益(扣除后)(元)	-0.0992	-0.1365	-0.0562	-0.1207
	稀释每股收益(元)	0.0314	-0.1139	-0.0463	0.0989
	每股净资产(元)	1.0732	1.0731	1.1149	1.1618
	每股经营现金净流量(元)	0.0066	0.0294	-0.0591	-0.1007
	每股现金流量(元)	-0.0508	0.0323	-0.0505	0.1950
	每股资本公积金(元)	0.0226	0.0226	0.0703	0.0709
	每股盈余公积金(元)	-	-	-	-
	每股未分配利润(元)	0.0084	-0.0230	0.0446	0.0909
	净资产收益率(%)	2.9263	-10.6165	-4.1556	8.5161
	加权净资产收益率(%)	2.9260	-10.1960	-4.0700	8.8200
	净资产收益率(扣除)(%)	-9.2466	-12.7232	-5.0422	-10.3927
	总资产(万元)	767128.69	803564.88	781368.38	804873.29
	归属母公司股东权益(万元)	187421.82	187396.39	194700.69	202895.26
	营业收入(万元)	299012.15	629964.67	287123.45	920582.81
	营业支出(万元)	292377.79	607027.32	275373.76	894564.67
	投资收益(万元)	14723.51	1163.22	1265.90	40425.66
	净利润(万元)	5653.82	-18034.47	-8090.89	17278.67
	营业利润(万元)	-3066.27	-21021.29	-7392.11	15877.24
	利润总额(万元)	6072.58	-17145.52	-6159.45	22684.60

中安消股份有限公司

公司概况						
	公司名称	中安消股份有限公司			证券简称	中安消
	法人代表	涂国身	董秘	付欣	证券代码	600654
	公司网址	www.feilo.com.cn		电子信箱	zqtzb@zhonganxiao.com	
	电　　话	021-60730327		传　　真	021-60730335	
	办公地址	上海市普陀区丹巴路28弄旭辉世纪广场9号楼二楼				
	经营范围	计算机系统集成,计算机软件领域的技术开发、技术转让、技术咨询等				

主要财务指标	指标\报告期	2015.06.30	2014.12.31	2014.06.30	2013.12.31
	基本每股收益(元)	0.0900	0.4800	0.1900	0.3500
	基本每股收益(扣除后)(元)	0.0400	0.4700	0.0400	0.3400
	稀释每股收益(元)	0.0900	0.4800	0.1900	0.3500
	每股净资产(元)	2.2598	2.2851	1.9621	1.9692
	每股经营现金净流量(元)	0.3774	-0.0680	-0.2677	0.2829
	每股现金流量(元)	0.5430	0.2018	-0.0747	0.7352
	每股资本公积金(元)	0.8693	0.8786	0.5163	0.9844
	每股盈余公积金(元)	0.0134	0.0134	0.0873	0.0278
	每股未分配利润(元)	0.3790	0.4617	0.3585	-0.1882
	净资产收益率(%)	3.7658	7.2611	2.0825	8.0289
	加权净资产收益率(%)	3.3500	44.1300	2.0500	52.7000
	净资产收益率(扣除)(%)	1.9435	7.0064	1.9767	5.2221
	总资产(万元)	478427.32	499757.47	220137.71	96870.29
	归属母公司股东权益(万元)	289943.47	271636.54	148147.21	33752.58
	营业收入(万元)	67613.03	115559.86	48110.15	81209.08
	营业支出(万元)	44908.35	75096.54	30561.88	50894.62
	投资收益(万元)	9.61	-	6740.05	18276.78
	净利润(万元)	10918.58	19098.33	7643.08	13973.01
	营业利润(万元)	10685.82	21984.60	8895.10	15918.64
	利润总额(万元)	13429.67	22353.95	9066.37	16331.50

上海豫园旅游商城股份有限公司

公司概况						
	公司名称	上海豫园旅游商城股份有限公司			证券简称	豫园商城
	法人代表	徐晓亮	董秘	蒋伟	证券代码	600655
	公司网址	www.yuyuantm.com.cn		电子信箱	obd@yuyuantm.com.cn	
	电　　话	021-63559999		传　　真	021-23028573	
	办公地址	上海市方浜中路269号				
	经营范围	综合百货、黄金饰品、餐饮业、食品、烟酒饮料、进出口贸易等				

主要财务指标	指标\报告期	2015.06.30	2014.12.31	2014.06.30	2013.12.31
	基本每股收益(元)	0.2850	0.6980	0.2300	0.6820
	基本每股收益(扣除后)(元)	0.2170	0.5840	0.1910	0.3320
	稀释每股收益(元)	0.2850	0.6980	0.2300	0.6820
	每股净资产(元)	5.3730	5.2245	4.6124	4.5724
	每股经营现金净流量(元)	-0.4322	0.2460	0.2452	0.4518
	每股现金流量(元)	-0.1718	0.0692	0.3584	-0.1623
	每股资本公积金(元)	0.6070	0.6070	0.4427	0.4224
	每股盈余公积金(元)	0.4103	0.4103	0.4007	0.4007
	每股未分配利润(元)	3.2371	3.1618	2.7677	2.7480
	净资产收益率(%)	5.3104	13.3563	4.9816	14.9245
	加权净资产收益率(%)	5.3490	14.4200	4.9650	15.8840
	净资产收益率(扣除)(%)	4.0351	11.1856	4.1322	7.2585
	总资产(万元)	1467950.65	1383091.42	1268434.98	1369734.10
	归属母公司股东权益(万元)	772270.82	750928.07	662943.67	657205.79
	营业收入(万元)	951154.29	1915289.35	1003820.42	2252277.39
	营业支出(万元)	846562.58	1717819.21	892838.66	2064108.28
	投资收益(万元)	17916.84	62847.59	446.96	85514.58
	净利润(万元)	42233.76	102636.46	33024.89	98084.85
	营业利润(万元)	46952.81	111543.66	37959.17	123687.86
	利润总额(万元)	50220.19	116759.66	41114.82	126892.50

信达地产股份有限公司

公司概况						
	公司名称	信达地产股份有限公司			证券简称	信达地产
	法人代表	贾洪浩	董秘	石爱民	证券代码	600657
	公司网址	www.cindare.com		电子信箱	dongban_dc@cinda.com.cn	
	电　　话	010-82190959		传　　真	010-82190958	
	办公地址	北京市海淀区中关村南大街甲18号北京国际大厦C座16层				
	经营范围	房地产开发、经营、投资及物业管理				

主要财务指标	指标\报告期	2015.06.30	2014.12.31	2014.06.30	2013.12.31
	基本每股收益(元)	0.1500	0.5000	0.1500	0.4600
	基本每股收益(扣除后)(元)	0.1500	0.3700	0.1000	0.3600
	稀释每股收益(元)	0.1500	0.5000	0.1500	0.4600
	每股净资产(元)	5.2632	5.1110	4.7649	4.6909
	每股经营现金净流量(元)	-1.1167	-3.8262	-2.9093	-2.1027
	每股现金流量(元)	1.5711	-0.3432	1.0026	0.0904
	每股资本公积金(元)	1.0683	1.0683	1.1539	1.1505
	每股盈余公积金(元)	-	-	-	-
	每股未分配利润(元)	3.0187	2.9641	2.6110	2.5405
	净资产收益率(%)	2.9368	9.8540	3.1584	9.8445
	加权净资产收益率(%)	2.9500	10.3100	3.1700	10.2500
	净资产收益率(扣除)(%)	2.7817	7.3017	2.0727	7.7170
	总资产(万元)	4252934.30	3771417.05	3091710.03	2441047.95
	归属母公司股东权益(万元)	802242.32	779052.70	726289.37	715017.45
	营业收入(万元)	216327.04	485049.38	190611.17	447950.65
	营业支出(万元)	146683.29	311453.18	118116.56	282585.66
	投资收益(万元)	10128.15	53254.71	1692.34	26938.41
	净利润(万元)	23406.63	76108.99	22939.00	70389.92
	营业利润(万元)	26055.46	93710.05	25801.55	79834.02
	利润总额(万元)	26813.93	103148.86	34386.04	89065.33

北京电子城投资开发股份有限公司

公司概况	公司名称	北京电子城投资开发股份有限公司		证券简称	电 子 城
	法人代表	王岩	董秘 吕延强	证券代码	600658
	公司网址	www.bez.com.cn		电子信箱	bez@bez.com.cn
	电　　话	010-58833515		传　　真	010-58833599
	办公地址	北京市朝阳区酒仙桥北路甲 10 号院 205 楼 6 层(电子城 IT 产业园 B5 楼 6 层)			
	经营范围	移动通信、光通信、计算机硬件及网络开发等			

主要财务指标	指标＼报告期	2015.06.30	2014.12.31	2014.06.30	2013.12.31
	基本每股收益(元)	0.0700	0.8600	0.7000	0.8600
	基本每股收益(扣除后)(元)	0.0600	0.8500	0.6900	0.8500
	稀释每股收益(元)	0.0700	0.8600	0.7000	0.8600
	每股净资产(元)	5.0437	5.2011	5.0300	4.5990
	每股经营现金净流量(元)	-0.1068	0.6826	0.5474	0.1408
	每股现金流量(元)	-0.6308	0.4444	0.3027	-0.0444
	每股资本公积金(元)	1.1725	1.2081	1.2586	1.2703
	每股盈余公积金(元)	0.2077	0.2077	0.1090	0.1090
	每股未分配利润(元)	2.5255	2.7195	2.6574	2.2196
	净资产收益率(%)	1.3078	16.4695	13.8467	18.6758
	加权净资产收益率(%)	1.2500	17.5500	14.2100	19.5300
	净资产收益率(扣除)(%)	1.1857	16.2995	-	18.5150
	总资产(万元)	430369.51	431300.22	399663.21	394020.47
	归属母公司股东权益(万元)	292584.43	301716.56	291501.15	266785.07
	营业收入(万元)	16522.88	138163.21	110509.05	146997.75
	营业支出(万元)	8598.20	42869.24	32815.93	53099.83
	投资收益(万元)	97.70	487.18	185.29	515.03
	净利润(万元)	3333.99	48503.24	40363.38	49824.27
	营业利润(万元)	4450.35	63606.15	53135.16	65872.89
	利润总额(万元)	4711.88	64036.72	53514.50	66142.71

福耀玻璃工业集团股份有限公司

公司概况	公司名称	福耀玻璃工业集团股份有限公司		证券简称	福耀玻璃
	法人代表	曹德旺	董秘 陈向明	证券代码	600660
	公司网址	www.fuyaogroup.com		电子信箱	600660@fuyaogroup.com
	电　　话	0591-85383777		传　　真	0591-85363983
	办公地址	福建省福清市福耀工业村 II 区			
	经营范围	生产汽车玻璃、装饰玻璃和其它工业技术玻璃及玻璃安装、售后服务等			

主要财务指标	指标＼报告期	2015.06.30	2014.12.31	2014.06.30	2013.12.31
	基本每股收益(元)	0.5400	1.1100	0.5200	0.9600
	基本每股收益(扣除后)(元)	0.5400	1.0900	0.5200	0.9100
	稀释每股收益(元)	0.5400	1.1100	0.5200	0.9600
	每股净资产(元)	5.9880	4.3926	3.9377	3.9155
	每股经营现金净流量(元)	0.5212	1.5746	0.7791	1.4171
	每股现金流量(元)	2.1201	0.0037	0.3268	0.0023
	每股资本公积金(元)	2.4795	0.1048	0.1048	0.1048
	每股盈余公积金(元)	0.4393	0.5502	0.4541	0.4541
	每股未分配利润(元)	2.1727	2.8643	2.3754	2.3523
	净资产收益率(%)	8.0917	25.2293	13.2860	24.4503
	加权净资产收益率(%)	10.3300	27.0700	13.3200	26.1000
	净资产收益率(扣除)(%)	8.1300	24.7222	13.1310	23.3182
	总资产(万元)	2323286.76	1687559.40	1638939.80	1458708.35
	归属母公司股东权益(万元)	1502170.80	879830.32	788719.03	784263.52
	营业收入(万元)	659132.55	1292818.17	618114.91	1150120.98
	营业支出(万元)	378227.59	745655.52	358567.98	673950.63
	投资收益(万元)	2110.60	3102.89	1505.63	2574.78
	净利润(万元)	121813.01	221728.12	104789.08	191754.85
	营业利润(万元)	133953.39	259160.07	126706.56	225807.24
	利润总额(万元)	131805.37	263884.83	128701.96	237904.05

上海新南洋股份有限公司

公司概况	公司名称	上海新南洋股份有限公司		证券简称	新 南 洋
	法人代表	刘玉文	董秘 杨夏	证券代码	600661
	公司网址	www.xin-ny.com		电子信箱	yangxia@xin-ny.com`
	电　　话	021-62826347 62818544		传　　真	021-62801900
	办公地址	上海市番禺路 667 号六楼			
	经营范围	高新技术产品的生产销售、教育产业投资、技工贸一体化服务等			

主要财务指标	指标＼报告期	2015.06.30	2014.12.31	2014.06.30	2013.12.31
	基本每股收益(元)	0.1190	0.2503	0.0233	0.0861
	基本每股收益(扣除后)(元)	0.1140	0.1523	0.0060	0.0138
	稀释每股收益(元)	0.1190	0.2503	0.0233	0.0861
	每股净资产(元)	3.2081	3.2079	2.0068	2.0195
	每股经营现金净流量(元)	0.2959	0.7609	-0.0142	0.3428
	每股现金流量(元)	0.0345	0.3242	-0.2611	0.1353
	每股资本公积金(元)	0.9811	0.9811	0.8220	0.8580
	每股盈余公积金(元)	0.1719	0.1719	0.2564	0.2564
	每股未分配利润(元)	0.4021	0.2834	-0.0714	-0.0947
	净资产收益率(%)	3.7004	7.5902	1.1615	4.2629
	加权净资产收益率(%)	3.7010	12.0500	1.1600	4.1700
	净资产收益率(扣除)(%)	3.5538	3.7871	0.2974	0.6810
	总资产(万元)	169548.85	172297.91	92442.87	98659.55
	归属母公司股东权益(万元)	83113.69	83108.71	34853.79	35073.72
	营业收入(万元)	52338.07	116560.22	27299.48	56518.39
	营业支出(万元)	32114.74	68454.32	20164.70	43608.22
	投资收益(万元)	1199.46	2812.13	435.38	2632.65
	净利润(万元)	635.34	5253.05	404.81	1495.17
	营业利润(万元)	1867.49	6835.71	805.54	2119.86
	利润总额(万元)	1980.91	7146.76	1154.35	2627.25

上海强生控股股份有限公司

公司概况	公司名称	上海强生控股股份有限公司		证券简称	强生控股
	法人代表	洪任初	董秘 洪任初(代)	证券代码	600662
	公司网址	www.62580000.com.cn		电子信箱	qs662@163.com
	电　　话	021-61353185 61353187		传　　真	021-61353135
	办公地址	上海市南京西路 920 号 18 楼			
	经营范围	汽车出租、公交汽车专线和汽车修理业务等			

主要财务指标	指标＼报告期	2015.06.30	2014.12.31	2014.06.30	2013.12.31
	基本每股收益(元)	0.0853	0.1776	0.0588	0.1614
	基本每股收益(扣除后)(元)	0.0677	0.1604	0.0548	0.1186
	稀释每股收益(元)	0.0853	0.1776	0.0588	0.1614
	每股净资产(元)	3.0327	2.9474	2.9323	2.8248
	每股经营现金净流量(元)	0.2572	0.6880	-0.2180	0.9587
	每股现金流量(元)	-0.0563	0.0214	-0.1497	-0.1660
	每股资本公积金(元)	0.7295	0.7295	0.7333	0.6846
	每股盈余公积金(元)	0.3901	0.3901	0.3608	0.3608
	每股未分配利润(元)	0.9131	0.8278	0.8382	0.7794
	净资产收益率(%)	2.8139	6.0268	2.0047	5.7150
	加权净资产收益率(%)	2.8500	6.1024	2.0600	5.7426
	净资产收益率(扣除)(%)	2.2327	5.4413	1.8685	4.1985
	总资产(万元)	641851.65	621672.64	632237.73	630227.54
	归属母公司股东权益(万元)	319456.53	310467.37	308882.65	297556.80
	营业收入(万元)	204166.99	455568.23	187915.27	405526.16
	营业支出(万元)	170184.52	375110.59	159143.05	340423.23
	投资收益(万元)	976.49	2697.05	1315.51	2863.27
	净利润(万元)	10413.00	23054.11	6192.29	17005.29
	营业利润(万元)	12176.72	27942.02	8533.40	19650.54
	利润总额(万元)	14296.06	30426.02	9213.39	26062.44

上海陆家嘴金融贸易区开发股份有限公司

公司概况					
公司名称	上海陆家嘴金融贸易区开发股份有限公司			证券简称	陆家嘴
法人代表	徐而进	董秘	王辉	证券代码	600663
公司网址	www.ljz.com.cn		电子信箱	invest@ljz.com.cn	
电　　话	021-33848801		传　　真	021-33848818	
办公地址	上海市浦东新区峨山路 101 号 1 号楼				
经营范围	房地产开发、经营、销售、出租和中介等				

主要财务指标 指标＼报告期	2015.06.30	2014.12.31	2014.06.30	2013.12.31
基本每股收益(元)	0.3608	0.8575	0.3062	0.3062
基本每股收益(扣除后)(元)	0.3537	0.7738	0.2806	0.2806
稀释每股收益(元)	0.3608	0.8575	0.3062	0.3062
每股净资产(元)	6.4419	6.1726	6.1014	6.1014
每股经营现金净流量(元)	0.1601	-0.5330	-1.0592	-1.0592
每股现金流量(元)	0.5209	-0.1921	-0.8844	-0.8844
每股资本公积金(元)	0.0208	0.0208	0.0069	0.0069
每股盈余公积金(元)	1.3529	1.3529	1.6435	1.6435
每股未分配利润(元)	3.7247	3.7927	3.4510	3.4510
净资产收益率(%)	5.6008	13.8916	5.0186	5.0186
加权净资产收益率(%)	5.6500	14.6800	5.1400	5.1400
净资产收益率(扣除)(%)	5.4913	12.5366	4.5984	4.5984
总资产(万元)	4876080.14	4562074.66	3975381.06	3975381.06
归属母公司股东权益(万元)	1203134.80	1152852.84	1139552.37	1139552.37
营业收入(万元)	250534.32	511689.88	191144.66	191144.66
营业支出(万元)	107451.20	200791.95	73323.74	73323.74
投资收益(万元)	21371.11	47965.72	16006.72	16006.72
净利润(万元)	74787.36	174762.34	57189.52	57189.52
营业利润(万元)	95829.69	221635.32	79885.42	79885.42
利润总额(万元)	96653.00	224362.60	80508.75	80508.75

哈药集团股份有限公司

公司概况					
公司名称	哈药集团股份有限公司			证券简称	哈药股份
法人代表	张利君	董秘	孟晓东	证券代码	600664
公司网址	www.hayao.com		电子信箱	sh6006566@163.com	
电　　话	0451-51870077		传　　真	0451-51870277	
办公地址	黑龙江省哈尔滨市道里区群力大道 7 号				
经营范围	医药原料药及制剂、中成药及中药粉针剂、滋补保健品制造、生物制药和医药商业等				

主要财务指标 指标＼报告期	2015.06.30	2014.12.31	2014.06.30	2013.12.31
基本每股收益(元)	0.2000	0.1300	0.1700	0.0900
基本每股收益(扣除后)(元)	0.1900	0.1200	0.1600	0.0700
稀释每股收益(元)	0.2000	0.1300	0.1700	0.0900
每股净资产(元)	4.4920	4.2963	4.3514	4.2503
每股经营现金净流量(元)	0.0279	0.5925	0.3605	0.0739
每股现金流量(元)	-0.0464	0.3118	0.2603	-0.1578
每股资本公积金(元)	0.5160	0.5160	0.5160	0.5160
每股盈余公积金(元)	0.6703	0.6703	0.6559	0.6559
每股未分配利润(元)	2.3057	2.1101	2.1795	2.0784
净资产收益率(%)	4.3557	2.9995	3.8396	2.0696
加权净资产收益率(%)	4.4500	3.0000	3.8800	2.1000
净资产收益率(扣除)(%)	4.1356	2.7830	3.5980	1.6824
总资产(万元)	1571628.91	1624307.75	1619583.27	1645534.83
归属母公司股东权益(万元)	861333.22	823816.52	834368.70	814987.49
营业收入(万元)	914117.87	1650891.25	902830.72	1809193.45
营业支出(万元)	686995.67	1196521.94	634645.75	1274583.42
投资收益(万元)	24.33	108.65	51.13	1512.49
净利润(万元)	40131.35	19768.36	32036.60	16866.89
营业利润(万元)	48813.70	34010.10	39288.82	23797.86
利润总额(万元)	51210.98	36648.63	41856.14	29930.61

天地源股份有限公司

公司概况					
公司名称	天地源股份有限公司			证券简称	天地源
法人代表	俞向前	董秘	刘宇	证券代码	600665
公司网址	www.tande.cn		电子信箱	liuyu@tande.cn	
电　　话	029-88326035		传　　真	029-88325961	
办公地址	陕西省西安市高新技术开发区科技路 33 号高新国际商务中心 27 层				
经营范围	房地产开发和经营、自有房屋租赁、物业管理、实业投资、资产管理				

主要财务指标 指标＼报告期	2015.06.30	2014.12.31	2014.06.30	2013.12.31
基本每股收益(元)	-0.0159	0.3410	0.1509	0.3083
基本每股收益(扣除后)(元)	-0.0151	0.3369	0.1433	0.3118
稀释每股收益(元)	-0.0159	0.3410	0.1509	0.3083
每股净资产(元)	2.8685	2.9900	2.7992	2.7483
每股经营现金净流量(元)	-0.8187	-0.6751	0.1402	-1.6137
每股现金流量(元)	-0.8201	-0.5621	-0.4625	1.2328
每股资本公积金(元)	0.2327	0.2327	0.2327	0.2327
每股盈余公积金(元)	0.3299	0.3299	0.2644	0.2644
每股未分配利润(元)	1.3059	1.4268	1.3021	1.2513
净资产收益率(%)	-0.5547	11.4078	5.3892	11.2185
加权净资产收益率(%)	-0.5300	11.8900	5.3400	11.6900
净资产收益率(扣除)(%)	-0.5279	11.2716	5.1193	11.3460
总资产(万元)	1484074.33	1401834.02	1156807.26	1156540.50
归属母公司股东权益(万元)	247870.09	258317.84	241884.94	237489.51
营业收入(万元)	31611.04	321746.56	81084.10	269286.45
营业支出(万元)	25064.73	233238.42	58293.54	185016.59
投资收益(万元)	-	-0.73	-	-3.35
净利润(万元)	-1531.28	28937.35	13035.58	26642.75
营业利润(万元)	-2161.28	37418.90	16001.34	35752.07
利润总额(万元)	-2249.86	38008.79	16870.20	35348.83

奥瑞德光电股份有限公司

公司概况					
公司名称	奥瑞德光电股份有限公司			证券简称	奥瑞德
法人代表	左洪波	董秘	张世铭	证券代码	600666
公司网址	www.aurora-sapphire.cn		电子信箱	zhengquan@aurora-sapphire.cn	
电　　话	0451-51775068		传　　真	0451-51775068	
办公地址	黑龙江省哈尔滨市宾西经济技术开发区海滨路 6 号				
经营范围	生产、销售片剂、胶囊剂、颗粒剂、粉针剂、大容量注射剂等				

主要财务指标 指标＼报告期	2015.06.30	2014.12.31	2014.06.30	2013.12.31
基本每股收益(元)	0.2500	0.1000	0.1300	0.1100
基本每股收益(扣除后)(元)	0.2400	0.0700	0.1100	0.0700
稀释每股收益(元)	0.2500	0.1000	0.1300	0.1100
每股净资产(元)	2.5082	1.3685	1.5544	1.4784
每股经营现金净流量(元)	0.0742	0.8350	0.2874	-0.1421
每股现金流量(元)	1.4065	0.2073	0.3573	-0.2980
每股资本公积金(元)	1.0169	1.5654	0.0080	0.0080
每股盈余公积金(元)	0.0401	0.1867	0.1089	0.1089
每股未分配利润(元)	0.4511	1.4232	0.4374	0.3614
净资产收益率(%)	5.7795	7.2687	5.7909	7.6339
加权净资产收益率(%)	11.9300	7.5200	3.8500	7.5700
净资产收益率(扣除)(%)	5.5310	5.4020	5.6751	4.7867
总资产(万元)	359497.07	193631.05	230174.92	198169.24
归属母公司股东权益(万元)	192395.47	68891.91	45100.86	42895.33
营业收入(万元)	56509.39	140172.06	17908.51	132695.08
营业支出(万元)	35401.76	87050.02	11680.43	84137.51
投资收益(万元)	10.87	-94.56	3.82	-147.49
净利润(万元)	11021.26	3036.40	2152.88	3201.08
营业利润(万元)	13071.90	4025.34	2211.08	3994.95
利润总额(万元)	13580.83	4396.36	2711.61	4251.86

无锡市太极实业股份有限公司

公司概况	公司名称	无锡市太极实业股份有限公司			证券简称	太极实业
	法人代表	顾斌	董秘	胡义新	证券代码	600667
	公司网址	www.wxtj.com			电子信箱	wxtj600667@wxtj.com
	电　话	0510-85419120			传　真	0510-85430760
	办公地址	江苏省无锡市下甸桥南堍				
	经营范围	化学纤维及制品、化纤产品、化纤机械及配件、纺织机械及配件等				

	指标\报告期	2015.06.30	2014.12.31	2014.06.30	2013.12.31
主要财务指标	基本每股收益(元)	-0.0070	0.0100	0.0040	0.0100
	基本每股收益(扣除后)(元)	-0.0100	-0.0200	-0.0220	-0.0300
	稀释每股收益(元)	-0.0070	0.0100	0.0040	0.0100
	每股净资产(元)	1.3085	1.3151	1.3110	1.3095
	每股经营现金净流量(元)	-0.1045	0.7893	0.0984	0.9972
	每股现金流量(元)	-0.6548	0.0848	-0.0814	0.3818
	每股资本公积金(元)	0.2562	0.2562	0.2562	0.2562
	每股盈余公积金(元)	0.0279	0.0279	0.0210	0.0210
	每股未分配利润(元)	0.0837	0.0910	0.0904	0.0959
	净资产收益率(%)	-0.5533	0.9060	0.3388	0.7985
	加权净资产收益率(%)	-0.5500	0.9100	0.3400	0.8000
	净资产收益率(扣除)(%)	-0.7287	-1.3935	-1.6439	-1.9679
	总资产(万元)	493049.18	571655.17	602499.23	570227.81
	归属母公司股东权益(万元)	155878.20	156662.79	156178.39	155997.54
	营业收入(万元)	219974.92	420288.50	204844.09	397331.70
	营业支出(万元)	196917.97	376875.34	184026.18	355340.49
	投资收益(万元)	-	1168.73	626.11	626.11
	净利润(万元)	4254.52	10753.20	529.06	1245.68
	营业利润(万元)	5626.59	10694.30	1651.18	10050.13
	利润总额(万元)	5910.61	14857.24	5180.01	15567.36

浙江尖峰集团股份有限公司

公司概况	公司名称	浙江尖峰集团股份有限公司			证券简称	尖峰集团
	法人代表	蒋晓萌	董秘	朱坚卫	证券代码	600668
	公司网址	www.jianfeng.com.cn			电子信箱	jf@jianfeng.com.cn
	电　话	0579-82320582 82324699			传　真	0579-82324611 82320582
	办公地址	浙江省金华市婺江东路88号				
	经营范围	水泥及药品的生产和销售				

	指标\报告期	2015.06.30	2014.12.31	2014.06.30	2013.12.31
主要财务指标	基本每股收益(元)	0.2700	0.8200	0.4900	0.5900
	基本每股收益(扣除后)(元)	0.2700	0.8200	0.4800	0.5700
	稀释每股收益(元)	0.2700	0.8200	0.4900	0.5900
	每股净资产(元)	6.0011	5.9890	5.5674	5.0482
	每股经营现金净流量(元)	-0.0792	0.9268	0.3319	0.4374
	每股现金流量(元)	-0.8460	0.7523	-0.0777	0.0815
	每股资本公积金(元)	1.3045	1.5560	1.5531	1.5202
	每股盈余公积金(元)	0.3503	0.3503	0.2878	0.2878
	每股未分配利润(元)	3.0870	2.8202	2.7264	2.2402
	净资产收益率(%)	4.4451	13.7342	8.7337	11.6045
	加权净资产收益率(%)	4.4500	14.8600	9.1600	12.4200
	净资产收益率(扣除)(%)	4.4317	13.6410	8.6473	11.2898
	总资产(万元)	359547.22	376191.80	330058.58	320490.43
	归属母公司股东权益(万元)	206489.73	206070.11	191565.44	173699.76
	营业收入(万元)	105887.52	225699.98	108480.56	215139.86
	营业支出(万元)	84993.44	173542.89	81795.28	170931.13
	投资收益(万元)	5680.04	15857.25	9321.31	13522.18
	净利润(万元)	10196.32	31957.23	16730.71	20156.91
	营业利润(万元)	11604.57	36597.87	21152.91	26787.21
	利润总额(万元)	12161.03	38158.44	22170.28	28227.35

杭州天目山药业股份有限公司

公司概况	公司名称	杭州天目山药业股份有限公司			证券简称	天目药业
	法人代表	贺顺明	董秘	程登科	证券代码	600671
	公司网址	www.hztmyy.com			电子信箱	3025721263@qq.com
	电　话	0571-63722229			传　真	0571-63715400
	办公地址	浙江省临安市苕溪南路78号				
	经营范围	生物制药、中成药、西药、电子产品、机制纸的制造和销售等				

	指标\报告期	2015.06.30	2014.12.31	2014.06.30	2013.12.31
主要财务指标	基本每股收益(元)	-0.0458	0.0200	-0.0052	0.0200
	基本每股收益(扣除后)(元)	-0.0511	0.0200	-0.0085	-0.0300
	稀释每股收益(元)	-0.0458	0.0200	-0.0052	0.0200
	每股净资产(元)	0.6007	0.6705	0.6623	0.6674
	每股经营现金净流量(元)	-0.0152	0.0054	-0.0184	0.1016
	每股现金流量(元)	-0.1122	-0.0204	0.1752	0.1426
	每股资本公积金(元)	0.4183	0.4183	0.4375	0.4375
	每股盈余公积金(元)	0.1986	0.1986	0.1986	0.1986
	每股未分配利润(元)	-1.0161	-0.9703	-0.9738	-0.9687
	净资产收益率(%)	-7.6291	3.3232	-0.7830	2.5940
	加权净资产收益率(%)	-7.3488	3.4000	-0.7799	2.6300
	净资产收益率(扣除)(%)	-8.5018	3.0919	-1.2852	-4.0430
	总资产(万元)	26897.80	28564.35	33734.33	32458.38
	归属母公司股东权益(万元)	7315.57	7873.68	8064.86	8128.01
	营业收入(万元)	4353.13	14872.73	8557.47	28146.89
	营业支出(万元)	3082.03	8893.87	5960.61	19826.68
	投资收益(万元)	-	442.57	284.21	476.74
	净利润(万元)	-617.71	260.76	-63.15	210.84
	营业利润(万元)	-600.00	366.19	-215.89	241.68
	利润总额(万元)	-521.62	391.57	-172.29	288.15

广东东阳光科技控股股份有限公司

公司概况	公司名称	广东东阳光科技控股股份有限公司			证券简称	东阳光科
	法人代表	郭京平	董秘	陈铁生	证券代码	600673
	公司网址	www.hec-al.com			电子信箱	yzg600673@126.com
	电　话	0769-85370225			传　真	0769-85370230
	办公地址	广东省东莞市长安镇上沙村第五工业区				
	经营范围	亲水箔的产品和销售				

	指标\报告期	2015.06.30	2014.12.31	2014.06.30	2013.12.31
主要财务指标	基本每股收益(元)	0.0400	0.1700	0.0600	0.1800
	基本每股收益(扣除后)(元)	0.0200	0.1100	0.0300	0.1300
	稀释每股收益(元)	0.0400	0.1700	0.0600	0.1800
	每股净资产(元)	1.4400	3.7572	3.6614	2.9640
	每股经营现金净流量(元)	0.0835	0.7580	0.4068	0.8410
	每股现金流量(元)	-0.0557	0.2175	0.6804	0.4817
	每股资本公积金(元)	0.0597	1.6553	1.6201	0.8310
	每股盈余公积金(元)	0.0241	0.0626	0.0502	0.0576
	每股未分配利润(元)	0.3582	1.0393	0.9911	1.0754
	净资产收益率(%)	1.3866	4.3803	1.4740	5.9595
	加权净资产收益率(%)	2.0000	4.8200	1.7300	5.7700
	净资产收益率(扣除)(%)	0.6860	2.7566	-	4.2492
	总资产(万元)	1110952.93	1111055.76	1087348.41	1010683.90
	归属母公司股东权益(万元)	356007.26	356768.32	347674.68	245260.92
	营业收入(万元)	247094.64	511235.41	246678.24	485454.35
	营业支出(万元)	209179.17	415414.61	206287.08	392858.97
	投资收益(万元)	151.78	1998.74	-116.25	-130.80
	净利润(万元)	5015.46	18790.31	5123.78	14616.44
	营业利润(万元)	4910.59	24568.70	6930.03	23141.73
	利润总额(万元)	7403.66	30036.80	9959.72	27960.26

四川川投能源股份有限公司

公司概况						
公司名称	四川川投能源股份有限公司				证券简称	川投能源
法人代表	高淳	董秘	龚圆		证券代码	600674
公司网址	www.scte.com.cn		电子信箱		gongyuan@invest.com.cn	
电　话	028-86098649		传　真		028-86098648	
办公地址	四川省成都市小南街 23 号					
经营范围	电力开发、电力生产经营、电力行业技术服务和咨询等					

主要财务指标

指标＼报告期	2015.06.30	2014.12.31	2014.06.30	2013.12.31
基本每股收益(元)	0.3492	1.6573	0.2174	0.6883
基本每股收益(扣除后)(元)	0.3486	1.6490	0.2172	0.6870
稀释每股收益(元)	0.3492	1.5973	0.2174	0.6838
每股净资产(元)	3.6052	7.0400	5.4681	5.0914
每股经营现金净流量(元)	0.0811	0.2447	0.1114	0.3334
每股现金流量(元)	–0.0968	0.1136	0.7926	0.0350
每股资本公积金(元)	0.9209	3.0670	2.5696	2.5396
每股盈余公积金(元)	0.3919	0.7838	0.4151	0.4164
每股未分配利润(元)	1.2860	2.1735	1.4834	1.1225
净资产收益率(%)	9.6863	23.1226	7.8213	13.0290
加权净资产收益率(%)	9.4645	27.6353	8.1860	14.8641
净资产收益率(扣除)(%)	9.6705	23.0060	7.9197	13.0038
总资产(万元)	2215845.03	2200048.73	1876282.82	1721945.87
归属母公司股东权益(万元)	1587051.00	1548853.69	1129857.04	1048761.24
营业收入(万元)	51124.19	110277.45	51962.34	114809.19
营业支出(万元)	26955.38	59786.74	29659.45	58760.90
投资收益(万元)	153728.93	351781.30	91292.16	149101.60
净利润(万元)	156159.60	352087.20	91541.18	142335.42
营业利润(万元)	157141.36	353981.57	92448.63	145249.27
利润总额(万元)	157915.59	355707.83	93366.45	145322.13

中华企业股份有限公司

公司概况						
公司名称	中华企业股份有限公司				证券简称	中华企业
法人代表	姜维	董秘	倪伯士(代)		证券代码	600675
公司网址	www.cecl.com.cn		电子信箱		zhqydm@cecl.com.cn	
电　话	021-20772222		传　真		021-20772766	
办公地址	上海市浦东新区雪野路 928 号 6 楼					
经营范围	商品房设计、建造、买卖、租赁及调剂业务等					

主要财务指标

指标＼报告期	2015.06.30	2014.12.31	2014.06.30	2013.12.31
基本每股收益(元)	–0.3960	–0.2620	0.1620	0.2580
基本每股收益(扣除后)(元)	–0.4420	–0.4340	–0.1480	0.2540
稀释每股收益(元)	–0.3960	–0.2620	0.1620	0.2580
每股净资产(元)	2.4471	2.7211	3.1266	3.6863
每股经营现金净流量(元)	0.5775	–0.0669	–0.3476	–0.3447
每股现金流量(元)	0.0952	1.1285	0.9989	–0.4883
每股资本公积金(元)	0.0212	0.0212	0.0116	0.0430
每股盈余公积金(元)	0.2634	0.2634	0.2634	0.3160
每股未分配利润(元)	1.0319	1.4277	1.8517	2.3273
净资产收益率(%)	–16.1750	–9.6164	5.1909	7.0031
加权净资产收益率(%)	–15.3200	–9.0600	5.1700	5.8700
净资产收益率(扣除)(%)	–18.0455	–15.9614	–4.7314	6.8963
总资产(万元)	4185678.79	4081447.18	3926719.47	3638465.12
归属母公司股东权益(万元)	456878.88	508043.97	583762.81	573547.15
营业收入(万元)	127258.57	441523.16	111399.93	675794.31
营业支出(万元)	106699.82	343612.36	69707.88	398625.60
投资收益(万元)	5982.78	129241.20	84455.60	2024.87
净利润(万元)	–90361.05	–44094.41	30302.53	40166.35
营业利润(万元)	–95132.01	–15958.42	52717.08	72753.85
利润总额(万元)	–88488.94	–10579.23	59131.57	75541.95

上海交运集团股份有限公司

公司概况						
公司名称	上海交运集团股份有限公司				证券简称	交运股份
法人代表	陈辰康	董秘	徐以刚		证券代码	600676
公司网址	www.cnsjy.com		电子信箱		jygf@sh163.net	
电　话	021-63172168　63178257		传　真		021-63173388	
办公地址	上海市恒丰路 288 号					
经营范围	运输业与物流服务、汽车零部件制造与汽车后服务等					

主要财务指标

指标＼报告期	2015.06.30	2014.12.31	2014.06.30	2013.12.31
基本每股收益(元)	0.1974	0.3700	0.1856	0.3500
基本每股收益(扣除后)(元)	0.1789	0.2700	0.1740	0.2700
稀释每股收益(元)	0.1974	0.3700	0.1856	0.3500
每股净资产(元)	4.1047	4.0271	3.7728	3.6775
每股经营现金净流量(元)	0.3382	0.7582	0.3004	0.5981
每股现金流量(元)	0.0582	0.2099	0.1248	–0.2728
每股资本公积金(元)	1.3713	1.3713	1.3044	1.2847
每股盈余公积金(元)	0.2937	0.2937	0.2759	0.2759
每股未分配利润(元)	1.4380	1.3606	1.1924	1.1168
净资产收益率(%)	4.8089	9.2347	4.9195	9.4716
加权净资产收益率(%)	4.8100	9.6500	4.9200	9.8000
净资产收益率(扣除)(%)	4.3581	6.7239	4.6109	7.3284
总资产(万元)	720388.37	724690.06	684359.52	671929.07
归属母公司股东权益(万元)	353978.68	347284.57	325358.80	317135.12
营业收入(万元)	432013.92	893548.53	449013.77	838128.46
营业支出(万元)	379665.04	791350.12	394553.81	739275.28
投资收益(万元)	1732.96	3897.17	2119.63	3673.57
净利润(万元)	19458.32	35555.49	16005.99	30037.79
营业利润(万元)	21637.55	33806.40	21138.61	33084.56
利润总额(万元)	24323.11	45940.49	22918.35	43174.64

航天通信控股集团股份有限公司

公司概况						
公司名称	航天通信控股集团股份有限公司				证券简称	航天通信
法人代表	敖刚	董秘	陈加武		证券代码	600677
公司网址	www.aerocom.cn		电子信箱		stock@aerocom.cn	
电　话	0571-87034676　87079526		传　真		0571-87034676	
办公地址	浙江省杭州市解放路 138 号航天通信大厦一号楼					
经营范围	通信产业投资、通信工程、通信设备代维、轻纺产品及原辅材料、针纺织品的生产和销售等					

主要财务指标

指标＼报告期	2015.06.30	2014.12.31	2014.06.30	2013.12.31
基本每股收益(元)	–0.0847	–0.5921	–0.0400	0.1000
基本每股收益(扣除后)(元)	–0.1102	–0.7258	–0.1445	–0.4286
稀释每股收益(元)	–0.0847	–0.5921	–0.0400	0.1000
每股净资产(元)	3.6086	3.6933	4.2432	4.3058
每股经营现金净流量(元)	–2.3698	–0.5532	–2.8672	0.9758
每股现金流量(元)	–2.5965	–0.4698	–2.6276	1.9252
每股资本公积金(元)	1.6153	1.6153	1.6137	1.5823
每股盈余公积金(元)	0.0132	0.0132	0.0094	0.0094
每股未分配利润(元)	0.9802	1.0648	1.6201	1.7108
净资产收益率(%)	–2.3469	–16.0327	–1.0372	1.7938
加权净资产收益率(%)	–2.3200	–14.8400	–1.0300	2.8800
净资产收益率(扣除)(%)	–3.0536	–19.6492	–3.4054	–7.9859
总资产(万元)	695384.90	785104.68	783584.30	802971.42
归属母公司股东权益(万元)	150274.12	153800.92	176697.91	179169.13
营业收入(万元)	260017.43	704859.81	346413.96	865567.69
营业支出(万元)	223454.93	621204.94	309986.26	784907.19
投资收益(万元)	–	121.96	–31.46	–492.33
净利润(万元)	–2730.76	–27264.77	–1347.34	5615.78
营业利润(万元)	–3624.22	–31557.70	–5279.98	–12676.46
利润总额(万元)	–1150.28	–24198.58	426.05	14357.81

四川金顶(集团)股份有限公司

公司概况	公司名称	四川金顶(集团)股份有限公司			证券简称	四川金顶
	法人代表	杨学品	董秘	闫蜀	证券代码	600678
	公司网址	www.scjd.cn			电子信箱	scjd600678@163.com
	电　话	0833-2218123 2218555			传　真	0833-2218118
	办公地址	四川省峨眉山市乐都镇				
	经营范围	水泥制造、销售、房地产开发经营、汽车修理、客货运输等				

主要财务指标	指标\报告期	2015.06.30	2014.12.31	2014.06.30	2013.12.31
	基本每股收益(元)	0.0056	-0.1061	0.0103	0.0138
	基本每股收益(扣除后)(元)	-0.0428	-0.0798	-0.0096	-0.0324
	稀释每股收益(元)	0.0056	-0.1061	0.0103	0.0138
	每股净资产(元)	0.0725	0.0676	0.1799	0.1718
	每股经营现金净流量(元)	-0.0426	0.0002	0.0410	-0.0691
	每股现金流量(元)	-0.0403	-0.0494	-0.0378	-0.1165
	每股资本公积金(元)	0.8750	0.8750	0.8750	0.8750
	每股盈余公积金(元)	0.0795	0.0795	0.0795	0.0795
	每股未分配利润(元)	-1.8892	-1.8948	-1.7785	-1.7888
	净资产收益率(%)	7.7778	-156.9889	5.7148	8.0063
	加权净资产收益率(%)	8.0503	-88.6400	5.8182	8.4692
	净资产收益率(扣除)(%)	-59.0616	-118.0497	-5.3373	-18.8384
	总资产(万元)	35448.22	36063.99	32926.64	32206.67
	归属母公司股东权益(万元)	2529.15	2357.92	6277.68	5994.58
	营业收入(万元)	2578.79	5424.48	2134.47	3248.50
	营业支出(万元)	2617.34	4554.11	1504.29	2808.55
	投资收益(万元)	46.35	38.73	38.73	16.54
	净利润(万元)	81.97	-3783.39	358.76	479.94
	营业利润(万元)	-1608.50	-2865.23	-344.28	-625.11
	利润总额(万元)	81.97	-3783.39	349.53	479.94

金山开发建设股份有限公司

公司概况	公司名称	金山开发建设股份有限公司			证券简称	金山开发
	法人代表	周卫中	董秘	刘峰	证券代码	600679
	公司网址	www.jskfjs.com			电子信箱	lf@jskfjs.com
	电　话	021-31351500 31351508			传　真	021-31351501
	办公地址	上海市闵行区吴中路369号美恒大厦15楼				
	经营范围	房地产开发经营、城市和绿化建设、旧区改造、商业开发等				

主要财务指标	指标\报告期	2015.06.30	2014.12.31	2014.06.30	2013.12.31
	基本每股收益(元)	-0.0147	0.1091	-0.0188	0.0248
	基本每股收益(扣除后)(元)	-0.0143	-0.1770	-0.0191	-0.0563
	稀释每股收益(元)	-0.0147	0.1091	-0.0188	0.0248
	每股净资产(元)	2.0072	1.8802	1.6607	1.6830
	每股经营现金净流量(元)	-0.0156	0.3053	-0.1915	0.0416
	每股现金流量(元)	-0.0233	-0.1137	-0.4019	0.1397
	每股资本公积金(元)	0.8320	0.8320	0.9415	0.9449
	每股盈余公积金(元)	0.1632	0.1632	0.1632	0.1632
	每股未分配利润(元)	-0.3305	-0.3158	-0.4438	-0.4249
	净资产收益率(%)	-0.7311	5.8048	-1.1328	1.4720
	加权净资产收益率(%)	-0.7836	6.2810	-1.1241	1.4800
	净资产收益率(扣除)(%)	-0.7120	-9.4167	-1.1480	-3.3479
	总资产(万元)	119571.44	121227.37	113029.16	117313.00
	归属母公司股东权益(万元)	70979.45	66486.22	58726.97	59513.84
	营业收入(万元)	25294.77	60941.24	28295.52	70857.19
	营业支出(万元)	22135.84	51957.60	23732.12	62427.52
	投资收益(万元)	770.56	1507.67	922.05	1709.07
	净利润(万元)	-715.99	3900.75	-665.27	876.03
	营业利润(万元)	-739.72	-4389.27	-567.69	-3109.25
	利润总额(万元)	-788.43	6970.11	-567.79	-189.38

上海普天邮通科技股份有限公司

公司概况	公司名称	上海普天邮通科技股份有限公司			证券简称	上海普天
	法人代表	郑建华	董秘	陆贤薇	证券代码	600680
	公司网址	www.shpte.com			电子信箱	zhengquanb@shpte.com
	电　话	021-64832699 64360900*2371			传　真	021-64832699
	办公地址	上海市宜山路700号				
	经营范围	设计、生产、销售各类通信设备、元器件、计算机网络及外围配套设备等				

主要财务指标	指标\报告期	2015.06.30	2014.12.31	2014.06.30	2013.12.31
	基本每股收益(元)	0.0060	0.0240	0.0080	0.0410
	基本每股收益(扣除后)(元)	-0.0020	-0.0100	-0.0080	-
	稀释每股收益(元)	0.0060	0.0240	0.0080	-
	每股净资产(元)	3.6118	3.5900	3.5624	3.5541
	每股经营现金净流量(元)	-0.4061	-0.6990	-0.4697	-0.7113
	每股现金流量(元)	-0.1959	0.1701	0.0807	-0.4177
	每股资本公积金(元)	2.2994	2.2828	2.2714	2.2714
	每股盈余公积金(元)	0.3105	0.3105	0.3105	0.3105
	每股未分配利润(元)	0.0019	-0.0045	-0.0195	-0.0278
	净资产收益率(%)	0.1763	0.6651	0.2351	1.1500
	加权净资产收益率(%)	0.1800	0.6690	0.2400	1.1530
	净资产收益率(扣除)(%)	-0.0587	-0.2732	-0.2358	-2.5000
	总资产(万元)	325644.61	318210.48	284687.07	272721.94
	归属母公司股东权益(万元)	138051.29	137171.55	136165.78	135845.65
	营业收入(万元)	77236.02	178692.08	73827.33	172550.48
	营业支出(万元)	66929.45	152450.22	64698.13	151705.61
	投资收益(万元)	228.21	309.05	175.86	1290.70
	净利润(万元)	211.40	982.03	320.14	1557.31
	营业利润(万元)	-74.41	-32.19	-385.69	-2166.48
	利润总额(万元)	253.79	1354.96	331.32	2142.10

万鸿集团股份有限公司

公司概况	公司名称	万鸿集团股份有限公司			证券简称	万鸿集团
	法人代表	戚围岳	董秘	许伟文	证券代码	600681
	公司网址	www.winowner.com			电子信箱	wdf94639@sina.com
	电　话	027-88066666			传　真	027-88066666
	办公地址	湖北省武汉市汉阳区阳新路特1号				
	经营范围	对酒店业、制造业、商业、旅游业、房地产业进行项目投资、装饰装修等				

主要财务指标	指标\报告期	2015.06.30	2014.12.31	2014.06.30	2013.12.31
	基本每股收益(元)	-	0.0100	-	-0.0200
	基本每股收益(扣除后)(元)	-	0.0100	-	-
	稀释每股收益(元)	-	0.0100	-	-0.0200
	每股净资产(元)	0.0770	0.0816	0.0736	0.0732
	每股经营现金净流量(元)	-0.0056	-0.0134	-0.0122	-0.0305
	每股现金流量(元)	-0.0056	-0.0138	-0.0127	-0.0120
	每股资本公积金(元)	1.7906	2.0762	2.0762	2.0762
	每股盈余公积金(元)	0.1041	0.1041	0.1041	0.1041
	每股未分配利润(元)	-3.1034	-3.1059	-3.1067	-3.1071
	净资产收益率(%)	-6.0221	10.2205	0.5233	-30.7865
	加权净资产收益率(%)	-5.8500	10.7700	0.5200	-26.6800
	净资产收益率(扣除)(%)	-2.2692	10.0692	0.5195	19.4919
	总资产(万元)	20210.49	17455.53	17243.58	16595.21
	归属母公司股东权益(万元)	1935.12	1871.16	1851.66	1841.97
	营业收入(万元)	981.62	5987.92	2692.20	7824.71
	营业支出(万元)	517.08	4385.20	2175.99	6384.05
	投资收益(万元)	-	-	-	-
	净利润(万元)	-113.31	312.23	9.69	-567.08
	营业利润(万元)	-127.47	464.10	94.19	679.86
	利润总额(万元)	-127.42	465.23	94.26	-348.87

南京新街口百货商店股份有限公司

公司概况

公司名称	南京新街口百货商店股份有限公司			证券简称	南京新百
法人代表	杨怀珍	董秘	潘利建	证券代码	600682
公司网址	www.njxb.com		电子信箱	njxb@njxb.com	
电　话	025-84717494 84761696		传　真	025-84717494 84761696	
办公地址	江苏省南京市白下区中山南路1号				
经营范围	预包装食品、散装食品(炒货、蜜饯、糕点、茶叶)、保健食品、冷热饮品销售等				

主要财务指标

指标\报告期	2015.06.30	2014.12.31	2014.06.30	2013.12.31
基本每股收益(元)	0.1900	1.1200	0.2500	0.3800
基本每股收益(扣除后)(元)	-0.2400	1.2500	0.2500	0.3700
稀释每股收益(元)	0.1900	1.1200	0.2500	0.3800
每股净资产(元)	2.6338	4.9326	4.1409	3.8828
每股经营现金净流量(元)	-1.1879	3.7310	-0.4576	0.9389
每股现金流量(元)	-0.2908	2.6057	-0.5014	1.1258
每股资本公积金(元)	0.0668	1.2920	1.1539	1.1499
每股盈余公积金(元)	0.3091	0.6181	0.5748	0.5748
每股未分配利润(元)	1.2089	1.8927	1.4121	1.1581
净资产收益率(%)	7.3672	22.6532	6.1340	9.7204
加权净资产收益率(%)	7.5700	25.2500	6.3400	10.1600
净资产收益率(扣除)(%)	-9.2535	25.3422	6.0117	9.5278
总资产(万元)	1402761.95	1414311.58	449501.21	441925.25
归属母公司股东权益(万元)	188750.16	173837.48	148376.80	139130.36
营业收入(万元)	691863.47	782522.81	170480.64	335336.02
营业支出(万元)	457102.35	531841.76	129860.19	257682.17
投资收益(万元)	43126.10	1133.71	462.51	406.13
净利润(万元)	10946.69	43390.88	9101.47	13524.08
营业利润(万元)	24068.85	52390.73	12453.74	17366.17
利润总额(万元)	24231.65	52324.92	12425.68	17534.72

京投银泰股份有限公司

公司概况

公司名称	京投银泰股份有限公司			证券简称	京投银泰
法人代表	田振清	董秘	田锋	证券代码	600683
公司网址	www.600683.com		电子信箱	ir@600683.com	
电　话	010-65636620 65636622		传　真	010-85172628	
办公地址	北京市朝阳区建国门外大街2号银泰中心C座17层				
经营范围	百货零售、对外贸易和房地产开发与经营等业务				

主要财务指标

指标\报告期	2015.06.30	2014.12.31	2014.06.30	2013.12.31
基本每股收益(元)	-0.1600	0.0300	-0.1900	0.1000
基本每股收益(扣除后)(元)	-0.2100	-0.4600	-0.3100	-0.8300
稀释每股收益(元)	-0.1600	0.0300	-0.1900	0.1000
每股净资产(元)	2.3610	2.5220	2.3003	2.5191
每股经营现金净流量(元)	1.6661	0.2478	0.9971	-11.2025
每股现金流量(元)	-1.1753	1.5352	0.4831	0.9050
每股资本公积金(元)	0.4425	0.4425	0.4425	0.4425
每股盈余公积金(元)	0.1430	0.1430	0.1430	0.1430
每股未分配利润(元)	0.7755	0.9365	0.7148	0.9336
净资产收益率(%)	-6.8203	1.3459	-8.1619	3.9939
加权净资产收益率(%)	-6.6000	1.3500	-7.7600	4.0100
净资产收益率(扣除)(%)	-9.0564	-18.3609	-13.4941	-32.7630
总资产(万元)	2969503.34	2966044.04	2584205.63	2400991.34
归属母公司股东权益(万元)	174895.80	186824.20	170401.75	186606.11
营业收入(万元)	62960.40	348617.34	11838.54	99627.47
营业支出(万元)	53174.55	259287.14	10826.20	92864.80
投资收益(万元)	602.42	13542.87	-5625.59	50744.79
净利润(万元)	-10017.11	19298.01	-13907.95	7452.88
营业利润(万元)	-9232.01	31550.64	-16474.29	7678.11
利润总额(万元)	-9212.74	32297.55	-16506.51	10811.98

广州珠江实业开发股份有限公司

公司概况

公司名称	广州珠江实业开发股份有限公司			证券简称	珠江实业
法人代表	郑暑平	董秘	黄静	证券代码	600684
公司网址	www.gzzjsy.com		电子信箱	ir@gzzjsy.com	
电　话	020-83752828 83752439		传　真	020-83752663	
办公地址	广东省广州市越秀区环市东路362-366号好世界广场30楼				
经营范围	经营土地开发、承建、销售、租赁商品房等				

主要财务指标

指标\报告期	2015.06.30	2014.12.31	2014.06.30	2013.12.31
基本每股收益(元)	0.1600	0.3800	0.3400	0.9500
基本每股收益(扣除后)(元)	0.1600	0.3800	0.3400	-
稀释每股收益(元)	0.1600	0.3800	0.3400	0.9500
每股净资产(元)	2.9974	2.9129	4.2023	3.8615
每股经营现金净流量(元)	0.5499	-1.5376	-1.4667	0.7862
每股现金流量(元)	0.6100	-1.2948	-1.6811	0.3614
每股资本公积金(元)	0.1208	0.1208	0.4812	0.4812
每股盈余公积金(元)	0.2420	0.2420	0.3173	0.3173
每股未分配利润(元)	1.6346	1.5501	2.4038	2.0630
净资产收益率(%)	5.4893	12.9948	8.1095	24.5545
加权净资产收益率(%)	5.5200	13.7800	8.4500	27.3300
净资产收益率(扣除)(%)	5.5047	13.1436	8.1136	24.5042
总资产(万元)	712840.12	677230.82	584357.52	526310.02
归属母公司股东权益(万元)	213179.73	207167.42	199249.43	183091.31
营业收入(万元)	100360.32	213035.03	95681.22	233705.91
营业支出(万元)	64535.20	122749.76	52941.36	124254.28
投资收益(万元)	70.85	26.46	18.84	252.67
净利润(万元)	11563.97	26709.70	16158.12	44957.12
营业利润(万元)	16218.65	38118.19	22299.73	59997.79
利润总额(万元)	16242.01	37891.99	22275.64	59842.86

中船海洋与防务装备股份有限公司

公司概况

公司名称	中船海洋与防务装备股份有限公司			证券简称	中船防务
法人代表	韩广德	董秘	施卫东	证券代码	600685
公司网址	www.chinagsi.com		电子信箱	chenlpaa@chinagsi.com	
电　话	020-81636688		传　真	020-81891575	
办公地址	广东省广州市荔湾区芳村大道南40号				
经营范围	造船、钢结构工程以及机电产品等				

主要财务指标

指标\报告期	2015.06.30	2014.12.31	2014.06.30	2013.12.31
基本每股收益(元)	-0.3866	0.1470	-0.1688	-0.2121
基本每股收益(扣除后)(元)	-0.4823	-0.6261	-0.3117	-0.3514
稀释每股收益(元)	-0.3866	0.1470	-0.1688	-0.2121
每股净资产(元)	6.8703	5.4625	5.0136	6.0702
每股经营现金净流量(元)	-2.4752	0.8299	-2.8477	-0.0342
每股现金流量(元)	-1.2705	0.5016	-2.8926	-1.1219
每股资本公积金(元)	4.8585	5.2610	3.1826	3.3247
每股盈余公积金(元)	0.6677	0.9158	0.4315	0.6914
每股未分配利润(元)	0.3750	1.2714	0.3981	1.0755
净资产收益率(%)	-5.4060	2.6912	-5.2474	0.3484
加权净资产收益率(%)	-5.7100	2.7500	-2.5000	0.3300
净资产收益率(扣除)(%)	-6.0686	-10.7440	-4.3279	-5.7898
总资产(万元)	4512504.40	4374109.91	2194566.75	2155886.12
归属母公司股东权益(万元)	971124.55	866223.38	516668.52	390956.38
营业收入(万元)	1080971.92	953074.09	840373.85	583826.85
营业支出(万元)	1050567.71	963098.04	810802.24	558489.48
投资收益(万元)	792.51	39536.38	6602.82	20267.29
净利润(万元)	-52359.28	15042.65	-22286.93	-37869.60
营业利润(万元)	-59442.32	-75261.15	-44606.01	-63097.12
利润总额(万元)	-54331.68	5933.02	-22285.67	-45212.13

厦门金龙汽车集团股份有限公司

公司概况	公司名称	厦门金龙汽车集团股份有限公司		证券简称	金龙汽车
	法人代表	廉小强	董秘　廉小强(代)	证券代码	600686
	公司网址	www.xmklm.com.cn		电子信箱	kinglong@xmklm.com.cn
	电　话	0592-2969815		传　真	0592-2960686
	办公地址	厦门市厦禾路 668 号 23 层			
	经营范围	大、中、轻型客车的生产和销售等			

主要财务指标	指标\报告期	2015.06.30	2014.12.31	2014.06.30	2013.12.31
	基本每股收益(元)	0.2400	0.5600	0.1800	0.5200
	基本每股收益(扣除后)(元)	0.1900	0.3900	0.1400	0.3000
	稀释每股收益(元)	-	0.5600	0.1800	0.5200
	每股净资产(元)	5.8151	5.5023	5.1204	5.1390
	每股经营现金净流量(元)	-2.2793	0.2574	-5.8966	1.5867
	每股现金流量(元)	-1.0769	-0.6930	-5.5877	1.1406
	每股资本公积金(元)	1.8608	0.6983	0.6967	0.6967
	每股盈余公积金(元)	0.4128	0.6610	0.6045	0.6045
	每股未分配利润(元)	2.5334	3.1378	2.8126	2.8328
	净资产收益率(%)	4.2053	10.2058	3.5116	10.0953
	加权净资产收益率(%)	5.3500	10.5900	3.4800	10.5400
	净资产收益率(扣除)(%)	3.2880	7.0399	2.7364	5.7460
	总资产(万元)	2026849.40	1842953.74	1632721.40	1608870.08
	归属母公司股东权益(万元)	352826.01	243530.84	226626.75	227450.12
	营业收入(万元)	1028582.02	2143102.75	922389.53	2081230.68
	营业支出(万元)	875924.55	1845054.00	814191.31	1821423.46
	投资收益(万元)	3871.49	5469.76	3005.69	5935.80
	净利润(万元)	27126.83	48663.52	7958.19	22961.82
	营业利润(万元)	30745.74	46305.22	14831.63	38360.50
	利润总额(万元)	33159.41	58643.27	17421.86	53435.56

甘肃刚泰控股(集团)股份有限公司

公司概况	公司名称	甘肃刚泰控股(集团)股份有限公司		证券简称	刚泰控股
	法人代表	徐建刚	董秘　张秦	证券代码	600687
	公司网址	www.gangtaikonggu.com		电子信箱	gangtaikonggu@163.com
	电　话	021-68865161		传　真	021-68816081
	办公地址	上海浦东新区陆家嘴环路 958 号华能联合大厦 32 楼			
	经营范围	实业投资、矿业投资、货运代理、设备、自有房屋租赁、装卸、仓储服务、物流信息咨询等			

主要财务指标	指标\报告期	2015.06.30	2014.12.31	2014.06.30	2013.12.31
	基本每股收益(元)	0.2830	0.5120	0.1030	0.3100
	基本每股收益(扣除后)(元)	0.2630	0.4320	0.1020	0.4720
	稀释每股收益(元)	0.2830	0.5120	0.1030	0.3100
	每股净资产(元)	3.5585	3.2778	2.8693	3.6688
	每股经营现金净流量(元)	-1.4043	-2.9947	-0.6203	-2.0180
	每股现金流量(元)	0.4065	-0.3637	-0.2843	0.4724
	每股资本公积金(元)	1.3717	1.3717	1.3717	2.0832
	每股盈余公积金(元)	0.0192	0.0192	0.0192	0.0249
	每股未分配利润(元)	1.1555	0.8723	0.4628	0.5479
	净资产收益率(%)	7.9576	15.6307	3.5857	6.4623
	加权净资产收益率(%)	8.2800	16.8000	3.5800	16.2800
	净资产收益率(扣除)(%)	7.4008	13.1860	3.5453	9.8420
	总资产(万元)	560282.25	363410.16	226814.60	203272.56
	归属母公司股东权益(万元)	174451.90	160692.61	140668.45	138355.58
	营业收入(万元)	477087.12	474179.74	81717.41	140799.62
	营业支出(万元)	446741.63	433868.27	72441.67	117407.10
	投资收益(万元)	1886.70	1754.51	431.34	3287.40
	净利润(万元)	13882.10	25117.46	5043.98	8940.95
	营业利润(万元)	20545.81	33135.37	6798.03	16990.66
	利润总额(万元)	20271.10	34097.15	6801.97	17108.20

中国石化上海石油化工股份有限公司

公司概况	公司名称	中国石化上海石油化工股份有限公司		证券简称	上海石化
	法人代表	王治卿	董秘　王治卿(代)	证券代码	600688
	公司网址	www.spc.com.cn		电子信箱	spc@spc.com.cn
	电　话	021-57943143　57933728		传　真	021-57940050
	办公地址	上海市金山区金一路 48 号			
	经营范围	原油加工、油品、化工产品、合成纤维及单体、塑料及制品、针纺织原料及制品等			

主要财务指标	指标\报告期	2015.06.30	2014.12.31	2014.06.30	2013.12.31
	基本每股收益(元)	0.1600	-0.0660	-0.0150	0.1860
	基本每股收益(扣除后)(元)	0.1610	-0.0750	-0.0150	-
	稀释每股收益(元)	0.1600	-0.0660	-0.0150	0.1860
	每股净资产(元)	1.6981	1.5340	1.5883	1.6510
	每股经营现金净流量(元)	0.1782	0.3741	0.0774	0.5075
	每股现金流量(元)	0.0020	0.0135	0.0175	-0.0026
	每股资本公积金(元)	0.0468	0.0457	0.0457	0.0457
	每股盈余公积金(元)	0.3865	0.3865	0.3865	0.3865
	每股未分配利润(元)	0.2623	0.1020	0.1531	0.2183
	净资产收益率(%)	9.4398	-4.3235	-0.9614	11.2359
	加权净资产收益率(%)	9.9180	-4.1650	-0.9430	11.7800
	净资产收益率(扣除)(%)	9.4674	-4.8642	-0.9160	9.2573
	总资产(万元)	3034125.70	3114598.30	3371273.10	3691593.30
	归属母公司股东权益(万元)	1833901.80	1657062.30	1715362.90	1783161.70
	营业收入(万元)	4215245.00	10218286.10	5137427.70	11553982.90
	营业支出(万元)	3123386.40	9004689.00	4501769.60	10047700.00
	投资收益(万元)	33878.40	5414.50	-6571.60	12066.70
	净利润(万元)	174846.00	-69996.50	-16491.10	200354.50
	营业利润(万元)	224268.30	-103765.50	-16387.00	192215.90
	利润总额(万元)	224014.60	-91414.90	-16876.10	239287.00

上海三毛企业(集团)股份有限公司

公司概况	公司名称	上海三毛企业(集团)股份有限公司		证券简称	上海三毛
	法人代表	张文卿	董秘　沈磊	证券代码	600689
	公司网址	www.600689.com		电子信箱	shenlei_sm@126.com
	电　话	021-63059496　63028180		传　真	021-63018850
	办公地址	上海市浦东新区航头镇下沙新街 200 弄 51 号			
	经营范围	生产、销售毛条、毛纱、纺织品及服装、销售自产产品等			

主要财务指标	指标\报告期	2015.06.30	2014.12.31	2014.06.30	2013.12.31
	基本每股收益(元)	-0.0550	0.3000	-0.0740	-0.2300
	基本每股收益(扣除后)(元)	-0.0340	-0.1900	-0.0800	-0.5700
	稀释每股收益(元)	-0.0550	0.3000	-0.0740	-0.2300
	每股净资产(元)	1.7740	2.0203	1.5100	1.5800
	每股经营现金净流量(元)	0.0455	-0.0297	0.0083	-0.6815
	每股现金流量(元)	0.4540	-0.0649	-0.0564	-0.4999
	每股资本公积金(元)	1.0537	1.0537	1.1412	1.1429
	每股盈余公积金(元)	0.1921	0.1921	0.1921	0.1921
	每股未分配利润(元)	-0.5002	-0.4448	-0.8243	-0.7508
	净资产收益率(%)	-3.1205	14.7776	-4.8747	-14.8180
	加权净资产收益率(%)	-2.9200	16.4600	-4.7600	-13.8700
	净资产收益率(扣除)(%)	-1.9099	-9.5039	-5.2786	-35.8818
	总资产(万元)	76041.85	82622.30	88226.24	88589.66
	归属母公司股东权益(万元)	35656.33	40606.99	30328.22	31841.52
	营业收入(万元)	57008.13	128493.67	63340.66	165721.02
	营业支出(万元)	53195.53	121051.63	59583.22	154719.40
	投资收益(万元)	5769.75	12959.51	555.54	4794.34
	净利润(万元)	-1118.49	6033.58	-1478.41	-4718.27
	营业利润(万元)	3939.87	6923.64	-1452.17	-5443.92
	利润总额(万元)	-2062.85	7040.78	-1439.95	-4685.99

青岛海尔股份有限公司

公司概况	公司名称	青岛海尔股份有限公司			证券简称	青岛海尔
	法人代表	梁海山	董秘	明国珍	证券代码	600690
	公司网址	www.haier.com		电子信箱	9999@haier.com	
	电　　话	0532-88931670		传　　真	0532-88931689	
	办公地址	山东省青岛市崂山区海尔信息产业园内				
	经营范围	空调器、电冰箱、电冰柜、洗碗机、燃气灶等家电产品的生产与销售				

主要财务指标	指标\报告期	2015.06.30	2014.12.31	2014.06.30	2013.12.31
	基本每股收益(元)	0.4320	1.7400	0.9470	1.5320
	基本每股收益(扣除后)(元)	0.4130	1.5080	0.9010	–
	稀释每股收益(元)	0.4310	1.7380	0.9450	1.5300
	每股净资产(元)	4.0904	7.1702	6.0159	5.3172
	每股经营现金净流量(元)	0.5403	2.3003	1.3721	2.3928
	每股现金流量(元)	–0.6531	2.6651	1.3968	1.5374
	每股资本公积金(元)	1.2036	1.1308	0.4250	0.2160
	每股盈余公积金(元)	0.6645	0.6645	0.7178	0.7178
	每股未分配利润(元)	5.0833	4.2205	3.8637	3.3764
	净资产收益率(%)	10.5493	22.8551	15.7453	28.8112
	加权净资产收益率(%)	11.0800	27.5800	16.0500	32.8400
	净资产收益率(扣除)(%)	10.0711	19.7987	14.9724	25.9836
	总资产(万元)	7541719.13	7500645.71	6741916.83	6109278.89
	归属母公司股东权益(万元)	2491981.06	2184002.46	1636830.60	1449416.35
	营业收入(万元)	4192008.56	8877544.45	4700071.78	8648772.36
	营业支出(万元)	3027389.47	6434517.84	3525218.24	6458610.91
	投资收益(万元)	46815.98	123747.58	31426.96	62187.36
	净利润(万元)	330016.57	669226.22	257724.31	416815.29
	营业利润(万元)	376098.83	773658.10	380014.42	616854.34
	利润总额(万元)	388640.58	804663.62	396558.34	671397.41

阳煤化工股份有限公司

公司概况	公司名称	阳煤化工股份有限公司			证券简称	*ST 阳化
	法人代表	闫文泉	董秘	杨印生	证券代码	600691
	公司网址	www.ymhg.com.cn		电子信箱	ymhg600691@163.com	
	电　　话	0351-7255821		传　　真	0351-7255820	
	办公地址	山西省太原市高新区科技街 18 号阳煤大厦				
	经营范围	电碳制品、机械密封、粉末冶金产品的生产、销售等				

主要财务指标	指标\报告期	2015.06.30	2014.12.31	2014.06.30	2013.12.31
	基本每股收益(元)	0.0226	–0.0207	–0.2670	–0.0022
	基本每股收益(扣除后)(元)	0.0086	–0.2459	–0.3224	–0.0495
	稀释每股收益(元)	0.0226	–0.0207	–0.2670	–0.0022
	每股净资产(元)	3.1350	3.0988	2.9821	3.0468
	每股经营现金净流量(元)	0.2758	0.5556	0.8581	1.1179
	每股现金流量(元)	1.2648	0.2474	0.8569	–0.6516
	每股资本公积金(元)	2.2076	2.2076	2.3578	2.6077
	每股盈余公积金(元)	0.0270	0.0270	0.0270	0.0270
	每股未分配利润(元)	–0.1264	–0.1535	–0.4230	–0.1328
	净资产收益率(%)	0.8641	–0.6675	–10.9227	–0.4997
	加权净资产收益率(%)	0.8700	–0.5900	–6.8900	–0.0600
	净资产收益率(扣除)(%)	0.3274	–7.9367	–12.9399	–1.6236
	总资产(万元)	4047462.96	3470900.10	2959554.89	2793102.54
	归属母公司股东权益(万元)	460171.60	454859.91	437731.57	516123.59
	营业收入(万元)	1005903.61	1992907.49	926696.56	2755066.38
	营业支出(万元)	913540.70	1825251.67	898639.00	2561885.84
	投资收益(万元)	–674.58	4240.38	–5660.06	–8784.77
	净利润(万元)	5953.26	–1555.32	–56060.09	5633.15
	营业利润(万元)	8024.25	–10958.96	–66359.03	7411.78
	利润总额(万元)	11447.38	10253.29	–55897.78	16189.03

上海亚通股份有限公司

公司概况	公司名称	上海亚通股份有限公司			证券简称	亚通股份
	法人代表	张忠	董秘	蔡福生	证券代码	600692
	公司网址	www.shanghiyateng.com		电子信箱	chinayatong@online.sh.cn	
	电　　话	021-69695918		传　　真	021-69691970	
	办公地址	上海市崇明县城桥镇寒山寺路 297 号				
	经营范围	房地产开发、宾馆服务业、煤炭、金属材料、农业机械及配件、汽车配件、化工产品等				

主要财务指标	指标\报告期	2015.06.30	2014.12.31	2014.06.30	2013.12.31
	基本每股收益(元)	0.0191	0.1089	0.0359	0.0743
	基本每股收益(扣除后)(元)	0.0118	0.0587	0.0103	0.0655
	稀释每股收益(元)	0.0191	0.1089	0.0359	0.0743
	每股净资产(元)	1.5704	1.5513	1.4783	1.4424
	每股经营现金净流量(元)	0.3118	–1.5470	–0.0797	0.7277
	每股现金流量(元)	0.5657	0.0607	0.0302	–0.1007
	每股资本公积金(元)	0.1741	0.1741	0.1741	0.1741
	每股盈余公积金(元)	0.1497	0.1497	0.1497	0.1497
	每股未分配利润(元)	0.2467	0.2275	0.1546	0.1187
	净资产收益率(%)	1.2194	7.0177	2.4297	5.1487
	加权净资产收益率(%)	1.2300	7.2700	2.4300	5.2800
	净资产收益率(扣除)(%)	0.7530	3.7864	0.6991	4.5407
	总资产(万元)	228511.03	198936.78	112965.27	117149.95
	归属母公司股东权益(万元)	55242.06	54568.45	52002.48	50738.98
	营业收入(万元)	17038.85	47298.51	24238.32	46419.71
	营业支出(万元)	14165.04	38105.88	20671.58	34542.31
	投资收益(万元)	413.02	2037.26	912.26	401.46
	净利润(万元)	727.24	4235.52	1263.50	2612.39
	营业利润(万元)	878.15	3637.26	1316.02	3669.80
	利润总额(万元)	888.62	4211.95	1812.38	3794.49

福建东百集团股份有限公司

公司概况	公司名称	福建东百集团股份有限公司			证券简称	东百集团
	法人代表	朱红志	董秘	刘夷	证券代码	600693
	公司网址	www.dongbai.com		电子信箱	db600693@126.com	
	电　　话	0591-87531724		传　　真	0591-87531804	
	办公地址	福建省福州市八一七北路 84 号东百大厦 17 层				
	经营范围	百货零售为主业，兼营商业物业管理、广告信息、酒店餐饮、房地产开发业务				

主要财务指标	指标\报告期	2015.06.30	2014.12.31	2014.06.30	2013.12.31
	基本每股收益(元)	0.1157	0.4261	0.4952	0.1638
	基本每股收益(扣除后)(元)	0.0608	0.0411	0.0862	0.1524
	稀释每股收益(元)	0.1157	0.4261	0.4952	0.1638
	每股净资产(元)	4.0278	3.5337	3.6028	3.1076
	每股经营现金净流量(元)	–0.4175	–1.1091	–1.4480	–2.0962
	每股现金流量(元)	0.5569	1.4269	–	–0.7872
	每股资本公积金(元)	1.2837	0.1233	0.1233	0.1233
	每股盈余公积金(元)	0.3886	0.5085	0.4523	0.4523
	每股未分配利润(元)	1.3555	1.9019	2.0271	1.5319
	净资产收益率(%)	2.5329	12.0575	13.7449	5.2711
	加权净资产收益率(%)	3.0800	12.8300	14.7600	5.4200
	净资产收益率(扣除)(%)	1.3323	1.1638	0.0024	4.9049
	总资产(万元)	480899.89	411971.09	359410.26	330365.92
	归属母公司股东权益(万元)	180893.03	121284.30	123657.00	106660.46
	营业收入(万元)	83042.25	174633.55	90700.34	203673.65
	营业支出(万元)	63187.25	136147.06	70397.56	160821.22
	投资收益(万元)	2320.74	19248.45	19136.51	1155.92
	净利润(万元)	4313.65	13200.50	16996.54	5622.20
	营业利润(万元)	5856.41	21205.69	20753.54	8315.31
	利润总额(万元)	5876.36	18189.99	20800.76	7825.95

大商股份有限公司

公司概况					
公司名称	大商股份有限公司			证券简称	大商股份
法人代表	牛钢	董秘	孟浩	证券代码	600694
公司网址	www.dsjt.com			电子信箱	dashanggufen@126.com
电 话	0411-83643215			传 真	0411-83880798
办公地址	辽宁省大连市中山区青三街1号				
经营范围	商品零售兼批发、加工服务、仓储、农副产品收购、电子计算机技术服务等				

主要财务指标 指标\报告期	2015.06.30	2014.12.31	2014.06.30	2013.12.31
基本每股收益(元)	2.0900	4.1800	2.5500	4.0100
基本每股收益(扣除后)(元)	2.0600	4.1500	2.4900	4.1800
稀释每股收益(元)	2.0900	4.1800	2.5500	4.0100
每股净资产(元)	21.5919	20.7580	19.4243	18.0912
每股经营现金净流量(元)	1.5523	3.7477	1.5234	6.0851
每股现金流量(元)	-1.5514	-0.8042	-1.8607	2.9108
每股资本公积金(元)	4.8967	4.8967	4.9532	4.9532
每股盈余公积金(元)	1.6557	1.6557	1.3205	1.3205
每股未分配利润(元)	14.0395	13.2056	12.1506	10.8175
净资产收益率(%)	9.6975	20.1379	13.1438	22.1844
加权净资产收益率(%)	9.6000	21.6200	13.1800	24.2000
净资产收益率(扣除)(%)	9.5213	19.9722	12.8360	23.0868
总资产(万元)	1550720.53	1478532.53	1427933.07	1499700.34
归属母公司股东权益(万元)	634193.11	609701.09	570527.12	531371.99
营业收入(万元)	1653487.61	3220586.46	1699589.33	3374688.60
营业支出(万元)	1289982.59	2535412.79	1327759.13	2679320.31
投资收益(万元)	53.53	205.55	46.32	299.35
净利润(万元)	64815.54	132421.12	74988.80	117881.54
营业利润(万元)	87566.08	175250.14	102652.97	167141.07
利润总额(万元)	89138.74	176966.50	104996.33	162002.70

上海绿庭投资控股集团股份有限公司

公司概况					
公司名称	上海绿庭投资控股集团股份有限公司			证券简称	绿庭投资
法人代表	俞乃奋	董秘	李冬青	证券代码	600695
公司网址	www.greencourtinvestment.com			电子信箱	info@greencourtinvestment.com
电 话	021-34225027 34225030			传 真	021-60200779
办公地址	上海市徐汇区宜山路810号贝岭大厦10F				
经营范围	食用农产品(含生猪产品)、乳制品(不含婴幼儿配方乳粉)、酒类等				

主要财务指标 指标\报告期	2015.06.30	2014.12.31	2014.06.30	2013.12.31
基本每股收益(元)	0.0100	-0.0695	-0.0400	0.1500
基本每股收益(扣除后)(元)	-0.0300	-0.0700	-0.0400	-0.1200
稀释每股收益(元)	0.0100	-0.0695	-0.0400	0.1500
每股净资产(元)	1.3425	0.7122	0.5346	0.5710
每股经营现金净流量(元)	0.0803	-0.1518	-0.0408	-0.0502
每股现金流量(元)	0.2232	-0.0742	-0.0337	0.0267
每股资本公积金(元)	0.5481	0.5481	0.5481	0.5481
每股盈余公积金(元)	0.1090	0.1090	0.1090	0.1090
每股未分配利润(元)	-1.1452	-1.1556	-1.1225	-1.0861
净资产收益率(%)	0.7689	-9.7572	-6.8158	25.8270
加权净资产收益率(%)	1.4400	-12.9600	-6.5900	30.6800
净资产收益率(扣除)(%)	-2.0891	-10.0263	-6.6753	-21.7761
总资产(万元)	130781.32	64249.23	43176.18	46267.59
归属母公司股东权益(万元)	95745.83	50793.69	38128.25	40726.98
营业收入(万元)	12386.45	27055.60	10479.97	29196.84
营业支出(万元)	11568.55	24900.65	9978.53	27011.71
投资收益(万元)	2573.82	537.10	-	20171.13
净利润(万元)	743.27	-4956.06	-2598.73	10518.57
营业利润(万元)	582.12	-5092.72	-2545.19	10839.35
利润总额(万元)	743.27	-4956.06	-2598.73	10517.38

匹凸匹金融信息服务(上海)股份有限公司

公司概况					
公司名称	匹凸匹金融信息服务(上海)股份有限公司			证券简称	匹凸匹
法人代表	鲜言	董秘	鲜言(代)	证券代码	600696
公司网址				电子信箱	600696@p2p.com
电 话	021-56969999			传 真	021-50689999
办公地址	上海市浦东新区世纪大道88号金茂大厦10楼				
经营范围	房地产行业等				

主要财务指标 指标\报告期	2015.06.30	2014.12.31	2014.06.30	2013.12.31
基本每股收益(元)	-0.0690	0.2090	-0.0330	0.0260
基本每股收益(扣除后)(元)	-0.0680	0.0600	-0.0340	0.0280
稀释每股收益(元)	-0.0690	0.2090	-0.0330	0.0260
每股净资产(元)	1.6801	1.7488	1.5067	1.5401
每股经营现金净流量(元)	-0.1337	-0.3850	0.0294	0.0992
每股现金流量(元)	0.0917	-0.0095	0.0292	-0.0178
每股资本公积金(元)	0.0878	0.0878	0.0878	0.0878
每股盈余公积金(元)	0.0942	0.0942	0.0719	0.0719
每股未分配利润(元)	0.4981	0.5668	0.3469	0.3804
净资产收益率(%)	-4.0898	11.9338	-2.2217	1.6831
加权净资产收益率(%)	-4.0100	12.6900	-2.1970	1.7000
净资产收益率(扣除)(%)	-4.0549	3.1605	-2.2240	1.8147
总资产(万元)	135434.77	139720.00	116270.46	106719.25
归属母公司股东权益(万元)	57218.82	59558.93	51311.31	52451.30
营业收入(万元)	-0.36	1004.83	999.92	10984.45
营业支出(万元)	-	581.71	581.71	8611.56
投资收益(万元)	171.63	10887.97	-384.83	523.09
净利润(万元)	-2424.17	6969.72	-1139.99	882.82
营业利润(万元)	-2228.95	8252.83	-1195.94	780.45
利润总额(万元)	-2424.17	8117.91	-1195.55	728.97

长春欧亚集团股份有限公司

公司概况					
公司名称	长春欧亚集团股份有限公司			证券简称	欧亚集团
法人代表	曹和平	董秘	席汝珍	证券代码	600697
公司网址	www.cn-eurasiagroup.com			电子信箱	ccoyjt@sina.com
电 话	0431-87666905			传 真	0431-87666813
办公地址	吉林省长春市飞跃路2686号				
经营范围	经销百货、五金、交电、日用杂品、食品业、纺织服装等				

主要财务指标 指标\报告期	2015.06.30	2014.12.31	2014.06.30	2013.12.31
基本每股收益(元)	0.8100	1.8800	0.7300	1.5400
基本每股收益(扣除后)(元)	0.7500	1.7700	0.7200	1.4600
稀释每股收益(元)	0.8100	1.8800	0.7300	1.5400
每股净资产(元)	10.8282	9.9957	9.1692	8.4435
每股经营现金净流量(元)	-2.2846	0.5454	0.0535	3.2473
每股现金流量(元)	0.8371	1.1815	-1.5235	0.4667
每股资本公积金(元)	1.8734	1.8734	2.1637	1.9174
每股盈余公积金(元)	0.5000	0.5000	0.5000	0.5000
每股未分配利润(元)	7.3809	6.5671	5.5060	5.0266
净资产收益率(%)	7.5157	18.7873	7.9823	18.2586
加权净资产收益率(%)	7.8200	20.3100	8.3100	19.6600
净资产收益率(扣除)(%)	6.8924	17.7272	7.8018	17.3438
总资产(万元)	1415366.17	1326222.53	1061374.22	947718.99
归属母公司股东权益(万元)	172263.04	159019.43	145870.75	134325.76
营业收入(万元)	637039.49	1154212.02	574967.98	1031518.50
营业支出(万元)	521981.57	932651.71	477260.12	858889.12
投资收益(万元)	-51.08	-217.90	-55.99	-191.33
净利润(万元)	22477.10	44559.58	11643.89	24526.02
营业利润(万元)	27629.05	56353.57	23273.25	41326.11
利润总额(万元)	30131.63	59815.73	23902.68	43535.20

湖南天雁机械股份有限公司

公司概况	公司名称	湖南天雁机械股份有限公司		证券简称	湖南天雁
	法人代表	连刚	董秘	钟桥前	证券代码 600698
	公司网址	www.tyen.com.cn	电子信箱	tyen5617@163.com	
	电　　话	0734-8532012	传　　真	0734-8532003	
	办公地址	湖南省衡阳市石鼓区合江套路 195 号			
	经营范围	增压器, 活塞环,冷却风扇,节温器,气门及其他发动机零部件的设计等			

主要财务指标	指标\报告期	2015.06.30	2014.12.31	2014.06.30	2013.12.31
	基本每股收益(元)	0.0051	0.0148	0.0244	0.0607
	基本每股收益(扣除后)(元)	0.0021	0.0023	0.0160	–
	稀释每股收益(元)	0.0051	0.0148	0.0244	0.0607
	每股净资产(元)	0.7235	0.7185	0.7281	0.7037
	每股经营现金净流量(元)	–0.0065	0.0671	0.0074	0.0181
	每股现金流量(元)	0.0623	0.0460	0.0170	–0.1283
	每股资本公积金(元)	0.3850	0.3850	0.3850	0.3850
	每股盈余公积金(元)	0.0864	0.0864	0.0864	0.0864
	每股未分配利润(元)	–0.7479	–0.7530	–0.7433	–0.7678
	净资产收益率(%)	0.6993	2.0570	3.3548	8.6305
	加权净资产收益率(%)	0.7000	2.0800	3.4100	9.0200
	净资产收益率(扣除)(%)	0.2867	0.3171	2.1975	6.7002
	总资产(万元)	120416.75	110955.09	109371.53	101495.69
	归属母公司股东权益(万元)	70315.52	69823.82	70761.47	68387.54
	营业收入(万元)	26289.56	57795.05	31956.96	64132.35
	营业支出(万元)	20212.42	44267.43	23643.41	46056.61
	投资收益(万元)	–	–	–	–
	净利润(万元)	491.69	1436.28	2373.93	5902.21
	营业利润(万元)	224.51	592.45	1910.11	5266.76
	利润总额(万元)	514.64	2021.57	2729.06	6819.84

宁波均胜电子股份有限公司

公司概况	公司名称	宁波均胜电子股份有限公司		证券简称	均胜电子
	法人代表	王剑峰	董秘	叶树平	证券代码 600699
	公司网址	www.joyson.cn	电子信箱	600699@joyson.cn	
	电　　话	0574-87907001 89078965	传　　真	0574-87402859	
	办公地址	浙江省宁波市高新区聚贤路 1266 号			
	经营范围	电子产品、电子元件、汽车电子装置(车身电子控制系统)、光电机一体化产品等			

主要财务指标	指标\报告期	2015.06.30	2014.12.31	2014.06.30	2013.12.31
	基本每股收益(元)	0.3000	0.5500	0.2460	0.4700
	基本每股收益(扣除后)(元)	0.2700	0.5000	0.2270	–
	稀释每股收益(元)	0.3000	0.5500	0.2460	0.4700
	每股净资产(元)	3.8471	3.8047	3.8137	3.5965
	每股经营现金净流量(元)	0.3075	1.1594	0.2697	1.0225
	每股现金流量(元)	0.0001	0.2626	–0.0986	0.0246
	每股资本公积金(元)	1.8648	1.8648	1.7471	1.7615
	每股盈余公积金(元)	0.0810	0.0810	0.0654	0.0654
	每股未分配利润(元)	1.7193	1.5331	1.2390	1.0034
	净资产收益率(%)	7.6996	14.3320	6.4528	12.6322
	加权净资产收益率(%)	7.6300	14.7400	6.6400	14.3600
	净资产收益率(扣除)(%)	7.0707	13.2208	5.9552	12.4081
	总资产(万元)	767327.63	625920.43	619482.92	574596.12
	归属母公司股东权益(万元)	244732.72	242033.59	242605.22	228787.65
	营业收入(万元)	389793.53	707709.11	338238.23	610382.65
	营业支出(万元)	305177.37	569234.66	276501.11	493889.62
	投资收益(万元)	466.74	55.82	3.93	–
	净利润(万元)	19956.99	34960.07	15654.80	28900.86
	营业利润(万元)	24952.09	42427.18	19830.47	37979.35
	利润总额(万元)	27010.29	45870.63	21426.28	38564.87

哈尔滨工大高新技术产业开发股份有限公司

公司概况	公司名称	哈尔滨工大高新技术产业开发股份有限公司		证券简称	工大高新
	法人代表	张大成	董秘	吕莹	证券代码 600701
	公司网址	hit-hi-tech.cn	电子信箱	lvying-hit@vip.sina.com	
	电　　话	0451-86269034	传　　真	0451-86269032	
	办公地址	黑龙江省哈尔滨市南岗区西大直街 118 号			
	经营范围	高新技术及产品的开发、生产、销售和技术服务、技术咨询、技术培训、技术转让等			

主要财务指标	指标\报告期	2015.06.30	2014.12.31	2014.06.30	2013.12.31
	基本每股收益(元)	–0.0580	–0.0294	–0.0410	0.0249
	基本每股收益(扣除后)(元)	–0.0700	–0.0326	–0.0440	0.0222
	稀释每股收益(元)	–0.0580	–0.0294	–0.0410	0.0249
	每股净资产(元)	1.7584	1.8200	1.7961	1.8369
	每股经营现金净流量(元)	0.3934	0.4832	0.2430	0.0855
	每股现金流量(元)	–0.0892	–0.0956	0.1477	0.3505
	每股资本公积金(元)	0.2144	0.2144	0.1985	0.5031
	每股盈余公积金(元)	0.1799	0.1799	0.1761	0.1761
	每股未分配利润(元)	0.3640	0.4215	0.4215	0.4623
	净资产收益率(%)	–3.2708	–1.6205	–2.2767	1.3555
	加权净资产收益率(%)	–3.2200	–1.6031	–2.0800	1.3611
	净资产收益率(扣除)(%)	–3.9573	–1.7967	–2.4665	1.2090
	总资产(万元)	295079.40	299994.58	298253.49	259914.19
	归属母公司股东权益(万元)	87703.51	90572.11	89583.85	106815.31
	营业收入(万元)	33899.45	79776.00	37913.85	83579.54
	营业支出(万元)	21762.50	51026.60	24977.06	57087.13
	投资收益(万元)	–10.38	–14.62	–3.36	–7.30
	净利润(万元)	–2964.11	–1668.07	–2039.58	1241.98
	营业利润(万元)	–3528.94	–589.54	–1962.22	2115.87
	利润总额(万元)	–2926.82	–426.10	–1791.88	2252.73

四川沱牌舍得酒业股份有限公司

公司概况	公司名称	四川沱牌舍得酒业股份有限公司		证券简称	沱牌舍得
	法人代表	李家顺	董秘	马力军	证券代码 600702
	公司网址	www.tuopaishede.cn	电子信箱	tuopai@tuopaishede.cn	
	电　　话	0825-6618268 6618269	传　　真	0825-6618269	
	办公地址	四川省遂宁市射洪县沱牌镇沱牌大道 999 号			
	经营范围	粮食收购、酒类及纯净水生产、销售、普通货运、危险货物运输等			

主要财务指标	指标\报告期	2015.06.30	2014.12.31	2014.06.30	2013.12.31
	基本每股收益(元)	0.0200	0.0397	0.0310	0.0349
	基本每股收益(扣除后)(元)	0.0162	0.0329	0.0296	0.0309
	稀释每股收益(元)	0.0200	0.0397	0.0310	0.0349
	每股净资产(元)	6.6771	6.6571	6.6685	6.6374
	每股经营现金净流量(元)	0.0138	–0.4387	–0.2687	0.3087
	每股现金流量(元)	0.1643	0.4172	0.1207	–0.2344
	每股资本公积金(元)	2.3697	2.3697	2.3697	2.3697
	每股盈余公积金(元)	0.7283	0.7283	0.7283	0.7283
	每股未分配利润(元)	2.5791	2.5591	2.5704	2.5394
	净资产收益率(%)	0.2995	0.5963	0.4655	0.5259
	加权净资产收益率(%)	0.3000	0.6000	0.4700	0.5100
	净资产收益率(扣除)(%)	0.2429	0.4949	0.4439	0.4650
	总资产(万元)	379101.36	367883.59	349640.90	340789.58
	归属母公司股东权益(万元)	225219.65	224545.07	224927.68	223880.73
	营业收入(万元)	62719.61	144498.33	73111.47	141859.17
	营业支出(万元)	30324.74	71297.45	37146.30	56164.43
	投资收益(万元)	848.81	1918.48	1026.60	477.09
	净利润(万元)	674.58	1338.94	1046.95	1177.42
	营业利润(万元)	1812.72	3217.93	1584.71	4810.09
	利润总额(万元)	1967.43	3504.50	1648.91	4947.40

三安光电股份有限公司

公司概况						
公司概况	公司名称	三安光电股份有限公司			证券简称	三安光电
公司概况	法人代表	林秀成	董秘	王庆	证券代码	600703
公司概况	公司网址	www.sanan-e.com		电子信箱	600703@sanan.cn	
公司概况	电　话	0592-5937117 5903387		传　真	0592-5937117 5903387	
公司概况	办公地址	福建省厦门市思明区吕岭路 1721-1725 号				
公司概况	经营范围	电子工业技术研究、咨询服务、电子产品生产、销售等				

主要财务指标	指标\报告期	2015.06.30	2014.12.31	2014.06.30	2013.12.31
	基本每股收益(元)	0.3800	0.6100	0.4200	0.7200
	基本每股收益(扣除后)(元)	0.3000	0.4700	0.3200	0.5300
	稀释每股收益(元)	0.3800	0.6100	0.4200	0.7200
	每股净资产(元)	4.8520	4.7301	6.6153	4.8251
	每股经营现金净流量(元)	0.4086	0.2780	0.0250	0.5300
	每股现金流量(元)	-0.7009	1.1201	1.8085	-0.4939
	每股资本公积金(元)	2.2618	2.2618	3.9117	2.1849
	每股盈余公积金(元)	0.0920	0.0920	0.1059	0.1170
	每股未分配利润(元)	1.5546	1.3768	1.5982	1.5256
	净资产收益率(%)	7.7856	12.9187	6.3095	14.8688
	加权净资产收益率(%)	7.6800	13.8800	6.6600	16.0900
	净资产收益率(扣除)(%)	6.1090	9.9320	4.7654	10.8962
	总资产(万元)	1688361.63	1701663.17	1736877.14	1334608.38
	归属母公司股东权益(万元)	1161129.66	1131948.63	1055400.64	696750.44
	营业收入(万元)	229140.02	457966.51	217695.63	373206.74
	营业支出(万元)	118765.66	251673.99	127996.61	237938.54
	投资收益(万元)	-179.53	-5071.99	-236.27	496.27
	净利润(万元)	94366.38	151046.18	66590.31	103598.77
	营业利润(万元)	85438.47	133285.65	60340.63	80716.56
	利润总额(万元)	114970.04	182857.18	79753.05	126398.87

浙江物产中大元通集团股份有限公司

公司概况						
公司概况	公司名称	浙江物产中大元通集团股份有限公司			证券简称	物产中大
公司概况	法人代表	陈继达	董秘	颜亮	证券代码	600704
公司概况	公司网址	www.zhongda.com		电子信箱	stock@zhongda.com	
公司概况	电　话	0571-85777029		传　真	0571-85778008	
公司概况	办公地址	浙江省杭州市中大广场 A 座				
公司概况	经营范围	主要从事各类服装、纺织品、食品、茶叶等进出口贸易等				

主要财务指标	指标\报告期	2015.06.30	2014.12.31	2014.06.30	2013.12.31
	基本每股收益(元)	0.3510	0.4103	0.3133	0.3133
	基本每股收益(扣除后)(元)	0.3190	0.0461	0.2182	0.2182
	稀释每股收益(元)	0.3510	0.4103	0.3133	0.3133
	每股净资产(元)	6.2374	5.8278	5.5119	5.5119
	每股经营现金净流量(元)	0.6006	-1.2802	-0.5540	-0.5540
	每股现金流量(元)	3.6146	-0.2704	1.0431	1.0431
	每股资本公积金(元)	2.2480	2.8485	1.3685	1.3685
	每股盈余公积金(元)	0.2596	0.3150	0.3164	0.3164
	每股未分配利润(元)	2.4659	3.8548	2.8271	2.8271
	净资产收益率(%)	5.6277	6.1932	5.6836	5.6836
	加权净资产收益率(%)	5.7500	7.4400	5.7500	5.7500
	净资产收益率(扣除)(%)	5.1149	0.6952	3.9594	3.9594
	总资产(万元)	3658965.22	6138924.71	2919637.29	2919637.29
	归属母公司股东权益(万元)	621238.53	1269586.31	435727.23	435727.23
	营业收入(万元)	1844645.20	3792672.06	1782745.23	1782745.23
	营业支出(万元)	1715380.89	3527078.07	1659017.78	1659017.78
	投资收益(万元)	34245.12	33745.75	10575.43	10575.43
	净利润(万元)	45608.07	45857.47	24764.83	24764.83
	营业利润(万元)	60083.97	51103.91	46352.79	46352.79
	利润总额(万元)	61302.07	69288.15	46570.52	46570.52

中航资本控股股份有限公司

公司概况						
公司概况	公司名称	中航资本控股股份有限公司			证券简称	中航资本
公司概况	法人代表	孟祥泰	董秘	王晓峰	证券代码	600705
公司概况	公司网址	www.aviccapital.com		电子信箱	dongmi@aviccapital.com	
公司概况	电　话	010-65675115 84878692		传　真	010-65675911 0451-84878701	
公司概况	办公地址	北京市朝阳区东三环中路乙 10 号艾维克大厦 20 层				
公司概况	经营范围	实业投资、股权投资、投资咨询				

主要财务指标	指标\报告期	2015.06.30	2014.12.31	2014.06.30	2013.12.31
	基本每股收益(元)	0.3900	0.5000	0.6600	0.5500
	基本每股收益(扣除后)(元)	0.3800	0.4700	0.6400	-
	稀释每股收益(元)	0.3900	0.5000	0.6600	3.2799
	每股净资产(元)	4.9982	3.6039	6.2923	3.2799
	每股经营现金净流量(元)	-0.0219	0.7813	-9.6453	1.0053
	每股现金流量(元)	0.5845	1.3332	-7.9901	2.4688
	每股资本公积金(元)	1.1932	1.1932	3.8784	1.1138
	每股盈余公积金(元)	0.0213	0.0213	0.0008	0.0010
	每股未分配利润(元)	1.0719	0.6855	1.3022	1.0292
	净资产收益率(%)	7.7315	13.4576	9.5477	16.9084
	加权净资产收益率(%)	8.9800	16.9400	13.2900	15.1400
	净资产收益率(扣除)(%)	7.5588	12.7488	9.2341	15.5060
	总资产(万元)	12366349.02	10843318.57	8098690.59	8500960.48
	归属母公司股东权益(万元)	1865690.93	1345228.30	1174360.23	499347.88
	营业收入(万元)	149345.50	283187.77	128684.10	187849.16
	营业支出(万元)	66871.25	122429.27	56749.94	92344.55
	投资收益(万元)	77340.87	127168.49	96347.78	31168.46
	净利润(万元)	215138.19	278379.35	112124.74	84431.51
	营业利润(万元)	283163.04	361336.54	209923.55	242838.89
	利润总额(万元)	282574.32	368880.16	211365.27	247646.68

西安曲江文化旅游股份有限公司

公司概况						
公司概况	公司名称	西安曲江文化旅游股份有限公司			证券简称	曲江文旅
公司概况	法人代表	贾涛	董秘	高艳	证券代码	600706
公司概况	公司网址	www.qjtourism.com		电子信箱	cadsh@pub.xaonline.com	
公司概况	电　话	029-89129355		传　真	029-89129350	
公司概况	办公地址	陕西省西安市雁塔南路 292 号曲江文化大厦 7-8 层				
公司概况	经营范围	景区运营管理业务、酒店餐饮管理业务、旅行社业务、演出演艺业务等				

主要财务指标	指标\报告期	2015.06.30	2014.12.31	2014.06.30	2013.12.31
	基本每股收益(元)	0.1500	0.1600	0.1300	0.4700
	基本每股收益(扣除后)(元)	0.1400	0.1200	0.1300	0.4200
	稀释每股收益(元)	0.1500	0.1600	0.1300	0.4700
	每股净资产(元)	4.5231	4.3716	4.3365	4.2096
	每股经营现金净流量(元)	0.2093	-0.0806	-0.5060	0.1230
	每股现金流量(元)	0.2369	-1.3294	-1.0029	0.9552
	每股资本公积金(元)	2.4984	2.4984	2.4984	2.4984
	每股盈余公积金(元)	-	-	-	-
	每股未分配利润(元)	1.0247	0.8732	0.8381	0.7113
	净资产收益率(%)	3.3482	3.7054	2.9248	11.2154
	加权净资产收益率(%)	3.4100	3.7800	2.9700	11.8800
	净资产收益率(扣除)(%)	3.1530	2.8269	2.9268	10.0486
	总资产(万元)	179515.15	174214.35	185481.11	195710.77
	归属母公司股东权益(万元)	81193.36	78474.80	77843.79	75567.03
	营业收入(万元)	48470.92	108222.76	52672.49	129765.87
	营业支出(万元)	31220.73	73106.27	34700.79	84194.74
	投资收益(万元)	-	6.18	-	2.53
	净利润(万元)	2672.69	2675.19	2276.76	8475.11
	营业利润(万元)	2951.75	1551.42	2397.75	9063.67
	利润总额(万元)	3126.30	2947.79	2395.94	10278.19

彩虹显示器件股份有限公司

公司概况					
公司名称	彩虹显示器件股份有限公司			证券简称	彩虹股份
法人代表	郭盟权	董秘	龙涛	证券代码	600707
公司网址	www.chgf.com.cn		电子信箱	gfoffice@ch.com.cn	
电　　话	029-33332866　33333109		传　　真	029-33332028	
办公地址	陕西省咸阳市彩虹路一号				
经营范围	显示器件的生产、开发与经营				

主要财务指标　指标\报告期	2015.06.30	2014.12.31	2014.06.30	2013.12.31
基本每股收益(元)	-0.2130	-1.3900	-0.0920	0.1020
基本每股收益(扣除后)(元)	-0.2160	-1.2740	-0.0990	-0.3060
稀释每股收益(元)	-0.2130	-1.3900	-0.0920	0.1020
每股净资产(元)	1.7022	1.9154	3.2102	2.7750
每股经营现金净流量(元)	-0.0668	-0.1981	-0.0746	0.0513
每股现金流量(元)	0.1164	-0.8032	-0.5547	-0.2556
每股资本公积金(元)	5.7569	5.7569	5.7537	5.2262
每股盈余公积金(元)	0.3124	0.3124	0.3124	0.3124
每股未分配利润(元)	-5.3670	-5.1539	-3.8559	-3.7635
净资产收益率(%)	-12.5239	-72.5863	-2.8777	3.6583
加权净资产收益率(%)	-11.7900	-66.8500	-3.0900	3.8400
净资产收益率(扣除)(%)	-12.6824	-66.5144	-3.0981	11.0446
总资产(万元)	603690.80	576302.35	707285.22	734796.29
归属母公司股东权益(万元)	125412.80	141119.39	236513.45	204452.05
营业收入(万元)	17244.30	15955.76	5543.75	23959.90
营业支出(万元)	19265.62	23211.58	6079.04	20102.15
投资收益(万元)	-	1388.28	1137.24	24478.29
净利润(万元)	-17505.35	-114422.46	-6806.26	7479.56
营业利润(万元)	-17726.79	-110917.21	-8942.02	-6534.42
利润总额(万元)	-17505.35	-114422.46	-8296.43	2196.81

光明房地产集团股份有限公司

公司概况					
公司名称	光明房地产集团股份有限公司			证券简称	光明地产
法人代表	张智刚	董秘	熊波	证券代码	600708
公司网址	www.hb600708.com		电子信箱	xiongbo-sh@sohu.com	
电　　话	021-61132700　61132819		传　　真	021-61132819	
办公地址	上海市徐汇区宜山路 829 号				
经营范围	工业品加工、批发、零售、有色金属加工、经销、农副产品加工、批发、零售等				

主要财务指标　指标\报告期	2015.06.30	2014.12.31	2014.06.30	2013.12.31
基本每股收益(元)	0.1157	0.3222	0.1483	0.3161
基本每股收益(扣除后)(元)	0.0921	0.2248	0.1152	0.1219
稀释每股收益(元)	0.1157	0.3222	0.1483	0.3161
每股净资产(元)	3.1365	3.1242	2.9300	2.8800
每股经营现金净流量(元)	0.1146	0.4998	0.3988	0.9876
每股现金流量(元)	-0.1902	0.1117	0.1545	0.1496
每股资本公积金(元)	0.1403	4.2322	0.1139	0.1139
每股盈余公积金(元)	0.1700	0.6469	0.1591	0.1591
每股未分配利润(元)	1.8217	6.6993	1.6547	1.6064
净资产收益率(%)	3.6875	10.3118	5.0562	10.9634
加权净资产收益率(%)	3.6900	10.7600	5.1000	11.3900
净资产收益率(扣除)(%)	2.9352	7.1950	3.9280	4.2283
总资产(万元)	639010.18	4432699.77	501195.75	394126.73
归属母公司股东权益(万元)	160079.86	642158.96	149713.68	147154.67
营业收入(万元)	222080.91	452639.68	204519.28	253447.16
营业支出(万元)	184869.43	384414.70	167434.62	205198.67
投资收益(万元)	251.73	2939.96	902.89	1284.92
净利润(万元)	7096.61	21006.03	7569.80	16133.16
营业利润(万元)	8516.31	18858.86	11014.74	8874.50
利润总额(万元)	10224.52	28292.54	12575.61	25988.96

常林股份有限公司

公司概况					
公司名称	常林股份有限公司			证券简称	*ST 常林
法人代表	王伟炎	董秘	梁逢源	证券代码	600710
公司网址	www.changlin.com.cn		电子信箱	lfy@changlin.com.cn	
电　　话	0519-86781337		传　　真	0519-86750025	
办公地址	江苏省常州市新北区黄河西路 898 号				
经营范围	工程、林业、矿山、环保采运机械产品的研制、生产、销售及维修等				

主要财务指标　指标\报告期	2015.06.30	2014.12.31	2014.06.30	2013.12.31
基本每股收益(元)	-0.3200	-0.2800	-0.0900	-0.3400
基本每股收益(扣除后)(元)	-0.3200	-0.4500	-0.1100	-0.3400
稀释每股收益(元)	-0.3200	-0.2800	-0.0900	-0.3400
每股净资产(元)	2.3223	2.6406	2.8400	2.9234
每股经营现金净流量(元)	-0.1172	-0.0685	-0.1328	-0.1026
每股现金流量(元)	-0.0376	-0.0656	-0.0209	-0.3258
每股资本公积金(元)	0.8687	0.8687	0.8687	0.8687
每股盈余公积金(元)	0.2094	0.2094	0.2094	0.2094
每股未分配利润(元)	0.2446	0.5626	0.7582	0.8441
净资产收益率(%)	-13.6936	-10.6588	-3.0229	-11.5523
加权净资产收益率(%)	-12.8100	-10.1100	-2.9800	-10.9200
净资产收益率(扣除)(%)	-13.8959	-16.9946	-3.9988	-11.6998
总资产(万元)	251057.35	260394.80	285949.77	280193.50
归属母公司股东权益(万元)	148695.33	169076.35	181842.10	187180.67
营业收入(万元)	46831.57	116493.23	55189.83	115003.23
营业支出(万元)	44398.74	108670.84	50679.38	107794.44
投资收益(万元)	-8420.05	-10192.46	1245.60	-3836.87
净利润(万元)	-20504.72	-18029.26	-5496.91	-21623.63
营业利润(万元)	-20797.60	-28704.92	-7336.32	-20718.93
利润总额(万元)	-20496.97	-17992.66	-5557.61	-20458.64

盛屯矿业集团股份有限公司

公司概况					
公司名称	盛屯矿业集团股份有限公司			证券简称	盛屯矿业
法人代表	陈东	董秘	江艳	证券代码	600711
公司网址	www.600711.com		电子信箱	zouyp@600711.com	
电　　话	0592-5891697　5891693		传　　真	0592-5366287	
办公地址	福建省厦门市思明区金桥路 101 号办公楼第四层东侧 A 区				
经营范围	有色金属采选业务、综合贸易业务等				

主要财务指标　指标\报告期	2015.06.30	2014.12.31	2014.06.30	2013.12.31
基本每股收益(元)	0.0240	0.1140	0.0120	0.0960
基本每股收益(扣除后)(元)	0.0220	0.0990	0.0130	0.2350
稀释每股收益(元)	0.0240	0.1140	0.0120	0.0960
每股净资产(元)	2.4345	2.4091	5.7870	5.3643
每股经营现金净流量(元)	-0.3171	-0.3116	-0.4619	0.5690
每股现金流量(元)	-0.2221	0.2304	0.7430	0.4136
每股资本公积金(元)	1.2677	1.2677	4.6118	4.1625
每股盈余公积金(元)	-	-	0.0061	-
每股未分配利润(元)	0.1655	0.1414	0.1691	0.2018
净资产收益率(%)	0.9884	4.1644	0.3873	4.3617
加权净资产收益率(%)	0.9940	4.9770	0.5500	4.5380
净资产收益率(扣除)(%)	0.9070	3.6184	0.4328	4.2602
总资产(万元)	653898.19	594356.83	503382.76	391876.95
归属母公司股东权益(万元)	364463.32	360660.67	346539.55	243268.51
营业收入(万元)	241401.68	334795.78	131486.90	203757.14
营业支出(万元)	223333.94	296892.40	121524.97	176146.66
投资收益(万元)	167.15	1218.30	-240.97	174.50
净利润(万元)	4117.04	15027.34	1220.56	10475.58
营业利润(万元)	4312.75	15582.76	870.42	11487.54
利润总额(万元)	4605.68	15974.53	876.88	11595.76

南宁百货大楼股份有限公司

公司概况					
公司名称	南宁百货大楼股份有限公司			证券简称	南宁百货
法人代表	黄永干	董秘	周宁星	证券代码	600712
公司网址	www.nnbh.com.cn		电子信箱	dshoffice@nnbh.cn	
电　话	0771-2610906 2098826		传　真	0771-2610906	
办公地址	广西壮族自治区南宁市朝阳路 39 号				
经营范围	商品零售、批发、进出口贸易、广告、物业管理等				

主要财务指标				
指标\报告期	2015.06.30	2014.12.31	2014.06.30	2013.12.31
基本每股收益(元)	0.0025	0.0299	0.0100	0.0311
基本每股收益(扣除后)(元)	0.0017	0.0262	0.0120	0.0232
稀释每股收益(元)	0.0025	0.0299	0.0100	0.0311
每股净资产(元)	1.9802	1.9867	1.9709	1.9668
每股经营现金净流量(元)	-0.0335	-0.3757	-0.4092	0.1497
每股现金流量(元)	-0.0746	-0.4168	-0.4611	0.2183
每股资本公积金(元)	0.6791	0.6791	0.6791	0.6791
每股盈余公积金(元)	0.0787	0.0787	0.0702	0.0702
每股未分配利润(元)	0.2224	0.2289	0.2216	0.2176
净资产收益率(%)	0.1253	1.5025	0.7105	1.5837
加权净资产收益率(%)	0.1300	1.5100	0.7000	1.5800
净资产收益率(扣除)(%)	0.0844	1.3203	0.5960	1.1815
总资产(万元)	197032.67	207928.46	198573.43	218919.51
归属母公司股东权益(万元)	107851.63	108206.65	107343.49	107125.48
营业收入(万元)	121116.82	249748.09	130613.98	289511.39
营业支出(万元)	103636.40	211010.88	111808.09	245769.48
投资收益(万元)	31.57	83.29	16.93	90.86
净利润(万元)	135.17	1625.82	762.66	1696.56
营业利润(万元)	465.93	2372.81	1068.96	2473.99
利润总额(万元)	522.37	2602.05	1213.47	2971.57

南京医药股份有限公司

公司概况					
公司名称	南京医药股份有限公司			证券简称	南京医药
法人代表	陶昀	董秘	李文骏	证券代码	600713
公司网址	www.njyy.com		电子信箱	li_wenjun1@njyy.com	
电　话	025-84555540 84552680		传　真	025-84552601	
办公地址	南京市雨花台区小行尤家凹 1 号(南京国际健康产业园)8 号楼				
经营范围	经营药品、医疗器械、化学试剂、玻璃仪器四类商品研制、开发、生产、销售				

主要财务指标				
指标\报告期	2015.06.30	2014.12.31	2014.06.30	2013.12.31
基本每股收益(元)	0.0900	0.1410	0.0370	0.0560
基本每股收益(扣除后)(元)	0.0870	0.0620	0.0260	-0.0240
稀释每股收益(元)	0.0900	0.1410	0.0370	-
每股净资产(元)	2.4788	2.3860	1.4546	1.4629
每股经营现金净流量(元)	-0.1151	-0.3800	0.2808	-0.5108
每股现金流量(元)	0.2795	0.1506	-0.1903	-0.2337
每股资本公积金(元)	1.2078	1.2078	0.3736	0.4741
每股盈余公积金(元)	0.0614	0.0614	0.0794	0.0794
每股未分配利润(元)	0.2059	0.1161	0.0016	-0.0356
净资产收益率(%)	3.6203	6.0190	2.5567	3.6740
加权净资产收益率(%)	3.6900	11.0230	2.5300	3.8400
净资产收益率(扣除)(%)	3.5121	2.6668	1.7930	-1.6560
总资产(万元)	1251441.97	1136229.24	1027107.82	986963.28
归属母公司股东权益(万元)	222453.32	214122.08	100888.22	105281.21
营业收入(万元)	1198768.61	2207578.08	1073692.95	1873779.04
营业支出(万元)	1127420.13	2073803.53	1008380.62	1754350.26
投资收益(万元)	1186.15	6768.22	579.40	7363.73
净利润(万元)	10168.89	15241.43	2579.36	3868.07
营业利润(万元)	14598.37	18048.56	4965.94	10749.82
利润总额(万元)	14127.62	20402.49	5188.97	12123.48

青海金瑞矿业发展股份有限公司

公司概况					
公司名称	青海金瑞矿业发展股份有限公司			证券简称	金瑞矿业
法人代表	程国勋	董秘	李军颜	证券代码	600714
公司网址			电子信箱	ljyjrky@163.com	
电　话	0971-6321867 6321653		传　真	0971-6330915	
办公地址	青海省西宁市新宁路 36 号				
经营范围	锶系列产品的研究、生产、开发、加工和销售等				

主要财务指标				
指标\报告期	2015.06.30	2014.12.31	2014.06.30	2013.12.31
基本每股收益(元)	-0.0583	0.0330	0.0274	0.0800
基本每股收益(扣除后)(元)	-0.0586	0.0010	0.0177	0.0700
稀释每股收益(元)	-0.0583	0.0330	0.0274	0.0800
每股净资产(元)	1.9931	1.7119	1.7119	1.6519
每股经营现金净流量(元)	0.7171	-0.3889	-0.1904	-0.0051
每股现金流量(元)	0.3728	-0.4485	-0.0722	-0.1342
每股资本公积金(元)	0.7465	0.3612	0.3612	0.3612
每股盈余公积金(元)	0.1083	0.1141	0.1141	0.1141
每股未分配利润(元)	0.0551	0.1175	0.1119	0.0845
净资产收益率(%)	-2.8270	1.9264	1.5982	5.0234
加权净资产收益率(%)	-3.2200	1.9800	1.6400	5.1300
净资产收益率(扣除)(%)	-2.8384	0.0334	1.0314	4.3449
总资产(万元)	127514.65	129124.73	130326.32	122422.98
归属母公司股东权益(万元)	57435.40	46803.60	46804.32	45021.62
营业收入(万元)	18668.56	42701.43	23872.02	56994.23
营业支出(万元)	13809.24	30530.85	16916.33	40530.98
投资收益(万元)	-	-	-	-
净利润(万元)	-1623.72	901.62	748.01	2268.80
营业利润(万元)	-1582.58	646.59	1097.89	3236.41
利润总额(万元)	-1573.89	1872.56	1475.48	3645.02

松辽汽车股份有限公司

公司概况					
公司名称	松辽汽车股份有限公司			证券简称	*ST 松辽
法人代表	李小平	董秘	高海涛	证券代码	600715
公司网址			电子信箱	slqccom@163.com	
电　话	024-31387078 31387050		传　真	024-31387077	
办公地址	辽宁省沈阳市苏家屯白松路 22 号				
经营范围	汽车车身配套及汽车零部件制造与销售等				

主要财务指标				
指标\报告期	2015.06.30	2014.12.31	2014.06.30	2013.12.31
基本每股收益(元)	-0.0500	-0.2100	-0.0300	-0.1200
基本每股收益(扣除后)(元)	-0.0400	-0.2200	-0.0500	-0.1500
稀释每股收益(元)	-0.0500	-0.2100	-0.0300	-0.1200
每股净资产(元)	-0.2200	-0.1694	0.0133	0.0438
每股经营现金净流量(元)	0.5112	0.0656	0.0497	-0.1227
每股现金流量(元)	0.5036	0.0265	0.0187	-0.0278
每股资本公积金(元)	1.9921	1.9921	1.9921	1.9921
每股盈余公积金(元)	0.0416	0.0416	0.0416	0.0416
每股未分配利润(元)	-3.2537	-3.2031	-3.0204	-2.9900
净资产收益率(%)	-	125.8511	-229.0154	-278.1423
加权净资产收益率(%)	-	-89.7400	-106.7600	-116.3400
净资产收益率(扣除)(%)	17.0108	131.1651	-388.9792	-350.2760
总资产(万元)	26207.53	16798.06	20764.05	23119.03
归属母公司股东权益(万元)	-4933.47	-3798.56	298.46	981.97
营业收入(万元)	82.52	1061.62	100.25	5347.54
营业支出(万元)	26.76	883.66	8.96	4744.73
投资收益(万元)	-	-	-	-
净利润(万元)	-1134.92	-4778.27	-683.51	-2731.27
营业利润(万元)	-839.22	-4634.98	-1314.58	-3697.60
利润总额(万元)	-1134.92	-4433.22	-837.25	-2991.47

江苏凤凰置业投资股份有限公司

公司概况	公司名称	江苏凤凰置业投资股份有限公司			证券简称	凤凰股份
	法人代表	陈海燕	董秘	毕胜	证券代码	600716
	公司网址	www.fhzy.cn		电子信箱	zhangls@ppm.com	
	电　　话	025-83566283　83566267		传　　真	025-83566299	
	办公地址	江苏省南京市中央路 389 号凤凰国际大厦六楼				
	经营范围	房地产投资及其他投资、房屋租赁、物业管理				

主要财务指标	指标\报告期	2015.06.30	2014.12.31	2014.06.30	2013.12.31
	基本每股收益(元)	-0.1201	0.2044	0.0749	0.3073
	基本每股收益(扣除后)(元)	-0.1203	0.1921	0.0781	0.3060
	稀释每股收益(元)	-0.1201	0.2044	0.0749	0.3073
	每股净资产(元)	2.7471	2.8607	2.8312	2.7563
	每股经营现金净流量(元)	-0.3472	0.4401	0.0179	-0.5630
	每股现金流量(元)	-0.8693	0.1253	-0.5801	0.0976
	每股资本公积金(元)	0.2634	0.2568	0.2568	0.2568
	每股盈余公积金(元)	0.1797	0.1797	0.1441	0.1441
	每股未分配利润(元)	1.3040	1.4242	1.4302	1.3553
	净资产收益率(%)	-4.3728	7.1440	2.6444	11.1502
	加权净资产收益率(%)	-4.2900	7.2600	5.3800	11.8100
	净资产收益率(扣除)(%)	-4.3799	6.7144	2.7590	11.1033
	总资产(万元)	803437.53	844337.70	762169.16	782052.45
	归属母公司股东权益(万元)	203451.77	211862.53	209675.64	204130.87
	营业收入(万元)	15798.59	182938.01	51957.76	161615.20
	营业支出(万元)	8989.71	106457.02	32952.48	93003.45
	投资收益(万元)	-	1001.04	1001.04	1001.04
	净利润(万元)	-8881.67	14765.64	5544.76	22760.90
	营业利润(万元)	-10925.93	21872.85	7882.62	30589.69
	利润总额(万元)	-10905.86	22646.04	7574.51	30635.78

天津港股份有限公司

公司概况	公司名称	天津港股份有限公司			证券简称	天 津 港
	法人代表	郑庆跃	董秘	孙埠	证券代码	600717
	公司网址	www.tianjin-port.com		电子信箱	tianjinport@tianjin-port.com	
	电　　话	022-25706615　25702708		传　　真	022-25706615	
	办公地址	天津市塘沽区津港路 99 号				
	经营范围	商品储存、中转联运、汽车运输、装卸搬运、集装箱储运、拆装箱及相关业务				

主要财务指标	指标\报告期	2015.06.30	2014.12.31	2014.06.30	2013.12.31
	基本每股收益(元)	0.4000	0.6900	0.3600	0.6400
	基本每股收益(扣除后)(元)	0.3900	0.6900	0.3600	0.6300
	稀释每股收益(元)	0.4000	0.6900	0.3600	0.6400
	每股净资产(元)	8.3235	8.1152	7.7373	7.5751
	每股经营现金净流量(元)	0.5324	1.1069	0.5323	0.6643
	每股现金流量(元)	0.8053	0.3972	-0.0529	0.0972
	每股资本公积金(元)	2.0784	2.0784	2.1441	2.1447
	每股盈余公积金(元)	0.7393	0.7393	0.6568	0.6568
	每股未分配利润(元)	4.3697	4.1825	3.9364	3.7736
	净资产收益率(%)	4.7749	8.4755	4.6412	8.4139
	加权净资产收益率(%)	4.8300	8.7700	4.6900	8.6700
	净资产收益率(扣除)(%)	4.7094	8.4516	4.5913	8.2644
	总资产(万元)	3301109.07	3365582.36	3174729.00	2988747.83
	归属母公司股东权益(万元)	1393986.82	1359114.17	1295812.98	1268644.97
	营业收入(万元)	856667.70	2552829.88	1064379.73	1662605.22
	营业支出(万元)	682774.28	2215221.94	911771.39	1361810.58
	投资收益(万元)	21898.69	32772.39	16217.61	29141.48
	净利润(万元)	92718.99	164784.83	60141.79	106743.20
	营业利润(万元)	115728.15	199264.98	96078.76	175230.21
	利润总额(万元)	115503.49	206053.59	99867.91	182553.44

东软集团股份有限公司

公司概况	公司名称	东软集团股份有限公司			证券简称	东软集团
	法人代表	刘积仁	董秘	王楠	证券代码	600718
	公司网址	www.neusoft.com		电子信箱	investor@neusoft.com	
	电　　话	024-83662115		传　　真	024-23783375	
	办公地址	辽宁省沈阳市浑南新区新秀街 2 号东软软件园				
	经营范围	软件开发和软件服务、系统集成及提供全面解决方案、医疗系统产品生产和销售等				

主要财务指标	指标\报告期	2015.06.30	2014.12.31	2014.06.30	2013.12.31
	基本每股收益(元)	0.0700	0.2100	0.1100	0.3300
	基本每股收益(扣除后)(元)	0.0300	0.1000	0.0800	0.1800
	稀释每股收益(元)	0.0700	0.2100	0.1100	0.3300
	每股净资产(元)	4.4811	4.4109	4.3463	4.3416
	每股经营现金净流量(元)	-0.7738	0.1762	-0.7737	0.2475
	每股现金流量(元)	-0.5988	-0.2573	-0.7606	0.0545
	每股资本公积金(元)	0.2801	0.2804	0.2943	0.2929
	每股盈余公积金(元)	0.7158	0.7158	0.5861	0.5861
	每股未分配利润(元)	2.5648	2.4914	2.5222	2.5228
	净资产收益率(%)	1.6383	4.7221	2.5167	7.7103
	加权净资产收益率(%)	1.6500	4.7700	2.4900	7.8800
	净资产收益率(扣除)(%)	0.6953	2.1807	1.7617	4.0466
	总资产(万元)	964989.74	962213.95	896586.49	937645.08
	归属母公司股东权益(万元)	550096.81	541482.03	533543.54	532976.26
	营业收入(万元)	316149.68	779633.13	324486.69	745275.32
	营业支出(万元)	209019.79	556270.51	221268.93	530868.06
	投资收益(万元)	1942.36	4040.16	2775.82	8592.92
	净利润(万元)	5409.66	24433.01	13427.70	41093.87
	营业利润(万元)	2542.08	9759.89	6139.59	24136.75
	利润总额(万元)	10966.09	32746.26	18459.58	44513.02

大连热电股份有限公司

公司概况	公司名称	大连热电股份有限公司			证券简称	大连热电
	法人代表	赵文旗	董秘	沈军	证券代码	600719
	公司网址	www.dlrd.com		电子信箱	shenjun_dl@163.com	
	电　　话	0411-84498988　84498968		传　　真	0411-84438755	
	办公地址	辽宁省大连市西岗区沿海街 90 号				
	经营范围	集中供热、热电联产、供热工程设计及安装检修等				

主要财务指标	指标\报告期	2015.06.30	2014.12.31	2014.06.30	2013.12.31
	基本每股收益(元)	0.1440	0.0478	0.0940	0.0205
	基本每股收益(扣除后)(元)	0.1553	0.0359	0.0930	-0.0498
	稀释每股收益(元)	0.1440	0.0478	0.0940	0.0205
	每股净资产(元)	3.6998	3.5888	3.6411	3.5472
	每股经营现金净流量(元)	-0.0734	1.8597	0.8489	1.7166
	每股现金流量(元)	-0.2200	-0.0797	0.1306	0.3784
	每股资本公积金(元)	1.5051	1.5051	1.5051	1.5051
	每股盈余公积金(元)	0.7946	0.7946	0.7811	0.7811
	每股未分配利润(元)	0.4001	0.2891	0.3549	0.2610
	净资产收益率(%)	3.8923	1.3328	2.5791	0.5786
	加权净资产收益率(%)	3.9338	1.3403	2.6130	0.5800
	净资产收益率(扣除)(%)	4.1978	1.0010	2.5557	-1.4043
	总资产(万元)	112623.30	129251.59	114867.54	139516.12
	归属母公司股东权益(万元)	74846.72	72601.03	73658.59	71758.86
	营业收入(万元)	43721.61	69442.52	40785.92	67450.02
	营业支出(万元)	31977.83	54909.03	31581.11	56952.79
	投资收益(万元)	-	-	-	-
	净利润(万元)	2913.28	967.60	1899.73	415.16
	营业利润(万元)	4189.22	547.71	2397.44	-1007.73
	利润总额(万元)	3884.38	893.40	2420.48	484.42

甘肃祁连山水泥集团股份有限公司

公司概况	公司名称	甘肃祁连山水泥集团股份有限公司			证券简称	祁 连 山
	法人代表	脱利成	董秘	罗鸿基	证券代码	600720
	公司网址	www.qlssn.com		电子信箱	qlssn@163.com	
	电　　话	0931-4900698　4900608		传　　真	0931-4900697	
	办公地址	甘肃省兰州市城关区酒泉路力行新村3号祁连山大厦				
	经营范围	水泥研究开发制造、批发零售、水泥装备的研制、安装、修理等				

	指标\报告期	2015.06.30	2014.12.31	2014.06.30	2013.12.31
主要财务指标	基本每股收益(元)	-0.0452	0.7200	0.3431	0.6200
	基本每股收益(扣除后)(元)	-0.0511	0.7200	0.3368	0.6100
	稀释每股收益(元)	-0.0452	0.7200	0.3431	0.6200
	每股净资产(元)	6.2811	6.1700	5.6901	5.3485
	每股经营现金净流量(元)	0.2751	1.1995	0.6447	1.2597
	每股现金流量(元)	-0.0397	-0.0914	0.1348	-0.4446
	每股资本公积金(元)	1.7147	1.7147	1.7147	1.7147
	每股盈余公积金(元)	0.3627	0.3627	0.2824	0.2824
	每股未分配利润(元)	2.6234	2.6686	2.5870	2.1750
	净资产收益率(%)	-0.7193	11.7290	5.8473	11.1922
	加权净资产收益率(%)	-0.7300	12.8100	5.9000	12.3200
	净资产收益率(扣除)(%)	-0.8149	11.7407	5.7364	11.1721
	总资产(万元)	1104874.65	1083747.42	1129221.64	1099123.35
	归属母公司股东权益(万元)	487592.71	479072.55	441717.33	410605.13
	营业收入(万元)	205401.56	614697.44	279085.35	581302.56
	营业支出(万元)	167317.44	433221.20	197484.67	409699.86
	投资收益(万元)	1030.45	6056.90	1725.57	9399.65
	净利润(万元)	-6465.62	55577.61	27925.73	55257.21
	营业利润(万元)	-10547.04	52449.21	27497.48	51203.92
	利润总额(万元)	-5988.46	69030.89	33091.78	69077.84

新疆百花村股份有限公司

公司概况	公司名称	新疆百花村股份有限公司			证券简称	百 花 村
	法人代表	侯铁军	董秘	吕政田	证券代码	600721
	公司网址	www.xjbhc.net		电子信箱	xjbhc@hotmail.com	
	电　　话	0991-2356619　2356604		传　　真	0991-2356610	
	办公地址	新疆维吾尔自治区乌鲁木齐市中山路141号				
	经营范围	电子计算机软硬件的开发销售及培训、电子元器件、五金交电租赁等				

	指标\报告期	2015.06.30	2014.12.31	2014.06.30	2013.12.31
主要财务指标	基本每股收益(元)	-0.4774	-0.8690	-0.1942	0.0111
	基本每股收益(扣除后)(元)	-0.4910	-0.9330	-0.1990	-
	稀释每股收益(元)	-0.4774	-0.8690	-0.1942	3.6304
	每股净资产(元)	2.5044	2.7492	3.4378	3.6304
	每股经营现金净流量(元)	0.2734	0.7519	0.3410	0.0247
	每股现金流量(元)	-0.3294	0.0445	0.3341	-0.4287
	每股资本公积金(元)	2.5799	2.3092	2.3099	2.3099
	每股盈余公积金(元)	0.1004	0.0928	0.0932	0.0932
	每股未分配利润(元)	-1.1843	-0.6534	0.0318	0.2260
	净资产收益率(%)	-19.0645	-31.6080	-5.6486	0.3065
	加权净资产收益率(%)	-17.4500	-26.9100	-5.5000	0.3200
	净资产收益率(扣除)(%)	-19.6040	-33.9374	-5.7885	-5.2811
	总资产(万元)	397634.83	416574.70	434310.92	443868.01
	归属母公司股东权益(万元)	62239.88	73913.39	92424.80	97603.37
	营业收入(万元)	34843.59	110887.01	43546.45	118170.97
	营业支出(万元)	35366.03	106041.44	35937.02	86669.32
	投资收益(万元)	8.69	11.62	10.64	607.53
	净利润(万元)	-18370.31	-35345.70	-5220.68	299.17
	营业利润(万元)	-18864.60	-36867.79	-7983.21	-2216.94
	利润总额(万元)	-18342.29	-34462.31	-7755.75	3373.90

河北金牛化工股份有限公司

公司概况	公司名称	河北金牛化工股份有限公司			证券简称	*ST 金化
	法人代表	李绍斌	董秘	张树林	证券代码	600722
	公司网址	www.hbjnhg.com		电子信箱	600722@hbjnhg.com	
	电　　话	0317-8885004　8885059		传　　真	0317-8885061	
	办公地址	河北省沧州市临港化工园区化工大道				
	经营范围	聚氯乙烯树脂、烧碱和水泥的生产、销售等				

	指标\报告期	2015.06.30	2014.12.31	2014.06.30	2013.12.31
主要财务指标	基本每股收益(元)	-0.1980	-0.4586	-0.1598	-0.2347
	基本每股收益(扣除后)(元)	-0.1209	-0.3917	-0.1540	-0.2476
	稀释每股收益(元)	-0.1980	-0.4586	-0.1598	-0.2347
	每股净资产(元)	0.7002	0.8978	1.1998	1.3580
	每股经营现金净流量(元)	-0.0764	0.1847	-0.0367	0.2194
	每股现金流量(元)	-0.6568	0.0540	-0.4155	-0.1731
	每股资本公积金(元)	2.4184	2.4184	2.4184	2.4184
	每股盈余公积金(元)	0.1308	0.1308	0.1308	0.1308
	每股未分配利润(元)	-2.8546	-2.6566	-2.3578	-2.1981
	净资产收益率(%)	-28.2688	-51.0772	-13.3156	-17.2799
	加权净资产收益率(%)	-24.7700	-40.6600	-12.5000	-15.2700
	净资产收益率(扣除)(%)	-17.2593	-43.6265	-12.8399	-18.2330
	总资产(万元)	300559.47	333099.68	309527.78	295401.69
	归属母公司股东权益(万元)	47639.24	61077.83	81622.04	92390.77
	营业收入(万元)	28943.91	140782.54	85027.13	193540.53
	营业支出(万元)	25962.73	144047.54	83675.44	189760.38
	投资收益(万元)	-253.40	589.71	395.85	184.57
	净利润(万元)	-13063.22	-30058.63	-10868.49	-15965.02
	营业利润(万元)	-7819.09	-25688.94	-9537.39	-20990.21
	利润总额(万元)	-13042.30	-29986.67	-9898.97	-14696.91

北京首商集团股份有限公司

公司概况	公司名称	北京首商集团股份有限公司			证券简称	*ST 金化
	法人代表	傅跃红	董秘	王健	证券代码	600723
	公司网址	www.xdsc.com.cn		电子信箱	ssgf600723@126.com	
	电　　话	010-82270256		传　　真	010-82270251	
	办公地址	北京市西城区北三环中路23号燕莎盛世大厦二层				
	经营范围	购销针纺织品、百货、五金交电化工、机械电器设备、电动自行车、土产品等				

	指标\报告期	2015.06.30	2014.12.31	2014.06.30	2013.12.31
主要财务指标	基本每股收益(元)	0.2557	0.5080	0.2065	0.5000
	基本每股收益(扣除后)(元)	0.2535	0.4320	0.1911	0.4830
	稀释每股收益(元)	-	-	-	-
	每股净资产(元)	4.7298	4.6341	4.3322	4.2857
	每股经营现金净流量(元)	0.0306	0.8780	0.0181	0.7238
	每股现金流量(元)	-0.0177	0.2269	-0.1915	-0.8382
	每股资本公积金(元)	1.2531	1.2531	1.2531	1.2531
	每股盈余公积金(元)	0.3953	0.3953	0.3358	0.3358
	每股未分配利润(元)	2.0814	1.9857	1.7432	1.6968
	净资产收益率(%)	5.4056	10.9716	4.7664	11.6661
	加权净资产收益率(%)	5.3700	11.3700	4.7000	11.6700
	净资产收益率(扣除)(%)	5.3596	9.3230	4.4111	11.2661
	总资产(万元)	626439.21	639488.57	622395.98	645152.35
	归属母公司股东权益(万元)	311414.03	305114.77	285234.16	282173.29
	营业收入(万元)	576388.74	1181466.59	602455.40	1206708.17
	营业支出(万元)	449864.00	926569.16	474619.84	947605.45
	投资收益(万元)	-	-797.15	-	-79.56
	净利润(万元)	25950.39	50341.19	13595.39	32918.49
	营业利润(万元)	36836.04	63588.16	32814.02	71366.18
	利润总额(万元)	37004.96	70138.39	33945.45	72707.60

宁波富达股份有限公司

公司概况					
公司名称	宁波富达股份有限公司			证券简称	宁波富达
法人代表	庄立峰	董秘	赵立明	证券代码	600724
公司网址	www.fuda.com		电子信箱	syq@fuda.com	
电　　话	0574-87647859		传　　真	0574-87647853	
办公地址	浙江省宁波市海曙区解放南路208号建设大厦18-19楼				
经营范围	家用电力器具、电机、文具、鞋帽、工艺品、水暖管件、塑料制品、模具等				

主要财务指标 指标＼报告期	2015.06.30	2014.12.31	2014.06.30	2013.12.31
基本每股收益(元)	0.0315	0.0774	0.3926	0.2813
基本每股收益(扣除后)(元)	0.0240	0.0665	0.3857	0.2586
稀释每股收益(元)	0.0315	0.0774	0.3926	0.2813
每股净资产(元)	2.5343	2.6027	2.9180	2.6454
每股经营现金净流量(元)	0.0259	-0.3468	-0.3506	1.1362
每股现金流量(元)	-0.1162	-0.1963	-0.1956	-0.3126
每股资本公积金(元)	0.1800	0.1800	0.1800	0.1800
每股盈余公积金(元)	0.1464	0.1464	0.1271	0.1271
每股未分配利润(元)	1.2079	1.2763	1.6109	1.3383
净资产收益率(%)	1.2436	2.9734	13.4545	10.6336
加权净资产收益率(%)	1.2113	2.9719	14.0130	11.0833
净资产收益率(扣除)(%)	0.9488	2.5560	13.2169	9.7764
总资产(万元)	1896301.17	1870963.88	1913644.45	1991207.38
归属母公司股东权益(万元)	366262.22	376159.90	421714.55	382318.00
营业收入(万元)	111164.88	528691.91	369371.68	508500.18
营业支出(万元)	78438.11	312473.93	201655.39	372956.73
投资收益(万元)	65.01	123.01	-	1270.19
净利润(万元)	4601.43	27104.72	56739.44	40654.29
营业利润(万元)	6317.88	59812.43	98960.72	64264.65
利润总额(万元)	9290.76	66981.47	101212.29	71966.09

云南云维股份有限公司

公司概况					
公司名称	云南云维股份有限公司			证券简称	云维股份
法人代表	凡剑	董秘	李斌	证券代码	600725
公司网址	www.ywgf.cn		电子信箱	libin@ywgf.cn	
电　　话	0874-3068588 3064195		传　　真	0874-3068590 3064195	
办公地址	云南省曲靖市沾益县盘江镇花山工业区				
经营范围	化工及化纤材料、水泥、纯碱、氯化铵、氧气产品生产和销售等				

主要财务指标 指标＼报告期	2015.06.30	2014.12.31	2014.06.30	2013.12.31
基本每股收益(元)	-0.6600	-1.7000	-0.5900	0.0600
基本每股收益(扣除后)(元)	-0.7700	-1.7200	-0.6000	-0.9400
稀释每股收益(元)	-0.6600	-1.7000	-0.5900	0.0600
每股净资产(元)	0.3019	0.5191	1.6503	2.2459
每股经营现金净流量(元)	0.1889	0.1248	0.4442	1.2698
每股现金流量(元)	0.4161	-2.9765	0.0607	0.8401
每股资本公积金(元)	1.9112	2.3184	2.3184	2.3184
每股盈余公积金(元)	0.2016	0.2016	0.2016	0.2016
每股未分配利润(元)	-2.7423	-2.9772	-1.8852	-1.2966
净资产收益率(%)	-220.2404	-327.5751	-35.6646	2.7865
加权净资产收益率(%)	-356.2300	-123.1300	-30.1600	2.8300
净资产收益率(扣除)(%)	-255.3934	-331.8608	-36.5055	-41.8051
总资产(万元)	1220567.71	1263487.22	1314995.95	1357399.11
归属母公司股东权益(万元)	18603.19	31987.33	101697.32	138403.23
营业收入(万元)	154823.70	662346.36	302153.92	847400.97
营业支出(万元)	165145.52	638265.07	290971.55	771153.78
投资收益(万元)	5647.79	771.84	3078.87	30958.88
净利润(万元)	-61017.88	-129305.76	-36269.92	3856.55
营业利润(万元)	-60949.27	-135364.47	-48869.39	-27740.40
利润总额(万元)	-60503.38	-134462.51	-46965.55	2236.73

华电能源股份有限公司

公司概况					
公司名称	华电能源股份有限公司			证券简称	华电能源
法人代表	霍利	董秘	梅君超	证券代码	600726
公司网址	www.hdenergy.com		电子信箱	hdenergy@hdenergy.com	
电　　话	0451-82525998 82525778		传　　真	0451-82525878	
办公地址	黑龙江省哈尔滨市南岗区大成街209号				
经营范围	建设、经营、维修电厂、生产销售电力、电力行业的技术服务、技术咨询等				

主要财务指标 指标＼报告期	2015.06.30	2014.12.31	2014.06.30	2013.12.31
基本每股收益(元)	0.1200	0.0700	0.1347	0.0072
基本每股收益(扣除后)(元)	0.1100	0.0600	0.1221	-
稀释每股收益(元)	0.1200	0.0700	0.1347	0.0072
每股净资产(元)	1.7486	1.5921	1.6516	1.5133
每股经营现金净流量(元)	0.5128	1.2970	0.8996	1.1705
每股现金流量(元)	0.0779	-0.7401	-0.6675	0.0335
每股资本公积金(元)	0.7631	0.7631	0.7631	0.7631
每股盈余公积金(元)	0.1419	0.1419	0.1419	0.1419
每股未分配利润(元)	-0.1696	-0.2920	-0.2620	-0.3966
净资产收益率(%)	7.0046	4.6980	8.1533	0.4789
加权净资产收益率(%)	7.2800	4.8200	8.5200	0.4800
净资产收益率(扣除)(%)	6.3141	3.5167	7.3955	-2.4944
总资产(万元)	2349263.68	2381568.91	2235217.22	2354841.49
归属母公司股东权益(万元)	343893.11	318978.26	324817.27	297609.53
营业收入(万元)	434542.78	982938.35	493365.53	1023792.20
营业支出(万元)	351517.98	852491.44	407152.28	907005.08
投资收益(万元)	484.41	4637.86	195.40	9091.74
净利润(万元)	28308.45	15808.18	26483.44	1425.14
营业利润(万元)	27831.17	14391.00	29521.83	2592.48
利润总额(万元)	30755.17	21133.35	33148.00	10092.93

山东鲁北化工股份有限公司

公司概况					
公司名称	山东鲁北化工股份有限公司			证券简称	鲁北化工
法人代表	陈树常	董秘	张金增	证券代码	600727
公司网址	www.lubeichem.com		电子信箱	lubeichem@lubei.com.cn	
电　　话	0543-6451265		传　　真	0543-6451265	
办公地址	山东省滨州市无棣县埕口镇				
经营范围	磷复肥、硫酸、水泥、烧碱、溴素、电等产品的生产和销售				

主要财务指标 指标＼报告期	2015.06.30	2014.12.31	2014.06.30	2013.12.31
基本每股收益(元)	0.0600	0.0200	0.0200	0.0400
基本每股收益(扣除后)(元)	0.0400	0.0020	0.0100	0.0300
稀释每股收益(元)	0.0600	0.0200	0.0200	0.0400
每股净资产(元)	2.9883	2.9346	2.9326	2.9156
每股经营现金净流量(元)	0.0103	0.4443	0.0032	0.2259
每股现金流量(元)	-0.0704	0.2746	-0.0034	-0.1051
每股资本公积金(元)	2.4906	2.4906	2.4906	2.4906
每股盈余公积金(元)	0.5002	0.5002	0.5002	0.5002
每股未分配利润(元)	-1.0183	-1.0740	-1.0771	-1.0955
净资产收益率(%)	1.8654	0.7332	0.6278	1.3847
加权净资产收益率(%)	1.8800	0.7400	0.6300	1.3900
净资产收益率(扣除)(%)	1.3410	0.0539	0.4723	0.8583
总资产(万元)	134267.38	136123.42	130383.05	131146.37
归属母公司股东权益(万元)	104885.30	103001.31	-	102332.87
营业收入(万元)	30752.27	52914.76	25392.70	49564.71
营业支出(万元)	24659.37	43808.46	20953.51	37966.06
投资收益(万元)	666.60	-39.13	-9.59	-18.99
净利润(万元)	1956.54	755.23	646.18	1417.02
营业利润(万元)	2198.28	852.61	654.92	2405.49
利润总额(万元)	1956.54	755.23	646.18	2383.38

佳都新太科技股份有限公司

公司概况

公司名称	佳都新太科技股份有限公司			证券简称	佳都新太
法人代表	刘伟	董秘	尤安龙	证券代码	600728
公司网址	www.pci-suntektech.com		电子信箱	youal@pci-suntektech.com	
电　话	020-85550260		传　真	020-85577907	
办公地址	广东省广州市天河软件园建工路4号				
经营范围	计算机新产品生产、研制及其工程承接、计算机软、硬件的技术引进等				

主要财务指标

指标\报告期	2015.06.30	2014.12.31	2014.06.30	2013.12.31
基本每股收益(元)	0.0293	0.2298	0.0336	0.1820
基本每股收益(扣除后)(元)	0.0128	0.1822	0.0052	0.0331
稀释每股收益(元)	0.0293	0.2298	0.0336	0.1820
每股净资产(元)	2.4311	2.4001	2.2040	2.1702
每股经营现金净流量(元)	-0.2409	-0.0580	-0.2869	-0.2955
每股现金流量(元)	-0.3516	-0.3306	-0.4248	-0.3288
每股资本公积金(元)	1.9476	1.9476	1.9476	1.9476
每股盈余公积金(元)	0.1432	0.1432	0.1432	0.1432
每股未分配利润(元)	-0.6597	-0.6891	-0.8852	-0.9188
净资产收益率(%)	1.2072	9.5724	1.5259	8.3844
加权净资产收益率(%)	1.2100	10.0500	1.5400	10.2300
净资产收益率(扣除)(%)	0.5282	7.5896	0.2356	1.1075
总资产(万元)	256062.29	264746.78	211545.54	220469.65
归属母公司股东权益(万元)	121500.53	119950.87	110147.63	108458.73
营业收入(万元)	93297.99	226480.44	85713.32	211541.65
营业支出(万元)	78337.43	184997.98	70916.14	178357.75
投资收益(万元)	-24.53	255.01	-	401.47
净利润(万元)	674.70	12206.52	1680.76	9093.61
营业利润(万元)	-748.59	10576.08	278.94	6190.28
利润总额(万元)	732.30	13274.69	2372.46	10216.16

重庆百货大楼股份有限公司

公司概况

公司名称	重庆百货大楼股份有限公司			证券简称	重庆百货
法人代表	何谦	董秘	尹向东	证券代码	600729
公司网址	www.e-cbest.com		电子信箱	zy8788@sina.com	
电　话	023-63845365		传　真	023-63845365	
办公地址	重庆市渝中区民权路28号(英利国际金融中心)第30层,31层,32层				
经营范围	批发、零售预包装食品、散装食品、粮油制品、副食品、其他食品、乳制品等				

主要财务指标

指标\报告期	2015.06.30	2014.12.31	2014.06.30	2013.12.31
基本每股收益(元)	1.0300	1.2100	1.0500	2.1000
基本每股收益(扣除后)(元)	0.9900	1.2200	1.0400	2.0600
稀释每股收益(元)	1.0300	1.2100	1.0500	2.1000
每股净资产(元)	11.8862	11.2198	11.1805	10.7234
每股经营现金净流量(元)	0.3853	-0.2871	-0.7066	1.0540
每股现金流量(元)	0.4436	-1.2631	-1.3353	-0.7050
每股资本公积金(元)	2.2768	2.2768	2.2572	2.2572
每股盈余公积金(元)	0.6831	0.6831	0.6960	0.6960
每股未分配利润(元)	7.9263	7.2599	7.2273	6.8253
净资产收益率(%)	8.6767	10.7793	9.4101	17.9762
加权净资产收益率(%)	8.8300	11.1300	9.4900	22.4500
净资产收益率(扣除)(%)	8.3243	10.8292	9.3211	17.6165
总资产(万元)	1130397.03	1172773.44	1010472.39	1146077.25
归属母公司股东权益(万元)	483207.02	456118.78	454521.10	438174.70
营业收入(万元)	1610502.02	3014005.98	1514701.67	3024637.14
营业支出(万元)	1346634.44	2505553.52	1256942.50	2526732.57
投资收益(万元)	573.08	669.31	329.74	1663.38
净利润(万元)	41895.06	49284.65	42770.75	78365.29
营业利润(万元)	49182.22	58392.20	50784.63	91955.88
利润总额(万元)	49333.56	59035.99	50912.06	92771.64

中国高科集团股份有限公司

公司概况

公司名称	中国高科集团股份有限公司			证券简称	中国高科
法人代表	余丽	董秘	韦俊民	证券代码	600730
公司网址	www.chinahitech.com.cn		电子信箱	hi-tech@china-hi-tech.com	
电　话	010-82529555		传　真	010-82524580	
办公地址	北京市海淀区成府路298号中关村方正大厦8层				
经营范围	实业投资、创业投资、技术及商品展示、投资及经济技术咨询服务等				

主要财务指标

指标\报告期	2015.06.30	2014.12.31	2014.06.30	2013.12.31
基本每股收益(元)	0.1890	0.5300	0.4779	0.3300
基本每股收益(扣除后)(元)	0.1810	0.5300	0.4769	-
稀释每股收益(元)	0.1890	0.5300	0.4779	0.3300
每股净资产(元)	4.8973	4.5768	4.6235	4.1456
每股经营现金净流量(元)	-0.4072	-0.5241	-0.4766	2.1844
每股现金流量(元)	0.1344	-3.2148	-2.3239	2.5997
每股资本公积金(元)	0.1724	0.1724	1.2892	1.2892
每股盈余公积金(元)	0.1559	0.1559	0.1559	0.1559
每股未分配利润(元)	2.3207	2.1317	2.1784	1.7005
净资产收益率(%)	3.8601	11.6070	10.3362	7.9095
加权净资产收益率(%)	3.9900	12.1800	10.9000	10.9800
净资产收益率(扣除)(%)	3.6964	11.4709	10.3139	6.6346
总资产(万元)	262262.38	271804.98	279878.22	335645.37
归属母公司股东权益(万元)	143651.90	134250.32	135618.98	121601.11
营业收入(万元)	40367.04	110803.35	51763.36	79203.02
营业支出(万元)	31108.19	65284.95	24043.63	48986.80
投资收益(万元)	3328.96	-649.92	-319.14	201.65
净利润(万元)	5931.28	17575.51	14017.87	9618.08
营业利润(万元)	7239.02	26373.74	21311.98	12861.20
利润总额(万元)	7373.90	26436.90	21353.50	13070.03

湖南海利化工股份有限公司

公司概况

公司名称	湖南海利化工股份有限公司			证券简称	湖南海利
法人代表	黄明智	董秘	刘洪波	证券代码	600731
公司网址	www.hnhlc.com		电子信箱	sh600731@sina.com	
电　话	0731-85357830 85357829		传　真	0731-85540475	
办公地址	湖南省长沙市芙蓉中路二段251号				
经营范围	化肥、化工产品、农药开发、生产及自产产品销售等				

主要财务指标

指标\报告期	2015.06.30	2014.12.31	2014.06.30	2013.12.31
基本每股收益(元)	0.0342	0.0340	0.0143	0.0310
基本每股收益(扣除后)(元)	0.0288	0.0090	0.0103	0.0140
稀释每股收益(元)	0.0342	0.0340	0.0143	0.0310
每股净资产(元)	2.2918	2.2516	2.4315	2.4131
每股经营现金净流量(元)	0.3895	0.2287	0.1235	0.0705
每股现金流量(元)	0.0894	-0.6125	-0.3647	0.7071
每股资本公积金(元)	1.4778	1.4778	1.7225	1.7225
每股盈余公积金(元)	0.1075	0.1075	0.0867	0.0867
每股未分配利润(元)	-0.3065	-0.3406	-0.3858	-0.4001
净资产收益率(%)	1.4917	1.5155	0.5891	0.9905
加权净资产收益率(%)	1.5100	1.2800	0.5900	2.1000
净资产收益率(扣除)(%)	1.2587	0.3972	0.4221	0.4418
总资产(万元)	167266.10	167526.49	157526.67	176191.68
归属母公司股东权益(万元)	75013.09	73697.05	79585.36	78985.28
营业收入(万元)	59090.49	113639.76	56996.83	110369.66
营业支出(万元)	45507.14	91594.70	44817.50	84392.31
投资收益(万元)	9.49	28.42	-	9.41
净利润(万元)	1446.01	1897.45	468.81	782.36
营业利润(万元)	1853.63	1730.10	1264.64	2041.42
利润总额(万元)	2069.96	2716.08	1416.63	2447.81

上海新梅置业股份有限公司

公司概况	公司名称	上海新梅置业股份有限公司			证券简称	*ST 新梅
	法人代表	张静静	董秘	何婧	证券代码	600732
	公司网址	www.shinmay.com.cn		电子信箱	liyukun@shinmay.com.cn	
	电　话	021-51005380　51004092		传　真	021-51003439	
	办公地址	上海市天目中路 585 号新梅大厦 21 楼				
	经营范围	房地产开发与经营、物业管理、建筑装潢、实业投资、资产经营等				

主要财务指标	指标\报告期	2015.06.30	2014.12.31	2014.06.30	2013.12.31
	基本每股收益(元)	-0.0538	-0.0800	0.0022	-0.0600
	基本每股收益(扣除后)(元)	-0.0538	-0.0800	0.0012	-0.0600
	稀释每股收益(元)	-0.0538	-0.0800	0.0022	-0.0600
	每股净资产(元)	1.0078	1.0616	1.1411	1.1389
	每股经营现金净流量(元)	0.0178	-0.1009	-0.0040	-0.1878
	每股现金流量(元)	-0.0663	0.0126	0.0427	-0.1600
	每股资本公积金(元)	0.0154	0.0154	0.0154	0.0154
	每股盈余公积金(元)	0.0598	0.0598	0.0598	0.0598
	每股未分配利润(元)	-0.0674	-0.0136	0.0659	0.0637
	净资产收益率(%)	-5.3365	-7.2833	0.1884	-5.2574
	加权净资产收益率(%)	-5.2000	-7.0300	0.1000	-4.8800
	净资产收益率(扣除)(%)	-5.3365	-7.2832	0.1874	-5.2607
	总资产(万元)	88485.84	95623.61	91409.15	95403.50
	归属母公司股东权益(万元)	44987.66	47388.42	50935.82	50839.85
	营业收入(万元)	4344.47	16347.32	11058.87	1827.63
	营业支出(万元)	4016.28	12464.88	8251.84	682.08
	投资收益(万元)	-	-	-	49.51
	净利润(万元)	-2456.40	-3555.15	95.97	-2672.85
	营业利润(万元)	-2456.40	-3547.88	52.26	-2734.40
	利润总额(万元)	-2456.40	-3547.68	51.76	-2732.13

成都前锋电子股份有限公司

公司概况	公司名称	成都前锋电子股份有限公司			证券简称	S 前 锋
	法人代表	杨维彬	董秘	邓红光	证券代码	600733
	公司网址			电子信箱	denghongguang@sina.com	
	电　话	028-69765222　69765187		传　真	028-69765191	
	办公地址	四川省成都市高新区吉庆三路 333 号蜀都中心二期一栋三单元十六楼				
	经营范围	电子、通信、计算机、光机电一体化技术的开发、研制、技术服务及咨询等				

主要财务指标	指标\报告期	2015.06.30	2014.12.31	2014.06.30	2013.12.31
	基本每股收益(元)	-0.0340	0.0660	0.0353	0.1980
	基本每股收益(扣除后)(元)	-0.0330	0.0060	-0.0189	0.1550
	稀释每股收益(元)	-0.0340	0.0660	0.0353	0.1980
	每股净资产(元)	1.5280	1.5615	1.5276	1.4882
	每股经营现金净流量(元)	-0.3387	-0.3884	-0.1394	-0.0950
	每股现金流量(元)	-0.5438	-0.3788	-0.4506	-0.0532
	每股资本公积金(元)	0.3706	0.3706	0.3673	0.3673
	每股盈余公积金(元)	0.0176	0.0176	0.0176	0.0176
	每股未分配利润(元)	0.1398	0.1733	0.1427	0.1074
	净资产收益率(%)	-2.1941	4.2206	2.3107	13.2958
	加权净资产收益率(%)	-2.1690	4.3180	2.3377	14.8700
	净资产收益率(扣除)(%)	-2.1825	0.3793	-1.2402	10.4318
	总资产(万元)	47128.16	48699.43	50162.44	51141.70
	归属母公司股东权益(万元)	30191.05	30853.49	30183.82	29486.36
	营业收入(万元)	746.74	2981.35	702.35	17767.26
	营业支出(万元)	517.34	1215.64	334.18	8549.43
	投资收益(万元)	-31.46	110.96	-	492.62
	净利润(万元)	-721.94	1202.22	697.46	3909.67
	营业利润(万元)	-679.70	368.18	-401.85	5234.11
	利润总额(万元)	-685.27	1425.49	650.99	5315.39

福建实达集团股份有限公司

公司概况	公司名称	福建实达集团股份有限公司			证券简称	实达集团
	法人代表	景百孚	董秘	吴波	证券代码	600734
	公司网址	www.start.com.cn		电子信箱	wb600734@163.com	
	电　话	0591-83725878　83709680		传　真	0591-83708128	
	办公地址	福建省福州市鼓楼区洪山园路 67 号实达大厦 12、13 楼				
	经营范围	电子计算机及其外部设备、仪器仪表及电传、办公设备等				

主要财务指标	指标\报告期	2015.06.30	2014.12.31	2014.06.30	2013.12.31
	基本每股收益(元)	-0.0614	-0.1126	-0.0652	0.0208
	基本每股收益(扣除后)(元)	-0.0582	-0.1353	-0.0910	-
	稀释每股收益(元)	-0.0614	-0.1126	-0.0652	0.0208
	每股净资产(元)	0.2718	0.3332	0.3806	0.4458
	每股经营现金净流量(元)	-0.0758	-0.8049	-0.2943	-0.1083
	每股现金流量(元)	-0.0417	0.0087	-0.0200	0.0076
	每股资本公积金(元)	0.5345	0.5345	0.5513	0.5513
	每股盈余公积金(元)	0.0788	0.0788	0.0788	0.0788
	每股未分配利润(元)	-1.3603	-1.2989	-1.2515	-1.1863
	净资产收益率(%)	-22.5895	-33.7804	-17.1313	4.6718
	加权净资产收益率(%)	-20.2970	-28.8993	-15.7797	4.6096
	净资产收益率(扣除)(%)	-21.4070	-40.6148	-23.9183	-13.2663
	总资产(万元)	159237.90	157569.15	140743.43	120149.10
	归属母公司股东权益(万元)	9555.74	11714.33	13379.42	15671.48
	营业收入(万元)	5491.57	19503.47	1008.50	11082.58
	营业支出(万元)	3564.20	12160.41	583.52	9375.88
	投资收益(万元)	-	-	-	2693.51
	净利润(万元)	-3416.73	-7129.11	-2292.07	732.14
	营业利润(万元)	-3195.53	-7400.48	-5650.34	-1859.90
	利润总额(万元)	-3423.90	-7003.35	-5006.79	-1411.69

山东新华锦国际股份有限公司

公司概况	公司名称	山东新华锦国际股份有限公司			证券简称	新 华 锦
	法人代表	张建华	董秘	盛强	证券代码	600735
	公司网址	www.hikinginternational.com		电子信箱	600735@hiking.cn	
	电　话	0532-85967156　85967622		传　真	0532-85877680	
	办公地址	山东省青岛市崂山区松岭路 127 号 11 号楼				
	经营范围	备案范围内的进出口业务、纺织品、针织品、工艺美术品的加工、销售				

主要财务指标	指标\报告期	2015.06.30	2014.12.31	2014.06.30	2013.12.31
	基本每股收益(元)	0.0593	0.2302	0.0888	0.1830
	基本每股收益(扣除后)(元)	0.0595	0.2052	0.0892	0.1741
	稀释每股收益(元)	0.0593	0.2302	0.0888	0.1830
	每股净资产(元)	1.7681	2.5688	2.4424	2.3424
	每股经营现金净流量(元)	0.1348	0.3401	0.1769	0.4475
	每股现金流量(元)	0.0150	0.1199	0.0262	0.0238
	每股资本公积金(元)	0.3922	1.0880	1.0878	1.0887
	每股盈余公积金(元)	0.0670	0.1004	0.1004	0.1004
	每股未分配利润(元)	0.3581	0.4480	0.3066	0.2178
	净资产收益率(%)	3.3561	8.9613	3.6342	7.8111
	加权净资产收益率(%)	3.4100	9.3700	3.7100	8.0700
	净资产收益率(扣除)(%)	3.3667	7.9871	3.6513	7.4327
	总资产(万元)	91422.24	91054.64	89421.12	89645.48
	归属母公司股东权益(万元)	66479.96	64400.02	61231.47	58724.57
	营业收入(万元)	64598.20	134238.39	63940.78	133980.07
	营业支出(万元)	50311.94	104174.82	49810.02	103729.19
	投资收益(万元)	-18.97	674.34	68.41	121.19
	净利润(万元)	3276.28	7619.18	2225.29	4587.04
	营业利润(万元)	4730.46	11162.84	4919.09	9111.76
	利润总额(万元)	4721.56	11141.80	4901.17	9285.70

苏州新区高新技术产业股份有限公司

公司概况	公司名称	苏州新区高新技术产业股份有限公司			证券简称	苏州高新
	法人代表	徐明	董秘	宋才俊	证券代码	600736
	公司网址	www.sndht.com		电子信箱	song.cj@sndnt.com	
	电　话	0512-67379025　67379010		传　真	0512-60379060	
	办公地址	江苏省苏州市高新区科发路101号致远国际商务大厦18楼				
	经营范围	房地产开发、基础设施的开发与经营等				

主要财务指标	指标\报告期	2015.06.30	2014.12.31	2014.06.30	2013.12.31
	基本每股收益(元)	0.0336	0.1600	0.0553	0.2200
	基本每股收益(扣除后)(元)	-0.1033	-0.0400	0.0182	0.0900
	稀释每股收益(元)	0.0336	0.1600	0.0553	0.2200
	每股净资产(元)	3.9971	3.3141	3.2079	3.2187
	每股经营现金净流量(元)	-0.6911	0.2673	-0.3308	-0.8803
	每股现金流量(元)	-0.0957	-0.1383	0.7954	0.0199
	每股资本公积金(元)	1.4803	0.5870	0.5865	0.5865
	每股盈余公积金(元)	0.2422	0.2734	0.2227	0.2227
	每股未分配利润(元)	1.2744	1.4534	1.3988	1.4095
	净资产收益率(%)	0.7605	4.8473	1.7229	6.7551
	加权净资产收益率(%)	0.8700	4.9200	1.7100	6.7900
	净资产收益率(扣除)(%)	-2.3374	-1.1703	0.5659	2.7961
	总资产(万元)	2359881.24	2125485.87	2195612.56	2007832.27
	归属母公司股东权益(万元)	477374.03	350594.03	339360.71	340495.98
	营业收入(万元)	125311.40	357458.56	149619.48	339324.36
	营业支出(万元)	99916.91	265615.21	103375.41	256026.00
	投资收益(万元)	1770.50	3629.52	1078.26	8940.69
	净利润(万元)	2195.30	22026.76	5846.74	23000.97
	营业利润(万元)	-16086.32	2018.86	6591.57	16289.99
	利润总额(万元)	10238.02	35231.16	11424.68	34850.92

中粮屯河股份有限公司

公司概况	公司名称	中粮屯河股份有限公司			证券简称	中粮屯河
	法人代表	夏令和	董秘	蒋学工	证券代码	600737
	公司网址	www.cofcotunhe.com		电子信箱	jiangxg@cofco.com	
	电　话	0991-6173332　5571888		传　真	0991-5571600	
	办公地址	新疆维吾尔自治区乌鲁木齐市黄河路2号招商银行大厦20楼				
	经营范围	番茄、糖、林果三大产业等				

主要财务指标	指标\报告期	2015.06.30	2014.12.31	2014.06.30	2013.12.31
	基本每股收益(元)	-0.0116	0.0158	0.0030	0.0472
	基本每股收益(扣除后)(元)	0.0361	-0.0719	-0.0160	-0.1915
	稀释每股收益(元)	-0.0116	0.0158	0.0030	0.0472
	每股净资产(元)	2.7228	2.8923	2.9254	2.9335
	每股经营现金净流量(元)	0.2292	-1.0699	0.5079	0.4092
	每股现金流量(元)	0.3149	0.2333	0.8635	-0.0606
	每股资本公积金(元)	2.0106	2.0074	2.0117	2.0138
	每股盈余公积金(元)	0.0814	0.0814	0.0686	0.0686
	每股未分配利润(元)	-0.1582	-0.1166	-0.1162	-0.0895
	净资产收益率(%)	-0.4259	0.5455	0.1129	1.3343
	加权净资产收益率(%)	-0.4000	0.5400	0.1130	1.4800
	净资产收益率(扣除)(%)	1.3271	-2.4849	-0.5422	-5.4172
	总资产(万元)	1463053.31	1438946.82	1213831.71	1171724.39
	归属母公司股东权益(万元)	558684.36	593456.98	600257.50	601925.02
	营业收入(万元)	568704.92	893938.58	382260.21	1126462.30
	营业支出(万元)	498407.11	798175.03	344095.17	1019374.75
	投资收益(万元)	-18222.53	7623.03	-1601.84	12516.74
	净利润(万元)	-2545.70	2646.39	677.66	8031.72
	营业利润(万元)	-2105.97	2231.00	321.88	-5812.53
	利润总额(万元)	-216.80	8360.55	1781.51	11744.67

兰州民百(集团)股份有限公司

公司概况	公司名称	兰州民百(集团)股份有限公司			证券简称	兰州民百
	法人代表	张　宏	董秘	成志坚	证券代码	600738
	公司网址	www.lzminbai.com		电子信箱	lzminbaiczj@126.com	
	电　话	0931-8473891		传　真	0931-8473866	
	办公地址	甘肃省兰州市城关区中山路120号				
	经营范围	日用百货、五金交电、化工产品(不含危险品)、黄金饰品、预包装食品等				

主要财务指标	指标\报告期	2015.06.30	2014.12.31	2014.06.30	2013.12.31
	基本每股收益(元)	0.1490	0.2820	0.1600	0.2990
	基本每股收益(扣除后)(元)	0.1470	0.2840	0.1590	0.2970
	稀释每股收益(元)	0.1490	0.2820	0.1600	0.2990
	每股净资产(元)	3.1215	2.9700	2.8507	2.7910
	每股经营现金净流量(元)	-0.2951	-0.3277	-0.2816	0.1010
	每股现金流量(元)	0.1928	0.0265	-0.1279	-0.3170
	每股资本公积金(元)	1.0841	1.0841	1.0841	1.0841
	每股盈余公积金(元)	0.1290	0.1290	0.1099	0.1099
	每股未分配利润(元)	0.9084	0.7596	0.6567	0.5970
	净资产收益率(%)	4.7673	9.4768	5.6031	10.7279
	加权净资产收益率(%)	4.8800	9.7800	5.6600	11.0700
	净资产收益率(扣除)(%)	4.7192	9.5487	-	10.1466
	总资产(万元)	202431.89	188287.09	172579.59	176162.06
	归属母公司股东权益(万元)	115142.71	109653.51	-	102950.51
	营业收入(万元)	59326.88	121485.26	63092.07	142800.55
	营业支出(万元)	43823.48	92933.62	47160.40	111963.38
	投资收益(万元)	-	482.92	-	62.50
	净利润(万元)	5489.20	10391.68	5891.90	11044.42
	营业利润(万元)	7290.62	13979.04	7893.33	13976.58
	利润总额(万元)	7346.01	13876.44	7909.66	13928.13

辽宁成大股份有限公司

公司概况	公司名称	辽宁成大股份有限公司			证券简称	辽宁成大
	法人代表	尚书志	董秘	于占洋	证券代码	600739
	公司网址	www.chengda.com.cn		电子信箱	stocks@chengda.com.cn	
	电　话	0411-82512731　82512618		传　真	0411-82691187	
	办公地址	辽宁省大连市中山区人民路71号				
	经营范围	针、棉、毛织品、服装进出口业务及国家统一经营外的商品进出口业务等				

主要财务指标	指标\报告期	2015.06.30	2014.12.31	2014.06.30	2013.12.31
	基本每股收益(元)	0.8330	0.5841	0.2648	0.6202
	基本每股收益(扣除后)(元)	0.8000	0.5603	0.2655	0.4299
	稀释每股收益(元)	0.8330	0.5841	0.2648	0.6202
	每股净资产(元)	11.8553	9.4129	8.4393	8.1585
	每股经营现金净流量(元)	-0.4364	0.2981	-0.0563	0.2439
	每股现金流量(元)	0.4375	0.1544	-0.1311	-0.0349
	每股资本公积金(元)	4.0007	1.8396	0.0770	0.0629
	每股盈余公积金(元)	0.5389	0.5766	0.5141	0.5141
	每股未分配利润(元)	6.0513	5.8264	6.8463	6.5815
	净资产收益率(%)	6.7968	6.0409	3.1381	7.6020
	加权净资产收益率(%)	8.3000	6.5300	3.1900	7.8800
	净资产收益率(扣除)(%)	6.5275	5.7949	3.1460	5.2699
	总资产(万元)	2541900.27	2028137.21	1819760.61	1789112.20
	归属母公司股东权益(万元)	1813520.59	1345765.48	1151718.82	1113400.36
	营业收入(万元)	402654.16	923855.78	451392.23	1033385.45
	营业支出(万元)	321155.98	766448.46	379619.37	889094.02
	投资收益(万元)	137185.09	104841.05	35683.01	90546.52
	净利润(万元)	124810.61	96501.49	36142.45	84640.59
	营业利润(万元)	125543.48	101987.18	48353.25	113506.18
	利润总额(万元)	130046.50	105343.01	48572.39	113908.74

山西焦化股份有限公司

公司名称	山西焦化股份有限公司			证券简称	山西焦化
法人代表	郭文仓	董秘	李峰	证券代码	600740
公司网址	www.sxjh.com.cn		电子信箱	sjgf@public.lf.sx.cn	
电　话	0357-6626012 6625471		传　真	0357-6625045	
办公地址	山西省临汾市洪洞县广胜寺镇				
经营范围	焦炭及其相关化工产品的生产、销售等				

指标\报告期	2015.06.30	2014.12.31	2014.06.30	2013.12.31
基本每股收益(元)	–0.3105	0.0258	0.0200	0.0237
基本每股收益(扣除后)(元)	–0.3010	0.0412	0.0290	–0.0288
稀释每股收益(元)	–	–		
每股净资产(元)	3.3822	3.6912	3.6899	3.6644
每股经营现金净流量(元)	–0.5386	0.4178	0.3100	–1.3207
每股现金流量(元)	–0.6102	0.8580	0.3528	0.4882
每股资本公积金(元)	2.9465	2.9465	2.9433	2.9433
每股盈余公积金(元)	0.2935	0.2935	0.2935	0.2935
每股未分配利润(元)	–0.8601	–0.5496	–0.5547	–0.5754
净资产收益率(%)	–9.1796	0.6994	0.5626	0.6183
加权净资产收益率(%)	–9.1800	0.7000	0.5600	0.6800
净资产收益率(扣除)(%)	–8.9001	1.1175	0.7988	–0.7509
总资产(万元)	990530.81	1072414.75	993560.69	858329.28
归属母公司股东权益(万元)	258971.87	282637.89	282538.49	280579.39
营业收入(万元)	172779.70	496515.12	258734.54	587448.16
营业支出(万元)	175521.98	444468.65	232764.54	545338.00
投资收益(万元)	86.56	171.79	144.03	7346.08
净利润(万元)	–23712.02	2143.96	1589.44	1734.89
营业利润(万元)	–22949.44	3371.97	2543.05	5769.41
利润总额(万元)	–23673.31	2200.05	1752.28	2046.84

华域汽车系统股份有限公司

公司名称	华域汽车系统股份有限公司			证券简称	华域汽车
法人代表	陈虹	董秘	茅其炜	证券代码	600741
公司网址	www.huayu-auto.com		电子信箱	huayuqiche@huayu-auto.com	
电　话	021-22011701		传　真	021-22011790	
办公地址	上海市威海路 489 号				
经营范围	汽车、摩托车、拖拉机等交通运输车辆和工程机械的零部件及其总成的设计、研发和销售等				

指标\报告期	2015.06.30	2014.12.31	2014.06.30	2013.12.31
基本每股收益(元)	1.0000	1.7250	0.8850	1.3400
基本每股收益(扣除后)(元)	0.9230	1.5720	0.8770	1.2630
稀释每股收益(元)	–	–	–	–
每股净资产(元)	9.3220	9.1432	7.5639	7.2100
每股经营现金净流量(元)	1.7797	2.3591	1.2338	2.6295
每股现金流量(元)	0.9746	0.8590	0.8678	0.1563
每股资本公积金(元)	1.8889	2.0533	2.3920	2.4233
每股盈余公积金(元)	0.4281	0.4281	0.3383	0.3383
每股未分配利润(元)	4.9855	4.5224	3.8336	3.4484
净资产收益率(%)	10.7277	18.8652	11.7053	18.5850
加权净资产收益率(%)	10.6300	20.7600	11.6200	18.1900
净资产收益率(扣除)(%)	9.9060	17.1956	11.5940	17.5178
总资产(万元)	6711998.21	6324157.35	5914618.19	5427073.84
归属母公司股东权益(万元)	2408053.82	2361871.35	1953912.34	1862487.63
营业收入(万元)	4003265.79	7397259.23	3662391.06	6932947.10
营业支出(万元)	3406797.32	6255698.95	3126081.66	5845283.51
投资收益(万元)	167313.57	275987.90	142261.36	253759.91
净利润(万元)	363113.13	619551.42	228710.61	346144.23
营业利润(万元)	411665.11	678237.78	359943.27	707368.24
利润总额(万元)	415819.48	698194.14	363630.72	718809.47

长春一汽富维汽车零部件股份有限公司

公司名称	长春一汽富维汽车零部件股份有限公司			证券简称	一汽富维
法人代表	金毅	董秘	李文东	证券代码	600742
公司网址	www.fawfw.com.cn		电子信箱	fw_fw@faw.com.cn	
电　话	0431-85765685 85765755		传　真	0431-85765338	
办公地址	吉林省长春市汽车产业开发区东风南街 1399 号				
经营范围	汽车零部件系列产品的研制、生产和销售等				

指标\报告期	2015.06.30	2014.12.31	2014.06.30	2013.12.31
基本每股收益(元)	0.9200	2.6100	1.1400	1.7400
基本每股收益(扣除后)(元)	0.9200	2.6100	1.1400	1.7300
稀释每股收益(元)	0.9200	2.6100	1.1400	1.7400
每股净资产(元)	17.6500	17.1806	15.7184	14.9090
每股经营现金净流量(元)	1.0815	1.4307	0.5702	1.1156
每股现金流量(元)	–0.6937	0.9627	–0.0154	–0.7882
每股资本公积金(元)	2.5987	2.5987	2.5987	2.5987
每股盈余公积金(元)	2.4804	2.4804	2.2290	2.2290
每股未分配利润(元)	11.4854	11.0461	9.8550	9.0606
净资产收益率(%)	5.2084	15.2099	7.2807	11.6854
加权净资产收益率(%)	5.2100	16.3000	7.3900	12.1700
净资产收益率(扣除)(%)	5.1905	15.1789	7.2600	11.6101
总资产(万元)	658406.14	650276.79	598916.28	570289.67
归属母公司股东权益(万元)	373339.18	363409.08	332480.31	315360.41
营业收入(万元)	510945.81	1127337.59	557990.68	947248.64
营业支出(万元)	481160.11	1062297.05	527964.13	896595.06
投资收益(万元)	17267.00	49532.96	20774.62	37883.97
净利润(万元)	21047.10	60620.08	24206.91	36851.03
营业利润(万元)	22157.95	63853.26	27846.52	44600.42
利润总额(万元)	22272.47	63445.95	27944.57	44867.43

华远地产股份有限公司

公司名称	华远地产股份有限公司			证券简称	华远地产
法人代表	孙秋艳	董秘	张全亮	证券代码	600743
公司网址	www.hy-online.com		电子信箱	douzk@hy-online.com	
电　话	010-68036688*526		传　真	010-68012167	
办公地址	北京市西城区北展北街 11 号华远企业中心 11 号楼				
经营范围	房地产开发销售等				

指标\报告期	2015.06.30	2014.12.31	2014.06.30	2013.12.31
基本每股收益(元)	0.0700	0.3600	0.1290	0.3600
基本每股收益(扣除后)(元)	0.0800	0.3600	0.1290	0.3600
稀释每股收益(元)	0.0700	0.3600	0.1290	0.3600
每股净资产(元)	2.0792	2.1263	1.8900	1.8800
每股经营现金净流量(元)	0.2143	–0.8269	–1.4437	–0.5011
每股现金流量(元)	–0.0278	–0.0580	–0.4498	0.0689
每股资本公积金(元)	0.0220	0.0220	0.0220	0.0220
每股盈余公积金(元)	0.1297	0.1297	0.1189	0.1189
每股未分配利润(元)	0.9275	0.9746	0.7509	0.7414
净资产收益率(%)	3.5065	17.1188	6.8452	19.1756
加权净资产收益率(%)	3.3700	18.2500	6.7200	21.0300
净资产收益率(扣除)(%)	3.7107	17.0300	6.8187	19.2422
总资产(万元)	2074400.31	2045234.20	1840207.35	1738032.19
归属母公司股东权益(万元)	377929.74	386489.71	343865.62	342139.36
营业收入(万元)	218872.08	675983.64	382356.01	472939.33
营业支出(万元)	167970.42	513325.73	307311.11	288982.05
投资收益(万元)	–305.98	1440.63	935.13	1162.09
净利润(万元)	12207.55	67390.30	23538.19	65607.28
营业利润(万元)	19635.85	92853.28	34279.76	116481.98
利润总额(万元)	18806.90	93321.93	34400.30	116149.48

大唐华银电力股份有限公司

公司概况

公司名称	大唐华银电力股份有限公司			证券简称	华银电力
法人代表	邹嘉华	董秘	周浩	证券代码	600744
公司网址	www.hypower.com.cn		电子信箱	hy600744@188.com	
电　话	0731-85388088 85388028		传　真	0731-85510188	
办公地址	湖南省长沙市芙蓉中路3段255号				
经营范围	电力生产和销售、电力规划、勘测设计、科研、电力工程施工、设备安装等				

主要财务指标

指标\报告期	2015.06.30	2014.12.31	2014.06.30	2013.12.31
基本每股收益(元)	0.0326	-0.2500	-0.2721	0.0200
基本每股收益(扣除后)(元)	0.0170	-0.4100	-0.2810	-0.1300
稀释每股收益(元)	0.0326	-0.2500	-0.2721	0.0200
每股净资产(元)	1.8268	1.7937	1.7972	2.0391
每股经营现金净流量(元)	1.8250	2.0620	1.9117	2.0109
每股现金流量(元)	-0.0849	-0.0084	-0.0967	0.1166
每股资本公积金(元)	2.4726	6.4858	2.5028	2.4726
每股盈余公积金(元)	0.1942	0.1942	0.1942	0.1942
每股未分配利润(元)	-1.8404	-4.4041	-1.8997	-1.6276
净资产收益率(%)	1.7860	-13.6844	-15.1418	0.7371
加权净资产收益率(%)	1.8000	-12.8100	-14.1900	0.7400
净资产收益率(扣除)(%)	0.9283	-22.7156	-15.6345	-6.4174
总资产(万元)	1486045.67	2206825.96	1627922.34	1654990.63
归属母公司股东权益(万元)	130002.97	233124.60	127897.87	145113.86
营业收入(万元)	301760.56	621042.52	289746.61	745552.03
营业支出(万元)	261626.17	540721.51	269756.04	664088.40
投资收益(万元)	-	2077.71	100.14	1194.64
净利润(万元)	3052.76	-21273.51	-19365.99	1069.68
营业利润(万元)	2788.16	-21518.89	-19167.52	-8278.14
利润总额(万元)	3943.02	-19046.07	-18615.55	2602.09

中茵股份有限公司

公司概况

公司名称	中茵股份有限公司			证券简称	中茵股份
法人代表	吴青龙	董秘	范立明	证券代码	600745
公司网址	www.joinin-holding.com		电子信箱	nianyouwu@163.com	
电　话	0714-6350569		传　真	0714-6353158	
办公地址	湖北省黄石市团城山开发区广会路18号(黄石托尼洛·兰博基尼酒店)B1层				
经营范围	房地产开发、经营以及物业管理等				

主要财务指标

指标\报告期	2015.06.30	2014.12.31	2014.06.30	2013.12.31
基本每股收益(元)	0.0130	0.0500	0.0600	0.1600
基本每股收益(扣除后)(元)	0.0200	0.0100	0.0600	0.0400
稀释每股收益(元)	0.0130	0.0500	0.0600	0.1600
每股净资产(元)	5.4121	5.3800	2.6734	2.6123
每股经营现金净流量(元)	-0.5155	-1.9205	-1.5560	1.6274
每股现金流量(元)	-1.3212	1.2015	-0.1399	-0.1923
每股资本公积金(元)	3.7919	3.7795	0.7670	0.7670
每股盈余公积金(元)	0.0892	0.0892	0.1318	0.1318
每股未分配利润(元)	0.5306	0.5180	0.7744	0.7131
净资产收益率(%)	0.2344	0.6488	2.2929	6.2954
加权净资产收益率(%)	0.2400	1.3000	2.3200	6.5000
净资产收益率(扣除)(%)	0.2787	0.1128	2.3677	1.6256
总资产(万元)	675518.80	717525.13	677637.48	633648.30
归属母公司股东权益(万元)	261579.97	260367.67	87522.01	85518.51
营业收入(万元)	37618.04	162305.05	75806.59	236779.61
营业支出(万元)	21975.67	120348.45	54721.84	145482.27
投资收益(万元)	-0.02	-3.25	-66.55	-479.77
净利润(万元)	1976.81	5064.62	2006.77	5383.71
营业利润(万元)	3474.66	11582.61	3990.40	9529.48
利润总额(万元)	3339.78	10463.53	3892.77	15754.89

江苏索普化工股份有限公司

公司概况

公司名称	江苏索普化工股份有限公司			证券简称	江苏索普
法人代表	吴青龙	董秘	范立明	证券代码	600746
公司网址	www.sopo.com.cn		电子信箱	jssopo@sopo.com.cn	
电　话	0511-88995020 88995001		传　真	0511-83362036	
办公地址	江苏省镇江市谏壁镇越河街50号				
经营范围	化工原料及产品的制造销售、电力、蒸汽生产等				

主要财务指标

指标\报告期	2015.06.30	2014.12.31	2014.06.30	2013.12.31
基本每股收益(元)	-0.0381	0.0342	0.0326	0.0916
基本每股收益(扣除后)(元)	-0.0374	0.0331	0.0334	0.0896
稀释每股收益(元)	-0.0381	0.0342	0.0326	0.0916
每股净资产(元)	1.3900	1.4276	1.4312	1.4212
每股经营现金净流量(元)	0.0606	0.1293	0.0556	0.2124
每股现金流量(元)	0.0605	-0.1025	-0.0548	0.0500
每股资本公积金(元)	0.2026	0.2026	0.2032	0.2032
每股盈余公积金(元)	0.1184	0.1184	0.1149	0.1149
每股未分配利润(元)	0.0677	0.1057	0.1076	0.1030
净资产收益率(%)	-2.7385	2.3926	2.2760	6.4472
加权净资产收益率(%)	-2.7019	1.6700	2.2661	6.6600
净资产收益率(扣除)(%)	-2.6888	2.3210	2.3354	6.3014
总资产(万元)	55027.83	55909.77	58726.16	62410.46
归属母公司股东权益(万元)	42592.17	43745.21	43856.35	43547.51
营业收入(万元)	28220.88	65608.96	34765.86	73623.16
营业支出(万元)	28534.23	59746.47	30626.16	64136.45
投资收益(万元)	-	2.66	2.66	2.52
净利润(万元)	-1166.37	1046.66	998.15	2807.58
营业利润(万元)	-1338.97	1276.39	1397.74	3723.51
利润总额(万元)	-1367.20	1305.28	1362.98	3775.35

大连大显控股股份有限公司

公司概况

公司名称	大连大显控股股份有限公司			证券简称	大连控股
法人代表	华韡	董秘	华韡(代)	证券代码	600747
公司网址	www.dl-hold.com		电子信箱	machong@daxian.cn	
电　话	0411-88853117-7714		传　真	0411-88853122	
办公地址	辽宁省大连市甘井子区革镇堡				
经营范围	多种金属矿业投资、开发及技术咨询、房屋租赁、仓储等				

主要财务指标

指标\报告期	2015.06.30	2014.12.31	2014.06.30	2013.12.31
基本每股收益(元)	-0.0250	0.0100	-0.0500	0.0400
基本每股收益(扣除后)(元)	-0.0290	-0.0700	-0.0500	-0.0700
稀释每股收益(元)	-0.0250	0.0100	-0.0500	0.0400
每股净资产(元)	1.4278	1.4524	1.4101	0.7038
每股经营现金净流量(元)	-0.0029	-0.5440	-0.0973	-0.2213
每股现金流量(元)	-0.3114	0.2480	0.8634	0.0965
每股资本公积金(元)	0.6803	0.6803	0.6803	0.0303
每股盈余公积金(元)	0.0789	0.0789	0.0789	0.1085
每股未分配利润(元)	-0.3314	-0.3068	-0.3491	-0.4350
净资产收益率(%)	-1.7209	0.6469	-2.3317	5.8729
加权净资产收益率(%)	-1.7100	1.1100	-6.6400	6.1400
净资产收益率(扣除)(%)	-2.0388	-3.9710	-2.3316	-10.5217
总资产(万元)	254803.71	259755.57	262061.05	120421.01
归属母公司股东权益(万元)	209075.31	212673.38	206483.09	74907.74
营业收入(万元)	42724.51	46030.00	40661.62	42175.48
营业支出(万元)	42864.72	45785.88	40871.45	41398.57
投资收益(万元)	553.83	10335.41	-52.62	2851.43
净利润(万元)	-3672.50	1358.65	-4814.52	4399.29
营业利润(万元)	-3645.92	1370.13	-4805.26	-5533.05
利润总额(万元)	-3672.50	1359.27	-4805.23	4218.13

上海实业发展股份有限公司

公司概况					
公司名称	上海实业发展股份有限公司			证券简称	上实发展
法人代表	陆申	董秘	阚兆森	证券代码	600748
公司网址	www.sidlgroup.com	电子信箱	sid748@sidlgroup.com		
电　　话	021-53858859	传　　真	021-53858879		
办公地址	上海市淮海中路98号金钟广场20层				
经营范围	房地产开发和经营、实业投资、资产经营、国内贸易、信息服务等				

主要财务指标：指标\报告期	2015.06.30	2014.12.31	2014.06.30	2013.12.31
基本每股收益(元)	0.1500	0.8200	0.6300	0.4000
基本每股收益(扣除后)(元)	0.1100	0.2400	0.1100	0.3000
稀释每股收益(元)	0.1500	0.8200	0.6300	0.4000
每股净资产(元)	4.5495	4.4146	5.2213	4.5846
每股经营现金净流量(元)	–0.5297	–1.7724	–1.5589	2.1445
每股现金流量(元)	0.9194	–2.6844	–1.6683	1.4415
每股资本公积金(元)	0.0210	0.0372	1.2347	1.2354
每股盈余公积金(元)	0.3173	0.3173	0.2166	0.2166
每股未分配利润(元)	2.9502	2.7991	2.7700	2.1327
净资产收益率(%)	3.3207	18.5111	12.0886	8.7590
加权净资产收益率(%)	3.3600	16.0700	12.8700	8.7900
净资产收益率(扣除)(%)	2.4570	5.4538	2.0801	6.4917
总资产(万元)	2077687.88	1874771.65	1922841.76	2055704.94
归属母公司股东权益(万元)	492877.10	478263.14	565655.15	496680.89
营业收入(万元)	77096.79	380310.21	57876.06	390462.01
营业支出(万元)	48998.93	254873.91	29287.71	233485.88
投资收益(万元)	22754.07	68500.61	66679.99	–367.42
净利润(万元)	15920.81	91865.09	68379.90	43504.08
营业利润(万元)	16500.22	119557.49	83250.67	71853.41
利润总额(万元)	14464.86	123007.47	83884.34	76335.43

西藏旅游股份有限公司

公司概况					
公司名称	西藏旅游股份有限公司			证券简称	西藏旅游
法人代表	欧阳旭	董秘	欧阳旭(代)	证券代码	600749
公司网址	www.600749.com	电子信箱	ouyangxu@sohu.com		
电　　话	0891-6339150	传　　真	0891-6339041		
办公地址	西藏自治区拉萨市林廓东路6号				
经营范围	旅游、酒店和有线电视网络等				

主要财务指标：指标\报告期	2015.06.30	2014.12.31	2014.06.30	2013.12.31
基本每股收益(元)	–0.2181	–0.1769	–0.0814	0.0413
基本每股收益(扣除后)(元)	–0.2444	–0.1491	–0.0747	0.0371
稀释每股收益(元)	–0.2181	–0.1769	–0.0814	0.0413
每股净资产(元)	3.1096	3.3277	3.4003	3.4817
每股经营现金净流量(元)	0.0730	–0.0728	–0.0059	0.3614
每股现金流量(元)	–0.0143	0.0283	0.3488	–0.4753
每股资本公积金(元)	2.3257	2.3257	2.3029	2.3029
每股盈余公积金(元)	0.0071	0.0071	0.0071	0.0071
每股未分配利润(元)	–0.2232	–0.0051	0.0904	0.1718
净资产收益率(%)	–7.0121	–5.3157	–2.3931	1.1856
加权净资产收益率(%)	–6.7746	–5.2100	–2.3648	1.1900
净资产收益率(扣除)(%)	–7.8584	–4.4797	–2.1970	1.0652
总资产(万元)	130244.32	133651.46	129717.52	116828.61
归属母公司股东权益(万元)	58814.58	62938.74	64313.08	65852.15
营业收入(万元)	4418.51	16001.76	5235.08	17844.69
营业支出(万元)	4026.05	9013.45	3137.08	8227.12
投资收益(万元)	–	–	–	–
净利润(万元)	–4149.53	–3457.89	–1539.07	780.77
营业利润(万元)	–4148.40	–2890.23	–1464.38	1176.76
利润总额(万元)	–4150.03	–3467.45	–1590.51	1281.49

江中药业股份有限公司

公司概况					
公司名称	江中药业股份有限公司			证券简称	江中药业
法人代表	钟虹光	董秘	田永静	证券代码	600750
公司网址	www.jzjt.com	电子信箱	jzyy@jzjt.com		
电　　话	0791-88169323	传　　真	0791-88162532		
办公地址	江西省南昌市高新区火炬大道788号				
经营范围	中成药片剂、冲剂、胶囊剂、保健食品生产经营等				

主要财务指标：指标\报告期	2015.06.30	2014.12.31	2014.06.30	2013.12.31
基本每股收益(元)	0.4600	0.8700	0.3100	0.5500
基本每股收益(扣除后)(元)	0.4300	0.8500	0.3100	0.4300
稀释每股收益(元)	0.4600	0.8700	0.3100	0.5500
每股净资产(元)	7.0885	6.9244	6.3531	6.6828
每股经营现金净流量(元)	0.9164	1.1893	0.4002	0.3597
每股现金流量(元)	0.0523	–0.3522	0.1668	–0.7792
每股资本公积金(元)	1.8306	1.8306	1.8226	2.2977
每股盈余公积金(元)	0.5655	0.5655	0.5655	0.5452
每股未分配利润(元)	3.6924	3.5283	2.9651	2.8399
净资产收益率(%)	6.5481	12.7496	5.0316	8.2841
加权净资产收益率(%)	6.4900	12.9700	4.6600	8.4800
净资产收益率(扣除)(%)	6.1232	12.4256	4.9237	6.4722
总资产(万元)	320690.48	332701.00	322732.95	299239.72
归属母公司股东权益(万元)	212655.62	207730.77	190593.74	207934.41
营业收入(万元)	131822.94	283412.43	138890.87	277786.13
营业支出(万元)	66026.80	133768.91	67539.20	173090.89
投资收益(万元)	–25.19	–169.02	–20.68	3486.30
净利润(万元)	14113.41	26677.26	9589.83	17225.54
营业利润(万元)	16562.31	32992.77	11627.76	20234.80
利润总额(万元)	16793.87	33444.35	11886.80	20954.44

天津天海投资发展股份有限公司

公司概况					
公司名称	天津天海投资发展股份有限公司			证券简称	天海投资
法人代表	郭可	董秘	武强	证券代码	600751
公司网址	www.tjtmsc.com	电子信箱	tmsc600751@126.com		
电　　话	022-58679088	传　　真	022-58087380		
办公地址	天津市天津空港经济区中心大道华盈大厦八层				
经营范围	国际船舶集装箱运输、仓储服务、陆海联运、集装箱租赁买卖等				

主要财务指标：指标\报告期	2015.06.30	2014.12.31	2014.06.30	2013.12.31
基本每股收益(元)	0.0329	0.0843	0.0076	–0.1459
基本每股收益(扣除后)(元)	–0.0001	–0.0509	0.0047	–
稀释每股收益(元)	0.0329	0.0843	0.0076	–0.1459
每股净资产(元)	4.1350	4.1027	0.0551	0.0469
每股经营现金净流量(元)	–0.0007	0.0444	–0.0075	0.1657
每股现金流量(元)	–2.9283	4.2078	0.4582	–0.0124
每股资本公积金(元)	3.4949	3.4949	0.4104	0.4104
每股盈余公积金(元)	0.0384	0.0384	0.1247	0.1247
每股未分配利润(元)	–0.3988	–0.4316	–1.4828	–1.4904
净资产收益率(%)	0.7950	0.6636	13.8080	–311.1188
加权净资产收益率(%)	0.7900	23.2500	14.9200	–122.0000
净资产收益率(扣除)(%)	–0.0030	–0.4005	8.5463	–344.0411
总资产(万元)	1240393.44	1257219.40	73505.04	32036.26
归属母公司股东权益(万元)	1198887.85	1189520.55	4919.52	4186.16
营业收入(万元)	17610.16	42362.30	20325.37	33537.89
营业支出(万元)	17949.79	39278.04	16520.45	29203.76
投资收益(万元)	9531.57	162.73	–	–
净利润(万元)	9530.78	7892.68	679.29	–13023.93
营业利润(万元)	9495.94	8633.21	418.53	–14205.74
利润总额(万元)	9530.78	7953.75	677.38	–13015.21

河南东方银星投资股份有限公司

公司概况	公司名称	河南东方银星投资股份有限公司			证券简称	东方银星
	法人代表	王文胜	董秘	蒋华明	证券代码	600753
	公司网址	www.yinxingdf.com		电子信箱	dfyx01@126.com	
	电　话	0370-2790609		传　真	0370-2790630	
	办公地址	河南省商丘市神火大道 99 号悦华大酒店 25 层东方银星				
	经营范围	房地产项目投资、实业投资、化工产品等				

主要财务指标	指标＼报告期	2015.06.30	2014.12.31	2014.06.30	2013.12.31
	基本每股收益(元)	-0.0100	0.0030	-0.0110	-0.0030
	基本每股收益(扣除后)(元)	-0.0100	-0.0100	-0.0110	-0.0010
	稀释每股收益(元)	-0.0100	0.0030	-0.0110	-0.0030
	每股净资产(元)	0.7819	0.7918	0.7780	0.7890
	每股经营现金净流量(元)	0.0027	-0.0037	-0.0035	0.0030
	每股现金流量(元)	-0.0003	-0.0037	-0.0035	0.0030
	每股资本公积金(元)	1.1050	1.1050	1.1050	1.1050
	每股盈余公积金(元)	-	-	-	-
	每股未分配利润(元)	-1.3231	-1.3133	-1.3270	-1.3161
	净资产收益率(%)	-1.2557	0.3523	-1.4051	-0.4324
	加权净资产收益率(%)	-1.2600	0.3500	-1.4800	-0.4300
	净资产收益率(扣除)(%)	-1.2555	-1.2768	-1.3596	-0.7088
	总资产(万元)	22937.08	22965.20	23098.44	22688.10
	归属母公司股东权益(万元)	10008.73	10134.42	9958.78	10098.71
	营业收入(万元)	40.00	1212.41	132.15	1078.34
	营业支出(万元)	31.49	1021.61	86.53	915.76
	投资收益(万元)	-	-	-	-
	净利润(万元)	-132.05	85.40	-139.94	-43.67
	营业利润(万元)	-132.02	152.22	-143.19	65.78
	利润总额(万元)	-132.05	167.49	-147.73	37.87

上海锦江国际酒店发展股份有限公司

公司概况	公司名称	上海锦江国际酒店发展股份有限公司			证券简称	锦江股份
	法人代表	俞敏亮	董秘	胡暋	证券代码	600754
	公司网址	www.jinjianghotels.sh.cn		电子信箱	jjir@jinjianghotels.com	
	电　话	021-63217132		传　真	021-63217720	
	办公地址	上海市延安东路 100 号 25 楼				
	经营范围	宾馆、餐饮、食品生产线及连锁经营、旅游等				

主要财务指标	指标＼报告期	2015.06.30	2014.12.31	2014.06.30	2013.12.31
	基本每股收益(元)	0.3623	0.7857	0.3088	0.6257
	基本每股收益(扣除后)(元)	0.1898	0.2285	0.1875	0.3625
	稀释每股收益(元)	-	-	-	-
	每股净资产(元)	10.3223	10.8124	6.9028	7.2005
	每股经营现金净流量(元)	0.4625	0.6951	0.3241	1.0595
	每股现金流量(元)	-0.1024	3.5708	-0.2130	-0.1209
	每股资本公积金(元)	5.5712	5.5712	3.4626	3.6891
	每股盈余公积金(元)	0.6578	0.6578	0.7995	0.7995
	每股未分配利润(元)	1.5082	1.5459	1.6406	1.7119
	净资产收益率(%)	3.5103	5.6004	4.4730	8.6903
	加权净资产收益率(%)	3.3500	10.4100	4.3500	8.8700
	净资产收益率(扣除)(%)	1.8391	1.6288	2.7169	5.0338
	总资产(万元)	2674966.27	1136250.71	679635.23	708306.68
	归属母公司股东权益(万元)	830449.50	869879.83	416405.64	434363.41
	营业收入(万元)	248932.90	291310.48	136855.28	268441.09
	营业支出(万元)	22500.48	30841.07	14137.31	30075.56
	投资收益(万元)	22995.50	46232.13	15492.72	24671.64
	净利润(万元)	29507.00	49017.65	18626.33	37747.33
	营业利润(万元)	38645.99	63409.72	22154.40	46970.77
	利润总额(万元)	41109.00	66559.80	23706.81	49664.79

厦门国贸集团股份有限公司

公司概况	公司名称	厦门国贸集团股份有限公司			证券简称	厦门国贸
	法人代表	何福龙	董秘	陈晓华	证券代码	600755
	公司网址	www.itg.com.cn		电子信箱	itgchina@itg.com.cn	
	电　话	0592-5161888		传　真	0592-5160280	
	办公地址	福建省厦门市思明区湖滨南路国贸大厦 18 层				
	经营范围	从事进出口贸易、房地产开发与经营、投资以及其他服务贸易等				

主要财务指标	指标＼报告期	2015.06.30	2014.12.31	2014.06.30	2013.12.31
	基本每股收益(元)	0.2400	0.5700	0.3500	0.7100
	基本每股收益(扣除后)(元)	0.0600	0.4300	0.2700	0.3300
	稀释每股收益(元)	-	-	0.3500	0.7100
	每股净资产(元)	4.6334	4.4531	4.2739	4.1463
	每股经营现金净流量(元)	-1.5724	-2.2384	-3.5534	-0.5170
	每股现金流量(元)	0.3678	0.2072	0.1319	0.2736
	每股资本公积金(元)	1.2097	1.2095	0.7436	0.7487
	每股盈余公积金(元)	0.1622	0.1622	0.1973	0.1973
	每股未分配利润(元)	2.2304	2.0891	2.3583	2.2284
	净资产收益率(%)	5.2079	11.4546	8.1874	17.0794
	加权净资产收益率(%)	5.2500	13.3100	8.1700	18.3800
	净资产收益率(扣除)(%)	1.2330	8.6975	6.3334	7.9927
	总资产(万元)	4245693.14	3444201.44	3363535.76	2836517.76
	归属母公司股东权益(万元)	771220.48	741213.04	568788.88	551800.67
	营业收入(万元)	2672192.15	5528789.49	2719003.80	4906847.87
	营业支出(万元)	2546646.13	5202245.95	2555387.27	4608714.38
	投资收益(万元)	27535.56	35065.87	20419.04	52080.23
	净利润(万元)	39471.36	86870.56	46568.74	94244.32
	营业利润(万元)	50140.82	111494.18	62603.94	144768.45
	利润总额(万元)	52388.86	112091.65	64564.52	142175.39

浪潮软件股份有限公司

公司概况	公司名称	浪潮软件股份有限公司			证券简称	浪潮软件
	法人代表	王柏华	董秘	申宝伟	证券代码	600756
	公司网址	www.inspur.com		电子信箱	600756@inspur.com	
	电　话	0531-85105606		传　真	0531-85105600	
	办公地址	山东省济南市高新区浪潮路 1036 号				
	经营范围	通信及计算机软硬件技术开发、生产、销售等				

主要财务指标	指标＼报告期	2015.06.30	2014.12.31	2014.06.30	2013.12.31
	基本每股收益(元)	0.0740	0.2810	0.0360	0.0200
	基本每股收益(扣除后)(元)	0.0640	0.2430	0.0250	0.0100
	稀释每股收益(元)	0.0740	0.2810	0.0360	0.0200
	每股净资产(元)	3.1053	3.0314	2.7869	2.7588
	每股经营现金净流量(元)	-0.7144	0.0937	-0.5254	0.2452
	每股现金流量(元)	-0.5355	-0.1098	-0.5415	-0.5101
	每股资本公积金(元)	0.2797	0.2797	0.2797	0.3856
	每股盈余公积金(元)	0.2881	0.2881	0.2833	0.2833
	每股未分配利润(元)	1.5375	1.4635	1.2239	1.1975
	净资产收益率(%)	2.3828	9.2636	1.3034	0.5467
	加权净资产收益率(%)	2.4100	9.6100	1.2900	0.5400
	净资产收益率(扣除)(%)	2.0509	8.0225	0.9061	0.1888
	总资产(万元)	183211.32	201421.27	154160.36	144328.75
	归属母公司股东权益(万元)	86560.73	84498.16	77683.11	79901.21
	营业收入(万元)	41591.37	108542.34	35574.31	87607.88
	营业支出(万元)	26047.67	78238.75	23999.82	61353.70
	投资收益(万元)	4088.06	10300.32	2626.98	-129.76
	净利润(万元)	1891.42	7739.36	1012.55	420.43
	营业利润(万元)	1206.21	5908.29	323.20	330.48
	利润总额(万元)	1832.06	7445.11	879.83	1257.69

长江出版传媒股份有限公司

公司概况						
公司名称	长江出版传媒股份有限公司			证券简称	长江传媒	
法人代表	潘启胜	董秘	万智	证券代码	600757	
公司网址	www.cjcb.com.cn		电子信箱	cjcbcm@163.com		
电话	027-87673688		传真	027-87673688		
办公地址	湖北省武汉市武昌区雄楚大街268号B座11-12楼					
经营范围	公开发行的国内版图书、报刊、电子出版物等					

主要财务指标 指标\报告期	2015.06.30	2014.12.31	2014.06.30	2013.12.31
基本每股收益(元)	0.2100	0.1700	0.1700	0.3500
基本每股收益(扣除后)(元)	0.1400	0.0800	0.1100	0.2800
稀释每股收益(元)	0.2100	0.1700	0.1700	0.3500
每股净资产(元)	4.0870	3.9106	3.8356	3.6645
每股经营现金净流量(元)	0.0560	0.5632	-0.0199	0.2200
每股现金流量(元)	-0.1207	-0.2568	-0.0855	0.2508
每股资本公积金(元)	1.4712	1.4712	1.5085	1.5096
每股盈余公积金(元)	0.0185	0.0185	-	-
每股未分配利润(元)	1.4981	1.3104	1.3271	1.1550
净资产收益率(%)	5.0813	4.4464	4.4862	8.5039
加权净资产收益率(%)	5.1800	4.5900	4.5900	11.0800
净资产收益率(扣除)(%)	3.3467	1.9885	2.9418	6.7050
总资产(万元)	764181.43	717448.27	711198.17	637758.07
归属母公司股东权益(万元)	496014.35	474608.83	465507.36	444746.62
营业收入(万元)	268002.85	468682.06	225461.14	420806.85
营业支出(万元)	200675.83	336433.53	165219.01	294374.36
投资收益(万元)	7455.60	5990.60	2547.12	6075.55
净利润(万元)	25075.22	20407.66	20883.42	37820.75
营业利润(万元)	18945.47	10443.36	13475.87	32472.22
利润总额(万元)	25361.85	21046.46	20539.76	38339.07

辽宁红阳能源投资股份有限公司

公司概况						
公司名称	辽宁红阳能源投资股份有限公司			证券简称	红阳能源	
法人代表	林守信	董秘	田英东	证券代码	600758	
公司网址			电子信箱	hongyang600758@126.com		
电话	024-86131586		传真	024-86801050		
办公地址	辽宁省沈阳市皇姑区黄河南大街96-6号启运商务大厦4楼					
经营范围	能源投资开发、电力、热力生产、销售、城市集中供热、供汽、供热等					

主要财务指标 指标\报告期	2015.06.30	2014.12.31	2014.06.30	2013.12.31
基本每股收益(元)	0.0450	0.0600	0.0477	0.0800
基本每股收益(扣除后)(元)	0.0425	0.0600	0.0475	0.0800
稀释每股收益(元)	0.0450	0.0600	0.0477	0.0800
每股净资产(元)	1.6649	1.6399	1.6254	1.6100
每股经营现金净流量(元)	-0.0933	0.2882	0.0134	0.3807
每股现金流量(元)	-0.1240	0.0613	-0.0791	-0.3241
每股资本公积金(元)	0.0480	0.0480	0.0480	0.0480
每股盈余公积金(元)	0.0495	0.0495	0.0464	0.0464
每股未分配利润(元)	0.5674	0.5423	0.5310	0.5133
净资产收益率(%)	2.7038	3.7927	2.9339	5.2585
加权净资产收益率(%)	2.7200	3.8300	2.9500	5.3600
净资产收益率(扣除)(%)	2.5520	3.6885	2.9206	5.2615
总资产(万元)	70751.44	80238.47	69291.07	74042.83
归属母公司股东权益(万元)	34577.68	34058.13	33756.79	33389.45
营业收入(万元)	13028.43	26083.81	14695.58	26520.35
营业支出(万元)	11076.23	21787.26	12263.56	21250.13
投资收益(万元)	-	-	-	-
净利润(万元)	934.91	1291.73	990.38	1755.79
营业利润(万元)	962.77	1569.81	1230.78	2318.34
利润总额(万元)	1318.09	1909.33	1374.24	2492.05

洲际油气股份有限公司

公司概况						
公司名称	洲际油气股份有限公司			证券简称	洲际油气	
法人代表	姜亮	董秘	樊辉	证券代码	600759	
公司网址	www.600759.com		电子信箱	zjyq@geojade.com		
电话	0898-66590595 66787367		传真	0898-66757661		
办公地址	海南省海口市国贸大道2号海南时代广场17层					
经营范围	高新技术项目及产品的投资、开发、生产与经营等					

主要财务指标 指标\报告期	2015.06.30	2014.12.31	2014.06.30	2013.12.31
基本每股收益(元)	0.0081	0.0696	0.0075	0.0373
基本每股收益(扣除后)(元)	-0.0051	-0.0220	-0.0628	-0.0405
稀释每股收益(元)	0.0081	0.0696	0.0075	0.0373
每股净资产(元)	3.1162	3.0855	1.8479	1.8572
每股经营现金净流量(元)	0.0589	0.0639	-0.0838	0.3961
每股现金流量(元)	-0.1977	0.5805	-0.4624	0.3804
每股资本公积金(元)	1.6986	1.6986	0.3632	0.3672
每股盈余公积金(元)	0.0284	0.0284	0.0303	0.0303
每股未分配利润(元)	0.3633	0.3552	0.4554	0.4596
净资产收益率(%)	0.2587	1.5802	0.4039	2.0061
加权净资产收益率(%)	0.2599	3.7000	0.1007	1.9900
净资产收益率(扣除)(%)	-0.1649	-0.5004	-3.4011	-2.1822
总资产(万元)	1263401.78	1180588.21	965212.95	692952.46
归属母公司股东权益(万元)	542583.95	537234.49	225469.24	226597.04
营业收入(万元)	65335.76	138724.59	35267.45	164335.89
营业支出(万元)	28385.60	69289.45	27584.87	141822.67
投资收益(万元)	314.88	13185.03	11543.46	7870.27
净利润(万元)	1644.26	9342.53	910.78	4545.84
营业利润(万元)	-1347.69	11754.87	4272.17	3716.96
利润总额(万元)	464.95	13391.34	4288.65	15219.72

中航黑豹股份有限公司

公司概况						
公司名称	中航黑豹股份有限公司			证券简称	中航黑豹	
法人代表	李晓义	董秘	严楠	证券代码	600760	
公司网址	www.heibao.com.cn		电子信箱	yannan2323@163.com		
电话	0631-8087751		传真	0631-8352228		
办公地址	山东省文登市龙山路107号					
经营范围	微型汽、柴油载重汽车及其配件制造、厢式柴油专用汽车制造等					

主要财务指标 指标\报告期	2015.06.30	2014.12.31	2014.06.30	2013.12.31
基本每股收益(元)	-0.2200	-0.4100	-0.1600	0.0500
基本每股收益(扣除后)(元)	-0.2300	-0.4300	-0.1700	-0.3900
稀释每股收益(元)	-0.2200	-0.4100	-0.1600	0.0500
每股净资产(元)	1.5442	1.7606	2.0126	2.1716
每股经营现金净流量(元)	0.1930	0.1924	-0.2312	0.2065
每股现金流量(元)	0.1297	0.0484	-0.0711	-0.3614
每股资本公积金(元)	1.6019	1.6019	1.6019	1.6019
每股盈余公积金(元)	0.0410	0.0410	0.0410	0.0410
每股未分配利润(元)	-1.0987	-0.8823	-0.6303	-0.4714
净资产收益率(%)	-14.0136	-23.3432	-7.8986	2.3604
加权净资产收益率(%)	-13.1000	-20.9000	-7.6000	2.3900
净资产收益率(扣除)(%)	-15.1481	-24.3812	-8.3697	-18.0720
总资产(万元)	311513.25	309271.06	329911.21	354354.69
归属母公司股东权益(万元)	53265.03	60729.38	69423.73	74907.25
营业收入(万元)	92687.35	252329.03	142013.05	318727.01
营业支出(万元)	87158.67	235920.72	131211.73	297162.07
投资收益(万元)	-	-	-46.78	-
净利润(万元)	-10396.78	-17279.84	-5483.52	1768.09
营业利润(万元)	-11316.12	-17268.62	-6279.49	-15669.30
利润总额(万元)	-10483.24	-16860.15	-5751.88	5492.59

安徽合力股份有限公司

公司概况	公司名称	安徽合力股份有限公司			证券简称	安徽合力
	法人代表	张德进	董秘	张孟青	证券代码	600761
	公司网址	www.helichina.com		电子信箱	zmq@helichina.com	
	电　　话	0551-63689611　63689002		传　　真	0551-63689787	
	办公地址	安徽省合肥市经济技术开发区方兴大道 668 号合力行政楼				
	经营范围	叉车、装载机、工程机械、矿山起重运输机械及配件、铸锻件、热处理件制造及销售				

主要财务指标	指标＼报告期	2015.06.30	2014.12.31	2014.06.30	2013.12.31
	基本每股收益(元)	0.3600	0.9200	0.6100	0.9800
	基本每股收益(扣除后)(元)	0.3300	0.7000	0.4500	0.8100
	稀释每股收益(元)	0.3600	0.9200	0.6100	0.9800
	每股净资产(元)	6.2716	6.2067	5.8954	6.6395
	每股经营现金净流量(元)	0.2922	1.0726	0.5036	1.2889
	每股现金流量(元)	−0.1224	0.1775	0.0423	0.1444
	每股资本公积金(元)	0.9042	0.9029	0.9015	1.0818
	每股盈余公积金(元)	0.7310	0.7310	0.6423	0.7708
	每股未分配利润(元)	3.6370	3.5729	3.3515	3.7869
	净资产收益率(%)	5.8055	14.8632	10.3889	14.7115
	加权净资产收益率(%)	5.7000	15.7200	10.4900	15.6100
	净资产收益率(扣除)(%)	5.2522	11.3113	7.5711	12.1489
	总资产(万元)	556818.08	549627.89	555413.66	507272.22
	归属母公司股东权益(万元)	386842.76	382838.16	363638.29	341280.82
	营业收入(万元)	303752.74	670095.04	358286.70	655335.08
	营业支出(万元)	237358.37	530351.67	285028.79	526933.58
	投资收益(万元)	1851.73	2888.25	1515.16	1825.00
	净利润(万元)	23917.00	60687.63	37777.90	50207.60
	营业利润(万元)	26966.75	58974.63	35742.12	55187.00
	利润总额(万元)	27673.96	72171.89	46299.65	63652.46

通策医疗投资股份有限公司

公司概况	公司名称	通策医疗投资股份有限公司			证券简称	通策医疗
	法人代表	赵玲玲	董秘	黄浴华	证券代码	600763
	公司网址	www.tcmedical.com.cn		电子信箱	huangyuhua@eetop.com	
	电　　话	0571-88868808　88970616		传　　真	0571-87283502	
	办公地址	浙江省杭州市灵溪北路 21 号合生国贸中心 5 号楼 10 楼				
	经营范围	投资管理、医疗器材的经营、进出口业务技术开发、技术咨询、技术培训和技术服务等				

主要财务指标	指标＼报告期	2015.06.30	2014.12.31	2014.06.30	2013.12.31
	基本每股收益(元)	0.4200	0.6900	0.3200	0.6300
	基本每股收益(扣除后)(元)	0.4000	0.6100	0.2700	0.5800
	稀释每股收益(元)	0.4200	0.6900	0.3200	0.6300
	每股净资产(元)	4.3507	3.9272	3.5561	3.2399
	每股经营现金净流量(元)	0.3526	0.8033	0.2086	0.8363
	每股现金流量(元)	0.1937	0.2850	−0.0026	0.6594
	每股资本公积金(元)	1.2369	1.2369	1.2365	1.2365
	每股盈余公积金(元)	0.0115	0.0115	0.0115	0.0115
	每股未分配利润(元)	2.1023	1.6788	1.3081	0.9919
	净资产收益率(%)	9.7341	17.4908	8.8910	19.3325
	加权净资产收益率(%)	10.2300	19.1700	9.3100	21.4000
	净资产收益率(扣除)(%)	9.2135	15.6455	7.6254	17.7932
	总资产(万元)	85641.64	79314.94	68112.37	64476.73
	归属母公司股东权益(万元)	69749.83	62960.29	57011.57	51942.48
	营业收入(万元)	34282.41	58379.03	25619.45	46301.52
	营业支出(万元)	20401.39	35431.21	15478.18	25446.11
	投资收益(万元)	94.95	332.00	214.06	−312.99
	净利润(万元)	6986.12	11383.40	5069.09	10041.80
	营业利润(万元)	8868.37	14567.66	6443.24	13641.97
	利润总额(万元)	8848.07	14787.69	6718.76	13877.67

中电广通股份有限公司

公司概况	公司名称	中电广通股份有限公司			证券简称	中电广通
	法人代表	李建军	董秘	杨琼	证券代码	600764
	公司网址	www.cecgt.com		电子信箱	qyang@cecgt.com	
	电　　话	010-88578860		传　　真	010-88578825	
	办公地址	北京市海淀区中关村南大街 17 号 3 号楼(韦伯时代中心 C 座)21 层				
	经营范围	智能光网络平台业务、计算机系统集成与分销业务等				

主要财务指标	指标＼报告期	2015.06.30	2014.12.31	2014.06.30	2013.12.31
	基本每股收益(元)	0.0030	0.0160	0.0020	0.0140
	基本每股收益(扣除后)(元)	0.0020	0.0090	0.0020	0.0140
	稀释每股收益(元)	0.0030	0.0160	0.0020	0.0140
	每股净资产(元)	1.8331	1.8440	1.8273	1.8350
	每股经营现金净流量(元)	0.0759	−0.0898	−0.1149	−0.2321
	每股现金流量(元)	−0.0777	−0.4113	−0.2300	0.1529
	每股资本公积金(元)	0.1271	0.1271	0.1471	0.1468
	每股盈余公积金(元)	0.1918	0.1918	0.1902	0.1902
	每股未分配利润(元)	0.5622	0.5694	0.5622	0.5702
	净资产收益率(%)	0.1494	0.8584	0.1075	0.7697
	加权净资产收益率(%)	0.1500	0.8600	0.1100	0.7600
	净资产收益率(扣除)(%)	0.1331	0.4909	0.1235	0.7425
	总资产(万元)	145209.92	144462.89	157611.95	148875.90
	归属母公司股东权益(万元)	60441.84	60803.23	60250.31	60503.30
	营业收入(万元)	36938.90	71895.04	31235.41	80801.54
	营业支出(万元)	32401.00	60594.75	25976.02	70700.45
	投资收益(万元)	2682.61	3079.96	2109.46	3581.35
	净利润(万元)	665.90	1818.79	64.75	465.70
	营业利润(万元)	869.51	1367.75	1114.47	1250.28
	利润总额(万元)	896.83	2232.30	1164.42	1305.24

中航重机股份有限公司

公司概况	公司名称	中航重机股份有限公司			证券简称	中航重机
	法人代表	黎学勤	董秘	孙继兵	证券代码	600765
	公司网址	www.avichm.com		电子信箱	invest@avichm.com	
	电　　话	010-57827109　57827163		传　　真	010-57827101	
	办公地址	北京市朝阳区安定门外小关东里 14 号 A 座				
	经营范围	股权投资及经营管理、军民共用液压件、液压系统、锻件、换热器等				

主要财务指标	指标＼报告期	2015.06.30	2014.12.31	2014.06.30	2013.12.31
	基本每股收益(元)	0.0200	0.2000	0.1200	0.2000
	基本每股收益(扣除后)(元)	0.0100	0.1800	0.1100	0.1700
	稀释每股收益(元)	0.0200	0.2000	0.1200	0.2000
	每股净资产(元)	4.5365	4.5349	4.3983	4.3107
	每股经营现金净流量(元)	−0.1393	0.1855	−0.0928	0.2675
	每股现金流量(元)	−0.1391	−0.1470	−0.1907	−0.6233
	每股资本公积金(元)	1.6893	1.6696	1.6141	1.6098
	每股盈余公积金(元)	0.1281	0.1281	0.1237	0.1237
	每股未分配利润(元)	1.6997	1.7215	1.6469	1.5648
	净资产收益率(%)	0.4013	4.4351	2.7762	4.5713
	加权净资产收益率(%)	0.4000	4.5600	2.7900	4.6700
	净资产收益率(扣除)(%)	0.3230	3.9663	2.5623	3.8639
	总资产(万元)	1354812.05	1324219.40	1274311.28	1212856.32
	归属母公司股东权益(万元)	352943.51	352814.25	342187.50	335375.02
	营业收入(万元)	300651.05	582255.35	311044.30	638585.70
	营业支出(万元)	238499.01	452954.66	250740.31	523654.33
	投资收益(万元)	−1287.78	−3551.28	−622.04	−4445.92
	净利润(万元)	−3803.88	12822.66	9499.90	15330.86
	营业利润(万元)	−3071.44	15196.11	9739.62	15771.10
	利润总额(万元)	−2516.49	17818.61	10757.59	19207.19

烟台园城黄金股份有限公司

公司概况	公司名称	烟台园城黄金股份有限公司			证券简称	园城黄金
	法人代表	徐成义	董秘	刘昌喜	证券代码	600766
	公司网址	www.ytycgf.com			电子信箱	yuanyuan82827@126.com
	电　话	0535-6636299			传　真	0535-6636299
	办公地址	山东省烟台市芝罘区南大街 261 号				
	经营范围	药品的生产和销售、商品零售及批发、房地产、印刷、旅游等				

主要财务指标	指标\报告期	2015.06.30	2014.12.31	2014.06.30	2013.12.31
	基本每股收益(元)	0.0100	0.0600	0.0500	0.0100
	基本每股收益(扣除后)(元)	0.0100	0.0600	0.0300	0.0040
	稀释每股收益(元)	0.0100	0.0600	0.0500	0.0100
	每股净资产(元)	0.1545	0.1555	0.1625	0.1129
	每股经营现金净流量(元)	0.0082	0.1294	0.0415	0.0914
	每股现金流量(元)	0.0020	-0.0296	-0.0056	0.0216
	每股资本公积金(元)	1.0574	1.0574	1.0484	1.0436
	每股盈余公积金(元)	-	-	-	-
	每股未分配利润(元)	-1.8615	-1.8699	-1.8859	-1.9320
	净资产收益率(%)	5.4170	39.9613	28.3739	8.1560
	加权净资产收益率(%)	5.2400	43.1500	-	7.6300
	净资产收益率(扣除)(%)	5.4170	38.4040	19.6282	3.3480
	总资产(万元)	21676.13	22637.73	22842.09	29992.14
	归属母公司股东权益(万元)	3465.30	3486.53	3643.36	2532.11
	营业收入(万元)	598.93	4698.07	1463.35	1214.64
	营业支出(万元)	-	2162.89	279.11	302.68
	投资收益(万元)	-4.73	52.86	82.69	0.58
	净利润(万元)	187.71	1393.26	1033.76	206.52
	营业利润(万元)	185.63	1291.41	581.83	56.90
	利润总额(万元)	185.63	1287.70	1140.72	219.23

运盛(上海)实业股份有限公司

公司概况	公司名称	运盛(上海)实业股份有限公司			证券简称	运盛实业
	法人代表	钱仁高	董秘	姜慧芳	证券代码	600767
	公司网址	www.winsan.cn			电子信箱	600767@winsan.cn
	电　话	021-50720222			传　真	021-50720222
	办公地址	上海市浦东仁庆路 509 号 12 号楼				
	经营范围	城市基础设施开发及其配套服务、城市供水、能源、交通、工业等				

主要财务指标	指标\报告期	2015.06.30	2014.12.31	2014.06.30	2013.12.31
	基本每股收益(元)	-0.0480	0.0760	-0.0520	-0.1710
	基本每股收益(扣除后)(元)	-0.0580	0.0760	-0.0530	-0.1990
	稀释每股收益(元)	-0.0480	0.0760	-0.0520	-0.1710
	每股净资产(元)	1.0268	1.0743	0.9459	0.9981
	每股经营现金净流量(元)	0.0327	0.2991	-0.0695	-0.1974
	每股现金流量(元)	-0.0266	0.0224	-0.0085	-0.0997
	每股资本公积金(元)	0.1561	0.1561	0.1561	0.1561
	每股盈余公积金(元)	0.0181	0.0181	0.0181	0.0181
	每股未分配利润(元)	-0.1450	-0.0975	-0.2259	-0.1737
	净资产收益率(%)	-4.6310	7.0925	-5.5231	-17.1738
	加权净资产收益率(%)	-4.5260	7.3530	-5.3750	-15.8150
	净资产收益率(扣除)(%)	-5.6077	7.0523	-5.6128	-19.9161
	总资产(万元)	59891.76	61512.38	58720.64	58125.50
	归属母公司股东权益(万元)	35013.98	36635.51	32256.37	34036.71
	营业收入(万元)	1084.94	18336.48	659.19	26427.11
	营业支出(万元)	426.04	7293.64	373.76	24972.16
	投资收益(万元)	35.71	317.85	256.51	442.05
	净利润(万元)	-1886.44	2893.42	-1781.56	-5845.38
	营业利润(万元)	-2057.19	3066.97	-1793.21	-6591.66
	利润总额(万元)	-1959.69	3086.82	-1764.26	-5860.60

宁波富邦精业集团股份有限公司

公司概况	公司名称	宁波富邦精业集团股份有限公司			证券简称	宁波富邦
	法人代表	郑锦浩	董秘	魏会兵	证券代码	600768
	公司网址	www.600768.com.cn			电子信箱	fbjy@600768.com.cn
	电　话	0574-87410501 87410500			传　真	0574-87410501
	办公地址	浙江省宁波市鄞州区天童北路 702 号工业城办公大楼三楼				
	经营范围	有色金属复合材料、新型合金材料、铝及铝合金板、带、箔及制品等				

主要财务指标	指标\报告期	2015.06.30	2014.12.31	2014.06.30	2013.12.31
	基本每股收益(元)	-0.1380	0.0190	-0.1910	-0.2850
	基本每股收益(扣除后)(元)	-0.1380	-0.3810	-0.1930	-0.2980
	稀释每股收益(元)	-0.1380	0.0190	-0.1910	-0.2850
	每股净资产(元)	0.6015	0.7390	0.5557	0.7467
	每股经营现金净流量(元)	-0.3712	-0.1502	0.0902	-0.0580
	每股现金流量(元)	-0.5012	0.5953	0.0508	-0.4367
	每股资本公积金(元)	0.0302	0.0302	0.0578	0.0573
	每股盈余公积金(元)	0.1018	0.1018	0.1018	0.1018
	每股未分配利润(元)	-0.5306	-0.3930	-0.6039	-0.4125
	净资产收益率(%)	-22.8631	2.6311	-34.4383	-38.1067
	加权净资产收益率(%)	-20.5200	2.5700	-29.3900	-31.7900
	净资产收益率(扣除)(%)	-22.8933	-51.5438	-34.6554	-39.9738
	总资产(万元)	70311.04	71626.91	67057.38	70593.68
	归属母公司股东权益(万元)	8044.92	9884.24	7432.98	9986.77
	营业收入(万元)	42191.75	84253.16	40293.64	89572.05
	营业支出(万元)	41465.83	83325.71	40353.59	87929.07
	投资收益(万元)	-	1084.39	74.38	198.58
	净利润(万元)	-1839.32	260.06	-2559.79	-3805.63
	营业利润(万元)	-1763.52	-3940.41	-2487.95	-3822.74
	利润总额(万元)	-1804.89	317.11	-2514.93	-3761.58

武汉祥龙电业股份有限公司

公司概况	公司名称	武汉祥龙电业股份有限公司			证券简称	祥龙电业
	法人代表	杨雄	董秘	曹文明	证券代码	600769
	公司网址	www.whghjt.com			电子信箱	pxldy@public.wh.hb.cn
	电　话	027-87602482			传　真	027-87600367
	办公地址	湖北省武汉市洪山区葛化街化工路 31 号				
	经营范围	发电、供电、供热及基本化工原料产品的生产和销售等				

主要财务指标	指标\报告期	2015.06.30	2014.12.31	2014.06.30	2013.12.31
	基本每股收益(元)	0.0172	0.0030	0.0015	1.3800
	基本每股收益(扣除后)(元)	-0.0047	-0.0100	-0.0028	-0.4400
	稀释每股收益(元)	0.0172	0.0030	0.0015	1.3800
	每股净资产(元)	0.1137	0.0966	0.0946	0.0931
	每股经营现金净流量(元)	-0.0171	-0.0065	-0.0165	-1.2141
	每股现金流量(元)	0.0621	-0.2136	-0.1404	0.1809
	每股资本公积金(元)	0.9791	0.9791	0.9791	0.9791
	每股盈余公积金(元)	0.1154	0.1154	0.1154	0.1154
	每股未分配利润(元)	-1.9807	-1.9979	-1.9999	-2.0014
	净资产收益率(%)	15.1078	3.5983	1.5523	1477.5200
	加权净资产收益率(%)	16.3400	3.6600	1.5600	-231.3100
	净资产收益率(扣除)(%)	-4.1458	-9.7224	-2.9202	-476.0349
	总资产(万元)	10735.48	10554.65	10026.81	10663.12
	归属母公司股东权益(万元)	4265.19	3620.81	3545.57	3490.53
	营业收入(万元)	1157.08	1976.27	312.65	3199.63
	营业支出(万元)	1075.93	1626.41	256.95	3137.01
	投资收益(万元)	984.47	327.26	135.20	24.96
	净利润(万元)	648.06	131.88	55.04	51573.27
	营业利润(万元)	646.37	118.75	43.71	-36614.08
	利润总额(万元)	648.06	140.34	54.70	51573.27

江苏综艺股份有限公司

公司概况	公司名称	江苏综艺股份有限公司			证券简称	综艺股份
	法人代表	陈义	董秘	顾政巍	证券代码	600770
	公司网址	www.600770.com			电子信箱	600770dm@jsmail.com.cn
	电　　话	0513-86639999 86639987			传　　真	0513-86563501 86639987
	办公地址	江苏省南通市通州区兴东镇综艺数码城				
	经营范围	新能源、太阳能电池、组件及应用产品的开发、销售、服务等				

主要财务指标	指标\报告期	2015.06.30	2014.12.31	2014.06.30	2013.12.31
	基本每股收益(元)	0.0200	0.0340	0.0100	-0.6100
	基本每股收益(扣除后)(元)	0.0200	0.0180	0.0100	-0.6200
	稀释每股收益(元)	0.0200	0.0340	0.0100	-0.6100
	每股净资产(元)	2.6047	2.6353	2.7141	2.1490
	每股经营现金净流量(元)	-0.0807	0.3177	-0.0123	0.5204
	每股现金流量(元)	-0.3619	0.3756	0.7214	-0.1828
	每股资本公积金(元)	1.6415	1.6387	1.7348	1.1808
	每股盈余公积金(元)	0.0506	0.0506	0.0506	0.0595
	每股未分配利润(元)	0.0731	0.0551	0.0323	0.0272
	净资产收益率(%)	0.6911	1.2123	0.3365	-28.6172
	加权净资产收益率(%)	0.3400	1.0600	0.4300	-24.2200
	净资产收益率(扣除)(%)	0.7661	0.6309	0.2837	-28.8212
	总资产(万元)	638052.30	656881.34	621982.64	507872.69
	归属母公司股东权益(万元)	338606.60	342583.95	352834.22	237382.67
	营业收入(万元)	28075.84	71458.32	30912.14	37150.59
	营业支出(万元)	18292.32	42773.79	21231.09	31735.34
	投资收益(万元)	19095.54	20861.13	8409.80	3970.27
	净利润(万元)	9366.37	14107.84	1187.20	-67932.30
	营业利润(万元)	13973.45	18423.49	7624.90	-84970.43
	利润总额(万元)	14332.18	20499.83	7832.69	-84282.88

广誉远中药股份有限公司

公司概况	公司名称	广誉远中药股份有限公司			证券简称	广誉远
	法人代表	张斌	董秘	郑延莉	证券代码	600771
	公司网址	www.topsun.com			电子信箱	jyan@600711.com
	电　　话	029-88332288			传　　真	029-88330835
	办公地址	陕西省西安市高新区高新六路52号立人科技园A座六层				
	经营范围	中药原料药、西药原料药、片剂、硬胶囊剂、软胶囊剂、颗粒剂等				

主要财务指标	指标\报告期	2015.06.30	2014.12.31	2014.06.30	2013.12.31
	基本每股收益(元)	0.0030	0.1500	0.0200	0.0800
	基本每股收益(扣除后)(元)	-0.0300	-0.1000	0.0090	0.2700
	稀释每股收益(元)	0.0030	0.1500	0.0200	0.0800
	每股净资产(元)	0.3481	0.3450	0.2101	0.1947
	每股经营现金净流量(元)	-0.0206	-0.1850	-0.0329	-0.0771
	每股现金流量(元)	-0.0221	-0.0093	-0.1252	0.1223
	每股资本公积金(元)	1.7890	1.7890	1.7890	1.7890
	每股盈余公积金(元)	0.1215	0.1215	0.1215	0.1215
	每股未分配利润(元)	-2.5623	-2.5655	-2.7003	-2.7158
	净资产收益率(%)	0.9092	43.5700	7.3545	-41.2197
	加权净资产收益率(%)	0.9000	55.7100	7.6400	-171.2000
	净资产收益率(扣除)(%)	-9.4475	-28.8787	4.2772	-140.1319
	总资产(万元)	51515.36	46221.08	54164.03	52612.92
	归属母公司股东权益(万元)	8488.09	8410.91	5123.05	4746.28
	营业收入(万元)	20331.92	35415.45	16207.04	26811.13
	营业支出(万元)	5878.89	8731.76	3594.32	10923.66
	投资收益(万元)	728.17	2136.84	-264.52	686.61
	净利润(万元)	519.86	2531.03	376.78	-1956.40
	营业利润(万元)	687.85	-541.56	1039.27	-6581.37
	利润总额(万元)	809.41	3548.72	1194.59	-2466.65

西藏城市发展投资股份有限公司

公司概况	公司名称	西藏城市发展投资股份有限公司			证券简称	西藏城投
	法人代表	朱贤麟	董秘	符蓉	证券代码	600773
	公司网址	www.600773sh.com			电子信箱	xzct600773@163.com
	电　　话	021-63536929			传　　真	021-63535429
	办公地址	西藏自治区拉萨市金珠西路75号2楼				
	经营范围	对房地产投资、开发销售、咨询服务、矿业投资、金融投资等				

主要财务指标	指标\报告期	2015.06.30	2014.12.31	2014.06.30	2013.12.31
	基本每股收益(元)	0.0450	0.1300	0.0670	0.1200
	基本每股收益(扣除后)(元)	0.0080	0.0800	0.0340	0.1100
	稀释每股收益(元)	0.0450	0.1300	0.0670	0.1200
	每股净资产(元)	3.3704	3.3363	2.1903	2.1436
	每股经营现金净流量(元)	0.5241	2.9785	1.7415	-0.0994
	每股现金流量(元)	-0.7073	2.7892	-0.1156	-1.0864
	每股资本公积金(元)	1.5787	1.5787	-	-
	每股盈余公积金(元)	-	-	0.1475	0.1475
	每股未分配利润(元)	0.7917	0.7575	1.0428	0.9962
	净资产收益率(%)	1.3315	3.1632	3.0420	5.8062
	加权净资产收益率(%)	1.3400	5.9600	3.0700	5.9500
	净资产收益率(扣除)(%)	0.2489	1.8475	1.5370	5.0677
	总资产(万元)	1013442.78	1084506.07	818446.42	887419.97
	归属母公司股东权益(万元)	245775.77	243284.22	126094.25	123409.88
	营业收入(万元)	18223.32	104919.02	53565.20	67675.57
	营业支出(万元)	10812.68	77491.81	42104.21	40992.41
	投资收益(万元)	3050.92	1278.20	1486.32	313.28
	净利润(万元)	3050.48	4969.15	3835.79	7165.39
	营业利润(万元)	4722.27	6241.76	2718.05	10339.04
	利润总额(万元)	5345.85	9018.94	5248.27	10323.06

武汉市汉商集团股份有限公司

公司概况	公司名称	武汉市汉商集团股份有限公司			证券简称	汉商集团
	法人代表	张宪华	董秘	冯振宇	证券代码	600774
	公司网址	www.whhsg.com			电子信箱	hsjt@public.wh.hb.cn
	电　　话	027-84843197 68849119			传　　真	027-84842384
	办公地址	湖北省武汉市汉阳大道134号				
	经营范围	商贸业、会议展览、旅游服务等				

主要财务指标	指标\报告期	2015.06.30	2014.12.31	2014.06.30	2013.12.31
	基本每股收益(元)	0.0460	0.1100	0.0320	0.1000
	基本每股收益(扣除后)(元)	0.0500	-0.0400	0.0160	0.0900
	稀释每股收益(元)	0.0460	0.1100	0.0320	0.1000
	每股净资产(元)	3.2501	3.2044	3.1243	3.0923
	每股经营现金净流量(元)	0.0733	0.4607	0.0493	0.4961
	每股现金流量(元)	-0.1326	-0.0234	0.2055	0.0793
	每股资本公积金(元)	0.7386	0.7386	0.7630	0.7630
	每股盈余公积金(元)	0.4082	0.4082	0.4037	0.4037
	每股未分配利润(元)	1.0789	1.0333	0.9576	0.9257
	净资产收益率(%)	1.4043	3.4978	1.0228	3.0942
	加权净资产收益率(%)	1.4100	3.5600	1.0300	3.1300
	净资产收益率(扣除)(%)	1.5451	-1.3737	0.5129	3.0319
	总资产(万元)	162010.21	164702.20	169141.77	166941.24
	归属母公司股东权益(万元)	56737.88	55941.08	54542.21	53984.37
	营业收入(万元)	49882.03	94132.90	48292.05	100293.16
	营业支出(万元)	35718.43	67740.35	34968.26	73375.64
	投资收益(万元)	232.70	-194.75	-53.05	2507.25
	净利润(万元)	624.02	2417.77	557.84	1670.41
	营业利润(万元)	1094.51	-1361.67	377.42	1700.00
	利润总额(万元)	946.58	3007.93	637.48	1759.03

南京熊猫电子股份有限公司

公司概况	公司名称	南京熊猫电子股份有限公司			证券简称	南京熊猫
	法人代表	夏德传	董秘	沈见龙	证券代码	600775
	公司网址	www.panda.cn		电子信箱	dms@panda.cn	
	电话	025-84801144		传真	025-84820729	
	办公地址	江苏省南京市天路7号				
	经营范围	无线电通信设备、广播电视设备、五金交电、电子元器件等				

主要财务指标	指标\报告期	2015.06.30	2014.12.31	2014.06.30	2013.12.31
	基本每股收益(元)	0.0959	0.1677	0.0931	0.2300
	基本每股收益(扣除后)(元)	0.0844	0.1086	0.0617	0.0600
	稀释每股收益(元)	0.0959	0.1677	0.0931	0.2300
	每股净资产(元)	3.5096	3.4787	3.4452	3.4171
	每股经营现金净流量(元)	-0.0359	0.0482	-0.0716	-0.0947
	每股现金流量(元)	0.0196	-0.8566	-0.6780	1.0187
	每股资本公积金(元)	1.6024	1.6014	1.6445	1.6436
	每股盈余公积金(元)	0.2569	0.2569	0.2538	0.2538
	每股未分配利润(元)	0.6502	0.6203	0.5469	0.5197
	净资产收益率(%)	2.7322	4.8201	2.7035	5.8552
	加权净资产收益率(%)	2.7200	4.8200	2.7000	7.6200
	净资产收益率(扣除)(%)	2.4061	3.1231	1.7907	1.5386
	总资产(万元)	510014.46	462412.47	422677.57	413805.95
	归属母公司股东权益(万元)	320716.52	317895.30	314835.50	312269.80
	营业收入(万元)	164773.48	348764.11	116450.84	247948.51
	营业支出(万元)	140804.76	296180.94	100793.91	212825.23
	投资收益(万元)	10878.31	16131.85	9372.63	14734.50
	净利润(万元)	10959.19	19642.60	8511.64	18283.92
	营业利润(万元)	12289.24	17543.50	6517.93	6323.93
	利润总额(万元)	12498.26	22081.07	9128.12	20054.64

东方通信股份有限公司

公司概况	公司名称	东方通信股份有限公司			证券简称	东方通信
	法人代表	张泽熙	董秘	蔡祝平	证券代码	600776
	公司网址	www.eastcom.com		电子信箱	inquiry@eastcom.com	
	电话	0571-86676198		传真	0571-86676197	
	办公地址	浙江省杭州市滨江高新技术开发区东信大道66号				
	经营范围	移动通信、IC卡、传输设备、ATM系列等				

主要财务指标	指标\报告期	2015.06.30	2014.12.31	2014.06.30	2013.12.31
	基本每股收益(元)	0.0609	0.1429	0.0490	0.1542
	基本每股收益(扣除后)(元)	0.0452	0.0702	0.0220	-
	稀释每股收益(元)	0.0609	0.1429	0.0490	-
	每股净资产(元)	2.2821	2.2812	2.1730	2.1837
	每股经营现金净流量(元)	-0.3395	0.0592	-0.3449	-0.1509
	每股现金流量(元)	-0.4838	0.0663	-0.1663	-0.2174
	每股资本公积金(元)	0.7118	0.7118	0.6972	0.6972
	每股盈余公积金(元)	0.0690	0.0690	0.0519	0.0519
	每股未分配利润(元)	0.5013	0.5004	0.4239	0.4347
	净资产收益率(%)	2.6691	6.2630	2.2660	7.0629
	加权净资产收益率(%)	2.6300	6.4320	2.2400	7.2200
	净资产收益率(扣除)(%)	1.9827	3.0786	1.0159	3.7917
	总资产(万元)	360959.36	362882.11	348584.37	343976.51
	归属母公司股东权益(万元)	286632.93	286518.48	272924.13	274275.74
	营业收入(万元)	191946.36	371160.51	175928.44	343722.03
	营业支出(万元)	171176.77	321884.11	156183.40	300593.21
	投资收益(万元)	2115.30	4993.62	2554.34	7211.37
	净利润(万元)	7539.73	17725.38	6184.38	19371.71
	营业利润(万元)	6408.13	12392.35	4930.46	14684.28
	利润总额(万元)	8854.93	20297.46	7262.12	23895.49

烟台新潮实业股份有限公司

公司概况	公司名称	烟台新潮实业股份有限公司			证券简称	新潮实业
	法人代表	黄万珍	董秘	何再权	证券代码	600777
	公司网址	www.xinchaoshiye.com		电子信箱	hezaiquan@126.com	
	电话	0535-2109779		传真	0535-2103111	
	办公地址	山东省烟台市莱山区港城东大街301号南山世纪大厦B座14楼				
	经营范围	毛、棉麻产品生产、同轴及数据电缆、宽带网络产品的生产、销售等				

主要财务指标	指标\报告期	2015.06.30	2014.12.31	2014.06.30	2013.12.31
	基本每股收益(元)	-0.0600	-0.0600	-0.0300	0.0600
	基本每股收益(扣除后)(元)	-0.0600	-0.0300	-0.0300	0.0400
	稀释每股收益(元)	-0.0600	-0.0600	-0.0300	0.0600
	每股净资产(元)	1.8199	1.8800	1.9180	1.9500
	每股经营现金净流量(元)	0.0952	0.0676	-0.4488	-0.3261
	每股现金流量(元)	0.0566	-0.0818	-0.0683	0.2998
	每股资本公积金(元)	0.7689	0.7689	0.7672	0.7690
	每股盈余公积金(元)	0.1486	0.1486	0.1486	0.1486
	每股未分配利润(元)	-0.0976	-0.0341	0.0022	0.0276
	净资产收益率(%)	-3.4863	-3.2752	-1.3216	2.8376
	加权净资产收益率(%)	-3.4300	-3.2200	-1.3100	2.8700
	净资产收益率(扣除)(%)	-3.5535	-1.6885	-1.3779	2.1013
	总资产(万元)	432840.55	427562.11	450036.82	599680.70
	归属母公司股东权益(万元)	113819.09	117787.14	119956.46	121652.78
	营业收入(万元)	18087.12	93612.70	45868.83	198975.27
	营业支出(万元)	13756.54	66079.17	29145.29	144320.14
	投资收益(万元)	-	-1684.62	-1855.53	30.13
	净利润(万元)	-3532.87	1866.06	-1585.35	3452.06
	营业利润(万元)	-4631.95	3725.24	3166.40	22312.93
	利润总额(万元)	-4548.70	4316.64	3266.34	23612.93

新疆友好(集团)股份有限公司

公司概况	公司名称	新疆友好(集团)股份有限公司			证券简称	友好集团
	法人代表	聂如旋	董秘	吕亮	证券代码	600778
	公司网址	www.xjyh.com.cn		电子信箱	yhjt600778@163.com	
	电话	0991-4553700 4552701		传真	0991-4815090	
	办公地址	新疆维吾尔自治区乌鲁木齐市友好南路668号				
	经营范围	食盐、保健食品和其他预包装食品、乳制品等				

主要财务指标	指标\报告期	2015.06.30	2014.12.31	2014.06.30	2013.12.31
	基本每股收益(元)	0.2813	0.2950	0.1946	0.9369
	基本每股收益(扣除后)(元)	-0.2900	0.1334	0.1660	0.7112
	稀释每股收益(元)	0.2813	0.2950	0.1946	0.9369
	每股净资产(元)	5.3635	5.5148	5.2316	5.3400
	每股经营现金净流量(元)	-0.5027	3.1357	1.2842	2.3023
	每股现金流量(元)	-0.8785	-1.7014	-0.1918	1.0567
	每股资本公积金(元)	1.2957	1.2957	1.5373	1.2960
	每股盈余公积金(元)	0.3346	0.3346	0.3010	0.3100
	每股未分配利润(元)	2.7331	2.5419	2.3934	2.5514
	净资产收益率(%)	5.2441	5.3491	3.8844	17.6546
	加权净资产收益率(%)	5.1700	5.5200	3.6500	17.5100
	净资产收益率(扣除)(%)	-5.4069	2.4191	3.3370	13.5467
	总资产(万元)	707211.24	784512.63	709267.61	761180.42
	归属母公司股东权益(万元)	167067.22	171782.34	162960.72	166355.26
	营业收入(万元)	313370.94	827654.06	390443.41	960186.34
	营业支出(万元)	243430.59	616915.18	295374.09	682784.67
	投资收益(万元)	21177.00	6766.20	1630.24	6433.11
	净利润(万元)	9176.22	26457.70	11722.05	68692.09
	营业利润(万元)	9093.82	36904.98	14915.81	92457.87
	利润总额(万元)	9545.57	38711.43	15563.31	98807.91

四川水井坊股份有限公司

公司概况	公司名称	四川水井坊股份有限公司			证券简称	*ST 水井
	法人代表	陈寿祺	董秘	田冀东	证券代码	600779
	公司网址	www.swellfun.com		电子信箱	dongshiban@swellfun.com	
	电　话	028-86252847		传　真	028-86695460	
	办公地址	四川省成都市金牛区全兴路 9 号				
	经营范围	生产销售酒、生物材料及其制品等				

主要财务指标	指标＼报告期	2015.06.30	2014.12.31	2014.06.30	2013.12.31
	基本每股收益(元)	0.1027	–0.8566	–0.2491	–0.3143
	基本每股收益(扣除后)(元)	0.1029	–0.8798	–0.2549	–
	稀释每股收益(元)	0.1027	–0.8566	–0.2491	–0.3143
	每股净资产(元)	2.5711	2.4684	3.0759	3.3250
	每股经营现金净流量(元)	0.0728	–0.2167	–0.1944	–0.9021
	每股现金流量(元)	0.0629	–0.2876	–0.2632	0.0136
	每股资本公积金(元)	0.8177	0.8177	0.8177	0.8177
	每股盈余公积金(元)	0.7259	0.7259	0.7259	0.7259
	每股未分配利润(元)	0.0275	–0.0752	0.5323	0.7813
	净资产收益率(%)	3.9955	–34.7012	–8.0973	–9.4540
	加权净资产收益率(%)	4.0769	–29.5700	–7.7800	–8.7900
	净资产收益率(扣除)(%)	4.0014	–35.6422	–8.2861	–15.3283
	总资产(万元)	159314.74	162215.31	191956.11	206157.49
	归属母公司股东权益(万元)	125612.15	120593.37	150272.65	162440.74
	营业收入(万元)	38884.36	36486.85	14186.19	48574.63
	营业支出(万元)	10015.22	11643.92	4904.69	14605.13
	投资收益(万元)	–	–	–	12744.37
	净利润(万元)	5018.79	–41849.67	–12168.10	–15357.07
	营业利润(万元)	7662.18	–30744.79	–14961.62	–15349.81
	利润总额(万元)	7652.26	–29633.06	–14583.33	–15893.12

山西通宝能源股份有限公司

公司概况	公司名称	山西通宝能源股份有限公司			证券简称	通宝能源
	法人代表	王启瑞	董秘	梁丽星	证券代码	600780
	公司网址	www.600780.net		电子信箱	tecllx@vip.163.com	
	电　话	0351-7021857 7031995		传　真	0351-7031995	
	办公地址	山西省太原市长治路 272 号				
	经营范围	火力发电、配电业务等				

主要财务指标	指标＼报告期	2015.06.30	2014.12.31	2014.06.30	2013.12.31
	基本每股收益(元)	0.1839	0.4926	0.2602	0.3343
	基本每股收益(扣除后)(元)	0.1888	0.4990	0.2615	0.3446
	稀释每股收益(元)	0.1839	0.4926	0.2602	0.3343
	每股净资产(元)	3.8240	3.7868	3.5097	3.3593
	每股经营现金净流量(元)	0.4175	1.2684	0.6728	1.2370
	每股现金流量(元)	0.3792	0.0846	0.1456	0.0599
	每股资本公积金(元)	0.9352	0.9331	0.8906	0.8906
	每股盈余公积金(元)	0.2494	0.2494	0.2375	0.2375
	每股未分配利润(元)	1.6353	1.6014	1.3809	1.2308
	净资产收益率(%)	4.8084	13.0089	7.4133	9.9506
	加权净资产收益率(%)	4.8300	13.8000	7.5800	10.3500
	净资产收益率(扣除)(%)	4.9364	13.1764	7.4509	10.2587
	总资产(万元)	883265.03	834209.12	818295.76	809395.72
	归属母公司股东权益(万元)	438422.74	434152.70	402390.91	385139.78
	营业收入(万元)	282803.34	640288.42	320664.32	641354.68
	营业支出(万元)	225522.18	496042.20	250869.82	514902.79
	投资收益(万元)	–1495.94	–874.02	–509.38	–1051.34
	净利润(万元)	20523.57	57209.96	29830.39	38323.68
	营业利润(万元)	27943.36	75915.20	40669.68	54841.74
	利润总额(万元)	27003.19	75011.69	40258.54	53042.61

辅仁药业集团实业股份有限公司

公司概况	公司名称	辅仁药业集团实业股份有限公司			证券简称	辅仁药业
	法人代表	朱文臣	董秘	张海杰	证券代码	600781
	公司网址	www.shfuren.cn		电子信箱	zhanghj@shfuren.cn	
	电　话	0371-60107778		传　真	0371-60107755	
	办公地址	河南省郑州市花园路 25 号辅仁大厦 9 楼				
	经营范围	服装、服饰、鞋帽、家用纺织装饰品及床上用品的生产、加工及销售等				

主要财务指标	指标＼报告期	2015.06.30	2014.12.31	2014.06.30	2013.12.31
	基本每股收益(元)	0.0769	0.0700	0.0780	0.1100
	基本每股收益(扣除后)(元)	0.0773	0.0400	0.0577	–
	稀释每股收益(元)	0.0769	0.0700	0.0780	0.1100
	每股净资产(元)	1.9874	1.7736	1.6436	1.5656
	每股经营现金净流量(元)	0.1158	0.6233	–0.0516	0.4915
	每股现金流量(元)	–0.2012	0.0866	0.2877	0.0597
	每股资本公积金(元)	0.7284	0.7284	0.5887	0.5887
	每股盈余公积金(元)	0.0615	0.0615	0.0615	0.0615
	每股未分配利润(元)	0.0606	–0.0163	–0.0066	–0.0846
	净资产收益率(%)	3.8701	3.8491	4.7469	7.0603
	加权净资产收益率(%)	4.0900	4.2700	4.8600	7.3200
	净资产收益率(扣除)(%)	3.8916	2.2968	3.5080	4.0007
	总资产(万元)	113718.46	106580.07	109931.60	90712.82
	归属母公司股东权益(万元)	35294.12	31497.84	29189.12	27803.54
	营业收入(万元)	19641.93	43479.72	19507.77	39037.53
	营业支出(万元)	11077.43	24716.13	12145.04	23011.92
	投资收益(万元)	–	2.30	–	17.06
	净利润(万元)	1604.13	1593.28	1385.58	1963.02
	营业利润(万元)	1921.90	1379.81	1496.36	1810.12
	利润总额(万元)	1911.58	2131.06	1989.21	2844.50

新余钢铁股份有限公司

公司概况	公司名称	新余钢铁股份有限公司			证券简称	新钢股份
	法人代表	熊小星	董秘	熊小星	证券代码	600782
	公司网址	www.xinsteel.com.cn		电子信箱	ir_600782@163.com	
	电　话	0790-6290782 6292577		传　真	0790-6294999	
	办公地址	江西省新余市冶金路 1 号				
	经营范围	生产销售钢丝、钢绞线、铝包钢线三大系列产品				

主要财务指标	指标＼报告期	2015.06.30	2014.12.31	2014.06.30	2013.12.31
	基本每股收益(元)	–0.1000	0.2900	–0.0100	0.0800
	基本每股收益(扣除后)(元)	–0.1200	0.2600	–0.0200	0.0400
	稀释每股收益(元)	–0.1000	0.2900	–0.0100	0.0800
	每股净资产(元)	5.6701	5.7700	5.4653	5.4785
	每股经营现金净流量(元)	–0.0601	2.2248	–0.0212	–0.1428
	每股现金流量(元)	–1.1736	1.2442	–0.3290	–0.4466
	每股资本公积金(元)	4.0763	4.0763	4.0778	4.0778
	每股盈余公积金(元)	0.1775	0.1775	0.1611	0.1611
	每股未分配利润(元)	0.4169	0.5155	0.2265	0.2401
	净资产收益率(%)	–1.7385	5.0560	–0.2493	1.4357
	加权净资产收益率(%)	–1.7200	5.1900	–0.2500	1.4500
	净资产收益率(扣除)(%)	–2.1337	4.4218	–	0.8025
	总资产(万元)	3027745.10	3049536.94	3172591.18	3191464.38
	归属母公司股东权益(万元)	790097.48	803854.01	761565.73	763409.20
	营业收入(万元)	1228493.18	3237029.40	1632560.87	3371077.38
	营业支出(万元)	1172766.85	3003032.62	1545286.21	3197780.93
	投资收益(万元)	–876.55	–294.92	–167.74	33.98
	净利润(万元)	–13378.62	42813.62	–1898.41	10959.90
	营业利润(万元)	–22729.49	38587.62	–2098.59	8715.02
	利润总额(万元)	–18279.08	46564.53	–148.56	15078.96

鲁信创业投资集团股份有限公司

公司概况						
公司概况	公司名称	鲁信创业投资集团股份有限公司			证券简称	鲁信创投
	法人代表	崔剑波	董秘	苗西红	证券代码	600783
	公司网址	www.600783.cn		电子信箱	lxct600783@126.com	
	电　　话	0531-86566770		传　　真	0531-86969598	
	办公地址	山东省济南市经十路 9999 号黄金时代广场 C 座 4 层				
	经营范围	磨具、磨料、硅碳棒、金属镁、耐火材料及制品的生产、销售等				

主要财务指标	指标\报告期	2015.06.30	2014.12.31	2014.06.30	2013.12.31
	基本每股收益(元)	0.3000	0.4100	0.2400	0.4200
	基本每股收益(扣除后)(元)	0.3000	0.4000	0.2400	0.4100
	稀释每股收益(元)	0.3000	0.4100	0.2400	0.4200
	每股净资产(元)	4.7137	4.4036	4.4010	4.0976
	每股经营现金净流量(元)	-0.0874	-0.2002	-0.0986	-0.1218
	每股现金流量(元)	-0.0712	0.1313	0.3495	-0.1846
	每股资本公积金(元)	1.4702	1.5377	1.0518	1.5590
	每股盈余公积金(元)	0.1521	0.1521	0.1356	0.1356
	每股未分配利润(元)	1.9991	1.6982	2.2179	1.4095
	净资产收益率(%)	6.3822	9.2021	6.7618	7.1773
	加权净资产收益率(%)	6.6000	9.5100	5.6000	10.3800
	净资产收益率(扣除)(%)	6.3929	9.1968	6.7621	7.1379
	总资产(万元)	530810.05	505827.90	492273.29	437684.93
	归属母公司股东权益(万元)	350866.37	327786.50	327591.98	305012.33
	营业收入(万元)	9514.03	23483.47	10846.55	23464.54
	营业支出(万元)	7096.41	15317.95	7576.85	15593.40
	投资收益(万元)	37394.45	47830.00	25675.68	49209.37
	净利润(万元)	22662.56	31120.41	18015.89	31639.10
	营业利润(万元)	29514.74	39023.62	22290.70	39890.41
	利润总额(万元)	29477.21	39042.42	22289.47	39960.94

鲁银投资集团股份有限公司

公司概况						
公司概况	公司名称	鲁银投资集团股份有限公司			证券简称	鲁银投资
	法人代表	孙佃民	董秘	孙凯	证券代码	600784
	公司网址	www.luyin.cn		电子信箱	luyin784@163.com	
	电　　话	0531-82024156		传　　真	0531-82024179	
	办公地址	山东省济南市经十路 10777 号东楼 26-30 层				
	经营范围	股权投资、经营与管理、投资高新材料、生物医药、网络技术等高科技产业				

主要财务指标	指标\报告期	2015.06.30	2014.12.31	2014.06.30	2013.12.31
	基本每股收益(元)	0.0010	0.0650	0.0520	0.1900
	基本每股收益(扣除后)(元)	0.0030	0.0610	0.0530	0.0900
	稀释每股收益(元)	0.0010	0.0650	0.0520	0.1900
	每股净资产(元)	2.6508	2.4720	2.4568	1.9856
	每股经营现金净流量(元)	0.1349	-0.1717	0.0908	-1.1079
	每股现金流量(元)	-0.0387	-0.6262	-0.6217	0.3993
	每股资本公积金(元)	0.8239	0.6317	0.6337	0.0684
	每股盈余公积金(元)	0.1410	0.1410	0.1344	0.1538
	每股未分配利润(元)	0.6711	0.6897	0.6829	0.7583
	净资产收益率(%)	0.0534	2.5652	2.0375	9.6835
	加权净资产收益率(%)	0.0600	3.6200	2.8700	10.1400
	净资产收益率(扣除)(%)	0.0983	2.4345	2.0576	4.6412
	总资产(万元)	574395.32	536251.47	553560.04	571470.32
	归属母公司股东权益(万元)	150610.66	140455.99	139588.72	98606.23
	营业收入(万元)	117603.16	343699.49	207304.86	582393.13
	营业支出(万元)	103912.82	302121.98	181893.24	545457.46
	投资收益(万元)	1221.50	2435.21	1233.37	2486.76
	净利润(万元)	290.16	4153.95	2844.13	9548.58
	营业利润(万元)	1519.40	7159.70	5617.34	10042.34
	利润总额(万元)	1447.53	7381.04	5561.78	15033.23

银川新华百货商业集团股份有限公司

公司概况						
公司概况	公司名称	银川新华百货商业集团股份有限公司			证券简称	新华百货
	法人代表	曲奎	董秘	李宝生	证券代码	600785
	公司网址	www.xhds.com.cn		电子信箱	xhds600785@163.com	
	电　　话	0951-6071161		传　　真	0951-6071161	
	办公地址	宁夏回族自治区银川市兴庆区解放西街 2 号				
	经营范围	商业零售业务、乳制品生产销售业务等				

主要财务指标	指标\报告期	2015.06.30	2014.12.31	2014.06.30	2013.12.31
	基本每股收益(元)	0.5475	0.8700	0.9187	0.9100
	基本每股收益(扣除后)(元)	0.5419	0.6400	0.6039	0.9000
	稀释每股收益(元)	0.5475	0.8700	0.9187	0.9100
	每股净资产(元)	8.1658	7.6183	7.5301	7.4569
	每股经营现金净流量(元)	-0.1860	0.5831	-0.3610	1.0569
	每股现金流量(元)	-1.1994	-0.3725	-0.3387	-0.8880
	每股资本公积金(元)	1.3710	1.3710	0.9876	1.4956
	每股盈余公积金(元)	0.7938	0.7938	0.7033	0.7651
	每股未分配利润(元)	5.0010	4.4535	4.8392	4.3342
	净资产收益率(%)	6.7051	11.2815	12.0598	13.0176
	加权净资产收益率(%)	6.9400	11.4500	12.1600	12.2200
	净资产收益率(扣除)(%)	6.6360	8.2565	7.8048	12.7853
	总资产(万元)	394299.03	395835.36	373981.82	403549.33
	归属母公司股东权益(万元)	184246.93	171893.03	169903.05	157769.24
	营业收入(万元)	377674.11	681754.46	343834.00	660549.68
	营业支出(万元)	299950.60	544022.99	272302.27	535470.40
	投资收益(万元)	149.20	12567.99	12094.49	2911.93
	净利润(万元)	10974.84	15850.67	18564.92	19378.47
	营业利润(万元)	15818.53	28604.51	28224.32	26881.48
	利润总额(万元)	15963.94	27119.74	28071.91	27319.62

中储发展股份有限公司

公司概况						
公司概况	公司名称	中储发展股份有限公司			证券简称	中储股份
	法人代表	韩铁林	董秘	薛斌	证券代码	600787
	公司网址	www.cmstd.com.cn		电子信箱	zhengquanbu@cmstd.com.cn	
	电　　话	010-83673502		传　　真	010-83673332	
	办公地址	北京市丰台区南四环西路 188 号 6 区 18 号楼				
	经营范围	商品储存、加工、维修、包装、代展、检验、库场设备租赁等				

主要财务指标	指标\报告期	2015.06.30	2014.12.31	2014.06.30	2013.12.31
	基本每股收益(元)	0.2071	0.2938	0.2169	0.3641
	基本每股收益(扣除后)(元)	0.0109	0.0754	0.0600	0.2452
	稀释每股收益(元)	0.2071	0.2938	0.2169	0.3641
	每股净资产(元)	3.4492	3.2730	3.1900	6.0214
	每股经营现金净流量(元)	0.4147	0.7311	0.5000	-0.2313
	每股现金流量(元)	0.0816	0.4918	-0.0696	0.3493
	每股资本公积金(元)	1.0413	1.0494	2.8891	2.9046
	每股盈余公积金(元)	0.4103	0.4103	0.8359	0.8359
	每股未分配利润(元)	0.9940	0.8168	1.6647	1.2809
	净资产收益率(%)	6.0055	8.9759	6.7897	5.9984
	加权净资产收益率(%)	6.1630	9.3174	6.9403	6.1220
	净资产收益率(扣除)(%)	0.3171	2.3030	1.8768	4.0401
	总资产(万元)	1274474.94	1275415.91	1233695.36	1387693.03
	归属母公司股东权益(万元)	641494.94	610204.53	594182.99	559935.20
	营业收入(万元)	843830.28	2145482.71	1186495.28	2783906.88
	营业支出(万元)	810193.21	2062910.76	1144401.26	2694933.04
	投资收益(万元)	833.61	40811.28	38418.88	9368.46
	净利润(万元)	38639.45	55774.46	40343.34	33587.21
	营业利润(万元)	4601.08	59597.90	53480.87	39859.86
	利润总额(万元)	51972.99	73703.11	54646.75	44922.80

山东鲁抗医药股份有限公司

公司概况	公司名称	山东鲁抗医药股份有限公司			证券简称	鲁抗医药
	法人代表	彭欣	董秘	田立新	证券代码	600789
	公司网址	www.lkpc.com		电子信箱	tlx600789@163.com	
	电　话	0537-2983174 2983060		传　真	0537-2983097	
	办公地址	山东省济宁市太白楼西路 152 号				
	经营范围	化学原料药及制剂、医药生产用化工原料、辅料及中间体、兽用药等				

主要财务指标	指标\报告期	2015.06.30	2014.12.31	2014.06.30	2013.12.31
	基本每股收益(元)	0.0010	-0.2200	-0.0900	0.0200
	基本每股收益(扣除后)(元)	-0.0200	-0.2300	-0.0900	-0.2900
	稀释每股收益(元)	0.0010	-0.2200	-0.0900	0.0200
	每股净资产(元)	3.1217	2.4224	2.5407	2.6265
	每股经营现金净流量(元)	0.0005	0.1867	0.2139	0.4410
	每股现金流量(元)	-0.1424	-0.1380	0.0013	0.2685
	每股资本公积金(元)	1.8568	1.1637	1.1692	1.1690
	每股盈余公积金(元)	0.2590	0.2590	0.2590	0.2590
	每股未分配利润(元)	-0.0158	-0.0168	0.1125	0.1985
	净资产收益率(%)	0.0314	-8.8880	-3.3852	0.7108
	加权净资产收益率(%)	0.0400	-8.5300	-3.3300	0.7100
	净资产收益率(扣除)(%)	-0.5202	-9.4661	-3.6159	-11.1194
	总资产(万元)	399202.72	408492.27	411387.47	407476.40
	归属母公司股东权益(万元)	181549.12	140881.14	147758.16	152751.71
	营业收入(万元)	114915.25	231210.31	115780.30	221068.53
	营业支出(万元)	92850.26	189896.11	96656.32	184096.27
	投资收益(万元)	309.39	1335.03	733.69	5276.47
	净利润(万元)	139.53	-13669.03	-5001.87	1085.79
	营业利润(万元)	108.22	-13404.49	-5454.89	-11491.41
	利润总额(万元)	591.55	-13209.35	-5077.06	812.74

浙江中国轻纺城集团股份有限公司

公司概况	公司名称	浙江中国轻纺城集团股份有限公司			证券简称	轻 纺 城
	法人代表	翁桂珍	董秘	张伟夫	证券代码	600790
	公司网址	www.qfcgroup.com		电子信箱	zwf@qfcgroup.com	
	电　话	0575-84116158 84135815		传　真	0575-84116045	
	办公地址	浙江省绍兴市绍兴县柯桥镇鉴湖路 1 号中轻大厦				
	经营范围	市场开发建设、市场租赁、市场物业管理、仓储运输服务、劳动服务等				

主要财务指标	指标\报告期	2015.06.30	2014.12.31	2014.06.30	2013.12.31
	基本每股收益(元)	0.1600	0.4100	0.2400	0.4500
	基本每股收益(扣除后)(元)	0.1400	0.3200	0.1900	0.4000
	稀释每股收益(元)	0.1600	0.4100	0.2400	0.4500
	每股净资产(元)	3.4159	4.2227	4.0020	3.9884
	每股经营现金净流量(元)	-0.0928	-0.2056	-0.1972	0.9794
	每股现金流量(元)	-0.0068	-0.3521	-0.3880	0.3211
	每股资本公积金(元)	1.4096	2.1325	2.1754	2.1773
	每股盈余公积金(元)	0.1794	0.2333	0.1924	0.1924
	每股未分配利润(元)	0.7535	0.7675	0.6342	0.6186
	净资产收益率(%)	4.7743	9.7016	5.8848	11.3646
	加权净资产收益率(%)	4.8900	9.9800	5.8400	11.4500
	净资产收益率(扣除)(%)	3.9554	7.6815	4.7843	10.0382
	总资产(万元)	728207.44	718886.28	728895.84	773655.54
	归属母公司股东权益(万元)	357639.41	340083.97	322313.84	321219.49
	营业收入(万元)	40155.42	80976.02	41369.67	67956.75
	营业支出(万元)	15012.36	30905.46	14510.65	29442.23
	投资收益(万元)	5069.04	11300.85	7091.60	18951.83
	净利润(万元)	17204.41	33068.56	18967.48	36505.36
	营业利润(万元)	21263.44	42462.19	24429.76	40574.15
	利润总额(万元)	22002.61	43817.65	24906.51	45206.37

京能置业股份有限公司

公司概况	公司名称	京能置业股份有限公司			证券简称	京能置业
	法人代表	徐京付	董秘	朱兆梅	证券代码	600791
	公司网址	www.beih-zy.com		电子信箱	jnzy@beih-zy.com	
	电　话	010-62698709 62698639		传　真	010-62698709	
	办公地址	北京市海淀区彩和坊路 8 号天创科技大厦 12 层西侧				
	经营范围	房地产开发、房地产代理销售、租赁、室内装饰等				

主要财务指标	指标\报告期	2015.06.30	2014.12.31	2014.06.30	2013.12.31
	基本每股收益(元)	0.0600	0.1800	0.1000	0.3500
	基本每股收益(扣除后)(元)	0.0100	0.1600	0.1000	0.3500
	稀释每股收益(元)	0.0600	0.1800	0.1000	0.3500
	每股净资产(元)	3.2152	3.1659	3.0774	3.0294
	每股经营现金净流量(元)	-1.8287	1.0898	1.1259	3.0998
	每股现金流量(元)	-2.1969	-0.6651	0.4861	4.8725
	每股资本公积金(元)	0.2918	0.2918	0.3286	0.3286
	每股盈余公积金(元)	0.1040	0.1040	0.0976	0.0976
	每股未分配利润(元)	1.7719	1.7227	1.6512	1.6032
	净资产收益率(%)	1.7123	5.5554	3.1826	11.4023
	加权净资产收益率(%)	1.7300	5.6900	3.2100	11.9800
	净资产收益率(扣除)(%)	0.2660	5.1529	3.1744	11.4272
	总资产(万元)	504460.07	597238.61	704476.85	704540.62
	归属母公司股东权益(万元)	145608.01	143376.50	139368.72	137197.52
	营业收入(万元)	27127.03	189232.83	78113.92	147311.92
	营业支出(万元)	14706.69	91334.46	29608.12	68364.11
	投资收益(万元)	2259.99	-2012.97	–	-1550.55
	净利润(万元)	4240.93	21759.10	4435.59	15643.70
	营业利润(万元)	6112.44	33625.42	19080.72	38585.34
	利润总额(万元)	5901.25	34309.06	19093.42	38549.90

云南煤业能源股份有限公司

公司概况	公司名称	云南煤业能源股份有限公司			证券简称	云煤能源
	法人代表	张鸿鸣	董秘	张小可	证券代码	600792
	公司网址	www.ymnygf.com		电子信箱	ymny600792@163.com	
	电　话	0871-3155475		传　真	0871-3114525	
	办公地址	云南省昆明市拓东路 75 号集成广场 5 楼				
	经营范围	焦炭、焦炉煤气、煤焦油深加工和苯加氢深加工等产品				

主要财务指标	指标\报告期	2015.06.30	2014.12.31	2014.06.30	2013.12.31
	基本每股收益(元)	-0.1900	0.0400	0.0110	0.1300
	基本每股收益(扣除后)(元)	-0.1930	0.0300	-0.0020	0.1700
	稀释每股收益(元)	-0.1900	0.0400	0.0110	0.1300
	每股净资产(元)	3.2716	3.4560	6.7585	6.4150
	每股经营现金净流量(元)	-0.1854	0.2916	-0.7022	0.1654
	每股现金流量(元)	-0.0470	-0.2624	0.3357	0.3502
	每股资本公积金(元)	1.8557	1.8557	4.6094	4.2888
	每股盈余公积金(元)	0.1201	0.1201	0.2403	0.2403
	每股未分配利润(元)	0.2869	0.4765	0.8875	0.8765
	净资产收益率(%)	-5.7943	1.1076	0.1628	1.6968
	加权净资产收益率(%)	-5.6400	1.1300	0.1700	2.2700
	净资产收益率(扣除)(%)	-5.9000	0.7299	-0.0237	2.1773
	总资产(万元)	603791.99	652578.49	632880.55	616380.20
	归属母公司股东权益(万元)	323860.82	342121.47	334518.29	317516.29
	营业收入(万元)	185667.32	488610.25	247372.31	647313.72
	营业支出(万元)	185937.47	446597.00	226663.36	596110.65
	投资收益(万元)	1905.74	4683.75	–	–
	净利润(万元)	-18765.43	3789.30	544.55	5387.63
	营业利润(万元)	-19689.89	2672.90	-28.21	5256.88
	利润总额(万元)	-19309.11	3198.41	353.10	4833.09

宜宾纸业股份有限公司

公司概况	公司名称	宜宾纸业股份有限公司			证券简称	ST 宜 纸
	法人代表	易从	董秘	王强	证券代码	600793
	公司网址	www.yb-zy.com		电子信箱	ybzydsh@163.com	
	电　话	0831-3309399 3309377		传　真	0831-3309600	
	办公地址	四川省宜宾市南溪区裴石轻工业园区				
	经营范围	生产经营纸及纸制品等				

主要财务指标	指标\报告期	2015.06.30	2014.12.31	2014.06.30	2013.12.31
	基本每股收益(元)	-0.1065	0.0793	-0.0397	0.0689
	基本每股收益(扣除后)(元)	-0.1122	-0.1226	-0.0397	-0.0547
	稀释每股收益(元)	-0.1065	0.0793	-0.0397	0.0689
	每股净资产(元)	0.2846	0.3911	0.2722	0.3118
	每股经营现金净流量(元)	-0.0115	0.2330	-0.0108	-0.0758
	每股现金流量(元)	1.6148	-0.0375	0.0266	-0.3362
	每股资本公积金(元)	1.0007	1.0007	1.0007	1.0007
	每股盈余公积金(元)	0.0348	0.0348	0.0348	0.0348
	每股未分配利润(元)	-1.7509	-1.6444	-1.7633	-1.7237
	净资产收益率(%)	-37.4265	20.2715	-14.5741	22.0897
	加权净资产收益率(%)	-31.5300	22.5600	-13.5800	24.8300
	净资产收益率(扣除)(%)	-39.4343	-31.3352	-14.5907	-17.5445
	总资产(万元)	359590.74	305503.14	158814.07	129895.88
	归属母公司股东权益(万元)	2996.82	4118.42	2865.88	3283.56
	营业收入(万元)	3.14	1062.58	3.74	1054.32
	营业支出(万元)	4.96	1032.04	4.89	1010.54
	投资收益(万元)	-	82.61	-	175.48
	净利润(万元)	-1121.61	834.87	-417.68	725.33
	营业利润(万元)	-1181.78	-1239.39	-418.15	-575.24
	利润总额(万元)	-1121.61	886.00	-417.68	725.33

张家港保税科技股份有限公司

公司概况	公司名称	张家港保税科技股份有限公司			证券简称	保税科技
	法人代表	唐勇	董秘	邓永清	证券代码	600794
	公司网址	www.zftc.net		电子信箱	dengyq@zftc.net	
	电　话	0512-58320358 58320165		传　真	0512-58320652 58320655	
	办公地址	江苏省张家港市保税区金港路 8 号江苏化工品交易中心大厦 27-28 楼				
	经营范围	生物高新技术应用、开发、高新技术及电子商务、网络应用开发等				

主要财务指标	指标\报告期	2015.06.30	2014.12.31	2014.06.30	2013.12.31
	基本每股收益(元)	0.0620	0.2400	0.0850	0.3600
	基本每股收益(扣除后)(元)	0.0120	0.2700	0.0860	0.3800
	稀释每股收益(元)	0.0620	0.2400	0.0850	0.3600
	每股净资产(元)	1.5280	3.2902	2.1859	2.1087
	每股经营现金净流量(元)	0.3930	-0.0581	0.0496	-0.0555
	每股现金流量(元)	-0.0866	0.5673	-0.3705	-0.0643
	每股资本公积金(元)	0.0325	1.2716	0.0885	0.0885
	每股盈余公积金(元)	0.0462	0.1017	0.0844	0.0844
	每股未分配利润(元)	0.4330	0.9170	1.0129	0.9357
	净资产收益率(%)	4.0341	6.7341	8.5673	17.2999
	加权净资产收益率(%)	4.1000	10.0000	8.7200	18.6700
	净资产收益率(扣除)(%)	0.7659	7.5147	8.6928	17.8595
	总资产(万元)	275942.41	311454.56	249325.08	279720.86
	归属母公司股东权益(万元)	182068.93	178205.09	103687.96	100028.30
	营业收入(万元)	46142.56	75828.41	25214.07	39270.21
	营业支出(万元)	36779.13	43110.47	7291.45	9538.37
	投资收益(万元)	2685.05	-978.26	527.30	-79.46
	净利润(万元)	7620.03	12168.12	9059.55	17489.55
	营业利润(万元)	6227.66	18540.51	12698.05	22057.58
	利润总额(万元)	7327.04	18172.14	12522.81	21558.30

国电电力发展股份有限公司

公司概况	公司名称	国电电力发展股份有限公司			证券简称	国电电力
	法人代表	陈飞虎	董秘	李忠军	证券代码	600795
	公司网址	www.600795.com.cn		电子信箱	lizhongjun@600795.com.cn	
	电　话	010-58682100		传　真	010-64829902	
	办公地址	北京市朝阳区安慧北里安园 19 号楼				
	经营范围	电力、热力生产、销售、电网经营、新能源项目、高新技术、环保产业的开发与应用等				

主要财务指标	指标\报告期	2015.06.30	2014.12.31	2014.06.30	2013.12.31
	基本每股收益(元)	0.1720	0.3480	0.1700	0.3640
	基本每股收益(扣除后)(元)	0.1640	0.3180	0.1650	0.3400
	稀释每股收益(元)	0.1720	0.3390	0.1610	0.3500
	每股净资产(元)	2.6823	2.5051	2.2618	2.2237
	每股经营现金净流量(元)	0.6555	1.2067	0.7155	1.3465
	每股现金流量(元)	0.1668	-0.0161	0.0701	-0.1913
	每股资本公积金(元)	0.3260	0.2875	0.2523	0.2566
	每股盈余公积金(元)	0.1639	0.1711	0.1503	0.1503
	每股未分配利润(元)	0.9952	0.8568	0.8015	0.7593
	净资产收益率(%)	6.5033	12.8827	7.6123	16.3884
	加权净资产收益率(%)	7.0220	15.3800	7.5710	16.6230
	净资产收益率(扣除)(%)	6.0340	11.6388	7.2789	15.2868
	总资产(万元)	25125795.82	24635900.18	23355121.88	24067709.57
	归属母公司股东权益(万元)	5270846.70	4715377.21	3897701.35	3831454.11
	营业收入(万元)	2650919.98	6147484.91	3107634.49	6630684.76
	营业支出(万元)	1804317.83	4409073.17	2214447.20	4858825.94
	投资收益(万元)	92618.79	236483.15	71084.96	186618.80
	净利润(万元)	481079.40	911132.94	296714.09	627915.61
	营业利润(万元)	586923.47	1112867.04	564758.39	1107905.45
	利润总额(万元)	612010.60	1166174.19	577248.23	1109900.93

浙江钱江生物化学股份有限公司

公司概况	公司名称	浙江钱江生物化学股份有限公司			证券简称	钱江生化
	法人代表	高云跃	董秘	宋将林	证券代码	600796
	公司网址	www.600796.com		电子信箱	qjbioch@600796.com	
	电　话	0573-87038237		传　真	0573-87035640	
	办公地址	浙江省海宁市硖石镇西山路 598 号 7 楼				
	经营范围	兽药生产业务、饲料添加剂的生产与销售等				

主要财务指标	指标\报告期	2015.06.30	2014.12.31	2014.06.30	2013.12.31
	基本每股收益(元)	0.0400	0.0700	0.1000	0.1000
	基本每股收益(扣除后)(元)	0.0300	-0.0200	0.0800	0.0100
	稀释每股收益(元)	0.0400	0.0700	0.1000	0.1000
	每股净资产(元)	1.8511	1.8119	1.8371	1.7678
	每股经营现金净流量(元)	0.1158	0.2060	0.0656	0.2481
	每股现金流量(元)	0.0534	-0.0740	-0.0929	0.1711
	每股资本公积金(元)	0.1247	0.1247	0.1247	0.1247
	每股盈余公积金(元)	0.2500	0.2500	0.2432	0.2432
	每股未分配利润(元)	0.4786	0.4391	0.4702	0.4016
	净资产收益率(%)	2.1344	4.1000	5.3671	5.7514
	加权净资产收益率(%)	2.1600	4.1500	5.4700	5.9200
	净资产收益率(扣除)(%)	1.3624	-0.9959	4.4320	0.3167
	总资产(万元)	111668.86	110510.40	117695.59	114099.17
	归属母公司股东权益(万元)	55793.70	54609.76	55369.60	53281.29
	营业收入(万元)	20830.27	39808.65	19581.27	48212.09
	营业支出(万元)	15486.15	31921.94	14832.54	37221.06
	投资收益(万元)	-918.05	1234.27	2203.52	465.44
	净利润(万元)	1473.52	2571.56	2971.75	3064.44
	营业利润(万元)	1298.47	1237.38	2820.87	2366.14
	利润总额(万元)	1670.26	3088.07	3257.99	4340.31

浙大网新科技股份有限公司

公司概况						
公司概况	公司名称	浙大网新科技股份有限公司			证券简称	浙大网新
	法人代表	史烈	董秘	许克菲	证券代码	600797
	公司网址	www.insigma.com.cn		电子信箱	xukefei@insigma.com.cn	
	电话	0571-87950500		传真	0571-87988110	
	办公地址	浙江省杭州市西湖区西园一路 18 号浙大网新软件园 A 楼 15 层				
	经营范围	计算机及网络系统、电子商务、计算机系统集成、电子工程的研究开发等				

主要财务指标	指标\报告期	2015.06.30	2014.12.31	2014.06.30	2013.12.31
	基本每股收益(元)	0.0600	–0.1900	–0.0200	0.0400
	基本每股收益(扣除后)(元)	–0.1000	–0.4200	–0.0400	–0.0300
	稀释每股收益(元)	0.0600	–0.1900	–0.0200	0.0400
	每股净资产(元)	1.9784	1.8797	2.1578	2.1914
	每股经营现金净流量(元)	–0.3226	0.0968	–0.4188	0.2510
	每股现金流量(元)	–0.3237	–0.0823	–0.3572	0.0653
	每股资本公积金(元)	0.3071	0.2649	0.3124	0.3156
	每股盈余公积金(元)	0.1127	0.1127	0.1167	0.1167
	每股未分配利润(元)	0.5903	0.5331	0.7554	0.7862
	净资产收益率(%)	2.8910	–10.1653	–0.9720	1.9858
	加权净资产收益率(%)	2.9600	–9.2100	–0.3500	1.9800
	净资产收益率(扣除)(%)	–4.8026	–22.4265	–1.6651	–1.4635
	总资产(万元)	472881.63	462810.65	494411.37	497895.00
	归属母公司股东权益(万元)	162563.71	154459.64	179479.93	182276.40
	营业收入(万元)	215072.51	470447.13	221646.09	520523.66
	营业支出(万元)	179566.94	400715.00	186218.74	434246.42
	投资收益(万元)	10910.81	6418.35	1535.60	3620.30
	净利润(万元)	5126.08	–14966.58	–1744.59	3619.57
	营业利润(万元)	4572.50	–22856.98	–2356.38	3912.14
	利润总额(万元)	5589.83	–12823.01	–994.46	7009.19

宁波海运股份有限公司

公司概况						
公司概况	公司名称	宁波海运股份有限公司			证券简称	宁波海运
	法人代表	陈明东	董秘	黄敏辉	证券代码	600798
	公司网址	www.nbmc.com.cn		电子信箱	hminhui@nbmc.com.cn	
	电话	0574-87659140		传真	0574-87355051	
	办公地址	浙江省宁波市北岸财富中心 1 幢				
	经营范围	沿海、内河 (长江)货物运输、国际远洋运输和交通基础设施等				

主要财务指标	指标\报告期	2015.06.30	2014.12.31	2014.06.30	2013.12.31
	基本每股收益(元)	0.0048	0.0085	–0.0059	0.0068
	基本每股收益(扣除后)(元)	0.0045	–0.0256	–0.0069	–0.0125
	稀释每股收益(元)	0.0048	0.0085	–0.0059	0.0068
	每股净资产(元)	2.5438	2.2156	2.1984	2.2139
	每股经营现金净流量(元)	0.2131	0.5644	0.1940	0.5576
	每股现金流量(元)	–0.0716	0.0623	–0.1233	0.0926
	每股资本公积金(元)	1.1333	0.5680	0.7200	0.7200
	每股盈余公积金(元)	0.2156	0.2548	0.2496	0.2496
	每股未分配利润(元)	0.2011	0.2444	0.2360	0.2519
	净资产收益率(%)	0.1677	0.3831	–0.2683	0.3086
	加权净资产收益率(%)	0.2100	0.3800	–0.2700	0.3100
	净资产收益率(扣除)(%)	0.1580	–1.1552	–0.3117	–0.5640
	总资产(万元)	627312.34	639839.71	640034.16	663850.50
	归属母公司股东权益(万元)	262223.26	193301.12	191516.71	192865.02
	营业收入(万元)	53421.25	108958.39	49635.37	106167.02
	营业支出(万元)	39328.71	82664.13	36555.15	78811.11
	投资收益(万元)	60.01	207.77	33.54	66.50
	净利润(万元)	56.57	–1286.20	–513.93	595.27
	营业利润(万元)	882.17	–3940.41	–1886.42	–3966.81
	利润总额(万元)	917.18	–96.83	–1803.21	–2245.20

天津环球磁卡股份有限公司

公司概况						
公司概况	公司名称	天津环球磁卡股份有限公司			证券简称	天津磁卡
	法人代表	郭锴	董秘	李金宏	证券代码	600800
	公司网址	www.gmcc.com.cn		电子信箱	jrzqb@gmcc.com.cn	
	电话	022-58585662 58585858*2191		传真	022-58585633	
	办公地址	天津市河西区解放南路 325 号				
	经营范围	软件系统设计、网络集成技术及高科技产品的开发等				

主要财务指标	指标\报告期	2015.06.30	2014.12.31	2014.06.30	2013.12.31
	基本每股收益(元)	–0.0021	0.0400	–0.0361	–0.0468
	基本每股收益(扣除后)(元)	–0.0528	–0.0700	–0.0359	–
	稀释每股收益(元)	–0.0021	0.0400	–0.0361	–0.0468
	每股净资产(元)	0.1793	0.1807	0.0869	0.1231
	每股经营现金净流量(元)	–0.2152	–0.0575	–0.0299	–0.2459
	每股现金流量(元)	–0.0127	–0.0306	–0.0323	0.0680
	每股资本公积金(元)	0.2210	0.2210	0.2520	0.2520
	每股盈余公积金(元)	0.0736	0.0736	0.0736	0.0736
	每股未分配利润(元)	–1.1164	–1.1143	–1.2386	–1.2025
	净资产收益率(%)	–1.1722	20.0668	–41.5075	–38.0545
	加权净资产收益率(%)	–1.1600	22.3100	–34.3600	–32.0800
	净资产收益率(扣除)(%)	–29.4990	–41.4180	–41.3346	–52.3984
	总资产(万元)	64866.59	76679.02	68256.81	70301.01
	归属母公司股东权益(万元)	10959.58	11045.81	5313.40	7522.27
	营业收入(万元)	5308.65	15309.18	6362.79	18161.62
	营业支出(万元)	4654.90	12057.74	4669.19	14149.22
	投资收益(万元)	129.96	432.70	229.58	–1441.21
	净利润(万元)	–228.81	1873.03	–2205.46	–2862.56
	营业利润(万元)	–3333.30	–5268.81	–2398.16	–6348.09
	利润总额(万元)	–228.81	2731.56	–2337.24	–3358.82

华新水泥股份有限公司

公司概况						
公司概况	公司名称	华新水泥股份有限公司			证券简称	华新水泥
	法人代表	李叶青	董秘	王锡明	证券代码	600801
	公司网址	www.huaxincem.com		电子信箱	investor@huaxincem.com	
	电话	027-87773896 87773898		传真	027-87773992	
	办公地址	湖北省武汉市光谷大道特 1 号国际企业中心 5 号楼				
	经营范围	水泥、商品混凝土及其他建材制品、包装制品制造、销售等				

主要财务指标	指标\报告期	2015.06.30	2014.12.31	2014.06.30	2013.12.31
	基本每股收益(元)	0.0600	0.8200	0.3400	1.2600
	基本每股收益(扣除后)(元)	0.0400	0.7500	0.3000	–
	稀释每股收益(元)	0.0600	0.8200	0.3400	–
	每股净资产(元)	6.4136	6.5357	6.0523	9.3451
	每股经营现金净流量(元)	0.5562	2.5659	1.0158	0.1590
	每股现金流量(元)	–0.2991	0.2907	–0.1248	–1.0227
	每股资本公积金(元)	1.6813	1.6801	1.6852	3.2943
	每股盈余公积金(元)	0.3255	0.3255	0.2842	0.4547
	每股未分配利润(元)	3.4131	3.5237	3.0852	4.5985
	净资产收益率(%)	0.9255	12.4897	5.5549	13.5073
	加权净资产收益率(%)	0.9000	13.1900	5.5900	14.3500
	净资产收益率(扣除)(%)	0.6665	11.4706	4.9006	12.7195
	总资产(万元)	2641297.95	2605670.64	2557353.77	2582467.96
	归属母公司股东权益(万元)	959779.76	978049.53	905712.77	874046.78
	营业收入(万元)	645040.69	1599614.92	726735.14	1598435.53
	营业支出(万元)	495926.88	1127850.13	–516621.24	1152043.97
	投资收益(万元)	1780.68	956.85	340.36	971.44
	净利润(万元)	14621.04	149376.94	50311.05	118060.16
	营业利润(万元)	9846.91	168938.65	64426.64	159669.14
	利润总额(万元)	18855.29	199334.31	80795.11	178490.38

福建水泥股份有限公司

公司概况					
公司名称	福建水泥股份有限公司			证券简称	福建水泥
法人代表	姜丰顺	董秘	蔡宣能	证券代码	600802
公司网址	www.fjcement.com		电子信箱	linzy2010@qq.com	
电　话	0591-87617751		传　真	0591-88561717	
办公地址	福州市鼓楼区琴亭路 29 号福能方圆大厦				
经营范围	建筑材料制造及技术服务、工业生产(不含汽车)、大型货车维修等				

主要财务指标 指标\报告期	2015.06.30	2014.12.31	2014.06.30	2013.12.31
基本每股收益(元)	-0.3270	0.1300	0.0260	0.0500
基本每股收益(扣除后)(元)	-0.3490	-0.0220	-0.0640	-0.3150
稀释每股收益(元)	-0.3270	0.1300	0.0260	0.0500
每股净资产(元)	3.2848	3.5500	2.7739	2.7625
每股经营现金净流量(元)	-0.2955	0.7731	0.3557	0.6504
每股现金流量(元)	-0.4664	-0.3155	-0.5097	-0.1592
每股资本公积金(元)	0.5697	0.5697	1.3411	1.3577
每股盈余公积金(元)	0.1174	0.1174	0.1116	0.1116
每股未分配利润(元)	0.0668	0.3934	0.3118	0.2854
净资产收益率(%)	-9.9426	3.6601	0.9526	1.8054
加权净资产收益率(%)	-9.5100	4.5700	0.9700	1.5000
净资产收益率(扣除)(%)	-10.6215	-0.6151	-2.3043	-11.4136
总资产(万元)	529982.37	540273.65	471445.13	469252.02
归属母公司股东权益(万元)	125436.91	135454.17	105927.78	105492.39
营业收入(万元)	148850.96	206183.62	90986.82	181957.85
营业支出(万元)	148773.49	171985.23	73270.32	160006.81
投资收益(万元)	2887.83	7642.30	3222.77	11191.11
净利润(万元)	-15953.79	7304.65	1009.06	1904.58
营业利润(万元)	-17047.58	7047.83	2895.57	968.07
利润总额(万元)	-16111.56	9574.55	3794.31	4116.60

新奥生态控股股份有限公司

公司概况					
公司名称	新奥生态控股股份有限公司			证券简称	新奥股份
法人代表	王玉锁	董秘	王东英	证券代码	600803
公司网址	www.enn-ec.com.cn		电子信箱	veyong@veyong.com	
电　话	0311-85915898		传　真	0311-85915998	
办公地址	河北省石家庄市和平东路 383 号、河北省廊坊市开发区华祥路 118 号 C 座				
经营范围	生物化工产品、精细化工产品的制造、销售等				

主要财务指标 指标\报告期	2015.06.30	2014.12.31	2014.06.30	2013.12.31
基本每股收益(元)	0.2700	0.8200	0.5000	0.7700
基本每股收益(扣除后)(元)	0.2000	0.7700	0.4000	0.4700
稀释每股收益(元)	0.2700	0.8200	0.5000	0.7700
每股净资产(元)	3.9266	4.5627	4.2097	3.7886
每股经营现金净流量(元)	0.5741	1.0308	0.4402	0.7398
每股现金流量(元)	0.0044	-0.0398	0.3904	0.4099
每股资本公积金(元)	-	0.8252	0.7698	0.8508
每股盈余公积金(元)	-	0.2087	0.1117	0.1117
每股未分配利润(元)	2.8311	3.3094	2.3001	1.9286
净资产收益率(%)	6.8796	17.9960	9.6630	18.5559
加权净资产收益率(%)	8.1100	18.9800	10.1900	21.2600
净资产收益率(扣除)(%)	5.1398	16.8170	9.4583	7.7405
总资产(万元)	1077252.44	1199660.45	867248.21	891642.42
归属母公司股东权益(万元)	387079.75	534326.26	414990.17	386088.40
营业收入(万元)	266570.27	486870.55	298336.77	489348.86
营业支出(万元)	196878.71	321720.19	202951.62	324531.55
投资收益(万元)	4133.62	4020.42	468.94	11.13
净利润(万元)	29872.71	92068.20	54769.59	80440.81
营业利润(万元)	35650.98	105884.58	63849.57	97697.68
利润总额(万元)	36707.39	109436.97	64727.21	98004.92

鹏博士电信传媒集团股份有限公司

公司概况					
公司名称	鹏博士电信传媒集团股份有限公司			证券简称	鹏 博 士
法人代表	杨学平	董秘	任春晓	证券代码	600804
公司网址	www.drpeng.com.cn		电子信箱	chunxiaoren@126.com	
电　话	028-86755190 86742976		传　真	028-86622006	
办公地址	四川省成都市顺城大街 229 号顺城大厦 5 楼				
经营范围	计算机软件、通信产品的开发、生产和销售等				

主要财务指标 指标\报告期	2015.06.30	2014.12.31	2014.06.30	2013.12.31
基本每股收益(元)	0.3000	0.3900	0.2100	0.3000
基本每股收益(扣除后)(元)	0.2900	0.3700	0.2100	0.3100
稀释每股收益(元)	0.2900	0.3800	0.2100	0.2900
每股净资产(元)	3.7556	3.5262	3.2942	3.1110
每股经营现金净流量(元)	1.4935	2.7535	1.0791	2.2007
每股现金流量(元)	0.1625	0.3171	0.0592	0.0364
每股资本公积金(元)	1.3618	1.3116	1.2490	1.1746
每股盈余公积金(元)	0.1190	0.1191	0.0966	0.0969
每股未分配利润(元)	1.2751	1.0955	0.9487	0.8395
净资产收益率(%)	7.9963	10.8901	6.4433	9.3742
加权净资产收益率(%)	8.1300	11.6300	6.5600	10.1000
净资产收益率(扣除)(%)	7.6617	10.5744	6.2712	9.7271
总资产(万元)	1641145.94	1534719.48	1296324.15	1230980.42
归属母公司股东权益(万元)	522826.83	490545.81	456953.94	429979.31
营业收入(万元)	372722.86	696271.48	335890.91	581834.52
营业支出(万元)	146618.20	283066.42	140169.84	262357.60
投资收益(万元)	6859.66	714.10	198.95	5291.52
净利润(万元)	41883.70	53378.51	29443.14	40307.15
营业利润(万元)	47217.72	65680.78	35567.31	52165.73
利润总额(万元)	47874.02	67129.49	36531.26	52848.22

江苏悦达投资股份有限公司

公司概况					
公司名称	江苏悦达投资股份有限公司			证券简称	悦达投资
法人代表	王连春	董秘	王佩萍	证券代码	600805
公司网址	www.yueda.com		电子信箱	yd600805@126.com	
电　话	0515-88202863 88202867		传　真	0515-88334601	
办公地址	江苏省盐城市世纪大道东路 2 号				
经营范围	实业投资、资产管理、财务顾问、社会经济咨询服务、机械设备等				

主要财务指标 指标\报告期	2015.06.30	2014.12.31	2014.06.30	2013.12.31
基本每股收益(元)	0.3300	1.2500	0.5800	1.5200
基本每股收益(扣除后)(元)	0.2800	1.1900	0.4800	1.4700
稀释每股收益(元)	0.3300	1.2500	0.5800	1.5200
每股净资产(元)	7.5841	7.4077	7.0832	6.1353
每股经营现金净流量(元)	0.3398	0.0395	0.2967	0.3794
每股现金流量(元)	0.7335	-0.0539	1.5756	-0.8648
每股资本公积金(元)	0.4842	0.4842	0.8434	0.3237
每股盈余公积金(元)	0.7574	0.7574	0.7574	0.7574
每股未分配利润(元)	5.3411	5.1611	4.4824	4.0543
净资产收益率(%)	4.3512	16.9044	8.1623	24.7539
加权净资产收益率(%)	4.3600	18.7200	9.0000	28.4900
净资产收益率(扣除)(%)	3.6781	16.0648	6.7205	23.9847
总资产(万元)	1096387.03	1063706.25	1153839.33	951581.45
归属母公司股东权益(万元)	645330.90	630320.25	602704.01	522048.26
营业收入(万元)	90621.54	228275.67	98541.49	211026.72
营业支出(万元)	78585.08	202674.03	84888.68	154164.38
投资收益(万元)	41751.27	133379.82	62017.18	134358.74
净利润(万元)	27548.79	108356.43	49194.35	129227.20
营业利润(万元)	24290.25	101586.32	44008.56	142369.99
利润总额(万元)	28634.19	112578.47	52698.12	147040.54

沈机集团昆明机床股份有限公司

公司概况

公司名称	沈机集团昆明机床股份有限公司			证券简称	昆明机床
法人代表	王兴	董秘	罗涛	证券代码	600806
公司网址	www.kmtcl.com.cn		电子信箱	luotao@kmtcl.com.cn	
电　话	0871-6166612　6166623		传　真	0871-6166288	
办公地址	云南省昆明市茨坝路23号				
经营范围	设计、开发、生产及销售机床系列产品及配件、光电一体化产品等				

主要财务指标

指标\报告期	2015.06.30	2014.12.31	2014.06.30	2013.12.31
基本每股收益(元)	-0.0365	-0.3843	-0.0726	0.0140
基本每股收益(扣除后)(元)	-0.0649	-0.4221	-0.0878	-0.0470
稀释每股收益(元)	-0.0365	-0.3843	-0.0726	0.0140
每股净资产(元)	2.0076	2.0441	2.4095	2.4963
每股经营现金净流量(元)	-0.1916	-0.2490	-0.0165	-0.1461
每股现金流量(元)	-0.0838	-0.0286	0.1034	0.0936
每股资本公积金(元)	0.0372	0.0372	0.0372	0.0514
每股盈余公积金(元)	0.2205	0.2205	0.2205	0.2205
每股未分配利润(元)	0.7499	0.7864	1.1519	1.2244
净资产收益率(%)	-1.8178	-18.8006	-3.0115	0.5612
加权净资产收益率(%)	-1.8000	-17.0800	-2.9500	0.5600
净资产收益率(扣除)(%)	-3.2320	-20.6498	-3.6451	-1.8928
总资产(万元)	291612.38	281512.15	292344.54	279327.02
归属母公司股东权益(万元)	106617.70	108555.76	127966.14	132573.67
营业收入(万元)	48144.84	86788.93	38843.43	106283.53
营业支出(万元)	37671.46	70286.30	30053.99	83711.70
投资收益(万元)	-88.76	946.52	848.98	58.94
净利润(万元)	-2311.65	-20946.33	-3853.71	744.02
营业利润(万元)	-4426.24	-18774.30	-5020.31	-3007.85
利润总额(万元)	-2652.80	-17249.24	-4958.57	866.49

山东天业恒基股份有限公司

公司概况

公司名称	山东天业恒基股份有限公司			证券简称	天业股份
法人代表	曾昭秦	董秘	蒋涛	证券代码	600807
公司网址	www.tyanhome.com.cn		电子信箱	600807@vip.163.com	
电　话	0531-86171188		传　真	0531-86171188	
办公地址	山东省济南市历下区龙奥北路1577号天业中心3号楼				
经营范围	商业零售兼批发				

主要财务指标

指标\报告期	2015.06.30	2014.12.31	2014.06.30	2013.12.31
基本每股收益(元)	0.1100	0.1400	0.0400	0.0600
基本每股收益(扣除后)(元)	0.1100	0.1200	0.0300	0.0600
稀释每股收益(元)	0.1100	0.1400	0.0400	0.0600
每股净资产(元)	0.7612	1.0844	0.4896	1.5778
每股经营现金净流量(元)	0.1902	-0.0121	-0.2344	-0.5796
每股现金流量(元)	0.0701	-0.5417	-0.3243	0.8215
每股资本公积金(元)	0.0647	0.5451	-	0.6850
每股盈余公积金(元)	-	-	-	-
每股未分配利润(元)	-0.1425	-0.3022	-0.4460	-0.8927
净资产收益率(%)	11.8176	12.1669	8.3355	3.8590
加权净资产收益率(%)	10.2300	18.5200	9.1800	3.9000
净资产收益率(扣除)(%)	11.8646	8.7050	3.6456	3.9507
总资产(万元)	384065.22	363960.99	354575.36	323294.45
归属母公司股东权益(万元)	53641.34	58783.37	23663.70	20603.71
营业收入(万元)	38867.60	84643.16	27713.42	75703.56
营业支出(万元)	22542.76	56799.17	18659.61	57165.00
投资收益(万元)	-	-	-	-
净利润(万元)	6347.32	8179.60	1972.49	1955.37
营业利润(万元)	6476.52	9117.09	2201.06	3112.95
利润总额(万元)	6451.29	9391.18	2175.34	3066.18

马鞍山钢铁股份有限公司

公司概况

公司名称	马鞍山钢铁股分有限公司			证券简称	马钢股份
法人代表	丁毅	董秘	胡顺良	证券代码	600808
公司网址	www.magang.com.cn		电子信箱	mggfdms@magang.com.cn	
电　话	0555-2888158　2875251		传　真	0555-2887284	
办公地址	安徽省马鞍山市九华西路8号				
经营范围	钢铁产品的生产和销售等				

主要财务指标

指标\报告期	2015.06.30	2014.12.31	2014.06.30	2013.12.31
基本每股收益(元)	-0.1610	0.0286	-0.0950	0.0204
基本每股收益(扣除后)(元)	-0.1750	-0.0200	-0.1030	-0.0580
稀释每股收益(元)	-0.1610	0.0286	-0.0950	0.0200
每股净资产(元)	2.8585	3.0251	2.9104	3.0038
每股经营现金净流量(元)	0.6010	0.3783	0.1802	0.6612
每股现金流量(元)	0.4620	0.1163	0.3531	-0.6253
每股资本公积金(元)	1.0816	1.0816	1.0816	1.0816
每股盈余公积金(元)	0.4975	0.4975	0.4921	0.4921
每股未分配利润(元)	0.2876	0.4482	0.3301	0.4250
净资产收益率(%)	-5.6176	0.9470	-3.2584	0.6797
加权净资产收益率(%)	-5.4600	0.9500	-3.2100	0.6800
净资产收益率(扣除)(%)	-6.1135	-0.6652	-3.5343	-1.9269
总资产(万元)	6831939.06	6851117.48	7329917.83	7182161.80
归属母公司股东权益(万元)	2201263.19	2329556.60	2241180.28	2313144.56
营业收入(万元)	2344752.07	5982093.83	2886435.20	7384888.34
营业支出(万元)	2262429.10	5584022.26	2782293.44	7039396.26
投资收益(万元)	4410.45	14959.90	7434.38	28900.47
净利润(万元)	-136030.35	26404.75	-73026.62	15722.02
营业利润(万元)	-131471.86	5808.15	-84428.07	-55830.91
利润总额(万元)	-115723.50	51211.64	-74482.62	32214.54

山西杏花村汾酒厂股份有限公司

公司概况

公司名称	山西杏花村汾酒厂股份有限公司			证券简称	山西汾酒
法人代表	谭忠豹	董秘	王涛	证券代码	600809
公司网址	www.fenjiu.com.cn		电子信箱	sxfj@fenjiu.com.cn	
电　话	0358-7329321　7220006		传　真	0358-7220394	
办公地址	山西省汾阳市杏花村				
经营范围	生产及销售汾酒、竹叶青酒及其系列酒并提供广告服务等				

主要财务指标

指标\报告期	2015.06.30	2014.12.31	2014.06.30	2013.12.31
基本每股收益(元)	0.3227	0.4109	0.4159	1.1092
基本每股收益(扣除后)(元)	0.3211	0.4214	0.4238	1.1173
稀释每股收益(元)	0.3227	0.4109	0.4159	1.1092
每股净资产(元)	4.8334	4.4949	4.4946	4.4221
每股经营现金净流量(元)	0.3260	0.4808	0.4031	-0.3533
每股现金流量(元)	0.1935	-0.2229	-0.1432	-1.7535
每股资本公积金(元)	0.2781	0.2781	0.2781	0.2781
每股盈余公积金(元)	0.5449	0.5449	0.5449	0.5449
每股未分配利润(元)	2.9636	2.6409	2.6458	2.5800
净资产收益率(%)	6.6767	9.1411	9.2523	25.0839
加权净资产收益率(%)	6.9200	9.2800	9.1000	25.6200
净资产收益率(扣除)(%)	6.6426	9.3754	9.4296	25.2663
总资产(万元)	613094.90	578610.18	547208.59	581669.46
归属母公司股东权益(万元)	418502.71	389186.10	389164.50	382885.34
营业收入(万元)	224579.04	391606.74	229977.00	608719.99
营业支出(万元)	73547.38	127522.25	72762.93	151765.12
投资收益(万元)	36.10	1.15	-	28.43
净利润(万元)	29156.21	35787.46	36006.56	96042.48
营业利润(万元)	41572.95	50883.64	49440.59	148483.62
利润总额(万元)	40825.39	47736.88	47360.81	144063.96

神马实业股份有限公司

公司概况	公司名称	神马实业股份有限公司			证券简称	神马股份
	法人代表	王良	董秘	刘臻	证券代码	600810
	公司网址	www.shenma.com		电子信箱	liuzhen600810@126.com	
	电话	0375-3921231		传真	0375-3921500	
	办公地址	河南省平顶山市建设路63号				
	经营范围	帘子布、工业用布、化学纤维及制品的制造、加工、销售等				

	指标\报告期	2015.06.30	2014.12.31	2014.06.30	2013.12.31
主要财务指标	基本每股收益(元)	0.0100	0.1400	0.1600	0.0700
	基本每股收益(扣除后)(元)	0.0100	0.0900	0.1197	0.0300
	稀释每股收益(元)	0.0100	0.1400	0.1600	0.0700
	每股净资产(元)	5.2630	5.2502	5.3009	5.1830
	每股经营现金净流量(元)	1.2724	3.0732	2.3886	0.3179
	每股现金流量(元)	0.9038	-0.2004	0.6187	0.3153
	每股资本公积金(元)	4.0617	4.0617	4.1476	4.3857
	每股盈余公积金(元)	0.5386	0.5386	0.5267	0.5386
	每股未分配利润(元)	-0.3373	-0.3502	-0.3733	-0.4870
	净资产收益率(%)	0.2436	2.6068	2.2251	0.8586
	加权净资产收益率(%)	0.2400	2.5100	2.2500	1.2900
	净资产收益率(扣除)(%)	0.1861	1.6974	2.2584	0.6329
	总资产(万元)	849107.46	791503.27	748385.56	759124.63
	归属母公司股东权益(万元)	232772.56	232205.42	234449.83	240481.03
	营业收入(万元)	680172.87	1488614.35	822848.69	1744810.83
	营业支出(万元)	656742.21	1420249.01	785938.43	1685299.11
	投资收益(万元)	4101.78	9102.46	6316.66	9114.80
	净利润(万元)	-397.99	8609.57	8946.88	4058.46
	营业利润(万元)	-398.73	9052.00	9210.24	7755.49
	利润总额(万元)	-264.52	9264.29	9138.47	8723.96

东方集团股份有限公司

公司概况	公司名称	东方集团股份有限公司			证券简称	东方集团
	法人代表	张宏伟	董秘	邢龙	证券代码	600811
	公司网址	www.china-orient.com		电子信箱	dfjt@orientgroup.com.cn	
	电话	0451-53666028		传真	0451-53666028	
	办公地址	黑龙江省哈尔滨市南岗区花园街235号				
	经营范围	商业银行、人寿保险业务、建材连锁超市、港口交通、加工制造业和房地产开发等				

	指标\报告期	2015.06.30	2014.12.31	2014.06.30	2013.12.31
主要财务指标	基本每股收益(元)	0.2550	0.6252	0.2865	0.6246
	基本每股收益(扣除后)(元)	0.2620	0.4137	0.2794	0.5979
	稀释每股收益(元)	0.2550	0.6252	0.2865	0.6246
	每股净资产(元)	6.2372	6.0881	5.3746	5.0529
	每股经营现金净流量(元)	0.2989	0.2111	0.2216	0.9551
	每股现金流量(元)	0.4600	0.2572	-0.0495	0.1221
	每股资本公积金(元)	1.3266	1.3079	1.2834	1.2180
	每股盈余公积金(元)	1.0919	1.0919	0.9355	0.9355
	每股未分配利润(元)	2.5625	2.3375	2.1552	1.8987
	净资产收益率(%)	4.0876	10.2696	5.3306	12.3608
	加权净资产收益率(%)	4.1400	11.2100	5.4900	13.2000
	净资产收益率(扣除)(%)	4.2004	6.7960	5.1980	11.8326
	总资产(万元)	2210653.88	1986650.77	1768985.14	1693924.76
	归属母公司股东权益(万元)	1039620.43	1014759.94	895843.77	842227.38
	营业收入(万元)	282529.15	575556.81	303248.37	822443.42
	营业支出(万元)	277412.86	556801.06	294812.64	791814.11
	投资收益(万元)	80363.31	172323.23	77781.04	143572.11
	净利润(万元)	40236.61	100431.89	47753.42	104106.11
	营业利润(万元)	44019.03	100671.55	44352.57	100056.83
	利润总额(万元)	40981.36	102243.58	45533.77	102486.77

华北制药股份有限公司

公司概况	公司名称	华北制药股份有限公司			证券简称	华北制药
	法人代表	杨海静	董秘	常志山	证券代码	600812
	公司网址	www.ncpc.com		电子信箱	xujianwen@ncpc.com	
	电话	0311-86691718 86696493		传真	0311-86060942	
	办公地址	河北省石家庄市和平东路388号				
	经营范围	医药化工产品的生产及销售等				

	指标\报告期	2015.06.30	2014.12.31	2014.06.30	2013.12.31
主要财务指标	基本每股收益(元)	0.0210	0.0270	0.0070	0.0100
	基本每股收益(扣除后)(元)	0.0180	-0.0200	0.0030	-0.0880
	稀释每股收益(元)	0.0210	0.0270	0.0070	0.0100
	每股净资产(元)	3.2090	3.1909	3.1698	2.9299
	每股经营现金净流量(元)	0.0825	0.0555	-0.1084	-0.0979
	每股现金流量(元)	-0.0920	0.0979	0.1381	-0.4015
	每股资本公积金(元)	2.1124	2.1190	2.1143	1.8718
	每股盈余公积金(元)	0.1131	0.1131	0.1103	0.1305
	每股未分配利润(元)	-0.0198	-0.0409	-0.0547	-0.0722
	净资产收益率(%)	0.6586	0.7998	0.2008	0.3381
	加权净资产收益率(%)	0.6600	0.8700	0.2300	0.3300
	净资产收益率(扣除)(%)	0.5589	-0.5869	0.0762	-2.9854
	总资产(万元)	1584281.60	1558995.10	1531503.75	1456008.85
	归属母公司股东权益(万元)	523317.35	520936.78	516930.98	403912.55
	营业收入(万元)	449875.71	940097.27	557864.04	1243814.37
	营业支出(万元)	376860.43	787691.19	484065.47	1116222.82
	投资收益(万元)	1466.85	2978.24	1087.89	2294.07
	净利润(万元)	2312.41	3179.18	1037.87	1365.53
	营业利润(万元)	2759.20	-2288.39	1114.99	-11516.58
	利润总额(万元)	3282.00	5522.11	1785.23	2380.08

杭州解百集团股份有限公司

公司概况	公司名称	杭州解百集团股份有限公司			证券简称	杭州解百
	法人代表	童民强	董秘	诸雪强	证券代码	600814
	公司网址	www.jiebai.cn		电子信箱	zxq600814@vip.sina.com	
	电话	0571-87016888-5015		传真	0571-87068081	
	办公地址	浙江省杭州市上城区解放路251号				
	经营范围	百货零售、批发以及酒店、进出口业务等				

	指标\报告期	2015.06.30	2014.12.31	2014.06.30	2013.12.31
主要财务指标	基本每股收益(元)	0.1900	0.3400	0.2100	0.3900
	基本每股收益(扣除后)(元)	0.1800	0.1300	0.0600	0.1900
	稀释每股收益(元)	0.1900	0.3400	0.2100	0.3900
	每股净资产(元)	2.6830	2.5941	2.6526	2.6353
	每股经营现金净流量(元)	-0.2083	0.1836	-0.5916	0.8666
	每股现金流量(元)	0.8418	0.0453	-0.3509	-0.7826
	每股资本公积金(元)	0.0200	0.0200	0.1243	0.5374
	每股盈余公积金(元)	0.1490	0.1490	0.3319	0.3319
	每股未分配利润(元)	1.5140	1.4252	1.1964	3.4434
	净资产收益率(%)	7.2253	12.9646	3.2201	7.6978
	加权净资产收益率(%)	7.2500	13.7400	8.5500	17.9200
	净资产收益率(扣除)(%)	6.5891	3.1876	2.1521	7.1684
	总资产(万元)	435427.50	454009.57	115215.32	455833.72
	归属母公司股东权益(万元)	191840.72	185487.51	82330.68	165168.64
	营业收入(万元)	275673.44	605467.94	297802.46	664653.32
	营业支出(万元)	214946.85	481835.86	233658.62	534230.66
	投资收益(万元)	1996.56	5012.85	2717.00	2384.54
	净利润(万元)	21014.33	38201.59	22728.14	42284.75
	营业利润(万元)	28615.47	50715.46	30361.40	56771.11
	利润总额(万元)	28283.84	51131.62	30756.15	56987.67

厦门厦工机械股份有限公司

公司概况	公司名称	厦门厦工机械股份有限公司			证券简称	厦工股份
	法人代表	许振明	董秘	王智勇	证券代码	600815
	公司网址	www.xiagong.com		电子信箱	stock@xiagong.com	
	电　话	0592-6389300		传　真	0592-6389301	
	办公地址	福建省厦门市灌口南路668号之八				
	经营范围	装载、挖掘机等工程机械产品及其配件制造、加工和销售等				

主要财务指标	指标\报告期	2015.06.30	2014.12.31	2014.06.30	2013.12.31
	基本每股收益(元)	–0.1900	0.0100	0.0014	–0.6200
	基本每股收益(扣除后)(元)	–0.2000	–0.4500	–0.0900	–0.6700
	稀释每股收益(元)	–0.1900	0.0100	0.0014	–0.6200
	每股净资产(元)	4.0581	4.2471	4.2390	4.2369
	每股经营现金净流量(元)	–0.0055	–0.3090	–0.7276	0.2540
	每股现金流量(元)	–0.3328	–0.2414	–0.4409	–0.4533
	每股资本公积金(元)	2.1041	2.1040	2.1039	2.1039
	每股盈余公积金(元)	0.2860	0.2860	0.2860	0.2860
	每股未分配利润(元)	0.6694	0.8587	0.8494	0.8480
	净资产收益率(%)	–4.6656	0.2529	0.0334	–14.5205
	加权净资产收益率(%)	–4.5600	0.2500	0.0300	–13.4500
	净资产收益率(扣除)(%)	–5.0337	–10.6602	–2.0594	–15.8538
	总资产(万元)	1073074.06	1103927.87	1145514.14	1160527.87
	归属母公司股东权益(万元)	389160.75	407286.57	406502.88	406302.82
	营业收入(万元)	155705.70	455952.04	245805.03	649741.49
	营业支出(万元)	143287.21	410261.34	219059.65	586023.57
	投资收益(万元)	241.46	981.96	631.39	–2374.88
	净利润(万元)	–17995.61	1727.74	135.66	–58997.27
	营业利润(万元)	–22551.02	–50804.85	–8973.54	–75594.93
	利润总额(万元)	–21144.47	2241.63	1090.64	–69744.79

安信信托股份有限公司

公司概况	公司名称	安信信托股份有限公司			证券简称	安信信托
	法人代表	王少钦	董秘	武国建	证券代码	600816
	公司网址	www.anxintrust.com		电子信箱	600816@anxintrust.com	
	电　话	021-63410710		传　真	021-63410712	
	办公地址	上海市黄浦区广东路689号29楼				
	经营范围	主要从事信托、证券、实业等业务				

主要财务指标	指标\报告期	2015.06.30	2014.12.31	2014.06.30	2013.12.31
	基本每股收益(元)	1.8313	2.2539	1.2077	0.6157
	基本每股收益(扣除后)(元)	1.7397	2.2647	1.2078	0.5037
	稀释每股收益(元)	1.8313	2.2539	1.2077	0.6157
	每股净资产(元)	7.7860	3.9740	2.9120	1.9043
	每股经营现金净流量(元)	0.0789	0.0735	–1.1093	0.8462
	每股现金流量(元)	4.2042	0.0469	–0.3500	–0.2330
	每股资本公积金(元)	4.0808	0.0850	0.0850	0.0850
	每股盈余公积金(元)	0.2012	0.3137	0.0883	0.0883
	每股未分配利润(元)	2.2005	2.2993	1.6388	0.6310
	净资产收益率(%)	15.0868	56.7165	41.4738	32.3327
	加权净资产收益率(%)	37.5900	76.8900	48.1500	37.4000
	净资产收益率(扣除)(%)	14.3321	56.9866	41.4760	26.4506
	总资产(万元)	632913.51	295394.41	197075.28	160046.15
	归属母公司股东权益(万元)	551214.01	180463.73	132238.70	86476.43
	营业收入(万元)	134241.63	180937.98	88068.37	–
	营业支出(万元)	28381.25	42976.12	–	–
	投资收益(万元)	396.52	1511.14	–	634.60
	净利润(万元)	83160.51	102352.79	54844.46	27960.18
	营业利润(万元)	105860.37	137961.86	73129.76	40197.20
	利润总额(万元)	111407.32	137721.97	73125.95	40162.70

西安宏盛科技发展股份有限公司

公司概况	公司名称	西安宏盛科技发展股份有限公司			证券简称	ST 宏 盛
	法人代表	马婷婷	董秘	谢斌	证券代码	600817
	公司网址			电子信箱	hs600817@163.com	
	电　话	029-88661759		传　真	029-88661759	
	办公地址	陕西省西安市曲江新区雁南五路商通大道曲江综合服务中心				
	经营范围	主要从事信托、证券、实业等业务				

主要财务指标	指标\报告期	2015.06.30	2014.12.31	2014.06.30	2013.12.31
	基本每股收益(元)	0.0006	–0.1000	0.0026	0.0200
	基本每股收益(扣除后)(元)	0.0006	–0.1000	0.0016	–0.0050
	稀释每股收益(元)	0.0006	–0.1000	0.0026	0.0200
	每股净资产(元)	0.6730	0.6724	0.7767	0.7463
	每股经营现金净流量(元)	–0.2127	0.0907	–0.3879	–0.1498
	每股现金流量(元)	–0.2854	0.3832	–0.1956	0.2590
	每股资本公积金(元)	1.3193	1.3193	1.3193	1.2914
	每股盈余公积金(元)	0.0512	0.0512	0.0512	0.0512
	每股未分配利润(元)	–1.6974	–1.6980	–1.5937	–1.5963
	净资产收益率(%)	0.0871	–15.1316	0.3290	2.0629
	加权净资产收益率(%)	0.0870	–14.3400	0.1540	2.0800
	净资产收益率(扣除)(%)	0.0854	–15.2818	0.2102	–0.6138
	总资产(万元)	49891.59	49406.90	66504.62	80399.40
	归属母公司股东权益(万元)	10829.28	10819.85	12498.18	12008.09
	营业收入(万元)	1048.03	3102.09	1567.03	5152.46
	营业支出(万元)	205.78	1452.90	–	2671.22
	投资收益(万元)	–	–	–	–
	净利润(万元)	87.96	–2714.61	41.12	247.71
	营业利润(万元)	135.02	–2484.44	242.22	813.92
	利润总额(万元)	135.56	–2436.30	256.43	1596.39

中路股份有限公司

公司概况	公司名称	中路股份有限公司			证券简称	中路股份
	法人代表	陈闪	董秘	袁志坚	证券代码	600818
	公司网址	www.600818.cn		电子信箱	600818@zhonglu.com.cn	
	电　话	021-50596906		传　真	021-68458517	
	办公地址	上海市浦东新区南六公路818号				
	经营范围	自行车及零部件、助力车、特种车辆和与自行车相关的配套产品等				

主要财务指标	指标\报告期	2015.06.30	2014.12.31	2014.06.30	2013.12.31
	基本每股收益(元)	0.1200	0.0400	0.0200	0.0300
	基本每股收益(扣除后)(元)	–0.1000	–0.0800	0.0300	–
	稀释每股收益(元)	0.1200	0.0400	0.0200	–
	每股净资产(元)	1.2825	1.1819	1.1564	1.1778
	每股经营现金净流量(元)	–0.0897	0.0015	–0.0682	0.0314
	每股现金流量(元)	–0.0599	0.0243	–0.1355	0.0687
	每股资本公积金(元)	0.0134	0.1411	0.0180	0.0180
	每股盈余公积金(元)	0.0237	0.0413	0.0364	0.0364
	每股未分配利润(元)	0.2454	0.1226	0.1020	0.1234
	净资产收益率(%)	9.5787	3.7310	1.6068	2.5800
	加权净资产收益率(%)	8.9900	3.7400	1.5700	2.5800
	净资产收益率(扣除)(%)	–8.1828	–6.5274	2.2881	–5.6032
	总资产(万元)	78784.81	83000.30	71777.95	73034.10
	归属母公司股东权益(万元)	41226.76	41949.81	37172.48	37860.97
	营业收入(万元)	28936.91	66271.22	32611.30	66015.15
	营业支出(万元)	24941.95	58041.20	27203.97	57971.48
	投资收益(万元)	7990.77	4218.15	276.06	5434.43
	净利润(万元)	3581.39	1423.86	597.30	984.88
	营业利润(万元)	5515.34	1391.65	566.50	3944.47
	利润总额(万元)	5656.99	1678.43	653.52	4175.28

上海耀皮玻璃集团股份有限公司

公司概况					
公司名称	上海耀皮玻璃集团股份有限公司			证券简称	耀皮玻璃
法人代表	赵健	董秘	金闽丽	证券代码	600819
公司网址	www.sypglass.com			电子信箱	stock@sypglass.com
电　话	021-61633599 61633522			传　真	021-58801554
办公地址	上海市浦东新区张东路 1388 号 4-5 幢				
经营范围	生产和销售透明浮法玻璃、本体着色浮法玻璃及其深加工系列产品等				

主要财务指标：指标\报告期	2015.06.30	2014.12.31	2014.06.30	2013.12.31
基本每股收益(元)	-0.0900	0.0600	0.0300	0.1600
基本每股收益(扣除后)(元)	-0.1200	-0.0300	0.0020	0.0900
稀释每股收益(元)	-0.0900	0.0600	0.0300	0.1600
每股净资产(元)	3.2947	3.3998	3.3977	3.4048
每股经营现金净流量(元)	0.1951	0.2443	0.1365	0.2454
每股现金流量(元)	0.1053	-1.3453	-0.6468	0.7439
每股资本公积金(元)	1.2012	1.2012	1.1722	1.1722
每股盈余公积金(元)	0.5221	0.5221	0.5111	0.5111
每股未分配利润(元)	0.5849	0.6900	0.7144	0.7214
净资产收益率(%)	-2.5822	1.6786	0.9707	3.7429
加权净资产收益率(%)	-2.5300	1.6300	0.9600	5.5200
净资产收益率(扣除)(%)	-3.5966	-0.9991	0.0484	2.0172
总资产(万元)	857230.75	795931.49	764500.71	723619.75
归属母公司股东权益(万元)	308027.86	317851.51	317661.09	318317.33
营业收入(万元)	124522.07	286491.30	119844.15	249110.36
营业支出(万元)	102791.22	226469.66	93845.35	186507.16
投资收益(万元)	2453.01	5091.89	1152.45	1465.81
净利润(万元)	-9291.18	1309.38	3083.42	11914.25
营业利润(万元)	-10226.83	-3693.76	-1887.64	1058.65
利润总额(万元)	-8792.07	4297.62	3187.33	9791.40

上海隧道工程股份有限公司

公司概况					
公司名称	上海隧道工程股份有限公司			证券简称	隧道股份
法人代表	张焰	董秘	田军	证券代码	600820
公司网址	www.stec.net			电子信箱	stecodd@stec.net
电　话	021-58301000			传　真	021-65419227
办公地址	上海市徐汇区宛平南路 1099 号				
经营范围	建筑业、土木工程建设项目总承包、隧道、市政、建筑、公路及桥梁、交通等				

主要财务指标：指标\报告期	2015.06.30	2014.12.31	2014.06.30	2013.12.31
基本每股收益(元)	0.2000	0.5100	0.2300	0.9928
基本每股收益(扣除后)(元)	0.1800	0.4000	0.2000	0.8258
稀释每股收益(元)	0.2000	0.5100	0.2100	0.9928
每股净资产(元)	5.1740	4.9741	4.8552	9.5674
每股经营现金净流量(元)	0.2393	1.1473	0.3442	0.5365
每股现金流量(元)	0.1878	0.5391	0.1934	-0.0371
每股资本公积金(元)	2.1719	2.1719	2.0751	4.5327
每股盈余公积金(元)	0.1964	0.1964	0.1838	0.3858
每股未分配利润(元)	1.6576	1.4542	1.4661	3.4347
净资产收益率(%)	3.9301	8.9114	4.7262	10.3769
加权净资产收益率(%)	4.0100	10.8000	5.3700	11.1400
净资产收益率(扣除)(%)	3.4875	7.0670	4.0422	8.6313
总资产(万元)	6017221.77	5881443.95	6001855.65	5705426.36
归属母公司股东权益(万元)	1626748.89	1563918.83	1323285.39	1242482.87
营业收入(万元)	1028250.89	2542181.14	987794.14	2350113.85
营业支出(万元)	892952.74	2222747.85	859645.54	2056020.29
投资收益(万元)	57356.72	170911.72	58271.53	137083.28
净利润(万元)	64873.50	141522.76	62541.35	128930.90
营业利润(万元)	76115.26	161106.30	68403.12	136512.96
利润总额(万元)	83500.88	185651.50	79696.69	165926.06

天津劝业场(集团)股份有限公司

公司概况					
公司名称	天津劝业场(集团)股份有限公司			证券简称	津劝业
法人代表	回金普	董秘	赵虹	证券代码	600821
公司网址	www.qyc.com.cn			电子信箱	tjqy600821@163.com
电　话	022-27304989			传　真	022-27304989
办公地址	天津市和平区和平路 290 号				
经营范围	商业、各类物资的批发及零售、洗染、摄影、其他居民服务、日用品修理等				

主要财务指标：指标\报告期	2015.06.30	2014.12.31	2014.06.30	2013.12.31
基本每股收益(元)	0.0100	0.0300	0.0100	0.0300
基本每股收益(扣除后)(元)	0.0100	0.0100	0.0100	0.0200
稀释每股收益(元)	0.0100	0.0300	0.0100	0.0300
每股净资产(元)	1.4466	1.4380	1.4266	1.4129
每股经营现金净流量(元)	-0.0244	0.3352	0.0322	-0.2534
每股现金流量(元)	0.0254	0.0254	-0.3535	-0.1288
每股资本公积金(元)	0.4292	0.4292	0.4295	0.4292
每股盈余公积金(元)	0.2301	0.2301	0.2301	0.2301
每股未分配利润(元)	-0.2128	-0.2213	-0.2330	-0.2467
净资产收益率(%)	0.5919	1.7662	0.9631	2.4555
加权净资产收益率(%)	0.5900	1.7800	0.9700	2.4900
净资产收益率(扣除)(%)	0.4124	0.3524	0.7368	1.5154
总资产(万元)	191746.41	191997.13	184307.00	196175.94
归属母公司股东权益(万元)	60215.73	59859.31	59384.76	58812.74
营业收入(万元)	30913.97	61177.53	36356.47	86246.02
营业支出(万元)	26082.41	50452.61	31523.85	73294.32
投资收益(万元)	2844.72	12341.59	4548.90	15737.74
净利润(万元)	356.42	1057.22	571.96	1444.15
营业利润(万元)	324.65	950.60	431.88	1454.04
利润总额(万元)	356.42	1057.22	571.96	1444.15

上海物资贸易股份有限公司

公司概况					
公司名称	上海物资贸易股份有限公司			证券简称	上海物贸
法人代表	秦青林	董秘	许伟	证券代码	600822
公司网址	www.sh600822.com			电子信箱	600822@shwuzi.com
电　话	021-63231818			传　真	021-63292367
办公地址	上海市黄浦区南苏州路 325 号				
经营范围	燃料油、金属材料、化工原料、建材、汽车等机电产品的经营及进出口贸易等				

主要财务指标：指标\报告期	2015.06.30	2014.12.31	2014.06.30	2013.12.31
基本每股收益(元)	-0.2333	0.0300	0.0157	0.0400
基本每股收益(扣除后)(元)	-0.2309	-0.3400	0.0039	-
稀释每股收益(元)	-0.2333	0.0300	0.0157	0.0400
每股净资产(元)	1.7663	1.9619	1.9639	1.9461
每股经营现金净流量(元)	0.1625	0.9675	0.6681	2.6123
每股现金流量(元)	-0.4242	-0.8502	0.3374	-0.5913
每股资本公积金(元)	1.0940	1.0940	1.3577	1.3561
每股盈余公积金(元)	0.1072	0.1072	0.1073	0.1073
每股未分配利润(元)	-0.7381	-0.5048	-0.4941	-0.5098
净资产收益率(%)	-13.2063	1.4737	0.7975	1.8841
加权净资产收益率(%)	-9.9300	1.4700	0.8000	1.8700
净资产收益率(扣除)(%)	-13.0726	-17.1441	-	-19.2106
总资产(万元)	878998.57	864244.75	1164804.07	1047297.34
归属母公司股东权益(万元)	87605.48	97305.27	97402.06	96520.45
营业收入(万元)	3133650.69	6962603.30	3684362.97	9750165.39
营业支出(万元)	3096997.94	6879347.10	3641586.20	9668563.53
投资收益(万元)	1280.97	19676.78	1515.33	30192.41
净利润(万元)	-10524.65	4545.58	776.76	1818.50
营业利润(万元)	-9243.49	5736.17	3766.98	16266.10
利润总额(万元)	-9387.49	8041.82	4574.88	10115.53

上海世茂股份有限公司

公司概况					
公司名称	上海世茂股份有限公司			证券简称	世茂股份
法人代表	刘赛飞	董秘	俞峰	证券代码	600823
公司网址	www.shimaoco.com		电子信箱	600823@shimao.com.cn	
电　话	021-20203388		传　真	021-20203399	
办公地址	上海市银城中路68号时代金融中心43楼				
经营范围	实业投资、房地产综合开发、本公司商标特许经营、针纺织品等				

主要财务指标：指标\报告期	2015.06.30	2014.12.31	2014.06.30	2013.12.31
基本每股收益(元)	0.5300	1.6100	0.6100	1.4000
基本每股收益(扣除后)(元)	0.4300	1.2100	0.5000	1.1600
稀释每股收益(元)	0.5300	1.6100	0.6100	1.4000
每股净资产(元)	9.5687	13.7135	12.7534	12.1325
每股经营现金净流量(元)	0.5074	0.0650	0.1196	2.1341
每股现金流量(元)	0.5675	−0.2480	−0.5817	0.5850
每股资本公积金(元)	1.3719	2.5523	6.1818	6.0251
每股盈余公积金(元)	0.1692	0.2540	0.2293	0.2293
每股未分配利润(元)	4.6117	6.3001	5.3292	4.8687
净资产收益率(%)	5.5182	11.7686	4.7869	11.5699
加权净资产收益率(%)	5.6000	12.4300	4.9200	12.1500
净资产收益率(扣除)(%)	4.4868	8.8026	3.9566	9.5819
总资产(万元)	6263683.07	5890051.44	6098575.92	5008770.02
归属母公司股东权益(万元)	1684032.04	1607793.52	1492907.92	1420229.68
营业收入(万元)	852604.42	1270095.43	611680.80	1015346.99
营业支出(万元)	540306.12	744273.16	395279.40	590897.38
投资收益(万元)	−3333.04	44574.38	9489.60	−213.94
净利润(万元)	140820.17	260785.60	71464.23	164319.01
营业利润(万元)	191756.74	344787.69	134905.44	234873.20
利润总额(万元)	192712.60	348805.12	137305.68	242054.32

上海益民商业集团股份有限公司

公司概况					
公司名称	上海益民商业集团股份有限公司			证券简称	益民集团
法人代表	杨传华	董秘	钱国富	证券代码	600824
公司网址	www.yimingroup.com		电子信箱	yimin@yimingroup.com	
电　话	021-64339888		传　真	021-64721377	
办公地址	上海市淮海中路809号甲				
经营范围	百货零售业等				

主要财务指标：指标\报告期	2015.06.30	2014.12.31	2014.06.30	2013.12.31
基本每股收益(元)	0.1160	0.2070	0.1270	0.1880
基本每股收益(扣除后)(元)	0.0900	0.1740	0.1200	0.1390
稀释每股收益(元)	0.1160	0.2070	0.1270	0.1880
每股净资产(元)	1.7673	2.0439	1.9639	1.8971
每股经营现金净流量(元)	0.2166	0.3108	0.2386	0.1650
每股现金流量(元)	0.0420	0.0961	0.1123	−0.0337
每股资本公积金(元)	0.1277	0.1532	0.1541	0.1542
每股盈余公积金(元)	0.1676	0.2011	0.1876	0.1876
每股未分配利润(元)	0.4710	0.6886	0.6221	0.5553
净资产收益率(%)	6.5839	10.1179	6.4589	9.9043
加权净资产收益率(%)	6.6100	10.5200	6.5000	10.2400
净资产收益率(扣除)(%)	5.0922	8.4984	6.1131	7.3163
总资产(万元)	283127.70	269753.79	279439.40	239251.15
归属母公司股东权益(万元)	186273.20	179531.29	172495.97	166631.19
营业收入(万元)	192992.19	308417.60	165842.15	297986.63
营业支出(万元)	155415.37	236036.06	124769.79	226361.16
投资收益(万元)	2083.05	2773.36	680.30	643.50
净利润(万元)	12653.98	19527.79	11141.34	16503.66
营业利润(万元)	15652.54	24844.41	15500.64	18675.12
利润总额(万元)	17575.31	25829.87	15651.83	23881.92

上海新华传媒股份有限公司

公司概况					
公司名称	上海新华传媒股份有限公司			证券简称	新华传媒
法人代表	裘新	董秘	裘新(代)	证券代码	600825
公司网址	www.xhmedia.com		电子信箱	xhcm600825@gmail.com	
电　话	021-60376284		传　真	021-60376284	
办公地址	上海市徐汇区漕溪北路331号新华中心(中金国际广场A座)7-8楼				
经营范围	图书报刊、电子出版物零售(连锁经营)、图书报刊、电子出版物批发等				

主要财务指标：指标\报告期	2015.06.30	2014.12.31	2014.06.30	2013.12.31
基本每股收益(元)	0.0310	0.0500	0.0230	0.0600
基本每股收益(扣除后)(元)	−0.0080	0.0020	0.0060	-
稀释每股收益(元)	0.0310	0.0500	0.0230	0.0600
每股净资产(元)	2.4423	2.4109	2.4061	2.3827
每股经营现金净流量(元)	−0.0150	−0.0265	−0.0500	0.1113
每股现金流量(元)	−0.1743	−0.2643	−0.2850	0.2387
每股资本公积金(元)	0.5333	0.5333	0.5333	0.5333
每股盈余公积金(元)	0.1445	0.1445	0.1338	0.1338
每股未分配利润(元)	0.7645	0.7331	0.7390	0.7156
净资产收益率(%)	1.2858	2.0015	0.9733	2.3899
加权净资产收益率(%)	1.2900	2.0100	0.9800	2.3750
净资产收益率(扣除)(%)	−0.3260	0.0887	0.2606	−2.1106
总资产(万元)	478363.01	583195.49	608579.62	620307.72
归属母公司股东权益(万元)	255194.65	251913.41	251407.93	248961.02
营业收入(万元)	79893.43	178901.39	85897.20	184747.77
营业支出(万元)	54267.49	123268.55	57878.27	121583.72
投资收益(万元)	4887.96	16449.92	575.39	6245.44
净利润(万元)	3056.63	5047.36	2446.91	5949.85
营业利润(万元)	3859.21	4556.67	2715.14	7445.85
利润总额(万元)	4104.93	6634.73	3898.47	11015.80

上海兰生股份有限公司

公司概况					
公司名称	上海兰生股份有限公司			证券简称	兰生股份
法人代表	戴柳	董秘	杨敏	证券代码	600826
公司网址	www.lansheng.com		电子信箱	yangmin@lansheng.com	
电　话	021-51991608 51991611		传　真	021-33772705*608 611	
办公地址	上海市中山北二路1800号				
经营范围	主营自营和代理各类商品及技术的进出口业务、国内贸易等				

主要财务指标：指标\报告期	2015.06.30	2014.12.31	2014.06.30	2013.12.31
基本每股收益(元)	1.0100	1.2550	0.0980	0.1200
基本每股收益(扣除后)(元)	0.0770	0.1050	0.0980	0.1100
稀释每股收益(元)	1.0100	1.2550	0.0980	0.1200
每股净资产(元)	9.2085	9.5713	4.8424	5.4832
每股经营现金净流量(元)	−0.3969	−0.0409	−0.0266	−0.0324
每股现金流量(元)	2.8433	−0.1981	0.0590	0.0922
每股资本公积金(元)	0.3279	0.3279	2.9839	3.7227
每股盈余公积金(元)	0.5000	0.5000	0.4261	0.4261
每股未分配利润(元)	2.4835	1.4687	0.4325	0.3345
净资产收益率(%)	11.0206	13.1132	2.0232	2.2208
加权净资产收益率(%)	10.8100	20.5400	1.9000	2.4300
净资产收益率(扣除)(%)	0.8309	1.0959	2.0175	2.0632
总资产(万元)	515103.68	536945.22	266736.18	305969.96
归属母公司股东权益(万元)	387347.33	402609.00	203693.16	230647.90
营业收入(万元)	100725.98	138675.18	58479.80	123909.22
营业支出(万元)	95820.55	131382.33	54839.74	118407.05
投资收益(万元)	54749.98	69278.22	3724.60	5695.52
净利润(万元)	42937.38	52178.99	4121.17	5122.30
营业利润(万元)	56077.09	66632.64	4082.38	4995.05
利润总额(万元)	56219.50	66879.37	4097.84	5265.38

上海百联集团股份有限公司

公司概况						
	公司名称	上海百联集团股份有限公司			证券简称	百联股份
	法人代表	陈晓宏	董秘	郑小芸	证券代码	600827
	公司网址	www.bailian.sh.cn		电子信箱	blgf600827@163.com	
	电　话	021-63223344　63229537		传　真	021-63517447	
	办公地址	上海市六合路 58 号新一百大厦 13 楼				
	经营范围	综合百货、医疗器械、装潢装饰材料、服装针纺织品、五金交电等				

主要财务指标	指标＼报告期	2015.06.30	2014.12.31	2014.06.30	2013.12.31
	基本每股收益(元)	0.6400	0.6100	0.4200	0.4300
	基本每股收益(扣除后)(元)	0.4200	0.5000	0.4000	0.4100
	稀释每股收益(元)	0.6400	0.6100	0.4200	0.4300
	每股净资产(元)	9.5265	9.2724	7.4739	7.5054
	每股经营现金净流量(元)	0.0857	1.1777	0.2935	2.2313
	每股现金流量(元)	−0.6423	0.4085	0.1912	1.4072
	每股资本公积金(元)	1.7300	1.7300	2.7660	1.7300
	每股盈余公积金(元)	0.5942	0.5942	0.5245	0.5245
	每股未分配利润(元)	3.6582	3.2680	3.1773	2.9920
	净资产收益率(%)	6.7208	6.5515	5.5565	8.0120
	加权净资产收益率(%)	6.7200	7.2400	5.4600	5.8600
	净资产收益率(扣除)(%)	4.4231	5.4280	5.3226	−
	总资产(万元)	4134583.18	4403680.85	3960954.77	4090239.94
	归属母公司股东权益(万元)	1640934.16	1597167.43	1287371.08	1297420.05
	营业收入(万元)	2539204.47	5116420.00	2658785.74	2721482.84
	营业支出(万元)	1972796.10	4010744.08	2076262.62	2140102.68
	投资收益(万元)	55142.37	27700.92	15604.80	14687.46
	净利润(万元)	124648.50	123317.95	71532.58	73950.51
	营业利润(万元)	156510.39	153424.62	117667.84	122402.04
	利润总额(万元)	162732.52	180141.20	121658.65	127703.77

成商集团股份有限公司

公司概况						
	公司名称	成商集团股份有限公司			证券简称	成商集团
	法人代表	高宏彪	董秘	郑怡	证券代码	600828
	公司网址	www.cpds.cn		电子信箱	cpds_600828@cpds.cn	
	电　话	028-86665088		传　真	028-86652529	
	办公地址	四川省成都市东御街 19 号				
	经营范围	批发、零售商品等				

主要财务指标	指标＼报告期	2015.06.30	2014.12.31	2014.06.30	2013.12.31
	基本每股收益(元)	0.1088	0.3404	0.2892	0.3585
	基本每股收益(扣除后)(元)	0.1037	0.2029	0.1436	0.3018
	稀释每股收益(元)	0.1088	0.3404	0.2892	0.3585
	每股净资产(元)	2.2583	2.1909	2.1547	1.9555
	每股经营现金净流量(元)	0.0689	0.3441	0.0740	0.3706
	每股现金流量(元)	−0.0829	0.0229	0.0154	−0.0783
	每股资本公积金(元)	0.0526	0.0526	0.0529	0.0529
	每股盈余公积金(元)	0.2642	0.2642	0.2391	0.2391
	每股未分配利润(元)	0.9324	0.8736	0.8627	0.6635
	净资产收益率(%)	4.8198	15.5358	13.4202	18.3329
	加权净资产收益率(%)	4.9000	16.6500	14.0700	20.1000
	净资产收益率(扣除)(%)	4.5902	9.2603	6.6648	15.4345
	总资产(万元)	234407.77	230950.99	236147.64	231088.88
	归属母公司股东权益(万元)	128819.98	124977.05	122912.86	111551.64
	营业收入(万元)	101580.40	206671.79	113396.72	221211.09
	营业支出(万元)	79076.23	162469.71	88528.99	165635.11
	投资收益(万元)	827.14	11773.26	11763.28	3699.77
	净利润(万元)	6184.24	19349.90	16495.18	20450.61
	营业利润(万元)	7689.39	26249.47	21231.66	26935.12
	利润总额(万元)	8087.16	25541.21	21132.12	28410.08

哈药集团人民同泰医药股份有限公司

公司概况						
	公司名称	哈药集团人民同泰医药股份有限公司			证券简称	人民同泰
	法人代表	张利君	董秘	程轶颖	证券代码	600829
	公司网址	www.sanjing.com.cn		电子信箱	chengyy@hyrmtt.com.cn	
	电　话	0451-84600888		传　真	0451-84600888	
	办公地址	黑龙江省哈尔滨市道里区哈药路 418 号				
	经营范围	医药制造、医药经销和投资管理等				

主要财务指标	指标＼报告期	2015.06.30	2014.12.31	2014.06.30	2013.12.31
	基本每股收益(元)	0.1802	0.0687	0.2218	0.0111
	基本每股收益(扣除后)(元)	0.1747	0.0810	0.2100	−0.0436
	稀释每股收益(元)	0.1802	0.0687	0.2218	0.0111
	每股净资产(元)	2.3950	3.6090	3.7280	3.7446
	每股经营现金净流量(元)	−0.0259	0.6770	0.7769	−0.2730
	每股现金流量(元)	−0.7316	0.4591	0.6613	−0.4899
	每股资本公积金(元)	−	0.6145	0.2260	0.2260
	每股盈余公积金(元)	−	0.6248	0.5127	0.5127
	每股未分配利润(元)	1.3950	2.8075	1.9893	1.9346
	净资产收益率(%)	7.5221	1.9042	3.1222	0.2976
	加权净资产收益率(%)	3.5000	1.8900	4.3000	0.3000
	净资产收益率(扣除)(%)	7.2957	2.2449	2.8687	−1.1639
	总资产(万元)	377551.07	685990.12	343947.39	370524.13
	归属母公司股东权益(万元)	138881.93	292656.95	216183.28	213006.61
	营业收入(万元)	481934.22	173879.47	467417.36	317700.49
	营业支出(万元)	419359.81	84210.87	378825.88	187629.50
	投资收益(万元)	−	77.37	23.07	−938.49
	净利润(万元)	9809.55	2622.83	11728.63	−778.27
	营业利润(万元)	13959.56	5764.06	15266.41	443.11
	利润总额(万元)	14378.96	5194.55	16175.90	5629.29

香溢融通控股集团股份有限公司

公司概况						
	公司名称	香溢融通控股集团股份有限公司			证券简称	香溢融通
	法人代表	孙建华	董秘	林蔚晴	证券代码	600830
	公司网址	www.sunnyloantop.cn		电子信箱	slt@sunnyloantop.cn	
	电　话	0574-87315310		传　真	0574-87294676	
	办公地址	浙江省宁波市西河街 158 号				
	经营范围	商业、广告、进出口、餐饮服务、娱乐及旅游等				

主要财务指标	指标＼报告期	2015.06.30	2014.12.31	2014.06.30	2013.12.31
	基本每股收益(元)	0.0920	0.2200	0.1010	0.3600
	基本每股收益(扣除后)(元)	0.0470	0.0670	0.0230	0.0100
	稀释每股收益(元)	0.0920	0.2200	0.1010	0.3600
	每股净资产(元)	4.4043	4.1186	3.9486	3.9669
	每股经营现金净流量(元)	0.0740	−0.1226	0.1777	0.6933
	每股现金流量(元)	−0.1437	−0.2524	0.1689	0.1779
	每股资本公积金(元)	1.1545	1.1545	1.1555	1.1545
	每股盈余公积金(元)	0.2245	0.2196	0.2157	0.2101
	每股未分配利润(元)	1.6996	1.6927	1.5775	1.6023
	净资产收益率(%)	2.0850	5.3401	2.5511	9.0657
	加权净资产收益率(%)	2.1350	5.4850	2.5080	9.4340
	净资产收益率(扣除)(%)	1.0617	1.6288	0.5844	0.2634
	总资产(万元)	369363.34	307677.33	241219.90	232847.23
	归属母公司股东权益(万元)	200096.90	187115.60	179394.04	180223.36
	营业收入(万元)	75296.33	109132.42	52890.84	107410.55
	营业支出(万元)	65281.02	86759.61	38027.67	79811.10
	投资收益(万元)	238.61	318.48	158.01	6208.46
	净利润(万元)	4666.11	10808.40	4576.57	16338.51
	营业利润(万元)	6487.30	14418.50	6796.61	21873.70
	利润总额(万元)	6623.72	15108.51	7398.15	23240.05

陕西广电网络传媒(集团)股份有限公司

公司概况						
	公司名称	陕西广电网络传媒(集团)股份有限公司			证券简称	广电网络
	法人代表	晏兆祥	董秘	杨莎	证券代码	600831
	公司网址	www.600831.com		电子信箱	600831@china.com	
	电　话	029-87991255 87991258		传　真	029-87991266	
	办公地址	陕西省西安市曲江新区行政商务区曲江·首座大厦				
	经营范围	有线电视网络运营、广告代理、影视制作等				

主要财务指标	指标\报告期	2015.06.30	2014.12.31	2014.06.30	2013.12.31
	基本每股收益(元)	0.1600	0.2075	0.1380	0.2432
	基本每股收益(扣除后)(元)	0.1540	0.2017	0.1320	0.2618
	稀释每股收益(元)	–	–	–	–
	每股净资产(元)	3.3076	3.1778	3.1100	2.9800
	每股经营现金净流量(元)	0.4361	1.4190	0.6160	1.4707
	每股现金流量(元)	–0.0706	0.1695	0.4421	–0.1180
	每股资本公积金(元)	0.7682	0.7682	0.7682	0.7686
	每股盈余公积金(元)	0.1432	0.1432	0.1235	0.1235
	每股未分配利润(元)	1.3962	1.2663	1.2161	1.0885
	净资产收益率(%)	4.8329	6.5292	4.4300	8.1604
	加权净资产收益率(%)	4.9100	6.7400	4.5200	8.4400
	净资产收益率(扣除)(%)	4.6614	6.3487	4.2300	8.7800
	总资产(万元)	526757.16	511835.36	501455.67	450065.06
	归属母公司股东权益(万元)	186363.74	179047.20	175109.12	167942.82
	营业收入(万元)	123200.45	229813.27	113050.84	203180.63
	营业支出(万元)	79125.23	149456.34	75078.78	121239.10
	投资收益(万元)	194.46	797.92	80.01	582.93
	净利润(万元)	9080.78	13082.14	7755.10	13704.74
	营业利润(万元)	8798.04	13121.86	7603.60	15367.40
	利润总额(万元)	9123.93	13444.90	7949.02	14384.94

上海第一医药股份有限公司

公司概况						
	公司名称	上海第一医药股份有限公司			证券简称	第一医药
	法人代表	陆琨	董秘	孙炳	证券代码	600833
	公司网址	www.dyyy.com.cn		电子信箱	shcred@online.sh.cn	
	电　话	021-64337282		传　真	021-64337191	
	办公地址	上海市徐汇区小木桥路681号20楼				
	经营范围	经销化学原料药、化学药制剂、生物制品、中西药、百货等				

主要财务指标	指标\报告期	2015.06.30	2014.12.31	2014.06.30	2013.12.31
	基本每股收益(元)	0.1040	0.1700	0.0869	0.1500
	基本每股收益(扣除后)(元)	0.1033	0.1500	0.0862	0.1400
	稀释每股收益(元)	0.1040	0.1700	0.0869	0.1500
	每股净资产(元)	3.5754	2.8866	2.5236	2.3719
	每股经营现金净流量(元)	0.2399	0.0861	0.1469	0.0292
	每股现金流量(元)	0.2523	0.0340	0.1547	–0.0372
	每股资本公积金(元)	0.2922	0.2922	0.9700	0.9052
	每股盈余公积金(元)	0.1442	0.1442	0.1279	0.1279
	每股未分配利润(元)	0.5424	0.4385	0.4257	0.3387
	净资产收益率(%)	2.9078	5.7495	3.4437	6.4761
	加权净资产收益率(%)	3.2200	6.3100	3.5500	6.7100
	净资产收益率(扣除)(%)	2.8897	5.2241	3.4148	5.9572
	总资产(万元)	124837.28	108097.99	93841.84	91616.26
	归属母公司股东权益(万元)	79762.72	64396.34	56297.41	52912.95
	营业收入(万元)	78348.96	141474.54	72197.12	134839.48
	营业支出(万元)	67009.14	119006.58	61389.60	112840.28
	投资收益(万元)	381.02	332.11	336.36	320.57
	净利润(万元)	2319.36	3702.48	1938.73	3426.68
	营业利润(万元)	2760.11	4571.12	2403.21	4160.44
	利润总额(万元)	2779.37	4979.86	2424.92	4490.47

上海申通地铁股份有限公司

公司概况						
	公司名称	上海申通地铁股份有限公司			证券简称	申通地铁
	法人代表	俞光耀	董秘	孙斯惠	证券代码	600834
	公司网址	www.shtmetro.com		电子信箱	600834@shtmetro.com	
	电　话	021-54259985 54259971		传　真	021-54257330	
	办公地址	上海市桂林路909号3号楼2楼				
	经营范围	地铁经营及相关综合开发、轨道交通投资、附设分支机构等				

主要财务指标	指标\报告期	2015.06.30	2014.12.31	2014.06.30	2013.12.31
	基本每股收益(元)	0.0653	0.2203	0.0894	0.2525
	基本每股收益(扣除后)(元)	0.0653	0.1955	0.0888	0.2525
	稀释每股收益(元)	0.0653	0.2203	0.0894	0.2525
	每股净资产(元)	2.9261	2.8591	2.7273	2.7195
	每股经营现金净流量(元)	0.0585	–0.6146	–0.5362	0.4445
	每股现金流量(元)	0.0851	–0.5209	–0.4486	0.3202
	每股资本公积金(元)	0.1670	0.1670	0.1707	0.1724
	每股盈余公积金(元)	0.3937	0.3937	0.3868	0.3868
	每股未分配利润(元)	1.3591	1.2938	1.1698	1.1604
	净资产收益率(%)	2.2315	7.7059	3.2781	9.2855
	加权净资产收益率(%)	2.2600	7.9000	3.2300	9.6200
	净资产收益率(扣除)(%)	2.2324	6.8375	3.2548	9.2856
	总资产(万元)	285779.63	205720.50	199563.05	184758.74
	归属母公司股东权益(万元)	139685.81	136486.07	130195.88	129825.05
	营业收入(万元)	37044.88	74457.97	35369.84	71685.86
	营业支出(万元)	32928.77	63508.15	29895.77	56638.40
	投资收益(万元)	–	7.51	–	7.40
	净利润(万元)	3117.11	10517.47	4268.00	12054.91
	营业利润(万元)	1655.15	7277.05	3515.77	11304.06
	利润总额(万元)	4166.78	14032.75	5694.66	16426.08

上海机电股份有限公司

公司概况						
	公司名称	上海机电股份有限公司			证券简称	上海机电
	法人代表	陈鸿	董秘	司文培	证券代码	600835
	公司网址	www.chinasec.cn		电子信箱	shjddm@chinasec.cn	
	电　话	021-68547168		传　真	021-68547170 68547550	
	办公地址	上海市浦东新区民生路1286号汇商大厦9楼				
	经营范围	机电一体化产品、设备的设计、生产、销售自产产品等				

主要财务指标	指标\报告期	2015.06.30	2014.12.31	2014.06.30	2013.12.31
	基本每股收益(元)	0.5400	0.8400	0.4500	0.9200
	基本每股收益(扣除后)(元)	0.4600	0.8700	0.4400	0.8100
	稀释每股收益(元)	0.5400	0.8400	0.4500	0.9200
	每股净资产(元)	6.7374	6.1214	5.7884	5.6265
	每股经营现金净流量(元)	0.5512	1.9672	0.9504	1.7198
	每股现金流量(元)	0.4949	0.9119	0.9155	–0.6402
	每股资本公积金(元)	1.9989	1.6035	1.6158	1.6248
	每股盈余公积金(元)	1.2913	1.2913	1.2917	1.2913
	每股未分配利润(元)	2.3946	2.1957	1.8867	1.7163
	净资产收益率(%)	8.0059	13.7028	7.7930	16.4019
	加权净资产收益率(%)	8.2400	14.3400	7.7800	17.4900
	净资产收益率(扣除)(%)	6.7942	14.2425	7.6691	14.4234
	总资产(万元)	3029065.39	2976909.47	2873750.24	2712045.98
	归属母公司股东权益(万元)	689058.29	626061.54	592001.09	575443.07
	营业收入(万元)	982949.78	2077893.32	1013631.66	1990707.71
	营业支出(万元)	780195.97	1624212.80	803809.03	1567077.06
	投资收益(万元)	24011.58	31631.17	18228.21	24325.69
	净利润(万元)	97319.61	179979.20	46134.67	94383.35
	营业利润(万元)	95847.41	194180.95	97131.24	172652.93
	利润总额(万元)	111669.16	212670.91	101418.98	208157.15

上海界龙实业集团股份有限公司

公司概况					
公司名称	上海界龙实业集团股份有限公司			证券简称	界龙实业
法人代表	费屹立	董秘	楼福良	证券代码	600836
公司网址	www.jielong-printing.com		电子信箱	loufl@jielongcorp.com	
电　　话	021-58600836		传　　真	021-58926698	
办公地址	上海市浦东新区杨高中路2112号(南洋泾路与杨高中路交叉口)				
经营范围	包装装潢、彩色印刷、特种印刷、电脑制品、照相制版等				

主要财务指标 指标\报告期	2015.06.30	2014.12.31	2014.06.30	2013.12.31
基本每股收益(元)	0.0110	0.0470	0.0130	0.0340
基本每股收益(扣除后)(元)	0.0030	−0.0120	−0.0450	−0.0240
稀释每股收益(元)	0.0110	0.0470	0.0130	0.0340
每股净资产(元)	2.6010	1.3275	1.3633	1.3703
每股经营现金净流量(元)	−1.2859	0.8520	0.3407	0.9234
每股现金流量(元)	0.7232	0.2193	0.2597	0.0866
每股资本公积金(元)	1.2994	–	0.0038	0.0039
每股盈余公积金(元)	0.0084	0.0088	0.0410	0.0410
每股未分配利润(元)	0.2932	0.3187	0.3185	0.3255
净资产收益率(%)	0.4060	3.5335	0.9569	2.4776
加权净资产收益率(%)	0.8400	3.4600	0.9500	2.4600
净资产收益率(扣除)(%)	0.1058	−0.9330	−3.2714	−1.7150
总资产(万元)	391035.55	312975.33	359379.45	331843.34
归属母公司股东权益(万元)	86190.18	41625.89	42747.89	42968.80
营业收入(万元)	60702.76	198474.13	49556.85	191734.19
营业支出(万元)	47164.64	165383.57	40937.55	159463.03
投资收益(万元)	91.72	223.89	183.21	1207.40
净利润(万元)	1070.35	3012.04	409.04	1064.60
营业利润(万元)	1484.97	3580.89	−1386.82	2419.17
利润总额(万元)	1923.94	6028.53	435.99	3004.62

海通证券股份有限公司

公司概况					
公司名称	海通证券股份有限公司			证券简称	海通证券
法人代表	王开国	董秘	黄正红	证券代码	600837
公司网址	www.htsec.com		电子信箱	haitong@htsec.com	
电　　话	021-23219000		传　　真	021-63410707	
办公地址	上海市广东路689号海通证券大厦				
经营范围	证券经纪、证券自营、证券承销与保荐、证券投资咨询等				

主要财务指标 指标\报告期	2015.06.30	2014.12.31	2014.06.30	2013.12.31
基本每股收益(元)	1.0300	0.8000	0.3000	0.4200
基本每股收益(扣除后)(元)	1.0100	0.7900	0.2900	0.4100
稀释每股收益(元)	1.0200	0.8000	0.3000	0.4200
每股净资产(元)	8.9150	7.1326	6.6100	6.4172
每股经营现金净流量(元)	1.1962	1.0661	−0.1336	−1.5149
每股现金流量(元)	14.0005	4.3957	0.5225	0.3430
每股资本公积金(元)	4.8986	3.3787	3.4042	3.3956
每股盈余公积金(元)	0.2748	0.3298	0.2706	0.2706
每股未分配利润(元)	2.0719	1.7275	1.4332	1.2530
净资产收益率(%)	9.9034	11.2787	4.5442	6.5603
加权净资产收益率(%)	12.9700	11.8800	4.5500	6.7000
净资产收益率(扣除)(%)	9.7615	11.0204	4.3622	6.3851
总资产(万元)	62974940.72	35262214.87	21571116.07	16912360.37
归属母公司股东权益(万元)	10253793.89	6836443.11	6334689.22	6150699.15
营业收入(万元)	2204932.48	1797847.44	671405.85	1045495.40
营业支出(万元)	829098.65	776068.12	138483.61	511527.37
投资收益(万元)	487168.72	273696.95	161122.86	331191.62
净利润(万元)	1092865.49	811902.31	287751.78	403502.40
营业利润(万元)	1375833.83	1021779.33	373579.09	533968.03
利润总额(万元)	1395286.08	1042039.43	385971.76	545474.77

上海九百股份有限公司

公司概况					
公司名称	上海九百股份有限公司			证券简称	上海九百
法人代表	许骅	董秘	张敏	证券代码	600838
公司网址	www.shjb600838.com		电子信箱	shjb838@sina.com	
电　　话	021-62569866		传　　真	021-62569821	
办公地址	上海市常德路940号				
经营范围	日用百货、家用电器、针纺织品、文教用品等的零售与批发等				

主要财务指标 指标\报告期	2015.06.30	2014.12.31	2014.06.30	2013.12.31
基本每股收益(元)	0.1150	0.1097	0.0344	0.1183
基本每股收益(扣除后)(元)	0.0921	0.0689	0.0352	–
稀释每股收益(元)	0.1150	0.1097	0.0344	1.7982
每股净资产(元)	2.4718	1.8815	1.8334	1.7982
每股经营现金净流量(元)	−0.0241	−0.0075	−0.0061	0.0135
每股现金流量(元)	−0.0444	−0.0900	−0.1511	0.1539
每股资本公积金(元)	0.4582	0.4582	0.4690	0.4682
每股盈余公积金(元)	0.1053	0.1053	0.0889	0.0889
每股未分配利润(元)	0.4138	0.2989	0.2755	0.2411
净资产收益率(%)	4.6514	5.8303	1.8771	6.5804
加权净资产收益率(%)	5.9300	5.9500	1.9000	6.7700
净资产收益率(扣除)(%)	3.7277	3.6623	1.9196	2.7566
总资产(万元)	120006.30	99800.62	104601.16	108347.76
归属母公司股东权益(万元)	99088.05	75427.51	73497.22	72085.01
营业收入(万元)	5015.84	10977.95	5656.58	14063.75
营业支出(万元)	2362.56	6257.20	3091.14	9167.33
投资收益(万元)	5924.93	7142.43	3726.86	8026.62
净利润(万元)	4609.00	4397.63	1379.59	4743.47
营业利润(万元)	4481.02	2762.35	1410.83	1996.42
利润总额(万元)	4609.00	4397.63	1379.59	4845.46

四川长虹电器股份有限公司

公司概况					
公司名称	四川长虹电器股份有限公司			证券简称	四川长虹
法人代表	赵勇	董秘	杨军	证券代码	600839
公司网址	www.changhong.com		电子信箱	600839@changhong.com	
电　　话	0816-2418436		传　　真	0816-2418518	
办公地址	四川省绵阳市高新区绵兴东路35号				
经营范围	家用电器、电子产品及零配件、通信设备、计算机及其他电子设备等				

主要财务指标 指标\报告期	2015.06.30	2014.12.31	2014.06.30	2013.12.31
基本每股收益(元)	−0.0414	0.0128	−0.0392	0.1110
基本每股收益(扣除后)(元)	−0.0722	−0.1039	−0.0911	0.0878
稀释每股收益(元)	−0.0414	0.0128	−0.0392	0.1110
每股净资产(元)	3.0094	3.0441	2.9695	3.0423
每股经营现金净流量(元)	0.1822	0.4161	0.2829	0.6259
每股现金流量(元)	0.0994	0.4938	1.2470	0.0479
每股资本公积金(元)	0.8432	0.8384	0.8222	0.8355
每股盈余公积金(元)	0.4733	0.7485	0.7485	0.7485
每股未分配利润(元)	0.6850	0.4509	0.4011	0.4603
净资产收益率(%)	−1.3741	0.4189	−1.3214	3.6491
加权净资产收益率(%)	−1.3647	0.4185	−1.3127	3.7107
净资产收益率(扣除)(%)	−2.4004	−3.4122	−3.0685	2.8859
总资产(万元)	6303692.48	6022460.69	6395660.50	5883700.85
归属母公司股东权益(万元)	1389216.51	1405211.52	1370781.25	1404415.73
营业收入(万元)	2985389.79	5950390.06	2726537.00	5887527.47
营业支出(万元)	2570711.13	5092511.80	2324018.15	4913394.76
投资收益(万元)	6599.23	30385.90	1162.98	−7953.73
净利润(万元)	9619.26	26750.22	−18113.38	51248.16
营业利润(万元)	5151.87	1102.09	−13803.42	55048.53
利润总额(万元)	21753.99	53352.76	18131.81	101631.74

上海柴油机股份有限公司

公司概况	公司名称	上海柴油机股份有限公司		证券简称	上柴股份
	法人代表	蓝青松	董秘 汪宏彬	证券代码	600841
	公司网址	www.sdec.com.cn		电子信箱	sdecdsh@sdec.com.cn
	电　话	021-60652207 60652288		传　真	021-65749845
	办公地址	上海市杨浦区军工路 2636 号			
	经营范围	柴油机、工程机械、油泵及配件、柴油电站、船用成套机组等			

主要财务指标	指标＼报告期	2015.06.30	2014.12.31	2014.06.30	2013.12.31
	基本每股收益(元)	0.0700	0.1700	0.1100	0.2400
	基本每股收益(扣除后)(元)	0.0500	0.1500	0.1040	0.2100
	稀释每股收益(元)	–	–	–	–
	每股净资产(元)	3.9912	3.9534	3.8696	3.8221
	每股经营现金净流量(元)	0.3346	0.3096	–0.0222	0.1879
	每股现金流量(元)	0.3877	0.0245	–0.2729	–0.5028
	每股资本公积金(元)	1.2974	1.2974	1.3005	1.3013
	每股盈余公积金(元)	0.5712	0.5712	0.5499	0.5499
	每股未分配利润(元)	1.0792	1.0611	1.0155	0.9682
	净资产收益率(%)	1.7570	4.3827	2.7490	6.1985
	加权净资产收益率(%)	1.7600	4.4600	2.7500	6.3400
	净资产收益率(扣除)(%)	1.3373	3.7737	2.6884	5.5223
	总资产(万元)	539873.89	536995.62	561042.39	547230.96
	归属母公司股东权益(万元)	345914.71	342641.32	335375.89	331261.17
	营业收入(万元)	115910.14	277688.80	159958.60	298085.89
	营业支出(万元)	95015.27	222651.76	129669.28	233338.09
	投资收益(万元)	6697.27	8416.40	2352.47	2881.36
	净利润(万元)	6001.88	14804.97	9219.37	20533.39
	营业利润(万元)	5873.53	14003.78	9381.06	20141.78
	利润总额(万元)	5884.44	15529.21	9726.45	22665.62

上工申贝(集团)股份有限公司

公司概况	公司名称	上工申贝(集团)股份有限公司		证券简称	上工申贝
	法人代表	张敏	董秘 张建国	证券代码	600843
	公司网址	www.sgsbgroup.com		电子信箱	sgsb@sgsbgroup.com
	电　话	021-68407515 68407700 1223		传　真	021-63302939
	办公地址	上海市浦东新区世纪大道 1500 号东方大厦 12 楼 A-D 室			
	经营范围	研发、生产、维修缝制设备及零部件、缝纫机专用设备、制衣、塑料制品等			

主要财务指标	指标＼报告期	2015.06.30	2014.12.31	2014.06.30	2013.12.31
	基本每股收益(元)	0.1829	0.3774	0.0839	0.1772
	基本每股收益(扣除后)(元)	0.1653	0.1415	0.0838	0.0858
	稀释每股收益(元)	0.1829	0.3774	0.0839	0.1772
	每股净资产(元)	3.1599	2.9094	2.7054	1.7730
	每股经营现金净流量(元)	–0.0153	0.1852	–0.0342	0.1555
	每股现金流量(元)	0.0355	0.2475	0.0412	–0.0342
	每股资本公积金(元)	1.7456	1.7305	1.7234	0.8859
	每股盈余公积金(元)	0.0083	0.0083	0.0083	0.0101
	每股未分配利润(元)	0.5349	0.3520	0.0708	–0.0067
	净资产收益率(%)	5.7883	12.3813	2.8200	9.9953
	加权净资产收益率(%)	6.0951	14.3895	3.6846	10.6907
	净资产收益率(扣除)(%)	5.2320	4.6423	2.8158	4.8376
	总资产(万元)	302977.76	273257.45	268223.10	204791.65
	归属母公司股东权益(万元)	173351.01	159608.52	148416.80	79589.42
	营业收入(万元)	103906.21	197124.48	96989.02	181393.47
	营业支出(万元)	70166.22	136815.09	66130.37	129651.38
	投资收益(万元)	2038.64	5637.96	1138.97	5343.74
	净利润(万元)	10981.21	23675.18	4185.42	7955.20
	营业利润(万元)	13812.50	19496.63	9054.99	14439.39
	利润总额(万元)	14564.89	29150.97	9075.72	15345.36

丹化化工科技股份有限公司

公司概况	公司名称	丹化化工科技股份有限公司		证券简称	丹化科技
	法人代表	张华龙	董秘 成国俊	证券代码	600844
	公司网址	www.600844.com		电子信箱	s600844@126.com
	电　话	021-64015596 64016400		传　真	021-64016411
	办公地址	上海市闵行区虹许路 788 号 61 室			
	经营范围	煤化工产品、石油化工产品及其衍生物的技术开发、技术转让等			

主要财务指标	指标＼报告期	2015.06.30	2014.12.31	2014.06.30	2013.12.31
	基本每股收益(元)	0.0153	0.0224	–0.0069	–0.2238
	基本每股收益(扣除后)(元)	–0.0039	–0.0199	–0.0475	–0.2330
	稀释每股收益(元)	0.0153	0.0224	–0.0069	–0.2238
	每股净资产(元)	1.1063	1.0770	1.0616	1.0686
	每股经营现金净流量(元)	0.3390	0.4244	0.2270	0.3054
	每股现金流量(元)	–0.0132	–0.0668	–0.0276	–0.0700
	每股资本公积金(元)	1.0250	1.0250	1.0250	1.0250
	每股盈余公积金(元)	0.0721	0.0721	0.0721	0.0721
	每股未分配利润(元)	–0.9908	–1.0062	–1.0355	–1.0285
	净资产收益率(%)	1.3869	2.0520	–0.6535	–20.9433
	加权净资产收益率(%)	1.3965	2.0700	–0.6513	–18.9600
	净资产收益率(扣除)(%)	–0.3489	–1.8236	–4.4712	–21.8096
	总资产(万元)	325530.11	326731.25	345364.55	357709.89
	归属母公司股东权益(万元)	86139.82	84945.18	82661.96	83202.14
	营业收入(万元)	54793.35	102700.23	41912.95	74376.45
	营业支出(万元)	39372.97	74538.89	35469.04	68444.48
	投资收益(万元)	128.55	56.07	18.49	–1629.10
	净利润(万元)	2889.85	4535.25	–540.18	–17425.24
	营业利润(万元)	–366.76	–831.99	–7299.41	–31583.57
	利润总额(万元)	2730.68	6231.40	–430.19	–30411.56

上海宝信软件股份有限公司

公司概况	公司名称	上海宝信软件股份有限公司		证券简称	宝信软件
	法人代表	王力	董秘 陈健(大)	证券代码	600845
	公司网址	www.baosight.com		电子信箱	investor@baosight.com
	电　话	021-20378893		传　真	021-20378895
	办公地址	中国(上海)自由贸易试验区郭守敬路 515 号			
	经营范围	计算机、自动化、网络通讯系统及软硬件产品的研究、设计、开发、制造等			

主要财务指标	指标＼报告期	2015.06.30	2014.12.31	2014.06.30	2013.12.31
	基本每股收益(元)	0.4240	0.8980	0.3740	0.8510
	基本每股收益(扣除后)(元)	0.3180	0.7930	0.3450	0.7570
	稀释每股收益(元)	0.4240	0.8980	0.3740	0.8510
	每股净资产(元)	7.1570	7.0032	6.4877	4.9367
	每股经营现金净流量(元)	0.3949	0.6349	–0.2798	0.5793
	每股现金流量(元)	0.3784	0.0034	0.5534	0.3159
	每股资本公积金(元)	1.7433	1.7422	1.7422	0.0714
	每股盈余公积金(元)	0.5000	0.5000	0.4717	0.5038
	每股未分配利润(元)	3.9187	3.7650	3.2760	3.3644
	净资产收益率(%)	5.9194	12.6154	5.6431	17.2377
	加权净资产收益率(%)	5.9100	14.2300	6.2200	18.5000
	净资产收益率(扣除)(%)	4.4485	11.1386	5.2054	15.3295
	总资产(万元)	529349.11	517166.21	460468.85	407654.57
	归属母公司股东权益(万元)	260610.56	255007.37	236236.77	168299.81
	营业收入(万元)	161592.09	407189.82	160645.81	358128.66
	营业支出(万元)	116823.36	293178.74	111215.36	272959.68
	投资收益(万元)	1935.84	1353.85	–40.94	6157.78
	净利润(万元)	15769.04	32507.43	13331.05	29011.10
	营业利润(万元)	14390.51	31076.23	14972.27	28117.16
	利润总额(万元)	17752.59	36254.72	16216.20	33026.43

上海同济科技实业股份有限公司

公司概况						
	公司名称	上海同济科技实业股份有限公司			证券简称	同济科技
	法人代表	丁洁民	董秘	骆君君	证券代码	600846
	公司网址	www.tjkjsy.com.cn		电子信箱	tjkjsy@tjkjsy.com.cn	
	电　　话	021-65985860		传　　真	021-33626510	
	办公地址	上海市四平路 1398 号同济联合广场 B 座 20 层				
	经营范围	实业投资、教育产业投资及人才培训、房地产投资与开发经营及咨询服务等				

主要财务指标	指标\报告期	2015.06.30	2014.12.31	2014.06.30	2013.12.31
	基本每股收益(元)	0.0700	0.2900	0.0900	0.2600
	基本每股收益(扣除后)(元)	0.0600	0.2700	0.0800	0.2400
	稀释每股收益(元)	0.0700	0.2900	0.0900	0.2600
	每股净资产(元)	2.6985	2.7055	2.4935	2.4552
	每股经营现金净流量(元)	0.1128	–0.1748	–0.8585	1.8008
	每股现金流量(元)	0.3853	–0.1152	0.0367	–0.2715
	每股资本公积金(元)	0.3513	0.3513	0.3618	0.3369
	每股盈余公积金(元)	0.1732	0.1732	0.1570	0.1570
	每股未分配利润(元)	1.1249	1.1566	0.9747	0.9614
	净资产收益率(%)	2.5327	10.7723	3.7431	10.4693
	加权净资产收益率(%)	2.4900	11.4100	3.7500	10.8800
	净资产收益率(扣除)(%)	2.3904	9.8978	3.1030	9.6543
	总资产(万元)	695374.74	668132.62	711532.11	655484.00
	归属母公司股东权益(万元)	168591.48	169030.91	155782.56	153390.67
	营业收入(万元)	152137.91	412285.63	170422.94	370609.70
	营业支出(万元)	130237.75	344316.33	145232.77	306681.57
	投资收益(万元)	2156.15	8205.23	1871.40	7545.01
	净利润(万元)	6180.92	26883.23	5831.03	16058.93
	营业利润(万元)	7654.34	30841.76	10444.95	23580.47
	利润总额(万元)	8336.22	34222.19	12356.28	26022.93

重庆万里新能源股份有限公司

公司概况						
	公司名称	重庆万里新能源股份有限公司			证券简称	万里股份
	法人代表	刘悉承	董秘	张晶	证券代码	600847
	公司网址	www.cqwanli.net.cn		电子信箱	cqwanli2010@126.com	
	电　　话	023-85532408		传　　真	023-85532408	
	办公地址	重庆市江津区双福街道创业大道 2 号				
	经营范围	生产和销售各类铅酸蓄电池等				

主要财务指标	指标\报告期	2015.06.30	2014.12.31	2014.06.30	2013.12.31
	基本每股收益(元)	0.0163	0.0100	0.0146	–0.1300
	基本每股收益(扣除后)(元)	–0.0240	0.0400	0.0143	–0.1200
	稀释每股收益(元)	0.0163	0.0100	–	–0.1300
	每股净资产(元)	4.5492	4.5211	4.6414	4.6268
	每股经营现金净流量(元)	–0.2157	–0.2793	0.1354	–0.3821
	每股现金流量(元)	–0.4143	0.3843	–0.4116	0.4683
	每股资本公积金(元)	4.2850	4.2731	4.1134	4.1134
	每股盈余公积金(元)	–	–	–	–
	每股未分配利润(元)	–0.4400	–0.4563	–0.4720	–0.4866
	净资产收益率(%)	0.3591	0.3109	0.3148	–1.9408
	加权净资产收益率(%)	0.3600	0.3100	0.3200	–6.5000
	净资产收益率(扣除)(%)	–0.5278	0.8866	0.3083	–1.7606
	总资产(万元)	86562.04	89336.33	83733.11	83757.30
	归属母公司股东权益(万元)	71643.03	71199.34	70660.12	70437.71
	营业收入(万元)	9511.18	23601.28	7486.37	13994.08
	营业支出(万元)	8174.77	20175.01	6301.70	12182.29
	投资收益(万元)	–28.16	–416.45	–	–
	净利润(万元)	269.63	224.79	222.41	–1367.05
	营业利润(万元)	–446.17	245.68	242.57	–1145.89
	利润总额(万元)	273.04	274.95	247.12	–1367.05

上海临港控股股份有限公司

公司概况						
	公司名称	上海临港控股股份有限公司			证券简称	自仪股份
	法人代表	袁国华	董秘	陆雯	证券代码	600848
	公司网址	www.linganginvestment.com		电子信箱	ir@shlingang.com	
	电　　话	021-64855827		传　　真	021-64852187	
	办公地址	上海市广中西路 191 号				
	经营范围	设计、制造自动化控制系统、自动化仪器仪表及其元器件和成套装置等				

主要财务指标	指标\报告期	2015.06.30	2014.12.31	2014.06.30	2013.12.31
	基本每股收益(元)	0.0077	–0.1500	0.0106	0.0302
	基本每股收益(扣除后)(元)	–0.0559	–0.2364	–0.0545	–0.0877
	稀释每股收益(元)	–	–	–	–
	每股净资产(元)	0.3458	0.3376	0.4971	0.4865
	每股经营现金净流量(元)	–0.2067	0.1769	–0.2727	0.0670
	每股现金流量(元)	–0.1394	–0.0973	–0.2018	–0.0102
	每股资本公积金(元)	0.5625	4.1971	0.5634	0.5634
	每股盈余公积金(元)	0.0570	0.0605	0.0570	0.0570
	每股未分配利润(元)	–1.2762	–1.3618	–1.1233	–1.1339
	净资产收益率(%)	2.2122	–44.4243	2.1231	6.1990
	加权净资产收益率(%)	2.2400	–36.4400	2.1500	6.3900
	净资产收益率(扣除)(%)	–15.2878	–70.0276	–	–18.0241
	总资产(万元)	180271.58	534555.52	186397.82	178452.32
	归属母公司股东权益(万元)	13809.05	195638.91	19848.56	19426.50
	营业收入(万元)	50820.73	103429.03	54240.67	107941.46
	营业支出(万元)	42719.78	86322.72	46115.01	88970.55
	投资收益(万元)	2034.11	2216.23	1097.80	2427.21
	净利润(万元)	184.00	–5988.29	421.40	1204.26
	营业利润(万元)	–2232.58	–9439.57	–2176.68	–3500.78
	利润总额(万元)	184.00	–5988.29	421.40	1204.93

上海华东电脑股份有限公司

公司概况						
	公司名称	上海华东电脑股份有限公司			证券简称	华东电脑
	法人代表	游小明	董秘	侯志平	证券代码	600850
	公司网址	www.shecc.com		电子信箱	dm@shecc.com	
	电　　话	021-33390000		传　　真	021-33390011	
	办公地址	上海市徐汇区桂平路 391 号新漕河泾国际商务中心 B 幢 27 楼				
	经营范围	计算机、电子及通信设备、系统集成、软件开发及软件工程和电子工程设计与施工等				

主要财务指标	指标\报告期	2015.06.30	2014.12.31	2014.06.30	2013.12.31
	基本每股收益(元)	0.3275	0.7760	0.2781	0.7450
	基本每股收益(扣除后)(元)	0.3440	0.7191	0.2651	0.5461
	稀释每股收益(元)	0.3275	0.7760	0.2781	0.7450
	每股净资产(元)	4.4821	4.3717	3.8737	3.8409
	每股经营现金净流量(元)	–0.4922	0.8648	–0.6127	0.2287
	每股现金流量(元)	–1.0223	0.2289	–0.9418	0.1921
	每股资本公积金(元)	0.0331	–	–	0.0622
	每股盈余公积金(元)	0.0300	0.0300	–	0.0028
	每股未分配利润(元)	3.4238	3.3463	2.8785	2.8579
	净资产收益率(%)	7.3067	17.7506	7.1793	19.3956
	加权净资产收益率(%)	7.3600	18.6900	7.1300	19.1500
	净资产收益率(扣除)(%)	7.6745	16.4479	6.8438	14.2172
	总资产(万元)	392367.94	385584.12	340186.26	381225.22
	归属母公司股东权益(万元)	144210.68	140657.01	124635.76	126052.31
	营业收入(万元)	238928.77	575045.55	244748.26	536876.18
	营业支出(万元)	193789.40	478693.10	206400.23	455060.22
	投资收益(万元)	–46.22	–20.14	–205.93	2508.76
	净利润(万元)	10506.46	27845.75	8948.01	23968.96
	营业利润(万元)	12850.66	31424.19	11741.22	27993.91
	利润总额(万元)	13327.62	33899.56	12579.12	32364.67

上海海欣集团股份有限公司

公司概况						
	公司名称	上海海欣集团股份有限公司			证券简称	海欣股份
	法人代表	俞锋	董秘	何莉莉	证券代码	600851
	公司网址	www.haixin.com.cn		电子信箱	hxsecretary@haixin.com	
	电话	021-63917000		传真	021-63917678	
	办公地址	上海市福州路666号金陵海欣大厦18楼				
	经营范围	研究开发、生产涤纶、腈纶等化纤类及动植物混纺纱及其面料、毛毯、玩具等				

主要财务指标	指标\报告期	2015.06.30	2014.12.31	2014.06.30	2013.12.31
	基本每股收益(元)	0.0812	0.2410	0.0169	0.0542
	基本每股收益(扣除后)(元)	0.0550	-0.0234	0.0167	-
	稀释每股收益(元)	0.0812	0.2410	0.0169	-
	每股净资产(元)	3.9719	4.4135	2.4161	2.4783
	每股经营现金净流量(元)	-0.1573	0.0260	-0.0601	-0.0295
	每股现金流量(元)	-0.0622	0.2279	-0.0634	-0.0095
	每股资本公积金(元)	0.3617	0.3617	1.1039	1.1855
	每股盈余公积金(元)	0.3515	0.3515	0.3186	0.3186
	每股未分配利润(元)	0.1804	0.1991	0.0079	-0.0090
	净资产收益率(%)	2.0452	5.4611	0.6980	2.1860
	加权净资产收益率(%)	1.9375	6.9900	0.6891	2.2300
	净资产收益率(扣除)(%)	1.3840	-0.5309	0.6930	0.7970
	总资产(万元)	651005.49	726571.15	424867.13	438866.59
	归属母公司股东权益(万元)	479432.21	532738.02	291634.04	299142.02
	营业收入(万元)	43895.62	111019.37	45561.33	126164.39
	营业支出(万元)	33671.84	88056.32	36342.56	102620.92
	投资收益(万元)	10553.40	56134.25	7444.97	19031.69
	净利润(万元)	10999.22	28019.55	2035.59	6539.29
	营业利润(万元)	7419.87	41034.33	1868.39	8120.43
	利润总额(万元)	11782.40	37836.23	1546.92	8333.55

龙建路桥股份有限公司

公司概况						
	公司名称	龙建路桥股份有限公司			证券简称	龙建股份
	法人代表	尚云龙	董秘	王征宇	证券代码	600853
	公司网址	www.longjianlq.com		电子信箱	zhengyu-wang@sohu.com	
	电话	0451-82281860 82281430		传真	0451-82281253	
	办公地址	黑龙江省哈尔滨市南岗区嵩山路109号				
	经营范围	路工程施工总承包特级、公路路面工程专业承包壹级等				

主要财务指标	指标\报告期	2015.06.30	2014.12.31	2014.06.30	2013.12.31
	基本每股收益(元)	0.0079	0.0336	0.0063	0.0321
	基本每股收益(扣除后)(元)	0.0052	0.0298	-0.0079	0.0307
	稀释每股收益(元)	0.0079	0.0336	0.0063	0.0321
	每股净资产(元)	1.4687	1.4719	1.4600	1.4625
	每股经营现金净流量(元)	-0.2323	-0.7552	-0.5456	0.0259
	每股现金流量(元)	-0.3551	-0.1239	-0.2960	0.6308
	每股资本公积金(元)	0.1870	0.1870	0.1870	0.1870
	每股盈余公积金(元)	0.0096	0.0096	0.0087	0.0087
	每股未分配利润(元)	0.2775	0.2796	0.2533	0.2570
	净资产收益率(%)	0.5346	2.2799	0.4337	2.1931
	加权净资产收益率(%)	0.5320	2.2871	0.4321	2.2098
	净资产收益率(扣除)(%)	0.3532	2.0262	-0.5388	2.0982
	总资产(万元)	704113.18	684246.80	668283.06	701615.21
	归属母公司股东权益(万元)	78838.70	79010.49	78373.22	78507.56
	营业收入(万元)	211146.93	556958.37	204972.22	565373.68
	营业支出(万元)	189897.08	512418.85	186470.91	521368.11
	投资收益(万元)	-	0.13	-	-
	净利润(万元)	426.50	1882.72	339.93	1721.75
	营业利润(万元)	1193.18	489.63	549.74	850.84
	利润总额(万元)	1383.81	2751.87	1565.41	2969.83

江苏春兰制冷设备股份有限公司

公司概况						
	公司名称	江苏春兰制冷设备股份有限公司			证券简称	春兰股份
	法人代表	徐群	董秘	徐来林	证券代码	600854
	公司网址	www.chunlan.com		电子信箱	clgfzqb@chunlan.com	
	电话	0523-86663663 86217958		传真	0523-86663839 82129858	
	办公地址	江苏省泰州市春兰工业园区春兰路1号				
	经营范围	生产、销售空调器及洗涤械和贸易等				

主要财务指标	指标\报告期	2015.06.30	2014.12.31	2014.06.30	2013.12.31
	基本每股收益(元)	0.0390	0.0213	0.0670	0.0593
	基本每股收益(扣除后)(元)	0.0355	0.0070	0.0622	0.0437
	稀释每股收益(元)	0.0390	0.0213	0.0670	0.0593
	每股净资产(元)	3.7174	3.6784	3.7241	3.6751
	每股经营现金净流量(元)	-0.1378	0.0798	-0.0050	0.1639
	每股现金流量(元)	-0.0416	0.0008	-0.0231	-0.0360
	每股资本公积金(元)	2.9522	2.9522	2.9522	2.9522
	每股盈余公积金(元)	1.0025	1.0025	1.0025	1.0025
	每股未分配利润(元)	-1.2373	-1.2763	-1.2306	-1.2796
	净资产收益率(%)	1.0490	0.5800	1.7995	1.6129
	加权净资产收益率(%)	1.0546	0.5805	1.8114	1.6260
	净资产收益率(扣除)(%)	0.9539	0.1912	1.6708	1.1884
	总资产(万元)	251569.08	257453.92	261505.21	261586.26
	归属母公司股东权益(万元)	193103.88	191078.18	193451.13	190905.02
	营业收入(万元)	12438.25	47457.07	29646.05	96725.84
	营业支出(万元)	10014.59	32459.65	20671.79	69529.31
	投资收益(万元)	6068.49	5895.75	5929.05	4595.31
	净利润(万元)	1113.11	-796.46	3481.13	3079.09
	营业利润(万元)	1111.55	-1624.02	2735.64	1699.80
	利润总额(万元)	1219.79	-355.71	2965.50	4155.30

北京航天长峰股份有限公司

公司概况						
	公司名称	北京航天长峰股份有限公司			证券简称	航天长峰
	法人代表	全春来	董秘	刘金成	证券代码	600855
	公司网址	www.ascf.com.cn		电子信箱	liujincheng@china-ccf.cn	
	电话	010-68386000 88525777		传真	010-88219811	
	办公地址	北京市海淀区永定路51号航天数控大楼				
	经营范围	电子信息产品、数控机床、医疗器械及制药机械、环保产业等				

主要财务指标	指标\报告期	2015.06.30	2014.12.31	2014.06.30	2013.12.31
	基本每股收益(元)	0.0332	0.0696	0.0403	0.0949
	基本每股收益(扣除后)(元)	-0.0233	0.0270	0.0016	0.0676
	稀释每股收益(元)	0.0332	0.0696	0.0403	0.0949
	每股净资产(元)	2.5458	2.5126	2.4408	2.4208
	每股经营现金净流量(元)	-0.1576	0.3094	-0.2031	0.1241
	每股现金流量(元)	-0.1568	0.1521	-0.1932	0.2258
	每股资本公积金(元)	0.7864	0.7864	0.8097	0.8092
	每股盈余公积金(元)	0.0585	0.0585	0.0522	0.0522
	每股未分配利润(元)	0.6139	0.6017	0.5788	0.5595
	净资产收益率(%)	1.3048	2.7697	1.6527	3.9187
	加权净资产收益率(%)	1.3130	2.8200	1.6590	3.9800
	净资产收益率(扣除)(%)	-0.9148	1.0737	0.0673	2.7928
	总资产(万元)	161173.24	162743.23	163653.29	156088.90
	归属母公司股东权益(万元)	84424.63	83322.72	80939.70	80279.08
	营业收入(万元)	29338.92	68846.10	29368.45	98105.07
	营业支出(万元)	22048.42	49731.37	21240.01	73299.86
	投资收益(万元)	1466.37	248.01	100.00	206.62
	净利润(万元)	1308.75	3651.30	1337.66	3145.91
	营业利润(万元)	504.20	2598.32	662.31	6148.99
	利润总额(万元)	1524.78	4596.65	2326.90	7563.38

长春中天能源股份有限公司

公司概况	公司名称	长春中天能源股份有限公司		证券简称	长百集团
	法人代表	邓天洲	董秘 孙永成	证券代码	600856
	公司网址	www.changbai.com.cn		电子信箱	sun.yc@snencn.cn
	电　话	010-84927035-893		传　真	010-84928665
	办公地址	北京市朝阳区望京 soho 塔 2-B 座 29 层			
	经营范围	零售百货、针纺织品、五金、交电、食品、副食品、通讯器材、工艺美术品等			

主要财务指标	指标\报告期	2015.06.30	2014.12.31	2014.06.30	2013.12.31
	基本每股收益(元)	0.1726	0.0010	0.1092	0.0740
	基本每股收益(扣除后)(元)	0.1729	0.0030	0.1045	0.0630
	稀释每股收益(元)	0.1726	0.0010	0.1092	0.0740
	每股净资产(元)	2.8824	0.5575	0.5599	0.5563
	每股经营现金净流量(元)	-0.0599	0.0806	0.1834	0.2120
	每股现金流量(元)	0.8465	-0.0131	0.0956	0.0664
	每股资本公积金(元)	1.2308	0.8890	0.3751	0.3751
	每股盈余公积金(元)	0.0041	0.0077	0.1277	0.1277
	每股未分配利润(元)	0.6456	0.9671	-0.9430	-0.9466
	净资产收益率(%)	4.6067	0.2195	0.6331	13.2877
	加权净资产收益率(%)	6.0300	0.2200	4.5000	14.2300
	净资产收益率(扣除)(%)	4.6138	0.4241	0.5887	11.4129
	总资产(万元)	263246.32	180920.71	45480.13	46688.46
	归属母公司股东权益(万元)	163477.75	86202.42	13147.23	13063.99
	营业收入(万元)	66465.37	36852.82	38357.99	40613.41
	营业支出(万元)	50917.97	27791.58	28946.13	30528.20
	投资收益(万元)	56.28	710.72	65.13	264.34
	净利润(万元)	7757.25	28.54	3404.94	1734.82
	营业利润(万元)	10366.72	95.97	4712.14	1542.09
	利润总额(万元)	10355.11	28.54	4853.39	1734.82

宁波中百股份有限公司

公司概况	公司名称	宁波中百股份有限公司		证券简称	宁波中百
	法人代表	徐峻	董秘 严鹏	证券代码	600857
	公司网址	www.hitsc.com		电子信箱	hitsc@hitsc.com
	电　话	0574-87367060 87367521		传　真	0574-87367996
	办公地址	浙江省宁波市海曙区和义路 77 号汇金大厦 21 层			
	经营范围	商业和旅游饮食服务、计算机软、硬件开发和销售及系统集成等			

主要财务指标	指标\报告期	2015.06.30	2014.12.31	2014.06.30	2013.12.31
	基本每股收益(元)	0.1430	0.1840	0.1220	0.1590
	基本每股收益(扣除后)(元)	0.1420	0.1710	0.1220	0.1560
	稀释每股收益(元)	0.1430	0.1840	0.1220	0.1590
	每股净资产(元)	2.6684	2.5821	2.5165	2.4542
	每股经营现金净流量(元)	-0.0348	0.1137	-0.1041	0.2160
	每股现金流量(元)	-0.4316	0.2134	0.1149	-0.1286
	每股资本公积金(元)	0.2901	0.2901	0.2945	0.2945
	每股盈余公积金(元)	0.2507	0.2507	0.2312	0.2312
	每股未分配利润(元)	1.1170	1.0335	0.9908	0.9285
	净资产收益率(%)	5.3759	7.1439	4.8579	6.4842
	加权净资产收益率(%)	5.4300	7.3400	4.8800	6.6300
	净资产收益率(扣除)(%)	5.3303	6.6146	4.8584	6.3462
	总资产(万元)	75432.07	75824.85	72450.87	74045.02
	归属母公司股东权益(万元)	59858.45	57922.36	56449.42	55053.47
	营业收入(万元)	57204.60	118030.88	59879.60	147575.33
	营业支出(万元)	50334.32	104868.97	53016.76	133407.53
	投资收益(万元)	1664.87	1623.45	1291.97	1078.46
	净利润(万元)	3217.91	4137.93	2742.23	3569.78
	营业利润(万元)	3722.03	4950.78	3271.46	4524.81
	利润总额(万元)	3758.43	5018.75	3271.04	4626.08

银座集团股份有限公司

公司概况	公司名称	银座集团股份有限公司		证券简称	银座股份
	法人代表	张文生	董秘 张美清	证券代码	600858
	公司网址	www.yinzuostock.com		电子信箱	600858@sina.com
	电　话	0531-83175518 86988888		传　真	0531-86966666
	办公地址	山东省济南市泺源大街 22 号中银大厦 20 层			
	经营范围	商品零售与批发业务等			

主要财务指标	指标\报告期	2015.06.30	2014.12.31	2014.06.30	2013.12.31
	基本每股收益(元)	0.1852	0.3474	0.3098	0.5124
	基本每股收益(扣除后)(元)	0.1980	0.3516	0.3143	0.4817
	稀释每股收益(元)	0.1852	0.3474	0.3098	0.5124
	每股净资产(元)	5.7308	5.6556	5.6525	5.4127
	每股经营现金净流量(元)	-0.1003	2.8904	1.9346	1.8359
	每股现金流量(元)	-0.4370	0.0235	-0.4230	0.4519
	每股资本公积金(元)	1.8565	1.8565	1.8565	1.8565
	每股盈余公积金(元)	0.1512	0.1512	0.1416	0.1416
	每股未分配利润(元)	2.7231	2.6479	2.6545	2.4147
	净资产收益率(%)	3.2321	6.1432	5.4804	9.4670
	加权净资产收益率(%)	3.2223	6.3000	5.5600	9.8700
	净资产收益率(扣除)(%)	3.4556	6.2177	5.5612	8.8992
	总资产(万元)	1214280.36	1303178.79	1221421.67	1246053.01
	归属母公司股东权益(万元)	298039.76	294127.49	293967.47	281497.21
	营业收入(万元)	796696.99	1381803.38	718351.51	1421787.62
	营业支出(万元)	654039.81	1116808.00	579373.02	1155801.36
	投资收益(万元)	-87.38	-127.41	-	-
	净利润(万元)	9089.37	17082.50	16110.72	26649.21
	营业利润(万元)	20826.54	34746.77	25065.80	41691.73
	利润总额(万元)	19306.09	32894.86	23727.56	42152.48

北京王府井百货(集团)股份有限公司

公司概况	公司名称	北京王府井百货(集团)股份有限公司		证券简称	王府井
	法人代表	刘冰	董秘 岳继鹏	证券代码	600859
	公司网址	www.wfj.com.cn		电子信箱	wfjdshh@126.com
	电　话	010-65125960		传　真	010-65133133
	办公地址	北京市东城区王府井大街 253 号			
	经营范围	综合百货业的经营和管理等			

主要财务指标	指标\报告期	2015.06.30	2014.12.31	2014.06.30	2013.12.31
	基本每股收益(元)	1.0020	1.3750	0.8170	1.5000
	基本每股收益(扣除后)(元)	0.8470	1.0560	0.6830	1.2730
	稀释每股收益(元)	1.0020	1.3750	0.8170	1.5000
	每股净资产(元)	16.4200	14.8757	14.2976	13.5342
	每股经营现金净流量(元)	-0.3782	0.3744	-1.3686	1.9988
	每股现金流量(元)	-0.8296	0.2227	-1.6246	-2.3463
	每股资本公积金(元)	6.9257	6.9257	6.9392	6.9927
	每股盈余公积金(元)	2.5567	2.0848	1.9275	1.3620
	每股未分配利润(元)	4.8613	4.3312	4.4310	4.1795
	净资产收益率(%)	6.1022	9.2399	5.7138	11.0820
	加权净资产收益率(%)	6.4030	9.6480	5.8700	11.3350
	净资产收益率(扣除)(%)	5.1564	7.0956	4.7804	9.4063
	总资产(万元)	1371213.36	1374937.34	1305789.19	1404014.28
	归属母公司股东权益(万元)	759863.66	688400.92	661646.75	626319.73
	营业收入(万元)	905642.92	1827710.49	943313.19	1978985.06
	营业支出(万元)	712860.27	1448486.93	749222.24	1586685.40
	投资收益(万元)	5606.22	16819.61	5624.68	8592.53
	净利润(万元)	46293.72	63616.50	37804.88	69408.45
	营业利润(万元)	61257.17	95620.35	53310.24	97195.89
	利润总额(万元)	61841.41	92895.69	53564.80	98240.96

北京京城机电股份有限公司

公司概况	公司名称	北京京城机电股份有限公司			证券简称	京城股份
	法人代表	胡传忠	董秘	姜驰	证券代码	600860
	公司网址	www.btic.com.cn		电子信箱	jcgf@btic.com.cn	
	电　话	010-67365383		传　真	010-87392058	
	办公地址	中国北京市通州区漷县镇漷县南三街2号				
	经营范围	开发、设计、销售、修理、安装印刷机械、锻压设备、包装机械等				

主要财务指标	指标\报告期	2015.06.30	2014.12.31	2014.06.30	2013.12.31
	基本每股收益(元)	-0.1100	0.0500	0.0500	-0.2600
	基本每股收益(扣除后)(元)	-0.1500	-0.3700	-0.1100	-0.1800
	稀释每股收益(元)	-0.1100	0.0500	0.0500	-0.2600
	每股净资产(元)	2.0656	2.1790	2.1315	1.9042
	每股经营现金净流量(元)	-0.0011	-0.2557	-0.0225	-0.5370
	每股现金流量(元)	-0.0238	-0.4276	-0.2026	-0.4375
	每股资本公积金(元)	1.6204	1.6204	1.5017	1.3239
	每股盈余公积金(元)	0.1082	0.1082	0.1082	0.1082
	每股未分配利润(元)	-0.6632	-0.5499	-0.4784	-0.5277
	净资产收益率(%)	-5.4864	2.3290	2.3144	-13.4697
	加权净资产收益率(%)	-5.3400	2.3300	2.5600	-8.3600
	净资产收益率(扣除)(%)	-7.4993	-17.0541	-5.0184	-9.5383
	总资产(万元)	242358.86	250788.33	286435.02	282936.09
	归属母公司股东权益(万元)	87169.22	91953.06	89950.20	80357.33
	营业收入(万元)	59818.41	180633.31	93685.75	282819.43
	营业支出(万元)	56322.24	162148.23	82413.80	240226.49
	投资收益(万元)	-462.95	10069.64	42.39	492.44
	净利润(万元)	-6677.49	1301.20	2081.80	-10823.90
	营业利润(万元)	-8229.31	-6391.31	-5007.09	-10825.67
	利润总额(万元)	-6486.30	1804.62	2752.09	-10500.44

北京城乡贸易中心股份有限公司

公司概况	公司名称	北京城乡贸易中心股份有限公司			证券简称	北京城乡
	法人代表	王禄征	董秘	陈红	证券代码	600861
	公司网址	www.bjcx.com.cn		电子信箱	bg8225@sina.com	
	电　话	010-68296595		传　真	010-68216933	
	办公地址	北京市海淀区复兴路甲23号				
	经营范围	商品零售及批发、公共饮食业、物资供销业、仓储业、日用品修理等				

主要财务指标	指标\报告期	2015.06.30	2014.12.31	2014.06.30	2013.12.31
	基本每股收益(元)	0.1227	0.3226	0.1450	0.2936
	基本每股收益(扣除后)(元)	0.1209	0.2966	0.1410	0.2578
	稀释每股收益(元)	0.1227	0.3226	0.1450	0.2936
	每股净资产(元)	7.1024	7.1283	6.9483	6.9531
	每股经营现金净流量(元)	-0.5775	-0.6417	0.5752	-0.9329
	每股现金流量(元)	-1.1008	0.8123	0.9460	-0.4148
	每股资本公积金(元)	2.7189	2.7189	2.7438	2.7436
	每股盈余公积金(元)	1.9224	1.9224	1.8874	1.8874
	每股未分配利润(元)	1.4324	1.4597	1.3172	1.3222
	净资产收益率(%)	1.7271	4.5258	2.0870	4.2228
	加权净资产收益率(%)	1.7100	4.5900	2.0600	4.2900
	净资产收益率(扣除)(%)	1.7018	4.1604	2.0286	3.7081
	总资产(万元)	428193.21	447654.33	415086.00	353581.40
	归属母公司股东权益(万元)	225008.72	225826.62	220126.05	220278.63
	营业收入(万元)	101784.19	221917.10	117297.73	246042.53
	营业支出(万元)	80691.74	175300.73	95861.53	200970.14
	投资收益(万元)	222.43	-108.20	77.14	223.48
	净利润(万元)	4265.71	10876.85	4594.01	9301.89
	营业利润(万元)	6185.30	13261.63	6776.15	12434.16
	利润总额(万元)	6264.85	13966.03	6931.23	13861.41

南通科技投资集团股份有限公司

公司概况	公司名称	南通科技投资集团股份有限公司			证券简称	南通科技
	法人代表	王建华	董秘	储健	证券代码	600862
	公司网址	www.tonmac.com.cn		电子信箱	webmaster@tonmac.com.cn	
	电　话	0513-83580382 81110523		传　真	0513-85512271	
	办公地址	江苏省南通市港闸区永和路1号				
	经营范围	实业投资、机床及其零配件的研发、制造、销售等				

主要财务指标	指标\报告期	2015.06.30	2014.12.31	2014.06.30	2013.12.31
	基本每股收益(元)	-0.0700	-0.3200	-0.1453	0.0040
	基本每股收益(扣除后)(元)	-0.0700	-0.3500	-0.1453	-0.1410
	稀释每股收益(元)	-0.0700	-0.3200	-0.1453	0.0040
	每股净资产(元)	1.6047	1.6752	1.8067	2.0437
	每股经营现金净流量(元)	0.2897	0.0236	0.0119	-0.2347
	每股现金流量(元)	-0.0187	0.1051	-0.0965	0.4090
	每股资本公积金(元)	0.3936	0.3936	0.3936	0.3936
	每股盈余公积金(元)	0.0597	0.0597	0.0597	0.0597
	每股未分配利润(元)	0.1405	0.2110	0.3534	0.5904
	净资产收益率(%)	-4.3963	-19.0394	-8.0435	0.2132
	加权净资产收益率(%)	-4.4000	-17.0000	-8.0400	0.2100
	净资产收益率(扣除)(%)	-4.3963	-20.7233	-8.0435	-6.9195
	总资产(万元)	602539.53	680658.12	662184.69	597431.47
	归属母公司股东权益(万元)	102366.96	106867.27	115253.62	130372.04
	营业收入(万元)	93982.86	152604.63	29129.33	102162.58
	营业支出(万元)	74540.79	131530.50	26181.16	75419.90
	投资收益(万元)	101.57	851.61	547.72	638.92
	净利润(万元)	-4681.89	-21095.59	-9270.42	277.94
	营业利润(万元)	-2227.58	-18422.29	-9010.41	-4270.18
	利润总额(万元)	-1798.31	-16947.01	-8646.15	5023.35

内蒙古蒙电华能热电股份有限公司

公司概况	公司名称	内蒙古蒙电华能热电股份有限公司			证券简称	内蒙华电
	法人代表	吴景龙	董秘	袁敏	证券代码	600863
	公司网址	www.nmhdwz.com		电子信箱	nmhd@nmhdwz.com	
	电　话	0471-6222388		传　真	0471-6228410	
	办公地址	内蒙古自治区呼和浩特市锡林南路工艺厂巷电力科技楼				
	经营范围	火力发电、供应、蒸汽、热水的生产、供应、销售、维护和管理等				

主要财务指标	指标\报告期	2015.06.30	2014.12.31	2014.06.30	2013.12.31
	基本每股收益(元)	0.0800	0.2300	0.1400	0.3600
	基本每股收益(扣除后)(元)	0.0800	0.2100	0.1400	0.3700
	稀释每股收益(元)	0.0800	0.2300	0.1400	0.3600
	每股净资产(元)	1.7387	1.8317	2.7249	2.8050
	每股经营现金净流量(元)	0.2455	0.7479	0.4093	1.2611
	每股现金流量(元)	0.0121	-0.0095	0.1325	-0.0378
	每股资本公积金(元)	0.1428	0.1428	0.8709	0.8717
	每股盈余公积金(元)	0.2095	0.2095	0.2287	0.2287
	每股未分配利润(元)	0.3767	0.4752	0.6161	0.7046
	净资产收益率(%)	4.6838	12.8080	7.7600	12.6700
	加权净资产收益率(%)	4.3400	11.7600	7.2600	13.1600
	净资产收益率(扣除)(%)	4.7192	11.1958	7.8285	13.1200
	总资产(万元)	3909920.96	3877320.39	3649631.47	3560479.31
	归属母公司股东权益(万元)	1009786.56	1063787.35	1055021.53	1086058.19
	营业收入(万元)	548166.32	1363393.21	571617.11	1215299.61
	营业支出(万元)	441105.56	1050577.35	428715.78	914998.45
	投资收益(万元)	47281.41	74880.30	52779.77	81935.19
	净利润(万元)	77940.35	206903.03	81889.42	137563.09
	营业利润(万元)	98013.84	255807.43	141009.81	247326.22
	利润总额(万元)	97416.63	255282.28	139725.00	247293.95

哈尔滨哈投投资股份有限公司

公司概况	公司名称	哈尔滨哈投投资股份有限公司			证券简称	哈投股份
	法人代表	智大勇	董秘	徐建伟	证券代码	600864
	公司网址				电子信箱	sbrd27@sohu.com
	电　话	0451-51939831			传　真	0451-51939831
	办公地址	黑龙江省哈尔滨市松北区创新二路 277 号哈尔滨经济创新研发中心大厦 29 层				
	经营范围	热力、电力供应等				

主要财务指标	指标\报告期	2015.06.30	2014.12.31	2014.06.30	2013.12.31
	基本每股收益(元)	0.1740	0.5300	0.1150	0.6000
	基本每股收益(扣除后)(元)	0.1620	0.0500	0.1050	0.0800
	稀释每股收益(元)	0.1740	0.5300	0.1150	0.6000
	每股净资产(元)	7.9689	8.5275	5.4684	5.5444
	每股经营现金净流量(元)	−0.7569	0.4169	−0.7484	0.3750
	每股现金流量(元)	−0.7620	0.4001	−0.8970	−0.0900
	每股资本公积金(元)	0.0518	0.0518	1.6788	1.8563
	每股盈余公积金(元)	0.5203	0.5203	0.4708	0.4708
	每股未分配利润(元)	2.5927	2.4185	2.3492	2.2343
	净资产收益率(%)	2.1857	6.2548	2.1025	10.9077
	加权净资产收益率(%)	2.1120	7.5600	2.0880	11.4800
	净资产收益率(扣除)(%)	2.0367	0.5428	1.9281	1.3885
	总资产(万元)	645003.36	752268.23	462793.29	524722.16
	归属母公司股东权益(万元)	435405.50	465923.07	298780.07	302936.38
	营业收入(万元)	65833.49	119134.52	64619.35	112680.89
	营业支出(万元)	45171.06	91133.73	48963.23	87923.09
	投资收益(万元)	1659.61	34259.55	1472.95	39553.12
	净利润(万元)	10424.67	30791.21	6281.93	33043.51
	营业利润(万元)	13389.75	38138.45	8065.55	41489.02
	利润总额(万元)	13526.93	40800.66	8288.95	45153.00

百大集团股份有限公司

公司概况	公司名称	百大集团股份有限公司			证券简称	百大集团
	法人代表	陈顺华	董秘	彭永梅	证券代码	600865
	公司网址	www.baidagroup.com			电子信箱	invest@baidagroup.com
	电　话	0571-85823016			传　真	0571-85174900
	办公地址	浙江省杭州市庆春东路 1-1 号西子联合大厦 18 楼				
	经营范围	批发、零售、百货、五金、交电、针、纺织品、化工产品等				

主要财务指标	指标\报告期	2015.06.30	2014.12.31	2014.06.30	2013.12.31
	基本每股收益(元)	0.1757	0.4100	0.2460	0.3200
	基本每股收益(扣除后)(元)	0.1160	0.1600	0.1070	0.1600
	稀释每股收益(元)	0.1757	0.4100	0.2460	0.3200
	每股净资产(元)	3.7322	3.5570	3.3890	3.2430
	每股经营现金净流量(元)	−0.0016	0.3394	−0.0064	1.8598
	每股现金流量(元)	−0.1805	−0.0848	0.1227	−0.2260
	每股资本公积金(元)	0.6205	0.6205	0.6205	0.6205
	每股盈余公积金(元)	0.4221	0.4221	0.3825	0.3825
	每股未分配利润(元)	1.6896	1.5139	1.3860	1.2399
	净资产收益率(%)	4.7076	11.6281	7.2602	9.9956
	加权净资产收益率(%)	4.8200	12.1900	7.3500	10.5200
	净资产收益率(扣除)(%)	3.0971	4.4970	3.1557	4.9148
	总资产(万元)	185980.72	186042.25	220069.44	281182.37
	归属母公司股东权益(万元)	140421.08	133810.59	127508.35	122013.34
	营业收入(万元)	52993.48	105179.92	52777.81	123401.71
	营业支出(万元)	38149.82	76597.40	38233.58	93877.97
	投资收益(万元)	2370.47	4514.91	2412.88	13282.03
	净利润(万元)	6610.50	15559.65	9257.42	12196.02
	营业利润(万元)	8237.45	19182.41	11382.02	14649.22
	利润总额(万元)	8509.23	19472.03	11337.72	14884.47

广东肇庆星湖生物科技股份有限公司

公司概况	公司名称	广东肇庆星湖生物科技股份有限公司			证券简称	星湖科技
	法人代表	莫仕文	董秘	钟济祥	证券代码	600866
	公司网址	www.starlake.com.cn			电子信箱	zhongjx@starlake.com.cn
	电　话	0758-2291130			传　真	0758-2239449
	办公地址	广东省肇庆市工农北路 67 号				
	经营范围	化学药品原药制造业(包括肌苷、利巴韦林、脯氨酸等)				

主要财务指标	指标\报告期	2015.06.30	2014.12.31	2014.06.30	2013.12.31
	基本每股收益(元)	−0.1673	−0.6494	−0.2713	0.0368
	基本每股收益(扣除后)(元)	−0.1947	−0.6671	−0.2720	−0.4560
	稀释每股收益(元)	−0.1673	−0.6494	−0.2713	0.0368
	每股净资产(元)	2.1112	2.2862	2.4141	2.6758
	每股经营现金净流量(元)	0.0568	−0.0313	−0.1313	−0.0512
	每股现金流量(元)	−0.0751	0.2820	0.4607	−0.0087
	每股资本公积金(元)	1.1794	1.1794	0.9137	0.9041
	每股盈余公积金(元)	0.2678	0.2678	0.3141	0.3141
	每股未分配利润(元)	−0.3360	−0.1688	0.1864	0.4576
	净资产收益率(%)	−7.9240	−24.4528	−11.2370	1.3740
	加权净资产收益率(%)	−7.6200	−27.8600	−10.6800	1.3500
	净资产收益率(扣除)(%)	−9.2219	−25.1188	−11.2660	−17.0420
	总资产(万元)	219276.62	225552.79	253559.94	260373.60
	归属母公司股东权益(万元)	136255.66	147549.94	132871.07	147273.33
	营业收入(万元)	43280.90	87149.17	38091.14	90280.45
	营业支出(万元)	42023.72	80991.52	33478.62	84054.17
	投资收益(万元)	−1988.67	−5683.38	−2240.65	12321.09
	净利润(万元)	−10797.53	−36081.86	−14930.71	2023.51
	营业利润(万元)	−11153.63	−35863.06	−14988.40	−13990.71
	利润总额(万元)	−10926.34	−35441.13	−14766.47	709.49

通化东宝药业股份有限公司

公司概况	公司名称	通化东宝药业股份有限公司			证券简称	通化东宝
	法人代表	李一奎	董秘	王君业	证券代码	600867
	公司网址	www.thdb.com			电子信箱	thdbwjy@qq.com
	电　话	0435-5088025 5088126			传　真	0435- 5088002
	办公地址	吉林省通化市通化县东宝新村				
	经营范围	硬胶囊剂、片剂(含激素类)、颗粒剂、小容量注射剂、原料药等				

主要财务指标	指标\报告期	2015.06.30	2014.12.31	2014.06.30	2013.12.31
	基本每股收益(元)	0.2300	0.2700	0.1500	0.2000
	基本每股收益(扣除后)(元)	0.2000	0.2800	0.1400	0.2000
	稀释每股收益(元)	0.2300	0.2700	0.1500	0.2000
	每股净资产(元)	1.9198	2.0753	1.9063	2.1377
	每股经营现金净流量(元)	0.0757	0.1999	0.1820	0.2373
	每股现金流量(元)	−0.0319	−0.0138	0.0548	0.0982
	每股资本公积金(元)	0.1390	0.1529	0.0967	0.1072
	每股盈余公积金(元)	0.2418	0.2659	0.2375	0.2613
	每股未分配利润(元)	0.5646	0.6662	0.5721	0.7692
	净资产收益率(%)	12.0670	13.0876	7.6344	9.2364
	加权净资产收益率(%)	11.7800	13.9100	7.4400	9.4300
	净资产收益率(扣除)(%)	10.5844	13.2601	7.5204	9.1691
	总资产(万元)	312088.66	295621.94	277523.21	269445.25
	归属母公司股东权益(万元)	217538.58	213774.78	195321.56	199118.13
	营业收入(万元)	78030.61	145134.01	65568.11	120424.04
	营业支出(万元)	20743.37	45204.73	20020.03	38541.54
	投资收益(万元)	4080.28	606.34	292.26	558.46
	净利润(万元)	26144.93	27653.92	14911.57	18391.34
	营业利润(万元)	30490.06	32743.02	17147.71	20657.66
	利润总额(万元)	30624.45	32381.83	17407.73	21177.66

广东梅雁吉祥水电股份有限公司

公司概况	公司名称	广东梅雁吉祥水电股份有限公司			证券简称	梅雁吉祥
	法人代表	温增勇	董秘	胡苏平	证券代码	600868
	公司网址	www.chinameiyan.com		电子信箱	mysd@chinameiyan.com	
	电　话	0753-2218286		传　真	0753-2218286	
	办公地址	广东省梅州市梅县新县城沿江南路 1 号				
	经营范围	电力生产业、房产开发与经营、养殖业、电子计算机生产销售等				

主要财务指标	指标\报告期	2015.06.30	2014.12.31	2014.06.30	2013.12.31
	基本每股收益(元)	-0.0063	-0.0287	0.0070	0.0136
	基本每股收益(扣除后)(元)	-0.0200	-0.0345	0.0020	0.0109
	稀释每股收益(元)	-0.0063	-0.0287	0.0070	0.0136
	每股净资产(元)	1.1153	1.1216	1.1589	1.1575
	每股经营现金净流量(元)	0.0104	0.0698	0.0280	0.0646
	每股现金流量(元)	0.0069	-0.0206	-0.0149	0.0217
	每股资本公积金(元)	0.2168	0.2168	0.2186	0.2186
	每股盈余公积金(元)	0.0226	0.0226	0.0226	0.0226
	每股未分配利润(元)	-0.1240	-0.1177	-0.0823	-0.0840
	净资产收益率(%)	-0.5654	-2.5612	0.5765	1.1751
	加权净资产收益率(%)	-0.5600	-2.5600	0.5800	1.1800
	净资产收益率(扣除)(%)	-1.8253	-3.0798	0.2111	0.9407
	总资产(万元)	272392.14	272040.10	287248.83	288492.11
	归属母公司股东权益(万元)	211700.38	212897.24	219981.59	219710.35
	营业收入(万元)	12744.86	40019.61	20884.54	48623.45
	营业支出(万元)	10148.76	30248.33	14034.99	33566.65
	投资收益(万元)	178.70	824.49	-115.15	84.00
	净利润(万元)	-1632.77	-5978.76	1268.19	2581.81
	营业利润(万元)	-4203.26	-6822.17	597.58	1826.44
	利润总额(万元)	-1631.78	-5893.29	1390.42	2412.05

远东智慧能源股份有限公司

公司概况	公司名称	远东智慧能源股份有限公司			证券简称	智慧能源
	法人代表	蒋锡培	董秘	万俊	证券代码	600869
	公司网址	www.600869.com		电子信箱	87249788@600869.com	
	电　话	0510-87249788		传　真	0510-87249922	
	办公地址	江苏省宜兴市高塍远东大道 6 号				
	经营范围	电线电缆,电缆材料,电缆附件,电力金具的设计、制造等				

主要财务指标	指标\报告期	2015.06.30	2014.12.31	2014.06.30	2013.12.31
	基本每股收益(元)	0.1639	0.1846	0.1000	0.3059
	基本每股收益(扣除后)(元)	0.1201	0.1315	0.1000	-
	稀释每股收益(元)	0.1639	0.1846	0.1000	0.3059
	每股净资产(元)	3.2083	3.1454	3.0646	3.0609
	每股经营现金净流量(元)	0.0163	0.6783	0.2844	0.5169
	每股现金流量(元)	-0.4322	0.0187	-0.1390	-0.2176
	每股资本公积金(元)	1.4213	1.5224	1.5224	1.5224
	每股盈余公积金(元)	0.1679	0.1679	0.1667	0.1667
	每股未分配利润(元)	0.6190	0.4551	0.3755	0.3718
	净资产收益率(%)	5.1100	5.8673	3.3850	9.9951
	加权净资产收益率(%)	5.0800	5.9500	3.3300	10.1711
	净资产收益率(扣除)(%)	3.7430	4.1792	3.1269	3.8808
	总资产(万元)	1175138.74	1224306.88	963305.69	995587.70
	归属母公司股东权益(万元)	317635.01	311413.06	303412.30	303042.09
	营业收入(万元)	519640.19	1135176.40	479857.87	1157436.14
	营业支出(万元)	423573.20	947775.25	394911.71	965139.97
	投资收益(万元)	4962.56	1072.75	343.47	1951.07
	净利润(万元)	16270.25	19934.31	10270.64	30289.45
	营业利润(万元)	17678.19	14917.35	9376.86	11938.09
	利润总额(万元)	20514.20	23919.72	11978.59	35554.23

厦门华侨电子股份有限公司

公司概况	公司名称	厦门华侨电子股份有限公司			证券简称	*ST 厦华
	法人代表	王玲玲	董秘	王玲玲(代)	证券代码	600870
	公司网址	www.iprima.com.cn		电子信箱	zqb@iPrima.com.cn	
	电　话	0592-5510275		传　真	0592-5510262	
	办公地址	福建省厦门市思明区环岛南路 3088 号三楼 302 室				
	经营范围	主营彩色电视机、彩色监视器等产品				

主要财务指标	指标\报告期	2015.06.30	2014.12.31	2014.06.30	2013.12.31
	基本每股收益(元)	0.0027	-0.4409	-0.4371	-1.0269
	基本每股收益(扣除后)(元)	-0.0039	-0.4031	-0.2912	-
	稀释每股收益(元)	0.0027	-0.4409	-0.4371	-1.0269
	每股净资产(元)	0.0122	0.0095	0.0052	0.0055
	每股经营现金净流量(元)	0.0534	-0.2154	-0.1078	-0.1592
	每股现金流量(元)	0.0095	-0.1097	-0.0776	-0.0725
	每股资本公积金(元)	4.3657	4.3657	4.3574	4.2470
	每股盈余公积金(元)	0.1051	0.1051	0.1051	0.1051
	每股未分配利润(元)	-5.4914	-5.4940	-5.4902	-5.0531
	净资产收益率(%)	21.8518	-4619.4189	-8400.5098	-18839.2255
	加权净资产收益率(%)	24.5400	-213.5800	-263.2500	-303.5600
	净资产收益率(扣除)(%)	-31.6142	-4222.9547	-5595.9853	-15281.8436
	总资产(万元)	3384.38	5815.70	13118.28	80345.47
	归属母公司股东权益(万元)	639.18	499.40	272.25	19103.17
	营业收入(万元)	-	22415.73	20988.06	118769.14
	营业支出(万元)	-	19815.17	18432.89	112051.62
	投资收益(万元)	-	13038.43	8455.83	-7.77
	净利润(万元)	139.67	-23230.28	-22870.49	-53729.76
	营业利润(万元)	-202.07	-8042.15	-6771.35	-43477.90
	利润总额(万元)	139.67	-23210.35	-23012.40	-53582.57

中石化石油工程技术服务股份有限公司

公司概况	公司名称	中石化石油工程技术服务股份有限公司			证券简称	石化油服
	法人代表	焦方正	董秘	李洪海	证券代码	600871
	公司网址	http://ssc.sinopec.com		电子信箱	ir.ssc@sinopec.com	
	电　话	010-59960871		传　真	010-59961033	
	办公地址	北京市朝阳区吉市口路 9 号				
	经营范围	化纤及化工产品的生产及销售等				

主要财务指标	指标\报告期	2015.06.30	2014.12.31	2014.06.30	2013.12.31
	基本每股收益(元)	-0.1010	0.0800	-0.0450	0.0040
	基本每股收益(扣除后)(元)	-0.1020	-0.3900	-0.2900	-0.2360
	稀释每股收益(元)	-0.1010	0.0800	-0.0450	0.0040
	每股净资产(元)	1.6500	1.4600	0.8910	1.1830
	每股经营现金净流量(元)	-0.0970	0.5267	-0.3304	0.2929
	每股现金流量(元)	0.1264	-0.0384	-0.0456	-0.3710
	每股资本公积金(元)	0.6289	0.3337	0.1911	3.8864
	每股盈余公积金(元)	0.0142	0.0156	0.0334	0.0334
	每股未分配利润(元)	-0.0186	0.0872	-0.3337	0.1434
	净资产收益率(%)	-5.8985	6.5772	-32.7382	-20.4921
	加权净资产收益率(%)	-6.5600	4.9800	-28.1300	0.2000
	净资产收益率(扣除)(%)	-5.9886	-12.4245	-32.5766	-19.9232
	总资产(万元)	7381278.60	8129570.80	883978.80	9273666.90
	归属母公司股东权益(万元)	2340186.20	1869712.00	534628.60	3068129.40
	营业收入(万元)	2312128.50	9448104.10	4210953.50	10740624.30
	营业支出(万元)	2230594.00	8526110.10	3828594.20	9896669.10
	投资收益(万元)	-469.00	-165.90	341.00	263.90
	净利润(万元)	-138042.50	123196.70	-68404.80	8887.50
	营业利润(万元)	-134988.10	61538.70	-35717.90	66211.00
	利润总额(万元)	-119731.00	220668.00	-17408.30	101477.50

中炬高新技术实业(集团)股份有限公司

公司概况						
公司名称	中炬高新技术实业(集团)股份有限公司			证券简称	中炬高新	
法人代表	熊炜	董秘	彭海泓	证券代码	600872	
公司网址	www.jonjee.com		电子信箱	penghaihong@jonjee.com		
电　话	0760-85596818 2033		传　真	0760-85596877		
办公地址	广东省中山市中山火炬高技术产业开发区火炬大厦					
经营范围	城市基础设施的投资、房地产经营、物业管理等					

主要财务指标：指标\报告期	2015.06.30	2014.12.31	2014.06.30	2013.12.31
基本每股收益(元)	0.1293	0.3600	0.1922	0.2672
基本每股收益(扣除后)(元)	0.1214	0.3291	0.1888	0.2486
稀释每股收益(元)	0.1293	0.3600	0.1922	0.2672
每股净资产(元)	2.9751	2.9557	2.7883	2.6771
每股经营现金净流量(元)	0.1758	0.4205	0.1345	0.1695
每股现金流量(元)	0.0935	−0.1066	−0.1494	0.0009
每股资本公积金(元)	0.3504	0.3504	0.3727	0.3727
每股盈余公积金(元)	0.2189	0.2189	0.2189	0.2189
每股未分配利润(元)	1.3851	1.3658	1.1983	1.0871
净资产收益率(%)	4.3475	12.1796	6.8928	9.9799
加权净资产收益率(%)	4.3600	12.7800	7.0300	10.4100
净资产收益率(扣除)(%)	4.0795	11.1327	6.7714	9.2871
总资产(万元)	436290.15	405896.96	378877.75	369612.26
归属母公司股东权益(万元)	237005.18	235464.15	222124.00	213267.24
营业收入(万元)	132050.82	264189.69	133041.54	231819.07
营业支出(万元)	85524.85	173109.57	86621.60	159275.70
投资收益(万元)	1827.01	1030.67	346.61	1214.22
净利润(万元)	11455.12	29262.97	15310.63	21283.78
营业利润(万元)	14066.03	32278.77	18092.19	25424.92
利润总额(万元)	14391.01	34402.43	18086.83	26235.75

梅花生物科技集团股份有限公司

公司概况						
公司名称	梅花生物科技集团股份有限公司			证券简称	梅花生物	
法人代表	孟庆山	董秘	杨慧兴	证券代码	600873	
公司网址	www.meihuagrp.com		电子信箱	yanghuixing@meihuagrp.com		
电　话	0316-2359652		传　真	0316-2359670		
办公地址	河北省廊坊市经济技术开发区华祥路66号					
经营范围	味精、氨基酸、有机肥等生物发酵领域等					

主要财务指标：指标\报告期	2015.06.30	2014.12.31	2014.06.30	2013.12.31
基本每股收益(元)	0.1100	0.1600	0.0400	0.1300
基本每股收益(扣除后)(元)	0.0900	0.1300	0.0200	0.0700
稀释每股收益(元)	0.1100	0.1600	0.0400	0.1300
每股净资产(元)	2.6508	2.6435	2.5251	2.5825
每股经营现金净流量(元)	0.5104	0.1308	0.0218	0.3163
每股现金流量(元)	−0.0989	0.0008	−0.0869	−0.0074
每股资本公积金(元)	0.7208	0.7208	0.7208	0.7208
每股盈余公积金(元)	0.0721	0.0721	0.0576	0.0576
每股未分配利润(元)	0.8579	0.8506	0.7467	0.8041
净资产收益率(%)	4.1026	6.0885	1.6870	5.0292
加权净资产收益率(%)	4.0800	6.2000	1.6600	5.5000
净资产收益率(扣除)(%)	3.2749	4.8718	0.9892	2.7040
总资产(万元)	1931751.40	2060167.32	1934427.12	1871359.03
归属母公司股东权益(万元)	823939.60	821655.21	784869.49	802710.90
营业收入(万元)	615942.37	986496.74	461165.77	778038.33
营业支出(万元)	486975.84	779006.64	379033.51	632510.28
投资收益(万元)	2437.78	500.96	382.69	5211.22
净利润(万元)	34930.84	50634.24	13240.85	40369.76
营业利润(万元)	38664.00	43459.15	9943.61	33334.45
利润总额(万元)	43233.70	54249.20	16054.31	49964.64

天津创业环保集团股份有限公司

公司概况						
公司名称	天津创业环保集团股份有限公司			证券简称	创业环保	
法人代表	刘玉军	董秘	付亚娜	证券代码	600874	
公司网址	www.tjcep.com		电子信箱	fu_yn@tjcep.com		
电　话	022-23930128		传　真	022-23930126		
办公地址	天津市南开区卫津南路76号创业环保大厦					
经营范围	污水与自来水以及其他水处理设施的投资、建设、设计、管理、经营等					

主要财务指标：指标\报告期	2015.06.30	2014.12.31	2014.06.30	2013.12.31
基本每股收益(元)	0.1300	0.2200	0.1000	0.2000
基本每股收益(扣除后)(元)	0.1300	0.2000	0.1000	0.1900
稀释每股收益(元)	0.1300	0.2200	0.1000	0.2000
每股净资产(元)	2.9792	2.9221	2.8070	2.7862
每股经营现金净流量(元)	1.3682	0.4270	0.2661	0.4004
每股现金流量(元)	0.8100	−0.1262	0.0411	−0.0014
每股资本公积金(元)	0.2679	0.2679	0.2679	0.2679
每股盈余公积金(元)	0.2768	0.2768	0.2615	0.2615
每股未分配利润(元)	1.4345	1.3774	1.2776	1.2568
净资产收益率(%)	4.2670	7.3893	3.5933	7.0891
加权净资产收益率(%)	4.3100	7.5700	3.6100	7.2700
净资产收益率(扣除)(%)	4.2325	6.9844	3.5511	6.7519
总资产(万元)	1046973.20	1085948.20	1137979.40	1107375.10
归属母公司股东权益(万元)	425201.30	417048.40	400627.30	397649.40
营业收入(万元)	95797.90	182807.90	86176.90	174986.10
营业支出(万元)	53684.30	108477.50	48724.50	105758.00
投资收益(万元)	−298.70	−127.40	54.00	−303.00
净利润(万元)	18656.20	31771.20	14395.80	28189.90
营业利润(万元)	25572.70	41086.00	19814.50	36868.70
利润总额(万元)	25774.90	43326.40	20030.20	38751.60

东方电气股份有限公司

公司概况						
公司名称	东方电气股份有限公司			证券简称	东方电气	
法人代表	斯泽夫	董秘	龚丹	证券代码	600875	
公司网址	www.dec-ltd.cn		电子信箱	dsb@dongfang.com		
电　话	028-87583666		传　真	028-87583551		
办公地址	四川省成都市金牛区蜀汉路333号					
经营范围	水力发电设备、汽轮发电机、交直流电机、控制设备制造销售等					

主要财务指标：指标\报告期	2015.06.30	2014.12.31	2014.06.30	2013.12.31
基本每股收益(元)	0.0800	0.6400	0.4200	1.1700
基本每股收益(扣除后)(元)	0.0700	0.5800	0.4000	1.1200
稀释每股收益(元)	0.0800	0.5900	0.4200	1.1700
每股净资产(元)	9.7487	9.7532	9.0883	8.8298
每股经营现金净流量(元)	−0.4264	1.4136	0.0658	1.4989
每股现金流量(元)	−0.6488	2.8416	−0.6071	1.5866
每股资本公积金(元)	3.7779	2.9421	2.4902	2.4799
每股盈余公积金(元)	0.2885	0.3364	0.2887	0.2887
每股未分配利润(元)	4.6824	5.4815	5.3102	5.0714
净资产收益率(%)	0.7390	6.5404	4.6086	13.2783
加权净资产收益率(%)	0.8300	6.9200	4.6500	14.1000
净资产收益率(扣除)(%)	0.6891	5.9480	4.3991	12.6628
总资产(万元)	8287382.47	8523016.95	7883230.13	7783670.31
归属母公司股东权益(万元)	2278170.81	1954409.25	1821167.92	1769376.90
营业收入(万元)	1820494.23	3903616.48	1898416.83	4239079.67
营业支出(万元)	1603535.22	3249580.57	1595965.72	3374286.67
投资收益(万元)	5375.29	21202.60	4646.83	22655.84
净利润(万元)	18753.71	132061.67	83929.44	234943.16
营业利润(万元)	26181.76	132559.94	96007.87	277693.21
利润总额(万元)	26137.86	150234.23	100322.42	278749.21

洛阳玻璃股份有限公司

公司概况	公司名称	洛阳玻璃股份有限公司			证券简称	洛阳玻璃
	法人代表	马立云	董秘	吴知新	证券代码	600876
	公司网址	www.zhglb.com		电子信箱	lywzhx@126.com	
	电　话	0379-63908833		传　真	0379-63251984	
	办公地址	河南省洛阳市西工区唐宫中路9号				
	经营范围	生产玻璃、深加工制品、机械成套设备、电器与配件、销售自产产品等				

	指标\报告期	2015.06.30	2014.12.31	2014.06.30	2013.12.31
主要财务指标	基本每股收益(元)	−0.2282	0.0320	0.0645	−0.1980
	基本每股收益(扣除后)(元)	−0.2254	−0.3057	−0.1237	−0.2538
	稀释每股收益(元)	−0.2282	0.0320	0.0645	−0.1980
	每股净资产(元)	−0.1293	0.0988	0.1313	0.0666
	每股经营现金净流量(元)	−0.1285	−0.0817	0.0136	0.0220
	每股现金流量(元)	−0.0403	−0.0098	0.0394	−0.0550
	每股资本公积金(元)	1.7148	1.7148	1.7148	1.7148
	每股盈余公积金(元)	0.1027	0.1027	0.1027	0.1027
	每股未分配利润(元)	−2.9478	−2.7197	−2.6872	−2.7517
	净资产收益率(%)	–	32.3988	49.1531	−297.1862
	加权净资产收益率(%)	–	38.7400	65.2700	−119.7800
	净资产收益率(扣除)(%)	174.3173	−309.4655	−94.2466	−381.0192
	总资产(万元)	119025.78	105706.77	126223.86	122652.83
	归属母公司股东权益(万元)	−6465.66	4939.90	6564.76	3330.61
	营业收入(万元)	30731.12	61254.12	26563.39	37573.50
	营业支出(万元)	33240.34	57625.24	25030.11	32272.88
	投资收益(万元)	–	9884.25	9339.46	241.06
	净利润(万元)	−11893.34	34.28	3226.78	−9898.10
	营业利润(万元)	−11536.49	−6325.66	2935.92	−13552.73
	利润总额(万元)	−11678.06	846.83	3053.34	−10756.68

中国嘉陵工业股份有限公司(集团)

公司概况	公司名称	中国嘉陵工业股份有限公司(集团)			证券简称	中国嘉陵
	法人代表	洪耕	董秘	叶宇昕	证券代码	600877
	公司网址	www.jialing.com.cn		电子信箱	zqc@jialing.com.cn	
	电　话	023-61954095		传　真	023-61951111	
	办公地址	重庆市璧山县永嘉大道111号				
	经营范围	摩托车及其发动机、零部件的制造和销售等				

	指标\报告期	2015.06.30	2014.12.31	2014.06.30	2013.12.31
主要财务指标	基本每股收益(元)	−0.1193	0.0167	−0.0401	−0.3494
	基本每股收益(扣除后)(元)	−0.0952	−0.2513	−0.0309	–
	稀释每股收益(元)	−0.1193	0.0167	−0.0401	−0.3494
	每股净资产(元)	0.1596	0.2791	0.2268	0.2673
	每股经营现金净流量(元)	−0.1568	−0.1137	0.0429	−0.0871
	每股现金流量(元)	−0.1814	−0.1489	−0.0337	0.0638
	每股资本公积金(元)	0.1619	0.1619	0.1619	0.1619
	每股盈余公积金(元)	0.8521	0.8521	0.8521	0.8521
	每股未分配利润(元)	−1.8611	−1.7418	−1.7986	−1.7585
	净资产收益率(%)	−74.7204	5.9957	−17.6638	−130.6981
	加权净资产收益率(%)	−13.5900	6.1300	−16.2200	−79.0800
	净资产收益率(扣除)(%)	−59.6323	−90.0602	−13.6183	−130.1424
	总资产(万元)	211408.79	233679.93	273202.74	269143.08
	归属母公司股东权益(万元)	10970.39	19180.93	15590.99	18370.86
	营业收入(万元)	64778.19	135959.97	76595.10	157520.31
	营业支出(万元)	57061.99	119708.19	67197.33	139088.33
	投资收益(万元)	2067.96	6244.92	5505.72	3447.84
	净利润(万元)	−8226.37	1150.53	−2753.97	−24010.36
	营业利润(万元)	−6403.14	−12264.99	−1341.35	−21572.31
	利润总额(万元)	−8226.37	1165.80	−2749.21	−24416.32

航天时代电子技术股份有限公司

公司概况	公司名称	航天时代电子技术股份有限公司			证券简称	航天电子
	法人代表	刘眉玄	董秘	吕凡	证券代码	600879
	公司网址	www.catec-ltd.cn		电子信箱	lufan@catec-ltd.cn	
	电　话	027-84792199 010-88106362		传　真	027-84792102	
	办公地址	湖北省武汉市经济技术开发区高科技园				
	经营范围	民用航天与运载火箭及配套装备、计算机技术及软硬件、电子测量与自动控制等				

	指标\报告期	2015.06.30	2014.12.31	2014.06.30	2013.12.31
主要财务指标	基本每股收益(元)	0.0790	0.2370	0.0780	0.2490
	基本每股收益(扣除后)(元)	0.0670	0.2090	0.0710	0.2320
	稀释每股收益(元)	0.0790	0.2370	0.0780	0.2490
	每股净资产(元)	5.1074	5.0180	4.8480	4.7668
	每股经营现金净流量(元)	−0.6369	0.1182	−0.4685	0.0097
	每股现金流量(元)	0.2958	0.0481	0.2416	−0.0757
	每股资本公积金(元)	1.8315	1.8315	1.8315	1.8315
	每股盈余公积金(元)	0.1045	0.1045	0.1031	0.1031
	每股未分配利润(元)	2.1444	2.0651	1.9076	1.8294
	净资产收益率(%)	1.5521	4.7242	1.6142	4.6475
	加权净资产收益率(%)	1.5670	4.8530	1.6280	5.5050
	净资产收益率(扣除)(%)	1.3139	4.1680	1.4616	4.3361
	总资产(万元)	1104207.53	982061.05	960951.48	858472.15
	归属母公司股东权益(万元)	530929.52	521637.52	503965.78	495524.90
	营业收入(万元)	178370.42	490179.83	178171.68	410648.48
	营业支出(万元)	133863.23	384851.01	135827.22	312880.51
	投资收益(万元)	−168.76	−198.18	−43.10	122.60
	净利润(万元)	8837.44	25812.51	8134.79	23029.53
	营业利润(万元)	9803.70	26418.39	9865.56	26549.53
	利润总额(万元)	11110.64	30033.32	10813.99	28324.87

成都博瑞传播股份有限公司

公司概况	公司名称	成都博瑞传播股份有限公司			证券简称	博瑞传播
	法人代表	曹建春	董秘	苟军	证券代码	600880
	公司网址	www.b-raymedia.com		电子信箱	b-raymedia@b-ray.com.cn	
	电　话	028-87651183 62560962		传　真	028-62560793	
	办公地址	四川省成都市锦江区三色路38号“博瑞·创意成都”大厦A座23楼				
	经营范围	信息传播服务(不含国家限制项目)、报刊投递服务、高科技产品开发等				

	指标\报告期	2015.06.30	2014.12.31	2014.06.30	2013.12.31
主要财务指标	基本每股收益(元)	0.0700	0.2600	0.1400	0.5300
	基本每股收益(扣除后)(元)	0.0500	0.2600	0.1400	0.5200
	稀释每股收益(元)	0.0700	0.2600	0.1400	0.5300
	每股净资产(元)	3.2808	3.3151	3.2020	5.0930
	每股经营现金净流量(元)	0.0796	0.4859	0.2877	0.4553
	每股现金流量(元)	−0.0050	0.1520	−0.0289	0.7370
	每股资本公积金(元)	0.7367	0.7367	0.7367	1.7787
	每股盈余公积金(元)	0.2598	0.2598	0.2463	0.3941
	每股未分配利润(元)	1.2764	1.3107	1.2142	1.9131
	净资产收益率(%)	2.0032	7.7513	4.4842	9.7134
	加权净资产收益率(%)	1.9700	7.9900	4.5000	13.5200
	净资产收益率(扣除)(%)	1.5533	7.8482	4.2832	9.4341
	总资产(万元)	482309.31	484317.25	491608.55	483738.11
	归属母公司股东权益(万元)	358702.80	362448.80	350079.95	348020.60
	营业收入(万元)	64014.63	162406.83	75962.71	151809.64
	营业支出(万元)	36110.03	83421.30	38051.13	78112.18
	投资收益(万元)	−373.45	291.30	−309.91	−250.26
	净利润(万元)	8611.75	33631.72	15698.37	33804.65
	营业利润(万元)	8755.62	39380.76	22243.53	48556.24
	利润总额(万元)	10364.09	41676.89	23110.50	50135.42

吉林亚泰(集团)股份有限公司

公司概况	公司名称	吉林亚泰(集团)股份有限公司		证券简称	亚泰集团
	法人代表	宋尚龙	董秘	秦音	证券代码	600881
	公司网址	www.yatai.com	电子信箱	qinyin@yatai.com	
	电话	0431-84956688	传真	0431-84951400	
	办公地址	吉林省长春市吉林大路1801号			
	经营范围	房地产、水泥、证券、制药等			

主要财务指标	指标\报告期	2015.06.30	2014.12.31	2014.06.30	2013.12.31
	基本每股收益(元)	0.0300	0.1000	0.0600	0.1100
	基本每股收益(扣除后)(元)	0.0300	0.0020	0.0500	-
	稀释每股收益(元)	0.0300	0.1000	0.0600	0.1100
	每股净资产(元)	4.5314	4.3046	4.2259	4.2415
	每股经营现金净流量(元)	0.0696	-3.1563	-0.1028	-0.8062
	每股现金流量(元)	0.3250	-0.9749	0.2845	0.1784
	每股资本公积金(元)	2.4037	1.8036	1.8146	1.7920
	每股盈余公积金(元)	0.1467	0.2012	0.1826	0.1826
	每股未分配利润(元)	0.9246	1.2363	1.2207	1.2580
	净资产收益率(%)	0.5225	2.2510	1.4821	2.7077
	加权净资产收益率(%)	0.6700	2.2900	1.4700	2.8700
	净资产收益率(扣除)(%)	0.4745	0.0433	1.2614	0.6944
	总资产(万元)	5495108.21	5341205.49	4997480.84	4883894.98
	归属母公司股东权益(万元)	1178139.13	815612.10	800690.71	803643.72
	营业收入(万元)	526275.95	1445536.10	671215.04	1344822.42
	营业支出(万元)	408767.88	1108428.10	481917.90	1028300.12
	投资收益(万元)	72704.79	62301.42	23578.05	41544.73
	净利润(万元)	-10143.07	16565.51	11866.64	21759.89
	营业利润(万元)	-9146.22	1565.17	27922.13	17006.86
	利润总额(万元)	-7538.53	36598.58	31661.14	49544.00

山东华联矿业控股股份有限公司

公司概况	公司名称	山东华联矿业控股股份有限公司			证券简称	华联矿业
	法人代表	柴琇	董秘	柴琇(代)	证券代码	600882
	公司网址			电子信箱	hualianzqb@163.com	
	电话	0533-3389666		传真	0533-3389666	
	办公地址	吉林省长春市西安大路4388号广泽大厦				
	经营范围	矿石销售、货物进出口、矿山设备及备品备件的销售等				

主要财务指标	指标\报告期	2015.06.30	2014.12.31	2014.06.30	2013.12.31
	基本每股收益(元)	-0.0400	0.2900	0.3300	0.5500
	基本每股收益(扣除后)(元)	-0.0500	0.3000	0.3200	-
	稀释每股收益(元)	-0.0400	0.2900	0.3300	3.6274
	每股净资产(元)	3.3581	3.4063	3.9429	3.6274
	每股经营现金净流量(元)	0.3398	0.8925	0.2346	0.8518
	每股现金流量(元)	0.2372	-0.0305	0.1950	-0.0971
	每股资本公积金(元)	-	-	-	-
	每股盈余公积金(元)	0.3232	0.3232	0.2901	0.2901
	每股未分配利润(元)	1.9098	1.9541	2.5305	2.2270
	净资产收益率(%)	-1.3188	8.3714	8.3311	15.2476
	加权净资产收益率(%)	-1.3100	7.8300	8.7200	15.9300
	净资产收益率(扣除)(%)	-1.4603	8.9529	8.1562	14.9917
	总资产(万元)	163159.29	166184.22	195117.34	177465.34
	归属母公司股东权益(万元)	134066.82	135993.18	157416.04	144819.04
	营业收入(万元)	21304.83	81126.11	53227.86	100161.21
	营业支出(万元)	19867.43	52597.41	30302.44	58856.91
	投资收益(万元)	244.73	129.19	141.04	418.15
	净利润(万元)	-1736.18	11465.44	13114.54	22081.39
	营业利润(万元)	-2276.93	16990.49	17579.61	30080.34
	利润总额(万元)	-2102.54	15997.46	17939.32	30575.72

云南博闻科技实业股份有限公司

公司概况	公司名称	云南博闻科技实业股份有限公司			证券简称	博闻科技
	法人代表	刘志波	董秘	杨庆宏	证券代码	600883
	公司网址	www.ynbowin.com	电子信箱	600883dsh@ynbowin.com		
	电话	0871-7197370	传真	0871-7197694		
	办公地址	云南省昆明市官渡区春城路219号东航投资大厦806室				
	经营范围	计算机硬件生产、软件开发和网络开发、信息服务等				

主要财务指标	指标\报告期	2015.06.30	2014.12.31	2014.06.30	2013.12.31
	基本每股收益(元)	0.5066	-0.2025	-0.0528	0.0280
	基本每股收益(扣除后)(元)	0.1379	-0.3562	-0.0557	-0.0187
	稀释每股收益(元)	0.5066	-0.2025	-0.0528	0.0280
	每股净资产(元)	3.0147	2.6205	2.8276	2.9002
	每股经营现金净流量(元)	-0.0853	-0.0064	0.0168	-0.0130
	每股现金流量(元)	0.7631	0.1716	0.0759	-0.0010
	每股资本公积金(元)	0.0279	0.0305	0.5881	0.5881
	每股盈余公积金(元)	0.2279	0.2279	0.2279	0.2279
	每股未分配利润(元)	1.3483	0.8616	1.0114	1.0841
	净资产收益率(%)	16.8045	-7.7272	-1.8659	0.9666
	加权净资产收益率(%)	16.8045	-7.2300	-1.8659	0.9600
	净资产收益率(扣除)(%)	4.5747	-13.5944	-1.9688	-0.6442
	总资产(万元)	75778.23	68563.54	72215.85	73746.64
	归属母公司股东权益(万元)	71173.47	61867.87	66756.44	68471.08
	营业收入(万元)	704.84	1484.43	898.80	3491.62
	营业支出(万元)	850.53	1666.66	919.79	3408.01
	投资收益(万元)	11918.93	-2192.59	-860.14	2179.43
	净利润(万元)	11960.38	-4780.67	-1245.60	661.85
	营业利润(万元)	11420.35	-3547.26	-1270.57	1192.61
	利润总额(万元)	11425.90	-3472.03	-1245.60	1009.36

宁波杉杉股份有限公司

公司概况	公司名称	宁波杉杉股份有限公司			证券简称	杉杉股份
	法人代表	庄巍	董秘	钱程	证券代码	600884
	公司网址	www.ssgf.net	电子信箱	ssgf@shanshan.com		
	电话	0574-88208337	传真	0574-88208375		
	办公地址	浙江省宁波市鄞州区日丽中路777号杉杉商务大厦8层				
	经营范围	服装、针织品、皮革制品的制造、加工、批发、零售等				

主要财务指标	指标\报告期	2015.06.30	2014.12.31	2014.06.30	2013.12.31
	基本每股收益(元)	1.4880	0.8480	0.2900	0.4470
	基本每股收益(扣除后)(元)	0.2070	0.3140	0.2900	0.3540
	稀释每股收益(元)	1.4880	0.8480	0.2900	0.4470
	每股净资产(元)	12.1234	10.3276	8.0254	7.8298
	每股经营现金净流量(元)	-0.2347	-0.9815	-0.6397	-0.3083
	每股现金流量(元)	-0.5234	0.3169	0.5600	-0.1201
	每股资本公积金(元)	1.1894	1.1894	3.8066	3.8281
	每股盈余公积金(元)	0.4718	0.4718	0.3975	0.3975
	每股未分配利润(元)	4.7252	3.3177	2.8334	2.6039
	净资产收益率(%)	12.2699	8.2113	3.6075	5.7132
	加权净资产收益率(%)	13.2510	9.3400	3.6490	5.1600
	净资产收益率(扣除)(%)	1.7077	3.0357	3.6181	4.5152
	总资产(万元)	962232.07	916571.84	847837.93	745005.14
	归属母公司股东权益(万元)	498100.86	424318.68	329731.77	321694.82
	营业收入(万元)	187056.66	365899.06	187219.09	404792.07
	营业支出(万元)	146952.03	278574.08	145249.84	317670.16
	投资收益(万元)	73303.32	41354.19	13270.96	16642.82
	净利润(万元)	61562.51	32853.35	11895.19	18378.91
	营业利润(万元)	71529.95	36923.00	11867.47	16712.69
	利润总额(万元)	71741.50	36749.30	11668.37	18844.49

宏发科技股份有限公司

公司概况						
	公司名称	宏发科技股份有限公司			证券简称	宏发股份
	法人代表	郭满金	董秘	林旦旦	证券代码	600885
	公司网址	www.hongfa.com		电子信箱	zqb@hongfa.com	
	电　话	0592-6106688 6196768		传　真	0592-6106678	
	办公地址	福建省厦门市集美北部工业区孙坂南路91-101号				
	经营范围	研制,生产和销售继电器,低压电器,接触器,自动化设备等				

主要财务指标	指标\报告期	2015.06.30	2014.12.31	2014.06.30	2013.12.31
	基本每股收益(元)	0.5100	0.8100	0.3900	0.6900
	基本每股收益(扣除后)(元)	0.4800	0.7500	0.3624	0.6000
	稀释每股收益(元)	0.5100	0.8100	0.3900	0.6900
	每股净资产(元)	5.0912	4.8907	4.4658	4.0797
	每股经营现金净流量(元)	0.8558	0.6611	0.1763	0.8660
	每股现金流量(元)	-0.0365	-0.8562	-0.4257	1.8449
	每股资本公积金(元)	1.2590	1.2590	1.2590	1.2590
	每股盈余公积金(元)	0.4259	0.2697	0.2697	0.1808
	每股未分配利润(元)	2.4209	2.3636	1.9467	1.6444
	净资产收益率(%)	10.0868	16.5224	8.7596	15.1216
	加权净资产收益率(%)	9.9800	18.0200	9.1500	25.6000
	净资产收益率(扣除)(%)	9.4877	15.3521	8.1152	13.1550
	总资产(万元)	514895.68	474260.89	452180.18	437589.08
	归属母公司股东权益(万元)	270838.13	260174.03	237568.96	217030.70
	营业收入(万元)	213839.82	406283.01	197815.25	342522.63
	营业支出(万元)	129963.95	259257.99	131402.62	223832.19
	投资收益(万元)	1085.84	93.17	-	2450.09
	净利润(万元)	37412.88	59158.07	20810.08	32818.46
	营业利润(万元)	40841.60	65556.59	31244.99	53621.34
	利润总额(万元)	43332.97	70125.27	33575.58	57388.88

国投电力控股股份有限公司

公司概况						
	公司名称	国投电力控股股份有限公司			证券简称	国投电力
	法人代表	胡刚	董秘	杨林	证券代码	600886
	公司网址	www.sdicpower.com		电子信箱	gtdl@sdicpower.com	
	电　话	010-88006378		传　真	010-88006368	
	办公地址	北京市西城区西直门南小街147号楼11层1108				
	经营范围	投资建设、经营管理以电力生产为主的能源项目等				

主要财务指标	指标\报告期	2015.06.30	2014.12.31	2014.06.30	2013.12.31
	基本每股收益(元)	0.3610	0.8247	0.2971	0.5265
	基本每股收益(扣除后)(元)	0.3577	0.8000	0.2655	0.5222
	稀释每股收益(元)	0.3610	0.8247	0.2971	0.5265
	每股净资产(元)	3.4762	3.4071	2.8712	2.7203
	每股经营现金净流量(元)	1.4308	3.1563	1.1325	2.2395
	每股现金流量(元)	-0.1013	0.5015	0.3596	-0.3226
	每股资本公积金(元)	0.9520	0.9520	0.9420	0.9420
	每股盈余公积金(元)	0.0762	0.0762	0.0589	0.0589
	每股未分配利润(元)	1.4480	1.3789	0.8703	0.7193
	净资产收益率(%)	10.3862	24.2062	10.3464	17.9052
	加权净资产收益率(%)	10.0700	26.9100	10.3600	21.3000
	净资产收益率(扣除)(%)	10.2888	23.4789	9.2454	17.7581
	总资产(万元)	17498403.67	17261731.60	16383612.45	15955876.60
	归属母公司股东权益(万元)	2358953.03	2312065.57	1948401.25	1845992.14
	营业收入(万元)	1492617.37	3295716.92	1462168.12	2833898.11
	营业支出(万元)	724114.93	1624028.49	809701.52	1685939.09
	投资收益(万元)	32965.31	66438.09	44962.53	54815.44
	净利润(万元)	455336.95	1016122.15	201589.37	330527.90
	营业利润(万元)	435865.49	992849.62	366656.17	653147.31
	利润总额(万元)	507608.07	1094431.00	383193.50	657894.26

内蒙古伊利实业集团股份有限公司

公司概况						
	公司名称	内蒙古伊利实业集团股份有限公司			证券简称	伊利股份
	法人代表	潘刚	董秘	胡利平	证券代码	600887
	公司网址	www.yili.com		电子信箱	huliping@yili.com	
	电　话	0471-3350092		传　真	0471-3601621	
	办公地址	内蒙古自治区呼和浩特市金山开发区金山大道8号				
	经营范围	乳制品制造、食品、饮料加工、农畜产品及饲料加工等				

主要财务指标	指标\报告期	2015.06.30	2014.12.31	2014.06.30	2013.12.31
	基本每股收益(元)	0.4300	1.3500	0.7500	1.6500
	基本每股收益(扣除后)(元)	0.4200	1.2300	0.6800	-
	稀释每股收益(元)	0.4300	1.3500	0.7500	1.6500
	每股净资产(元)	3.0680	6.0808	8.1745	7.8932
	每股经营现金净流量(元)	0.9947	0.7951	0.2881	2.6799
	每股现金流量(元)	0.0458	1.4098	2.3565	3.1575
	每股资本公积金(元)	0.5580	2.1150	3.6320	3.6902
	每股盈余公积金(元)	0.1865	0.3731	0.4476	0.4476
	每股未分配利润(元)	1.3270	2.5853	3.0837	2.7614
	净资产收益率(%)	14.1582	22.2405	13.7300	19.7657
	加权净资产收益率(%)	13.6300	23.6600	13.3200	23.1500
	净资产收益率(扣除)(%)	13.7104	20.2193	12.5205	13.6485
	总资产(万元)	3921732.83	3949429.88	3940198.74	3287738.76
	归属母公司股东权益(万元)	1880305.71	1863392.48	1669978.65	1612509.93
	营业收入(万元)	2985562.17	5395929.87	2728630.52	4777886.58
	营业支出(万元)	1947319.22	3639999.11	1824813.02	3408275.81
	投资收益(万元)	13053.60	10773.98	7647.18	13138.55
	净利润(万元)	267427.67	416653.81	229287.28	318723.96
	营业利润(万元)	307650.02	438968.67	250339.22	265901.13
	利润总额(万元)	318811.65	478588.55	268448.17	306037.74

新疆众和股份有限公司

公司概况						
	公司名称	新疆众和股份有限公司			证券简称	新疆众和
	法人代表	孙健	董秘	刘建昊	证券代码	600888
	公司网址	www.joinworld.com		电子信箱	xjjw600888@126.com	
	电　话	0991-6689800		传　真	0991-6689882	
	办公地址	新疆维吾尔自治区乌鲁木齐市喀什东路18号				
	经营范围	高纯铝、电子铝箔、腐蚀箔、化成箔等电子元器件原料的生产、销售等				

主要财务指标	指标\报告期	2015.06.30	2014.12.31	2014.06.30	2013.12.31
	基本每股收益(元)	0.0431	-0.8279	-0.0971	0.1357
	基本每股收益(扣除后)(元)	-0.0448	-0.8802	-0.1207	0.0640
	稀释每股收益(元)	0.0431	-0.8279	-0.0971	0.1357
	每股净资产(元)	5.0259	4.9792	5.6537	5.8008
	每股经营现金净流量(元)	0.6800	0.6021	-0.2063	0.2928
	每股现金流量(元)	0.5461	1.4622	0.3883	0.0754
	每股资本公积金(元)	3.0754	3.0723	3.0181	3.0181
	每股盈余公积金(元)	0.2860	0.2860	0.2860	0.2860
	每股未分配利润(元)	0.6619	0.6189	1.3496	1.4967
	净资产收益率(%)	0.8568	-16.6265	-1.7178	2.3401
	加权净资产收益率(%)	0.8611	-15.4398	-1.6884	2.3500
	净资产收益率(扣除)(%)	-0.8919	-17.6779	-2.1350	1.1039
	总资产(万元)	925669.22	880390.26	856250.12	808110.99
	归属母公司股东权益(万元)	322271.69	319280.02	362531.94	371964.85
	营业收入(万元)	390904.94	532875.03	214606.73	372165.96
	营业支出(万元)	367627.96	499241.78	199717.49	321385.02
	投资收益(万元)	816.00	2400.70	-	159.51
	净利润(万元)	2791.06	-52918.68	-6227.67	8704.31
	营业利润(万元)	-1832.86	-55656.25	-7038.08	3534.90
	利润总额(万元)	3810.31	-52214.03	-5504.52	8942.87

南京化纤股份有限公司

公司概况	公司名称	南京化纤股份有限公司			证券简称	南京化纤
	法人代表	丁明国	董秘	陈波	证券代码	600889
	公司网址	www.ncfc.cn		电子信箱	cb_008@126.com	
	电　话	025-84208005		传　真	025-84208919	
	办公地址	江苏省南京市六合红山精细化工园内				
	经营范围	化学纤维生产、主要产品为粘胶长、短丝等				

主要财务指标	指标\报告期	2015.06.30	2014.12.31	2014.06.30	2013.12.31
	基本每股收益(元)	0.0040	0.0200	0.0050	0.0800
	基本每股收益(扣除后)(元)	0.0050	-0.0100	0.0004	0.0900
	稀释每股收益(元)	0.0040	0.0200	0.0050	0.0800
	每股净资产(元)	3.0479	3.0442	3.0610	3.0564
	每股经营现金净流量(元)	-1.0109	0.5172	0.2907	1.2907
	每股现金流量(元)	0.0018	-0.7345	-0.6836	0.7327
	每股资本公积金(元)	0.7022	0.7022	0.7022	0.7022
	每股盈余公积金(元)	0.5447	0.5447	0.4774	0.4774
	每股未分配利润(元)	0.8010	0.7973	0.8814	0.8769
	净资产收益率(%)	0.1193	0.5846	0.1481	2.6147
	加权净资产收益率(%)	0.1200	0.5800	0.1500	2.6500
	净资产收益率(扣除)(%)	0.1569	-0.2482	0.0135	2.9471
	总资产(万元)	294014.74	292616.38	328157.20	351004.89
	归属母公司股东权益(万元)	93590.59	93478.94	93992.83	93853.64
	营业收入(万元)	67417.16	177178.05	73234.09	205223.19
	营业支出(万元)	58355.35	144037.98	62788.74	156998.93
	投资收益(万元)	-149.97	-3472.20	-1041.19	-3504.84
	净利润(万元)	164.66	3728.23	139.19	2453.97
	营业利润(万元)	400.16	6339.23	982.23	14290.26
	利润总额(万元)	364.74	6980.47	1108.69	13968.91

中房置业股份有限公司

公司概况	公司名称	中房置业股份有限公司			证券简称	中房股份
	法人代表	刘波	董秘	吴小辉	证券代码	600890
	公司网址	www.credholding.com		电子信箱	guihongzhi@credholding.com	
	电　话	010-82608847		传　真	010-82611808	
	办公地址	北京市海淀区苏州街 18 号院长远天地大厦 C 座二层				
	经营范围	房地产开发、物业管理、制造销售动力机械、激光打印机、数字照相机等				

主要财务指标	指标\报告期	2015.06.30	2014.12.31	2014.06.30	2013.12.31
	基本每股收益(元)	-0.0200	-0.0200	-0.0050	0.0256
	基本每股收益(扣除后)(元)	-0.0200	-0.0500	-0.0240	0.0017
	稀释每股收益(元)	-0.0200	-0.0200	-0.0050	0.0256
	每股净资产(元)	0.5238	0.5452	0.5632	0.5683
	每股经营现金净流量(元)	-0.0155	-0.0455	-0.0332	-0.0245
	每股现金流量(元)	-0.0155	-0.1404	-0.1346	0.0783
	每股资本公积金(元)	0.0351	0.0351	0.0351	0.0351
	每股盈余公积金(元)	0.1466	0.1466	0.1466	0.1466
	每股未分配利润(元)	-0.6579	-0.6366	-0.6185	-0.6134
	净资产收益率(%)	-4.0717	-4.2519	-0.9116	4.5049
	加权净资产收益率(%)	-3.9900	-4.1600	-0.9100	4.5900
	净资产收益率(扣除)(%)	-4.0717	-9.0088	-4.2927	0.3001
	总资产(万元)	39074.12	40356.60	41437.15	39477.56
	归属母公司股东权益(万元)	30339.94	31575.29	32620.46	32917.83
	营业收入(万元)	186.40	1535.79	595.20	6362.11
	营业支出(万元)	383.91	1089.13	560.14	2134.58
	投资收益(万元)	-11.48	-50.43	-19.51	-52.17
	净利润(万元)	-1235.37	-1342.60	-297.37	1482.92
	营业利润(万元)	-1235.37	-2408.24	-1400.33	616.91
	利润总额(万元)	-1235.37	-1305.31	-297.40	1893.47

哈尔滨秋林集团股份有限公司

公司概况	公司名称	哈尔滨秋林集团股份有限公司			证券简称	秋林集团
	法人代表	李亚	董秘	朱宁	证券代码	600891
	公司网址	www.qlgroup.com.cn		电子信箱	zqb@qlgroup.com.cn	
	电　话	0451-53644632		传　真	0451-53649282	
	办公地址	黑龙江省哈尔滨市南岗区东大直街 319 号				
	经营范围	零售兼批发百货、食品、副食品、纺织品、节目录像带等业务				

主要财务指标	指标\报告期	2015.06.30	2014.12.31	2014.06.30	2013.12.31
	基本每股收益(元)	0.0900	0.1400	0.0800	0.1100
	基本每股收益(扣除后)(元)	0.0900	0.1400	0.0800	0.0900
	稀释每股收益(元)	0.0900	0.1400	0.0800	0.1100
	每股净资产(元)	2.6655	2.5998	2.5811	2.5008
	每股经营现金净流量(元)	-0.3150	-0.4233	-0.0299	0.3414
	每股现金流量(元)	-0.3882	-0.4815	0.0021	0.2417
	每股资本公积金(元)	1.0566	1.0566	1.0566	1.0566
	每股盈余公积金(元)	0.1209	0.1209	0.1074	0.1074
	每股未分配利润(元)	0.4873	0.4216	0.4171	0.3368
	净资产收益率(%)	3.4618	5.3397	3.1105	4.4709
	加权净资产收益率(%)	3.4900	5.4400	3.1600	4.5100
	净资产收益率(扣除)(%)	3.4339	5.2983	3.0793	3.4187
	总资产(万元)	120408.36	120429.01	120315.83	122078.76
	归属母公司股东权益(万元)	86768.49	84630.42	84020.72	81407.23
	营业收入(万元)	21695.41	37915.85	19369.10	38121.51
	营业支出(万元)	14563.74	24960.60	12787.93	25831.06
	投资收益(万元)	40.00	59.70	23.30	16.08
	净利润(万元)	3030.04	4534.91	2613.49	3639.62
	营业利润(万元)	3770.14	6140.49	3508.76	5172.50
	利润总额(万元)	3773.19	6151.05	3512.74	5246.17

宝诚投资股份有限公司

公司概况	公司名称	宝诚投资股份有限公司			证券简称	宝诚股份
	法人代表	周镇科	董秘	李敏斌	证券代码	600892
	公司网址	www.baochengshare.com		电子信箱	bcinvst@163.com	
	电　话	0755-82359089		传　真	0755-82610489	
	办公地址	广东省深圳市罗湖区笋岗东路 3012 号中民时代广场 B 座 2103 室				
	经营范围	投资与资产管理、销售金属矿石、金属材料、建筑材料、五金交电、机械设备等				

主要财务指标	指标\报告期	2015.06.30	2014.12.31	2014.06.30	2013.12.31
	基本每股收益(元)	-0.0450	0.0200	0.0006	0.0400
	基本每股收益(扣除后)(元)	-0.0450	0.0100	0.0006	0.0400
	稀释每股收益(元)	-0.0450	0.0200	0.0006	0.0400
	每股净资产(元)	0.0730	0.1179	0.0991	0.0984
	每股经营现金净流量(元)	-0.0752	1.7156	1.2443	0.3002
	每股现金流量(元)	-0.5050	0.1673	-0.3114	0.1330
	每股资本公积金(元)	2.2492	2.2492	2.2492	2.2492
	每股盈余公积金(元)	0.1361	0.1361	0.1361	0.1361
	每股未分配利润(元)	-3.3123	-3.2673	-3.2862	-3.2868
	净资产收益率(%)	-61.6164	16.5215	0.6537	45.4689
	加权净资产收益率(%)	-47.1000	18.0100	0.6600	58.8500
	净资产收益率(扣除)(%)	-61.6164	6.6039	0.6537	44.6420
	总资产(万元)	12537.70	15839.16	15640.18	24505.93
	归属母公司股东权益(万元)	460.54	744.31	625.43	621.34
	营业收入(万元)	370.22	7399.87	6784.71	60570.79
	营业支出(万元)	196.18	6473.35	6254.06	58394.48
	投资收益(万元)	-	-	-	-
	净利润(万元)	-301.20	151.41	4.09	282.52
	营业利润(万元)	-364.31	107.37	97.37	395.39
	利润总额(万元)	-364.31	205.79	94.98	402.25

中航动力股份有限公司

公司概况	公司名称	中航动力股份有限公司			证券简称	中航动力
	法人代表	庞为	董秘	赵岳	证券代码	600893
	公司网址	www.xaec.com			电子信箱	hkdl2008@xaec.com
	电　话	029-86152008 86150271			传　真	029-86629636
	办公地址	陕西省西安市未央区徐家湾				
	经营范围	航空发动机、燃气轮机、烟气透平动力装置、航天发动机及其零部件等				

主要财务指标	指标\报告期	2015.06.30	2014.12.31	2014.06.30	2013.12.31
	基本每股收益(元)	0.1900	0.5000	0.1300	0.3000
	基本每股收益(扣除后)(元)	0.0600	0.3900	0.0600	0.2900
	稀释每股收益(元)	0.1900	0.5000	0.1300	0.3000
	每股净资产(元)	7.3261	7.3128	7.1893	4.1174
	每股经营现金净流量(元)	-1.9865	0.0845	-1.6525	0.2916
	每股现金流量(元)	-0.3600	0.2612	0.5805	-0.1492
	每股资本公积金(元)	4.9776	4.9773	5.6586	7.7173
	每股盈余公积金(元)	0.1261	0.1261	0.1261	0.2256
	每股未分配利润(元)	1.2375	1.1896	0.3757	0.5391
	净资产收益率(%)	2.6328	6.5716	1.6787	7.3518
	加权净资产收益率(%)	2.6400	7.6900	2.2300	7.6100
	净资产收益率(扣除)(%)	0.8330	4.2014	0.8030	7.1262
	总资产(万元)	4726081.07	4397599.02	4327867.37	3659079.67
	归属母公司股东权益(万元)	1427655.09	1425049.93	1400989.32	1037161.00
	营业收入(万元)	930384.82	2676440.17	1107395.75	792744.60
	营业支出(万元)	769641.30	2272303.94	960614.47	674523.36
	投资收益(万元)	20832.86	36195.57	8581.67	-1182.90
	净利润(万元)	37961.40	100152.40	23518.74	32981.40
	营业利润(万元)	39909.90	96112.05	17132.51	37488.94
	利润总额(万元)	50066.87	117954.86	30767.57	38652.41

广州广日股份有限公司

公司概况	公司名称	广州广日股份有限公司			证券简称	广日股份
	法人代表	吴文斌	董秘	蔡志雯	证券代码	600894
	公司网址	www.guangrigf.com			电子信箱	grgf@guangrigf.com
	电　话	020-38371213			传　真	020-38373152
	办公地址	广东省广州市天河区珠江新城华利路59号保利大厦东塔13楼				
	经营范围	生产、加工、销售冶金产品、焦碳化工产品、各种气体、炉料和有关原材料等				

主要财务指标	指标\报告期	2015.06.30	2014.12.31	2014.06.30	2013.12.31
	基本每股收益(元)	0.4094	0.8127	0.3859	1.0956
	基本每股收益(扣除后)(元)	0.4077	0.8007	0.3852	0.6951
	稀释每股收益(元)	0.4094	0.8127	0.3859	1.0956
	每股净资产(元)	5.3716	5.0591	4.6255	3.7984
	每股经营现金净流量(元)	0.0146	0.3270	-0.0892	0.4693
	每股现金流量(元)	-0.2658	0.7273	0.8485	0.4794
	每股资本公积金(元)	2.8292	2.8292	2.8244	2.3195
	每股盈余公积金(元)	0.2670	0.2670	0.2555	0.2807
	每股未分配利润(元)	1.2528	0.9434	0.5294	0.1856
	净资产收益率(%)	7.6213	15.5080	7.7650	28.8439
	加权净资产收益率(%)	7.8200	18.0900	9.4700	33.7500
	净资产收益率(扣除)(%)	7.5908	15.2792	7.7516	18.3001
	总资产(万元)	741574.98	707983.03	677009.19	547754.08
	归属母公司股东权益(万元)	461929.47	435054.13	397770.94	299509.24
	营业收入(万元)	222400.49	454166.45	211751.43	407947.88
	营业支出(万元)	174333.20	352370.57	163919.07	318875.50
	投资收益(万元)	20243.46	40148.53	16942.93	32562.87
	净利润(万元)	35857.77	69141.39	30888.34	86390.26
	营业利润(万元)	38506.24	74919.98	35225.96	62365.06
	利润总额(万元)	38762.56	75564.83	35296.19	99274.29

上海张江高科技园区开发股份有限公司

公司概况	公司名称	上海张江高科技园区开发股份有限公司			证券简称	张江高科
	法人代表	陈干锦	董秘	朱攀	证券代码	600895
	公司网址	www.600895.com			电子信箱	investors@600895.com
	电　话	021-38959000			传　真	021-50800492
	办公地址	上海市浦东新区松涛路560号8层				
	经营范围	房地产开发与经营、公司受让地块内的土地开发与土地使用权经营等				

主要财务指标	指标\报告期	2015.06.30	2014.12.31	2014.06.30	2013.12.31
	基本每股收益(元)	0.1800	0.2800	0.0700	0.2400
	基本每股收益(扣除后)(元)	0.0100	0.1800	-0.0200	0.0800
	稀释每股收益(元)	0.1800	0.2800	0.0700	0.2400
	每股净资产(元)	4.7356	4.5997	4.4909	4.4608
	每股经营现金净流量(元)	0.0299	0.9455	0.0398	0.0957
	每股现金流量(元)	0.0532	0.2238	-0.1308	-0.6050
	每股资本公积金(元)	1.7092	1.7092	1.9696	1.9726
	每股盈余公积金(元)	0.2939	0.2939	0.2814	0.2814
	每股未分配利润(元)	1.5224	1.4289	1.3076	0.2562
	净资产收益率(%)	3.8766	6.1202	1.5088	5.3919
	加权净资产收益率(%)	3.9000	6.2000	1.5100	5.5800
	净资产收益率(扣除)(%)	0.2212	3.9389	-0.3638	1.8880
	总资产(万元)	1781007.70	1769778.62	1786345.07	1205001.18
	归属母公司股东权益(万元)	733395.90	712357.10	695502.03	690841.20
	营业收入(万元)	50613.78	300221.28	72422.91	191873.54
	营业支出(万元)	33011.59	156859.32	45743.56	110215.03
	投资收益(万元)	49391.88	48460.26	20850.08	56636.21
	净利润(万元)	29274.63	41434.86	10493.86	37249.53
	营业利润(万元)	35715.11	56510.41	14477.45	48097.29
	利润总额(万元)	35983.67	51199.90	14941.08	46914.49

中海(海南)海盛船务股份有限公司

公司概况	公司名称	中海(海南)海盛船务股份有限公司			证券简称	中海海盛
	法人代表	密春雷	董秘	胡小波	证券代码	600896
	公司网址	guohongjie@credholding.com			电子信箱	security@haishengshipping.com
	电　话	0898-68583985 68583777			传　真	0898-68581486
	办公地址	海南省海口市龙昆北路2号珠江广场帝豪大厦25-26层				
	经营范围	国际船舶危险品运输、国际船舶普通货物运输、国内沿海及长江中下游普通货船等				

主要财务指标	指标\报告期	2015.06.30	2014.12.31	2014.06.30	2013.12.31
	基本每股收益(元)	0.1800	-0.3300	-0.1600	0.0300
	基本每股收益(扣除后)(元)	-0.1800	-0.4100	-0.1600	-0.4500
	稀释每股收益(元)	0.1800	-0.3300	-0.1600	0.0300
	每股净资产(元)	3.3266	3.5240	2.3829	2.7356
	每股经营现金净流量(元)	0.0930	0.1109	0.0320	0.1377
	每股现金流量(元)	0.0443	-0.0700	0.2437	0.0674
	每股资本公积金(元)	0.3217	0.3211	1.0108	1.1965
	每股盈余公积金(元)	0.2345	0.2345	0.2345	0.2345
	每股未分配利润(元)	0.1355	-0.0465	0.1316	0.2964
	净资产收益率(%)	5.4727	-9.4762	-6.5411	1.2410
	加权净资产收益率(%)	5.3100	-10.6700	-6.0800	1.2000
	净资产收益率(扣除)(%)	-5.2929	-11.5683	-6.8581	-16.4386
	总资产(万元)	614975.22	646770.14	556104.98	559327.96
	归属母公司股东权益(万元)	193378.84	204858.13	138523.75	159025.19
	营业收入(万元)	44265.31	104402.82	45335.62	104287.79
	营业支出(万元)	42513.79	100349.17	42344.97	107044.35
	投资收益(万元)	22458.25	2459.54	570.45	29439.08
	净利润(万元)	11859.99	-17890.85	-9061.02	1973.49
	营业利润(万元)	11890.85	-21784.83	-9191.15	1792.89
	利润总额(万元)	12433.32	-17282.55	-8600.63	2651.85

厦门国际航空港股份有限公司

公司概况	公司名称	厦门国际航空港股份有限公司		证券简称	厦门空港
	法人代表	孙长力	董秘 朱昭	证券代码	600897
	公司网址	www.xiamenairport.com.cn		电子信箱	600897@iport.com.cn
	电　　话	0592-5706078		传　　真	0592-5730699
	办公地址	福建省厦门市高崎国际机场内厦门机场发展股份有限公司办公楼			
	经营范围	空运输、提供候机楼设施的使用保障和服务等			

主要财务指标	2015.06.30	2014.12.31	2014.06.30	2013.12.31
基本每股收益(元)	0.6698	1.5387	0.7985	1.4775
基本每股收益(扣除后)(元)	0.6566	1.4763	0.7687	1.4399
稀释每股收益(元)	0.6698	1.5387	0.7985	1.4775
每股净资产(元)	9.5590	9.3592	8.9182	8.5697
每股经营现金净流量(元)	0.8772	2.1331	0.9264	1.8921
每股现金流量(元)	-0.0663	-2.6347	-0.9950	1.6729
每股资本公积金(元)	0.6077	0.6077	0.8994	0.8994
每股盈余公积金(元)	1.3009	1.3009	1.1549	1.1549
每股未分配利润(元)	6.6503	6.4505	5.8638	5.5154
净资产收益率(%)	7.0070	16.4407	8.9532	17.2407
加权净资产收益率(%)	6.9700	16.8900	8.9800	18.4700
净资产收益率(扣除)(%)	6.8685	15.7737	8.6200	16.8019
总资产(万元)	374015.44	379118.27	319921.17	306985.95
归属母公司股东权益(万元)	284676.10	278725.79	265591.77	255214.13
营业收入(万元)	75070.57	135250.37	67347.88	125413.60
营业支出(万元)	43720.98	65429.84	30870.78	57817.72
投资收益(万元)	466.45	2066.98	1039.32	1616.66
净利润(万元)	20731.28	47729.65	23779.08	44000.69
营业利润(万元)	27533.76	62941.30	32999.30	61458.24
利润总额(万元)	27833.20	63898.50	33401.68	61543.42

三联商社股份有限公司

公司概况	公司名称	三联商社股份有限公司		证券简称	三联商社
	法人代表	何阳青	董秘 邵杰	证券代码	600898
	公司网址	www.sanlianshop.com		电子信箱	slss600898db@163.com
	电　　话	0531-81675201 81675202		传　　真	0531-81675313
	办公地址	山东省济南市历下区趵突泉北路 12 号			
	经营范围	五金交电及电子产品、机械设备、日用百货、文具用品、健身器材、家具等			

主要财务指标	2015.06.30	2014.12.31	2014.06.30	2013.12.31
基本每股收益(元)	0.0548	0.1261	0.0552	0.1099
基本每股收益(扣除后)(元)	0.0483	0.1218	0.0531	0.1042
稀释每股收益(元)	0.0548	0.1261	0.0552	0.1099
每股净资产(元)	1.4166	1.3818	1.3109	1.2557
每股经营现金净流量(元)	0.1869	0.0027	0.0290	0.2091
每股现金流量(元)	-0.0621	-0.0094	-0.0815	-0.3626
每股资本公积金(元)	0.1785	0.1785	0.1785	0.1785
每股盈余公积金(元)	0.0993	0.0993	0.0884	0.0884
每股未分配利润(元)	0.1388	0.1040	0.0439	-0.0113
净资产收益率(%)	3.8684	9.1290	4.2103	8.7515
加权净资产收益率(%)	3.9200	9.5700	4.3000	9.1500
净资产收益率(扣除)(%)	3.4096	8.8159	4.0518	8.2945
总资产(万元)	68907.19	63134.37	65645.70	62526.04
归属母公司股东权益(万元)	35772.92	34894.13	33102.36	31708.64
营业收入(万元)	44393.85	82459.99	42000.61	81112.34
营业支出(万元)	39087.96	70305.32	36171.28	68766.08
投资收益(万元)	547.06	1039.04	476.26	746.24
净利润(万元)	1383.84	3185.49	1393.72	2774.98
营业利润(万元)	1667.16	4271.11	1858.47	3732.56
利润总额(万元)	1834.44	4289.67	1860.44	3753.26

中国长江电力股份有限公司

公司概况	公司名称	中国长江电力股份有限公司		证券简称	长江电力
	法人代表	卢纯	董秘 楼坚	证券代码	600900
	公司网址	www.cypc.com.cn		电子信箱	cypc@cypc.com.cn
	电　　话	010-58688900		传　　真	010-58688898
	办公地址	北京市西城区金融大街 19 号富凯大厦 B 座			
	经营范围	电力生产、经营和投资、电力生产技术咨询、水电工程检修维护			

主要财务指标	2015.06.30	2014.12.31	2014.06.30	2013.12.31
基本每股收益(元)	0.3152	0.7170	0.2057	0.5497
基本每股收益(扣除后)(元)	0.2722	0.7168	0.2014	-
稀释每股收益(元)	0.3152	0.7170	0.2057	0.5497
每股净资产(元)	5.1792	5.2203	4.6586	4.7381
每股经营现金净流量(元)	0.3594	1.2908	0.3563	1.0964
每股现金流量(元)	-0.0914	0.0515	0.0263	0.0434
每股资本公积金(元)	1.6871	1.6858	1.8627	1.8675
每股盈余公积金(元)	0.8229	0.8229	0.6748	0.6748
每股未分配利润(元)	1.4347	1.4987	1.1219	1.1967
净资产收益率(%)	6.0850	13.7344	4.4145	11.6025
加权净资产收益率(%)	5.8500	14.4700	4.2900	11.9200
净资产收益率(扣除)(%)	5.2555	13.7320	4.3230	11.3451
总资产(万元)	14472769.98	14699412.06	14909851.76	14960719.73
归属母公司股东权益(万元)	8545749.70	8613416.57	7686702.50	7817903.47
营业收入(万元)	1003466.80	2689779.26	969859.75	2269763.74
营业支出(万元)	449793.62	992585.48	452310.71	953464.09
投资收益(万元)	182358.67	106587.60	67012.94	136148.23
净利润(万元)	520023.75	1183021.58	339331.40	907074.11
营业利润(万元)	567431.34	1354886.66	372386.42	970281.56
利润总额(万元)	661949.50	1540653.56	431523.31	1173006.92

重庆燃气集团股份有限公司

公司概况	公司名称	重庆燃气集团股份有限公司		证券简称	重庆燃气
	法人代表	李华清	董秘 李金艳	证券代码	600917
	公司网址	www.cqgas.cn		电子信箱	dbcqgas@163.com
	电　　话	023-67952837		传　　真	023-67952837
	办公地址	重庆市江北区小苑一村 30 号			
	经营范围	燃气供应、输、储、配、销售及管网的设计、制造、安装、维修等			

主要财务指标	2015.06.30	2014.12.31	2014.06.30	2013.12.31
基本每股收益(元)	0.1300	0.2500	0.1300	0.2100
基本每股收益(扣除后)(元)	0.1200	0.2000	0.1200	0.1900
稀释每股收益(元)	0.1300	0.2500	0.1300	0.2100
每股净资产(元)	2.1323	2.1169	1.8800	1.9500
每股经营现金净流量(元)	0.2769	0.5475	0.2750	0.5952
每股现金流量(元)	0.0166	0.0601	-0.2049	0.0502
每股资本公积金(元)	0.6382	0.6385	0.5027	0.4855
每股盈余公积金(元)	0.0785	0.0785	0.0539	0.0539
每股未分配利润(元)	0.3632	0.3586	0.3063	0.3751
净资产收益率(%)	6.3133	10.9168	6.9790	11.0200
加权净资产收益率(%)	6.1400	12.5100	6.6200	11.4900
净资产收益率(扣除)(%)	5.8297	8.6670	6.4034	9.5800
总资产(万元)	753395.59	722021.85	638606.90	632738.15
归属母公司股东权益(万元)	331793.60	329383.89	263098.28	272706.39
营业收入(万元)	300089.80	572264.05	284372.64	593466.75
营业支出(万元)	252703.61	488569.01	242155.97	522597.89
投资收益(万元)	-54.58	483.74	139.60	351.95
净利润(万元)	21589.12	35568.07	18474.77	30769.99
营业利润(万元)	23750.82	39251.56	20323.94	32588.44
利润总额(万元)	25656.59	42976.59	22118.28	37178.03

东方证券股份有限公司

公司概况					
公司名称	东方证券股份有限公司			证券简称	东方证券
法人代表	潘鑫军	董秘	杨玉成	证券代码	600958
公司网址	www.dfzq.com.cn		电子信箱	ir@orientsec.com.cn	
电　　话	021-63326373		传　　真	021-63326010	
办公地址	上海市中山南路 318 号 2 号楼 22 层,23 层,25 层-29 层				
经营范围	证券的自营买卖,证券交易的代理,证券投资咨询等				

主要财务指标

指标\报告期	2015.06.30	2014.12.31	2014.06.30	2013.12.31
基本每股收益(元)	1.2300	0.5500	0.1900	0.2400
基本每股收益(扣除后)(元)	1.2200	0.5400	–	0.2300
稀释每股收益(元)	1.2300	0.5500	0.1900	0.2400
每股净资产(元)	6.4214	4.2900	3.7178	3.6318
每股经营现金净流量(元)	1.4420	0.6749	0.2240	0.2559
每股现金流量(元)	8.4402	3.4102	0.4861	0.2745
每股资本公积金(元)	2.3825	0.8866	0.9507	0.8866
每股盈余公积金(元)	0.2718	0.3352	0.2623	0.2623
每股未分配利润(元)	1.7905	1.0236	0.8735	0.7786
净资产收益率(%)	17.3299	12.7590	–	6.4785
加权净资产收益率(%)	22.2600	13.8100	–	6.6500
净资产收益率(扣除)(%)	17.1519	12.5594	–	6.2970
总资产(万元)	19184077.96	10753012.30	7323848.06	6085246.48
归属母公司股东权益(万元)	3391600.47	1835313.35	1588007.21	1555029.92
营业收入(万元)	1100149.45	549960.30	221712.74	324393.67
营业支出(万元)	338535.56	260968.11	125799.40	214835.04
投资收益(万元)	713881.85	379809.20	163661.73	241523.35
净利润(万元)	593259.12	235870.16	84171.84	98232.95
营业利润(万元)	761613.89	288992.19	95913.33	109558.63
利润总额(万元)	770056.16	293368.82	99945.78	113423.75

江苏省广电有线信息网络股份有限公司

公司概况					
公司名称	江苏省广电有线信息网络股份有限公司			证券简称	江苏有线
法人代表	顾汉德	董秘	陈健(代)	证券代码	600959
公司网址	www.jscnnet.com		电子信箱	JSCN@jscnnet.com	
电　　话	025-83187799		传　　真	025-83187722	
办公地址	江苏省南京市江东中路 222 号南京市奥体体育科技中心六楼				
经营范围	从事广电网络的建设运营广播电视节目传输、数据宽带业务等				

主要财务指标

指标\报告期	2015.06.30	2014.12.31	2014.06.30	2013.12.31
基本每股收益(元)	0.1700	0.3300	0.1600	0.2900
基本每股收益(扣除后)(元)	0.1600	0.3000	0.1400	0.2500
稀释每股收益(元)	0.1700	0.3300	0.1600	0.2900
每股净资产(元)	4.0910	3.6300	3.4600	3.4817
每股经营现金净流量(元)	0.1970	0.9191	0.2807	0.8969
每股现金流量(元)	0.9540	0.1342	0.6648	0.0384
每股资本公积金(元)	2.4621	2.0208	2.0207	2.0207
每股盈余公积金(元)	0.1477	0.1846	0.1540	0.1414
每股未分配利润(元)	0.4812	0.4217	0.2851	0.3195
净资产收益率(%)	3.5146	8.9695	4.5715	8.2986
加权净资产收益率(%)	4.3300	9.3100	4.6000	8.3600
净资产收益率(扣除)(%)	3.3662	8.2024	4.0861	7.2380
总资产(万元)	1815431.96	1503056.19	1604721.00	1407449.77
归属母公司股东权益(万元)	1222419.60	867261.88	827279.78	832500.78
营业收入(万元)	234214.10	440224.89	211413.32	393560.71
营业支出(万元)	147939.44	286743.98	135252.82	252754.60
投资收益(万元)	1423.63	2968.29	1597.79	2655.85
净利润(万元)	47556.36	84897.54	42044.46	72924.42
营业利润(万元)	45679.99	77694.39	37565.02	63856.73
利润总额(万元)	47630.68	84910.57	42044.46	72924.42

山东滨州渤海活塞股份有限公司

公司概况					
公司名称	山东滨州渤海活塞股份有限公司			证券简称	渤海活塞
法人代表	林风华	董秘	王洪波	证券代码	600960
公司网址	www.bhpiston.com		电子信箱	dsh@bhpiston.com	
电　　话	0543-3288868		传　　真	0543-3288899	
办公地址	山东省滨州市渤海二十一路 569 号				
经营范围	活塞、机械、汽车等部件的生产销售等				

主要财务指标

指标\报告期	2015.06.30	2014.12.31	2014.06.30	2013.12.31
基本每股收益(元)	0.0600	0.3400	0.3200	0.2800
基本每股收益(扣除后)(元)	0.0300	0.1300	0.1400	–
稀释每股收益(元)	0.0600	0.3400	0.3200	0.2800
每股净资产(元)	3.8852	6.1707	6.1144	4.6129
每股经营现金净流量(元)	0.0726	0.5033	–0.0849	0.8707
每股现金流量(元)	–0.0789	0.9659	1.0955	–0.1315
每股资本公积金(元)	1.7747	3.4395	3.4395	1.3528
每股盈余公积金(元)	0.1443	0.2309	0.2055	0.3183
每股未分配利润(元)	0.9662	1.5004	1.4694	1.9418
净资产收益率(%)	1.2157	4.8203	3.9432	6.1475
加权净资产收益率(%)	1.2200	5.8800	5.9200	6.3300
净资产收益率(扣除)(%)	0.6470	1.8554	1.7417	5.5339
总资产(万元)	299863.73	298068.29	303016.55	209455.66
归属母公司股东权益(万元)	203862.80	202368.23	200520.51	97642.11
营业收入(万元)	55068.25	117880.25	64299.14	127977.82
营业支出(万元)	42284.71	86579.67	47610.34	95427.54
投资收益(万元)	778.60	1183.84	358.35	40.44
净利润(万元)	2307.69	9809.87	7906.99	6002.55
营业利润(万元)	2074.31	4881.25	3892.05	6646.32
利润总额(万元)	2522.56	11064.43	9178.96	7297.88

株洲冶炼集团股份有限公司

公司概况					
公司名称	株洲冶炼集团股份有限公司			证券简称	株冶集团
法人代表	曹修运	董秘	刘伟清	证券代码	600961
公司网址	www.torchcn.com		电子信箱	zytorch@torchcn.com	
电　　话	0731-28392172		传　　真	0731-28390145	
办公地址	湖南省株洲市石峰区清水塘				
经营范围	锌及锌合金、工业硫酸的生产和销售等				

主要财务指标

指标\报告期	2015.06.30	2014.12.31	2014.06.30	2013.12.31
基本每股收益(元)	–0.2100	0.0800	0.0200	0.0400
基本每股收益(扣除后)(元)	–0.3700	–0.2400	–0.0900	–0.6100
稀释每股收益(元)	–0.2100	0.0800	0.0200	0.0400
每股净资产(元)	1.2011	1.4079	1.3558	1.3321
每股经营现金净流量(元)	0.3100	1.0222	0.0143	1.0695
每股现金流量(元)	0.5688	–0.2977	–0.1644	0.1805
每股资本公积金(元)	1.6442	1.6442	1.6442	1.6442
每股盈余公积金(元)	0.1803	0.1803	0.1803	0.1803
每股未分配利润(元)	–1.6193	–1.4119	–1.4696	–1.4874
净资产收益率(%)	–17.2662	5.3613	1.3100	3.3035
加权净资产收益率(%)	–15.9000	5.5100	1.3200	3.0700
净资产收益率(扣除)(%)	–30.4641	–16.7535	–6.4078	–46.1274
总资产(万元)	644523.66	593532.93	620818.07	586741.30
归属母公司股东权益(万元)	63353.17	74258.80	71514.51	70260.65
营业收入(万元)	673677.26	1510224.47	725978.28	1616974.45
营业支出(万元)	646278.42	1440259.81	690077.08	1576132.30
投资收益(万元)	2955.96	3503.39	3185.29	15316.42
净利润(万元)	–10939.11	3983.18	936.84	2321.06
营业利润(万元)	–13880.66	–7227.30	–4848.57	–19464.32
利润总额(万元)	–10672.12	5870.94	1235.98	2748.95

国投中鲁果汁股份有限公司

公司概况	公司名称	国投中鲁果汁股份有限公司			证券简称	*ST 中鲁
	法人代表	郝建	董秘	庞甲青	证券代码	600962
	公司网址	www.sdiczl.com		电子信箱	600962@sdiczl.com	
	电　话	010-88009021		传　真	010-88009099	
	办公地址	北京市西城区阜成门外大街 2 号万通新世界广场 B 座 21 层				
	经营范围	许可经营项目为生产浓缩果蔬汁、饮料、农副产品的深加工等				

	指标＼报告期	2015.06.30	2014.12.31	2014.06.30	2013.12.31
主要财务指标	基本每股收益(元)	-0.0350	-0.4239	-0.1230	-0.3572
	基本每股收益(扣除后)(元)	-0.0430	-0.4386	-0.1250	-0.3913
	稀释每股收益(元)	-0.0350	-0.4239	-0.1230	-0.3572
	每股净资产(元)	2.9555	2.9908	3.2920	3.4138
	每股经营现金净流量(元)	1.2537	0.9293	1.3698	0.8743
	每股现金流量(元)	-0.4020	0.6160	1.1779	-0.3698
	每股资本公积金(元)	2.0091	2.0091	2.0091	2.0091
	每股盈余公积金(元)	0.1393	0.1393	0.1393	0.1393
	每股未分配利润(元)	-0.1953	-0.1600	0.1414	0.2639
	净资产收益率(%)	-1.1935	-14.1732	-3.7228	-10.4640
	加权净资产收益率(%)	-1.1900	-13.2400	-3.6600	-9.8800
	净资产收益率(扣除)(%)	-1.4420	-14.6632	-3.7916	-11.4620
	总资产(万元)	184411.36	223809.24	226718.82	226333.63
	归属母公司股东权益(万元)	77495.39	78422.39	86319.57	89514.19
	营业收入(万元)	42518.30	87760.52	44333.09	124529.87
	营业支出(万元)	33229.76	73458.65	35701.98	111719.30
	投资收益(万元)	-	-	-	-
	净利润(万元)	-1023.53	-12885.08	-3213.53	-9366.79
	营业利润(万元)	-1101.72	-13287.19	-2963.94	-10760.69
	利润总额(万元)	-756.27	-12712.97	-2890.50	-9627.93

岳阳林纸股份有限公司

公司概况	公司名称	岳阳林纸股份有限公司			证券简称	岳阳林纸
	法人代表	黄欣	董秘	施湘燕	证券代码	600963
	公司网址	www.yypaper.com		电子信箱	zqb-yylz@chinapaper.com.cn	
	电　话	0730-8590683		传　真	0730-8562203	
	办公地址	湖南省岳阳市岳阳楼区城陵矶光明路				
	经营范围	纸浆、机制纸的制造、销售等				

	指标＼报告期	2015.06.30	2014.12.31	2014.06.30	2013.12.31
主要财务指标	基本每股收益(元)	-0.1800	0.0100	-0.0900	0.0200
	基本每股收益(扣除后)(元)	-0.1839	-0.2800	-0.1080	-0.1600
	稀释每股收益(元)	-0.1800	0.0100	-0.0900	0.0200
	每股净资产(元)	4.9769	5.1564	5.0508	5.1468
	每股经营现金净流量(元)	0.7340	1.5502	1.0030	0.2290
	每股现金流量(元)	0.4596	-0.1241	0.0726	0.1062
	每股资本公积金(元)	3.6705	3.6705	3.6676	3.6676
	每股盈余公积金(元)	0.1470	0.1470	0.1449	0.1449
	每股未分配利润(元)	0.1594	0.3389	0.2382	0.3342
	净资产收益率(%)	-3.5257	0.2470	-1.7811	0.3608
	加权净资产收益率(%)	-3.4600	0.2500	-1.7600	0.3600
	净资产收益率(扣除)(%)	-3.6952	-5.5009	-2.1349	-3.1478
	总资产(万元)	1711313.11	1660804.59	1713862.78	1732780.84
	归属母公司股东权益(万元)	519173.61	537895.13	526881.06	536891.31
	营业收入(万元)	295463.66	658252.70	312922.73	660956.21
	营业支出(万元)	259208.64	569095.46	267437.39	561688.95
	投资收益(万元)	-	-	-	-
	净利润(万元)	-18304.26	1328.64	-9384.36	1937.06
	营业利润(万元)	-19421.41	-31608.39	-11484.57	-18539.03
	利润总额(万元)	-18339.67	4941.52	-9381.18	3404.10

河北福成五丰食品股份有限公司

公司概况	公司名称	河北福成五丰食品股份有限公司			证券简称	福成五丰
	法人代表	李高生	董秘	宋宝贤	证券代码	600965
	公司网址	www.fucheng.net		电子信箱	songbaoxian@vip.sina.com	
	电　话	010-61595607 0316-3319003 603		传　真	010-61595618	
	办公地址	河北省三河市燕郊高新技术园区华冠大街 12 号				
	经营范围	肉牛养殖、屠宰、加工及活牛和牛肉产品的销售等				

	指标＼报告期	2015.06.30	2014.12.31	2014.06.30	2013.12.31
主要财务指标	基本每股收益(元)	0.0800	0.0847	0.0700	0.2200
	基本每股收益(扣除后)(元)	0.0700	0.1300	0.0600	0.1800
	稀释每股收益(元)	0.0800	0.0847	0.0700	0.2200
	每股净资产(元)	1.7684	1.8400	2.2453	2.1802
	每股经营现金净流量(元)	0.1724	0.3601	0.1551	0.1612
	每股现金流量(元)	0.0700	0.0623	0.0469	-0.0373
	每股资本公积金(元)	0.1869	1.1339	0.5430	0.5430
	每股盈余公积金(元)	0.0925	0.1075	0.1168	0.1168
	每股未分配利润(元)	0.4890	0.6144	0.5856	0.5204
	净资产收益率(%)	4.5173	7.6928	2.9004	10.2506
	加权净资产收益率(%)	4.5300	7.8500	2.9400	10.7000
	净资产收益率(扣除)(%)	4.0856	7.3876	2.6491	8.2673
	总资产(万元)	127699.32	184339.82	116008.48	116212.18
	归属母公司股东权益(万元)	93371.57	150786.32	91195.10	88550.10
	营业收入(万元)	56586.87	110024.30	50410.65	102667.31
	营业支出(万元)	35657.76	69169.41	32028.75	65202.54
	投资收益(万元)	-	-	-	39.17
	净利润(万元)	4211.03	7128.99	2645.00	9076.92
	营业利润(万元)	4983.28	8732.09	3052.87	9479.02
	利润总额(万元)	5386.30	9109.96	3348.67	11820.62

山东博汇纸业股份有限公司

公司概况	公司名称	山东博汇纸业股份有限公司			证券简称	博汇纸业
	法人代表	金海军	董秘	刘鹏	证券代码	600966
	公司网址	www.bohui.net		电子信箱	zqb@bohui.com	
	电　话	0533-8539966		传　真	0533-8539966	
	办公地址	山东省淄博市桓台县马桥镇工业路北首				
	经营范围	从事胶印纸、书写纸、包装纸、纸板、造纸木浆的生产、销售等				

	指标＼报告期	2015.06.30	2014.12.31	2014.06.30	2013.12.31
主要财务指标	基本每股收益(元)	0.0378	0.0798	0.0351	-0.3620
	基本每股收益(扣除后)(元)	0.0066	-0.1730	0.0149	-0.4702
	稀释每股收益(元)	0.0378	0.0798	0.0351	-0.3620
	每股净资产(元)	2.9420	5.8083	5.8484	5.7364
	每股经营现金净流量(元)	0.1811	0.5011	0.1776	-1.5851
	每股现金流量(元)	0.1933	0.6620	0.9245	-0.4628
	每股资本公积金(元)	0.9837	2.9674	2.6164	2.3868
	每股盈余公积金(元)	0.1469	0.2939	0.3557	0.3893
	每股未分配利润(元)	0.8113	1.5471	1.8764	1.9604
	净资产收益率(%)	1.2839	1.1559	1.4532	-6.3109
	加权净资产收益率(%)	1.2900	1.3800	1.4900	-6.1200
	净资产收益率(扣除)(%)	0.2235	-2.5054	0.6178	-8.1971
	总资产(万元)	1272755.11	1281508.68	1429787.25	1515100.84
	归属母公司股东权益(万元)	393297.27	388242.57	322962.50	289470.13
	营业收入(万元)	319091.69	698116.37	311478.59	571530.39
	营业支出(万元)	277700.38	605806.10	256438.73	488971.63
	投资收益(万元)	-	271.09	-	-
	净利润(万元)	5111.23	6096.07	4995.35	-18072.68
	营业利润(万元)	87.87	-7911.01	4353.60	-21656.66
	利润总额(万元)	5678.59	6379.46	7953.27	-21616.62

包头北方创业股份有限公司

公司概况	公司名称	包头北方创业股份有限公司			证券简称	北方创业
	法人代表	白晓光	董秘	程天罡	证券代码	600967
	公司网址	www.bfcy.cc		电子信箱	bfcyctg@163.com	
	电　话	0472-3117903　3117182		传　真	0472-3117182	
	办公地址	内蒙古自治区包头市青山区民主路				
	经营范围	研制、开发、生产、销售铁路车辆、压力容器、车辆配件及进出口等				

主要财务指标	指标\报告期	2015.06.30	2014.12.31	2014.06.30	2013.12.31
	基本每股收益(元)	-0.0360	0.2440	0.2610	0.5660
	基本每股收益(扣除后)(元)	-0.0410	0.2310	0.2620	0.5700
	稀释每股收益(元)	-0.0360	0.2440	0.2610	0.5660
	每股净资产(元)	2.7795	2.8361	2.8776	4.8039
	每股经营现金净流量(元)	-0.3133	-0.2067	-0.4119	0.4530
	每股现金流量(元)	-0.3640	-0.4166	-0.1942	0.2825
	每股资本公积金(元)	0.8684	0.8684	0.8877	2.3979
	每股盈余公积金(元)	0.1169	0.1169	0.1001	0.1803
	每股未分配利润(元)	0.7821	0.8431	0.8784	1.2122
	净资产收益率(%)	-1.2938	8.6203	9.0550	11.7725
	加权净资产收益率(%)	-1.2800	8.7600	9.3100	12.3900
	净资产收益率(扣除)(%)	-1.4805	8.1351	9.1098	11.8665
	总资产(万元)	329275.37	343101.88	381064.24	354599.41
	归属母公司股东权益(万元)	228703.32	233359.69	236774.83	219600.49
	营业收入(万元)	84084.33	298364.09	186428.12	320351.56
	营业支出(万元)	76710.75	247746.46	145666.14	263029.63
	投资收益(万元)	18.86	1490.89	-	-
	净利润(万元)	-2694.33	20318.68	21439.86	25852.49
	营业利润(万元)	-3737.15	23961.75	25213.96	30699.40
	利润总额(万元)	-3232.94	23476.84	25060.17	30516.82

湖南郴电国际发展股份有限公司

公司概况	公司名称	湖南郴电国际发展股份有限公司			证券简称	郴电国际
	法人代表	付国	董秘	袁志勇	证券代码	600969
	公司网址	www.chinacdi.com		电子信箱	yzycdgj@163.com	
	电　话	0735-2339226　2339232		传　真	0735-2339206　2339226	
	办公地址	湖南省郴州市青年大道民生路口万国大厦				
	经营范围	电力供应和中、小水电综合开发等				

主要财务指标	指标\报告期	2015.06.30	2014.12.31	2014.06.30	2013.12.31
	基本每股收益(元)	0.2717	0.7804	0.3013	0.6020
	基本每股收益(扣除后)(元)	0.2651	0.4578	0.2966	0.5674
	稀释每股收益(元)	0.2717	0.7804	0.3013	0.6020
	每股净资产(元)	9.7570	9.4854	7.5161	7.3484
	每股经营现金净流量(元)	0.8680	1.4979	0.8497	1.6173
	每股现金流量(元)	2.3030	1.5796	-1.0139	0.9369
	每股资本公积金(元)	6.9312	6.9312	5.0748	5.0272
	每股盈余公积金(元)	0.1795	0.1795	0.1890	0.1890
	每股未分配利润(元)	1.6202	1.3485	1.2193	1.0987
	净资产收益率(%)	2.7842	6.8251	4.0083	8.1917
	加权净资产收益率(%)	2.8200	9.7600	4.0300	9.1600
	净资产收益率(扣除)(%)	2.7171	4.0039	3.9464	7.7209
	总资产(万元)	776448.07	692133.58	546595.77	534523.58
	归属母公司股东权益(万元)	257899.74	250720.40	158039.98	154513.62
	营业收入(万元)	113633.42	226979.47	107910.80	219588.07
	营业支出(万元)	92153.90	182774.44	86000.92	171412.51
	投资收益(万元)	1513.39	10491.97	122.22	-5.34
	净利润(万元)	9544.92	20447.34	6334.65	12657.27
	营业利润(万元)	11771.23	28723.94	8610.07	21838.66
	利润总额(万元)	12002.12	26765.52	8740.39	22367.45

中国中材国际工程股份有限公司

公司概况	公司名称	中国中材国际工程股份有限公司			证券简称	中材国际
	法人代表	宋寿顺	董秘	蒋中文	证券代码	600970
	公司网址	www.sinoma.com.cn		电子信箱	600970@sinoma.com.cn	
	电　话	010-64399502　64399501		传　真	010-64399500	
	办公地址	北京市朝阳区望京北路16号中材国际大厦				
	经营范围	大中型新型干法水泥生产线的建设、包括水泥生产线的研发与设计、装备采购等				

主要财务指标	指标\报告期	2015.06.30	2014.12.31	2014.06.30	2013.12.31
	基本每股收益(元)	0.2600	0.1400	0.2900	0.0800
	基本每股收益(扣除后)(元)	0.2400	0.0900	0.2900	-0.0200
	稀释每股收益(元)	0.2600	0.1400	0.2900	0.0800
	每股净资产(元)	4.5996	4.0634	4.2579	3.9079
	每股经营现金净流量(元)	-0.1377	1.2796	0.0319	-0.1669
	每股现金流量(元)	-0.4636	1.4519	0.2389	-0.1606
	每股资本公积金(元)	0.5028	0.1370	0.1380	0.1246
	每股盈余公积金(元)	0.2914	0.2914	0.2850	0.2850
	每股未分配利润(元)	2.8403	2.6211	2.7885	2.5273
	净资产收益率(%)	5.6751	3.3390	6.7400	2.0913
	加权净资产收益率(%)	6.0900	3.4100	7.0900	1.9500
	净资产收益率(扣除)(%)	5.3123	2.1908	6.7956	-0.5940
	总资产(万元)	2623980.74	2510172.60	2470690.77	2367452.36
	归属母公司股东权益(万元)	502875.42	444251.53	465511.91	427251.69
	营业收入(万元)	938539.52	2286477.24	1089846.61	2073156.89
	营业支出(万元)	828729.19	2044322.28	962343.93	1801989.46
	投资收益(万元)	-6.25	556.38	584.50	1016.04
	净利润(万元)	27626.11	5575.64	31373.52	8934.97
	营业利润(万元)	35146.52	15643.44	36403.10	20642.80
	利润总额(万元)	36874.07	23357.01	40116.55	31265.50

安徽恒源煤电股份有限公司

公司概况	公司名称	安徽恒源煤电股份有限公司			证券简称	恒源煤电
	法人代表	邓西清	董秘	孙夕仁	证券代码	600971
	公司网址	www.ahhymd.com.cn		电子信箱	hymd600971@163.com	
	电　话	0557-3982147		传　真	0557-3982260	
	办公地址	安徽省宿州市西昌路157号				
	经营范围	煤炭开采、洗选、销售、铁路运输、公路运输(限分公司经营)、进出口业务等				

主要财务指标	指标\报告期	2015.06.30	2014.12.31	2014.06.30	2013.12.31
	基本每股收益(元)	-0.5400	0.0200	0.0459	0.3100
	基本每股收益(扣除后)(元)	-0.5600	-0.0400	0.0477	0.3000
	稀释每股收益(元)	-0.5400	0.0200	0.0459	0.3100
	每股净资产(元)	6.4696	6.8073	7.0614	6.9670
	每股经营现金净流量(元)	0.1467	0.2120	0.3861	0.6219
	每股现金流量(元)	0.0838	-0.0958	1.0000	0.2272
	每股资本公积金(元)	2.1043	2.1043	2.1043	2.1043
	每股盈余公积金(元)	0.5131	0.5131	0.4910	0.4910
	每股未分配利润(元)	2.4542	2.9964	3.0443	3.0984
	净资产收益率(%)	-8.3798	0.2288	0.6500	4.4396
	加权净资产收益率(%)	-8.1700	0.2300	0.4400	4.4700
	净资产收益率(扣除)(%)	-8.6787	-0.5635	0.6755	4.3742
	总资产(万元)	1297916.75	1381375.17	1454529.01	1336606.33
	归属母公司股东权益(万元)	646966.16	680737.31	706139.62	696699.84
	营业收入(万元)	246137.25	644466.37	377240.35	814026.62
	营业支出(万元)	264697.23	547092.28	324020.92	673830.91
	投资收益(万元)	266.85	1056.45	49.67	35.62
	净利润(万元)	-53449.70	3000.10	4590.25	30930.69
	营业利润(万元)	-55242.79	-1946.64	5770.34	39351.25
	利润总额(万元)	-53339.27	3454.51	5571.02	40318.75

宝胜科技创新股份有限公司

公司概况						
	公司名称	宝胜科技创新股份有限公司			证券简称	宝胜股份
	法人代表	孙振华	董秘	夏成军	证券代码	600973
	公司网址	www.baoshengcable.com		电子信箱	bsxcj@vip.sina.com	
	电话	0514-88248910		传真	0514-88248897	
	办公地址	江苏省扬州市宝应县安宜镇苏中路1号				
	经营范围	电线电缆及电缆附件开发、制造、销售及相关的生产技术开发等				

主要财务指标	指标\报告期	2015.06.30	2014.12.31	2014.06.30	2013.12.31
	基本每股收益(元)	0.1200	0.3130	0.1000	0.2420
	基本每股收益(扣除后)(元)	0.1100	0.3000	0.1000	-
	稀释每股收益(元)	0.1200	0.3000	0.1000	0.2330
	每股净资产(元)	5.1299	5.0087	5.0025	4.8225
	每股经营现金净流量(元)	−0.3221	0.1836	−0.1154	−2.8593
	每股现金流量(元)	1.6062	0.0799	0.7376	−0.9306
	每股资本公积金(元)	2.0897	2.0844	2.1551	2.0822
	每股盈余公积金(元)	0.2656	0.2656	0.2400	0.2400
	每股未分配利润(元)	1.8263	1.7076	1.6053	1.5004
	净资产收益率(%)	2.3136	6.2447	2.0958	5.0081
	加权净资产收益率(%)	2.3400	6.2700	2.1300	5.0300
	净资产收益率(扣除)(%)	2.1651	5.9828	2.0759	4.6302
	总资产(万元)	948318.15	857070.50	754090.06	678590.47
	归属母公司股东权益(万元)	211036.03	206053.22	205794.59	198391.04
	营业收入(万元)	522549.26	1216237.64	489492.07	980786.30
	营业支出(万元)	471126.60	1128310.93	449685.51	901019.88
	投资收益(万元)	-	−712.40	-	−28.12
	净利润(万元)	4989.22	12937.11	4313.13	9935.68
	营业利润(万元)	5949.65	15634.01	5368.70	11359.48
	利润总额(万元)	6180.78	15964.40	5420.11	12303.05

湖南新五丰股份有限公司

公司概况						
	公司名称	湖南新五丰股份有限公司			证券简称	新五丰
	法人代表	邱卫	董秘	罗雁飞	证券代码	600975
	公司网址	www.newwf.com		电子信箱	nwf_123456@126.com	
	电话	0731-84449588*811		传真	0731-84449593	
	办公地址	湖南省长沙市芙蓉区五一西路2号"第一大道"19、20楼				
	经营范围	畜禽养殖、农业种植、政策允许的农副产品销售、研制、开发、生产等				

主要财务指标	指标\报告期	2015.06.30	2014.12.31	2014.06.30	2013.12.31
	基本每股收益(元)	−0.0900	−0.2100	−0.1700	0.0600
	基本每股收益(扣除后)(元)	−0.0900	−0.2300	−0.1800	0.0200
	稀释每股收益(元)	−0.0900	−0.2100	−0.1700	0.0600
	每股净资产(元)	3.0934	2.1785	2.2167	2.3603
	每股经营现金净流量(元)	−0.0548	−0.1214	−0.0459	−0.1058
	每股现金流量(元)	0.6878	−0.1655	−0.1033	0.0226
	每股资本公积金(元)	1.8581	0.7450	0.7450	0.7180
	每股盈余公积金(元)	0.1236	0.1721	0.1721	0.1721
	每股未分配利润(元)	0.1117	0.2614	0.2996	0.4703
	净资产收益率(%)	−2.4553	−9.5905	−7.7000	2.4643
	加权净资产收益率(%)	−3.6800	−9.1700	−7.4400	2.4600
	净资产收益率(扣除)(%)	−2.4424	−10.5120	−8.2508	0.7870
	总资产(万元)	163040.47	128646.36	121206.90	120305.81
	归属母公司股东权益(万元)	100948.72	51054.21	51950.37	55317.03
	营业收入(万元)	58263.00	130249.39	56406.47	113008.76
	营业支出(万元)	56760.84	127129.56	56758.71	104547.89
	投资收益(万元)	0.95	78.85	36.92	91.63
	净利润(万元)	−3842.09	−6880.40	−4000.16	1363.16
	营业利润(万元)	−4262.43	−10443.90	−6156.27	−3294.81
	利润总额(万元)	−3733.30	−6817.13	−4416.57	1046.84

健民药业集团股份有限公司

公司概况						
	公司名称	健民药业集团股份有限公司			证券简称	健民集团
	法人代表	刘勤强	董秘	胡振波	证券代码	600976
	公司网址	www.whjm.com		电子信箱	zhoujie2212@sina.com	
	电话	027-84523350		传真	027-84523350	
	办公地址	湖北省武汉市汉阳区鹦鹉大道484号				
	经营范围	中成药的研究、制造、开发及经营等				

主要财务指标	指标\报告期	2015.06.30	2014.12.31	2014.06.30	2013.12.31
	基本每股收益(元)	0.3100	0.7600	0.4000	0.6300
	基本每股收益(扣除后)(元)	0.2500	0.6600	0.3600	0.5100
	稀释每股收益(元)	0.3100	0.7600	0.4000	0.6300
	每股净资产(元)	6.2478	6.3346	5.9717	5.9522
	每股经营现金净流量(元)	0.2293	0.6729	0.0580	0.2957
	每股现金流量(元)	1.1995	0.0629	−0.1102	−0.9341
	每股资本公积金(元)	2.0928	2.0899	2.0835	2.0835
	每股盈余公积金(元)	0.8730	0.8730	0.8081	0.8081
	每股未分配利润(元)	2.3006	2.3718	2.0801	2.0606
	净资产收益率(%)	4.9430	11.9346	6.6890	10.5035
	加权净资产收益率(%)	4.9100	12.3100	6.7000	10.7200
	净资产收益率(扣除)(%)	4.0582	10.4041	-	8.6228
	总资产(万元)	156887.20	154681.82	146968.62	144538.34
	归属母公司股东权益(万元)	95839.75	97172.00	91604.99	91306.64
	营业收入(万元)	101251.70	175348.84	90640.37	199239.11
	营业支出(万元)	78402.76	130968.40	65195.94	154895.24
	投资收益(万元)	1446.26	2557.67	1497.50	1433.93
	净利润(万元)	4937.20	11894.96	6127.50	9590.35
	营业利润(万元)	5112.10	12740.77	7148.97	10795.94
	利润总额(万元)	5499.05	13141.62	7151.05	10906.24

广东省宜华木业股份有限公司

公司概况						
	公司名称	广东省宜华木业股份有限公司			证券简称	宜华木业
	法人代表	刘绍喜	董秘	刘伟宏	证券代码	600978
	公司网址	www.yihuatimber.com		电子信箱	securities.yt@yihua.com	
	电话	0754-85100989		传真	0754-85100797	
	办公地址	广东省汕头市澄海区莲下镇槐东工业区				
	经营范围	木家具、木地板、等木制品的生产和销售等				

主要财务指标	指标\报告期	2015.06.30	2014.12.31	2014.06.30	2013.12.31
	基本每股收益(元)	0.2300	0.3700	0.2300	0.3600
	基本每股收益(扣除后)(元)	0.2300	0.3700	0.2300	0.3500
	稀释每股收益(元)	0.2300	0.3700	0.2300	0.3600
	每股净资产(元)	4.4171	4.3000	4.1580	4.0475
	每股经营现金净流量(元)	0.2399	0.3982	0.1091	0.5815
	每股现金流量(元)	0.7556	0.3909	1.0037	0.5158
	每股资本公积金(元)	1.6584	1.6584	1.6584	1.2872
	每股盈余公积金(元)	0.1981	0.1981	0.1680	0.2161
	每股未分配利润(元)	1.5762	1.4586	1.3465	1.5650
	净资产收益率(%)	5.1536	8.3092	5.1721	8.7997
	加权净资产收益率(%)	5.1600	8.8900	6.6100	9.1300
	净资产收益率(扣除)(%)	5.2401	8.2365	5.1491	8.7511
	总资产(万元)	1148964.06	1024965.61	1087885.48	862524.42
	归属母公司股东权益(万元)	654995.83	637567.27	616578.48	466534.90
	营业收入(万元)	203346.65	442662.87	220208.87	409095.47
	营业支出(万元)	131916.95	291216.70	145081.10	279953.21
	投资收益(万元)	−98.30	-	-	-
	净利润(万元)	33584.26	52729.50	31889.92	41053.54
	营业利润(万元)	40378.62	63319.16	39127.94	49318.48
	利润总额(万元)	39742.54	63948.14	39323.87	49642.65

四川广安爱众股份有限公司

公司概况	公司名称	四川广安爱众股份有限公司			证券简称	广安爱众
	法人代表	罗庆红	董秘	何非	证券代码	600979
	公司网址	www.sc-aaa.com		电子信箱	hf@sc-aaa.com	
	电　　话	0826-2983218　2983333		传　　真	0826-2983358	
	办公地址	四川省广安市广安区渠江北路 86 号				
	经营范围	水力发电和电力供应、天然气供应、自来水生产和供应等				

	指标\报告期	2015.06.30	2014.12.31	2014.06.30	2013.12.31
主要财务指标	基本每股收益(元)	0.1286	-0.1693	0.0760	0.1121
	基本每股收益(扣除后)(元)	0.1140	0.1729	0.0634	0.0912
	稀释每股收益(元)	0.1286	-0.1693	0.0760	0.1121
	每股净资产(元)	2.0688	1.9396	2.1830	2.1568
	每股经营现金净流量(元)	0.2532	0.5566	0.1379	0.4922
	每股现金流量(元)	0.0583	-0.0454	-0.1007	-0.0244
	每股资本公积金(元)	0.7646	0.7646	0.7656	0.7656
	每股盈余公积金(元)	0.0506	0.0506	0.0506	0.0506
	每股未分配利润(元)	0.2474	0.1187	0.3641	0.3381
	净资产收益率(%)	6.2185	-8.7312	3.4829	5.1222
	加权净资产收益率(%)	6.4200	-8.2700	3.5039	5.3700
	净资产收益率(扣除)(%)	5.5115	-	2.9021	4.1679
	总资产(万元)	638732.81	613207.30	601103.18	435792.45
	归属母公司股东权益(万元)	148518.20	139241.41	156715.83	154837.22
	营业收入(万元)	77946.13	151316.83	72184.84	125168.69
	营业支出(万元)	48809.12	94650.50	47313.90	84391.40
	投资收益(万元)	418.45	-1840.12	-1128.77	60.00
	净利润(万元)	9133.47	-20329.58	5458.31	7931.09
	营业利润(万元)	9295.35	12917.19	5631.72	7729.85
	利润总额(万元)	10294.79	-19732.45	7086.43	9662.54

北矿磁材科技股份有限公司

公司概况	公司名称	北矿磁材科技股份有限公司			证券简称	北矿磁材
	法人代表	蒋开喜	董秘	李炳山(代)	证券代码	600980
	公司网址	www.magmat.com		电子信箱	magmat@magmat.com	
	电　　话	010-59069867		传　　真	010-59069867	
	办公地址	北京市大兴区北兴路东段 22 号 1 号楼 A 座 8 层				
	经营范围	磁性材料和磁器件的研发、生产和销售等				

	指标\报告期	2015.06.30	2014.12.31	2014.06.30	2013.12.31
主要财务指标	基本每股收益(元)	0.0023	-0.2180	0.0142	0.1064
	基本每股收益(扣除后)(元)	-0.0161	-0.3505	0.0102	-0.0247
	稀释每股收益(元)	0.0023	-0.2180	0.0142	0.1064
	每股净资产(元)	1.7347	1.7316	1.9909	1.9747
	每股经营现金净流量(元)	-0.1139	0.3382	0.0602	-0.0047
	每股现金流量(元)	-0.2935	0.1252	-0.0653	0.0467
	每股资本公积金(元)	1.2813	1.2806	1.3076	1.3057
	每股盈余公积金(元)	0.1448	0.1448	0.1448	0.1448
	每股未分配利润(元)	-0.6914	-0.6937	-0.4615	-0.4758
	净资产收益率(%)	0.1342	-12.5872	0.7148	5.3876
	加权净资产收益率(%)	0.1355	-11.6800	0.7200	5.5500
	净资产收益率(扣除)(%)	-0.9267	-20.2404	0.5135	-1.2506
	总资产(万元)	32313.14	31004.45	32073.73	31907.25
	归属母公司股东权益(万元)	22550.63	22511.44	25881.40	25671.37
	营业收入(万元)	10186.18	22806.18	12252.25	25217.74
	营业支出(万元)	8132.66	19215.67	10306.77	21260.87
	投资收益(万元)	1.28	-93.31	-0.98	-10.14
	净利润(万元)	30.27	-2833.55	185.00	1383.07
	营业利润(万元)	-259.97	-4990.50	201.82	-394.10
	利润总额(万元)	22.15	-2798.99	256.81	1316.55

江苏汇鸿股份有限公司

公司概况	公司名称	江苏汇鸿股份有限公司			证券简称	汇鸿股份
	法人代表	蒋金华	董秘	许冰鉴(代)	证券代码	600981
	公司网址	www.jstex.com		电子信箱	board@jstex.com	
	电　　话	025-86648112		传　　真	025-84400800	
	办公地址	江苏省南京市户部街 15 号				
	经营范围	纺织品及服装的进出口业务等				

	指标\报告期	2015.06.30	2014.12.31	2014.06.30	2013.12.31
主要财务指标	基本每股收益(元)	0.0578	0.0332	0.0231	0.0645
	基本每股收益(扣除后)(元)	-0.0215	-0.0455	0.0045	0.0643
	稀释每股收益(元)	0.0578	0.0332	0.0231	0.0645
	每股净资产(元)	1.9563	1.8528	1.8273	1.7985
	每股经营现金净流量(元)	0.5391	-0.6341	-0.0193	0.5101
	每股现金流量(元)	0.6246	-0.1631	0.0533	0.2982
	每股资本公积金(元)	0.0517	-0.2636	0.0125	0.0067
	每股盈余公积金(元)	0.3209	0.3209	0.2947	0.2947
	每股未分配利润(元)	0.5321	0.6956	0.5204	0.4973
	净资产收益率(%)	2.9566	1.7909	1.2631	3.5880
	加权净资产收益率(%)	3.0737	1.8400	1.2800	3.7400
	净资产收益率(扣除)(%)	-1.0987	-2.4546	0.2488	3.5746
	总资产(万元)	523929.61	3388523.28	489278.05	430774.30
	归属母公司股东权益(万元)	100963.91	611422.16	94310.12	92819.50
	营业收入(万元)	479991.13	923203.40	452479.63	856561.94
	营业支出(万元)	461686.61	888196.95	433605.13	815581.41
	投资收益(万元)	6514.91	5974.96	613.34	3362.92
	净利润(万元)	2963.08	2025.85	1191.24	3330.33
	营业利润(万元)	3828.13	4311.41	1600.62	2616.84
	利润总额(万元)	3983.48	4630.50	1989.79	4027.49

宁波热电股份有限公司

公司概况	公司名称	宁波热电股份有限公司			证券简称	宁波热电
	法人代表	顾剑波	董秘	乐碧宏	证券代码	600982
	公司网址	www.nbtp.com.cn		电子信箱	nbtp@nbtp.com.cn	
	电　　话	0574-86897102		传　　真	0574-87008281	
	办公地址	浙江省宁波市海曙区解放北路 128 号新金穗大厦 A 座 10 楼				
	经营范围	电力电量、热量、灰渣的生产及其咨询服务、热力供应等				

	指标\报告期	2015.06.30	2014.12.31	2014.06.30	2013.12.31
主要财务指标	基本每股收益(元)	0.1003	0.2613	0.2304	0.8504
	基本每股收益(扣除后)(元)	0.0234	0.0155	0.0242	0.0810
	稀释每股收益(元)	-	-	-	0.8504
	每股净资产(元)	3.2518	3.1151	2.9544	5.8714
	每股经营现金净流量(元)	-0.2205	0.0265	0.0649	1.1709
	每股现金流量(元)	-0.3233	0.6289	1.2797	0.5470
	每股资本公积金(元)	1.4045	1.4045	1.4108	2.4112
	每股盈余公积金(元)	0.0713	0.0596	0.0596	0.2649
	每股未分配利润(元)	0.5872	0.5170	0.4863	2.2108
	净资产收益率(%)	3.0841	6.5528	4.3859	14.4834
	加权净资产收益率(%)	3.1200	9.2100	9.4500	15.4800
	净资产收益率(扣除)(%)	0.7190	0.3886	0.4600	1.3794
	总资产(万元)	313786.48	293458.73	286901.95	176706.07
	归属母公司股东权益(万元)	242887.60	227183.76	220673.59	98639.00
	营业收入(万元)	41672.39	110119.89	40155.58	77283.43
	营业支出(万元)	34261.67	89942.72	26620.98	64480.41
	投资收益(万元)	8265.42	8313.73	2426.81	13593.38
	净利润(万元)	7938.72	18620.14	9678.50	14286.24
	营业利润(万元)	9507.98	20183.13	12759.63	14520.53
	利润总额(万元)	10480.25	24883.31	16971.90	16678.40

惠而浦(中国)股份有限公司

公司概况					
公司名称	惠而浦(中国)股份有限公司			证券简称	惠而浦
法人代表	金友华	董秘	方斌	证券代码	600983
公司网址	www.whirlpool.com.cn	电子信箱	sunyaping@whirlpool-china.com		
电　　话	0551-5338028	传　　真	0551-5320313		
办公地址	安徽省合肥市高新技术产业开发区北区 L-2 号				
经营范围	洗衣机、冰箱、冷冻箱、冷藏箱、微波炉、洁身器等				

主要财务指标

指标\报告期	2015.06.30	2014.12.31	2014.06.30	2013.12.31
基本每股收益(元)	0.2600	0.5100	0.3690	0.6800
基本每股收益(扣除后)(元)	0.2200	0.4600	0.3530	0.6500
稀释每股收益(元)	0.2600	0.5100	0.3690	0.6800
每股净资产(元)	5.5662	5.3513	3.8978	3.6087
每股经营现金净流量(元)	0.5668	–0.2837	–0.2549	1.1799
每股现金流量(元)	0.4576	1.9206	–0.4854	0.9303
每股资本公积金(元)	2.2322	2.2322	0.0314	0.0314
每股盈余公积金(元)	0.3150	0.3150	0.3980	0.3980
每股未分配利润(元)	2.0190	1.8041	2.4684	2.1793
净资产收益率(%)	4.7596	7.1591	9.4694	18.8619
加权净资产收益率(%)	4.8800	12.4300	9.8000	20.6700
净资产收益率(扣除)(%)	3.9906	6.4801	9.0533	17.9229
总资产(万元)	761807.90	739550.75	508931.75	566852.28
归属母公司股东权益(万元)	426617.00	410143.93	207674.09	192270.91
营业收入(万元)	277726.33	550482.62	257986.89	532532.43
营业支出(万元)	187027.28	372829.06	179999.24	349873.55
投资收益(万元)	–	0.50	–	–73.83
净利润(万元)	20305.27	29362.41	19665.58	36265.90
营业利润(万元)	19645.93	30350.53	22023.82	39381.37
利润总额(万元)	23505.54	33626.24	23040.64	41522.27

陕西建设机械股份有限公司

公司概况					
公司名称	陕西建设机械股份有限公司			证券简称	*ST 建机
法人代表	杨宏军	董秘	白海红	证券代码	600984
公司网址	www.scmc-xa.com	电子信箱	scmc600984@163.com		
电　　话	029-82592288	传　　真	029-825292287		
办公地址	陕西省西安市金花北路 418 号				
经营范围	工程、建筑机械、起重机械成套装备、矿山机械成套装备、金属结构产品及相关配件等				

主要财务指标

指标\报告期	2015.06.30	2014.12.31	2014.06.30	2013.12.31
基本每股收益(元)	–0.1431	–0.5292	–0.1121	–0.5213
基本每股收益(扣除后)(元)	–0.1449	–0.5355	–0.1149	–0.5429
稀释每股收益(元)	–0.1431	–0.5292	–0.1121	–0.5213
每股净资产(元)	2.3020	2.4424	2.8366	2.9495
每股经营现金净流量(元)	–0.0099	–0.3174	–0.1314	–0.5811
每股现金流量(元)	–0.0008	–0.0926	–0.0131	–0.0975
每股资本公积金(元)	2.7843	2.7843	2.7692	2.7692
每股盈余公积金(元)	0.0683	0.0683	0.0683	0.0683
每股未分配利润(元)	–1.5706	–1.4275	–1.0103	–0.8982
净资产收益率(%)	–6.2172	–21.6690	–3.9526	–14.0150
加权净资产收益率(%)	–6.0300	–19.6900	–3.8800	–22.2600
净资产收益率(扣除)(%)	–6.2951	–21.9241	–4.0510	–14.5959
总资产(万元)	101764.45	102601.64	112469.82	106335.95
归属母公司股东权益(万元)	55606.74	58998.23	68519.97	71245.98
营业收入(万元)	13995.06	28320.44	17047.55	45237.42
营业支出(万元)	11511.79	24038.45	14147.66	40630.03
投资收益(万元)	–14.53	–	–	–
净利润(万元)	–3457.20	–12784.35	–2708.32	–9985.15
营业利润(万元)	–3868.28	–14710.16	–3103.05	–10777.67
利润总额(万元)	–3824.97	–14559.67	–3035.64	–10349.21

安徽雷鸣科化股份有限公司

公司概况					
公司名称	安徽雷鸣科化股份有限公司			证券简称	雷鸣科化
法人代表	张治海	董秘	赵世通	证券代码	600985
公司网址	www.lmkh.com	电子信箱	lmkhzqb@lmkh.com		
电　　话	0561-4948188　4948135	传　　真	0561-3091910		
办公地址	安徽省淮北市东山路 148 号				
经营范围	民用爆破器材、高岭土产品的制造、加工、销售等				

主要财务指标

指标\报告期	2015.06.30	2014.12.31	2014.06.30	2013.12.31
基本每股收益(元)	0.2700	0.5600	0.3500	0.4700
基本每股收益(扣除后)(元)	0.2600	0.5400	0.3500	0.4600
稀释每股收益(元)	0.2700	0.5600	0.3500	0.4700
每股净资产(元)	6.3602	6.0714	5.9255	5.5583
每股经营现金净流量(元)	0.2456	0.5330	0.2456	0.7216
每股现金流量(元)	0.1099	0.2138	0.0958	0.0524
每股资本公积金(元)	2.9799	2.9799	2.9681	2.9681
每股盈余公积金(元)	0.2382	0.2382	0.2064	0.2064
每股未分配利润(元)	1.9365	1.6710	1.5943	1.2437
净资产收益率(%)	4.1748	9.2084	5.9154	8.4751
加权净资产收益率(%)	4.2800	9.5800	6.1100	8.7600
净资产收益率(扣除)(%)	4.1396	8.9217	5.8865	8.3275
总资产(万元)	153821.78	145536.39	141400.94	131856.65
归属母公司股东权益(万元)	111454.13	106393.20	103837.18	97401.02
营业收入(万元)	41869.53	98776.66	49332.58	93992.08
营业支出(万元)	25528.47	58300.56	30191.29	56858.54
投资收益(万元)	70.46	511.88	210.44	396.74
净利润(万元)	4709.22	10359.61	6142.36	8254.86
营业利润(万元)	5902.56	13045.91	7867.46	11257.72
利润总额(万元)	5990.28	13238.82	7930.87	11478.14

科达集团股份有限公司

公司概况					
公司名称	科达集团股份有限公司			证券简称	科达股份
法人代表	刘锋杰	董秘	姜志涛	证券代码	600986
公司网址	www.keda-group.com	电子信箱	jiangzhitao@dkc.cn		
电　　话	0546-8304191	传　　真	0546-8304191		
办公地址	山东省东营市府前大街 65 号				
经营范围	公路、市政公用、建筑工程设计、设计总承包及技术咨询等				

主要财务指标

指标\报告期	2015.06.30	2014.12.31	2014.06.30	2013.12.31
基本每股收益(元)	0.0430	0.1600	0.0400	0.1200
基本每股收益(扣除后)(元)	0.0060	0.1300	0.0650	–0.0300
稀释每股收益(元)	0.0430	0.1600	0.0400	0.1200
每股净资产(元)	2.3199	2.2768	2.1539	2.1171
每股经营现金净流量(元)	0.2487	0.0187	–0.1497	–1.5158
每股现金流量(元)	1.6007	–0.8700	0.2285	0.0262
每股资本公积金(元)	0.3173	0.3173	0.3173	0.3173
每股盈余公积金(元)	0.3261	0.3261	0.3025	0.3025
每股未分配利润(元)	0.6765	0.6334	0.5341	0.4974
净资产收益率(%)	1.8571	7.0143	1.7062	5.5199
加权净资产收益率(%)	1.8700	7.2700	1.7200	5.5900
净资产收益率(扣除)(%)	0.2631	5.6949	3.0234	–1.1828
总资产(万元)	520941.21	464134.76	442247.00	412806.90
归属母公司股东权益(万元)	77778.73	76334.30	72212.09	70980.01
营业收入(万元)	47699.09	111543.93	36269.40	90793.83
营业支出(万元)	39508.49	93298.88	29450.68	79541.42
投资收益(万元)	2056.85	2460.76	1128.56	1709.79
净利润(万元)	2377.25	5007.03	1232.08	3918.05
营业利润(万元)	2725.94	7711.23	3168.55	–2714.18
利润总额(万元)	3024.18	7067.48	1550.46	9361.98

浙江航民股份有限公司

公司概况						
	公司名称	浙江航民股份有限公司			证券简称	航民股份
	法人代表	朱重庆	董秘	李军晓	证券代码	600987
	公司网址	www.hmgf.com		电子信箱	hmgf@hmgf.com	
	电　话	0571-82551588		传　真	0571-82553288	
	办公地址	浙江省杭州市萧山区瓜沥镇航民村				
	经营范围	纺织、印染及相关原辅材料的生产和销售、煤炭的采购、销售等				

主要财务指标	指标\报告期	2015.06.30	2014.12.31	2014.06.30	2013.12.31
	基本每股收益(元)	0.3350	0.7000	0.2790	0.6500
	基本每股收益(扣除后)(元)	0.3130	0.6400	0.2510	0.6200
	稀释每股收益(元)	0.3350	0.7000	0.2790	0.6500
	每股净资产(元)	3.9185	3.7930	3.3880	3.3088
	每股经营现金净流量(元)	0.4608	1.1123	0.4674	0.7519
	每股现金流量(元)	-0.2711	0.4861	0.1327	0.2397
	每股资本公积金(元)	0.1632	0.1632	0.1632	0.1632
	每股盈余公积金(元)	0.2918	0.2918	0.2569	0.2569
	每股未分配利润(元)	2.4634	2.3380	1.9679	1.8887
	净资产收益率(%)	8.5605	18.4615	8.2402	19.5566
	加权净资产收益率(%)	8.6200	19.8600	8.1700	21.1000
	净资产收益率(扣除)(%)	8.0004	16.9030	7.3953	18.7396
	总资产(万元)	377246.00	384290.02	360361.87	345332.51
	归属母公司股东权益(万元)	248943.07	240973.71	215243.93	210213.69
	营业收入(万元)	147702.43	318422.33	159235.67	293079.25
	营业支出(万元)	102526.75	231549.18	120363.41	211449.73
	投资收益(万元)	1490.69	4287.92	2163.51	1834.81
	净利润(万元)	25130.72	51839.97	17736.45	41110.70
	营业利润(万元)	31135.70	63753.74	26074.58	58147.95
	利润总额(万元)	31450.05	64440.37	26242.98	58656.48

赤峰吉隆黄金矿业股份有限公司

公司概况						
	公司名称	赤峰吉隆黄金矿业股份有限公司			证券简称	赤峰黄金
	法人代表	赵美光	董秘	周新兵	证券代码	600988
	公司网址	www.600988.com.cn		电子信箱	A600988@126.com	
	电　话	0476-8283822		传　真	0476-8283075	
	办公地址	内蒙古自治区赤峰市新城玉龙大街金帝大厦B座1区				
	经营范围	黄金矿产品销售;对采矿业的投资与管理				

主要财务指标	指标\报告期	2015.06.30	2014.12.31	2014.06.30	2013.12.31
	基本每股收益(元)	0.1900	0.5400	0.1600	0.8100
	基本每股收益(扣除后)(元)	0.1700	0.5400	0.1600	0.7900
	稀释每股收益(元)	0.1900	0.5400	0.1600	0.8100
	每股净资产(元)	2.8427	1.4523	1.2096	2.1073
	每股经营现金净流量(元)	0.1003	0.1291	0.0307	1.3729
	每股现金流量(元)	0.3820	0.1888	-0.2482	-0.1270
	每股资本公积金(元)	1.3070	-	-0.0019	-
	每股盈余公积金(元)	-	-	-	-
	每股未分配利润(元)	0.5270	0.4520	0.2078	1.0962
	净资产收益率(%)	6.1711	27.8136	13.2009	38.2027
	加权净资产收益率(%)	8.7800	32.2400	14.1100	47.2300
	净资产收益率(扣除)(%)	5.5200	27.8280	13.1604	37.3266
	总资产(万元)	304534.87	149188.74	139222.78	145816.90
	归属母公司股东权益(万元)	202737.86	82287.98	68533.68	59701.24
	营业收入(万元)	71515.93	85158.19	32239.81	58161.89
	营业支出(万元)	47901.61	35634.11	14078.58	16265.24
	投资收益(万元)	-423.48	-1072.59	-13.51	-
	净利润(万元)	12511.17	22887.22	9047.05	22807.50
	营业利润(万元)	14363.86	32839.20	13072.92	30552.85
	利润总额(万元)	16827.42	32823.39	13132.25	31250.26

安徽四创电子股份有限公司

公司概况						
	公司名称	安徽四创电子股份有限公司			证券简称	四创电子
	法人代表	陈信平	董秘	刘永跃	证券代码	600990
	公司网址	www.sun-create.com		电子信箱	liuyongyue@sun-create.com	
	电　话	0551-5391324 5391323		传　真	0551-5391322	
	办公地址	安徽省合肥市高新技术产业开发区香樟大道199号				
	经营范围	雷达整机及其配套产品、集成电路、广播电视及微波通信产品等				

主要财务指标	指标\报告期	2015.06.30	2014.12.31	2014.06.30	2013.12.31
	基本每股收益(元)	0.0873	0.5864	0.0616	0.3976
	基本每股收益(扣除后)(元)	0.0566	0.4074	0.0273	-
	稀释每股收益(元)	0.0873	0.5864	0.0616	0.3976
	每股净资产(元)	6.7410	6.7037	6.1789	6.1573
	每股经营现金净流量(元)	-3.5512	0.3214	-2.1240	-0.0276
	每股现金流量(元)	-2.4544	0.5188	-2.5823	2.9306
	每股资本公积金(元)	3.0459	3.0459	3.0459	3.0459
	每股盈余公积金(元)	0.3918	0.3918	0.3456	0.3456
	每股未分配利润(元)	2.3033	2.2660	1.7873	1.7658
	净资产收益率(%)	1.2946	8.7478	0.9964	6.0819
	加权净资产收益率(%)	1.3000	9.1200	0.9980	7.4800
	净资产收益率(扣除)(%)	0.8402	6.0773	0.4417	4.3515
	总资产(万元)	263646.06	263647.39	204237.17	208607.08
	归属母公司股东权益(万元)	92150.62	91641.11	84466.16	84171.33
	营业收入(万元)	55466.11	168452.83	41180.98	111666.78
	营业支出(万元)	44964.79	138201.33	32303.58	90138.41
	投资收益(万元)	70.27	185.28	92.00	134.90
	净利润(万元)	1306.12	8237.30	841.65	5119.19
	营业利润(万元)	486.15	6505.95	445.33	4528.82
	利润总额(万元)	1442.36	9292.75	1024.44	6109.89

贵州钢绳股份有限公司

公司概况						
	公司名称	贵州钢绳股份有限公司			证券简称	贵绳股份
	法人代表	黄忠渠	董秘	杨期屏	证券代码	600992
	公司网址	www.gzgs.com.cn		电子信箱	yqp@gzgs.com.cn	
	电　话	0852-8419247 8419570		传　真	0852-8419075 8419570	
	办公地址	贵州省遵义市桃溪路47号				
	经营范围	钢丝、钢绳产品及相关设备、材料、技术的研究、生产、加工、销售等				

主要财务指标	指标\报告期	2015.06.30	2014.12.31	2014.06.30	2013.12.31
	基本每股收益(元)	0.0354	0.0828	0.0418	0.1228
	基本每股收益(扣除后)(元)	0.0355	0.0691	0.0418	0.0957
	稀释每股收益(元)	0.0354	0.0828	0.0418	0.1228
	每股净资产(元)	5.4510	5.4456	5.4046	5.3928
	每股经营现金净流量(元)	0.0088	0.1005	-0.3011	-0.1173
	每股现金流量(元)	-0.5242	0.1364	-0.4792	1.6677
	每股资本公积金(元)	3.4288	3.4288	3.4288	3.4288
	每股盈余公积金(元)	0.2404	0.2404	0.2321	0.2321
	每股未分配利润(元)	0.7818	0.7764	0.7437	0.7319
	净资产收益率(%)	0.6486	1.5209	0.7733	1.5266
	加权净资产收益率(%)	0.6500	1.5297	0.7700	2.3100
	净资产收益率(扣除)(%)	0.6507	1.2688	0.7735	1.1904
	总资产(万元)	184997.94	205558.64	189431.41	191435.12
	归属母公司股东权益(万元)	133598.00	133466.70	132461.15	132172.09
	营业收入(万元)	76442.94	184819.91	92721.95	192797.67
	营业支出(万元)	66069.93	160535.72	81032.37	167924.87
	投资收益(万元)	135.77	87.29	-	-
	净利润(万元)	866.57	2029.88	1024.33	2017.70
	营业利润(万元)	1017.16	2027.50	1206.03	1816.45
	利润总额(万元)	1013.86	2423.36	1205.80	2339.25

马应龙药业集团股份有限公司

公司概况	公司名称	马应龙药业集团股份有限公司		证券简称	马应龙
	法人代表	陈平	董秘 夏有章	证券代码	600993
	公司网址	www.mayinglong.cn		电子信箱	xiayouzhang@sohu.com
	电话	027-87389583 87291519		传真	027-87291724
	办公地址	湖北省武汉市武昌南湖周家湾100号			
	经营范围	中西药制造、企业经营本企业自产产品及相关技术的出口业务等			

主要财务指标 指标\报告期	2015.06.30	2014.12.31	2014.06.30	2013.12.31
基本每股收益(元)	0.4300	0.6100	0.3900	0.5600
基本每股收益(扣除后)(元)	0.3800	0.5500	0.3700	0.5100
稀释每股收益(元)	0.4300	0.6100	0.3900	0.5600
每股净资产(元)	5.1370	4.7362	4.5244	4.3003
每股经营现金净流量(元)	0.2163	0.3368	-0.0398	0.3919
每股现金流量(元)	-0.4848	-0.3540	-0.1023	-0.0384
每股资本公积金(元)	0.3610	0.3539	0.3638	0.3637
每股盈余公积金(元)	0.7393	0.7393	0.7393	0.7393
每股未分配利润(元)	3.0331	2.6395	2.4249	2.2018
净资产收益率(%)	8.4404	12.8294	8.7040	13.0673
加权净资产收益率(%)	8.7400	13.4900	8.7600	13.7700
净资产收益率(扣除)(%)	7.3422	11.5716	8.2483	11.8704
总资产(万元)	224887.50	218565.01	209745.82	202747.29
归属母公司股东权益(万元)	170334.16	157043.83	150018.70	142588.52
营业收入(万元)	83854.68	162080.12	80251.55	160228.25
营业支出(万元)	48727.59	94330.54	44454.18	91652.26
投资收益(万元)	1660.46	1670.86	929.80	1092.51
净利润(万元)	13731.24	19227.00	13057.62	18632.44
营业利润(万元)	15968.23	21524.94	14571.33	20286.49
利润总额(万元)	16279.31	22234.01	14708.23	21507.84

云南文山电力股份有限公司

公司概况	公司名称	云南文山电力股份有限公司		证券简称	文山电力
	法人代表	杨育鉴	董秘 段登奇	证券代码	600995
	公司网址	www.wsdl.com.cn		电子信箱	wsdl@wsdl.sina.net
	电话	0871-63191628 63199266		传真	0871-63190838
	办公地址	云南省文山市凤凰路29号			
	经营范围	水力发电、供电和配电等			

主要财务指标 指标\报告期	2015.06.30	2014.12.31	2014.06.30	2013.12.31
基本每股收益(元)	0.2100	0.2200	0.2100	0.2700
基本每股收益(扣除后)(元)	0.1700	0.2100	0.2100	0.2300
稀释每股收益(元)	0.2100	0.2200	0.2100	0.2700
每股净资产(元)	3.0561	2.9155	2.9088	2.7836
每股经营现金净流量(元)	0.5796	0.9255	0.3844	1.1592
每股现金流量(元)	-0.0012	0.3814	0.1362	-0.1901
每股资本公积金(元)	0.3244	0.3244	0.3244	0.3244
每股盈余公积金(元)	0.2888	0.2888	0.2671	0.2671
每股未分配利润(元)	1.4429	1.3023	1.3173	1.1921
净资产收益率(%)	6.7606	7.4399	7.2265	9.7231
加权净资产收益率(%)	6.8900	7.6500	7.3500	10.0600
净资产收益率(扣除)(%)	5.6499	7.2879	7.1541	8.3446
总资产(万元)	292942.16	288476.49	266573.46	267465.42
归属母公司股东权益(万元)	146243.63	139514.97	139194.11	133202.72
营业收入(万元)	104640.60	201603.30	100155.78	203181.30
营业支出(万元)	79102.93	158928.02	75658.79	158396.90
投资收益(万元)	306.37	84.44	25.92	-170.30
净利润(万元)	9886.94	10379.72	10058.86	12951.37
营业利润(万元)	9749.99	13104.64	12427.97	13217.90
利润总额(万元)	11424.57	13331.61	12546.47	15360.97

开滦能源化工股份有限公司

公司概况	公司名称	开滦能源化工股份有限公司		证券简称	开滦股份
	法人代表	张文学	董秘 侯树忠	证券代码	600997
	公司网址	www.kkcc.com.cn		电子信箱	kcc@kailuan.com.cn
	电话	0315-2812013 3026971		传真	0315-3026507
	办公地址	河北省唐山市新华东道70号东楼			
	经营范围	煤炭及伴生资源开采、原煤洗选加工、煤炭产品的经营销售等			

主要财务指标 指标\报告期	2015.06.30	2014.12.31	2014.06.30	2013.12.31
基本每股收益(元)	-0.1400	0.0800	0.0800	0.2000
基本每股收益(扣除后)(元)	-0.1400	0.0800	0.0800	0.2000
稀释每股收益(元)	-0.1400	0.0800	0.0800	0.2000
每股净资产(元)	5.5318	5.6756	5.7281	5.6544
每股经营现金净流量(元)	0.3940	1.2222	0.7730	1.2120
每股现金流量(元)	-0.0275	0.6984	0.6409	-1.2798
每股资本公积金(元)	0.8315	0.8315	0.8315	0.8315
每股盈余公积金(元)	0.7268	0.7268	0.7222	0.7222
每股未分配利润(元)	2.8353	3.0024	3.0106	2.9889
净资产收益率(%)	-2.5686	1.4110	1.4610	3.6065
加权净资产收益率(%)	-2.5300	1.4100	1.4700	3.6500
净资产收益率(扣除)(%)	-2.5145	1.4178	1.4598	3.5874
总资产(万元)	2195438.91	2181968.16	2118715.33	2052212.12
归属母公司股东权益(万元)	682976.92	700732.93	707210.26	698113.31
营业收入(万元)	581292.14	1429616.55	743233.50	1717616.67
营业支出(万元)	543971.40	1255306.12	657399.00	1515011.81
投资收益(万元)	2257.91	3676.54	1666.76	3017.37
净利润(万元)	-20078.35	15989.99	10332.42	25177.19
营业利润(万元)	-17120.56	23573.51	18266.17	39990.18
利润总额(万元)	-17526.47	23453.46	18201.81	40105.85

九州通医药集团股份有限公司

公司概况	公司名称	九州通医药集团股份有限公司		证券简称	九州通
	法人代表	刘宝林	董秘 林新扬	证券代码	600998
	公司网址	www.jztey.com		电子信箱	hsk1109mail@sina.com
	电话	027-84683017 84683018		传真	027-84451256
	办公地址	湖北省武汉市汉阳区龙阳大道特8号			
	经营范围	批发中药饮片、中成药、中药材、化学药制剂、抗生素制剂、抗生素原料药等			

主要财务指标 指标\报告期	2015.06.30	2014.12.31	2014.06.30	2013.12.31
基本每股收益(元)	0.1525	0.3600	0.1394	0.3400
基本每股收益(扣除后)(元)	0.1370	0.2900	0.1168	0.2600
稀释每股收益(元)	0.1525	0.3600	0.1394	0.3400
每股净资产(元)	4.9510	4.7500	4.4634	3.5900
每股经营现金净流量(元)	-1.7127	-0.1045	-1.0595	0.0975
每股现金流量(元)	-0.2263	-0.0727	-0.3074	0.5476
每股资本公积金(元)	2.4011	2.3636	2.3042	1.3101
每股盈余公积金(元)	0.1160	0.1163	0.0953	0.1080
每股未分配利润(元)	1.3824	1.2332	1.0639	1.1718
净资产收益率(%)	3.0727	7.1880	2.9086	9.3720
加权净资产收益率(%)	3.1600	8.0900	3.2300	9.8300
净资产收益率(扣除)(%)	2.7669	5.7643	2.4378	7.1757
总资产(万元)	2820557.30	2412503.51	2221432.14	1859618.56
归属母公司股东权益(万元)	815431.95	780054.67	718441.90	509952.52
营业收入(万元)	2389355.61	4106840.45	1991251.66	3343804.97
营业支出(万元)	2213682.20	3815297.78	1858071.64	3120838.41
投资收益(万元)	1404.02	4127.59	304.57	5767.27
净利润(万元)	25259.07	56826.97	20896.41	47792.78
营业利润(万元)	34367.29	64154.37	23021.48	51330.58
利润总额(万元)	35555.54	75338.04	27501.94	60677.72

招商证券股份有限公司

公司概况					
公司名称	招商证券股份有限公司			证券简称	招商证券
法人代表	宫少林	董秘	吴慧峰	证券代码	600999
公司网址	www.newone.com.cn		电子信箱	ir@cmschina.com.cn	
电　　话	0755-82943666		传　　真	0755-82944669	
办公地址	广东省深圳市福田区益田路江苏大厦A座38-45层				
经营范围	证券经纪、证券投资咨询、与证券交易、证券投资活动有关的财务顾问等				

主要财务指标：指标\报告期	2015.06.30	2014.12.31	2014.06.30	2013.12.31
基本每股收益(元)	1.2594	0.7224	0.2812	0.4784
基本每股收益(扣除后)(元)	1.2563	0.7212	0.2806	0.4794
稀释每股收益(元)	1.2594	0.7224	0.2812	0.4784
每股净资产(元)	8.2249	7.1516	6.8682	5.8268
每股经营现金净流量(元)	1.6025	0.8545	0.0330	-3.9538
每股现金流量(元)	14.7749	6.3236	1.5086	-0.7043
每股资本公积金(元)	3.3408	3.3408	3.3685	2.0086
每股盈余公积金(元)	0.4132	0.4132	0.3488	0.4346
每股未分配利润(元)	2.5901	1.5957	1.5136	1.5933
净资产收益率(%)	15.3119	9.2704	3.4206	8.2096
加权净资产收益率(%)	16.1900	10.8500	4.5800	8.4400
净资产收益率(扣除)(%)	15.2750	9.2547	3.4131	8.2281
总资产(万元)	36479464.88	19340805.05	10719741.21	8315718.00
归属母公司股东权益(万元)	4777112.34	4153724.96	3989117.30	2715931.60
营业收入(万元)	1586349.14	1100246.83	360149.30	608656.48
营业支出(万元)	655602.58	603930.67	191979.02	342973.26
投资收益(万元)	244126.38	175730.75	101853.82	164333.45
净利润(万元)	733512.83	388451.98	136450.24	222966.89
营业利润(万元)	930746.56	496316.16	168170.28	265683.21
利润总额(万元)	933121.85	497187.70	168566.61	264801.83

唐山港集团股份有限公司

公司概况					
公司名称	唐山港集团股份有限公司			证券简称	唐山港
法人代表	孙文仲	董秘	杨光	证券代码	601000
公司网址	www.jtport.com.cn		电子信箱	tspgc@china.com	
电　　话	0315-2927128　2916409		传　　真	0315-2916409	
办公地址	河北省唐山市海港经济开发区唐山港大厦				
经营范围	码头和其他港口设施经营、在港口内从事货物装卸、驳运、仓储经营等				

主要财务指标：指标\报告期	2015.06.30	2014.12.31	2014.06.30	2013.12.31
基本每股收益(元)	0.2800	0.5400	0.2500	0.4400
基本每股收益(扣除后)(元)	0.2800	0.5300	0.2500	0.4200
稀释每股收益(元)	0.2800	0.5400	0.2500	0.4400
每股净资产(元)	4.4475	3.4157	3.1361	2.9538
每股经营现金净流量(元)	0.1407	0.6435	0.1612	0.5018
每股现金流量(元)	0.7010	-0.0701	0.0359	0.0250
每股资本公积金(元)	1.6427	0.7050	0.7049	0.7288
每股盈余公积金(元)	0.1722	0.1907	0.1474	0.1474
每股未分配利润(元)	1.6129	1.5044	1.2615	1.0614
净资产收益率(%)	5.7201	15.7027	7.9746	14.7998
加权净资产收益率(%)	7.4900	16.8000	8.1500	15.9200
净资产收益率(扣除)(%)	5.8677	15.4935	7.9317	14.2430
总资产(万元)	1734500.37	1524725.79	1384691.59	1284055.67
归属母公司股东权益(万元)	999997.27	693504.25	636738.08	599721.67
营业收入(万元)	255143.84	512662.71	261407.85	454991.53
营业支出(万元)	150693.99	307952.20	162123.41	271507.48
投资收益(万元)	3856.85	3565.94	1380.98	5907.40
净利润(万元)	61672.36	118892.00	50777.51	88757.62
营业利润(万元)	79946.73	148759.00	74157.42	124759.23
利润总额(万元)	78614.12	150704.01	74538.26	125894.83

大同煤业股份有限公司

公司概况					
公司名称	大同煤业股份有限公司			证券简称	大同煤业
法人代表	张有喜	董秘	钱建军	证券代码	601001
公司网址	www.dtmy.com.cn		电子信箱	dtqianjianjun@126.com	
电　　话	0352-7010476　7023956		传　　真	0352-7011070	
办公地址	山西省大同市矿区新平旺				
经营范围	煤炭采掘、洗选加工、销售				

主要财务指标：指标\报告期	2015.06.30	2014.12.31	2014.06.30	2013.12.31
基本每股收益(元)	-0.4200	0.0900	0.4900	-0.8400
基本每股收益(扣除后)(元)	-0.4300	-0.7300	-0.2600	-
稀释每股收益(元)	-0.4200	0.0900	0.4900	-0.8400
每股净资产(元)	3.9380	4.3520	4.8825	4.3751
每股经营现金净流量(元)	-0.5813	0.2328	-0.2912	0.6623
每股现金流量(元)	-0.1740	1.4283	1.0507	-0.4427
每股资本公积金(元)	0.6844	0.6844	0.6763	0.6838
每股盈余公积金(元)	0.5344	0.5344	0.5255	0.5255
每股未分配利润(元)	0.7538	1.2057	1.6136	1.1256
净资产收益率(%)	-10.7899	2.0455	9.9956	-19.1271
加权净资产收益率(%)	-10.2600	2.0100	10.0000	-10.6500
净资产收益率(扣除)(%)	-10.7977	-16.8700	-5.4116	-19.2534
总资产(万元)	2493377.20	2465524.99	2214498.35	2019591.21
归属母公司股东权益(万元)	659104.59	728399.65	817178.23	732259.50
营业收入(万元)	393197.59	867626.03	455060.23	1084363.30
营业支出(万元)	258515.83	542041.77	282009.60	722855.30
投资收益(万元)	2621.02	8614.79	1695.22	5758.00
净利润(万元)	-54969.41	66414.68	81682.23	-140060.30
营业利润(万元)	-42087.35	-20724.55	-1877.17	-16789.70
利润总额(万元)	-42177.24	108152.33	123296.41	-16753.60

晋亿实业股份有限公司

公司概况					
公司名称	晋亿实业股份有限公司			证券简称	晋亿实业
法人代表	蔡永龙	董秘	俞杰	证券代码	601002
公司网址	www.gem-year.com		电子信箱	admin@gem-year.net	
电　　话	0573-84185042　84185001*630		传　　真	0573-84185047	
办公地址	浙江省嘉兴市嘉善经济开发区晋亿大道8号				
经营范围	各类紧固件产成品、中间产品的研发、生产和销售等				

主要财务指标：指标\报告期	2015.06.30	2014.12.31	2014.06.30	2013.12.31
基本每股收益(元)	-0.0260	0.1700	0.1200	0.1100
基本每股收益(扣除后)(元)	-0.0310	0.1600	0.1110	0.0900
稀释每股收益(元)	-0.0260	0.1700	0.1200	0.1100
每股净资产(元)	2.8176	2.9400	2.8844	2.8601
每股经营现金净流量(元)	0.1038	0.3642	0.0505	0.1170
每股现金流量(元)	0.7181	-0.0936	-0.0832	-0.0696
每股资本公积金(元)	1.3895	1.3895	1.3895	1.3895
每股盈余公积金(元)	0.1691	0.1691	0.1521	0.1521
每股未分配利润(元)	0.2439	0.3702	0.3337	0.3140
净资产收益率(%)	-0.9304	5.8891	4.1488	3.7013
加权净资产收益率(%)	-0.9000	5.9900	4.1000	4.3400
净资产收益率(扣除)(%)	-1.0877	5.4631	3.8455	3.0947
总资产(万元)	473001.56	401136.54	464582.99	439385.32
归属母公司股东权益(万元)	223345.37	233052.68	228639.82	226719.46
营业收入(万元)	116068.80	300810.12	166115.81	273272.28
营业支出(万元)	97728.07	237346.70	126638.66	224729.26
投资收益(万元)	111.58	558.46	158.31	170.95
净利润(万元)	-2545.10	13491.13	9485.83	8391.63
营业利润(万元)	-1857.42	17832.08	12527.26	9595.05
利润总额(万元)	-1749.00	19214.32	13387.09	11141.52

柳州钢铁股份有限公司

公司概况	公司名称	柳州钢铁股份有限公司			证券简称	柳钢股份
	法人代表	施沛润	董秘	班俊超	证券代码	601003
	公司网址	www.liusteel.com		电子信箱	liscl@163.com	
	电　话	0772-2595971		传　真	0772-2595971	
	办公地址	广西壮族自治区柳州市北雀路 117 号				
	经营范围	烧结、炼铁、炼钢及其副产品的销售、钢材轧制、加工及其副产品的销售等				

主要财务指标	指标＼报告期	2015.06.30	2014.12.31	2014.06.30	2013.12.31
	基本每股收益(元)	-0.2464	0.0658	0.0780	0.0846
	基本每股收益(扣除后)(元)	-0.2499	0.0519	0.0770	0.0717
	稀释每股收益(元)	-0.2464	0.0658	0.0780	0.0846
	每股净资产(元)	1.9793	2.2242	2.2659	2.1889
	每股经营现金净流量(元)	-0.3691	1.1891	0.9303	0.9367
	每股现金流量(元)	-0.4059	0.8050	0.3224	0.1775
	每股资本公积金(元)	0.0813	0.0813	0.0813	0.0813
	每股盈余公积金(元)	0.3718	0.3718	0.3652	0.3652
	每股未分配利润(元)	0.5241	0.7705	0.8193	0.7413
	净资产收益率(%)	-12.4495	2.9600	3.4439	3.8631
	加权净资产收益率(%)	-11.7300	2.9800	3.5000	3.9400
	净资产收益率(扣除)(%)	-12.6250	2.3354	3.3966	3.2740
	总资产(万元)	2284461.83	2500007.40	2384751.33	2375142.01
	归属母公司股东权益(万元)	507248.74	570020.23	580705.42	560961.94
	营业收入(万元)	1324901.44	3561858.08	1846914.39	3684887.87
	营业支出(万元)	1306581.45	3360366.85	1726405.61	3504349.55
	投资收益(万元)	116.56	50.45	43.41	100.96
	净利润(万元)	-63150.14	16872.58	19998.72	21670.63
	营业利润(万元)	-63819.53	15483.55	23218.44	20008.89
	利润总额(万元)	-63150.14	19617.46	23527.90	23751.65

重庆钢铁股份有限公司

公司概况	公司名称	重庆钢铁股份有限公司			证券简称	重庆钢铁
	法人代表	李仁生	董秘	游晓安	证券代码	601005
	公司网址	www.cqgt.cn		电子信箱	yxa@email.cqgt.cn	
	电　话	023-68873311 68983482		传　真	023-68873189	
	办公地址	重庆市长寿区经济技术开发区钢城大道一号				
	经营范围	中厚钢板、钢坯、型材、线材及焦化副产品的生产和销售				

主要财务指标	指标＼报告期	2015.06.30	2014.12.31	2014.06.30	2013.12.31
	基本每股收益(元)	-0.5020	0.0120	-0.2130	-1.2520
	基本每股收益(扣除后)(元)	-0.5010	-0.5720	-0.3110	-1.2530
	稀释每股收益(元)	-0.5020	0.0120	-0.2130	-1.2520
	每股净资产(元)	1.7463	2.2484	2.0229	2.2356
	每股经营现金净流量(元)	-0.1649	0.6305	0.3508	0.4408
	每股现金流量(元)	0.0472	-0.0841	-0.0141	-0.6482
	每股资本公积金(元)	1.5004	1.5003	1.4992	1.4988
	每股盈余公积金(元)	0.1368	0.1368	0.1368	0.1368
	每股未分配利润(元)	-0.8909	-0.3888	-0.6134	-0.4003
	净资产收益率(%)	-28.7549	0.5157	-10.5338	-25.1986
	加权净资产收益率(%)	-25.0900	0.5200	-10.0100	-72.4600
	净资产收益率(扣除)(%)	-28.6961	-25.4358	-15.3538	-25.2016
	总资产(万元)	4641339.00	4715243.30	4829477.40	4804597.70
	归属母公司股东权益(万元)	774676.90	997391.40	897341.30	991730.30
	营业收入(万元)	450561.90	1224505.70	602485.60	1756344.60
	营业支出(万元)	559992.60	1267357.30	632467.00	1788446.20
	投资收益(万元)	-	10192.60	-	-150.50
	净利润(万元)	-222754.50	5164.30	-94523.70	-249901.80
	营业利润(万元)	-222325.40	-284331.00	-145407.10	-249997.10
	利润总额(万元)	-222750.40	5454.00	-94521.60	-249589.10

大秦铁路股份有限公司

公司概况	公司名称	大秦铁路股份有限公司			证券简称	大秦铁路
	法人代表	赵春雷	董秘	黄松青	证券代码	601006
	公司网址	www.daqintielu.com		电子信箱	dqtl@daqintielu.com	
	电　话	0351-2620620		传　真	0351-2620604	
	办公地址	山西省太原市建设北路 202 号				
	经营范围	以煤炭运输为主的铁路货物运输业务以及旅客运输业务				

主要财务指标	指标＼报告期	2015.06.30	2014.12.31	2014.06.30	2013.12.31
	基本每股收益(元)	0.4900	0.9500	0.4800	0.8500
	基本每股收益(扣除后)(元)	0.5000	0.9600	0.4900	0.8600
	稀释每股收益(元)	0.4900	0.9500	0.4800	0.8500
	每股净资产(元)	5.6504	5.6366	5.2376	5.1843
	每股经营现金净流量(元)	0.5408	1.1646	0.5017	0.9928
	每股现金流量(元)	-0.0177	0.0574	-0.0373	0.0637
	每股资本公积金(元)	1.6741	1.6741	1.6741	1.6741
	每股盈余公积金(元)	0.6113	0.6113	0.5160	0.5160
	每股未分配利润(元)	2.4462	2.4324	2.0476	1.9942
	净资产收益率(%)	8.7392	16.9272	9.2283	16.4668
	加权净资产收益率(%)	8.5100	17.8200	9.0300	17.3400
	净资产收益率(扣除)(%)	8.7704	17.0062	9.2609	16.5773
	总资产(万元)	10491583.27	10633434.43	10267560.84	10395531.64
	归属母公司股东权益(万元)	8400383.66	8379861.48	7786635.00	7707335.31
	营业收入(万元)	2756860.81	5397073.04	2638146.44	5134273.97
	营业支出(万元)	1834942.14	3373543.94	1612310.72	3230678.76
	投资收益(万元)	97211.65	254027.15	118006.64	269299.29
	净利润(万元)	734401.60	1418907.68	718571.72	1269154.02
	营业利润(万元)	963461.57	1815760.75	925719.40	1619434.49
	利润总额(万元)	959961.77	1806934.23	922331.31	1607077.68

金陵饭店股份有限公司

公司概况	公司名称	金陵饭店股份有限公司			证券简称	金陵饭店
	法人代表	李茜	董秘	张胜新	证券代码	601007
	公司网址	www.jinlinghotel.com		电子信箱	wanghao@jinlinghotel.com	
	电　话	025-87707858		传　真	025-84711666	
	办公地址	江苏省南京市汉中路 2 号				
	经营范围	酒店经营、主要提供住宿、餐饮、会议等综合性服务				

主要财务指标	指标＼报告期	2015.06.30	2014.12.31	2014.06.30	2013.12.31
	基本每股收益(元)	0.0500	0.1328	0.0520	0.2410
	基本每股收益(扣除后)(元)	0.0010	0.0785	0.0400	0.2320
	稀释每股收益(元)	0.0500	0.1330	0.0520	0.2410
	每股净资产(元)	4.5915	4.5412	4.5403	4.4883
	每股经营现金净流量(元)	0.1198	0.3632	0.1742	0.1764
	每股现金流量(元)	0.0269	-0.3626	-0.3193	-0.0679
	每股资本公积金(元)	1.4575	1.4575	1.4575	1.4575
	每股盈余公积金(元)	0.2631	0.2631	0.2456	0.2456
	每股未分配利润(元)	1.8709	1.8205	1.8371	1.7852
	净资产收益率(%)	1.0970	2.9253	1.1441	5.3616
	加权净资产收益率(%)	1.1160	2.9400	1.1510	5.4400
	净资产收益率(扣除)(%)	0.0128	1.7311	0.8902	5.1680
	总资产(万元)	324573.49	322769.45	305159.38	300510.78
	归属母公司股东权益(万元)	137746.07	136234.96	136208.11	134649.73
	营业收入(万元)	32945.23	61273.87	27011.14	53471.37
	营业支出(万元)	11984.33	29487.97	12906.96	22790.53
	投资收益(万元)	438.83	2066.15	682.76	4130.17
	净利润(万元)	421.64	3208.46	1558.38	7219.33
	营业利润(万元)	411.13	3912.24	1873.69	9166.90
	利润总额(万元)	1455.30	4939.10	2122.73	9154.24

江苏连云港港口股份有限公司

公司概况	公司名称	江苏连云港港口股份有限公司			证券简称	连 云 港
	法人代表	李春宏	董秘	沙晓春	证券代码	601008
	公司网址	www.jlpcl.com		电子信箱	shaxiaochun@jlpcl.com	
	电　话	0518–82389269 82387588		传　真	0518–82380588	
	办公地址	江苏省连云港市连云区中华路 18 号港口大厦 22–23 层				
	经营范围	装卸业务、堆存业务、港务管理业务等				

主要财务指标	指标＼报告期	2015.06.30	2014.12.31	2014.06.30	2013.12.31
	基本每股收益(元)	0.0320	0.1000	0.0510	0.2000
	基本每股收益(扣除后)(元)	0.0300	0.0900	0.0440	0.1800
	稀释每股收益(元)	0.0320	0.1000	0.0510	0.2000
	每股净资产(元)	3.1477	3.1506	3.1293	3.1281
	每股经营现金净流量(元)	–0.0326	0.1178	0.0087	0.1068
	每股现金流量(元)	–0.1242	–0.2899	–0.2379	–0.1967
	每股资本公积金(元)	1.5906	1.5906	1.5906	1.5906
	每股盈余公积金(元)	0.1307	0.1307	0.1247	0.1247
	每股未分配利润(元)	0.4264	0.4294	0.4140	0.4129
	净资产收益率(%)	1.0178	3.2424	1.6352	5.0387
	加权净资产收益率(%)	1.0100	3.2700	1.6300	5.6200
	净资产收益率(扣除)(%)	0.9522	3.0093	1.4068	4.4799
	总资产(万元)	664693.38	648539.53	633493.85	633846.73
	归属母公司股东权益(万元)	319557.03	319857.69	317687.51	317568.62
	营业收入(万元)	62663.98	152937.11	75808.41	154227.58
	营业支出(万元)	47741.58	120157.61	58361.62	116152.20
	投资收益(万元)	3005.04	6330.43	4037.19	7919.37
	净利润(万元)	2987.76	10253.77	5194.97	16001.20
	营业利润(万元)	1725.64	5242.05	3834.44	14091.55
	利润总额(万元)	2768.20	10002.64	5040.40	17997.76

南京银行股份有限公司

公司概况	公司名称	南京银行股份有限公司			证券简称	南京银行
	法人代表	林复	董秘	汤哲新	证券代码	601009
	公司网址	www.njcb.com.cn		电子信箱	boardoffice@njcb.com.cn	
	电　话	025–86775055		传　真	025–86775054	
	办公地址	江苏省南京市玄武区中山路 288 号				
	经营范围	吸收公众存款、发放短期、中期和长期贷款、办理国内结算等				

主要财务指标	指标＼报告期	2015.06.30	2014.12.31	2014.06.30	2013.12.31
	基本每股收益(元)	1.2000	1.8900	0.9700	1.5100
	基本每股收益(扣除后)(元)	1.2000	1.8800	0.9600	–
	稀释每股收益(元)	1.2000	1.8900	0.9700	1.5100
	每股净资产(元)	13.0600	10.9300	9.8300	8.9600
	每股经营现金净流量(元)	0.0097	0.0236	21.2355	22.4430
	每股现金流量(元)	–1.6594	2.6865	0.4774	0.8436
	每股资本公积金(元)	5.3118	3.4875	3.4029	3.0382
	每股盈余公积金(元)	0.7671	0.6822	0.6822	0.5315
	每股未分配利润(元)	4.0042	3.5265	3.0317	2.6769
	净资产收益率(%)	8.1125	17.2845	9.8259	16.9118
	加权净资产收益率(%)	10.4200	19.0000	10.0400	17.5600
	净资产收益率(扣除)(%)	8.0900	17.2312	9.7764	16.8403
	总资产(万元)	73130175.40	57315018.10	51373287.60	43405729.30
	归属母公司股东权益(万元)	4397589.10	3244891.30	2917365.90	2658999.10
	营业收入(万元)	1091523.10	1599153.40	743210.30	1047829.40
	营业支出(万元)	630631.90	898074.20	384364.10	491660.50
	投资收益(万元)	49374.70	61158.70	29797.40	37247.70
	净利润(万元)	360102.40	565623.20	286656.10	449685.70
	营业利润(万元)	460891.20	701079.20	358846.20	556168.90
	利润总额(万元)	463305.00	705760.80	362165.50	560852.10

文峰大世界连锁发展股份有限公司

公司概况	公司名称	文峰大世界连锁发展股份有限公司			证券简称	文峰股份
	法人代表	徐长江	董秘	张凯	证券代码	601010
	公司网址	www.wfdsj.com.cn		电子信箱	wf@wfdsj.cn	
	电　话	0513–85505666 8968		传　真	0513–85121565	
	办公地址	江苏省南通市青年东路 1 号				
	经营范围	百货、超市、电器销售专业店的连锁经营等				

主要财务指标	指标＼报告期	2015.06.30	2014.12.31	2014.06.30	2013.12.31
	基本每股收益(元)	0.1200	0.6000	0.3400	0.5200
	基本每股收益(扣除后)(元)	0.1200	0.5000	0.3400	0.4900
	稀释每股收益(元)	0.1200	0.6000	0.3400	0.5200
	每股净资产(元)	2.1147	5.3405	5.0763	5.0954
	每股经营现金净流量(元)	–0.0560	0.3399	–0.1576	0.3988
	每股现金流量(元)	–0.1123	–0.3026	–0.4021	–0.7090
	每股资本公积金(元)	0.4414	2.6010	2.5972	2.5960
	每股盈余公积金(元)	0.1501	0.3752	0.3156	0.3156
	每股未分配利润(元)	0.5232	1.3643	1.1635	1.1837
	净资产收益率(%)	5.7441	11.2393	6.6939	10.2123
	加权净资产收益率(%)	5.6500	11.5800	6.5300	10.4600
	净资产收益率(扣除)(%)	5.6937	9.3379	6.6701	9.6543
	总资产(万元)	650643.27	681318.41	670978.85	696335.25
	归属母公司股东权益(万元)	390799.83	394772.02	375239.25	376648.40
	营业收入(万元)	413016.21	779517.22	411273.60	717850.89
	营业支出(万元)	332817.03	626001.00	329891.75	591618.94
	投资收益(万元)	2131.14	384.39	85.61	1489.86
	净利润(万元)	22378.09	44092.10	25118.24	38464.28
	营业利润(万元)	32051.55	55391.74	35943.13	52233.82
	利润总额(万元)	32083.59	62235.63	35483.19	52795.73

七台河宝泰隆煤化工股份有限公司

公司概况	公司名称	七台河宝泰隆煤化工股份有限公司			证券简称	宝 泰 隆
	法人代表	焦云	董秘	王维舟	证券代码	601011
	公司网址	www.btlgf.com		电子信箱	wwz0451@163.com	
	电　话	0464–2915999 2919908		传　真	0464–2915999 2919908	
	办公地址	黑龙江省七台河市桃山区景丰路 117 号宝泰隆矿业大厦 5 层				
	经营范围	生产、储存煤焦油、生产、销售粗苯等				

主要财务指标	指标＼报告期	2015.06.30	2014.12.31	2014.06.30	2013.12.31
	基本每股收益(元)	0.1628	0.1800	0.0891	0.0300
	基本每股收益(扣除后)(元)	–0.0700	0.0600	0.0640	–0.0100
	稀释每股收益(元)	0.1628	0.1800	0.0891	0.0300
	每股净资产(元)	7.7533	7.4843	7.3859	7.2805
	每股经营现金净流量(元)	–0.0122	0.7099	0.2787	0.5920
	每股现金流量(元)	–0.2600	0.1942	–0.3312	–0.5566
	每股资本公积金(元)	5.3713	4.5993	4.5993	4.5993
	每股盈余公积金(元)	0.0961	0.1358	0.1358	0.1358
	每股未分配利润(元)	1.2394	1.6743	1.5815	1.4924
	净资产收益率(%)	1.9973	2.4321	1.2064	0.4139
	加权净资产收益率(%)	2.1000	2.4700	1.2200	0.4200
	净资产收益率(扣除)(%)	–0.8588	0.7512	0.8658	–0.0862
	总资产(万元)	745052.88	566702.25	537096.70	534533.20
	归属母公司股东权益(万元)	424105.49	289643.57	285832.62	281755.32
	营业收入(万元)	79803.38	189809.07	90846.82	189198.36
	营业支出(万元)	68567.73	144901.91	69000.44	158119.74
	投资收益(万元)	15433.01	232.92	–69.88	2676.52
	净利润(万元)	8399.97	6649.37	3448.27	1166.28
	营业利润(万元)	6380.62	1702.94	2846.84	–871.87
	利润总额(万元)	7508.26	9143.67	4231.44	1468.70

西安隆基硅材料股份有限公司

公司概况					
公司名称	西安隆基硅材料股份有限公司			证券简称	隆基股份
法人代表	李振国	董秘	刘晓东	证券代码	601012
公司网址	www.longi-silicon.com		电子信箱	longi@longi-silicon.com	
电　话	029-81566863		传　真	029-81566685	
办公地址	陕西省西安市长安区航天中路388号				
经营范围	单晶硅棒、硅片的研发、生产、销售等				

主要财务指标 指标\报告期	2015.06.30	2014.12.31	2014.06.30	2013.12.31
基本每股收益(元)	0.0700	0.5500	0.0700	0.1300
基本每股收益(扣除后)(元)	0.0500	0.5000	0.0700	0.0800
稀释每股收益(元)	0.0700	0.5500	0.0700	0.1300
每股净资产(元)	2.9369	5.8750	5.6583	5.5013
每股经营现金净流量(元)	-0.1442	0.6709	0.2215	0.1061
每股现金流量(元)	0.1148	0.7112	-0.0143	-1.0097
每股资本公积金(元)	1.4239	2.8168	2.7103	2.7103
每股盈余公积金(元)	0.0521	0.1686	0.0409	0.0409
每股未分配利润(元)	0.5142	2.0789	1.9071	1.7502
净资产收益率(%)	2.2537	9.1214	3.6578	2.3943
加权净资产收益率(%)	3.5900	9.4800	3.6900	2.4200
净资产收益率(扣除)(%)	1.6386	8.3549	3.4509	1.3845
总资产(万元)	816726.02	644933.78	520124.93	468772.24
归属母公司股东权益(万元)	520262.58	321829.08	304711.88	296258.71
营业收入(万元)	167939.19	368016.85	145658.70	228046.06
营业支出(万元)	132887.66	305433.68	121595.59	200084.30
投资收益(万元)	4829.47	195.39	13.83	-29.24
净利润(万元)	13339.52	29859.93	11145.85	7232.39
营业利润(万元)	12696.43	29260.29	10931.97	7286.74
利润总额(万元)	14260.25	31923.05	11675.33	9298.41

陕西黑猫焦化股份有限公司

公司概况					
公司名称	陕西黑猫焦化股份有限公司			证券简称	陕西黑猫
法人代表	李保平	董秘	吉红丽	证券代码	601015
公司网址	www.heimaocoking.com		电子信箱	heimaocoking@126.com	
电　话	0913-5326936		传　真	0913-5326903	
办公地址	陕西省韩城市煤化工业园				
经营范围	焦炭、甲醇、粗苯、硫胺、煤焦油、硫磺的生产等				

主要财务指标 指标\报告期	2015.06.30	2014.12.31	2014.06.30	2013.12.31
基本每股收益(元)	0.0500	0.3700	0.1100	0.3500
基本每股收益(扣除后)(元)	0.0400	0.3600	0.1100	0.3400
稀释每股收益(元)	0.0500	0.3700	0.1100	0.3500
每股净资产(元)	4.5185	4.5618	4.0100	3.9100
每股经营现金净流量(元)	0.3529	-1.4770	0.2542	0.2381
每股现金流量(元)	-1.0419	1.0619	-0.1081	0.2008
每股资本公积金(元)	1.4794	1.4794	0.6948	0.6948
每股盈余公积金(元)	0.1510	0.1510	0.1541	0.1541
每股未分配利润(元)	1.8624	1.9067	2.1275	2.0147
净资产收益率(%)	1.1331	6.7646	2.8170	8.9600
加权净资产收益率(%)	1.1200	8.8600	2.8500	9.3700
净资产收益率(扣除)(%)	0.9391	6.5891	2.6916	8.6005
总资产(万元)	1037866.77	1200318.68	963533.10	888762.12
归属母公司股东权益(万元)	280144.63	282828.89	200260.29	195258.99
营业收入(万元)	270207.88	677835.79	335676.52	753517.11
营业支出(万元)	250049.73	584981.35	297641.28	664610.46
投资收益(万元)	5322.46	-	-	-
净利润(万元)	-2551.50	23454.01	4298.15	14558.74
营业利润(万元)	-2680.31	25279.76	4927.26	16631.85
利润总额(万元)	-1942.09	26045.84	5309.98	17810.41

中节能风力发电股份有限公司

公司概况					
公司名称	中节能风力发电股份有限公司			证券简称	节能风电
法人代表	李书升	董秘	张东辉	证券代码	601016
公司网址	www.cecwpc.cn		电子信箱	cecwpc@cecwpc.cn	
电　话	010-62248707		传　真	010-62248700	
办公地址	北京市海淀区西直门北大街42号节能大厦A座12层、11层				
经营范围	风力发电的项目开发、建设及运营等				

主要财务指标 指标\报告期	2015.06.30	2014.12.31	2014.06.30	2013.12.31
基本每股收益(元)	0.0830	0.1110	0.0650	0.1220
基本每股收益(扣除后)(元)	0.0760	0.0920	0.0570	0.1090
稀释每股收益(元)	-	-	-	-
每股净资产(元)	1.8332	1.7959	1.7400	1.7312
每股经营现金净流量(元)	0.4323	0.6300	0.3494	0.6804
每股现金流量(元)	0.0752	0.0752	0.1191	-0.1230
每股资本公积金(元)	0.3398	0.3398	0.2834	0.2834
每股盈余公积金(元)	0.0379	0.0379	0.0310	0.0310
每股未分配利润(元)	0.4554	0.4181	0.4274	0.4169
净资产收益率(%)	4.5493	5.7018	3.7590	7.0441
加权净资产收益率(%)	4.5600	6.3100	3.7500	7.2200
净资产收益率(扣除)(%)	4.1694	4.7453	3.2931	-
总资产(万元)	1426337.21	1312350.42	1291457.25	1215508.93
归属母公司股东权益(万元)	325899.91	319269.16	278686.10	276993.46
营业收入(万元)	75005.29	118331.35	59049.66	108298.80
营业支出(万元)	33492.90	57083.54	26893.30	49066.81
投资收益(万元)	-119.19	0.06	19.89	53.34
净利润(万元)	18653.88	22723.22	13214.00	25296.35
营业利润(万元)	17118.67	17470.43	11386.24	22029.53
利润总额(万元)	20862.94	25077.73	14538.84	28017.39

宁波港股份有限公司

公司概况					
公司名称	宁波港股份有限公司			证券简称	宁 波 港
法人代表	宋越舜	董秘	蒋伟	证券代码	601018
公司网址	www.nbport.com.cn		电子信箱	ird@nbport.com.cn	
电　话	0574-27686151 27698636		传　真	0574-27687001	
办公地址	浙江省宁波市北仑区明州路301号宁波港大厦				
经营范围	码头开发经营、管理、港口货物的装卸、堆存、仓储、包装、灌装等				

主要财务指标 指标\报告期	2015.06.30	2014.12.31	2014.06.30	2013.12.31
基本每股收益(元)	0.1200	0.2200	0.1300	0.2200
基本每股收益(扣除后)(元)	0.1200	0.2100	0.1200	0.2100
稀释每股收益(元)	0.1200	0.2200	0.1300	0.2200
每股净资产(元)	2.4300	2.4000	2.2900	2.1400
每股经营现金净流量(元)	0.1100	0.2104	0.1431	0.2598
每股现金流量(元)	0.0647	0.0105	0.0242	-0.0176
每股资本公积金(元)	0.6137	0.6137	0.6123	0.6133
每股盈余公积金(元)	0.1141	0.1043	0.0963	0.0856
每股未分配利润(元)	0.6830	0.6587	0.5758	0.5421
净资产收益率(%)	4.8639	9.1642	5.5765	9.8704
加权净资产收益率(%)	4.8700	9.5000	5.5600	10.1700
净资产收益率(扣除)(%)	4.7809	8.5417	-	9.2147
总资产(万元)	4678763.80	4490861.40	4299027.90	4162340.20
归属母公司股东权益(万元)	3112650.90	3075711.60	-	2877121.00
营业收入(万元)	860541.10	1341520.70	590865.60	1139553.60
营业支出(万元)	648593.20	926278.30	-368662.10	730650.70
投资收益(万元)	57901.10	70862.70	39039.00	80974.60
净利润(万元)	162320.20	301627.60	163665.40	283982.00
营业利润(万元)	193669.40	343052.90	194996.70	360291.80
利润总额(万元)	196414.60	367858.60	211148.20	366543.00

春秋航空股份有限公司

公司概况	公司名称	春秋航空股份有限公司			证券简称	春秋航空
	法人代表	王正华	董秘	陈可	证券代码	601021
	公司网址	www.ch.com			电子信箱	ir@ch.com
	电话	021-22353088		传真	021-22353089	
	办公地址	上海市虹桥机场空港一路528号航友宾馆				
	经营范围	国内航空客货运输业务等				

主要财务指标	指标\报告期	2015.06.30	2014.12.31	2014.06.30	2013.12.31
	基本每股收益(元)	1.6200	2.9500	0.9000	2.4400
	基本每股收益(扣除后)(元)	0.9400	1.2600	0.3500	1.0500
	稀释每股收益(元)	1.6200	2.9500	0.9000	2.4400
	每股净资产(元)	14.5786	11.8443	9.8000	9.1400
	每股经营现金净流量(元)	1.6042	3.5879	-0.2490	5.1213
	每股现金流量(元)	0.2104	3.0607	-0.2052	-0.3843
	每股资本公积金(元)	4.8358	0.9323	0.9323	0.9323
	每股盈余公积金(元)	0.3750	0.5000	0.5000	0.5000
	每股未分配利润(元)	8.3678	9.4120	7.3672	6.7110
	净资产收益率(%)	10.6238	24.8835	9.2099	26.6946
	加权净资产收益率(%)	11.6300	28.3100	9.5700	30.0200
	净资产收益率(扣除)(%)	6.1876	10.6279	3.5914	11.5362
	总资产(万元)	1322910.52	1126148.89	938116.42	765141.14
	归属母公司股东权益(万元)	583143.93	355329.01	293986.55	274300.08
	营业收入(万元)	395299.55	732761.35	343616.94	656343.93
	营业支出(万元)	310882.68	624482.28	302429.41	571193.98
	投资收益(万元)	-5928.57	-8074.13	-3929.18	-2203.53
	净利润(万元)	61951.90	88418.19	27075.73	73223.39
	营业利润(万元)	50188.66	54046.98	15545.01	43261.13
	利润总额(万元)	84680.95	121585.74	37568.25	98700.66

江苏玉龙钢管股份有限公司

公司概况	公司名称	江苏玉龙钢管股份有限公司			证券简称	玉龙股份
	法人代表	唐永清	董秘	李扬	证券代码	601028
	公司网址	www.yulongsteelpipe.com			电子信箱	zqb@china-yulong.com
	电话	0510-83896205 83896210		传真	0510-83896205	
	办公地址	江苏省无锡市玉祁镇玉龙路15号				
	经营范围	钢材轧制、石油钻杆及配套接头、回转支承的制造、加工、销售等				

主要财务指标	指标\报告期	2015.06.30	2014.12.31	2014.06.30	2013.12.31
	基本每股收益(元)	0.1100	0.3600	0.1700	0.4700
	基本每股收益(扣除后)(元)	0.1100	0.3100	0.1500	0.4600
	稀释每股收益(元)	0.1100	0.3600	0.1700	0.4700
	每股净资产(元)	3.2827	7.1792	6.2270	6.3113
	每股经营现金净流量(元)	-0.1814	0.9291	-0.3532	-0.3838
	每股现金流量(元)	-0.6579	1.4883	0.0554	-0.4250
	每股资本公积金(元)	1.1590	3.7497	2.6766	2.6766
	每股盈余公积金(元)	0.1387	0.3051	0.2991	0.2991
	每股未分配利润(元)	0.9957	2.1479	2.2472	2.3316
	净资产收益率(%)	3.3613	4.5225	2.6594	7.3620
	加权净资产收益率(%)	3.3400	5.6200	2.6100	7.5500
	净资产收益率(扣除)(%)	3.2531	3.9115	2.4320	7.1760
	总资产(万元)	379291.93	399205.57	317736.13	314832.18
	归属母公司股东权益(万元)	258615.49	257083.09	199338.36	202037.78
	营业收入(万元)	135454.04	258966.46	108860.28	271515.06
	营业支出(万元)	112245.18	219057.36	93167.74	225496.92
	投资收益(万元)	315.63	128.26	70.87	34.73
	净利润(万元)	8611.01	11436.69	5301.30	14873.92
	营业利润(万元)	10140.69	11256.51	5760.08	18511.94
	利润总额(万元)	10023.87	12512.81	6205.99	18641.16

第一拖拉机股份有限公司

公司概况	公司名称	第一拖拉机股份有限公司			证券简称	一拖股份
	法人代表	赵剡水	董秘	于丽娜	证券代码	601038
	公司网址	www.first-tractor.com.cn			电子信箱	msc0038@ytogroup.com
	电话	0379-64967038 64970213		传真	0379-64967438	
	办公地址	河南省洛阳市建设路154号				
	经营范围	拖拉机、收获机、农机具等农业机械产品、柴油机、自行电站等				

主要财务指标	指标\报告期	2015.06.30	2014.12.31	2014.06.30	2013.12.31
	基本每股收益(元)	0.1493	0.1684	0.1129	0.2229
	基本每股收益(扣除后)(元)	0.1338	-0.0221	0.1042	0.1506
	稀释每股收益(元)	0.1493	0.1684	0.1129	0.2229
	每股净资产(元)	4.7245	4.6124	4.5394	4.4923
	每股经营现金净流量(元)	0.2574	0.0752	-0.3668	-0.1324
	每股现金流量(元)	-0.3855	0.1326	-0.6448	0.0009
	每股资本公积金(元)	2.1330	2.1330	2.1454	2.1831
	每股盈余公积金(元)	0.3705	0.3705	0.3281	0.3281
	每股未分配利润(元)	1.1831	1.0848	1.0723	1.0194
	净资产收益率(%)	3.1592	3.6508	2.4869	4.9610
	加权净资产收益率(%)	3.2100	3.6800	2.4900	5.0000
	净资产收益率(扣除)(%)	2.8320	-0.4789	2.2951	3.3529
	总资产(万元)	1336351.78	1235569.46	1228751.73	1171021.64
	归属母公司股东权益(万元)	470510.18	459346.80	452080.85	450311.32
	营业收入(万元)	555378.45	892931.61	543630.08	1096543.67
	营业支出(万元)	453153.02	745774.49	451963.03	930515.25
	投资收益(万元)	5198.45	10892.93	3843.95	3898.66
	净利润(万元)	15475.11	16422.59	11242.78	22194.98
	营业利润(万元)	19561.98	547.81	12116.89	22848.57
	利润总额(万元)	20504.22	21189.41	13504.24	33396.33

赛轮金宇集团股份有限公司

公司概况	公司名称	赛轮金宇集团股份有限公司			证券简称	赛轮金宇
	法人代表	杜玉岱	董秘	宋军	证券代码	601058
	公司网址	www.sailuntyre.com.cn			电子信箱	zibenguihua@sailuntyre.com
	电话	0532-68862851		传真	0532-68862850	
	办公地址	山东省青岛市四方区郑州路43号橡胶谷B栋				
	经营范围	轮胎、橡胶制品、机械设备、模具、化工产品的研发、生产、销售等				

主要财务指标	指标\报告期	2015.06.30	2014.12.31	2014.06.30	2013.12.31
	基本每股收益(元)	0.1000	0.7400	0.4400	0.6500
	基本每股收益(扣除后)(元)	0.0900	0.6200	0.4100	0.5800
	稀释每股收益(元)	0.1000	0.7400	0.4400	0.6500
	每股净资产(元)	4.0014	8.1046	6.6184	6.3600
	每股经营现金净流量(元)	0.1636	2.5865	1.8233	0.5367
	每股现金流量(元)	-0.1856	1.5662	0.7512	0.0982
	每股资本公积金(元)	2.1952	5.3904	3.8470	3.8470
	每股盈余公积金(元)	0.0962	0.1925	0.1594	0.1594
	每股未分配利润(元)	0.7961	1.6110	1.6467	1.4032
	净资产收益率(%)	2.5154	7.8886	6.7014	8.6387
	加权净资产收益率(%)	2.4900	10.9900	5.8400	11.9400
	净资产收益率(扣除)(%)	2.2288	6.6677	6.1441	7.7391
	总资产(万元)	1371542.79	1386795.55	1124839.74	831632.78
	归属母公司股东权益(万元)	417224.66	422533.93	294781.95	283433.88
	营业收入(万元)	454651.91	1112823.49	491160.11	802186.40
	营业支出(万元)	369740.92	907685.73	412170.34	698855.58
	投资收益(万元)	-	401.47	1130.43	8497.55
	净利润(万元)	10998.20	34402.85	19754.65	24485.09
	营业利润(万元)	11431.12	42985.79	22033.40	26325.10
	利润总额(万元)	12821.01	48146.99	24817.85	28752.89

西部黄金股份有限公司

公司概况	公司名称	西部黄金股份有限公司			证券简称	西部黄金
	法人代表	郭海棠	董秘	杨志	证券代码	601069
	公司网址	www.w-r-g.cn		电子信箱	wrgold@w-r-g.cn	
	电　话	0991-3771795		传　真	0991-3705167	
	办公地址	新疆维吾尔自治区乌鲁木齐经济技术开发区期融合南路 501 号				
	经营范围	黄金采选及冶炼，同时从事铁矿采选以及铬矿石的开采等				

主要财务指标	指标＼报告期	2015.06.30	2014.12.31	2014.06.30	2013.12.31
	基本每股收益(元)	0.0224	0.1538	0.1393	0.2305
	基本每股收益(扣除后)(元)	0.0111	0.1470	0.1380	0.1867
	稀释每股收益(元)	0.0224	0.1538	0.1393	0.2305
	每股净资产(元)	2.4204	2.2289	2.3200	2.1700
	每股经营现金净流量(元)	-0.0773	0.5926	0.3198	0.4665
	每股现金流量(元)	0.0052	-0.1903	-0.1905	-0.0173
	每股资本公积金(元)	0.7990	0.4358	0.4358	0.4358
	每股盈余公积金(元)	0.0587	0.0551	0.0551	0.0551
	每股未分配利润(元)	0.5404	0.6911	0.7679	0.5373
	净资产收益率(%)	0.8946	6.8985	6.0162	10.9618
	加权净资产收益率(%)	0.9300	7.1300	6.2100	9.6200
	净资产收益率(扣除)(%)	0.4428	6.5948	5.9617	8.9447
	总资产(万元)	248508.35	231720.33	217998.77	226589.61
	归属母公司股东权益(万元)	153934.34	113673.10	118069.34	106138.19
	营业收入(万元)	35188.78	107538.19	50732.56	108669.98
	营业支出(万元)	24081.99	73017.54	29991.89	68084.44
	投资收益(万元)	855.04	578.11	522.33	-46.43
	净利润(万元)	1377.05	7841.72	7103.27	11757.08
	营业利润(万元)	1654.61	10585.68	9300.04	15716.32
	利润总额(万元)	1716.70	10484.79	8909.44	15303.12

中国神华能源股份有限公司

公司概况	公司名称	中国神华能源股份有限公司			证券简称	中国神华
	法人代表	张玉卓	董秘	黄清	证券代码	601088
	公司网址	www.shenhuachina.com		电子信箱	1088@csec.com	
	电　话	010-58133399 58133355		传　真	010-58131804 58131814	
	办公地址	北京市东城区安定门西滨河路 22 号				
	经营范围	煤炭生产、销售、电力生产、热力生产和供应、相关铁路、港口等运输服务				

主要财务指标	指标＼报告期	2015.06.30	2014.12.31	2014.06.30	2013.12.31
	基本每股收益(元)	0.5900	1.8510	1.0830	2.2970
	基本每股收益(扣除后)(元)	0.5860	1.8400	1.0780	2.2570
	稀释每股收益(元)	0.5900	1.8510	1.0830	2.2970
	每股净资产(元)	14.5900	14.6700	13.9510	13.6900
	每股经营现金净流量(元)	1.5541	3.3942	1.6129	2.7294
	每股现金流量(元)	0.7858	-0.1195	1.2638	-0.6689
	每股资本公积金(元)	3.9084	3.9084	3.9084	3.9058
	每股盈余公积金(元)	0.5748	0.5748	0.5748	0.5748
	每股未分配利润(元)	8.8211	8.9714	8.2078	8.0345
	净资产收益率(%)	4.0402	12.6143	7.7649	16.7711
	加权净资产收益率(%)	3.9600	12.9800	7.5900	16.8100
	净资产收益率(扣除)(%)	4.0127	12.5402	7.7263	16.4843
	总资产(万元)	55529800.00	53259600.00	55499900.00	50767400.00
	归属母公司股东权益(万元)	29025600.00	29178900.00	27748000.00	27236200.00
	营业收入(万元)	8778300.00	24836000.00	12919700.00	28379700.00
	营业支出(万元)	5322800.00	16323300.00	8403000.00	18771300.00
	投资收益(万元)	25600.00	73300.00	20200.00	82000.00
	净利润(万元)	1607100.00	4637300.00	2154600.00	4567800.00
	营业利润(万元)	2076400.00	5899900.00	3317100.00	7015500.00
	利润总额(万元)	2086500.00	5923300.00	3333400.00	6976800.00

中南出版传媒集团股份有限公司

公司概况	公司名称	中南出版传媒集团股份有限公司			证券简称	中南传媒
	法人代表	龚曙光	董秘	高军	证券代码	601098
	公司网址	www.zncmjt.com		电子信箱	zncmjt@zncmjt.com	
	电　话	0731-84405062 85891098		传　真	0731-84405056	
	办公地址	湖南省长沙市营盘东路 38 号				
	经营范围	从事出版、发行、报纸与新媒体经营、印刷、印刷物资销售				

主要财务指标	指标＼报告期	2015.06.30	2014.12.31	2014.06.30	2013.12.31
	基本每股收益(元)	0.4400	0.8200	0.3600	0.6200
	基本每股收益(扣除后)(元)	0.4400	0.7800	0.3500	0.5700
	稀释每股收益(元)	0.4400	0.8200	0.3600	0.6200
	每股净资产(元)	5.8691	5.7543	5.2942	5.1376
	每股经营现金净流量(元)	0.2269	0.8545	0.2945	0.7123
	每股现金流量(元)	-0.1721	0.8436	0.3454	0.4163
	每股资本公积金(元)	2.4741	2.5281	2.5291	2.5291
	每股盈余公积金(元)	0.2122	0.2122	0.1547	0.1547
	每股未分配利润(元)	2.1754	2.0067	1.6104	1.4538
	净资产收益率(%)	7.4751	14.2118	6.7362	12.0368
	加权净资产收益率(%)	7.4200	15.0600	6.7500	12.6000
	净资产收益率(扣除)(%)	7.4168	13.5490	6.5327	11.0988
	总资产(万元)	1552431.97	1514024.94	1400388.68	1301260.80
	归属母公司股东权益(万元)	1054083.37	1033473.43	950840.43	922710.16
	营业收入(万元)	439610.62	903876.11	386356.22	803304.93
	营业支出(万元)	251994.38	536237.97	224698.99	488101.61
	投资收益(万元)	416.24	1436.65	1146.31	2470.81
	净利润(万元)	81763.73	152872.10	64050.27	111064.53
	营业利润(万元)	70124.81	139559.27	58143.84	102925.12
	利润总额(万元)	82937.95	154944.11	66469.06	114186.89

太平洋证券股份有限公司

公司概况	公司名称	太平洋证券股份有限公司			证券简称	太 平 洋
	法人代表	李长伟	董秘	许弟伟	证券代码	601099
	公司网址	www.tpyzq.com		电子信箱	xudiwei@tpyzq.com.cn	
	电　话	0871-8885858*8191		传　真	0871-8898100	
	办公地址	云南省昆明市青年路 389 号志远大厦 18 层				
	经营范围	证券承销和上市推荐、证券自营买卖、证券代理买卖等业务				

主要财务指标	指标＼报告期	2015.06.30	2014.12.31	2014.06.30	2013.12.31
	基本每股收益(元)	0.2600	0.1710	0.0760	0.0450
	基本每股收益(扣除后)(元)	0.2590	0.1710	0.0760	-
	稀释每股收益(元)	0.2600	0.1710	0.0760	0.0450
	每股净资产(元)	2.0377	1.8134	2.5478	1.3200
	每股经营现金净流量(元)	0.3464	0.2128	-0.8178	-0.2469
	每股现金流量(元)	3.1394	0.8658	0.7982	-0.2798
	每股资本公积金(元)	0.5169	0.5169	1.2766	0.0001
	每股盈余公积金(元)	0.0474	0.0474	0.0488	0.0695
	每股未分配利润(元)	0.3615	0.1518	0.1248	0.1119
	净资产收益率(%)	12.7494	8.4866	2.4036	3.4168
	加权净资产收益率(%)	13.5400	11.0800	4.1300	3.4500
	净资产收益率(扣除)(%)	12.7190	8.4930	2.3973	3.4571
	总资产(万元)	3685508.82	1418976.93	997060.56	462990.04
	归属母公司股东权益(万元)	719389.59	640210.94	599662.99	218336.46
	营业收入(万元)	187862.75	135915.87	40654.21	48642.42
	营业支出(万元)	65576.58	60790.87	21358.96	37962.82
	投资收益(万元)	106064.10	47524.40	13613.67	12247.92
	净利润(万元)	94627.60	57255.42	14413.37	7460.05
	营业利润(万元)	122286.16	75124.99	19295.24	10679.60
	利润总额(万元)	122578.46	75070.78	19345.87	10629.04

江苏恒立高压油缸股份有限公司

公司概况	公司名称	江苏恒立高压油缸股份有限公司			证券简称	恒立油缸
	法人代表	汪立平	董秘	丁浩	证券代码	601100
	公司网址	www.hengli-js.com		电子信箱	hlzqb@hengli-mail.cn	
	电　话	0519-86163673		传　真	0519-86153331	
	办公地址	江苏省常州市武进区高新技术产业开发区龙潜路 99 号				
	经营范围	高压油缸的生产、销售等				

主要财务指标	指标\报告期	2015.06.30	2014.12.31	2014.06.30	2013.12.31
	基本每股收益(元)	0.0600	0.1500	0.1000	0.3500
	基本每股收益(扣除后)(元)	0.0009	0.0500	0.0800	0.3000
	稀释每股收益(元)	0.0600	0.1500	0.1000	0.3500
	每股净资产(元)	5.4770	5.4663	5.4247	5.4510
	每股经营现金净流量(元)	0.1923	0.3999	0.0806	0.4017
	每股现金流量(元)	0.3084	–0.4523	–0.3238	–1.0000
	每股资本公积金(元)	3.3112	3.3112	3.3112	3.3112
	每股盈余公积金(元)	0.1733	0.1733	0.1554	0.1554
	每股未分配利润(元)	0.9889	0.9811	0.9543	0.9830
	净资产收益率(%)	1.1657	2.6688	1.8667	6.4471
	加权净资产收益率(%)	1.1600	2.6800	1.8900	6.6000
	净资产收益率(扣除)(%)	0.0166	0.9061	1.4274	5.5316
	总资产(万元)	446650.77	405941.13	387609.95	385407.70
	归属母公司股东权益(万元)	345052.92	344376.09	341753.18	343414.19
	营业收入(万元)	54821.09	109328.91	58237.12	122973.99
	营业支出(万元)	42878.07	82429.61	42497.41	80903.22
	投资收益(万元)	919.72	1363.17	767.97	850.68
	净利润(万元)	3998.01	8926.56	6379.43	22140.13
	营业利润(万元)	1026.31	5377.36	6551.32	23104.88
	利润总额(万元)	4656.52	10816.37	7590.44	25903.57

北京昊华能源股份有限公司

公司概况	公司名称	北京昊华能源股份有限公司			证券简称	昊华能源
	法人代表	耿养谋	董秘	关杰	证券代码	601101
	公司网址	www.bjhhny.com		电子信箱	hhny@bjhhny.com	
	电　话	010-69839412		传　真	010-69839412	
	办公地址	北京市门头沟区新桥南大街 2 号				
	经营范围	商品煤开采、洗选、煤制品加工、销售等				

主要财务指标	指标\报告期	2015.06.30	2014.12.31	2014.06.30	2013.12.31
	基本每股收益(元)	0.0300	0.1500	0.0700	0.4400
	基本每股收益(扣除后)(元)	0.0300	0.1500	0.0700	0.4400
	稀释每股收益(元)	0.0300	0.1500	0.0700	0.4400
	每股净资产(元)	5.6367	5.6395	5.5995	5.6455
	每股经营现金净流量(元)	–0.2080	0.1429	0.2388	0.2934
	每股现金流量(元)	0.0008	–0.6711	0.3464	–0.1380
	每股资本公积金(元)	2.6957	2.6957	2.2676	2.3068
	每股盈余公积金(元)	0.6754	0.6754	0.7030	0.7030
	每股未分配利润(元)	1.0762	1.0960	1.4171	1.4876
	净资产收益率(%)	0.4624	2.7016	1.2056	7.7692
	加权净资产收益率(%)	0.4600	2.7500	1.1900	7.7000
	净资产收益率(扣除)(%)	0.4888	2.6019	1.2200	7.8296
	总资产(万元)	1677807.40	1425434.57	1370232.20	1275066.72
	归属母公司股东权益(万元)	676404.58	676737.28	671939.02	677457.22
	营业收入(万元)	250326.91	685984.58	286848.89	727411.56
	营业支出(万元)	203442.10	564721.80	225014.34	537310.84
	投资收益(万元)	1188.35	938.32	–10.79	–22.97
	净利润(万元)	2379.20	19508.97	8100.61	52633.33
	营业利润(万元)	3182.92	18365.39	9899.67	66799.14
	利润总额(万元)	2955.69	18037.87	9772.40	66413.28

中国第一重型机械股份公司

公司概况	公司名称	中国第一重型机械股份公司			证券简称	中国一重
	法人代表	吴生富	董秘	刘长钢	证券代码	601106
	公司网址	www.cfhi.com		电子信箱	liu.changren@cfhi.com	
	电　话	0452-6810123 6805591		传　真	0452-6810111 6810077	
	办公地址	黑龙江省齐齐哈尔市富拉尔基区红宝石办事处厂前路 9 号				
	经营范围	重型机械及成套设备、金属制品的设计、制造、安装、修理等				

主要财务指标	指标\报告期	2015.06.30	2014.12.31	2014.06.30	2013.12.31
	基本每股收益(元)	–0.0791	0.0039	–0.1021	0.0026
	基本每股收益(扣除后)(元)	–0.0891	–0.1034	–0.1059	–0.0222
	稀释每股收益(元)	–0.0791	0.0039	–0.1021	2.5563
	每股净资产(元)	2.4854	2.5638	2.4536	2.5563
	每股经营现金净流量(元)	–0.0624	–0.3509	–0.1306	0.2271
	每股现金流量(元)	–0.0610	–0.1970	–0.0718	0.1228
	每股资本公积金(元)	1.2871	1.2871	1.2871	1.2871
	每股盈余公积金(元)	0.0192	0.0192	0.0192	0.0192
	每股未分配利润(元)	0.1615	0.2406	0.1470	0.2498
	净资产收益率(%)	–3.1832	0.1532	–4.1597	0.1029
	加权净资产收益率(%)	–3.1342	0.1536	–4.0738	0.1029
	净资产收益率(扣除)(%)	–3.5850	–4.0318	–4.3149	–0.8695
	总资产(万元)	3893194.19	3998563.67	3676245.97	3569803.81
	归属母公司股东权益(万元)	1624981.26	1676232.15	1604159.61	1671323.46
	营业收入(万元)	240588.56	732799.67	337631.00	836875.58
	营业支出(万元)	204873.38	652321.25	333193.52	713514.03
	投资收益(万元)	7164.99	5805.14	2132.79	6626.10
	净利润(万元)	–52554.08	1929.09	–66727.82	1719.87
	营业利润(万元)	–52039.42	–69065.25	–67645.61	2946.67
	利润总额(万元)	–51461.27	8089.59	–66783.35	15550.23

四川成渝高速公路股份有限公司

公司概况	公司名称	四川成渝高速公路股份有限公司			证券简称	四川成渝
	法人代表	周黎明	董秘	张永年	证券代码	601107
	公司网址	www.cygs.com		电子信箱	cygszh@163.com	
	电　话	028-85527510		传　真	028-85530753	
	办公地址	四川省成都市武侯祠大街 252 号				
	经营范围	高速公路的运营管理和投资建设				

主要财务指标	指标\报告期	2015.06.30	2014.12.31	2014.06.30	2013.12.31
	基本每股收益(元)	0.1819	0.3169	0.1810	0.3304
	基本每股收益(扣除后)(元)	0.1800	0.3114	0.1783	0.3265
	稀释每股收益(元)	0.1819	0.3169	0.1810	0.3304
	每股净资产(元)	3.9528	3.8475	3.6992	3.5985
	每股经营现金净流量(元)	0.1655	0.6084	0.1963	–0.0055
	每股现金流量(元)	–0.3284	0.5970	0.4604	–0.0348
	每股资本公积金(元)	0.6038	0.6038	0.6072	0.6077
	每股盈余公积金(元)	1.1236	1.1236	0.9909	0.9909
	每股未分配利润(元)	1.2044	1.1025	1.0993	0.9983
	净资产收益率(%)	4.6011	8.2374	4.8928	9.1806
	加权净资产收益率(%)	4.6200	8.5100	4.9100	9.5100
	净资产收益率(扣除)(%)	4.5543	8.0932	4.8207	9.0729
	总资产(万元)	2983516.20	2879913.87	2670801.76	2396951.87
	归属母公司股东权益(万元)	1208785.21	1176602.35	1131250.27	1100449.96
	营业收入(万元)	299647.45	830035.58	409613.97	713486.24
	营业支出(万元)	189206.81	616930.48	298691.19	507757.02
	投资收益(万元)	2021.56	2490.48	639.06	2701.16
	净利润(万元)	56865.40	105937.46	55350.01	101027.94
	营业利润(万元)	69743.73	127402.65	70832.54	129172.19
	利润总额(万元)	70358.95	128735.11	71820.37	130040.20

中国国际航空股份有限公司

公司概况	公司名称	中国国际航空股份有限公司			证券简称	中国国航
	法人代表	蔡剑江	董秘	饶昕瑜	证券代码	601111
	公司网址	www.airchina.com.cn		电子信箱	ir@airchina.com	
	电　话	010-61461959　61462791		传　真	010-61462805	
	办公地址	北京市天竺空港经济开发区天柱路 30 号				
	经营范围	国际、国内定期和不定期航空客、货、邮和行李运输业务等				

	指标\报告期	2015.06.30	2014.12.31	2014.06.30	2013.12.31
主要财务指标	基本每股收益(元)	0.3200	0.3100	0.0400	0.2700
	基本每股收益(扣除后)(元)	0.2900	0.2400	-0.0010	0.2400
	稀释每股收益(元)	-	-	-	0.2700
	每股净资产(元)	4.4563	4.1529	4.1116	4.1387
	每股经营现金净流量(元)	1.0497	1.3392	0.6078	1.3326
	每股现金流量(元)	-0.0351	-0.3899	-0.4356	0.2273
	每股资本公积金(元)	1.2743	1.2815	1.3671	1.4000
	每股盈余公积金(元)	0.4625	0.4435	0.4189	0.3999
	每股未分配利润(元)	2.0535	1.8343	1.5957	1.6237
	净资产收益率(%)	6.7530	6.9606	0.8818	6.1281
	加权净资产收益率(%)	6.9700	6.9800	0.8800	6.3000
	净资产收益率(扣除)(%)	6.1164	5.4361	-0.0143	5.3412
	总资产(万元)	21666103.60	21200186.60	20394866.00	20536188.30
	归属母公司股东权益(万元)	5830948.40	5463548.90	5379989.60	5415419.00
	营业收入(万元)	5111514.20	10482568.30	4911730.10	9762825.30
	营业支出(万元)	4011069.90	8784125.10	4229922.20	8264565.20
	投资收益(万元)	65139.60	87715.60	24684.90	82508.70
	净利润(万元)	428646.30	424992.60	47438.10	331861.30
	营业利润(万元)	492547.80	391729.50	-31577.80	395929.80
	利润总额(万元)	548511.60	501808.60	51180.40	458338.80

义乌华鼎锦纶股份有限公司

公司概况	公司名称	义乌华鼎锦纶股份有限公司			证券简称	华鼎锦纶
	法人代表	丁尔民	董秘	胡方波	证券代码	601113
	公司网址	www.hdnylon.com		电子信箱	zq@hdnylon.com	
	电　话	0579-85261479		传　真	0579-85261475	
	办公地址	浙江省金华市义乌市北苑工业区雪峰西路 751 号				
	经营范围	锦纶纤维、差别化化学纤维的生产、销售				

	指标\报告期	2015.06.30	2014.12.31	2014.06.30	2013.12.31
主要财务指标	基本每股收益(元)	-0.0200	-0.1200	-0.0400	0.1200
	基本每股收益(扣除后)(元)	-0.0300	-0.1400	-0.0500	0.1000
	稀释每股收益(元)	-0.0200	-0.1200	-0.0400	0.1200
	每股净资产(元)	2.5622	2.5866	2.6614	2.7522
	每股经营现金净流量(元)	0.2255	-0.3744	-0.2419	0.3246
	每股现金流量(元)	-0.0505	-0.5082	-0.5053	-0.0136
	每股资本公积金(元)	1.1193	1.1193	1.1193	1.1193
	每股盈余公积金(元)	0.0746	0.0746	0.0737	0.0737
	每股未分配利润(元)	0.3683	0.3927	0.4685	0.5593
	净资产收益率(%)	-0.9518	-4.4696	-1.5339	4.5158
	加权净资产收益率(%)	-0.9500	-4.3300	-1.4900	4.5900
	净资产收益率(扣除)(%)	-1.1632	-5.5466	-1.8194	3.7801
	总资产(万元)	360770.96	375680.26	342455.76	307761.86
	归属母公司股东权益(万元)	163983.72	165544.49	170330.93	176143.72
	营业收入(万元)	83399.28	170239.52	76650.92	169605.27
	营业支出(万元)	74554.11	155517.92	70300.48	147387.19
	投资收益(万元)	-	-	-	-
	净利润(万元)	-1560.77	-7399.23	-2612.79	7954.32
	营业利润(万元)	-1582.30	-9597.05	-2800.13	8391.05
	利润总额(万元)	-1278.47	-7590.16	-2413.19	9785.36

三江购物俱乐部股份有限公司

公司概况	公司名称	三江购物俱乐部股份有限公司			证券简称	三江购物
	法人代表	陈念慈	董秘	边青青	证券代码	601116
	公司网址	www.sanjiang.com		电子信箱	sj@sanjiang.com	
	电　话	0574-83886893　83886805		传　真	0574-83886700	
	办公地址	浙江省宁波市海曙区环城西路北段 197 号				
	经营范围	社区平价超市的连锁经营等				

	指标\报告期	2015.06.30	2014.12.31	2014.06.30	2013.12.31
主要财务指标	基本每股收益(元)	0.1246	0.2673	0.1696	0.3653
	基本每股收益(扣除后)(元)	0.1043	0.2441	0.1474	0.3051
	稀释每股收益(元)	0.1246	0.2673	0.1696	0.3653
	每股净资产(元)	3.8131	3.8859	3.7850	3.8154
	每股经营现金净流量(元)	0.2378	0.0995	0.0279	0.4189
	每股现金流量(元)	-0.5466	-0.8069	-0.3243	0.0860
	每股资本公积金(元)	1.6251	1.6251	1.6292	1.6292
	每股盈余公积金(元)	0.2014	0.2014	0.1719	0.1719
	每股未分配利润(元)	0.9768	1.0522	0.9839	1.0143
	净资产收益率(%)	3.2679	6.8794	4.4798	9.5750
	加权净资产收益率(%)	3.1808	6.9696	4.3850	9.8300
	净资产收益率(扣除)(%)	2.7342	6.2826	3.8937	7.9955
	总资产(万元)	274089.56	284777.21	286674.37	308699.68
	归属母公司股东权益(万元)	156628.15	159616.81	155470.86	156721.78
	营业收入(万元)	225087.11	444419.18	231605.66	468962.08
	营业支出(万元)	181892.12	355323.87	187308.17	376584.55
	投资收益(万元)	381.37	10.63	-	6.65
	净利润(万元)	5118.46	10980.63	6964.85	15006.16
	营业利润(万元)	5725.57	13686.56	8431.63	16500.94
	利润总额(万元)	6841.52	14959.64	9648.40	19815.49

中国化学工程股份有限公司

公司概况	公司名称	中国化学工程股份有限公司			证券简称	中国化学
	法人代表	陆红星	董秘	周耀君	证券代码	601117
	公司网址	www.cncec.com.cn		电子信箱	zhouyj@cncec.com.cn	
	电　话	010-59765697　59765657		传　真	010-59765659	
	办公地址	北京市东城区东直门内大街 2 号				
	经营范围	工程承包、勘察、设计及服务、其他业务等				

	指标\报告期	2015.06.30	2014.12.31	2014.06.30	2013.12.31
主要财务指标	基本每股收益(元)	0.2300	0.6400	0.3700	0.6800
	基本每股收益(扣除后)(元)	0.2200	0.6800	0.3600	0.6700
	稀释每股收益(元)	0.2300	0.6400	0.3700	0.6800
	每股净资产(元)	4.9696	4.7939	4.5440	4.2684
	每股经营现金净流量(元)	-0.1451	0.3003	-0.1646	0.4193
	每股现金流量(元)	-0.5722	0.2472	-0.3187	-0.4918
	每股资本公积金(元)	1.1182	1.1030	1.1047	1.1047
	每股盈余公积金(元)	0.0597	0.0597	0.0429	0.0429
	每股未分配利润(元)	2.8136	2.6887	2.4112	2.1461
	净资产收益率(%)	4.6244	13.3881	8.0357	15.9499
	加权净资产收益率(%)	4.6800	14.1300	8.2000	17.1500
	净资产收益率(扣除)(%)	4.5170	14.1670	7.8986	15.6047
	总资产(万元)	8183109.32	8140032.31	7500889.63	7144904.64
	归属母公司股东权益(万元)	2451523.59	2364821.68	2241542.27	2105593.67
	营业收入(万元)	3102307.83	6925568.65	3312198.99	6172769.01
	营业支出(万元)	2756746.78	6009542.43	2912256.29	5275934.21
	投资收益(万元)	10311.25	19768.99	10222.27	2783.62
	净利润(万元)	117151.80	325265.89	180122.82	335839.34
	营业利润(万元)	142226.47	410430.15	216536.91	412431.09
	利润总额(万元)	145317.58	388897.97	220587.12	421271.54

海南天然橡胶产业集团股份有限公司

公司概况	公司名称	海南天然橡胶产业集团股份有限公司			证券简称	海南橡胶
	法人代表	林进挺	董秘	董敬军	证券代码	601118
	公司网址	www.hirub.cn		电子信箱	info@hirub.cn	
	电　话	0898-31669317		传　真	0898-31661486	
	办公地址	海南省海口市滨海大道103号财富广场				
	经营范围	天然橡胶的种植、加工、销售以及橡胶林木的采伐和销售等				

	指标\报告期	2015.06.30	2014.12.31	2014.06.30	2013.12.31
主要财务指标	基本每股收益(元)	-0.0794	0.0057	0.0010	0.0397
	基本每股收益(扣除后)(元)	-0.1003	-0.0899	-0.0590	-0.0770
	稀释每股收益(元)	-0.0794	0.0057	0.0010	0.0397
	每股净资产(元)	2.2042	2.2852	2.2800	2.3096
	每股经营现金净流量(元)	-0.1310	-0.0043	-0.1348	0.0891
	每股现金流量(元)	0.1083	-0.1052	-0.0321	0.1070
	每股资本公积金(元)	0.9629	0.9629	0.9628	0.9733
	每股盈余公积金(元)	0.0906	0.0906	0.0894	0.0894
	每股未分配利润(元)	0.1512	0.2326	0.2289	0.2481
	净资产收益率(%)	-3.6039	0.2491	0.0432	1.7199
	加权净资产收益率(%)	-3.5400	0.2500	0.0400	1.7200
	净资产收益率(扣除)(%)	-4.5505	-3.9341	-2.5949	-3.3502
	总资产(万元)	1359712.69	1226776.31	1265304.04	1201744.11
	归属母公司股东权益(万元)	866495.31	898338.17	896298.98	907957.68
	营业收入(万元)	338328.27	1119867.17	467518.06	1169473.29
	营业支出(万元)	329984.15	1057907.05	446618.46	1114585.29
	投资收益(万元)	-4782.88	32843.43	19467.19	36608.31
	净利润(万元)	-30994.43	2880.36	387.37	15615.93
	营业利润(万元)	-35451.36	-9509.27	-7989.79	8735.56
	利润总额(万元)	-29334.29	4956.63	-215.06	20325.50

北京四方继保自动化股份有限公司

公司概况	公司名称	北京四方继保自动化股份有限公司			证券简称	四方股份
	法人代表	张伟峰	董秘	郗沭阳	证券代码	601126
	公司网址	www.sf-auto.com		电子信箱	ir@sf-auto.com	
	电　话	010-62961515		传　真	010-62981004	
	办公地址	北京市海淀区上地信息产业基地四街9号				
	经营范围	制造电力系统的继电保护装置、自动控制设备等				

	指标\报告期	2015.06.30	2014.12.31	2014.06.30	2013.12.31
主要财务指标	基本每股收益(元)	0.1900	0.8381	0.2454	0.9200
	基本每股收益(扣除后)(元)	0.1800	0.7900	0.2370	0.9000
	稀释每股收益(元)	0.1900	0.8400	0.2443	0.9100
	每股净资产(元)	8.3964	8.4600	7.8152	7.8394
	每股经营现金净流量(元)	-0.5616	0.0276	-0.6676	-0.1526
	每股现金流量(元)	-0.2105	-0.2411	-0.7421	-0.1963
	每股资本公积金(元)	4.4629	4.4629	4.4139	4.4074
	每股盈余公积金(元)	0.3665	0.3665	0.2905	0.2905
	每股未分配利润(元)	2.5670	2.6287	2.1109	2.1415
	净资产收益率(%)	2.2422	9.9094	3.1261	11.6238
	加权净资产收益率(%)	2.2100	10.2900	3.0700	12.2400
	净资产收益率(扣除)(%)	2.1361	9.3409	3.0191	11.3827
	总资产(万元)	524110.02	507536.41	474426.78	470936.22
	归属母公司股东权益(万元)	341384.82	343895.16	317764.04	318746.43
	营业收入(万元)	122114.69	326411.13	128990.42	305255.01
	营业支出(万元)	69084.79	194317.11	73870.40	181653.80
	投资收益(万元)	22.84	2805.22	1193.03	5387.51
	净利润(万元)	7310.63	33567.62	9933.77	37050.33
	营业利润(万元)	3164.93	27196.21	8325.54	31250.57
	利润总额(万元)	8316.71	38100.86	11310.48	42720.36

宁波博威合金材料股份有限公司

公司概况	公司名称	宁波博威合金材料股份有限公司			证券简称	博威合金
	法人代表	谢识才	董秘	章培嘉	证券代码	601137
	公司网址	www.pwalloy.com		电子信箱	zpj@pwalloy.com	
	电　话	0574-82829383 82829375		传　真	0574-82829378	
	办公地址	浙江省宁波市鄞州区云龙镇太平桥				
	经营范围	有色合金材料、高温超导材料、铜合金制品、不锈钢制品、钛金属制品的制造、加工等				

	指标\报告期	2015.06.30	2014.12.31	2014.06.30	2013.12.31
主要财务指标	基本每股收益(元)	0.1700	0.3200	0.1700	0.3900
	基本每股收益(扣除后)(元)	0.1400	0.3000	0.1700	0.3900
	稀释每股收益(元)	0.1700	0.3200	0.1700	0.3900
	每股净资产(元)	9.3247	9.2703	9.1175	9.0966
	每股经营现金净流量(元)	0.4300	0.2933	-0.6391	-1.2091
	每股现金流量(元)	-0.4103	0.1196	-0.3503	-0.9535
	每股资本公积金(元)	6.4025	6.4025	6.4025	6.4025
	每股盈余公积金(元)	0.2657	0.2657	0.2217	0.2217
	每股未分配利润(元)	1.6679	1.6142	1.5034	1.4856
	净资产收益率(%)	1.8628	3.4793	1.8408	4.2964
	加权净资产收益率(%)	1.8600	3.5200	1.8300	4.3600
	净资产收益率(扣除)(%)	1.5157	3.2387	1.8769	4.2524
	总资产(万元)	291472.12	277769.45	272108.57	260539.84
	归属母公司股东权益(万元)	200480.30	199312.49	196027.30	195576.85
	营业收入(万元)	148776.34	285349.43	146190.23	243524.97
	营业支出(万元)	133876.34	253025.43	131336.57	217385.40
	投资收益(万元)	-259.80	-818.13	-493.60	-687.35
	净利润(万元)	3734.58	6934.61	3608.51	8402.77
	营业利润(万元)	3748.67	6567.29	3931.90	8347.68
	利润总额(万元)	4327.11	7974.12	4246.94	9415.50

深圳市燃气集团股份有限公司

公司概况	公司名称	深圳市燃气集团股份有限公司			证券简称	深圳燃气
	法人代表	李真	董秘	刘钊彦	证券代码	601139
	公司网址	www.szgas.com.cn		电子信箱	xgq@szgas.com.cn	
	电　话	0755-83601139		传　真	0755-83601139	
	办公地址	广东省深圳市福田区梅坳一路268号深燃大厦				
	经营范围	从事深圳市管道燃气供应、液化石油气批发、瓶装液化石油气零售、燃气投资业务				

	指标\报告期	2015.06.30	2014.12.31	2014.06.30	2013.12.31
主要财务指标	基本每股收益(元)	0.1900	0.3600	0.2200	0.3600
	基本每股收益(扣除后)(元)	0.1900	0.3600	0.2200	0.3100
	稀释每股收益(元)	0.1900	0.3300	0.2000	0.3500
	每股净资产(元)	3.1500	2.7400	2.6000	2.5100
	每股经营现金净流量(元)	0.0768	0.5668	0.3762	0.6530
	每股现金流量(元)	0.3241	-0.7870	-0.2277	0.8056
	每股资本公积金(元)	1.1327	0.4873	0.5070	0.5015
	每股盈余公积金(元)	0.1414	0.1554	0.1249	0.1249
	每股未分配利润(元)	0.8627	0.9107	0.8010	0.7202
	净资产收益率(%)	5.6303	13.2824	8.6088	14.1961
	加权净资产收益率(%)	6.3600	13.8500	8.5900	16.0600
	净资产收益率(扣除)(%)	5.5422	13.0662	8.5705	12.1701
	总资产(万元)	1485121.06	1326167.58	1278737.66	1208062.14
	归属母公司股东权益(万元)	686271.07	542921.87	514936.66	498030.35
	营业收入(万元)	386373.35	953087.35	462439.78	857454.99
	营业支出(万元)	297367.65	769287.92	370156.24	685410.02
	投资收益(万元)	14144.87	13505.82	11506.86	10219.13
	净利润(万元)	37069.48	73223.23	44329.58	70701.06
	营业利润(万元)	46862.15	91190.87	55524.21	80380.43
	利润总额(万元)	47698.92	92888.34	55804.56	93624.82

重庆水务集团股份有限公司

公司概况	公司名称	重庆水务集团股份有限公司			证券简称	重庆水务
	法人代表	王世安	董秘	邱贤成	证券代码	601158
	公司网址	www.cncqsw.com		电子信箱	swjtdsb@cqswjt.com	
	电　话	023-63860827		传　真	023-63860827	
	办公地址	重庆市渝中区龙家湾 1 号				
	经营范围	自来水销售、污水处理服务等				

主要财务指标	指标\报告期	2015.06.30	2014.12.31	2014.06.30	2013.12.31
	基本每股收益(元)	0.1800	0.3000	0.1800	0.3900
	基本每股收益(扣除后)(元)	0.1500	0.2600	0.1700	0.3700
	稀释每股收益(元)	0.1800	0.3000	0.1800	0.3900
	每股净资产(元)	2.6929	2.7597	2.6290	2.7142
	每股经营现金净流量(元)	0.2194	0.4536	0.2516	0.4736
	每股现金流量(元)	0.1899	-0.1356	-0.3097	0.2496
	每股资本公积金(元)	0.9574	0.9574	0.9443	0.9444
	每股盈余公积金(元)	0.1980	0.1980	0.1695	0.1695
	每股未分配利润(元)	0.5365	0.6038	0.5152	0.6003
	净资产收益率(%)	6.7846	10.9464	7.0360	14.4088
	加权净资产收益率(%)	6.6000	10.9400	6.8100	14.7700
	净资产收益率(扣除)(%)	5.6445	9.4774	6.4849	13.6178
	总资产(万元)	1862180.04	2057091.75	2044641.53	1988207.47
	归属母公司股东权益(万元)	1292582.87	1324644.22	1261937.89	1302816.21
	营业收入(万元)	197947.50	413658.20	223205.95	399957.54
	营业支出(万元)	102665.39	226887.05	112090.15	198918.13
	投资收益(万元)	16799.71	19651.63	10551.07	34297.23
	净利润(万元)	87689.36	144924.00	88789.62	187720.35
	营业利润(万元)	81773.43	125443.62	82758.01	174527.69
	利润总额(万元)	88780.59	143441.15	89851.66	194491.38

兴业银行股份有限公司

公司概况	公司名称	兴业银行股份有限公司			证券简称	兴业银行
	法人代表	高建平	董秘	陈信健(代)	证券代码	601166
	公司网址	www.cib.com.cn		电子信箱	irm@cib.com.cn	
	电　话	0591-87824863		传　真	0591-87842633	
	办公地址	福建省福州市湖东路 154 号				
	经营范围	公司业务、同业业务、资金业务、零售业务四大类				

主要财务指标	指标\报告期	2015.06.30	2014.12.31	2014.06.30	2013.12.31
	基本每股收益(元)	1.4500	2.4700	1.3400	2.1600
	基本每股收益(扣除后)(元)	1.4400	2.4500	1.3300	2.1500
	稀释每股收益(元)	1.4500	2.4700	1.3400	2.1600
	每股净资产(元)	15.1200	13.5400	11.5700	10.4900
	每股经营现金净流量(元)	0.0094	0.0300	8.6052	10.9762
	每股现金流量(元)	1.3395	12.0726	7.6304	-6.7191
	每股资本公积金(元)	2.6696	2.6696	2.6321	2.4271
	每股盈余公积金(元)	0.5156	0.5156	0.5156	0.5156
	每股未分配利润(元)	7.1611	6.2779	5.7783	4.8985
	净资产收益率(%)	9.6326	18.2752	11.5802	20.6293
	加权净资产收益率(%)	10.7700	21.2100	11.9000	22.3900
	净资产收益率(扣除)(%)	9.5506	18.0899	11.4913	20.5227
	总资产(万元)	512590300.00	440639900.00	394820000.00	367743500.00
	归属母公司股东权益(万元)	28802300.00	25793400.00	22043600.00	19976900.00
	营业收入(万元)	7225800.00	12489800.00	5940800.00	10928700.00
	营业支出(万元)	3680900.00	6470800.00	-	5520900.00
	投资收益(万元)	302200.00	-9600.00	84600.00	2200.00
	净利润(万元)	2798400.00	4753000.00	2552700.00	4121100.00
	营业利润(万元)	3544900.00	6019000.00	3324500.00	5407800.00
	利润总额(万元)	3558200.00	6059800.00	3342900.00	5426100.00

西部矿业股份有限公司

公司概况	公司名称	西部矿业股份有限公司			证券简称	西部矿业
	法人代表	张永利	董秘	周淦	证券代码	601168
	公司网址	www.westmining.com		电子信箱	wm@westmining.com	
	电　话	0971-6108188		传　真	0971-6122926	
	办公地址	青海省西宁市五四大街 52 号				
	经营范围	铜、铅、锌等有色金属矿和锰等黑色金属矿的探矿、采矿、选矿、冶炼等				

主要财务指标	指标\报告期	2015.06.30	2014.12.31	2014.06.30	2013.12.31
	基本每股收益(元)	0.0200	0.1200	0.0500	0.1500
	基本每股收益(扣除后)(元)	-	0.1000	0.0300	0.0200
	稀释每股收益(元)	0.0200	0.1200	-	-
	每股净资产(元)	4.7434	4.7709	4.7633	4.7651
	每股经营现金净流量(元)	0.0723	0.6829	-0.8218	0.6939
	每股现金流量(元)	-0.1228	-0.7536	-1.0377	0.3770
	每股资本公积金(元)	2.2080	2.2083	2.2785	2.2828
	每股盈余公积金(元)	0.2100	0.2100	0.2010	0.2010
	每股未分配利润(元)	1.2821	1.3146	1.2556	1.2562
	净资产收益率(%)	0.3683	2.5518	1.0371	3.0806
	加权净资产收益率(%)	0.3700	2.5600	1.0400	3.0900
	净资产收益率(扣除)(%)	0.0910	2.0035	0.6137	0.3688
	总资产(万元)	2556554.37	2582875.39	2572081.97	2818273.49
	归属母公司股东权益(万元)	1130346.18	1136903.58	1135092.28	1135534.97
	营业收入(万元)	894079.81	2424708.54	935893.06	2527151.98
	营业支出(万元)	845475.55	2276155.92	870755.70	2395519.14
	投资收益(万元)	-5022.55	11774.29	-629.96	70477.44
	净利润(万元)	5212.11	34044.04	11771.89	34981.72
	营业利润(万元)	10810.68	44483.47	19933.12	75537.86
	利润总额(万元)	11060.29	47891.61	20537.02	53497.19

北京银行股份有限公司

公司概况	公司名称	北京银行股份有限公司			证券简称	北京银行
	法人代表	闫冰竹	董秘	杨书剑	证券代码	601169
	公司网址	www.bankofbeijing.com.cn		电子信箱	snow@bankofbeijing.com.cn	
	电　话	010-66426500 66223826		传　真	010-66426519	
	办公地址	北京市西城区金融大街丙 17 号北京银行大厦				
	经营范围	吸收公众存款、发放短期、中期和长期贷款、办理国内结算等				

主要财务指标	指标\报告期	2015.06.30	2014.12.31	2014.06.30	2013.12.31
	基本每股收益(元)	0.7900	1.4800	0.7000	1.2700
	基本每股收益(扣除后)(元)	0.7900	1.4800	0.7000	1.2700
	稀释每股收益(元)	0.7900	1.4800	0.7000	1.2700
	每股净资产(元)	8.1500	9.0800	9.9400	8.8800
	每股经营现金净流量(元)	0.0006	0.0061	0.0028	0.0086
	每股现金流量(元)	0.1943	7.8624	1.5030	2.1082
	每股资本公积金(元)	2.4742	2.4742	2.7850	2.9691
	每股盈余公积金(元)	0.7926	0.7926	0.7740	0.7740
	每股未分配利润(元)	3.7967	3.0965	3.5680	2.7419
	净资产收益率(%)	9.7200	16.2900	10.1100	17.2300
	加权净资产收益率(%)	9.9900	17.9800	10.6300	18.0400
	净资产收益率(扣除)(%)	9.7400	16.2748	10.0900	17.1900
	总资产(万元)	162422800.00	152443700.00	147560600.00	133676400.00
	归属母公司股东权益(万元)	10325900.00	9590300.00	8750300.00	7811400.00
	营业收入(万元)	2151800.00	3687800.00	1822000.00	3065900.00
	营业支出(万元)	874500.00	1705700.00	682400.00	1389600.00
	投资收益(万元)	42300.00	22700.00	14400.00	27100.00
	净利润(万元)	1006200.00	1564600.00	885600.00	1345900.00
	营业利润(万元)	1277300.00	1982100.00	1139600.00	1676300.00
	利润总额(万元)	1274800.00	1985000.00	1141000.00	1681500.00

杭州前进齿轮箱集团股份有限公司

公司概况	公司名称	杭州前进齿轮箱集团股份有限公司			证券简称	杭齿前进
	法人代表	茅建荣	董秘	欧阳建国	证券代码	601177
	公司网址	www.chinaadvance.com		电子信箱	ouy@chinaadvance.com	
	电　话	0571-83802671		传　真	0571-83802049	
	办公地址	浙江省杭州市萧山区萧金路45号				
	经营范围	齿轮箱、变速箱、可调螺旋桨、公路车桥及非公路车桥、调速离合器等				

主要财务指标	指标\报告期	2015.06.30	2014.12.31	2014.06.30	2013.12.31
	基本每股收益(元)	0.0205	0.0506	0.0512	0.0596
	基本每股收益(扣除后)(元)	-0.0022	-0.1847	0.0242	-0.0294
	稀释每股收益(元)	0.0205	0.0506	0.0512	0.0596
	每股净资产(元)	4.3506	4.3401	4.3351	4.3017
	每股经营现金净流量(元)	-0.1537	0.3813	0.1532	0.3476
	每股现金流量(元)	-0.0581	-0.0693	0.0570	-0.0136
	每股资本公积金(元)	2.1511	2.1511	2.1583	2.1583
	每股盈余公积金(元)	0.1283	0.1247	0.1188	0.1154
	每股未分配利润(元)	1.0679	1.0710	1.0654	1.0355
	净资产收益率(%)	0.4709	1.1664	1.1811	1.3865
	加权净资产收益率(%)	0.4700	1.1700	1.1800	1.3900
	净资产收益率(扣除)(%)	-0.0513	-4.2552	0.5575	-0.6833
	总资产(万元)	406327.98	392079.63	381436.03	376255.61
	归属母公司股东权益(万元)	174050.20	173631.50	173430.33	172093.35
	营业收入(万元)	82691.33	176564.55	96362.09	184987.99
	营业支出(万元)	65710.33	140294.47	77369.48	151282.87
	投资收益(万元)	1931.29	1710.95	2452.18	-430.68
	净利润(万元)	1152.95	1614.75	2048.32	2386.07
	营业利润(万元)	675.63	-5794.91	1429.77	-316.22
	利润总额(万元)	1676.76	1985.83	2626.85	2602.86

中国西电电气股份有限公司

公司概况	公司名称	中国西电电气股份有限公司			证券简称	中国西电
	法人代表	张雅林	董秘	田喜民	证券代码	601179
	公司网址	www.xdect.com.cn		电子信箱	dsh@xd.com.cn	
	电　话	029-88832083		传　真	029-88832084	
	办公地址	陕西省西安市高新区唐兴路7号A座				
	经营范围	输配电及控制设备研发、设计、制造、销售、检测、相关设备成套、技术研究等				

主要财务指标	指标\报告期	2015.06.30	2014.12.31	2014.06.30	2013.12.31
	基本每股收益(元)	0.0800	0.1330	0.0640	0.0700
	基本每股收益(扣除后)(元)	0.0770	0.1250	0.0610	0.0520
	稀释每股收益(元)	-	-	-	-
	每股净资产(元)	3.4930	3.5166	3.4356	3.4500
	每股经营现金净流量(元)	0.1762	0.0005	-0.0636	0.0566
	每股现金流量(元)	-0.0165	-0.3143	-0.5675	0.4846
	每股资本公积金(元)	2.2281	2.2281	2.2000	2.2007
	每股盈余公积金(元)	0.0622	0.0622	0.0481	0.0481
	每股未分配利润(元)	0.2104	0.2303	0.1778	0.1939
	净资产收益率(%)	2.2934	3.7953	1.8599	1.8193
	加权净资产收益率(%)	2.2750	3.8300	1.8490	2.1000
	净资产收益率(扣除)(%)	2.1961	3.5643	1.7832	1.3682
	总资产(万元)	3129162.43	3090515.49	3273176.30	3249817.47
	归属母公司股东权益(万元)	1790485.38	1802588.87	1761051.81	1768431.23
	营业收入(万元)	569324.59	1386968.01	640827.22	1305173.43
	营业支出(万元)	421841.29	1052233.49	494218.26	1020904.47
	投资收益(万元)	6060.92	11326.37	3318.90	5837.71
	净利润(万元)	39977.90	66146.77	32754.32	32173.38
	营业利润(万元)	46782.75	78655.05	37645.39	29724.40
	利润总额(万元)	48947.81	82291.50	39371.25	38160.87

中国铁建股份有限公司

公司概况	公司名称	中国铁建股份有限公司			证券简称	中国铁建
	法人代表	孟凤朝	董秘	余兴喜	证券代码	601186
	公司网址	www.crcc.cn		电子信箱	ir@crcc.cn	
	电　话	010-52688600		传　真	010-52688302	
	办公地址	北京市海淀区复兴路40号东院				
	经营范围	工程承包、勘察设计咨询、工业制造、房地产开发、资本运营及物流等				

主要财务指标	指标\报告期	2015.06.30	2014.12.31	2014.06.30	2013.12.31
	基本每股收益(元)	0.4300	0.9200	0.4000	0.8400
	基本每股收益(扣除后)(元)	0.3900	0.8600	0.3800	0.7700
	稀释每股收益(元)	-	-	-	-
	每股净资产(元)	7.6841	7.3707	6.8274	6.5643
	每股经营现金净流量(元)	0.5584	0.5335	-0.9753	-0.7549
	每股现金流量(元)	0.2013	0.3781	-	0.0001
	每股资本公积金(元)	2.5407	2.7919	2.7187	2.7213
	每股盈余公积金(元)	0.1455	0.1455	0.1209	0.1209
	每股未分配利润(元)	3.8437	3.5616	2.9675	2.6936
	净资产收益率(%)	5.6229	12.4739	5.9156	12.7732
	加权净资产收益率(%)	5.5900	13.2400	5.9700	13.5900
	净资产收益率(扣除)(%)	5.0454	11.6166	5.5153	11.7839
	总资产(万元)	64822924.60	62356599.70	57820750.10	55301859.60
	归属母公司股东权益(万元)	9480280.20	9276845.30	8423322.20	8098689.40
	营业收入(万元)	26289426.40	59196845.20	26169363.50	58678959.00
	营业支出(万元)	23409139.10	52772982.00	23517563.70	52724789.60
	投资收益(万元)	26959.00	8298.50	-541.80	-2217.20
	净利润(万元)	559409.70	1157156.50	498294.10	1034465.80
	营业利润(万元)	675355.10	1438059.00	623913.00	1228341.20
	利润总额(万元)	699819.90	1495244.90	649889.90	1303974.00

黑龙江交通发展股份有限公司

公司概况	公司名称	黑龙江交通发展股份有限公司			证券简称	龙江交通
	法人代表	孙熠嵩	董秘	戴琦	证券代码	601188
	公司网址	www.hljjt.com		电子信箱	htdc@hljjt.com	
	电　话	0451-51688007		传　真	0451-51688007	
	办公地址	黑龙江省哈尔滨市道里区群力第五大道1688号				
	经营范围	投资、开发、建设和经营管理收费公路、公路养护服务、园林绿化等				

主要财务指标	指标\报告期	2015.06.30	2014.12.31	2014.06.30	2013.12.31
	基本每股收益(元)	0.1080	0.2299	0.1640	0.1941
	基本每股收益(扣除后)(元)	0.0960	0.2141	0.1050	-
	稀释每股收益(元)	0.1080	0.2299	0.1640	0.1941
	每股净资产(元)	2.6164	2.5781	2.5415	2.4330
	每股经营现金净流量(元)	0.0754	0.2432	0.1502	-0.0719
	每股现金流量(元)	0.0812	0.0618	0.1510	-0.0208
	每股资本公积金(元)	0.9284	0.9284	0.9593	0.9593
	每股盈余公积金(元)	0.0518	0.0518	0.0376	0.0376
	每股未分配利润(元)	0.6103	0.5724	0.5446	0.4360
	净资产收益率(%)	4.1263	8.9177	6.4353	7.4064
	加权净资产收益率(%)	4.1000	9.3300	6.5000	8.2000
	净资产收益率(扣除)(%)	3.6825	8.3056	4.1469	7.6968
	总资产(万元)	442034.88	414205.94	426982.20	401881.18
	归属母公司股东权益(万元)	344292.05	339252.90	334435.94	320151.34
	营业收入(万元)	23692.45	49315.80	21886.18	44774.06
	营业支出(万元)	9409.98	20098.65	8189.86	19620.87
	投资收益(万元)	4238.98	15044.63	8902.58	14458.74
	净利润(万元)	14121.12	29556.31	21521.94	23711.60
	营业利润(万元)	15904.57	35221.07	25560.79	28387.70
	利润总额(万元)	15913.26	35539.00	25548.21	27757.70

东兴证券股份有限公司

公司概况	公司名称	东兴证券股份有限公司			证券简称	东兴证券
	法人代表	魏庆华	董秘	刘亮	证券代码	601198
	公司网址	www.dxzq.net		电子信箱	dshms@dxzq.net.cn	
	电　话	010-66555171		传　真	010-66555397	
	办公地址	北京市西城区金融大街5号(新盛大厦)B座12,15层				
	经营范围	经纪业务、证券自营业务、投资银行业务、资产管理业务、期货业务等				

主要财务指标	指标\报告期	2015.06.30	2014.12.31	2014.06.30	2013.12.31
	基本每股收益(元)	0.6500	0.5190	0.2500	0.3340
	基本每股收益(扣除后)(元)	0.6470	0.4990	0.2500	0.3210
	稀释每股收益(元)	0.6500	0.5190	0.2500	0.3340
	每股净资产(元)	5.1734	3.7100	3.2885	3.0200
	每股经营现金净流量(元)	0.7652	0.6321	0.3006	0.3950
	每股现金流量(元)	8.1421	4.3050	0.5203	-0.9396
	每股资本公积金(元)	2.1160	0.6611	0.7314	0.6611
	每股盈余公积金(元)	0.1577	0.1971	0.1497	0.1497
	每股未分配利润(元)	1.4418	1.2462	1.1079	0.8691
	净资产收益率(%)	11.6825	13.9958	7.4711	11.0447
	加权净资产收益率(%)	13.5800	15.4300	7.8000	11.7100
	净资产收益率(扣除)(%)	11.6808	13.4616	7.4355	10.6362
	总资产(万元)	8960183.80	4260714.87	2724678.35	2167578.31
	归属母公司股东权益(万元)	1295427.06	743508.86	659014.13	605260.27
	营业收入(万元)	331997.87	259777.41	108625.92	203386.65
	营业支出(万元)	140388.41	133105.20	48383.41	124220.74
	投资收益(万元)	138178.84	121944.61	59375.95	109365.54
	净利润(万元)	151338.84	104059.77	49235.63	66849.40
	营业利润(万元)	191609.46	126672.22	60242.51	79165.91
	利润总额(万元)	191638.86	131967.02	60554.85	82456.93

江苏江南水务股份有限公司

公司概况	公司名称	江苏江南水务股份有限公司			证券简称	江南水务
	法人代表	龚国贤	董秘	朱杰	证券代码	601199
	公司网址	www.jsjnsw.com		电子信箱	master@jsjnsw.com	
	电　话	0510-86276771 86276730		传　真	0510-86276730	
	办公地址	江苏省江阴市延陵路224号 江苏省江阴市长江路141-143号				
	经营范围	自来水制售、自来水排水及相关水处理业务、供水工程的设计及技术咨询等				

主要财务指标	指标\报告期	2015.06.30	2014.12.31	2014.06.30	2013.12.31
	基本每股收益(元)	0.4800	0.7600	0.3100	0.6200
	基本每股收益(扣除后)(元)	0.4500	0.7400	0.3000	0.5800
	稀释每股收益(元)	0.4800	0.7600	0.3100	0.6200
	每股净资产(元)	8.7224	8.4600	7.9951	7.8730
	每股经营现金净流量(元)	0.3828	1.6484	0.7841	1.9621
	每股现金流量(元)	0.7989	0.1827	-0.0120	-0.5073
	每股资本公积金(元)	4.6680	4.6680	4.6680	4.6680
	每股盈余公积金(元)	0.2948	0.2948	0.2632	0.2632
	每股未分配利润(元)	2.7031	2.4508	2.0313	1.9141
	净资产收益率(%)	5.5301	8.9628	3.8424	7.9104
	加权净资产收益率(%)	5.5400	9.2900	3.8300	8.1400
	净资产收益率(扣除)(%)	5.1704	8.7282	3.7898	7.3505
	总资产(万元)	339395.14	337424.14	315591.10	302085.33
	归属母公司股东权益(万元)	203928.64	197806.68	186926.59	184071.01
	营业收入(万元)	36830.94	74940.21	29383.45	58555.73
	营业支出(万元)	16041.91	33368.17	13392.39	26329.18
	投资收益(万元)	1383.12	1535.83	606.58	785.28
	净利润(万元)	11277.46	17728.99	7182.51	14560.81
	营业利润(万元)	14969.86	23926.19	9713.98	18813.67
	利润总额(万元)	15021.73	23677.53	9522.34	19640.90

四川东材科技集团股份有限公司

公司概况	公司名称	四川东材科技集团股份有限公司			证券简称	东材科技
	法人代表	于少波	董秘	周乔	证券代码	601208
	公司网址	www.emtco.cn		电子信箱	zhouqiao@emtco.cn	
	电　话	0816-2289750		传　真	0816-2289750	
	办公地址	四川省绵阳市游仙区三星路188号				
	经营范围	绝缘材料、高分子材料、精细化工材料的生产、销售等				

主要财务指标	指标\报告期	2015.06.30	2014.12.31	2014.06.30	2013.12.31
	基本每股收益(元)	0.0700	0.2700	0.1100	0.1100
	基本每股收益(扣除后)(元)	0.0700	0.2500	0.1000	-
	稀释每股收益(元)	0.0700	0.2700	0.1100	0.1100
	每股净资产(元)	3.5760	3.5938	3.4265	3.3998
	每股经营现金净流量(元)	0.0981	0.1463	0.1868	-0.0871
	每股现金流量(元)	-0.1490	-0.0071	-0.0873	-0.7932
	每股资本公积金(元)	1.8998	1.8917	1.8809	1.8664
	每股盈余公积金(元)	0.0988	0.0988	0.0899	0.0899
	每股未分配利润(元)	0.5774	0.6033	0.4557	0.4435
	净资产收益率(%)	2.0716	7.4768	3.2760	3.2272
	加权净资产收益率(%)	2.0400	7.6800	3.2500	3.2000
	净资产收益率(扣除)(%)	1.8766	7.0238	2.8921	2.5703
	总资产(万元)	324126.00	297178.20	258187.77	243905.90
	归属母公司股东权益(万元)	220194.58	221290.59	210991.98	209346.59
	营业收入(万元)	66290.49	143701.19	69510.37	109121.77
	营业支出(万元)	49421.03	106804.60	52194.75	86895.39
	投资收益(万元)	-	-	-	313.62
	净利润(万元)	4626.82	16681.25	6912.17	6756.08
	营业利润(万元)	4899.83	18116.53	7223.89	6653.31
	利润总额(万元)	5424.32	19361.57	8195.95	7982.94

国泰君安证券股份有限公司

公司概况	公司名称	国泰君安证券股份有限公司			证券简称	国泰君安
	法人代表	杨德红	董秘	喻健	证券代码	601211
	公司网址	www.gtja.com		电子信箱	dshbgs@gtjas.com	
	电　话	021-38676798		传　真	021-38670798	
	办公地址	上海市浦东新区银城中路168号				
	经营范围	证券经纪;证券自营;证券承销与保荐等				

主要财务指标	指标\报告期	2015.06.30	2014.12.31	2014.06.30	2013.12.31
	基本每股收益(元)	1.5400	1.1100	0.3500	0.4700
	基本每股收益(扣除后)(元)	1.5400	1.0700	-	0.4500
	稀释每股收益(元)	1.5400	1.1100	0.3500	0.4700
	每股净资产(元)	11.9742	6.8900	5.9186	5.5800
	每股经营现金净流量(元)	1.7992	1.5049	0.4846	0.6109
	每股现金流量(元)	24.7034	12.3998	2.7421	0.2750
	每股资本公积金(元)	3.8409	0.1999	0.3450	0.2139
	每股盈余公积金(元)	0.4566	0.5707	0.4748	0.4748
	每股未分配利润(元)	4.1832	3.6490	3.2194	2.8910
	净资产收益率(%)	10.5556	16.0748	5.9225	8.4514
	加权净资产收益率(%)	19.8900	18.0400	6.1100	8.6900
	净资产收益率(扣除)(%)	-	15.5483	-	8.0127
	总资产(万元)	59610865.92	31930245.38	17456198.69	15535740.66
	归属母公司股东权益(万元)	9130360.37	4204046.81	3610370.87	3406516.56
	营业收入(万元)	2230143.90	1788160.34	599184.94	900892.95
	营业支出(万元)	858255.95	870198.68	303580.00	528243.13
	投资收益(万元)	522047.71	326577.10	121407.08	226770.70
	净利润(万元)	1040345.28	717159.63	227114.40	302831.61
	营业利润(万元)	1371887.95	917961.66	295604.95	372649.82
	利润总额(万元)	1373080.33	947660.09	297614.56	392625.18

内蒙古君正能源化工股份有限公司

公司概况					
公司名称	内蒙古君正能源化工股份有限公司			证券简称	内蒙君正
法人代表	黄辉	董秘	张杰	证券代码	601216
公司网址	www.junzhenggroup.com		电子信箱	junzheng@junzhenggroup.com	
电　话	0473-6921035		传　真	0473-6921034	
办公地址	内蒙古自治区鄂尔多斯市鄂托克旗蒙西工业园区				
经营范围	电力生产、电力供应、热力生产和供应、商业贸易、化工产品				

主要财务指标 指标\报告期	2015.06.30	2014.12.31	2014.06.30	2013.12.31
基本每股收益(元)	0.1922	0.3735	0.1982	0.4002
基本每股收益(扣除后)(元)	0.1909	0.3695	0.1983	0.3872
稀释每股收益(元)	0.1922	0.3735	0.1982	0.4002
每股净资产(元)	3.3637	3.1672	4.8377	4.5763
每股经营现金净流量(元)	0.4810	0.4663	0.0967	0.0694
每股现金流量(元)	1.8747	-0.0186	-0.0049	-0.0485
每股资本公积金(元)	0.8226	0.8226	1.9477	1.9430
每股盈余公积金(元)	0.1063	0.1063	0.1166	0.1166
每股未分配利润(元)	1.4375	1.2452	1.7653	1.5081
净资产收益率(%)	5.7152	11.7944	6.5559	8.7444
加权净资产收益率(%)	5.8900	12.3200	6.7000	9.1500
净资产收益率(扣除)(%)	5.6753	11.6669	6.5594	8.4610
总资产(万元)	1624033.01	1224402.72	1107939.64	968791.53
归属母公司股东权益(万元)	688882.19	648634.07	619222.30	585764.79
营业收入(万元)	232219.30	478380.43	240476.76	346156.69
营业支出(万元)	157840.61	337072.84	167433.83	234805.03
投资收益(万元)	9350.13	21838.82	9471.99	-892.65
净利润(万元)	39131.29	75492.28	40595.85	51221.40
营业利润(万元)	41888.93	82437.91	44886.22	55294.78
利润总额(万元)	44789.36	86509.94	46239.05	61806.03

江苏吉鑫风能科技股份有限公司

公司概况					
公司名称	江苏吉鑫风能科技股份有限公司			证券简称	吉鑫科技
法人代表	包士金	董秘	朱陶芸	证券代码	601218
公司网址	www.sinojit.com		电子信箱	jixin@sinojit.com	
电　话	0510-86157378		传　真	0510-86017708	
办公地址	江苏省江阴市云亭街道工业园区那巷路 8 号				
经营范围	大型风力发电机组零部件的研发、生产及销售				

主要财务指标 指标\报告期	2015.06.30	2014.12.31	2014.06.30	2013.12.31
基本每股收益(元)	0.0560	0.0936	0.0341	0.0201
基本每股收益(扣除后)(元)	0.0557	0.0972	0.0373	0.0194
稀释每股收益(元)	0.0560	0.0936	0.0341	0.0201
每股净资产(元)	2.3904	2.3645	2.3050	2.2708
每股经营现金净流量(元)	-0.0182	0.3231	0.0308	0.2051
每股现金流量(元)	-0.0744	-0.0392	-0.2125	0.1148
每股资本公积金(元)	0.5943	0.5942	0.5943	0.5943
每股盈余公积金(元)	0.1065	0.1065	0.0983	0.0983
每股未分配利润(元)	0.6896	0.7272	0.6124	0.5782
净资产收益率(%)	2.3422	3.9598	1.4807	0.8868
加权净资产收益率(%)	2.3400	4.0400	1.4800	0.8900
净资产收益率(扣除)(%)	2.3296	4.1093	1.6203	0.8553
总资产(万元)	389818.04	391536.80	369845.73	383041.97
归属母公司股东权益(万元)	237067.40	240790.66	228598.07	225213.20
营业收入(万元)	76916.39	164003.22	74992.77	140002.42
营业支出(万元)	58921.61	132469.55	62475.88	115105.92
投资收益(万元)	71.32	-53.38	-226.98	-234.70
净利润(万元)	5515.28	9326.14	3384.88	1997.22
营业利润(万元)	6571.66	11371.22	4664.74	2155.68
利润总额(万元)	6451.37	10944.06	4274.47	2239.17

江苏林洋电子股份有限公司

公司概况					
公司名称	江苏林洋电子股份有限公司			证券简称	林洋电子
法人代表	陆永华	董秘	岑蓉蓉	证券代码	601222
公司网址	www.linyang.com.cn		电子信箱	dsh@linyang.com.cn	
电　话	0513-83356525		传　真	0513-83356525	
办公地址	江苏省南通市启东市经济开发区林洋路 666 号				
经营范围	仪器仪表、电子设备、电力电气设备、自动化设备、集成电路、光伏设备等				

主要财务指标 指标\报告期	2015.06.30	2014.12.31	2014.06.30	2013.12.31
基本每股收益(元)	0.4600	1.1500	0.3800	1.0500
基本每股收益(扣除后)(元)	0.4600	1.1400	0.3700	1.0400
稀释每股收益(元)	0.4600	1.1500	0.3800	1.0500
每股净资产(元)	11.9932	8.2977	7.5213	7.3432
每股经营现金净流量(元)	-0.6088	0.0935	-0.1104	0.6911
每股现金流量(元)	1.1378	-0.7343	-1.1804	0.2073
每股资本公积金(元)	7.6223	3.9142	3.9096	3.9130
每股盈余公积金(元)	0.3364	0.3851	0.2784	0.2784
每股未分配利润(元)	3.0382	3.0020	2.3351	2.1545
净资产收益率(%)	3.4676	13.9092	5.0601	14.2444
加权净资产收益率(%)	5.0900	14.7600	5.0500	15.0500
净资产收益率(扣除)(%)	3.4307	-	4.9749	14.1346
总资产(万元)	641831.30	439722.65	323458.73	326131.00
归属母公司股东权益(万元)	487643.72	294713.00	267141.16	260814.85
营业收入(万元)	117291.37	220641.37	84396.64	199144.96
营业支出(万元)	78094.34	141285.84	54049.74	125381.57
投资收益(万元)	187.67	2687.46	431.15	1347.03
净利润(万元)	18403.53	40960.33	13517.74	37151.48
营业利润(万元)	21549.81	46994.76	15793.21	43507.69
利润总额(万元)	21790.62	47824.92	16099.23	43941.73

陕西煤业股份有限公司

公司概况					
公司名称	陕西煤业股份有限公司			证券简称	陕西煤业
法人代表	杨照乾	董秘	张茹敏	证券代码	601225
公司网址	www.shxcoal.com		电子信箱	shaanxicoal@shxcoal.com	
电　话	029-81772610　81772581		传　真	029-81772601	
办公地址	陕西省西安市高新区锦业一路 2 号				
经营范围	提供电子产品设计制造服务(DMS)、设计、生产、加工新型电子元器件等				

主要财务指标 指标\报告期	2015.06.30	2014.12.31	2014.06.30	2013.12.31
基本每股收益(元)	-0.0955	0.1000	0.0800	0.3900
基本每股收益(扣除后)(元)	-0.0736	0.1000	0.0800	-
稀释每股收益(元)	-	-	-	0.3900
每股净资产(元)	3.3551	3.4500	3.4768	3.4349
每股经营现金净流量(元)	0.0853	0.0121	0.0346	0.6631
每股现金流量(元)	0.1084	0.1268	0.3555	-0.5226
每股资本公积金(元)	0.7349	0.7349	0.7270	0.4956
每股盈余公积金(元)	0.1773	0.1773	0.1480	0.1645
每股未分配利润(元)	1.3863	1.5117	1.5285	1.7399
净资产收益率(%)	-2.8459	2.7580	2.3752	11.2770
加权净资产收益率(%)	-3.1300	2.7900	2.3900	11.5200
净资产收益率(扣除)(%)	-2.1948	2.8636	2.3656	11.2915
总资产(万元)	9314574.36	9002145.73	8968949.22	8198652.16
归属母公司股东权益(万元)	3355120.89	3449967.56	3476820.65	3091440.88
营业收入(万元)	1898375.97	4115015.06	2111956.24	4321852.25
营业支出(万元)	1347322.82	2693779.16	1365583.90	2877250.94
投资收益(万元)	13868.32	60939.57	31130.33	76705.39
净利润(万元)	-58919.29	281210.60	82580.85	348622.38
营业利润(万元)	-4046.43	358507.63	231621.53	754719.94
利润总额(万元)	-31306.21	351808.05	229350.00	746876.15

华电重工股份有限公司

公司概况					
公司名称	华电重工股份有限公司			证券简称	华电重工
法人代表	孙青松	董秘	许强	证券代码	601226
公司网址	www.hhi.com.cn		电子信箱	hhi@hhi.com.cn	
电　话	010-68466145		传　真	010-63919195	
办公地址	北京市丰台区汽车博物馆东路华电发展大厦B座				
经营范围	设计、安装、调试及委托生产大、中型火电、水电、风电及核电等				

主要财务指标 指标\报告期	2015.06.30	2014.12.31	2014.06.30	2013.12.31
基本每股收益(元)	0.1392	0.5865	0.1842	0.5760
基本每股收益(扣除后)(元)	0.1340	0.5765	0.1777	0.5634
稀释每股收益(元)	0.1392	0.5865	0.1842	0.5760
每股净资产(元)	3.1071	4.5990	3.0663	2.7880
每股经营现金净流量(元)	-0.6117	-0.2207	-0.5198	0.1843
每股现金流量(元)	-1.1687	1.6726	-0.2295	-0.0935
每股资本公积金(元)	1.0563	2.0845	0.4968	0.4968
每股盈余公积金(元)	0.0978	0.1468	0.1517	0.1254
每股未分配利润(元)	0.9385	1.3489	1.3956	1.1455
净资产收益率(%)	4.4810	10.2683	9.0101	20.6585
加权净资产收益率(%)	4.4400	19.0200	9.4400	23.0700
净资产收益率(扣除)(%)	4.3136	10.0932	8.6924	20.2066
总资产(万元)	892434.57	874491.99	621318.77	542145.91
归属母公司股东权益(万元)	358874.13	354123.48	190110.49	172858.97
营业收入(万元)	287082.34	621616.77	279005.11	474456.65
营业支出(万元)	239715.76	527280.37	232686.25	391435.47
投资收益(万元)	876.78	–	–	–
净利润(万元)	16165.42	36369.08	17130.81	35715.84
营业利润(万元)	18054.53	42498.41	19695.57	41687.53
利润总额(万元)	18761.70	43231.81	20407.89	42543.88

环旭电子股份有限公司

公司概况					
公司名称	环旭电子股份有限公司			证券简称	环旭电子
法人代表	张洪本	董秘	刘丹阳	证券代码	601231
公司网址	www.usish.com		电子信箱	public@usish.com	
电　话	021-58968418		传　真	021-58968415	
办公地址	上海市张江高科技园区集成电路产业区张东路1558号				
经营范围	提供电子产品设计制造服务(DMS)、设计、生产、加工新型电子元器件等				

主要财务指标 指标\报告期	2015.06.30	2014.12.31	2014.06.30	2013.12.31
基本每股收益(元)	0.1100	0.6900	0.1700	0.5600
基本每股收益(扣除后)(元)	0.0800	0.6400	0.1600	0.5100
稀释每股收益(元)	–	–	–	–
每股净资产(元)	2.9238	5.8146	3.9300	3.7570
每股经营现金净流量(元)	-0.2188	0.8853	0.7705	1.3110
每股现金流量(元)	-0.1798	1.8125	0.4919	1.1182
每股资本公积金(元)	0.7083	2.4166	0.6732	0.6797
每股盈余公积金(元)	0.0970	0.1941	0.1818	0.1818
每股未分配利润(元)	1.1465	2.2691	2.1145	1.9416
净资产收益率(%)	3.7283	11.0873	8.6724	14.8437
加权净资产收益率(%)	3.6500	16.7200	8.6800	15.7200
净资产收益率(扣除)(%)	2.7759	10.2542	8.1485	13.6136
总资产(万元)	1339763.39	1233357.44	900942.06	847839.98
归属母公司股东权益(万元)	636194.00	632608.39	397654.90	380103.30
营业收入(万元)	958525.66	1587300.10	695083.60	1427234.67
营业支出(万元)	867000.25	1380462.06	598536.81	1257072.75
投资收益(万元)	5589.84	5274.96	2234.58	2843.63
净利润(万元)	23719.02	70139.40	34486.08	56421.31
营业利润(万元)	24103.16	79888.97	39948.31	61653.09
利润总额(万元)	25449.37	81116.75	40237.36	63117.21

桐昆集团股份有限公司

公司概况					
公司名称	桐昆集团股份有限公司			证券简称	桐昆股份
法人代表	陈士良	董秘	周军	证券代码	601233
公司网址	www.zjtkjt.com		电子信箱	zj@zjtkjt.com	
电　话	0573-88187878 88182269		传　真	0573-88187838 88187776	
办公地址	浙江省桐乡市经济开发区光明路199号				
经营范围	民用涤纶长丝的研发、生产和销售				

主要财务指标 指标\报告期	2015.06.30	2014.12.31	2014.06.30	2013.12.31
基本每股收益(元)	0.3300	0.1200	-0.0300	0.0700
基本每股收益(扣除后)(元)	0.3700	0.0400	-0.0400	0.0100
稀释每股收益(元)	0.3300	0.1200	-0.0300	0.0700
每股净资产(元)	7.4148	7.0886	6.9680	6.9706
每股经营现金净流量(元)	0.3169	3.7265	2.2015	0.2469
每股现金流量(元)	0.2775	-0.2707	-0.4513	0.0109
每股资本公积金(元)	2.9341	2.9009	2.9037	2.9036
每股盈余公积金(元)	0.3148	0.3148	0.2490	0.2490
每股未分配利润(元)	3.1696	2.8754	2.8172	2.8482
净资产收益率(%)	4.4405	1.6375	-0.4447	1.0711
加权净资产收益率(%)	4.5400	1.6500	-0.4400	1.0700
净资产收益率(扣除)(%)	5.0345	0.5109	-0.6395	0.1492
总资产(万元)	1458742.82	1375696.52	1465035.45	1540951.68
归属母公司股东权益(万元)	714486.54	683057.36	671437.08	671685.60
营业收入(万元)	1114182.31	2509491.66	1180455.79	2213787.48
营业支出(万元)	1018925.76	2403192.54	1125844.48	2130833.86
投资收益(万元)	-6377.52	2164.44	1301.92	790.16
净利润(万元)	32030.22	12977.16	-2985.83	7194.64
营业利润(万元)	38040.39	10060.52	1186.82	2371.18
利润总额(万元)	38903.12	18661.58	3091.14	13237.86

广州汽车集团股份有限公司

公司概况					
公司名称	广州汽车集团股份有限公司			证券简称	广汽集团
法人代表	张房有	董秘	卢飒	证券代码	601238
公司网址	www.gagc.com.cn		电子信箱	lus@gagc.com.cn	
电　话	020-83150886		传　真	020-83150319	
办公地址	广东省广州市天河区珠江新城兴国路23号广汽中心				
经营范围	汽车工业及配套工业的投资业务、汽车工业技术开发、技术转让及技术咨询服务等				

主要财务指标 指标\报告期	2015.06.30	2014.12.31	2014.06.30	2013.12.31
基本每股收益(元)	0.2700	0.5000	0.2700	0.4100
基本每股收益(扣除后)(元)	0.2000	0.4300	0.2500	0.4800
稀释每股收益(元)	0.2700	0.5000	0.2700	0.4100
每股净资产(元)	5.6806	5.4886	5.3363	5.1683
每股经营现金净流量(元)	0.0251	0.1717	0.0136	0.1520
每股现金流量(元)	-0.2005	-0.1644	-0.3906	0.6020
每股资本公积金(元)	1.3848	1.3867	1.3830	1.3832
每股盈余公积金(元)	0.2923	0.2923	0.2533	0.2533
每股未分配利润(元)	2.9993	2.8075	2.6995	2.5314
净资产收益率(%)	4.7876	9.0203	5.0238	8.0249
加权净资产收益率(%)	4.8400	9.2700	5.0600	8.2800
净资产收益率(扣除)(%)	3.4947	7.8643	4.6941	9.2789
总资产(万元)	6403073.81	6231836.14	5626779.12	5778989.69
归属母公司股东权益(万元)	3655474.38	3531927.12	3433933.42	3325780.83
营业收入(万元)	1144966.71	2237593.39	1076639.67	1882419.85
营业支出(万元)	1001965.24	1895899.28	935160.17	1611301.06
投资收益(万元)	202976.14	420979.58	217078.21	399535.01
净利润(万元)	172174.07	292749.85	172515.20	266892.19
营业利润(万元)	131763.85	269588.37	163064.78	299947.21
利润总额(万元)	180293.44	305359.29	180577.65	264572.20

庞大汽贸集团股份有限公司

公司概况	公司名称	庞大汽贸集团股份有限公司			证券简称	庞大集团
	法人代表	庞庆华	董秘	刘中英	证券代码	601258
	公司网址	www.pdqmjt.com		电子信箱	pdgroup@pdqmjt.com	
	电　话	010-53010230		传　真	010-53010226	
	办公地址	北京市朝阳区五环外王四营乡黄厂路甲3号庞大双龙培训中心四楼				
	经营范围	汽车经销及维修养护				

主要财务指标	指标\报告期	2015.06.30	2014.12.31	2014.06.30	2013.12.31
	基本每股收益(元)	0.0100	0.0500	0.0200	0.0800
	基本每股收益(扣除后)(元)	-0.0200	-0.1000	-0.0300	-0.0200
	稀释每股收益(元)	-	-	-	-
	每股净资产(元)	1.8791	3.7445	3.4638	3.4480
	每股经营现金净流量(元)	0.6322	1.7411	1.3387	4.2693
	每股现金流量(元)	-0.0037	1.2970	-0.1486	1.2937
	每股资本公积金(元)	0.5212	2.0424	1.6338	1.6338
	每股盈余公积金(元)	0.0335	0.0670	0.0828	0.0828
	每股未分配利润(元)	0.3240	0.6351	0.7477	0.7310
	净资产收益率(%)	0.3399	1.1664	0.4820	2.3319
	加权净资产收益率(%)	0.3400	1.5000	0.4800	2.4000
	净资产收益率(扣除)(%)	-1.0625	-2.2506	-0.8757	-0.4884
	总资产(万元)	6908805.28	6774577.68	6377913.82	6506391.57
	归属母公司股东权益(万元)	1217681.86	1213235.83	908025.62	903886.30
	营业收入(万元)	2691648.35	6031452.58	3103553.33	6398528.32
	营业支出(万元)	2408118.59	5407784.68	2789632.20	5692611.03
	投资收益(万元)	9778.97	37632.36	12001.13	4820.70
	净利润(万元)	3564.54	13159.55	4376.44	21077.48
	营业利润(万元)	4710.16	28295.24	9486.07	53683.38
	利润总额(万元)	18594.32	46710.58	16018.08	78941.32

中国农业银行股份有限公司

公司概况	公司名称	中国农业银行股份有限公司			证券简称	农业银行
	法人代表	刘士余	董秘	张克秋	证券代码	601288
	公司网址	www.abchina.com		电子信箱	ir@abchina.com	
	电　话	010-85109619		传　真	010-85108557	
	办公地址	北京市东城区建国门内大街69号				
	经营范围	吸收公众存款、发放短期、中期、长期贷款、办理国内外结算等				

主要财务指标	指标\报告期	2015.06.30	2014.12.31	2014.06.30	2013.12.31
	基本每股收益(元)	0.3200	0.5500	0.3200	0.5100
	基本每股收益(扣除后)(元)	0.3200	0.5500	0.3200	0.5100
	稀释每股收益(元)	0.3200	0.5500	0.3200	0.5100
	每股净资产(元)	3.2000	3.0500	2.7901	2.6000
	每股经营现金净流量(元)	0.0067	0.0101	1.4766	0.1012
	每股现金流量(元)	0.4755	-0.2326	1.1692	-0.4284
	每股资本公积金(元)	0.3041	0.3041	0.2846	0.2340
	每股盈余公积金(元)	0.2421	0.2420	0.1869	0.1867
	每股未分配利润(元)	1.0971	1.0160	0.8390	0.7497
	净资产收益率(%)	9.3111	17.4054	11.4800	19.7264
	加权净资产收益率(%)	9.9800	19.5700	11.5200	20.8900
	净资产收益率(扣除)(%)	9.2935	17.4313	11.4589	19.6486
	总资产(万元)	1745955400.00	1597415200.00	1600661200.00	1456210200.00
	归属母公司股东权益(万元)	112032900.00	103106600.00	90621600.00	84310800.00
	营业收入(万元)	27414700.00	52085800.00	26663500.00	46262500.00
	营业支出(万元)	14134300.00	28991400.00	13204200.00	24961300.00
	投资收益(万元)	264100.00	188700.00	-169300.00	376900.00
	净利润(万元)	10456400.00	17951000.00	10403200.00	16631500.00
	营业利润(万元)	13280400.00	23094400.00	13459300.00	21301200.00
	利润总额(万元)	13467900.00	23225700.00	13558400.00	21417400.00

骆驼集团股份有限公司

公司概况	公司名称	骆驼集团股份有限公司			证券简称	骆驼股份
	法人代表	刘国本	董秘	王从强	证券代码	601311
	公司网址	www.chinacamel.com		电子信箱	ir@chinacamel.com	
	电　话	0710-3340127		传　真	0710-3345951	
	办公地址	湖北省襄阳市樊城区汉江北路65号				
	经营范围	蓄电池及零部件的制造与销售				

主要财务指标	指标\报告期	2015.06.30	2014.12.31	2014.06.30	2013.12.31
	基本每股收益(元)	0.2800	0.7900	0.3400	0.6200
	基本每股收益(扣除后)(元)	0.2500	0.7100	0.3100	0.5700
	稀释每股收益(元)	0.2800	0.7900	0.3400	0.6200
	每股净资产(元)	4.9268	4.7219	4.2496	4.0839
	每股经营现金净流量(元)	0.2077	0.3063	0.2451	0.6788
	每股现金流量(元)	-0.1288	-0.5998	-0.2518	-0.7527
	每股资本公积金(元)	1.2295	1.2271	1.2235	1.2138
	每股盈余公积金(元)	0.1346	0.1346	0.1346	0.1346
	每股未分配利润(元)	2.5241	2.3395	1.8921	1.7362
	净资产收益率(%)	5.7725	16.6903	8.0225	15.0869
	加权净资产收益率(%)	5.6700	18.0300	8.0100	15.6900
	净资产收益率(扣除)(%)	5.0128	14.9541	7.2362	13.9708
	总资产(万元)	601763.77	593304.39	559725.91	528074.76
	归属母公司股东权益(万元)	419582.81	402174.28	361995.32	347883.53
	营业收入(万元)	234615.32	516718.72	234428.66	461961.12
	营业支出(万元)	185643.56	396397.65	180618.90	361132.61
	投资收益(万元)	4303.58	6517.96	2859.30	1644.98
	净利润(万元)	24887.74	68664.32	29041.10	52484.85
	营业利润(万元)	28231.32	74948.18	33014.03	56498.81
	利润总额(万元)	29339.98	79881.62	34708.52	61505.69

江南嘉捷电梯股份有限公司

公司概况	公司名称	江南嘉捷电梯股份有限公司			证券简称	江南嘉捷
	法人代表	金志峰	董秘	邹克雷	证券代码	601313
	公司网址	www.sjec.com.cn		电子信箱	stock@sjec.com.cn	
	电　话	0512-62741520		传　真	0512-62860300	
	办公地址	江苏省苏州市工业园区唯新路28号				
	经营范围	电梯、自动扶梯、自动人行道、停车设备及配件、电气机械和器材的生产、销售等				

主要财务指标	指标\报告期	2015.06.30	2014.12.31	2014.06.30	2013.12.31
	基本每股收益(元)	0.2465	0.5831	0.2196	0.4405
	基本每股收益(扣除后)(元)	0.2338	0.5552	0.2135	0.4187
	稀释每股收益(元)	0.2465	0.5831	0.2196	0.4405
	每股净资产(元)	3.7637	3.7919	3.3932	3.2944
	每股经营现金净流量(元)	-0.0717	0.6909	0.6818	0.5364
	每股现金流量(元)	-0.4168	-0.1297	0.0510	-0.6202
	每股资本公积金(元)	0.9510	0.9378	0.9099	1.1350
	每股盈余公积金(元)	0.2091	0.2091	0.1593	0.1532
	每股未分配利润(元)	1.5439	1.5973	1.2837	1.2638
	净资产收益率(%)	6.5502	15.3807	6.4760	13.1675
	加权净资产收益率(%)	6.4400	16.5300	6.4700	13.1800
	净资产收益率(扣除)(%)	6.2111	14.6459	6.2958	12.5171
	总资产(万元)	261330.92	282422.77	266390.61	248581.07
	归属母公司股东权益(万元)	150720.20	151848.64	135883.91	137159.08
	营业收入(万元)	131589.58	273392.16	117952.67	242300.28
	营业支出(万元)	92884.86	195522.80	84716.34	177068.33
	投资收益(万元)	446.24	848.77	201.84	771.46
	净利润(万元)	10132.68	24281.89	8799.78	18060.48
	营业利润(万元)	13185.49	28367.86	11022.90	22511.06
	利润总额(万元)	13345.37	28844.14	11113.24	22798.79

中国平安保险(集团)股份有限公司

公司概况	公司名称	中国平安保险(集团)股份有限公司			证券简称	中国平安
	法人代表	马明哲	董秘	金绍樑	证券代码	601318
	公司网址	www.pingan.com		电子信箱	pr@pingan.com.cn	
	电　　话	04008866338		传　　真	0755-82431029	
	办公地址	广东省深圳市福田中心区福华三路星河发展中心办公十五至十八楼				
	经营范围	以保险业务为核心的、以统一品牌向客户提供包括保险、银行、证券、信托等				

主要财务指标	指标\报告期	2015.06.30	2014.12.31	2014.06.30	2013.12.31
	基本每股收益(元)	1.9000	1.9000	2.7000	3.5600
	基本每股收益(扣除后)(元)	1.8900	1.8900	2.6900	3.5800
	稀释每股收益(元)	1.9000	1.9000	2.5500	3.5600
	每股净资产(元)	18.1200	18.1200	26.0844	23.0800
	每股经营现金净流量(元)	1.2562	1.2562	15.7986	27.4303
	每股现金流量(元)	23.8640	23.8640	4.7288	-0.2538
	每股资本公积金(元)	15.4063	15.4063	11.2393	10.4859
	每股盈余公积金(元)	0.8309	0.8309	0.8820	0.8820
	每股未分配利润(元)	14.0702	14.0702	12.8978	10.6492
	净资产收益率(%)	10.4620	10.4620	10.3454	15.4092
	加权净资产收益率(%)	11.0000	11.0000	10.9000	16.4000
	净资产收益率(扣除)(%)	10.4378	10.4378	10.3100	15.5154
	总资产(万元)	463228700.00	463228700.00	380122500.00	336031200.00
	归属母公司股东权益(万元)	33119000.00	33119000.00	20648800.00	18270900.00
	营业收入(万元)	33790900.00	33790900.00	23633600.00	36263100.00
	营业支出(万元)	27848100.00	27848100.00	20382000.00	31629200.00
	投资收益(万元)	8412100.00	8412100.00	3378000.00	5491700.00
	净利润(万元)	3991100.00	3991100.00	2136200.00	2815400.00
	营业利润(万元)	5942800.00	5942800.00	3251600.00	4633900.00
	利润总额(万元)	5954300.00	5954300.00	3262100.00	4622400.00

交通银行股份有限公司

公司概况	公司名称	交通银行股份有限公司			证券简称	交通银行
	法人代表	牛锡明	董秘	杜江龙	证券代码	601328
	公司网址	www.bankcomm.com		电子信箱	investor@bankcomm.com	
	电　　话	021-58766688		传　　真	021-58798398	
	办公地址	上海市浦东新区银城中路188号				
	经营范围	个人金融业务、公司金融业务、基金业务、国际业务、信用卡业务等				

主要财务指标	指标\报告期	2015.06.30	2014.12.31	2014.06.30	2013.12.31
	基本每股收益(元)	0.5000	0.8900	0.5000	0.8400
	基本每股收益(扣除后)(元)	0.5000	0.8800	0.4900	0.8400
	稀释每股收益(元)	0.5000	0.8900	0.5000	0.8400
	每股净资产(元)	6.5800	6.3400	5.9317	5.6500
	每股经营现金净流量(元)	0.0057	0.0165	-0.1379	1.8742
	每股现金流量(元)	2.4260	0.9457	0.1347	-0.3798
	每股资本公积金(元)	1.5276	1.5283	1.5050	1.4608
	每股盈余公积金(元)	2.3880	1.9224	1.8346	1.4746
	每股未分配利润(元)	0.6912	0.9672	0.6707	0.9066
	净资产收益率(%)	7.6362	13.9793	8.3480	14.8477
	加权净资产收益率(%)	7.6200	14.8700	16.7700	15.4900
	净资产收益率(扣除)(%)	7.5836	13.8417	8.2971	14.7802
	总资产(万元)	712215500.00	626829900.00	628393600.00	596093700.00
	归属母公司股东权益(万元)	48877900.00	47105500.00	44050300.00	41956100.00
	营业收入(万元)	9672200.00	17740100.00	9042300.00	16443500.00
	营业支出(万元)	4874200.00	9355900.00	4360500.00	8491900.00
	投资收益(万元)	96900.00	-192700.00	-239000.00	100600.00
	净利润(万元)	3750600.00	6603500.00	3677300.00	6229500.00
	营业利润(万元)	4798000.00	8384200.00	4681800.00	7951600.00
	利润总额(万元)	4828900.00	8492700.00	4719500.00	7990900.00

广深铁路股份有限公司

公司概况	公司名称	广深铁路股份有限公司			证券简称	广深铁路
	法人代表	武勇	董秘	郭向东	证券代码	601333
	公司网址	www.gsrc.com		电子信箱	ir@gsrc.com	
	电　　话	0755-25588150		传　　真	0755-25591480	
	办公地址	广东省深圳市和平路1052号				
	经营范围	铁路客货运输服务、铁路设施技术服务、国内货运代理、铁路货运代理等				

主要财务指标	指标\报告期	2015.06.30	2014.12.31	2014.06.30	2013.12.31
	基本每股收益(元)	0.0700	0.0900	0.0500	0.1800
	基本每股收益(扣除后)(元)	0.0700	0.1100	0.0600	0.1900
	稀释每股收益(元)	0.0700	0.0900	0.0500	0.1800
	每股净资产(元)	3.7914	3.7758	3.7287	3.7623
	每股经营现金净流量(元)	0.1572	0.2983	0.0944	0.2896
	每股现金流量(元)	0.0468	0.1768	0.0982	-0.0370
	每股资本公积金(元)	1.6323	1.6323	1.6323	1.6323
	每股盈余公积金(元)	0.3666	0.3666	0.3573	0.3573
	每股未分配利润(元)	0.7924	0.7768	0.7391	0.7727
	净资产收益率(%)	1.7305	2.4752	1.2446	4.7798
	加权净资产收益率(%)	1.7300	2.4800	1.2300	4.8500
	净资产收益率(扣除)(%)	1.7707	2.8219	1.5245	5.1476
	总资产(万元)	3057235.30	3053666.24	3351063.78	3323198.80
	归属母公司股东权益(万元)	2685640.19	2674584.06	2641257.95	2665054.19
	营业收入(万元)	737523.12	1480078.09	716812.98	1580067.74
	营业支出(万元)	644047.03	1238978.29	598747.21	1239523.78
	投资收益(万元)	-2321.94	999.02	617.72	1013.15
	净利润(万元)	46288.12	66112.58	32872.05	127383.94
	营业利润(万元)	66665.95	100191.68	53518.80	183927.19
	利润总额(万元)	65308.01	88063.27	43742.12	170175.15

新华人寿保险股份有限公司

公司概况	公司名称	新华人寿保险股份有限公司			证券简称	新华保险
	法人代表	康典	董秘	朱迎	证券代码	601336
	公司网址	www.newchinalife.com		电子信箱	ir@newchinalife.com	
	电　　话	010-85213233		传　　真	010-85213219 35898555	
	办公地址	北京市朝阳区建国门外大街甲12号新华保险大厦				
	经营范围	人民币、外币的人身保险等				

主要财务指标	指标\报告期	2015.06.30	2014.12.31	2014.06.30	2013.12.31
	基本每股收益(元)	2.1600	2.0500	1.2000	1.4200
	基本每股收益(扣除后)(元)	2.1800	1.9300	1.2000	1.4400
	稀释每股收益(元)	2.1600	2.0500	1.2000	1.4200
	每股净资产(元)	18.2500	15.5000	13.8773	12.6000
	每股经营现金净流量(元)	0.3074	0.0753	9.3673	18.0144
	每股现金流量(元)	1.7362	-1.3035	4.1442	-2.0821
	每股资本公积金(元)	7.6808	7.6808	7.5917	7.3679
	每股盈余公积金(元)	0.6737	0.6737	0.4673	0.4673
	每股未分配利润(元)	6.7423	4.7881	4.3490	3.2978
	净资产收益率(%)	11.8604	13.2468	8.6577	11.2485
	加权净资产收益率(%)	12.7500	14.6300	9.0400	11.7600
	净资产收益率(扣除)(%)	11.9201	12.4279	8.6577	11.4469
	总资产(万元)	65984000.00	64370900.00	61200400.00	56584900.00
	归属母公司股东权益(万元)	5692900.00	4835900.00	4329100.00	3931200.00
	营业收入(万元)	10399700.00	14318700.00	8129200.00	12959400.00
	营业支出(万元)	9511100.00	13579600.00	-7677000.00	12452400.00
	投资收益(万元)	3162400.00	3302200.00	1440800.00	2608700.00
	净利润(万元)	675300.00	640700.00	374800.00	442200.00
	营业利润(万元)	888600.00	739100.00	452200.00	507000.00
	利润总额(万元)	884300.00	778200.00	452300.00	495900.00

百隆东方股份有限公司

公司概况					
公司名称	百隆东方股份有限公司			证券简称	百隆东方
法人代表	杨卫新	董秘	华敬东	证券代码	601339
公司网址	www.broseastern.com		电子信箱	broseastern@bros.com.cn	
电　话	0574-86389999		传　真	0574-87149581	
办公地址	浙江省宁波市江东区江东北路475号和丰创意广场意庭楼17楼				
经营范围	色纺纱的研发、生产和销售				

主要财务指标：指标\报告期	2015.06.30	2014.12.31	2014.06.30	2013.12.31
基本每股收益(元)	0.1800	0.6300	0.3200	0.6800
基本每股收益(扣除后)(元)	0.1300	0.4300	0.2500	0.4300
稀释每股收益(元)	0.1800	0.6300	0.3200	0.6800
每股净资产(元)	4.4175	8.7154	8.4061	8.2880
每股经营现金净流量(元)	-0.1803	-0.2135	-0.0757	0.7818
每股现金流量(元)	0.1992	0.6092	0.1962	-0.2876
每股资本公积金(元)	1.5728	4.1457	4.1457	4.1457
每股盈余公积金(元)	0.1689	0.3378	0.2872	0.2872
每股未分配利润(元)	1.6816	3.3736	2.9670	2.8499
净资产收益率(%)	4.0344	7.2441	3.8201	8.1667
加权净资产收益率(%)	4.0100	7.4400	3.8000	8.4600
净资产收益率(扣除)(%)	2.9458	4.9720	2.9818	5.2087
总资产(万元)	1099430.11	1048555.10	982614.00	889054.01
归属母公司股东权益(万元)	662626.09	664525.38	630460.25	621599.37
营业收入(万元)	249598.28	462063.67	231847.42	427336.12
营业支出(万元)	197524.78	370125.79	183875.42	343655.99
投资收益(万元)	6345.57	12687.06	8020.45	15851.50
净利润(万元)	26732.78	47351.45	24083.93	50763.88
营业利润(万元)	29064.99	49750.86	30149.14	55366.24
利润总额(万元)	30117.92	54489.45	31011.63	58834.26

广西绿城水务股份有限公司

公司概况					
公司名称	广西绿城水务股份有限公司			证券简称	绿城水务
法人代表	黄东海	董秘	许雪菁	证券代码	601368
公司网址	www.gxlcwater.com		电子信箱	crystal@gxlcwater.com	
电　话	0771-4851348		传　真	0771-4852458	
办公地址	广西壮族自治区南宁市江南区体育路4号				
经营范围	供水和污水处理				

主要财务指标：指标\报告期	2015.06.30	0.3992	2014.06.30	2013.12.31
基本每股收益(元)	0.2426	0.3500	0.1846	0.3030
基本每股收益(扣除后)(元)	0.2216	-	0.1268	0.2947
稀释每股收益(元)	-	2.5700	-	-
每股净资产(元)	3.3775	0.8756	2.3568	1.9500
每股经营现金净流量(元)	0.3730	0.0662	-	0.7205
每股现金流量(元)	1.9385	0.3010	-	0.1005
每股资本公积金(元)	1.2246	0.2019	-	0.3002
每股盈余公积金(元)	0.1810	1.0693	-	0.1262
每股未分配利润(元)	0.9719	15.5190	-	0.5230
净资产收益率(%)	5.7471	16.5300	-	15.5431
加权净资产收益率(%)	9.0500	13.6059	7.9300	16.5500
净资产收益率(扣除)(%)	5.2500	588511.80	-	15.1202
总资产(万元)	754011.89	151455.75	-	472376.40
归属母公司股东权益(万元)	248522.99	98551.85	-	114780.82
营业收入(万元)	53437.30	51695.16	44352.97	85244.09
营业支出(万元)	25956.32	-	23423.42	45418.12
投资收益(万元)	-	23548.39	-	-
净利润(万元)	14282.94	24377.83	10892.09	17898.68
营业利润(万元)	15393.13	27812.92	8780.43	20605.45
利润总额(万元)	16883.02	0.3992	12809.26	21189.52

西安陕鼓动力股份有限公司

公司概况					
公司名称	西安陕鼓动力股份有限公司			证券简称	陕鼓动力
法人代表	印建安	董秘	章击舟	证券代码	601369
公司网址	www.shaangu.com		电子信箱	securities@shaangu.com	
电　话	029-81871035		传　真	029-81871038	
办公地址	陕西省西安市高新区沣惠南路8号				
经营范围	大型压缩机、鼓风机、通风机及各种透平机械的开发、制造、销售等				

主要财务指标：指标\报告期	2015.06.30	2014.12.31	2014.06.30	2013.12.31
基本每股收益(元)	0.1200	0.3200	0.1100	0.5600
基本每股收益(扣除后)(元)	0.0700	0.1900	0.0700	0.4600
稀释每股收益(元)	0.1200	0.3200	0.1100	0.5600
每股净资产(元)	3.6034	3.7311	3.4787	3.7104
每股经营现金净流量(元)	-0.1272	0.3028	-0.0368	0.1055
每股现金流量(元)	-0.0384	-0.7378	-0.1904	-0.4428
每股资本公积金(元)	1.0982	1.0980	1.0526	1.0525
每股盈余公积金(元)	0.5318	0.5318	0.4976	0.4976
每股未分配利润(元)	0.9523	1.0849	0.9143	1.1495
净资产收益率(%)	3.2587	8.5651	3.3000	15.0579
加权净资产收益率(%)	3.1700	8.8500	3.1900	16.0200
净资产收益率(扣除)(%)	1.8297	5.2127	2.0427	12.5002
总资产(万元)	1452269.39	1441056.62	1389373.88	1461718.54
归属母公司股东权益(万元)	590519.25	611437.80	570078.67	608057.04
营业收入(万元)	214579.88	486078.22	250302.28	628852.74
营业支出(万元)	156743.99	364502.35	185214.88	436998.95
投资收益(万元)	11136.61	24463.87	7546.58	18905.07
净利润(万元)	19077.79	53157.92	18812.70	91560.51
营业利润(万元)	20338.34	57767.52	20584.06	102988.60
利润总额(万元)	21847.24	61377.72	22259.68	106112.84

兴业证券股份有限公司

公司概况					
公司名称	兴业证券股份有限公司			证券简称	兴业证券
法人代表	兰荣	董秘	陈德富	证券代码	601377
公司网址	www.xyzq.com.cn		电子信箱	xyzqdmc@xyzq.com.cn	
电　话	0591-38507869　38565565		传　真	0591-38281508　38565802	
办公地址	福建省福州市湖东路268号 上海市浦东新区民生路1199弄证大五道口广场1号楼22层				
经营范围	证券经纪、投资银行、资产管理、基金管理、证券自营等				

主要财务指标：指标\报告期	2015.06.30	2014.12.31	2014.06.30	2013.12.31
基本每股收益(元)	0.5688	0.3426	0.1200	0.1400
基本每股收益(扣除后)(元)	0.5611	0.3363	0.2211	0.2600
稀释每股收益(元)	0.5688	0.3426	0.1200	0.1400
每股净资产(元)	3.3465	2.8236	5.1727	5.0000
每股经营现金净流量(元)	0.7912	0.4833	0.3263	0.3766
每股现金流量(元)	7.7266	2.7359	1.9424	0.3184
每股资本公积金(元)	0.7245	0.7245	2.4724	2.4489
每股盈余公积金(元)	0.1472	0.1472	0.2365	0.2365
每股未分配利润(元)	1.1949	0.6761	1.0752	0.9209
净资产收益率(%)	16.9970	12.1340	4.5055	5.1745
加权净资产收益率(%)	18.3600	12.8800	4.6000	5.8700
净资产收益率(扣除)(%)	16.7681	11.9092	4.2734	4.9028
总资产(万元)	13898533.86	7348754.04	4825503.14	3629253.56
归属母公司股东权益(万元)	1740162.56	1468264.65	1344906.62	1300492.32
营业收入(万元)	710848.59	560906.49	197797.20	309952.66
营业支出(万元)	299439.29	309585.96	112950.79	212035.29
投资收益(万元)	212329.20	162770.97	39509.05	90063.23
净利润(万元)	317459.44	194587.29	68611.48	78042.28
营业利润(万元)	411409.30	251320.53	84846.41	97917.37
利润总额(万元)	417609.41	256562.24	89831.65	103111.37

怡球金属资源再生(中国)股份有限公司

公司概况	公司名称	怡球金属资源再生(中国)股份有限公司			证券简称	怡球资源
	法人代表	黄崇胜	董秘		证券代码	601388
	公司网址	www.yechiu.com.cn		电子信箱	info@yechiu.com.cn	
	电话	0512-53703986		传真	0512-53703910	
	办公地址	江苏省苏州市太仓市浮桥镇沪浮璜公路 88 号				
	经营范围	通过回收废铝资源、进行再生铝合金锭的生产和销售				

主要财务指标	指标\报告期	2015.06.30	2014.12.31	2014.06.30	2013.12.31
	基本每股收益(元)	0.0700	0.0565	0.0100	0.2200
	基本每股收益(扣除后)(元)	0.0400	-0.0620	0.0100	-
	稀释每股收益(元)	0.0700	0.0565	0.0100	0.2200
	每股净资产(元)	4.1138	4.1215	5.4783	5.4356
	每股经营现金净流量(元)	0.5455	0.3932	0.7821	-0.2083
	每股现金流量(元)	0.6914	0.1095	0.3268	-1.5468
	每股资本公积金(元)	2.0835	2.0835	3.0086	3.0086
	每股盈余公积金(元)	0.1760	0.1760	0.2288	0.2288
	每股未分配利润(元)	1.1827	1.1088	1.4468	1.4330
	净资产收益率(%)	1.7982	1.3698	0.2512	4.0366
	加权净资产收益率(%)	1.7800	1.3500	0.2500	4.0400
	净资产收益率(扣除)(%)	0.9551	-1.5040	0.1008	3.9417
	总资产(万元)	377016.01	381090.73	365313.74	370433.11
	归属母公司股东权益(万元)	219266.83	219673.75	224609.89	222858.40
	营业收入(万元)	190822.86	431395.37	231096.47	487704.49
	营业支出(万元)	178372.16	410844.90	221219.52	461381.71
	投资收益(万元)	1887.28	3940.02	114.20	535.31
	净利润(万元)	3939.52	3007.73	564.16	8995.96
	营业利润(万元)	5761.47	4072.53	772.80	13028.45
	利润总额(万元)	5862.33	4366.00	984.22	12747.88

中国中铁股份有限公司

公司概况	公司名称	中国中铁股份有限公司			证券简称	中国中铁
	法人代表	李长进	董秘	于腾群	证券代码	601390
	公司网址	www.crec.cn		电子信箱	ir@crec.cn	
	电话	010-51878413		传真	010-51878417	
	办公地址	北京市海淀区复兴路 69 号中国中铁广场 A 座				
	经营范围	土木工程建筑和线路、管道、设备安装的总承包等				

主要财务指标	指标\报告期	2015.06.30	2014.12.31	2014.06.30	2013.12.31
	基本每股收益(元)	0.2150	0.4820	0.1900	0.4400
	基本每股收益(扣除后)(元)	0.1990	0.4560	0.1900	0.3800
	稀释每股收益(元)	-	-	-	-
	每股净资产(元)	5.2166	4.6348	4.1917	4.0673
	每股经营现金净流量(元)	-0.7711	0.9130	-0.4543	0.3755
	每股现金流量(元)	-0.3456	-0.3277	-0.1835	0.3707
	每股资本公积金(元)	1.4644	1.4333	1.4526	1.4598
	每股盈余公积金(元)	0.1604	0.1604	0.1253	0.1253
	每股未分配利润(元)	1.9965	1.8653	1.6247	1.5007
	净资产收益率(%)	4.3238	10.4943	4.5484	10.8210
	加权净资产收益率(%)	4.6800	11.2600	4.5800	11.3900
	净资产收益率(扣除)(%)	4.0281	9.9316	4.5760	9.2693
	总资产(万元)	70002948.70	68304723.90	66142843.20	62820053.00
	归属母公司股东权益(万元)	11111391.60	9871984.40	8928217.90	8663344.90
	营业收入(万元)	27337345.50	61032805.50	27622417.20	55879866.30
	营业支出(万元)	24422865.50	54401746.90	24844136.60	50184304.70
	投资收益(万元)	36193.90	69997.40	3403.80	108193.20
	净利润(万元)	440502.10	1067638.40	406089.40	937463.40
	营业利润(万元)	642673.50	1480953.70	592097.00	1236071.00
	利润总额(万元)	649852.40	1531335.30	607769.60	1351078.70

中国工商银行股份有限公司

公司概况	公司名称	中国工商银行股份有限公司			证券简称	工商银行
	法人代表	姜建清	董秘	胡浩	证券代码	601398
	公司网址	www.icbc.com.cn		电子信箱	ir@icbc.com.cn	
	电话	010-66108608 66106114		传真	010-66107571	
	办公地址	北京市西城区复兴门内大街 55 号				
	经营范围	提供银行及相关金融服务等				

主要财务指标	指标\报告期	2015.06.30	2014.12.31	2014.06.30	2013.12.31
	基本每股收益(元)	0.4200	0.7800	0.4200	0.7500
	基本每股收益(扣除后)(元)	0.4200	0.7800	0.4200	0.7500
	稀释每股收益(元)	0.4200	0.7800	0.4200	0.7400
	每股净资产(元)	4.4000	4.3300	3.8600	3.6300
	每股经营现金净流量(元)	0.0045	0.0087	1.1898	-0.0055
	每股现金流量(元)	2.0124	0.1043	0.7042	-0.6951
	每股资本公积金(元)	0.4270	0.4098	0.3717	0.3074
	每股盈余公积金(元)	0.4247	0.4265	0.3531	0.3525
	每股未分配利润(元)	1.9829	1.8394	1.6144	1.4569
	净资产收益率(%)	9.2962	18.0167	10.9310	20.6139
	加权净资产收益率(%)	9.4300	19.9600	21.7700	21.9200
	净资产收益率(扣除)(%)	9.2435	17.9229	10.8997	20.5266
	总资产(万元)	2241729500.00	2060995300.00	2030367700.00	1891775200.00
	归属母公司股东权益(万元)	160302500.00	153085900.00	135485700.00	127413400.00
	营业收入(万元)	35624200.00	65889200.00	32842500.00	58963700.00
	营业支出(万元)	16289300.00	29928000.00	-13491900.00	25259100.00
	投资收益(万元)	608000.00	492000.00	182700.00	307800.00
	净利润(万元)	14942600.00	27628600.00	14810000.00	26264900.00
	营业利润(万元)	19334900.00	35961200.00	19350600.00	33704600.00
	利润总额(万元)	19467800.00	36161200.00	19409000.00	33853700.00

汕头东风印刷股份有限公司

公司概况	公司名称	汕头东风印刷股份有限公司			证券简称	东风股份
	法人代表	黄晓佳	董秘	刘飞	证券代码	601515
	公司网址	www.dfp.com.cn		电子信箱	zqb@dfp.com.cn	
	电话	0754-88118555		传真	0754-88118494	
	办公地址	广东省汕头市潮汕路金园工业城北郊工业区(二围工业区)、4A2-2 片区、2M4 片区、13-02 片区 A-F 座				
	经营范围	烟标印制及相关包装材料的设计、生产与销售				

主要财务指标	指标\报告期	2015.06.30	2014.12.31	2014.06.30	2013.12.31
	基本每股收益(元)	0.3400	0.6600	0.3300	1.2600
	基本每股收益(扣除后)(元)	0.3300	0.6300	0.3100	1.2100
	稀释每股收益(元)	0.3400	0.6600	0.3300	1.2600
	每股净资产(元)	2.9111	2.7968	2.4706	4.2862
	每股经营现金净流量(元)	0.1318	0.5094	0.0544	0.7789
	每股现金流量(元)	-0.0331	-0.0570	-0.1760	-0.2015
	每股资本公积金(元)	0.1351	0.1351	0.1374	1.2748
	每股盈余公积金(元)	0.2124	0.2124	0.1152	0.2304
	每股未分配利润(元)	1.5600	1.4574	1.2179	1.7841
	净资产收益率(%)	11.7692	23.6877	13.1906	29.4830
	加权净资产收益率(%)	11.8400	26.7700	14.1300	29.3600
	净资产收益率(扣除)(%)	11.2576	22.5264	12.5939	28.1226
	总资产(万元)	437866.03	412808.81	365954.36	322356.67
	归属母公司股东权益(万元)	323709.21	311008.03	274727.85	238313.88
	营业收入(万元)	117333.73	200204.58	97886.58	180152.67
	营业支出(万元)	59528.38	93167.54	45867.89	83632.96
	投资收益(万元)	7693.34	12579.86	6435.30	14290.27
	净利润(万元)	39968.65	76629.90	36238.24	70262.06
	营业利润(万元)	47059.68	88921.83	42840.10	84453.93
	利润总额(万元)	46434.93	88578.87	42544.45	83808.97

吉林高速公路股份有限公司

公司概况	公司名称	吉林高速公路股份有限公司		证券简称	吉林高速
	法人代表	韩增义	董秘 张向东	证券代码	601518
	公司网址	www.jlgsgl.com		电子信箱	jlgs@jlgsgl.com
	电　话	0431-84622188 84664798		传　真	0431-84622168 84664798
	办公地址	吉林省长春市经济开发区浦东路4488号			
	经营范围	公路投资、开发、建设、养护和经营管理、建筑材料生产、经销等			

主要财务指标	指标\报告期	2015.06.30	2014.12.31	2014.06.30	2013.12.31
	基本每股收益(元)	0.0900	0.2100	0.1200	0.2400
	基本每股收益(扣除后)(元)	0.0900	0.2100	0.1200	0.2400
	稀释每股收益(元)	0.0900	0.2100	0.1200	0.2400
	每股净资产(元)	2.0364	2.0143	1.9250	1.8686
	每股经营现金净流量(元)	0.0713	0.2169	0.0771	0.3734
	每股现金流量(元)	0.1250	–0.7590	–0.3851	–0.0846
	每股资本公积金(元)	0.2614	0.2614	0.2614	0.2614
	每股盈余公积金(元)	0.1042	0.1042	0.0846	0.0846
	每股未分配利润(元)	0.6708	0.6487	0.5790	0.5226
	净资产收益率(%)	4.2281	10.4129	6.2562	12.7515
	加权净资产收益率(%)	4.2300	10.8300	6.2800	13.4200
	净资产收益率(扣除)(%)	4.2264	10.4532	6.2550	12.6145
	总资产(万元)	562954.57	512277.78	423294.65	423712.22
	归属母公司股东权益(万元)	247056.65	244375.40	233539.51	226693.27
	营业收入(万元)	26354.25	60415.51	30109.65	78573.28
	营业支出(万元)	7404.82	16400.07	6773.48	24783.96
	投资收益(万元)	–	–	–	–
	净利润(万元)	11227.82	26553.55	14610.72	28906.74
	营业利润(万元)	14291.07	34638.66	19857.52	39116.87
	利润总额(万元)	14296.66	34507.12	19861.30	39535.92

上海大智慧股份有限公司

公司概况	公司名称	上海大智慧股份有限公司		证券简称	大智慧
	法人代表	张长虹	董秘 戴勇斌	证券代码	601519
	公司网址	www.gw.com.cn		电子信箱	ir@gw.com.cn
	电　话	021-20219261		传　真	021-33848922
	办公地址	上海市浦东新区杨高南路428号1号楼			
	经营范围	计算机软件服务、第二类增值电信业务中的信息服务业务等			

主要财务指标	指标\报告期	2015.06.30	2014.12.31	2014.06.30	2013.12.31
	基本每股收益(元)	0.0020	0.0540	0.0090	0.0060
	基本每股收益(扣除后)(元)	–0.1110	–0.3140	–0.1590	–0.0150
	稀释每股收益(元)	0.0020	0.0540	0.0090	0.0060
	每股净资产(元)	1.5231	1.5231	1.4785	1.6145
	每股经营现金净流量(元)	–0.1327	–0.2671	–0.0450	–0.0427
	每股现金流量(元)	0.0530	–0.5107	–0.3223	–0.2756
	每股资本公积金(元)	0.5144	0.5144	0.5146	0.6660
	每股盈余公积金(元)	0.0176	0.0176	0.0176	0.0194
	每股未分配利润(元)	–0.0058	–0.0073	–0.0525	–0.0672
	净资产收益率(%)	0.1013	3.5318	0.5826	0.3997
	加权净资产收益率(%)	0.1000	3.6000	0.5900	0.4000
	净资产收益率(扣除)(%)	–7.2660	–20.6411	–10.7562	–0.9555
	总资产(万元)	322205.33	326094.33	354666.58	343494.51
	归属母公司股东权益(万元)	302747.53	302742.74	293880.40	291738.95
	营业收入(万元)	30668.25	82045.15	42945.58	89426.23
	营业支出(万元)	11643.45	39768.44	17946.92	17568.94
	投资收益(万元)	21769.69	91831.77	40333.99	23302.16
	净利润(万元)	188.02	13847.58	1712.06	1166.14
	营业利润(万元)	1064.25	14486.36	–650.06	402.65
	利润总额(万元)	1104.63	18009.93	1740.15	4292.12

东吴证券股份有限公司

公司概况	公司名称	东吴证券股份有限公司		证券简称	东吴证券
	法人代表	范力	董秘 魏纯	证券代码	601555
	公司网址	www.dwjq.com.cn		电子信箱	dwzqdb@gsjq.com.cn
	电　话	0512-62601555		传　真	0512-62938812
	办公地址	江苏省苏州市工业园区星阳街5号			
	经营范围	证券经纪、投资银行、证券自营、资产管理、基金管理、直接投资等			

主要财务指标	指标\报告期	2015.06.30	2014.12.31	2014.06.30	2013.12.31
	基本每股收益(元)	0.6800	0.4900	0.1700	0.1900
	基本每股收益(扣除后)(元)	0.6800	0.4200	0.1600	0.1900
	稀释每股收益(元)	0.6800	0.4900	0.1700	0.1900
	每股净资产(元)	5.7722	5.2144	4.0499	3.9145
	每股经营现金净流量(元)	0.9222	0.5299	0.4468	–1.5638
	每股现金流量(元)	12.1154	3.2607	0.8863	–0.2490
	每股资本公积金(元)	3.1721	3.1721	2.1665	2.1375
	每股盈余公积金(元)	0.0936	0.0936	0.0824	0.0824
	每股未分配利润(元)	1.1006	0.5502	0.5133	0.4069
	净资产收益率(%)	11.7310	7.9229	4.1088	4.8874
	加权净资产收益率(%)	12.1900	10.6000	4.1600	4.9700
	净资产收益率(扣除)(%)	11.7076	6.7675	3.9935	4.8300
	总资产(万元)	10242727.02	5746111.10	2285994.41	1884405.73
	归属母公司股东权益(万元)	1558501.18	1407885.72	809986.23	782907.51
	营业收入(万元)	396998.25	324098.25	108831.91	159870.86
	营业支出(万元)	148016.54	181038.18	65097.18	108896.77
	投资收益(万元)	163340.55	133204.52	31035.00	43107.73
	净利润(万元)	184129.03	112455.94	33281.07	38263.62
	营业利润(万元)	248981.71	143060.08	43734.73	50974.09
	利润总额(万元)	246200.25	144879.09	44979.78	51614.90

华锐风电科技(集团)股份有限公司

公司概况	公司名称	华锐风电科技(集团)股份有限公司		证券简称	华锐风电
	法人代表	肖群	董秘 王波	证券代码	601558
	公司网址	www.sinovel.com		电子信箱	investor@sinovelwind.com
	电　话	010-62515566		传　真	010-62511713
	办公地址	北京市海淀区中关村大街59号文化大厦			
	经营范围	开发、设计、销售风力发电设备等			

主要财务指标	指标\报告期	2015.06.30	2014.12.31	2014.06.30	2013.12.31
	基本每股收益(元)	–0.1400	0.0100	–0.0600	–0.6200
	基本每股收益(扣除后)(元)	–0.1500	–0.1500	–0.0800	–0.6900
	稀释每股收益(元)	–0.1400	0.0100	–0.0600	–0.6200
	每股净资产(元)	1.3078	1.4572	2.1745	2.2664
	每股经营现金净流量(元)	–0.0218	–0.0997	0.0104	–0.3909
	每股现金流量(元)	0.0065	–0.2868	–0.2386	–0.4761
	每股资本公积金(元)	0.8843	0.8843	1.8107	1.8072
	每股盈余公积金(元)	0.0840	0.0840	0.1247	0.1259
	每股未分配利润(元)	–0.6604	–0.5170	–0.7698	–0.7956
	净资产收益率(%)	–10.9626	0.9187	–3.2677	–37.8217
	加权净资产收益率(%)	–10.3700	0.9300	–3.2000	–32.1700
	净资产收益率(扣除)(%)	–11.2846	–10.2948	–3.4808	–30.2793
	总资产(万元)	1585172.19	1744006.50	2173127.80	2352824.09
	归属母公司股东权益(万元)	788661.92	878755.68	874244.04	872757.84
	营业收入(万元)	48380.59	361988.08	204235.02	360594.21
	营业支出(万元)	41924.12	315349.25	180457.81	333617.67
	投资收益(万元)	1269.50	461.16	673.44	12514.13
	净利润(万元)	–86458.11	8073.28	–37133.04	–376426.74
	营业利润(万元)	–86576.72	–97952.76	–39128.21	–197246.36
	利润总额(万元)	–87370.39	90.41	–36368.39	–332553.77

九牧王股份有限公司

公司概况						
公司名称	九牧王股份有限公司				证券简称	九 牧 王
法人代表	林聪颖	董秘	吴徽荣		证券代码	601566
公司网址	www.jiumuwang.com		电子信箱		ir@joeone.net	
电 话	0592-2955789		传 真		0592-2955997	
办公地址	福建省厦门市思明区宜兰路1号					
经营范围	生产纺织品、服装、皮革服饰、家具、运动鞋及相关技术的交流和推广					

主要财务指标 指标\报告期	2015.06.30	2014.12.31	2014.06.30	2013.12.31
基本每股收益(元)	0.3900	0.6100	0.3800	0.9300
基本每股收益(扣除后)(元)	0.4200	0.5800	0.3500	0.9000
稀释每股收益(元)	0.3900	0.6100	0.3800	0.9300
每股净资产(元)	7.0902	7.7169	7.5005	7.8128
每股经营现金净流量(元)	0.5341	0.8241	0.3151	0.9661
每股现金流量(元)	0.4781	-1.4832	-0.1049	-1.7110
每股资本公积金(元)	4.4825	4.4825	4.5092	4.4992
每股盈余公积金(元)	0.3723	0.3723	0.3375	0.3375
每股未分配利润(元)	1.2516	1.8636	1.6553	1.9777
净资产收益率(%)	5.4715	7.9046	5.0350	11.8887
加权净资产收益率(%)	5.0100	7.8800	4.7900	12.0500
净资产收益率(扣除)(%)	5.9240	7.5849	4.7179	11.5906
总资产(万元)	521299.01	513152.51	512335.04	521353.07
归属母公司股东权益(万元)	407426.38	443439.50	433878.25	451943.09
营业收入(万元)	102565.37	206781.91	97109.18	250153.93
营业支出(万元)	42915.67	90470.24	41531.44	108037.87
投资收益(万元)	5018.84	7242.40	3000.18	2446.11
净利润(万元)	22292.38	35052.07	21845.86	53730.22
营业利润(万元)	27359.54	43026.96	26815.71	66593.66
利润总额(万元)	27823.96	44760.02	28479.82	68319.02

宁波三星医疗电气股份有限公司

公司概况						
公司名称	宁波三星医疗电气股份有限公司				证券简称	三星医疗
法人代表	郑坚江	董秘	缪锡雷		证券代码	601567
公司网址	www.sanxing.com		电子信箱		stock@mail.sanxing.com	
电 话	0574-88072272		传 真		0574-88072271	
办公地址	浙江省宁波市鄞州工业园区(宁波市鄞州区姜山镇)					
经营范围	仪器仪表、电能表、变压器、开关柜、配电自动化设备及相关配件的研发、制造、加工等					

主要财务指标 指标\报告期	2015.06.30	2014.12.31	2014.06.30	2013.12.31
基本每股收益(元)	0.1800	0.9300	0.1100	0.7000
基本每股收益(扣除后)(元)	0.1400	0.9200	0.1100	0.6700
稀释每股收益(元)	0.1800	0.9200	0.1100	0.7000
每股净资产(元)	2.2118	5.9326	5.8435	5.5866
每股经营现金净流量(元)	-0.1007	0.7469	-0.9029	0.6741
每股现金流量(元)	0.4112	-0.0393	-0.2491	-1.7561
每股资本公积金(元)	0.3746	3.3779	2.7176	2.7176
每股盈余公积金(元)	0.1143	0.3362	0.2783	0.2783
每股未分配利润(元)	0.7849	1.9475	1.8471	1.5891
净资产收益率(%)	7.3625	15.4019	4.4150	12.6133
加权净资产收益率(%)	7.3100	16.0000	4.3700	12.8500
净资产收益率(扣除)(%)	5.6423	-	4.2432	12.0772
总资产(万元)	726626.06	601084.57	450043.23	373836.65
归属母公司股东权益(万元)	265198.91	268409.08	234031.24	223745.01
营业收入(万元)	161495.47	287383.10	118844.37	224668.31
营业支出(万元)	108865.50	182864.17	76765.71	147653.10
投资收益(万元)	5420.98	-330.84	1136.61	2331.11
净利润(万元)	19532.37	37296.83	11041.10	28230.64
营业利润(万元)	23489.40	41969.26	14610.34	30986.64
利润总额(万元)	23797.87	44959.05	14879.01	32791.22

会稽山绍兴酒股份有限公司

公司概况						
公司名称	会稽山绍兴酒股份有限公司				证券简称	会稽山
法人代表	金建顺	董秘	金雪泉		证券代码	601579
公司网址	www.kuaijishanwine.com		电子信箱		ir_kjs@kuaijishanwine.com	
电 话	0575-81188579		传 真		0575-84889773	
办公地址	浙江省绍兴市柯桥区鉴湖路1053号					
经营范围	黄酒的研发、生产和销售等					

主要财务指标 指标\报告期	2015.06.30	2014.12.31	2014.06.30	2013.12.31
基本每股收益(元)	0.1740	0.3300	0.2300	0.4100
基本每股收益(扣除后)(元)	0.1650	0.3100	0.2300	0.4100
稀释每股收益(元)	0.1740	0.3300	0.2300	0.4100
每股净资产(元)	3.6486	3.5849	3.3900	3.1600
每股经营现金净流量(元)	-0.3162	0.2095	-0.5956	0.4649
每股现金流量(元)	-0.3438	-0.1165	-0.6815	-0.0273
每股资本公积金(元)	1.3223	1.3223	0.8447	0.8447
每股盈余公积金(元)	0.1639	0.1639	0.1869	0.1869
每股未分配利润(元)	1.1624	1.0987	1.3612	1.1301
净资产收益率(%)	4.7608	7.6666	6.8120	13.0770
加权净资产收益率(%)	4.7300	9.7400	7.0500	13.9400
净资产收益率(扣除)(%)	4.5138	7.2859	-	12.9541
总资产(万元)	225782.10	218115.34	201441.32	206882.25
归属母公司股东权益(万元)	145943.50	143395.42	101786.13	94852.92
营业收入(万元)	43957.44	85913.00	43948.53	93381.43
营业支出(万元)	24118.77	46995.43	22817.63	50651.88
投资收益(万元)	-	-	-	-
净利润(万元)	7022.56	11199.88	6933.21	12404.33
营业利润(万元)	9450.55	14329.37	9714.55	17038.01
利润总额(万元)	9571.68	14959.65	9704.46	17109.21

北京北辰实业股份有限公司

公司概况						
公司名称	北京北辰实业股份有限公司				证券简称	北辰实业
法人代表	贺江川	董秘	郭川		证券代码	601588
公司网址	www.beijingns.com.cn		电子信箱		northstar@beijingns.com.cn	
电 话	010-64991277		传 真		010-64991352	
办公地址	北京市朝阳区北辰东路8号汇欣大厦A座707					
经营范围	房地产开发、物业管理、物业出租、娱乐及餐饮、酒店及百货业等					

主要财务指标 指标\报告期	2015.06.30	2014.12.31	2014.06.30	2013.12.31
基本每股收益(元)	0.1100	0.1600	0.0700	0.2000
基本每股收益(扣除后)(元)	0.1100	0.1600	0.0700	0.1900
稀释每股收益(元)	0.1100	0.1600	0.0700	0.2000
每股净资产(元)	3.2903	3.2376	3.1506	3.1399
每股经营现金净流量(元)	-0.3656	-0.3728	0.0136	0.3368
每股现金流量(元)	0.2732	0.2543	0.3966	0.1840
每股资本公积金(元)	1.0982	1.0982	1.0982	1.0982
每股盈余公积金(元)	0.2225	0.2225	0.2134	0.2134
每股未分配利润(元)	0.9696	0.9168	0.8390	0.8283
净资产收益率(%)	3.4276	4.8695	2.2432	6.2857
加权净资产收益率(%)	3.4300	4.9400	2.2300	6.4300
净资产收益率(扣除)(%)	3.4055	4.8953	2.2407	6.1930
总资产(万元)	4063642.29	3768358.39	3487846.97	3210332.57
归属母公司股东权益(万元)	1107866.44	1090095.40	1060808.90	1057215.02
营业收入(万元)	324946.68	623362.26	258989.78	550499.08
营业支出(万元)	171962.10	326010.71	138710.94	281956.31
投资收益(万元)	-130.32	-66.89	-5.46	1493.91
净利润(万元)	41184.91	58719.03	23796.00	66453.50
营业利润(万元)	54778.82	79713.50	37549.94	93508.54
利润总额(万元)	55115.44	79327.24	37585.13	93209.73

江苏鹿港科技股份有限公司

公司概况

公司名称	江苏鹿港科技股份有限公司			证券简称	鹿港科技
法人代表	钱文龙	董秘	邹国栋	证券代码	601599
公司网址	www.lugangwool.com		电子信箱	info@lugangwool.com	
电　话	0512-58353258 58353239		传　真	0512-58470080	
办公地址	江苏省张家港市塘桥镇鹿苑工业区				
经营范围	各类针织毛纺纱线以及高档精纺呢绒面料生产与销售等				

主要财务指标

指标\报告期	2015.06.30	2014.12.31	2014.06.30	2013.12.31
基本每股收益(元)	0.1700	0.1800	0.1100	0.0400
基本每股收益(扣除后)(元)	0.1500	0.1300	0.0900	–0.0040
稀释每股收益(元)	0.1700	0.1800	0.1100	0.0400
每股净资产(元)	3.9124	3.8216	3.0647	2.9997
每股经营现金净流量(元)	0.4516	0.8691	0.3908	0.7412
每股现金流量(元)	0.1834	–0.1833	–0.4418	0.4814
每股资本公积金(元)	2.0770	2.0770	1.2529	1.2529
每股盈余公积金(元)	0.0496	0.0496	0.0523	0.0523
每股未分配利润(元)	0.7869	0.6961	0.7606	0.6959
净资产收益率(%)	4.3656	4.1181	3.7417	1.3850
加权净资产收益率(%)	4.4000	5.7300	3.7600	1.3900
净资产收益率(扣除)(%)	3.9187	2.9097	2.9085	–0.1244
总资产(万元)	346193.79	327599.23	279934.08	257794.08
归属母公司股东权益(万元)	147662.86	144236.27	97458.69	95389.88
营业收入(万元)	124246.58	223314.29	120297.32	184419.21
营业支出(万元)	103802.81	189938.16	103730.91	158786.19
投资收益(万元)	1295.54	1158.46	1096.25	252.87
净利润(万元)	6719.20	6568.32	3646.60	1321.13
营业利润(万元)	7129.91	6851.55	3717.45	1781.13
利润总额(万元)	7915.28	8022.47	4167.07	2217.69

中国铝业股份有限公司

公司概况

公司名称	中国铝业股份有限公司			证券简称	中国铝业
法人代表	葛红林	董秘	许波	证券代码	601600
公司网址	www.chalco.com.cn		电子信箱	ir@chalco.com.cn	
电　话	010-82298322		传　真	010-82298158	
办公地址	北京市海淀区西直门北大街 62 号				
经营范围	氧化铝、原铝及铝加工产品的生产及销售等				

主要财务指标

指标\报告期	2015.06.30	2014.12.31	2014.06.30	2013.12.31
基本每股收益(元)	0.0020	–1.2000	–0.3000	0.0700
基本每股收益(扣除后)(元)	–0.1100	–1.2800	–0.3400	–0.5800
稀释每股收益(元)	0.0020	–1.2000	–0.3000	0.0700
每股净资产(元)	2.4284	2.0907	2.9853	3.2798
每股经营现金净流量(元)	0.1884	1.0184	0.3476	0.6101
每股现金流量(元)	0.1224	0.3613	0.6981	0.1714
每股资本公积金(元)	1.3614	1.0183	1.0163	1.0162
每股盈余公积金(元)	0.3937	0.4338	0.4338	0.4338
每股未分配利润(元)	–0.3262	–0.3615	0.5327	0.8376
净资产收益率(%)	0.0762	–57.3527	–10.2130	2.1369
加权净资产收益率(%)	0.0800	–44.6500	–9.7300	2.1500
净资产收益率(扣除)(%)	–4.0556	–61.3323	–11.3495	–17.5992
总资产(万元)	19567606.00	19263197.10	20624055.70	19950705.40
归属母公司股东权益(万元)	3619235.60	2827568.70	4037452.60	4435772.50
营业收入(万元)	6608716.90	14177229.20	7009202.20	17303809.90
营业支出(万元)	6216691.70	13975120.50	–6934281.90	16929084.60
投资收益(万元)	117896.10	66772.50	43237.10	766115.60
净利润(万元)	20510.30	–1704943.30	–412343.20	94789.10
营业利润(万元)	–64397.30	–1681755.40	–415947.20	–89719.90
利润总额(万元)	16861.70	–1597452.30	–379469.60	106176.20

中国太平洋保险(集团)股份有限公司

公司概况

公司名称	中国太平洋保险(集团)股份有限公司			证券简称	中国太保
法人代表	高国富	董秘	马欣	证券代码	601601
公司网址	www.cpic.com.cn		电子信箱	ir@cpic.com.cn	
电　话	021-58767282		传　真	021-68870791	
办公地址	上海市浦东新区银城中路 190 号交银金融大厦南楼				
经营范围	人民币和外币的各种财产保险、短期健康保险和意外伤害保险业务				

主要财务指标

指标\报告期	2015.06.30	2014.12.31	2014.06.30	2013.12.31
基本每股收益(元)	1.2500	1.2200	0.7600	1.0200
基本每股收益(扣除后)(元)	1.2500	1.2100	0.7500	1.0200
稀释每股收益(元)	1.2500	1.2200	0.7600	1.0200
每股净资产(元)	14.1900	12.9300	11.7348	10.9200
每股经营现金净流量(元)	0.3845	0.6303	2.6427	4.9784
每股现金流量(元)	0.5043	–0.5841	0.4925	–0.6240
每股资本公积金(元)	7.3650	7.3650	7.2538	6.7962
每股盈余公积金(元)	0.3944	0.3944	0.3409	0.3409
每股未分配利润(元)	3.6921	2.9457	3.1469	2.7912
净资产收益率(%)	8.7830	9.4330	6.4397	9.3576
加权净资产收益率(%)	9.1000	10.2500	6.6000	9.5000
净资产收益率(扣除)(%)	8.7768	9.3852	6.3955	9.3293
总资产(万元)	91168500.00	82510000.00	82139100.00	72353300.00
归属母公司股东权益(万元)	12860000.00	11713100.00	10634100.00	9896800.00
营业收入(万元)	13451400.00	21977800.00	11414500.00	19313700.00
营业支出(万元)	11894500.00	20535600.00	10503100.00	18126900.00
投资收益(万元)	3123000.00	4440900.00	1754400.00	3227700.00
净利润(万元)	1148700.00	1124500.00	684800.00	926100.00
营业利润(万元)	1556900.00	1442200.00	911400.00	1186800.00
利润总额(万元)	1558100.00	1450000.00	917900.00	1191400.00

上海医药集团股份有限公司

公司概况

公司名称	上海医药集团股份有限公司			证券简称	上海医药
法人代表	楼定波	董秘	沈波	证券代码	601607
公司网址	www.sphchina.com		电子信箱	pharm@sphchina.com	
电　话	021-63730908		传　真	021-63289333	
办公地址	上海市太仓路 200 号上海医药大厦				
经营范围	原料药和各种剂型等				

主要财务指标

指标\报告期	2015.06.30	2014.12.31	2014.06.30	2013.12.31
基本每股收益(元)	0.5705	0.9636	0.4902	0.8341
基本每股收益(扣除后)(元)	0.5413	0.8037	0.4452	0.7688
稀释每股收益(元)	0.5705	0.9636	0.4902	0.8341
每股净资产(元)	10.5957	10.3470	9.8781	9.6522
每股经营现金净流量(元)	0.1794	0.4967	0.1008	0.3620
每股现金流量(元)	–0.2054	–0.5411	–0.5056	–0.2438
每股资本公积金(元)	5.2238	5.2633	5.2681	5.2713
每股盈余公积金(元)	0.3565	0.3565	0.3188	0.3188
每股未分配利润(元)	4.0024	3.7221	3.2993	3.0691
净资产收益率(%)	5.3843	9.3132	4.9621	8.6420
加权净资产收益率(%)	5.3800	9.6700	4.9900	8.8700
净资产收益率(扣除)(%)	5.1088	7.7678	4.5068	7.9646
总资产(万元)	6988578.37	6434055.82	6315269.69	5631152.16
归属母公司股东权益(万元)	2849082.78	2782212.94	2656142.48	2595381.24
营业收入(万元)	5095007.64	9239889.36	4401301.63	7822281.74
营业支出(万元)	4466581.94	8099412.42	3843432.36	6798014.25
投资收益(万元)	31560.31	59522.76	29914.84	55181.54
净利润(万元)	175476.52	299201.49	131800.29	224292.51
营业利润(万元)	201590.93	326954.42	185632.94	307430.85
利润总额(万元)	212466.21	379973.18	191710.29	326084.64

中信重工机械股份有限公司

公司概况					
公司名称	中信重工机械股份有限公司			证券简称	中信重工
法人代表	任沁新	董秘	梁慧	证券代码	601608
公司网址	www.citichmc.com		电子信箱	citic_hic@citic.com	
电　话	0379-64088999		传　真	0379-64088108	
办公地址	河南省洛阳市涧西区建设路206号				
经营范围	重型成套机械设备及零部件、铸锻件的设计、制造、销售等				

主要财务指标				
指标\报告期	2015.06.30	2014.12.31	2014.06.30	2013.12.31
基本每股收益(元)	0.0500	0.1500	0.1000	0.1800
基本每股收益(扣除后)(元)	0.0200	0.0800	0.0900	0.1600
稀释每股收益(元)	0.0500	0.1500	0.1000	0.1800
每股净资产(元)	2.8494	2.8658	2.9041	2.8645
每股经营现金净流量(元)	-0.0762	-0.0960	-0.0795	0.0166
每股现金流量(元)	0.0082	-0.1460	-0.1397	0.1470
每股资本公积金(元)	0.9372	0.9372	0.9295	0.9295
每股盈余公积金(元)	0.2468	0.2068	0.1839	0.1597
每股未分配利润(元)	0.6834	0.7369	0.7943	0.7789
净资产收益率(%)	1.8107	5.1892	3.3598	6.3667
加权净资产收益率(%)	1.7900	5.2600	3.3500	6.5100
净资产收益率(扣除)(%)	0.7920	2.9318	3.1413	5.6572
总资产(万元)	1981171.80	1983194.15	1835197.34	1758601.64
归属母公司股东权益(万元)	780745.73	785229.61	795712.12	784876.10
营业收入(万元)	198207.17	528629.49	285022.74	508311.11
营业支出(万元)	135373.24	368965.81	202134.58	328094.43
投资收益(万元)	7203.80	9621.62	4687.01	8049.19
净利润(万元)	14136.66	40769.72	26734.29	49971.03
营业利润(万元)	12863.25	28774.66	23162.15	42619.92
利润总额(万元)	17679.23	45391.12	30023.20	57096.96

上海广电电气(集团)股份有限公司

公司概况					
公司名称	上海广电电气(集团)股份有限公司			证券简称	广电电气
法人代表	赵淑文	董秘	王斌	证券代码	601616
公司网址	www.sgeg.cn		电子信箱	office@csge.com	
电　话	021-37531122　67101661		传　真	021-67101890	
办公地址	上海市奉贤区南桥镇环城东路123弄1号				
经营范围	高低压输配电成套设备、各类元器件及零配件、流体设备的生产销售等				

主要财务指标				
指标\报告期	2015.06.30	2014.12.31	2014.06.30	2013.12.31
基本每股收益(元)	0.0160	0.0416	0.0231	0.0585
基本每股收益(扣除后)(元)	0.0142	0.0275	0.0186	0.0382
稀释每股收益(元)	0.0160	0.0416	0.0231	0.0585
每股净资产(元)	2.6720	2.7053	2.6857	2.7124
每股经营现金净流量(元)	-0.0155	0.0391	-0.0501	0.0918
每股现金流量(元)	-0.0927	-0.1439	-0.0620	-0.5933
每股资本公积金(元)	1.4356	1.4346	1.4331	1.4331
每股盈余公积金(元)	0.0949	0.0950	0.0919	0.0919
每股未分配利润(元)	0.1423	0.1764	0.1613	0.1882
净资产收益率(%)	0.5981	1.5365	0.8605	2.1578
加权净资产收益率(%)	0.5900	1.5100	0.8500	2.1500
净资产收益率(扣除)(%)	0.5300	1.0158	0.6941	1.4080
总资产(万元)	307952.44	308603.15	317597.45	326401.38
归属母公司股东权益(万元)	249382.58	252290.03	250465.36	252957.22
营业收入(万元)	40278.33	89219.72	44923.61	110675.16
营业支出(万元)	30271.61	68225.75	34713.75	88227.22
投资收益(万元)	3250.50	6365.56	3265.68	5083.46
净利润(万元)	1810.64	4161.52	2155.34	5458.20
营业利润(万元)	1801.94	2749.44	2063.52	3434.07
利润总额(万元)	2014.17	4322.21	2553.93	5915.11

中国冶金科工股份有限公司

公司概况					
公司名称	中国冶金科工股份有限公司			证券简称	中国中冶
法人代表	国文清	董秘	肖学文	证券代码	601618
公司网址	www.mccchina.com		电子信箱	ir@mccchina.com	
电　话	010-59868666		传　真	010-59868999	
办公地址	北京市朝阳区曙光西里28号中冶大厦　香港湾仔港湾道1号会展广场办公大楼32楼3205室				
经营范围	工程承包、资源开发、装备制造与房地产开发等				

主要财务指标				
指标\报告期	2015.06.30	2014.12.31	2014.06.30	2013.12.31
基本每股收益(元)	0.1100	0.2100	0.0900	0.1600
基本每股收益(扣除后)(元)	0.0900	0.1500	0.0700	0.1000
稀释每股收益(元)	-	-	-	-
每股净资产(元)	2.8025	2.4771	2.3453	2.3308
每股经营现金净流量(元)	-0.2121	0.7833	-0.3000	1.0477
每股现金流量(元)	-0.2156	-0.1398	-0.4047	-0.0440
每股资本公积金(元)	0.9329	0.9328	0.9629	0.9740
每股盈余公积金(元)	0.0277	0.0277	0.0220	0.0220
每股未分配利润(元)	0.5490	0.4854	0.3783	0.3446
净资产收益率(%)	4.0560	8.3759	4.0370	6.6924
加权净资产收益率(%)	4.4400	8.6300	4.0000	6.9500
净资产收益率(扣除)(%)	3.3303	6.0568	3.1871	4.2961
总资产(万元)	33752106.40	32597847.90	33434490.30	32288443.90
归属母公司股东权益(万元)	5355640.10	4733725.70	4481850.30	4454130.00
营业收入(万元)	10069155.10	21578577.20	9616655.20	20269024.10
营业支出(万元)	8759365.90	18788455.60	8429686.90	17511226.10
投资收益(万元)	12386.30	105366.70	54107.20	34281.20
净利润(万元)	246081.70	434135.50	180933.50	298086.40
营业利润(万元)	312723.50	529024.70	272112.70	442144.50
利润总额(万元)	350414.00	670530.50	317761.30	529651.30

中国人寿保险股份有限公司

公司概况					
公司名称	中国人寿保险股份有限公司			证券简称	中国人寿
法人代表	杨明生	董秘	郑勇	证券代码	601628
公司网址	www.e-chinalife.com		电子信箱	ir@e-chinalife.com	
电　话	010-63631244		传　真	010-66575112　66575722	
办公地址	北京市西城区金融大街16号				
经营范围	人寿保险、健康保险、意外伤害保险等各类人身保险业务等				

主要财务指标				
指标\报告期	2015.06.30	2014.12.31	2014.06.30	2013.12.31
基本每股收益(元)	1.1100	1.1400	0.6500	0.8800
基本每股收益(扣除后)(元)	1.1200	1.1400	0.6500	0.8600
稀释每股收益(元)	1.1100	1.1400	0.6500	0.8800
每股净资产(元)	11.0000	10.0500	8.5100	7.8000
每股经营现金净流量(元)	0.1329	0.0681	1.4318	2.4161
每股现金流量(元)	1.0025	0.9094	0.7733	-1.7025
每股资本公积金(元)	1.9332	1.9345	1.6988	1.3334
每股盈余公积金(元)	1.7544	1.6426	1.5308	1.4434
每股未分配利润(元)	4.4901	3.8895	3.6303	3.3665
净资产收益率(%)	10.1268	11.3371	7.6509	11.2399
加权净资产收益率(%)	10.4500	12.8300	7.8900	11.2200
净资产收益率(扣除)(%)	10.1419	11.2994	7.6671	11.0534
总资产(万元)	237955500.00	224656700.00	212011400.00	197294100.00
归属母公司股东权益(万元)	31094700.00	28412100.00	24058600.00	22033100.00
营业收入(万元)	33341100.00	44577300.00	24374000.00	42361300.00
营业支出(万元)	29211200.00	40552000.00	22082400.00	39471000.00
投资收益(万元)	10358400.00	10779300.00	4745600.00	9591100.00
净利润(万元)	3173400.00	3251400.00	1840700.00	2476500.00
营业利润(万元)	4129900.00	4025300.00	2291600.00	2890300.00
利润总额(万元)	4123800.00	4040200.00	2286400.00	2945100.00

长城汽车股份有限公司

公司概况	公司名称	长城汽车股份有限公司			证券简称	长城汽车
	法人代表	魏建军	董秘	徐辉	证券代码	601633
	公司网址	www.gwm.com.cn			电子信箱	zqb@gwm.com.cn
	电　话	0312-2197813			传　真	0312-2197812
	办公地址	河北省保定市朝阳南大街 2266 号				
	经营范围	汽车整车及汽车零部件的研发、生产及销售				

主要财务指标	指标＼报告期	2015.06.30	2014.12.31	2014.06.30	2013.12.31
	基本每股收益(元)	1.5504	2.6431	1.3000	2.7000
	基本每股收益(扣除后)(元)	1.5124	2.5364	1.2800	2.6300
	稀释每股收益(元)	–	–	–	–
	每股净资产(元)	11.7463	10.9951	9.6826	9.2018
	每股经营现金净流量(元)	2.3919	2.0036	1.6969	2.9710
	每股现金流量(元)	0.0432	–0.8024	0.0205	–0.0240
	每股资本公积金(元)	1.4639	1.4639	1.4639	1.4639
	每股盈余公积金(元)	0.7985	0.7986	0.7500	0.7500
	每股未分配利润(元)	8.5152	7.7647	6.4699	5.9901
	净资产收益率(%)	13.1993	24.0391	13.4233	29.3745
	加权净资产收益率(%)	13.3200	26.3500	13.3800	33.4100
	净资产收益率(扣除)(%)	12.8759	23.0686	–	28.5301
	总资产(万元)	6136113.95	6134525.21	5061200.00	5260480.89
	归属母公司股东权益(万元)	3573720.10	3345186.05	2945848.14	2799589.80
	营业收入(万元)	3711534.62	6259077.26	2852737.33	5678431.43
	营业支出(万元)	2712899.01	4525176.11	2037995.51	4053799.47
	投资收益(万元)	4353.55	3183.85	669.38	5917.63
	净利润(万元)	471730.75	804119.64	395431.37	822364.84
	营业利润(万元)	561409.27	924368.10	469877.04	966803.73
	利润总额(万元)	571751.58	964007.56	476651.50	991972.18

株洲旗滨集团股份有限公司

公司概况	公司名称	株洲旗滨集团股份有限公司			证券简称	旗滨集团
	法人代表	俞其兵	董秘	钟碰辉	证券代码	601636
	公司网址	www.kibinggroup.com			电子信箱	phyy99@163.com
	电　话	0596-5699668			传　真	0596-5699660
	办公地址	福建省漳州市东山县西埔镇环岛路 8 号				
	经营范围	玻璃及制品生产、销售、玻璃加工、装卸劳务等				

主要财务指标	指标＼报告期	2015.06.30	2014.12.31	2014.06.30	2013.12.31
	基本每股收益(元)	0.1057	0.2795	0.1590	0.5580
	基本每股收益(扣除后)(元)	0.0706	0.2417	0.1480	0.4590
	稀释每股收益(元)	0.1057	0.2795	0.1590	0.5580
	每股净资产(元)	5.1596	4.7723	4.6782	4.5076
	每股经营现金净流量(元)	0.1235	0.8519	0.5846	2.1283
	每股现金流量(元)	0.2168	0.4290	1.6109	–0.4019
	每股资本公积金(元)	2.8684	3.6866	2.5234	2.1020
	每股盈余公积金(元)	0.1172	0.1411	0.1134	0.1371
	每股未分配利润(元)	1.1740	1.3018	1.0411	1.2686
	净资产收益率(%)	1.7941	5.5196	3.0035	12.3715
	加权净资产收益率(%)	1.8000	6.0100	3.4100	13.1800
	净资产收益率(扣除)(%)	1.1978	4.7736	2.8010	10.1747
	总资产(万元)	1289979.79	1240469.43	1000107.68	782561.49
	归属母公司股东权益(万元)	521211.82	514386.67	392598.40	312928.51
	营业收入(万元)	232258.27	371661.96	192019.50	352595.37
	营业支出(万元)	188740.43	296449.58	152226.67	250425.86
	投资收益(万元)	–18.80	–	–	–
	净利润(万元)	9351.31	22105.86	11791.72	38713.84
	营业利润(万元)	6630.41	14534.17	13136.34	37517.05
	利润总额(万元)	11739.75	24558.53	14169.94	44751.58

平顶山天安煤业股份有限公司

公司概况	公司名称	平顶山天安煤业股份有限公司			证券简称	平煤股份
	法人代表	刘银志	董秘	黄爱军	证券代码	601666
	公司网址	www.pmta.com.cn			电子信箱	pmta@pmjt.com.cn
	电　话	0375-2749515			传　真	0375-2726426
	办公地址	河南省平顶山市矿工中路 21 号				
	经营范围	煤炭开采、煤炭洗选加工及煤炭销售				

主要财务指标	指标＼报告期	2015.06.30	2014.12.31	2014.06.30	2013.12.31
	基本每股收益(元)	–0.2956	0.0841	0.0281	0.2824
	基本每股收益(扣除后)(元)	–0.2990	0.0583	0.0281	0.2816
	稀释每股收益(元)	–0.2956	0.0841	0.0281	0.2824
	每股净资产(元)	4.6951	4.8677	4.9905	4.8495
	每股经营现金净流量(元)	–0.3217	–1.0769	0.0477	–1.4458
	每股现金流量(元)	0.0592	0.1682	0.0391	–0.0437
	每股资本公积金(元)	1.1526	1.1526	1.1526	1.1522
	每股盈余公积金(元)	0.6855	0.6855	0.6704	0.6704
	每股未分配利润(元)	1.6729	1.9945	2.0385	2.0104
	净资产收益率(%)	–6.2955	1.7281	0.5624	5.8230
	加权净资产收益率(%)	–6.0762	1.7300	0.5705	5.9223
	净资产收益率(扣除)(%)	–6.3686	1.1987	0.5630	5.8063
	总资产(万元)	3155123.32	3145238.00	2701034.49	2650373.42
	归属母公司股东权益(万元)	1108599.94	1149333.38	1178344.64	1145049.29
	营业收入(万元)	587423.04	1611944.66	855591.30	1915197.25
	营业支出(万元)	539439.43	1332597.14	712177.80	1519978.32
	投资收益(万元)	2007.16	–568.33	–1694.91	1191.69
	净利润(万元)	–69235.23	22575.38	6627.57	66676.29
	营业利润(万元)	–72956.65	21374.23	15815.61	116215.44
	利润总额(万元)	–71870.57	29836.56	15807.96	116650.81

中国建筑股份有限公司

公司概况	公司名称	中国建筑股份有限公司			证券简称	中国建筑
	法人代表	官庆	董秘	孟庆禹	证券代码	601668
	公司网址	www.cscec.com			电子信箱	ir@cscec.com
	电　话	010-88083288			传　真	010-88082678
	办公地址	北京市海淀区三里河路 15 号				
	经营范围	勘察、设计、施工、安装、咨询、开发、装饰、生产、批发、零售、进出口等				

主要财务指标	指标＼报告期	2015.06.30	2014.12.31	2014.06.30	2013.12.31
	基本每股收益(元)	0.4300	0.7500	0.4000	0.6800
	基本每股收益(扣除后)(元)	0.4300	0.7000	0.3800	0.6200
	稀释每股收益(元)	0.4200	0.7500	0.3900	0.6700
	每股净资产(元)	5.2099	4.6300	4.1800	3.9346
	每股经营现金净流量(元)	–0.9782	0.8302	–1.0917	0.0873
	每股现金流量(元)	0.0081	0.9394	–0.2459	0.1633
	每股资本公积金(元)	0.7902	0.9560	0.9609	0.9793
	每股盈余公积金(元)	0.0723	0.0723	0.0525	0.0525
	每股未分配利润(元)	2.7089	2.4584	2.1228	1.8726
	净资产收益率(%)	8.7864	16.2351	9.4126	17.2815
	加权净资产收益率(%)	8.4500	17.7000	9.6000	18.6000
	净资产收益率(扣除)(%)	8.8231	15.0580	9.1388	17.7012
	总资产(万元)	101320313.80	91910621.50	87094589.10	78382110.10
	归属母公司股东权益(万元)	15629654.50	13901945.80	12552776.10	11803675.50
	营业收入(万元)	41373388.70	80002875.30	37494094.40	68104799.00
	营业支出(万元)	36298777.60	69936400.00	32860961.60	60021983.50
	投资收益(万元)	59584.80	232102.10	128681.90	537383.60
	净利润(万元)	1892865.00	3317681.40	1181539.40	2039851.20
	营业利润(万元)	2468484.30	4221356.40	2076848.50	3820983.40
	利润总额(万元)	2482484.50	4333610.10	2125701.70	3879860.00

中国电力建设股份有限公司

公司概况						
公司概况	公司名称	中国电力建设股份有限公司			证券简称	中国电建
	法人代表	晏志勇	董秘	丁永泉	证券代码	601669
	公司网址	www.powerchina.cn		电子信箱	zgsd@sinohydro.com	
	电话	010-58381999		传真	010-58381621	
	办公地址	北京市海淀区车公庄西路 22 号				
	经营范围	水利、电力、公路、铁路、港口与航道、机场、房屋、市政工程设施等				

主要财务指标	指标\报告期	2015.06.30	2014.12.31	2014.06.30	2013.12.31
	基本每股收益(元)	0.2385	0.4986	0.2225	0.4746
	基本每股收益(扣除后)(元)	0.2233	0.4830	0.2224	0.4716
	稀释每股收益(元)	0.2385	0.4986	0.2225	0.4746
	每股净资产(元)	3.6785	4.1752	3.5707	3.5297
	每股经营现金净流量(元)	-0.0561	0.7034	0.0646	0.5625
	每股现金流量(元)	0.1525	0.7976	1.0072	0.2417
	每股资本公积金(元)	0.9129	2.0021	1.0453	1.0937
	每股盈余公积金(元)	0.0539	0.0772	0.0383	0.0383
	每股未分配利润(元)	1.5308	1.9580	1.4721	1.3926
	净资产收益率(%)	6.4836	11.9414	6.2304	13.4456
	加权净资产收益率(%)	6.3200	13.4900	6.1200	14.1000
	净资产收益率(扣除)(%)	4.5419	11.5679	6.2290	13.3600
	总资产(万元)	36281893.45	33045643.43	26061495.16	23146386.78
	归属母公司股东权益(万元)	5059635.37	5078608.11	3427885.83	3388478.35
	营业收入(万元)	9365145.14	16709118.70	7520442.14	14483700.85
	营业支出(万元)	7975413.98	14365657.99	6548560.17	12387486.85
	投资收益(万元)	6816.61	11673.46	2348.33	24667.82
	净利润(万元)	352085.75	527698.80	213571.20	455599.68
	营业利润(万元)	448091.08	658437.60	286327.79	632177.37
	利润总额(万元)	455325.41	674844.12	287202.97	637187.08

河南明泰铝业股份有限公司

公司概况						
公司概况	公司名称	河南明泰铝业股份有限公司			证券简称	明泰铝业
	法人代表	马廷义	董秘	雷鹏	证券代码	601677
	公司网址	www.hngymt.com		电子信箱	mtly@hngymt.com	
	电话	0371-67898155		传真	0371-67898155	
	办公地址	河南省巩义市回郭镇开发区				
	经营范围	制造空调箔、电缆箔、铜箔、防盗瓶盖带、铝板、铜板等				

主要财务指标	指标\报告期	2015.06.30	2014.12.31	2014.06.30	2013.12.31
	基本每股收益(元)	0.2300	0.4400	0.1300	0.1500
	基本每股收益(扣除后)(元)	0.2000	0.3900	0.1100	0.1200
	稀释每股收益(元)	0.2300	0.4400	0.1300	0.1500
	每股净资产(元)	6.8078	6.6246	6.3293	6.3031
	每股经营现金净流量(元)	-1.1881	1.9457	2.0132	-0.3583
	每股现金流量(元)	-0.0129	-0.1605	-0.4427	-1.2116
	每股资本公积金(元)	3.5623	3.5059	3.4384	3.4384
	每股盈余公积金(元)	0.2054	0.2054	0.1782	0.1782
	每股未分配利润(元)	2.0401	1.9134	1.7126	1.6864
	净资产收益率(%)	3.3304	6.4130	1.9934	2.3514
	加权净资产收益率(%)	3.4200	6.8400	2.0000	2.3600
	净资产收益率(扣除)(%)	2.9413	5.5922	1.6762	1.9337
	总资产(万元)	442694.72	522822.03	435368.58	339219.54
	归属母公司股东权益(万元)	284398.81	276747.99	253803.93	252754.60
	营业收入(万元)	323960.29	649216.49	299214.55	565261.85
	营业支出(万元)	301004.84	602981.60	283324.17	537064.25
	投资收益(万元)	1281.07	2438.38	362.27	621.56
	净利润(万元)	10386.70	19071.69	5059.33	5943.20
	营业利润(万元)	13201.38	24303.74	6413.23	8535.60
	利润总额(万元)	13472.00	25243.17	7320.91	9437.59

滨化集团股份有限公司

公司概况						
公司概况	公司名称	滨化集团股份有限公司			证券简称	滨化股份
	法人代表	张忠正	董秘	刘宝刚	证券代码	601678
	公司网址	www.befar.com		电子信箱	befar@befar.com	
	电话	0543-2118571		传真	0543-2118592	
	办公地址	山东省滨州市黄河五路 869 号				
	经营范围	有机、无机化工产品的生产、加工与销售等				

主要财务指标	指标\报告期	2015.06.30	2014.12.31	2014.06.30	2013.12.31
	基本每股收益(元)	0.2500	0.5500	0.3520	0.3800
	基本每股收益(扣除后)(元)	0.2450	0.5400	0.3527	0.3300
	稀释每股收益(元)	0.2500	0.5500	0.3520	0.3800
	每股净资产(元)	4.6107	6.6960	6.3625	6.1502
	每股经营现金净流量(元)	-0.0359	1.5681	0.2202	0.2430
	每股现金流量(元)	-0.3143	0.1365	-0.2244	-0.6046
	每股资本公积金(元)	1.4870	2.7305	2.7316	2.7316
	每股盈余公积金(元)	0.2074	0.3112	0.2629	0.2629
	每股未分配利润(元)	1.8051	2.5031	2.3554	2.1533
	净资产收益率(%)	5.4166	8.1837	5.5329	6.2244
	加权净资产收益率(%)	5.4800	8.4600	5.6500	6.3700
	净资产收益率(扣除)(%)	5.3121	8.1082	5.5438	5.3435
	总资产(万元)	717460.22	704092.95	650321.86	641185.68
	归属母公司股东权益(万元)	456460.85	441939.07	419926.32	405912.74
	营业收入(万元)	247908.85	488881.11	276230.22	410023.89
	营业支出(万元)	188930.74	398494.72	225604.98	344854.29
	投资收益(万元)	554.07	4137.34	591.88	6163.30
	净利润(万元)	23937.19	35565.04	23234.21	25265.78
	营业利润(万元)	31453.68	48731.87	30366.84	29536.91
	利润总额(万元)	31559.39	48168.66	29952.94	32205.70

华泰证券股份有限公司

公司概况						
公司概况	公司名称	华泰证券股份有限公司			证券简称	华泰证券
	法人代表	吴万善	董秘	姜健	证券代码	601688
	公司网址	www.htsc.com.cn		电子信箱	boardoffice@htsc.com	
	电话	025-83387788		传真	025-83387784	
	办公地址	江苏省南京市江东中路 228 号				
	经营范围	证券经纪业务、证券自营、证券承销业务等				

主要财务指标	指标\报告期	2015.06.30	2014.12.31	2014.06.30	2013.12.31
	基本每股收益(元)	1.1450	0.8011	0.2710	0.3964
	基本每股收益(扣除后)(元)	1.1413	0.7928	0.2683	0.3836
	稀释每股收益(元)	1.1450	0.8011	0.2710	0.3964
	每股净资产(元)	10.7575	7.3747	6.4920	6.3747
	每股经营现金净流量(元)	1.2300	1.7114	0.3597	0.5226
	每股现金流量(元)	30.3099	17.3163	2.4217	-0.0732
	每股资本公积金(元)	6.4020	3.2726	3.0678	3.0746
	每股盈余公积金(元)	0.2363	0.4962	0.2326	0.2326
	每股未分配利润(元)	1.9816	1.6243	1.6939	1.4166
	净资产收益率(%)	8.6626	10.8630	4.0679	6.1955
	加权净资产收益率(%)	15.3300	11.7400	4.1100	6.2400
	净资产收益率(扣除)(%)	8.6346	10.7502	4.0263	5.9953
	总资产(万元)	58016126.51	11494478.63	11093145.95	11621367.72
	归属母公司股东权益(万元)	7705376.68	2580906.23	3635539.14	3617430.44
	营业收入(万元)	1464425.18	1206230.38	436925.59	718229.89
	营业支出(万元)	583387.53	621278.35	235502.75	425590.45
	投资收益(万元)	317974.04	182140.35	74419.23	157104.27
	净利润(万元)	671857.19	453978.68	153305.70	227675.13
	营业利润(万元)	881037.65	584952.03	201422.84	292639.44
	利润总额(万元)	883387.33	591481.55	203490.05	294778.78

宁波拓普集团股份有限公司

公司概况					
公司名称	宁波拓普集团股份有限公司			证券简称	拓普集团
法人代表	邬建树	董秘	王明臻	证券代码	601689
公司网址	www.tuopu.com		电子信箱	gyc@tuopu.com	
电　　话	0574-86800850		传　　真	0574-86800877	
办公地址	浙江省宁波市北仑区黄山西路215号				
经营范围	汽车用特种橡胶配件、粘性连轴器、工程塑料等				

主要财务指标 指标\报告期	2015.06.30	2014.12.31	2014.06.30	2013.12.31
基本每股收益(元)	0.3600	0.7700	0.4000	0.6500
基本每股收益(扣除后)(元)	0.3300	0.7200	0.4000	0.6200
稀释每股收益(元)	0.3600	0.7700	0.4000	0.6500
每股净资产(元)	4.7452	2.8372	3.1665	2.7622
每股经营现金净流量(元)	0.0964	0.8823	0.3408	0.6312
每股现金流量(元)	0.2204	−0.0995	−0.0213	0.0271
每股资本公积金(元)	2.2414	0.3693	0.3693	0.3693
每股盈余公积金(元)	0.1773	0.2213	0.1428	0.1428
每股未分配利润(元)	1.3265	1.2468	1.6542	1.2502
净资产收益率(%)	6.9066	27.0439	12.7578	23.6344
加权净资产收益率(%)	9.3400	26.3200	13.6300	26.8000
净资产收益率(扣除)(%)	6.3269	25.2542	12.6514	22.5200
总资产(万元)	385137.53	253697.89	232955.50	211968.57
归属母公司股东权益(万元)	308011.93	147533.96	164657.74	143631.99
营业收入(万元)	144037.01	273686.17	134542.50	230877.29
营业支出(万元)	102786.91	192911.77	93009.53	159400.29
投资收益(万元)	1823.55	1699.07	825.71	1552.02
净利润(万元)	21335.81	39975.28	21186.76	34140.80
营业利润(万元)	23590.56	43753.96	25212.00	37832.10
利润总额(万元)	24817.03	46431.65	25211.48	39508.46

山西潞安环保能源开发股份有限公司

公司概况					
公司名称	山西潞安环保能源开发股份有限公司			证券简称	潞安环能
法人代表	李晋平	董秘	毛永红	证券代码	601699
公司网址	www.luanhn.com		电子信箱	mao601699@163.com	
电　　话	0355-5923838　5968816		传　　真	0355-5925912　5924899	
办公地址	山西省长治市襄垣县侯堡镇				
经营范围	煤炭采掘、洗选加工、销售等				

主要财务指标 指标\报告期	2015.06.30	2014.12.31	2014.06.30	2013.12.31
基本每股收益(元)	0.0400	0.4270	0.1600	0.6600
基本每股收益(扣除后)(元)	0.0400	0.4270	0.1600	0.6600
稀释每股收益(元)	0.0400	0.4270	0.1600	0.6600
每股净资产(元)	6.3514	8.0229	7.7877	7.4100
每股经营现金净流量(元)	0.4513	0.8308	0.5870	0.7317
每股现金流量(元)	0.4123	0.3236	0.5016	0.4170
每股资本公积金(元)	0.4812	0.6255	0.6067	0.2552
每股盈余公积金(元)	0.7617	0.9902	0.9523	0.9523
每股未分配利润(元)	2.8671	4.0129	3.8308	3.6240
净资产收益率(%)	0.5985	5.3192	2.6553	8.9608
加权净资产收益率(%)	0.6100	5.5300	2.7200	9.2500
净资产收益率(扣除)(%)	0.5969	5.3225	2.7083	8.9534
总资产(万元)	5226698.64	5150617.91	4828372.25	4560120.77
归属母公司股东权益(万元)	1899961.80	1846138.46	1792020.06	1706162.51
营业收入(万元)	608541.18	1603031.76	784016.64	1919996.63
营业支出(万元)	435954.25	1102325.03	555551.75	1222799.25
投资收益(万元)	5261.30	7446.73	4093.07	7540.16
净利润(万元)	725.67	74735.62	33838.00	116605.49
营业利润(万元)	8523.71	116182.68	51562.85	195997.53
利润总额(万元)	8264.40	115049.05	50162.46	195071.59

常熟风范电力设备股份有限公司

公司概况					
公司名称	常熟风范电力设备股份有限公司			证券简称	风范股份
法人代表	范建刚	董秘	陈良东	证券代码	601700
公司网址	www.cstower.cn		电子信箱	chenld@cstower.cn	
电　　话	0512-52122997		传　　真	0512-52401600	
办公地址	江苏省苏州市常熟市尚湖镇工业集中区西区人民南路8号				
经营范围	输变电铁塔、风力发电设备、通讯铁塔、钢杆管、钢结构件、电力设备研发、加工、制造等				

主要财务指标 指标\报告期	2015.06.30	2014.12.31	2014.06.30	2013.12.31
基本每股收益(元)	0.1000	0.4400	0.2300	0.4900
基本每股收益(扣除后)(元)	0.0900	0.4100	0.2000	0.3900
稀释每股收益(元)	0.1000	0.4400	0.2300	0.4900
每股净资产(元)	2.4219	6.2228	6.0285	6.0805
每股经营现金净流量(元)	0.1095	0.4866	−0.0243	−0.5581
每股现金流量(元)	−0.0067	0.0006	0.5228	−1.8180
每股资本公积金(元)	1.0646	4.1461	4.1046	4.0631
每股盈余公积金(元)	0.0782	0.1954	0.1521	0.1521
每股未分配利润(元)	0.3019	0.9381	0.7718	0.8653
净资产收益率(%)	4.0743	7.0090	3.7569	7.8020
加权净资产收益率(%)	3.9300	7.1200	3.6800	8.2100
净资产收益率(扣除)(%)	3.6814	6.6266	3.3692	6.2538
总资产(万元)	391463.78	412087.14	379114.93	338136.72
归属母公司股东权益(万元)	274486.70	282106.07	273306.13	275664.56
营业收入(万元)	108026.78	235351.85	103431.43	183028.12
营业支出(万元)	85514.02	186307.39	82533.34	149801.31
投资收益(万元)	58.84	335.44	286.42	541.38
净利润(万元)	11183.48	19772.80	10267.79	21507.42
营业利润(万元)	11817.67	22112.47	10814.51	20294.01
利润总额(万元)	13248.84	23480.95	12160.49	25315.24

郑州煤矿机械集团股份有限公司

公司概况					
公司名称	郑州煤矿机械集团股份有限公司			证券简称	郑煤机
法人代表	焦承尧	董秘	张海斌	证券代码	601717
公司网址	www.zzmj.com		电子信箱	zmj@zzmj.com	
电　　话	0371-67891015　67891017		传　　真	0371-67891000	
办公地址	河南省郑州市经济技术开发区第九大街167号				
经营范围	设计、加工、制造矿山机械设备、环保设备、通用机械、电站设备等				

主要财务指标 指标\报告期	2015.06.30	2014.12.31	2014.06.30	2013.12.31
基本每股收益(元)	0.0400	0.1300	0.1500	0.5300
基本每股收益(扣除后)(元)	0.0200	0.1000	0.1400	0.5200
稀释每股收益(元)	0.0400	0.1300	0.1500	0.5300
每股净资产(元)	5.8331	5.8184	5.8613	5.8718
每股经营现金净流量(元)	0.1897	0.1153	0.0326	−0.3280
每股现金流量(元)	−0.4191	−0.1777	−0.4809	−1.1242
每股资本公积金(元)	2.1549	2.1395	2.1149	2.1133
每股盈余公积金(元)	0.3208	0.3208	0.3103	0.3103
每股未分配利润(元)	2.3974	2.3991	2.4360	2.4481
净资产收益率(%)	0.6223	2.1754	2.6096	9.1052
加权净资产收益率(%)	0.6200	2.1600	2.5700	9.2700
净资产收益率(扣除)(%)	0.3931	1.7044	2.4712	8.8279
总资产(万元)	1217284.50	1219221.52	1310843.94	1263456.06
归属母公司股东权益(万元)	945610.85	943231.75	950186.56	951884.87
营业收入(万元)	231371.48	612445.69	318257.45	805531.06
营业支出(万元)	193776.22	504767.62	255697.31	619012.24
投资收益(万元)	4425.45	5763.91	2035.43	255.52
净利润(万元)	4175.26	19333.27	24795.63	86671.24
营业利润(万元)	5038.04	21592.97	28434.58	98379.07
利润总额(万元)	5614.28	23258.32	28919.33	100366.96

际华集团股份有限公司

公司概况				
公司名称	际华集团股份有限公司		证券简称	际华集团
法人代表	李学成	董秘 王兴智	证券代码	601718
公司网址	www.jihuachina.com		电子信箱	ir@jihuachina.com
电　话	010-63706008		传　真	010-63706008
办公地址	北京市丰台区南四环西路 188 号十五区 6 号楼			
经营范围	职业装、职业鞋靴、防护装具、纺织印染、皮革皮鞋等			

主要财务指标：指标\报告期	2015.06.30	2014.12.31	2014.06.30	2013.12.31
基本每股收益(元)	0.2300	0.3000	0.1400	0.2500
基本每股收益(扣除后)(元)	0.0100	0.0500	0.0900	0.1300
稀释每股收益(元)	0.2300	0.3000	0.1400	0.2500
每股净资产(元)	3.2812	3.0934	2.9191	2.8204
每股经营现金净流量(元)	-0.1666	0.0971	-0.1024	0.3123
每股现金流量(元)	-0.5127	0.3442	-0.2024	0.0924
每股资本公积金(元)	1.1115	1.1115	1.0992	1.0991
每股盈余公积金(元)	0.0275	0.0275	0.0182	0.0182
每股未分配利润(元)	1.1458	0.9609	0.8013	0.7026
净资产收益率(%)	7.0374	9.8334	4.6826	8.7122
加权净资产收益率(%)	7.2400	9.5300	4.7600	8.9600
净资产收益率(扣除)(%)	0.4157	1.8836	-0.1024	4.6040
总资产(万元)	2143273.32	2075365.53	1882686.21	1870575.22
归属母公司股东权益(万元)	1265554.17	1193115.06	1125891.17	1087823.04
营业收入(万元)	1148283.52	2224122.88	1349893.42	2671796.54
营业支出(万元)	1055841.24	2020720.16	1240610.43	2453115.88
投资收益(万元)	570.22	1668.44	1013.97	1320.79
净利润(万元)	89565.14	113174.70	52720.67	94773.62
营业利润(万元)	5581.75	27506.36	39853.78	67632.27
利润总额(万元)	117973.51	141011.18	64788.19	125056.81

上海电气集团股份有限公司

公司概况				
公司名称	上海电气集团股份有限公司		证券简称	上海电气
法人代表	黄迪南	董秘 伏蓉	证券代码	601727
公司网址	www.shanghai-electric.com		电子信箱	ir@shanghai-electric.com
电　话	021-33261888		传　真	021-34695780
办公地址	上海市徐汇区钦江路 212 号			
经营范围	电站及输配电、机电一体化、交通运输、环保设备的相关装备制造业产品的设计、制造、销售			

主要财务指标：指标\报告期	2015.06.30	2014.12.31	2014.06.30	2013.12.31
基本每股收益(元)	0.1042	0.2000	0.1011	0.1921
基本每股收益(扣除后)(元)	0.0901	0.1700	0.0864	0.1400
稀释每股收益(元)	0.1042	0.2000	0.1011	0.1921
每股净资产(元)	2.8753	2.6698	2.5408	2.5115
每股经营现金净流量(元)	-0.1530	0.3440	-0.1576	0.5598
每股现金流量(元)	0.2897	0.2215	0.1372	0.0207
每股资本公积金(元)	0.4470	0.3302	0.3496	0.3469
每股盈余公积金(元)	0.3242	0.3242	0.3036	0.3018
每股未分配利润(元)	1.0033	0.9602	0.8867	0.8629
净资产收益率(%)	3.6242	7.4613	3.9780	7.6470
加权净资产收益率(%)	3.6900	7.6500	3.9400	7.8600
净资产收益率(扣除)(%)	3.1341	6.2877	3.4011	5.4736
总资产(万元)	15670632.00	14355056.40	13448492.20	12929271.40
归属母公司股东权益(万元)	3687219.50	3423639.20	3258180.90	3220595.40
营业收入(万元)	3622059.80	7678451.60	3608708.90	7921493.10
营业支出(万元)	2913068.40	6076781.10	2882960.30	6384549.80
投资收益(万元)	101128.90	94317.30	45142.80	86120.60
净利润(万元)	242997.10	472578.60	129593.40	246279.20
营业利润(万元)	269084.20	499198.00	255793.90	431177.90
利润总额(万元)	294588.90	562102.10	285086.80	549735.30

中国中车股份有限公司

公司概况				
公司名称	中国中车股份有限公司		证券简称	中国中车
法人代表	崔殿国	董秘 谢纪龙	证券代码	601766
公司网址	www.csrgc.com.cn		电子信箱	csr@csrgc.com
电　话	010-51862188		传　真	010-63984785
办公地址	北京市海淀区西四环中路 16 号			
经营范围	轨道交通装备制造			

主要财务指标：指标\报告期	2015.06.30	2014.12.31	2014.06.30	2013.12.31
基本每股收益(元)	0.1700	0.3900	0.1700	0.3000
基本每股收益(扣除后)(元)	0.1600	0.3300	0.1400	0.2400
稀释每股收益(元)	0.1700	0.3900	0.1700	0.3000
每股净资产(元)	3.4447	2.9349	2.7017	2.6487
每股经营现金净流量(元)	-0.3950	994.4905	-0.3441	0.3951
每股现金流量(元)	-0.3662	86.6690	0.0430	-0.0359
每股资本公积金(元)	1.1351	3.2251	0.7372	0.7654
每股盈余公积金(元)	0.0412	0.0814	0.0756	0.0756
每股未分配利润(元)	1.2708	2.1759	0.8915	0.8332
净资产收益率(%)	4.9987	13.1200	5.5292	11.3238
加权净资产收益率(%)	5.1300	13.7900	5.5000	11.8900
净资产收益率(扣除)(%)	2.7842	11.2687	5.2607	9.2038
总资产(万元)	30746718.70	29867.72	14230638.69	12241581.09
归属母公司股东权益(万元)	9400249.70	8927.38	3729114.96	3713052.08
营业收入(万元)	9323607.20	11972426.88	8827271.80	9937602.52
营业支出(万元)	7288898.90	9463010.38	7050994.50	8176939.14
投资收益(万元)	49994.20	80013.49	36381.90	49007.88
净利润(万元)	567483.60	663158.23	502320.40	510104.94
营业利润(万元)	674281.80	713194.52	585668.90	507034.85
利润总额(万元)	700408.80	785146.19	613111.50	596523.94

力帆实业(集团)股份有限公司

公司概况				
公司名称	力帆实业(集团)股份有限公司		证券简称	力帆股份
法人代表	尹明善	董秘 汤晓东	证券代码	601777
公司网址	www.lifan.com		电子信箱	tzzqb@lifan.com
电　话	023-61663050		传　真	023-65213175
办公地址	重庆市北碚区蔡家岗镇凤栖路 16 号			
经营范围	主要从事摩托车、汽车、通用汽油机的研发、生产及销售			

主要财务指标：指标\报告期	2015.06.30	2014.12.31	2014.06.30	2013.12.31
基本每股收益(元)	0.1677	0.4034	0.2504	0.4459
基本每股收益(扣除后)(元)	0.1573	0.3591	0.2440	0.4072
稀释每股收益(元)	0.1639	0.3917	0.2484	0.4423
每股净资产(元)	5.5629	5.3294	5.6751	5.6555
每股经营现金净流量(元)	0.1823	-0.3627	0.4593	-0.5147
每股现金流量(元)	0.5918	-0.1130	-1.2986	0.4334
每股资本公积金(元)	3.8355	3.3396	3.2971	3.2695
每股盈余公积金(元)	0.1945	0.2411	0.1985	0.1985
每股未分配利润(元)	1.0218	1.3131	1.2161	1.2303
净资产收益率(%)	2.9178	7.1389	4.1554	7.4249
加权净资产收益率(%)	2.8500	7.1600	4.0700	7.9000
净资产收益率(扣除)(%)	2.7369	6.3558	4.2998	6.8854
总资产(万元)	2344377.24	2084154.36	1839061.70	1757848.60
归属母公司股东权益(万元)	699600.16	540806.61	573403.46	552796.07
营业收入(万元)	506333.96	1141674.84	489958.55	1007323.69
营业支出(万元)	412715.30	937279.84	392702.18	816036.36
投资收益(万元)	19380.13	35332.45	17224.09	17312.65
净利润(万元)	19628.00	37742.23	23201.13	40803.52
营业利润(万元)	20410.06	32934.87	24703.94	27556.02
利润总额(万元)	21180.14	40986.43	25528.14	45038.69

光大证券股份有限公司

公司概况	公司名称	光大证券股份有限公司			证券简称	光大证券
	法人代表	薛峰	董秘	郭新双(代)	证券代码	601788
	公司网址	www.ebscn.com		电子信箱	ebs@ebscn.com	
	电　　话	021-22169914		传　　真	021-22169964	
	办公地址	上海市静安区新闸路 1508 号				
	经营范围	证券经纪、证券投资咨询、与证券交易、证券投资活动有关的财务顾问等				

	指标\报告期	2015.06.30	2014.12.31	2014.06.30	2013.12.31
主要财务指标	基本每股收益(元)	1.4272	0.6051	0.1115	0.0600
	基本每股收益(扣除后)(元)	1.4007	0.6028	0.1101	0.1622
	稀释每股收益(元)	1.4272	0.6051	0.1115	0.0602
	每股净资产(元)	8.6817	7.5509	6.8722	6.6812
	每股经营现金净流量(元)	1.8182	0.8293	-1.3269	0.3978
	每股现金流量(元)	22.7950	6.8680	1.2811	-0.5863
	每股资本公积金(元)	2.8399	3.2726	3.2311	3.1326
	每股盈余公积金(元)	0.4962	0.4962	0.4376	0.4376
	每股未分配利润(元)	2.9672	1.6243	1.3776	1.2861
	净资产收益率(%)	16.4387	8.0139	1.6224	0.9011
	加权净资产收益率(%)	17.2000	8.5700	1.6600	0.9300
	净资产收益率(扣除)(%)	16.1342	7.9836	1.6025	2.4277
	总资产(万元)	24089415.57	11494478.63	7219862.67	5384573.60
	归属母公司股东权益(万元)	2967407.44	2580906.23	2348931.22	2283622.72
	营业收入(万元)	952070.47	660142.29	192214.07	401954.46
	营业支出(万元)	330595.51	376675.75	148485.23	321925.37
	投资收益(万元)	199402.70	70904.01	13659.42	-11360.89
	净利润(万元)	495618.93	213662.31	38108.16	20577.72
	营业利润(万元)	621474.96	283466.54	43728.83	80029.09
	利润总额(万元)	630237.59	284943.19	44755.68	48634.89

宁波建工股份有限公司

公司概况	公司名称	宁波建工股份有限公司			证券简称	宁波建工
	法人代表	徐文卫	董秘	李长春	证券代码	601789
	公司网址	www.jiangong.com.cn		电子信箱	nbjiangong@gmail.com	
	电　　话	0574-87066873 87066661		传　　真	0574-87888090	
	办公地址	浙江省宁波市江东区宁穿路 538 号				
	经营范围	承包境外房屋建筑、机电安装和境内国际招标工程等				

	指标\报告期	2015.06.30	2014.12.31	2014.06.30	2013.12.31
主要财务指标	基本每股收益(元)	0.1903	0.3768	0.1893	0.4769
	基本每股收益(扣除后)(元)	0.1464	0.3459	0.1772	0.4594
	稀释每股收益(元)	0.1903	0.3768	0.1893	0.4769
	每股净资产(元)	4.6441	4.4576	4.2736	4.2288
	每股经营现金净流量(元)	-0.4937	-1.2325	-1.2358	-0.3036
	每股现金流量(元)	0.7692	-0.0688	0.1354	-0.5670
	每股资本公积金(元)	2.0598	2.0669	2.0669	2.0669
	每股盈余公积金(元)	0.1326	0.1326	0.1114	0.1114
	每股未分配利润(元)	1.4445	1.2542	1.0880	1.0486
	净资产收益率(%)	4.0968	8.4537	4.4304	10.9827
	加权净资产收益率(%)	4.1800	8.6800	4.3800	11.8200
	净资产收益率(扣除)(%)	3.1522	7.7603	4.1455	10.5799
	总资产(万元)	1097251.34	1036867.42	963968.96	866184.56
	归属母公司股东权益(万元)	226650.83	217547.88	208569.36	206380.73
	营业收入(万元)	620285.45	1364442.19	617539.61	1349932.54
	营业支出(万元)	560694.36	1242078.24	558618.06	1230794.51
	投资收益(万元)	-74.26	131.54	198.97	1344.39
	净利润(万元)	9482.98	19618.59	9240.48	22666.26
	营业利润(万元)	12611.31	24097.72	13309.52	33164.82
	利润总额(万元)	13939.13	26503.56	14256.74	33006.12

甘肃蓝科石化高新装备股份有限公司

公司概况	公司名称	甘肃蓝科石化高新装备股份有限公司			证券简称	蓝科高新
	法人代表	张延丰	董秘	解庆	证券代码	601798
	公司网址	www.lanpec.com		电子信箱	lanpec@lanpec.com	
	电　　话	0931-7639678 57208870		传　　真	0931-7663346	
	办公地址	甘肃省兰州市安宁区蓝科路 8 号				
	经营范围	本企业科技成果产业化产品、机械成套设备的制造、加工、销售等				

	指标\报告期	2015.06.30	2014.12.31	2014.06.30	2013.12.31
主要财务指标	基本每股收益(元)	0.0680	0.1590	0.0890	0.2600
	基本每股收益(扣除后)(元)	0.0600	0.1290	0.0820	0.2470
	稀释每股收益(元)	0.0680	0.1590	0.0890	0.2600
	每股净资产(元)	5.5311	5.4604	5.4486	5.3655
	每股经营现金净流量(元)	-0.0125	0.2074	-0.0518	0.1555
	每股现金流量(元)	-0.2947	-0.1924	-0.0173	-0.6045
	每股资本公积金(元)	2.8121	2.8121	2.8121	2.6494
	每股盈余公积金(元)	0.0954	0.0924	0.0554	0.0581
	每股未分配利润(元)	1.6151	1.5505	1.5784	1.6556
	净资产收益率(%)	1.2213	2.8600	1.5983	4.8522
	加权净资产收益率(%)	1.2300	2.9300	1.6400	4.9300
	净资产收益率(扣除)(%)	1.0801	2.3179	1.4742	4.6048
	总资产(万元)	286653.63	282492.07	284582.96	285388.65
	归属母公司股东权益(万元)	196093.06	193586.93	193167.16	171694.46
	营业收入(万元)	36505.25	86467.10	38517.00	91738.35
	营业支出(万元)	28010.97	60777.25	27723.51	59835.37
	投资收益(万元)	-	-	-	-
	净利润(万元)	2450.20	5661.18	3087.44	8330.88
	营业利润(万元)	2564.03	5369.58	3478.80	9582.98
	利润总额(万元)	2889.70	6550.84	3794.48	10086.69

常州星宇车灯股份有限公司

公司概况	公司名称	常州星宇车灯股份有限公司			证券简称	星宇股份
	法人代表	周晓萍	董秘	俞志明	证券代码	601799
	公司网址	www.xyl.cn		电子信箱	xingyu@xyl.cn	
	电　　话	0519-85156063		传　　真	0519-85113616	
	办公地址	江苏省常州市新北区秦岭路 182 号				
	经营范围	汽车车灯、摩托车车灯、塑料工业配件的制造及销售				

	指标\报告期	2015.06.30	2014.12.31	2014.06.30	2013.12.31
主要财务指标	基本每股收益(元)	0.5664	1.1378	0.4654	0.9087
	基本每股收益(扣除后)(元)	0.5076	1.0045	0.4276	0.8469
	稀释每股收益(元)	0.5664	1.1378	0.4654	0.9087
	每股净资产(元)	8.0725	8.2870	7.6218	7.8797
	每股经营现金净流量(元)	0.1174	1.6104	0.4022	0.9267
	每股现金流量(元)	0.0138	-1.0873	-0.2637	-2.1142
	每股资本公积金(元)	5.0772	5.0778	5.0761	5.0695
	每股盈余公积金(元)	0.5379	0.5663	0.4133	0.3661
	每股未分配利润(元)	1.4665	1.7116	1.1321	1.4439
	净资产收益率(%)	7.0159	13.7299	6.1060	11.5327
	加权净资产收益率(%)	7.2700	14.0700	5.7400	11.9000
	净资产收益率(扣除)(%)	6.2872	12.1215	5.6108	10.7485
	总资产(万元)	327310.69	327197.00	274655.99	284453.78
	归属母公司股东权益(万元)	193459.66	200064.05	182676.69	188867.84
	营业收入(万元)	114400.27	201602.37	88014.75	163230.31
	营业支出(万元)	88317.08	153125.56	68108.80	123074.73
	投资收益(万元)	2004.70	4711.88	2514.39	4039.81
	净利润(万元)	13596.73	27240.72	11154.29	21781.64
	营业利润(万元)	15112.98	31032.85	12693.11	24955.06
	利润总额(万元)	15481.09	31577.96	12861.68	25263.44

中国交通建设股份有限公司

公司概况	公司名称	中国交通建设股份有限公司			证券简称	中国交建
	法人代表	刘起涛	董秘	刘文生	证券代码	601800
	公司网址	www.ccccltd.cn		电子信箱	ir@ccccltd.cn	
	电　　话	010-82016562		传　　真	010-82016524	
	办公地址	北京市西城区德胜门外大街85号				
	经营范围	基建设计、基建建设、疏浚和装备制造四大板块				

	指标＼报告期	2015.06.30	2014.12.31	2014.06.30	2013.12.31
主要财务指标	基本每股收益(元)	0.3900	0.8600	0.3600	0.7500
	基本每股收益(扣除后)(元)	0.3200	0.7200	0.3500	0.6800
	稀释每股收益(元)	0.3900	0.8600	0.3600	0.7500
	每股净资产(元)	7.6055	7.2382	6.0342	5.9047
	每股经营现金净流量(元)	-0.4873	0.2723	-1.0834	0.4309
	每股现金流量(元)	0.2257	-0.5821	-0.5247	0.8183
	每股资本公积金(元)	1.3766	1.3023	1.6417	1.6970
	每股盈余公积金(元)	0.2140	0.2140	0.1554	0.1554
	每股未分配利润(元)	3.8008	3.5719	3.1381	2.9665
	净资产收益率(%)	5.3026	11.8619	5.9540	12.7100
	加权净资产收益率(%)	5.3900	13.3600	5.9200	13.2900
	净资产收益率(扣除)(%)	4.2991	9.9384	5.7443	11.5274
	总资产(万元)	69552046.45	63038788.85	58848596.48	51799191.81
	归属母公司股东权益(万元)	12301689.71	11707607.98	9760163.17	9550629.12
	营业收入(万元)	17631058.39	36667323.40	15856328.27	33248676.52
	营业支出(万元)	15327386.34	31676531.31	13778271.20	28916630.27
	投资收益(万元)	171515.81	331183.76	58146.78	161886.41
	净利润(万元)	653511.40	1376237.15	581083.22	1213884.42
	营业利润(万元)	794467.77	1697857.91	743767.13	1523866.53
	利润总额(万元)	833435.54	1756188.74	761364.95	1570998.51

安徽新华传媒股份有限公司

公司概况	公司名称	安徽新华传媒股份有限公司			证券简称	皖新传媒
	法人代表	曹杰	董秘	武伟	证券代码	601801
	公司网址	www.wxm.com		电子信箱	ir@wxm.com	
	电　　话	0551-62661323 62634712		传　　真	0551-62661179 62634712	
	办公地址	安徽省合肥市包河区北京路8号				
	经营范围	出版物的批发、零售、文体用品零售、音像出版、广告传媒等				

	指标＼报告期	2015.06.30	2014.12.31	2014.06.30	2013.12.31
主要财务指标	基本每股收益(元)	0.5200	0.7600	0.3700	0.6700
	基本每股收益(扣除后)(元)	0.3400	0.6000	0.3100	0.5300
	稀释每股收益(元)	0.5200	0.7600	0.3700	0.6700
	每股净资产(元)	5.9752	5.6613	5.5157	5.0764
	每股经营现金净流量(元)	0.3061	0.5499	0.2644	0.3451
	每股现金流量(元)	-0.9578	0.3259	-0.4025	0.2227
	每股资本公积金(元)	1.6938	1.6938	1.8047	1.7311
	每股盈余公积金(元)	0.4285	0.4285	0.3154	0.3154
	每股未分配利润(元)	2.7655	2.4798	2.3956	2.0300
	净资产收益率(%)	8.6307	13.4757	6.6285	13.1118
	加权净资产收益率(%)	8.6900	14.1900	6.9000	13.8800
	净资产收益率(扣除)(%)	5.6808	10.5525	5.6429	10.4701
	总资产(万元)	738768.71	720814.64	676397.55	624928.77
	归属母公司股东权益(万元)	543740.04	515174.93	501930.39	461954.68
	营业收入(万元)	295599.88	574467.86	251106.44	459575.62
	营业支出(万元)	228637.80	438812.72	191575.56	335436.77
	投资收益(万元)	14993.90	13214.65	2711.87	10164.54
	净利润(万元)	47433.58	69965.63	33270.59	60570.52
	营业利润(万元)	46747.30	69294.59	31378.07	60444.01
	利润总额(万元)	47949.39	70347.93	33589.58	61619.40

中海油田服务股份有限公司

公司概况	公司名称	中海油田服务股份有限公司			证券简称	中海油服
	法人代表	李勇	董秘	王保军	证券代码	601808
	公司网址	www.cosl.com.cn		电子信箱	cosl@cosl.com.cn	
	电　　话	010-84521685		传　　真	010-84521325	
	办公地址	北京市东城区朝阳门内大街2号 凯恒大厦B座11层10号(1110室)				
	经营范围	涉及石油及天然气勘探、开发及生产的各个阶段				

	指标＼报告期	2015.06.30	2014.12.31	2014.06.30	2013.12.31
主要财务指标	基本每股收益(元)	0.1900	1.5700	0.9300	1.4900
	基本每股收益(扣除后)(元)	0.1700	1.5100	0.9100	1.4500
	稀释每股收益(元)	-	-	-	-
	每股净资产(元)	9.6169	9.9300	9.2808	8.2839
	每股经营现金净流量(元)	0.3063	2.1292	0.9595	1.8827
	每股现金流量(元)	0.1496	-0.8736	-0.2833	-0.0476
	每股资本公积金(元)	2.5928	2.5928	2.5932	1.7929
	每股盈余公积金(元)	0.5257	0.5257	0.5257	0.5581
	每股未分配利润(元)	5.6694	5.9619	5.3189	5.1181
	净资产收益率(%)	1.9499	15.8486	9.9901	18.0349
	加权净资产收益率(%)	1.8900	17.0200	10.3000	19.3400
	净资产收益率(扣除)(%)	1.7769	15.2528	9.7159	17.5369
	总资产(万元)	8628688.15	8687430.71	8512712.44	7926228.24
	归属母公司股东权益(万元)	4588775.06	4727263.42	4428410.43	3723866.16
	营业收入(万元)	1235015.38	3372018.53	1627796.94	2795793.48
	营业支出(万元)	940030.55	2346250.00	1044381.15	1918794.90
	投资收益(万元)	17576.49	53474.98	23952.98	39211.58
	净利润(万元)	92192.51	752018.26	442402.20	671596.71
	营业利润(万元)	117463.79	838491.85	500965.29	739571.70
	利润总额(万元)	118643.49	852249.13	506604.38	751960.56

中国光大银行股份有限公司

公司概况	公司名称	中国光大银行股份有限公司			证券简称	光大银行
	法人代表	唐双宁	董秘	蔡允革	证券代码	601818
	公司网址	www.cebbank.com		电子信箱	ir@cebbank.com	
	电　　话	010-63636363		传　　真	010-63636713	
	办公地址	北京市西城区太平桥大街25号中国光大中心				
	经营范围	银行业务、零售银行业务、资金业务等				

	指标＼报告期	2015.06.30	2014.12.31	2014.06.30	2013.12.31
主要财务指标	基本每股收益(元)	0.3500	0.6200	0.3400	0.6600
	基本每股收益(扣除后)(元)	0.3500	0.6200	0.3400	0.6600
	稀释每股收益(元)	0.3500	0.6200	0.3400	0.6600
	每股净资产(元)	4.0300	3.8342	3.5300	3.3027
	每股经营现金净流量(元)	0.0010	0.0051	1.1694	-0.0151
	每股现金流量(元)	0.4279	-0.4032	-0.4477	-0.4558
	每股资本公积金(元)	0.7148	0.7148	0.6986	0.6203
	每股盈余公积金(元)	0.2581	0.2581	0.1971	0.1988
	每股未分配利润(元)	1.2921	1.1302	0.9985	0.8383
	净资产收益率(%)	17.2800	16.1400	9.6050	17.4800
	加权净资产收益率(%)	17.3000	17.3600	9.7000	21.4800
	净资产收益率(扣除)(%)	7.8062	16.0888	9.5841	17.4177
	总资产(万元)	300033600.00	273701000.00	266957800.00	241508600.00
	归属母公司股东权益(万元)	20792500.00	17897500.00	16496100.00	15283900.00
	营业收入(万元)	4553800.00	7853100.00	3746000.00	6530600.00
	营业支出(万元)	2406300.00	4011500.00	-	3102100.00
	投资收益(万元)	18800.00	-11700.00	-11400.00	-47500.00
	净利润(万元)	1626700.00	2892800.00	1584500.00	2671500.00
	营业利润(万元)	2147500.00	3841600.00	2071100.00	3428500.00
	利润总额(万元)	2149000.00	3855400.00	2077100.00	3442100.00

中国石油天然气股份有限公司

公司概况					
公司名称	中国石油天然气股份有限公司			证券简称	中国石油
法人代表	王宜林	董秘	吴恩来	证券代码	601857
公司网址	www.petrochina.com.cn		电子信箱	jh_dong@petrochina.com.cn	
电　话	010-59986959　59986270		传　真	010-6209959	
办公地址	北京市东城区东直门北大街 9 号				
经营范围	原油和天然气的勘探、开发、生产和销售等				

主要财务指标 指标\报告期	2015.06.30	2014.12.31	2014.06.30	2013.12.31
基本每股收益(元)	0.1400	0.5900	0.3700	0.7100
基本每股收益(扣除后)(元)	–	–	–	–
稀释每股收益(元)	0.1400	0.5900	0.3700	0.7100
每股净资产(元)	6.4590	6.4255	6.4231	6.1897
每股经营现金净流量(元)	0.6061	1.9477	0.7293	1.5765
每股现金流量(元)	–0.0419	0.1222	0.2080	0.0438
每股资本公积金(元)	0.6309	0.6310	0.6329	0.6320
每股盈余公积金(元)	1.0094	1.0094	0.9565	0.9565
每股未分配利润(元)	3.8792	3.8364	3.8435	3.6287
净资产收益率(%)	2.1490	9.1133	5.7948	11.4381
加权净资产收益率(%)	2.1000	9.3000	5.8000	11.4000
净资产收益率(扣除)(%)	2.1866	9.3601	–	10.2973
总资产(万元)	238523300.00	240537600.00	242628100.00	234200400.00
归属母公司股东权益(万元)	118212600.00	117601000.00	117556400.00	113285000.00
营业收入(万元)	87762400.00	228296200.00	115396800.00	225812400.00
营业支出(万元)	65569000.00	173535400.00	–86631400.00	170184000.00
投资收益(万元)	378900.00	1229700.00	629600.00	1076900.00
净利润(万元)	2858900.00	11903400.00	6812200.00	12957700.00
营业利润(万元)	3736300.00	15387700.00	9254300.00	15171100.00
利润总额(万元)	3843400.00	15676800.00	9571400.00	17801600.00

中海集装箱运输股份有限公司

公司概况					
公司名称	中海集装箱运输股份有限公司			证券简称	中海集运
法人代表	张国发	董秘	俞震	证券代码	601866
公司网址	www.cscl.com.cn		电子信箱	ir@cnshipping.com	
电　话	021-65966666		传　真	021-65966498	
办公地址	上海市浦东新区民生路 628 号航运科研大厦				
经营范围	国内沿海及长江中下游普通货船、国内沿海外贸集装箱内支线班轮运输等				

主要财务指标 指标\报告期	2015.06.30	2014.12.31	2014.06.30	2013.12.31
基本每股收益(元)	0.0012	0.0908	0.0394	–0.2265
基本每股收益(扣除后)(元)	0.0010	0.0045	–0.0415	–0.2543
稀释每股收益(元)	0.0012	0.0908	0.0394	–0.2265
每股净资产(元)	2.1236	2.1221	2.0759	2.0347
每股经营现金净流量(元)	0.0851	0.2460	0.0575	–0.0871
每股现金流量(元)	–0.1156	–0.0211	–0.1187	0.0661
每股资本公积金(元)	1.4695	1.4695	1.4696	1.4699
每股盈余公积金(元)	0.1166	0.1166	0.1166	0.1166
每股未分配利润(元)	–0.3386	–0.3398	–0.1198	–0.4306
净资产收益率(%)	0.0578	4.2807	1.8980	–11.1316
加权净资产收益率(%)	0.0600	4.3700	1.9200	–10.5200
净资产收益率(扣除)(%)	0.0474	0.2130	–	–12.4998
总资产(万元)	5411156.23	5354115.09	5161552.67	–
归属母公司股东权益(万元)	2480985.39	2479243.63	2425281.14	2377145.97
营业收入(万元)	1599555.27	3623348.22	1754997.16	3434101.92
营业支出(万元)	1542078.96	3487999.59	1756901.56	3622437.82
投资收益(万元)	9643.69	107768.65	102663.04	35074.73
净利润(万元)	2245.09	108467.35	46031.78	–264614.92
营业利润(万元)	–5971.08	109271.90	34254.29	–294215.89
利润总额(万元)	3429.89	164200.02	51210.84	–250886.03

招商局能源运输股份有限公司

公司概况					
公司名称	招商局能源运输股份有限公司			证券简称	招商轮船
法人代表	李晓鹏	董秘	孔康	证券代码	601872
公司网址	www.cmenergyshipping.com		电子信箱	ir@cmeshipping.com	
电　话	0755-88237361　021-63217396		传　真	021-63238238	
办公地址	上海市中山东一路 9 号三楼(外滩 9 号楼)				
经营范围	本公司主营业务为远洋油轮及散货船运输				

主要财务指标 指标\报告期	2015.06.30	2014.12.31	2014.06.30	2013.12.31
基本每股收益(元)	0.1183	0.0400	0.0537	–0.4600
基本每股收益(扣除后)(元)	0.1180	–0.0300	0.0566	–0.4300
稀释每股收益(元)	0.1183	0.0400	0.0537	–0.4600
每股净资产(元)	2.2341	2.1374	2.1577	2.0968
每股经营现金净流量(元)	0.2342	0.2259	0.1365	0.1040
每股现金流量(元)	0.8253	0.1321	0.0673	–0.9627
每股资本公积金(元)	1.2568	1.2568	1.2628	1.2652
每股盈余公积金(元)	0.0400	0.0400	0.0255	0.0255
每股未分配利润(元)	0.3136	0.2083	0.2341	0.1804
净资产收益率(%)	5.2937	1.9847	2.4891	–22.0587
加权净资产收益率(%)	5.3900	2.0000	2.5200	–18.9100
净资产收益率(扣除)(%)	5.2803	–1.5348	2.6230	–20.5600
总资产(万元)	2994486.78	2813804.31	1848707.68	1689926.78
归属母公司股东权益(万元)	1054719.44	1009028.28	1018627.63	989869.55
营业收入(万元)	288132.32	260215.03	119073.65	256687.69
营业支出(万元)	184727.85	209544.80	97319.57	264064.11
投资收益(万元)	10207.90	32924.67	16618.95	25821.47
净利润(万元)	96414.89	22495.59	25354.77	–218352.33
营业利润(万元)	97647.06	–7262.14	29490.97	–197788.94
利润总额(万元)	97655.50	28124.81	28063.05	–213837.43

浙江正泰电器股份有限公司

公司概况					
公司名称	浙江正泰电器股份有限公司			证券简称	正泰电器
法人代表	南存辉	董秘	王国荣	证券代码	601877
公司网址	www.chint.net		电子信箱	chintzqb@chint.com	
电　话	0577-62877777　021-56777777		传　真	0577-62763701　021-56777777	
办公地址	浙江省乐清市北白象镇正泰工业园区正泰路 1 号				
经营范围	低压电器研发、制造、销售等				

主要财务指标 指标\报告期	2015.06.30	2014.12.31	2014.06.30	2013.12.31
基本每股收益(元)	0.6000	1.8200	0.6200	1.5300
基本每股收益(扣除后)(元)	0.5700	1.7300	0.6000	1.4600
稀释每股收益(元)	0.6000	1.8200	0.6200	1.5300
每股净资产(元)	4.9591	5.9714	5.4198	5.2094
每股经营现金净流量(元)	0.7449	2.3175	0.7418	0.6326
每股现金流量(元)	0.1237	0.5164	0.0653	–1.9698
每股资本公积金(元)	1.3844	2.0967	2.0501	2.0412
每股盈余公积金(元)	0.4092	0.5320	0.5319	0.5321
每股未分配利润(元)	2.1695	2.3458	1.8404	1.6375
净资产收益率(%)	12.0139	30.3444	14.8181	29.3601
加权净资产收益率(%)	12.3400	32.1700	14.5700	31.1100
净资产收益率(扣除)(%)	11.5725	28.8862	14.3892	27.9073
总资产(万元)	1281321.52	1220217.29	1140255.01	1100655.70
归属母公司股东权益(万元)	652077.08	603991.97	546455.57	525114.28
营业收入(万元)	558994.94	1276723.00	584959.00	1195650.72
营业支出(万元)	369704.13	853042.89	398849.49	817872.00
投资收益(万元)	3150.76	5956.01	2427.77	4154.55
净利润(万元)	84955.48	196718.23	88018.78	169103.21
营业利润(万元)	101189.54	230917.22	103809.53	198071.16
利润总额(万元)	99881.38	232385.33	103741.83	200145.95

大连港股份有限公司

公司概况	公司名称	大连港股份有限公司			证券简称	大 连 港
	法人代表	惠凯	董秘	桂玉婵	证券代码	601880
	公司网址	www.dlport.cn		电子信箱	ir@dlport.cn	
	电 话	0411-87599900 87599899		传 真	0411-87599854	
	办公地址	辽宁省大连市大连国际物流园区金港路新港商务大厦				
	经营范围	国际、国内货物装卸、运输、中转、仓储等港口业务和物流服务等				

主要财务指标	指标\报告期	2015.06.30	2014.12.31	2014.06.30	2013.12.31
	基本每股收益(元)	0.0646	0.1176	0.0643	0.1542
	基本每股收益(扣除后)(元)	0.0534	0.1039	0.0552	0.1211
	稀释每股收益(元)	0.0600	0.1200	0.0643	-
	每股净资产(元)	3.1239	3.0966	3.0400	3.0400
	每股经营现金净流量(元)	0.1400	0.1873	0.0744	0.3646
	每股现金流量(元)	-0.0134	0.0154	-0.0788	-0.0724
	每股资本公积金(元)	1.3823	1.3821	1.3813	1.3819
	每股盈余公积金(元)	0.1310	0.1310	0.1205	0.1205
	每股未分配利润(元)	0.6028	0.5782	0.5356	0.5314
	净资产收益率(%)	2.0695	3.7990	2.1100	5.0769
	加权净资产收益率(%)	2.0700	3.8400	2.1100	5.1700
	净资产收益率(扣除)(%)	1.7098	3.3544	-	3.9867
	总资产(万元)	2842981.65	2784405.09	2661956.84	2722610.91
	归属母公司股东权益(万元)	1382626.28	1370536.65	1346642.89	1344474.42
	营业收入(万元)	409754.15	794245.62	329787.26	698198.02
	营业支出(万元)	338251.67	656756.19	257895.74	539440.28
	投资收益(万元)	12125.27	17548.01	7802.35	18905.27
	净利润(万元)	31873.59	60567.21	28441.89	68258.26
	营业利润(万元)	27814.67	45966.02	29577.42	66891.96
	利润总额(万元)	40303.60	79588.21	43496.06	102588.90

江河创建集团股份有限公司

公司概况	公司名称	江河创建集团股份有限公司			证券简称	江河创建
	法人代表	刘载望	董秘	刘中岳	证券代码	601886
	公司网址	www.jangho.com		电子信箱	ir@jangho.com	
	电 话	010-60411166		传 真	010-60411666	
	办公地址	北京市顺义区牛汇北五街5号				
	经营范围	制造各类幕墙、门窗、钢结构产品等				

主要财务指标	指标\报告期	2015.06.30	2014.12.31	2014.06.30	2013.12.31
	基本每股收益(元)	0.1700	0.2400	0.1500	0.2600
	基本每股收益(扣除后)(元)	0.1600	0.2000	0.1300	0.2400
	稀释每股收益(元)	0.1700	0.2400	0.1500	0.2600
	每股净资产(元)	4.7279	4.5403	4.5047	4.1552
	每股经营现金净流量(元)	-0.8771	0.2585	-0.4097	-0.1863
	每股现金流量(元)	-0.8321	0.4563	-0.0685	-0.6536
	每股资本公积金(元)	1.8768	1.8742	1.9223	1.5922
	每股盈余公积金(元)	0.1650	0.1650	0.1650	0.1700
	每股未分配利润(元)	1.5565	1.4627	1.4034	1.3703
	净资产收益率(%)	3.6753	5.2846	3.4067	6.2493
	加权净资产收益率(%)	3.7900	5.3700	3.7100	6.4100
	净资产收益率(扣除)(%)	3.3388	4.3916	2.9719	5.6794
	总资产(万元)	1974575.34	1982207.52	1800847.68	1517389.19
	归属母公司股东权益(万元)	545618.47	523976.89	519862.10	465386.13
	营业收入(万元)	711931.63	1590427.67	696874.88	1190204.79
	营业支出(万元)	611680.77	1351402.63	594733.24	997893.83
	投资收益(万元)	62.20	-4892.74	-4987.89	8263.25
	净利润(万元)	22046.44	37926.70	17710.13	29083.22
	营业利润(万元)	23476.30	33339.66	17965.92	27215.29
	利润总额(万元)	25722.47	39025.08	20939.26	30379.37

中国国旅股份有限公司

公司概况	公司名称	中国国旅股份有限公司			证券简称	中国国旅
	法人代表	王为民	董秘	薛军	证券代码	601888
	公司网址	www.citsgroup.net		电子信箱	citszq@citsgroup.com.cn	
	电 话	010-84479696		传 真	010-84479312	
	办公地址	北京市东城区东直门外小街甲2号A座8层				
	经营范围	旅游服务及旅游商品相关项目的投资与管理等				

主要财务指标	指标\报告期	2015.06.30	2014.12.31	2014.06.30	2013.12.31
	基本每股收益(元)	1.0410	1.5061	0.8710	1.4070
	基本每股收益(扣除后)(元)	1.0390	1.4909	0.8690	1.3660
	稀释每股收益(元)	1.0410	1.5061	0.8710	1.4070
	每股净资产(元)	10.9122	10.3400	9.7659	9.2858
	每股经营现金净流量(元)	0.5696	1.5322	0.3836	1.5060
	每股现金流量(元)	-2.1471	0.2129	-0.7077	3.1959
	每股资本公积金(元)	4.9286	4.9286	4.9286	4.9286
	每股盈余公积金(元)	0.2499	0.2499	0.1572	0.1572
	每股未分配利润(元)	4.8414	4.2603	3.7565	3.2850
	净资产收益率(%)	9.5410	14.5606	8.9237	14.2810
	加权净资产收益率(%)	9.5900	15.3700	9.0200	18.2100
	净资产收益率(扣除)(%)	9.5257	14.4174	8.9028	13.8675
	总资产(万元)	1585802.12	1470079.02	1337509.27	1296142.22
	归属母公司股东权益(万元)	1065285.73	1009768.57	953385.90	906514.33
	营业收入(万元)	1001588.08	1993593.82	894942.12	1744818.82
	营业支出(万元)	723154.56	1517988.45	659042.31	1328995.82
	投资收益(万元)	6680.66	12770.77	6631.52	10747.73
	净利润(万元)	113023.62	167041.29	85077.73	129459.61
	营业利润(万元)	147567.37	220203.88	126249.39	189359.90
	利润总额(万元)	147816.03	222715.56	126665.98	195693.08

江苏亚星锚链股份有限公司

公司概况	公司名称	江苏亚星锚链股份有限公司			证券简称	亚星锚链
	法人代表	陶安祥	董秘	肖莉莉	证券代码	601890
	公司网址	www.asac.cn		电子信箱	XLL@ASAC.CN	
	电 话	0523-84686986		传 真	0523-84686659	
	办公地址	江苏省靖江市东兴镇何德村江苏亚星锚链股份有限公司办公楼				
	经营范围	船用锚链、船舶配件及锚链附件产品制造				

主要财务指标	指标\报告期	2015.06.30	2014.12.31	2014.06.30	2013.12.31
	基本每股收益(元)	0.0527	0.0639	0.1200	-0.0448
	基本每股收益(扣除后)(元)	0.0459	0.0173	0.1000	-0.0837
	稀释每股收益(元)	0.0527	0.0639	0.1200	-0.0448
	每股净资产(元)	2.9309	5.9504	5.9973	5.8743
	每股经营现金净流量(元)	0.0022	0.2087	0.0371	-0.0844
	每股现金流量(元)	0.0340	-0.5833	-0.2592	-0.7580
	每股资本公积金(元)	1.4432	3.9586	3.9464	3.9464
	每股盈余公积金(元)	0.0424	0.0869	0.0869	0.0869
	每股未分配利润(元)	0.4453	0.9049	0.9640	0.8410
	净资产收益率(%)	1.7974	1.0731	2.0502	-0.7632
	加权净资产收益率(%)	1.8000	1.0800	2.0700	-0.7600
	净资产收益率(扣除)(%)	1.5645	0.2913	1.7325	-1.4253
	总资产(万元)	378364.27	380045.85	385807.86	372115.80
	归属母公司股东权益(万元)	281191.86	278477.73	280673.74	274919.43
	营业收入(万元)	80855.35	152802.98	77883.71	140881.67
	营业支出(万元)	59599.22	117553.03	58738.34	114557.22
	投资收益(万元)	894.77	1718.59	441.56	1475.08
	净利润(万元)	4503.40	2753.81	5754.30	-2098.25
	营业利润(万元)	5655.93	2916.89	6985.13	-3028.91
	利润总额(万元)	5545.62	3939.39	7177.96	-1909.38

中国中煤能源股份有限公司

公司概况

公司名称	中国中煤能源股份有限公司			证券简称	中煤能源
法人代表	王安	董秘	周东洲	证券代码	601898
公司网址	www.chinacoalenergy.com		电子信箱	ird@chinacoal.com	
电话	010-82236028		传真	010-82256479	
办公地址	北京市朝阳区黄寺大街1号				
经营范围	煤炭的生产和销售、煤焦化产品的生产、煤矿装备制造、煤矿工程的勘探、咨询等				

主要财务指标

指标\报告期	2015.06.30	2014.12.31	2014.06.30	2013.12.31
基本每股收益(元)	-0.0700	0.0600	0.0500	0.2700
基本每股收益(扣除后)(元)	-0.0800	0.0200	0.0400	-
稀释每股收益(元)	-0.0700	0.0600	0.0500	0.2700
每股净资产(元)	6.4373	6.5404	6.5800	6.5939
每股经营现金净流量(元)	0.0273	0.3834	0.0403	0.7158
每股现金流量(元)	0.4103	0.5203	0.3172	-0.1501
每股资本公积金(元)	2.8013	2.8025	2.8216	2.8187
每股盈余公积金(元)	0.3011	0.3011	0.3011	0.3011
每股未分配利润(元)	2.1789	2.2758	2.2322	2.2615
净资产收益率(%)	-1.1309	0.8841	0.7870	4.0898
加权净资产收益率(%)	-1.1200	0.8800	0.7900	4.1300
净资产收益率(扣除)(%)	-1.2526	0.2600	0.6719	3.8621
总资产(万元)	25922202.40	24270630.20	23142744.20	21494362.60
归属母公司股东权益(万元)	8534990.00	8671750.60	8724158.30	8742677.30
营业收入(万元)	2974655.60	7066384.00	3543458.40	8231648.20
营业支出(万元)	2050227.60	4943438.60	2389073.30	5614196.30
投资收益(万元)	21694.80	45695.00	7337.70	8512.40
净利润(万元)	-73700.10	122205.10	68630.30	357560.20
营业利润(万元)	-104827.00	141644.50	133947.40	589113.80
利润总额(万元)	-98853.70	152135.20	139345.20	602150.60

紫金矿业集团股份有限公司

公司概况

公司名称	紫金矿业集团股份有限公司			证券简称	紫金矿业
法人代表	陈景河	董秘	刘强	证券代码	601899
公司网址	www.zjky.cn		电子信箱	lq@zjky.cn	
电话	0592-2933662		传真	0592-2933580	
办公地址	福建省上杭县紫金大道1号 厦门市湖里区泗水道599号海富中心19-22层				
经营范围	以黄金为主导产业的矿产资源的勘探、采矿、选矿、冶炼及矿产品销售				

主要财务指标

指标\报告期	2015.06.30	2014.12.31	2014.06.30	2013.12.31
基本每股收益(元)	0.0620	0.1100	0.0510	0.1000
基本每股收益(扣除后)(元)	0.0610	0.1200	0.0540	0.1100
稀释每股收益(元)	0.0620	0.1100	0.0510	0.1000
每股净资产(元)	1.2762	1.3007	1.2506	1.2724
每股经营现金净流量(元)	1.7877	2.9299	0.8149	4.0748
每股现金流量(元)	-0.1023	-0.2360	0.2214	-1.0570
每股资本公积金(元)	3.3555	3.3978	3.4027	3.4215
每股盈余公积金(元)	0.6124	0.6116	0.6095	0.6080
每股未分配利润(元)	7.9872	8.1546	7.5562	7.8241
净资产收益率(%)	4.8800	8.3600	4.1029	7.6971
加权净资产收益率(%)	4.7300	8.4700	3.9800	7.6500
净资产收益率(扣除)(%)	4.8100	8.9200	-	8.7513
总资产(万元)	7775742.47	7515958.76	7399400.60	6689838.91
归属母公司股东权益(万元)	2749427.10	2805945.48	2706923.84	2761225.78
营业收入(万元)	3883243.95	5876053.39	2398605.39	4977151.19
营业支出(万元)	3501520.17	5088176.76	2010193.53	4084648.01
投资收益(万元)	25346.34	77256.61	41261.04	1376.76
净利润(万元)	141001.34	263544.20	110940.19	212535.38
营业利润(万元)	191300.11	346015.90	190211.12	402165.52
利润总额(万元)	190668.65	332413.80	184982.00	383470.16

方正证券股份有限公司

公司概况

公司名称	方正证券股份有限公司			证券简称	方正证券
法人代表	何其聪	董秘	熊郁柳	证券代码	601901
公司网址	www.foundersc.com		电子信箱	pub@foundersc.com	
电话	0731-85832367		传真	0731-85832366	
办公地址	湖南省长沙市芙蓉区芙蓉中路二段华侨国际大厦22-24层				
经营范围	证券经纪、投资银行、证券自营、资产管理、基金管理、直接投资等				

主要财务指标

指标\报告期	2015.06.30	2014.12.31	2014.06.30	2013.12.31
基本每股收益(元)	0.3554	0.2637	0.1300	0.1800
基本每股收益(扣除后)(元)	0.3556	0.2635	0.1200	0.1801
稀释每股收益(元)	0.3554	0.2637	0.1300	0.1813
每股净资产(元)	4.0800	3.6900	2.6781	2.5300
每股经营现金净流量(元)	0.4618	0.2789	0.0975	-0.6795
每股现金流量(元)	6.8068	1.6165	0.3177	0.0172
每股资本公积金(元)	2.0207	2.0207	0.9979	0.9803
每股盈余公积金(元)	0.0605	0.0605	0.0546	0.0546
每股未分配利润(元)	0.7427	0.3872	0.4372	0.3110
净资产收益率(%)	8.7051	5.9208	4.7102	7.1518
加权净资产收益率(%)	9.1500	8.6500	4.8500	7.3800
净资产收益率(扣除)(%)	8.7078	5.9163	4.6645	7.1056
总资产(万元)	17595794.55	8692385.73	4777206.42	3659836.46
归属母公司股东权益(万元)	3361323.03	3033542.76	1633618.85	1545949.35
营业收入(万元)	561877.96	489969.92	192218.81	344154.14
营业支出(万元)	181717.60	260384.80	-	209135.22
投资收益(万元)	112980.43	121773.16	55939.76	70505.00
净利润(万元)	294857.71	180038.47	76946.44	110562.52
营业利润(万元)	380160.36	229585.12	94398.29	135018.92
利润总额(万元)	380037.90	230008.51	95434.91	135987.20

北京京运通科技股份有限公司

公司概况

公司名称	北京京运通科技股份有限公司			证券简称	京运通
法人代表	冯焕培	董秘	张文慧	证券代码	601908
公司网址	www.jingyuntong.com		电子信箱	ir@jytcorp.com	
电话	010-80803979		传真	010-80803016-8298	
办公地址	北京市北京经济技术开发区经海四路158号				
经营范围	生产半导体及光伏精密设备等				

主要财务指标

指标\报告期	2015.06.30	2014.12.31	2014.06.30	2013.12.31
基本每股收益(元)	0.1600	0.1300	0.0500	0.0700
基本每股收益(扣除后)(元)	0.1200	0.0100	0.0300	-0.1000
稀释每股收益(元)	0.1600	0.1300	0.0500	0.0700
每股净资产(元)	4.4867	4.3806	4.2931	4.2669
每股经营现金净流量(元)	-0.3036	-0.3775	-0.4315	-0.1110
每股现金流量(元)	-0.0167	-0.3052	-0.0321	-1.2118
每股资本公积金(元)	2.2090	2.2090	2.2090	2.2090
每股盈余公积金(元)	0.1549	0.1549	0.1473	0.1473
每股未分配利润(元)	1.1229	1.0168	0.9367	0.9105
净资产收益率(%)	3.4790	3.0528	1.0755	1.5513
加权净资产收益率(%)	3.5100	3.0900	1.0800	1.5600
净资产收益率(扣除)(%)	2.7670	0.3325	0.7624	-2.3837
总资产(万元)	684418.23	540037.95	482935.40	452997.96
归属母公司股东权益(万元)	385755.05	376633.31	369105.28	366854.92
营业收入(万元)	90369.08	69481.63	26157.56	46586.71
营业支出(万元)	65691.42	44360.99	15259.75	38740.72
投资收益(万元)	0.63	3302.82	2136.36	2244.82
净利润(万元)	15559.77	11793.46	3969.90	5690.95
营业利润(万元)	10757.03	656.32	4395.53	-8590.28
利润总额(万元)	15530.37	11892.59	4754.96	6982.25

国投新集能源股份有限公司

公司概况

公司名称	国投新集能源股份有限公司			证券简称	国投新集
法人代表	陈培	董秘	陈培(代)	证券代码	601918
公司网址	www.sdicxinji.com.cn		电子信箱	daifei@sdicxinji.com.cn	
电　话	0554-8661819		传　真	0554-8661918	
办公地址	安徽省淮南市山南新区民惠街国投新集办公园区				
经营范围	煤炭开采、洗选加工、火力发电				

主要财务指标

指标\报告期	2015.06.30	2014.12.31	2014.06.30	2013.12.31
基本每股收益(元)	-0.3500	-0.7600	-0.2500	0.0060
基本每股收益(扣除后)(元)	-0.3600	-0.7460	-0.2600	0.0700
稀释每股收益(元)	-0.3500	-0.7600	-0.2500	0.0060
每股净资产(元)	2.2600	2.5900	3.1300	3.3508
每股经营现金净流量(元)	-0.0460	-0.4582	0.0255	0.1964
每股现金流量(元)	0.0585	0.0868	0.1190	-0.0652
每股资本公积金(元)	0.6418	0.6418	0.6418	0.6418
每股盈余公积金(元)	0.2892	0.2892	0.2892	0.2892
每股未分配利润(元)	0.2084	0.5609	1.0762	1.3261
净资产收益率(%)	-15.6104	-29.3700	-7.9804	0.1718
加权净资产收益率(%)	-14.5400	-25.5900	-7.7100	0.1700
净资产收益率(扣除)(%)	-15.9597	-28.8100	-8.1616	-2.0820
总资产(万元)	3037662.16	2889403.29	2809595.63	2692450.62
归属母公司股东权益(万元)	584872.80	670574.32	811118.31	868041.25
营业收入(万元)	256830.52	656249.96	332673.71	781214.73
营业支出(万元)	296213.13	671848.45	323607.01	642083.56
投资收益(万元)	6533.18	2781.45	1921.51	11586.00
净利润(万元)	-91379.77	-197124.42	-64730.68	1491.44
营业利润(万元)	-91278.98	-187842.85	-62576.72	5176.61
利润总额(万元)	-91302.95	-197374.77	-62554.87	12859.98

中国远洋控股股份有限公司

公司概况

公司名称	中国远洋控股股份有限公司			证券简称	中国远洋
法人代表	马泽华	董秘	郭华伟	证券代码	601919
公司网址	www.chinacosco.com		电子信箱	guohuawei@chinacosco.com	
电　话	022-66270898		传　真	022-66270899	
办公地址	天津市天津空港经济区中心大道与东七道交口远航商务中心 12 号楼二层				
经营范围	国际船舶普通货物运输、国际船舶集装箱运输				

主要财务指标

指标\报告期	2015.06.30	2014.12.31	2014.06.30	2013.12.31
基本每股收益(元)	0.1900	0.0400	-0.2200	0.0200
基本每股收益(扣除后)(元)	-0.2000	-0.1400	-0.2000	-0.7000
稀释每股收益(元)	0.1900	0.0400	-0.2200	0.0200
每股净资产(元)	2.5612	2.3863	2.1676	2.3710
每股经营现金净流量(元)	0.5715	0.5776	0.1369	-0.2289
每股现金流量(元)	0.4146	-0.8321	-1.0145	0.1806
每股资本公积金(元)	2.7296	2.7296	2.7559	2.7592
每股盈余公积金(元)	0.0834	0.0834	0.0834	0.0834
每股未分配利润(元)	-0.7682	-0.9538	-1.2122	-0.9893
净资产收益率(%)	7.2485	1.4870	-10.2809	0.9721
加权净资产收益率(%)	7.5000	1.4900	-9.8200	0.9600
净资产收益率(扣除)(%)	-7.6514	-5.6695	-9.3201	-29.6401
总资产(万元)	15520499.49	14882039.40	15116443.54	16192581.08
归属母公司股东权益(万元)	2616628.63	2437916.22	2214526.13	2422258.46
营业收入(万元)	2997212.07	6437445.62	2994038.25	6193413.65
营业支出(万元)	2875856.25	5985221.86	2808469.35	6142553.81
投资收益(万元)	78767.98	211640.31	84617.05	989894.93
净利润(万元)	255471.13	155082.12	-227673.19	23546.99
营业利润(万元)	-80556.27	1429.39	-55616.54	439320.99
利润总额(万元)	280680.75	50728.70	-138093.77	374373.20

江苏凤凰出版传媒股份有限公司

公司概况

公司名称	江苏凤凰出版传媒股份有限公司			证券简称	凤凰传媒
法人代表	陈海燕	董秘	徐云祥	证券代码	601928
公司网址	www.ppm.cn		电子信箱	xuyx@ppm.cn	
电　话	025-51883301 51883338		传　真	025-51883338 51883366	
办公地址	江苏省南京市中央路 1 号凤凰广场 B 座 27 楼				
经营范围	图书出版物及音像制品的出版、发行及文化用品销售				

主要财务指标

指标\报告期	2015.06.30	2014.12.31	2014.06.30	2013.12.31
基本每股收益(元)	0.2576	0.4737	0.2300	0.3700
基本每股收益(扣除后)(元)	0.2292	0.4227	0.1900	0.3100
稀释每股收益(元)	-	-	0.2300	0.3700
每股净资产(元)	4.2103	3.9524	3.9000	3.7423
每股经营现金净流量(元)	0.2476	0.6472	0.2182	0.4096
每股现金流量(元)	0.1943	0.0001	-0.1850	-0.5760
每股资本公积金(元)	1.1160	1.1159	1.1068	1.3025
每股盈余公积金(元)	0.5793	0.5793	0.5531	0.5531
每股未分配利润(元)	1.4830	1.2254	1.2061	0.9797
净资产收益率(%)	6.1190	11.9841	5.8057	9.8704
加权净资产收益率(%)	6.3100	12.1000	5.6900	9.8500
净资产收益率(扣除)(%)	5.4436	10.6959	4.9803	8.1797
总资产(万元)	1743126.26	1686384.81	1544987.80	1553358.26
归属母公司股东权益(万元)	1071484.40	1005854.05	992500.76	984325.99
营业收入(万元)	489657.88	961823.55	420243.68	731587.11
营业支出(万元)	301086.44	608317.43	261622.43	454917.03
投资收益(万元)	4457.74	10818.43	7281.32	11182.50
净利润(万元)	66914.72	123323.98	57621.79	94004.06
营业利润(万元)	63719.18	100414.51	48514.22	84424.41
利润总额(万元)	68139.90	124869.60	59718.38	94981.24

吉视传媒股份有限公司

公司概况

公司名称	吉视传媒股份有限公司			证券简称	吉视传媒
法人代表	王胜杰	董秘	麻卫东	证券代码	601929
公司网址	www.jishimedia.com		电子信箱	maweidong@jishimedia.com	
电　话	0431-88789022 85321577		传　真	0431-88789990	
办公地址	吉林省长春市新民大街 1027-1 号				
经营范围	有线电视业务、广播电视节目传输服务业务等				

主要财务指标

指标\报告期	2015.06.30	2014.12.31	2014.06.30	2013.12.31
基本每股收益(元)	0.1391	0.2792	0.1837	0.2739
基本每股收益(扣除后)(元)	0.1383	0.2450	0.1637	0.2406
稀释每股收益(元)	0.1295	0.2792	0.1837	0.2739
每股净资产(元)	3.6862	3.4363	3.0455	2.9158
每股经营现金净流量(元)	0.1385	0.6712	0.1978	0.7362
每股现金流量(元)	0.0540	0.2692	0.1081	-0.1557
每股资本公积金(元)	1.2878	0.9986	0.9986	0.9986
每股盈余公积金(元)	0.3996	0.3275	0.2996	0.2319
每股未分配利润(元)	0.7975	0.8149	0.7474	0.6854
净资产收益率(%)	3.6693	8.1240	6.0321	9.3947
加权净资产收益率(%)	3.9700	9.1400	6.1100	9.7900
净资产收益率(扣除)(%)	3.6462	7.1307	5.3736	8.2515
总资产(万元)	936855.26	936082.03	645385.66	631595.61
归属母公司股东权益(万元)	556659.22	504416.07	447052.27	428012.35
营业收入(万元)	104066.88	204980.41	102024.71	192127.14
营业支出(万元)	55516.15	111773.35	51061.27	103990.11
投资收益(万元)	1250.00	191.03	191.03	717.27
净利润(万元)	20287.99	40882.59	26966.52	40210.41
营业利润(万元)	20160.01	37169.13	25242.47	36509.70
利润总额(万元)	20288.57	40962.03	26965.78	40410.58

永辉超市股份有限公司

公司概况	公司名称	永辉超市股份有限公司			证券简称	永辉超市
	法人代表	张轩松	董秘	张经仪	证券代码	601933
	公司网址	www.yonghui.com.cn		电子信箱	bod.yh@yonghui.cn	
	电　　话	0591-83762200		传　　真	0591-83787308	
	办公地址	福建省福州市鼓楼区湖头街光荣路5号院				
	经营范围	农副产品、粮油及制品、食品饮料、酒及其他副食品、零售乳制品等				

	指标\报告期	2015.06.30	2014.12.31	2014.06.30	2013.12.31
主要财务指标	基本每股收益(元)	0.1400	0.2600	0.1400	0.4600
	基本每股收益(扣除后)(元)	0.1300	0.2200	0.1200	0.4000
	稀释每股收益(元)	0.1400	0.2600	0.1400	0.4600
	每股净资产(元)	2.9865	1.9783	1.8551	3.6320
	每股经营现金净流量(元)	0.2413	0.6195	0.1843	1.0873
	每股现金流量(元)	1.1038	0.0508	0.0050	0.3222
	每股资本公积金(元)	1.3950	0.2508	0.2502	1.5003
	每股盈余公积金(元)	0.0580	0.0725	0.0511	0.1021
	每股未分配利润(元)	0.5335	0.6550	0.5539	1.0295
	净资产收益率(%)	4.3344	13.2268	7.4990	12.1926
	加权净资产收益率(%)	5.5700	13.9200	7.5100	14.4800
	净资产收益率(扣除)(%)	3.8933	10.9774	6.3923	10.6724
	总资产(万元)	1973641.52	1547957.08	1318788.26	1297281.28
	归属母公司股东权益(万元)	1214760.71	643814.12	603727.18	590997.82
	营业收入(万元)	2083483.29	3672680.30	1770339.02	3054281.67
	营业支出(万元)	1669384.84	2950688.88	1426302.79	2468191.08
	投资收益(万元)	858.28	21956.81	518.77	-83.74
	净利润(万元)	52613.73	85268.82	45273.72	72058.12
	营业利润(万元)	58645.91	105584.12	56850.09	80125.12
	利润总额(万元)	64671.43	108429.12	57971.66	94546.22

中国建设银行股份有限公司

公司概况	公司名称	中国建设银行股份有限公司			证券简称	建设银行
	法人代表	王洪章	董秘	陈彩虹	证券代码	601939
	公司网址	www.ccb.com		电子信箱	ir@ccb.com	
	电　　话	010-66215533		传　　真	010-66218888	
	办公地址	北京市西城区金融大街25号　香港中环干诺道中1号友邦金融中心12楼				
	经营范围	吸收公众存款、发放短期、中期、长期贷款等				

	指标\报告期	2015.06.30	2014.12.31	2014.06.30	2013.12.31
主要财务指标	基本每股收益(元)	0.5300	0.9100	0.5200	0.8600
	基本每股收益(扣除后)(元)	0.5200	0.9100	0.5200	0.8500
	稀释每股收益(元)	0.5300	0.9100	0.5200	0.8600
	每股净资产(元)	5.2100	5.0100	4.5500	4.2600
	每股经营现金净流量(元)	0.0068	0.0126	0.3581	0.1837
	每股现金流量(元)	0.4666	-0.3482	-0.1261	-1.2325
	每股资本公积金(元)	0.5404	0.5404	0.5421	0.5421
	每股盈余公积金(元)	0.5220	0.5220	0.4319	0.4319
	每股未分配利润(元)	2.3956	2.2347	1.9381	1.7763
	净资产收益率(%)	10.1346	18.3412	11.4826	20.1376
	加权净资产收益率(%)	10.0900	19.7400	11.4850	21.2300
	净资产收益率(扣除)(%)	10.0566	18.2239	11.4207	20.0021
	总资产(万元)	1821918600.00	1674409300.00	1639979000.00	1536321000.00
	归属母公司股东权益(万元)	130143000.00	124151000.00	113791400.00	106595100.00
	营业收入(万元)	31104200.00	57047000.00	28709700.00	50860800.00
	营业支出(万元)	14309400.00	27322300.00	–	23063600.00
	投资收益(万元)	366600.00	602000.00	260100.00	631800.00
	净利润(万元)	13224400.00	22824700.00	13066200.00	21465700.00
	营业利润(万元)	16794800.00	29724700.00	16854300.00	27797200.00
	利润总额(万元)	16920700.00	29908600.00	16951600.00	27980600.00

金堆城钼业股份有限公司

公司概况	公司名称	金堆城钼业股份有限公司			证券简称	金钼股份
	法人代表	张继祥	董秘	秦国政	证券代码	601958
	公司网址	www.jdcmoly.com		电子信箱	jdc@jdcmoly.com	
	电　　话	029-88320076 88320019		传　　真	029-88320330	
	办公地址	陕西省西安市高新技术产业开发区锦业一路88号金钼股份综合楼A座				
	经营范围	钼炉料、钼化工、钼金属产品和硫酸产品的生产与销售等				

	指标\报告期	2015.06.30	2014.12.31	2014.06.30	2013.12.31
主要财务指标	基本每股收益(元)	0.0020	0.0600	0.0300	0.0600
	基本每股收益(扣除后)(元)	-0.0050	0.0300	0.0200	0.0500
	稀释每股收益(元)	0.0020	0.0600	0.0300	0.0600
	每股净资产(元)	4.0359	4.0807	4.0674	4.0584
	每股经营现金净流量(元)	-0.0419	0.0305	-0.0245	0.1033
	每股现金流量(元)	-0.2416	-0.1302	-0.1404	-0.3066
	每股资本公积金(元)	2.0902	2.0902	2.0902	2.0902
	每股盈余公积金(元)	0.2343	0.2343	0.2295	0.2295
	每股未分配利润(元)	0.5508	0.5891	0.5628	0.5742
	净资产收益率(%)	0.0428	1.4599	0.7016	1.3595
	加权净资产收益率(%)	0.0400	1.4700	0.7000	1.3500
	净资产收益率(扣除)(%)	-0.1361	0.7887	0.6032	1.1628
	总资产(万元)	1584062.33	1617076.09	1574898.62	1549550.73
	归属母公司股东权益(万元)	1302219.15	1316668.07	1312404.57	1309474.98
	营业收入(万元)	485536.37	852637.18	413273.67	861601.01
	营业支出(万元)	464257.76	778974.54	378118.64	791600.30
	投资收益(万元)	722.36	2578.53	1072.22	1670.78
	净利润(万元)	472.20	20162.59	9208.30	17802.26
	营业利润(万元)	-549.41	18804.29	14653.62	27264.21
	利润总额(万元)	1584.14	27022.26	14869.96	28153.96

中国汽车工程研究院股份有限公司

公司概况	公司名称	中国汽车工程研究院股份有限公司			证券简称	中国汽研
	法人代表	任晓常	董秘	刘旭黎	证券代码	601965
	公司网址	www.caeri.com.cn		电子信箱	ir@caeri.com.cn	
	电　　话	023-68825531 68851877		传　　真	023-68821361	
	办公地址	重庆市北部新区金渝大道9号				
	经营范围	低速货车、摩托车及零部件、检测设备产品的研究、技术开发、技术转让等				

	指标\报告期	2015.06.30	2014.12.31	2014.06.30	2013.12.31
主要财务指标	基本每股收益(元)	0.1100	0.6500	0.2300	0.6600
	基本每股收益(扣除后)(元)	0.1000	0.3500	0.1600	0.5600
	稀释每股收益(元)	0.1100	0.6500	0.2300	0.6600
	每股净资产(元)	3.7153	5.5075	5.0900	5.0624
	每股经营现金净流量(元)	-0.0234	0.1344	0.1844	0.5463
	每股现金流量(元)	0.3787	-0.7448	-0.6708	-0.0872
	每股资本公积金(元)	1.4684	2.5026	2.5026	2.5026
	每股盈余公积金(元)	0.1219	0.1828	0.1233	0.1233
	每股未分配利润(元)	1.1251	1.8221	1.4629	1.4364
	净资产收益率(%)	2.9695	11.7140	4.4502	13.0147
	加权净资产收益率(%)	2.9600	11.7300	4.4000	13.4900
	净资产收益率(扣除)(%)	2.5598	6.3818	3.2375	11.0230
	总资产(万元)	412091.67	415721.39	402311.63	397049.82
	归属母公司股东权益(万元)	357110.56	352914.13	326085.23	324389.46
	营业收入(万元)	55575.15	156889.19	69467.89	150023.45
	营业支出(万元)	35052.04	113472.97	48546.70	93706.58
	投资收益(万元)	1272.16	2333.92	475.58	2058.85
	净利润(万元)	10267.31	41279.77	14511.50	42218.19
	营业利润(万元)	12200.81	29860.51	14102.03	43941.15
	利润总额(万元)	12441.28	49474.25	17964.51	49309.38

上海宝钢包装股份有限公司

公司概况	公司名称	上海宝钢包装股份有限公司			证券简称	宝钢包装
	法人代表	贾砚林	董秘	赵莹	证券代码	601968
	公司网址	www.baosteelpack.com		电子信箱	ir@baopackage.com	
	电　话	021-26099953		传　真	021-31166678	
	办公地址	上海市宝山区罗东路 1818 号				
	经营范围	各类材质包装制品 设计、销售；各种材质包装材料的销售等				

主要财务指标	指标\报告期	2015.06.30	2014.12.31	2014.06.30	2013.12.31
	基本每股收益(元)	0.0800	0.2100	0.0900	0.2000
	基本每股收益(扣除后)(元)	0.0500	0.1800	0.0900	0.1900
	稀释每股收益(元)	0.0800	0.2100	0.0900	0.2000
	每股净资产(元)	2.3583	2.1866	2.0685	2.0377
	每股经营现金净流量(元)	0.2123	0.5139	0.2174	0.9698
	每股现金流量(元)	0.7408	0.1920	0.1273	-0.0134
	每股资本公积金(元)	0.9031	0.5952	0.5894	0.5894
	每股盈余公积金(元)	0.0487	0.0649	0.0565	0.0565
	每股未分配利润(元)	0.4202	0.5396	0.4341	0.4034
	净资产收益率(%)	2.6212	9.4115	4.4460	10.0197
	加权净资产收益率(%)	3.7600	9.8200	4.4100	9.1800
	净资产收益率(扣除)(%)	1.8185	8.1905	-	9.4218
	总资产(万元)	556319.13	483119.36	456303.44	399214.30
	归属母公司股东权益(万元)	196526.02	136665.61	129278.87	127359.14
	营业收入(万元)	170421.91	346406.57	169475.91	291288.92
	营业支出(万元)	142262.02	281747.13	140350.91	236345.17
	投资收益(万元)	-	-	-	-
	净利润(万元)	5279.34	13155.92	5837.87	13187.10
	营业利润(万元)	4832.18	13671.39	6838.25	15040.55
	利润总额(万元)	6934.63	15786.72	7206.78	16266.64

海南矿业股份有限公司

公司概况	公司名称	海南矿业股份有限公司			证券简称	海南矿业
	法人代表	陈国平	董秘	周建良	证券代码	601969
	公司网址	www.hnmining.com		电子信箱	hnmining@hnmining.com	
	电　话	0898-26607630		传　真	0898-26607075	
	办公地址	海南省昌江黎族自治县石碌镇(海钢办公大楼)				
	经营范围	黑色、有色及非金属矿石采选等				

主要财务指标	指标\报告期	2015.06.30	2014.12.31	2014.06.30	2013.12.31
	基本每股收益(元)	0.0030	0.2500	0.1710	0.6000
	基本每股收益(扣除后)(元)	0.0020	0.1900	0.1700	0.6000
	稀释每股收益(元)	0.0030	0.2500	0.1710	0.6000
	每股净资产(元)	2.3170	2.4639	1.6100	2.0000
	每股经营现金净流量(元)	0.0841	0.2583	0.3846	0.5604
	每股现金流量(元)	-0.3318	0.5345	-0.1912	-0.1028
	每股资本公积金(元)	0.9933	0.9933	0.1678	0.1678
	每股盈余公积金(元)	0.2381	0.2381	0.2394	0.2394
	每股未分配利润(元)	0.0622	0.2091	0.1761	0.5705
	净资产收益率(%)	0.1339	9.2200	10.6333	29.8220
	加权净资产收益率(%)	0.1300	13.0500	9.4700	33.7600
	净资产收益率(扣除)(%)	0.0987	6.9197	10.8801	28.5612
	总资产(万元)	550166.10	611248.02	424514.46	481299.39
	归属母公司股东权益(万元)	432503.48	459924.59	270387.83	336636.61
	营业收入(万元)	52906.73	176801.12	95085.02	292101.77
	营业支出(万元)	34958.19	89921.53	36286.91	105982.12
	投资收益(万元)	63.51	31.54	15.94	24.82
	净利润(万元)	578.94	42405.00	28751.22	100391.76
	营业利润(万元)	90.01	42660.01	37727.48	134492.96
	利润总额(万元)	238.59	42860.05	37937.72	133961.54

中国核能电力股份有限公司

公司概况	公司名称	中国核能电力股份有限公司			证券简称	中国核电
	法人代表	钱智民	董秘	罗小未	证券代码	601985
	公司网址	www.cnnp.com.cn		电子信箱	cnnp_zqb@cnnp.com.cn	
	电　话	010-68555988		传　真	010-68555928	
	办公地址	北京市西城区三里河南四巷一号				
	经营范围	核能电力生产和销售				

主要财务指标	指标\报告期	2015.06.30	2014.12.31	2014.06.30	2013.12.31
	基本每股收益(元)	0.2120	0.2260	0.0900	0.2350
	基本每股收益(扣除后)(元)	0.2070	0.2160	0.0860	0.1790
	稀释每股收益(元)	0.2120	0.2260	0.0900	0.2350
	每股净资产(元)	2.3341	1.9200	1.8427	1.8363
	每股经营现金净流量(元)	0.6073	0.8174	0.3381	0.8518
	每股现金流量(元)	0.7437	0.0793	0.0986	-0.1030
	每股资本公积金(元)	0.8284	0.3250	0.3436	0.3464
	每股盈余公积金(元)	0.0893	0.1191	0.1072	0.1072
	每股未分配利润(元)	0.4091	0.4715	0.3794	0.3715
	净资产收益率(%)	6.8066	11.0039	4.9103	12.3106
	加权净资产收益率(%)	10.6800	11.6100	4.9300	12.8600
	净资产收益率(扣除)(%)	6.6578	10.5404	-	9.3910
	总资产(万元)	24444162.58	22244663.50	20712719.56	19472170.98
	归属母公司股东权益(万元)	3633093.24	2246238.22	2018287.84	2011225.37
	营业收入(万元)	1289326.17	1880074.37	845321.05	1808093.00
	营业支出(万元)	680576.50	1137337.78	518001.08	1162055.92
	投资收益(万元)	7640.38	8769.77	4532.99	24629.42
	净利润(万元)	448315.30	515696.55	206973.37	512091.58
	营业利润(万元)	400347.31	414632.39	144987.58	321855.19
	利润总额(万元)	508367.64	616148.57	244107.38	609017.66

中国银行股份有限公司

公司概况	公司名称	中国银行股份有限公司			证券简称	中国银行
	法人代表	田国立	董秘	耿伟	证券代码	601988
	公司网址	www.boc.cn		电子信箱	ir@bankofchina.com	
	电　话	010-66596688 66592638		传　真	010-66594568 66016871	
	办公地址	北京市西城区复兴门内大街 1 号				
	经营范围	吸收人民币存款、发放短期、中期和长期贷款、办理结算、办理票据贴现等				

主要财务指标	指标\报告期	2015.06.30	2014.12.31	2014.06.30	2013.12.31
	基本每股收益(元)	0.3100	0.6100	0.3200	0.5600
	基本每股收益(扣除后)(元)	0.3100	0.6000	0.3200	0.5600
	稀释每股收益(元)	0.3100	0.5800	0.3100	0.5400
	每股净资产(元)	4.1445	3.7000	3.4569	3.3100
	每股经营现金净流量(元)	0.0025	0.0046	1.5856	0.7977
	每股现金流量(元)	0.7032	-0.0084	1.4754	0.2802
	每股资本公积金(元)	0.4763	0.4530	0.4409	0.4216
	每股盈余公积金(元)	0.3274	0.3329	0.2876	0.2872
	每股未分配利润(元)	1.4998	1.4125	1.2813	1.1586
	净资产收益率(%)	7.4377	14.8656	9.2910	16.9833
	加权净资产收益率(%)	8.1550	17.2800	18.5700	18.0400
	净资产收益率(扣除)(%)	7.3871	14.7570	9.1935	16.8558
	总资产(万元)	1629859300.00	1525138200.00	1546909600.00	1387429900.00
	归属母公司股东权益(万元)	122008500.00	114085900.00	96573300.00	92391600.00
	营业收入(万元)	23956100.00	45633100.00	23492400.00	40750800.00
	营业支出(万元)	11557400.00	22541200.00	11349500.00	19531700.00
	投资收益(万元)	468400.00	365800.00	131400.00	249000.00
	净利润(万元)	9498600.00	17719800.00	8972400.00	15691100.00
	营业利润(万元)	12398700.00	23091900.00	12142900.00	21219100.00
	利润总额(万元)	12448200.00	23147800.00	12195000.00	21277700.00

中国船舶重工股份有限公司

公司概况	公司名称	中国船舶重工股份有限公司		证券简称	中国重工
	法人代表	胡问鸣	董秘 杨晓英	证券代码	601989
	公司网址	www.csicl.com.cn		电子信箱	investors@csicl.com.cn
	电　话	010-88508596		传　真	010-88475234
	办公地址	北京市海淀区昆明湖南路 72 号			
	经营范围	船用动力及部件、船用辅机和运输设备及其他			

	指标\报告期	2015.06.30	2014.12.31	2014.06.30	2013.12.31
主要财务指标	基本每股收益(元)	0.0100	0.1300	0.0700	0.2200
	基本每股收益(扣除后)(元)	-0.0040	0.1200	0.0800	0.1800
	稀释每股收益(元)	0.0100	0.1300	0.0700	0.2100
	每股净资产(元)	3.2409	3.2834	3.1889	3.0934
	每股经营现金净流量(元)	-0.1275	0.1029	-0.0109	0.1259
	每股现金流量(元)	-0.0573	0.5798	1.0821	0.1760
	每股资本公积金(元)	1.2985	1.2980	1.2360	1.1775
	每股盈余公积金(元)	0.0711	0.0711	0.0738	0.0780
	每股未分配利润(元)	0.8638	0.8918	0.8748	0.9904
	净资产收益率(%)	0.3060	3.7754	2.3948	6.1361
	加权净资产收益率(%)	0.3000	4.1000	2.3900	7.1500
	净资产收益率(扣除)(%)	-0.1132	-	2.3098	5.4342
	总资产(万元)	20787450.61	20800171.45	20843500.26	19368423.92
	归属母公司股东权益(万元)	5950775.99	5997737.23	5590590.14	5032664.59
	营业收入(万元)	2739528.85	6097204.88	2542792.38	5759337.06
	营业支出(万元)	2558520.19	5389267.32	2231173.59	4929097.04
	投资收益(万元)	1758.29	11877.81	-1666.85	6277.78
	净利润(万元)	1495.19	204991.76	116828.86	317143.91
	营业利润(万元)	-50102.12	195873.13	113975.23	330037.10
	利润总额(万元)	10810.51	275855.81	155046.52	391540.38

大唐国际发电股份有限公司

公司概况	公司名称	大唐国际发电股份有限公司		证券简称	大唐发电
	法人代表	陈进行	董秘 应学军(代)	证券代码	601991
	公司网址	www.dtpower.com		电子信箱	zhougang@dtpower.com
	电　话	010-88008678 88008671		传　真	010-88008684
	办公地址	北京市西城区广宁伯街 9 号			
	经营范围	建设、经营电厂、销售电力、热力、电力设备的检修调试等			

	指标\报告期	2015.06.30	2014.12.31	2014.06.30	2013.12.31
主要财务指标	基本每股收益(元)	0.1536	0.1351	0.1484	0.2650
	基本每股收益(扣除后)(元)	0.1407	0.2750	0.1428	0.3070
	稀释每股收益(元)	0.1536	0.1351	0.1484	0.2650
	每股净资产(元)	3.3320	3.2910	3.3262	3.2998
	每股经营现金净流量(元)	1.0765	1.9720	1.0586	2.2590
	每股现金流量(元)	0.2809	-0.2154	-0.0267	0.2455
	每股资本公积金(元)	0.8147	0.8092	0.7905	0.7967
	每股盈余公积金(元)	1.3394	1.2749	1.2493	1.1298
	每股未分配利润(元)	0.1336	0.1745	0.2436	0.3347
	净资产收益率(%)	4.6095	4.1055	4.4610	8.0301
	加权净资产收益率(%)	4.5600	4.0600	4.4000	8.2600
	净资产收益率(扣除)(%)	4.2212	8.3572	4.2945	9.3028
	总资产(万元)	30404007.70	30243136.70	29687245.10	29332330.10
	归属母公司股东权益(万元)	4434960.60	4380344.90	4427128.10	4392091.60
	营业收入(万元)	3160856.40	7019432.70	3484254.70	7522745.80
	营业支出(万元)	2235055.00	4909912.80	2489778.60	5407777.20
	投资收益(万元)	62766.80	96748.40	24036.70	114423.90
	净利润(万元)	265520.00	192606.60	197493.30	352688.50
	营业利润(万元)	363812.90	443395.30	386844.00	798839.90
	利润总额(万元)	410359.20	521167.30	408069.20	810378.50

北京金隅股份有限公司

公司概况	公司名称	北京金隅股份有限公司		证券简称	金隅股份
	法人代表	姜德义	董秘 吴向勇	证券代码	601992
	公司网址	www.bbmg.com.cn		电子信箱	wuxiangyong@bbmg.com.cn
	电　话	010-66410128		传　真	010-66410889
	办公地址	北京市东城区北三环东路 36 号环球贸易中心 D 座			
	经营范围	包括水泥、新型建筑材料、房地产开发和物业投资及管理等			

	指标\报告期	2015.06.30	2014.12.31	2014.06.30	2013.12.31
主要财务指标	基本每股收益(元)	0.2200	0.5200	0.3000	0.7500
	基本每股收益(扣除后)(元)	0.1700	0.3600	0.2400	0.6000
	稀释每股收益(元)	0.2200	0.5200	0.3000	0.7500
	每股净资产(元)	6.5897	6.5015	6.2868	6.1349
	每股经营现金净流量(元)	0.0155	-1.2867	-1.0604	-0.1307
	每股现金流量(元)	-0.6521	0.1282	-0.3125	0.5390
	每股资本公积金(元)	1.5689	1.6508	1.6996	1.3659
	每股盈余公积金(元)	0.1732	0.1732	0.1486	0.1660
	每股未分配利润(元)	3.7860	3.6189	3.4281	3.5996
	净资产收益率(%)	3.3231	7.7883	4.5900	12.2343
	加权净资产收益率(%)	3.3400	8.2400	4.8600	12.3500
	净资产收益率(扣除)(%)	2.5261	5.3671	3.6291	9.7191
	总资产(万元)	11714416.90	11568497.07	10285384.63	9883954.96
	归属母公司股东权益(万元)	3152913.44	3110726.82	3008004.33	2628013.96
	营业收入(万元)	1805629.06	4124147.39	2063780.91	4478975.93
	营业支出(万元)	1310710.64	3127282.05	1548169.11	3479988.35
	投资收益(万元)	-1257.91	-2843.97	178.10	-3474.61
	净利润(万元)	102160.17	270897.21	138064.91	321518.35
	营业利润(万元)	131115.66	295104.53	179028.00	326469.76
	利润总额(万元)	152469.71	380334.51	208666.20	399372.37

广西丰林木业集团股份有限公司

公司概况	公司名称	广西丰林木业集团股份有限公司		证券简称	丰林集团
	法人代表	崔建国	董秘 钟作杰	证券代码	601996
	公司网址	www.fenglingroup.com		电子信箱	ir@fenglingroup.com
	电　话	0771-4016666-8616		传　真	0771-4010400
	办公地址	广西壮族自治区南宁市白沙大道 22 号丰林集团			
	经营范围	园林设计、营林造林、林产品销售(国家专控除外)、中密度纤维板生产等			

	指标\报告期	2015.06.30	2014.12.31	2014.06.30	2013.12.31
主要财务指标	基本每股收益(元)	0.0800	0.1800	0.1200	0.1900
	基本每股收益(扣除后)(元)	0.0700	0.1800	0.1200	0.1700
	稀释每股收益(元)	0.0800	0.1800	0.1200	0.1900
	每股净资产(元)	3.6310	3.6083	3.5599	3.4903
	每股经营现金净流量(元)	0.1303	0.2341	0.1193	0.1412
	每股现金流量(元)	-0.0108	-0.1038	-0.0281	-0.5840
	每股资本公积金(元)	1.5377	1.5377	1.5478	1.5377
	每股盈余公积金(元)	0.1206	0.1206	0.0968	0.0979
	每股未分配利润(元)	0.9727	0.9500	0.9153	0.8548
	净资产收益率(%)	2.2794	4.9318	3.3863	5.5413
	加权净资产收益率(%)	2.2700	5.0200	3.4000	5.6600
	净资产收益率(扣除)(%)	1.8921	4.9911	3.3780	4.9187
	总资产(万元)	201155.54	203283.67	198843.70	196941.97
	归属母公司股东权益(万元)	170264.04	169196.54	166928.60	163665.62
	营业收入(万元)	50504.79	119947.42	55067.84	90315.70
	营业支出(万元)	40128.06	100223.59	44713.99	75218.15
	投资收益(万元)	-83.17	160.77	38.49	0.31
	净利润(万元)	3864.17	8584.29	5652.68	9069.23
	营业利润(万元)	2418.57	4485.66	3367.96	3199.46
	利润总额(万元)	4022.00	8880.95	5899.99	9726.55

中信银行股份有限公司

公司概况						
	公司名称	中信银行股份有限公司			证券简称	中信银行
	法人代表	常振明	董秘	王康	证券代码	601998
	公司网址	bank.ecitic.com	电子信箱	ir_cncb@citicbank.com		
	电　话	010-65558000	传　真	010-85230081		
	办公地址	北京市东城区朝阳门北大街 9 号				
	经营范围	从事银行及相关金融服务等				

主要财务指标	指标\报告期	2015.06.30	2014.12.31	2014.06.30	2013.12.31
	基本每股收益(元)	0.4800	0.8700	0.4700	0.8400
	基本每股收益(扣除后)(元)	0.4800	0.8700	0.4700	0.8300
	稀释每股收益(元)	0.4800	0.8700	0.4700	0.8400
	每股净资产(元)	6.0500	5.5500	5.1100	4.8200
	每股经营现金净流量(元)	0.0013	0.0070	1.9252	-2.9117
	每股现金流量(元)	-0.3655	0.6141	2.2023	-2.9321
	每股资本公积金(元)	1.0536	1.0536	1.0281	0.9561
	每股盈余公积金(元)	0.4145	0.4145	0.3312	0.3312
	每股未分配利润(元)	2.5257	2.0430	1.8581	1.6391
	净资产收益率(%)	7.9809	15.6702	9.2082	17.3647
	加权净资产收益率(%)	8.3200	16.8400	18.7900	18.4800
	净资产收益率(扣除)(%)	7.9300	15.5959	9.1927	17.2552
	总资产(万元)	456127700.00	413881500.00	431118700.00	364119300.00
	归属母公司股东权益(万元)	28300100.00	25967700.00	23928700.00	22560100.00
	营业收入(万元)	7003800.00	12471600.00	6210600.00	10455800.00
	营业支出(万元)	3992800.00	7031200.00	-3262700.00	5227300.00
	投资收益(万元)	204100.00	258500.00	229000.00	19100.00
	净利润(万元)	2296900.00	4145400.00	2203400.00	3917500.00
	营业利润(万元)	3011000.00	5440400.00	2947900.00	5228500.00
	利润总额(万元)	3012000.00	5457400.00	2950300.00	5254900.00

北方联合出版传媒(集团)股份有限公司

公司概况						
	公司名称	北方联合出版传媒(集团)股份有限公司			证券简称	出版传媒
	法人代表	刘红	董秘	费宏伟	证券代码	601999
	公司网址	www.nupmg.com.cn	电子信箱	fhw0509@sohu.com		
	电　话	024-23284236 23284128	传　真	024-23284232		
	办公地址	辽宁省沈阳市和平区十一纬路 29 号				
	经营范围	图书、报刊、音像、电子出版物编辑出版、出版物总批发、批发与分销、零售等				

主要财务指标	指标\报告期	2015.06.30	2014.12.31	2014.06.30	2013.12.31
	基本每股收益(元)	0.0500	0.1400	0.0400	0.1300
	基本每股收益(扣除后)(元)	0.0300	0.0700	0.0200	0.0400
	稀释每股收益(元)	0.0500	0.1400	0.0400	0.1300
	每股净资产(元)	3.2886	3.2796	3.1812	3.1807
	每股经营现金净流量(元)	-0.3255	0.4553	-0.0537	-0.0514
	每股现金流量(元)	-0.3199	0.7931	-0.1853	-0.8697
	每股资本公积金(元)	1.0151	1.0151	1.0088	1.0089
	每股盈余公积金(元)	0.2106	0.2106	0.1847	0.1847
	每股未分配利润(元)	1.0655	1.0583	0.9877	0.9871
	净资产收益率(%)	1.4649	4.1515	1.2464	3.9967
	加权净资产收益率(%)	1.4600	4.2200	1.2400	4.0500
	净资产收益率(扣除)(%)	0.8337	1.9897	0.6422	1.3322
	总资产(万元)	276572.64	280204.69	267357.99	261233.94
	归属母公司股东权益(万元)	181173.57	180679.59	175258.68	175228.22
	营业收入(万元)	75600.16	149626.52	72607.34	132786.95
	营业支出(万元)	60516.23	117796.98	58628.13	100873.93
	投资收益(万元)	1447.36	2372.43	113.84	615.97
	净利润(万元)	2657.14	7533.63	2184.36	7003.38
	营业利润(万元)	1316.51	3151.38	1016.09	1668.25
	利润总额(万元)	2663.24	7470.83	2295.06	6987.58

人民网股份有限公司

公司概况						
	公司名称	人民网股份有限公司			证券简称	人 民 网
	法人代表	马利	董秘	马利(代)	证券代码	603000
	公司网址	www.people.com.cn	电子信箱	ir@people.cn		
	电　话	010-65369999	传　真	010-65369999		
	办公地址	北京市朝阳区金台西路 2 号				
	经营范围	互联网新闻信息服务及其他综合信息服务等				

主要财务指标	指标\报告期	2015.06.30	2014.12.31	2014.06.30	2013.12.31
	基本每股收益(元)	0.1100	0.6000	0.1700	0.9900
	基本每股收益(扣除后)(元)	0.0800	0.4800	0.1700	0.9800
	稀释每股收益(元)	0.1100	0.6000	0.1700	0.9900
	每股净资产(元)	4.5128	4.5862	4.0622	8.3102
	每股经营现金净流量(元)	0.0314	0.6606	0.1107	0.9287
	每股现金流量(元)	-0.0408	-0.5840	-1.6355	2.3580
	每股资本公积金(元)	2.3476	2.3476	2.2671	5.5699
	每股盈余公积金(元)	0.1754	0.1754	0.1288	0.2576
	每股未分配利润(元)	0.9726	1.0474	0.6706	1.4932
	净资产收益率(%)	2.3360	13.0241	4.2840	11.8786
	加权净资产收益率(%)	1.9200	13.8000	4.1000	12.3100
	净资产收益率(扣除)(%)	1.7448	10.4160	4.0850	11.8292
	总资产(万元)	351592.55	351554.71	278949.73	278809.08
	归属母公司股东权益(万元)	249489.55	253547.59	224574.21	229713.54
	营业收入(万元)	72537.34	158405.94	61963.30	102790.67
	营业支出(万元)	35710.96	68218.71	25663.37	44098.02
	投资收益(万元)	6146.94	9370.41	3055.52	926.79
	净利润(万元)	12458.52	44561.53	9620.71	27286.65
	营业利润(万元)	14200.71	45829.14	16142.08	30232.21
	利润总额(万元)	14459.76	49221.15	16863.80	30502.82

浙江奥康鞋业股份有限公司

公司概况						
	公司名称	浙江奥康鞋业股份有限公司			证券简称	奥康国际
	法人代表	王振滔	董秘	陈文馗	证券代码	603001
	公司网址	www.aokang.com	电子信箱	aks@Aokang.com		
	电　话	0577-67915188	传　真	0577-67288833		
	办公地址	浙江省温州市永嘉县瓯北镇东瓯工业区奥康工业园				
	经营范围	鞋及制鞋材料、皮具、服装的研发、生产、销售等				

主要财务指标	指标\报告期	2015.06.30	2014.12.31	2014.06.30	2013.12.31
	基本每股收益(元)	0.5428	0.6441	0.3944	0.6839
	基本每股收益(扣除后)(元)	0.4959	0.5389	0.3443	0.6191
	稀释每股收益(元)	0.5428	0.6441	0.3944	0.6839
	每股净资产(元)	9.7487	9.7006	9.4506	9.2766
	每股经营现金净流量(元)	1.1987	0.3631	0.0477	0.1366
	每股现金流量(元)	0.0431	-0.5024	-0.7995	-2.1889
	每股资本公积金(元)	4.8126	4.8126	4.8126	4.8126
	每股盈余公积金(元)	0.2615	0.2615	0.2335	0.2335
	每股未分配利润(元)	3.6746	3.6265	3.4045	3.2305
	净资产收益率(%)	5.5813	6.6394	4.1740	7.3725
	加权净资产收益率(%)	5.5800	6.7900	4.2100	7.4900
	净资产收益率(扣除)(%)	5.0999	5.5557	3.6433	6.6743
	总资产(万元)	493291.40	473897.28	472089.60	477869.15
	归属母公司股东权益(万元)	390904.35	388976.32	378950.72	371972.25
	营业收入(万元)	162676.16	296530.08	145096.58	279620.90
	营业支出(万元)	104305.57	191282.38	90624.81	167739.15
	投资收益(万元)	1727.98	2780.41	1046.98	1794.38
	净利润(万元)	21767.04	25825.63	15815.99	27423.47
	营业利润(万元)	27056.54	32782.19	19300.68	36207.51
	利润总额(万元)	27616.58	35038.43	20702.71	37534.44

宏昌电子材料股份有限公司

公司概况	公司名称	宏昌电子材料股份有限公司			证券简称	宏昌电子
	法人代表	林瑞荣	董秘	黄兴安	证券代码	603002
	公司网址	www.graceepoxy.com		电子信箱	stock@graceepoxy.com	
	电 话	020-82266156		传 真	020-82266645	
	办公地址	广东省广州市萝岗区云埔一路一号之二				
	经营范围	电子级环氧树脂的生产和销售等				

	指标\报告期	2015.06.30	2014.12.31	2014.06.30	2013.12.31
主要财务指标	基本每股收益(元)	0.0700	0.1600	0.0800	0.1700
	基本每股收益(扣除后)(元)	0.0600	0.1000	0.0500	0.1300
	稀释每股收益(元)	0.0700	0.1600	0.0800	0.1700
	每股净资产(元)	2.3619	2.3373	2.2599	2.2325
	每股经营现金净流量(元)	–0.1475	0.1483	–0.1369	0.1138
	每股现金流量(元)	0.5878	–0.1152	–0.0543	–1.0482
	每股资本公积金(元)	0.6345	0.6345	0.6345	0.6345
	每股盈余公积金(元)	0.0892	0.0892	0.0747	0.0747
	每股未分配利润(元)	0.6377	0.6131	0.5501	0.5228
	净资产收益率(%)	3.0510	6.7089	3.5108	7.5377
	加权净资产收益率(%)	3.0400	6.8500	3.4900	7.7700
	净资产收益率(扣除)(%)	2.5769	4.3564	–	5.9383
	总资产(万元)	131108.59	145016.73	136587.61	134346.76
	归属母公司股东权益(万元)	94474.60	93492.39	90394.87	89298.77
	营业收入(万元)	48593.37	121625.68	58336.11	120738.53
	营业支出(万元)	42573.98	110279.19	52610.71	108585.62
	投资收益(万元)	543.92	2378.13	1233.51	1390.26
	净利润(万元)	2882.40	6272.34	3173.60	6731.05
	营业利润(万元)	3446.55	6815.48	3605.91	7485.96
	利润总额(万元)	3425.01	7120.53	3775.96	7775.96

上海龙宇燃油股份有限公司

公司概况	公司名称	上海龙宇燃油股份有限公司			证券简称	龙宇燃油
	法人代表	徐增增	董秘	谢毅	证券代码	603003
	公司网址	www.lyrysh.com		电子信箱	lyry@lyrysh.com	
	电 话	021-58300945 58301681-1185		传 真	021-58308810	
	办公地址	上海市浦东新区东方路710号19楼				
	经营范围	船用燃料油的供应等				

	指标\报告期	2015.06.30	2014.12.31	2014.06.30	2013.12.31
主要财务指标	基本每股收益(元)	–0.2508	0.0366	0.0243	–0.2600
	基本每股收益(扣除后)(元)	–0.2590	0.0345	0.0286	–0.2500
	稀释每股收益(元)	–0.2508	0.0366	0.0243	–0.2600
	每股净资产(元)	3.6289	3.8974	3.8880	3.8610
	每股经营现金净流量(元)	1.2536	1.1598	0.8082	1.2923
	每股现金流量(元)	–0.2569	0.4911	0.1064	–0.3520
	每股资本公积金(元)	1.7038	1.7038	1.7038	1.7038
	每股盈余公积金(元)	0.1002	0.1002	0.0923	0.0923
	每股未分配利润(元)	0.8304	1.0922	1.0878	1.0636
	净资产收益率(%)	–6.9123	0.9393	0.6239	–6.6588
	加权净资产收益率(%)	–6.6500	0.9400	0.6300	–6.3200
	净资产收益率(扣除)(%)	–7.1363	0.8851	0.7345	–6.4280
	总资产(万元)	232677.77	170634.48	145090.03	121742.19
	归属母公司股东权益(万元)	73303.94	78726.69	78537.10	77992.07
	营业收入(万元)	222079.26	527880.90	206791.10	450127.43
	营业支出(万元)	222248.39	518428.84	202307.45	442524.73
	投资收益(万元)	–637.72	19.45	131.02	–446.77
	净利润(万元)	–5187.48	1040.39	489.99	–5193.35
	营业利润(万元)	–5321.77	803.49	449.92	–5380.91
	利润总额(万元)	–5251.97	1032.39	587.84	–4878.54

苏州晶方半导体科技股份有限公司

公司概况	公司名称	苏州晶方半导体科技股份有限公司			证券简称	晶方科技
	法人代表	王蔚	董秘	段佳国	证券代码	603005
	公司网址	www.wlcsp.com		电子信箱	info@wlcsp.com	
	电 话	0512-67730001		传 真	0512-67730808	
	办公地址	江苏省苏州工业园区汀兰巷29号				
	经营范围	研发、生产、制造、封装和测试集成电路产品等				

	指标\报告期	2015.06.30	2014.12.31	2014.06.30	2013.12.31
主要财务指标	基本每股收益(元)	0.3000	0.8800	0.3900	0.8100
	基本每股收益(扣除后)(元)	0.2400	0.7500	0.3600	0.7600
	稀释每股收益(元)	0.3000	0.8800	0.3900	0.8100
	每股净资产(元)	7.0697	6.9357	6.4864	3.9619
	每股经营现金净流量(元)	0.3500	1.0568	0.4217	1.0756
	每股现金流量(元)	–1.9262	2.3832	2.6558	0.0263
	每股资本公积金(元)	3.5903	3.5903	3.5903	0.9697
	每股盈余公积金(元)	0.3002	0.3002	0.2116	0.2531
	每股未分配利润(元)	2.2060	2.0814	1.6848	1.7395
	净资产收益率(%)	4.3081	12.4857	5.8693	20.4764
	加权净资产收益率(%)	4.3300	13.6900	6.4500	20.9400
	净资产收益率(扣除)(%)	3.3648	10.6565	5.3970	19.3176
	总资产(万元)	189026.75	204848.87	176096.91	106131.89
	归属母公司股东权益(万元)	160268.16	157229.19	147043.97	75077.76
	营业收入(万元)	30433.34	61581.03	27157.56	45043.32
	营业支出(万元)	16619.46	29425.60	12570.79	19694.61
	投资收益(万元)	434.99	326.10	–	–
	净利润(万元)	6904.48	19631.09	8630.39	15373.22
	营业利润(万元)	6973.50	19556.37	9416.72	17152.77
	利润总额(万元)	8005.47	22339.49	10125.62	18122.42

上海联明机械股份有限公司

公司概况	公司名称	上海联明机械股份有限公司			证券简称	联明股份
	法人代表	徐涛明	董秘	林晓峰	证券代码	603006
	公司网址	www.shanghailmjx.com		电子信箱	lmjx@shanghailm.com	
	电 话	021-58560017		传 真	021-58566599	
	办公地址	上海市浦东新区川沙路905号				
	经营范围	生产精冲模、精密型腔模、模具标准件、汽车关键零部件，销售自产产品等				

	指标\报告期	2015.06.30	2014.12.31	2014.06.30	2013.12.31
主要财务指标	基本每股收益(元)	0.3591	0.9500	0.5478	1.0000
	基本每股收益(扣除后)(元)	0.3545	0.9400	0.5436	–
	稀释每股收益(元)	0.3591	0.9500	0.5478	1.0000
	每股净资产(元)	7.2811	7.1200	6.7045	5.5286
	每股经营现金净流量(元)	0.0647	0.6640	0.1269	0.8423
	每股现金流量(元)	–1.0262	0.6916	1.8189	–0.1544
	每股资本公积金(元)	2.2024	2.2024	2.2024	0.4069
	每股盈余公积金(元)	0.2578	0.2578	0.2377	0.3169
	每股未分配利润(元)	3.8210	3.6620	3.2644	3.8048
	净资产收益率(%)	4.9313	11.6324	6.1278	18.1775
	加权净资产收益率(%)	4.9200	14.7000	9.4400	19.9900
	净资产收益率(扣除)(%)	4.8690	11.5164	6.0812	17.8294
	总资产(万元)	74405.95	73584.60	69354.88	47768.73
	归属母公司股东权益(万元)	58249.09	56976.67	53635.64	33171.44
	营业收入(万元)	26250.41	52783.64	21735.83	40499.19
	营业支出(万元)	20549.35	39526.00	15617.93	29559.85
	投资收益(万元)	–	–	–	–
	净利润(万元)	2872.42	6627.73	3286.69	6029.74
	营业利润(万元)	3664.74	8740.04	4193.13	7914.05
	利润总额(万元)	3713.06	8828.10	4226.48	8068.03

喜临门家具股份有限公司

公司概况	公司名称	喜临门家具股份有限公司			证券简称	喜临门
	法人代表	陈阿裕	董秘	杨刚	证券代码	603008
	公司网址	www.chinabed.com		电子信箱	xilinmen@chinabed.com	
	电话	0575-85159531		传真	0575-85151221	
	办公地址	浙江省绍兴市越城区灵芝镇二环北路1号				
	经营范围	床垫、软床及其他家具产品的设计研发、生产和销售等				

	指标\报告期	2015.06.30	2014.12.31	2014.06.30	2013.12.31
主要财务指标	基本每股收益(元)	0.1800	0.3000	0.1600	0.3800
	基本每股收益(扣除后)(元)	0.1700	0.3100	0.1600	0.3800
	稀释每股收益(元)	0.1800	0.3000	0.1600	0.3800
	每股净资产(元)	3.8265	3.6480	3.6396	3.4799
	每股经营现金净流量(元)	0.1211	0.1282	–0.1083	0.3144
	每股现金流量(元)	–0.0320	0.1168	0.1555	–0.1793
	每股资本公积金(元)	1.4817	1.4817	1.4817	1.4817
	每股盈余公积金(元)	0.1543	0.1543	0.1213	0.1213
	每股未分配利润(元)	1.1905	1.0120	1.0366	0.8770
	净资产收益率(%)	4.6648	8.1723	4.3874	10.9668
	加权净资产收益率(%)	4.7800	8.3400	4.3900	11.4000
	净资产收益率(扣除)(%)	4.5009	8.3859	4.3064	10.8278
	总资产(万元)	297742.44	198772.95	175844.74	150932.74
	归属母公司股东权益(万元)	120535.44	114912.72	114646.70	109616.68
	营业收入(万元)	63974.99	129055.30	55160.95	102189.42
	营业支出(万元)	40055.85	80620.50	34517.22	64350.48
	投资收益(万元)	–	–369.39	–	330.09
	净利润(万元)	5587.69	9317.71	5030.01	12021.39
	营业利润(万元)	6789.07	10742.22	5994.91	14710.57
	利润总额(万元)	6689.40	10961.25	6001.23	14532.40

上海北特科技股份有限公司

公司概况	公司名称	上海北特科技股份有限公司			证券简称	北特科技
	法人代表	靳坤	董秘	徐鸿飞(代)	证券代码	603009
	公司网址	www.sh-beite.com		电子信箱	weiyi.bao@sh-beite.com	
	电话	021-39900388		传真	021-39900887	
	办公地址	上海市嘉定区华亭镇高石路2488号				
	经营范围	汽车转向器零部件与减震器零部件的研发、生产与销售				

	指标\报告期	2015.06.30	2014.12.31	2014.06.30	2013.12.31
主要财务指标	基本每股收益(元)	0.2104	0.4800	0.2814	0.5100
	基本每股收益(扣除后)(元)	0.2025	0.4600	0.2746	0.4800
	稀释每股收益(元)	0.2104	0.4800	0.2814	0.5100
	每股净资产(元)	4.1492	4.1588	3.4000	2.6100
	每股经营现金净流量(元)	0.3743	1.4807	0.6716	0.5144
	每股现金流量(元)	0.0928	–0.0080	–0.0778	0.1507
	每股资本公积金(元)	1.2776	1.2776	0.1622	0.1622
	每股盈余公积金(元)	0.0938	0.0938	0.1250	0.1250
	每股未分配利润(元)	1.7778	1.7875	2.1136	1.8322
	净资产收益率(%)	5.0708	9.9391	8.2734	16.3835
	加权净资产收益率(%)	5.1600	13.2000	8.6300	17.8500
	净资产收益率(扣除)(%)	4.8803	9.3540	8.0745	15.5200
	总资产(万元)	99952.39	92646.06	71020.93	66668.91
	归属母公司股东权益(万元)	44259.42	44361.86	27206.14	24955.27
	营业收入(万元)	33739.63	63444.64	30362.78	53111.29
	营业支出(万元)	26192.52	49055.24	23144.22	41082.81
	投资收益(万元)	4.65	84.85	–	–
	净利润(万元)	2356.76	4542.98	2349.08	4144.39
	营业利润(万元)	2781.64	5130.95	2871.45	4412.52
	利润总额(万元)	2886.91	5438.39	2939.09	4667.41

浙江万盛股份有限公司

公司概况	公司名称	浙江万盛股份有限公司			证券简称	万盛股份
	法人代表	高献国	董秘	宋丽娟	证券代码	603010
	公司网址	www.ws-chem.com		电子信箱	zjwsfr@ws-chem.com	
	电话	0576-85322099		传真	0576-85322099	
	办公地址	浙江省临海市城关两水开发区聚景路8号				
	经营范围	有机磷系阻燃剂以及其他橡塑助剂的研发、生产和销售				

	指标\报告期	2015.06.30	2014.12.31	2014.06.30	2013.12.31
主要财务指标	基本每股收益(元)	0.4100	0.5200	0.3100	0.7800
	基本每股收益(扣除后)(元)	0.4000	0.5200	0.3400	0.6900
	稀释每股收益(元)	0.4100	0.5200	0.3100	0.7800
	每股净资产(元)	5.3967	5.1163	3.2100	3.0400
	每股经营现金净流量(元)	–0.0465	0.4664	0.2868	0.6700
	每股现金流量(元)	–0.2196	0.4185	–0.1236	–0.1340
	每股资本公积金(元)	2.7871	2.7871	0.6866	0.6866
	每股盈余公积金(元)	0.1979	0.1979	0.2226	0.2226
	每股未分配利润(元)	1.4120	1.1316	1.2976	1.5094
	净资产收益率(%)	7.6051	8.2200	9.6138	22.9496
	加权净资产收益率(%)	7.7100	13.6600	9.0700	23.5500
	净资产收益率(扣除)(%)	7.3612	8.2507	10.6381	20.0500
	总资产(万元)	68374.71	68226.88	55917.26	55517.94
	归属母公司股东权益(万元)	53966.96	51162.96	24049.37	25635.03
	营业收入(万元)	42410.83	74694.23	34680.65	64508.57
	营业支出(万元)	32464.75	59924.13	27744.92	50634.67
	投资收益(万元)	114.58	59.10	32.15	422.46
	净利润(万元)	4104.26	4205.60	2312.05	5883.13
	营业利润(万元)	5478.96	4923.82	2721.52	6927.71
	利润总额(万元)	5471.24	5078.99	2749.77	7031.11

合肥合锻机床股份有限公司

公司概况	公司名称	合肥合锻机床股份有限公司			证券简称	合锻股份
	法人代表	严建文	董秘	王晓峰	证券代码	603011
	公司网址	www.hfpress.com		电子信箱	heduan@hfpress.com	
	电话	0551-63676789		传真	0551-63676808	
	办公地址	徽省合肥市经济技术开发区紫云路123号				
	经营范围	生产、销售、安装、维护各类锻压机械、工程机械、机床配件等				

	指标\报告期	2015.06.30	2014.12.31	2014.06.30	2013.12.31
主要财务指标	基本每股收益(元)	0.0700	0.2000	0.0900	0.2800
	基本每股收益(扣除后)(元)	0.0500	0.1800	0.1000	0.2500
	稀释每股收益(元)	0.0700	0.2000	0.0900	0.2800
	每股净资产(元)	3.1535	3.1843	2.9206	2.8337
	每股经营现金净流量(元)	–0.4192	0.2526	–0.0096	–0.3117
	每股现金流量(元)	0.1585	0.0433	–0.1953	–0.4659
	每股资本公积金(元)	1.1923	1.1923	0.7236	0.7236
	每股盈余公积金(元)	0.0991	0.0991	0.1110	0.1110
	每股未分配利润(元)	0.8620	0.8922	1.0860	0.9992
	净资产收益率(%)	2.2150	5.0075	2.9737	10.0060
	加权净资产收益率(%)	2.2000	6.7800	3.0200	10.5300
	净资产收益率(扣除)(%)	1.6827	4.4816	3.3534	8.7434
	总资产(万元)	100456.78	95237.86	85712.77	89426.69
	归属母公司股东权益(万元)	56605.27	57157.68	39281.61	38113.51
	营业收入(万元)	23151.65	44984.04	21973.17	46547.30
	营业支出(万元)	17467.51	32758.44	15811.06	33450.71
	投资收益(万元)	104.89	–	–	–
	净利润(万元)	1253.78	2862.19	1168.10	3813.62
	营业利润(万元)	1234.12	3205.26	1768.65	3810.31
	利润总额(万元)	1483.70	3348.34	1382.55	4376.43

上海创力集团股份有限公司

公司概况	公司名称	上海创力集团股份有限公司			证券简称	创力集团
	法人代表	石华辉	董秘	常玉林	证券代码	603012
	公司网址	www.shclkj.com		电子信箱	shcl@shclkj.com	
	电　　话	021-59869999		传　　真	021-59869117	
	办公地址	上海市青浦工业园区崧复路 1568 号				
	经营范围	矿山设备及配件、工程设备及配件、电气自动化设备及配件的开发、生产、销售				

主要财务指标	指标\报告期	2015.06.30	2014.12.31	2014.06.30	2013.12.31
	基本每股收益(元)	0.2800	0.9600	0.3700	1.0400
	基本每股收益(扣除后)(元)	0.2800	0.7900	0.3100	0.9000
	稀释每股收益(元)	0.2800	0.9600	0.3700	1.0400
	每股净资产(元)	7.2074	5.1956	–	4.6400
	每股经营现金净流量(元)	–0.1956	0.8055	–	0.7544
	每股现金流量(元)	1.8635	–0.1536	–	0.0574
	每股资本公积金(元)	3.6992	1.0466	–	1.0466
	每股盈余公积金(元)	0.2345	0.3127	–	0.2230
	每股未分配利润(元)	2.2738	2.8363	–	2.3689
	净资产收益率(%)	3.4251	18.4202	–	22.4034
	加权净资产收益率(%)	4.4100	19.2000	7.7200	25.2300
	净资产收益率(扣除)(%)	3.3939	15.1352	–	19.3561
	总资产(万元)	304255.96	205158.71	–	207065.32
	归属母公司股东权益(万元)	229398.61	124008.01	–	110712.68
	营业收入(万元)	49996.32	136812.47	63767.61	159669.68
	营业支出(万元)	29131.20	86546.52	39959.79	100880.47
	投资收益(万元)	233.56	269.51	286.98	322.00
	净利润(万元)	7888.50	23653.47	9285.45	25718.83
	营业利润(万元)	7901.10	23354.50	10576.02	26306.36
	利润总额(万元)	9108.34	28196.92	12582.06	30287.75

宁波弘讯科技股份有限公司

公司概况	公司名称	宁波弘讯科技股份有限公司			证券简称	弘讯科技
	法人代表	熊钰麟	董秘	郑琴	证券代码	603015
	公司网址	www.techmation.com.cn		电子信箱	info@techmation.com.cn	
	电　　话	0574-86838286		传　　真	0574-86829287*214	
	办公地址	浙江省宁波市北仑区大港五路 88 号				
	经营范围	塑料机械自动化产品的研发、生产和销售				

主要财务指标	指标\报告期	2015.06.30	2014.12.31	2014.06.30	2013.12.31
	基本每股收益(元)	0.2600	0.6000	0.3700	0.6300
	基本每股收益(扣除后)(元)	0.2300	0.6100	0.3500	0.6200
	稀释每股收益(元)	0.2600	0.6000	0.3700	0.6300
	每股净资产(元)	5.2107	3.5641	–	3.4100
	每股经营现金净流量(元)	0.0689	0.3603	–	0.6945
	每股现金流量(元)	0.4598	–0.2177	–	0.1640
	每股资本公积金(元)	3.0793	1.2422	–	1.2355
	每股盈余公积金(元)	0.0740	0.0987	–	0.0637
	每股未分配利润(元)	1.0831	1.2651	–	1.1014
	净资产收益率(%)	4.5044	16.7979	–	18.5016
	加权净资产收益率(%)	5.3500	17.2100	10.4800	20.1000
	净资产收益率(扣除)(%)	4.0406	17.1021	–	18.2550
	总资产(万元)	119769.07	72175.86	–	67154.33
	归属母公司股东权益(万元)	104265.43	53461.51	–	51015.83
	营业收入(万元)	22185.10	45704.53	25255.91	43823.15
	营业支出(万元)	12682.70	26285.94	14401.24	25802.62
	投资收益(万元)	379.64	–81.87	–51.71	–24.52
	净利润(万元)	4696.58	8980.41	5476.34	9438.75
	营业利润(万元)	4842.31	9895.69	6032.92	10082.27
	利润总额(万元)	5441.63	10416.19	6431.24	10759.91

中衡设计集团股份有限公司

公司概况	公司名称	中衡设计集团股份有限公司			证券简称	中衡设计
	法人代表	冯正功	董秘	邹金新	证券代码	603017
	公司网址	www.artsgroup.cn		电子信箱	security@artsgroup.cn	
	电　　话	0512-62586618		传　　真	0512-62586259	
	办公地址	江苏省苏州工业园区八达街 111 号				
	经营范围	国内外各类民用建设项目及工业工程项目的工程咨询、工程设计等				

主要财务指标	指标\报告期	2015.06.30	2014.12.31	2014.06.30	2013.12.31
	基本每股收益(元)	0.3900	2.0300	0.5000	1.8900
	基本每股收益(扣除后)(元)	0.3800	1.9300	0.4900	1.7400
	稀释每股收益(元)	0.3900	2.0300	0.5000	1.8900
	每股净资产(元)	7.1072	13.5297	7.7400	7.8400
	每股经营现金净流量(元)	–0.6194	1.5044	0.7110	2.1434
	每股现金流量(元)	–1.2805	5.9228	–1.5789	0.3163
	每股资本公积金(元)	4.4173	9.2547	3.3964	3.3964
	每股盈余公积金(元)	0.2555	0.5210	0.5000	0.5000
	每股未分配利润(元)	1.4344	2.7540	2.8439	2.9462
	净资产收益率(%)	5.3193	11.2619	13.0332	24.1048
	加权净资产收益率(%)	5.6200	25.3200	12.9500	26.7600
	净资产收益率(扣除)(%)	5.2354	10.7063	12.5496	22.2324
	总资产(万元)	104108.62	104530.49	54769.37	59517.38
	归属母公司股东权益(万元)	86949.77	81178.48	34831.13	35291.53
	营业收入(万元)	31523.70	53970.02	23708.64	47373.81
	营业支出(万元)	22482.19	36737.21	15624.24	29919.43
	投资收益(万元)	–9.27	–9.94	–10.91	7.58
	净利润(万元)	4731.37	9414.67	4648.28	8725.90
	营业利润(万元)	5522.25	10632.02	5277.26	9623.31
	利润总额(万元)	5607.60	11208.73	5497.65	10408.29

江苏省交通规划设计院股份有限公司

公司概况	公司名称	江苏省交通规划设计院股份有限公司			证券简称	设计股份
	法人代表	明图章	董秘	侯力纲	证券代码	603018
	公司网址	www.jsjty.com		电子信箱	ir@jsjty.com	
	电　　话	025-84202066		传　　真	025-84462233	
	办公地址	江苏省南京市秦淮区紫云大道 9 号(南京白下高新技术产业园区)				
	经营范围	技术资料、图纸的复印、交通工程规划设计、工程管理服务等				

主要财务指标	指标\报告期	2015.06.30	2014.12.31	2014.06.30	2013.12.31
	基本每股收益(元)	0.7200	1.9600	1.0700	1.9200
	基本每股收益(扣除后)(元)	0.7100	1.8800	1.0700	1.8700
	稀释每股收益(元)	0.7200	1.9600	1.0700	–
	每股净资产(元)	15.9474	15.5801	9.7600	9.1900
	每股经营现金净流量(元)	–1.6084	0.0815	–1.3797	0.3434
	每股现金流量(元)	–2.5503	2.2208	–2.4640	–0.0399
	每股资本公积金(元)	8.9982	8.9982	2.3718	2.3718
	每股盈余公积金(元)	0.5000	0.5000	0.5000	0.5000
	每股未分配利润(元)	5.4492	5.0819	5.8854	5.3153
	净资产收益率(%)	4.4981	10.2402	10.9632	20.9119
	加权净资产收益率(%)	4.5000	17.0900	11.0000	23.3500
	净资产收益率(扣除)(%)	4.4614	9.8025	10.9205	20.3928
	总资产(万元)	330226.24	305670.10	235509.81	233351.37
	归属母公司股东权益(万元)	165853.40	162033.12	76106.44	71659.58
	营业收入(万元)	58609.14	126087.97	58977.46	114587.53
	营业支出(万元)	36782.48	75542.27	35575.37	67078.66
	投资收益(万元)	740.55	373.22	39.76	500.44
	净利润(万元)	7458.39	16596.10	8340.33	14987.83
	营业利润(万元)	8637.74	18798.08	9806.03	17553.49
	利润总额(万元)	8709.51	19638.00	9844.30	17988.85

曙光信息产业股份有限公司

公司概况	公司名称	曙光信息产业股份有限公司			证券简称	中科曙光
	法人代表	历军	董秘	聂华	证券代码	603019
	公司网址	www.sugon.com		电子信箱	investor@sugon.com	
	电　话	010-56308016		传　真	010-56308016	
	办公地址	北京市海淀区东北旺西路 8 号院 36 号楼				
	经营范围	电子信息、软件技术开发、咨询、服务、转让、培训等				

主要财务指标	指标＼报告期	2015.06.30	2014.12.31	2014.06.30	2013.12.31
	基本每股收益(元)	0.1200	0.4900	0.1000	0.4300
	基本每股收益(扣除后)(元)	0.0700	0.3100	0.0300	0.3100
	稀释每股收益(元)	0.1200	0.4900	0.1000	0.4300
	每股净资产(元)	3.9753	3.9353	3.2900	3.1800
	每股经营现金净流量(元)	−1.2154	0.1025	−0.7097	0.8548
	每股现金流量(元)	−0.8310	−0.0417	−0.9384	0.4497
	每股资本公积金(元)	1.3160	1.3133	0.5392	0.5392
	每股盈余公积金(元)	0.1192	0.1192	0.1384	0.1384
	每股未分配利润(元)	1.5464	0.9974	1.6183	1.5140
	净资产收益率(%)	3.0225	9.8125	3.1700	13.4996
	加权净资产收益率(%)	3.0200	13.9200	3.2200	14.3300
	净资产收益率(扣除)(%)	1.7972	6.2244	0.8098	9.6436
	总资产(万元)	309939.00	211488.53	223442.87	251203.78
	归属母公司股东权益(万元)	119259.25	118058.35	74009.35	71622.85
	营业收入(万元)	127123.09	279675.11	104465.35	199966.04
	营业支出(万元)	101815.78	219826.74	81701.93	150956.70
	投资收益(万元)	5.60	84.79	18.62	59.02
	净利润(万元)	3585.42	11803.73	2354.47	9379.98
	营业利润(万元)	1798.95	7140.77	679.59	5705.91
	利润总额(万元)	4441.01	13807.86	3349.95	10689.71

爱普香料集团股份有限公司

公司概况	公司名称	爱普香料集团股份有限公司			证券简称	爱普股份
	法人代表	魏中浩	董秘	葛文斌	证券代码	603020
	公司网址	www.cnaff.com		电子信箱	kongshijie@cnaff.com	
	电　话	021-66523100		传　真	021-66523212	
	办公地址	上海市闸北区高平路 733 号				
	经营范围	香料、香精的研发、生产和销售以及食品配料经营				

主要财务指标	指标＼报告期	2015.06.30	2014.12.31	2014.06.30	2013.12.31
	基本每股收益(元)	0.7256	1.2891	0.7309	1.2514
	基本每股收益(扣除后)(元)	0.6834	1.1899	0.6565	1.2074
	稀释每股收益(元)	0.7256	1.2891	0.7309	1.2514
	每股净资产(元)	10.5461	7.3068	–	6.3700
	每股经营现金净流量(元)	0.3117	0.9781	–	1.2100
	每股现金流量(元)	0.2697	0.5029	–	−0.2296
	每股资本公积金(元)	6.0666	2.1137	–	2.1137
	每股盈余公积金(元)	0.2911	0.3881	–	0.2684
	每股未分配利润(元)	3.2037	3.8250	–	3.0056
	净资产收益率(%)	6.0200	17.6425	–	19.6540
	加权净资产收益率(%)	7.8300	19.1000	11.1400	21.6000
	净资产收益率(扣除)(%)	5.6699	16.2836	–	18.9619
	总资产(万元)	192531.08	111216.77	–	101815.67
	归属母公司股东权益(万元)	168738.08	87681.09	–	76408.31
	营业收入(万元)	96234.46	165889.91	87610.50	147298.73
	营业支出(万元)	71783.96	127091.67	65697.37	107892.82
	投资收益(万元)	26.99	45.14	36.39	53.14
	净利润(万元)	10486.95	15533.25	8942.48	15216.56
	营业利润(万元)	12209.32	17476.10	9638.53	18225.02
	利润总额(万元)	12938.78	19019.01	10786.87	18933.01

山东华鹏玻璃股份有限公司

公司概况	公司名称	山东华鹏玻璃股份有限公司			证券简称	山东华鹏
	法人代表	张德华	董秘	宋国明	证券代码	603021
	公司网址	www.huapengglass.com		电子信箱	dsh@huapengglass.com	
	电　话	0631-7381873		传　真	0631-7382522	
	办公地址	山东省荣成市石岛龙云路 468 号				
	经营范围	研发、生产和销售多个品种系列的玻璃瓶罐和玻璃器皿产品				

主要财务指标	指标＼报告期	2015.06.30	2014.12.31	2014.06.30	2013.12.31
	基本每股收益(元)	0.3200	0.7300	0.3700	0.5200
	基本每股收益(扣除后)(元)	0.2400	0.5100	0.2600	0.3500
	稀释每股收益(元)	0.3200	0.7300	0.3700	0.5200
	每股净资产(元)	6.5353	6.1100	–	5.7823
	每股经营现金净流量(元)	0.4446	1.5600	–	1.9134
	每股现金流量(元)	0.6808	−0.3483	–	0.3794
	每股资本公积金(元)	2.0065	0.5630	–	0.5630
	每股盈余公积金(元)	0.1914	0.2554	–	0.2165
	每股未分配利润(元)	3.3374	4.2965	–	4.0028
	净资产收益率(%)	4.0845	11.9803	–	9.0620
	加权净资产收益率(%)	5.0800	12.3800	6.3300	9.4900
	净资产收益率(扣除)(%)	3.0535	8.3088	–	6.1102
	总资产(万元)	171394.79	152013.06	–	135404.53
	归属母公司股东权益(万元)	68881.98	48307.19	–	45679.87
	营业收入(万元)	36506.76	70513.90	33668.39	71971.79
	营业支出(万元)	26242.54	49528.38	23370.47	53847.42
	投资收益(万元)	−143.38	−114.08	−44.99	−201.93
	净利润(万元)	2955.12	6267.34	3128.05	4964.91
	营业利润(万元)	2818.15	5571.65	2772.29	4132.78
	利润总额(万元)	3605.64	7848.02	3883.76	6317.31

上海新通联包装股份有限公司

公司概况	公司名称	上海新通联包装股份有限公司			证券简称	新通联
	法人代表	曹文洁	董秘	徐宏菁	证券代码	603022
	公司网址	www.xtl.sh.cn		电子信箱	zqb@xtl.sh.cn	
	电　话	021-36535008		传　真	021-36531001	
	办公地址	上海市闸北区永和路 118 弄 15 号				
	经营范围	纸包装与竹木包装产品的研发、生产与销售				

主要财务指标	指标＼报告期	2015.06.30	2014.12.31	2014.06.30	2013.12.31
	基本每股收益(元)	0.3100	0.8730	0.4000	0.8630
	基本每股收益(扣除后)(元)	0.3100	0.8300	0.3900	0.8100
	稀释每股收益(元)	0.3100	0.8730	0.4000	0.8630
	每股净资产(元)	6.8225	4.5400	4.0700	3.7875
	每股经营现金净流量(元)	0.2121	0.6486	0.1647	0.4553
	每股现金流量(元)	2.8670	0.0611	−0.2239	0.0394
	每股资本公积金(元)	3.1844	0.3536	0.3536	0.3536
	每股盈余公积金(元)	0.1686	0.2249	0.1670	0.1670
	每股未分配利润(元)	2.4695	2.9642	2.5494	2.2669
	净资产收益率(%)	3.6108	19.2211	9.8398	22.7890
	加权净资产收益率(%)	6.0700	21.1600	10.2400	25.7200
	净资产收益率(扣除)(%)	3.5645	18.2743	9.5795	21.3876
	总资产(万元)	69825.77	46719.76	39743.22	36505.91
	归属母公司股东权益(万元)	54579.95	27255.84	24419.83	22724.98
	营业收入(万元)	24411.87	51457.13	23400.44	42145.24
	营业支出(万元)	17899.96	38682.92	17212.47	30803.30
	投资收益(万元)	–	–	–	–
	净利润(万元)	1970.78	5238.86	2402.85	5178.79
	营业利润(万元)	2908.99	6884.51	3483.83	6265.94
	利润总额(万元)	2942.71	7228.60	3565.34	6692.24

哈尔滨威帝电子股份有限公司

公司概况	公司名称	哈尔滨威帝电子股份有限公司			证券简称	威帝股份
	法人代表	陈振华	董秘	白哲松	证券代码	603023
	公司网址	www.viti.net.cn		电子信箱	viti@viti.net.cn	
	电　　话	0451-87101100		传　　真	0451-87101100	
	办公地址	黑龙江省哈尔滨市经开区哈平路集中区哈平西路 11 号				
	经营范围	汽车电子产品的研发、设计、制造与销售等				

主要财务指标	指标\报告期	2015.06.30	2014.12.31	2014.06.30	2013.12.31
	基本每股收益(元)	0.4900	1.4100	0.7200	1.1800
	基本每股收益(扣除后)(元)	0.4500	1.2200	0.6400	1.1000
	稀释每股收益(元)	0.4900	1.4100	0.7200	1.1800
	每股净资产(元)	5.0974	2.6700	–	3.7600
	每股经营现金净流量(元)	0.2495	1.2804	–	0.8540
	每股现金流量(元)	1.6275	–0.9964	–	–0.4304
	每股资本公积金(元)	2.8328	0.4992	–	0.4992
	每股盈余公积金(元)	0.3750	0.5000	–	0.4565
	每股未分配利润(元)	0.8897	0.6740	–	1.8091
	净资产收益率(%)	7.5374	52.6870	–	31.3939
	加权净资产收益率(%)	14.5100	41.0900	20.5700	31.1800
	净资产收益率(扣除)(%)	6.9459	45.7191	–	29.2859
	总资产(万元)	44784.22	22379.70	–	29071.97
	归属母公司股东权益(万元)	40779.45	16038.75	–	22588.42
	营业收入(万元)	8605.74	20262.20	10172.96	18451.81
	营业支出(万元)	3632.72	8843.72	4504.36	8265.09
	投资收益(万元)	8.04	144.70	82.08	224.63
	净利润(万元)	3073.71	8450.33	4319.70	7091.39
	营业利润(万元)	3475.94	7133.52	4022.58	6682.21
	利润总额(万元)	3508.33	9549.12	4866.31	8126.54

北京大豪科技股份有限公司

公司概况	公司名称	北京大豪科技股份有限公司			证券简称	大豪科技
	法人代表	郑建军	董秘	王晓军	证券代码	603025
	公司网址	www.dahaobj.com		电子信箱	sales@dahaobj.com	
	电　　话	010-59248940		传　　真	010-59248880	
	办公地址	北京市朝阳区酒仙桥东路 1 号				
	经营范围	生产电脑刺绣机、工业化自动化产品；技术开发、技术咨询等				

主要财务指标	指标\报告期	2015.06.30	2014.12.31	2014.06.30	2013.12.31
	基本每股收益(元)	0.2500	0.5500	0.3200	0.1700
	基本每股收益(扣除后)(元)	0.2500	0.5500	0.3200	–
	稀释每股收益(元)	0.2500	0.5500	0.3200	0.1700
	每股净资产(元)	3.0803	2.2900	2.0500	–
	每股经营现金净流量(元)	0.1518	0.6442	0.2589	–
	每股现金流量(元)	–0.1713	0.2696	–0.1105	–
	每股资本公积金(元)	1.0494	0.0046	0.0076	–
	每股盈余公积金(元)	0.1899	0.2144	0.1578	–
	每股未分配利润(元)	0.8225	1.0557	0.8811	–
	净资产收益率(%)	7.3767	24.1491	15.7166	–
	加权净资产收益率(%)	9.1900	26.4400	15.5700	7.6700
	净资产收益率(扣除)(%)	7.3769	23.9662	15.5562	–
	总资产(万元)	149613.05	101101.75	92899.01	–
	归属母公司股东权益(万元)	137687.25	90646.00	81040.19	–
	营业收入(万元)	35079.90	66351.57	37998.72	19416.66
	营业支出(万元)	16857.88	30496.20	16852.58	8073.99
	投资收益(万元)	62.05	17.70	–	–
	净利润(万元)	10158.61	21814.69	12625.91	6586.17
	营业利润(万元)	10568.89	22180.44	13895.32	7155.43
	利润总额(万元)	11594.94	25438.45	14882.78	7696.13

山东石大胜华化工集团股份有限公司

公司概况	公司名称	山东石大胜华化工集团股份有限公司			证券简称	石大胜华
	法人代表	郭天明	董秘	吕俊奇	证券代码	603026
	公司网址	www.sinodmc.com		电子信箱	sdsh@sinodmc.com	
	电　　话	0546-8395233		传　　真	0546-8395233	
	办公地址	山东省东营市北二路 489 号				
	经营范围	主要从事碳酸二甲酯系列产品的生产和销售				

主要财务指标	指标\报告期	2015.06.30	2014.12.31	2014.06.30	2013.12.31
	基本每股收益(元)	0.2200	0.2800	0.3600	0.6500
	基本每股收益(扣除后)(元)	0.2200	0.2700	0.3500	0.6300
	稀释每股收益(元)	0.2200	0.2800	0.3600	0.6500
	每股净资产(元)	6.5358	6.5100	6.5531	6.1500
	每股经营现金净流量(元)	1.1135	2.7476	1.4226	2.8850
	每股现金流量(元)	1.5283	–0.0074	0.1593	–0.1238
	每股资本公积金(元)	2.0630	1.1622	1.1622	1.1622
	每股盈余公积金(元)	0.3934	0.5246	0.5054	0.5054
	每股未分配利润(元)	2.7452	3.4266	3.5226	3.1660
	净资产收益率(%)	2.6835	4.2974	5.4424	10.6244
	加权净资产收益率(%)	3.3500	4.4200	5.6200	11.2900
	净资产收益率(扣除)(%)	2.6183	4.1580	5.4152	10.2887
	总资产(万元)	242410.58	210447.40	224068.36	222249.07
	归属母公司股东权益(万元)	132468.38	98970.91	99607.31	93476.07
	营业收入(万元)	156584.24	512982.93	286942.21	500130.97
	营业支出(万元)	141325.85	481734.30	270439.26	467143.23
	投资收益(万元)	–108.57	92.57	257.22	–61.97
	净利润(万元)	4044.17	5146.51	5840.99	10494.68
	营业利润(万元)	4357.52	6408.62	7137.89	12297.54
	利润总额(万元)	4459.40	6579.00	7173.50	12669.61

上海全筑建筑装饰集团股份有限公司

公司概况	公司名称	上海全筑建筑装饰集团股份有限公司			证券简称	全筑股份
	法人代表	朱斌	董秘	李勇	证券代码	603030
	公司网址	www.trendzone.com.cn		电子信箱	ir@trendzone.com.cn	
	电　　话	021-64086775		传　　真	021-64940676	
	办公地址	上海市徐汇区桂平路 333 号 7 号楼 5 楼				
	经营范围	建筑工程、建筑幕墙工程、建筑装潢领域的技术开发、技术服务等				

主要财务指标	指标\报告期	2015.06.30	2014.12.31	2014.06.30	2013.12.31
	基本每股收益(元)	0.1600	0.6251	0.1400	0.5580
	基本每股收益(扣除后)(元)	0.1400	0.5717	0.1400	0.4925
	稀释每股收益(元)	0.1300	0.6251	0.1400	0.5580
	每股净资产(元)	4.9545	3.5200	3.0113	2.8732
	每股经营现金净流量(元)	–0.8927	–0.4834	–0.9167	–0.1977
	每股现金流量(元)	0.0135	0.6829	–0.0892	–0.4250
	每股资本公积金(元)	2.1738	0.2297	0.2297	0.2297
	每股盈余公积金(元)	0.1371	0.1672	0.1247	0.1112
	每股未分配利润(元)	1.6436	2.1013	1.6568	1.5323
	净资产收益率(%)	2.6099	17.8678	4.5863	19.4201
	加权净资产收益率(%)	3.9200	19.6200	4.8800	21.5100
	净资产收益率(扣除)(%)	2.3507	16.3430	4.5097	17.1426
	总资产(万元)	203107.10	164001.13	135086.48	116120.71
	归属母公司股东权益(万元)	79271.77	41978.60	36135.23	34477.97
	营业收入(万元)	83878.31	181180.21	76145.85	167578.87
	营业支出(万元)	72539.64	156702.68	66671.88	145934.22
	投资收益(万元)	111.93	–181.46	–93.26	–56.64
	净利润(万元)	2036.44	7715.44	1733.19	6815.00
	营业利润(万元)	2776.01	9646.60	2326.77	8178.98
	利润总额(万元)	2811.58	10491.05	2379.53	9221.18

南京音飞储存设备股份有限公司

公司概况	公司名称	南京音飞储存设备股份有限公司		证券简称	音飞储存
	法人代表	金跃跃	董秘	戚海平	证券代码	603066
	公司网址	www.informrack.com		电子信箱	qhp516@informrack.com
	电　　话	025-52726391		传　　真	025-52726382
	办公地址	江苏省南京市江宁经济技术开发区殷华街470号			
	经营范围	仓储货架的生产和销售			

主要财务指标	指标\报告期	2015.06.30	2014.12.31	2014.06.30	2013.12.31
	基本每股收益(元)	0.3330	0.8190	0.2500	0.6750
	基本每股收益(扣除后)(元)	0.3120	0.7900	0.2270	0.6320
	稀释每股收益(元)	0.3330	0.8190	0.2500	0.6750
	每股净资产(元)	6.9284	5.3000	–	4.4800
	每股经营现金净流量(元)	0.4566	0.8045	–	0.4736
	每股现金流量(元)	2.4281	0.4807	–	–0.0345
	每股资本公积金(元)	3.7175	1.6873	–	1.6873
	每股盈余公积金(元)	0.3095	0.4127	–	0.3282
	每股未分配利润(元)	1.9013	2.2019	–	1.4679
	净资产收益率(%)	3.6061	15.4383	–	15.0493
	加权净资产收益率(%)	6.0900	16.7300	5.4200	16.2700
	净资产收益率(扣除)(%)	3.3818	14.9030	–	14.1006
	总资产(万元)	86909.92	55825.11	–	51214.60
	归属母公司股东权益(万元)	69283.60	39764.92	–	33625.88
	营业收入(万元)	20665.48	47434.69	17816.79	42394.68
	营业支出(万元)	13867.47	32103.32	12385.33	28291.19
	投资收益(万元)	111.40	201.17	57.50	0.85
	净利润(万元)	2493.28	6122.45	1872.32	5060.44
	营业利润(万元)	2819.44	6877.02	2003.60	5404.00
	利润总额(万元)	2889.31	7141.16	2131.54	5786.00

四川和邦股份有限公司

公司概况	公司名称	四川和邦股份有限公司			证券简称	和邦股份
	法人代表	贺正刚	董秘	莫融	证券代码	603077
	公司网址	www.hebang.cn		电子信箱	mr@hebang.cn	
	电　　话	028-62050230		传　　真	028-62050290	
	办公地址	四川省乐山市五通桥区				
	经营范围	化工制造及盐矿、磷矿的开发				

主要财务指标	指标\报告期	2015.06.30	2014.12.31	2014.06.30	2013.12.31
	基本每股收益(元)	0.1300	0.6900	0.7200	0.0700
	基本每股收益(扣除后)(元)	0.1300	0.0400	0.0400	0.0650
	稀释每股收益(元)	0.1300	0.6900	0.7200	0.0700
	每股净资产(元)	5.6044	4.6999	9.4418	7.3115
	每股经营现金净流量(元)	0.1681	0.2024	0.1283	–0.9055
	每股现金流量(元)	0.6825	–0.1438	–0.0319	–2.3711
	每股资本公积金(元)	2.9584	1.9709	4.9418	3.8828
	每股盈余公积金(元)	0.1112	0.1214	0.2429	0.2729
	每股未分配利润(元)	1.5274	1.6027	3.2484	2.1532
	净资产收益率(%)	2.2084	14.1361	14.1057	1.9585
	加权净资产收益率(%)	2.7200	16.1700	17.2800	1.9400
	净资产收益率(扣除)(%)	2.1283	0.7866	0.8239	1.8038
	总资产(万元)	1030646.88	913218.81	881356.29	559007.14
	归属母公司股东权益(万元)	618771.24	475209.43	477326.11	329017.20
	营业收入(万元)	135847.81	218569.86	91647.46	160266.40
	营业支出(万元)	106954.85	172738.22	73689.94	129546.99
	投资收益(万元)	2756.72	66312.50	65242.13	3173.44
	净利润(万元)	13665.04	67176.30	67329.97	6442.91
	营业利润(万元)	16030.84	67872.66	67708.90	7033.52
	利润总额(万元)	16079.33	67943.92	67732.09	7048.60

浙江天成自控股份有限公司

公司概况	公司名称	浙江天成自控股份有限公司			证券简称	天成自控
	法人代表	陈邦锐	董秘	田金明	证券代码	603085
	公司网址	www.china-tc.com		电子信箱	irm@china-tc.com	
	电　　话	0576-83737726		传　　真	0576-83737726	
	办公地址	浙江省台州市天台县西工业区				
	经营范围	车辆座椅的研发、生产和销售				

主要财务指标	指标\报告期	2015.06.30	2014.12.31	2014.06.30	2013.12.31
	基本每股收益(元)	0.2200	0.4300	0.2000	0.3200
	基本每股收益(扣除后)(元)	0.2000	0.4200	0.2100	0.2900
	稀释每股收益(元)	0.2200	0.4300	0.2000	0.3200
	每股净资产(元)	3.8605	2.9200	–	2.4900
	每股经营现金净流量(元)	0.1069	0.4752	–	0.3461
	每股现金流量(元)	1.6904	–0.0013	–	–0.1578
	每股资本公积金(元)	1.4228	0.2224	–	0.2224
	每股盈余公积金(元)	0.1270	0.1694	–	0.1295
	每股未分配利润(元)	1.3105	1.5274	–	1.1373
	净资产收益率(%)	4.2711	14.7303	–	12.9125
	加权净资产收益率(%)	7.2600	15.9000	7.7400	13.8000
	净资产收益率(扣除)(%)	3.9299	14.4490	–	11.5673
	总资产(万元)	58572.50	40283.16	–	35426.30
	归属母公司股东权益(万元)	38604.55	21895.22	–	18670.48
	营业收入(万元)	15400.64	30993.56	16013.27	27460.56
	营业支出(万元)	10479.28	21152.50	10962.72	18904.41
	投资收益(万元)	65.17	–72.80	–18.49	108.65
	净利润(万元)	1648.85	3225.24	1504.02	2410.83
	营业利润(万元)	1848.91	3637.86	1798.05	2585.56
	利润总额(万元)	1927.23	3778.39	1851.01	2784.80

宁波精达成形装备股份有限公司

公司概况	公司名称	宁波精达成形装备股份有限公司			证券简称	宁波精达
	法人代表	郑良才	董秘	郑功	证券代码	603088
	公司网址	www.nbjingda.com		电子信箱	dm@nbjingda.com	
	电　　话	0574-87562563		传　　真	0574-87562563	
	办公地址	浙江省宁波市江北投资创业园C区长阳路191号				
	经营范围	从事换热器装备和精密压力机的研发、生产与销售				

主要财务指标	指标\报告期	2015.06.30	2014.12.31	2014.06.30	2013.12.31
	基本每股收益(元)	0.1900	0.5900	0.3300	0.5800
	基本每股收益(扣除后)(元)	0.1400	0.4700	0.2800	0.5000
	稀释每股收益(元)	0.1900	0.5900	0.3300	0.5800
	每股净资产(元)	5.6228	5.6356	4.9469	4.8400
	每股经营现金净流量(元)	–0.2534	0.3510	0.2282	0.7670
	每股现金流量(元)	–0.8496	0.9897	–0.2845	0.3019
	每股资本公积金(元)	2.9481	2.9481	1.9869	1.9767
	每股盈余公积金(元)	0.2468	0.2468	0.2667	0.2667
	每股未分配利润(元)	1.4279	1.4406	1.6932	1.5995
	净资产收益率(%)	3.3304	8.3019	6.7490	12.0285
	加权净资产收益率(%)	3.3100	11.5900	6.7600	12.3500
	净资产收益率(扣除)(%)	2.5580	6.5769	5.7039	10.2834
	总资产(万元)	57482.12	58937.61	49299.27	46392.09
	归属母公司股东权益(万元)	44982.72	45084.61	29681.21	29057.71
	营业收入(万元)	10656.01	23187.17	11130.39	21100.46
	营业支出(万元)	6741.22	13778.12	6508.91	11721.72
	投资收益(万元)	169.78	65.26	32.88	–
	净利润(万元)	1490.81	3742.88	2003.17	3495.21
	营业利润(万元)	1528.97	3440.65	1805.34	3481.85
	利润总额(万元)	1757.28	4341.31	2256.17	4635.07

长白山旅游股份有限公司

公司概况	公司名称	长白山旅游股份有限公司			证券简称	长白山
	法人代表	侯长森	董秘	侯长森(代)	证券代码	603099
	公司网址	www.cbmt.com.cn		电子信箱	changbaishan@vip.126.com	
	电　话	0433-5310177		传　真	0433-5310777	
	办公地址	吉林省延边朝鲜族自治州长白山保护开发区池北区(白林西区和平街)				
	经营范围	公路客运，货运，旅游车辆租赁，配件维修				

主要财务指标	指标＼报告期	2015.06.30	2014.12.31	2014.06.30	2013.12.31
	基本每股收益(元)	-0.0100	0.3600	-0.0340	0.3100
	基本每股收益(扣除后)(元)	-0.0100	0.3500	-0.0400	0.3000
	稀释每股收益(元)	-0.0100	0.3600	-	0.3100
	每股净资产(元)	2.8612	2.9496	2.1200	2.1900
	每股经营现金净流量(元)	-0.0299	0.4627	-0.0385	0.4477
	每股现金流量(元)	-0.1991	1.1582	-	0.1772
	每股资本公积金(元)	1.0708	1.0708	0.3869	0.3869
	每股盈余公积金(元)	0.1046	0.1046	0.0996	0.0996
	每股未分配利润(元)	0.6308	0.7272	0.5768	0.6571
	净资产收益率(%)	-0.4611	10.1320	-1.6190	14.2150
	加权净资产收益率(%)	-0.4500	14.1300	-1.5900	15.2600
	净资产收益率(扣除)(%)	-0.4709	9.9266	-	13.6487
	总资产(万元)	80642.94	83504.08	45448.90	47914.76
	归属母公司股东权益(万元)	76298.52	78656.95	42356.03	43797.42
	营业收入(万元)	6354.03	29289.99	5108.49	23315.36
	营业支出(万元)	5059.77	12880.55	4445.25	10441.81
	投资收益(万元)	-	-	-	-
	净利润(万元)	-351.81	7969.49	-685.59	6225.68
	营业利润(万元)	-439.83	10585.82	-1032.88	8057.95
	利润总额(万元)	-429.83	10801.20	-911.94	8289.98

重庆川仪自动化股份有限公司

公司概况	公司名称	重庆川仪自动化股份有限公司			证券简称	川仪股份
	法人代表	吴朋	董秘	杨利	证券代码	603100
	公司网址	www.cqcy.com		电子信箱	cyzqb@cqcy.com	
	电　话	023-67033458		传　真	023-67032746	
	办公地址	重庆市北部新区黄山大道中段61号				
	经营范围	工业自动控制系统装置及工程成套的研发、生产、销售、技术咨询、服务等				

主要财务指标	指标＼报告期	2015.06.30	2014.12.31	2014.06.30	2013.12.31
	基本每股收益(元)	0.1900	0.4700	0.2600	0.2600
	基本每股收益(扣除后)(元)	0.1700	0.4400	0.2500	0.2500
	稀释每股收益(元)	0.1900	0.4700	0.2600	0.2600
	每股净资产(元)	4.4477	4.3234	3.4700	3.4700
	每股经营现金净流量(元)	-0.1984	0.1803	-0.3707	-0.3837
	每股现金流量(元)	0.0535	0.1715	-0.4132	-0.7547
	每股资本公积金(元)	1.7861	1.8491	0.6077	0.6077
	每股盈余公积金(元)	0.1559	0.1559	0.1658	0.1658
	每股未分配利润(元)	1.3238	1.2580	1.6987	1.5843
	净资产收益率(%)	4.1777	9.3361	7.6130	14.2800
	加权净资产收益率(%)	4.1600	12.4200	7.6300	12.8400
	净资产收益率(扣除)(%)	3.8908	8.6121	7.2122	-
	总资产(万元)	402140.20	401680.45	353750.86	334278.29
	归属母公司股东权益(万元)	175683.22	173132.81	102427.17	99054.38
	营业收入(万元)	156825.48	334626.01	165521.67	318721.72
	营业支出(万元)	115460.81	248535.50	123424.91	236017.50
	投资收益(万元)	2914.47	7493.69	3191.39	5865.40
	净利润(万元)	7226.77	15563.10	7797.79	14142.04
	营业利润(万元)	7528.20	16237.99	8264.51	15431.84
	利润总额(万元)	8043.74	17786.02	8768.59	17046.62

上海润达医疗科技股份有限公司

公司概况	公司名称	上海润达医疗科技股份有限公司			证券简称	润达医疗
	法人代表	刘辉	董秘	陆晓艳	证券代码	603108
	公司网址	www.rundamedical.com		电子信箱	board@rundamedical.com	
	电　话	021-68406213		传　真	021-68406213	
	办公地址	上海市浦东新区向城路58号东方国际科技大厦15楼D室				
	经营范围	向各类医学实验室提供体外诊断产品及专业技术支持综合服务				

主要财务指标	指标＼报告期	2015.06.30	2014.12.31	2014.06.30	2013.12.31
	基本每股收益(元)	0.4800	1.0657	0.3800	0.9633
	基本每股收益(扣除后)(元)	0.4700	0.9870	0.3400	0.9154
	稀释每股收益(元)	0.4800	1.0657	0.3800	0.9633
	每股净资产(元)	9.2178	6.7400	6.0552	5.7300
	每股经营现金净流量(元)	-0.6825	0.5121	-0.0870	0.4484
	每股现金流量(元)	2.9679	-0.7222	-0.4884	1.0479
	每股资本公积金(元)	4.6615	1.4365	1.4365	1.4365
	每股盈余公积金(元)	0.2057	0.2746	0.2086	0.2086
	每股未分配利润(元)	3.3506	4.0302	3.4101	3.0869
	净资产收益率(%)	4.0777	15.8091	6.2705	16.8061
	加权净资产收益率(%)	6.4200	17.1100	6.4300	18.2900
	净资产收益率(扣除)(%)	4.0523	14.6414	5.6935	15.9701
	总资产(万元)	159362.00	108489.45	98598.08	84395.08
	归属母公司股东权益(万元)	86763.89	47543.54	42705.15	40425.69
	营业收入(万元)	71439.40	135850.33	59034.52	102588.95
	营业支出(万元)	52548.09	99904.13	44194.19	73695.54
	投资收益(万元)	-45.99	-175.00	-75.00	-
	净利润(万元)	3474.35	7510.69	2677.82	6794.00
	营业利润(万元)	4626.71	9589.57	3379.08	8795.54
	利润总额(万元)	4713.45	10309.05	3706.67	9215.84

南京康尼机电股份有限公司

公司概况	公司名称	南京康尼机电股份有限公司			证券简称	康尼机电
	法人代表	金元贵	董秘	徐庆	证券代码	603111
	公司网址	www.kn-nanjing.com		电子信箱	ir@ kn-nanjing.com	
	电　话	025-83497082		传　真	025-83497082	
	办公地址	江苏省南京市鼓楼区模范中路39号				
	经营范围	轨道交通门系统的研发、制造和销售及提供轨道交通装备配套产品与技术服务				

主要财务指标	指标＼报告期	2015.06.30	2014.12.31	2014.06.30	2013.12.31
	基本每股收益(元)	0.3200	0.5856	0.3400	0.5400
	基本每股收益(扣除后)(元)	0.3100	0.5711	0.3300	0.5000
	稀释每股收益(元)	0.3200	0.5856	-	0.5400
	每股净资产(元)	3.6876	3.3004	2.0200	1.9800
	每股经营现金净流量(元)	-0.2157	0.7517	0.1454	0.4448
	每股现金流量(元)	-1.3819	1.3876	-0.3996	0.3635
	每股资本公积金(元)	1.5930	1.3506	0.0598	0.0598
	每股盈余公积金(元)	0.1862	0.1903	0.2162	0.2162
	每股未分配利润(元)	0.9088	0.7597	0.7387	0.7002
	净资产收益率(%)	8.5602	14.7834	16.7955	27.3290
	加权净资产收益率(%)	9.0000	23.5100	16.9600	28.0400
	净资产收益率(扣除)(%)	8.2587	14.4164	16.2647	25.0958
	总资产(万元)	203028.80	182902.20	140955.94	136883.62
	归属母公司股东权益(万元)	108915.57	95352.57	43656.55	42808.91
	营业收入(万元)	78042.51	130892.38	61413.17	104144.25
	营业支出(万元)	49048.84	81574.38	38163.71	63950.31
	投资收益(万元)	679.94	-	-	-
	净利润(万元)	9715.08	14329.70	7332.32	11699.08
	营业利润(万元)	10811.89	14817.90	8115.66	11101.51
	利润总额(万元)	11606.56	16751.55	8599.34	13664.80

浙江红蜻蜓鞋业股份有限公司

公司概况						
公司名称	浙江红蜻蜓鞋业股份有限公司				证券简称	红蜻蜓
法人代表	钱金波	董秘	谢立治		证券代码	603116
公司网址	www.cnhqt.com		电子信箱		ir@cnhqt.com	
电　话	0577-67998807		传　真		0577-67350516	
办公地址	浙江省温州市永嘉县瓯北镇五星工业园红蜻蜓大厦					
经营范围	皮鞋的生产和销售等					

主要财务指标：指标\报告期	2015.06.30	2014.12.31	2014.06.30	2013.12.31
基本每股收益(元)	0.3800	0.9400	0.3700	0.7400
基本每股收益(扣除后)(元)	0.3700	0.9000	0.3500	0.7100
稀释每股收益(元)	0.3800	0.9400	0.3700	0.7400
每股净资产(元)	6.7928	4.7800	4.4536	4.0390
每股经营现金净流量(元)	0.3315	1.7358	1.1264	1.1111
每股现金流量(元)	2.5494	0.2086	0.1650	0.2746
每股资本公积金(元)	2.2383	–	–	–
每股盈余公积金(元)	0.1427	0.1666	0.1247	0.1264
每股未分配利润(元)	3.4118	3.6085	3.3289	2.9126
净资产收益率(%)	4.7463	19.6037	8.2764	18.2216
加权净资产收益率(%)	7.5900	21.1000	8.6300	20.0500
净资产收益率(扣除)(%)	4.6053	18.8764	7.8028	17.5302
总资产(万元)	353720.64	276434.95	253176.26	267847.69
归属母公司股东权益(万元)	277689.88	167127.40	155875.32	141364.32
营业收入(万元)	142277.17	312795.71	146079.92	322154.36
营业支出(万元)	93382.30	205569.12	96359.43	208950.15
投资收益(万元)	–	–	–	–
净利润(万元)	13180.67	32764.04	12899.91	25757.51
营业利润(万元)	16761.89	40702.75	16217.02	34427.20
利润总额(万元)	17283.90	42282.06	17219.59	35665.08

江苏万林现代物流股份有限公司

公司概况						
公司名称	江苏万林现代物流股份有限公司				证券简称	万林股份
法人代表	黄保忠	董秘	吴江渝		证券代码	603117
公司网址	www.china-wanlin.com		电子信箱		info@china-wanlin.com	
电　话	0523-89112012		传　真		0523-89112020	
办公地址	江苏省靖江市人民中路68号国贸中心8楼A,B座					
经营范围	公路货运代理(代办),货物配载业务;货物的仓储、物流配送等					

主要财务指标：指标\报告期	2015.06.30	2014.12.31	2014.06.30	2013.12.31
基本每股收益(元)	0.1200	0.3200	0.1600	0.3400
基本每股收益(扣除后)(元)	0.1200	0.3000	0.1500	0.3300
稀释每股收益(元)	0.1200	–	0.1600	–
每股净资产(元)	3.2331	2.7800	–	2.4700
每股经营现金净流量(元)	-0.0874	0.5486	–	0.8320
每股现金流量(元)	0.3864	0.0327	–	0.2396
每股资本公积金(元)	1.0034	0.4631	–	0.4631
每股盈余公积金(元)	0.0216	0.0253	–	0.0203
每股未分配利润(元)	1.2088	1.2974	–	1.2254
净资产收益率(%)	3.1246	11.3840	–	13.8731
加权净资产收益率(%)	4.1600	12.0700	6.1400	14.9000
净资产收益率(扣除)(%)	3.0947	10.8524	–	13.3817
总资产(万元)	387927.19	374218.94	–	382211.33
归属母公司股东权益(万元)	132717.45	97584.37	–	94891.13
营业收入(万元)	21092.38	43611.19	21761.85	35102.19
营业支出(万元)	6352.81	14765.79	7257.58	12292.36
投资收益(万元)	161.98	348.82	202.72	241.31
净利润(万元)	4146.93	11109.03	5475.11	11996.35
营业利润(万元)	5481.35	13119.78	6340.15	14350.08
利润总额(万元)	5534.33	13590.36	6544.13	14824.76

深圳市共进电子股份有限公司

公司概况						
公司名称	深圳市共进电子股份有限公司				证券简称	共进股份
法人代表	汪大维	董秘	贺依朦		证券代码	603118
公司网址	www.twsz.com		电子信箱		investor@twsz.com	
电　话	0755-26859219		传　真		0755-26021338	
办公地址	广东省深圳市南山区南海大道1019号南山医疗器械产业园					
经营范围	宽带通讯终端的研发、生产和销售					

主要财务指标：指标\报告期	2015.06.30	2014.12.31	2014.06.30	2013.12.31
基本每股收益(元)	0.5000	0.8600	0.5000	0.7500
基本每股收益(扣除后)(元)	0.4600	0.8100	0.4700	0.6900
稀释每股收益(元)	0.5000	0.8600	0.5000	0.7500
每股净资产(元)	7.3594	5.7534	5.7500	5.2500
每股经营现金净流量(元)	-1.0125	1.3883	0.8147	0.6131
每股现金流量(元)	0.6443	-0.0332	0.0657	0.0295
每股资本公积金(元)	4.5254	2.6061	2.6061	2.6061
每股盈余公积金(元)	0.1719	0.2292	0.1613	0.1613
每股未分配利润(元)	1.6640	1.9203	1.9871	1.4870
净资产收益率(%)	6.1659	14.9687	8.6923	14.2872
加权净资产收益率(%)	7.1100	15.2300	9.0900	15.3800
净资产收益率(扣除)(%)	5.7200	14.1446	8.2318	13.2100
总资产(万元)	478223.20	341027.05	311962.76	310110.91
归属母公司股东权益(万元)	220781.77	129452.01	129453.48	118190.06
营业收入(万元)	306116.96	551554.93	248278.59	498214.09
营业支出(万元)	266046.25	469075.60	209204.01	426778.89
投资收益(万元)	503.33	–	–	–
净利润(万元)	13613.25	19647.35	11252.45	16886.10
营业利润(万元)	15107.81	19973.27	12481.64	16854.22
利润总额(万元)	15800.76	21278.78	13201.35	18420.26

北京翠微大厦股份有限公司

公司概况						
公司名称	北京翠微大厦股份有限公司				证券简称	翠微股份
法人代表	张丽君	董秘	姜荣生		证券代码	603123
公司网址	www.cwjt.com		电子信箱		dshbgs@cwjt.com	
电　话	010-68241688		传　真		010-68159573	
办公地址	北京市海淀区复兴路33号					
经营范围	以百货零售业务为主					

主要财务指标：指标\报告期	2015.06.30	2014.12.31	2014.06.30	2013.12.31
基本每股收益(元)	0.1390	0.3500	0.1780	0.4100
基本每股收益(扣除后)(元)	0.1290	0.2900	0.1900	0.4100
稀释每股收益(元)	–	–	–	–
每股净资产(元)	5.3216	5.3124	5.5053	5.4863
每股经营现金净流量(元)	-0.0227	0.0918	-0.1829	-0.2759
每股现金流量(元)	-0.0676	0.0384	-0.6577	-1.1798
每股资本公积金(元)	3.2860	3.2561	2.8874	5.8214
每股盈余公积金(元)	0.2028	0.2028	0.3170	0.3170
每股未分配利润(元)	0.8307	0.8513	1.3009	1.1176
净资产收益率(%)	2.6193	5.9649	3.6138	7.8946
加权净资产收益率(%)	2.5900	6.4100	3.5600	7.2300
净资产收益率(扣除)(%)	2.4219	3.5246	3.4433	7.4948
总资产(万元)	474534.55	468190.91	309984.02	490774.30
归属母公司股东权益(万元)	278930.01	278445.80	169562.97	254396.33
营业收入(万元)	296807.73	614154.38	308833.09	686554.70
营业支出(万元)	235944.04	484789.00	244924.84	549615.87
投资收益(万元)	437.68	1312.32	374.90	655.03
净利润(万元)	7375.70	16745.55	8346.10	19410.51
营业利润(万元)	9472.25	17138.65	10136.62	23234.83
利润总额(万元)	9876.69	22608.57	11283.73	26465.96

中材节能股份有限公司

公司概况						
	公司名称	中材节能股份有限公司			证券简称	中材节能
	法人代表	张奇	董秘	杨泽学	证券代码	603126
	公司网址	www.sinoma-ec.cn		电子信箱	sinoma-ec@sinoma-ec.cn	
	电　话	022-86341590		传　真	022-86896201	
	办公地址	天津市北辰科技园区中捷科技园火炬大厦				
	经营范围	泥行业余热发电项目的投资、技术开发、工程设计与咨询等				

主要财务指标	指标\报告期	2015.06.30	2014.12.31	2014.06.30	2013.12.31
	基本每股收益(元)	0.0667	0.2953	0.1812	0.3186
	基本每股收益(扣除后)(元)	0.0511	0.1628	0.1140	0.1508
	稀释每股收益(元)	0.0667	0.2953	0.1812	0.3186
	每股净资产(元)	2.1434	3.1931	3.2100	3.1400
	每股经营现金净流量(元)	0.1354	0.4966	0.1560	0.5844
	每股现金流量(元)	-0.2460	0.0755	-0.0814	0.1731
	每股资本公积金(元)	0.1175	0.3763	0.4466	0.4172
	每股盈余公积金(元)	0.0949	0.1423	0.1632	0.2460
	每股未分配利润(元)	0.9216	1.6623	1.5913	1.8663
	净资产收益率(%)	3.1124	8.1881	4.8711	8.8650
	加权净资产收益率(%)	3.0979	8.4900	4.9879	9.2500
	净资产收益率(扣除)(%)	2.3838	4.5149	4.7753	6.2819
	总资产(万元)	301473.04	306649.28	208772.37	274340.21
	归属母公司股东权益(万元)	130853.12	129960.84	104844.78	115858.59
	营业收入(万元)	62707.68	152146.34	76526.96	151646.36
	营业支出(万元)	47502.11	113304.72	57237.68	117361.63
	投资收益(万元)	36.74	528.06	509.01	538.91
	净利润(万元)	4697.42	12157.58	6598.06	11786.22
	营业利润(万元)	3992.67	9934.71	7117.46	10263.11
	利润总额(万元)	5765.39	14897.56	8102.66	13926.78

港中旅华贸国际物流股份有限公司

公司概况						
	公司名称	港中旅华贸国际物流股份有限公司			证券简称	华贸物流
	法人代表	张震	董秘	林世宽	证券代码	603128
	公司网址	www.ctsfreight.com		电子信箱	ird@ctsfreight.com	
	电　话	021-63588811		传　真	021-63582311	
	办公地址	上海市南京西路338号天安中心20楼				
	经营范围	承办海运、陆运、空运进出口货物、过境货物等				

主要财务指标	指标\报告期	2015.06.30	2014.12.31	2014.06.30	2013.12.31
	基本每股收益(元)	0.0800	0.2900	0.0600	0.2000
	基本每股收益(扣除后)(元)	0.0600	0.2721	0.0500	0.1900
	稀释每股收益(元)	0.0800	0.2900	0.0600	0.2000
	每股净资产(元)	1.7448	3.4470	3.2720	3.2264
	每股经营现金净流量(元)	0.1467	0.5862	0.4639	-0.5616
	每股现金流量(元)	0.0039	-0.1688	-0.1235	-0.1816
	每股资本公积金(元)	0.3075	1.6099	1.6027	1.5956
	每股盈余公积金(元)	0.0318	0.0635	0.0476	0.0476
	每股未分配利润(元)	0.4527	0.8678	0.7161	0.6789
	净资产收益率(%)	4.4005	8.4098	3.7346	6.3007
	加权净资产收益率(%)	4.3500	8.6700	3.7100	6.4000
	净资产收益率(扣除)(%)	3.6253	7.8946	3.2775	5.9789
	总资产(万元)	310473.49	310690.61	306069.23	291578.38
	归属母公司股东权益(万元)	139580.30	137881.54	130880.83	129056.68
	营业收入(万元)	375178.69	796693.10	404459.21	853335.44
	营业支出(万元)	344409.68	740794.42	379688.49	806593.66
	投资收益(万元)	100.80	-	-	-
	净利润(万元)	6741.94	11919.08	4887.91	8131.53
	营业利润(万元)	7025.64	14306.34	5594.80	10559.93
	利润总额(万元)	8503.51	15396.59	6425.62	11179.17

常州腾龙汽车零部件股份有限公司

公司概况						
	公司名称	常州腾龙汽车零部件股份有限公司			证券简称	腾龙股份
	法人代表	蒋学真	董秘	沈义	证券代码	603158
	公司网址	www.cztl.com		电子信箱	securities@cztl.cn	
	电　话	0519-69690275		传　真	0519-69690996	
	办公地址	江苏省常州市武进经济开发区延政西路腾龙路1号				
	经营范围	汽车热交换系统管路的研发、生产和销售				

主要财务指标	指标\报告期	2015.06.30	2014.12.31	2014.06.30	2013.12.31
	基本每股收益(元)	0.5500	1.1200	0.5400	0.2700
	基本每股收益(扣除后)(元)	0.5000	1.1100	0.5400	-
	稀释每股收益(元)	0.5500	1.1200	0.5400	0.2700
	每股净资产(元)	6.9017	4.3300	3.7580	-
	每股经营现金净流量(元)	0.2211	1.4239	0.7763	-
	每股现金流量(元)	0.1885	0.3890	0.3193	-
	每股资本公积金(元)	3.1793	0.3461	0.3461	-
	每股盈余公积金(元)	0.1735	0.2313	0.1623	-
	每股未分配利润(元)	2.5490	2.7539	2.2496	-
	净资产收益率(%)	7.0074	25.7762	14.4530	-
	加权净资产收益率(%)	9.5300	29.2600	15.2100	7.5500
	净资产收益率(扣除)(%)	6.3971	25.5429	14.3291	-
	总资产(万元)	92101.85	58123.20	52279.08	-
	归属母公司股东权益(万元)	73620.67	34650.44	30064.02	-
	营业收入(万元)	32904.37	55244.14	25709.31	13000.12
	营业支出(万元)	22691.44	35679.29	16481.71	8541.48
	投资收益(万元)	5.90	-	-	-
	净利润(万元)	5289.29	9155.35	4471.69	2235.58
	营业利润(万元)	6231.74	11192.42	5413.20	2660.74
	利润总额(万元)	6443.65	11298.19	5465.60	2624.32

桂林福达股份有限公司

公司概况						
	公司名称	桂林福达股份有限公司			证券简称	福达股份
	法人代表	黎福超	董秘	张海涛	证券代码	603166
	公司网址	www.glfoto.cn		电子信箱	foto@glfoto.cn	
	电　话	0773-3681001		传　真	0773-3681002	
	办公地址	广西壮族自治区桂林市西城经济开发区秧塘工业园秧十八路东侧				
	经营范围	从事汽车零部件和部件系统的研发、生产与销售等				

主要财务指标	指标\报告期	2015.06.30	2014.12.31	2014.06.30	2013.12.31
	基本每股收益(元)	0.0700	0.2800	0.1400	0.3500
	基本每股收益(扣除后)(元)	0.0400	0.2100	0.1100	0.3200
	稀释每股收益(元)	0.0700	0.2800	0.1400	0.3500
	每股净资产(元)	2.2779	2.3574	1.9300	1.7900
	每股经营现金净流量(元)	0.0761	0.3436	0.4669	0.6753
	每股现金流量(元)	-0.0012	-0.1451	0.1255	0.1514
	每股资本公积金(元)	0.4039	0.4039	0.0095	0.0095
	每股盈余公积金(元)	0.0795	0.0795	0.0794	0.0794
	每股未分配利润(元)	0.7946	0.8740	0.8415	0.7002
	净资产收益率(%)	3.0959	10.6952	7.3176	19.4566
	加权净资产收益率(%)	2.9800	14.5300	7.6000	19.7200
	净资产收益率(扣除)(%)	1.5993	8.3183	5.9387	17.7778
	总资产(万元)	283976.12	293552.97	296505.21	274776.72
	归属母公司股东权益(万元)	98746.19	102191.65	75286.27	69777.11
	营业收入(万元)	50488.25	120155.62	64381.69	122917.24
	营业支出(万元)	37867.35	85403.89	45154.08	85114.98
	投资收益(万元)	-	-	-	-
	净利润(万元)	3057.04	10929.62	5509.17	13576.23
	营业利润(万元)	1865.36	9768.65	5394.85	14154.26
	利润总额(万元)	3470.25	12468.07	6542.37	15671.29

渤海轮渡股份有限公司

公司概况	公司名称	渤海轮渡股份有限公司			证券简称	渤海轮渡
	法人代表	刘建君	董秘	宁武	证券代码	603167
	公司网址	www.bohailundu.cn		电子信箱	zqb@bohailundu.cn	
	电　话	0535-6291223		传　真	0535-6291223	
	办公地址	山东省烟台市芝罘区环海路2号				
	经营范围	烟台至大连、蓬莱至大连、蓬莱至旅顺客滚船运输业务、船舶配件销售、代理销售船票				

主要财务指标	指标\报告期	2015.06.30	2014.12.31	2014.06.30	2013.12.31
	基本每股收益(元)	0.2100	0.4100	0.2800	0.4900
	基本每股收益(扣除后)(元)	0.1400	0.2400	0.1362	0.3600
	稀释每股收益(元)	0.2100	0.4100	0.2800	0.4900
	每股净资产(元)	5.7058	5.6411	5.5090	5.3780
	每股经营现金净流量(元)	0.4111	0.6689	0.4404	0.7245
	每股现金流量(元)	0.0648	0.2081	0.0805	0.0119
	每股资本公积金(元)	2.2073	2.2073	2.2075	2.2075
	每股盈余公积金(元)	0.3466	0.3466	0.3012	0.3012
	每股未分配利润(元)	2.1519	2.0872	2.0003	1.8693
	净资产收益率(%)	3.7623	7.3282	5.1004	9.0204
	加权净资产收益率(%)	3.7500	7.5400	5.1400	9.2900
	净资产收益率(扣除)(%)	2.4563	4.1731	2.4715	6.7155
	总资产(万元)	369029.84	354261.78	333265.69	286438.15
	归属母公司股东权益(万元)	274677.09	271563.91	265203.75	258898.24
	营业收入(万元)	57050.90	111735.53	49830.65	116568.27
	营业支出(万元)	43021.10	85745.31	37543.37	84306.18
	投资收益(万元)	-514.98	-1017.40	-87.23	7.53
	净利润(万元)	10334.18	19856.99	13526.51	23353.61
	营业利润(万元)	9468.42	16494.46	8764.43	23223.33
	利润总额(万元)	14249.10	27549.45	18061.06	31179.88

浙江莎普爱思药业股份有限公司

公司概况	公司名称	浙江莎普爱思药业股份有限公司			证券简称	莎普爱思
	法人代表	陈德康	董秘	吴建国	证券代码	603168
	公司网址	www.zjspas.com		电子信箱	zjspas@zjspas.com	
	电　话	0573-85021168		传　真	0573-85021168	
	办公地址	浙江省平湖市城北路角棉巾桥				
	经营范围	滴眼液、大输液等药品的研发、生产和销售等				

主要财务指标	指标\报告期	2015.06.30	2014.12.31	2014.06.30	2013.12.31
	基本每股收益(元)	0.5200	2.3000	0.5200	2.1200
	基本每股收益(扣除后)(元)	0.5100	2.2200	0.5000	2.0700
	稀释每股收益(元)	0.5200	2.3000	0.5200	2.1200
	每股净资产(元)	4.9013	11.6740	10.6445	7.2100
	每股经营现金净流量(元)	0.2426	2.2646	1.1649	2.4157
	每股现金流量(元)	-0.4072	1.1808	5.0279	0.2841
	每股资本公积金(元)	1.8261	5.0653	5.0653	0.8291
	每股盈余公积金(元)	0.2813	0.7033	0.5024	0.6700
	每股未分配利润(元)	1.7939	4.9054	4.0768	4.7112
	净资产收益率(%)	10.6360	17.2067	9.1988	29.4595
	加权净资产收益率(%)	10.5700	23.9300	8.4500	33.6200
	净资产收益率(扣除)(%)	10.4152	16.6202	8.8883	28.7637
	总资产(万元)	94437.33	87234.07	97181.78	59756.55
	归属母公司股东权益(万元)	80075.36	76289.89	69561.73	35330.70
	营业收入(万元)	48052.67	76558.24	38088.23	62814.07
	营业支出(万元)	12507.13	22479.55	11111.52	19424.55
	投资收益(万元)	195.95	-	-	-
	净利润(万元)	8516.81	13126.99	6398.83	10408.24
	营业利润(万元)	10292.53	14793.43	7342.26	11859.60
	利润总额(万元)	10266.31	15243.27	7558.28	12085.89

兰州兰石重型装备股份有限公司

公司概况	公司名称	兰州兰石重型装备股份有限公司			证券简称	兰石重装
	法人代表	张金明	董秘	高峰	证券代码	603169
	公司网址	www.lshec.com		电子信箱	zqb@lshec.com	
	电　话	0931-2905396		传　真	0931-2905333	
	办公地址	甘肃省兰州市兰州新区昆仑大道(纬一路)西段528号				
	经营范围	炼油、化工、核电所需的装备及工程的设计、制造、安装与成套服务				

主要财务指标	指标\报告期	2015.06.30	2014.12.31	2014.06.30	2013.12.31
	基本每股收益(元)	0.6948	0.8385	0.0761	0.1005
	基本每股收益(扣除后)(元)	0.0135	0.0961	0.0720	0.0931
	稀释每股收益(元)	0.6948	0.8385	0.0761	0.1005
	每股净资产(元)	2.0119	2.2577	1.6500	1.5700
	每股经营现金净流量(元)	0.0035	0.2083	0.0472	-0.2435
	每股现金流量(元)	-0.1020	0.0652	0.0043	0.3475
	每股资本公积金(元)	0.0471	0.0754	0.0305	0.0305
	每股盈余公积金(元)	0.0612	0.0980	0.0472	0.0472
	每股未分配利润(元)	0.9021	1.0816	0.5675	0.4914
	净资产收益率(%)	34.5346	32.4282	4.6182	6.3935
	加权净资产收益率(%)	40.2300	42.3900	4.7300	6.6000
	净资产收益率(扣除)(%)	0.6721	3.7172	4.3641	-
	总资产(万元)	621981.69	608476.68	380446.32	325684.93
	归属母公司股东权益(万元)	190292.08	133465.07	80978.93	77224.02
	营业收入(万元)	170732.84	144736.14	71164.34	130498.86
	营业支出(万元)	75789.91	107676.35	53850.93	96624.64
	投资收益(万元)	-	-	-	57.07
	净利润(万元)	65716.57	43280.26	3739.75	5033.83
	营业利润(万元)	77175.35	6916.21	4582.46	5185.06
	利润总额(万元)	77493.22	51850.96	4832.19	5615.82

江苏亚邦染料股份有限公司

公司概况	公司名称	江苏亚邦染料股份有限公司			证券简称	亚邦股份
	法人代表	许旭东	董秘	刘洪亮	证券代码	603188
	公司网址	www.yabangdyes.com		电子信箱	603188@yabangdyes.com	
	电　话	0519-88316008		传　真	0519-88231528	
	办公地址	江苏省常州市武进区牛塘镇人民西路105号				
	经营范围	纺织染料及染料中间体的研发、生产、销售及相关技术服务等				

主要财务指标	指标\报告期	2015.06.30	2014.12.31	2014.06.30	2013.12.31
	基本每股收益(元)	0.7621	2.6773	0.9134	1.2009
	基本每股收益(扣除后)(元)	0.7467	2.6864	0.9161	1.2013
	稀释每股收益(元)	0.7621	2.6773	0.9134	1.2009
	每股净资产(元)	4.9803	9.4196	5.2300	4.4000
	每股经营现金净流量(元)	0.0563	1.4342	1.3022	0.6139
	每股现金流量(元)	-0.0883	1.0715	0.4493	-0.4920
	每股资本公积金(元)	2.0506	5.0834	0.8407	0.8407
	每股盈余公积金(元)	0.2116	0.4231	0.3582	0.3582
	每股未分配利润(元)	1.7112	2.8982	2.9966	2.1698
	净资产收益率(%)	15.3026	23.0930	34.9340	27.2637
	加权净资产收益率(%)	15.2200	43.5200	37.9200	30.7600
	净资产收益率(扣除)(%)	14.9925	23.1722	35.0359	27.2728
	总资产(万元)	361774.52	342559.06	252174.68	214122.28
	归属母公司股东权益(万元)	286866.29	271284.95	112952.71	95144.40
	营业收入(万元)	138769.78	231355.48	142178.66	191089.46
	营业支出(万元)	62907.85	109880.33	70790.23	126329.70
	投资收益(万元)	1363.77	345.63	237.92	904.87
	净利润(万元)	43894.13	62647.77	39458.58	25939.90
	营业利润(万元)	55719.57	78153.20	49089.15	32013.63
	利润总额(万元)	55661.30	77786.67	48947.34	32012.94

安徽迎驾贡酒股份有限公司

公司概况						
公司名称	安徽迎驾贡酒股份有限公司				证券简称	迎驾贡酒
法人代表	倪永培	董秘	韩安道		证券代码	603198
公司网址	www.yingjia.cn		电子信箱		stock@yingjia.cn	
电　话	0564-5231473		传　真		0564-5231473	
办公地址	安徽省六安市霍山县佛子岭镇					
经营范围	白酒的研发、生产和销售					

主要财务指标：指标\报告期	2015.06.30	2014.12.31	2014.06.30	2013.12.31
基本每股收益(元)	0.3800	0.6800	0.3600	0.5900
基本每股收益(扣除后)(元)	0.4000	0.6800	0.3500	0.5900
稀释每股收益(元)	0.3800	0.6800	0.3600	0.5900
每股净资产(元)	4.6496	3.5500	–	3.0800
每股经营现金净流量(元)	0.0439	0.5939	–	0.4152
每股现金流量(元)	1.0480	0.0728	–	–0.2649
每股资本公积金(元)	1.5788	0.6390	–	0.6390
每股盈余公积金(元)	0.1529	0.1699	–	0.1193
每股未分配利润(元)	1.9179	1.7413	–	1.3261
净资产收益率(%)	7.5442	19.0352	–	19.0139
加权净资产收益率(%)	9.8700	20.7000	11.3400	20.5500
净资产收益率(扣除)(%)	7.8908	19.1644	–	19.2719
总资产(万元)	471984.96	388525.80	–	338664.64
归属母公司股东权益(万元)	371971.83	255609.05	–	222073.40
营业收入(万元)	153045.23	295895.45	151479.29	339496.05
营业支出(万元)	62543.41	134424.24	68073.88	157593.75
投资收益(万元)	–	–	–	–
净利润(万元)	28062.40	48655.65	25811.48	42224.80
营业利润(万元)	39595.29	65501.64	34040.26	56995.26
利润总额(万元)	37900.78	65040.97	34914.75	56234.74

安徽九华山旅游发展股份有限公司

公司概况						
公司名称	安徽九华山旅游发展股份有限公司				证券简称	九华旅游
法人代表	舒畅	董秘	吴勇		证券代码	603199
公司网址	www.jiuhuashan.cc		电子信箱		jhgf@jiuhuashan.cc	
电　话	0566-5578899		传　真		0566-5578801	
办公地址	安徽省池州市青阳县蓉城镇五溪新城区					
经营范围	酒店业务、索道缆车业务、旅游客运业务及旅行社业务等					

主要财务指标：指标\报告期	2015.06.30	2014.12.31	2014.06.30	2013.12.31
基本每股收益(元)	0.4178	0.8000	0.4209	0.7600
基本每股收益(扣除后)(元)	0.4044	–	0.4389	0.7000
稀释每股收益(元)	0.4178	0.8000	0.4209	0.7600
每股净资产(元)	7.8216	6.4289	–	5.7511
每股经营现金净流量(元)	0.4789	1.8502	–	1.6331
每股现金流量(元)	0.4447	0.0376	–	–0.1229
每股资本公积金(元)	3.0113	0.6755	–	0.6755
每股盈余公积金(元)	0.4212	0.5616	–	0.4958
每股未分配利润(元)	3.3838	4.1848	–	3.5757
净资产收益率(%)	4.6742	12.3664	–	13.1653
加权净资产收益率(%)	5.7500	13.0600	7.1300	14.0900
净资产收益率(扣除)(%)	4.5236	12.2235	–	12.1906
总资产(万元)	100793.45	91155.50	–	91802.38
归属母公司股东权益(万元)	86568.95	53359.54	–	47733.78
营业收入(万元)	20867.33	41073.85	21392.58	38578.55
营业支出(万元)	10034.93	20722.23	10595.64	19630.18
投资收益(万元)	–	–	–	–
净利润(万元)	4046.40	6598.68	3493.18	6284.27
营业利润(万元)	5226.80	8714.46	4876.51	7775.01
利润总额(万元)	5400.60	8816.16	4676.69	8395.30

浙江济民制药股份有限公司

公司概况						
公司名称	浙江济民制药股份有限公司				证券简称	济民制药
法人代表	李慧慧	董秘	张茜		证券代码	603222
公司网址	www.chimin.cn		电子信箱		investment@chimin.cn	
电　话	0576-84066800		传　真		0576-84066800	
办公地址	浙江省台州市黄岩区北院路 888 号					
经营范围	大输液和注射穿刺器械的研发、生产和销售					

主要财务指标：指标\报告期	2015.06.30	2014.12.31	2014.06.30	2013.12.31
基本每股收益(元)	0.1500	0.4800	0.2400	0.6800
基本每股收益(扣除后)(元)	0.1600	0.4300	0.2300	0.5900
稀释每股收益(元)	0.1500	0.4800	0.2400	0.6800
每股净资产(元)	4.3229	3.6796	–	4.0700
每股经营现金净流量(元)	0.1723	0.6446	–	0.9015
每股现金流量(元)	0.4578	–0.0442	–	0.1419
每股资本公积金(元)	2.2484	1.2334	–	1.5565
每股盈余公积金(元)	0.1080	0.1440	–	0.1142
每股未分配利润(元)	0.9665	1.3022	–	1.3971
净资产收益率(%)	3.2361	13.0412	–	16.6445
加权净资产收益率(%)	3.6300	12.3200	6.0200	18.0400
净资产收益率(扣除)(%)	3.3912	11.5997	–	14.4498
总资产(万元)	77536.38	63004.00	–	71337.60
归属母公司股东权益(万元)	69166.34	44154.93	–	48813.50
营业收入(万元)	22378.73	48830.57	24484.61	55942.01
营业支出(万元)	11523.03	25270.88	12474.81	28100.81
投资收益(万元)	144.22	–	–	–
净利润(万元)	2238.30	5758.35	2880.93	8124.78
营业利润(万元)	2761.11	6717.68	3304.59	9266.08
利润总额(万元)	2603.41	6784.30	3387.08	9509.64

恒通物流股份有限公司

公司概况						
公司名称	恒通物流股份有限公司				证券简称	恒通股份
法人代表	刘振东	董秘	唐鹏军		证券代码	603223
公司网址	www.lkhengtong.com		电子信箱		htgf@lkhengtong.com	
电　话	0535-3453777		传　真		0535-3453777	
办公地址	山东省龙口市海岱经济开发区恒通物流园					
经营范围	道路货物运输和 LNG 清洁能源业务等					

主要财务指标：指标\报告期	2015.06.30	2014.12.31	2014.06.30	2013.12.31
基本每股收益(元)	0.1800	0.5400	0.2200	0.6000
基本每股收益(扣除后)(元)	0.1400	0.4800	0.2300	0.5400
稀释每股收益(元)	0.1800	0.5400	0.2200	0.6000
每股净资产(元)	4.6348	3.6500	–	3.3941
每股经营现金净流量(元)	0.2980	1.1613	–	0.8558
每股现金流量(元)	1.7487	0.0939	–	–0.0076
每股资本公积金(元)	2.3422	1.1087	–	1.1087
每股盈余公积金(元)	0.0983	0.1311	–	0.0880
每股未分配利润(元)	1.1722	1.3857	–	1.1853
净资产收益率(%)	2.8683	14.8808	–	17.7361
加权净资产收益率(%)	4.3700	14.7800	6.3900	19.4900
净资产收益率(扣除)(%)	2.3338	13.2033	–	16.0355
总资产(万元)	97180.80	70368.72	–	67852.14
归属母公司股东权益(万元)	55617.95	32874.79	–	30547.13
营业收入(万元)	97737.58	121468.17	57290.84	125636.15
营业支出(万元)	91135.00	106553.16	49590.30	109212.31
投资收益(万元)	–	–	–	–
净利润(万元)	1802.30	4893.91	1989.75	5416.98
营业利润(万元)	2042.30	5993.83	2891.64	6671.99
利润总额(万元)	2438.63	6729.11	2822.02	7364.62

新疆雪峰科技(集团)股份有限公司

公司概况	公司名称	新疆雪峰科技(集团)股份有限公司			证券简称	雪峰科技
	法人代表	康健	董秘	周春林	证券代码	603227
	公司网址	www.xjxfkj.com		电子信箱	xfkj@xjxfkj.com	
	电　　话	0991-8801120		传　　真	0991-8801837	
	办公地址	新疆维吾尔自治区乌鲁木齐市天山区翠泉路东一巷 246 号				
	经营范围	工业炸药、工业雷管、工业索类火工品等民用爆炸物品的研发、生产、销售等				

主要财务指标	指标\报告期	2015.06.30	2014.12.31	2014.06.30	2013.12.31
	基本每股收益(元)	0.2610	0.3510	0.1020	0.3870
	基本每股收益(扣除后)(元)	0.0050	0.2890	0.0980	0.3380
	稀释每股收益(元)	0.2610	0.3510	0.1020	0.3870
	每股净资产(元)	3.6193	3.3100	–	3.2051
	每股经营现金净流量(元)	0.0283	0.4345	–	0.6649
	每股现金流量(元)	1.6769	–0.4977	–	–0.5041
	每股资本公积金(元)	1.9915	1.4940	–	1.4940
	每股盈余公积金(元)	0.0853	0.1138	–	0.0835
	每股未分配利润(元)	0.4744	0.6177	–	0.5366
	净资产收益率(%)	5.9024	10.6008	–	12.0877
	加权净资产收益率(%)	7.9800	10.3900	3.1200	11.3900
	净资产收益率(扣除)(%)	0.1193	8.7257	–	10.5580
	总资产(万元)	249607.17	172985.84	–	147342.81
	归属母公司股东权益(万元)	119200.56	81854.43	–	79165.66
	营业收入(万元)	37460.52	90931.77	38743.14	105924.29
	营业支出(万元)	26429.04	57489.50	25271.71	68440.73
	投资收益(万元)	–31.12	454.15	166.61	892.84
	净利润(万元)	7857.11	12976.86	3986.58	13773.77
	营业利润(万元)	2168.89	14038.96	4979.41	16776.98
	利润总额(万元)	10312.80	16260.85	5109.95	17818.60

广东松发陶瓷股份有限公司

公司概况	公司名称	广东松发陶瓷股份有限公司			证券简称	松发股份
	法人代表	林道藩	董秘	董伟	证券代码	603268
	公司网址	www.songfa.com		电子信箱	sfzqb@songfa.com	
	电　　话	0768-2922603		传　　真	0768-2922603	
	办公地址	广东省潮州市枫溪区如意路工业区 C2-2 号楼				
	经营范围	设计、生产、销售、陶瓷制品、卫生洁具、瓷泥、瓷釉、纸箱等				

主要财务指标	指标\报告期	2015.06.30	2014.12.31	2014.06.30	2013.12.31
	基本每股收益(元)	0.2500	0.7400	0.3400	0.6500
	基本每股收益(扣除后)(元)	0.2400	0.6800	0.3200	0.5400
	稀释每股收益(元)	0.2500	0.7400	0.3400	0.6500
	每股净资产(元)	5.8842	4.3900	–	3.7900
	每股经营现金净流量(元)	–0.2113	0.7077	–	0.6688
	每股现金流量(元)	0.3468	–0.3500	–	0.2436
	每股资本公积金(元)	2.7669	0.7227	–	0.7227
	每股盈余公积金(元)	0.1810	0.2414	–	0.1826
	每股未分配利润(元)	1.9362	2.4244	–	1.8855
	净资产收益率(%)	3.7036	16.8076	–	17.1541
	加权净资产收益率(%)	5.0000	18.0900	9.0000	18.6300
	净资产收益率(扣除)(%)	3.6367	15.4202	–	14.1944
	总资产(万元)	60683.28	37766.91	–	38573.27
	归属母公司股东权益(万元)	51780.80	28963.57	–	25019.48
	营业收入(万元)	15075.74	30694.34	15440.63	29176.65
	营业支出(万元)	10229.10	20531.27	10265.73	19335.30
	投资收益(万元)	11.11	–5.15	11.79	123.90
	净利润(万元)	1908.68	4857.51	2256.58	4291.87
	营业利润(万元)	2329.84	5274.67	2612.46	4778.07
	利润总额(万元)	2340.26	5822.34	2898.59	5680.48

佛山市海天调味食品股份有限公司

公司概况	公司名称	佛山市海天调味食品股份有限公司			证券简称	海天味业
	法人代表	庞康	董秘	张欣	证券代码	603288
	公司网址	www.haitian-food.com		电子信箱	obd@haday.cn	
	电　　话	0757-82836083		传　　真	0757-82873730	
	办公地址	广东省佛山市文沙路 16 号				
	经营范围	专注于调味品的生产和销售				

主要财务指标	指标\报告期	2015.06.30	2014.12.31	2014.06.30	2013.12.31
	基本每股收益(元)	0.4900	1.4000	0.4100	1.1300
	基本每股收益(扣除后)(元)	0.4800	1.3500	0.3900	1.0900
	稀释每股收益(元)	0.4900	1.4000	0.4100	1.1300
	每股净资产(元)	2.7910	4.9801	4.3244	5.5055
	每股经营现金净流量(元)	0.0496	1.8219	0.0720	2.7148
	每股现金流量(元)	–0.3066	1.1116	–0.2045	–0.1281
	每股资本公积金(元)	0.4878	1.6653	1.5956	1.8801
	每股盈余公积金(元)	0.1831	0.3296	0.2190	0.4611
	每股未分配利润(元)	1.1618	2.0562	1.5127	2.1706
	净资产收益率(%)	17.6764	27.9153	16.9219	41.0383
	加权净资产收益率(%)	17.6800	33.0000	18.6700	45.0000
	净资产收益率(扣除)(%)	17.2875	26.8159	15.9148	39.4999
	总资产(万元)	930605.92	1100059.46	789632.73	672212.33
	归属母公司股东权益(万元)	755363.96	748791.22	647357.46	391443.90
	营业收入(万元)	564589.64	981718.97	502679.67	840158.93
	营业支出(万元)	316612.94	585036.96	295606.49	510551.43
	投资收益(万元)	3612.14	–	–	–
	净利润(万元)	133520.78	208990.60	109541.20	160641.88
	营业利润(万元)	159748.15	240511.66	127596.47	189615.25
	利润总额(万元)	160106.88	249222.64	135444.29	197561.92

浙江华铁建筑安全科技股份有限公司

公司概况	公司名称	浙江华铁建筑安全科技股份有限公司			证券简称	华铁科技
	法人代表	胡丹锋	董秘	张守鑫	证券代码	603300
	公司网址	www.zjhuatie.cn		电子信箱	lzl@zjhuatie.cn	
	电　　话	0571-86038116		传　　真	0571-81101983	
	办公地址	浙江省杭州市江干区九盛路 9 号 A05 幢 4 层				
	经营范围	建筑安全支护设备租赁				

主要财务指标	指标\报告期	2015.06.30	2014.12.31	2014.06.30	2013.12.31
	基本每股收益(元)	0.2300	0.5600	0.2600	0.5000
	基本每股收益(扣除后)(元)	0.1800	0.4800	0.2000	0.4300
	稀释每股收益(元)	0.2300	0.5600	0.2600	0.5000
	每股净资产(元)	5.1436	4.1000	–	3.5400
	每股经营现金净流量(元)	0.3137	0.7811	–	0.8878
	每股现金流量(元)	1.8077	0.0011	–	0.1270
	每股资本公积金(元)	2.7075	1.4320	–	1.4320
	每股盈余公积金(元)	0.1109	0.1478	–	0.0991
	每股未分配利润(元)	1.3252	1.5221	–	1.0090
	净资产收益率(%)	3.5707	13.6963	–	14.0692
	加权净资产收益率(%)	5.2700	14.7000	7.0500	14.1500
	净资产收益率(扣除)(%)	2.8134	11.6263	–	12.0082
	总资产(万元)	150609.42	112863.76	–	106042.83
	归属母公司股东权益(万元)	104245.45	62348.03	–	53808.65
	营业收入(万元)	15815.99	33358.19	15513.79	30652.68
	营业支出(万元)	5479.47	10929.38	4957.73	8749.51
	投资收益(万元)	–	–	–	–
	净利润(万元)	3722.25	8539.37	3929.62	7570.44
	营业利润(万元)	3662.70	9009.73	3939.51	8107.84
	利润总额(万元)	4490.44	10282.00	4735.47	9220.65

华懋(厦门)新材料科技股份有限公司

公司概况	公司名称	华懋(厦门)新材料科技股份有限公司			证券简称	华懋科技
	法人代表	赖方静静	董秘	陈少琳	证券代码	603306
	公司网址	www.hmtnew.com		电子信箱	ab_nancy@hmtnew.com	
	电　话	0592-7795188		传　真	0592-6228318	
	办公地址	福建省厦门市集美区后溪镇苏山路69号				
	经营范围	从事工程用特种纺织品的研发、生产及加工				

主要财务指标	指标\报告期	2015.06.30	2014.12.31	2014.06.30	2013.12.31
	基本每股收益(元)	0.5282	1.0418	–	0.2233
	基本每股收益(扣除后)(元)	0.4994	1.0214	0.4957	0.2140
	稀释每股收益(元)	0.5282	1.0418	6.0725	0.2233
	每股净资产(元)	6.9646	6.5894	–	4.0651
	每股经营现金净流量(元)	0.0634	1.0721	–	0.2149
	每股现金流量(元)	0.4936	1.9483	–	–0.2044
	每股资本公积金(元)	3.0280	3.0280	–	0.5552
	每股盈余公积金(元)	0.2561	0.2561	–	0.1439
	每股未分配利润(元)	2.6805	2.3053	11.4281	2.3660
	净资产收益率(%)	7.5836	12.8459	–	5.4922
	加权净资产收益率(%)	7.7900	21.0600	11.1803	5.6500
	净资产收益率(扣除)(%)	7.1707	12.5945	65725.44	5.2641
	总资产(万元)	114090.87	112125.59	45544.12	60383.25
	归属母公司股东权益(万元)	97504.16	92251.88	23307.23	42683.57
	营业收入(万元)	31891.39	53112.22	14379.98	11049.72
	营业支出(万元)	19168.80	32751.27	–	6920.89
	投资收益(万元)	190.61	–	5204.81	–
	净利润(万元)	7394.28	11850.59	5946.19	2344.27
	营业利润(万元)	9384.43	13577.25	6078.96	2628.05
	利润总额(万元)	9744.98	13851.83	–	2742.58

安徽应流机电股份有限公司

公司概况	公司名称	安徽应流机电股份有限公司			证券简称	应流股份
	法人代表	杜应流	董秘	林欣	证券代码	603308
	公司网址	www.yingliugroup.com		电子信箱	ylgf@yingliugroup.cn	
	电　话	0551-63737776		传　真	0551-63737880	
	办公地址	安徽省合肥市经济技术开发区繁华大道566号				
	经营范围	通用设备,工程机械设备,交通运输设备零部件制造,销售与技术开发等				

主要财务指标	指标\报告期	2015.06.30	2014.12.31	2014.06.30	2013.12.31
	基本每股收益(元)	0.1300	0.2700	0.2000	0.5100
	基本每股收益(扣除后)(元)	0.1200	0.2500	0.1900	0.4800
	稀释每股收益(元)	0.1300	0.2700	0.2000	0.5100
	每股净资产(元)	4.6306	4.5449	4.4092	3.5662
	每股经营现金净流量(元)	0.0168	0.0206	–0.1018	0.7583
	每股现金流量(元)	0.4857	0.3887	0.4516	0.4291
	每股资本公积金(元)	1.8895	1.8895	1.8895	0.8043
	每股盈余公积金(元)	0.1085	0.1085	0.0945	0.1181
	每股未分配利润(元)	1.5597	1.4878	1.4280	1.6477
	净资产收益率(%)	2.7186	5.8471	4.3532	14.2587
	加权净资产收益率(%)	2.7200	6.1400	4.6200	15.3500
	净资产收益率(扣除)(%)	2.5623	5.4292	4.2487	13.5152
	总资产(万元)	493262.47	443922.75	430135.96	375172.24
	归属母公司股东权益(万元)	185227.72	181800.15	176371.56	114118.76
	营业收入(万元)	71476.66	137636.62	71247.16	133385.76
	营业支出(万元)	48942.09	91839.34	45479.17	85259.34
	投资收益(万元)	–	233.53	–	149.70
	净利润(万元)	5132.75	10903.44	7677.82	16271.80
	营业利润(万元)	5938.07	11618.51	9125.77	18328.32
	利润总额(万元)	6233.87	12518.57	9321.01	19283.95

广州维力医疗器械股份有限公司

公司概况	公司名称	广州维力医疗器械股份有限公司			证券简称	维力医疗
	法人代表	韩广源	董秘	张增勇	证券代码	603309
	公司网址	www.welllead.com.cn		电子信箱	visitor@welllead.com.cn	
	电　话	020-39945995		传　真	020-39945995	
	办公地址	广东省广州市番禺区化龙镇金湖工业城C区4号				
	经营范围	从事麻醉、泌尿、呼吸、血液透析等领域医用导管的研发、生产和销售				

主要财务指标	指标\报告期	2015.06.30	2014.12.31	2014.06.30	2013.12.31
	基本每股收益(元)	0.4700	0.9000	0.4600	0.8500
	基本每股收益(扣除后)(元)	0.3400	0.9000	0.4700	0.8300
	稀释每股收益(元)	0.4700	0.9000	0.4600	0.8500
	每股净资产(元)	7.5997	4.9300	4.4834	4.0300
	每股经营现金净流量(元)	0.1527	1.4312	0.6320	0.9714
	每股现金流量(元)	0.6179	0.2503	0.2872	0.1577
	每股资本公积金(元)	4.0777	1.1417	1.1417	1.1417
	每股盈余公积金(元)	0.2092	0.2264	0.1543	0.1543
	每股未分配利润(元)	2.3129	2.5617	2.1874	1.7295
	净资产收益率(%)	5.6708	18.3428	10.2123	21.0608
	加权净资产收益率(%)	6.9200	20.2000	10.7600	22.6600
	净资产收益率(扣除)(%)	4.1227	18.2125	10.4913	20.7005
	总资产(万元)	86000.70	52580.37	52622.54	47351.48
	归属母公司股东权益(万元)	75997.17	36973.52	33625.48	30191.53
	营业收入(万元)	24372.07	49641.44	23435.00	43716.71
	营业支出(万元)	16409.83	31754.92	15014.70	27734.53
	投资收益(万元)	391.43	58.60	–11.68	–
	净利润(万元)	4309.51	6781.45	3433.54	6350.19
	营业利润(万元)	4023.71	8614.70	4265.26	7667.96
	利润总额(万元)	4230.84	8711.13	4266.41	7795.78

浙江金海环境技术股份有限公司

公司概况	公司名称	浙江金海环境技术股份有限公司			证券简称	金海环境
	法人代表	丁宏广	董秘	顾震	证券代码	603311
	公司网址	www.goldensea.cn		电子信箱	touzizhe@goldensea.cn	
	电　话	0575-87847722		传　真	0575-87847722	
	办公地址	浙江省诸暨市应店街镇工业区				
	经营范围	空气过滤器、空调风轮、阻沙固沙网的研发、生产和销售				

主要财务指标	指标\报告期	2015.06.30	2014.12.31	2014.06.30	2013.12.31
	基本每股收益(元)	0.1900	0.3200	0.1900	0.2500
	基本每股收益(扣除后)(元)	0.1900	0.3100	0.1900	0.2600
	稀释每股收益(元)	0.1900	0.3200	0.1900	0.2500
	每股净资产(元)	2.6547	1.8300	–	1.5900
	每股经营现金净流量(元)	0.0590	0.4874	–	0.1256
	每股现金流量(元)	1.0416	–0.0218	–	0.0582
	每股资本公积金(元)	0.9281	–	–	–
	每股盈余公积金(元)	0.0506	0.0524	–	0.0243
	每股未分配利润(元)	0.7182	0.8181	–	0.6025
	净资产收益率(%)	5.7759	17.6707	–	15.9786
	加权净资产收益率(%)	9.4700	18.9200	11.4800	16.0400
	净资产收益率(扣除)(%)	5.8538	17.0955	–	16.3969
	总资产(万元)	82913.52	56957.34	–	53503.38
	归属母公司股东权益(万元)	55748.47	28801.35	–	25009.86
	营业收入(万元)	22951.12	41199.69	20732.84	34911.43
	营业支出(万元)	14666.09	26616.38	13134.79	22380.26
	投资收益(万元)	1.06	4.15	1.92	4.11
	净利润(万元)	3220.00	5089.41	3056.19	3996.22
	营业利润(万元)	3972.48	5826.62	3544.07	4730.11
	利润总额(万元)	3920.73	6021.18	3675.32	4781.27

辽宁福鞍重工股份有限公司

公司概况

公司名称	辽宁福鞍重工股份有限公司			证券简称	福鞍股份
法人代表	穆建华	董秘	杨玲	证券代码	603315
公司网址	www.lnfa.com.cn		电子信箱	fazg@lnfam.com	
电　　话	0412-8437608		传　　真	0412-8492100	
办公地址	辽宁省鞍山市千山区鞍郑路 8 号				
经营范围	铸钢件、铸铁件、钢锭的制造、加工等				

主要财务指标

指标\报告期	2015.06.30	2014.12.31	2014.06.30	2013.12.31
基本每股收益(元)	0.3292	0.7500	0.3538	0.1260
基本每股收益(扣除后)(元)	0.2936	0.6300	0.2700	–
稀释每股收益(元)	0.3292	–	0.3538	0.1260
每股净资产(元)	6.1075	4.5800	4.5800	–
每股经营现金净流量(元)	0.1400	0.7990	0.6262	–
每股现金流量(元)	–0.4537	0.2204	–0.2712	–
每股资本公积金(元)	3.8826	2.3118	2.3118	–
每股盈余公积金(元)	0.1811	0.2415	0.1749	–
每股未分配利润(元)	1.0438	1.0260	1.0961	–
净资产收益率(%)	4.4918	16.3828	7.7193	–
加权净资产收益率(%)	6.2800	15.8400	7.4600	1.5600
净资产收益率(扣除)(%)	4.0063	13.6499	5.9779	–
总资产(万元)	96353.03	104658.18	99253.36	–
归属母公司股东权益(万元)	61074.68	34343.99	34370.68	–
营业收入(万元)	21164.18	42167.05	20979.76	7859.16
营业支出(万元)	15089.54	30298.46	15293.72	5614.40
投资收益(万元)	–	–	–	–
净利润(万元)	2743.33	5626.49	2653.18	943.83
营业利润(万元)	2905.89	5565.30	2509.69	669.33
利润总额(万元)	3208.70	6651.99	3204.93	1138.24

大连派思燃气系统股份有限公司

公司概况

公司名称	大连派思燃气系统股份有限公司			证券简称	派思股份
法人代表	谢冰	董秘	李启明	证券代码	603318
公司网址	www.energas.cn		电子信箱	dmbgs@energas.cn	
电　　话	0411-62493369		传　　真	0411-62493555	
办公地址	辽宁省大连市济技术开发区福泉北路 42 号				
经营范围	煤气、燃气系统工程设备的生产和安装自产产品				

主要财务指标

指标\报告期	2015.06.30	2014.12.31	2014.06.30	2013.12.31
基本每股收益(元)	0.0900	0.4000	0.1100	0.5600
基本每股收益(扣除后)(元)	0.0900	0.3800	0.1100	0.5100
稀释每股收益(元)	0.0900	0.4000	0.1100	0.5600
每股净资产(元)	3.7473	3.1800	2.8900	2.8500
每股经营现金净流量(元)	–0.8607	0.0611	–0.8582	0.3190
每股现金流量(元)	–0.2808	0.2009	–0.6113	0.1429
每股资本公积金(元)	1.2848	0.3286	0.3286	0.3286
每股盈余公积金(元)	0.1391	0.1855	0.1438	0.1438
每股未分配利润(元)	1.3062	1.6456	1.4016	1.3683
净资产收益率(%)	1.9206	12.4845	3.8534	19.4844
加权净资产收益率(%)	2.3500	13.2600	3.8900	21.6600
净资产收益率(扣除)(%)	1.9179	11.9077	3.6775	17.7293
总资产(万元)	75756.47	65706.37	55819.89	56632.40
归属母公司股东权益(万元)	45118.02	28709.59	26076.10	25742.56
营业收入(万元)	16067.10	36244.83	17413.73	38352.91
营业支出(万元)	10835.42	24374.76	11981.28	25800.30
投资收益(万元)	–54.19	–21.77	–54.24	19.59
净利润(万元)	866.52	3584.24	1004.83	5015.79
营业利润(万元)	1000.91	4073.15	1189.83	5434.16
利润总额(万元)	1002.30	4267.97	1243.82	5965.26

广东依顿电子科技股份有限公司

公司概况

公司名称	广东依顿电子科技股份有限公司			证券简称	依顿电子
法人代表	李永强	董秘	林海	证券代码	603328
公司网址	www.ellingtonpcb.com		电子信箱	ellington@ellingtonpcb.com	
电　　话	0760-22813689		传　　真	0760-85401052	
办公地址	广东省中山市三角镇高平化工区				
经营范围	生产线路板、覆铜板、液晶显示器及其附件				

主要财务指标

指标\报告期	2015.06.30	2014.12.31	2014.06.30	2013.12.31
基本每股收益(元)	0.3900	0.8100	0.3800	0.8100
基本每股收益(扣除后)(元)	0.3800	0.8000	0.3800	–
稀释每股收益(元)	0.3900	0.8100	0.3800	0.8100
每股净资产(元)	8.3335	8.1169	7.7442	5.8300
每股经营现金净流量(元)	0.2642	0.5825	0.2187	1.3422
每股现金流量(元)	0.0845	3.0573	2.8693	0.9106
每股资本公积金(元)	2.7783	2.7783	2.7778	0.3528
每股盈余公积金(元)	0.4270	0.4270	0.3658	0.4483
每股未分配利润(元)	4.1156	3.9004	3.5949	4.0241
净资产收益率(%)	4.6221	9.0940	4.0220	13.8242
加权净资产收益率(%)	4.6500	11.4400	6.3400	14.8500
净资产收益率(扣除)(%)	4.5983	8.9847	4.0150	–
总资产(万元)	487831.11	478388.43	449441.85	309406.72
归属母公司股东权益(万元)	407507.38	396918.65	378690.37	232672.64
营业收入(万元)	138425.58	262832.09	122059.45	259349.02
营业支出(万元)	104116.61	194423.38	90945.01	190364.75
投资收益(万元)	5.29	–	–	–
净利润(万元)	18835.40	36095.91	15230.88	32165.04
营业利润(万元)	25048.96	47499.13	20564.32	41833.28
利润总额(万元)	25173.08	48079.10	20600.14	41934.38

四川明星电缆股份有限公司

公司概况

公司名称	四川明星电缆股份有限公司			证券简称	明星电缆
法人代表	盛业武	董秘	姜向东	证券代码	603333
公司网址	www.mxdl.cn		电子信箱	securities@mxdlgroup.cn	
电　　话	0833-2595155		传　　真	0833-2595155	
办公地址	四川省乐山市高新区迎宾大道 18 号				
经营范围	专业从事特种电线电缆的研发、生产、销售和服务等				

主要财务指标

指标\报告期	2015.06.30	2014.12.31	2014.06.30	2013.12.31
基本每股收益(元)	0.0015	–0.1300	–0.0400	0.0100
基本每股收益(扣除后)(元)	–0.0024	–0.1200	–0.0500	–
稀释每股收益(元)	0.0015	–0.1300	–0.0400	0.0100
每股净资产(元)	2.8422	2.8407	2.9315	2.9777
每股经营现金净流量(元)	0.0642	0.2954	0.0785	–0.2889
每股现金流量(元)	0.1292	–0.3029	–0.2038	–1.0422
每股资本公积金(元)	1.2592	1.2592	1.2592	1.2592
每股盈余公积金(元)	0.0755	0.0755	0.0755	0.0755
每股未分配利润(元)	0.5075	0.5061	0.5968	0.6431
净资产收益率(%)	0.0516	–4.6846	–1.4424	0.4177
加权净资产收益率(%)	0.0500	–4.5700	–1.4300	0.4200
净资产收益率(扣除)(%)	–0.0834	–4.2817	–1.5725	0.3702
总资产(万元)	174796.96	171764.05	188468.24	202379.63
归属母公司股东权益(万元)	147796.13	147719.92	152437.54	154844.33
营业收入(万元)	31891.06	60690.57	25448.37	98677.61
营业支出(万元)	27164.95	51521.10	21695.74	77936.66
投资收益(万元)	46.00	158.16	123.70	20.12
净利润(万元)	76.21	–6920.11	–2198.79	646.76
营业利润(万元)	13.58	–6762.59	–2464.33	690.83
利润总额(万元)	172.59	–7458.43	–2334.86	788.83

浙江鼎力机械股份有限公司

公司概况	公司名称	浙江鼎力机械股份有限公司			证券简称	浙江鼎力
	法人代表	许树根	董秘	王美华(代)	证券代码	603338
	公司网址	www.cndingli.com		电子信箱	dingli@cndingli.com	
	电 话	0572-8681698		传 真	0572-8681623	
	办公地址	浙江省湖州市德清县雷甸镇白云南路 1255 号				
	经营范围	主要从事高空作业机械和工业车辆的研发、生产和销售				

主要财务指标	指标\报告期	2015.06.30	2014.12.31	2014.06.30	2013.12.31
	基本每股收益(元)	1.0900	1.8900	0.9000	1.7100
	基本每股收益(扣除后)(元)	1.0100	1.8500	0.8900	1.6400
	稀释每股收益(元)	1.0900	1.8900	0.9000	1.7100
	每股净资产(元)	13.2113	7.4700	–	5.7100
	每股经营现金净流量(元)	0.6177	1.7704	–	1.5014
	每股现金流量(元)	3.7689	0.2229	–	0.5160
	每股资本公积金(元)	7.4825	1.2870	–	1.2870
	每股盈余公积金(元)	0.4055	0.5406	–	0.3517
	每股未分配利润(元)	4.2460	4.5602	–	3.0168
	净资产收益率(%)	7.2165	25.2500	–	30.0251
	加权净资产收益率(%)	10.1300	28.6200	14.5900	35.1700
	净资产收益率(扣除)(%)	6.6693	24.7158	–	28.7141
	总资产(万元)	99838.16	49631.08	–	39633.27
	归属母公司股东权益(万元)	85873.30	36427.90	–	27842.96
	营业收入(万元)	22540.57	37433.96	17249.96	34122.84
	营业支出(万元)	13273.68	21018.11	9646.46	19215.26
	投资收益(万元)	13.34	17.77	6.84	5.98
	净利润(万元)	6197.97	9196.44	4388.45	8359.86
	营业利润(万元)	6745.12	10472.31	5122.65	9177.33
	利润总额(万元)	7244.50	10699.34	5163.65	9607.66

莱克电气股份有限公司

公司概况	公司名称	莱克电气股份有限公司			证券简称	莱克电气
	法人代表	倪祖根	董秘	王平平	证券代码	603355
	公司网址	www.lexy.cn		电子信箱	lexy@kingclean.com	
	电 话	0512-68253260		传 真	0512-68258872	
	办公地址	江苏省苏州市高新区向阳路 1 号				
	经营范围	高端家居清洁健康电器的设计、研发、制造和销售业务				

主要财务指标	指标\报告期	2015.06.30	2014.12.31	2014.06.30	2013.12.31
	基本每股收益(元)	0.4500	0.9600	0.4900	0.8800
	基本每股收益(扣除后)(元)	0.4400	0.9300	0.4800	0.8200
	稀释每股收益(元)	0.4500	0.9600	0.4900	0.8800
	每股净资产(元)	5.8712	4.1900	–	3.2371
	每股经营现金净流量(元)	0.5693	1.3450	–	0.9036
	每股现金流量(元)	0.6606	0.8555	–	-0.0902
	每股资本公积金(元)	1.9850	0.2360	–	0.2360
	每股盈余公积金(元)	0.4921	0.5482	–	0.4526
	每股未分配利润(元)	2.3965	2.4112	–	1.5511
	净资产收益率(%)	7.0147	22.7926	–	27.2209
	加权净资产收益率(%)	10.3300	25.7200	14.1200	28.2300
	净资产收益率(扣除)(%)	6.8287	22.0865	–	25.3055
	总资产(万元)	375532.32	299573.13	–	270379.34
	归属母公司股东权益(万元)	235435.91	150938.47	–	116535.70
	营业收入(万元)	200371.21	423076.93	215656.70	367266.78
	营业支出(万元)	154449.36	332782.55	168822.52	284826.30
	投资收益(万元)	–	–	–	–
	净利润(万元)	16515.02	34402.76	17704.44	31722.05
	营业利润(万元)	18843.66	37790.93	19767.32	33941.53
	利润总额(万元)	19356.93	39049.29	20469.51	36637.02

日出东方太阳能股份有限公司

公司概况	公司名称	日出东方太阳能股份有限公司			证券简称	日出东方
	法人代表	徐新建	董秘	刘伟	证券代码	603366
	公司网址	www.solareast.com		电子信箱	zqb@solareast.com	
	电 话	0518-85959992		传 真	0518-85807993	
	办公地址	江苏省连云港海宁工贸园瀛洲南路 199 号				
	经营范围	太阳能热水器、太阳能热利用产品、太阳能采暖系统、太阳能空调系统等				

主要财务指标	指标\报告期	2015.06.30	2014.12.31	2014.06.30	2013.12.31
	基本每股收益(元)	0.0800	0.5400	0.2200	0.7700
	基本每股收益(扣除后)(元)	0.0200	0.3600	0.2100	0.7300
	稀释每股收益(元)	0.0800	0.5400	0.2200	0.7700
	每股净资产(元)	4.3513	8.8079	8.7062	8.8017
	每股经营现金净流量(元)	0.1204	0.3018	0.0098	0.7715
	每股现金流量(元)	0.0228	-1.7803	0.1222	-3.8198
	每股资本公积金(元)	2.3983	5.7966	5.7966	5.7966
	每股盈余公积金(元)	0.1775	0.3551	0.2853	0.2853
	每股未分配利润(元)	0.7756	1.6563	1.6241	1.7196
	净资产收益率(%)	1.8609	6.0906	4.9910	8.7452
	加权净资产收益率(%)	1.8300	6.1700	4.8700	8.8900
	净资产收益率(扣除)(%)	0.5132	4.0744	4.9133	8.3154
	总资产(万元)	462121.30	449658.38	440224.03	457932.42
	归属母公司股东权益(万元)	348104.91	352314.52	348246.85	352066.64
	营业收入(万元)	116472.88	305026.44	142646.85	308809.94
	营业支出(万元)	74475.97	195248.81	92025.32	209157.81
	投资收益(万元)	5010.88	8907.14	4193.66	2221.64
	净利润(万元)	6451.52	21457.89	17381.05	30789.09
	营业利润(万元)	8949.23	27179.85	20343.78	35078.28
	利润总额(万元)	9494.44	26678.51	20662.11	36304.63

广西柳州医药股份有限公司

公司概况	公司名称	广西柳州医药股份有限公司			证券简称	柳州医药
	法人代表	朱朝阳	董秘	申文捷	证券代码	603368
	公司网址	www.lzyy.cn		电子信箱	lygf@lzyy.cn	
	电 话	0772-2566078		传 真	0772-2566078	
	办公地址	广西壮族自治区柳州市柳北区长风路 4 号				
	经营范围	从事药品、医疗器械等医药产品的批发和零售业务				

主要财务指标	指标\报告期	2015.06.30	2014.12.31	2014.06.30	2013.12.31
	基本每股收益(元)	0.8900	1.8500	0.9600	1.6600
	基本每股收益(扣除后)(元)	0.8700	1.9000	0.9700	1.6900
	稀释每股收益(元)	0.8900	1.8500	0.9600	1.6600
	每股净资产(元)	10.8565	10.2724	6.0300	5.5700
	每股经营现金净流量(元)	-3.2594	-1.1770	-1.4280	0.2481
	每股现金流量(元)	-3.8604	1.9902	-1.0864	0.9152
	每股资本公积金(元)	5.2789	5.2789	0.9615	0.9615
	每股盈余公积金(元)	0.3948	0.3948	0.2978	0.2978
	每股未分配利润(元)	4.1828	3.5987	3.7694	3.3074
	净资产收益率(%)	8.2360	14.6928	15.9565	29.8236
	加权净资产收益率(%)	8.4200	28.4700	16.9600	34.3300
	净资产收益率(扣除)(%)	7.9735	15.0916	16.1706	30.2930
	总资产(万元)	391671.58	373562.33	307463.20	269787.41
	归属母公司股东权益(万元)	122136.14	115564.56	54258.17	50100.46
	营业收入(万元)	314268.75	565534.67	275465.95	454780.04
	营业支出(万元)	287028.28	515469.76	251750.68	414913.12
	投资收益(万元)	–	–	–	–
	净利润(万元)	10957.10	17727.30	8657.71	14941.74
	营业利润(万元)	12571.73	22021.46	10592.78	18595.67
	利润总额(万元)	12948.92	21524.40	10543.34	18404.69

江苏今世缘酒业股份有限公司

公司概况						
	公司名称	江苏今世缘酒业股份有限公司			证券简称	今世缘
	法人代表	周素明	董秘	王卫东	证券代码	603369
	公司网址	www.jinshiyuan.com.cn		电子信箱	zqtzb01@jinshiyuan.com.cn	
	电　　话	0517-80895528　82433619		传　　真	0517-80898228	
	办公地址	江苏省涟水县高沟镇今世缘大道1号				
	经营范围	白酒生产和销售				

主要财务指标	指标\报告期	2015.06.30	2014.12.31	2014.06.30	2013.12.31
	基本每股收益(元)	0.9332	1.3566	1.0181	1.5140
	基本每股收益(扣除后)(元)	0.9076	1.3460	1.0153	-
	稀释每股收益(元)	0.9332	1.3566	1.0181	1.5140
	每股净资产(元)	7.6061	7.0633	6.6897	5.0800
	每股经营现金净流量(元)	0.5504	0.9431	0.2608	1.1005
	每股现金流量(元)	0.1603	0.2847	1.4669	0.3531
	每股资本公积金(元)	1.9801	1.9805	1.9805	0.5064
	每股盈余公积金(元)	0.4038	0.4038	0.2543	0.2835
	每股未分配利润(元)	4.2221	3.6789	3.4549	3.2945
	净资产收益率(%)	12.2693	18.2156	13.6485	29.7773
	加权净资产收益率(%)	12.6100	22.5400	18.9800	33.8400
	净资产收益率(扣除)(%)	-	18.0733	13.6106	29.5700
	总资产(万元)	522925.21	450073.74	412354.91	336626.18
	归属母公司股东权益(万元)	381672.08	354433.89	335688.07	228797.50
	营业收入(万元)	144259.67	239973.78	141251.31	251542.17
	营业支出(万元)	44739.25	70566.34	44682.04	74000.22
	投资收益(万元)	1346.00	72.57	-	40.00
	净利润(万元)	46688.44	64206.62	45816.51	68129.74
	营业利润(万元)	61823.20	84831.37	60208.84	90890.93
	利润总额(万元)	62079.57	85342.19	60380.87	91461.55

锦州新华龙钼业股份有限公司

公司概况						
	公司名称	锦州新华龙钼业股份有限公司			证券简称	新华龙
	法人代表	郭光华	董秘	张韬	证券代码	603399
	公司网址	www.ncdmoly.com		电子信箱	xhldsh@163.com	
	电　　话	0416-3198622　3198621		传　　真	0416-3168802	
	办公地址	辽宁省锦州市经济技术开发区天山路一段50号				
	经营范围	从事钼炉料、钼化工、钼金属等钼系列产品的生产、加工、销售业务				

主要财务指标	指标\报告期	2015.06.30	2014.12.31	2014.06.30	2013.12.31
	基本每股收益(元)	-0.1900	0.1600	0.0700	0.2200
	基本每股收益(扣除后)(元)	-0.2000	0.0800	0.0400	0.1700
	稀释每股收益(元)	-	0.1600	-	-
	每股净资产(元)	2.9291	3.1251	3.0236	4.1552
	每股经营现金净流量(元)	0.5596	0.2249	0.4977	-2.5560
	每股现金流量(元)	-0.1356	-0.0071	0.2396	-0.5296
	每股资本公积金(元)	0.9881	0.9881	0.9881	1.7833
	每股盈余公积金(元)	0.1227	0.1227	0.1065	0.1491
	每股未分配利润(元)	0.7396	0.9498	0.8763	1.1667
	净资产收益率(%)	-6.3573	4.9974	2.2002	5.2105
	加权净资产收益率(%)	-6.1100	5.1300	2.2100	5.3300
	净资产收益率(扣除)(%)	-6.7160	2.4895	1.2593	4.1196
	总资产(万元)	223193.39	244461.70	237368.29	226893.03
	归属母公司股东权益(万元)	103894.61	110850.07	107247.49	105275.21
	营业收入(万元)	93492.42	228423.92	115653.71	219764.57
	营业支出(万元)	92159.27	212059.22	107063.94	204511.27
	投资收益(万元)	-	-	-	-
	净利润(万元)	-6863.94	5288.92	2359.64	5485.32
	营业利润(万元)	-9653.35	3482.12	1839.63	5862.31
	利润总额(万元)	-9151.91	7149.71	3166.44	7343.00

浙江九洲药业股份有限公司

公司概况						
	公司名称	浙江九洲药业股份有限公司			证券简称	九洲药业
	法人代表	花轩德	董秘	林辉潞	证券代码	603456
	公司网址	www.jiuzhoupharma.com		电子信箱	tzzq@zbjz.cn	
	电　　话	0576-88706789		传　　真	0576-88706788	
	办公地址	浙江省台州市椒江区外沙工业区				
	经营范围	化学原料药、医药中间体的生产				

主要财务指标	指标\报告期	2015.06.30	2014.12.31	2014.06.30	2013.12.31
	基本每股收益(元)	0.5400	0.7900	0.4800	1.0700
	基本每股收益(扣除后)(元)	0.3300	0.6600	0.4100	0.9100
	稀释每股收益(元)	0.5400	0.7900	0.4800	1.0700
	每股净资产(元)	7.9730	7.6082	4.9500	4.7000
	每股经营现金净流量(元)	0.7200	0.0489	0.3932	1.3083
	每股现金流量(元)	0.3718	0.2776	0.1509	0.1712
	每股资本公积金(元)	3.3733	3.3733	0.0013	0.0013
	每股盈余公积金(元)	0.5162	0.5162	0.5570	0.5570
	每股未分配利润(元)	3.0170	2.6786	3.3303	3.0779
	净资产收益率(%)	6.7529	8.4309	9.7403	22.6920
	加权净资产收益率(%)	6.8600	13.9300	10.0800	25.4200
	净资产收益率(扣除)(%)	4.1180	7.0140	8.2518	19.4555
	总资产(万元)	279948.31	220823.06	179896.89	155101.63
	归属母公司股东权益(万元)	165663.42	158083.99	77198.54	73259.50
	营业收入(万元)	70193.25	128620.68	63955.78	130958.42
	营业支出(万元)	47232.68	92614.08	46641.15	90803.05
	投资收益(万元)	2481.88	490.63	498.62	996.56
	净利润(万元)	11148.29	13710.66	7681.55	16656.20
	营业利润(万元)	11715.51	12420.58	6237.56	19355.22
	利润总额(万元)	13408.61	15750.23	8686.92	19848.48

维格娜丝时装股份有限公司

公司概况						
	公司名称	维格娜丝时装股份有限公司			证券简称	维格娜丝
	法人代表	王致勤	董秘	姜之骐	证券代码	603518
	公司网址	www.v-grass.com		电子信箱	SECURITIES@V-GRASS.COM	
	电　　话	025-84736763		传　　真	025-84736764	
	办公地址	江苏省南京市秦淮区中山南路1号60层				
	经营范围	高档女装的设计、生产和销售				

主要财务指标	指标\报告期	2015.06.30	2014.12.31	2014.06.30	2013.12.31
	基本每股收益(元)	0.5000	1.2100	0.6900	1.2200
	基本每股收益(扣除后)(元)	0.4700	1.1400	0.6300	1.2000
	稀释每股收益(元)	0.5000	1.2100	0.6900	1.2200
	每股净资产(元)	9.0417	8.6935	5.0930	4.6100
	每股经营现金净流量(元)	0.5824	0.7390	0.5247	1.6503
	每股现金流量(元)	-0.2594	4.4135	0.0818	1.0901
	每股资本公积金(元)	5.0043	5.0043	1.0654	1.0654
	每股盈余公积金(元)	0.3284	0.3284	0.3151	0.3151
	每股未分配利润(元)	2.7098	2.3615	2.7137	2.2255
	净资产收益率(%)	5.5113	10.7486	13.5129	26.5220
	加权净资产收益率(%)	5.2500	22.4200	14.2900	30.3500
	净资产收益率(扣除)(%)	5.2033	10.0743	12.3801	25.9864
	总资产(万元)	143246.63	137375.51	62354.07	58271.56
	归属母公司股东权益(万元)	133798.41	128647.12	56524.57	51118.65
	营业收入(万元)	43983.92	84717.85	41644.44	74625.31
	营业支出(万元)	12492.04	24529.04	11959.31	23282.89
	投资收益(万元)	109.08	-	-	-
	净利润(万元)	7374.02	13827.79	7638.11	13557.68
	营业利润(万元)	9270.66	17887.06	9344.43	17777.23
	利润总额(万元)	9706.83	19040.81	10196.92	18146.33

江苏立霸实业股份有限公司

公司概况						
	公司名称	江苏立霸实业股份有限公司			证券简称	立霸股份
	法人代表	卢凤仙	董秘	阮志东	证券代码	603519
	公司网址	www.jsliba.com		电子信箱	jslb@jsliba.com	
	电　　话	0510-87061738		传　　真	0510-87061738	
	办公地址	江苏省无锡市宜兴市环保科技工业园新城路258号				
	经营范围	家电用复合材料的研发、生产和销售				

主要财务指标

指标\报告期	2015.06.30	2014.12.31	2014.06.30	2013.12.31
基本每股收益(元)	0.4000	0.9140	0.4600	0.8210
基本每股收益(扣除后)(元)	0.4000	0.9080	0.4600	0.8130
稀释每股收益(元)	0.4000	0.9140	0.4600	0.8210
每股净资产(元)	7.8882	6.3563	5.9000	5.4400
每股经营现金净流量(元)	0.0165	–	0.0524	0.6144
每股现金流量(元)	–0.3943	–	0.2389	–0.2367
每股资本公积金(元)	3.2685	0.9989	0.9989	0.9989
每股盈余公积金(元)	0.3291	0.4387	0.3473	0.3473
每股未分配利润(元)	3.2907	3.9186	3.5571	3.0962
净资产收益率(%)	4.4588	14.3767	7.8076	15.0863
加权净资产收益率(%)	3.7200	15.4900	8.1200	16.3200
净资产收益率(扣除)(%)	4.3903	14.2855	7.7970	14.9379
总资产(万元)	84223.72	60834.37	64198.44	51008.12
归属母公司股东权益(万元)	63105.99	38137.56	35420.11	32654.64
营业收入(万元)	39347.11	73728.96	38634.27	67169.07
营业支出(万元)	33004.01	67314.28	32173.32	55573.83
投资收益(万元)	44.88	16.13	–	–
净利润(万元)	2813.78	5482.92	2765.47	4926.38
营业利润(万元)	3325.96	6414.68	3301.02	5686.94
利润总额(万元)	3317.91	6379.09	3275.35	5683.67

贵人鸟股份有限公司

公司概况						
	公司名称	贵人鸟股份有限公司			证券简称	贵人鸟
	法人代表	林天福	董秘	周世勇	证券代码	603555
	公司网址	www.k-bird.com		电子信箱	ir@k-bird.com	
	电　　话	0592-5725650		传　　真	0592-2170000	
	办公地址	福建省厦门市湖里区泗水道629号五缘湾营运中心翔安商务大厦18楼				
	经营范围	贵人鸟品牌运动鞋,运动服装的研发,设计,生产和销售				

主要财务指标

指标\报告期	2015.06.30	2014.12.31	2014.06.30	2013.12.31
基本每股收益(元)	0.2839	0.5148	0.2740	0.8066
基本每股收益(扣除后)(元)	0.2593	0.4573	0.2400	0.7429
稀释每股收益(元)	0.2839	0.5148	0.2740	0.8066
每股净资产(元)	3.6251	3.6412	3.3997	2.5103
每股经营现金净流量(元)	0.5375	0.1580	0.3188	0.3849
每股现金流量(元)	0.3130	0.3255	0.8918	–0.1699
每股资本公积金(元)	1.3660	1.3660	1.3660	0.0873
每股盈余公积金(元)	0.2029	0.2029	0.1851	0.2165
每股未分配利润(元)	1.0562	1.0723	0.8486	1.2065
净资产收益率(%)	7.8306	13.9660	7.8534	32.1341
加权净资产收益率(%)	7.5000	14.5600	7.6800	33.3400
净资产收益率(扣除)(%)	7.1528	12.4060	6.8794	29.5932
总资产(万元)	430358.80	420567.28	369966.74	275474.93
归属母公司股东权益(万元)	222581.88	223572.34	208741.48	131788.30
营业收入(万元)	101689.97	191965.04	99511.26	240592.14
营业支出(万元)	54847.93	113216.33	59221.80	142824.22
投资收益(万元)	133.92	51.51	–	–
净利润(万元)	17429.53	31224.18	16393.32	42348.99
营业利润(万元)	21365.86	37164.76	19529.09	52246.56
利润总额(万元)	23243.50	41763.70	22242.46	56711.45

浙江健盛集团股份有限公司

公司概况						
	公司名称	浙江健盛集团股份有限公司			证券简称	健盛集团
	法人代表	张茂义	董秘	张望望	证券代码	603558
	公司网址	www.jasangroup.com		电子信箱	jasan@jasangroup.com.cn	
	电　　话	0571-22897199		传　　真	0571-22897100	
	办公地址	浙江省杭州市萧山经济开发区金一路111号				
	经营范围	从事各类棉袜的生产及销售				

主要财务指标

指标\报告期	2015.06.30	2014.12.31	2014.06.30	2013.12.31
基本每股收益(元)	0.5100	1.2800	0.3900	1.2600
基本每股收益(扣除后)(元)	0.4700	1.2500	0.3900	1.1200
稀释每股收益(元)	0.5100	1.2800	0.3900	1.2600
每股净资产(元)	6.1015	6.0639	5.4400	4.7957
每股经营现金净流量(元)	0.2725	1.7073	0.4221	1.6475
每股现金流量(元)	1.2207	0.3052	–0.0242	0.0294
每股资本公积金(元)	2.8901	0.3551	0.3551	0.3551
每股盈余公积金(元)	0.2006	0.4013	0.3076	0.3076
每股未分配利润(元)	2.0093	4.2980	3.7656	3.1277
净资产收益率(%)	8.1907	21.1715	12.1009	26.2165
加权净资产收益率(%)	8.8800	23.6000	12.8200	26.8400
净资产收益率(扣除)(%)	7.4488	20.5701	11.8884	23.3259
总资产(万元)	116470.57	80088.20	75003.72	66091.64
归属母公司股东权益(万元)	73218.37	36383.15	32619.25	28774.40
营业收入(万元)	36967.51	64485.06	28840.21	55828.01
营业支出(万元)	25250.59	46365.87	20018.23	40126.44
投资收益(万元)	–	–	–	–
净利润(万元)	5997.13	7702.84	3947.21	7543.65
营业利润(万元)	7158.60	9456.24	4597.45	9004.79
利润总额(万元)	7855.78	10140.94	5136.82	9979.53

普莱柯生物工程股份有限公司

公司概况						
	公司名称	普莱柯生物工程股份有限公司			证券简称	普莱柯
	法人代表	张许科	董秘	宋永军	证券代码	603566
	公司网址	www.pulike.com.cn		电子信箱	plkzqb@163.com	
	电　　话	0379-63282386		传　　真	0379-63282386	
	办公地址	河南省洛阳市洛阳高新开发区凌波路				
	经营范围	兽用药品的研发、生产和销售				

主要财务指标

指标\报告期	2015.06.30	2014.12.31	2014.06.30	2013.12.31
基本每股收益(元)	0.5600	1.1700	0.4400	1.3600
基本每股收益(扣除后)(元)	0.5000	1.1000	0.4000	1.2000
稀释每股收益(元)	0.5600	1.1700	0.4400	1.3600
每股净资产(元)	7.9132	5.7000	–	5.0277
每股经营现金净流量(元)	0.4053	1.2601	–	1.5101
每股现金流量(元)	3.5560	0.2237	–	0.0902
每股资本公积金(元)	3.5811	0.4425	–	0.4425
每股盈余公积金(元)	0.3557	0.4742	–	0.3505
每股未分配利润(元)	2.9764	3.7799	–	3.2348
净资产收益率(%)	5.5790	20.5178	–	26.9939
加权净资产收益率(%)	9.0500	20.8300	8.8300	31.2100
净资产收益率(扣除)(%)	5.0441	19.2347	–	23.9167
总资产(万元)	141412.69	83772.45	–	73067.88
归属母公司股东权益(万元)	126610.74	68358.65	–	60332.96
营业收入(万元)	22336.65	47568.97	21293.78	47208.20
营业支出(万元)	5664.63	11914.40	5111.16	12478.20
投资收益(万元)	16.10	21.73	–0.05	–0.16
净利润(万元)	7063.62	14025.69	5297.41	16286.21
营业利润(万元)	7630.19	15760.61	6492.15	16904.17
利润总额(万元)	8450.48	16703.36	7174.80	19206.03

黑龙江珍宝岛药业股份有限公司

公司概况	公司名称	黑龙江珍宝岛药业股份有限公司		证券简称	珍宝岛
	法人代表	方同华	董秘 于海龙	证券代码	603567
	公司网址	www.zbdzy.com		电子信箱	zbddsh@zbdzy.com
	电　　话	0451-86811969		传　　真	0451-87105767
	办公地址	黑龙江省哈尔滨市平房区烟台一路8号			
	经营范围	冻干粉针剂、口服液、口服溶液剂、合剂、糖浆剂			

主要财务指标 指标\报告期	2015.06.30	2014.12.31	2014.06.30	2013.12.31
基本每股收益(元)	0.6274	1.3300	0.6122	1.2100
基本每股收益(扣除后)(元)	0.6184	1.2100	0.5752	1.2000
稀释每股收益(元)	0.6274	1.3300	0.6122	1.2100
每股净资产(元)	8.6112	6.0800	5.3612	4.8600
每股经营现金净流量(元)	-0.3852	1.0731	0.8257	0.4852
每股现金流量(元)	3.0069	-0.2766	-0.3526	1.4247
每股资本公积金(元)	3.8856	0.7970	0.7970	0.7970
每股盈余公积金(元)	0.3558	0.4196	0.2806	0.2806
每股未分配利润(元)	3.3640	3.8582	3.2836	2.7825
净资产收益率(%)	6.5466	21.8095	11.4198	24.9711
加权净资产收益率(%)	8.6000	24.0100	11.8500	28.5300
净资产收益率(扣除)(%)	6.4532	19.9256	10.7292	24.6420
总资产(万元)	525024.05	360408.07	308446.28	325104.40
归属母公司股东权益(万元)	365614.95	218849.83	193004.47	174963.84
营业收入(万元)	74306.56	159291.12	73775.17	141480.54
营业支出(万元)	18142.96	58820.27	27537.42	47100.65
投资收益(万元)	-	1400.00	1400.00	77.30
净利润(万元)	23488.56	46405.34	21530.76	42481.62
营业利润(万元)	26901.82	51306.35	25320.54	49413.87
利润总额(万元)	27305.96	55002.03	25722.44	50097.84

浙江伟明环保股份有限公司

公司概况	公司名称	浙江伟明环保股份有限公司		证券简称	伟明环保
	法人代表	项光明	董秘 程鹏	证券代码	603568
	公司网址	www.cnweiming.com		电子信箱	ir@cnweiming.com
	电　　话	0577-86051886		传　　真	0577-86051888
	办公地址	浙江省温州市市府路525号同人恒玖大厦16楼			
	经营范围	垃圾焚烧发电项目的投资、建设和运营			

主要财务指标 指标\报告期	2015.06.30	2014.12.31	2014.06.30	2013.12.31
基本每股收益(元)	0.3700	0.5500	0.2900	0.2900
基本每股收益(扣除后)(元)	0.3600	0.6100	0.2800	0.2800
稀释每股收益(元)	0.3700	0.5500	0.2900	0.2900
每股净资产(元)	3.3947	2.4000	2.1395	1.9600
每股经营现金净流量(元)	0.4167	0.9830	0.3568	0.6408
每股现金流量(元)	0.5331	0.1974	0.0154	0.1424
每股资本公积金(元)	0.8992	0.0059	0.0059	0.0071
每股盈余公积金(元)	0.1052	0.1171	0.0958	0.0757
每股未分配利润(元)	1.3902	1.2744	1.0378	0.8765
净资产收益率(%)	9.8479	22.7589	13.4468	17.5082
加权净资产收益率(%)	13.6800	25.5300	14.2400	19.0500
净资产收益率(扣除)(%)	9.7250	25.6349	13.1307	17.4005
总资产(万元)	311221.43	281008.35	279089.37	247172.20
归属母公司股东权益(万元)	154051.45	97813.27	87289.71	66615.34
营业收入(万元)	34781.22	66701.75	30230.16	39541.17
营业支出(万元)	11043.10	22353.00	9274.90	14006.32
投资收益(万元)	-	-	-	-
净利润(万元)	15170.87	22261.21	11737.65	11663.18
营业利润(万元)	15502.65	25013.44	11655.35	11633.15
利润总额(万元)	16747.10	24755.65	12963.55	13314.89

北京高能时代环境技术股份有限公司

公司概况	公司名称	北京高能时代环境技术股份有限公司		证券简称	高能环境
	法人代表	陈望明	董秘 凌锦明	证券代码	603588
	公司网址	www.bgechina.cn		电子信箱	stocks@bgechina.cn
	电　　话	010-85782168		传　　真	010-88233169
	办公地址	北京市海淀区地锦路9号院高能时代大厦			
	经营范围	固体废物污染防治技术的研发、环境修复及环境治理项目系统服务			

主要财务指标 指标\报告期	2015.06.30	2014.12.31	2014.06.30	2013.12.31
基本每股收益(元)	0.0960	0.9530	0.1520	1.1520
基本每股收益(扣除后)(元)	0.0860	0.8520	0.0950	1.0580
稀释每股收益(元)	0.0960	0.9530	0.1520	1.1520
每股净资产(元)	10.7706	10.6747	7.6700	7.5100
每股经营现金净流量(元)	-1.9300	-1.4321	-0.6744	-2.2457
每股现金流量(元)	-2.6899	4.5986	0.4183	-0.9677
每股资本公积金(元)	5.9368	5.9368	2.4835	2.4835
每股盈余公积金(元)	0.2573	0.2573	0.3317	0.3317
每股未分配利润(元)	3.5766	3.4806	3.8507	3.6987
净资产收益率(%)	0.8910	6.6986	1.9822	15.3376
加权净资产收益率(%)	0.8950	11.9300	2.0000	16.6200
净资产收益率(扣除)(%)	0.7970	5.9893	1.2421	14.0765
总资产(万元)	293135.50	300239.71	175695.66	157483.94
归属母公司股东权益(万元)	174053.64	172502.83	92910.39	91068.69
营业收入(万元)	31297.44	77651.26	21735.97	78200.99
营业支出(万元)	21389.19	52881.99	14732.57	51508.50
投资收益(万元)	-62.40	-24.59	-26.65	1.63
净利润(万元)	1553.39	11545.47	1739.26	13687.87
营业利润(万元)	1612.08	11974.99	1464.08	14831.36
利润总额(万元)	1607.97	12513.94	1591.38	15917.73

安徽口子酒业股份有限公司

公司概况	公司名称	安徽口子酒业股份有限公司		证券简称	口子窖
	法人代表	徐进	董秘 瞿惠华	证券代码	603589
	公司网址	www.kouzi.com		电子信箱	kz_zqb@126.com
	电　　话	0561-6898000		传　　真	0561-6897951
	办公地址	安徽省淮北市三堤口			
	经营范围	生产、制造和销售白酒及玻璃制品			

主要财务指标 指标\报告期	2015.06.30	2014.12.31	2014.06.30	2013.12.31
基本每股收益(元)	0.5000	0.7800	0.3200	0.7400
基本每股收益(扣除后)(元)	0.5000	0.7700	0.3200	0.7400
稀释每股收益(元)	0.5000	-	0.3200	-
每股净资产(元)	5.5564	4.2201	-	3.6383
每股经营现金净流量(元)	0.0572	0.1943	-	0.5142
每股现金流量(元)	1.3579	-0.1028	-	-0.0338
每股资本公积金(元)	1.6281	0.2695	-	0.2695
每股盈余公积金(元)	0.2483	0.2759	-	0.1998
每股未分配利润(元)	2.6799	2.6747	-	2.1691
净资产收益率(%)	8.1470	18.5243	-	20.2661
加权净资产收益率(%)	11.5100	20.0700	8.5600	22.2100
净资产收益率(扣除)(%)	8.1391	18.3314	-	20.3118
总资产(万元)	467823.73	366162.48	-	359756.58
归属母公司股东权益(万元)	333381.78	227883.88	-	196469.92
营业收入(万元)	130857.48	225855.38	109881.08	244715.12
营业支出(万元)	41495.65	73201.74	37307.68	90723.96
投资收益(万元)	-	534.64	262.19	-
净利润(万元)	27160.76	42213.96	17243.63	39816.70
营业利润(万元)	36955.05	55952.29	22950.88	55109.10
利润总额(万元)	36990.45	56005.00	22929.83	54994.07

引力传媒股份有限公司

公司概况	公司名称	引力传媒股份有限公司			证券简称	引力传媒
	法人代表	罗衍记	董秘	王赛	证券代码	603598
	公司网址	www.yinlimedia.com		电子信箱	zhengquanbu@yinlimedia.com	
	电　　话	010-87521978		传　　真	010-87521976	
	办公地址	北京市朝阳区西大望路甲 12 号 2,4 号楼五层				
	经营范围	制作发行动画片、专题片、电视综艺等				

	指标\报告期	2015.06.30	2014.12.31	2014.06.30	2013.12.31
主要财务指标	基本每股收益(元)	0.2200	0.5000	0.3500	0.6300
	基本每股收益(扣除后)(元)	0.1900	0.4200	0.3100	0.5000
	稀释每股收益(元)	0.2200	0.5000	0.3500	0.6300
	每股净资产(元)	4.1578	3.1800	–	2.6700
	每股经营现金净流量(元)	–0.4639	0.7132	–	0.4033
	每股现金流量(元)	1.1342	0.7060	–	0.2431
	每股资本公积金(元)	1.4697	0.1655	–	0.1655
	每股盈余公积金(元)	0.0731	0.0812	–	0.0632
	每股未分配利润(元)	1.6149	1.9304	–	1.4462
	净资产收益率(%)	4.3159	15.8062	–	23.7354
	加权净资产收益率(%)	5.0000	17.1600	0.1200	26.9300
	净资产收益率(扣除)(%)	3.6527	13.1593	–	18.6747
	总资产(万元)	83887.80	59189.58	–	45979.23
	归属母公司股东权益(万元)	55440.21	31771.25	–	26749.44
	营业收入(万元)	94436.82	142459.60	77613.80	139333.80
	营业支出(万元)	87745.26	128074.02	69300.03	124522.43
	投资收益(万元)	–	–	–	–
	净利润(万元)	2435.37	5097.08	3563.10	6399.22
	营业利润(万元)	2719.42	6027.44	4238.56	6915.24
	利润总额(万元)	3209.61	7148.71	4787.04	8720.17

安徽广信农化股份有限公司

公司概况	公司名称	安徽广信农化股份有限公司			证券简称	广信股份
	法人代表	黄金祥	董秘	周志广	证券代码	603599
	公司网址	www.chinaguangxin.com		电子信箱	guangxinzq@chinaguangxin.com	
	电　　话	0563-6832979		传　　真	0563-6832008	
	办公地址	安徽省宣城市广德县新杭镇彭村村				
	经营范围	光气、多菌灵、农药原药、农药制剂、副产盐酸制造、销售等				

	指标\报告期	2015.06.30	2014.12.31	2014.06.30	2013.12.31
主要财务指标	基本每股收益(元)	0.5900	1.0800	0.6000	1.1100
	基本每股收益(扣除后)(元)	0.5700	1.0400	0.5900	0.9900
	稀释每股收益(元)	0.5900	1.0800	0.6000	1.1100
	每股净资产(元)	11.6102	9.8500	–	8.7306
	每股经营现金净流量(元)	–0.4321	0.8034	–	0.8227
	每股现金流量(元)	3.0271	–0.2143	–	–0.0164
	每股资本公积金(元)	5.4911	2.6915	–	2.6915
	每股盈余公积金(元)	0.3334	0.4445	–	0.3465
	每股未分配利润(元)	4.5352	5.4292	–	4.4434
	净资产收益率(%)	3.9902	11.0075	–	12.6809
	加权净资产收益率(%)	5.6200	12.0100	6.6800	13.9700
	净资产收益率(扣除)(%)	3.8643	10.5768	–	11.3045
	总资产(万元)	292061.00	216278.98	–	197608.39
	归属母公司股东权益(万元)	218551.04	139018.85	–	123258.64
	营业收入(万元)	78502.09	121429.59	51059.82	90878.09
	营业支出(万元)	59417.04	92675.82	36755.82	64265.39
	投资收益(万元)	15.70	–39.84	–19.27	81.88
	净利润(万元)	8720.60	15302.43	8517.73	15630.26
	营业利润(万元)	10300.64	16663.03	9429.79	14884.35
	利润总额(万元)	10601.07	17558.41	9877.17	18677.09

浙江永艺家具股份有限公司

公司概况	公司名称	浙江永艺家具股份有限公司			证券简称	永艺股份
	法人代表	张加勇	董秘	陈熙	证券代码	603600
	公司网址	www.uechairs.com		电子信箱	ue-ir@uechairs.com	
	电　　话	0572-5137669		传　　真	0572-5136689	
	办公地址	浙江省湖州市安吉县递铺镇永艺西路 1 号				
	经营范围	家具及配件、办公用品制造、销售等				

	指标\报告期	2015.06.30	2014.12.31	2014.06.30	2013.12.31
主要财务指标	基本每股收益(元)	0.4900	0.7200	0.2500	0.7900
	基本每股收益(扣除后)(元)	0.4600	0.7900	0.4000	0.6000
	稀释每股收益(元)	0.4900	0.7200	0.2500	0.7900
	每股净资产(元)	5.0788	3.4577	3.0667	3.1131
	每股经营现金净流量(元)	0.5374	0.8398	0.4630	1.0744
	每股现金流量(元)	0.9745	0.2794	0.0279	0.0426
	每股资本公积金(元)	2.0288	0.0536	0.0536	0.0536
	每股盈余公积金(元)	0.0790	0.1053	0.0667	0.0667
	每股未分配利润(元)	1.9710	2.2988	1.9464	1.9928
	净资产收益率(%)	9.1937	20.9564	8.0514	25.3539
	加权净资产收益率(%)	10.0300	22.4600	7.9900	27.8900
	净资产收益率(扣除)(%)	8.7192	22.7573	12.9102	19.1620
	总资产(万元)	69954.37	50028.62	44648.85	42548.30
	归属母公司股东权益(万元)	50787.94	25932.63	22999.91	23348.09
	营业收入(万元)	56854.28	95985.16	43872.60	89717.78
	营业支出(万元)	45505.54	77851.25	35675.71	73597.11
	投资收益(万元)	–357.50	153.87	185.98	348.79
	净利润(万元)	4669.31	5434.55	1851.82	5919.64
	营业利润(万元)	5686.49	6213.30	2157.22	6670.82
	利润总额(万元)	5654.85	6675.32	2354.82	7457.32

重庆再升科技股份有限公司

公司概况	公司名称	重庆再升科技股份有限公司			证券简称	再升科技
	法人代表	郭茂	董秘	刘秀琴	证券代码	603601
	公司网址	www.cqzskj.com		电子信箱	mail@cqzskj.com	
	电　　话	023-67176293		传　　真	023-88202892	
	办公地址	重庆市渝北区回兴街道两港大道 197 号 1 幢				
	经营范围	微纤维玻璃棉及其制品的研发、生产和销售等				

	指标\报告期	2015.06.30	2014.12.31	2014.06.30	2013.12.31
主要财务指标	基本每股收益(元)	0.1029	0.7171	0.1829	0.5017
	基本每股收益(扣除后)(元)	0.0678	0.6942	0.1815	0.4716
	稀释每股收益(元)	0.1029	0.7171	0.1829	0.5017
	每股净资产(元)	2.0213	3.8651	3.5500	3.2481
	每股经营现金净流量(元)	0.0255	0.8394	0.3765	0.3556
	每股现金流量(元)	0.4640	0.3782	0.2047	–0.1433
	每股资本公积金(元)	0.5847	0.9404	0.9404	0.9404
	每股盈余公积金(元)	0.0568	0.1665	0.1463	0.1254
	每股未分配利润(元)	0.3799	1.7582	1.4637	1.1823
	净资产收益率(%)	4.8802	18.5520	11.3315	15.4460
	加权净资产收益率(%)	5.1100	20.3000	11.7800	16.5300
	净资产收益率(扣除)(%)	3.2137	17.9599	11.2458	14.5197
	总资产(万元)	35970.18	25728.18	24977.23	22899.35
	归属母公司股东权益(万元)	30238.38	19712.13	18106.92	16565.13
	营业收入(万元)	10372.71	21342.60	10442.16	20578.07
	营业支出(万元)	6604.61	12763.68	6114.89	13585.43
	投资收益(万元)	–	–	–	–23.58
	净利润(万元)	1475.70	3657.00	2051.79	2568.86
	营业利润(万元)	1162.81	3911.16	2219.46	3015.05
	利润总额(万元)	1758.79	4105.95	2290.93	3170.59

宁波东方电缆股份有限公司

公司概况	公司名称	宁波东方电缆股份有限公司		证券简称	东方电缆
	法人代表	夏崇耀	董秘 邱国	证券代码	603606
	公司网址	www.orientcable.com		电子信箱	orient@orientcable.com
	电 话	0574-86188666		传 真	0574-86188666
	办公地址	浙江省宁波市北仑区江南东路968号			
	经营范围	从事各种电线电缆的研发、生产、销售及其服务			

主要财务指标	指标\报告期	2015.06.30	2014.12.31	2014.06.30	2013.12.31
	基本每股收益(元)	0.1300	0.5500	0.1100	0.5700
	基本每股收益(扣除后)(元)	0.1300	0.4500	0.0800	0.5200
	稀释每股收益(元)	0.1300	0.5500	0.1100	0.5700
	每股净资产(元)	2.5087	5.4578	4.6400	4.7500
	每股经营现金净流量(元)	-0.7799	1.4475	0.3460	-0.3042
	每股现金流量(元)	-0.3423	1.0489	-0.2880	0.3648
	每股资本公积金(元)	0.3869	1.6511	0.3841	0.3841
	每股盈余公积金(元)	0.1619	0.3563	0.3999	0.3999
	每股未分配利润(元)	0.9599	2.4504	2.8528	2.9657
	净资产收益率(%)	2.9235	8.4276	5.1141	11.9752
	加权净资产收益率(%)	2.9600	11.2400	5.1200	12.4800
	净资产收益率(扣除)(%)	2.8010	6.8805	3.6295	10.8675
	总资产(万元)	173358.14	164455.26	140668.13	140387.06
	归属母公司股东权益(万元)	78013.44	77146.20	51004.52	52246.09
	营业收入(万元)	86960.97	159326.66	67804.00	133350.79
	营业支出(万元)	76467.65	138577.15	59011.64	113392.57
	投资收益(万元)	-	18.97	10.29	-
	净利润(万元)	2280.74	6501.57	2608.44	6256.57
	营业利润(万元)	2520.20	6508.15	2186.62	6440.70
	利润总额(万元)	2629.86	7854.17	3002.39	7169.96

辽宁禾丰牧业股份有限公司

公司概况	公司名称	辽宁禾丰牧业股份有限公司		证券简称	禾丰牧业
	法人代表	金卫东	董秘 冯阳	证券代码	603609
	公司网址	www.wellhope-ag.com		电子信箱	hefeng@wellhope-ag.com
	电 话	024-88082021 88080789		传 真	024-88082333
	办公地址	辽宁省沈阳市沈北新区辉山大街169号			
	经营范围	饲料及饲料添加剂加工、生产、销售等			

主要财务指标	指标\报告期	2015.06.30	2014.12.31	2014.06.30	2013.12.31
	基本每股收益(元)	0.2100	0.5000	0.1900	0.3700
	基本每股收益(扣除后)(元)	0.1800	0.4400	0.1800	0.3100
	稀释每股收益(元)	0.2100	0.5000	0.1900	0.3700
	每股净资产(元)	4.4460	4.2819	3.7700	3.6200
	每股经营现金净流量(元)	0.0719	0.5950	0.2616	0.2945
	每股现金流量(元)	0.5292	-0.1035	-0.1089	0.1767
	每股资本公积金(元)	0.6880	0.6880	0.0779	0.0779
	每股盈余公积金(元)	0.2622	0.2622	0.2757	0.2757
	每股未分配利润(元)	2.4958	2.3316	2.4174	2.2712
	净资产收益率(%)	4.8162	10.4831	4.9380	10.1350
	加权净资产收益率(%)	4.8900	12.8000	5.0400	10.6400
	净资产收益率(扣除)(%)	4.0968	9.3216	4.7395	8.6261
	总资产(万元)	411742.76	365558.82	348705.78	354394.85
	归属母公司股东权益(万元)	246359.59	237264.89	178790.51	171858.23
	营业收入(万元)	427838.17	913945.02	397639.45	852545.91
	营业支出(万元)	383382.40	826906.31	359699.81	778924.56
	投资收益(万元)	1265.70	1472.21	914.15	2583.63
	净利润(万元)	12096.70	25734.93	8828.77	17417.88
	营业利润(万元)	14515.62	29391.38	11159.36	20431.36
	利润总额(万元)	15251.60	32828.96	11514.36	23048.80

浙江诺力机械股份有限公司

公司概况	公司名称	浙江诺力机械股份有限公司		证券简称	诺力股份
	法人代表	丁毅	董秘 钟锁铭	证券代码	603611
	公司网址	www.noblelift.com		电子信箱	sec@noblelift.com
	电 话	0572-6210906		传 真	0572-6210905
	办公地址	浙江省长兴县太湖街道长州路528号			
	经营范围	仓储设备、液压搬运机械、起重运输设备配件、塑料机械及模具等			

主要财务指标	指标\报告期	2015.06.30	2014.12.31	2014.06.30	2013.12.31
	基本每股收益(元)	0.2700	1.3700	0.3000	0.1900
	基本每股收益(扣除后)(元)	0.2000	1.4500	0.3750	-
	稀释每股收益(元)	0.2700	1.3700	0.3000	0.1900
	每股净资产(元)	5.0321	7.9858	7.2789	-
	每股经营现金净流量(元)	0.0607	2.5434	1.5248	-
	每股现金流量(元)	0.2352	0.2765	0.6681	-
	每股资本公积金(元)	1.5104	0.2718	0.2662	-
	每股盈余公积金(元)	0.1875	0.5000	0.5000	-
	每股未分配利润(元)	2.3670	6.2767	5.5025	-
	净资产收益率(%)	5.2305	17.1847	8.2178	-
	加权净资产收益率(%)	5.5100	18.4100	8.2700	4.1400
	净资产收益率(扣除)(%)	3.8351	18.1477	10.3901	-
	总资产(万元)	118736.14	91634.00	94020.31	-
	归属母公司股东权益(万元)	80512.88	47914.91	43673.37	-
	营业收入(万元)	55196.43	120588.95	59644.88	26136.50
	营业支出(万元)	42860.54	95486.05	47350.76	20707.67
	投资收益(万元)	159.53	55.18	53.33	-99.28
	净利润(万元)	4318.82	8323.57	3594.69	1129.06
	营业利润(万元)	4684.62	9380.83	3849.81	1350.11
	利润总额(万元)	5408.27	10057.14	4343.79	1500.98

北京韩建河山管业股份有限公司

公司概况	公司名称	北京韩建河山管业股份有限公司		证券简称	韩建河山
	法人代表	田玉波	董秘 孙雪	证券代码	603616
	公司网址	www.bjhs.cn		电子信箱	hjhszqb@bjhs.cn
	电 话	010-56278008		传 真	010-80384995
	办公地址	北京市房山区韩西路2号			
	经营范围	制造预应力钢筒混凝土管、压力钢岔管、压力钢管、钢结构产品等			

主要财务指标	指标\报告期	2015.06.30	2014.12.31	2014.06.30	2013.12.31
	基本每股收益(元)	0.0900	0.7283	0.3800	0.7062
	基本每股收益(扣除后)(元)	0.0600	0.7357	0.3900	0.6950
	稀释每股收益(元)	0.0900	-	0.3800	-
	每股净资产(元)	5.6355	4.1600	-	3.4300
	每股经营现金净流量(元)	-0.8486	0.1473	-	1.6938
	每股现金流量(元)	1.1396	-0.4674	-	-0.0271
	每股资本公积金(元)	2.7472	0.7366	-	0.7366
	每股盈余公积金(元)	0.2018	0.2691	-	0.1808
	每股未分配利润(元)	1.6865	2.1567	-	1.5167
	净资产收益率(%)	1.2267	17.4962	-	20.5634
	加权净资产收益率(%)	2.1900	19.1700	10.4300	22.9200
	净资产收益率(扣除)(%)	0.8161	17.6742	-	20.2387
	总资产(万元)	152718.50	141750.46	-	141383.03
	归属母公司股东权益(万元)	82661.09	45786.12	-	37775.31
	营业收入(万元)	28956.62	124084.42	58704.83	88954.03
	营业支出(万元)	21911.03	90633.37	42697.72	61012.52
	投资收益(万元)	-124.55	66.48	-9.89	-
	净利润(万元)	1014.01	8010.81	4157.87	7767.89
	营业利润(万元)	763.40	9314.71	4928.83	8683.55
	利润总额(万元)	1102.85	9220.36	4799.26	8829.56

杭州电缆股份有限公司

公司概况					
公司名称	杭州电缆股份有限公司			证券简称	杭电股份
法人代表	孙庆炎	董秘	卢献庭	证券代码	603618
公司网址	www.hzcables.com		电子信箱	stock@hzcables.com	
电　　话	0571-63167793		传　　真	0571-63409790	
办公地址	浙江省杭州市富阳区高尔夫路 602 号				
经营范围	电线电缆产品的研发、生产、销售和服务				

主要财务指标

指标\报告期	2015.06.30	2014.12.31	2014.06.30	2013.12.31
基本每股收益(元)	0.2800	0.7300	0.2600	0.6000
基本每股收益(扣除后)(元)	0.2700	0.6800	0.2400	0.6200
稀释每股收益(元)	0.2800	0.7300	0.2600	0.6000
每股净资产(元)	6.6981	5.2708	4.8000	4.5394
每股经营现金净流量(元)	-2.8732	0.2297	-2.2269	0.3230
每股现金流量(元)	-0.0488	-0.9963	-1.2884	0.0314
每股资本公积金(元)	4.0106	2.1011	2.1011	2.1011
每股盈余公积金(元)	0.1564	0.2085	0.1357	0.1357
每股未分配利润(元)	1.5310	1.9612	1.5645	1.3026
净资产收益率(%)	3.8859	13.8764	5.4548	13.3025
加权净资产收益率(%)	4.4300	14.9100	5.6100	14.2500
净资产收益率(扣除)(%)	3.7462	12.8415	4.9340	13.6732
总资产(万元)	299690.62	264553.34	238558.24	251536.21
归属母公司股东权益(万元)	142903.12	84332.54	76820.64	72630.23
营业收入(万元)	144062.05	266806.95	130333.88	240777.90
营业支出(万元)	118864.79	219895.02	108376.65	198672.47
投资收益(万元)	18.69	-30.04	-12.74	-764.96
净利润(万元)	5844.47	12555.03	4552.98	10670.12
营业利润(万元)	6752.62	13482.06	4961.88	11860.18
利润总额(万元)	6668.90	14122.50	5161.48	12159.75

南威软件股份有限公司

公司概况					
公司名称	南威软件股份有限公司			证券简称	南威软件
法人代表	吴志雄	董秘	吴丽卿	证券代码	603636
公司网址	www.linewell.com		电子信箱	ir@linewell.com	
电　　话	0595-68288889		传　　真	0595-68288887	
办公地址	福建省泉州市丰泽区丰海路南威大厦 2 号楼				
经营范围	计算机软件开发服务、互联网技术开发与服务等				

主要财务指标

指标\报告期	2015.06.30	2014.12.31	2014.06.30	2013.12.31
基本每股收益(元)	0.2300	1.1600	0.3700	1.0600
基本每股收益(扣除后)(元)	0.1800	1.0100	0.2900	0.8700
稀释每股收益(元)	0.2300	1.1600	0.3700	1.0600
每股净资产(元)	8.0893	8.0397	5.2731	4.9068
每股经营现金净流量(元)	-1.1164	1.0465	0.2644	1.3408
每股现金流量(元)	-2.9572	4.1740	-0.1718	0.5087
每股资本公积金(元)	4.0682	4.0682	1.1032	1.1032
每股盈余公积金(元)	0.3160	0.3160	0.2945	0.2945
每股未分配利润(元)	2.7050	2.6555	2.8753	2.5090
净资产收益率(%)	2.8374	10.8071	6.9470	21.6013
加权净资产收益率(%)	2.8100	21.1200	7.2000	24.2200
净资产收益率(扣除)(%)	2.1408	9.4654	5.5734	17.6921
总资产(万元)	109409.71	109531.85	60231.62	58990.67
归属母公司股东权益(万元)	80892.69	80397.47	39548.23	36800.81
营业收入(万元)	14404.54	32331.56	14232.97	28058.76
营业支出(万元)	9352.68	16814.13	8810.05	15415.25
投资收益(万元)	81.35	98.71	55.51	-0.09
净利润(万元)	2217.62	8616.58	2699.94	7895.84
营业利润(万元)	1378.33	7888.43	2290.86	6853.19
利润总额(万元)	2472.14	10011.92	3237.42	9131.86

灵康药业集团股份有限公司

公司概况					
公司名称	灵康药业集团股份有限公司			证券简称	灵康药业
法人代表	陶灵萍	董秘	陶灵萍(代)	证券代码	603669
公司网址	www.lingkang.com.cn		电子信箱	ir@lingkang.com.cn	
电　　话	0893-7830999		传　　真	0893-7830888	
办公地址	西藏自治区山南地区泽当镇乃东路 68 号乃东县商住楼第二幢一层				
经营范围	化药处方药的研发、生产和销售等				

主要财务指标

指标\报告期	2015.06.30	2014.12.31	2014.06.30	2013.12.31
基本每股收益(元)	0.3500	0.7700	0.3700	0.5900
基本每股收益(扣除后)(元)	0.3200	0.6800	0.3100	0.4900
稀释每股收益(元)	0.3500	0.7700	0.3700	0.5900
每股净资产(元)	4.0047	1.9200	-	1.8000
每股经营现金净流量(元)	0.1964	0.9308	-	0.8245
每股现金流量(元)	2.6677	-0.1981	-	0.2341
每股资本公积金(元)	2.4894	0.0477	-	0.0477
每股盈余公积金(元)	0.1350	0.1800	-	0.0095
每股未分配利润(元)	0.3803	0.6910	-	0.7429
净资产收益率(%)	6.8555	40.0550	-	32.7040
加权净资产收益率(%)	15.6700	35.1800	18.4400	39.1000
净资产收益率(扣除)(%)	6.2748	35.3816	-	27.0465
总资产(万元)	128372.53	55983.36	-	58211.58
归属母公司股东权益(万元)	104121.12	37413.08	-	35102.26
营业收入(万元)	24509.62	57640.21	26519.78	49424.58
营业支出(万元)	9714.77	22543.39	10598.47	20207.51
投资收益(万元)	3.21	83.57	58.58	65.97
净利润(万元)	7138.07	14985.82	7129.57	11479.85
营业利润(万元)	7923.33	16390.21	7572.77	12999.86
利润总额(万元)	8685.05	18502.88	8833.90	15299.51

福建火炬电子科技股份有限公司

公司概况					
公司名称	福建火炬电子科技股份有限公司			证券简称	火炬电子
法人代表	蔡明通	董秘	郑平	证券代码	603678
公司网址	www.torch.cn		电子信箱	investor@torch.cn	
电　　话	0595-22353689		传　　真	0595-22353679	
办公地址	福建省泉州市鲤城区江南高新技术电子信息园区紫华路 4 号				
经营范围	电容器及相关产品的研发、生产、销售、检测及服务业务				

主要财务指标

指标\报告期	2015.06.30	2014.12.31	2014.06.30	2013.12.31
基本每股收益(元)	0.4600	1.0989	0.5700	0.9700
基本每股收益(扣除后)(元)	0.4300	1.0295	0.5400	0.9145
稀释每股收益(元)	-	1.0989	-	-
每股净资产(元)	6.3296	5.0122	4.4900	4.1100
每股经营现金净流量(元)	0.0387	0.4109	0.0703	0.5839
每股现金流量(元)	0.6970	-0.0287	0.0356	-0.1489
每股资本公积金(元)	2.0637	0.0215	0.0215	0.0215
每股盈余公积金(元)	0.2670	0.3560	0.2607	0.2607
每股未分配利润(元)	3.0109	3.6507	3.2215	2.8471
净资产收益率(%)	6.9979	21.9244	12.7959	23.5529
加权净资产收益率(%)	7.5500	24.1700	13.3500	26.3100
净资产收益率(扣除)(%)	6.5397	20.5408	11.9636	22.2354
总资产(万元)	152766.23	99593.05	92166.51	81393.18
归属母公司股东权益(万元)	105324.21	62551.93	56019.17	51330.14
营业收入(万元)	52459.91	89093.54	45134.88	80443.64
营业支出(万元)	38057.03	62273.51	31442.82	56484.88
投资收益(万元)	88.40	11.07	-	-
净利润(万元)	7360.15	13652.01	7159.76	12088.92
营业利润(万元)	8493.01	15704.00	8288.97	14419.08
利润总额(万元)	8981.78	16715.16	8841.54	15216.30

福建龙马环卫装备股份有限公司

公司概况					
公司名称	福建龙马环卫装备股份有限公司			证券简称	龙马环卫
法人代表	张桂丰	董秘	陈永奇	证券代码	603686
公司网址	www.fjlm.com.cn		电子信箱	fjlm@fjlm.com.cn	
电　话	0597-2796968		传　真	0597-2962796	
办公地址	福建省龙岩市经济开发区				
经营范围	专用车辆、环卫设备及配件的制造和销售等				

主要财务指标

指标\报告期	2015.06.30	2014.12.31	2014.06.30	2013.12.31
基本每股收益(元)	0.6300	1.3000	0.6200	0.9600
基本每股收益(扣除后)(元)	0.6000	1.2700	0.6000	0.9300
稀释每股收益(元)	0.6300	1.3000	0.6200	0.9600
每股净资产(元)	7.2542	4.8295	4.1400	3.8100
每股经营现金净流量(元)	-1.3918	0.3824	-0.7987	0.7813
每股现金流量(元)	0.7289	0.3963	-0.5098	0.4138
每股资本公积金(元)	3.1376	0.0220	0.0220	0.0220
每股盈余公积金(元)	0.3566	0.4755	0.3477	0.3477
每股未分配利润(元)	2.7233	3.2918	2.7400	2.4231
净资产收益率(%)	8.3361	26.8466	14.8970	25.1706
加权净资产收益率(%)	8.9800	30.5300	15.5300	28.2100
净资产收益率(扣除)(%)	7.9662	26.2288	14.3754	24.4180
总资产(万元)	149005.57	108787.09	95493.53	79572.24
归属母公司股东权益(万元)	96734.35	48294.55	41406.65	38143.96
营业收入(万元)	76008.71	118193.95	55790.16	87961.44
营业支出(万元)	51871.85	79373.48	37332.88	58489.02
投资收益(万元)	28.47	18.25	-1.38	-6.30
净利润(万元)	8132.76	12965.44	6168.34	9601.08
营业利润(万元)	9200.57	14648.75	6909.75	10761.74
利润总额(万元)	9618.46	15006.52	7164.12	11106.33

江苏太平洋石英股份有限公司

公司概况					
公司名称	江苏太平洋石英股份有限公司			证券简称	石英股份
法人代表	陈士斌	董秘	吕良益	证券代码	603688
公司网址	www.quartzpacific.com		电子信箱	dsh@quartzpacific.com	
电　话	0518-87018519		传　真	0518-87018517	
办公地址	江苏省连云港市东海县平明镇马河电站东侧				
经营范围	生产、销售高纯石英砂、石英管、石英坩埚及其他石英制品				

主要财务指标

指标\报告期	2015.06.30	2014.12.31	2014.06.30	2013.12.31
基本每股收益(元)	0.1715	0.3700	0.2238	0.4700
基本每股收益(扣除后)(元)	0.1651	0.3400	0.2145	0.4400
稀释每股收益(元)	0.1715	0.3700	0.2238	0.4700
每股净资产(元)	4.9272	5.2557	4.8543	4.6500
每股经营现金净流量(元)	0.0502	0.2169	0.0595	0.3680
每股现金流量(元)	-0.7975	1.5902	-0.1235	0.1770
每股资本公积金(元)	2.5115	2.5115	1.7109	1.7109
每股盈余公积金(元)	0.1712	0.1712	0.1908	0.1908
每股未分配利润(元)	1.2445	1.5730	1.9525	1.7494
净资产收益率(%)	3.4807	5.4992	4.1839	10.0219
加权净资产收益率(%)	3.2100	7.4500	4.7000	11.2600
净资产收益率(扣除)(%)	3.3514	5.0866	3.9914	-
总资产(万元)	118944.97	125449.02	86745.49	83020.41
归属母公司股东权益(万元)	110270.94	117622.74	81478.98	78070.01
营业收入(万元)	19672.97	35567.57	18112.89	33901.97
营业支出(万元)	12044.49	22181.48	10718.54	18833.73
投资收益(万元)	-	-	-	-
净利润(万元)	3838.20	6468.26	3757.09	7824.07
营业利润(万元)	4236.54	6999.78	4162.84	8603.57
利润总额(万元)	4415.81	7570.44	4373.08	9150.23

航天长征化学工程股份有限公司

公司概况					
公司名称	航天长征化学工程股份有限公司			证券简称	航天工程
法人代表	唐国宏	董秘	徐京辉	证券代码	603698
公司网址	www.china-ceco.com		电子信箱	htgc_bgs@china-ceco.com	
电　话	010-56325888		传　真	010-56325006	
办公地址	北京市经济技术开发区路东区经海四路 141 号				
经营范围	加工气化炉及关键设备等				

主要财务指标

指标\报告期	2015.06.30	2014.12.31	2014.06.30	2013.12.31
基本每股收益(元)	0.3800	0.8500	0.4500	0.6900
基本每股收益(扣除后)(元)	0.3500	0.8400	0.4500	0.6800
稀释每股收益(元)	0.3800	0.8500	0.4500	0.6900
每股净资产(元)	5.1439	3.0694	3.2700	2.8127
每股经营现金净流量(元)	-0.2034	1.4777	-0.0493	0.6761
每股现金流量(元)	0.3288	0.4151	-0.0385	0.1482
每股资本公积金(元)	2.5642	0.4798	0.4798	0.4798
每股盈余公积金(元)	0.1958	0.2446	0.1665	0.1665
每股未分配利润(元)	1.3758	1.3386	1.6164	1.1634
净资产收益率(%)	7.1437	27.7995	13.8627	24.6006
加权净资产收益率(%)	7.9500	28.0700	14.9000	27.3100
净资产收益率(扣除)(%)	6.6619	27.5074	13.7306	24.2300
总资产(万元)	389986.86	264881.19	222433.24	210802.66
归属母公司股东权益(万元)	212082.55	101291.19	107824.41	92818.08
营业收入(万元)	80009.43	123587.86	58332.90	104444.95
营业支出(万元)	54871.43	70539.06	33003.17	59845.14
投资收益(万元)	1028.50	-	-	-
净利润(万元)	15150.55	28158.45	14947.35	22833.78
营业利润(万元)	17930.11	31581.82	17052.13	26277.75
利润总额(万元)	18103.81	31929.92	17219.65	26683.55

苏州纽威阀门股份有限公司

公司概况					
公司名称	苏州纽威阀门股份有限公司			证券简称	纽威股份
法人代表	王保庆	董秘	张涛	证券代码	603699
公司网址	www.newayvalve.com		电子信箱	dshbgs@neway.com.cn	
电　话	0512-66626468		传　真	0512-66626478	
办公地址	江苏省苏州市苏州高新区泰山路 666 号				
经营范围	工业阀门的设计、制造和销售				

主要财务指标

指标\报告期	2015.06.30	2014.12.31	2014.06.30	2013.12.31
基本每股收益(元)	0.3100	0.7500	0.3400	0.6700
基本每股收益(扣除后)(元)	0.2800	0.7200	0.3300	0.6500
稀释每股收益(元)	-	-	0.3400	0.6700
每股净资产(元)	3.1014	3.1862	2.7786	1.7876
每股经营现金净流量(元)	0.2119	0.5686	0.2339	0.5885
每股现金流量(元)	0.0559	-0.1429	0.1681	0.1289
每股资本公积金(元)	1.0523	1.0523	1.0522	-0.0006
每股盈余公积金(元)	0.2135	0.1889	0.1539	0.1347
每股未分配利润(元)	0.8562	0.9687	0.5878	0.6750
净资产收益率(%)	10.0615	23.6004	12.0909	37.6825
加权净资产收益率(%)	9.5800	25.7200	12.1600	40.3000
净资产收益率(扣除)(%)	9.1616	22.5901	11.8727	36.2673
总资产(万元)	422478.92	407594.90	370368.37	293156.40
归属母公司股东权益(万元)	232607.72	238961.94	208397.33	125133.05
营业收入(万元)	123821.80	273427.88	124716.47	245806.03
营业支出(万元)	72453.73	149979.70	69679.12	135252.08
投资收益(万元)	2093.90	1870.40	201.60	436.90
净利润(万元)	23331.12	57211.31	25197.06	47153.23
营业利润(万元)	26987.95	67510.05	30927.81	56672.20
利润总额(万元)	27456.26	68477.85	31316.07	57996.16

浙江盛洋科技股份有限公司

公司概况					
公司名称	浙江盛洋科技股份有限公司			证券简称	盛洋科技
法人代表	叶利明	董秘	吴秋婷	证券代码	603703
公司网址	www.shengyang.com		电子信箱	stock@shengyang.com	
电　话	0575-88622076		传　真	0575-88622076	
办公地址	浙江省绍兴市越城区人民东路1417号				
经营范围	生产经营干发干肤系列产品及配件、纺机配件、小五金等				

主要财务指标　指标\报告期	2015.06.30	2014.12.31	2014.06.30	2013.12.31
基本每股收益(元)	0.1500	0.8000	0.2500	0.5800
基本每股收益(扣除后)(元)	0.1400	0.6600	0.2300	0.5600
稀释每股收益(元)	0.1500	0.8000	0.2500	0.5800
每股净资产(元)	5.4901	3.9300	–	3.1300
每股经营现金净流量(元)	–0.2509	0.9632	–	0.7064
每股现金流量(元)	0.7880	–0.0429	–	0.1809
每股资本公积金(元)	2.4396	0.2943	–	0.2943
每股盈余公积金(元)	0.1827	0.2436	–	0.1719
每股未分配利润(元)	1.8683	2.3921	–	1.6653
净资产收益率(%)	2.2536	20.3229	–	18.6038
加权净资产收益率(%)	3.2500	22.6200	7.6100	20.3000
净资产收益率(扣除)(%)	2.1508	16.7260	–	17.8022
总资产(万元)	71442.05	59400.71	–	53834.30
归属母公司股东权益(万元)	50442.64	27065.66	–	21565.16
营业收入(万元)	14517.56	39768.11	17563.52	34632.43
营业支出(万元)	10248.92	28014.22	12745.75	24360.04
投资收益(万元)	–	–	–	–
净利润(万元)	1136.57	5500.16	1706.60	4011.46
营业利润(万元)	1341.89	5341.01	1882.92	4572.52
利润总额(万元)	1355.65	6531.75	2052.57	4771.01

上海海利生物技术股份有限公司

公司概况					
公司名称	上海海利生物技术股份有限公司			证券简称	海利生物
法人代表	张海明	董秘	王迅	证券代码	603718
公司网址	www.hile-bio.com		电子信箱	ir@hile-bio.com	
电　话	021-60890892		传　真	021-60890800	
办公地址	上海市奉贤区金海公路6720号				
经营范围	兽用疫苗的研发、生产、销售以及服务				

主要财务指标　指标\报告期	2015.06.30	2014.12.31	2014.06.30	2013.12.31
基本每股收益(元)	0.2400	0.4800	0.2500	0.5700
基本每股收益(扣除后)(元)	0.2400	0.4300	0.2500	0.5400
稀释每股收益(元)	0.2400	0.4800	0.2500	0.5700
每股净资产(元)	3.1477	2.6057	–	2.3237
每股经营现金净流量(元)	0.2765	0.5248	–	0.7030
每股现金流量(元)	1.1221	–0.0350	–	0.1792
每股资本公积金(元)	1.7248	0.6429	–	0.6429
每股盈余公积金(元)	0.1593	0.1873	–	0.1391
每股未分配利润(元)	0.2636	0.7756	–	0.5418
净资产收益率(%)	5.9812	18.4982	–	24.3433
加权净资产收益率(%)	10.4300	19.9600	10.7200	26.2100
净资产收益率(扣除)(%)	5.9530	16.3753	–	23.0272
总资产(万元)	100157.42	65447.89	–	60083.95
归属母公司股东权益(万元)	88135.68	54719.70	–	48797.56
营业收入(万元)	15067.66	28527.20	15770.22	31879.27
营业支出(万元)	3411.59	6180.11	3072.24	7107.45
投资收益(万元)	–	–	–	–
净利润(万元)	5096.76	9983.53	5239.45	11842.25
营业利润(万元)	5965.23	10473.07	6186.84	13218.91
利润总额(万元)	5989.81	11700.73	6217.42	13933.90

上海龙韵广告传播股份有限公司

公司概况					
公司名称	上海龙韵广告传播股份有限公司			证券简称	龙韵股份
法人代表	余亦坤	董秘	何奕番	证券代码	603729
公司网址	www.obm.com.cn		电子信箱	longyuntzz@obm.com.cn	
电　话	021-58825827		传　真	021-58821708	
办公地址	上海浦东东方路18号保利广场E座17层				
经营范围	包括电视广告媒介代理和广告全案服务				

主要财务指标　指标\报告期	2015.06.30	2014.12.31	2014.06.30	2013.12.31
基本每股收益(元)	0.6100	1.5700	0.9000	1.6600
基本每股收益(扣除后)(元)	0.4900	1.6000	0.8700	1.5400
稀释每股收益(元)	0.6100	1.5700	0.9000	1.6600
每股净资产(元)	14.5548	10.8526	10.1822	9.2858
每股经营现金净流量(元)	–2.7602	0.6362	–0.2337	0.7401
每股现金流量(元)	2.1294	–1.0897	–0.7038	0.7299
每股资本公积金(元)	6.8534	1.4512	1.4512	1.4512
每股盈余公积金(元)	0.3922	0.5230	0.5141	0.5087
每股未分配利润(元)	6.3091	7.8784	7.2169	6.3259
净资产收益率(%)	3.6455	14.4373	8.8037	17.9227
加权净资产收益率(%)	4.6800	15.5600	9.2100	19.6900
净资产收益率(扣除)(%)	2.9270	14.7059	8.5742	16.6187
总资产(万元)	123496.92	75961.86	72500.28	62612.06
归属母公司股东权益(万元)	97036.55	54263.20	50911.12	46429.04
营业收入(万元)	69839.84	117729.95	55585.94	115421.07
营业支出(万元)	62074.62	98081.68	45522.59	95269.95
投资收益(万元)	1.32	27.36	17.88	36.89
净利润(万元)	3379.86	7686.09	4450.47	8321.35
营业利润(万元)	3034.81	8591.25	5208.99	9755.07
利润总额(万元)	3859.86	9550.12	5336.00	10525.44

隆鑫通用动力股份有限公司

公司概况					
公司名称	隆鑫通用动力股份有限公司			证券简称	隆鑫通用
法人代表	高勇	董秘	黄经雨	证券代码	603766
公司网址	www.loncinindustries.com		电子信箱	security@loncinindustry.com	
电　话	023-89028829		传　真	023-89028051	
办公地址	重庆市经济技术开发区白鹤工业园				
经营范围	摩托车及发动机、通用动力机械产品的研发、生产及销售等				

主要财务指标　指标\报告期	2015.06.30	2014.12.31	2014.06.30	2013.12.31
基本每股收益(元)	0.4368	0.7600	0.3982	0.6900
基本每股收益(扣除后)(元)	0.3931	0.6900	0.3930	0.6200
稀释每股收益(元)	0.4330	0.7600	0.3982	0.6900
每股净资产(元)	5.2317	5.0873	4.6900	4.4853
每股经营现金净流量(元)	0.4693	0.9114	0.3900	0.6798
每股现金流量(元)	–0.1572	–0.3331	–0.0500	0.0541
每股资本公积金(元)	0.8298	0.9178	0.8612	0.8513
每股盈余公积金(元)	0.2172	0.2156	0.1890	0.1890
每股未分配利润(元)	3.1847	2.9539	2.6352	2.4450
净资产收益率(%)	8.3657	14.9055	8.4982	15.3926
加权净资产收益率(%)	8.3700	16.0600	8.6300	16.2200
净资产收益率(扣除)(%)	7.5283	13.5493	8.3868	13.8310
总资产(万元)	626853.90	615085.70	581452.01	554462.33
归属母公司股东权益(万元)	417880.36	409486.47	374834.84	358825.59
营业收入(万元)	315696.89	664383.57	341533.25	650548.61
营业支出(万元)	250685.98	533084.83	273886.19	526687.78
投资收益(万元)	2773.78	2190.17	800.35	2570.10
净利润(万元)	36802.49	63748.83	31854.27	55232.67
营业利润(万元)	38160.12	66182.30	36404.27	62896.79
利润总额(万元)	42892.12	74771.76	39382.42	65641.27

宁波高发汽车控制系统股份有限公司

公司概况	公司名称	宁波高发汽车控制系统股份有限公司		证券简称	宁波高发
	法人代表	钱高法	董秘 朱志荣	证券代码	603788
	公司网址	www.gaofacable.com		电子信箱	nbgaofa@163.com
	电　话	0574-88169136		传　真	0574-88169136
	办公地址	浙江省宁波市鄞州投资创业中心下应北路 717 号			
	经营范围	主要从事汽车操纵控制系统研发、生产和销售的高新技术企业			

主要财务指标 指标\报告期	2015.06.30	2014.12.31	2014.06.30	2013.12.31
基本每股收益(元)	0.4300	0.9300	0.4200	0.7800
基本每股收益(扣除后)(元)	0.4100	0.9100	0.4100	0.7100
稀释每股收益(元)	0.4300	0.9300	0.4200	0.7800
每股净资产(元)	4.7948	3.2957	2.7800	2.6400
每股经营现金净流量(元)	-0.1979	0.5053	0.3139	0.6490
每股现金流量(元)	-0.2064	0.0397	-0.0461	0.1708
每股资本公积金(元)	2.1840	0.2341	0.2341	0.2341
每股盈余公积金(元)	0.2030	0.2707	0.1776	0.1776
每股未分配利润(元)	1.4078	1.7909	1.3680	1.2291
净资产收益率(%)	8.6463	28.3671	15.0683	29.3850
加权净资产收益率(%)	9.2100	32.0000	15.7300	33.2800
净资产收益率(扣除)(%)	8.2870	27.7525	14.5851	26.7506
总资产(万元)	86835.59	55610.08	47330.20	45047.53
归属母公司股东权益(万元)	65593.40	33813.94	28519.28	27094.70
营业收入(万元)	34590.79	57937.02	28525.61	44794.29
营业支出(万元)	24065.23	39916.77	19552.98	30718.67
投资收益(万元)	140.36	-	-	-
净利润(万元)	5671.40	9592.05	4297.38	7961.77
营业利润(万元)	6559.64	11009.12	5631.89	8514.70
利润总额(万元)	6656.71	11193.70	5785.75	9312.59

浙江华友钴业股份有限公司

公司概况	公司名称	浙江华友钴业股份有限公司		证券简称	华友钴业
	法人代表	陈雪华	董秘 张福如	证券代码	603799
	公司网址	www.huayou.com		电子信箱	zfr@huayou.com
	电　话	0573-88586238		传　真	0573-88585810
	办公地址	浙江省桐乡市经济开发区二期梧振东路 18 号			
	经营范围	公司主要从事钴、铜有色金属采、选、冶及钴新材料产品的深加工与销售			

主要财务指标 指标\报告期	2015.06.30	2014.12.31	2014.06.30	2013.12.31
基本每股收益(元)	0.0270	0.3300	0.1600	0.2800
基本每股收益(扣除后)(元)	0.0040	0.2400	0.1900	0.2500
稀释每股收益(元)	0.0270	0.3300	0.1600	0.2800
每股净资产(元)	4.8160	5.0642	4.8200	4.6400
每股经营现金净流量(元)	-0.7619	-1.6201	-0.6174	-1.3358
每股现金流量(元)	0.6517	-0.0640	0.5989	-0.4140
每股资本公积金(元)	2.2746	2.1137	2.1137	2.1137
每股盈余公积金(元)	0.1784	0.2150	0.1098	0.1098
每股未分配利润(元)	1.4909	1.8848	1.8206	1.6627
净资产收益率(%)	0.5512	6.4626	3.2773	5.9520
加权净资产收益率(%)	0.5600	6.7500	3.3400	6.0800
净资产收益率(扣除)(%)	0.0821	4.7252	3.9424	5.4001
总资产(万元)	935824.71	788431.06	751719.91	593103.70
归属母公司股东权益(万元)	257749.29	224947.57	214021.84	206105.12
营业收入(万元)	211360.51	435333.03	216618.18	358527.22
营业支出(万元)	175200.84	360925.52	179129.04	297884.07
投资收益(万元)	165.50	10696.80	-491.26	18.35
净利润(万元)	1054.71	14144.23	6858.44	12003.40
营业利润(万元)	779.70	20955.25	8300.32	16871.37
利润总额(万元)	1895.07	21613.60	8033.36	17167.62

星光农机股份有限公司

公司概况	公司名称	星光农机股份有限公司		证券简称	星光农机
	法人代表	章沈强	董秘 周国强	证券代码	603789
	公司网址	www.xg1688.com		电子信箱	xgnj@xg1688.com
	电　话	0572-3966768		传　真	0572-3966768
	办公地址	浙江省湖州市和孚镇星光大街 1688 号			
	经营范围	联合收割机的研发、生产与销售			

主要财务指标 指标\报告期	2015.06.30	2014.12.31	2014.06.30	2013.12.31
基本每股收益(元)	0.3504	0.8407	0.5781	0.5781
基本每股收益(扣除后)(元)	0.2866	0.7110	0.5259	0.5259
稀释每股收益(元)	0.3504	0.8407	0.5781	0.5781
每股净资产(元)	5.4460	3.5500	3.7498	3.7500
每股经营现金净流量(元)	-0.3140	1.3998	1.3216	1.3216
每股现金流量(元)	0.5913	0.2427	1.2371	1.2371
每股资本公积金(元)	2.8729	0.8475	0.8475	0.8475
每股盈余公积金(元)	0.2638	0.3128	0.2802	0.2802
每股未分配利润(元)	1.2742	1.3485	1.5887	1.5887
净资产收益率(%)	5.3615	23.6878	13.7327	13.7327
加权净资产收益率(%)	8.0200	23.8700	16.4200	16.4200
净资产收益率(扣除)(%)	4.3853	20.0340	14.0239	12.5039
总资产(万元)	133831.60	83235.82	89563.11	89563.11
归属母公司股东权益(万元)	108920.40	53236.11	8671.65	8671.65
营业收入(万元)	35344.46	57630.58	36622.80	36622.80
营业支出(万元)	26874.24	40028.92	25176.66	25176.66
投资收益(万元)	1144.17	1618.84	860.12	860.12
净利润(万元)	5839.77	12610.45	8671.65	8671.65
营业利润(万元)	6790.79	14078.21	10169.57	10169.57
利润总额(万元)	6899.98	14750.65	10231.99	10231.99

杭州福斯特光伏材料股份有限公司

公司概况	公司名称	杭州福斯特光伏材料股份有限公司		证券简称	福斯特
	法人代表	林建华	董秘 周光大	证券代码	603806
	公司网址	www.firstpvm.com		电子信箱	fst-zqb@firstpvm.com
	电　话	0571-61076968		传　真	0571-63816860
	办公地址	浙江省临安市西墅街 407 号			
	经营范围	EVA 太阳能电池胶膜,太阳能电池背板,热熔胶膜			

主要财务指标 指标\报告期	2015.06.30	2014.12.31	2014.06.30	2013.12.31
基本每股收益(元)	0.6700	1.2100	0.6300	1.7400
基本每股收益(扣除后)(元)	0.6100	1.1000	0.6100	1.4400
稀释每股收益(元)	0.6700	1.2100	0.6300	1.7400
每股净资产(元)	9.6784	9.4581	5.8900	5.5600
每股经营现金净流量(元)	0.5139	0.2484	0.1143	1.1900
每股现金流量(元)	-0.1904	0.7083	-0.4534	-0.3997
每股资本公积金(元)	3.7608	3.7608	0.0008	0.0008
每股盈余公积金(元)	0.5138	0.5138	0.6039	0.4372
每股未分配利润(元)	4.4039	4.1835	4.2843	4.1208
净资产收益率(%)	6.9262	11.3645	10.7030	31.3268
加权净资产收益率(%)	6.9000	17.7000	10.9200	33.3200
净资产收益率(扣除)(%)	6.2525	10.3495	10.4239	-
总资产(万元)	433791.70	426006.93	235908.03	234736.34
归属母公司股东权益(万元)	389072.48	380214.73	201404.49	190108.78
营业收入(万元)	151829.84	238585.95	113853.33	195741.12
营业支出(万元)	101848.64	169237.79	78874.48	120260.86
投资收益(万元)	3698.91	2140.66	479.82	864.00
净利润(万元)	26947.74	43209.38	21555.71	59555.04
营业利润(万元)	31484.19	48162.08	26020.59	69818.78
利润总额(万元)	30727.12	50310.55	26268.28	69819.91

深圳歌力思服饰股份有限公司

公司概况	公司名称	深圳歌力思服饰股份有限公司		证券简称	歌力思
	法人代表	夏国新	董秘	蓝地	证券代码	603808
	公司网址	www.ellassay.com		电子信箱	zqfw@ellassay.com
	电 话	0755-83438860		传 真	0755-83433951
	办公地址	广东省深圳市福田区车公庙天安创新科技广场 A 栋 1901-1905			
	经营范围	从事女装的设计研发、生产和销售			

主要财务指标	指标\报告期	2015.06.30	2014.12.31	2014.06.30	2013.12.31
	基本每股收益(元)	0.4900	1.1500	0.4900	1.1400
	基本每股收益(扣除后)(元)	0.4800	1.1100	0.4800	1.1100
	稀释每股收益(元)	0.4900	1.1500	0.4900	1.1400
	每股净资产(元)	8.8246	5.4800	4.8200	4.8700
	每股经营现金净流量(元)	0.2367	1.4141	0.3366	1.3103
	每股现金流量(元)	0.9553	0.0375	-0.0498	-0.1109
	每股资本公积金(元)	5.6739	1.8310	1.8310	1.8310
	每股盈余公积金(元)	0.2760	0.3680	0.3031	0.2530
	每股未分配利润(元)	1.8747	2.2853	1.6906	1.7860
	净资产收益率(%)	4.6546	20.9714	10.1665	23.3838
	加权净资产收益率(%)	7.0400	21.1200	9.7600	25.7100
	净资产收益率(扣除)(%)	4.4974	20.2767	9.9465	22.8918
	总资产(万元)	159573.52	84477.48	74788.91	78297.12
	归属母公司股东权益(万元)	141193.23	65811.19	57895.60	58439.15
	营业收入(万元)	36398.76	74395.13	32644.64	71040.66
	营业支出(万元)	11177.54	24170.78	8829.71	21596.62
	投资收益(万元)	296.82	308.54	197.53	160.21
	净利润(万元)	6572.04	13801.53	5885.94	13665.31
	营业利润(万元)	8721.67	18089.98	7930.03	18049.03
	利润总额(万元)	8720.90	18423.82	7902.93	18273.18

曲美家居集团股份有限公司

公司概况	公司名称	曲美家居集团股份有限公司		证券简称	曲美家居
	法人代表	赵瑞海	董秘	吴娜妮	证券代码	603818
	公司网址	www.qumei.com		电子信箱	ir@qumei.com.cn
	电 话	010-84482500		传 真	010-84482500
	办公地址	北京市朝阳区望京北路 51 号院 8 号楼			
	经营范围	主要从事中高档民用家具的设计、生产和销售等			

主要财务指标	指标\报告期	2015.06.30	2014.12.31	2014.06.30	2013.12.31
	基本每股收益(元)	0.1900	0.5500	0.1800	0.6300
	基本每股收益(扣除后)(元)	0.1800	0.5200	0.1700	0.5700
	稀释每股收益(元)	0.1900	0.5500	0.1800	0.6300
	每股净资产(元)	4.7183	3.4800	-	3.1200
	每股经营现金净流量(元)	0.2006	0.6820	-	1.0174
	每股现金流量(元)	-0.3117	0.4665	-	0.2569
	每股资本公积金(元)	2.3585	0.6810	-	0.6810
	每股盈余公积金(元)	0.1143	0.1524	-	0.1041
	每股未分配利润(元)	1.2455	1.6434	-	1.3311
	净资产收益率(%)	3.3383	15.9200	-	20.0800
	加权净资产收益率(%)	4.7500	16.9500	6.0000	22.1300
	净资产收益率(扣除)(%)	3.1314	14.9776	-	18.3287
	总资产(万元)	139756.64	96090.87	-	98836.61
	归属母公司股东权益(万元)	114210.56	63117.87	-	56571.69
	营业收入(万元)	54380.01	109375.96	45681.42	101706.92
	营业支出(万元)	34658.17	69470.74	29334.67	61611.86
	投资收益(万元)	279.02	529.74	385.47	648.47
	净利润(万元)	3812.72	10046.18	3319.57	11309.18
	营业利润(万元)	5062.78	13367.84	4491.21	14099.40
	利润总额(万元)	5111.52	13646.76	4479.28	14789.51

苏州柯利达装饰股份有限公司

公司概况	公司名称	苏州柯利达装饰股份有限公司		证券简称	柯利达
	法人代表	顾益明	董秘	何利民	证券代码	603828
	公司网址	www.kldzs.com		电子信箱	zqb@kldzs.com
	电 话	0512-68257827 68257826		传 真	0512-68257827
	办公地址	江苏省苏州市高新区邓尉路 6 号			
	经营范围	建筑幕墙与公共建筑装饰工程的设计与施工			

主要财务指标	指标\报告期	2015.06.30	2014.12.31	2014.06.30	2013.12.31
	基本每股收益(元)	0.3100	1.0600	0.4100	1.0800
	基本每股收益(扣除后)(元)	0.3000	1.0400	0.4100	1.0600
	稀释每股收益(元)	-	-	-	1.0800
	每股净资产(元)	8.5045	5.3190	-	4.2600
	每股经营现金净流量(元)	-1.8676	-0.3030	-	0.3238
	每股现金流量(元)	0.1174	-0.0768	-	0.0860
	每股资本公积金(元)	4.8522	0.8467	-	0.8467
	每股盈余公积金(元)	0.2185	0.3005	-	0.2249
	每股未分配利润(元)	2.4339	3.1718	-	2.1893
	净资产收益率(%)	3.2121	19.8909	-	25.2780
	加权净资产收益率(%)	4.1700	22.0900	9.1700	28.9400
	净资产收益率(扣除)(%)	3.0988	19.5323	-	24.9001
	总资产(万元)	214308.51	188694.39	-	145451.41
	归属母公司股东权益(万元)	105272.91	47870.76	-	38348.85
	营业收入(万元)	74886.14	184430.44	84275.48	170788.38
	营业支出(万元)	63095.18	153246.61	70339.59	142216.02
	投资收益(万元)	189.39	-	-	-
	净利润(万元)	3381.52	9521.90	3687.07	9693.81
	营业利润(万元)	3941.87	12251.74	4970.49	12503.03
	利润总额(万元)	4082.13	12458.96	5019.29	12713.78

广东四通集团股份有限公司

公司概况	公司名称	广东四通集团股份有限公司		证券简称	四通股份
	法人代表	蔡镇城	董秘	黄奕鹏	证券代码	603838
	公司网址	www.sitong.net		电子信箱	sitong@sitong.net
	电 话	0768-2972746		传 真	0768-2971228
	办公地址	广东省潮州市潮州火车站区南片 B11-4-1 地块			
	经营范围	提供新型家居生活陶瓷的研发、设计、生产和销售的一体化服务			

主要财务指标	指标\报告期	2015.06.30	2014.12.31	2014.06.30	2013.12.31
	基本每股收益(元)	0.2300	0.5000	0.2500	0.4800
	基本每股收益(扣除后)(元)	0.1800	0.4500	0.2200	0.3900
	稀释每股收益(元)	0.2300	0.5000	0.2500	0.4800
	每股净资产(元)	4.4457	3.6100	-	3.2700
	每股经营现金净流量(元)	-0.2511	0.8920	-	0.5732
	每股现金流量(元)	1.2821	0.2593	-	0.0858
	每股资本公积金(元)	2.0492	0.8908	-	0.9493
	每股盈余公积金(元)	0.1235	0.1647	-	0.1191
	每股未分配利润(元)	1.2734	1.5587	-	1.2062
	净资产收益率(%)	4.0370	13.7835	-	14.5503
	加权净资产收益率(%)	5.9900	14.6200	7.4600	15.7300
	净资产收益率(扣除)(%)	3.1528	12.4189	-	11.7611
	总资产(万元)	66654.86	45056.37	-	41948.73
	归属母公司股东权益(万元)	59278.85	36136.26	-	32741.63
	营业收入(万元)	21497.57	47500.99	21745.26	45737.92
	营业支出(万元)	15762.34	35070.98	15903.32	33704.60
	投资收益(万元)	99.82	150.90	206.23	-
	净利润(万元)	2393.09	5011.99	2547.91	4798.01
	营业利润(万元)	2178.53	5468.68	2775.05	4512.68
	利润总额(万元)	2755.88	5874.26	2985.67	5616.61

北部湾旅游股份有限公司

公司概况	公司名称	北部湾旅游股份有限公司		证券简称	北部湾旅
	法人代表	王玉锁	董秘	檀国民	证券代码	603869
	公司网址	www.beibuwantourism.com		电子信箱	beibuwangulf@ovationtrip.com
	电　　话	0779-3078098		传　　真	0779-3078568
	办公地址	广西壮族自治区北海市四川南路铁路桥以南新奥大厦			
	经营范围	公司主要从事北部湾区域海洋旅游运输及旅游服务业务			

主要财务指标	指标\报告期	2015.06.30	2014.12.31	2014.06.30	2013.12.31
	基本每股收益(元)	0.1900	0.3200	0.1000	0.3000
	基本每股收益(扣除后)(元)	0.1900	0.3100	0.1000	0.2900
	稀释每股收益(元)	0.1900	0.3200	0.1000	0.3000
	每股净资产(元)	3.3914	2.8700	2.6500	2.6500
	每股经营现金净流量(元)	0.2474	0.6176	0.2312	0.5052
	每股现金流量(元)	1.2632	-0.5019	-0.1507	0.4895
	每股资本公积金(元)	1.4162	0.6996	0.6996	0.6996
	每股盈余公积金(元)	0.1169	0.1559	0.1167	0.1167
	每股未分配利润(元)	0.8529	1.0191	0.8371	0.8384
	净资产收益率(%)	4.9717	11.1299	3.7199	11.2428
	加权净资产收益率(%)	8.1300	11.6400	3.7000	11.8100
	净资产收益率(扣除)(%)	4.8183	10.9367	3.7070	11.0104
	总资产(万元)	91713.04	61232.27	64088.23	64170.59
	归属母公司股东权益(万元)	73334.78	46621.22	43043.44	43055.86
	营业收入(万元)	17254.46	32884.14	14218.05	31546.29
	营业支出(万元)	9417.99	20259.51	9179.00	19620.22
	投资收益(万元)	42.60	-45.84	21.91	-39.37
	净利润(万元)	3648.69	5192.17	1603.65	4842.02
	营业利润(万元)	4322.82	6297.63	2034.69	5797.51
	利润总额(万元)	4456.29	6400.29	2039.63	5909.08

老百姓大药房连锁股份有限公司

公司概况	公司名称	老百姓大药房连锁股份有限公司		证券简称	老百姓
	法人代表	谢子龙	董秘	张钰	证券代码	603883
	公司网址	www.lbxdrugs.com		电子信箱	ir@lbxdrugs.com
	电　　话	0731-84035189		传　　真	0731-84035199
	办公地址	湖南省长沙市经济技术开发区(星沙)开元西路一号			
	经营范围	从事药品及健康相关商品的销售			

主要财务指标	指标\报告期	2015.06.30	2014.12.31	2014.06.30	2013.12.31
	基本每股收益(元)	0.5400	1.0100	0.5200	0.8000
	基本每股收益(扣除后)(元)	0.5200	0.9700	0.5000	0.7800
	稀释每股收益(元)	0.5400	1.0100	0.5200	0.8000
	每股净资产(元)	7.8588	4.8400	-	4.0500
	每股经营现金净流量(元)	0.6458	1.2357	-	0.6826
	每股现金流量(元)	2.7395	-0.0135	-	-0.0968
	每股资本公积金(元)	4.0641	0.7104	-	0.7718
	每股盈余公积金(元)	0.1128	0.1505	-	0.0528
	每股未分配利润(元)	2.6820	2.9786	-	2.2244
	净资产收益率(%)	5.7364	20.9091	-	19.8468
	加权净资产收益率(%)	8.8200	22.9100	12.5600	22.0300
	净资产收益率(扣除)(%)	5.5604	20.0980	-	19.1861
	总资产(万元)	331427.13	252967.69	-	217968.85
	归属母公司股东权益(万元)	209831.11	96791.56	-	80980.75
	营业收入(万元)	208788.29	394287.73	185253.56	332129.46
	营业支出(万元)	129164.47	248398.01	117565.20	212837.59
	投资收益(万元)	-	51.06	-	108.79
	净利润(万元)	13971.08	23799.82	12253.32	19363.45
	营业利润(万元)	17278.72	30248.10	15037.44	24775.75
	利润总额(万元)	17710.54	31109.11	15602.76	25315.23

上海吉祥航空股份有限公司

公司概况	公司名称	上海吉祥航空股份有限公司		证券简称	吉祥航空
	法人代表	王均金	董秘	徐骏民	证券代码	603885
	公司网址	www.juneyaoair.com		电子信箱	ir@juneyao.com
	电　　话	021-22388581		传　　真	021-22388580
	办公地址	上海闵行区虹翔三路 80 号			
	经营范围	国内航空客、货运输业务等			

主要财务指标	指标\报告期	2015.06.30	2014.12.31	2014.06.30	2013.12.31
	基本每股收益(元)	1.0100	0.8600	0.3900	0.6800
	基本每股收益(扣除后)(元)	0.9000	0.5500	0.2300	0.4400
	稀释每股收益(元)	1.0100	0.8600	0.3900	0.6800
	每股净资产(元)	5.5935	4.0100	3.8164	3.2551
	每股经营现金净流量(元)	1.8544	1.7346	0.6758	2.0122
	每股现金流量(元)	1.7344	0.2267	0.0719	0.0575
	每股资本公积金(元)	1.9985	0.9780	0.9780	0.9780
	每股盈余公积金(元)	0.2476	0.2813	0.2250	0.1774
	每股未分配利润(元)	2.3474	1.7512	1.6134	1.0997
	净资产收益率(%)	16.2951	21.3283	10.0306	20.8064
	加权净资产收益率(%)	22.0000	23.7100	10.4200	22.9600
	净资产收益率(扣除)(%)	14.4320	13.7803	6.1586	13.3888
	总资产(万元)	1103400.09	793222.22	696875.46	628426.76
	归属母公司股东权益(万元)	317709.23	200524.93	190817.65	162756.35
	营业收入(万元)	384209.91	664686.36	319114.02	592948.70
	营业支出(万元)	278064.22	540424.66	263500.53	495376.41
	投资收益(万元)	-	-	-	-
	净利润(万元)	50255.23	41499.55	19460.77	33863.80
	营业利润(万元)	63927.57	39515.15	15850.74	30181.16
	利润总额(万元)	71719.77	59697.44	26201.91	46278.02

浙江新澳纺织股份有限公司

公司概况	公司名称	浙江新澳纺织股份有限公司		证券简称	新澳股份
	法人代表	沈建华	董秘	李新学	证券代码	603889
	公司网址	www.xinaotex.com		电子信箱	xinao@xinaotex.com
	电　　话	0573-88455801		传　　真	0573-88455838
	办公地址	浙江省嘉兴市桐乡市崇福镇观庄桥			
	经营范围	毛精纺纱线的研发、生产和销售			

主要财务指标	指标\报告期	2015.06.30	2014.12.31	2014.06.30	2013.12.31
	基本每股收益(元)	0.5100	1.4200	0.5600	1.2100
	基本每股收益(扣除后)(元)	0.4500	1.4800	0.6400	1.1100
	稀释每股收益(元)	0.5100	1.4200	0.5600	1.2100
	每股净资产(元)	6.2268	9.0724	6.6858	5.6745
	每股经营现金净流量(元)	0.4827	1.0634	1.2673	1.0526
	每股现金流量(元)	-2.2877	3.5312	0.0794	0.9904
	每股资本公积金(元)	2.2444	3.8666	0.1042	0.1042
	每股盈余公积金(元)	0.2523	0.3784	0.3873	0.3873
	每股未分配利润(元)	2.7365	3.8340	4.5689	4.1846
	净资产收益率(%)	8.2520	11.7399	12.5283	21.3158
	加权净资产收益率(%)	8.2200	23.2800	12.9400	23.5800
	净资产收益率(扣除)(%)	7.1743	12.2731	14.0215	19.4860
	总资产(万元)	140692.89	164984.32	112978.47	112304.62
	归属母公司股东权益(万元)	99640.51	96784.38	48479.08	45395.86
	营业收入(万元)	89188.90	153237.72	85926.02	142859.49
	营业支出(万元)	72181.78	123023.12	68441.60	116651.71
	投资收益(万元)	139.51	-86.46	-74.90	100.88
	净利润(万元)	8460.02	11884.66	6997.18	10123.39
	营业利润(万元)	9558.53	14383.58	8278.39	11744.61
	利润总额(万元)	10014.37	14297.08	8213.61	12096.30

广州好莱客创意家居股份有限公司

公司概况	公司名称	广州好莱客创意家居股份有限公司			证券简称	好莱客
	法人代表	沈汉标	董秘	蒋乾乾	证券代码	603898
	公司网址	www.holike.com		电子信箱	ir@holike.com	
	电 话	020-89311886		传 真	020-89311899	
	办公地址	广州市天河区科韵路20号三层				
	经营范围	开发、生产、销售整体衣柜及配套家具				

主要财务指标	指标\报告期	2015.06.30	2014.12.31	2014.06.30	2013.12.31
	基本每股收益(元)	0.5500	1.9200	0.5800	1.3700
	基本每股收益(扣除后)(元)	0.5400	1.8900	0.5500	1.3700
	稀释每股收益(元)	0.5500	1.9200	0.5800	1.3700
	每股净资产(元)	8.5210	5.1777	4.1400	3.8000
	每股经营现金净流量(元)	0.4927	2.2182	0.3837	2.2747
	每股现金流量(元)	-0.3613	0.8895	-0.1912	1.5499
	每股资本公积金(元)	4.3367	0.2726	0.2726	0.2726
	每股盈余公积金(元)	0.3491	0.4655	0.2732	0.2732
	每股未分配利润(元)	2.8352	3.4396	2.5933	2.2591
	净资产收益率(%)	5.9325	37.1363	14.1144	35.9563
	加权净资产收益率(%)	7.2100	42.9300	14.7100	41.8300
	净资产收益率(扣除)(%)	5.8565	36.4652	13.3528	36.0131
	总资产(万元)	101370.36	55471.22	44625.95	44206.21
	归属母公司股东权益(万元)	83505.86	38056.23	30422.51	27966.06
	营业收入(万元)	42064.72	90107.79	35777.13	64966.58
	营业支出(万元)	26649.23	56463.90	22761.05	40539.10
	投资收益(万元)	29.17	–	–	–
	净利润(万元)	4954.01	14264.74	4293.95	10055.55
	营业利润(万元)	5637.10	16184.55	4690.43	11799.10
	利润总额(万元)	5682.65	16485.00	4963.02	11780.40

上海晨光文具股份有限公司

公司概况	公司名称	上海晨光文具股份有限公司			证券简称	晨光文具
	法人代表	陈湖文	董秘	丁一新	证券代码	603899
	公司网址	www.mg-pen.com		电子信箱	ir@mg-pen.com	
	电 话	021-57475621		传 真	021-57475621	
	办公地址	上海市奉贤区金钱公路3469号3号楼				
	经营范围	文具用品制造及销售等				

主要财务指标	指标\报告期	2015.06.30	2014.12.31	2014.06.30	2013.12.31
	基本每股收益(元)	0.4610	0.8489	0.4517	0.7009
	基本每股收益(扣除后)(元)	0.4556	0.7716	0.4086	0.6578
	稀释每股收益(元)	0.4610	0.8489	0.4517	0.7009
	每股净资产(元)	4.2484	3.0912	–	2.2400
	每股经营现金净流量(元)	0.5690	0.8563	–	0.5474
	每股现金流量(元)	0.0580	0.2168	–	-0.0936
	每股资本公积金(元)	1.5975	0.1362	–	0.1362
	每股盈余公积金(元)	0.2413	0.2775	–	0.1902
	每股未分配利润(元)	1.4097	1.6775	–	0.9159
	净资产收益率(%)	10.6142	27.4623	–	31.2560
	加权净资产收益率(%)	11.0400	31.8300	16.9400	35.2700
	净资产收益率(扣除)(%)	10.4913	24.9612	–	29.3375
	总资产(万元)	255114.31	175164.10	–	129777.15
	归属母公司股东权益(万元)	195427.94	123649.35	–	89692.35
	营业收入(万元)	184757.03	304328.00	149180.85	235985.59
	营业支出(万元)	136464.25	226252.70	111045.70	171472.23
	投资收益(万元)	72.28	87.93	4.55	6.60
	净利润(万元)	20094.24	32939.16	17602.43	27618.03
	营业利润(万元)	23937.63	36355.30	19357.37	31115.89
	利润总额(万元)	24148.66	39924.70	21389.44	33137.69

杭州永创智能设备股份有限公司

公司概况	公司名称	杭州永创智能设备股份有限公司			证券简称	永创智能
	法人代表	吕婕	董秘	张彩芹	证券代码	603901
	公司网址	www.youngsunpack.com		电子信箱	ir@youngsunpack.com	
	电 话	0571-28057366		传 真	0571-28028609	
	办公地址	浙江省杭州市西湖区三墩镇西园九路1号				
	经营范围	包装机械及其零配件、工业机器人及其成套系统、精密仪器等				

主要财务指标	指标\报告期	2015.06.30	2014.12.31	2014.06.30	2013.12.31
	基本每股收益(元)	0.4900	0.9900	0.4400	0.9500
	基本每股收益(扣除后)(元)	0.4700	0.9200	0.4500	0.9300
	稀释每股收益(元)	0.4900	0.9900	0.4400	0.9500
	每股净资产(元)	7.8239	5.3500	4.8203	4.5595
	每股经营现金净流量(元)	-0.7231	0.7466	-0.3737	0.6367
	每股现金流量(元)	1.7910	0.5850	-0.0938	0.1048
	每股资本公积金(元)	4.6188	1.7299	1.7299	1.7299
	每股盈余公积金(元)	0.2272	0.3029	0.2044	0.2044
	每股未分配利润(元)	1.9946	2.3358	1.8892	1.6253
	净资产收益率(%)	4.9998	18.4775	9.2086	20.9067
	加权净资产收益率(%)	8.2700	20.2000	9.5300	23.0900
	净资产收益率(扣除)(%)	4.7888	17.1311	9.3285	20.3095
	总资产(万元)	129867.12	101940.37	96237.21	89814.00
	归属母公司股东权益(万元)	78238.97	40149.29	36152.53	34196.58
	营业收入(万元)	43135.63	88785.36	40039.76	73612.01
	营业支出(万元)	29343.30	60832.50	27101.27	48032.27
	投资收益(万元)	–	–	–	–
	净利润(万元)	3912.42	7431.21	3334.31	7152.46
	营业利润(万元)	4415.16	8129.64	4005.15	8104.96
	利润总额(万元)	4557.84	8773.05	3950.01	8307.29

上海金桥信息股份有限公司

公司概况	公司名称	上海金桥信息股份有限公司			证券简称	金桥信息
	法人代表	金国培	董秘	李志明	证券代码	603918
	公司网址	www.shgbit.com		电子信箱	shgbit@shgbit.com	
	电 话	021-33674396		传 真	021-33674997	
	办公地址	上海市徐汇区田林路487号25号楼				
	经营范围	各种信息系统、安全防范防火工程				

主要财务指标	指标\报告期	2015.06.30	2014.12.31	2014.06.30	2013.12.31
	基本每股收益(元)	0.0037	0.5800	0.0691	0.5600
	基本每股收益(扣除后)(元)	0.0035	0.5500	0.0691	0.4600
	稀释每股收益(元)	0.0037	0.5800	0.0691	0.5600
	每股净资产(元)	4.8514	4.0200	–	3.5949
	每股经营现金净流量(元)	-1.0881	1.0327	–	0.4868
	每股现金流量(元)	0.5972	0.2413	–	0.6838
	每股资本公积金(元)	2.3807	0.9158	–	0.9158
	每股盈余公积金(元)	0.1878	0.2504	–	0.1904
	每股未分配利润(元)	1.2887	1.8643	–	1.4968
	净资产收益率(%)	0.0611	14.3529	–	15.6799
	加权净资产收益率(%)	0.0900	15.3100	1.9600	16.8200
	净资产收益率(扣除)(%)	0.0571	13.6954	–	12.6979
	总资产(万元)	71570.05	59409.85	–	55793.68
	归属母公司股东权益(万元)	42692.05	26549.36	–	23726.26
	营业收入(万元)	19570.08	58794.22	22192.29	58045.82
	营业支出(万元)	14042.66	42726.98	16169.55	42560.33
	投资收益(万元)	–	–	–	–
	净利润(万元)	26.07	3810.59	456.02	3720.26
	营业利润(万元)	17.57	4272.52	553.17	3531.75
	利润总额(万元)	19.53	4477.87	553.35	4364.13

益丰大药房连锁股份有限公司

公司概况	公司名称	益丰大药房连锁股份有限公司			证券简称	益丰药房
	法人代表	高毅	董秘	王付国	证券代码	603939
	公司网址	www.yfdyf.cn		电子信箱	ir@yfdyf.com	
	电　　话	0731-89953989		传　　真	0731-89953979	
	办公地址	湖南省长沙市高新区金洲大道 68 号				
	经营范围	药品、保健品、医疗器械以及与健康相关的日用便利品等的连锁零售业务				

主要财务指标	指标\报告期	2015.06.30	2014.12.31	2014.06.30	2013.12.31
	基本每股收益(元)	0.5990	1.1700	0.5600	0.8300
	基本每股收益(扣除后)(元)	0.5710	1.1300	0.5430	0.8100
	稀释每股收益(元)	0.5990	1.1700	0.5600	0.8300
	每股净资产(元)	8.7727	4.9200	4.3100	4.1500
	每股经营现金净流量(元)	0.4242	1.7695	0.7386	1.3059
	每股现金流量(元)	0.4234	0.0988	-0.1926	0.3550
	每股资本公积金(元)	5.5195	1.6478	1.6478	1.6478
	每股盈余公积金(元)	0.1067	0.1423	0.0852	0.0852
	每股未分配利润(元)	2.1466	2.1298	1.5776	1.4155
	净资产收益率(%)	6.2606	23.8084	13.0405	19.9243
	加权净资产收益率(%)	7.8600	26.2200	13.0800	21.8400
	净资产收益率(扣除)(%)	5.9681	23.0076	12.6055	19.5942
	总资产(万元)	210719.13	125095.07	104203.27	102641.15
	归属母公司股东权益(万元)	140363.68	59038.39	51727.86	49782.27
	营业收入(万元)	130285.12	223022.57	104137.29	180429.93
	营业支出(万元)	77681.99	134323.03	62746.73	110683.06
	投资收益(万元)	334.75	-	-	-
	净利润(万元)	8888.53	14240.26	6828.02	10038.10
	营业利润(万元)	11697.35	18482.67	8829.66	13279.47
	利润总额(万元)	11922.86	19131.51	9141.09	13511.85

南通醋酸化工股份有限公司

公司概况	公司名称	南通醋酸化工股份有限公司			证券简称	醋化股份
	法人代表	顾清泉	董秘	俞新南	证券代码	603968
	公司网址	www.ntacf.com		电子信箱	aac@ntacf.com	
	电　　话	0513-68091213		传　　真	0513-68091213	
	办公地址	江苏省南通市经济技术开发区江山路 968 号				
	经营范围	醋酸衍生物、吡啶衍生物为主体的高端专用精细化学品的研发、生产和销售				

主要财务指标	指标\报告期	2015.06.30	2014.12.31	2014.06.30	2013.12.31
	基本每股收益(元)	0.8100	1.3000	0.6900	0.8200
	基本每股收益(扣除后)(元)	0.7100	1.1400	0.6600	0.6100
	稀释每股收益(元)	-	-	-	-
	每股净资产(元)	10.2402	6.8100	-	6.1267
	每股经营现金净流量(元)	1.0211	1.9004	-	1.4949
	每股现金流量(元)	4.1903	-0.0673	-	-0.3890
	每股资本公积金(元)	4.8828	0.8488	-	0.8488
	每股盈余公积金(元)	0.4045	0.5394	-	0.5394
	每股未分配利润(元)	3.9529	4.4133	-	3.7385
	净资产收益率(%)	6.2783	19.0944	-	13.3078
	加权净资产收益率(%)	10.4100	19.8400	10.8600	13.9300
	净资产收益率(扣除)(%)	5.5021	16.6901	-	9.9065
	总资产(万元)	172196.87	125240.06	-	127474.00
	归属母公司股东权益(万元)	104695.74	52199.04	-	46979.20
	营业收入(万元)	68066.09	142308.13	71947.15	126356.42
	营业支出(万元)	54098.77	116853.64	58493.29	106711.90
	投资收益(万元)	135.59	16.44	111.64	213.77
	净利润(万元)	6573.10	9967.08	5322.93	6251.88
	营业利润(万元)	6960.33	10127.28	5403.18	6455.00
	利润总额(万元)	7687.20	11774.59	6239.04	7330.83

天津银龙预应力材料股份有限公司

公司概况	公司名称	天津银龙预应力材料股份有限公司			证券简称	银龙股份
	法人代表	谢铁桥	董秘	谢志礼	证券代码	603969
	公司网址	www.yinlong.com		电子信箱	dsh@yinlong.com	
	电　　话	022-26983538		传　　真	022-26983575	
	办公地址	天津市北辰区双源工业区双江道 62 号				
	经营范围	从事预应力混凝土用钢材的研发、生产和销售				

主要财务指标	指标\报告期	2015.06.30	2014.12.31	2014.06.30	2013.12.31
	基本每股收益(元)	0.1800	0.8800	0.4900	0.8100
	基本每股收益(扣除后)(元)	0.1700	0.8200	0.4600	0.8100
	稀释每股收益(元)	0.1800	0.8800	0.4900	0.8100
	每股净资产(元)	3.6219	5.1676	-	4.2917
	每股经营现金净流量(元)	0.2537	1.0334	-	0.4600
	每股现金流量(元)	1.0427	-0.1603	-	0.3249
	每股资本公积金(元)	1.6788	1.9084	-	1.9084
	每股盈余公积金(元)	0.1175	0.1942	-	0.1347
	每股未分配利润(元)	0.8256	2.0649	-	1.2486
	净资产收益率(%)	4.7191	16.9495	-	18.9305
	加权净资产收益率(%)	5.5700	18.5200	10.7300	20.4600
	净资产收益率(扣除)(%)	4.4404	15.7740	-	18.7745
	总资产(万元)	165730.66	125578.32	-	116208.91
	归属母公司股东权益(万元)	144877.31	77513.28	-	64375.17
	营业收入(万元)	76868.95	198268.82	103087.62	195392.92
	营业支出(万元)	59153.24	161264.44	84891.99	161995.18
	投资收益(万元)	-	-	-	-
	净利润(万元)	7431.31	13093.52	7349.49	12103.96
	营业利润(万元)	9043.94	15104.47	8577.32	14656.93
	利润总额(万元)	9538.19	16344.30	9173.59	14789.51

金诚信矿业管理股份有限公司

公司概况	公司名称	金诚信矿业管理股份有限公司			证券简称	金诚信
	法人代表	王先成	董秘	尹师州	证券代码	603979
	公司网址	www.jchxmc.com		电子信箱	jchxsl@jchxmc.com	
	电　　话	010-82561878		传　　真	010-82561878	
	办公地址	北京市海淀区长春桥路 5 号新起点嘉园 12 号楼 15 层				
	经营范围	承包与其实力、规模、业绩相适应的国外工程项目				

主要财务指标	指标\报告期	2015.06.30	2014.12.31	2014.06.30	2013.12.31
	基本每股收益(元)	0.4500	1.0100	0.5000	1.3800
	基本每股收益(扣除后)(元)	0.4500	1.0000	0.4800	1.3300
	稀释每股收益(元)	0.4500	1.0100	0.5000	1.3800
	每股净资产(元)	9.1531	6.4300	-	5.5348
	每股经营现金净流量(元)	-0.0998	0.2720	-	0.4140
	每股现金流量(元)	4.0068	0.0638	-	0.3638
	每股资本公积金(元)	4.8521	1.3689	-	1.3689
	每股盈余公积金(元)	0.2212	0.2963	-	0.2083
	每股未分配利润(元)	2.9107	3.5496	-	2.7638
	净资产收益率(%)	3.7006	15.7649	-	24.8738
	加权净资产收益率(%)	6.8400	17.0400	8.6700	28.3300
	净资产收益率(扣除)(%)	3.6877	15.5811	-	24.0666
	总资产(万元)	500868.01	327195.14	-	276703.08
	归属母公司股东权益(万元)	343242.67	180047.90	-	154975.18
	营业收入(万元)	126083.47	278663.47	131031.55	263736.78
	营业支出(万元)	92530.48	204716.60	96027.29	187004.52
	投资收益(万元)	-	-	-	-
	净利润(万元)	12666.91	28332.08	14059.26	38550.39
	营业利润(万元)	16809.05	36870.34	17721.14	47233.04
	利润总额(万元)	16884.71	37371.47	18473.31	47962.30

中电电机股份有限公司

公司概况	公司名称	中电电机股份有限公司		证券简称	中电电机
	法人代表	王建裕	董秘	证券代码	603988
	公司网址	www.sec-motor.com	电子信箱	business@sec-motor.com	
	电　话	0510-85628128	传　真	0510-85628999	
	办公地址	江苏省无锡市高浪东路777号			
	经营范围	从事大中型交、直流电机产品的设计、生产、销售和服务			

主要财务指标	指标\报告期	2015.06.30	2014.12.31	2014.06.30	2013.12.31
	基本每股收益(元)	0.2900	0.8580	0.5100	1.0000
	基本每股收益(扣除后)(元)	0.2800	0.7180	0.3600	0.9000
	稀释每股收益(元)	0.2900	0.8580	0.5100	1.0000
	每股净资产(元)	7.7072	7.6123	5.3000	4.7900
	每股经营现金净流量(元)	0.0619	-0.0685	0.0612	0.6032
	每股现金流量(元)	-2.9521	2.7379	0.0502	0.5980
	每股资本公积金(元)	4.1005	4.1005	1.3471	1.3471
	每股盈余公积金(元)	0.2512	0.2512	0.2443	0.2443
	每股未分配利润(元)	2.3555	2.2606	2.7097	2.1990
	净资产收益率(%)	3.8269	8.9231	9.6331	20.8205
	加权净资产收益率(%)	3.8200	15.1300	10.1200	23.2400
	净资产收益率(扣除)(%)	3.6559	7.4629	6.8598	18.8521
	总资产(万元)	79996.30	80129.52	53171.19	53532.73
	归属母公司股东权益(万元)	61657.95	60898.38	31806.39	28742.46
	营业收入(万元)	12418.34	33050.17	17638.48	38022.48
	营业支出(万元)	7510.88	20522.82	11119.19	24667.24
	投资收益(万元)	158.51	-	-	-
	净利润(万元)	2359.57	5434.01	3063.93	5984.32
	营业利润(万元)	2654.92	5217.76	2981.20	6283.15
	利润总额(万元)	2778.92	6263.93	4133.70	6909.32

湖南艾华集团股份有限公司

公司概况	公司名称	湖南艾华集团股份有限公司		证券简称	艾华集团
	法人代表	艾立华	董秘	朱勇	证券代码 603989
	公司网址	www.aihuaglobal.com	电子信箱	aihua@aihuaglobal.com	
	电　话	0737-6183891	传　真	0737-6183891	
	办公地址	湖南省益阳市桃花仑东路(紫竹路南侧)			
	经营范围	铝电解电容器、电极箔的生产与销售及电容器生产设备的制造			

主要财务指标	指标\报告期	2015.06.30	2014.12.31	2014.06.30	2013.12.31
	基本每股收益(元)	0.5600	1.2000	0.6800	1.0700
	基本每股收益(扣除后)(元)	0.5200	1.2100	0.6500	1.0600
	稀释每股收益(元)	0.5600	1.2000	0.6800	1.0700
	每股净资产(元)	8.9482	5.1500	-	4.5497
	每股经营现金净流量(元)	0.4409	1.5824	-	1.4012
	每股现金流量(元)	4.1996	0.1511	-	0.1932
	每股资本公积金(元)	5.1320	0.5916	-	0.5916
	每股盈余公积金(元)	0.3251	0.3766	-	0.2669
	每股未分配利润(元)	2.4912	3.1845	-	2.6913
	净资产收益率(%)	4.9775	23.3464	-	23.6226
	加权净资产收益率(%)	9.3600	26.0000	13.8800	26.3600
	净资产收益率(扣除)(%)	4.6303	23.5467	-	23.2943
	总资产(万元)	204743.43	116727.51	-	115003.30
	归属母公司股东权益(万元)	178964.87	77290.38	-	68245.87
	营业收入(万元)	59745.42	117381.91	57244.51	105456.85
	营业支出(万元)	39870.97	76011.23	36182.16	71053.16
	投资收益(万元)	6.09	4.05	4.05	2.14
	净利润(万元)	9001.71	18271.39	10393.26	16406.46
	营业利润(万元)	11182.76	24151.87	12989.16	18977.92
	利润总额(万元)	12013.85	23950.84	13716.58	19235.06

洛阳栾川钼业集团股份有限公司

公司概况	公司名称	洛阳栾川钼业集团股份有限公司		证券简称	洛阳钼业
	法人代表	李朝春	董秘	张新晖	证券代码 603993
	公司网址	www.chinamoly.com	电子信箱	cmoc03993@gmail.com	
	电　话	0379-68658017	传　真	0379-68658030	
	办公地址	河南省洛阳市栾川县城东新区画眉山路伊河以北			
	经营范围	矿产资源的采选、冶炼、深加工及勘探			

主要财务指标	指标\报告期	2015.06.30	2014.12.31	2014.06.30	2013.12.31
	基本每股收益(元)	0.0900	0.3600	0.2000	0.2300
	基本每股收益(扣除后)(元)	0.0900	0.2700	0.1400	0.1900
	稀释每股收益(元)	0.0900	0.3600	-	-
	每股净资产(元)	2.7621	2.8828	2.4897	2.3991
	每股经营现金净流量(元)	1.2142	3.5805	1.2254	1.3511
	每股现金流量(元)	-1.8417	3.7637	1.8977	0.3358
	每股资本公积金(元)	9.6766	9.3869	7.9814	7.9814
	每股盈余公积金(元)	0.6851	0.6943	0.6943	0.6943
	每股未分配利润(元)	2.6921	3.2704	2.4633	2.1735
	净资产收益率(%)	3.2584	12.4662	7.9513	9.6418
	加权净资产收益率(%)	3.1500	14.3900	8.0000	9.8800
	净资产收益率(扣除)(%)	3.0760	9.2743	5.6239	7.9603
	总资产(万元)	3247230.21	2805487.64	2252972.00	2189913.85
	归属母公司股东权益(万元)	1421039.07	1463357.39	1263796.79	1217827.55
	营业收入(万元)	226925.72	666238.21	370626.50	553646.92
	营业支出(万元)	132895.47	387142.98	233409.64	373346.83
	投资收益(万元)	10184.55	53175.82	37470.76	37341.80
	净利润(万元)	43749.59	180020.18	99334.24	108491.08
	营业利润(万元)	43277.36	213819.00	126661.76	100996.09
	利润总额(万元)	39145.38	214806.01	122468.69	123618.22

宁波继峰汽车零部件股份有限公司

公司概况	公司名称	宁波继峰汽车零部件股份有限公司		证券简称	继峰股份
	法人代表	王义平	董秘	王俊宏	证券代码 603997
	公司网址	www.nb-jf.com	电子信箱	ir@nb-jf.com	
	电　话	0574-86163701	传　真	0574-86813075	
	办公地址	浙江省宁波市北仑区大碶璎珞河路17号			
	经营范围	汽车金属件、塑料内饰件的开发、生产			

主要财务指标	指标\报告期	2015.06.30	2014.12.31	2014.06.30	2013.12.31
	基本每股收益(元)	0.2200	0.5600	0.2700	0.5100
	基本每股收益(扣除后)(元)	0.2100	0.5400	0.2700	0.4900
	稀释每股收益(元)	0.2200	0.5600	0.2700	0.5100
	每股净资产(元)	2.9622	2.1702	-	3.7827
	每股经营现金净流量(元)	0.2674	0.3906	-	0.6954
	每股现金流量(元)	0.3026	-0.0729	-	-0.3194
	每股资本公积金(元)	0.9665	0.0741	-	1.1482
	每股盈余公积金(元)	0.1289	0.1504	-	0.1975
	每股未分配利润(元)	0.8686	0.9470	-	1.4370
	净资产收益率(%)	6.9827	25.8100	-	27.0219
	加权净资产收益率(%)	8.3200	28.2300	14.1300	31.2400
	净资产收益率(扣除)(%)	6.5630	24.8159	-	26.0267
	总资产(万元)	139216.46	106904.50	-	83157.50
	归属母公司股东权益(万元)	124414.09	78128.28	-	68088.78
	营业收入(万元)	50065.85	101791.66	44927.53	75049.40
	营业支出(万元)	31280.24	62697.97	27351.14	44599.07
	投资收益(万元)	-	60.97	60.97	49.40
	净利润(万元)	8815.66	20397.99	9864.04	18424.25
	营业利润(万元)	10047.83	23304.06	11519.99	21029.13
	利润总额(万元)	10662.38	24167.75	11634.76	21827.51

上海仪电电子股份有限公司

公司概况	公司名称	上海仪电电子股份有限公司			证券简称	仪电B股
	法人代表	刘家雄	董秘	张杏兴	证券代码	900901
	公司网址	www.inesa-e.com		电子信箱	webmaster@inesa-e.com	
	电　　话	021-62980202 34695939		传　　真	021-62982121	
	办公地址	上海市徐汇区田林路168号4-5楼				
	经营范围	真空光电子器件及其应用产品、配件的生产和销售				

	指标\报告期	2015.06.30	2014.12.31	2014.06.30	2013.12.31
主要财务指标	基本每股收益(元)	0.0307	0.0900	0.0375	0.1000
	基本每股收益(扣除后)(元)	−0.0043	−0.0200	−0.0048	0.0100
	稀释每股收益(元)	0.0307	0.0900	0.0375	0.1000
	每股净资产(元)	2.2491	2.2330	2.1725	2.1350
	每股经营现金净流量(元)	−0.1600	−0.0578	−0.0939	−0.0198
	每股现金流量(元)	−0.2230	0.5107	0.4385	0.0325
	每股资本公积金(元)	0.9227	0.9373	0.9322	0.9229
	每股盈余公积金(元)	0.2754	0.2754	0.2754	0.2754
	每股未分配利润(元)	0.0510	0.0202	−0.0351	−0.0725
	净资产收益率(%)	1.3662	4.1538	1.7240	4.5550
	加权净资产收益率(%)	1.3700	4.2500	1.7400	4.6600
	净资产收益率(扣除)(%)	−0.1929	−0.6898	−0.2231	0.3940
	总资产(万元)	313454.45	322496.39	302151.39	284635.20
	归属母公司股东权益(万元)	263806.59	261916.07	254825.95	250423.08
	营业收入(万元)	49056.60	125631.52	47961.67	113838.21
	营业支出(万元)	41524.54	105139.23	39610.69	96734.86
	投资收益(万元)	5096.76	10072.85	1773.84	8316.45
	净利润(万元)	3692.72	13449.43	4980.07	12212.04
	营业利润(万元)	2136.95	5324.07	−1833.46	3265.33
	利润总额(万元)	3992.89	14517.16	5161.52	12585.37

上海市北高新股份有限公司

公司概况	公司名称	上海市北高新股份有限公司			证券简称	市北B股
	法人代表	丁明年	董秘	胡申	证券代码	900902
	公司网址	www.shibeiht.com		电子信箱	zhengquan@shibei.com	
	电　　话	021-66528130		传　　真	021-56770134	
	办公地址	上海市江场三路262号1楼				
	经营范围	生产销售纺纱机械、化纤机械等产品				

	指标\报告期	2015.06.30	2014.12.31	2014.06.30	2013.12.31
主要财务指标	基本每股收益(元)	−0.0324	0.0300	0.0300	0.3000
	基本每股收益(扣除后)(元)	−0.0439	0.0200	0.0289	0.3000
	稀释每股收益(元)	−0.0324	0.0300	0.0300	0.3000
	每股净资产(元)	3.2000	2.2739	2.2780	2.2790
	每股经营现金净流量(元)	−0.9111	−1.0292	−0.0744	−0.4739
	每股现金流量(元)	−0.2306	0.2067	0.0556	−0.4296
	每股资本公积金(元)	1.5787	2.2426	0.4816	0.4816
	每股盈余公积金(元)	0.0353	0.0444	0.0409	0.0409
	每股未分配利润(元)	0.5870	0.7750	0.7555	0.7566
	净资产收益率(%)	−0.8402	1.1406	1.3153	13.3100
	加权净资产收益率(%)	−0.8100	1.1400	1.3200	14.1700
	净资产收益率(扣除)(%)	−1.1363	1.0502	1.2704	13.2353
	总资产(万元)	678427.84	527981.99	227808.93	216351.96
	归属母公司股东权益(万元)	228005.38	230091.37	129035.33	129094.10
	营业收入(万元)	8048.42	12324.21	7743.86	42621.82
	营业支出(万元)	4722.09	5724.64	3794.29	18050.52
	投资收益(万元)	−67.65	1501.63	1184.94	5981.51
	净利润(万元)	−1992.25	1256.83	1369.01	17133.39
	营业利润(万元)	−1641.16	1253.53	1626.80	22546.21
	利润总额(万元)	−1561.08	1434.79	1712.78	22677.84

大众交通(集团)股份有限公司

公司概况	公司名称	大众交通(集团)股份有限公司			证券简称	大众B股
	法人代表	杨国平	董秘	赵思渊	证券代码	900903
	公司网址	www.96822.com		电子信箱	DZJT@96822.com	
	电　　话	021-64285708 64289122		传　　真	021-64285642	
	办公地址	上海市徐汇区中山西路1515号大众大厦22楼				
	经营范围	主营城市客运和城市货运相关产业,参与旅游商贸、房地产和高科技业的经营和投资				

	指标\报告期	2015.06.30	2014.12.31	2014.06.30	2013.12.31
主要财务指标	基本每股收益(元)	0.1600	0.2700	0.1300	0.2600
	基本每股收益(扣除后)(元)	0.0900	0.1600	0.1000	0.1700
	稀释每股收益(元)	0.1600	0.2700	0.1300	0.2600
	每股净资产(元)	4.7058	4.0202	3.5555	3.5045
	每股经营现金净流量(元)	0.4266	0.4061	0.0402	0.2371
	每股现金流量(元)	0.3239	0.0624	−0.0887	−0.0919
	每股资本公积金(元)	0.4027	0.4043	0.6182	0.4043
	每股盈余公积金(元)	0.5426	0.5426	0.5160	0.5160
	每股未分配利润(元)	1.5985	1.5311	1.4213	1.3691
	净资产收益率(%)	3.3456	6.6806	3.7169	7.3905
	加权净资产收益率(%)	3.5800	7.1500	3.7200	7.4700
	净资产收益率(扣除)(%)	1.8419	4.0666	2.7006	4.7111
	总资产(万元)	1291593.48	1124005.97	1032868.35	1024616.68
	归属母公司股东权益(万元)	741666.65	633620.00	560373.75	552343.09
	营业收入(万元)	109068.30	271903.05	140395.52	299840.73
	营业支出(万元)	76264.06	210804.32	111788.53	234304.39
	投资收益(万元)	17639.35	19942.10	4508.37	21083.63
	净利润(万元)	27507.53	49644.93	24505.30	47996.11
	营业利润(万元)	32596.08	49413.34	21441.71	50250.79
	利润总额(万元)	34238.63	61566.12	31442.78	61433.08

上海神奇制药投资管理股份有限公司

公司概况	公司名称	上海神奇制药投资管理股份有限公司			证券简称	神奇B股
	法人代表	张芝庭	董秘	梅君	证券代码	900904
	公司网址	www.gzsq.com		电子信箱	shanghaiys@126.com	
	电　　话	021-53750009		传　　真	021-53750012	
	办公地址	上海市威海路128号长发大厦613室				
	经营范围	在国家法律允许和政策鼓励的范围内进行投资管理				

	指标\报告期	2015.06.30	2014.12.31	2014.06.30	2013.12.31
主要财务指标	基本每股收益(元)	0.2100	0.4000	0.2000	0.2900
	基本每股收益(扣除后)(元)	0.2100	0.4000	0.2000	0.2800
	稀释每股收益(元)	0.2100	0.4000	0.2000	0.2900
	每股净资产(元)	4.9610	4.4172	4.1861	4.0122
	每股经营现金净流量(元)	0.1403	−0.0194	−0.0706	0.1680
	每股现金流量(元)	0.1197	−0.0696	−0.0577	0.6661
	每股资本公积金(元)	2.3780	2.3780	2.3782	2.3780
	每股盈余公积金(元)	0.0889	0.0889	0.0664	0.0664
	每股未分配利润(元)	1.1384	0.9499	0.7415	0.5676
	净资产收益率(%)	4.2695	9.1647	4.7103	6.2465
	加权净资产收益率(%)	4.6800	9.6100	4.8100	9.4000
	净资产收益率(扣除)(%)	4.1336	9.0622	4.7242	4.9166
	总资产(万元)	264061.09	225356.96	217476.56	199543.26
	归属母公司股东权益(万元)	220792.75	196591.54	186304.21	178565.05
	营业收入(万元)	63431.58	129371.33	54685.12	92918.42
	营业支出(万元)	14714.09	27561.09	10531.21	24001.95
	投资收益(万元)	395.25	143.25	36.56	160.87
	净利润(万元)	9500.22	18090.06	8928.93	11312.83
	营业利润(万元)	10869.90	21176.37	10451.14	12506.84
	利润总额(万元)	11231.46	21416.76	10419.58	13720.76

老凤祥股份有限公司

公司概况	公司名称	老凤祥股份有限公司			证券简称	老凤祥 B
	法人代表	石力华	董秘	周富良	证券代码	900905
	公司网址	www.chinafirstpencil.com		电子信箱	cfp612@126.com	
	电　　话	021-64833388*608		传　　真	021-54481529	
	办公地址	上海市漕溪路 270 号 1 号楼六楼				
	经营范围	黄金首饰、铅笔制造、铅笔机械、化工原料、制笔零件等				

主要财务指标	指标\报告期	2015.06.30	2014.12.31	2014.06.30	2013.12.31
	基本每股收益(元)	1.0239	1.7967	0.8061	1.7011
	基本每股收益(扣除后)(元)	0.9142	1.6251	0.7647	1.3994
	稀释每股收益(元)	1.0239	1.7967	0.8061	1.7011
	每股净资产(元)	8.5641	7.5433	7.1489	6.3715
	每股经营现金净流量(元)	1.4675	4.9306	2.9146	2.9099
	每股现金流量(元)	1.2006	3.5263	2.3576	1.7380
	每股资本公积金(元)	0.9756	0.9846	1.1526	0.9859
	每股盈余公积金(元)	0.5348	0.5348	0.4425	0.4425
	每股未分配利润(元)	5.6167	4.5928	4.5545	3.7484
	净资产收益率(%)	11.9562	23.8188	11.2761	26.6981
	加权净资产收益率(%)	12.7100	25.5600	11.9200	28.7100
	净资产收益率(扣除)(%)	10.6754	21.5434	10.6968	21.9634
	总资产(万元)	1182371.18	1157177.60	952624.88	933745.90
	归属母公司股东权益(万元)	448002.40	394604.40	373973.97	333302.08
	营业收入(万元)	2099993.82	3283501.81	1835703.74	3298465.57
	营业支出(万元)	1944529.74	2995465.82	1688565.62	3035646.37
	投资收益(万元)	2208.36	793.09	-166.15	1312.45
	净利润(万元)	69033.84	122830.04	55509.15	113014.46
	营业利润(万元)	89233.87	151898.75	71365.94	126082.83
	利润总额(万元)	92053.46	164134.39	74635.72	147725.45

上海中毅达股份有限公司

公司概况	公司名称	上海中毅达股份有限公司			证券简称	中毅达 B
	法人代表	刘效军	董秘	林旭楠	证券代码	900906
	公司网址	www.ctmco.com.cn		电子信箱	linxunan@600610.com.cn	
	电　　话	021-33568806		传　　真	021-33568802	
	办公地址	上海市徐汇区淮海中路 1010 号嘉华中心 3704 室				
	经营范围	纺织机械及有关器材的生产与销售业务				

主要财务指标	指标\报告期	2015.06.30	2014.12.31	2014.06.30	2013.12.31
	基本每股收益(元)	0.0100	0.0900	-0.0400	-0.1000
	基本每股收益(扣除后)(元)	0.0100	-0.0400	-0.0800	-0.1500
	稀释每股收益(元)	0.0100	0.0900	-0.0400	-0.1000
	每股净资产(元)	0.9442	0.9400	0.1961	0.2445
	每股经营现金净流量(元)	0.0272	-0.0228	-0.0606	-0.0818
	每股现金流量(元)	-0.0600	0.0486	0.0832	-0.0170
	每股资本公积金(元)	0.2078	0.2078	0.3224	0.2895
	每股盈余公积金(元)	-	-	-	-
	每股未分配利润(元)	-0.2636	-0.2692	-1.1262	-1.0876
	净资产收益率(%)	0.5962	9.9414	-19.6921	-40.8417
	加权净资产收益率(%)	0.0100	0.2100	-17.5300	-32.9900
	净资产收益率(扣除)(%)	0.5962	-3.9522	-41.5395	-60.1496
	总资产(万元)	122390.91	114247.55	35763.58	34907.02
	归属母公司股东权益(万元)	101145.65	100542.59	7004.03	8730.56
	营业收入(万元)	7164.26	6971.60	2994.31	8486.04
	营业支出(万元)	5535.63	6696.12	3100.11	8688.50
	投资收益(万元)	223.18	5656.09	525.40	1364.53
	净利润(万元)	603.06	9973.29	-1390.30	-3571.66
	营业利润(万元)	902.59	1822.64	-1854.62	-3906.82
	利润总额(万元)	914.49	10103.86	-1390.30	-3571.66

上海鼎立科技发展(集团)股份有限公司

公司概况	公司名称	上海鼎立科技发展(集团)股份有限公司			证券简称	鼎立 B 股
	法人代表	许宝星	董秘	姜卫星	证券代码	900907
	公司网址	www.600614.com		电子信箱	jiang_wx@600614.com	
	电　　话	021-35071889*698		传　　真	021-35080120	
	办公地址	上海市杨浦区国权路 39 号财富广场(金座)18 楼				
	经营范围	房地产开发、销售,物业管理,建筑材料的销售				

主要财务指标	指标\报告期	2015.06.30	2014.12.31	2014.06.30	2013.12.31
	基本每股收益(元)	0.0900	0.1300	0.0400	0.0600
	基本每股收益(扣除后)(元)	0.0500	0.0600	-0.0100	0.0400
	稀释每股收益(元)	0.0900	0.1300	0.0400	0.0600
	每股净资产(元)	3.9787	3.4615	1.5898	1.5715
	每股经营现金净流量(元)	-0.2212	-0.3397	-0.0994	0.2634
	每股现金流量(元)	0.1097	0.0168	0.0210	-0.1040
	每股资本公积金(元)	2.6587	2.1828	0.3443	0.3443
	每股盈余公积金(元)	0.0387	0.0413	0.0480	0.0480
	每股未分配利润(元)	0.2709	0.2293	0.1975	0.1792
	净资产收益率(%)	2.2811	3.0909	2.4084	3.6805
	加权净资产收益率(%)	2.7600	6.4900	2.4100	3.6300
	净资产收益率(扣除)(%)	1.1534	1.3534	-0.6271	2.3039
	总资产(万元)	656090.06	629146.49	289190.13	270179.03
	归属母公司股东权益(万元)	304801.56	248742.47	90207.62	89169.62
	营业收入(万元)	87548.46	127000.38	60468.20	128543.03
	营业支出(万元)	67752.42	99884.89	50531.89	109620.20
	投资收益(万元)	4513.31	486.23	214.36	481.96
	净利润(万元)	6221.50	7576.38	2366.65	3537.59
	营业利润(万元)	6668.51	3617.72	186.84	3380.20
	利润总额(万元)	7268.68	9613.79	3124.94	4738.35

上海氯碱化工股份有限公司

公司概况	公司名称	上海氯碱化工股份有限公司			证券简称	氯碱 B 股
	法人代表	黄岱列	董秘	许沛文	证券代码	900908
	公司网址	www.scacc.com		电子信箱	shxpw@126.com	
	电　　话	021-64340601　64342640		传　　真	021-64341341	
	办公地址	上海市龙吴路 4747 号				
	经营范围	聚氯乙烯、烧碱、氯系列等基本化工原料及加工产品				

主要财务指标	指标\报告期	2015.06.30	2014.12.31	2014.06.30	2013.12.31
	基本每股收益(元)	-0.0421	-0.5124	-0.0426	0.0144
	基本每股收益(扣除后)(元)	0.0396	-0.2267	-0.0352	-0.1210
	稀释每股收益(元)	-0.0421	-0.5124	-0.0426	0.0144
	每股净资产(元)	1.8363	1.8719	2.4200	2.4600
	每股经营现金净流量(元)	0.0531	-0.0251	-0.0013	0.5016
	每股现金流量(元)	0.1005	-0.1477	-0.1135	-0.0006
	每股资本公积金(元)	1.4557	1.4557	1.3782	1.3717
	每股盈余公积金(元)	0.0098	0.0098	0.0098	0.0098
	每股未分配利润(元)	-0.6373	-0.5953	0.0278	0.0754
	净资产收益率(%)	-2.2905	-27.3717	-1.7655	0.5837
	加权净资产收益率(%)	-2.2680	-24.4467	-1.7480	0.5857
	净资产收益率(扣除)(%)	2.1572	-12.1117	-1.4577	-4.9108
	总资产(万元)	593831.53	575471.76	604703.99	599258.10
	归属母公司股东权益(万元)	212349.19	216465.55	279354.83	284820.10
	营业收入(万元)	317090.90	701540.93	299960.86	697421.17
	营业支出(万元)	286446.12	637594.46	273582.29	634419.53
	投资收益(万元)	4416.83	6263.28	2794.20	14412.50
	净利润(万元)	-4553.26	-58759.07	-4771.23	2532.27
	营业利润(万元)	-4424.84	-59638.48	-4750.65	-8857.98
	利润总额(万元)	-4361.82	-58296.80	-4532.90	3131.37

双钱集团股份有限公司

公司概况

公司名称	双钱集团股份有限公司			证券简称	双钱 B 股
法人代表	刘训峰	董秘	马晓宾	证券代码	900909
公司网址	www.doublecoinholdings.com		电子信箱	maxiaobin@doublecoinholdings.com	
电　　话	021-23537288　26067029		传　　真	021-26067032	
办公地址	上海市虹口区吴淞路 290 号耀江国际广场办公大楼				
经营范围	轮胎、制皂、电池、油墨等业务				

主要财务指标

指标\报告期	2015.06.30	2014.12.31	2014.06.30	2013.12.31
基本每股收益(元)	-0.1030	0.3850	0.1880	0.3400
基本每股收益(扣除后)(元)	-0.1230	-0.1620	0.1390	0.2960
稀释每股收益(元)	-0.1030	0.3850	0.1880	0.3400
每股净资产(元)	3.3525	3.3983	3.1452	3.0617
每股经营现金净流量(元)	0.8977	-0.0387	-0.2411	0.7595
每股现金流量(元)	-0.3720	0.4030	0.2153	0.2323
每股资本公积金(元)	0.6824	8.2551	0.7950	0.6824
每股盈余公积金(元)	0.2481	0.8331	0.2411	0.2411
每股未分配利润(元)	0.9930	2.9028	1.1094	1.0299
净资产收益率(%)	-3.0661	11.3249	5.9623	11.2249
加权净资产收益率(%)	-3.0940	11.9200	5.9430	11.7200
净资产收益率(扣除)(%)	-3.6816	-4.7598	4.4348	9.6827
总资产(万元)	1344805.02	3208915.93	1374946.71	1133680.78
归属母公司股东权益(万元)	298196.30	1176581.37	279752.93	272324.75
营业收入(万元)	585668.65	1473056.49	700030.08	1433218.23
营业支出(万元)	523114.63	1314123.19	610416.19	1242759.07
投资收益(万元)	997.00	14826.84	487.26	5225.91
净利润(万元)	-23683.09	44946.72	15461.31	30432.35
营业利润(万元)	-23279.13	-17780.13	15560.78	34239.11
利润总额(万元)	-21851.34	60946.32	20866.92	38377.52

上海海立(集团)股份有限公司

公司概况

公司名称	上海海立(集团)股份有限公司			证券简称	海立 B 股
法人代表	沈建芳	董秘	罗敏	证券代码	900910
公司网址	www.highly.cc		电子信箱	luomin@highly.cc	
电　　话	021-58547777　58547618		传　　真	021-50326960	
办公地址	上海市浦东新区金桥出口加工区宁桥路 888 号				
经营范围	生产销售空调压缩机、冰箱压缩机以及除湿机压缩机等				

主要财务指标

指标\报告期	2015.06.30	2014.12.31	2014.06.30	2013.12.31
基本每股收益(元)	0.0800	0.1400	0.1000	0.1600
基本每股收益(扣除后)(元)	0.0500	0.1000	0.0800	0.1000
稀释每股收益(元)	0.0800	0.1400	0.1000	0.1600
每股净资产(元)	3.5805	3.5889	3.5495	3.5494
每股经营现金净流量(元)	0.1510	0.6935	-0.3738	0.6268
每股现金流量(元)	-0.3448	0.2794	0.4092	0.1236
每股资本公积金(元)	1.2343	1.2242	1.2488	1.2242
每股盈余公积金(元)	0.3437	0.3437	0.3341	0.3341
每股未分配利润(元)	0.9780	1.0047	0.9729	0.9828
净资产收益率(%)	2.1413	3.9023	2.7793	4.3935
加权净资产收益率(%)	2.1100	3.9200	2.7400	4.4000
净资产收益率(扣除)(%)	1.3750	2.8493	2.3151	2.8295
总资产(万元)	874400.44	865139.56	981685.96	812548.61
归属母公司股东权益(万元)	239084.36	239647.53	237014.67	237006.32
营业收入(万元)	331342.14	680844.72	388389.44	662161.96
营业支出(万元)	285743.16	595327.06	343304.63	578726.64
投资收益(万元)	565.51	2232.06	937.61	2455.42
净利润(万元)	8353.89	13740.10	9273.22	14133.21
营业利润(万元)	8581.57	12591.12	8991.16	12699.94
利润总额(万元)	10605.88	16565.89	10723.66	16796.09

上海金桥出口加工区开发股份有限公司

公司概况

公司名称	上海金桥出口加工区开发股份有限公司			证券简称	金桥 B 股
法人代表	黄国平	董秘	严少云	证券代码	900911
公司网址	www.58991818.com		电子信箱	jqir@58991818.com	
电　　话	021-50307702		传　　真	0021-50301533	
办公地址	中国(上海)自由贸易试验区新金桥路 27 号 10 号楼 2 楼				
经营范围	房地产开发和销售业务;房地产租赁业务;酒店公寓业务				

主要财务指标

指标\报告期	2015.06.30	2014.12.31	2014.06.30	2013.12.31
基本每股收益(元)	0.2510	0.4627	0.2339	0.4600
基本每股收益(扣除后)(元)	0.2476	0.4439	0.2223	0.3980
稀释每股收益(元)	0.2510	0.4627	0.2339	0.4600
每股净资产(元)	8.8294	6.2565	5.0647	4.9706
每股经营现金净流量(元)	-0.6268	0.3109	-0.0218	0.2251
每股现金流量(元)	0.0111	0.0421	-0.2746	0.1859
每股资本公积金(元)	0.8707	0.8707	0.8860	0.8707
每股盈余公积金(元)	0.6400	0.6400	0.5944	0.5944
每股未分配利润(元)	2.8785	2.7676	2.5843	2.4905
净资产收益率(%)	2.8423	7.3949	4.6174	9.2549
加权净资产收益率(%)	3.3000	8.2400	4.6000	9.5900
净资产收益率(扣除)(%)	2.8040	7.0947	4.3897	8.0077
总资产(万元)	1575785.99	1241576.97	1030515.16	1030663.01
归属母公司股东权益(万元)	820094.69	581117.98	470423.38	461682.78
营业收入(万元)	74782.31	191425.10	96167.08	142865.65
营业支出(万元)	26245.37	85724.80	42198.98	45251.38
投资收益(万元)	3368.67	3363.91	2023.31	2297.04
净利润(万元)	25429.95	51802.71	26846.42	45015.30
营业利润(万元)	32935.28	63470.25	34164.24	54449.69
利润总额(万元)	33354.26	66127.18	35592.29	62862.90

上海外高桥集团股份有限公司

公司概况

公司名称	上海外高桥集团股份有限公司			证券简称	外高 B 股
法人代表	舒榕斌	董秘	黄磷	证券代码	900912
公司网址	www.shwgq.com		电子信箱	gudong@shwgq.com	
电　　话	021-51980848		传　　真	021-51980850	
办公地址	上海市浦东新区洲海路 999 号森兰国际大厦 B 栋 11-13 层				
经营范围	房地产开发与租赁、贸易及物流、酒店经营管理等业务				

主要财务指标

指标\报告期	2015.06.30	2014.12.31	2014.06.30	2013.12.31
基本每股收益(元)	0.2747	0.6400	0.1300	0.5400
基本每股收益(扣除后)(元)	0.2690	0.4600	0.1100	0.5600
稀释每股收益(元)	0.2747	0.6400	0.1300	0.5400
每股净资产(元)	7.8947	7.8290	7.0509	5.3400
每股经营现金净流量(元)	-0.6461	0.2164	-0.0536	-0.5815
每股现金流量(元)	0.0173	0.5634	0.3420	-0.2870
每股资本公积金(元)	3.4372	3.4372	3.7290	1.3150
每股盈余公积金(元)	0.4176	0.4176	0.3921	0.4404
每股未分配利润(元)	2.4971	2.4124	1.9396	2.2162
净资产收益率(%)	3.4794	7.8525	1.6527	10.0909
加权净资产收益率(%)	3.4700	9.8400	1.9600	10.5200
净资产收益率(扣除)(%)	3.4071	5.6937	1.4675	10.4322
总资产(万元)	2787957.49	2615655.87	2556655.03	2500258.64
归属母公司股东权益(万元)	896325.08	888861.96	800525.09	539607.82
营业收入(万元)	352340.07	776113.42	253721.40	706062.33
营业支出(万元)	253149.39	586238.23	189438.89	500199.93
投资收益(万元)	3880.95	21311.27	3682.62	6278.06
净利润(万元)	33292.15	75063.17	15153.28	58454.77
营业利润(万元)	46140.11	97701.92	20781.33	75396.05
利润总额(万元)	46629.17	101471.40	21794.74	74204.98

山西省国新能源股份有限公司

公司概况					
公司名称	山西省国新能源股份有限公司			证券简称	国新B股
法人代表	刘军	董秘	张帆	证券代码	900913
公司网址	www.600617.net		电子信箱	zhangfan600617@163.com	
电　话	0351-7991685		传　真	0351-7991708	
办公地址	山西省太原市高新技术产业开发区中心街6号				
经营范围	新能源企业的经营管理及相关咨询服务				

主要财务指标：指标\报告期	2015.06.30	2014.12.31	2014.06.30	2013.12.31
基本每股收益(元)	0.2608	0.7367	0.2258	0.7791
基本每股收益(扣除后)(元)	0.2596	0.7083	0.1989	0.8082
稀释每股收益(元)	0.2608	0.7367	0.2258	0.7791
每股净资产(元)	2.3297	3.5171	3.0933	2.0301
每股经营现金净流量(元)	0.1590	0.0600	0.0078	1.2678
每股现金流量(元)	-0.1060	0.2717	0.5075	0.6101
每股资本公积金(元)	0.0466	0.7792	0.7412	-
每股盈余公积金(元)	0.0434	0.0738	-	-
每股未分配利润(元)	1.2397	1.6641	1.3521	1.0577
净资产收益率(%)	11.1940	20.8588	12.2965	26.9331
加权净资产收益率(%)	11.8600	23.8400	13.7400	27.9800
净资产收益率(扣除)(%)	11.1416	20.0540	10.8295	27.9416
总资产(万元)	1556749.72	1422759.34	1246706.68	1078609.48
归属母公司股东权益(万元)	234867.90	208576.75	183444.64	115857.92
营业收入(万元)	334751.30	550286.08	254605.58	439340.92
营业支出(万元)	259153.93	432563.00	198173.51	343781.91
投资收益(万元)	157.32	2871.04	1402.02	2397.46
净利润(万元)	26710.62	44034.62	22658.99	30999.85
营业利润(万元)	36093.28	58074.41	26811.98	43144.30
利润总额(万元)	36196.27	58345.38	30378.51	41910.27

上海锦江国际实业投资股份有限公司

公司概况					
公司名称	上海锦江国际实业投资股份有限公司			证券简称	锦投B股
法人代表	杨原平	董秘	沈赟	证券代码	900914
公司网址	www.jjtz.com		电子信箱	dshms@jjtz.com	
电　话	021-63218800		传　真	021-63213119	
办公地址	上海市延安东路100号28楼				
经营范围	宾馆、物业管理、俱乐部、商场、房地产开发经营、车辆服务、洗涤制衣				

主要财务指标：指标\报告期	2015.06.30	2014.12.31	2014.06.30	2013.12.31
基本每股收益(元)	0.2090	0.3880	0.1860	0.4260
基本每股收益(扣除后)(元)	0.1830	0.3400	0.1800	0.3190
稀释每股收益(元)	-	-	-	-
每股净资产(元)	7.0005	4.2147	3.9446	4.0204
每股经营现金净流量(元)	0.2105	0.6152	0.1834	0.4685
每股现金流量(元)	0.0707	0.0255	-0.0969	0.2789
每股资本公积金(元)	0.7158	0.7158	0.7835	0.7158
每股盈余公积金(元)	0.5194	0.5194	0.4883	0.4860
每股未分配利润(元)	1.8026	1.8441	1.6728	1.7492
净资产收益率(%)	2.9785	9.2139	4.7120	10.8400
加权净资产收益率(%)	3.6400	9.4300	4.4400	10.8400
净资产收益率(扣除)(%)	2.6121	8.0696	4.5591	7.9470
总资产(万元)	564318.83	344765.47	344473.27	332327.27
归属母公司股东权益(万元)	386153.50	232486.74	217586.93	221767.10
营业收入(万元)	106393.75	218215.99	105280.40	208859.18
营业支出(万元)	84415.73	173829.72	83031.99	166949.21
投资收益(万元)	9249.94	19135.05	7230.03	20391.49
净利润(万元)	13681.87	26758.92	12498.44	27669.47
营业利润(万元)	15210.70	28384.48	13668.64	29317.18
利润总额(万元)	15742.93	31928.17	14495.27	33221.93

中路股份有限公司

公司概况					
公司名称	中路股份有限公司			证券简称	中路B股
法人代表	陈闪	董秘	袁志坚	证券代码	900915
公司网址	www.600818.cn		电子信箱	600818@zhonglu.com.cn	
电　话	021-50596906		传　真	021-68458517	
办公地址	上海市浦东新区南六公路818号				
经营范围	自行车及零部件、助力车、特种车辆和与自行车相关的配套产品				

主要财务指标：指标\报告期	2015.06.30	2014.12.31	2014.06.30	2013.12.31
基本每股收益(元)	0.1200	0.0400	0.0200	0.0300
基本每股收益(扣除后)(元)	-0.1000	-0.0800	0.0300	-0.0700
稀释每股收益(元)	0.1200	0.0400	0.0200	0.0300
每股净资产(元)	1.2825	1.1819	1.1564	1.1778
每股经营现金净流量(元)	-0.0897	0.0015	-0.0682	0.0314
每股现金流量(元)	-0.0599	0.0243	-0.1355	0.0687
每股资本公积金(元)	0.0134	0.1411	0.0180	0.0180
每股盈余公积金(元)	0.0237	0.0413	0.0364	0.0364
每股未分配利润(元)	0.2454	0.1226	0.1020	0.1234
净资产收益率(%)	9.5787	3.7310	1.6068	2.5800
加权净资产收益率(%)	8.9900	3.7400	1.5700	2.5800
净资产收益率(扣除)(%)	-8.1828	-6.5274	2.2881	-5.6032
总资产(万元)	78784.81	83000.30	71777.95	73830.70
归属母公司股东权益(万元)	41226.76	41949.81	37172.48	37860.97
营业收入(万元)	28936.91	66271.22	32611.30	66015.15
营业支出(万元)	24941.95	58041.20	27203.97	57971.48
投资收益(万元)	7990.77	4218.15	276.06	5434.43
净利润(万元)	3581.39	1423.86	596.52	2812.36
营业利润(万元)	5515.34	1391.65	566.50	3944.47
利润总额(万元)	5656.99	1678.43	653.52	4175.28

上海凤凰企业(集团)股份有限公司

公司概况					
公司名称	上海凤凰企业(集团)股份有限公司			证券简称	凤凰B股
法人代表	周卫中	董秘	刘峰	证券代码	900916
公司网址	www.jskfjs.com		电子信箱	lf@jskfjs.com	
电　话	021-31351500　31351508		传　真	021-31351501	
办公地址	上海市吴中路369号美恒大厦15楼				
经营范围	房地产开发与经营，城市和绿化建设				

主要财务指标：指标\报告期	2015.06.30	2014.12.31	2014.06.30	2013.12.31
基本每股收益(元)	-0.0147	0.1091	-0.0200	0.0248
基本每股收益(扣除后)(元)	-0.0143	-0.1770	-0.0191	-0.0563
稀释每股收益(元)	-0.0147	0.1091	-0.0200	0.0248
每股净资产(元)	2.0072	1.8802	1.6607	1.6830
每股经营现金净流量(元)	-0.0156	0.3053	-0.1915	0.0416
每股现金流量(元)	-0.0233	-0.1137	-0.4019	0.1397
每股资本公积金(元)	0.8320	0.8320	0.9415	0.8318
每股盈余公积金(元)	0.1632	0.1632	0.1632	0.1632
每股未分配利润(元)	-0.3305	-0.3158	-0.4438	-0.4249
净资产收益率(%)	-0.7311	5.8048	-1.1328	1.4720
加权净资产收益率(%)	-0.7836	6.2810	-1.1241	1.4800
净资产收益率(扣除)(%)	-0.7120	-9.4167	-1.1480	-3.3479
总资产(万元)	119571.44	121227.37	113029.16	117313.00
归属母公司股东权益(万元)	70979.45	66486.22	58726.97	59513.84
营业收入(万元)	25294.77	60941.24	28295.52	70857.19
营业支出(万元)	22135.84	51957.60	23732.12	62427.52
投资收益(万元)	770.56	1507.67	922.05	1709.07
净利润(万元)	-715.99	3900.75	-580.31	-752.32
营业利润(万元)	-739.72	-4389.27	-567.69	-3109.25
利润总额(万元)	-788.43	6970.11	-567.79	-189.38

上海海欣集团股份有限公司

公司概况					
公司名称	上海海欣集团股份有限公司			证券简称	海欣 B 股
法人代表	俞锋	董秘	何莉莉	证券代码	900917
公司网址	www.haixin.com.cn		电子信箱	hxsecretary@haixin.com	
电　　话	021-63917000		传　　真	021-63917678	
办公地址	上海市福州路 666 号金陵海欣大厦 18 楼				
经营范围	纺织行业中的长毛绒产品的生产加工和销售				

主要财务指标

指标\报告期	2015.06.30	2014.12.31	2014.06.30	2013.12.31
基本每股收益(元)	0.0812	0.2410	0.0169	0.0542
基本每股收益(扣除后)(元)	0.0550	–0.0234	0.0167	0.0198
稀释每股收益(元)	0.0812	0.2410	0.0169	0.0542
每股净资产(元)	3.9719	4.4135	2.4161	2.4783
每股经营现金净流量(元)	–0.1573	0.0260	–0.0601	–0.0295
每股现金流量(元)	–0.0622	0.2279	–0.0634	–0.0095
每股资本公积金(元)	0.3617	0.3617	1.1039	0.3617
每股盈余公积金(元)	0.3515	0.3515	0.3186	0.3186
每股未分配利润(元)	0.1804	0.1991	0.0079	–0.0090
净资产收益率(%)	2.0452	5.4611	0.6980	2.1860
加权净资产收益率(%)	1.9375	6.9900	0.6891	2.2300
净资产收益率(扣除)(%)	1.3840	–0.5309	0.6930	0.7970
总资产(万元)	651005.49	726571.15	424867.13	438866.59
归属母公司股东权益(万元)	479432.21	532738.02	291634.04	299142.02
营业收入(万元)	43895.62	111019.37	45561.33	126164.39
营业支出(万元)	33671.84	88056.32	36342.56	102620.92
投资收益(万元)	10553.40	56134.25	7444.97	19031.69
净利润(万元)	10999.22	28019.55	1408.57	6603.35
营业利润(万元)	7419.87	41034.33	1868.39	8120.43
利润总额(万元)	11782.40	37836.23	1546.92	8333.55

上海耀皮玻璃集团股份有限公司

公司概况					
公司名称	上海耀皮玻璃集团股份有限公司			证券简称	耀皮 B 股
法人代表	赵健	董秘	金闽丽	证券代码	900918
公司网址	www.sypglass.com		电子信箱	stock@sypglass.com	
电　　话	021-61633599 61633522		传　　真	021-58801554	
办公地址	上海市浦东新区张东路 1388 号 4-5 幢				
经营范围	生产和销售透明浮法玻璃、本体着色浮法玻璃及其深加工系列产品				

主要财务指标

指标\报告期	2015.06.30	2014.12.31	2014.06.30	2013.12.31
基本每股收益(元)	–0.0900	0.0600	0.0300	0.1600
基本每股收益(扣除后)(元)	–0.1200	–0.0300	0.0020	0.0900
稀释每股收益(元)	–0.0900	0.0600	0.0300	0.1600
每股净资产(元)	3.2947	3.3998	3.3977	3.4048
每股经营现金净流量(元)	0.1951	0.2443	0.1080	0.3121
每股现金流量(元)	0.1053	–1.3453	–0.6932	0.7570
每股资本公积金(元)	1.2012	1.2012	1.1722	1.3187
每股盈余公积金(元)	0.5221	0.5221	0.5111	0.5111
每股未分配利润(元)	0.5849	0.6900	0.7144	0.6839
净资产收益率(%)	–2.5822	1.6786	0.9707	3.7429
加权净资产收益率(%)	–2.5300	1.6300	0.9600	5.1400
净资产收益率(扣除)(%)	–3.5966	–0.9991	0.0484	2.0172
总资产(万元)	857230.75	795931.49	764500.71	794545.93
归属母公司股东权益(万元)	308027.86	317851.51	317661.09	327239.36
营业收入(万元)	124522.07	286491.30	139299.08	284879.32
营业支出(万元)	102791.22	226469.66	109536.70	218628.77
投资收益(万元)	2453.01	5091.89	1377.91	1939.58
净利润(万元)	–9291.18	1309.38	992.21	9704.33
营业利润(万元)	–10226.83	–3693.76	–2330.21	–1181.54
利润总额(万元)	–8792.07	4297.62	2745.01	8614.65

上海绿庭投资控股集团股份有限公司

公司概况					
公司名称	上海绿庭投资控股集团股份有限公司			证券简称	绿庭 B 股
法人代表	俞乃奋	董秘	李冬青	证券代码	900919
公司网址	www.dajiang.com		电子信箱	lidongqing@dajiang.com	
电　　话	021-34225027 34225030		传　　真	86-21-60200779	
办公地址	上海市徐汇区宜山路 810 号贝岭大厦 10F				
经营范围	实行饲料生产、良种繁育、畜禽饲养、屠宰加工、内外销售				

主要财务指标

指标\报告期	2015.06.30	2014.12.31	2014.06.30	2013.12.31
基本每股收益(元)	0.0100	–0.0695	–0.0400	0.1475
基本每股收益(扣除后)(元)	–0.0300	–0.0700	–0.0400	–0.1200
稀释每股收益(元)	0.0100	–0.0695	–0.0400	0.1475
每股净资产(元)	1.3425	0.7122	0.5346	0.5710
每股经营现金净流量(元)	0.0803	–0.1518	–0.0408	–0.0502
每股现金流量(元)	0.2232	–0.0742	–0.0337	0.0267
每股资本公积金(元)	0.5481	0.5481	0.5481	0.5481
每股盈余公积金(元)	0.1090	0.1090	0.1090	0.1090
每股未分配利润(元)	–1.1452	–1.1556	–1.1225	–1.0861
净资产收益率(%)	0.7689	–9.7572	–6.8158	25.8270
加权净资产收益率(%)	1.4400	–12.9600	–6.5900	30.6800
净资产收益率(扣除)(%)	–2.0891	–10.0263	–6.6753	–21.7761
总资产(万元)	130781.32	64249.23	43176.18	46267.59
归属母公司股东权益(万元)	95745.83	50793.69	38128.25	40726.98
营业收入(万元)	12386.45	27055.60	10479.97	29196.84
营业支出(万元)	11568.55	24900.65	9978.53	27011.71
投资收益(万元)	2573.82	537.10	–	20171.13
净利润(万元)	743.27	–4956.06	–2598.73	10518.57
营业利润(万元)	582.12	–5092.72	–2545.19	10839.35
利润总额(万元)	743.27	–4956.06	–2598.73	10517.38

上海柴油机股份有限公司

公司概况					
公司名称	上海柴油机股份有限公司			证券简称	上柴 B 股
法人代表	蓝青松	董秘	汪宏彬	证券代码	900920
公司网址	www.sdec.com.cn		电子信箱	sdecdsh@sdec.com.cn	
电　　话	021-60652207 60652288		传　　真	021-65749845	
办公地址	上海市杨浦区军工路 2636 号				
经营范围	柴油机及其配件的生产及销售				

主要财务指标

指标\报告期	2015.06.30	2014.12.31	2014.06.30	2013.12.31
基本每股收益(元)	0.0700	0.1700	0.1100	0.2400
基本每股收益(扣除后)(元)	0.0500	0.1500	0.1000	0.2100
稀释每股收益(元)	–	–	–	–
每股净资产(元)	3.9912	3.9534	3.8696	3.8221
每股经营现金净流量(元)	0.3346	0.3096	–0.0222	0.1879
每股现金流量(元)	0.3877	0.0245	–0.2729	–0.5028
每股资本公积金(元)	1.2974	1.2974	1.3005	1.2975
每股盈余公积金(元)	0.5712	0.5712	0.5499	0.5499
每股未分配利润(元)	1.0792	1.0611	1.0155	0.9682
净资产收益率(%)	1.7570	4.3827	2.7490	6.1985
加权净资产收益率(%)	1.7600	4.4600	2.7500	6.3400
净资产收益率(扣除)(%)	1.3373	3.7737	2.6884	5.5223
总资产(万元)	539873.89	536995.62	561042.39	553892.35
归属母公司股东权益(万元)	345914.71	342641.32	335375.89	331261.17
营业收入(万元)	115910.14	277688.80	159958.60	298085.89
营业支出(万元)	95015.27	222651.76	129669.28	233338.09
投资收益(万元)	6697.27	8416.40	2352.47	2881.36
净利润(万元)	6001.88	14804.97	8959.92	20155.54
营业利润(万元)	5873.53	14003.78	9381.06	20141.78
利润总额(万元)	5884.44	15529.21	9726.45	22665.62

丹化化工科技股份有限公司

公司概况	公司名称	丹化化工科技股份有限公司			证券简称	丹科B股
	法人代表	张华龙	董秘	成国俊	证券代码	900921
	公司网址	www.600844.com		电子信箱	s600844@126.com	
	电　话	021-64015596　64016400		传　真	021-64016411	
	办公地址	上海市闵行区虹许路788号61室				
	经营范围	煤化工产品、石油化工产品及其衍生物的技术开发、技术转让				

	指标\报告期	2015.06.30	2014.12.31	2014.06.30	2013.12.31
主要财务指标	基本每股收益(元)	0.0153	0.0224	–0.0069	–0.2238
	基本每股收益(扣除后)(元)	–0.0039	–0.0199	–0.0475	–0.2330
	稀释每股收益(元)	0.0153	0.0224	–0.0069	–0.2238
	每股净资产(元)	1.1063	1.0770	1.0616	1.0686
	每股经营现金净流量(元)	0.3390	0.4244	0.2270	0.3054
	每股现金流量(元)	–0.0132	–0.0668	–0.0276	–0.0700
	每股资本公积金(元)	1.0250	1.0250	1.0250	1.0250
	每股盈余公积金(元)	0.0721	0.0721	0.0721	0.0721
	每股未分配利润(元)	–0.9908	–1.0062	–1.0355	–1.0285
	净资产收益率(%)	1.3869	2.0520	–0.6535	–20.9433
	加权净资产收益率(%)	1.3965	2.0700	–0.6513	–18.9600
	净资产收益率(扣除)(%)	–0.3489	–1.8236	–4.4712	–21.8096
	总资产(万元)	325530.11	326731.25	345364.55	357709.89
	归属母公司股东权益(万元)	86139.82	84945.18	82661.96	83202.14
	营业收入(万元)	54793.35	102700.23	41912.95	74376.45
	营业支出(万元)	39372.97	74538.89	35469.04	68444.48
	投资收益(万元)	128.55	56.07	18.49	–1629.10
	净利润(万元)	2889.85	4535.25	–430.19	–28177.27
	营业利润(万元)	–366.76	–831.99	–7299.41	–31583.57
	利润总额(万元)	2730.68	6231.40	–430.19	–30411.56

上海三毛企业(集团)股份有限公司

公司概况	公司名称	上海三毛企业(集团)股份有限公司			证券简称	三毛B股
	法人代表	张文卿	董秘	沈磊	证券代码	900922
	公司网址	www.600689.com		电子信箱	shendby@600689.com	
	电　话	021-63059496		传　真	021-63018850*601	
	办公地址	上海市浦东新区航头镇下沙新街200弄51号				
	经营范围	生产、销售毛条、毛纱、纺织品及服装、销售自产产品				

	指标\报告期	2015.06.30	2014.12.31	2014.06.30	2013.12.31
主要财务指标	基本每股收益(元)	–0.0550	0.3000	–0.0740	–0.2300
	基本每股收益(扣除后)(元)	–0.0340	–0.1900	–0.0800	–0.5700
	稀释每股收益(元)	–0.0550	0.3000	–0.0740	–0.2300
	每股净资产(元)	1.7740	2.0203	1.5100	1.6100
	每股经营现金净流量(元)	0.0455	–0.0297	0.0083	–0.6816
	每股现金流量(元)	0.4540	–0.0649	–0.0564	–0.5000
	每股资本公积金(元)	1.0537	1.0537	1.1412	1.0093
	每股盈余公积金(元)	0.1921	0.1921	0.1921	0.1921
	每股未分配利润(元)	–0.5002	–0.4448	–0.8243	–0.7434
	净资产收益率(%)	–3.1205	14.7776	–4.8747	–14.8180
	加权净资产收益率(%)	–2.9200	16.4600	–4.7600	–13.7600
	净资产收益率(扣除)(%)	–1.9099	–9.5039	–5.2786	–35.8818
	总资产(万元)	76041.85	82622.30	88226.24	89019.49
	归属母公司股东权益(万元)	35656.33	40606.99	30328.22	32294.78
	营业收入(万元)	57008.13	128493.67	63340.66	165721.02
	营业支出(万元)	53195.53	121051.63	59583.22	154719.40
	投资收益(万元)	5769.75	12959.51	555.54	4794.34
	净利润(万元)	–1118.49	6033.58	–1485.45	–4713.46
	营业利润(万元)	3939.87	6923.64	–1452.17	–5445.80
	利润总额(万元)	–2062.85	7040.78	–1439.95	–4687.87

上海百联集团股份有限公司

公司概况	公司名称	上海百联集团股份有限公司			证券简称	百联B股
	法人代表	马新生	董秘	郑小芸	证券代码	900923
	公司网址	www.bailian.sh.cn		电子信箱	blgf600827@163.com	
	电　话	021-63223344　63229537		传　真	021-63517447	
	办公地址	上海市六合路58号新一百大厦13楼				
	经营范围	零售连锁				

	指标\报告期	2015.06.30	2014.12.31	2014.06.30	2013.12.31
主要财务指标	基本每股收益(元)	0.6400	0.6100	0.4300	0.6000
	基本每股收益(扣除后)(元)	0.4200	0.5000	0.4100	0.5400
	稀释每股收益(元)	0.6400	0.6100	0.4300	0.6000
	每股净资产(元)	9.5265	9.2724	7.4739	7.5054
	每股经营现金净流量(元)	0.0857	1.1777	0.2935	2.2313
	每股现金流量(元)	–0.6423	0.4085	0.1912	1.4072
	每股资本公积金(元)	1.7300	1.7300	2.7660	1.7300
	每股盈余公积金(元)	0.5942	0.5942	0.5245	0.5245
	每股未分配利润(元)	3.6582	3.2680	3.1773	2.9920
	净资产收益率(%)	6.7208	6.5515	5.5565	8.0120
	加权净资产收益率(%)	6.7200	7.2400	5.6100	8.2200
	净资产收益率(扣除)(%)	4.4231	5.4280	5.3226	7.2030
	总资产(万元)	4134583.18	4403680.85	3960954.77	4090239.94
	归属母公司股东权益(万元)	1640934.16	1597167.43	1287371.08	1297420.05
	营业收入(万元)	2539204.47	5116420.00	2658785.74	5192597.66
	营业支出(万元)	1972796.10	4010744.08	2076262.62	4081740.71
	投资收益(万元)	55142.37	27700.92	18643.16	24266.24
	净利润(万元)	124648.50	123317.95	90048.86	124799.05
	营业利润(万元)	156510.39	153424.62	120603.19	172460.50
	利润总额(万元)	162732.52	180141.20	124594.01	186474.44

上工申贝(集团)股份有限公司

公司概况	公司名称	上工申贝(集团)股份有限公司			证券简称	上工B股
	法人代表	张敏	董秘	张建国	证券代码	900924
	公司网址	www.sgsbgroup.com		电子信箱	sgsb@sgsbgroup.com	
	电　话	021-68407515		传　真	021-63302939	
	办公地址	上海市浦东新区新金桥路1566号3楼				
	经营范围	生产销售缝制设备及零部件、缝纫机专用设备、技术开发与咨询				

	指标\报告期	2015.06.30	2014.12.31	2014.06.30	2013.12.31
主要财务指标	基本每股收益(元)	0.1829	0.3774	0.0839	0.1772
	基本每股收益(扣除后)(元)	0.1653	0.1415	0.0838	0.0858
	稀释每股收益(元)	0.1829	0.3774	0.0839	0.1772
	每股净资产(元)	3.1599	2.9094	2.7054	1.7730
	每股经营现金净流量(元)	–0.0153	0.1852	–0.0342	0.1555
	每股现金流量(元)	0.0355	0.2475	0.0412	–0.0342
	每股资本公积金(元)	1.7456	1.7305	1.7234	0.9208
	每股盈余公积金(元)	0.0083	0.0083	0.0083	0.0101
	每股未分配利润(元)	0.5349	0.3520	0.0708	–0.0067
	净资产收益率(%)	5.7883	12.3813	2.8200	9.9953
	加权净资产收益率(%)	6.0951	14.3895	3.6846	10.6907
	净资产收益率(扣除)(%)	5.2320	4.6423	2.8158	4.8376
	总资产(万元)	302977.76	273257.45	268223.10	204791.65
	归属母公司股东权益(万元)	173351.01	159608.52	148416.80	79589.42
	营业收入(万元)	103906.21	197124.48	96989.02	181393.47
	营业支出(万元)	70166.22	136815.09	66130.37	129651.38
	投资收益(万元)	2038.64	5637.96	1138.97	5343.74
	净利润(万元)	10981.21	23675.18	6478.39	10810.53
	营业利润(万元)	13812.50	19496.63	9054.99	14439.39
	利润总额(万元)	14564.89	29150.97	9075.72	15345.36

上海机电股份有限公司

公司概况

公司名称	上海机电股份有限公司			证券简称	机电 B 股
法人代表	陈鸿	董秘	司文培	证券代码	900925
公司网址	www.chinasec.cn		电子信箱	shjddm@chinasec.cn	
电　　话	021-68547168		传　　真	021-68547170	
办公地址	上海市浦东新区民生路 1286 号汇商大厦 9 楼				
经营范围	机电一体化产品、设备的设计、生产、销售自产产品等				

主要财务指标

指标\报告期	2015.06.30	2014.12.31	2014.06.30	2013.12.31
基本每股收益(元)	0.5400	0.8400	0.4500	0.9200
基本每股收益(扣除后)(元)	0.4600	0.8700	0.4400	0.8100
稀释每股收益(元)	0.5400	0.8400	0.4500	0.9200
每股净资产(元)	6.7374	6.1214	5.7884	5.6265
每股经营现金净流量(元)	0.5512	1.9672	0.8695	1.7198
每股现金流量(元)	0.4949	0.9119	0.9155	-0.6402
每股资本公积金(元)	1.9989	1.6035	1.6158	1.6023
每股盈余公积金(元)	1.2913	1.2913	1.2917	1.2913
每股未分配利润(元)	2.3946	2.1957	1.8867	1.7163
净资产收益率(%)	8.0059	13.7028	7.7930	16.4019
加权净资产收益率(%)	8.2400	14.3400	7.7800	17.4900
净资产收益率(扣除)(%)	6.7942	14.2425	7.6691	14.4234
总资产(万元)	3029065.39	2976909.47	2873750.24	2712045.98
归属母公司股东权益(万元)	689058.29	626061.54	592001.09	575443.07
营业收入(万元)	982949.78	2077893.32	1013631.66	1990707.71
营业支出(万元)	780195.97	1624212.80	803809.03	1567077.06
投资收益(万元)	24011.58	31631.17	18228.21	24325.69
净利润(万元)	97319.61	179979.20	86189.73	183701.08
营业利润(万元)	95847.41	194180.95	97131.24	172652.93
利润总额(万元)	111669.16	212670.91	101418.98	208157.15

上海宝信软件股份有限公司

公司概况

公司名称	上海宝信软件股份有限公司			证券简称	宝信 B 股
法人代表	王力	董秘	陈健	证券代码	900926
公司网址	www.baosight.com		电子信箱	investor@baosight.com	
电　　话	021-20378893		传　　真	021-20378895	
办公地址	上海市浦东新区张江高科技园区郭守敬路 515 号				
经营范围	计算机、自动化、网络通讯系统及软硬件产品的研究、设计、开发、制造等				

主要财务指标

指标\报告期	2015.06.30	2014.12.31	2014.06.30	2013.12.31
基本每股收益(元)	0.4240	0.8980	0.3740	0.8510
基本每股收益(扣除后)(元)	0.3180	0.7930	0.3450	0.7570
稀释每股收益(元)	0.4240	0.8980	0.3740	0.8510
每股净资产(元)	7.1570	7.0032	6.4877	4.9367
每股经营现金净流量(元)	0.3949	0.6349	-0.2798	0.5793
每股现金流量(元)	0.3784	0.0034	0.5534	0.3159
每股资本公积金(元)	1.7433	1.7422	1.7422	0.0714
每股盈余公积金(元)	0.5000	0.5000	0.4717	0.5038
每股未分配利润(元)	3.9187	3.7650	3.2760	3.3644
净资产收益率(%)	5.9194	12.6154	5.6431	17.2377
加权净资产收益率(%)	5.9100	14.2300	6.2200	18.5000
净资产收益率(扣除)(%)	4.4485	11.1386	5.2054	15.3295
总资产(万元)	529349.11	517166.21	460468.85	407654.57
归属母公司股东权益(万元)	260610.56	255007.37	236236.77	168299.81
营业收入(万元)	161592.09	407189.82	160645.81	358128.66
营业支出(万元)	116823.36	293178.74	111215.36	272959.68
投资收益(万元)	1935.84	1353.85	-40.94	6157.78
净利润(万元)	15769.04	32507.43	13604.61	29490.76
营业利润(万元)	14390.51	31076.23	14972.27	28117.16
利润总额(万元)	17752.59	36254.72	16216.20	33026.43

上海物资贸易股份有限公司

公司概况

公司名称	上海物资贸易股份有限公司			证券简称	物贸 B 股
法人代表	秦青林	董秘	许伟	证券代码	900927
公司网址	www.sh600822.com		电子信箱	600822@shwuzi.com	
电　　话	021-63231818		传　　真	021-63292367	
办公地址	上海市黄浦区南苏州路 325 号				
经营范围	燃料油、金属材料、化工原料、建材、汽车等机电产品的经营及进出口贸易、宾馆经营、物业管理等				

主要财务指标

指标\报告期	2015.06.30	2014.12.31	2014.06.30	2013.12.31
基本每股收益(元)	-0.2333	0.0300	0.0157	0.0400
基本每股收益(扣除后)(元)	-0.2309	-0.3400	0.0039	-0.3700
稀释每股收益(元)	-0.2333	0.0300	0.0157	0.0400
每股净资产(元)	1.7663	1.9619	1.9639	1.9461
每股经营现金净流量(元)	0.1625	0.9675	0.6681	2.6123
每股现金流量(元)	-0.4242	-0.8502	0.3374	-0.5913
每股资本公积金(元)	1.0940	1.0940	1.3577	1.0940
每股盈余公积金(元)	0.1072	0.1072	0.1073	0.1073
每股未分配利润(元)	-0.7381	-0.5048	-0.4941	-0.5098
净资产收益率(%)	-13.2063	1.4737	0.7975	1.8841
加权净资产收益率(%)	-9.9300	1.4700	0.8000	1.8700
净资产收益率(扣除)(%)	-13.0726	-17.1441	0.1994	-19.2106
总资产(万元)	878998.57	864244.75	1164804.07	1047297.34
归属母公司股东权益(万元)	87605.48	97305.27	97402.06	96520.45
营业收入(万元)	3133650.69	6962603.30	3684362.97	9750165.39
营业支出(万元)	3096997.94	6879347.10	3641586.20	9668563.53
投资收益(万元)	1280.97	19676.78	1515.33	30192.41
净利润(万元)	-10524.65	4545.58	2560.95	3915.89
营业利润(万元)	-9243.49	5736.17	3766.98	16266.10
利润总额(万元)	-9387.49	8041.82	4574.88	10115.53

上海临港控股股份有限公司

公司概况

公司名称	上海临港控股股份有限公司			证券简称	临港 B 股
法人代表	袁国华	董秘	陆雯	证券代码	900928
公司网址	www.lingangholding.com		电子信箱	ir@shlingang.com	
电　　话	021-64855827		传　　真	021-64852187	
办公地址	上海市广中西路 191 号				
经营范围	制造工业用控制系统和仪表、汽车电子装置、分析仪器、办公楼控制系统及家用电器				

主要财务指标

指标\报告期	2015.06.30	2014.12.31	2014.06.30	2013.12.31
基本每股收益(元)	0.0077	-0.1500	0.0106	0.0302
基本每股收益(扣除后)(元)	-0.0559	-0.2364	-0.0545	-0.0877
稀释每股收益(元)	-	-	-	-
每股净资产(元)	0.3458	0.3376	0.4971	0.4865
每股经营现金净流量(元)	-0.2067	0.1769	-0.2727	0.0670
每股现金流量(元)	-0.1394	-0.0973	-0.2018	-0.0102
每股资本公积金(元)	0.5625	4.1971	0.5634	0.5625
每股盈余公积金(元)	0.0570	0.0605	0.0570	0.0570
每股未分配利润(元)	-1.2762	-1.3618	-1.1233	-1.1339
净资产收益率(%)	2.2122	-44.4243	2.1231	6.1990
加权净资产收益率(%)	2.2400	-36.4400	2.1500	6.3900
净资产收益率(扣除)(%)	-15.2878	-70.0276	-10.9664	-18.0241
总资产(万元)	180271.58	534555.52	186397.82	178452.32
归属母公司股东权益(万元)	13809.05	195638.91	19848.56	19426.50
营业收入(万元)	50820.73	103429.03	54240.67	107941.46
营业支出(万元)	42719.78	86322.72	46115.01	88970.55
投资收益(万元)	2034.11	2216.23	1097.80	2427.21
净利润(万元)	184.00	-5988.29	421.40	1204.26
营业利润(万元)	-2232.58	-9439.57	-2176.68	-3500.78
利润总额(万元)	184.00	-5988.29	421.40	1204.93

上海锦江国际旅游股份有限公司

公司概况						
	公司名称	上海锦江国际旅游股份有限公司			证券简称	锦旅B股
	法人代表	邵晓明	董秘	张珏	证券代码	900929
	公司网址	www.jjtravel.com		电子信箱	scits@scits.com	
	电　　话	021-63299090		传　　真	021-63296636	
	办公地址	上海市延安东路100号联谊大厦27楼				
	经营范围	入境、国内、出国旅游及客票代理				

主要财务指标	指标\报告期	2015.06.30	2014.12.31	2014.06.30	2013.12.31
	基本每股收益(元)	0.3762	0.4421	0.2642	0.4406
	基本每股收益(扣除后)(元)	0.2909	0.3408	0.1899	0.2594
	稀释每股收益(元)	–	–	–	–
	每股净资产(元)	9.8188	8.9827	6.6804	6.7884
	每股经营现金净流量(元)	0.5162	–0.2088	0.1364	0.1250
	每股现金流量(元)	1.0596	–0.5059	–0.2631	–0.1052
	每股资本公积金(元)	1.5084	1.5084	3.4660	1.5084
	每股盈余公积金(元)	1.1150	1.1150	1.0680	1.0680
	每股未分配利润(元)	1.4314	1.2772	1.1464	1.1032
	净资产收益率(%)	3.8310	4.9212	3.9555	6.4912
	加权净资产收益率(%)	4.0900	6.3400	3.8700	6.4200
	净资产收益率(扣除)(%)	2.9625	3.7940	–	3.8208
	总资产(万元)	202059.22	172764.70	146304.77	134995.64
	归属母公司股东权益(万元)	130154.65	119071.90	88552.96	89985.01
	营业收入(万元)	89944.93	216421.82	88749.56	211633.22
	营业支出(万元)	80472.57	195391.62	79194.67	190271.62
	投资收益(万元)	5167.08	5372.37	3586.11	5293.79
	净利润(万元)	4928.24	5821.46	3483.49	5776.04
	营业利润(万元)	5474.08	5902.06	3741.22	6515.63
	利润总额(万元)	5486.40	6565.22	3952.50	7058.84

上海普天邮通科技股份有限公司

公司概况						
	公司名称	上海普天邮通科技股份有限公司			证券简称	沪普天B
	法人代表	郑建华	董秘	陆贤薇	证券代码	900930
	公司网址	www.shpte.com		电子信箱	shpte@shpte.com	
	电　　话	021-64832699		传　　真	021-64832699	
	办公地址	上海市宜山路700号				
	经营范围	设计、生产各类通信设备、元器件				

主要财务指标	指标\报告期	2015.06.30	2014.12.31	2014.06.30	2013.12.31
	基本每股收益(元)	0.0060	0.0240	0.0080	0.0410
	基本每股收益(扣除后)(元)	–0.0020	–0.0100	–0.0080	–0.0890
	稀释每股收益(元)	0.0060	0.0240	0.0080	0.0410
	每股净资产(元)	3.6118	3.5900	3.5624	3.5541
	每股经营现金净流量(元)	–0.4061	–0.6990	–0.4697	–0.7113
	每股现金流量(元)	–0.1959	0.1701	0.0807	–0.4177
	每股资本公积金(元)	2.2994	2.2828	2.2714	2.2714
	每股盈余公积金(元)	0.3105	0.3105	0.3105	0.3105
	每股未分配利润(元)	0.0019	–0.0045	–0.0195	–0.0278
	净资产收益率(%)	0.1763	0.6651	0.2351	1.1500
	加权净资产收益率(%)	0.1800	0.6690	0.2400	1.1530
	净资产收益率(扣除)(%)	–0.0587	–0.2732	–0.2358	–2.5000
	总资产(万元)	325644.61	318210.48	284687.07	272721.94
	归属母公司股东权益(万元)	138051.29	137171.55	136165.78	135845.65
	营业收入(万元)	77236.02	178692.08	73827.33	172550.48
	营业支出(万元)	66929.45	152450.22	64698.13	151705.61
	投资收益(万元)	228.21	309.05	175.86	1290.70
	净利润(万元)	211.40	982.03	233.08	1541.83
	营业利润(万元)	–74.41	–32.19	–385.69	–2166.48
	利润总额(万元)	253.79	1354.96	331.32	2142.10

上海陆家嘴金融贸易区开发股份有限公司

公司概况						
	公司名称	上海陆家嘴金融贸易区开发股份有限公司			证券简称	陆家B股
	法人代表	徐而进	董秘	王辉	证券代码	900932
	公司网址	www.ljz.com.cn		电子信箱	invest@ljz.com.cn	
	电　　话	021-33848801		传　　真	021-33848818	
	办公地址	上海市浦东新区峨山路101号1号楼				
	经营范围	房地产开发、经营、销售、出租和中介等				

主要财务指标	指标\报告期	2015.06.30	2014.12.31	2014.06.30	2013.12.31
	基本每股收益(元)	0.3608	0.8575	0.3090	0.7583
	基本每股收益(扣除后)(元)	0.3537	0.7738	0.2833	0.6073
	稀释每股收益(元)	0.3608	0.8575	0.3090	0.7583
	每股净资产(元)	6.4419	6.1726	6.1014	5.5822
	每股经营现金净流量(元)	0.1601	–0.5330	–1.0592	0.3072
	每股现金流量(元)	0.5209	–0.1921	–0.8844	0.9694
	每股资本公积金(元)	0.0208	0.0208	0.0069	0.0208
	每股盈余公积金(元)	1.3529	1.3529	1.6435	1.2181
	每股未分配利润(元)	3.7247	3.7927	3.4510	3.2960
	净资产收益率(%)	5.6008	13.8916	5.0186	12.4734
	加权净资产收益率(%)	5.6500	14.6800	5.4600	12.4900
	净资产收益率(扣除)(%)	5.4913	12.5366	4.5984	10.0624
	总资产(万元)	4876080.14	4562074.66	3975381.06	3743677.06
	归属母公司股东权益(万元)	1203134.80	1152852.84	1139552.37	1042573.48
	营业收入(万元)	250534.32	511689.88	191144.66	450969.92
	营业支出(万元)	107451.20	200791.95	73282.02	185663.66
	投资收益(万元)	21371.11	47965.72	16483.90	52546.65
	净利润(万元)	74787.36	174762.34	63279.46	157443.02
	营业利润(万元)	95829.69	221635.32	80404.32	199614.32
	利润总额(万元)	96653.00	224362.60	81027.65	201472.97

华新水泥股份有限公司

公司概况						
	公司名称	华新水泥股份有限公司			证券简称	华新B股
	法人代表	李叶青	董秘	王锡明	证券代码	900933
	公司网址	www.huaxincem.com		电子信箱	investor@huaxincem.com	
	电　　话	027-87773896 87773898		传　　真	027-87773992	
	办公地址	湖北省武汉市关山二路特1号国际企业中心5号楼				
	经营范围	水泥、商品混凝土及其他建材制品、包装制品制造,销售等				

主要财务指标	指标\报告期	2015.06.30	2014.12.31	2014.06.30	2013.12.31
	基本每股收益(元)	0.0600	0.8200	0.3400	0.7900
	基本每股收益(扣除后)(元)	0.0400	0.7500	0.3000	0.7400
	稀释每股收益(元)	0.0600	0.8200	0.3400	0.7900
	每股净资产(元)	6.4136	6.5357	6.0523	9.3451
	每股经营现金净流量(元)	0.5562	2.5659	1.0158	3.2141
	每股现金流量(元)	–0.2991	0.2907	–0.1248	–0.6774
	每股资本公积金(元)	1.6813	1.6801	1.6852	3.2818
	每股盈余公积金(元)	0.3255	0.3255	0.2842	0.4547
	每股未分配利润(元)	3.4131	3.5237	3.0852	4.5985
	净资产收益率(%)	0.9255	12.4897	5.5549	13.5073
	加权净资产收益率(%)	0.9000	13.1900	5.5900	14.3500
	净资产收益率(扣除)(%)	0.6665	11.4706	4.9006	12.7195
	总资产(万元)	2641297.95	2605670.64	2557353.77	2582467.96
	归属母公司股东权益(万元)	959779.76	978049.53	905712.77	874046.78
	营业收入(万元)	645040.69	1599614.92	726735.14	1598435.53
	营业支出(万元)	495926.88	1127850.13	516621.24	1152043.97
	投资收益(万元)	1780.68	956.85	340.36	971.44
	净利润(万元)	14621.04	149376.94	62156.49	139452.35
	营业利润(万元)	9846.91	168938.65	64426.64	159669.14
	利润总额(万元)	18855.29	199334.31	80795.11	178490.38

上海锦江国际酒店发展股份有限公司

公司概况	公司名称	上海锦江国际酒店发展股份有限公司		证券简称	锦江 B 股
	法人代表	俞敏亮	董秘 胡暋	证券代码	900934
	公司网址	www.jinjianghotels.sh.cn		电子信箱	jjir@jinjianghotels.com
	电　　话	021-63217132		传　　真	021-63217720
	办公地址	上海市延安东路 100 号 25 楼			
	经营范围	宾馆、餐饮、食品生产线及连锁经营、旅游等			

主要财务指标	指标\报告期	2015.06.30	2014.12.31	2014.06.30	2013.12.31
	基本每股收益(元)	0.3623	0.7857	0.3088	0.6257
	基本每股收益(扣除后)(元)	0.1898	0.2285	0.1875	0.3625
	稀释每股收益(元)	–	–	–	–
	每股净资产(元)	10.3223	10.8124	6.9028	7.2005
	每股经营现金净流量(元)	0.4625	0.6951	0.3241	1.0595
	每股现金流量(元)	–0.1024	3.5708	–0.2130	–0.1209
	每股资本公积金(元)	5.5712	5.5712	3.4626	2.7509
	每股盈余公积金(元)	0.6578	0.6578	0.7995	0.7995
	每股未分配利润(元)	1.5082	1.5459	1.6406	1.7119
	净资产收益率(%)	3.5103	5.6004	4.4730	8.6903
	加权净资产收益率(%)	3.3500	10.4100	4.3500	8.8700
	净资产收益率(扣除)(%)	1.8391	1.6288	2.7169	5.0338
	总资产(万元)	2674966.27	1136250.71	679635.23	708306.68
	归属母公司股东权益(万元)	830449.50	869879.83	416405.64	434363.41
	营业收入(万元)	248932.90	291310.48	136855.28	268441.09
	营业支出(万元)	22500.48	30841.07	14137.31	30075.56
	投资收益(万元)	22995.50	46232.13	15492.72	24671.64
	净利润(万元)	29507.00	49017.65	18794.19	38215.03
	营业利润(万元)	38645.99	63409.72	22154.40	46970.77
	利润总额(万元)	41109.00	66559.80	23706.81	49664.79

上海阳晨投资股份有限公司

公司概况	公司名称	上海阳晨投资股份有限公司		证券简称	阳晨 B 股
	法人代表	李建勇	董秘 仲辉	证券代码	900935
	公司网址			电子信箱	young_sun_inv@hotmail.com
	电　　话	021-63901001 63901800		传　　真	021-63901007
	办公地址	上海市吴淞路 130 号城投控股大厦 16 楼			
	经营范围	城市污水处理等环保项目和其他市政基础设备项目的投资、经营等			

主要财务指标	指标\报告期	2015.06.30	2014.12.31	2014.06.30	2013.12.31
	基本每股收益(元)	0.0560	0.2100	0.0380	0.1500
	基本每股收益(扣除后)(元)	0.0680	0.1500	0.0380	0.0900
	稀释每股收益(元)	0.0560	0.2100	0.0380	0.1500
	每股净资产(元)	2.4706	2.4797	2.3124	2.3148
	每股经营现金净流量(元)	0.3631	1.2200	0.3593	1.2823
	每股现金流量(元)	0.0878	0.3770	–0.1298	0.1103
	每股资本公积金(元)	0.5852	0.5852	0.5876	0.5876
	每股盈余公积金(元)	0.0923	0.0923	0.0833	0.0833
	每股未分配利润(元)	0.7931	0.8022	0.6416	0.6440
	净资产收益率(%)	2.2605	8.3603	5.5565	6.5886
	加权净资产收益率(%)	2.2600	8.5700	1.6300	6.8100
	净资产收益率(扣除)(%)	2.7479	5.9822	1.6262	3.9278
	总资产(万元)	186102.88	188451.12	187306.57	195022.05
	归属母公司股东权益(万元)	60429.64	60653.49	56560.94	56619.25
	营业收入(万元)	22069.63	46408.24	21545.99	45103.09
	营业支出(万元)	13767.01	32382.30	15177.93	30963.51
	投资收益(万元)	–	–	–	–
	净利润(万元)	3209.47	9996.60	2172.66	7046.08
	营业利润(万元)	4297.71	6280.69	2625.99	4648.97
	利润总额(万元)	3898.99	10501.60	2625.67	9202.60

内蒙古鄂尔多斯资源股份有限公司

公司概况	公司名称	内蒙古鄂尔多斯资源股份有限公司		证券简称	鄂资 B 股
	法人代表	王臻	董秘 曾广春	证券代码	900936
	公司网址	www.chinaerdos.com		电子信箱	zeng_gc@chinaerdos.com
	电　　话	0477-8543509 8543776		传　　真	0477-8520402
	办公地址	内蒙古自治区鄂尔多斯市东胜区罕台镇羊绒工业园区			
	经营范围	生产销售无毛绒、羊绒纱、羊绒衫等羊绒制品			

主要财务指标	指标\报告期	2015.06.30	2014.12.31	2014.06.30	2013.12.31
	基本每股收益(元)	0.1100	0.4100	0.1700	0.7200
	基本每股收益(扣除后)(元)	0.0200	0.2800	0.1000	0.5000
	稀释每股收益(元)	0.1100	0.4100	0.1700	0.7200
	每股净资产(元)	6.7443	6.7251	6.4943	6.4325
	每股经营现金净流量(元)	1.4492	4.7837	1.0106	2.3809
	每股现金流量(元)	–0.5135	–0.5267	0.0523	0.4147
	每股资本公积金(元)	1.2613	1.4357	1.2580	1.3108
	每股盈余公积金(元)	0.4633	0.4633	0.4633	0.4765
	每股未分配利润(元)	3.9465	3.9393	3.6851	3.6376
	净资产收益率(%)	1.5903	6.0736	2.6414	11.1010
	加权净资产收益率(%)	1.5200	6.1500	2.6300	10.5500
	净资产收益率(扣除)(%)	0.2373	4.2180	1.4692	7.7773
	总资产(万元)	4366010.89	4397367.74	4205118.86	3986504.23
	归属母公司股东权益(万元)	696007.07	712031.35	670216.32	671212.63
	营业收入(万元)	714229.62	1556840.02	703516.35	1396079.47
	营业支出(万元)	500371.69	1097844.12	486451.35	989136.08
	投资收益(万元)	2425.57	10735.62	7729.37	19318.22
	净利润(万元)	32667.67	86747.92	39930.74	113384.10
	营业利润(万元)	31090.92	78713.99	35113.59	107742.09
	利润总额(万元)	42652.13	106938.90	51951.37	140666.08

华电能源股份有限公司

公司概况	公司名称	华电能源股份有限公司		证券简称	华电 B 股
	法人代表	霍利	董秘 梅君超	证券代码	900937
	公司网址	www.hdenergy.com		电子信箱	hdenergy@hdenergy.com
	电　　话	0451-82525998 82525778		传　　真	0451-82525878
	办公地址	黑龙江省哈尔滨市南岗区大成街 209 号			
	经营范围	主要从事电力生产、供热、电厂检修、电力技术咨询等业务			

主要财务指标	指标\报告期	2015.06.30	2014.12.31	2014.06.30	2013.12.31
	基本每股收益(元)	0.1200	0.0700	0.1300	0.0072
	基本每股收益(扣除后)(元)	0.1100	0.0600	0.1221	–0.0400
	稀释每股收益(元)	0.1200	0.0700	0.1300	0.0072
	每股净资产(元)	1.7486	1.5921	1.6516	1.5133
	每股经营现金净流量(元)	0.5128	1.2970	0.8996	1.1705
	每股现金流量(元)	0.0779	–0.7401	–0.6675	0.0335
	每股资本公积金(元)	0.7631	0.7631	0.7631	0.7631
	每股盈余公积金(元)	0.1419	0.1419	0.1419	0.1419
	每股未分配利润(元)	–0.1696	–0.2920	–0.2620	–0.3966
	净资产收益率(%)	7.0046	4.6980	8.1533	0.4789
	加权净资产收益率(%)	7.2800	4.8200	8.5200	0.4800
	净资产收益率(扣除)(%)	6.3141	3.5167	7.3955	–2.4944
	总资产(万元)	2349263.68	2381568.91	2235217.22	2354841.49
	归属母公司股东权益(万元)	343893.11	318978.26	324817.27	297609.53
	营业收入(万元)	434542.78	982938.35	493365.53	1023792.20
	营业支出(万元)	351517.98	852491.44	407152.28	907005.08
	投资收益(万元)	484.41	4637.86	195.40	9091.74
	净利润(万元)	28308.45	15808.18	30029.20	5096.09
	营业利润(万元)	27831.17	14391.00	29521.83	2592.48
	利润总额(万元)	30755.17	21133.35	33148.00	10092.93

天津天海投资发展股份有限公司

公司概况	公司名称	天津天海投资发展股份有限公司			证券简称	天海 B
	法人代表	刘小勇	董秘	武强	证券代码	900938
	公司网址	www.tjtmsc.com		电子信箱	tmsc600751@126.com	
	电　　话	022-58679088		传　　真	022-58087380	
	办公地址	天津市天津空港经济区中心大道华盈大厦八层				
	经营范围	国际船舶集装箱运输；仓储服务；陆海联运；集装箱租赁买卖				

主要财务指标	指标＼报告期	2015.06.30	2014.12.31	2014.06.30	2013.12.31
	基本每股收益(元)	0.0329	0.0843	0.0076	-0.1459
	基本每股收益(扣除后)(元)	-0.0001	-0.0509	0.0047	-0.1613
	稀释每股收益(元)	0.0329	0.0843	0.0076	-0.1459
	每股净资产(元)	4.1350	4.1027	0.0551	0.0469
	每股经营现金净流量(元)	-0.0007	0.0444	-0.0075	0.1657
	每股现金流量(元)	-2.9283	4.2078	0.4582	-0.0124
	每股资本公积金(元)	3.4949	3.4949	0.4104	0.4104
	每股盈余公积金(元)	0.0384	0.0384	0.1247	0.1247
	每股未分配利润(元)	-0.3988	-0.4316	-1.4828	-1.4904
	净资产收益率(%)	0.7950	0.6636	13.8080	-311.1188
	加权净资产收益率(%)	0.7900	23.2500	14.9200	-122.0000
	净资产收益率(扣除)(%)	-0.0030	-0.4005	8.5463	-344.0411
	总资产(万元)	1240393.44	1257219.40	73505.04	29607.76
	归属母公司股东权益(万元)	1198887.85	1189520.55	4919.52	4186.16
	营业收入(万元)	17610.16	42362.30	20325.37	33537.89
	营业支出(万元)	17949.79	39278.04	16520.45	29203.76
	投资收益(万元)	9531.57	162.73	-	-
	净利润(万元)	9530.78	7892.68	677.38	-13018.56
	营业利润(万元)	9495.94	8633.21	418.53	-14205.74
	利润总额(万元)	9530.78	7953.75	677.38	-13015.21

上海汇丽建材股份有限公司

公司概况	公司名称	上海汇丽建材股份有限公司			证券简称	汇丽 B
	法人代表	林震森	董秘	詹琳	证券代码	900939
	公司网址	www.huili.com		电子信箱	stock@huili.com	
	电　　话	021-58138717　58138712		传　　真	021-58134499	
	办公地址	上海浦东横桥路 406 号 1 幢 213 室				
	经营范围	生产和销售化学建筑材料				

主要财务指标	指标＼报告期	2015.06.30	2014.12.31	2014.06.30	2013.12.31
	基本每股收益(元)	0.0100	0.0100	0.0030	-0.0400
	基本每股收益(扣除后)(元)	0.0080	-0.0010	0.0030	-0.0280
	稀释每股收益(元)	0.0100	0.0100	0.0030	-0.0400
	每股净资产(元)	0.2926	0.2823	0.2800	0.2767
	每股经营现金净流量(元)	0.0120	0.0157	-0.0056	0.0102
	每股现金流量(元)	0.0004	-0.0105	-0.0216	0.0203
	每股资本公积金(元)	0.3708	0.3708	0.3708	0.3708
	每股盈余公积金(元)	0.0998	0.0998	0.0998	0.0998
	每股未分配利润(元)	-1.1780	-1.1883	-1.1905	-1.1938
	净资产收益率(%)	3.5240	1.9596	1.1766	-14.6401
	加权净资产收益率(%)	3.5900	1.9800	1.1800	-13.6400
	净资产收益率(扣除)(%)	2.7600	-0.5123	0.9553	-10.2707
	总资产(万元)	7861.85	7707.60	7666.46	7920.40
	归属母公司股东权益(万元)	5310.18	5123.05	5082.46	5022.66
	营业收入(万元)	476.58	1106.89	409.33	1077.14
	营业支出(万元)	103.33	605.23	184.70	607.98
	投资收益(万元)	69.03	320.63	85.01	242.37
	净利润(万元)	186.41	109.72	59.07	-794.34
	营业利润(万元)	186.41	75.87	59.10	-525.20
	利润总额(万元)	186.41	109.72	59.07	-794.34

上海大名城企业股份有限公司

公司概况	公司名称	上海大名城企业股份有限公司			证券简称	大名城 B
	法人代表	俞培俤	董秘	张燕琦	证券代码	900940
	公司网址	www.greattown.cn		电子信箱	dmc@greattown.cn	
	电　　话	021-62478900		传　　真	021-62479099	
	办公地址	上海市闵行区红松东路 1116 号上海虹桥元一大厦 5 楼				
	经营范围	房地产综合开发、建造、销售商品房、物业管理				

主要财务指标	指标＼报告期	2015.06.30	2014.12.31	2014.06.30	2013.12.31
	基本每股收益(元)	0.0649	0.2111	0.0565	0.1690
	基本每股收益(扣除后)(元)	0.0586	0.2121	0.0578	0.1497
	稀释每股收益(元)	0.0649	0.2111	0.0565	0.1690
	每股净资产(元)	2.7813	2.7564	1.7941	1.7376
	每股经营现金净流量(元)	-2.3715	-1.3108	-1.0102	-1.9852
	每股现金流量(元)	0.3188	-0.0381	0.4173	0.3894
	每股资本公积金(元)	1.2351	1.2351	0.2724	0.2724
	每股盈余公积金(元)	0.1190	0.1190	0.1501	0.1501
	每股未分配利润(元)	0.4272	0.4023	0.3716	0.3150
	净资产收益率(%)	2.3337	6.2301	3.1510	9.7262
	加权净资产收益率(%)	2.3400	10.1800	3.2000	10.2200
	净资产收益率(扣除)(%)	2.1066	6.2593	3.2189	8.6135
	总资产(万元)	3111252.48	2152855.45	2001766.75	1508641.30
	归属母公司股东权益(万元)	559470.86	554460.77	271187.84	262642.84
	营业收入(万元)	206384.30	537990.33	113207.31	293989.32
	营业支出(万元)	129079.40	347402.92	55032.90	159137.33
	投资收益(万元)	1522.35	195.13	10.85	7591.54
	净利润(万元)	18967.20	58828.84	13285.07	41076.16
	营业利润(万元)	26329.66	81425.30	19719.01	59985.94
	利润总额(万元)	25925.59	80943.70	19327.15	57687.87

东方通信股份有限公司

公司概况	公司名称	东方通信股份有限公司			证券简称	东信 B 股
	法人代表	张泽熙	董秘	蔡祝平	证券代码	900941
	公司网址	www.eastcom.com		电子信箱	inquiry@eastcom.com	
	电　　话	0571-86676198		传　　真	0571-86676197	
	办公地址	浙江省杭州市滨江高新技术开发区东信大道 66 号				
	经营范围	移动通信、IC 卡、传输设备、ATM 系列等业务				

主要财务指标	指标＼报告期	2015.06.30	2014.12.31	2014.06.30	2013.12.31
	基本每股收益(元)	0.0609	0.1429	0.0492	0.1542
	基本每股收益(扣除后)(元)	0.0452	0.0702	0.0221	0.0828
	稀释每股收益(元)	0.0609	0.1429	0.0492	0.1542
	每股净资产(元)	2.2821	2.2812	2.1730	2.1837
	每股经营现金净流量(元)	-0.3395	0.0592	-0.3449	-0.1509
	每股现金流量(元)	-0.4838	0.0663	-0.1663	-0.2174
	每股资本公积金(元)	0.7118	0.7118	0.6972	0.6972
	每股盈余公积金(元)	0.0690	0.0690	0.0519	0.0519
	每股未分配利润(元)	0.5013	0.5004	0.4239	0.4347
	净资产收益率(%)	2.6691	6.2630	2.2660	7.0629
	加权净资产收益率(%)	2.6300	6.4320	2.2400	7.2160
	净资产收益率(扣除)(%)	1.9827	3.0786	1.0159	3.7917
	总资产(万元)	360959.36	362882.11	348584.37	343976.51
	归属母公司股东权益(万元)	286632.93	286518.48	272924.13	274275.74
	营业收入(万元)	191946.36	371160.51	175928.44	343722.03
	营业支出(万元)	171176.77	321884.11	156183.40	300593.21
	投资收益(万元)	2115.30	4993.62	2554.34	7211.37
	净利润(万元)	7539.73	17725.38	6218.43	20839.60
	营业利润(万元)	6408.13	12392.35	4930.46	14684.28
	利润总额(万元)	8854.93	20297.46	7262.12	23895.49

黄山旅游发展股份有限公司

公司概况						
	公司名称	黄山旅游发展股份有限公司			证券简称	黄山 B 股
	法人代表	黄林沐	董秘	丁维	证券代码	900942
	公司网址	www.huangshan.com.cn		电子信箱	hstd56@126.com	
	电　　话	0559-5580567 5580526		传　　真	0559-5580505	
	办公地址	安徽省黄山市黄山风景区温泉				
	经营范围	园林门票、客运索道、酒店食宿及旅游服务等部分				

主要财务指标	指标\报告期	2015.06.30	2014.12.31	2014.06.30	2013.12.31
	基本每股收益(元)	0.2637	0.4400	0.2388	0.3100
	基本每股收益(扣除后)(元)	0.2574	0.4700	0.2371	0.3000
	稀释每股收益(元)	0.2637	0.4400	0.2388	0.3100
	每股净资产(元)	4.9160	4.7122	4.5071	4.3083
	每股经营现金净流量(元)	0.2277	0.8679	0.1724	0.5107
	每股现金流量(元)	-0.0086	-0.0501	-0.1657	-0.0303
	每股资本公积金(元)	0.2797	0.2797	0.2797	0.2797
	每股盈余公积金(元)	0.5802	0.5802	0.5291	0.5291
	每股未分配利润(元)	3.0561	2.8523	2.6984	2.4995
	净资产收益率(%)	5.3651	9.4206	5.2989	7.0816
	加权净资产收益率(%)	5.4800	9.8600	5.4200	7.3200
	净资产收益率(扣除)(%)	5.2364	9.8711	5.2615	7.0134
	总资产(万元)	341694.69	343170.18	336787.58	335506.85
	归属母公司股东权益(万元)	231714.18	222110.53	212443.46	203071.73
	营业收入(万元)	65621.99	148991.00	62182.01	129409.03
	营业支出(万元)	35799.87	76330.43	33669.37	68276.94
	投资收益(万元)	525.26	119.10	183.32	-172.04
	净利润(万元)	12545.47	22185.95	12007.20	16144.25
	营业利润(万元)	16493.07	32530.65	15886.85	23106.65
	利润总额(万元)	16895.04	30712.01	15999.08	23201.59

上海开开实业股份有限公司

公司概况						
	公司名称	上海开开实业股份有限公司			证券简称	开开 B 股
	法人代表	张翔华	董秘	刘光靓	证券代码	900943
	公司网址	www.chinesekk.com		电子信箱	dm@chinesekk.com	
	电　　话	021-62712138		传　　真	021-62712138	
	办公地址	上海市新闸路 921 号二楼				
	经营范围	生产衬衫、羊毛衫、针绵织品、服装、鞋帽				

主要财务指标	指标\报告期	2015.06.30	2014.12.31	2014.06.30	2013.12.31
	基本每股收益(元)	0.0500	0.1500	0.1800	0.1000
	基本每股收益(扣除后)(元)	0.0200	-0.0200	0.0100	0.0800
	稀释每股收益(元)	0.0500	0.1500	0.1800	0.1000
	每股净资产(元)	1.9123	1.6804	1.6842	1.5555
	每股经营现金净流量(元)	0.0317	0.1134	0.0326	0.0592
	每股现金流量(元)	0.2172	-0.1238	-0.0046	-0.1357
	每股资本公积金(元)	0.0552	0.0552	0.1813	0.0553
	每股盈余公积金(元)	0.1620	0.1620	0.1389	0.1389
	每股未分配利润(元)	0.3599	0.3145	0.3640	0.2231
	净资产收益率(%)	2.3713	8.9008	10.4476	6.7321
	加权净资产收益率(%)	2.6600	9.2700	10.8200	7.2000
	净资产收益率(扣除)(%)	0.8683	-1.4671	0.8327	4.8433
	总资产(万元)	96625.71	92658.64	102131.87	101504.17
	归属母公司股东权益(万元)	46468.13	40833.83	40926.54	37798.94
	营业收入(万元)	43958.60	88279.82	44511.41	85943.90
	营业支出(万元)	34781.80	71160.38	35805.27	67899.86
	投资收益(万元)	193.78	3708.72	3719.05	327.34
	净利润(万元)	1098.68	3663.93	4290.59	2572.65
	营业利润(万元)	1235.26	4171.50	4539.66	3096.49
	利润总额(万元)	1708.54	4675.22	4775.99	3647.64

海南航空股份有限公司

公司概况						
	公司名称	海南航空股份有限公司			证券简称	海航 B 股
	法人代表	辛笛	董秘	李瑞	证券代码	900945
	公司网址	www.hnair.com		电子信箱	webmaster@hnair.com	
	电　　话	0898-66739961		传　　真	0898-66739960	
	办公地址	海南省海口市国兴大道 7 号海航大厦				
	经营范围	航空客货运输业务				

主要财务指标	指标\报告期	2015.06.30	2014.12.31	2014.06.30	2013.12.31
	基本每股收益(元)	0.1315	0.2130	0.0396	0.1770
	基本每股收益(扣除后)(元)	0.1086	0.1670	0.0122	0.1470
	稀释每股收益(元)	0.1315	0.2130	0.0396	0.1770
	每股净资产(元)	2.4279	2.3519	2.1143	2.0858
	每股经营现金净流量(元)	0.5798	0.4929	0.3973	0.8822
	每股现金流量(元)	0.2159	0.0133	0.2565	-0.1771
	每股资本公积金(元)	0.4669	0.4669	0.4571	0.5415
	每股盈余公积金(元)	0.0796	0.0796	0.0655	0.0700
	每股未分配利润(元)	0.8163	0.7485	0.5917	0.5935
	净资产收益率(%)	5.4180	9.0437	1.8744	8.2846
	加权净资产收益率(%)	5.5000	9.0000	1.8300	8.0000
	净资产收益率(扣除)(%)	4.4720	7.0801	0.5756	7.0711
	总资产(万元)	12330012.30	12198204.10	11529987.90	11261708.80
	归属母公司股东权益(万元)	2957686.10	2865163.50	2575639.20	2712086.50
	营业收入(万元)	1662201.90	3604377.10	1798935.90	3327625.40
	营业支出(万元)	1228095.40	2770288.20	1450160.30	2614441.60
	投资收益(万元)	39080.40	80465.10	26794.20	69638.30
	净利润(万元)	172905.40	264264.80	48170.90	217531.10
	营业利润(万元)	182539.40	249865.10	15830.50	228918.90
	利润总额(万元)	215133.60	321262.60	60827.10	276116.30

湖南天雁机械股份有限公司

公司概况						
	公司名称	湖南天雁机械股份有限公司			证券简称	天雁 B 股
	法人代表	连刚	董秘	钟桥前	证券代码	900946
	公司网址	www.tyen.com.cn		电子信箱	tyen5617@163.com	
	电　　话	0734-8532012		传　　真	0734-8532003	
	办公地址	湖南省衡阳市石鼓区合江套路 195 号				
	经营范围	增压器、活塞环、冷却风扇、节温器、气门及其他发动机零部件的设计、开发、生产、销售				

主要财务指标	指标\报告期	2015.06.30	2014.12.31	2014.06.30	2013.12.31
	基本每股收益(元)	0.0051	0.0148	0.0244	0.0607
	基本每股收益(扣除后)(元)	0.0021	0.0023	0.0160	0.0471
	稀释每股收益(元)	0.0051	0.0148	0.0244	0.0607
	每股净资产(元)	0.7235	0.7185	0.7281	0.7037
	每股经营现金净流量(元)	-0.0065	0.0671	0.0074	0.0181
	每股现金流量(元)	0.0623	0.0460	0.0170	-0.1283
	每股资本公积金(元)	0.3850	0.3850	0.3850	0.3850
	每股盈余公积金(元)	0.0864	0.0864	0.0864	0.0864
	每股未分配利润(元)	-0.7479	-0.7530	-0.7433	-0.7678
	净资产收益率(%)	0.6993	2.0570	3.3548	8.6305
	加权净资产收益率(%)	0.7000	2.0800	3.4100	9.0200
	净资产收益率(扣除)(%)	0.2867	0.3171	2.1975	6.7002
	总资产(万元)	120416.75	110955.09	109371.53	101495.69
	归属母公司股东权益(万元)	70315.52	69823.82	70761.47	68387.54
	营业收入(万元)	26289.56	57795.05	31956.96	64132.35
	营业支出(万元)	20212.42	44267.43	23643.41	46056.61
	投资收益(万元)	-	-	-	-
	净利润(万元)	491.69	1436.28	2373.93	5902.21
	营业利润(万元)	224.51	592.45	1910.11	5266.76
	利润总额(万元)	514.64	2021.57	2729.06	6819.84

上海振华重工(集团)股份有限公司

公司概况					
公司名称	上海振华重工(集团)股份有限公司			证券简称	振华B股
法人代表	宋海良	董秘	王珏	证券代码	900947
公司网址	www.zpmc.com		电子信箱	zpmc@public.sta.net.cn	
电　话	021-50390727		传　真	021-31193316	
办公地址	上海市东方路3261号				
经营范围	设计、建造、安装和承包大型港口装卸系统和设备				

主要财务指标 指标\报告期	2015.06.30	2014.12.31	2014.06.30	2013.12.31
基本每股收益(元)	0.0250	0.0450	0.0130	0.0300
基本每股收益(扣除后)(元)	-0.0670	-0.0200	-0.0160	-0.2300
稀释每股收益(元)	0.0250	0.0450	0.0130	0.0300
每股净资产(元)	3.3829	3.3667	3.3145	3.3052
每股经营现金净流量(元)	-0.3996	-0.1989	-0.1597	0.2199
每股现金流量(元)	-0.1519	-0.2927	0.1415	0.1811
每股资本公积金(元)	1.2626	1.2626	1.3154	1.2626
每股盈余公积金(元)	0.3541	0.3541	0.3463	0.3463
每股未分配利润(元)	0.7022	0.6772	0.6528	0.6396
净资产收益率(%)	0.7406	1.3490	0.3973	0.9700
加权净资产收益率(%)	0.7400	1.3600	0.4000	0.9700
净资产收益率(扣除)(%)	-1.9853	-0.5384	-0.4954	-6.9550
总资产(万元)	5520063.96	5614522.73	5890954.21	4926509.39
归属母公司股东权益(万元)	1485203.67	1478060.38	1455147.71	1451060.48
营业收入(万元)	1032394.14	2506942.15	1124297.06	2320155.58
营业支出(万元)	928509.56	2170068.09	1004636.42	2143701.71
投资收益(万元)	37784.82	37092.30	21695.48	89803.65
净利润(万元)	8832.82	14804.84	4504.90	13407.66
营业利润(万元)	12643.25	11307.39	3986.80	-17263.74
利润总额(万元)	15126.13	16250.30	5840.45	12042.91

内蒙古伊泰煤炭股份有限公司

公司概况					
公司名称	内蒙古伊泰煤炭股份有限公司			证券简称	伊泰B股
法人代表	张东海	董秘	赵欣	证券代码	900948
公司网址	www.yitaicoal.com		电子信箱	ir@yitaicoal.com	
电　话	0477-8565642　8565731		传　真	0477-8565415	
办公地址	内蒙古自治区鄂尔多斯市东胜区天骄北路伊泰大厦				
经营范围	集团主要从事生产与销售煤炭、提供公路及铁路运输服务、生产与销售煤化工产品				

主要财务指标 指标\报告期	2015.06.30	2014.12.31	2014.06.30	2013.12.31
基本每股收益(元)	0.0500	0.6900	0.4600	1.0600
基本每股收益(扣除后)(元)	0.0300	0.7000	0.4700	1.0800
稀释每股收益(元)	0.0500	-	0.4600	-
每股净资产(元)	6.8645	7.0472	6.6382	6.4996
每股经营现金净流量(元)	0.4411	1.7208	1.2268	1.7504
每股现金流量(元)	-0.2880	0.9683	1.8204	-0.7674
每股资本公积金(元)	0.6215	0.6215	0.4746	0.4827
每股盈余公积金(元)	0.4445	0.4445	0.4078	0.4078
每股未分配利润(元)	4.7969	4.9509	4.7559	4.6154
净资产收益率(%)	0.7859	9.8232	6.9379	16.2868
加权净资产收益率(%)	0.7600	10.1600	7.0100	16.8700
净资产收益率(扣除)(%)	0.3944	9.9917	7.1267	16.5792
总资产(万元)	6176695.06	5874407.86	5402853.08	4548450.76
归属母公司股东权益(万元)	2233712.13	2293173.98	2160061.29	2114982.06
营业收入(万元)	920300.99	2539360.49	1274048.20	2506354.91
营业支出(万元)	698553.06	1775056.01	851303.00	1590322.42
投资收益(万元)	14445.58	14456.53	3726.49	3419.37
净利润(万元)	31091.21	276131.69	176556.92	392439.58
营业利润(万元)	51473.14	349104.68	215306.05	464815.79
利润总额(万元)	49582.19	340007.46	208909.24	463386.33

大化集团大连化工股份有限公司

公司概况					
公司名称	大化集团大连化工股份有限公司			证券简称	大化B股
法人代表	刘平芹	董秘	周魏	证券代码	900951
公司网址	www.dahuagf.com		电子信箱	dhjtdlhuagong@sina.com	
电　话	0411-86893436		传　真	0411-85187331	
办公地址	辽宁省大连市普湾新区松木岛化工园区				
经营范围	鞋及制鞋材料、皮具、服装的研发、生产、销售及上述商品的网上销售				

主要财务指标 指标\报告期	2015.06.30	2014.12.31	2014.06.30	2013.12.31
基本每股收益(元)	-0.1100	0.0300	-0.0900	-0.4600
基本每股收益(扣除后)(元)	-0.1100	-0.1100	-0.0800	-0.4600
稀释每股收益(元)	-0.1100	0.0300	-0.0900	-0.4600
每股净资产(元)	1.1476	1.2533	0.0848	0.1651
每股经营现金净流量(元)	-0.1342	-0.0068	-0.0052	1.0944
每股现金流量(元)	-0.0208	0.0008	0.0530	-0.0201
每股资本公积金(元)	1.8887	1.8887	0.8342	0.8342
每股盈余公积金(元)	0.0560	0.0560	0.0560	0.0560
每股未分配利润(元)	-1.7979	-1.6914	-1.8148	-1.7251
净资产收益率(%)	-9.2807	2.6904	-105.7373	-281.2057
加权净资产收益率(%)	-8.8700	5.4300	-71.7700	-116.8800
净资产收益率(扣除)(%)	-9.2807	-9.0253	-89.9024	-281.3856
总资产(万元)	95066.40	93735.49	106399.59	112946.70
归属母公司股东权益(万元)	31559.37	34466.92	2332.04	4539.61
营业收入(万元)	41370.08	90129.26	45592.26	81878.73
营业支出(万元)	42301.44	88155.26	45201.91	87443.84
投资收益(万元)	-	-	-	-
净利润(万元)	-2928.93	927.31	-2465.84	-12765.65
营业利润(万元)	-2928.93	-3110.73	-2096.56	-12773.81
利润总额(万元)	-2928.93	927.31	-2465.84	-12765.65

锦州港股份有限公司

公司概况					
公司名称	锦州港股份有限公司			证券简称	锦港B股
法人代表	徐健	董秘	李桂萍	证券代码	900952
公司网址	www.jinzhouport.com		电子信箱	msc@jinzhouport.com	
电　话	0416-3586462　3586234		传　真	0416-3582431	
办公地址	辽宁省锦州市经济技术开发区锦港大街一段1号				
经营范围	港口装卸、仓储及船货代理服务				

主要财务指标 指标\报告期	2015.06.30	2014.12.31	2014.06.30	2013.12.31
基本每股收益(元)	0.0550	0.1100	0.0660	0.1000
基本每股收益(扣除后)(元)	0.0370	0.0600	0.0620	0.0800
稀释每股收益(元)	0.0550	0.1100	0.0660	0.1000
每股净资产(元)	2.9623	2.9036	2.8568	2.8135
每股经营现金净流量(元)	0.1983	0.1576	0.0701	0.2683
每股现金流量(元)	-0.0706	-0.3151	-0.2865	0.4146
每股资本公积金(元)	1.3302	1.3302	1.3302	1.3302
每股盈余公积金(元)	0.1600	0.1600	0.1470	0.1470
每股未分配利润(元)	0.4658	0.4106	0.3768	0.3383
净资产收益率(%)	1.8655	3.7982	2.2922	2.7459
加权净资产收益率(%)	1.8900	3.8600	2.3000	3.7500
净资产收益率(扣除)(%)	1.2454	1.9006	2.1573	2.1194
总资产(万元)	1183968.59	1219498.29	1170433.74	1119838.47
归属母公司股东权益(万元)	593143.08	581390.95	572016.05	563756.62
营业收入(万元)	118494.42	212699.47	121837.85	184463.03
营业支出(万元)	90288.53	160815.17	88604.64	132340.87
投资收益(万元)	1145.28	3823.55	-617.86	1375.27
净利润(万元)	11289.52	23191.76	13942.11	16905.31
营业利润(万元)	12647.23	19550.77	18200.95	19975.50
利润总额(万元)	14712.02	30796.58	18627.99	22700.82

恒天凯马股份有限公司

公司概况						
公	公司名称	恒天凯马股份有限公司			证券简称	凯马 B
司	法人代表	李颜章	董秘	史建萍	证券代码	900953
概	公司网址	www.kama.com.cn		电子信箱	zhouli@kama.com.cn	
况	电　话	021-62036446		传　真	021-62030851	
	办公地址	上海市中山北路 1958 号华源世界广场 6 楼				
	经营范围	内燃机、拖拉机、农用运输车、载货汽车等的研究开发、生产、技术咨询等				

主要财务指标	指标\报告期	2015.06.30	2014.12.31	2014.06.30	2013.12.31
	基本每股收益(元)	0.0148	-0.2383	0.0110	0.0082
	基本每股收益(扣除后)(元)	-0.0173	-0.2449	0.0085	-0.0184
	稀释每股收益(元)	0.0148	-0.2383	0.0110	0.0082
	每股净资产(元)	1.3111	1.2972	1.5462	1.5351
	每股经营现金净流量(元)	0.2580	-0.0139	0.0677	0.5031
	每股现金流量(元)	-0.0035	-0.1022	-0.1666	0.0512
	每股资本公积金(元)	0.8570	0.8570	0.8570	0.8570
	每股盈余公积金(元)	-	-	-	-
	每股未分配利润(元)	-0.5467	-0.5616	-0.3123	-0.3233
	净资产收益率(%)	1.1317	-18.3681	0.7137	0.5332
	加权净资产收益率(%)	1.1400	-16.8300	0.7200	0.5300
	净资产收益率(扣除)(%)	-1.3157	-18.8790	0.5490	-1.1981
	总资产(万元)	412284.00	404690.85	399026.65	410516.69
	归属母公司股东权益(万元)	83909.84	83019.57	98953.70	98244.32
	营业收入(万元)	264900.72	458542.73	280367.33	540687.49
	营业支出(万元)	243587.30	427982.77	258117.78	495510.43
	投资收益(万元)	266.35	-	-	-15.45
	净利润(万元)	2311.04	-18043.94	2068.17	2324.37
	营业利润(万元)	1334.82	-18215.98	2305.39	2342.86
	利润总额(万元)	3389.58	-17614.92	2576.34	4309.91

上海九龙山旅游股份有限公司

公司概况						
公	公司名称	上海九龙山旅游股份有限公司			证券简称	九龙山 B
司	法人代表	郭亚军	董秘	孙爱林	证券代码	900955
概	公司网址	www.ninedragon.com.cn		电子信箱	ailin_sun@hnair.com	
况	电　话	010-60195377　60195327		传　真	010-60195316	
	办公地址	上海市浦东新区浦东南路 588 号浦发大厦 15 楼				
	经营范围	房地产、商业房产综合开发				

主要财务指标	指标\报告期	2015.06.30	2014.12.31	2014.06.30	2013.12.31
	基本每股收益(元)	-0.0200	0.0300	0.0100	0.0200
	基本每股收益(扣除后)(元)	-0.0200	-0.1200	-0.0300	-0.0900
	稀释每股收益(元)	-0.0200	0.0300	0.0100	0.0200
	每股净资产(元)	1.2680	1.2912	1.2647	1.2575
	每股经营现金净流量(元)	-0.0761	-0.1975	-0.0706	0.0274
	每股现金流量(元)	-0.0173	0.0860	-0.0554	0.0372
	每股资本公积金(元)	0.3098	0.3098	0.3098	0.3098
	每股盈余公积金(元)	0.1039	0.1039	0.1039	0.1039
	每股未分配利润(元)	-0.1495	-0.1263	-0.1518	-0.1603
	净资产收益率(%)	-1.8259	2.6344	0.6765	1.6624
	加权净资产收益率(%)	-1.8100	2.6700	0.6800	1.6800
	净资产收益率(扣除)(%)	-1.7671	-9.4452	-2.1790	-7.4045
	总资产(万元)	335392.88	334552.72	271977.08	276904.82
	归属母公司股东权益(万元)	165287.54	168308.00	164854.56	163919.17
	营业收入(万元)	9825.60	3089.91	585.83	6742.66
	营业支出(万元)	7383.79	2805.59	464.85	4097.83
	投资收益(万元)	-75.94	15419.52	-127.61	6725.97
	净利润(万元)	-2961.43	3969.10	1111.66	2803.51
	营业利润(万元)	-2940.18	-852.59	-3595.79	-5266.02
	利润总额(万元)	-2961.43	5580.31	1111.66	4344.23

黄石东贝电器股份有限公司

公司概况						
公	公司名称	黄石东贝电器股份有限公司			证券简称	东贝 B 股
司	法人代表	杨百昌	董秘	陆丽华	证券代码	900956
概	公司网址	www.donper.com		电子信箱	stock@donper.com	
况	电　话	0714-5415858		传　真	0714-5415858	
	办公地址	湖北省黄石市经济技术开发区金山大道东 6 号				
	经营范围	冰箱、冷柜用压缩机的生产和销售				

主要财务指标	指标\报告期	2015.06.30	2014.12.31	2014.06.30	2013.12.31
	基本每股收益(元)	0.1170	0.2530	0.1060	0.3990
	基本每股收益(扣除后)(元)	0.0780	0.2180	0.0800	0.2310
	稀释每股收益(元)	0.1170	0.2530	0.1060	0.3990
	每股净资产(元)	4.0910	3.9737	3.9244	3.8189
	每股经营现金净流量(元)	1.0903	0.8742	0.7347	0.2244
	每股现金流量(元)	0.1254	0.1109	0.6393	-0.1270
	每股资本公积金(元)	0.8090	0.8090	0.8090	0.8090
	每股盈余公积金(元)	0.1853	0.1853	0.1615	0.1615
	每股未分配利润(元)	2.0954	1.9787	1.9555	1.8492
	净资产收益率(%)	2.8533	6.3737	2.7067	10.4548
	加权净资产收益率(%)	2.8900	6.4200	2.7400	11.0300
	净资产收益率(扣除)(%)	2.8900	5.4970	2.0352	6.0413
	总资产(万元)	442724.34	414708.59	406978.38	386618.58
	归属母公司股东权益(万元)	96138.42	93381.27	92223.62	89743.26
	营业收入(万元)	204521.34	355901.31	226955.02	426403.18
	营业支出(万元)	180954.90	307394.66	202659.25	372217.86
	投资收益(万元)	-37.14	-21.94	-23.90	5361.91
	净利润(万元)	3701.21	8319.84	3299.21	11663.88
	营业利润(万元)	3311.10	7134.79	3461.05	16073.32
	利润总额(万元)	4592.21	9505.36	4715.89	15313.84

上海凌云实业发展股份有限公司

公司概况						
公	公司名称	上海凌云实业发展股份有限公司			证券简称	凌云 B 股
司	法人代表	于爱新	董秘	陈新华	证券代码	900957
概	公司网址	www.elingyun.com		电子信箱	lingyun@elingyun.com	
况	电　话	021-68400880		传　真	021-68401110	
	办公地址	上海市浦东新区源深路 1088 号葛洲坝大厦 12 楼 1201 室				
	经营范围	旅游景点设施的开发与经营，房地产开发及商品房销售、物业管理、办学等				

主要财务指标	指标\报告期	2015.06.30	2014.12.31	2014.06.30	2013.12.31
	基本每股收益(元)	0.0036	0.0180	0.0104	0.0210
	基本每股收益(扣除后)(元)	0.0035	0.0180	0.0104	-0.0675
	稀释每股收益(元)	0.0036	0.0180	0.0104	0.0210
	每股净资产(元)	1.1326	1.1290	1.1214	1.1111
	每股经营现金净流量(元)	0.2056	-0.1342	0.0176	-0.0437
	每股现金流量(元)	-0.0270	-0.1115	-0.1468	0.1750
	每股资本公积金(元)	0.5782	0.5782	0.5782	0.5782
	每股盈余公积金(元)	-	-	-	-
	每股未分配利润(元)	-0.4456	-0.4491	-0.4568	-0.4671
	净资产收益率(%)	0.3139	1.5917	0.9231	1.8510
	加权净资产收益率(%)	0.3100	1.6000	0.9300	1.8700
	净资产收益率(扣除)(%)	0.3113	1.5916	0.9230	-6.0724
	总资产(万元)	93453.28	88728.96	40662.04	39543.45
	归属母公司股东权益(万元)	39527.15	39403.09	39137.20	38775.93
	营业收入(万元)	418.55	1830.68	26.50	1134.37
	营业支出(万元)	404.05	1772.97	25.69	1043.34
	投资收益(万元)	364.45	1099.22	611.53	3347.57
	净利润(万元)	123.79	615.53	355.07	707.81
	营业利润(万元)	122.79	615.50	355.04	473.67
	利润总额(万元)	123.79	615.53	355.07	707.81

平安银行股份有限公司

公司概况	公司名称	平安银行股份有限公司		证券简称	平安银行
	法人代表	孙建一	董秘 周强	证券代码	000001
	公司网址	www.bank.pingan.com		电子信箱	pabdsh@pingan.com.cn
	电　　话	0755-82210610		传　　真	0755-82080386
	办公地址	广东省深圳市罗湖区深南东路 5047 号			
	经营范围	办理人民币存、贷、结算、汇兑业务、人民币票据承兑和贴现等			

主要财务指标	指标\报告期	2015.06.30	2014.12.31	2014.06.30	2013.12.31
	基本每股收益(元)	0.8400	1.7300	0.7300	1.5500
	基本每股收益(扣除后)(元)	0.8400	1.7400	0.7400	1.8500
	稀释每股收益(元)	0.8400	1.7300	0.7300	1.5500
	每股净资产(元)	10.5400	11.4600	10.5857	11.7700
	每股经营现金净流量(元)	0.0009	0.0035	0.0015	0.0117
	每股现金流量(元)	14.2658	0.2059	4.4190	0.9492
	每股资本公积金(元)	4.1461	4.5751	4.3886	5.6896
	每股盈余公积金(元)	0.4427	0.5544	0.3811	0.4573
	每股未分配利润(元)	3.7216	3.8211	3.3709	3.1470
	净资产收益率(%)	7.6800	15.1200	8.3300	13.5900
	加权净资产收益率(%)	8.4100	16.3500	8.6200	16.5700
	净资产收益率(扣除)(%)	7.6800	15.1500	8.3400	13.5300
	总资产(万元)	257050800.00	218645900.00	213647500.00	189174100.00
	归属母公司股东权益(万元)	15088000.00	13094900.00	12094000.00	11208100.00
	营业收入(万元)	4657500.00	7340700.00	3473300.00	5218900.00
	营业支出(万元)	3130800.00	4716100.00	2138800.00	3223400.00
	投资收益(万元)	210400.00	316800.00	217300.00	114000.00
	净利润(万元)	1158500.00	1980200.00	1007200.00	1523100.00
	营业利润(万元)	1526700.00	2624600.00	1334500.00	1995500.00
	利润总额(万元)	1525900.00	2619400.00	1332800.00	2004000.00

万科企业股份有限公司

公司概况	公司名称	万科企业股份有限公司		证券简称	万 科 A
	法人代表	王石	董秘 谭华杰	证券代码	000002
	公司网址	www.vanke.com		电子信箱	ir@vanke.com
	电　　话	0755-25606666		传　　真	0755-25531696
	办公地址	广东省深圳市盐田区大梅沙环梅路 33 号万科中心			
	经营范围	公司为专业化房地产公司、主要产品为商品住宅			

主要财务指标	指标\报告期	2015.06.30	2014.12.31	2014.06.30	2013.12.31
	基本每股收益(元)	0.4400	1.4300	0.4370	1.3700
	基本每股收益(扣除后)(元)	0.4360	1.4100	0.4140	1.3700
	稀释每股收益(元)	0.4400	1.4300	0.4370	1.3700
	每股净资产(元)	7.9000	7.9900	6.9800	6.9800
	每股经营现金净流量(元)	-0.6162	3.7803	0.3116	0.1747
	每股现金流量(元)	-1.6186	1.6896	-0.1173	-0.7368
	每股资本公积金(元)	0.7539	0.7695	0.7547	0.7761
	每股盈余公积金(元)	2.3605	2.3627	1.8280	1.8280
	每股未分配利润(元)	3.7399	3.8046	3.3590	3.3325
	净资产收益率(%)	5.5500	17.8600	6.2500	19.6600
	加权净资产收益率(%)	5.4100	19.1700	6.1300	21.5400
	净资产收益率(扣除)(%)	5.5163	17.6676	5.9324	19.6500
	总资产(万元)	53693764.25	50840875.54	50177429.35	47920532.35
	归属母公司股东权益(万元)	8727269.46	8816456.99	7688847.46	7689598.33
	营业收入(万元)	5026679.80	14638800.45	4096190.21	13541879.11
	营业支出(万元)	3496081.48	10255706.37	2829841.41	9279765.08
	投资收益(万元)	91569.05	415926.20	130913.37	100518.78
	净利润(万元)	678948.19	1928752.40	549247.99	1829754.99
	营业利润(万元)	871893.44	2497935.89	685626.04	2426133.84
	利润总额(万元)	877700.77	2525236.32	712247.47	2429101.12

深圳中国农大科技股份有限公司

公司概况	公司名称	深圳中国农大科技股份有限公司		证券简称	国农科技
	法人代表	江玉明	董秘 徐文苏	证券代码	000004
	公司网址	www.sz000004.cn		电子信箱	gnkjsz@163.com
	电　　话	0755-83521596		传　　真	0755-83521727
	办公地址	广东省深圳市福田区商报路奥林匹克大厦 6 楼 D-E			
	经营范围	房地产开发和销售、生物制药的研发与销售			

主要财务指标	指标\报告期	2015.06.30	2014.12.31	2014.06.30	2013.12.31
	基本每股收益(元)	0.0144	0.0500	-0.0560	-0.0123
	基本每股收益(扣除后)(元)	0.0158	-0.0196	-0.0545	-
	稀释每股收益(元)	0.0144	0.0500	-0.0560	-0.0123
	每股净资产(元)	0.9704	0.9559	0.8540	0.9100
	每股经营现金净流量(元)	-0.0775	-0.0659	-0.0918	-0.2506
	每股现金流量(元)	-0.1684	-0.1968	-0.1888	0.0029
	每股资本公积金(元)	0.0079	0.0079	0.0073	0.0073
	每股盈余公积金(元)	0.1318	0.1318	0.1318	0.1318
	每股未分配利润(元)	-0.1693	-0.1838	-0.2851	-0.2290
	净资产收益率(%)	1.4876	4.7354	-6.5627	-1.3522
	加权净资产收益率(%)	1.5000	4.8500	-6.3500	-0.7004
	净资产收益率(扣除)(%)	1.6252	-2.0540	-6.3817	-2.6819
	总资产(万元)	34866.03	33828.26	27596.42	24215.21
	归属母公司股东权益(万元)	8148.80	8027.58	7171.41	7642.05
	营业收入(万元)	5954.58	9770.28	2743.01	7278.46
	营业支出(万元)	3813.69	4936.90	1132.38	3457.00
	投资收益(万元)	-12.79	-25.57	-12.79	119.53
	净利润(万元)	441.07	1562.48	-470.64	-103.34
	营业利润(万元)	653.60	380.53	-354.92	1148.78
	利润总额(万元)	656.52	2066.58	-355.07	1120.30

深圳世纪星源股份有限公司

公司概况	公司名称	深圳世纪星源股份有限公司		证券简称	世纪星源
	法人代表	丁芃	董秘 罗晓春	证券代码	000005
	公司网址	www.fountain.com.cn		电子信箱	fountain@sfc.com.cn
	电　　话	0755-82208888		传　　真	0755-82207055
	办公地址	广东省深圳市人民南路发展中心大厦 13 楼			
	经营范围	房地产、酒店、物业管理、商务咨询、顾问、计算机软件开发、投资及其他第三产业			

主要财务指标	指标\报告期	2015.06.30	2014.12.31	2014.06.30	2013.12.31
	基本每股收益(元)	-0.0250	0.0472	-0.0276	-0.0463
	基本每股收益(扣除后)(元)	-0.0260	-0.0641	-0.0276	-
	稀释每股收益(元)	-0.0250	0.0472	-0.0276	-0.0463
	每股净资产(元)	0.7071	0.7325	0.6551	0.6827
	每股经营现金净流量(元)	0.0379	-0.0100	-0.1042	-0.1222
	每股现金流量(元)	-0.0002	0.0051	0.0007	-0.0029
	每股资本公积金(元)	0.2950	0.2950	0.2943	0.2943
	每股盈余公积金(元)	0.1635	0.1635	0.1635	0.1635
	每股未分配利润(元)	-0.5881	-0.5627	-0.6375	-0.6099
	净资产收益率(%)	-3.5866	6.4451	-4.2102	-6.7834
	加权净资产收益率(%)	-3.5200	6.6800	-4.1200	-6.4100
	净资产收益率(扣除)(%)	-3.6237	-8.7463	-4.2198	-7.1635
	总资产(万元)	134159.74	136666.38	159289.93	118865.39
	归属母公司股东权益(万元)	64652.65	66971.50	59902.43	62424.43
	营业收入(万元)	3628.53	5277.70	2385.65	5206.17
	营业支出(万元)	2542.67	3892.72	1982.94	3886.38
	投资收益(万元)	-	10370.87	-	-491.60
	净利润(万元)	-2318.85	4316.39	-2521.99	-4234.48
	营业利润(万元)	-2342.80	5351.56	-2527.74	-4471.78
	利润总额(万元)	-2318.85	5437.30	-2521.99	-4234.48

深圳市振业(集团)股份有限公司

公司概况					
公司名称	深圳市振业(集团)股份有限公司			证券简称	深振业 A
法人代表	李永明	董秘	彭庆伟	证券代码	000006
公司网址	www.zhenye.com		电子信箱	szzygp@126.com	
电　　话	0755-25863061 25863893		传　　真	0755-25863012	
办公地址	广东省深圳市罗湖区宝安南路 2014 号振业大厦 B 座 11-17 层				
经营范围	房地产开发、销售及租赁				

主要财务指标

指标\报告期	2015.06.30	2014.12.31	2014.06.30	2013.12.31
基本每股收益(元)	0.1912	0.3763	0.0364	0.5156
基本每股收益(扣除后)(元)	0.1926	0.2000	0.0291	0.5140
稀释每股收益(元)	0.1912	0.3763	0.0364	0.5156
每股净资产(元)	3.1366	3.0626	2.8767	3.0318
每股经营现金净流量(元)	-0.4671	-0.8133	-0.1068	-0.6595
每股现金流量(元)	-0.1662	-0.5558	0.1460	0.1296
每股资本公积金(元)	0.3588	0.3588	0.5153	0.5518
每股盈余公积金(元)	0.7716	0.7716	0.6529	0.6529
每股未分配利润(元)	1.0029	0.9297	0.7085	0.8271
净资产收益率(%)	6.0950	12.2877	1.2650	17.0069
加权净资产收益率(%)	6.0500	12.1700	1.2000	18.4400
净资产收益率(扣除)(%)	6.1404	6.3967	1.0107	16.9523
总资产(万元)	1177059.86	1175321.75	1100960.00	1006853.64
归属母公司股东权益(万元)	423437.13	413445.40	388349.31	409295.83
营业收入(万元)	202261.44	232872.96	49148.84	461085.50
营业支出(万元)	134026.15	147745.74	29758.29	307943.56
投资收益(万元)	-17.10	31593.84	506.52	877.97
净利润(万元)	26838.02	51245.36	4914.19	69608.58
营业利润(万元)	36261.77	67127.98	5074.12	92382.03
利润总额(万元)	36046.10	68515.46	6401.31	92627.52

深圳市零七股份有限公司

公司概况					
公司名称	深圳市零七股份有限公司			证券简称	零七股份
法人代表	陈德棉	董秘	冯军武	证券代码	000007
公司网址	www.sz000007.com		电子信箱	stock0007@126.com	
电　　话	0755-83280053 83280055		传　　真	0755-83280089	
办公地址	广东省深圳市福田区华强北路现代之窗大厦 A 座 26 楼				
经营范围	投资兴办实业、房地产开发与销售等				

主要财务指标

指标\报告期	2015.06.30	2014.12.31	2014.06.30	2013.12.31
基本每股收益(元)	-0.0322	-0.1307	-0.0170	0.1007
基本每股收益(扣除后)(元)	-0.0464	-0.0685	-0.0285	-
稀释每股收益(元)	-0.0322	-0.1307	-0.0170	0.1007
每股净资产(元)	1.5069	1.5366	1.6421	1.5023
每股经营现金净流量(元)	0.2750	0.0545	0.0993	0.8350
每股现金流量(元)	-0.3134	-0.2305	-0.3231	0.0528
每股资本公积金(元)	1.8325	1.8325	1.8298	1.6706
每股盈余公积金(元)	0.0390	0.0390	0.0390	0.0390
每股未分配利润(元)	-1.3707	-1.3385	-1.2247	-1.2077
净资产收益率(%)	-2.1382	-8.5077	-1.0343	6.7055
加权净资产收益率(%)	-2.1200	-8.6100	-1.1400	7.4200
净资产收益率(扣除)(%)	-3.0792	-7.5967	-1.7346	-7.8024
总资产(万元)	52609.07	68092.52	68539.59	65751.19
归属母公司股东权益(万元)	34805.06	35489.98	37926.60	34699.03
营业收入(万元)	5841.55	19809.79	5806.96	21434.85
营业支出(万元)	1096.30	9517.90	1199.77	7322.00
投资收益(万元)	409.83	-	-	-
净利润(万元)	-971.75	-3338.26	-392.26	2326.75
营业利润(万元)	-774.71	-2874.45	-861.58	1577.78
利润总额(万元)	-857.02	-3162.29	-497.01	2238.08

神州高铁技术股份有限公司

公司概况					
公司名称	神州高铁技术股份有限公司			证券简称	神州高铁
法人代表	王志全	董秘	梁彦辉	证券代码	000008
公司网址	www.shenzhou-gaotie.com		电子信箱	liangyanhui@vip.163.com	
电　　话	0755-26433212		传　　真	010-56500566	
办公地址	北京市海淀区高梁桥斜街 59 号院 1 号楼中坤大厦 16 层				
经营范围	电子科技、网络工程、房屋租赁等业务				

主要财务指标

指标\报告期	2015.06.30	2014.12.31	2014.06.30	2013.12.31
基本每股收益(元)	0.0900	0.0300	0.0200	0.0700
基本每股收益(扣除后)(元)	0.0900	0.0200	0.0200	0.0700
稀释每股收益(元)	0.0900	0.0300	0.0200	0.0700
每股净资产(元)	3.4738	1.8819	1.8848	1.8563
每股经营现金净流量(元)	-0.1244	0.2263	0.0785	0.2200
每股现金流量(元)	0.0596	0.1195	-0.0521	0.1259
每股资本公积金(元)	2.3968	0.9521	0.9521	0.9521
每股盈余公积金(元)	0.0056	0.0148	0.0148	0.0148
每股未分配利润(元)	0.0550	-0.0849	-0.0821	-0.1105
净资产收益率(%)	2.5079	1.3595	1.5088	4.0381
加权净资产收益率(%)	2.9300	1.3700	1.5200	4.1200
净资产收益率(扣除)(%)	2.3494	1.0336	1.2630	3.9038
总资产(万元)	327846.84	67402.80	63212.43	62662.60
归属母公司股东权益(万元)	278995.58	57135.21	57221.78	56358.44
营业收入(万元)	49859.96	30718.13	14450.57	30444.82
营业支出(万元)	27972.41	16975.14	8045.67	16684.34
投资收益(万元)	1252.72	85.37	60.33	6.95
净利润(万元)	7709.86	776.64	863.34	2275.80
营业利润(万元)	8084.75	1829.07	1161.65	3027.79
利润总额(万元)	9645.74	1887.60	1222.89	3012.11

中国宝安集团股份有限公司

公司概况					
公司名称	中国宝安集团股份有限公司			证券简称	中国宝安
法人代表	陈政立	董秘	郭山清	证券代码	000009
公司网址	www.chinabaoan.com		电子信箱	zgbajt@163.net	
电　　话	0755-25170336 25170382		传　　真	0755-25170300 25170367	
办公地址	广东省深圳市笋岗东路 1002 号宝安广场 A 座 28-29 层				
经营范围	高新技术产业、生物医药业和房地产业				

主要财务指标

指标\报告期	2015.06.30	2014.12.31	2014.06.30	2013.12.31
基本每股收益(元)	0.0740	0.2000	0.1450	0.1900
基本每股收益(扣除后)(元)	-0.0200	-0.0700	-0.0810	-0.1100
稀释每股收益(元)	0.0740	0.2000	0.1450	0.1900
每股净资产(元)	2.3400	2.1774	2.6666	2.5525
每股经营现金净流量(元)	-0.0504	0.3153	-0.0710	0.0641
每股现金流量(元)	-0.3254	0.2925	0.3309	-0.2961
每股资本公积金(元)	0.3242	0.1456	0.3215	0.2737
每股盈余公积金(元)	0.1064	0.1125	0.1157	0.1157
每股未分配利润(元)	0.9103	0.9053	1.2473	1.0938
净资产收益率(%)	3.1701	9.2547	6.8796	9.1326
加权净资产收益率(%)	3.3800	9.1900	7.0300	9.3700
净资产收益率(扣除)(%)	-0.8805	-3.0642	-3.6577	-4.2459
总资产(万元)	1534307.48	1472549.56	1376305.16	1361180.14
归属母公司股东权益(万元)	373612.33	327753.38	334484.76	320173.03
营业收入(万元)	199482.18	431147.69	181400.00	415502.40
营业支出(万元)	128855.32	292718.64	116567.26	266820.71
投资收益(万元)	22453.46	48163.30	31484.59	55051.58
净利润(万元)	22884.33	47254.86	31770.01	44415.12
营业利润(万元)	22138.16	54688.30	33988.57	47335.71
利润总额(万元)	26335.61	58848.28	35256.35	50426.54

北京深华新股份有限公司

公司概况	公司名称	北京深华新股份有限公司			证券简称	深华新
	法人代表	贾明辉	董秘	单军	证券代码	000010
	公司网址				电子信箱	shenhuaxin000010@163.com
	电　话	010-68784092			传　真	010-68784093
	办公地址	北京市西城区车公庄大街甲 4 号物华大厦 19 层 B1904				
	经营范围	投资与资产管理、房地产开发等				

	指标\报告期	2015.06.30	2014.12.31	2014.06.30	2013.12.31
主要财务指标	基本每股收益(元)	0.0028	–0.1268	–0.0109	0.0053
	基本每股收益(扣除后)(元)	0.0043	–0.0959	–0.0108	–
	稀释每股收益(元)	0.0028	–0.1268	–0.0109	0.0053
	每股净资产(元)	0.9321	0.9289	1.0446	1.0551
	每股经营现金净流量(元)	–0.3736	–0.2052	–0.0744	0.0072
	每股现金流量(元)	–0.1096	–0.1155	–0.0999	0.7370
	每股资本公积金(元)	0.2200	0.2245	0.2245	0.2245
	每股盈余公积金(元)	0.0146	0.0146	0.0146	0.0146
	每股未分配利润(元)	–0.3071	–0.3144	–0.1985	–0.1876
	净资产收益率(%)	0.2966	–13.6476	–1.0441	0.5061
	加权净资产收益率(%)	0.2900	–13.5200	–1.0400	0.8200
	净资产收益率(扣除)(%)	0.4631	–10.3276	–1.0313	–0.6486
	总资产(万元)	188770.96	80421.84	79496.53	102778.96
	归属母公司股东权益(万元)	54813.02	54627.42	61427.64	62045.07
	营业收入(万元)	40606.73	23029.97	10713.95	36238.44
	营业支出(万元)	34733.41	18931.91	8632.00	25129.02
	投资收益(万元)	–	–244.22	–251.09	–
	净利润(万元)	94.39	–7531.83	–641.37	314.01
	营业利润(万元)	1089.89	–5150.75	–612.72	1181.69
	利润总额(万元)	998.78	–7551.07	–611.27	950.73

深圳市物业发展(集团)股份有限公司

公司概况	公司名称	深圳市物业发展(集团)股份有限公司			证券简称	深物业 A
	法人代表	陈玉刚	董秘	范维平	证券代码	000011
	公司网址	www.szwuye.com.cn			电子信箱	000011touzizhe@163.com
	电　话	0755-82211020			传　真	0755-82210610 82212043
	办公地址	广东省深圳市人民南路国贸大厦 39、42 层				
	经营范围	房地产开发及商品房销售、商品楼宇的建筑、管理、房屋租赁等				

	指标\报告期	2015.06.30	2014.12.31	2014.06.30	2013.12.31
主要财务指标	基本每股收益(元)	0.0523	0.7005	0.1881	0.5048
	基本每股收益(扣除后)(元)	0.0452	0.4258	0.1736	–
	稀释每股收益(元)	0.0523	0.7005	0.1881	–
	每股净资产(元)	3.3077	3.4804	2.9635	3.0249
	每股经营现金净流量(元)	–0.3723	–0.0245	–0.3186	0.1853
	每股现金流量(元)	–0.5469	–0.2822	–0.6878	0.3011
	每股资本公积金(元)	0.2013	0.2013	0.2013	0.2015
	每股盈余公积金(元)	0.2292	0.2292	0.2039	0.2039
	每股未分配利润(元)	1.8889	2.0567	1.5694	1.6314
	净资产收益率(%)	1.5808	20.1278	6.3456	16.6876
	加权净资产收益率(%)	1.5200	21.8200	6.1900	18.1900
	净资产收益率(扣除)(%)	1.3669	12.2348	5.8564	16.6542
	总资产(万元)	375656.87	388328.81	358833.82	387325.27
	归属母公司股东权益(万元)	197133.92	207424.27	176617.39	180278.13
	营业收入(万元)	33876.13	126845.15	50136.76	161922.72
	营业支出(万元)	19905.42	52048.51	23083.52	74484.75
	投资收益(万元)	676.75	21462.49	626.17	516.48
	净利润(万元)	3116.28	41749.87	11207.45	30084.06
	营业利润(万元)	4306.17	57474.75	14402.97	42358.63
	利润总额(万元)	4252.49	55376.50	14781.26	42293.45

中国南玻集团股份有限公司

公司概况	公司名称	中国南玻集团股份有限公司			证券简称	南　玻　A
	法人代表	曾南	董秘	周红	证券代码	000012
	公司网址	www.csgholding.com			电子信箱	securities@csgholding.com
	电　话	0755-26860666			传　真	0755-26692755
	办公地址	广东省深圳市蛇口工业区工业六路一号南玻大厦				
	经营范围	高级浮法玻璃原片、工程玻璃、精细玻璃、汽车玻璃、新型电子元器件等				

	指标\报告期	2015.06.30	2014.12.31	2014.06.30	2013.12.31
主要财务指标	基本每股收益(元)	0.1000	0.4200	0.2800	0.7400
	基本每股收益(扣除后)(元)	0.0300	0.2100	0.1200	–
	稀释每股收益(元)	0.1000	0.4200	0.2800	–
	每股净资产(元)	3.6225	4.0228	3.8640	3.8779
	每股经营现金净流量(元)	0.1699	0.6776	0.2799	0.8186
	每股现金流量(元)	0.0129	–0.0576	0.0049	–0.0825
	每股资本公积金(元)	0.6076	0.6457	0.6718	0.6704
	每股盈余公积金(元)	0.4003	0.4003	0.3686	0.3686
	每股未分配利润(元)	1.5754	1.9762	1.8167	1.8328
	净资产收益率(%)	2.7370	10.4647	7.3475	20.5200
	加权净资产收益率(%)	2.4700	10.6100	7.3800	20.5200
	净资产收益率(扣除)(%)	0.8549	5.2571	3.0294	7.5295
	总资产(万元)	1532177.53	1511680.83	1479696.06	1507886.68
	归属母公司股东权益(万元)	751798.80	834856.18	801914.35	804789.41
	营业收入(万元)	332303.95	704450.26	326268.17	773379.61
	营业支出(万元)	264602.07	532321.94	243859.30	550130.07
	投资收益(万元)	4245.45	32843.96	32076.21	92737.61
	净利润(万元)	22059.64	93976.47	58921.04	153592.97
	营业利润(万元)	15099.26	89626.46	62251.08	187060.76
	利润总额(万元)	22712.31	98358.25	67819.44	193517.89

沙河实业股份有限公司

公司概况	公司名称	沙河实业股份有限公司			证券简称	沙河股份
	法人代表	陈勇	董秘	王凡	证券代码	000014
	公司网址	www.shahe.cn			电子信箱	wf000014@163.com
	电　话	0755-86091298			传　真	0755-86090688
	办公地址	广东省深圳市南山区白石路 2222 号沙河世纪楼				
	经营范围	房地产开发与销售				

	指标\报告期	2015.06.30	2014.12.31	2014.06.30	2013.12.31
主要财务指标	基本每股收益(元)	0.0724	0.3013	0.1240	0.1426
	基本每股收益(扣除后)(元)	0.0200	0.2855	0.1182	0.1349
	稀释每股收益(元)	0.0724	0.3013	0.1240	0.1426
	每股净资产(元)	3.3549	3.3016	3.1239	3.0149
	每股经营现金净流量(元)	–0.1296	–1.5961	–0.7571	0.3679
	每股现金流量(元)	–0.5688	0.0287	0.5273	–0.3359
	每股资本公积金(元)	0.0494	0.0494	0.0491	0.0491
	每股盈余公积金(元)	0.9923	0.9041	0.8821	0.8821
	每股未分配利润(元)	1.3132	1.3480	1.1927	1.0837
	净资产收益率(%)	2.1570	9.1275	3.9690	4.7284
	加权净资产收益率(%)	2.1800	9.5500	4.0300	4.8300
	净资产收益率(扣除)(%)	0.5973	8.6468	3.7829	4.4744
	总资产(万元)	212902.91	223673.43	212977.72	189271.58
	归属母公司股东权益(万元)	67670.54	66594.14	63010.69	60812.34
	营业收入(万元)	18403.54	51181.53	19218.54	56395.03
	营业支出(万元)	12838.84	24084.49	7566.97	33771.11
	投资收益(万元)	–	–	–	–
	净利润(万元)	1547.84	6278.33	2500.91	2875.44
	营业利润(万元)	–522.27	8457.60	4081.49	4764.88
	利润总额(万元)	800.17	8450.40	4058.93	4951.58

康佳集团股份有限公司

公司概况						
	公司名称	康佳集团股份有限公司			证券简称	深康佳 A
	法人代表	张民	董秘	肖庆	证券代码	000016
	公司网址	www.konka.com		电子信箱	szkonka@konka.com	
	电　　话	0755-26608866-6268		传　　真	0755-26601139	
	办公地址	深圳市南山区粤海街道科技园科技南十二路 28 号康佳研发大厦 15-24 层				
	经营范围	研究开发、生产经营电视机、冰箱、洗衣机、日用小家电等家用电器产品等				

主要财务指标	指标＼报告期	2015.06.30	2014.12.31	2014.06.30	2013.12.31
	基本每股收益(元)	–0.2500	0.0437	0.0400	0.0381
	基本每股收益(扣除后)(元)	–0.2774	–0.3949	–0.1428	–0.0573
	稀释每股收益(元)	–0.2500	0.0437	0.0400	0.0381
	每股净资产(元)	3.1543	3.4083	3.4187	3.3892
	每股经营现金净流量(元)	0.0582	–0.5319	1.0033	1.8964
	每股现金流量(元)	0.3291	–0.1090	–0.1158	0.7869
	每股资本公积金(元)	1.0730	1.0710	1.0585	1.0917
	每股盈余公积金(元)	0.7043	0.7043	0.7043	0.7043
	每股未分配利润(元)	0.3630	0.6196	0.6406	0.5859
	净资产收益率(%)	–7.8192	1.2824	1.1021	1.1068
	加权净资产收益率(%)	–7.5200	1.2800	1.1100	1.1300
	净资产收益率(扣除)(%)	–8.7931	–11.5873	–4.1772	–1.6914
	总资产(万元)	1613279.91	1677935.93	1515866.61	1574409.93
	归属母公司股东权益(万元)	379772.44	410347.90	411597.53	408790.91
	营业收入(万元)	894455.89	1942348.90	839006.77	2000673.69
	营业支出(万元)	779121.58	1673374.66	700379.03	1666098.16
	投资收益(万元)	718.55	59687.36	26644.01	5351.96
	净利润(万元)	–30461.82	6052.47	4636.08	5837.84
	营业利润(万元)	–42192.07	–14961.28	2769.62	–7096.15
	利润总额(万元)	–35571.98	9237.97	8187.57	18059.53

深圳中华自行车(集团)股份有限公司

公司概况						
	公司名称	深圳中华自行车(集团)股份有限公司			证券简称	深中华 A
	法人代表	李海	董秘	孙龙龙	证券代码	000017
	公司网址	www.cbc.com.cn		电子信箱	dmc@szcbc.com	
	电　　话	0755-28181666		传　　真	0755-28181009	
	办公地址	深圳市笋岗东路 3002 号万通大厦 1201 室				
	经营范围	生产装配各种类型的自行车及自行车零件、部件、配件、机械产品、运动机械等				

主要财务指标	指标＼报告期	2015.06.30	2014.12.31	2014.06.30	2013.12.31
	基本每股收益(元)	0.0008	0.0089	0.0034	2.8570
	基本每股收益(扣除后)(元)	0.0007	–0.0110	–0.0049	0.0079
	稀释每股收益(元)	0.0008	0.0089	0.0034	2.8570
	每股净资产(元)	0.0223	0.0216	0.0161	0.0127
	每股经营现金净流量(元)	–0.0102	0.0071	0.0050	–0.0512
	每股现金流量(元)	–0.0106	0.0060	0.0046	–0.0464
	每股资本公积金(元)	1.1387	1.1387	1.1387	1.1387
	每股盈余公积金(元)	0.0593	0.0593	0.0593	0.0593
	每股未分配利润(元)	–2.1756	–2.1764	–2.1819	–2.1853
	净资产收益率(%)	3.3782	41.0446	21.1157	22492.4800
	加权净资产收益率(%)	3.4400	51.7200	23.6100	–
	净资产收益率(扣除)(%)	3.1101	–51.0230	–30.3455	62.2561
	总资产(万元)	5630.59	5148.96	7108.02	15151.14
	归属母公司股东权益(万元)	1231.95	1190.33	887.80	700.33
	营业收入(万元)	7653.68	21207.06	8566.66	27111.17
	营业支出(万元)	6999.25	19896.47	8032.68	24322.56
	投资收益(万元)	–	–	–	7293.40
	净利润(万元)	59.26	578.30	187.46	157522.39
	营业利润(万元)	78.84	–672.75	–172.86	779.84
	利润总额(万元)	83.25	792.89	315.08	166885.88

深圳中冠纺织印染股份有限公司

公司概况						
	公司名称	深圳中冠纺织印染股份有限公司			证券简称	中冠 A
	法人代表	胡永峰	董秘	杨春玲	证券代码	000018
	公司网址	www.udcgroup.com		电子信箱	wux@udcgroup.com	
	电　　话	010-59045856		传　　真	010-59045855	
	办公地址	北京经济技术开发区锦绣街 3 号神州长城大厦				
	经营范围	工程设计与施工等				

主要财务指标	指标＼报告期	2015.06.30	2014.12.31	2014.06.30	2013.12.31
	基本每股收益(元)	–0.0040	0.0254	0.0040	0.0486
	基本每股收益(扣除后)(元)	–0.0040	0.0178	0.0040	–
	稀释每股收益(元)	–0.0040	0.0254	0.0040	0.0486
	每股净资产(元)	0.7727	0.7761	0.7527	0.7468
	每股经营现金净流量(元)	0.0054	0.0197	0.0160	0.0101
	每股现金流量(元)	0.0040	–0.0697	–0.0192	0.0667
	每股资本公积金(元)	0.2329	2.5161	0.2345	0.2344
	每股盈余公积金(元)	0.1579	0.7036	0.1579	0.1579
	每股未分配利润(元)	–0.6171	6.3264	–0.6345	–0.6389
	净资产收益率(%)	–0.4656	3.2688	0.5799	6.5032
	加权净资产收益率(%)	–0.4600	3.3500	0.5800	6.7000
	净资产收益率(扣除)(%)	–0.4656	2.2732	0.5814	–4.5213
	总资产(万元)	17323.36	239012.19	19527.51	17050.28
	归属母公司股东权益(万元)	13069.39	76147.12	12732.10	12632.01
	营业收入(万元)	556.97	1101.54	507.75	2699.90
	营业支出(万元)	192.27	376.08	144.60	946.10
	投资收益(万元)	–5.02	879.97	85.72	84.98
	净利润(万元)	–60.86	428.72	73.83	821.48
	营业利润(万元)	–60.86	343.40	74.02	844.56
	利润总额(万元)	–60.86	474.09	73.83	1023.45

深圳市深宝实业股份有限公司

公司概况						
	公司名称	深圳市深宝实业股份有限公司			证券简称	深深宝 A
	法人代表	郑煜曦	董秘	李亦研	证券代码	000019
	公司网址	www.sbsy.com.cn		电子信箱	shenbao@sbsy.com.cn	
	电　　话	0755-82027522		传　　真	0755-82027522	
	办公地址	广东省深圳市南山区学府路科技园南区软件产业基地 4 栋 B 座 8 层				
	经营范围	生产食品罐头、饮料、土产品等				

主要财务指标	指标＼报告期	2015.06.30	2014.12.31	2014.06.30	2013.12.31
	基本每股收益(元)	0.0177	0.0443	–0.0777	0.1740
	基本每股收益(扣除后)(元)	–0.0083	0.0145	–0.0943	–0.1291
	稀释每股收益(元)	0.0177	0.0443	–0.0777	0.1740
	每股净资产(元)	3.2423	3.2247	3.1027	3.8283
	每股经营现金净流量(元)	0.0728	0.0845	0.0558	–0.0475
	每股现金流量(元)	–0.2869	0.0777	0.2795	–0.4591
	每股资本公积金(元)	1.7211	1.7211	1.7211	2.2771
	每股盈余公积金(元)	0.1644	0.1644	0.1495	0.1794
	每股未分配利润(元)	0.3569	0.3392	0.2322	0.3718
	净资产收益率(%)	0.5447	1.3723	–2.5030	4.5457
	加权净资产收益率(%)	0.5500	1.3800	–2.4700	4.5200
	净资产收益率(扣除)(%)	–0.2566	0.4500	–3.0397	–3.3730
	总资产(万元)	110760.47	115461.23	140234.62	133663.86
	归属母公司股东权益(万元)	97619.58	97087.82	93416.83	96051.71
	营业收入(万元)	16335.61	36812.14	11825.02	43831.87
	营业支出(万元)	10557.78	22905.93	9648.77	36757.55
	投资收益(万元)	63.05	287.57	285.31	6826.67
	净利润(万元)	252.48	1412.62	–2338.21	4366.22
	营业利润(万元)	133.62	1141.82	–2593.70	4200.84
	利润总额(万元)	721.01	1805.41	–2404.59	6200.35

深圳中恒华发股份有限公司

公司概况	公司名称	深圳中恒华发股份有限公司			证券简称	深华发A
	法人代表	李中秋	董秘	杨斌	证券代码	000020
	公司网址	www.hwafa.com		电子信箱	hwafainvestor@126.com	
	电　话	0755-83352206 61389198		传　真	0755-61389001	
	办公地址	广东省深圳市福田区华发北路411栋华发大厦东座六层				
	经营范围	生产经营各种彩色电视机、液晶显示器、液晶显示屏、收录机、音响设备、电子表等				

主要财务指标	指标\报告期	2015.06.30	2014.12.31	2014.06.30	2013.12.31
	基本每股收益(元)	0.0501	0.0271	0.0051	-0.0230
	基本每股收益(扣除后)(元)	-0.0291	0.0082	0.0037	-
	稀释每股收益(元)	0.0501	0.0271	0.0051	-0.0230
	每股净资产(元)	1.0437	0.9936	0.9716	0.9665
	每股经营现金净流量(元)	0.0601	0.4220	-0.6660	-0.2449
	每股现金流量(元)	-0.0048	-0.1000	0.8247	-0.1750
	每股资本公积金(元)	0.3867	0.3867	0.3867	0.3867
	每股盈余公积金(元)	0.2733	0.2733	0.2733	0.2733
	每股未分配利润(元)	-0.6163	-0.6664	-0.6884	-0.6935
	净资产收益率(%)	4.7973	2.7324	0.5292	-2.3815
	加权净资产收益率(%)	4.9200	2.7700	0.5300	-2.3500
	净资产收益率(扣除)(%)	-2.7885	0.8253	0.3779	-2.1685
	总资产(万元)	117277.88	116274.10	118764.03	73134.85
	归属母公司股东权益(万元)	29552.86	28135.13	27511.96	27366.36
	营业收入(万元)	24873.46	69483.98	36662.18	62682.10
	营业支出(万元)	20746.35	59399.88	32692.16	55659.89
	投资收益(万元)	2950.06	98.36	-	-
	净利润(万元)	1417.73	768.76	145.59	-651.74
	营业利润(万元)	1297.46	474.65	154.15	-761.52
	利润总额(万元)	1346.84	1064.37	209.67	-759.52

深圳长城开发科技股份有限公司

公司概况	公司名称	深圳长城开发科技股份有限公司			证券简称	深科技
	法人代表	谭文鋕	董秘	葛伟强	证券代码	000021
	公司网址	www.kaifa.cn		电子信箱	stock@kaifa.cn	
	电　话	0755-83200095 83205285		传　真	0755-83275075	
	办公地址	广东省深圳市福田区彩田路7006号				
	经营范围	开发、生产、经营计算机软、硬件系统及其外部设备、通讯设备、电子仪器仪表及其零部件等				

主要财务指标	指标\报告期	2015.06.30	2014.12.31	2014.06.30	2013.12.31
	基本每股收益(元)	0.0942	0.1332	-0.0059	0.1710
	基本每股收益(扣除后)(元)	0.0581	0.1279	0.0688	-0.0117
	稀释每股收益(元)	0.0942	0.1332	-0.0059	0.1710
	每股净资产(元)	3.5565	3.3687	3.2539	3.2981
	每股经营现金净流量(元)	0.1176	-0.0674	0.1156	0.3051
	每股现金流量(元)	-0.4095	-0.2163	-0.2313	0.2608
	每股资本公积金(元)	0.4735	0.4956	0.6385	0.6306
	每股盈余公积金(元)	0.7003	0.7003	0.6782	0.6782
	每股未分配利润(元)	1.1299	1.0857	0.9824	1.0383
	净资产收益率(%)	2.6491	3.5446	-0.1810	4.7385
	加权净资产收益率(%)	2.7600	3.5600	-0.1800	5.4700
	净资产收益率(扣除)(%)	1.6333	3.4055	0.0021	-0.3246
	总资产(万元)	1431806.79	1445042.08	1445918.94	1372655.18
	归属母公司股东权益(万元)	523259.37	496586.43	478729.00	485235.45
	营业收入(万元)	719910.76	1644416.50	768998.02	1503953.20
	营业支出(万元)	692232.85	1591990.78	744431.51	1468490.02
	投资收益(万元)	870.53	9002.64	-623.17	4840.01
	净利润(万元)	13861.42	16055.62	-866.54	22993.12
	营业利润(万元)	16246.42	25974.66	-407.63	24441.68
	利润总额(万元)	16821.61	27158.00	573.16	25009.23

深圳赤湾港航股份有限公司

公司概况	公司名称	深圳赤湾港航股份有限公司			证券简称	深赤湾A
	法人代表	郑少平	董秘	王永立	证券代码	000022
	公司网址	www.szcwh.com		电子信箱	cwh@cndi.com	
	电　话	0755-26694222		传　真	0755-26684117	
	办公地址	广东省深圳市赤湾石油大厦8楼				
	经营范围	港口装卸、堆存、运输、代理及其他业务				

主要财务指标	指标\报告期	2015.06.30	2014.12.31	2014.06.30	2013.12.31
	基本每股收益(元)	0.3750	0.6480	0.3650	0.7800
	基本每股收益(扣除后)(元)	0.3780	0.6470	0.3620	0.7800
	稀释每股收益(元)	0.3750	0.6480	0.3650	0.7800
	每股净资产(元)	6.4387	6.3826	6.0998	6.1229
	每股经营现金净流量(元)	0.5669	1.2692	0.4384	1.3915
	每股现金流量(元)	-0.2489	-0.3829	0.1044	0.6214
	每股资本公积金(元)	0.2523	0.2523	0.2576	0.2577
	每股盈余公积金(元)	0.8066	0.8066	0.8066	0.7502
	每股未分配利润(元)	4.3855	4.3342	4.0515	4.1329
	净资产收益率(%)	5.8288	10.1474	5.9838	12.7385
	加权净资产收益率(%)	5.7570	10.3580	5.8500	13.2600
	净资产收益率(扣除)(%)	5.8718	10.1482	5.9268	12.7277
	总资产(万元)	671161.03	693582.42	747042.66	734652.92
	归属母公司股东权益(万元)	415142.80	411529.88	393290.53	394784.64
	营业收入(万元)	88078.80	180476.62	87598.12	178077.48
	营业支出(万元)	46342.75	98388.66	46266.61	91013.47
	投资收益(万元)	4883.50	9244.85	4442.87	10205.46
	净利润(万元)	31021.06	52979.05	23533.86	50289.45
	营业利润(万元)	34375.20	67186.91	33813.44	75928.29
	利润总额(万元)	34466.91	67253.77	34264.65	75998.85

深圳市天地(集团)股份有限公司

公司概况	公司名称	深圳市天地(集团)股份有限公司			证券简称	深天地A
	法人代表	杨国富	董秘	侯剑	证券代码	000023
	公司网址	www.sztiansi.com		电子信箱	std000023@vip.163.com	
	电　话	0755-86154212		传　真	0755-86154040	
	办公地址	广东省深圳市南山区高新技术产业园(北区)朗山路东物商业大楼10楼				
	经营范围	商品混凝土及其原材料的生产、销售				

主要财务指标	指标\报告期	2015.06.30	2014.12.31	2014.06.30	2013.12.31
	基本每股收益(元)	0.0778	0.1243	0.0217	0.1083
	基本每股收益(扣除后)(元)	0.0727	0.1185	0.0169	-
	稀释每股收益(元)	0.0778	0.1243	0.0217	0.1083
	每股净资产(元)	2.6490	2.6097	2.5071	2.5255
	每股经营现金净流量(元)	-0.2641	-0.1802	-0.4048	0.2111
	每股现金流量(元)	-0.1206	-0.2103	-0.2582	-0.7424
	每股资本公积金(元)	0.7389	0.7374	0.7374	0.7374
	每股盈余公积金(元)	0.3265	0.3265	0.3120	0.3120
	每股未分配利润(元)	0.5837	0.5459	0.4577	0.4760
	净资产收益率(%)	2.9351	4.7627	0.8651	4.2895
	加权净资产收益率(%)	2.9300	4.8400	0.8600	4.3700
	净资产收益率(扣除)(%)	2.7528	4.5405	0.6757	3.9717
	总资产(万元)	145998.92	147400.20	132821.98	134491.35
	归属母公司股东权益(万元)	36757.00	36211.88	34788.17	35042.23
	营业收入(万元)	41941.61	109235.51	45877.06	106953.84
	营业支出(万元)	35167.30	95545.69	41065.69	92887.90
	投资收益(万元)	-	17.61	17.61	202.91
	净利润(万元)	1079.19	1506.64	300.97	1503.15
	营业利润(万元)	1601.56	2285.65	-29.70	2171.16
	利润总额(万元)	1693.46	2392.34	39.24	2160.21

招商局地产控股股份有限公司

公司概况	公司名称	招商局地产控股股份有限公司			证券简称	招商地产
	法人代表	孙承铭	董秘	刘宁	证券代码	000024
	公司网址	www.cmpd.cn			电子信箱	cmpdir@cmhk.com
	电　　话	0755-26819600			传　　真	0755-26818666
	办公地址	广东省深圳市南山区蛇口工业区兴华路六号南海意库三号楼				
	经营范围	房地产开发经营、科研技术服务、兴办实业				

主要财务指标	指标\报告期	2015.06.30	2014.12.31	2014.06.30	2013.12.31
	基本每股收益(元)	0.8329	1.6552	0.6900	2.4500
	基本每股收益(扣除后)(元)	0.7677	1.7146	0.7154	2.2857
	稀释每股收益(元)	0.8329	1.6552	0.6900	2.4500
	每股净资产(元)	12.7245	12.0710	10.7580	15.5625
	每股经营现金净流量(元)	-2.8576	-2.5028	-2.8465	0.2888
	每股现金流量(元)	0.3023	-0.5000	-2.1933	3.5039
	每股资本公积金(元)	3.4518	3.3113	2.9557	4.9188
	每股盈余公积金(元)	0.4838	0.4838	0.4400	0.6601
	每股未分配利润(元)	7.7582	7.2453	6.3316	8.9377
	净资产收益率(%)	6.5456	13.7119	6.4428	15.7234
	加权净资产收益率(%)	6.7600	14.6800	6.5300	16.7300
	净资产收益率(扣除)(%)	6.0333	14.2042	6.6501	14.6795
	总资产(万元)	16880926.37	15169236.51	14095400.30	13404044.70
	归属母公司股东权益(万元)	3277769.11	3109441.61	2771207.62	2672550.20
	营业收入(万元)	1797394.84	4338505.82	1604715.57	3256781.39
	营业支出(万元)	1198651.03	2718924.16	1039106.83	1904510.23
	投资收益(万元)	49311.47	32504.43	14331.84	56927.03
	净利润(万元)	238814.71	550985.05	178543.47	420215.21
	营业利润(万元)	346904.36	830841.11	334479.74	792721.21
	利润总额(万元)	347904.94	832604.40	335856.89	796717.95

深圳市特力(集团)股份有限公司

公司概况	公司名称	深圳市特力(集团)股份有限公司			证券简称	特力A
	法人代表	吕航	董秘	吕航(代)	证券代码	000025
	公司网址	www.tellus.cn			电子信箱	ir@tellus.cn
	电　　话	0755-83989335　83989339			传　　真	0755-83989386
	办公地址	广东省深圳市福田区深南中路中核大厦十五楼				
	经营范围	汽车销售、汽车检测维修及配件销售、物业租赁及服务等				

主要财务指标	指标\报告期	2015.06.30	2014.12.31	2014.06.30	2013.12.31
	基本每股收益(元)	0.0296	0.0470	0.0244	0.0313
	基本每股收益(扣除后)(元)	0.0290	0.0398	0.0237	-0.0704
	稀释每股收益(元)	0.0296	0.0470	0.0244	0.0313
	每股净资产(元)	2.8022	0.8711	0.8928	0.8687
	每股经营现金净流量(元)	0.1139	0.0282	-0.0190	-0.0119
	每股现金流量(元)	0.1723	0.0766	-0.0332	0.0364
	每股资本公积金(元)	1.8978	0.0348	0.0383	0.0386
	每股盈余公积金(元)	0.0099	0.0134	0.0134	0.0134
	每股未分配利润(元)	-0.1055	-0.1772	-0.1589	-0.1834
	净资产收益率(%)	0.9184	5.3915	2.7358	3.6063
	加权净资产收益率(%)	1.4900	5.5300	2.7700	3.6700
	净资产收益率(扣除)(%)	0.9023	4.5732	2.6518	-8.1076
	总资产(万元)	114397.48	80632.48	74175.79	70099.82
	归属母公司股东权益(万元)	83305.06	19188.03	19666.61	19135.20
	营业收入(万元)	15849.18	46498.75	22869.25	48672.93
	营业支出(万元)	11693.95	38942.36	19529.81	38755.87
	投资收益(万元)	62.44	2600.18	784.15	855.09
	净利润(万元)	730.87	856.62	538.04	690.07
	营业利润(万元)	849.80	918.99	513.32	1652.78
	利润总额(万元)	850.94	1002.54	535.58	1417.92

飞亚达(集团)股份有限公司

公司概况	公司名称	飞亚达(集团)股份有限公司			证券简称	飞亚达A
	法人代表	徐东升	董秘	陆万军	证券代码	000026
	公司网址	www.fiytagroup.com			电子信箱	investor@fiyta.com.cn
	电　　话	0755-86013669　86013198			传　　真	0755-83348369
	办公地址	广东省深圳市南山区高新南一道飞亚达科技大厦20楼				
	经营范围	生产经营各种指针式石英表及其机芯、零部件、各种计时仪器等				

主要财务指标	指标\报告期	2015.06.30	2014.12.31	2014.06.30	2013.12.31
	基本每股收益(元)	0.1860	0.3710	0.2250	0.3310
	基本每股收益(扣除后)(元)	0.1830	0.3480	0.2190	0.3240
	稀释每股收益(元)	0.1860	0.3710	0.2250	0.3310
	每股净资产(元)	4.2631	4.1587	4.0423	3.9118
	每股经营现金净流量(元)	0.4386	0.7363	0.3513	0.2013
	每股现金流量(元)	0.1120	0.0184	0.1329	-0.0834
	每股资本公积金(元)	1.3380	1.3380	1.3380	1.3380
	每股盈余公积金(元)	0.4224	0.4224	0.3990	0.3990
	每股未分配利润(元)	1.5293	1.4431	1.3207	1.1959
	净资产收益率(%)	4.3663	8.9134	5.5605	8.4693
	加权净资产收益率(%)	4.3600	8.6200	5.5800	8.6900
	净资产收益率(扣除)(%)	4.2976	8.3751	5.4276	8.2762
	总资产(万元)	382085.01	365778.16	368955.07	355870.26
	归属母公司股东权益(万元)	167439.77	163340.19	158769.80	153643.47
	营业收入(万元)	168379.32	327814.28	164261.48	310349.70
	营业支出(万元)	103798.17	205471.50	103806.07	199012.51
	投资收益(万元)	25.00	-84.82	-50.46	158.92
	净利润(万元)	7328.06	14610.32	8828.39	13012.51
	营业利润(万元)	9403.78	15894.50	10231.75	14763.11
	利润总额(万元)	9554.22	17039.46	10495.68	15147.67

深圳能源集团股份有限公司

公司概况	公司名称	深圳能源集团股份有限公司			证券简称	深圳能源
	法人代表	高自民	董秘	邵崇	证券代码	000027
	公司网址	www.sec.com.cn			电子信箱	ir@sec.com.cn
	电　　话	0755-83684138			传　　真	0755-83684128
	办公地址	广东省深圳市福田区深南中路2068号华能大厦5、33、35-36、38-41层				
	经营范围	各种常规能源和新能源的开发、生产、购销等				

主要财务指标	指标\报告期	2015.06.30	2014.12.31	2014.06.30	2013.12.31
	基本每股收益(元)	0.2589	0.7696	0.2606	0.5500
	基本每股收益(扣除后)(元)	0.2500	0.7400	0.3906	0.5500
	稀释每股收益(元)	0.2589	-	0.2606	-
	每股净资产(元)	5.5779	6.7012	6.2971	6.1738
	每股经营现金净流量(元)	0.4570	1.2070	0.6078	0.8681
	每股现金流量(元)	0.6123	0.6864	0.2682	-0.3374
	每股资本公积金(元)	1.0883	1.6323	1.7005	1.6316
	每股盈余公积金(元)	0.6804	1.0206	0.9793	0.9793
	每股未分配利润(元)	1.7884	3.0138	2.6765	2.5539
	净资产收益率(%)	4.6410	11.4846	6.2085	8.9046
	加权净资产收益率(%)	5.6400	11.9100	6.1800	9.2300
	净资产收益率(扣除)(%)	4.5470	11.0305	6.2029	8.8739
	总资产(万元)	4877652.25	3844138.77	3643813.02	3339350.53
	归属母公司股东权益(万元)	2211363.58	1771121.53	1664332.85	1631719.48
	营业收入(万元)	548868.18	1250604.23	616377.76	1235078.24
	营业支出(万元)	383711.35	925615.29	451825.72	971979.45
	投资收益(万元)	27951.00	36422.63	21788.79	14736.78
	净利润(万元)	120469.87	233610.25	120698.04	173663.10
	营业利润(万元)	127010.85	225209.97	125092.13	157663.17
	利润总额(万元)	148326.63	291736.64	149875.23	221739.83

国药集团一致药业股份有限公司

公司概况	公司名称	国药集团一致药业股份有限公司		证券简称	国药一致
	法人代表	闫志刚	董秘	陈常兵	证券代码	000028
	公司网址	www.szaccord.com.cn		电子信箱	investor@szaccord.com.cn
	电　　话	0755-25875195		传　　真	0755-25875147
	办公地址	广东省深圳市福田区八卦四路15号一致药业大厦			
	经营范围	中成药、化学原料药、化学药制剂、抗生素原料药、抗生素制剂等			

主要财务指标	指标\报告期	2015.06.30	2014.12.31	2014.06.30	2013.12.31
	基本每股收益(元)	1.0680	1.9000	1.0730	1.8100
	基本每股收益(扣除后)(元)	1.0300	1.7800	1.0030	1.7600
	稀释每股收益(元)	1.0680	1.9000	1.0730	1.8100
	每股净资产(元)	14.0070	13.1390	12.2928	7.7903
	每股经营现金净流量(元)	1.2361	-2.1970	-1.3367	1.6138
	每股现金流量(元)	0.8365	-0.6721	0.8588	0.6150
	每股资本公积金(元)	5.1399	5.1399	5.1301	0.0200
	每股盈余公积金(元)	0.5000	0.5000	0.3995	0.5027
	每股未分配利润(元)	7.3671	6.4991	5.7633	6.2676
	净资产收益率(%)	7.6253	13.6947	7.8338	23.1868
	加权净资产收益率(%)	7.8500	16.4100	10.3900	26.0000
	净资产收益率(扣除)(%)	7.3564	12.8289	7.3249	22.5449
	总资产(万元)	1381265.65	1282894.15	1249010.17	1105789.69
	归属母公司股东权益(万元)	507940.07	476460.78	445776.33	224475.77
	营业收入(万元)	1281380.32	2395433.10	1161264.24	2119946.64
	营业支出(万元)	1180166.10	2200262.88	1062676.77	1943608.19
	投资收益(万元)	2827.41	5041.58	2359.57	4247.32
	净利润(万元)	39964.23	66984.12	34921.40	52048.82
	营业利润(万元)	48244.95	78148.72	41679.02	64500.84
	利润总额(万元)	49499.11	82928.34	44391.87	65910.22

深圳经济特区房地产(集团)股份有限公司

公司概况	公司名称	深圳经济特区房地产(集团)股份有限公司		证券简称	深深房A
	法人代表	周建国	董秘	陈继	证券代码	000029
	公司网址	www.sfjt.com.cn		电子信箱	spg@163.net
	电　　话	0755-82293000*4718		传　　真	0755-82294024
	办公地址	广东省深圳市罗湖区人民南路深房广场47楼			
	经营范围	房地产开发及商品房销售、物业租赁及管理、建筑装饰安装、商品零售及贸易等			

主要财务指标	指标\报告期	2015.06.30	2014.12.31	2014.06.30	2013.12.31
	基本每股收益(元)	0.1843	0.2946	0.0343	0.2256
	基本每股收益(扣除后)(元)	0.1840	0.2937	0.0341	-
	稀释每股收益(元)	0.1843	0.2946	0.0343	-
	每股净资产(元)	2.3210	2.1366	1.8758	1.8419
	每股经营现金净流量(元)	0.4506	0.3184	0.1977	0.1927
	每股现金流量(元)	0.2931	0.1491	0.0314	0.0549
	每股资本公积金(元)	0.9670	0.9670	0.9670	0.9670
	每股盈余公积金(元)	0.0417	0.0049	0.0049	0.0049
	每股未分配利润(元)	0.3028	0.1553	-0.1049	-0.1393
	净资产收益率(%)	7.9388	13.7880	1.8303	12.2504
	加权净资产收益率(%)	8.2700	14.8100	1.8500	13.0500
	净资产收益率(扣除)(%)	7.9269	13.7479	1.8154	11.9593
	总资产(万元)	446255.60	437509.83	438904.83	421509.93
	归属母公司股东权益(万元)	234804.60	216153.74	189764.31	186334.71
	营业收入(万元)	114755.28	213231.12	57307.44	211648.27
	营业支出(万元)	69764.59	140966.49	43280.78	154717.01
	投资收益(万元)	22.03	-0.63	-	-2.53
	净利润(万元)	18640.40	29805.81	3473.24	22826.83
	营业利润(万元)	24944.74	39947.48	4970.86	29728.36
	利润总额(万元)	24983.03	40066.09	5008.57	30387.50

富奥汽车零部件股份有限公司

公司概况	公司名称	富奥汽车零部件股份有限公司		证券简称	富奥股份
	法人代表	金毅	董秘	王晓平	证券代码	000030
	公司网址	www.fawer.com.cn		电子信箱	000030@fawer.com.cn
	电　　话	0431-85122797		传　　真	0431-85122756
	办公地址	吉林省长春汽车经济技术开发区东风南街777号			
	经营范围	汽车零部件及相关产品的研究、设计、制造，国内销售及售后服务			

主要财务指标	指标\报告期	2015.06.30	2014.12.31	2014.06.30	2013.12.31
	基本每股收益(元)	0.2200	0.4800	0.2500	0.4400
	基本每股收益(扣除后)(元)	0.2200	0.4600	0.2400	-
	稀释每股收益(元)	0.2200	0.4800	0.2500	0.4400
	每股净资产(元)	3.4428	3.3143	3.0807	2.9222
	每股经营现金净流量(元)	0.1655	0.2771	0.1420	-0.0577
	每股现金流量(元)	0.2332	0.1962	0.1366	-0.2066
	每股资本公积金(元)	0.4017	0.3982	0.3918	0.3883
	每股盈余公积金(元)	0.2370	0.2370	0.1883	0.1883
	每股未分配利润(元)	1.7983	1.6756	1.4977	1.3443
	净资产收益率(%)	6.4563	14.5524	8.2136	14.3082
	加权净资产收益率(%)	6.4800	15.5500	8.2900	15.4100
	净资产收益率(扣除)(%)	6.3375	13.7325	7.9135	14.1482
	总资产(万元)	733050.05	727111.44	727940.24	711034.74
	归属母公司股东权益(万元)	447114.04	430426.10	400092.12	379506.22
	营业收入(万元)	229811.68	501001.23	263067.81	522780.24
	营业支出(万元)	187988.91	407619.17	212851.85	427134.20
	投资收益(万元)	22155.57	47142.36	23222.54	43757.70
	净利润(万元)	30669.11	67241.42	32861.85	54300.64
	营业利润(万元)	32077.57	65923.21	36342.22	61370.31
	利润总额(万元)	32706.32	70250.99	37628.94	62203.56

中粮地产(集团)股份有限公司

公司概况	公司名称	中粮地产(集团)股份有限公司		证券简称	中粮地产
	法人代表	周政	董秘	崔捷	证券代码	000031
	公司网址	www.cofco-property.cn		电子信箱	cofco-property@cofco.com
	电　　话	0755-23999291 23999288		传　　真	0755-23999299
	办公地址	广东省深圳市福田区福华一路1号大中华国际交易广场35层			
	经营范围	商品房开发与销售、物业租赁、来料加工等			

主要财务指标	指标\报告期	2015.06.30	2014.12.31	2014.06.30	2013.12.31
	基本每股收益(元)	0.1100	0.3300	0.0800	0.2900
	基本每股收益(扣除后)(元)	-0.1400	0.0500	-0.0100	0.1100
	稀释每股收益(元)	0.1100	0.3300	0.0800	0.2900
	每股净资产(元)	3.1533	3.2997	2.9596	2.9815
	每股经营现金净流量(元)	0.7592	-1.1368	-0.8475	-1.8095
	每股现金流量(元)	1.0446	0.7599	0.2169	0.0048
	每股资本公积金(元)	0.1543	0.1436	0.3750	0.4424
	每股盈余公积金(元)	0.4347	0.4266	0.3447	0.3447
	每股未分配利润(元)	1.4755	1.4102	1.2377	1.1921
	净资产收益率(%)	3.4361	10.0007	2.5551	9.8853
	加权净资产收益率(%)	3.2500	10.6800	2.5300	10.4800
	净资产收益率(扣除)(%)	-4.4424	1.5449	-0.2861	3.7500
	总资产(万元)	4955405.81	4631147.33	4375163.14	4060271.72
	归属母公司股东权益(万元)	571915.51	598482.33	536799.23	540771.85
	营业收入(万元)	278614.61	904083.32	235275.02	1017864.01
	营业支出(万元)	224423.10	563380.92	130431.68	709908.67
	投资收益(万元)	63151.46	58915.73	7978.47	35869.42
	净利润(万元)	17545.92	90280.82	13715.69	53457.01
	营业利润(万元)	34266.86	139713.75	37538.52	122460.58
	利润总额(万元)	34404.07	140622.84	38899.39	122643.48

深圳市桑达实业股份有限公司

公司概况	公司名称	深圳市桑达实业股份有限公司		证券简称	深桑达 A
	法人代表	周剑	董秘	钟彦	证券代码	000032
	公司网址	www.sedind.com	电子信箱	sed@sedind.com	
	电　　话	0755-86316073	传　　真	0755-86316006	
	办公地址	广东省深圳市南山区科技园科技路 1 号桑达科技大厦 15-17 层			
	经营范围	电子设备、电子器件、电子消费通信产品及房地产开发等			

主要财务指标	指标 \ 报告期	2015.06.30	2014.12.31	2014.06.30	2013.12.31
	基本每股收益(元)	-0.0200	0.0900	-0.0400	0.0400
	基本每股收益(扣除后)(元)	-0.0300	-0.0600	-0.0500	-
	稀释每股收益(元)	-0.0200	0.0900	-0.0400	0.0400
	每股净资产(元)	3.7634	3.8286	3.7217	3.7650
	每股经营现金净流量(元)	-0.0778	0.2695	0.1246	-0.2345
	每股现金流量(元)	-0.1462	-0.0322	0.2109	-0.4640
	每股资本公积金(元)	0.8899	0.8899	0.8899	0.8899
	每股盈余公积金(元)	0.9308	0.9308	0.8762	0.8622
	每股未分配利润(元)	0.9293	0.9944	0.9425	0.9992
	净资产收益率(%)	-0.4026	2.4498	-1.1478	0.9680
	加权净资产收益率(%)	-0.4000	2.4700	-1.1400	0.9400
	净资产收益率(扣除)(%)	-0.8408	-1.5161	-1.2355	0.3528
	总资产(万元)	129097.51	142427.21	141019.09	150140.89
	归属母公司股东权益(万元)	87636.75	89153.58	86666.27	87674.49
	营业收入(万元)	50110.66	144090.92	72137.88	162544.09
	营业支出(万元)	43395.25	125672.57	64736.68	137469.53
	投资收益(万元)	500.16	521.76	6.51	16.04
	净利润(万元)	-736.89	1791.81	-994.79	848.68
	营业利润(万元)	-508.82	269.27	-961.81	3186.10
	利润总额(万元)	-489.69	3062.06	-867.79	4009.69

深圳市深信泰丰(集团)股份有限公司

公司概况	公司名称	深圳市深信泰丰(集团)股份有限公司			证券简称	深信泰丰
	法人代表	晏群	董秘	孙德志	证券代码	000034
	公司网址	www.sz000034.com		电子信箱	shenxintaifeng@126.com	
	电　　话	0755-27596453　27596457		传　　真	0755-27596456	
	办公地址	深圳市宝安区宝城 23 区大宝路凤采轩 5 号楼社区服务中心三楼				
	经营范围	广东省深圳市宝安区宝城 67 区隆昌路 8 号飞扬科技园 B 座 2 楼				

主要财务指标	指标 \ 报告期	2015.06.30	2014.12.31	2014.06.30	2013.12.31
	基本每股收益(元)	0.0640	0.1700	0.1440	0.0500
	基本每股收益(扣除后)(元)	-0.0400	-0.0090	-0.0120	0.0030
	稀释每股收益(元)	0.0640	0.1700	0.1440	0.0500
	每股净资产(元)	0.5263	0.4627	0.4348	0.2964
	每股经营现金净流量(元)	-0.0708	-0.0786	-0.0842	0.0203
	每股现金流量(元)	0.0374	-0.0823	0.0441	0.0783
	每股资本公积金(元)	1.7899	1.7899	1.7896	1.7952
	每股盈余公积金(元)	0.1836	0.1836	0.1836	0.1836
	每股未分配利润(元)	-2.4472	-2.5108	-2.5384	-2.6825
	净资产收益率(%)	12.0868	37.1121	33.1496	15.8049
	加权净资产收益率(%)	11.4000	44.9300	39.1200	17.1600
	净资产收益率(扣除)(%)	-8.4078	-1.9291	-2.7411	0.8553
	总资产(万元)	44637.66	46166.80	45322.67	37821.13
	归属母公司股东权益(万元)	18840.92	16563.66	15565.56	10608.69
	营业收入(万元)	20967.13	50905.57	24127.40	53305.86
	营业支出(万元)	18866.66	44550.22	21393.57	46948.85
	投资收益(万元)	702.58	6484.18	5600.29	-
	净利润(万元)	2277.26	6147.12	5159.92	1676.69
	营业利润(万元)	-824.85	6196.20	5099.75	2168.43
	利润总额(万元)	2333.74	6311.29	5216.04	1895.64

中国天楹股份有限公司

公司概况	公司名称	中国天楹股份有限公司			证券简称	中国天楹
	法人代表	严圣军	董秘	高清	证券代码	000035
	公司网址	www.ctyi.com.cn		电子信箱	gq@ctyi.com.cn	
	电　　话	0513-80688810		传　　真	0513-80688820	
	办公地址	江苏省海安县城黄海大道(西)268 号				
	经营范围	开发、生产、销售数字移动电话机				

主要财务指标	指标 \ 报告期	2015.06.30	2014.12.31	2014.06.30	2013.12.31
	基本每股收益(元)	0.1100	0.3500	0.1500	0.2300
	基本每股收益(扣除后)(元)	0.1100	0.3500	0.1500	-0.0200
	稀释每股收益(元)	0.1100	0.3500	0.1500	0.2100
	每股净资产(元)	4.7416	2.6195	2.6788	2.3500
	每股经营现金净流量(元)	0.2419	0.2062	0.2192	0.7376
	每股现金流量(元)	-0.2625	0.1313	0.0143	0.9809
	每股资本公积金(元)	2.6499	2.6499	1.0960	2.1185
	每股盈余公积金(元)	0.0469	0.0469	0.0354	0.0531
	每股未分配利润(元)	1.0448	0.8576	0.5473	0.5664
	净资产收益率(%)	3.9484	10.7889	6.3327	9070.5485
	加权净资产收益率(%)	4.0300	15.6600	6.5600	-87.5700
	净资产收益率(扣除)(%)	3.8293	10.7601	6.2954	-27.1320
	总资产(万元)	397917.28	327228.62	223216.61	203452.04
	归属母公司股东权益(万元)	168886.54	162218.22	95411.30	88778.17
	营业收入(万元)	27110.77	55090.04	17211.31	24981.51
	营业支出(万元)	11568.39	26569.65	7012.70	9203.69
	投资收益(万元)	-	-	-	-
	净利润(万元)	6668.32	17501.59	6042.15	8165.50
	营业利润(万元)	7258.43	18661.02	6194.15	7656.23
	利润总额(万元)	7765.59	19364.81	6674.54	8659.23

华联控股股份有限公司

公司概况	公司名称	华联控股股份有限公司			证券简称	华联控股
	法人代表	董炳根	董秘	孔庆富	证券代码	000036
	公司网址	www.udcgroup.com		电子信箱	hlkg000036@udcgroup.com	
	电　　话	0755-83667450　83667257		传　　真	0755-83667583	
	办公地址	广东省深圳市福田区深南中路 2008 号华联大厦 11 层				
	经营范围	投资兴办实业、生产经营各种布料、服装、化纤和纺织机械等				

主要财务指标	指标 \ 报告期	2015.06.30	2014.12.31	2014.06.30	2013.12.31
	基本每股收益(元)	-0.0140	0.0306	0.0011	0.0710
	基本每股收益(扣除后)(元)	-0.0140	-0.0110	0.0015	-
	稀释每股收益(元)	-0.0140	0.0306	0.0011	0.0710
	每股净资产(元)	1.6708	1.6698	1.6664	1.6673
	每股经营现金净流量(元)	-0.2889	-1.5965	-0.5880	-0.2365
	每股现金流量(元)	0.5576	-0.9059	-0.4681	0.0051
	每股资本公积金(元)	0.1363	0.1135	0.1395	0.1415
	每股盈余公积金(元)	0.0844	0.0857	0.0857	0.0857
	每股未分配利润(元)	0.4502	0.4707	0.4412	0.4401
	净资产收益率(%)	-0.8202	1.8317	0.0670	4.2593
	加权净资产收益率(%)	-0.8400	1.8200	0.0700	4.3400
	净资产收益率(扣除)(%)	-0.8020	-0.6829	0.0884	0.9753
	总资产(万元)	543445.70	456892.63	380926.89	419588.74
	归属母公司股东权益(万元)	190557.77	187671.04	187281.81	187388.95
	营业收入(万元)	9591.55	20526.92	11414.97	19260.80
	营业支出(万元)	5071.96	9550.68	4831.30	9354.58
	投资收益(万元)	289.49	8126.49	969.30	12983.91
	净利润(万元)	-1687.55	3013.52	125.44	7981.44
	营业利润(万元)	-1481.73	5654.53	952.40	12600.82
	利润总额(万元)	-1550.85	5641.98	896.87	12977.68

深圳南山热电股份有限公司

公司概况	公司名称	深圳南山热电股份有限公司			证券简称	深南电 A
	法人代表	杨海贤	董秘	张杰(代)	证券代码	000037
	公司网址	www.nsrd.com.cn		电子信箱	public@nspower.com.cn	
	电　　话	0755-26948888		传　　真	0755-26003684	
	办公地址	广东省深圳市南山区华侨城汉唐大厦 16、17 楼				
	经营范围	供电、供热、提供相关技术咨询和技术服务等				

	指标\报告期	2015.06.30	2014.12.31	2014.06.30	2013.12.31
主要财务指标	基本每股收益(元)	-0.1700	-0.5500	-0.1200	0.0900
	基本每股收益(扣除后)(元)	-0.2200	-0.5500	-0.1300	-
	稀释每股收益(元)	-	-0.5500	-	0.0900
	每股净资产(元)	1.9379	2.1079	2.5314	2.6562
	每股经营现金净流量(元)	0.5290	0.9477	0.6472	0.8001
	每股现金流量(元)	0.4836	0.0505	0.3249	0.0186
	每股资本公积金(元)	0.6018	0.6017	0.6017	0.6017
	每股盈余公积金(元)	0.5523	0.5523	0.5523	0.5523
	每股未分配利润(元)	-0.2162	-0.0461	0.3774	0.5022
	净资产收益率(%)	-8.7791	-26.0136	-4.9317	3.3165
	加权净资产收益率(%)	-8.4100	-23.0200	-4.8100	3.3700
	净资产收益率(扣除)(%)	-11.5652	-25.9502	-5.0555	-4.8063
	总资产(万元)	514827.49	505641.58	554975.80	544029.14
	归属母公司股东权益(万元)	116807.66	127054.23	152580.77	160105.55
	营业收入(万元)	65055.72	123410.15	52739.76	111042.78
	营业支出(万元)	74690.78	174090.53	75646.50	161320.60
	投资收益(万元)	-88.33	-173.03	-127.01	7926.40
	净利润(万元)	-12880.95	-42163.24	-7524.78	5309.91
	营业利润(万元)	-26198.13	-92906.62	-38538.43	-80440.74
	利润总额(万元)	-12832.08	-41828.98	-9977.82	9510.68

深圳大通实业股份有限公司

公司概况	公司名称	深圳大通实业股份有限公司			证券简称	深 大 通
	法人代表	许亚楠	董秘	王小连	证券代码	000038
	公司网址	www.chinadatong.com		电子信箱	datongstock@163.com	
	电　　话	0755-26921699		传　　真	0755-26910599	
	办公地址	广东省深圳市福田区深南大道 6023 号耀华创建大厦 904-905				
	经营范围	房地产开发和经营				

	指标\报告期	2015.06.30	2014.12.31	2014.06.30	2013.12.31
主要财务指标	基本每股收益(元)	-0.0090	-0.5100	-0.1130	0.0210
	基本每股收益(扣除后)(元)	0.0010	-0.4660	-0.0800	-
	稀释每股收益(元)	-0.0090	-0.5100	-0.1130	0.0210
	每股净资产(元)	1.1321	1.1414	1.5407	1.6540
	每股经营现金净流量(元)	0.0144	0.1699	-0.0454	0.4672
	每股现金流量(元)	0.0144	0.1698	-0.0455	0.0310
	每股资本公积金(元)	0.2322	0.2322	0.2322	0.2322
	每股盈余公积金(元)	0.0612	0.0612	0.0612	0.0612
	每股未分配利润(元)	-0.1614	-0.1521	0.2473	0.3607
	净资产收益率(%)	-0.8223	-44.9200	-7.3587	1.2503
	加权净资产收益率(%)	-0.0100	-36.8100	-5.5600	1.0500
	净资产收益率(扣除)(%)	0.0622	-40.6694	-5.2007	1.2907
	总资产(万元)	63186.74	68329.26	67603.30	68091.56
	归属母公司股东权益(万元)	10893.58	10983.16	14825.52	15916.49
	营业收入(万元)	9725.74	21319.33	5246.63	16843.56
	营业支出(万元)	7860.29	20357.09	5229.92	12299.22
	投资收益(万元)	-	-	-	-
	净利润(万元)	-82.52	-5495.96	-1090.96	199.00
	营业利润(万元)	361.42	-5080.97	-967.93	1189.43
	利润总额(万元)	218.66	-5772.59	-1441.88	1180.09

中国国际海运集装箱(集团)股份有限公司

公司概况	公司名称	中国国际海运集装箱(集团)股份有限公司			证券简称	中集集团
	法人代表	李建红	董秘	于玉群	证券代码	000039
	公司网址	www.cimc.com		电子信箱	shareholder@cimc.com	
	电　　话	0755-26691130 26802706		传　　真	0755-26826579 26813950	
	办公地址	广东省深圳市南山区蛇口港湾大道 2 号中集研发中心 8 楼				
	经营范围	现代化交通运输装备、能源、食品、化工等装备的制造及服务业务				

	指标\报告期	2015.06.30	2014.12.31	2014.06.30	2013.12.31
主要财务指标	基本每股收益(元)	0.5681	0.9300	0.3885	0.8200
	基本每股收益(扣除后)(元)	0.4245	0.8000	0.3554	0.5000
	稀释每股收益(元)	0.5627	0.9200	0.3845	0.8100
	每股净资产(元)	9.3400	8.3400	7.8700	7.7652
	每股经营现金净流量(元)	-0.2328	2.4075	-1.1893	1.0329
	每股现金流量(元)	0.2314	-0.4663	-0.5341	-0.0811
	每股资本公积金(元)	0.3214	0.2569	0.2832	0.2658
	每股盈余公积金(元)	1.1635	1.1698	1.1714	1.1724
	每股未分配利润(元)	6.4520	6.2306	5.7100	5.5962
	净资产收益率(%)	6.0494	11.1160	4.9380	10.5462
	加权净资产收益率(%)	6.5900	11.6300	4.8900	11.0000
	净资产收益率(扣除)(%)	4.5205	9.6126	4.5167	6.4965
	总资产(万元)	9559349.10	8777618.10	8249419.60	7260597.20
	归属母公司股东权益(万元)	2509667.20	2229031.40	2095967.80	2067403.70
	营业收入(万元)	3263728.90	7007085.50	3204612.80	5787441.10
	营业支出(万元)	2751928.00	5876902.30	2686864.00	4824236.00
	投资收益(万元)	74498.30	43590.10	3812.80	50867.70
	净利润(万元)	165241.00	303392.80	103502.90	218032.10
	营业利润(万元)	202674.40	329787.40	125481.00	337083.50
	利润总额(万元)	207747.80	357041.60	126822.70	356272.00

宝安鸿基地产集团股份有限公司

公司概况	公司名称	宝安鸿基地产集团股份有限公司			证券简称	宝安地产
	法人代表	郑小将	董秘	柏志伟	证券代码	000040
	公司网址	www.bahjdc.com.cn		电子信箱	sz000040@bahjdc.com	
	电　　话	0755-82367726		传　　真	0755-82367753	
	办公地址	广东省深圳市罗湖区东门中路 1011 号鸿基大厦 25-27 楼				
	经营范围	房地产开发及物业管理				

	指标\报告期	2015.06.30	2014.12.31	2014.06.30	2013.12.31
主要财务指标	基本每股收益(元)	0.0400	0.1100	0.0200	0.2200
	基本每股收益(扣除后)(元)	0.0400	0.0200	0.0200	0.1600
	稀释每股收益(元)	0.0400	0.1100	0.0200	0.2200
	每股净资产(元)	2.7419	2.7019	2.6675	2.6888
	每股经营现金净流量(元)	0.0558	-0.1451	-0.4294	-1.0044
	每股现金流量(元)	-0.4467	0.3041	-0.0061	0.2654
	每股资本公积金(元)	0.5830	0.5830	0.6572	0.6760
	每股盈余公积金(元)	0.3658	0.3658	0.2732	0.2732
	每股未分配利润(元)	0.7641	0.7402	0.7371	0.7396
	净资产收益率(%)	1.6004	4.1906	0.6566	8.1599
	加权净资产收益率(%)	1.6100	4.1200	0.6300	8.4000
	净资产收益率(扣除)(%)	1.6156	0.8799	0.6817	6.1277
	总资产(万元)	421361.73	426981.31	403658.56	396057.60
	归属母公司股东权益(万元)	128756.29	126877.10	125265.36	126265.83
	营业收入(万元)	48903.25	103653.42	33945.54	81511.08
	营业支出(万元)	29313.19	69265.35	23125.76	46964.67
	投资收益(万元)	-325.63	958.50	-228.15	2872.52
	净利润(万元)	2058.60	5317.37	822.55	10303.19
	营业利润(万元)	3602.63	8766.69	1203.20	15700.47
	利润总额(万元)	3573.08	9418.53	1160.36	16784.56

深圳市中洲投资控股股份有限公司

公司概况					
公司名称	深圳市中洲投资控股股份有限公司			证券简称	中洲控股
法人代表	姚日波	董秘	尹善峰	证券代码	000042
公司网址	www.zztzkg.com		电子信箱	dongshihui@zztzkg.com	
电　话	0755-88393698　88393605		传　真	0755-88393600	
办公地址	广东省深圳市南山区海德一道 88 号中洲控股金融中心 A 座 39 层				
经营范围	房地产开发及商品房销售、管理、承接建筑安装工程、自有物业租赁				

主要财务指标

指标＼报告期	2015.06.30	2014.12.31	2014.06.30	2013.12.31
基本每股收益(元)	0.8744	0.6381	0.5868	1.6934
基本每股收益(扣除后)(元)	0.8866	0.6236	0.5692	1.3128
稀释每股收益(元)	0.8744	0.6381	0.5868	1.6934
每股净资产(元)	7.6143	6.8406	6.8384	12.8032
每股经营现金净流量(元)	-1.0479	-3.3933	0.1533	0.6922
每股现金流量(元)	-0.3087	-0.4984	1.1994	1.4751
每股资本公积金(元)	1.2212	1.2202	1.2211	2.4423
每股盈余公积金(元)	0.8866	0.8866	0.8855	1.7710
每股未分配利润(元)	4.5064	3.7904	3.7318	7.5899
净资产收益率(%)	11.4839	9.2619	8.5810	13.2263
加权净资产收益率(%)	12.0200	9.6300	8.8900	13.7600
净资产收益率(扣除)(%)	11.6437	9.0512	8.3229	10.2538
总资产(万元)	2052834.48	1621524.39	1294713.25	799817.34
归属母公司股东权益(万元)	364666.90	330324.82	327508.91	306588.75
营业收入(万元)	232675.86	303280.27	134530.40	221298.38
营业支出(万元)	111420.43	173753.09	64930.95	113956.02
投资收益(万元)	545.32	1943.41	350.02	17714.20
净利润(万元)	41878.13	30561.87	28104.06	40550.22
营业利润(万元)	59065.51	49187.35	38221.20	58606.68
利润总额(万元)	58308.33	49149.01	38286.67	58538.82

中航地产股份有限公司

公司概况					
公司名称	中航地产股份有限公司			证券简称	中航地产
法人代表	肖临骏	董秘	杨祥	证券代码	000043
公司网址	www.carec.com.cn		电子信箱	sng@carec.com.cn	
电　话	0755-83244582　83244503		传　真	0755-83688903	
办公地址	广东省深圳市福田区振华路 163 号飞亚达大厦六楼				
经营范围	工业实业、旅游服务业、房地产等				

主要财务指标

指标＼报告期	2015.06.30	2014.12.31	2014.06.30	2013.12.31
基本每股收益(元)	-0.1671	0.7384	-0.0393	0.7003
基本每股收益(扣除后)(元)	-0.1683	0.1567	-0.1029	0.4732
稀释每股收益(元)	-0.1671	0.7384	-0.0393	0.7003
每股净资产(元)	4.9882	5.2587	4.6192	4.8602
每股经营现金净流量(元)	-1.1190	-4.0111	-3.7908	-2.0542
每股现金流量(元)	0.4839	-0.7576	0.0007	-0.2304
每股资本公积金(元)	0.6697	0.6731	0.7968	0.8002
每股盈余公积金(元)	0.3111	0.3111	0.2372	0.2372
每股未分配利润(元)	3.0171	3.2842	2.5804	2.8197
净资产收益率(%)	-3.3495	14.0420	-0.8505	14.4085
加权净资产收益率(%)	-3.2600	14.5600	-0.8100	15.0400
净资产收益率(扣除)(%)	-3.3736	2.9794	-2.2270	9.7360
总资产(万元)	2230940.00	2006838.18	2050879.45	1771804.52
归属母公司股东权益(万元)	332692.41	350732.77	308081.00	324156.42
营业收入(万元)	161340.75	622624.18	196512.58	622457.37
营业支出(万元)	116889.53	452796.39	140657.18	434647.67
投资收益(万元)	53.77	19586.84	3769.47	-21.28
净利润(万元)	-13651.02	47964.90	-2620.23	46705.92
营业利润(万元)	-11654.94	66401.57	-1463.81	56026.85
利润总额(万元)	-11773.64	68338.38	-1470.99	74099.57

深圳市纺织(集团)股份有限公司

公司概况					
公司名称	深圳市纺织(集团)股份有限公司			证券简称	深纺织 A
法人代表	朱军	董秘	姜澎	证券代码	000045
公司网址	www.chinasthc.com		电子信箱	jiangp@chinasthc.com	
电　话	0755-83776043		传　真	0755-83776139	
办公地址	广东省深圳市福田区华强北路 3 号深纺大厦 6 楼				
经营范围	生产、加工纺织品、针织品、服装、装饰布、带、商标带、工艺品等				

主要财务指标

指标＼报告期	2015.06.30	2014.12.31	2014.06.30	2013.12.31
基本每股收益(元)	0.0150	-0.2200	-0.0430	0.1000
基本每股收益(扣除后)(元)	-0.0660	-0.2900	-0.0800	0.8800
稀释每股收益(元)	0.0150	-0.2200	-0.0430	0.1000
每股净资产(元)	4.2931	4.3359	4.4715	4.5365
每股经营现金净流量(元)	0.0085	-0.0961	-0.1788	-0.3686
每股现金流量(元)	-0.9081	0.3047	0.2136	1.4150
每股资本公积金(元)	3.1294	3.1294	3.1494	3.1252
每股盈余公积金(元)	0.1271	0.1271	0.1181	0.1181
每股未分配利润(元)	0.0286	0.0134	0.2040	0.2468
净资产收益率(%)	0.3526	-5.1721	-0.9557	2.0551
加权净资产收益率(%)	0.3500	-5.0600	-0.9500	2.3100
净资产收益率(扣除)(%)	-1.5352	-6.7777	-1.7792	-7.0271
总资产(万元)	281181.54	282278.35	279691.49	285175.97
归属母公司股东权益(万元)	217454.88	219624.92	226489.27	229784.66
营业收入(万元)	62099.33	121095.25	47162.38	113109.86
营业支出(万元)	58813.80	115474.35	43413.81	108793.80
投资收益(万元)	4759.19	2329.46	2002.37	25804.86
净利润(万元)	766.80	-11359.13	-2164.45	4722.26
营业利润(万元)	1737.20	-8313.52	-1420.27	7787.12
利润总额(万元)	2517.60	-6205.89	-826.33	10201.85

泛海控股股份有限公司

公司概况					
公司名称	泛海控股股份有限公司			证券简称	泛海控股
法人代表	卢志强	董秘	陈怀东	证券代码	000046
公司网址	www.fhjs.cn		电子信箱	chd@fhkg.com	
电　话	010-85259683　85259601		传　真	010-85259797	
办公地址	北京市东城区建国门内大街 28 号民生金融中心 C 座 22 层				
经营范围	房地产开发经营、国内外项目投资等				

主要财务指标

指标＼报告期	2015.06.30	2014.12.31	2014.06.30	2013.12.31
基本每股收益(元)	0.1450	0.3420	0.0558	0.2755
基本每股收益(扣除后)(元)	0.1448	0.2331	0.0368	0.2540
稀释每股收益(元)	0.1450	0.3420	0.0558	0.2755
每股净资产(元)	2.1829	2.0350	1.9161	2.0266
每股经营现金净流量(元)	1.2224	0.1597	-0.2302	-0.8707
每股现金流量(元)	3.9451	1.2121	0.2103	-0.0997
每股资本公积金(元)	0.4497	0.3586	0.5879	1.0753
每股盈余公积金(元)	0.1171	0.1171	0.1045	0.1057
每股未分配利润(元)	0.5050	0.5099	0.2218	0.3428
净资产收益率(%)	6.6445	16.8071	1.9285	12.7891
加权净资产收益率(%)	6.5600	14.4400	1.8100	11.1400
净资产收益率(扣除)(%)	6.6317	11.4559	1.9210	12.5319
总资产(万元)	10111916.83	7088910.86	4457589.23	5384241.73
归属母公司股东权益(万元)	994812.57	927397.65	873210.65	1167169.18
营业收入(万元)	214950.93	606246.93	144702.74	594028.39
营业支出(万元)	90314.22	263548.68	62330.99	267600.48
投资收益(万元)	12839.88	943.10	-	-
净利润(万元)	88809.30	166426.89	28326.93	128123.64
营业利润(万元)	119213.49	228086.44	39875.88	169155.66
利润总额(万元)	119689.19	229886.12	40563.34	171727.21

深圳市康达尔(集团)股份有限公司

公司概况	公司名称	深圳市康达尔(集团)股份有限公司			证券简称	康达尔
	法人代表	罗爱华	董秘	胡琴	证券代码	000048
	公司网址	www.kondarl.com			电子信箱	a000048@126.com
	电话	0755-25425020*359			传真	0755-25420155
	办公地址	广东省深圳市福田区深南大道和泰然大道交汇处绿景纪元大厦24楼				
	经营范围	养殖肉鸡、鸡苗、禽蛋、生产制造肉制品、饮料、鸡场设备、自酿鲜啤等				

主要财务指标	指标\报告期	2015.06.30	2014.12.31	2014.06.30	2013.12.31
	基本每股收益(元)	0.3691	0.2900	0.0143	-0.0231
	基本每股收益(扣除后)(元)	0.3516	0.2500	-0.0108	-
	稀释每股收益(元)	0.3691	0.2900	0.0143	-0.0231
	每股净资产(元)	1.6944	1.3239	1.0454	1.0306
	每股经营现金净流量(元)	0.7139	1.3008	0.5456	-0.1945
	每股现金流量(元)	0.5161	1.2811	0.1247	-0.2985
	每股资本公积金(元)	0.1093	0.1093	0.1091	0.1091
	每股盈余公积金(元)	0.0024	0.0024	0.0024	0.0024
	每股未分配利润(元)	0.5505	0.1815	-0.0955	-0.1098
	净资产收益率(%)	21.7829	21.9977	1.3636	-2.2398
	加权净资产收益率(%)	24.4600	24.7400	0.3400	-2.2100
	净资产收益率(扣除)(%)	20.7522	18.5128	-1.0297	-12.6442
	总资产(万元)	208751.04	198293.87	161519.00	133056.56
	归属母公司股东权益(万元)	66212.20	51732.58	40851.86	40273.40
	营业收入(万元)	123202.65	214441.26	73095.01	156530.62
	营业支出(万元)	77001.12	161157.96	64222.90	139534.46
	投资收益(万元)	366.00	534.79	132.65	289.61
	净利润(万元)	14813.44	12016.88	557.06	-902.03
	营业利润(万元)	19828.14	15318.60	795.77	-4181.89
	利润总额(万元)	20059.96	16521.98	1157.98	1106.78

深圳市德赛电池科技股份有限公司

公司概况	公司名称	深圳市德赛电池科技股份有限公司			证券简称	德赛电池
	法人代表	刘其	董秘	游虹	证券代码	000049
	公司网址	www.desaybattery.com			电子信箱	ir@desaybattery.com
	电话	0755-86299888			传真	0755-86299889
	办公地址	广东省深圳市南山区高新科技园南区高新南一道德赛科技大厦26楼				
	经营范围	无汞碱锰电池、一次锂电池、锌空气电池、镍氢电池、锂聚合物电池等				

主要财务指标	指标\报告期	2015.06.30	2014.12.31	2014.06.30	2013.12.31
	基本每股收益(元)	0.5603	1.1428	0.4227	1.5057
	基本每股收益(扣除后)(元)	0.5072	1.0633	0.4123	1.4654
	稀释每股收益(元)	0.5603	1.1428	0.4227	1.5057
	每股净资产(元)	3.9770	3.6141	2.9000	3.9022
	每股经营现金净流量(元)	0.5790	0.7250	3.5813	0.4026
	每股现金流量(元)	-0.2193	0.1402	0.7705	0.2469
	每股资本公积金(元)	0.0398	0.0398	0.0398	0.0594
	每股盈余公积金(元)	0.2098	0.2098	0.1825	0.2737
	每股未分配利润(元)	2.7255	2.3653	1.6725	2.5748
	净资产收益率(%)	14.0872	31.6195	14.5741	38.5866
	加权净资产收益率(%)	14.6400	37.0500	15.2700	45.6200
	净资产收益率(扣除)(%)	12.7533	29.4223	14.2184	37.5527
	总资产(万元)	326852.77	467560.34	206865.59	337109.30
	归属母公司股东权益(万元)	81626.15	74176.63	59521.08	53393.18
	营业收入(万元)	379877.93	638959.80	223763.39	440249.88
	营业支出(万元)	342024.35	570627.65	197117.15	376296.86
	投资收益(万元)	1219.91	1057.59	255.92	501.94
	净利润(万元)	15722.18	31288.12	8674.68	20602.60
	营业利润(万元)	19694.25	39680.56	14695.26	33827.58
	利润总额(万元)	19771.77	39905.35	14876.56	33946.13

天马微电子股份有限公司

公司概况	公司名称	天马微电子股份有限公司			证券简称	深天马A
	法人代表	由镭	董秘	刘长清	证券代码	000050
	公司网址	www.tianma.cn			电子信箱	sztmzq@tianma.cn
	电话	0755-86225886 26094882			传真	0755-86225772
	办公地址	广东省深圳市南山区马家龙工业城64栋7层				
	经营范围	制造销售各类液晶显示器及与之相关的材料、设备和产品等				

主要财务指标	指标\报告期	2015.06.30	2014.12.31	2014.06.30	2013.12.31
	基本每股收益(元)	0.2273	0.7116	0.2648	0.8970
	基本每股收益(扣除后)(元)	0.0272	0.0276	0.1250	0.0734
	稀释每股收益(元)	0.2273	0.7116	0.2648	0.8970
	每股净资产(元)	7.3180	7.1989	2.6280	2.5878
	每股经营现金净流量(元)	0.7394	1.2244	0.4634	3.9433
	每股现金流量(元)	2.0772	-0.3699	-0.3849	0.8344
	每股资本公积金(元)	6.1565	6.1565	0.9323	4.2055
	每股盈余公积金(元)	0.1068	0.1068	0.1827	0.1827
	每股未分配利润(元)	0.1720	0.0446	0.5094	-0.8512
	净资产收益率(%)	3.1064	7.5198	5.3935	9.6596
	加权净资产收益率(%)	3.1300	14.0900	7.4200	10.0400
	净资产收益率(扣除)(%)	0.3712	0.2921	4.7677	2.8370
	总资产(万元)	1788466.96	1569249.86	757250.74	1179930.35
	归属母公司股东权益(万元)	828210.91	814727.03	150907.51	254035.08
	营业收入(万元)	513780.53	932236.33	482079.55	835214.69
	营业支出(万元)	429019.18	758346.95	384222.72	676569.85
	投资收益(万元)	-200.57	-3902.02	221.18	653.29
	净利润(万元)	25785.96	68693.06	24658.14	79969.89
	营业利润(万元)	2343.63	15606.10	25232.80	24728.07
	利润总额(万元)	27571.78	77485.76	29347.05	82227.74

方大集团股份有限公司

公司概况	公司名称	方大集团股份有限公司			证券简称	方大集团
	法人代表	熊建明	董秘	周志刚	证券代码	000055
	公司网址	www.fangda.com			电子信箱	zqb@fangda.com
	电话	0755-26788571 6622			传真	0755-26788353
	办公地址	广东省深圳市南山区高新区科技南十二路方大大厦二十楼				
	经营范围	建筑幕墙系统及材料、轨道交通设备等				

主要财务指标	指标\报告期	2015.06.30	2014.12.31	2014.06.30	2013.12.31
	基本每股收益(元)	0.0700	0.1300	0.0500	0.1100
	基本每股收益(扣除后)(元)	0.0500	0.0900	0.0500	0.0900
	稀释每股收益(元)	0.0700	0.1300	0.0500	0.1100
	每股净资产(元)	1.6677	1.6315	1.5573	1.5334
	每股经营现金净流量(元)	-0.3629	-0.7371	-0.3548	0.2068
	每股现金流量(元)	0.1450	-0.2412	0.0554	0.0595
	每股资本公积金(元)	0.1045	0.1045	0.1047	0.1046
	每股盈余公积金(元)	0.0645	0.0645	0.0613	0.0613
	每股未分配利润(元)	0.5002	0.4624	0.3913	0.3675
	净资产收益率(%)	4.0654	7.8546	3.4588	7.3819
	加权净资产收益率(%)	4.0700	8.1400	3.4900	7.6100
	净资产收益率(扣除)(%)	2.8113	5.5929	3.3654	5.8927
	总资产(万元)	404475.84	366271.99	312559.01	259955.75
	归属母公司股东权益(万元)	126231.22	123493.09	117873.81	116063.97
	营业收入(万元)	115011.55	193832.44	82279.27	174762.08
	营业支出(万元)	94048.73	159083.68	66844.74	142536.92
	投资收益(万元)	154.80	172.07	96.91	30.09
	净利润(万元)	4416.11	9268.93	4077.00	8567.69
	营业利润(万元)	7254.65	10452.53	4261.07	9439.91
	利润总额(万元)	6032.93	11018.31	4359.03	10065.05

深圳市皇庭国际企业股份有限公司

公司概况						
公司名称	深圳市皇庭国际企业股份有限公司				证券简称	皇庭国际
法人代表	郑康豪	董秘	曹剑		证券代码	000056
公司网址	www.china-ia.com			电子信箱	cj000056@21cn.com	
电　话	0755-82281888 82285565			传　真	0755-82285573	
办公地址	广东省深圳市福田区金田路 2028 号皇岗商务中心主楼 6 楼					
经营范围	商品零售、经营房地产、代购、代销、种植、销售林木、进出口业务等					

主要财务指标 指标\报告期	2015.06.30	2014.12.31	2014.06.30	2013.12.31
基本每股收益(元)	0.0298	-1.2600	-0.3657	8.7500
基本每股收益(扣除后)(元)	-0.0100	-1.2100	-0.4300	-0.5560
稀释每股收益(元)	0.0298	-1.2600	-0.3657	8.7500
每股净资产(元)	7.2041	7.1742	9.6869	10.1258
每股经营现金净流量(元)	0.0599	-1.4221	-1.2187	-1.8255
每股现金流量(元)	0.0070	0.0306	0.0284	0.0015
每股资本公积金(元)	0.0917	0.1144	0.3100	0.3100
每股盈余公积金(元)	0.4751	0.5416	0.5701	0.5701
每股未分配利润(元)	5.6373	9.3803	7.8068	8.2457
净资产收益率(%)	0.4143	-17.6186	-4.5307	103.7503
加权净资产收益率(%)	0.4200	-16.1900	-4.3400	214.8200
净资产收益率(扣除)(%)	-0.1815	-16.9240	-4.4389	-5.4880
总资产(万元)	789204.54	787195.95	791669.86	780328.37
归属母公司股东权益(万元)	190966.08	292551.10	213985.81	223680.89
营业收入(万元)	17042.34	9893.87	3735.21	3529.28
营业支出(万元)	4047.28	6246.00	2243.39	2440.91
投资收益(万元)	-	-	-	90.00
净利润(万元)	867.84	-54279.89	-16138.74	387334.12
营业利润(万元)	-1029.53	-50838.57	-15812.32	526281.63
利润总额(万元)	867.84	-52647.79	-16138.74	523685.03

深圳赛格股份有限公司

公司概况						
公司名称	深圳赛格股份有限公司				证券简称	深赛格
法人代表	王立	董秘	郑丹		证券代码	000058
公司网址	www.segcl.com.cn			电子信箱	segcl@segcl.com.cn	
电　话	0755-83747939			传　真	0755-83975237	
办公地址	广东省深圳市福田区华强北路群星广场 A 座 31 层					
经营范围	投资电子电器产品、电子化工、计算机、兴办实业、电子信息系统等					

主要财务指标 指标\报告期	2015.06.30	2014.12.31	2014.06.30	2013.12.31
基本每股收益(元)	0.0445	0.0616	0.0480	0.0692
基本每股收益(扣除后)(元)	0.0442	0.0585	0.0468	0.0623
稀释每股收益(元)	0.0445	0.0616	0.0480	0.0692
每股净资产(元)	1.8296	1.6552	1.6410	1.5931
每股经营现金净流量(元)	-0.1256	-0.5453	-0.1330	-0.1561
每股现金流量(元)	-0.2890	0.0592	0.3743	-0.1498
每股资本公积金(元)	0.6454	0.5157	0.5155	0.5155
每股盈余公积金(元)	0.1311	0.1311	0.1311	0.1311
每股未分配利润(元)	0.0525	0.0080	-0.0057	-0.0536
净资产收益率(%)	2.4310	3.7245	2.9232	4.3463
加权净资产收益率(%)	2.5500	3.8000	2.9700	4.4400
净资产收益率(扣除)(%)	2.4165	3.5351	2.8528	3.9123
总资产(万元)	249594.63	265971.77	248615.66	213494.06
归属母公司股东权益(万元)	143590.40	129897.07	128782.17	125022.44
营业收入(万元)	37455.51	68134.39	31614.14	59735.83
营业支出(万元)	31730.39	56094.45	24834.92	48641.12
投资收益(万元)	545.20	720.49	1173.15	1307.78
净利润(万元)	5206.58	7867.42	3764.58	5433.87
营业利润(万元)	7195.70	10970.21	6934.75	10297.25
利润总额(万元)	7218.72	11176.16	7045.79	10525.27

北方华锦化学工业股份有限公司

公司概况						
公司名称	北方华锦化学工业股份有限公司				证券简称	*ST 华锦
法人代表	李春建	董秘	王维良		证券代码	000059
公司网址	www.huajinchem.com			电子信箱	huajincorp@163.com	
电　话	0427-5855742			传　真	0427-5855742	
办公地址	辽宁省盘锦市双台子区红旗大街					
经营范围	无机化工产品、石油及石油化工产品生产与销售等					

主要财务指标 指标\报告期	2015.06.30	2014.12.31	2014.06.30	2013.12.31
基本每股收益(元)	0.1485	-1.3216	-0.4637	-0.1293
基本每股收益(扣除后)(元)	0.0937	-1.3300	-0.6360	-0.1251
稀释每股收益(元)	0.1485	-1.3216	-0.4637	-0.1293
每股净资产(元)	5.4957	5.3600	5.3466	5.9741
每股经营现金净流量(元)	3.2109	-0.2279	-1.1055	1.5165
每股现金流量(元)	-0.4629	1.0981	0.0385	-1.1447
每股资本公积金(元)	3.9719	4.2323	3.2007	3.2007
每股盈余公积金(元)	0.1419	0.1419	0.1891	0.1891
每股未分配利润(元)	0.3490	0.2005	0.9407	1.5765
净资产收益率(%)	2.7018	-18.5199	-11.8915	-2.1637
加权净资产收益率(%)	2.6200	-24.9000	-11.2100	-0.0200
净资产收益率(扣除)(%)	1.7042	-18.5773	-11.9165	-2.0940
总资产(万元)	3039676.02	3458219.93	2983353.76	2844402.69
归属母公司股东权益(万元)	879008.33	895727.42	641866.77	717199.39
营业收入(万元)	1702948.03	3608203.56	2167361.63	4155791.14
营业支出(万元)	1449070.90	3349237.03	2017426.66	3733014.84
投资收益(万元)	575.34	-	42.48	-
净利润(万元)	27666.04	-158288.49	-71695.48	-16198.65
营业利润(万元)	24760.93	-166145.06	-68795.14	-12233.93
利润总额(万元)	36481.32	-165480.52	-68547.02	-12906.42

深圳市中金岭南有色金属股份有限公司

公司概况						
公司名称	深圳市中金岭南有色金属股份有限公司				证券简称	中金岭南
法人代表	朱伟	董秘	彭玲		证券代码	000060
公司网址	www.nonfemet.com			电子信箱	dsh@nonfemet.com.cn	
电　话	0755-82839363			传　真	0755-83474889	
办公地址	广东省深圳市福田区深南大道 6013 号中国有色大厦 24-26 楼					
经营范围	采选、冶炼、制造、加工有色金属矿产品、冶炼产品、深加工产品及综合利用产品等					

主要财务指标 指标\报告期	2015.06.30	2014.12.31	2014.06.30	2013.12.31
基本每股收益(元)	0.0700	0.2300	0.0800	0.2000
基本每股收益(扣除后)(元)	0.0700	0.1300	0.0700	0.1500
稀释每股收益(元)	0.0700	0.2300	0.0800	0.2000
每股净资产(元)	3.3299	2.9233	2.9910	2.8919
每股经营现金净流量(元)	0.1676	0.4166	0.1186	0.4707
每股现金流量(元)	0.1179	-0.1772	-0.1354	0.0310
每股资本公积金(元)	0.6665	0.1849	0.1858	0.1855
每股盈余公积金(元)	0.3210	0.3443	0.3279	0.3279
每股未分配利润(元)	1.4598	1.5204	1.5124	1.4659
净资产收益率(%)	2.1720	7.7957	2.5580	6.9248
加权净资产收益率(%)	2.3100	7.9000	2.6100	7.1300
净资产收益率(扣除)(%)	2.0634	4.3015	2.3983	5.1390
总资产(万元)	1546197.95	1421578.54	1457131.21	1444966.51
归属母公司股东权益(万元)	736788.32	603069.20	617019.22	596583.63
营业收入(万元)	671465.71	2457411.71	832337.00	2111772.07
营业支出(万元)	602232.13	2307778.39	762397.94	1965393.08
投资收益(万元)	3442.62	5129.84	1521.68	1955.13
净利润(万元)	16670.46	55073.00	15781.56	41312.24
营业利润(万元)	20981.52	27726.04	18039.05	31138.55
利润总额(万元)	21296.19	61260.80	19411.49	47695.93

深圳市农产品股份有限公司

公司概况				
公司名称	深圳市农产品股份有限公司		证券简称	农 产 品
法人代表	陈少群	董秘	刘雄佳	证券代码	000061
公司网址	www.szap.com	电子信箱	ir@szap.com	
电　话	0755-82589021	传　真	0755-82589021	
办公地址	广东省深圳市福田区深南大道 7028 号时代科技大厦 13 楼			
经营范围	开发、建设、经营、管理农产品批发市场等			

主要财务指标 指标\报告期	2015.06.30	2014.12.31	2014.06.30	2013.12.31
基本每股收益(元)	0.0261	0.0497	0.0180	0.0666
基本每股收益(扣除后)(元)	0.0020	-0.0030	0.0113	-
稀释每股收益(元)	0.0261	0.0497	0.0180	0.0666
每股净资产(元)	2.8575	2.8814	2.8364	2.8685
每股经营现金净流量(元)	0.2891	0.4257	0.1955	0.1121
每股现金流量(元)	-0.0977	-0.2526	0.0064	-0.0280
每股资本公积金(元)	1.5378	1.5378	1.4877	1.4877
每股盈余公积金(元)	0.1087	0.1087	0.1055	0.1055
每股未分配利润(元)	0.2112	0.2351	0.2435	0.2755
净资产收益率(%)	0.9145	1.7257	0.6333	2.2863
加权净资产收益率(%)	0.9100	1.7200	0.6300	2.3500
净资产收益率(扣除)(%)	0.0713	-0.1180	0.3976	-0.1546
总资产(万元)	1469859.11	1380515.82	1282789.52	1222338.98
归属母公司股东权益(万元)	484906.85	488957.39	481330.70	486765.74
营业收入(万元)	86697.99	164824.66	84050.38	216863.38
营业支出(万元)	42124.40	88919.63	43193.94	133963.35
投资收益(万元)	2216.04	8403.42	1102.82	11277.36
净利润(万元)	7944.53	13540.07	3048.47	11128.83
营业利润(万元)	7460.75	8582.16	11553.25	21056.62
利润总额(万元)	12934.53	23131.42	13835.59	29129.40

深圳华强实业股份有限公司

公司概况					
公司名称	深圳华强实业股份有限公司			证券简称	深圳华强
法人代表	胡新安	董秘	王瑛	证券代码	000062
公司网址	www.szhq0062.com		电子信箱	wying@szhq.com	
电　话	0755-83216296 83030136		传　真	0755-83217376	
办公地址	广东省深圳市福田区华强北路华强广场 A 座 5 楼				
经营范围	投资兴办各类实业(具体项目需另行申报)、经营国内商业等				

主要财务指标 指标\报告期	2015.06.30	2014.12.31	2014.06.30	2013.12.31
基本每股收益(元)	0.2497	0.7200	0.5260	0.6180
基本每股收益(扣除后)(元)	0.1503	0.6560	0.5230	0.6270
稀释每股收益(元)	0.2497	0.7200	0.5260	0.6180
每股净资产(元)	3.8094	3.4701	3.1475	2.9278
每股经营现金净流量(元)	-0.0441	0.3720	0.3343	1.5687
每股现金流量(元)	0.1349	0.1594	0.0750	-0.4502
每股资本公积金(元)	0.0010	-	0.0013	0.0075
每股盈余公积金(元)	0.3329	0.3329	0.3068	0.3068
每股未分配利润(元)	2.2033	2.0035	1.8394	1.6135
净资产收益率(%)	6.5560	20.6342	16.7070	21.0994
加权净资产收益率(%)	6.8100	22.5600	16.8900	23.6700
净资产收益率(扣除)(%)	3.9457	18.8983	16.6099	21.4297
总资产(万元)	413841.19	404614.00	400389.91	487347.88
归属母公司股东权益(万元)	254065.71	231438.43	209921.70	195272.79
营业收入(万元)	58910.26	266829.23	183223.97	207583.51
营业支出(万元)	30729.38	151906.73	101908.99	93016.11
投资收益(万元)	10033.98	8440.33	-34.31	4579.40
净利润(万元)	16414.26	47145.34	35071.60	41201.42
营业利润(万元)	20673.94	63044.40	44404.29	51020.74
利润总额(万元)	21269.57	63358.44	44514.58	50829.50

中兴通讯股份有限公司

公司概况					
公司名称	中兴通讯股份有限公司			证券简称	中兴通讯
法人代表	侯为贵	董秘	冯健雄	证券代码	000063
公司网址	www.zte.com.cn		电子信箱	fengjianxiong@zte.com.cn	
电　话	0755-26770282		传　真	0755-26770286	
办公地址	广东省深圳市南山区高新技术产业园科技南路中兴通讯大厦				
经营范围	生产程控交换系统、多媒体通讯系统、通讯传输系统、研制等				

主要财务指标 指标\报告期	2015.06.30	2014.12.31	2014.06.30	2013.12.31
基本每股收益(元)	0.4700	0.7700	0.3300	0.3900
基本每股收益(扣除后)(元)	0.2700	0.6000	0.2700	0.0200
稀释每股收益(元)	0.4600	0.7700	0.3300	0.3900
每股净资产(元)	7.7800	7.2400	6.9100	6.5500
每股经营现金净流量(元)	0.4387	0.7309	0.2081	0.7490
每股现金流量(元)	0.0254	-0.8402	-1.1831	-0.7393
每股资本公积金(元)	2.5635	2.5381	2.7482	2.7612
每股盈余公积金(元)	0.5146	0.5146	0.4693	0.4693
每股未分配利润(元)	3.5897	3.1197	2.9271	2.5989
净资产收益率(%)	6.7205	10.5857	4.7505	6.0253
加权净资产收益率(%)	6.2600	11.1000	4.8600	6.1700
净资产收益率(扣除)(%)	3.5093	8.3285	3.9256	0.3240
总资产(万元)	11314358.80	10621419.60	10185287.80	10007949.70
归属母公司股东权益(万元)	3432547.30	2487857.40	2374912.30	2253264.80
营业收入(万元)	4589878.80	8147127.50	3769730.90	7523372.40
营业支出(万元)	3042674.80	5576010.40	2550983.00	5312590.40
投资收益(万元)	36226.80	13447.40	-7637.30	91440.60
净利润(万元)	183218.60	272773.00	112820.60	135765.70
营业利润(万元)	7634.30	6032.80	-21004.90	-149309.40
利润总额(万元)	214238.80	353822.20	164398.60	182784.30

北方国际合作股份有限公司

公司概况					
公司名称	北方国际合作股份有限公司			证券简称	北方国际
法人代表	王粤涛	董秘	杜晓东	证券代码	000065
公司网址	www.norinco-intl.com		电子信箱	bfgj@norinco-intl.com	
电　话	010-83916913 68137579		传　真	010-83528922	
办公地址	北京市石景山区政达路 6 号院北方国际大厦 19-22 层				
经营范围	各类型工业、能源、交通、民用工程建设项目的施工总承包等				

主要财务指标 指标\报告期	2015.06.30	2014.12.31	2014.06.30	2013.12.31
基本每股收益(元)	0.2300	0.7300	0.1600	0.6200
基本每股收益(扣除后)(元)	0.2300	0.7300	0.1600	0.7400
稀释每股收益(元)	0.2300	0.7300	0.1600	0.6200
每股净资产(元)	6.5261	3.7900	3.2500	3.7880
每股经营现金净流量(元)	-1.8234	0.6707	-1.4482	3.5894
每股现金流量(元)	0.5212	0.5624	-1.3340	3.8393
每股资本公积金(元)	3.3327	0.5686	0.5686	0.6823
每股盈余公积金(元)	0.2368	0.2564	0.2170	0.2604
每股未分配利润(元)	1.9567	1.9628	1.4641	1.8453
净资产收益率(%)	3.3366	19.2316	4.9155	19.5158
加权净资产收益率(%)	5.3400	20.8900	4.9500	21.4700
净资产收益率(扣除)(%)	3.3132	19.2306	4.9130	19.4783
总资产(万元)	605140.70	491798.38	420612.78	398252.07
归属母公司股东权益(万元)	179057.45	95984.78	82341.68	79990.52
营业收入(万元)	130843.55	302410.08	134685.81	295825.69
营业支出(万元)	116912.37	267962.48	118045.58	254393.03
投资收益(万元)	69.13	317.10	-17.58	401.35
净利润(万元)	6108.55	22432.27	6187.79	19596.86
营业利润(万元)	7024.94	26109.80	6654.30	26562.17
利润总额(万元)	7073.83	26104.91	6658.19	26605.56

中国长城计算机深圳股份有限公司

公司概况	公司名称	中国长城计算机深圳股份有限公司			证券简称	长城电脑
	法人代表	杨军	董秘	郭镇	证券代码	000066
	公司网址	www.greatwall.cn		电子信箱	stock@greatwall.com.cn	
	电　　话	0755-26634759		传　　真	0755-26631106	
	办公地址	广东省深圳市南山区科技工业园长城计算机大厦				
	经营范围	电子计算机硬件、软件系统及网络系统、电子产品、液晶电视等				

主要财务指标	指标\报告期	2015.06.30	2014.12.31	2014.06.30	2013.12.31
	基本每股收益(元)	-0.0790	0.0440	-0.0640	0.0220
	基本每股收益(扣除后)(元)	-0.1760	-0.1280	-0.0540	-
	稀释每股收益(元)	-0.0790	0.0440	-0.0640	0.0220
	每股净资产(元)	1.8737	1.9264	1.8334	2.0261
	每股经营现金净流量(元)	-0.4511	1.9671	0.2845	0.4874
	每股现金流量(元)	-0.0852	0.3623	0.6877	-0.5011
	每股资本公积金(元)	0.4699	0.5593	0.4728	0.6168
	每股盈余公积金(元)	0.2616	0.2616	0.2614	0.2614
	每股未分配利润(元)	0.4448	0.4627	0.4167	0.4808
	净资产收益率(%)	-4.2332	2.2639	-3.4964	1.0995
	加权净资产收益率(%)	-4.1900	2.1830	-3.3000	1.0460
	净资产收益率(扣除)(%)	-9.4041	-6.6303	-2.9668	-13.3162
	总资产(万元)	3815046.13	4058655.15	4106658.70	3922552.65
	归属母公司股东权益(万元)	248005.91	260218.93	242666.57	268177.81
	营业收入(万元)	3267680.22	7580174.49	3517802.80	7785863.66
	营业支出(万元)	2994376.90	6854757.12	3173405.49	7126875.45
	投资收益(万元)	50744.08	25883.54	-7576.57	2493.85
	净利润(万元)	-40418.05	-4868.73	-8484.49	2948.63
	营业利润(万元)	-42949.75	-42305.67	-56761.45	-189845.70
	利润总额(万元)	-29241.40	18589.20	-43089.88	-43388.94

深圳华控赛格股份有限公司

公司概况	公司名称	深圳华控赛格股份有限公司			证券简称	*ST 华赛
	法人代表	黄俞	董秘	丁勤	证券代码	000068
	公司网址	www.huakongseg.com.cn		电子信箱	sz_hksg@163.com	
	电　　话	0755-28339059　28339057		传　　真	0755-89938787	
	办公地址	广东省深圳市大工业区兰竹东路 23 号				
	经营范围	生产经营彩管玻壳及其材料、玻璃器材、平面显示器件玻璃及其材料等				

主要财务指标	指标\报告期	2015.06.30	2014.12.31	2014.06.30	2013.12.31
	基本每股收益(元)	-0.0220	-0.1208	-0.0319	-0.0415
	基本每股收益(扣除后)(元)	-0.0220	-0.1210	-0.0319	-0.0384
	稀释每股收益(元)	-0.0220	-0.1208	-0.0319	-0.0415
	每股净资产(元)	0.5817	0.0975	0.1865	0.2184
	每股经营现金净流量(元)	-0.0289	0.1234	0.0282	-0.2217
	每股现金流量(元)	0.1756	0.0442	0.0820	-0.0312
	每股资本公积金(元)	1.1864	0.8749	0.8749	0.8749
	每股盈余公积金(元)	0.1567	0.1759	0.1759	0.1759
	每股未分配利润(元)	-1.7614	-1.9532	-1.8643	-1.8324
	净资产收益率(%)	-3.7085	-123.8952	-17.0925	-18.9992
	加权净资产收益率(%)	-4.2500	-76.5000	-15.7500	-17.3500
	净资产收益率(扣除)(%)	-3.7133	-124.0299	-17.0947	-17.5771
	总资产(万元)	63707.64	42073.48	58430.62	59159.84
	归属母公司股东权益(万元)	58553.36	8745.41	16722.29	19580.55
	营业收入(万元)	1699.42	6719.46	2412.24	72175.73
	营业支出(万元)	1372.68	4158.99	2069.50	70528.37
	投资收益(万元)	-235.99	5.22	-	-
	净利润(万元)	-2858.83	-10538.72	-2858.26	-3720.14
	营业利润(万元)	-2877.13	-10618.03	-2920.07	-3433.38
	利润总额(万元)	-2858.83	-10607.89	-2919.67	-3720.14

深圳华侨城股份有限公司

公司概况	公司名称	深圳华侨城股份有限公司			证券简称	华侨城 A
	法人代表	刘平春	董秘	曾辉	证券代码	000069
	公司网址	www.octholding.com		电子信箱	000069ir@chinaoct.com	
	电　　话	0755-26909069		传　　真	0755-26600936	
	办公地址	广东省深圳市南山区华侨城集团办公大楼				
	经营范围	旅游综合、房地产和纸包装业务				

主要财务指标	指标\报告期	2015.06.30	2014.12.31	2014.06.30	2013.12.31
	基本每股收益(元)	0.1945	0.6566	0.2631	0.6062
	基本每股收益(扣除后)(元)	0.1936	0.5862	0.2710	0.5404
	稀释每股收益(元)	0.1945	0.6566	0.2631	0.6062
	每股净资产(元)	3.9809	3.8670	3.4755	3.2816
	每股经营现金净流量(元)	0.0210	-0.3560	-0.8102	0.9899
	每股现金流量(元)	-0.1860	0.6437	0.0713	0.0352
	每股资本公积金(元)	0.0850	0.0962	0.0961	0.0958
	每股盈余公积金(元)	0.2983	0.2983	0.2640	0.2640
	每股未分配利润(元)	2.6046	2.4790	2.1199	1.9256
	净资产收益率(%)	4.8864	16.9797	7.5710	18.4739
	加权净资产收益率(%)	4.9100	18.4000	7.7400	20.1600
	净资产收益率(扣除)(%)	4.8900	15.1585	7.7988	16.4677
	总资产(万元)	9666570.72	9487536.79	8978015.65	8787876.45
	归属母公司股东权益(万元)	2894626.87	2811863.60	2527185.30	2386226.65
	营业收入(万元)	1016133.33	3071819.93	1359660.95	2815638.21
	营业支出(万元)	489090.15	1321958.68	560209.02	1323650.60
	投资收益(万元)	21932.38	43010.84	5065.13	43493.17
	净利润(万元)	160018.56	559083.67	191332.77	440828.79
	营业利润(万元)	217501.34	735019.63	311226.25	648280.46
	利润总额(万元)	218851.74	780691.02	311544.90	690862.38

深圳市特发信息股份有限公司

公司概况	公司名称	深圳市特发信息股份有限公司			证券简称	特发信息
	法人代表	王宝	董秘	张大军	证券代码	000070
	公司网址	www.sdgi.com.cn		电子信箱	zhangdj@sdgi.com.cn	
	电　　话	0755-26506648　26506649		传　　真	0755-26506800	
	办公地址	广东省深圳市南山区高新区中区科丰路 2 号特发信息港大厦 B 栋 18 楼				
	经营范围	光纤、光缆、铝电解电容器的研发、生产、销售以及通信系统集成及技术服务等				

主要财务指标	指标\报告期	2015.06.30	2014.12.31	2014.06.30	2013.12.31
	基本每股收益(元)	0.1404	0.2051	0.0967	0.2283
	基本每股收益(扣除后)(元)	0.1314	0.1786	0.0896	0.1600
	稀释每股收益(元)	0.1404	0.2051	0.0967	0.2283
	每股净资产(元)	4.0580	3.9435	3.8351	3.7684
	每股经营现金净流量(元)	-0.1190	0.5280	0.1355	0.0531
	每股现金流量(元)	-0.4296	0.2537	-0.2416	-0.1632
	每股资本公积金(元)	2.2188	2.2188	2.2188	2.2188
	每股盈余公积金(元)	0.1289	0.1289	0.1163	0.1163
	每股未分配利润(元)	0.7103	0.5959	0.5000	0.4333
	净资产收益率(%)	3.4607	5.2015	2.5216	6.0187
	加权净资产收益率(%)	3.5000	5.3200	2.5300	6.2400
	净资产收益率(扣除)(%)	3.2381	4.5300	2.3361	4.1163
	总资产(万元)	275058.93	260813.71	240030.78	225346.69
	归属母公司股东权益(万元)	109971.00	106869.80	103931.75	102123.95
	营业收入(万元)	114166.59	191325.49	75724.50	157195.03
	营业支出(万元)	95185.98	155448.06	60263.72	127451.89
	投资收益(万元)	55.42	326.94	180.68	1408.76
	净利润(万元)	4684.33	7081.09	2620.79	6146.55
	营业利润(万元)	5276.63	8177.61	3791.69	6708.59
	利润总额(万元)	5535.79	8584.64	3863.56	7195.22

深圳市海王生物工程股份有限公司

公司概况						
	公司名称	深圳市海王生物工程股份有限公司			证券简称	海王生物
	法人代表	张思民	董秘	张全礼	证券代码	000078
	公司网址	www.neptunus.com		电子信箱	sz000078@vip.sina.com	
	电　　话	0755-26980336		传　　真	0755-26968995	
	办公地址	广东省深圳市南山区科技园科技中三路1号海王银河科技大厦24楼				
	经营范围	生产经营生物化学原料、制品、试剂及其他相关制品等				

主要财务指标	指标\报告期	2015.06.30	2014.12.31	2014.06.30	2013.12.31
	基本每股收益(元)	0.0750	0.0325	0.0723	0.1644
	基本每股收益(扣除后)(元)	0.0697	0.0244	0.0679	-
	稀释每股收益(元)	0.0750	0.0325	0.0723	0.1644
	每股净资产(元)	2.2236	1.9652	2.0065	2.0806
	每股经营现金净流量(元)	-0.5668	-0.1606	-0.3342	-0.1682
	每股现金流量(元)	0.1401	-0.3112	-0.2025	0.3770
	每股资本公积金(元)	2.1179	1.9620	1.9625	2.1090
	每股盈余公积金(元)	0.0304	0.0313	0.0313	0.0313
	每股未分配利润(元)	-0.9255	-1.0271	-0.9873	-1.0596
	净资产收益率(%)	3.2950	1.6545	3.6054	7.6883
	加权净资产收益率(%)	3.6800	1.5500	3.4100	8.8300
	净资产收益率(扣除)(%)	3.0631	1.2404	3.3832	-1.5417
	总资产(万元)	1141511.57	963170.65	897704.44	801924.21
	归属母公司股东权益(万元)	167332.45	143794.74	146817.43	152241.11
	营业收入(万元)	539596.74	980235.08	469350.64	799343.40
	营业支出(万元)	466288.58	837173.09	401023.12	678294.22
	投资收益(万元)	35.27	609.33	-147.53	0.43
	净利润(万元)	8605.67	8362.79	5293.43	11704.80
	营业利润(万元)	8212.02	15352.52	11350.00	8874.99
	利润总额(万元)	8879.29	15671.39	11834.98	34833.78

深圳市盐田港股份有限公司

公司概况						
	公司名称	深圳市盐田港股份有限公司			证券简称	盐 田 港
	法人代表	李冰	董秘	冯强	证券代码	000088
	公司网址	www.yantian-port.com		电子信箱	ytg000088@sina.cn	
	电　　话	0755-25290180		传　　真	0755-25290932	
	办公地址	广东省深圳市盐田区盐田港海港大厦十八层-十九层				
	经营范围	码头的开发与经营、货物装卸与运输、港口配套交通设施建设与经营等				

主要财务指标	指标\报告期	2015.06.30	2014.12.31	2014.06.30	2013.12.31
	基本每股收益(元)	0.0803	0.2265	0.1152	0.2000
	基本每股收益(扣除后)(元)	0.0801	0.2066	0.0901	0.2000
	稀释每股收益(元)	0.0803	0.2265	0.1152	0.2000
	每股净资产(元)	2.6682	2.6398	2.5264	2.4442
	每股经营现金净流量(元)	0.0129	0.0607	0.0351	0.0552
	每股现金流量(元)	-0.2057	0.1988	-0.0116	0.0067
	每股资本公积金(元)	0.3660	0.3660	0.2652	0.2652
	每股盈余公积金(元)	0.4394	0.4394	0.4141	0.4141
	每股未分配利润(元)	0.9615	0.9331	0.8471	0.7650
	净资产收益率(%)	3.0108	8.5817	4.5590	8.1832
	加权净资产收益率(%)	3.0100	8.9200	4.6200	8.3900
	净资产收益率(扣除)(%)	3.0029	7.8250	3.5659	8.1847
	总资产(万元)	732046.09	682595.41	586969.79	558708.47
	归属母公司股东权益(万元)	518210.85	512707.75	490670.24	474709.94
	营业收入(万元)	12082.18	30085.08	13813.79	30769.55
	营业支出(万元)	5802.95	13291.89	5960.22	12640.07
	投资收益(万元)	15445.37	34610.26	15971.57	33437.39
	净利润(万元)	16712.15	47345.93	22369.55	38846.45
	营业利润(万元)	17845.02	46364.39	21398.00	46602.75
	利润总额(万元)	17940.53	52987.91	28035.66	46613.95

深圳市机场股份有限公司

公司概况						
	公司名称	深圳市机场股份有限公司			证券简称	深圳机场
	法人代表	汪洋	董秘	孙郑岭	证券代码	000089
	公司网址	www.szairport.com		电子信箱	szjc@szairport.cn	
	电　　话	0755-23456331		传　　真	0755-23456327	
	办公地址	广东省深圳市宝安国际机场信息大楼				
	经营范围	航空客货地面运输及过港保障与服务等				

主要财务指标	指标\报告期	2015.06.30	2014.12.31	2014.06.30	2013.12.31
	基本每股收益(元)	0.1230	0.1584	0.0744	0.2971
	基本每股收益(扣除后)(元)	0.1187	0.1416	0.0740	0.2962
	稀释每股收益(元)	0.1173	0.1584	0.0744	0.2511
	每股净资产(元)	4.8378	4.6718	4.6481	4.6055
	每股经营现金净流量(元)	0.2890	0.5337	0.2853	0.5482
	每股现金流量(元)	0.0121	-0.0095	0.0526	-0.1459
	每股资本公积金(元)	1.3667	0.5334	0.7747	0.7767
	每股盈余公积金(元)	0.3415	0.4140	0.4038	0.4038
	每股未分配利润(元)	2.1297	2.4835	2.4696	2.4250
	净资产收益率(%)	2.1817	3.3908	1.6016	6.4467
	加权净资产收益率(%)	2.5900	3.4400	1.6100	6.6500
	净资产收益率(扣除)(%)	2.1050	3.0318	1.5920	6.4262
	总资产(万元)	1257051.32	1269755.50	1254326.42	1186131.97
	归属母公司股东权益(万元)	992124.99	790363.57	786363.13	779156.72
	营业收入(万元)	147671.46	297330.42	141288.82	254643.22
	营业支出(万元)	106623.46	235427.96	107947.13	167972.38
	投资收益(万元)	-19.41	570.61	184.68	-3201.36
	净利润(万元)	22135.75	27619.89	12594.24	50229.61
	营业利润(万元)	29514.06	34493.00	19620.39	68975.88
	利润总额(万元)	29570.30	35217.32	19721.32	69172.09

深圳市天健(集团)股份有限公司

公司概况						
	公司名称	深圳市天健(集团)股份有限公司			证券简称	天健集团
	法人代表	辛杰	董秘	高建柏	证券代码	000090
	公司网址	www.tagen.cn		电子信箱	luweihong@tagen.cn	
	电　　话	0755-82990659　82992565		传　　真	0755-83990006	
	办公地址	广东省深圳市福田区滨河大道5020号证券大厦20、21、23、24层				
	经营范围	提供商品住宅的开发及销售、工程施工劳务、物业租赁服务				

主要财务指标	指标\报告期	2015.06.30	2014.12.31	2014.06.30	2013.12.31
	基本每股收益(元)	0.3995	0.7628	0.0621	0.6849
	基本每股收益(扣除后)(元)	0.3860	0.5625	0.0598	0.6751
	稀释每股收益(元)	0.3995	0.7628	0.0621	0.6849
	每股净资产(元)	7.2041	6.6724	5.9133	6.0830
	每股经营现金净流量(元)	-0.6556	0.6357	-0.7550	1.0004
	每股现金流量(元)	-0.4777	0.5282	-0.5065	1.2732
	每股资本公积金(元)	1.3595	1.3595	2.4925	2.5183
	每股盈余公积金(元)	0.8616	0.8616	0.8284	0.8284
	每股未分配利润(元)	2.4172	2.2477	1.5802	1.7242
	净资产收益率(%)	5.5460	11.4324	1.0497	11.2594
	加权净资产收益率(%)	5.7500	11.8700	1.0100	10.7600
	净资产收益率(扣除)(%)	5.3525	8.4308	1.0114	11.0979
	总资产(万元)	1093174.77	1102729.46	1067612.84	979152.33
	归属母公司股东权益(万元)	398048.54	368668.22	326729.20	336106.08
	营业收入(万元)	273820.24	529872.34	177704.28	451391.44
	营业支出(万元)	215220.35	423257.89	147517.76	343671.32
	投资收益(万元)	141.93	15162.39	759.67	1436.95
	净利润(万元)	22076.65	42150.29	3429.64	37843.49
	营业利润(万元)	27553.99	56135.26	5467.61	46441.68
	利润总额(万元)	28551.07	56402.89	5550.11	46932.08

深圳市广聚能源股份有限公司

公司概况	公司名称	深圳市广聚能源股份有限公司			证券简称	广聚能源
	法人代表	张桂泉	董秘	嵇元弘	证券代码	000096
	公司网址	www.gj000096.com		电子信箱	gjnygf@126.com	
	电　　话	0755-86000096		传　　真	0755-86331111	
	办公地址	广东省深圳市南山区海德三道天利中央商务广场 22 楼				
	经营范围	油品、液化石油气销售及电力投资等				

	指标＼报告期	2015.06.30	2014.12.31	2014.06.30	2013.12.31
主要财务指标	基本每股收益(元)	0.3500	0.0800	0.1300	0.1300
	基本每股收益(扣除后)(元)	0.1200	0.0300	0.0900	–
	稀释每股收益(元)	0.3500	0.0800	0.1300	0.1300
	每股净资产(元)	3.8591	3.5410	3.5931	3.5092
	每股经营现金净流量(元)	0.1576	0.0431	–0.0778	0.0706
	每股现金流量(元)	0.4945	0.2123	0.0180	0.3042
	每股资本公积金(元)	0.6650	0.6821	0.6821	0.7105
	每股盈余公积金(元)	0.6389	0.6389	0.6035	0.6035
	每股未分配利润(元)	1.5663	1.2315	1.3191	1.2074
	净资产收益率(%)	9.1950	2.2469	3.6673	3.6313
	加权净资产收益率(%)	9.5800	2.2700	3.7100	3.6800
	净资产收益率(扣除)(%)	3.1648	0.9270	2.5181	3.0945
	总资产(万元)	234573.16	203306.06	205443.39	204836.32
	归属母公司股东权益(万元)	203758.38	186965.51	189717.75	185283.17
	营业收入(万元)	53228.19	100788.20	47725.68	86828.41
	营业支出(万元)	46395.70	90206.88	42798.21	79571.63
	投资收益(万元)	20955.09	2110.92	5582.11	8184.82
	净利润(万元)	18821.17	4360.41	6957.46	6728.13
	营业利润(万元)	24357.70	5531.27	7538.89	7991.07
	利润总额(万元)	24352.65	5525.17	7543.51	7653.70

中信海洋直升机股份有限公司

公司概况	公司名称	中信海洋直升机股份有限公司			证券简称	中信海直
	法人代表	毕为	董秘	徐树田	证券代码	000099
	公司网址	www.cohc.citic		电子信箱	xushutian@cohc.citic	
	电　　话	0755-26723146　26971630		传　　真	0755-26723146	
	办公地址	广东省深圳市南山区南海大道 21 号深圳直升机场				
	经营范围	陆上石油服务、海上石油服务、人工降水、医疗救护、航空探矿等				

	指标＼报告期	2015.06.30	2014.12.31	2014.06.30	2013.12.31
主要财务指标	基本每股收益(元)	0.1365	0.3495	0.1473	0.3529
	基本每股收益(扣除后)(元)	0.1360	0.3451	0.1469	0.3252
	稀释每股收益(元)	0.1365	0.3495	0.1473	0.3466
	每股净资产(元)	4.5059	4.4444	4.3481	4.2739
	每股经营现金净流量(元)	–0.1933	0.4388	0.0477	0.5347
	每股现金流量(元)	–0.3988	0.1807	–0.0472	–1.1309
	每股资本公积金(元)	1.7049	1.7049	1.5006	1.4955
	每股盈余公积金(元)	0.3284	0.3284	0.3331	0.3171
	每股未分配利润(元)	1.4811	1.4196	1.5145	1.2681
	净资产收益率(%)	3.0287	7.5112	3.3850	7.9179
	加权净资产收益率(%)	3.0300	8.1500	3.4000	8.8600
	净资产收益率(扣除)(%)	3.0179	7.4173	3.3767	6.9402
	总资产(万元)	452754.34	445443.76	390079.63	387788.79
	归属母公司股东权益(万元)	273086.38	269360.84	247371.76	234196.23
	营业收入(万元)	56423.14	133910.75	58698.62	118719.34
	营业支出(万元)	38727.26	94907.02	39410.90	87733.02
	投资收益(万元)	–	323.15	–	1505.26
	净利润(万元)	8431.15	20574.41	8501.16	18457.29
	营业利润(万元)	10662.32	23787.68	10976.57	19959.63
	利润总额(万元)	11231.52	27707.81	11514.48	25527.30

TCL 集团股份有限公司

公司概况	公司名称	TCL 集团股份有限公司			证券简称	TCL 集团
	法人代表	李东生	董秘	廖骞	证券代码	000100
	公司网址	www.tcl.com		电子信箱	ir@tcl.com	
	电　　话	0755-33968898　33313811		传　　真	0755-33313819	
	办公地址	广东省惠州市仲恺高新区惠风三路 17 号 TCL 科技大厦				
	经营范围	研究、开发、生产、销售电子产品及通讯设备、新型光电、液晶显示器件等				

	指标＼报告期	2015.06.30	2014.12.31	2014.06.30	2013.12.31
主要财务指标	基本每股收益(元)	0.1436	0.3480	0.1667	0.2484
	基本每股收益(扣除后)(元)	0.1069	0.1993	0.0620	0.1071
	稀释每股收益(元)	0.1436	0.3475	0.1665	0.2481
	每股净资产(元)	2.0035	1.9248	1.7881	1.6607
	每股经营现金净流量(元)	0.3812	0.5726	0.3266	0.6074
	每股现金流量(元)	0.3158	0.1212	–0.0726	–0.0615
	每股资本公积金(元)	0.4317	0.2700	0.3221	0.2433
	每股盈余公积金(元)	0.0723	0.0935	0.0798	0.0884
	每股未分配利润(元)	0.4851	0.5591	0.3920	0.3216
	净资产收益率(%)	6.6202	17.4956	8.7194	14.8858
	加权净资产收益率(%)	6.7000	18.2100	9.0000	15.8400
	净资产收益率(扣除)(%)	4.9300	10.0212	3.2420	6.4155
	总资产(万元)	11230919.90	9287688.64	8419846.60	7808063.70
	归属母公司股东权益(万元)	2449162.80	1819434.87	1690195.50	1416831.60
	营业收入(万元)	4668383.40	10102867.50	4379287.30	8532408.60
	营业支出(万元)	3830756.30	8328109.80	3609284.70	7035881.20
	投资收益(万元)	62482.20	77349.50	28867.70	32624.40
	净利润(万元)	208895.30	423272.70	147374.50	210906.70
	营业利润(万元)	134387.20	211324.90	89351.20	127518.00
	利润总额(万元)	237313.50	505902.10	230208.80	362846.30

宜华健康医疗股份有限公司

公司概况	公司名称	宜华健康医疗股份有限公司			证券简称	宜华健康
	法人代表	刘绍生	董秘	邱海涛	证券代码	000150
	公司网址	www.yihuarealestate.com		电子信箱	securities.yre@yihua.com	
	电　　话	0754-85899788		传　　真	0754-85890788	
	办公地址	广东省汕头市澄海区文冠路口右侧宜都花园				
	经营范围	房地产开发与销售等				

	指标＼报告期	2015.06.30	2014.12.31	2014.06.30	2013.12.31
主要财务指标	基本每股收益(元)	0.0025	0.0900	0.0213	0.2800
	基本每股收益(扣除后)(元)	0.0015	0.0800	–0.0094	0.2900
	稀释每股收益(元)	0.0025	0.0900	0.0213	0.2800
	每股净资产(元)	3.6575	2.5505	2.4797	2.4584
	每股经营现金净流量(元)	0.5286	–0.3818	–0.0187	–2.4658
	每股现金流量(元)	–0.0417	–0.3097	–0.3233	0.2984
	每股资本公积金(元)	2.2087	0.9337	0.9337	0.9337
	每股盈余公积金(元)	0.0392	0.0541	0.0541	0.0541
	每股未分配利润(元)	0.4096	0.5626	0.4919	0.4706
	净资产收益率(%)	0.0691	3.6089	0.8584	11.5378
	加权净资产收益率(%)	0.0700	3.6800	0.8300	12.2400
	净资产收益率(扣除)(%)	0.0404	3.2553	–0.3801	11.7343
	总资产(万元)	387027.30	252772.29	268474.46	271615.09
	归属母公司股东权益(万元)	163784.29	82635.14	80342.58	79652.88
	营业收入(万元)	42164.10	15767.29	7954.10	72926.01
	营业支出(万元)	31393.07	12023.10	5557.44	48701.53
	投资收益(万元)	–	6492.48	1296.55	1282.10
	净利润(万元)	211.61	2982.26	689.70	9190.15
	营业利润(万元)	422.43	2794.25	923.77	12625.60
	利润总额(万元)	485.01	3158.60	940.49	12352.19

中成进出口股份有限公司

公司概况	公司名称	中成进出口股份有限公司		证券简称	中成股份
	法人代表	刘学义	董秘 张朋	证券代码	000151
	公司网址	www.complant-ltd.com.cn		电子信箱	complant@complant-ltd.com
	电　话	010-84759518		传　真	010-64218032
	办公地址	北京市东城区安定门西滨河路9号			
	经营范围	成套设备及技术进出口业务和境外投资经营业务			

主要财务指标 指标\报告期	2015.06.30	2014.12.31	2014.06.30	2013.12.31
基本每股收益(元)	0.2382	0.3831	0.2853	0.3150
基本每股收益(扣除后)(元)	0.2382	0.3761	0.2849	0.3140
稀释每股收益(元)	0.2382	0.3831	0.2853	0.3150
每股净资产(元)	3.1894	3.3642	3.2767	3.2831
每股经营现金净流量(元)	-0.8030	2.5960	2.2963	2.4668
每股现金流量(元)	-1.2023	2.2851	2.0373	2.4403
每股资本公积金(元)	1.4934	1.4934	1.4934	1.4934
每股盈余公积金(元)	0.3902	0.3902	0.3452	0.3452
每股未分配利润(元)	0.3161	0.4851	0.4324	0.4399
净资产收益率(%)	7.4684	11.3861	8.7074	9.5820
加权净资产收益率(%)	7.2000	11.5300	8.7000	9.9500
净资产收益率(扣除)(%)	7.4684	11.1786	8.6957	9.5694
总资产(万元)	277933.50	291963.84	316899.93	248991.19
归属母公司股东权益(万元)	94400.62	99574.33	96983.16	97174.37
营业收入(万元)	52292.56	253795.93	91123.37	155511.73
营业支出(万元)	40183.44	222489.12	77044.69	130418.05
投资收益(万元)	-	314.18	19.18	63.89
净利润(万元)	7040.91	11269.37	8444.70	9311.30
营业利润(万元)	9082.69	17323.79	11505.66	15043.71
利润总额(万元)	9082.69	17599.40	11520.83	15045.08

安徽丰原药业股份有限公司

公司概况	公司名称	安徽丰原药业股份有限公司		证券简称	丰原药业
	法人代表	徐桦木	董秘 张军	证券代码	000153
	公司网址	www.bbcayy.com		电子信箱	xlyyzj@163.com
	电　话	0551-4846153 4846018		传　真	0551-4846000
	办公地址	安徽省合肥市包河工业区纬四路16号			
	经营范围	生物药、中药、化学合成药及其制剂等方面的研究、开发、生产和销售			

主要财务指标 指标\报告期	2015.06.30	2014.12.31	2014.06.30	2013.12.31
基本每股收益(元)	0.0597	0.1313	0.0600	0.0914
基本每股收益(扣除后)(元)	0.0436	0.1043	0.0455	0.0574
稀释每股收益(元)	0.0597	0.1313	0.0600	0.0914
每股净资产(元)	3.6661	3.5639	3.2856	3.2473
每股经营现金净流量(元)	0.0633	0.0337	0.0931	-0.2253
每股现金流量(元)	-0.1128	-0.4518	-0.1461	0.7791
每股资本公积金(元)	1.5731	1.5731	1.5731	1.5949
每股盈余公积金(元)	0.0866	0.0866	0.0866	0.0866
每股未分配利润(元)	0.7568	0.6971	0.6258	0.5658
净资产收益率(%)	1.6294	3.6800	1.8274	2.6980
加权净资产收益率(%)	1.2100	3.7500	1.8400	2.9000
净资产收益率(扣除)(%)	1.1896	2.9300	1.3860	1.6946
总资产(万元)	222951.40	223753.28	210418.46	198102.26
归属母公司股东权益(万元)	114434.32	111244.21	102556.31	101360.41
营业收入(万元)	77932.07	169894.54	84604.43	152989.81
营业支出(万元)	57271.55	124872.00	63951.34	113125.59
投资收益(万元)	109.94	1096.71	-	367.69
净利润(万元)	1855.76	4111.67	1874.07	2734.66
营业利润(万元)	1886.78	4591.10	2119.33	2852.81
利润总额(万元)	2502.38	5639.35	2732.61	4114.91

川化股份有限公司

公司概况	公司名称	川化股份有限公司		证券简称	*ST川化
	法人代表	杨跃	董秘 甄佳	证券代码	000155
	公司网址	www.scwltd.com		电子信箱	scc@scwltd.com
	电　话	028-80583839 89301891		传　真	028-89301890
	办公地址	四川省成都市青白江区大弯镇团结路311号			
	经营范围	肥料制造、基础化学原料的制造销售等			

主要财务指标 指标\报告期	2015.06.30	2014.12.31	2014.06.30	2013.12.31
基本每股收益(元)	-0.2400	-3.3300	-0.5100	-1.3500
基本每股收益(扣除后)(元)	-0.2600	-3.3300	-0.4900	-
稀释每股收益(元)	-0.2400	-3.3300	-0.5100	-1.3500
每股净资产(元)	-1.9841	-1.7485	1.0606	1.5600
每股经营现金净流量(元)	0.0340	-0.1269	0.1274	-0.2505
每股现金流量(元)	-0.0381	-0.2939	-0.1563	-0.0854
每股资本公积金(元)	1.7240	1.7240	1.7240	1.7240
每股盈余公积金(元)	0.4200	0.4200	0.4200	0.4200
每股未分配利润(元)	-5.3716	-5.1328	-2.1728	-1.6655
净资产收益率(%)	12.0386	-190.6622	-47.8273	-86.3764
加权净资产收益率(%)	-12.7900	-2378.7900	-38.7100	-60.4700
净资产收益率(扣除)(%)	12.9707	-191.8171	-46.0281	-87.7952
总资产(万元)	125314.41	134994.87	274717.73	293344.93
归属母公司股东权益(万元)	-93253.55	-82177.77	49849.98	73320.51
营业收入(万元)	14964.04	84214.71	66972.43	181091.99
营业支出(万元)	13885.15	83933.61	66559.54	170188.10
投资收益(万元)	-	11.74	72.09	-139.54
净利润(万元)	-11991.22	-164678.23	-23841.90	-63331.61
营业利润(万元)	-13510.02	-158951.30	-28555.99	-66658.94
利润总额(万元)	-11958.87	-157419.98	-29035.33	-65215.15

华数传媒控股股份有限公司

公司概况	公司名称	华数传媒控股股份有限公司		证券简称	华数传媒
	法人代表	励怡青	董秘 王颖轶	证券代码	000156
	公司网址	www.wasu.com		电子信箱	000156@wasu.com
	电　话	0571-28327789		传　真	0571-28327791
	办公地址	浙江省杭州市西湖区莲花街莲花商务中心A座8楼			
	经营范围	杭州地区有线电视网络及全国范围内新媒体业务			

主要财务指标 指标\报告期	2015.06.30	2014.12.31	2014.06.30	2013.12.31
基本每股收益(元)	0.2020	0.3300	0.1460	0.2300
基本每股收益(扣除后)(元)	0.1990	0.3300	0.1390	0.2200
稀释每股收益(元)	0.2020	0.3300	0.1460	0.2200
每股净资产(元)	6.2474	1.9163	1.7271	1.5816
每股经营现金净流量(元)	0.1707	2.4829	0.7615	1.6105
每股现金流量(元)	3.9182	0.1055	-0.5432	0.7307
每股资本公积金(元)	4.0225	1.2839	1.2839	1.2839
每股盈余公积金(元)	0.0347	0.0986	0.0495	0.0495
每股未分配利润(元)	0.7503	1.6721	1.3210	1.0131
净资产收益率(%)	2.8006	17.4651	8.4260	14.0009
加权净资产收益率(%)	5.5800	19.1400	8.8000	24.8900
净资产收益率(扣除)(%)	2.7600	17.2702	8.0682	13.1797
总资产(万元)	1213175.19	555817.73	510261.55	508453.25
归属母公司股东权益(万元)	895473.34	219735.06	198045.44	181358.19
营业收入(万元)	127224.89	241161.61	114511.57	180118.48
营业支出(万元)	69206.95	139536.45	65192.17	100596.49
投资收益(万元)	-0.95	384.35	-81.73	-268.44
净利润(万元)	24979.77	38386.82	16687.25	25391.70
营业利润(万元)	23156.13	33721.00	19781.82	19112.55
利润总额(万元)	25642.12	38688.36	22732.40	25629.87

中联重科股份有限公司

公司概况

公司名称	中联重科股份有限公司			证券简称	中联重科
法人代表	詹纯新	董秘	申柯	证券代码	000157
公司网址	www.zoomlion.com		电子信箱	157@zoomlion.com	
电　　话	0731-85650157		传　　真	0731-85651157	
办公地址	湖南省长沙市银盆南路 361 号				
经营范围	开发、生产、销售工程机械、环卫机械、汽车起重机及其专用底盘等				

主要财务指标

指标\报告期	2015.06.30	2014.12.31	2014.06.30	2013.12.31
基本每股收益(元)	-0.0400	0.0800	0.1200	0.5000
基本每股收益(扣除后)(元)	-0.0500	0.0400	0.1100	0.4800
稀释每股收益(元)	-0.0400	0.0800	0.1200	0.5000
每股净资产(元)	5.2081	5.2986	5.3715	5.4009
每股经营现金净流量(元)	-0.5425	-0.9979	-0.5976	0.0956
每股现金流量(元)	-0.0534	-0.2821	-0.0974	-0.4447
每股资本公积金(元)	1.7068	1.7067	1.7090	1.7090
每股盈余公积金(元)	0.3771	0.3771	0.3765	0.3765
每股未分配利润(元)	2.1653	2.2555	2.2958	2.3290
净资产收益率(%)	-0.7720	1.4550	2.1744	9.2241
加权净资产收益率(%)	-0.7800	1.4300	2.1400	9.2100
净资产收益率(扣除)(%)	-0.9941	0.7795	1.9957	8.9282
总资产(万元)	10078848.87	9375795.58	9211999.43	8953715.77
归属母公司股东权益(万元)	4013324.18	4083079.33	4139276.21	4161908.73
营业收入(万元)	1057135.00	2585119.51	1398878.79	3854177.53
营业支出(万元)	804226.22	1864159.55	993742.05	2730008.98
投资收益(万元)	4951.25	1084.03	1337.08	4104.87
净利润(万元)	-33487.67	62787.48	90005.82	383897.28
营业利润(万元)	-41001.72	66292.18	115129.18	453423.65
利润总额(万元)	-31499.61	86313.89	111857.95	452191.08

石家庄常山纺织股份有限公司

公司概况

公司名称	石家庄常山纺织股份有限公司			证券简称	常山股份
法人代表	汤彰明	董秘	池俊平	证券代码	000158
公司网址	www.changshantex.com		电子信箱	chijunp52@sohu.com	
电　　话	0311-86673856		传　　真	0311-86673929	
办公地址	河北省石家庄市和平东路 183 号				
经营范围	天然纤维和人造纤维的纺织产品、针织品、服装加工等				

主要财务指标

指标\报告期	2015.06.30	2014.12.31	2014.06.30	2013.12.31
基本每股收益(元)	-0.0387	0.0338	-0.0688	0.0244
基本每股收益(扣除后)(元)	-0.0327	-0.3500	-0.1500	-0.1570
稀释每股收益(元)	-0.0387	0.0338	-0.0688	0.0244
每股净资产(元)	3.9773	3.4407	3.3284	3.3970
每股经营现金净流量(元)	0.0848	0.1661	-0.1039	-0.0766
每股现金流量(元)	0.1182	-0.1851	-0.2489	-0.5811
每股资本公积金(元)	2.4485	1.5457	1.5533	1.5457
每股盈余公积金(元)	0.1625	0.2623	0.2572	0.2572
每股未分配利润(元)	0.3525	0.6154	0.5178	0.5866
净资产收益率(%)	-0.7265	0.9819	-2.0658	0.7193
加权净资产收益率(%)	-1.0500	0.9900	-2.0400	0.7200
净资产收益率(扣除)(%)	-0.6141	-10.1212	-4.6429	-4.6349
总资产(万元)	875708.13	555316.34	559112.85	577323.92
归属母公司股东权益(万元)	461329.02	247335.26	239263.83	244196.85
营业收入(万元)	456354.49	656851.94	221362.54	585739.53
营业支出(万元)	440757.29	649000.70	218394.11	565424.16
投资收益(万元)	175.67	224.00	224.00	513.25
净利润(万元)	-3360.64	2426.38	-4943.59	1754.26
营业利润(万元)	-3798.71	-32472.63	-15598.12	-24471.42
利润总额(万元)	-2346.51	2202.01	-4798.56	2157.52

新疆国际实业股份有限公司

公司概况

公司名称	新疆国际实业股份有限公司			证券简称	国际实业
法人代表	丁治平	董秘	李润起	证券代码	000159
公司网址	www.xjgjsy.com		电子信箱	zqb@xjgjsy.com	
电　　话	0991-5854232		传　　真	0991-2861579	
办公地址	新疆维吾尔自治区乌鲁木齐市北京南路 358 号大成国际大厦 9 楼				
经营范围	焦炭、煤炭及深加工产品的生产与销售等				

主要财务指标

指标\报告期	2015.06.30	2014.12.31	2014.06.30	2013.12.31
基本每股收益(元)	0.1046	0.2682	0.0146	0.0739
基本每股收益(扣除后)(元)	-0.0951	-0.1282	-0.0441	-
稀释每股收益(元)	0.1046	0.2682	0.0146	0.0739
每股净资产(元)	4.5131	4.5005	4.3060	4.2848
每股经营现金净流量(元)	-0.2091	0.3141	0.0962	0.1131
每股现金流量(元)	0.1778	-0.4352	-0.2991	0.3707
每股资本公积金(元)	0.7779	0.8105	0.8101	0.7706
每股盈余公积金(元)	0.2692	0.2692	0.2692	0.2692
每股未分配利润(元)	2.5404	2.4658	2.2423	2.2577
净资产收益率(%)	2.3178	5.9587	0.3401	1.7236
加权净资产收益率(%)	2.3200	6.0800	0.3400	1.7200
净资产收益率(扣除)(%)	-2.1062	-2.8476	-1.0250	2.0896
总资产(万元)	307059.04	296825.85	302493.90	298299.77
归属母公司股东权益(万元)	217141.99	216535.79	207178.71	206159.36
营业收入(万元)	30738.25	117660.28	44930.07	106847.86
营业支出(万元)	26667.60	104818.49	41165.74	82793.56
投资收益(万元)	6941.13	5805.63	3800.35	9693.01
净利润(万元)	5443.84	13257.88	704.52	3553.29
营业利润(万元)	8566.04	19428.17	913.51	5410.65
利润总额(万元)	8081.53	19746.22	994.40	6063.34

申万宏源集团股份有限公司

公司概况

公司名称	申万宏源集团股份有限公司			证券简称	申万宏源
法人代表	陈亮	董秘	阳昌云	证券代码	000166
公司网址	www.sywg.com		电子信箱	swhy@swhygh.com	
电　　话	0991-2301870		传　　真	0991-2301779	
办公地址	新疆维吾尔自治区乌鲁木齐市文艺路 233 号宏源大厦				
经营范围	投资管理，实业投资，股权投资，投资咨询				

主要财务指标

指标\报告期	2015.06.30	2014.12.31	2014.06.30	2013.12.31
基本每股收益(元)	0.5000	0.5100	0.1400	0.2800
基本每股收益(扣除后)(元)	0.5000	0.4900	-	0.2800
稀释每股收益(元)	0.5000	0.5100	0.1400	0.2800
每股净资产(元)	3.1091	2.7300	-	2.2400
每股经营现金净流量(元)	0.6788	0.6492	-	0.3727
每股现金流量(元)	9.5969	5.1715	-	-0.3972
每股资本公积金(元)	0.2998	0.8930	-	0.9863
每股盈余公积金(元)	0.1710	0.3782	-	0.2377
每股未分配利润(元)	1.2098	1.5848	-	1.0055
净资产收益率(%)	15.9255	15.9237	-	9.2164
加权净资产收益率(%)	17.3800	17.2000	6.5600	10.5600
净资产收益率(扣除)(%)	15.9113	15.4005	-	5.2474
总资产(万元)	43512768.00	20231155.78	-	7245236.21
归属母公司股东权益(万元)	4619045.42	3168907.23	-	1844488.65
营业收入(万元)	1705345.40	865679.69	529006.22	599625.23
营业支出(万元)	696885.83	429714.42	286339.35	349323.28
投资收益(万元)	350081.93	109338.75	83512.45	51172.83
净利润(万元)	751547.36	350443.42	191965.99	192882.03
营业利润(万元)	1008459.57	435965.26	242666.87	250301.95
利润总额(万元)	1008943.98	439990.63	244214.11	255510.73

江苏吴江中国东方丝绸市场股份有限公司

公司概况					
公司名称	江苏吴江中国东方丝绸市场股份有限公司			证券简称	东方市场
法人代表	计高雄	董秘	汪钟颖	证券代码	000301
公司网址	www.cesm.com.cn			电子信箱	wangzy.2006@yahoo.com.cn
电　话	0512-63573480 63527635			传　真	0512-63552272
办公地址	江苏省吴江市盛泽镇市场路丝绸股份大厦				
经营范围	房地产开发、营业房出租、热电、石油、天然气等				

主要财务指标

指标\报告期	2015.06.30	2014.12.31	2014.06.30	2013.12.31
基本每股收益(元)	0.0738	0.1800	0.0835	0.2700
基本每股收益(扣除后)(元)	0.0741	0.1500	0.0714	0.1500
稀释每股收益(元)	0.0738	0.1800	0.0835	0.2700
每股净资产(元)	2.6382	2.5644	2.5058	2.4296
每股经营现金净流量(元)	0.0287	-0.1026	-0.2781	0.1326
每股现金流量(元)	-0.0074	-0.0848	-0.0088	0.0261
每股资本公积金(元)	0.5225	0.5225	0.5153	0.5225
每股盈余公积金(元)	0.1861	0.1861	0.1656	0.1656
每股未分配利润(元)	0.9295	0.8557	0.8249	0.7414
净资产收益率(%)	2.7969	7.2072	3.3308	11.1520
加权净资产收益率(%)	2.8400	7.0000	3.3800	11.6800
净资产收益率(扣除)(%)	2.8078	5.8145	2.8504	6.2196
总资产(万元)	411941.54	398689.76	398362.54	366670.73
归属母公司股东权益(万元)	321395.67	312406.55	305267.10	295981.87
营业收入(万元)	32515.71	78548.06	37324.53	102700.10
营业支出(万元)	17918.66	41651.67	21101.43	60688.29
投资收益(万元)	559.43	1825.72	968.35	1009.76
净利润(万元)	9004.70	22474.15	10167.88	33007.89
营业利润(万元)	12869.09	30034.95	13919.20	29530.44
利润总额(万元)	12449.77	31042.84	13838.70	44694.07

美的集团股份有限公司

公司概况					
公司名称	美的集团股份有限公司			证券简称	美的集团
法人代表	方洪波	董秘	江鹏	证券代码	000333
公司网址	www.midea.com.cn			电子信箱	IR@midea.com
电　话	0757-26605456 26334559			传　真	0757-26651991
办公地址	广东省佛山市顺德区北滘镇美的大道6号美的总部大楼B区26-28楼				
经营范围	生产经营家用电器,电机及零部件等				

主要财务指标

指标\报告期	2015.06.30	2014.12.31	2014.06.30	2013.12.31
基本每股收益(元)	1.9700	2.4900	1.5700	4.3300
基本每股收益(扣除后)(元)	1.7600	2.2500	1.5800	3.1800
稀释每股收益(元)	1.9600	2.4900	1.5700	4.3300
每股净资产(元)	10.7600	9.3625	8.4747	19.4787
每股经营现金净流量(元)	2.0549	5.8799	3.1243	5.9622
每股现金流量(元)	0.0548	-2.7258	-1.0756	2.5024
每股资本公积金(元)	3.5691	3.0895	3.0269	9.2632
每股盈余公积金(元)	0.2773	0.2822	0.1351	0.3377
每股未分配利润(元)	6.0330	5.1744	4.3983	9.0760
净资产收益率(%)	18.0352	26.6078	18.5000	16.1884
加权净资产收益率(%)	19.6200	29.4900	18.9700	24.8700
净资产收益率(扣除)(%)	16.1046	24.0100	18.6625	11.8834
总资产(万元)	14178268.71	12029208.82	11808955.78	9694602.48
归属母公司股东权益(万元)	4615474.15	3947049.98	3572751.08	3284743.10
营业收入(万元)	8250914.38	14166817.52	7733085.18	12097500.31
营业支出(万元)	5987890.57	10566968.65	5734328.33	9281806.31
投资收益(万元)	118120.49	151112.22	42644.71	99797.90
净利润(万元)	894856.76	1164632.87	661013.28	531745.81
营业利润(万元)	1020639.89	1345050.37	832803.25	932365.08
利润总额(万元)	1075657.39	1399068.46	874834.35	1001177.20

潍柴动力股份有限公司

公司概况					
公司名称	潍柴动力股份有限公司			证券简称	潍柴动力
法人代表	谭旭光	董秘	戴立新	证券代码	000338
公司网址	www.weichaipower.com			电子信箱	weichai@weichai.com
电　话	0536-2297068 8197069			传　真	0536-8197073
办公地址	山东省潍坊市高新技术产业开发区福寿东街197号甲				
经营范围	柴油机及配套产品的设计、开发、生产、销售、维修、进出口等				

主要财务指标

指标\报告期	2015.06.30	2014.12.31	2014.06.30	2013.12.31
基本每股收益(元)	0.2400	2.5100	0.9400	1.7900
基本每股收益(扣除后)(元)	0.2200	1.6900	1.1000	1.6700
稀释每股收益(元)	0.2400	2.5100	0.9400	1.7900
每股净资产(元)	15.9766	16.2395	15.7928	13.8664
每股经营现金净流量(元)	0.7641	5.5878	0.3442	2.8852
每股现金流量(元)	-0.3694	1.9495	0.2465	1.2493
每股资本公积金(元)	0.1050	0.6443	0.5576	0.3794
每股盈余公积金(元)	1.5264	1.5264	1.3421	1.3421
每股未分配利润(元)	13.5381	13.2033	12.8692	11.1361
净资产收益率(%)	3.0341	15.4754	11.9236	12.8802
加权净资产收益率(%)	3.0000	16.6800	12.6400	13.5800
净资产收益率(扣除)(%)	2.7644	10.3937	6.9544	12.0601
总资产(万元)	11517082.15	12225557.52	12843549.48	7852180.87
归属母公司股东权益(万元)	3194221.76	3239937.80	3157476.46	2772317.36
营业收入(万元)	3645525.99	7963716.15	3411143.46	5831171.34
营业支出(万元)	2802894.48	6254777.55	2714379.97	4628777.71
投资收益(万元)	10074.45	171484.06	174367.09	1154.29
净利润(万元)	130613.63	578449.57	399445.63	381763.61
营业利润(万元)	161964.70	659004.74	441443.37	445625.02
利润总额(万元)	174231.77	696569.56	447615.22	460874.58

许继电气股份有限公司

公司概况					
公司名称	许继电气股份有限公司			证券简称	许继电气
法人代表	冷俊	董秘	姚武	证券代码	000400
公司网址	www.xjec.com			电子信箱	gszl@xjgc.com
电　话	0374-3212348 3212022			传　真	0374-3363549
办公地址	河南省许昌市许继大道1298号				
经营范围	生产经营电网自动化、继电保护及控制装置等				

主要财务指标

指标\报告期	2015.06.30	2014.12.31	2014.06.30	2013.12.31
基本每股收益(元)	0.0747	1.0573	0.3141	0.7726
基本每股收益(扣除后)(元)	0.0673	1.0769	0.3327	1.0630
稀释每股收益(元)	0.0747	1.0573	0.3141	0.7726
每股净资产(元)	5.6983	5.6227	4.8437	6.6874
每股经营现金净流量(元)	-0.1024	-0.2066	-0.2327	1.5280
每股现金流量(元)	-0.1958	-0.5748	-0.4649	1.1347
每股资本公积金(元)	0.8229	0.8220	0.8136	1.2875
每股盈余公积金(元)	0.3687	0.3687	0.3361	0.5497
每股未分配利润(元)	3.5067	3.4319	2.6940	5.6301
净资产收益率(%)	1.3111	18.7367	6.4152	15.9010
加权净资产收益率(%)	1.3200	22.7900	6.4300	19.0900
净资产收益率(扣除)(%)	1.1805	18.8673	6.5619	15.8957
总资产(万元)	1055210.84	1079219.58	990802.12	1038676.51
归属母公司股东权益(万元)	574573.03	566948.98	488399.34	416379.10
营业收入(万元)	218013.49	835919.36	325741.47	877428.02
营业支出(万元)	167373.46	548549.36	231133.92	616371.35
投资收益(万元)	-	-63.57	-108.04	6.98
净利润(万元)	9421.48	128926.67	42111.55	99532.39
营业利润(万元)	8062.07	132122.27	45403.62	100465.03
利润总额(万元)	10844.07	139547.06	48455.73	114656.16

唐山冀东水泥股份有限公司

公司概况					
公司名称	唐山冀东水泥股份有限公司			证券简称	冀东水泥
法人代表	张增光	董秘	韩保平	证券代码	000401
公司网址	www.jdsn.com.cn		电子信箱	zqb@jdsn.com.cn	
电　　话	0315-3244005		传　　真	0315-3244005	
办公地址	河北省唐山市丰润区林荫路				
经营范围	生产和销售水泥、熟料以及石灰石开采和销售				

主要财务指标 指标\报告期	2015.06.30	2014.12.31	2014.06.30	2013.12.31
基本每股收益(元)	0.1470	0.0260	-0.1300	0.2560
基本每股收益(扣除后)(元)	-0.8270	-0.1190	-0.1480	0.2010
稀释每股收益(元)	0.1470	0.0260	-0.1300	0.2560
每股净资产(元)	9.2084	8.7520	8.6014	8.8313
每股经营现金净流量(元)	0.0242	1.6723	0.7016	0.9018
每股现金流量(元)	0.1625	0.1752	0.2828	-0.5260
每股资本公积金(元)	3.6451	3.8022	3.8063	3.8063
每股盈余公积金(元)	0.7032	0.7032	0.6317	0.6317
每股未分配利润(元)	3.3436	3.2469	3.1634	3.3934
净资产收益率(%)	1.5922	0.2943	-1.5111	2.8944
加权净资产收益率(%)	1.6600	0.2900	-1.4900	2.9200
净资产收益率(扣除)(%)	-8.9820	-1.3554	-1.7212	2.2786
总资产(万元)	4582175.16	4405427.34	4380597.54	4309422.14
归属母公司股东权益(万元)	1240854.32	1179355.35	1159052.84	1190043.06
营业收入(万元)	511223.09	1566473.54	707076.78	1571073.45
营业支出(万元)	454083.14	1238111.90	575864.50	1170762.44
投资收益(万元)	128858.04	1590.78	-1076.35	24730.55
净利润(万元)	-5138.59	-27748.06	-17514.98	34445.00
营业利润(万元)	2422.69	-83870.38	-50156.85	-2789.38
利润总额(万元)	8126.46	-17915.58	-34952.25	44438.69

金融街控股股份有限公司

公司概况					
公司名称	金融街控股股份有限公司			证券简称	金融街
法人代表	刘世春	董秘	张晓鹏	证券代码	000402
公司网址	www.jrjkg.com		电子信箱	investors@jrjkg.com	
电　　话	010-66573088 66573955		传　　真	010-66573956	
办公地址	北京市西城区金融大街丙 17 号北京银行大厦 11-12 层				
经营范围	房地产开发、销售商品房、物业管理、新技术及产品项目投资等				

主要财务指标 指标\报告期	2015.06.30	2014.12.31	2014.06.30	2013.12.31
基本每股收益(元)	0.2900	0.9700	0.1200	0.9600
基本每股收益(扣除后)(元)	-0.0200	0.6800	0.1000	0.8700
稀释每股收益(元)	0.2900	0.9700	0.1200	0.9600
每股净资产(元)	8.1351	8.1023	7.2320	7.3607
每股经营现金净流量(元)	-0.2407	-0.1075	-0.5857	-0.9600
每股现金流量(元)	-0.0414	-0.5728	-0.3339	-0.5307
每股资本公积金(元)	2.3766	2.3766	2.4309	2.4317
每股盈余公积金(元)	0.3660	0.3660	0.2776	0.2776
每股未分配利润(元)	4.3768	4.3394	3.5235	3.6515
净资产收益率(%)	3.5319	12.0884	1.6880	12.9772
加权净资产收益率(%)	3.5200	12.6100	1.6600	13.7900
净资产收益率(扣除)(%)	-0.2849	8.5380	1.4367	11.7804
总资产(万元)	9168217.79	8758743.96	8373691.74	7607057.64
归属母公司股东权益(万元)	2431523.09	2421709.67	2189186.89	2228153.77
营业收入(万元)	491904.47	2203588.57	431746.05	1988257.20
营业支出(万元)	356393.61	1528742.54	274724.02	1242141.07
投资收益(万元)	3280.05	2335.58	195.88	9996.27
净利润(万元)	88865.75	311253.78	36952.44	289151.73
营业利润(万元)	120452.14	411624.31	60711.40	468675.21
利润总额(万元)	124149.51	421912.74	68043.97	471408.11

振兴生化股份有限公司

公司概况					
公司名称	振兴生化股份有限公司			证券简称	ST 生化
法人代表	史跃武	董秘	闫治仲	证券代码	000403
公司网址			电子信箱	zxzqb000403@163.com	
电　　话	0351-7038633 7038636		传　　真	0351-7038776	
办公地址	山西省太原市长治路 227 号高新国际大厦 16 层				
经营范围	生物医药和工程机械产品的研究、开发、生产和销售				

主要财务指标 指标\报告期	2015.06.30	2014.12.31	2014.06.30	2013.12.31
基本每股收益(元)	0.2000	0.4500	0.3700	0.2600
基本每股收益(扣除后)(元)	0.2000	0.2200	0.0700	-
稀释每股收益(元)	0.2000	0.4500	0.3700	0.2600
每股净资产(元)	1.7477	1.5515	1.4734	1.1019
每股经营现金净流量(元)	0.2494	0.2826	0.1402	0.3339
每股现金流量(元)	0.0759	0.1014	0.0290	-0.0803
每股资本公积金(元)	0.4180	0.4180	0.4179	0.4179
每股盈余公积金(元)	0.2228	0.2228	0.2228	0.2228
每股未分配利润(元)	0.1069	-0.0893	-0.1672	-0.5388
净资产收益率(%)	11.2273	28.9710	25.2186	23.4000
加权净资产收益率(%)	11.0200	33.8800	28.8600	26.5000
净资产收益率(扣除)(%)	11.2342	14.4143	4.9866	16.5494
总资产(万元)	123484.19	119380.59	125985.79	118715.64
归属母公司股东权益(万元)	47637.78	42289.35	40162.89	30034.36
营业收入(万元)	25527.24	48949.57	15822.85	47771.58
营业支出(万元)	11032.59	21004.51	6323.40	19068.04
投资收益(万元)	-	3087.42	-	-
净利润(万元)	4954.29	10693.21	10128.53	7028.03
营业利润(万元)	6312.97	10025.12	2447.85	5886.55
利润总额(万元)	6309.27	14784.12	10581.26	8863.90

华意压缩机股份有限公司

公司概况					
公司名称	华意压缩机股份有限公司			证券简称	华意压缩
法人代表	刘体斌	董秘	王华清	证券代码	000404
公司网址	www.hua-yi.cn		电子信箱	hyzq@hua-yi.cn	
电　　话	0798-8470237 8470228		传　　真	0798-8470221	
办公地址	江西省景德镇市高新区长虹大道 1 号				
经营范围	无氟压缩机、电冰箱及其配件的生产和销售等				

主要财务指标 指标\报告期	2015.06.30	2014.12.31	2014.06.30	2013.12.31
基本每股收益(元)	0.2183	0.3345	0.2513	0.2985
基本每股收益(扣除后)(元)	0.2020	0.3051	0.2508	0.2531
稀释每股收益(元)	0.2183	0.3345	0.2513	0.2985
每股净资产(元)	3.8300	3.6756	3.6616	3.4405
每股经营现金净流量(元)	0.6828	1.4484	0.0897	0.0171
每股现金流量(元)	0.0139	0.1457	0.1346	0.8803
每股资本公积金(元)	1.9718	1.9718	1.9718	1.9718
每股盈余公积金(元)	0.0213	0.0213	0.0076	0.0076
每股未分配利润(元)	0.8443	0.6859	0.6789	0.4576
净资产收益率(%)	5.7006	9.1001	6.8632	8.3735
加权净资产收益率(%)	5.7800	10.8900	7.0500	9.2200
净资产收益率(扣除)(%)	5.2748	8.3016	6.8493	7.0981
总资产(万元)	719475.94	660453.66	688561.58	636541.71
归属母公司股东权益(万元)	214337.40	205694.50	204912.54	192539.72
营业收入(万元)	373763.44	700290.52	415407.95	671000.04
营业支出(万元)	314887.13	583875.29	352362.39	565903.82
投资收益(万元)	1612.57	1902.37	539.86	673.20
净利润(万元)	18936.53	28956.82	14063.60	16122.26
营业利润(万元)	21294.85	32315.93	24080.16	24987.87
利润总额(万元)	21999.68	32635.66	24126.27	28550.28

山东胜利股份有限公司

公司概况	公司名称	山东胜利股份有限公司			证券简称	胜利股份
	法人代表	王鹏	董秘	杜以宏	证券代码	000407
	公司网址	www.vicome.com			电子信箱	sd000407@sina.com
	电　话	0531-86920495　88725687			传　真	0531-86018518
	办公地址	山东省济南市高新区港兴三路北段济南药谷 1 号楼 B 座 27-33F				
	经营范围	生物产业、塑胶产业、农化产业和贸易产业				

主要财务指标	指标\报告期	2015.06.30	2014.12.31	2014.06.30	2013.12.31
	基本每股收益(元)	0.0220	0.0500	0.0250	0.0300
	基本每股收益(扣除后)(元)	0.0221	–	–0.0553	0.0200
	稀释每股收益(元)	0.0220	0.0500	0.0250	0.0300
	每股净资产(元)	2.3028	2.2794	1.7385	1.7161
	每股经营现金净流量(元)	–0.1012	0.0759	–0.1543	0.0413
	每股现金流量(元)	0.0781	0.1408	0.0922	–0.1528
	每股资本公积金(元)	0.6379	0.6405	0.0217	0.0618
	每股盈余公积金(元)	0.1515	0.1515	0.1799	0.1806
	每股未分配利润(元)	0.5015	0.4793	0.5343	0.5149
	净资产收益率(%)	0.9618	2.0802	1.1889	1.8472
	加权净资产收益率(%)	0.9700	2.9900	1.3900	2.0300
	净资产收益率(扣除)(%)	0.9590	–0.0130	–3.1790	1.3761
	总资产(万元)	451492.68	410280.37	363792.54	355460.13
	归属母公司股东权益(万元)	178244.26	176434.70	112870.10	114139.50
	营业收入(万元)	149081.10	287231.02	130079.32	233917.99
	营业支出(万元)	132721.07	263322.19	116805.87	210498.08
	投资收益(万元)	785.87	19195.72	5243.10	16790.14
	净利润(万元)	1334.33	5298.90	1431.26	5324.22
	营业利润(万元)	1066.14	5865.47	1777.73	4226.34
	利润总额(万元)	1074.28	4296.53	1788.29	4904.52

山东地矿股份有限公司

公司概况	公司名称	山东地矿股份有限公司			证券简称	山东地矿
	法人代表	张虹	董秘	李永刚	证券代码	000409
	公司网址				电子信箱	stock000409@163.com
	电　话	0531-88550409　88195618			传　真	0531-88195618
	办公地址	山东省济南市历下区经十路 11890 号				
	经营范围	矿石的开采、加工及矿产品销售				

主要财务指标	指标\报告期	2015.06.30	2014.12.31	2014.06.30	2013.12.31
	基本每股收益(元)	–0.1000	–0.0662	0.0600	0.2700
	基本每股收益(扣除后)(元)	–0.1000	–0.0720	0.0600	0.2300
	稀释每股收益(元)	–0.1000	–0.0662	0.0600	0.2700
	每股净资产(元)	2.0835	2.1837	2.3068	2.2497
	每股经营现金净流量(元)	–0.1886	–0.1746	–0.1939	0.0944
	每股现金流量(元)	0.5038	–0.0553	–0.1383	0.0352
	每股资本公积金(元)	0.9808	0.9808	0.9808	0.9808
	每股盈余公积金(元)	–	–	–	–
	每股未分配利润(元)	0.1020	0.2020	0.3249	0.2682
	净资产收益率(%)	–4.8009	–3.0297	2.4572	11.9209
	加权净资产收益率(%)	–4.6900	–2.9800	2.4900	12.6800
	净资产收益率(扣除)(%)	–4.8079	–3.2979	2.4824	10.4149
	总资产(万元)	362142.22	331194.46	238957.76	177691.39
	归属母公司股东权益(万元)	98488.01	103226.62	109042.50	106346.98
	营业收入(万元)	14487.87	31764.56	19188.21	40903.57
	营业支出(万元)	11454.93	20936.63	9622.57	15440.12
	投资收益(万元)	486.51	149.83	77.43	1324.98
	净利润(万元)	–4427.51	–2948.40	2679.39	12677.49
	营业利润(万元)	–4222.16	–2466.27	4319.44	17096.15
	利润总额(万元)	–4211.25	–2295.27	4293.71	17006.71

金谷源控股股份有限公司

公司概况	公司名称	金谷源控股股份有限公司			证券简称	金谷源
	法人代表	邢福立	董秘	李双	证券代码	000408
	公司网址				电子信箱	dsh000408@126.com
	电　话	010-62021686			传　真	010-62016515
	办公地址	河北省邯郸市峰峰矿区彭城镇彭东街 9 号				
	经营范围	矿业投资及管理、投资与投资管理、资产管理、矿业技术开发等				

主要财务指标	指标\报告期	2015.06.30	2014.12.31	2014.06.30	2013.12.31
	基本每股收益(元)	–0.0166	–0.2190	0.0150	0.0707
	基本每股收益(扣除后)(元)	–0.0105	–0.1919	–0.0173	–0.0869
	稀释每股收益(元)	–0.0166	–0.2190	0.0150	0.0707
	每股净资产(元)	0.5210	0.5376	0.7865	0.7566
	每股经营现金净流量(元)	0.0012	0.0025	–0.0025	–0.0139
	每股现金流量(元)	0.0008	–0.0090	–0.0027	–0.0140
	每股资本公积金(元)	0.5695	0.5695	0.5695	0.5695
	每股盈余公积金(元)	0.0775	0.0775	0.0775	0.0775
	每股未分配利润(元)	–1.1260	–1.1094	–0.8754	–0.8904
	净资产收益率(%)	–3.1870	–40.7324	1.9092	9.3446
	加权净资产收益率(%)	–3.1400	–33.8400	1.9700	9.8000
	净资产收益率(扣除)(%)	–2.0060	–35.7057	–2.2016	–11.4655
	总资产(万元)	52219.67	45645.26	48387.01	57677.05
	归属母公司股东权益(万元)	13144.53	13563.36	19844.30	19088.04
	营业收入(万元)	10676.28	5664.56	5642.06	19260.85
	营业支出(万元)	10476.28	5715.89	5363.95	18871.36
	投资收益(万元)	–222.69	–517.08	–410.49	–326.99
	净利润(万元)	–283.12	–5542.27	568.20	1641.18
	营业利润(万元)	–127.87	–5507.62	–1332.89	–2324.80
	利润总额(万元)	–283.12	–5539.02	595.90	1647.43

沈阳机床股份有限公司

公司概况	公司名称	沈阳机床股份有限公司			证券简称	沈阳机床
	法人代表	关锡友	董秘	张广宁	证券代码	000410
	公司网址	www.smtcl.com			电子信箱	smtcl@smtcl.com
	电　话	024-25190865			传　真	024-25190877
	办公地址	辽宁省沈阳市经济技术开发区开发大路 17 甲 1 号				
	经营范围	机械设备制造、机床制造、机械加工、进出口贸易等				

主要财务指标	指标\报告期	2015.06.30	2014.12.31	2014.06.30	2013.12.31
	基本每股收益(元)	–0.3500	0.0330	0.0100	0.0300
	基本每股收益(扣除后)(元)	–0.3620	–0.0842	–0.0770	–0.1138
	稀释每股收益(元)	–0.3500	0.0330	0.0100	0.0300
	每股净资产(元)	3.1711	3.5342	3.5067	3.4993
	每股经营现金净流量(元)	–1.5665	–2.1465	–0.9647	–1.7552
	每股现金流量(元)	0.5742	–0.6792	–0.2233	1.2178
	每股资本公积金(元)	1.6281	1.6281	1.6281	1.6281
	每股盈余公积金(元)	0.1480	0.1480	0.1480	0.1480
	每股未分配利润(元)	0.3701	0.7382	0.7175	0.7048
	净资产收益率(%)	–10.9757	0.9455	0.3621	0.7127
	加权净资产收益率(%)	–10.3600	0.9502	0.3600	0.8500
	净资产收益率(扣除)(%)	–11.4155	–2.3835	–2.1856	–2.8623
	总资产(万元)	2123544.26	2014608.75	1955978.91	1637264.19
	归属母公司股东权益(万元)	242735.62	270529.88	268428.67	267861.15
	营业收入(万元)	311287.11	781494.40	381946.27	737906.29
	营业支出(万元)	241352.59	572404.58	283396.27	552326.65
	投资收益(万元)	–132.37	–138.29	–97.32	–100.53
	净利润(万元)	–26623.83	2208.36	971.95	1909.16
	营业利润(万元)	–29061.63	–5063.84	–6772.02	–4271.87
	利润总额(万元)	–27808.42	6390.51	2165.00	6982.13

浙江英特集团股份有限公司

公司概况					
公司名称	浙江英特集团股份有限公司			证券简称	英特集团
法人代表	冯志斌	董秘	包志虎	证券代码	000411
公司网址	www.intmedic.com		电子信箱	bao_zhihu@sina.com	
电　话	0571-85068752 85067873		传　真	0571-85068752	
办公地址	浙江省杭州市滨江区江南大道 96 号·中化大厦				
经营范围	实业投资、投资管理、市场营销策划、医药信息咨询等				

主要财务指标：指标\报告期	2015.06.30	2014.12.31	2014.06.30	2013.12.31
基本每股收益(元)	0.1700	0.3200	0.1600	0.3600
基本每股收益(扣除后)(元)	0.1600	0.2900	0.1523	0.2700
稀释每股收益(元)	0.1700	0.3200	0.1600	0.3600
每股净资产(元)	3.1057	2.9329	2.7688	2.6136
每股经营现金净流量(元)	-1.2233	0.4244	-0.8567	0.3650
每股现金流量(元)	1.2555	-0.6151	0.8445	0.1369
每股资本公积金(元)	0.1751	0.1788	0.2333	0.1829
每股盈余公积金(元)	0.0707	0.0707	0.0707	0.0707
每股未分配利润(元)	1.7901	1.6210	1.4648	1.3055
净资产收益率(%)	5.4469	10.7568	5.7551	13.6651
加权净资产收益率(%)	5.6000	11.3800	5.9200	14.6700
净资产收益率(扣除)(%)	5.2970	9.7994	5.4991	10.4379
总资产(万元)	618828.48	521112.07	556163.80	479760.88
归属母公司股东权益(万元)	64428.47	60842.71	57438.94	54218.54
营业收入(万元)	759385.64	1407381.11	682624.49	1236930.44
营业支出(万元)	720289.27	1325892.85	644797.69	1161006.42
投资收益(万元)	22.63	127.80	123.86	4035.26
净利润(万元)	7723.51	12835.75	7134.93	16877.73
营业利润(万元)	11091.05	17853.22	10225.73	23466.40
利润总额(万元)	10620.60	18962.23	9848.09	23784.95

东旭光电科技股份有限公司

公司概况					
公司名称	东旭光电科技股份有限公司			证券简称	东旭光电
法人代表	李兆廷	董秘	龚昕	证券代码	000413
公司网址	www.dxoti.com		电子信箱	bs@bseg.cn	
电　话	0311-86917775 68297016		传　真	0311-86917775	
办公地址	北京市海淀区复兴路甲 23 号临 5 院　河北省石家庄市高新区黄河大道 9 号				
经营范围	电真空玻璃器件及配套的电子元器件等				

主要财务指标：指标\报告期	2015.06.30	2014.12.31	2014.06.30	2013.12.31
基本每股收益(元)	0.1600	0.3300	0.1500	0.1700
基本每股收益(扣除后)(元)	0.1000	0.1900	0.1000	0.3500
稀释每股收益(元)	0.1600	0.3300	0.1500	0.1700
每股净资产(元)	2.4820	2.3800	2.2965	6.4400
每股经营现金净流量(元)	0.0282	-0.0165	-0.5507	-2.0346
每股现金流量(元)	0.5530	0.2033	-0.2980	2.6071
每股资本公积金(元)	1.0982	1.0969	1.1556	5.4669
每股盈余公积金(元)	0.0249	0.0249	0.0101	0.0304
每股未分配利润(元)	0.3589	0.2962	0.1307	-0.0591
净资产收益率(%)	6.5562	13.6812	6.5508	6.3522
加权净资产收益率(%)	6.6400	14.1300	6.7700	9.4300
净资产收益率(扣除)(%)	3.8698	7.8165	4.2650	4.4125
总资产(万元)	1583377.40	1246816.33	1095535.59	903297.84
归属母公司股东权益(万元)	660716.68	643673.25	622121.04	581367.37
营业收入(万元)	144660.03	214339.80	90997.47	93190.07
营业支出(万元)	80597.02	117950.18	43307.17	40980.34
投资收益(万元)	-2.81	-	-	-
净利润(万元)	45386.62	90916.72	43909.90	40954.43
营业利润(万元)	33276.11	64405.77	35337.00	39890.80
利润总额(万元)	54056.85	108519.95	53416.97	54738.41

渤海租赁股份有限公司

公司概况					
公司名称	渤海租赁股份有限公司			证券简称	渤海租赁
法人代表	汤亮	董秘	马伟华	证券代码	000415
公司网址	www.bohaileasing.com		电子信箱	000415@bohaileasing.com	
电　话	0991-2327723 2327727		传　真	0991-2327709	
办公地址	新疆维吾尔自治区乌鲁木齐市新华北路 165 号广汇中天广场 41 楼				
经营范围	市政基础设施租赁、电力设施和设备租赁、交通运输基础设施和设备租赁以及新能源等				

主要财务指标：指标\报告期	2015.06.30	2014.12.31	2014.06.30	2013.12.31
基本每股收益(元)	0.1776	0.5500	0.2953	0.8300
基本每股收益(扣除后)(元)	0.1605	0.4900	0.2656	0.4800
稀释每股收益(元)	0.1776	0.5500	0.2953	0.8300
每股净资产(元)	2.9000	5.5168	5.2787	4.4590
每股经营现金净流量(元)	0.9490	2.6685	1.2654	50.9335
每股现金流量(元)	0.0122	0.1409	1.3116	9.6317
每股资本公积金(元)	1.1045	3.1779	3.1956	29.9093
每股盈余公积金(元)	0.0283	0.0566	0.0409	0.7999
每股未分配利润(元)	0.8222	1.3892	1.1777	20.8854
净资产收益率(%)	6.1264	9.3293	4.9264	18.5972
加权净资产收益率(%)	6.2400	10.6500	5.8300	7.9600
净资产收益率(扣除)(%)	5.5353	8.2793	4.4302	10.6947
总资产(万元)	9073621.90	6772068.40	6538584.50	5712536.10
归属母公司股东权益(万元)	1028853.50	978851.30	936600.70	565955.50
营业收入(万元)	446990.20	685195.50	326317.00	637649.20
营业支出(万元)	227529.30	367075.10	170790.50	323095.10
投资收益(万元)	44.40	2171.40	1177.90	346.70
净利润(万元)	82286.70	117864.40	46140.60	105252.10
营业利润(万元)	88886.50	123447.80	64371.00	145216.70
利润总额(万元)	95942.50	140039.10	73145.00	162071.50

民生控股股份有限公司

公司概况					
公司名称	民生控股股份有限公司			证券简称	民生控股
法人代表	王宏	董秘	张颖	证券代码	000416
公司网址			电子信箱	sz000416@163.com	
电　话	010-85259007 85259036		传　真	010-85259595	
办公地址	北京市东城区建国门内大街 28 号民生金融中心 A 座 15 层				
经营范围	股权投资、资产管理、资本经营及相关咨询与服务				

主要财务指标：指标\报告期	2015.06.30	2014.12.31	2014.06.30	2013.12.31
基本每股收益(元)	0.0484	0.1653	0.0068	0.0084
基本每股收益(扣除后)(元)	-0.0039	0.0051	0.0081	0.0137
稀释每股收益(元)	0.0484	0.1653	0.0068	0.0084
每股净资产(元)	1.6412	1.6438	1.4871	1.4806
每股经营现金净流量(元)	-0.0826	-0.2587	-0.0191	-0.0051
每股现金流量(元)	-0.7367	-0.1943	-0.5496	0.0163
每股资本公积金(元)	0.0250	0.2145	0.0512	0.1138
每股盈余公积金(元)	0.0742	0.0742	0.0527	0.0527
每股未分配利润(元)	0.5422	0.5438	0.3832	0.3764
净资产收益率(%)	2.9496	10.0572	0.4598	0.5668
加权净资产收益率(%)	2.6900	10.0800	0.4500	0.5600
净资产收益率(扣除)(%)	-0.2355	0.3128	0.5455	0.9261
总资产(万元)	102137.47	103704.70	90385.85	96853.46
归属母公司股东权益(万元)	87292.98	97458.23	79093.31	82060.48
营业收入(万元)	3793.64	43004.25	23133.35	48225.85
营业支出(万元)	19.93	35468.58	19281.95	39335.07
投资收益(万元)	3289.87	13624.19	3100.01	2059.98
净利润(万元)	2664.35	9972.86	363.63	446.32
营业利润(万元)	3024.22	13009.95	653.01	2484.58
利润总额(万元)	3535.83	13010.66	666.45	2515.71

2015中国证券业年度人物

（排名不分先后）

杜传志	王学德	张有喜	吉西平	李和忠
张德华	伏运景	王俊民	王　军	郭现生
邵兴祥	谢永林	方同华	徐长泉	薛季民
杨华辉	赵　欢	翟建强	刘建武	朱治理
蔡　咏	张利国	李　玮	余　政	陈　平
高寿松	倪永培	林　科		

百佳优秀独立董事

沈国权	毛嘉农	郑　斌	朱增进	周旭东
邓　路	姜丽勇	杨为乔	张俊民	王志乐

杜传志 先生

日照港股份有限公司 董事长

杜传志，男，1961 年 12 月生，1982 年毕业于西安公路学院公路系工民建专业，大学本科学历，工学学士，应用研究员、教授级高级政工师。日照港集团有限公司、日照港股份有限公司董事长、法定代表人。

杜传志自担任董事长以来，以企业家的卓越胆识和果敢魄力，积极应对经济形势复杂多变、市场竞争日趋激烈等挑战，以超前的战略思维、多维的能力支撑、系统的管理理念和先进的“阳光文化”，实现了港口的全面协调可持续发展。日照港股份有限公司自 2006 年首发上市以来，通过发行分离交易可转债、定向增发、资产注入、发行公司债券等多种方式，新建了矿石码头等一批港口生产必须的基础工程项目，大幅提高了港口的吞吐能力；收购了集团公司除原油、液体化工、集装箱等业务以外的其他所有港口主业资产，有效改善了公司的资本结构，极大的推动了日照港的快速发展。2015 年度，公司共完成货物吞吐量 2.09 亿吨。日照港集团吞吐量居全国沿海港口第八位，世界港口排名第十一位。

王学德 先生

鲁银投资集团股份有限公司 董事长

1982.07-1989.06 莱芜钢铁厂动力部技术干部、供电车间副主任

1989.06-1998.10 莱钢总厂动力部供电车间主任，制氧车间支部书记、副主任，机动技术部副主任

1998.10-1999.11 莱钢集团公司动力部机动技术科科长

1999.11-2003.06 莱钢集团公司动力部党委副书记、纪委书记、工会主席，党委副书记、副部长

2003.06-2011.02 莱钢集团公司动力部部长、党委副书记，莱芜天元气体公司董事长、执行董事、经理

2011.02-2013.09 莱钢集团公司党委组织部 / 人力资源部部长，公司党委常委、组织部 / 人力资源部部长

2013.09-2014.06 莱钢集团公司副总经理

2014.06 - 至今 莱钢集团公司党委常委、董事、副总经理、工会主席，鲁银投资集团股份有限公司公司董事长、党委副书记

张有喜 先生

大同煤业股份有限公司 董事长

张有喜先生：1958年12月出生，党员，研究生学历，成绩优异的高级工程师。曾任挖金湾矿采煤三队团支部书记，采煤四区技术员、副区长兼技术主管，普采区副区长、技术主管，采煤一区代区长兼技术主管，矿副总工程师、副矿长；雁崖矿党委书记；四老沟矿矿长；大同煤业股份公司副董事长、总经理；集团公司董事、副总经理，轩岗煤电公司副董事长、总经理、董事长；集团公司常务副总经理、副董事长、总经理，现任大同煤矿集团公司董事长、党委书记。

吉西平 先生

读者出版传媒股份有限公司 董事长

吉西平，男，汉族，1954年7月生，中共党员，硕士研究生学历，编审，现任读者出版集团有限公司党委书记、董事长、总经理，读者出版传媒股份有限公司董事长、总编辑，第六届中国出版协会副理事长。先后被中国经济导报社、国家发改委中国经贸导刊杂志社评为"2015中国改革年度人物"，被中国出版协会评为"2015中国十大出版人物"，被光明日报社评为"2015中国文化产业年度人物"。历任甘肃省交通厅副厅长、党组成员，中共庆阳地委副书记、庆阳地区行政公署专员，中共庆阳地委书记、市委书记、市人大主任，甘肃省人民政府国有资产监督管理委员会党委副书记（正厅级），中共甘肃省委宣传部常务副部长（正厅级），中国共产党第十六次全国代表大会代表，中共甘肃省委第十、十一届委员会委员、第十二届候补委员、委员，甘肃省人民大表大会第八、九、十、十一届、十二届代表，第十一届、十二届常委会委员。1991年被甘肃省省直机关党委评为优秀党员，2006、2007、2008年被评为优秀公务员，2009、2010年被评为优秀领导干部，2011年被甘肃省新闻出版局党组评为2010—2011年度甘肃新闻出版系统优秀共产党员。著有《交通行政管理概论》、《资本运营：西部大开发的新视角》《21世纪中国现实问题研究报告》等专著、合著（第一作者）12种。

李和忠 先生
营口港务股份有限公司 董事长

李和忠，男，47 岁，中共党员，硕士研究生。历任：共青团辽宁省委青工部、宣传部、统战部部长；共青团辽宁省委副书记、党组成员；中共营口市委常委、组织部长，营口高新区党工委书记（兼）；中国营口市委常委、市委副书记，市委党校校长；现任营口港务集团有限公司党委书记兼董事长，营口港务股份有限公司董事长。

张德华 先生
山东华鹏玻璃股份有限公司 董事长

张德华，1953 年 1 月出生，大专学历，高级经济师、高级政工师，现任公司董事长、党委书记。张德华先生具有丰富的日用玻璃行业从业经验，1969 年至 1998 年历任荣成市玻璃厂工人、车间主任、调度室主任、副厂长，新星玻璃厂厂长等职，1998 年 7 月公司成立后先后担任董事长兼总经理，董事长。张德华先生曾荣获全国五一劳动奖章、山东省“富民兴鲁”劳动奖章、山东十大优秀创业者、中国日用玻璃行业“功勋企业家”、“山东省轻工业优秀企业家”、威海市优秀共产党员、威海市优秀人大代表等荣誉；现担任中国日用玻璃协会副理事长、中国日用玻璃协会瓶罐玻璃委员会副主任委员、中国日用玻璃协会器皿玻璃委员会副主任委员、中国包装联合会玻璃容器委员会副主任委员、山东省日用硅酸盐工业协会副理事长等职务。

伏运景 先生

江苏井神盐化股份有限公司 董事长

伏运景先生，中国国籍，1961 年出生，中共党员，党校研究生学历，研究员级高级政工师、高级经济师。历任江苏省徐圩盐场管港工区团支部书记，徐圩盐场团委副书记、书记，江苏省灌西盐场纪委书记，江苏省灌东盐场党委书记，银宝盐业副董事长、党委副书记、副总经理兼任灌东盐场党委书记、场长，江苏省金桥盐业有限公司董事长、党委书记，淮安市淮阴盐矿矿长、党委书记，东泰盐业董事长、总经理，江苏省盐业集团淮盐矿业有限公司董事长、党委书记。现任公司董事长兼党委书记、苏盐集团副总经理兼党委委员。

王俊民 先生

西藏海思科药业集团股份有限公司 董事长

王俊民先生，1968 年 12 月 12 日出生，汉，西藏海思科药业集团股份有限公司董事长。

1989 年 - 1993 年 沈阳药科大学 制药系

2011 年 - 2013 年 长江商学院 EMBA

1993 年 - 2000 年从事药品销售工作；

2000 年创办自己的公司，西藏海思科药业集团股份有限公司（股票代码 002653，以下简称海思科药业集团），于 2012 年初上市，目前市值超过 230 亿元人民币。本人现任海思科药业集团董事长。

个人从事医药行业经营管理近 20 年，有丰富的医药企业经营管理经验，市场触觉敏锐，对国内外医药研发与销售有较为深刻的理解。本着对管理的深入研究，本人于 2010 年至 2013 年就读于长江商学院 EMBA 班。

在个人成绩取得的同时，本人也注重对社会的回馈，积极参与各项社会公益活动，曾亲自组织过大型活动，比如“长江商学院 EMBA19 期西藏公益行“，此次活动为长江商学院史上参与人数最多、捐赠款项额度最高的公益性活动。

王 军 先生

包头东宝生物技术股份有限公司 董事长

东宝生物董事长王军先生，1951年出生，1984年开始创业。高级经济师，北京大学高层经理工商管理高级研修班结业。内蒙古自治区九届、十届、十一届人民代表大会代表，被评选为"全国乡镇企业家"，"内蒙古自治区优秀中国特色社会主义建设者"等多项殊荣，连续多年获得"包头稀土高新区优秀企业家"荣誉。王军先生现任本公司董事长，兼任中国日用化工协会副理事长、中国日用化工协会明胶分会副理事长、包头东宝实业(集团)有限公司执行董事、东宝圆素(北京)科贸有限责任公司董事长。

多年来，王军董事长带领东宝生物团队积极开拓，不断进取，获得了一个又一个丰硕成果，体现出其卓越的领导才能。2010年，他领导的东宝生物公司被评为全国明胶行业先进企业。2011年，东宝生物成为内蒙古第一家创业板上市民营企业。经过多年不懈努力，他主持的胶原蛋白项目组与中科院理化所合作成功开发出"圆素"牌小分子量骨胶原蛋白肽，产品质量指标达到国际同类产品先进水平，属高品质的胶原蛋白产品。其技术获中国发明专利、自治区科技成果，自治区乌兰夫基金企业科技创新奖、包头市科学技术进步一等奖、2014年"中国好技术"称号。产品获包头市名牌产品，"圆素"牌商标获包头市知名商标荣誉。2015年初，胶原蛋白新产品"圆素"骨肽上市，该产品采用国家发明专利"可溶性胶原蛋白制备方法"(专利号：ZL200910241882.X)技术生产，产品中肽含量达85%以上，相对分子量小于3000Da的蛋白质水解物占比≥80.0%，羟脯氨酸≥11%。产品具有色泽白、易溶解、无异味、分子量小、易吸收等特点，溶解后呈无色溶解，受到了消费者的认可和青睐。

王军董事长重视企业产学研创新和科学发展工作，公司的技术创新以及所取得的研发成果在行业内具有明显优势。近年来，东宝生物获得两项中国发明专利。企业被内蒙古自治区党委、政府授予"全区科学发展先进企业"荣誉称号。东宝生物依托行业内首家产学研合作研发机构"中科院理化所—东宝生物胶原与明胶工程应用研发中心"，开展多项前沿生物技术研发工作，成效明显。

2015年，在王军董事长的领导下，公司顺利完成非公开发行股票项目，共计发行新股32,889,054股，募集资金37,559万元，为"3500吨新工艺明胶项目"和"研发中心建设项目"的顺利建成提供了资金保障。目前，两个项目主体框架已全部建成封顶。项目实施后将进一步提升工艺技术水平、扩大生产规模、降低生产成本、全面提升产品质量，形成公司新的利润增长点，进一步巩固行业地位，提升公司竞争力。

王军董事长特别重视公司与员工共同持续发展。2015年底，公司推出了"东宝生物第一期员工持股计划"，进一步建立和完善劳动者与所有者的利益共享机制，有效调动管理者和公司员工的积极性，吸引和保留优秀管理人才和业务骨干，兼顾公司长期利益和近期利益，更灵活地吸引各种人才，从而更好地促进公司长期、持续、健康发展，为员工及广大投资者带来更多的回报。

王军董事长积极参加社会公益事业，为管理层、员工发挥模范带头作用，树立企业良好的公众形象。公司主要从节约资源、保护环境、扶危济困领域开展公益支持活动，由党委、工会牵头，保持相关部门的紧密联系，通过参加印度洋海啸、汶川地震、玉树地震灾区捐款和土右旗、固阳县扶贫、包头市同心工程、困难员工救助、包头市博爱一日捐等，获得了广泛好评及社会各界的赞誉，为社会进步做出贡献。2012年，获中共包头市委统战部、包头市工商业联合会(总商会)颁发的"包头市同心感恩工程先进单位"荣誉。2015年10月，公司承办的"圆素骨肽10.12世界关节炎日徒步嘉年华活动暨关爱关节慈善爱心基金启动仪式"在城中草原赛汗塔拉拉开帷幕，董事长王军代表公司捐赠"关爱关节"慈善爱心基金10万元。

2016年是"十三五"规划的开局之年，也是公司东宝生物发展攻坚之年，相信在王军董事长的正确领导下，在"员工为本用户至尊"的经营理念的指引下，借力资本市场的强劲发展动力，不断创新的东宝生物一定会再创佳绩，早日实现"世界级现代胶原生物技术企业"的宏伟目标！

郭现生 先生

林州重机集团股份有限公司 董事长

郭现生，男，1962年出生，河南林州人，中共党员，在职研究生学历，高级经济师。现任林州重机集团股份有限公司第三届董事会董事长兼总经理、林州重机集团控股有限公司执行董事、鸡西金顶重机制造有限公司执行董事、北京中科虹霸科技有限公司董事长、鄂尔多斯重机能源有限公司执行董事、林州重机林钢钢铁有限公司执行董事。

1987年12月，郭现生在当时的河南林县建立了林县重型煤机设备厂，注册资本70万元，经营煤矿机械配件和机件加工。1994年3月，郭现生以林县重型煤机厂为核心，组建了林州重机（集团）公司并担任董事长兼总经理，带领公司全体员工艰苦奋斗，短短几年时间，使公司迅速成长为当地具备一定规模的煤矿设备经销商。为完善公司治理谋求更大的发展，2002年5月，郭现生等24名自然人共同发起设立了林州重机（集团）有限公司，注册资本5,000万元。2008年2月，为借助资本市场发展壮大，适应上市要求，公司由有限公司整体变更为股份有限公司，注册资本增加到14,360万元；2009年12月，注册资本增加到15,360万元。2011年1月，公司在深圳证券交易所成功上市，股票简称：林州重机，股票代码：002535，是安阳市首家上市的民营企业。借助资本平台，公司得以实现跨越式发展，目前，公司已发展成为国内唯一的集钢铁铸锻、能源装备、高新技术装备、矿井建设与运营、金融租赁服务于一体的能源装备综合服务商，注册资本已达61,667.9288万元。集团现下属八家全资子公司、五家控股子公司、十二家参股子公司、一家分公司。近三年来经营状况良好，2012年、2013年、2014年分别实现销售收入128,194.10万元、202,366.74万元、187,434.93万元，分别实现净利润23,357.16万元、19,853.44万元、5,093.52万元。

郭现生热衷慈善，累计向社会捐款2000多万元。他先后被授予"优秀中国特色社会主义事业建设者"、"感动安阳杰出战略投资者"、安阳市"劳动模范（先进工作者）"、安阳市"优秀人大代表"、安阳市"二十佳企业家"、河南省"创先争优优秀共产党员"、河南省"五一劳动奖章"、河南省"推进创建劳动关系和谐企业先进工作者"、河南省"劳动模范"、"全国优秀企业家"等荣誉称号。

邵兴祥 先生

湖北凯龙化工集团股份有限公司 董事长

邵兴祥，男，1957 年 9 月出生，湖北钟祥人，中共党员，中南财大工业经济管理专业，高级经济师，高级政工师，高级经营师。历任国营襄沙化工厂销售处处长、副厂长、湖北凯龙化工集团股份有限公司（以下简称“凯龙股份”或“公司”）常务副总经理兼党委副书记等职，2000 年 12 月至今任凯龙股份董事长兼党委书记，湖北省人大代表、全国民爆行业协会常务理事、湖北省爆破器材行业协会理事、副理事长。

1980 年，从学校毕业的邵兴祥响应支援三线的号召背起行囊义无反顾的来到了位于荆门市圣境山脚下的国营襄沙化工厂——一个作坊式的小军工厂，开始了他的艰苦奋斗的工作生涯。上世纪 80 年代以前，由于一直处于计划经济体制下，与外界联系很少，企业被封闭在这个小天地里。进山的路是一条羊肠小道；改革开放之初，随着国家对国民经济的调整，工厂的军品和硝铵炸药生产任务大幅度减少，企业面临严重困难。在上个世纪 80 年代、90 年代，襄沙化工厂一直在寻求出路。1994 年，襄沙化工厂发起组建了凯龙股份，企业才走出政府的襁褓。然而，还是没有实现与市场真正意义上的对接，规模、产量、市场占有率依然没有实现大的突破，在行业微不足道，员工思想僵化，观念落后，企业这条船在市场经济的浪潮中徘徊不前。

2000 年在企业发展的这个关键时刻，时任凯龙股份常务副总经理邵兴祥临危受命毅然接过董事长这副重担，站在了企业沉浮的风口浪尖 。他深知凯龙股份发展缓慢的深层次原因就在于内部体制僵化，一沉不变自我封闭，管理粗放，分配大锅饭，改革刻不容缓。暴风雨是躲不过去的，人生不是要被动的等着暴风雨过去，而是要学会在风雨中跳舞。正是在这种思想的指导下，也是顺应国家对国有企业改革要求，一条条锐意改革的思路、变成了一个个大胆改革的举动。一场以“转变”为主线的改革在凯龙股份轰轰烈烈的展开，凯龙人几十年的思维定势被打破：2001 年他在公司成功奏响了颇为壮观的机制创新五步曲：“全员转变身份，实施动态股权制，全员竞聘上岗，全面改革分配制度，剥离辅业壮大主业”；2004 年，他带领公司进一步以体制转换促进机制转换，在实践中不断探索改革的成功之路，模拟 MBO，全面推进上缴利润全额抵押委托经营。2005 年，在模拟 MBO 和上缴利润全额抵押委托经营的基础上，依照依法合规、规范透明、国有资产不流失和维护企业和社会稳定的原则，按照规范程序，对三家分（子）公司的经营性资产实施了民营化改制，将一个事业部与国外知名企业合资。重新组建了三家新公司，一家合资公司。2007 年，他审时度势，筹资建立了以生产硝酸铵为主的钟祥凯龙楚兴公司正式投产，实现了产业链条的向前延伸。2008 年至 2013 年，凯龙股份开始向后端发展产业链，先后组建了 6 个全资和控股工程爆破公司，实现营业收入 1. 17 亿元。2014 年，在钟祥凯龙楚兴公司兴建了 20 万吨硝基复合肥生产线，开始向高端肥业领域进军。自主设计提升改进建成了年产 15000 吨纳米碳酸钙生产线项目，研发了塑料钙、汽车底盘漆钙等新产品。新建了年产 1200 吨淋膜生产线，开发了乳化炸药片膜系列新产品。公司经营模式已形成了民爆产品科研、生产、销售、爆破服务一体化发展的全产业链模式，公司品牌价值位列 2014 年中国品牌价值评价信息发布榜第 55 位。

在他的带领下，2015 年 12 月 9 日，经过九年艰苦卓绝的努力，凯龙股份终于在深交所成功上市。他个人先曾先后获得“全国五一劳动奖章”、“湖北省企业改革开放三十年改革精英人物奖”、“湖北省依靠职工办企业优秀经营管理者”“湖北省第四届科技创业企业家”、“新中国 60 年湖北高科技品牌建设优秀企业家”、“湖北省劳动模范”、湖北省人民政府授予“创业兴鄂突出贡献企业家”、“荆门市第二届杰出人才奖”、“荆门十大创业之星”、“荆门十大优秀企业家”等荣誉称号，并享受国务院特殊津贴和湖北省政府专项津贴。

谢永林 先生

平安证券有限责任公司 董事长

谢永林，管理学博士、理学硕士，1994年加入平安，曾任平安保险江苏产险大厂支公司副经理（主持工作）、平安保险江苏无锡寿险副总经理（主持工作）、平安寿险杭州分公司分公司副总经理（主持工作）、平安集团发展改革中心副主任、平安人寿浙江分公司总经理、平安集团发展改革中心副主任、平安银行股份有限公司副行长、平安证券有限责任公司董事长特别助理、平安证券有限责任公司总经理兼CEO，现任平安证券有限责任公司董事长兼CEO。

在平安产险、团险、寿险工作期间，谢永林同志积累丰富的业务一线工作经验，并主持多个分支机构工作，展现出卓越的市场拓展与业务能力，善于融汇贯通、跨界学习、迅速打开业务局面。

在业绩方面表现突出：98年任无锡寿险支公司副总经理（主持工作），业绩与97年相比增长78%，人力由97年的278人增加到528人，培养了一批骨干；99年调任南京寿险分公司团险部副经理、经理，与大家合作并发挥主要作用，使南京分公司团险保费收入从98年1.2亿元跃升为5.8亿元；2000年被选拔进入董事长办公室工作，同年9月被派往杭州寿险分公司任总经理助理，主管团险工作，当年即超常规发展，在2000年保费收入6800万元基础上，跃升至5.89亿元；2001年被任命为杭州寿险分公司副总经理，全面主持个险、团险、银行保险三条系列的工作，全面达成业务目标。

在管理方面成果丰富：研究提出团险正确的发展模式，即以直销为主渠道，以个团、产团客户资源共享为突破口，以行业代理为补充的渠道管理模式；研究提出团险发展的真谛必须是为广大企业客户提供综合福利保障计划；首次提出论团险发展的五大关系理论，探讨正确处理团险长险与短险、直销与个团／产团客户资源共享、大型业务与普通业务、业务发展与费用管控、规模发展与品质管理的五大关系；并预见银行保险是未来寿险发展的主要渠道之一。

在平安集团发展改革中心及寿险总部工作期间，谢永林同志负责领导"卓越工程"项目营销前线组，在集团视野上的全局战略规划和项目驾驭管理能力极大发展，对寿险业务有极深入研究与实践。"卓越工程"项目组通过对平安寿险现状以及寿险未来发展趋势进行分析研究，对平安寿险进行一系列改革，实现寿险标准化、流程化、精细化的管理模式，为平安寿险建立行业领先优势，实现跨越式增长奠定了扎实基础。

在平安银行工作期间，谢永林同志8年时间，从收购兼并和小小平安银行开始介入，不仅将其在平安集团与保险各领域工作所积累的经验与优势充分发挥，充分展现其跨领域开展工作的学习能力与快速打开局面能力，同时工作涵盖银行运营、IT、人力资源、零售等领域，对银行业务有深刻理解，对收购兼并中的文化融合、战略规划和执行落实充分实践，成绩突出。

积极推动集团个人金融战略和综合金融战略在银行的落地实施，推进客户向银行迁徙和银行与集团业务合作，信用卡新获客户的一半、零售新增存款的15%、新一贷业务的40%由集团渠道推荐，同时银行业务特别是信用卡也已成为个人寿险业务重要的敲门砖和经营客户的利器。

业绩表现突出，在分管零售业务4年期间零售存款成长2.4倍，零售贷款增速连续位居上市股份制银行第一，信用卡从初创至今跨行POS交易市场份额持续提升至股份制银行第二，汽车消费金融市场份额稳居市场第一。

谢永林同志21年来一直在金融业务及金融业务管理岗位工作，并取得管理学博士学位，具有扎实的理论功底与较高的专业素养、丰富的金融业务及管理实践经验，战略理解与规划执行能力、组织管理与驾驭协调能力突出，了解并认真贯彻执行国家有关金融政策法规，是一位优秀的高级金融管理人才。

方同华 先生

黑龙江珍宝岛药业股份有限公司 董事长

方同华，高级工程师。民进黑龙江省第六届委员会副主委，第十一届、十二届全国人大代表。现任黑龙江珍宝岛药业股份有限公司董事长、总经理。2003 年被授予 " 黑龙江省十大杰青年；2012 年被授予黑龙江省 " 劳动模范 " 称号；2012 年 7 月当选为中国民主促进会黑龙江省第七届副主任委员。

2008 年，方同华被推选为第十一届全国人大代表。作为全国人大代表，方同华积极参政议政，认真履行全国人大代表职责。他针对中医药和民族医药事业发展中存在的问题，深入开展调研，在全国人代会上提出《关于扶持我国中医药事业和民族医药事业发展》、《继承和弘扬中医药文化》等 18 建议案，建议国家加大对中医药科技创新产业化的支持，加大对中医药和民族医药的扶持，加大对"品牌中药"的保护力度，引起有关部门的高度重视，从而推动了中医药现代化进程。针对百姓"看病贵、看病难"问题，他建议国家制定具体操作办法，加强对"新农合"资金的管理，此建议得到国务院有关部门的重视并办理。方同华本人也被评为优秀人大代表。

徐长泉 先生

江苏井神盐化股份有限公司 总经理

徐长泉先生，中国国籍，1959 年出生，中共党员，本科学历，高级会计师。

历任徐圩盐场基建科会计、财务科会计、总账会计、副科长，苏盐集团审计处、财务处副主任科员、主任科员，台北盐场副场长，连云港盐务局副局长，连云港盐业公司董事、副总经理，徐州盐业公司董事、总经理，苏盐集团财务处处长、计划财务部部长、结算中心主任，淮盐矿业董事长、党委书记，东泰盐业董事长、党委书记，井神股份副总经理、党委委员。

现任公司董事、总经理、党委副书记。

薛季民 先生

陕西省国际信托股份有限公司 董事长

薛季民先生，北京大学工商管理硕士，高级审计师、高级会计师。历任陕西省审计厅副处长、处长，陕西省高速公路建设集团公司党委委员、副总经理兼总会计师。2006年至今任陕国投党委书记、董事长。现为陕西省政协委员，中国上市公司协会监事，陕西证券学会副会长，陕西省审计学会特邀理事，陕西省注册会计师协会常务理事，陕西省国有资产管理学会常务理事。曾担任陕西上市公司协会会长。

作为国内首家上市非银行金融机构——陕国投的带头人，薛季民先生带领公司全体员工励精图治，开拓进取，稳健经营，从而使公司发生了巨变。

2006年上任伊始，即按照中国银监会和中国证监会要求创造性地开展工作，在完成股权分置改革的同时清理了危及公司生存的历史负债，并强化当期经营一举扭亏为盈。

"十一五"以来，薛季民先生着眼陕国投长远发展，积极抢抓资本市场和信托市场机遇。一手抓战略，经过多年不懈努力，2012年4月完成了公司上市以后真正意义上的大规模增资扩股，为公司长远发展奠定了坚实基础；另一手抓经营管理，使得公司脱胎换骨，企业运营机制实现市场化，内控体系不断完善，金融产品创新不断，公司核心竞争力不断增强，公司经营业绩屡创历史新高，发展基础不断夯实，步入了快车道。从2006年到2013年上半年，公司信托资产规模由17.5亿元增加到1000多亿元；利润总额累计14.38亿元，上缴国家税费累计4.74亿元，股东分红累计1.3亿元；公司市值由15亿元达到最高时的120多亿元；公司净资产从3亿元增加到34.27亿元，增幅达1042%。

薛季民先生多年致力于推动资本市场发展，取得了良好绩效。其带领的陕国投曾荣获国家、省市各级表彰奖励20余项，在资本市场影响力持续扩大。

杨华辉 先生

兴业国际信托有限公司 董事长

杨华辉先生，中共党员、高级经济师、经济学博士。现任兴业国际信托有限公司董事长、代理总裁。曾任兴业银行总行上海证券部总经理，兴业证券公司上海业务部总经理，兴业银行上海分行副行长，兴业银行杭州分行行长等职；兼任福建省金融学会副会长等社会职务。

杨华辉先生十分重视实践与理论的结合，目前已在《经济管理》、《当代经济科学》、《浙江金融》等权威刊物上发表了《上市公司效绩及风险度量》、《健全信贷管理与防范消费信贷风险》、《股份制商业银行收购城市信用社的实践与意义》等文章十余篇，出版了个人专著——《我国股份制商业银行内部控制理论与设计》一书，并负责主编并出版了《世界经济新编》、《商业银行分支行管理与领导艺术论析》、《发展管理与诚信》等多本专业书籍。

赵 欢 先生

中国光大银行 行长

赵欢先生，1986年毕业于西安交通大学管理工程专业，高级经济师。自2014年1月起加入公司，任公司党委副书记、执行董事、行长。现任中国光大（集团）总公司党委委员、执行董事。2001年3月至2011年3月，历任中国建设银行公司业务部副总经理、厦门市分行副行长、公司业务部总经理及上海市分行行长。2011年3月至2014年1月任中国建设银行副行长、党委委员（2010年12月起）。

翟建强 先生

财达证券有限责任公司 董事长

翟建强，1964年7月出生，中共党员，正高级会计师，河北大学经济学硕士，新加坡南洋理工大学MBA，河北大学金融硕士导师，河北经贸大学客座教授，硕士生导师，2005年任公司总经理，2014年起任公司董事长、法定代表人。

翟建强同志始终坚持“创新引领发展”的治企理念，在坚持巩固经纪业务基础性地位的同时，积极带领公司员工不断开拓新的业务领域，挖掘新的利润增长点，公司业绩连年攀升，实现了从小到大，从地方到全国、从经济类券商到综合类券商的三大跨越，目前，财达证券已经形成了传统经纪业务与创新业务和谐发展的新局面，服务客户、服务企业、服务实体经济的能力不断增强，多次获评A类券商、并获得“河北省金融贡献奖”、“河北省明星企业”、“河北省最具影响力和最具成长性企业”等荣誉称号。

翟建强同志多次获得河北省优秀（创业）企业家、河北省最受关注企业家，并获得“河北优秀经营管理者”、“有突出贡献的经营管理人才”等荣誉称号。主持撰写的《创新合规管理 筑牢发展基石》、《优化会计资源配置 提升财务管控能力》，均获得了企业管理现代化创新成果一等奖。

刘建武 先生

西部证券股份有限公司 董事长

刘建武，男，中共党员，1965年6月4日出生，籍贯陕西礼泉，经济学博士，1991年6月参加工作，已取得一般证券业务执业资格和高级经 济师职称，现任陕西省投资集团(有限)公司董事、陕西能源集团有限公司董事、西部证券股份有限公司董事长兼党委书记。

学习经历：1984年9月-1988年7月，就读于陕西财经学院工业经济专业，本科学历，学士学位；1988年9月-1991年6月，就读于陕西财经学院工业经济专业，硕士研究生学历，硕士学位；1999年9月-2002年6月，就读于西北大学经济管理专业，博士研究生学历，博士学位。

工作经历：1991年6月-1993年9月，在陕西省计划委员会经济研究所工作；1993年9月-1996年6月，在西安市人民政府办公厅秘书二处工作；1996年7月-1999年7月，在西安市人民政府办公厅财贸处工作，任副处级秘书；1999年7月-2000年1月，在西安市人民政府办公厅科教文卫处任处长；2000年1月-2001年4月，在西安高新区长安科技产业园、西安高新区电子工业园工作，任长安科技产业园管理办公室常务副主任、高科集团长安园实业发展有限公司常务副总经理（正处级）、高新区电子工业园管理办公室常务副主任、电子工业园实业发展有限公司副总经理；2001年4月-2002年7月，在西安高新区新区开发建设管理办公室任常务副主任、高科集团地产开发公司常务副总经理；2002年7月-2003年9月，在西安市投资服务中心任副主任（副局级）；2003年9月-2005年10月，陕西省投资集团公司任金融证券部经理；2005年10月至今，在西部证券股份有限公司任董事长；2007年9月至今，在陕西省投资集团(有限)公司任董事；2012年11月至今，在陕西能源集团有限公司任董事。现兼任陕西证券期货业协会会长。

朱治理 先生

万和证券有限责任公司 董事长

朱治理先生，1987年7月至1995年8月，河南省固始县桥沟高中，教师

1995年10月至1998年2月，重庆卓越工贸有限责任公司，总经理助理

1998年2月至2000年6月，深圳市特发天鹅实业有限公司，总经理助理

2000年6月至2004年9月，深圳市投资管理公司，办公室副主任

2004年9月至2005年5月，深圳市投资控股有限公司，资产经营管理部副部长

2005年5月至2007年9月，深圳市亿鑫投资有限公司，总经理

2007年9月至今，万和证券有限责任公司董事长

所获荣誉：

2011年7月获得中国企业改革与管理卓越成就奖章；2011年7月获得“首届海南国际旅游岛经济领军人物”殊荣。

蔡 咏 先生

国元证券股份有限公司 董事长

蔡咏，1960 年 6 月生，安徽蚌埠人，1982 年毕业于安徽财经大学财政金融系，讲师、高级经济师。现任国元证券股份有限公司董事长、党委书记，安徽国元控股（集团）有限公司党委委员，国元证券（香港）有限公司董事长；中国证券业协会证券公司专业评价专家；中华全国工商联合会并购公会理事，安徽省企业（家）联合会副会长，安徽省证券期货业协会会长；长盛基金管理公司董事、提名与考核委员会主任；安徽大学、安徽财经大学兼职教授，上海证券交易所博士后指导老师。

蔡咏拥有一般证券业务职业资格和证券公司高级管理人员任职资格等，一直从事证券、会计和投资等方面的经营管理和教学科研工作。1982 年至 1989 年在安徽财经大学财政金融系、会计学系从事教学工作，曾任会计教研室主任、硕士生导师等职。1990 年至 2001 年 9 月，曾担任安徽省国际经济技术合作公司美国分公司财务经理；安徽省国际信托投资公司国际金融部经理，深圳证券部经理，证券总部副总经理；香港黄山有限公司总经理助理。2001 年 9 月至 2012 年 8 月任国元证券公司董事、总裁；2002 年 11 月至 2013 年 7 月任国元证券公司党委副书记；2010 年 8 月至今任安徽国元控股（集团）有限公司党委委员；2012 年 8 月至今任国元证券公司董事长；2013 年 8 月至今任国元证券公司党委书记。

蔡咏具有良好的职业教育背景。1987 年在深圳大学参加“香港会计与审计”进修；1995 年参加荷兰鹿特丹大学“国际投资、金融与会计”培训；1999 年参加北京工业大学 “国际工商管理硕士（MBA）”学习；2003 年 4 月参加中国证券业协会“证券公司创新与监管”培训；2005 年 1 月参加中国证券业协会高管人员资质培训与测试；2005 年 6 月参加美国宾州大学沃顿商学院“基金公司领导力”培训；2010 年 6 月参加中国证监会上市部“上市公司高级管理人员”培训；2012 年 8 月赴新加坡国立大学参加“现代金融企业高级管理人员研修班”等。

蔡咏具有扎实的金融证券、财务会计方面的理论基础。著有《国际会计》、《会计原理》、《会计学的学与教》、《中国资本市场专题研究》等专著、译著，并先后在国家、省级刊物杂志及四大证券报发表专业论文三十余篇。主持上海证券交易所“上证联合研究计划”第十期、十三期、十六期、十七期、二十四期研究课题。本人或与他人合作的研究项目曾获安徽省政府社会科学二等奖（2007 年）、安徽省高校人文社会科学二等奖（2007 年）、深圳证券交易所 2006 年度第 9 届会员单位与基金公司研究成果三等奖、中国证券业协会 2008 年度优秀研究成果三等奖、中国国际交流出版社“世界重大学术创新成果”特等奖（2009 年）、中国新闻文化促进会首届“共和国重大前沿理论成果创新”特等奖（2010 年）等。

蔡咏于 2011 年被中国券商【金方向】奖评选委员会评为“中国最受尊敬的证券公司总裁”、2012、2013 年连续两年被评为“年度中国券商先生”。

张利国 先生

北京国枫律师事务所 首席合伙人

张利国律师，1989年毕业于北京大学法律系，获国际经济法硕士学位。在校期间加入中国共产党。研究生毕业后，曾就职于北京市医药总公司、中国汽车进出口总公司等企业。1994年创办了北京市国方律师事务所，2005年国方律师事务所重组设立了北京市国枫律师事务所，张利国律师任国枫所主任。2012年北京市国枫律师事务所与北京市凯文律师事务所合并，成立了北京国枫凯文律师事务所，张利国律师为事务所首席合伙人。

张利国律师从1993年就开始从事专职律师工作，当年即获得了由司法部、中国证券监督管理委员会授予的证券法律业务的从业资格。从这一年起，他就一直从事证券法律业务，先后为包括美克国际家具股份有限公司、北京首钢股份有限公司、北京中科三环高技术股份有限公司、江苏连云港港口股份有限公司、安瑞科能源装备控股有限公司在内的数百家企业的股票发行、企业兼并、资产重组、增发、配股项目提供了法律服务，业务种类涉及H股、A股、B股、红筹股、证券投资基金设立等。近几年中，张利国律师参与完成了几十家企业的IPO、再融资业务，为企业融资规模达近千亿元，为我国证券市场的发展壮大做出了突出贡献。

2009年8月，我国开启创业板，张利国律师率领全所积极参与到创业板上市法律服务中。青岛特锐德电气股份有限公司(300001)是国枫出色高效执行的项目之一。在张利国律师的带领下，国枫特锐德项目团队在执行该项目过程中，以公司办公地为家连续数月每日工作时间超过12个小时，勤勉尽责，兢兢业业，始终在项目第一线与客户反复讨论研究问题，并提出行之有效的方法迅速解决问题，最终使得特锐德以短短4个月的时间即从项目启动至成功在创业板上市，成为创业板第一股。

2010年初，张利国律师办理的浙江宏达经编股份有限公司发行股份购买深圳市威尔德医疗电子股份有限公司重大资产重组项目，是我国证券市场重组业务历史上具有开创意义的项目。

张利国律师2008年被评为“2008中国证券业年度人物”，2011年被中国上市公司联合会等机构评为“2011年度中国优秀律师”，2012年当选“2012中国十大最具影响力律师”，同年，上海证券交易所聘请张利国律师为第一届上市咨询委员会委员，深圳证券交易所聘任张利国律师为深圳证券交易所第七届上市委员会委员。

张利国律师自2005年初担任事务所主任以来，在他的主持和带领下，事务所坚持高标准、高要求，走“规范化、专业化、规模化”的道路。

2008年，在张利国律师的主持下，国枫律师事务所在全国证券律师行业中率先建立和实行了证券内核制度，提高了法律服务工作质量和服务规范。

2009年7月，应成都市政府邀请，张利国律师作为特邀嘉宾参加了第二届中国成都金融街发展论坛暨中国西部新资本力量峰会，与参加论坛的博鳌亚洲经济论坛秘书长龙永图等国内经济界著名人物一起，在论坛上对宏观经济形势和成都打造西部金融中心发表了真知灼见。

作为我国证券法律服务业的知名律师，张利国律师积极宣传我国证券、公司法律知识，为我国的社会主义法制建设增砖添瓦：

2010年10月，应新疆律协邀请，张利国律师受北京律师协会协会委派前往乌鲁木齐，为新疆律师同行举办了证券律师实务讲座；

2011年5月，北京市律师协会组织了延安红色之旅，张利国主任作为并购与重组法律专业委员会副主任就“律师在企业兼并、收购中的实务”为陕西律师同行举办了专题讲座；

2010年8月张利国律师作为嘉宾参加了中央电视台《对话》节目《私募的盛夏》为主题的录制，就PE的发展现状、法律监管环境阐述了自己的法律见解；

2009—2010年间，张利国律师数次应邀作为CCTV证券资讯频道嘉宾，宣传公司证券法律知识。

此外，张利国律师受北京大学法学院、厦门大学管理学院邀请，为研究生等多次举办公司证券法律业务讲座。

李 玮 先生

齐鲁证券有限公司 董事长

李玮，1962 年 4 月出生，山东莱芜人，中共党员，经济学博士，高级会计师。现任齐鲁证券有限公司董事长、党委书记，第十二届全国人大代表，中国证券业协会理事、创新发展战略委员会副主任委员，山东省证券业协会会长，山东省金融学会副会长，山东大学校董等职务。曾任莱芜钢铁集团有限公司财务处处长、总会计师、副总经理、董事，鲁银投资集团股份有限公司董事长、总裁等职务。

工作业绩：

齐鲁证券成立初期存在着资产质量差、挪用保证金、违规担保等问题，2003 年上半年被中国证监会列为待稽查的高风险券商。2003 年 7 月，莱钢集团控股齐鲁证券，李玮先生带领公司新一届领导班子在化解风险、增资扩股的同时，着力推行了机构、人事和分配三项制度改革，使举步维艰的齐鲁证券重新焕发了生机和活力，先后取得了综合类券商、规范类券商、创新试点类券商业务资格。2007 年初，公司收购了天同证券证券类资产，李玮先生积极推动实施发展战略、基础管理、业务体系、人才队伍、合规风控、企业文化等六大建设工程，使重组后的齐鲁证券逐步发展成为一家全国大型综合类券商。近年来，面对经济发展新常态和行业创新发展新形势，李玮先生带领公司大力推进“四项转移”，提升“五大能力”，突破“六大热点创新业务”（四项转移：从以场内业务为主向场内场外并重转移，从以公募为主向以公募私募并重转移，从以中介业务为主向中介业务、资本中介业务和资本投资业务并重转移，从以提供通道服务向提供产品服务和财富管理服务转移；五大能力：定价能力、销售能力、产品开发能力、财富管理能力、风险控制能力；六大突破：财富管理、资产证券化、量化交易、做市交易、互联网金融、柜台市场），进一步提升了公司的核心竞争力和综合金融服务能力，努力建设系统重要性现代投资银行。

李玮先生近几年先后荣获“全国五一劳动奖章”、“山东省劳动模范”、“山东十大财经风云人物”等荣誉称号。

余 政 先生

民生证券股份有限公司　董事长

余政，男，汉族，1960年11月出生，浙江省富阳市人，中共党员，经济学博士，副教授，现任民生证券股份有限公司董事长。

1979年9月-1983年7月，在兰州大学经济系学习，获经济学学士学位；

1983年9月-1986年7月，在福建师范大学经济系学习，获经济学硕士学位；

1994年9月-1998年7月，在复旦大学经济学院学习，获经济学博士学位；

1986年7月-1996年12月，在浙江财经学院工作，历任教研室副主任、马列部副主任、社科部主任，兼任院学术委员会委员、职称评审委员会委员等职；

1996年12月起，历任光彩事业投资集团有限公司、总裁助理、总裁，泛海建设集团股份有限公司常务副总裁，中国泛海控股有限公司董事、副总裁，泛海建设集团股份有限公司董事、监事会监事长、监事会主席，民生投资管理股份有限公司董事长、监事会主席，2012年至今任民生证券股份有限公司董事长。

余政自担任董事长以来，以企业家的卓越胆识，积极应对经济形势复杂多变、市场竞争日趋激烈等挑战，以超前的战略思维、系统创新的管理理念实现了民生证券全面协调的可持续发展。民生证券自1986年成立以来，始终坚持“民生在勤，守正出新”的经营理念，以严谨规范的经营管理、持续增长的经营业绩、较具竞争力的激励机制和敬业精业的员工团队形成了自己的品牌优势，成为国内具有一定影响力的全国性证券公司。同时，公司坚持社会目标、企业目标、个人目标的统一；社会责任、企业责任、个人责任的统一；社会利益、企业利益、个人利益的统一，使民生证券成为社会之公器，员工之家园。

余政董事长在公司2016年度工作会议上提出以“新机之年，发展求变”为主题的总结性讲话。2016年是民生证券的新机年，要主动求变，变是生存发展之道，既要量变，也要质变。资本、团队、结构、机制、管理、品牌等方面，都要有量变、质变。要以变应变，处理好“我”与世界、“我”与人、“我”与我的关系。同时要求民生证券坚持多元化、集团化、国际化、市场化的发展方向，力争两到三年实现跨越发展。

陈平 先生

马应龙药业集团股份有限公司 董事长

陈平，男，1962 年 11 月生，博士、高级经济师。现任中国宝安集团股份有限公司执行董事、营运总裁，马应龙药业集团股份有限公司董事长。曾任安信投资有限公司董事长、香港恒丰国际投资有限公司总裁、中国宝安集团股份有限公司总经济师、副总经理、常务副总裁等职务。

陈平先生组织参与了多起企业收购兼并及资源整合案例，其主持收购并整合的马应龙药业集团股份有限公司由一家单一的生产型企业改造成为涉足于药品生产、批发、零售和研发，连锁医院等多功能、专业化的医药上市公司，各项经济指标均有大幅度提高，成为社会各界所公认的国有企业改革成功之典范。

陈平先生荣获中国医药行业十大杰出经理人、中国医药行业十大创新人物、全国优秀企业家、全国企业文化优秀成果主要创造者、湖北省五一劳动奖章、湖北省十大经济风云人物、湖北荆楚功勋企业六十年 60 人、武汉地区十大杰出青年企业家、武汉地区十大杰出创业家、最受尊敬和喜爱的创业家等称号。

高寿松 先生

江苏井神盐化股份有限公司 副总经理、董秘

高寿松先生，中国国籍，1962 年出生，中共党员，党校研究生学历，高级会计师。

历任苏盐集团运销处副处长、食盐专营处副处长、审计处副处长，江苏省金桥盐业有限公司副总经理、董事、党委委员，淮海盐化董事、常务副总经理、党委委员。

现任公司副总经理、董事会秘书、财务负责人、党委委员。

倪永培 先生

安徽迎驾集团股份有限公司 总裁

倪永培：男，中国国籍，无境外居留权，1952年生，大专学历，高级经济师、中国酿酒大师，现任安徽迎驾贡酒股份有限公司董事长。1968年10月-1970年10月，下放知青；1970年10月-1986年5月，招工进国营霍山县佛子岭酒厂，历任工人、班长、车间主任、生产调度员和副厂长；1986年5月-1991年4月，任国营霍山县佛子岭酒厂厂长、党支部书记；1991年4月-1994年1月，任霍山县经委主任、党委书记；1994年1月-1998年3月，任霍山县经委党委书记兼佛子岭酒厂厂长；1998年3月-2000年8月，任霍山县经委党委第一书记和安徽迎驾集团董事长、总经理；2000年8月起至今，任安徽迎驾集团总裁兼集团党委书记；2011年9月，任安徽迎驾贡酒股份有限公司董事长。先后荣获“全国轻工行业劳动模范”、“中国酒行业500强人金奖”、“中华百名优秀徽商”、“安徽省劳动模范”、“安徽省优秀中国特色社会主义事业建设者”等荣誉称号。2008年1月，当选为第十一届全国人大代表，2011年10月，荣获第二届“中国酿酒大师”称号。

林 科 先生

北京三聚环保新材料股份有限公司 总经理

林科，男，1962年出生，中国国籍，无境外居留权，中共党员，大学本科学历，毕业于北京钢铁学院（现更名为北京科技大学）。1997年6月创立北京三聚化工技术有限公司并任董事长兼总经理；2000年6月至今担任公司副董事长兼总经理；兼任沈阳三聚凯特催化剂有限公司执行董事、北京三聚创洁科技发展有限公司执行董事、苏州恒升新材料有限公司执行董事、大庆三聚能源净化有限公司董事长、北京三聚能源净化工程有限公司董事长、福建三聚福大化肥催化剂国家工程研究中心有限公司董事长、内蒙古三聚家景新能源有限公司董事。

沈国权 先生

锦天城律师事务所 高级合伙人

沈律师1965年出生，专业领域为证券、金融、投资、公司法务，拥有20多年大中华地区资本市场法律服务职业经验。

在证券业务方面，曾经办上海陆家嘴股份有限公司、郑州华晶金刚石股份有限公司、汕头东风印刷股份有限公司等五十多家公司A股、B股的发行或配股项目，行业涉及大型电厂、高速公路、大型钢铁厂等。在证券基金项目方面，客户包括金鑫证券投资基金、金鼎证券投资基金及国联分红增利混合型基金。在资产重组方面，曾经办上海新梅置业股份公司、福建中福实业股份公司、中国纺织机械股份公司等十多家上市公司的资产重组、定向增发、借壳上市等项目。历任上市公司合药集团股份有限公司、浙江水晶光电科技股份公司、上海东方财富信息股份有限公司、新华传媒股份有限公司独立董事。现为上海市法学会商法研究会理事，上海浦东新区政府法律顾问团成员之一。

毛嘉农 先生

永辉超市股份有限公司 独立董事

毛嘉农，男，1963年出生，第二军医大学药学专业学士；大连理工大学管理学专业硕士；中欧工商管理学院EMBA；具有《执业药师资格》、《董事会秘书资格》、《独立董事资格》等资质证书；2006年、2007年两届《新财富》"金牌董秘"、《中国上市公司十佳董秘》；2014年荣获《上海市领军人才》称号、荣获中国上市公司董事会第十届《金圆桌奖》"最具影响力的独立董事"称号。

郑 斌 先生

国民技术股份有限公司　独立董事

郑斌律师，金诚同达律师事务所创始合伙人，国民技术股份有限公司独立董事。郑律师1982年毕业于西南政法大学，获得法学学士学位、1986年毕业于中国社会科学院研究生院，获得法学硕士学位、2005年毕业于北京大学光华管理学院，获得EMBA硕士学位。

郑律师在加入律师行业之前曾多年执教于西南政法大学，并有多年在国家中央机关和国有资产管理机关工作的经验。郑律师现在已是国内银行和金融业务、证券业务以及并购重组业务方面的顶级法律专家之一。

同时，郑律师与证监会、国家国有资产管理局等主管部门保持着良好的工作关系，能够充分协助客户与政府部门进行有效沟通。

朱增进 先生

江苏世纪同仁律师事务所　副主任、合伙人

朱增进，男，江苏世纪同仁律师事务所副主任、合伙人。1985年毕业于南京大学法律系，同年就职于该所。1998--1999年获公派留学资格前往美国纽约大学法学院学习一年。2002年10月获“江苏省知名律师”称号，2002--2005年北京大学光华管理学院毕业并获高级工商管理硕士学位。

2009年获聘中国证监会创业板首届发审委委员，并于次年续聘第二届发审委委员。朱律师擅长金融证券法律业务，成功承办了苏宁电器、南京银行等五十多家公司IPO、配股、增发、可转债、重大资产重组等项目。

朱律师目前还担任南京银行(601009)、新城发展控股有限公司(港交所1030)、宁波韵升股份有限公司(600366)、苏交科股份有限公司(300284)、苏州设计院股份有限公司独立董事及南充市商业银行监事。

周旭东 先生

江苏东晟律师事务所 合伙人

周旭东律师是江苏东晟律师事务所合伙人，先后获得过“常州市优秀法律服务工作者”、“江苏知名律师”、“常州市司法行政系统先进工作者”、“常州市十佳律师”、“常州市法学研究先进个人”、“常州市司法行政系统先进工作者”、“江苏省优秀律师”、“常州市十大杰出青年法学人才”、“常州市优秀仲裁员”等多项省、市级荣誉称号。

周旭东律师在建筑与房地产法律实务、企业并购重组、公司股份制改造与公司上市、重大仲裁等业务领域有专业成就。历年来长期活跃在法律服务事业的第一线，代理、参与了一系列在常州市乃至江苏省具有较大影响及效应的民商事大案、要案，取得了较好的工作成果和社会反响。担任多家上市公司、拟上市公司的独立董事，为企业规范化运营出谋献策，帮助企业实现了业绩增长。

周旭东律师不仅有着丰富的实践经验，还积极参与学术研讨、论证研究，在国家、省级刊物上发表各类学术著作及论文二十余篇。

周旭东律师在2007年获得上市公司独立董事资格，现担任上市公司江苏南方轴承股份有限公司、江苏常宝钢管股份有限公司独立董事，担任拟上市公司特瑞斯能源装备股份有限公司、常州丰盛光电科技股份有限公司独立董事。

邓 路 先生

珠海欧比特控制工程股份有限公司 独立董事

邓路，男，2010年毕业于中国人民大学商学院财务管理专业，管理学博士。现任北京航空航天大学经济管理学院副教授、会计系主任；珠海欧比特控制工程股份有限公司独立董事。

近年来，邓先生多次为工业与信息化部、中国航天工业集团公司、国家电网公司、中国大唐集团公司、中国港中旅集团公司、北京汽车集团有限公司、中海油服、国电电力、金隅股份、伊泰股份等政府机构、央企及上市公司提供咨询与培训服务，讲授财务战略与报表分析、证券市场与资本运作、公司治理与股权激励等相关课程。参与完成多家公司企业改制、私募融资、财务顾问等投行业务。

邓先生还长期担任北京航空航天大学、清华大学、北京大学、中国人民大学、厦门大学等多所高校EMBA及总裁班授课教师。

邓先生近三年来所获荣誉与奖项分别为：2015年，荣获第一届全国金融硕士教学案例和荣获2014年全国“MPAcc优秀教学案例”；2014年，荣获第五届全国“百篇优秀管理案例”和荣获2013年全国“MPAcc优秀教学案例”；2013年，入选第五期全国会计领军（后备）人才（学术类）、入选北京高校“青年英才计划”和荣获第四届全国“百篇优秀管理案例”。

姜丽勇 先生

高朋律师事务所 合伙人

姜丽勇，男，毕业于北京大学和英国牛津大学，法学硕士学位，高朋律师事务所合伙人。在加入高朋律师事务所之前，他曾经供职于中华人民共和国商务部条约法律司，中国常驻 WTO 代表团以及金杜律师事务所，具有深厚的法律专业背景和丰富的工作经验。

姜丽勇律师在执业期间，曾为多家跨国公司和国内企业提供法律服务。他提供过服务的行业包括互联网、半导体、化工、电信、饮料、食品、软件和金融服务等领域。姜丽勇律师在公司业务、海外业务等领域具有专长。在竞争法领域，他曾被英国评级机构钱伯斯推荐为中国大陆最出色的律师之一。他服务过的客户包括：三星、联想、国家开发银行、阿科玛、住友、高盛和捷豹路虎等等世界 500 强公司和大型国有和民营企业。

杨为乔 先生

金堆城钼业股份有限公司 独立董事

杨为乔先，1970 年出生，法学硕士，副教授，硕士研究生导师。现任西北政法大学经济法学院副教授，西北政法大学金融法研究中心副主任、西北政法大学银行法研究中心副主任。中国银行法学会理事，陕西省法学会金融法学研究会秘书长、陕西省法学会财税法学研究会常务理事。

2013 年 6 月 19 日，公司 2013 年第一次临时股东大会选举杨为乔先生为公司第三届董事会独立董事并经公司第三届董事会第一次会议审议通过担任公司董事会审计委员会委员职务。任职期内，他勤勉尽责，审慎严谨，在完善公司治理、内控制度建设、重大事项决策及依法合规运行等方面独立的发表专业意见，认真履行了独立董事对上市公司规范运作，保护中小投资者权益的应有职责。

张俊民 先生

天津中环半导体股份有限公司 独立董事

张俊民，男，1960年8月生，山东鱼台人。1984年毕业于北京商学院（现为北京工商大学）财会系财会专业，1984-2002年就职于天津商学院会计系，曾担任教研室主任、系副主任等职、硕士生导师，2000年晋升教授职称；现为天津财经大学会计系教授、中国会计学会会员、天津市会计学会理事、天津市外经贸会计学会常务理事、天津无形资产研究会理事、中国北京亚太华夏财务会计研究中心研究员。

自1985年以来，在《会计研究》等刊物上发表《企业内部会计控制目标构造及其分层设计》、《中国会计监督管理的特色》等论文近40篇，撰写出版专著、合著《会计监管》(2000)、《企业财务分析》(1995)等35部，较早提出会计监管理论与方法体系。科研成果中先后获天津市及中国会计学会等各级优秀科研成果奖多篇（部），其中《关于我国会计学科体系的研究》、《企业内部会计控制目标及其分层设计》分获天津市第六届、第八届社会科学优秀成果奖。1994-1998年曾被财政部全国会计职称考试办聘为教材编写及考试命题专家组成员、并担任《会计原理》教材编写组组长。自1999年先后指导管理学（财务管理方向）、会计学专业及MBA硕士研究生10余名。

王志乐 先生

中联重科股份有限公司 独立董事

王志乐，1948年生，浙江临安人。著名研究世界近现代历史的经济学家。现任商务部国际贸易经济合作研究院研究员，兼任国家产业政策咨询委员会委员，中国社会科学院对外经贸国际金融研究中心特约研究员，中国经济体制改革研究会特约研究员。获国务院颁发国家有突出贡献专家证书和享受政府特殊津贴。

自1993年来的十几年间，王志乐先后完成了德国、日本、韩国、美国和新加坡等国的企业在华投资研究。并撰写和发表了一系列关于跨国公司在中国的发展、跨国公司的战略管理、跨国公司责任理念等问题的论文与著作。代表作有：《跨国公司在华发展新趋势》、《软竞争力：跨国公司的公司责任理念》等。

监管 创新 培育 服务

【品牌建设】

一套完整的品牌识别系统是组织愿景的外在表达，能够更好地帮助员工认清定位，把使命与责任内化于心，外化于形。深交所的品牌识别系统，来自长时间的积淀和发展。新 LOGO 创意源自“两块燧石相互擦亮，共同点燃创新之光”。“释放成长新动力”则是深交所品牌核心理念的简短语言表述。深交所一直以建设中国多层次资本市场体系为己任，全力支持企业发展，服务投资者，推进经济转型升级。深交所将一如既往地把“支持中小企业，创造无限机会，推进自主创新，服务中国经济”的品牌核心理念，贯穿到监管、创新、培育、服务的每一个细节，努力营造公开、公平、公正的市场环境。

地 址：深圳市福田区深南大道 2012 号
邮政编码：518038
电 话：0755-88668888
电子邮件：cis@szse.cn

深圳证券交易所
SHENZHEN STOCK EXCHANGE

深圳证券交易所（以下简称“深交所”）成立于 1990 年 12 月 1 日，是为证券集中交易提供场所和设施，组织和监督证券交易，履行国家有关法律、法规、规章、政策规定的职责，实行自律管理的法人，由中国证券监督管理委员会（以下简称“中国证监会”）监督管理。深交所的主要职能包括：提供证券交易的场所和设施；制定业务规则；接受上市申请、安排证券上市；组织、监督证券交易；对会员进行监管；对上市公司进行监管；管理和公布市场信息；中国证监会许可的其他职能。

深交所以建设中国多层次资本市场体系为使命，全力支持中国中小企业发展，推进自主创新国家战略实施。2004 年 5 月，中小企业板正式推出；2006 年 1 月，中关村科技园区非上市公司股份报价转让开始试点；2009 年 10 月，创业板正式启动，多层次资本市场体系架构基本确立。深交所坚持从严监管根本理念，贯彻“监管、创新、培育、服务”八字方针，努力营造公开、公平、公正的市场环境。

【社会文化公益】

弘扬核心价值，展示历史文化。典藏中心举办系列“红色基因”主题展览，展示中国革命和社会主义建设历史，打造全国金融系统爱国主义教育基地，弘扬社会主义核心价值观。同时，定期举办丰富多彩的传统艺术展，呈示中国灿烂历史文化的深厚底蕴，服务文化兴国，打造文化公益平台。

自 2013 年 8 月 8 日成立以来，典藏中心先后举办“志愿军文献特展”、“开国领袖文献展”、“纪念抗日战争胜利 70 周年民间文献展”、“积翠园精品展”、“海上丝绸之路图片精品展”、“翰墨百年 -- 吴氏三代书画展”、“历代书法作品展”7 次展览，在社会上获得了热烈反响。在未来规划中还将举办更多更具内涵、更有特色教育意义的公众展览。

在中央“文化兴国”战略指引下，在文化建设日益重要的今天，作为深交所履行社会责任的一部分，典藏中心承担着文化发扬传承的重任。“公众开放日”活动自 2015 年 3 月份正式启动，得到了社会各界的支持与关注，吸引了政府机关、学校、企事业单位等众多社会团体的积极参与。

投资者服务热线：400-808-9999　　技术咨询服务热线：0755-82083500

中科招商集团
CSC GROUP

集团企业文化

三特：特别忠诚、特别团结、特别能战斗

三长：长于学习、长于创新、长于资源整合

三低：低声说话、低头做事、低调做人

中国发明协会理事长朱丽兰与中科招商董事长单祥双在昆山市为“中国发明创新创业中心”揭牌

中科招商董事长单祥双出席创新中国智库成立大会暨第四届中国创新论坛

中科招商荣获2012年度上海证券报“金融资·卓越投资机构奖”

第八届中国发明家论坛获奖者合影

集团荣誉

- 2012-2015连续四年荣获“福布斯中国最佳PE投资机构”
- 2012-2015连续四年荣获《上海证券报》“金融资 · 卓越投资机构奖”
- 2015年被中国股权投资基金协会评为“中国PE十强”
- 中国投资协会股权和创业投资专业委员会联席会长单位
- 北京股权投资基金协会副会长单位
- 中国发明协会副理事长单位
- 中国发明创新创业中心主任单位
- 创新中国智库执行理事长单位
- 中国生产力促进中心协会荣誉会长单位
- 中国股权投资基金50人论坛主办单位

集团总部联系方式

地址：北京市朝阳区裕民路12号中国国际科技会展中心A座11层　邮编：100029

总机：010-57652211　传真：010-57652233 57652335 57652491 82250616

董事长：王飘扬先生

高级管理人员召开年度会议

设立在宁夏的技术中心

包头东宝生物技术股份有限公司

BAOTOU DONGBAO BIO-TECH CO.,LTD.

东宝生物

证券代码：300239　证券简称：东宝生物

■ 公司简介

包头东宝生物技术股份有限公司成立于1997年，是一家专业的生物制品国家级高新技术企业。公司注册资本约2.3亿元，拥有总资产约8亿元，市值约30亿元。主营“金鹿”牌明胶、“圆素”牌胶原蛋白及“白云”牌磷酸氢钙产品。公司拥有胶囊用明胶、食品添加剂明胶、胶原蛋白、磷酸氢钙等国家级、自治区级授权的生产许可证书，在行业内占据领先优势。多年的稳健经营和科学的市场管理，形成了稳定的上下游客户，市场份额逐年扩大，树立了优良的企业形象。

2011年7月6日，公司在深圳证券交易所成功上市，股票简称“东宝生物”，股票代码“300239”，是内蒙古自治区第一家在创业板上市的民营企业，也是包头市第一家登陆国内A股的民营企业。

公司高度重视技术研发，采取自主研发和横向合作相结合的方式，不断推进技术进步，多年来与中科院理化所紧密合作，形成了稳定的合作关系。公司拥有自治区级企业技术中心及行业内首家产学研合作研发机构— “中科院理化所—东宝生物胶原蛋白与明胶生物工程应用研发中心”，技术力量雄厚，对拓展主营业务、提升核心竞争力产生积极推进作用。上市以来，公司主营产品技术含量不断提高，市场竞争力持续增强，主营业务产品被评为自治区名牌产品。近年来，又与美国加州大学洛杉矶分校、澳洲迪肯大学建立技术合作关系，合作研发投入在同行业处于领先水平，为公司的技术进步、工艺创新、后续产品开发积累了丰厚的技术储备。公司的技术创新以及所取得的研发成果在行业内具有明显优势。

2013年12月，东宝生物与美国Pureorg公司签订了《服务合作协议书》，通过pureorg同UCLA（加州大学洛杉矶分校）进行胶原蛋白及胶原蛋白衍生品对抑制肿瘤的研究，并研发相应复合型配方胶原蛋白产品，开启了“圆素”牌胶原蛋白大步走向国际市场的新局面。

2014年公司紧跟市场形势，积极加码明胶主业，启动“3500吨新工艺明胶”和“研发中心建设”再融资项目。其中“年产 3500吨新工艺明胶项目”将大幅增加公司明胶产能，提升行业地位，“研发中心建设项目”将极大程度提升公司自主研发实力，真正实现以技术创新提升产品品质，以过硬的产品质量和市场口碑稳固并扩大市场份额。项目实施后将进一步提升工艺技术水平、扩大生产规模、降低生产成本、全面提升产品质量，形成公司新的利润增长点、进一步巩固行业地位、提升公司竞争力。

2015年初，公司胶原蛋白新产品“圆素”骨肽上市，该产品采用国家发明专利“可溶性胶原蛋白制备方法”（专利号：ZL200910241882.X）定向酶切技术制备，最大程度保存胶原蛋白生物活性，该产品自上市以来，受到了消费者的一致认可和青睐。公司根据产品的战略定位，将充分利用互联网资源，规划执行“B2C+C”的营销模式，将中间商利益输出至用户，与用户结成一体化关系，进一步提升品牌影响力，扩大市场份额。

公司积极参加社会公益事业，公司董事长、管理层发挥模范带头作用，树立企业良好的公众形象。公司主要从节约资源、保护环境、扶危济困领域开展公益支持活动，由党委、工会牵头，保持相关部门的紧密联系，通过参加印度洋海啸、汶川地震、玉树地震灾区捐款和土右旗、固阳县扶贫、包头市同心工程、困难员工救助、包头市博爱一日捐等，获得了广泛好评及社会各界的赞誉，为社会进步做出贡献。2012年，获中共包头市委统战部、包头市工商业联合会（总商会）颁发的“包头市同心感恩工程先进单位”荣誉。2015年10月，我公司承办的“圆素骨肽10.12世界关节炎日徒步嘉年华活动暨关爱关节慈善爱心基金启动仪式”在城中草原赛汗塔拉拉开帷幕。公司董事长代表公司捐赠“关爱关节”慈善爱心基金10万元。

立足于现代胶原生物制品专业化生产的东宝生物，将借助技术创新和资本市场的强劲动力，打造稳健发展、持续增长的一流生物制品企业，为我国生物产业做出新的努力，为人类对健康和美的追求作出最大的贡献。

使命：专注胶原　持续创新　追求健康

愿景：世界级现代胶原生物技术企业

经营理念：员工为本、客户至尊

地址：内蒙古包头市稀土高新技术产业开发区黄河大街46号
邮编：014030
明胶销售电话：0472-5319855　传真：0472-5319866
胶原蛋白销售热线：400 663 6699　电话：0472-5319555
传真：0472-5319936　网址：www.dongbaoshengwu.com
圆素天猫旗舰店网址：www.yuansu.tmall.com

中国包头胶原生物科技高峰论坛
暨圆素骨肽+互联网启动仪式

东宝生物科技生态园奠基仪式

广交会

世界关节炎日暨关爱关节慈善爱心基金启动仪式

联欢会

公司篮球比赛

■ 资本运作项目进度

1、再融资情况

公司自上市以来，共开展过公司债（12-东宝债）、非公开发行股票等项目。其中，12-东宝债已经于2015年8月10日完成兑付工作，非公开发行股票项目已经完成全部发行工作，发行价11.42元/股，共增发3288万股，融资额37559.30万元，为企业的发展增添了助力。募投项目从2014年8月以来，历经1年时间，将土地报批招拍挂、规划许可证、设计图纸审查、施工许可证等手续办理完毕。2015年9月一期项目开工建设，建筑面积4.5万平方米。截止2015年11月底，所有单体全部主体封顶。目前，我公司正在进行设备采购工作，明胶扩建项目计划在2016年12月份竣工。

2、员工持股计划实施情况

2015年底，公司推出了“东宝生物第一期员工持股计划”，并于2016年1月15日至2016年2月16日期间通过二级市场以竞价方式累计买入本公司股票3,474,882股，占本公司总股本的1.5080%，成交累计金额43,448,378.78元，成交均价为12.5036元/股。公司第一期员工持股计划已完成股票购买，该计划所购买的股票锁定期为12个月，自2016年2月17日至2017年2月16日。

员工持股计划的实施，进一步建立和完善劳动者与所有者的利益共享机制，有效调动管理者和公司员工的积极性，吸引和保留优秀管理人才和业务骨干，兼顾公司长期利益和近期利益，更灵活地吸引各种人才，从而更好地促进公司长期、持续、健康发展，为员工及广大投资者带来更多的回报。

■ 公司荣誉

· 2010年3月，公司可溶性胶原蛋白生产技术通过内蒙古自治区科技厅科技成果鉴定。
· 2010年5月，公司获中国明胶协会颁发的“全国明胶行业先进企业”殊荣。
· 2011年12月，公司获内蒙古自治区人民政府颁发“内蒙古自治区农牧业产业化重点龙头企业”荣誉。
· 2012年2月，公司“可溶性胶原蛋白技术”获内蒙经信委颁发的“内蒙古自治区乌兰夫基金企业技术创新奖”荣誉
· 2012年10月，公司荣获第一财经中国资本力年会“年度最佳融资范例奖”、“年度最佳创业板IPO上市公司”殊荣。
· 2012年12月，公司获内蒙质监局、内蒙出入境检验检疫局、内蒙药监局等16家单位联合颁发的内蒙古“2012年全国质量月”产品质量用户满意度调查“用户满意单位”荣誉。并获得包头市人民政府颁发的“2011—2012年度全市质量工作先进单位”荣誉。
· 2013年6月，被内蒙古自治区党委、政府授予“全区科学发展先进企业”荣誉称号。
· 2013年7月，在内蒙古自治区“欢乐草原”第五届全民健身大会上公司广播体操队获突出贡献奖。
· 2013年9月，公司生产技术“明胶生产浸酸工艺的控制方法”获中国发明专利。
· 2013年10月，在《21世纪经济报道》报社主办的“第二届中国上市企业TOP10”活动中，公司获得“中国上市企业创新精神TOP10”荣誉。
· 2014年1月，公司用于骨制明胶的“金鹿”商标被认定为内蒙古自治区著名商标，用于胶原蛋白的“圆素”商标被包头市政府认定为知名商标。同月，公司董秘刘芳先生在上海证券报社主办的2013年度“金治理 · 上市公司优秀董秘”评选活动中，荣获“金治理 · 投资者关系公司董秘奖”荣誉，并同时获得由《信息早报》主办的“2013年上市公司最佳投资者关系管理奖”这一殊荣。
· 2014年11月，公司胶原蛋白生产工艺获包头市政府颁发的“包头市科学技术进步一等奖”荣誉。
· 2015年12月，公司获内蒙古自治区“第二届全区最具社会责任感企业”荣誉。
· 2016年1月，公司董秘刘方先生获《信息早报社》主办的“2015年上市公司最佳投资者关系管理奖”荣誉。

多层次、专业化、综合性的法律服务

2015年荣誉奖项 »

- 卓越律所大奖——资本市场领域（商法，2015）
- 中国A股首次公开发行发行商法律顾问第四位（汤森路透，2015）
- 中国A股股权及股权相关发行商法律顾问第四位（汤森路透，2015）
- 亚洲股权及股权相关发行商法律顾问第九位（汤森路透，2015）
- 资本市场国内发行领域领先律所（Chambers，2015）
- 中国律所品牌50强（LEGALBAND，2015）
- 亚太律师事务所100强（The Lawyer，2015）
- 2015年（VC/PE支持）中国企业新三板挂牌法律顾问机构10强（中国创业投资暨私募股权投资年度排名，2015）
- 2015年（VC/PE支持）中国企业境内上市法律顾问机构10强（中国创业投资暨私募股权投资年度排名，2015）
- IPO项目优秀律师事务所:深圳创业板五强、深圳中小板十强、上海主板十强（商法，2015）
- 年度最佳证券与资本市场国内发行律师事务所（LEGALBAND，2015）

鹏元资信评估有限公司
PENGYUAN CREDIT RATING CO.,LTD.

鹏元资信评估有限公司原名 “深圳市资信评估公司”，成立于1993年，是中国最早成立的评级机构之一，先后经中国人民银行、中国证监会、国家发改委认可，在全国范围内从事信用评级业务。

1993年3月，经中国人民银行深圳特区分行批准，鹏元获得从事贷款企业评级业务资格；1997年12月，经中国人民银行批准，鹏元成为首批具有在全国范围内从事企业债券评级业务资格的9家评级机构之一；2006年，经中国人民银行成都分行和中国人民银行重庆营业管理部批准，鹏元分别在四川省和重庆开展信贷市场企业主体信用评级业务；2007年9月，经中国证监会核准，鹏元成为首批获得证券市场资信评级业务资格的评级机构之一；2008年9月22日，经国家发改委批准，鹏元获得企业债券评级业务资格，成为全国第一家正式获得国家发改委书面批文的评级机构；2009年11月30日，经中国人民银行贵阳中心支行核定，鹏元获得贵州省信贷市场企业主体信用评级资格；2010年3月16日，经中国人民银行上海分行核定，鹏元获得上海市信贷市场企业主体信用评级资格；2012年9月，经中国人民银行长春中心支行批准，鹏元在吉林省开展小额贷款公司、担保机构及借款企业等主体信用评级业务。

2012年8月10日，经香港证券及期货事务监察委员会(SFC)核准，鹏元的全资子公司鹏元资信评估(香港)有限公司获得“第十类受规管活动——提供信贷评级服务”的牌照，在香港从事评级服务，业务已延伸至国际资本市场。

目前，鹏元的业务品种包括企业信用评级、(上市)公司债券评级、(非上市公司)企业债券评级、资产支持证券评级、集合资金信托计划评级、金融机构评级、公司治理评级和个人征信等。 迄今为止，鹏元已累计完成了40,000余家(次)各类主体信用评级，为全国近4,000家企业开展了债券信用评级和公司治理评级。

作为同时在信用评级和信用征信领域具有广泛影响力和知名度的信用服务机构，鹏元一直积极参与国家信用体系建设。2012年，受国家发改委邀请，鹏元承担《中华人民共和国信用法》(草案)的起草工作；2011年，鹏元与中央财经大学合作创建“中财-鹏元地方财政投融资研究所”，对地方财政投融资问题进行持续、深入的研究；2010年11月，鹏元作为唯一的非政府机构受中国人民银行邀请参与“十二五”期间报国务院审批的重点专项规划——《社会信用体系建设规划(2011-2015年)》的起草。

鹏元希望以多年在信用评级领域积累的经验服务于国内、国际资本市场，向全世界的投资者发布来自中国的评级资讯，提升中国信用评级行业的国际影响力。

★证券信用评级 ★非证券信用评级 ★公司治理评级

公司债券评级 企业债券评级 结构融资评级 借款企业评级 投标企业评级

公司治理评级 金融机构评级 中小企业评级……

鹏元评级项目覆盖区域

深圳总部
深圳市深南大道7008号阳光高尔夫大厦三楼
电话：0755-8287 2333　传真：0755-8287 2090

北京分公司
东城区建国门内大街26号新闻大厦8层806
电话：010-6621 6006　传真：010-6621 2002

上海分公司
上海市浦东新区东方路818号众城大厦13楼
电话：021-5103 5670　传真：021-5191 7360

湖南分公司
湖南省长沙市雨花区万家丽中段36号喜盈门范城2号栋14007室
电话：0731-8428 5466　传真：0731-8428 5455

郑州办事处
郑州市金水路288号曼哈顿14号楼(兴业大厦)1103室
电话：0371-6030 8673　传真：0371-6030 8673

江苏分公司
江苏省南京市建邺区江东中路108号万达西地贰街区商务区15幢610室
电话：025-8778 1291　传真：025-8778 1295

四川分公司
四川省成都市高新区天府大道三街19号新希望国际大厦A座1701室
电话：028-8200 0210　传真：028-8522 8932

吉林分公司
吉林省长春市南关区人民大街7088号伟峰国际大厦2005室
电话：0431-8596 2598　传真：0431-8596 2596

山东分公司
济南市高新区舜华路2000号舜泰广场8号楼1-2604B室
电话：0531-5556 8891　传真：0531-5556 8892

鹏元资信评估(香港)有限公司
香港新界荃湾白田坝街36-44号信义工业大厦9楼5室
电话：(852)2487 7066　传真：(852)2487 7866

北京总部
地址：北京市朝阳区东大桥路9号侨福芳草地D座7层　邮编：100020
电话：010-5813 7799　传真：010-5813 7788
E-mail：capital@dachenglaw.com　网址：www.dachenglaw.com

签约

业务领域

公司综合类业务	公司收购、兼并与重组	证券与资本市场	私募股权与投资基金
国企改制与产权交易	银行与金融	外商直接投资与外资并购	境外投资
反垄断与国家安全审查	税务	国际贸易	国际贸易救济与WTO业务
海商海事	知识产权	房地产与建设工程	矿业、能源与自然资源
争议解决	刑事辩护	劳动法	公益法律服务

揭牌

答记者问

全体合影

成都 (CHENGDU)

成都市锦江区东大街芷泉段 6 号时代 1 号 37F
610065
T：+86-28-8667 1100

北京 (BEIJING)

北京市朝阳区东三环中路 39 号建外 Soho B座
2302 室 100600
T：+86-10-5900 2480

西安 (XI`AN)

西安市高新区高新一路 15 号中航大厦 1 幢 1 单元 710065
T：+86-29-8889 6929

山鼎设计
CENDES

CENDES-ARCH.COM
深交所股票代码
300492

四川山鼎建筑工程设计股份有限公司（以下简称"山鼎设计（Cendes）"）是一家专业的建筑工程设计公司，具有较为全面的建筑设计能力及客户服务能力。主要提供建筑工程设计及相关咨询服务，包括项目前期咨询、方案设计、施工图设计及施工配合等，业务涵盖各类住宅、城市综合体、公共建筑、规划、景观、室内设计等。

山鼎设计（Cendes）创建于2003年，组建了具有国际视野的公司决策层和项目管理运营体系，在规划、建筑、专项设计等领域为包括国有企业、跨国公司等在内的政府及私人机构提供专业咨询和综合工程设计服务。部分核心管理人员及技术人员拥有美国、新加坡等发达国家建筑设计领域的工作经验，在创作理念及设计工作流程上均具有国际化的视野及标准，同时在全国创作设计了大量项目，积累了丰富的本土设计实践经验。

山鼎设计秉承"整合创意，设计未来"的设计理念，通过不断地技术创新和项目实践，为各类项目提供完整的解决方案。在业务实践中，推动绿色低碳建筑的研究及应用，持之以恒地坚持以提升城市环境、改善建筑品质和塑造可持续发展的社会生态为企业使命，为公司品牌建设带来持久的影响力。

山鼎设计于2015年12月23日登陆深圳证券交易所创业板，股票代码：300492。

HOPERUN
Information Technology
潤和軟件

证券简称：润和软件　证券代码：300339

润和创智中心外景

公司大厅

润和国际软件外包研发基地规划

江苏润和软件股份有限公司是中国领先的软件整体解决方案与服务供应商。公司的主营业务为向国际国内客户提供基于行业解决方案为基础，涵盖需求设计、开发、测试、系统集成、运维等全生命周期的软件和信息技术服务。

润和软件自2006年成立至今始终坚持“国际化”、“专业化”、“高端化”的发展战略，以南京为总部，在日本、新加坡、美国波士顿、旧金山等重点国际市场设立海外子公司，在北京、上海、深圳、广州、重庆、成都、西安、福州、无锡、香港等地设立国内子公司。公司在金融信息化、智能终端嵌入式系统、智能供应链信息化、智能电网信息化、系统集成及运维服务等专业领域打造了具有市场影响力的专业化软件服务高端品牌，国际化战略布局初步形成。

截至2015年12月，公司已拥有超过5000名的专业技能强、行业经验丰富、对公司文化认同度高的优秀员工。从事国际业务的人员大部分拥有海外工作经历，其中，具有资深海外工作背景的核心人员达500余人。

润和软件是中国电子工业标准化技术协会信息技术服务分会理事单位，是信息技术服务国家标准制定单位、中国服务外包骨干型企业、江苏省高新技术企业、江苏省首批技术先进型服务企业。公司拥有江苏省企业供应链管理软件工程技术研究中心、江苏省供应链管理软件工程中心和江苏省软件企业技术中心，先后取得了ISO9001：2008、ISO27001、CMMI3、系统集成二级、运维服务能力成熟度符合性评估二级等多项资质认证，并入选全球著名财经媒体《福布斯》“中国上市潜力企业榜”、“中国最具潜力企业榜”前20名。

公司还拥有独立而完善的研发中心、数据中心、测试中心和实训基地。坐落于南京软件核心区域——“中国（南京）软件谷”的润和“创智中心”，总面积约15万平方米、可容纳2万人同时作业的软件园区将更好地服务于软件产业上下游企业，积极发挥润和软件在产业中的领军作用，通过集聚产业生态圈范围内的企业，加强联合创新、提升区域整体竞争力、拓展复合增值业务，在自身做大做强的同时，带动上下游关联产业发展，着力打造具有核心竞争力的软件产业集群。

愿　　景｜ 成为中国领先的国际化的高端软件服务商。

使　　命｜ 通过我们的专业化服务让信息技术更好地服务于客户，推动中国信息产业和现代服务业的发展。

价 值 观｜ 客户为中心，奋斗者为本；尚变，趋实、贵中。

企业精神｜ 永久快乐 永久奋斗

地址：江苏省南京市雨花台区铁心桥工业园　邮编：210012　网址：www.hoperun.com
电话：025-52668518　传真：025-52668895　电邮：company@hoperun.com

林州重机集团股份有限公司

LINZHOU HEAVY MACHINERY GROUP CO., LTD.

证券代码：002535
证券简称：林州重机

厂区一角

公司简介

林州重机集团股份有限公司创建于1987年，位于举世闻名的红旗渠畔，现已发展成为国内唯一的集钢铁铸锻、能源装备、高新技术装备、矿井建设与运营、金融租赁服务于一体的能源装备综合服务商。

2011年1月11日，公司在深圳证券交易所挂牌上市（股票简称：林州重机；股票代码：002535）。

公司注册资本人民币616,679,288元，占地面积约55万平方米，现有职工1900余名。主营业务为煤矿机械、防爆电器、机器人产品制造、销售、维修及租赁服务；煤炭销售；矿建工程服务。法定代表人郭现生，现任第十二届全国人大代表。

公司在北京、郑州设有新产品研发机构，先后与中国科学院自动化研究所、中国矿业大学、中国科学院空间应用工程与技术中心等科研院所、高校建立了科研研发及战略合作关系。并与中国科学院自动化研究所共同组建了“工业机器人技术工程中心”。

公司是一家跨地区的集团公司，现有八家全资子公司（七台河重机金柱机械制造有限责任公司、林州重机林钢钢铁有限公司、林州重机矿业有限公司、林州生元提升科技有限公司、林州重机矿建工程有限公司、中智浩钏基金管理有限公司、林州重机物流贸易有限公司、北京中科林重科技有限公司）、五家控股子公司（鄂尔多斯市琅赛科技有限公司、天津三叶虫能源技术服务有限公司、中油三叶虫能源技术服务有限公司、盈信商业保理有限公司、北京天宫空间应用技术有限公司）、十二家参股子公司（鄂尔多斯市西北电缆有限公司、辽宁通用煤机装备制造股份有限公司、鸡西金顶重机制造有限公司、西安重装澄合煤矿机械有限公司、平煤神马机械装备集团河南重机有限公司、中煤国际租赁有限公司、亿通融资租赁有限公司、龙林矿山工程有限公司、西安重装信息科技有限公司、郑州三山石油技术有限公司、中融康泰融资租赁有限公司、天津锦锈圆融文化旅游资产管理有限公司）、一家分公司（林州重机集团股份有限公司郑州分公司）。

公司综合实力居全国同行业前列，2002年，公司被农业部授予“全国乡镇企业创名牌重点企业”；2003年，公司通过了ISO9001质量管理体系认证；2004年，公司被中国煤炭物资流通协会、中国煤炭物产集团公司评为“2003-2004年度中国煤炭工业支护产品十佳定点企业”；2005年，公司被评为河南省质量管理先进企业；2006年，公司被评为河南省诚信民营企业、河南省银行业信用优良客户；2007年，公司被河南省发展和改革委员会授予2007“河南之星”最佳企业；2008年，公司被河南省人民政府确定为“河南省100户重点工业企业”；2009年，公司被河南省委、省政府评为“河南省高成长型民营企业”；2010年，公司荣获安阳市首届市长质量奖；2011年，公司荣获林州市首届市长质量奖和“高新技术企业”；2012年，公司被河南省人民政府授予“河南省2012年度百强企业”，公司的图形商标被国家工商总局商标局授予“中国驰名商标”；2013年，公司的图形商标被河南省工商行政管理局授予“河南省著名商标”；2014年，公司再次被认定为“高新技术企业”。

公司宗旨及发展战略

承载着“为员工、股东创造财富，回报社会，回报国家”的企业使命，林州重机始终坚持“永不满足，追求完美”的发展理念，秉承“诚信、高效、奋进、创新”的核心价值观，践行“贴心服务，捆绑经营”的经营哲学，针对客户的差异化需求，实施以服务促进营销，以营销带动服务的战略，实现与用户的共同发展，合作共赢。

根据煤炭及煤机行业发展趋势，结合当前宏观经济形势，公司将在稳增煤机主业促发展的同时，积极谋求战略转型。战略转型选向定位于三大产业板块。一是依托公司现有装备制造的基础和优势，发展高端智能装备制造，优化强化公司的装备制造板块；二是建立金融服务和金融创新产业链，打造公司金融服务业务板块；三是进军旅游文化健康产业，优先发展旅游服务业板块。公司将在五年内发展成为一个集高端智能装备制造、金融创新产业服务和旅游、文化、健康产业服务为一体，具有强大的发展后劲和高盈利能力的综合性大型集团企业。

公司使命

为员工、股东创造财富，回报社会，回报国家。

公司愿景

成为国内一流的能源装备综合服务商。

核心价值观

诚信　高效　奋进　创新

刮板机

采煤机

智能掘进机

液压支架

三机一架煤矿整体方案解决体系

地址：河南省林州市产业集聚区凤宝大道与陵阳大道交叉口　邮编：456550
电话：0372-3263566　传真：0372-3263566　电邮：lzzj002535@126.com
网址：www.lzzj.com

F&D 奋达
SINCE 1993

证券代码：002681　证券简称：奋达科技

深圳市奋达科技股份有限公司

地址：深圳市宝安区石岩洲石路奋达科技园
电话：0755-27353923
传真：0755-27486663
电邮：fdkj@fenda.com
网址：www.fenda.com
邮编：518108

愿景 行业的标杆，企业的楷模，人才的圣地，社会的奋达。

核心价值观 尊重、诚信、创新，成就客户、成就企业、成就员工。

狼精神 事无艰难，何需人杰；败则拼死相救，成则举杯相庆。

龟文化 不一定做500强，要做500年，基业长青，永续经营。

使命 为客户提供绿色、优质、高性价比的产品和服务，让人类享受更美好的生活。

深圳市奋达科技股份有限公司创立于1993年，总部位于宝安区石岩奋达生态科技园。园区占地面积约17万平米，是深圳市循环经济示范园区和工业旅游景点。

目前，奋达科技是中国移动音频技术、电声产品、健康电器产品领域的领先者之一。基于无线、电声、软件、精密制造四大核心能力，以及消费者和客户需求，奋达科技持续创新，致力于成为持续领先的消费电子产品垂直整合科技企业。

奋达坚持可持续发展的理念，并积极关心和关爱我们周围的人和事物。奋达的远景目标是成为一家可持续发展、稳定繁荣的全球优秀企业。在创新和研发对社会有益技术和产品的同时，始终承担起社会进步与环境保护的责任！

奋达大楼

奋达龟山公园一角

奋达二期研发大厦

奋达科技园二期鸟瞰图

志和智

Z&Z ATTORNEYS AT LAW

志和智律师事务所

主任：江勤女士

我们的团队

重庆志和智律师事务所（“志和智”）成立于1998年，拥有一支40余人的专职律师队伍。其中部分律师在获得工程、管理、财务、外语等学历后，继续法律专业深造，开始律师执业生涯，积累了处理各专业领域内法律事务的丰富经验，特别是在金融、证券、保险、房地产、建筑工程、劳动合同管理、疑难民商案件、公司治理、电子商务等法律领域。

“志和智”的律师不仅熟悉以诉讼、仲裁、调解等方式处理各类法律纠纷，而且更擅长在整合各种社会资源的基础上，为当事人设计行之有效的非诉讼法律服务方案，继而使当事人利益最大化。

“志和智”为数十家政府部门、事业单位和国有大中型企业担任常年法律顾问和项目法律顾问，为上百家跨国公司、三资企业、以及国内各地的其他中外当事人处理金融保险、证券、房地产、建筑工程、公司并购、创业板上市、新三板挂牌、合同与商业、知识产权领域的非诉讼事务和诉讼、仲裁事务。

“志和智”成立之初就确定了“特色化、专业化”发展之路，经过多年法律功底和经验的积累，“志和智”已在金融、证券、保险、房地产、建筑工程、劳动合同管理、疑难民商案件、公司治理、电子商务法律领域渐露头角，赢得客户与业界良好口碑。

“志和智”的全体律师和管理团队，身体力行“以当事人权益之实现，促进社会公正之构建”的执业理念，争建“志向之师，智慧之师，自律之师”，满足客户不断增长的服务需求，为客户提供日益完善的法律服务。

中国·重庆瑞天路56号企业天地5号楼11F
电话：023-6376 3772
传真：023-6376 3093
E-mail: zhz023@126.com
网址：www.zzlawyer.com.cn

执业情况及行业内评价

■“志和智”律师以“自律之师”为座右铭，以“先做人后做事”为律令，秉承忠于事实和法律、诚实守信、快捷高效的执业理念，取得了良好的社会效益和经济效益，受到社会各界的广泛赞誉。

■“志和智”两次荣获重庆市司法局授予的“重庆市优秀服务律师事务所”称号，获重庆市律师协会授予的“最佳成长律师事务所”，先后获得重庆市司法局授予的“人民满意的律师事务所”及渝中区委、区府授予的“优秀中介服务机构”及“重点中介服务机构”等荣誉称号。此外，“志和智”部分律师还荣获重庆市司法局、重庆市律师协会授予的“诚信百优律师”、“重庆市优秀律师”及“重庆市十佳女律师”称号。

■“志和智”自创办以来始终坚守行业规范及职业道德，并热心公益活动。在行业内有着较高的认可度。荣获重庆新闻广播、重庆市律师协会青年律师工作委员会颁发的“重庆新闻广播《身边说法》栏目优秀嘉宾律师事务所”，荣获重庆市律师协会、重庆广播电视集团（总台）、重庆新闻广播（或重庆之声）颁发的“《身边说法》栏目2013、2014年度优秀嘉宾律师事务所”。

我所在证券、投融资、金融、保险领域的主要业绩、案例及经验

“志和智”证券领域的主要业绩及案例如下：

■为重庆聚融建设（集团）股份有限公司（已挂牌）、重庆四平塑料包装有限公司（已挂牌）、重庆巨创计量设备股份有限公司（已挂牌）、重庆博浪塑胶股份有限公司（已挂牌）、重庆理思装饰股份有限公司、重庆皇华种业股份有限公司、重庆市三峡生态渔业发展有限公司、重庆金泰航空工业有限公司、重庆安仁工业服务有限公司等十余家公司在“新三板”挂牌报价转让进行尽职调查及股份制改造，并对公司的合法合规性、独立性、重大债权债务、内部控制情况等出具《法律意见书》。

■与重庆上平实业有限公司合作，采用创新商业模式，对拟挂牌新三板企业给予零首付和零租金扶持，在重庆江北寸滩保税港区创建西部第一个“新三板孵化园”总部基地（建筑面积20万方）。

■集合几十家中介机构、新三板挂牌和拟挂牌企业发起设立了重庆“新三板商会”社团组织，帮助、引导更多中小企业挂牌新三板。

“志和智”投融资领域的主要业绩及案例如下：

■为中国建设银行股份有限公司对多家水电公司以其电站收益权作抵押贷款进行尽职调查并对电站收益权是否合法、清洁、无争议等事项出具《法律意见书》。

■为北京国维科技有限公司收购重庆旅发集团股权进行尽职调查，并对被收购公司的各子公司、分公司、关联公司的相关债权债务、内部控制情况等进行法律分析，并出具《法律意见书》。

■为中国四联仪器仪表集团有限公司发行短期融资券提供专项法律服务；为重庆西部现代物流园资产经营管理有限责任公司发行中小企业私募债券提供专项法律服务；为重庆高速公路股份有限公司、武隆喀斯特旅游集团公司发行中期票据提供专项法律服务并出具《法律意见书》。

“志和智”金融领域的主要业绩及案例如下：

■为中国建设银行股份有限公司重庆分行、重庆长城资产管理有限公司重庆办事处、重庆金合信用担保有限公司、重庆中色投资信用担保有限公司等金融机构贷款追偿、资产包处理、担保、追偿等案件提供法律服务；

■为设立重庆市北部新区小康小额贷款有限公司、重庆忠商投资股份有限公司提供法律服务；为多家银行、担保公司、投资公司提供常年法律服务，并为其提供借贷、担保事务日常管理、风险控制服务；

■为多家房地产公司提供常年法律顾问服务，为其项目开发、融资借贷提供专项法律服务；

“志和智”保险领域的主要业绩及案例如下：

■为利宝保险有限公司、富邦财产保险有限公司重庆分公司、信达财产保险股份有限公司重庆分公司等保险公司提供常年法律顾问服务，并为其处理追偿、保险理赔等案件。

2015
中國證券業年鑒
CHINA SECURITIES YEAR BOOK

中

总第二十三期

图书在版编目(CIP)数据

中国证券业年鉴. 2015/ 中国证券业年鉴编辑委员会 编.
上海:复旦大学出版社, 2016.5
ISBN 978-7-309-12261-9

Ⅰ. 中… Ⅱ. 中… Ⅲ. 证券业—中国—2015—年鉴 Ⅳ. F832.91-54

中国版本图书馆 CIP 数据核字(2016)第 093173 号

中国证券业年鉴(2015·总第二十三期)
中国证券业年鉴编辑委员会 编

责任编辑　岑品杰　姜作达　方毅超　戚雅斯　谢同君
封面设计　上海众证文化传播有限公司
出版发行　复旦大学出版社有限公司出版发行
　　　　　上海市国权路 579 号　　邮编 200433
经　　销　新华书店
印　　刷　上海汉迪彩色印刷有限公司
开　　本　850mm×1168mm　1/16
印　　张　176
插　　页　230
字　　数　5006 千字
版　　次　2016 年 5 月第 1 版　2016 年 5 月第 1 次印刷

定　　价　人民币 1980 元　港币 2680 元　美元 400 元

编辑说明

《中国证券业年鉴》秉承客观、公正、全面的原则，忠实记录我国证券市场的发展轨迹，向海内外各界人士宣传、展现我国证券市场的发展成就，并给后人查阅、研究我国证券市场历史年度的动态，提供权威资料。做好中国证券业历史的编辑整理工作，保证中国证券业历史记录的有序延续，是我们的历史使命。自1993年创刊以来，《中国证券业年鉴》已经逐渐成长为一个展示公司业绩、总结市场成就、记录中国证券业历史、向海内外各界人士展现和推介中国证券市场形象的权威窗口。《中国证券业年鉴》每年出版一次，分上、中、下三册向国内外公开发行。

《中国证券业年鉴》（2015 · 总第二十三期）主要反映本年度中国金融、证券、基金、期货市场及企业制度建设和发展方面的情况和最新动态，供海内外有关机关、社团、学校、研究部门、企事业单位及社会各界人士做进一步研究参考使用，为推动中国证券业的规范化和国际化、建设中国特色社会主义市场经济服务。

《中国证券业年鉴（2015）》内容设置专论、中国金融市场、中国证券市场、中国基金市场、中国期货市场、中国证券业人物纪实与访谈、中国证券业年度人物、优秀企业选介等部分，另有彩色图片1500幅。

《中国证券业年鉴（2015）》的资料直接来源于公司的公告和报告，国务院有关部委及各省、市相关单位提供的材料，保证了年鉴的权威性和准确性。《中国证券业年鉴（2015）》基本保持上一期的内容和体例，同时新增了全国性场外交易市场的详细资料，进一步展现了我国构建多层次资本体系的阶段性成果。但由于中国证券业仍处于快速发展阶段，加上各地区的发展不平衡以及我们的水平有限，难免出现一些疏漏，敬请读者谅解和指正。

《中国证券业年鉴》由上海、深圳证券交易所、全国中小企业股份转让系统和中国证券业年鉴编辑委员会共同主办，总编辑由黄红元、宋丽萍、杨晓嘉担任。在编辑出版过程中得到了国务院有关部门，中国证券监督管理委员会及各省、自治区、直辖市证监局，上海证券交易所，深圳证券交易所，香港交易所，中国证券报社，全国中小企业股份转让系统及证券界有关领导、专家的指导和支持，在此我们表示最诚挚的感谢。

中国证券业年鉴编辑部

中国证券业年鉴理事会

（以下排名不分先后）

杨　超	证通股份有限公司综合管理部	总经理
杨光裕	长城基金管理有限公司	董事长
朱治理	万和证券有限责任公司	董事长
徐建平	东吴基金管理有限公司	董事长
余　政	民生证券股份有限公司	董事长
谢永林	平安证券有限责任公司	董事长
余维佳	西南证券股份有限公司	总裁
秦斯朝	鹏元资信评估有限公司	副总裁
王文京	用友网络科技股份有限公司	董事长、总裁
张近东	苏宁云商集团股份有限公司	董事长
袁　泽	新疆新鑫矿业股份有限公司	董事局主席
陈　平	马应龙药业集团股份有限公司	董事长
李春宏	江苏连云港港口股份有限公司	董事长
徐　进	安徽口子酒业股份有限公司	董事长、总裁
方同华	黑龙江珍宝岛药业股份有限公司	董事长
倪永培	安徽迎驾贡酒股份有限公司	董事长
高　庆	南方产权联合交易中心有限责任公司	董事长
刘世春	金融街控股股份有限公司	董事长
张增光	唐山冀东水泥股份有限公司	董事长
锁炳勋	安徽金种子酒业股份有限公司	董事长
王龙雏	福建省厦门象屿股份有限公司	董事长
谢长军	龙源电力股份有限公司	总经理
张永年	四川成渝高速公路股份有限公司	董事会秘书
刘　建	泰达宏利基金管理有限公司	总经理
吴晓东	华泰联合证券有限责任公司	董事长

中国证券业年鉴编辑委员会

地　　址： 上海浦东桃林路 18 号环球广场 B 座 2809 室
邮　　编： 200135
电　　话： 021－61990079
传　　真： 021－38820916
邮　　箱： shcwq@vip.163.com

目　录

第一编　专　论

第二编　中国金融市场

第三编　中国证券市场

第四编　中国基金市场

第六编 中国优秀上市公司选介

第七编　中国证券业人物纪实与访谈

第八编　全国中小企业股份转让系统专辑

插页目录

上册

扉页

综合版

2015 中国证券业年度人物

中　册

扉页

下　册

扉页

综合类

2015 中国证券业年度人物

合肥百货大楼集团股份有限公司

公司概况	公司名称	合肥百货大楼集团股份有限公司			证券简称	合肥百货
	法人代表	郑晓燕	董秘	戴登安	证券代码	000417
	公司网址	www.hfbh.com.cn		电子信箱	daidengan@163.com	
	电　　话	0551-65771035		传　　真	0551-65771005	
	办公地址	安徽省合肥市长江西路 689 号				
	经营范围	综合百货、进出口等				

	指标＼报告期	2015.06.30	2014.12.31	2014.06.30	2013.12.31
主要财务指标	基本每股收益(元)	0.2251	0.4693	0.2901	0.5613
	基本每股收益(扣除后)(元)	0.2137	0.4360	0.2753	0.5167
	稀释每股收益(元)	0.2251	0.4693	0.2901	0.5613
	每股净资产(元)	4.2191	4.1722	3.9930	3.8830
	每股经营现金净流量(元)	–0.0870	0.5773	0.1312	0.4813
	每股现金流量(元)	–0.4369	–0.4225	–0.2681	–0.2032
	每股资本公积金(元)	0.3960	0.3960	0.4055	0.4055
	每股盈余公积金(元)	0.7205	0.7205	0.6230	0.6230
	每股未分配利润(元)	2.0914	2.0463	1.9645	1.8544
	净资产收益率(%)	5.3351	11.2488	7.2646	14.4542
	加权净资产收益率(%)	5.2500	11.6500	7.2000	15.4100
	净资产收益率(扣除)(%)	5.0662	10.4502	6.8955	13.3064
	总资产(万元)	764885.19	794971.98	752082.98	751770.56
	归属母公司股东权益(万元)	329037.60	325383.98	311409.12	302828.60
	营业收入(万元)	521152.26	997217.45	527485.64	991000.71
	营业支出(万元)	425032.18	793557.48	430413.32	812505.94
	投资收益(万元)	406.74	1059.50	1103.90	5118.13
	净利润(万元)	20207.58	44614.49	22622.64	43771.52
	营业利润(万元)	26829.00	58948.86	32174.45	61008.30
	利润总额(万元)	28014.07	62659.80	33544.57	64244.47

无锡小天鹅股份有限公司

公司概况	公司名称	无锡小天鹅股份有限公司			证券简称	小天鹅 A
	法人代表	方洪波	董秘	周斯秀	证券代码	000418
	公司网址	www.littleswan.com		电子信箱	IR_littleswan@littleswan.com.cn	
	电　　话	0510-81082320　81082377		传　　真	0510-83720879	
	办公地址	江苏省无锡市国家高新技术开发区长江南路 18 号				
	经营范围	家用电器及零配件等的生产、销售和技术服务等				

	指标＼报告期	2015.06.30	2014.12.31	2014.06.30	2013.12.31
主要财务指标	基本每股收益(元)	0.6800	1.1000	0.5000	0.6500
	基本每股收益(扣除后)(元)	0.5800	0.8700	0.4300	–
	稀释每股收益(元)	0.6800	1.1000	0.5000	0.6500
	每股净资产(元)	7.2426	7.0009	6.3892	6.1802
	每股经营现金净流量(元)	2.1586	2.6200	1.3045	1.4307
	每股现金流量(元)	–0.6519	–0.0656	0.8797	0.4191
	每股资本公积金(元)	1.8132	1.8023	1.7941	1.7857
	每股盈余公积金(元)	0.5259	0.5259	0.4600	0.4600
	每股未分配利润(元)	3.9091	3.6782	3.1403	2.9401
	净资产收益率(%)	9.4020	15.7678	7.8285	10.5746
	加权净资产收益率(%)	9.2800	16.7300	7.7800	10.8800
	净资产收益率(扣除)(%)	8.0577	12.4151	6.7431	7.9373
	总资产(万元)	1123015.81	1137679.39	968639.39	922252.74
	归属母公司股东权益(万元)	458088.14	442798.21	404110.91	390889.77
	营业收入(万元)	610190.39	1080421.73	497405.70	872795.60
	营业支出(万元)	445754.15	800749.22	365531.51	654962.19
	投资收益(万元)	7182.05	17796.51	5637.81	11686.19
	净利润(万元)	49850.90	79082.61	31635.85	41335.01
	营业利润(万元)	56781.76	90840.88	40993.43	52144.23
	利润总额(万元)	57742.54	93400.27	41680.03	54862.13

长沙通程控股股份有限公司

公司概况	公司名称	长沙通程控股股份有限公司			证券简称	通程控股
	法人代表	周兆达	董秘	杨格艺	证券代码	000419
	公司网址	www.e-tongcheng.com		电子信箱	wqm0708@263.net	
	电　　话	0731-85534994		传　　真	0731-85535588	
	办公地址	湖南省长沙市劳动西路 589 号				
	经营范围	综合零售、食品、饮料及烟草制品专门零售、文化、体育用品及器材专门零售等				

	指标＼报告期	2015.06.30	2014.12.31	2014.06.30	2013.12.31
主要财务指标	基本每股收益(元)	0.1525	0.2634	0.1365	0.2791
	基本每股收益(扣除后)(元)	0.1271	0.2144	0.1107	0.1911
	稀释每股收益(元)	0.1525	0.2634	0.1365	0.2791
	每股净资产(元)	3.4563	3.4257	3.3989	3.2624
	每股经营现金净流量(元)	–0.0512	0.3281	–0.1245	0.5541
	每股现金流量(元)	–0.0837	0.0062	0.1385	0.1050
	每股资本公积金(元)	0.7679	0.8898	0.8898	0.8898
	每股盈余公积金(元)	0.2130	0.2130	0.1863	0.1863
	每股未分配利润(元)	1.4754	1.3229	1.3228	1.1863
	净资产收益率(%)	4.4113	7.6875	4.0174	8.5564
	加权净资产收益率(%)	4.3500	7.8600	4.1000	8.8000
	净资产收益率(扣除)(%)	3.6777	6.2593	3.2579	5.8569
	总资产(万元)	364130.19	377962.28	348635.31	381494.46
	归属母公司股东权益(万元)	187876.04	186215.34	184758.38	177335.85
	营业收入(万元)	217762.31	429532.28	219801.80	426394.02
	营业支出(万元)	176311.45	346477.73	177888.59	342833.86
	投资收益(万元)	2302.48	3574.65	1592.71	5644.19
	净利润(万元)	8682.93	13786.11	7422.54	15173.50
	营业利润(万元)	10780.73	18344.22	10002.82	18753.87
	利润总额(万元)	11735.70	19649.91	10282.08	20670.39

吉林化纤股份有限公司

公司概况	公司名称	吉林化纤股份有限公司			证券简称	吉林化纤
	法人代表	宋德武	董秘	徐建国	证券代码	000420
	公司网址	www.jlhxjt.com		电子信箱	xjg6806@163.com	
	电　　话	0432-63502452　63502331		传　　真	0432-63502329	
	办公地址	吉林省吉林市昌邑区九站街 516-1 号				
	经营范围	生产和销售粘胶长丝和粘胶短纤维等				

	指标＼报告期	2015.06.30	2014.12.31	2014.06.30	2013.12.31
主要财务指标	基本每股收益(元)	0.0077	0.0501	0.3079	–1.0404
	基本每股收益(扣除后)(元)	–0.0460	–0.4523	–0.2201	–1.5074
	稀释每股收益(元)	0.0077	0.0501	0.3079	–1.0404
	每股净资产(元)	1.3861	1.3784	0.6013	0.3217
	每股经营现金净流量(元)	–0.0374	–0.0852	0.1073	–0.3702
	每股现金流量(元)	–0.2745	–0.0422	–0.5844	0.1651
	每股资本公积金(元)	1.3569	1.3569	1.2009	1.2293
	每股盈余公积金(元)	0.2658	0.2658	0.5036	0.5036
	每股未分配利润(元)	–1.2366	–1.2443	–2.1033	–2.4112
	净资产收益率(%)	0.5557	2.0630	51.2160	–323.4227
	加权净资产收益率(%)	0.5600	11.6400	64.7400	–124.5000
	净资产收益率(扣除)(%)	–3.3169	–18.3923	–36.6013	–275.8552
	总资产(万元)	240198.48	330859.45	297536.74	399860.56
	归属母公司股东权益(万元)	99330.01	98778.05	22743.43	12167.88
	营业收入(万元)	47502.11	103701.11	57297.09	139498.27
	营业支出(万元)	40251.46	97440.98	54617.95	140290.70
	投资收益(万元)	431.59	16034.80	16034.80	–
	净利润(万元)	–639.58	–175.63	11648.37	–39353.67
	营业利润(万元)	–5135.55	–6930.28	4261.25	–37104.10
	利润总额(万元)	–606.48	–62.61	10554.80	–36190.22

南京中北(集团)股份有限公司

公司概况					
公司名称	南京中北(集团)股份有限公司			证券简称	南京中北
法人代表	潘明	董秘	孙彬	证券代码	000421
公司网址	www.zhong-bei.com		电子信箱	securities@zhong-bei.com	
电　话	025-86383611		传　真	025-86383600	
办公地址	江苏省南京市建邺区应天大街927号				
经营范围	汽车出租、跨省市公路客运、客车租赁、汽车维修、汽车票代办等				

主要财务指标 指标\报告期	2015.06.30	2014.12.31	2014.06.30	2013.12.31
基本每股收益(元)	0.1712	0.4673	0.3302	0.1891
基本每股收益(扣除后)(元)	0.1996	0.2202	0.0757	0.1669
稀释每股收益(元)	0.1712	0.4673	0.3302	0.1891
每股净资产(元)	3.7900	3.2303	3.0730	2.7235
每股经营现金净流量(元)	0.6663	0.8304	0.4970	0.5425
每股现金流量(元)	0.3882	0.1340	-0.0089	-0.2512
每股资本公积金(元)	0.7073	1.0683	0.3545	0.2853
每股盈余公积金(元)	0.1377	0.2243	0.2046	0.2046
每股未分配利润(元)	1.7667	2.9699	1.5143	1.2341
净资产收益率(%)	4.5122	14.4654	10.7455	6.9419
加权净资产收益率(%)	4.5700	15.7100	11.3300	7.2400
净资产收益率(扣除)(%)	5.2612	6.8176	2.4619	6.1297
总资产(万元)	568842.58	565804.78	206789.65	241292.92
归属母公司股东权益(万元)	217280.93	191267.37	108071.27	95782.33
营业收入(万元)	186879.34	157158.21	81415.03	166570.98
营业支出(万元)	162982.26	156645.68	80237.53	165631.20
投资收益(万元)	5206.14	13707.90	11137.77	1741.10
净利润(万元)	11731.91	16803.37	11612.75	6649.07
营业利润(万元)	1087.63	-15267.46	-4411.03	-19613.94
利润总额(万元)	16322.22	23615.30	13423.25	13292.84

湖北宜化化工股份有限公司

公司概况					
公司名称	湖北宜化化工股份有限公司			证券简称	湖北宜化
法人代表	虞云峰	董秘	强炜	证券代码	000422
公司网址	www.hbyh.cn		电子信箱	qw5649@vip.sina.com	
电　话	010-63704082		传　真	010-63704177	
办公地址	北京市丰台区南四环西四路188号总部基地15区3号楼				
经营范围	化肥、化工产品的生产与销售等				

主要财务指标 指标\报告期	2015.06.30	2014.12.31	2014.06.30	2013.12.31
基本每股收益(元)	0.0280	0.0350	0.0360	0.0760
基本每股收益(扣除后)(元)	-0.0140	-0.0500	0.0010	-
稀释每股收益(元)	0.0280	0.0350	0.0360	0.0760
每股净资产(元)	7.5039	6.8236	6.8500	6.8073
每股经营现金净流量(元)	3.0318	4.0740	0.8556	3.1873
每股现金流量(元)	1.3028	0.2367	0.1095	1.3295
每股资本公积金(元)	1.9989	1.9989	1.9989	1.9989
每股盈余公积金(元)	0.4267	0.4267	0.4218	0.4218
每股未分配利润(元)	3.3398	3.3218	3.3383	3.3021
净资产收益率(%)	0.3731	0.5064	0.5288	1.1116
加权净资产收益率(%)	0.4100	0.5100	0.5300	1.1000
净资产收益率(扣除)(%)	-0.1805	-0.7334	0.0154	-0.2537
总资产(万元)	3854489.60	3737461.83	3621579.07	3535488.90
归属母公司股东权益(万元)	673748.13	612669.13	615042.71	611204.49
营业收入(万元)	865136.37	1818191.31	940222.36	1927997.96
营业支出(万元)	712341.69	1497324.75	784401.64	1644561.36
投资收益(万元)	1161.44	2613.55	800.78	2471.86
净利润(万元)	3657.04	7899.60	3252.35	6794.02
营业利润(万元)	614.46	2380.89	5671.15	21543.01
利润总额(万元)	5568.41	10805.74	9542.78	31908.15

东阿阿胶股份有限公司

公司概况					
公司名称	东阿阿胶股份有限公司			证券简称	东阿阿胶
法人代表	秦玉峰	董秘	吴怀锋	证券代码	000423
公司网址	www.dongeejiao.com		电子信箱	wuhf@dongeejiao.com	
电　话	0635-3264069		传　真	0635-3260786	
办公地址	山东省聊城市东阿县阿胶街78号				
经营范围	中成药、生物制药、保健食品、药用辅料、医疗器械、包装印刷等生产经营				

主要财务指标 指标\报告期	2015.06.30	2014.12.31	2014.06.30	2013.12.31
基本每股收益(元)	1.1806	2.0879	0.9502	1.8392
基本每股收益(扣除后)(元)	1.1062	1.9333	0.8623	1.7647
稀释每股收益(元)	1.1806	2.0879	0.9502	1.8392
每股净资产(元)	10.2385	9.0554	8.6233	7.6487
每股经营现金净流量(元)	-0.0989	1.0047	0.1251	1.3441
每股现金流量(元)	-1.8154	0.9724	-0.2753	-1.1831
每股资本公积金(元)	1.0919	1.0915	1.0938	1.0692
每股盈余公积金(元)	0.7128	0.7128	0.7128	0.7128
每股未分配利润(元)	7.4356	6.2550	5.8172	4.8671
净资产收益率(%)	11.5315	23.0572	11.0190	24.0461
加权净资产收益率(%)	12.2400	24.8100	11.6800	25.8000
净资产收益率(扣除)(%)	10.8042	21.3499	10.0000	23.0726
总资产(万元)	798109.49	745992.51	659886.13	597972.50
归属母公司股东权益(万元)	669616.75	592244.58	563985.58	500238.78
营业收入(万元)	254725.79	400901.05	172662.21	401630.44
营业支出(万元)	88666.98	138137.38	60303.58	146655.74
投资收益(万元)	5356.81	10170.63	5594.58	4580.57
净利润(万元)	77429.98	137227.70	62142.71	120287.82
营业利润(万元)	91645.75	159215.20	72526.62	141804.81
利润总额(万元)	92521.92	161333.46	74471.96	143705.47

徐工集团工程机械股份有限公司

公司概况					
公司名称	徐工集团工程机械股份有限公司			证券简称	徐工机械
法人代表	王民	董秘	费广胜	证券代码	000425
公司网址	www.xcmg.com		电子信箱	fgs@xcmg.com	
电　话	0516-87565621		传　真	0516-87565610	
办公地址	江苏省徐州经济技术开发区驮蓝山路26号				
经营范围	从事工程机械及成套设备、专用汽车、建筑工程机械、矿山机械、环卫机械等				

主要财务指标 指标\报告期	2015.06.30	2014.12.31	2014.06.30	2013.12.31
基本每股收益(元)	0.0030	0.2000	0.4000	0.7800
基本每股收益(扣除后)(元)	-0.1100	0.1000	0.3400	0.6700
稀释每股收益(元)	0.0030	0.2000	0.3500	0.6800
每股净资产(元)	8.9879	9.1000	9.5637	9.3966
每股经营现金净流量(元)	0.0951	0.3337	0.2974	-0.0233
每股现金流量(元)	-0.3275	-0.9095	-0.5802	-0.2321
每股资本公积金(元)	3.7711	3.6085	3.6429	3.6930
每股盈余公积金(元)	0.3085	0.3295	0.3365	0.3365
每股未分配利润(元)	3.8751	4.1994	4.6899	4.4627
净资产收益率(%)	0.0380	2.0543	3.8968	7.7827
加权净资产收益率(%)	0.0400	2.1000	3.8900	8.3500
净资产收益率(扣除)(%)	-1.2145	0.9871	3.5981	7.1517
总资产(万元)	4844572.78	4885053.77	4984080.26	5145411.60
归属母公司股东权益(万元)	2122433.58	2011893.54	1972757.89	1958003.63
营业收入(万元)	949095.12	2330628.08	1451620.67	2812663.10
营业支出(万元)	759576.82	1803347.88	1137408.33	2185624.71
投资收益(万元)	26428.28	3692.50	226.92	1063.85
净利润(万元)	-2575.82	40692.18	86458.35	164172.27
营业利润(万元)	42.00	45126.57	97336.73	172632.75
利润总额(万元)	2290.54	54327.44	104026.17	187843.70

内蒙古兴业矿业股份有限公司

公司概况

公司名称	内蒙古兴业矿业股份有限公司			证券简称	兴业矿业
法人代表	吉兴业	董秘	孙凯	证券代码	000426
公司网址	www.nmxyky.com		电子信箱	nmxyky@vip.sina.com	
电　　话	0476-8833387		传　　真	0476-8833383	
办公地址	内蒙古自治区赤峰市新城区玉龙大街 76 号兴业大厦				
经营范围	有色金属采选、冶炼、加工、销售等				

主要财务指标

指标\报告期	2015.06.30	2014.12.31	2014.06.30	2013.12.31
基本每股收益(元)	0.0339	0.2711	0.2238	0.1407
基本每股收益(扣除后)(元)	0.0314	0.0518	0.0017	0.1455
稀释每股收益(元)	0.0339	0.2711	0.2238	0.1407
每股净资产(元)	4.6125	4.6115	4.7710	4.5900
每股经营现金净流量(元)	-0.0170	-0.3259	-0.2253	0.0535
每股现金流量(元)	-0.0729	-1.2738	-0.4498	1.3140
每股资本公积金(元)	2.4060	2.4060	2.5724	2.6068
每股盈余公积金(元)	0.2108	0.2108	0.1794	0.1794
每股未分配利润(元)	0.9855	0.9716	0.9771	0.7519
净资产收益率(%)	0.7344	5.8778	4.7222	2.5424
加权净资产收益率(%)	0.7300	5.8100	4.8200	3.9200
净资产收益率(扣除)(%)	0.6810	1.1225	0.0350	2.5671
总资产(万元)	383186.45	393294.21	415230.00	471267.89
归属母公司股东权益(万元)	275341.05	275283.66	284801.88	273853.27
营业收入(万元)	49995.74	115938.73	46868.51	82690.45
营业支出(万元)	36698.52	89951.04	37586.99	46991.36
投资收益(万元)	805.23	14010.21	14087.99	1574.92
净利润(万元)	2021.79	15868.83	13050.92	4834.45
营业利润(万元)	2610.42	16391.93	12925.31	8431.27
利润总额(万元)	2612.74	16508.84	12954.86	8333.87

华天酒店集团股份有限公司

公司概况

公司名称	华天酒店集团股份有限公司			证券简称	华天酒店
法人代表	陈纪明	董秘	易欣	证券代码	000428
公司网址	www.huatian-hotel.com		电子信箱	huatianzqb@163.com	
电　　话	0731-84442888 80928		传　　真	0731-84449370 84442270	
办公地址	湖南省长沙市芙蓉区解放东路 300 号华天大酒店贵宾楼五楼				
经营范围	提供住宿、餐饮、洗衣、物业清洗服务、房地产开发、销售等				

主要财务指标

指标\报告期	2015.06.30	2014.12.31	2014.06.30	2013.12.31
基本每股收益(元)	0.0600	-0.1400	-0.0600	0.1700
基本每股收益(扣除后)(元)	-0.1900	-0.1700	-0.0561	0.1600
稀释每股收益(元)	0.0600	-0.1400	-0.0600	0.1700
每股净资产(元)	2.2060	2.1400	2.2276	2.3008
每股经营现金净流量(元)	0.1386	0.1609	0.2836	0.2979
每股现金流量(元)	-0.2451	0.0965	0.3304	-0.0222
每股资本公积金(元)	0.1624	0.1624	0.1623	0.1623
每股盈余公积金(元)	0.0778	0.0778	0.0778	0.0778
每股未分配利润(元)	0.9658	0.9028	0.9874	1.0607
净资产收益率(%)	2.8567	-6.4157	-2.5249	7.2097
加权净资产收益率(%)	2.9000	-6.2000	-2.4800	7.4400
净资产收益率(扣除)(%)	-8.4683	-7.8562	-2.5187	7.0567
总资产(万元)	911479.85	923077.20	870777.93	804044.45
归属母公司股东权益(万元)	158592.92	154062.37	160145.64	165412.28
营业收入(万元)	51998.80	151437.45	76105.26	178099.14
营业支出(万元)	23475.40	73957.55	38640.96	64602.20
投资收益(万元)	23296.54	-4.28	21.79	55.66
净利润(万元)	2527.12	-9596.58	-4043.47	11925.76
营业利润(万元)	6437.84	-11440.90	-3185.75	18719.12
利润总额(万元)	6441.43	-9063.56	-3199.11	18987.39

广东省高速公路发展股份有限公司

公司概况

公司名称	广东省高速公路发展股份有限公司			证券简称	粤高速 A
法人代表	朱战良	董秘	左江	证券代码	000429
公司网址	www.gpedcl.com		电子信箱	fengxw2007@163.com	
电　　话	020-29004609 29004522		传　　真	020-38787002	
办公地址	广东省广州市天河区珠江新城珠江东路 32 号利通广场 45,46 层				
经营范围	主营高速公路、等级公路、桥梁的建设施工、公路、桥梁的收费和养护管理等				

主要财务指标

指标\报告期	2015.06.30	2014.12.31	2014.06.30	2013.12.31
基本每股收益(元)	0.1800	0.2500	0.1400	0.1000
基本每股收益(扣除后)(元)	0.1800	0.2400	0.1400	0.0600
稀释每股收益(元)	0.1800	0.2500	0.1400	0.1000
每股净资产(元)	4.1645	3.9902	3.4405	3.3712
每股经营现金净流量(元)	0.4121	0.7694	0.3985	0.6025
每股现金流量(元)	0.0144	-0.3299	-0.0187	0.1416
每股资本公积金(元)	1.2209	1.2209	1.2845	1.2209
每股盈余公积金(元)	0.2013	0.2013	0.1859	0.1859
每股未分配利润(元)	1.1510	1.0665	0.9701	0.8783
净资产收益率(%)	4.4287	6.3545	4.1200	3.0100
加权净资产收益率(%)	4.4900	6.9000	4.1500	3.0100
净资产收益率(扣除)(%)	4.3557	6.1269	4.0803	1.6884
总资产(万元)	1240020.34	1251350.59	1266478.41	1269447.55
归属母公司股东权益(万元)	523524.24	501617.65	432510.55	423799.91
营业收入(万元)	72439.29	145505.50	68871.69	132750.61
营业支出(万元)	36069.89	84854.72	36961.46	92330.30
投资收益(万元)	23167.17	41996.37	22169.11	47559.71
净利润(万元)	26729.84	35884.95	20293.90	10005.00
营业利润(万元)	31621.44	41252.95	23562.31	21798.95
利润总额(万元)	32130.31	41198.98	23463.18	7147.59

张家界旅游集团股份有限公司

公司概况

公司名称	张家界旅游集团股份有限公司			证券简称	张家界
法人代表	袁祖荣	董秘	金鑫	证券代码	000430
公司网址	www.zjjgf.com.cn		电子信箱	zjj000430@sina.com	
电　　话	0744-8288630		传　　真	0744-8353597	
办公地址	湖南省张家界市三角坪 145 号张家界国际大酒店三楼				
经营范围	旅游资源开发、旅游基础设施建设、旅游配套服务、与旅游有关的高科技开发等				

主要财务指标

指标\报告期	2015.06.30	2014.12.31	2014.06.30	2013.12.31
基本每股收益(元)	0.1500	0.1900	0.0600	0.1600
基本每股收益(扣除后)(元)	0.1500	0.1900	0.0617	0.1597
稀释每股收益(元)	0.1500	0.1900	0.0600	0.1600
每股净资产(元)	1.6850	1.5381	1.4177	1.3538
每股经营现金净流量(元)	0.1986	0.3408	0.0910	0.2651
每股现金流量(元)	0.0614	-0.0321	-0.0889	0.0559
每股资本公积金(元)	0.2951	0.3028	0.3015	0.3015
每股盈余公积金(元)	0.0780	0.0780	0.0780	0.0780
每股未分配利润(元)	0.3097	0.1573	0.0306	-0.0313
净资产收益率(%)	9.0441	12.2617	4.3651	12.0199
加权净资产收益率(%)	9.4300	13.0500	4.4700	12.7700
净资产收益率(扣除)(%)	9.0083	12.6635	4.3486	11.7993
总资产(万元)	76117.37	68474.48	63423.66	60277.24
归属母公司股东权益(万元)	54061.47	49348.40	45486.17	43433.09
营业收入(万元)	24271.35	48400.94	17025.24	50031.99
营业支出(万元)	13334.99	30056.32	10252.77	33295.29
投资收益(万元)	-	-	-	-
净利润(万元)	4845.50	6004.23	1964.29	5241.38
营业利润(万元)	6242.12	8653.97	2987.80	7380.76
利润总额(万元)	6209.42	8433.87	2969.52	7521.15

山东晨鸣纸业集团股份有限公司

公司概况						
公司名称	山东晨鸣纸业集团股份有限公司				证券简称	晨鸣纸业
法人代表	陈洪国	董秘	王春方		证券代码	000488
公司网址	www.chenmingpaper.com		电子信箱		chenmmingpaper@163.com	
电　　话	0536-2158008		传　　真		0536-2158977	
办公地址	山东省寿光市农圣东街 2199 号					
经营范围	机制纸及板纸和造纸原料、造纸机械、电力、热力的生产与销售等					

主要财务指标　指标\报告期	2015.06.30	2014.12.31	2014.06.30	2013.12.31
基本每股收益(元)	0.1400	0.2600	0.1200	0.3500
基本每股收益(扣除后)(元)	0.0900	0.0700	0.0300	0.2000
稀释每股收益(元)	0.1400	0.2600	0.1200	0.3500
每股净资产(元)	7.1982	7.1872	7.0416	7.1071
每股经营现金净流量(元)	-1.1479	0.5089	0.6640	0.5683
每股现金流量(元)	-0.1296	0.1289	0.0954	-0.8185
每股资本公积金(元)	3.1755	3.1755	3.1755	3.1409
每股盈余公积金(元)	0.5846	0.5846	0.5846	0.5731
每股未分配利润(元)	2.4123	2.4096	2.2739	2.4003
净资产收益率(%)	1.9829	3.6300	1.7782	5.0617
加权净资产收益率(%)	1.9700	3.6200	1.7200	5.1100
净资产收益率(扣除)(%)	1.2516	0.9373	0.4240	2.8930
总资产(万元)	6374980.92	5682202.65	5046577.47	4752188.36
归属母公司股东权益(万元)	1393865.33	1391734.33	1363543.77	1403988.82
营业收入(万元)	971869.77	1910167.71	908202.06	2038889.01
营业支出(万元)	737038.47	1532310.28	737899.86	1665188.60
投资收益(万元)	4663.27	6903.56	2121.82	2370.60
净利润(万元)	25371.33	45330.89	24246.11	71065.53
营业利润(万元)	35536.56	16603.87	2205.33	40354.09
利润总额(万元)	42712.46	56100.83	26173.66	86629.17

山东高速路桥集团股份有限公司

公司概况						
公司名称	山东高速路桥集团股份有限公司				证券简称	山东路桥
法人代表	徐春福	董秘	赵晓玲		证券代码	000498
公司网址	www.sdluqiao.com		电子信箱		sdlq000498@163.com	
电　　话	0531-87069908		传　　真		0531-87069902	
办公地址	山东省济南市经五路 330 号					
经营范围	公路,桥梁工程,隧道工程,市政工程,建筑工程,交通工程,港口与航道工程等					

主要财务指标　指标\报告期	2015.06.30	2014.12.31	2014.06.30	2013.12.31
基本每股收益(元)	0.1064	0.2784	0.0822	0.2332
基本每股收益(扣除后)(元)	0.1058	0.2661	0.0825	0.2228
稀释每股收益(元)	0.1064	0.2784	0.0822	0.2332
每股净资产(元)	2.4741	2.3682	2.1484	2.0556
每股经营现金净流量(元)	-0.2727	0.1840	-0.0540	0.4302
每股现金流量(元)	-0.2516	0.0712	-0.0729	0.1092
每股资本公积金(元)	-0.3252	-0.3242	-0.3350	-0.3350
每股盈余公积金(元)	0.0728	0.0728	0.0557	0.0557
每股未分配利润(元)	0.8094	0.7398	0.6288	0.5750
净资产收益率(%)	4.3000	11.7332	3.8264	11.3456
加权净资产收益率(%)	4.3900	12.6600	3.9200	12.1400
净资产收益率(扣除)(%)	4.2767	11.2351	3.8416	11.1313
总资产(万元)	971190.83	1002606.81	921402.04	942007.63
归属母公司股东权益(万元)	277136.21	265271.61	240645.97	230259.05
营业收入(万元)	236229.98	684224.55	257042.46	716133.91
营业支出(万元)	198408.14	576995.67	219280.26	613313.49
投资收益(万元)	-	-	-	-
净利润(万元)	11892.08	31188.62	9208.02	26124.38
营业利润(万元)	16293.41	42903.02	13122.48	35839.99
利润总额(万元)	16379.74	44514.57	13073.72	36449.06

武汉武商集团股份有限公司

公司概况						
公司名称	武汉武商集团股份有限公司				证券简称	鄂武商 A
法人代表	刘江超	董秘	李轩		证券代码	000501
公司网址	www.wushang.com.cn		电子信箱		xuanl528@163.com	
电　　话	027-85714295		传　　真		027-85714011	
办公地址	湖北省武汉市江汉区解放大道 690 号					
经营范围	百货、五金、交电、家具、其他食品、针纺织品、日用杂品、酒等					

主要财务指标　指标\报告期	2015.06.30	2014.12.31	2014.06.30	2013.12.31
基本每股收益(元)	0.8600	1.3000	0.7300	0.9200
基本每股收益(扣除后)(元)	0.8300	1.3000	0.7500	0.9200
稀释每股收益(元)	0.8600	1.3000	0.7300	0.9200
每股净资产(元)	7.2008	7.0102	6.4366	5.7087
每股经营现金净流量(元)	0.4328	2.0407	0.1380	3.6376
每股现金流量(元)	-1.4394	0.3059	-0.8855	-0.1818
每股资本公积金(元)	1.2692	1.0524	1.0537	1.0536
每股盈余公积金(元)	0.9177	0.9571	0.7257	0.7257
每股未分配利润(元)	4.2743	3.9985	3.6572	2.9294
净资产收益率(%)	11.4423	18.5519	11.3074	16.0623
加权净资产收益率(%)	11.7400	20.4500	11.9900	17.4700
净资产收益率(扣除)(%)	11.0426	18.5081	11.6088	16.1192
总资产(万元)	1614823.06	1565084.60	1192412.18	1263438.24
归属母公司股东权益(万元)	380943.08	355593.24	326493.97	289570.68
营业收入(万元)	898892.59	1716084.22	857847.81	1684205.59
营业支出(万元)	709047.77	1358723.35	683625.38	1341307.38
投资收益(万元)	1324.23	1444.61	317.10	1162.15
净利润(万元)	43712.38	64124.67	36918.13	46511.83
营业利润(万元)	58682.55	90589.10	51457.42	87405.01
利润总额(万元)	59094.83	88660.11	49783.97	86082.00

绿景控股股份有限公司

公司概况						
公司名称	绿景控股股份有限公司				证券简称	绿景控股
法人代表	余斌	董秘	王斌		证券代码	000502
公司网址	www.000502.cn		电子信箱		ljkgdmb@163.com	
电　　话	020-22082999 22082969		传　　真		020-22082922	
办公地址	广东省广州市天河区林和中路 8 号海航大厦 35 楼					
经营范围	房地产开发经营、室内外装饰装修工程、花木园林工程设计等					

主要财务指标　指标\报告期	2015.06.30	2014.12.31	2014.06.30	2013.12.31
基本每股收益(元)	-0.0291	0.0200	0.0027	0.0400
基本每股收益(扣除后)(元)	-0.0305	0.0100	-0.0145	-0.0500
稀释每股收益(元)	-0.0291	0.0200	0.0027	0.0400
每股净资产(元)	1.0739	1.1029	1.0879	1.0852
每股经营现金净流量(元)	0.1379	0.0832	-0.0511	0.0424
每股现金流量(元)	0.2137	0.1454	0.1352	0.0419
每股资本公积金(元)	0.1235	0.1233	0.1233	0.1233
每股盈余公积金(元)	0.0373	0.0373	0.0373	0.0373
每股未分配利润(元)	-0.0869	-0.0577	-0.0727	-0.0754
净资产收益率(%)	-2.7127	1.6008	0.2478	3.4745
加权净资产收益率(%)	-2.6800	1.6100	0.2500	3.5400
净资产收益率(扣除)(%)	-2.8363	1.1223	-1.3338	-4.8595
总资产(万元)	29617.62	27070.82	29155.91	30970.24
归属母公司股东权益(万元)	19847.09	20383.01	20106.55	20056.72
营业收入(万元)	1248.05	6116.23	1401.03	2901.82
营业支出(万元)	728.99	2525.61	784.05	1628.38
投资收益(万元)	23.72	170.75	619.23	955.26
净利润(万元)	-515.48	376.27	49.82	696.88
营业利润(万元)	-494.71	409.10	325.71	-115.37
利润总额(万元)	-481.98	406.95	336.03	-91.85

海虹企业(控股)股份有限公司

公司概况	公司名称	海虹企业(控股)股份有限公司			证券简称	海虹控股
	法人代表	康健	董秘	肖琴	证券代码	000503
	公司网址	www.searainbow.com		电子信箱	ir@searainbow.com	
	电 话	010-64424355		传 真	0898-68510496	
	办公地址	海南省海口市文华路18号文华大酒店七层				
	经营范围	主要集中在医药、以联众游戏为代表的数字娱乐、高科技化纤等业务				

主要财务指标	指标\报告期	2015.06.30	2014.12.31	2014.06.30	2013.12.31
	基本每股收益(元)	-0.0491	0.0278	0.0103	0.0144
	基本每股收益(扣除后)(元)	-0.0589	-0.0665	-0.0008	-0.0182
	稀释每股收益(元)	-0.0491	0.0278	0.0103	0.0144
	每股净资产(元)	1.4332	1.4578	1.4124	1.3977
	每股经营现金净流量(元)	-0.0876	-0.0276	-0.0998	0.1776
	每股现金流量(元)	-0.1426	0.1982	-0.0393	0.1512
	每股资本公积金(元)	0.0258	0.0258	-0.0146	-0.0099
	每股盈余公积金(元)	0.0038	0.0038	0.0038	0.0038
	每股未分配利润(元)	0.5597	0.6088	0.5913	0.5810
	净资产收益率(%)	-3.4275	1.9063	0.7275	1.0331
	加权净资产收益率(%)	-3.4300	1.9700	0.7200	1.0100
	净资产收益率(扣除)(%)	-4.1104	-4.5606	-0.0547	-1.3019
	总资产(万元)	136027.41	143493.56	140081.29	142804.43
	归属母公司股东权益(万元)	128816.50	131027.19	126951.49	125630.08
	营业收入(万元)	8592.95	19507.14	9944.13	20590.66
	营业支出(万元)	3945.16	10101.98	3813.79	8720.28
	投资收益(万元)	94.37	1703.89	72.61	1232.24
	净利润(万元)	-5277.64	1933.75	923.61	1297.82
	营业利润(万元)	-5231.22	-4658.01	937.87	2174.90
	利润总额(万元)	-5231.79	3350.86	938.18	2464.58

南华生物医药股份有限公司

公司概况	公司名称	南华生物医药股份有限公司			证券简称	南华生物
	法人代表	石磊	董秘	陈勇	证券代码	000504
	公司网址	www.nhbiogroup.com		电子信箱	nhsw@nhbiogroup.com	
	电 话	0731-85196775		传 真	0731-85196775	
	办公地址	湖南省长沙市天心区城南西路3号财信大厦13楼				
	经营范围	生物资源、干细胞和免疫细胞储存等				

主要财务指标	指标\报告期	2015.06.30	2014.12.31	2014.06.30	2013.12.31
	基本每股收益(元)	-0.0200	-0.0800	-0.0300	0.0400
	基本每股收益(扣除后)(元)	-0.0200	-0.0800	-0.0300	-0.0700
	稀释每股收益(元)	-0.0200	-0.0800	-0.0300	0.0400
	每股净资产(元)	-0.0085	0.0151	0.0081	0.0034
	每股经营现金净流量(元)	-0.0345	-0.1046	-0.0848	-0.0377
	每股现金流量(元)	-0.0369	-0.0039	-0.0835	0.0632
	每股资本公积金(元)	0.2732	0.2732	0.2114	0.1776
	每股盈余公积金(元)	0.1109	0.1109	0.1109	0.1109
	每股未分配利润(元)	-1.3926	-1.3690	-1.3141	-1.2850
	净资产收益率(%)	278.0780	-555.2957	-356.9161	1307.9736
	加权净资产收益率(%)	-712.3100	-493.6600	-1711.5100	-86.0000
	净资产收益率(扣除)(%)	276.3765	-546.9317	-368.2914	-2151.5074
	总资产(万元)	9250.75	10663.23	9689.14	12589.47
	归属母公司股东权益(万元)	-264.46	470.94	253.63	105.52
	营业收入(万元)	596.22	1837.28	904.58	2628.09
	营业支出(万元)	542.13	1344.77	665.86	2740.17
	投资收益(万元)	-	32.89	32.89	12.55
	净利润(万元)	-743.45	-2656.12	-918.47	1332.96
	营业利润(万元)	-738.95	-2555.10	-972.11	-2669.35
	利润总额(万元)	-743.45	-2602.15	-942.30	2202.92

海南珠江控股股份有限公司

公司概况	公司名称	海南珠江控股股份有限公司			证券简称	珠江控股
	法人代表	郑清	董秘	俞翠红	证券代码	000505
	公司网址			电子信箱	hnpearlriver@21cn.net	
	电 话	0898-68581888 68581199		传 真	0898-68581026	
	办公地址	海南省海口市滨海大道珠江广场帝豪大厦29楼				
	经营范围	工业投资、热带种植业、海产养殖、房地产开发经营、酒店投资与管理等				

主要财务指标	指标\报告期	2015.06.30	2014.12.31	2014.06.30	2013.12.31
	基本每股收益(元)	0.0500	-0.4100	-0.1800	0.0300
	基本每股收益(扣除后)(元)	-0.2400	-0.4200	-0.1800	-0.4100
	稀释每股收益(元)	0.0500	-0.4100	-0.1800	0.0300
	每股净资产(元)	-0.2064	0.0365	0.0724	0.2735
	每股经营现金净流量(元)	-0.2225	-0.5710	-0.3673	-0.1072
	每股现金流量(元)	0.0905	0.0352	0.0390	-0.0080
	每股资本公积金(元)	0.7843	0.7843	0.8893	0.7833
	每股盈余公积金(元)	0.2566	0.2566	0.2566	0.2566
	每股未分配利润(元)	-2.2472	-2.2976	-2.0735	-1.8912
	净资产收益率(%)	-	-1114.2231	-248.8335	11.5577
	加权净资产收益率(%)	-	-262.2100	-104.1300	7.6100
	净资产收益率(扣除)(%)	117.8559	-1152.5097	-252.4902	-150.3291
	总资产(万元)	158808.43	164543.66	144661.78	123771.38
	归属母公司股东权益(万元)	-8807.05	1556.45	3088.40	11671.42
	营业收入(万元)	13611.78	23890.42	12468.45	22530.82
	营业支出(万元)	10073.73	18686.32	9175.62	16602.15
	投资收益(万元)	12413.74	456.66	39.33	17744.52
	净利润(万元)	1864.13	-18075.54	-8002.85	866.68
	营业利润(万元)	3418.17	-19487.59	-7946.01	240.60
	利润总额(万元)	3449.54	-19541.78	-7989.25	1163.00

中润资源投资股份有限公司

公司概况	公司名称	中润资源投资股份有限公司			证券简称	中润资源
	法人代表	李明吉	董秘	贺明	证券代码	000506
	公司网址	www.sdzr.com		电子信箱	zhongruntouzi@126.com	
	电 话	0531-81665777		传 真	0531-81665888	
	办公地址	山东省济南市经十路13777号中润世纪广场17栋				
	经营范围	矿产资源勘探与开发投资、矿产品加工与销售、公司股权投资				

主要财务指标	指标\报告期	2015.06.30	2014.12.31	2014.06.30	2013.12.31
	基本每股收益(元)	0.0055	-0.2331	-0.1225	0.2084
	基本每股收益(扣除后)(元)	0.0052	-0.2315	-0.1225	-
	稀释每股收益(元)	0.0055	-0.2331	-0.1225	0.2084
	每股净资产(元)	1.5126	1.5196	1.6706	1.7912
	每股经营现金净流量(元)	-0.0625	-0.1928	-0.0926	-0.0368
	每股现金流量(元)	0.1527	-0.1116	-0.0964	0.0563
	每股资本公积金(元)	0.0335	0.0335	0.0182	0.0300
	每股盈余公积金(元)	0.0839	0.0839	0.0839	0.0839
	每股未分配利润(元)	0.4313	0.4258	0.5614	0.6839
	净资产收益率(%)	0.3653	-15.3404	-7.3328	11.6342
	加权净资产收益率(%)	0.3600	-14.0500	-7.0800	12.1900
	净资产收益率(扣除)(%)	0.3461	-15.2327	-7.3380	4.3344
	总资产(万元)	386504.97	316948.90	332548.14	338434.58
	归属母公司股东权益(万元)	140526.62	141174.11	155197.21	166409.16
	营业收入(万元)	29281.71	35715.53	16799.42	90719.44
	营业支出(万元)	19067.09	37782.58	19968.23	81264.67
	投资收益(万元)	-	-	-	21933.73
	净利润(万元)	-1158.01	-28006.52	-11380.37	19360.41
	营业利润(万元)	-1883.92	-28115.53	-15339.67	6781.06
	利润总额(万元)	-1851.29	-28276.41	-15323.44	18973.25

珠海港股份有限公司

公司概况	公司名称	珠海港股份有限公司			证券简称	珠 海 港
	法人代表	欧辉生	董秘	薛楠	证券代码	000507
	公司网址	www.0507.com.cn			电子信箱	zph916@163.com
	电　话	0756-3292216 3292215			传　真	0756-3321889
	办公地址	广东省珠海市情侣南路 278 号				
	经营范围	港口及其配套设施的项目投资、电力项目投资等				

	指标＼报告期	2015.06.30	2014.12.31	2014.06.30	2013.12.31
主要财务指标	基本每股收益(元)	0.0631	0.0217	-0.0342	0.1210
	基本每股收益(扣除后)(元)	0.0532	-0.0263	-0.0404	0.1029
	稀释每股收益(元)	0.0631	0.0217	-0.0342	0.1210
	每股净资产(元)	3.1483	3.1014	3.0586	3.0977
	每股经营现金净流量(元)	0.1605	0.2592	0.0377	0.0163
	每股现金流量(元)	0.0299	-0.0516	-0.0622	0.1780
	每股资本公积金(元)	0.9677	0.9679	0.9610	0.9662
	每股盈余公积金(元)	0.1754	0.1754	0.1704	0.1704
	每股未分配利润(元)	1.0050	0.9578	0.9269	0.9611
	净资产收益率(%)	2.0031	0.7001	-1.1172	3.7658
	加权净资产收益率(%)	2.0200	0.7000	-1.1100	4.0100
	净资产收益率(扣除)(%)	1.6890	-0.8486	-1.3193	3.2034
	总资产(万元)	553998.82	536025.65	454786.76	393112.59
	归属母公司股东权益(万元)	248569.34	244865.25	241488.97	244572.44
	营业收入(万元)	99366.74	213903.80	69314.47	129110.21
	营业支出(万元)	79788.22	182028.03	60517.25	112405.89
	投资收益(万元)	3578.31	815.42	-1755.23	11055.05
	净利润(万元)	5319.60	1692.75	-2697.84	9209.99
	营业利润(万元)	5507.79	3162.96	-2407.07	8114.99
	利润总额(万元)	6388.19	3734.03	-1992.50	9915.18

华塑控股股份有限公司

公司概况	公司名称	华塑控股股份有限公司			证券简称	华塑控股
	法人代表	郭宏杰	董秘	李笛鸣	证券代码	000509
	公司网址				电子信箱	DB000509@163.com
	电　话	028-85365657			传　真	028-85365657
	办公地址	四川省成都市武侯区火车南站西路 15 号麦田中心 15F				
	经营范围	计算机软件开发、生产、开发、生产、销售电子产品及元器件等				

	指标＼报告期	2015.06.30	2014.12.31	2014.06.30	2013.12.31
主要财务指标	基本每股收益(元)	-0.0263	-0.0617	-0.0316	0.0840
	基本每股收益(扣除后)(元)	-0.0271	-0.1065	-0.0333	-0.4428
	稀释每股收益(元)	-0.0263	-0.0617	-0.0316	0.0840
	每股净资产(元)	0.0265	0.0515	0.0858	0.3872
	每股经营现金净流量(元)	-0.0379	-0.0693	-0.0532	-0.1172
	每股现金流量(元)	-0.0808	-0.1289	-0.0346	0.8114
	每股资本公积金(元)	0.1982	0.1982	0.2037	2.9738
	每股盈余公积金(元)	0.0350	0.0350	0.0350	0.1156
	每股未分配利润(元)	-1.2089	-1.1826	-1.1529	-3.7022
	净资产收益率(%)	-99.4095	-119.8305	-36.8003	21.6866
	加权净资产收益率(%)	-67.5700	-73.7600	-45.5300	-22.5500
	净资产收益率(扣除)(%)	-105.2231	-206.8734	-38.7563	-114.3588
	总资产(万元)	55616.73	62658.00	71101.84	72114.38
	归属母公司股东权益(万元)	2187.49	4248.99	7083.08	9680.22
	营业收入(万元)	7723.19	22657.59	8425.45	27204.64
	营业支出(万元)	6718.40	20203.80	7032.26	26095.41
	投资收益(万元)	-	8732.75	-	11682.31
	净利润(万元)	-2266.67	-5495.51	-2606.60	2099.32
	营业利润(万元)	-2390.68	-832.73	-2775.99	75.37
	利润总额(万元)	-2263.51	-5412.03	-2637.44	1757.33

四川金路集团股份有限公司

公司概况	公司名称	四川金路集团股份有限公司			证券简称	*ST 金路
	法人代表	张昌德	董秘	彭朗(代)	证券代码	000510
	公司网址	www.jinlugroup.cn			电子信箱	lbh808@163.com
	电　话	0838-2207936 2301092			传　真	0838-2207936
	办公地址	四川省德阳市岷江西路二段 57 号金路大厦				
	经营范围	生产销售 PVC 树脂、烧碱系列化工原料及其加工产品等				

	指标＼报告期	2015.06.30	2014.12.31	2014.06.30	2013.12.31
主要财务指标	基本每股收益(元)	-0.1188	-0.2418	-0.0921	-0.2852
	基本每股收益(扣除后)(元)	-0.1515	-0.3014	-0.0968	-0.3132
	稀释每股收益(元)	-0.1188	-0.2418	-0.0921	-0.2852
	每股净资产(元)	1.0900	1.2058	1.3599	1.4478
	每股经营现金净流量(元)	-0.1637	0.2065	0.1036	0.1991
	每股现金流量(元)	-0.2591	0.1115	0.0681	-0.3565
	每股资本公积金(元)	0.0742	0.0742	0.0731	0.0731
	每股盈余公积金(元)	0.1717	0.1717	0.1717	0.1717
	每股未分配利润(元)	-0.1655	-0.0467	0.1029	0.1951
	净资产收益率(%)	-10.9016	-20.0498	-6.7745	-19.6961
	加权净资产收益率(%)	-10.3700	-18.2200	-6.5700	-17.9000
	净资产收益率(扣除)(%)	-13.8979	-24.9966	-7.1150	-21.6317
	总资产(万元)	156533.99	180377.44	188954.10	184214.68
	归属母公司股东权益(万元)	66399.15	73454.26	82844.02	88198.85
	营业收入(万元)	79886.71	205218.65	98537.14	200553.80
	营业支出(万元)	78178.91	197928.29	95662.58	200243.95
	投资收益(万元)	-45.65	20.80	8.70	23.17
	净利润(万元)	-7451.08	-14625.91	-5612.27	-17371.72
	营业利润(万元)	-9439.69	-18378.46	-6029.40	-21148.46
	利润总额(万元)	-7451.08	-14623.84	-5538.87	-19002.10

银基烯碳新材料股份有限公司

公司概况	公司名称	银基烯碳新材料股份有限公司			证券简称	烯碳新材
	法人代表	王大明	董秘	孙家庆	证券代码	000511
	公司网址	www.enecarbon-materials.com			电子信箱	xtxc@ene-carbon.com
	电　话	024-22903598			传　真	024-22921377
	办公地址	辽宁省沈阳市沈河区青年大街 109 号				
	经营范围	土地整理、房地产开发、物业管理、酒店投资经营等				

	指标＼报告期	2015.06.30	2014.12.31	2014.06.30	2013.12.31
主要财务指标	基本每股收益(元)	0.0100	-0.2300	0.0100	0.0600
	基本每股收益(扣除后)(元)	-0.0300	-0.1000	0.0100	-
	稀释每股收益(元)	0.0100	-0.2300	0.0100	0.0600
	每股净资产(元)	1.2449	1.2106	1.4727	1.4609
	每股经营现金净流量(元)	-0.1584	0.0594	-0.0132	0.1983
	每股现金流量(元)	-0.1130	0.0631	-0.0375	-0.1192
	每股资本公积金(元)	0.0737	0.0493	0.0281	0.0281
	每股盈余公积金(元)	0.1006	0.1006	0.1085	0.1085
	每股未分配利润(元)	0.0706	0.0607	0.3361	0.3243
	净资产收益率(%)	0.7943	-19.4095	0.8005	3.9257
	加权净资产收益率(%)	0.8100	-17.5900	0.8000	4.0000
	净资产收益率(扣除)(%)	-2.2049	-18.9714	0.9271	3.1287
	总资产(万元)	356115.56	362753.91	330997.43	331465.18
	归属母公司股东权益(万元)	143761.70	139807.07	170071.48	168709.99
	营业收入(万元)	59143.10	165027.18	69379.23	63682.98
	营业支出(万元)	58628.38	162406.23	67076.31	51785.31
	投资收益(万元)	7687.07	1839.71	1673.75	3883.98
	净利润(万元)	1141.83	-27135.79	1361.49	6623.01
	营业利润(万元)	1538.65	-27413.35	1611.35	9598.19
	利润总额(万元)	1607.85	-27688.53	1395.79	9471.19

丽珠医药集团股份有限公司

公司概况	公司名称	丽珠医药集团股份有限公司			证券简称	丽珠集团
	法人代表	朱保国	董秘	杨亮	证券代码	000513
	公司网址	www.livzon.com.cn		电子信箱	yangliang2014@livzon.com.cn	
	电　话	0756-8135888		传　真	0756-8886002	
	办公地址	广东省珠海市拱北桂花北路132号丽珠大厦				
	经营范围	医药产品的研发、生产及销售				

	指标＼报告期	2015.06.30	2014.12.31	2014.06.30	2013.12.31
主要财务指标	基本每股收益(元)	1.1400	1.7400	0.9800	1.6500
	基本每股收益(扣除后)(元)	0.9600	1.5700	0.9200	1.3400
	稀释每股收益(元)	1.1400	1.7400	0.9800	1.6500
	每股净资产(元)	13.9239	12.5000	11.7837	11.3101
	每股经营现金净流量(元)	0.7683	2.4259	0.6884	1.4878
	每股现金流量(元)	0.3466	−0.1414	0.0105	−1.4463
	每股资本公积金(元)	1.4259	0.7192	0.7265	0.7384
	每股盈余公积金(元)	1.6869	1.7363	1.6948	1.6948
	每股未分配利润(元)	9.9163	9.1571	8.4376	7.9538
	净资产收益率(%)	8.0422	13.9585	8.3489	14.5756
	加权净资产收益率(%)	8.5600	14.6600	8.3400	15.3400
	净资产收益率(扣除)(%)	6.7848	12.5262	7.7762	13.8179
	总资产(万元)	793924.45	730260.51	714502.49	656600.61
	归属母公司股东权益(万元)	423820.28	369651.66	348468.87	334464.86
	营业收入(万元)	311540.37	554423.38	262847.43	461868.00
	营业支出(万元)	120960.47	214291.10	99803.86	169461.51
	投资收益(万元)	347.19	822.38	666.43	453.95
	净利润(万元)	37250.31	55362.22	29093.41	48750.24
	营业利润(万元)	37736.95	58450.85	34486.98	59055.69
	利润总额(万元)	44956.91	65202.50	36721.72	62894.05

重庆渝开发股份有限公司

公司概况	公司名称	重庆渝开发股份有限公司			证券简称	渝 开 发
	法人代表	徐平	董秘	谢勇彬	证券代码	000514
	公司网址	www.cqukf.com		电子信箱	hzqhua06@sina.com	
	电　话	023-63855506　63856995		传　真	023-63826995	
	办公地址	重庆市南岸区铜元局刘家花园96号				
	经营范围	房地产开发(壹级)、房屋销售及租赁、房地产信息咨询、城市基础设施等				

	指标＼报告期	2015.06.30	2014.12.31	2014.06.30	2013.12.31
主要财务指标	基本每股收益(元)	−0.0677	0.1450	0.0899	0.1499
	基本每股收益(扣除后)(元)	−0.0678	0.1439	0.0889	0.0430
	稀释每股收益(元)	−0.0677	0.1450	0.0899	0.1499
	每股净资产(元)	3.2697	3.3284	3.2143	3.1544
	每股经营现金净流量(元)	−0.1773	−0.2418	−0.1384	0.2599
	每股现金流量(元)	−0.2257	0.1461	−0.3668	0.0735
	每股资本公积金(元)	1.4058	1.4058	1.4058	1.4058
	每股盈余公积金(元)	0.1211	0.1211	0.1123	0.1123
	每股未分配利润(元)	0.6549	0.7426	0.6962	0.6363
	净资产收益率(%)	−2.0694	4.3579	2.7958	4.7521
	加权净资产收益率(%)	−2.0500	4.4600	2.8200	4.8600
	净资产收益率(扣除)(%)	−2.0751	4.3226	2.7655	1.3642
	总资产(万元)	772408.05	778899.74	725679.59	761727.37
	归属母公司股东权益(万元)	275890.31	280841.36	271211.65	266160.38
	营业收入(万元)	31926.08	194700.89	85220.45	92368.66
	营业支出(万元)	29579.39	146866.34	66643.23	68669.98
	投资收益(万元)	−106.83	357.83	−66.95	11891.95
	净利润(万元)	−9615.67	10778.30	7582.58	12648.29
	营业利润(万元)	−9880.93	13657.71	5480.98	11537.82
	利润总额(万元)	−9908.51	13633.84	5512.52	10613.75

西安国际医学投资股份有限公司

公司概况	公司名称	西安国际医学投资股份有限公司			证券简称	国际医学
	法人代表	史今	董秘	管港	证券代码	000516
	公司网址	www.000516.cn		电子信箱	IMIC@000516.cn	
	电　话	029-87217854		传　真	029-87217705	
	办公地址	陕西省西安市解放市场6号				
	经营范围	百货零售业与医疗服务等				

	指标＼报告期	2015.06.30	2014.12.31	2014.06.30	2013.12.31
主要财务指标	基本每股收益(元)	0.2130	0.4900	0.1940	0.1700
	基本每股收益(扣除后)(元)	0.1830	0.3500	0.1870	0.2200
	稀释每股收益(元)	0.2130	0.4900	0.1940	0.1700
	每股净资产(元)	4.0898	2.2344	1.9372	1.7934
	每股经营现金净流量(元)	0.0758	0.4287	0.1034	0.4596
	每股现金流量(元)	1.4000	−0.2482	−0.5530	−0.0179
	每股资本公积金(元)	1.8374	0.0734	0.0733	0.0733
	每股盈余公积金(元)	0.1590	0.1758	0.1418	0.1418
	每股未分配利润(元)	1.0910	0.9853	0.7222	0.5783
	净资产收益率(%)	4.8762	21.9739	10.0068	9.4992
	加权净资产收益率(%)	7.2700	24.3800	10.2600	9.8300
	净资产收益率(扣除)(%)	4.1903	15.5370	9.6379	12.1984
	总资产(万元)	498930.57	351325.11	316761.73	361163.91
	归属母公司股东权益(万元)	322446.40	159408.46	138206.32	127943.45
	营业收入(万元)	203407.07	388334.71	195752.11	356567.36
	营业支出(万元)	163021.36	308127.81	156206.49	284949.70
	投资收益(万元)	3799.44	12943.79	298.67	226.66
	净利润(万元)	15721.20	35026.09	13829.98	12153.58
	营业利润(万元)	20232.87	43547.56	16962.99	18841.96
	利润总额(万元)	20379.98	43784.87	17082.84	16042.34

荣安地产股份有限公司

公司概况	公司名称	荣安地产股份有限公司			证券简称	荣安地产
	法人代表	王久芳	董秘	胡约翰	证券代码	000517
	公司网址	www.rongan.com.cn		电子信箱	stock@000517.com	
	电　话	0574-87312566		传　真	0574-87310668	
	办公地址	浙江省宁波市海曙区灵桥路513号天封大厦11楼、15楼、16楼				
	经营范围	房地产开发和经营等				

	指标＼报告期	2015.06.30	2014.12.31	2014.06.30	2013.12.31
主要财务指标	基本每股收益(元)	0.0206	0.2828	0.2035	0.4283
	基本每股收益(扣除后)(元)	0.0192	0.1767	0.1077	0.3310
	稀释每股收益(元)	0.0206	0.2828	0.2035	0.4283
	每股净资产(元)	3.3786	3.4580	3.2344	3.0670
	每股经营现金净流量(元)	0.0061	−0.6029	−0.4181	1.3059
	每股现金流量(元)	0.0732	−0.0341	−0.2179	−0.0060
	每股资本公积金(元)	0.2063	0.2063	0.0620	0.0620
	每股盈余公积金(元)	0.0652	0.0652	0.0325	0.0325
	每股未分配利润(元)	2.1071	2.1865	2.1399	1.9724
	净资产收益率(%)	0.6087	8.1778	6.2910	13.9635
	加权净资产收益率(%)	0.6000	8.7800	6.4200	15.0100
	净资产收益率(扣除)(%)	0.5679	5.1105	3.3299	10.7934
	总资产(万元)	655976.23	601725.50	639744.52	822511.24
	归属母公司股东权益(万元)	358572.40	367002.91	343273.30	325499.83
	营业收入(万元)	28465.57	343373.17	258250.89	464184.77
	营业支出(万元)	17755.67	277491.77	215894.71	355938.65
	投资收益(万元)	−161.52	13280.97	10884.07	12.18
	净利润(万元)	2182.57	30012.84	21594.17	45451.28
	营业利润(万元)	2942.37	36070.39	28774.16	59863.93
	利润总额(万元)	2975.48	35494.61	28338.06	59470.63

江苏四环生物股份有限公司

公司概况	公司名称	江苏四环生物股份有限公司			证券简称	四环生物
	法人代表	孙国建	董秘	周扬	证券代码	000518
	公司网址	www.shsw000518.com		电子信箱	0518shsw@163.com	
	电　话	0510-86408558		传　真	0510-86408558	
	办公地址	江苏省无锡市江阴市滨江开发区定山路 10 号				
	经营范围	原料药、片剂、酒剂、注射剂及生物制品的制造、销售等				

主要财务指标	指标\报告期	2015.06.30	2014.12.31	2014.06.30	2013.12.31
	基本每股收益(元)	0.0040	0.0058	0.0222	-0.0687
	基本每股收益(扣除后)(元)	0.0026	0.0003	0.0194	-
	稀释每股收益(元)	0.0040	0.0058	0.0222	-0.0687
	每股净资产(元)	0.6655	0.6615	0.6779	0.6557
	每股经营现金净流量(元)	-0.1626	0.0195	0.0073	-0.0185
	每股现金流量(元)	-0.0161	-0.1087	-0.0184	-0.0548
	每股资本公积金(元)	0.0246	0.0254	0.0254	0.0254
	每股盈余公积金(元)	0.0368	0.0368	0.0368	0.0368
	每股未分配利润(元)	-0.3967	-0.4007	-0.3843	-0.4065
	净资产收益率(%)	0.5979	0.8746	3.2761	-10.4743
	加权净资产收益率(%)	0.8000	0.8800	3.3300	-9.9500
	净资产收益率(扣除)(%)	0.1611	0.0391	2.8587	-10.9289
	总资产(万元)	84789.25	81808.25	83390.42	82258.39
	归属母公司股东权益(万元)	68516.45	68106.76	69797.72	67511.07
	营业收入(万元)	10869.90	24123.07	13180.55	20874.51
	营业支出(万元)	4009.40	9821.38	5484.27	10383.32
	投资收益(万元)	248.11	736.09	338.15	485.46
	净利润(万元)	224.61	-918.62	2286.65	-7071.30
	营业利润(万元)	437.05	133.11	2666.81	-9126.47
	利润总额(万元)	540.15	43.70	2666.95	-9411.40

湖南江南红箭股份有限公司

公司概况	公司名称	湖南江南红箭股份有限公司			证券简称	江南红箭
	法人代表	隋建辉	董秘	牛建伟(代)	证券代码	000519
	公司网址	www.yhdle.com		电子信箱	zqswb@zhongnan.net	
	电　话	0377-83880269　83880277		传　真	0377-83882888	
	办公地址	河南省南阳市仲景北路 1669 号中南钻石有限公司院内				
	经营范围	各型内燃机的关键基础件——气缸套、铝活塞的生产、销售等				

主要财务指标	指标\报告期	2015.06.30	2014.12.31	2014.06.30	2013.12.31
	基本每股收益(元)	0.1950	0.5400	0.2600	0.6200
	基本每股收益(扣除后)(元)	0.1865	0.5300	0.2500	0.5300
	稀释每股收益(元)	0.1950	0.5400	0.2600	0.6200
	每股净资产(元)	5.5308	5.3960	5.1174	4.8641
	每股经营现金净流量(元)	-0.1379	-0.2692	-0.1474	-0.1685
	每股现金流量(元)	-0.2758	-1.0926	-1.2132	1.4843
	每股资本公积金(元)	1.7839	1.7839	1.7839	1.7913
	每股盈余公积金(元)	0.0755	0.0755	0.0679	0.0679
	每股未分配利润(元)	2.6671	2.5321	2.2622	2.0022
	净资产收益率(%)	3.5251	9.9615	5.0811	10.6106
	加权净资产收益率(%)	3.5500	10.4700	5.2100	17.8100
	净资产收益率(扣除)(%)	3.3724	9.7457	4.9964	5.5098
	总资产(万元)	494319.07	490908.52	465780.82	491859.56
	归属母公司股东权益(万元)	408183.23	398231.27	377669.41	358981.69
	营业收入(万元)	79534.74	203573.32	98215.73	208028.91
	营业支出(万元)	50236.67	129795.60	61581.97	130984.03
	投资收益(万元)	424.01	904.55	133.07	-
	净利润(万元)	14339.79	39654.38	19189.72	38089.93
	营业利润(万元)	17322.95	46672.00	23163.55	45316.92
	利润总额(万元)	17869.68	47734.46	23458.70	46125.52

长航凤凰股份有限公司

公司概况	公司名称	长航凤凰股份有限公司			证券简称	长航凤凰
	法人代表	王涛	董秘	李嘉华	证券代码	000520
	公司网址	www.csc-hy.com.cn		电子信箱	csc-hy@tom.com	
	电　话	0562-2627503		传　真	027-82766669-3929	
	办公地址	湖北省武汉市汉口民权路 39 号汇江大厦 10 楼				
	经营范围	长江干线和干支直达、江海直达、沿海、近洋、远洋货物的干散货、石油、液化气、集装箱运输				

主要财务指标	指标\报告期	2015.06.30	2014.12.31	2014.06.30	2013.12.31
	基本每股收益(元)	0.1073	4.2559	0.1842	-4.4607
	基本每股收益(扣除后)(元)	0.0055	0.0192	0.0118	-1.8082
	稀释每股收益(元)	0.1073	4.2559	0.1842	-4.4607
	每股净资产(元)	0.2400	0.1226	-7.3896	-7.6600
	每股经营现金净流量(元)	0.0047	-0.2130	0.0003	0.2967
	每股现金流量(元)	0.0139	-0.0058	0.0459	-0.0434
	每股资本公积金(元)	1.9355	1.9239	2.0633	2.0642
	每股盈余公积金(元)	0.2891	0.2891	0.4336	0.2941
	每股未分配利润(元)	-2.9449	-3.0522	-10.8283	-10.9621
	净资产收益率(%)	44.6924	3471.6095	-3.7393	-
	加权净资产收益率(%)	60.8700	-	-	-
	净资产收益率(扣除)(%)	2.2848	15.6888	-0.1601	23.6053
	总资产(万元)	59625.96	51402.14	53128.25	68307.41
	归属母公司股东权益(万元)	24294.25	12407.32	-498589.42	-516836.89
	营业收入(万元)	39624.64	98187.50	52688.96	135419.92
	营业支出(万元)	34404.18	85842.49	45724.38	156765.23
	投资收益(万元)	-73.14	20209.99	19158.53	215.34
	净利润(万元)	10908.93	433905.59	21763.22	-462854.18
	营业利润(万元)	775.55	22424.82	19608.67	-124799.89
	利润总额(万元)	11108.31	434280.35	21946.03	-462594.04

合肥美菱股份有限公司

公司概况	公司名称	合肥美菱股份有限公司			证券简称	美菱电器
	法人代表	刘体斌	董秘	李霞	证券代码	000521
	公司网址	www.meiling.com		电子信箱	info@meiling.com	
	电　话	0551-2219021		传　真	0551-2219021	
	办公地址	安徽省合肥市经济技术开发区莲花路 2163 号				
	经营范围	制冷电器、空调器、洗衣机、电脑数控注塑机、电脑热水器、塑料制品等				

主要财务指标	指标\报告期	2015.06.30	2014.12.31	2014.06.30	2013.12.31
	基本每股收益(元)	0.2074	0.3856	0.2083	0.3589
	基本每股收益(扣除后)(元)	0.1945	0.3218	0.1881	-
	稀释每股收益(元)	0.2074	0.3856	0.2083	-
	每股净资产(元)	4.6180	4.4816	4.3823	4.1733
	每股经营现金净流量(元)	0.4496	0.2166	-0.3567	0.7057
	每股现金流量(元)	0.1617	0.5329	0.6246	0.7039
	每股资本公积金(元)	1.9103	1.9208	1.9363	1.9364
	每股盈余公积金(元)	0.4712	0.4712	0.4424	0.4424
	每股未分配利润(元)	1.2413	1.0939	1.0054	0.7970
	净资产收益率(%)	4.4903	8.6044	4.7540	8.9100
	加权净资产收益率(%)	4.5200	8.8800	4.6400	8.9100
	净资产收益率(扣除)(%)	4.2124	7.1802	4.2922	7.8599
	总资产(万元)	1046729.25	900901.42	1017032.78	852217.18
	归属母公司股东权益(万元)	352695.32	342274.67	334696.05	318733.05
	营业收入(万元)	642691.73	1076480.83	634438.91	1053893.39
	营业支出(万元)	508424.51	823420.04	478049.57	799475.68
	投资收益(万元)	-548.44	-170.39	-78.43	-14.95
	净利润(万元)	15904.29	28040.69	15910.63	27406.82
	营业利润(万元)	16801.45	29517.95	18020.67	27606.27
	利润总额(万元)	17355.50	34740.50	19779.17	30610.88

广州市浪奇实业股份有限公司

公司概况	公司名称	广州市浪奇实业股份有限公司			证券简称	广州浪奇
	法人代表	傅勇国	董秘	王志刚	证券代码	000523
	公司网址	www.lonkey.com.cn		电子信箱	dm@lonkey.com.cn	
	电　话	020-82162933 82161128		传　真	020-82162986	
	办公地址	广东省广州市天河区黄埔大道东 128 号				
	经营范围	“浪奇”、“高富力”和“维可倚”等品牌的洗涤用品和磺酸、精甘油、AES 等化工原料的开发、生产和销售				

主要财务指标	指标\报告期	2015.06.30	2014.12.31	2014.06.30	2013.12.31
	基本每股收益(元)	0.0300	0.0990	0.0294	0.0720
	基本每股收益(扣除后)(元)	0.0290	0.0930	0.0291	-
	稀释每股收益(元)	0.0300	0.0990	0.0294	0.0720
	每股净资产(元)	2.4054	2.3942	2.3560	2.3470
	每股经营现金净流量(元)	-0.0237	-0.1024	-0.1203	0.2793
	每股现金流量(元)	0.3315	-0.2418	-0.1538	-0.1230
	每股资本公积金(元)	0.9978	0.9971	0.9974	0.9978
	每股盈余公积金(元)	0.1099	0.1099	0.1030	0.1030
	每股未分配利润(元)	0.2977	0.2872	0.2556	0.2462
	净资产收益率(%)	1.2662	4.1212	1.2460	3.0582
	加权净资产收益率(%)	1.2200	4.1300	1.2400	3.1800
	净资产收益率(扣除)(%)	1.2607	3.8807	1.2337	2.4829
	总资产(万元)	324205.25	301142.71	263146.30	249586.63
	归属母公司股东权益(万元)	107077.78	106582.64	104879.06	104480.30
	营业收入(万元)	308635.04	540882.62	212999.16	408699.94
	营业支出(万元)	296271.65	512247.76	201474.67	382975.89
	投资收益(万元)	-454.50	-116.33	-302.46	581.97
	净利润(万元)	1015.21	3996.58	1306.89	3195.24
	营业利润(万元)	1368.91	4503.33	1496.27	2889.89
	利润总额(万元)	1379.27	4807.52	1532.66	3593.34

广州岭南集团控股股份有限公司

公司概况	公司名称	广州岭南集团控股股份有限公司			证券简称	岭南控股
	法人代表	张竹筠	董秘	郑定全	证券代码	000524
	公司网址	www.gzdongfanghotel.com		电子信箱	gzlnholdings@126.com	
	电　话	020-86662791		传　真	020-86662791	
	办公地址	广东省广州市流花路 120 号				
	经营范围	旅馆业、餐饮业、旅游业和场地出租等				

主要财务指标	指标\报告期	2015.06.30	2014.12.31	2014.06.30	2013.12.31
	基本每股收益(元)	0.0870	0.1300	0.0470	0.1300
	基本每股收益(扣除后)(元)	0.0750	0.1000	0.0370	0.1100
	稀释每股收益(元)	0.0870	0.1300	0.0470	0.1300
	每股净资产(元)	2.2795	2.0530	2.3195	2.3707
	每股经营现金净流量(元)	0.0616	0.1837	0.0275	0.2028
	每股现金流量(元)	-0.0677	-0.1808	-0.1014	-0.3043
	每股资本公积金(元)	0.7478	0.7478	1.1060	1.1071
	每股盈余公积金(元)	0.1222	0.1222	0.1135	0.1135
	每股未分配利润(元)	0.0042	-0.0831	0.1000	0.1501
	净资产收益率(%)	3.8306	6.5689	2.0242	5.3841
	加权净资产收益率(%)	4.0300	6.3100	1.9600	5.5200
	净资产收益率(扣除)(%)	3.3020	4.7871	1.5852	4.7755
	总资产(万元)	84377.36	78102.32	73308.68	76122.29
	归属母公司股东权益(万元)	61472.53	55362.86	62550.78	63931.03
	营业收入(万元)	14597.44	30180.54	12603.44	31667.59
	营业支出(万元)	5792.88	13091.70	5717.09	14477.40
	投资收益(万元)	651.36	842.42	577.72	622.89
	净利润(万元)	2354.75	3636.73	1266.16	3442.12
	营业利润(万元)	2814.85	4773.43	1599.83	4507.96
	利润总额(万元)	2832.46	4808.42	1638.40	4581.62

南京红太阳股份有限公司

公司概况	公司名称	南京红太阳股份有限公司			证券简称	红 太 阳
	法人代表	杨寿海	董秘	唐志军	证券代码	000525
	公司网址	www.chinaredsun.com		电子信箱	redsunir@163.com	
	电　话	025-87132156 87132155		传　真	025-87132166	
	办公地址	江苏省南京市江宁区竹山南路 589 号				
	经营范围	农药、三药中间体及精细化工产品的生产、销售、技术咨询和服务等				

主要财务指标	指标\报告期	2015.06.30	2014.12.31	2014.06.30	2013.12.31
	基本每股收益(元)	0.3460	0.8420	0.5674	0.7330
	基本每股收益(扣除后)(元)	0.2530	0.8220	0.5560	0.7200
	稀释每股收益(元)	0.3460	0.8420	0.5674	0.7330
	每股净资产(元)	7.6880	7.4814	7.2693	6.6749
	每股经营现金净流量(元)	1.1054	1.5375	0.4766	2.0205
	每股现金流量(元)	-0.2307	-0.2081	-0.2812	-0.2968
	每股资本公积金(元)	3.9018	3.9018	3.9311	3.9311
	每股盈余公积金(元)	0.2245	0.2245	0.1879	0.1879
	每股未分配利润(元)	2.4626	2.2665	2.0785	1.5111
	净资产收益率(%)	4.5027	11.2541	7.8048	10.9868
	加权净资产收益率(%)	4.5600	11.8700	8.1400	10.5700
	净资产收益率(扣除)(%)	3.2957	10.9825	7.6502	10.7902
	总资产(万元)	824670.87	1069432.39	1086595.73	1030724.31
	归属母公司股东权益(万元)	389970.71	379490.95	368731.70	338580.61
	营业收入(万元)	331235.53	681249.95	330581.49	724132.48
	营业支出(万元)	288578.83	565948.54	265418.91	622961.00
	投资收益(万元)	5286.39	475.08	4.26	650.24
	净利润(万元)	17714.74	40542.46	28778.95	37199.26
	营业利润(万元)	17673.20	43550.03	31085.63	41673.81
	利润总额(万元)	20665.79	49593.52	34707.79	46292.80

厦门银润投资股份有限公司

公司概况	公司名称	厦门银润投资股份有限公司			证券简称	银润投资
	法人代表	张浩	董秘	王寅	证券代码	000526
	公司网址	www.good-time.com.cn		电子信箱	goodtime2003@126.com	
	电　话	021-54222877		传　真	021-52432015	
	办公地址	福建省厦门市湖滨北路 57 号 Bingo 城际商务中心 309、310 室 上海市虹桥路 1438 号古北国际财富中心(GIFC)0802 室				
	经营范围	对工业、商业、房地产业、文化行业的投资、房地产开发、经营等				

主要财务指标	指标\报告期	2015.06.30	2014.12.31	2014.06.30	2013.12.31
	基本每股收益(元)	0.0225	0.0204	-0.0126	-0.0694
	基本每股收益(扣除后)(元)	0.0225	0.0202	-0.0127	-
	稀释每股收益(元)	0.0225	0.0204	-0.0126	-0.0694
	每股净资产(元)	1.6484	1.6260	1.5927	1.6053
	每股经营现金净流量(元)	0.0307	0.1313	-0.0098	-0.0462
	每股现金流量(元)	0.0007	-0.4464	-0.4327	0.2283
	每股资本公积金(元)	0.6038	0.6038	0.6036	0.6036
	每股盈余公积金(元)	0.0477	0.0477	0.0477	0.0477
	每股未分配利润(元)	-0.0031	-0.0256	-0.0586	-0.0460
	净资产收益率(%)	1.3619	1.2573	-0.7923	-4.3215
	加权净资产收益率(%)	1.3900	1.2900	-0.7800	-4.2300
	净资产收益率(扣除)(%)	1.3661	1.2402	-0.7944	-4.3485
	总资产(万元)	20077.42	20079.82	19502.72	19795.62
	归属母公司股东权益(万元)	15857.11	15641.15	15321.28	15442.67
	营业收入(万元)	1253.27	1880.56	544.24	1016.82
	营业支出(万元)	451.94	572.26	150.48	355.95
	投资收益(万元)	-	-	-	-
	净利润(万元)	220.29	202.71	-121.39	-667.36
	营业利润(万元)	365.66	368.80	-79.49	-585.64
	利润总额(万元)	364.76	372.40	-79.06	-580.03

广西柳工机械股份有限公司

公司概况					
公司名称	广西柳工机械股份有限公司			证券简称	柳　工
法人代表	曾光安	董秘	黄华琳	证券代码	000528
公司网址	www.liugong.com		电子信箱	stock@liugong.com	
电　　话	0772-3886510　3887266		传　　真	0772-3691147　3887266	
办公地址	广西壮族自治区柳州市柳太路1号				
经营范围	装载机、挖掘机、压路机、叉车、起重机、摊铺机、平地机、滑移装载机等				

主要财务指标 指标\报告期	2015.06.30	2014.12.31	2014.06.30	2013.12.31
基本每股收益(元)	0.0771	0.1764	0.1424	0.2979
基本每股收益(扣除后)(元)	0.0269	0.0703	0.1134	0.2300
稀释每股收益(元)	0.0771	0.1764	0.1424	0.2979
每股净资产(元)	7.9753	8.0844	8.1918	8.2952
每股经营现金净流量(元)	-0.6542	0.4927	0.3092	0.9629
每股现金流量(元)	-0.6235	-0.2335	0.0114	0.5590
每股资本公积金(元)	3.1288	3.1288	3.1288	3.1288
每股盈余公积金(元)	0.6275	0.6275	0.6275	0.6275
每股未分配利润(元)	3.3268	3.3933	3.4432	3.5508
净资产收益率(%)	0.9661	2.1823	1.7381	3.5908
加权净资产收益率(%)	0.9500	2.1600	1.7100	3.6000
净资产收益率(扣除)(%)	0.3378	0.8697	1.3849	2.7204
总资产(万元)	1965533.86	2080190.16	2187832.68	2217990.03
归属母公司股东权益(万元)	897417.51	909685.87	921775.57	933407.41
营业收入(万元)	368997.99	1029340.61	564556.19	1258468.75
营业支出(万元)	276659.31	803548.72	439004.60	998437.72
投资收益(万元)	-1687.05	-901.62	-770.12	597.26
净利润(万元)	8660.55	19315.88	16021.35	33516.85
营业利润(万元)	8787.02	15263.76	18347.14	32729.32
利润总额(万元)	15457.04	29677.42	22177.12	42287.15

广东广弘控股股份有限公司

公司概况					
公司名称	广东广弘控股股份有限公司			证券简称	广弘控股
法人代表	蔡飚	董秘	苏东明	证券代码	000529
公司网址	www.ghkg000529.com		电子信箱	ghkg@ghkg000529.com	
电　　话	020-83603985　83603995		传　　真	020-83603989	
办公地址	广东省广州市东风中路437号越秀城市广场南塔19楼				
经营范围	食品冷藏设备的经营与管理、实业投资、资本运营管理、货物进出口等				

主要财务指标 指标\报告期	2015.06.30	2014.12.31	2014.06.30	2013.12.31
基本每股收益(元)	0.0700	0.2600	0.0700	0.1400
基本每股收益(扣除后)(元)	0.0700	0.1400	0.0700	0.1200
稀释每股收益(元)	0.0700	0.2600	0.0700	0.1400
每股净资产(元)	1.8945	1.8211	1.6276	1.5588
每股经营现金净流量(元)	0.2110	0.2539	0.1791	0.0595
每股现金流量(元)	0.1380	0.4720	0.1908	-0.0186
每股资本公积金(元)	0.9845	0.9845	0.9845	0.9845
每股盈余公积金(元)	0.0648	0.0648	0.0648	0.0648
每股未分配利润(元)	-0.1548	-0.2283	-0.4218	-0.4906
净资产收益率(%)	3.8766	14.4050	4.2287	8.8428
加权净资产收益率(%)	3.8000	15.5200	4.3200	9.2500
净资产收益率(扣除)(%)	3.7251	7.6390	4.1780	7.4127
总资产(万元)	162672.13	147294.52	146761.47	130453.85
归属母公司股东权益(万元)	110601.03	106313.46	95016.98	90999.04
营业收入(万元)	104945.32	187617.61	94120.67	184576.47
营业支出(万元)	92541.31	166359.60	82167.55	160615.62
投资收益(万元)	524.20	9837.66	883.94	822.03
净利润(万元)	4250.78	15349.30	4017.95	8046.88
营业利润(万元)	5212.35	17148.21	5057.05	7908.31
利润总额(万元)	6256.80	20034.05	5935.32	11294.77

大连冷冻机股份有限公司

公司概况					
公司名称	大连冷冻机股份有限公司			证券简称	大冷股份
法人代表	纪志坚	董秘	宋文宝	证券代码	000530
公司网址	www.daleng.cn		电子信箱	000530@bingshan.com	
电　　话	0411-86538130		传　　真	0411-86654530	
办公地址	辽宁省大连市沙河口区西南路888号				
经营范围	制冷设备及配套辅机、阀门、配件以及制冷工程所需配套产品的加工、制造				

主要财务指标 指标\报告期	2015.06.30	2014.12.31	2014.06.30	2013.12.31
基本每股收益(元)	0.1800	0.3300	0.1900	0.4400
基本每股收益(扣除后)(元)	0.1800	0.3000	0.1800	-
稀释每股收益(元)	0.1800	0.3300	0.1900	0.4400
每股净资产(元)	8.0290	5.6198	5.4879	5.4484
每股经营现金净流量(元)	-0.3626	0.0814	-0.0074	0.0218
每股现金流量(元)	-0.4039	-0.0765	-0.0926	-0.0671
每股资本公积金(元)	1.7588	1.6636	1.6709	1.6710
每股盈余公积金(元)	1.5775	1.5593	1.5274	1.4443
每股未分配利润(元)	1.3167	1.3890	1.2897	1.3331
净资产收益率(%)	2.2643	5.8687	3.4608	8.0233
加权净资产收益率(%)	3.2600	5.9800	3.4900	8.2700
净资产收益率(扣除)(%)	2.2090	5.3601	3.3211	6.3559
总资产(万元)	412211.41	305393.02	301304.22	296739.02
归属母公司股东权益(万元)	289176.33	196702.73	192085.95	190701.82
营业收入(万元)	71174.03	142571.56	77491.23	153570.69
营业支出(万元)	56234.74	108655.07	60995.04	116700.10
投资收益(万元)	4839.31	10394.08	5633.43	8854.18
净利润(万元)	6468.32	11451.93	6647.76	15300.61
营业利润(万元)	6761.08	10938.32	6823.25	13246.73
利润总额(万元)	7037.48	12398.81	7307.57	18474.52

广州恒运企业集团股份有限公司

公司概况					
公司名称	广州恒运企业集团股份有限公司			证券简称	穗恒运A
法人代表	郭晓光	董秘	张晖	证券代码	000531
公司网址	www.hengyun.com.cn		电子信箱	hengyun@hengyun.com.cn	
电　　话	020-82068252		传　　真	020-82068252	
办公地址	广东省广州市开发区开发大道235号恒运大厦6~6M层				
经营范围	电力、热力的生产和销售等				

主要财务指标 指标\报告期	2015.06.30	2014.12.31	2014.06.30	2013.12.31
基本每股收益(元)	0.4041	0.9421	0.5137	0.5078
基本每股收益(扣除后)(元)	0.4040	1.0044	1.1513	1.1630
稀释每股收益(元)	0.4041	0.9421	0.5137	0.5078
每股净资产(元)	4.8830	4.5794	8.1777	7.3592
每股经营现金净流量(元)	0.1230	0.7230	0.2738	4.0842
每股现金流量(元)	-0.4227	0.0045	1.3474	0.6567
每股资本公积金(元)	1.3130	1.3130	3.5477	3.6255
每股盈余公积金(元)	0.3839	0.3839	0.6960	0.6960
每股未分配利润(元)	2.0436	1.8595	2.9340	2.2066
净资产收益率(%)	8.2752	20.5734	12.5643	13.8014
加权净资产收益率(%)	8.4900	22.6300	13.2300	14.2200
净资产收益率(扣除)(%)	8.2728	21.9331	14.0782	15.8031
总资产(万元)	764432.04	749316.81	808536.78	838791.52
归属母公司股东权益(万元)	334524.83	313729.44	280119.17	252084.56
营业收入(万元)	116383.75	439447.08	279563.81	328064.05
营业支出(万元)	77291.67	296139.63	185124.74	229562.22
投资收益(万元)	14777.11	11466.45	5981.63	3326.89
净利润(万元)	30664.87	79305.62	47825.65	37275.41
营业利润(万元)	36109.02	95757.54	65516.30	59078.36
利润总额(万元)	36151.56	90077.29	59889.45	52394.50

力合股份有限公司

公司概况	公司名称	力合股份有限公司			证券简称	力合股份
	法人代表	谢伟	董秘	高小军	证券代码	000532
	公司网址	www.chinalihe.com		电子信箱	gaoxiaojun@chinalihe.com	
	电　话	0756-3612810		传　真	0756-3612812	
	办公地址	广东省珠海市香洲区唐家湾镇唐家大学路101号清华科技园创业大楼第六层东楼				
	经营范围	微电子、电力电子、环境保护产品的开发、生产及销售等				

主要财务指标	指标\报告期	2015.06.30	2014.12.31	2014.06.30	2013.12.31
	基本每股收益(元)	0.0486	0.0916	0.0420	0.1532
	基本每股收益(扣除后)(元)	0.0094	0.0033	-0.0040	0.0520
	稀释每股收益(元)	0.0486	0.0916	0.0420	0.1532
	每股净资产(元)	2.0085	1.9735	1.9482	1.9760
	每股经营现金净流量(元)	0.0167	0.0822	-0.0006	0.1063
	每股现金流量(元)	0.1540	0.2930	0.1875	0.0393
	每股资本公积金(元)	0.0788	0.0788	0.1956	0.2152
	每股盈余公积金(元)	0.1178	0.1175	0.1196	0.1196
	每股未分配利润(元)	0.7004	0.6817	0.6330	0.6411
	净资产收益率(%)	2.4219	4.6404	2.1481	7.7518
	加权净资产收益率(%)	2.4300	4.6000	2.1100	7.9500
	净资产收益率(扣除)(%)	0.4697	0.1655	-0.1839	2.6308
	总资产(万元)	117317.27	110304.87	109012.28	108393.70
	归属母公司股东权益(万元)	69236.14	68027.37	67156.09	68114.18
	营业收入(万元)	7832.39	17272.04	9900.76	21876.76
	营业支出(万元)	4457.72	10602.95	6078.73	13159.59
	投资收益(万元)	3554.93	7179.60	2857.39	6542.54
	净利润(万元)	2823.96	4599.49	1442.59	5280.05
	营业利润(万元)	4062.50	6892.81	3210.53	9033.87
	利润总额(万元)	4136.96	7048.84	3250.42	9661.32

广东万家乐股份有限公司

公司概况	公司名称	广东万家乐股份有限公司			证券简称	万家乐
	法人代表	杨印宝	董秘	黄志雄	证券代码	000533
	公司网址	www.chinamacro.cn		电子信箱	macro@macro.com.cn	
	电　话	0757-22321229　22321229		传　真	0757-22321237	
	办公地址	广东省佛山市顺德区大良街道顺峰山工业区				
	经营范围	燃气用具、家用电器、机电产品、塑料机械设备、纸类包装印刷品等				

主要财务指标	指标\报告期	2015.06.30	2014.12.31	2014.06.30	2013.12.31
	基本每股收益(元)	0.1270	0.1800	0.0890	0.2600
	基本每股收益(扣除后)(元)	0.0700	0.1500	0.0700	0.1400
	稀释每股收益(元)	0.1270	0.1800	0.0890	0.2600
	每股净资产(元)	1.9452	1.8685	1.7730	1.7800
	每股经营现金净流量(元)	0.4206	-0.0266	0.0655	0.0642
	每股现金流量(元)	-0.0626	-0.0685	0.2969	0.3337
	每股资本公积金(元)	0.0844	0.0844	0.0844	0.0844
	每股盈余公积金(元)	0.1145	0.1145	0.1145	0.1145
	每股未分配利润(元)	0.7463	0.6696	0.5742	0.5856
	净资产收益率(%)	6.5141	9.8510	4.9997	14.8104
	加权净资产收益率(%)	6.5900	10.0300	4.8500	15.9900
	净资产收益率(扣除)(%)	3.6595	8.0786	3.8799	7.7485
	总资产(万元)	385147.62	390641.08	374700.19	383215.56
	归属母公司股东权益(万元)	134375.31	129076.01	122484.50	123268.85
	营业收入(万元)	182257.34	389645.86	174924.68	231085.12
	营业支出(万元)	122940.22	262337.28	120932.85	166823.01
	投资收益(万元)	3967.39	2195.11	1301.91	17722.32
	净利润(万元)	10509.04	16016.28	7194.77	18350.86
	营业利润(万元)	13271.14	22666.01	9942.66	18969.83
	利润总额(万元)	13811.84	23819.15	10278.86	22594.53

万泽实业股份有限公司

公司概况	公司名称	万泽实业股份有限公司			证券简称	万泽股份
	法人代表	林伟光	董秘	蔡勇峰	证券代码	000534
	公司网址	www.wedgeind.com		电子信箱	wzgf0534@163.com	
	电　话	0754888573820　83260208		传　真	0754-88857179	
	办公地址	广东省汕头市珠池路23号光明大厦B幢8楼				
	经营范围	电力供应、蒸汽热供应、投资建设电厂、电站等、机械部件零售等				

主要财务指标	指标\报告期	2015.06.30	2014.12.31	2014.06.30	2013.12.31
	基本每股收益(元)	0.0811	0.1000	0.1000	0.3100
	基本每股收益(扣除后)(元)	0.0799	0.0600	0.1000	-
	稀释每股收益(元)	0.0811	0.1000	0.1000	0.3100
	每股净资产(元)	2.5953	2.5619	2.7106	2.6030
	每股经营现金净流量(元)	0.0148	0.6786	0.4371	1.1540
	每股现金流量(元)	-0.0812	-0.4702	-0.2652	0.4641
	每股资本公积金(元)	0.6956	0.7017	0.7523	0.7448
	每股盈余公积金(元)	0.2384	0.2365	0.1543	0.1543
	每股未分配利润(元)	0.6612	0.6251	0.8040	0.7039
	净资产收益率(%)	3.1362	4.0332	3.6901	11.7217
	加权净资产收益率(%)	3.1400	3.7900	3.7700	12.3300
	净资产收益率(扣除)(%)	3.0914	2.4929	2.6670	11.1082
	总资产(万元)	374486.36	348934.69	360704.35	319879.49
	归属母公司股东权益(万元)	127630.59	127031.09	134593.27	129253.52
	营业收入(万元)	27128.53	52664.03	26643.69	112234.96
	营业支出(万元)	10974.71	25059.99	11078.37	57404.54
	投资收益(万元)	46.14	-1406.09	-1092.35	-1986.23
	净利润(万元)	3604.90	4128.33	4966.62	15150.71
	营业利润(万元)	6018.19	8771.65	6329.84	24975.70
	利润总额(万元)	6031.78	7826.29	7410.94	24092.70

华映科技(集团)股份有限公司

公司概况	公司名称	华映科技(集团)股份有限公司			证券简称	华映科技
	法人代表	刘治军	董秘	陈伟	证券代码	000536
	公司网址	www.cpttg.com		电子信箱	gw@cptf.com.cn	
	电　话	0591-88022590		传　真	0591-88022061	
	办公地址	福建省福州市马尾区儒江西路6号1#楼三、四层				
	经营范围	电机制造、机电产品的贸易、金属材料的经营等				

主要财务指标	指标\报告期	2015.06.30	2014.12.31	2014.06.30	2013.12.31
	基本每股收益(元)	0.0449	0.3205	0.2097	0.4913
	基本每股收益(扣除后)(元)	0.0271	0.0882	0.1465	0.6151
	稀释每股收益(元)	0.0449	0.3205	0.2097	0.4913
	每股净资产(元)	3.6050	3.5954	3.8772	3.4983
	每股经营现金净流量(元)	1.9960	1.8702	1.1839	0.0815
	每股现金流量(元)	-0.0545	1.2946	0.4829	-0.5211
	每股资本公积金(元)	1.0437	1.0804	1.6174	1.3301
	每股盈余公积金(元)	0.6476	0.6476	0.6546	0.6546
	每股未分配利润(元)	0.7429	0.6980	0.6052	0.4855
	净资产收益率(%)	1.2466	8.9150	5.7385	12.6800
	加权净资产收益率(%)	1.2400	9.4400	6.3800	16.2800
	净资产收益率(扣除)(%)	0.7507	2.4523	3.7781	17.5819
	总资产(万元)	1015181.89	1043648.40	974101.31	971302.19
	归属母公司股东权益(万元)	280862.89	280116.64	271596.86	247788.81
	营业收入(万元)	279505.77	701818.66	340110.08	554385.39
	营业支出(万元)	249463.19	621067.15	294275.50	399018.91
	投资收益(万元)	6.94	179.48	132.68	12983.89
	净利润(万元)	7391.87	37406.54	23657.29	52738.79
	营业利润(万元)	9400.01	40724.70	22142.63	86764.70
	利润总额(万元)	11579.64	50451.56	30306.76	58731.71

天津广宇发展股份有限公司

公司概况

公司名称	天津广宇发展股份有限公司			证券简称	广宇发展
法人代表	王志华	董秘	韩玉卫	证券代码	000537
公司网址	www.tjgy.sdln.sgcc.com.cn		电子信箱	tjgyfz@163.com	
电　　话	022-58921183　58921176		传　　真	022-58921188	
办公地址	北京市西城区西单北大街111号南门西单国际大厦六层				
经营范围	房地产开发及商品房销售、对住宿酒店及餐饮酒店投资等				

主要财务指标

指标\报告期	2015.06.30	2014.12.31	2014.06.30	2013.12.31
基本每股收益(元)	0.1700	0.5500	0.3500	0.7000
基本每股收益(扣除后)(元)	0.1400	0.4400	0.2500	0.5400
稀释每股收益(元)	0.1700	0.5500	0.3500	0.7000
每股净资产(元)	3.7031	3.5301	3.3339	2.9827
每股经营现金净流量(元)	-1.3143	-0.9145	0.1379	1.6890
每股现金流量(元)	0.2204	-2.3052	0.1386	1.3547
每股资本公积金(元)	0.1690	0.1690	0.1690	0.1690
每股盈余公积金(元)	0.1316	0.1316	0.1274	0.1274
每股未分配利润(元)	2.4024	2.2294	2.0375	1.6863
净资产收益率(%)	4.6712	15.5057	10.5349	23.5932
加权净资产收益率(%)	4.7800	16.8100	11.1200	26.7500
净资产收益率(扣除)(%)	3.7131	12.3508	7.3814	17.9593
总资产(万元)	508788.93	481428.37	443278.17	415146.92
归属母公司股东权益(万元)	189862.14	180993.30	170934.24	152926.40
营业收入(万元)	67310.06	128318.65	61367.18	148746.41
营业支出(万元)	29768.56	65350.35	30425.88	71700.06
投资收益(万元)	1272.63	8692.23	6610.89	8946.58
净利润(万元)	15528.39	43200.76	18007.83	36080.27
营业利润(万元)	19208.53	44398.28	25922.90	51620.12
利润总额(万元)	19221.75	44450.21	25960.39	51681.11

广东电力发展股份有限公司

公司概况

公司名称	广东电力发展股份有限公司			证券简称	粤电力A
法人代表	李灼贤	董秘	刘维	证券代码	000539
公司网址	www.ged.com.cn		电子信箱	ged@ged.com.cn	
电　　话	020-87570276　87570251		传　　真	020-85138084	
办公地址	广东省广州市天河东路2号粤电广场南塔23-26楼				
经营范围	电力项目的投资、建设和经营管理、电力的生产和销售、电力行业技术咨询和服务				

主要财务指标

指标\报告期	2015.06.30	2014.12.31	2014.06.30	2013.12.31
基本每股收益(元)	0.3300	0.6900	0.3100	0.7100
基本每股收益(扣除后)(元)	0.2900	0.7100	0.3800	0.7300
稀释每股收益(元)	0.3300	0.6900	0.3100	0.7100
每股净资产(元)	4.2570	4.8706	4.5290	4.3552
每股经营现金净流量(元)	1.0861	1.9182	1.0363	2.2193
每股现金流量(元)	0.3776	0.0345	0.1753	0.3573
每股资本公积金(元)	0.9520	1.1424	1.1510	1.1400
每股盈余公积金(元)	1.1070	1.0996	1.0996	0.9608
每股未分配利润(元)	1.1281	1.5892	1.2784	1.2414
净资产收益率(%)	7.7001	14.0965	8.2989	16.1975
加权净资产收益率(%)	7.7300	14.9400	8.2700	17.4900
净资产收益率(扣除)(%)	6.7846	14.6113	8.3225	16.7922
总资产(万元)	7251976.14	6908482.59	6762911.03	6791871.90
归属母公司股东权益(万元)	2235025.64	2131005.46	1981550.40	1905491.41
营业收入(万元)	1291155.32	2904656.87	1497131.36	3083075.73
营业支出(万元)	918172.20	2094010.02	1098244.31	2268431.83
投资收益(万元)	51997.07	61210.91	35011.66	74152.58
净利润(万元)	239813.62	432875.00	232287.84	434325.90
营业利润(万元)	295638.95	564133.70	296946.97	554949.42
利润总额(万元)	297652.49	557420.56	296014.55	558048.66

云南白药集团股份有限公司

公司概况

公司名称	云南白药集团股份有限公司			证券简称	云南白药
法人代表	王明辉	董秘	吴伟	证券代码	000538
公司网址	www.yunnanbaiyao.com.cn		电子信箱	wuwei@yunnanbaiyao.com.cn	
电　　话	0871-6324159　6226106		传　　真	0871-6324159	
办公地址	云南省昆明市呈贡区云南白药街3686号				
经营范围	化学原料药、化学药制剂、中成药、中药材、生物制品、保健食品等				

主要财务指标

指标\报告期	2015.06.30	2014.12.31	2014.06.30	2013.12.31
基本每股收益(元)	1.2100	2.4100	1.0900	3.3400
基本每股收益(扣除后)(元)	1.1600	2.1800	1.0200	2.6900
稀释每股收益(元)	1.2100	2.4100	1.0900	3.3400
每股净资产(元)	11.9412	10.7404	9.4218	13.0048
每股经营现金净流量(元)	1.8646	1.5238	1.1118	0.4921
每股现金流量(元)	1.1309	-0.0566	-0.1299	0.4636
每股资本公积金(元)	1.1976	1.1971	1.1952	1.9100
每股盈余公积金(元)	0.6442	0.6494	0.5492	0.8239
每股未分配利润(元)	9.0993	7.8939	6.6767	9.3871
净资产收益率(%)	10.0945	22.4056	11.5192	25.7117
加权净资产收益率(%)	10.5300	24.8600	11.7500	28.9400
净资产收益率(扣除)(%)	9.7080	20.2672	10.8450	20.6627
总资产(万元)	1768386.45	1634134.02	1382793.24	1314713.38
归属母公司股东权益(万元)	1243553.57	1118506.57	981180.83	911124.49
营业收入(万元)	954257.47	1881436.64	862740.65	1581479.09
营业支出(万元)	662219.91	1313919.77	604219.06	1111838.49
投资收益(万元)	7323.12	10553.54	2979.91	68486.50
净利润(万元)	125190.63	249732.67	113024.20	232145.38
营业利润(万元)	143861.21	282982.55	129794.20	263893.06
利润总额(万元)	146567.79	291014.51	132544.67	270131.10

中天城投集团股份有限公司

公司概况

公司名称	中天城投集团股份有限公司			证券简称	中天城投
法人代表	罗玉平	董秘	谭忠游	证券代码	000540
公司网址	www.ztcn.cn		电子信箱	heyaoqiu@ztcn.cn	
电　　话	0851-86988177		传　　真	0851-86988377	
办公地址	贵州省贵阳市观山湖区中天路3号201中心				
经营范围	一级房地产开发、城市基础设施及配套项目开发、拆迁安置及服务等				

主要财务指标

指标\报告期	2015.06.30	2014.12.31	2014.06.30	2013.12.31
基本每股收益(元)	0.3321	1.2215	0.2240	0.8441
基本每股收益(扣除后)(元)	0.2926	0.9355	0.5014	0.7927
稀释每股收益(元)	0.3321	1.2197	0.2240	0.8441
每股净资产(元)	1.9574	4.2512	3.1025	2.6419
每股经营现金净流量(元)	-0.8145	0.9311	0.3575	-0.1260
每股现金流量(元)	-0.1481	0.4608	-0.2883	0.1968
每股资本公积金(元)	0.1589	1.3793	0.1028	0.0910
每股盈余公积金(元)	0.0827	0.2074	0.1751	0.1751
每股未分配利润(元)	0.7158	1.6645	1.8246	1.3759
净资产收益率(%)	16.9555	21.9659	24.1332	31.7860
加权净资产收益率(%)	18.1800	38.7900	25.5000	37.7900
净资产收益率(扣除)(%)	14.9373	16.8229	16.1614	29.8507
总资产(万元)	4324834.30	4339495.91	3946395.59	3645048.98
归属母公司股东权益(万元)	842788.58	730032.73	399468.74	340165.96
营业收入(万元)	804400.78	1139090.84	519540.42	757626.05
营业支出(万元)	531831.15	782656.88	355541.39	439926.07
投资收益(万元)	16.55	849.88	-61.37	643.86
净利润(万元)	142647.00	160230.78	96260.78	108172.34
营业利润(万元)	158461.18	166486.05	85746.44	138723.14
利润总额(万元)	158780.42	213081.98	126525.81	147057.85

佛山电器照明股份有限公司

公司概况	公司名称	佛山电器照明股份有限公司			证券简称	佛山照明
	法人代表	潘杰	董秘	林奕辉	证券代码	000541
	公司网址	www.chinafsl.com		电子信箱	gzfsligh@pub.foshan.gd.cn	
	电　　话	0757-82966028　82966062		传　　真	0757-82816276	
	办公地址	广东省佛山市禅城区汾江北路 64 号				
	经营范围	研究、开发、生产电光源产品、电光源设备、电光源配套器件等				

主要财务指标	指标\报告期	2015.06.30	2014.12.31	2014.06.30	2013.12.31
	基本每股收益(元)	0.0788	0.2700	0.1485	0.2600
	基本每股收益(扣除后)(元)	0.0722	0.3100	0.1729	0.2500
	稀释每股收益(元)	0.0788	0.2700	0.1485	0.2600
	每股净资产(元)	3.4000	3.1113	2.9845	2.9539
	每股经营现金净流量(元)	0.0780	0.3123	0.1415	0.2092
	每股现金流量(元)	−0.0908	0.0940	−0.0371	−0.0897
	每股资本公积金(元)	0.2329	0.6028	0.6287	0.6028
	每股盈余公积金(元)	0.4922	0.6399	0.6361	0.6361
	每股未分配利润(元)	0.5210	0.7948	0.7197	0.6866
	净资产收益率(%)	2.3179	8.7409	6.4699	8.7121
	加权净资产收益率(%)	3.4800	9.0800	6.6800	8.6900
	净资产收益率(扣除)(%)	2.1226	10.0608	5.7942	8.5482
	总资产(万元)	531442.74	373670.43	367304.61	337378.16
	归属母公司股东权益(万元)	432539.70	304458.57	292056.91	289058.19
	营业收入(万元)	152436.28	306864.12	154305.88	252667.98
	营业支出(万元)	116604.34	224705.47	115621.73	189030.78
	投资收益(万元)	2070.92	1921.46	1811.54	−687.01
	净利润(万元)	9651.56	26666.60	18722.86	25228.50
	营业利润(万元)	13644.08	37018.78	22573.96	24542.37
	利润总额(万元)	12444.94	31912.84	22891.85	29914.91

安徽省皖能股份有限公司

公司概况	公司名称	安徽省皖能股份有限公司			证券简称	皖能电力
	法人代表	张飞飞	董秘	李春英	证券代码	000543
	公司网址	www.wenergy.cn		电子信箱	wn000543@wenergy.cn	
	电　　话	0551-2225811		传　　真	0551-2225800	
	办公地址	安徽省合肥市马鞍山路 76 号能源大厦 5、8-10 层				
	经营范围	公司主营电力、节能及相关项目投资、经营				

主要财务指标	指标\报告期	2015.06.30	2014.12.31	2014.06.30	2013.12.31
	基本每股收益(元)	0.6776	0.8800	0.4500	1.1100
	基本每股收益(扣除后)(元)	0.6052	0.8800	0.4500	1.0700
	稀释每股收益(元)	0.6776	0.8800	0.4500	1.1100
	每股净资产(元)	9.3044	8.3885	6.4404	6.3395
	每股经营现金净流量(元)	1.6361	3.3570	1.7445	3.1410
	每股现金流量(元)	0.6042	−0.4714	−0.0426	0.3201
	每股资本公积金(元)	2.4045	2.4045	2.9592	3.0124
	每股盈余公积金(元)	0.8090	0.8090	0.7598	0.7598
	每股未分配利润(元)	2.5966	2.0991	1.7213	1.5672
	净资产收益率(%)	7.2823	10.5033	7.0510	16.4149
	加权净资产收益率(%)	7.6100	11.9600	7.1100	18.1200
	净资产收益率(扣除)(%)	6.5044	10.4960	6.9353	15.8066
	总资产(万元)	2364895.62	2298162.97	2186810.12	2183025.86
	归属母公司股东权益(万元)	979916.37	883459.58	678285.11	667654.73
	营业收入(万元)	585399.52	1286626.63	672895.16	1256777.39
	营业支出(万元)	434807.13	1035449.94	551926.28	1004563.19
	投资收益(万元)	23098.13	21997.83	13149.41	29220.66
	净利润(万元)	121588.75	163233.75	47828.89	109595.15
	营业利润(万元)	146524.14	209305.08	105647.50	215546.79
	利润总额(万元)	150275.73	210041.69	106182.41	221003.08

中原环保股份有限公司

公司概况	公司名称	中原环保股份有限公司			证券简称	中原环保
	法人代表	李建平	董秘	郑玉民	证券代码	000544
	公司网址	www.cpepgc.com		电子信箱	zyhb@cpepgc.com	
	电　　话	0371-65376969　65376616		传　　真	0371-65629981	
	办公地址	河南省郑州市郑东新区商务外环路 3 号中华大厦 15A				
	经营范围	污水、污泥处理、养殖、种植.中水利用、供热及管网维修等				

主要财务指标	指标\报告期	2015.06.30	2014.12.31	2014.06.30	2013.12.31
	基本每股收益(元)	0.1400	0.2500	0.1300	0.2200
	基本每股收益(扣除后)(元)	0.1000	0.1500	0.1100	0.1400
	稀释每股收益(元)	0.1400	0.2500	0.1300	0.2200
	每股净资产(元)	3.3955	3.2936	3.1803	3.0830
	每股经营现金净流量(元)	−0.1810	0.6206	−0.0592	0.3113
	每股现金流量(元)	0.0288	0.0709	0.1064	0.0217
	每股资本公积金(元)	1.7525	1.7525	1.7525	1.7525
	每股盈余公积金(元)	0.1039	0.1039	0.0904	0.0904
	每股未分配利润(元)	0.5391	0.4372	0.3374	0.2401
	净资产收益率(%)	4.0387	7.4558	4.1583	7.1919
	加权净资产收益率(%)	4.1000	7.7200	4.2200	7.4600
	净资产收益率(扣除)(%)	2.8740	4.6999	3.5057	4.4061
	总资产(万元)	233505.84	229587.61	198120.38	185244.53
	归属母公司股东权益(万元)	91495.45	88749.45	85695.98	83075.56
	营业收入(万元)	31790.39	57827.78	25304.34	49037.05
	营业支出(万元)	21414.67	39451.31	17461.59	34616.47
	投资收益(万元)	900.00	750.00	750.00	–
	净利润(万元)	3812.57	6795.98	3563.53	5974.70
	营业利润(万元)	4357.52	5674.12	4061.90	4199.20
	利润总额(万元)	4658.36	7915.54	4797.07	7209.80

吉林金浦钛业股份有限公司

公司概况	公司名称	吉林金浦钛业股份有限公司			证券简称	金浦钛业
	法人代表	郭金东	董秘	汤巍	证券代码	000545
	公司网址	www.nthcl.com		电子信箱	nj000545@sina.cn	
	电　　话	025-83799778		传　　真	025-58366500	
	办公地址	江苏省南京市六合区南京化工园大纬东路 229 号				
	经营范围	生产经营原料药、医药中间体、中西药制剂、化工产品、保健品等				

主要财务指标	指标\报告期	2015.06.30	2014.12.31	2014.06.30	2013.12.31
	基本每股收益(元)	0.1500	0.1300	0.0700	0.3600
	基本每股收益(扣除后)(元)	0.0300	0.0400	0.0200	0.1900
	稀释每股收益(元)	0.1500	0.1300	0.0700	0.3600
	每股净资产(元)	3.4200	4.2800	2.5283	2.4587
	每股经营现金净流量(元)	0.0275	0.2085	−0.0883	0.5379
	每股现金流量(元)	−0.1413	−0.2547	−0.4937	0.0189
	每股资本公积金(元)	0.8403	1.3924	−0.7399	−0.7399
	每股盈余公积金(元)	0.1255	0.1632	0.2019	0.2019
	每股未分配利润(元)	1.4574	1.7231	2.0663	1.9967
	净资产收益率(%)	3.8540	2.5677	2.7539	12.5897
	加权净资产收益率(%)	3.9300	4.4700	2.7900	13.4400
	净资产收益率(扣除)(%)	0.8725	0.8545	0.9263	6.7439
	总资产(万元)	239650.95	211450.02	121770.74	117342.65
	归属母公司股东权益(万元)	168904.98	162395.34	77534.30	75399.10
	营业收入(万元)	40084.65	73494.38	38445.36	84214.21
	营业支出(万元)	33601.72	63466.60	33641.43	67870.12
	投资收益(万元)	4930.67	538.17	103.45	2.44
	净利润(万元)	6509.64	4169.75	2135.20	9492.50
	营业利润(万元)	6921.50	1895.71	949.12	5803.81
	利润总额(万元)	7693.93	4502.43	2396.07	10962.69

金圆水泥股份有限公司

公司概况	公司名称	金圆水泥股份有限公司		证券简称	金圆股份
	法人代表	赵辉	董秘	王函颖	证券代码 000546
	公司网址	www.jysn.com		电子信箱	jygf@jysn.com
	电　话	0571-86602265		传　真	0571-85286821
	办公地址	浙江省杭州市滨江区江虹路1750号润和信雅达创意中心1号楼22楼			
	经营范围	房地产开发和销售			

主要财务指标 指标\报告期	2015.06.30	2014.12.31	2014.06.30	2013.12.31
基本每股收益(元)	0.0191	0.3012	0.1397	0.3395
基本每股收益(扣除后)(元)	-0.0433	-0.1231	-0.0400	-0.0322
稀释每股收益(元)	0.0191	0.3012	0.1397	0.3395
每股净资产(元)	2.7392	2.7306	1.0115	1.0218
每股经营现金净流量(元)	0.0568	0.2765	0.7293	1.9077
每股现金流量(元)	-0.0625	-0.1105	-0.5237	-0.3337
每股资本公积金(元)	1.0320	1.0320	0.6658	2.4786
每股盈余公积金(元)	0.0691	0.0691	0.0190	0.2439
每股未分配利润(元)	0.5987	0.5796	-0.6733	1.2812
净资产收益率(%)	0.6985	7.9349	-3.4404	11.9010
加权净资产收益率(%)	0.7000	13.0800	-3.4200	17.2900
净资产收益率(扣除)(%)	-1.5825	-1.5460	-4.0910	-3.1524
总资产(万元)	407613.50	408962.13	26043.34	388385.84
归属母公司股东权益(万元)	163923.61	163407.07	17145.25	87085.24
营业收入(万元)	53002.62	137346.98	63051.41	159203.75
营业支出(万元)	46559.85	97851.64	48650.68	119142.69
投资收益(万元)	2932.97	-642.04	-497.27	4713.33
净利润(万元)	1098.95	24498.45	8331.57	23012.19
营业利润(万元)	-102.66	19965.04	6344.38	24783.55
利润总额(万元)	272.65	28510.52	9836.76	27998.47

航天工业发展股份有限公司

公司概况	公司名称	航天工业发展股份有限公司		证券简称	航天发展
	法人代表	刘著平	董秘	吴小兰	证券代码 000547
	公司网址	www.szxrjt.com		电子信箱	fufa@szxrjt.com
	电　话	0591-83283128		传　真	0591-83296358
	办公地址	福建省福州市台江区五一南路17号工行五一支行13层			
	经营范围	电子、电子计算机、通讯、网络信息、环境保护等			

主要财务指标 指标\报告期	2015.06.30	2014.12.31	2014.06.30	2013.12.31
基本每股收益(元)	0.1600	0.2300	0.0900	0.1700
基本每股收益(扣除后)(元)	-0.0300	0.0300	-	-0.0100
稀释每股收益(元)	0.1600	0.2300	0.0900	0.1700
每股净资产(元)	2.5079	2.4017	2.1525	1.9575
每股经营现金净流量(元)	0.0982	2.6496	0.0892	-0.1349
每股现金流量(元)	1.1389	2.4659	0.2529	-0.1333
每股资本公积金(元)	0.5304	0.7735	0.6116	0.3844
每股盈余公积金(元)	0.0777	0.8457	0.0643	0.0653
每股未分配利润(元)	0.7645	6.3156	0.4767	0.5077
净资产收益率(%)	6.5205	9.0808	3.7436	8.4710
加权净资产收益率(%)	6.6600	10.4000	4.8800	8.4800
净资产收益率(扣除)(%)	-1.1675	1.2665	0.0561	-0.7159
总资产(万元)	419927.71	57071.42	325675.25	283729.57
归属母公司股东权益(万元)	237895.63	44674.11	204185.64	163428.10
营业收入(万元)	31230.78	85598.13	28224.87	53615.02
营业支出(万元)	19772.06	54946.16	20118.27	35501.92
投资收益(万元)	25831.85	15977.62	8082.82	14957.92
净利润(万元)	16570.32	22920.73	7643.83	13843.92
营业利润(万元)	20980.83	26038.43	9222.12	15663.79
利润总额(万元)	21712.53	26180.80	9276.32	16250.66

湖南投资集团股份有限公司

公司概况	公司名称	湖南投资集团股份有限公司		证券简称	湖南投资
	法人代表	张玉玺	董秘	马宁	证券代码 000548
	公司网址	www.hntz.com.cn		电子信箱	hntz0548@126.com
	电　话	0731-82327666		传　真	0731-82327566
	办公地址	湖南省长沙市芙蓉中路508号之三君逸康年大酒店十二楼			
	经营范围	投资建设并收费经营公路、桥梁及各类城市基础设施等			

主要财务指标 指标\报告期	2015.06.30	2014.12.31	2014.06.30	2013.12.31
基本每股收益(元)	0.0090	0.0400	0.0200	0.0200
基本每股收益(扣除后)(元)	0.0060	0.0300	-	0.0200
稀释每股收益(元)	0.0090	0.0400	0.0200	0.0200
每股净资产(元)	2.9402	2.9814	2.9673	2.9471
每股经营现金净流量(元)	0.2089	0.4935	0.0345	0.2024
每股现金流量(元)	0.1195	0.0901	-0.0411	-0.3058
每股资本公积金(元)	0.9580	0.9580	0.9595	0.9595
每股盈余公积金(元)	0.2020	0.2020	0.1984	0.1984
每股未分配利润(元)	0.7801	0.8213	0.8094	0.7892
净资产收益率(%)	0.2976	1.2005	0.6789	0.7253
加权净资产收益率(%)	0.2900	1.2100	0.6800	0.7200
净资产收益率(扣除)(%)	0.1921	1.0724	0.6610	0.7923
总资产(万元)	201881.57	194236.45	193950.93	194224.91
归属母公司股东权益(万元)	146777.59	148836.87	148130.44	147123.69
营业收入(万元)	8438.25	20568.35	10617.74	22142.35
营业支出(万元)	3463.51	7276.32	3580.88	7732.13
投资收益(万元)	-48.15	435.75	119.46	302.16
净利润(万元)	-76.60	1939.99	1005.61	1067.14
营业利润(万元)	234.13	3024.79	1814.94	3030.42
利润总额(万元)	298.79	2636.81	1850.14	2889.20

江铃汽车股份有限公司

公司概况	公司名称	江铃汽车股份有限公司		证券简称	江铃汽车
	法人代表	王锡高	董秘	宛虹	证券代码 000550
	公司网址	www.jmc.com.cn		电子信箱	relations@jmc.com.cn
	电　话	0791-85266000 85235675		传　真	0791-85232839
	办公地址	江西省南昌市迎宾北大道509号			
	经营范围	生产和销售轻型汽车以及相关的零部件			

主要财务指标 指标\报告期	2015.06.30	2014.12.31	2014.06.30	2013.12.31
基本每股收益(元)	1.2500	2.4400	1.3500	1.9700
基本每股收益(扣除后)(元)	1.0400	1.8000	1.0500	1.7700
稀释每股收益(元)	1.2500	2.4400	1.3500	1.9700
每股净资产(元)	12.5608	12.2779	11.1899	10.6310
每股经营现金净流量(元)	0.2672	4.8540	1.4556	3.6452
每股现金流量(元)	-0.2951	2.8770	0.9863	1.0661
每股资本公积金(元)	0.9725	0.9725	0.9725	0.9725
每股盈余公积金(元)	0.5000	0.5000	0.5000	0.5000
每股未分配利润(元)	10.0914	9.8085	8.7175	8.1586
净资产收益率(%)	9.9748	19.8883	12.0545	18.5056
加权净资产收益率(%)	9.7100	21.2000	11.9300	19.5600
净资产收益率(扣除)(%)	8.2512	14.6850	9.3643	16.6307
总资产(万元)	1955978.62	1949652.77	1782447.12	1648374.77
归属母公司股东权益(万元)	1084264.35	1059842.88	965929.21	917685.45
营业收入(万元)	1198932.74	2553728.96	1227492.97	2088970.57
营业支出(万元)	900981.64	1909871.53	923637.48	1552306.07
投资收益(万元)	194.23	1685.93	1157.06	1235.03
净利润(万元)	108153.23	210785.21	116437.66	169823.24
营业利润(万元)	106428.67	185197.68	106645.77	175347.72
利润总额(万元)	126745.62	242929.52	134219.47	192708.75

创元科技股份有限公司

公司概况	公司名称	创元科技股份有限公司		证券简称	创元科技
	法人代表	董柏	董秘	周成明	证券代码	000551
	公司网址	www.000551.cn		电子信箱	dmc@000551.cn	
	电　话	0512-68241551		传　真	0512-68245551	
	办公地址	江苏省苏州市苏州工业园区苏桐路37号				
	经营范围	空气净化设备、洁净产品、停车设备、仪器仪表、磨具磨料、高压绝缘子等				

主要财务指标	指标\报告期	2015.06.30	2014.12.31	2014.06.30	2013.12.31
	基本每股收益(元)	0.0500	0.0800	0.0600	0.1000
	基本每股收益(扣除后)(元)	0.0400	0.0200	0.0500	0.0200
	稀释每股收益(元)	0.0500	0.0800	0.0600	0.1000
	每股净资产(元)	3.2676	3.3083	3.2814	3.2173
	每股经营现金净流量(元)	-0.0038	0.2256	-0.0535	0.5231
	每股现金流量(元)	-0.1981	-0.2047	-0.2885	0.2650
	每股资本公积金(元)	0.7710	0.7654	0.7491	0.7491
	每股盈余公积金(元)	0.3608	0.3608	0.3549	0.3549
	每股未分配利润(元)	1.1354	1.1817	1.1774	1.1133
	净资产收益率(%)	1.6435	2.3460	1.9529	3.1907
	加权净资产收益率(%)	1.6100	2.3800	1.9700	3.2400
	净资产收益率(扣除)(%)	1.1295	0.7427	1.5900	0.7676
	总资产(万元)	323626.99	328200.96	329271.29	342398.10
	归属母公司股东权益(万元)	130729.75	132357.03	131282.06	128718.32
	营业收入(万元)	111217.65	227329.15	118166.40	223373.49
	营业支出(万元)	84229.27	169425.05	88725.42	168836.42
	投资收益(万元)	423.63	1037.65	214.43	2649.59
	净利润(万元)	4119.69	7855.86	2563.87	4106.96
	营业利润(万元)	3931.38	6776.13	5375.25	8006.56
	利润总额(万元)	5067.49	9787.31	6212.90	10787.22

甘肃靖远煤电股份有限公司

公司概况	公司名称	甘肃靖远煤电股份有限公司		证券简称	靖远煤电	
	法人代表	梁习明	董秘	王文建	证券代码	000552
	公司网址			电子信箱	jingymd@163.com	
	电　话	0931-8508220 0943-6658330		传　真	0931-8508220 0943-6658330	
	办公地址	甘肃省白银市平川区大桥路1号				
	经营范围	煤炭开采、洗选、销售、洁净能源的再加工利用、燃煤和瓦斯发电等				

主要财务指标	指标\报告期	2015.06.30	2014.12.31	2014.06.30	2013.12.31
	基本每股收益(元)	0.1091	0.4618	0.1609	0.5960
	基本每股收益(扣除后)(元)	0.1077	0.4468	0.2566	0.5820
	稀释每股收益(元)	0.1091	0.4618	0.1609	0.5960
	每股净资产(元)	5.3746	3.7675	3.8200	3.5087
	每股经营现金净流量(元)	-0.1824	0.0301	-0.0219	0.6424
	每股现金流量(元)	0.9671	-0.1996	0.0580	0.0143
	每股资本公积金(元)	2.5097	-0.1019	-0.1275	-0.1275
	每股盈余公积金(元)	0.1634	0.2599	0.2141	0.2141
	每股未分配利润(元)	1.3883	2.0826	2.0225	1.7666
	净资产收益率(%)	2.0293	12.2575	6.7037	16.9855
	加权净资产收益率(%)	2.4900	12.7700	6.9800	18.3900
	净资产收益率(扣除)(%)	2.0046	11.8598	6.7171	16.5858
	总资产(万元)	860987.42	630190.80	609222.64	573491.47
	归属母公司股东权益(万元)	614578.01	270844.56	274633.80	252240.53
	营业收入(万元)	115565.83	330348.60	158490.86	372429.55
	营业支出(万元)	84345.29	243024.91	108587.80	269761.79
	投资收益(万元)	-	236.64	-	-
	净利润(万元)	12475.89	33200.58	18394.30	42844.23
	营业利润(万元)	13988.17	36421.50	21014.58	49742.39
	利润总额(万元)	13991.49	36592.20	20952.60	50303.47

湖北沙隆达股份有限公司

公司概况	公司名称	湖北沙隆达股份有限公司		证券简称	沙隆达A	
	法人代表	安礼如	董秘	李忠禧	证券代码	000553
	公司网址	www.sanonda.cn		电子信箱	sld@agr.chemchina.com	
	电　话	0716-8208632		传　真	0716-8321099	
	办公地址	湖北省荆州市北京东路93号				
	经营范围	农药与化工产品的生产和销售等				

主要财务指标	指标\报告期	2015.06.30	2014.12.31	2014.06.30	2013.12.31
	基本每股收益(元)	0.1981	0.8280	0.4856	0.5402
	基本每股收益(扣除后)(元)	0.1944	0.8254	0.4841	0.5492
	稀释每股收益(元)	0.1981	0.8280	0.4856	0.5402
	每股净资产(元)	3.4872	3.3803	3.0464	2.6033
	每股经营现金净流量(元)	-0.0325	1.1772	0.6299	1.3465
	每股现金流量(元)	0.0152	0.0148	0.0772	0.3955
	每股资本公积金(元)	0.4431	0.4431	0.4431	0.4431
	每股盈余公积金(元)	0.2998	0.2998	0.2127	0.2127
	每股未分配利润(元)	1.7095	1.6114	1.3561	0.9205
	净资产收益率(%)	5.6819	24.4951	15.9399	20.7486
	加权净资产收益率(%)	5.7400	27.6800	17.1500	22.8800
	净资产收益率(扣除)(%)	5.5763	24.4188	15.8919	21.0959
	总资产(万元)	323290.21	293429.97	314779.37	270827.12
	归属母公司股东权益(万元)	207111.57	200763.12	180933.28	154618.96
	营业收入(万元)	123525.17	313118.63	170028.14	307846.73
	营业支出(万元)	94176.76	219227.41	117648.98	-
	投资收益(万元)	-	171.65	-	465.67
	净利润(万元)	11764.43	49128.39	28840.66	32081.20
	营业利润(万元)	15762.11	66691.87	39203.45	44217.18
	利润总额(万元)	16054.37	66866.60	39320.40	43437.03

中国石化山东泰山石油股份有限公司

公司概况	公司名称	中国石化山东泰山石油股份有限公司		证券简称	泰山石油	
	法人代表	任君	董秘	李支清	证券代码	000554
	公司网址			电子信箱	tssyfgm@163.com	
	电　话	0538-6269630		传　真	0538-8265450	
	办公地址	山东省泰安市东岳大街104号				
	经营范围	汽油、柴油、煤油的批发和零售、许可证范围内的天然气经营等				

主要财务指标	指标\报告期	2015.06.30	2014.12.31	2014.06.30	2013.12.31
	基本每股收益(元)	0.0040	0.0141	0.0075	0.0253
	基本每股收益(扣除后)(元)	0.0087	0.0255	0.0106	-
	稀释每股收益(元)	0.0040	0.0141	0.0075	0.0253
	每股净资产(元)	1.9058	1.9018	1.8950	1.8875
	每股经营现金净流量(元)	-0.0392	-0.0300	-0.1169	0.3484
	每股现金流量(元)	-0.0827	-0.0842	-0.1593	0.0303
	每股资本公积金(元)	0.3947	0.3947	0.3945	0.3945
	每股盈余公积金(元)	0.2277	0.2277	0.2265	0.2265
	每股未分配利润(元)	0.2834	0.2794	0.2740	0.2665
	净资产收益率(%)	0.2106	0.7425	0.3942	1.3420
	加权净资产收益率(%)	0.2100	0.7500	0.4200	1.3500
	净资产收益率(扣除)(%)	0.6384	1.3413	0.5587	2.2067
	总资产(万元)	104312.89	109464.05	101383.74	112720.99
	归属母公司股东权益(万元)	91629.60	91436.62	91109.86	90750.67
	营业收入(万元)	152830.46	391181.03	195856.17	382481.81
	营业支出(万元)	142491.95	367195.55	184886.48	362482.35
	投资收益(万元)	-10.71	4.19	-36.64	41.10
	净利润(万元)	371.25	641.88	359.18	1217.86
	营业利润(万元)	883.11	1707.50	902.72	3191.29
	利润总额(万元)	496.69	1124.74	703.38	2202.03

神州数码信息服务股份有限公司

公司概况						
	公司名称	神州数码信息服务股份有限公司			证券简称	神州信息
	法人代表	郭为	董秘	辛昕	证券代码	000555
	公司网址	www.dcits.com		电子信箱	dcits-ir@dcits.com	
	电　　话	010-61853676		传　　真	010-62694810	
	办公地址	北京市海淀区苏州街16号神州数码大厦五层资本证券部				
	经营范围	经销电器,以及提供TEC5200综合业务接入网,VE-NET100等产品				

主要财务指标	指标\报告期	2015.06.30	2014.12.31	2014.06.30	2013.12.31
	基本每股收益(元)	0.2429	0.6482	0.2484	0.8000
	基本每股收益(扣除后)(元)	0.2313	0.6143	0.2025	0.7200
	稀释每股收益(元)	0.2429	0.6482	0.2484	0.8000
	每股净资产(元)	6.5697	6.3845	4.5793	4.4103
	每股经营现金净流量(元)	-1.1636	1.0964	-0.3892	0.3736
	每股现金流量(元)	-0.4529	0.3669	-0.2898	1.1727
	每股资本公积金(元)	3.4350	3.4350	1.8970	1.9574
	每股盈余公积金(元)	0.0219	0.0219	0.0054	0.0054
	每股未分配利润(元)	1.9582	1.7753	1.5075	1.2590
	净资产收益率(%)	3.6978	9.5407	5.4252	13.3938
	加权净资产收益率(%)	3.7300	13.6900	5.4800	14.2300
	净资产收益率(扣除)(%)	3.5208	9.0407	4.4223	12.1700
	总资产(万元)	697557.10	640336.34	589348.28	603282.43
	归属母公司股东权益(万元)	301487.15	292988.20	197466.83	190176.35
	营业收入(万元)	287034.32	655900.79	291276.80	771343.81
	营业支出(万元)	230085.43	535740.95	241013.82	652859.87
	投资收益(万元)	1400.36	3576.10	3956.59	3313.28
	净利润(万元)	9536.98	28712.46	10712.95	25471.88
	营业利润(万元)	9410.86	30789.27	9246.17	22820.33
	利润总额(万元)	10570.28	33095.05	9741.19	28018.88

广夏(银川)实业股份有限公司

公司概况						
	公司名称	广夏(银川)实业股份有限公司			证券简称	*ST广夏
	法人代表	王天林	董秘	刘登昭	证券代码	000557
	公司网址	www.guangxia.com.cn		电子信箱	guangxiayinchuan@sina.com	
	电　　话	0951-3975696		传　　真	0951-3975696	
	办公地址	宁夏回族自治区银川市北京中路168号C座一楼				
	经营范围	生态农业产业化、天然物产的种植、加工和销售等				

主要财务指标	指标\报告期	2015.06.30	2014.12.31	2014.06.30	2013.12.31
	基本每股收益(元)	0.0010	0.0017	0.0040	0.0050
	基本每股收益(扣除后)(元)	0.0010	-0.0003	0.0010	-
	稀释每股收益(元)	0.0010	0.0017	0.0040	0.0050
	每股净资产(元)	0.2050	0.2049	0.2074	0.2032
	每股经营现金净流量(元)	-0.0077	-0.0042	-0.0018	-0.0207
	每股现金流量(元)	-0.1824	-0.0136	-0.0098	-0.0548
	每股资本公积金(元)	1.4828	1.4827	1.4827	1.4827
	每股盈余公积金(元)	0.0025	0.0025	0.0025	0.0025
	每股未分配利润(元)	-2.2803	-2.2804	-2.2778	-2.2821
	净资产收益率(%)	0.0426	0.8344	2.0574	2.5697
	加权净资产收益率(%)	0.1000	0.2100	0.3000	3.0000
	净资产收益率(扣除)(%)	0.1023	-0.1371	0.3034	3.6565
	总资产(万元)	27413.40	27595.44	27653.27	29294.12
	归属母公司股东权益(万元)	14065.98	14056.38	14231.91	13939.10
	营业收入(万元)	491.05	838.60	358.80	1069.44
	营业支出(万元)	236.24	321.44	144.41	312.95
	投资收益(万元)	182.65	-	-	-
	净利润(万元)	5.90	105.86	292.81	358.20
	营业利润(万元)	26.52	40.17	82.52	422.79
	利润总额(万元)	18.13	176.57	331.99	422.72

莱茵达体育发展股份有限公司

公司概况						
	公司名称	莱茵达体育发展股份有限公司			证券简称	莱茵体育
	法人代表	高继胜	董秘	徐超	证券代码	000558
	公司网址	www.lander.com.cn		电子信箱	lyzy000558@126.com	
	电　　话	0571-87851738		传　　真	0571-87851739	
	办公地址	浙江省杭州市文三路535号莱茵达大厦				
	经营范围	实业投资、体育活动的组织、策划等				

主要财务指标	指标\报告期	2015.06.30	2014.12.31	2014.06.30	2013.12.31
	基本每股收益(元)	-0.0302	0.0600	0.0291	0.1100
	基本每股收益(扣除后)(元)	-0.0299	0.0200	0.0247	0.1000
	稀释每股收益(元)	-0.0302	0.0600	0.0291	0.1100
	每股净资产(元)	1.8634	1.9152	1.4518	1.4208
	每股经营现金净流量(元)	-0.0596	-0.1395	0.1280	1.2061
	每股现金流量(元)	-0.0986	-0.2482	-0.4378	-0.0447
	每股资本公积金(元)	0.5815	0.5815	0.0359	0.1741
	每股盈余公积金(元)	0.0732	0.0732	0.0966	0.0968
	每股未分配利润(元)	0.2093	0.2605	0.3194	0.2901
	净资产收益率(%)	-1.6189	2.6123	2.1412	7.5389
	加权净资产收益率(%)	-1.5900	3.7100	1.5300	7.5900
	净资产收益率(扣除)(%)	-1.6038	0.9536	1.7794	6.6931
	总资产(万元)	433728.88	467803.03	572561.17	635964.04
	归属母公司股东权益(万元)	160152.38	164609.96	91505.01	98377.91
	营业收入(万元)	118073.86	371736.10	103444.01	209729.41
	营业支出(万元)	102530.22	312458.42	88023.45	169114.58
	投资收益(万元)	-131.48	3642.51	2636.32	3489.26
	净利润(万元)	-1119.72	12750.11	4783.40	6200.52
	营业利润(万元)	286.64	19358.13	6530.02	9776.21
	利润总额(万元)	243.42	21049.43	6481.04	10268.99

万向钱潮股份有限公司

公司概况						
	公司名称	万向钱潮股份有限公司			证券简称	万向钱潮
	法人代表	鲁冠球	董秘	许小建	证券代码	000559
	公司网址	www.wxqc.com.cn		电子信箱	wxqc@wanxiang.com.cn	
	电　　话	0571-82832999		传　　真	0571-82602132	
	办公地址	浙江省杭州市萧山区万向路				
	经营范围	汽车零部件及相关机电产品的开发、制造和销售等				

主要财务指标	指标\报告期	2015.06.30	2014.12.31	2014.06.30	2013.12.31
	基本每股收益(元)	0.1960	0.3700	0.1530	0.2780
	基本每股收益(扣除后)(元)	0.1900	0.3400	0.1730	0.2100
	稀释每股收益(元)	0.1960	0.3700	0.1530	0.2780
	每股净资产(元)	1.6803	2.0817	1.9062	2.1673
	每股经营现金净流量(元)	0.2596	0.7104	0.2951	0.8404
	每股现金流量(元)	-0.7199	1.0041	0.4010	-0.0871
	每股资本公积金(元)	0.1311	0.3573	0.3680	0.6416
	每股盈余公积金(元)	0.0991	0.1190	0.0925	0.1110
	每股未分配利润(元)	0.4501	0.6054	0.4457	0.4147
	净资产收益率(%)	11.6378	17.7586	9.6248	15.3667
	加权净资产收益率(%)	11.1800	19.1400	9.7400	12.7200
	净资产收益率(扣除)(%)	11.2806	16.0687	9.0525	9.5481
	总资产(万元)	1037404.45	1190316.00	1131117.98	974268.96
	归属母公司股东权益(万元)	385517.17	398009.00	364451.75	345306.81
	营业收入(万元)	529850.32	982887.57	496771.34	926215.81
	营业支出(万元)	418381.82	764646.34	390276.18	743024.27
	投资收益(万元)	9989.71	18136.71	7083.58	13131.02
	净利润(万元)	49011.25	78225.49	39530.21	60361.39
	营业利润(万元)	51653.35	81215.44	42482.85	63498.37
	利润总额(万元)	53008.97	88792.29	44735.56	69796.32

昆明百货大楼(集团)股份有限公司

公司概况					
公司名称	昆明百货大楼(集团)股份有限公司			证券简称	昆百大A
法人代表	何道峰	董秘	文彬	证券代码	000560
公司网址			电子信箱	wbin0823@vip.sina.com	
电话	0871-65626688		传真	0871-65626688	
办公地址	云南省昆明市东风西路1号昆百大C座				
经营范围	商业、房地产业和旅游服务等				

主要财务指标 指标\报告期	2015.06.30	2014.12.31	2014.06.30	2013.12.31
基本每股收益(元)	0.0159	0.4151	0.3416	0.4464
基本每股收益(扣除后)(元)	0.0113	0.2761	0.2775	0.3587
稀释每股收益(元)	0.0159	0.4151	0.3416	0.4464
每股净资产(元)	7.5610	7.2328	7.0886	6.4226
每股经营现金净流量(元)	-0.0386	-0.1750	-0.5510	-0.1740
每股现金流量(元)	1.6363	-0.3277	0.5843	0.0472
每股资本公积金(元)	4.8090	1.3291	1.5534	1.1291
每股盈余公积金(元)	0.1667	0.4610	0.4155	0.4155
每股未分配利润(元)	1.4945	4.1915	4.1197	3.8781
净资产收益率(%)	0.1210	5.7838	4.8194	6.8105
加权净资产收益率(%)	0.2100	6.1000	5.1700	7.1800
净资产收益率(扣除)(%)	0.0862	3.8471	3.9152	5.4719
总资产(万元)	589363.79	448256.14	435530.88	481483.66
归属母公司股东权益(万元)	355272.30	122865.21	121540.10	110121.25
营业收入(万元)	74931.81	164019.62	99147.73	179113.85
营业支出(万元)	51789.06	103255.84	57561.27	111855.91
投资收益(万元)	345.61	4878.98	2157.54	2614.56
净利润(万元)	366.76	8944.24	5857.53	7499.81
营业利润(万元)	536.07	10095.07	11724.87	11933.62
利润总额(万元)	742.68	10371.81	11783.45	12269.37

陕西烽火电子股份有限公司

公司概况					
公司名称	陕西烽火电子股份有限公司			证券简称	烽火电子
法人代表	唐大楷	董秘	吴亚兵	证券代码	000561
公司网址	www.fenghuo.cn		电子信箱	sxfh769@163.com	
电话	0917-3626561		传真	0917-3625666	
办公地址	陕西省宝鸡市清姜路72号				
经营范围	军民用通信装备及电声器材科研生产等				

主要财务指标 指标\报告期	2015.06.30	2014.12.31	2014.06.30	2013.12.31
基本每股收益(元)	0.0100	0.0600	0.0100	0.0500
基本每股收益(扣除后)(元)	0.0100	0.0600	0.0100	0.0400
稀释每股收益(元)	0.0100	0.0600	0.0100	0.0500
每股净资产(元)	1.5917	1.5809	1.5353	1.5256
每股经营现金净流量(元)	-0.2531	0.0682	-0.2650	0.1490
每股现金流量(元)	-0.3061	0.0176	-0.2401	0.1565
每股资本公积金(元)	0.0817	0.0817	0.0803	0.0803
每股盈余公积金(元)	-	-	-	-
每股未分配利润(元)	0.5049	0.4949	0.4416	0.4320
净资产收益率(%)	0.6275	3.9830	0.6300	3.3586
加权净资产收益率(%)	0.6300	4.0400	0.6500	3.5600
净资产收益率(扣除)(%)	0.1167	3.6591	0.6235	2.8422
总资产(万元)	186613.07	190592.47	177663.90	166656.60
归属母公司股东权益(万元)	94843.08	94194.31	91478.94	90902.66
营业收入(万元)	33573.14	92601.43	30727.86	79138.92
营业支出(万元)	19707.33	55497.18	17982.65	46950.24
投资收益(万元)	56.81	56.40	47.19	27.55
净利润(万元)	852.62	4294.58	576.28	3053.03
营业利润(万元)	994.79	4618.74	1289.41	2530.17
利润总额(万元)	1305.39	5016.40	1343.46	3219.31

陕西省国际信托股份有限公司

公司概况					
公司名称	陕西省国际信托股份有限公司			证券简称	陕国投A
法人代表	薛季民	董秘	李玲	证券代码	000563
公司网址	www.siti.com.cn		电子信箱	sgtdm@siti.com.cn	
电话	029-81870262 81870266		传真	029-88851989	
办公地址	陕西省西安市高新区科技路50号金桥国际广场C座24层				
经营范围	受托经营资金信托业务、受托经营动产、不动产及其他财产的信托业务等				

主要财务指标 指标\报告期	2015.06.30	2014.12.31	2014.06.30	2013.12.31
基本每股收益(元)	0.2379	0.2887	0.1807	0.2577
基本每股收益(扣除后)(元)	0.0119	0.2476	0.1540	0.2048
稀释每股收益(元)	0.2379	0.2887	0.1807	0.2577
每股净资产(元)	3.5958	3.1399	3.0328	2.8892
每股经营现金净流量(元)	0.3175	0.3847	-0.4924	-0.0708
每股现金流量(元)	0.4011	-0.3998	-0.5834	0.1109
每股资本公积金(元)	1.1964	1.1964	1.2351	1.2423
每股盈余公积金(元)	0.1244	0.1244	0.0955	0.0955
每股未分配利润(元)	0.8892	0.6814	0.6225	0.4718
净资产收益率(%)	6.6147	9.1936	5.9586	8.9210
加权净资产收益率(%)	7.0300	9.5200	6.0700	9.2400
净资产收益率(扣除)(%)	0.3303	7.8850	5.0784	-
总资产(万元)	577893.26	425724.50	402664.70	392918.84
归属母公司股东权益(万元)	436770.15	381387.39	368378.61	350943.22
营业收入(万元)	71933.71	83547.90	42725.04	83277.51
营业支出(万元)	33365.99	36824.79	13398.62	42626.33
投资收益(万元)	40160.05	11216.76	7093.94	14651.46
净利润(万元)	28891.06	35063.18	21950.11	31307.61
营业利润(万元)	38567.73	46723.11	29326.42	40651.18
利润总额(万元)	38568.91	46758.36	29355.70	41845.86

西安民生集团股份有限公司

公司概况					
公司名称	西安民生集团股份有限公司			证券简称	西安民生
法人代表	姜杰	董秘	李仲煦	证券代码	000564
公司网址	www.cnminsheng.com		电子信箱	000564@minsheng.cn	
电话	029-87481871		传真	029-87481871	
办公地址	陕西省西安市解放路103号				
经营范围	国内商业、物资供销业、仓储服务、计算机软件开发、销售等				

主要财务指标 指标\报告期	2015.06.30	2014.12.31	2014.06.30	2013.12.31
基本每股收益(元)	0.0775	0.1277	0.0761	0.1345
基本每股收益(扣除后)(元)	0.0555	-	0.0597	-
稀释每股收益(元)	0.0775	0.1277	0.0761	0.1345
每股净资产(元)	3.6743	3.6162	3.5646	3.5081
每股经营现金净流量(元)	0.1872	1.0357	0.8427	1.3449
每股现金流量(元)	0.2528	0.3983	1.2068	-0.0918
每股资本公积金(元)	1.6920	2.0995	1.6814	1.6710
每股盈余公积金(元)	0.2064	0.2059	0.1968	0.1968
每股未分配利润(元)	0.7760	0.7243	0.6864	0.6403
净资产收益率(%)	2.1089	3.5326	2.1355	3.8339
加权净资产收益率(%)	2.1200	3.5800	2.1500	3.2000
净资产收益率(扣除)(%)	1.5117	2.7628	1.6735	2.8003
总资产(万元)	764131.84	895250.49	757270.12	670926.69
归属母公司股东权益(万元)	173909.54	190728.68	168717.42	166043.63
营业收入(万元)	210327.40	400654.94	202083.96	389903.85
营业支出(万元)	158502.18	297417.80	152467.62	294755.70
投资收益(万元)	631.75	1315.90	649.41	52.60
净利润(万元)	3791.66	6094.36	3603.01	6365.98
营业利润(万元)	3859.42	6730.67	3942.33	6987.06
利润总额(万元)	4283.15	6684.22	4052.19	7306.87

重庆三峡油漆股份有限公司

公司概况	公司名称	重庆三峡油漆股份有限公司			证券简称	渝三峡 A
	法人代表	苏中俊	董秘	楼晓波	证券代码	000565
	公司网址	www.sanxia.com		电子信箱	sxyq000565@163.com	
	电　　话	023-61525006		传　　真	023-61525007	
	办公地址	重庆市江津区德感工业园区				
	经营范围	各类涂料、合成树脂及印铁包装桶的生产、开发、销售等				

主要财务指标	指标\报告期	2015.06.30	2014.12.31	2014.06.30	2013.12.31
	基本每股收益(元)	0.8700	0.2600	0.1730	0.2100
	基本每股收益(扣除后)(元)	0.1700	0.1800	0.1200	–
	稀释每股收益(元)	0.8700	0.2600	0.1730	0.2100
	每股净资产(元)	4.4834	3.6647	3.5653	3.4454
	每股经营现金净流量(元)	–0.0422	0.1735	–0.1251	0.0634
	每股现金流量(元)	0.3808	–0.0645	–0.1331	–0.6314
	每股资本公积金(元)	1.0706	1.0811	1.0832	1.0866
	每股盈余公积金(元)	0.5447	0.4571	0.4344	0.4344
	每股未分配利润(元)	1.8451	1.1088	1.0478	0.9245
	净资产收益率(%)	19.4928	7.0150	4.8618	6.1374
	加权净资产收益率(%)	21.3400	7.2400	4.7600	6.3100
	净资产收益率(扣除)(%)	3.6918	5.0275	3.3669	5.1646
	总资产(万元)	107021.21	95322.18	92710.08	96947.77
	归属母公司股东权益(万元)	77759.36	63559.52	61835.95	59756.54
	营业收入(万元)	23794.88	55282.54	25419.87	55057.75
	营业支出(万元)	16875.63	42699.52	19303.70	41882.12
	投资收益(万元)	13709.71	2993.41	1885.55	2018.79
	净利润(万元)	15157.49	4458.68	3006.33	3667.50
	营业利润(万元)	15324.13	4435.91	2944.84	3425.73
	利润总额(万元)	15353.53	5024.84	3019.12	4014.83

海南海药股份有限公司

公司概况	公司名称	海南海药股份有限公司			证券简称	海南海药
	法人代表	刘悉承	董秘	张晖	证券代码	000566
	公司网址	www.haiyao.com.cn		电子信箱	hnhy000566@21cn.com	
	电　　话	0898-68653568		传　　真	0898-68656780	
	办公地址	海南省海口市秀英区南海大道西 66 号				
	经营范围	精细化工产品、化学原料药、中药材、土特产品、中药成药、西药成药等				

主要财务指标	指标\报告期	2015.06.30	2014.12.31	2014.06.30	2013.12.31
	基本每股收益(元)	0.2200	0.3300	0.1900	0.1900
	基本每股收益(扣除后)(元)	0.1800	0.2400	0.1500	0.0900
	稀释每股收益(元)	0.2200	0.3300	0.1900	0.1900
	每股净资产(元)	4.0319	3.2835	3.1443	2.9984
	每股经营现金净流量(元)	–0.0087	0.0303	–0.0846	0.3671
	每股现金流量(元)	–0.8253	0.4658	–0.7891	0.2173
	每股资本公积金(元)	2.0675	1.4191	1.4170	1.4135
	每股盈余公积金(元)	0.0482	0.0531	0.0515	0.0515
	每股未分配利润(元)	0.9155	0.8109	0.6760	0.5338
	净资产收益率(%)	5.1893	10.0115	6.1147	6.3205
	加权净资产收益率(%)	5.7100	10.4900	6.2000	6.5600
	净资产收益率(扣除)(%)	4.3342	7.1744	4.6880	2.9270
	总资产(万元)	448102.98	367337.29	365532.67	347191.60
	归属母公司股东权益(万元)	219873.23	162597.20	155702.22	148477.91
	营业收入(万元)	81186.66	134321.61	72670.58	101848.36
	营业支出(万元)	48560.55	79198.61	47733.73	58866.61
	投资收益(万元)	1108.69	644.70	1304.90	3437.01
	净利润(万元)	11627.15	17061.26	9520.73	9384.50
	营业利润(万元)	13379.91	17787.62	9975.52	11907.84
	利润总额(万元)	13816.81	20623.49	10722.81	12754.83

海南海德实业股份有限公司

公司概况	公司名称	海南海德实业股份有限公司			证券简称	海德股份
	法人代表	丁波	董秘	丁波(代)	证券代码	000567
	公司网址	www.000567.com		电子信箱	haide@hainan.net	
	电　　话	0898-66978322　60318885		传　　真	0898-66978319	
	办公地址	海南省海口市龙昆南路 72 号耀江商厦三层				
	经营范围	信息产业、高新技术产业、房地产开发经营、房地产销售代理服务等				

主要财务指标	指标\报告期	2015.06.30	2014.12.31	2014.06.30	2013.12.31
	基本每股收益(元)	0.0944	0.0410	0.0419	0.0180
	基本每股收益(扣除后)(元)	–0.0287	0.0420	0.0432	0.0180
	稀释每股收益(元)	0.0944	0.0410	0.0419	0.0180
	每股净资产(元)	1.3850	1.2906	1.2916	1.2496
	每股经营现金净流量(元)	0.0163	–0.2299	–0.2249	–0.5754
	每股现金流量(元)	0.0698	–0.2292	–0.2243	–0.0103
	每股资本公积金(元)	0.7720	0.7720	0.7720	0.7720
	每股盈余公积金(元)	0.0040	0.0040	0.0040	0.0040
	每股未分配利润(元)	–0.3910	–0.4854	–0.4844	–0.5263
	净资产收益率(%)	6.8158	3.1733	3.2477	1.4438
	加权净资产收益率(%)	7.0600	3.2200	3.3000	1.4500
	净资产收益率(扣除)(%)	–2.0715	3.2405	3.3462	1.4429
	总资产(万元)	21852.39	31563.20	29380.94	27498.74
	归属母公司股东权益(万元)	20940.96	19513.66	19528.66	18894.43
	营业收入(万元)	937.36	1472.49	179.48	1272.21
	营业支出(万元)	901.16	1344.19	64.24	595.32
	投资收益(万元)	1171.25	2008.90	1043.30	713.80
	净利润(万元)	1425.86	495.64	634.23	272.80
	营业利润(万元)	1379.53	495.84	574.61	175.51
	利润总额(万元)	1380.16	482.66	555.40	175.51

泸州老窖股份有限公司

公司概况	公司名称	泸州老窖股份有限公司			证券简称	泸州老窖
	法人代表	刘淼	董秘	王洪波	证券代码	000568
	公司网址	www.lzlj.com.cn		电子信箱	lzlj@lzlj.com.cn	
	电　　话	0830-2398826		传　　真	0830-2398864	
	办公地址	四川省泸州市南光路泸州老窖营销网络指挥中心				
	经营范围	泸州老窖系列酒的生产、销售等				

主要财务指标	指标\报告期	2015.06.30	2014.12.31	2014.06.30	2013.12.31
	基本每股收益(元)	0.7280	0.6300	0.6840	2.4600
	基本每股收益(扣除后)(元)	0.7270	0.6142	0.6780	2.4512
	稀释每股收益(元)	0.7280	0.6300	0.6840	2.4600
	每股净资产(元)	7.0764	6.9268	6.9696	7.5378
	每股经营现金净流量(元)	–0.8801	0.9322	0.8391	0.8747
	每股现金流量(元)	–0.9064	–0.4719	0.7838	–1.1357
	每股资本公积金(元)	0.4650	0.4650	0.4624	0.4624
	每股盈余公积金(元)	1.0000	1.0000	1.0000	1.0000
	每股未分配利润(元)	4.3801	4.4516	4.5077	5.0742
	净资产收益率(%)	10.2942	9.0578	9.8065	32.5302
	加权净资产收益率(%)	11.2200	7.9900	10.3100	33.1500
	净资产收益率(扣除)(%)	10.2778	8.8674	9.7268	32.4788
	总资产(万元)	1359022.11	1317081.90	1398801.35	1373429.00
	归属母公司股东权益(万元)	992285.72	971310.39	977311.79	1056808.45
	营业收入(万元)	369612.52	535344.22	363705.05	1043112.47
	营业支出(万元)	174929.75	280447.34	180825.55	448714.52
	投资收益(万元)	23252.06	14540.98	3405.39	9034.67
	净利润(万元)	106021.36	97606.60	95840.07	343782.29
	营业利润(万元)	134435.98	119235.06	130788.38	467535.42
	利润总额(万元)	134726.79	121752.33	131866.75	467970.01

常柴股份有限公司

公司概况	公司名称	常柴股份有限公司			证券简称	苏常柴 A
	法人代表	薛国俊	董秘	石建春	证券代码	000570
	公司网址	www.changchai.com.cn		电子信箱	ccsjc@changchai.com	
	电　　话	0519-68683155　86610041		传　　真	0519-86630954	
	办公地址	江苏省常州市怀德中路 123 号				
	经营范围	农用柴油机、农用运输车、联合收割机等产品的制造与销售等				

主要财务指标	指标\报告期	2015.06.30	2014.12.31	2014.06.30	2013.12.31
	基本每股收益(元)	0.0700	0.1100	0.0600	0.1300
	基本每股收益(扣除后)(元)	0.0600	0.1000	0.0600	0.1300
	稀释每股收益(元)	0.0700	0.1100	0.0600	0.1300
	每股净资产(元)	3.7786	3.4503	3.2687	3.2235
	每股经营现金净流量(元)	0.0832	–0.0918	–0.0541	0.0559
	每股现金流量(元)	–0.0635	–0.2603	–0.2396	–0.0465
	每股资本公积金(元)	0.2927	0.2927	0.7996	0.7996
	每股盈余公积金(元)	0.5311	0.5311	0.5159	0.5159
	每股未分配利润(元)	1.0366	0.9897	0.9407	0.8956
	净资产收益率(%)	1.7709	3.3146	1.8695	4.1840
	加权净资产收益率(%)	1.8500	3.2800	1.8800	4.1400
	净资产收益率(扣除)(%)	1.6835	3.0298	1.8267	3.9761
	总资产(万元)	339372.59	316678.38	301082.67	304234.93
	归属母公司股东权益(万元)	212120.40	193693.68	183494.25	180957.71
	营业收入(万元)	135989.59	248979.21	133987.62	292759.31
	营业支出(万元)	117907.31	215706.22	118548.48	253062.53
	投资收益(万元)	490.06	1201.43	147.27	1596.95
	净利润(万元)	3821.74	6566.96	3430.34	7571.24
	营业利润(万元)	4488.94	8329.22	4063.12	9831.92
	利润总额(万元)	4572.09	8525.72	4224.42	9899.14

新大洲控股股份有限公司

公司概况	公司名称	新大洲控股股份有限公司			证券简称	新大洲 A
	法人代表	赵序宏	董秘	任春雨	证券代码	000571
	公司网址	www.sundiro.com		电子信箱	renchunyu@sundiro.com	
	电　　话	0898-68590005　021-61050111		传　　真	0898-68590005　021-61050136	
	办公地址	海南省海口市桂林洋开发区灵桂大道 351 号　上海市长宁区红宝石路 500 号东银中心 B 栋 2801 室				
	经营范围	煤炭、电石、电动车的生产经营、物流运输和物业管理等				

主要财务指标	指标\报告期	2015.06.30	2014.12.31	2014.06.30	2013.12.31
	基本每股收益(元)	0.0617	0.0976	0.0684	0.1421
	基本每股收益(扣除后)(元)	0.0575	0.0898	0.0635	0.1103
	稀释每股收益(元)	0.0617	0.0976	0.0684	0.1421
	每股净资产(元)	2.7309	2.6837	2.6340	2.5028
	每股经营现金净流量(元)	–0.1815	–0.4670	–0.2355	–0.0897
	每股现金流量(元)	0.1425	0.1586	0.4526	–0.2028
	每股资本公积金(元)	0.7927	0.7927	0.7891	0.6047
	每股盈余公积金(元)	0.0720	0.0720	0.0629	0.0625
	每股未分配利润(元)	0.8622	0.8050	0.7819	0.8354
	净资产收益率(%)	2.2580	3.4922	2.3890	5.6786
	加权净资产收益率(%)	2.2700	3.7500	2.6800	5.7900
	净资产收益率(扣除)(%)	2.1066	3.2111	2.2182	4.4058
	总资产(万元)	488855.55	446638.80	398843.45	333421.13
	归属母公司股东权益(万元)	222310.32	218466.77	214425.93	184223.46
	营业收入(万元)	40751.40	95195.48	42907.78	103011.27
	营业支出(万元)	26693.82	62554.45	27180.41	59701.38
	投资收益(万元)	5848.11	6908.26	5190.13	8398.89
	净利润(万元)	5216.75	9644.67	5123.34	10461.31
	营业利润(万元)	6806.14	12122.17	8065.18	20757.24
	利润总额(万元)	6767.78	12561.82	8472.85	20803.67

海马汽车集团股份有限公司

公司概况	公司名称	海马汽车集团股份有限公司			证券简称	海马汽车
	法人代表	秦全权	董秘	肖丹	证券代码	000572
	公司网址	www.haima.com		电子信箱	000572@haima.com	
	电　　话	0898-66822672		传　　真	0898-66820329	
	办公地址	海南省海口市金盘工业区金牛路 2 号				
	经营范围	汽车产业投资、实业投资、房地产投资、汽车租赁、仓储运输等				

主要财务指标	指标\报告期	2015.06.30	2014.12.31	2014.06.30	2013.12.31
	基本每股收益(元)	0.1177	0.1296	0.0758	0.1814
	基本每股收益(扣除后)(元)	0.1137	0.1108	0.0720	0.1354
	稀释每股收益(元)	0.1177	0.1296	0.0758	0.1814
	每股净资产(元)	4.5028	4.3833	4.3281	4.2473
	每股经营现金净流量(元)	0.3804	0.4095	0.1801	0.0321
	每股现金流量(元)	–0.1967	0.0692	0.0548	–0.4034
	每股资本公积金(元)	2.3032	2.3011	2.3075	2.3034
	每股盈余公积金(元)	0.0501	0.0501	0.0501	0.0501
	每股未分配利润(元)	1.1417	1.0240	0.9702	0.8944
	净资产收益率(%)	2.6133	2.9567	1.7522	4.2721
	加权净资产收益率(%)	2.6500	3.0000	1.7700	4.3700
	净资产收益率(扣除)(%)	2.5246	2.5283	1.6639	3.1883
	总资产(万元)	1513222.71	1610909.72	1478832.49	1382271.17
	归属母公司股东权益(万元)	740549.33	720888.53	711816.71	698529.39
	营业收入(万元)	600483.61	1235198.19	563465.72	1023522.98
	营业支出(万元)	495854.46	1042427.93	477969.66	855446.72
	投资收益(万元)	–637.41	3836.77	2694.15	3469.10
	净利润(万元)	21536.82	26868.09	12472.12	29841.86
	营业利润(万元)	24758.51	28048.07	18699.26	52132.71
	利润总额(万元)	25894.42	32678.33	19821.01	63783.74

东莞宏远工业区股份有限公司

公司概况	公司名称	东莞宏远工业区股份有限公司			证券简称	粤宏远 A
	法人代表	周明轩	董秘	鄢国根	证券代码	000573
	公司网址	www.winnerway.com.cn		电子信箱	0573@21cn.com	
	电　　话	0769-22412655		传　　真	0769-22412655	
	办公地址	广东省东莞市宏远工业区宏远大厦 16 楼				
	经营范围	开发经营工业区、房地产开发等				

主要财务指标	指标\报告期	2015.06.30	2014.12.31	2014.06.30	2013.12.31
	基本每股收益(元)	–0.0399	0.0225	0.0299	0.1882
	基本每股收益(扣除后)(元)	–0.0385	0.0218	–	0.0872
	稀释每股收益(元)	–0.0399	0.0225	0.0299	0.1882
	每股净资产(元)	2.5236	2.5611	2.5686	2.5383
	每股经营现金净流量(元)	0.0772	0.0544	–0.0963	–0.0678
	每股现金流量(元)	–0.1521	0.1963	0.0166	–0.0586
	每股资本公积金(元)	0.8910	0.8888	0.8887	0.8887
	每股盈余公积金(元)	0.3417	0.3417	0.3417	0.3417
	每股未分配利润(元)	0.2873	0.3272	0.3346	0.3047
	净资产收益率(%)	–1.5816	0.8787	1.1657	7.4130
	加权净资产收益率(%)	–1.5700	0.8800	1.1700	7.7000
	净资产收益率(扣除)(%)	–1.5265	0.8524	1.1590	3.4368
	总资产(万元)	321473.72	332208.77	291782.29	292535.21
	归属母公司股东权益(万元)	157156.92	159495.04	159960.63	158075.22
	营业收入(万元)	20059.96	87034.79	53165.22	102679.91
	营业支出(万元)	14085.42	60728.55	38750.21	62130.05
	投资收益(万元)	489.59	146.14	91.25	45.72
	净利润(万元)	–2831.30	600.09	1864.66	11718.04
	营业利润(万元)	–2621.12	2238.34	2322.95	15733.97
	利润总额(万元)	–2719.35	2294.30	2336.43	15344.16

江门甘蔗化工厂(集团)股份有限公司

公司概况	公司名称	江门甘蔗化工厂(集团)股份有限公司			证券简称	广东甘化
	法人代表	施永晨	董秘	沙伟	证券代码	000576
	公司网址	www.gdganhua.com		电子信箱	gdgh@gdganhua.com	
	电　话	0750-3277650　3277651		传　真	0750-3277666	
	办公地址	广东省江门市甘化路62号				
	经营范围	经营本企业和本企业成员企业自产产品及相关技术的出口业务等				

主要财务指标	指标\报告期	2015.06.30	2014.12.31	2014.06.30	2013.12.31
	基本每股收益(元)	-0.0552	0.0200	0.0140	0.0900
	基本每股收益(扣除后)(元)	-0.0617	-0.0600	0.0172	-
	稀释每股收益(元)	-0.0552	0.0200	0.0140	0.0900
	每股净资产(元)	2.2487	2.3040	2.2948	2.2808
	每股经营现金净流量(元)	-0.1344	-0.0817	-0.0415	-0.1808
	每股现金流量(元)	-0.0363	-0.3088	-0.1467	0.2297
	每股资本公积金(元)	1.9005	1.9005	1.9155	1.9155
	每股盈余公积金(元)	0.0435	0.0435	0.0435	0.0435
	每股未分配利润(元)	-0.7136	-0.6584	-0.6676	-0.6816
	净资产收益率(%)	-2.4551	1.0055	0.6110	3.5521
	加权净资产收益率(%)	-2.4300	1.0000	0.6100	4.8900
	净资产收益率(扣除)(%)	-2.7446	-2.5131	0.0887	-0.5781
	总资产(万元)	155411.28	145624.22	150821.52	147680.37
	归属母公司股东权益(万元)	99588.33	102033.34	101627.24	101006.27
	营业收入(万元)	19371.65	47610.58	22425.10	45111.73
	营业支出(万元)	17913.27	44297.22	20408.74	41424.95
	投资收益(万元)	-	1657.23	-	1582.48
	净利润(万元)	-2445.62	1000.56	620.97	3587.85
	营业利润(万元)	-2733.74	-1272.68	89.13	1808.08
	利润总额(万元)	-2445.49	641.78	620.01	3816.34

无锡威孚高科技集团股份有限公司

公司概况	公司名称	无锡威孚高科技集团股份有限公司			证券简称	威孚高科
	法人代表	陈学军	董秘	周卫星	证券代码	000581
	公司网址	www.weifu.com.cn		电子信箱	wfjt@public1.wx.js.cn	
	电　话	0510-82719579		传　真	0510-82751025	
	办公地址	江苏省无锡市新区华山路5号				
	经营范围	柴油燃油喷射系统产品和汽车后处理系统产品的生产和销售等				

主要财务指标	指标\报告期	2015.06.30	2014.12.31	2014.06.30	2013.12.31
	基本每股收益(元)	1.0300	1.5100	0.8200	1.0900
	基本每股收益(扣除后)(元)	0.8700	1.3800	0.8100	0.9900
	稀释每股收益(元)	1.0300	1.5100	0.8200	1.0900
	每股净资产(元)	11.3905	10.6440	9.8915	9.4107
	每股经营现金净流量(元)	0.4296	0.8723	0.3858	0.7880
	每股现金流量(元)	-0.6139	-0.2554	-0.1088	-0.1412
	每股资本公积金(元)	3.5637	3.5637	3.6122	3.6552
	每股盈余公积金(元)	0.5000	0.5000	0.4250	0.4250
	每股未分配利润(元)	6.0856	5.4603	4.8531	4.3292
	净资产收益率(%)	9.0012	14.1766	8.3298	11.5431
	加权净资产收益率(%)	9.1400	15.0500	8.4100	12.1200
	净资产收益率(扣除)(%)	7.6072	12.9374	8.1418	10.5521
	总资产(万元)	1545258.25	1448858.92	1423847.73	1307423.27
	归属母公司股东权益(万元)	1162056.94	1085903.47	1009132.49	960076.52
	营业收入(万元)	339043.79	635448.00	352981.99	558930.77
	营业支出(万元)	264363.90	474020.17	266854.76	416980.73
	投资收益(万元)	78233.85	104244.62	53705.06	64249.33
	净利润(万元)	107008.95	158907.73	84058.58	110822.15
	营业利润(万元)	113800.10	171750.19	93504.13	123236.69
	利润总额(万元)	115827.47	171252.10	93605.75	125730.96

北部湾港股份有限公司

公司概况	公司名称	北部湾港股份有限公司			证券简称	北部湾港
	法人代表	周小溪	董秘	何典治	证券代码	000582
	公司网址	www.bhport.cn		电子信箱	000582abc@163.com	
	电　话	0771-2519601　2519801		传　真	0771-2519608	
	办公地址	广西壮族自治区南宁市青秀区金浦路33号港务大厦9层				
	经营范围	投资兴建港口、码头、装卸管理及服务、交通运输等				

主要财务指标	指标\报告期	2015.06.30	2014.12.31	2014.06.30	2013.12.31
	基本每股收益(元)	0.2890	0.7170	0.3650	0.7000
	基本每股收益(扣除后)(元)	0.2850	0.7060	0.3600	-
	稀释每股收益(元)	0.2890	0.7170	0.3650	0.7000
	每股净资产(元)	5.9775	4.1441	4.2278	4.4871
	每股经营现金净流量(元)	0.3266	1.4332	0.5216	1.0971
	每股现金流量(元)	1.3128	-0.1152	-0.0192	-0.0917
	每股资本公积金(元)	2.8089	1.8416	0.8803	0.8803
	每股盈余公积金(元)	0.2992	0.3430	0.3393	0.3393
	每股未分配利润(元)	1.8557	1.9040	2.0009	2.2650
	净资产收益率(%)	4.3137	17.3001	8.6329	15.5453
	加权净资产收益率(%)	5.6400	17.4100	7.8200	16.8600
	净资产收益率(扣除)(%)	4.2676	17.0372	8.5120	1.8924
	总资产(万元)	1203193.60	1046746.79	866679.21	856785.41
	归属母公司股东权益(万元)	570276.09	424679.87	351812.71	373397.37
	营业收入(万元)	153481.65	423772.77	196515.25	372154.27
	营业支出(万元)	98484.88	309571.44	140735.49	259282.39
	投资收益(万元)	3.79	60.47	19.13	91.78
	净利润(万元)	25051.62	60827.74	30371.58	58045.84
	营业利润(万元)	29395.09	70077.38	35579.39	67593.55
	利润总额(万元)	29354.39	70795.45	36201.36	68692.85

江苏友利投资控股股份有限公司

公司概况	公司名称	江苏友利投资控股股份有限公司			证券简称	友利控股
	法人代表	马培林	董秘	潘素明	证券代码	000584
	公司网址	www.uoli.com.cn		电子信箱	ymcui4521@163.com	
	电　话	028-86757539　86518664		传　真	028-86741677	
	办公地址	四川省成都市高新区吉庆三路333号1栋1单元18楼				
	经营范围	销售新型纺织及包装材料、自有房屋租赁、物业管理等				

主要财务指标	指标\报告期	2015.06.30	2014.12.31	2014.06.30	2013.12.31
	基本每股收益(元)	0.0694	0.2662	0.2318	0.9693
	基本每股收益(扣除后)(元)	0.0694	0.2619	0.2310	-
	稀释每股收益(元)	0.0694	0.2662	0.2318	-
	每股净资产(元)	3.1798	3.0989	3.0519	5.0273
	每股经营现金净流量(元)	0.1319	0.3071	0.4712	0.7461
	每股现金流量(元)	0.0299	0.0604	0.0622	0.7632
	每股资本公积金(元)	1.1009	1.1009	1.1131	2.1668
	每股盈余公积金(元)	0.1296	0.1296	0.0788	0.1183
	每股未分配利润(元)	0.9130	0.8436	0.8599	1.7422
	净资产收益率(%)	2.1818	8.5909	7.5957	19.2801
	加权净资产收益率(%)	2.2100	8.4900	7.0400	21.3400
	净资产收益率(扣除)(%)	2.0355	8.4527	7.5705	19.2072
	总资产(万元)	318831.98	349083.94	365721.25	358960.12
	归属母公司股东权益(万元)	195027.58	190060.15	187178.17	205557.78
	营业收入(万元)	66771.59	201379.19	108893.23	276579.75
	营业支出(万元)	48398.85	142932.01	75522.04	188071.88
	投资收益(万元)	-162.36	12.82	8.87	-
	净利润(万元)	3923.93	16342.73	14217.49	39631.70
	营业利润(万元)	6011.85	24025.64	20068.53	54247.82
	利润总额(万元)	6135.73	24184.02	20012.58	54392.87

东北电气发展股份有限公司

公司概况					
公司名称	东北电气发展股份有限公司			证券简称	东北电气
法人代表	苏伟国	董秘	苏伟国(代)	证券代码	000585
公司网址	www.nee.com.cn		电子信箱	nee@nee.com.cn	
电话	0417-6897567 6897566		传真	0417-6897565	
办公地址	辽宁省营口市鲅鱼圈区新泰路1号				
经营范围	生产制造输变电设备及附件、销售自产产品并提供相关售后服务等				

主要财务指标 指标\报告期	2015.06.30	2014.12.31	2014.06.30	2013.12.31
基本每股收益(元)	-0.0018	0.0100	-0.0021	0.0100
基本每股收益(扣除后)(元)	-0.0018	0.0050	-0.0021	0.0040
稀释每股收益(元)	-0.0018	0.0100	-0.0021	0.0100
每股净资产(元)	0.3259	0.3277	0.3271	0.3202
每股经营现金净流量(元)	-0.0332	0.0307	-0.0297	0.0360
每股现金流量(元)	-0.0645	0.0225	-0.0290	0.0381
每股资本公积金(元)	1.0115	1.0115	1.0115	1.0115
每股盈余公积金(元)	0.1243	0.1243	0.1243	0.1243
每股未分配利润(元)	-1.7680	-1.7662	-1.7753	-1.7732
净资产收益率(%)	-0.5486	2.1556	-0.6231	3.5349
加权净资产收益率(%)	-0.5500	2.1790	-0.6300	3.6000
净资产收益率(扣除)(%)	-0.5647	1.5341	-0.6350	1.1546
总资产(万元)	49261.79	48259.58	47189.94	46273.10
归属母公司股东权益(万元)	28458.96	28618.83	28570.80	27969.33
营业收入(万元)	6544.78	19751.35	7052.75	19597.41
营业支出(万元)	4753.51	14916.84	5017.86	13848.72
投资收益(万元)	56.19	56.68	-0.63	67.90
净利润(万元)	-156.38	605.81	-178.02	988.68
营业利润(万元)	-130.23	926.14	-161.49	699.03
利润总额(万元)	-125.64	929.44	-158.09	1274.32

四川汇源光通信股份有限公司

公司概况					
公司名称	四川汇源光通信股份有限公司			证券简称	汇源通信
法人代表	徐小文	董秘	翁家林	证券代码	000586
公司网址	www.schy.com.cn		电子信箱	sz000586@126.com	
电话	028-85516608		传真	028-85516606	
办公地址	四川省成都市人民南路三段2号汇日央扩国际广场28楼				
经营范围	制造电线、电缆、光缆、电工器材、通信设备、信息传输等				

主要财务指标 指标\报告期	2015.06.30	2014.12.31	2014.06.30	2013.12.31
基本每股收益(元)	0.0050	0.0400	0.0110	0.0800
基本每股收益(扣除后)(元)	-0.0080	0.0100	0.0070	-
稀释每股收益(元)	0.0050	0.0400	0.0110	0.0800
每股净资产(元)	1.1006	1.0957	1.0708	1.0599
每股经营现金净流量(元)	-0.2399	0.1208	-0.2214	0.0788
每股现金流量(元)	-0.3186	0.0707	-0.2097	-0.1218
每股资本公积金(元)	0.3135	0.3135	0.3016	0.3016
每股盈余公积金(元)	0.0922	0.0922	0.0922	0.0922
每股未分配利润(元)	-0.2935	-0.2984	-0.3230	-0.3339
净资产收益率(%)	0.4468	3.2389	1.0132	7.1278
加权净资产收益率(%)	0.4500	3.2900	1.0200	7.3700
净资产收益率(扣除)(%)	-0.6955	0.6799	0.6324	-2.6914
总资产(万元)	46485.89	53757.43	47259.58	48947.25
归属母公司股东权益(万元)	21289.49	21194.37	20712.99	20503.11
营业收入(万元)	16891.47	47488.84	17796.41	41242.40
营业支出(万元)	14129.23	38714.74	14493.66	33879.72
投资收益(万元)	7.15	102.51	17.88	1011.97
净利润(万元)	-65.30	892.34	209.87	1461.41
营业利润(万元)	-430.51	546.35	-24.88	1164.04
利润总额(万元)	-86.57	1061.22	109.91	1853.89

金叶珠宝股份有限公司

公司概况					
公司名称	金叶珠宝股份有限公司			证券简称	金叶珠宝
法人代表	朱要文	董秘	赵国文	证券代码	000587
公司网址	www.goldzb.com.cn		电子信箱	jinye000587@163.com	
电话	010-64100338		传真	010-64106991	
办公地址	北京市朝阳区东三环北路2号南银大厦19层				
经营范围	加工、销售贵金属首饰、珠宝玉器、工艺美术品、金银回收等				

主要财务指标 指标\报告期	2015.06.30	2014.12.31	2014.06.30	2013.12.31
基本每股收益(元)	0.1300	0.2600	0.1200	0.2600
基本每股收益(扣除后)(元)	0.1200	0.2300	0.1200	0.2400
稀释每股收益(元)	0.1300	0.2600	0.1200	0.2600
每股净资产(元)	2.4717	2.3429	2.2044	2.1400
每股经营现金净流量(元)	0.0532	-0.2535	1.0731	1.2701
每股现金流量(元)	-0.0213	0.0811	0.3590	-0.0038
每股资本公积金(元)	0.7132	0.7132	0.7060	0.7060
每股盈余公积金(元)	0.0396	0.0396	0.0396	0.0396
每股未分配利润(元)	0.7189	0.5901	0.4589	0.3945
净资产收益率(%)	5.2111	10.9113	5.5714	12.3030
加权净资产收益率(%)	5.3500	11.4200	5.6500	13.1100
净资产收益率(扣除)(%)	4.9931	10.0150	5.0446	11.3589
总资产(万元)	334599.79	285969.71	342248.72	221511.67
归属母公司股东权益(万元)	137704.25	130528.41	122814.53	119228.03
营业收入(万元)	475112.91	1033252.77	431851.65	883138.32
营业支出(万元)	450571.08	983133.64	408160.87	835874.59
投资收益(万元)	-	-	-	-
净利润(万元)	7028.82	14497.00	6842.47	14668.66
营业利润(万元)	8541.10	16484.68	7948.56	17888.01
利润总额(万元)	8892.55	17875.49	8715.06	19221.35

贵州轮胎股份有限公司

公司概况					
公司名称	贵州轮胎股份有限公司			证券简称	黔轮胎A
法人代表	马世春	董秘	李尚武	证券代码	000589
公司网址	www.gztyre.com		电子信箱	dmc@gztire.com	
电话	0851-4763651 4767251		传真	0851-4767826	
办公地址	贵州省贵阳市百花大道41号				
经营范围	轮胎生产与销售等				

主要财务指标 指标\报告期	2015.06.30	2014.12.31	2014.06.30	2013.12.31
基本每股收益(元)	0.0800	0.2400	0.1500	0.3600
基本每股收益(扣除后)(元)	0.0800	0.1800	0.1500	-
稀释每股收益(元)	0.0800	0.2400	0.1500	0.3600
每股净资产(元)	4.9501	4.8700	4.7966	4.8699
每股经营现金净流量(元)	0.7897	1.2527	0.0679	0.3255
每股现金流量(元)	0.8909	1.1111	1.4585	-0.0661
每股资本公积金(元)	2.3669	2.3669	2.3669	1.7851
每股盈余公积金(元)	0.2108	0.2108	0.1968	0.3121
每股未分配利润(元)	1.3739	1.2894	1.2340	1.7751
净资产收益率(%)	1.7068	4.4032	2.3950	7.2932
加权净资产收益率(%)	1.7200	4.9000	2.9200	7.5200
净资产收益率(扣除)(%)	1.6997	3.3414	2.3758	6.3008
总资产(万元)	1128800.29	973039.24	948708.43	757152.82
归属母公司股东权益(万元)	383858.92	377312.33	371958.00	238092.51
营业收入(万元)	214202.69	556348.20	301094.69	647766.67
营业支出(万元)	154401.74	444297.39	236304.17	520155.92
投资收益(万元)	1367.25	1439.93	1222.20	1234.88
净利润(万元)	6584.99	16698.19	8908.53	17364.48
营业利润(万元)	8054.09	15253.80	10619.42	20754.09
利润总额(万元)	8095.21	19573.94	10716.08	23554.57

紫光古汉集团股份有限公司

公司概况	公司名称	紫光古汉集团股份有限公司			证券简称	*ST 古汉
	法人代表	王书贵	董秘	曹定兴	证券代码	000590
	公司网址	www.guhan.com		电子信箱	stocks@guhan.com	
	电　话	0734-8239335		传　真	0734-8239335	
	办公地址	湖南省衡阳市蒸湘区蔡伦路 33 号				
	经营范围	研制、开发、生产口服液、大输液、片剂、原料药、丸剂、冲剂、酒剂等				

主要财务指标 指标\报告期	2015.06.30	2014.12.31	2014.06.30	2013.12.31
基本每股收益(元)	0.0506	-0.3841	0.0089	-0.7364
基本每股收益(扣除后)(元)	0.0468	-0.4106	-0.0017	-0.7340
稀释每股收益(元)	0.0506	-0.3841	0.0089	-0.7364
每股净资产(元)	0.8799	0.8244	1.2166	1.2068
每股经营现金净流量(元)	-0.0104	-0.2279	-0.0907	0.0185
每股现金流量(元)	0.0156	-0.0673	-0.0738	-0.4296
每股资本公积金(元)	0.6826	0.6826	0.6850	0.6840
每股盈余公积金(元)	0.2055	0.2055	0.2055	0.2055
每股未分配利润(元)	-1.0162	-1.0668	-0.6739	-0.6828
净资产收益率(%)	5.7517	-46.5875	0.7295	-61.0182
加权净资产收益率(%)	5.9400	-37.8200	0.7300	-44.4100
净资产收益率(扣除)(%)	5.3234	-49.8026	-0.1411	-60.8215
总资产(万元)	57575.32	58682.07	52393.33	55256.19
归属母公司股东权益(万元)	19651.03	18410.64	27169.97	26951.07
营业收入(万元)	16024.67	20312.20	9396.84	25600.07
营业支出(万元)	7102.48	9822.91	4669.59	12547.83
投资收益(万元)	43.01	547.89	86.41	-
净利润(万元)	1130.26	-8577.05	198.19	-16445.05
营业利润(万元)	1373.84	-6981.61	143.83	-12846.97
利润总额(万元)	1464.69	-8776.69	395.64	-16550.67

重庆桐君阁股份有限公司

公司概况	公司名称	重庆桐君阁股份有限公司			证券简称	桐君阁
	法人代表	袁永红	董秘	刘燕	证券代码	000591
	公司网址	www.tongjunge.cn		电子信箱	tjg000591@163.com	
	电　话	023-89885208		传　真	023-89885208	
	办公地址	重庆市渝中区解放西路 1 号				
	经营范围	中西成药生产及销售等				

主要财务指标 指标\报告期	2015.06.30	2014.12.31	2014.06.30	2013.12.31
基本每股收益(元)	0.0692	0.0141	0.0688	0.1207
基本每股收益(扣除后)(元)	0.0675	0.0099	0.0684	-0.0190
稀释每股收益(元)	0.0692	0.0141	0.0688	0.1207
每股净资产(元)	1.5148	1.4496	1.7040	1.6559
每股经营现金净流量(元)	0.1204	0.0445	0.2769	-0.0680
每股现金流量(元)	0.1565	-0.1347	-0.0671	-0.7769
每股资本公积金(元)	0.1254	0.1254	0.1009	0.1008
每股盈余公积金(元)	0.2282	0.2282	0.2316	0.2316
每股未分配利润(元)	0.1440	0.0824	0.3716	0.3236
净资产收益率(%)	4.5684	0.9748	4.0385	7.2861
加权净资产收益率(%)	4.6800	1.0000	4.0700	7.7000
净资产收益率(扣除)(%)	4.4576	0.6820	4.0119	-1.1458
总资产(万元)	328309.73	332435.95	310001.10	317117.79
归属母公司股东权益(万元)	41600.86	39810.18	46798.44	45477.27
营业收入(万元)	253906.99	474877.83	248854.28	463530.82
营业支出(万元)	212955.41	402202.76	212814.74	396458.05
投资收益(万元)	22.17	20.08	1.00	65.85
净利润(万元)	854.27	-425.72	1889.93	3313.52
营业利润(万元)	1219.02	438.55	1299.02	-891.95
利润总额(万元)	1282.13	611.10	1309.95	2894.77

中福海峡(平潭)发展股份有限公司

公司概况	公司名称	中福海峡(平潭)发展股份有限公司			证券简称	平潭发展
	法人代表	刘平山	董秘	杨佳熠	证券代码	000592
	公司网址	www.000592.com		电子信箱	zhongfu@000592.com	
	电　话	0591-87871990-102		传　真	0591-87383288	
	办公地址	福建省福州市鼓楼区五四路 159 号世界金龙大厦 23 层				
	经营范围	造林、营林、林产品加工与销售等				

主要财务指标 指标\报告期	2015.06.30	2014.12.31	2014.06.30	2013.12.31
基本每股收益(元)	0.0365	0.0831	0.0355	0.0513
基本每股收益(扣除后)(元)	0.0318	0.0633	0.0189	-
稀释每股收益(元)	0.0365	0.0831	0.0355	0.0513
每股净资产(元)	1.3796	1.3419	1.2941	1.2586
每股经营现金净流量(元)	-0.0199	-0.0105	0.0168	-0.0829
每股现金流量(元)	0.0760	0.0205	-0.0185	-0.2590
每股资本公积金(元)	0.6450	0.6437	0.6436	0.6436
每股盈余公积金(元)	0.0390	0.0390	0.0390	0.0390
每股未分配利润(元)	-0.3043	-0.3408	-0.3884	-0.4239
净资产收益率(%)	2.6434	6.1921	2.7435	4.0764
加权净资产收益率(%)	2.6800	6.3900	2.7800	4.1600
净资产收益率(扣除)(%)	2.3033	4.7203	1.4637	3.7724
总资产(万元)	239807.12	214535.58	181580.92	182690.28
归属母公司股东权益(万元)	116911.11	113712.36	109666.85	106658.09
营业收入(万元)	50459.60	86475.41	38624.59	85786.05
营业支出(万元)	41476.63	69932.10	31448.72	71550.83
投资收益(万元)	198.91	329.80	165.20	157.64
净利润(万元)	3479.34	7680.47	3008.76	4347.86
营业利润(万元)	2258.70	2974.27	706.97	1857.01
利润总额(万元)	3777.04	8403.96	3313.34	5195.95

四川大通燃气开发股份有限公司

公司概况	公司名称	四川大通燃气开发股份有限公司			证券简称	大通燃气
	法人代表	李占通	董秘	郑蜀闽	证券代码	000593
	公司网址	www.dtrq.com		电子信箱	sz000593@163.com	
	电　话	028-68539558		传　真	028-68539800	
	办公地址	四川省成都市建设路 55 号				
	经营范围	城市管道燃气、零售商业等				

主要财务指标 指标\报告期	2015.06.30	2014.12.31	2014.06.30	2013.12.31
基本每股收益(元)	0.0250	0.0610	0.0080	0.1800
基本每股收益(扣除后)(元)	0.0240	0.0530	0.0080	0.0770
稀释每股收益(元)	0.0250	0.0610	0.0080	0.1800
每股净资产(元)	2.3580	2.3751	2.3214	2.3838
每股经营现金净流量(元)	0.0519	0.0824	-0.0326	0.0728
每股现金流量(元)	-0.4852	-0.5314	-0.5665	1.0863
每股资本公积金(元)	0.9649	0.9649	0.9649	0.9649
每股盈余公积金(元)	0.0166	0.0166	0.0150	0.0150
每股未分配利润(元)	0.3983	0.3936	0.3415	0.4039
净资产收益率(%)	1.0454	2.5822	0.3260	5.8591
加权净资产收益率(%)	1.2400	2.5400	0.3200	11.0000
净资产收益率(扣除)(%)	1.0325	2.2223	0.3265	2.5880
总资产(万元)	74654.68	76867.43	74425.49	90595.37
归属母公司股东权益(万元)	66008.81	66489.58	64984.49	66732.23
营业收入(万元)	20484.09	44289.02	20678.07	45996.82
营业支出(万元)	14555.99	31194.66	14943.35	32333.97
投资收益(万元)	13.76	-120.64	83.09	2447.41
净利润(万元)	690.04	1716.92	211.84	3909.89
营业利润(万元)	995.39	2022.38	305.81	4840.04
利润总额(万元)	1006.77	2341.42	305.33	5265.51

宝塔实业股份有限公司

公司概况	公司名称	宝塔实业股份有限公司			证券简称	宝塔实业
	法人代表	张立忠	董秘	高筱刚	证券代码	000595
	公司网址	www.nxz.com.cn		电子信箱	gxg3603@163.com	
	电　话	0951-2036188		传　真	0951-2024242	
	办公地址	宁夏回族自治区银川市西夏区北京西路 630 号				
	经营范围	各类滚动轴承的生产和销售等				

主要财务指标	指标＼报告期	2015.06.30	2014.12.31	2014.06.30	2013.12.31
	基本每股收益(元)	–0.1340	0.0800	–0.1340	–0.5100
	基本每股收益(扣除后)(元)	–0.1370	–0.6724	–0.1740	–0.5400
	稀释每股收益(元)	–0.1340	0.0800	–0.1340	–0.5400
	每股净资产(元)	2.2503	1.1807	0.9801	1.1141
	每股经营现金净流量(元)	–0.1007	–0.1645	–0.1076	–0.0385
	每股现金流量(元)	0.3614	–0.2930	–0.1398	0.2849
	每股资本公积金(元)	2.1716	1.3866	1.3865	1.3865
	每股盈余公积金(元)	0.0252	0.0379	0.0379	0.0379
	每股未分配利润(元)	–0.9483	–1.2465	–1.4443	–1.3103
	净资产收益率(%)	–5.3015	7.0391	–13.6749	–43.3453
	加权净资产收益率(%)	–7.8600	7.3100	–12.8700	–47.8500
	净资产收益率(扣除)(%)	–5.4031	–56.9504	–17.7695	–45.1685
	总资产(万元)	131186.40	104603.06	108049.23	105565.44
	归属母公司股东权益(万元)	83809.32	29245.76	24276.26	27596.02
	营业收入(万元)	13225.26	44499.58	19709.12	32487.36
	营业支出(万元)	13002.86	43643.92	19230.30	31932.06
	投资收益(万元)	–	–	–	25.50
	净利润(万元)	–4443.16	2058.65	–3319.76	–11961.59
	营业利润(万元)	–4527.67	–16648.38	–4307.66	–12462.56
	利润总额(万元)	–4442.56	2136.92	–3313.65	–11959.43

安徽古井贡酒股份有限公司

公司概况	公司名称	安徽古井贡酒股份有限公司			证券简称	古井贡酒
	法人代表	梁金辉	董秘	叶长青	证券代码	000596
	公司网址	www.gujing.com		电子信箱	ycq@gujing.com.cn	
	电　话	0558-5712231　5710057		传　真	0558-5317706	
	办公地址	安徽省亳州市古井镇				
	经营范围	古井、古井贡、老八大和野太阳品牌及其系列酒的生产和销售				

主要财务指标	指标＼报告期	2015.06.30	2014.12.31	2014.06.30	2013.12.31
	基本每股收益(元)	0.7600	1.1900	0.7100	1.2400
	基本每股收益(扣除后)(元)	0.7300	1.1300	0.6900	1.1800
	稀释每股收益(元)	0.7600	1.1900	0.7100	1.2400
	每股净资产(元)	8.9679	8.3023	7.7984	7.4320
	每股经营现金净流量(元)	0.6676	0.7694	–0.1513	1.2674
	每股现金流量(元)	0.4404	–1.2402	–0.5578	–2.1897
	每股资本公积金(元)	2.5714	2.5714	2.5756	2.5697
	每股盈余公积金(元)	0.5101	0.5101	0.5101	0.5101
	每股未分配利润(元)	4.7433	4.1877	3.7127	3.3522
	净资产收益率(%)	8.4252	14.2797	9.1108	16.6189
	加权净资产收益率(%)	8.7500	15.0500	9.3300	17.4700
	净资产收益率(扣除)(%)	8.1541	13.5936	8.8895	15.8693
	总资产(万元)	703417.35	641351.82	590889.90	581693.46
	归属母公司股东权益(万元)	451625.76	418105.10	392728.57	374275.63
	营业收入(万元)	271304.28	465085.59	239015.89	458057.57
	营业支出(万元)	82757.85	145907.29	73408.34	138413.71
	投资收益(万元)	3829.82	10514.26	5465.21	1005.04
	净利润(万元)	38050.48	59704.19	35780.62	62200.49
	营业利润(万元)	50434.96	77556.37	47344.41	82455.61
	利润总额(万元)	51305.50	79620.45	48474.81	85191.12

东北制药集团股份有限公司

公司概况	公司名称	东北制药集团股份有限公司			证券简称	东北制药
	法人代表	魏海军	董秘	张利东	证券代码	000597
	公司网址	www.negpf.com.cn		电子信箱	dystock@negpf.com.cn	
	电　话	024-25806963		传　真	024-25806100	
	办公地址	辽宁省沈阳市经济技术开发区昆明湖街 8 号				
	经营范围	生产和销售化学原料药品及制剂药品、经营医药产品批发及零售等				

主要财务指标	指标＼报告期	2015.06.30	2014.12.31	2014.06.30	2013.12.31
	基本每股收益(元)	–0.1800	0.2200	0.2350	–0.5000
	基本每股收益(扣除后)(元)	–0.1800	–0.0200	–0.0310	–0.6200
	稀释每股收益(元)	–0.1800	0.2200	0.2350	–0.5000
	每股净资产(元)	5.4325	5.6131	4.7432	4.5038
	每股经营现金净流量(元)	–0.2588	0.0990	–0.1754	–0.7980
	每股现金流量(元)	–0.5951	0.4863	–0.7318	2.1218
	每股资本公积金(元)	3.7289	3.7280	2.5105	2.5060
	每股盈余公积金(元)	0.2107	0.2107	0.2996	0.2996
	每股未分配利润(元)	0.4957	0.6772	0.9368	0.7020
	净资产收益率(%)	–3.3401	3.2682	4.9500	–11.1055
	加权净资产收益率(%)	–3.2900	4.3700	5.0800	–10.5300
	净资产收益率(扣除)(%)	–3.4966	–0.3289	–0.6558	–13.8638
	总资产(万元)	873393.99	857286.86	793799.87	755459.63
	归属母公司股东权益(万元)	257855.92	266430.75	158333.50	150341.93
	营业收入(万元)	211676.99	433332.16	235849.66	387059.12
	营业支出(万元)	150781.55	296705.77	156837.45	267581.97
	投资收益(万元)	239.63	130.52	–	–
	净利润(万元)	–8442.56	8382.06	7838.14	–16696.27
	营业利润(万元)	–8197.35	714.91	1359.68	–20288.40
	利润总额(万元)	–7698.61	10574.75	10473.67	–15896.40

成都市兴蓉环境股份有限公司

公司概况	公司名称	成都市兴蓉环境股份有限公司			证券简称	兴蓉环境
	法人代表	杨光	董秘	沈青峰	证券代码	000598
	公司网址	www.cdxrec.com		电子信箱	xrtz000598@xrtz.cn	
	电　话	028-85913967		传　真	028-85007805	
	办公地址	成都市武侯区锦城大道 1000 号 4-5 楼				
	经营范围	自来水、污水处理、污泥处理、环保项目的投资、设计、建设等				

主要财务指标	指标＼报告期	2015.06.30	2014.12.31	2014.06.30	2013.12.31
	基本每股收益(元)	0.1500	0.2500	0.1300	0.2600
	基本每股收益(扣除后)(元)	0.1100	0.2200	0.1300	0.2500
	稀释每股收益(元)	0.1500	0.2500	0.1300	0.2600
	每股净资产(元)	2.6172	2.5100	2.3746	2.2675
	每股经营现金净流量(元)	0.1988	0.3929	0.1879	0.3615
	每股现金流量(元)	–0.1767	0.2204	–0.0335	0.0921
	每股资本公积金(元)	0.5958	0.6009	0.5992	0.5992
	每股盈余公积金(元)	0.0444	0.0444	0.0371	0.0371
	每股未分配利润(元)	0.9748	0.8538	0.7383	0.6312
	净资产收益率(%)	5.5775	10.0896	5.5619	11.0101
	加权净资产收益率(%)	5.6800	10.5900	5.6800	12.4700
	净资产收益率(扣除)(%)	4.3275	8.9477	5.3718	10.7709
	总资产(万元)	1270079.62	1215594.67	1054666.04	1040298.01
	归属母公司股东权益(万元)	781554.20	746763.64	709097.20	677121.19
	营业收入(万元)	149394.09	272425.64	121422.36	241665.00
	营业支出(万元)	83698.23	152146.52	59946.68	125743.84
	投资收益(万元)	7681.70	101.05	101.05	–
	净利润(万元)	43996.06	76145.30	39439.12	74551.85
	营业利润(万元)	48398.86	80954.23	44830.55	86729.78
	利润总额(万元)	54746.78	91626.45	46732.06	88248.67

青岛双星股份有限公司

公司概况						
	公司名称	青岛双星股份有限公司			证券简称	青岛双星
	法人代表	柴永森	董秘	刘兵	证券代码	000599
	公司网址	www.doublestar.com.cn		电子信箱	gqb@doublestar.com.cn	
	电　　话	0532-67710729		传　　真	0532-67710729	
	办公地址	山东省青岛市黄岛区月亮湾路 1 号				
	经营范围	橡胶轮胎、机械、绣品的制造、销售、国内外贸易等				

主要财务指标	指标\报告期	2015.06.30	2014.12.31	2014.06.30	2013.12.31
	基本每股收益(元)	0.0400	0.1100	0.0500	0.0500
	基本每股收益(扣除后)(元)	0.0300	0.0600	0.0300	-
	稀释每股收益(元)	0.0400	0.1100	0.0500	0.0500
	每股净资产(元)	3.7285	3.6977	3.0102	2.9698
	每股经营现金净流量(元)	0.0016	0.8223	0.6824	0.9069
	每股现金流量(元)	0.0043	0.2212	-0.2570	0.4938
	每股资本公积金(元)	1.7722	1.7722	0.8841	0.8841
	每股盈余公积金(元)	0.0610	0.0610	0.0764	0.0764
	每股未分配利润(元)	0.8846	0.8557	1.0401	1.0011
	净资产收益率(%)	1.0434	2.3322	1.6263	1.7755
	加权净资产收益率(%)	1.0500	3.5100	1.6400	1.7900
	净资产收益率(扣除)(%)	0.7329	1.3532	0.9687	0.6328
	总资产(万元)	555444.17	505144.63	467135.35	486201.36
	归属母公司股东权益(万元)	251517.36	249441.71	157983.99	155861.50
	营业收入(万元)	151878.04	397799.07	220931.39	527177.30
	营业支出(万元)	128630.41	340227.26	194991.17	473775.51
	投资收益(万元)	1123.76	42.74	-	-
	净利润(万元)	2671.03	5816.99	2569.37	2767.29
	营业利润(万元)	2469.73	5136.83	2364.89	2768.06
	利润总额(万元)	3416.35	7889.63	3705.75	5039.98

河北建投能源投资股份有限公司

公司概况						
	公司名称	河北建投能源投资股份有限公司			证券简称	建投能源
	法人代表	米大斌	董秘	谢少鹏	证券代码	000600
	公司网址	www.jei.com.cn		电子信箱	jei@jei.com.cn	
	电　　话	0311-85518633		传　　真	0311-85518601	
	办公地址	河北省石家庄市裕华西路 9 号裕园广场 A 座 17 层				
	经营范围	投资建设、经营管理以电力生产为主的能源项目				

主要财务指标	指标\报告期	2015.06.30	2014.12.31	2014.06.30	2013.12.31
	基本每股收益(元)	0.6110	1.3210	0.6710	0.7830
	基本每股收益(扣除后)(元)	0.6020	1.2440	0.6150	-
	稀释每股收益(元)	0.6110	1.3210	0.6710	0.7830
	每股净资产(元)	5.3780	5.0163	4.3420	3.9629
	每股经营现金净流量(元)	0.9429	2.6006	1.1537	3.3228
	每股现金流量(元)	-0.4919	0.6625	-0.1182	-0.0861
	每股资本公积金(元)	2.4590	2.4586	2.2892	2.3650
	每股盈余公积金(元)	0.1272	0.1272	0.0847	0.1498
	每股未分配利润(元)	1.7887	1.4279	0.9681	1.0169
	净资产收益率(%)	11.3584	22.7341	13.6535	19.7550
	加权净资产收益率(%)	11.4780	29.0990	15.8000	21.7700
	净资产收益率(扣除)(%)	11.1856	20.9411	12.5083	18.9399
	总资产(万元)	2466041.05	2526631.72	2335151.38	2141135.75
	归属母公司股东权益(万元)	963535.93	898734.70	701297.12	414043.11
	营业收入(万元)	482160.77	1089113.55	538777.44	870175.07
	营业支出(万元)	277597.03	682596.71	352762.54	646205.62
	投资收益(万元)	40363.15	71180.58	31329.10	24922.36
	净利润(万元)	146639.31	266011.95	95751.45	71528.26
	营业利润(万元)	180262.95	315829.57	147959.22	126482.94
	利润总额(万元)	181185.29	313790.88	148669.61	124559.63

广东韶能集团股份有限公司

公司概况						
	公司名称	广东韶能集团股份有限公司			证券简称	韶能股份
	法人代表	陈来泉	董秘	胡启金	证券代码	000601
	公司网址	www.shaoneng.com.cn		电子信箱	shaonenggf@163.com	
	电　　话	0751-8153162		传　　真	0751-8535226	
	办公地址	广东省韶关市武江区沿江路 16 号				
	经营范围	公司主营业务范围包括电力、水泥、机械加工等				

主要财务指标	指标\报告期	2015.06.30	2014.12.31	2014.06.30	2013.12.31
	基本每股收益(元)	0.1293	0.2400	0.1718	0.2000
	基本每股收益(扣除后)(元)	0.1269	0.2200	0.1562	-
	稀释每股收益(元)	0.1293	0.2400	0.1718	0.2000
	每股净资产(元)	3.5233	3.4940	3.4265	3.3346
	每股经营现金净流量(元)	0.3191	0.7031	0.3728	0.7634
	每股现金流量(元)	0.0192	-0.0122	0.0778	0.0835
	每股资本公积金(元)	1.4671	1.4671	1.4700	1.4700
	每股盈余公积金(元)	0.4445	0.4187	0.3930	0.3780
	每股未分配利润(元)	0.6118	0.6082	0.5636	0.4867
	净资产收益率(%)	3.6707	6.9326	5.0140	5.7437
	加权净资产收益率(%)	3.6300	7.0800	5.0200	5.7100
	净资产收益率(扣除)(%)	3.6011	6.4365	4.5575	5.5966
	总资产(万元)	854991.72	861180.04	883659.19	868972.42
	归属母公司股东权益(万元)	380716.13	377546.76	370246.67	360324.46
	营业收入(万元)	147818.69	300952.08	145761.64	233966.45
	营业支出(万元)	103139.66	218066.07	96904.10	155332.93
	投资收益(万元)	-	366.96	355.57	78.98
	净利润(万元)	15046.63	27092.74	18564.13	20695.78
	营业利润(万元)	20251.01	31092.46	23451.78	30262.16
	利润总额(万元)	20734.98	33569.43	25336.65	30970.83

盛达矿业股份有限公司

公司概况						
	公司名称	盛达矿业股份有限公司			证券简称	盛达矿业
	法人代表	朱胜利	董秘	代继陈	证券代码	000603
	公司网址	www.sdjt.com		电子信箱	sdky603@163.com	
	电　　话	010-56933771		传　　真	010-56933779	
	办公地址	北京市丰台区南方庄 158 号盛达大厦 2 层				
	经营范围	对有色金属矿采选业进行投资、矿山工程技术咨询服务、销售矿产品等				

主要财务指标	指标\报告期	2015.06.30	2014.12.31	2014.06.30	2013.12.31
	基本每股收益(元)	0.2700	0.4700	0.1700	0.5700
	基本每股收益(扣除后)(元)	0.2700	0.4700	0.1700	0.5600
	稀释每股收益(元)	0.2700	0.4700	0.1700	0.5700
	每股净资产(元)	1.6510	1.3859	1.0841	0.9159
	每股经营现金净流量(元)	1.8434	5.0591	1.5598	4.9791
	每股现金流量(元)	1.3501	3.9721	1.0672	-4.1002
	每股资本公积金(元)	-	-	-	-
	每股盈余公积金(元)	-	-	-	-
	每股未分配利润(元)	7.8524	6.4197	4.8132	3.9112
	净资产收益率(%)	16.1827	33.7555	15.5170	62.6660
	加权净资产收益率(%)	17.5800	40.6900	16.8200	43.9100
	净资产收益率(扣除)(%)	16.1904	33.7190	15.5631	61.6516
	总资产(万元)	139277.20	112501.58	85060.64	78104.52
	归属母公司股东权益(万元)	83374.62	69985.21	54747.17	46252.07
	营业收入(万元)	41971.48	74121.62	28253.94	84299.93
	营业支出(万元)	8113.54	14563.20	5917.96	14636.31
	投资收益(万元)	19.74	200.00	-	-
	净利润(万元)	21564.08	37821.46	8495.10	28984.31
	营业利润(万元)	28838.43	50795.79	18457.91	60553.61
	利润总额(万元)	28828.25	50757.84	18417.77	61495.80

渤海水业股份有限公司

公司概况					
公司名称	渤海水业股份有限公司			证券简称	渤海股份
法人代表	刘逸荣	董秘	江波	证券代码	000605
公司网址	www.bohai-water.com		电子信箱	dongmi@binhaiwater.com	
电　话	022-23916822		传　真	022-23916515	
办公地址	天津市河西区环岛西路梅江中心大厦22层				
经营范围	生物医药、中西药的研究开发等				

主要财务指标：指标\报告期	2015.06.30	2014.12.31	2014.06.30	2013.12.31
基本每股收益(元)	0.0600	0.2400	0.0649	-0.1304
基本每股收益(扣除后)(元)	0.0600	0.2400	0.0634	-
稀释每股收益(元)	0.0600	0.2400	0.0649	-0.1304
每股净资产(元)	4.9723	4.9157	4.7541	2.7543
每股经营现金净流量(元)	0.3527	0.3785	0.3335	0.0631
每股现金流量(元)	-0.2524	0.2638	-0.8052	4.2098
每股资本公积金(元)	2.5194	2.5193	2.5193	4.3980
每股盈余公积金(元)	0.1677	0.1677	0.1361	0.3698
每股未分配利润(元)	1.2853	1.2287	1.0987	2.8372
净资产收益率(%)	1.1375	4.3978	1.1478	-3.5807
加权净资产收益率(%)	1.1500	4.7500	1.1600	-23.8600
净资产收益率(扣除)(%)	1.1425	4.3515	1.1216	-3.5679
总资产(万元)	234640.66	238135.92	254496.95	234891.96
归属母公司股东权益(万元)	96955.67	95852.68	92701.04	61749.21
营业收入(万元)	33110.20	72824.93	34901.57	7144.92
营业支出(万元)	25709.48	56308.78	26448.02	4842.42
投资收益(万元)	-787.59	-1661.54	-837.08	-
净利润(万元)	1005.40	3909.86	1064.03	-1215.35
营业利润(万元)	1894.75	6116.23	1516.48	-1217.89
利润总额(万元)	1938.00	6249.29	1572.83	-1222.35

青海明胶股份有限公司

公司概况					
公司名称	青海明胶股份有限公司			证券简称	青海明胶
法人代表	连良桂	董秘	华彧民	证券代码	000606
公司网址	www.my0606.com.cn		电子信箱	zongcb@my0606.com.cn	
电　话	0971-8013495		传　真	0971-5226338	
办公地址	青海省西宁市城北区纬一路18号				
经营范围	明胶系列产品、硬胶囊系列产品生产与销售等				

主要财务指标：指标\报告期	2015.06.30	2014.12.31	2014.06.30	2013.12.31
基本每股收益(元)	-0.0901	-0.2448	-0.0466	0.0564
基本每股收益(扣除后)(元)	-0.0877	-0.2269	-0.0465	-0.0860
稀释每股收益(元)	-0.0901	-0.2448	-0.0466	0.0564
每股净资产(元)	1.6579	1.6997	1.8736	1.9402
每股经营现金净流量(元)	0.0137	0.0026	-0.0145	-0.0896
每股现金流量(元)	-0.1786	-0.0760	0.0061	-0.1607
每股资本公积金(元)	0.8177	0.8177	0.8177	0.8177
每股盈余公积金(元)	0.0593	0.0593	0.0593	0.0593
每股未分配利润(元)	-0.2918	-0.2017	-0.0035	0.0631
净资产收益率(%)	-5.4324	-14.4045	-2.4874	2.9071
加权净资产收益率(%)	-5.4400	-13.4689	-2.4300	2.6800
净资产收益率(扣除)(%)	-5.2928	-13.3503	-2.4793	-4.4313
总资产(万元)	127766.44	132575.54	139625.86	145660.23
归属母公司股东权益(万元)	78270.39	80245.36	88454.53	91598.96
营业收入(万元)	14986.79	35877.13	17626.55	37640.00
营业支出(万元)	15390.63	36420.37	16620.61	30346.82
投资收益(万元)	-12.17	90.67	201.56	8450.65
净利润(万元)	-4771.48	-12681.71	-2200.20	2662.88
营业利润(万元)	-4622.21	-11881.71	-2537.68	2520.41
利润总额(万元)	-4706.14	-12980.58	-2544.66	2965.74

浙江华智控股股份有限公司

公司概况					
公司名称	浙江华智控股股份有限公司			证券简称	华智控股
法人代表	金美星	董秘	熊波	证券代码	000607
公司网址	www.000607.cn		电子信箱	ir000607@000607.cn	
电　话	0571-89300698		传　真	0571-89300130	
办公地址	浙江省杭州市余杭区五常大道181号华立科技园				
经营范围	电工仪表的生产和销售等				

主要财务指标：指标\报告期	2015.06.30	2014.12.31	2014.06.30	2013.12.31
基本每股收益(元)	0.0700	0.3600	0.1100	0.3000
基本每股收益(扣除后)(元)	0.0500	0.3400	0.0010	0.0200
稀释每股收益(元)	0.0700	0.3600	0.1100	0.3000
每股净资产(元)	1.3099	1.2398	0.7709	1.4100
每股经营现金净流量(元)	-0.1937	0.0626	-0.1298	0.2863
每股现金流量(元)	0.1034	0.2394	-0.0251	-0.4309
每股资本公积金(元)	-0.2307	-0.2307	0.0363	-0.1348
每股盈余公积金(元)	0.0495	0.0495	0.0834	0.0602
每股未分配利润(元)	0.4910	0.4210	-0.3432	0.4873
净资产收益率(%)	5.3489	14.9525	0.6113	3.3477
加权净资产收益率(%)	5.5000	22.3800	7.7300	26.1900
净资产收益率(扣除)(%)	3.7808	14.1671	0.1778	2.3513
总资产(万元)	210893.00	195295.27	201865.31	142389.34
归属母公司股东权益(万元)	133306.77	126176.33	37598.26	74868.29
营业收入(万元)	65611.83	148524.02	67994.13	156796.47
营业支出(万元)	47168.88	107749.59	52328.72	113673.17
投资收益(万元)	2561.09	3268.18	1717.72	2395.34
净利润(万元)	8746.28	20329.25	6444.74	16972.60
营业利润(万元)	8773.92	19962.88	6175.55	16991.68
利润总额(万元)	8942.24	20335.16	6536.77	17237.84

阳光新业地产股份有限公司

公司概况					
公司名称	阳光新业地产股份有限公司			证券简称	阳光股份
法人代表	唐军	董秘	赵博	证券代码	000608
公司网址	www.yangguangxinye.com		电子信箱	yangguangxinye@yangguangxinye.com	
电　话	010-68366107		传　真	010-88365280	
办公地址	北京市西城区西直门外大街112号阳光大厦11层				
经营范围	房地产开发经营、装饰装修工程、自有商品房的租赁等				

主要财务指标：指标\报告期	2015.06.30	2014.12.31	2014.06.30	2013.12.31
基本每股收益(元)	-0.0200	-0.7800	0.0300	0.2600
基本每股收益(扣除后)(元)	-0.0200	-0.8300	-	0.2200
稀释每股收益(元)	-0.0200	-0.7800	0.0300	0.2600
每股净资产(元)	4.3707	4.3927	5.3337	3.9151
每股经营现金净流量(元)	-0.0625	-0.2194	0.0208	-0.5971
每股现金流量(元)	-0.0994	-0.5310	-0.0348	0.7216
每股资本公积金(元)	0.6816	0.6816	1.0472	1.0472
每股盈余公积金(元)	0.1276	0.1275	0.1275	0.1275
每股未分配利润(元)	2.3146	2.3367	3.1589	3.1606
净资产收益率(%)	-0.5075	-17.7638	0.5309	6.5148
加权净资产收益率(%)	-0.5100	-16.2700	0.5300	6.6600
净资产收益率(扣除)(%)	-0.4590	-18.8199	-0.5588	5.6619
总资产(万元)	1047800.20	1123852.80	1224451.20	1044164.30
归属母公司股东权益(万元)	327765.40	329417.90	399981.20	400108.60
营业收入(万元)	34324.20	135859.80	24402.50	68985.10
营业支出(万元)	11425.20	73431.60	3949.70	9069.80
投资收益(万元)	4012.80	638.60	191.40	3454.60
净利润(万元)	239.60	-52205.50	2123.60	19127.40
营业利润(万元)	2274.60	-47971.50	-370.50	23347.30
利润总额(万元)	2048.10	-45080.70	4446.40	24856.40

北京绵世投资集团股份有限公司

公司概况	公司名称	北京绵世投资集团股份有限公司			证券简称	绵世股份
	法人代表	郑宽	董秘	祖国	证券代码	000609
	公司网址	www.mainstreets.cn		电子信箱	lgc@mainstreets.cn	
	电话	010-65275609		传真	010-65279466	
	办公地址	北京市东城区建国门内大街 19 号中纺大厦 3 层				
	经营范围	资产经营、投资开发经营房地产业及物业管理等				

主要财务指标	指标\报告期	2015.06.30	2014.12.31	2014.06.30	2013.12.31
	基本每股收益(元)	-0.0132	0.4039	-0.0237	0.3490
	基本每股收益(扣除后)(元)	-0.0488	0.3662	-0.0290	-
	稀释每股收益(元)	-0.0132	0.4039	-0.0237	0.3490
	每股净资产(元)	4.2838	4.2970	3.8690	3.8927
	每股经营现金净流量(元)	0.0350	0.0839	0.2583	0.2858
	每股现金流量(元)	0.2207	-1.2895	-0.6896	-0.4735
	每股资本公积金(元)	0.0405	0.0405	0.0401	0.0401
	每股盈余公积金(元)	0.3577	0.3577	0.3577	0.3577
	每股未分配利润(元)	2.8857	2.8989	2.4712	2.4949
	净资产收益率(%)	-0.3079	9.4006	-0.6125	8.9655
	加权净资产收益率(%)	-0.3100	9.8600	-0.6100	9.3600
	净资产收益率(扣除)(%)	-1.1393	8.5219	-0.7506	3.5864
	总资产(万元)	195881.88	187563.57	196220.80	179258.66
	归属母公司股东权益(万元)	127699.21	128092.34	115333.53	116039.96
	营业收入(万元)	2778.03	61867.43	1703.07	31395.30
	营业支出(万元)	2131.40	36218.65	539.15	20370.80
	投资收益(万元)	2362.11	5187.26	1990.85	9682.68
	净利润(万元)	-613.48	11580.15	-706.42	10403.55
	营业利润(万元)	-301.56	15919.15	-294.25	12169.71
	利润总额(万元)	-414.48	15945.21	-295.93	11486.36

西安旅游股份有限公司

公司概况	公司名称	西安旅游股份有限公司			证券简称	西安旅游
	法人代表	谢平伟	董秘	梦蕾	证券代码	000610
	公司网址	www.xatourism.com		电子信箱	xatour@000610.com	
	电话	029-82065529		传真	029-82065500	
	办公地址	陕西省西安市碑林区南二环西段 27 号旅游大厦 7 层				
	经营范围	旅游饭店、餐饮、服务经营和石油开发、开采及旅游景区、景点的开发经营等				

主要财务指标	指标\报告期	2015.06.30	2014.12.31	2014.06.30	2013.12.31
	基本每股收益(元)	-0.0388	-0.1060	-0.0640	0.0436
	基本每股收益(扣除后)(元)	-0.0483	-0.1408	-0.0654	-0.1118
	稀释每股收益(元)	-0.0388	-0.1060	-0.0640	0.0436
	每股净资产(元)	3.2406	2.2132	2.2552	2.3492
	每股经营现金净流量(元)	-0.0626	-0.0037	-0.0906	-0.0649
	每股现金流量(元)	-0.0428	-0.4394	-0.5095	0.4425
	每股资本公积金(元)	1.6672	0.4793	0.4792	0.4792
	每股盈余公积金(元)	0.1501	0.1807	0.1807	0.1807
	每股未分配利润(元)	0.4232	0.5533	0.5954	0.6893
	净资产收益率(%)	-1.1292	-4.7909	-2.8365	3.0207
	加权净资产收益率(%)	-1.3200	-4.6600	-2.7600	1.8600
	净资产收益率(扣除)(%)	-1.4076	-6.3639	-2.9014	-4.7577
	总资产(万元)	103979.62	57661.52	60248.00	64278.15
	归属母公司股东权益(万元)	76719.49	43544.82	44371.18	46220.01
	营业收入(万元)	30746.02	69886.01	25999.02	67102.96
	营业支出(万元)	28679.82	64620.41	21319.28	56113.55
	投资收益(万元)	213.75	322.18	-152.59	3645.63
	净利润(万元)	-900.12	-2081.26	-1258.58	852.23
	营业利润(万元)	-966.20	-2177.79	-1322.43	909.60
	利润总额(万元)	-898.59	-1962.05	-1284.00	2043.77

内蒙古敕勒川科技发展股份有限公司

公司概况	公司名称	内蒙古敕勒川科技发展股份有限公司			证券简称	*ST 蒙发
	法人代表	邱士杰	董秘	姜琴	证券代码	000611
	公司网址	www.timegroup.com.cn		电子信箱	sd000611@163.com	
	电话	010-87923689		传真	010-87923689	
	办公地址	北京市东城区永定门西滨河路 8 号院中海地产广场东塔 11 层				
	经营范围	生产、开发、销售工业、民用产品、国内贸易、金银制品、餐饮等				

主要财务指标	指标\报告期	2015.06.30	2014.12.31	2014.06.30	2013.12.31
	基本每股收益(元)	-0.0675	-0.1623	-0.0380	0.0400
	基本每股收益(扣除后)(元)	-0.0672	-0.1589	-0.0378	-
	稀释每股收益(元)	-0.0675	-0.1623	-0.0380	0.0400
	每股净资产(元)	1.6209	1.6884	1.8127	1.8507
	每股经营现金净流量(元)	0.0651	0.3996	-0.0550	-0.1325
	每股现金流量(元)	0.0754	-0.0603	-0.0550	-0.1362
	每股资本公积金(元)	0.4305	0.4305	0.4305	0.4305
	每股盈余公积金(元)	-	-	-	-
	每股未分配利润(元)	0.1904	0.2579	0.3821	0.4202
	净资产收益率(%)	-4.1655	-9.6137	-2.1012	1.9138
	加权净资产收益率(%)	-4.0800	-9.1700	-2.0800	1.9300
	净资产收益率(扣除)(%)	-4.1468	-9.4110	-2.0826	-0.5595
	总资产(万元)	69138.15	70779.91	72231.58	73976.80
	归属母公司股东权益(万元)	52164.35	54337.28	58335.39	59561.12
	营业收入(万元)	1537.63	6717.71	2843.60	115368.94
	营业支出(万元)	1602.15	7395.53	3225.13	113003.19
	投资收益(万元)	-690.88	-929.01	-129.69	1242.23
	净利润(万元)	-2172.93	-5223.85	-1225.73	1139.87
	营业利润(万元)	-2163.13	-4917.31	-1297.91	1343.39
	利润总额(万元)	-2172.93	-5027.39	-1308.73	1351.85

焦作万方铝业股份有限公司

公司概况	公司名称	焦作万方铝业股份有限公司			证券简称	焦作万方
	法人代表	蒋英刚	董秘	蒋英刚(代)	证券代码	000612
	公司网址	www.jzwfly.cn		电子信箱	longer_lzymp@yeah.net	
	电话	0391-2535888		传真	0391-2535597	
	办公地址	河南省焦作市马村区待王镇焦新路南侧				
	经营范围	铝冶炼及加工、铝制品、金属材料销售、普通货物运输等				

主要财务指标	指标\报告期	2015.06.30	2014.12.31	2014.06.30	2013.12.31
	基本每股收益(元)	0.0410	0.3050	0.0900	0.4130
	基本每股收益(扣除后)(元)	0.0497	0.2690	0.0940	0.3320
	稀释每股收益(元)	0.0410	0.3050	0.0900	0.4130
	每股净资产(元)	4.0533	3.9306	3.7639	3.7010
	每股经营现金净流量(元)	-0.0342	1.3666	0.3047	-0.0279
	每股现金流量(元)	0.1269	-0.1817	-0.0924	0.2845
	每股资本公积金(元)	1.3327	1.3327	1.3145	1.3108
	每股盈余公积金(元)	0.2559	0.2559	0.2288	0.2351
	每股未分配利润(元)	1.3723	1.3322	1.1540	1.0940
	净资产收益率(%)	0.9900	7.5394	2.3712	6.0776
	加权净资产收益率(%)	1.0200	7.9000	2.4200	7.0500
	净资产收益率(扣除)(%)	1.1911	6.6510	2.4634	4.8887
	总资产(万元)	912948.14	914689.35	750493.65	719379.99
	归属母公司股东权益(万元)	487546.36	472785.02	452047.22	432643.06
	营业收入(万元)	243175.62	524964.86	245074.43	561566.13
	营业支出(万元)	225883.53	478066.87	230214.78	533220.50
	投资收益(万元)	3729.50	20044.31	10132.73	23092.62
	净利润(万元)	4826.94	35645.00	10718.80	26294.12
	营业利润(万元)	2897.40	39676.84	12280.10	22156.01
	利润总额(万元)	5117.33	40715.35	12240.11	28032.89

海南大东海旅游中心股份有限公司

公司概况	公司名称	海南大东海旅游中心股份有限公司		证券简称	大东海 A
	法人代表	黎愿斌	董秘 汪宏娟	证券代码	000613
	公司网址	www.cninfo.com.cn		电子信箱	hnddh@21cn.com
	电　话	0898-88219921		传　真	0898-88214998
	办公地址	海南省三亚市大东海			
	经营范围	房地产开发经营、住宿及饮食业、旅游服务业等			

主要财务指标	指标\报告期	2015.06.30	2014.12.31	2014.06.30	2013.12.31
	基本每股收益(元)	–0.0093	0.0069	–0.0023	–0.0060
	基本每股收益(扣除后)(元)	–0.0131	–0.0074	–0.0025	–
	稀释每股收益(元)	–0.0093	0.0069	–0.0023	–0.0060
	每股净资产(元)	0.2225	0.2318	0.2226	0.2250
	每股经营现金净流量(元)	0.0023	0.0067	–	0.0072
	每股现金流量(元)	0.0022	0.0432	–0.0004	–0.0230
	每股资本公积金(元)	0.1487	0.1487	0.1487	0.1487
	每股盈余公积金(元)	–	–	–	–
	每股未分配利润(元)	–0.9262	–0.9169	–0.9261	–0.9237
	净资产收益率(%)	–4.1864	2.9657	–1.0467	–2.6850
	加权净资产收益率(%)	–4.1000	3.0100	–1.0400	–2.6500
	净资产收益率(扣除)(%)	–5.9207	–3.2103	–1.1197	–2.7872
	总资产(万元)	10992.03	11408.10	11101.03	11396.09
	归属母公司股东权益(万元)	8102.34	8441.53	8106.34	8191.18
	营业收入(万元)	842.13	2020.21	1168.65	2366.08
	营业支出(万元)	27.13	33.78	0.53	0.78
	投资收益(万元)	–	402.00	–	–
	净利润(万元)	–339.20	250.35	–84.85	–219.93
	营业利润(万元)	–463.09	–71.00	–90.77	–228.30
	利润总额(万元)	–339.20	250.35	–84.85	–219.93

湖北金环股份有限公司

公司概况	公司名称	湖北金环股份有限公司		证券简称	湖北金环
	法人代表	田汉	董秘 李红	证券代码	000615
	公司网址	www.000615.com.cn		电子信箱	lihong8878@sohu.com
	电　话	0710-2105321 2108234		传　真	0710-2108233 2105321
	办公地址	湖北省襄阳市樊城区陈家湖			
	经营范围	粘胶纤维、玻璃纸(含食品包装用)制造、销售等			

主要财务指标	指标\报告期	2015.06.30	2014.12.31	2014.06.30	2013.12.31
	基本每股收益(元)	0.5000	0.0700	0.0110	–0.1700
	基本每股收益(扣除后)(元)	0.0200	–0.0800	–0.0140	–
	稀释每股收益(元)	0.5000	0.0700	0.0110	–0.1700
	每股净资产(元)	3.5573	3.6905	2.8541	2.8684
	每股经营现金净流量(元)	–0.3074	0.6599	0.5219	–0.2820
	每股现金流量(元)	–0.1101	0.0452	0.0073	–0.1975
	每股资本公积金(元)	0.4189	2.0723	0.6384	0.6641
	每股盈余公积金(元)	0.6007	0.6784	0.6007	0.6007
	每股未分配利润(元)	1.1752	3.0601	0.6150	0.6036
	净资产收益率(%)	13.9769	2.0160	0.3999	–6.0349
	加权净资产收益率(%)	12.6200	2.5600	0.4000	–5.6700
	净资产收益率(扣除)(%)	0.4896	–2.0605	–0.4814	–10.0874
	总资产(万元)	123467.80	667544.06	133579.80	120407.85
	归属母公司股东权益(万元)	75300.20	165189.98	60414.35	60716.95
	营业收入(万元)	33649.52	69488.58	36519.02	64391.92
	营业支出(万元)	28597.19	61183.22	33193.65	58577.88
	投资收益(万元)	13507.64	1897.93	15.64	998.02
	净利润(万元)	10524.65	1574.91	241.59	–3664.21
	营业利润(万元)	14002.97	1480.78	143.80	–5101.34
	利润总额(万元)	14102.00	2030.19	204.40	–4668.68

海航投资集团股份有限公司

公司概况	公司名称	海航投资集团股份有限公司		证券简称	海航投资
	法人代表	赵权	董秘 杜璟	证券代码	000616
	公司网址	www.yeland.com.cn		电子信箱	ir@yeland.com.cn
	电　话	010-50960309		传　真	010-50960300
	办公地址	北京市朝阳区建国路 108 号海航实业大厦 16 层			
	经营范围	房地产项目开发、销售商品房、自有房屋物业管理、智能教育开发、基础教育等			

主要财务指标	指标\报告期	2015.06.30	2014.12.31	2014.06.30	2013.12.31
	基本每股收益(元)	0.0600	0.1300	0.1800	0.1500
	基本每股收益(扣除后)(元)	0.0400	–0.1400	–0.0800	0.0600
	稀释每股收益(元)	0.0600	0.1300	0.1800	0.1500
	每股净资产(元)	3.0089	2.9488	2.9908	2.9646
	每股经营现金净流量(元)	0.0237	–0.0155	–0.0401	–1.3041
	每股现金流量(元)	–0.2026	–0.0196	0.8055	–0.4778
	每股资本公积金(元)	0.1409	0.1409	0.1408	0.2689
	每股盈余公积金(元)	0.1548	0.1548	0.1281	0.1281
	每股未分配利润(元)	1.7132	1.6530	1.7219	1.5677
	净资产收益率(%)	2.0000	4.5461	5.8938	5.0362
	加权净资产收益率(%)	2.0200	4.5400	5.7900	5.3800
	净资产收益率(扣除)(%)	1.4545	–4.7897	–2.5929	2.0979
	总资产(万元)	844183.08	861389.78	1005164.84	1174786.17
	归属母公司股东权益(万元)	430343.64	421742.55	427760.27	424008.14
	营业收入(万元)	29949.02	200063.38	40761.51	259195.12
	营业支出(万元)	23098.30	156124.83	26876.53	187944.16
	投资收益(万元)	2459.43	50809.00	50803.61	9966.91
	净利润(万元)	8609.22	20436.12	25211.38	21353.92
	营业利润(万元)	16195.97	41798.20	43964.75	25860.03
	利润总额(万元)	15056.52	41515.31	43934.79	27870.11

济南柴油机股份有限公司

公司概况	公司名称	济南柴油机股份有限公司		证券简称	石油济柴
	法人代表	吴根柱	董秘 刘明怀	证券代码	000617
	公司网址	www.jichai.com		电子信箱	liuminghuai@cnpc.com.cn
	电　话	0531-87422326 87423353		传　真	0531-87423177
	办公地址	山东省济南市经十西路 11966 号			
	经营范围	柴油机、气体发动机、柴油及气体发电机组的制造、销售、租赁、修理等			

主要财务指标	指标\报告期	2015.06.30	2014.12.31	2014.06.30	2013.12.31
	基本每股收益(元)	0.0200	–0.4000	–0.1000	0.0300
	基本每股收益(扣除后)(元)	–0.0100	–0.4900	–0.1400	–0.1000
	稀释每股收益(元)	0.0200	–0.4000	–0.1000	0.0300
	每股净资产(元)	2.1068	2.0832	2.3709	2.4687
	每股经营现金净流量(元)	–0.3008	0.0619	–0.5610	–0.1476
	每股现金流量(元)	–0.3801	0.0735	–0.2186	–0.2206
	每股资本公积金(元)	0.1326	0.1326	0.1175	0.1175
	每股盈余公积金(元)	0.3034	0.3034	0.3034	0.3034
	每股未分配利润(元)	0.6682	0.6472	0.9497	1.0478
	净资产收益率(%)	0.9960	–19.2290	–4.1386	1.3869
	加权净资产收益率(%)	1.0000	–17.6000	–4.0500	1.4100
	净资产收益率(扣除)(%)	–0.3903	–23.3983	–5.7823	–4.0798
	总资产(万元)	224531.01	220483.45	224654.02	233415.43
	归属母公司股东权益(万元)	60579.08	59899.55	68171.61	70983.81
	营业收入(万元)	60982.21	92951.87	48134.38	162472.72
	营业支出(万元)	51593.45	82444.00	42206.99	142263.87
	投资收益(万元)	–	–	–	–
	净利润(万元)	603.38	–11518.06	–2821.37	984.46
	营业利润(万元)	–159.35	–13064.86	–3442.45	–959.79
	利润总额(万元)	574.06	–11689.51	–2690.90	1004.72

芜湖海螺型材科技股份有限公司

公司概况					
公司名称	芜湖海螺型材科技股份有限公司			证券简称	海螺型材
法人代表	齐生立	董秘	周小川	证券代码	000619
公司网址	profile.conch.cn			电子信箱	hlxc@conch.cn
电　话	0553-8396868　8396856			传　真	0553-8396808
办公地址	安徽省芜湖市镜湖区文化路 39 号芜湖海螺国际大酒店 17-19 层				
经营范围	塑料型材、板材、门窗、五金制品、钢龙骨制造、销售、安装等				

主要财务指标

指标\报告期	2015.06.30	2014.12.31	2014.06.30	2013.12.31
基本每股收益(元)	0.1222	0.3016	0.1799	0.3876
基本每股收益(扣除后)(元)	0.0826	0.2374	0.1342	0.3345
稀释每股收益(元)	0.1222	0.3016	0.1799	0.3876
每股净资产(元)	6.5953	6.5731	6.4514	6.3715
每股经营现金净流量(元)	0.6550	1.7064	0.6435	0.9606
每股现金流量(元)	0.5246	-0.0743	0.0862	-0.2015
每股资本公积金(元)	1.2139	1.2139	1.2139	1.2139
每股盈余公积金(元)	0.6894	0.6894	0.6680	0.6680
每股未分配利润(元)	3.6920	3.6698	3.5695	3.4896
净资产收益率(%)	1.8530	4.5888	2.7886	6.0836
加权净资产收益率(%)	1.8600	4.6600	2.8100	6.2200
净资产收益率(扣除)(%)	1.2523	3.6121	2.0796	5.2502
总资产(万元)	421056.71	406006.72	448497.61	434575.26
归属母公司股东权益(万元)	237430.88	236631.32	232249.22	229372.64
营业收入(万元)	162902.20	390396.51	190407.34	405265.47
营业支出(万元)	138507.19	335011.30	163683.94	348663.90
投资收益(万元)	423.59	259.57	57.05	-
净利润(万元)	4964.43	12205.31	6476.59	13954.02
营业利润(万元)	5777.73	14452.18	7773.73	17739.65
利润总额(万元)	7151.20	17066.66	10017.98	20060.27

新华联不动产股份有限公司

公司概况					
公司名称	新华联不动产股份有限公司			证券简称	新华联
法人代表	丁伟	董秘	杭冠宇	证券代码	000620
公司网址	www.xhlbdc.com			电子信箱	xin000620@126.com
电　话	010-80559199			传　真	010-80559190
办公地址	北京市通州区台湖镇政府大街新华联集团总部大厦				
经营范围	房地产开发、销售自行开发后的商品房等				

主要财务指标

指标\报告期	2015.06.30	2014.12.31	2014.06.30	2013.12.31
基本每股收益(元)	0.0400	0.2600	0.1200	0.3200
基本每股收益(扣除后)(元)	0.0200	0.0900	0.0500	-
稀释每股收益(元)	0.0400	0.2600	0.1200	0.3200
每股净资产(元)	2.9655	2.1985	2.0603	2.0412
每股经营现金净流量(元)	-2.2201	-4.4577	-2.3877	-7.9109
每股现金流量(元)	-0.4221	0.6459	-0.7364	2.7760
每股资本公积金(元)	3.8277	0.2158	0.2396	0.2475
每股盈余公积金(元)	0.4604	0.5464	0.5464	0.5464
每股未分配利润(元)	5.1965	6.0049	5.4998	5.4253
净资产收益率(%)	1.3090	11.9967	7.2918	15.5899
加权净资产收益率(%)	1.6100	12.4900	5.8100	16.1500
净资产收益率(扣除)(%)	0.5223	4.2324	2.3685	9.8030
总资产(万元)	2886589.05	2469570.26	2076474.82	1826439.50
归属母公司股东权益(万元)	562470.60	351310.44	329226.58	326181.44
营业收入(万元)	92381.50	350102.42	85909.64	260117.69
营业支出(万元)	64617.51	261028.60	61213.44	158307.76
投资收益(万元)	8551.70	10763.66	6337.56	20280.41
净利润(万元)	7140.44	40329.74	19343.55	50851.48
营业利润(万元)	5990.76	43600.48	19336.84	69598.65
利润总额(万元)	10726.91	56635.85	23696.65	69706.04

恒立实业发展集团股份有限公司

公司概况					
公司名称	恒立实业发展集团股份有限公司			证券简称	恒立实业
法人代表	刘炬	董秘	李滔	证券代码	000622
公司网址	www.yyhengli.com			电子信箱	yueyuan421@.163.com
电　话	0730-8245282			传　真	0730-8245129
办公地址	湖南省岳阳市金鹗中路 228 号景源商务中心				
经营范围	从事汽车空调设备的制造、销售、安装、维修、加工、销售机械设备等				

主要财务指标

指标\报告期	2015.06.30	2014.12.31	2014.06.30	2013.12.31
基本每股收益(元)	-0.0360	-0.0900	-0.0200	0.0200
基本每股收益(扣除后)(元)	-0.0370	-0.0900	-0.0240	-
稀释每股收益(元)	-0.0360	-0.0900	-0.0200	0.0200
每股净资产(元)	0.4354	0.4713	0.5343	0.5572
每股经营现金净流量(元)	-0.0287	-0.0059	-0.0370	-0.1082
每股现金流量(元)	-0.1851	-0.0847	-0.0716	-0.1592
每股资本公积金(元)	0.4302	0.4302	0.4302	0.4302
每股盈余公积金(元)	0.0030	0.0030	0.0030	0.0030
每股未分配利润(元)	-0.9978	-0.9619	-0.8988	-0.8759
净资产收益率(%)	-8.2442	-18.2411	-4.2784	4.2748
加权净资产收益率(%)	-7.9200	-16.7200	-4.1900	4.3700
净资产收益率(扣除)(%)	-8.4052	-18.4920	-4.5343	-5.1734
总资产(万元)	34476.62	37392.47	41120.99	43000.28
归属母公司股东权益(万元)	18512.56	20038.78	22721.90	23694.04
营业收入(万元)	2699.42	5473.17	3406.46	18308.09
营业支出(万元)	2528.46	4840.96	3004.07	16445.68
投资收益(万元)	-	16.70	-	-
净利润(万元)	-1679.65	-4005.21	-972.14	1012.87
营业利润(万元)	-1766.91	-4105.06	-1080.45	-1187.56
利润总额(万元)	-1679.65	-4024.03	-1002.41	1104.67

吉林敖东药业集团股份有限公司

公司概况					
公司名称	吉林敖东药业集团股份有限公司			证券简称	吉林敖东
法人代表	李秀林	董秘	陈永丰	证券代码	000623
公司网址	www.jlaod.com			电子信箱	000623@jlaod.com
电　话	0433-6238973			传　真	0433-6238973
办公地址	吉林省敦化市敖东大街 2158 号				
经营范围	种植养殖、商业(国家专项控制、专营除外)、机械修理、仓储等				

主要财务指标

指标\报告期	2015.06.30	2014.12.31	2014.06.30	2013.12.31
基本每股收益(元)	1.8600	1.5800	0.6000	1.1800
基本每股收益(扣除后)(元)	1.8100	1.4900	0.6000	-
稀释每股收益(元)	1.8600	1.5800	0.6000	1.1800
每股净资产(元)	19.2088	14.0661	12.3515	11.8235
每股经营现金净流量(元)	0.1097	0.3229	0.0799	0.2250
每股现金流量(元)	-0.3342	0.4695	0.1505	0.1396
每股资本公积金(元)	4.5112	2.1772	0.3628	0.3394
每股盈余公积金(元)	1.0235	1.0235	0.9053	0.9053
每股未分配利润(元)	11.1022	9.4463	10.0834	9.5787
净资产收益率(%)	9.6615	11.2127	4.8951	10.0119
加权净资产收益率(%)	11.1100	11.9600	4.9900	10.4700
净资产收益率(扣除)(%)	9.4242	10.5865	4.8339	7.0984
总资产(万元)	1902124.96	1376952.47	1267790.38	1210637.73
归属母公司股东权益(万元)	1718108.65	1258124.25	1104765.42	1057536.18
营业收入(万元)	113864.50	224009.93	113430.66	195686.12
营业支出(万元)	40998.85	69377.68	33294.78	62743.87
投资收益(万元)	147622.38	107225.63	35682.59	93089.71
净利润(万元)	166333.47	141779.22	54078.99	105878.94
营业利润(万元)	166561.52	142063.59	55948.81	112465.00
利润总额(万元)	169328.58	148526.91	57467.66	119083.57

重庆长安汽车股份有限公司

公司概况	公司名称	重庆长安汽车股份有限公司			证券简称	长安汽车
	法人代表	徐留平	董秘	黎军 王锟(代)	证券代码	000625
	公司网址	www.changan.com.cn		电子信箱	cazqc@changan.com.cn	
	电　话	023-67594008		传　真	023-67866055	
	办公地址	重庆市江北区建新东路 260 号				
	经营范围	乘用车和商用车的开发、制造和销售等				

主要财务指标	指标\报告期	2015.06.30	2014.12.31	2014.06.30	2013.12.31
	基本每股收益(元)	1.0900	1.6200	0.7800	0.7500
	基本每股收益(扣除后)(元)	1.0500	1.5600	0.7600	0.7100
	稀释每股收益(元)	1.0900	–	0.7800	0.7500
	每股净资产(元)	6.3275	5.4982	4.6252	4.0272
	每股经营现金净流量(元)	1.3803	0.8106	0.7595	0.3930
	每股现金流量(元)	0.8540	1.1624	0.6978	0.0397
	每股资本公积金(元)	0.6922	0.6922	0.7278	0.8265
	每股盈余公积金(元)	0.5000	0.5000	0.3895	0.3895
	每股未分配利润(元)	4.0815	3.2417	2.5101	1.8323
	净资产收益率(%)	17.2355	29.4925	16.8227	18.6685
	加权净资产收益率(%)	18.4400	34.2000	17.6100	20.4400
	净资产收益率(扣除)(%)	16.5734	28.3923	16.5208	17.6981
	总资产(万元)	7989884.11	6968735.29	6052773.54	5451210.77
	归属母公司股东权益(万元)	2950455.47	2563729.85	2156660.33	1886361.67
	营业收入(万元)	3305295.52	5291333.21	2420673.06	3848186.23
	营业支出(万元)	2724993.42	4326582.59	1999548.25	3174779.88
	投资收益(万元)	496294.98	810211.70	408404.02	450660.23
	净利润(万元)	505773.62	751797.89	362809.30	350564.05
	营业利润(万元)	499289.65	717651.59	353009.82	313053.29
	利润总额(万元)	522920.13	753882.96	361529.71	331556.15

连云港如意集团股份有限公司

公司概况	公司名称	连云港如意集团股份有限公司			证券简称	如意集团
	法人代表	秦兆平	董秘	张勉(代)	证券代码	000626
	公司网址	www.ideal-group.com.cn		电子信箱	ruyidongmi@ideal-group.com.cn	
	电　话	0518-85153595		传　真	0518-85150105	
	办公地址	江苏省连云港市新浦北郊路 6 号				
	经营范围	自营和代理各类商品和技术的进出口业务、国内贸易				

主要财务指标	指标\报告期	2015.06.30	2014.12.31	2014.06.30	2013.12.31
	基本每股收益(元)	1.0123	1.1486	0.1894	0.1808
	基本每股收益(扣除后)(元)	–1.1361	–1.5400	–0.4913	–0.6300
	稀释每股收益(元)	1.0123	1.1486	0.1894	0.1808
	每股净资产(元)	4.1900	3.2032	2.2785	2.0874
	每股经营现金净流量(元)	–3.7479	–0.8957	–2.7508	–0.7986
	每股现金流量(元)	5.1394	2.0520	–0.8358	2.5585
	每股资本公积金(元)	0.1613	0.1613	0.1527	0.1527
	每股盈余公积金(元)	–	–	–	–
	每股未分配利润(元)	3.0428	2.0537	1.1375	0.9482
	净资产收益率(%)	24.1599	35.8583	8.3114	8.6627
	加权净资产收益率(%)	27.3800	43.1400	8.6800	8.8400
	净资产收益率(扣除)(%)	–27.1133	–48.0970	–21.5601	–30.2256
	总资产(万元)	1318329.98	802103.17	970496.63	558179.76
	归属母公司股东权益(万元)	84847.88	64864.44	46140.40	42269.90
	营业收入(万元)	2529645.45	4563853.18	2188118.40	4519482.42
	营业支出(万元)	2491028.73	4542757.56	2176847.80	4481614.29
	投资收益(万元)	86324.35	181818.26	44271.19	50573.92
	净利润(万元)	48590.78	57682.62	3834.90	3661.72
	营业利润(万元)	61710.29	71064.66	10842.05	20219.39
	利润总额(万元)	65693.15	76913.30	13184.27	20301.75

天茂实业集团股份有限公司

公司概况	公司名称	天茂实业集团股份有限公司			证券简称	天茂集团
	法人代表	刘益谦	董秘	龙飞	证券代码	000627
	公司网址	www.biocause.com		电子信箱	tmjt@biocause.net	
	电　话	0724-2223218		传　真	0724-2217652	
	办公地址	湖北省荆门市杨湾路 132 号				
	经营范围	化工产品(不含危险化学品、需经审批的项目持有效许可证经营)的生产、销售等				

主要财务指标	指标\报告期	2015.06.30	2014.12.31	2014.06.30	2013.12.31
	基本每股收益(元)	–0.0280	0.0620	0.1310	–0.0750
	基本每股收益(扣除后)(元)	–0.0350	–0.1220	–0.0400	–
	稀释每股收益(元)	–0.0280	0.0620	0.1310	–0.0750
	每股净资产(元)	1.0427	1.0705	1.1608	1.0312
	每股经营现金净流量(元)	–0.0066	–0.0896	–0.0966	0.0964
	每股现金流量(元)	0.0408	–0.0390	–0.0157	–0.0451
	每股资本公积金(元)	0.0223	0.0223	0.0818	0.0852
	每股盈余公积金(元)	0.0617	0.0617	0.0589	0.0589
	每股未分配利润(元)	–0.0554	–0.0273	0.0038	–0.1270
	净资产收益率(%)	–2.6906	5.7848	11.2604	–7.2368
	加权净资产收益率(%)	–2.6600	5.9100	11.9200	–7.0000
	净资产收益率(扣除)(%)	–3.3337	–11.3516	–3.4560	–7.9108
	总资产(万元)	213387.34	210849.78	238603.11	215695.16
	归属母公司股东权益(万元)	141138.23	144901.71	157125.53	139579.64
	营业收入(万元)	29486.06	80644.27	46102.80	96795.07
	营业支出(万元)	28511.14	82979.30	47100.00	97750.25
	投资收益(万元)	1082.43	31251.36	30778.06	126.98
	净利润(万元)	–3686.95	8411.64	17692.90	–10101.10
	营业利润(万元)	–3649.34	10106.57	25165.64	–14110.64
	利润总额(万元)	–3510.26	10895.08	25228.91	–12856.44

成都高新发展股份有限公司

公司概况	公司名称	成都高新发展股份有限公司			证券简称	高新发展
	法人代表	陈明乾	董秘	杨砚琪	证券代码	000628
	公司网址	www.cdgxfz.com		电子信箱	cdgxfz000628@163.com	
	电　话	028-85137070 85130316		传　真	028-85184099	
	办公地址	四川省成都市高新技术产业开发区九兴大道 8 号				
	经营范围	高新技术产品的开发、生产、经营、高新技术的交流转让等				

主要财务指标	指标\报告期	2015.06.30	2014.12.31	2014.06.30	2013.12.31
	基本每股收益(元)	–0.0570	–0.1910	–0.0590	0.0640
	基本每股收益(扣除后)(元)	–0.0610	–0.1970	–0.0590	0.0150
	稀释每股收益(元)	–0.0570	–0.1910	–0.0590	0.0640
	每股净资产(元)	2.0600	0.7450	0.8769	0.9597
	每股经营现金净流量(元)	0.5743	0.6865	0.4836	0.6134
	每股现金流量(元)	0.7994	1.6482	1.1789	–0.5095
	每股资本公积金(元)	2.3492	1.5057	1.5057	1.5300
	每股盈余公积金(元)	0.0312	0.0443	0.0443	0.0443
	每股未分配利润(元)	–1.3179	–1.8050	–1.6731	–1.6145
	净资产收益率(%)	–2.2322	–25.5695	–6.6774	6.6450
	加权净资产收益率(%)	–4.4600	–22.5100	–6.3800	6.8800
	净资产收益率(扣除)(%)	–2.3911	–26.4436	–6.7585	1.5684
	总资产(万元)	406092.69	368173.07	344560.12	334533.16
	归属母公司股东权益(万元)	64154.00	16350.23	19245.70	21063.83
	营业收入(万元)	66384.21	195280.76	83341.49	207840.71
	营业支出(万元)	56743.95	173436.15	72951.95	178664.05
	投资收益(万元)	83.18	392.81	276.31	725.67
	净利润(万元)	–1219.65	–3982.33	–1285.12	1399.69
	营业利润(万元)	–1051.05	–3108.71	–1011.64	2807.21
	利润总额(万元)	–938.71	–2985.64	–988.84	3950.97

攀钢集团钒钛资源股份有限公司

公司概况	公司名称	攀钢集团钒钛资源股份有限公司			证券简称	攀钢钒钛
	法人代表	邵安林	董秘	曾显斌	证券代码	000629
	公司网址	www.pzhsteel.com.cn/pgvt		电子信箱	psv@pzhsteel.com.cn	
	电　话	0812-3385366		传　真	0812-3385285	
	办公地址	四川省攀枝花市东区大渡口街 87 号				
	经营范围	钢铁(包括型材、热轧板材、冷轧板材等)及钒产品的制造、销售业务等				

主要财务指标	指标\报告期	2015.06.30	2014.12.31	2014.06.30	2013.12.31
	基本每股收益(元)	–0.0617	–0.4395	–0.0141	0.0639
	基本每股收益(扣除后)(元)	–0.0662	–0.3608	0.0632	0.0636
	稀释每股收益(元)	–0.0617	–0.4395	–0.0141	0.0639
	每股净资产(元)	1.1664	1.2344	1.8266	1.7212
	每股经营现金净流量(元)	–0.0325	0.1946	0.0030	0.0381
	每股现金流量(元)	0.1546	0.0410	–0.0144	0.1074
	每股资本公积金(元)	0.6487	0.6486	0.6459	0.6484
	每股盈余公积金(元)	0.1678	0.1678	0.1644	0.1644
	每股未分配利润(元)	–0.5202	–0.4584	–0.0196	–0.0055
	净资产收益率(%)	–5.2935	–35.6071	3.7529	3.7138
	加权净资产收益率(%)	–5.1400	–29.5600	3.8600	3.6800
	净资产收益率(扣除)(%)	–5.6750	–29.2294	3.4582	3.6963
	总资产(万元)	5608930.52	5234557.40	5715275.02	3574947.96
	归属母公司股东权益(万元)	1001907.61	1060301.72	1504823.43	1478430.72
	营业收入(万元)	616180.66	1677930.80	840894.89	1560188.26
	营业支出(万元)	500236.32	1272186.46	617989.98	1147861.42
	投资收益(万元)	–710.55	–140004.73	–69518.71	17864.33
	净利润(万元)	–58893.32	–597169.09	–15831.47	56208.95
	营业利润(万元)	–56631.59	–576570.30	4234.25	89086.07
	利润总额(万元)	–54044.51	–572687.57	9048.46	89893.55

铜陵有色金属集团股份有限公司

公司概况	公司名称	铜陵有色金属集团股份有限公司			证券简称	铜陵有色
	法人代表	杨军	董秘	吴和平	证券代码	000630
	公司网址	www.tlys.cn		电子信箱	tlys@126.com	
	电　话	0562-2825029 5860159		传　真	0562-2825082	
	办公地址	安徽省铜陵市长江西路有色大院西楼				
	经营范围	铜、金、银、稀有金属及相关产品、硫酸、铝型材生产、加工等				

主要财务指标	指标\报告期	2015.06.30	2014.12.31	2014.06.30	2013.12.31
	基本每股收益(元)	0.0700	0.1900	0.0600	0.4000
	基本每股收益(扣除后)(元)	0.0700	0.0800	0.1100	0.2600
	稀释每股收益(元)	0.0700	0.1900	0.0600	0.4000
	每股净资产(元)	3.9204	7.7548	7.8211	7.8364
	每股经营现金净流量(元)	1.0790	1.1986	0.3296	0.4504
	每股现金流量(元)	0.6247	0.5319	2.6359	–0.5782
	每股资本公积金(元)	1.1894	3.3788	2.3158	3.7600
	每股盈余公积金(元)	0.2558	0.4941	0.6218	0.6218
	每股未分配利润(元)	1.4649	2.8593	3.8523	3.7802
	净资产收益率(%)	1.7601	2.0276	2.0098	5.1395
	加权净资产收益率(%)	1.7700	2.2200	2.0000	4.5400
	净资产收益率(扣除)(%)	1.8131	0.8097	1.4591	3.2916
	总资产(万元)	5133583.29	4692718.70	4464861.98	4310743.30
	归属母公司股东权益(万元)	1499280.36	1482814.09	1111852.27	1304614.60
	营业收入(万元)	4611032.81	8881848.58	4099650.20	7695342.38
	营业支出(万元)	4453295.63	8614919.92	3957932.98	7483626.85
	投资收益(万元)	–5479.96	5516.31	–404.12	3150.56
	净利润(万元)	31087.37	33732.39	18336.35	54601.96
	营业利润(万元)	36437.89	26285.61	20639.19	52138.21
	利润总额(万元)	39891.59	44428.12	25159.50	70091.99

顺发恒业股份公司

公司概况	公司名称	顺发恒业股份公司			证券简称	顺发恒业
	法人代表	管大源	董秘	程捷	证券代码	000631
	公司网址	www.sfhy.cn		电子信箱	chengjie@sfhy.cn	
	电　话	0431-85180631		传　真	0431-81150631	
	办公地址	吉林省长春市朝阳区延安大路 1 号盛世国际写字间 3026 室				
	经营范围	房地产经营开发、物业管理、装修装饰、房屋和土木工程建设业等				

主要财务指标	指标\报告期	2015.06.30	2014.12.31	2014.06.30	2013.12.31
	基本每股收益(元)	0.1500	0.5600	0.2000	0.5800
	基本每股收益(扣除后)(元)	0.1500	0.5600	0.2000	0.5800
	稀释每股收益(元)	0.1500	0.5600	0.2000	0.5800
	每股净资产(元)	2.4863	3.3752	3.0181	2.8762
	每股经营现金净流量(元)	0.5036	–0.3596	–0.9690	–0.9121
	每股现金流量(元)	–0.0052	–0.3399	–0.1975	–0.1005
	每股资本公积金(元)	0.1477	0.2068	0.2068	0.2068
	每股盈余公积金(元)	0.1795	0.2512	0.2091	0.2091
	每股未分配利润(元)	1.1592	1.9172	1.6022	1.4603
	净资产收益率(%)	5.9098	16.5637	6.6902	20.2801
	加权净资产收益率(%)	5.9700	17.9400	6.8300	21.4800
	净资产收益率(扣除)(%)	5.8370	16.4647	6.6294	20.2961
	总资产(万元)	1218720.73	1195544.09	1374435.37	1288284.40
	归属母公司股东权益(万元)	363920.88	352884.24	315544.41	300707.06
	营业收入(万元)	199402.67	490687.28	110705.43	280805.64
	营业支出(万元)	145896.46	326945.38	63803.22	170314.68
	投资收益(万元)	–16.02	189.48	–	67.49
	净利润(万元)	21507.11	58450.85	21110.40	60983.75
	营业利润(万元)	29126.26	79359.84	27597.58	75158.69
	利润总额(万元)	29261.07	78441.94	27759.88	74848.31

福建三木集团股份有限公司

公司概况	公司名称	福建三木集团股份有限公司			证券简称	三木集团
	法人代表	高旭斌	董秘	王涵	证券代码	000632
	公司网址	www.san-mu.com		电子信箱	sanmugroup@126.com	
	电　话	0591-83355146		传　真	0591-83341504	
	办公地址	福建省福州市群众东路 93 号三木大厦				
	经营范围	房地产综合开发(一级资质)及国际贸易等				

主要财务指标	指标\报告期	2015.06.30	2014.12.31	2014.06.30	2013.12.31
	基本每股收益(元)	0.0060	0.0260	0.0118	0.0302
	基本每股收益(扣除后)(元)	–0.1163	–0.4747	–0.1583	–0.1098
	稀释每股收益(元)	0.0060	0.0260	0.0118	0.0302
	每股净资产(元)	2.7094	2.7034	2.6832	2.6714
	每股经营现金净流量(元)	–0.0662	–0.4714	–0.6428	–0.3798
	每股现金流量(元)	–0.0163	–1.2287	–0.3477	0.5787
	每股资本公积金(元)	0.0059	0.0059	1.3844	1.3845
	每股盈余公积金(元)	0.0164	0.0164	0.0164	0.0164
	每股未分配利润(元)	0.3025	0.2965	0.2824	0.2706
	净资产收益率(%)	0.2216	0.9600	0.4413	1.1308
	加权净资产收益率(%)	0.2200	0.9646	0.4400	1.1400
	净资产收益率(扣除)(%)	–4.2924	–17.5611	–5.8994	–4.1087
	总资产(万元)	807356.16	592692.46	648025.98	568252.85
	归属母公司股东权益(万元)	126127.44	125846.97	124908.31	124357.70
	营业收入(万元)	169836.85	435865.97	188665.70	522771.25
	营业支出(万元)	155994.38	411695.11	174525.66	487017.12
	投资收益(万元)	–372.91	17886.44	120.14	209.82
	净利润(万元)	493.97	299.75	551.22	1406.26
	营业利润(万元)	3809.58	2679.88	4795.43	6340.84
	利润总额(万元)	3465.83	3228.07	5167.48	7036.87

沈阳合金投资股份有限公司

公司概况	公司名称	沈阳合金投资股份有限公司		证券简称	合金投资
	法人代表	赵景云	董秘 杜坚毅(代)	证券代码	000633
	公司网址	www.hjinv.com		电子信箱	hjtz@hjinv.com
	电　话	024-89350633		传　真	024-23769620
	办公地址	辽宁省沈阳市浑南新区天赐街 7-1 号曙光大厦 A 座 10 楼			
	经营范围	投资入股、国内贸易等			

主要财务指标	指标\报告期	2015.06.30	2014.12.31	2014.06.30	2013.12.31
	基本每股收益(元)	-0.0358	-0.0750	-0.0381	0.0151
	基本每股收益(扣除后)(元)	-0.0358	-0.0761	-0.0380	-0.0001
	稀释每股收益(元)	-0.0358	-0.0750	-0.0381	0.0151
	每股净资产(元)	0.4781	0.5140	0.5509	0.5890
	每股经营现金净流量(元)	0.1047	-0.1036	-0.0596	-0.0868
	每股现金流量(元)	0.0392	-0.1742	-0.1221	0.0302
	每股资本公积金(元)	0.1243	0.1243	0.1243	0.1243
	每股盈余公积金(元)	0.1690	0.1690	0.1690	0.1690
	每股未分配利润(元)	-0.8152	-0.7793	-0.7424	-0.7043
	净资产收益率(%)	-7.4934	-14.6012	-6.9158	2.5677
	加权净资产收益率(%)	-7.2200	-13.6100	-6.6800	2.6000
	净资产收益率(扣除)(%)	-7.6370	-14.7539	-6.8944	-0.0161
	总资产(万元)	23916.66	25783.27	27850.59	29524.62
	归属母公司股东权益(万元)	18413.30	19793.08	21215.87	22683.11
	营业收入(万元)	2852.04	8749.69	4764.29	13059.41
	营业支出(万元)	2964.25	8606.44	4593.02	12242.70
	投资收益(万元)	-24.17	-10.24	-3.49	29.70
	净利润(万元)	-1379.78	-2890.03	-1467.24	582.43
	营业利润(万元)	-1415.03	-2930.33	-1462.71	-163.28
	利润总额(万元)	-1379.78	-2890.03	-1467.24	557.73

宁夏英力特化工股份有限公司

公司概况	公司名称	宁夏英力特化工股份有限公司		证券简称	英力特
	法人代表	宗维海	董秘 李学军	证券代码	000635
	公司网址	www.yinglitechem.com		电子信箱	ylt_zqb@yinglitechem.com
	电　话	0952-3689323		传　真	0952-3689589
	办公地址	宁夏回族自治区石嘴山市惠农区钢电路 41 号			
	经营范围	电石及其系列延伸产品的生产和销售等			

主要财务指标	指标\报告期	2015.06.30	2014.12.31	2014.06.30	2013.12.31
	基本每股收益(元)	0.0900	0.1730	0.2450	0.2540
	基本每股收益(扣除后)(元)	0.0700	0.1480	0.2340	0.1830
	稀释每股收益(元)	0.0900	0.1730	0.2450	0.2540
	每股净资产(元)	9.2108	9.1326	9.1987	9.0537
	每股经营现金净流量(元)	-0.1426	1.6002	0.5094	0.8860
	每股现金流量(元)	-0.1667	0.1778	0.2577	0.0621
	每股资本公积金(元)	6.1981	6.1981	6.1981	6.1981
	每股盈余公积金(元)	0.2702	0.2702	0.2507	0.2507
	每股未分配利润(元)	1.7235	1.6515	1.7434	1.5984
	净资产收益率(%)	0.9992	1.8893	2.6629	2.8065
	加权净资产收益率(%)	1.0000	1.9000	2.6700	2.8400
	净资产收益率(扣除)(%)	0.7736	1.6171	2.5489	2.0197
	总资产(万元)	318194.72	309714.24	347346.50	355172.47
	归属母公司股东权益(万元)	279168.32	276796.69	278800.43	274405.63
	营业收入(万元)	81874.62	193264.54	95118.68	273994.93
	营业支出(万元)	70225.57	160583.86	75263.98	234165.38
	投资收益(万元)	-	34.06	34.06	312.13
	净利润(万元)	2789.43	5229.45	7424.20	7701.20
	营业利润(万元)	2951.34	6550.69	9770.60	8010.11
	利润总额(万元)	3774.42	7496.70	10160.25	10576.52

广东风华高新科技股份有限公司

公司概况	公司名称	广东风华高新科技股份有限公司		证券简称	风华高科
	法人代表	李泽中	董秘 陈绪运	证券代码	000636
	公司网址	www.fenghua-advanced.com		电子信箱	000636@china-fenghua.com
	电　话	0758-2844724		传　真	0758-2865223
	办公地址	广东省肇庆市风华路 18 号风华电子工业城			
	经营范围	研究、开发、生产、销售各类型高科技新型电子元器件等			

主要财务指标	指标\报告期	2015.06.30	2014.12.31	2014.06.30	2013.12.31
	基本每股收益(元)	0.0500	0.1400	0.0600	0.1300
	基本每股收益(扣除后)(元)	0.0040	0.0500	0.0300	0.0300
	稀释每股收益(元)	0.0500	0.1400	0.0600	0.1300
	每股净资产(元)	4.9549	4.6025	3.4914	3.3736
	每股经营现金净流量(元)	-0.1250	0.1005	0.0041	0.1464
	每股现金流量(元)	-0.1479	1.4664	-0.0615	-0.2022
	每股资本公积金(元)	2.1987	2.1987	1.4867	1.4287
	每股盈余公积金(元)	0.3426	0.3426	0.3957	0.3957
	每股未分配利润(元)	0.6140	0.5621	0.6123	0.5525
	净资产收益率(%)	1.0484	2.5337	1.7125	3.8809
	加权净资产收益率(%)	1.1200	4.0700	1.7600	4.0300
	净资产收益率(扣除)(%)	0.0714	0.9528	1.0342	0.9202
	总资产(万元)	544469.95	508313.95	354522.03	386891.17
	归属母公司股东权益(万元)	400027.86	371576.00	234260.07	226355.25
	营业收入(万元)	87721.93	224791.95	107791.10	223070.15
	营业支出(万元)	71873.90	186885.76	89790.85	187794.24
	投资收益(万元)	3577.23	6645.71	1930.03	4284.81
	净利润(万元)	4201.11	9511.14	4011.75	8784.58
	营业利润(万元)	4237.04	9523.29	4070.91	5826.12
	利润总额(万元)	5214.17	11555.60	4700.13	10802.00

茂名石化实华股份有限公司

公司概况	公司名称	茂名石化实华股份有限公司		证券简称	茂化实华
	法人代表	刘华	董秘 梁杰	证券代码	000637
	公司网址	www.mhsh0637.com.cn		电子信箱	mhsh000637@163.net
	电　话	0668-2276176 2231342		传　真	0668-2281965
	办公地址	广东省茂名市官渡路 162 号			
	经营范围	生产销售聚丙烯及其制品、石油化工产品、水泥、电器机械制造等			

主要财务指标	指标\报告期	2015.06.30	2014.12.31	2014.06.30	2013.12.31
	基本每股收益(元)	0.0930	0.1400	0.0710	0.0900
	基本每股收益(扣除后)(元)	0.0920	0.1400	0.0670	-
	稀释每股收益(元)	0.0930	0.1400	0.0710	0.0900
	每股净资产(元)	1.5732	1.5669	1.5846	1.5131
	每股经营现金净流量(元)	0.2445	0.4415	0.1168	0.0867
	每股现金流量(元)	0.0466	0.1480	-0.0476	0.0364
	每股资本公积金(元)	0.0134	0.0134	0.0131	0.0131
	每股盈余公积金(元)	0.3471	0.3471	0.3369	0.3369
	每股未分配利润(元)	0.2097	0.2064	0.2337	0.1631
	净资产收益率(%)	5.9333	8.8864	4.4565	6.1370
	加权净资产收益率(%)	5.7800	9.0900	4.1700	6.2500
	净资产收益率(扣除)(%)	5.8538	8.7239	4.2462	5.0456
	总资产(万元)	134280.54	121234.37	124115.88	103980.96
	归属母公司股东权益(万元)	81785.02	81458.32	82381.33	78661.33
	营业收入(万元)	154542.99	401469.24	190360.87	324450.27
	营业支出(万元)	135320.34	368914.37	175185.79	301344.18
	投资收益(万元)	698.01	572.76	307.93	1050.12
	净利润(万元)	7448.90	11245.71	3671.31	4827.42
	营业利润(万元)	9862.72	14645.25	8498.86	9398.12
	利润总额(万元)	9885.50	14602.60	8417.85	9556.03

万方城镇投资发展股份有限公司

公司概况	公司名称	万方城镇投资发展股份有限公司			证券简称	万方发展
	法人代表	张晖	董秘	刘戈林	证券代码	000638
	公司网址	www.vanfund.cn			电子信箱	vanfund@vanfund.cn
	电　话	010-64656161			传　真	010-64656767
	办公地址	北京市朝阳区曙光西里甲一号第三置业大厦A座30层				
	经营范围	房地产开发及开发的商品房销售等				

主要财务指标	指标\报告期	2015.06.30	2014.12.31	2014.06.30	2013.12.31
	基本每股收益(元)	-0.0230	0.0098	0.0132	-0.0389
	基本每股收益(扣除后)(元)	-0.0250	-	-	-
	稀释每股收益(元)	-0.0230	0.0098	0.0132	-0.0389
	每股净资产(元)	0.7291	0.7521	0.7401	0.7011
	每股经营现金净流量(元)	-1.8106	-0.8724	-0.6988	-0.6340
	每股现金流量(元)	-1.4469	3.5199	-0.2378	-0.1225
	每股资本公积金(元)	0.2607	0.2607	0.2454	0.2195
	每股盈余公积金(元)	0.0157	0.0157	0.0157	0.0157
	每股未分配利润(元)	-0.5473	-0.5243	-0.5209	-0.5341
	净资产收益率(%)	-3.1599	1.3001	1.7790	-5.5464
	加权净资产收益率(%)	-0.0200	1.3900	-4.6300	-5.7400
	净资产收益率(扣除)(%)	-3.5084	-1.3858	-4.2009	-6.9364
	总资产(万元)	271364.65	250489.43	118509.21	119553.60
	归属母公司股东权益(万元)	22557.20	23269.99	22900.22	21691.36
	营业收入(万元)	6591.99	19315.04	9439.66	9950.95
	营业支出(万元)	6224.96	18506.95	8784.65	8800.17
	投资收益(万元)	-	2118.09	1799.66	-
	净利润(万元)	-827.05	354.39	407.39	-1203.09
	营业利润(万元)	-739.61	-68.08	768.62	-1403.90
	利润总额(万元)	-654.81	719.49	927.62	-1102.39

西王食品股份有限公司

公司概况	公司名称	西王食品股份有限公司			证券简称	西王食品
	法人代表	王棣	董秘	马立东	证券代码	000639
	公司网址	www.xwsp.cc			电子信箱	wangjianxiang@xiwang.com.cn
	电　话	0543-4868888			传　真	0543-4868888
	办公地址	山东省滨州市邹平县西王工业园				
	经营范围	生产销售食用油、结晶葡萄糖、果葡糖、果糖、玉米淀粉、糊精等				

主要财务指标	指标\报告期	2015.06.30	2014.12.31	2014.06.30	2013.12.31
	基本每股收益(元)	0.1900	0.6200	0.1300	0.9600
	基本每股收益(扣除后)(元)	0.1900	0.6800	0.2500	0.9600
	稀释每股收益(元)	0.1900	0.6200	0.1300	0.9600
	每股净资产(元)	3.4141	6.4743	6.1099	6.1504
	每股经营现金净流量(元)	-0.1645	0.1107	-0.8874	1.7314
	每股现金流量(元)	-0.3515	0.4923	-0.4319	0.2755
	每股资本公积金(元)	0.6418	2.2836	2.2836	2.2836
	每股盈余公积金(元)	0.1916	0.3832	0.3239	0.3239
	每股未分配利润(元)	1.5807	2.8075	2.5025	2.5430
	净资产收益率(%)	5.6219	9.6365	4.2472	15.6224
	加权净资产收益率(%)	5.7700	9.9200	4.1300	16.5800
	净资产收益率(扣除)(%)	5.5783	10.5761	4.1011	15.5714
	总资产(万元)	172707.76	185960.50	155328.29	143635.22
	归属母公司股东权益(万元)	128590.50	121926.28	115063.86	115826.56
	营业收入(万元)	102069.64	135855.11	77085.26	242732.98
	营业支出(万元)	74632.46	96963.87	54480.94	182780.92
	投资收益(万元)	-	-	-	-
	净利润(万元)	7229.19	9308.96	4886.98	18094.86
	营业利润(万元)	8310.57	10516.27	5312.22	19532.67
	利润总额(万元)	8376.52	10767.82	5509.92	19603.89

仁和药业股份有限公司

公司概况	公司名称	仁和药业股份有限公司			证券简称	仁和药业
	法人代表	梅强	董秘	姜锋	证券代码	000650
	公司网址	www.renheyaoye.com			电子信箱	rh000650@126.com
	电　话	0791-83896755			传　真	0791-83896755
	办公地址	江西省南昌市红谷滩新区红谷中大道998号绿地中央广场B区元创国际18层				
	经营范围	中药材种植、药材种苗培植、纸箱生产、销售、计算机软件开发、设计等				

主要财务指标	指标\报告期	2015.06.30	2014.12.31	2014.06.30	2013.12.31
	基本每股收益(元)	0.1336	0.3000	0.1263	0.2000
	基本每股收益(扣除后)(元)	0.1287	0.2800	0.1250	-
	稀释每股收益(元)	0.1336	0.3000	0.1263	0.2000
	每股净资产(元)	1.7513	2.0521	1.8614	1.8436
	每股经营现金净流量(元)	0.2390	0.3687	0.2061	0.2154
	每股现金流量(元)	0.2106	0.0957	-0.0305	0.0905
	每股资本公积金(元)	0.2499	0.3124	0.3077	0.3077
	每股盈余公积金(元)	0.1147	0.1433	0.1309	0.1309
	每股未分配利润(元)	0.3867	0.5963	0.4228	0.4051
	净资产收益率(%)	7.6292	14.8016	6.7834	10.6319
	加权净资产收益率(%)	7.8200	15.2200	6.6200	11.3000
	净资产收益率(扣除)(%)	7.3483	13.7548	6.7166	9.8897
	总资产(万元)	280962.09	259710.43	238190.74	232871.72
	归属母公司股东权益(万元)	216867.58	203294.39	184403.89	182642.42
	营业收入(万元)	116940.29	225321.24	101150.00	179937.58
	营业支出(万元)	66105.70	122274.59	57289.48	99951.21
	投资收益(万元)	1050.35	1351.03	491.87	646.14
	净利润(万元)	18571.26	32385.36	12508.77	19418.28
	营业利润(万元)	23994.61	41533.68	17382.00	26227.04
	利润总额(万元)	24658.56	42233.81	17542.57	27647.78

珠海格力电器股份有限公司

公司概况	公司名称	珠海格力电器股份有限公司			证券简称	格力电器
	法人代表	董明珠	董秘	望靖东	证券代码	000651
	公司网址	www.gree.com.cn			电子信箱	gree0651@gree.com.cn
	电　话	0756-8669232			传　真	0756-8622581
	办公地址	广东省珠海市前山金鸡西路				
	经营范围	生产销售空调器、自营空调器出口业务及其相关零配件的进出口业务等				

主要财务指标	指标\报告期	2015.06.30	2014.12.31	2014.06.30	2013.12.31
	基本每股收益(元)	1.9000	4.7100	1.9000	3.6100
	基本每股收益(扣除后)(元)	1.7300	4.7000	2.1200	-
	稀释每股收益(元)	1.9000	4.7100	1.9000	3.6100
	每股净资产(元)	13.6691	14.6791	11.8981	11.4975
	每股经营现金净流量(元)	9.8928	6.2965	6.4183	4.3120
	每股现金流量(元)	11.1625	4.7367	5.8420	2.6227
	每股资本公积金(元)	1.0610	1.0610	1.0554	1.0559
	每股盈余公积金(元)	0.9835	0.9835	0.9835	0.9835
	每股未分配利润(元)	10.4853	11.5834	8.8441	8.4431
	净资产收益率(%)	13.9141	32.0596	15.9780	31.4337
	加权净资产收益率(%)	12.1000	35.2300	15.2700	35.7700
	净资产收益率(扣除)(%)	12.6797	32.0365	17.8522	25.7580
	总资产(万元)	16397518.33	15623094.85	13020556.29	13370210.34
	归属母公司股东权益(万元)	4111482.52	4415265.48	3578800.90	3458281.03
	营业收入(万元)	5011118.24	13775035.84	5786578.64	11862794.82
	营业支出(万元)	3603541.93	8802212.77	3865218.07	8038593.98
	投资收益(万元)	8873.78	72436.44	32603.34	71733.72
	净利润(万元)	576792.86	1425295.48	571815.29	1087067.28
	营业利润(万元)	658934.75	1608922.73	680748.31	1226301.01
	利润总额(万元)	682329.78	1675243.07	698215.29	1289192.39

天津泰达股份有限公司

公司概况					
公司名称	天津泰达股份有限公司			证券简称	泰达股份
法人代表	胡军	董秘	谢剑琳	证券代码	000652
公司网址	www.tedastock.com		电子信箱	dm@tedastock.com	
电　　话	022-65175652		传　　真	022-65175653	
办公地址	天津市滨海新区第二大街62号MSD-B1座16层1601				
经营范围	交通、能源、高科技工业投资、空气液体净化过滤材料、化纤等				

主要财务指标 指标＼报告期	2015.06.30	2014.12.31	2014.06.30	2013.12.31
基本每股收益(元)	0.0124	0.1680	–0.0130	0.0832
基本每股收益(扣除后)(元)	0.0087	0.0833	–0.0216	–0.0712
稀释每股收益(元)	0.0124	0.1680	–0.0130	0.0832
每股净资产(元)	1.6244	1.6011	1.3761	1.4349
每股经营现金净流量(元)	–0.5271	–0.6558	–0.8042	0.1519
每股现金流量(元)	0.4730	–0.6712	–0.1237	0.9440
每股资本公积金(元)	0.0489	0.0489	0.0169	0.0482
每股盈余公积金(元)	0.2027	0.2027	0.1819	0.1819
每股未分配利润(元)	0.3434	0.3410	0.1774	0.2038
净资产收益率(%)	0.7628	10.4955	–1.0956	5.4934
加权净资产收益率(%)	0.7700	11.0800	–0.9100	5.9500
净资产收益率(扣除)(%)	0.5346	5.2057	–1.5665	–4.9653
总资产(万元)	2594615.98	2347866.43	2080050.08	2035085.44
归属母公司股东权益(万元)	239685.87	236256.36	203057.70	211935.74
营业收入(万元)	216991.69	644371.03	250555.88	855292.13
营业支出(万元)	198127.37	523166.82	226159.95	757475.71
投资收益(万元)	15089.77	21819.42	6526.71	7821.24
净利润(万元)	1155.45	60309.29	–2054.22	40120.73
营业利润(万元)	574.10	67226.59	–2899.13	26110.17
利润总额(万元)	1241.63	84925.31	–753.30	66829.91

山东金岭矿业股份有限公司

公司概况					
公司名称	山东金岭矿业股份有限公司			证券简称	金岭矿业
法人代表	刘圣刚	董秘	王新	证券代码	000655
公司网址	www.sdjlky.com		电子信箱	sz000655@163.com	
电　　话	0533-3088888		传　　真	0533-3089666	
办公地址	山东省淄博市张店区中埠镇				
经营范围	铁矿开采、铁精粉、铜精粉、钴精粉的生产、销售等				

主要财务指标 指标＼报告期	2015.06.30	2014.12.31	2014.06.30	2013.12.31
基本每股收益(元)	–0.0700	0.3500	0.1400	0.4400
基本每股收益(扣除后)(元)	–0.0750	0.1900	0.1360	0.4430
稀释每股收益(元)	–0.0700	0.3500	0.1400	0.4400
每股净资产(元)	5.2444	5.3151	5.1010	5.0598
每股经营现金净流量(元)	–0.0206	0.4115	0.1982	0.1696
每股现金流量(元)	0.0682	–0.2757	–0.0643	–0.1288
每股资本公积金(元)	0.8197	0.8197	0.8197	0.8197
每股盈余公积金(元)	0.4919	0.4919	0.4517	0.4517
每股未分配利润(元)	2.9172	2.9862	2.8109	2.7750
净资产收益率(%)	–1.3150	6.6096	2.6643	8.6868
加权净资产收益率(%)	–1.4200	6.7800	2.6600	8.9500
净资产收益率(扣除)(%)	–1.4252	3.6378	2.6690	8.7553
总资产(万元)	357803.44	366721.26	378496.82	359483.69
归属母公司股东权益(万元)	312222.77	316428.62	303680.79	301228.59
营业收入(万元)	43876.04	153979.26	87934.04	163722.75
营业支出(万元)	39242.78	103304.46	60508.46	101527.72
投资收益(万元)	162.68	6027.43	545.17	988.71
净利润(万元)	–4369.59	21505.21	8090.89	26167.15
营业利润(万元)	–4767.22	17425.40	10037.48	35201.24
利润总额(万元)	–4186.32	26967.02	10018.56	34989.84

金科地产集团股份有限公司

公司概况					
公司名称	金科地产集团股份有限公司			证券简称	金科股份
法人代表	黄红云	董秘	刘忠海	证券代码	000656
公司网址	www.jinke.com		电子信箱	ir@jinke.com	
电　　话	023-63023656		传　　真	023-63023656	
办公地址	重庆市北部新区春兰三路1号地矿大厦10楼				
经营范围	房地产开发、物业管理；制造、加工、销售钢材、锰铁、机械加工等				

主要财务指标 指标＼报告期	2015.06.30	2014.12.31	2014.06.30	2013.12.31
基本每股收益(元)	0.1000	0.7800	0.1153	0.8500
基本每股收益(扣除后)(元)	–	0.6000	0.2700	0.7700
稀释每股收益(元)	–	0.7800	0.1153	0.8500
每股净资产(元)	2.5900	7.6385	6.7494	6.7776
每股经营现金净流量(元)	–0.0445	–6.0823	–4.6144	–3.8997
每股现金流量(元)	0.2980	0.7925	0.2613	–1.5343
每股资本公积金(元)	0.0417	1.5250	0.5726	0.1512
每股盈余公积金(元)	0.0391	0.1173	0.0238	0.2599
每股未分配利润(元)	1.3711	4.5648	5.1531	4.8834
净资产收益率(%)	–	8.6219	5.7738	12.5325
加权净资产收益率(%)	3.8100	11.3100	5.6100	13.3400
净资产收益率(扣除)(%)	–	6.5993	3.9795	11.3330
总资产(万元)	9467168.74	8206580.67	7805418.34	6239505.53
归属母公司股东权益(万元)	1073000.71	1052994.63	781945.00	785216.45
营业收入(万元)	656074.30	1732350.73	435792.20	1606961.52
营业支出(万元)	–	1333665.85	302832.65	1188628.19
投资收益(万元)	4394.46	4474.80	2842.00	–627.47
净利润(万元)	–	86303.91	49294.37	94628.41
营业利润(万元)	59830.27	55550.15	49701.20	120784.98
利润总额(万元)	62361.27	75343.38	66202.18	126731.28

中钨高新材料股份有限公司

公司概况					
公司名称	中钨高新材料股份有限公司			证券简称	中钨高新
法人代表	杨伯华	董秘	李俊利	证券代码	000657
公司网址			电子信箱	zwgx000657@126.com	
电　　话	0731-22165522 22165587		传　　真	0731-22165500	
办公地址	湖南省株洲市天元区黄河北路100号日盛华尔兹大厦21楼				
经营范围	硬质合金和钨、钼、钽、铌等有色金属及其深加工产品和装备的研制、开发、生产、销售等				

主要财务指标 指标＼报告期	2015.06.30	2014.12.31	2014.06.30	2013.12.31
基本每股收益(元)	–0.2100	0.0350	–0.3200	0.3006
基本每股收益(扣除后)(元)	–0.2300	–0.2298	–0.3400	–0.0700
稀释每股收益(元)	–0.2100	0.0350	–0.3200	0.3006
每股净资产(元)	5.3010	5.5382	5.2072	6.6105
每股经营现金净流量(元)	0.4164	1.7768	–0.3649	0.6151
每股现金流量(元)	0.6418	–1.5712	–0.1964	1.6165
每股资本公积金(元)	4.3481	4.3458	4.3601	4.3599
每股盈余公积金(元)	0.0763	0.0763	0.0763	0.0763
每股未分配利润(元)	0.0001	0.2131	–0.2207	0.1165
净资产收益率(%)	–4.0183	0.6322	–6.0734	4.5477
加权净资产收益率(%)	–3.9200	0.6300	–5.8700	6.2700
净资产收益率(扣除)(%)	–4.4300	–4.1499	–6.5893	–0.5101
总资产(万元)	776551.72	781816.81	1016582.16	961864.73
归属母公司股东权益(万元)	333249.99	348164.21	327354.86	348459.79
营业收入(万元)	295522.32	837978.87	380596.79	1123729.67
营业支出(万元)	261847.97	745446.05	344456.20	997578.34
投资收益(万元)	21.00	7460.48	24.50	31.19
净利润(万元)	–13272.22	4674.17	–19881.57	15846.96
营业利润(万元)	–13735.59	–2658.11	–21016.78	11542.45
利润总额(万元)	–12050.25	10440.55	–18873.65	22290.07

珠海中富实业股份有限公司

公司概况	公司名称	珠海中富实业股份有限公司			证券简称	*ST 中富
	法人代表	宋建明	董秘	韩惠明	证券代码	000659
	公司网址	www.zhongfu.com.cn		电子信箱	zfzjb@zhongfu.com.cn	
	电　话	0756-8931119 8931176		传　真	0756-8812870	
	办公地址	广东省珠海市保税区联锋路				
	经营范围	生产和销售自产的饮料容器、瓶胚、PET 高级饮料瓶、纸杯、防冒瓶盖等				

主要财务指标	指标\报告期	2015.06.30	2014.12.31	2014.06.30	2013.12.31
	基本每股收益(元)	0.0030	0.0300	0.0700	-0.8600
	基本每股收益(扣除后)(元)	0.0030	-0.0400	0.0100	-
	稀释每股收益(元)	0.0030	0.0300	0.0700	-0.8600
	每股净资产(元)	0.8718	0.8712	0.9089	0.8386
	每股经营现金净流量(元)	0.1462	0.4631	0.1745	0.2360
	每股现金流量(元)	-0.1686	-0.2305	-0.1953	-0.3032
	每股资本公积金(元)	0.2063	0.2063	0.2264	0.2287
	每股盈余公积金(元)	0.2845	0.2845	0.2845	0.2845
	每股未分配利润(元)	-0.6154	-0.6184	-0.5797	-0.6509
	净资产收益率(%)	0.3484	3.7338	7.8322	-102.9970
	加权净资产收益率(%)	0.3500	3.8200	8.1500	-69.4700
	净资产收益率(扣除)(%)	0.3528	-5.0200	0.9898	-102.5989
	总资产(万元)	345091.88	372036.50	421114.65	455394.82
	归属母公司股东权益(万元)	112093.57	112008.37	116856.25	107816.86
	营业收入(万元)	103332.87	237080.89	130232.70	279562.33
	营业支出(万元)	82404.16	193425.48	103624.49	244093.36
	投资收益(万元)	3.79	5044.34	90.88	1361.76
	净利润(万元)	428.31	3752.04	9152.39	-111048.18
	营业利润(万元)	1866.28	-379.46	3506.33	-114857.50
	利润总额(万元)	1871.92	5877.95	11843.44	-115361.26

长春高新技术产业(集团)股份有限公司

公司概况	公司名称	长春高新技术产业(集团)股份有限公司			证券简称	长春高新
	法人代表	杨占民	董秘	张德申	证券代码	000661
	公司网址	www.cchn.com.cn		电子信箱	cchn@public.cc.jl.cn	
	电　话	0431-85666367		传　真	0431-85675390	
	办公地址	吉林省长春市同志街 2400 号火炬大厦 5 层				
	经营范围	高新技术产品的开发、生产、销售及服务、基础设施的开发建设、物业管理等				

主要财务指标	指标\报告期	2015.06.30	2014.12.31	2014.06.30	2013.12.31
	基本每股收益(元)	1.3400	2.4200	0.8100	2.1600
	基本每股收益(扣除后)(元)	1.3300	2.4700	0.8000	2.3000
	稀释每股收益(元)	1.3400	2.4200	0.8100	2.1600
	每股净资产(元)	12.0673	11.1189	9.4926	9.0823
	每股经营现金净流量(元)	2.4846	2.1302	1.3943	3.7965
	每股现金流量(元)	0.5658	0.3949	-0.0573	1.2738
	每股资本公积金(元)	2.0146	2.0157	1.9969	1.9967
	每股盈余公积金(元)	0.8221	0.8221	0.6460	0.6460
	每股未分配利润(元)	8.2307	7.2811	5.8497	5.4397
	净资产收益率(%)	11.0935	21.7894	8.5330	23.8020
	加权净资产收益率(%)	11.4800	23.5500	8.5300	26.5000
	净资产收益率(扣除)(%)	11.0116	22.1851	8.4377	25.3113
	总资产(万元)	329253.90	314842.32	296651.46	280464.02
	归属母公司股东权益(万元)	158476.04	146021.20	124662.79	119274.89
	营业收入(万元)	107423.56	226230.44	87604.12	204869.23
	营业支出(万元)	22795.91	53078.75	13832.83	38454.63
	投资收益(万元)	45.61	67.29	-37.04	-14.83
	净利润(万元)	24999.19	44421.40	10637.42	28389.82
	营业利润(万元)	30048.63	53675.96	21143.32	55188.61
	利润总额(万元)	30476.16	52632.47	20551.81	51802.93

索芙特股份有限公司

公司概况	公司名称	索芙特股份有限公司			证券简称	索芙特
	法人代表	梁国坚	董秘	李江枫	证券代码	000662
	公司网址	www.softto.com.cn		电子信箱	redsunsec@163.com	
	电　话	0774-3863880		传　真	0774-3863582	
	办公地址	广西壮族自治区梧州市新兴二路 137 号				
	经营范围	精细化工产业、化妆品制造业、化学药品原药制药业、化学药品制造业等				

主要财务指标	指标\报告期	2015.06.30	2014.12.31	2014.06.30	2013.12.31
	基本每股收益(元)	-0.0005	0.0334	-0.1140	-0.2173
	基本每股收益(扣除后)(元)	-0.0159	-0.1850	-0.1164	-
	稀释每股收益(元)	-0.0005	0.0334	-0.1140	-0.2173
	每股净资产(元)	1.9883	1.9889	1.8415	1.9554
	每股经营现金净流量(元)	0.1013	0.0281	0.1383	-1.0727
	每股现金流量(元)	-0.3325	0.1162	0.1815	-0.8995
	每股资本公积金(元)	0.9301	0.9301	0.9301	0.9301
	每股盈余公积金(元)	0.2080	0.2080	0.2080	0.2080
	每股未分配利润(元)	-0.1485	-0.1479	-0.2953	-0.1813
	净资产收益率(%)	-0.0273	1.6793	-6.1916	-11.1126
	加权净资产收益率(%)	-0.0300	1.6900	-6.0100	-10.5300
	净资产收益率(扣除)(%)	-0.8018	-9.3005	-6.3208	-10.8187
	总资产(万元)	74128.73	82993.21	89221.58	88646.17
	归属母公司股东权益(万元)	57261.63	57276.96	53032.05	56312.28
	营业收入(万元)	22412.43	49943.20	22164.83	50652.81
	营业支出(万元)	19774.03	42766.22	19617.91	42204.36
	投资收益(万元)	518.76	5692.53	7.77	-136.68
	净利润(万元)	-9.46	624.54	-3283.55	-6257.77
	营业利润(万元)	-317.69	833.15	-3752.36	-6223.53
	利润总额(万元)	-280.24	872.55	-3661.53	-6402.57

福建省永安林业(集团)股份有限公司

公司概况	公司名称	福建省永安林业(集团)股份有限公司			证券简称	永安林业
	法人代表	吴景贤	董秘	谢红	证券代码	000663
	公司网址	www.yonglin.com		电子信箱	info@yonglin.com	
	电　话	0598-3614875 3600083		传　真	0598-3633415	
	办公地址	福建省永安市燕江东路 819 号				
	经营范围	(竹)材采运、加工、林化产品制造等				

主要财务指标	指标\报告期	2015.06.30	2014.12.31	2014.06.30	2013.12.31
	基本每股收益(元)	0.0130	-0.1000	-0.0300	0.0500
	基本每股收益(扣除后)(元)	-0.0410	-0.2200	-0.1500	-0.1700
	稀释每股收益(元)	0.0130	-0.1000	-0.0300	0.0500
	每股净资产(元)	1.5801	1.5943	1.5322	1.6398
	每股经营现金净流量(元)	-0.0066	0.3078	-0.0325	0.2353
	每股现金流量(元)	0.0686	0.0493	0.0320	-0.2485
	每股资本公积金(元)	0.4537	0.4537	0.5605	0.4537
	每股盈余公积金(元)	0.0838	0.0838	0.0838	0.0838
	每股未分配利润(元)	-0.1595	-0.1723	-0.1121	-0.0704
	净资产收益率(%)	0.8105	-6.3928	-2.7216	3.3452
	加权净资产收益率(%)	0.8100	-6.3000	-1.3100	3.2500
	净资产收益率(扣除)(%)	-2.6106	-13.6233	-9.4947	-10.5635
	总资产(万元)	134942.76	137084.76	132553.53	135472.47
	归属母公司股东权益(万元)	32038.89	32326.88	31066.82	33249.42
	营业收入(万元)	19166.84	46000.62	20066.28	45893.19
	营业支出(万元)	15493.78	38627.45	17226.23	40028.73
	投资收益(万元)	1325.79	1853.61	1634.04	3521.62
	净利润(万元)	533.06	-1803.36	-614.61	1377.48
	营业利润(万元)	-55.10	-3820.57	-1306.72	-1648.75
	利润总额(万元)	535.06	-1794.61	-612.85	1378.59

湖北省广播电视信息网络股份有限公司

公司概况	公司名称	湖北省广播电视信息网络股份有限公司			证券简称	湖北广电
	法人代表	王祺扬	董秘	祁国钧	证券代码	000665
	公司网址	www.hrtn.net		电子信箱	hbsgdwl@163.com	
	电　话	027-86653990		传　真	027-86653873	
	办公地址	湖北省武汉市武昌区中北路101号楚商大厦				
	经营范围	有线电视网络运营				

主要财务指标	指标\报告期	2015.06.30	2014.12.31	2014.06.30	2013.12.31
	基本每股收益(元)	0.3340	0.5100	0.2900	0.4400
	基本每股收益(扣除后)(元)	0.3290	0.4600	0.2600	0.4300
	稀释每股收益(元)	0.3340	0.5100	0.2900	0.4400
	每股净资产(元)	8.1580	7.8951	6.1508	5.9699
	每股经营现金净流量(元)	0.6680	1.2161	0.5124	1.9543
	每股现金流量(元)	-0.7701	1.1720	-0.2054	0.0208
	每股资本公积金(元)	5.4501	5.4415	3.1942	4.3490
	每股盈余公积金(元)	0.0852	0.0852	0.1154	0.1154
	每股未分配利润(元)	1.6227	1.3684	1.8412	1.7131
	净资产收益率(%)	4.0983	4.8783	4.2418	7.9239
	加权净资产收益率(%)	4.1500	7.8400	4.6700	7.5700
	净资产收益率(扣除)(%)	4.0339	4.4215	4.2389	7.2161
	总资产(万元)	735114.21	751529.54	332355.62	459033.42
	归属母公司股东权益(万元)	519025.16	502301.36	239120.19	279034.35
	营业收入(万元)	115660.12	178143.19	81037.65	157124.34
	营业支出(万元)	62821.74	95262.50	44606.58	86418.96
	投资收益(万元)	574.40	225.30	36.97	284.93
	净利润(万元)	21201.06	24489.28	13294.98	20350.60
	营业利润(万元)	20832.94	23688.55	13258.40	17913.10
	利润总额(万元)	21166.81	24556.27	13272.37	20297.58

经纬纺织机械股份有限公司

公司概况	公司名称	经纬纺织机械股份有限公司			证券简称	经纬纺机
	法人代表	叶茂新	董秘	叶雪华	证券代码	000666
	公司网址	www.jwgf.com		电子信箱	jwgf@jwgf.com	
	电　话	010-84534078-8188 8501		传　真	010-84534135	
	办公地址	北京市朝阳区亮马桥路39号第一上海中心七层				
	经营范围	开发、生产、销售纺织机械及其配套件等				

主要财务指标	指标\报告期	2015.06.30	2014.12.31	2014.06.30	2013.12.31
	基本每股收益(元)	0.4400	0.7700	0.3100	0.8400
	基本每股收益(扣除后)(元)	0.2500	0.7000	0.2900	0.7300
	稀释每股收益(元)	0.4400	0.7700	0.3100	0.8400
	每股净资产(元)	8.3769	7.9402	7.4599	7.2630
	每股经营现金净流量(元)	0.8221	3.5179	1.5080	3.3750
	每股现金流量(元)	3.9179	-6.1356	1.4797	4.0581
	每股资本公积金(元)	2.7302	2.7302	2.6583	2.6747
	每股盈余公积金(元)	1.2963	1.2963	1.1653	1.1653
	每股未分配利润(元)	3.0796	2.6864	2.4720	2.2637
	净资产收益率(%)	5.2777	9.6914	4.1340	11.5716
	加权净资产收益率(%)	5.4000	10.1200	4.1900	12.0600
	净资产收益率(扣除)(%)	3.0368	8.7834	3.9225	10.0695
	总资产(万元)	2556283.59	2131461.82	1992951.75	1886348.68
	归属母公司股东权益(万元)	589845.68	559091.94	525273.99	511406.83
	营业收入(万元)	241392.25	511765.30	242734.93	567548.40
	营业支出(万元)	154930.60	421103.39	203739.96	481512.12
	投资收益(万元)	6161.62	27686.05	3865.03	-703.36
	净利润(万元)	103939.61	200251.18	21713.00	59177.83
	营业利润(万元)	123477.83	273311.06	123003.62	239488.81
	利润总额(万元)	139083.39	279010.01	124415.13	247544.87

美好置业集团股份有限公司

公司概况	公司名称	美好置业集团股份有限公司			证券简称	美好集团
	法人代表	刘道明	董秘	吕卉	证券代码	000667
	公司网址	www.000667.com		电子信箱	ir@000667.com	
	电　话	027-87838669		传　真	027-87836606	
	办公地址	湖北省武汉市武昌区东湖路10号水果湖广场5楼				
	经营范围	房地产开发销售及投资等				

主要财务指标	指标\报告期	2015.06.30	2014.12.31	2014.06.30	2013.12.31
	基本每股收益(元)	0.0143	0.0294	0.0156	0.0201
	基本每股收益(扣除后)(元)	0.0140	0.0194	0.0200	0.0200
	稀释每股收益(元)	0.0143	0.0294	0.0156	0.0201
	每股净资产(元)	2.1437	2.1295	2.1161	2.1005
	每股经营现金净流量(元)	-0.1187	0.3410	-0.2757	-0.1897
	每股现金流量(元)	-0.1798	-0.0250	0.0954	-0.0215
	每股资本公积金(元)	0.6046	0.6046	0.6050	0.6050
	每股盈余公积金(元)	0.0978	0.0978	0.0976	0.0976
	每股未分配利润(元)	0.4414	0.4271	0.4135	0.3980
	净资产收益率(%)	0.6651	1.3818	0.7367	0.9614
	加权净资产收益率(%)	0.6700	1.3900	0.7400	0.9600
	净资产收益率(扣除)(%)	0.6549	0.9126	0.7339	0.9983
	总资产(万元)	1763386.07	1591779.56	1679948.61	1508048.74
	归属母公司股东权益(万元)	548712.08	545062.67	541643.18	537653.01
	营业收入(万元)	104928.47	210536.39	108998.91	346525.76
	营业支出(万元)	78497.94	146205.43	79391.56	275184.08
	投资收益(万元)	-	5729.86	762.64	2125.15
	净利润(万元)	3338.09	7483.70	3666.12	5099.12
	营业利润(万元)	5779.30	14604.63	6794.00	13184.66
	利润总额(万元)	5857.22	14558.19	6824.17	12941.44

荣丰控股集团股份有限公司

公司概况	公司名称	荣丰控股集团股份有限公司			证券简称	荣丰控股
	法人代表	王征	董秘	谢高	证券代码	000668
	公司网址	www.rongfengholding.com		电子信箱	ir@rongfengholding.com	
	电　话	010-51757691		传　真	010-51757611	
	办公地址	上海市浦东新区世纪大道1200号1908室				
	经营范围	房地产开发经营、商品房销售、租赁、物业管理、建筑装修、园林绿化等				

主要财务指标	指标\报告期	2015.06.30	2014.12.31	2014.06.30	2013.12.31
	基本每股收益(元)	-0.0200	-0.3100	-0.1400	0.0100
	基本每股收益(扣除后)(元)	-0.1800	-0.3400	-0.1400	-
	稀释每股收益(元)	-0.0200	-0.3100	-0.1400	0.0100
	每股净资产(元)	4.2193	4.2403	4.4126	4.5641
	每股经营现金净流量(元)	-0.8492	1.0960	-0.2338	-1.1274
	每股现金流量(元)	-0.3117	0.7690	0.5369	1.4392
	每股资本公积金(元)	0.5480	0.5480	0.5480	0.5480
	每股盈余公积金(元)	0.7597	0.7597	0.7597	0.7597
	每股未分配利润(元)	1.9116	1.9326	2.1049	2.2564
	净资产收益率(%)	-0.4983	-7.4014	-3.2090	0.2638
	加权净资产收益率(%)	-0.5000	-7.1300	-3.1600	0.2600
	净资产收益率(扣除)(%)	-4.1759	-	-3.2095	0.7421
	总资产(万元)	157013.86	168721.91	164638.21	152121.15
	归属母公司股东权益(万元)	61956.67	62265.41	64794.86	67020.78
	营业收入(万元)	445.91	1082.33	9330.66	11835.19
	营业支出(万元)	199.62	441.13	8964.19	2910.61
	投资收益(万元)	413.65	1099.71	177.10	618.95
	净利润(万元)	-343.61	-4679.39	-2079.08	176.82
	营业利润(万元)	-2478.90	-5050.41	-2168.97	1994.63
	利润总额(万元)	-455.19	-5020.82	-2159.90	1646.70

中油金鸿能源投资股份有限公司

公司概况	公司名称	中油金鸿能源投资股份有限公司			证券简称	金鸿能源
	法人代表	陈义和	董秘	焦玉文	证券代码	000669
	公司网址	www.spjhe.com		电子信箱	jyw000669@163.com	
	电　　话	010-82809145-188		传　　真	010-82809491	
	办公地址	北京市东城区鼓楼外大街 26 号荣宝大厦				
	经营范围	以医药、医疗器械、保护膜的生产经营、保健品经营等				

	指标\报告期	2015.06.30	2014.12.31	2014.06.30	2013.12.31
主要财务指标	基本每股收益(元)	0.2938	0.7821	0.3343	0.7431
	基本每股收益(扣除后)(元)	0.2928	0.7723	0.3903	1.1057
	稀释每股收益(元)	0.2938	0.7821	0.3343	0.7431
	每股净资产(元)	8.3699	8.2761	5.3880	7.6749
	每股经营现金净流量(元)	0.2143	1.5175	0.4139	1.9115
	每股现金流量(元)	−2.0355	3.5327	0.5598	−1.0880
	每股资本公积金(元)	4.4282	4.4282	1.3355	2.5033
	每股盈余公积金(元)	0.1414	0.1414	0.1703	0.2555
	每股未分配利润(元)	2.8002	2.7065	2.8800	3.9161
	净资产收益率(%)	3.5098	7.8470	7.4719	14.5226
	加权净资产收益率(%)	3.4700	14.4300	7.3400	14.5200
	净资产收益率(扣除)(%)	3.4984	7.7487	7.2435	14.4065
	总资产(万元)	905698.23	959612.75	660062.87	575559.91
	归属母公司股东权益(万元)	406781.04	402223.94	217428.12	206477.06
	营业收入(万元)	115327.38	271096.86	109306.22	167700.73
	营业支出(万元)	78432.38	188852.83	72133.36	101849.01
	投资收益(万元)	511.14	501.07	305.26	87.50
	净利润(万元)	15533.32	36479.91	18398.43	32534.92
	营业利润(万元)	21089.03	47546.10	24412.74	44954.70
	利润总额(万元)	21587.68	49510.31	25131.48	45340.08

盈方微电子股份有限公司

公司概况	公司名称	盈方微电子股份有限公司			证券简称	盈方微
	法人代表	史浩樑	董秘	李元(代)	证券代码	000670
	公司网址	www.infotmic.com.cn		电子信箱	infotmic@infotmic.com.cn	
	电　　话	021-58853066		传　　真	021-58853100	
	办公地址	上海市浦东新区祖冲之路 2290 弄展想广场 1 号 16 层				
	经营范围	集成电路芯片、电子产品及计算机软硬件的研发、设计和销售				

	指标\报告期	2015.06.30	2014.12.31	2014.06.30	2013.12.31
主要财务指标	基本每股收益(元)	−0.0353	0.0105	0.0041	0.0676
	基本每股收益(扣除后)(元)	−0.0310	−0.0014	−0.0126	0.0211
	稀释每股收益(元)	−0.0353	0.0105	0.0041	0.0676
	每股净资产(元)	0.6320	1.7070	0.5955	0.7925
	每股经营现金净流量(元)	−0.1280	0.0164	0.0008	0.9608
	每股现金流量(元)	−0.3458	0.6709	0.2555	0.2549
	每股资本公积金(元)	0.6293	0.4547	−0.4898	0.4811
	每股盈余公积金(元)	0.0118	0.0118	0.0042	0.1145
	每股未分配利润(元)	0.1481	0.2475	0.0824	2.2206
	净资产收益率(%)	−5.5842	1.0476	0.1468	2.6685
	加权净资产收益率(%)	−6.0000	4.5100	0.6300	11.0800
	净资产收益率(扣除)(%)	−4.9002	−0.1352	−0.4533	2.6576
	总资产(万元)	67781.90	76111.12	73857.87	18912.78
	归属母公司股东权益(万元)	51613.17	49517.58	48633.36	11221.08
	营业收入(万元)	12436.12	17491.57	6436.90	16602.30
	营业支出(万元)	9060.43	10732.65	3713.84	10370.95
	投资收益(万元)	−657.74	0.30	–	–
	净利润(万元)	−3058.90	488.49	71.40	1181.80
	营业利润(万元)	−3217.37	34.45	−144.88	687.84
	利润总额(万元)	−2891.28	709.11	188.71	1380.70

阳光城集团股份有限公司

公司概况	公司名称	阳光城集团股份有限公司			证券简称	阳 光 城
	法人代表	林腾蛟	董秘	廖剑锋	证券代码	000671
	公司网址	www.yango.com.cn		电子信箱	000671@yango.com.cn	
	电　　话	0591-83353145 88089227		传　　真	0591-88089227	
	办公地址	上海市浦东新区金新路 99 号				
	经营范围	房地产业务为主、贸易业务为补充等				

	指标\报告期	2015.06.30	2014.12.31	2014.06.30	2013.12.31
主要财务指标	基本每股收益(元)	0.2500	1.2200	0.1800	0.6400
	基本每股收益(扣除后)(元)	0.2400	1.2100	0.1700	0.6100
	稀释每股收益(元)	0.2400	1.1900	0.1700	0.6200
	每股净资产(元)	5.0882	5.0012	3.2606	3.1370
	每股经营现金净流量(元)	1.9141	−4.3924	−4.4108	−5.2357
	每股现金流量(元)	0.3958	0.6596	0.2440	1.5743
	每股资本公积金(元)	1.8758	1.8597	0.5620	0.5537
	每股盈余公积金(元)	0.0465	0.0468	0.0565	0.0565
	每股未分配利润(元)	2.1658	2.0947	1.6421	1.5268
	净资产收益率(%)	4.8438	20.6100	5.3783	19.8982
	加权净资产收益率(%)	4.8200	32.3700	5.4400	24.8200
	净资产收益率(扣除)(%)	4.7782	20.4985	5.0666	19.1170
	总资产(万元)	5163894.98	4622943.66	4276614.11	3271061.99
	归属母公司股东权益(万元)	658239.37	642268.16	340421.65	327510.29
	营业收入(万元)	448814.21	1389412.57	307150.90	744418.50
	营业支出(万元)	308971.37	984527.03	217003.02	522711.90
	投资收益(万元)	−564.67	3071.74	832.87	1242.11
	净利润(万元)	30696.35	128179.03	18308.75	65168.51
	营业利润(万元)	50291.12	187656.74	25149.94	88709.16
	利润总额(万元)	50677.08	183885.41	25360.22	89140.48

甘肃上峰水泥股份有限公司

公司概况	公司名称	甘肃上峰水泥股份有限公司			证券简称	上峰水泥
	法人代表	俞锋	董秘	瞿辉	证券代码	000672
	公司网址	www.sfsn.cn		电子信箱	sfsn123@sina.com	
	电　　话	0571-56030516		传　　真	0571-56075060	
	办公地址	浙江省杭州市西湖区文二西路 712 号西溪乐谷创意产业园 1 幢 E 单元				
	经营范围	水泥及水泥制品的生产和销售				

	指标\报告期	2015.06.30	2014.12.31	2014.06.30	2013.12.31
主要财务指标	基本每股收益(元)	0.0700	0.4600	0.2500	0.3500
	基本每股收益(扣除后)(元)	0.0300	0.4300	0.2500	0.3300
	稀释每股收益(元)	0.0700	0.4600	0.2500	0.3500
	每股净资产(元)	2.2009	2.1349	2.0416	1.7940
	每股经营现金净流量(元)	0.1280	0.9832	0.4065	0.6416
	每股现金流量(元)	0.0267	0.1137	0.0219	−0.0564
	每股资本公积金(元)	−0.5922	−0.5922	−0.5922	−0.5894
	每股盈余公积金(元)	0.1680	0.1680	0.1055	0.1055
	每股未分配利润(元)	1.5191	1.4528	1.4222	1.1700
	净资产收益率(%)	3.0145	21.3297	12.3546	17.8669
	加权净资产收益率(%)	3.0600	22.8200	13.1500	19.8500
	净资产收益率(扣除)(%)	1.5726	20.2798	12.2139	16.6594
	总资产(万元)	408560.29	385036.62	325422.02	331097.33
	归属母公司股东权益(万元)	179071.45	173702.19	166110.18	145961.23
	营业收入(万元)	98154.33	273664.12	136794.62	254372.76
	营业支出(万元)	80843.02	193865.02	95690.99	192852.82
	投资收益(万元)	36.51	−266.08	14.27	−505.69
	净利润(万元)	5310.91	36943.80	20522.24	26078.76
	营业利润(万元)	2895.58	46073.98	26280.68	30881.85
	利润总额(万元)	6733.11	49847.73	27573.37	34974.08

当代东方投资股份有限公司

公司概况	公司名称	当代东方投资股份有限公司		证券简称	当代东方
	法人代表	王春芳	董秘 陈雁峰	证券代码	000673
	公司网址	www.sz000673.com		电子信箱	cyf2600@126.com
	电　话	0352-5115991　59407655		传　真	0352-5115998
	办公地址	山西省大同市魏都大道370号益丰商务大厦A座18层A1A2			
	经营范围	文化艺术活动策划展览;房地产业的投资经营与开发;物流业投资、矿业投资			

主要财务指标　指标\报告期	2015.06.30	2014.12.31	2014.06.30	2013.12.31
基本每股收益(元)	0.1100	–0.0027	0.0100	0.0109
基本每股收益(扣除后)(元)	0.0810	–0.0009	0.0110	–0.0114
稀释每股收益(元)	0.1100	–0.0027	0.0100	0.0109
每股净资产(元)	5.0933	0.0516	0.0646	0.0543
每股经营现金净流量(元)	–0.0873	–0.0464	0.0339	0.0013
每股现金流量(元)	2.2450	–0.0037	0.0332	–0.0010
每股资本公积金(元)	4.6141	0.1598	0.1598	0.1598
每股盈余公积金(元)	0.0628	0.1187	0.1187	0.1187
每股未分配利润(元)	–0.5836	–1.2269	–1.2139	–1.2242
净资产收益率(%)	1.2923	–5.1805	15.9726	20.0506
加权净资产收益率(%)	6.9500	–5.0500	17.3600	22.2800
净资产收益率(扣除)(%)	1.2213	–1.8342	16.9597	–21.0051
总资产(万元)	259580.77	12093.84	10439.72	8177.19
归属母公司股东权益(万元)	200207.03	1073.57	1343.73	1129.10
营业收入(万元)	11178.63	2240.09	1221.03	1679.22
营业支出(万元)	6404.40	569.44	226.08	852.33
投资收益(万元)	–	–	–	–
净利润(万元)	2587.25	–57.22	214.63	226.39
营业利润(万元)	3333.61	–19.95	227.72	–391.69
利润总额(万元)	3523.01	–55.87	214.45	226.39

智度投资股份有限公司

公司概况	公司名称	智度投资股份有限公司		证券简称	智度投资
	法人代表	赵立仁	董秘 王科芳	证券代码	000676
	公司网址	www.hnstar.com		电子信箱	liuwei@genimous.com
	电　话	0371-55139520		传　真	0371-55139521
	办公地址	河南省郑州市郑东新区CBD商务外环27号景峰国际23层			
	经营范围	仪器、仪表、工业自动化设备、电子计算机软硬件及网络设备的开发等			

主要财务指标　指标\报告期	2015.06.30	2014.12.31	2014.06.30	2013.12.31
基本每股收益(元)	–0.0668	–0.2180	–0.0533	0.0669
基本每股收益(扣除后)(元)	–0.0665	–0.2337	–0.0622	–
稀释每股收益(元)	–0.0668	–0.2180	–0.0533	0.0669
每股净资产(元)	0.3846	0.4513	0.6161	0.6694
每股经营现金净流量(元)	0.1169	0.2219	–0.0421	0.0907
每股现金流量(元)	–0.0880	–0.2746	–0.1806	0.2178
每股资本公积金(元)	0.2127	0.2127	0.2127	0.2127
每股盈余公积金(元)	0.1010	0.1010	0.1010	0.1010
每股未分配利润(元)	–0.9291	–0.8624	–0.6976	–0.6443
净资产收益率(%)	–17.3569	–48.3091	–8.6496	9.9933
加权净资产收益率(%)	–15.9700	–38.9100	–8.2900	10.9800
净资产收益率(扣除)(%)	–17.2798	–51.7908	–10.0975	–6.4762
总资产(万元)	52066.79	62892.72	67361.39	72235.43
归属母公司股东权益(万元)	12098.24	14198.11	19380.73	21057.09
营业收入(万元)	16570.52	37307.56	15249.15	44041.13
营业支出(万元)	11314.92	24801.78	9554.32	30899.81
投资收益(万元)	1.15	22.75	9.48	27.52
净利润(万元)	–2549.89	–8215.93	–1676.36	2104.30
营业利润(万元)	–2504.64	–8318.57	–2290.05	–2234.55
利润总额(万元)	–2537.03	–7660.56	–1978.38	1987.63

恒天海龙股份有限公司

公司概况	公司名称	恒天海龙股份有限公司		证券简称	*ST海龙
	法人代表	申孝忠	董秘 赵黎明	证券代码	000677
	公司网址	www.helon.cn		电子信箱	helonnews@163.com
	电　话	0536-2275007		传　真	0536-7530677
	办公地址	山东省潍坊市寒亭区海龙路555号			
	经营范围	粘胶纤维、棉浆粕、帘帆布的生产与销售等			

主要财务指标　指标\报告期	2015.06.30	2014.12.31	2014.06.30	2013.12.31
基本每股收益(元)	–0.2071	–0.4973	–0.2224	–0.3021
基本每股收益(扣除后)(元)	–0.2242	–0.5007	–0.2200	–0.3982
稀释每股收益(元)	–0.2071	–0.4973	–0.2224	–0.3021
每股净资产(元)	0.0401	0.2445	0.3812	0.6037
每股经营现金净流量(元)	0.0661	0.0503	–0.0384	0.0590
每股现金流量(元)	–0.0570	–0.1220	–0.1062	0.2962
每股资本公积金(元)	0.8102	0.8075	0.6694	0.6694
每股盈余公积金(元)	0.2461	0.2461	0.2461	0.2461
每股未分配利润(元)	–2.0162	–1.8091	–1.5343	–1.3118
净资产收益率(%)	–516.7004	–203.3704	–58.3480	–50.0439
加权净资产收益率(%)	–146.9200	–140.0200	–45.1700	–40.0300
净资产收益率(扣除)(%)	–559.3264	–204.8010	–58.6674	–65.9705
总资产(万元)	287594.97	301283.83	309854.58	332804.75
归属母公司股东权益(万元)	3462.79	21124.67	32936.61	52154.46
营业收入(万元)	100467.12	180342.86	83382.23	235924.78
营业支出(万元)	101681.46	183113.33	87934.25	237131.57
投资收益(万元)	50.76	6.68	–	2217.58
净利润(万元)	–17484.38	–42961.36	–19217.85	–26100.10
营业利润(万元)	–18931.86	–42754.29	–19351.09	–38149.17
利润总额(万元)	–17443.33	–42767.53	–19245.89	–29709.11

襄阳汽车轴承股份有限公司

公司概况	公司名称	襄阳汽车轴承股份有限公司		证券简称	襄阳轴承
	法人代表	高少兵	董秘 廖永高	证券代码	000678
	公司网址	www.zxy.com.cn		电子信箱	xf_lyg@163.com
	电　话	0710-3577209 3577678		传　真	0710-3564019
	办公地址	湖北省襄阳市襄城区轴承路一号			
	经营范围	轴承及其零部件的生产、科研、销售及相关业务等			

主要财务指标　指标\报告期	2015.06.30	2014.12.31	2014.06.30	2013.12.31
基本每股收益(元)	–0.0280	0.0100	0.0380	0.0100
基本每股收益(扣除后)(元)	–0.0560	–0.0300	0.0140	–
稀释每股收益(元)	–0.0280	0.0100	0.0380	0.0100
每股净资产(元)	2.4641	2.4747	2.5192	2.4819
每股经营现金净流量(元)	–0.2843	0.0374	–0.1532	–0.1770
每股现金流量(元)	0.0487	–0.2939	–0.2517	0.3568
每股资本公积金(元)	1.3379	1.3178	1.3178	1.3178
每股盈余公积金(元)	0.1713	0.1713	0.1705	0.1705
每股未分配利润(元)	–0.0334	–0.0058	0.0220	–0.0155
净资产收益率(%)	–1.1205	0.5956	1.4910	0.2965
加权净资产收益率(%)	–1.1200	0.5800	1.5000	0.4900
净资产收益率(扣除)(%)	–2.2682	–1.2712	0.5641	–2.6704
总资产(万元)	241867.12	224202.48	227314.48	215384.54
归属母公司股东权益(万元)	105730.85	106182.41	108092.47	106493.75
营业收入(万元)	65297.53	126674.91	71691.36	91903.78
营业支出(万元)	59163.12	109997.01	62043.85	80828.18
投资收益(万元)	6.88	6.88	–	13.05
净利润(万元)	–985.75	769.84	1611.61	315.73
营业利润(万元)	–2301.00	–1301.77	537.65	–2480.49
利润总额(万元)	–873.36	616.30	1716.29	673.99

大连友谊(集团)股份有限公司

公司概况	公司名称	大连友谊(集团)股份有限公司			证券简称	大连友谊
	法人代表	田益群	董秘	孙锡娟	证券代码	000679
	公司网址	www.dlyy.com.cn		电子信箱	sunxj@dlyy.com.cn	
	电　话	0411-82802712 82691470		传　真	0411-82650892	
	办公地址	辽宁省大连市中山区七一街1号				
	经营范围	商品零售、酒店、对船供应、旅游、进出口贸易、仓储、免税商品等				

主要财务指标	指标\报告期	2015.06.30	2014.12.31	2014.06.30	2013.12.31
	基本每股收益(元)	0.3500	0.1600	0.1810	0.4495
	基本每股收益(扣除后)(元)	0.0050	0.1600	0.1810	0.4490
	稀释每股收益(元)	0.3500	0.1600	0.1810	0.4495
	每股净资产(元)	4.4871	4.1208	4.3606	4.1797
	每股经营现金净流量(元)	-0.7416	1.0544	-0.9114	-1.4545
	每股现金流量(元)	-3.1292	2.2812	2.2146	-1.3107
	每股资本公积金(元)	0.1989	0.1989	0.2270	0.2265
	每股盈余公积金(元)	0.4303	0.4303	0.4301	0.4301
	每股未分配利润(元)	2.7813	2.4311	2.7036	2.5231
	净资产收益率(%)	7.8064	3.8442	4.1397	10.7534
	加权净资产收益率(%)	8.1400	3.8000	4.2300	11.0600
	净资产收益率(扣除)(%)	0.1204	3.8433	4.1415	10.7423
	总资产(万元)	805693.91	890189.04	1028060.90	946584.13
	归属母公司股东权益(万元)	159918.88	146863.91	155413.02	148963.47
	营业收入(万元)	140299.94	359696.18	181815.98	363199.77
	营业支出(万元)	107838.62	247880.37	128518.34	248669.38
	投资收益(万元)	98.07	40.74	7.82	119.87
	净利润(万元)	14495.90	11082.88	6433.68	16018.70
	营业利润(万元)	1393.42	20372.32	12952.09	34505.66
	利润总额(万元)	19616.31	20361.12	12948.27	34410.47

山推工程机械股份有限公司

公司概况	公司名称	山推工程机械股份有限公司			证券简称	山推股份
	法人代表	张秀文	董秘	袁青	证券代码	000680
	公司网址	www.shantui.com		电子信箱	shantui@shantui.com	
	电　话	0537-2909532 2907336		传　真	0537-2315986 2340411	
	办公地址	山东省济宁市高新区327国道58号				
	经营范围	建筑工程机械、矿山机械、农田基本建设机械、收获机械及配件的研究、开发等				

主要财务指标	指标\报告期	2015.06.30	2014.12.31	2014.06.30	2013.12.31
	基本每股收益(元)	-0.2459	0.0374	0.0476	-0.3496
	基本每股收益(扣除后)(元)	-0.2527	-0.0064	0.0107	-0.3143
	稀释每股收益(元)	-0.2459	0.0374	0.0476	-0.3496
	每股净资产(元)	3.0336	3.2832	3.4584	3.2470
	每股经营现金净流量(元)	0.1363	0.4659	0.5053	0.2715
	每股现金流量(元)	-0.1141	-0.2884	0.0565	-0.2741
	每股资本公积金(元)	0.9600	0.9600	0.9601	0.9593
	每股盈余公积金(元)	0.3204	0.3204	0.3063	0.3063
	每股未分配利润(元)	0.7716	1.0176	1.2047	0.9942
	净资产收益率(%)	-8.1071	1.1398	1.0674	-7.7055
	加权净资产收益率(%)	-7.7900	1.1500	1.4500	-10.2800
	净资产收益率(扣除)(%)	-8.3302	-0.1943	0.3081	-8.6852
	总资产(万元)	1065062.24	1121076.91	1230157.01	1262235.41
	归属母公司股东权益(万元)	376408.91	407375.57	429116.23	402880.32
	营业收入(万元)	228813.51	726945.35	454184.51	1013537.10
	营业支出(万元)	214640.80	619391.34	391175.00	893443.26
	投资收益(万元)	1880.43	8408.27	4020.48	12382.07
	净利润(万元)	-33449.47	-2788.74	3785.43	-48425.74
	营业利润(万元)	-38585.12	-5523.20	1952.29	-54374.43
	利润总额(万元)	-37487.74	1311.16	6147.94	-49305.03

视觉(中国)文化发展股份有限公司

公司概况	公司名称	视觉(中国)文化发展股份有限公司			证券简称	视觉中国
	法人代表	廖杰	董秘	孙晓蔷	证券代码	000681
	公司网址	www.000681.com		电子信箱	ss000681@163.com	
	电　话	010-57950209		传　真	010-57950213	
	办公地址	北京市朝阳区酒仙桥北路7号电通时代广场2号楼A区				
	经营范围	开发、生产、销售计算机软硬件和网络安全产品以及自营出品服装等				

主要财务指标	指标\报告期	2015.06.30	2014.12.31	2014.06.30	2013.12.31
	基本每股收益(元)	0.0714	0.2348	0.0809	0.0200
	基本每股收益(扣除后)(元)	0.0688	0.1614	0.0806	-0.0200
	稀释每股收益(元)	0.0714	0.2348	0.0809	0.0200
	每股净资产(元)	2.0974	2.0280	1.8841	0.7516
	每股经营现金净流量(元)	1.2601	1.5482	0.1219	-0.1853
	每股现金流量(元)	-1.1598	3.2150	2.2097	-0.0924
	每股资本公积金(元)	24.6322	24.6637	24.7062	2.1161
	每股盈余公积金(元)	0.0115	0.0115	0.0115	0.0164
	每股未分配利润(元)	6.8075	5.7024	3.4333	3.4528
	净资产收益率(%)	3.4053	10.4339	3.4468	2.9848
	加权净资产收益率(%)	3.4600	14.9200	7.7500	3.0300
	净资产收益率(扣除)(%)	3.2809	7.1704	3.4327	-2.6970
	总资产(万元)	157195.13	152370.47	142398.04	30783.87
	归属母公司股东权益(万元)	140521.18	135872.31	126230.20	20056.49
	营业收入(万元)	20206.09	39109.20	18686.41	10548.59
	营业支出(万元)	8921.37	17448.44	8555.46	7181.95
	投资收益(万元)	-	26.63	26.63	402.12
	净利润(万元)	4712.42	14302.00	4350.85	445.87
	营业利润(万元)	5897.39	12099.39	5833.77	1258.22
	利润总额(万元)	6123.53	16138.09	5844.26	1307.72

东方电子股份有限公司

公司概况	公司名称	东方电子股份有限公司			证券简称	东方电子
	法人代表	丁振华	董秘	王清刚	证券代码	000682
	公司网址	www.dongfangelec.com		电子信箱	zhengquan@dongfang-china.com	
	电　话	0535-5520066		传　真	0535-5520069	
	办公地址	山东省烟台市芝罘区机场路2号				
	经营范围	电力自动化及工业自动化控制系统、电子产品及通信设备、电气机械及器材等				

主要财务指标	指标\报告期	2015.06.30	2014.12.31	2014.06.30	2013.12.31
	基本每股收益(元)	0.0201	0.0452	0.0156	0.0373
	基本每股收益(扣除后)(元)	0.0115	0.0313	0.0094	0.0208
	稀释每股收益(元)	0.0201	0.0452	0.0156	0.0373
	每股净资产(元)	1.5155	1.4954	1.4602	1.4646
	每股经营现金净流量(元)	-0.1770	0.1199	-0.0661	0.1220
	每股现金流量(元)	-0.0883	-0.0354	-0.1035	0.0769
	每股资本公积金(元)	0.3550	0.3550	0.3494	0.3494
	每股盈余公积金(元)	0.0101	0.0101	0.0078	0.0078
	每股未分配利润(元)	0.1510	0.1309	0.1036	0.1080
	净资产收益率(%)	1.3280	3.0193	1.0659	2.5467
	加权净资产收益率(%)	1.3400	3.0500	1.0600	2.5800
	净资产收益率(扣除)(%)	0.7578	2.0932	0.6418	1.4199
	总资产(万元)	303567.15	310594.11	274123.59	267877.36
	归属母公司股东权益(万元)	148244.99	146275.75	142829.65	143264.55
	营业收入(万元)	88016.88	184059.52	75203.95	166529.40
	营业支出(万元)	58273.81	118324.05	47765.01	104644.29
	投资收益(万元)	748.29	980.73	670.02	922.83
	净利润(万元)	4850.58	10886.36	1522.37	3648.49
	营业利润(万元)	3411.89	7639.93	2513.88	6462.33
	利润总额(万元)	5309.02	12716.58	5001.57	10563.77

内蒙古远兴能源股份有限公司

公司概况					
公司名称	内蒙古远兴能源股份有限公司			证券简称	远兴能源
法人代表	贺占海	董秘	纪玉虎	证券代码	000683
公司网址	www.yuanxing.com		电子信箱	yxny@berun.cc	
电　　话	0477-8139874 8139873		传　　真	0477-8139833	
办公地址	内蒙古自治区鄂尔多斯市东胜区鄂托克西街博源大厦十二层				
经营范围	化工产品及其原材料的生产、销售等				

主要财务指标

指标\报告期	2015.06.30	2014.12.31	2014.06.30	2013.12.31
基本每股收益(元)	0.0500	0.1500	0.0900	0.2200
基本每股收益(扣除后)(元)	0.0400	-0.0500	-0.1000	-0.3100
稀释每股收益(元)	0.0500	0.1500	0.0900	0.2200
每股净资产(元)	3.7593	3.7354	3.0142	3.1173
每股经营现金净流量(元)	0.3554	0.4718	0.6905	0.6971
每股现金流量(元)	-0.6122	0.7609	-0.4314	-0.7091
每股资本公积金(元)	0.8772	0.8774	0.1967	1.6211
每股盈余公积金(元)	0.1423	0.1423	0.2964	0.2964
每股未分配利润(元)	1.7231	1.6966	1.4644	3.3098
净资产收益率(%)	1.2369	3.4406	-3.2328	1.1239
加权净资产收益率(%)	1.2400	4.2200	5.3500	6.3700
净资产收益率(扣除)(%)	1.0747	-1.2462	-3.2786	-10.0044
总资产(万元)	1894682.98	1953003.12	1207550.14	1773229.74
归属母公司股东权益(万元)	608584.24	604718.18	231434.78	482931.46
营业收入(万元)	348486.84	719972.55	349392.35	581090.69
营业支出(万元)	229908.82	502781.77	245272.06	391652.57
投资收益(万元)	-826.31	111.38	-68.33	-379.36
净利润(万元)	10902.57	27670.01	19093.97	37921.47
营业利润(万元)	19703.26	47656.24	28648.02	30467.35
利润总额(万元)	21118.85	48560.76	29143.22	53599.03

中山公用事业集团股份有限公司

公司概况					
公司名称	中山公用事业集团股份有限公司			证券简称	中山公用
法人代表	陈爱学	董秘	曹晖	证券代码	000685
公司网址	www.zpug.net		电子信箱	zpug@zpug.net	
电　　话	0760-88380018 89886813		传　　真	0760-88380022	
办公地址	广东省中山市兴中道18号财兴大厦北座				
经营范围	公用事业的投资及管理、市场的经营及管理、投资及投资策划、咨询和管理等业务				

主要财务指标

指标\报告期	2015.06.30	2014.12.31	2014.06.30	2013.12.31
基本每股收益(元)	0.6700	0.9600	0.2000	0.8100
基本每股收益(扣除后)(元)	0.6500	0.9300	0.3600	0.5900
稀释每股收益(元)	0.6700	0.9600	0.2000	0.8100
每股净资产(元)	12.1239	9.5986	8.5408	8.8800
每股经营现金净流量(元)	0.2048	0.4880	0.0463	0.4788
每股现金流量(元)	0.1171	0.2202	-0.2574	-0.0645
每股资本公积金(元)	1.0130	1.0130	0.5828	1.2546
每股盈余公积金(元)	0.5543	0.5543	0.5645	0.4704
每股未分配利润(元)	6.9585	6.0523	6.3905	5.3447
净资产收益率(%)	9.9493	10.0074	4.2549	9.3020
加权净资产收益率(%)	11.0600	10.4100	4.0900	9.5000
净资产收益率(扣除)(%)	9.6242	9.7118	4.1974	6.9857
总资产(万元)	1214988.58	995540.54	851636.43	855943.40
归属母公司股东权益(万元)	944066.59	747430.75	665060.36	691708.15
营业收入(万元)	57091.41	115487.49	54449.61	104785.08
营业支出(万元)	34866.93	71799.00	35187.45	66637.30
投资收益(万元)	90540.30	68554.76	23498.51	60752.06
净利润(万元)	95307.03	77624.25	29380.69	65160.18
营业利润(万元)	97821.24	81842.13	31043.30	70895.91
利润总额(万元)	98485.74	81697.68	31553.39	73225.63

东北证券股份有限公司

公司概况					
公司名称	东北证券股份有限公司			证券简称	东北证券
法人代表	杨树财	董秘	徐冰	证券代码	000686
公司网址	www.nesc.cn		电子信箱	xub@nesc.cn	
电　　话	0431-85096806		传　　真	0431-85096816	
办公地址	吉林省长春市自由大路1138号东北证券大厦13楼				
经营范围	证券经纪业务、投资银行业务、证券投资业务等				

主要财务指标

指标\报告期	2015.06.30	2014.12.31	2014.06.30	2013.12.31
基本每股收益(元)	0.9300	0.5400	0.1700	0.2500
基本每股收益(扣除后)(元)	0.9300	0.5400	0.1700	0.2400
稀释每股收益(元)	0.9300	0.5400	0.1700	0.2500
每股净资产(元)	5.3371	4.4300	3.9991	3.8000
每股经营现金净流量(元)	1.2105	0.7060	0.2199	0.5793
每股现金流量(元)	10.7170	2.7931	0.5495	-1.0605
每股资本公积金(元)	1.3876	1.3876	1.4113	3.7743
每股盈余公积金(元)	0.2323	0.2323	0.1805	0.3611
每股未分配利润(元)	2.1376	1.2629	1.0462	1.8334
净资产收益率(%)	17.5135	12.2161	4.2381	6.4573
加权净资产收益率(%)	19.0200	13.1800	4.3400	6.5600
净资产收益率(扣除)(%)	17.4512	12.1464	4.1649	6.3504
总资产(万元)	8119409.13	3465589.92	2432524.78	1993260.92
归属母公司股东权益(万元)	1044554.84	867727.63	782698.21	743434.80
营业收入(万元)	402155.77	309098.43	108282.04	176704.02
营业支出(万元)	165248.51	170926.60	65234.38	120016.44
投资收益(万元)	176843.48	88730.95	18702.69	61850.46
净利润(万元)	185277.71	107464.61	33474.43	48316.27
营业利润(万元)	236907.25	138171.82	43047.66	56687.57
利润总额(万元)	237772.27	139090.73	43900.32	57773.84

华讯方舟股份有限公司

公司概况					
公司名称	华讯方舟股份有限公司			证券简称	华讯方舟
法人代表	吕向阳	董秘	刘俊超	证券代码	000687
公司网址	www.swanfiber.com		电子信箱	swan-fiber@swanfiber.com	
电　　话	0755-29663118		传　　真	0755-29663108	
办公地址	福建省深圳市宝安区西乡宝田一路臣田工业区第37栋				
经营范围	粘胶长丝的生产与销售等				

主要财务指标

指标\报告期	2015.06.30	2014.12.31	2014.06.30	2013.12.31
基本每股收益(元)	0.0050	0.0190	-0.0770	-0.2100
基本每股收益(扣除后)(元)	-0.1586	-0.1743	-0.0860	-0.2130
稀释每股收益(元)	0.0050	0.0190	-0.0770	-0.2100
每股净资产(元)	1.8449	1.8291	1.7777	1.8774
每股经营现金净流量(元)	-0.1489	0.1084	-0.0706	-0.1642
每股现金流量(元)	0.0828	0.1210	0.4775	-0.6751
每股资本公积金(元)	1.0104	0.9994	1.0396	1.1019
每股盈余公积金(元)	0.0237	0.0237	0.0237	0.0237
每股未分配利润(元)	-0.1892	-0.1942	-0.2857	-0.2091
净资产收益率(%)	0.2714	1.0389	-4.3048	-11.1653
加权净资产收益率(%)	0.2700	1.0000	-4.1400	-10.6000
净资产收益率(扣除)(%)	-8.5973	-9.5294	-4.8104	-11.3400
总资产(万元)	248308.71	254434.71	278820.79	277902.52
归属母公司股东权益(万元)	139724.70	138529.10	134633.74	145144.74
营业收入(万元)	31700.62	72256.67	37630.39	78487.31
营业支出(万元)	29940.13	68157.40	36518.25	76236.79
投资收益(万元)	12174.67	9715.97	1035.94	927.14
净利润(万元)	553.77	1448.26	-5795.66	-15875.46
营业利润(万元)	468.39	-4445.92	-5654.05	-16516.97
利润总额(万元)	920.69	1148.19	-5645.24	-16266.22

建新矿业股份有限责任公司

公司概况	公司名称	建新矿业股份有限责任公司		证券简称	建新矿业
	法人代表	刘建民	董秘 熊为民	证券代码	000688
	公司网址	www.jianxin0688.com	电子信箱	944198308@qq.com	
	电　　话	023-63067268	传　　真	023-63067268	
	办公地址	重庆市北部新区新南路 164 号水晶国际 808 室			
	经营范围	电子计算机及网络服务器,微晶玻璃板材,节能灯及电子镇流器的制造等			

主要财务指标	指标＼报告期	2015.06.30	2014.12.31	2014.06.30	2013.12.31
	基本每股收益(元)	0.0836	0.2837	0.0827	0.2482
	基本每股收益(扣除后)(元)	0.0841	0.2830	0.0828	0.2492
	稀释每股收益(元)	0.0836	0.2837	0.0827	0.2482
	每股净资产(元)	1.1491	1.0605	0.9377	0.8539
	每股经营现金净流量(元)	0.1429	0.2637	–0.0164	0.1897
	每股现金流量(元)	–0.0222	–0.1293	0.0698	–0.1079
	每股资本公积金(元)	0.1660	0.1660	0.2368	0.2368
	每股盈余公积金(元)	0.1355	0.1355	0.1355	0.1355
	每股未分配利润(元)	–0.1685	–0.2521	–0.4513	–0.5340
	净资产收益率(%)	7.2715	26.7477	8.8242	29.0629
	加权净资产收益率(%)	7.5800	27.8600	9.2400	33.8100
	净资产收益率(扣除)(%)	7.3184	26.6870	8.8289	27.6099
	总资产(万元)	162399.46	164263.30	144614.74	114355.33
	归属母公司股东权益(万元)	130689.02	120610.87	106648.68	97117.32
	营业收入(万元)	40187.37	98692.19	35533.08	66968.92
	营业支出(万元)	23093.24	50428.83	21155.61	26589.66
	投资收益(万元)	–	–	–	–
	净利润(万元)	9503.07	32260.59	9410.93	28225.10
	营业利润(万元)	11761.07	38597.57	11217.98	33478.96
	利润总额(万元)	11689.28	38707.74	11210.29	33762.29

广东宝丽华新能源股份有限公司

公司概况	公司名称	广东宝丽华新能源股份有限公司		证券简称	宝新能源
	法人代表	宁远喜	董秘 刘沣	证券代码	000690
	公司网址	www.baolihua.com.cn	电子信箱	bxnygd@sina.com	
	电　　话	0753-2511298 020-38773338	传　　真	0753-2511398 020-38770958	
	办公地址	广东省梅县华侨城香港大道宝丽华综合大楼 广州市天河北路中信广场 61 楼 01-03 号			
	经营范围	洁净煤燃烧技术发电和可再生能源发电、新能源电力生产、销售、开发等			

主要财务指标	指标＼报告期	2015.06.30	2014.12.31	2014.06.30	2013.12.31
	基本每股收益(元)	0.2200	0.5900	0.3100	0.6400
	基本每股收益(扣除后)(元)	0.1900	0.4900	0.2500	0.6100
	稀释每股收益(元)	0.2200	0.5900	0.3100	0.6400
	每股净资产(元)	2.8459	2.9039	2.6145	2.6558
	每股经营现金净流量(元)	0.3785	0.9409	0.5222	1.5843
	每股现金流量(元)	–0.1843	0.0041	0.0225	0.9622
	每股资本公积金(元)	0.1906	0.1906	0.1906	0.2400
	每股盈余公积金(元)	0.3770	0.3770	0.3183	0.3183
	每股未分配利润(元)	1.2461	1.3304	1.1056	1.0975
	净资产收益率(%)	7.5790	20.3730	11.7851	24.1484
	加权净资产收益率(%)	7.4100	21.7000	11.5800	26.4200
	净资产收益率(扣除)(%)	6.5966	16.8361	9.4750	23.1375
	总资产(万元)	1038093.97	955557.70	952549.40	982389.88
	归属母公司股东权益(万元)	491369.16	501385.65	451425.26	458554.73
	营业收入(万元)	199322.14	469710.67	239336.24	565557.27
	营业支出(万元)	127220.22	309105.83	155823.87	369211.66
	投资收益(万元)	10016.17	20451.37	10806.30	9608.12
	净利润(万元)	37240.84	102147.42	53201.12	110733.63
	营业利润(万元)	50269.50	135020.77	70623.88	147563.46
	利润总额(万元)	49879.11	134410.42	70678.11	144442.95

海南亚太实业发展股份有限公司

公司概况	公司名称	海南亚太实业发展股份有限公司		证券简称	亚太实业
	法人代表	安双荣	董秘 马世虎	证券代码	000691
	公司网址	www.lzytgroup.com	电子信箱	msh000691@163.com	
	电　　话	0898-68528293	传　　真	0898-68528695	
	办公地址	海南省海口市国贸大道 56 号北京大厦 26 楼 G 座			
	经营范围	旅游业开发、高科技开发、商业贸易、建材、旅游工艺品、普通机械的批发、零售等			

主要财务指标	指标＼报告期	2015.06.30	2014.12.31	2014.06.30	2013.12.31
	基本每股收益(元)	–0.0085	–0.0648	0.0007	0.0081
	基本每股收益(扣除后)(元)	–0.0085	–0.0615	0.0008	–
	稀释每股收益(元)	–0.0085	–0.0648	0.0007	0.0081
	每股净资产(元)	0.3885	0.3970	0.4630	0.4618
	每股经营现金净流量(元)	–0.0065	–0.0209	0.0130	0.0068
	每股现金流量(元)	–0.0038	0.0126	0.0201	0.0067
	每股资本公积金(元)	0.3698	0.3698	0.3703	0.3698
	每股盈余公积金(元)	0.0471	0.0471	0.0471	0.0471
	每股未分配利润(元)	–1.0283	–1.0199	–0.9544	–0.9551
	净资产收益率(%)	–2.1809	–16.3222	0.1508	1.7594
	加权净资产收益率(%)	–1.3900	–13.5300	0.1400	0.0200
	净资产收益率(扣除)(%)	–2.1836	–15.4873	0.1643	1.7839
	总资产(万元)	30227.31	30378.84	31778.64	28551.83
	归属母公司股东权益(万元)	12558.59	12832.48	14968.10	14927.03
	营业收入(万元)	3342.96	3432.50	1105.05	2249.45
	营业支出(万元)	2379.05	3676.50	494.24	1363.65
	投资收益(万元)	–	–147.02	–16.37	236.03
	净利润(万元)	–199.03	–2211.24	22.57	262.63
	营业利润(万元)	–42.00	–2209.48	164.99	423.98
	利润总额(万元)	–41.54	–2212.59	162.29	418.79

沈阳惠天热电股份有限公司

公司概况	公司名称	沈阳惠天热电股份有限公司		证券简称	惠天热电
	法人代表	李久旭	董秘 马晓荣	证券代码	000692
	公司网址	www.htrd.cn	电子信箱	htrd2012@126.com	
	电　　话	024-22905836 22928062	传　　真	024-22939480	
	办公地址	辽宁省沈阳市沈河区热闹路 47 号			
	经营范围	供暖、设备安装、工业管道、土建工程施工、非标准结构件制造、安装等			

主要财务指标	指标＼报告期	2015.06.30	2014.12.31	2014.06.30	2013.12.31
	基本每股收益(元)	0.0992	0.0985	0.0960	0.0800
	基本每股收益(扣除后)(元)	0.0896	–0.0215	0.0840	0.0085
	稀释每股收益(元)	0.0992	0.0985	0.0960	0.0800
	每股净资产(元)	2.5140	2.4104	2.4302	4.7576
	每股经营现金净流量(元)	–1.0714	0.2791	–0.8187	0.1670
	每股现金流量(元)	0.2396	0.1104	0.2168	–1.0989
	每股资本公积金(元)	0.7147	0.7147	0.7140	2.4281
	每股盈余公积金(元)	0.2210	0.2210	0.2189	0.4379
	每股未分配利润(元)	0.5263	0.4271	0.4471	0.8023
	净资产收益率(%)	3.9461	3.2357	3.9483	1.6446
	加权净资产收益率(%)	4.0400	3.2700	3.9500	1.6600
	净资产收益率(扣除)(%)	3.5623	–0.7045	3.4548	0.1796
	总资产(万元)	397840.12	379331.35	358870.77	367894.34
	归属母公司股东权益(万元)	133956.57	128435.17	129488.01	126749.36
	营业收入(万元)	85506.45	157320.17	83926.55	155819.70
	营业支出(万元)	69920.53	135011.71	69165.41	138453.74
	投资收益(万元)	–	–54.76	–	787.24
	净利润(万元)	5227.54	4711.61	5112.54	2084.50
	营业利润(万元)	6574.08	1238.25	6207.72	918.86
	利润总额(万元)	7265.72	7979.24	7056.83	3392.78

成都华泽钴镍材料股份有限公司

公司概况	公司名称	成都华泽钴镍材料股份有限公司		证券简称	华泽钴镍
	法人代表	王涛	董秘 程永康	证券代码	000693
	公司网址	www.hzmetal.com		电子信箱	hz_bgs@hznc.com.cn
	电　话	028-86758751		传　真	028-86758751
	办公地址	四川省成都市温江区凤溪大道北段666号双子国际写字楼西楼1512室			
	经营范围	有色金属,矿产品的生产和销售等			

主要财务指标	指标\报告期	2015.06.30	2014.12.31	2014.06.30	2013.12.31
	基本每股收益(元)	0.1669	0.3905	0.1271	0.2693
	基本每股收益(扣除后)(元)	0.1666	0.3841	0.1270	-
	稀释每股收益(元)	0.1669	0.3905	0.1271	0.2693
	每股净资产(元)	2.7390	2.5722	2.2954	2.1582
	每股经营现金净流量(元)	0.8240	0.7879	0.3786	0.2788
	每股现金流量(元)	0.0908	0.0869	0.1039	-0.1344
	每股资本公积金(元)	-0.0562	-0.0562	-0.0562	-0.0562
	每股盈余公积金(元)	0.1477	0.1477	0.0299	0.0299
	每股未分配利润(元)	1.5198	1.3529	1.2077	1.0802
	净资产收益率(%)	6.0946	15.1829	5.5549	9.5301
	加权净资产收益率(%)	6.2900	16.5100	5.6700	10.0600
	净资产收益率(扣除)(%)	6.0813	15.1514	5.5494	9.1118
	总资产(万元)	632831.59	420268.01	409594.01	341111.73
	归属母公司股东权益(万元)	148864.08	139798.29	124754.43	117296.41
	营业收入(万元)	556294.55	804916.95	367935.51	440777.19
	营业支出(万元)	540524.21	765867.59	352589.39	415193.61
	投资收益(万元)	-	-	-	9.83
	净利润(万元)	9072.73	21225.44	6930.00	11178.47
	营业利润(万元)	10792.05	25275.33	8804.75	12486.29
	利润总额(万元)	10811.85	25327.99	8811.67	13063.50

天津滨海能源发展股份有限公司

公司概况	公司名称	天津滨海能源发展股份有限公司		证券简称	滨海能源
	法人代表	陈德强	董秘 郭锐	证券代码	000695
	公司网址	www.binhaienergy.com		电子信箱	bhe_ir@126.com
	电　话	022-66202230		传　真	022-66202232
	办公地址	天津市开发区第十一大街27号			
	经营范围	生产、销售热力、电力、发电、燃汽、自来水及上述系统设备及零配件等			

主要财务指标	指标\报告期	2015.06.30	2014.12.31	2014.06.30	2013.12.31
	基本每股收益(元)	-0.0154	0.0152	-0.0240	0.0100
	基本每股收益(扣除后)(元)	-0.0156	0.0147	-0.0260	0.0100
	稀释每股收益(元)	-0.0154	0.0152	-0.0240	0.0100
	每股净资产(元)	1.4248	1.4386	1.3974	1.4192
	每股经营现金净流量(元)	0.1667	0.3934	0.0930	0.3082
	每股现金流量(元)	-0.0166	0.0140	-0.0614	-0.1305
	每股资本公积金(元)	0.3427	0.3427	0.3755	0.3735
	每股盈余公积金(元)	0.0549	0.0549	0.0549	0.0549
	每股未分配利润(元)	-0.0094	0.0060	-0.0330	-0.0092
	净资产收益率(%)	-1.0779	1.0534	-1.7031	1.0334
	加权净资产收益率(%)	-1.0700	1.0600	-1.7100	1.0400
	净资产收益率(扣除)(%)	-1.0876	0.9067	-1.8638	0.8060
	总资产(万元)	104300.67	111333.58	107625.95	115491.43
	归属母公司股东权益(万元)	31652.69	31959.18	31043.18	31527.63
	营业收入(万元)	33842.23	65762.98	35945.85	72858.24
	营业支出(万元)	31413.30	62810.27	33788.08	69633.10
	投资收益(万元)	-4.47	-13.01	-6.10	2.64
	净利润(万元)	-341.17	336.67	-528.68	325.81
	营业利润(万元)	-109.75	-2610.55	-330.87	-2741.82
	利润总额(万元)	-103.17	658.32	-264.36	492.35

陕西炼石有色资源股份有限公司

公司概况	公司名称	陕西炼石有色资源股份有限公司		证券简称	炼石有色
	法人代表	张政	董秘 赵卫军	证券代码	000697
	公司网址	www.lsmin.com		电子信箱	bzhao0697@sohu.com
	电　话	029-33675902		传　真	029-33675902
	办公地址	陕西省咸阳市西咸新区世纪大道55号启迪科技会展中心1602室			
	经营范围	钼、铼及其他有色金属矿产的开发、贸易、新材料、冶炼新技术的研发、投资等			

主要财务指标	指标\报告期	2015.06.30	2014.12.31	2014.06.30	2013.12.31
	基本每股收益(元)	0.0428	0.1527	0.0464	0.1327
	基本每股收益(扣除后)(元)	0.0034	0.1383	0.0430	0.1325
	稀释每股收益(元)	0.0428	0.1527	0.0464	0.1327
	每股净资产(元)	2.5640	2.5412	2.4358	1.1623
	每股经营现金净流量(元)	-0.0140	0.3945	-0.0529	0.3772
	每股现金流量(元)	0.2505	0.3296	0.1730	0.3136
	每股资本公积金(元)	1.0128	1.0128	1.0126	-0.2985
	每股盈余公积金(元)	0.0562	0.0562	0.0393	0.0457
	每股未分配利润(元)	0.4950	0.4722	0.3839	0.4150
	净资产收益率(%)	1.6696	5.7977	1.7282	11.4200
	加权净资产收益率(%)	1.6700	6.9500	2.4400	12.1100
	净资产收益率(扣除)(%)	0.1344	5.2509	1.6003	11.3984
	总资产(万元)	158382.81	157309.04	150622.53	72567.22
	归属母公司股东权益(万元)	143504.21	142227.58	136326.74	55918.32
	营业收入(万元)	3177.41	24374.02	9722.14	22620.10
	营业支出(万元)	1373.82	11291.61	4533.45	10682.02
	投资收益(万元)	2202.23	899.71	189.97	-
	净利润(万元)	2422.95	8311.45	2355.97	6385.86
	营业利润(万元)	2634.68	9807.57	2831.25	7884.37
	利润总额(万元)	2635.25	9917.41	2846.44	7898.65

沈阳化工股份有限公司

公司概况	公司名称	沈阳化工股份有限公司		证券简称	沈阳化工
	法人代表	王大壮	董秘 杨志国	证券代码	000698
	公司网址	www.sychem.com		电子信箱	000698@126.com
	电　话	024-25553506		传　真	024-25553060
	办公地址	辽宁省沈阳市铁西区卫工北街46号			
	经营范围	化工产品、化工设备、压力容器、防腐设备等			

主要财务指标	指标\报告期	2015.06.30	2014.12.31	2014.06.30	2013.12.31
	基本每股收益(元)	-0.0680	0.0290	-0.0640	0.0600
	基本每股收益(扣除后)(元)	-0.1040	-0.3500	-0.1000	-0.2700
	稀释每股收益(元)	-0.0680	0.0290	-0.0640	0.0600
	每股净资产(元)	4.6586	4.7157	4.6276	4.6873
	每股经营现金净流量(元)	0.1417	0.0945	-0.3033	0.6296
	每股现金流量(元)	0.4056	-0.3306	-0.1891	0.6444
	每股资本公积金(元)	2.0460	1.6383	2.0460	2.0460
	每股盈余公积金(元)	0.4126	0.3327	0.3973	0.3973
	每股未分配利润(元)	1.1892	1.5466	1.1804	1.2440
	净资产收益率(%)	-1.4580	0.6026	-1.3741	1.1934
	加权净资产收益率(%)	-1.4500	0.6000	-1.3700	1.2000
	净资产收益率(扣除)(%)	-2.2273	-7.5124	-2.1659	-5.8400
	总资产(万元)	831734.84	856204.85	701161.54	702097.33
	归属母公司股东权益(万元)	307902.71	370231.82	305848.29	309795.31
	营业收入(万元)	351168.11	1053439.34	516654.38	1053113.08
	营业支出(万元)	332786.27	1013986.82	494513.94	1003761.14
	投资收益(万元)	-	-	-	-
	净利润(万元)	-4489.21	1648.68	-4202.70	3697.00
	营业利润(万元)	-6857.95	-23435.15	-6596.29	-20511.64
	利润总额(万元)	-4489.21	3691.15	-4172.26	4023.09

江南模塑科技股份有限公司

公司概况	公司名称	江南模塑科技股份有限公司			证券简称	模塑科技
	法人代表	曹克波	董秘	单陈燕	证券代码	000700
	公司网址	www.000700.com		电子信箱	scy@000700.com	
	电　　话	0510-86242802		传　　真	0510-86242818	
	办公地址	江苏省江阴市周庄镇长青路8号				
	经营范围	汽车零部件、塑料制品、模具、塑钢门窗、模塑高科技产品的开发、研制等				

	指标\报告期	2015.06.30	2014.12.31	2014.06.30	2013.12.31
主要财务指标	基本每股收益(元)	0.6232	0.7960	0.4530	0.7020
	基本每股收益(扣除后)(元)	0.4570	0.7180	0.3850	-
	稀释每股收益(元)	0.6232	0.7960	0.4530	0.7020
	每股净资产(元)	6.4100	4.4989	4.2196	4.4782
	每股经营现金净流量(元)	0.1001	1.2456	0.7787	1.4833
	每股现金流量(元)	0.1152	0.1123	0.2657	-0.0557
	每股资本公积金(元)	1.5350	-	0.8696	0.9823
	每股盈余公积金(元)	0.0640	0.0743	-	0.4878
	每股未分配利润(元)	2.8388	2.7550	2.3499	2.0081
	净资产收益率(%)	9.2747	17.6870	10.7403	15.6869
	加权净资产收益率(%)	10.8300	17.7500	10.4200	16.8700
	净资产收益率(扣除)(%)	6.8021	15.9523	9.1186	13.6846
	总资产(万元)	436527.59	392856.21	393392.94	388782.18
	归属母公司股东权益(万元)	229872.17	139035.66	130402.67	138395.63
	营业收入(万元)	156770.82	339539.97	161267.89	290113.60
	营业支出(万元)	117632.99	260102.42	123221.81	219197.15
	投资收益(万元)	11297.86	5443.95	2855.23	5630.77
	净利润(万元)	21319.93	24883.76	14005.61	21709.95
	营业利润(万元)	25263.25	28654.46	16391.79	25788.32
	利润总额(万元)	25546.18	29307.97	16899.39	25061.10

厦门信达股份有限公司

公司概况	公司名称	厦门信达股份有限公司			证券简称	厦门信达
	法人代表	杜少华	董秘	范丹	证券代码	000701
	公司网址	www.xindeco.com		电子信箱	board@xindeco.com.cn	
	电　　话	0592-5608098		传　　真	0592-6021391	
	办公地址	福建省厦门市湖里区兴隆路27号信息大厦第七层				
	经营范围	网络信息服务及信息产品的开发与生产、商业批发零售、贸易和房地产开发等				

	指标\报告期	2015.06.30	2014.12.31	2014.06.30	2013.12.31
主要财务指标	基本每股收益(元)	0.2186	0.5500	0.1519	1.0100
	基本每股收益(扣除后)(元)	0.0487	-0.3700	0.0716	0.0700
	稀释每股收益(元)	0.2186	0.5500	0.1519	1.0100
	每股净资产(元)	5.9470	5.8300	5.4525	4.2777
	每股经营现金净流量(元)	-8.5391	1.5471	-11.1762	0.1271
	每股现金流量(元)	-2.3940	2.6092	-0.4463	4.4237
	每股资本公积金(元)	2.5689	2.5689	2.5689	0.8250
	每股盈余公积金(元)	0.3298	0.3298	0.2803	0.3627
	每股未分配利润(元)	2.0594	1.9408	1.6166	2.0989
	净资产收益率(%)	3.6766	8.9007	2.4690	23.5214
	加权净资产收益率(%)	3.6800	10.1600	3.9900	26.1100
	净资产收益率(扣除)(%)	0.8197	-5.9124	1.1644	1.6383
	总资产(万元)	1271150.80	1053497.50	1204104.36	846495.94
	归属母公司股东权益(万元)	184883.89	181144.16	169509.51	102770.82
	营业收入(万元)	1183370.95	2635855.26	1101936.30	2564946.91
	营业支出(万元)	1136526.39	2546081.54	1052741.77	2491443.11
	投资收益(万元)	1188.72	29311.17	1391.16	20205.16
	净利润(万元)	7808.66	20213.51	4185.27	24173.19
	营业利润(万元)	4493.70	17382.66	5787.41	30157.74
	利润总额(万元)	10866.69	27145.95	8854.64	35692.83

湖南正虹科技发展股份有限公司

公司概况	公司名称	湖南正虹科技发展股份有限公司			证券简称	正虹科技
	法人代表	夏壮华	董秘	刘浩	证券代码	000702
	公司网址	www.chinazhjt.com.cn		电子信箱	dms@chinazhjt.com.cn	
	电　　话	0730-5715016		传　　真	0730-5715017	
	办公地址	湖南省岳阳市屈原管理区营田镇正虹科技大楼				
	经营范围	各类饲料的研制、生产、销售、饲料原料销售等				

	指标\报告期	2015.06.30	2014.12.31	2014.06.30	2013.12.31
主要财务指标	基本每股收益(元)	0.0143	0.0976	0.0194	-0.0984
	基本每股收益(扣除后)(元)	-0.0540	-0.0180	-0.0363	-
	稀释每股收益(元)	0.0143	0.0976	0.0194	-0.0984
	每股净资产(元)	1.7587	1.8295	1.6055	1.6372
	每股经营现金净流量(元)	0.1496	0.0212	0.0592	0.1310
	每股现金流量(元)	0.1620	-0.0131	0.0612	-0.2295
	每股资本公积金(元)	0.6847	0.6847	0.8001	0.8512
	每股盈余公积金(元)	0.0970	0.0970	0.0970	0.0970
	每股未分配利润(元)	-0.1990	-0.2133	-0.2915	-0.3109
	净资产收益率(%)	0.8146	5.3356	1.2101	-6.0111
	加权净资产收益率(%)	0.8000	5.6300	1.2000	-5.8900
	净资产收益率(扣除)(%)	-3.0730	-0.9849	-2.2605	-8.4465
	总资产(万元)	70507.16	71124.15	81163.52	72868.53
	归属母公司股东权益(万元)	46893.09	48779.51	42807.78	43652.27
	营业收入(万元)	66823.90	180131.70	85135.05	202409.84
	营业支出(万元)	61872.58	165721.02	79573.64	188095.10
	投资收益(万元)	1424.79	2433.18	1050.76	431.89
	净利润(万元)	353.23	2657.25	518.02	-2623.98
	营业利润(万元)	187.04	2278.55	163.84	-2509.53
	利润总额(万元)	407.70	3580.83	790.93	-1808.70

恒逸石化股份有限公司

公司概况	公司名称	恒逸石化股份有限公司			证券简称	恒逸石化
	法人代表	方贤水	董秘	郭丹	证券代码	000703
	公司网址	www.hengyishihua.com		电子信箱	hysh@hengyi.com	
	电　　话	0571-83871991		传　　真	0571-83871992	
	办公地址	浙江省杭州市萧山区市心北路260号恒逸·南岸明珠3栋24楼				
	经营范围	实业投资、生产和销售化学纤维、化工原料及产品等				

	指标\报告期	2015.06.30	2014.12.31	2014.06.30	2013.12.31
主要财务指标	基本每股收益(元)	0.1000	-0.3100	-0.0500	0.3700
	基本每股收益(扣除后)(元)	0.0900	-0.2300	0.0200	0.3200
	稀释每股收益(元)	0.1000	-0.3100	-0.0500	0.3700
	每股净资产(元)	4.4541	4.3593	4.5933	4.7500
	每股经营现金净流量(元)	1.2223	1.6304	0.0943	0.1626
	每股现金流量(元)	-0.7453	0.5692	0.8109	0.3283
	每股资本公积金(元)	0.0353	0.0353	0.0368	0.0368
	每股盈余公积金(元)	0.2600	0.2600	0.2303	0.2303
	每股未分配利润(元)	3.1199	3.0242	3.3005	3.4547
	净资产收益率(%)	2.1475	-7.0132	-1.1393	7.7952
	加权净资产收益率(%)	2.1700	-6.7400	-1.1100	7.9400
	净资产收益率(扣除)(%)	2.0788	-5.3803	0.4262	6.6718
	总资产(万元)	2660972.81	2673250.07	2663766.42	2380553.75
	归属母公司股东权益(万元)	513821.39	502882.49	529876.62	547687.55
	营业收入(万元)	1476667.35	2806254.29	1436491.35	3075060.94
	营业支出(万元)	1399366.10	2690473.77	1374106.28	2999139.05
	投资收益(万元)	808.89	-37922.20	-8746.95	26385.44
	净利润(万元)	15499.37	-39645.95	-6037.01	42693.32
	营业利润(万元)	16677.81	-45391.02	-4859.74	48375.83
	利润总额(万元)	19219.05	-41799.78	-2818.75	55034.02

浙江震元股份有限公司

公司概况	公司名称	浙江震元股份有限公司			证券简称	浙江震元
	法人代表	宋逸婷	董秘	周黔莉	证券代码	000705
	公司网址	www.zjzy.com		电子信箱	000705@zjzy.com	
	电　话	0575-85144161		传　真	0575-85148805	
	办公地址	浙江省绍兴市解放北路289号				
	经营范围	从事药品、中药饮片的生产经营和销售等				

主要财务指标	指标\报告期	2015.06.30	2014.12.31	2014.06.30	2013.12.31
	基本每股收益(元)	0.0200	0.1200	0.1000	0.1900
	基本每股收益(扣除后)(元)	0.0200	0.1100	0.1900	0.3500
	稀释每股收益(元)	0.0200	0.1200	0.1000	0.1900
	每股净资产(元)	3.6819	3.6262	7.2262	6.9949
	每股经营现金净流量(元)	-0.0276	0.2436	-0.1752	0.1041
	每股现金流量(元)	-0.3726	-0.1332	-0.3241	-0.7655
	每股资本公积金(元)	1.6077	1.6077	4.4107	4.2153
	每股盈余公积金(元)	0.1110	0.1110	0.2139	0.2139
	每股未分配利润(元)	0.8345	0.8125	1.6017	1.3992
	净资产收益率(%)	0.5976	3.2254	2.8015	5.5142
	加权净资产收益率(%)	0.6000	3.2800	2.8500	5.6800
	净资产收益率(扣除)(%)	0.5862	3.1224	2.6963	4.9816
	总资产(万元)	183768.47	180255.99	176171.02	174372.41
	归属母公司股东权益(万元)	123021.91	121160.25	120722.49	116858.20
	营业收入(万元)	104160.19	208123.31	102275.26	201814.76
	营业支出(万元)	89343.42	175950.81	87089.32	172103.84
	投资收益(万元)	132.48	221.05	206.70	287.40
	净利润(万元)	667.18	4081.09	3502.75	6579.05
	营业利润(万元)	1278.80	5005.88	4371.33	7450.84
	利润总额(万元)	1173.66	4827.42	4326.00	7837.15

湖北双环科技股份有限公司

公司概况	公司名称	湖北双环科技股份有限公司			证券简称	双环科技
	法人代表	李元海	董秘	张拥军	证券代码	000707
	公司网址	www.hbshkj.cn		电子信箱	sh0707@163.com	
	电　话	0712-3591099		传　真	0712-3591099	
	办公地址	湖北省应城市东马坊团结大道26号				
	经营范围	生产销售纯碱、氯化铵和氯化聚乙烯				

主要财务指标	指标\报告期	2015.06.30	2014.12.31	2014.06.30	2013.12.31
	基本每股收益(元)	0.0207	0.0166	0.0260	-1.4301
	基本每股收益(扣除后)(元)	0.0047	-0.1200	-0.0285	-1.4939
	稀释每股收益(元)	0.0207	0.0166	0.0260	-1.4301
	每股净资产(元)	3.0899	3.0780	3.0891	3.0650
	每股经营现金净流量(元)	0.5768	1.0797	0.5590	-0.1911
	每股现金流量(元)	0.2917	-0.1762	0.1217	-0.4732
	每股资本公积金(元)	1.5806	1.5806	1.5849	1.5804
	每股盈余公积金(元)	0.4526	0.4526	0.4526	0.4526
	每股未分配利润(元)	0.0483	0.0376	0.0468	0.0210
	净资产收益率(%)	0.6709	0.5380	0.8340	-46.6586
	加权净资产收益率(%)	0.6700	0.3700	0.8400	-37.6700
	净资产收益率(扣除)(%)	0.1511	-3.9114	-0.9212	-48.7396
	总资产(万元)	1052757.18	1004587.84	933003.31	896483.09
	归属母公司股东权益(万元)	143414.51	142862.67	143379.54	142262.57
	营业收入(万元)	187070.21	400061.04	202255.84	372206.97
	营业支出(万元)	154283.44	335306.87	174671.43	353140.96
	投资收益(万元)	-126.35	408.50	-58.27	-753.86
	净利润(万元)	789.35	334.96	807.03	-66864.69
	营业利润(万元)	-97.32	-6535.71	-1573.87	-71244.45
	利润总额(万元)	870.32	1479.36	1565.75	-67383.21

大冶特殊钢股份有限公司

公司概况	公司名称	大冶特殊钢股份有限公司			证券简称	大冶特钢
	法人代表	俞亚鹏	董秘	郭培锋	证券代码	000708
	公司网址	www.dayesteel.com.cn		电子信箱	dytg0708@163.com	
	电　话	0714-6297373		传　真	0714-6297280	
	办公地址	湖北省黄石市黄石大道316号				
	经营范围	钢铁冶炼、钢材轧制、金属改制、压延加工、钢铁材料检测				

主要财务指标	指标\报告期	2015.06.30	2014.12.31	2014.06.30	2013.12.31
	基本每股收益(元)	0.3090	0.5960	0.2930	0.4490
	基本每股收益(扣除后)(元)	0.2970	0.5900	0.2920	0.4360
	稀释每股收益(元)	0.3090	0.5960	0.2930	0.4490
	每股净资产(元)	7.4907	7.3819	7.0784	6.9855
	每股经营现金净流量(元)	0.2366	0.9797	0.2775	0.2815
	每股现金流量(元)	0.1203	0.9207	0.0936	0.0196
	每股资本公积金(元)	1.0807	1.0807	1.0807	1.0807
	每股盈余公积金(元)	0.5031	0.5031	0.5031	0.5031
	每股未分配利润(元)	4.9069	4.7981	4.4946	4.4017
	净资产收益率(%)	4.1223	8.0801	4.1381	6.4237
	加权净资产收益率(%)	4.1300	8.3420	4.1500	6.6400
	净资产收益率(扣除)(%)	3.9697	7.9945	4.1209	6.2479
	总资产(万元)	504280.01	502750.23	453972.72	450173.47
	归属母公司股东权益(万元)	336639.30	331750.18	318108.11	313932.63
	营业收入(万元)	304484.56	735254.36	380723.94	743771.03
	营业支出(万元)	263937.75	657903.01	341780.70	672651.30
	投资收益(万元)	-	-	-	-
	净利润(万元)	13877.29	26805.70	13163.65	20166.15
	营业利润(万元)	15830.42	29341.70	15273.11	23083.25
	利润总额(万元)	16434.78	29675.71	15337.48	23577.56

河北钢铁股份有限公司

公司概况	公司名称	河北钢铁股份有限公司			证券简称	河北钢铁
	法人代表	于勇	董秘	李卜海	证券代码	000709
	公司网址	www.hebgtgf.com		电子信箱	hbgtgf@hebgtjt.com	
	电　话	0311-66770709		传　真	0311-66778711	
	办公地址	河北省石家庄市体育南大街385号				
	经营范围	钢铁冶炼、钢材轧制及销售等				

主要财务指标	指标\报告期	2015.06.30	2014.12.31	2014.06.30	2013.12.31
	基本每股收益(元)	0.0340	0.0660	0.0310	0.0110
	基本每股收益(扣除后)(元)	0.0290	0.0600	0.0260	-
	稀释每股收益(元)	0.0340	0.0660	0.0310	0.0110
	每股净资产(元)	4.0880	4.0530	4.0242	4.0081
	每股经营现金净流量(元)	0.7638	1.3593	0.8796	1.0861
	每股现金流量(元)	0.1062	0.0249	0.0526	0.1437
	每股资本公积金(元)	2.1854	2.1854	2.1854	2.1854
	每股盈余公积金(元)	0.1800	0.1800	0.1731	0.1731
	每股未分配利润(元)	0.7139	0.6802	0.6528	0.6415
	净资产收益率(%)	0.8224	1.6199	0.7791	0.2730
	加权净资产收益率(%)	0.8300	1.6300	0.7800	0.2700
	净资产收益率(扣除)(%)	0.7190	1.3649	0.6520	-0.1442
	总资产(万元)	17164013.83	17036820.53	16359454.68	16689804.12
	归属母公司股东权益(万元)	4340863.73	4303675.88	4273192.08	4256006.00
	营业收入(万元)	4243142.73	9825744.71	5067615.15	11025499.22
	营业支出(万元)	3786851.63	8754561.87	4606839.35	10088405.66
	投资收益(万元)	8503.90	29509.51	18208.19	31553.00
	净利润(万元)	30146.45	71729.10	33293.04	11617.59
	营业利润(万元)	37636.86	89885.89	41005.69	15062.20
	利润总额(万元)	38695.97	93742.70	41676.67	23111.05

成都天兴仪表股份有限公司

公司概况	公司名称	成都天兴仪表股份有限公司			证券简称	天兴仪表
	法人代表	文武	董秘	顾中国	证券代码	000710
	公司网址	www.txyb.com.cn		电子信箱	china0710@163.com	
	电　话	028-84613721		传　真	028-84600581	
	办公地址	四川省成都市外东十陵镇公司办公楼				
	经营范围	摩托车与汽车部品的设计、生产、加工和销售				

	指标\报告期	2015.06.30	2014.12.31	2014.06.30	2013.12.31
主要财务指标	基本每股收益(元)	-0.0320	0.0455	-0.0305	-0.0407
	基本每股收益(扣除后)(元)	-0.0294	-0.1307	0.0028	0.1325
	稀释每股收益(元)	-0.0320	0.0455	-0.0305	-0.0407
	每股净资产(元)	0.8280	0.8600	0.7330	0.7635
	每股经营现金净流量(元)	-0.2709	0.1251	-0.1327	0.1034
	每股现金流量(元)	-0.1508	0.1859	-0.0104	-0.1245
	每股资本公积金(元)	0.3063	0.3063	0.2596	0.2596
	每股盈余公积金(元)	0.0729	0.0729	0.0729	0.0729
	每股未分配利润(元)	-0.5634	-0.5314	-0.6073	-0.5769
	净资产收益率(%)	-3.8616	5.2900	-4.1549	-5.3334
	加权净资产收益率(%)	-3.7900	5.7860	-3.9100	-5.3600
	净资产收益率(扣除)(%)	-3.5537	-15.1940	0.3754	-5.3506
	总资产(万元)	47220.56	44585.38	42280.23	41008.45
	归属母公司股东权益(万元)	12519.39	13002.85	11083.40	11543.91
	营业收入(万元)	11013.10	27364.33	15705.50	26223.48
	营业支出(万元)	10364.52	25537.05	14537.70	22942.62
	投资收益(万元)	1025.66	4178.31	879.63	933.43
	净利润(万元)	-483.45	679.12	-460.51	-615.69
	营业利润(万元)	-525.09	638.98	-473.81	-91.37
	利润总额(万元)	-483.45	679.12	-467.44	-88.72

黑龙江京蓝科技股份有限公司

公司概况	公司名称	黑龙江京蓝科技股份有限公司			证券简称	*ST 京蓝
	法人代表	肖志辉	董秘	刘欣	证券代码	000711
	公司网址	www.kingland-tech.com.cn		电子信箱	Jessie88520@hotmail.com	
	电　话	010-63300361 020-38303219		传　真	020-38303000	
	办公地址	北京市丰台区广安路 9 号国投财富广场 3 号楼 5 层				
	经营范围	物业租赁、房地产咨询业务				

	指标\报告期	2015.06.30	2014.12.31	2014.06.30	2013.12.31
主要财务指标	基本每股收益(元)	-3.3000	-0.4500	-0.1300	-0.1700
	基本每股收益(扣除后)(元)	-3.1600	-0.4500	-0.1300	-0.1800
	稀释每股收益(元)	-3.3000	-0.4500	-0.1300	-0.1700
	每股净资产(元)	-1.7186	1.5779	1.8914	2.0225
	每股经营现金净流量(元)	-0.0849	-0.0596	0.0047	0.1056
	每股现金流量(元)	-0.1811	0.1261	0.4744	-0.0617
	每股资本公积金(元)	0.0937	0.0937	0.0937	0.0937
	每股盈余公积金(元)	0.1886	0.1886	0.1886	0.1886
	每股未分配利润(元)	-3.0050	0.2914	0.6050	0.7391
	净资产收益率(%)	1.9182	-28.3725	-7.0901	-8.4316
	加权净资产收益率(%)	-	-24.8500	-6.8500	-8.0900
	净资产收益率(扣除)(%)	184.1421	-28.3223	-7.0746	-8.9961
	总资产(万元)	71444.11	122959.81	122843.53	109640.05
	归属母公司股东权益(万元)	-27651.13	25387.67	30433.05	32541.10
	营业收入(万元)	4423.86	6874.93	3838.02	6320.73
	营业支出(万元)	2150.32	2712.32	1495.51	2086.01
	投资收益(万元)	-	-	-	6.43
	净利润(万元)	-57557.35	-7462.88	-2157.73	-2743.72
	营业利润(万元)	-55201.17	-7026.66	-2034.88	-2922.02
	利润总额(万元)	-57321.93	-7039.55	-2039.58	-2784.68

广东锦龙发展股份有限公司

公司概况	公司名称	广东锦龙发展股份有限公司			证券简称	锦龙股份
	法人代表	杨志茂	董秘	张丹丹	证券代码	000712
	公司网址	www.jlgf.com		电子信箱	jlgf000712@163.com	
	电　话	0763-3369393		传　真	0763-3362693	
	办公地址	广东省清远市方正二街 1 号锦龙大厦				
	经营范围	自来水的生产和供应业等				

	指标\报告期	2015.06.30	2014.12.31	2014.06.30	2013.12.31
主要财务指标	基本每股收益(元)	0.6500	0.4300	0.2600	0.1180
	基本每股收益(扣除后)(元)	0.6500	0.1979	0.0300	0.1180
	稀释每股收益(元)	0.6500	0.4300	0.2600	0.1180
	每股净资产(元)	3.4416	2.8557	2.6529	4.9479
	每股经营现金净流量(元)	5.8566	1.7204	0.0846	0.6305
	每股现金流量(元)	7.4107	2.1128	0.4686	3.0276
	每股资本公积金(元)	0.7968	0.7968	0.8264	2.6114
	每股盈余公积金(元)	0.1403	0.1049	0.1049	0.2054
	每股未分配利润(元)	1.4108	0.8932	0.7216	1.1311
	净资产收益率(%)	18.9722	15.1154	9.7344	2.3854
	加权净资产收益率(%)	20.4100	16.4900	10.0500	2.3700
	净资产收益率(扣除)(%)	18.9632	6.9309	1.1049	2.2254
	总资产(万元)	2225238.23	1519908.83	1125566.64	1028582.50
	归属母公司股东权益(万元)	308369.80	255868.72	237696.96	221666.14
	营业收入(万元)	1206.89	4019.51	35647.09	12905.40
	营业支出(万元)	35.88	1797.82	515.40	5985.59
	投资收益(万元)	79138.69	69528.27	32294.15	12811.54
	净利润(万元)	85205.02	46888.37	23138.43	5287.64
	营业利润(万元)	101373.15	52566.95	25958.55	9721.50
	利润总额(万元)	101426.75	53826.40	25748.64	9989.06

合肥丰乐种业股份有限公司

公司概况	公司名称	合肥丰乐种业股份有限公司			证券简称	丰乐种业
	法人代表	杨林	董秘	顾晓新	证券代码	000713
	公司网址	www.fengle.com.cn		电子信箱	flzq@fengle.com.cn	
	电　话	0551-2239888 62239956		传　真	0551-2239957	
	办公地址	安徽省合肥市长江西路 501 号丰乐大厦				
	经营范围	农作物种子、农药、专用肥、植物生长素、农化产品、薄荷油及其衍生产品等				

	指标\报告期	2015.06.30	2014.12.31	2014.06.30	2013.12.31
主要财务指标	基本每股收益(元)	0.0272	0.2040	0.0487	0.1866
	基本每股收益(扣除后)(元)	0.0037	0.0169	-0.0092	0.0362
	稀释每股收益(元)	0.0272	0.2040	0.0487	0.1866
	每股净资产(元)	4.5285	4.4995	4.3464	4.3154
	每股经营现金净流量(元)	-0.0074	0.8311	0.0356	0.6730
	每股现金流量(元)	-0.4316	-0.1223	-0.1307	-0.0275
	每股资本公积金(元)	1.6894	1.6894	1.8309	1.8309
	每股盈余公积金(元)	0.2711	0.2711	0.2616	0.2616
	每股未分配利润(元)	1.3266	1.3295	1.1870	1.1650
	净资产收益率(%)	0.6001	4.5336	1.1200	4.3239
	加权净资产收益率(%)	0.6000	4.6300	1.1200	4.5400
	净资产收益率(扣除)(%)	0.0806	0.3757	-0.2114	0.8395
	总资产(万元)	176889.74	188897.15	194496.65	199844.31
	归属母公司股东权益(万元)	135344.85	134480.34	129904.75	128977.15
	营业收入(万元)	42529.98	137880.00	61919.51	169393.49
	营业支出(万元)	33227.40	110504.81	51760.11	141639.74
	投资收益(万元)	-	4785.49	-2.22	4451.76
	净利润(万元)	812.27	6101.51	1458.81	5576.84
	营业利润(万元)	386.56	5550.78	133.46	5371.20
	利润总额(万元)	1089.68	6412.65	1866.82	6001.94

中兴-沈阳商业大厦(集团)股份有限公司

公司概况						
公司名称	中兴-沈阳商业大厦(集团)股份有限公司			证券简称	中兴商业	
法人代表	刘芝旭	董秘	姜莉	证券代码	000715	
公司网址	www.zxbusiness.com		电子信箱	zxstock@vip.sina.com		
电　话	024-23838888-3715 3703		传　真	024-23408889		
办公地址	辽宁省沈阳市和平区太原北街86号					
经营范围	国内一般商业贸易、汽车修理、汽车配件、仓储搬运等					

主要财务指标 指标\报告期	2015.06.30	2014.12.31	2014.06.30	2013.12.31
基本每股收益(元)	0.0910	0.3000	0.1220	0.1800
基本每股收益(扣除后)(元)	0.1700	0.3900	0.1502	0.3686
稀释每股收益(元)	0.0910	0.3000	0.1220	0.1800
每股净资产(元)	4.0271	3.9362	4.7137	4.5605
每股经营现金净流量(元)	0.0102	0.1030	0.0020	0.5661
每股现金流量(元)	-0.4326	-0.9133	-1.2082	0.3293
每股资本公积金(元)	1.1352	1.1352	1.1352	1.1352
每股盈余公积金(元)	0.4085	0.4085	0.4615	0.3734
每股未分配利润(元)	1.4570	1.3661	2.1170	1.1712
净资产收益率(%)	2.2573	7.6206	3.2492	4.9200
加权净资产收益率(%)	2.2800	7.8400	3.2400	8.6700
净资产收益率(扣除)(%)	4.2116	9.9879	3.1858	8.0816
总资产(万元)	220808.65	223176.19	227267.53	228189.42
归属母公司股东权益(万元)	112357.91	109821.62	131514.12	103211.54
营业收入(万元)	159690.54	313435.23	168256.38	347950.59
营业支出(万元)	130267.97	255368.86	136522.16	286038.35
投资收益(万元)	155.71	844.07	0.16	-
净利润(万元)	2536.28	8369.06	3398.40	5044.45
营业利润(万元)	3058.31	9761.35	4480.41	6835.39
利润总额(万元)	3385.37	11821.41	4591.63	7344.53

南方黑芝麻集团股份有限公司

公司概况						
公司名称	南方黑芝麻集团股份有限公司			证券简称	南方食品	
法人代表	韦清文	董秘	龙耐坚	证券代码	000716	
公司网址	www.nanfangfood.com		电子信箱	nfkg008@sina.com		
电　话	0771-5308096 5308080		传　真	0771-5308639		
办公地址	广西壮族自治区南宁市双拥路36号					
经营范围	对食品、管道燃气、物流、房地产、物业管理、航空服务项目的投资等					

主要财务指标 指标\报告期	2015.06.30	2014.12.31	2014.06.30	2013.12.31
基本每股收益(元)	0.1280	0.2420	0.1040	0.1890
基本每股收益(扣除后)(元)	0.1030	0.2180	0.1150	0.1770
稀释每股收益(元)	0.1280	0.2420	0.1040	0.1890
每股净资产(元)	5.3200	7.0400	3.4774	3.3885
每股经营现金净流量(元)	-0.1750	-0.1085	-0.2420	0.4369
每股现金流量(元)	-0.8952	1.9879	-0.6836	0.7781
每股资本公积金(元)	3.7497	4.5421	1.9771	1.9771
每股盈余公积金(元)	0.0878	0.0896	0.1086	0.1086
每股未分配利润(元)	0.4015	0.3421	0.3916	0.3028
净资产收益率(%)	2.4122	3.4410	4.3325	4.9356
加权净资产收益率(%)	2.1200	6.1400	3.5500	5.3600
净资产收益率(扣除)(%)	1.9266	3.1037	3.3165	4.6144
总资产(万元)	260172.67	278721.87	137283.26	145906.57
归属母公司股东权益(万元)	166880.81	186366.11	85543.20	83357.62
营业收入(万元)	71195.79	149752.80	67277.97	130553.13
营业支出(万元)	50732.69	102522.85	49133.00	91006.46
投资收益(万元)	40.93	287.03	318.74	1145.50
净利润(万元)	4021.30	6180.02	3229.39	4106.71
营业利润(万元)	2546.90	4815.29	2349.15	4101.33
利润总额(万元)	3934.77	6288.90	3171.96	4604.04

广东韶钢松山股份有限公司

公司概况						
公司名称	广东韶钢松山股份有限公司			证券简称	韶钢松山	
法人代表	傅建国	董秘	刘二	证券代码	000717	
公司网址	www.sgss.com.cn		电子信箱	sgss@sgis.com.cn		
电　话	0751-8787265		传　真	0751-8787676		
办公地址	广东省韶关市曲江区					
经营范围	制造、加工、销售钢铁冶金产品、金属制品、焦炭、煤化工产品等					

主要财务指标 指标\报告期	2015.06.30	2014.12.31	2014.06.30	2013.12.31
基本每股收益(元)	-0.3637	-0.5700	-0.3042	0.0500
基本每股收益(扣除后)(元)	-0.3644	-0.5900	-0.3046	-0.0300
稀释每股收益(元)	-0.3637	-0.5700	-0.3042	0.0500
每股净资产(元)	0.8501	1.2138	1.4890	1.7966
每股经营现金净流量(元)	-0.1287	0.8461	0.8033	0.6573
每股现金流量(元)	-0.0497	0.0749	0.3265	-0.1825
每股资本公积金(元)	1.3338	1.3338	1.3404	1.3438
每股盈余公积金(元)	0.2642	0.2642	0.2642	0.2642
每股未分配利润(元)	-1.7430	-1.3793	-1.1097	-0.8055
净资产收益率(%)	-42.7852	-47.2702	-20.4283	2.3343
加权净资产收益率(%)	-35.2500	-38.0100	-18.5200	2.8600
净资产收益率(扣除)(%)	-42.8599	-48.2652	-20.4564	-1.3491
总资产(万元)	1818590.10	1857037.77	2157404.54	2164707.68
归属母公司股东权益(万元)	205685.57	293688.64	360263.81	434696.31
营业收入(万元)	552956.10	1949661.68	1013610.95	1917103.40
营业支出(万元)	591445.38	1973447.50	1024483.48	1852274.21
投资收益(万元)	-108.52	4146.87	-12.69	-501.12
净利润(万元)	-88002.91	-138827.18	-73595.93	10147.03
营业利润(万元)	-90443.32	-137215.53	-74525.42	58.35
利润总额(万元)	-87952.53	-138470.31	-74306.34	13623.67

苏宁环球股份有限公司

公司概况						
公司名称	苏宁环球股份有限公司			证券简称	苏宁环球	
法人代表	张桂平	董秘	刘登华	证券代码	000718	
公司网址	www.suning-universal.com		电子信箱	suning@suning.com.cn		
电　话	025-83247946		传　真	025-83247136		
办公地址	江苏省南京市鼓楼区广州路188号17楼					
经营范围	房地产开发经营与混凝土生产销售等					

主要财务指标 指标\报告期	2015.06.30	2014.12.31	2014.06.30	2013.12.31
基本每股收益(元)	0.1570	0.3730	0.0240	0.2400
基本每股收益(扣除后)(元)	0.1570	0.3770	0.0220	-
稀释每股收益(元)	0.1570	0.3730	0.0240	0.2400
每股净资产(元)	2.3424	2.3858	2.0364	2.1126
每股经营现金净流量(元)	0.2695	0.3928	-0.2805	1.1619
每股现金流量(元)	0.0013	-0.1570	0.0042	0.2754
每股资本公积金(元)	-	-	-	-
每股盈余公积金(元)	-	-	-	-
每股未分配利润(元)	1.3425	1.3858	1.0364	1.1126
净资产收益率(%)	6.6912	15.6426	1.1720	11.2878
加权净资产收益率(%)	6.3600	16.2300	1.1500	10.4500
净资产收益率(扣除)(%)	6.7220	15.8122	1.0637	11.2804
总资产(万元)	2000837.19	2137616.78	2332022.48	2069685.73
归属母公司股东权益(万元)	478604.30	487456.88	416080.94	431637.73
营业收入(万元)	376389.05	545660.18	53062.72	672056.45
营业支出(万元)	275314.17	339244.45	25896.54	479998.58
投资收益(万元)	-993.73	-1505.45	-752.72	-1505.45
净利润(万元)	32007.22	76259.77	4875.14	48722.28
营业利润(万元)	50103.91	121049.49	7290.91	93497.59
利润总额(万元)	49907.83	120066.50	7890.14	93616.66

中原大地传媒股份有限公司

公司概况					
公司名称	中原大地传媒股份有限公司			证券简称	大地传媒
法人代表	王爱	董秘	毋晓冬	证券代码	000719
公司网址	www.zyddcm.com		电子信箱	ddcm000719@126.com	
电　　话	0371-87528527		传　　真	0371-87528528	
办公地址	河南省郑州市金水东路 39 号中国(河南)出版产业园 A 座				
经营范围	对新闻、出版、教育、文化、广播、电影、电视节目等进行互联网信息服务等				

主要财务指标：指标\报告期	2015.06.30	2014.12.31	2014.06.30	2013.12.31
基本每股收益(元)	0.4300	0.8700	0.3500	0.8700
基本每股收益(扣除后)(元)	0.4200	0.6300	0.3100	0.6200
稀释每股收益(元)	0.4300	0.8700	0.3500	0.8700
每股净资产(元)	7.3507	7.0750	4.7800	4.5835
每股经营现金净流量(元)	0.1404	1.5064	1.4647	1.5267
每股现金流量(元)	–0.6822	1.7006	0.9694	1.0010
每股资本公积金(元)	3.7942	3.7942	1.7783	6.4383
每股盈余公积金(元)	0.1721	0.1721	0.1258	0.2671
每股未分配利润(元)	2.3630	2.0872	1.8746	2.4676
净资产收益率(%)	5.7924	11.5240	7.2244	14.1611
加权净资产收益率(%)	5.9000	13.3200	7.2600	16.7400
净资产收益率(扣除)(%)	5.6796	8.4138	6.4581	13.4020
总资产(万元)	874524.07	857573.33	301079.31	718001.57
归属母公司股东权益(万元)	578562.18	556855.72	210130.09	453704.33
营业收入(万元)	325282.55	710254.75	302549.93	646218.74
营业支出(万元)	229081.56	503424.77	216085.02	448130.50
投资收益(万元)	316.82	–129.14	–75.55	328.40
净利润(万元)	32799.60	63805.90	27323.88	61947.81
营业利润(万元)	30635.90	58384.67	23531.48	56352.46
利润总额(万元)	32934.89	65172.80	27503.19	63231.52

山东新能泰山发电股份有限公司

公司概况					
公司名称	山东新能泰山发电股份有限公司			证券简称	新能泰山
法人代表	王文宗	董秘	刘昭营	证券代码	000720
公司网址	www.sz000720.com		电子信箱	xnts@sz000720.com	
电　　话	0538-8232022		传　　真	0538-8232000	
办公地址	山东省泰安市普照寺路 5 号				
经营范围	电力生产、销售、电线电缆、电子产品、电器机械及器材、输变电设备等				

主要财务指标：指标\报告期	2015.06.30	2014.12.31	2014.06.30	2013.12.31
基本每股收益(元)	0.0725	0.0920	0.0415	0.0390
基本每股收益(扣除后)(元)	0.0716	0.0900	0.0414	0.0262
稀释每股收益(元)	0.0725	0.0920	0.0415	0.0390
每股净资产(元)	1.0697	0.9969	0.9452	0.9034
每股经营现金净流量(元)	0.4528	0.5734	0.1830	0.8231
每股现金流量(元)	0.0094	0.0300	0.0470	0.0188
每股资本公积金(元)	0.3428	0.3428	0.3428	0.3428
每股盈余公积金(元)	0.1655	0.1655	0.1655	0.1655
每股未分配利润(元)	–0.4405	–0.5130	–0.5635	–0.6050
净资产收益率(%)	6.7787	9.2288	4.3956	4.3183
加权净资产收益率(%)	7.0200	9.6800	4.5000	4.4100
净资产收益率(扣除)(%)	6.6888	9.0319	4.3886	2.8962
总资产(万元)	536855.49	548470.76	549595.41	553029.99
归属母公司股东权益(万元)	92364.85	86074.93	81614.54	78002.02
营业收入(万元)	148984.24	314564.53	144006.25	290188.60
营业支出(万元)	119092.41	262897.02	119138.09	245524.82
投资收益(万元)	–137.79	28.68	8.97	77.31
净利润(万元)	9369.59	12891.36	3587.47	3368.40
营业利润(万元)	11034.66	12947.89	5950.95	5185.32
利润总额(万元)	11151.84	13186.04	5970.32	6644.24

西安饮食股份有限公司

公司概况					
公司名称	西安饮食股份有限公司			证券简称	西安饮食
法人代表	胡昌民	董秘	胡昌民(代)	证券代码	000721
公司网址	www.xcsg.com		电子信箱	xcsg@xcsg.com	
电　　话	029-82065865		传　　真	029-82065899	
办公地址	陕西省西安市碑林区南二环西段 27 号西安旅游大厦 6 层				
经营范围	国内商业、物资供销业、物业管理、投资项目信息咨询及中介服务等				

主要财务指标：指标\报告期	2015.06.30	2014.12.31	2014.06.30	2013.12.31
基本每股收益(元)	–0.0073	0.0222	0.0054	0.0659
基本每股收益(扣除后)(元)	–0.0204	–0.0544	–0.0483	–0.0328
稀释每股收益(元)	–0.0073	0.0222	0.0054	0.0659
每股净资产(元)	1.3801	1.3873	1.3706	2.8153
每股经营现金净流量(元)	–0.0115	0.0442	–0.0069	0.1242
每股现金流量(元)	–0.0370	0.4683	–0.0469	–0.0023
每股资本公积金(元)	0.1108	0.1108	0.1108	0.8816
每股盈余公积金(元)	0.0968	0.0968	0.0887	0.1774
每股未分配利润(元)	0.1724	0.1797	0.1711	0.7564
净资产收益率(%)	–0.5256	1.5975	0.3957	2.1060
加权净资产收益率(%)	–0.5200	1.6000	0.3300	2.3800
净资产收益率(扣除)(%)	–1.4747	–3.9182	–3.5261	–1.0480
总资产(万元)	109664.16	106434.07	106616.93	101976.29
归属母公司股东权益(万元)	68873.15	69235.15	68399.73	70250.08
营业收入(万元)	23870.04	54577.61	25327.72	58616.75
营业支出(万元)	14602.89	33913.42	10236.80	23319.74
投资收益(万元)	–	882.90	478.68	2137.36
净利润(万元)	–407.91	1211.90	270.64	1479.45
营业利润(万元)	–1004.44	–1788.49	–2017.78	2279.39
利润总额(万元)	–209.15	2610.09	1080.21	2845.49

湖南发展集团股份有限公司

公司概况					
公司名称	湖南发展集团股份有限公司			证券简称	湖南发展
法人代表	杨国平	董秘	苏千里	证券代码	000722
公司网址	www.hnfzgf.com		电子信箱	hnfz@hnfzgf.com	
电　　话	0731-88789296		传　　真	0731-88789290	
办公地址	湖南省长沙市天心区芙蓉中路三段 142 号 B 座光大发展大厦第 27 楼				
经营范围	水力发电项目综合经营、房地产项目投资、土地资源、矿产资源的储备及综合经营等				

主要财务指标：指标\报告期	2015.06.30	2014.12.31	2014.06.30	2013.12.31
基本每股收益(元)	0.1400	0.4200	0.2300	0.3400
基本每股收益(扣除后)(元)	0.1400	0.4200	0.2300	0.3300
稀释每股收益(元)	0.1400	0.4200	0.2300	0.3400
每股净资产(元)	5.4206	5.2766	5.0876	4.8589
每股经营现金净流量(元)	0.1245	0.3790	0.1915	0.3681
每股现金流量(元)	–0.0398	0.1222	0.1827	–0.0698
每股资本公积金(元)	4.6056	4.6056	4.6056	4.6056
每股盈余公积金(元)	0.0205	0.0205	0.0205	0.0205
每股未分配利润(元)	–0.2055	–0.3496	–0.5385	–0.7673
净资产收益率(%)	2.6579	7.9158	4.4963	7.0105
加权净资产收益率(%)	2.6900	8.2400	4.6000	7.2700
净资产收益率(扣除)(%)	2.6571	7.9075	4.4896	6.8214
总资产(万元)	297112.82	305156.99	304728.76	286410.81
归属母公司股东权益(万元)	251603.45	244916.02	236146.41	225528.55
营业收入(万元)	13558.55	27123.11	15182.97	24018.51
营业支出(万元)	5396.03	10811.03	5253.14	10068.07
投资收益(万元)	3203.30	10130.83	4011.96	5938.12
净利润(万元)	6695.75	19277.53	10617.86	15810.59
营业利润(万元)	8654.62	19258.39	10549.23	15688.06
利润总额(万元)	8657.48	19278.04	10564.98	15724.98

山西美锦能源股份有限公司

公司概况	公司名称	山西美锦能源股份有限公司			证券简称	美锦能源
	法人代表	姚锦龙	董秘	朱庆华	证券代码	000723
	公司网址	www.mjenergy.com		电子信箱	meijinenergy@126.com	
	电　话	0351-4236095		传　真	0351-4236092	
	办公地址	山西省太原市迎泽区劲松北路31号哈伯中心12层				
	经营范围	焦化厂、煤矿、煤层气的开发、投资、批发零售焦炭、金属材料、建材等				

主要财务指标	指标\报告期	2015.06.30	2014.12.31	2014.06.30	2013.12.31
	基本每股收益(元)	-0.0907	0.0300	-0.0148	0.1300
	基本每股收益(扣除后)(元)	-0.0907	0.0300	-0.0200	0.1300
	稀释每股收益(元)	-0.0907	0.0300	-0.0148	0.1300
	每股净资产(元)	1.5574	1.6494	1.5972	1.6233
	每股经营现金净流量(元)	-0.0868	-0.0950	0.1576	0.4761
	每股现金流量(元)	-0.0918	-0.1194	0.1458	0.1835
	每股资本公积金(元)	0.1625	0.1625	0.1625	0.1625
	每股盈余公积金(元)	0.0774	0.0774	0.0756	0.0756
	每股未分配利润(元)	0.2767	0.3724	0.3253	0.3552
	净资产收益率(%)	-5.8225	2.0598	-0.9288	8.1346
	加权净资产收益率(%)	-5.6500	2.0800	-0.9200	8.2500
	净资产收益率(扣除)(%)	-5.8225	1.9670	-0.9831	8.1297
	总资产(万元)	86214.08	83679.40	69884.98	89079.24
	归属母公司股东权益(万元)	43483.05	46051.96	44594.71	45321.82
	营业收入(万元)	44457.29	99810.70	50300.40	126336.65
	营业支出(万元)	37959.14	82468.39	44743.11	109506.22
	投资收益(万元)	-	-	-	-
	净利润(万元)	-2796.54	999.47	-456.29	4136.88
	营业利润(万元)	-3570.41	1538.21	-548.57	5759.80
	利润总额(万元)	-3570.41	1601.51	-512.74	5763.13

鲁泰纺织股份有限公司

公司概况	公司名称	鲁泰纺织股份有限公司			证券简称	鲁　泰A
	法人代表	刘石祯	董秘	秦桂玲	证券代码	000726
	公司网址	www.lttc.com.cn		电子信箱	qinguiling@lttc.com.cn	
	电　话	0533-5285166		传　真	0533-5418805	
	办公地址	山东省淄博市淄川区松龄东路81号				
	经营范围	生产销售棉纱、色织布、衬衣、服装饰品、保健内衣等纺织品及配套系列产品等				

主要财务指标	指标\报告期	2015.06.30	2014.12.31	2014.06.30	2013.12.31
	基本每股收益(元)	0.3600	1.0000	0.5000	1.0400
	基本每股收益(扣除后)(元)	0.3200	0.9200	0.5000	0.9700
	稀释每股收益(元)	0.3600	1.0000	0.5000	1.0400
	每股净资产(元)	6.7549	6.8938	6.3889	6.2650
	每股经营现金净流量(元)	0.3791	1.1636	0.4175	1.5212
	每股现金流量(元)	-0.1266	-0.2307	-0.4474	-0.0317
	每股资本公积金(元)	1.0537	1.0537	1.0521	1.0471
	每股盈余公积金(元)	0.7767	0.7767	0.6900	0.6900
	每股未分配利润(元)	3.9327	4.0722	3.6546	3.5356
	净资产收益率(%)	5.3364	14.5509	7.8094	17.9000
	加权净资产收益率(%)	5.1000	15.3900	7.8100	17.9000
	净资产收益率(扣除)(%)	4.7801	13.2968	7.7949	15.5143
	总资产(万元)	858563.31	862767.14	812945.77	841194.86
	归属母公司股东权益(万元)	645603.05	658877.22	610647.39	598805.41
	营业收入(万元)	294183.59	616968.88	311422.66	647824.50
	营业支出(万元)	213302.22	423458.44	213785.03	448192.36
	投资收益(万元)	2886.06	2805.59	2127.89	2218.63
	净利润(万元)	34541.02	97937.72	47688.03	99925.67
	营业利润(万元)	40700.44	103999.09	55286.59	116994.26
	利润总额(万元)	41287.98	115697.50	56959.75	122435.62

京东方科技集团股份有限公司

公司概况	公司名称	京东方科技集团股份有限公司			证券简称	京东方A
	法人代表	王东升	董秘	刘洪峰	证券代码	000725
	公司网址	www.boe.com.cn		电子信箱	web.master@boe.com.cn	
	电　话	010-64318888		传　真	010-64366264	
	办公地址	北京市北京经济技术开发区西环中路12号				
	经营范围	电子产品、通信设备、电子计算机软硬件的制造及购销等				

主要财务指标	指标\报告期	2015.06.30	2014.12.31	2014.06.30	2013.12.31
	基本每股收益(元)	0.0550	0.0870	0.0500	0.1740
	基本每股收益(扣除后)(元)	0.0450	0.0620	0.0290	0.1270
	稀释每股收益(元)	0.0550	0.0870	0.0500	0.1740
	每股净资产(元)	2.2130	2.1580	2.1071	2.0894
	每股经营现金净流量(元)	0.1545	0.2294	0.0922	0.6624
	每股现金流量(元)	-0.1274	0.5676	0.6941	0.2158
	每股资本公积金(元)	1.1075	1.1075	1.0967	1.1395
	每股盈余公积金(元)	0.0156	0.0143	0.0141	0.0369
	每股未分配利润(元)	0.0946	0.0407	-0.0023	-0.0830
	净资产收益率(%)	2.4984	3.3644	1.4008	8.3300
	加权净资产收益率(%)	2.5300	4.2900	2.3800	8.7000
	净资产收益率(扣除)(%)	2.0185	2.4002	0.7401	6.0668
	总资产(万元)	14085598.94	13624028.35	12793520.50	9253845.15
	归属母公司股东权益(万元)	7809691.31	7615507.16	7435743.32	2825181.54
	营业收入(万元)	2297084.81	3681631.67	1611317.16	3377428.56
	营业支出(万元)	1750961.04	2850488.07	1263011.85	2570382.34
	投资收益(万元)	6465.92	1344.74	692.44	760.05
	净利润(万元)	195315.38	271591.40	104163.57	235336.57
	营业利润(万元)	195279.04	230762.57	77957.10	225784.41
	利润总额(万元)	236421.44	317590.72	131891.90	302241.34

南京华东电子信息科技股份有限公司

公司概况	公司名称	南京华东电子信息科技股份有限公司			证券简称	华东科技
	法人代表	梁生元	董秘	胡进文	证券代码	000727
	公司网址	www.huadongtech.com		电子信箱	hjw@huadongtech.com	
	电　话	025-68192835　68192806		传　真	025-68192828	
	办公地址	江苏省南京市经济技术开发区恒通大道19-1号				
	经营范围	电子产品、平板显示器件及模块、石英晶体产品、电子线路产品等				

主要财务指标	指标\报告期	2015.06.30	2014.12.31	2014.06.30	2013.12.31
	基本每股收益(元)	-0.0029	0.0290	0.0135	0.0288
	基本每股收益(扣除后)(元)	-0.0080	-0.0687	-0.0450	-0.3056
	稀释每股收益(元)	-0.0029	0.0290	0.0135	0.0288
	每股净资产(元)	4.7392	1.0012	0.9868	0.9722
	每股经营现金净流量(元)	0.3977	0.1463	0.4164	-0.0814
	每股现金流量(元)	2.6289	0.3066	-4.1866	-0.2573
	每股资本公积金(元)	3.9029	1.0099	1.0098	1.0098
	每股盈余公积金(元)	0.0438	0.2760	0.2760	0.2760
	每股未分配利润(元)	-0.2075	-1.2902	-1.2990	-1.3137
	净资产收益率(%)	-0.0610	2.8946	1.4831	2.9640
	加权净资产收益率(%)	-0.1200	2.9372	1.3600	2.2200
	净资产收益率(扣除)(%)	-0.1698	-6.7745	-4.5643	-31.4377
	总资产(万元)	2936172.26	3020855.53	99507.50	92771.19
	归属母公司股东权益(万元)	1073318.70	35760.86	35442.92	34917.26
	营业收入(万元)	39129.10	98854.54	42694.11	81977.43
	营业支出(万元)	35729.53	86683.55	37948.15	75107.27
	投资收益(万元)	20.58	10.35	17.20	5370.58
	净利润(万元)	-984.40	1488.55	739.99	-1452.10
	营业利润(万元)	-2623.58	-3329.78	-1950.38	-9616.07
	利润总额(万元)	-964.00	1837.89	736.21	-1334.51

国元证券股份有限公司

公司概况	公司名称	国元证券股份有限公司			证券简称	国元证券
	法人代表	蔡咏	董秘	陈新	证券代码	000728
	公司网址	www.gyzq.com.cn		电子信箱	dshbgs@gyzq.com.cn	
	电　话	0551-62207323 62207968		传　真	0551-62207322	
	办公地址	安徽省合肥市梅山路 18 号安徽国际金融中心 A 座国元证券				
	经营范围	证券经纪、证券投资咨询、与证券交易、证券投资活动有关的财务顾问等				

	指标\报告期	2015.06.30	2014.12.31	2014.06.30	2013.12.31
主要财务指标	基本每股收益(元)	0.9600	0.7000	0.3100	0.3400
	基本每股收益(扣除后)(元)	0.9600	0.7000	0.3100	0.3300
	稀释每股收益(元)	0.9600	0.7000	0.3100	0.3400
	每股净资产(元)	9.7250	8.8895	8.1800	7.8997
	每股经营现金净流量(元)	1.2470	0.9139	0.0724	-3.7450
	每股现金流量(元)	11.0432	4.4450	0.1208	-1.3666
	每股资本公积金(元)	5.0280	5.0280	5.0467	4.9797
	每股盈余公积金(元)	0.4033	0.4033	0.3361	0.3361
	每股未分配利润(元)	2.2349	1.3741	1.1858	0.9767
	净资产收益率(%)	9.8798	7.8566	3.7789	4.2804
	加权净资产收益率(%)	10.3000	8.3100	3.8400	4.3700
	净资产收益率(扣除)(%)	9.8749	7.8650	3.7853	4.2328
	总资产(万元)	9240115.33	5314332.02	3307921.52	3032993.46
	归属母公司股东权益(万元)	1910090.33	1745978.25	1606391.91	1551583.08
	营业收入(万元)	361923.51	348603.61	139192.73	198492.76
	营业支出(万元)	117003.27	169098.78	60698.99	115059.90
	投资收益(万元)	134561.24	153589.45	60796.50	60914.17
	净利润(万元)	188712.32	137174.47	60703.54	66413.19
	营业利润(万元)	244920.24	179504.84	78493.74	83432.86
	利润总额(万元)	245050.07	179330.23	78363.20	84446.96

北京燕京啤酒股份有限公司

公司概况	公司名称	北京燕京啤酒股份有限公司			证券简称	燕京啤酒
	法人代表	李福成	董秘	刘翔宇	证券代码	000729
	公司网址	www.yanjing.com.cn		电子信箱	yanjing@public.bta.net.cn	
	电　话	010-89490729		传　真	010-89495569	
	办公地址	北京市顺义区双河路 9 号				
	经营范围	啤酒、矿泉水、啤酒原料、饲料、酵母、塑料箱的制造和销售等				

	指标\报告期	2015.06.30	2014.12.31	2014.06.30	2013.12.31
主要财务指标	基本每股收益(元)	0.2120	0.2590	0.2100	0.2530
	基本每股收益(扣除后)(元)	0.1910	0.2210	0.1700	0.1940
	稀释每股收益(元)	0.2120	0.2590	0.2100	0.2530
	每股净资产(元)	4.5172	4.3605	4.3066	4.1806
	每股经营现金净流量(元)	0.6683	0.4281	0.6206	1.1015
	每股现金流量(元)	0.2721	0.0452	0.2472	0.0848
	每股资本公积金(元)	1.6464	1.6148	1.6138	1.6146
	每股盈余公积金(元)	0.5355	0.5371	0.4749	0.4749
	每股未分配利润(元)	1.3352	1.2066	1.2180	1.0911
	净资产收益率(%)	4.6960	5.9269	4.8067	5.7972
	加权净资产收益率(%)	4.7800	6.0700	4.8500	6.2600
	净资产收益率(扣除)(%)	4.2161	5.0719	3.9350	4.4458
	总资产(万元)	2004124.97	1893065.09	1972793.63	1890535.76
	归属母公司股东权益(万元)	1273178.64	1225158.58	1209572.31	1174093.41
	营业收入(万元)	703780.73	1350375.41	775740.67	1374838.39
	营业支出(万元)	398408.38	801294.00	461555.31	833801.94
	投资收益(万元)	2067.76	1196.60	230.39	9295.78
	净利润(万元)	66466.86	79163.42	58140.84	68064.11
	营业利润(万元)	76403.89	90908.37	69578.05	89350.33
	利润总额(万元)	82944.34	104882.65	81211.24	101574.42

四川美丰化工股份有限公司

公司概况	公司名称	四川美丰化工股份有限公司			证券简称	四川美丰
	法人代表	张晓彬	董秘	王东	证券代码	000731
	公司网址	www.scmeif.com		电子信箱	mfzqb@163.com	
	电　话	0838-2304235		传　真	0838-2304228	
	办公地址	四川省德阳市蓥华南路一段 10 号				
	经营范围	公司属化肥生产行业，主要经营化学肥料、尿素、碳酸氢胺、合成氨等				

	指标\报告期	2015.06.30	2014.12.31	2014.06.30	2013.12.31
主要财务指标	基本每股收益(元)	0.0772	-0.4134	-0.2127	0.2984
	基本每股收益(扣除后)(元)	0.0748	-0.4150	-0.2196	0.1720
	稀释每股收益(元)	0.0772	-0.4134	-0.2127	0.2984
	每股净资产(元)	4.5818	4.5011	4.6968	4.9678
	每股经营现金净流量(元)	0.0379	-0.0489	-0.1166	0.2826
	每股现金流量(元)	0.0737	-0.8061	-0.6497	0.4899
	每股资本公积金(元)	1.0835	1.0835	1.0835	1.0835
	每股盈余公积金(元)	0.6985	0.6985	0.6985	0.6985
	每股未分配利润(元)	1.7898	1.7125	1.9132	2.1859
	净资产收益率(%)	1.6858	-9.1837	-4.5277	5.7942
	加权净资产收益率(%)	1.7000	-8.7300	-4.2300	6.1500
	净资产收益率(扣除)(%)	1.6332	-9.2206	-4.6761	3.3393
	总资产(万元)	466300.78	452513.30	453079.04	482312.56
	归属母公司股东权益(万元)	271008.99	266232.63	277810.00	293835.83
	营业收入(万元)	189143.52	476901.06	233696.73	576790.14
	营业支出(万元)	163143.83	454755.28	227982.54	536839.77
	投资收益(万元)	-149.30	-130.62	-58.44	9697.76
	净利润(万元)	4613.75	-24538.10	-12578.31	17025.45
	营业利润(万元)	5162.46	-23136.46	-11926.64	20078.61
	利润总额(万元)	5338.06	-23735.55	-12077.19	20354.78

泰禾集团股份有限公司

公司概况	公司名称	泰禾集团股份有限公司			证券简称	泰禾集团
	法人代表	黄其森	董秘	洪再春	证券代码	000732
	公司网址	www.thaihot.com.cn		电子信箱	dongmi@thaihot.com.cn	
	电　话	0591-87731557		传　真	0591-87731800	
	办公地址	福建省福州市湖东路 43 号奥林匹克大厦 6 楼				
	经营范围	房地产、农药双主业经营				

	指标\报告期	2015.06.30	2014.12.31	2014.06.30	2013.12.31
主要财务指标	基本每股收益(元)	0.5565	0.7705	0.4170	0.7161
	基本每股收益(扣除后)(元)	0.5713	0.7747	0.4178	0.7131
	稀释每股收益(元)	0.5565	0.7705	0.4170	0.7161
	每股净资产(元)	5.6320	3.7478	3.3834	3.1939
	每股经营现金净流量(元)	0.6747	-16.3449	-13.6003	-11.2481
	每股现金流量(元)	2.2755	-3.9748	-2.5053	3.8109
	每股资本公积金(元)	0.5491	0.5767	0.5659	0.7934
	每股盈余公积金(元)	0.0939	0.0947	0.0830	0.0830
	每股未分配利润(元)	2.6337	2.0842	1.7345	1.3175
	净资产收益率(%)	9.8817	20.5594	12.3235	22.4194
	加权净资产收益率(%)	13.8300	22.5600	12.8300	26.2300
	净资产收益率(扣除)(%)	10.1445	20.6701	12.3479	22.3254
	总资产(万元)	7148030.87	6240608.92	5346563.21	3569537.01
	归属母公司股东权益(万元)	572879.24	382016.10	344149.69	324877.97
	营业收入(万元)	416556.64	837232.58	225343.62	612849.96
	营业支出(万元)	272115.81	571439.34	115220.44	392742.46
	投资收益(万元)	1181.78	32.42	23.22	117.27
	净利润(万元)	54463.77	71231.11	42411.36	72835.84
	营业利润(万元)	74449.58	95338.06	53051.41	92698.31
	利润总额(万元)	72556.84	94692.44	52958.46	94054.33

中国振华(集团)科技股份有限公司

公司概况						
	公司名称	中国振华(集团)科技股份有限公司			证券简称	振华科技
	法人代表	靳宏荣	董秘	齐靖	证券代码	000733
	公司网址	www.czst.com.cn		电子信箱	qijing@czelec.com.cn	
	电 话	0851-6301078 6301022		传 真	0851-6302674	
	办公地址	贵州省贵阳市乌当区新添大道北段 268 号				
	经营范围	自产自销电子产品、机械产品、贸易、建筑、经济信息咨询、技术咨询、开发等				

主要财务指标

指标\报告期	2015.06.30	2014.12.31	2014.06.30	2013.12.31
基本每股收益(元)	0.1700	0.2800	0.1700	0.2800
基本每股收益(扣除后)(元)	0.1500	0.1300	0.1800	0.1100
稀释每股收益(元)	0.1700	0.2800	0.1700	0.2800
每股净资产(元)	7.2826	7.1100	6.9457	6.2232
每股经营现金净流量(元)	–0.0023	0.1673	–0.0979	0.2377
每股现金流量(元)	–0.2204	0.9179	0.6184	–0.3480
每股资本公积金(元)	4.8817	4.8534	4.8066	4.9254
每股盈余公积金(元)	0.2576	0.2576	0.2314	0.3033
每股未分配利润(元)	1.1424	1.0025	0.9076	1.0151
净资产收益率(%)	2.3332	3.8633	2.2041	4.4644
加权净资产收益率(%)	2.3700	4.1300	2.4600	4.5200
净资产收益率(扣除)(%)	2.0930	1.7480	2.2607	1.8208
总资产(万元)	603240.03	527011.42	513401.03	442927.33
归属母公司股东权益(万元)	341803.17	333657.72	325991.61	259415.31
营业收入(万元)	214504.41	417001.52	197677.21	297274.22
营业支出(万元)	162748.35	331129.01	151615.80	231512.71
投资收益(万元)	833.41	5359.71	957.74	4981.07
净利润(万元)	8259.88	13359.21	7185.27	9949.61
营业利润(万元)	9769.23	13516.60	9315.01	9519.03
利润总额(万元)	10241.66	17434.20	9474.46	12137.39

罗牛山股份有限公司

公司概况						
	公司名称	罗牛山股份有限公司			证券简称	罗 牛 山
	法人代表	徐自力	董秘	张慧	证券代码	000735
	公司网址	www.luoniushan.com		电子信箱	lns@luoniushan.com	
	电 话	0898-68581213 68585243		传 真	0898-68585243	
	办公地址	海南省海口市美兰区国兴大道 5 号海南大厦农信楼 10 楼				
	经营范围	种养植业、兴办工业、房地产开发经营、建筑装璜工程、农副畜水产品及饲料销售等				

主要财务指标

指标\报告期	2015.06.30	2014.12.31	2014.06.30	2013.12.31
基本每股收益(元)	0.0030	0.0580	0.0272	0.0320
基本每股收益(扣除后)(元)	–0.0607	–0.1190	–0.0590	0.0780
稀释每股收益(元)	0.0030	0.0580	0.0272	0.0320
每股净资产(元)	1.8902	1.9391	1.9214	1.9421
每股经营现金净流量(元)	–0.2250	–0.0248	–0.0318	0.2081
每股现金流量(元)	–0.3397	–0.2048	–0.2137	0.0529
每股资本公积金(元)	0.2270	0.2270	0.2647	0.2926
每股盈余公积金(元)	0.1439	0.1439	0.1389	0.1389
每股未分配利润(元)	0.5193	0.5362	0.5178	0.5106
净资产收益率(%)	0.1598	2.9876	1.4146	1.6586
加权净资产收益率(%)	0.1600	3.0100	1.3000	1.6600
净资产收益率(扣除)(%)	–3.2124	–6.1424	–3.0713	4.0050
总资产(万元)	416426.13	425000.71	418986.66	428647.63
归属母公司股东权益(万元)	166360.82	170663.00	169106.55	170930.90
营业收入(万元)	36476.94	100581.72	54029.10	171953.19
营业支出(万元)	30380.78	85723.60	49195.29	140425.50
投资收益(万元)	3842.16	13055.07	7052.50	8068.72
净利润(万元)	685.38	5462.21	2392.13	2834.99
营业利润(万元)	–1441.90	30.15	2105.24	2400.02
利润总额(万元)	740.09	8901.69	4144.72	6486.77

中房地产股份有限公司

公司概况						
	公司名称	中房地产股份有限公司			证券简称	中房地产
	法人代表	吴文德	董秘	田玉利	证券代码	000736
	公司网址	www.china-propertyholding.com		电子信箱	zqb@000736.net	
	电 话	023-67530016		传 真	023-67530016	
	办公地址	重庆市渝北区洪湖东路 9 号财富大厦 B 座 9 楼				
	经营范围	房地产开发、住宅建设及产业化、土地开发与土地整理等				

主要财务指标

指标\报告期	2015.06.30	2014.12.31	2014.06.30	2013.12.31
基本每股收益(元)	0.0800	0.2500	0.2800	0.2000
基本每股收益(扣除后)(元)	0.0800	0.0800	0.1100	0.3100
稀释每股收益(元)	0.0800	0.2500	0.2800	0.2000
每股净资产(元)	5.7309	5.6749	5.6975	5.4372
每股经营现金净流量(元)	–0.4779	–4.6488	–1.1210	–5.3483
每股现金流量(元)	1.3043	–0.6192	1.4707	–0.2089
每股资本公积金(元)	1.7126	1.7126	1.7052	1.7095
每股盈余公积金(元)	0.1582	0.1582	0.1516	0.1516
每股未分配利润(元)	2.8601	2.8041	2.8407	2.5762
净资产收益率(%)	1.3260	4.4857	4.9948	3.7296
加权净资产收益率(%)	1.3300	4.5900	5.1100	3.8000
净资产收益率(扣除)(%)	1.3247	1.4260	1.9925	5.6500
总资产(万元)	691516.10	608811.87	550372.04	464542.31
归属母公司股东权益(万元)	170318.13	168654.01	169326.76	161590.98
营业收入(万元)	30778.89	70845.82	46180.47	85465.62
营业支出(万元)	19268.77	47994.37	–	59092.62
投资收益(万元)	–28.76	6782.40	6917.44	1030.93
净利润(万元)	2125.53	6726.92	8457.48	6026.74
营业利润(万元)	3791.48	12386.67	10884.59	11745.05
利润总额(万元)	3788.75	12377.47	10823.01	6475.54

南风化工集团股份有限公司

公司概况						
	公司名称	南风化工集团股份有限公司			证券简称	南风化工
	法人代表	胡文强	董秘	高翔林	证券代码	000737
	公司网址	www.nafine.com		电子信箱	nafine@nafine.com	
	电 话	0359-8967017		传 真	0359-8967035	
	办公地址	山西省运城市红旗东街 376 号				
	经营范围	主要生产销售无机盐系列产品、日用化工及其他精细化工产品、化学肥料系列产品等				

主要财务指标

指标\报告期	2015.06.30	2014.12.31	2014.06.30	2013.12.31
基本每股收益(元)	–0.1836	0.0587	–0.1616	–0.2389
基本每股收益(扣除后)(元)	–0.1909	–0.4585	–0.1641	–0.3077
稀释每股收益(元)	–0.1836	0.0587	–0.1616	–0.2389
每股净资产(元)	0.4882	0.6717	0.4593	0.6210
每股经营现金净流量(元)	0.1207	0.2150	0.0769	–0.4242
每股现金流量(元)	0.0060	–0.0326	–0.0405	–0.4838
每股资本公积金(元)	1.1388	1.1388	1.1468	1.1468
每股盈余公积金(元)	0.1620	0.1620	0.1620	0.1620
每股未分配利润(元)	–1.8127	–1.6291	–1.8494	–1.6878
净资产收益率(%)	–37.6010	8.7336	–35.1918	–38.4706
加权净资产收益率(%)	–31.6500	9.0800	–29.9300	–32.0300
净资产收益率(扣除)(%)	–39.0994	–68.2572	–35.7229	–49.5478
总资产(万元)	307102.88	305540.66	348228.03	324690.86
归属母公司股东权益(万元)	26788.19	36860.81	25206.48	34077.08
营业收入(万元)	115192.32	251891.48	137746.84	274604.32
营业支出(万元)	91076.17	199723.72	109082.83	214761.59
投资收益(万元)	–404.69	23490.00	–776.79	–2059.20
净利润(万元)	–10168.33	4985.11	–8870.61	–13109.66
营业利润(万元)	–10549.43	–288.84	–9025.55	–15513.48
利润总额(万元)	–10024.22	5610.43	–8886.13	–11470.94

中航动力控制股份有限公司

公司概况	公司名称	中航动力控制股份有限公司			证券简称	中航动控
	法人代表	张登馨	董秘	杨刚强	证券代码	000738
	公司网址	www.aaec.com.cn		电子信箱	zhdk@aaec.com.cn	
	电　话	0510-85706075		传　真	0510-85500738	
	办公地址	江苏省无锡市梁溪路 792 号				
	经营范围	航空、航天发动机控制系统产品的研制、生产、销售、修理等				

主要财务指标	指标\报告期	2015.06.30	2014.12.31	2014.06.30	2013.12.31
	基本每股收益(元)	0.0841	0.1615	0.0874	0.2012
	基本每股收益(扣除后)(元)	0.0805	0.1500	0.0861	-
	稀释每股收益(元)	0.0841	0.1615	0.0874	0.2012
	每股净资产(元)	4.0571	3.9855	3.9148	3.8428
	每股经营现金净流量(元)	-0.0021	0.1206	-0.1198	0.1163
	每股现金流量(元)	0.1055	-0.5425	-0.7292	0.8966
	每股资本公积金(元)	2.3281	2.3281	2.3280	2.3280
	每股盈余公积金(元)	0.0362	0.0362	0.0254	0.0254
	每股未分配利润(元)	0.6842	0.6171	0.5538	0.4864
	净资产收益率(%)	2.0719	4.0512	2.2328	4.6185
	加权净资产收益率(%)	2.0900	4.1300	2.2500	6.2200
	净资产收益率(扣除)(%)	1.9846	3.7993	2.1992	3.9949
	总资产(万元)	687806.80	651408.34	644391.48	646799.88
	归属母公司股东权益(万元)	464797.79	456592.53	448497.16	440253.13
	营业收入(万元)	119505.09	257588.23	124232.17	261212.52
	营业支出(万元)	91002.80	202146.59	97019.52	202499.22
	投资收益(万元)	240.14	1996.61	931.15	-130.45
	净利润(万元)	9715.04	18917.41	10013.88	20333.03
	营业利润(万元)	10769.34	20447.51	11457.67	21717.11
	利润总额(万元)	11297.10	21968.74	11698.39	25022.89

普洛药业股份有限公司

公司概况	公司名称	普洛药业股份有限公司			证券简称	普洛药业
	法人代表	徐文财	董秘	葛向全	证券代码	000739
	公司网址	www.apeloa.com		电子信箱	000739@apeloa.com	
	电　话	0579-86557527 86559672		传　真	0532-83890739 86558122	
	办公地址	浙江省东阳市横店江南路 333 号				
	经营范围	医药化工产品的研制、生产和销售等				

主要财务指标	指标\报告期	2015.06.30	2014.12.31	2014.06.30	2013.12.31
	基本每股收益(元)	0.1158	0.3000	0.2560	0.2073
	基本每股收益(扣除后)(元)	0.0984	0.1900	0.1520	0.1874
	稀释每股收益(元)	0.1158	0.3000	0.2560	0.2073
	每股净资产(元)	2.1265	2.0106	1.8896	2.1980
	每股经营现金净流量(元)	0.1161	0.6859	0.2622	0.2335
	每股现金流量(元)	-0.0202	-0.0084	0.0871	0.0779
	每股资本公积金(元)	0.1824	0.1824	0.0909	0.4182
	每股盈余公积金(元)	0.0638	0.0638	0.0573	0.0745
	每股未分配利润(元)	0.8803	0.7645	0.7414	0.7052
	净资产收益率(%)	5.4473	13.9710	10.9314	9.3375
	加权净资产收益率(%)	5.6000	15.7100	11.5200	10.2000
	净资产收益率(扣除)(%)	4.6266	9.0613	6.4913	8.4411
	总资产(万元)	533207.33	506181.18	482661.29	466225.62
	归属母公司股东权益(万元)	243879.39	230594.46	200315.72	179233.96
	营业收入(万元)	218929.96	423276.01	220295.82	389976.48
	营业支出(万元)	163205.03	313135.46	167790.45	301699.31
	投资收益(万元)	-110.16	9120.17	7831.15	-8.94
	净利润(万元)	13284.93	32671.71	21897.21	16735.88
	营业利润(万元)	15709.15	34306.54	23492.76	18548.20
	利润总额(万元)	17012.73	37720.74	24789.40	20574.24

长城信息产业股份有限公司

公司概况	公司名称	长城信息产业股份有限公司			证券简称	长城信息
	法人代表	何明	董秘	王习发	证券代码	000748
	公司网址	www.gwi.com.cn		电子信箱	gwizqb@gwi.com.cn	
	电　话	0731-84932861		传　真	0731-84932862	
	办公地址	湖南省长沙市经济技术开发区东三路 5 号				
	经营范围	计算机终端及外部设备、金融机具、税控机具及商用电子设备、计量仪表等				

主要财务指标	指标\报告期	2015.06.30	2014.12.31	2014.06.30	2013.12.31
	基本每股收益(元)	0.0492	0.2413	0.0375	0.2500
	基本每股收益(扣除后)(元)	0.0331	0.1063	0.0196	0.1800
	稀释每股收益(元)	0.0492	0.2413	0.0375	0.2500
	每股净资产(元)	3.9832	5.7300	3.4695	3.4646
	每股经营现金净流量(元)	-0.4038	0.4574	-0.8715	-0.1542
	每股现金流量(元)	-0.6789	2.3564	-0.4666	-0.0407
	每股资本公积金(元)	1.1888	3.3777	1.1657	1.1657
	每股盈余公积金(元)	0.1251	0.2501	0.2636	0.2636
	每股未分配利润(元)	0.5670	1.1056	1.0402	1.0353
	净资产收益率(%)	1.2354	3.8883	2.1601	7.3056
	加权净资产收益率(%)	1.5100	6.8200	2.1500	7.5400
	净资产收益率(扣除)(%)	0.8311	1.7128	0.5649	5.1002
	总资产(万元)	490262.60	402936.72	313008.54	284525.33
	归属母公司股东权益(万元)	324561.35	233583.33	130301.21	130115.56
	营业收入(万元)	90749.26	170982.58	71055.34	165741.23
	营业支出(万元)	72955.93	133162.07	58278.96	130606.89
	投资收益(万元)	2169.70	2764.16	1542.78	3019.84
	净利润(万元)	5018.91	9809.48	2339.06	8751.59
	营业利润(万元)	3423.35	3427.45	52.42	5884.45
	利润总额(万元)	5550.82	11543.04	3028.99	10236.99

国海证券股份有限公司

公司概况	公司名称	国海证券股份有限公司			证券简称	国海证券
	法人代表	何春梅	董秘	刘峻	证券代码	000750
	公司网址	www.ghzq.com.cn		电子信箱	dshbgs@ghzq.com.cn	
	电　话	0771-5539038 5532512		传　真	0771-5530903	
	办公地址	广西壮族自治区南宁市滨湖路 46 号国海大厦				
	经营范围	证券经纪、证券投资咨询、与证券交易、证券投资活动有关的财务顾问等				

主要财务指标	指标\报告期	2015.06.30	2014.12.31	2014.06.30	2013.12.31
	基本每股收益(元)	0.4800	0.3000	0.1100	0.1500
	基本每股收益(扣除后)(元)	0.4800	0.2900	0.1000	0.1500
	稀释每股收益(元)	0.4800	0.3000	0.1100	0.1500
	每股净资产(元)	3.2638	2.9230	2.7303	2.6762
	每股经营现金净流量(元)	0.6525	0.4034	0.4385	-1.2694
	每股现金流量(元)	8.1642	1.8982	0.0352	0.1648
	每股资本公积金(元)	1.1886	1.1886	1.1938	1.1856
	每股盈余公积金(元)	0.1336	0.1336	0.1047	0.1047
	每股未分配利润(元)	0.6553	0.3285	0.2225	0.1766
	净资产收益率(%)	14.6078	10.2179	3.8794	4.9935
	加权净资产收益率(%)	15.2700	10.6600	3.8800	9.8600
	净资产收益率(扣除)(%)	14.6144	9.9632	3.7499	4.8944
	总资产(万元)	6112906.65	2642006.90	2111725.00	1458632.48
	归属母公司股东权益(万元)	754053.95	675320.38	630805.91	618298.66
	营业收入(万元)	251977.74	254498.19	98006.52	181876.08
	营业支出(万元)	101230.45	161294.10	65315.51	135700.64
	投资收益(万元)	24689.91	47886.49	16099.93	15162.52
	净利润(万元)	112913.03	71530.92	24471.51	30874.59
	营业利润(万元)	150747.29	93204.10	32691.01	46175.44
	利润总额(万元)	150683.30	96374.24	33830.29	47415.31

葫芦岛锌业股份有限公司

公司概况	公司名称	葫芦岛锌业股份有限公司		证券简称	锌业股份
	法人代表	王明辉	董秘 刘建平	证券代码	000751
	公司网址	www.hldxygf.com		电子信箱	hld_xygf@163.com
	电 话	0429-2024121		传 真	0429-2101801
	办公地址	辽宁省葫芦岛市龙港区锌厂路24号			
	经营范围	锌、铜冶炼及深加工产品、硫酸、硫酸铜、镉、铟综合利用产品加工、重有色金属及制品加工			

主要财务指标 指标\报告期	2015.06.30	2014.12.31	2014.06.30	2013.12.31
基本每股收益(元)	0.0300	0.0600	0.0310	2.9600
基本每股收益(扣除后)(元)	0.0300	0.0300	0.0080	–
稀释每股收益(元)	0.0300	0.0600	0.0310	2.9600
每股净资产(元)	1.4058	1.3720	1.3417	1.3111
每股经营现金净流量(元)	–0.0346	–0.1162	–0.0641	–0.2080
每股现金流量(元)	–0.0361	–0.1436	–0.0939	0.2325
每股资本公积金(元)	0.9333	0.9333	0.9342	0.9355
每股盈余公积金(元)	0.2637	0.2637	0.2637	0.2637
每股未分配利润(元)	–0.7912	–0.8249	–0.8562	–0.8874
净资产收益率(%)	2.3982	4.5537	2.3245	225.8317
加权净资产收益率(%)	2.4300	4.6500	2.3500	–328.2200
净资产收益率(扣除)(%)	2.3183	2.2981	0.5717	6.7248
总资产(万元)	324096.58	332869.53	304900.85	368120.77
归属母公司股东权益(万元)	198193.75	193440.71	189162.34	184952.21
营业收入(万元)	208874.40	435889.23	191760.82	418680.83
营业支出(万元)	180973.29	390060.99	175545.58	379743.24
投资收益(万元)	–	648.20	514.30	–
净利润(万元)	4753.10	8887.49	4397.05	417453.18
营业利润(万元)	4594.71	4524.27	1079.61	14462.58
利润总额(万元)	4753.10	8887.49	4395.17	414548.51

西藏银河科技发展股份有限公司

公司概况	公司名称	西藏银河科技发展股份有限公司		证券简称	西藏发展
	法人代表	闫清江	董秘 杨岚岚	证券代码	000752
	公司网址			电子信箱	xzfz752@163.com
	电 话	028-65317117 65317138		传 真	028-65317117
	办公地址	成都市武侯区星狮路511号大合仓C座511室			
	经营范围	生产、销售啤酒、饮料、饲料、养殖业、藏红花系列产品的开发等			

主要财务指标 指标\报告期	2015.06.30	2014.12.31	2014.06.30	2013.12.31
基本每股收益(元)	0.0439	0.0975	0.0375	0.4917
基本每股收益(扣除后)(元)	0.0438	0.0567	0.0375	0.0664
稀释每股收益(元)	0.0439	0.0975	0.0375	0.4917
每股净资产(元)	2.9855	2.9416	2.9313	2.8938
每股经营现金净流量(元)	0.1996	0.2583	0.0402	0.3789
每股现金流量(元)	0.1547	0.2315	0.1996	1.7744
每股资本公积金(元)	0.0912	0.0912	0.0909	0.0909
每股盈余公积金(元)	0.1935	0.1935	0.1935	0.1935
每股未分配利润(元)	1.7008	1.6569	1.6469	1.6094
净资产收益率(%)	1.4689	3.3137	1.2783	16.9900
加权净资产收益率(%)	1.4800	3.3100	1.2900	18.5000
净资产收益率(扣除)(%)	1.4660	1.9260	1.2802	16.6198
总资产(万元)	139560.69	137807.76	137048.64	135440.52
归属母公司股东权益(万元)	78744.21	77587.52	77314.61	76326.28
营业收入(万元)	19701.84	39897.71	18717.55	45017.00
营业支出(万元)	14238.44	28346.32	13236.67	30992.42
投资收益(万元)	–599.88	–1278.71	–514.15	11736.30
净利润(万元)	3274.04	7088.89	988.34	12967.81
营业利润(万元)	3699.97	7235.21	3620.59	19771.14
利润总额(万元)	3704.95	8714.48	3617.23	20585.87

福建漳州发展股份有限公司

公司概况	公司名称	福建漳州发展股份有限公司		证券简称	漳州发展
	法人代表	庄文海	董秘 李勤	证券代码	000753
	公司网址	www.zzdc.com.cn		电子信箱	zzdc753@sina.cn
	电 话	0596-2671753		传 真	0596-2671876
	办公地址	福建省漳州市胜利东路漳州发展广场21楼			
	经营范围	城市基础设施开发与建设、市政工程的投资与管理等			

主要财务指标 指标\报告期	2015.06.30	2014.12.31	2014.06.30	2013.12.31
基本每股收益(元)	–0.0550	0.1600	0.0490	0.2200
基本每股收益(扣除后)(元)	–0.0670	0.0290	0.0610	0.1450
稀释每股收益(元)	–0.0550	0.1600	0.0490	0.2200
每股净资产(元)	1.6177	2.8114	2.0202	2.0005
每股经营现金净流量(元)	–0.0537	–0.8850	–1.2152	0.0795
每股现金流量(元)	–0.4445	0.7251	–0.7979	0.8145
每股资本公积金(元)	0.2709	1.1605	0.2986	0.2986
每股盈余公积金(元)	0.0376	0.0639	0.0579	0.0579
每股未分配利润(元)	0.3092	0.5869	0.6638	0.6441
净资产收益率(%)	–2.2263	4.8184	3.4505	13.6431
加权净资产收益率(%)	–2.2000	8.3100	3.4700	14.5800
净资产收益率(扣除)(%)	–2.7005	0.8675	2.9984	7.2574
总资产(万元)	381075.94	401588.26	337137.66	346467.30
归属母公司股东权益(万元)	143032.52	146216.85	83070.09	82259.69
营业收入(万元)	153281.58	338836.87	172427.92	306035.77
营业支出(万元)	138941.79	295715.37	149644.81	267450.24
投资收益(万元)	–18.93	6289.82	–1.81	8816.55
净利润(万元)	–3452.08	6350.08	2626.22	10639.51
营业利润(万元)	–3100.23	10513.14	4679.27	15134.61
利润总额(万元)	–2546.61	11590.71	5053.19	15351.63

山西三维集团股份有限公司

公司概况	公司名称	山西三维集团股份有限公司		证券简称	山西三维
	法人代表	王玉柱	董秘 梁国胜	证券代码	000755
	公司网址	www.sxsanwei.com		电子信箱	sxsw000755@126.com
	电 话	0357-6663423 6663175		传 真	0357-6663566
	办公地址	山西省临汾市洪洞县赵城镇			
	经营范围	化工产品、化纤产品及焦炭的生产、销售及出口贸易等			

主要财务指标 指标\报告期	2015.06.30	2014.12.31	2014.06.30	2013.12.31
基本每股收益(元)	–0.5100	0.1249	0.0400	–0.8100
基本每股收益(扣除后)(元)	–0.5100	0.0478	0.0410	–0.8290
稀释每股收益(元)	–0.5100	0.1249	0.0400	–0.8100
每股净资产(元)	3.1646	3.6653	3.6136	3.3275
每股经营现金净流量(元)	–0.0354	0.7600	–0.1103	–0.7514
每股现金流量(元)	–0.2879	0.2529	–0.0872	–0.3553
每股资本公积金(元)	2.4067	2.4067	2.4290	2.1921
每股盈余公积金(元)	0.2811	0.2811	0.2811	0.2811
每股未分配利润(元)	–0.5316	–0.0251	–0.1056	–0.1499
净资产收益率(%)	–16.0069	3.4066	1.2280	–24.3095
加权净资产收益率(%)	–14.8300	3.4400	1.2800	–21.6500
净资产收益率(扣除)(%)	–16.0747	1.3029	1.1341	–24.9283
总资产(万元)	586591.56	590473.49	600296.72	671931.67
归属母公司股东权益(万元)	148505.23	171997.36	169574.82	156146.35
营业收入(万元)	270032.15	592656.63	212997.25	560705.80
营业支出(万元)	270366.20	538498.33	184290.36	542324.10
投资收益(万元)	–	3222.50	–	55.02
净利润(万元)	–24496.39	4768.33	2082.30	–37958.39
营业利润(万元)	–24572.35	4296.46	1007.17	–48000.79
利润总额(万元)	–24471.65	4903.42	1166.38	–46780.51

山东新华制药股份有限公司

公司概况	公司名称	山东新华制药股份有限公司			证券简称	新华制药
	法人代表	张代铭	董秘	曹长求	证券代码	000756
	公司网址	www.xhzy.com		电子信箱	xhzy@xhzy.com	
	电　话	0533-2196024		传　真	0533-2287508	
	办公地址	山东省淄博市高新区鲁泰大道1号				
	经营范围	开发、制造及销售化学原料药、制剂、化工及其他产品				

	指标\报告期	2015.06.30	2014.12.31	2014.06.30	2013.12.31
主要财务指标	基本每股收益(元)	0.0600	0.1100	0.0900	0.0800
	基本每股收益(扣除后)(元)	0.0300	0.0200	0.0300	-0.1000
	稀释每股收益(元)	0.0600	0.1100	0.0900	0.0800
	每股净资产(元)	4.0206	3.9813	3.9100	3.8500
	每股经营现金净流量(元)	0.1602	0.7573	0.2618	0.2026
	每股现金流量(元)	0.4287	-0.0647	-0.0678	-0.2028
	每股资本公积金(元)	1.1220	1.1091	1.4526	1.4588
	每股盈余公积金(元)	0.4577	0.4577	0.4389	0.4389
	每股未分配利润(元)	1.0788	1.0545	1.0194	0.9520
	净资产收益率(%)	1.4064	2.7860	2.2400	2.0884
	加权净资产收益率(%)	1.4100	2.8100	2.2500	2.0900
	净资产收益率(扣除)(%)	0.8404	0.4821	0.7300	-2.6149
	总资产(万元)	448916.57	424514.97	393131.34	384935.32
	归属母公司股东权益(万元)	183866.97	182069.02	178746.17	175952.99
	营业收入(万元)	194840.81	358974.98	173681.68	316965.32
	营业支出(万元)	152986.53	285492.82	142010.47	265628.90
	投资收益(万元)	270.63	791.72	472.28	711.95
	净利润(万元)	3109.61	6833.47	3998.65	3674.54
	营业利润(万元)	4025.64	5455.93	2356.97	-4386.24
	利润总额(万元)	4447.91	9148.52	5274.44	5051.59

四川浩物机电股份有限公司

公司概况	公司名称	四川浩物机电股份有限公司			证券简称	浩物股份
	法人代表	颜广彤	董秘	徐琳	证券代码	000757
	公司网址	hwgf757.com		电子信箱	hwgf757@hwgf757.com	
	电　话	0832-2202757		传　真	0832-2202720	
	办公地址	四川省内江市市中区甜城大道经济技术开发区				
	经营范围	机械制造业和电子产品制造业				

	指标\报告期	2015.06.30	2014.12.31	2014.06.30	2013.12.31
主要财务指标	基本每股收益(元)	0.0400	0.0400	0.0300	0.1500
	基本每股收益(扣除后)(元)	0.0500	0.0400	0.0300	0.1000
	稀释每股收益(元)	0.0400	0.0400	0.0300	0.1500
	每股净资产(元)	1.2146	1.1710	1.4181	0.3275
	每股经营现金净流量(元)	-0.0095	0.0444	0.0364	0.2634
	每股现金流量(元)	-0.3086	0.4709	0.4896	-0.2770
	每股资本公积金(元)	1.8459	1.8424	1.8394	1.4377
	每股盈余公积金(元)	0.1505	0.1505	0.1505	0.1855
	每股未分配利润(元)	-1.7818	-1.8219	-1.8395	-2.2957
	净资产收益率(%)	3.3040	3.4374	1.9671	45.9017
	加权净资产收益率(%)	3.3700	5.6100	6.4800	61.6000
	净资产收益率(扣除)(%)	3.7711	2.7988	2.5322	29.2022
	总资产(万元)	85367.84	91923.00	92527.47	51577.44
	归属母公司股东权益(万元)	54853.92	52884.06	51949.51	11996.63
	营业收入(万元)	24446.58	40528.74	19580.74	44278.21
	营业支出(万元)	17829.04	30149.66	14147.38	31335.03
	投资收益(万元)	119.19	-55.66	-23.02	-
	净利润(万元)	1812.35	1817.84	1021.88	5506.66
	营业利润(万元)	2469.71	2334.52	1630.48	4185.80
	利润总额(万元)	2168.23	2714.11	1285.01	6327.90

中国有色金属建设股份有限公司

公司概况	公司名称	中国有色金属建设股份有限公司			证券简称	中色股份
	法人代表	张克利	董秘	杜斌	证券代码	000758
	公司网址	www.nfc.com.cn		电子信箱	dubin@nfc-china.com	
	电　话	010-84427227		传　真	010-84427222	
	办公地址	北京市朝阳区安定路10号中国有色大厦南楼16层				
	经营范围	从事国际工程承包、开发国内外有色金属资源、装备制造、国际技术承包等				

	指标\报告期	2015.06.30	2014.12.31	2014.06.30	2013.12.31
主要财务指标	基本每股收益(元)	0.1980	0.2700	0.0470	0.0860
	基本每股收益(扣除后)(元)	0.1490	0.2060	0.0270	0.0310
	稀释每股收益(元)	0.1980	0.2700	0.0470	0.0860
	每股净资产(元)	4.7765	4.6303	4.3841	4.3194
	每股经营现金净流量(元)	-0.1543	0.5745	-0.2405	-1.0148
	每股现金流量(元)	-0.1599	0.4681	0.4566	-0.3516
	每股资本公积金(元)	1.9204	1.9204	1.9427	1.9429
	每股盈余公积金(元)	0.2627	0.2627	0.2348	0.2348
	每股未分配利润(元)	1.5832	1.4355	1.2508	1.2040
	净资产收益率(%)	4.1396	5.8259	1.0670	1.9246
	加权净资产收益率(%)	4.1800	6.0100	1.0800	2.1400
	净资产收益率(扣除)(%)	3.1164	4.4574	0.6155	0.7030
	总资产(万元)	2064573.97	1928425.02	1859292.12	1691268.17
	归属母公司股东权益(万元)	470341.15	455936.89	431698.76	425328.89
	营业收入(万元)	861416.59	1822380.05	770965.35	1786586.58
	营业支出(万元)	777780.31	1657936.23	709866.61	1663252.27
	投资收益(万元)	6780.17	9366.41	2453.92	6477.86
	净利润(万元)	22207.19	32000.61	4606.93	8185.84
	营业利润(万元)	28422.14	37555.33	2816.08	13066.79
	利润总额(万元)	30981.76	44934.56	6994.22	24969.44

中百控股集团股份有限公司

公司概况	公司名称	中百控股集团股份有限公司			证券简称	中百集团
	法人代表	刘聪	董秘	彭波	证券代码	000759
	公司网址	www.whzb.com		电子信箱	whzbyxh@sina.com	
	电　话	027-83823077 82832006		传　真	027-82832006	
	办公地址	湖北省武汉市硚口区古田二路南泥湾大道65-71号汇丰企业总部8号楼B座				
	经营范围	商业零售及商品的网上销售、农产品加工等				

	指标\报告期	2015.06.30	2014.12.31	2014.06.30	2013.12.31
主要财务指标	基本每股收益(元)	0.0300	0.2700	0.1500	0.2500
	基本每股收益(扣除后)(元)	0.0100	0.1100	0.1100	0.2300
	稀释每股收益(元)	0.0300	0.2700	0.1500	0.2500
	每股净资产(元)	4.3911	4.4392	4.3132	4.2854
	每股经营现金净流量(元)	0.3249	0.5097	0.5329	1.0908
	每股现金流量(元)	-0.1982	-0.4191	0.1466	-0.1189
	每股资本公积金(元)	1.5805	1.5805	1.5801	1.5801
	每股盈余公积金(元)	0.4334	0.4334	0.3890	0.3890
	每股未分配利润(元)	1.3772	1.4253	1.3441	1.3163
	净资产收益率(%)	0.7266	6.1606	3.4265	5.8529
	加权净资产收益率(%)	0.7200	6.2700	3.3900	5.8400
	净资产收益率(扣除)(%)	0.1585	2.4054	2.4557	5.2620
	总资产(万元)	883615.15	885534.17	881605.90	885496.38
	归属母公司股东权益(万元)	299043.24	302318.51	293736.72	291844.08
	营业收入(万元)	860584.38	1690901.66	875323.46	1647845.40
	营业支出(万元)	694633.37	1337941.71	704964.98	1318322.88
	投资收益(万元)	313.94	14679.09	2908.43	913.71
	净利润(万元)	2070.35	18384.01	10064.89	17081.46
	营业利润(万元)	3517.70	28852.16	14018.03	24157.70
	利润总额(万元)	5332.70	25861.06	14952.56	26457.18

斯太尔动力股份有限公司

公司名称	斯太尔动力股份有限公司		证券简称	斯太尔
法人代表	刘晓疆	董秘 孙琛	证券代码	000760
公司网址	www.steyr-motors.cn		电子信箱	000760@sterdl.com
电　话	0519-80583902		传　真	0519-80583879
办公地址	江苏省常州市武进国家高新区阳湖西路66号海关大楼3楼			
经营范围	汽车配件制造及销售等			

指标\报告期	2015.06.30	2014.12.31	2014.06.30	2013.12.31
基本每股收益(元)	–0.0604	0.0200	0.0019	0.0100
基本每股收益(扣除后)(元)	–0.0819	0.0100	0.0042	0.0100
稀释每股收益(元)	–0.0604	0.0200	0.0019	0.0100
每股净资产(元)	1.9794	2.8934	2.9405	2.9412
每股经营现金净流量(元)	–0.0667	–0.1399	–0.1253	–0.0239
每股现金流量(元)	–0.2171	–0.9038	–0.4071	1.6748
每股资本公积金(元)	1.1617	2.0264	2.0264	2.0264
每股盈余公积金(元)	0.0237	0.0332	0.0332	0.0332
每股未分配利润(元)	–0.1322	–0.1006	–0.1158	–0.1184
净资产收益率(%)	–3.0514	0.6173	0.0906	0.2103
加权净资产收益率(%)	–2.9700	0.6100	0.0900	1.1100
净资产收益率(扣除)(%)	–4.1392	0.4173	0.1429	0.1585
总资产(万元)	173682.42	242952.92	242547.48	240726.04
归属母公司股东权益(万元)	152781.66	159516.43	162117.50	162153.93
营业收入(万元)	24442.96	74073.20	37627.08	63204.42
营业支出(万元)	22282.89	52948.67	27697.78	54678.82
投资收益(万元)	1376.63	156.27	183.00	10.00
净利润(万元)	–4762.48	984.69	146.93	341.08
营业利润(万元)	–5486.16	1980.86	139.18	819.22
利润总额(万元)	–5188.04	2249.98	54.39	931.38

本钢板材股份有限公司

公司名称	本钢板材股份有限公司		证券简称	本钢板材
法人代表	赵忠民	董秘 孙延斌	证券代码	000761
公司网址			电子信箱	bgbczjc761@126.com
电　话	024-47828360　47827003		传　真	024-47827004
办公地址	辽宁省本溪市平山区人民路16号			
经营范围	钢铁冶炼及压延加工等			

指标\报告期	2015.06.30	2014.12.31	2014.06.30	2013.12.31
基本每股收益(元)	0.0400	0.0740	0.0600	0.0880
基本每股收益(扣除后)(元)	0.0300	0.0740	0.0490	0.0220
稀释每股收益(元)	0.0400	0.0740	0.0600	0.0880
每股净资产(元)	4.9001	4.9058	4.8895	4.8815
每股经营现金净流量(元)	–0.7475	0.9146	–0.3898	0.8571
每股现金流量(元)	–2.0003	1.5544	–0.6350	0.2284
每股资本公积金(元)	2.9065	2.9065	2.9065	2.9065
每股盈余公积金(元)	0.3065	0.3065	0.3051	0.3051
每股未分配利润(元)	0.6835	0.6927	0.6753	0.6698
净资产收益率(%)	0.8330	1.5132	1.1341	1.8003
加权净资产收益率(%)	0.8300	1.5200	1.1400	1.7500
净资产收益率(扣除)(%)	0.6851	1.2163	0.9963	0.3677
总资产(万元)	4552169.81	4917060.30	4283031.15	4305030.73
归属母公司股东权益(万元)	1536660.75	1538456.23	1533359.34	1530833.77
营业收入(万元)	1634491.52	4142208.80	1981267.63	4032934.45
营业支出(万元)	1490154.94	3848911.90	1813912.61	3775197.96
投资收益(万元)	658.43	2084.55	1355.52	1695.65
净利润(万元)	14498.47	31487.32	17389.43	27559.30
营业利润(万元)	12100.38	32699.86	18943.81	18355.02
利润总额(万元)	14256.55	35381.64	19961.12	35736.05

西藏矿业发展股份有限公司

公司名称	西藏矿业发展股份有限公司		证券简称	西藏矿业
法人代表	戴扬	董秘 王迎春	证券代码	000762
公司网址			电子信箱	xzkydsh@sina.com
电　话	0891-6872095　028-85355661		传　真	0891-6872095　028-85351955
办公地址	西藏自治区拉萨市中和国际城金珠二路8号			
经营范围	铬铁矿开采和销售、铬铁合金加工与销售、铜、锂、硼等矿的开采等			

指标\报告期	2015.06.30	2014.12.31	2014.06.30	2013.12.31
基本每股收益(元)	0.0237	–0.1856	–0.0359	0.0423
基本每股收益(扣除后)(元)	0.0198	–0.1880	–0.0482	0.0392
稀释每股收益(元)	0.0237	–0.1856	–0.0359	0.0423
每股净资产(元)	3.4259	3.4031	3.5626	3.6273
每股经营现金净流量(元)	0.0828	–0.2206	–0.0111	–0.2238
每股现金流量(元)	0.1388	–0.1910	0.3375	–0.5209
每股资本公积金(元)	2.4695	2.4695	2.4696	2.4787
每股盈余公积金(元)	0.1102	0.1102	0.1102	0.1102
每股未分配利润(元)	–0.1611	–0.1848	–0.0243	0.0316
净资产收益率(%)	0.6925	–5.4534	–1.0075	1.1660
加权净资产收益率(%)	0.6900	–5.2900	–1.0000	1.1700
净资产收益率(扣除)(%)	0.5783	–5.5256	–1.3532	1.0804
总资产(万元)	259686.30	266353.50	331800.83	259098.62
归属母公司股东权益(万元)	163063.96	161980.18	169570.74	172650.67
营业收入(万元)	41879.51	51468.38	24229.18	71881.57
营业支出(万元)	35188.40	47001.21	21315.90	56569.10
投资收益(万元)	–195.51	525.21	79.27	592.41
净利润(万元)	1115.82	–9885.98	–1708.49	2013.03
营业利润(万元)	1494.06	–9933.15	–2578.09	3679.91
利润总额(万元)	1763.86	–10186.82	–2149.69	3332.93

通化金马药业集团股份有限公司

公司名称	通化金马药业集团股份有限公司		证券简称	通化金马
法人代表	刘立成	董秘 贾伟林	证券代码	000766
公司网址	www.thjm.cn		电子信箱	thjmjt@163.com
电　话	0435-3910232　3907298		传　真	0435-3907298　3910232
办公地址	吉林省通化市二道江区金马路999号			
经营范围	生产中西成药、生化制剂、营养及保健制品等			

指标\报告期	2015.06.30	2014.12.31	2014.06.30	2013.12.31
基本每股收益(元)	0.0147	0.0100	0.0204	0.0100
基本每股收益(扣除后)(元)	0.0110	0.0300	0.0267	0.0100
稀释每股收益(元)	0.0147	0.0100	0.0204	0.0100
每股净资产(元)	2.1760	1.4688	1.4776	1.3698
每股经营现金净流量(元)	–0.1655	0.0764	0.1690	0.2293
每股现金流量(元)	0.0185	0.0858	–0.0065	0.0180
每股资本公积金(元)	2.3909	2.0391	2.0391	1.9517
每股盈余公积金(元)	0.1895	0.2420	0.2420	0.2420
每股未分配利润(元)	–1.4043	–1.8123	–1.8035	–1.8238
净资产收益率(%)	0.6742	0.7833	1.4300	0.6653
加权净资产收益率(%)	0.8800	0.8200	1.3800	0.6900
净资产收益率(扣除)(%)	0.5234	1.9056	1.7983	0.3730
总资产(万元)	175123.66	128558.53	115668.02	110699.24
归属母公司股东权益(万元)	124792.52	65949.61	66346.71	61508.09
营业收入(万元)	9130.01	20841.47	9242.76	14778.18
营业支出(万元)	4373.87	7937.61	3640.78	7223.43
投资收益(万元)	2477.55	2294.41	2209.10	2863.70
净利润(万元)	841.36	516.56	913.76	409.21
营业利润(万元)	600.96	1601.90	1137.03	324.82
利润总额(万元)	789.15	872.45	857.64	520.10

山西漳泽电力股份有限公司

公司概况	公司名称	山西漳泽电力股份有限公司		证券简称	漳泽电力
	法人代表	文生元	董秘 王一峰	证券代码	000767
	公司网址	www.zhangzepower.com		电子信箱	info@zhangzepower.com
	电　话	0351-7785891　7785895		传　真	0351-7785894
	办公地址	太原市晋阳街南一条10号			
	经营范围	电力商品生产和销售、热力商品生产与销售、燃料、材料、电力高新技术等			

主要财务指标	指标＼报告期	2015.06.30	2014.12.31	2014.06.30	2013.12.31
	基本每股收益(元)	0.1900	0.2443	0.0800	0.2200
	基本每股收益(扣除后)(元)	0.1400	0.2100	0.0600	0.1900
	稀释每股收益(元)	0.1900	0.2443	0.0800	0.2200
	每股净资产(元)	2.5705	2.3014	2.1294	2.0610
	每股经营现金净流量(元)	0.5151	1.2499	0.7624	0.9816
	每股现金流量(元)	-0.7380	0.4091	0.2279	0.6097
	每股资本公积金(元)	1.0044	0.9205	0.9069	0.9167
	每股盈余公积金(元)	0.0588	0.0588	0.0419	0.0380
	每股未分配利润(元)	0.5073	0.3221	0.1805	0.0964
	净资产收益率(%)	7.2049	10.6146	3.9504	9.8055
	加权净资产收益率(%)	7.4800	11.1900	4.0200	9.3200
	净资产收益率(扣除)(%)	5.5618	9.1036	3.0308	8.5274
	总资产(万元)	3145360.97	3096028.60	3045570.09	3045685.70
	归属母公司股东权益(万元)	579328.68	518669.98	479904.70	462267.25
	营业收入(万元)	455208.76	1092283.74	522080.05	915111.41
	营业支出(万元)	344543.77	890347.93	426243.36	749779.09
	投资收益(万元)	4355.56	-2806.89	-1690.08	11324.77
	净利润(万元)	50074.11	67663.15	18958.13	45545.43
	营业利润(万元)	51722.69	76619.26	30807.16	67807.56
	利润总额(万元)	60011.16	86624.94	33967.16	75602.32

中航飞机股份有限公司

公司概况	公司名称	中航飞机股份有限公司		证券简称	中航飞机
	法人代表	方玉峰	董秘 雷阎正	证券代码	000768
	公司网址	www.aircraft_co.avic.com		电子信箱	zhfj000768@avic.com
	电　话	029-86833097　86833107		传　真	029-81668080
	办公地址	陕西省西安市阎良区西飞大道一号			
	经营范围	飞机、飞行器零部件的设计、试验、生产、维修、改装、销售、服务及相关业务等			

主要财务指标	指标＼报告期	2015.06.30	2014.12.31	2014.06.30	2013.12.31
	基本每股收益(元)	-0.0400	0.1326	-0.0289	0.1300
	基本每股收益(扣除后)(元)	-0.0612	0.0974	-0.0516	0.1154
	稀释每股收益(元)	-0.0400	0.1326	-0.0289	0.1300
	每股净资产(元)	4.4650	4.4919	4.3214	4.3623
	每股经营现金净流量(元)	-1.0328	-0.4268	-0.6494	0.7134
	每股现金流量(元)	-0.1743	-0.9954	-0.4509	0.4130
	每股资本公积金(元)	2.7313	2.7303	2.7150	2.7150
	每股盈余公积金(元)	0.3376	0.3376	0.3261	0.3261
	每股未分配利润(元)	0.2685	0.4085	0.2584	0.3024
	净资产收益率(%)	-0.8964	2.9522	-0.6697	3.0309
	加权净资产收益率(%)	-0.8900	3.0000	-0.6700	3.0500
	净资产收益率(扣除)(%)	-1.3707	2.1680	-1.1932	2.6450
	总资产(万元)	3661292.21	3404691.90	3265761.50	3211089.06
	归属母公司股东权益(万元)	1184942.53	1192079.24	1146827.04	1157682.23
	营业收入(万元)	824775.94	2119808.45	703718.60	1728565.32
	营业支出(万元)	768157.80	1913990.97	638089.99	1533616.89
	投资收益(万元)	387.05	3414.40	218.01	273.81
	净利润(万元)	-11647.37	37564.34	-7680.73	35088.59
	营业利润(万元)	-18530.98	35349.34	-14812.33	39238.43
	利润总额(万元)	-11478.66	48060.49	-7512.85	44389.49

广发证券股份有限公司

公司概况	公司名称	广发证券股份有限公司		证券简称	广发证券
	法人代表	孙树明	董秘 罗斌华	证券代码	000776
	公司网址	www.gf.com.cn		电子信箱	lbh@gf.com.cn
	电　话	020-87550265　87550565		传　真	020-87553600　87554163
	办公地址	广东省广州市天河区天河北路183-187号大都会广场5楼、18楼、19楼、36楼、38楼、39楼、41-44楼			
	经营范围	证券代理买卖、自营买卖、证券承销和上市推荐等业务			

主要财务指标	指标＼报告期	2015.06.30	2014.12.31	2014.06.30	2013.12.31
	基本每股收益(元)	1.3000	0.8500	0.2800	0.4800
	基本每股收益(扣除后)(元)	1.2900	0.8400	0.2800	0.4800
	稀释每股收益(元)	1.3000	0.8500	0.2800	0.4800
	每股净资产(元)	9.5244	6.6900	5.9500	5.8500
	每股经营现金净流量(元)	1.4751	1.1071	0.1121	-1.4677
	每股现金流量(元)	18.6435	8.9189	1.0677	-0.7377
	每股资本公积金(元)	4.1568	1.6651	1.6034	1.5905
	每股盈余公积金(元)	0.3950	0.4357	-	0.4357
	每股未分配利润(元)	2.7844	2.2489	2.0182	1.9352
	净资产收益率(%)	11.5806	12.6798	4.7542	8.1169
	加权净资产收益率(%)	16.1800	13.5600	4.7400	8.3300
	净资产收益率(扣除)(%)	11.5134	12.4952	4.7527	8.1183
	总资产(万元)	51712618.78	15801323.74	12555133.87	11734899.56
	归属母公司股东权益(万元)	7258656.95	3696135.46	3523160.94	3465011.85
	营业收入(万元)	1971188.74	1339497.29	463398.43	820754.07
	营业支出(万元)	846991.88	684174.37	251185.57	474485.42
	投资收益(万元)	610333.47	356014.35	133003.42	329556.56
	净利润(万元)	863774.80	514551.30	167499.01	281250.10
	营业利润(万元)	1124196.86	655322.92	212212.86	346268.65
	利润总额(万元)	1133879.10	664859.54	212287.05	347731.33

中核苏阀科技实业股份有限公司

公司概况	公司名称	中核苏阀科技实业股份有限公司		证券简称	中核科技
	法人代表	彭新英	董秘 袁德钢	证券代码	000777
	公司网址	www.chinasufa.com		电子信箱	sales2@chinasufa.com
	电　话	0512-66672245		传　真	0512-67526983
	办公地址	江苏省苏州市国家高新技术产业开发区珠江路501号			
	经营范围	各类工业用阀门的设计、制造和销售等			

主要财务指标	指标＼报告期	2015.06.30	2014.12.31	2014.06.30	2013.12.31
	基本每股收益(元)	0.0912	0.1876	0.0946	0.1677
	基本每股收益(扣除后)(元)	0.0708	0.1320	0.0837	0.2749
	稀释每股收益(元)	0.0912	0.1876	0.0946	0.1677
	每股净资产(元)	2.8394	2.7983	2.7053	4.8000
	每股经营现金净流量(元)	-0.1431	-0.0071	-0.1805	0.8227
	每股现金流量(元)	-0.2636	-0.3351	-0.2869	0.3366
	每股资本公积金(元)	0.6507	0.6507	0.6507	1.6712
	每股盈余公积金(元)	0.2522	0.2522	0.2337	0.4207
	每股未分配利润(元)	0.9365	0.8953	0.8209	1.7072
	净资产收益率(%)	3.2109	6.7049	3.4984	6.2882
	加权净资产收益率(%)	3.2100	6.8000	3.4900	6.3300
	净资产收益率(扣除)(%)	2.4950	4.7161	3.0921	5.7283
	总资产(万元)	181575.44	182207.11	189419.27	183120.29
	归属母公司股东权益(万元)	108868.87	107290.27	103725.22	102226.64
	营业收入(万元)	52145.24	104066.64	53726.53	94161.53
	营业支出(万元)	39750.41	79076.73	40931.89	68471.83
	投资收益(万元)	1458.41	3745.48	1657.73	3251.92
	净利润(万元)	3280.73	7109.92	3421.60	6209.39
	营业利润(万元)	2637.38	4820.47	3331.11	6147.46
	利润总额(万元)	3710.41	7797.88	3940.68	6983.86

新兴铸管股份有限公司

公司概况	公司名称	新兴铸管股份有限公司			证券简称	新兴铸管
	法人代表	李成章	董秘	曾耀赣	证券代码	000778
	公司网址	www.xinxing-pipes.com		电子信箱	xxzg0778@163.com	
	电　话	0310-5792011		传　真	0310-5796999	
	办公地址	河北省武安市上洛阳村北(2672 厂区)				
	经营范围	离心球墨铸铁管及配套管件、钢铁冶炼及压延加工、铸造制品等				

	指标\报告期	2015.06.30	2014.12.31	2014.06.30	2013.12.31
主要财务指标	基本每股收益(元)	0.0958	0.2292	0.1393	0.5263
	基本每股收益(扣除后)(元)	−0.0115	−0.0800	−0.0094	0.0035
	稀释每股收益(元)	0.0958	0.2292	0.1393	0.5263
	每股净资产(元)	4.6398	4.5600	4.4303	6.5389
	每股经营现金净流量(元)	0.0382	0.5503	0.6672	0.0156
	每股现金流量(元)	−0.1649	−0.5364	0.0900	1.2462
	每股资本公积金(元)	1.9949	1.9950	1.9885	2.9881
	每股盈余公积金(元)	0.2707	0.2509	0.2374	0.3500
	每股未分配利润(元)	1.3491	1.2732	1.1967	2.1923
	净资产收益率(%)	2.0643	5.0275	3.1440	6.4935
	加权净资产收益率(%)	2.0800	5.1500	3.1500	8.1700
	净资产收益率(扣除)(%)	−0.2473	−1.7284	−0.2124	0.0426
	总资产(万元)	5144694.21	5327544.56	5279968.32	5114490.17
	归属母公司股东权益(万元)	1690421.54	1661272.55	1614099.84	1588204.97
	营业收入(万元)	2683275.72	6079327.34	3378788.15	6301444.40
	营业支出(万元)	2590422.14	5816643.99	3220700.16	5993182.92
	投资收益(万元)	68765.96	6090.40	−57.48	123891.49
	净利润(万元)	27242.61	55671.98	50747.99	103129.78
	营业利润(万元)	23186.95	−43898.62	−5661.41	136606.23
	利润总额(万元)	30116.65	101060.45	54882.88	150185.23

兰州三毛实业股份有限公司

公司概况	公司名称	兰州三毛实业股份有限公司			证券简称	三毛派神
	法人代表	阮英	董秘	单小东	证券代码	000779
	公司网址	www.chinapaishen.com		电子信箱	sxd@chinapaishen.com	
	电　话	0931-7551627		传　真	0931-7555200 7551627	
	办公地址	甘肃省兰州市西固区玉门街 486 号				
	经营范围	精纺呢绒系列产品的生产和销售等				

	指标\报告期	2015.06.30	2014.12.31	2014.06.30	2013.12.31
主要财务指标	基本每股收益(元)	−0.0900	0.0500	−0.0800	−0.1800
	基本每股收益(扣除后)(元)	−0.0900	−0.1900	−0.0780	−0.2000
	稀释每股收益(元)	−0.0900	0.0500	−0.0900	−0.1800
	每股净资产(元)	1.4346	1.5273	1.3957	1.4733
	每股经营现金净流量(元)	−0.0265	−0.2775	0.3621	−0.1510
	每股现金流量(元)	−0.3303	0.0151	0.2116	0.1306
	每股资本公积金(元)	1.7261	1.7261	1.7260	1.7260
	每股盈余公积金(元)	0.1869	0.1869	0.1869	0.1869
	每股未分配利润(元)	−1.4784	−1.3856	−1.5171	−1.4396
	净资产收益率(%)	−6.4626	3.5297	−5.5587	−12.1041
	加权净资产收益率(%)	−6.2600	4.0000	−5.4100	−11.4100
	净资产收益率(扣除)(%)	−6.5211	−12.4253	−5.5934	−13.4276
	总资产(万元)	68501.35	70640.27	47093.19	38700.69
	归属母公司股东权益(万元)	26746.98	28475.52	26022.19	27468.70
	营业收入(万元)	9404.15	27636.23	12912.31	22915.76
	营业支出(万元)	8617.81	22204.95	11679.70	21166.50
	投资收益(万元)	–	315.00	–	–
	净利润(万元)	−1728.54	1005.09	−1446.51	−3324.85
	营业利润(万元)	−1744.19	−871.57	−1455.53	−3688.38
	利润总额(万元)	−1728.54	1005.09	−1446.51	−3324.85

内蒙古平庄能源股份有限公司

公司概况	公司名称	内蒙古平庄能源股份有限公司			证券简称	平庄能源
	法人代表	张志	董秘	张建忠	证券代码	000780
	公司网址	www.nmgpzny.com		电子信箱	pznyzjz@163.com	
	电　话	0476-3324281 3328400		传　真	0476-3328220	
	办公地址	内蒙古自治区赤峰市元宝山区平庄镇哈河街平庄能源公司				
	经营范围	煤炭生产、洗选加工、销售(仅限分公司经营)				

	指标\报告期	2015.06.30	2014.12.31	2014.06.30	2013.12.31
主要财务指标	基本每股收益(元)	−0.0500	0.0300	−0.0400	0.0400
	基本每股收益(扣除后)(元)	−0.0500	0.0300	−0.0400	0.0400
	稀释每股收益(元)	−0.0500	0.0300	−0.0400	0.0400
	每股净资产(元)	4.6157	4.6059	4.6237	4.5814
	每股经营现金净流量(元)	−0.0010	0.4963	0.0452	−0.2672
	每股现金流量(元)	−0.0137	0.1556	0.0110	−0.4706
	每股资本公积金(元)	1.4291	1.4291	1.4291	1.4291
	每股盈余公积金(元)	0.2430	0.2430	0.2337	0.2337
	每股未分配利润(元)	1.5187	1.5780	1.5244	1.5754
	净资产收益率(%)	−1.0690	0.5861	−0.7800	0.7972
	加权净资产收益率(%)	−1.0700	0.5900	−0.7900	0.8000
	净资产收益率(扣除)(%)	−1.0570	0.6353	−0.7721	0.8169
	总资产(万元)	610157.33	563133.74	569725.01	560024.16
	归属母公司股东权益(万元)	468176.66	467177.62	468985.67	464689.41
	营业收入(万元)	94100.91	255449.24	117593.95	299785.28
	营业支出(万元)	69289.44	187908.15	89888.74	225900.23
	投资收益(万元)	–	–	–	–
	净利润(万元)	−5004.92	2738.25	−3657.03	3704.39
	营业利润(万元)	−5803.08	6978.89	−1382.31	9105.22
	利润总额(万元)	−5859.35	6730.83	−1417.33	8999.31

广东新会美达锦纶股份有限公司

公司概况	公司名称	广东新会美达锦纶股份有限公司			证券简称	美达股份
	法人代表	梁柏松	董秘	朱明辉	证券代码	000782
	公司网址	www.meidanylon.com		电子信箱	meida@meidanylon.com	
	电　话	0750-6107981 6109778		传　真	0750-6103091	
	办公地址	广东省江门市新会区江会路上浅口				
	经营范围	锦纶 6 切片、纺丝、印染的生产与销售等				

	指标\报告期	2015.06.30	2014.12.31	2014.06.30	2013.12.31
主要财务指标	基本每股收益(元)	0.1800	−0.5200	−0.0900	0.0300
	基本每股收益(扣除后)(元)	0.1400	−0.5200	−0.0900	0.0050
	稀释每股收益(元)	0.1800	−0.5200	−0.0900	0.0300
	每股净资产(元)	2.4808	2.3461	2.4329	2.5616
	每股经营现金净流量(元)	−0.0954	0.4861	0.7043	−0.4879
	每股现金流量(元)	0.0881	0.0755	−0.1833	0.1484
	每股资本公积金(元)	1.2085	1.2085	0.8143	0.8140
	每股盈余公积金(元)	0.1089	0.1089	0.1422	0.1422
	每股未分配利润(元)	0.1763	0.0143	0.4947	0.6230
	净资产收益率(%)	7.3374	−18.4236	−3.6270	1.0081
	加权净资产收益率(%)	7.5400	−22.2100	−3.7400	1.0100
	净资产收益率(扣除)(%)	5.4820	−18.3224	–	0.1837
	总资产(万元)	251157.89	254337.24	242578.49	261803.62
	归属母公司股东权益(万元)	131023.11	123906.10	98412.25	103621.93
	营业收入(万元)	145243.79	336360.99	165663.78	370008.07
	营业支出(万元)	130925.00	320750.19	158168.60	346495.63
	投资收益(万元)	8618.92	723.92	1746.78	552.79
	净利润(万元)	9572.40	−23737.48	−3569.50	1044.62
	营业利润(万元)	9156.91	−23508.09	−4445.66	710.59
	利润总额(万元)	9572.51	−23612.54	−4236.02	1557.90

长江证券股份有限公司

公司概况	公司名称	长江证券股份有限公司		证券简称	长江证券
	法人代表	杨泽柱	董秘 杨泽柱(代)	证券代码	000783
	公司网址	www.cjsc.com		电子信箱	xujw@cjsc.com.cn
	电　　话	027-65799866		传　　真	027-85481726
	办公地址	湖北省武汉市江汉区新华路特8号			
	经营范围	证券代理买卖、代理证券的还本付息、分红派息等			

主要财务指标	指标\报告期	2015.06.30	2014.12.31	2014.06.30	2013.12.31
	基本每股收益(元)	0.5200	0.3600	0.1400	0.4200
	基本每股收益(扣除后)(元)	0.5200	0.3600	0.1400	0.4200
	稀释每股收益(元)	0.5200	0.3600	0.1400	0.4200
	每股净资产(元)	3.3500	2.9400	2.6900	5.3500
	每股经营现金净流量(元)	0.6628	0.4604	1.3400	-0.9810
	每股现金流量(元)	7.6202	2.8784	1.5977	-0.4720
	每股资本公积金(元)	0.6226	0.6226	2.2594	2.2531
	每股盈余公积金(元)	0.2069	0.2069	0.3454	0.3454
	每股未分配利润(元)	1.0262	0.6599	1.1087	1.0795
	净资产收益率(%)	15.4135	12.2338	5.1869	7.9326
	加权净资产收益率(%)	16.2900	12.8900	5.1200	8.1000
	净资产收益率(扣除)(%)	15.3941	12.1277	5.1204	7.8800
	总资产(万元)	13343258.12	6792283.09	3709060.32	3157622.50
	归属母公司股东权益(万元)	1588549.16	1394036.90	1276418.04	1267999.20
	营业收入(万元)	485837.94	454820.87	176374.20	304793.99
	营业支出(万元)	171517.69	236463.31	92131.19	178054.03
	投资收益(万元)	25526.12	99192.23	39954.16	76865.64
	净利润(万元)	244901.06	170581.23	66206.00	100585.84
	营业利润(万元)	314320.25	218357.55	84243.00	126739.96
	利润总额(万元)	314731.08	219425.12	84457.43	127624.38

武汉中商集团股份有限公司

公司概况	公司名称	武汉中商集团股份有限公司		证券简称	武汉中商
	法人代表	郝健	董秘 易国华	证券代码	000785
	公司网址	www.zhongshang.com.cn		电子信箱	zncgzsjt@163.com
	电　　话	027-87362507		传　　真	027-87307723
	办公地址	湖北省武汉市武昌区中南路9号			
	经营范围	百货、日用杂品销售、超级市场零售、物流配送、仓储服务等			

主要财务指标	指标\报告期	2015.06.30	2014.12.31	2014.06.30	2013.12.31
	基本每股收益(元)	0.0900	0.1000	0.1200	0.1700
	基本每股收益(扣除后)(元)	0.0700	0.0700	0.1300	0.1200
	稀释每股收益(元)	0.0900	0.1000	0.1200	0.1700
	每股净资产(元)	3.3614	3.3675	3.3815	3.2636
	每股经营现金净流量(元)	0.0615	0.8088	0.1923	1.2709
	每股现金流量(元)	-0.3093	-0.4772	-0.2195	-0.9875
	每股资本公积金(元)	0.2930	0.2930	0.2930	0.2930
	每股盈余公积金(元)	0.8473	0.8473	0.8356	0.8356
	每股未分配利润(元)	1.2212	1.2272	1.2529	1.1349
	净资产收益率(%)	2.7958	3.0858	3.4879	5.1798
	加权净资产收益率(%)	2.8400	3.1300	3.5500	5.2600
	净资产收益率(扣除)(%)	2.1685	2.1212	3.7661	3.5488
	总资产(万元)	276156.92	288426.92	293706.40	301141.26
	归属母公司股东权益(万元)	84446.74	84598.03	84950.47	81987.46
	营业收入(万元)	225299.01	445583.02	220776.20	431008.66
	营业支出(万元)	180905.10	355406.81	176061.84	344238.47
	投资收益(万元)	406.17	-176.90	301.16	996.34
	净利润(万元)	4012.79	5552.41	2963.01	4246.81
	营业利润(万元)	4845.45	7691.46	6155.28	8081.67
	利润总额(万元)	5422.30	8226.24	5965.66	9182.94

北新集团建材股份有限公司

公司概况	公司名称	北新集团建材股份有限公司		证券简称	北新建材
	法人代表	王兵	董秘 史可平	证券代码	000786
	公司网址	www.bnbm.com.cn		电子信箱	skp@bnbm.com.cn
	电　　话	010-68138786		传　　真	010-68138822
	办公地址	北京市海淀区复兴路17号国海广场2号楼15层			
	经营范围	新型建材材料、新型墙体材料、化工产品、装饰材料、能源技术及产品等			

主要财务指标	指标\报告期	2015.06.30	2014.12.31	2014.06.30	2013.12.31
	基本每股收益(元)	0.2710	1.8180	0.3640	1.5740
	基本每股收益(扣除后)(元)	0.2500	1.5950	0.6810	1.4220
	稀释每股收益(元)	0.2710	1.8180	0.3640	1.5740
	每股净资产(元)	5.1559	11.8540	7.6871	7.3898
	每股经营现金净流量(元)	0.3641	2.2189	0.8280	2.6171
	每股现金流量(元)	-0.1463	0.5694	0.5850	0.1437
	每股资本公积金(元)	1.2513	3.5026	0.8870	0.8838
	每股盈余公积金(元)	0.3082	0.6163	0.6662	0.6662
	每股未分配利润(元)	2.5952	5.0741	5.1340	4.8366
	净资产收益率(%)	5.2486	15.3359	9.4619	21.3049
	加权净资产收益率(%)	5.1700	21.2400	9.3800	23.2800
	净资产收益率(扣除)(%)	4.8516	13.4554	8.8576	19.2468
	总资产(万元)	1411336.01	1337256.31	1190615.40	1058892.69
	归属母公司股东权益(万元)	729040.98	720823.86	442126.32	425024.07
	营业收入(万元)	363685.26	829503.22	381540.59	749008.28
	营业支出(万元)	256671.75	581488.17	268256.77	526319.99
	投资收益(万元)	2368.40	811.90	87.82	486.42
	净利润(万元)	52847.09	146912.66	56641.29	125806.36
	营业利润(万元)	60652.23	148854.17	63035.90	133593.00
	利润总额(万元)	61383.52	166266.72	66592.62	143984.93

北大医药股份有限公司

公司概况	公司名称	北大医药股份有限公司		证券简称	北大医药
	法人代表	赵永凯	董秘 任秀文	证券代码	000788
	公司网址	www.pku-hc.com		电子信箱	zqb@pku-hc.com
	电　　话	023-67525366		传　　真	023-67525300
	办公地址	重庆市渝北区洪湖东路9号财富大厦B座19楼			
	经营范围	研制开发、生产销售医药原料药及制剂产品等			

主要财务指标	指标\报告期	2015.06.30	2014.12.31	2014.06.30	2013.12.31
	基本每股收益(元)	-0.2000	-0.0500	0.0700	0.1300
	基本每股收益(扣除后)(元)	-0.2100	-0.0700	0.0600	0.1200
	稀释每股收益(元)	-0.2000	-0.0500	0.0700	0.1300
	每股净资产(元)	1.6581	1.8626	1.9761	1.9191
	每股经营现金净流量(元)	0.1909	0.2785	0.0483	0.1495
	每股现金流量(元)	-0.2690	-0.4605	-0.0015	0.1824
	每股资本公积金(元)	0.3342	0.3342	0.3342	0.3342
	每股盈余公积金(元)	0.0714	0.0714	0.0714	0.0714
	每股未分配利润(元)	0.2527	0.4574	0.5709	0.5138
	净资产收益率(%)	-12.3437	-2.4416	3.4317	6.8213
	加权净资产收益率(%)	-11.6300	-2.4100	3.4800	7.0800
	净资产收益率(扣除)(%)	-12.5255	-3.5813	3.1246	6.0380
	总资产(万元)	430845.22	461208.15	456245.17	422905.76
	归属母公司股东权益(万元)	98818.61	111009.38	117774.71	114378.19
	营业收入(万元)	93135.87	226581.75	117876.55	231646.93
	营业支出(万元)	83180.63	183956.68	95334.75	189836.37
	投资收益(万元)	-231.31	251.92	29.61	145.82
	净利润(万元)	-13102.42	-3796.36	4041.62	7802.05
	营业利润(万元)	-13420.09	-3248.86	4631.93	8861.67
	利润总额(万元)	-13009.44	-2133.08	5070.18	9762.24

江西万年青水泥股份有限公司

公司概况	公司名称	江西万年青水泥股份有限公司		证券简称	万年青
	法人代表	江尚文	董秘 方真	证券代码	000789
	公司网址	www.wnq.com.cn		电子信箱	wnqzqb@126.com
	电　话	0791-88120789		传　真	0791-88160230
	办公地址	江西省南昌市高新技术开发区京东大道399号万年青科技园			
	经营范围	硅酸盐水泥熟料及硅酸盐水泥的生产和销售			

主要财务指标	指标\报告期	2015.06.30	2014.12.31	2014.06.30	2013.12.31
	基本每股收益(元)	0.1595	1.3449	0.4110	1.0721
	基本每股收益(扣除后)(元)	0.1521	1.3300	0.6083	1.0629
	稀释每股收益(元)	0.2208	1.3449	0.4110	1.0721
	每股净资产(元)	4.0521	6.1390	5.4336	5.1365
	每股经营现金净流量(元)	0.2302	2.4397	1.0335	2.6039
	每股现金流量(元)	0.0843	0.1649	−0.2229	−0.1807
	每股资本公积金(元)	0.4531	1.1796	1.2027	1.2220
	每股盈余公积金(元)	0.1717	0.2576	0.1932	0.1932
	每股未分配利润(元)	2.4273	3.7017	3.0377	2.7213
	净资产收益率(%)	3.9355	21.9072	11.3451	20.8725
	加权净资产收益率(%)	3.8200	23.9450	11.3200	23.1331
	净资产收益率(扣除)(%)	3.7524	21.6655	11.1957	20.6926
	总资产(万元)	885319.17	883661.37	825117.50	784569.59
	归属母公司股东权益(万元)	248541.98	251027.93	222187.15	210034.51
	营业收入(万元)	254051.19	668275.87	285856.51	617900.22
	营业支出(万元)	208276.69	486242.74	210743.61	456642.23
	投资收益(万元)	1032.81	1322.57	1443.66	1242.68
	净利润(万元)	12068.25	87601.34	39701.59	69798.93
	营业利润(万元)	12758.67	99060.74	41946.30	86379.03
	利润总额(万元)	17024.45	109106.28	47336.16	93770.12

成都华神集团股份有限公司

公司概况	公司名称	成都华神集团股份有限公司		证券简称	华神集团
	法人代表	王仁果	董秘 曾云莎	证券代码	000790
	公司网址	www.huasungrp.com		电子信箱	hsjt@huasungrp.com
	电　话	028-66616656　66616680		传　真	028-66616656
	办公地址	四川省成都市高新区蜀新大道1168号			
	经营范围	高新技术产品开发生产、经营、中西制剂、原料药的生产等			

主要财务指标	指标\报告期	2015.06.30	2014.12.31	2014.06.30	2013.12.31
	基本每股收益(元)	0.0099	0.1717	0.0352	0.1301
	基本每股收益(扣除后)(元)	0.0076	0.0264	0.0352	0.1194
	稀释每股收益(元)	0.0099	0.1717	0.0352	0.1301
	每股净资产(元)	1.4501	1.6430	1.5065	1.5213
	每股经营现金净流量(元)	−0.1282	−0.0478	−0.1351	0.0906
	每股现金流量(元)	0.0960	−0.0327	−0.1778	−0.0317
	每股资本公积金(元)	0.0887	0.0993	0.0993	0.0993
	每股盈余公积金(元)	0.1784	0.1959	0.1813	0.1799
	每股未分配利润(元)	0.1830	0.3478	0.2259	0.2420
	净资产收益率(%)	0.6814	10.4527	2.3375	8.5511
	加权净资产收益率(%)	0.6800	10.8600	2.3000	8.8800
	净资产收益率(扣除)(%)	0.5261	1.6066	2.3392	7.8471
	总资产(万元)	102485.46	106254.42	98954.08	101181.58
	归属母公司股东权益(万元)	62501.69	63230.33	57975.60	58544.60
	营业收入(万元)	24525.95	52821.65	27379.55	65780.99
	营业支出(万元)	12255.58	29821.51	14931.94	42271.57
	投资收益(万元)	−0.08	226.81	12.46	249.21
	净利润(万元)	425.88	6609.31	1355.20	5006.23
	营业利润(万元)	588.12	1328.55	1663.04	5650.78
	利润总额(万元)	702.28	8771.06	1661.90	5763.53

甘肃电投能源发展股份有限公司

公司概况	公司名称	甘肃电投能源发展股份有限公司		证券简称	甘肃电投
	法人代表	李宁平	董秘 寇世民	证券代码	000791
	公司网址	www.gepiced.com		电子信箱	gepicnyfz@163.com
	电　话	9031-8378559		传　真	0931-8378560
	办公地址	甘肃省兰州市城关区北滨河东路69号甘肃投资集团大厦24楼			
	经营范围	以水力发电为主的可再生能源、新能源的投资开发,高科技研发,生产经营及相关信息咨询服务			

主要财务指标	指标\报告期	2015.06.30	2014.12.31	2014.06.30	2013.12.31
	基本每股收益(元)	−0.0942	0.2746	0.0063	0.4541
	基本每股收益(扣除后)(元)	−0.0945	0.2746	0.0064	0.4570
	稀释每股收益(元)	−0.0942	0.2746	0.0063	0.4541
	每股净资产(元)	4.9049	5.0541	4.7858	4.8705
	每股经营现金净流量(元)	0.5093	1.2705	0.3190	1.7593
	每股现金流量(元)	−0.1749	0.1384	0.2972	−0.2798
	每股资本公积金(元)	2.8660	2.8660	2.8660	2.8660
	每股盈余公积金(元)	0.0765	0.0765	0.0437	0.0437
	每股未分配利润(元)	0.9624	1.1116	0.8761	0.9608
	净资产收益率(%)	−1.9212	5.4333	0.1320	9.3233
	加权净资产收益率(%)	−0.0200	5.5300	0.1300	9.7000
	净资产收益率(扣除)(%)	−1.9268	5.4331	0.1332	9.3831
	总资产(万元)	1336245.83	1362146.03	1360233.26	1317941.35
	归属母公司股东权益(万元)	354207.63	364984.37	345609.69	351725.25
	营业收入(万元)	55666.39	146738.16	54448.02	160067.67
	营业支出(万元)	38109.51	79316.80	33495.08	78903.31
	投资收益(万元)	2885.68	7223.82	2745.59	7392.89
	净利润(万元)	−7104.75	20590.20	456.07	32792.24
	营业利润(万元)	−6487.48	22838.44	380.23	37571.42
	利润总额(万元)	−6464.23	22813.54	375.39	37324.10

青海盐湖工业股份有限公司

公司概况	公司名称	青海盐湖工业股份有限公司		证券简称	盐湖股份
	法人代表	王兴富	董秘 李勇	证券代码	000792
	公司网址	www.qhyhgf.com		电子信箱	yhjf0792@sina.com
	电　话	0979-8448123		传　真	0979-8434445
	办公地址	青海省格尔木市黄河路28号			
	经营范围	氯化钾产品的开发、生产、销售			

主要财务指标	指标\报告期	2015.06.30	2014.12.31	2014.06.30	2013.12.31
	基本每股收益(元)	0.2270	0.8188	0.2700	0.6616
	基本每股收益(扣除后)(元)	0.2144	0.8201	0.2681	0.6372
	稀释每股收益(元)	0.2270	0.8188	0.2700	0.6616
	每股净资产(元)	11.2324	11.1193	10.5600	10.3177
	每股经营现金净流量(元)	−0.4542	0.8523	−0.3842	0.0842
	每股现金流量(元)	0.8828	0.3868	−0.2118	0.1040
	每股资本公积金(元)	3.7190	3.7190	3.7195	3.7192
	每股盈余公积金(元)	0.9995	0.9995	0.8964	0.8964
	每股未分配利润(元)	5.3520	5.2102	4.7645	4.5614
	净资产收益率(%)	2.0206	7.3635	2.5581	6.4118
	加权净资产收益率(%)	2.0200	7.5900	2.5800	6.5100
	净资产收益率(扣除)(%)	1.9090	7.3759	2.5393	6.0688
	总资产(万元)	7364068.71	6789930.62	5758588.91	5380066.72
	归属母公司股东权益(万元)	1786527.02	1768541.50	1678994.20	1641045.91
	营业收入(万元)	431691.04	1047436.32	420369.79	809457.26
	营业支出(万元)	222526.18	507719.40	204875.32	393042.65
	投资收益(万元)	2051.36	1261.54	991.07	1673.61
	净利润(万元)	34092.66	133138.21	42949.71	105220.66
	营业利润(万元)	8213.27	113600.95	38115.65	81987.26
	利润总额(万元)	44664.21	172016.19	54931.19	143114.21

华闻传媒投资集团股份有限公司

公司概况	公司名称	华闻传媒投资集团股份有限公司			证券简称	华闻传媒
	法人代表	温子健	董秘	金日	证券代码	000793
	公司网址	www.000793.com		电子信箱	hwm@000793.com	
	电　话	0898-66254650 66196060		传　真	0898-66254650 66255636	
	办公地址	海南省海口市海甸四东路民生大厦				
	经营范围	传播与文化产业的投资、开发、管理及咨询服务、信息集成等				

主要财务指标	指标\报告期	2015.06.30	2014.12.31	2014.06.30	2013.12.31
	基本每股收益(元)	0.2009	0.5300	0.3305	0.3875
	基本每股收益(扣除后)(元)	0.1788	0.3545	0.1859	0.2026
	稀释每股收益(元)	0.2009	0.5300	0.3305	0.3875
	每股净资产(元)	3.9979	3.4972	2.6883	2.3975
	每股经营现金净流量(元)	0.1109	0.4043	0.0622	0.5046
	每股现金流量(元)	0.2764	0.1576	-0.1081	0.1877
	每股资本公积金(元)	1.6823	1.3218	0.6314	0.6311
	每股盈余公积金(元)	0.1432	0.1486	0.1260	0.1260
	每股未分配利润(元)	1.1346	1.0242	0.9280	0.6374
	净资产收益率(%)	4.9452	14.2290	12.2951	11.9061
	加权净资产收益率(%)	5.2900	19.9300	12.9000	19.7800
	净资产收益率(扣除)(%)	4.4017	9.5174	6.9159	6.2259
	总资产(万元)	1174516.96	1083693.14	763770.89	717747.72
	归属母公司股东权益(万元)	820063.30	691224.36	496334.07	442638.03
	营业收入(万元)	207649.94	395285.15	165799.09	374955.80
	营业支出(万元)	119206.47	216404.07	86567.20	221613.00
	投资收益(万元)	3931.60	39755.49	35442.68	41652.62
	净利润(万元)	42984.38	104987.87	61025.00	52700.74
	营业利润(万元)	42477.06	124048.92	75396.41	94900.28
	利润总额(万元)	44682.24	126315.24	75745.68	103395.39

太原双塔刚玉股份有限公司

公司概况	公司名称	太原双塔刚玉股份有限公司			证券简称	太原刚玉
	法人代表	杜建奎	董秘	周玉旺	证券代码	000795
	公司网址	www.twin-tower.com		电子信箱	tygydmc@twin-tower.com	
	电　话	0351-5501213		传　真	0351-5501211	
	办公地址	山西省太原市民营经济开发区工业新区赵庄企业大道				
	经营范围	稀土永磁材料与制品、棕刚玉系列产品、物流设备与控制和信息系统等				

主要财务指标	指标\报告期	2015.06.30	2014.12.31	2014.06.30	2013.12.31
	基本每股收益(元)	-0.1330	0.0400	-0.0330	-0.5700
	基本每股收益(扣除后)(元)	-0.1200	-0.4800	-0.0500	-0.6200
	稀释每股收益(元)	-0.1330	0.0400	-0.0330	-0.5700
	每股净资产(元)	2.1230	2.2564	0.7398	0.7724
	每股经营现金净流量(元)	-0.5962	0.0349	0.5011	-0.4999
	每股现金流量(元)	-1.6343	1.2037	-0.1561	0.1830
	每股资本公积金(元)	2.5718	3.3201	1.4462	1.4462
	每股盈余公积金(元)	0.0900	0.0900	0.1114	0.1114
	每股未分配利润(元)	-1.5388	-1.4053	-1.8179	-1.7853
	净资产收益率(%)	-6.2876	1.5820	-4.4063	-74.1880
	加权净资产收益率(%)	-6.1000	3.0400	-4.3100	-54.1100
	净资产收益率(扣除)(%)	-5.8876	-18.4002	-7.3141	-80.1134
	总资产(万元)	130321.91	229340.54	170239.78	153373.69
	归属母公司股东权益(万元)	72801.51	103041.65	20477.53	21379.84
	营业收入(万元)	30267.19	77941.54	39372.83	88884.15
	营业支出(万元)	27491.93	72157.89	32294.95	84200.05
	投资收益(万元)	-	20.89	-	-42.26
	净利润(万元)	-4601.44	1077.89	-902.31	-15861.27
	营业利润(万元)	-4208.15	-14449.67	-1617.93	-17532.21
	利润总额(万元)	-4596.42	1206.53	-916.85	-15858.91

海航凯撒旅游集团股份有限公司

公司概况	公司名称	海航凯撒旅游集团股份有限公司			证券简称	凯撒旅游
	法人代表	刘江涛	董秘	张延波	证券代码	000796
	公司网址	www.efoodgroup.com.cn		电子信箱	E-food@yijituan.net	
	电　话	010-50955100		传　真	010-50955101	
	办公地址	北京市朝阳区霄云路甲 26 号海航大厦 17 层				
	经营范围	百货、纺织品、摩托车、普通机械、电器设备、塑料制品、化工产品及原料等				

主要财务指标	指标\报告期	2015.06.30	2014.12.31	2014.06.30	2013.12.31
	基本每股收益(元)	0.0588	0.1450	0.0397	0.1877
	基本每股收益(扣除后)(元)	0.0585	0.1451	0.0314	0.0664
	稀释每股收益(元)	0.0588	0.1450	0.0397	0.1877
	每股净资产(元)	2.2606	2.2004	2.1010	2.0676
	每股经营现金净流量(元)	0.0764	0.6554	0.4111	0.1915
	每股现金流量(元)	0.3416	0.2007	0.5002	0.8318
	每股资本公积金(元)	1.3570	1.3893	1.3568	1.3568
	每股盈余公积金(元)	0.2064	0.2160	0.2064	0.2064
	每股未分配利润(元)	-0.3028	-0.1944	-0.4622	-0.4956
	净资产收益率(%)	2.5991	6.5916	1.8890	9.0777
	加权净资产收益率(%)	2.1600	6.7800	1.5600	9.4600
	净资产收益率(扣除)(%)	2.5897	3.1253	1.4922	5.1330
	总资产(万元)	134925.01	210498.92	132154.19	128048.62
	归属母公司股东权益(万元)	55733.26	59431.73	51799.42	50976.15
	营业收入(万元)	30449.27	59392.14	29019.07	64678.83
	营业支出(万元)	15947.91	32011.54	15522.21	33851.14
	投资收益(万元)	367.76	573.87	609.12	2153.92
	净利润(万元)	2697.09	5796.76	978.51	4627.46
	营业利润(万元)	3921.08	5835.70	3210.01	8929.79
	利润总额(万元)	3936.45	6386.09	3414.12	8996.68

中国武夷实业股份有限公司

公司概况	公司名称	中国武夷实业股份有限公司			证券简称	中国武夷
	法人代表	丘亮新	董秘	林金铸	证券代码	000797
	公司网址	www.chinawuyi.com.cn		电子信箱	gzb@chinawuyi.com.cn	
	电　话	0591-83170122 83170123		传　真	0591-83170222	
	办公地址	福建省福州市五四路 89 号置地广场 4 层				
	经营范围	投资开发、国际工程承包及外经外贸等				

主要财务指标	指标\报告期	2015.06.30	2014.12.31	2014.06.30	2013.12.31
	基本每股收益(元)	0.1800	0.2900	0.1100	0.2700
	基本每股收益(扣除后)(元)	0.0700	0.2600	0.1000	0.1900
	稀释每股收益(元)	0.1800	0.2900	0.1100	0.2700
	每股净资产(元)	2.8935	3.7392	3.5431	3.4643
	每股经营现金净流量(元)	-0.5334	-0.2089	-0.5320	-2.4044
	每股现金流量(元)	1.7324	0.6280	-0.1380	-2.3158
	每股资本公积金(元)	0.1877	1.2452	1.3280	1.3572
	每股盈余公积金(元)	0.0521	0.0521	0.0480	0.0480
	每股未分配利润(元)	1.4077	1.2739	1.1428	1.0364
	净资产收益率(%)	6.3500	7.7978	3.0024	7.7169
	加权净资产收益率(%)	6.1500	8.1000	3.0400	8.0100
	净资产收益率(扣除)(%)	2.4916	7.0656	2.7433	5.3967
	总资产(万元)	878797.87	795795.23	753779.18	710630.44
	归属母公司股东权益(万元)	112690.01	145623.95	137986.41	134918.35
	营业收入(万元)	100185.40	212368.56	98952.24	238593.42
	营业支出(万元)	65538.85	159279.15	73335.60	170622.52
	投资收益(万元)	5159.11	1184.35	2.44	151.95
	净利润(万元)	4179.49	9872.14	4142.96	10411.50
	营业利润(万元)	7279.65	14950.70	7055.55	23228.88
	利润总额(万元)	7277.52	15113.94	7110.75	24119.29

中水集团远洋股份有限公司

公司概况						
公司概况	公司名称	中水集团远洋股份有限公司			证券简称	中水渔业
	法人代表	吴湘峰	董秘	陈明	证券代码	000798
	公司网址	www.cofc.com.cn		电子信箱	cofcbgs@126.com	
	电　　话	010-88067461		传　　真	010-88067463	
	办公地址	北京市西城区西单民丰胡同31号中水大厦6层				
	经营范围	远洋水产品的捕捞、储运、加工、销售和进出口等				

主要财务指标	指标\报告期	2015.06.30	2014.12.31	2014.06.30	2013.12.31
	基本每股收益(元)	0.0617	0.0659	−0.0112	0.1700
	基本每股收益(扣除后)(元)	0.0609	0.0509	−0.0104	−0.1100
	稀释每股收益(元)	0.0617	0.0659	−0.0112	0.1700
	每股净资产(元)	2.6526	2.6365	2.5542	2.6198
	每股经营现金净流量(元)	−0.2442	−0.0490	−0.2219	0.2916
	每股现金流量(元)	−0.7236	0.1412	−0.3451	0.2560
	每股资本公积金(元)	1.0400	1.0400	1.0490	1.0413
	每股盈余公积金(元)	0.2051	0.2051	0.1963	0.1963
	每股未分配利润(元)	0.5095	0.4878	0.4194	0.4856
	净资产收益率(%)	2.3272	2.4991	−0.4385	6.4891
	加权净资产收益率(%)	2.3300	2.5100	−0.4300	6.6000
	净资产收益率(扣除)(%)	2.2945	1.9292	−0.4055	−4.1178
	总资产(万元)	122572.24	92903.61	88693.16	93514.01
	归属母公司股东权益(万元)	84739.65	84223.34	81596.03	83689.54
	营业收入(万元)	24732.81	37875.64	15820.04	29613.10
	营业支出(万元)	22272.00	37966.08	17591.56	32245.07
	投资收益(万元)	1965.10	1267.95	649.97	9447.86
	净利润(万元)	2086.65	1949.43	−411.49	5229.75
	营业利润(万元)	558.83	−5862.10	−4597.91	−3371.86
	利润总额(万元)	2203.94	2009.49	−400.19	5631.86

酒鬼酒股份有限公司

公司概况						
公司概况	公司名称	酒鬼酒股份有限公司			证券简称	*ST酒鬼
	法人代表	赵公微	董秘	张儒平	证券代码	000799
	公司网址	www.china000799.com		电子信箱	jgj000799@126.com	
	电　　话	0731-88186030		传　　真	0731-88186005	
	办公地址	湖南省吉首市振武营酒鬼工业园				
	经营范围	生产、销售酒鬼酒系列白酒和湘泉系列白酒等				

主要财务指标	指标\报告期	2015.06.30	2014.12.31	2014.06.30	2013.12.31
	基本每股收益(元)	0.1215	−0.3000	−0.1369	−0.1100
	基本每股收益(扣除后)(元)	0.1086	−0.3512	−0.2019	0.0184
	稀释每股收益(元)	0.1215	−0.3000	−0.1369	−0.1100
	每股净资产(元)	5.2554	5.1339	5.2970	5.4339
	每股经营现金净流量(元)	0.3381	−0.2021	−0.3616	−1.4405
	每股现金流量(元)	−0.0028	−0.5619	−0.5367	−1.3111
	每股资本公积金(元)	3.5739	3.5739	3.5739	3.5739
	每股盈余公积金(元)	0.6019	0.6019	0.6019	0.6019
	每股未分配利润(元)	0.0796	−0.0419	0.1212	0.2581
	净资产收益率(%)	2.3127	−5.8433	−2.5839	−2.0776
	加权净资产收益率(%)	2.3400	−5.6800	−2.5500	−2.0300
	净资产收益率(扣除)(%)	2.0658	−6.8403	−3.8110	0.3387
	总资产(万元)	212467.12	210691.50	203193.75	217728.35
	归属母公司股东权益(万元)	170764.76	166815.46	172115.69	176562.99
	营业收入(万元)	30657.85	38848.24	17854.27	68463.16
	营业支出(万元)	10049.67	15590.51	7624.81	19778.84
	投资收益(万元)	183.20	6.44	183.39	1046.80
	净利润(万元)	3409.10	−10366.20	−4684.61	−3879.72
	营业利润(万元)	4438.79	−14800.56	−6598.22	755.18
	利润总额(万元)	4722.04	−12874.61	−4722.76	−4458.04

一汽轿车股份有限公司

公司概况						
公司概况	公司名称	一汽轿车股份有限公司			证券简称	一汽轿车
	法人代表	许宪平	董秘	陈清华	证券代码	000800
	公司网址	www.fawcar.com.cn		电子信箱	fawcar0800@faw.com.cn	
	电　　话	0431-85781108 85781107		传　　真	0431-85781100	
	办公地址	吉林省长春市高新技术产业开发区蔚山路4888号				
	经营范围	轿车整车及配件的生产与销售等				

主要财务指标	指标\报告期	2015.06.30	2014.12.31	2014.06.30	2013.12.31
	基本每股收益(元)	0.1009	0.0991	0.1940	0.6188
	基本每股收益(扣除后)(元)	0.0927	0.0926	0.1921	0.6100
	稀释每股收益(元)	0.1009	0.0991	0.1940	0.6188
	每股净资产(元)	5.4677	5.3733	5.4672	5.2888
	每股经营现金净流量(元)	0.0605	0.1788	0.2158	0.8564
	每股现金流量(元)	−0.2899	−0.3322	−0.2281	−0.0531
	每股资本公积金(元)	1.5293	1.5293	1.5292	1.5258
	每股盈余公积金(元)	0.6127	0.6127	0.6127	0.6127
	每股未分配利润(元)	2.3212	2.2303	2.3252	2.1502
	净资产收益率(%)	1.8452	1.8440	3.5491	11.7002
	加权净资产收益率(%)	1.8600	1.8600	3.6100	12.4200
	净资产收益率(扣除)(%)	1.6955	1.7230	3.5140	11.4576
	总资产(万元)	1925667.25	2093559.76	2187828.91	2108628.04
	归属母公司股东权益(万元)	889861.32	874511.80	889782.42	860748.28
	营业收入(万元)	1376396.83	3385724.16	1589183.45	2967513.14
	营业支出(万元)	1081719.13	2660491.62	1218732.95	2271839.31
	投资收益(万元)	9086.99	21523.34	12475.51	20088.93
	净利润(万元)	19340.18	13705.27	31579.00	100709.37
	营业利润(万元)	22983.96	6955.47	27445.74	113248.44
	利润总额(万元)	24316.29	7905.75	27127.33	115434.03

四川九洲电器股份有限公司

公司概况						
公司概况	公司名称	四川九洲电器股份有限公司			证券简称	四川九洲
	法人代表	霞晖	董秘	程晓伟	证券代码	000801
	公司网址	www.jiuzhoutech.com		电子信箱	dsb@jiuzhoutech.com	
	电　　话	0816-2336252		传　　真	0816-2336335	
	办公地址	四川省绵阳市科创园区九洲大道259号				
	经营范围	电子音响设备、卫星电视接收系统、整机装饰件的制造、加工销售和安装等				

主要财务指标	指标\报告期	2015.06.30	2014.12.31	2014.06.30	2013.12.31
	基本每股收益(元)	0.1348	0.1873	0.1295	0.1560
	基本每股收益(扣除后)(元)	0.0709	0.1114	0.0241	0.1036
	稀释每股收益(元)	0.1348	0.1873	0.1295	0.1560
	每股净资产(元)	4.0257	3.2823	3.1606	3.0628
	每股经营现金净流量(元)	−0.2087	0.1850	−0.0321	0.0969
	每股现金流量(元)	0.0125	−0.6383	−0.5645	−0.1502
	每股资本公积金(元)	1.5544	1.2093	1.1420	1.1117
	每股盈余公积金(元)	0.0815	0.0906	0.0809	0.0809
	每股未分配利润(元)	1.3842	1.4577	0.9389	0.8713
	净资产收益率(%)	3.3112	5.7074	2.1414	5.0923
	加权净资产收益率(%)	3.5800	5.8900	2.1800	5.2200
	净资产收益率(扣除)(%)	1.6736	−	0.7639	3.3827
	总资产(万元)	422980.29	397756.74	318006.68	318922.37
	归属母公司股东权益(万元)	205875.75	173053.34	145352.09	140852.67
	营业收入(万元)	125708.51	223864.56	142881.48	247072.06
	营业支出(万元)	91852.02	177998.50	109306.41	203932.58
	投资收益(万元)	−	2416.37	30.50	81.56
	净利润(万元)	7255.80	7816.99	6319.09	7557.36
	营业利润(万元)	6866.68	4267.42	5064.00	5558.68
	利润总额(万元)	8528.21	7922.47	7521.47	8489.21

北京京西风光旅游开发股份有限公司

公司概况	公司名称	北京京西风光旅游开发股份有限公司			证券简称	北京文化
	法人代表	熊震宇	董秘	陈晨	证券代码	000802
	公司网址	www.bj-tour.com.cn		电子信箱	000802@ibjtour.com	
	电　话	010-57807786　57807780		传　真	010-57807778	
	办公地址	北京市朝阳区将台西路 9-5 号				
	经营范围	旅游项目投资及管理、旅游开发服务、生产销售旅游产品、酒店客房等				

	指标＼报告期	2015.06.30	2014.12.31	2014.06.30	2013.12.31
主要财务指标	基本每股收益(元)	0.0087	0.2129	0.0168	0.0868
	基本每股收益(扣除后)(元)	0.0012	0.1114	0.0069	0.0031
	稀释每股收益(元)	0.0087	0.2129	0.0168	0.0868
	每股净资产(元)	2.3688	2.3801	2.2632	2.2663
	每股经营现金净流量(元)	0.2189	-0.4274	-0.0688	0.0462
	每股现金流量(元)	-0.1668	0.2663	0.0013	0.4731
	每股资本公积金(元)	1.4111	1.4111	1.1666	1.1666
	每股盈余公积金(元)	0.0351	0.0351	0.0296	0.0296
	每股未分配利润(元)	0.2359	0.2472	0.0670	0.0702
	净资产收益率(%)	0.3652	8.6326	0.7444	3.8300
	加权净资产收益率(%)	0.3600	8.9700	0.7400	3.8800
	净资产收益率(扣除)(%)	0.0501	4.5146	0.3037	0.1366
	总资产(万元)	145674.46	150667.21	109562.07	109910.33
	归属母公司股东权益(万元)	92049.83	92490.87	84863.73	84982.00
	营业收入(万元)	8655.66	42069.48	8239.72	16286.12
	营业支出(万元)	3096.18	21555.76	3067.55	7814.91
	投资收益(万元)	423.55	222.92	109.22	2772.99
	净利润(万元)	92.43	7737.48	631.70	3254.78
	营业利润(万元)	410.76	9569.12	577.60	2877.79
	利润总额(万元)	502.92	10676.55	1075.53	4364.54

四川金宇汽车城(集团)股份有限公司

公司概况	公司名称	四川金宇汽车城(集团)股份有限公司			证券简称	金宇车城
	法人代表	胡先林	董秘	罗雄飞	证券代码	000803
	公司网址	www.000803.cn		电子信箱	scjymy@vip.sina.com	
	电　话	0817-6170888 8128111		传　真	0817-6170777	
	办公地址	四川省南充市嘉陵区嘉南路三段 1 号盛世天城				
	经营范围	汽车贸易、二手车交易、摩托车交易、汽车(摩托车)配件研发制造、维修等				

	指标＼报告期	2015.06.30	2014.12.31	2014.06.30	2013.12.31
主要财务指标	基本每股收益(元)	-0.0600	0.0300	0.0100	0.0300
	基本每股收益(扣除后)(元)	-0.0600	-	-0.0100	0.0200
	稀释每股收益(元)	-0.0600	0.0300	0.0100	0.0300
	每股净资产(元)	1.1268	1.1825	1.1649	1.1531
	每股经营现金净流量(元)	-0.1009	-0.3455	-0.4320	-0.7257
	每股现金流量(元)	0.0429	-0.2202	-0.0516	0.1428
	每股资本公积金(元)	0.1574	0.1574	0.1574	0.1574
	每股盈余公积金(元)	0.1887	0.1887	0.1887	0.1887
	每股未分配利润(元)	-0.2192	-0.1635	-0.1811	-0.1930
	净资产收益率(%)	-4.9413	2.4889	1.0195	2.8882
	加权净资产收益率(%)	-4.8200	2.5200	1.0200	3.0600
	净资产收益率(扣除)(%)	-4.9357	-0.2112	-0.8248	1.8690
	总资产(万元)	45659.71	45734.84	50254.95	49082.03
	归属母公司股东权益(万元)	14392.91	15104.11	14879.87	14728.17
	营业收入(万元)	4550.64	16299.16	7077.50	17703.41
	营业支出(万元)	3735.40	11910.32	4979.47	13032.82
	投资收益(万元)	0.04	0.04	0.04	27.10
	净利润(万元)	-711.30	372.56	151.70	425.38
	营业利润(万元)	-579.10	474.38	268.32	988.05
	利润总额(万元)	-579.91	851.88	542.73	1110.64

北海银河生物产业投资股份有限公司

公司概况	公司名称	北海银河生物产业投资股份有限公司			证券简称	银河生物
	法人代表	唐新林	董秘	卢安军	证券代码	000806
	公司网址	www.g-biomed.com		电子信箱	yhtech@g-biomed.com	
	电　话	0779-3202636		传　真	0779-3926916	
	办公地址	广西壮族自治区北海市银河软件科技园综合办公楼				
	经营范围	输配电、控制设备制造及电子信息业等				

	指标＼报告期	2015.06.30	2014.12.31	2014.06.30	2013.12.31
主要财务指标	基本每股收益(元)	0.1054	0.0373	-0.0181	0.0175
	基本每股收益(扣除后)(元)	-0.0155	-0.0932	-0.0665	-0.0366
	稀释每股收益(元)	0.1054	0.0373	-0.0181	0.0175
	每股净资产(元)	1.8400	1.1714	1.1188	1.1949
	每股经营现金净流量(元)	-0.0728	0.0707	0.0189	0.0916
	每股现金流量(元)	0.3315	0.1608	-0.0066	-0.0324
	每股资本公积金(元)	0.9498	0.4438	0.5100	0.5679
	每股盈余公积金(元)	0.0845	0.1329	0.1329	0.1329
	每股未分配利润(元)	-0.2067	-0.4686	-0.5240	-0.5059
	净资产收益率(%)	4.9646	3.1850	-1.6180	1.4618
	加权净资产收益率(%)	7.1500	3.1500	-1.5600	1.4600
	净资产收益率(扣除)(%)	-0.7291	-7.9592	-5.9475	-3.0598
	总资产(万元)	255768.75	220478.32	200462.06	208305.58
	归属母公司股东权益(万元)	202088.95	81903.17	78228.81	83547.43
	营业收入(万元)	36338.29	80192.37	27899.75	78407.67
	营业支出(万元)	27100.91	58708.78	20541.01	56349.45
	投资收益(万元)	10315.57	11477.69	3877.42	4654.15
	净利润(万元)	9917.05	2299.82	-1265.43	1221.27
	营业利润(万元)	8497.20	3579.56	-2864.53	1795.20
	利润总额(万元)	11750.15	3323.38	-2417.37	2145.92

云南铝业股份有限公司

公司概况	公司名称	云南铝业股份有限公司			证券简称	云铝股份
	法人代表	田永	董秘	饶罡	证券代码	000807
	公司网址	www.ylgf.com		电子信箱	stock@ylgf.com	
	电　话	0871-67455268		传　真	0871-67455605	
	办公地址	云南省昆明市呈贡区七甸街道				
	经营范围	铝冶炼和铝加工产品的生产和销售等				

	指标＼报告期	2015.06.30	2014.12.31	2014.06.30	2013.12.31
主要财务指标	基本每股收益(元)	-0.0450	-0.3030	-0.1810	0.0100
	基本每股收益(扣除后)(元)	-0.0480	-0.3300	-0.2060	-0.1600
	稀释每股收益(元)	-0.0450	-0.3030	-0.1810	0.0100
	每股净资产(元)	2.9744	2.2276	2.3422	2.5300
	每股经营现金净流量(元)	0.1668	0.1918	1.0702	1.5072
	每股现金流量(元)	0.5047	0.0691	0.4098	-0.1995
	每股资本公积金(元)	1.9803	1.8533	1.1922	1.2031
	每股盈余公积金(元)	0.1705	0.2103	0.2101	0.2101
	每股未分配利润(元)	-0.1817	-0.1734	-0.0652	0.1265
	净资产收益率(%)	-1.3325	-13.6218	-8.1874	0.4127
	加权净资产收益率(%)	-1.7900	-12.7500	-6.9300	0.4100
	净资产收益率(扣除)(%)	-1.3664	-	-8.8089	-6.3132
	总资产(万元)	2862427.13	2739458.73	2387279.82	2296688.17
	归属母公司股东权益(万元)	564724.38	443591.76	360500.13	389889.28
	营业收入(万元)	749064.70	1909280.05	931444.33	1492791.94
	营业支出(万元)	673238.12	1828035.75	903816.08	1424872.44
	投资收益(万元)	3034.77	6952.04	-263.78	109.79
	净利润(万元)	-15143.43	-72144.87	-44341.10	-11018.90
	营业利润(万元)	-18289.05	-96596.10	-58333.38	-52595.20
	利润总额(万元)	-17974.53	-90544.92	-55312.87	-13380.18

铁岭新城投资控股股份有限公司

公司概况					
公司名称	铁岭新城投资控股股份有限公司			证券简称	铁岭新城
法人代表	韩广林	董秘	迟峰	证券代码	000809
公司网址	www.tielingnewcity.com.cn		电子信箱	tlxc809@163.com	
电　话	024-74997822		传　真	024-74997890	
办公地址	辽宁省铁岭市凡河新区金沙江路11号				
经营范围	区域土地征用、市政基础设施建设、土地开发、项目开发、投资、管理咨询				

指标\报告期	2015.06.30	2014.12.31	2014.06.30	2013.12.31
基本每股收益(元)	-0.0800	0.0500	0.0600	1.2900
基本每股收益(扣除后)(元)	-0.0900	0.0400	0.0600	1.2900
稀释每股收益(元)	-0.0800	0.0500	0.0600	1.2900
每股净资产(元)	6.2457	6.3264	6.3376	6.2741
每股经营现金净流量(元)	-0.1307	-1.4342	-1.3477	-0.1912
每股现金流量(元)	-0.2470	-0.2985	-0.1012	0.4143
每股资本公积金(元)	0.0582	0.0582	0.0582	0.0582
每股盈余公积金(元)	0.3579	0.3579	0.3579	0.3579
每股未分配利润(元)	4.8296	4.9103	4.9216	4.8580
净资产收益率(%)	-1.2919	0.8271	1.0032	20.5636
加权净资产收益率(%)	-1.2800	0.8300	1.0100	22.9200
净资产收益率(扣除)(%)	-1.4698	0.6282	0.9839	20.5237
总资产(万元)	619869.51	620828.62	621496.16	564917.20
归属母公司股东权益(万元)	343426.51	347863.38	348482.00	344986.20
营业收入(万元)	1250.86	26307.74	18557.17	168607.00
营业支出(万元)	1296.15	7541.82	6412.40	52889.20
投资收益(万元)	0.88	-	-	-
净利润(万元)	-4436.87	2877.18	3495.80	70941.66
营业利润(万元)	-5145.96	4676.79	4544.34	96589.50
利润总额(万元)	-5047.17	4849.75	4633.98	96725.98

创维数字股份有限公司

公司概况					
公司名称	创维数字股份有限公司			证券简称	创维数字
法人代表	杨东文	董秘	张知	证券代码	000810
公司网址	www.skyworthdigital.com		电子信箱	skydigital@skyworth.com	
电　话	0755-26010018		传　真	0825-2283399	
办公地址	广东省深圳市南山区科技园高新南一道创维大厦A座16楼				
经营范围	纺纱、织布、纺织品制造、销售等				

指标\报告期	2015.06.30	2014.12.31	2014.06.30	2013.12.31
基本每股收益(元)	0.1505	0.8571	0.1935	0.8401
基本每股收益(扣除后)(元)	0.1452	0.8254	-0.0876	0.0224
稀释每股收益(元)	0.1505	0.8571	0.1935	0.8401
每股净资产(元)	2.0421	3.9829	3.7229	3.8116
每股经营现金净流量(元)	-0.2337	0.4286	-0.1615	1.6148
每股现金流量(元)	-0.6722	0.8545	-1.4075	0.1988
每股资本公积金(元)	0.0002	0.0604	0.7605	0.5349
每股盈余公积金(元)	-	-	0.2114	0.5000
每股未分配利润(元)	1.0420	2.9237	1.7511	11.4315
净资产收益率(%)	7.3716	19.4554	-2.3832	0.7528
加权净资产收益率(%)	7.4000	21.4200	9.9100	25.6100
净资产收益率(扣除)(%)	7.1101	18.7356	-2.3519	0.5876
总资产(万元)	386136.70	392957.06	102318.73	337058.82
归属母公司股东权益(万元)	203902.25	198878.19	48273.50	161603.70
营业收入(万元)	157056.87	350163.47	155406.16	360207.36
营业支出(万元)	121848.19	272271.36	121854.77	273195.03
投资收益(万元)	282.67	545.21	398.90	2465.62
净利润(万元)	14733.85	38501.11	16755.14	36674.04
营业利润(万元)	13794.29	36187.16	16449.16	33224.74
利润总额(万元)	16568.57	43267.20	18941.19	38875.29

烟台冰轮股份有限公司

公司概况					
公司名称	烟台冰轮股份有限公司			证券简称	烟台冰轮
法人代表	李增群	董秘	孙秀欣	证券代码	000811
公司网址	www.yantaimoon.cn		电子信箱	zqb@yantaimoon.cn	
电　话	0535-6697075 6243558		传　真	0535-6243558	
办公地址	山东省烟台市芝罘区冰轮路1号				
经营范围	制冷空调设备、机械设备零配件、塑料制品(不含农膜)、装饰材料等				

指标\报告期	2015.06.30	2014.12.31	2014.06.30	2013.12.31
基本每股收益(元)	0.4800	0.5300	0.1600	0.6400
基本每股收益(扣除后)(元)	0.0200	0.2900	0.1500	0.3900
稀释每股收益(元)	0.4800	0.5300	0.1600	0.6400
每股净资产(元)	4.1361	4.0861	3.6693	3.8109
每股经营现金净流量(元)	-0.0907	0.4012	0.1072	0.2067
每股现金流量(元)	-0.3513	0.3245	0.1872	0.0927
每股资本公积金(元)	0.1452	0.3092	0.7976	1.0992
每股盈余公积金(元)	0.4730	0.4362	0.4214	0.4214
每股未分配利润(元)	2.0700	1.8620	1.4666	1.3111
净资产收益率(%)	11.6944	12.8920	4.2370	16.8549
加权净资产收益率(%)	11.1800	13.3400	4.0000	18.5100
净资产收益率(扣除)(%)	0.5815	7.0782	4.1135	10.2602
总资产(万元)	282546.83	473826.40	237870.27	255499.51
归属母公司股东权益(万元)	163208.55	182835.47	144791.48	150378.20
营业收入(万元)	82830.32	169068.84	69491.64	152779.03
营业支出(万元)	63076.69	122717.20	51210.99	107985.07
投资收益(万元)	23307.88	16535.02	3318.61	19453.30
净利润(万元)	20194.26	22765.48	6134.76	25346.16
营业利润(万元)	23352.24	25042.47	7053.01	26404.70
利润总额(万元)	23988.61	25847.06	6937.20	28356.41

陕西金叶科教集团股份有限公司

公司概况					
公司名称	陕西金叶科教集团股份有限公司			证券简称	陕西金叶
法人代表	袁汉源	董秘	闫凯	证券代码	000812
公司网址	www.jinyegroup.cn		电子信箱	jinye000812@163.com	
电　话	029-81778569		传　真	029-81778533	
办公地址	陕西省西安市高新区锦业路1号都市之门B座19层				
经营范围	烟标及卷烟过滤材料生产销售、教育产业等				

指标\报告期	2015.06.30	2014.12.31	2014.06.30	2013.12.31
基本每股收益(元)	0.0485	0.1600	0.0738	0.1620
基本每股收益(扣除后)(元)	0.0422	0.0838	0.0726	0.1362
稀释每股收益(元)	0.0485	0.1600	0.0738	0.1620
每股净资产(元)	1.9547	1.9262	1.8999	1.8261
每股经营现金净流量(元)	0.0167	0.2319	-0.1064	0.2031
每股现金流量(元)	-0.1155	0.3877	-0.0660	0.1143
每股资本公积金(元)	0.0342	0.0342	0.0341	0.0341
每股盈余公积金(元)	0.2121	0.2121	0.1755	0.1755
每股未分配利润(元)	0.7084	0.6799	0.6902	0.6165
净资产收益率(%)	2.4805	8.3077	3.8822	8.8716
加权净资产收益率(%)	2.4900	8.4000	3.9600	9.3900
净资产收益率(扣除)(%)	2.1564	4.3485	3.8225	7.4599
总资产(万元)	181237.33	176346.03	160322.46	152880.79
归属母公司股东权益(万元)	87448.79	86174.35	84995.29	81695.63
营业收入(万元)	26022.62	58939.84	31696.96	63718.88
营业支出(万元)	17622.82	39267.29	20519.23	42044.99
投资收益(万元)	-	6068.15	78.81	286.11
净利润(万元)	3708.93	9991.68	3299.65	7247.70
营业利润(万元)	3579.05	12405.88	5355.52	9479.18
利润总额(万元)	3912.65	11257.81	5418.08	10831.90

新疆天山毛纺织股份有限公司

公司概况	公司名称	新疆天山毛纺织股份有限公司			证券简称	天山纺织
	法人代表	武宪章	董秘	魏哲明	证券代码	000813
	公司网址	www.chinatianshan.com		电子信箱	tsfz_zqb@163.com	
	电　　话	0991-4336068 4336069		传　　真	0991-4310456	
	办公地址	新疆维吾尔自治区乌鲁木齐市新市区银川路 235 号				
	经营范围	羊绒纱、羊绒衫、羊毛衫及混纺衫的生产销售等				

主要财务指标	指标\报告期	2015.06.30	2014.12.31	2014.06.30	2013.12.31
	基本每股收益(元)	0.0120	0.0500	0.0335	0.0700
	基本每股收益(扣除后)(元)	0.0073	0.0039	0.0001	-0.0934
	稀释每股收益(元)	0.0120	0.0500	0.0335	0.0700
	每股净资产(元)	2.2732	2.2609	2.4632	2.4327
	每股经营现金净流量(元)	0.0399	0.2919	0.1347	0.3649
	每股现金流量(元)	-0.1211	0.2077	0.1999	-0.1350
	每股资本公积金(元)	2.3015	2.3015	2.3015	2.3015
	每股盈余公积金(元)	0.0991	0.0991	0.0991	0.0991
	每股未分配利润(元)	-1.1235	-1.1354	-0.9330	-1.1814
	净资产收益率(%)	0.5257	2.0345	1.2288	2.3088
	加权净资产收益率(%)	0.5300	2.0557	1.2400	3.3400
	净资产收益率(扣除)(%)	0.3193	0.1720	0.0026	-3.1269
	总资产(万元)	196855.97	203172.40	200262.51	190072.59
	归属母公司股东权益(万元)	106273.13	105695.11	115153.39	103528.56
	营业收入(万元)	24065.99	55937.18	21433.14	56917.58
	营业支出(万元)	15227.74	34260.71	14272.53	35558.22
	投资收益(万元)	-	0.97	0.97	4.82
	净利润(万元)	1650.27	5131.14	2383.64	7993.89
	营业利润(万元)	3588.83	7543.12	2565.80	10742.64
	利润总额(万元)	3808.45	9578.08	3976.77	12166.54

中冶美利纸业股份有限公司

公司概况	公司名称	中冶美利纸业股份有限公司			证券简称	*ST 美利
	法人代表	张强	董秘	丁国强	证券代码	000815
	公司网址	www.china-meili.com		电子信箱	yky1662@126.com	
	电　　话	0955-7679334 7679335		传　　真	0955-7679216	
	办公地址	宁夏回族自治区中卫市沙坡头区柔远镇				
	经营范围	机制纸、板纸、加工纸等中、高档文化用纸及生活用纸的生产、经营等				

主要财务指标	指标\报告期	2015.06.30	2014.12.31	2014.06.30	2013.12.31
	基本每股收益(元)	-0.4700	-2.0500	-0.4300	-0.7500
	基本每股收益(扣除后)(元)	-0.2600	-1.2900	-0.4500	-0.8900
	稀释每股收益(元)	-0.4700	-2.0500	-0.4300	-0.7500
	每股净资产(元)	-1.0046	-0.5339	1.0280	1.4076
	每股经营现金净流量(元)	0.0092	-0.1933	-0.1482	-0.9241
	每股现金流量(元)	-0.0139	0.0469	-0.0061	-0.2177
	每股资本公积金(元)	1.1210	1.1210	1.0634	1.0136
	每股盈余公积金(元)	0.2179	0.2179	0.2179	0.2179
	每股未分配利润(元)	-3.3435	-2.8728	-1.2533	-0.8239
	净资产收益率(%)	-46.8535	383.7461	-41.7736	-53.1810
	加权净资产收益率(%)	-61.1900	-473.6900	-35.2600	-42.7000
	净资产收益率(扣除)(%)	25.9150	242.2812	-43.3198	-63.1034
	总资产(万元)	146490.87	150592.81	241595.34	247236.24
	归属母公司股东权益(万元)	-31826.64	-16914.76	32566.71	44593.08
	营业收入(万元)	29546.72	62201.34	31131.27	55318.55
	营业支出(万元)	28064.26	64054.02	32688.17	57095.56
	投资收益(万元)	-	187.00	-	1238.95
	净利润(万元)	-14911.89	-64909.73	-13604.29	-23715.05
	营业利润(万元)	-7947.85	-40061.80	-13709.81	-26167.75
	利润总额(万元)	-14911.86	-64908.04	-13602.64	-24052.18

江苏农华智慧农业科技股份有限公司

公司概况	公司名称	江苏农华智慧农业科技股份有限公司			证券简称	智慧农业
	法人代表	胡尔广	董秘	王乃强	证券代码	000816
	公司网址	www.jd.dongyin.com		电子信箱	jhdl@dongyin.com	
	电　　话	0515-88881908		传　　真	0515-88881816	
	办公地址	江苏省盐城市经济技术开发区希望大道南路 58 号				
	经营范围	单多缸柴油机、汽油机及终端产品、拖拉机等产品的制造与销售等				

主要财务指标	指标\报告期	2015.06.30	2014.12.31	2014.06.30	2013.12.31
	基本每股收益(元)	0.0201	0.0400	0.0338	0.0800
	基本每股收益(扣除后)(元)	-0.0500	-0.0100	0.0300	0.0700
	稀释每股收益(元)	0.0201	0.0400	0.0338	0.0800
	每股净资产(元)	2.3878	2.3324	2.3350	1.5620
	每股经营现金净流量(元)	-0.0518	-0.0214	0.0131	-0.2265
	每股现金流量(元)	-0.1007	0.8292	0.8644	-0.2857
	每股资本公积金(元)	0.9191	0.8726	0.8805	0.0005
	每股盈余公积金(元)	0.0723	0.0723	0.0648	0.0844
	每股未分配利润(元)	0.4068	0.3967	0.4031	0.4880
	净资产收益率(%)	0.8421	1.7027	1.2227	5.3756
	加权净资产收益率(%)	0.8500	2.0400	1.8000	5.4900
	净资产收益率(扣除)(%)	-1.9469	-0.5028	1.2492	4.1740
	总资产(万元)	700178.07	713334.17	696305.82	542556.52
	归属母公司股东权益(万元)	338781.82	330926.33	331284.17	170068.97
	营业收入(万元)	98577.49	233417.24	118918.48	277353.48
	营业支出(万元)	86737.60	196043.34	98418.50	231232.48
	投资收益(万元)	1008.01	-802.19	-338.56	1940.35
	净利润(万元)	1235.67	4282.04	4050.67	9142.31
	营业利润(万元)	-8588.08	-5676.41	3949.07	9064.97
	利润总额(万元)	1622.07	3663.95	4382.91	9266.98

方大锦化化工科技股份有限公司

公司概况	公司名称	方大锦化化工科技股份有限公司			证券简称	方大化工
	法人代表	闫奎兴	董秘	张晓东	证券代码	000818
	公司网址			电子信箱	fdhgzqb@126.com	
	电　　话	0429-2709065 2709000		传　　真	0429-2709818	
	办公地址	辽宁省葫芦岛市连山区化工街				
	经营范围	烧碱、氯、氯化苯、盐酸、环氧丙烷、聚醚、丙二醇、聚氯乙烯等化工产品的生产与销售等				

主要财务指标	指标\报告期	2015.06.30	2014.12.31	2014.06.30	2013.12.31
	基本每股收益(元)	0.0592	0.1251	0.0396	-0.1268
	基本每股收益(扣除后)(元)	0.0665	0.1348	0.0509	-0.1815
	稀释每股收益(元)	0.0592	0.1251	0.0396	-0.1268
	每股净资产(元)	2.9729	2.9137	2.8289	2.7892
	每股经营现金净流量(元)	0.1854	0.5447	0.0244	0.1376
	每股现金流量(元)	-0.1077	0.1378	-0.0165	0.0183
	每股资本公积金(元)	1.8322	1.8322	1.8329	1.8329
	每股盈余公积金(元)	0.0544	0.0544	0.0544	0.0544
	每股未分配利润(元)	0.0863	0.0271	-0.0584	-0.0980
	净资产收益率(%)	1.9921	4.2921	1.4009	-4.5475
	加权净资产收益率(%)	2.0100	4.3900	1.4100	-4.3600
	净资产收益率(扣除)(%)	2.2355	4.6257	1.8006	-6.5068
	总资产(万元)	254045.60	266879.48	274633.24	276150.47
	归属母公司股东权益(万元)	202156.55	198132.29	192366.67	189667.92
	营业收入(万元)	125916.86	295596.07	135910.40	265339.97
	营业支出(万元)	106430.50	259186.94	121108.44	254406.86
	投资收益(万元)	308.28	210.00	-	-617.98
	净利润(万元)	4081.79	8823.81	2694.92	-8625.10
	营业利润(万元)	5002.95	10640.79	3505.94	-16187.88
	利润总额(万元)	4040.43	9656.62	2737.17	-11369.65

岳阳兴长石化股份有限公司

公司概况					
公司名称	岳阳兴长石化股份有限公司			证券简称	岳阳兴长
法人代表	李华	董秘	谭人杰	证券代码	000819
公司网址	www.yyxc0819.com		电子信箱	yyxczqbu@163.com	
电　话	0730-8829916　8452599		传　真	0730-8829752	
办公地址	湖南省岳阳市岳阳大道岳阳兴长大厦九楼				
经营范围	开发、生产、销售石油化工产品(不含成品油)、塑料及其制品等				

主要财务指标 指标\报告期	2015.06.30	2014.12.31	2014.06.30	2013.12.31
基本每股收益(元)	0.1060	0.1730	0.0380	0.2660
基本每股收益(扣除后)(元)	0.1100	0.1640	0.0410	0.3000
稀释每股收益(元)	0.1060	0.1730	0.0380	0.2660
每股净资产(元)	2.6525	2.7238	2.5902	2.8557
每股经营现金净流量(元)	0.0934	0.2526	−0.0007	0.4778
每股现金流量(元)	1.2788	−1.2234	−0.1166	−0.0119
每股资本公积金(元)	0.3361	0.3529	0.3529	0.3882
每股盈余公积金(元)	0.5369	0.5638	0.5638	0.6202
每股未分配利润(元)	0.7795	0.8071	0.6735	0.8474
净资产收益率(%)	3.9987	6.3551	1.5259	10.2634
加权净资产收益率(%)	4.0100	6.6210	1.5110	10.5300
净资产收益率(扣除)(%)	4.1410	6.0135	1.5776	10.4887
总资产(万元)	80147.63	77604.93	71776.76	72758.67
归属母公司股东权益(万元)	65281.13	63842.71	60711.78	60850.77
营业收入(万元)	81091.33	146086.83	56055.03	192457.73
营业支出(万元)	73180.64	134097.41	51717.24	174811.87
投资收益(万元)	−126.46	−140.88	−137.40	−198.66
净利润(万元)	2973.94	3648.60	767.86	6014.20
营业利润(万元)	3925.93	4855.16	1173.61	8750.77
利润总额(万元)	3802.10	5146.07	1132.55	8565.25

金城造纸股份有限公司

公司概况					
公司名称	金城造纸股份有限公司			证券简称	金城股份
法人代表	李恩明	董秘	高丽君	证券代码	000820
公司网址	www.jinchengpaper.com		电子信箱	glj04168285085@sina.com	
电　话	0416-8350777　8350566		传　真	0416-8350004	
办公地址	辽宁省凌海市金城街				
经营范围	主营机制纸及纸板，粘合剂的制造，销售，兼营造纸技术的咨询，服务等				

主要财务指标 指标\报告期	2015.06.30	2014.12.31	2014.06.30	2013.12.31
基本每股收益(元)	−0.0100	0.0100	0.0100	0.0600
基本每股收益(扣除后)(元)	−0.0026	−0.0400	0.0129	−0.0200
稀释每股收益(元)	−0.0100	0.0100	0.0100	0.0600
每股净资产(元)	0.8621	0.7972	0.8010	0.7600
每股经营现金净流量(元)	0.0287	−0.1176	0.0487	−0.1775
每股现金流量(元)	−0.0136	−0.0712	0.0848	−0.0560
每股资本公积金(元)	1.6498	1.5723	1.5723	1.5449
每股盈余公积金(元)	0.3122	0.3122	0.3122	0.3122
每股未分配利润(元)	−2.0999	−2.0873	−2.0835	−2.0950
净资产收益率(%)	−1.4662	0.9745	1.4423	7.2586
加权净资产收益率(%)	−1.5200	1.0100	1.5000	8.5400
净资产收益率(扣除)(%)	−0.5906	−4.8682	1.6163	−2.1727
总资产(万元)	70336.65	68846.55	76988.82	68292.64
归属母公司股东权益(万元)	24813.49	22945.25	23054.17	21935.02
营业收入(万元)	14947.02	30504.53	14300.61	24224.87
营业支出(万元)	12303.82	26044.30	11654.56	19440.26
投资收益(万元)	–	–	–	880.00
净利润(万元)	−363.80	223.61	332.52	1592.18
营业利润(万元)	63.58	−1025.31	504.03	347.29
利润总额(万元)	−224.35	−116.05	463.93	1453.10

湖北京山轻工机械股份有限公司

公司概况					
公司名称	湖北京山轻工机械股份有限公司			证券简称	京山轻机
法人代表	李健	董秘	谢杏平	证券代码	000821
公司网址	www.jspackmach.com		电子信箱	jsqj000821@jspackmach.com	
电　话	0724-7210972		传　真	0724-7210972	
办公地址	湖北省荆门市京山县经济技术开发区轻机工业园				
经营范围	纸制品包装机械、印刷机械的生产、销售				

主要财务指标 指标\报告期	2015-09-30	2015-06-30	2015-03-31	2014-12-31
基本每股收益(元)	0.0800	0.0300	−0.0320	0.0300
基本每股收益	−0.0200	−0.1500	−0.0300	−0.1100
稀释每股收益(元)	0.0800	0.0300	−0.0320	0.0300
每股净资产(元)	3.4221	3.1277	3.0668	3.1057
每股经营现金净流量(元)	0.0250	0.0628	−0.0105	−0.1061
每股现金流量(元)	−0.0108	−0.4816	−0.4468	0.5172
每股资本公积金(元)	1.8053	1.3571	1.3571	1.3571
每股盈余公积金(元)	0.3262	0.4514	0.4514	0.4514
每股未分配利润(元)	0.2978	0.3298	0.2669	0.3091
净资产收益率(%)	1.7379	0.9806	−1.0519	0.9498
加权净资产收益率(%)	2.6000	0.9800	−1.0400	0.9500
净资产收益率(扣除)(%)	−0.4818	−4.7397	−1.1240	−3.3993
总资产(万元)	261087.59	193932.30	186391.35	188262.40
归属母公司股东权益	163486.69	107979.66	105876.38	107221.65
营业收入(万元)	44764.66	92308.13	43846.32	72404.81
营业成本(万元)	33379.59	73784.65	34283.54	60232.21
投资收益(万元)	4079.48	3834.02	−184.11	4319.97
净利润(万元)	3628.14	2195.72	−1113.71	1018.44
营业利润(万元)	3879.02	2741.29	−698.45	−259.36
利润总额(万元)	4092.72	2763.01	−504.97	1477.88

山东海化股份有限公司

公司概况					
公司名称	山东海化股份有限公司			证券简称	*ST 海化
法人代表	汤全荣	董秘	吴炳顺	证券代码	000822
公司网址	www.chinahaihua.com		电子信箱	hhgf@wfhaihua.sina.net	
电　话	0536-5329931　5329379		传　真	0536-5329879	
办公地址	山东省潍坊市滨海经济开发区				
经营范围	纯碱、工业溴及溴素、醋酸乙酯、苯胺、二氯甲烷、三氯甲烷、盐酸等				

主要财务指标 指标\报告期	2015.06.30	2014.12.31	2014.06.30	2013.12.31
基本每股收益(元)	0.1000	0.1800	0.0300	−1.2600
基本每股收益(扣除后)(元)	0.0900	0.0700	0.0100	−1.2400
稀释每股收益(元)	0.1000	0.1800	0.0300	−1.2600
每股净资产(元)	2.4933	2.3968	2.2698	2.2390
每股经营现金净流量(元)	0.1463	1.0757	0.3077	0.1617
每股现金流量(元)	−0.2199	−0.0543	−0.0983	0.2133
每股资本公积金(元)	1.6812	1.6812	1.6745	1.6746
每股盈余公积金(元)	0.3722	0.3722	0.3716	0.3716
每股未分配利润(元)	−0.5623	−0.6585	−0.7819	−0.8099
净资产收益率(%)	3.8582	7.7035	1.2341	−56.3313
加权净资产收益率(%)	3.9300	8.0300	1.2400	−43.9600
净资产收益率(扣除)(%)	3.7253	2.7160	0.2671	−55.3305
总资产(万元)	355073.53	385928.29	519039.63	543360.44
归属母公司股东权益(万元)	223169.51	214531.62	203170.85	200412.01
营业收入(万元)	173708.53	485637.39	247519.89	431531.42
营业支出(万元)	143575.66	423319.55	220806.47	417649.78
投资收益(万元)	−15.28	4583.67	231.41	−77.52
净利润(万元)	8584.97	14653.12	2507.23	−112894.77
营业利润(万元)	11169.19	12225.94	489.87	−115000.99
利润总额(万元)	11567.17	18915.56	3119.69	−113890.85

广东汕头超声电子股份有限公司

公司概况	公司名称	广东汕头超声电子股份有限公司		证券简称	超声电子
	法人代表	李大淳	董秘 陈东屏	证券代码	000823
	公司网址	www.gd-goworld.com		电子信箱	csdz@gd-goworld.com
	电　　话	0754-88192281*3012 3033		传　　真	0754-83931233
	办公地址	广东省汕头市龙湖区龙江路 12 号			
	经营范围	制造、加工、销售超声电子仪器、仪器仪表、电子元器件、电子材料等			

	指标\报告期	2015.06.30	2014.12.31	2014.06.30	2013.12.31
主要财务指标	基本每股收益(元)	0.1057	0.3119	0.1559	0.3029
	基本每股收益(扣除后)(元)	0.1019	0.3072	0.1559	0.2939
	稀释每股收益(元)	0.1057	0.3119	0.1559	0.3029
	每股净资产(元)	5.3094	5.2672	5.0682	4.4240
	每股经营现金净流量(元)	0.2702	0.3632	0.0769	0.8571
	每股现金流量(元)	-0.0462	0.5043	0.3827	0.4768
	每股资本公积金(元)	2.6531	2.6531	2.7017	1.8092
	每股盈余公积金(元)	0.2609	0.2609	0.2402	0.2928
	每股未分配利润(元)	1.2362	1.2305	1.1263	1.3221
	净资产收益率(%)	1.9904	5.6561	2.8004	6.8471
	加权净资产收益率(%)	1.9900	6.2400	3.2300	6.9000
	净资产收益率(扣除)(%)	1.9198	5.5704	2.7995	6.6442
	总资产(万元)	475823.29	476600.27	463727.11	397344.74
	归属母公司股东权益(万元)	285095.86	282832.28	272143.68	194849.81
	营业收入(万元)	181407.32	398123.87	184368.03	354424.95
	营业支出(万元)	148883.89	320172.65	146576.05	282337.74
	投资收益(万元)	-	387.83	-	372.52
	净利润(万元)	7127.08	19672.47	7621.05	13341.58
	营业利润(万元)	8208.19	23735.59	12511.65	20397.19
	利润总额(万元)	8448.75	24118.90	12538.86	20914.03

山西太钢不锈钢股份有限公司

公司概况	公司名称	山西太钢不锈钢股份有限公司		证券简称	太钢不锈
	法人代表	高祥明	董秘 杨贵龙	证券代码	000825
	公司网址	www.tisco.com.cn		电子信箱	tgbx@tisco.com.cn
	电　　话	0351-3017728 3017729		传　　真	0351-3017729
	办公地址	山西省太原市尖草坪街 2 号			
	经营范围	不锈钢及其他黑色钢材、钢坯、钢锭、金属制品的生产、销售等			

	指标\报告期	2015.06.30	2014.12.31	2014.06.30	2013.12.31
主要财务指标	基本每股收益(元)	0.0110	0.0780	0.0680	0.1110
	基本每股收益(扣除后)(元)	-0.0020	0.0660	0.0670	0.1020
	稀释每股收益(元)	0.0110	0.0780	0.0680	0.1110
	每股净资产(元)	4.3980	4.3853	4.3621	4.3239
	每股经营现金净流量(元)	0.0265	0.9517	0.3157	0.7015
	每股现金流量(元)	-0.0517	0.0178	-0.1791	0.0149
	每股资本公积金(元)	1.1940	1.1940	1.1805	1.1803
	每股盈余公积金(元)	0.3443	0.3443	0.3291	0.3291
	每股未分配利润(元)	1.8592	1.8480	1.8532	1.8157
	净资产收益率(%)	0.2552	1.7693	1.5483	2.5568
	加权净资产收益率(%)	0.2600	1.7800	1.5500	2.5800
	净资产收益率(扣除)(%)	-0.0472	1.4953	1.5432	2.3465
	总资产(万元)	7622207.25	7630584.71	7662172.46	7581141.98
	归属母公司股东权益(万元)	2505231.97	2497972.81	2484733.42	2463005.40
	营业收入(万元)	3544127.00	8676644.15	4671599.90	10502032.48
	营业支出(万元)	3230649.48	8000855.57	4328628.34	9836127.44
	投资收益(万元)	2098.07	2922.67	1601.25	1813.02
	净利润(万元)	2605.18	27761.94	38471.54	62973.64
	营业利润(万元)	-5313.18	23446.36	28655.35	45392.34
	利润总额(万元)	3400.29	30623.80	27451.40	50582.91

启迪桑德环境资源股份有限公司

公司概况	公司名称	启迪桑德环境资源股份有限公司		证券简称	启迪桑德
	法人代表	文一波	董秘 马勒思	证券代码	000826
	公司网址	www.soundenvironmental.cn		电子信箱	ss000826@126.com
	电　　话	0717-6442936		传　　真	0717-6442830
	办公地址	湖北省宜昌市西陵区绿萝路 77 号			
	经营范围	固体废弃物处置系统工程设计、承建及固体废弃物处置设备系统集成业务等			

	指标\报告期	2015.06.30	2014.12.31	2014.06.30	2013.12.31
主要财务指标	基本每股收益(元)	0.4490	0.9550	0.3710	0.9100
	基本每股收益(扣除后)(元)	0.4410	0.9470	0.3670	0.8900
	稀释每股收益(元)	0.4450	0.9500	0.3710	0.9100
	每股净资产(元)	6.5485	6.1437	5.5530	6.7880
	每股经营现金净流量(元)	-0.2575	0.0347	-0.6929	-0.0181
	每股现金流量(元)	0.5190	-0.8431	-0.4184	-0.5404
	每股资本公积金(元)	2.3958	2.3325	2.3224	3.2625
	每股盈余公积金(元)	0.3083	0.3093	0.2227	0.2907
	每股未分配利润(元)	2.8444	2.5019	2.0079	2.2349
	净资产收益率(%)	6.8469	15.5116	6.6759	13.3467
	加权净资产收益率(%)	7.0400	16.8200	6.8800	14.1600
	净资产收益率(扣除)(%)	6.7311	15.3835	6.6038	13.0821
	总资产(万元)	1235858.26	954893.35	875491.86	744725.35
	归属母公司股东权益(万元)	554161.45	518292.35	468463.57	438768.74
	营业收入(万元)	244858.02	437429.68	171113.02	268383.39
	营业支出(万元)	156610.18	286540.57	112900.93	173952.90
	投资收益(万元)	-447.01	-619.11	-771.09	-411.44
	净利润(万元)	37709.54	79533.34	31274.25	58560.97
	营业利润(万元)	43721.72	92563.97	35602.99	67037.32
	利润总额(万元)	44798.06	94291.73	36329.53	68875.38

东莞发展控股股份有限公司

公司概况	公司名称	东莞发展控股股份有限公司		证券简称	东莞控股
	法人代表	尹锦容	董秘 李雪军	证券代码	000828
	公司网址	www.dgholdings.cn		电子信箱	dgkg@dgholdings.cn
	电　　话	0769-22083320 22083321		传　　真	0769-22083320
	办公地址	广东省东莞市东城区莞樟大道 55 号			
	经营范围	东莞高速公路的投资、建设、经营			

	指标\报告期	2015.06.30	2014.12.31	2014.06.30	2013.12.31
主要财务指标	基本每股收益(元)	0.3984	0.5679	0.2509	0.3850
	基本每股收益(扣除后)(元)	0.3727	0.5221	0.2298	0.3495
	稀释每股收益(元)	0.3984	0.5679	0.2509	0.3850
	每股净资产(元)	4.0234	3.8681	3.5494	3.4781
	每股经营现金净流量(元)	-0.8141	0.2590	0.0043	0.5295
	每股现金流量(元)	-0.3158	0.2290	0.0302	-0.2649
	每股资本公积金(元)	1.0960	1.1004	1.1009	1.1005
	每股盈余公积金(元)	0.4464	0.4464	0.3921	0.3921
	每股未分配利润(元)	1.4675	1.3191	1.0565	0.9856
	净资产收益率(%)	9.9031	14.6813	7.0681	11.0688
	加权净资产收益率(%)	9.8000	15.4700	6.9000	11.4400
	净资产收益率(扣除)(%)	9.2622	13.4962	6.4741	10.0473
	总资产(万元)	682137.58	588957.58	553165.29	524510.80
	归属母公司股东权益(万元)	418234.11	402099.14	368968.78	361554.79
	营业收入(万元)	49867.55	93585.02	42704.49	76477.53
	营业支出(万元)	18464.11	30058.92	13306.50	26858.10
	投资收益(万元)	24785.31	24558.28	10325.63	13526.51
	净利润(万元)	41418.33	59947.79	26079.15	40019.79
	营业利润(万元)	48620.31	72932.59	33319.50	50074.56
	利润总额(万元)	48814.35	73618.14	33567.85	50537.73

天音通信控股股份有限公司

公司概况	公司名称	天音通信控股股份有限公司		证券简称	天音控股
	法人代表	黄绍文	董秘 孙海龙	证券代码	000829
	公司网址	www.chinatelling.com		电子信箱	dongmi@chinatelling.com
	电 话	010-58300808		传 真	010-58300805
	办公地址	北京市西城区德外大街117号德胜尚城D座			
	经营范围	移动电话销售及白酒、水果的生产与销售等			

主要财务指标	指标\报告期	2015.06.30	2014.12.31	2014.06.30	2013.12.31
	基本每股收益(元)	-0.0860	0.0200	0.5650	0.0300
	基本每股收益(扣除后)(元)	-0.0930	-0.7200	-0.1990	0.0200
	稀释每股收益(元)	-0.0860	0.0200	0.5650	0.0300
	每股净资产(元)	2.2405	2.3270	2.5097	2.3072
	每股经营现金净流量(元)	0.5766	-0.8264	-0.5541	0.5522
	每股现金流量(元)	-1.2699	0.8313	-0.4059	-0.0324
	每股资本公积金(元)	0.2531	0.2531	0.2527	0.2527
	每股盈余公积金(元)	0.1057	0.1057	0.1057	0.1057
	每股未分配利润(元)	0.8818	0.9682	1.1513	0.9488
	净资产收益率(%)	-3.8583	0.8318	8.0520	1.2581
	加权净资产收益率(%)	-3.7900	0.8400	21.8100	1.2600
	净资产收益率(扣除)(%)	-4.1495	-31.1176	-7.9363	0.9924
	总资产(万元)	1011578.61	1094182.24	1138389.62	1154519.17
	归属母公司股东权益(万元)	212156.50	220342.06	237640.56	218469.75
	营业收入(万元)	2111629.97	3459685.69	1685159.63	2985234.22
	营业支出(万元)	2034725.95	3355504.20	1592813.09	2772993.78
	投资收益(万元)	-669.32	93266.98	93634.39	176.91
	净利润(万元)	-13702.35	-36180.00	42844.91	-2796.97
	营业利润(万元)	-14390.26	-7150.26	65315.48	2159.24
	利润总额(万元)	-13264.58	-6882.37	65780.98	3532.80

鲁西化工集团股份有限公司

公司概况	公司名称	鲁西化工集团股份有限公司		证券简称	鲁西化工
	法人代表	张金成	董秘 蔡英强	证券代码	000830
	公司网址	www.luxichemical.com		电子信箱	lclxhg@public.lcptt.sd.cn
	电 话	0635-3481198		传 真	0635-3481044
	办公地址	山东聊城高新技术产业开发区化工新材料产业园			
	经营范围	化学肥料及安全生产许可证范围内化工原料的生产销售			

主要财务指标	指标\报告期	2015.06.30	2014.12.31	2014.06.30	2013.12.31
	基本每股收益(元)	0.1900	0.2500	0.1200	0.2100
	基本每股收益(扣除后)(元)	0.1700	0.2200	0.1100	0.1890
	稀释每股收益(元)	0.1900	0.2500	0.1200	0.2100
	每股净资产(元)	4.2689	4.0791	3.9523	3.8307
	每股经营现金净流量(元)	0.5897	0.9012	0.5250	0.4082
	每股现金流量(元)	0.4402	-0.0395	0.1371	-0.1950
	每股资本公积金(元)	1.4909	1.4909	1.4906	1.4906
	每股盈余公积金(元)	0.1792	0.1792	0.1769	0.1769
	每股未分配利润(元)	1.5915	1.4017	1.2774	1.1575
	净资产收益率(%)	4.4460	6.0426	3.0330	5.4517
	加权净资产收益率(%)	4.4400	6.2300	3.0800	5.6000
	净资产收益率(扣除)(%)	4.0247	5.4359	2.7891	4.9465
	总资产(万元)	2077734.98	1986187.87	1908093.45	1788104.55
	归属母公司股东权益(万元)	625329.26	597531.45	578951.78	561145.96
	营业收入(万元)	690313.84	1302937.70	600225.99	1105640.67
	营业支出(万元)	578447.95	1108289.80	511648.97	957325.28
	投资收益(万元)	504.87	1251.70	445.54	1223.43
	净利润(万元)	27802.42	36106.66	17559.39	30592.15
	营业利润(万元)	33205.48	44586.13	21480.29	34793.32
	利润总额(万元)	36718.93	49287.68	23373.97	38305.25

五矿稀土股份有限公司

公司概况	公司名称	五矿稀土股份有限公司		证券简称	五矿稀土
	法人代表	赵勇	董秘 杨兴龙	证券代码	000831
	公司网址	www.cmreltd.com		电子信箱	cmre@cmreltd.com
	电 话	0797-8398390		传 真	0797-8398385
	办公地址	江西省赣州市章江南大道18号豪德银座A栋14、15层			
	经营范围	稀土冶炼分离及稀土技术研发及服务			

主要财务指标	指标\报告期	2015.06.30	2014.12.31	2014.06.30	2013.12.31
	基本每股收益(元)	0.0010	-0.0570	-0.0430	0.2630
	基本每股收益(扣除后)(元)	-0.0010	-0.0660	-0.0520	0.2200
	稀释每股收益(元)	0.0010	-0.0570	-0.0430	0.2630
	每股净资产(元)	2.5383	2.5343	2.6585	2.6982
	每股经营现金净流量(元)	-0.1941	0.4119	0.4251	-0.4658
	每股现金流量(元)	-0.1960	-0.0016	0.4328	-0.6039
	每股资本公积金(元)	0.7701	0.7701	0.9434	1.1739
	每股盈余公积金(元)	0.1624	0.1624	0.1393	0.1624
	每股未分配利润(元)	0.5713	0.5698	0.5520	0.6267
	净资产收益率(%)	0.0585	-2.2447	-1.6146	8.4710
	加权净资产收益率(%)	0.0600	-2.0600	-1.5600	9.1700
	净资产收益率(扣除)(%)	-0.0313	-2.6154	-1.9475	8.0973
	总资产(万元)	258916.08	261482.47	263086.81	355237.20
	归属母公司股东权益(万元)	248983.36	248582.18	260773.75	293106.65
	营业收入(万元)	32812.57	70190.16	20291.52	199378.34
	营业支出(万元)	27507.91	61380.95	18300.98	148907.65
	投资收益(万元)	-6.96	-167.82	4.00	52.12
	净利润(万元)	99.53	-6302.45	-4221.54	26574.16
	营业利润(万元)	916.83	-9623.67	-6311.78	34579.04
	利润总额(万元)	1234.26	-7953.34	-5142.82	35932.64

广西贵糖(集团)股份有限公司

公司概况	公司名称	广西贵糖(集团)股份有限公司		证券简称	贵糖股份
	法人代表	但昭学	董秘 杨正	证券代码	000833
	公司网址	www.guitang.com		电子信箱	gtgfgs@ppp.nn.gx.cn
	电 话	0775-4201833 4201380		传 真	0775-4260833
	办公地址	广西壮族自治区贵港市广西贵糖(集团)股份有限公司办公大楼			
	经营范围	食糖、纸、酒精及轻质碳酸钙的制造、销售等			

主要财务指标	指标\报告期	2015.06.30	2014.12.31	2014.06.30	2013.12.31
	基本每股收益(元)	0.0100	0.1000	-0.0500	-0.3600
	基本每股收益(扣除后)(元)	-0.0200	-0.1100	-0.0800	-0.3400
	稀释每股收益(元)	0.0100	0.1000	-0.0500	-0.3600
	每股净资产(元)	2.8784	2.8666	2.7188	2.7716
	每股经营现金净流量(元)	-0.4400	0.1301	-0.6683	-0.0631
	每股现金流量(元)	-0.4666	0.3059	0.0922	-0.4724
	每股资本公积金(元)	0.7548	1.4480	0.7548	0.7548
	每股盈余公积金(元)	0.2913	0.2277	0.2895	0.2895
	每股未分配利润(元)	0.8323	0.5671	0.6745	0.7273
	净资产收益率(%)	0.4089	3.3163	-1.9408	-12.9332
	加权净资产收益率(%)	0.4100	3.3700	-1.9200	-12.1500
	净资产收益率(扣除)(%)	-0.7950	-3.9765	-2.9369	-12.1830
	总资产(万元)	114580.45	306045.92	116345.37	110632.20
	归属母公司股东权益(万元)	85220.17	191612.32	80494.85	82057.08
	营业收入(万元)	56852.81	105472.06	51735.45	110774.67
	营业支出(万元)	50051.71	93817.82	46286.32	101965.30
	投资收益(万元)	-203.75	8.14	20.05	-7.84
	净利润(万元)	348.50	2814.59	-1562.23	-10612.59
	营业利润(万元)	-1289.54	-5636.62	-2183.52	-10245.04
	利润总额(万元)	162.28	-208.80	-1439.41	-10876.75

长城国际动漫游戏股份有限公司

公司概况

公司名称	长城国际动漫游戏股份有限公司			证券简称	长城动漫
法人代表	申西杰	董秘	赵璐	证券代码	000835
公司网址	www.000835.com		电子信箱	zhaol@sdsycorp.com	
电　　话	028-85322086		传　　真	028-85322166	
办公地址	四川省成都市高新区天府大道北段1700号新世纪环球中心E2,2-1-1302、1304、1306				
经营范围	炼焦、合成材料制造、矿产品、建材及化工产品批发等				

主要财务指标

指标＼报告期	2015.06.30	2014.12.31	2014.06.30	2013.12.31
基本每股收益(元)	0.0087	0.0195	0.2048	0.0193
基本每股收益(扣除后)(元)	0.0155	–0.1124	–0.0678	0.0169
稀释每股收益(元)	0.0087	0.0195	0.2048	0.0193
每股净资产(元)	1.0419	1.3517	1.4062	1.3800
每股经营现金净流量(元)	0.0827	0.1697	–0.2320	–0.2410
每股现金流量(元)	0.0215	–0.0111	–0.0410	–0.3047
每股资本公积金(元)	0.0376	0.8194	0.0376	0.0376
每股盈余公积金(元)	–	0.1384	0.1369	0.1369
每股未分配利润(元)	–0.0432	0.1282	0.1842	0.1103
净资产收益率(%)	0.8378	1.4390	5.2598	1.3995
加权净资产收益率(%)	0.8400	1.4000	13.8100	1.3800
净资产收益率(扣除)(%)	1.4918	–8.3172	–4.8179	1.2272
总资产(万元)	149839.87	75356.16	52083.41	54851.91
归属母公司股东权益(万元)	31815.04	65148.35	42941.31	42166.21
营业收入(万元)	17400.55	44886.36	21701.72	98247.42
营业支出(万元)	12305.46	39577.28	19490.45	85830.89
投资收益(万元)	–	4293.55	5085.81	–
净利润(万元)	233.96	597.10	6254.09	594.63
营业利润(万元)	623.58	814.76	2139.31	1161.19
利润总额(万元)	839.00	757.49	7735.87	1224.97

天津鑫茂科技股份有限公司

公司概况

公司名称	天津鑫茂科技股份有限公司			证券简称	鑫茂科技
法人代表	杜克荣	董秘	韩伟	证券代码	000836
公司网址	www.xinmaokeji.com.cn		电子信箱	hanwei@xinmaokeji.com.cn	
电　　话	022-83710888 23080182		传　　真	022-83710199	
办公地址	天津市新产业园区华苑产业区华天道3号				
经营范围	计算机软件、硬件、信息系统集成、信息处理与服务、光机电一体化等				

主要财务指标

指标＼报告期	2015.06.30	2014.12.31	2014.06.30	2013.12.31
基本每股收益(元)	–0.1603	–0.4910	–0.2698	0.0471
基本每股收益(扣除后)(元)	–0.1883	–0.4863	–0.2028	–0.3257
稀释每股收益(元)	–0.1603	–0.4910	–0.2698	0.0471
每股净资产(元)	3.5626	2.1043	2.3930	2.5953
每股经营现金净流量(元)	0.1627	0.3714	0.1783	–0.0240
每股现金流量(元)	1.3568	–0.1173	0.0790	0.1134
每股资本公积金(元)	2.4889	0.8122	0.8122	0.8122
每股盈余公积金(元)	0.1124	0.1548	0.1548	0.1548
每股未分配利润(元)	–0.0386	0.1375	0.4261	0.6285
净资产收益率(%)	–3.8844	–23.3344	–8.4561	1.8133
加权净资产收益率(%)	–5.4400	–20.9000	–8.1100	1.8200
净资产收益率(扣除)(%)	–4.5625	–23.1590	–8.4735	–12.5494
总资产(万元)	315033.53	228319.15	248853.87	249901.73
归属母公司股东权益(万元)	143509.98	61550.32	69993.99	75912.75
营业收入(万元)	71943.01	100674.62	43680.11	110471.03
营业支出(万元)	67516.96	97637.78	42887.45	98675.74
投资收益(万元)	–	–	–	84.45
净利润(万元)	–6114.73	–18658.92	–10678.03	1808.92
营业利润(万元)	–6646.23	–18651.97	–11220.08	–8350.54
利润总额(万元)	–6159.34	–18542.30	–10636.79	3407.12

秦川机床工具集团股份公司

公司概况

公司名称	秦川机床工具集团股份公司			证券简称	秦川机床
法人代表	龙兴元	董秘	付林兴	证券代码	000837
公司网址	www.qinchuan.com		电子信箱	qinchuan@qinchuan.com	
电　　话	0917-3670654 3670788		传　　真	0917-3390957	
办公地址	陕西省宝鸡市姜谭路22号				
经营范围	金属切削机床、塑料加工机械、液压系统、液压件、汽车零部件、功能部件等				

主要财务指标

指标＼报告期	2015.06.30	2014.12.31	2014.06.30	2013.12.31
基本每股收益(元)	–0.0853	0.0301	0.0047	–0.0872
基本每股收益(扣除后)(元)	–0.1172	–0.0909	–0.0700	–0.1379
稀释每股收益(元)	–0.0853	0.0301	0.0047	–0.0872
每股净资产(元)	4.2808	4.3340	3.0592	3.1005
每股经营现金净流量(元)	–0.2475	–0.1479	–0.1619	–0.2780
每股现金流量(元)	0.0728	0.3008	0.2970	–0.2837
每股资本公积金(元)	2.0806	2.0663	0.3087	3.4478
每股盈余公积金(元)	0.1349	0.1349	0.2682	0.2682
每股未分配利润(元)	1.0498	1.1351	1.4988	2.2018
净资产收益率(%)	–1.9927	0.6413	–1.4118	–2.7100
加权净资产收益率(%)	–1.9900	0.7500	0.1200	–2.2300
净资产收益率(扣除)(%)	–2.7370	–1.4538	–2.2893	–4.4487
总资产(万元)	674021.75	640787.97	251102.23	601869.38
归属母公司股东权益(万元)	296816.44	300505.03	106679.94	241196.90
营业收入(万元)	130950.68	350102.66	196996.49	341147.44
营业支出(万元)	113650.47	299555.69	169385.80	293443.25
投资收益(万元)	1039.45	848.41	–13.04	–1403.16
净利润(万元)	–5698.66	3811.93	1388.53	–5972.38
营业利润(万元)	–7238.35	–5449.06	–1923.63	–13486.76
利润总额(万元)	–5039.04	4370.69	2241.15	–5860.04

财信国兴地产发展股份有限公司

公司概况

公司名称	财信国兴地产发展股份有限公司			证券简称	财信发展
法人代表	唐昌明	董秘	刘晓林	证券代码	000838
公司网址	www.gxland.com.cn		电子信箱	companymail@gxland.com.cn	
电　　话	010-58321838		传　　真	010-58321839	
办公地址	北京市朝阳区建国路91号院8号楼28层2808单元				
经营范围	房地产开发、销售自行开发的商品房				

主要财务指标

指标＼报告期	2015.06.30	2014.12.31	2014.06.30	2013.12.31
基本每股收益(元)	0.3768	0.4119	0.2749	0.3300
基本每股收益(扣除后)(元)	0.3765	0.4117	0.2747	0.3298
稀释每股收益(元)	0.3768	0.4119	0.2749	0.3300
每股净资产(元)	2.6560	2.4293	2.2923	2.1174
每股经营现金净流量(元)	0.3662	–0.5070	–0.2697	0.7597
每股现金流量(元)	0.1695	–0.2781	1.5422	0.6528
每股资本公积金(元)	0.6674	0.6674	0.6674	0.6674
每股盈余公积金(元)	0.0466	0.0466	0.0293	0.0204
每股未分配利润(元)	0.9421	0.7154	0.5957	0.4296
净资产收益率(%)	14.1852	16.9550	11.9942	15.5843
加权净资产收益率(%)	14.9600	18.3200	12.4700	16.6900
净资产收益率(扣除)(%)	14.1769	16.9466	11.9844	15.5739
总资产(万元)	312148.97	269228.07	243474.97	203616.35
归属母公司股东权益(万元)	48074.14	43969.72	41491.19	38324.65
营业收入(万元)	50216.12	59576.35	33331.23	44359.46
营业支出(万元)	29859.01	34098.60	19666.22	25227.65
投资收益(万元)	13.79	–	–	–
净利润(万元)	6670.74	7329.51	4976.54	5972.63
营业利润(万元)	9222.37	10144.91	6451.40	8305.47
利润总额(万元)	9227.67	10149.83	6455.49	8310.77

中信国安信息产业股份有限公司

公司概况	公司名称	中信国安信息产业股份有限公司		证券简称	中信国安
	法人代表	罗宁	董秘 张荣亮	证券代码	000839
	公司网址	www.citicguoaninfo.com		电子信箱	guoan@citicguoaninfo.com
	电话	010-65068509 65008037		传真	010-65061482
	办公地址	北京市朝阳区关东店北街1号国安大厦五层			
	经营范围	信息产业、广告行业项目的投资、卫星通讯工程、计算机信息传输网络工程等			

主要财务指标	指标\报告期	2015.06.30	2014.12.31	2014.06.30	2013.12.31
	基本每股收益(元)	0.1147	0.1207	0.0493	0.0832
	基本每股收益(扣除后)(元)	0.0371	-0.0678	0.0370	0.0212
	稀释每股收益(元)	–	0.1207	–	0.0832
	每股净资产(元)	4.4921	4.1179	3.6549	3.6901
	每股经营现金净流量(元)	-0.0489	0.8233	-0.1091	-0.2315
	每股现金流量(元)	-0.1311	0.0237	0.1406	-0.2047
	每股资本公积金(元)	1.6425	1.5544	1.2450	1.2294
	每股盈余公积金(元)	0.2608	0.2608	0.2410	0.2410
	每股未分配利润(元)	1.1352	1.2205	1.1689	1.2196
	净资产收益率(%)	2.5530	2.9306	1.3482	2.2555
	加权净资产收益率(%)	2.6100	3.2300	1.3200	2.2500
	净资产收益率(扣除)(%)	0.8248	-1.6468	1.0132	0.5747
	总资产(万元)	1167333.18	1145051.35	1298948.64	1195453.47
	归属母公司股东权益(万元)	704324.91	645663.56	573067.26	578575.54
	营业收入(万元)	100230.75	244358.70	102986.20	213008.32
	营业支出(万元)	90745.51	205021.09	85116.13	174371.27
	投资收益(万元)	31816.18	61099.10	19114.76	40798.74
	净利润(万元)	17739.11	19500.33	7725.96	13050.05
	营业利润(万元)	18101.92	16295.84	7256.93	8168.92
	利润总额(万元)	18170.08	24783.36	8332.69	14438.16

河北承德露露股份有限公司

公司概况	公司名称	河北承德露露股份有限公司		证券简称	承德露露
	法人代表	管大源	董秘 王新国	证券代码	000848
	公司网址	www.lolo.com.cn		电子信箱	lolo000848@163.com
	电话	0314-2059888 2128181		传真	0314-2059100
	办公地址	河北省承德市高新技术产业开发区(西区8号)			
	经营范围	饮料、罐头食品的开发、生产与销售、马口铁包装罐的生产和销售等			

主要财务指标	指标\报告期	2015.06.30	2014.12.31	2014.06.30	2013.12.31
	基本每股收益(元)	0.3417	0.8800	0.5251	0.8300
	基本每股收益(扣除后)(元)	0.3401	0.8600	0.5100	0.8000
	稀释每股收益(元)	0.3417	0.8800	0.5251	0.8300
	每股净资产(元)	1.9533	2.6174	2.2594	2.5179
	每股经营现金净流量(元)	0.2230	0.6572	0.0595	0.7813
	每股现金流量(元)	0.0528	0.3003	-0.2560	0.4089
	每股资本公积金(元)	0.0230	0.0345	0.0345	0.0431
	每股盈余公积金(元)	0.2876	0.4314	0.3588	0.4485
	每股未分配利润(元)	0.6427	1.1515	0.8661	1.0263
	净资产收益率(%)	17.4915	33.7410	23.2407	33.0363
	加权净资产收益率(%)	18.5900	38.1300	23.0600	36.5300
	净资产收益率(扣除)(%)	17.4099	32.9880	22.6776	31.9186
	总资产(万元)	177320.25	185078.60	147083.19	187536.39
	归属母公司股东权益(万元)	147032.13	131350.59	113382.44	101082.76
	营业收入(万元)	157324.23	270279.16	153339.82	263255.54
	营业支出(万元)	89242.12	158011.39	87718.09	162739.01
	投资收益(万元)	-41.02	-99.10	-33.19	-49.56
	净利润(万元)	26192.25	45009.79	26909.31	34351.63
	营业利润(万元)	35214.51	58505.31	35403.26	44383.64
	利润总额(万元)	35374.44	59823.68	36254.12	45894.17

安徽华茂纺织股份有限公司

公司概况	公司名称	安徽华茂纺织股份有限公司		证券简称	华茂股份
	法人代表	詹灵芝	董秘 左志鹏	证券代码	000850
	公司网址	www.chinahuamao.net		电子信箱	aqfz@mail.hf.ah.cn
	电话	0556-5919818 5919977		传真	0556-5919819 5919978
	办公地址	安徽省安庆市纺织南路80号			
	经营范围	棉、毛、麻、丝和人造纤维的纯、混纺纱线及其织物、针织品、服装、印染加工等			

主要财务指标	指标\报告期	2015.06.30	2014.12.31	2014.06.30	2013.12.31
	基本每股收益(元)	0.1420	0.4000	0.0290	0.2000
	基本每股收益(扣除后)(元)	-0.0430	-0.2100	0.0180	-0.0700
	稀释每股收益(元)	0.1420	0.4000	0.0290	0.2000
	每股净资产(元)	6.2740	3.9684	2.8183	3.1516
	每股经营现金净流量(元)	0.3822	-0.0104	0.1524	0.1409
	每股现金流量(元)	0.0848	-0.0490	0.0498	-0.0526
	每股资本公积金(元)	0.0666	0.0567	0.3556	0.6675
	每股盈余公积金(元)	0.3076	0.3076	0.2594	0.2594
	每股未分配利润(元)	1.6191	1.5269	1.2033	1.2247
	净资产收益率(%)	2.2666	10.0925	1.0156	6.3765
	加权净资产收益率(%)	3.6500	12.5200	0.9800	6.4700
	净资产收益率(扣除)(%)	-0.6919	-5.3904	0.6327	-2.0641
	总资产(万元)	989042.35	667770.72	595684.32	616601.61
	归属母公司股东权益(万元)	592054.51	374485.27	265949.07	297405.19
	营业收入(万元)	90245.79	198186.17	91368.68	205829.87
	营业支出(万元)	86554.09	188212.92	82023.05	190471.73
	投资收益(万元)	24066.26	63599.30	4877.56	27064.17
	净利润(万元)	12400.33	35696.30	2700.90	18963.91
	营业利润(万元)	14784.60	38852.91	1419.85	15809.65
	利润总额(万元)	15712.04	44017.08	2830.39	21024.82

大唐高鸿数据网络技术股份有限公司

公司概况	公司名称	大唐高鸿数据网络技术股份有限公司		证券简称	高鸿股份
	法人代表	付景林	董秘 王芊	证券代码	000851
	公司网址	www.gohigh.com.cn		电子信箱	wangqian@gohigh.com.cn
	电话	010-62301907		传真	010-62301900
	办公地址	北京市海淀区学院路40号大唐电信集团主楼11层			
	经营范围	多业务宽带电信网络产品、通信器材、通信终端设备、仪器仪表等			

主要财务指标	指标\报告期	2015.06.30	2014.12.31	2014.06.30	2013.12.31
	基本每股收益(元)	0.0432	0.1045	0.0272	0.1016
	基本每股收益(扣除后)(元)	0.0230	0.0717	0.0070	0.0170
	稀释每股收益(元)	0.0432	0.1045	0.0272	0.1016
	每股净资产(元)	4.3803	4.3186	4.1861	4.1551
	每股经营现金净流量(元)	-0.0615	-0.5991	-0.8998	0.3042
	每股现金流量(元)	0.0002	-0.8659	-1.3422	-0.0788
	每股资本公积金(元)	3.0150	2.9966	2.8985	2.9247
	每股盈余公积金(元)	0.0342	0.0342	0.0333	0.0226
	每股未分配利润(元)	0.3311	0.2879	0.2543	0.2373
	净资产收益率(%)	0.9868	2.2086	0.7414	2.4339
	加权净资产收益率(%)	0.9900	2.4600	0.6500	2.4400
	净资产收益率(扣除)(%)	0.5255	1.5158	0.1669	0.4061
	总资产(万元)	656418.37	617683.20	592716.50	553224.23
	归属母公司股东权益(万元)	259034.73	255388.92	215978.35	215898.80
	营业收入(万元)	297832.12	708062.99	257606.88	621178.95
	营业支出(万元)	272534.44	657947.70	234124.92	588528.27
	投资收益(万元)	203.46	878.71	1117.39	4365.19
	净利润(万元)	3755.27	10073.95	4278.86	7635.61
	营业利润(万元)	3748.23	11103.84	5031.42	5285.84
	利润总额(万元)	5444.06	13151.59	5453.26	10771.58

中石化石油机械股份有限公司

公司概况						
	公司名称	中石化石油机械股份有限公司			证券简称	石化机械
	法人代表	耿宪良	董秘	赵进斌	证券代码	000852
	公司网址	sofe.sinopec.com		电子信箱	info@kingdream.com	
	电　　话	027-87925236		传　　真	027-52306868	
	办公地址	湖北省武汉市东湖新技术开发区光谷大道 77 号光谷金融港 A2 座 12 层				
	经营范围	制造、销售石油钻采设备等				

主要财务指标	指标\报告期	2015.06.30	2014.12.31	2014.06.30	2013.12.31
	基本每股收益(元)	0.0100	0.1800	0.1900	0.2600
	基本每股收益(扣除后)(元)	−0.0400	0.1000	0.0200	0.2400
	稀释每股收益(元)	0.0100	0.1800	0.1900	0.2600
	每股净资产(元)	5.5339	2.9657	2.8066	2.8363
	每股经营现金净流量(元)	−0.1764	0.3363	−1.6824	0.0844
	每股现金流量(元)	3.7668	−0.0522	−0.7885	0.0164
	每股资本公积金(元)	2.3585	2.4145	0.2570	0.2570
	每股盈余公积金(元)	0.4075	0.4683	0.4530	0.4530
	每股未分配利润(元)	1.7661	2.0221	1.0966	1.1263
	净资产收益率(%)	0.1162	6.0513	0.7234	9.1392
	加权净资产收益率(%)	0.1200	6.1700	0.7100	9.2900
	净资产收益率(扣除)(%)	−0.6983	3.5018	0.7060	8.6153
	总资产(万元)	906423.19	752493.63	234267.50	233982.76
	归属母公司股东权益(万元)	254624.39	236431.71	112374.38	113563.45
	营业收入(万元)	240676.34	165774.64	339564.51	186804.88
	营业支出(万元)	201349.49	128705.24	287807.84	142748.74
	投资收益(万元)	127.28	2739.28	670.90	-
	净利润(万元)	2155.03	6211.78	9273.33	9766.23
	营业利润(万元)	−272.31	6523.25	8501.30	10694.94
	利润总额(万元)	2181.16	7057.06	10967.00	11630.86

唐山冀东装备工程股份有限公司

公司概况						
	公司名称	唐山冀东装备工程股份有限公司			证券简称	冀东装备
	法人代表	张增光	董秘	朱凤春	证券代码	000856
	公司网址	www.jdzbgc.com		电子信箱	tsjdzbgc@126.com	
	电　　话	0315-8216998		传　　真	0315-3338198	
	办公地址	河北省唐山市路北区大庆道 1 号				
	经营范围	资本运营、运营管理、水泥机械设备及配件、普通机械设备及配件制造等				

主要财务指标	指标\报告期	2015.06.30	2014.12.31	2014.06.30	2013.12.31
	基本每股收益(元)	−0.3200	−0.3800	−0.1000	0.0400
	基本每股收益(扣除后)(元)	−0.3200	−0.3900	−0.1000	0.0300
	稀释每股收益(元)	−0.3200	−0.3800	−0.1000	0.0400
	每股净资产(元)	1.6030	1.9206	2.1993	2.1682
	每股经营现金净流量(元)	−0.0008	0.0966	0.2390	−0.0614
	每股现金流量(元)	−0.1985	0.0074	0.0276	−0.1371
	每股资本公积金(元)	1.5535	1.5535	1.5535	1.4207
	每股盈余公积金(元)	0.1583	0.1583	0.1583	0.1583
	每股未分配利润(元)	−1.1099	−0.7919	−0.5125	−0.4110
	净资产收益率(%)	−19.8366	−19.8348	−4.6158	1.7369
	加权净资产收益率(%)	−18.0500	−18.6300	−4.6500	1.7600
	净资产收益率(扣除)(%)	−19.8688	−20.1979	−4.6106	1.3464
	总资产(万元)	245373.20	244351.93	229359.75	210044.29
	归属母公司股东权益(万元)	36388.29	43597.23	49924.23	49217.91
	营业收入(万元)	85771.73	155920.36	64891.50	139233.54
	营业支出(万元)	81042.43	140353.95	58115.01	118230.19
	投资收益(万元)	−28.94	−29.74	−13.21	−11.47
	净利润(万元)	−7015.87	−8178.83	−2304.40	854.86
	营业利润(万元)	−6921.71	−6954.90	−2930.82	1291.51
	利润总额(万元)	−6884.03	−6742.36	−2934.60	1558.19

宜宾五粮液股份有限公司

公司概况						
	公司名称	宜宾五粮液股份有限公司			证券简称	五 粮 液
	法人代表	刘中国	董秘	彭智辅	证券代码	000858
	公司网址	www.wuliangye.com.cn		电子信箱	000858-wly@sohu.com	
	电　　话	0831-3566838 3567000		传　　真	0831-3555958	
	办公地址	四川省宜宾市翠屏区岷江西路 150 号				
	经营范围	酒类产品及相关辅助产品(瓶盖、商标、标识及包装制品)的生产经营				

主要财务指标	指标\报告期	2015.06.30	2014.12.31	2014.06.30	2013.12.31
	基本每股收益(元)	0.8690	1.5370	1.0540	2.1000
	基本每股收益(扣除后)(元)	0.8670	1.5440	1.0520	2.1530
	稀释每股收益(元)	0.8690	1.5370	1.0540	2.1000
	每股净资产(元)	10.6561	10.3874	9.8624	9.5082
	每股经营现金净流量(元)	0.8210	0.2093	−0.4813	0.3843
	每股现金流量(元)	0.1239	−0.8908	−1.5065	−0.5485
	每股资本公积金(元)	0.2511	0.2511	0.2511	0.2511
	每股盈余公积金(元)	1.8625	1.8625	1.4960	1.4960
	每股未分配利润(元)	7.5425	7.2738	7.1153	6.7610
	净资产收益率(%)	8.1520	14.7980	10.6894	22.0900
	加权净资产收益率(%)	8.0300	15.4200	10.5100	23.7100
	净资产收益率(扣除)(%)	8.1320	14.8636	10.6682	22.6478
	总资产(万元)	4739034.23	4640887.07	4469832.11	4412950.21
	归属母公司股东权益(万元)	4045032.62	3943037.83	3743727.62	3609263.98
	营业收入(万元)	1121541.40	2101149.15	1166253.28	2471858.86
	营业支出(万元)	337631.28	577202.94	285724.84	661041.09
	投资收益(万元)	1194.44	1448.75	−576.43	429.89
	净利润(万元)	342120.37	605821.50	400181.32	797281.50
	营业利润(万元)	446434.24	803240.14	553787.23	1143243.29
	利润总额(万元)	448586.61	801591.61	554754.34	1124707.94

安徽国风塑业股份有限公司

公司概况						
	公司名称	安徽国风塑业股份有限公司			证券简称	国风塑业
	法人代表	黄琼宜	董秘	胡静	证券代码	000859
	公司网址	www.guofeng.com		电子信箱	ir@guofeng.com	
	电　　话	0551-2753527		传　　真	0551-2753500	
	办公地址	安徽省合肥市高新技术产业开发区天智路 36 号				
	经营范围	塑胶建材及附件、塑料薄膜、其他塑料制品、非金属新型材料及金属制品的制造等				

主要财务指标	指标\报告期	2015.06.30	2014.12.31	2014.06.30	2013.12.31
	基本每股收益(元)	−0.0156	0.0100	−0.0033	−0.0900
	基本每股收益(扣除后)(元)	−0.0500	−0.0829	−0.0467	−0.0931
	稀释每股收益(元)	−0.0156	0.0100	−0.0033	−0.0900
	每股净资产(元)	1.8660	2.4421	2.4284	2.1176
	每股经营现金净流量(元)	−0.0039	0.0081	−0.0206	0.0324
	每股现金流量(元)	−0.1704	0.3623	0.3045	0.0260
	每股资本公积金(元)	0.7974	1.3367	1.3367	0.9898
	每股盈余公积金(元)	0.0779	0.1012	0.0979	0.1324
	每股未分配利润(元)	−0.0093	0.0042	−0.0061	−0.0046
	净资产收益率(%)	−0.6756	0.4496	−0.1113	−4.4013
	加权净资产收益率(%)	−0.6700	0.5100	−0.1500	−4.3100
	净资产收益率(扣除)(%)	−2.1646	−3.1011	−1.5881	−6.3798
	总资产(万元)	203055.07	191663.46	190069.37	142904.27
	归属母公司股东权益(万元)	137977.67	138909.81	138131.43	89039.12
	营业收入(万元)	54800.32	131177.25	63377.29	136061.59
	营业支出(万元)	50003.17	119519.69	57894.75	125407.73
	投资收益(万元)	573.17	827.95	98.12	3.46
	净利润(万元)	−884.07	624.54	−153.79	−3918.91
	营业利润(万元)	−2147.07	−2862.83	−1826.80	−5525.78
	利润总额(万元)	−880.29	632.31	−149.90	−4267.01

北京顺鑫农业股份有限公司

公司概况						
公司名称	北京顺鑫农业股份有限公司			证券简称	顺鑫农业
法人代表	王泽	董秘	安元芝	证券代码	000860
公司网址	www.000860.com			电子信箱	sxnygf@public.bta.net.cn
电　　话	010-69420860			传　　真	010-69443137
办公地址	北京市顺义区站前街1号院1号楼顺鑫国际商务中心12层				
经营范围	从事白酒生产与销售、肉食品加工与销售、良种繁育、农业科技服务等				

主要财务指标

指标\报告期	2015.06.30	2014.12.31	2014.06.30	2013.12.31
基本每股收益(元)	0.4336	0.7124	0.5614	0.4507
基本每股收益(扣除后)(元)	0.4390	0.7128	0.5628	0.4486
稀释每股收益(元)	0.4336	0.7124	0.5614	0.4507
每股净资产(元)	9.2353	8.9017	8.7033	6.9810
每股经营现金净流量(元)	0.7504	0.5151	0.8632	1.6969
每股现金流量(元)	1.5572	1.3150	5.7329	-1.0284
每股资本公积金(元)	4.9046	4.9046	4.9046	2.8009
每股盈余公积金(元)	0.5511	0.5511	0.4993	0.6496
每股未分配利润(元)	2.7797	2.4461	2.2994	2.5304
净资产收益率(%)	4.6947	7.0765	4.9577	6.4563
加权净资产收益率(%)	4.7700	8.8500	7.7800	6.6400
净资产收益率(扣除)(%)	4.7534	7.0810	4.9696	6.4265
总资产(万元)	1635055.77	1554309.66	1755337.57	1378947.71
归属母公司股东权益(万元)	526957.94	507924.62	496601.25	306142.63
营业收入(万元)	574452.95	948066.41	580155.73	907235.54
营业支出(万元)	358747.46	628807.78	384361.15	624154.58
投资收益(万元)	174.48	288.19	29.88	655.20
净利润(万元)	24918.18	36475.26	24620.03	19765.43
营业利润(万元)	37032.99	53806.04	35618.18	30322.87
利润总额(万元)	36679.88	53522.12	35553.09	30003.83

广东海印集团股份有限公司

公司概况						
公司名称	广东海印集团股份有限公司			证券简称	海印股份
法人代表	邵建明	董秘	潘尉	证券代码	000861
公司网址	www.000861.com			电子信箱	ir000861@163.com
电　　话	020-28828222			传　　真	020-28828899*8222
办公地址	广东省广州市越秀区东华南路98号海印中心				
经营范围	销售日用百货、市场商品信息咨询服务、出租柜台、物业管理等				

主要财务指标

指标\报告期	2015.06.30	2014.12.31	2014.06.30	2013.12.31
基本每股收益(元)	0.0800	0.2600	0.2200	0.4000
基本每股收益(扣除后)(元)	0.0600	0.1000	0.1862	0.6700
稀释每股收益(元)	0.0800	0.2600	0.2200	0.4000
每股净资产(元)	2.5228	2.4742	4.6603	3.7619
每股经营现金净流量(元)	0.1493	0.3084	-0.0713	0.2693
每股现金流量(元)	-0.5934	0.8233	0.8940	0.1480
每股资本公积金(元)	0.1043	0.1043	1.2082	0.0178
每股盈余公积金(元)	0.0855	0.0855	0.1155	0.1389
每股未分配利润(元)	1.3261	1.2845	2.3366	2.6235
净资产收益率(%)	3.0393	9.6343	4.0541	21.4900
加权净资产收益率(%)	3.0500	14.2600	8.4000	22.3000
净资产收益率(扣除)(%)	2.5197	3.6392	3.4336	17.7300
总资产(万元)	652685.52	680620.82	789981.77	497137.15
归属母公司股东权益(万元)	298732.08	292983.62	275919.20	186054.72
营业收入(万元)	84236.26	191866.56	99436.08	213637.90
营业支出(万元)	50287.70	115531.42	59579.01	123417.62
投资收益(万元)	1967.83	19580.19	-20.73	271.32
净利润(万元)	9260.36	28475.31	11392.08	40345.12
营业利润(万元)	12547.95	39081.24	14927.39	46223.00
利润总额(万元)	14383.54	43272.15	16674.59	52932.71

宁夏银星能源股份有限公司

公司概况						
公司名称	宁夏银星能源股份有限公司			证券简称	银星能源
法人代表	许峰	董秘	刘伟盛	证券代码	000862
公司网址	www.nxyxny.com.cn			电子信箱	wylws0862@sina.com
电　　话	0951-2051879			传　　真	0951-2051906　2051900
办公地址	宁夏回族自治区银川市西夏区六盘山西路166号				
经营范围	风力发电、风电设备制造、太阳能发电设备等				

主要财务指标

指标\报告期	2015.06.30	2014.12.31	2014.06.30	2013.12.31
基本每股收益(元)	0.0176	0.0400	-0.0026	-0.2900
基本每股收益(扣除后)(元)	0.0193	-0.0290	-0.0698	-0.5172
稀释每股收益(元)	0.0176	0.0400	-0.0026	-0.2900
每股净资产(元)	3.1375	3.1200	0.5854	0.6439
每股经营现金净流量(元)	0.7619	1.2839	0.9901	2.4068
每股现金流量(元)	-0.2345	0.4739	0.1392	-0.7195
每股资本公积金(元)	3.0993	3.0993	1.4235	5.3014
每股盈余公积金(元)	0.0452	0.0452	0.0865	0.0865
每股未分配利润(元)	-1.0070	-1.0246	-1.9246	-2.0288
净资产收益率(%)	0.5598	1.1457	-9.9967	-81.2366
加权净资产收益率(%)	0.5600	1.5200	-9.5200	-10.6800
净资产收益率(扣除)(%)	0.6147	-0.8379	-11.9222	-80.3310
总资产(万元)	939147.53	952816.07	464816.46	923416.97
归属母公司股东权益(万元)	169939.73	168988.47	16570.01	123391.62
营业收入(万元)	62302.38	143847.13	68303.15	132408.83
营业支出(万元)	36262.94	88579.91	42789.11	88690.45
投资收益(万元)	20.35	-101.84	-66.33	-2943.43
净利润(万元)	1926.09	2858.33	138.74	-13503.79
营业利润(万元)	986.50	-1885.59	-533.92	-15634.26
利润总额(万元)	2103.27	3670.66	217.28	-13359.32

三湘股份有限公司

公司概况						
公司名称	三湘股份有限公司			证券简称	三湘股份
法人代表	黄辉	董秘	徐玉	证券代码	000863
公司网址	www.sxgf.com			电子信箱	sxgf000863@sxgf.com
电　　话	021-65364018			传　　真	021-65363840
办公地址	上海市杨浦区逸仙路333号501室				
经营范围	投资兴办实业(具体项目另行申报)、国内贸易等				

主要财务指标

指标\报告期	2015.06.30	2014.12.31	2014.06.30	2013.12.31
基本每股收益(元)	0.1000	0.1900	0.0500	0.6500
基本每股收益(扣除后)(元)	-0.1000	0.0500	0.0400	0.6400
稀释每股收益(元)	0.1000	0.1900	0.0500	0.6500
每股净资产(元)	3.2216	3.2147	2.5419	2.4900
每股经营现金净流量(元)	-4.6009	-3.3500	-2.6207	-0.8676
每股现金流量(元)	-3.6154	3.5697	-0.5038	-1.5804
每股资本公积金(元)	1.9465	1.9028	0.0007	0.0007
每股盈余公积金(元)	0.2412	0.2571	0.3949	0.3949
每股未分配利润(元)	3.6068	3.8547	6.5699	6.4074
净资产收益率(%)	2.8671	4.8965	2.0403	26.1029
加权净资产收益率(%)	2.9200	7.3200	2.0600	30.0200
净资产收益率(扣除)(%)	-3.0025	1.3193	1.4714	25.5621
总资产(万元)	1274592.77	1151822.18	914099.80	807609.34
归属母公司股东权益(万元)	308140.99	298483.02	187767.72	183936.63
营业收入(万元)	21756.72	127081.02	67968.56	277695.75
营业支出(万元)	11665.87	81274.03	39621.52	167138.00
投资收益(万元)	23647.00	13853.03	2222.35	11009.42
净利润(万元)	7549.82	11879.38	3831.09	48012.77
营业利润(万元)	7618.02	15389.63	4456.84	63078.03
利润总额(万元)	8032.35	18091.12	5881.60	64409.58

安徽安凯汽车股份有限公司

公司概况	公司名称	安徽安凯汽车股份有限公司		证券简称	安凯客车
	法人代表	戴茂方	董秘 李永祥	证券代码	000868
	公司网址	www.ankai.com		电子信箱	zqb@ankai.com
	电　话	0551-62297712　63732002		传　真	0551-62297710
	办公地址	安徽省合肥市包河区葛淝路1号			
	经营范围	大中型客车、底盘生产销售、汽车配件销售、汽车设计、维修、咨询、实验等			

主要财务指标	指标\报告期	2015.06.30	2014.12.31	2014.06.30	2013.12.31
	基本每股收益(元)	0.0400	0.0300	0.0200	-0.0500
	基本每股收益(扣除后)(元)	0.0300	-0.0400	-0.0300	-0.1800
	稀释每股收益(元)	0.0400	0.0300	0.0200	-0.0500
	每股净资产(元)	1.8248	1.7779	1.7601	1.7440
	每股经营现金净流量(元)	-1.0237	0.1823	-0.7802	-0.2089
	每股现金流量(元)	-0.6278	0.1931	-0.4539	-0.7825
	每股资本公积金(元)	0.5536	0.5536	0.5536	0.5536
	每股盈余公积金(元)	0.0547	0.0547	0.0546	0.0546
	每股未分配利润(元)	0.2131	0.1696	0.1518	0.1358
	净资产收益率(%)	2.3864	1.9034	0.9102	-2.8628
	加权净资产收益率(%)	2.4200	1.9200	0.9200	-2.7700
	净资产收益率(扣除)(%)	1.5053	-2.2023	-1.8602	-10.6020
	总资产(万元)	542523.87	495491.20	460652.30	443719.83
	归属母公司股东权益(万元)	126923.39	123663.44	122423.63	121309.39
	营业收入(万元)	172220.10	483529.46	225028.67	353904.68
	营业支出(万元)	186126.05	443505.94	207905.60	333519.54
	投资收益(万元)	-50.50	-2.97	-90.04	1462.35
	净利润(万元)	1105.56	4698.54	1114.24	-3472.80
	营业利润(万元)	-43139.14	-23585.54	-10413.14	-31003.12
	利润总额(万元)	2269.62	6618.01	2891.23	-4524.48

烟台张裕葡萄酿酒股份有限公司

公司概况	公司名称	烟台张裕葡萄酿酒股份有限公司		证券简称	张　裕A
	法人代表	孙利强	董秘 曲为民	证券代码	000869
	公司网址	www.changyu.com.cn		电子信箱	yncopper@yunnan-copper.com
	电　话	0535-6633656		传　真	0535-6633639
	办公地址	山东省烟台市大马路56号			
	经营范围	葡萄酒、白兰地、香槟酒和保健酒的酿制、生产与销售等			

主要财务指标	指标\报告期	2015.06.30	2014.12.31	2014.06.30	2013.12.31
	基本每股收益(元)	1.0900	1.4300	0.9300	1.5300
	基本每股收益(扣除后)(元)	1.0800	1.3900	0.9200	1.4800
	稀释每股收益(元)	1.0900	1.4300	0.9300	1.5300
	每股净资产(元)	11.0617	9.9793	9.9875	9.0570
	每股经营现金净流量(元)	1.3526	1.5611	1.2979	1.0724
	每股现金流量(元)	0.6865	0.0057	0.9463	-0.8837
	每股资本公积金(元)	0.8215	0.8215	0.8215	0.8215
	每股盈余公积金(元)	0.5000	0.5000	0.5000	0.5000
	每股未分配利润(元)	8.7502	7.6618	7.6663	6.7355
	净资产收益率(%)	9.8394	14.2930	9.3198	16.8837
	加权净资产收益率(%)	10.3400	15.1100	9.7700	17.3000
	净资产收益率(扣除)(%)	9.7520	13.8908	9.2009	16.3870
	总资产(万元)	937991.08	891223.26	861401.37	800153.24
	归属母公司股东权益(万元)	758236.74	684045.21	684605.14	620827.97
	营业收入(万元)	282579.33	415672.75	230199.02	432094.86
	营业支出(万元)	93252.27	137244.46	75430.24	135789.80
	投资收益(万元)	-	-	-	-
	净利润(万元)	74606.02	97770.77	63804.13	104818.59
	营业利润(万元)	98334.45	126710.76	83904.39	135687.22
	利润总额(万元)	99178.73	130273.38	84828.32	139710.67

吉林电力股份有限公司

公司概况	公司名称	吉林电力股份有限公司		证券简称	吉电股份
	法人代表	靳东来	董秘 赵民(代)	证券代码	000875
	公司网址	www.cpijl.com		电子信箱	jdgf875@cpijl.com
	电　话	0431-81150933　81150815		传　真	0431-81150997
	办公地址	吉林省长春市人民大街9699号			
	经营范围	火电、水电、供热、工业供气、新能源的开发、投资、建设、生产与销售等			

主要财务指标	指标\报告期	2015.06.30	2014.12.31	2014.06.30	2013.12.31
	基本每股收益(元)	0.0500	0.0512	-0.0500	0.0977
	基本每股收益(扣除后)(元)	0.0300	0.0159	0.0630	0.0189
	稀释每股收益(元)	0.0500	0.0512	-0.0500	0.0977
	每股净资产(元)	2.6105	2.5569	2.5291	2.5851
	每股经营现金净流量(元)	0.4073	1.1115	0.5062	1.1295
	每股现金流量(元)	0.0163	-0.7748	-0.4559	0.8510
	每股资本公积金(元)	1.7907	1.7907	1.9115	2.0162
	每股盈余公积金(元)	0.0674	0.0674	0.0674	0.0674
	每股未分配利润(元)	-0.2476	-0.3012	-0.4497	-0.3524
	净资产收益率(%)	2.0527	2.0011	-2.2145	1.1288
	加权净资产收益率(%)	2.0700	1.9200	-2.1800	3.8000
	净资产收益率(扣除)(%)	1.2898	0.6217	2.4923	0.4208
	总资产(万元)	2083256.23	2031765.37	1810412.32	2002937.97
	归属母公司股东权益(万元)	381287.27	373460.57	369409.33	398917.08
	营业收入(万元)	210065.85	475294.84	225868.61	458517.16
	营业支出(万元)	162888.77	370553.92	176032.30	369840.99
	投资收益(万元)	919.97	1188.15	1070.41	2799.52
	净利润(万元)	9259.93	6078.73	-6337.32	9913.35
	营业利润(万元)	6882.71	3623.97	-5836.87	8242.95
	利润总额(万元)	10180.46	7983.52	-5306.17	10719.00

新希望六和股份有限公司

公司概况	公司名称	新希望六和股份有限公司		证券简称	新希望
	法人代表	刘畅	董秘 向川	证券代码	000876
	公司网址	www.newhopeagri.com		电子信箱	000876@newhope.cn
	电　话	028-82000876　85953835		传　真	028-85950022
	办公地址	四川省成都市锦江工业园区金石路376号			
	经营范围	配合饲料、浓缩饲料、精料补充料的生产、加工、销售等			

主要财务指标	指标\报告期	2015.06.30	2014.12.31	2014.06.30	2013.12.31
	基本每股收益(元)	0.5600	1.0900	0.5500	1.0900
	基本每股收益(扣除后)(元)	0.5600	1.0100	0.5200	1.0500
	稀释每股收益(元)	0.5600	1.0900	0.5500	1.0900
	每股净资产(元)	8.9928	8.4400	7.8018	7.4933
	每股经营现金净流量(元)	0.7522	0.6449	-0.1322	0.9114
	每股现金流量(元)	0.1585	0.0662	0.2740	0.0854
	每股资本公积金(元)	2.0826	2.0862	0.9678	0.9606
	每股盈余公积金(元)	0.4852	0.4852	0.5042	0.5042
	每股未分配利润(元)	5.4966	4.9409	5.3884	5.0888
	净资产收益率(%)	6.1794	11.4774	7.0121	14.5804
	加权净资产收益率(%)	6.3700	13.6800	7.0400	15.6800
	净资产收益率(扣除)(%)	6.1853	10.6061	6.7060	14.0763
	总资产(万元)	3409289.93	3340118.56	3147219.77	2953511.33
	归属母公司股东权益(万元)	1874206.30	1759776.83	1355694.60	1302095.18
	营业收入(万元)	2949813.95	7001223.33	3207809.77	6939524.79
	营业支出(万元)	2741091.16	6586001.28	3026790.64	6531140.07
	投资收益(万元)	127946.07	228123.04	127242.16	213523.55
	净利润(万元)	158225.28	261341.29	95062.27	189850.65
	营业利润(万元)	168472.33	289084.48	136679.13	282028.27
	利润总额(万元)	169664.61	290811.18	137796.97	280980.14

新疆天山水泥股份有限公司

公司概况	公司名称	新疆天山水泥股份有限公司			证券简称	天山股份
	法人代表	张丽荣	董秘	刘洪涛	证券代码	000877
	公司网址	www.sinoma-tianshan.cn		电子信箱	liuhongtao@sinoma-tianshan.cn	
	电　　话	0991-6686791 6686798		传　　真	0991-6686782	
	办公地址	新疆维吾尔自治区乌鲁木齐市河北东路1256号天合大厦				
	经营范围	水泥及其相关产品的生产、经营及销售等				

	指标\报告期	2015.06.30	2014.12.31	2014.06.30	2013.12.31
主要财务指标	基本每股收益(元)	-0.2881	0.2900	-0.0218	0.3200
	基本每股收益(扣除后)(元)	-0.3000	0.0300	-0.0383	0.1900
	稀释每股收益(元)	-0.2881	0.2900	-0.0218	0.3200
	每股净资产(元)	7.6975	7.7701	7.4640	7.5824
	每股经营现金净流量(元)	0.1525	0.4851	0.2275	0.2407
	每股现金流量(元)	0.1776	0.2589	0.1971	0.0985
	每股资本公积金(元)	4.1123	3.8851	4.0608	3.8851
	每股盈余公积金(元)	0.2251	0.2251	0.2051	0.2021
	每股未分配利润(元)	2.0101	2.3851	2.1349	2.2212
	净资产收益率(%)	-3.7421	3.6921	-0.3023	4.1989
	加权净资产收益率(%)	-3.6500	3.7600	-0.2900	4.3000
	净资产收益率(扣除)(%)	-3.9049	0.3441	-0.5131	2.5714
	总资产(万元)	2197983.40	2162763.13	2214288.78	2168727.89
	归属母公司股东权益(万元)	677461.30	683845.27	656908.87	663554.45
	营业收入(万元)	210858.37	654357.26	291287.87	791094.14
	营业支出(万元)	181043.95	519771.03	223953.42	622522.94
	投资收益(万元)	1641.19	265.53	16.00	5613.63
	净利润(万元)	-32325.54	25479.56	-2148.68	38411.05
	营业利润(万元)	-39818.11	-18801.69	-8281.97	11049.22
	利润总额(万元)	-33826.45	31496.37	2075.21	45051.70

云南铜业股份有限公司

公司概况	公司名称	云南铜业股份有限公司			证券简称	云南铜业
	法人代表	武建强	董秘	彭捍东	证券代码	000878
	公司网址	www.yunnan-copper.com		电子信箱	ytdm@yunnancopper.com	
	电　　话	0871-3106732 3106792		传　　真	0871-3106735	
	办公地址	云南省昆明市人民东路111号				
	经营范围	生产和销售电解铜、异型铜线杆为主、工业硫酸、黄金、白银等附加产品为辅				

	指标\报告期	2015.06.30	2014.12.31	2014.06.30	2013.12.31
主要财务指标	基本每股收益(元)	0.0110	0.0500	0.0100	-1.0600
	基本每股收益(扣除后)(元)	-0.0100	0.0210	0.0040	-1.1200
	稀释每股收益(元)	0.0110	0.0500	0.0100	-1.0600
	每股净资产(元)	3.8142	3.8942	3.8206	3.8118
	每股经营现金净流量(元)	0.0449	3.1496	1.1684	2.9984
	每股现金流量(元)	-0.1725	-0.5895	-0.3470	-0.6386
	每股资本公积金(元)	3.1061	3.1061	3.0758	3.0945
	每股盈余公积金(元)	0.3141	0.3141	0.3141	0.3141
	每股未分配利润(元)	-0.5627	-0.5737	-0.6151	-0.6249
	净资产收益率(%)	0.2888	1.3283	0.2570	-27.7109
	加权净资产收益率(%)	0.2900	1.3400	0.2600	-24.3300
	净资产收益率(扣除)(%)	-0.2502	0.5393	0.0681	-29.2851
	总资产(万元)	2478464.93	2487079.90	2616988.20	2658986.37
	归属母公司股东权益(万元)	540248.53	551569.46	541151.59	539902.57
	营业收入(万元)	2870840.77	6240446.09	2968193.73	5010029.89
	营业支出(万元)	2793173.87	6012963.30	2867022.41	4956016.04
	投资收益(万元)	2201.70	5158.44	2216.39	3298.97
	净利润(万元)	3261.59	12920.62	1387.79	-149611.64
	营业利润(万元)	1722.74	12459.75	4526.16	-154836.81
	利润总额(万元)	6122.31	21299.17	6870.05	-138778.31

潍柴重机股份有限公司

公司概况	公司名称	潍柴重机股份有限公司			证券简称	潍柴重机
	法人代表	徐宏	董秘	韩彬	证券代码	000880
	公司网址	www.weichaihm.com		电子信箱	huagf@weichaihm.com	
	电　　话	0536-2098008		传　　真	0536-2098020	
	办公地址	山东省潍坊市滨海经济技术开发区富海大街17号				
	经营范围	内燃机及配件生产、销售、发电机及发电机组的生产、销售等				

	指标\报告期	2015.06.30	2014.12.31	2014.06.30	2013.12.31
主要财务指标	基本每股收益(元)	0.0800	0.1700	0.1200	0.1400
	基本每股收益(扣除后)(元)	0.0800	0.1500	0.1100	0.1300
	稀释每股收益(元)	0.0800	0.1700	0.1200	0.1400
	每股净资产(元)	4.6223	4.5378	4.4934	4.3686
	每股经营现金净流量(元)	0.2432	1.3267	1.0191	-0.2479
	每股现金流量(元)	-0.2679	0.3850	0.4656	-0.6353
	每股资本公积金(元)	2.1337	2.1337	2.1336	2.1336
	每股盈余公积金(元)	0.2446	0.2446	0.2428	0.2298
	每股未分配利润(元)	1.2255	1.1455	1.1035	0.9926
	净资产收益率(%)	1.7309	3.6968	2.7585	3.2540
	加权净资产收益率(%)	1.7400	3.7700	2.8000	3.2900
	净资产收益率(扣除)(%)	1.5550	3.3200	2.5567	2.9271
	总资产(万元)	338879.31	353316.97	339897.09	289908.01
	归属母公司股东权益(万元)	127622.36	125288.47	124062.75	120617.58
	营业收入(万元)	121518.21	307647.13	150278.59	232374.05
	营业支出(万元)	107942.50	271487.54	133571.02	204040.97
	投资收益(万元)	1538.56	3082.74	1734.63	2217.82
	净利润(万元)	2227.75	4663.67	3422.24	3924.84
	营业利润(万元)	2025.86	4665.99	3714.01	3973.91
	利润总额(万元)	2288.64	5220.24	4008.53	4437.67

中国大连国际合作(集团)股份有限公司

公司概况	公司名称	中国大连国际合作(集团)股份有限公司			证券简称	大连国际
	法人代表	朱明义	董秘	朱明义(代)	证券代码	000881
	公司网址	www.cdigstock.com		电子信箱	hanxiuji@china-cdig.com	
	电　　话	0411-83780358 83780066		传　　真	0411-83780186	
	办公地址	辽宁省大连市西岗区黄河路219号外经贸大厦				
	经营范围	对外承包工程、承担国家经援项目、国际劳务技术合作等				

	指标\报告期	2015.06.30	2014.12.31	2014.06.30	2013.12.31
主要财务指标	基本每股收益(元)	-2.6500	0.2400	0.1600	0.3500
	基本每股收益(扣除后)(元)	-2.6700	0.1100	0.0800	0.2900
	稀释每股收益(元)	-2.6500	0.2400	0.1600	0.3500
	每股净资产(元)	2.6546	5.3051	5.2746	5.1929
	每股经营现金净流量(元)	0.2174	-1.5444	-1.9418	1.4095
	每股现金流量(元)	-0.5986	-2.0481	-2.0418	0.5944
	每股资本公积金(元)	0.8214	0.8214	0.8213	0.8213
	每股盈余公积金(元)	0.5074	0.5074	0.4731	0.4731
	每股未分配利润(元)	0.5661	3.2171	3.1989	3.1370
	净资产收益率(%)	-99.8633	4.5777	3.0679	6.7545
	加权净资产收益率(%)	-66.6100	4.6500	3.0700	6.8800
	净资产收益率(扣除)(%)	-100.6207	2.0704	1.5886	5.5290
	总资产(万元)	509601.70	603674.57	642917.94	613132.38
	归属母公司股东权益(万元)	82005.05	163885.66	162942.31	160419.27
	营业收入(万元)	99582.19	202965.04	92197.79	199764.54
	营业支出(万元)	92964.61	162502.54	73877.93	156283.00
	投资收益(万元)	73.37	464.93	54.29	1169.93
	净利润(万元)	-128986.06	10306.30	4998.92	10835.45
	营业利润(万元)	-134373.02	5465.07	5834.99	10695.78
	利润总额(万元)	-131065.72	12017.94	7946.22	15583.11

北京华联商厦股份有限公司

公司概况					
公司名称	北京华联商厦股份有限公司			证券简称	华联股份
法人代表	牛晓华	董秘	周剑军	证券代码	000882
公司网址	www.bhgmall.com.cn		电子信箱	hlgf000882@sina.com	
电　　话	010-57391951		传　　真	010-57391951	
办公地址	北京市大兴区青云店镇祥云路北四条 208 号创新中心 2 号楼三层办公区				
经营范围	销售百货和商业地产开发与购物中心运营管理等				

主要财务指标

指标\报告期	2015.06.30	2014.12.31	2014.06.30	2013.12.31
基本每股收益(元)	0.0160	0.0334	0.0166	0.0610
基本每股收益(扣除后)(元)	-0.0489	0.0267	0.0156	0.0440
稀释每股收益(元)	0.0160	0.0334	0.0166	0.0610
每股净资产(元)	2.6667	2.6736	2.6551	2.6690
每股经营现金净流量(元)	0.0215	0.2521	0.0735	-0.1576
每股现金流量(元)	0.1791	-0.6527	-0.4258	1.1965
每股资本公积金(元)	1.5557	1.5570	1.5602	1.5667
每股盈余公积金(元)	0.0395	0.0395	0.0298	0.0298
每股未分配利润(元)	0.0602	0.0722	0.0650	0.0724
净资产收益率(%)	0.6013	1.2487	0.6252	1.1060
加权净资产收益率(%)	0.6000	1.2800	0.6200	2.2500
净资产收益率(扣除)(%)	-1.8323	0.9997	0.5881	0.7856
总资产(万元)	1396863.50	1326927.94	1305959.67	1330485.49
归属母公司股东权益(万元)	593636.51	595474.18	591051.01	594144.58
营业收入(万元)	63684.05	149973.35	63061.30	109398.02
营业支出(万元)	39090.23	70606.11	29857.46	53875.73
投资收益(万元)	20276.79	7021.35	3472.02	5451.91
净利润(万元)	2582.16	6534.43	3695.24	6571.53
营业利润(万元)	3723.93	8693.51	4002.16	6367.09
利润总额(万元)	3677.18	8917.63	4290.49	7360.09

湖北能源集团股份有限公司

公司概况					
公司名称	湖北能源集团股份有限公司			证券简称	湖北能源
法人代表	肖宏江	董秘	周江	证券代码	000883
公司网址	www.hbny.com.cn		电子信箱	zq@hbny.com.cn	
电　　话	027-86621100		传　　真	027-86621109	
办公地址	湖北省武汉市洪山区徐东大街 137 号				
经营范围	能源投资、开发与管理、国家政策允许范围内的其他经营业务等				

主要财务指标

指标\报告期	2015.06.30	2014.12.31	2014.06.30	2013.12.31
基本每股收益(元)	0.2590	0.2100	0.0950	0.1800
基本每股收益(扣除后)(元)	0.2420	0.1900	0.1900	0.3600
稀释每股收益(元)	0.2590	0.2100	0.0950	0.1800
每股净资产(元)	2.9283	2.7113	5.1328	2.5200
每股经营现金净流量(元)	0.3889	0.4740	0.4286	0.7567
每股现金流量(元)	0.1314	-0.0878	0.0150	-0.6368
每股资本公积金(元)	0.9490	0.9384	2.8800	2.8707
每股盈余公积金(元)	0.0978	0.0763	0.1142	0.1142
每股未分配利润(元)	0.8303	0.6469	1.1379	1.0146
净资产收益率(%)	8.8410	7.8852	3.7053	6.9976
加权净资产收益率(%)	9.0900	8.2100	3.7000	7.1400
净资产收益率(扣除)(%)	8.2623	7.0743	3.6711	7.1782
总资产(万元)	3651869.92	3367381.74	3303133.43	3168746.18
归属母公司股东权益(万元)	1566297.52	1450192.84	1372707.70	1337153.80
营业收入(万元)	393240.98	727014.68	339172.98	1108969.91
营业支出(万元)	219520.84	497821.16	227748.46	922414.22
投资收益(万元)	50824.55	57658.71	18740.46	31536.41
净利润(万元)	146433.45	129104.51	57626.25	112618.92
营业利润(万元)	166894.77	145024.23	64794.83	126368.61
利润总额(万元)	177785.77	170652.54	75970.96	122511.01

河南同力水泥股份有限公司

公司概况					
公司名称	河南同力水泥股份有限公司			证券简称	同力水泥
法人代表	张伟	董秘	侯绍民	证券代码	000885
公司网址	www.tlcement.com		电子信箱	tlsn000885@163.com	
电　　话	0371-69158113 69158315		传　　真	0371-69158112	
办公地址	河南省郑州市农业路 41 号投资大厦 A 座 8、9 层				
经营范围	水泥制造业				

主要财务指标

指标\报告期	2015.06.30	2014.12.31	2014.06.30	2013.12.31
基本每股收益(元)	0.1331	0.3732	0.1495	0.1555
基本每股收益(扣除后)(元)	0.1089	0.3080	0.1438	0.1305
稀释每股收益(元)	0.1331	0.3732	0.1495	0.1555
每股净资产(元)	4.6621	4.5694	4.3593	4.0344
每股经营现金净流量(元)	0.3189	1.8335	1.0530	0.9775
每股现金流量(元)	0.0569	-0.2091	-0.0784	-0.0758
每股资本公积金(元)	2.5242	2.5242	2.5242	2.2368
每股盈余公积金(元)	0.1410	0.1410	0.1074	0.1195
每股未分配利润(元)	0.9355	0.8424	0.6560	0.6003
净资产收益率(%)	2.8558	7.7550	3.0824	3.8549
加权净资产收益率(%)	2.8800	8.6400	3.6400	3.9400
净资产收益率(扣除)(%)	2.3365	6.4006	2.9661	3.2346
总资产(万元)	474023.68	482254.92	486783.34	519567.09
归属母公司股东权益(万元)	221356.06	216956.36	206978.87	172188.17
营业收入(万元)	158816.78	393786.90	196354.65	400142.69
营业支出(万元)	125706.24	304733.53	153835.69	319359.84
投资收益(万元)	63.92	137.74	10.50	-
净利润(万元)	9453.77	24361.06	6379.92	6637.69
营业利润(万元)	3087.02	8079.82	5798.76	-619.42
利润总额(万元)	13355.95	33631.10	13790.32	24688.35

海南高速公路股份有限公司

公司概况					
公司名称	海南高速公路股份有限公司			证券简称	海南高速
法人代表	曾国华	董秘	陈求仲	证券代码	000886
公司网址	www.hi-expressway.com		电子信箱	hainangaosu@126.com	
电　　话	0898-66768394		传　　真	0898-66790647	
办公地址	海南省海口市蓝天路 16 号高速公路大楼				
经营范围	高等级公路勘测、设计、养护、管理服务、房地产开发经营等				

主要财务指标

指标\报告期	2015.06.30	2014.12.31	2014.06.30	2013.12.31
基本每股收益(元)	0.0460	0.0510	0.0430	0.1370
基本每股收益(扣除后)(元)	0.0460	0.0460	0.0310	0.1390
稀释每股收益(元)	0.0460	0.0510	0.0430	0.1370
每股净资产(元)	2.8167	2.7708	2.7625	2.7690
每股经营现金净流量(元)	-0.0661	-0.0997	-0.1203	0.0658
每股现金流量(元)	0.1893	-0.2557	-0.0164	-0.2479
每股资本公积金(元)	0.9546	0.9546	0.9584	0.9584
每股盈余公积金(元)	0.3527	0.3527	0.3451	0.3451
每股未分配利润(元)	0.4983	0.4518	0.4510	0.4584
净资产收益率(%)	1.6482	1.8410	1.5391	4.9581
加权净资产收益率(%)	1.6600	1.8400	1.5400	5.0900
净资产收益率(扣除)(%)	1.6322	-	1.1363	5.0059
总资产(万元)	324565.92	326578.37	323657.55	321539.20
归属母公司股东权益(万元)	278525.90	273982.68	273164.20	273804.86
营业收入(万元)	9908.82	29965.27	8159.80	49594.28
营业支出(万元)	3377.02	17847.74	3080.39	17186.92
投资收益(万元)	3208.33	5526.59	3163.86	4874.27
净利润(万元)	4590.31	5044.97	4204.30	13575.41
营业利润(万元)	5352.09	5520.48	3588.08	17119.64
利润总额(万元)	5381.75	6253.66	5046.43	17013.36

安徽中鼎密封件股份有限公司

公司概况					
公司名称	安徽中鼎密封件股份有限公司			证券简称	中鼎股份
法人代表	夏鼎湖	董秘	饶建民	证券代码	000887
公司网址	www.zhongdinggroup.com		电子信箱	rjm@zhongdinggroup.com	
电　话	0563-4181887		传　真	0563-4181880*6071	
办公地址	安徽省宁国市经济技术开发区				
经营范围	液压气动密封件、汽车非轮胎橡胶制品(制动、减震除外)生产和销售等				

主要财务指标

指标\报告期	2015.06.30	2014.12.31	2014.06.30	2013.12.31
基本每股收益(元)	0.3500	0.5200	0.2600	0.3600
基本每股收益(扣除后)(元)	0.3400	0.4900	0.2300	0.3100
稀释每股收益(元)	–	–	0.2600	0.3600
每股净资产(元)	2.9109	2.6276	2.4045	2.0555
每股经营现金净流量(元)	0.2871	0.4907	0.1491	0.4356
每股现金流量(元)	0.1634	–0.0088	–0.0082	–0.1345
每股资本公积金(元)	0.3244	0.3257	0.2608	0.1531
每股盈余公积金(元)	0.1999	0.1999	0.1760	0.1796
每股未分配利润(元)	1.4646	1.1580	0.9847	0.7396
净资产收益率(%)	11.9084	19.3305	10.8053	17.5064
加权净资产收益率(%)	12.4300	22.0000	11.8800	19.0100
净资产收益率(扣除)(%)	11.6627	17.8916	9.5303	14.7653
总资产(万元)	667390.39	542624.66	554400.17	414164.89
归属母公司股东权益(万元)	324712.80	293106.11	264822.03	221869.24
营业收入(万元)	318228.31	504019.09	227754.87	416169.36
营业支出(万元)	219396.91	354475.72	158850.00	298987.65
投资收益(万元)	–	3180.40	3180.40	4446.78
净利润(万元)	40672.33	58766.28	28614.90	38841.42
营业利润(万元)	47300.36	68180.81	34376.35	48131.76
利润总额(万元)	48474.64	69910.42	35193.54	50869.70

峨眉山旅游股份有限公司

公司概况					
公司名称	峨眉山旅游股份有限公司			证券简称	峨眉山 A
法人代表	马元祝	董秘	张华仙	证券代码	000888
公司网址	www.ems517.com		电子信箱	000888@ems517.com	
电　话	0833-5544568 5528075		传　真	0833-5526666	
办公地址	四川省峨眉山市名山南路 41 号				
经营范围	提供旅游、索道运输、旅店、中餐、西餐、酒水、茶座、游艺室、音乐厅等				

主要财务指标

指标\报告期	2015.06.30	2014.12.31	2014.06.30	2013.12.31
基本每股收益(元)	0.1041	0.7193	0.1021	0.4856
基本每股收益(扣除后)(元)	0.1045	0.7223	0.2088	0.4916
稀释每股收益(元)	0.1041	0.7193	0.1021	0.4856
每股净资产(元)	3.3611	6.6940	6.1790	6.0547
每股经营现金净流量(元)	0.2035	1.1989	0.2613	0.9258
每股现金流量(元)	–0.1810	–0.4578	–0.4545	1.5649
每股资本公积金(元)	0.8107	2.6213	2.6213	2.6213
每股盈余公积金(元)	0.2479	0.4958	0.4222	0.4222
每股未分配利润(元)	1.3025	2.5768	2.1355	2.0112
净资产收益率(%)	3.0972	10.7454	3.3060	7.1593
加权净资产收益率(%)	3.0800	11.2800	3.3200	10.4600
净资产收益率(扣除)(%)	3.1080	10.7903	3.3798	7.2482
总资产(万元)	214282.23	220511.58	196947.19	193139.30
归属母公司股东权益(万元)	177100.77	176357.91	162789.27	159515.05
营业收入(万元)	46817.16	99366.35	42265.46	82596.38
营业支出(万元)	28350.70	54387.10	24792.80	46870.90
投资收益(万元)	–26.71	–34.79	42.30	136.68
净利润(万元)	5342.88	18801.84	5316.17	11302.27
营业利润(万元)	6415.84	22426.66	6497.16	13617.78
利润总额(万元)	6389.11	22274.19	6355.93	13407.42

茂业通信网络股份有限公司

公司概况					
公司名称	茂业通信网络股份有限公司			证券简称	茂业通信
法人代表	刘宏	董秘	焦海青	证券代码	000889
公司网址	www.hlsc.com.cn		电子信箱	hlsc000889@163.com	
电　话	0335-3733868 3280622		传　真	0335-3023349	
办公地址	河北省秦皇岛市海港区河北大街 146 号金原国际商务大厦				
经营范围	通信工程、计算机网络工程的设计等				

主要财务指标

指标\报告期	2015.06.30	2014.12.31	2014.06.30	2013.12.31
基本每股收益(元)	0.1468	0.2146	0.1381	0.2085
基本每股收益(扣除后)(元)	0.1459	0.2144	0.1352	0.2216
稀释每股收益(元)	0.1468	0.2146	0.1381	0.2085
每股净资产(元)	3.5370	3.3880	2.7071	2.6110
每股经营现金净流量(元)	0.2710	0.3142	0.0043	0.2748
每股现金流量(元)	–0.0598	0.1492	–0.0637	–0.2427
每股资本公积金(元)	1.7786	1.7764	0.9370	0.9370
每股盈余公积金(元)	0.0778	0.0778	0.0864	0.0864
每股未分配利润(元)	0.6806	0.5339	0.6837	0.5876
净资产收益率(%)	4.1497	4.6875	5.1007	7.9865
加权净资产收益率(%)	4.2400	7.7500	5.1700	8.2900
净资产收益率(扣除)(%)	4.1243	4.6396	4.9943	8.4879
总资产(万元)	298043.37	281073.27	173262.16	172221.54
归属母公司股东权益(万元)	219937.27	210677.07	120607.06	116326.39
营业收入(万元)	116019.83	192000.48	95947.33	210635.52
营业支出(万元)	89469.15	150649.50	76059.35	171747.88
投资收益(万元)	24.01	76.47	50.00	50.00
净利润(万元)	9126.84	9867.85	6151.85	9290.38
营业利润(万元)	11998.99	14787.51	8278.77	14731.52
利润总额(万元)	12068.62	14860.10	8432.81	14003.99

江苏法尔胜股份有限公司

公司概况					
公司名称	江苏法尔胜股份有限公司			证券简称	法 尔 胜
法人代表	蒋纬球	董秘	张文栋	证券代码	000890
公司网址	www.fasten.com.cn		电子信箱	info@chinafasten.com	
电　话	0510-86119890		传　真	0510-86102007	
办公地址	江苏省江阴市澄江中路 165 号				
经营范围	钢丝、钢丝绳、缆索、光缆等产品的生产及销售、钢材的销售等				

主要财务指标

指标\报告期	2015.06.30	2014.12.31	2014.06.30	2013.12.31
基本每股收益(元)	0.0078	0.0137	0.0110	0.0169
基本每股收益(扣除后)(元)	0.0060	–0.0380	0.0098	0.0171
稀释每股收益(元)	0.0078	0.0137	0.0110	0.0169
每股净资产(元)	2.7508	2.7431	2.7171	2.7261
每股经营现金净流量(元)	0.1376	0.7714	0.5219	–0.2926
每股现金流量(元)	0.1113	–0.0401	0.1189	0.2548
每股资本公积金(元)	1.2457	1.2457	1.2225	1.2225
每股盈余公积金(元)	0.1914	0.1914	0.1914	0.1914
每股未分配利润(元)	0.3137	0.3059	0.3032	0.3123
净资产收益率(%)	0.2823	0.5006	0.4044	0.6184
加权净资产收益率(%)	0.2800	0.5000	0.4000	0.6100
净资产收益率(扣除)(%)	0.2192	–1.3847	0.3600	0.6257
总资产(万元)	310644.57	311054.01	313033.22	322857.24
归属母公司股东权益(万元)	104432.74	104137.88	103152.45	103494.58
营业收入(万元)	72870.07	155209.47	75074.00	156644.49
营业支出(万元)	63043.78	133671.84	64132.95	130755.10
投资收益(万元)	849.22	2671.16	919.88	1203.26
净利润(万元)	667.00	1139.15	417.16	640.04
营业利润(万元)	799.77	1801.86	1027.20	2820.59
利润总额(万元)	842.35	1969.58	1059.20	2822.94

星美联合股份有限公司

公司概况						
	公司名称	星美联合股份有限公司			证券简称	*ST 星美
	法人代表	杨晓桐	董秘	徐虹	证券代码	000892
	公司网址			电子信箱	stellarmegaunion@yahoo.cn	
	电　话	023-88639066		传　真	023-88639061	
	办公地址	重庆市江北区北城天街 15 号富力海洋广场 6 幢 2201 室				
	经营范围	通信产业投资、通信设备制造、通信工程及技术咨询等				

主要财务指标	指标 \ 报告期	2015.06.30	2014.12.31	2014.06.30	2013.12.31
	基本每股收益(元)	-0.0041	-0.0058	-0.0026	-0.0015
	基本每股收益(扣除后)(元)	-0.0041	-0.0058	-0.0027	-0.0018
	稀释每股收益(元)	-0.0041	-0.0058	-0.0026	-0.0015
	每股净资产(元)	0.0031	0.0072	0.0103	0.0130
	每股经营现金净流量(元)	-0.0041	-0.0066	-0.0034	-0.0024
	每股现金流量(元)	-0.0041	-0.0066	-0.0034	-0.0024
	每股资本公积金(元)	0.2144	0.2144	0.2144	0.2144
	每股盈余公积金(元)	-	-	-	-
	每股未分配利润(元)	-1.2113	-1.2072	-1.2041	-1.2014
	净资产收益率(%)	-130.2674	-80.3864	-25.6254	-11.5137
	加权净资产收益率(%)	-78.9200	-57.3400	-22.7100	-10.8900
	净资产收益率(扣除)(%)	-130.2674	-80.3864	-25.8478	-14.2185
	总资产(万元)	134.60	308.37	437.66	582.26
	归属母公司股东权益(万元)	129.21	297.44	427.10	536.54
	营业收入(万元)	-	-	-	1096.60
	营业支出(万元)	-	-	0.95	843.46
	投资收益(万元)	-	-	-	-
	净利润(万元)	-168.32	-239.10	-109.44	-61.78
	营业利润(万元)	-168.32	-240.40	-111.69	-39.96
	利润总额(万元)	-168.32	-240.40	-110.74	-20.61

广州东凌粮油股份有限公司

公司概况						
	公司名称	广州东凌粮油股份有限公司			证券简称	东凌粮油
	法人代表	赖宁昌	董秘	程晓娜	证券代码	000893
	公司网址	www.dongling.cn		电子信箱	stock@dongling.cn	
	电　话	020-85506292		传　真	020-85506216	
	办公地址	广东省广州市珠江新城珠江东路 32 号利通广场 29 楼				
	经营范围	植物油加工业等				

主要财务指标	指标 \ 报告期	2015.06.30	2014.12.31	2014.06.30	2013.12.31
	基本每股收益(元)	-0.0800	-1.1600	-0.8400	0.3800
	基本每股收益(扣除后)(元)	-0.0500	-1.1900	-0.8300	0.5200
	稀释每股收益(元)	-0.0800	-1.1600	-0.8400	0.3800
	每股净资产(元)	1.2287	1.2422	1.7277	4.0003
	每股经营现金净流量(元)	-1.0270	0.5640	-0.7919	-4.8089
	每股现金流量(元)	-0.6401	0.4397	-0.2867	-1.1557
	每股资本公积金(元)	1.1660	1.1342	1.1342	2.2014
	每股盈余公积金(元)	0.0771	0.0774	0.0774	0.1161
	每股未分配利润(元)	-0.8734	-0.7953	-0.4746	0.6916
	净资产收益率(%)	-6.6406	-93.0911	-48.3700	13.3872
	加权净资产收益率(%)	-6.7500	-59.6700	-37.7500	17.6100
	净资产收益率(扣除)(%)	-4.1619	-96.0483	-48.1085	12.2314
	总资产(万元)	754535.73	805729.04	770379.22	621209.10
	归属母公司股东权益(万元)	50310.04	50639.51	70433.05	108718.87
	营业收入(万元)	558723.16	1280396.71	605817.04	1006020.03
	营业支出(万元)	551095.66	1299173.58	610332.03	980404.71
	投资收益(万元)	4861.67	-2355.27	-12582.35	-2657.07
	净利润(万元)	-2712.68	-46571.24	-33840.02	14823.10
	营业利润(万元)	-3061.15	-46826.68	-35619.37	15220.55
	利润总额(万元)	-2620.07	-46172.43	-35388.17	16633.33

河南双汇投资发展股份有限公司

公司概况						
	公司名称	河南双汇投资发展股份有限公司			证券简称	双汇发展
	法人代表	万隆	董秘	张立文	证券代码	000895
	公司网址	www.shuanghui.net		电子信箱	0895@shuanghui.net	
	电　话	0395-2676158 2676530		传　真	0395-2693259	
	办公地址	河南省漯河市双汇路 1 号双汇大厦				
	经营范围	畜禽屠宰、加工销售肉类食品、肉类罐头、速冻肉制品等				

主要财务指标	指标 \ 报告期	2015.06.30	2014.12.31	2014.06.30	2013.12.31
	基本每股收益(元)	0.6007	1.8358	0.6657	1.7533
	基本每股收益(扣除后)(元)	0.5592	1.7010	0.8949	1.6600
	稀释每股收益(元)	0.6007	1.8358	0.6657	1.7533
	每股净资产(元)	4.3799	7.0450	6.1197	6.5198
	每股经营现金净流量(元)	0.6988	2.1413	0.5139	1.7583
	每股现金流量(元)	-0.2929	-0.4155	-1.2436	-0.1283
	每股资本公积金(元)	0.5053	1.2143	1.1263	1.0748
	每股盈余公积金(元)	0.4272	0.6408	0.5853	0.5707
	每股未分配利润(元)	2.4474	4.1900	3.4081	3.8743
	净资产收益率(%)	13.7147	26.0583	16.3157	26.8915
	加权净资产收益率(%)	12.4100	28.6000	15.9600	30.4400
	净资产收益率(扣除)(%)	12.7674	24.1453	14.6232	25.4050
	总资产(万元)	2120029.48	2198243.42	1796705.88	1974614.20
	归属母公司股东权益(万元)	1445736.90	1550314.62	1346695.21	1434725.06
	营业收入(万元)	2035434.84	4569572.87	2104311.63	4495045.83
	营业支出(万元)	1597769.52	3658874.41	1645566.13	3621616.88
	投资收益(万元)	9393.78	14996.06	9131.63	8139.94
	净利润(万元)	205472.07	421545.78	229140.33	406906.53
	营业利润(万元)	254544.25	510851.65	271203.90	492580.13
	利润总额(万元)	263749.85	537271.13	290070.43	514755.62

天津津滨发展股份有限公司

公司概况						
	公司名称	天津津滨发展股份有限公司			证券简称	津滨发展
	法人代表	华志忠	董秘	于志丹	证券代码	000897
	公司网址	www.jbdc.com.cn		电子信箱	ZM@TEDA.TJ.CN	
	电　话	022-66223226		传　真	022-66223273	
	办公地址	天津市经济技术开发区黄海路 98 号津滨杰座 2 区 B 座				
	经营范围	基础设施开发、建设、经营、各类物资、商品的批发、零售等				

主要财务指标	指标 \ 报告期	2015.06.30	2014.12.31	2014.06.30	2013.12.31
	基本每股收益(元)	-0.0462	0.0063	0.0105	-0.3326
	基本每股收益(扣除后)(元)	-0.0470	-0.0391	0.0104	-0.2677
	稀释每股收益(元)	-0.0462	0.0063	0.0105	-0.3326
	每股净资产(元)	0.8385	0.8848	0.8143	0.8038
	每股经营现金净流量(元)	0.0116	0.6516	0.1366	0.3265
	每股现金流量(元)	-0.2891	-0.0329	-0.0536	-0.9785
	每股资本公积金(元)	0.1868	0.1868	0.1160	0.1160
	每股盈余公积金(元)	0.0402	0.0402	0.0402	0.0402
	每股未分配利润(元)	-0.3884	-0.3422	-0.3418	-0.3523
	净资产收益率(%)	-5.5129	0.7118	1.2890	-41.3768
	加权净资产收益率(%)	-5.3700	0.7800	1.3000	-34.2800
	净资产收益率(扣除)(%)	-5.6034	-4.4175	1.2825	-33.3047
	总资产(万元)	649956.37	690130.69	759866.81	813406.56
	归属母公司股东权益(万元)	135613.49	143089.72	131699.07	130001.50
	营业收入(万元)	43802.12	181946.51	117983.89	254247.46
	营业支出(万元)	39011.17	134180.82	85529.01	215879.74
	投资收益(万元)	110.62	25038.66	-	45.00
	净利润(万元)	-7070.68	19685.55	1697.57	-53790.44
	营业利润(万元)	-5711.74	27131.34	7155.47	-29216.38
	利润总额(万元)	-5695.43	27400.48	7191.97	-39708.91

鞍钢股份有限公司

公司概况						
公司名称	鞍钢股份有限公司			证券简称	鞍钢股份	
法人代表	姚林	董秘	张景凡 郭兆文	证券代码	000898	
公司网址	www.ansteel.com.cn		电子信箱	ansteel@ansteel.com.cn		
电话	0412-6734878 8416578		传真	0412-6722093 6727772		
办公地址	辽宁省鞍山市铁西区鞍钢厂区大厦33楼					
经营范围	黑色金属冶炼及钢压延加工等					

主要财务指标				
指标\报告期	2015.06.30	2014.12.31	2014.06.30	2013.12.31
基本每股收益(元)	0.0210	0.1280	0.0800	0.1060
基本每股收益(扣除后)(元)	0.0130	0.1270	0.0750	0.0960
稀释每股收益(元)	0.0210	0.1280	0.0800	0.1060
每股净资产(元)	6.6376	6.6100	6.5554	6.5000
每股经营现金净流量(元)	0.2337	0.2954	0.1914	1.4600
每股现金流量(元)	0.0661	0.0810	0.0122	–0.2760
每股资本公积金(元)	4.3565	4.3060	4.3030	4.3035
每股盈余公积金(元)	0.4948	0.4948	0.4948	0.4948
每股未分配利润(元)	0.7762	0.7999	0.7513	0.6985
净资产收益率(%)	0.3228	1.9417	1.2170	1.6374
加权净资产收益率(%)	0.3200	1.9600	1.2200	1.6400
净资产收益率(扣除)(%)	0.1978	1.9187	1.1470	1.4779
总资产(万元)	9099800.00	9129100.00	9128600.00	9286500.00
归属母公司股东权益(万元)	4802300.00	4779300.00	4742700.00	4702600.00
营业收入(万元)	2899200.00	7404600.00	3817700.00	7532900.00
营业支出(万元)	2540200.00	6549000.00	3415400.00	6692900.00
投资收益(万元)	22700.00	67300.00	40500.00	55500.00
净利润(万元)	15100.00	92400.00	57700.00	77000.00
营业利润(万元)	8500.00	156500.00	77400.00	66400.00
利润总额(万元)	16500.00	157900.00	81800.00	72800.00

江西赣能股份有限公司

公司概况						
公司名称	江西赣能股份有限公司			证券简称	赣能股份	
法人代表	姚迪明	董秘	李声意	证券代码	000899	
公司网址	www.000899.com		电子信箱	ganneng@000899.com		
电话	0791-88109899		传真	0791-88106119		
办公地址	江西省南昌市高新技术开发区火炬大街199号					
经营范围	火力、水力发电、节能项目开发等					

主要财务指标				
指标\报告期	2015.06.30	2014.12.31	2014.06.30	2013.12.31
基本每股收益(元)	0.4130	0.6000	0.2723	0.6817
基本每股收益(扣除后)(元)	0.3525	0.5900	0.2700	0.6782
稀释每股收益(元)	0.4130	0.6000	0.2723	0.6817
每股净资产(元)	3.5876	3.2544	2.9030	2.7279
每股经营现金净流量(元)	0.8031	1.2097	0.6463	1.1952
每股现金流量(元)	–0.0218	–0.1449	0.1286	–0.0562
每股资本公积金(元)	0.9468	0.9516	0.9350	0.9322
每股盈余公积金(元)	0.3444	0.3444	0.2844	0.2844
每股未分配利润(元)	1.2641	0.9511	0.6837	0.5114
净资产收益率(%)	11.5126	18.4277	9.3800	24.9891
加权净资产收益率(%)	11.8900	20.0500	9.5000	28.6200
净资产收益率(扣除)(%)	9.8245	18.0346	9.3807	24.8611
总资产(万元)	576176.52	595091.54	600755.17	613745.05
归属母公司股东权益(万元)	231999.04	210454.70	187732.43	176409.85
营业收入(万元)	116937.15	266904.19	130780.47	264909.01
营业支出(万元)	76509.68	190371.45	95236.52	191708.74
投资收益(万元)	6397.38	5766.84	3029.48	5449.35
净利润(万元)	26709.21	38781.88	17609.36	44083.26
营业利润(万元)	33420.39	49933.83	22849.32	44047.46
利润总额(万元)	33462.55	50434.44	22866.56	44007.52

现代投资股份有限公司

公司概况						
公司名称	现代投资股份有限公司			证券简称	现代投资	
法人代表	宋伟杰	董秘	马玉国	证券代码	000900	
公司网址	www.xdtz.net		电子信箱	dongban@xdtz.net		
电话	0731-88749800 88749898		传真	0731-88749811		
办公地址	湖南省长沙市天心区芙蓉南路二段128号现代广场写字楼7、8、9楼					
经营范围	投资经营公路、桥梁、隧道和渡口、投资高新技术产业、广告业等					

主要财务指标				
指标\报告期	2015.06.30	2014.12.31	2014.06.30	2013.12.31
基本每股收益(元)	0.2400	0.4100	0.1700	0.5300
基本每股收益(扣除后)(元)	0.1800	0.3600	0.1600	0.6700
稀释每股收益(元)	0.2400	0.4100	0.1700	0.5300
每股净资产(元)	6.6311	6.4171	6.0981	7.8104
每股经营现金净流量(元)	0.5624	1.1817	0.8209	1.3742
每股现金流量(元)	0.4028	–0.2527	–0.3980	0.6099
每股资本公积金(元)	0.9599	0.9599	1.0136	1.5479
每股盈余公积金(元)	0.7043	0.7043	0.6670	0.8671
每股未分配利润(元)	3.8420	3.6087	3.4157	4.3171
净资产收益率(%)	3.5612	6.3128	2.8172	8.8768
加权净资产收益率(%)	3.6500	6.5600	2.7800	9.2100
净资产收益率(扣除)(%)	2.7392	5.6387	2.5565	8.5898
总资产(万元)	1835269.62	1732096.49	1635256.94	1609094.88
归属母公司股东权益(万元)	670988.54	649339.39	617060.34	607941.13
营业收入(万元)	277918.75	433141.65	100832.67	175415.48
营业支出(万元)	210171.96	301530.08	41152.89	68069.07
投资收益(万元)	9255.30	5073.85	2218.58	2037.71
净利润(万元)	24173.02	42055.76	17436.34	54146.62
营业利润(万元)	31757.91	55208.51	22941.07	71573.25
利润总额(万元)	31727.01	56257.62	23307.54	72151.10

航天科技控股集团股份有限公司

公司概况						
公司名称	航天科技控股集团股份有限公司			证券简称	航天科技	
法人代表	李立新	董秘	王玉伟	证券代码	000901	
公司网址	www.as-hitecn.com		电子信箱	wudan@as-hitech.com		
电话	010-83636110		传真	010-83636060		
办公地址	北京市丰台区科学城海鹰路1号海鹰科技大厦15、16层					
经营范围	汽车电子、环保监测、航天产品的研发、生产和销售的高新技术企业等					

主要财务指标				
指标\报告期	2015.06.30	2014.12.31	2014.06.30	2013.12.31
基本每股收益(元)	0.0483	0.1200	0.0676	0.1900
基本每股收益(扣除后)(元)	0.0460	0.0800	0.0490	0.1100
稀释每股收益(元)	0.0483	0.1200	0.0676	0.1900
每股净资产(元)	4.1629	4.1313	3.3815	3.3337
每股经营现金净流量(元)	–0.3039	–0.0008	–0.1876	–0.1434
每股现金流量(元)	–0.7466	1.1195	0.0930	–0.1278
每股资本公积金(元)	1.9828	1.9806	0.9535	0.9535
每股盈余公积金(元)	0.1606	0.1606	0.2067	0.2067
每股未分配利润(元)	1.0158	0.9875	1.2190	1.1714
净资产收益率(%)	1.1609	2.3596	2.0002	5.7117
加权净资产收益率(%)	1.1600	3.4000	2.0100	5.9000
净资产收益率(扣除)(%)	1.1055	1.5853	1.4489	3.3298
总资产(万元)	211605.75	212741.77	172691.72	162159.48
归属母公司股东权益(万元)	134720.30	133699.59	84660.17	83463.20
营业收入(万元)	81424.83	151668.18	66467.84	132616.39
营业支出(万元)	67118.07	122215.56	54967.37	108806.62
投资收益(万元)	1133.10	831.60	824.10	846.60
净利润(万元)	1478.46	3841.90	1693.37	4767.20
营业利润(万元)	1320.00	2839.80	1168.50	3339.70
利润总额(万元)	1858.54	4890.84	2239.50	6018.67

湖北新洋丰肥业股份有限公司

公司概况	公司名称	湖北新洋丰肥业股份有限公司			证券简称	新洋丰
	法人代表	杨才学	董秘	宋帆	证券代码	000902
	公司网址	www.xinyf.com		电子信箱	zjswb@hbyf.com.cn	
	电　话	0724-8706677		传　真	0724-8706679	
	办公地址	湖北省荆门市掇刀区月亮湖北路附7号				
	经营范围	新型复混肥料、磷铵、化工原料及化肥系列产品等				

主要财务指标	指标\报告期	2015.06.30	2014.12.31	2014.06.30	2013.12.31
	基本每股收益(元)	0.6500	1.0900	0.4600	1.2500
	基本每股收益(扣除后)(元)	0.6400	1.0000	0.3800	–0.1700
	稀释每股收益(元)	0.6500	1.0900	0.4600	1.2500
	每股净资产(元)	6.3504	4.3374	4.0094	0.6285
	每股经营现金净流量(元)	0.3897	1.0339	0.6342	2.4643
	每股现金流量(元)	0.9696	–0.4100	0.4263	0.1323
	每股资本公积金(元)	1.6800	0.0289	0.0233	0.6096
	每股盈余公积金(元)	0.2123	0.2287	0.1174	0.2973
	每股未分配利润(元)	3.4623	3.0948	2.8165	3.9341
	净资产收益率(%)	9.2818	20.8939	11.5490	–25.7704
	加权净资产收益率(%)	11.3600	23.4300	12.2600	22.4300
	净资产收益率(扣除)(%)	9.2018	19.1703	9.4990	–26.4522
	总资产(万元)	614162.90	518612.01	512846.64	468105.99
	归属母公司股东权益(万元)	431098.31	273328.96	241286.03	213321.55
	营业收入(万元)	544395.19	835222.51	403156.06	688914.30
	营业支出(万元)	442405.04	680098.87	331700.53	559702.28
	投资收益(万元)	–	–	–	2422.69
	净利润(万元)	41995.60	58856.91	28684.23	44085.87
	营业利润(万元)	52202.44	69105.80	29563.12	56501.14
	利润总额(万元)	52644.54	70945.99	32105.92	57845.94

昆明云内动力股份有限公司

公司概况	公司名称	昆明云内动力股份有限公司			证券简称	云内动力
	法人代表	杨波	董秘	翟建峰	证券代码	000903
	公司网址	www.yunneidongli.com		电子信箱	assets@yunneidongli.com	
	电　话	0871-5625802		传　真	0871-5633176	
	办公地址	云南省昆明经济技术开发区经景路66号				
	经营范围	多缸小缸径多缸柴油机及轻型载货车的开发、生产和销售等				

主要财务指标	指标\报告期	2015.06.30	2014.12.31	2014.06.30	2013.12.31
	基本每股收益(元)	0.1210	0.2340	0.1260	0.2160
	基本每股收益(扣除后)(元)	0.0950	0.1000	0.0800	0.0840
	稀释每股收益(元)	0.1210	0.2340	0.1260	0.2160
	每股净资产(元)	4.5438	4.4180	4.1211	3.9948
	每股经营现金净流量(元)	0.2181	–0.1260	0.1780	0.5272
	每股现金流量(元)	0.1519	0.1577	–0.2173	0.4678
	每股资本公积金(元)	2.3045	2.3045	1.8579	1.8579
	每股盈余公积金(元)	0.3006	0.3006	0.3260	0.3260
	每股未分配利润(元)	0.9308	0.8103	0.9372	0.8109
	净资产收益率(%)	2.6537	4.5692	3.0646	5.4185
	加权净资产收益率(%)	2.6900	5.6900	3.1100	5.5400
	净资产收益率(扣除)(%)	2.0809	1.9721	1.9516	2.1084
	总资产(万元)	678843.82	642922.28	547085.73	553504.28
	归属母公司股东权益(万元)	363057.44	353007.72	280547.32	271949.79
	营业收入(万元)	145120.50	242100.47	119532.44	257115.09
	营业支出(万元)	115625.88	195222.43	94460.58	201739.10
	投资收益(万元)	250.00	250.00	250.00	580.00
	净利润(万元)	9498.97	15493.31	8597.53	14735.61
	营业利润(万元)	10521.57	12845.30	6712.35	12709.37
	利润总额(万元)	11246.98	18171.65	9585.72	16502.84

厦门港务发展股份有限公司

公司概况	公司名称	厦门港务发展股份有限公司			证券简称	厦门港务
	法人代表	柯东	董秘	刘翔	证券代码	000905
	公司网址	www.xmgw.com.cn		电子信箱	liux@xmgw.com.cn	
	电　话	0592-5826220		传　真	0592-5826223	
	办公地址	福建省厦门市湖里区东港北路31号港务大厦20楼、21楼				
	经营范围	码头及港口设施、货物装卸、仓储、综合物流、转运、多式联运等				

主要财务指标	指标\报告期	2015.06.30	2014.12.31	2014.06.30	2013.12.31
	基本每股收益(元)	0.1700	0.5400	0.1700	0.6200
	基本每股收益(扣除后)(元)	0.1100	0.1800	0.1300	0.2600
	稀释每股收益(元)	0.1700	0.5400	0.1700	0.6200
	每股净资产(元)	4.9073	4.7844	4.4132	4.3124
	每股经营现金净流量(元)	0.4053	0.3166	–0.2643	0.3470
	每股现金流量(元)	0.3061	–0.1916	–0.5649	–0.1462
	每股资本公积金(元)	0.4913	0.4913	0.4913	0.4913
	每股盈余公积金(元)	0.4410	0.4410	0.3838	0.3838
	每股未分配利润(元)	2.9574	2.8358	2.5229	2.4232
	净资产收益率(%)	3.4963	11.2835	3.8455	14.3809
	加权净资产收益率(%)	3.5200	11.9000	3.8600	15.4500
	净资产收益率(扣除)(%)	2.1980	3.7182	2.8359	5.9733
	总资产(万元)	527955.21	509318.75	476020.70	418896.12
	归属母公司股东权益(万元)	260578.08	254049.89	234339.21	228987.13
	营业收入(万元)	341601.63	750233.03	342999.00	477942.15
	营业支出(万元)	322461.23	712479.74	323866.80	440430.19
	投资收益(万元)	–33.31	336.39	–95.27	2649.05
	净利润(万元)	10622.85	32228.63	9011.46	32930.50
	营业利润(万元)	10030.56	18244.16	11069.68	23746.35
	利润总额(万元)	14617.39	43217.34	14334.03	47776.06

物产中拓股份有限公司

公司概况	公司名称	物产中拓股份有限公司			证券简称	物产中拓
	法人代表	袁仁军	董秘	潘洁	证券代码	000906
	公司网址	www.zmd.com.cn		电子信箱	zmd000906@zmd.com.cn	
	电　话	0731-84588390 84588392		传　真	0731-84588490 84588458	
	办公地址	湖南省长沙市五一大道235号				
	经营范围	金属材料、钢铁炉料、铁合金、焦炭、矿产品经营等				

主要财务指标	指标\报告期	2015.06.30	2014.12.31	2014.06.30	2013.12.31
	基本每股收益(元)	0.1700	0.2200	0.1500	0.2100
	基本每股收益(扣除后)(元)	0.0800	0.1400	0.1000	0.1100
	稀释每股收益(元)	0.1700	0.2200	0.1500	0.2100
	每股净资产(元)	3.4050	3.3166	3.2446	3.1403
	每股经营现金净流量(元)	–0.2407	–1.2627	–0.6384	0.5931
	每股现金流量(元)	0.2951	0.0305	0.0826	0.4920
	每股资本公积金(元)	1.4613	1.4613	1.4622	1.4619
	每股盈余公积金(元)	0.1125	0.1125	0.0882	0.0882
	每股未分配利润(元)	0.8311	0.7394	0.6942	0.5902
	净资产收益率(%)	5.0439	6.7396	4.7475	6.7435
	加权净资产收益率(%)	5.0700	6.9200	4.7900	6.9200
	净资产收益率(扣除)(%)	2.2321	4.1763	3.0329	3.6499
	总资产(万元)	623669.92	546424.98	644080.12	436348.98
	归属母公司股东权益(万元)	112570.16	109649.64	107269.11	103820.19
	营业收入(万元)	949846.51	2209146.14	993917.12	2373768.90
	营业支出(万元)	922571.22	2150266.50	966948.86	2323596.31
	投资收益(万元)	2395.67	1661.12	705.65	–724.82
	净利润(万元)	5947.12	7786.08	5092.65	7001.12
	营业利润(万元)	7644.83	10966.79	5917.92	12669.69
	利润总额(万元)	8096.76	11242.51	8000.91	12571.12

湖南景峰医药股份有限公司

公司概况	公司名称	湖南景峰医药股份有限公司			证券简称	景峰医药
	法人代表	叶湘武	董秘	欧阳艳丽	证券代码	000908
	公司网址	www.jfzhiyao.com		电子信箱	ir@jfzhiyao.com	
	电　话	0731-88913276		传　真	0731-88913276	
	办公地址	湖南省长沙市芙蓉区芙蓉中路二段98号明城国际中心3619				
	经营范围	稠油泵、油气混输泵、工业潜污泵、系列潜水电泵等				

	指标\报告期	2015.06.30	2014.12.31	2014.06.30	2013.12.31
主要财务指标	基本每股收益(元)	0.1400	0.5500	0.2000	0.2900
	基本每股收益(扣除后)(元)	0.1300	0.5300	-0.0606	-0.0751
	稀释每股收益(元)	0.1400	0.5500	0.2000	0.2900
	每股净资产(元)	2.4485	1.3286	-0.0369	0.0177
	每股经营现金净流量(元)	0.2055	0.7477	0.2390	-0.1548
	每股现金流量(元)	1.3059	0.2497	-0.0654	-0.3462
	每股资本公积金(元)	3.0424	0.7895	0.6244	2.1476
	每股盈余公积金(元)	0.0642	0.0785	0.0803	0.0849
	每股未分配利润(元)	1.7089	1.6940	-1.7415	1.3020
	净资产收益率(%)	5.5587	25.5842	-147.8620	68.1701
	加权净资产收益率(%)	6.7400	27.8600	11.3900	20.5600
	净资产收益率(扣除)(%)	5.2868	24.5694	164.3985	-425.6827
	总资产(万元)	304894.14	191379.85	35102.53	123345.50
	归属母公司股东权益(万元)	195828.41	98118.84	-1032.59	77540.37
	营业收入(万元)	96410.15	195743.00	78583.79	141941.09
	营业支出(万元)	18683.72	28908.78	10974.76	21593.93
	投资收益(万元)	132.46	103.83	55.56	3.77
	净利润(万元)	12499.97	25741.72	9561.96	12528.48
	营业利润(万元)	13457.98	29359.12	10667.70	19605.04
	利润总额(万元)	14097.24	30609.27	11369.86	14926.13

数源科技股份有限公司

公司概况	公司名称	数源科技股份有限公司			证券简称	数源科技
	法人代表	章国经	董秘	丁毅	证券代码	000909
	公司网址	www.soyea.com.cn		电子信箱	stock@soyea.com.cn	
	电　话	0571-88271018		传　真	0571-88271038	
	办公地址	浙江省杭州市西湖区教工路一号				
	经营范围	数字(模拟)彩色电视机、数字视音频产品、数字电子计算机及外部设备等				

	指标\报告期	2015.06.30	2014.12.31	2014.06.30	2013.12.31
主要财务指标	基本每股收益(元)	0.0700	0.1200	0.0800	0.1100
	基本每股收益(扣除后)(元)	0.0600	0.0700	0.0600	0.0300
	稀释每股收益(元)	0.0700	0.1200	0.0800	0.1100
	每股净资产(元)	2.6066	2.4361	2.3981	2.3477
	每股经营现金净流量(元)	-0.7878	0.0369	0.5678	-2.0760
	每股现金流量(元)	0.5362	-2.5079	-1.8768	0.9626
	每股资本公积金(元)	0.7586	0.7586	0.7756	0.8077
	每股盈余公积金(元)	0.0435	0.0435	0.0391	0.0391
	每股未分配利润(元)	0.5834	0.6160	0.5833	0.5009
	净资产收益率(%)	2.5887	4.9036	3.4365	4.7182
	加权净资产收益率(%)	2.6600	4.9900	3.4500	4.9400
	净资产收益率(扣除)(%)	2.1652	2.9520	2.3487	1.3197
	总资产(万元)	511079.70	511324.15	470341.60	469669.55
	归属母公司股东权益(万元)	76634.70	71620.33	70503.25	69022.84
	营业收入(万元)	61693.89	156414.17	49278.52	139946.02
	营业支出(万元)	60341.69	145507.74	42735.71	118997.77
	投资收益(万元)	687.95	1796.46	1409.68	1656.34
	净利润(万元)	1847.43	4231.90	2422.81	3256.62
	营业利润(万元)	-3393.96	-5436.93	2830.20	4212.21
	利润总额(万元)	2573.49	5954.65	3154.75	5228.62

大亚科技股份有限公司

公司概况	公司名称	大亚科技股份有限公司			证券简称	大亚科技
	法人代表	陈晓龙	董秘	宋立柱	证券代码	000910
	公司网址	www.daretechnology.com		电子信箱	slzdy@cndare.com	
	电　话	0511-86981046		传　真	0511-86885000	
	办公地址	江苏省丹阳市经济开发区齐梁路99号大亚工业园				
	经营范围	涉及森工业、包装业及汽配业等				

	指标\报告期	2015.06.30	2014.12.31	2014.06.30	2013.12.31
主要财务指标	基本每股收益(元)	0.1300	0.3100	0.0900	0.2500
	基本每股收益(扣除后)(元)	0.1200	0.3060	0.0800	0.2500
	稀释每股收益(元)	0.1300	0.3100	0.0900	0.2500
	每股净资产(元)	5.0873	4.9510	4.7935	4.7483
	每股经营现金净流量(元)	0.7882	2.0170	0.3085	2.2866
	每股现金流量(元)	0.5241	-0.7643	-0.8021	0.8387
	每股资本公积金(元)	0.6061	0.6084	0.6862	0.6862
	每股盈余公积金(元)	0.4518	0.4518	0.3737	0.3737
	每股未分配利润(元)	3.0296	2.8948	2.7543	2.7129
	净资产收益率(%)	2.6486	6.2625	1.9081	5.2073
	加权净资产收益率(%)	2.6900	6.3500	1.9100	5.3900
	净资产收益率(扣除)(%)	2.3225	6.1728	1.7499	5.2941
	总资产(万元)	863748.69	818892.01	874246.02	875766.43
	归属母公司股东权益(万元)	268355.40	261164.41	252859.15	250474.81
	营业收入(万元)	362907.57	843967.78	374366.52	818979.72
	营业支出(万元)	261708.26	622380.50	279407.04	614289.87
	投资收益(万元)	1145.65	-3511.14	-1077.80	-3593.03
	净利润(万元)	12141.20	27396.35	4824.69	13043.06
	营业利润(万元)	9576.56	20320.18	5282.16	15036.64
	利润总额(万元)	15445.27	34063.06	11963.66	30936.38

南宁糖业股份有限公司

公司概况	公司名称	南宁糖业股份有限公司			证券简称	南宁糖业
	法人代表	肖凌	董秘	王国庆	证券代码	000911
	公司网址	www.nnsugar.com		电子信箱	nnty@nnsugar.com	
	电　话	0771-4914317		传　真	0771-4910755	
	办公地址	广西壮族自治区南宁市青秀区古城路10号				
	经营范围	机制糖、机制纸、蔗渣浆、酒精的生产、加工、销售和提供售后服务等				

	指标\报告期	2015.06.30	2014.12.31	2014.06.30	2013.12.31
主要财务指标	基本每股收益(元)	0.0800	-1.0000	-0.1800	0.1700
	基本每股收益(扣除后)(元)	-0.0700	-1.1100	-0.2100	-0.9100
	稀释每股收益(元)	0.0800	-1.0000	-0.1800	0.1700
	每股净资产(元)	4.8728	3.7214	4.5116	4.6967
	每股经营现金净流量(元)	-2.5265	-3.2123	-3.4887	2.7592
	每股现金流量(元)	-0.5052	-0.7670	-3.1973	-1.6077
	每股资本公积金(元)	4.4942	3.5857	3.5586	3.5609
	每股盈余公积金(元)	0.4661	0.5270	0.5270	0.5270
	每股未分配利润(元)	-1.0875	-1.3913	-0.5739	-0.3912
	净资产收益率(%)	1.5080	-26.8745	-4.0502	3.6673
	加权净资产收益率(%)	1.5000	-23.8300	-3.9700	4.4800
	净资产收益率(扣除)(%)	-1.2095	-29.8532	-4.5718	-19.3161
	总资产(万元)	482170.39	450706.48	554956.27	578039.19
	归属母公司股东权益(万元)	157918.44	106668.84	129321.76	134625.86
	营业收入(万元)	141898.95	269288.54	124057.46	439900.45
	营业支出(万元)	118637.31	246286.53	109564.94	382408.79
	投资收益(万元)	-0.95	-	-	-414.77
	净利润(万元)	2602.81	-27437.46	-5237.82	4937.12
	营业利润(万元)	-1576.82	-33957.69	-5055.38	-25638.14
	利润总额(万元)	2741.99	-30680.92	-4344.82	11027.50

四川泸天化股份有限公司

公司概况	公司名称	四川泸天化股份有限公司			证券简称	*ST 天化
	法人代表	宁忠培	董秘	王斌	证券代码	000912
	公司网址	www.sclth.com		电子信箱	lth@lthcn.com	
	电　话	0830-4125103		传　真	0830-4122156	
	办公地址	四川省泸州市纳溪区				
	经营范围	化肥、化工原材料的生产与销售等				

主要财务指标	指标\报告期	2015.06.30	2014.12.31	2014.06.30	2013.12.31
	基本每股收益(元)	-0.0300	-1.9501	-0.3655	-0.5086
	基本每股收益(扣除后)(元)	-0.3148	-1.6776	-0.2979	-0.5133
	稀释每股收益(元)	-0.0300	-1.9501	-0.3655	-0.5086
	每股净资产(元)	1.2090	1.2918	2.9376	3.3335
	每股经营现金净流量(元)	0.2105	0.1544	0.1319	0.4189
	每股现金流量(元)	-0.0676	-0.8130	-1.1039	0.3818
	每股资本公积金(元)	1.6638	1.7137	1.1282	1.2844
	每股盈余公积金(元)	0.7861	0.7861	0.7246	0.7246
	每股未分配利润(元)	-2.2732	-2.2430	0.0463	0.4118
	净资产收益率(%)	-2.4966	-150.9554	-12.4424	-15.2562
	加权净资产收益率(%)	-2.3600	-83.1000	-11.1400	-14.1300
	净资产收益率(扣除)(%)	-26.0389	-129.8599	-10.1404	-15.3977
	总资产(万元)	850513.88	1264340.96	1324732.26	1380793.30
	归属母公司股东权益(万元)	70725.55	75572.55	171851.34	202565.78
	营业收入(万元)	261936.55	400354.32	220543.25	407080.90
	营业支出(万元)	252017.78	390842.26	208249.10	354808.36
	投资收益(万元)	16660.86	-4353.09	-1031.00	-5181.92
	净利润(万元)	-6514.65	-134855.98	-21382.42	-29751.24
	营业利润(万元)	-8498.93	-140383.54	-28975.41	-40198.77
	利润总额(万元)	-8260.06	-139957.73	-28833.77	-39920.38

浙江钱江摩托股份有限公司

公司概况	公司名称	浙江钱江摩托股份有限公司			证券简称	钱江摩托
	法人代表	林华中	董秘	王海斌	证券代码	000913
	公司网址	www.qjmotor.com		电子信箱	qjmt@qjmotor.com	
	电　话	0576-86192111		传　真	0576-86139081	
	办公地址	浙江省温岭市经济开发区				
	经营范围	生产、研究、设计和开发摩托车及配件、销售自产产品并提供产品售后服务				

主要财务指标	指标\报告期	2015.06.30	2014.12.31	2014.06.30	2013.12.31
	基本每股收益(元)	0.0100	-0.4300	-0.1200	0.0300
	基本每股收益(扣除后)(元)	-0.0400	-0.5600	-0.1000	-0.1200
	稀释每股收益(元)	0.0100	-0.4300	-0.1200	0.0300
	每股净资产(元)	4.6883	4.5724	4.8148	4.9383
	每股经营现金净流量(元)	-0.1159	-0.0712	-0.6353	-0.0828
	每股现金流量(元)	-0.2391	0.0123	-0.0744	-0.0541
	每股资本公积金(元)	2.9482	2.9482	2.9482	2.9482
	每股盈余公积金(元)	0.2670	0.2670	0.2670	0.2670
	每股未分配利润(元)	0.3052	0.2902	0.5989	0.7216
	净资产收益率(%)	0.3180	-9.4348	-2.5495	0.6047
	加权净资产收益率(%)	0.3300	-9.1300	-2.5200	0.6000
	净资产收益率(扣除)(%)	-0.7679	-12.3007	-2.0249	-2.4554
	总资产(万元)	359272.38	363425.99	406977.59	410964.10
	归属母公司股东权益(万元)	212631.57	207372.98	218368.25	223971.72
	营业收入(万元)	118309.88	240371.02	130920.92	328739.68
	营业支出(万元)	94702.33	199289.74	107724.27	271861.82
	投资收益(万元)	261.95	6474.79	-115.04	5226.50
	净利润(万元)	-62.72	-22111.67	-5567.34	1354.26
	营业利润(万元)	368.70	-20451.95	-6704.20	2342.15
	利润总额(万元)	2150.37	-18552.80	-6669.65	2949.58

山东山大华特科技股份有限公司

公司概况	公司名称	山东山大华特科技股份有限公司			证券简称	山大华特
	法人代表	张兆亮	董秘	范智胜	证券代码	000915
	公司网址	www.sd-wit.com		电子信箱	wit@sd-wit.com	
	电　话	0531-85198600 85198606		传　真	0531-85198080	
	办公地址	山东省济南市经十路 17703 号华特广场				
	经营范围	环保、医药和电子信息产品的生产销售等				

主要财务指标	指标\报告期	2015.06.30	2014.12.31	2014.06.30	2013.12.31
	基本每股收益(元)	0.3500	1.2100	0.4200	0.8500
	基本每股收益(扣除后)(元)	0.3500	1.0700	0.4200	0.8400
	稀释每股收益(元)	0.3500	1.2100	0.4200	0.8500
	每股净资产(元)	5.6217	5.3680	4.5806	4.2621
	每股经营现金净流量(元)	0.6395	1.5113	0.5604	1.1986
	每股现金流量(元)	-0.1824	0.8360	-0.1647	0.0701
	每股资本公积金(元)	0.1919	0.1919	0.1919	0.1919
	每股盈余公积金(元)	0.2237	0.2237	0.1907	0.1907
	每股未分配利润(元)	4.2062	3.9525	3.1981	2.8796
	净资产收益率(%)	6.2913	22.4654	9.1372	19.9515
	加权净资产收益率(%)	6.4000	25.0500	9.3600	21.9700
	净资产收益率(扣除)(%)	6.1978	19.9397	9.0902	19.8055
	总资产(万元)	194039.64	195466.56	167029.40	159174.13
	归属母公司股东权益(万元)	101334.24	96761.57	82568.25	76826.34
	营业收入(万元)	53337.88	137395.69	59727.91	109534.17
	营业支出(万元)	18574.22	52123.00	24272.61	36164.02
	投资收益(万元)	91.62	185.58	-	65.97
	净利润(万元)	10622.99	38628.36	7544.46	15328.04
	营业利润(万元)	12270.31	39111.00	14978.57	31768.61
	利润总额(万元)	12524.01	44903.73	15201.68	32018.73

华北高速公路股份有限公司

公司概况	公司名称	华北高速公路股份有限公司			证券简称	华北高速
	法人代表	郑海军	董秘	郝继业	证券代码	000916
	公司网址	www.hbgsgl.com.cn		电子信箱	hbgs000916@sina.com	
	电　话	010-58021999 58021227		传　真	010-58021229	
	办公地址	北京市经济技术开发区东环北路 9 号				
	经营范围	投资开发,建设和经营收费公路;车辆及机械设备租赁,咨询服务等				

主要财务指标	指标\报告期	2015.06.30	2014.12.31	2014.06.30	2013.12.31
	基本每股收益(元)	0.1379	0.2087	0.1482	0.2500
	基本每股收益(扣除后)(元)	0.1273	0.2021	0.1455	0.2350
	稀释每股收益(元)	0.1379	0.2087	0.1482	0.2500
	每股净资产(元)	4.2010	3.9786	3.7957	3.7668
	每股经营现金净流量(元)	0.1014	0.3824	0.1778	0.2116
	每股现金流量(元)	0.1118	-0.7209	0.2779	-0.2409
	每股资本公积金(元)	1.2278	1.2278	1.3125	1.3518
	每股盈余公积金(元)	0.4870	0.4870	0.4688	0.4688
	每股未分配利润(元)	1.1146	1.0567	1.0143	0.9461
	净资产收益率(%)	3.2829	5.2466	3.9049	6.5669
	加权净资产收益率(%)	3.3700	5.4000	3.9200	6.7400
	净资产收益率(扣除)(%)	3.0299	5.0786	3.8340	6.2378
	总资产(万元)	658838.44	626205.70	468340.52	466216.07
	归属母公司股东权益(万元)	457910.62	433663.40	413726.09	410578.47
	营业收入(万元)	46748.15	70922.62	35937.43	66415.49
	营业支出(万元)	23965.93	36478.03	14750.54	29617.54
	投资收益(万元)	748.33	2766.26	1515.89	3463.36
	净利润(万元)	16197.07	24631.63	16155.39	26962.30
	营业利润(万元)	17912.49	30842.09	21516.88	35222.06
	利润总额(万元)	19364.90	31305.13	21999.58	35889.34

湖南电广传媒股份有限公司

公司概况	公司名称	湖南电广传媒股份有限公司			证券简称	电广传媒
	法人代表	龙秋云	董秘	廖朝晖	证券代码	000917
	公司网址	www.tik.com.cn		电子信箱	dgcm@tik.com.cn	
	电　话	0731-84252080 84252333		传　真	0731-84252096	
	办公地址	湖南省长沙市浏阳河大桥东湖南金鹰影视文化城				
	经营范围	影视节目的制作、发行和销售、有线电视网络及信息传播服务等				

主要财务指标	指标\报告期	2015.06.30	2014.12.31	2014.06.30	2013.12.31
	基本每股收益(元)	0.1000	0.2300	0.1600	0.4800
	基本每股收益(扣除后)(元)	0.1000	0.2200	0.1600	0.4400
	稀释每股收益(元)	0.1000	0.2300	0.1600	0.4800
	每股净资产(元)	7.0994	6.8848	6.8705	6.7076
	每股经营现金净流量(元)	-0.1345	0.1079	-0.5534	1.3741
	每股现金流量(元)	-0.1088	-1.8999	-2.2570	1.9352
	每股资本公积金(元)	4.3081	4.3081	4.3570	4.3589
	每股盈余公积金(元)	0.1467	0.1467	0.1423	0.1423
	每股未分配利润(元)	1.5023	1.3982	1.3727	1.2081
	净资产收益率(%)	1.4668	3.4073	2.3964	5.0868
	加权净资产收益率(%)	1.4900	3.4500	2.4300	11.4100
	净资产收益率(扣除)(%)	1.4042	3.1297	2.3060	4.7182
	总资产(万元)	1671107.70	1577354.82	1414670.58	1694141.77
	归属母公司股东权益(万元)	1006376.39	975953.50	973929.38	950835.67
	营业收入(万元)	255013.81	547387.63	253504.85	510278.46
	营业支出(万元)	172035.83	370651.41	161647.29	319911.27
	投资收益(万元)	14167.05	22460.11	7503.15	24549.45
	净利润(万元)	17179.31	38717.58	23338.93	48366.69
	营业利润(万元)	18066.66	44285.39	27083.35	60726.63
	利润总额(万元)	19073.42	45341.11	28106.38	64358.19

嘉凯城集团股份有限公司

公司概况	公司名称	嘉凯城集团股份有限公司			证券简称	嘉凯城
	法人代表	边华才	董秘	李怀彬	证券代码	000918
	公司网址	www.calxon.com		电子信箱	calxon@calxon.com	
	电　话	0571-87376666 87376620		传　真	0571-87922209	
	办公地址	浙江省杭州市教工路18号欧美中心AB座19-20楼				
	经营范围	房地产开发和经营等				

主要财务指标	指标\报告期	2015.06.30	2014.12.31	2014.06.30	2013.12.31
	基本每股收益(元)	-0.1200	0.0200	-0.0700	0.0300
	基本每股收益(扣除后)(元)	-0.2300	-0.0400	-0.0700	0.0120
	稀释每股收益(元)	-0.1200	0.0200	-0.0700	0.0300
	每股净资产(元)	2.2720	2.3987	2.3075	2.3776
	每股经营现金净流量(元)	-0.6156	-1.7315	-0.3281	-0.3857
	每股现金流量(元)	0.7577	-0.8153	-0.6630	-0.1352
	每股资本公积金(元)	-0.5097	-0.5097	-0.4836	-0.4836
	每股盈余公积金(元)	0.1029	0.1029	0.1029	0.1029
	每股未分配利润(元)	1.6527	1.7795	1.6882	1.7584
	净资产收益率(%)	-5.4291	0.8801	-3.0406	1.3325
	加权净资产收益率(%)	-5.2800	0.8800	-3.0400	1.3400
	净资产收益率(扣除)(%)	-10.1076	-1.4450	-2.9458	0.5138
	总资产(万元)	3684431.82	3672308.96	3446405.65	3219124.70
	归属母公司股东权益(万元)	409916.15	432778.49	416310.99	428969.40
	营业收入(万元)	211209.98	844883.87	269063.61	1124779.03
	营业支出(万元)	185199.05	657675.80	230641.33	901638.34
	投资收益(万元)	24633.27	12565.36	-952.62	-1194.35
	净利润(万元)	-29749.91	-7425.46	-12658.41	5715.83
	营业利润(万元)	-20259.91	35379.97	-12711.31	43607.22
	利润总额(万元)	-20762.42	33843.84	-13177.56	44572.85

金陵药业股份有限公司

公司概况	公司名称	金陵药业股份有限公司			证券简称	金陵药业
	法人代表	沈志龙	董秘	徐俊扬	证券代码	000919
	公司网址	www.jlyy000919.com		电子信箱	jlyy@jlpharm.com	
	电　话	025-83118511		传　真	025-83112486	
	办公地址	江苏省南京市中央路238号金陵药业大厦				
	经营范围	中西药原料和制剂、生化制品、医药包装制品、医疗器械、保健食品等				

主要财务指标	指标\报告期	2015.06.30	2014.12.31	2014.06.30	2013.12.31
	基本每股收益(元)	0.2300	0.3912	0.2171	0.3093
	基本每股收益(扣除后)(元)	0.1979	0.3391	0.2173	0.2965
	稀释每股收益(元)	0.2300	0.3912	0.2171	0.3093
	每股净资产(元)	4.6700	4.6045	4.4264	4.3694
	每股经营现金净流量(元)	0.1670	0.5950	0.2078	0.5381
	每股现金流量(元)	-0.1726	-0.4627	-0.4339	-0.0498
	每股资本公积金(元)	0.9251	0.9251	0.9363	0.9363
	每股盈余公积金(元)	0.6060	0.6060	0.5781	0.5781
	每股未分配利润(元)	2.1183	2.0583	1.9120	1.8549
	净资产收益率(%)	4.9249	8.4970	4.9050	7.0789
	加权净资产收益率(%)	4.8700	8.7200	4.9400	7.1900
	净资产收益率(扣除)(%)	4.2383	7.3650	4.9101	6.7852
	总资产(万元)	363729.17	362221.71	335980.99	330439.85
	归属母公司股东权益(万元)	235368.38	232064.30	223092.61	220217.56
	营业收入(万元)	156787.19	277194.23	138157.88	260571.38
	营业支出(万元)	118216.70	210037.76	102013.48	199079.26
	投资收益(万元)	4201.60	5134.52	597.71	1650.46
	净利润(万元)	14159.81	24516.27	10942.66	15589.03
	营业利润(万元)	18509.47	30516.43	15998.40	24582.95
	利润总额(万元)	18348.75	30501.75	15932.40	24220.38

南方汇通股份有限公司

公司概况	公司名称	南方汇通股份有限公司			证券简称	南方汇通
	法人代表	黄纪湘	董秘	简勇	证券代码	000920
	公司网址	www.csrgc.com.cn/g2557.aspx		电子信箱	dshbgs@nfht.com.cn	
	电　话	0851-4470866		传　真	0851-4470866	
	办公地址	贵州省贵阳市都拉营				
	经营范围	铁路运输设备开发、制造、销售、修理、弹簧及锻铸件制品的生产、销售等				

主要财务指标	指标\报告期	2015.06.30	2014.12.31	2014.06.30	2013.12.31
	基本每股收益(元)	0.1020	0.4300	0.0510	0.1700
	基本每股收益(扣除后)(元)	0.0900	-0.0100	0.0185	0.1000
	稀释每股收益(元)	0.1020	0.4300	0.0510	0.1700
	每股净资产(元)	2.2626	2.2423	2.5345	2.5604
	每股经营现金净流量(元)	0.2768	0.1432	0.0287	0.2265
	每股现金流量(元)	-0.0061	-0.4797	-0.2721	0.2715
	每股资本公积金(元)	0.0471	0.0471	1.1891	0.9145
	每股盈余公积金(元)	0.1391	0.1391	0.1391	0.1391
	每股未分配利润(元)	0.4428	0.3409	0.2062	-0.0914
	净资产收益率(%)	4.5032	19.2811	2.0300	6.0308
	加权净资产收益率(%)	4.4400	17.2600	1.9900	6.9200
	净资产收益率(扣除)(%)	3.9734	-0.2814	0.7302	3.7677
	总资产(万元)	158053.28	157210.39	242168.15	247121.03
	归属母公司股东权益(万元)	95481.50	94625.11	106956.10	98494.69
	营业收入(万元)	43017.80	206211.89	94570.87	228454.64
	营业支出(万元)	24331.22	160027.47	74070.28	185233.57
	投资收益(万元)	444.78	3011.81	212.27	395.39
	净利润(万元)	6029.40	24146.91	5246.57	12862.72
	营业利润(万元)	7100.97	8785.09	4027.70	11361.92
	利润总额(万元)	7175.63	26836.56	6329.67	15036.50

海信科龙电器股份有限公司

公司概况	公司名称	海信科龙电器股份有限公司		证券简称	海信科龙
	法人代表	汤业国	董秘 夏峰	证券代码	000921
	公司网址	www.kelon.com		电子信箱	kelonsec@hisense.com
	电　　话	0757-28362570		传　　真	0757-28361055
	办公地址	广东省佛山市顺德区容桂街道容港路8号			
	经营范围	开发、制造电冰箱等家用电器、产品内、外销售和提供售后服务、运输自营产品等			

主要财务指标	指标\报告期	2015.06.30	2014.12.31	2014.06.30	2013.12.31
	基本每股收益(元)	0.3700	0.5000	0.4500	0.9200
	基本每股收益(扣除后)(元)	0.2100	0.4300	0.4200	0.8000
	稀释每股收益(元)	0.3700	0.5000	0.4500	0.9200
	每股净资产(元)	2.9103	2.5457	2.4997	2.0300
	每股经营现金净流量(元)	-0.1462	0.7111	0.0738	0.1616
	每股现金流量(元)	0.0060	0.2923	0.1965	-0.0300
	每股资本公积金(元)	1.5805	1.5649	1.5696	1.5502
	每股盈余公积金(元)	0.1065	0.1069	0.1069	0.1072
	每股未分配利润(元)	0.2161	-0.1555	-0.1845	-0.6354
	净资产收益率(%)	12.7516	19.4450	17.9565	45.0755
	加权净资产收益率(%)	13.6600	21.6500	19.8500	58.1600
	净资产收益率(扣除)(%)	7.2500	16.8557	16.9022	39.2146
	总资产(万元)	1617860.20	1326679.40	1559401.53	1196470.93
	归属母公司股东权益(万元)	396591.52	345836.30	339582.22	274873.11
	营业收入(万元)	1361114.86	2653442.09	1539753.78	2436002.13
	营业支出(万元)	1080065.09	2078471.30	1206274.38	1903983.79
	投资收益(万元)	29051.29	37550.12	18676.02	34702.51
	净利润(万元)	51406.95	71151.05	60976.97	123900.51
	营业利润(万元)	48610.50	65226.47	69744.63	122544.47
	利润总额(万元)	57844.98	77123.56	74152.67	132274.83

哈尔滨电气集团佳木斯电机股份有限公司

公司概况	公司名称	哈尔滨电气集团佳木斯电机股份有限公司		证券简称	佳电股份
	法人代表	赵明	董秘 王红霞	证券代码	000922
	公司网址	www.jemlc.com		电子信箱	hdjtjdgf000922@163.com
	电　　话	0454-8848800		传　　真	0454-8467700
	办公地址	黑龙江省佳木斯市前进区光复路766号			
	经营范围	开发、制造、销售继电器及继电保护装置和系统、自动化成套设备及系统等			

主要财务指标	指标\报告期	2015.06.30	2014.12.31	2014.06.30	2013.12.31
	基本每股收益(元)	-0.0800	0.0100	0.1900	0.3200
	基本每股收益(扣除后)(元)	-0.1000	-0.0100	0.1900	0.3100
	稀释每股收益(元)	-0.0800	0.0100	0.1900	0.3200
	每股净资产(元)	3.8045	3.8888	3.1450	2.9511
	每股经营现金净流量(元)	-0.0552	-0.0990	-0.1184	0.2649
	每股现金流量(元)	-0.4424	0.5517	-0.0180	0.0449
	每股资本公积金(元)	1.8290	1.8290	0.7590	0.7240
	每股盈余公积金(元)	0.2022	0.2022	0.2299	0.2299
	每股未分配利润(元)	0.7733	0.8576	1.1561	0.9972
	净资产收益率(%)	-2.2150	0.2439	6.1021	10.9581
	加权净资产收益率(%)	-2.1900	0.3700	6.3000	11.5200
	净资产收益率(扣除)(%)	-2.7255	-0.3131	5.9419	10.5157
	总资产(万元)	372580.82	395367.83	322388.48	292568.55
	归属母公司股东权益(万元)	226700.18	231721.62	164840.21	154676.19
	营业收入(万元)	75467.22	205209.13	121914.74	267389.24
	营业支出(万元)	66673.08	165609.91	92975.50	211346.55
	投资收益(万元)	520.56	-3.81	-	376.95
	净利润(万元)	-5021.44	565.07	10058.75	16949.55
	营业利润(万元)	-6173.90	-1958.02	11721.23	17116.28
	利润总额(万元)	-5015.57	895.27	12032.29	19185.73

河北宣化工程机械股份有限公司

公司概况	公司名称	河北宣化工程机械股份有限公司		证券简称	河北宣工
	法人代表	常战芳	董秘 庞廷闽	证券代码	000923
	公司网址	www.hbxg.com		电子信箱	webmaster@hbxg.com
	电　　话	0313-3186075 3186222		传　　真	0313-3186026
	办公地址	河北省张家口市宣化区东升路21号			
	经营范围	推土机、装载机、挖掘机及其配件的生产和销售等			

主要财务指标	指标\报告期	2015.06.30	2014.12.31	2014.06.30	2013.12.31
	基本每股收益(元)	-0.1480	-0.3640	0.0098	0.0207
	基本每股收益(扣除后)(元)	-0.2077	-0.5403	0.0087	-0.1807
	稀释每股收益(元)	-0.1480	-0.3640	0.0098	0.0207
	每股净资产(元)	2.0779	2.2698	2.6334	2.6390
	每股经营现金净流量(元)	-0.0593	-0.1309	0.3237	-0.8401
	每股现金流量(元)	0.0081	-0.3969	-0.0293	-0.0425
	每股资本公积金(元)	0.8260	0.8260	1.1275	1.1429
	每股盈余公积金(元)	0.0857	0.0857	0.0857	0.0857
	每股未分配利润(元)	-0.1115	0.0365	0.4202	0.4105
	净资产收益率(%)	-7.1230	-16.0347	0.3714	0.7848
	加权净资产收益率(%)	-6.6200	-14.8900	0.3700	0.7100
	净资产收益率(扣除)(%)	-9.9944	-23.8038	0.3313	-6.8489
	总资产(万元)	149360.64	146519.64	163357.50	152729.44
	归属母公司股东权益(万元)	41142.68	44942.58	52142.04	52252.64
	营业收入(万元)	8386.13	24360.13	16208.19	37266.49
	营业支出(万元)	8654.22	24306.25	13235.00	33740.79
	投资收益(万元)	1640.74	4767.34	201.78	5681.84
	净利润(万元)	-2930.59	-7206.39	193.67	410.07
	营业利润(万元)	-2960.02	-9726.05	190.28	522.20
	利润总额(万元)	-2930.59	-9648.05	218.15	535.26

浙江众合机电股份有限公司

公司概况	公司名称	浙江众合机电股份有限公司		证券简称	众合机电
	法人代表	潘丽春	董秘 李军	证券代码	000925
	公司网址	www.unitedmne.com		电子信箱	unitedmne@unitedmne.net
	电　　话	0571-87959003 87959026		传　　真	0571-87959022
	办公地址	浙江省杭州市滨江区江汉路1785号双城国际4号楼17层			
	经营范围	单晶硅及其制品、半导体元器件和新型节能材料的开发、制造等			

主要财务指标	指标\报告期	2015.06.30	2014.12.31	2014.06.30	2013.12.31
	基本每股收益(元)	0.0360	0.0400	-0.0680	-0.4900
	基本每股收益(扣除后)(元)	0.0330	-0.0200	-0.0745	-0.5500
	稀释每股收益(元)	0.0360	0.0400	-0.0670	-0.4900
	每股净资产(元)	3.6994	3.0150	2.9870	3.0952
	每股经营现金净流量(元)	-1.0060	0.8627	0.1211	0.6312
	每股现金流量(元)	-0.7177	0.3421	0.2412	-0.0182
	每股资本公积金(元)	3.0137	2.4157	2.4102	2.4230
	每股盈余公积金(元)	0.0490	0.0516	0.0516	0.0510
	每股未分配利润(元)	-0.2375	-0.2866	-0.3922	-0.3224
	净资产收益率(%)	0.9391	1.3076	-2.2185	-15.4211
	加权净资产收益率(%)	1.0600	1.3100	-2.2500	-15.0100
	净资产收益率(扣除)(%)	0.8663	-0.6724	-2.5229	-17.6195
	总资产(万元)	381041.78	355498.41	323510.44	307272.36
	归属母公司股东权益(万元)	119890.12	92837.45	91974.61	92214.94
	营业收入(万元)	77542.29	176775.56	64065.88	141190.10
	营业支出(万元)	60164.07	143637.83	52680.27	120182.66
	投资收益(万元)	207.60	542.68	375.27	390.33
	净利润(万元)	636.26	1259.51	-2040.50	-14860.58
	营业利润(万元)	869.38	-601.26	-2036.77	-16952.57
	利润总额(万元)	853.25	905.28	-2029.37	-15423.17

湖北福星科技股份有限公司

公司概况						
	公司名称	湖北福星科技股份有限公司			证券简称	福星股份
	法人代表	谭少群	董秘	汤文华	证券代码	000926
	公司网址	www.chinafxkj.com		电子信箱	fxkj0926@chinafxkj.com	
	电　话	0712-8740018 8741411		传　真	0712-8740018	
	办公地址	湖北省汉川市沉湖镇福星街1号				
	经营范围	金属丝、绳及其制品的制造、销售、出口业务、商品房销售等				

主要财务指标	指标\报告期	2015.06.30	2014.12.31	2014.06.30	2013.12.31
	基本每股收益(元)	0.3500	0.9900	0.2800	0.9400
	基本每股收益(扣除后)(元)	0.2500	−0.1800	0.2500	0.8200
	稀释每股收益(元)	0.3500	0.9900	0.2800	0.9400
	每股净资产(元)	8.4649	9.7313	9.6491	9.5120
	每股经营现金净流量(元)	0.3439	−2.1347	−2.4775	0.1051
	每股现金流量(元)	0.2896	−1.6520	0.2297	0.9210
	每股资本公积金(元)	–	1.4605	3.2616	2.5695
	每股盈余公积金(元)	0.5477	0.6078	0.5993	0.5993
	每股未分配利润(元)	5.5820	5.3319	4.7852	4.6649
	净资产收益率(%)	4.1352	10.1682	3.3195	9.9144
	加权净资产收益率(%)	3.8600	10.1600	2.9000	10.8900
	净资产收益率(扣除)(%)	2.8978	−1.8897	2.2718	8.5818
	总资产(万元)	3340346.51	3330550.50	2786443.99	2711098.87
	归属母公司股东权益(万元)	603002.59	707960.30	687357.79	677591.41
	营业收入(万元)	374675.09	668644.45	411849.16	766268.24
	营业支出(万元)	273135.60	543978.44	320353.68	567285.27
	投资收益(万元)	3338.25	6454.32	5773.05	1565.32
	净利润(万元)	31572.67	71423.99	21064.45	68128.01
	营业利润(万元)	48256.72	108883.80	36298.80	97534.26
	利润总额(万元)	48184.34	108271.25	35865.25	94964.65

天津一汽夏利汽车股份有限公司

公司概况						
	公司名称	天津一汽夏利汽车股份有限公司			证券简称	*ST夏利
	法人代表	许宪平	董秘	孟君奎	证券代码	000927
	公司网址	www.tjfaw.com.cn		电子信箱	xiali@mail.zlnet.com.cn	
	电　话	022-87915007		传　真	022-87915111	
	办公地址	天津市西青区京福公路578号				
	经营范围	轿车、汽车发动机、汽车零部件、内燃机配件的制造及其售后服务等				

主要财务指标	指标\报告期	2015.06.30	2014.12.31	2014.06.30	2013.12.31
	基本每股收益(元)	−0.3369	−1.0401	−0.2731	−0.3009
	基本每股收益(扣除后)(元)	−0.3589	−1.0891	−0.2992	−0.4438
	稀释每股收益(元)	−0.3369	−1.0401	−0.2731	−0.3009
	每股净资产(元)	0.6145	0.9513	1.7181	1.9911
	每股经营现金净流量(元)	−0.4537	−0.9301	−0.5928	−1.0452
	每股现金流量(元)	0.0633	−0.0466	0.3523	−0.2180
	每股资本公积金(元)	0.8399	0.8399	0.8399	0.8399
	每股盈余公积金(元)	0.3030	0.3030	0.3030	0.3030
	每股未分配利润(元)	−1.5295	−1.1926	−0.4256	−0.1525
	净资产收益率(%)	−54.8251	−109.3395	−15.8945	−15.1103
	加权净资产收益率(%)	−43.0400	−70.7100	−14.7300	−14.0300
	净资产收益率(扣除)(%)	−58.4050	−114.4893	−17.4137	−22.2869
	总资产(万元)	663395.88	680368.36	767882.19	819028.36
	归属母公司股东权益(万元)	98018.41	151741.18	274072.39	317608.18
	营业收入(万元)	204401.04	323164.32	157591.88	562374.59
	营业支出(万元)	209729.94	368512.38	175381.88	568164.41
	投资收益(万元)	17559.20	42938.88	27773.02	97289.37
	净利润(万元)	−53662.84	−165788.04	−43562.38	−47991.67
	营业利润(万元)	−57278.92	−172845.34	−47301.19	−69614.80
	利润总额(万元)	−53553.01	−165026.99	−43137.52	−46817.35

中钢国际工程技术股份有限公司

公司概况						
	公司名称	中钢国际工程技术股份有限公司			证券简称	中钢国际
	法人代表	陆鹏程	董秘	刘质岩	证券代码	000928
	公司网址	mecc.sinosteel.com		电子信箱	6813637@qq.com	
	电　话	010-62688196 62686202		传　真	010-62686203	
	办公地址	吉林省吉林市昌邑区江湾路2号10楼1002、1003				
	经营范围	炭素及石墨制品的研究、开发、生产、加工、技术服务等				

主要财务指标	指标\报告期	2015.06.30	2014.12.31	2014.06.30	2013.12.31
	基本每股收益(元)	0.3859	0.3400	−0.0025	−0.0700
	基本每股收益(扣除后)(元)	0.4236	−0.1780	−0.8500	−1.5976
	稀释每股收益(元)	0.3859	0.3400	−0.0025	−0.0700
	每股净资产(元)	4.0619	3.6843	0.4852	1.3180
	每股经营现金净流量(元)	0.4491	0.8384	0.4651	−2.8864
	每股现金流量(元)	0.4398	−0.1045	−1.2982	−0.0055
	每股资本公积金(元)	2.7064	2.7066	3.1055	6.1000
	每股盈余公积金(元)	0.1458	0.1458	0.3311	0.3311
	每股未分配利润(元)	0.2084	−0.1775	−3.9610	−1.0483
	净资产收益率(%)	9.5017	7.7078	−172.6502	−106.7000
	加权净资产收益率(%)	9.9600	8.9380	−0.0700	−1.8800
	净资产收益率(扣除)(%)	10.4276	−3.0048	−176.1331	−121.2191
	总资产(万元)	1241131.27	1070884.29	193208.19	1256258.09
	归属母公司股东权益(万元)	261000.97	236741.81	13724.89	184070.88
	营业收入(万元)	513800.36	1106133.40	536702.03	1090257.94
	营业支出(万元)	453528.83	976381.54	475430.82	978064.78
	投资收益(万元)	2331.87	3251.25	665.74	8388.10
	净利润(万元)	24990.23	18628.84	73.96	−3372.40
	营业利润(万元)	32996.61	32603.02	7339.65	4504.25
	利润总额(万元)	33121.09	33694.37	7917.90	6510.55

兰州黄河企业股份有限公司

公司概况						
	公司名称	兰州黄河企业股份有限公司			证券简称	兰州黄河
	法人代表	杨世江	董秘	魏福新	证券代码	000929
	公司网址	www.yellowriver.net.cn		电子信箱	yellowriver@yellowriver.net.cn	
	电　话	0931-8449039		传　真	0931-8449005	
	办公地址	甘肃省兰州市城关区庆阳路219号金运大厦22层				
	经营范围	啤酒、麦芽、饲料的生产、批发零售，建筑材料普通机械、农业技术开发及推广等				

主要财务指标	指标\报告期	2015.06.30	2014.12.31	2014.06.30	2013.12.31
	基本每股收益(元)	0.9009	0.4194	0.0770	0.1370
	基本每股收益(扣除后)(元)	0.0728	0.1118	0.0994	0.0587
	稀释每股收益(元)	0.9009	0.4194	0.0770	0.1370
	每股净资产(元)	4.5909	3.6900	3.3476	3.3006
	每股经营现金净流量(元)	0.3073	0.6644	0.6277	0.6241
	每股现金流量(元)	−0.2199	0.4667	0.0755	0.6440
	每股资本公积金(元)	1.0371	1.0371	1.0371	1.0371
	每股盈余公积金(元)	0.1296	0.1296	0.1258	0.1258
	每股未分配利润(元)	2.4242	1.5233	1.1847	1.1377
	净资产收益率(%)	19.6245	11.3648	2.3005	4.1355
	加权净资产收益率(%)	21.7600	11.9500	2.3100	4.2200
	净资产收益率(扣除)(%)	1.5848	3.0310	2.9707	1.7785
	总资产(万元)	171657.60	152766.51	146107.89	143913.98
	归属母公司股东权益(万元)	85283.78	68547.24	62187.56	61314.21
	营业收入(万元)	39841.95	79571.43	45131.31	88767.83
	营业支出(万元)	24086.15	48012.91	26645.05	56800.68
	投资收益(万元)	19781.23	4691.64	368.48	2402.08
	净利润(万元)	17972.87	10625.89	1430.64	2535.64
	营业利润(万元)	17271.09	13810.93	4478.94	5857.19
	利润总额(万元)	17248.98	14627.20	4661.86	6471.98

中粮生物化学(安徽)股份有限公司

公司概况					
公司名称	中粮生物化学(安徽)股份有限公司			证券简称	中粮生化
法人代表	岳国君	董秘	王海	证券代码	000930
公司网址	www.zlahsh.com		电子信箱	zlahshstock@163.com	
电　话	0552-4926909		传　真	0552-4926758	
办公地址	安徽省蚌埠市中粮大道1号				
经营范围	生物工程的科研开发、有机酸及其饲料级赖氨酸盐酸盐等产品的生产、销售、储存等				

主要财务指标：指标\报告期	2015.06.30	2014.12.31	2014.06.30	2013.12.31
基本每股收益(元)	-0.3350	0.0370	0.0250	0.0530
基本每股收益(扣除后)(元)	-0.3470	0.0080	0.0190	0.0210
稀释每股收益(元)	-0.3350	0.0370	0.0250	0.0530
每股净资产(元)	2.6202	2.9955	2.9858	2.9782
每股经营现金净流量(元)	-0.6427	0.2144	0.1457	0.7649
每股现金流量(元)	0.5186	0.0303	0.0599	-0.1014
每股资本公积金(元)	0.9363	0.9571	0.9571	0.9571
每股盈余公积金(元)	0.1821	0.1821	0.1733	0.1733
每股未分配利润(元)	0.4844	0.8397	0.8368	0.8320
净资产收益率(%)	-12.7986	1.2196	0.8312	1.7658
加权净资产收益率(%)	-11.8600	1.2200	0.8300	1.7800
净资产收益率(扣除)(%)	-13.2369	0.2739	0.6475	0.7216
总资产(万元)	790412.75	686419.79	692076.02	655138.83
归属母公司股东权益(万元)	252697.13	288889.66	287953.29	287223.68
营业收入(万元)	349342.71	715319.67	349198.28	733986.39
营业支出(万元)	351245.40	646309.95	307171.32	665267.17
投资收益(万元)	-	571.66	-	366.45
净利润(万元)	-35426.16	3159.10	2393.38	5071.75
营业利润(万元)	-38934.04	-5709.63	1263.45	-14397.37
利润总额(万元)	-36108.43	5972.63	5100.54	5414.25

北京中关村科技发展(控股)股份有限公司

公司概况					
公司名称	北京中关村科技发展(控股)股份有限公司			证券简称	中关村
法人代表	侯占军	董秘	黄志宇	证券代码	000931
公司网址	www.centek.com.cn		电子信箱	investor@centek.com.cn	
电　话	010-57768018		传　真	010-57768100	
办公地址	北京市海淀区中关村南大街31号神舟大厦8层				
经营范围	高新技术和产品的开发、销售、科技项目、建设项目投资				

主要财务指标：指标\报告期	2015.06.30	2014.12.31	2014.06.30	2013.12.31
基本每股收益(元)	0.2218	0.0204	-0.0627	-0.2918
基本每股收益(扣除后)(元)	-0.0620	-0.0741	-0.0717	-0.3089
稀释每股收益(元)	0.2218	0.0204	-0.0627	-0.2918
每股净资产(元)	1.1531	0.9309	0.8566	0.8345
每股经营现金净流量(元)	-0.0565	-0.5799	-0.6000	0.7371
每股现金流量(元)	-0.0283	-0.6229	-0.5334	0.5387
每股资本公积金(元)	1.4102	1.4102	1.4347	1.3499
每股盈余公积金(元)	0.1230	0.1230	0.1230	0.1230
每股未分配利润(元)	-1.3962	-1.6180	-1.7010	-1.6384
净资产收益率(%)	19.2330	2.1889	-7.3167	-34.9676
加权净资产收益率(%)	21.2800	2.3100	-7.4100	-29.7400
净资产收益率(扣除)(%)	-5.3797	-7.9588	-8.3702	-37.0095
总资产(万元)	243851.30	251462.78	404888.28	434543.79
归属母公司股东权益(万元)	77813.56	62821.23	57809.95	56317.79
营业收入(万元)	39896.65	303419.69	111931.62	360517.79
营业支出(万元)	22206.87	252496.37	91715.32	305191.80
投资收益(万元)	20650.91	6937.60	-24.48	-693.25
净利润(万元)	14904.84	1369.70	-4229.76	-19693.01
营业利润(万元)	17178.55	4035.34	-4426.02	-17660.53
利润总额(万元)	15672.23	3930.29	-3632.34	-17410.32

湖南华菱钢铁股份有限公司

公司概况					
公司名称	湖南华菱钢铁股份有限公司			证券简称	华菱钢铁
法人代表	曹慧泉	董秘	罗桂情	证券代码	000932
公司网址	www.valin.cn		电子信箱	valinsteel@163.com	
电　话	0731-89952719 89952811		传　真	0731-82245196	
办公地址	湖南省长沙市天心区湘府西路222号华菱园主楼				
经营范围	主要从事钢坯、无缝钢管、线材、螺纹钢、热轧超薄带钢卷、冷轧板卷、镀锌板等				

主要财务指标：指标\报告期	2015.06.30	2014.12.31	2014.06.30	2013.12.31
基本每股收益(元)	-0.0512	0.0247	0.0063	0.0351
基本每股收益(扣除后)(元)	-0.0578	0.0134	-0.0095	-0.1254
稀释每股收益(元)	-0.0512	0.0247	0.0063	0.0351
每股净资产(元)	3.3399	3.3898	3.3703	3.3567
每股经营现金净流量(元)	0.4937	2.4100	0.7931	0.2917
每股现金流量(元)	-0.3567	0.9998	0.4590	-0.1829
每股资本公积金(元)	2.3304	2.3304	2.3328	2.3262
每股盈余公积金(元)	0.2780	0.2780	0.2780	0.2780
每股未分配利润(元)	-0.2693	-0.2182	-0.2366	-0.2429
净资产收益率(%)	-1.5319	0.7301	0.1871	1.0450
加权净资产收益率(%)	-1.5200	0.7334	0.1900	1.0500
净资产收益率(扣除)(%)	-1.7320	0.3952	-0.2826	-3.7354
总资产(万元)	7521579.39	7309099.06	7115108.04	7079060.60
归属母公司股东权益(万元)	1007197.74	1022231.70	1016351.14	1012250.23
营业收入(万元)	2147007.68	5559973.68	2908597.95	5965206.68
营业支出(万元)	1950498.98	5124949.79	2681387.69	5649575.29
投资收益(万元)	2848.68	1220.75	1722.06	36485.47
净利润(万元)	-22008.70	14655.52	1901.21	10578.05
营业利润(万元)	-27984.39	-276.36	-2608.74	-10494.12
利润总额(万元)	-21331.20	17431.57	5397.09	16566.31

河南神火煤电股份有限公司

公司概况					
公司名称	河南神火煤电股份有限公司			证券简称	神火股份
法人代表	崔建友	董秘	李宏伟	证券代码	000933
公司网址	www.shenhuo.com		电子信箱	shenhuogufen@163.com	
电　话	0370-5982722 5982466		传　真	0370-5180086 5125596	
办公地址	河南省永城市东城区光明路17号				
经营范围	煤炭、发电(自发自用)、氧化铝、铝产品的生产、销售				

主要财务指标：指标\报告期	2015.06.30	2014.12.31	2014.06.30	2013.12.31
基本每股收益(元)	-0.1520	-0.1929	-0.1870	0.0620
基本每股收益(扣除后)(元)	-0.1870	-0.2135	-0.1870	-0.0020
稀释每股收益(元)	-0.1520	-0.1929	-0.1870	0.0620
每股净资产(元)	3.4940	3.6121	3.6992	3.9867
每股经营现金净流量(元)	0.0401	0.3961	-0.2719	0.7558
每股现金流量(元)	0.0416	-0.2751	0.0357	-0.0814
每股资本公积金(元)	1.0210	1.0206	1.0206	1.1421
每股盈余公积金(元)	0.3685	0.3685	0.3102	0.3102
每股未分配利润(元)	1.0251	1.1769	1.2340	1.4291
净资产收益率(%)	-4.3426	-5.3393	-5.0576	1.5437
加权净资产收益率(%)	-4.3400	-4.9592	-4.8300	1.5700
净资产收益率(扣除)(%)	-4.5761	-5.9115	-5.0486	-0.0492
总资产(万元)	5030780.27	5113554.85	4964434.79	4430074.34
归属母公司股东权益(万元)	664036.22	686473.34	703034.06	753992.85
营业收入(万元)	985527.71	2396711.56	1110614.86	2568720.23
营业支出(万元)	866812.96	2113863.88	1004488.98	2367009.39
投资收益(万元)	-648.24	5690.48	3765.50	12036.97
净利润(万元)	-29884.20	-41243.35	-35556.88	11696.35
营业利润(万元)	-28948.51	-28608.81	-31905.72	-4946.25
利润总额(万元)	-26458.63	-23463.76	-31855.36	11533.40

四川双马水泥股份有限公司

公司概况					
公司名称	四川双马水泥股份有限公司			证券简称	四川双马
法人代表	高希文	董秘	胡军	证券代码	000935
公司网址	www.cement.com.cn		电子信箱	public.sm@cn.lafarge.com	
电　话	028-65195245 65195289		传　真	028-65195291	
办公地址	四川省成都市高新区盛和一路 88 号康普雷斯大厦 1 栋 1 单元 25 层				
经营范围	水泥的生产和销售				

主要财务指标

指标\报告期	2015.06.30	2014.12.31	2014.06.30	2013.12.31
基本每股收益(元)	-0.0800	0.0500	0.0800	0.1100
基本每股收益(扣除后)(元)	-0.0700	0.0400	0.0300	0.0200
稀释每股收益(元)	-0.0800	0.0500	0.0800	0.1100
每股净资产(元)	3.5200	3.3200	3.3036	3.2665
每股经营现金净流量(元)	-0.0425	0.9111	0.5148	0.5810
每股现金流量(元)	-0.3911	0.0622	0.1572	0.3077
每股资本公积金(元)	1.2997	1.4871	0.7715	0.7715
每股盈余公积金(元)	0.0578	0.0716	0.0505	0.0505
每股未分配利润(元)	1.1572	1.5964	1.4816	1.4445
净资产收益率(%)	-2.2958	1.6112	1.1235	3.4031
加权净资产收益率(%)	-2.3100	1.6200	2.0300	3.4600
净资产收益率(扣除)(%)	-1.8765	1.2425	0.9161	0.4910
总资产(万元)	565137.44	600211.87	482008.05	481765.06
归属母公司股东权益(万元)	268395.58	255964.47	203457.26	201171.41
营业收入(万元)	96073.94	199645.04	127989.93	201715.68
营业支出(万元)	85987.96	159720.29	99404.49	166676.21
投资收益(万元)	-8.89	7.85	9.60	6039.06
净利润(万元)	-5757.20	16582.61	12190.90	19730.33
营业利润(万元)	-5098.30	19455.68	13690.43	22045.11
利润总额(万元)	-6031.89	20559.91	14857.12	23938.08

江苏华西村股份有限公司

公司概况					
公司名称	江苏华西村股份有限公司			证券简称	华西股份
法人代表	孙云丰	董秘	王宏宇	证券代码	000936
公司网址	www.jshuaxicun.com		电子信箱	chinahuaxi@263.net	
电　话	0510-86217188 86217149		传　真	0510-86217177	
办公地址	江苏省江阴市华西村南苑宾馆 9 号楼				
经营范围	化工原料、化学纤维品的制造、危险化学品的销售				

主要财务指标

指标\报告期	2015.06.30	2014.12.31	2014.06.30	2013.12.31
基本每股收益(元)	0.0880	0.0800	0.0220	0.0600
基本每股收益(扣除后)(元)	0.0850	0.0700	0.0210	0.0300
稀释每股收益(元)	0.0880	0.0800	0.0220	0.0600
每股净资产(元)	2.9754	2.9479	2.3751	2.4375
每股经营现金净流量(元)	-0.1425	-0.2449	-0.0499	0.1521
每股现金流量(元)	-0.1819	-0.1467	-0.1357	0.0386
每股资本公积金(元)	0.0653	0.0653	0.2776	0.3217
每股盈余公积金(元)	0.1553	0.1553	0.1518	0.1518
每股未分配利润(元)	1.0640	0.9958	0.9457	0.9640
净资产收益率(%)	2.9642	2.5536	0.9125	2.4580
加权净资产收益率(%)	2.9500	3.0700	0.8900	2.4200
净资产收益率(扣除)(%)	2.8547	2.4666	0.8992	1.4000
总资产(万元)	344429.96	347817.28	291239.24	285492.50
归属母公司股东权益(万元)	222562.11	220507.42	177660.91	182331.20
营业收入(万元)	111320.64	206622.30	101129.07	221351.03
营业支出(万元)	101856.79	193432.40	94873.44	211866.87
投资收益(万元)	4669.74	2907.57	927.22	5013.65
净利润(万元)	7056.14	6651.61	1621.15	4481.73
营业利润(万元)	7835.25	7334.94	2226.57	6028.99
利润总额(万元)	7948.38	7450.71	2267.01	6178.08

冀中能源股份有限公司

公司概况					
公司名称	冀中能源股份有限公司			证券简称	冀中能源
法人代表	张成文	董秘	郑温雅	证券代码	000937
公司网址	www.jznygf.com		电子信箱	000937@vip.163.com	
电　话	0319-2098828 2068312		传　真	0319-2068666	
办公地址	河北省邢台市中兴西大街 191 号				
经营范围	煤炭、建材和电力				

主要财务指标

指标\报告期	2015.06.30	2014.12.31	2014.06.30	2013.12.31
基本每股收益(元)	0.0018	0.0098	0.0319	0.5119
基本每股收益(扣除后)(元)	-0.0167	0.0007	0.0122	0.4944
稀释每股收益(元)	0.0018	0.0098	0.0319	0.5119
每股净资产(元)	5.1433	6.7578	6.6340	6.6800
每股经营现金净流量(元)	-0.0939	0.7182	0.0601	2.3538
每股现金流量(元)	-0.1479	-0.0220	-0.3225	-0.1844
每股资本公积金(元)	1.2055	1.8626	1.0307	1.0291
每股盈余公积金(元)	0.4652	0.6047	0.6893	0.6893
每股未分配利润(元)	2.4411	3.2603	3.8058	3.8830
净资产收益率(%)	0.0351	0.1327	0.3435	7.6608
加权净资产收益率(%)	0.0300	0.1500	0.3400	7.8300
净资产收益率(扣除)(%)	-0.3250	0.0090	0.1839	7.3985
总资产(万元)	4206584.96	4172354.09	4147751.43	4110192.45
归属母公司股东权益(万元)	1817396.51	1836856.88	1534357.16	1545540.97
营业收入(万元)	712568.75	1825684.67	1072346.67	2583369.86
营业支出(万元)	573347.39	1453918.84	855028.72	1958795.94
投资收益(万元)	17487.97	20920.06	4864.34	6817.31
净利润(万元)	-12133.53	-16365.08	-960.86	112241.54
营业利润(万元)	-6666.48	-11363.19	7471.30	161179.45
利润总额(万元)	465.14	-7223.60	10971.94	176340.05

紫光股份有限公司

公司概况					
公司名称	紫光股份有限公司			证券简称	紫光股份
法人代表	赵伟国	董秘	张蔚	证券代码	000938
公司网址	www.thunis.com		电子信箱	thunis@thunis.com	
电　话	010-62770008		传　真	010-62770880	
办公地址	北京市海淀区清华大学紫光大楼				
经营范围	技术开发、技术推广、技术转让、技术咨询、技术服务等				

主要财务指标

指标\报告期	2015.06.30	2014.12.31	2014.06.30	2013.12.31
基本每股收益(元)	0.4590	0.6110	0.1940	0.4900
基本每股收益(扣除后)(元)	0.1670	0.4000	0.1780	0.4690
稀释每股收益(元)	0.4590	0.6110	0.1940	0.4900
每股净资产(元)	10.9749	8.6346	7.9819	4.9545
每股经营现金净流量(元)	-1.8910	0.5863	-2.6883	0.6009
每股现金流量(元)	-0.2123	0.8882	-0.4859	0.0576
每股资本公积金(元)	2.2404	2.2404	5.3523	2.4693
每股盈余公积金(元)	0.3862	0.3862	0.3541	0.3541
每股未分配利润(元)	2.0187	1.6596	1.2754	1.1311
净资产收益率(%)	4.1833	7.0709	2.4342	9.8866
加权净资产收益率(%)	4.1300	9.1100	3.8300	10.2800
净资产收益率(扣除)(%)	1.5216	4.6532	2.2344	9.4749
总资产(万元)	570554.37	466992.19	416827.94	322178.77
归属母公司股东权益(万元)	226171.31	177941.25	164490.46	102102.49
营业收入(万元)	569497.71	1114491.38	445017.68	852003.73
营业支出(万元)	542535.85	1063497.69	425202.52	811962.58
投资收益(万元)	7396.20	5804.71	1017.70	2304.91
净利润(万元)	11488.21	17222.70	4003.96	10094.46
营业利润(万元)	13618.66	20389.55	6714.54	16845.71
利润总额(万元)	14284.64	22257.87	6751.82	17820.71

凯迪生态环境科技股份有限公司

公司概况

公司名称	凯迪生态环境科技股份有限公司			证券简称	凯迪生态
法人代表	李林芝	董秘	张鸿健	证券代码	000939
公司网址	www.china-kaidi.com		电子信箱	Kaidi@public.wh.hb.cn	
电　话	027-67869018 67869270		传　真	027-67869018	
办公地址	湖北省武汉市东湖新技术开发区江夏大道特1号				
经营范围	电力、新能源、化工、环保、水处理、仪器仪表、热工、机电一体化、计算机的开发等				

主要财务指标

指标＼报告期	2015.06.30	2014.12.31	2014.06.30	2013.12.31
基本每股收益(元)	0.1300	0.2200	0.0800	0.0700
基本每股收益(扣除后)(元)	0.1100	0.2200	0.0900	0.0200
稀释每股收益(元)	0.1300	0.2200	0.0800	0.0700
每股净资产(元)	4.2753	2.9406	2.7450	2.6561
每股经营现金净流量(元)	0.7575	0.1421	0.7385	0.7551
每股现金流量(元)	0.6814	−0.2123	0.2688	−0.0965
每股资本公积金(元)	2.0506	4.5002	−0.0359	0.0340
每股盈余公积金(元)	0.1782	0.2584	0.2417	0.2417
每股未分配利润(元)	1.0381	1.4818	1.5241	1.4352
净资产收益率(%)	2.7896	7.4008	3.2385	2.5867
加权净资产收益率(%)	2.2100	7.8700	1.0000	2.4700
净资产收益率(扣除)(%)	2.5198	7.4190	3.1726	0.8695
总资产(万元)	3088293.20	2565223.20	1345319.58	1195615.21
归属母公司股东权益(万元)	584556.80	684130.23	258935.30	250548.80
营业收入(万元)	134241.68	284872.51	177501.96	220883.24
营业支出(万元)	93754.99	216197.29	144130.38	171122.62
投资收益(万元)	92.67	−1032.12	545.80	4411.94
净利润(万元)	18558.41	20010.54	7833.64	6422.92
营业利润(万元)	6041.69	15021.44	4789.10	5267.20
利润总额(万元)	21820.94	22769.24	9525.43	6888.80

云南南天电子信息产业股份有限公司

公司概况

公司名称	云南南天电子信息产业股份有限公司			证券简称	南天信息
法人代表	雷坚	董秘	赵起高	证券代码	000948
公司网址	www.nantian.com.cn		电子信箱	000948@nantian.com.cn	
电　话	0871-3366327 68279182		传　真	0871-63317397	
办公地址	云南省昆明市环城东路455号				
经营范围	软件开发、系统集成、金融专用设备以及医药产品的研究开发及生产经营				

主要财务指标

指标＼报告期	2015.06.30	2014.12.31	2014.06.30	2013.12.31
基本每股收益(元)	−0.1956	0.0500	−0.1643	0.0403
基本每股收益(扣除后)(元)	−0.2043	−0.0672	−0.1792	−0.2016
稀释每股收益(元)	−0.1956	0.0500	−0.1643	0.0403
每股净资产(元)	5.5299	5.7455	5.5142	5.6984
每股经营现金净流量(元)	−1.7217	−0.1145	−1.8318	0.5424
每股现金流量(元)	−2.1438	0.1797	−1.5125	1.1609
每股资本公积金(元)	3.2368	3.2368	3.2271	3.2271
每股盈余公积金(元)	0.2824	0.2824	0.2619	0.2619
每股未分配利润(元)	1.0013	1.2169	1.0251	1.2094
净资产收益率(%)	−3.5376	0.8360	−2.9788	0.6744
加权净资产收益率(%)	−3.4700	0.8400	−2.9300	0.7200
净资产收益率(扣除)(%)	−3.6952	−1.1705	−3.2492	−3.3770
总资产(万元)	233947.28	260624.47	230580.59	256727.36
归属母公司股东权益(万元)	136370.52	141687.94	135982.54	140526.35
营业收入(万元)	77980.39	182872.64	65288.41	215619.25
营业支出(万元)	61107.25	140427.46	50896.42	173371.28
投资收益(万元)	−201.97	2164.39	1002.98	2145.92
净利润(万元)	−4688.71	969.04	−4050.60	947.77
营业利润(万元)	−4847.00	−1951.85	−4537.60	−1024.65
利润总额(万元)	−4691.35	1546.89	−4103.31	1354.68

新乡化纤股份有限公司

公司概况

公司名称	新乡化纤股份有限公司			证券简称	新乡化纤
法人代表	邵长金	董秘	王文新	证券代码	000949
公司网址	www.bailu.com		电子信箱	xxbailu@263.net	
电　话	0373-3978861 3978813		传　真	0373-3911359	
办公地址	河南省新乡市凤泉区锦园路1号				
经营范围	粘胶长丝、粘胶短纤、氨纶				

主要财务指标

指标＼报告期	2015.06.30	2014.12.31	2014.06.30	2013.12.31
基本每股收益(元)	0.0576	0.1012	0.0509	0.0366
基本每股收益(扣除后)(元)	0.0560	0.0953	0.0483	0.0396
稀释每股收益(元)	0.0576	0.1012	0.0509	0.0366
每股净资产(元)	2.3671	2.3395	2.1399	2.0891
每股经营现金净流量(元)	0.0920	0.5441	0.2631	−0.2781
每股现金流量(元)	0.2565	0.1265	0.1505	−0.0694
每股资本公积金(元)	0.9249	0.9249	0.6848	0.6848
每股盈余公积金(元)	0.1733	0.1733	0.2147	0.2147
每股未分配利润(元)	0.2689	0.2412	0.2405	0.1896
净资产收益率(%)	2.4344	3.7685	2.3770	1.7502
加权净资产收益率(%)	2.4300	4.5900	2.4100	1.7700
净资产收益率(扣除)(%)	2.3648	3.5486	2.2548	1.8951
总资产(万元)	504858.89	446852.94	432482.41	430745.85
归属母公司股东权益(万元)	243157.86	240320.04	177446.91	173228.96
营业收入(万元)	133876.73	284080.40	145804.65	326945.35
营业支出(万元)	111757.21	238005.57	123123.83	288457.81
投资收益(万元)	−80.89	−140.05	−61.52	−134.52
净利润(万元)	5914.41	9055.82	4217.94	3031.91
营业利润(万元)	6620.04	8793.84	4578.51	3928.80
利润总额(万元)	6822.20	9433.24	4833.70	3633.60

重庆建峰化工股份有限公司

公司概况

公司名称	重庆建峰化工股份有限公司			证券简称	建峰化工
法人代表	何平	董秘	田军	证券代码	000950
公司网址	www.jfhggf.com		电子信箱	jfhggf@jfhggf.com	
电　话	023-72596038 72597882		传　真	023-72591275	
办公地址	重庆市涪陵区白涛街道				
经营范围	化肥及相关产品的生产、销售				

主要财务指标

指标＼报告期	2015.06.30	2014.12.31	2014.06.30	2013.12.31
基本每股收益(元)	−0.3213	−0.6000	−0.3277	0.0100
基本每股收益(扣除后)(元)	−0.3237	−0.6200	−0.3301	−0.1100
稀释每股收益(元)	−0.3213	−0.6000	−0.3277	0.0100
每股净资产(元)	3.1431	3.4529	3.7378	4.0603
每股经营现金净流量(元)	0.1021	0.0096	−0.4349	0.6720
每股现金流量(元)	0.1446	0.0928	−0.0022	−0.1194
每股资本公积金(元)	1.7871	1.7871	1.7871	1.7871
每股盈余公积金(元)	0.1846	0.1846	0.1846	0.1846
每股未分配利润(元)	0.1585	0.4798	0.7657	1.0934
净资产收益率(%)	−10.2236	−17.4828	−8.7676	0.2993
加权净资产收益率(%)	−9.7200	−16.0800	−8.4000	0.3000
净资产收益率(扣除)(%)	−10.2980	−17.9983	−8.8317	−2.8155
总资产(万元)	688226.37	683093.17	690247.00	654918.86
归属母公司股东权益(万元)	188207.04	206759.84	223816.67	243417.02
营业收入(万元)	169350.04	296871.33	168605.00	343722.84
营业支出(万元)	159831.02	290371.16	168244.64	308618.42
投资收益(万元)	33.80	265.81	127.23	925.93
净利润(万元)	−19232.03	−36062.68	−19623.29	727.78
营业利润(万元)	−19337.38	−36259.16	−19608.64	−5346.04
利润总额(万元)	−19232.03	−36055.10	−19595.15	899.01

中国重汽集团济南卡车股份有限公司

公司概况					
公司名称	中国重汽集团济南卡车股份有限公司			证券简称	中国重汽
法人代表	于有德	董秘	张峰	证券代码	000951
公司网址	www.jntruck.com			电子信箱	cnhtc000951@163.com
电　话	0531-85587586 85587588			传　真	0531-85587003
办公地址	山东省济南市市中区党家庄镇南首				
经营范围	载重汽车、专用汽车、重型专用车底盘、客车底盘、汽车配件制造等				

主要财务指标				
指标\报告期	2015.06.30	2014.12.31	2014.06.30	2013.12.31
基本每股收益(元)	0.4200	1.0300	0.6800	0.9100
基本每股收益(扣除后)(元)	0.4100	0.9600	0.6500	0.7800
稀释每股收益(元)	0.4200	1.0300	0.6800	0.9100
每股净资产(元)	10.6201	10.5030	10.1510	9.7447
每股经营现金净流量(元)	1.8938	0.1129	0.7613	0.2659
每股现金流量(元)	1.5326	-0.6505	-0.0876	-0.2320
每股资本公积金(元)	1.6310	1.6310	1.6310	1.6310
每股盈余公积金(元)	1.1161	1.1161	1.1161	1.1161
每股未分配利润(元)	6.8803	6.7559	6.4039	5.9976
净资产收益率(%)	3.9958	9.7907	6.6621	9.3128
加权净资产收益率(%)	4.0700	10.1600	6.8900	9.7500
净资产收益率(扣除)(%)	3.8431	9.1770	6.4044	7.9931
总资产(万元)	1850973.38	1669561.98	1775576.09	1574859.58
归属母公司股东权益(万元)	445433.39	440523.41	425757.74	408717.75
营业收入(万元)	1033908.21	2386595.65	1223594.32	2145351.24
营业支出(万元)	929031.33	2151652.36	1095750.56	1933495.03
投资收益(万元)	-	-	-	-
净利润(万元)	22389.60	57416.75	28364.48	38062.96
营业利润(万元)	28103.12	72484.49	46850.09	53773.26
利润总额(万元)	29613.36	78985.83	49695.37	66630.61

湖北广济药业股份有限公司

公司概况					
公司名称	湖北广济药业股份有限公司			证券简称	广济药业
法人代表	龚道夷	董秘	安江波	证券代码	000952
公司网址	www.guangjipharm.com			电子信箱	stock@guangjipharm.com
电　话	0713-6216068			传　真	0713-6216068
办公地址	湖北省武穴市江堤路1号				
经营范围	生产经营医药原料药、医药制剂、食品添加剂、饲料添加剂等				

主要财务指标				
指标\报告期	2015.06.30	2014.12.31	2014.06.30	2013.12.31
基本每股收益(元)	-0.0880	-0.8690	-0.0920	0.0100
基本每股收益(扣除后)(元)	-0.0930	-0.8850	-0.1450	-0.2630
稀释每股收益(元)	-0.0880	-0.8690	-0.0920	0.0100
每股净资产(元)	1.8914	1.9792	2.7566	2.8482
每股经营现金净流量(元)	-0.1852	-0.2968	0.5138	0.3781
每股现金流量(元)	0.1036	0.3478	0.0622	-0.1207
每股资本公积金(元)	0.2689	0.2689	0.2689	0.2689
每股盈余公积金(元)	0.3012	0.3012	0.3012	0.3012
每股未分配利润(元)	0.3213	0.4090	1.1864	1.2780
净资产收益率(%)	-4.6393	-43.9072	-3.3229	0.3378
加权净资产收益率(%)	-4.5300	-36.0000	-3.2700	0.3400
净资产收益率(扣除)(%)	-4.5636	-44.7095	-5.2520	-9.2278
总资产(万元)	170919.83	158246.95	158870.82	155182.51
归属母公司股东权益(万元)	47607.95	49816.60	69384.09	71689.67
营业收入(万元)	18500.40	48585.80	23044.16	48708.04
营业支出(万元)	13891.99	44052.76	20006.84	42720.22
投资收益(万元)	-10.43	36.53	30.96	2508.11
净利润(万元)	-2466.99	-22959.29	-2305.59	242.20
营业利润(万元)	-3013.83	-22645.37	-4010.77	-5806.21
利润总额(万元)	-2466.99	-22305.34	-2430.91	-642.76

广西河池化工股份有限公司

公司概况					
公司名称	广西河池化工股份有限公司			证券简称	河池化工
法人代表	安楚玉	董秘	覃丽芳	证券代码	000953
公司网址	www.hechihuagong.com.cn			电子信箱	hchg000953@126.com
电　话	0778-2266832 2266867			传　真	0778-2266867
办公地址	广西河池市六甲镇				
经营范围	从事化肥等产品的生产与销售等				

主要财务指标				
指标\报告期	2015.06.30	2014.12.31	2014.06.30	2013.12.31
基本每股收益(元)	-0.0993	0.0606	-0.3674	0.1019
基本每股收益(扣除后)(元)	-0.1028	-1.1946	-0.3734	-0.7290
稀释每股收益(元)	-0.0993	0.0606	-0.3674	0.1019
每股净资产(元)	0.7041	0.8149	1.1906	1.8416
每股经营现金净流量(元)	-0.1690	-0.7333	-0.3423	0.0304
每股现金流量(元)	-0.1620	-0.1961	-0.2556	0.1603
每股资本公积金(元)	0.1516	0.1516	1.2282	1.5124
每股盈余公积金(元)	0.1193	0.1193	0.1193	0.1193
每股未分配利润(元)	-0.8331	-0.7339	-1.1619	-0.7945
净资产收益率(%)	-14.0969	7.4426	-30.8540	5.5317
加权净资产收益率(%)	-12.9700	3.2400	-26.0000	3.9600
净资产收益率(扣除)(%)	-14.6036	-146.5967	-31.3620	-39.6479
总资产(万元)	153791.80	159360.13	201519.99	218832.01
归属母公司股东权益(万元)	20705.16	23962.56	35011.61	54153.67
营业收入(万元)	31168.84	55528.84	24831.46	79210.62
营业支出(万元)	30887.88	75572.31	31663.29	87491.32
投资收益(万元)	124.79	37579.48	-	24050.23
净利润(万元)	-2918.79	1783.43	-10802.50	2995.62
营业利润(万元)	-3003.09	2161.71	-10984.02	2373.56
利润总额(万元)	-2918.79	1783.43	-10802.50	2995.62

欣龙控股(集团)股份有限公司

公司概况					
公司名称	欣龙控股(集团)股份有限公司			证券简称	欣龙控股
法人代表	郭开铸	董秘	龚时峰	证券代码	000955
公司网址	www.xinlong-holding.com			电子信箱	xlkg@xinlong-holding.com
电　话	0898-68585274			传　真	0898-68582799
办公地址	海南省海口市龙昆北路2号珠江广场帝豪大厦17层				
经营范围	水刺、热轧、浆点等无纺布卷材、深加工产品的生产和销售等				

主要财务指标				
指标\报告期	2015.06.30	2014.12.31	2014.06.30	2013.12.31
基本每股收益(元)	-0.0353	0.0100	-0.0226	-0.1000
基本每股收益(扣除后)(元)	-0.0362	-0.1000	-0.0300	-0.1100
稀释每股收益(元)	-0.0353	0.0100	-0.0226	-0.1000
每股净资产(元)	1.2231	1.2584	1.2268	1.2494
每股经营现金净流量(元)	-0.0010	0.0020	-0.0006	-0.0553
每股现金流量(元)	-0.1759	-0.0596	0.1191	-0.3093
每股资本公积金(元)	0.8356	0.8356	0.8356	0.8356
每股盈余公积金(元)	-	-	-	-
每股未分配利润(元)	-0.6125	-0.5772	-0.6088	-0.5863
净资产收益率(%)	-2.8872	0.7193	-1.8386	-7.9459
加权净资产收益率(%)	-2.8500	0.7200	3.7700	-7.9500
净资产收益率(扣除)(%)	-2.9583	-7.9149	-2.1156	-8.5747
总资产(万元)	93590.41	100061.08	98063.99	100740.68
归属母公司股东权益(万元)	65851.50	67752.76	66050.98	67265.38
营业收入(万元)	13226.47	25990.36	13191.52	22614.29
营业支出(万元)	11561.06	23186.01	11739.29	20130.17
投资收益(万元)	27.14	110.81	92.25	420.88
净利润(万元)	-1945.70	475.34	-1214.40	-5344.82
营业利润(万元)	-2033.22	-5270.33	-1355.08	-5382.99
利润总额(万元)	-1945.77	538.95	-1218.71	-5330.44

中通客车控股股份有限公司

公司概况	公司名称	中通客车控股股份有限公司			证券简称	中通客车
	法人代表	李树朋	董秘	王兴富	证券代码	000957
	公司网址	www.zhongtong.com			电子信箱	zhongtong0957@zhongtong.com
	电　　话	0635-8322765　8325577			传　　真	0635-8328905
	办公地址	山东省聊城市经济开发区黄河路261号				
	经营范围	客车、挂车、汽车底盘及专用配件的开发、制造、销售等				

	指标\报告期	2015.06.30	2014.12.31	2014.06.30	2013.12.31
主要财务指标	基本每股收益(元)	0.2000	1.1700	0.8600	0.4400
	基本每股收益(扣除后)(元)	0.1600	0.3200	0.0500	0.2400
	稀释每股收益(元)	0.2000	1.1700	0.8600	0.4400
	每股净资产(元)	4.5671	4.4594	4.1356	3.3441
	每股经营现金净流量(元)	-2.5385	0.9892	-1.9576	1.0925
	每股现金流量(元)	-0.6823	0.8357	-1.3704	0.3051
	每股资本公积金(元)	0.5785	0.5785	0.5785	0.5785
	每股盈余公积金(元)	0.3483	0.3483	0.2900	0.2900
	每股未分配利润(元)	2.5538	2.4614	2.2062	1.4275
	净资产收益率(%)	4.4303	26.2882	20.7626	13.1029
	加权净资产收益率(%)	4.4400	29.8300	22.7600	14.1300
	净资产收益率(扣除)(%)	3.5736	7.1161	1.2893	7.3221
	总资产(万元)	506288.28	422696.33	354746.56	325532.05
	归属母公司股东权益(万元)	108928.50	106359.06	98635.68	79757.82
	营业收入(万元)	202723.01	361197.85	156163.10	321670.81
	营业支出(万元)	170052.71	306472.67	133143.57	268926.31
	投资收益(万元)	543.51	22376.24	21596.55	101.00
	净利润(万元)	4772.81	28856.90	20479.38	10450.61
	营业利润(万元)	5500.94	31670.02	22925.24	9196.33
	利润总额(万元)	5933.96	34461.45	25363.42	12606.65

石家庄东方热电股份有限公司

公司概况	公司名称	石家庄东方热电股份有限公司			证券简称	东方热电
	法人代表	安建国	董秘	王浩	证券代码	000958
	公司网址	www.dfrdjt.com			电子信箱	dfrd0958@sina.com
	电　　话	0311-85053913			传　　真	0311-85053924
	办公地址	河北省石家庄市建华南大街161号				
	经营范围	热力、电力的生产与销售等				

	指标\报告期	2015.06.30	2014.12.31	2014.06.30	2013.12.31
主要财务指标	基本每股收益(元)	0.3600	0.4000	0.3000	2.2900
	基本每股收益(扣除后)(元)	0.3600	0.2900	0.2500	0.1600
	稀释每股收益(元)	0.3600	0.4000	0.3100	2.2900
	每股净资产(元)	2.1241	1.7630	1.7215	1.7700
	每股经营现金净流量(元)	0.0243	0.0809	-0.1413	0.7079
	每股现金流量(元)	-0.0261	-1.6085	-1.5782	1.5784
	每股资本公积金(元)	2.3269	2.3269	2.4742	2.7845
	每股盈余公积金(元)	0.1567	0.1567	0.1531	0.1567
	每股未分配利润(元)	-1.3595	-1.7206	-1.9058	-2.1222
	净资产收益率(%)	16.9986	22.7808	14.4183	93.8357
	加权净资产收益率(%)	19.0200	25.7100	15.5400	-190.5100
	净资产收益率(扣除)(%)	17.0708	16.7308	14.5596	6.7709
	总资产(万元)	224198.82	218988.00	151465.74	287972.19
	归属母公司股东权益(万元)	102676.37	85222.80	83217.31	87928.05
	营业收入(万元)	39994.94	77774.36	46592.83	75775.07
	营业支出(万元)	29540.72	66744.45	36271.56	71631.22
	投资收益(万元)	12643.24	15167.90	9524.86	11045.08
	净利润(万元)	17417.51	19759.15	14685.68	69123.77
	营业利润(万元)	17491.60	16844.37	14754.65	5944.69
	利润总额(万元)	17417.51	19759.41	14685.68	69123.86

北京首钢股份有限公司

公司概况	公司名称	北京首钢股份有限公司			证券简称	首钢股份
	法人代表	靳伟	董秘	章雁	证券代码	000959
	公司网址	www.sggf.com.cn			电子信箱	office@sggf.com.cn
	电　　话	010-88293727			传　　真	010-68873028
	办公地址	北京市石景山区石景山路99号				
	经营范围	钢铁冶炼、钢压延加工、冶金技术开发、咨询、转让、服务等				

	指标\报告期	2015.06.30	2014.12.31	2014.06.30	2013.12.31
主要财务指标	基本每股收益(元)	-0.0421	0.0118	0.0018	0.0187
	基本每股收益(扣除后)(元)	-0.0430	-0.0280	-0.0164	-0.0845
	稀释每股收益(元)	-0.0421	0.0118	0.0018	0.0187
	每股净资产(元)	4.5265	4.4521	3.9309	2.3982
	每股经营现金净流量(元)	-0.1226	0.5872	0.2261	2.0144
	每股现金流量(元)	0.0129	-0.0059	0.0180	-0.0346
	每股资本公积金(元)	2.4635	2.4633	2.5276	6.8905
	每股盈余公积金(元)	0.2583	0.2583	0.2534	0.4488
	每股未分配利润(元)	0.1037	0.1458	0.1491	0.2507
	净资产收益率(%)	-0.9309	0.2660	0.0450	-3.2202
	加权净资产收益率(%)	-0.9500	0.2800	0.0400	0.3900
	净资产收益率(扣除)(%)	-0.9509	-0.6283	-0.4178	-3.5253
	总资产(万元)	6259761.63	6154632.52	5956473.34	6529896.43
	归属母公司股东权益(万元)	2394230.83	2354899.29	2079212.31	2598772.84
	营业收入(万元)	992204.73	2398525.07	1266280.53	2621638.65
	营业支出(万元)	955994.29	2225415.98	1190631.79	2471955.59
	投资收益(万元)	26470.20	10006.33	10861.65	23389.90
	净利润(万元)	-36309.53	-2856.15	-3502.15	-1395.68
	营业利润(万元)	-39905.74	-11033.77	-3922.27	8368.41
	利润总额(万元)	-39245.94	-9617.49	-3418.54	9469.93

云南锡业股份有限公司

公司概况	公司名称	云南锡业股份有限公司			证券简称	锡业股份
	法人代表	高文翔	董秘	潘文皓	证券代码	000960
	公司网址	www.ytl.com.cn			电子信箱	xygf000960@ytc.cn
	电　　话	0873-3118606			传　　真	0873-3118622
	办公地址	云南省个旧市金湖东路121号云南锡业股份有限公司证券部				
	经营范围	有色金属锡及其深加工产品的生产和销售业务等				

	指标\报告期	2015.06.30	2014.12.31	2014.06.30	2013.12.31
主要财务指标	基本每股收益(元)	-0.4883	0.0300	0.1486	-1.2800
	基本每股收益(扣除后)(元)	-0.4964	-0.0710	0.1091	-1.3730
	稀释每股收益(元)	-0.4883	0.0300	0.1486	-1.2800
	每股净资产(元)	5.7259	6.1426	6.2771	6.1300
	每股经营现金净流量(元)	0.1605	1.5034	1.4805	1.8972
	每股现金流量(元)	0.2060	-0.9390	-0.1311	0.7666
	每股资本公积金(元)	4.5475	4.7683	4.5310	4.5312
	每股盈余公积金(元)	0.3835	0.3835	0.3835	0.3835
	每股未分配利润(元)	-0.2036	0.2847	0.3768	0.2294
	净资产收益率(%)	-8.5281	0.4876	2.3485	-18.9997
	加权净资产收益率(%)	-8.0800	0.4900	2.3800	-22.0200
	净资产收益率(扣除)(%)	-8.6697	-1.1487	1.7374	-20.4170
	总资产(万元)	2203537.62	2282340.59	2200566.51	2359991.90
	归属母公司股东权益(万元)	659173.45	732533.25	722632.05	705623.24
	营业收入(万元)	1252871.57	2613364.99	1125830.88	2192176.98
	营业支出(万元)	1228079.49	2453564.39	1037066.85	2187275.14
	投资收益(万元)	382.14	5870.07	2809.79	422.29
	净利润(万元)	-56240.10	3736.19	17112.57	-133679.51
	营业利润(万元)	-66505.64	-8174.73	18150.74	-165518.66
	利润总额(万元)	-65355.81	5041.41	20301.07	-157087.17

江苏中南建设集团股份有限公司

公司概况	公司名称	江苏中南建设集团股份有限公司			证券简称	中南建设
	法人代表	陈锦石	董秘	智刚	证券代码	000961
	公司网址	www.zhongnanconstruction.cn		电子信箱	zhongnan@zhongnangroup.cn	
	电　　话	0513-68702888		传　　真	0513-68702889	
	办公地址	江苏省海门市上海路899号中南大厦				
	经营范围	土木工程建筑和房地产开发				

主要财务指标	指标\报告期	2015.06.30	2014.12.31	2014.06.30	2013.12.31
	基本每股收益(元)	0.3800	0.8200	0.4400	1.0400
	基本每股收益(扣除后)(元)	0.3700	0.7700	0.4500	1.0000
	稀释每股收益(元)	0.3800	0.8200	0.4400	1.0400
	每股净资产(元)	7.9278	7.5492	6.9925	6.6247
	每股经营现金净流量(元)	−0.2675	−5.0243	−5.4365	−3.5785
	每股现金流量(元)	−0.5323	−0.1151	0.1049	0.9314
	每股资本公积金(元)	0.9102	0.9102	0.6201	0.6829
	每股盈余公积金(元)	0.2213	0.2213	0.1981	0.2099
	每股未分配利润(元)	5.8029	5.4219	5.1744	4.7320
	净资产收益率(%)	4.8057	10.8798	6.3272	15.6321
	加权净资产收益率(%)	4.9000	11.7600	6.4600	17.2000
	净资产收益率(扣除)(%)	4.6996	10.2185	6.4147	15.1548
	总资产(万元)	8919708.48	8428030.00	7503232.95	6511210.35
	归属母公司股东权益(万元)	925834.54	881623.58	816616.42	773653.82
	营业收入(万元)	882100.46	2179209.42	950604.63	1832640.84
	营业支出(万元)	663645.36	1641997.73	709780.25	1293435.09
	投资收益(万元)	−71.64	561.66	−7.20	920.30
	净利润(万元)	40789.03	93633.85	51668.98	120938.29
	营业利润(万元)	59244.26	142235.94	74414.79	209993.06
	利润总额(万元)	60305.03	147246.75	73464.90	213281.98

宁夏东方钽业股份有限公司

公司概况	公司名称	宁夏东方钽业股份有限公司			证券简称	东方钽业
	法人代表	李春光	董秘	叶照贯	证券代码	000962
	公司网址	www.otic.com.cn		电子信箱	otic@public.yc.nx.cn	
	电　　话	0952-2098563　2098507		传　　真	0952-2098562	
	办公地址	宁夏回族自治区石嘴山市大武口区冶金路				
	经营范围	钽、铌、铍、钛、镁等有色金属材料的生产、加工、开发、科研与销售等				

主要财务指标	指标\报告期	2015.06.30	2014.12.31	2014.06.30	2013.12.31
	基本每股收益(元)	−0.3542	−0.7637	−0.1762	0.0080
	基本每股收益(扣除后)(元)	−0.3809	−0.7994	−0.1946	−0.0790
	稀释每股收益(元)	−0.3542	−0.7637	−0.1762	0.0080
	每股净资产(元)	4.3750	4.7288	5.3220	5.5211
	每股经营现金净流量(元)	0.3778	0.3909	0.2085	−0.1899
	每股现金流量(元)	0.2282	−0.3199	−0.4264	−0.0059
	每股资本公积金(元)	2.7150	2.7150	2.7157	2.7157
	每股盈余公积金(元)	0.5407	0.5407	0.5407	0.5407
	每股未分配利润(元)	0.1094	0.4636	1.0511	1.2573
	净资产收益率(%)	−8.0960	−16.1503	−3.3111	0.1455
	加权净资产收益率(%)	−7.7800	−14.9000	−3.2500	0.1500
	净资产收益率(扣除)(%)	−8.7061	−16.9045	−3.6569	−1.4224
	总资产(万元)	391214.91	411126.09	444567.00	474241.38
	归属母公司股东权益(万元)	192865.87	208459.46	234610.68	243389.86
	营业收入(万元)	60344.35	245259.59	171336.93	287343.07
	营业支出(万元)	64403.67	241732.69	166349.47	264577.52
	投资收益(万元)	263.83	−135.83	−84.90	308.67
	净利润(万元)	−15606.04	−33671.35	−7768.17	354.10
	营业利润(万元)	−16760.22	−36550.28	−8742.59	−3281.42
	利润总额(万元)	−15809.85	−35119.61	−7785.93	979.13

华东医药股份有限公司

公司概况	公司名称	华东医药股份有限公司			证券简称	华东医药
	法人代表	李邦良	董秘	陈波	证券代码	000963
	公司网址	www.eastchinapharm.com		电子信箱	hz000963@126.com	
	电　　话	0571-89903300		传　　真	0571-89903300	
	办公地址	浙江省杭州市莫干山路866号				
	经营范围	医药原料药、制剂生产、医药产品经营				

主要财务指标	指标\报告期	2015.06.30	2014.12.31	2014.06.30	2013.12.31
	基本每股收益(元)	1.5357	1.7400	0.8968	1.3200
	基本每股收益(扣除后)(元)	1.5134	1.7000	0.8964	1.2800
	稀释每股收益(元)	1.5357	1.7400	0.8968	1.3200
	每股净资产(元)	5.8524	5.2228	6.1253	5.9285
	每股经营现金净流量(元)	2.0125	1.7068	1.0986	1.0989
	每股现金流量(元)	1.0576	0.3094	0.9545	0.2729
	每股资本公积金(元)	0.0438	0.0299	0.0182	0.0182
	每股盈余公积金(元)	0.4608	0.4608	0.4341	0.4341
	每股未分配利润(元)	4.3478	3.7320	4.6730	4.4762
	净资产收益率(%)	26.2407	33.3773	14.6408	22.3437
	加权净资产收益率(%)	27.0200	30.3400	14.0600	25.1500
	净资产收益率(扣除)(%)	25.8598	32.5702	14.6339	21.5357
	总资产(万元)	1053033.78	900719.76	869841.48	767341.36
	归属母公司股东权益(万元)	254030.67	226701.50	265873.74	257331.95
	营业收入(万元)	1038350.13	1894737.91	911116.64	1671798.64
	营业支出(万元)	776882.15	1478266.46	698153.58	1334137.94
	投资收益(万元)	138.00	709.66	481.55	727.66
	净利润(万元)	69041.09	94275.65	38925.99	57497.59
	营业利润(万元)	84503.76	115693.10	69630.70	92483.92
	利润总额(万元)	83878.89	117286.94	68666.90	94229.40

天津天保基建股份有限公司

公司概况	公司名称	天津天保基建股份有限公司			证券简称	天保基建
	法人代表	孙亚宁	董秘	秦峰	证券代码	000965
	公司网址	www.tbjijian.com		电子信箱	dongmi@tbjijian.com	
	电　　话	022-84866617		传　　真	022-84866667	
	办公地址	天津市天津空港经济区西五道35号汇津广场1号楼				
	经营范围	水泥产品的制造、销售及房地产开发等				

主要财务指标	指标\报告期	2015.06.30	2014.12.31	2014.06.30	2013.12.31
	基本每股收益(元)	0.0700	0.3000	0.1900	0.2400
	基本每股收益(扣除后)(元)	0.0700	0.2900	0.1900	0.2100
	稀释每股收益(元)	0.0700	0.3000	0.1900	0.2400
	每股净资产(元)	4.2536	4.2145	4.0950	3.7626
	每股经营现金净流量(元)	0.1450	0.3452	−0.0386	0.3343
	每股现金流量(元)	0.1135	0.5244	1.1932	0.5843
	每股资本公积金(元)	1.8772	1.8772	1.8740	1.1749
	每股盈余公积金(元)	0.1044	0.1044	0.0543	0.0792
	每股未分配利润(元)	1.2720	1.2328	1.1666	1.5086
	净资产收益率(%)	1.6497	6.2360	3.5776	6.4207
	加权净资产收益率(%)	1.6500	7.4900	4.7100	6.6200
	净资产收益率(扣除)(%)	1.6442	6.0666	3.5769	5.5783
	总资产(万元)	535944.26	513294.76	608719.40	529135.00
	归属母公司股东权益(万元)	429164.73	425212.59	413154.86	260499.90
	营业收入(万元)	35902.59	157959.75	81321.52	87218.66
	营业支出(万元)	21606.48	99965.35	51685.34	54740.36
	投资收益(万元)	–	758.15	771.40	–
	净利润(万元)	7079.85	26516.21	14781.11	16725.79
	营业利润(万元)	9588.33	34701.20	18927.74	18441.87
	利润总额(万元)	9619.85	35633.61	19858.49	22294.48

国电长源电力股份有限公司

公司概况						
公司概况	公司名称	国电长源电力股份有限公司			证券简称	长源电力
	法人代表	张玉新	董秘	胡谦	证券代码	000966
	公司网址	www.cydl.com.cn		电子信箱	cy@cgdc.com.cn	
	电　话	027-88717131　88717139		传　真	027-88717130	
	办公地址	湖北省武汉市洪山区徐东大街 113 号国电大厦 24-29 楼				
	经营范围	电力、热力生产、煤炭的生产和销售等				

主要财务指标	指标＼报告期	2015.06.30	2014.12.31	2014.06.30	2013.12.31
	基本每股收益(元)	0.5971	1.2456	0.5799	0.5280
	基本每股收益(扣除后)(元)	0.5753	1.2448	0.5681	1.2073
	稀释每股收益(元)	0.5971	1.2456	0.5799	0.5280
	每股净资产(元)	4.7130	4.1161	3.5890	3.0091
	每股经营现金净流量(元)	1.8608	3.7629	2.6113	3.6172
	每股现金流量(元)	0.0101	–0.0394	–0.0591	–0.2278
	每股资本公积金(元)	2.7662	2.7662	2.9023	2.9023
	每股盈余公积金(元)	0.0781	0.0781	0.0781	0.0781
	每股未分配利润(元)	0.8677	0.2706	–0.3952	–0.9750
	净资产收益率(%)	12.6690	30.2619	16.1566	17.5469
	加权净资产收益率(%)	13.5300	34.3040	17.5800	19.2300
	净资产收益率(扣除)(%)	12.2062	30.2407	15.8283	40.1203
	总资产(万元)	981017.32	1039257.95	1082769.21	1116294.70
	归属母公司股东权益(万元)	261169.25	228093.10	198880.67	166748.26
	营业收入(万元)	255185.87	659582.22	325266.48	757522.78
	营业支出(万元)	180531.43	501917.01	248053.81	600251.21
	投资收益(万元)	2061.57	5589.57	–732.56	4144.86
	净利润(万元)	33986.75	78921.79	32132.41	29259.13
	营业利润(万元)	49499.28	97010.59	47193.61	91730.49
	利润总额(万元)	50040.18	95537.73	47271.84	44560.59

浙江上风实业股份有限公司

公司概况						
公司概况	公司名称	浙江上风实业股份有限公司			证券简称	上风高科
	法人代表	马刚	董秘	刘开明	证券代码	000967
	公司网址	www.sfgk.com.cn		电子信箱	sfgk@infore.com	
	电　话	0575-82360805　26335291		传　真	0575-82360805	
	办公地址	浙江省绍兴市上虞区上浦镇上浦经济开发区				
	经营范围	研制、开发、生产通风机、风冷、水冷、空调设备、环保设备等				

主要财务指标	指标＼报告期	2015.06.30	2014.12.31	2014.06.30	2013.12.31
	基本每股收益(元)	0.1200	0.2200	0.0900	0.2200
	基本每股收益(扣除后)(元)	0.0700	0.1100	0.0230	0.0013
	稀释每股收益(元)	0.1200	0.2200	0.0900	0.2200
	每股净资产(元)	5.0295	4.5294	3.4562	3.2465
	每股经营现金净流量(元)	0.1185	0.2920	0.2911	–0.2611
	每股现金流量(元)	0.0588	–0.0904	–0.0920	0.0114
	每股资本公积金(元)	1.5804	1.5804	1.7244	0.7287
	每股盈余公积金(元)	0.1610	0.1610	0.1759	0.1759
	每股未分配利润(元)	0.5892	0.5330	0.5559	0.4827
	净资产收益率(%)	2.3101	4.3569	3.2741	6.6449
	加权净资产收益率(%)	2.4200	5.4400	3.3600	6.8000
	净资产收益率(扣除)(%)	1.4663	2.2313	0.6777	0.0392
	总资产(万元)	266270.37	253831.63	238336.33	245093.17
	归属母公司股东权益(万元)	154238.22	138900.46	85096.85	79932.93
	营业收入(万元)	139392.27	301907.06	147661.03	270524.63
	营业支出(万元)	123774.78	268254.42	132441.28	249300.36
	投资收益(万元)	2738.48	6631.55	3477.65	6234.00
	净利润(万元)	3542.63	6867.53	3126.32	5655.74
	营业利润(万元)	4311.01	7459.26	3663.48	5622.96
	利润总额(万元)	4523.70	8230.80	3882.20	6360.15

太原煤气化股份有限公司

公司概况						
公司概况	公司名称	太原煤气化股份有限公司			证券简称	煤 气 化
	法人代表	王锁奎	董秘	杨军	证券代码	000968
	公司网址	www.tymqh.com		电子信箱	mqh000968@126.com	
	电　话	0351-6019778　6019365		传　真	0351-6019034	
	办公地址	山西省太原市和平南路 83 号				
	经营范围	生产和销售煤炭、精中煤、焦炭、煤气、煤化工等产品				

主要财务指标	指标＼报告期	2015.06.30	2014.12.31	2014.06.30	2013.12.31
	基本每股收益(元)	–1.3300	–1.9366	–0.6064	0.0885
	基本每股收益(扣除后)(元)	–1.2500	–1.9237	–0.5983	–1.7170
	稀释每股收益(元)	–1.3300	–1.9366	–0.6064	0.0885
	每股净资产(元)	2.3434	3.5665	4.8421	5.3773
	每股经营现金净流量(元)	–1.0261	–3.0504	–0.7662	–0.6060
	每股现金流量(元)	–3.0672	3.5276	1.2424	–0.4663
	每股资本公积金(元)	1.1366	1.1366	1.1366	1.1366
	每股盈余公积金(元)	0.5058	0.5058	0.5058	0.5058
	每股未分配利润(元)	–0.8605	0.4692	1.7994	2.4158
	净资产收益率(%)	–56.7442	–54.3003	–12.5230	1.6464
	加权净资产收益率(%)	–23.4700	–43.3100	–11.8600	1.6600
	净资产收益率(扣除)(%)	–53.3273	–53.9393	–12.3570	–31.9300
	总资产(万元)	1418019.09	1543115.67	1339050.10	1170879.80
	归属母公司股东权益(万元)	120389.21	183226.31	248763.31	276254.90
	营业收入(万元)	92439.25	172357.95	88300.71	208565.17
	营业支出(万元)	112768.61	186402.75	83081.54	186149.37
	投资收益(万元)	52.55	–	–	–
	净利润(万元)	–88188.29	–112544.04	–31152.73	4548.22
	营业利润(万元)	–84004.38	–113721.98	–34738.07	–86313.00
	利润总额(万元)	–88129.14	–115355.62	–35646.38	5467.47

安泰科技股份有限公司

公司概况						
公司概况	公司名称	安泰科技股份有限公司			证券简称	安泰科技
	法人代表	才让	董秘	张晋华	证券代码	000969
	公司网址	www.atmcn.com		电子信箱	securities@atmcn.com	
	电　话	010-62188403		传　真	010-62182695	
	办公地址	北京市海淀区学院南路 76 号				
	经营范围	先进金属材料及制品的研发和生产销售				

主要财务指标	指标＼报告期	2015.06.30	2014.12.31	2014.06.30	2013.12.31
	基本每股收益(元)	0.0164	–0.2201	0.0148	0.0730
	基本每股收益(扣除后)(元)	0.0090	–0.2411	0.0039	0.0575
	稀释每股收益(元)	0.0164	–0.2201	0.0148	0.0730
	每股净资产(元)	3.6546	3.5594	3.7930	3.7972
	每股经营现金净流量(元)	–0.0102	0.1496	–0.0439	0.5734
	每股现金流量(元)	–0.2429	–0.1221	–0.1610	–0.4921
	每股资本公积金(元)	1.7740	1.7740	1.7753	1.7744
	每股盈余公积金(元)	0.4155	0.4155	0.4155	0.4155
	每股未分配利润(元)	0.3836	0.3672	0.6021	0.6073
	净资产收益率(%)	0.4496	–6.1833	0.3914	1.9218
	加权净资产收益率(%)	0.4600	–5.9700	0.3900	1.8800
	净资产收益率(扣除)(%)	0.2473	–6.7729	0.0937	1.5155
	总资产(万元)	809837.68	773308.55	776813.48	749777.85
	归属母公司股东权益(万元)	315314.49	307107.80	327255.58	327618.61
	营业收入(万元)	196788.50	415569.84	208328.76	384844.61
	营业支出(万元)	168863.07	368217.44	179826.93	329774.99
	投资收益(万元)	1132.83	883.46	522.84	–713.10
	净利润(万元)	2608.86	–18602.80	1280.86	6296.09
	营业利润(万元)	2558.97	–18874.27	2366.43	6155.93
	利润总额(万元)	3242.75	–18335.92	2739.00	7834.28

北京中科三环高技术股份有限公司

公司概况

公司名称	北京中科三环高技术股份有限公司		证券简称	中科三环
法人代表	王震西	董秘 赵寅鹏	证券代码	000970
公司网址	www.san-huan.com.cn		电子信箱	security@san-huan.com.cn
电　　话	010-62656017		传　　真	010-62670793
办公地址	北京市海淀区中关村东路66号甲1号楼27层			
经营范围	稀土永磁和新型磁性材料及其应用产品的研究开发、生产和销售			

主要财务指标

指标\报告期	2015.06.30	2014.12.31	2014.06.30	2013.12.31
基本每股收益(元)	0.1240	0.2800	0.1500	0.3200
基本每股收益(扣除后)(元)	0.1128	0.2500	0.1467	0.3100
稀释每股收益(元)	0.1240	0.2800	0.1500	0.3200
每股净资产(元)	3.5225	3.4837	3.3577	3.3057
每股经营现金净流量(元)	0.1471	0.2240	0.0233	0.3852
每股现金流量(元)	–0.0719	–0.4635	–0.3962	–0.2080
每股资本公积金(元)	0.4012	0.4012	0.4012	0.4012
每股盈余公积金(元)	0.1868	0.1868	0.1723	0.1723
每股未分配利润(元)	1.9345	1.8956	1.7842	1.7322
净资产收益率(%)	3.5158	7.9786	4.5275	9.6835
加权净资产收益率(%)	3.5200	8.1900	4.5400	10.0400
净资产收益率(扣除)(%)	3.2019	7.1187	4.3678	9.2440
总资产(万元)	516787.04	538639.13	532993.52	540597.55
归属母公司股东权益(万元)	375216.16	371078.52	357663.41	352122.05
营业收入(万元)	173259.20	388511.56	191896.05	363866.90
营业支出(万元)	134878.79	296879.77	146567.74	260241.69
投资收益(万元)	–122.79	–316.87	–299.16	–2109.23
净利润(万元)	15576.68	34524.89	16193.36	34097.91
营业利润(万元)	18650.51	41137.53	21211.64	44920.88
利润总额(万元)	20975.04	42770.35	22427.48	47962.39

高升控股股份有限公司

公司概况

公司名称	高升控股股份有限公司		证券简称	高升控股
法人代表	韦振宇	董秘 张继红	证券代码	000971
公司网址	www.hb-landing.com		电子信箱	ir@mai-ya.com
电　　话	0728-3275828		传　　真	0728-3275829
办公地址	湖北省仙桃市仙桃大道西端19号万钜国际大厦			
经营范围	棉、化纤纺织及印染精加工、毛纺织和染整精加工、纺织品等			

主要财务指标

指标\报告期	2015.06.30	2014.12.31	2014.06.30	2013.12.31
基本每股收益(元)	–0.0700	0.0200	–0.0430	–0.0600
基本每股收益(扣除后)(元)	–0.0700	–0.1000	–0.0450	–0.2100
稀释每股收益(元)	–0.0700	0.0200	–0.0430	–0.0600
每股净资产(元)	0.0965	0.0982	0.0457	0.0958
每股经营现金净流量(元)	–0.0473	–0.1130	–0.0479	0.0067
每股现金流量(元)	0.0009	0.0258	–0.0031	–0.2302
每股资本公积金(元)	0.7757	0.7070	0.7142	0.7216
每股盈余公积金(元)	0.1966	0.1966	0.1966	0.1966
每股未分配利润(元)	–1.8758	–1.8055	–1.8651	–1.8224
净资产收益率(%)	–72.9268	17.1894	–93.4649	–66.1949
加权净资产收益率(%)	–58.5300	16.1800	–60.3800	–54.0700
净资产收益率(扣除)(%)	–72.6618	–103.6161	–97.4372	–216.5962
总资产(万元)	11557.84	12888.31	14894.02	15795.59
归属母公司股东权益(万元)	2345.59	2386.11	1111.62	2329.57
营业收入(万元)	1786.71	5252.17	2321.00	10506.43
营业支出(万元)	2008.44	5097.90	2233.34	10840.69
投资收益(万元)	–	1503.53	126.66	3402.76
净利润(万元)	–1710.57	410.16	–1038.98	–1542.06
营业利润(万元)	–1704.35	–996.36	–983.98	–1605.83
利润总额(万元)	–1710.57	410.16	–1038.98	–1542.06

新疆中基实业股份有限公司

公司概况

公司名称	新疆中基实业股份有限公司		证券简称	新中基
法人代表	龙亚辉	董秘 顾永新	证券代码	000972
公司网址	www.chalkistomato.com		电子信箱	guyongxin@chalkistomato.com
电　　话	0991-8852972 8852110		传　　真	0991-8816688
办公地址	新疆维吾尔自治区乌鲁木齐市青年路北一巷8号			
经营范围	大包装浓缩番茄酱、去皮番茄和番茄丁、小罐番茄制品等			

主要财务指标

指标\报告期	2015.06.30	2014.12.31	2014.06.30	2013.12.31
基本每股收益(元)	–0.0329	0.0146	–0.0353	–0.4741
基本每股收益(扣除后)(元)	–0.0617	–	–0.0345	–0.4905
稀释每股收益(元)	–0.0329	0.0146	–0.0345	–0.4741
每股净资产(元)	1.4585	1.0721	1.1375	0.0594
每股经营现金净流量(元)	0.0149	–0.2023	–0.0358	0.4477
每股现金流量(元)	0.1744	–0.2354	–0.1656	–0.2135
每股资本公积金(元)	1.3913	0.9729	0.9978	1.1128
每股盈余公积金(元)	0.1134	0.1134	0.1808	0.1808
每股未分配利润(元)	–1.0515	–1.0186	–1.0411	–2.1161
净资产收益率(%)	–2.2547	1.3629	–3.1029	–798.8256
加权净资产收益率(%)	–3.1100	–131.8700	–84.6300	–158.2000
净资产收益率(扣除)(%)	–4.2305	–26.3832	–3.0363	–826.4917
总资产(万元)	239236.17	197101.95	195265.26	270544.62
归属母公司股东权益(万元)	112489.37	82690.23	87731.81	13702.46
营业收入(万元)	24995.25	41677.23	20124.92	95494.43
营业支出(万元)	23037.34	36516.02	18049.45	84624.85
投资收益(万元)	–	–65.00	–30.99	–632.43
净利润(万元)	–3088.71	10816.51	–2722.25	–36567.92
营业利润(万元)	–5309.70	–23656.75	–2916.43	–48160.87
利润总额(万元)	–3087.05	10880.30	–2974.90	–46769.84

佛山佛塑科技集团股份有限公司

公司概况

公司名称	佛山佛塑科技集团股份有限公司		证券简称	佛塑科技
法人代表	黄丙娣	董秘 何水秀	证券代码	000973
公司网址	www.fspg.com.cn		电子信箱	dmb@fspg.com.cn
电　　话	0757-83988189		传　　真	0757-83988186
办公地址	广东省佛山市禅城区汾江中路85号			
经营范围	各类塑料制品、粘胶制品、各类包装及印刷复合制品和塑料加工设备等			

主要财务指标

指标\报告期	2015.06.30	2014.12.31	2014.06.30	2013.12.31
基本每股收益(元)	0.0300	0.0800	0.0300	0.0800
基本每股收益(扣除后)(元)	0.0200	0.0100	0.0200	0.0600
稀释每股收益(元)	0.0300	0.0800	0.0300	0.0800
每股净资产(元)	2.0795	2.0456	2.1040	2.1055
每股经营现金净流量(元)	0.2831	0.1679	0.0777	0.3027
每股现金流量(元)	0.0578	–0.0378	–0.0655	–0.0619
每股资本公积金(元)	0.3248	0.3248	0.3298	0.3278
每股盈余公积金(元)	0.1835	0.1835	0.1835	0.1835
每股未分配利润(元)	0.5800	0.5528	0.5907	0.5943
净资产收益率(%)	1.3090	4.0500	1.2546	3.8775
加权净资产收益率(%)	1.3200	4.0900	1.2500	3.9400
净资产收益率(扣除)(%)	0.8805	0.7300	0.9514	2.6947
总资产(万元)	543531.51	521423.77	505217.60	510632.78
归属母公司股东权益(万元)	201179.01	197896.69	203543.99	203693.93
营业收入(万元)	138274.18	273148.32	124793.38	301924.58
营业支出(万元)	114036.12	229001.84	106693.69	250893.20
投资收益(万元)	2375.95	14169.72	5772.66	6057.51
净利润(万元)	4789.44	11161.66	2553.69	7898.32
营业利润(万元)	5712.99	12688.11	3971.81	12104.47
利润总额(万元)	6123.00	13329.62	4528.97	13758.82

银泰资源股份有限公司

公司概况	公司名称	银泰资源股份有限公司			证券简称	银泰资源
	法人代表	杨海飞	董秘	刘黎明	证券代码	000975
	公司网址			电子信箱	975@ytr.net.cn	
	电　　话	010-85171856		传　　真	010-65668256	
	办公地址	北京市朝阳区建国门外大街 2 号银泰中心 C 座 6 层 01 单元				
	经营范围	高新技术产业项目、城市基础设施建设项目、环保建设等				

	指标\报告期	2015.06.30	2014.12.31	2014.06.30	2013.12.31
主要财务指标	基本每股收益(元)	0.0744	0.2492	0.0710	0.4453
	基本每股收益(扣除后)(元)	0.0562	0.2148	0.0601	0.1930
	稀释每股收益(元)	0.0744	0.2492	0.0710	0.4453
	每股净资产(元)	3.3527	3.4833	3.2972	3.4242
	每股经营现金净流量(元)	0.1964	0.1714	-0.0625	0.2742
	每股现金流量(元)	0.1336	-0.4440	-0.5156	0.5304
	每股资本公积金(元)	1.9277	1.9277	1.9277	1.9277
	每股盈余公积金(元)	0.1191	0.1191	0.0996	0.0996
	每股未分配利润(元)	0.2763	0.4120	0.2533	0.3823
	净资产收益率(%)	2.2178	7.1536	2.1528	12.5430
	加权净资产收益率(%)	2.1600	7.3313	2.1100	14.0227
	净资产收益率(扣除)(%)	1.6770	6.1662	1.8216	5.4358
	总资产(万元)	464006.11	494357.21	451373.87	478560.25
	归属母公司股东权益(万元)	363960.06	378131.83	357936.76	371724.42
	营业收入(万元)	26188.14	72612.17	18442.71	59373.40
	营业支出(万元)	6802.33	12808.75	1488.32	7445.90
	投资收益(万元)	2138.27	5160.41	1675.18	34427.86
	净利润(万元)	10622.65	35280.06	7705.58	46625.39
	营业利润(万元)	13291.01	43348.86	12529.52	66129.18
	利润总额(万元)	13201.93	43131.27	12450.85	65970.78

广东开平春晖股份有限公司

公司概况	公司名称	广东开平春晖股份有限公司			证券简称	*ST 春晖
	法人代表	余炎祯	董秘	关卓文	证券代码	000976
	公司网址	www.my0976.com		电子信箱	my0976@my0976.com	
	电　　话	0750-2276949		传　　真	0750-2276959	
	办公地址	广东省开平市三埠区港口路 10 号 19 幢				
	经营范围	涤纶长丝、锦纶长丝、高粘切片、瓶级切片及化纤产品的生产和销售等				

	指标\报告期	2015.06.30	2014.12.31	2014.06.30	2013.12.31
主要财务指标	基本每股收益(元)	-0.0392	-0.3600	-0.0972	-0.1700
	基本每股收益(扣除后)(元)	-0.0393	-0.3600	-0.1000	-0.1700
	稀释每股收益(元)	-0.0392	-0.3600	-0.0972	-0.1700
	每股净资产(元)	0.3406	0.3798	0.6435	7.4900
	每股经营现金净流量(元)	-0.1128	0.2119	-0.0127	-0.1928
	每股现金流量(元)	0.0541	-0.0217	-0.0179	-0.1622
	每股资本公积金(元)	0.6114	0.6114	0.6114	0.6114
	每股盈余公积金(元)	0.1347	0.1347	0.1347	0.1347
	每股未分配利润(元)	-1.4055	-1.3663	-1.1027	-1.0055
	净资产收益率(%)	-11.5103	-94.9906	-15.1013	-22.5425
	加权净资产收益率(%)	-10.8800	-64.4000	-13.9900	-20.2600
	净资产收益率(扣除)(%)	-11.5334	-95.6509	-15.3534	-22.5472
	总资产(万元)	59890.82	68876.75	86815.26	94754.28
	归属母公司股东权益(万元)	19982.34	22282.37	37748.08	43448.53
	营业收入(万元)	34787.60	104638.43	52689.58	123273.44
	营业支出(万元)	33951.51	105584.23	53489.09	125443.83
	投资收益(万元)	-	-	-	-
	净利润(万元)	-2337.46	-21218.94	-5707.96	-9806.06
	营业利润(万元)	-2341.26	-21366.08	-5803.12	-9808.09
	利润总额(万元)	-2336.64	-21218.94	-5707.96	-9806.06

浪潮电子信息产业股份有限公司

公司概况	公司名称	浪潮电子信息产业股份有限公司			证券简称	浪潮信息
	法人代表	张磊	董秘	李丰	证券代码	000977
	公司网址	www.inspur.com		电子信箱	lclifeng@inspur.com	
	电　　话	0531-85106229		传　　真	0531-85106222	
	办公地址	山东省济南市浪潮路 1036 号				
	经营范围	计算机及软件、电子产品及其他通讯设备、商业机具、电子工业用控制设备等				

	指标\报告期	2015.06.30	2014.12.31	2014.06.30	2013.12.31
主要财务指标	基本每股收益(元)	0.2500	0.7153	0.1089	0.3363
	基本每股收益(扣除后)(元)	0.0491	0.2611	0.0524	0.2994
	稀释每股收益(元)	0.2498	0.7153	0.1089	0.3363
	每股净资产(元)	2.6422	4.8668	4.4007	4.9546
	每股经营现金净流量(元)	-1.2027	-0.9209	-0.8319	-3.8356
	每股现金流量(元)	-0.2812	1.1991	1.3141	-0.3605
	每股资本公积金(元)	0.6539	1.9889	2.1089	1.1431
	每股盈余公积金(元)	0.1009	0.2018	0.1557	0.3475
	每股未分配利润(元)	0.8529	1.5858	1.1361	2.1557
	净资产收益率(%)	9.4606	14.5071	4.7768	13.5763
	加权净资产收益率(%)	9.8300	17.4200	6.3500	12.4100
	净资产收益率(扣除)(%)	1.8567	5.2954	1.1491	6.0424
	总资产(万元)	630006.38	594855.20	513966.92	353262.96
	归属母公司股东权益(万元)	253579.86	233540.13	211171.20	106523.06
	营业收入(万元)	416481.24	730663.63	286762.06	422374.34
	营业支出(万元)	353556.22	627004.79	250428.78	349961.62
	投资收益(万元)	22359.44	27661.84	9619.21	1889.14
	净利润(万元)	23990.12	33879.81	10087.31	14461.86
	营业利润(万元)	27075.84	39404.38	12110.86	10404.98
	利润总额(万元)	29377.75	42137.15	12890.23	15891.47

桂林旅游股份有限公司

公司概况	公司名称	桂林旅游股份有限公司			证券简称	桂林旅游
	法人代表	刘涛	董秘	黄锡军	证券代码	000978
	公司网址	www.guilintravel.com		电子信箱	gtcl000978@163.com	
	电　　话	0773-3558976 3558955		传　　真	0773-3558955	
	办公地址	广西壮族自治区桂林市翠竹路 27-2 号				
	经营范围	公路旅行客运、游船客运、旅游工艺品制造、销售等				

	指标\报告期	2015.06.30	2014.12.31	2014.06.30	2013.12.31
主要财务指标	基本每股收益(元)	-0.0100	0.1140	-0.0920	0.0300
	基本每股收益(扣除后)(元)	-0.0110	0.1460	-0.0960	-0.0160
	稀释每股收益(元)	-0.0100	0.1140	-0.0920	0.0300
	每股净资产(元)	4.0143	4.0690	3.8620	3.9546
	每股经营现金净流量(元)	0.0089	0.3308	-0.3034	0.0767
	每股现金流量(元)	-0.4548	0.0617	0.3832	0.0391
	每股资本公积金(元)	2.6964	2.6964	2.6963	2.6964
	每股盈余公积金(元)	0.1912	0.1865	0.1839	0.1825
	每股未分配利润(元)	0.1267	0.1861	-0.0182	0.0756
	净资产收益率(%)	-0.2412	2.8126	-2.3931	0.7476
	加权净资产收益率(%)	-0.2400	2.8500	-2.3600	0.7500
	净资产收益率(扣除)(%)	-0.2856	3.5827	-2.4858	-0.4014
	总资产(万元)	288271.63	306693.08	314612.61	277671.07
	归属母公司股东权益(万元)	144556.17	146525.34	139071.16	142404.35
	营业收入(万元)	21889.89	99137.57	18902.37	44430.41
	营业支出(万元)	12140.15	65950.96	12197.18	25394.82
	投资收益(万元)	1154.40	1875.56	462.14	2083.88
	净利润(万元)	-989.12	2897.64	-3328.13	1064.59
	营业利润(万元)	-518.38	4403.47	-3848.87	-900.93
	利润总额(万元)	-428.41	3894.00	-3703.67	784.38

中弘控股股份有限公司

公司概况

公司名称	中弘控股股份有限公司			证券简称	中弘股份
法人代表	王永红	董秘	金洁	证券代码	000979
公司网址	www.zhonghongholdings.com		电子信箱	jinjie139@126.com	
电　　话	010-59279999 9979		传　　真	010-59279979	
办公地址	北京市朝阳区朝阳北路五里桥一街非中心1号院25号楼				
经营范围	房地产开发、实业投资、管理、经营及咨询、基础建设投资、商品房销售等				

主要财务指标

指标＼报告期	2015.06.30	2014.12.31	2014.06.30	2013.12.31
基本每股收益(元)	0.1600	0.1500	0.2900	0.1100
基本每股收益(扣除后)(元)	0.1200	0.1400	0.2900	0.0600
稀释每股收益(元)	0.1600	0.1500	0.2900	0.1100
每股净资产(元)	1.3700	1.9486	1.5245	1.2344
每股经营现金净流量(元)	-0.1463	-1.3284	-1.7984	-0.7455
每股现金流量(元)	-0.1903	0.2144	-0.0065	0.5455
每股资本公积金(元)	0.0558	0.6944	-	-
每股盈余公积金(元)	0.0197	0.0315	0.0471	0.0471
每股未分配利润(元)	0.2915	0.2227	0.4774	0.1873
净资产收益率(%)	11.6472	5.1897	19.0282	9.2113
加权净资产收益率(%)	12.2800	11.5100	21.0300	8.3600
净资产收益率(扣除)(%)	8.9718	4.7800	19.0089	4.5064
总资产(万元)	1718775.04	1781989.54	1630786.86	1160940.44
归属母公司股东权益(万元)	629674.79	561471.39	293165.43	237381.34
营业收入(万元)	67883.84	248497.69	231753.03	111939.45
营业支出(万元)	17243.18	134517.78	119101.61	48460.29
投资收益(万元)	46595.73	5294.74	1079.07	2122.41
净利润(万元)	74005.67	29437.31	55784.09	21865.79
营业利润(万元)	70853.50	43240.43	62276.60	17543.12
利润总额(万元)	93329.94	46218.72	62249.75	29497.72

黄山金马股份有限公司

公司概况

公司名称	黄山金马股份有限公司			证券简称	金马股份
法人代表	燕根水	董秘	杨海峰	证券代码	000980
公司网址	www.hsjinma.com		电子信箱	jinma@hsjinma.com	
电　　话	0559-6537831		传　　真	0559-6537888	
办公地址	安徽省黄山市歙县经济技术开发区				
经营范围	车用仪表及车用零部件、防盗门的生产和销售等				

主要财务指标

指标＼报告期	2015.06.30	2014.12.31	2014.06.30	2013.12.31
基本每股收益(元)	0.0500	0.0800	0.0600	0.1200
基本每股收益(扣除后)(元)	0.0500	0.0600	0.0400	0.1200
稀释每股收益(元)	0.0500	0.0800	0.0600	0.1200
每股净资产(元)	3.8706	3.8222	3.8036	3.7572
每股经营现金净流量(元)	0.1765	-0.6377	-0.0917	0.1391
每股现金流量(元)	-0.5295	-0.5684	-0.2289	1.4091
每股资本公积金(元)	2.3990	2.3990	2.3995	2.3995
每股盈余公积金(元)	0.0381	0.0381	0.0331	0.0331
每股未分配利润(元)	0.4335	0.3841	0.3709	0.3246
净资产收益率(%)	1.2783	2.0791	1.6120	1.9657
加权净资产收益率(%)	1.2900	2.1000	1.6200	3.1700
净资产收益率(扣除)(%)	1.2684	1.4559	-	1.8884
总资产(万元)	305735.31	290900.17	273956.85	280962.66
归属母公司股东权益(万元)	204423.54	201863.15	200880.86	198432.80
营业收入(万元)	66306.75	111138.08	50557.88	90247.60
营业支出(万元)	52972.37	90831.89	40489.31	69124.21
投资收益(万元)	253.36	162.48	-	-
净利润(万元)	2613.84	4206.89	3238.16	3900.58
营业利润(万元)	3233.24	3285.69	2386.80	4750.89
利润总额(万元)	3123.26	4975.42	3834.99	4898.18

银亿房地产股份有限公司

公司概况

公司名称	银亿房地产股份有限公司			证券简称	银亿股份
法人代表	熊续强	董秘	罗瑞华	证券代码	000981
公司网址	www.chinayinyi.cn		电子信箱	000981@chinayinyi.cn	
电　　话	0574-87037581 87653687		传　　真	0574-87653689	
办公地址	浙江省宁波市江北区人民路132号银亿外滩大厦6楼				
经营范围	房地产开发、经营、商品房销售、物业管理、装饰装修、房屋租赁等				

主要财务指标

指标＼报告期	2015.06.30	2014.12.31	2014.06.30	2013.12.31
基本每股收益(元)	0.3200	0.7100	0.3100	0.7400
基本每股收益(扣除后)(元)	0.2700	0.6300	0.3000	0.6900
稀释每股收益(元)	0.3200	0.7100	0.3100	0.7400
每股净资产(元)	10.3412	5.5147	5.2638	8.9669
每股经营现金净流量(元)	0.3558	-1.1380	-3.7735	-0.0649
每股现金流量(元)	-1.5721	-2.1770	-2.8842	3.1089
每股资本公积金(元)	1.2387	1.2387	1.2387	1.2387
每股盈余公积金(元)	0.3659	0.3659	0.4151	0.4159
每股未分配利润(元)	7.7366	7.3850	6.8814	6.3124
净资产收益率(%)	5.5350	12.9139	5.9676	14.9555
加权净资产收益率(%)	5.5700	13.5500	6.1500	15.9000
净资产收益率(扣除)(%)	4.6424	11.4875	5.7753	13.9089
总资产(万元)	2638328.70	2650231.52	2577341.31	2401348.20
归属母公司股东权益(万元)	490388.55	473716.92	452165.09	425218.62
营业收入(万元)	212136.52	631364.01	263192.89	460486.94
营业支出(万元)	169737.46	423544.59	174211.43	301792.36
投资收益(万元)	26957.63	3858.88	828.82	14310.92
净利润(万元)	24110.99	60247.30	26983.30	63593.76
营业利润(万元)	25364.26	84481.83	37314.68	85084.38
利润总额(万元)	25411.13	90527.48	38274.97	97581.50

宁夏中银绒业股份有限公司

公司概况

公司名称	宁夏中银绒业股份有限公司			证券简称	中银绒业
法人代表	李卫东	董秘	陈晓非	证券代码	000982
公司网址	www.zhongyincashmere.com		电子信箱	chenxiaofei@zhongyincashmere.com	
电　　话	0951-4038950 8934 8935		传　　真	0951-4519290	
办公地址	宁夏回族自治区灵武市羊绒工业园区中银大道南侧				
经营范围	无毛绒、绒条、羊绒纱、羊绒衫等的内销与出口等				

主要财务指标

指标＼报告期	2015.06.30	2014.12.31	2014.06.30	2013.12.31
基本每股收益(元)	0.0100	0.0500	0.1300	0.3900
基本每股收益(扣除后)(元)	0.0110	0.0300	0.1200	0.3300
稀释每股收益(元)	0.0100	0.0500	0.1300	0.3900
每股净资产(元)	2.3464	2.3400	4.3527	2.7339
每股经营现金净流量(元)	-0.0634	0.2716	-0.0136	-0.7434
每股现金流量(元)	0.1278	0.0257	0.1302	0.0432
每股资本公积金(元)	1.1239	1.1239	2.5237	0.7522
每股盈余公积金(元)	0.0314	0.0314	0.0500	0.0698
每股未分配利润(元)	0.2078	0.2003	0.7925	0.9501
净资产收益率(%)	0.3219	2.0629	2.5598	14.3058
加权净资产收益率(%)	0.3100	2.3700	4.3100	15.2500
净资产收益率(扣除)(%)	0.4701	1.0580	2.2796	12.0495
总资产(万元)	1462179.46	1270918.64	1114510.32	853852.75
归属母公司股东权益(万元)	423536.25	422378.36	436485.86	196529.20
营业收入(万元)	132353.88	310353.36	135686.19	311065.20
营业支出(万元)	108226.30	257715.49	106624.65	244337.11
投资收益(万元)	-104.64	140.23	-	4.10
净利润(万元)	1354.78	8948.38	11173.23	28115.13
营业利润(万元)	-1350.87	600.99	7522.95	19167.69
利润总额(万元)	2551.23	10745.22	12569.51	31817.24

山西西山煤电股份有限公司

公司概况

公司名称	山西西山煤电股份有限公司		证券简称	西山煤电
法人代表	薛道成	董秘 支亚毅	证券代码	000983
公司网址	www.xsmd.com.cn		电子信箱	zqb000983@163.com
电　话	0351-6217295 6137052		传　真	0351-6127434
办公地址	山西省太原市西矿街 318 号			
经营范围	煤炭生产、洗选加工、电力生产及销售、矿山开发及设计施工、矿用电力器材生产、经营等			

主要财务指标

指标\报告期	2015.06.30	2014.12.31	2014.06.30	2013.12.31
基本每股收益(元)	0.0643	0.0867	0.1183	0.3352
基本每股收益(扣除后)(元)	0.0644	0.0811	0.1161	0.3226
稀释每股收益(元)	0.0643	0.0867	0.1183	0.3352
每股净资产(元)	5.1891	5.0298	5.2627	5.0840
每股经营现金净流量(元)	-0.1788	0.2965	0.4902	0.7895
每股现金流量(元)	0.1589	0.0640	0.0878	-0.7080
每股资本公积金(元)	0.2958	0.2958	0.2963	0.2963
每股盈余公积金(元)	0.5434	0.5434	0.5408	0.5408
每股未分配利润(元)	3.0157	2.9514	2.9951	2.8767
净资产收益率(%)	1.2395	1.7237	2.2487	6.5925
加权净资产收益率(%)	0.4100	1.7100	2.2900	6.7900
净资产收益率(扣除)(%)	1.2409	1.6120	2.2068	6.3451
总资产(万元)	5037001.96	4819695.23	4703082.66	4616216.77
归属母公司股东权益(万元)	1635191.88	1585001.03	1658381.09	1602072.40
营业收入(万元)	928043.39	2439091.95	1225271.58	2950013.15
营业支出(万元)	649402.12	1778787.14	887746.48	2123254.24
投资收益(万元)	2549.13	7772.75	1350.47	11697.87
净利润(万元)	25460.19	34999.55	37292.68	105616.28
营业利润(万元)	34125.24	44236.47	49287.93	162210.75
利润总额(万元)	34071.44	46658.82	50327.62	168164.18

大庆华科股份有限公司

公司概况

公司名称	大庆华科股份有限公司		证券简称	大庆华科
法人代表	徐永宁	董秘 孟凡礼	证券代码	000985
公司网址	www.huake.com		电子信箱	huake@huake.com
电　话	0459-6280287		传　真	0459-6280287
办公地址	黑龙江省大庆市高新技术产业开发区建设路 239 号			
经营范围	生产销售石油化工产品、生产销售药品、保健食品等、进出口业务等			

主要财务指标

指标\报告期	2015.06.30	2014.12.31	2014.06.30	2013.12.31
基本每股收益(元)	-0.0550	0.1100	0.1420	0.0800
基本每股收益(扣除后)(元)	-0.0580	0.1090	0.1410	0.0784
稀释每股收益(元)	-0.0550	0.1100	0.1420	0.0800
每股净资产(元)	3.7759	3.8717	3.9129	3.8176
每股经营现金净流量(元)	-0.1083	0.8366	0.7216	0.4229
每股现金流量(元)	-0.2923	0.5708	0.4177	-0.0863
每股资本公积金(元)	1.9974	1.9974	1.9974	1.9974
每股盈余公积金(元)	0.3313	0.3313	0.3206	0.3206
每股未分配利润(元)	0.3518	0.4671	0.5125	0.4205
净资产收益率(%)	-1.4631	2.7728	3.6303	2.0827
加权净资产收益率(%)	-1.4600	2.7900	3.6500	2.1300
净资产收益率(扣除)(%)	-1.5288	2.8082	3.5989	2.0537
总资产(万元)	57838.64	63507.64	66484.68	61417.66
归属母公司股东权益(万元)	48950.69	50192.66	50727.27	49491.09
营业收入(万元)	40579.47	142284.34	73907.93	117538.91
营业支出(万元)	35942.34	128973.22	65142.92	106702.29
投资收益(万元)	10.63	10.63	10.63	10.63
净利润(万元)	-716.18	1391.76	1841.57	1030.74
营业利润(万元)	-753.65	1623.52	2355.54	1136.05
利润总额(万元)	-715.78	1602.66	2374.27	1152.95

广州友谊集团股份有限公司

公司概况

公司名称	广州友谊集团股份有限公司		证券简称	广州友谊
法人代表	房向前	董秘 江国源	证券代码	000987
公司网址	www.cgzfs.com		电子信箱	gzfs@cgzfs.com
电　话	020-83483236 83483211		传　真	020-83572228
办公地址	广东省广州市越秀区环市东路 369 号			
经营范围	百货零售等			

主要财务指标

指标\报告期	2015.06.30	2014.12.31	2014.06.30	2013.12.31
基本每股收益(元)	0.3100	0.7300	0.3600	0.8600
基本每股收益(扣除后)(元)	0.3200	0.6300	0.3500	0.7800
稀释每股收益(元)	0.3100	0.7300	0.3600	0.8600
每股净资产(元)	5.8644	6.0557	5.6820	5.8239
每股经营现金净流量(元)	-0.3903	0.1583	-0.6325	0.8903
每股现金流量(元)	0.2160	-3.0880	-1.4752	-0.9999
每股资本公积金(元)	0.1676	0.1676	0.1676	0.1676
每股盈余公积金(元)	1.1730	1.1730	1.0963	1.0963
每股未分配利润(元)	3.5238	3.7151	3.4181	3.5600
净资产收益率(%)	5.2649	12.0846	6.3026	14.7757
加权净资产收益率(%)	5.1100	12.3200	5.9700	15.4800
净资产收益率(扣除)(%)	5.5039	10.3899	6.0780	13.4441
总资产(万元)	311281.20	344506.44	335793.60	360800.49
归属母公司股东权益(万元)	210508.70	217373.59	203959.68	209052.78
营业收入(万元)	140191.75	336262.09	170557.58	409205.49
营业支出(万元)	104421.60	255793.87	129672.96	319162.39
投资收益(万元)	2519.27	6609.67	673.93	4027.89
净利润(万元)	11083.02	26272.49	12854.81	30888.99
营业利润(万元)	17630.82	35330.81	17649.41	41302.88
利润总额(万元)	15065.57	35455.61	17775.17	41685.83

华工科技产业股份有限公司

公司概况

公司名称	华工科技产业股份有限公司		证券简称	华工科技
法人代表	马新强	董秘 刘含树	证券代码	000988
公司网址	www.hgtech.com.cn		电子信箱	0988@hgtech.com.cn
电　话	027-87180126		传　真	027-87180167
办公地址	湖北省武汉市东湖高新技术开发区华中科技大学科技园 6 路 1 号			
经营范围	激光器、激光加工设备及成套设备、激光全息综合防伪标识等			

主要财务指标

指标\报告期	2015.06.30	2014.12.31	2014.06.30	2013.12.31
基本每股收益(元)	0.1000	0.1900	0.0600	0.0600
基本每股收益(扣除后)(元)	0.0800	0.1300	0.0500	-0.0300
稀释每股收益(元)	0.1000	0.1900	0.0600	0.0600
每股净资产(元)	3.2451	3.1653	3.0331	2.9809
每股经营现金净流量(元)	-0.0788	0.2013	-0.0241	0.0988
每股现金流量(元)	-0.1492	0.2499	-0.0576	-0.0137
每股资本公积金(元)	1.0336	1.0342	0.9888	0.9892
每股盈余公积金(元)	0.0849	0.0849	0.0831	0.0831
每股未分配利润(元)	1.0988	1.0240	0.9460	0.8945
净资产收益率(%)	3.0756	5.9686	2.0282	1.9885
加权净资产收益率(%)	3.1100	6.0100	2.0400	2.0000
净资产收益率(扣除)(%)	2.5479	3.9640	1.6428	-0.8855
总资产(万元)	484207.05	469094.24	441098.92	417296.57
归属母公司股东权益(万元)	289175.53	282063.57	270287.11	265633.64
营业收入(万元)	126025.58	235332.76	112454.39	177737.49
营业支出(万元)	95653.46	175024.21	84255.26	132841.26
投资收益(万元)	2673.24	4239.13	-29.41	8041.12
净利润(万元)	8626.88	16882.71	5482.09	5282.22
营业利润(万元)	8583.21	15136.98	6494.18	6153.03
利润总额(万元)	10412.00	20469.37	7669.81	8550.50

九芝堂股份有限公司

公司概况	公司名称	九芝堂股份有限公司		证券简称	九芝堂
	法人代表	张峥	董秘 徐向平	证券代码	000989
	公司网址	www.hnjzt.com	电子信箱	hnjzt@hnjzt.com	
	电话	0731-84499762	传真	0731-84499759	
	办公地址	湖南省长沙市岳麓区桐梓坡西路 339 号			
	经营范围	生产、销售(限自产)片剂、颗粒剂、茶剂、丸剂等			

主要财务指标	指标\报告期	2015.06.30	2014.12.31	2014.06.30	2013.12.31
	基本每股收益(元)	0.2700	0.8300	0.2400	0.7600
	基本每股收益(扣除后)(元)	0.2500	0.5200	0.2000	0.3500
	稀释每股收益(元)	0.2700	0.8300	0.2400	0.7600
	每股净资产(元)	5.6714	5.4038	4.8220	5.1781
	每股经营现金净流量(元)	0.3514	0.3985	0.3066	0.0956
	每股现金流量(元)	-0.9333	-0.1099	-1.3485	-0.3770
	每股资本公积金(元)	1.9747	1.9747	1.9747	1.9747
	每股盈余公积金(元)	0.5697	0.5697	0.5697	0.5697
	每股未分配利润(元)	2.1271	1.8595	1.2777	1.6338
	净资产收益率(%)	4.7183	15.2804	5.0585	14.5896
	加权净资产收益率(%)	4.8300	15.7600	4.6900	14.9000
	净资产收益率(扣除)(%)	4.3225	9.6427	4.1508	6.7484
	总资产(万元)	221287.72	214933.72	185080.17	189108.43
	归属母公司股东权益(万元)	168785.10	160821.29	143506.46	154103.55
	营业收入(万元)	74244.98	140535.04	66537.13	121184.41
	营业支出(万元)	34020.20	63676.61	29587.89	53737.26
	投资收益(万元)	419.34	1655.10	922.09	11934.57
	净利润(万元)	7975.04	24594.45	7259.23	22483.05
	营业利润(万元)	8902.23	20420.10	7732.94	24726.82
	利润总额(万元)	9271.68	29424.22	8360.57	27048.43

诚志股份有限公司

公司概况	公司名称	诚志股份有限公司		证券简称	诚志股份
	法人代表	龙大伟	董秘 邹勇华	证券代码	000990
	公司网址	www.chengzhi.com.cn	电子信箱	chengzhi@chengzhi.com.cn	
	电话	0791-83826898	传真	0791-83826899	
	办公地址	江西省南昌市经济技术开发区玉屏东大街 299 号清华科技园(江西)华江大厦			
	经营范围	液晶材料、医药中间体、中西药、生命科学及生物工程、精细及日用化工产品等			

主要财务指标	指标\报告期	2015.06.30	2014.12.31	2014.06.30	2013.12.31
	基本每股收益(元)	0.0280	0.2290	0.0370	0.1750
	基本每股收益(扣除后)(元)	0.0080	-0.0350	0.0220	0.1420
	稀释每股收益(元)	0.0280	0.2290	0.0370	0.1750
	每股净资产(元)	5.9775	5.9801	5.5586	5.5569
	每股经营现金净流量(元)	-0.6281	-0.3669	-0.4880	0.6526
	每股现金流量(元)	-0.5971	0.1889	-0.5594	0.2258
	每股资本公积金(元)	3.8037	3.8037	3.2382	3.2471
	每股盈余公积金(元)	0.1289	0.1289	0.1683	0.1683
	每股未分配利润(元)	1.0530	1.0555	1.1684	1.1611
	净资产收益率(%)	0.4606	3.1584	0.6705	3.1438
	加权净资产收益率(%)	0.5000	4.0000	0.7000	3.2000
	净资产收益率(扣除)(%)	0.1408	-0.4876	0.3873	2.5475
	总资产(万元)	473791.63	392086.41	343217.36	333004.15
	归属母公司股东权益(万元)	231736.78	231840.14	165108.05	165057.70
	营业收入(万元)	160642.94	401085.80	192289.24	399993.53
	营业支出(万元)	142349.25	366501.37	175581.32	367274.71
	投资收益(万元)	-74.84	555.04	158.26	3527.54
	净利润(万元)	1814.03	7682.19	1107.12	5189.06
	营业利润(万元)	1209.47	-130.00	1209.62	6549.80
	利润总额(万元)	2149.75	8521.45	1757.81	7770.58

福建闽东电力股份有限公司

公司概况	公司名称	福建闽东电力股份有限公司		证券简称	闽东电力
	法人代表	张斌	董秘 陈凌旭	证券代码	000993
	公司网址	www.mdep.com.cn	电子信箱	mdep@mdep.com.cn	
	电话	0593-2768888 2768811	传真	0593-2098993	
	办公地址	福建省宁德市蕉城区环城路 143 号华隆大厦 8-10 楼			
	经营范围	电力生产和电力开发等			

主要财务指标	指标\报告期	2015.06.30	2014.12.31	2014.06.30	2013.12.31
	基本每股收益(元)	0.0800	0.0700	0.1200	0.1500
	基本每股收益(扣除后)(元)	0.0800	0.0300	0.0900	0.1400
	稀释每股收益(元)	0.0800	0.0700	0.1200	0.1500
	每股净资产(元)	4.0404	3.9653	4.4248	4.3594
	每股经营现金净流量(元)	-0.3088	0.4750	0.2222	0.4547
	每股现金流量(元)	-0.3966	-0.1484	0.2333	-0.5635
	每股资本公积金(元)	2.7900	2.7900	2.7910	2.7900
	每股盈余公积金(元)	0.0590	0.0590	0.0967	0.0590
	每股未分配利润(元)	0.1913	0.1161	0.5371	0.1114
	净资产收益率(%)	1.8600	1.7581	2.9481	3.7815
	加权净资产收益率(%)	1.8800	1.7400	3.0600	3.8100
	净资产收益率(扣除)(%)	1.9995	0.7444	1.9214	3.1625
	总资产(万元)	343581.42	385698.92	427343.83	418914.45
	归属母公司股东权益(万元)	150707.28	147904.10	165046.51	147761.47
	营业收入(万元)	57314.51	115945.40	43630.33	167848.05
	营业支出(万元)	36251.36	61934.88	21512.80	121235.48
	投资收益(万元)	210.69	-1036.97	304.04	3423.21
	净利润(万元)	2582.59	2026.39	4351.37	5563.52
	营业利润(万元)	4384.40	11101.23	7089.25	9642.42
	利润总额(万元)	4218.55	11151.28	7298.99	11034.04

甘肃皇台酒业股份有限公司

公司概况	公司名称	甘肃皇台酒业股份有限公司		证券简称	*ST 皇台
	法人代表	卢鸿毅	董秘 刘峰	证券代码	000995
	公司网址	www.huangtaijiuye.com	电子信箱	htjy000995@126.com	
	电话	0935-6139865	传真	0935-6139888	
	办公地址	甘肃省武威市凉州区西关街新建路 55 号			
	经营范围	白酒、葡萄酒生产、批发零售、自产副产品的批发零售等			

主要财务指标	指标\报告期	2015.06.30	2014.12.31	2014.06.30	2013.12.31
	基本每股收益(元)	-0.0500	-0.2200	-0.0300	-0.1700
	基本每股收益(扣除后)(元)	-0.0500	-0.1800	-0.0300	-0.0200
	稀释每股收益(元)	-0.0500	-0.2200	-0.0300	-0.1700
	每股净资产(元)	0.6105	0.6629	0.8568	0.8844
	每股经营现金净流量(元)	0.0232	-0.2773	-0.0897	-0.0592
	每股现金流量(元)	-0.0293	-0.1738	-0.1176	-0.0482
	每股资本公积金(元)	1.4284	1.4284	1.4284	1.4284
	每股盈余公积金(元)	0.0330	0.0330	0.0330	0.0330
	每股未分配利润(元)	-1.8510	-1.7986	-1.6047	-1.5771
	净资产收益率(%)	-8.5870	-33.4060	-3.2165	-18.6780
	加权净资产收益率(%)	-8.2300	-28.6200	-3.1600	-17.0800
	净资产收益率(扣除)(%)	-8.6410	-28.2195	-3.2160	-1.8630
	总资产(万元)	49826.92	49578.93	50323.13	46844.16
	归属母公司股东权益(万元)	10830.87	11760.93	15200.84	15689.78
	营业收入(万元)	2794.86	5726.82	3120.16	10788.51
	营业支出(万元)	1096.51	2272.66	1082.15	3880.73
	投资收益(万元)	-	-2.41	-	0.88
	净利润(万元)	-930.05	-3928.85	-488.94	-2930.53
	营业利润(万元)	-935.89	-3315.95	-481.86	134.44
	利润总额(万元)	-930.05	-3925.92	-481.94	-2503.79

中国中期投资股份有限公司

公司概况	公司名称	中国中期投资股份有限公司			证券简称	中国中期
	法人代表	姜新	董秘	徐朝武	证券代码	000996
	公司网址	www.cifco996.com		电子信箱	000996@cifco.net.cn	
	电　　话	010-65807887　65807888		传　　真	010-65807889	
	办公地址	北京市朝阳区光华路14号中国中期大厦A座6层				
	经营范围	期货经纪业、汽车服务业、物流服务业等				

主要财务指标	指标\报告期	2015.06.30	2014.12.31	2014.06.30	2013.12.31
	基本每股收益(元)	0.0469	0.0413	0.0281	0.0800
	基本每股收益(扣除后)(元)	0.0471	0.0433	0.0280	-
	稀释每股收益(元)	0.0469	0.0413	0.0281	0.0800
	每股净资产(元)	2.5585	2.5116	2.4697	2.4405
	每股经营现金净流量(元)	-0.0179	-0.0243	-0.5866	-0.0084
	每股现金流量(元)	-0.0186	0.0029	0.0034	-0.3733
	每股资本公积金(元)	1.1172	1.1172	0.6480	0.6468
	每股盈余公积金(元)	0.1479	0.1479	0.1819	0.1819
	每股未分配利润(元)	0.2934	0.2465	0.6399	0.6117
	净资产收益率(%)	1.8340	1.6453	1.1393	3.2775
	加权净资产收益率(%)	1.8500	1.6700	1.1500	3.3000
	净资产收益率(扣除)(%)	1.8401	1.7230	1.1356	3.2077
	总资产(万元)	64997.61	65450.47	79084.65	63012.17
	归属母公司股东权益(万元)	58845.56	57766.35	56803.95	56130.78
	营业收入(万元)	3619.72	8299.87	30834.22	9483.87
	营业支出(万元)	3392.40	7792.43	29728.97	8669.99
	投资收益(万元)	1569.71	2625.44	1012.05	3021.54
	净利润(万元)	1078.10	931.82	647.17	1839.68
	营业利润(万元)	1083.29	741.56	645.52	1805.49
	利润总额(万元)	1079.47	755.50	646.83	1845.27

福建新大陆电脑股份有限公司

公司概况	公司名称	福建新大陆电脑股份有限公司			证券简称	新大陆
	法人代表	胡钢	董秘	王栋	证券代码	000997
	公司网址	www.newlandcomputer.com		电子信箱	newlandzq@newlandcomputer.com	
	电　　话	0591-83979997		传　　真	0591-83979997	
	办公地址	福建省福州市马尾区儒江西路1号新大陆科技园				
	经营范围	电子计算机及其外部设备、税控收款机的制造、销售、租赁等				

主要财务指标	指标\报告期	2015.06.30	2014.12.31	2014.06.30	2013.12.31
	基本每股收益(元)	0.2000	0.5400	0.2000	0.4300
	基本每股收益(扣除后)(元)	0.1900	0.5000	0.1800	0.4200
	稀释每股收益(元)	0.2000	0.5400	0.2000	0.4300
	每股净资产(元)	2.2009	3.5846	3.3351	3.1870
	每股经营现金净流量(元)	0.1010	0.6081	0.0068	0.9067
	每股现金流量(元)	-0.0460	-0.2546	-0.3937	0.0522
	每股资本公积金(元)	0.0608	0.8929	0.9531	0.9531
	每股盈余公积金(元)	0.1270	0.2286	0.2113	0.2113
	每股未分配利润(元)	1.0114	1.4604	1.1687	1.0207
	净资产收益率(%)	9.0877	14.7845	5.9380	13.5483
	加权净资产收益率(%)	9.5600	15.6900	6.0300	14.3100
	净资产收益率(扣除)(%)	8.5769	13.7190	5.4767	13.3062
	总资产(万元)	379449.47	371178.15	368500.00	369372.09
	归属母公司股东权益(万元)	206141.53	186521.78	170177.01	162623.32
	营业收入(万元)	135417.80	223545.62	78266.77	185982.30
	营业支出(万元)	78892.69	133489.03	44688.17	111520.76
	投资收益(万元)	2024.76	901.43	112.75	-1281.02
	净利润(万元)	20563.52	30309.70	10105.19	22032.70
	营业利润(万元)	24936.15	34103.95	12282.44	25695.48
	利润总额(万元)	25744.84	36808.43	13501.48	28950.45

袁隆平农业高科技股份有限公司

公司概况	公司名称	袁隆平农业高科技股份有限公司			证券简称	隆平高科
	法人代表	伍跃时	董秘	陈志新	证券代码	000998
	公司网址	www.lpht.com.cn		电子信箱	lpht@lpht.com.cn	
	电　　话	0731-82183881　82183880		传　　真	0731-82183881　82183880	
	办公地址	湖南省长沙市车站北路459号证券大厦9楼				
	经营范围	以杂交水稻、蔬菜为主的高科技农作物种子、种苗的培育、繁殖、推广和销售等				

主要财务指标	指标\报告期	2015.06.30	2014.12.31	2014.06.30	2013.12.31
	基本每股收益(元)	0.1835	0.3634	0.1325	0.2038
	基本每股收益(扣除后)(元)	0.1358	0.2600	0.2300	0.2000
	稀释每股收益(元)	0.1835	0.3634	0.1325	0.2038
	每股净资产(元)	2.0548	1.9214	3.4336	1.7300
	每股经营现金净流量(元)	0.0867	0.2772	0.0035	0.4958
	每股现金流量(元)	-0.1104	0.0129	-0.3414	0.2029
	每股资本公积金(元)	0.0388	0.0388	1.0249	1.0292
	每股盈余公积金(元)	0.0851	0.0851	0.1656	0.1656
	每股未分配利润(元)	0.9354	0.8019	1.2516	0.9865
	净资产收益率(%)	8.9315	18.9158	7.7194	11.7890
	加权净资产收益率(%)	9.1200	20.7600	8.0200	14.6200
	净资产收益率(扣除)(%)	6.6106	13.5592	6.8432	6.7137
	总资产(万元)	404136.26	410522.38	364770.76	383277.98
	归属母公司股东权益(万元)	204676.85	191385.80	171008.35	158008.41
	营业收入(万元)	80315.43	181542.49	72655.30	188471.63
	营业支出(万元)	51638.80	115388.47	46523.62	124363.62
	投资收益(万元)	3261.12	3533.32	360.30	8027.86
	净利润(万元)	16839.95	32583.54	12064.87	30330.93
	营业利润(万元)	15350.77	23615.20	10310.71	27073.30
	利润总额(万元)	16841.18	32587.57	12068.81	30980.39

华润三九医药股份有限公司

公司概况	公司名称	华润三九医药股份有限公司			证券简称	华润三九
	法人代表	王春城	董秘	周辉	证券代码	000999
	公司网址	www.999.com.cn		电子信箱	000999@999.com.cn	
	电　　话	0755-83360999-393692		传　　真	0755-83360999*396006	
	办公地址	广东省深圳市龙华新区观澜高新园区观清路1号				
	经营范围	药品的开发、生产、销售、相关技术开发、转让、服务等				

主要财务指标	指标\报告期	2015.06.30	2014.12.31	2014.06.30	2013.12.31
	基本每股收益(元)	0.6400	1.0600	0.5700	1.1300
	基本每股收益(扣除后)(元)	0.6300	1.0200	0.6300	1.1800
	稀释每股收益(元)	0.6400	1.0600	0.5700	1.1300
	每股净资产(元)	7.5462	6.9057	6.9118	6.2814
	每股经营现金净流量(元)	0.6651	1.2100	0.5162	1.3737
	每股现金流量(元)	0.5253	-0.0504	0.3430	-0.0277
	每股资本公积金(元)	1.1714	1.1714	1.1737	1.1740
	每股盈余公积金(元)	0.4783	0.4783	0.4372	0.4372
	每股未分配利润(元)	4.9068	4.2662	4.3072	3.5092
	净资产收益率(%)	8.4891	15.3239	9.1170	19.2086
	加权净资产收益率(%)	8.8700	15.9300	8.8800	19.4600
	净资产收益率(扣除)(%)	8.3938	14.8099	9.0486	18.7724
	总资产(万元)	1108509.34	1066724.24	1047874.12	997575.99
	归属母公司股东权益(万元)	738700.25	675994.53	676597.34	598439.76
	营业收入(万元)	369569.70	727658.56	349753.20	729327.74
	营业支出(万元)	142059.97	281218.08	133356.13	270006.28
	投资收益(万元)	2181.88	4743.62	3147.71	347.56
	净利润(万元)	64555.92	107214.24	58151.95	114231.76
	营业利润(万元)	75799.05	122803.07	68493.22	133906.45
	利润总额(万元)	76663.90	125960.50	69049.28	136066.01

重庆宗申动力机械股份有限公司

公司概况	公司名称	重庆宗申动力机械股份有限公司		证券简称	宗申动力
	法人代表	左宗申	董秘 李建平	证券代码	001696
	公司网址	www.zsengine.com		电子信箱	zsdl001696@zsengine.com
	电 话	023-66372632		传 真	023-66372648
	办公地址	重庆市巴南区宗申工业园			
	经营范围	开发、生产和销售各类摩托车发动机、通用动力机械及零配件等			

主要财务指标	指标\报告期	2015.06.30	2014.12.31	2014.06.30	2013.12.31
	基本每股收益(元)	0.1719	0.3300	0.1739	0.2600
	基本每股收益(扣除后)(元)	0.1640	0.3200	0.1803	0.2500
	稀释每股收益(元)	0.1719	0.3300	0.1739	0.2600
	每股净资产(元)	3.0201	2.8784	2.7248	2.5809
	每股经营现金净流量(元)	0.1520	0.2396	0.0991	-0.0859
	每股现金流量(元)	0.5241	-0.3337	-0.2751	-0.0999
	每股资本公积金(元)	0.4764	0.4764	0.4764	0.4764
	每股盈余公积金(元)	0.1747	0.1747	0.1701	0.1701
	每股未分配利润(元)	1.3774	1.2355	1.0919	0.9480
	净资产收益率(%)	5.6919	11.3848	6.3832	10.3861
	加权净资产收益率(%)	5.8100	12.0000	6.5200	10.2900
	净资产收益率(扣除)(%)	5.4309	11.2835	6.6185	10.0078
	总资产(万元)	653401.58	579182.38	568801.35	487861.64
	归属母公司股东权益(万元)	345807.25	329589.67	311995.61	295519.22
	营业收入(万元)	231914.72	443778.92	234270.37	436448.96
	营业支出(万元)	187600.79	360617.87	184715.53	361056.67
	投资收益(万元)	3610.55	3969.26	1578.30	3995.63
	净利润(万元)	22367.71	42498.80	19915.34	30693.00
	营业利润(万元)	25361.88	48016.99	24627.11	35848.52
	利润总额(万元)	25946.92	49729.24	25316.25	37220.91

河南豫能控股股份有限公司

公司概况	公司名称	河南豫能控股股份有限公司		证券简称	豫能控股
	法人代表	郑晓彬	董秘 王璞	证券代码	001896
	公司网址	www.yuneng.com.cn		电子信箱	yunengwp@126.com
	电 话	0371-69515111		传 真	0371-69515114
	办公地址	河南省郑州市农业路东41号投资大厦B座8-12层			
	经营范围	电力开发、生产和销售(国家专项规定的除外)、高新技术开发、推广及服务等			

主要财务指标	指标\报告期	2015.06.30	2014.12.31	2014.06.30	2013.12.31
	基本每股收益(元)	0.2294	0.4330	0.3348	0.4673
	基本每股收益(扣除后)(元)	0.2178	0.5684	0.3177	0.3726
	稀释每股收益(元)	0.2294	0.4330	0.3348	0.4673
	每股净资产(元)	4.1147	3.8853	1.7997	1.4649
	每股经营现金净流量(元)	0.7299	1.3171	1.0723	1.5331
	每股现金流量(元)	-1.7990	2.3544	0.2001	-0.1890
	每股资本公积金(元)	3.5960	3.5960	2.0316	2.0316
	每股盈余公积金(元)	0.1672	0.1672	0.2294	0.2294
	每股未分配利润(元)	-0.6485	-0.8779	-1.4612	-1.7960
	净资产收益率(%)	5.5744	11.1454	18.6020	31.8972
	加权净资产收益率(%)	5.7300	26.6700	20.5100	37.9500
	净资产收益率(扣除)(%)	5.2930	10.6617	17.6529	25.4331
	总资产(万元)	1187548.65	1214142.44	469039.78	468608.99
	归属母公司股东权益(万元)	351917.26	332299.88	112185.64	91316.90
	营业收入(万元)	157681.01	335595.03	166145.29	350019.58
	营业支出(万元)	105767.55	245394.94	118844.90	275454.96
	投资收益(万元)	-	-	-	-
	净利润(万元)	23400.40	47113.24	20868.73	29127.50
	营业利润(万元)	31191.70	58137.92	30411.22	39120.93
	利润总额(万元)	31232.87	59339.02	30642.60	39483.06

浙江新和成股份有限公司

公司概况	公司名称	浙江新和成股份有限公司		证券简称	新 和 成
	法人代表	胡柏藩	董秘 石观群	证券代码	002001
	公司网址	www.cnhu.com		电子信箱	investor@cnhu.com
	电 话	0575-86017157		传 真	0575-86125377
	办公地址	浙江省绍兴市新昌县七星街道大道西路418号			
	经营范围	有机化工产品及饲料添加剂的生产、销售等			

主要财务指标	指标\报告期	2015.06.30	2014.12.31	2014.06.30	2013.12.31
	基本每股收益(元)	0.1700	0.7400	0.5000	1.2200
	基本每股收益(扣除后)(元)	0.1400	0.7200	0.5000	1.1800
	稀释每股收益(元)	0.1700	0.7400	0.5000	1.2200
	每股净资产(元)	6.2630	6.4423	6.2051	9.0510
	每股经营现金净流量(元)	0.2940	0.9916	0.4538	1.8390
	每股现金流量(元)	-0.2966	-0.0299	0.0360	0.5365
	每股资本公积金(元)	0.6594	0.6594	0.6599	1.4897
	每股盈余公积金(元)	0.3915	0.3915	0.3333	0.5000
	每股未分配利润(元)	4.2162	4.3958	4.2158	6.0679
	净资产收益率(%)	2.7217	11.5185	8.1210	13.4254
	加权净资产收益率(%)	2.6100	11.9500	8.1600	14.1100
	净资产收益率(扣除)(%)	2.2243	11.1556	-	13.0194
	总资产(万元)	893741.68	912376.41	892430.40	855587.46
	归属母公司股东权益(万元)	681990.33	701516.65	675685.11	657055.77
	营业收入(万元)	193135.81	416420.92	213049.79	423763.51
	营业支出(万元)	141337.99	249955.39	119706.06	262762.67
	投资收益(万元)	3359.15	-49.07	900.81	173.48
	净利润(万元)	18553.79	80804.04	54872.37	88212.07
	营业利润(万元)	23082.38	100562.12	66735.18	103869.08
	利润总额(万元)	24262.80	101649.40	67037.70	105913.72

鸿达兴业股份有限公司

公司概况	公司名称	鸿达兴业股份有限公司		证券简称	鸿达兴业
	法人代表	周奕丰	董秘 林少韩	证券代码	002002
	公司网址	www.002002.cn		电子信箱	hdxygf@hdxy.cn
	电 话	0514-87270833 020-81802222		传 真	0514-87270939 020-81652222
	办公地址	广州市荔湾区东沙荷景路33号鸿达大厦			
	经营范围	PVC片材、板材、PE薄膜、复合包装材料及其他新型包装材料、塑料等			

主要财务指标	指标\报告期	2015.06.30	2014.12.31	2014.06.30	2013.12.31
	基本每股收益(元)	0.2360	0.4069	0.1456	0.5839
	基本每股收益(扣除后)(元)	0.2184	0.3900	0.1428	0.6220
	稀释每股收益(元)	0.2350	0.4065	0.1456	0.5839
	每股净资产(元)	3.3267	3.2823	4.2865	4.0826
	每股经营现金净流量(元)	0.3112	-0.1146	-0.0655	-0.1019
	每股现金流量(元)	0.5142	0.4729	0.1337	0.3845
	每股资本公积金(元)	1.3709	1.3625	2.3273	2.3273
	每股盈余公积金(元)	0.0858	0.0858	0.0862	0.0862
	每股未分配利润(元)	0.8844	0.8484	0.8730	0.6691
	净资产收益率(%)	7.0933	12.2623	4.7565	11.9285
	加权净资产收益率(%)	7.0000	13.0800	4.8700	18.5000
	净资产收益率(扣除)(%)	6.5658	11.7527	4.6637	9.9450
	总资产(万元)	1107129.77	974901.98	829482.85	704852.37
	归属母公司股东权益(万元)	286851.04	283024.44	260213.13	247836.10
	营业收入(万元)	165329.89	332001.01	124782.01	241657.14
	营业支出(万元)	116387.82	252836.70	93494.64	180584.66
	投资收益(万元)	-57.75	67.57	256.05	452.46
	净利润(万元)	20585.41	34693.82	12377.03	29563.22
	营业利润(万元)	23289.62	41202.29	14484.41	33843.48
	利润总额(万元)	24833.47	42893.70	14769.12	36020.68

浙江伟星实业发展股份有限公司

公司概况	公司名称	浙江伟星实业发展股份有限公司			证券简称	伟星股份
	法人代表	章卡鹏	董秘	谢瑾琨	证券代码	002003
	公司网址	www.weixing.cn		电子信箱	002003@weixing.cn	
	电　　话	0576-85125002		传　　真	0576-85126598	
	办公地址	浙江省临海市前江南路 8 号伟星股份大洋工业园区				
	经营范围	钮扣、拉链、人造水晶钻及其他服饰辅料等				

主要财务指标	指标＼报告期	2015.06.30	2014.12.31	2014.06.30	2013.12.31
	基本每股收益(元)	0.2800	0.7000	0.2600	0.6200
	基本每股收益(扣除后)(元)	0.2800	0.6900	0.3100	0.8100
	稀释每股收益(元)	0.2700	0.6900	0.2600	0.6200
	每股净资产(元)	4.1900	5.2591	4.8500	6.6901
	每股经营现金净流量(元)	–0.0239	0.9764	0.1584	1.3689
	每股现金流量(元)	–0.6271	0.0842	–0.3734	–1.0250
	每股资本公积金(元)	1.6011	2.0887	2.0477	2.9537
	每股盈余公积金(元)	0.4144	0.4973	0.4381	0.5696
	每股未分配利润(元)	1.1729	1.6732	1.3627	2.1670
	净资产收益率(%)	6.6512	13.2062	6.4183	12.0779
	加权净资产收益率(%)	6.2600	13.5900	5.9800	12.4600
	净资产收益率(扣除)(%)	6.5993	13.0731	6.4606	12.0896
	总资产(万元)	217925.51	213109.39	213403.80	207262.99
	归属母公司股东权益(万元)	170786.30	178706.97	163237.63	173265.01
	营业收入(万元)	91987.21	184862.89	85309.33	177206.45
	营业支出(万元)	55480.92	111538.25	51845.76	108204.00
	投资收益(万元)	82.47	94.82	162.80	267.40
	净利润(万元)	11428.43	23437.99	10479.81	21159.53
	营业利润(万元)	15082.34	30621.44	14048.95	29158.51
	利润总额(万元)	14931.77	30738.67	13859.56	28645.58

华邦生命健康股份有限公司

公司概况	公司名称	华邦生命健康股份有限公司			证券简称	华邦健康
	法人代表	张松山	董秘	彭云辉	证券代码	002004
	公司网址	www.huapont.com.cn		电子信箱	huapont@163.com	
	电　　话	023-67886900 67886985		传　　真	023-67886986	
	办公地址	重庆市渝北区人和星光大道 69 号				
	经营范围	药品研究、生物化学、试剂产品、精细化工产品开发及自销等				

主要财务指标	指标＼报告期	2015.06.30	2014.12.31	2014.06.30	2013.12.31
	基本每股收益(元)	0.2100	0.6700	0.1600	0.5300
	基本每股收益(扣除后)(元)	0.2100	0.6500	–	0.5200
	稀释每股收益(元)	0.2100	0.6700	0.1600	0.5300
	每股净资产(元)	3.8611	8.2522	8.2553	6.5700
	每股经营现金净流量(元)	–0.2118	0.6748	0.2154	0.6030
	每股现金流量(元)	0.3377	0.1165	1.8691	0.7925
	每股资本公积金(元)	1.9152	4.8828	4.8295	3.1712
	每股盈余公积金(元)	0.0697	0.1942	0.2112	0.2058
	每股未分配利润(元)	0.8650	2.1562	2.1729	2.1654
	净资产收益率(%)	5.4766	7.6974	4.1818	7.9649
	加权净资产收益率(%)	5.7400	8.6400	5.5900	8.4000
	净资产收益率(扣除)(%)	5.3221	7.4733	4.3108	7.8362
	总资产(万元)	1650489.86	1356814.80	1158975.48	774078.06
	归属母公司股东权益(万元)	727235.80	557569.95	557916.14	381411.07
	营业收入(万元)	332325.01	486668.88	260344.80	446502.32
	营业支出(万元)	228143.21	338345.09	189651.11	329728.73
	投资收益(万元)	9141.99	20416.30	4745.74	4359.73
	净利润(万元)	42139.90	44599.92	24203.46	31721.97
	营业利润(万元)	47758.03	48141.74	28552.96	38511.14
	利润总额(万元)	48442.99	49702.03	29094.73	39094.03

广东德豪润达电气股份有限公司

公司概况	公司名称	广东德豪润达电气股份有限公司			证券简称	德豪润达
	法人代表	王冬雷	董秘	邓飞	证券代码	002005
	公司网址	www.electech.com.cn		电子信箱	002005dongmi@electech.com.cn	
	电　　话	0756-3390188		传　　真	0756-3390238	
	办公地址	广东省珠海市香洲区唐家湾镇金凤路 1 号				
	经营范围	开发、生产家用电器、电机、电子、轻工产品、电动器具、自动按摩设备等				

主要财务指标	指标＼报告期	2015.06.30	2014.12.31	2014.06.30	2013.12.31
	基本每股收益(元)	0.0100	0.0109	0.0300	–0.0979
	基本每股收益(扣除后)(元)	–0.0700	–0.2028	–0.0100	–0.1553
	稀释每股收益(元)	0.0100	0.0109	0.0300	–0.0979
	每股净资产(元)	3.9890	3.9779	4.0090	3.6243
	每股经营现金净流量(元)	0.0268	0.2394	0.0456	0.2290
	每股现金流量(元)	0.0904	–0.1150	0.3004	–0.1285
	每股资本公积金(元)	2.4409	2.4409	2.3662	1.9722
	每股盈余公积金(元)	0.0569	0.0569	0.0474	0.0567
	每股未分配利润(元)	0.4799	0.4693	0.5804	0.5612
	净资产收益率(%)	0.2673	0.2512	0.5861	0.2088
	加权净资产收益率(%)	0.2700	0.2900	0.5900	0.2100
	净资产收益率(扣除)(%)	–1.8066	–4.6790	–0.3209	–4.2856
	总资产(万元)	1314838.72	1293599.97	1298024.86	1089968.60
	归属母公司股东权益(万元)	557022.99	555475.81	559821.11	420743.29
	营业收入(万元)	205385.53	415473.36	193490.97	312989.35
	营业支出(万元)	168456.96	326706.12	147498.40	248478.19
	投资收益(万元)	264.68	–11277.44	1198.03	–7678.51
	净利润(万元)	567.57	1335.87	3385.87	–11840.81
	营业利润(万元)	–12219.80	–26793.86	–1466.89	–32279.95
	利润总额(万元)	2138.38	5587.33	4754.76	–9098.65

浙江精功科技股份有限公司

公司概况	公司名称	浙江精功科技股份有限公司			证券简称	*ST 精功
	法人代表	金越顺	董秘	黄伟明	证券代码	002006
	公司网址	www.jgtec.com.cn		电子信箱	zjjgkj@jgtec.com.cn	
	电　　话	0575-84138692		传　　真	0575-84886600	
	办公地址	浙江省绍兴市绍兴柯桥经济开发区柯西工业区鉴湖路 1809 号				
	经营范围	机电一体化的建筑、建材专用设备及轻纺专用设备等				

主要财务指标	指标＼报告期	2015.06.30	2014.12.31	2014.06.30	2013.12.31
	基本每股收益(元)	0.0100	0.0300	0.0300	–0.4400
	基本每股收益(扣除后)(元)	–	–0.2000	0.0200	–0.5000
	稀释每股收益(元)	0.0100	0.0300	0.0300	–0.4400
	每股净资产(元)	1.8764	1.8650	1.8515	1.8209
	每股经营现金净流量(元)	0.0061	0.1238	–0.0110	0.0734
	每股现金流量(元)	–0.0668	0.0839	–0.0826	–0.0618
	每股资本公积金(元)	0.5921	0.5921	0.5768	0.5768
	每股盈余公积金(元)	0.1584	0.1584	0.1584	0.1584
	每股未分配利润(元)	0.1164	0.1060	0.1065	0.0783
	净资产收益率(%)	0.5557	1.4837	1.5224	–23.8968
	加权净资产收益率(%)	0.5600	1.5000	1.5400	–21.3900
	净资产收益率(扣除)(%)	0.0377	–10.6508	1.2490	–27.4836
	总资产(万元)	158074.94	166628.00	199845.38	201380.40
	归属母公司股东权益(万元)	85407.43	84885.44	84274.52	82880.66
	营业收入(万元)	21456.63	90186.77	56026.15	74417.89
	营业支出(万元)	17044.01	75026.39	45642.60	65219.41
	投资收益(万元)	–99.82	9198.45	–276.03	–465.59
	净利润(万元)	423.40	961.21	1283.01	–19805.86
	营业利润(万元)	–85.38	5069.79	1676.95	–25645.82
	利润总额(万元)	423.40	5711.03	1925.82	–22144.78

华兰生物工程股份有限公司

公司概况	公司名称	华兰生物工程股份有限公司			证券简称	华兰生物
	法人代表	安康	董秘	谢军民	证券代码	002007
	公司网址	www.hualanbio.com		电子信箱	hualan@hualanbio.com	
	电　话	0373-3559989		传　真	0373-3559991	
	办公地址	河南省新乡市华兰大道甲 1 号				
	经营范围	生产、销售自产的生物制品、血液制品				

主要财务指标	指标＼报告期	2015.06.30	2014.12.31	2014.06.30	2013.12.31
	基本每股收益(元)	0.5331	0.9266	0.4916	0.8233
	基本每股收益(扣除后)(元)	0.4382	0.7698	0.3897	0.7164
	稀释每股收益(元)	0.5331	0.9266	0.4916	0.8233
	每股净资产(元)	5.7862	5.8530	5.3900	5.2975
	每股经营现金净流量(元)	0.2462	0.8552	0.3644	0.8791
	每股现金流量(元)	0.2784	-0.6121	-0.3477	0.4899
	每股资本公积金(元)	0.6315	0.6315	0.6001	0.6001
	每股盈余公积金(元)	0.4963	0.4963	0.4265	0.4265
	每股未分配利润(元)	3.6583	3.7252	3.3626	3.2709
	净资产收益率(%)	9.2141	15.8247	9.1228	15.4460
	加权净资产收益率(%)	8.7100	16.6600	8.8700	16.8500
	净资产收益率(扣除)(%)	7.5730	13.1470	7.2311	13.4419
	总资产(万元)	382052.74	376963.72	361601.38	364331.59
	归属母公司股东权益(万元)	336351.69	340238.26	313064.58	307741.06
	营业收入(万元)	65710.22	124348.80	52891.57	111761.20
	营业支出(万元)	24887.66	47435.12	17751.02	43856.04
	投资收益(万元)	4053.32	5535.48	1996.82	4915.92
	净利润(万元)	30774.36	53861.97	28560.12	47533.75
	营业利润(万元)	34950.98	58364.74	28842.74	53805.03
	利润总额(万元)	36754.50	62782.63	33352.03	56104.98

大族激光科技产业集团股份有限公司

公司概况	公司名称	大族激光科技产业集团股份有限公司			证券简称	大族激光
	法人代表	高云峰	董秘	杜永刚	证券代码	002008
	公司网址	www.hanslaser.com		电子信箱	bsd@hanslaser.com	
	电　话	0755-86161340		传　真	0755-86161327	
	办公地址	广东省深圳市南山区深南大道 9988 号				
	经营范围	激光加工、PCB、光伏、LED 封装等专用设备的研发、生产及销售等				

主要财务指标	指标＼报告期	2015.06.30	2014.12.31	2014.06.30	2013.12.31
	基本每股收益(元)	0.3000	0.6700	0.2300	0.5300
	基本每股收益(扣除后)(元)	0.2700	0.6100	0.2200	0.3000
	稀释每股收益(元)	0.3000	0.6700	0.2300	0.5300
	每股净资产(元)	4.0185	3.9060	3.4881	3.4013
	每股经营现金净流量(元)	-0.0620	0.9075	-0.1080	0.6300
	每股现金流量(元)	-0.4520	0.1009	-0.3046	0.3001
	每股资本公积金(元)	0.6724	0.6708	0.7609	0.6950
	每股盈余公积金(元)	0.2820	0.2820	0.2167	0.2173
	每股未分配利润(元)	1.9929	1.8931	1.5211	1.4974
	净资产收益率(%)	7.4604	17.1538	6.5470	15.3336
	加权净资产收益率(%)	7.4400	18.4700	6.5100	15.5300
	净资产收益率(扣除)(%)	6.6918	15.5461	6.3409	8.7865
	总资产(万元)	731879.32	719613.73	744488.58	663772.52
	归属母公司股东权益(万元)	424348.80	412463.84	368196.00	357897.81
	营业收入(万元)	254484.07	556559.35	229221.03	433425.29
	营业支出(万元)	157808.86	336133.85	143981.73	276617.46
	投资收益(万元)	1854.54	4481.43	-179.59	22283.72
	净利润(万元)	31492.80	71669.38	24105.61	54878.75
	营业利润(万元)	28160.99	66389.94	21436.59	46380.40
	利润总额(万元)	36826.16	83475.25	28209.35	62277.31

天奇自动化工程股份有限公司

公司概况	公司名称	天奇自动化工程股份有限公司			证券简称	天奇股份
	法人代表	白开军	董秘	费新毅	证券代码	002009
	公司网址	www.chinaconveyor.com		电子信箱	fxy1973@vip.163.com	
	电　话	0510-82720289		传　真	0510-82720289	
	办公地址	江苏省无锡市惠山区洛社镇洛藕路 288 号				
	经营范围	物流机械设备、风电产业及房地产业等				

主要财务指标	指标＼报告期	2015.06.30	2014.12.31	2014.06.30	2013.12.31
	基本每股收益(元)	0.1300	0.3000	0.1300	0.1500
	基本每股收益(扣除后)(元)	0.0900	0.0700	0.1100	0.1600
	稀释每股收益(元)	0.1300	0.3000	0.1300	0.1500
	每股净资产(元)	4.5235	4.4419	4.2741	4.1630
	每股经营现金净流量(元)	0.2484	0.5987	0.0014	0.4081
	每股现金流量(元)	0.4421	-0.2651	0.5967	0.4021
	每股资本公积金(元)	1.9617	1.9617	1.9599	1.9599
	每股盈余公积金(元)	0.1710	0.1710	0.1573	0.1573
	每股未分配利润(元)	1.3699	1.2934	1.1410	1.0340
	净资产收益率(%)	2.7979	6.7103	3.0885	3.1980
	加权净资产收益率(%)	2.8100	6.9300	3.1200	4.2100
	净资产收益率(扣除)(%)	2.0960	2.9589	2.5940	3.3183
	总资产(万元)	392893.90	389281.95	389537.67	392095.32
	归属母公司股东权益(万元)	145207.68	142588.22	137202.69	133636.01
	营业收入(万元)	81611.53	178116.74	79106.11	174690.12
	营业支出(万元)	63130.62	139891.94	60519.14	138882.40
	投资收益(万元)	202.02	972.93	542.58	1217.38
	净利润(万元)	4735.92	9311.30	4237.54	4273.67
	营业利润(万元)	3488.72	4306.88	4863.02	4902.58
	利润总额(万元)	4986.52	9793.23	5840.79	5196.25

浙江传化股份有限公司

公司概况	公司名称	浙江传化股份有限公司			证券简称	传化股份
	法人代表	徐冠巨	董秘	朱江英	证券代码	002010
	公司网址	www.transfarchem.com		电子信箱	zqb@etransfar.com	
	电　话	0571-82872991		传　真	0571-82871858 83782070	
	办公地址	浙江省杭州市萧山经济技术开发区				
	经营范围	有机硅及有机氟精细化学品(不含危险品)、表面活性剂等				

主要财务指标	指标＼报告期	2015.06.30	2014.12.31	2014.06.30	2013.12.31
	基本每股收益(元)	0.2100	0.4400	0.1700	0.3500
	基本每股收益(扣除后)(元)	0.2100	0.4000	0.1500	0.3300
	稀释每股收益(元)	0.2100	0.4300	0.1700	0.3500
	每股净资产(元)	3.9909	3.7773	3.5093	3.6070
	每股经营现金净流量(元)	0.7812	0.6913	0.1170	-0.4154
	每股现金流量(元)	0.3721	0.4981	-0.0917	-0.4008
	每股资本公积金(元)	0.3658	0.3658	0.3658	0.7347
	每股盈余公积金(元)	0.2597	0.2597	0.2128	0.2128
	每股未分配利润(元)	2.3670	2.1521	1.9308	1.9139
	净资产收益率(%)	5.3839	11.5197	4.7582	9.8106
	加权净资产收益率(%)	5.5300	11.7000	4.4300	10.1700
	净资产收益率(扣除)(%)	5.1506	10.6379	4.2749	9.0306
	总资产(万元)	455396.32	437628.96	385298.92	396586.20
	归属母公司股东权益(万元)	194749.26	184326.69	171246.95	188406.51
	营业收入(万元)	225314.76	502995.87	257355.42	409527.95
	营业支出(万元)	168318.63	390726.39	202473.50	322752.91
	投资收益(万元)	250.70	-379.56	760.44	788.55
	净利润(万元)	14178.46	28782.10	8148.32	17267.88
	营业利润(万元)	17453.26	36139.68	17809.75	26861.12
	利润总额(万元)	17812.00	36757.48	18616.00	28168.52

浙江盾安人工环境股份有限公司

公司概况	公司名称	浙江盾安人工环境股份有限公司			证券简称	盾安环境
	法人代表	葛亚飞	董秘	何晓梅	证券代码	002011
	公司网址	www.dunan.net		电子信箱	dazq@dunan.net	
	电　　话	0571-87113798 87113776		传　　真	0571-87113775	
	办公地址	浙江省杭州市滨江区西兴工业园区聚园路 8 号				
	经营范围	制冷通用设备、家用电力器具部件、金属材料的制造、销售和服务等				

	指标\报告期	2015.06.30	2014.12.31	2014.06.30	2013.12.31
主要财务指标	基本每股收益(元)	0.0900	0.1500	0.1200	0.2500
	基本每股收益(扣除后)(元)	0.0400	0.0900	0.1000	-0.0600
	稀释每股收益(元)	0.0900	0.1500	0.1200	0.2500
	每股净资产(元)	4.3485	4.1430	4.0064	4.0108
	每股经营现金净流量(元)	0.1091	0.1681	0.0787	-0.5837
	每股现金流量(元)	0.2731	-0.6619	-0.3376	0.2812
	每股资本公积金(元)	1.6254	1.6253	1.6734	1.6982
	每股盈余公积金(元)	0.1376	0.1376	0.1376	0.1376
	每股未分配利润(元)	1.3255	1.2405	1.2105	1.1908
	净资产收益率(%)	1.9551	3.6122	2.9870	6.2668
	加权净资产收益率(%)	2.0000	3.6700	2.9500	6.4400
	净资产收益率(扣除)(%)	0.8806	2.1454	-	-1.5906
	总资产(万元)	1125260.68	1039755.67	989677.84	949658.80
	归属母公司股东权益(万元)	366765.21	349432.55	337908.26	338284.82
	营业收入(万元)	294472.24	660145.12	332146.24	646669.92
	营业支出(万元)	239959.55	547483.11	274862.52	546228.90
	投资收益(万元)	1123.39	1911.55	1123.39	27921.40
	净利润(万元)	6059.91	10531.23	10093.73	21199.75
	营业利润(万元)	3247.27	10653.55	9890.86	21481.80
	利润总额(万元)	7166.24	15719.02	11663.61	24296.23

浙江凯恩特种材料股份有限公司

公司概况	公司名称	浙江凯恩特种材料股份有限公司			证券简称	凯恩股份
	法人代表	计皓	董秘	周茜莉	证券代码	002012
	公司网址	www.zjkan.com		电子信箱	kanygh@vip.qq.com	
	电　　话	0578-8128682		传　　真	0578-8123717	
	办公地址	浙江省丽水市遂昌县妙高镇凯恩路 1008 号				
	经营范围	电子材料、纸及纸制品的制造、加工、销售、造纸原料、化工产品等				

	指标\报告期	2015.06.30	2014.12.31	2014.06.30	2013.12.31
主要财务指标	基本每股收益(元)	0.0400	0.0900	0.0700	0.0300
	基本每股收益(扣除后)(元)	0.0300	0.0700	0.0500	0.0300
	稀释每股收益(元)	0.0400	0.0900	0.0700	0.0300
	每股净资产(元)	2.5207	2.4826	2.4616	2.3946
	每股经营现金净流量(元)	0.0313	0.3176	0.1567	0.0907
	每股现金流量(元)	-0.0276	-0.1261	0.0817	-0.3482
	每股资本公积金(元)	0.5821	0.5821	0.5811	0.5811
	每股盈余公积金(元)	0.1388	0.1388	0.1320	0.1320
	每股未分配利润(元)	0.7998	0.7616	0.7486	0.6816
	净资产收益率(%)	1.5123	3.4977	2.7202	1.2998
	加权净资产收益率(%)	1.5200	3.5600	2.7600	1.3000
	净资产收益率(扣除)(%)	1.3700	2.8067	1.9780	1.1048
	总资产(万元)	157107.61	158580.76	164413.80	165046.23
	归属母公司股东权益(万元)	117874.18	116091.57	115110.92	111979.72
	营业收入(万元)	43445.30	93275.66	44986.95	97983.62
	营业支出(万元)	31488.13	67171.90	32447.25	69789.72
	投资收益(万元)	215.39	369.87	21.07	-702.29
	净利润(万元)	2093.49	4994.02	3131.20	1455.53
	营业利润(万元)	2313.80	5331.31	3455.58	1630.93
	利润总额(万元)	2340.20	6000.45	4285.50	2198.88

中航工业机电系统股份有限公司

公司概况	公司名称	中航工业机电系统股份有限公司			证券简称	中航机电
	法人代表	王坚	董秘	李兵	证券代码	002013
	公司网址	www.avicem.com		电子信箱	avicem@avicem.com	
	电　　话	010-58354906 58354876		传　　真	010-58354848	
	办公地址	北京市朝阳区三元桥曙光西里甲 5 号院 20 号楼				
	经营范围	汽车座椅调角器及各类精冲制品、精冲模具的研究、设计、开发、制造和销售等				

	指标\报告期	2015.06.30	2014.12.31	2014.06.30	2013.12.31
主要财务指标	基本每股收益(元)	0.0200	0.5300	0.2500	0.5800
	基本每股收益(扣除后)(元)	-0.0100	0.4300	0.2100	0.5400
	稀释每股收益(元)	0.0200	0.5300	0.2500	0.5800
	每股净资产(元)	4.9696	6.5149	6.2484	6.0483
	每股经营现金净流量(元)	-0.8792	0.2765	-1.1677	0.0415
	每股现金流量(元)	-0.6328	0.0593	-1.2273	0.1532
	每股资本公积金(元)	1.8527	2.7085	2.7356	2.7423
	每股盈余公积金(元)	0.5128	0.6667	0.6397	0.6397
	每股未分配利润(元)	1.5631	2.0642	1.8124	1.6180
	净资产收益率(%)	0.4298	8.1841	4.0725	9.6620
	加权净资产收益率(%)	0.4300	8.4800	4.1200	10.1200
	净资产收益率(扣除)(%)	-0.2290	6.5447	3.2827	8.8950
	总资产(万元)	1737942.33	1673727.17	1555440.03	1474920.21
	归属母公司股东权益(万元)	462759.65	466652.93	447566.07	433230.48
	营业收入(万元)	308392.22	756219.33	357179.26	672958.63
	营业支出(万元)	250777.11	577900.72	275631.57	500616.06
	投资收益(万元)	3986.12	168.55	-25.81	282.58
	净利润(万元)	642.69	38181.54	18227.14	41858.93
	营业利润(万元)	-1024.81	38232.93	17219.52	46096.42
	利润总额(万元)	2305.72	46368.88	21629.69	50563.36

黄山永新股份有限公司

公司概况	公司名称	黄山永新股份有限公司			证券简称	永新股份
	法人代表	江继忠	董秘	方洲	证券代码	002014
	公司网址	www.novel.com.cn		电子信箱	novel@novel.com.cn	
	电　　话	0559-3517878 3514242		传　　真	0559-3516357	
	办公地址	安徽省黄山市徽州区徽州东路 188 号				
	经营范围	生产经营真空镀膜、塑胶彩印复合软包装材料、生产和销售等				

	指标\报告期	2015.06.30	2014.12.31	2014.06.30	2013.12.31
主要财务指标	基本每股收益(元)	0.2400	0.4700	0.2000	0.5400
	基本每股收益(扣除后)(元)	0.2300	0.4300	0.1900	0.5000
	稀释每股收益(元)	0.2400	0.4700	0.2000	0.5400
	每股净资产(元)	4.6731	4.7215	4.4609	4.5515
	每股经营现金净流量(元)	0.0447	0.5766	0.0901	0.3608
	每股现金流量(元)	-0.4311	-0.3204	-0.1859	-0.5762
	每股资本公积金(元)	1.8353	1.8258	1.8365	1.8301
	每股盈余公积金(元)	0.3902	0.3902	0.3419	0.3419
	每股未分配利润(元)	1.4475	1.5055	1.2825	1.3796
	净资产收益率(%)	5.1787	10.0446	4.5496	11.8884
	加权净资产收益率(%)	5.2100	10.4500	4.5500	12.5600
	净资产收益率(扣除)(%)	4.8823	9.1841	4.2645	10.9444
	总资产(万元)	189386.86	196605.12	183500.22	189485.56
	归属母公司股东权益(万元)	152228.94	153805.66	145316.53	148269.67
	营业收入(万元)	83620.70	166845.23	73846.33	161845.81
	营业支出(万元)	66598.86	135418.72	60200.06	128477.24
	投资收益(万元)	132.39	202.99	32.50	265.83
	净利润(万元)	7982.10	15348.35	6611.28	17626.92
	营业利润(万元)	8920.78	16522.55	7188.75	19217.91
	利润总额(万元)	9336.70	17911.20	7623.27	20606.35

江苏霞客环保色纺股份有限公司

公司概况						
公司概况	公司名称	江苏霞客环保色纺股份有限公司			证券简称	*ST霞客
	法人代表	汪瑞敏	董秘	汪瑞敏(代)	证券代码	002015
	公司网址	www.seeker-cn.com		电子信箱	sales@seeker-cn.com	
	电话	0510-86520126 86525555		传真	0510-86520112	
	办公地址	江苏省江阴市徐霞客镇马镇东街7号				
	经营范围	废弃聚酯的综合处理、有色聚酯纤维及色纺纱线的生产和销售等				

主要财务指标

指标\报告期	2015.06.30	2014.12.31	2014.06.30	2013.12.31
基本每股收益(元)	0.3300	-4.3200	-0.8200	-1.4600
基本每股收益(扣除后)(元)	-0.0200	-4.6000	-0.8200	-1.4700
稀释每股收益(元)	0.3300	-4.3200	-0.8200	-1.4600
每股净资产(元)	0.8751	-2.7383	0.8213	1.6410
每股经营现金净流量(元)	-0.0760	-1.4963	-0.3418	-1.1508
每股现金流量(元)	0.7061	-0.1392	-0.0703	-0.2446
每股资本公积金(元)	2.5119	1.2074	1.2654	1.2654
每股盈余公积金(元)	0.0448	0.0748	0.0748	0.0748
每股未分配利润(元)	-2.6816	-5.0205	-1.5189	-0.6993
净资产收益率(%)	37.1020	-157.8061	-99.7919	-88.7812
加权净资产收益率(%)	-	-	-66.5700	-61.4900
净资产收益率(扣除)(%)	-2.3165	-	-100.4007	-89.8008
总资产(万元)	70717.25	47133.09	194687.25	263042.67
归属母公司股东权益(万元)	35065.36	-65703.62	19707.61	39374.22
营业收入(万元)	12891.64	115556.70	79565.85	207855.22
营业支出(万元)	12263.91	151045.39	96772.62	228259.86
投资收益(万元)	-	41304.36	-	0.18
净利润(万元)	13009.94	-120427.98	-23913.70	-39991.65
营业利润(万元)	-813.94	-84522.74	-23793.20	-40811.74
利润总额(万元)	13009.94	-119614.74	-23615.83	-40197.55

广东世荣兆业股份有限公司

公司概况						
公司概况	公司名称	广东世荣兆业股份有限公司			证券简称	世荣兆业
	法人代表	梁家荣	董秘	詹华平	证券代码	002016
	公司网址	www.gdsrzy.com		电子信箱	shirongzhaoye@sohu.com	
	电话	0756-5888899		传真	0756-5888882	
	办公地址	广东省珠海市斗门区珠峰大道288号1区17号楼				
	经营范围	房地产开发经营、房产租赁、建筑材料销售、日用品、电器、机械产品等				

主要财务指标

指标\报告期	2015.06.30	2014.12.31	2014.06.30	2013.12.31
基本每股收益(元)	0.0449	0.0228	0.0600	0.8600
基本每股收益(扣除后)(元)	0.0394	0.0149	0.0600	0.1100
稀释每股收益(元)	0.0449	0.0228	0.0600	0.8600
每股净资产(元)	2.0549	2.4148	2.4531	2.4700
每股经营现金净流量(元)	0.0657	-1.2912	-1.4085	0.2903
每股现金流量(元)	0.0148	-0.7539	-0.4435	1.7542
每股资本公积金(元)	0.0592	0.0952	0.0952	0.0952
每股盈余公积金(元)	0.1360	0.1704	0.0672	0.0608
每股未分配利润(元)	0.8596	1.1492	1.2907	1.3161
净资产收益率(%)	2.0381	0.9422	2.4884	34.7148
加权净资产收益率(%)	2.0200	0.9300	2.1000	39.9100
净资产收益率(扣除)(%)	1.7866	0.6175	2.4458	4.4640
总资产(万元)	499305.81	452765.34	435578.52	356229.26
归属母公司股东权益(万元)	166259.26	156017.19	158491.03	159715.89
营业收入(万元)	61765.24	42105.31	29856.56	97296.95
营业支出(万元)	43118.59	28415.46	19399.75	62963.99
投资收益(万元)	-1793.29	901.37	217.20	84312.38
净利润(万元)	3194.39	695.88	3943.91	55445.08
营业利润(万元)	5836.33	669.81	3632.46	94519.05
利润总额(万元)	6402.20	715.72	3652.69	94460.05

东信和平科技股份有限公司

公司概况						
公司概况	公司名称	东信和平科技股份有限公司			证券简称	东信和平
	法人代表	周忠国	董秘	陈宗潮	证券代码	002017
	公司网址	www.eastcompeace.com		电子信箱	webmaster@eastcompeace.com	
	电话	0756-8682893		传真	0756-8682166	
	办公地址	广东省珠海市南屏科技工业园屏工中路8号				
	经营范围	生产和销售移动通信用智能卡、非接触式智能卡及配套应用系统等				

主要财务指标

指标\报告期	2015.06.30	2014.12.31	2014.06.30	2013.12.31
基本每股收益(元)	0.0775	0.1998	0.0571	0.1549
基本每股收益(扣除后)(元)	0.0682	0.1616	0.0634	0.1699
稀释每股收益(元)	0.0775	0.1998	0.0571	0.1548
每股净资产(元)	2.2364	2.6291	2.5895	3.2773
每股经营现金净流量(元)	-0.5345	0.5954	-0.2420	0.6796
每股现金流量(元)	-0.5985	0.5243	-0.2269	0.0442
每股资本公积金(元)	0.5219	0.8164	0.9000	1.3771
每股盈余公积金(元)	0.1880	0.2256	0.2095	0.2772
每股未分配利润(元)	0.5455	0.6115	0.4967	0.6483
净资产收益率(%)	3.4676	7.5762	2.6382	6.1432
加权净资产收益率(%)	3.4800	7.8300	2.7300	6.3200
净资产收益率(扣除)(%)	3.0492	6.1304	2.4487	5.1828
总资产(万元)	157431.42	157609.91	145080.23	141939.39
归属母公司股东权益(万元)	77555.76	75979.31	74833.59	71581.30
营业收入(万元)	60401.80	128702.06	58559.38	116824.20
营业支出(万元)	44761.12	97591.30	43857.67	88916.88
投资收益(万元)	-198.50	-378.13	-42.73	-
净利润(万元)	2958.64	5868.74	2158.66	3740.45
营业利润(万元)	2631.72	2427.76	1062.87	1064.19
利润总额(万元)	3398.99	6557.54	2440.48	5264.52

安徽华信国际控股股份有限公司

公司概况						
公司概况	公司名称	安徽华信国际控股股份有限公司			证券简称	华信国际
	法人代表	李勇	董秘	赵克斌	证券代码	002018
	公司网址	www.huaxingchem.com		电子信箱	002018@huaxingchem.com	
	电话	021-23571817		传真	021-23571817	
	办公地址	上海市徐汇区天钥桥路327号G座嘉汇大厦10楼				
	经营范围	农药(凭许可证经营)、化工产品(不含危险品)生产、销售等				

主要财务指标

指标\报告期	2015.06.30	2014.12.31	2014.06.30	2013.12.31
基本每股收益(元)	0.0300	0.0900	0.0400	0.0500
基本每股收益(扣除后)(元)	0.0300	0.0900	0.0400	0.0400
稀释每股收益(元)	0.0300	0.0900	0.0400	0.0500
每股净资产(元)	2.2732	2.2511	2.2027	2.1726
每股经营现金净流量(元)	0.7086	-0.6117	-0.7103	-0.2365
每股现金流量(元)	0.0491	-0.8027	-0.8327	0.9593
每股资本公积金(元)	0.9798	1.0735	0.9963	0.9963
每股盈余公积金(元)	0.0535	0.0496	0.0472	0.0472
每股未分配利润(元)	0.2053	0.1706	0.1237	0.0936
净资产收益率(%)	1.4330	3.9531	1.8216	1.6906
加权净资产收益率(%)	1.3300	4.0300	1.8300	2.4500
净资产收益率(扣除)(%)	1.3271	3.8619	1.8011	1.4209
总资产(万元)	437074.01	372975.04	288520.40	300018.54
归属母公司股东权益(万元)	272529.09	302128.07	264069.04	260468.57
营业收入(万元)	224822.43	541759.95	312107.30	395435.73
营业支出(万元)	212842.15	519236.93	299073.12	377775.38
投资收益(万元)	325.96	1222.57	-112.72	-13.26
净利润(万元)	3874.82	10557.05	4810.41	4403.48
营业利润(万元)	4478.61	12428.37	6259.25	3310.48
利润总额(万元)	4830.63	12670.18	6320.62	4085.00

亿帆鑫富药业股份有限公司

公司概况	公司名称	亿帆鑫富药业股份有限公司			证券简称	亿帆鑫富
	法人代表	程先锋	董秘	吴卡娜	证券代码	002019
	公司网址	www.xinfupharm.com		电子信箱	anna@xinfupharm.com	
	电　　话	0571-63807806 63759205		传　　真	0571-63759225	
	办公地址	浙江省杭州市临安市锦城街道琴山50号				
	经营范围	食品添加剂、饲料添加剂的开发、生产、销售、药品生产等				

主要财务指标	指标\报告期	2015.06.30	2014.12.31	2014.06.30	2013.12.31
	基本每股收益(元)	0.3900	0.8700	0.3800	0.5400
	基本每股收益(扣除后)(元)	0.3900	0.8600	0.4900	0.1060
	稀释每股收益(元)	0.3900	0.8700	0.3800	0.5400
	每股净资产(元)	6.1684	5.7780	2.7954	2.3031
	每股经营现金净流量(元)	0.3176	0.5362	0.3422	0.1977
	每股现金流量(元)	0.6386	0.4181	0.2003	-0.1471
	每股资本公积金(元)	7.0098	7.0098	1.5272	1.9389
	每股盈余公积金(元)	0.1153	0.1153	0.2321	0.0803
	每股未分配利润(元)	2.2678	1.6120	0.0097	1.1423
	净资产收益率(%)	6.2920	9.3512	17.3866	5.0447
	加权净资产收益率(%)	6.5000	34.3500	19.4500	5.1800
	净资产收益率(扣除)(%)	6.3399	9.2495	17.3681	4.6009
	总资产(万元)	375269.70	333468.94	115367.63	67314.38
	归属母公司股东权益(万元)	271608.07	254416.29	61616.34	38585.84
	营业收入(万元)	121810.72	168498.44	66575.23	115821.38
	营业支出(万元)	73465.12	101245.03	40533.20	79654.25
	投资收益(万元)	31.41	133.59	45.38	122.56
	净利润(万元)	17091.36	23793.81	8325.75	11740.36
	营业利润(万元)	21289.86	29929.21	11212.09	15399.55
	利润总额(万元)	21150.20	30141.37	11204.34	15563.73

浙江京新药业股份有限公司

公司概况	公司名称	浙江京新药业股份有限公司			证券简称	京新药业
	法人代表	吕钢	董秘	徐小明	证券代码	002020
	公司网址	www.jingxinpharm.com		电子信箱	stock@jingxinpharm.com	
	电　　话	0575-86176531		传　　真	0575-86096898	
	办公地址	浙江省绍兴市新昌县羽林街道新昌大道东路800号				
	经营范围	片剂(含头孢菌素类)、硬胶囊剂(含头孢菌素类)、颗粒剂等				

主要财务指标	指标\报告期	2015.06.30	2014.12.31	2014.06.30	2013.12.31
	基本每股收益(元)	0.3318	0.3970	0.2355	0.2550
	基本每股收益(扣除后)(元)	0.3140	0.3930	0.2356	0.2130
	稀释每股收益(元)	0.3318	0.3970	0.2355	0.2550
	每股净资产(元)	5.2141	4.8820	4.7162	3.2374
	每股经营现金净流量(元)	0.1966	0.7348	0.3398	0.4394
	每股现金流量(元)	0.2529	0.3123	1.3154	-0.2500
	每股资本公积金(元)	3.0228	3.0228	3.0228	1.5868
	每股盈余公积金(元)	0.0982	0.0982	0.0841	0.0953
	每股未分配利润(元)	1.0931	0.7613	0.6094	0.5554
	净资产收益率(%)	6.3635	7.6566	4.4046	7.8667
	加权净资产收益率(%)	6.5700	9.6800	7.0500	8.1100
	净资产收益率(扣除)(%)	6.0155	7.5651	4.4055	6.5917
	总资产(万元)	205240.36	206465.94	183671.07	132463.08
	归属母公司股东权益(万元)	149358.26	139853.84	135096.21	81797.80
	营业收入(万元)	69438.09	123549.61	59495.99	97442.74
	营业支出(万元)	33921.40	65977.23	32689.99	57443.80
	投资收益(万元)	750.78	516.68	-	-5.07
	净利润(万元)	9504.42	10708.04	5950.40	6434.82
	营业利润(万元)	10467.53	12439.64	6977.93	6297.63
	利润总额(万元)	11098.22	12691.53	6987.06	7570.68

中捷资源投资股份有限公司

公司概况	公司名称	中捷资源投资股份有限公司			证券简称	中捷资源
	法人代表	马建成	董秘	王端	证券代码	002021
	公司网址	www.zoje.com		电子信箱	zhxg@zoje.com	
	电　　话	0576-87338207 87378885		传　　真	0576-87335536	
	办公地址	浙江省台州市玉环县大麦屿街道兴港东路198号				
	经营范围	工业缝纫机及其配件、铸件的生产、销售等				

主要财务指标	指标\报告期	2015.06.30	2014.12.31	2014.06.30	2013.12.31
	基本每股收益(元)	-0.0700	0.0050	0.0400	0.0700
	基本每股收益(扣除后)(元)	-0.0700	0.0300	0.0200	0.0500
	稀释每股收益(元)	-0.0700	0.0050	0.0400	1.7269
	每股净资产(元)	1.9966	2.0790	2.1238	1.7269
	每股经营现金净流量(元)	-0.1489	0.4895	0.2063	0.0980
	每股现金流量(元)	-0.4918	0.8198	0.8364	0.0587
	每股资本公积金(元)	0.7275	0.7275	0.7275	0.2835
	每股盈余公积金(元)	0.0623	0.0623	0.0610	0.0739
	每股未分配利润(元)	0.2428	0.3024	0.3307	0.3636
	净资产收益率(%)	-3.5692	0.2109	1.4340	4.3222
	加权净资产收益率(%)	-3.6300	0.3100	2.1100	4.3200
	净资产收益率(扣除)(%)	-3.6607	1.4749	0.7246	2.8038
	总资产(万元)	174106.11	408177.63	404584.02	330205.11
	归属母公司股东权益(万元)	137330.28	142997.55	146076.85	98058.34
	营业收入(万元)	46141.56	112336.04	61554.35	127493.14
	营业支出(万元)	40668.88	92868.53	49518.04	101693.72
	投资收益(万元)	533.61	955.58	1585.96	1748.82
	净利润(万元)	-4954.39	990.25	2094.70	4238.25
	营业利润(万元)	-5727.81	-2262.03	695.74	3580.01
	利润总额(万元)	-5349.48	1577.11	1974.31	5306.04

上海科华生物工程股份有限公司

公司概况	公司名称	上海科华生物工程股份有限公司			证券简称	科华生物
	法人代表	唐伟国	董秘	王锡林	证券代码	002022
	公司网址	www.skhb.com		电子信箱	kehua@skhb.com	
	电　　话	021-64850088		传　　真	021-64851044	
	办公地址	上海市钦州北路1189号				
	经营范围	生化试剂、临床诊断试剂、医疗器械、兽用针剂、生化试剂检验用具等				

主要财务指标	指标\报告期	2015.06.30	2014.12.31	2014.06.30	2013.12.31
	基本每股收益(元)	0.2505	0.5931	0.3165	0.5857
	基本每股收益(扣除后)(元)	0.2013	0.5606	0.3015	0.5414
	稀释每股收益(元)	0.2505	0.5931	0.3165	0.5857
	每股净资产(元)	2.6600	2.5529	2.3851	2.2999
	每股经营现金净流量(元)	0.2035	0.5071	0.1470	0.5083
	每股现金流量(元)	0.7528	-0.1894	-0.1825	-0.1179
	每股资本公积金(元)	0.5689	0.0066	0.0364	0.0377
	每股盈余公积金(元)	0.2916	0.3036	0.3321	0.3321
	每股未分配利润(元)	1.2374	1.2427	1.0166	0.9302
	净资产收益率(%)	7.8727	23.2326	13.2690	25.4665
	加权净资产收益率(%)	8.7900	24.7400	13.2900	27.5400
	净资产收益率(扣除)(%)	6.3276	21.9600	12.6402	23.5382
	总资产(万元)	182573.86	142906.04	138118.94	137020.28
	归属母公司股东权益(万元)	158784.53	125674.13	117410.96	113219.19
	营业收入(万元)	57965.85	121788.57	60177.13	111443.46
	营业支出(万元)	34184.15	66270.39	32116.40	57119.97
	投资收益(万元)	2153.00	309.09	201.47	441.81
	净利润(万元)	12424.05	30012.51	15579.22	28832.92
	营业利润(万元)	13716.59	33369.29	18229.18	32924.32
	利润总额(万元)	14170.46	35306.37	19135.28	35622.54

四川海特高新技术股份有限公司

公司概况

公司名称	四川海特高新技术股份有限公司			证券简称	海特高新
法人代表	李飚	董秘	居平	证券代码	002023
公司网址	www.schtgx.com		电子信箱	board@haitegroup.com	
电　话	028-85921029		传　真	028-85921038	
办公地址	四川省成都市高新区科园南路1号				
经营范围	航空小型发动机维修、飞机机载无线电、仪表、电气设备的研制和维修等				

主要财务指标

指标\报告期	2015.06.30	2014.12.31	2014.06.30	2013.12.31
基本每股收益(元)	0.0700	0.4700	0.1100	0.3900
基本每股收益(扣除后)(元)	0.0600	0.4500	0.1975	0.3600
稀释每股收益(元)	0.0600	0.4700	0.1100	0.3900
每股净资产(元)	2.4882	4.9419	4.7000	4.5833
每股经营现金净流量(元)	–0.1440	0.2864	0.0164	0.5645
每股现金流量(元)	–0.0897	0.0688	–0.3721	0.8413
每股资本公积金(元)	0.5821	2.1642	2.1642	2.1642
每股盈余公积金(元)	0.1307	0.2614	0.2145	0.2145
每股未分配利润(元)	0.7836	1.5297	1.3195	1.2078
净资产收益率(%)	2.7626	9.4855	4.5040	8.2273
加权净资产收益率(%)	2.7500	9.8500	4.5300	11.2500
净资产收益率(扣除)(%)	2.3516	9.0651	4.2006	7.6729
总资产(万元)	384148.47	295201.36	242003.30	235889.99
归属母公司股东权益(万元)	167696.60	166534.68	158410.31	154450.28
营业收入(万元)	21497.75	50180.15	22425.51	43138.86
营业支出(万元)	7897.80	17748.75	8220.12	17035.00
投资收益(万元)	1173.93	1422.60	1086.83	832.21
净利润(万元)	4042.91	14869.18	6678.70	11979.03
营业利润(万元)	4197.26	15884.63	7175.68	12420.12
利润总额(万元)	5162.34	17686.18	7773.20	13956.75

苏宁云商集团股份有限公司

公司概况

公司名称	苏宁云商集团股份有限公司			证券简称	苏宁云商
法人代表	张近东	董秘	任峻	证券代码	002024
公司网址	www.suning.cn		电子信箱	stock@cnsuning.com	
电　话	025-84418888*888122		传　真	025-84418888*2*888480	
办公地址	江苏省南京市玄武区苏宁大道1号				
经营范围	家用电器及消费类电子产品的销售和服务等				

主要财务指标

指标\报告期	2015.06.30	2014.12.31	2014.06.30	2013.12.31
基本每股收益(元)	0.0500	0.1200	–0.1000	0.0500
基本每股收益(扣除后)(元)	–0.1000	–0.1700	–0.1100	0.0400
稀释每股收益(元)	0.0500	0.1200	–0.1000	0.0500
每股净资产(元)	4.0454	3.9661	3.7400	3.8425
每股经营现金净流量(元)	0.3584	–0.1871	0.1136	0.3032
每股现金流量(元)	0.6667	–0.3820	–0.1895	–0.6942
每股资本公积金(元)	0.7098	0.6338	0.6341	0.6340
每股盈余公积金(元)	0.1572	0.1572	0.1572	0.1572
每股未分配利润(元)	2.1802	1.9260	1.9654	2.0676
净资产收益率(%)	1.1662	2.9606	–2.7353	1.3105
加权净资产收益率(%)	1.1800	3.0100	–2.7000	1.3100
净资产收益率(扣除)(%)	–2.5078	–4.2764	–	1.0812
总资产(万元)	8739560.80	8642004.80	8119368.30	8225167.10
归属母公司股东权益(万元)	2986751.10	2733392.50	2761213.90	2836925.80
营业收入(万元)	6303741.30	10892529.60	5115207.40	10529222.90
营业支出(万元)	5339818.90	9228457.20	4356686.90	8927906.10
投资收益(万元)	19721.20	–2984.70	2426.40	3391.90
净利润(万元)	32080.10	82403.80	–75528.30	37177.00
营业利润(万元)	–89242.90	–145893.30	–103041.60	18390.30
利润总额(万元)	47195.10	97261.30	–102577.50	14438.60

贵州航天电器股份有限公司

公司概况

公司名称	贵州航天电器股份有限公司			证券简称	航天电器
法人代表	李权忠	董秘	张旺	证券代码	002025
公司网址	www.gzhtdq.com.cn		电子信箱	zw@gzhtdq.com.cn	
电　话	0851-8697168 8697026		传　真	0851-8697000	
办公地址	贵州省贵阳市小河区红河路7号				
经营范围	电器、电机、电源、仪器仪表、遥测遥控设备、伺服控制系统等的研制、生产和销售等				

主要财务指标

指标\报告期	2015.06.30	2014.12.31	2014.06.30	2013.12.31
基本每股收益(元)	0.2600	0.6200	0.2200	0.5300
基本每股收益(扣除后)(元)	0.2500	0.5900	0.2900	0.5200
稀释每股收益(元)	0.2500	0.6200	0.2200	0.5300
每股净资产(元)	4.2746	5.4065	5.0600	4.9600
每股经营现金净流量(元)	0.1892	0.4100	0.1725	0.3262
每股现金流量(元)	–0.0485	0.1697	0.1064	0.2082
每股资本公积金(元)	0.9842	1.2794	1.2794	1.2794
每股盈余公积金(元)	0.5985	0.7781	0.6751	0.6751
每股未分配利润(元)	1.6517	2.3066	2.0835	1.9932
净资产收益率(%)	6.1308	11.4010	5.7348	10.7262
加权净资产收益率(%)	6.1100	11.9200	5.6800	11.1600
净资产收益率(扣除)(%)	5.8997	10.9627	5.6617	10.4302
总资产(万元)	308820.77	283236.93	276412.63	248102.88
归属母公司股东权益(万元)	183380.78	178413.59	167020.84	163758.98
营业收入(万元)	90067.71	160433.92	80910.44	137084.05
营业支出(万元)	52982.35	99067.81	49594.32	81614.00
投资收益(万元)	17.50	–	–	–
净利润(万元)	12444.68	21170.66	10353.06	18060.43
营业利润(万元)	14083.61	23251.98	12014.27	20445.57
利润总额(万元)	14704.21	24539.54	12190.50	21097.15

山东威达机械股份有限公司

公司概况

公司名称	山东威达机械股份有限公司			证券简称	山东威达
法人代表	杨明燕	董秘	宋战友	证券代码	002026
公司网址	www.weidapeacock.com		电子信箱	weida@weidapeacock.com	
电　话	0631-8549156		传　真	0631-8545388 8545018	
办公地址	山东省威海市临港经济技术开发区苘山镇中韩路2号				
经营范围	钻夹头及配件的生产与销售等				

主要财务指标

指标\报告期	2015.06.30	2014.12.31	2014.06.30	2013.12.31
基本每股收益(元)	0.1100	0.3400	0.1700	0.2000
基本每股收益(扣除后)(元)	0.0700	0.1900	0.1200	0.1800
稀释每股收益(元)	0.1100	0.3400	0.1700	0.2000
每股净资产(元)	4.4933	4.4376	4.3234	3.0974
每股经营现金净流量(元)	0.0399	–0.0103	0.1030	–0.0098
每股现金流量(元)	0.6971	0.3914	2.1626	–0.5324
每股资本公积金(元)	2.2571	2.2571	2.2571	0.6528
每股盈余公积金(元)	0.1713	0.1713	0.1487	0.2308
每股未分配利润(元)	1.0623	1.0068	0.9177	1.2138
净资产收益率(%)	2.3467	6.3002	3.8828	6.4928
加权净资产收益率(%)	2.3500	8.6500	8.1100	6.4900
净资产收益率(扣除)(%)	1.4949	3.5732	1.7197	5.9702
总资产(万元)	194216.69	198481.18	197407.48	104006.91
归属母公司股东权益(万元)	159124.03	157150.64	153107.16	70668.13
营业收入(万元)	39927.32	80629.79	37491.64	71822.03
营业支出(万元)	31082.26	62471.31	29063.11	56263.97
投资收益(万元)	1821.94	1381.35	439.40	736.86
净利润(万元)	3734.21	9900.76	5944.78	4588.35
营业利润(万元)	4173.32	6489.40	2683.71	5038.52
利润总额(万元)	4436.20	11427.75	7091.21	5478.38

七喜控股股份有限公司

公司概况						
公司概况	公司名称	七喜控股股份有限公司			证券简称	七喜控股
	法人代表	易贤忠	董秘	颜新元	证券代码	002027
	公司网址	www.hedy.com.cn		电子信箱	hedy@hedy.com.cn	
	电　话	020-83070707		传　真	020-83070710	
	办公地址	广东省广州市萝岗区科学大道 286 号七喜大厦 11 层				
	经营范围	研制、开发、生产、加工:计算机及配件、电子产品、通讯设备等				

主要财务指标	指标＼报告期	2015.06.30	2014.12.31	2014.06.30	2013.12.31
	基本每股收益(元)	0.0008	0.0200	0.0023	-0.4100
	基本每股收益(扣除后)(元)	-0.0170	-0.0040	-0.0049	-0.4500
	稀释每股收益(元)	0.0008	0.0200	0.0023	-0.4100
	每股净资产(元)	1.6394	1.6386	1.6190	1.6168
	每股经营现金净流量(元)	0.1157	0.0192	-0.0043	0.1352
	每股现金流量(元)	0.0417	-0.3301	-0.2499	-0.0664
	每股资本公积金(元)	0.2186	0.2186	0.2186	0.2186
	每股盈余公积金(元)	0.1606	0.1606	0.1606	0.1606
	每股未分配利润(元)	0.2602	0.2594	0.2399	0.2376
	净资产收益率(%)	0.0510	1.3305	0.1427	-25.3010
	加权净资产收益率(%)	0.0500	1.3400	0.1400	-22.4600
	净资产收益率(扣除)(%)	-0.1675	-0.2150	-0.3045	-27.8614
	总资产(万元)	59967.66	59077.25	58261.58	68377.23
	归属母公司股东权益(万元)	49565.64	49540.34	48951.07	48881.21
	营业收入(万元)	19839.70	39664.84	17536.38	141778.07
	营业支出(万元)	17919.78	35606.76	16187.84	139616.10
	投资收益(万元)	-11.70	291.50	112.72	617.90
	净利润(万元)	25.30	659.13	69.85	-12367.45
	营业利润(万元)	36.20	404.88	-101.85	-11654.20
	利润总额(万元)	48.32	662.86	104.62	-11165.75

思源电气股份有限公司

公司概况						
公司概况	公司名称	思源电气股份有限公司			证券简称	思源电气
	法人代表	董增平	董秘	林凌	证券代码	002028
	公司网址	www.sieyuan.com		电子信箱	ir@sieyuan.com	
	电　话	021-61610958		传　真	021-61610959	
	办公地址	上海市闵行区华宁路 3399 号				
	经营范围	电力自动化保护设备、高压开关、高压互感器、电力电容器及电抗器等				

主要财务指标	指标＼报告期	2015.06.30	2014.12.31	2014.06.30	2013.12.31
	基本每股收益(元)	0.2300	0.7400	0.2200	0.7900
	基本每股收益(扣除后)(元)	0.1700	0.4800	0.1600	0.6400
	稀释每股收益(元)	0.2200	0.7200	0.2200	0.7600
	每股净资产(元)	5.8473	5.7433	5.3200	7.3095
	每股经营现金净流量(元)	-0.2051	-0.0260	-0.8248	0.7415
	每股现金流量(元)	-0.3801	-0.5888	-0.6869	-0.1355
	每股资本公积金(元)	0.2278	0.2209	0.2836	0.7599
	每股盈余公积金(元)	0.3844	0.3869	0.3510	0.4922
	每股未分配利润(元)	4.2355	4.1359	3.6870	5.0578
	净资产收益率(%)	3.8575	12.7939	4.1822	10.7892
	加权净资产收益率(%)	3.9000	13.1500	4.1900	11.4300
	净资产收益率(扣除)(%)	2.9600	8.3331	-	8.7216
	总资产(万元)	537459.14	543455.55	475032.41	499287.13
	归属母公司股东权益(万元)	365443.50	356645.56	328066.46	321382.27
	营业收入(万元)	151456.28	367130.48	126129.90	338557.12
	营业支出(万元)	100520.64	230356.59	77570.20	202615.95
	投资收益(万元)	3951.28	16000.00	4987.88	4328.41
	净利润(万元)	15613.55	50389.41	13720.45	34674.57
	营业利润(万元)	16472.23	51315.49	15136.27	41356.64
	利润总额(万元)	17903.24	56240.27	16401.28	46904.26

福建七匹狼实业股份有限公司

公司概况						
公司概况	公司名称	福建七匹狼实业股份有限公司			证券简称	七 匹 狼
	法人代表	周少明	董秘	陈平	证券代码	002029
	公司网址	www.septwolves.com		电子信箱	zqb@septwolves.com	
	电　话	0595-85337739		传　真	0595-85337766	
	办公地址	福建省晋江市金井镇南工业区				
	经营范围	服装、服饰产品的设计、制造及销售等				

主要财务指标	指标＼报告期	2015.06.30	2014.12.31	2014.06.30	2013.12.31
	基本每股收益(元)	0.1500	0.3800	0.2000	0.5000
	基本每股收益(扣除后)(元)	0.0800	0.2300	0.1300	0.4300
	稀释每股收益(元)	0.1500	0.3800	0.2000	0.5000
	每股净资产(元)	6.4311	6.3715	6.1637	6.0632
	每股经营现金净流量(元)	0.1826	1.0148	0.4343	0.9041
	每股现金流量(元)	0.0550	-0.5259	-0.2596	-0.3754
	每股资本公积金(元)	2.4876	2.4876	2.4880	2.4876
	每股盈余公积金(元)	0.6198	0.6198	0.4251	0.4251
	每股未分配利润(元)	2.2854	2.2378	2.2506	2.1505
	净资产收益率(%)	2.2944	5.9963	3.2472	8.2735
	加权净资产收益率(%)	2.3000	6.1700	3.2700	8.5800
	净资产收益率(扣除)(%)	1.2311	3.6533	2.1483	7.1006
	总资产(万元)	706042.95	691597.31	607912.02	684773.14
	归属母公司股东权益(万元)	485978.83	481475.15	465773.58	458174.76
	营业收入(万元)	113003.07	239103.48	102340.70	277349.07
	营业支出(万元)	67744.94	132126.97	56255.73	146954.64
	投资收益(万元)	3755.31	6931.69	3533.30	4222.12
	净利润(万元)	11303.67	29439.16	15124.74	37906.93
	营业利润(万元)	12985.98	28362.40	16697.71	46416.86
	利润总额(万元)	15097.18	34881.22	19138.32	47128.31

中山大学达安基因股份有限公司

公司概况						
公司概况	公司名称	中山大学达安基因股份有限公司			证券简称	达安基因
	法人代表	何蕴韶	董秘	张斌	证券代码	002030
	公司网址	www.daangene.com		电子信箱	web@daangene.com	
	电　话	020-32290420		传　真	020-32290231	
	办公地址	广东省广州市高新技术开发区科学城香山路 19 号				
	经营范围	研究体外诊断试剂及生物制品、食品药品、医疗设备研究、开发、生产等				

主要财务指标	指标＼报告期	2015.06.30	2014.12.31	2014.06.30	2013.12.31
	基本每股收益(元)	0.0900	0.2800	0.0900	0.2600
	基本每股收益(扣除后)(元)	0.0700	0.1200	0.0900	0.1400
	稀释每股收益(元)	0.0900	0.2800	0.0900	0.2600
	每股净资产(元)	1.3604	1.5500	1.6641	1.5327
	每股经营现金净流量(元)	-0.0575	0.0735	-0.1102	0.0589
	每股现金流量(元)	0.6569	0.0818	-0.1033	0.0858
	每股资本公积金(元)	0.0581	0.0396	0.0538	0.0493
	每股盈余公积金(元)	0.1194	0.1433	0.1346	0.1346
	每股未分配利润(元)	0.1832	0.3681	0.4762	0.3676
	净资产收益率(%)	6.7224	17.9728	7.9018	19.0004
	加权净资产收益率(%)	6.8400	19.6800	8.2300	22.4100
	净资产收益率(扣除)(%)	5.4334	7.4211	5.3983	8.9965
	总资产(万元)	222506.23	159019.41	125614.33	116657.44
	归属母公司股东权益(万元)	89654.06	85159.47	76158.30	70987.38
	营业收入(万元)	62743.05	108615.34	49055.88	85437.23
	营业支出(万元)	35521.48	63127.37	24450.61	43639.51
	投资收益(万元)	-98.16	8451.69	1063.23	8614.80
	净利润(万元)	6611.50	15862.04	6286.58	14747.03
	营业利润(万元)	5661.00	17291.04	6954.98	16644.29
	利润总额(万元)	7231.96	19591.46	7864.56	18532.34

巨轮智能装备股份有限公司

公司概况						
公司名称	巨轮智能装备股份有限公司			证券简称	巨轮智能	
法人代表	吴潮忠	董秘	吴豪	证券代码	002031	
公司网址	www.greatoo.com		电子信箱	greatoo@greatoo.com		
电　　话	0663-3271838		传　　真	0663-3269266		
办公地址	广东省揭阳市揭东经济开发区5号路中段					
经营范围	汽车子午线轮胎模具、汽车子午线轮胎设备的制造等					

主要财务指标

指标\报告期	2015.06.30	2014.12.31	2014.06.30	2013.12.31
基本每股收益(元)	0.0959	0.3222	0.1751	0.3735
基本每股收益(扣除后)(元)	0.0855	0.3022	0.1643	0.3542
稀释每股收益(元)	0.0959	0.3222	0.1751	0.3735
每股净资产(元)	3.9865	5.1096	3.8849	3.7516
每股经营现金净流量(元)	-0.1349	0.2811	0.1424	0.2792
每股现金流量(元)	-0.0234	0.9556	0.3967	-0.3145
每股资本公积金(元)	1.6543	2.4506	1.0454	1.0454
每股盈余公积金(元)	0.1788	0.2324	0.2456	0.2456
每股未分配利润(元)	1.1787	1.4577	1.6224	1.4972
净资产收益率(%)	2.4046	5.3608	4.5080	9.4728
加权净资产收益率(%)	2.4100	8.0600	4.5600	10.4500
净资产收益率(扣除)(%)	2.1451	5.0289	4.2303	8.9831
总资产(万元)	414494.33	398325.88	323507.32	281637.99
归属母公司股东权益(万元)	292264.03	288154.91	183280.61	176995.85
营业收入(万元)	47584.69	106714.88	47944.27	90116.73
营业支出(万元)	33261.16	69400.45	31045.91	56830.37
投资收益(万元)	697.30	457.38	246.81	171.37
净利润(万元)	6963.67	15352.36	8262.35	16766.41
营业利润(万元)	7705.32	16950.82	8797.12	18704.71
利润总额(万元)	8027.71	17892.89	9303.25	19545.98

浙江苏泊尔股份有限公司

公司概况						
公司名称	浙江苏泊尔股份有限公司			证券简称	苏泊尔	
法人代表	Frédéric VERWAERDE	董秘	叶继德	证券代码	002032	
公司网址	www.supor.com.cn		电子信箱	002032@supor.com		
电　　话	0571-86858778		传　　真	0571-86858678		
办公地址	浙江省杭州市高新技术产业区江晖路1772号苏泊尔大厦19层					
经营范围	厨房炊具和厨卫小家电、大家电、健康家电的研发、制造和销售等					

主要财务指标

指标\报告期	2015.06.30	2014.12.31	2014.06.30	2013.12.31
基本每股收益(元)	0.6230	1.0880	0.5220	0.9270
基本每股收益(扣除后)(元)	0.5720	1.0450	0.4920	0.9280
稀释每股收益(元)	0.6230	1.0880	0.5220	0.9270
每股净资产(元)	6.1834	5.9763	5.3958	5.2315
每股经营现金净流量(元)	0.1768	1.3145	0.5193	0.9269
每股现金流量(元)	-0.1362	0.0420	0.9055	0.0795
每股资本公积金(元)	0.8715	0.8587	0.8526	0.8381
每股盈余公积金(元)	0.2449	0.2445	0.2220	0.2218
每股未分配利润(元)	4.1114	3.9111	3.3679	3.2126
净资产收益率(%)	10.0958	18.2122	9.6910	17.7323
加权净资产收益率(%)	10.0300	19.6300	9.6100	18.5400
净资产收益率(扣除)(%)	9.2656	17.4908	9.1203	17.7515
总资产(万元)	652453.39	663364.50	562957.57	573747.00
归属母公司股东权益(万元)	391332.23	378806.81	342017.29	331885.03
营业收入(万元)	537957.49	953464.39	464290.37	838324.96
营业支出(万元)	382662.10	676678.38	327233.23	599054.64
投资收益(万元)	2735.88	2627.80	1814.24	795.16
净利润(万元)	44086.67	76494.29	33144.86	58850.92
营业利润(万元)	53109.33	90530.98	43963.17	75791.84
利润总额(万元)	54576.10	90807.47	44440.91	74866.31

丽江玉龙旅游股份有限公司

公司概况						
公司名称	丽江玉龙旅游股份有限公司			证券简称	丽江旅游	
法人代表	和献中	董秘	杨宁	证券代码	002033	
公司网址	www.yulongtour.com		电子信箱	ljyn@vip.sina.com		
电　　话	0888-5105981 5306320		传　　真	0888-5306333		
办公地址	云南省丽江市古城区香格里大道760号丽江玉龙旅游大楼					
经营范围	旅游索道及其他相关配套设施、对旅游、房地产等行业投资、建设等					

主要财务指标

指标\报告期	2015.06.30	2014.12.31	2014.06.30	2013.12.31
基本每股收益(元)	0.2600	0.6560	0.2000	0.6940
基本每股收益(扣除后)(元)	0.2500	0.6470	0.3160	0.7180
稀释每股收益(元)	0.2600	0.6560	0.2000	0.6940
每股净资产(元)	4.6743	6.7451	6.4000	4.6975
每股经营现金净流量(元)	0.3093	1.0784	0.3410	1.3448
每股现金流量(元)	0.0082	2.6641	0.7161	-0.4477
每股资本公积金(元)	1.8171	3.2257	3.2240	1.0551
每股盈余公积金(元)	0.2356	0.3535	0.2870	0.3797
每股未分配利润(元)	1.6216	2.1659	1.8862	2.2626
净资产收益率(%)	5.5120	9.5263	4.6329	14.7759
加权净资产收益率(%)	5.5900	10.3000	5.0500	15.7800
净资产收益率(扣除)(%)	5.4402	9.3988	4.6851	15.2755
总资产(万元)	260985.94	261313.31	239352.00	177592.96
归属母公司股东权益(万元)	197576.61	190070.24	180265.17	100031.06
营业收入(万元)	35037.31	74275.42	32731.49	66717.34
营业支出(万元)	8174.11	18464.62	8440.69	15948.47
投资收益(万元)	348.91	586.50	1016.54	634.30
净利润(万元)	13930.10	24033.81	11878.58	19720.92
营业利润(万元)	15946.65	28135.16	13959.01	24211.75
利润总额(万元)	16121.29	28260.66	13847.25	23597.11

浙江美欣达印染集团股份有限公司

公司概况						
公司名称	浙江美欣达印染集团股份有限公司			证券简称	美欣达	
法人代表	芮勇	董秘	刘昭和	证券代码	002034	
公司网址	www.mizuda.com		电子信箱	mxd@mizuda.net		
电　　话	0572-2619935 2619936		传　　真	0572-2619937		
办公地址	浙江省湖州市美欣达路588号					
经营范围	全棉灯芯绒、纱卡的印染及后整理等					

主要财务指标

指标\报告期	2015.06.30	2014.12.31	2014.06.30	2013.12.31
基本每股收益(元)	0.0800	-0.2000	0.0400	0.4600
基本每股收益(扣除后)(元)	0.0600	-0.2900	0.0027	0.2900
稀释每股收益(元)	0.0800	-0.2000	0.0400	0.4600
每股净资产(元)	5.2178	5.1380	5.9128	6.1526
每股经营现金净流量(元)	0.0382	1.8173	1.1515	0.7934
每股现金流量(元)	-0.2565	0.1529	-0.3961	-0.3844
每股资本公积金(元)	2.8625	2.8590	2.8679	2.8494
每股盈余公积金(元)	0.4508	0.4508	0.4037	0.3926
每股未分配利润(元)	1.0349	0.9586	1.6412	1.9106
净资产收益率(%)	1.4610	-3.7722	0.7047	7.3316
加权净资产收益率(%)	1.4700	-3.5800	0.6700	7.6000
净资产收益率(扣除)(%)	1.2015	-5.4120	0.0464	4.6801
总资产(万元)	78285.36	126433.90	145991.26	147529.60
归属母公司股东权益(万元)	44413.86	43734.50	50329.68	52371.20
营业收入(万元)	35962.28	108661.84	56090.82	134272.38
营业支出(万元)	30513.64	97180.67	48383.29	116148.77
投资收益(万元)	232.65	111.13	149.69	916.15
净利润(万元)	748.00	-4547.88	354.69	3839.65
营业利润(万元)	984.45	-4397.34	382.75	3599.75
利润总额(万元)	1024.52	-3623.39	387.51	4024.56

华帝股份有限公司

公司概况	公司名称	华帝股份有限公司			证券简称	华帝股份
	法人代表	黄文枝	董秘	吴刚	证券代码	002035
	公司网址	www.vatti.com.cn		电子信箱	002035ir@vatti.com.cn	
	电　　话	0760-22139888*8611		传　　真	0760-22139888*8613	
	办公地址	广东省中山市小榄镇工业大道南华园路1号				
	经营范围	生产销售燃气具系列产品、太阳能及类似能源器具、家庭厨房用品等				

主要财务指标	指标\报告期	2015.06.30	2014.12.31	2014.06.30	2013.12.31
	基本每股收益(元)	0.3100	0.7830	0.3400	0.7700
	基本每股收益(扣除后)(元)	0.2600	0.6800	0.3000	0.7000
	稀释每股收益(元)	0.3100	0.7830	0.3400	0.7700
	每股净资产(元)	3.9847	4.0751	3.6304	4.1502
	每股经营现金净流量(元)	0.1108	0.8515	0.0802	0.8989
	每股现金流量(元)	-0.5511	0.0524	-0.5407	-0.1034
	每股资本公积金(元)	1.0324	1.0327	1.0327	1.4392
	每股盈余公积金(元)	0.3782	0.3782	0.2929	0.3515
	每股未分配利润(元)	1.5741	1.6642	1.3049	1.3595
	净资产收益率(%)	7.7775	19.2213	9.3280	18.0352
	加权净资产收益率(%)	7.3300	20.9500	9.4800	20.6000
	净资产收益率(扣除)(%)	6.5196	16.6118	-	16.4956
	总资产(万元)	255434.23	263821.28	239636.79	236588.86
	归属母公司股东权益(万元)	142996.48	146238.74	130282.62	124110.83
	营业收入(万元)	176545.00	422978.36	198940.20	370862.88
	营业支出(万元)	110120.16	269209.26	129136.93	237506.14
	投资收益(万元)	92.85	341.30	11.35	8.82
	净利润(万元)	11590.02	29018.24	12152.81	22383.67
	营业利润(万元)	11492.25	30085.80	13781.52	25457.19
	利润总额(万元)	13604.49	34575.20	15274.89	27716.63

汉麻产业投资股份有限公司

公司概况	公司名称	汉麻产业投资股份有限公司			证券简称	汉麻产业
	法人代表	张国君	董秘	穆泓	证券代码	002036
	公司网址	www.yakgroup.com		电子信箱	hrm@yakgroup.com	
	电　　话	0574-88251123 8219 8266		传　　真	0574-88253567	
	办公地址	浙江省宁波市鄞州大道西段888号				
	经营范围	服装辅料、服饰的研究、开发、制造、加工、服饰、服装辅料技术咨询等				

主要财务指标	指标\报告期	2015.06.30	2014.12.31	2014.06.30	2013.12.31
	基本每股收益(元)	0.4200	0.0600	0.0400	0.0800
	基本每股收益(扣除后)(元)	0.0010	0.0300	-	0.0800
	稀释每股收益(元)	0.4200	0.0600	0.0400	0.0800
	每股净资产(元)	2.7532	2.3451	1.6262	1.6422
	每股经营现金净流量(元)	0.3065	0.0890	0.0926	0.2057
	每股现金流量(元)	0.5503	-0.0345	-0.2064	0.0309
	每股资本公积金(元)	0.8964	0.8964	0.0735	0.0735
	每股盈余公积金(元)	0.1174	0.1174	0.1417	0.1417
	每股未分配利润(元)	0.7395	0.3314	0.4110	0.4270
	净资产收益率(%)	15.3835	2.1051	2.1714	5.0998
	加权净资产收益率(%)	16.5800	3.4000	2.1400	5.0600
	净资产收益率(扣除)(%)	0.0277	0.9826	0.1204	2.8615
	总资产(万元)	115493.54	91207.24	72484.70	77375.00
	归属母公司股东权益(万元)	71798.63	61155.29	32890.21	33213.44
	营业收入(万元)	21455.64	40235.55	14013.11	42929.82
	营业支出(万元)	18955.58	33457.23	11275.00	35020.19
	投资收益(万元)	219.16	36.44	46.02	-50.06
	净利润(万元)	10748.95	1527.52	714.17	1693.82
	营业利润(万元)	-69.04	1138.77	118.87	1800.51
	利润总额(万元)	14640.48	2383.33	1307.00	3153.87

贵州久联民爆器材发展股份有限公司

公司概况	公司名称	贵州久联民爆器材发展股份有限公司			证券简称	久联发展
	法人代表	占必文	董秘	王丽春	证券代码	002037
	公司网址	www.jiulianfazhan.com		电子信箱	jiulianfz@163.com	
	电　　话	0851-6790686 6748121		传　　真	0851-6748121 6790686	
	办公地址	贵州省贵阳市宝山北路213号				
	经营范围	民用爆破器材的研发、生产、销售、爆破工程施工及技术服务等				

主要财务指标	指标\报告期	2015.06.30	2014.12.31	2014.06.30	2013.12.31
	基本每股收益(元)	0.2800	0.6700	0.3100	0.6300
	基本每股收益(扣除后)(元)	0.2700	0.6500	0.3100	0.6300
	稀释每股收益(元)	0.2800	0.6700	0.3100	0.6300
	每股净资产(元)	6.0975	5.9243	5.5684	5.3926
	每股经营现金净流量(元)	-0.3595	-1.8200	-1.3381	-0.9217
	每股现金流量(元)	-0.4469	0.0604	-0.3744	0.3258
	每股资本公积金(元)	1.8827	1.8827	1.8827	1.8827
	每股盈余公积金(元)	0.4306	0.4306	0.3693	0.3693
	每股未分配利润(元)	2.6016	2.4718	2.1676	2.0113
	净资产收益率(%)	4.5895	11.3399	5.5352	11.6787
	加权净资产收益率(%)	4.6100	11.8800	5.5600	12.1300
	净资产收益率(扣除)(%)	4.5090	10.9026	5.5402	11.6546
	总资产(万元)	830977.48	777806.70	686727.77	609008.46
	归属母公司股东权益(万元)	199611.15	193943.31	182290.94	176536.18
	营业收入(万元)	186795.21	390692.61	186214.81	340652.17
	营业支出(万元)	139506.58	278895.62	134990.49	244135.52
	投资收益(万元)	189.07	608.89	50.19	217.38
	净利润(万元)	9488.24	26742.31	10090.15	20617.11
	营业利润(万元)	12071.90	33382.66	15894.20	33037.77
	利润总额(万元)	12387.70	34648.11	15920.32	33167.32

北京双鹭药业股份有限公司

公司概况	公司名称	北京双鹭药业股份有限公司			证券简称	双鹭药业
	法人代表	徐明波	董秘	梁淑洁	证券代码	002038
	公司网址	www.slpharm.com.cn		电子信箱	lsj268@vip.sina.com	
	电　　话	010-88627635		传　　真	010-88795883	
	办公地址	北京市海淀区阜石路69号碧桐园1号楼				
	经营范围	生产片剂、硬胶囊剂、颗粒剂、软胶囊剂、滴丸剂、冻干粉针剂等				

主要财务指标	指标\报告期	2015.06.30	2014.12.31	2014.06.30	2013.12.31
	基本每股收益(元)	0.5535	1.5200	0.5216	1.2600
	基本每股收益(扣除后)(元)	0.4310	1.4000	0.7355	1.1971
	稀释每股收益(元)	0.5535	1.5200	0.5216	1.2600
	每股净资产(元)	7.6558	6.8907	6.3997	5.6161
	每股经营现金净流量(元)	0.5495	1.0179	0.4471	0.7605
	每股现金流量(元)	1.5650	0.1800	0.5374	0.2235
	每股资本公积金(元)	0.0162	0.0162	0.0898	0.0239
	每股盈余公积金(元)	0.6854	0.6854	0.5410	0.5410
	每股未分配利润(元)	6.0045	5.1747	4.7805	3.9984
	净资产收益率(%)	10.8393	22.0805	12.2200	22.5048
	加权净资产收益率(%)	11.4100	24.3800	13.0100	25.1600
	净资产收益率(扣除)(%)	8.4392	20.2589	11.4929	21.3159
	总资产(万元)	366013.95	331906.88	305476.17	271209.90
	归属母公司股东权益(万元)	349747.36	314794.37	292363.97	256566.44
	营业收入(万元)	53875.00	124295.15	58687.37	116177.87
	营业支出(万元)	14702.28	37242.66	15647.52	37862.08
	投资收益(万元)	4739.36	4380.03	1898.11	3871.15
	净利润(万元)	38017.60	70104.69	35965.01	57201.29
	营业利润(万元)	43033.82	78047.70	39698.14	65462.74
	利润总额(万元)	43788.73	81241.53	41271.88	67367.36

贵州黔源电力股份有限公司

公司概况					
公司名称	贵州黔源电力股份有限公司		证券简称	黔源电力	
法人代表	刘靖	董秘	刘明达	证券代码	002039
公司网址	www.gzqydl.cn		电子信箱	shihh@gzqydl.cn	
电　　话	0851-5218803 5218942		传　　真	0851-5218925	
办公地址	贵阳市都司高架桥路46号				
经营范围	开发、经营水、火电站及其他电力工程等				

指标\报告期	2015.06.30	2014.12.31	2014.06.30	2013.12.31
基本每股收益(元)	0.3026	0.9634	-0.1078	-0.3245
基本每股收益(扣除后)(元)	0.2597	0.8640	-0.1078	-0.5656
稀释每股收益(元)	0.3026	0.9634	-0.1078	-0.3245
每股净资产(元)	6.1716	6.2578	5.1959	7.9300
每股经营现金净流量(元)	3.3636	4.1172	0.8667	3.6075
每股现金流量(元)	-1.0990	0.8526	0.2087	0.3315
每股资本公积金(元)	3.7492	3.7492	3.7492	6.1101
每股盈余公积金(元)	0.2817	0.2817	0.2592	0.3887
每股未分配利润(元)	1.1407	1.2270	0.1876	0.4292
净资产收益率(%)	4.9029	15.3953	-1.8962	-6.1396
加权净资产收益率(%)	4.8200	16.6800	-1.8800	-6.0000
净资产收益率(扣除)(%)	4.2076	13.8062	-2.0747	-7.1339
总资产(万元)	1809197.07	1860913.93	1791213.42	1716968.74
归属母公司股东权益(万元)	188479.11	191113.83	158682.32	161413.15
营业收入(万元)	106859.54	214711.94	59295.02	101741.66
营业支出(万元)	45688.54	96647.11	28758.41	53081.23
投资收益(万元)	111.00	86.33	-	138.00
净利润(万元)	16379.05	51109.83	-3881.75	-15889.86
营业利润(万元)	15995.90	46553.10	-4507.90	-15691.51
利润总额(万元)	19008.48	53681.95	-3954.14	-15968.03

（主要财务指标）

南京港股份有限公司

公司概况					
公司名称	南京港股份有限公司		证券简称	南京港	
法人代表	熊俊	董秘	杨灯富	证券代码	002040
公司网址	www.nj-port.com		电子信箱	gfgs@nj-port.com	
电　　话	025-58815738		传　　真	025-58812758	
办公地址	江苏省南京市建邺区江东中路108号万达广场C座22层				
经营范围	原油、成品油、液体化工产品的装卸、仓储服务、场地租赁、货物装卸等				

指标\报告期	2015.06.30	2014.12.31	2014.06.30	2013.12.31
基本每股收益(元)	0.0435	0.0832	0.0446	0.0641
基本每股收益(扣除后)(元)	0.0350	0.0593	0.0357	0.0401
稀释每股收益(元)	0.0435	0.0832	0.0446	0.0641
每股净资产(元)	2.6269	2.5834	2.5649	2.5203
每股经营现金净流量(元)	0.0652	0.0778	0.0463	0.1209
每股现金流量(元)	0.0312	-0.0319	-0.0459	-0.0456
每股资本公积金(元)	0.7879	0.7879	0.7879	0.7879
每股盈余公积金(元)	0.2147	0.2105	0.2079	0.2042
每股未分配利润(元)	0.6243	0.5850	0.5690	0.5281
净资产收益率(%)	1.6550	3.2196	1.7397	2.5447
加权净资产收益率(%)	1.6700	3.2616	1.7500	2.5900
净资产收益率(扣除)(%)	1.3326	2.2570	1.3917	1.5905
总资产(万元)	106959.35	105503.72	105000.16	105167.58
归属母公司股东权益(万元)	64588.30	63519.38	63063.17	61966.04
营业收入(万元)	7641.39	15026.57	7173.06	16936.25
营业支出(万元)	4794.31	9773.08	4197.36	11106.88
投资收益(万元)	960.50	1748.95	917.30	1198.80
净利润(万元)	1138.70	2307.12	1097.12	1576.87
营业利润(万元)	940.55	1588.26	1044.52	1054.78
利润总额(万元)	1218.16	2413.74	1337.18	1886.61

（主要财务指标）

山东登海种业股份有限公司

公司概况					
公司名称	山东登海种业股份有限公司		证券简称	登海种业	
法人代表	毛丽华	董秘	原绍刚	证券代码	002041
公司网址	www.denghai.com		电子信箱	denghai@denghai.com	
电　　话	0535-2788889 2788926		传　　真	0535-2788875	
办公地址	山东省莱州市城山路农科院南邻				
经营范围	农作物新品种的选育、生产、分装、销售等				

指标\报告期	2015.06.30	2014.12.31	2014.06.30	2013.12.31
基本每股收益(元)	0.2040	1.0806	0.1856	0.9593
基本每股收益(扣除后)(元)	0.2008	1.0700	0.4549	0.9800
稀释每股收益(元)	0.2040	1.0806	0.1856	0.9593
每股净资产(元)	2.3374	5.6834	5.0667	4.7028
每股经营现金净流量(元)	-0.0742	2.0925	0.3676	1.7829
每股现金流量(元)	-0.2241	-2.7512	-2.5318	-0.1846
每股资本公积金(元)	0.0333	0.1833	0.1833	0.1833
每股盈余公积金(元)	0.1481	0.3702	0.2397	0.2397
每股未分配利润(元)	1.1560	4.1299	3.6437	3.2797
净资产收益率(%)	8.7283	19.0133	9.1564	20.3988
加权净资产收益率(%)	9.0300	20.8400	9.4200	22.6000
净资产收益率(扣除)(%)	8.5923	18.7638	8.9773	20.8831
总资产(万元)	370265.69	394933.47	337531.98	349500.72
归属母公司股东权益(万元)	205688.13	200055.08	178348.21	165537.91
营业收入(万元)	60288.45	148008.15	56321.34	150537.51
营业支出(万元)	28278.65	62231.90	25333.78	61524.21
投资收益(万元)	4686.88	6288.48	2708.02	181.74
净利润(万元)	21453.16	53550.04	19324.38	56498.90
营业利润(万元)	22057.25	54756.52	19858.86	58491.46
利润总额(万元)	22348.78	55000.16	20044.78	57557.56

（主要财务指标）

华孚色纺股份有限公司

公司概况					
公司名称	华孚色纺股份有限公司		证券简称	华孚色纺	
法人代表	孙伟挺	董秘	程桂松	证券代码	002042
公司网址	www.e-huafu.com		电子信箱	hfscl@e-huafu.com	
电　　话	0755-83735645		传　　真	0755-83735566	
办公地址	广东省深圳市福田区滨河大道5022号联合广场B座14楼				
经营范围	纤维、纱线、面料等纺织品、印染品的制造、进出口贸易等				

指标\报告期	2015.06.30	2014.12.31	2014.06.30	2013.12.31
基本每股收益(元)	0.2700	0.2000	0.1700	0.2400
基本每股收益(扣除后)(元)	0.2000	0.0300	0.1500	0.1600
稀释每股收益(元)	0.2700	0.2000	0.1700	0.2400
每股净资产(元)	4.3334	4.0738	4.0314	3.8918
每股经营现金净流量(元)	-0.0986	0.1406	0.0883	0.2802
每股现金流量(元)	-0.0245	0.1076	0.0596	-0.0915
每股资本公积金(元)	1.2037	1.2037	1.2216	1.2219
每股盈余公积金(元)	0.1121	0.1121	0.1022	0.1022
每股未分配利润(元)	1.9229	1.6733	1.6508	1.5059
净资产收益率(%)	6.2705	4.9645	4.2144	6.1776
加权净资产收益率(%)	6.4700	5.0900	4.2900	6.4300
净资产收益率(扣除)(%)	4.6041	0.8439	3.6703	4.1290
总资产(万元)	902385.30	886095.67	847357.75	791851.47
归属母公司股东权益(万元)	360966.66	339346.89	335816.41	324186.73
营业收入(万元)	383022.65	613274.75	364740.75	624012.76
营业支出(万元)	333452.58	531326.86	318147.91	535991.14
投资收益(万元)	1896.13	3751.28	989.93	1393.43
净利润(万元)	22570.69	16712.12	14152.65	20026.91
营业利润(万元)	10942.04	-1688.45	7187.88	9395.08
利润总额(万元)	25016.69	21379.75	15722.29	23881.16

（主要财务指标）

德华兔宝宝装饰新材股份有限公司

公司概况	公司名称	德华兔宝宝装饰新材股份有限公司			证券简称	兔 宝 宝
	法人代表	丁鸿敏	董秘	徐俊	证券代码	002043
	公司网址	www.dhwooden.com		电子信箱	dehua_ss@dhwooden.com	
	电　话	0572-8405322　8405635		传　真	0572-8405322　8822225	
	办公地址	浙江省湖州市德清县武康镇临溪街 588 号				
	经营范围	人造板、装饰贴面板、木质地板、其他木制品及化工产品等				

主要财务指标	指标\报告期	2015.06.30	2014.12.31	2014.06.30	2013.12.31
	基本每股收益(元)	0.0500	0.0900	0.0300	0.0500
	基本每股收益(扣除后)(元)	0.0400	0.0800	0.0300	0.0400
	稀释每股收益(元)	0.0500	0.0900	0.0300	0.0500
	每股净资产(元)	1.6918	1.6492	1.6415	1.6298
	每股经营现金净流量(元)	0.1422	0.2090	0.0383	0.1995
	每股现金流量(元)	-0.0640	0.0188	0.0080	0.0184
	每股资本公积金(元)	0.1965	0.1950	0.1894	0.1630
	每股盈余公积金(元)	0.0814	0.0814	0.0772	0.0795
	每股未分配利润(元)	0.4563	0.4324	0.3770	0.3897
	净资产收益率(%)	3.1842	5.3580	1.7549	3.0249
	加权净资产收益率(%)	3.2100	5.3400	1.7700	3.0500
	净资产收益率(扣除)(%)	2.4848	4.5239	1.8549	2.2328
	总资产(万元)	106111.28	108740.24	101769.69	97768.10
	归属母公司股东权益(万元)	81923.84	79864.46	79490.55	76601.49
	营业收入(万元)	68370.78	141200.28	61351.48	124286.92
	营业支出(万元)	56776.72	118306.19	51308.17	105227.95
	投资收益(万元)	320.10	151.19	-5.86	-155.12
	净利润(万元)	2570.87	4346.16	1394.97	2317.12
	营业利润(万元)	2923.20	4112.89	1186.83	2537.27
	利润总额(万元)	3073.19	5210.39	1751.05	3240.58

江苏三友集团股份有限公司

公司概况	公司名称	江苏三友集团股份有限公司			证券简称	江苏三友
	法人代表	陆尔穗	董秘	陈毅龙	证券代码	002044
	公司网址	www.sanyougroup.com		电子信箱	jssy@sanyougroup.com	
	电　话	021-64031199-8058		传　真	0021-34693706	
	办公地址	江苏省南通市人民东路 218 号				
	经营范围	设计、生产、销售各式服装、服饰及原辅材料、纺织服装类产品的科技开发等				

主要财务指标	指标\报告期	2015.06.30	2014.12.31	2014.06.30	2013.12.31
	基本每股收益(元)	0.0300	0.2200	0.0500	-0.0300
	基本每股收益(扣除后)(元)	0.0300	0.2200	0.0500	-0.0400
	稀释每股收益(元)	0.0300	0.2200	0.0500	-0.0300
	每股净资产(元)	1.3615	1.7271	1.5560	1.5557
	每股经营现金净流量(元)	-0.3228	0.0407	-0.4529	0.1167
	每股现金流量(元)	-0.4304	-0.1701	-0.7305	-0.0775
	每股资本公积金(元)	0.0028	0.5719	0.0028	0.0028
	每股盈余公积金(元)	0.2830	0.1074	0.3472	0.3472
	每股未分配利润(元)	0.0681	0.3689	0.2014	0.2011
	净资产收益率(%)	2.4388	12.7842	3.2332	-1.7872
	加权净资产收益率(%)	2.3600	13.4200	3.1800	-1.3700
	净资产收益率(扣除)(%)	2.0324	13.0260	3.1945	-2.7120
	总资产(万元)	66361.74	212895.30	74108.42	75997.32
	归属母公司股东权益(万元)	37859.62	142211.27	34892.63	34885.75
	营业收入(万元)	23440.21	69600.85	21879.18	75870.04
	营业支出(万元)	20323.98	55637.58	18075.03	62426.42
	投资收益(万元)	51.08	163.08	8.00	-2.14
	净利润(万元)	1013.07	4509.35	1128.13	-623.47
	营业利润(万元)	1303.98	6822.56	1604.87	-1843.21
	利润总额(万元)	1492.34	6772.30	1631.94	-1925.48

国光电器股份有限公司

公司概况	公司名称	国光电器股份有限公司			证券简称	国光电器
	法人代表	郝旭明	董秘	郑崖民	证券代码	002045
	公司网址	www.ggec.com.cn		电子信箱	guoguang@ggec.com.cn	
	电　话	020-28609688		传　真	020-28609396	
	办公地址	广东省广州市花都区新华街镜湖大道 8 号				
	经营范围	研发、生产、销售电子元件、电声器件和音响设备、音箱、电脑配件等				

主要财务指标	指标\报告期	2015.06.30	2014.12.31	2014.06.30	2013.12.31
	基本每股收益(元)	0.0100	0.2200	0.0500	0.2000
	基本每股收益(扣除后)(元)	-	0.2000	0.0400	0.1600
	稀释每股收益(元)	0.0100	0.2200	0.0500	0.2000
	每股净资产(元)	3.0346	3.1100	2.9300	2.9686
	每股经营现金净流量(元)	0.0535	0.3348	0.2520	0.5581
	每股现金流量(元)	-0.3692	-0.1826	-0.0750	0.0729
	每股资本公积金(元)	0.9866	0.9866	0.9758	0.9870
	每股盈余公积金(元)	0.2613	0.2613	0.2556	0.2498
	每股未分配利润(元)	0.7857	0.8534	0.6933	0.7290
	净资产收益率(%)	0.4054	7.1504	1.7075	6.5884
	加权净资产收益率(%)	0.4000	7.3300	1.6800	6.7300
	净资产收益率(扣除)(%)	0.0917	6.3112	1.5100	5.4883
	总资产(万元)	232610.98	256908.93	244615.29	261898.61
	归属母公司股东权益(万元)	126512.36	129452.41	122091.91	123762.63
	营业收入(万元)	88267.69	201562.00	80123.85	202144.09
	营业支出(万元)	71761.86	157632.30	61777.45	159053.66
	投资收益(万元)	-235.36	-380.77	-176.81	877.30
	净利润(万元)	329.52	9077.89	2084.71	8153.94
	营业利润(万元)	438.32	9542.11	1949.01	8056.08
	利润总额(万元)	695.74	10702.56	2147.28	9401.37

洛阳轴研科技股份有限公司

公司概况	公司名称	洛阳轴研科技股份有限公司			证券简称	轴研科技
	法人代表	梁波	董秘	俞玮	证券代码	002046
	公司网址	www.zys.com.cn		电子信箱	stock@zys.com.cn	
	电　话	0379-64881139		传　真	0379-64881518	
	办公地址	河南省洛阳市吉林路 1 号				
	经营范围	研制、生产和销售轴承与轴承单元、光机电一体化产品、机械装备等				

主要财务指标	指标\报告期	2015.06.30	2014.12.31	2014.06.30	2013.12.31
	基本每股收益(元)	-0.0730	0.0600	0.0450	0.1300
	基本每股收益(扣除后)(元)	-0.0870	0.0100	0.0200	0.0200
	稀释每股收益(元)	-0.0730	0.0600	0.0450	0.1300
	每股净资产(元)	3.9491	4.0218	4.0600	3.8000
	每股经营现金净流量(元)	-0.0643	-0.0758	-0.0754	-0.1050
	每股现金流量(元)	-0.2514	0.0086	0.0113	-0.4180
	每股资本公积金(元)	1.9657	1.9657	1.7788	1.5455
	每股盈余公积金(元)	0.1434	0.1434	0.1582	0.1582
	每股未分配利润(元)	0.8377	0.9106	1.1186	1.0971
	净资产收益率(%)	-1.8460	1.2830	1.2674	3.5952
	加权净资产收益率(%)	-1.8300	1.5000	1.3500	3.7300
	净资产收益率(扣除)(%)	-2.2042	0.1370	0.3855	0.5649
	总资产(万元)	228568.76	229020.44	218294.69	204931.60
	归属母公司股东权益(万元)	134493.97	136967.64	113126.00	105939.19
	营业收入(万元)	18898.79	51262.59	26796.71	65110.71
	营业支出(万元)	15877.56	37748.95	19513.43	50411.06
	投资收益(万元)	-114.62	86.27	-66.15	86.89
	净利润(万元)	-2514.54	1535.41	1425.22	3872.70
	营业利润(万元)	-3104.70	591.70	676.89	477.81
	利润总额(万元)	-2524.47	2224.60	1686.50	4646.53

深圳市宝鹰建设控股集团股份有限公司

公司概况	公司名称	深圳市宝鹰建设控股集团股份有限公司			证券简称	宝鹰股份
	法人代表	古少明	董秘	钟志刚	证券代码	002047
	公司网址	www.szby.cn		电子信箱	zq@szby.cn	
	电　　话	00755-82924810		传　　真	00755-88374949	
	办公地址	深圳市福田区车公庙泰然四路303栋4楼				
	经营范围	生产经营水龙头、卫浴洁具、厨柜及其配件及生产经营精冲模等				

	指标\报告期	2015.06.30	2014.12.31	2014.06.30	2013.12.31
主要财务指标	基本每股收益(元)	0.1200	0.2200	0.1000	0.2900
	基本每股收益(扣除后)(元)	0.1200	0.2200	0.1000	0.2800
	稀释每股收益(元)	0.1200	0.2200	0.1000	0.2900
	每股净资产(元)	1.7772	7.0691	1.5238	4.2192
	每股经营现金净流量(元)	-1.0332	-2.5199	-1.3692	-1.8158
	每股现金流量(元)	-0.5006	0.0491	1.3520	0.0579
	每股资本公积金(元)	3.5974	3.5974	3.5974	1.3528
	每股盈余公积金(元)	0.2447	0.2447	0.1513	0.1795
	每股未分配利润(元)	2.7057	2.1671	1.7482	1.5940
	净资产收益率(%)	7.0326	12.9717	6.1634	21.0966
	加权净资产收益率(%)	7.3100	15.3700	10.7800	27.9300
	净资产收益率(扣除)(%)	6.9960	12.9048	6.1335	21.0282
	总资产(万元)	569769.66	491785.64	372562.63	279093.62
	归属母公司股东权益(万元)	224482.81	207212.31	192465.16	104236.97
	营业收入(万元)	309764.12	538246.48	222054.04	372681.13
	营业支出(万元)	262227.05	453183.95	187756.44	309766.54
	投资收益(万元)	-105.80	336.25	-	-
	净利润(万元)	17362.87	27295.50	11862.48	21990.42
	营业利润(万元)	22385.40	36655.85	15888.65	29364.86
	利润总额(万元)	22494.88	36851.33	15965.58	29459.81

宁波华翔电子股份有限公司

公司概况	公司名称	宁波华翔电子股份有限公司			证券简称	宁波华翔
	法人代表	周晓峰	董秘	韩铭扬	证券代码	002048
	公司网址	www.nbhx.com.cn		电子信箱	stock-dp@nbhx.com.cn	
	电　　话	021-68948127 68949998		传　　真	021-68942260 68942221	
	办公地址	上海市浦东新区花木白杨路1160号				
	经营范围	汽车和摩托车零配件、电子产品、模具、仪表仪器的制造、加工等				

	指标\报告期	2015.06.30	2014.12.31	2014.06.30	2013.12.31
主要财务指标	基本每股收益(元)	0.3300	0.9900	0.5800	0.6500
	基本每股收益(扣除后)(元)	0.2700	0.9200	0.5300	0.5700
	稀释每股收益(元)	0.3300	0.9900	0.5800	0.6500
	每股净资产(元)	9.1597	8.1030	7.2534	6.4157
	每股经营现金净流量(元)	0.3174	0.8778	0.1583	1.4128
	每股现金流量(元)	0.6279	-0.1968	-0.2894	0.1675
	每股资本公积金(元)	1.2501	1.2501	2.3736	2.0359
	每股盈余公积金(元)	0.3427	0.3427	0.2706	0.2706
	每股未分配利润(元)	4.1734	3.9476	3.6259	3.1261
	净资产收益率(%)	3.5570	12.2043	8.0026	10.0917
	加权净资产收益率(%)	3.5800	13.6200	8.4900	10.9400
	净资产收益率(扣除)(%)	2.9433	11.2937	7.3597	8.8821
	总资产(万元)	1027906.06	859351.27	799042.91	707112.30
	归属母公司股东权益(万元)	485505.60	429495.56	384466.49	340064.61
	营业收入(万元)	470006.11	871281.30	412268.31	729182.63
	营业支出(万元)	376639.50	692271.49	324405.27	579319.77
	投资收益(万元)	9925.41	17669.96	8578.71	11795.32
	净利润(万元)	28931.60	72192.20	30767.23	34318.22
	营业利润(万元)	38424.37	83541.56	45275.99	54569.87
	利润总额(万元)	39935.29	85988.27	47870.39	57583.76

同方国芯电子股份有限公司

公司概况	公司名称	同方国芯电子股份有限公司			证券简称	同方国芯
	法人代表	陆致成	董秘	杜林虎	证券代码	002049
	公司网址	www.gosinoic.com		电子信箱	zhengquan@gosinoic.com	
	电　　话	0315-6198161 6198181		传　　真	0315-6198179	
	办公地址	河北省唐山市玉田县无终西街3129号				
	经营范围	压电石英晶体元器件的开发、生产和销售等				

	指标\报告期	2015.06.30	2014.12.31	2014.06.30	2013.12.31
主要财务指标	基本每股收益(元)	0.2197	0.5016	0.2164	0.9014
	基本每股收益(扣除后)(元)	0.1801	0.4090	0.1608	0.6742
	稀释每股收益(元)	0.2197	0.5016	0.2164	0.9014
	每股净资产(元)	4.4322	4.3117	4.0420	7.7512
	每股经营现金净流量(元)	0.1694	0.4174	0.1478	0.7679
	每股现金流量(元)	-0.1774	-0.2299	-0.0546	0.1193
	每股资本公积金(元)	1.0273	1.0273	1.0272	3.0544
	每股盈余公积金(元)	0.1081	0.1081	0.0681	0.1362
	每股未分配利润(元)	2.3115	2.1918	1.9466	3.5605
	净资产收益率(%)	4.9566	11.6327	5.3535	11.5877
	加权净资产收益率(%)	4.9900	12.2500	5.4500	12.3600
	净资产收益率(扣除)(%)	4.0632	9.4860	3.9776	8.6670
	总资产(万元)	370302.19	348998.66	323304.86	307801.31
	归属母公司股东权益(万元)	268951.09	261639.66	245273.86	235177.19
	营业收入(万元)	55767.26	108656.19	45182.48	91998.76
	营业支出(万元)	31316.56	65907.95	28708.66	60607.13
	投资收益(万元)	-	-7.66	-7.66	-54.61
	净利润(万元)	13259.87	30375.41	13130.76	27251.52
	营业利润(万元)	13057.35	27372.89	10879.60	21921.85
	利润总额(万元)	15874.56	33583.63	14585.03	29842.55

浙江三花股份有限公司

公司概况	公司名称	浙江三花股份有限公司			证券简称	三花股份
	法人代表	张亚波	董秘	胡凯程	证券代码	002050
	公司网址	www.zjshc.com		电子信箱	shc@zjshc.com	
	电　　话	0571-28020008 0575-86255360		传　　真	0571-28876605	
	办公地址	浙江省绍兴市新昌县梅渚镇沃西大道219号三花工业园区办公大楼				
	经营范围	截止阀、电子膨胀阀、排水泵、电磁阀、单向阀、压缩机、压力管道元件等				

	指标\报告期	2015.06.30	2014.12.31	2014.06.30	2013.12.31
主要财务指标	基本每股收益(元)	0.1800	0.6300	0.1600	0.4200
	基本每股收益(扣除后)(元)	0.1800	0.6100	0.3100	0.5200
	稀释每股收益(元)	0.1800	0.6300	0.1600	0.4200
	每股净资产(元)	2.4148	4.5690	4.2124	4.0600
	每股经营现金净流量(元)	0.1227	0.7469	-0.0862	0.4673
	每股现金流量(元)	0.1409	-0.2361	-0.1363	-0.1193
	每股资本公积金(元)	0.1220	1.4121	1.2155	1.8801
	每股盈余公积金(元)	0.1127	0.2376	0.1968	0.2558
	每股未分配利润(元)	1.1975	2.2017	1.8503	2.2016
	净资产收益率(%)	7.3104	13.8066	7.3739	10.2972
	加权净资产收益率(%)	7.4900	14.6400	7.3700	10.7500
	净资产收益率(扣除)(%)	7.4239	13.3542	7.4040	9.9405
	总资产(万元)	723476.40	765469.60	748878.72	658852.81
	归属母公司股东权益(万元)	373402.64	371692.70	325686.66	314021.04
	营业收入(万元)	289868.93	582390.77	315785.70	527417.09
	营业支出(万元)	210854.77	420810.43	234238.59	396012.51
	投资收益(万元)	-114.09	1488.19	-462.77	-891.54
	净利润(万元)	27560.95	48878.42	24088.98	32325.15
	营业利润(万元)	31217.53	58551.00	31414.38	35510.53
	利润总额(万元)	31983.38	61075.00	31325.08	40178.10

中工国际工程股份有限公司

公司概况					
公司名称	中工国际工程股份有限公司			证券简称	中工国际
法人代表	罗艳	董秘	张春燕	证券代码	002051
公司网址	www.camce.com.cn		电子信箱	002051@camce.cn	
电　话	010-82688606 82688653		传　真	010-82688582	
办公地址	北京市海淀区丹棱街3号				
经营范围	国际工程承包、核心内容为成套设备及技术出口等				

主要财务指标 指标\报告期	2015.06.30	2014.12.31	2014.06.30	2013.12.31
基本每股收益(元)	0.4300	1.1300	0.5500	1.1300
基本每股收益(扣除后)(元)	0.4300	1.1100	0.5400	1.1400
稀释每股收益(元)	0.4300	1.1300	0.5500	1.1300
每股净资产(元)	6.9682	6.8550	6.4419	7.3474
每股经营现金净流量(元)	0.5175	0.5285	-0.3241	1.5195
每股现金流量(元)	-2.2821	1.1617	0.9611	0.7366
每股资本公积金(元)	2.3301	2.3253	2.3477	2.7548
每股盈余公积金(元)	0.7153	0.7150	0.5259	0.6385
每股未分配利润(元)	3.2119	3.0761	2.6962	3.1088
净资产收益率(%)	6.2388	16.3419	8.5025	15.3463
加权净资产收益率(%)	6.1600	17.3900	8.7000	16.1100
净资产收益率(扣除)(%)	6.2091	16.1702	8.3443	15.5298
总资产(万元)	1777208.36	1790002.49	1871065.71	1650273.08
归属母公司股东权益(万元)	538935.41	530399.26	498435.92	468176.00
营业收入(万元)	273772.94	953287.75	409467.51	923571.77
营业支出(万元)	210566.64	787064.89	335888.46	762325.52
投资收益(万元)	329.19	-5407.75	235.91	-3533.40
净利润(万元)	31417.62	77312.65	42379.41	71847.67
营业利润(万元)	27656.26	95664.09	49039.70	88688.07
利润总额(万元)	27740.26	96815.35	49980.98	86017.60

深圳市同洲电子股份有限公司

公司概况					
公司名称	深圳市同洲电子股份有限公司			证券简称	同洲电子
法人代表	袁明	董秘	贺磊	证券代码	002052
公司网址	www.coship.com		电子信箱	coship@coship.com	
电　话	0755-26990000*8880		传　真	0755-26722666	
办公地址	广东省深圳市南山区高新区北区第五工业区彩虹科技大楼A6楼				
经营范围	电子产品、计算机软、硬件及其应用网络产品、自动化控制设备等				

主要财务指标 指标\报告期	2015.06.30	2014.12.31	2014.06.30	2013.12.31
基本每股收益(元)	0.0200	-0.6100	-0.1900	0.0500
基本每股收益(扣除后)(元)	-0.0100	-0.6200	-0.2300	0.0200
稀释每股收益(元)	0.0200	-0.6100	-0.1900	0.0500
每股净资产(元)	1.2578	1.2357	1.6216	1.8497
每股经营现金净流量(元)	-0.1940	0.4483	-0.2697	-0.1094
每股现金流量(元)	-0.1832	-0.2453	-0.3221	0.1787
每股资本公积金(元)	0.4827	0.4801	0.4881	0.4801
每股盈余公积金(元)	0.1165	0.1165	0.1165	0.1165
每股未分配利润(元)	-0.3483	-0.3651	0.0171	0.2451
净资产收益率(%)	1.3361	-49.3811	-14.0611	2.7039
加权净资产收益率(%)	1.3900	-39.5100	-13.1400	2.7100
净资产收益率(扣除)(%)	-1.1770	-50.2310	-14.4153	1.2351
总资产(万元)	270158.72	298596.74	325721.44	330765.63
归属母公司股东权益(万元)	85901.85	84396.26	110752.07	126325.06
营业收入(万元)	56014.51	160183.59	70529.38	195608.71
营业支出(万元)	38282.78	134292.48	55884.53	144522.96
投资收益(万元)	-253.58	-309.20	-379.14	244.85
净利润(万元)	1147.72	-41675.76	-15572.99	3415.65
营业利润(万元)	-1352.89	-41360.41	-16134.98	1703.13
利润总额(万元)	1222.04	-40103.87	-15563.54	4531.33

云南盐化股份有限公司

公司概况					
公司名称	云南盐化股份有限公司			证券简称	云南盐化
法人代表	杨万华	董秘	李政良	证券代码	002053
公司网址	www.ynyh.com		电子信箱	ynyh@email.ynyh.com	
电　话	0871-3127429 3126346		传　真	0871-3126346	
办公地址	云南省昆明市官渡区春城路276号				
经营范围	盐及其系列产品的开发、加工和销售、氯碱化工及其系列产品等				

主要财务指标 指标\报告期	2015.06.30	2014.12.31	2014.06.30	2013.12.31
基本每股收益(元)	0.1190	0.2993	0.0140	0.2009
基本每股收益(扣除后)(元)	0.1060	0.2892	-0.0030	0.0890
稀释每股收益(元)	0.1190	0.2993	0.0140	0.2009
每股净资产(元)	4.9162	4.8958	4.6098	4.5958
每股经营现金净流量(元)	0.4445	1.3689	0.0819	1.1175
每股现金流量(元)	-0.4137	0.1118	-0.5796	0.2431
每股资本公积金(元)	2.8889	2.8889	2.8889	2.8889
每股盈余公积金(元)	0.4177	0.4177	0.3735	0.3735
每股未分配利润(元)	0.5915	0.5724	0.3308	0.3173
净资产收益率(%)	2.4238	6.1143	0.2942	4.3716
加权净资产收益率(%)	2.4000	6.3100	0.2900	4.4600
净资产收益率(扣除)(%)	2.1537	5.9080	-0.0719	1.9355
总资产(万元)	381434.49	383738.65	350683.70	353340.90
归属母公司股东权益(万元)	91368.77	90988.07	85673.40	85414.05
营业收入(万元)	72480.16	187745.12	79873.92	182993.42
营业支出(万元)	45822.13	123127.66	56872.82	132809.25
投资收益(万元)	-36.59	-38.51	26.39	-125.54
净利润(万元)	480.46	3378.34	252.06	3733.95
营业利润(万元)	1059.30	4857.56	-1151.92	-1156.50
利润总额(万元)	1195.27	5003.09	-655.93	1301.23

广东德美精细化工股份有限公司

公司概况					
公司名称	广东德美精细化工股份有限公司			证券简称	德美化工
法人代表	黄冠雄	董秘	朱闽翀	证券代码	002054
公司网址	www.dymatic.com		电子信箱	zhumc@dymatic.com	
电　话	0757-28399088 28397912		传　真	0757-28803001	
办公地址	广东省佛山市顺德区容桂街道广珠路海尾路段44号				
经营范围	开发、生产、销售:纺织、印染、造纸助剂、印刷助剂、涂料等				

主要财务指标 指标\报告期	2015.06.30	2014.12.31	2014.06.30	2013.12.31
基本每股收益(元)	0.6000	0.3000	0.1400	0.3600
基本每股收益(扣除后)(元)	0.0810	0.2400	0.1300	0.3500
稀释每股收益(元)	0.6000	0.3000	0.1400	0.3600
每股净资产(元)	4.1809	4.9174	4.7800	4.7448
每股经营现金净流量(元)	0.2829	0.5635	0.4261	0.4158
每股现金流量(元)	0.4333	-0.1215	0.2644	0.1372
每股资本公积金(元)	0.4661	1.0478	0.4275	0.4254
每股盈余公积金(元)	0.2493	0.3241	0.3594	0.3594
每股未分配利润(元)	2.4661	2.5465	2.9847	2.9600
净资产收益率(%)	14.3405	6.0308	3.1999	7.5248
加权净资产收益率(%)	14.6900	6.1200	3.0000	7.7100
净资产收益率(扣除)(%)	1.9309	4.8831	2.9020	7.4012
总资产(万元)	263252.34	259618.58	224875.20	225600.84
归属母公司股东权益(万元)	175518.02	158796.69	154086.86	153222.81
营业收入(万元)	96745.00	122850.45	56684.83	118425.55
营业支出(万元)	73666.29	79057.47	35128.03	72658.38
投资收益(万元)	27836.88	3755.95	746.96	1854.29
净利润(万元)	26231.25	11402.43	4674.31	11529.74
营业利润(万元)	32715.88	13334.51	7538.58	18694.43
利润总额(万元)	32823.03	13985.76	7842.60	18979.18

深圳市得润电子股份有限公司

公司概况	公司名称	深圳市得润电子股份有限公司		证券简称	得润电子
	法人代表	邱建民	董秘	王少华	证券代码	002055
	公司网址	www.deren.com.cn		电子信箱	002055@deren.com.cn
	电　话	0755-89492166		传　真	0755-89492167
	办公地址	广东省深圳市光明新区光明街道三十三路9号得润电子工业园			
	经营范围	生产经营电子连接器、光连接器、汽车连接器及线束、电子元器件等			

主要财务指标	指标＼报告期	2015.06.30	2014.12.31	2014.06.30	2013.12.31
	基本每股收益(元)	0.1238	0.2379	0.1269	0.2990
	基本每股收益(扣除后)(元)	0.1181	0.2305	0.1238	0.2703
	稀释每股收益(元)	0.1238	0.2379	0.1269	0.2990
	每股净资产(元)	3.7209	3.3024	3.1942	3.1122
	每股经营现金净流量(元)	-0.5867	0.2160	0.1133	0.2180
	每股现金流量(元)	0.0416	0.0767	-0.0351	-0.2055
	每股资本公积金(元)	1.4349	0.9809	0.9908	0.9766
	每股盈余公积金(元)	0.0825	0.0896	0.0788	0.0788
	每股未分配利润(元)	1.2037	1.2352	1.1350	1.0581
	净资产收益率(%)	3.1507	7.2039	3.9716	9.5137
	加权净资产收益率(%)	3.5700	7.4300	4.0000	10.0200
	净资产收益率(扣除)(%)	3.0061	6.9811	-	8.6002
	总资产(万元)	414189.28	338157.16	307066.15	293749.90
	归属母公司股东权益(万元)	167631.61	136889.51	132401.47	129003.53
	营业收入(万元)	165164.91	263486.76	120164.39	207003.93
	营业支出(万元)	139908.21	213489.33	97552.12	165372.22
	投资收益(万元)	109.09	-325.61	-72.87	-127.87
	净利润(万元)	5372.14	8779.65	5258.46	12273.06
	营业利润(万元)	5700.55	9261.83	6130.74	12865.61
	利润总额(万元)	5944.13	9336.81	6247.23	14309.81

横店集团东磁股份有限公司

公司概况	公司名称	横店集团东磁股份有限公司		证券简称	横店东磁
	法人代表	何时金	董秘	吴雪萍	证券代码	002056
	公司网址	www.chinadmegc.com		电子信箱	gfgs@dmegc.com.cn
	电　话	0579-86551999		传　真	0579-86555328
	办公地址	浙江省东阳市横店工业区			
	经营范围	磁性器材、电池、电子产品的生产、销售等			

主要财务指标	指标＼报告期	2015.06.30	2014.12.31	2014.06.30	2013.12.31
	基本每股收益(元)	0.3600	0.9300	0.4100	0.4100
	基本每股收益(扣除后)(元)	0.3100	0.7500	0.3500	0.3500
	稀释每股收益(元)	0.3600	0.9300	0.4100	0.4100
	每股净资产(元)	8.1032	8.0200	7.5000	7.5000
	每股经营现金净流量(元)	0.6773	1.6854	0.7869	0.7869
	每股现金流量(元)	-0.6585	1.1174	1.6810	1.6810
	每股资本公积金(元)	3.3879	3.3879	3.3879	3.3879
	每股盈余公积金(元)	0.5888	0.5888	0.4920	0.4920
	每股未分配利润(元)	3.1239	3.0433	2.6268	2.6268
	净资产收益率(%)	4.4501	11.5746	5.5265	5.5265
	加权净资产收益率(%)	4.4800	12.2400	5.6500	5.6500
	净资产收益率(扣除)(%)	3.8559	9.4057	4.7226	4.7226
	总资产(万元)	482064.28	478285.19	465818.62	465818.62
	归属母公司股东权益(万元)	332961.21	329414.09	308289.55	308289.55
	营业收入(万元)	180048.22	366880.01	174389.98	174389.98
	营业支出(万元)	137253.09	275761.49	129246.41	129246.41
	投资收益(万元)	543.08	4132.62	1750.03	1750.03
	净利润(万元)	14829.67	38143.08	17037.50	17037.50
	营业利润(万元)	16387.53	41487.54	19250.24	19250.24
	利润总额(万元)	17614.09	43499.79	20093.70	20093.70

中钢集团安徽天源科技股份有限公司

公司概况	公司名称	中钢集团安徽天源科技股份有限公司		证券简称	中钢天源
	法人代表	洪石笙	董秘	章超	证券代码	002057
	公司网址	www.ty-magnet.com		电子信箱	zhangchao214@126.com
	电　话	0555-5200209		传　真	0555-5200222
	办公地址	安徽省马鞍山市经济技术开发区红旗南路51号			
	经营范围	磁性材料、磁器件、磁分离设备、过滤脱水设备、环保设备等			

主要财务指标	指标＼报告期	2015.06.30	2014.12.31	2014.06.30	2013.12.31
	基本每股收益(元)	0.0201	0.0978	0.0364	0.2137
	基本每股收益(扣除后)(元)	0.0096	0.0350	0.0254	-0.0265
	稀释每股收益(元)	0.0201	0.0978	0.0364	0.2137
	每股净资产(元)	2.5110	2.4912	2.4296	4.8101
	每股经营现金净流量(元)	0.0054	-0.0646	-0.0487	0.0929
	每股现金流量(元)	-0.0764	-0.1823	-0.0557	-0.6730
	每股资本公积金(元)	1.1261	1.1261	1.1261	3.2523
	每股盈余公积金(元)	0.0784	0.0784	0.0694	0.1387
	每股未分配利润(元)	0.3045	0.2844	0.2321	0.4163
	净资产收益率(%)	0.8009	3.9277	1.4995	4.4435
	加权净资产收益率(%)	0.8000	4.0000	1.5000	4.5400
	净资产收益率(扣除)(%)	0.3842	1.4068	1.0453	-0.5503
	总资产(万元)	60283.29	60838.85	61420.49	58659.73
	归属母公司股东权益(万元)	50064.19	49670.75	48441.16	47952.53
	营业收入(万元)	14985.11	35024.52	16257.54	31763.13
	营业支出(万元)	12368.15	28716.41	13488.20	25933.60
	投资收益(万元)	-3.48	-6.07	-6.52	-1.99
	净利润(万元)	399.43	1943.27	726.36	2130.76
	营业利润(万元)	256.45	637.05	548.34	-316.52
	利润总额(万元)	472.95	2114.40	799.39	2440.89

上海威尔泰工业自动化股份有限公司

公司概况	公司名称	上海威尔泰工业自动化股份有限公司		证券简称	威尔泰
	法人代表	李彧	董秘	殷骏	证券代码	002058
	公司网址	www.welltech.com.cn		电子信箱	dm@welltech.com.cn
	电　话	021-64656465		传　真	021-64659671
	办公地址	上海市闵行区虹中路263号1幢			
	经营范围	仪表仪器、传感器的制造、自动化控制系统集成、设备成套、电气成套等			

主要财务指标	指标＼报告期	2015.06.30	2014.12.31	2014.06.30	2013.12.31
	基本每股收益(元)	-0.0450	0.0400	-0.0060	0.0400
	基本每股收益(扣除后)(元)	-0.0480	0.0300	-0.0090	0.0300
	稀释每股收益(元)	-0.0450	0.0400	-0.0060	0.0400
	每股净资产(元)	1.3040	1.3691	1.3222	1.3484
	每股经营现金净流量(元)	-0.0858	0.0605	-0.0759	0.0993
	每股现金流量(元)	-0.1082	0.0217	-0.2044	0.0588
	每股资本公积金(元)	0.0026	0.0026	0.0026	0.0027
	每股盈余公积金(元)	0.1176	0.1176	0.1121	0.1121
	每股未分配利润(元)	0.1837	0.2489	0.2074	0.2336
	净资产收益率(%)	-3.4607	2.9745	-0.4691	3.0908
	加权净资产收益率(%)	-3.3500	3.0000	-0.4600	3.0200
	净资产收益率(扣除)(%)	-3.7145	2.2192	-0.7091	2.5001
	总资产(万元)	22523.18	23799.41	23093.86	24635.45
	归属母公司股东权益(万元)	18705.08	19639.30	18966.17	19342.75
	营业收入(万元)	4008.85	12337.45	4645.61	13209.26
	营业支出(万元)	2475.97	7353.37	2752.59	7973.09
	投资收益(万元)	25.74	40.68	-	-
	净利润(万元)	-698.97	526.17	-88.97	597.85
	营业利润(万元)	-743.58	229.18	-299.68	431.65
	利润总额(万元)	-638.17	706.18	-91.07	776.86

云南旅游股份有限公司

公司概况

公司名称	云南旅游股份有限公司			证券简称	云南旅游
法人代表	王冲	董秘	毛新礼	证券代码	002059
公司网址	www.expo99km.com		电子信箱	mxl.expo99@163.com	
电　　话	0871-5012059 5012363		传　　真	0871-5012227	
办公地址	云南省昆明市世博路 10 号云南旅游股份有限公司办公楼				
经营范围	景点投资、经营及管理、园林园艺产品展示、旅游房地产投资等				

主要财务指标

指标\报告期	2015.06.30	2014.12.31	2014.06.30	2013.12.31
基本每股收益(元)	0.0152	0.2055	0.0103	0.2154
基本每股收益(扣除后)(元)	0.0152	0.1613	0.0088	0.1124
稀释每股收益(元)	0.0152	0.2055	0.0103	0.2154
每股净资产(元)	2.1928	4.3531	3.3989	3.4417
每股经营现金净流量(元)	-0.1286	-0.1855	-0.4055	0.2718
每股现金流量(元)	-0.0532	0.2620	0.2000	0.2372
每股资本公积金(元)	0.7810	2.5589	1.6836	1.6828
每股盈余公积金(元)	0.1047	0.2094	0.2444	0.2444
每股未分配利润(元)	0.3018	0.5734	0.4710	0.5139
净资产收益率(%)	0.6910	4.0878	0.3030	5.8885
加权净资产收益率(%)	0.6900	5.7100	0.3000	8.2200
净资产收益率(扣除)(%)	0.6913	3.2085	0.2585	2.3194
总资产(万元)	396116.06	387487.42	233049.60	210642.88
归属母公司股东权益(万元)	160246.62	159060.67	106049.42	107383.48
营业收入(万元)	51974.80	94147.64	30095.63	70214.66
营业支出(万元)	37789.73	62384.98	21649.47	44198.31
投资收益(万元)	218.65	196.31	-	119.73
净利润(万元)	368.20	7680.03	321.32	6323.29
营业利润(万元)	1110.08	8380.81	-910.69	8414.89
利润总额(万元)	1167.02	10070.85	-831.37	8750.15

广东水电二局股份有限公司

公司概况

公司名称	广东水电二局股份有限公司			证券简称	粤水电
法人代表	谢彦辉	董秘	林广喜	证券代码	002060
公司网址	www.gdsdej.com		电子信箱	ysd002060@vip.163.com	
电　　话	020-61776998		传　　真	020-82607092	
办公地址	广东省广州市增城区新塘镇广深大道西 1 号 1 幢水电广场 A-1 商务中心				
经营范围	水利水电工程、公路工程、市政工程、房屋建筑工程、机电安装工程等				

主要财务指标

指标\报告期	2015.06.30	2014.12.31	2014.06.30	2013.12.31
基本每股收益(元)	0.0846	0.1634	0.0800	0.1481
基本每股收益(扣除后)(元)	0.0851	0.1630	0.0786	0.1494
稀释每股收益(元)	0.0846	0.1634	0.0800	0.1481
每股净资产(元)	4.2154	4.1519	4.0603	4.0957
每股经营现金净流量(元)	0.1733	0.9660	0.1370	0.3314
每股现金流量(元)	0.1680	0.4755	0.8036	-0.4412
每股资本公积金(元)	1.9994	1.9994	2.0030	2.0830
每股盈余公积金(元)	0.1457	0.1457	0.1352	0.1352
每股未分配利润(元)	1.0365	0.9919	0.9216	0.8689
净资产收益率(%)	2.0071	3.9356	2.0352	3.6247
加权净资产收益率(%)	2.0200	3.9100	2.0000	3.6800
净资产收益率(扣除)(%)	2.0195	3.9267	1.9352	3.6552
总资产(万元)	1294293.17	1260760.83	1169876.55	1109597.70
归属母公司股东权益(万元)	253400.25	249583.49	244079.34	246204.80
营业收入(万元)	265093.86	600245.15	247969.05	539765.10
营业支出(万元)	228761.78	532715.76	216815.05	476568.76
投资收益(万元)	195.24	7069.35	3782.51	1063.58
净利润(万元)	5076.93	9908.08	4967.48	8924.11
营业利润(万元)	6205.32	11853.51	6043.33	9571.50
利润总额(万元)	6461.85	12368.53	6339.10	10002.32

浙江江山化工股份有限公司

公司概况

公司名称	浙江江山化工股份有限公司			证券简称	江山化工
法人代表	董星明	董秘	雷逢辰	证券代码	002061
公司网址	www.jiangshanchem.com		电子信箱	zjjshgstock@sina.com	
电　　话	0570-4057919		传　　真	0570-4057346	
办公地址	浙江省衢州市江山市景星东路 38 号				
经营范围	从事化工的开发、生产和销售等				

主要财务指标

指标\报告期	2015.06.30	2014.12.31	2014.06.30	2013.12.31
基本每股收益(元)	-0.1440	-0.3500	-0.1590	0.0900
基本每股收益(扣除后)(元)	-0.1490	-0.3600	-0.1650	0.0800
稀释每股收益(元)	-0.1440	-0.3500	-0.1590	0.0900
每股净资产(元)	2.2033	2.3500	2.5300	3.5540
每股经营现金净流量(元)	0.1114	0.3604	0.1249	0.1422
每股现金流量(元)	0.0465	-0.1216	0.0816	-0.0768
每股资本公积金(元)	1.2111	1.2111	1.2100	1.8730
每股盈余公积金(元)	0.2947	0.2947	0.2783	0.3618
每股未分配利润(元)	-0.3026	-0.1586	0.0478	0.3192
净资产收益率(%)	-6.5332	-14.8823	-6.3322	2.3573
加权净资产收益率(%)	-6.3300	-13.7900	-6.0200	2.4800
净资产收益率(扣除)(%)	-6.7768	-15.2540	-6.4938	2.0892
总资产(万元)	276086.96	277629.16	292548.44	271159.35
归属母公司股东权益(万元)	99864.58	106388.94	114950.95	123915.39
营业收入(万元)	114429.41	237853.88	108453.53	152198.88
营业支出(万元)	105007.02	223689.90	102930.44	133194.72
投资收益(万元)	-	-	-	-
净利润(万元)	-6524.35	-15833.14	-7221.13	2921.02
营业利润(万元)	-5935.74	-15593.33	-7027.38	3309.35
利润总额(万元)	-5783.52	-15416.54	-6821.92	3538.86

宏润建设集团股份有限公司

公司概况

公司名称	宏润建设集团股份有限公司			证券简称	宏润建设
法人代表	郑宏舫	董秘	赵余夫	证券代码	002062
公司网址	www.chinahongrun.com		电子信箱	hrir@chinahongrun.com	
电　　话	021-54976007		传　　真	021-54976008	
办公地址	上海市徐汇区龙漕路 200 弄 28 号宏润大厦				
经营范围	市政公用工程、房屋建筑工程、城市轨道交通工程施工和房地产开发等				

主要财务指标

指标\报告期	2015.06.30	2014.12.31	2014.06.30	2013.12.31
基本每股收益(元)	0.1200	0.2600	0.1200	0.3200
基本每股收益(扣除后)(元)	0.1200	0.2500	0.1200	0.3000
稀释每股收益(元)	0.1200	0.2600	0.1200	0.3200
每股净资产(元)	2.8873	2.8537	2.7000	3.6674
每股经营现金净流量(元)	0.8648	-0.3716	-0.7966	0.0615
每股现金流量(元)	-0.2278	-0.7153	-0.6633	0.7683
每股资本公积金(元)	0.0500	0.0500	0.0557	0.0768
每股盈余公积金(元)	0.3418	0.3418	0.2794	0.3912
每股未分配利润(元)	1.4229	1.4021	1.3246	2.1366
净资产收益率(%)	4.1865	9.1007	4.3787	8.6880
加权净资产收益率(%)	4.2400	9.5100	4.4900	8.9800
净资产收益率(扣除)(%)	4.2486	8.9116	4.4423	8.1026
总资产(万元)	1409480.01	1390781.27	1312918.13	1249987.18
归属母公司股东权益(万元)	227374.47	224728.68	213091.88	206291.04
营业收入(万元)	354125.50	797361.72	338335.56	785779.55
营业支出(万元)	314722.73	700857.97	300675.07	696705.81
投资收益(万元)	-814.66	3951.67	35.00	-240.29
净利润(万元)	9130.50	19892.17	9442.79	17922.62
营业利润(万元)	11400.01	24418.17	10215.26	19030.81
利润总额(万元)	11268.47	24537.87	10188.90	20831.95

远光软件股份有限公司

公司概况					
公司名称	远光软件股份有限公司			证券简称	远光软件
法人代表	陈利浩	董秘	戴文斌	证券代码	002063
公司网址	www.ygsoft.com		电子信箱	ygstock@ygsoft.com	
电　　话	0756-3399888		传　　真	0756-3399666	
办公地址	广东省珠海市港湾大道科技一路3号				
经营范围	计算机软件的开发和销售、计算机软硬件系统集成、计算机技术咨询服务				

主要财务指标 指标\报告期	2015.06.30	2014.12.31	2014.06.30	2013.12.31
基本每股收益(元)	0.2675	0.4126	0.2546	0.7396
基本每股收益(扣除后)(元)	0.2649	0.3726	0.2377	0.7116
稀释每股收益(元)	0.2675	0.4126	0.2546	0.7396
每股净资产(元)	3.7031	3.4596	3.7800	3.5641
每股经营现金净流量(元)	-0.5989	0.2855	-0.4128	0.5661
每股现金流量(元)	-0.9132	0.1425	-0.5769	0.3445
每股资本公积金(元)	0.4152	0.4485	0.6642	0.6497
每股盈余公积金(元)	0.3670	0.3641	0.3192	0.3192
每股未分配利润(元)	2.1235	1.9142	1.8000	1.5952
净资产收益率(%)	7.2733	11.9289	6.7295	20.7037
加权净资产收益率(%)	7.4300	11.0300	6.9600	22.7700
净资产收益率(扣除)(%)	7.2033	10.7721	6.2837	19.9187
总资产(万元)	199766.53	191590.41	187339.00	182494.61
归属母公司股东权益(万元)	169618.24	159755.39	174797.11	164682.62
营业收入(万元)	52251.10	81694.55	40584.22	92920.66
营业支出(万元)	14004.94	21795.78	11648.91	19551.16
投资收益(万元)	-196.48	2599.84	2965.91	4154.69
净利润(万元)	11758.32	17783.10	11763.05	34095.41
营业利润(万元)	12417.97	17267.91	11027.87	35525.61
利润总额(万元)	13173.31	19358.21	12580.89	37330.87

浙江华峰氨纶股份有限公司

公司概况					
公司名称	浙江华峰氨纶股份有限公司			证券简称	华峰氨纶
法人代表	杨从登	董秘	陈章良	证券代码	002064
公司网址	www.spandex.com.cn		电子信箱	huafeng@spandex.com.cn	
电　　话	0577-65178053		传　　真	0577-65537858	
办公地址	浙江省瑞安市瑞安经济开发区开发区大道1788号				
经营范围	氨纶纤维的加工制造、销售及技术研发				

主要财务指标 指标\报告期	2015.06.30	2014.12.31	2014.06.30	2013.12.31
基本每股收益(元)	0.2200	0.5300	0.2900	0.3700
基本每股收益(扣除后)(元)	0.2200	0.5200	0.2800	0.3600
稀释每股收益(元)	0.2200	0.5300	0.2900	0.3700
每股净资产(元)	1.9604	3.7476	2.7540	2.5188
每股经营现金净流量(元)	-0.0539	0.8503	0.5637	0.3000
每股现金流量(元)	-0.2372	0.5200	0.1680	0.0182
每股资本公积金(元)	0.0117	0.9735	0.0106	0.0106
每股盈余公积金(元)	0.1467	0.2935	0.2743	0.2743
每股未分配利润(元)	0.8019	1.4807	1.4691	1.2340
净资产收益率(%)	5.6902	13.0702	10.3533	14.8805
加权净资产收益率(%)	5.7800	17.4800	10.7800	15.7400
净资产收益率(扣除)(%)	5.6334	12.7117	10.0935	14.2814
总资产(万元)	469355.32	443268.42	307290.61	277735.86
归属母公司股东权益(万元)	328714.94	314202.34	203352.01	185990.32
营业收入(万元)	121927.33	236153.75	118680.09	237244.22
营业支出(万元)	84708.19	161423.57	81577.44	182799.22
投资收益(万元)	60.42	94.69	-	-
净利润(万元)	18704.59	41067.02	21053.69	27676.24
营业利润(万元)	21943.85	46497.84	24451.00	30071.94
利润总额(万元)	21913.04	47441.18	24898.44	31203.07

东华软件股份公司

公司概况					
公司名称	东华软件股份公司			证券简称	东华软件
法人代表	薛向东	董秘	杨健	证券代码	002065
公司网址	www.dhcc.com.cn		电子信箱	strongyang@dhcc.com.cn	
电　　话	010-62662188		传　　真	010-62662299	
办公地址	北京市海淀区紫金数码园3号楼16层				
经营范围	技术研发、技术咨询、技术服务、技术推广、技术转让等				

主要财务指标 指标\报告期	2015.06.30	2014.12.31	2014.06.30	2013.12.31
基本每股收益(元)	0.2690	0.7013	0.2437	1.1167
基本每股收益(扣除后)(元)	0.1452	0.6868	0.2417	1.1041
稀释每股收益(元)	0.2682	0.6981	0.2425	1.1141
每股净资产(元)	4.4105	4.1510	3.2912	5.3499
每股经营现金净流量(元)	-0.3440	-0.0100	-0.3893	0.4520
每股现金流量(元)	-0.3695	-0.1329	-0.2689	1.1899
每股资本公积金(元)	1.0393	0.9813	0.7206	1.3463
每股盈余公积金(元)	0.1924	0.1940	0.1426	0.3042
每股未分配利润(元)	1.8745	1.7713	1.4043	2.6991
净资产收益率(%)	6.0739	16.5183	7.3029	20.7534
加权净资产收益率(%)	6.2400	20.7400	8.3200	24.3600
净资产收益率(扣除)(%)	3.2780	16.1761	7.2433	20.5205
总资产(万元)	870504.87	792396.18	652070.78	600962.37
归属母公司股东权益(万元)	673684.19	628789.58	484151.13	371442.59
营业收入(万元)	168018.48	517104.87	200058.64	442291.44
营业支出(万元)	108372.28	334633.36	130315.66	292037.33
投资收益(万元)	20347.04	1128.24	1085.53	-
净利润(万元)	40913.79	103861.95	35357.10	77087.05
营业利润(万元)	41282.37	108132.80	36969.74	79903.84
利润总额(万元)	45388.09	112483.84	39538.72	85374.09

瑞泰科技股份有限公司

公司概况					
公司名称	瑞泰科技股份有限公司			证券简称	瑞泰科技
法人代表	曾大凡	董秘	朱爱华	证券代码	002066
公司网址	www.bjruitai.com		电子信箱	ruitai@bjruitai.com	
电　　话	010-57987992　57987959		传　　真	010-57987805	
办公地址	北京市朝阳区五里桥一街一号院27号楼				
经营范围	制造、销售耐火材料、无机非金属材料的研发、销售以及技术咨询等				

主要财务指标 指标\报告期	2015.06.30	2014.12.31	2014.06.30	2013.12.31
基本每股收益(元)	0.0169	0.0290	0.0326	-0.5858
基本每股收益(扣除后)(元)	-0.0091	-0.0381	0.0060	-0.6127
稀释每股收益(元)	0.0169	0.0290	0.0326	-0.5858
每股净资产(元)	1.9638	1.9469	1.9500	1.9179
每股经营现金净流量(元)	0.1804	0.5637	0.1080	0.0833
每股现金流量(元)	0.0070	-0.1493	-0.2212	-0.1878
每股资本公积金(元)	0.7122	0.7122	0.7122	0.7122
每股盈余公积金(元)	0.0966	0.0966	0.0966	0.0966
每股未分配利润(元)	0.1550	0.1380	0.1416	0.1091
净资产收益率(%)	0.8618	1.4884	1.6701	-30.5455
加权净资产收益率(%)	0.8700	1.5000	1.6800	-26.0400
净资产收益率(扣除)(%)	-0.4628	-1.9595	0.7755	-31.9484
总资产(万元)	348808.75	325782.71	322409.32	308964.54
归属母公司股东权益(万元)	45363.34	44972.40	45055.48	44303.01
营业收入(万元)	99221.65	208951.11	101464.91	186439.58
营业支出(万元)	75341.71	158551.61	77235.55	148109.15
投资收益(万元)	-	-	-	-
净利润(万元)	2268.46	4805.30	752.47	-13532.59
营业利润(万元)	1886.80	3919.90	2394.83	-10137.05
利润总额(万元)	2841.39	6592.11	3007.80	-8785.76

浙江景兴纸业股份有限公司

公司概况					
公司名称	浙江景兴纸业股份有限公司			证券简称	景兴纸业
法人代表	朱在龙	董秘	姚洁青	证券代码	002067
公司网址	www.jxpaper.com.cn		电子信箱	yaojq0518@126.com	
电　　话	0573-85969328		传　　真	0573-85963320	
办公地址	浙江省平湖市曹桥镇				
经营范围	绿色环保再生纸、特种纸及其他纸品及纸制品、造纸原料的制造和销售等				

主要财务指标：指标\报告期	2015.06.30	2014.12.31	2014.06.30	2013.12.31
基本每股收益(元)	0.0100	0.0100	0.0300	0.0100
基本每股收益(扣除后)(元)	0.0100	0.0100	0.0100	0.0040
稀释每股收益(元)	0.0100	0.0100	0.0300	0.0100
每股净资产(元)	2.6772	2.6697	2.6650	2.6352
每股经营现金净流量(元)	0.0028	0.4214	0.2674	0.3019
每股现金流量(元)	-0.2069	0.0581	-0.1244	-0.1429
每股资本公积金(元)	1.4252	1.4233	1.3991	1.3991
每股盈余公积金(元)	0.0502	0.0502	0.0483	0.0483
每股未分配利润(元)	0.2021	0.1963	0.2176	0.1878
净资产收益率(%)	0.2146	0.3903	1.1180	0.4481
加权净资产收益率(%)	0.2100	0.3900	1.1200	0.4500
净资产收益率(扣除)(%)	0.2269	0.3224	0.1993	0.1668
总资产(万元)	589472.91	581023.16	540206.39	518871.02
归属母公司股东权益(万元)	292875.96	292051.23	291536.71	288277.28
营业收入(万元)	133191.96	288821.44	144174.47	302151.53
营业支出(万元)	113912.30	252808.66	125999.48	266484.18
投资收益(万元)	1515.21	2334.21	3913.38	2311.63
净利润(万元)	213.03	317.96	3259.44	1291.83
营业利润(万元)	135.42	-73.22	2741.33	-369.85
利润总额(万元)	213.03	485.24	2860.09	578.58

江西黑猫炭黑股份有限公司

公司概况					
公司名称	江西黑猫炭黑股份有限公司			证券简称	黑猫股份
法人代表	蔡景章	董秘	李毅	证券代码	002068
公司网址	www.jx-blackcat.com		电子信箱	heimaoth@126.com	
电　　话	0798-8399126		传　　真	0798-8399126	
办公地址	江西省景德镇市历尧				
经营范围	炭黑及其尾气的生产与销售等				

主要财务指标：指标\报告期	2015.06.30	2014.12.31	2014.06.30	2013.12.31
基本每股收益(元)	0.0700	0.2000	0.0620	0.0540
基本每股收益(扣除后)(元)	0.0700	0.1800	0.0565	0.0291
稀释每股收益(元)	0.0700	0.2000	0.0620	0.0540
每股净资产(元)	3.2596	2.8813	2.7422	2.6800
每股经营现金净流量(元)	-0.4997	3.1061	1.6294	-1.3773
每股现金流量(元)	0.0460	0.3198	0.3808	0.3386
每股资本公积金(元)	1.3997	0.8560	0.8560	0.8560
每股盈余公积金(元)	0.0825	0.1044	0.1012	0.1012
每股未分配利润(元)	0.7776	0.9211	0.7850	0.7228
净资产收益率(%)	2.1396	6.9916	2.2703	2.0018
加权净资产收益率(%)	2.2600	7.2500	2.3000	1.9700
净资产收益率(扣除)(%)	2.0094	6.2908	2.0586	1.0845
总资产(万元)	690569.47	678632.14	720398.55	692853.42
归属母公司股东权益(万元)	197880.41	138216.06	131543.87	128557.43
营业收入(万元)	249261.25	616790.77	309738.42	598682.22
营业支出(万元)	211469.62	522174.34	265305.93	520191.62
投资收益(万元)	-355.17	-551.63	-285.84	3.53
净利润(万元)	4442.70	10198.14	2986.44	2573.50
营业利润(万元)	5463.77	10456.16	3453.00	1863.35
利润总额(万元)	6033.26	12743.48	3914.28	3968.90

獐子岛集团股份有限公司

公司概况					
公司名称	獐子岛集团股份有限公司			证券简称	獐 子 岛
法人代表	吴厚刚	董秘	孙福君	证券代码	002069
公司网址	www.zhangzidao.com		电子信箱	zhangzidao@zhangzidao.com	
电　　话	0411-39016969 39016968		传　　真	0411-39989999	
办公地址	辽宁省大连市中山区港兴路6号大连万达中心写字楼28层				
经营范围	水产品养殖、捕捞、加工、销售、进出口业务、承办中外合资经营等				

主要财务指标：指标\报告期	2015.06.30	2014.12.31	2014.06.30	2013.12.31
基本每股收益(元)	-	-1.6700	0.0700	0.1400
基本每股收益(扣除后)(元)	-0.1000	-1.3600	0.0600	0.1000
稀释每股收益(元)	-	-1.6700	0.0700	0.1400
每股净资产(元)	1.5917	1.5922	3.3200	3.3945
每股经营现金净流量(元)	0.1090	0.0678	-0.1489	0.2683
每股现金流量(元)	0.0003	-0.0434	0.4621	-0.0934
每股资本公积金(元)	1.2302	1.2302	1.2021	1.2021
每股盈余公积金(元)	0.3448	0.3448	0.3448	0.3448
每股未分配利润(元)	-0.9628	-0.9656	0.7750	0.8568
净资产收益率(%)	0.1794	-105.0443	2.0538	4.0160
加权净资产收益率(%)	0.1800	-67.6900	2.0000	3.9300
净资产收益率(扣除)(%)	-5.9893	-18.4771	1.8734	2.8917
总资产(万元)	471481.68	487824.32	607705.91	531569.52
归属母公司股东权益(万元)	113188.51	113221.56	235931.56	241388.95
营业收入(万元)	130104.63	266221.15	124665.19	262085.78
营业支出(万元)	108631.98	229221.86	97208.35	204158.79
投资收益(万元)	34.92	114.18	264.80	215.88
净利润(万元)	314.19	-119521.72	4845.53	9694.28
营业利润(万元)	-7909.78	-62069.52	4704.00	8080.87
利润总额(万元)	205.56	-131915.15	5220.54	11416.28

福建众和股份有限公司

公司概况					
公司名称	福建众和股份有限公司			证券简称	众和股份
法人代表	许建成	董秘	詹金明	证券代码	002070
公司网址	www.zhonghe.com		电子信箱	security@zhonghe.com	
电　　话	0592-5054995		传　　真	0592-5321932	
办公地址	福建省莆田市秀屿区西许工业区5-8号				
经营范围	面料、服装及其他纺织品的开发、生产、销售等				

主要财务指标：指标\报告期	2015.06.30	2014.12.31	2014.06.30	2013.12.31
基本每股收益(元)	-0.0705	0.0210	0.0651	0.0663
基本每股收益(扣除后)(元)	-0.0771	0.0027	0.0539	0.0561
稀释每股收益(元)	-0.0705	0.0210	0.0651	0.0663
每股净资产(元)	1.2648	1.3351	1.9845	1.9191
每股经营现金净流量(元)	-0.0503	0.1792	0.2150	-0.0097
每股现金流量(元)	0.0046	-0.1253	-0.0427	-0.6444
每股资本公积金(元)	-	-	0.1350	0.1350
每股盈余公积金(元)	0.0295	0.0295	0.0718	0.0718
每股未分配利润(元)	0.2231	0.2936	0.7732	0.7081
净资产收益率(%)	-5.5750	1.5733	3.2806	3.4528
加权净资产收益率(%)	-5.4200	1.0900	3.3400	3.5200
净资产收益率(扣除)(%)	-6.0960	-0.2012	2.7136	2.9245
总资产(万元)	285694.00	293657.65	292023.61	296498.29
归属母公司股东权益(万元)	80345.42	84815.61	126068.79	121909.34
营业收入(万元)	35617.27	126018.31	79113.42	148282.88
营业支出(万元)	31268.25	103049.10	64888.76	119486.71
投资收益(万元)	91.46	342.63	191.94	443.87
净利润(万元)	-4688.32	763.03	4135.86	4209.34
营业利润(万元)	-6609.93	-1537.74	3569.07	3601.72
利润总额(万元)	-5765.95	1267.91	5017.04	4831.56

长城影视股份有限公司

公司概况					
公司名称	长城影视股份有限公司			证券简称	长城影视
法人代表	赵锐勇	董秘	赵非凡(代)	证券代码	002071
公司网址	www.chinaccys.com		电子信箱	chinaccys@126.com	
电　话	0571-85026150　85128967		传　真	0571-85021139	
办公地址	浙江省杭州市文二西路683号西溪湿地创意产业园西区				
经营范围	公司主要从事锻造类工具五金和配件五金制品的生产和销售等				

主要财务指标：指标\报告期	2015.06.30	2014.12.31	2014.06.30	2013.12.31
基本每股收益(元)	0.0951	0.4300	0.0980	0.0300
基本每股收益(扣除后)(元)	0.0699	0.3900	0.0762	0.0200
稀释每股收益(元)	0.0951	0.4300	0.0980	0.0300
每股净资产(元)	1.7149	1.6199	1.2962	1.7100
每股经营现金净流量(元)	–0.0311	–0.0855	–0.0654	0.3508
每股现金流量(元)	–0.0228	0.0912	–0.0051	0.1792
每股资本公积金(元)	–0.5411	–0.5411	–0.5583	0.5573
每股盈余公积金(元)	0.0882	0.0882	0.0691	0.2344
每股未分配利润(元)	1.1679	1.0728	0.7854	2.4108
净资产收益率(%)	5.5440	23.5586	5.7925	2.0370
加权净资产收益率(%)	5.7000	26.7000	5.9100	2.0800
净资产收益率(扣除)(%)	4.0786	21.0028	4.5070	1.1832
总资产(万元)	195249.28	137921.08	78632.39	75155.35
归属母公司股东权益(万元)	90108.50	85112.85	68106.51	65061.43
营业收入(万元)	20386.80	50776.41	12186.13	41738.92
营业支出(万元)	11853.81	18713.35	5044.95	32821.45
投资收益(万元)	–	–19.72	–	239.69
净利润(万元)	5410.81	20660.22	3945.09	640.20
营业利润(万元)	6009.31	25464.03	4404.28	91.88
利润总额(万元)	7781.35	28006.86	5547.89	216.42

凯瑞德控股股份有限公司

公司概况					
公司名称	凯瑞德控股股份有限公司			证券简称	凯瑞德
法人代表	吴联模	董秘	张彬	证券代码	002072
公司网址			电子信箱	dmzhangbin@163.com	
电　话	0534-2436506		传　真	0534-2436506	
办公地址	山东省德州市顺河西路18号山东德棉股份有限公司管理总部				
经营范围	从事长丝布、色织布和本色坯布等中高档服装面料和装饰面料的生产经营等				

主要财务指标：指标\报告期	2015.06.30	2014.12.31	2014.06.30	2013.12.31
基本每股收益(元)	–0.3150	0.0260	–0.1130	–0.3430
基本每股收益(扣除后)(元)	–0.3150	–0.4010	–0.1090	–0.3430
稀释每股收益(元)	–0.3150	0.0260	–0.1130	–0.3430
每股净资产(元)	0.7494	1.0648	0.9260	1.0387
每股经营现金净流量(元)	–0.0426	–0.2016	0.2924	0.2537
每股现金流量(元)	0.0236	–0.0080	0.0320	–0.0432
每股资本公积金(元)	1.0891	1.0891	1.0891	1.0891
每股盈余公积金(元)	0.2174	0.2174	0.2174	0.2174
每股未分配利润(元)	–1.5571	–1.2417	–1.3805	–1.2678
净资产收益率(%)	–42.0918	2.4505	–12.1680	–33.0550
加权净资产收益率(%)	–34.7700	2.4800	–11.4700	–30.3400
净资产收益率(扣除)(%)	–42.0918	–37.6243	–11.8172	–33.0537
总资产(万元)	103849.49	111628.98	112062.03	106173.09
归属母公司股东权益(万元)	13188.57	18739.89	16297.58	18280.67
营业收入(万元)	5364.26	70967.04	29269.75	87007.90
营业支出(万元)	7167.60	70039.11	27375.67	85547.09
投资收益(万元)	–321.29	730.62	–	–
净利润(万元)	–5551.31	459.22	–1983.08	–6042.67
营业利润(万元)	–5550.80	–4389.65	–1925.15	–5946.74
利润总额(万元)	–5550.80	910.12	–1982.31	–5946.98

软控股份有限公司

公司概况					
公司名称	软控股份有限公司			证券简称	软控股份
法人代表	袁仲雪	董秘	鲁丽娜	证券代码	002073
公司网址	www.mesnac.com		电子信箱	info@mesnac.com	
电　话	0532-84012387		传　真	0532-84011517	
办公地址	山东省青岛市郑州路43号软控研发中心				
经营范围	机械设备、模具、计算机软硬件、大规模集成电路、自动化系统等				

主要财务指标：指标\报告期	2015.06.30	2014.12.31	2014.06.30	2013.12.31
基本每股收益(元)	0.1600	0.2600	0.1500	0.1700
基本每股收益(扣除后)(元)	0.0700	0.1800	0.1400	0.1500
稀释每股收益(元)	0.1500	0.2600	0.1500	0.1700
每股净资产(元)	5.1581	4.6931	4.5176	4.4345
每股经营现金净流量(元)	–0.2243	–0.3904	–0.0291	0.5476
每股现金流量(元)	0.4711	–0.2547	–0.4630	0.0941
每股资本公积金(元)	1.0916	0.4484	0.7528	0.8127
每股盈余公积金(元)	0.3589	0.3958	0.3620	0.3620
每股未分配利润(元)	2.3609	2.4714	2.3910	2.2544
净资产收益率(%)	2.8639	5.5153	3.2451	3.8315
加权净资产收益率(%)	3.4200	5.6700	3.2500	3.9600
净资产收益率(扣除)(%)	1.1963	3.7375	2.9915	3.3657
总资产(万元)	826619.04	788912.03	738689.81	675316.16
归属母公司股东权益(万元)	422234.61	348397.45	335367.64	329202.38
营业收入(万元)	142619.24	294960.83	128055.67	251980.13
营业支出(万元)	98137.64	206195.58	89816.34	191402.15
投资收益(万元)	7187.56	4410.70	360.67	370.07
净利润(万元)	11690.84	19010.94	10882.91	12613.45
营业利润(万元)	12202.03	10859.21	6636.10	–3873.99
利润总额(万元)	14929.85	21388.23	12228.40	7769.94

国轩高科股份有限公司

公司概况					
公司名称	国轩高科股份有限公司			证券简称	国轩高科
法人代表	李缜	董秘	王勇	证券代码	002074
公司网址	www.jsdydq.com		电子信箱	gxgk@hfgxgk.com	
电　话	0551-62100213		传　真	0551-62100213	
办公地址	江苏省南通市通州区十总镇东源大道1号				
经营范围	高、低压开关及成套设备、电器自动化、配网自动化设备及元器件的制造和销售等				

主要财务指标：指标\报告期	2015.06.30	2014.12.31	2014.06.30	2013.12.31
基本每股收益(元)	0.3700	0.1500	0.1400	0.1200
基本每股收益(扣除后)(元)	0.3600	0.1000	0.0500	0.1200
稀释每股收益(元)	0.3700	0.1500	0.1400	0.1200
每股净资产(元)	3.1277	1.9538	1.8871	1.8400
每股经营现金净流量(元)	–0.0349	0.2828	–0.3850	0.5565
每股现金流量(元)	0.4194	–0.1968	–0.5850	0.3474
每股资本公积金(元)	1.2275	1.6972	0.0403	0.0571
每股盈余公积金(元)	0.0657	0.2818	0.1392	0.1392
每股未分配利润(元)	0.8344	2.4818	0.7076	0.6457
净资产收益率(%)	8.1979	7.6039	4.3395	6.2438
加权净资产收益率(%)	14.2300	7.7900	7.6400	7.3700
净资产收益率(扣除)(%)	8.0018	4.9848	2.4884	5.6283
总资产(万元)	505539.76	263469.50	130720.29	126569.68
归属母公司股东权益(万元)	269707.76	110417.36	47813.36	46670.20
营业收入(万元)	89160.17	88550.62	35241.96	73845.49
营业支出(万元)	47204.04	64634.22	17893.31	51947.43
投资收益(万元)	787.15	1.66	–2.01	–
净利润(万元)	22149.45	4746.12	6981.19	4303.78
营业利润(万元)	26471.35	3932.82	7457.01	4909.73
利润总额(万元)	27093.67	5845.36	7920.56	5337.06

江苏沙钢股份有限公司

公司概况					
公司名称	江苏沙钢股份有限公司			证券简称	沙钢股份
法人代表	何春生	董秘	杨华	证券代码	002075
公司网址	www.shaganggf.com		电子信箱	sggf@shasteel.cn	
电　话	0512-58987088		传　真	0512-58682018	
办公地址	江苏省张家港市锦丰镇沙钢大厦				
经营范围	优特钢、中厚板钢铁产品及铜制品的生产与销售等				

主要财务指标

指标\报告期	2015.06.30	2014.12.31	2014.06.30	2013.12.31
基本每股收益(元)	-0.0399	0.0223	0.0222	0.0179
基本每股收益(扣除后)(元)	0.0004	0.0153	0.0209	-
稀释每股收益(元)	-0.0399	0.0223	0.0222	0.0179
每股净资产(元)	1.4750	1.5153	1.5150	1.4917
每股经营现金净流量(元)	0.1819	0.9612	0.2994	-0.0123
每股现金流量(元)	-0.0248	-0.0835	-0.0525	-0.0046
每股资本公积金(元)	0.0139	0.0139	0.0139	0.0139
每股盈余公积金(元)	0.0252	0.0252	0.0252	0.0252
每股未分配利润(元)	0.4284	0.4683	0.4684	0.4462
净资产收益率(%)	-2.7061	1.4744	1.4641	1.2012
加权净资产收益率(%)	-2.6700	1.4900	1.4800	1.2100
净资产收益率(扣除)(%)	0.0255	1.0078	1.3794	0.6515
总资产(万元)	706232.18	713741.27	816075.25	838236.96
归属母公司股东权益(万元)	232502.86	238856.35	238805.56	235128.19
营业收入(万元)	406265.15	1030806.69	530212.51	1078685.97
营业支出(万元)	372343.98	965722.21	495280.68	1024029.23
投资收益(万元)	-9359.50	-6331.80	-89.45	491.05
净利润(万元)	-5165.98	6948.32	3496.36	2824.38
营业利润(万元)	4544.57	13306.53	7999.79	4595.23
利润总额(万元)	-2607.02	13361.22	8425.52	6113.36

广东雪莱特光电科技股份有限公司

公司概况					
公司名称	广东雪莱特光电科技股份有限公司			证券简称	雪莱特
法人代表	柴国生	董秘	冼树忠	证券代码	002076
公司网址	www.cnlight.com		电子信箱	info@cnlight.com	
电　话	0757-86695590		传　真	0757-86695225	
办公地址	广东省佛山市南海区狮山工业科技工业园A区				
经营范围	设计、加工、制造:照明电器、电真空器件、科教器材、电光源器材及配件等				

主要财务指标

指标\报告期	2015.06.30	2014.12.31	2014.06.30	2013.12.31
基本每股收益(元)	0.0803	0.0937	0.0578	0.0875
基本每股收益(扣除后)(元)	0.0721	0.0499	0.0504	-
稀释每股收益(元)	0.0803	0.0937	0.0578	0.0875
每股净资产(元)	2.5831	2.2360	2.2001	2.1924
每股经营现金净流量(元)	0.0927	0.0224	0.0520	0.5805
每股现金流量(元)	0.0728	-0.1067	-0.0184	0.5038
每股资本公积金(元)	1.3030	0.3011	0.3011	0.3011
每股盈余公积金(元)	0.0739	0.1447	0.1393	0.1393
每股未分配利润(元)	0.2061	0.7902	0.7597	0.7519
净资产收益率(%)	2.1632	4.1888	2.6255	3.9927
加权净资产收益率(%)	2.3500	4.1900	2.6300	3.9800
净资产收益率(扣除)(%)	1.9438	2.2312	2.2906	2.5080
总资产(万元)	124238.29	61154.77	59176.84	56823.29
归属母公司股东权益(万元)	93190.54	41203.41	40541.91	40398.84
营业收入(万元)	33391.55	44185.41	22800.91	39204.94
营业支出(万元)	24588.01	33204.75	16260.99	28164.72
投资收益(万元)	36.23	27.21	-21.45	331.91
净利润(万元)	1901.82	1673.67	1064.42	1612.99
营业利润(万元)	1995.80	1070.64	1094.12	1547.20
利润总额(万元)	2236.78	2018.26	1264.42	1897.39

江苏大港股份有限公司

公司概况					
公司名称	江苏大港股份有限公司			证券简称	大港股份
法人代表	林子文	董秘	吴晓坚	证券代码	002077
公司网址	www.dggf.cn		电子信箱	dggfwu@hotmail.com	
电　话	0511-88901009		传　真	0511-88901188	
办公地址	江苏省镇江市镇江新区通港路1号				
经营范围	工业园区开发、基础设施建设、工业厂房建设与经营、房地产开发等				

主要财务指标

指标\报告期	2015.06.30	2014.12.31	2014.06.30	2013.12.31
基本每股收益(元)	-0.1000	0.1500	0.0900	0.2100
基本每股收益(扣除后)(元)	-0.2100	-0.3000	-0.1300	-0.2700
稀释每股收益(元)	-0.1000	0.1500	0.0900	0.2100
每股净资产(元)	4.0100	3.7610	3.6992	3.6561
每股经营现金净流量(元)	-0.8776	0.2632	-0.6137	-1.3303
每股现金流量(元)	-0.2368	0.1891	-0.0277	-0.4689
每股资本公积金(元)	2.3749	1.0606	1.0606	1.0606
每股盈余公积金(元)	0.2668	0.4341	0.3905	0.3905
每股未分配利润(元)	0.7056	1.2642	1.2481	1.2049
净资产收益率(%)	-1.6435	4.0650	2.5182	5.8715
加权净资产收益率(%)	-2.4000	4.1200	2.5200	5.9300
净资产收益率(扣除)(%)	-3.6481	-7.9240	-3.4125	-7.4202
总资产(万元)	598373.14	548597.17	639094.68	585616.13
归属母公司股东权益(万元)	178289.49	94776.44	93220.03	92132.60
营业收入(万元)	67824.31	153769.28	92243.47	269245.38
营业支出(万元)	48845.47	113074.29	69876.51	209633.60
投资收益(万元)	19.92	1582.55	1550.86	-37.85
净利润(万元)	-4590.44	2318.53	2347.44	5409.60
营业利润(万元)	-2621.72	4169.16	2213.77	8024.49
利润总额(万元)	-2571.33	5267.64	2879.34	8187.05

山东太阳纸业股份有限公司

公司概况					
公司名称	山东太阳纸业股份有限公司			证券简称	太阳纸业
法人代表	李洪信	董秘	陈昭军	证券代码	002078
公司网址	www.sunpapergroup.com		电子信箱	sunpaper@sunpaper.cn	
电　话	0537-7928715 7928762		传　真	0537-7928762	
办公地址	山东省兖州市友谊路1号				
经营范围	机制纸、纸板制造、纸制品制造、加工、造纸用农产品的收购等				

主要财务指标

指标\报告期	2015.06.30	2014.12.31	2014.06.30	2013.12.31
基本每股收益(元)	0.1000	0.2000	0.0900	0.2600
基本每股收益(扣除后)(元)	0.1000	0.2000	0.0800	-
稀释每股收益(元)	0.1000	0.2000	0.0900	0.2600
每股净资产(元)	2.6229	2.3586	2.2523	4.4273
每股经营现金净流量(元)	0.4638	1.1347	0.3716	1.2487
每股现金流量(元)	0.3743	-0.2389	0.0577	0.4306
每股资本公积金(元)	0.4715	0.1973	0.2076	1.4153
每股盈余公积金(元)	0.1861	0.2054	0.1921	0.3843
每股未分配利润(元)	0.9795	0.9714	0.8730	1.6602
净资产收益率(%)	3.7841	8.6476	4.1245	5.5904
加权净资产收益率(%)	4.4400	8.9400	4.1200	6.0600
净资产收益率(扣除)(%)	3.5199	8.4279	3.7231	5.7652
总资产(万元)	1886457.46	1629325.52	1677805.83	1588963.04
归属母公司股东权益(万元)	665326.69	542129.88	518033.31	509135.20
营业收入(万元)	519374.49	1045788.20	530478.59	1089509.41
营业支出(万元)	404008.25	836089.33	430099.53	904959.95
投资收益(万元)	-3724.41	-5632.91	-2820.39	578.84
净利润(万元)	28562.89	54694.93	21366.49	28462.45
营业利润(万元)	35653.15	66754.13	28369.26	47970.98
利润总额(万元)	37646.71	68334.37	31135.35	45703.28

苏州固锝电子股份有限公司

公司概况	公司名称	苏州固锝电子股份有限公司			证券简称	苏州固锝
	法人代表	吴念博	董秘	滕有西	证券代码	002079
	公司网址	www.goodark.com		电子信箱	info@goodark.com	
	电　　话	0512-68188888*2079		传　　真	0512-68189999	
	办公地址	江苏省苏州市高新区通安镇华金路200号				
	经营范围	设计、制造和销售各类半导体芯片、各类集成电路、二极管、三极管等				

主要财务指标	指标\报告期	2015.06.30	2014.12.31	2014.06.30	2013.12.31
	基本每股收益(元)	0.0100	0.0580	0.0240	0.0580
	基本每股收益(扣除后)(元)	0.0080	0.0480	0.0200	0.0480
	稀释每股收益(元)	0.0100	0.0580	0.0240	0.0580
	每股净资产(元)	1.7368	1.7469	1.7120	1.7086
	每股经营现金净流量(元)	0.0483	0.4181	0.3100	-0.1814
	每股现金流量(元)	-0.0007	0.2551	0.2117	-0.3074
	每股资本公积金(元)	0.3156	0.3156	0.3151	0.3157
	每股盈余公积金(元)	0.0924	0.0924	0.0823	0.0823
	每股未分配利润(元)	0.3274	0.3376	0.3134	0.3093
	净资产收益率(%)	0.5627	3.3431	1.4062	3.3993
	加权净资产收益率(%)	0.5600	3.3800	1.4000	3.4600
	净资产收益率(扣除)(%)	0.4838	2.7687	1.1741	2.8137
	总资产(万元)	148427.00	148332.08	146646.62	145639.34
	归属母公司股东权益(万元)	126430.90	127171.81	124631.19	124384.54
	营业收入(万元)	38474.66	92211.32	43760.43	81906.44
	营业支出(万元)	32974.78	77409.90	37077.43	68910.30
	投资收益(万元)	-205.24	-131.09	-42.60	5.24
	净利润(万元)	458.22	3619.80	1752.58	4228.15
	营业利润(万元)	414.27	4139.37	1389.71	2885.82
	利润总额(万元)	517.44	4921.39	1675.69	3987.32

中材科技股份有限公司

公司概况	公司名称	中材科技股份有限公司			证券简称	中材科技
	法人代表	薛忠民	董秘	陈志斌	证券代码	002080
	公司网址	www.sinomatech.com		电子信箱	sinoma@sinomatech.com	
	电　　话	010-88437909		传　　真	010-88437712	
	办公地址	北京市海淀区板井路69号商务中心写字楼12Fa				
	经营范围	特种纤维复合材料及其制品的制造与销售等				

主要财务指标	指标\报告期	2015.06.30	2014.12.31	2014.06.30	2013.12.31
	基本每股收益(元)	0.4603	0.3805	0.0892	0.2699
	基本每股收益(扣除后)(元)	0.4202	0.3465	0.0746	0.2107
	稀释每股收益(元)	0.4603	0.3805	0.0892	0.2699
	每股净资产(元)	6.6655	6.3135	5.7444	5.7654
	每股经营现金净流量(元)	1.2960	0.9541	0.4802	0.6320
	每股现金流量(元)	-0.2592	0.4864	0.8999	-0.5079
	每股资本公积金(元)	3.4953	3.4867	3.2082	3.2191
	每股盈余公积金(元)	0.1715	0.1715	0.1557	0.1557
	每股未分配利润(元)	1.9956	1.6553	1.3799	1.3906
	净资产收益率(%)	6.9056	6.0266	1.5535	4.6809
	加权净资产收益率(%)	7.0200	6.2200	1.5400	4.4700
	净资产收益率(扣除)(%)	6.3048	5.4889	1.2995	3.6538
	总资产(万元)	822092.21	805525.98	716002.11	649277.84
	归属母公司股东权益(万元)	266621.96	252540.35	229775.17	230614.06
	营业收入(万元)	252340.54	442445.24	159172.82	344307.62
	营业支出(万元)	198567.49	348986.22	125376.58	268254.95
	投资收益(万元)	22.95	123.15	35.72	68.64
	净利润(万元)	20549.43	17275.68	3569.65	10794.91
	营业利润(万元)	18058.87	12752.46	1667.83	485.55
	利润总额(万元)	25253.65	22804.59	5925.96	15109.63

苏州金螳螂建筑装饰股份有限公司

公司概况	公司名称	苏州金螳螂建筑装饰股份有限公司			证券简称	金 螳 螂
	法人代表	倪林	董秘	罗承云	证券代码	002081
	公司网址	www.goldmantis.com		电子信箱	tzglb@goldmantis.com	
	电　　话	0512-68660622		传　　真	0512-68660622	
	办公地址	江苏省苏州市西环路888号				
	经营范围	承接各类建筑室内、室外装修装饰工程的设计及施工等				

主要财务指标	指标\报告期	2015.06.30	2014.12.31	2014.06.30	2013.12.31
	基本每股收益(元)	0.4844	1.0700	0.4600	1.3300
	基本每股收益(扣除后)(元)	0.4750	1.0200	0.4400	1.2900
	稀释每股收益(元)	0.4844	1.0700	0.4600	1.3300
	每股净资产(元)	4.4583	4.0728	3.4753	4.7181
	每股经营现金净流量(元)	-0.5197	-0.1963	-0.3375	0.8515
	每股现金流量(元)	-0.4838	-0.9217	-0.6916	-0.1768
	每股资本公积金(元)	0.0901	0.0901	0.0901	0.6352
	每股盈余公积金(元)	0.3128	0.3128	0.2217	0.3325
	每股未分配利润(元)	3.0639	2.6795	2.1666	2.7580
	净资产收益率(%)	10.8661	26.1565	13.2708	28.2092
	加权净资产收益率(%)	11.2700	29.5200	13.7500	32.3600
	净资产收益率(扣除)(%)	10.6540	25.0919	12.7554	27.2850
	总资产(万元)	2214277.44	2170779.51	1797838.24	1785263.48
	归属母公司股东权益(万元)	785644.98	717703.68	612421.23	554288.43
	营业收入(万元)	885944.23	2068859.59	865591.55	1841428.39
	营业支出(万元)	727643.73	1687533.43	712729.60	1514503.08
	投资收益(万元)	4755.93	7576.69	2662.97	3634.08
	净利润(万元)	85122.63	189824.71	81273.48	156360.52
	营业利润(万元)	101953.77	223446.33	97443.64	186577.90
	利润总额(万元)	102329.68	224960.28	98500.11	188504.33

浙江栋梁新材股份有限公司

公司概况	公司名称	浙江栋梁新材股份有限公司			证券简称	栋梁新材
	法人代表	陆勋伟	董秘	袁嘉懿	证券代码	002082
	公司网址	www.dongliang.com.cn		电子信箱	info@dongliang.com.cn	
	电　　话	0572-3158810 2699791		传　　真	0572-2699791	
	办公地址	浙江省湖州市织里镇栋梁路				
	经营范围	铝合金型材、铝棒、五金制品及模具、镁合金制品的制造加工、销售等				

主要财务指标	指标\报告期	2015.06.30	2014.12.31	2014.06.30	2013.12.31
	基本每股收益(元)	0.2000	0.4500	0.2300	0.4700
	基本每股收益(扣除后)(元)	0.2000	0.4300	0.2200	0.4500
	稀释每股收益(元)	0.2000	0.4500	0.2300	0.4700
	每股净资产(元)	5.5544	5.4023	5.1780	4.9505
	每股经营现金净流量(元)	0.1057	0.5895	0.0072	0.9847
	每股现金流量(元)	-0.0563	-0.1099	-0.1534	0.0017
	每股资本公积金(元)	1.0160	1.0160	1.0160	1.0160
	每股盈余公积金(元)	0.3544	0.3544	0.3148	0.3148
	每股未分配利润(元)	3.1840	3.0318	2.8472	2.6197
	净资产收益率(%)	3.6394	8.3633	4.3936	9.4684
	加权净资产收益率(%)	3.6800	8.7300	4.4900	9.8700
	净资产收益率(扣除)(%)	3.5826	8.0050	4.1681	9.0776
	总资产(万元)	157907.07	155102.70	155813.78	154895.90
	归属母公司股东权益(万元)	132195.12	128573.96	123235.40	117820.88
	营业收入(万元)	477974.48	1145169.41	539826.24	1178633.65
	营业支出(万元)	467355.86	1117992.60	527097.13	1151355.66
	投资收益(万元)	61.39	-	-	-
	净利润(万元)	5079.00	11334.95	5414.52	11155.76
	营业利润(万元)	5702.85	13240.03	6542.97	13905.90
	利润总额(万元)	5701.83	13557.83	6784.07	14162.48

孚日集团股份有限公司

公司概况

公司名称	孚日集团股份有限公司			证券简称	孚日股份
法人代表	孙日贵	董秘	张萌	证券代码	002083
公司网址	www.sunvim.com		电子信箱	furigufen@126.com	
电　话	0536-2308043		传　真	0536-5828777	
办公地址	山东省潍坊市高密市孚日街 1 号				
经营范围	生产和销售巾被系列产品和装饰布系列产品				

主要财务指标

指标\报告期	2015.06.30	2014.12.31	2014.06.30	2013.12.31
基本每股收益(元)	0.1700	0.0800	0.1500	0.1000
基本每股收益(扣除后)(元)	0.1600	0.2500	0.1400	0.0800
稀释每股收益(元)	0.1700	0.0800	0.1500	0.1000
每股净资产(元)	3.1230	3.0488	3.2179	3.0682
每股经营现金净流量(元)	0.5088	0.1570	0.1022	1.0891
每股现金流量(元)	-0.0357	0.0952	0.1571	-0.2505
每股资本公积金(元)	1.3890	1.3890	1.3890	1.3890
每股盈余公积金(元)	0.1448	0.1448	0.1430	0.1430
每股未分配利润(元)	0.5898	0.5158	0.6865	0.5371
净资产收益率(%)	5.5716	2.6414	4.6440	3.2371
加权净资产收益率(%)	5.6300	2.6300	4.7500	3.1600
净资产收益率(扣除)(%)	5.2398	-	4.3206	2.6055
总资产(万元)	685253.28	777183.21	728415.55	694140.94
归属母公司股东权益(万元)	283564.87	276827.95	292182.11	278590.46
营业收入(万元)	217884.20	452339.67	242418.62	444271.69
营业支出(万元)	170687.79	361630.87	192191.47	344943.21
投资收益(万元)	2097.21	3192.39	1057.32	228.50
净利润(万元)	15887.80	7513.48	13568.96	9018.37
营业利润(万元)	22182.81	26322.75	18824.30	15376.52
利润总额(万元)	21342.16	3297.51	19032.14	17941.98

广州海鸥卫浴用品股份有限公司

公司概况

公司名称	广州海鸥卫浴用品股份有限公司			证券简称	海鸥卫浴
法人代表	唐台英	董秘	陈巍	证券代码	002084
公司网址	www.seagullgroup.cn		电子信箱	seagull@seagullgroup.cn	
电　话	020-34808178 34807004		传　真	020-34808171	
办公地址	广东省广州市番禺区沙头街禺山西路 363 号联邦工业城内				
经营范围	水龙头零组件等卫浴五金产品的设计、开发、制造和销售				

主要财务指标

指标\报告期	2015.06.30	2014.12.31	2014.06.30	2013.12.31
基本每股收益(元)	0.0400	0.1000	0.0300	0.1000
基本每股收益(扣除后)(元)	0.0300	0.1200	0.0700	0.0800
稀释每股收益(元)	0.0400	0.1000	0.0300	0.1000
每股净资产(元)	1.9729	1.9639	1.8951	1.9127
每股经营现金净流量(元)	0.3445	0.3796	0.0897	0.2706
每股现金流量(元)	0.2643	0.1749	-0.0304	-0.1514
每股资本公积金(元)	0.0669	0.0670	0.0670	0.0670
每股盈余公积金(元)	0.1611	0.1611	0.1485	0.1485
每股未分配利润(元)	0.7425	0.7330	0.6770	0.6943
净资产收益率(%)	2.0034	5.1598	1.7247	5.1955
加权净资产收益率(%)	2.0000	5.2000	1.6900	5.2700
净资产收益率(扣除)(%)	1.3457	6.1741	3.6361	4.1963
总资产(万元)	168615.36	168563.23	166204.04	165103.45
归属母公司股东权益(万元)	80112.54	79744.37	76950.67	77665.10
营业收入(万元)	82794.90	164997.25	77317.09	167566.99
营业支出(万元)	65281.30	123085.12	58612.30	129200.26
投资收益(万元)	-655.08	-387.22	-175.98	206.14
净利润(万元)	1531.18	4409.76	1327.14	4035.11
营业利润(万元)	1971.75	4402.17	1585.78	4686.22
利润总额(万元)	2018.95	4687.43	1630.04	5176.30

浙江万丰奥威汽轮股份有限公司

公司概况

公司名称	浙江万丰奥威汽轮股份有限公司			证券简称	万丰奥威
法人代表	陈爱莲	董秘	俞国燕	证券代码	002085
公司网址	www.wfaw.com.cn		电子信箱	xuxf@wfjt.com	
电　话	0575-86297288		传　真	0575-86297288	
办公地址	浙江省绍兴市新昌县工业区				
经营范围	汽车、摩托车铝合金车轮的生产与销售				

主要财务指标

指标\报告期	2015.06.30	2014.12.31	2014.06.30	2013.12.31
基本每股收益(元)	0.6736	1.1200	0.5187	0.7600
基本每股收益(扣除后)(元)	0.6200	1.1300	0.5700	0.6200
稀释每股收益(元)	0.6736	1.1200	0.5187	0.7600
每股净资产(元)	5.6891	5.0175	4.7981	4.2738
每股经营现金净流量(元)	1.0912	2.1597	0.8884	1.4046
每股现金流量(元)	-0.3176	0.4090	0.2024	0.2399
每股资本公积金(元)	1.2146	1.2146	1.2169	1.2169
每股盈余公积金(元)	0.4301	0.4301	0.3415	0.3415
每股未分配利润(元)	3.0504	2.3768	2.2360	1.7172
净资产收益率(%)	11.8395	22.2321	10.8113	17.8308
加权净资产收益率(%)	12.5800	23.7100	11.4400	18.1400
净资产收益率(扣除)(%)	10.9264	22.5936	11.8014	14.6067
总资产(万元)	545153.14	506213.67	435898.92	421262.75
归属母公司股东权益(万元)	221930.03	195732.65	187175.03	166719.65
营业收入(万元)	275304.42	553512.81	257909.48	455234.05
营业支出(万元)	206731.33	426079.73	200485.80	365190.12
投资收益(万元)	1148.91	872.37	591.24	1654.66
净利润(万元)	30788.64	52952.49	20236.00	29727.40
营业利润(万元)	37574.05	57510.20	28224.93	42370.00
利润总额(万元)	37060.01	61358.19	29083.61	44348.98

山东东方海洋科技股份有限公司

公司概况

公司名称	山东东方海洋科技股份有限公司			证券简称	东方海洋
法人代表	车轼	董秘	于德海	证券代码	002086
公司网址	www.dfhy.cc		电子信箱	mpydh@126.com	
电　话	0535-6729111 6929011		传　真	0535-6729055*9055	
办公地址	山东省烟台市莱山区澳柯玛大街 18 号				
经营范围	水产品加工出口和海水养殖				

主要财务指标

指标\报告期	2015.06.30	2014.12.31	2014.06.30	2013.12.31
基本每股收益(元)	0.1641	0.1706	0.1413	0.2338
基本每股收益(扣除后)(元)	0.1543	0.0872	0.1320	0.1743
稀释每股收益(元)	0.1641	0.1706	0.1413	0.2338
每股净资产(元)	5.9219	5.7578	5.7285	5.5872
每股经营现金净流量(元)	0.3626	-0.1786	-0.3345	0.1443
每股现金流量(元)	1.4959	-0.3023	0.2132	-0.1835
每股资本公积金(元)	2.8023	2.8023	2.8023	2.8023
每股盈余公积金(元)	0.2520	0.2520	0.2248	0.2248
每股未分配利润(元)	1.8673	1.7032	1.7011	1.5598
净资产收益率(%)	2.7707	2.9628	2.4662	4.1841
加权净资产收益率(%)	2.8200	3.0073	2.5000	4.2700
净资产收益率(扣除)(%)	2.5941	1.5153	2.3066	3.1196
总资产(万元)	301622.69	264633.56	269166.92	251538.31
归属母公司股东权益(万元)	144405.25	140404.26	139690.19	136243.93
营业收入(万元)	33928.93	60450.48	30094.81	61551.03
营业支出(万元)	24281.78	46056.94	22513.49	45800.23
投资收益(万元)	-	-	-	10.44
净利润(万元)	4018.08	4358.66	3445.05	5700.63
营业利润(万元)	3721.86	2349.38	3350.60	4522.75
利润总额(万元)	4018.87	4387.57	3576.41	5984.01

河南新野纺织股份有限公司

公司概况	公司名称	河南新野纺织股份有限公司		证券简称	新野纺织
	法人代表	魏学柱	董秘　许勤芝	证券代码	002087
	公司网址	www.xinye-tex.com		电子信箱	002087xyfz@sina.cn
	电　　话	0377-66215788　66221824		传　　真	0377-66265092
	办公地址	河南省南阳市新野县城关镇书院路 15 号			
	经营范围	中高档棉纺织品的加工与销售等			

主要财务指标	指标\报告期	2015.06.30	2014.12.31	2014.06.30	2013.12.31
	基本每股收益(元)	0.0815	0.1625	0.0775	0.1542
	基本每股收益(扣除后)(元)	0.0612	0.1240	0.0535	0.1313
	稀释每股收益(元)	0.0815	0.1625	0.0775	0.1542
	每股净资产(元)	3.7539	3.6963	3.6447	3.5985
	每股经营现金净流量(元)	-0.1067	0.4496	0.0599	0.4786
	每股现金流量(元)	0.0546	0.0103	0.0040	0.1600
	每股资本公积金(元)	1.1556	1.1556	1.1925	1.1938
	每股盈余公积金(元)	0.2131	0.2131	0.1954	0.1954
	每股未分配利润(元)	1.3756	1.3241	1.2568	1.2093
	净资产收益率(%)	2.1717	4.3950	2.1266	4.2838
	加权净资产收益率(%)	2.1800	4.4100	2.1300	4.3800
	净资产收益率(扣除)(%)	1.6290	3.3547	1.4674	3.6486
	总资产(万元)	597767.63	558865.95	512504.20	500574.21
	归属母公司股东权益(万元)	195114.14	192117.15	189438.70	187035.22
	营业收入(万元)	143880.88	339946.09	162176.52	326003.31
	营业支出(万元)	122097.02	295464.35	143224.44	285643.18
	投资收益(万元)	-18.15	-11.15	15.66	7.02
	净利润(万元)	4237.22	8278.98	4028.68	8012.27
	营业利润(万元)	3972.43	3783.63	1824.40	3080.85
	利润总额(万元)	5247.97	10043.31	5020.15	10818.89

山东鲁阳节能材料股份有限公司

公司概况	公司名称	山东鲁阳节能材料股份有限公司		证券简称	鲁阳节能
	法人代表	鹿成滨	董秘　杜轶学	证券代码	002088
	公司网址	www.luyang.com		电子信箱	luyang@luyang.com
	电　　话	0533-3289991　3283708		传　　真	0533-3282059
	办公地址	山东省淄博市沂源县沂河路 11 号			
	经营范围	硅酸铝耐火纤维材料、珍珠岩保温材料、玻璃钢产品、高温粘结剂等			

主要财务指标	指标\报告期	2015.06.30	2014.12.31	2014.06.30	2013.12.31
	基本每股收益(元)	0.0600	0.3400	0.1200	0.3700
	基本每股收益(扣除后)(元)	0.0300	0.3200	0.1200	0.3400
	稀释每股收益(元)	0.0600	0.3400	0.1200	0.3700
	每股净资产(元)	6.6599	6.7032	6.4894	6.4678
	每股经营现金净流量(元)	0.3073	0.2982	0.1426	0.2480
	每股现金流量(元)	-0.1859	0.1839	-0.0436	-0.2839
	每股资本公积金(元)	2.2992	2.2992	2.2992	2.2992
	每股盈余公积金(元)	0.5272	0.5272	0.4913	0.4913
	每股未分配利润(元)	2.8335	2.8768	2.6990	2.6773
	净资产收益率(%)	0.8516	5.0041	1.8745	5.7139
	加权净资产收益率(%)	0.8400	5.1100	1.8700	5.8400
	净资产收益率(扣除)(%)	0.5156	4.7362	1.9130	5.2187
	总资产(万元)	201687.81	197310.41	188617.11	188399.79
	归属母公司股东权益(万元)	155828.34	156841.06	151838.67	151332.30
	营业收入(万元)	49887.52	117772.39	55779.92	102645.70
	营业支出(万元)	34709.43	83162.14	39698.06	71506.20
	投资收益(万元)	5.76	2.21	2.21	4.00
	净利润(万元)	1327.07	7848.54	2846.15	8646.92
	营业利润(万元)	802.42	8273.68	3113.05	8974.87
	利润总额(万元)	1491.13	8796.89	3020.68	9925.56

苏州新海宜通信科技股份有限公司

公司概况	公司名称	苏州新海宜通信科技股份有限公司		证券简称	新 海 宜
	法人代表	张亦斌	董秘　徐磊	证券代码	002089
	公司网址	www.nsu.com.cn		电子信箱	nsu@nsu.com.cn
	电　　话	0512-67606666*8638		传　　真	0512-67260021
	办公地址	江苏省苏州市工业园区泾茂路 168 号新海宜科技园			
	经营范围	通信网络设备及配套软件、相关电子产品、安装线缆、电器机械及器材等			

主要财务指标	指标\报告期	2015.06.30	2014.12.31	2014.06.30	2013.12.31
	基本每股收益(元)	0.1244	0.2600	0.1068	0.2000
	基本每股收益(扣除后)(元)	0.0972	0.1500	0.0500	0.0500
	稀释每股收益(元)	0.1244	0.2600	0.1068	0.2000
	每股净资产(元)	2.6685	3.0829	2.9471	2.7137
	每股经营现金净流量(元)	0.1247	-0.0669	0.0197	0.1578
	每股现金流量(元)	0.0670	0.3090	0.7951	-0.0821
	每股资本公积金(元)	0.5330	0.8396	0.8391	0.3577
	每股盈余公积金(元)	0.1125	0.1350	0.1260	0.1631
	每股未分配利润(元)	1.0229	1.1082	0.9820	1.1929
	净资产收益率(%)	4.6608	7.5967	3.3587	7.1068
	加权净资产收益率(%)	4.7200	9.0700	4.6400	7.5100
	净资产收益率(扣除)(%)	3.6409	4.3365	1.3765	1.9695
	总资产(万元)	430896.07	353954.31	285374.96	223352.46
	归属母公司股东权益(万元)	183413.74	176583.60	168806.23	120100.62
	营业收入(万元)	77105.59	114227.49	39760.41	82343.08
	营业支出(万元)	57679.37	79400.03	27755.46	57123.17
	投资收益(万元)	2041.12	2011.92	1382.32	2500.43
	净利润(万元)	7350.81	14697.87	5570.47	8650.61
	营业利润(万元)	5620.40	9113.62	2759.20	2481.41
	利润总额(万元)	8103.39	16372.38	6316.14	9932.75

江苏金智科技股份有限公司

公司概况	公司名称	江苏金智科技股份有限公司		证券简称	金智科技
	法人代表	徐兵	董秘　李剑	证券代码	002090
	公司网址	www.wiscom.com.cn		电子信箱	tzb@wiscom.com.cn
	电　　话	025-52762230　52762205		传　　真	025-52762929
	办公地址	江苏省南京市江宁开发区将军大道 100 号			
	经营范围	电力自动化业务、IT 服务及建筑智能化业务和新能源业务等			

主要财务指标	指标\报告期	2015.06.30	2014.12.31	2014.06.30	2013.12.31
	基本每股收益(元)	0.3881	0.5234	0.1784	0.2896
	基本每股收益(扣除后)(元)	0.1878	0.2894	0.1391	0.2399
	稀释每股收益(元)	0.3723	0.5094	0.1721	0.2872
	每股净资产(元)	4.3438	3.4694	3.0525	2.9306
	每股经营现金净流量(元)	-0.2149	0.0945	-0.2688	0.6924
	每股现金流量(元)	0.3501	-0.0439	-0.3568	0.7002
	每股资本公积金(元)	1.4455	0.6239	0.4897	0.4453
	每股盈余公积金(元)	0.2489	0.2710	0.2388	0.2388
	每股未分配利润(元)	1.6914	1.6034	1.3229	1.2445
	净资产收益率(%)	8.2068	14.8993	5.8434	9.8800
	加权净资产收益率(%)	10.7400	16.4500	5.9100	10.2800
	净资产收益率(扣除)(%)	3.9713	8.2387	4.5585	8.1877
	总资产(万元)	204056.53	164940.19	152066.20	154013.09
	归属母公司股东权益(万元)	98307.17	72120.90	62270.14	59784.37
	营业收入(万元)	56597.52	117908.13	54398.15	105240.82
	营业支出(万元)	38650.41	81662.25	37787.78	75062.99
	投资收益(万元)	4924.00	4647.80	331.88	169.10
	净利润(万元)	8071.36	11552.23	3638.72	5907.24
	营业利润(万元)	7730.62	8824.18	2409.76	3018.57
	利润总额(万元)	9397.19	12630.58	4255.02	6739.11

江苏国泰国际集团国贸股份有限公司

公司概况					
公司名称	江苏国泰国际集团国贸股份有限公司			证券简称	江苏国泰
法人代表	谭秋斌	董秘	郭盛虎	证券代码	002091
公司网址	www.gtiggm.com		电子信箱	info@gtiggm.com	
电　话	0512-58696087 58988273		传　真	0512-58673937	
办公地址	江苏省张家港市国泰时代广场 11-24 楼				
经营范围	纺织品、轻工品、机电和化工产品的进出口业务和外派劳务业务等				

主要财务指标

指标\报告期	2015.06.30	2014.12.31	2014.06.30	2013.12.31
基本每股收益(元)	0.3300	0.5700	0.2600	0.4700
基本每股收益(扣除后)(元)	0.3300	0.5400	0.2500	0.4100
稀释每股收益(元)	0.3300	0.5600	0.2500	0.4700
每股净资产(元)	4.4841	4.2441	3.9204	3.7700
每股经营现金净流量(元)	–0.5542	0.1745	0.0511	0.3564
每股现金流量(元)	–0.0474	0.0422	–0.2320	0.0124
每股资本公积金(元)	0.1288	0.0671	0.0555	0.0397
每股盈余公积金(元)	0.4570	0.4600	0.4174	0.4174
每股未分配利润(元)	2.9022	2.7172	2.4481	2.3119
净资产收益率(%)	7.4700	13.3794	6.5364	12.4655
加权净资产收益率(%)	7.6500	14.2100	6.7000	13.2200
净资产收益率(扣除)(%)	7.3343	12.8187	6.4572	11.0061
总资产(万元)	306906.70	287297.57	219696.68	216260.05
归属母公司股东权益(万元)	161426.22	152788.69	141133.15	135720.88
营业收入(万元)	291110.71	606134.05	278350.04	560753.25
营业支出(万元)	247547.27	524708.66	244148.55	494075.25
投资收益(万元)	477.44	547.11	82.83	344.76
净利润(万元)	12693.44	21943.21	9225.08	16918.26
营业利润(万元)	16541.55	27355.47	12567.27	22087.10
利润总额(万元)	16672.61	28011.61	13146.51	24026.51

新疆中泰化学股份有限公司

公司概况					
公司名称	新疆中泰化学股份有限公司			证券简称	中泰化学
法人代表	王洪欣	董秘	潘玉英	证券代码	002092
公司网址	www.zthx.com		电子信箱	zthx@zthx.com	
电　话	0991-8751690		传　真	0991-8751690	
办公地址	新疆维吾尔自治区乌鲁木齐市经济技术开发区阳澄湖路 39 号				
经营范围	聚氯乙烯树脂、离子膜烧碱的生产和销售等				

主要财务指标

指标\报告期	2015.06.30	2014.12.31	2014.06.30	2013.12.31
基本每股收益(元)	0.0100	0.2520	0.1290	0.0840
基本每股收益(扣除后)(元)	–0.0600	0.2310	0.1180	0.0410
稀释每股收益(元)	0.0100	0.2520	0.1290	0.0840
每股净资产(元)	6.2523	6.2663	6.1471	6.0842
每股经营现金净流量(元)	–0.0247	1.8500	1.1188	2.3003
每股现金流量(元)	–0.1630	0.8199	0.5879	–0.3332
每股资本公积金(元)	4.0939	4.0939	4.0833	4.0833
每股盈余公积金(元)	0.1785	0.1785	0.1700	0.1700
每股未分配利润(元)	0.9758	0.9914	0.8900	0.8306
净资产收益率(%)	0.1661	4.0219	2.1011	1.2101
加权净资产收益率(%)	0.1660	3.8600	2.1000	1.4000
净资产收益率(扣除)(%)	–0.9603	–	1.9141	0.5813
总资产(万元)	3400492.39	3171405.50	2674053.04	2500463.31
归属母公司股东权益(万元)	869215.86	870819.75	854595.12	845843.15
营业收入(万元)	694672.45	1117695.30	533311.92	1204585.28
营业支出(万元)	537835.51	812549.79	387789.42	938149.12
投资收益(万元)	–44.63	4432.82	5023.91	–2320.95
净利润(万元)	3515.74	35531.31	17955.49	10235.57
营业利润(万元)	–9241.27	38071.57	20263.32	8526.88
利润总额(万元)	7604.72	41921.69	22372.05	14317.65

国脉科技股份有限公司

公司概况					
公司名称	国脉科技股份有限公司			证券简称	国脉科技
法人代表	陈榕华	董秘	冯静	证券代码	002093
公司网址	www.guomaitech.com		电子信箱	zq@guomaitech.com	
电　话	0591-87307399		传　真	0591-87307308	
办公地址	福建省福州市马尾区江滨东大道 116 号				
经营范围	电信外包服务、其中主要服务内容是电信网络技术服务和电信网络集成				

主要财务指标

指标\报告期	2015.06.30	2014.12.31	2014.06.30	2013.12.31
基本每股收益(元)	0.0224	0.0631	0.0436	0.1254
基本每股收益(扣除后)(元)	0.0199	0.0335	0.0244	0.0539
稀释每股收益(元)	0.0224	0.0631	0.0436	0.1254
每股净资产(元)	1.5293	1.5055	1.4973	1.4599
每股经营现金净流量(元)	–0.1550	–0.0992	0.0276	–0.0737
每股现金流量(元)	–0.1877	0.0771	0.3206	–0.6422
每股资本公积金(元)	0.0141	0.0141	0.0270	0.0329
每股盈余公积金(元)	0.0444	0.0444	0.0332	0.0332
每股未分配利润(元)	0.4584	0.4360	0.4378	0.3945
净资产收益率(%)	1.4643	4.1941	2.9098	8.5873
加权净资产收益率(%)	1.4800	4.2600	2.9500	9.0200
净资产收益率(扣除)(%)	1.3032	2.2276	1.6312	3.6951
总资产(万元)	246718.43	241083.04	230373.97	227669.38
归属母公司股东权益(万元)	132283.50	130223.95	129519.78	126284.21
营业收入(万元)	20978.61	46028.19	16020.79	38284.59
营业支出(万元)	7062.72	16777.01	3537.29	9615.13
投资收益(万元)	–585.48	1737.36	1999.28	5717.35
净利润(万元)	1800.87	4569.46	3768.72	10844.43
营业利润(万元)	1551.23	4205.09	3432.47	10770.68
利润总额(万元)	1816.99	4891.96	3914.56	11936.26

青岛金王应用化学股份有限公司

公司概况					
公司名称	青岛金王应用化学股份有限公司			证券简称	青岛金王
法人代表	陈索斌	董秘	杜心强	证券代码	002094
公司网址	www.chinakingking.com		电子信箱	stock@chinakingking.com	
电　话	0532-85779728		传　真	0532-85718686	
办公地址	山东省青岛市香港中路 18 号福泰广场 B 座 24 楼-25 楼				
经营范围	新型聚合物基质复合体烛光材料及其制品的开发、生产、销售等				

主要财务指标

指标\报告期	2015.06.30	2014.12.31	2014.06.30	2013.12.31
基本每股收益(元)	0.1120	0.1500	0.0590	0.1700
基本每股收益(扣除后)(元)	0.1500	0.1500	0.0590	0.1600
稀释每股收益(元)	0.1120	0.1500	0.0590	0.1700
每股净资产(元)	2.0667	1.9587	1.8730	1.8680
每股经营现金净流量(元)	0.0216	0.1759	0.0771	0.2556
每股现金流量(元)	0.1483	–0.4328	–0.1912	–0.0132
每股资本公积金(元)	0.0492	0.0492	0.0492	0.0492
每股盈余公积金(元)	0.1589	0.1589	0.1411	0.1411
每股未分配利润(元)	0.9739	0.8623	0.7865	0.7877
净资产收益率(%)	5.3962	7.7799	3.1377	9.0142
加权净资产收益率(%)	5.5400	7.9600	3.1000	9.3800
净资产收益率(扣除)(%)	5.3478	7.6463	3.1440	8.8251
总资产(万元)	149418.62	122753.67	124650.35	110802.52
归属母公司股东权益(万元)	66531.12	63052.21	60266.58	60133.52
营业收入(万元)	48891.95	122351.00	57299.41	145400.14
营业支出(万元)	35474.96	104204.11	50326.42	124856.57
投资收益(万元)	1176.64	1779.59	207.09	176.78
净利润(万元)	4892.36	4919.06	1890.98	5420.57
营业利润(万元)	5918.54	6010.81	2329.57	6111.72
利润总额(万元)	5989.18	5925.24	2325.58	6240.62

浙江网盛生意宝股份有限公司

公司概况	公司名称	浙江网盛生意宝股份有限公司			证券简称	生 意 宝
	法人代表	孙德良	董秘	范悦龙	证券代码	002095
	公司网址	corp.netsun.com		电子信箱	zqb@netsun.com	
	电 话	0571-88228198 88228222		传 真	0571-88228198	
	办公地址	浙江省杭州市莫干山路187号易盛大厦12F				
	经营范围	计算机软件、网络技术开发、技术服务、成果转让、计算机网络工程的设计等				

主要财务指标	指标\报告期	2015.06.30	2014.12.31	2014.06.30	2013.12.31
	基本每股收益(元)	0.0700	0.1600	0.0800	0.1600
	基本每股收益(扣除后)(元)	0.0700	0.1600	0.1000	0.2000
	稀释每股收益(元)	0.0700	0.1600	0.0800	0.1600
	每股净资产(元)	1.9503	2.3110	2.2517	3.0034
	每股经营现金净流量(元)	0.0628	0.1355	0.0423	0.3217
	每股现金流量(元)	0.0175	-0.0394	-0.1312	0.1869
	每股资本公积金(元)	0.0465	0.1558	0.1558	0.5025
	每股盈余公积金(元)	0.1449	0.1739	0.1623	0.2110
	每股未分配利润(元)	0.7693	0.9914	0.9403	1.2979
	净资产收益率(%)	3.4931	6.8566	4.2517	6.7732
	加权净资产收益率(%)	3.4800	6.9700	4.0400	6.9100
	净资产收益率(扣除)(%)	3.4170	6.8056	4.2073	6.6441
	总资产(万元)	59222.90	58926.06	57043.80	59357.10
	归属母公司股东权益(万元)	49288.69	48668.92	47421.69	48655.67
	营业收入(万元)	7290.30	15968.89	8926.21	19910.56
	营业支出(万元)	960.65	3071.03	1762.83	6610.97
	投资收益(万元)	-138.78	66.31	15.08	-11.19
	净利润(万元)	1737.51	3384.69	2032.58	3390.57
	营业利润(万元)	2185.00	3985.93	2474.48	3979.99
	利润总额(万元)	2185.27	3997.04	2501.75	4044.64

湖南南岭民用爆破器材股份有限公司

公司概况	公司名称	湖南南岭民用爆破器材股份有限公司			证券简称	南岭民爆
	法人代表	李建华	董秘	孟建新	证券代码	002096
	公司网址	www.hnnlmb.com		电子信箱	mjx9232@163.com	
	电 话	0731-88936007 88936156		传 真	0731-88936158	
	办公地址	湖南省长沙市岳麓区金星中路319号新天地大厦				
	经营范围	工业炸药、工业导火索的生产和销售等				

主要财务指标	指标\报告期	2015.06.30	2014.12.31	2014.06.30	2013.12.31
	基本每股收益(元)	0.1500	0.5300	0.2000	0.5000
	基本每股收益(扣除后)(元)	0.1100	0.4300	0.1400	0.4600
	稀释每股收益(元)	0.1500	0.5300	0.2000	0.5000
	每股净资产(元)	5.8096	5.4018	5.0722	4.9759
	每股经营现金净流量(元)	-0.2023	0.5970	-0.1027	0.7152
	每股现金流量(元)	-0.4015	0.4007	-0.1127	-0.4000
	每股资本公积金(元)	1.7457	1.7457	1.7458	1.7464
	每股盈余公积金(元)	0.2539	0.2539	0.2398	0.2398
	每股未分配利润(元)	2.3146	2.2878	1.9640	1.8689
	净资产收益率(%)	2.5271	9.8677	3.8452	9.9916
	加权净资产收益率(%)	2.6300	10.3000	3.8600	10.4300
	净资产收益率(扣除)(%)	1.8705	8.0352	2.8359	9.2800
	总资产(万元)	323356.13	309478.21	290780.96	282730.34
	归属母公司股东权益(万元)	215701.62	200560.08	188325.74	184747.96
	营业收入(万元)	79162.45	179116.85	72789.08	166991.38
	营业支出(万元)	47353.37	104439.01	43417.65	102512.53
	投资收益(万元)	39.80	1665.06	-	797.43
	净利润(万元)	6214.54	21938.76	7241.41	18459.36
	营业利润(万元)	7629.21	25064.51	8823.69	24326.58
	利润总额(万元)	7948.61	26584.84	9851.08	25145.11

山河智能装备股份有限公司

公司概况	公司名称	山河智能装备股份有限公司			证券简称	山河智能
	法人代表	何清华	董秘	王剑	证券代码	002097
	公司网址	www.sunward.com.cn		电子信箱	db@sunward.com.cn	
	电 话	0731-83572669		传 真	0731-83572606	
	办公地址	湖南省长沙市经济技术开发区漓湘中路16号				
	经营范围	研究、设计、生产销售建设机械、工程机械、农业机械、林业机械等				

主要财务指标	指标\报告期	2015.06.30	2014.12.31	2014.06.30	2013.12.31
	基本每股收益(元)	0.0061	0.0143	0.0342	0.0664
	基本每股收益(扣除后)(元)	-0.0867	-0.1366	0.0064	-0.0646
	稀释每股收益(元)	0.0061	0.0143	0.0342	0.0664
	每股净资产(元)	4.8077	4.7995	4.8091	4.0878
	每股经营现金净流量(元)	-0.4442	0.3593	0.3548	0.4823
	每股现金流量(元)	-0.2842	0.7152	1.8743	-0.5026
	每股资本公积金(元)	2.4222	2.4222	2.4234	1.4005
	每股盈余公积金(元)	0.2207	0.2207	0.2139	0.2618
	每股未分配利润(元)	1.1454	1.1394	1.1611	1.4168
	净资产收益率(%)	0.1261	0.2704	0.5818	1.6237
	加权净资产收益率(%)	0.1300	0.3200	0.8300	1.6300
	净资产收益率(扣除)(%)	-1.8028	-2.5862	0.1087	-1.5792
	总资产(万元)	763749.77	642980.62	684467.05	562993.69
	归属母公司股东权益(万元)	242089.29	241678.37	242160.84	168191.88
	营业收入(万元)	75465.63	183957.15	105798.65	211284.73
	营业支出(万元)	53856.42	137104.50	78175.92	156826.01
	投资收益(万元)	-123.32	328.10	-50.56	122.14
	净利润(万元)	162.22	399.35	1408.88	2731.00
	营业利润(万元)	-4871.73	-8303.15	522.63	-3180.99
	利润总额(万元)	643.31	-333.42	1958.75	3275.67

福建浔兴拉链科技股份有限公司

公司概况	公司名称	福建浔兴拉链科技股份有限公司			证券简称	浔兴股份
	法人代表	施能坑	董秘	谢静波	证券代码	002098
	公司网址	www.sbszipper.com.cn		电子信箱	stock@sbszipper.com	
	电 话	0595-88290099		传 真	0595-88282502	
	办公地址	福建省晋江市深沪乌漏沟东工业区				
	经营范围	生产拉链、模具、金属及塑料冲压铸件、拉链配件等				

主要财务指标	指标\报告期	2015.06.30	2014.12.31	2014.06.30	2013.12.31
	基本每股收益(元)	0.1460	0.5000	0.3420	0.3900
	基本每股收益(扣除后)(元)	0.1360	0.4291	0.3000	0.3900
	稀释每股收益(元)	0.1460	0.5000	0.3420	0.3900
	每股净资产(元)	2.3070	4.4323	4.2776	4.1354
	每股经营现金净流量(元)	0.1771	0.9933	0.2961	0.9855
	每股现金流量(元)	-0.0602	0.0004	-0.1085	-0.0406
	每股资本公积金(元)	0.1831	1.3661	1.3661	1.3661
	每股盈余公积金(元)	0.1689	0.3377	0.3014	0.3014
	每股未分配利润(元)	0.9547	1.7272	1.6088	1.4667
	净资产收益率(%)	6.3314	11.3830	7.9985	9.4557
	加权净资产收益率(%)	6.3800	11.8200	7.9400	9.8100
	净资产收益率(扣除)(%)	5.9037	9.6805	7.0172	9.4694
	总资产(万元)	145772.08	137728.28	141324.32	131770.00
	归属母公司股东权益(万元)	71524.60	68701.06	66303.53	64099.35
	营业收入(万元)	54065.31	104951.19	54044.26	100628.03
	营业支出(万元)	36874.32	73477.66	37246.83	71176.53
	投资收益(万元)	73.05	86.96	86.96	98.82
	净利润(万元)	4528.53	7820.25	5303.31	6061.04
	营业利润(万元)	5266.98	8177.45	5765.24	7374.61
	利润总额(万元)	5626.88	9546.90	6530.46	7352.68

浙江海翔药业股份有限公司

公司概况						
	公司名称	浙江海翔药业股份有限公司			证券简称	海翔药业
	法人代表	孙杨	董秘	许华青	证券代码	002099
	公司网址	www.hisoar.com		电子信箱	stock@hisoar.com	
	电话	0576-88828065		传真	0576-88820221	
	办公地址	浙江省台州市椒江区外沙支路 100 号				
	经营范围	原料药及医药中间体的制造与销售等				

主要财务指标	指标\报告期	2015.06.30	2014.12.31	2014.06.30	2013.12.31
	基本每股收益(元)	0.4500	0.1400	0.0200	-0.2500
	基本每股收益(扣除后)(元)	0.4400	0.1300	0.0200	-0.2600
	稀释每股收益(元)	0.4500	0.1400	0.0200	-0.2500
	每股净资产(元)	4.4590	4.4041	2.0143	1.9203
	每股经营现金净流量(元)	0.2127	0.2649	0.3250	0.1875
	每股现金流量(元)	-0.2063	0.2472	-0.0870	-0.0023
	每股资本公积金(元)	3.0853	3.0455	0.3585	0.2868
	每股盈余公积金(元)	0.0633	0.0663	0.1132	0.1132
	每股未分配利润(元)	0.5166	0.2920	0.5426	0.5203
	净资产收益率(%)	9.8230	1.6807	1.1064	-13.1769
	加权净资产收益率(%)	9.9600	5.1900	1.1000	-12.3000
	净资产收益率(扣除)(%)	9.5611	1.5371	0.9182	-13.3572
	总资产(万元)	415519.72	416744.32	218970.47	210953.69
	归属母公司股东权益(万元)	337882.86	318435.67	65363.33	62311.22
	营业收入(万元)	127612.96	131913.57	55966.15	116069.07
	营业支出(万元)	64127.27	90831.56	41741.04	94648.16
	投资收益(万元)	-111.11	-438.49	-275.02	-204.93
	净利润(万元)	32867.68	4465.76	723.16	-8210.69
	营业利润(万元)	38601.45	6134.27	687.95	-10271.41
	利润总额(万元)	39470.20	6526.60	808.45	-9806.78

新疆天康畜牧生物技术股份有限公司

公司概况						
	公司名称	新疆天康畜牧生物技术股份有限公司			证券简称	天康生物
	法人代表	杨焰	董秘	郭运江	证券代码	002100
	公司网址	www.tcsw.com.cn		电子信箱	xj_gyj@163.com	
	电话	0991-6626101 6679232		传真	0991-6679242	
	办公地址	新疆维吾尔自治区乌鲁木齐市高新区长春南路 528 号天康企业大厦				
	经营范围	种畜胚胎移植生产(具体范围以许可证为准)、兽药的生产、销售等				

主要财务指标	指标\报告期	2015.06.30	2014.12.31	2014.06.30	2013.12.31
	基本每股收益(元)	0.1500	0.4800	0.1900	0.4200
	基本每股收益(扣除后)(元)	0.1400	0.4500	0.1800	0.4000
	稀释每股收益(元)	0.1500	0.4800	0.1900	0.4200
	每股净资产(元)	2.3314	4.2615	3.9700	3.9032
	每股经营现金净流量(元)	0.0747	1.1162	0.2588	0.2087
	每股现金流量(元)	-0.0314	0.3130	0.0152	-0.2560
	每股资本公积金(元)	0.5858	2.5189	1.8037	1.8037
	每股盈余公积金(元)	0.1140	0.2530	0.2031	0.2031
	每股未分配利润(元)	0.6316	1.1777	0.9660	0.8964
	净资产收益率(%)	6.2574	11.2223	4.7722	10.0198
	加权净资产收益率(%)	6.3700	11.7400	4.7700	11.9400
	净资产收益率(扣除)(%)	5.7904	10.5148	4.6387	9.6268
	总资产(万元)	386142.98	381134.86	290122.38	287640.07
	归属母公司股东权益(万元)	224608.04	214895.01	172483.13	169461.87
	营业收入(万元)	207068.75	401462.71	173128.21	372476.02
	营业支出(万元)	163883.42	322530.66	143336.35	309569.46
	投资收益(万元)	3099.33	-1158.26	-1026.10	2592.22
	净利润(万元)	13945.08	20163.83	8231.17	16979.74
	营业利润(万元)	14476.04	21605.62	8637.25	17317.68
	利润总额(万元)	15628.62	22966.10	8871.32	18224.16

广东鸿图科技股份有限公司

公司概况						
	公司名称	广东鸿图科技股份有限公司			证券简称	广东鸿图
	法人代表	黎柏其	董秘	莫劲刚	证券代码	002101
	公司网址	www.ght-china.com		电子信箱	mjg@ght-china.com	
	电话	0758-8512880 8512658		传真	0758-8512658 8512996	
	办公地址	广东省肇庆市高要市金渡世纪大道 168 号				
	经营范围	开发、设计、制造、加工、销售汽车、摩托车、家用电器、电子仪表、通讯、机械等				

主要财务指标	指标\报告期	2015.06.30	2014.12.31	2014.06.30	2013.12.31
	基本每股收益(元)	0.2730	0.6200	0.3156	0.5100
	基本每股收益(扣除后)(元)	0.2686	0.6000	0.3077	0.5000
	稀释每股收益(元)	0.2730	0.6200	0.3156	0.5100
	每股净资产(元)	7.2292	7.0391	6.7327	6.5954
	每股经营现金净流量(元)	-0.0273	0.8812	0.1019	0.3112
	每股现金流量(元)	-0.3719	-0.4922	-0.3079	0.6878
	每股资本公积金(元)	3.6393	3.6393	3.6252	3.6536
	每股盈余公积金(元)	0.4357	0.4357	0.3570	0.3570
	每股未分配利润(元)	2.1445	1.9714	1.7505	1.5849
	净资产收益率(%)	3.7769	8.7408	4.6877	7.1251
	加权净资产收益率(%)	3.8100	9.0100	4.6700	8.1700
	净资产收益率(扣除)(%)	3.7153	8.4739	4.5729	6.9653
	总资产(万元)	258220.76	255256.05	238234.95	239508.69
	归属母公司股东权益(万元)	138582.88	134938.91	129065.76	126434.13
	营业收入(万元)	105559.52	221486.13	104444.27	182264.59
	营业支出(万元)	82173.99	171160.98	79655.02	140880.12
	投资收益(万元)	-	-	-	-
	净利润(万元)	5234.17	11794.69	6050.17	9008.51
	营业利润(万元)	6074.15	13346.77	7262.59	10627.07
	利润总额(万元)	6174.66	13770.34	7436.86	10864.69

福建冠福现代家用股份有限公司

公司概况						
	公司名称	福建冠福现代家用股份有限公司			证券简称	冠福股份
	法人代表	林文智	董秘	黄华伦	证券代码	002102
	公司网址	www.guanfu.com		电子信箱	guanfu@guanfu.com	
	电话	0595-23551999 23550777		传真	0595-27251999	
	办公地址	福建省泉州市德化县浔中镇土坂村				
	经营范围	日用陶瓷的开发、生产、销售及家用品的销售等				

主要财务指标	指标\报告期	2015.06.30	2014.12.31	2014.06.30	2013.12.31
	基本每股收益(元)	0.0400	0.0100	0.0062	0.0700
	基本每股收益(扣除后)(元)	0.0100	-0.1900	-0.0100	-0.2500
	稀释每股收益(元)	0.0400	0.0100	0.0062	0.0700
	每股净资产(元)	3.6300	3.2307	1.6100	1.5996
	每股经营现金净流量(元)	0.1820	-0.2663	-0.2269	0.1223
	每股现金流量(元)	0.0550	-0.0465	-0.0466	0.1083
	每股资本公积金(元)	2.3025	1.8937	0.2471	0.2471
	每股盈余公积金(元)	0.0207	0.0240	0.0369	0.0369
	每股未分配利润(元)	0.2250	0.2145	0.3219	0.3157
	净资产收益率(%)	1.0988	0.2801	0.3871	4.2828
	加权净资产收益率(%)	1.2400	0.8500	0.3900	4.3800
	净资产收益率(扣除)(%)	0.2156	-3.8561	-0.3331	-15.7048
	总资产(万元)	468730.51	446243.22	215664.65	201366.45
	归属母公司股东权益(万元)	264772.58	203179.76	65719.40	65464.98
	营业收入(万元)	86994.90	187393.45	68396.91	186716.31
	营业支出(万元)	68146.27	165195.34	54684.62	162943.01
	投资收益(万元)	-63.16	-230.31	-124.62	8537.49
	净利润(万元)	2846.28	319.76	254.42	2803.73
	营业利润(万元)	1202.62	571.39	32.08	1627.91
	利润总额(万元)	4297.87	3160.18	591.91	3822.91

广博集团股份有限公司

公司概况						
公司名称	广博集团股份有限公司			证券简称	广博股份
法人代表	戴国平	董秘	杨远	证券代码	002103
公司网址	www.guangbo.net		电子信箱	stock@guangbo.net	
电　　话	0574-28827003		传　　真	0574-28827006	
办公地址	浙江省宁波市鄞州区石碶街道车何				
经营范围	出版物、包装装潢、其他印刷品印刷等				

主要财务指标　指标\报告期	2015.06.30	2014.12.31	2014.06.30	2013.12.31
基本每股收益(元)	0.1100	0.0400	0.0300	0.0800
基本每股收益(扣除后)(元)	0.0600	-0.0400	0.0043	0.0100
稀释每股收益(元)	0.1100	0.0400	0.0300	0.0800
每股净资产(元)	7.1500	3.3858	3.3693	3.3932
每股经营现金净流量(元)	-0.1312	0.0038	-0.2428	0.3132
每股现金流量(元)	-0.1127	-0.6220	-0.4946	0.0334
每股资本公积金(元)	3.1436	1.0370	1.0370	1.0370
每股盈余公积金(元)	0.1639	0.2289	0.2167	0.2167
每股未分配利润(元)	0.8184	1.1295	1.1252	1.1493
净资产收益率(%)	1.5889	1.2559	0.7707	2.2664
加权净资产收益率(%)	2.7900	1.2500	0.7600	2.2700
净资产收益率(扣除)(%)	0.8928	-1.0715	0.1262	0.1612
总资产(万元)	207554.11	117010.99	115912.55	117132.96
归属母公司股东权益(万元)	156190.18	73956.84	73596.54	74118.84
营业收入(万元)	55611.54	90743.02	40177.09	84834.80
营业支出(万元)	44195.62	73125.50	31369.18	67125.05
投资收益(万元)	604.36	668.15	323.13	1100.72
净利润(万元)	2492.04	966.14	567.21	1679.85
营业利润(万元)	2885.03	-494.00	-178.38	1301.94
利润总额(万元)	3154.35	1552.44	753.68	2390.55

恒宝股份有限公司

公司概况						
公司名称	恒宝股份有限公司			证券简称	恒宝股份
法人代表	张东阳	董秘	张建明	证券代码	002104
公司网址	www.hengbao.com		电子信箱	zhangjm01@hengbao.com	
电　　话	0511-86644324　86644409		传　　真	0511-86644324	
办公地址	江苏省丹阳市横塘工业区				
经营范围	磁卡、IC卡、电子标签、票证、票据、电脑票据、磁卡存折等				

主要财务指标　指标\报告期	2015.06.30	2014.12.31	2014.06.30	2013.12.31
基本每股收益(元)	0.1700	0.4100	0.1400	0.2800
基本每股收益(扣除后)(元)	0.1500	0.3900	0.2100	0.4300
稀释每股收益(元)	0.1700	0.4100	0.1400	0.2800
每股净资产(元)	1.8433	1.7544	2.4181	2.1901
每股经营现金净流量(元)	-0.1553	0.5878	-0.0532	0.5080
每股现金流量(元)	-0.2739	0.4410	-0.2178	0.0872
每股资本公积金(元)	0.1126	0.0970	0.0394	0.0394
每股盈余公积金(元)	0.1707	0.1707	0.2108	0.2108
每股未分配利润(元)	0.5606	0.4874	1.1688	0.9412
净资产收益率(%)	9.3989	23.3522	9.4124	20.8053
加权净资产收益率(%)	9.4300	26.3200	9.8800	22.7300
净资产收益率(扣除)(%)	8.3924	21.8949	8.5805	19.6786
总资产(万元)	172492.43	158342.50	139777.54	122925.13
归属母公司股东权益(万元)	131460.81	125123.38	106550.13	96506.63
营业收入(万元)	76469.28	155076.71	60659.14	126099.71
营业支出(万元)	49912.53	103476.54	37863.42	85714.49
投资收益(万元)	1377.73	2246.23	1238.33	1387.54
净利润(万元)	12355.84	29219.08	10028.90	20078.52
营业利润(万元)	11927.02	26863.51	10720.53	21696.89
利润总额(万元)	13493.89	31105.07	11048.03	23297.15

深圳信隆实业股份有限公司

公司概况						
公司名称	深圳信隆实业股份有限公司			证券简称	信隆实业
法人代表	廖学金	董秘	陈丽秋	证券代码	002105
公司网址	www.hlcorp.com.cn		电子信箱	cmo@hlcorp.com	
电　　话	0755-27749423*105　182		传　　真	0755-27746236	
办公地址	广东省深圳市龙华新区龙华办事处龙发路65号				
经营范围	生产经营运动器材、康复辅助器材、计算机配件、铝挤型锻造成型等				

主要财务指标　指标\报告期	2015.06.30	2014.12.31	2014.06.30	2013.12.31
基本每股收益(元)	0.0020	0.0150	0.0030	0.0160
基本每股收益(扣除后)(元)	-0.0010	0.0120	0.0043	-0.0500
稀释每股收益(元)	0.0020	0.0150	0.0030	0.0160
每股净资产(元)	1.3791	1.5645	1.5523	1.9561
每股经营现金净流量(元)	0.1848	0.2617	0.1561	0.2476
每股现金流量(元)	0.1443	-0.1331	-0.0649	0.1446
每股资本公积金(元)	0.1653	0.2819	0.2819	0.6023
每股盈余公积金(元)	0.1371	0.1508	0.1414	0.1768
每股未分配利润(元)	0.0831	0.1388	0.1358	0.1859
净资产收益率(%)	0.1689	0.9906	0.1949	0.8054
加权净资产收益率(%)	0.1600	0.9900	0.2000	0.8100
净资产收益率(扣除)(%)	-0.0456	0.7489	0.2764	-2.5410
总资产(万元)	139619.16	147390.32	144014.39	144162.05
归属母公司股东权益(万元)	50820.36	52410.68	52001.21	52422.92
营业收入(万元)	66415.60	159684.84	75867.43	144919.06
营业支出(万元)	57380.74	136899.66	65889.71	125023.94
投资收益(万元)	70.86	69.54	140.77	1158.36
净利润(万元)	-473.97	-391.29	101.36	422.23
营业利润(万元)	-129.45	637.55	194.40	-204.92
利润总额(万元)	25.72	678.96	168.80	67.16

深圳莱宝高科技股份有限公司

公司概况						
公司名称	深圳莱宝高科技股份有限公司			证券简称	莱宝高科
法人代表	臧卫东	董秘	王行村	证券代码	002106
公司网址	www.laibao.com.cn		电子信箱	lbgk@laibao.com.cn	
电　　话	0755-26983383		传　　真	0755-26980212	
办公地址	广东省深圳市南山区高新技术产业园区朗山二路				
经营范围	生产和经营彩色滤光片、触摸屏、镀膜导电玻璃及真空镀膜产品等				

主要财务指标　指标\报告期	2015.06.30	2014.12.31	2014.06.30	2013.12.31
基本每股收益(元)	-0.1318	0.0200	0.0470	0.1000
基本每股收益(扣除后)(元)	-0.1330	-0.0050	0.0233	0.0800
稀释每股收益(元)	-0.1318	0.0200	0.0470	0.1000
每股净资产(元)	5.5942	5.7461	5.7700	5.8268
每股经营现金净流量(元)	-0.0145	-0.1860	-0.3076	0.5950
每股现金流量(元)	-0.2014	-0.5330	-0.3936	1.0442
每股资本公积金(元)	2.9439	2.9439	2.9439	2.9439
每股盈余公积金(元)	0.4156	0.4156	0.4097	0.4097
每股未分配利润(元)	1.2363	1.3882	1.4218	1.4748
净资产收益率(%)	-2.3568	0.3367	0.8146	1.6174
加权净资产收益率(%)	-2.3200	0.3300	0.8100	1.8000
净资产收益率(扣除)(%)	-2.3767	-0.0854	0.4032	1.3545
总资产(万元)	473004.32	516065.22	490823.31	519084.99
归属母公司股东权益(万元)	394850.76	405572.03	407531.22	411263.46
营业收入(万元)	121696.53	234327.14	110639.94	200078.05
营业支出(万元)	118713.02	209565.96	95277.86	172109.97
投资收益(万元)	262.99	583.41	383.23	884.61
净利润(万元)	-9243.74	1713.32	3319.80	6651.74
营业利润(万元)	-12089.34	-569.70	2059.29	7010.75
利润总额(万元)	-11509.93	987.23	3261.94	8098.52

山东沃华医药科技股份有限公司

公司概况	公司名称	山东沃华医药科技股份有限公司			证券简称	沃华医药
	法人代表	赵丙贤	董秘	张戈	证券代码	002107
	公司网址	www.wohua.cn			电子信箱	cicszg@163.com
	电　话	0536-8553373			传　真	0536-8553367
	办公地址	山东省潍坊市高新技术产业开发区梨园街3517号				
	经营范围	心脑血管中成药的研发、生产和销售等				

	指标\报告期	2015.06.30	2014.12.31	2014.06.30	2013.12.31
主要财务指标	基本每股收益(元)	0.1100	0.2200	0.0300	0.0600
	基本每股收益(扣除后)(元)	0.0900	0.1700	0.0300	0.0600
	稀释每股收益(元)	0.1100	0.2200	0.0300	0.0600
	每股净资产(元)	1.6049	3.8526	3.7169	3.6897
	每股经营现金净流量(元)	0.2585	0.1621	-0.0237	0.0924
	每股现金流量(元)	-0.0614	0.1318	-0.0039	0.0568
	每股资本公积金(元)	0.1734	2.5140	2.0155	2.0155
	每股盈余公积金(元)	0.0782	0.1773	0.1570	0.1570
	每股未分配利润(元)	0.3533	0.7682	0.5443	0.5171
	净资产收益率(%)	6.6123	5.7852	0.7310	1.7555
	加权净资产收益率(%)	5.3600	5.8900	0.7300	1.7700
	净资产收益率(扣除)(%)	5.4149	4.5343	0.7231	1.4929
	总资产(万元)	70618.34	85897.59	65121.07	64504.74
	归属母公司股东权益(万元)	57898.69	73127.73	60949.07	60503.56
	营业收入(万元)	18755.24	31530.80	14973.85	25559.78
	营业支出(万元)	4418.88	8395.12	4399.46	5552.24
	投资收益(万元)	-	-	-	-
	净利润(万元)	4011.22	3654.80	445.51	1062.13
	营业利润(万元)	3483.77	2864.61	440.85	903.54
	利润总额(万元)	4070.33	3654.92	445.63	1062.43

沧州明珠塑料股份有限公司

公司概况	公司名称	沧州明珠塑料股份有限公司			证券简称	沧州明珠
	法人代表	于新立	董秘	于增胜	证券代码	002108
	公司网址	www.cz-mz.com			电子信箱	cz-mz@cz-mz.com
	电　话	0317-2075318 2075245			传　真	0317-2075246
	办公地址	河北省沧州市新华西路13号				
	经营范围	燃气、给水、排水、通信用聚乙烯管材管件和BOPA薄膜制品等				

	指标\报告期	2015.06.30	2014.12.31	2014.06.30	2013.12.31
主要财务指标	基本每股收益(元)	0.1500	0.4900	0.2200	0.4400
	基本每股收益(扣除后)(元)	0.1500	0.4700	0.2100	0.4300
	稀释每股收益(元)	0.1500	0.4900	0.2200	0.4400
	每股净资产(元)	2.6970	4.6700	3.4607	3.4432
	每股经营现金净流量(元)	0.1176	0.6095	0.1996	0.1366
	每股现金流量(元)	-0.1378	0.5485	0.0467	-0.1641
	每股资本公积金(元)	0.7285	1.7384	0.9706	0.9706
	每股盈余公积金(元)	0.1489	0.2531	0.2325	0.2325
	每股未分配利润(元)	0.8196	1.3961	1.2575	1.2400
	净资产收益率(%)	5.3937	10.4688	6.2841	12.7521
	加权净资产收益率(%)	5.4900	13.4500	6.1800	13.3900
	净资产收益率(扣除)(%)	5.4467	10.1049	6.0910	12.4169
	总资产(万元)	262345.01	251911.34	227773.50	214619.21
	归属母公司股东权益(万元)	166796.97	159619.49	117716.76	117122.43
	营业收入(万元)	97278.10	208995.87	96552.26	198298.23
	营业支出(万元)	75078.55	166890.06	77892.81	160720.94
	投资收益(万元)	432.64	461.49	591.92	645.97
	净利润(万元)	9065.07	16928.79	7397.43	14935.56
	营业利润(万元)	11954.11	21867.50	9713.91	19884.81
	利润总额(万元)	11833.42	22647.50	10017.30	20410.48

陕西兴化化学股份有限公司

公司概况	公司名称	陕西兴化化学股份有限公司			证券简称	兴化股份
	法人代表	王颖	董秘	席永生	证券代码	002109
	公司网址	www.snxhchem.com			电子信箱	snxhchem@snxhchem.com
	电　话	029-38838007 38839912			传　真	029-38822614
	办公地址	陕西省咸阳市兴平市东城区迎宾大道				
	经营范围	合成氨、硝酸、硝酸铵、多孔硝铵、特种气体、羰基铁粉的生产、加工、批发与零售				

	指标\报告期	2015.06.30	2014.12.31	2014.06.30	2013.12.31
主要财务指标	基本每股收益(元)	-0.1600	-0.4200	-0.1100	0.1700
	基本每股收益(扣除后)(元)	-0.1500	-0.4100	-0.1200	0.0300
	稀释每股收益(元)	-0.1600	-0.4200	-0.1100	0.1700
	每股净资产(元)	3.0773	3.2377	3.5481	3.6614
	每股经营现金净流量(元)	-0.0190	-0.2358	-0.0943	0.1275
	每股现金流量(元)	0.0150	-0.1014	-0.1364	-0.4275
	每股资本公积金(元)	0.5492	0.5492	0.5492	0.5492
	每股盈余公积金(元)	0.3492	0.3492	0.3492	0.3492
	每股未分配利润(元)	1.1162	1.2759	1.5852	1.6975
	净资产收益率(%)	-5.1901	-13.0198	-3.1631	4.6512
	加权净资产收益率(%)	-5.0600	-12.2200	-3.1100	4.7300
	净资产收益率(扣除)(%)	-4.8851	-12.8033	-3.2445	0.8941
	总资产(万元)	192349.76	193960.74	194661.67	189142.29
	归属母公司股东权益(万元)	110288.99	116038.39	127162.73	131222.95
	营业收入(万元)	41498.56	94827.19	44560.46	111904.39
	营业支出(万元)	38214.59	89832.13	39839.21	90776.55
	投资收益(万元)	40.00	-	-	0.05
	净利润(万元)	-5715.40	-15062.52	-4022.30	6103.47
	营业利润(万元)	-5361.92	-14921.10	-4118.14	1559.95
	利润总额(万元)	-5685.43	-15178.56	-4017.64	6604.93

福建三钢闽光股份有限公司

公司概况	公司名称	福建三钢闽光股份有限公司			证券简称	三钢闽光
	法人代表	黎立璋	董秘	徐燕洪	证券代码	002110
	公司网址	www.sgmg.com.cn			电子信箱	sgmg@fjsg.com.cn
	电　话	0598-8205070 8205079			传　真	0598-8205013
	办公地址	福建省三明市梅列区工业中路群工三路				
	经营范围	钢铁冶炼、轧制、加工及其延压产品的生产和销售等				

	指标\报告期	2015.06.30	2014.12.31	2014.06.30	2013.12.31
主要财务指标	基本每股收益(元)	-0.5030	0.0600	-0.0810	0.1010
	基本每股收益(扣除后)(元)	-0.5130	0.0600	-0.0820	0.0800
	稀释每股收益(元)	-0.5030	0.0600	-0.0810	0.1010
	每股净资产(元)	4.3352	4.8497	5.1295	5.2211
	每股经营现金净流量(元)	1.0160	2.5567	2.4080	0.9591
	每股现金流量(元)	0.1543	0.9382	0.6959	-0.4399
	每股资本公积金(元)	1.3207	1.3207	1.3207	1.3207
	每股盈余公积金(元)	0.6172	0.6172	0.6536	0.6536
	每股未分配利润(元)	1.4551	1.9685	2.1552	2.2469
	净资产收益率(%)	-11.6108	1.2322	-1.5725	1.9306
	加权净资产收益率(%)	-10.9500	1.2300	-1.5600	1.9500
	净资产收益率(扣除)(%)	-11.8407	1.2881	-1.5978	1.5027
	总资产(万元)	800179.30	803685.95	819194.35	859596.83
	归属母公司股东权益(万元)	231804.79	259315.21	274273.76	279174.78
	营业收入(万元)	657049.04	1802231.86	916035.48	1929852.57
	营业支出(万元)	660259.07	1745520.76	895115.17	1865028.38
	投资收益(万元)	475.80	941.22	1161.75	2117.66
	净利润(万元)	-26914.48	3195.27	-4312.84	5389.83
	营业利润(万元)	-31868.50	3783.42	-5113.09	4829.89
	利润总额(万元)	-31241.60	3435.48	-5031.47	6055.41

威海广泰空港设备股份有限公司

公司概况	公司名称	威海广泰空港设备股份有限公司		证券简称	威海广泰
	法人代表	李光太	董秘 任伟	证券代码	002111
	公司网址	www.guangtai.com.cn		电子信箱	gtrenwei@guangtai.com.cn
	电　话	0631-3953335		传　真	0631-3953451*3335
	办公地址	山东省威海市环翠区黄河街16号			
	经营范围	生产许可证有效期内的各类航空地面设备及配套产品的生产等			

主要财务指标 指标\报告期	2015.06.30	2014.12.31	2014.06.30	2013.12.31
基本每股收益(元)	0.1900	0.3600	0.1600	0.3000
基本每股收益(扣除后)(元)	0.1800	0.3400	0.1400	0.2500
稀释每股收益(元)	0.1900	0.3600	0.1600	0.3000
每股净资产(元)	5.2246	4.0814	3.8800	3.7998
每股经营现金净流量(元)	-0.1995	0.1577	-0.0433	-0.0883
每股现金流量(元)	0.0612	0.0654	0.4972	-0.1980
每股资本公积金(元)	2.6694	1.3619	1.3619	1.3619
每股盈余公积金(元)	0.1980	0.2327	0.1944	0.1944
每股未分配利润(元)	1.3572	1.4868	1.3201	1.2435
净资产收益率(%)	3.0638	8.8603	4.0399	8.0173
加权净资产收益率(%)	4.5200	9.1800	4.0700	8.2800
净资产收益率(扣除)(%)	2.8885	8.3141	3.7116	6.6929
总资产(万元)	302814.67	250577.21	237913.07	209071.88
归属母公司股东权益(万元)	188654.31	125409.87	119110.02	116756.31
营业收入(万元)	53956.86	101510.75	48795.31	88530.39
营业支出(万元)	35893.83	66261.85	33962.07	60772.56
投资收益(万元)	534.04	423.47	194.19	221.85
净利润(万元)	5779.99	11111.73	4811.88	9360.73
营业利润(万元)	6262.57	11768.77	5148.83	8677.55
利润总额(万元)	6651.32	12571.89	5607.27	10494.57

三变科技股份有限公司

公司概况	公司名称	三变科技股份有限公司		证券简称	三变科技
	法人代表	卢旭日	董秘 羊静	证券代码	002112
	公司网址	www.sanbian.cn		电子信箱	master@sanbian.cn
	电　话	0576-83381688		传　真	0576-83381921
	办公地址	浙江省台州市三门县西区大道369号			
	经营范围	电力变压器产品的研制、生产和销售等			

主要财务指标 指标\报告期	2015.06.30	2014.12.31	2014.06.30	2013.12.31
基本每股收益(元)	0.0300	0.0800	0.0400	0.1000
基本每股收益(扣除后)(元)	0.0300	0.0600	0.0300	0.0900
稀释每股收益(元)	0.0300	0.0800	0.0400	0.1000
每股净资产(元)	2.3834	2.3649	2.3300	2.2920
每股经营现金净流量(元)	0.1018	0.4706	0.0992	0.3287
每股现金流量(元)	-0.1730	0.0822	0.1722	-0.1221
每股资本公积金(元)	0.3430	0.3430	0.3430	0.3430
每股盈余公积金(元)	0.1691	0.1691	0.1606	0.1606
每股未分配利润(元)	0.8714	0.8528	0.8234	0.7884
净资产收益率(%)	1.1970	3.5048	1.5072	4.2277
加权净资产收益率(%)	1.2000	3.5600	1.5200	4.3100
净资产收益率(扣除)(%)	1.1962	2.7209	1.3426	3.7616
总资产(万元)	135559.36	130088.19	125793.83	108060.63
归属母公司股东权益(万元)	48049.60	47676.07	46913.76	46206.70
营业收入(万元)	38023.30	92382.51	38873.58	92113.41
营业支出(万元)	28814.10	70498.16	28573.66	69227.00
投资收益(万元)	229.85	520.86	193.29	506.79
净利润(万元)	586.77	1603.75	707.06	1953.47
营业利润(万元)	586.38	1386.44	649.82	1888.04
利润总额(万元)	586.77	1627.13	708.43	1953.47

湖南天润实业控股股份有限公司

公司概况	公司名称	湖南天润实业控股股份有限公司		证券简称	天润控股
	法人代表	麦少军	董秘 江峰	证券代码	002113
	公司网址	www.trfz.com		电子信箱	trkg002113@163.com
	电　话	0730-8961178　8961179		传　真	0730-8961178
	办公地址	湖南省岳阳市岳阳大道兴长石化大厦6楼			
	经营范围	生产、销售尿素、液氨、甲醇、农用碳酸氢铵及复合肥等			

主要财务指标 指标\报告期	2015.06.30	2014.12.31	2014.06.30	2013.12.31
基本每股收益(元)	-0.0190	0.0050	0.0060	0.0270
基本每股收益(扣除后)(元)	-0.0190	0.0045	0.0060	0.0150
稀释每股收益(元)	-0.0190	0.0050	0.0060	0.0270
每股净资产(元)	0.7823	0.7991	0.7972	0.7886
每股经营现金净流量(元)	-0.0376	0.0498	0.0204	-0.0825
每股现金流量(元)	-0.0376	0.0448	0.0188	-0.0581
每股资本公积金(元)	1.1593	1.1568	1.1542	1.1517
每股盈余公积金(元)	0.4656	0.4656	0.4656	0.4656
每股未分配利润(元)	-1.8426	-1.8233	-1.8227	-1.8287
净资产收益率(%)	-2.4657	0.6778	0.7616	3.4628
加权净资产收益率(%)	-2.0000	0.6800	0.7700	3.5300
净资产收益率(扣除)(%)	-2.4657	0.5673	0.7566	1.9540
总资产(万元)	11232.03	11877.50	11954.12	11893.30
归属母公司股东权益(万元)	9262.85	9461.11	9438.75	9336.74
营业收入(万元)	802.08	1678.95	837.08	2946.00
营业支出(万元)	328.57	660.99	330.49	1887.71
投资收益(万元)	-	-	-	-
净利润(万元)	-228.40	64.13	71.89	323.31
营业利润(万元)	-182.42	53.68	71.41	149.88
利润总额(万元)	-182.42	64.13	71.89	290.76

云南罗平锌电股份有限公司

公司概况	公司名称	云南罗平锌电股份有限公司		证券简称	罗平锌电
	法人代表	杨建兴	董秘 喻永贤	证券代码	002114
	公司网址	www.lpxdgf.cn		电子信箱	lpxdgf@china.com
	电　话	0874-8256825		传　真	0874-8256039
	办公地址	云南省曲靖市罗平县罗雄镇长家湾			
	经营范围	水力发电、铅锌等有色金属的开采、锌冶炼及其延伸产品的生产与销售等			

主要财务指标 指标\报告期	2015.06.30	2014.12.31	2014.06.30	2013.12.31
基本每股收益(元)	-0.1400	0.1000	-0.1000	-0.2600
基本每股收益(扣除后)(元)	-0.1300	0.0900	-0.0900	-0.3200
稀释每股收益(元)	-0.1400	0.1000	-0.1000	-0.2600
每股净资产(元)	2.7977	2.9294	2.7370	2.8217
每股经营现金净流量(元)	-0.0340	0.2193	0.1222	0.4101
每股现金流量(元)	0.1523	-0.3406	-0.3836	0.4034
每股资本公积金(元)	2.5800	2.5800	2.5800	2.5800
每股盈余公积金(元)	0.1262	0.1262	0.1262	0.1262
每股未分配利润(元)	-0.9439	-0.8048	-0.9983	-0.9021
净资产收益率(%)	-4.9717	3.3087	-3.5148	-6.6566
加权净资产收益率(%)	-4.7900	3.3800	-3.4700	-17.5300
净资产收益率(扣除)(%)	-4.4731	3.1030	-3.3146	-8.3382
总资产(万元)	169208.97	156125.00	152221.03	177003.92
归属母公司股东权益(万元)	76051.55	79631.85	74402.35	76705.42
营业收入(万元)	30633.66	66470.84	31002.09	85547.56
营业支出(万元)	24409.30	48256.79	24369.20	77175.95
投资收益(万元)	-728.93	161.84	-860.19	774.80
净利润(万元)	-3804.03	2332.54	-2615.10	-5105.95
营业利润(万元)	-2660.60	4204.43	-1756.69	-5266.60
利润总额(万元)	-2722.93	4618.02	-1760.90	-4951.92

三维通信股份有限公司

公司概况	公司名称	三维通信股份有限公司			证券简称	三维通信
	法人代表	李越伦	董秘	王萍	证券代码	002115
	公司网址	www.sunwave.com.cn		电子信箱	zqb@sunwave.com.cn	
	电　　话	0571-88923377		传　　真	0571-88923377	
	办公地址	浙江省杭州市滨江火炬大道 581 号				
	经营范围	通信设备、无线电发射与接收设备、仪器仪表的开发制造、咨询和维修等				

主要财务指标	指标\报告期	2015.06.30	2014.12.31	2014.06.30	2013.12.31
	基本每股收益(元)	0.0168	0.0339	–0.0691	–0.3292
	基本每股收益(扣除后)(元)	0.0004	–0.0010	–0.0813	–0.3600
	稀释每股收益(元)	0.0168	0.0339	–0.0691	–0.3292
	每股净资产(元)	2.2409	2.2247	2.1221	2.1905
	每股经营现金净流量(元)	0.1027	0.2133	–0.3786	0.2071
	每股现金流量(元)	–0.1275	–0.0539	–0.4544	–0.2920
	每股资本公积金(元)	0.6013	0.6013	0.6013	0.6013
	每股盈余公积金(元)	0.1255	0.1255	0.1224	0.1224
	每股未分配利润(元)	0.5150	0.4982	0.3982	0.4674
	净资产收益率(%)	0.7504	1.5251	–3.2574	–15.0281
	加权净资产收益率(%)	0.7500	1.5400	–3.2100	–13.7700
	净资产收益率(扣除)(%)	0.0198	–0.0536	–3.8309	–16.5443
	总资产(万元)	204039.79	203464.85	190259.70	198624.80
	归属母公司股东权益(万元)	92030.61	91365.08	87152.85	89962.41
	营业收入(万元)	39575.98	90459.49	33590.27	79144.98
	营业支出(万元)	26600.50	64213.63	24033.01	59655.08
	投资收益(万元)	259.37	556.07	–33.85	–24.01
	净利润(万元)	633.11	1478.07	–2838.89	–13519.65
	营业利润(万元)	225.92	119.00	–3629.99	–15955.62
	利润总额(万元)	628.27	1186.22	–3208.90	–14095.71

中国海诚工程科技股份有限公司

公司概况	公司名称	中国海诚工程科技股份有限公司			证券简称	中国海诚
	法人代表	严晓俭	董秘	胡小平	证券代码	002116
	公司网址	www.haisum.com		电子信箱	haisum@haisum.com	
	电　　话	021-64314018		传　　真	021-64334045	
	办公地址	上海市宝庆路 21 号				
	经营范围	为国内外工程建设提供设计、咨询、监理和总承包服务等				

主要财务指标	指标\报告期	2015.06.30	2014.12.31	2014.06.30	2013.12.31
	基本每股收益(元)	0.2700	0.6500	0.3220	0.7800
	基本每股收益(扣除后)(元)	0.2600	0.6100	0.3000	–
	稀释每股收益(元)	0.2600	0.6300	0.3180	0.7700
	每股净资产(元)	2.3873	2.8536	2.4968	3.4588
	每股经营现金净流量(元)	0.5147	0.4155	–0.0059	1.9307
	每股现金流量(元)	0.2718	0.0813	–0.2519	1.2947
	每股资本公积金(元)	0.0883	0.0966	0.0765	0.4293
	每股盈余公积金(元)	0.1694	0.2204	0.1752	0.2642
	每股未分配利润(元)	1.0557	1.5183	1.2449	1.7648
	净资产收益率(%)	11.4424	22.4916	12.9060	22.4692
	加权净资产收益率(%)	11.6600	25.1200	13.1300	24.7300
	净资产收益率(扣除)(%)	10.8908	21.3948	–	21.4829
	总资产(万元)	332418.65	323958.48	304483.73	338333.39
	归属母公司股东权益(万元)	96381.45	88559.44	77256.50	70974.02
	营业收入(万元)	217093.37	547018.82	290469.12	575809.13
	营业支出(万元)	194242.71	493916.74	266510.32	523079.71
	投资收益(万元)	20.10	579.11	546.39	102.05
	净利润(万元)	11028.39	19918.45	9899.05	15947.27
	营业利润(万元)	12588.51	23058.06	11526.93	18471.19
	利润总额(万元)	13219.99	23727.40	11848.89	18963.12

东港股份有限公司

公司概况	公司名称	东港股份有限公司			证券简称	东港股份
	法人代表	王爱先	董秘	齐利国	证券代码	002117
	公司网址	www.tungkong.com.cn		电子信箱	dggf@tungkong.com.cn	
	电　　话	0531-88904590		传　　真	0531-82672218	
	办公地址	山东省济南市山大北路 23 号				
	经营范围	出版物、包装装潢印刷品及其他印刷品印刷、办公用纸、纸制品的生产等				

主要财务指标	指标\报告期	2015.06.30	2014.12.31	2014.06.30	2013.12.31
	基本每股收益(元)	0.2500	0.4600	0.2200	0.4300
	基本每股收益(扣除后)(元)	0.2400	0.4500	0.2100	0.4200
	稀释每股收益(元)	0.2500	0.4600	0.2200	0.4300
	每股净资产(元)	3.5394	3.5801	3.3281	3.9242
	每股经营现金净流量(元)	–0.1592	0.8456	–0.1021	0.8004
	每股现金流量(元)	–0.3665	–0.6168	–0.8468	0.7411
	每股资本公积金(元)	1.0384	1.0322	1.0266	1.4244
	每股盈余公积金(元)	0.3812	0.3473	0.3178	0.3448
	每股未分配利润(元)	1.1198	1.2006	0.9837	1.1554
	净资产收益率(%)	7.1525	12.9622	6.5537	10.9259
	加权净资产收益率(%)	7.0200	13.6500	6.5600	11.4200
	净资产收益率(扣除)(%)	6.8006	12.4306	6.3630	10.5805
	总资产(万元)	170203.77	182389.69	156361.40	159376.99
	归属母公司股东权益(万元)	128765.54	130244.76	121123.33	119021.59
	营业收入(万元)	62845.95	111087.88	59107.35	92670.06
	营业支出(万元)	38448.66	65879.46	36638.88	56107.65
	投资收益(万元)	306.05	974.43	148.88	838.83
	净利润(万元)	10219.38	18594.65	7938.01	13004.22
	营业利润(万元)	11340.33	20871.08	10101.70	16927.73
	利润总额(万元)	12050.24	21801.14	10451.19	17509.72

吉林紫鑫药业股份有限公司

公司概况	公司名称	吉林紫鑫药业股份有限公司			证券简称	紫鑫药业
	法人代表	郭春林	董秘	钟云香	证券代码	002118
	公司网址	www.jilinzixin.com.cn		电子信箱	zixin@zxpc.cc	
	电　　话	0431-81916633		传　　真	0431-88698366	
	办公地址	吉林省长春市南关区东头道街 137 号				
	经营范围	从事中成药的研发、生产、销售和中药材种植业务等				

主要财务指标	指标\报告期	2015.06.30	2014.12.31	2014.06.30	2013.12.31
	基本每股收益(元)	0.0100	0.0900	–0.0500	0.1000
	基本每股收益(扣除后)(元)	–0.0200	0.0400	–0.0800	0.0800
	稀释每股收益(元)	0.0100	0.0900	–0.0500	0.1000
	每股净资产(元)	3.8531	3.8854	3.7410	3.7933
	每股经营现金净流量(元)	0.1374	0.0090	–0.1969	–0.9189
	每股现金流量(元)	–0.1796	0.0438	–0.0820	–0.1242
	每股资本公积金(元)	1.4025	1.4025	1.4112	1.4112
	每股盈余公积金(元)	0.1372	0.1372	0.1344	0.1344
	每股未分配利润(元)	1.3047	1.3369	1.1954	1.2477
	净资产收益率(%)	0.1485	2.3677	–1.2157	2.5941
	加权净资产收益率(%)	0.1500	2.4000	–1.2100	2.6300
	净资产收益率(扣除)(%)	–0.4543	1.1222	–2.0218	2.0558
	总资产(万元)	399884.23	405241.75	390474.93	377805.30
	归属母公司股东权益(万元)	197661.55	199317.48	191909.85	194594.79
	营业收入(万元)	22570.90	77571.46	31183.29	47466.68
	营业支出(万元)	6350.17	34791.11	16115.49	14683.23
	投资收益(万元)	980.00	920.00	980.00	997.01
	净利润(万元)	271.05	4694.84	–2332.99	5048.03
	营业利润(万元)	–1076.07	1628.02	–3721.17	4183.77
	利润总额(万元)	363.14	4607.83	–1961.67	5411.83

宁波康强电子股份有限公司

公司概况	公司名称	宁波康强电子股份有限公司		证券简称	康强电子
	法人代表	郑康定	董秘 赵勤攻	证券代码	002119
	公司网址	www.kangqiang.com		电子信箱	board@kangqiang.com
	电　话	0574-56807119		传　真	0574-56807088
	办公地址	浙江省宁波市鄞州投资创业中心金源路988号			
	经营范围	制造和销售各种引线框架及半导体元器件等			

主要财务指标	指标\报告期	2015.06.30	2014.12.31	2014.06.30	2013.12.31
	基本每股收益(元)	-0.2100	0.0100	0.0040	0.0800
	基本每股收益(扣除后)(元)	-0.2100	-0.0300	-0.0200	0.0200
	稀释每股收益(元)	-0.2100	0.0100	0.0040	0.0800
	每股净资产(元)	3.2353	3.4434	3.4363	3.4571
	每股经营现金净流量(元)	0.3573	1.1973	0.3030	0.6442
	每股现金流量(元)	-0.0099	-0.0925	-0.1179	0.1500
	每股资本公积金(元)	1.1855	1.1855	1.1855	1.1855
	每股盈余公积金(元)	0.2028	0.2028	0.2028	0.2028
	每股未分配利润(元)	0.8470	1.0550	1.0480	1.0688
	净资产收益率(%)	-6.4303	0.3261	0.1209	2.4248
	加权净资产收益率(%)	-6.2300	0.3300	0.1200	2.5000
	净资产收益率(扣除)(%)	-6.6359	-0.8529	-0.6078	0.5933
	总资产(万元)	148376.50	156838.58	157533.83	161568.46
	归属母公司股东权益(万元)	66712.30	71002.09	70856.22	71286.04
	营业收入(万元)	51282.78	132868.04	56228.71	127074.04
	营业支出(万元)	44199.19	116137.99	48420.46	110261.00
	投资收益(万元)	81.56	85.26	99.09	-206.40
	净利润(万元)	-4241.94	761.69	85.67	1728.55
	营业利润(万元)	-5206.72	613.77	317.27	268.99
	利润总额(万元)	-4980.23	1218.42	572.97	1856.77

宁波新海电气股份有限公司

公司概况	公司名称	宁波新海电气股份有限公司		证券简称	新海股份
	法人代表	黄新华	董秘 高伟	证券代码	002120
	公司网址	www.xinhaigroup.com		电子信箱	xhlighter@xinhaigroup.com
	电　话	0574-63029608		传　真	0574-63029192
	办公地址	浙江省宁波市慈溪市崇寿镇永清南路8号			
	经营范围	打火机、点火枪、模具、电器配件、电子元件、塑料制品、文具的制造等			

主要财务指标	指标\报告期	2015.06.30	2014.12.31	2014.06.30	2013.12.31
	基本每股收益(元)	0.1500	0.5600	0.3900	0.2300
	基本每股收益(扣除后)(元)	0.1300	0.2200	0.1200	0.1600
	稀释每股收益(元)	0.1500	0.5600	0.3900	0.2300
	每股净资产(元)	3.6792	3.6235	3.4484	3.1762
	每股经营现金净流量(元)	0.3787	0.7719	0.2442	0.8299
	每股现金流量(元)	-0.0171	-0.0799	-0.1473	-0.1706
	每股资本公积金(元)	0.3054	0.3054	0.3055	0.3926
	每股盈余公积金(元)	0.1835	0.1835	0.1352	0.1352
	每股未分配利润(元)	2.2004	2.1465	2.0211	1.6620
	净资产收益率(%)	4.1834	15.5322	11.2830	7.3683
	加权净资产收益率(%)	4.1800	16.3700	11.5600	7.5700
	净资产收益率(扣除)(%)	3.5600	5.9450	3.4131	4.9280
	总资产(万元)	83433.65	81236.18	82938.51	85892.48
	归属母公司股东权益(万元)	55290.52	54453.72	51822.85	47731.93
	营业收入(万元)	44744.93	93117.73	42229.89	93577.06
	营业支出(万元)	33564.12	73458.71	33130.54	75051.29
	投资收益(万元)	-331.83	4712.67	5334.49	101.94
	净利润(万元)	3606.45	10258.67	5847.19	3517.06
	营业利润(万元)	4366.68	11898.98	8157.85	5226.06
	利润总额(万元)	4726.69	12302.85	8526.18	6355.02

深圳市科陆电子科技股份有限公司

公司概况	公司名称	深圳市科陆电子科技股份有限公司		证券简称	科陆电子
	法人代表	饶陆华	董秘 黄幼平	证券代码	002121
	公司网址	www.szclou.com		电子信箱	sz-clou@szclou.com
	电　话	0755-26719528		传　真	0755-26719679
	办公地址	广东省深圳市南山区高新技术产业园北区宝深路科陆大厦22楼			
	经营范围	电力测量仪器仪表及检定装置、电子式电能表、用电管理系统及设备等			

主要财务指标	指标\报告期	2015.06.30	2014.12.31	2014.06.30	2013.12.31
	基本每股收益(元)	0.1618	0.3169	0.1415	0.2166
	基本每股收益(扣除后)(元)	0.1387	0.2372	0.1199	0.1847
	稀释每股收益(元)	0.1617	0.3167	0.1415	0.2166
	每股净资产(元)	4.6052	3.6273	3.5100	3.3564
	每股经营现金净流量(元)	-0.6581	0.4556	-0.2241	0.1750
	每股现金流量(元)	0.2249	-0.0495	-0.2012	-0.3745
	每股资本公积金(元)	2.1017	0.9707	1.0223	0.9724
	每股盈余公积金(元)	0.1333	0.1588	0.1502	0.1518
	每股未分配利润(元)	1.3765	1.5050	1.3359	1.2322
	净资产收益率(%)	3.1156	8.6727	4.0251	6.4537
	加权净资产收益率(%)	3.9900	9.0500	4.1300	6.6300
	净资产收益率(扣除)(%)	2.6697	6.4928	3.4107	5.5044
	总资产(万元)	636511.39	467483.63	349769.80	295493.63
	归属母公司股东权益(万元)	219250.73	144930.82	140632.71	133144.06
	营业收入(万元)	92981.64	195460.89	68964.53	140878.45
	营业支出(万元)	62710.15	134884.51	47185.33	100112.49
	投资收益(万元)	31.12	-	-	-
	净利润(万元)	6921.53	12898.95	5660.66	8592.69
	营业利润(万元)	5411.71	9824.93	4945.92	7228.86
	利润总额(万元)	7185.87	14644.43	6330.73	10325.68

天马轴承集团股份有限公司

公司概况	公司名称	天马轴承集团股份有限公司		证券简称	天马股份
	法人代表	马兴法	董秘 马全法	证券代码	002122
	公司网址	www.tmb.net.cn		电子信箱	tmzc@tmb.net.cn
	电　话	0571-88027658		传　真	0571-88029872
	办公地址	浙江省杭州市石祥路202号			
	经营范围	轴承及机床的研发、制造和销售等			

主要财务指标	指标\报告期	2015.06.30	2014.12.31	2014.06.30	2013.12.31
	基本每股收益(元)	0.0270	0.0300	0.0200	0.0300
	基本每股收益(扣除后)(元)	-0.0110	-0.1900	-0.0700	-
	稀释每股收益(元)	0.0270	0.0300	0.0200	0.0300
	每股净资产(元)	3.9877	3.9835	3.9871	3.9700
	每股经营现金净流量(元)	0.0817	0.1127	0.0908	0.1279
	每股现金流量(元)	0.0116	0.0799	-0.0261	-0.1978
	每股资本公积金(元)	0.8657	0.8657	0.8657	0.8657
	每股盈余公积金(元)	0.2332	0.2332	0.2067	0.2067
	每股未分配利润(元)	1.8974	1.8900	1.9152	1.8981
	净资产收益率(%)	0.6868	0.7141	0.4300	0.6581
	加权净资产收益率(%)	0.6900	0.7200	0.4300	0.6500
	净资产收益率(扣除)(%)	-0.2879	-4.8785	-	-0.4414
	总资产(万元)	750554.09	749546.63	754088.87	756149.76
	归属母公司股东权益(万元)	473733.78	473244.62	473664.44	471639.40
	营业收入(万元)	108764.61	217580.32	105567.70	203168.12
	营业支出(万元)	87563.96	184322.05	88157.40	157894.04
	投资收益(万元)	252.00	2148.87	1040.39	2092.79
	净利润(万元)	3558.60	3532.28	2034.60	3103.93
	营业利润(万元)	1459.11	-19688.51	-3206.97	-5044.11
	利润总额(万元)	5658.47	7184.04	9666.60	4675.90

荣信电力电子股份有限公司

公司概况	公司名称	荣信电力电子股份有限公司		证券简称	荣信股份
	法人代表	左强	董秘	赵殿波	证券代码	002123
	公司网址	www.rxpe.com		电子信箱	zdb@rxpe.com
	电　　话	0412-7213603		传　　真	0412-7213646
	办公地址	辽宁省鞍山市高新区科技路 108 号			
	经营范围	从事节能大功率电力电子设备的设计和制造业务			

主要财务指标	指标\报告期	2015.06.30	2014.12.31	2014.06.30	2013.12.31
	基本每股收益(元)	0.0500	-0.5100	-0.1500	0.1500
	基本每股收益(扣除后)(元)	0.0300	-0.5400	-0.1700	-0.1500
	稀释每股收益(元)	0.0500	-0.5100	-0.1500	0.1500
	每股净资产(元)	3.6331	3.5490	3.9087	4.0806
	每股经营现金净流量(元)	-0.1108	-0.2232	-0.5489	-0.3182
	每股现金流量(元)	-0.0338	-0.4965	-0.5357	0.2791
	每股资本公积金(元)	0.8214	0.7901	0.7297	0.7297
	每股盈余公积金(元)	0.2639	0.2639	0.2542	0.2542
	每股未分配利润(元)	1.5478	1.4950	1.9248	2.0967
	净资产收益率(%)	1.4537	-14.4063	-3.8868	3.6878
	加权净资产收益率(%)	1.4800	-13.4100	-3.8000	3.6400
	净资产收益率(扣除)(%)	0.8306	-15.2101	-4.2651	-3.6718
	总资产(万元)	368364.83	351567.88	423191.44	441447.97
	归属母公司股东权益(万元)	183106.12	178869.04	196996.17	205661.06
	营业收入(万元)	75731.39	92779.98	52275.55	149753.09
	营业支出(万元)	48460.51	56491.20	32389.80	89437.19
	投资收益(万元)	-627.37	-628.09	-298.56	15329.51
	净利润(万元)	2943.21	-27286.16	-7656.89	7584.35
	营业利润(万元)	-1439.33	-31582.33	-11297.43	3098.60
	利润总额(万元)	2998.95	-26647.33	-7305.65	9895.16

宁波天邦股份有限公司

公司概况	公司名称	宁波天邦股份有限公司		证券简称	天邦股份
	法人代表	张邦辉	董秘	王韦	证券代码	002124
	公司网址	www.tianbang.com		电子信箱	techbank@tianbang.com
	电　　话	021-37745053		传　　真	021-37745250
	办公地址	上海市松江区松卫北路 665 号企福天地 9 楼			
	经营范围	许可经营项目包括配合饲料的制造			

主要财务指标	指标\报告期	2015.06.30	2014.12.31	2014.06.30	2013.12.31
	基本每股收益(元)	-0.1017	0.1600	0.0780	0.3000
	基本每股收益(扣除后)(元)	-0.1468	0.0100	-0.0500	0.2500
	稀释每股收益(元)	-0.1017	0.1600	0.0780	0.3000
	每股净资产(元)	2.5788	2.6615	2.2671	2.2771
	每股经营现金净流量(元)	0.3623	0.4091	-0.0309	0.8907
	每股现金流量(元)	-0.1011	-0.0879	-0.2390	0.1452
	每股资本公积金(元)	0.1577	0.1345	0.0497	0.0397
	每股盈余公积金(元)	0.2112	0.2115	0.2184	0.2184
	每股未分配利润(元)	1.2639	1.3675	1.0463	1.0685
	净资产收益率(%)	-3.9409	5.8559	3.4355	12.9569
	加权净资产收益率(%)	-3.8900	6.1400	3.4000	13.6700
	净资产收益率(扣除)(%)	-5.6865	0.2644	-2.2565	10.9102
	总资产(万元)	185375.55	188456.48	184515.16	171517.18
	归属母公司股东权益(万元)	53795.62	55442.58	46588.92	46794.53
	营业收入(万元)	101996.45	260334.97	103988.93	207840.19
	营业支出(万元)	86930.25	227239.40	91479.86	178695.30
	投资收益(万元)	1353.38	-55.51	-0.24	-40.29
	净利润(万元)	-2400.27	2718.45	1600.57	6063.11
	营业利润(万元)	-2065.82	-5417.25	-4465.24	-670.99
	利润总额(万元)	-1924.76	4326.09	2095.62	7804.42

湘潭电化科技股份有限公司

公司概况	公司名称	湘潭电化科技股份有限公司		证券简称	湘潭电化
	法人代表	谭新乔	董秘	汪咏梅	证券代码	002125
	公司网址	www.chinaemd.com		电子信箱	zqb@chinaemd.com
	电　　话	0731-55544048　55544161		传　　真	0731-55544101
	办公地址	湖南省湘潭市岳塘区滴水埠			
	经营范围	研究、开发、生产、销售二氧化锰、电解金属锰、电池材料及其他能源新材料等			

主要财务指标	指标\报告期	2015.06.30	2014.12.31	2014.06.30	2013.12.31
	基本每股收益(元)	0.0090	-0.4400	-0.2330	0.0410
	基本每股收益(扣除后)(元)	0.0005	-0.5300	-0.2694	-0.3558
	稀释每股收益(元)	0.0090	-0.4400	-0.2330	0.0410
	每股净资产(元)	2.5636	1.8899	2.1122	2.3456
	每股经营现金净流量(元)	0.1485	0.5556	0.1299	0.4200
	每股现金流量(元)	0.0443	-0.1181	-0.0611	-0.1508
	每股资本公积金(元)	1.6522	2.1645	1.1369	1.1369
	每股盈余公积金(元)	0.1013	0.1178	0.1178	0.1178
	每股未分配利润(元)	-0.1899	-0.2312	-0.1650	0.0679
	净资产收益率(%)	0.3436	-23.0185	-11.0296	1.7460
	加权净资产收益率(%)	0.3400	-20.5400	-10.4500	1.7700
	净资产收益率(扣除)(%)	0.0178	-27.9138	-12.7564	-15.1669
	总资产(万元)	193675.65	182975.99	131093.00	123350.13
	归属母公司股东权益(万元)	41490.91	42483.41	29387.29	32634.07
	营业收入(万元)	31727.06	66984.31	28535.73	70807.80
	营业支出(万元)	25251.79	61470.46	25952.01	61743.81
	投资收益(万元)	21.70	-	-	-
	净利润(万元)	151.99	-6027.90	-3241.29	569.78
	营业利润(万元)	175.70	-7121.87	-3980.32	-4455.84
	利润总额(万元)	324.47	-5858.38	-3383.02	1076.49

浙江银轮机械股份有限公司

公司概况	公司名称	浙江银轮机械股份有限公司		证券简称	银轮股份
	法人代表	徐小敏	董秘	陶岳铮	证券代码	002126
	公司网址	www.yinlun.com		电子信箱	002126@yinlun.cn
	电　　话	0576-83938250		传　　真	0576-83938806
	办公地址	浙江省天台县福溪街道始丰东路 8 号			
	经营范围	实业投资、汽车零部件、船用配件、机械配件、摩托车配件、电子产品等			

主要财务指标	指标\报告期	2015.06.30	2014.12.31	2014.06.30	2013.12.31
	基本每股收益(元)	0.3000	0.4600	0.2500	0.3000
	基本每股收益(扣除后)(元)	0.2800	0.4200	0.2300	0.2800
	稀释每股收益(元)	0.3000	0.4600	0.2500	0.3000
	每股净资产(元)	5.3002	4.5551	4.3395	4.1005
	每股经营现金净流量(元)	0.0958	0.5534	0.2889	0.4642
	每股现金流量(元)	-0.0104	-0.5610	-0.1506	0.1308
	每股资本公积金(元)	2.2013	1.5086	1.4620	1.4325
	每股盈余公积金(元)	0.2453	0.2700	0.2326	0.2332
	每股未分配利润(元)	1.8947	1.8218	1.6481	1.4377
	净资产收益率(%)	5.4662	10.1848	5.7509	7.2023
	加权净资产收益率(%)	5.9500	10.7000	6.4600	7.4600
	净资产收益率(扣除)(%)	5.0504	9.2992	5.3316	6.6784
	总资产(万元)	380975.74	351477.48	339824.79	315290.92
	归属母公司股东权益(万元)	191091.83	149196.84	142136.50	133916.95
	营业收入(万元)	142119.22	241452.73	120122.12	191448.83
	营业支出(万元)	105967.44	176204.67	88483.22	141861.86
	投资收益(万元)	253.60	237.11	311.13	796.40
	净利润(万元)	11091.76	16318.14	8174.16	9645.13
	营业利润(万元)	12930.60	18938.26	10485.94	12153.25
	利润总额(万元)	13724.48	20006.95	10967.77	12673.15

江苏新民纺织科技股份有限公司

公司概况	公司名称	江苏新民纺织科技股份有限公司			证券简称	*ST 新民
	法人代表	杨斌	董秘	张燕妮	证券代码	002127
	公司网址	www.xmtex.com			电子信箱	info@xmtex.com
	电　话	0512-63574760 63527615			传　真	0512-63555511
	办公地址	江苏省吴江市盛泽镇五龙路 22 号				
	经营范围	丝绸及其原料业务、包括化纤纺丝、各类丝绸织品的织造和印染等				

	指标\报告期	2015.06.30	2014.12.31	2014.06.30	2013.12.31
主要财务指标	基本每股收益(元)	0.0100	0.0200	–0.4000	–1.1700
	基本每股收益(扣除后)(元)	–	–0.5300	–0.3900	–1.2400
	稀释每股收益(元)	0.0100	0.0200	–0.4000	–1.1700
	每股净资产(元)	1.0060	0.9922	0.5831	0.9881
	每股经营现金净流量(元)	0.0415	–0.1776	0.4699	1.3632
	每股现金流量(元)	–0.5440	–0.1484	–0.0003	0.3425
	每股资本公积金(元)	0.6788	0.6788	0.6980	0.6980
	每股盈余公积金(元)	0.0965	0.0965	0.0965	0.0965
	每股未分配利润(元)	–0.7693	–0.7831	–1.2114	–0.8065
	净资产收益率(%)	1.3698	2.3517	–69.4589	–118.0419
	加权净资产收益率(%)	1.3800	2.3300	–51.5500	–75.0700
	净资产收益率(扣除)(%)	0.3081	–52.9487	–67.0109	–125.5051
	总资产(万元)	54786.86	92314.17	252806.34	284477.10
	归属母公司股东权益(万元)	44912.01	44296.81	26031.53	44112.74
	营业收入(万元)	19393.82	157334.23	108969.01	413480.80
	营业支出(万元)	17143.25	150204.34	105166.94	410270.80
	投资收益(万元)	213.47	7332.67	–	–21.14
	净利润(万元)	742.71	1192.63	–18081.22	–52071.50
	营业利润(万元)	268.33	–16465.30	–18037.78	–54113.70
	利润总额(万元)	746.18	1393.60	–17783.71	–53636.11

内蒙古霍林河露天煤业股份有限公司

公司概况	公司名称	内蒙古霍林河露天煤业股份有限公司			证券简称	露天煤业
	法人代表	刘明胜	董秘	温泉	证券代码	002128
	公司网址	www.nmghlhltmy.com			电子信箱	ltmy@vip.163.com
	电　话	0475-2350921			传　真	0475-2350579
	办公地址	内蒙古自治区霍林郭勒市哲里木大街(霍矿珠斯花区)				
	经营范围	煤炭系列产品的研制、生产和销售等				

	指标\报告期	2015.06.30	2014.12.31	2014.06.30	2013.12.31
主要财务指标	基本每股收益(元)	0.2400	0.3800	0.1900	0.6900
	基本每股收益(扣除后)(元)	0.2400	0.3100	0.1800	–
	稀释每股收益(元)	0.2400	0.3800	0.1900	0.6900
	每股净资产(元)	5.3284	5.1280	4.8791	4.7354
	每股经营现金净流量(元)	0.2604	0.8596	0.0907	1.1615
	每股现金流量(元)	–0.1052	0.0723	–0.1795	0.1610
	每股资本公积金(元)	0.7490	0.7490	0.1362	0.1362
	每股盈余公积金(元)	0.4297	0.4297	0.4917	0.4917
	每股未分配利润(元)	3.0700	2.9286	3.1803	3.0942
	净资产收益率(%)	4.5308	7.4610	3.8140	14.5420
	加权净资产收益率(%)	4.5700	7.5200	3.8400	15.3400
	净资产收益率(扣除)(%)	4.5396	4.9568	3.7844	14.6798
	总资产(万元)	1387401.61	1393577.11	1006177.04	987573.25
	归属母公司股东权益(万元)	870869.70	838114.85	647309.32	628240.37
	营业收入(万元)	262149.66	625388.41	252040.21	622101.39
	营业支出(万元)	169645.03	463143.83	189957.59	447186.95
	投资收益(万元)	4957.72	10994.90	6045.21	13765.04
	净利润(万元)	39580.72	62216.33	24688.16	91358.96
	营业利润(万元)	45337.47	77830.87	28552.06	107175.11
	利润总额(万元)	45152.14	74972.88	28777.32	106156.92

天津中环半导体股份有限公司

公司概况	公司名称	天津中环半导体股份有限公司			证券简称	中环股份
	法人代表	张旭光	董秘	安艳清	证券代码	002129
	公司网址	www.tjsemi.com			电子信箱	tjsc@tjsemi.com
	电　话	022-23789787			传　真	022-23788321
	办公地址	天津市新技术产业园区华苑产业区(环外)海泰东路 12 号				
	经营范围	半导体材料、半导体器件、电子元件制造、加工、批发、零售等				

	指标\报告期	2015.06.30	2014.12.31	2014.06.30	2013.12.31
主要财务指标	基本每股收益(元)	0.0407	0.1436	0.0798	0.0815
	基本每股收益(扣除后)(元)	0.0200	0.0761	0.0422	0.0027
	稀释每股收益(元)	0.0407	0.1436	0.0798	0.0815
	每股净资产(元)	2.8873	6.2727	4.0626	3.9829
	每股经营现金净流量(元)	0.0516	0.2293	0.1294	0.3467
	每股现金流量(元)	0.2477	0.2442	0.2513	–1.2612
	每股资本公积金(元)	1.6435	4.8157	2.5905	2.5905
	每股盈余公积金(元)	0.0162	0.0356	0.0423	0.0423
	每股未分配利润(元)	0.2276	0.4213	0.4298	0.3501
	净资产收益率(%)	1.4081	2.0178	1.9632	2.0468
	加权净资产收益率(%)	1.4200	3.0800	1.9800	2.0700
	净资产收益率(扣除)(%)	0.6155	1.0688	1.0395	0.0668
	总资产(万元)	1620132.59	1416273.54	1252732.47	1065712.30
	归属母公司股东权益(万元)	663002.40	654711.33	357039.71	350030.35
	营业收入(万元)	252279.18	476784.27	239158.19	372629.63
	营业支出(万元)	223847.29	404150.82	207971.93	326557.23
	投资收益(万元)	678.69	81.35	–59.87	435.61
	净利润(万元)	10108.41	13151.94	7009.37	7164.27
	营业利润(万元)	7037.38	14328.48	8588.24	4336.66
	利润总额(万元)	13338.97	19008.08	9898.89	9927.71

深圳市沃尔核材股份有限公司

公司概况	公司名称	深圳市沃尔核材股份有限公司			证券简称	沃尔核材
	法人代表	周和平	董秘	王占君	证券代码	002130
	公司网址	www.woer.com			电子信箱	fz@woer.com
	电　话	0755-28299020			传　真	0755-28299020
	办公地址	广东省深圳市坪山新区兰景北路沃尔工业园				
	经营范围	热缩材料、冷缩材料、阻燃材料、绝缘材料、耐高温耐腐蚀新型材料等				

	指标\报告期	2015.06.30	2014.12.31	2014.06.30	2013.12.31
主要财务指标	基本每股收益(元)	0.6400	0.2400	0.0700	0.1500
	基本每股收益(扣除后)(元)	0.0600	0.2300	0.0600	0.1400
	稀释每股收益(元)	0.6400	0.2400	0.0700	0.1500
	每股净资产(元)	3.0397	2.0751	1.8399	1.8077
	每股经营现金净流量(元)	–0.0079	0.0463	0.0372	0.2024
	每股现金流量(元)	0.2033	–0.0817	–0.0061	–0.1809
	每股资本公积金(元)	0.0456	0.0456	0.0364	0.0485
	每股盈余公积金(元)	0.1072	0.1072	0.0872	0.0870
	每股未分配利润(元)	1.4623	0.8746	0.7238	0.6829
	净资产收益率(%)	20.9811	11.5658	3.7636	8.0546
	加权净资产收益率(%)	24.8600	12.3100	3.7700	8.3200
	净资产收益率(扣除)(%)	1.8468	10.9565	3.3926	7.4110
	总资产(万元)	342281.79	265858.58	223966.52	187809.61
	归属母公司股东权益(万元)	173089.41	118163.71	104771.50	103160.04
	营业收入(万元)	71064.52	162918.71	70277.89	133247.04
	营业支出(万元)	50257.76	115665.06	51086.03	97453.12
	投资收益(万元)	33696.31	187.87	59.39	177.75
	净利润(万元)	36255.90	13613.31	3943.15	8309.13
	营业利润(万元)	37168.36	15018.60	4371.90	9522.38
	利润总额(万元)	37838.01	16372.55	4849.69	10370.22

利欧集团股份有限公司

公司概况						
	公司名称	利欧集团股份有限公司			证券简称	利欧股份
	法人代表	王相荣	董秘	张旭波	证券代码	002131
	公司网址	www.leogroup.cn		电子信箱	sec@leogroup.cn	
	电　话	0576-89986666		传　真	0576-89989898	
	办公地址	浙江省温岭市工业城中心大道				
	经营范围	泵、园林机械、清洁设备、电机、汽油机、阀门、模具、五金工具、动力柜等				

主要财务指标	指标\报告期	2015.06.30	2014.12.31	2014.06.30	2013.12.31
	基本每股收益(元)	0.4000	0.4800	0.3300	0.1800
	基本每股收益(扣除后)(元)	0.3100	0.2500	0.1900	0.1000
	稀释每股收益(元)	0.4000	0.4800	0.3300	0.1800
	每股净资产(元)	5.4678	5.1191	4.3458	4.0265
	每股经营现金净流量(元)	0.4643	–0.2810	–0.2329	0.1239
	每股现金流量(元)	–0.0808	–0.8004	–0.7991	0.8627
	每股资本公积金(元)	2.3250	2.3250	1.6071	1.5873
	每股盈余公积金(元)	0.2455	0.2455	0.2153	0.2136
	每股未分配利润(元)	1.8964	1.5501	1.5242	1.2283
	净资产收益率(%)	7.2471	8.9790	7.7425	3.7023
	加权净资产收益率(%)	7.4900	11.3400	7.9900	5.1700
	净资产收益率(扣除)(%)	5.6150	4.6829	4.4289	2.1676
	总资产(万元)	440331.28	420140.80	358970.38	284341.50
	归属母公司股东权益(万元)	214021.56	200373.58	161983.61	151229.47
	营业收入(万元)	195898.51	287426.96	123610.21	184127.29
	营业支出(万元)	148474.40	221167.54	92645.61	139396.20
	投资收益(万元)	265.23	10947.77	10671.91	1453.38
	净利润(万元)	16568.91	21312.59	12541.58	5599.01
	营业利润(万元)	16349.20	19005.25	17851.11	6013.99
	利润总额(万元)	18936.31	25230.17	18394.17	7309.50

河南恒星科技股份有限公司

公司概况						
	公司名称	河南恒星科技股份有限公司			证券简称	恒星科技
	法人代表	谢保军	董秘	李明	证券代码	002132
	公司网址	www.hengxingchinese.com		电子信箱	wentian01@163.com	
	电　话	0371-69588999		传　真	0371-69588000	
	办公地址	河南省巩义市康店镇恒星工业园				
	经营范围	生产、经营钢帘线、胶管钢丝;镀锌钢丝、镀锌钢绞线				

主要财务指标	指标\报告期	2015.06.30	2014.12.31	2014.06.30	2013.12.31
	基本每股收益(元)	0.0400	0.0800	0.0400	0.0600
	基本每股收益(扣除后)(元)	0.0400	0.0690	0.0300	0.0300
	稀释每股收益(元)	0.0400	0.0800	0.0400	0.0600
	每股净资产(元)	2.5619	2.2042	2.1599	2.1198
	每股经营现金净流量(元)	0.1213	0.5948	0.1261	0.6366
	每股现金流量(元)	0.1830	0.3011	–0.0150	–0.1955
	每股资本公积金(元)	0.8402	0.3080	0.3080	0.3074
	每股盈余公积金(元)	0.1092	0.1068	0.1068	0.1068
	每股未分配利润(元)	0.6126	0.7894	0.7451	0.7056
	净资产收益率(%)	1.4341	3.8222	1.8307	2.7428
	加权净资产收益率(%)	1.8600	3.9000	1.8500	2.7400
	净资产收益率(扣除)(%)	1.4341	3.1180	1.4608	1.3846
	总资产(万元)	329801.19	341855.41	344380.71	329880.58
	归属母公司股东权益(万元)	180963.93	119000.13	116607.33	114441.95
	营业收入(万元)	82760.11	187657.48	84620.08	174908.80
	营业支出(万元)	67656.18	155283.84	69857.32	146885.37
	投资收益(万元)	35.88	897.38	408.66	156.91
	净利润(万元)	2674.94	4699.96	2134.69	3138.93
	营业利润(万元)	2089.53	1985.93	458.06	362.80
	利润总额(万元)	2910.62	5221.72	2091.77	3209.28

广宇集团股份有限公司

公司概况						
	公司名称	广宇集团股份有限公司			证券简称	广宇集团
	法人代表	王轶磊	董秘	华欣	证券代码	002133
	公司网址	www.cosmosgroup.com.cn		电子信箱	gyjtdb@163.com	
	电　话	0571-87925786		传　真	0571-87925813	
	办公地址	浙江省杭州市平海路 8 号				
	经营范围	房地产投资、房地产开发经营、商品房销售及出租、实业投资、室内外装饰等				

主要财务指标	指标\报告期	2015.06.30	2014.12.31	2014.06.30	2013.12.31
	基本每股收益(元)	–	0.2100	0.0200	0.3700
	基本每股收益(扣除后)(元)	–0.0100	0.1900	0.0200	0.3500
	稀释每股收益(元)	–	0.2100	0.0200	0.3700
	每股净资产(元)	3.6005	3.6839	3.2592	3.3160
	每股经营现金净流量(元)	0.7243	0.5460	–0.0731	–1.5198
	每股现金流量(元)	0.2270	0.2256	–0.5107	–0.1161
	每股资本公积金(元)	1.0706	1.0706	0.3680	0.3680
	每股盈余公积金(元)	0.1877	0.1877	0.2209	0.2209
	每股未分配利润(元)	1.3422	1.4256	1.6703	1.7270
	净资产收益率(%)	–0.0939	4.6039	0.7135	11.0572
	加权净资产收益率(%)	–0.0900	6.1100	0.7000	11.5800
	净资产收益率(扣除)(%)	–0.3153	407.6899	0.5971	10.5785
	总资产(万元)	872271.03	856166.89	809028.99	801444.03
	归属母公司股东权益(万元)	278730.70	285185.55	195007.15	198402.40
	营业收入(万元)	58463.25	168349.08	26230.84	165774.66
	营业支出(万元)	50235.53	121399.63	15987.40	107759.00
	投资收益(万元)	241.73	–1488.11	–105.66	–955.79
	净利润(万元)	–28.02	15009.95	1391.32	21937.74
	营业利润(万元)	–306.99	19266.63	3131.02	34121.25
	利润总额(万元)	–307.94	20742.24	3071.62	33930.95

天津普林电路股份有限公司

公司概况						
	公司名称	天津普林电路股份有限公司			证券简称	*ST 普林
	法人代表	曲德福	董秘	林晓华	证券代码	002134
	公司网址	www.toppcb.com		电子信箱	ir@tianjin-pcb.com	
	电　话	022-24893466		传　真	022-24890198	
	办公地址	天津市空港物流加工区航海路 53 号				
	经营范围	生产、销售双面和多层印刷电路板				

主要财务指标	指标\报告期	2015.06.30	2014.12.31	2014.06.30	2013.12.31
	基本每股收益(元)	–0.0800	0.0400	0.0600	–0.2000
	基本每股收益(扣除后)(元)	–0.0800	–0.0900	–0.0600	–0.2100
	稀释每股收益(元)	–0.0800	0.0400	0.0600	–0.2000
	每股净资产(元)	2.2433	2.3212	2.3390	2.2815
	每股经营现金净流量(元)	0.0232	0.0090	–0.0861	0.2488
	每股现金流量(元)	0.0244	–0.0268	0.0087	0.1054
	每股资本公积金(元)	1.2295	1.2295	1.2295	1.2295
	每股盈余公积金(元)	0.0849	0.0849	0.0892	0.0834
	每股未分配利润(元)	–0.0711	0.0068	0.0203	–0.0313
	净资产收益率(%)	–3.4734	1.7082	2.4553	–8.6059
	加权净资产收益率(%)	–3.4100	1.7200	2.4900	–8.2500
	净资产收益率(扣除)(%)	–3.6487	–3.9713	–2.6134	–9.4131
	总资产(万元)	76506.08	81582.69	81157.65	80467.28
	归属母公司股东权益(万元)	55150.65	57066.28	57503.34	56091.46
	营业收入(万元)	20182.92	52030.00	25300.67	51514.31
	营业支出(万元)	20144.67	49417.76	24651.54	51518.77
	投资收益(万元)	1.23	–12.82	–14.96	–27.21
	净利润(万元)	–1916.18	962.62	1411.88	–4827.15
	营业利润(万元)	–2023.24	–2257.69	–1512.66	–5209.18
	利润总额(万元)	–1926.56	984.98	1402.01	–4755.18

浙江东南网架股份有限公司

公司概况					
公司名称	浙江东南网架股份有限公司			证券简称	东南网架
法人代表	徐春祥	董秘	蒋建华	证券代码	002135
公司网址	www.dongnanwangjia.com		电子信箱	stock@dongnanwangjia.com	
电　　话	0571-82783358		传　　真	0571-82783358	
办公地址	浙江省杭州市萧山区衙前镇衙前路593号				
经营范围	大跨度空间钢结构、高层重钢结构及轻钢结构设计、制造、安装				

主要财务指标：指标\报告期	2015.06.30	2014.12.31	2014.06.30	2013.12.31
基本每股收益(元)	0.0500	0.0900	0.0600	0.0800
基本每股收益(扣除后)(元)	0.0500	0.0700	0.0600	0.0600
稀释每股收益(元)	0.0500	0.0900	0.0600	0.0800
每股净资产(元)	2.5321	2.4894	2.4642	2.4132
每股经营现金净流量(元)	-0.1058	0.3488	0.0912	0.4496
每股现金流量(元)	0.2189	0.0070	0.0990	-0.1053
每股资本公积金(元)	0.7073	0.7073	0.7073	0.7073
每股盈余公积金(元)	0.0955	0.0955	0.0905	0.0905
每股未分配利润(元)	0.7293	0.6866	0.6664	0.6154
净资产收益率(%)	2.0816	3.4621	2.4747	3.3472
加权净资产收益率(%)	2.1000	3.5200	2.5000	3.4000
净资产收益率(扣除)(%)	1.9371	2.9039	2.3337	2.6320
总资产(万元)	894808.23	758152.51	686559.11	660137.86
归属母公司股东权益(万元)	189554.15	186356.94	184470.11	180653.70
营业收入(万元)	214467.24	422686.85	188902.13	372078.83
营业支出(万元)	188265.12	368565.65	164080.03	319928.80
投资收益(万元)	-	-	-	809.80
净利润(万元)	3989.66	6672.36	4565.01	6046.75
营业利润(万元)	5199.44	6899.56	5433.98	6967.54
利润总额(万元)	5363.89	7763.25	5590.57	7343.88

安徽安纳达钛业股份有限公司

公司概况					
公司名称	安徽安纳达钛业股份有限公司			证券简称	安纳达
法人代表	袁菊兴	董秘	王先龙	证券代码	002136
公司网址	www.andty.com		电子信箱	th_wxl@sina.com	
电　　话	0562-3862867 3867899		传　　真	0562-3861769	
办公地址	安徽省铜陵市铜官大道南段1288号				
经营范围	生产和销售系列钛白粉及相关化工产品(不含危险品)等				

主要财务指标：指标\报告期	2015.06.30	2014.12.31	2014.06.30	2013.12.31
基本每股收益(元)	-0.0991	0.0151	-0.0796	-0.0796
基本每股收益(扣除后)(元)	-0.1025	-0.0286	-0.0865	-0.0865
稀释每股收益(元)	-0.0991	0.0151	-0.0796	-0.0796
每股净资产(元)	2.6664	2.7653	2.6802	2.6802
每股经营现金净流量(元)	0.0211	0.3122	0.1829	0.1829
每股现金流量(元)	0.0196	-0.0202	-0.0931	-0.0931
每股资本公积金(元)	1.6290	1.6290	1.6290	1.6290
每股盈余公积金(元)	0.0656	0.0656	0.0656	0.0656
每股未分配利润(元)	-0.0284	0.0707	-0.0240	-0.0240
净资产收益率(%)	-3.7171	0.5469	-2.9703	-2.9703
加权净资产收益率(%)	-3.6500	0.5500	-2.9400	-2.9400
净资产收益率(扣除)(%)	-3.8438	-1.0356	-3.2286	-3.2286
总资产(万元)	107127.68	104571.62	103843.61	103843.61
归属母公司股东权益(万元)	57332.09	59460.00	57628.74	57628.74
营业收入(万元)	32689.85	76497.48	37514.19	37514.19
营业支出(万元)	31582.81	70588.13	35508.67	35508.67
投资收益(万元)	-	-	-	-
净利润(万元)	-2134.55	319.12	-1711.74	-1711.74
营业利润(万元)	-2584.69	-728.08	-2194.81	-2194.81
利润总额(万元)	-2499.22	378.95	-2019.68	-2019.68

深圳市麦达数字股份有限公司

公司概况					
公司名称	深圳市麦达数字股份有限公司			证券简称	麦达数字
法人代表	陈亚妹	董秘	朱蕾	证券代码	002137
公司网址	www.sz-seastar.com		电子信箱	dmb@sz-seastar.com	
电　　话	0755-29672878		传　　真	0755-29672878	
办公地址	广东省深圳市龙岗区宝龙工业城宝龙六路实益达科技园				
经营范围	兴办实业(具体项目另行申报)、电子产品的技术开发、生产、销售等				

主要财务指标：指标\报告期	2015.06.30	2014.12.31	2014.06.30	2013.12.31
基本每股收益(元)	0.0038	0.0311	0.0056	-0.4325
基本每股收益(扣除后)(元)	0.0018	0.0145	0.0044	-0.4353
稀释每股收益(元)	0.0038	0.0310	0.0056	-0.4325
每股净资产(元)	1.0924	1.0852	1.0661	1.0551
每股经营现金净流量(元)	0.1668	0.0093	0.0614	-0.0548
每股现金流量(元)	0.0763	-0.0055	0.0250	0.1330
每股资本公积金(元)	0.2374	0.2342	0.2360	0.2304
每股盈余公积金(元)	0.0329	0.0330	0.0329	0.0331
每股未分配利润(元)	-0.1717	-0.1756	-0.2009	-0.2077
净资产收益率(%)	0.3491	2.8543	0.5212	-38.7806
加权净资产收益率(%)	0.3500	2.9100	0.5300	-38.5900
净资产收益率(扣除)(%)	0.1629	1.3307	0.4156	-39.0388
总资产(万元)	64152.80	66391.46	70411.78	86975.36
归属母公司股东权益(万元)	50393.66	50017.25	49167.06	48368.26
营业收入(万元)	19303.95	54651.77	19738.77	61864.79
营业支出(万元)	16582.85	47067.72	16901.66	60337.35
投资收益(万元)	4.28	115.35	49.23	431.75
净利润(万元)	180.78	1275.51	256.27	-18757.51
营业利润(万元)	96.93	641.00	194.65	-18204.42
利润总额(万元)	181.64	1283.94	214.29	-18512.32

深圳顺络电子股份有限公司

公司概况					
公司名称	深圳顺络电子股份有限公司			证券简称	顺络电子
法人代表	袁金钰	董秘	徐佳	证券代码	002138
公司网址	www.sunlordinc.com		电子信箱	info@sunlordinc.com	
电　　话	0755-29832586		传　　真	0755-29832339	
办公地址	广东省深圳市宝安区观澜街道大富工业区顺络观澜工业园				
经营范围	研发、设计、生产、销售新型电子元器件等				

主要财务指标：指标\报告期	2015.06.30	2014.12.31	2014.06.30	2013.12.31
基本每股收益(元)	0.1600	0.6000	0.1600	0.4700
基本每股收益(扣除后)(元)	0.1500	0.5600	0.2800	0.4600
稀释每股收益(元)	0.1600	0.6000	0.1600	0.4700
每股净资产(元)	3.0529	5.7074	5.7565	3.9265
每股经营现金净流量(元)	0.2089	0.6324	0.2902	0.8628
每股现金流量(元)	0.3473	-0.0756	1.2341	0.1293
每股资本公积金(元)	1.1346	3.1907	3.3304	1.6365
每股盈余公积金(元)	0.1240	0.2480	0.2214	0.2216
每股未分配利润(元)	0.7946	1.2695	1.2054	1.0691
净资产收益率(%)	5.2378	10.0648	4.9284	10.9348
加权净资产收益率(%)	5.4500	11.8500	7.2300	12.4200
净资产收益率(扣除)(%)	5.0111	9.2754	4.3999	10.8059
总资产(万元)	312949.91	274961.20	286619.17	216042.99
归属母公司股东权益(万元)	226203.74	211442.89	213261.99	128820.16
营业收入(万元)	57888.74	116252.86	54741.27	101980.22
营业支出(万元)	36732.67	73932.28	34511.24	68000.30
投资收益(万元)	-22.18	358.43	108.32	282.40
净利润(万元)	11757.63	21089.72	10416.12	14999.96
营业利润(万元)	11660.73	21847.11	10632.27	15797.93
利润总额(万元)	12199.34	23816.84	11958.37	16007.03

深圳拓邦股份有限公司

公司概况						
	公司名称	深圳拓邦股份有限公司			证券简称	拓邦股份
	法人代表	武永强	董秘	文朝晖	证券代码	002139
	公司网址	www.topband-e.com		电子信箱	wenzh@topband.com.cn	
	电　　话	0755-26957035		传　　真	0755-26957440	
	办公地址	广东省深圳市宝安区石岩镇塘头大道拓邦工业园				
	经营范围	各类电子智能控制器、电磁炉智能控制器、电力自动化系统设备等				

主要财务指标	指标\报告期	2015.06.30	2014.12.31	2014.06.30	2013.12.31
	基本每股收益(元)	0.1600	0.3000	0.1100	0.1900
	基本每股收益(扣除后)(元)	0.1500	0.2900	0.1100	0.1900
	稀释每股收益(元)	0.1600	0.2900	0.1100	0.1800
	每股净资产(元)	3.6600	2.5367	2.3437	2.3279
	每股经营现金净流量(元)	0.0442	0.5077	0.0694	0.4244
	每股现金流量(元)	0.3369	0.0057	-0.1247	-0.0520
	每股资本公积金(元)	1.4856	0.2880	0.2787	0.2697
	每股盈余公积金(元)	0.1835	0.2053	0.1740	0.1740
	每股未分配利润(元)	0.9867	1.0435	0.8910	0.8842
	净资产收益率(%)	4.1760	11.7481	4.5597	7.9696
	加权净资产收益率(%)	4.7800	12.2800	4.5100	8.1100
	净资产收益率(扣除)(%)	3.9296	11.6099	4.6279	8.2917
	总资产(万元)	138584.83	98358.61	89562.96	89186.30
	归属母公司股东权益(万元)	89296.07	55402.03	51185.34	50841.00
	营业收入(万元)	62391.48	111544.47	50518.58	99915.98
	营业支出(万元)	51039.11	88207.07	40837.06	79494.91
	投资收益(万元)	66.97	-109.41	5.26	-351.01
	净利润(万元)	3695.61	6341.75	2333.89	4051.85
	营业利润(万元)	3780.05	7108.10	2432.80	4496.68
	利润总额(万元)	3974.16	7496.31	2576.29	4738.95

东华工程科技股份有限公司

公司概况						
	公司名称	东华工程科技股份有限公司			证券简称	东华科技
	法人代表	吴光美	董秘	罗守生	证券代码	002140
	公司网址	www.chinaecec.com		电子信箱	luoshousheng@chinaecec.com	
	电　　话	0551-3626000 3626768		传　　真	0551-63626768	
	办公地址	安徽省合肥市望江东路70号				
	经营范围	化工工程、石油化工工程、建筑工程、市政工程设计、工程总承包等				

主要财务指标	指标\报告期	2015.06.30	2014.12.31	2014.06.30	2013.12.31
	基本每股收益(元)	0.1818	0.5900	0.2166	0.5300
	基本每股收益(扣除后)(元)	0.1814	0.5900	0.2154	0.5200
	稀释每股收益(元)	0.1818	0.5900	0.2166	0.5300
	每股净资产(元)	4.2158	4.1240	3.7500	3.5840
	每股经营现金净流量(元)	-0.3674	0.8737	0.5706	0.2361
	每股现金流量(元)	-0.4709	0.7909	0.5051	0.0978
	每股资本公积金(元)	0.2032	0.2032	0.2032	0.2032
	每股盈余公积金(元)	0.4082	0.4082	0.3529	0.3529
	每股未分配利润(元)	2.6045	2.5127	2.1946	2.0280
	净资产收益率(%)	4.3121	14.3067	5.7760	14.7127
	加权净资产收益率(%)	4.3100	15.3300	5.8800	14.7100
	净资产收益率(扣除)(%)	4.3022	14.4124	5.7425	14.6406
	总资产(万元)	686563.57	717312.63	575051.06	461093.41
	归属母公司股东权益(万元)	188040.30	183946.06	167292.19	159859.61
	营业收入(万元)	100020.67	338034.34	94765.90	271561.37
	营业支出(万元)	81470.28	282855.71	77911.05	212783.22
	投资收益(万元)	285.90	835.64	496.14	578.50
	净利润(万元)	8122.32	26414.91	9662.76	23519.60
	营业利润(万元)	9547.07	30554.78	11458.69	27807.91
	利润总额(万元)	9570.68	30402.43	11525.01	27930.27

广东蓉胜超微线材股份有限公司

公司概况						
	公司名称	广东蓉胜超微线材股份有限公司			证券简称	蓉胜超微
	法人代表	卢敏	董秘	张志刚	证券代码	002141
	公司网址	www.ronsen.com.cn		电子信箱	stock@ronsen.com.cn	
	电　　话	0756-7512070		传　　真	0756-7517098	
	办公地址	广东省珠海市金湾区三灶镇三灶科技工业园				
	经营范围	生产和销售自产的各种漆包线、电工电器产品、附件、技术咨询等				

主要财务指标	指标\报告期	2015.06.30	2014.12.31	2014.06.30	2013.12.31
	基本每股收益(元)	-0.0100	0.0123	0.0018	0.0466
	基本每股收益(扣除后)(元)	-0.0198	0.0049	0.0034	0.0052
	稀释每股收益(元)	-0.0100	0.0123	0.0018	0.0466
	每股净资产(元)	1.6458	1.6559	1.6454	1.7435
	每股经营现金净流量(元)	0.1274	0.5163	0.1118	0.1205
	每股现金流量(元)	-0.1053	0.0126	0.0523	-0.0629
	每股资本公积金(元)	0.3369	0.3369	0.3369	0.3369
	每股盈余公积金(元)	0.0945	0.0945	0.0945	0.0945
	每股未分配利润(元)	0.2143	0.2244	0.2139	0.3120
	净资产收益率(%)	-0.6101	0.7451	0.1115	2.6746
	加权净资产收益率(%)	-0.6100	0.7300	0.1100	2.7100
	净资产收益率(扣除)(%)	-1.2057	0.2813	0.2075	0.2997
	总资产(万元)	57559.75	61100.12	67199.47	67748.86
	归属母公司股东权益(万元)	29935.38	30118.06	29926.98	31712.48
	营业收入(万元)	42077.10	98953.74	47240.11	100058.00
	营业支出(万元)	37838.16	89264.23	42559.92	90482.69
	投资收益(万元)	-4.54	4.14	23.18	25.53
	净利润(万元)	-128.13	351.97	33.38	848.17
	营业利润(万元)	-366.92	202.01	104.97	315.56
	利润总额(万元)	-148.57	373.00	134.97	1222.31

宁波银行股份有限公司

公司概况						
	公司名称	宁波银行股份有限公司			证券简称	宁波银行
	法人代表	陆华裕	董秘	杨晨	证券代码	002142
	公司网址	www.nbcb.com.cn		电子信箱	dsh@nbcb.com.cn	
	电　　话	0574-87050028		传　　真	0574-87050027	
	办公地址	浙江省宁波市鄞州区宁南南路700号				
	经营范围	吸收公众存款、发放短期、中期和长期贷款、办理国内结算等				

主要财务指标	指标\报告期	2015.06.30	2014.12.31	2014.06.30	2013.12.31
	基本每股收益(元)	0.9100	1.8900	0.8900	1.6800
	基本每股收益(扣除后)(元)	0.9100	1.9000	1.0700	1.6800
	稀释每股收益(元)	0.9100	1.8900	0.8900	1.6800
	每股净资产(元)	9.7500	10.4900	10.1274	8.8400
	每股经营现金净流量(元)	0.0027	0.0062	0.0017	0.0114
	每股现金流量(元)	-4.0971	-2.0128	0.3117	1.3540
	每股资本公积金(元)	3.2612	3.2612	2.6963	2.7357
	每股盈余公积金(元)	0.7791	0.7791	0.6834	0.6834
	每股未分配利润(元)	4.8926	4.1071	4.3417	3.6858
	净资产收益率(%)	9.3400	16.5100	10.5900	19.0000
	加权净资产收益率(%)	9.8500	19.4500	11.2800	20.4100
	净资产收益率(扣除)(%)	9.3400	22.1324	10.6000	19.0200
	总资产(万元)	65731258.50	55411261.80	52422890.20	46218802.90
	归属母公司股东权益(万元)	3801534.60	3409109.70	2920550.50	2550669.30
	营业收入(万元)	900746.10	1535675.00	729429.20	1276147.90
	营业支出(万元)	456992.50	833017.30	343676.70	670144.80
	投资收益(万元)	-7032.90	16494.10	9165.70	12079.90
	净利润(万元)	356745.00	563413.00	308611.00	484726.50
	营业利润(万元)	443753.60	702657.70	385752.50	606003.10
	利润总额(万元)	443690.30	700689.20	384446.40	605137.90

印纪娱乐传媒股份有限公司

公司概况						
公司名称	印纪娱乐传媒股份有限公司			证券简称	印纪传媒	
法人代表	吴冰	董秘	李荣强	证券代码	002143	
公司网址	www.d-m-g.com		电子信箱	zhengquanbu@dmgmedia.com		
电　话	010-85653696		传　真	010-85653202		
办公地址	北京市朝阳区朝外大街26号A座25层					
经营范围	设计、制作、代理、发布户内外各类广告等					

主要财务指标

指标\报告期	2015.06.30	2014.12.31	2014.06.30	2013.12.31
基本每股收益(元)	0.1900	0.4800	0.0168	-0.1160
基本每股收益(扣除后)(元)	0.1500	0.4300	-0.0751	-0.2173
稀释每股收益(元)	0.1900	0.4800	0.0168	-0.1160
每股净资产(元)	1.1030	0.9585	2.2597	2.2429
每股经营现金净流量(元)	1.8396	-2.8672	-0.3436	1.0659
每股现金流量(元)	2.6004	-0.5273	-0.2898	-0.1453
每股资本公积金(元)	-0.2932	-0.2957	0.6498	0.6498
每股盈余公积金(元)	1.2695	1.2695	0.0823	0.0823
每股未分配利润(元)	14.4987	12.3409	0.5276	0.5107
净资产收益率(%)	17.6117	41.1378	0.7456	-5.1700
加权净资产收益率(%)	18.5500	51.3700	0.7500	-5.0000
净资产收益率(扣除)(%)	13.5909	37.2883	-3.3249	-9.6871
总资产(万元)	238407.10	199883.67	185434.36	182629.18
归属母公司股东权益(万元)	122009.32	106020.03	47148.89	46797.35
营业收入(万元)	82924.12	246059.45	143340.47	352143.92
营业支出(万元)	49287.11	166045.48	135719.24	335856.50
投资收益(万元)	-	-	0.92	25.65
净利润(万元)	22005.11	47580.30	351.54	-2419.44
营业利润(万元)	22400.98	57136.99	-1919.04	-6844.52
利润总额(万元)	28773.03	62233.69	799.50	-2848.22

宏达高科控股股份有限公司

公司概况						
公司名称	宏达高科控股股份有限公司			证券简称	宏达高科	
法人代表	沈国甫	董秘	朱海东	证券代码	002144	
公司网址	www.zjhongda.com.cn		电子信箱	hdzhd2008@163.com		
电　话	0573-87550882		传　真	0573-87552681		
办公地址	浙江省海宁市许村镇建设路118号					
经营范围	针织及纺织面料、服装、合成革的制造、加工、销售、印染等					

主要财务指标

指标\报告期	2015.06.30	2014.12.31	2014.06.30	2013.12.31
基本每股收益(元)	0.6700	0.6600	0.4200	0.4800
基本每股收益(扣除后)(元)	0.1100	0.3800	0.4000	0.5000
稀释每股收益(元)	0.6700	0.6600	0.4200	0.4800
每股净资产(元)	10.2370	9.7257	8.8670	10.5141
每股经营现金净流量(元)	-0.0743	0.6729	0.0464	0.4557
每股现金流量(元)	-0.1295	-0.2386	0.2315	-0.0185
每股资本公积金(元)	3.8869	3.8878	5.9382	7.8082
每股盈余公积金(元)	0.3098	0.3098	0.2374	0.2374
每股未分配利润(元)	2.3317	1.8609	1.6914	1.4685
净资产收益率(%)	6.5526	6.8361	4.7691	4.3691
加权净资产收益率(%)	6.6500	6.5800	4.3300	4.9900
净资产收益率(扣除)(%)	1.0979	3.9190	4.5009	4.5541
总资产(万元)	213727.23	219133.72	180661.64	217942.62
归属母公司股东权益(万元)	180951.76	171913.30	156734.81	185849.82
营业收入(万元)	25657.90	54511.53	24175.85	58587.23
营业支出(万元)	19106.07	38979.19	17100.19	39695.72
投资收益(万元)	12877.45	6998.43	5052.40	-1061.51
净利润(万元)	11855.39	11742.49	7474.88	8120.02
营业利润(万元)	13637.49	13174.12	8338.00	8184.60
利润总额(万元)	13712.94	13655.19	8706.25	9313.78

中核华原钛白股份有限公司

公司概况						
公司名称	中核华原钛白股份有限公司			证券简称	中核钛白	
法人代表	李建锋	董秘	夏云春	证券代码	002145	
公司网址	www.sinotio2.com		电子信箱	sz002145@sinotio2.com		
电　话	0937-6211779		传　真	0510-83798559 021-60721307		
办公地址	甘肃省嘉峪关市东湖国际小区2号楼1单元401室					
经营范围	钛白粉、硫酸亚铁的生产和销售等					

主要财务指标

指标\报告期	2015.06.30	2014.12.31	2014.06.30	2013.12.31
基本每股收益(元)	0.0456	0.0700	0.0298	0.0400
基本每股收益(扣除后)(元)	0.0424	0.0700	0.0301	0.0200
稀释每股收益(元)	0.0456	0.0700	0.0298	0.0400
每股净资产(元)	3.8733	3.5178	2.9211	2.8285
每股经营现金净流量(元)	-0.3174	-0.2448	-0.1539	-0.4092
每股现金流量(元)	0.0300	0.3601	-0.0469	-0.0142
每股资本公积金(元)	2.3827	2.0579	1.4627	1.3999
每股盈余公积金(元)	0.0714	0.0730	0.0564	0.0564
每股未分配利润(元)	0.4181	0.3854	0.4020	0.3723
净资产收益率(%)	1.1523	1.9310	1.0193	1.4097
加权净资产收益率(%)	1.2600	2.4700	1.0400	1.4600
净资产收益率(扣除)(%)	1.0708	1.7878	1.0311	0.5767
总资产(万元)	427315.94	388509.29	311856.94	300524.96
归属母公司股东权益(万元)	178287.37	158363.60	119796.06	116001.27
营业收入(万元)	92539.19	173441.51	83264.40	158527.49
营业支出(万元)	69635.01	130136.87	64824.68	122506.02
投资收益(万元)	346.50	599.28	580.24	487.89
净利润(万元)	2054.37	3455.41	1221.11	1635.30
营业利润(万元)	3312.12	5890.75	2378.21	2126.80
利润总额(万元)	3468.71	6155.97	2376.36	3151.31

荣盛房地产发展股份有限公司

公司概况						
公司名称	荣盛房地产发展股份有限公司			证券简称	荣盛发展	
法人代表	耿建明	董秘	陈金海	证券代码	002146	
公司网址	www.risesun.cn		电子信箱	dongmichu@risesun.cn		
电　话	0316-5909688		传　真	0316-5908567		
办公地址	河北省廊坊市经济技术开发区祥云道81号					
经营范围	房地产开发与经营(一级资质)					

主要财务指标

指标\报告期	2015.06.30	2014.12.31	2014.06.30	2013.12.31
基本每股收益(元)	0.2700	1.7100	0.7300	1.5500
基本每股收益(扣除后)(元)	0.2700	1.7000	0.7200	1.5400
稀释每股收益(元)	0.2700	1.7000	0.7300	1.5400
每股净资产(元)	3.7601	7.2890	6.3316	5.7900
每股经营现金净流量(元)	-0.4098	-0.8717	-0.8480	-2.5038
每股现金流量(元)	0.0798	-0.1567	0.1929	0.3243
每股资本公积金(元)	0.0779	0.8122	0.7854	0.7719
每股盈余公积金(元)	0.4187	0.8384	0.8208	0.7262
每股未分配利润(元)	2.2636	4.6385	3.7254	3.2954
净资产收益率(%)	7.2354	23.2722	11.5173	26.5209
加权净资产收益率(%)	7.2800	26.0800	11.8500	30.5100
净资产收益率(扣除)(%)	7.1815	23.2259	11.4339	26.3394
总资产(万元)	8391087.07	7579217.30	6782302.44	5940545.09
归属母公司股东权益(万元)	1434595.02	1388770.39	1199061.86	1095877.23
营业收入(万元)	915221.62	2311896.56	1017089.54	1917077.54
营业支出(万元)	640132.47	1542003.61	683713.69	1238030.22
投资收益(万元)	1301.65	1619.02	200.24	1640.81
净利润(万元)	106728.94	345548.11	138099.44	290636.36
营业利润(万元)	133798.77	449059.05	185062.39	407879.04
利润总额(万元)	134823.23	450533.62	186512.09	410353.77

马鞍山方圆回转支承股份有限公司

公司概况						
	公司名称	马鞍山方圆回转支承股份有限公司			证券简称	方圆支承
	法人代表	钱森力	董秘	杨畅生	证券代码	002147
	公司网址	www.masfy.com		电子信箱	dsh@masfy.com	
	电　话	0555-3506900 3506107		传　真	0555-3506930	
	办公地址	安徽省马鞍山市经济技术开发区超山西路				
	经营范围	生产、销售回转支承、机械设备、锻压设备、销售金属制品、建材等				

主要财务指标	指标\报告期	2015.06.30	2014.12.31	2014.06.30	2013.12.31
	基本每股收益(元)	–0.0690	0.0080	0.0150	–0.1300
	基本每股收益(扣除后)(元)	–0.0740	–0.0320	–0.0015	–0.1727
	稀释每股收益(元)	–0.0690	0.0080	0.0150	–0.1300
	每股净资产(元)	3.1302	3.1990	3.2089	3.1940
	每股经营现金净流量(元)	–0.0644	0.1638	0.3578	0.0147
	每股现金流量(元)	–0.0156	–0.1010	0.1068	–0.0849
	每股资本公积金(元)	1.5528	1.5528	1.5528	1.5528
	每股盈余公积金(元)	0.1487	0.1487	0.1467	0.1467
	每股未分配利润(元)	0.4287	0.4974	0.5094	0.4945
	净资产收益率(%)	–2.1957	0.2516	0.4656	–4.2183
	加权净资产收益率(%)	–2.1700	0.2500	0.4700	–4.0800
	净资产收益率(扣除)(%)	–2.3747	–1.0006	–0.0477	–5.4487
	总资产(万元)	135688.67	136858.83	142937.17	146812.64
	归属母公司股东权益(万元)	80923.17	82699.98	82957.76	82571.54
	营业收入(万元)	11369.47	35828.68	20748.20	36679.23
	营业支出(万元)	9506.66	26621.05	15359.59	29016.85
	投资收益(万元)	692.94	689.31	687.06	58.92
	净利润(万元)	–1957.03	168.05	386.21	–3483.15
	营业利润(万元)	–2126.23	–1326.95	182.78	–4641.74
	利润总额(万元)	–1957.69	–326.22	385.33	–4036.40

北京北纬通信科技股份有限公司

公司概况						
	公司名称	北京北纬通信科技股份有限公司			证券简称	北纬通信
	法人代表	傅乐民	董秘	黄潇	证券代码	002148
	公司网址	www.bisp.com		电子信箱	lr@bw30.com	
	电　话	010-88356661		传　真	010-88356273	
	办公地址	北京市海淀区首体南路22号国兴大厦5层、26层				
	经营范围	从事移动数据增值服务业务等				

主要财务指标	指标\报告期	2015.06.30	2014.12.31	2014.06.30	2013.12.31
	基本每股收益(元)	–0.0200	0.0600	0.0600	0.5000
	基本每股收益(扣除后)(元)	–0.0600	0.0500	0.0600	0.4900
	稀释每股收益(元)	–0.0200	0.0600	0.0600	0.5000
	每股净资产(元)	3.9928	4.0140	3.9962	4.7787
	每股经营现金净流量(元)	–0.0578	–0.0778	–0.0612	0.5556
	每股现金流量(元)	–0.3566	0.4297	0.4336	–0.6384
	每股资本公积金(元)	1.9939	1.9939	1.9747	1.4426
	每股盈余公积金(元)	0.1377	0.1377	0.1278	0.2883
	每股未分配利润(元)	0.8612	0.8824	0.8938	2.0478
	净资产收益率(%)	–0.2784	1.4861	1.5297	10.3905
	加权净资产收益率(%)	–0.2800	1.5600	1.6500	10.5900
	净资产收益率(扣除)(%)	–1.7390	1.1685	1.4928	10.1661
	总资产(万元)	110251.52	114951.71	105023.11	57742.10
	归属母公司股东权益(万元)	102158.12	102698.35	102244.93	54190.47
	营业收入(万元)	9543.43	22762.62	12055.74	28125.04
	营业支出(万元)	5874.87	12864.24	6662.25	14974.45
	投资收益(万元)	1523.72	1090.02	84.40	255.36
	净利润(万元)	–439.74	1356.47	1564.02	5630.66
	营业利润(万元)	–997.32	1386.79	1919.82	6467.67
	利润总额(万元)	–494.00	1487.56	1964.12	6704.95

西部金属材料股份有限公司

公司概况						
	公司名称	西部金属材料股份有限公司			证券简称	西部材料
	法人代表	巨建辉	董秘	顾亮	证券代码	002149
	公司网址	www.c-wmm.com		电子信箱	002149@c-wmm.com	
	电　话	029-86968418 86968603		传　真	029-86968416	
	办公地址	陕西省西安市西安经济技术开发区泾渭工业园西金路西段15号				
	经营范围	稀有金属材料的板、带、箔、丝、棒、管及其深加工产品等				

主要财务指标	指标\报告期	2015.06.30	2014.12.31	2014.06.30	2013.12.31
	基本每股收益(元)	–0.3038	0.0300	0.0100	0.1200
	基本每股收益(扣除后)(元)	–0.3421	–0.1300	–0.0300	–
	稀释每股收益(元)	–0.3038	0.0300	0.0100	0.1200
	每股净资产(元)	4.7434	5.0370	5.0116	4.9937
	每股经营现金净流量(元)	0.3189	0.4142	0.3841	0.3073
	每股现金流量(元)	0.0275	0.1048	0.1092	0.0043
	每股资本公积金(元)	3.2035	3.2035	3.2027	3.2027
	每股盈余公积金(元)	0.1932	0.1932	0.1932	0.1932
	每股未分配利润(元)	0.2835	0.5873	0.5653	0.5545
	净资产收益率(%)	–6.4048	0.6223	0.2152	2.3143
	加权净资产收益率(%)	–6.2200	0.6400	0.2200	2.3200
	净资产收益率(扣除)(%)	–7.2125	–2.2903	–0.5321	–7.5503
	总资产(万元)	292226.90	289686.92	284408.30	278284.70
	归属母公司股东权益(万元)	82834.57	87961.83	87517.61	87204.38
	营业收入(万元)	55823.54	122466.81	67384.65	114481.12
	营业支出(万元)	50561.82	99248.22	57206.88	94993.16
	投资收益(万元)	–	100.00	100.00	7119.63
	净利润(万元)	–4733.59	3911.96	188.35	2018.16
	营业利润(万元)	–5652.16	144.13	648.84	1731.82
	利润总额(万元)	–4639.21	4078.19	1738.49	6535.46

江苏通润装备科技股份有限公司

公司概况						
	公司名称	江苏通润装备科技股份有限公司			证券简称	通润装备
	法人代表	柳振江	董秘	蔡岚	证券代码	002150
	公司网址	www.tongrunindustries.com		电子信箱	jstr@tongrunindustries.com	
	电　话	0512-52343523		传　真	0512-52346558	
	办公地址	江苏省常熟市海虞镇周行通港工业开发区				
	经营范围	金属工具箱柜产品及精密钣金制品的生产、研发及销售等				

主要财务指标	指标\报告期	2015.06.30	2014.12.31	2014.06.30	2013.12.31
	基本每股收益(元)	0.1200	0.2300	0.1200	0.1900
	基本每股收益(扣除后)(元)	0.1200	0.2300	0.1100	0.1900
	稀释每股收益(元)	0.1200	0.2300	0.1200	0.1900
	每股净资产(元)	2.3373	2.3155	2.2000	2.1717
	每股经营现金净流量(元)	0.0823	0.3601	0.0708	0.1710
	每股现金流量(元)	0.0102	0.1252	–0.0732	–0.0460
	每股资本公积金(元)	0.1812	0.1812	0.1805	0.1710
	每股盈余公积金(元)	0.1873	0.1873	0.1695	0.1695
	每股未分配利润(元)	0.9688	0.9469	0.8470	0.8313
	净资产收益率(%)	5.2134	10.0841	5.2665	8.8748
	加权净资产收益率(%)	5.1300	10.2000	5.1900	8.8600
	净资产收益率(扣除)(%)	5.0894	9.8553	5.1346	8.7556
	总资产(万元)	92814.04	89353.30	91190.29	90286.22
	归属母公司股东权益(万元)	58479.80	57933.01	54966.93	54336.76
	营业收入(万元)	46105.21	99078.82	46840.93	94796.28
	营业支出(万元)	35643.81	77276.60	36740.94	74602.89
	投资收益(万元)	–	–	–	–
	净利润(万元)	3248.71	6074.15	2894.81	4822.27
	营业利润(万元)	4204.47	8100.65	3865.67	6792.99
	利润总额(万元)	4289.15	8218.46	3932.32	6823.14

北京北斗星通导航技术股份有限公司

公司概况	公司名称	北京北斗星通导航技术股份有限公司			证券简称	北斗星通
	法人代表	周儒欣	董秘	段昭宇	证券代码	002151
	公司网址	www.navchina.com		电子信箱	010-69939100	
	电　话	010-62969966		传　真	010-62966646	
	办公地址	北京市海淀区中关村永丰高新技术产业基地丰贤东路7号北斗星通大厦				
	经营范围	开发导航定位应用系统及软硬件产品、基于位置的信息系统等				

主要财务指标	指标\报告期	2015.06.30	2014.12.31	2014.06.30	2013.12.31
	基本每股收益(元)	–0.1200	0.1300	–0.0400	0.2400
	基本每股收益(扣除后)(元)	–0.1400	0.0600	–0.0900	0.0700
	稀释每股收益(元)	–0.1200	0.1300	–0.0400	0.2400
	每股净资产(元)	4.8248	5.0118	4.8844	3.9002
	每股经营现金净流量(元)	–0.5380	0.1256	–0.1275	0.6003
	每股现金流量(元)	–0.4220	–0.1237	–0.2718	0.0842
	每股资本公积金(元)	3.0272	3.0963	3.0955	1.7381
	每股盈余公积金(元)	0.1187	0.1187	0.1177	0.1521
	每股未分配利润(元)	0.6922	0.8100	0.6437	1.0276
	净资产收益率(%)	–2.4416	2.6142	–0.7504	6.0970
	加权净资产收益率(%)	–2.4100	2.7100	–0.7900	6.2600
	净资产收益率(扣除)(%)	–2.9785	1.1954	–1.7410	1.7013
	总资产(万元)	181670.04	189314.87	179381.91	169075.04
	归属母公司股东权益(万元)	113194.32	117581.15	113653.24	70790.27
	营业收入(万元)	31721.63	95405.35	35720.43	77836.52
	营业支出(万元)	22561.33	66534.43	25237.16	53112.31
	投资收益(万元)	–36.66	614.35	359.04	1103.79
	净利润(万元)	–2607.45	5091.20	–852.87	4316.05
	营业利润(万元)	–3678.72	3116.18	–882.77	4224.27
	利润总额(万元)	–2430.05	6066.41	220.85	7912.06

广州广电运通金融电子股份有限公司

公司概况	公司名称	广州广电运通金融电子股份有限公司			证券简称	广电运通
	法人代表	赵友永	董秘	任斌	证券代码	002152
	公司网址	www.grgbanking.com		电子信箱	securities@grgbanking.com	
	电　话	020-82188517 82188900		传　真	020-82188517	
	办公地址	广东省广州市萝岗区科学城科林路9号				
	经营范围	研制、生产、销售:电子计算机设备、货币类自助设备、税务应用设备等				

主要财务指标	指标\报告期	2015.06.30	2014.12.31	2014.06.30	2013.12.31
	基本每股收益(元)	0.3800	0.9000	0.3600	0.9400
	基本每股收益(扣除后)(元)	0.3400	0.8100	0.3200	0.8500
	稀释每股收益(元)	0.3800	0.9000	0.3600	0.9400
	每股净资产(元)	4.4110	4.6251	4.0828	4.6644
	每股经营现金净流量(元)	–0.7870	1.2364	–0.6104	0.9573
	每股现金流量(元)	–1.1392	0.9444	–0.7804	–0.4800
	每股资本公积金(元)	0.2018	0.2019	0.1975	0.2365
	每股盈余公积金(元)	0.4464	0.4464	0.3578	0.4293
	每股未分配利润(元)	2.7627	2.9778	2.5284	2.9991
	净资产收益率(%)	8.7260	19.4693	8.8790	20.2294
	加权净资产收益率(%)	8.1600	21.2400	8.9700	21.9500
	净资产收益率(扣除)(%)	7.8120	17.4325	7.8228	18.1918
	总资产(万元)	610327.82	664431.30	486290.88	505516.74
	归属母公司股东权益(万元)	395527.03	414728.35	366093.99	348540.87
	营业收入(万元)	135570.62	315191.01	110082.76	251589.74
	营业支出(万元)	64722.41	142426.03	49854.92	114183.27
	投资收益(万元)	3437.13	5421.98	3103.56	949.08
	净利润(万元)	35190.13	81742.15	32505.57	70507.64
	营业利润(万元)	30309.95	70804.19	28905.24	61347.38
	利润总额(万元)	39669.63	91687.17	36904.26	77593.74

北京中长石基信息技术股份有限公司

公司概况	公司名称	北京中长石基信息技术股份有限公司			证券简称	石基信息
	法人代表	李仲初	董秘	罗芳	证券代码	002153
	公司网址	www.shijinet.com.cn		电子信箱	IR@shijinet.com.cn	
	电　话	010-68249356 68183778-670		传　真	010-68183776	
	办公地址	北京市海淀区复兴路甲65号–A11层,14层				
	经营范围	酒店管理系统集成、软件开发、技术支持与服务				

主要财务指标	指标\报告期	2015.06.30	2014.12.31	2014.06.30	2013.12.31
	基本每股收益(元)	0.5600	1.2400	0.5500	1.1600
	基本每股收益(扣除后)(元)	0.5300	1.1700	0.5300	0.9100
	稀释每股收益(元)	0.5600	1.2400	0.5500	1.1600
	每股净资产(元)	6.5456	6.0956	5.6292	5.2036
	每股经营现金净流量(元)	0.1279	1.5672	0.4611	1.2720
	每股现金流量(元)	–1.5089	0.9446	–0.3064	–0.9299
	每股资本公积金(元)	–	–	–	–
	每股盈余公积金(元)	0.0155	0.0155	0.2364	0.2364
	每股未分配利润(元)	5.5253	5.0843	4.4020	3.9738
	净资产收益率(%)	8.5699	20.2755	9.7369	22.3576
	加权净资产收益率(%)	8.8500	21.8800	10.0800	24.8700
	净资产收益率(扣除)(%)	8.1557	19.2042	9.3407	17.4586
	总资产(万元)	256706.83	247369.70	251044.43	238465.02
	归属母公司股东权益(万元)	202339.02	188428.44	174011.24	160854.74
	营业收入(万元)	90593.02	218607.21	103554.60	109458.63
	营业支出(万元)	52632.41	138792.38	67515.44	49766.03
	投资收益(万元)	1275.95	1998.90	1123.09	3466.05
	净利润(万元)	17937.50	39515.20	16943.35	35963.33
	营业利润(万元)	15906.88	38595.16	16845.79	29785.40
	利润总额(万元)	18963.71	44431.16	19426.44	39791.23

浙江报喜鸟服饰股份有限公司

公司概况	公司名称	浙江报喜鸟服饰股份有限公司			证券简称	报喜鸟
	法人代表	吴志泽	董秘	方小波	证券代码	002154
	公司网址	www.bxn.com		电子信箱	stock@baoxiniao.com.cn	
	电　话	0577-67379161		传　真	0577-67315986 8899	
	办公地址	浙江省温州市永嘉县瓯北镇报喜鸟工业区				
	经营范围	服装、皮鞋、皮革制品的生产及销售、经营进出口业务等				

主要财务指标	指标\报告期	2015.06.30	2014.12.31	2014.06.30	2013.12.31
	基本每股收益(元)	0.1300	0.2300	0.1100	0.2700
	基本每股收益(扣除后)(元)	0.0900	0.0400	–	0.0700
	稀释每股收益(元)	0.1300	0.2300	0.1100	0.2700
	每股净资产(元)	2.3655	4.6527	4.5385	4.4740
	每股经营现金净流量(元)	0.0031	0.6529	–0.0429	–0.0760
	每股现金流量(元)	–0.0766	–0.2989	–0.3483	–0.2353
	每股资本公积金(元)	0.0460	1.0920	1.0920	1.0920
	每股盈余公积金(元)	0.1524	0.3048	0.2961	0.2961
	每股未分配利润(元)	1.1671	2.2559	2.1504	2.0859
	净资产收益率(%)	2.7124	4.9168	2.5228	6.1308
	加权净资产收益率(%)	2.7300	5.0200	2.5400	6.0400
	净资产收益率(扣除)(%)	1.8698	0.7773	–0.0624	1.6327
	总资产(万元)	444721.83	434900.10	421203.66	458642.26
	归属母公司股东权益(万元)	277245.94	272655.28	265958.91	262179.46
	营业收入(万元)	100449.74	227455.48	99889.09	201788.41
	营业支出(万元)	41394.35	95850.69	42108.13	74294.32
	投资收益(万元)	–9.83	0.79	0.79	–
	净利润(万元)	7519.93	13416.95	6709.52	16073.82
	营业利润(万元)	8844.99	16181.31	6944.63	21855.07
	利润总额(万元)	9384.50	20531.19	9673.84	23434.00

湖南黄金股份有限公司

公司概况	公司名称	湖南黄金股份有限公司			证券简称	湖南黄金
	法人代表	黄启富	董秘	王文松	证券代码	002155
	公司网址	www.hngoldcorp.com		电子信箱	hngold_security@126.com	
	电　话	0731-82290893		传　真	0731-82290893	
	办公地址	湖南省长沙市雨花区芙蓉中路二段金源大酒店16楼				
	经营范围	黄金、钨、锑等有色金属矿的地质勘探、开采、选冶、金锭、锑锭等				

主要财务指标	指标\报告期	2015.06.30	2014.12.31	2014.06.30	2013.12.31
	基本每股收益(元)	0.0145	0.1300	0.0600	0.2100
	基本每股收益(扣除后)(元)	0.0097	0.1300	0.0600	0.1900
	稀释每股收益(元)	0.0145	0.1300	0.0600	0.2100
	每股净资产(元)	2.9885	3.1824	3.1034	3.0800
	每股经营现金净流量(元)	0.1970	0.5377	0.2489	0.6346
	每股现金流量(元)	-0.0376	0.0449	0.0908	-0.2170
	每股资本公积金(元)	0.5020	0.7064	0.6303	0.6150
	每股盈余公积金(元)	0.2251	0.2557	0.2043	0.2043
	每股未分配利润(元)	1.2453	1.3983	1.2576	1.2535
	净资产收益率(%)	0.4853	4.1565	1.7416	6.6749
	加权净资产收益率(%)	0.4900	4.2200	1.8700	6.8500
	净资产收益率(扣除)(%)	0.3253	3.9471	1.8612	6.3087
	总资产(万元)	561216.91	580209.98	449692.48	445185.22
	归属母公司股东权益(万元)	338259.94	336364.01	309186.46	306834.34
	营业收入(万元)	292678.64	568062.29	274579.42	512061.90
	营业支出(万元)	256365.55	481558.07	225914.86	417534.09
	投资收益(万元)	-218.32	-390.78	-351.48	686.18
	净利润(万元)	1034.30	12008.95	5883.78	18957.56
	营业利润(万元)	-203.83	13283.68	7102.65	22811.85
	利润总额(万元)	188.75	14260.00	7633.45	23248.84

南通富士通微电子股份有限公司

公司概况	公司名称	南通富士通微电子股份有限公司			证券简称	通富微电
	法人代表	石明达	董秘	蒋澍	证券代码	002156
	公司网址	www.fujitsu-nt.com		电子信箱	nfme_stock@fujitsu-nt.com	
	电　话	0513-85058919		传　真	0513-85058929	
	办公地址	江苏省南通市崇川开发区崇川路288号				
	经营范围	研究开发、生产制造集成电路等半导体及其相关产品等				

主要财务指标	指标\报告期	2015.06.30	2014.12.31	2014.06.30	2013.12.31
	基本每股收益(元)	0.1200	0.1900	0.0760	0.0900
	基本每股收益(扣除后)(元)	0.0500	0.0700	0.0550	0.0400
	稀释每股收益(元)	0.1200	0.1900	0.0760	0.0900
	每股净资产(元)	4.9400	3.6384	3.5270	3.4717
	每股经营现金净流量(元)	0.1300	0.6387	0.1337	0.4761
	每股现金流量(元)	0.3847	-0.2905	-0.1325	0.0579
	每股资本公积金(元)	3.0082	1.6901	1.6894	1.6894
	每股盈余公积金(元)	0.1102	0.1268	0.1080	0.1080
	每股未分配利润(元)	0.8256	0.8210	0.7300	0.6739
	净资产收益率(%)	2.2741	5.1100	2.1560	2.6887
	加权净资产收益率(%)	2.9800	5.2300	2.1700	2.7200
	净资产收益率(扣除)(%)	0.9864	2.0000	1.5588	1.1765
	总资产(万元)	551668.05	395505.30	373033.36	368618.81
	归属母公司股东权益(万元)	369920.44	236448.95	229208.71	225612.28
	营业收入(万元)	111015.51	209068.58	97883.41	176732.23
	营业支出(万元)	85945.42	169185.22	80031.80	147422.89
	投资收益(万元)	-20.52	-336.03	-189.53	-323.11
	净利润(万元)	8412.52	12082.44	4941.50	6066.03
	营业利润(万元)	3943.98	4959.01	3578.92	3095.44
	利润总额(万元)	9333.64	13421.76	5611.99	7061.48

江西正邦科技股份有限公司

公司概况	公司名称	江西正邦科技股份有限公司			证券简称	正邦科技
	法人代表	程凡贵	董秘	王飞	证券代码	002157
	公司网址	www.zhengbang.com		电子信箱	zqb@zhengbang.com	
	电　话	0791-86397153		传　真	0791-88338132	
	办公地址	江西省南昌市高新技术开发区艾溪湖一路569号				
	经营范围	畜禽饲料、预混料的生产和销售、饲料添加剂的研发、生产和销售等				

主要财务指标	指标\报告期	2015.06.30	2014.12.31	2014.06.30	2013.12.31
	基本每股收益(元)	0.0100	0.0800	-0.3400	-0.0700
	基本每股收益(扣除后)(元)	-0.0400	-0.2400	-0.3700	-0.1400
	稀释每股收益(元)	0.0100	0.0800	-0.3400	-0.0700
	每股净资产(元)	3.3814	3.3707	1.8802	2.2575
	每股经营现金净流量(元)	0.4446	0.9960	0.2039	-0.1329
	每股现金流量(元)	0.6701	-0.0838	0.6601	-0.4020
	每股资本公积金(元)	1.7401	2.0858	0.4333	0.4333
	每股盈余公积金(元)	0.0544	0.0876	0.0707	0.0707
	每股未分配利润(元)	0.5869	0.7691	0.3762	0.7534
	净资产收益率(%)	0.3174	2.0452	-17.9385	-3.0766
	加权净资产收益率(%)	0.3200	2.8800	-16.1500	-2.9900
	净资产收益率(扣除)(%)	-1.2379	-6.0798	-19.5702	-6.3268
	总资产(万元)	798788.39	820823.35	660619.40	598375.45
	归属母公司股东权益(万元)	201649.12	235107.87	81048.18	97311.26
	营业收入(万元)	833208.81	1648354.78	755396.90	1558249.36
	营业支出(万元)	781837.48	1552906.10	720315.11	1474676.01
	投资收益(万元)	23.67	11450.44	-1219.23	591.86
	净利润(万元)	-897.90	4016.63	-14538.85	-2993.92
	营业利润(万元)	-3635.49	2389.49	-19146.99	-4248.65
	利润总额(万元)	-293.01	6666.09	-17643.34	-999.05

上海汉钟精机股份有限公司

公司概况	公司名称	上海汉钟精机股份有限公司			证券简称	汉钟精机
	法人代表	余昱暄	董秘	邱玉英	证券代码	002158
	公司网址	www.hanbell.com.cn		电子信箱	IR@hanbell.cn	
	电　话	021-57350280*1005		传　真	021-57351127	
	办公地址	上海市金山区枫泾工业开发区亭枫公路8289号				
	经营范围	压缩机应用技术的研制开发、生产销售及售后服务等				

主要财务指标	指标\报告期	2015.06.30	2014.12.31	2014.06.30	2013.12.31
	基本每股收益(元)	0.2874	0.6948	0.3252	0.6220
	基本每股收益(扣除后)(元)	0.2575	0.6425	0.3085	0.5748
	稀释每股收益(元)	0.2874	0.6948	0.3252	0.6220
	每股净资产(元)	5.9719	3.6600	3.3000	3.6173
	每股经营现金净流量(元)	0.2405	0.7993	0.3118	0.8825
	每股现金流量(元)	2.9572	-0.1374	-0.2034	0.3496
	每股资本公积金(元)	3.2833	0.6713	0.6713	0.8384
	每股盈余公积金(元)	0.3426	0.3826	0.3150	0.3465
	每股未分配利润(元)	1.3488	1.6132	1.3112	1.4346
	净资产收益率(%)	4.3929	18.9608	9.8722	17.1955
	加权净资产收益率(%)	6.9800	20.2900	9.7200	18.3800
	净资产收益率(扣除)(%)	3.9362	17.5327	-	15.8917
	总资产(万元)	216307.20	126403.41	116274.04	114653.41
	归属母公司股东权益(万元)	175964.68	96698.31	86962.24	86771.80
	营业收入(万元)	41911.14	98973.82	47287.61	84952.10
	营业支出(万元)	27467.57	64353.40	31151.48	54271.63
	投资收益(万元)	746.72	1195.34	550.39	690.70
	净利润(万元)	7729.97	18334.76	8580.69	14920.83
	营业利润(万元)	8500.23	20875.78	9872.35	17012.62
	利润总额(万元)	8720.97	21148.32	9744.64	17453.01

武汉三特索道集团股份有限公司

公司概况					
公司名称	武汉三特索道集团股份有限公司			证券简称	三特索道
法人代表	刘丹军	董秘	王栎栎	证券代码	002159
公司网址	www.sante.com.cn		电子信箱	sante002159@126.com	
电　话	027-87341812　87341810		传　真	027-87341811	
办公地址	湖北省武汉市东湖开发区关山一路特1号光谷软件园D1栋				
经营范围	机电一体化客运索道及配套设备的开发、研制、设计、投资建设、经营等				

主要财务指标　指标\报告期	2015.06.30	2014.12.31	2014.06.30	2013.12.31
基本每股收益(元)	-0.2100	-0.3000	-0.2300	0.2600
基本每股收益(扣除后)(元)	-0.2200	-0.3500	-0.2800	-0.3100
稀释每股收益(元)	-0.2100	-0.3000	-0.2300	0.2600
每股净资产(元)	6.3861	6.5975	4.3471	4.8032
每股经营现金净流量(元)	-0.0674	0.6857	0.5255	0.3311
每股现金流量(元)	-0.6237	1.7038	-0.0425	-0.0632
每股资本公积金(元)	3.9098	3.9098	1.3140	1.4924
每股盈余公积金(元)	0.4291	0.4291	0.4958	0.4958
每股未分配利润(元)	1.0473	1.2587	1.5372	1.8150
净资产收益率(%)	-3.3103	-4.0733	-5.2410	5.4185
加权净资产收益率(%)	-3.2600	-6.2000	-5.0300	5.6400
净资产收益率(扣除)(%)	-3.4744	-4.7623	-6.4270	-6.3842
总资产(万元)	216280.44	209068.63	173187.86	167195.34
归属母公司股东权益(万元)	88554.54	91486.00	52164.61	57638.33
营业收入(万元)	17183.57	38629.94	15404.92	34279.54
营业支出(万元)	9500.71	19368.40	8915.60	17987.32
投资收益(万元)	-517.18	-202.08	104.24	6576.57
净利润(万元)	-2735.12	-2593.74	-2733.92	3123.15
营业利润(万元)	-1673.12	252.57	-1944.64	6929.66
利润总额(万元)	-1534.77	411.88	-1841.50	6802.82

江苏常铝铝业股份有限公司

公司概况					
公司名称	江苏常铝铝业股份有限公司			证券简称	常铝股份
法人代表	张平	董秘	孙连键	证券代码	002160
公司网址	www.alcha.com		电子信箱	office@alcha.com	
电　话	0512-52359011		传　真	0512-52892675	
办公地址	江苏省常熟市白峁镇西				
经营范围	铝箔、空调器用涂层铝箔、铝材、铝板、铝带制造等				

主要财务指标　指标\报告期	2015.06.30	2014.12.31	2014.06.30	2013.12.31
基本每股收益(元)	0.0870	0.0600	0.0250	-0.1740
基本每股收益(扣除后)(元)	0.0820	0.0490	0.0240	-0.1990
稀释每股收益(元)	0.0870	0.0600	0.0250	-0.1740
每股净资产(元)	3.5866	2.1830	1.5775	1.5524
每股经营现金净流量(元)	0.3115	0.2951	-0.1311	-0.1453
每股现金流量(元)	0.1830	0.0629	-0.2321	-0.5902
每股资本公积金(元)	2.4923	1.1539	0.5776	0.5778
每股盈余公积金(元)	0.0428	0.0659	0.0800	0.0800
每股未分配利润(元)	0.0525	-0.0350	-0.0800	-0.1054
净资产收益率(%)	2.0977	2.3727	1.6105	-11.2177
加权净资产收益率(%)	3.3448	3.4100	1.6200	-10.6200
净资产收益率(扣除)(%)	1.9825	1.9691	1.5214	-12.7989
总资产(万元)	464796.76	285197.98	224704.42	224666.63
归属母公司股东权益(万元)	228193.84	90183.09	53634.29	52781.73
营业收入(万元)	125750.91	216388.71	107037.18	183693.56
营业支出(万元)	101035.07	186089.17	94580.74	168632.29
投资收益(万元)	16.21	77.70	14.06	37.64
净利润(万元)	4786.86	2139.73	863.77	-5920.91
营业利润(万元)	4931.76	2072.42	973.44	-6938.39
利润总额(万元)	5262.27	2542.23	1029.63	-5956.56

深圳市远望谷信息技术股份有限公司

公司概况					
公司名称	深圳市远望谷信息技术股份有限公司			证券简称	远望谷
法人代表	陈光珠	董秘	吕宏	证券代码	002161
公司网址	www.invengo.cn		电子信箱	lvh@invengo.cn	
电　话	0755-26711633		传　真	0755-26711693	
办公地址	广东省深圳市南山区高新技术产业园区南区T2栋B座3层				
经营范围	电子通讯设备、自动识别产品、射频识别系统及产品、计算机软件等				

主要财务指标　指标\报告期	2015.06.30	2014.12.31	2014.06.30	2013.12.31
基本每股收益(元)	0.0060	0.0620	-0.0100	0.0530
基本每股收益(扣除后)(元)	0.0030	0.0410	-0.0190	-
稀释每股收益(元)	0.0060	0.0620	-0.0100	0.0530
每股净资产(元)	1.9667	1.9618	1.8953	1.9108
每股经营现金净流量(元)	-0.0229	0.0373	-0.0446	0.0779
每股现金流量(元)	0.0106	0.0154	-0.0161	-0.3842
每股资本公积金(元)	0.4336	0.4336	0.4336	0.4336
每股盈余公积金(元)	0.0810	0.0810	0.0758	0.0758
每股未分配利润(元)	0.4584	0.4528	0.3860	0.4016
净资产收益率(%)	0.2843	3.1831	-0.5040	2.7624
加权净资产收益率(%)	0.2800	3.2200	-0.5000	2.7600
净资产收益率(扣除)(%)	0.1702	2.1136	-0.9904	1.0543
总资产(万元)	167982.66	173545.08	153849.14	157554.74
归属母公司股东权益(万元)	145490.70	145126.22	140206.35	141355.69
营业收入(万元)	19583.17	64208.60	26308.77	54112.01
营业支出(万元)	13335.75	44093.84	20127.96	37334.33
投资收益(万元)	3420.29	4479.29	1046.48	3535.58
净利润(万元)	170.45	5488.54	-706.60	3904.78
营业利润(万元)	-110.04	4279.13	-1062.76	2045.45
利润总额(万元)	116.71	6197.93	-195.47	5290.40

上海悦心健康集团股份有限公司

公司概况					
公司名称	上海悦心健康集团股份有限公司			证券简称	悦心健康
法人代表	李慈雄	董秘	程梅	证券代码	002162
公司网址	www.cimic.com		电子信箱	zqb@cimic.com	
电　话	021-54333699		传　真	021-54331229	
办公地址	上海市闵行区浦江镇恒南路1288号				
经营范围	生产精密陶瓷、建筑陶瓷、卫生陶瓷、配套件、高性能功能陶瓷产品等				

主要财务指标　指标\报告期	2015.06.30	2014.12.31	2014.06.30	2013.12.31
基本每股收益(元)	-0.0176	0.0330	0.0094	0.0517
基本每股收益(扣除后)(元)	-0.0324	-0.0403	-0.0142	-0.2163
稀释每股收益(元)	-0.0176	0.0330	0.0094	0.0517
每股净资产(元)	1.2102	1.8418	1.7687	1.4395
每股经营现金净流量(元)	0.0088	0.0807	0.1164	0.3414
每股现金流量(元)	0.0361	0.0008	-0.0041	-0.0190
每股资本公积金(元)	0.3889	1.0834	1.2261	0.9274
每股盈余公积金(元)	0.0812	0.1218	0.1218	0.1273
每股未分配利润(元)	-0.3881	-0.5556	-0.5792	-0.6153
净资产收益率(%)	-1.4569	1.7846	0.5282	3.5901
加权净资产收益率(%)	-1.4500	1.8800	0.6600	2.9400
净资产收益率(扣除)(%)	-2.6789	-2.2709	-0.7959	-15.0295
总资产(万元)	219339.12	222483.02	216509.01	208657.90
归属母公司股东权益(万元)	79326.60	80486.21	77291.73	60169.36
营业收入(万元)	29193.50	84539.38	40424.43	89342.68
营业支出(万元)	19272.94	58480.94	28379.75	63525.75
投资收益(万元)	-	446.61	-	1297.53
净利润(万元)	-1158.71	1421.85	408.25	2160.15
营业利润(万元)	-730.80	1563.24	885.80	3238.73
利润总额(万元)	-613.40	2690.14	1183.32	6401.32

中航三鑫股份有限公司

公司概况	公司名称	中航三鑫股份有限公司			证券简称	中航三鑫
	法人代表	朱强华	董秘	姚婧	证券代码	002163
	公司网址	www.sanxinglass.com		电子信箱	sgt@sanxinglass.com	
	电　　话	0755-26067916		传　　真	0755-26063692	
	办公地址	广东省深圳市南山区南海大道 2061 号新保辉大厦 17 层				
	经营范围	建筑幕墙工程设计、施工和生产、销售幕墙玻璃制品、家电玻璃等				

主要财务指标	指标\报告期	2015.06.30	2014.12.31	2014.06.30	2013.12.31
	基本每股收益(元)	-0.0900	0.0200	-0.0900	-0.6400
	基本每股收益(扣除后)(元)	-0.0900	-0.1800	-0.0900	-0.6400
	稀释每股收益(元)	-0.0900	0.0200	-0.0900	-0.6400
	每股净资产(元)	1.1089	1.1954	1.0899	1.1765
	每股经营现金净流量(元)	-0.2626	0.2797	-0.0620	0.0962
	每股现金流量(元)	-0.2417	-0.2323	-0.3263	-0.1253
	每股资本公积金(元)	0.7338	0.7338	0.7386	0.7386
	每股盈余公积金(元)	0.0652	0.0652	0.0613	0.0613
	每股未分配利润(元)	-0.6900	-0.6036	-0.7100	-0.6234
	净资产收益率(%)	-7.7968	1.9857	-7.9440	-54.1314
	加权净资产收益率(%)	-7.5000	2.0000	-7.6400	-46.2500
	净资产收益率(扣除)(%)	-8.1366	-14.6641	-	-54.5983
	总资产(万元)	714069.03	729192.70	713478.28	747724.21
	归属母公司股东权益(万元)	89109.39	96057.11	87580.25	94537.19
	营业收入(万元)	208543.84	461656.66	193983.66	385983.93
	营业支出(万元)	189784.11	419909.61	174873.15	357434.99
	投资收益(万元)	-83.14	11348.37	121.52	525.08
	净利润(万元)	-18397.46	-13153.78	-6956.94	-51174.31
	营业利润(万元)	-18743.71	-25212.56	-16201.00	-52112.59
	利润总额(万元)	-18021.12	-12689.42	-15198.51	-51306.50

宁波东力股份有限公司

公司概况	公司名称	宁波东力股份有限公司			证券简称	宁波东力
	法人代表	宋济隆	董秘	陈晓忠	证券代码	002164
	公司网址	www.donly.com.cn		电子信箱	dm@donly.com.cn	
	电　　话	0574-87587000 88398877		传　　真	0574-87586999	
	办公地址	浙江省宁波市江北工业区苏湖路 1 号				
	经营范围	减速电机、齿轮箱等传动设备的设计、制造与销售等				

主要财务指标	指标\报告期	2015.06.30	2014.12.31	2014.06.30	2013.12.31
	基本每股收益(元)	-0.0100	0.0500	-0.0100	-0.0100
	基本每股收益(扣除后)(元)	-0.0300	-0.0500	-0.0300	-0.0600
	稀释每股收益(元)	-0.0100	0.0500	-0.0100	-0.0100
	每股净资产(元)	2.3861	2.4968	2.4337	2.4433
	每股经营现金净流量(元)	-0.0189	0.0845	-0.0349	0.0286
	每股现金流量(元)	-0.0258	0.0077	-0.0268	-0.0960
	每股资本公积金(元)	0.9837	0.9837	0.9837	0.9837
	每股盈余公积金(元)	0.0933	0.0933	0.0897	0.0897
	每股未分配利润(元)	0.3091	0.4198	0.3603	0.3698
	净资产收益率(%)	-0.4474	2.1435	-0.3922	-0.3795
	加权净资产收益率(%)	-0.4400	2.1700	-0.3900	-0.3800
	净资产收益率(扣除)(%)	-1.1487	-2.1273	-1.0564	-2.2630
	总资产(万元)	169953.32	183367.65	195881.46	192427.42
	归属母公司股东权益(万元)	106330.91	111262.89	108452.65	108878.02
	营业收入(万元)	21597.95	50795.16	23932.23	56933.86
	营业支出(万元)	17628.17	42380.19	19782.38	45633.34
	投资收益(万元)	326.81	3346.33	-	358.67
	净利润(万元)	-474.22	2383.99	-425.37	-413.16
	营业利润(万元)	-1415.32	-563.49	-1881.12	-2847.03
	利润总额(万元)	-535.48	2285.01	-1097.99	-497.96

红宝丽集团股份有限公司

公司概况	公司名称	红宝丽集团股份有限公司			证券简称	红 宝 丽
	法人代表	芮敬功	董秘	王玉生	证券代码	002165
	公司网址	www.hongbaoli.com		电子信箱	wangys@hongbaoli.com	
	电　　话	025-57350997		传　　真	025-57350178	
	办公地址	江苏省南京市高淳经济开发区双高路 29 号				
	经营范围	硬泡组合聚醚、异丙醇胺的生产与销售等				

主要财务指标	指标\报告期	2015.06.30	2014.12.31	2014.06.30	2013.12.31
	基本每股收益(元)	0.1100	0.1700	0.1000	0.0700
	基本每股收益(扣除后)(元)	0.1100	0.1700	0.1000	0.0600
	稀释每股收益(元)	0.1100	0.1700	0.1000	0.0700
	每股净资产(元)	1.9108	1.8672	1.8270	1.7870
	每股经营现金净流量(元)	0.0840	0.4347	0.2357	0.1940
	每股现金流量(元)	0.0401	-0.0485	0.0326	-0.1410
	每股资本公积金(元)	0.0997	0.1049	0.1087	0.1138
	每股盈余公积金(元)	0.1070	0.1066	0.0923	0.0919
	每股未分配利润(元)	0.7195	0.6819	0.6261	0.5810
	净资产收益率(%)	6.0291	9.2540	5.6260	4.0851
	加权净资产收益率(%)	6.0000	9.5700	5.5600	4.0800
	净资产收益率(扣除)(%)	5.9392	8.8783	5.5342	3.5594
	总资产(万元)	178419.67	178516.03	189836.65	183401.73
	归属母公司股东权益(万元)	103044.66	101095.02	98934.85	97182.06
	营业收入(万元)	97841.16	213039.95	108770.75	191616.88
	营业支出(万元)	78113.26	175757.15	89464.38	161602.45
	投资收益(万元)	-70.38	-96.04	-24.02	-
	净利润(万元)	6535.65	10005.14	5566.09	3970.03
	营业利润(万元)	8183.39	12533.03	7037.64	5253.34
	利润总额(万元)	8263.85	13017.87	7149.90	5905.63

桂林莱茵生物科技股份有限公司

公司概况	公司名称	桂林莱茵生物科技股份有限公司			证券简称	莱茵生物
	法人代表	秦本军	董秘	罗华阳	证券代码	002166
	公司网址	www.layn.com.cn		电子信箱	luo.huayang@layn.com.cn	
	电　　话	0773-3568817		传　　真	0773-3568872	
	办公地址	广西壮族自治区桂林市临桂县西城南路秧塘工业园				
	经营范围	植物制品、农副土特产品生产销售、自营进出口等				

主要财务指标	指标\报告期	2015.06.30	2014.12.31	2014.06.30	2013.12.31
	基本每股收益(元)	0.0800	0.3200	0.1100	0.2700
	基本每股收益(扣除后)(元)	0.0600	0.2400	0.0700	0.0800
	稀释每股收益(元)	0.0800	0.3200	0.1100	0.2700
	每股净资产(元)	5.0539	1.8447	1.6392	1.5224
	每股经营现金净流量(元)	0.7516	0.7025	0.5258	-0.5120
	每股现金流量(元)	1.9633	0.2437	-0.0599	-0.0191
	每股资本公积金(元)	3.7952	0.6424	0.6424	0.6424
	每股盈余公积金(元)	0.0606	0.0682	0.0682	0.0682
	每股未分配利润(元)	0.1961	0.1382	-0.0691	-0.1830
	净资产收益率(%)	1.4498	17.4142	6.9478	17.4687
	加权净资产收益率(%)	2.6300	19.0800	7.2100	19.1000
	净资产收益率(扣除)(%)	1.1345	13.1631	4.5520	5.1362
	总资产(万元)	185212.76	150050.21	113839.18	114909.99
	归属母公司股东权益(万元)	73665.18	23894.71	21232.56	19719.95
	营业收入(万元)	20351.53	66040.43	18435.19	42661.77
	营业支出(万元)	16808.98	52651.01	13726.81	31829.60
	投资收益(万元)	357.59	806.63	806.63	2843.53
	净利润(万元)	1067.07	4158.76	1475.19	3444.82
	营业利润(万元)	1071.18	3993.93	1565.15	3797.19
	利润总额(万元)	1109.24	4318.09	1562.21	4233.94

广东东方锆业科技股份有限公司

公司概况

公司名称	广东东方锆业科技股份有限公司			证券简称	东方锆业
法人代表	李季科	董秘	陈恩敏	证券代码	002167
公司网址	www.orientzr.com		电子信箱	orientzr@orientzr.com	
电　话	0754-85510311		传　真	0754-85500848	
办公地址	广东省汕头市澄海区莱美路宇田科技园				
经营范围	生产及销售锆系列制品及结构陶瓷制品等				

主要财务指标

指标\报告期	2015.06.30	2014.12.31	2014.06.30	2013.12.31
基本每股收益(元)	-0.0700	0.0100	-0.0600	-0.1700
基本每股收益(扣除后)(元)	-0.0700	-0.1100	-0.0600	-0.2700
稀释每股收益(元)	-0.0700	0.0100	-0.0600	-0.1700
每股净资产(元)	2.0433	3.2074	3.2199	3.2598
每股经营现金净流量(元)	-0.2703	0.0475	-0.0518	-0.2678
每股现金流量(元)	-0.0960	-0.4884	-0.0504	-0.8363
每股资本公积金(元)	0.9633	1.9450	1.9399	1.9439
每股盈余公积金(元)	0.0583	0.0874	0.0834	0.0834
每股未分配利润(元)	0.1716	0.1751	0.2953	0.3561
净资产收益率(%)	-3.3798	0.2740	-1.8875	-5.0863
加权净资产收益率(%)	-3.3000	0.2700	-1.8800	-4.7800
净资产收益率(扣除)(%)	-3.4439	-3.5781	-1.9485	-8.2481
总资产(万元)	285742.45	295652.27	321920.07	307069.10
归属母公司股东权益(万元)	126878.70	132776.02	133294.34	134945.64
营业收入(万元)	17390.14	84449.53	38376.49	57821.89
营业支出(万元)	14405.03	65310.74	32276.77	50457.83
投资收益(万元)	-	-	-	-
净利润(万元)	-4600.86	592.26	-2515.92	-6863.71
营业利润(万元)	-4521.18	-5299.70	-1909.34	-14943.25
利润总额(万元)	-4358.51	705.34	-1799.27	-9937.91

深圳市惠程电气股份有限公司

公司概况

公司名称	深圳市惠程电气股份有限公司			证券简称	深圳惠程
法人代表	纪晓文	董秘	方莉	证券代码	002168
公司网址	www.hifuture.com		电子信箱	wenqiuping@hifuture.com	
电　话	0755-82763639　82767767		传　真	0755-82767036	
办公地址	广东省深圳市龙岗区大工业区兰景路以东、锦绣路以南惠程科技工业厂区				
经营范围	电缆分支箱、环网柜、电力电缆附件等高分子绝缘制品及相关材料等				

主要财务指标

指标\报告期	2015.06.30	2014.12.31	2014.06.30	2013.12.31
基本每股收益(元)	0.1400	-0.1200	0.0028	0.0500
基本每股收益(扣除后)(元)	-0.0500	-0.1200	-0.0002	0.0400
稀释每股收益(元)	0.1400	-0.1200	0.0028	0.0500
每股净资产(元)	1.5149	1.3784	1.4985	1.4788
每股经营现金净流量(元)	0.0114	0.0764	-0.1704	0.0919
每股现金流量(元)	-0.1709	0.0230	-0.0763	-0.0246
每股资本公积金(元)	0.0116	0.0191	0.0191	0.0022
每股盈余公积金(元)	0.0935	0.0935	0.0935	0.0935
每股未分配利润(元)	0.4098	0.2657	0.3858	0.3831
净资产收益率(%)	9.5108	-8.5142	0.1837	3.1849
加权净资产收益率(%)	9.9500	-8.2100	0.1900	3.1800
净资产收益率(扣除)(%)	-3.5245	-8.7525	-0.0127	2.4933
总资产(万元)	122292.82	158836.57	158767.02	144411.09
归属母公司股东权益(万元)	114692.90	104357.43	113450.61	111963.43
营业收入(万元)	7848.05	31320.10	18212.24	43277.02
营业支出(万元)	5466.66	22253.18	12328.67	28185.10
投资收益(万元)	15551.97	621.41	-	-
净利润(万元)	10397.53	-11938.55	208.36	3565.91
营业利润(万元)	10927.43	-11791.19	-278.05	2620.77
利润总额(万元)	11185.72	-11993.13	139.50	3718.20

广州智光电气股份有限公司

公司概况

公司名称	广州智光电气股份有限公司			证券简称	智光电气
法人代表	芮冬阳	董秘	曹承锋	证券代码	002169
公司网址	www.gzzg.com.cn		电子信箱	sec@gzzg.com.cn	
电　话	020-32113288　32113300		传　真	020-32113456*3300	
办公地址	广东省广州市黄埔区云埔工业区埔南路 51 号				
经营范围	电气控制与自动化领域的技术研发、产品设计、设备制造、产品销售等				

主要财务指标

指标\报告期	2015.06.30	2014.12.31	2014.06.30	2013.12.31
基本每股收益(元)	0.0883	0.1567	0.0506	0.0756
基本每股收益(扣除后)(元)	0.0791	0.1290	0.0409	0.0506
稀释每股收益(元)	0.0883	0.1567	0.0506	0.0756
每股净资产(元)	2.2855	2.2373	2.1312	2.1106
每股经营现金净流量(元)	0.0516	0.3230	-0.0802	0.0911
每股现金流量(元)	0.0147	-0.1348	-0.2931	-0.3408
每股资本公积金(元)	0.6026	0.6026	0.6026	0.6026
每股盈余公积金(元)	0.0814	0.0814	0.0727	0.0727
每股未分配利润(元)	0.6016	0.5533	0.4559	0.4353
净资产收益率(%)	3.8614	7.0026	2.3725	3.5834
加权净资产收益率(%)	3.8800	7.2200	2.3700	3.6500
净资产收益率(扣除)(%)	3.4604	5.7653	1.9208	2.3993
总资产(万元)	169493.32	159005.81	144889.57	141093.19
归属母公司股东权益(万元)	60902.69	59616.89	56789.48	56241.58
营业收入(万元)	33316.06	60741.04	28221.00	56373.09
营业支出(万元)	23056.42	40276.15	19131.15	35534.09
投资收益(万元)	-167.53	92.41	-9.81	-11.25
净利润(万元)	2787.55	4996.30	1347.32	2015.39
营业利润(万元)	2177.47	2680.84	710.60	1901.13
利润总额(万元)	3096.08	5177.82	1625.92	3242.59

深圳市芭田生态工程股份有限公司

公司概况

公司名称	深圳市芭田生态工程股份有限公司			证券简称	芭田股份
法人代表	黄培钊	董秘	黄培钊	证券代码	002170
公司网址	www.batian.com.cn		电子信箱	zqb26584355@163.com	
电　话	0755-26951598		传　真	0755-26584355	
办公地址	广东省深圳市南山区高新技术园粤兴二道 10 号 7-8 楼				
经营范围	复合肥产品的研发、生产和销售，主要包括无机复合肥、有机复合肥、控释肥等				

主要财务指标

指标\报告期	2015.06.30	2014.12.31	2014.06.30	2013.12.31
基本每股收益(元)	0.0710	0.2186	0.1245	0.1604
基本每股收益(扣除后)(元)	0.0667	0.2141	0.1229	0.1446
稀释每股收益(元)	0.0710	0.2186	0.1245	0.1604
每股净资产(元)	2.0666	1.8489	1.7544	1.6903
每股经营现金净流量(元)	0.0231	0.3100	-0.0917	0.2047
每股现金流量(元)	-0.0508	-0.5647	-0.2252	0.1678
每股资本公积金(元)	0.3987	0.2343	0.2343	0.2343
每股盈余公积金(元)	0.0885	0.0911	0.0714	0.0714
每股未分配利润(元)	0.5794	0.5235	0.4487	0.3846
净资产收益率(%)	3.4336	11.8222	7.0967	9.4915
加权净资产收益率(%)	3.8800	11.8800	7.1500	9.7700
净资产收益率(扣除)(%)	3.1073	11.5781	7.0039	8.5557
总资产(万元)	344691.95	313339.03	252263.30	249020.04
归属母公司股东权益(万元)	181197.04	157443.57	149393.96	143939.64
营业收入(万元)	109073.19	236120.93	113039.14	213255.36
营业支出(万元)	88042.72	186389.06	87527.14	177390.88
投资收益(万元)	133.57	-433.40	69.40	-39.70
净利润(万元)	6225.78	18740.88	10601.97	13662.01
营业利润(万元)	6225.39	20461.57	12087.72	13560.22
利润总额(万元)	6924.68	20904.94	12246.60	14943.50

安徽楚江科技新材料股份有限公司

公司概况	公司名称	安徽楚江科技新材料股份有限公司			证券简称	楚江新材
	法人代表	姜纯	董秘	吕莹	证券代码	002171
	公司网址	www.jcty.cn		电子信箱	jingchengcopper@sina.com	
	电　话	0553-5315978		传　真	0553-5315978	
	办公地址	安徽省芜湖市九华北路8号				
	经营范围	有色金属(不含贵金属)材料研发、加工、销售等				

主要财务指标	指标\报告期	2015.06.30	2014.12.31	2014.06.30	2013.12.31
	基本每股收益(元)	0.0930	0.1300	0.0580	0.0400
	基本每股收益(扣除后)(元)	0.0680	0.0900	0.0140	0.0100
	稀释每股收益(元)	0.0930	0.1300	0.0550	0.0400
	每股净资产(元)	2.7965	2.7539	2.6772	1.8899
	每股经营现金净流量(元)	0.0535	0.4822	-0.0990	0.3821
	每股现金流量(元)	0.0784	-0.0972	0.0250	0.0915
	每股资本公积金(元)	1.0305	1.0305	1.1964	0.9981
	每股盈余公积金(元)	0.0952	0.0952	0.0464	0.0486
	每股未分配利润(元)	0.6709	0.6282	0.4343	0.4017
	净资产收益率(%)	3.3132	4.7782	2.0514	1.8619
	加权净资产收益率(%)	3.3100	5.1600	2.3200	1.8800
	净资产收益率(扣除)(%)	2.4342	3.2483	0.4880	0.7541
	总资产(万元)	241625.91	210927.43	229775.19	228740.05
	归属母公司股东权益(万元)	111359.00	109660.42	106607.56	93079.91
	营业收入(万元)	400742.96	822264.30	384894.11	384636.02
	营业支出(万元)	382532.01	785649.46	367177.85	369253.81
	投资收益(万元)	104.71	-1298.96	96.65	-1845.17
	净利润(万元)	3992.60	5594.59	2186.97	1147.29
	营业利润(万元)	3539.99	6458.17	2153.54	-3089.06
	利润总额(万元)	4965.55	8317.04	3099.76	1179.19

江苏澳洋科技股份有限公司

公司概况	公司名称	江苏澳洋科技股份有限公司			证券简称	澳洋科技
	法人代表	沈学如	董秘	宋满元	证券代码	002172
	公司网址	www.aykj.cn		电子信箱	song_my@sina.com	
	电　话	0512-58598699		传　真	0512-58598552	
	办公地址	江苏省张家港市杨舍镇塘市澳洋国际大厦11楼				
	经营范围	粘胶纤维及粘胶纤维品、可降解纤维、功能性纤维制造、销售等				

主要财务指标	指标\报告期	2015.06.30	2014.12.31	2014.06.30	2013.12.31
	基本每股收益(元)	0.0400	-0.1900	-0.0800	0.0400
	基本每股收益(扣除后)(元)	0.0100	-0.2000	-0.0900	0.0100
	稀释每股收益(元)	0.0400	-0.1900	-0.0800	0.0400
	每股净资产(元)	1.2987	0.9253	1.0377	1.1269
	每股经营现金净流量(元)	0.1332	0.8848	0.2512	0.4219
	每股现金流量(元)	0.4160	-0.0205	0.0572	-0.0123
	每股资本公积金(元)	1.1414	1.3143	0.8222	0.8265
	每股盈余公积金(元)	0.0646	0.0664	0.0660	0.0656
	每股未分配利润(元)	-0.8931	-1.1722	-0.8505	-0.7652
	净资产收益率(%)	3.2059	-20.1454	-7.7980	3.2798
	加权净资产收益率(%)	4.5200	-18.2500	-7.5100	3.4500
	净资产收益率(扣除)(%)	1.0705	-21.0431	-8.4081	0.5818
	总资产(万元)	267868.94	361584.11	293866.97	285612.06
	归属母公司股东权益(万元)	74640.87	66781.54	58387.99	63761.62
	营业收入(万元)	114493.42	293116.44	146855.68	327743.97
	营业支出(万元)	102106.86	271706.01	136402.74	289398.82
	投资收益(万元)	-	-	-	-1548.97
	净利润(万元)	1549.90	-13169.25	-4553.11	2091.25
	营业利润(万元)	-1479.77	-13929.40	-6358.55	-265.05
	利润总额(万元)	1549.90	-13169.25	-5845.18	2245.49

千足珍珠集团股份有限公司

公司概况	公司名称	千足珍珠集团股份有限公司			证券简称	千足珍珠
	法人代表	陈海军	董秘	陈海军(代)	证券代码	002173
	公司网址	www.shanxiahu.com		电子信箱	qzzz002173@163.com	
	电　话	0575-87160891		传　真	0575-87160891	
	办公地址	浙江省诸暨市山下湖镇珍珠工业园				
	经营范围	淡水珍珠的养殖与加工、主要产品为珍珠等				

主要财务指标	指标\报告期	2015.06.30	2014.12.31	2014.06.30	2013.12.31
	基本每股收益(元)	-0.0800	-0.0500	0.0400	0.1200
	基本每股收益(扣除后)(元)	-0.0800	-0.1100	-	0.0900
	稀释每股收益(元)	-0.0800	-0.0500	0.0400	0.1200
	每股净资产(元)	2.2518	2.3347	2.4871	2.4465
	每股经营现金净流量(元)	0.0785	0.0519	-0.0245	0.0208
	每股现金流量(元)	0.0170	-0.0816	0.0123	-0.1380
	每股资本公积金(元)	0.1909	0.1909	0.2384	0.2361
	每股盈余公积金(元)	0.1424	0.1424	0.1424	0.1424
	每股未分配利润(元)	0.9330	1.0155	1.1067	1.0684
	净资产收益率(%)	-3.6635	-2.2652	1.5410	4.7280
	加权净资产收益率(%)	-3.6000	-2.2200	1.5500	4.8400
	净资产收益率(扣除)(%)	-3.6968	-4.5891	-0.0088	3.7583
	总资产(万元)	101304.38	104081.71	110393.54	105122.03
	归属母公司股东权益(万元)	46162.67	47862.17	50986.47	50153.02
	营业收入(万元)	7653.34	18331.06	10979.42	29915.24
	营业支出(万元)	5043.09	11230.34	6546.55	17847.31
	投资收益(万元)	73.80	951.71	941.71	92.25
	净利润(万元)	-1691.16	-1084.16	785.69	2371.24
	营业利润(万元)	-1670.74	-1146.37	907.36	2575.53
	利润总额(万元)	-1664.94	-926.43	946.54	3099.41

游族网络股份有限公司

公司概况	公司名称	游族网络股份有限公司			证券简称	游族网络
	法人代表	林奇	董秘	刘应坤	证券代码	002174
	公司网址	www.youzu.com		电子信箱	ir@youzu.com	
	电　话	021-33671551		传　真	021-33676520	
	办公地址	上海市徐汇区宜山路711号华鑫商务中心2号楼				
	经营范围	计算机技术领域内的技术开发、技术转让、技术服务、技术咨询等				

主要财务指标	指标\报告期	2015.06.30	2014.12.31	2014.06.30	2013.12.31
	基本每股收益(元)	0.7900	1.6700	0.7000	1.5300
	基本每股收益(扣除后)(元)	0.7900	1.6000	0.6600	-0.2830
	稀释每股收益(元)	0.7900	1.6700	0.7000	-0.2470
	每股净资产(元)	4.0589	3.2805	2.3732	2.6448
	每股经营现金净流量(元)	0.4835	0.8844	0.2370	0.9145
	每股现金流量(元)	0.5754	-0.3071	1.0290	-5.3210
	每股资本公积金(元)	-0.0395	-0.0294	-0.0244	1.8695
	每股盈余公积金(元)	0.1105	0.1105	0.0954	2.4481
	每股未分配利润(元)	2.9872	2.1980	1.3025	18.2103
	净资产收益率(%)	19.4455	45.8384	24.9910	-9.3274
	加权净资产收益率(%)	21.4800	67.0700	36.1600	-9.1300
	净资产收益率(扣除)(%)	19.5758	43.9150	-	-10.7026
	总资产(万元)	181799.73	137549.17	74347.10	38351.58
	归属母公司股东权益(万元)	111907.29	90446.72	65432.43	25273.03
	营业收入(万元)	65136.09	84353.57	39813.05	91980.53
	营业支出(万元)	24497.12	25620.72	16232.76	87227.20
	投资收益(万元)	-207.59	-268.76	-	-
	净利润(万元)	21226.41	40770.27	16352.41	-2046.02
	营业利润(万元)	20562.12	34094.63	13241.68	-3243.61
	利润总额(万元)	22236.38	39863.59	16466.01	-2852.79

东方时代网络传媒股份有限公司

公司概况	公司名称	东方时代网络传媒股份有限公司			证券简称	东方网络
	法人代表	彭朋	董秘	黄艳	证券代码	002175
	公司网址	www.guanglu.com.cn		电子信箱	hy@guanglu.com.cn	
	电　话	0773-5820465		传　真	0773-5834866	
	办公地址	广西壮族自治区桂林市国家高新区5号区				
	经营范围	开发、设计专用集成电路(IC)、生产销售电子数字智能化测控设备等				

主要财务指标	指标\报告期	2015.06.30	2014.12.31	2014.06.30	2013.12.31
	基本每股收益(元)	0.0660	0.1633	0.0775	0.1042
	基本每股收益(扣除后)(元)	0.0600	0.1459	0.0700	0.0900
	稀释每股收益(元)	0.0660	0.1633	0.0775	0.1042
	每股净资产(元)	3.5478	5.5709	5.4857	4.4833
	每股经营现金净流量(元)	-0.1446	0.2019	0.0365	0.0871
	每股现金流量(元)	0.3481	0.6025	-0.0557	0.4779
	每股资本公积金(元)	2.0657	3.9052	3.9052	2.7535
	每股盈余公积金(元)	0.0941	0.1505	0.1429	0.1748
	每股未分配利润(元)	0.3880	0.5152	0.4376	0.5550
	净资产收益率(%)	1.8607	2.7079	1.1972	2.0584
	加权净资产收益率(%)	1.8800	3.1700	1.6500	2.6000
	净资产收益率(扣除)(%)	1.6824	2.4194	1.0632	1.7782
	总资产(万元)	133179.14	111901.87	104586.45	66048.65
	归属母公司股东权益(万元)	81800.34	80278.25	79050.81	52812.58
	营业收入(万元)	14511.00	24283.87	10928.48	17673.24
	营业支出(万元)	9014.59	16727.31	7613.81	12190.14
	投资收益(万元)	334.53	1253.02	518.30	381.03
	净利润(万元)	1500.30	2174.51	946.41	1087.10
	营业利润(万元)	1674.39	2375.92	1107.57	1150.83
	利润总额(万元)	1749.38	2480.19	1189.32	1268.80

江西特种电机股份有限公司

公司概况	公司名称	江西特种电机股份有限公司			证券简称	江特电机
	法人代表	朱军	董秘	翟忠南	证券代码	002176
	公司网址	www.jiangte.com.cn		电子信箱	zhaizn681122@163.com	
	电　话	0795-3266280		传　真	0795-3274523	
	办公地址	上海市普陀区西康路1255号普陀科技大厦11楼				
	经营范围	电动机、发电机及发电机组、通用设备、水轮机及辅机、液压和气压等				

主要财务指标	指标\报告期	2015.06.30	2014.12.31	2014.06.30	2013.12.31
	基本每股收益(元)	0.0700	0.0800	0.0700	0.1300
	基本每股收益(扣除后)(元)	0.0400	0.0600	0.0700	-
	稀释每股收益(元)	0.0700	0.0800	0.0700	0.1300
	每股净资产(元)	3.7151	3.6579	2.1872	2.1053
	每股经营现金净流量(元)	-0.0322	-0.0270	-0.0204	0.0611
	每股现金流量(元)	-0.6283	0.7371	-0.1279	-0.1683
	每股资本公积金(元)	2.0701	2.0691	0.4764	0.4552
	每股盈余公积金(元)	0.0784	0.0784	0.0878	0.0881
	每股未分配利润(元)	0.5652	0.5090	0.6216	0.5607
	净资产收益率(%)	1.7817	2.0244	3.3726	6.3658
	加权净资产收益率(%)	1.7900	2.9200	3.4400	6.6300
	净资产收益率(扣除)(%)	1.2087	1.4210	3.0045	4.8191
	总资产(万元)	242158.01	229229.59	171350.14	158337.28
	归属母公司股东权益(万元)	194359.41	191365.65	93150.64	89353.01
	营业收入(万元)	40364.75	79329.91	42374.60	85538.03
	营业支出(万元)	29601.45	59554.53	31769.56	64433.16
	投资收益(万元)	441.90	595.04	-	49.35
	净利润(万元)	3557.37	4376.68	3141.60	5688.08
	营业利润(万元)	3506.25	4563.58	3541.02	5761.25
	利润总额(万元)	4326.97	5321.81	3965.95	7277.15

广州御银科技股份有限公司

公司概况	公司名称	广州御银科技股份有限公司			证券简称	御银股份
	法人代表	杨文江	董秘	谭骅	证券代码	002177
	公司网址	www.kingteller.com.cn		电子信箱	zqb@kingteller.com.cn	
	电　话	0020-29087848		传　真	0020-29087850	
	办公地址	广东省广州市萝岗区瑞发路12号				
	经营范围	电子产品、通讯产品、电脑软件、金融机具设备及网络等				

主要财务指标	指标\报告期	2015.06.30	2014.12.31	2014.06.30	2013.12.31
	基本每股收益(元)	0.0700	0.1700	0.1000	0.1600
	基本每股收益(扣除后)(元)	0.0752	0.1492	0.0900	-
	稀释每股收益(元)	0.0700	0.1700	0.1000	0.1600
	每股净资产(元)	2.1864	2.1140	2.0556	1.9723
	每股经营现金净流量(元)	-0.2110	0.2318	-0.0972	0.1309
	每股现金流量(元)	-0.1896	0.1496	-0.1030	-0.1676
	每股资本公积金(元)	0.0390	0.0390	0.0582	0.0607
	每股盈余公积金(元)	0.0552	0.0552	0.0504	0.0504
	每股未分配利润(元)	1.0922	1.0199	0.9470	0.8612
	净资产收益率(%)	3.3106	8.2036	4.6618	8.2851
	加权净资产收益率(%)	3.3700	8.5300	4.7400	8.6100
	净资产收益率(扣除)(%)	3.4400	7.0558	4.6053	8.7401
	总资产(万元)	221999.96	185277.71	182783.96	173557.47
	归属母公司股东权益(万元)	166424.58	160914.95	156470.11	150128.50
	营业收入(万元)	51779.97	97171.15	44110.31	84867.13
	营业支出(万元)	33023.37	58109.04	26549.25	46254.41
	投资收益(万元)	226.04	3018.94	129.47	1688.39
	净利润(万元)	5509.65	13200.78	7294.36	12438.25
	营业利润(万元)	5726.89	14442.93	7608.58	16080.88
	利润总额(万元)	5808.54	14895.10	7947.11	15354.78

上海延华智能科技(集团)股份有限公司

公司概况	公司名称	上海延华智能科技(集团)股份有限公司			证券简称	延华智能
	法人代表	胡黎明	董秘	伍朝晖	证券代码	002178
	公司网址	www.chinaforwards.com		电子信箱	yanhua_sh@126.com	
	电　话	021-61818686*309		传　真	021-61818696	
	办公地址	上海市西康路1255号普陀科技大厦六楼				
	经营范围	楼宇智能化工程、公共安全防范工程设计、施工、维修、计算机网络系统集成等				

主要财务指标	指标\报告期	2015.06.30	2014.12.31	2014.06.30	2013.12.31
	基本每股收益(元)	0.0500	0.1600	0.0800	0.2600
	基本每股收益(扣除后)(元)	0.0400	0.1500	0.0800	0.1700
	稀释每股收益(元)	0.0500	0.1600	0.0800	0.2600
	每股净资产(元)	1.1883	2.0370	1.9362	3.8659
	每股经营现金净流量(元)	-0.1854	0.2142	-0.2274	0.0962
	每股现金流量(元)	-0.3385	0.5445	0.1651	0.8069
	每股资本公积金(元)	0.0800	0.6747	0.6493	2.2592
	每股盈余公积金(元)	0.0297	0.0536	0.0419	0.0906
	每股未分配利润(元)	0.0786	0.3087	0.2450	0.5161
	净资产收益率(%)	4.3384	7.6394	4.1433	5.6527
	加权净资产收益率(%)	4.4900	7.9000	4.3900	8.5300
	净资产收益率(扣除)(%)	3.2088	7.0415	4.1357	3.8412
	总资产(万元)	136162.63	135811.79	119504.64	119845.23
	归属母公司股东权益(万元)	79725.96	75803.18	72054.28	66562.48
	营业收入(万元)	40303.29	82420.73	36313.42	77591.47
	营业支出(万元)	31507.94	63641.46	27651.13	62869.87
	投资收益(万元)	61.38	290.52	173.01	387.31
	净利润(万元)	3318.17	6183.15	2985.42	3762.56
	营业利润(万元)	2554.62	6690.07	3528.90	3701.29
	利润总额(万元)	4026.65	7012.86	3535.76	4985.51

中航光电科技股份有限公司

公司概况	公司名称	中航光电科技股份有限公司			证券简称	中航光电
	法人代表	郭泽义	董秘	刘阳	证券代码	002179
	公司网址	www.jonhon.cn		电子信箱	zhengquan@jonhon.cn	
	电　话	0379-64326068		传　真	0379-64326068	
	办公地址	河南省洛阳市高新技术开发区周山路10号				
	经营范围	光电元器件及电子信息产品的生产、销售等				

主要财务指标	指标\报告期	2015.06.30	2014.12.31	2014.06.30	2013.12.31
	基本每股收益(元)	0.4243	0.7300	0.2883	0.5500
	基本每股收益(扣除后)(元)	0.4164	0.7200	0.2823	0.5200
	稀释每股收益(元)	0.4243	0.7300	0.2883	0.5500
	每股净资产(元)	5.1029	6.1700	5.7300	5.5503
	每股经营现金净流量(元)	–0.0594	0.3312	–0.2872	0.4404
	每股现金流量(元)	–0.3534	–0.6590	–0.9269	2.2817
	每股资本公积金(元)	1.5609	2.3256	2.3108	2.3302
	每股盈余公积金(元)	0.7598	0.8896	0.8206	0.7427
	每股未分配利润(元)	1.7683	1.9454	1.5700	1.4596
	净资产收益率(%)	8.3151	11.8702	5.0287	9.5026
	加权净资产收益率(%)	8.5900	12.5400	5.0600	10.7600
	净资产收益率(扣除)(%)	8.1599	11.5901	4.9319	9.0782
	总资产(万元)	663445.13	624013.58	544364.10	532524.62
	归属母公司股东权益(万元)	307457.87	286092.76	265296.52	257239.38
	营业收入(万元)	220716.11	349124.57	147341.00	260176.32
	营业支出(万元)	147443.44	234564.60	98819.94	173607.58
	投资收益(万元)	1094.93	1603.00	516.28	1391.02
	净利润(万元)	27060.71	37442.83	13362.52	24444.47
	营业利润(万元)	30631.94	42514.44	17091.64	29631.76
	利润总额(万元)	31251.53	43762.13	17571.56	30369.03

珠海艾派克科技股份有限公司

公司概况	公司名称	珠海艾派克科技股份有限公司			证券简称	艾派克
	法人代表	汪东颖	董秘	张剑洲	证券代码	002180
	公司网址	www.apexmic.cn		电子信箱	sec@apexmic.cn	
	电　话	0756-3265238		传　真	0756-3265238	
	办公地址	广东省珠海市香洲区前山明珠北路63号04栋6楼A区				
	经营范围	研制、生产、销售:继电保护装置、自动装置、变电站综合自动化系统等				

主要财务指标	指标\报告期	2015.06.30	2014.12.31	2014.06.30	2013.12.31
	基本每股收益(元)	0.2900	0.5900	0.3800	0.5300
	基本每股收益(扣除后)(元)	0.2800	0.5700	–0.0320	–
	稀释每股收益(元)	0.2900	0.5900	0.3800	0.5300
	每股净资产(元)	1.5231	1.3330	2.5600	2.9764
	每股经营现金净流量(元)	0.1998	0.4861	0.6290	3.6917
	每股现金流量(元)	0.0989	1.1250	2.3072	–1.6102
	每股资本公积金(元)	–0.8060	–0.3418	0.5379	1.3011
	每股盈余公积金(元)	0.1162	0.1162	0.1768	0.6883
	每股未分配利润(元)	1.2154	1.3487	0.8410	3.2312
	净资产收益率(%)	19.3618	35.8962	–1.2467	1.0409
	加权净资产收益率(%)	19.9200	38.5500	28.1100	36.5600
	净资产收益率(扣除)(%)	18.4090	34.3683	–1.2377	0.0455
	总资产(万元)	71813.29	141102.43	42225.87	43950.83
	归属母公司股东权益(万元)	64386.21	89526.04	36744.60	36372.36
	营业收入(万元)	22896.77	47952.72	25031.86	46342.22
	营业支出(万元)	7260.23	18657.95	9521.53	21005.39
	投资收益(万元)	25.40	673.78	665.31	760.38
	净利润(万元)	12889.31	20948.02	12294.87	16708.07
	营业利润(万元)	12892.31	22020.72	12932.07	17682.45
	利润总额(万元)	14686.76	24603.22	14309.13	19346.78

广东广州日报传媒股份有限公司

公司概况	公司名称	广东广州日报传媒股份有限公司			证券简称	粤传媒
	法人代表	顾润清	董秘	钟华强(代)	证券代码	002181
	公司网址	www.gdgzrb.com		电子信箱	ycm2181@gdgzrb.com	
	电　话	020-83569319　83569336		传　真	020-83569332	
	办公地址	广东省广州市白云区增槎路1113号				
	经营范围	设计、制作、代理国内各类广告、出版物印刷、包装装潢印刷品等				

主要财务指标	指标\报告期	2015.06.30	2014.12.31	2014.06.30	2013.12.31
	基本每股收益(元)	0.0298	0.3253	0.0760	0.4451
	基本每股收益(扣除后)(元)	0.0351	0.3083	0.0730	0.4508
	稀释每股收益(元)	0.0298	0.3253	0.0760	0.4451
	每股净资产(元)	3.7545	5.9895	5.4766	5.5506
	每股经营现金净流量(元)	–0.0715	0.2711	–0.0558	0.3418
	每股现金流量(元)	–0.4204	–0.8374	–0.1996	0.3100
	每股资本公积金(元)	1.0998	2.3598	1.9748	1.9748
	每股盈余公积金(元)	0.1681	0.2690	0.2640	0.2640
	每股未分配利润(元)	1.4865	2.3607	2.2378	2.3119
	净资产收益率(%)	0.7934	5.2836	1.3873	8.0188
	加权净资产收益率(%)	0.7900	5.6200	1.3700	8.2900
	净资产收益率(扣除)(%)	0.9340	5.0086	1.3337	8.1210
	总资产(万元)	497943.07	506181.86	418570.35	429277.21
	归属母公司股东权益(万元)	435914.86	434633.71	378980.87	384103.22
	营业收入(万元)	66978.87	161792.36	66496.44	167100.69
	营业支出(万元)	42730.67	93934.00	41889.54	99987.68
	投资收益(万元)	3174.84	5160.92	2243.25	4148.15
	净利润(万元)	3441.12	23038.74	5257.69	30800.62
	营业利润(万元)	4423.37	25325.09	7629.75	31145.72
	利润总额(万元)	3811.56	24982.84	7867.49	30759.57

南京云海特种金属股份有限公司

公司概况	公司名称	南京云海特种金属股份有限公司			证券简称	云海金属
	法人代表	梅小明	董秘	吴剑飞	证券代码	002182
	公司网址	www.rsm.com.cn		电子信箱	fly@rsm.com.cn	
	电　话	025-57234888		传　真	025-57234168	
	办公地址	江苏省南京市溧水经济开发区秀山东路9号				
	经营范围	金属镁及镁合金产品、金属锶和其他碱土金属及合金的生产和销售等				

主要财务指标	指标\报告期	2015.06.30	2014.12.31	2014.06.30	2013.12.31
	基本每股收益(元)	0.0524	0.0960	0.0510	0.0880
	基本每股收益(扣除后)(元)	0.0373	0.0894	0.0400	0.0733
	稀释每股收益(元)	0.0524	0.0960	0.0510	0.0880
	每股净资产(元)	3.1244	3.1698	3.1344	3.1832
	每股经营现金净流量(元)	0.2791	1.1681	0.7389	0.0416
	每股现金流量(元)	–0.0112	0.1258	0.2306	–0.3893
	每股资本公积金(元)	1.5610	1.5610	1.5700	1.5700
	每股盈余公积金(元)	0.0801	0.0730	0.0679	0.0679
	每股未分配利润(元)	0.4767	0.5315	0.4919	0.5406
	净资产收益率(%)	1.6785	3.0274	1.6377	2.7649
	加权净资产收益率(%)	1.6900	3.0200	1.6100	2.7900
	净资产收益率(扣除)(%)	1.1937	2.8196	1.2747	2.3015
	总资产(万元)	289298.64	271940.36	261161.82	275322.79
	归属母公司股东权益(万元)	89983.60	91291.52	90270.56	91677.35
	营业收入(万元)	148777.22	321568.33	162432.03	371996.82
	营业支出(万元)	133105.59	289500.15	145823.37	341295.88
	投资收益(万元)	–4.54	–69.26	–39.42	–28.95
	净利润(万元)	1034.69	1817.24	1478.38	2534.75
	营业利润(万元)	475.74	964.15	1843.07	1165.53
	利润总额(万元)	1216.16	1520.71	2330.17	1838.09

深圳市怡亚通供应链股份有限公司

公司概况	公司名称	深圳市怡亚通供应链股份有限公司			证券简称	怡亚通
	法人代表	周国辉	董秘	梁欣	证券代码	002183
	公司网址	www.eascs.com		电子信箱	002183@eascs.com	
	电　话	0755-88393198 88393181		传　真	0755-83290734 3172	
	办公地址	广东省深圳市龙岗区南湾街道李朗路3号怡亚通供应链整合物流中心1号楼				
	经营范围	国内商业(不含限制项目)、预包装食品(不含复热预包装食品)、乳制品等				

主要财务指标	指标\报告期	2015.06.30	2014.12.31	2014.06.30	2013.12.31
	基本每股收益(元)	0.2300	0.3200	0.1500	0.2100
	基本每股收益(扣除后)(元)	0.2200	0.2700	0.1500	0.1900
	稀释每股收益(元)	0.2300	0.3200	0.1500	0.2100
	每股净资产(元)	4.4755	3.1750	2.8167	2.7113
	每股经营现金净流量(元)	-0.9359	-3.2877	-1.1936	-2.7570
	每股现金流量(元)	1.4895	0.4183	-0.0210	0.1834
	每股资本公积金(元)	1.9868	0.8639	1.1290	1.1188
	每股盈余公积金(元)	0.1128	0.1173	0.1110	0.1110
	每股未分配利润(元)	0.9530	0.7589	0.6132	0.5289
	净资产收益率(%)	4.9881	9.8572	5.4789	7.4911
	加权净资产收益率(%)	6.2500	10.8000	5.5200	10.2300
	净资产收益率(扣除)(%)	4.9113	8.2852	5.2790	6.5868
	总资产(万元)	2664247.80	2185265.16	1784700.18	1452053.15
	归属母公司股东权益(万元)	464374.50	316797.88	277766.85	267365.20
	营业收入(万元)	1491124.92	2194985.88	993350.01	1151420.03
	营业支出(万元)	1384325.83	2033941.16	923285.34	1051990.88
	投资收益(万元)	3203.50	6155.38	4911.93	4154.99
	净利润(万元)	23033.85	32389.53	15218.59	20028.52
	营业利润(万元)	25746.94	39208.82	19991.10	26807.27
	利润总额(万元)	26078.29	41934.24	19551.44	26276.00

上海海得控制系统股份有限公司

公司概况	公司名称	上海海得控制系统股份有限公司			证券简称	海得控制
	法人代表	许泓	董秘	吴秋农	证券代码	002184
	公司网址	www.hite.com.cn		电子信箱	linn@hite.com.cn	
	电　话	021-60572990		传　真	021-60572990	
	办公地址	上海市闵行区新骏环路777号				
	经营范围	主营工业自动化、电子电气及信息领域的系统集成和相关产品的研发、制造、销售等				

主要财务指标	指标\报告期	2015.06.30	2014.12.31	2014.06.30	2013.12.31
	基本每股收益(元)	0.1331	0.2520	0.0509	0.1406
	基本每股收益(扣除后)(元)	0.1228	0.1863	0.0428	0.1019
	稀释每股收益(元)	0.1331	0.2520	0.0509	0.1406
	每股净资产(元)	3.4753	3.4922	3.2938	3.3428
	每股经营现金净流量(元)	-0.1820	0.1048	-0.1745	0.0570
	每股现金流量(元)	0.2476	0.2000	0.1032	-0.1377
	每股资本公积金(元)	1.1694	1.1694	1.1720	1.1720
	每股盈余公积金(元)	0.2241	0.2241	0.2088	0.2088
	每股未分配利润(元)	1.0818	1.0987	0.9130	0.9620
	净资产收益率(%)	3.8298	7.2158	1.5479	4.2053
	加权净资产收益率(%)	3.7400	7.3730	1.5100	4.2600
	净资产收益率(扣除)(%)	3.5335	5.3353	1.3009	3.0479
	总资产(万元)	174689.65	154835.58	143535.42	127949.60
	归属母公司股东权益(万元)	76456.39	76828.29	72464.06	73542.42
	营业收入(万元)	74134.65	154409.21	67052.34	143146.92
	营业支出(万元)	56417.27	122499.34	53243.68	117391.99
	投资收益(万元)	106.37	409.30	74.23	160.54
	净利润(万元)	3485.87	6546.74	1121.64	3092.68
	营业利润(万元)	2511.09	5186.17	1773.57	3395.98
	利润总额(万元)	3623.95	7643.00	2033.89	4493.66

天水华天科技股份有限公司

公司概况	公司名称	天水华天科技股份有限公司			证券简称	华天科技
	法人代表	肖胜利	董秘	常文瑛	证券代码	002185
	公司网址	www.tshtkj.com		电子信箱	htcwy2000@163.com	
	电　话	0938-8631816 8631990		传　真	0938-8630216 8632260	
	办公地址	甘肃省天水市秦州区双桥路14号				
	经营范围	半导体集成电路研发、生产、封装、测试、销售等				

主要财务指标	指标\报告期	2015.06.30	2014.12.31	2014.06.30	2013.12.31
	基本每股收益(元)	0.2452	0.4483	0.2116	0.3065
	基本每股收益(扣除后)(元)	0.1699	0.3741	0.1823	0.2898
	稀释每股收益(元)	0.2452	0.4483	0.2114	0.3065
	每股净资产(元)	3.6380	3.4536	2.9930	2.7326
	每股经营现金净流量(元)	0.3896	0.7936	0.2724	0.5966
	每股现金流量(元)	-0.2107	0.1861	-0.1257	-0.0137
	每股资本公积金(元)	0.9887	0.9887	0.6915	0.5692
	每股盈余公积金(元)	0.1483	0.1483	0.1252	0.1277
	每股未分配利润(元)	1.5017	1.3165	1.1763	1.0357
	净资产收益率(%)	6.7396	12.3869	7.0259	11.2162
	加权净资产收益率(%)	6.8800	14.7200	7.3300	12.2000
	净资产收益率(扣除)(%)	4.6704	10.3371	6.0533	10.6064
	总资产(万元)	470660.61	415805.18	381972.73	355900.97
	归属母公司股东权益(万元)	253580.74	240725.41	198269.48	177568.57
	营业收入(万元)	172222.01	330548.17	156276.83	244716.33
	营业支出(万元)	133504.44	258194.70	120962.56	192018.90
	投资收益(万元)	378.35	-154.05	-147.33	-1325.81
	净利润(万元)	17210.28	30577.75	13930.25	19916.43
	营业利润(万元)	14739.16	28217.86	14053.61	18932.03
	利润总额(万元)	21128.57	34824.66	16609.11	22656.25

中国全聚德(集团)股份有限公司

公司概况	公司名称	中国全聚德(集团)股份有限公司			证券简称	全聚德
	法人代表	王志强	董秘	施炳丰	证券代码	002186
	公司网址	www.quanjude.com.cn		电子信箱	quanjude@quanjude.com.cn	
	电　话	010-63048992 83156608		传　真	010-63048990 83156818	
	办公地址	北京市宣武区前门西河沿217号				
	经营范围	餐饮服务及食品加工销售等				

主要财务指标	指标\报告期	2015.06.30	2014.12.31	2014.06.30	2013.12.31
	基本每股收益(元)	0.2220	0.4243	0.2266	0.3888
	基本每股收益(扣除后)(元)	0.2194	0.3969	0.2230	0.4282
	稀释每股收益(元)	-	-	0.2266	3.2234
	每股净资产(元)	4.2582	4.2382	3.2289	3.2234
	每股经营现金净流量(元)	0.3732	0.5832	0.3446	0.7266
	每股现金流量(元)	-0.8304	1.2044	1.3292	0.0717
	每股资本公积金(元)	1.7499	1.7499	0.8252	0.8252
	每股盈余公积金(元)	0.3196	0.3196	0.3037	0.3037
	每股未分配利润(元)	1.1887	1.1687	1.1012	1.0946
	净资产收益率(%)	5.2131	9.6006	7.0156	12.0603
	加权净资产收益率(%)	5.1400	11.3800	6.8700	12.4100
	净资产收益率(扣除)(%)	5.1518	8.9812	6.9047	13.2841
	总资产(万元)	173637.46	172435.91	175097.99	140364.08
	归属母公司股东权益(万元)	131349.77	130733.40	91448.25	91261.24
	营业收入(万元)	89222.36	184602.39	87206.42	190236.26
	营业支出(万元)	38177.78	79683.93	38571.06	82929.80
	投资收益(万元)	917.08	2904.17	772.19	1819.20
	净利润(万元)	7282.49	13842.41	6415.65	11006.38
	营业利润(万元)	9220.43	17426.02	8724.20	17339.58
	利润总额(万元)	9301.75	17804.84	8883.26	15560.86

广州市广百股份有限公司

公司概况	公司名称	广州市广百股份有限公司			证券简称	广百股份
	法人代表	王华俊	董秘	邓华东	证券代码	002187
	公司网址	www.grandbuy.com.cn		电子信箱	grandbuyoffice@163.com	
	电　话	020-83322348		传　真	020-83331334	
	办公地址	广东省广州市越秀区西湖路 12 号 10-12 楼				
	经营范围	百货零售、电器批发代理及购物中心业务				

	指标＼报告期	2015.06.30	2014.12.31	2014.06.30	2013.12.31
主要财务指标	基本每股收益(元)	0.3600	0.7000	0.3500	0.6500
	基本每股收益(扣除后)(元)	0.3100	0.5300	0.3300	0.5900
	稀释每股收益(元)	0.3600	0.7000	0.3500	0.6500
	每股净资产(元)	7.0330	6.9692	6.6198	6.5818
	每股经营现金净流量(元)	-0.2083	0.1992	-0.3216	1.1580
	每股现金流量(元)	-3.2497	-0.0440	-0.9688	0.6509
	每股资本公积金(元)	2.7102	2.7102	2.7089	2.7185
	每股盈余公积金(元)	0.5822	0.5332	0.5156	0.4651
	每股未分配利润(元)	2.7406	2.7258	2.3954	2.3981
	净资产收益率(%)	5.1722	9.9830	5.2523	9.8564
	加权净资产收益率(%)	5.1600	10.3500	5.2200	10.2900
	净资产收益率(扣除)(%)	4.3523	7.6026	4.9761	8.9673
	总资产(万元)	420816.28	451192.26	438224.68	489534.97
	归属母公司股东权益(万元)	240825.59	238642.33	226678.05	225375.01
	营业收入(万元)	377541.39	764555.97	393697.57	776057.45
	营业支出(万元)	306198.99	624864.63	321104.54	625369.05
	投资收益(万元)	4114.95	4284.98	1464.37	298.67
	净利润(万元)	12181.07	23288.20	11905.84	22213.91
	营业利润(万元)	16136.26	29896.67	15548.46	27115.92
	利润总额(万元)	16143.72	31021.05	15531.11	27967.26

浙江新嘉联电子股份有限公司

公司概况	公司名称	浙江新嘉联电子股份有限公司			证券简称	新嘉联
	法人代表	韦中总	董秘	赵斌	证券代码	002188
	公司网址	www.newjialian.com		电子信箱	njlstock@newjialian.com	
	电　话	0573-84252627		传　真	0573-84252318	
	办公地址	浙江省嘉兴市嘉善县经济开发区东升路 36 号				
	经营范围	微型受话器、扬声器的销售和生产				

	指标＼报告期	2015.06.30	2014.12.31	2014.06.30	2013.12.31
主要财务指标	基本每股收益(元)	-0.0600	-0.1300	-0.0400	0.0500
	基本每股收益(扣除后)(元)	-0.1000	-0.2100	-0.0700	-0.2000
	稀释每股收益(元)	-0.0600	-0.1300	-0.0400	0.0500
	每股净资产(元)	1.8700	1.9304	2.0200	2.0584
	每股经营现金净流量(元)	-0.1024	-0.1164	-0.0527	-0.0840
	每股现金流量(元)	-0.1594	-0.1653	-0.3513	-0.2214
	每股资本公积金(元)	0.7191	0.7191	0.7189	0.7189
	每股盈余公积金(元)	0.0497	0.0497	0.0497	0.0497
	每股未分配利润(元)	0.1030	0.1631	0.2556	0.2908
	净资产收益率(%)	-3.2132	-6.6147	-1.7400	2.4475
	加权净资产收益率(%)	-3.1600	-6.4000	-1.7300	2.4800
	净资产收益率(扣除)(%)	-5.4735	-10.9322	-3.5439	-9.7550
	总资产(万元)	32040.35	33512.72	33933.79	35642.39
	归属母公司股东权益(万元)	29171.94	30114.91	31568.96	32111.66
	营业收入(万元)	5029.44	11578.64	5477.48	16046.16
	营业支出(万元)	4388.84	10035.57	4715.48	14386.26
	投资收益(万元)	629.96	1516.35	669.10	1015.78
	净利润(万元)	-961.17	-2019.93	-549.30	785.93
	营业利润(万元)	-954.44	-1832.41	-546.13	-2955.01
	利润总额(万元)	-957.70	-1856.04	-543.86	812.50

利达光电股份有限公司

公司概况	公司名称	利达光电股份有限公司			证券简称	利达光电
	法人代表	李智超	董秘	张子民	证券代码	002189
	公司网址	www.lida-oe.com		电子信箱	zzm@lida-oe.com.cn	
	电　话	0377-63865031		传　真	0377-63167800	
	办公地址	河南省南阳市工业南路 508 号				
	经营范围	光学元件、光学辅材、光敏电阻等光电产品的研发、生产和销售				

	指标＼报告期	2015.06.30	2014.12.31	2014.06.30	2013.12.31
主要财务指标	基本每股收益(元)	0.0300	0.0700	0.0140	0.0500
	基本每股收益(扣除后)(元)	0.0300	0.0600	0.0100	0.0500
	稀释每股收益(元)	0.0300	0.0700	0.0140	0.0500
	每股净资产(元)	2.5724	2.5627	2.5077	2.5097
	每股经营现金净流量(元)	0.2124	0.2779	0.0903	0.2082
	每股现金流量(元)	0.2408	0.1184	0.0119	-0.0344
	每股资本公积金(元)	0.9293	0.9293	0.9293	0.9293
	每股盈余公积金(元)	0.0834	0.0834	0.0765	0.0765
	每股未分配利润(元)	0.5597	0.5501	0.5019	0.5039
	净资产收益率(%)	1.0350	2.6938	0.5565	2.0757
	加权净资产收益率(%)	1.0300	2.7200	0.5500	2.0900
	净资产收益率(扣除)(%)	1.0293	2.1846	0.4183	1.4259
	总资产(万元)	85476.33	76278.35	75648.63	74692.16
	归属母公司股东权益(万元)	51251.72	51059.96	49962.55	50003.29
	营业收入(万元)	39750.89	70772.73	33047.24	60449.83
	营业支出(万元)	33914.54	58401.63	28005.70	50055.47
	投资收益(万元)	-	-	-	-
	净利润(万元)	528.87	1314.39	278.05	1037.91
	营业利润(万元)	511.54	1011.31	202.59	598.11
	利润总额(万元)	514.48	1307.69	271.64	980.34

四川成飞集成科技股份有限公司

公司概况	公司名称	四川成飞集成科技股份有限公司			证券简称	成飞集成
	法人代表	张剑龙	董秘	程雁	证券代码	002190
	公司网址	www.cac-citc.com.cn		电子信箱	stock@cac-citc.cn	
	电　话	028-87455103 87455377		传　真	028-87455111	
	办公地址	四川省成都市青羊区日月大道二段 666 号附 1 号				
	经营范围	工模具的设计、研制和制造、计算机集成技术开发与应用等				

	指标＼报告期	2015.06.30	2014.12.31	2014.06.30	2013.12.31
主要财务指标	基本每股收益(元)	0.0700	0.1200	-0.0070	0.1300
	基本每股收益(扣除后)(元)	0.0540	0.0200	-0.0360	0.0200
	稀释每股收益(元)	0.0700	0.1200	-0.0070	0.1300
	每股净资产(元)	4.7245	4.7178	4.5883	4.6418
	每股经营现金净流量(元)	-0.1548	-0.1139	0.0379	0.0993
	每股现金流量(元)	-0.4800	-1.1969	-0.7253	-0.0074
	每股资本公积金(元)	2.8229	2.8229	2.8229	2.8229
	每股盈余公积金(元)	0.2453	0.2453	0.2303	0.2303
	每股未分配利润(元)	0.6417	0.6375	0.5261	0.5831
	净资产收益率(%)	1.5709	2.5303	-0.1531	2.8303
	加权净资产收益率(%)	1.5600	2.5500	-0.1500	2.8700
	净资产收益率(扣除)(%)	1.1477	0.4073	-0.7818	0.4667
	总资产(万元)	354719.26	335244.48	311742.01	309352.25
	归属母公司股东权益(万元)	163082.83	162852.30	158382.38	160228.20
	营业收入(万元)	63452.03	91866.56	27031.64	77888.39
	营业支出(万元)	48996.71	73196.73	21732.83	61930.62
	投资收益(万元)	249.13	420.08	-3.58	822.84
	净利润(万元)	3595.02	2995.51	-242.50	4534.95
	营业利润(万元)	2955.96	-1711.64	-2846.67	-235.02
	利润总额(万元)	4047.04	3495.93	-1088.78	5281.80

深圳劲嘉彩印集团股份有限公司

公司概况						
公司名称	深圳劲嘉彩印集团股份有限公司			证券简称	劲嘉股份	
法人代表	乔鲁予	董秘	李晓华	证券代码	002191	
公司网址	www.jinjia.com		电子信箱	jjcp@jinjia.com		
电　话	0755-26609999-1078		传　真	0755-26498899		
办公地址	深圳市南山区高新技术产业园区科技中二路劲嘉科技大厦 18-19 层					
经营范围	包装材料及印刷材料技术的设计、研发等					

指标\报告期	2015.06.30	2014.12.31	2014.06.30	2013.12.31
基本每股收益(元)	0.3000	0.8900	0.5000	0.7400
基本每股收益(扣除后)(元)	0.2800	0.8739	0.5000	0.7200
稀释每股收益(元)	0.3000	0.8900	0.5000	0.7400
每股净资产(元)	2.8673	5.2812	4.9700	4.5700
每股经营现金净流量(元)	0.2601	1.0925	0.4064	0.7757
每股现金流量(元)	-0.0966	0.1601	-0.1478	-0.1116
每股资本公积金(元)	0.1400	0.8697	0.8761	0.8713
每股盈余公积金(元)	0.2369	0.4746	0.3612	0.3612
每股未分配利润(元)	1.4997	2.9556	2.7475	2.3465
净资产收益率(%)	10.4235	16.6759	10.0843	16.2651
加权净资产收益率(%)	10.7700	18.1500	10.3300	18.2000
净资产收益率(扣除)(%)	9.6270	16.3017	-	15.8745
总资产(万元)	498220.32	473848.53	441784.43	450725.81
归属母公司股东权益(万元)	377195.31	346787.66	319014.38	293122.11
营业收入(万元)	134535.07	232323.95	119542.73	213651.05
营业支出(万元)	74662.86	135979.64	68993.56	128377.90
投资收益(万元)	7758.43	14720.31	6379.82	11174.05
净利润(万元)	42011.26	60510.70	32161.12	47676.52
营业利润(万元)	46133.01	66952.27	38741.92	56554.31
利润总额(万元)	50110.24	68557.52	38761.94	57961.68

融捷股份有限公司

公司概况						
公司名称	融捷股份有限公司			证券简称	*ST 融捷	
法人代表	吕向阳	董秘	陈新华	证券代码	002192	
公司网址	www.luxiang.cn		电子信箱	lxgf@luxiang.cn		
电　话	020-38289069		传　真	020-38289867		
办公地址	广东省广州市天河区珠江西路 5 号广州国际金融中心 45 层 04-05 室					
经营范围	专业沥青产品的开发、生产与销售等					

指标\报告期	2015.06.30	2014.12.31	2014.06.30	2013.12.31
基本每股收益(元)	-0.1300	-0.5800	-0.3000	-0.3900
基本每股收益(扣除后)(元)	-0.1400	-0.6500	-0.3200	-0.3900
稀释每股收益(元)	-0.1300	-0.5800	-0.3000	-0.3900
每股净资产(元)	4.0617	1.9815	2.2600	2.5631
每股经营现金净流量(元)	-0.2642	0.0426	-0.5404	-0.6650
每股现金流量(元)	-0.2652	-0.0439	0.2618	-0.2867
每股资本公积金(元)	3.4496	1.3211	1.3211	1.3211
每股盈余公积金(元)	0.0811	0.0988	0.0988	0.0988
每股未分配利润(元)	-0.4757	-0.4472	-0.1693	0.1331
净资产收益率(%)	-2.6728	-29.2849	-13.3783	-14.8194
加权净资产收益率(%)	-5.4400	-25.5300	-12.5400	-15.0000
净资产收益率(扣除)(%)	-2.9781	-32.6651	-14.3784	-14.8874
总资产(万元)	83461.27	89978.17	121823.56	114899.03
归属母公司股东权益(万元)	70309.02	28158.44	32118.63	36423.02
营业收入(万元)	4617.88	47566.89	34956.00	80934.97
营业支出(万元)	2646.80	45129.51	34530.35	72084.56
投资收益(万元)	-	543.27	516.95	-
净利润(万元)	-1493.52	-7778.35	-4296.93	-5397.68
营业利润(万元)	-2690.75	-10207.42	-5789.31	-5680.90
利润总额(万元)	-2007.35	-10337.71	-5874.80	-5703.81

山东济宁如意毛纺织股份有限公司

公司概况						
公司名称	山东济宁如意毛纺织股份有限公司			证券简称	山东如意	
法人代表	邱亚夫	董秘	徐长瑞	证券代码	002193	
公司网址	www.shandongruyi.com		电子信箱	sry@shandongruyi.com		
电　话	0537-2933069		传　真	0537-2935395		
办公地址	山东省济宁市高新区如意工业园					
经营范围	纺织品、服装、纺织机械及配件、纺织原料及辅料等相关产品的生产、销售等					

指标\报告期	2015.06.30	2014.12.31	2014.06.30	2013.12.31
基本每股收益(元)	0.0700	-0.0100	0.0600	0.0100
基本每股收益(扣除后)(元)	0.0500	-0.0300	0.0400	-
稀释每股收益(元)	0.0700	-0.0100	0.0600	0.0100
每股净资产(元)	4.2562	4.1912	4.2627	4.2060
每股经营现金净流量(元)	1.0471	0.4315	-0.0030	0.0528
每股现金流量(元)	0.4925	0.1314	0.1132	-0.1775
每股资本公积金(元)	1.3922	1.3922	1.3973	1.3972
每股盈余公积金(元)	0.3518	0.3518	0.3516	0.3516
每股未分配利润(元)	1.4977	1.4358	1.5138	1.4572
净资产收益率(%)	1.7360	-0.2676	1.3272	0.3558
加权净资产收益率(%)	1.7400	-0.2700	1.3400	0.3600
净资产收益率(扣除)(%)	1.2013	-	1.0030	0.0237
总资产(万元)	191511.75	186641.99	191610.73	176291.54
归属母公司股东权益(万元)	68098.51	67058.76	68202.91	67296.33
营业收入(万元)	28327.22	57804.88	28164.23	58778.42
营业支出(万元)	23269.54	45269.23	22219.95	47553.20
投资收益(万元)	328.86	24.88	-	9.72
净利润(万元)	1182.20	-179.42	905.20	239.46
营业利润(万元)	1025.36	-438.15	746.56	177.98
利润总额(万元)	1491.24	-180.77	1030.03	440.41

武汉凡谷电子技术股份有限公司

公司概况						
公司名称	武汉凡谷电子技术股份有限公司			证券简称	武汉凡谷	
法人代表	孟凡博	董秘	张伟	证券代码	002194	
公司网址	www.fingu.com		电子信箱	fingu@fingu.com		
电　话	027-81388855		传　真	027-81383847		
办公地址	湖北省武汉市江夏区藏龙岛科技园九凤街 5 号					
经营范围	通讯、电子、计算机软件开发、研制、技术服务等					

指标\报告期	2015.06.30	2014.12.31	2014.06.30	2013.12.31
基本每股收益(元)	0.0700	0.2500	0.0938	0.0900
基本每股收益(扣除后)(元)	0.0700	0.2400	0.0900	0.0700
稀释每股收益(元)	0.0700	0.2500	0.0938	0.0900
每股净资产(元)	3.6089	3.6393	3.4873	3.4935
每股经营现金净流量(元)	-0.3763	-0.3152	-0.3087	0.4433
每股现金流量(元)	-0.4726	-0.3372	-0.2707	0.1514
每股资本公积金(元)	1.2740	1.2740	1.2740	1.2740
每股盈余公积金(元)	0.3488	0.3442	0.3341	0.3289
每股未分配利润(元)	0.9861	1.0212	0.8793	0.8907
净资产收益率(%)	1.9285	6.7539	2.6896	2.5124
加权净资产收益率(%)	1.9000	6.9200	2.6700	2.5000
净资产收益率(扣除)(%)	1.8487	6.6723	2.5504	2.0598
总资产(万元)	238847.50	255153.40	250038.70	229943.91
归属母公司股东权益(万元)	200614.11	202304.02	193854.45	194199.34
营业收入(万元)	81057.18	177235.99	84409.14	112430.67
营业支出(万元)	66603.51	142129.53	68058.57	92128.00
投资收益(万元)	-	-	-	-
净利润(万元)	3868.88	13663.48	5213.91	4878.98
营业利润(万元)	4603.42	16171.76	6193.76	4837.50
利润总额(万元)	4791.32	16364.87	6500.28	5928.49

上海二三四五网络控股集团股份有限公司

公司概况	公司名称	上海二三四五网络控股集团股份有限公司			证券简称	二三四五
	法人代表	包叔平	董秘	李静	证券代码	002195
	公司网址	www.2345hyron.com		电子信箱	zhengquan@hyron.com	
	电　话	021-64689626		传　真	021-64689489	
	办公地址	上海市宜山路 700 号普天信息产业园 2 号楼 12 楼				
	经营范围	计算机软、硬件系统及相关系统的集成、开发、咨询、销售及服务等				

主要财务指标	指标\报告期	2015.06.30	2014.12.31	2014.06.30	2013.12.31
	基本每股收益(元)	0.2099	0.6900	0.0910	0.2600
	基本每股收益(扣除后)(元)	0.2607	0.6600	0.2200	0.2100
	稀释每股收益(元)	0.2099	0.6900	0.0910	0.2600
	每股净资产(元)	4.8265	11.6458	4.1017	3.9698
	每股经营现金净流量(元)	0.1599	0.3367	0.2628	0.3984
	每股现金流量(元)	0.2439	0.2290	0.1653	0.0458
	每股资本公积金(元)	3.2364	9.5950	0.6811	0.6809
	每股盈余公积金(元)	0.0410	0.1025	0.2854	0.2854
	每股未分配利润(元)	0.5519	0.9549	2.1504	2.0228
	净资产收益率(%)	4.3494	2.9154	5.5484	6.5508
	加权净资产收益率(%)	4.4300	8.5900	5.6400	6.6200
	净资产收益率(扣除)(%)	4.2912	2.7825	5.4586	5.3212
	总资产(万元)	449512.07	428913.54	51096.90	48813.66
	归属母公司股东权益(万元)	420742.85	406081.47	46485.03	44990.07
	营业收入(万元)	67709.63	65408.43	21986.56	39849.38
	营业支出(万元)	23787.13	31820.79	14334.84	25652.16
	投资收益(万元)	3115.54	255.18	–	–
	净利润(万元)	18297.27	11354.93	2429.20	2921.18
	营业利润(万元)	19457.02	10897.35	2743.68	2292.18
	利润总额(万元)	19735.65	11679.77	2796.98	2970.43

浙江方正电机股份有限公司

公司概况	公司名称	浙江方正电机股份有限公司			证券简称	方正电机
	法人代表	张敏	董秘	牟健	证券代码	002196
	公司网址	www.fdm.com.cn		电子信箱	lsfdm@mail.lsptt.zj.cn	
	电　话	0578-2171041　2021217		传　真	0578-2276502	
	办公地址	浙江省丽水市莲都区水阁工业区石牛路 73 号				
	经营范围	电机、缝纫机的制造、销售、五金工具的销售等				

主要财务指标	指标\报告期	2015.06.30	2014.12.31	2014.06.30	2013.12.31
	基本每股收益(元)	0.0519	0.0700	0.0178	0.0400
	基本每股收益(扣除后)(元)	0.0238	0.0100	–	0.0100
	稀释每股收益(元)	0.0519	0.0700	0.0178	0.0400
	每股净资产(元)	4.9471	4.7207	4.0540	4.1316
	每股经营现金净流量(元)	–0.0569	0.4094	–0.1218	0.5185
	每股现金流量(元)	–0.6359	–0.1026	–0.6070	1.2500
	每股资本公积金(元)	3.3894	3.1923	2.4935	2.4935
	每股盈余公积金(元)	0.1260	0.1315	0.1505	0.1505
	每股未分配利润(元)	0.4399	0.4055	0.4135	0.4957
	净资产收益率(%)	1.0415	1.2635	0.4393	0.8817
	加权净资产收益率(%)	1.0600	1.5500	0.4300	1.2600
	净资产收益率(扣除)(%)	0.4778	0.1157	–0.0276	0.1205
	总资产(万元)	127276.31	127156.55	91798.85	90311.90
	归属母公司股东权益(万元)	88222.16	80625.93	60522.05	61679.54
	营业收入(万元)	36931.80	62247.71	25852.27	48720.85
	营业支出(万元)	31690.85	52240.68	21955.02	40716.20
	投资收益(万元)	343.96	557.53	249.63	121.90
	净利润(万元)	913.01	1018.68	265.89	543.82
	营业利润(万元)	873.83	462.66	123.32	–437.46
	利润总额(万元)	1100.91	1237.15	262.86	566.15

深圳市证通电子股份有限公司

公司概况	公司名称	深圳市证通电子股份有限公司			证券简称	证通电子
	法人代表	曾胜强	董秘	许忠慈	证券代码	002197
	公司网址	www.szzt.com.cn		电子信箱	zcxu@szzt.com.cn	
	电　话	0755-26490118		传　真	0755-26490099	
	办公地址	广东省深圳市光明新区松白路甲子塘证通电子产业园				
	经营范围	开发、生产、销售计算机软件、硬件、外围设备、银行、证券、通讯、商业等				

主要财务指标	指标\报告期	2015.06.30	2014.12.31	2014.06.30	2013.12.31
	基本每股收益(元)	0.0200	0.2400	0.0610	0.2500
	基本每股收益(扣除后)(元)	0.0200	0.2100	0.0397	0.2400
	稀释每股收益(元)	0.0200	0.2400	0.0610	0.2500
	每股净资产(元)	2.6306	4.2133	4.1409	4.1446
	每股经营现金净流量(元)	–0.5494	0.3287	–0.8027	–0.5524
	每股现金流量(元)	–0.1924	0.2857	0.2508	0.5232
	每股资本公积金(元)	0.9819	2.1527	2.0399	2.0399
	每股盈余公积金(元)	0.0470	0.0751	0.0680	0.0680
	每股未分配利润(元)	0.7184	1.1723	1.0330	1.0367
	净资产收益率(%)	0.8837	5.5517	1.4806	5.0910
	加权净资产收益率(%)	0.8800	5.6700	1.4700	8.5300
	净资产收益率(扣除)(%)	0.6690	4.9378	0.9589	4.9245
	总资产(万元)	242493.36	193686.75	181592.78	165867.66
	归属母公司股东权益(万元)	112777.25	112895.69	108157.91	108254.34
	营业收入(万元)	32000.64	96642.12	31445.93	79042.92
	营业支出(万元)	20831.38	68539.04	21957.97	53491.43
	投资收益(万元)	–44.98	553.58	594.75	–59.48
	净利润(万元)	923.42	6263.35	1601.33	5511.19
	营业利润(万元)	530.08	6769.59	1653.70	5534.51
	利润总额(万元)	1102.81	7499.56	1846.12	6312.94

广东嘉应制药股份有限公司

公司概况	公司名称	广东嘉应制药股份有限公司			证券简称	嘉应制药
	法人代表	陈泳洪	董秘	黄康民	证券代码	002198
	公司网址	www.gdjyzy.com.cn		电子信箱	gdjyzy@163.com	
	电　话	0753-2321916		传　真	0753-2321586　2321916	
	办公地址	广东省梅州市东升工业园 B 区				
	经营范围	中成药制剂、散剂、片剂、胶囊剂、颗粒剂的生产销售				

主要财务指标	指标\报告期	2015.06.30	2014.12.31	2014.06.30	2013.12.31
	基本每股收益(元)	0.0628	0.1451	0.0625	0.6545
	基本每股收益(扣除后)(元)	0.0579	0.1269	0.0625	0.1532
	稀释每股收益(元)	0.0628	0.1451	0.0625	0.6545
	每股净资产(元)	1.7639	1.7011	1.6185	3.1907
	每股经营现金净流量(元)	–0.0123	0.2037	0.1063	0.0767
	每股现金流量(元)	0.0096	–0.0599	–0.0022	0.1324
	每股资本公积金(元)	0.2432	0.2432	0.2432	1.4863
	每股盈余公积金(元)	0.0410	0.0410	0.0390	0.0780
	每股未分配利润(元)	0.4797	0.4170	0.3363	0.6264
	净资产收益率(%)	3.5581	8.5312	3.8619	17.2284
	加权净资产收益率(%)	3.6200	8.8400	3.8900	33.9700
	净资产收益率(扣除)(%)	3.2850	7.4626	3.8598	4.0324
	总资产(万元)	100923.90	103528.37	97035.43	91900.31
	归属母公司股东权益(万元)	89519.80	86334.55	82141.34	80965.66
	营业收入(万元)	22043.05	56582.02	26246.48	22674.49
	营业支出(万元)	7030.38	22125.23	11015.03	9679.04
	投资收益(万元)	221.02	30.96	–11.34	15380.54
	净利润(万元)	3185.25	7365.39	3172.18	13949.05
	营业利润(万元)	3551.58	7618.07	3916.63	17634.41
	利润总额(万元)	3874.58	8730.72	3918.95	17932.23

浙江东晶电子股份有限公司

公司概况				
公司名称	浙江东晶电子股份有限公司		证券简称	东晶电子
法人代表	李庆跃	董秘 吴宗泽	证券代码	002199
公司网址	www.yt-eco.com		电子信箱	ecec@ecec.com.cn
电　　话	0579-89186668		传　　真	0579-89186677
办公地址	浙江省金华市宾虹西路555号			
经营范围	电子元件、计算机及网络产品、通信产品的研发、设计、生产与销售			

主要财务指标：指标\报告期	2015.06.30	2014.12.31	2014.06.30	2013.12.31
基本每股收益(元)	-0.2319	-0.7400	-0.1804	0.1700
基本每股收益(扣除后)(元)	-0.2441	-0.7800	-0.2256	-0.3000
稀释每股收益(元)	-0.2319	-0.7400	-0.1804	0.1700
每股净资产(元)	2.7149	2.9468	2.8752	3.0556
每股经营现金净流量(元)	-0.1162	-0.3645	-0.2644	-0.0178
每股现金流量(元)	-0.0639	0.0393	-0.1423	-0.3289
每股资本公积金(元)	2.1178	2.1178	1.4693	1.4693
每股盈余公积金(元)	0.0773	0.0773	0.0994	0.0994
每股未分配利润(元)	-0.4802	-0.2483	0.3065	0.4869
净资产收益率(%)	-8.5408	-21.2802	-6.2746	5.5117
加权净资产收益率(%)	-8.1900	-25.4700	-6.0800	3.6900
净资产收益率(扣除)(%)	-8.9921	-22.6001	-7.8473	-9.6558
总资产(万元)	176606.03	171534.72	155739.47	145295.37
归属母公司股东权益(万元)	66093.14	71738.04	54452.44	57869.10
营业收入(万元)	17953.47	30947.43	14684.02	24434.70
营业支出(万元)	16410.24	30919.98	14074.46	23314.43
投资收益(万元)	56.66	430.44	433.35	613.18
净利润(万元)	-6280.95	-16206.91	-3416.66	3189.57
营业利润(万元)	-6631.42	-16987.06	-4731.26	-5974.05
利润总额(万元)	-6345.15	-15834.19	-3673.93	2804.17

云南云投生态环境科技股份有限公司

公司概况				
公司名称	云南云投生态环境科技股份有限公司		证券简称	云投生态
法人代表	杨槐璋	董秘 谭仁力	证券代码	002200
公司网址	www.yt-eco.com		电子信箱	yt-eco@vip.163.com
电　　话	0871-67279185 67355849		传　　真	0871-67279185 67355849
办公地址	云南省昆明市国家经济技术开发区经浦路6号			
经营范围	植物种苗工厂化生产、观赏植物盆景、植物科研、培训、示范推广等			

主要财务指标：指标\报告期	2015.06.30	2014.12.31	2014.06.30	2013.12.31
基本每股收益(元)	0.0160	0.0300	0.0180	0.1100
基本每股收益(扣除后)(元)	0.0220	0.0300	0.0136	-0.1700
稀释每股收益(元)	0.0160	0.0300	0.0180	0.1100
每股净资产(元)	4.3937	4.3779	4.3684	2.2847
每股经营现金净流量(元)	-0.4584	-1.1564	-0.6398	-1.9174
每股现金流量(元)	-0.1621	-0.1640	-0.1829	0.7764
每股资本公积金(元)	4.1945	4.1945	4.1943	2.3104
每股盈余公积金(元)	0.2250	0.2250	0.2250	0.2742
每股未分配利润(元)	-1.0258	-1.0416	-1.0509	-1.2999
净资产收益率(%)	0.3602	0.5713	0.3588	4.5976
加权净资产收益率(%)	0.3600	0.7500	0.6800	4.7100
净资产收益率(扣除)(%)	0.4966	0.6483	0.2639	-7.4098
总资产(万元)	253249.98	241572.78	227768.34	153597.47
归属母公司股东权益(万元)	80902.59	80611.18	80436.42	34518.35
营业收入(万元)	34061.28	73086.39	29189.76	44466.85
营业支出(万元)	25132.56	51956.37	22940.72	36719.74
投资收益(万元)	-	40.91	-	-
净利润(万元)	736.07	2261.98	288.63	1587.01
营业利润(万元)	1196.39	2572.31	434.79	-3201.83
利润总额(万元)	1088.65	2523.01	512.61	1729.33

江苏九鼎新材料股份有限公司

公司概况				
公司名称	江苏九鼎新材料股份有限公司		证券简称	九鼎新材
法人代表	顾清波	董秘 任正勇	证券代码	002201
公司网址	www.cjdg.com		电子信箱	jdxc@jiudinggroup.com
电　　话	0513-87530125		传　　真	0513-80695809
办公地址	江苏省如皋市中山东路1号			
经营范围	玻璃纤维及其深加工制品的研发、生产与销售等			

主要财务指标：指标\报告期	2015.06.30	2014.12.31	2014.06.30	2013.12.31
基本每股收益(元)	0.0400	0.0500	0.0100	0.0100
基本每股收益(扣除后)(元)	0.0300	0.0200	-	-0.0400
稀释每股收益(元)	0.0400	0.0500	0.0100	0.0100
每股净资产(元)	1.9106	1.8735	2.4038	2.3905
每股经营现金净流量(元)	0.1128	0.0843	0.0315	0.6345
每股现金流量(元)	-0.3220	0.1066	1.2851	0.0607
每股资本公积金(元)	0.1490	0.1490	0.4945	0.4945
每股盈余公积金(元)	0.1121	0.1058	0.1359	0.1349
每股未分配利润(元)	0.6189	0.6182	0.7734	0.7611
净资产收益率(%)	2.2539	2.4656	0.5517	0.4181
加权净资产收益率(%)	2.2700	2.4800	0.5500	0.4200
净资产收益率(扣除)(%)	1.4802	1.1337	0.0128	-1.5576
总资产(万元)	170204.03	164473.24	162118.92	125944.34
归属母公司股东权益(万元)	43654.92	42808.07	42249.34	42016.23
营业收入(万元)	35122.66	74381.60	31372.32	62639.04
营业支出(万元)	26605.49	58967.27	25159.09	49946.11
投资收益(万元)	226.86	609.95	212.47	595.96
净利润(万元)	977.67	1073.50	233.11	175.69
营业利润(万元)	702.80	485.23	-67.27	-679.22
利润总额(万元)	1133.45	1131.12	229.56	286.46

新疆金风科技股份有限公司

公司概况				
公司名称	新疆金风科技股份有限公司		证券简称	金风科技
法人代表	武钢	董秘 马金儒	证券代码	002202
公司网址	www.goldwind.com.cn		电子信箱	goldwind@goldwind.com.cn
电　　话	010-67511996		传　　真	010-67511985
办公地址	北京北京经济技术开发区博兴1路8号			
经营范围	风力发电机组及零部件的生产及销售			

主要财务指标：指标\报告期	2015.06.30	2014.12.31	2014.06.30	2013.12.31
基本每股收益(元)	0.4622	0.6790	0.1227	0.1587
基本每股收益(扣除后)(元)	0.4007	0.6433	0.1088	0.1201
稀释每股收益(元)	0.4622	0.6790	0.1227	0.1587
每股净资产(元)	5.5016	5.4805	4.9867	4.9609
每股经营现金净流量(元)	0.0774	1.0500	-1.0069	0.7163
每股现金流量(元)	-1.6993	1.9474	-0.2586	-0.8640
每股资本公积金(元)	2.9474	2.9474	3.0298	3.0719
每股盈余公积金(元)	0.2421	0.2421	0.2175	0.2175
每股未分配利润(元)	1.4017	1.3395	0.8078	0.7651
净资产收益率(%)	8.4014	12.3897	2.4610	3.1991
加权净资产收益率(%)	8.1100	13.0000	2.4600	3.2500
净资产收益率(扣除)(%)	7.2832	11.7387	2.1819	2.4214
总资产(万元)	4846142.94	4577732.57	3712801.24	3436964.61
归属母公司股东权益(万元)	1482447.78	1476778.92	1343713.14	1336752.61
营业收入(万元)	942912.36	1770421.80	447090.51	1230847.66
营业支出(万元)	666976.96	1291845.85	310043.49	970231.58
投资收益(万元)	14571.71	55979.79	6292.39	37887.36
净利润(万元)	126415.88	185351.32	33069.16	42764.60
营业利润(万元)	134312.02	205231.86	32815.83	47559.75
利润总额(万元)	142052.91	210898.65	37683.74	50555.05

浙江海亮股份有限公司

公司概况	公司名称	浙江海亮股份有限公司			证券简称	海亮股份
	法人代表	曹建国	董秘	邵国勇	证券代码	002203
	公司网址	www.hailiang.com		电子信箱	gfoffice@hailiang.com	
	电　话	0575-87669333 87069033		传　真	0575-87069031	
	办公地址	浙江省诸暨市店口镇工业区				
	经营范围	制造、加工铜管、铜板带、铜箔及相关铜制品				

主要财务指标	指标\报告期	2015.06.30	2014.12.31	2014.06.30	2013.12.31
	基本每股收益(元)	0.1602	0.2919	0.3226	0.3727
	基本每股收益(扣除后)(元)	0.1602	0.2812	0.2950	-
	稀释每股收益(元)	0.1602	0.2919	0.3226	3.7278
	每股净资产(元)	2.1520	2.0945	3.9238	3.7278
	每股经营现金净流量(元)	0.0442	0.8608	0.5402	0.2802
	每股现金流量(元)	0.0423	1.1429	1.3430	-0.2465
	每股资本公积金(元)	0.0994	0.1870	1.1408	1.1716
	每股盈余公积金(元)	0.0988	0.1067	0.1793	0.1793
	每股未分配利润(元)	1.0391	1.0289	1.7687	1.5461
	净资产收益率(%)	7.4424	13.9363	8.2226	9.9991
	加权净资产收益率(%)	7.4900	14.7800	8.5400	10.3400
	净资产收益率(扣除)(%)	7.0761	13.4238	7.5174	10.0262
	总资产(万元)	977630.92	854949.75	806128.44	731648.84
	归属母公司股东权益(万元)	359681.79	347037.73	303710.36	288540.27
	营业收入(万元)	637462.05	1206144.77	606350.00	1309476.03
	营业支出(万元)	591806.48	1125391.94	565802.43	1246756.30
	投资收益(万元)	9249.45	20939.62	11009.70	14570.58
	净利润(万元)	26768.96	45189.69	24972.96	28851.45
	营业利润(万元)	28520.18	48438.13	24765.05	32466.59
	利润总额(万元)	29798.79	48791.10	25994.81	31875.87

大连华锐重工集团股份有限公司

公司概况	公司名称	大连华锐重工集团股份有限公司			证券简称	大连重工
	法人代表	宋甲晶	董秘	卫旭峰	证券代码	002204
	公司网址	www.dhidcw.com		电子信箱	dlzg002204@dhidcw.com	
	电　话	0411-86852187 86852802		传　真	0411-86852222	
	办公地址	辽宁省大连市西岗区八一路169号				
	经营范围	机械设备设计制造、安装调试、备、配件供应、金属制品、金属结构制造等				

主要财务指标	指标\报告期	2015.06.30	2014.12.31	2014.06.30	2013.12.31
	基本每股收益(元)	0.0200	0.0200	0.0200	0.3600
	基本每股收益(扣除后)(元)	-0.0200	-0.0400	-0.0200	0.2700
	稀释每股收益(元)	0.0200	0.0200	0.0200	0.3600
	每股净资产(元)	6.7342	6.7354	6.7363	6.7529
	每股经营现金净流量(元)	-0.1282	-0.3448	-0.3522	1.1997
	每股现金流量(元)	-0.2012	-0.2498	-0.4336	0.0395
	每股资本公积金(元)	3.4516	3.4516	3.4516	3.4516
	每股盈余公积金(元)	0.1743	0.1743	0.1495	0.1495
	每股未分配利润(元)	2.1114	2.1112	2.1354	2.1513
	净资产收益率(%)	0.3144	0.3379	0.3284	5.2833
	加权净资产收益率(%)	0.3100	0.3400	0.3300	5.4100
	净资产收益率(扣除)(%)	-0.2768	-0.5525	-0.2392	3.9433
	总资产(万元)	1755332.39	1867316.42	1847943.41	1886501.81
	归属母公司股东权益(万元)	650309.28	650431.22	650512.31	652120.99
	营业收入(万元)	348713.63	823882.79	284142.04	883171.75
	营业支出(万元)	290022.67	675950.86	242613.19	712752.29
	投资收益(万元)	-161.97	251.57	203.25	1364.47
	净利润(万元)	1061.87	595.99	2136.37	34453.55
	营业利润(万元)	75.54	4134.20	557.83	35416.65
	利润总额(万元)	3670.39	6652.70	2804.65	43550.19

新疆国统管道股份有限公司

公司概况	公司名称	新疆国统管道股份有限公司			证券简称	国统股份
	法人代表	徐永平	董秘	栾秀英	证券代码	002205
	公司网址	www.xjgt.com		电子信箱	gtgf521@xjgt.com	
	电　话	0991-3325685		传　真	0991-3325685	
	办公地址	新疆乌鲁木齐市林泉西路765号				
	经营范围	预应力钢筒砼管(简称PCCP)、各种输水管道及其异型管件和配件等				

主要财务指标	指标\报告期	2015.06.30	2014.12.31	2014.06.30	2013.12.31
	基本每股收益(元)	0.0348	0.5800	0.2139	0.6095
	基本每股收益(扣除后)(元)	0.0300	0.5700	0.2109	0.5951
	稀释每股收益(元)	0.0348	0.5800	0.2139	0.6095
	每股净资产(元)	8.2594	8.4046	8.0394	8.0255
	每股经营现金净流量(元)	-1.2536	-1.1271	-1.7817	2.6516
	每股现金流量(元)	-0.7295	-1.4993	-1.7678	0.7156
	每股资本公积金(元)	4.4973	4.4973	4.4973	4.4973
	每股盈余公积金(元)	0.2840	0.2840	0.2034	0.2034
	每股未分配利润(元)	2.4781	2.6233	2.3387	2.3248
	净资产收益率(%)	0.4218	6.8904	2.6606	7.5940
	加权净资产收益率(%)	0.4200	7.0500	2.6600	7.8700
	净资产收益率(扣除)(%)	0.3627	6.7866	2.6236	7.4150
	总资产(万元)	173183.61	175968.39	176780.78	198218.47
	归属母公司股东权益(万元)	95935.05	97621.17	93379.15	93217.77
	营业收入(万元)	20597.02	80344.76	36659.00	87097.23
	营业支出(万元)	14948.28	60631.85	28649.69	61900.65
	投资收益(万元)	-	-	-	-1.54
	净利润(万元)	93.06	6015.90	2484.42	7078.94
	营业利润(万元)	431.71	7741.84	2917.20	7402.44
	利润总额(万元)	498.29	7860.98	2957.42	7557.63

浙江海利得新材料股份有限公司

公司概况	公司名称	浙江海利得新材料股份有限公司			证券简称	海利得
	法人代表	高利民	董秘	吕佩芬	证券代码	002206
	公司网址	www.halead.com		电子信箱	hld@halead.com	
	电　话	0573-87989886 87989889		传　真	0573-87989889	
	办公地址	浙江省海宁市马桥镇经编产业园区新民路18号				
	经营范围	电脑喷绘胶片布、土工格栅材料、PVC涂层材料、篷盖材料等				

主要财务指标	指标\报告期	2015.06.30	2014.12.31	2014.06.30	2013.12.31
	基本每股收益(元)	0.2600	0.3200	0.2000	0.2300
	基本每股收益(扣除后)(元)	0.2400	0.2800	0.1900	0.1700
	稀释每股收益(元)	0.2600	0.3200	0.2000	0.2300
	每股净资产(元)	4.5190	4.5519	4.4286	4.4395
	每股经营现金净流量(元)	0.3348	0.7761	0.2938	0.2531
	每股现金流量(元)	0.5618	0.4545	-0.0398	-0.7449
	每股资本公积金(元)	2.3135	2.2993	2.2926	2.2877
	每股盈余公积金(元)	0.2771	0.2784	0.2471	0.2471
	每股未分配利润(元)	0.9281	0.9742	0.8888	0.9047
	净资产收益率(%)	5.6897	7.0492	4.6095	5.0910
	加权净资产收益率(%)	5.6500	7.1800	4.5700	5.1400
	净资产收益率(扣除)(%)	5.2090	6.1824	4.2264	3.8872
	总资产(万元)	384351.59	333776.00	349864.01	326542.50
	归属母公司股东权益(万元)	203249.11	203735.96	198213.32	198704.70
	营业收入(万元)	103432.09	228608.66	112346.66	214852.94
	营业支出(万元)	80794.08	183204.53	89851.28	182103.38
	投资收益(万元)	390.05	1281.71	401.03	1382.11
	净利润(万元)	11636.83	14477.40	9136.61	10115.98
	营业利润(万元)	12670.40	16956.77	10287.60	10538.00
	利润总额(万元)	13182.82	17815.30	10574.38	11791.31

新疆准东石油技术股份有限公司

公司概况	公司名称	新疆准东石油技术股份有限公司			证券简称	准油股份
	法人代表	秦勇	董秘	吕占民	证券代码	002207
	公司网址	www.zygf.com.cn		电子信箱	zygf@zygf.cn	
	电　话	0994-3830619 3830616		传　真	0994-3830616	
	办公地址	新疆维吾尔自治区阜康市准东石油基地				
	经营范围	石油技术业务、油田管理业务、建筑安装业务、运输服务业务和化工产品销售				

主要财务指标	指标\报告期	2015.06.30	2014.12.31	2014.06.30	2013.12.31
	基本每股收益(元)	-0.0500	0.0400	-0.0300	0.1000
	基本每股收益(扣除后)(元)	-0.0500	0.0300	-0.0500	-
	稀释每股收益(元)	-0.0500	0.0400	-0.0300	0.1000
	每股净资产(元)	2.4064	2.4600	2.3965	4.9045
	每股经营现金净流量(元)	0.2099	-0.4303	-0.4432	1.0226
	每股现金流量(元)	-0.8661	-0.3061	-0.8039	2.2209
	每股资本公积金(元)	0.9223	0.9223	0.9223	2.8445
	每股盈余公积金(元)	0.0948	0.0948	0.0936	0.1873
	每股未分配利润(元)	0.3894	0.4517	0.3807	0.8730
	净资产收益率(%)	-2.1885	1.6813	-1.2850	1.7223
	加权净资产收益率(%)	-2.1700	1.6800	-1.2600	2.7200
	净资产收益率(扣除)(%)	-2.2095	1.0892	-1.8994	2.1490
	总资产(万元)	99308.83	102363.42	79134.99	85734.83
	归属母公司股东权益(万元)	57554.48	58870.07	57317.72	58651.93
	营业收入(万元)	13288.30	41083.06	14812.55	39724.79
	营业支出(万元)	11125.79	35211.19	13853.07	31066.98
	投资收益(万元)	-95.65	-	-	-
	净利润(万元)	-1259.58	989.80	-736.27	1010.14
	营业利润(万元)	-1135.27	1197.10	-1044.60	1578.94
	利润总额(万元)	-1121.11	1207.20	-628.16	1284.46

合肥城建发展股份有限公司

公司概况	公司名称	合肥城建发展股份有限公司			证券简称	合肥城建
	法人代表	王晓毅	董秘	田峰	证券代码	002208
	公司网址	www.hucd.cn		电子信箱	hucdtf@sina.com	
	电　话	0551-2661906		传　真	0551-2661906	
	办公地址	安徽省合肥市蜀山区潜山路100号琥珀五环国际A座10-14层				
	经营范围	普通商品住宅及其配套商业地产、综合商务楼的开发、销售、服务				

主要财务指标	指标\报告期	2015.06.30	2014.12.31	2014.06.30	2013.12.31
	基本每股收益(元)	-0.0595	0.5400	0.1275	0.4900
	基本每股收益(扣除后)(元)	-0.0595	0.5300	0.1268	0.4800
	稀释每股收益(元)	-0.0595	0.5400	0.1275	0.4900
	每股净资产(元)	4.4959	4.6554	4.2436	4.2161
	每股经营现金净流量(元)	-1.0408	-1.4911	-0.0458	1.0856
	每股现金流量(元)	0.3916	-0.0531	-0.3571	0.6748
	每股资本公积金(元)	0.9060	0.9060	0.9060	0.9060
	每股盈余公积金(元)	0.7763	0.7763	0.7033	0.7033
	每股未分配利润(元)	1.8136	1.9731	1.6343	1.6068
	净资产收益率(%)	-1.3243	11.5843	3.0034	11.7040
	加权净资产收益率(%)	-1.3000	12.2000	3.0000	12.3400
	净资产收益率(扣除)(%)	-1.3280	11.4666	2.9870	11.4605
	总资产(万元)	686157.48	579272.92	518500.51	503778.81
	归属母公司股东权益(万元)	143913.17	149020.03	135836.81	134958.05
	营业收入(万元)	25260.07	176034.39	75119.12	157549.47
	营业支出(万元)	17255.18	125714.65	56881.50	116725.28
	投资收益(万元)	-84.85	-143.76	-78.72	-17.29
	净利润(万元)	-2108.34	17215.94	4079.77	15795.44
	营业利润(万元)	-2352.55	22969.19	5807.39	20800.04
	利润总额(万元)	-2345.42	23203.07	5837.07	21238.14

广州达意隆包装机械股份有限公司

公司概况	公司名称	广州达意隆包装机械股份有限公司			证券简称	达意隆
	法人代表	肖林	董秘	肖林	证券代码	002209
	公司网址	www.tech-long.com		电子信箱	public@tech-long.com	
	电　话	020-62956877 62956848		传　真	020-82266911	
	办公地址	广东省广州市萝岗区云埔一路23号				
	经营范围	从事液体包装机械的研发、生产和销售				

主要财务指标	指标\报告期	2015.06.30	2014.12.31	2014.06.30	2013.12.31
	基本每股收益(元)	0.0329	0.0700	0.0436	0.1044
	基本每股收益(扣除后)(元)	0.0213	0.0300	0.0311	0.0553
	稀释每股收益(元)	0.0329	0.0700	0.0436	0.1044
	每股净资产(元)	3.3568	3.3338	3.3097	3.2862
	每股经营现金净流量(元)	0.2244	0.1251	0.0597	0.4264
	每股现金流量(元)	0.3026	-0.3102	-0.0856	-0.1278
	每股资本公积金(元)	1.1434	1.1434	1.1449	1.1449
	每股盈余公积金(元)	0.1563	0.1563	0.1467	0.1467
	每股未分配利润(元)	1.0558	1.0329	1.0182	0.9947
	净资产收益率(%)	0.9806	2.0334	1.3160	3.1780
	加权净资产收益率(%)	0.9800	2.0500	1.3200	3.2200
	净资产收益率(扣除)(%)	0.6350	0.9975	0.9406	1.6819
	总资产(万元)	153897.44	151234.32	162409.00	164852.23
	归属母公司股东权益(万元)	65539.27	65091.37	64620.22	64161.94
	营业收入(万元)	39782.69	95465.59	45624.46	89655.44
	营业支出(万元)	28965.65	69598.53	33473.18	68434.45
	投资收益(万元)	-349.10	-1350.97	-855.95	117.61
	净利润(万元)	642.68	1323.57	850.40	2039.06
	营业利润(万元)	400.23	1022.58	756.21	1363.68
	利润总额(万元)	666.07	1795.05	1041.71	2501.96

深圳市飞马国际供应链股份有限公司

公司概况	公司名称	深圳市飞马国际供应链股份有限公司			证券简称	飞马国际
	法人代表	黄壮勉	董秘	张健江	证券代码	002210
	公司网址	www.fmscm.com		电子信箱	fmscm@fmscm.com	
	电　话	0755-33356399		传　真	0755-33356388	
	办公地址	广东省深圳市福田区深南大道7008号阳光高尔夫大厦26楼2601室				
	经营范围	承办海运、陆运、空运进出口货物的国际运输代理业务				

主要财务指标	指标\报告期	2015.06.30	2014.12.31	2014.06.30	2013.12.31
	基本每股收益(元)	0.1700	0.3700	0.2200	0.2800
	基本每股收益(扣除后)(元)	0.1600	0.3500	0.1700	0.3900
	稀释每股收益(元)	0.1700	0.3700	0.2200	0.2800
	每股净资产(元)	1.4325	2.0226	1.9244	1.7514
	每股经营现金净流量(元)	6.9847	0.7862	3.9878	0.4961
	每股现金流量(元)	-0.3237	-1.9202	0.1733	1.1557
	每股资本公积金(元)	0.0183	0.1274	0.1274	0.1274
	每股盈余公积金(元)	0.0853	0.1279	0.0943	0.0943
	每股未分配利润(元)	0.3184	0.7453	0.6305	0.5074
	净资产收益率(%)	11.7421	18.3688	11.5974	15.8930
	加权净资产收益率(%)	11.9300	19.7800	11.8700	17.2300
	净资产收益率(扣除)(%)	11.3408	17.5216	8.7548	22.5201
	总资产(万元)	1617855.96	1705673.96	1871880.86	1263825.35
	归属母公司股东权益(万元)	85477.38	80457.36	76553.53	69669.68
	营业收入(万元)	1731424.42	3211905.60	1463520.99	2985048.31
	营业支出(万元)	1719950.64	3195483.75	1454424.06	2965348.75
	投资收益(万元)	-1924.77	-1093.40	-254.52	-4740.78
	净利润(万元)	10122.06	14791.20	8878.20	11072.61
	营业利润(万元)	11177.79	16640.00	10648.99	13081.75
	利润总额(万元)	11279.92	16964.70	10776.15	13505.54

江苏宏达新材料股份有限公司

公司概况	公司名称	江苏宏达新材料股份有限公司		证券简称	宏达新材
	法人代表	何百祥	董秘 郭北琼	证券代码	002211
	公司网址	www.hongda-chemical.com	电子信箱	zhengquanbu@hongda-chemical.com	
	电　话	0511-88226078	传　真	0511-83365478	
	办公地址	江苏省扬中市明珠广场			
	经营范围	从事高温硅橡胶系列产品的生产和销售			

主要财务指标	指标＼报告期	2015.06.30	2014.12.31	2014.06.30	2013.12.31
	基本每股收益(元)	-0.0590	0.0300	0.0100	-2.0300
	基本每股收益(扣除后)(元)	-0.0650	-0.0700	-0.0500	-0.7400
	稀释每股收益(元)	-0.0590	0.0300	0.0100	-2.0300
	每股净资产(元)	1.8492	1.9082	1.8885	1.8811
	每股经营现金净流量(元)	0.1001	0.1926	0.1808	-0.2176
	每股现金流量(元)	0.0717	-0.4054	-0.3700	0.1559
	每股资本公积金(元)	2.3999	2.3999	2.3999	2.3999
	每股盈余公积金(元)	0.0668	0.0668	0.0668	0.0668
	每股未分配利润(元)	-1.6175	-1.5585	-1.5781	-1.5856
	净资产收益率(%)	-3.1906	1.5075	0.3963	-107.7190
	加权净资产收益率(%)	-3.1400	1.5200	0.4000	-70.0100
	净资产收益率(扣除)(%)	-3.5151	-3.6670	-2.4457	-39.5412
	总资产(万元)	119466.85	126489.91	115406.49	173732.30
	归属母公司股东权益(万元)	79972.26	82523.85	81674.74	81351.10
	营业收入(万元)	33793.24	77378.60	36363.04	80299.81
	营业支出(万元)	29983.97	67732.87	31982.15	83501.79
	投资收益(万元)	-36.44	-75.15	-156.73	-449.06
	净利润(万元)	-2540.10	1404.51	323.64	-87630.61
	营业利润(万元)	-2898.45	-2843.70	-1991.91	-80736.38
	利润总额(万元)	-2600.66	1518.31	305.45	-87017.69

广东南洋电缆集团股份有限公司

公司概况	公司名称	广东南洋电缆集团股份有限公司		证券简称	南洋股份
	法人代表	郑汉武	董秘 曾理	证券代码	002212
	公司网址	www.nanyangcable.com	电子信箱	zl1949@21cn.com	
	电　话	0754-86332188	传　真	0754-86332188	
	办公地址	广东省汕头市珠津工业区珠津二街1号			
	经营范围	主要从事电力电缆、电气装备用电线电缆的研发、生产和销售			

主要财务指标	指标＼报告期	2015.06.30	2014.12.31	2014.06.30	2013.12.31
	基本每股收益(元)	0.0600	0.1000	0.0500	0.1000
	基本每股收益(扣除后)(元)	0.0500	0.0800	0.0400	0.0600
	稀释每股收益(元)	0.0600	0.1000	0.0500	0.1000
	每股净资产(元)	3.4711	3.4305	3.3841	3.3448
	每股经营现金净流量(元)	-0.1381	-0.0556	-0.1725	0.4080
	每股现金流量(元)	-0.1314	-0.1945	-0.3067	-0.0445
	每股资本公积金(元)	1.0689	1.0689	1.0689	1.0689
	每股盈余公积金(元)	0.1520	0.1520	0.1148	0.1148
	每股未分配利润(元)	1.2500	1.2106	1.2002	1.1612
	净资产收益率(%)	1.5973	2.9587	1.6099	2.9207
	加权净资产收益率(%)	1.6000	3.0000	1.6000	2.9300
	净资产收益率(扣除)(%)	1.3220	2.2151	1.2073	1.8767
	总资产(万元)	307416.66	300896.92	294367.09	289848.02
	归属母公司股东权益(万元)	177116.61	175045.27	172677.13	170674.31
	营业收入(万元)	92569.30	225889.33	91639.33	183262.33
	营业支出(万元)	79900.42	198115.39	80623.67	159790.70
	投资收益(万元)	2423.38	5800.77	3766.43	1469.55
	净利润(万元)	2829.13	5179.05	2753.51	4984.84
	营业利润(万元)	3615.95	6108.56	3550.53	5727.74
	利润总额(万元)	3812.00	6566.18	3767.24	6533.06

深圳市特尔佳科技股份有限公司

公司概况	公司名称	深圳市特尔佳科技股份有限公司		证券简称	特尔佳
	法人代表	许锦光	董秘 张昱波	证券代码	002213
	公司网址	www.terca.cn	电子信箱	stock@terca.cn	
	电　话	0755-26513588	传　真	0755-26519166	
	办公地址	深圳市龙华新区观澜高新技术产业园特尔佳观澜厂区			
	经营范围	汽车缓速器的研发、制造和销售、主要产品为电涡流缓速器			

主要财务指标	指标＼报告期	2015.06.30	2014.12.31	2014.06.30	2013.12.31
	基本每股收益(元)	0.0300	0.0700	0.0440	0.1300
	基本每股收益(扣除后)(元)	0.0400	0.0700	0.0430	0.1300
	稀释每股收益(元)	0.0300	0.0700	0.0440	0.1300
	每股净资产(元)	1.6932	1.6607	1.6400	1.6421
	每股经营现金净流量(元)	-0.0082	0.0701	-0.0842	0.3309
	每股现金流量(元)	0.0196	0.1141	0.0022	-0.0272
	每股资本公积金(元)	0.0037	0.0037	0.0041	0.0041
	每股盈余公积金(元)	0.1112	0.1112	0.1031	0.1031
	每股未分配利润(元)	0.5782	0.5457	0.5293	0.5349
	净资产收益率(%)	1.9174	4.1536	2.7139	8.1674
	加权净资产收益率(%)	1.9400	4.1900	2.6800	8.3600
	净资产收益率(扣除)(%)	2.3798	3.9388	2.6120	7.7524
	总资产(万元)	43806.03	46585.10	43453.20	44712.48
	归属母公司股东权益(万元)	34879.96	34211.18	33712.56	33827.63
	营业收入(万元)	9050.81	26133.45	11991.17	32742.81
	营业支出(万元)	5457.24	16616.33	7537.05	21524.88
	投资收益(万元)	-	7.65	7.65	-
	净利润(万元)	668.77	1419.95	914.94	2762.85
	营业利润(万元)	964.97	1403.26	925.42	2904.63
	利润总额(万元)	856.49	1705.67	1123.40	3296.30

浙江大立科技股份有限公司

公司概况	公司名称	浙江大立科技股份有限公司		证券简称	大立科技
	法人代表	庞惠民	董秘 刘晓松	证券代码	002214
	公司网址	www.dali-tech.com	电子信箱	liuxiaosong@dali-tech.com	
	电　话	0571-86695670 86695649	传　真	0571-86695649	
	办公地址	浙江省杭州市滨江区滨康路639号			
	经营范围	红外热像仪系列产品和数字硬盘录像机系列产品的生产和销售			

主要财务指标	指标＼报告期	2015.06.30	2014.12.31	2014.06.30	2013.12.31
	基本每股收益(元)	0.0400	0.2300	0.0900	0.1700
	基本每股收益(扣除后)(元)	0.0200	0.1500	0.0400	0.1400
	稀释每股收益(元)	0.0400	0.2300	0.0900	0.1700
	每股净资产(元)	2.0525	4.0730	3.9314	2.4064
	每股经营现金净流量(元)	-0.0689	-0.3992	-0.1322	0.1109
	每股现金流量(元)	-0.1213	0.2375	0.2455	0.2300
	每股资本公积金(元)	0.4320	1.8641	1.8641	0.1595
	每股盈余公积金(元)	0.0826	0.1652	0.1430	0.1640
	每股未分配利润(元)	0.5379	1.0437	0.9243	1.0830
	净资产收益率(%)	1.9980	5.4372	2.0304	7.0374
	加权净资产收益率(%)	2.0000	6.2700	2.6300	7.2300
	净资产收益率(扣除)(%)	1.0766	3.4925	0.8375	5.7796
	总资产(万元)	128901.19	127323.09	114280.84	78222.54
	归属母公司股东权益(万元)	94142.03	93407.77	90159.60	48128.90
	营业收入(万元)	15056.96	36222.76	13326.82	26145.13
	营业支出(万元)	7953.24	19465.87	7460.17	12102.41
	投资收益(万元)	468.23	563.68	-3.18	-29.16
	净利润(万元)	1871.78	5076.73	1830.63	3387.03
	营业利润(万元)	570.25	3077.68	437.03	1331.25
	利润总额(万元)	2070.98	5756.70	2076.04	3606.95

深圳诺普信农化股份有限公司

公司概况	公司名称	深圳诺普信农化股份有限公司			证券简称	诺普信
	法人代表	卢柏强	董秘	王时豪	证券代码	002215
	公司网址	www.noposion.com		电子信箱	szwsh@126.com	
	电　话	0755-29977586		传　真	0755-27697715	
	办公地址	广东省深圳市宝安区西乡水库路113号				
	经营范围	杀虫剂、杀菌剂、除草剂等三大系列产品的研发、生产和销售				

主要财务指标	指标\报告期	2015.06.30	2014.12.31	2014.06.30	2013.12.31
	基本每股收益(元)	0.2500	0.2800	0.2900	0.3300
	基本每股收益(扣除后)(元)	0.2400	0.2500	0.2800	0.3100
	稀释每股收益(元)	0.2500	0.2800	0.2900	0.3300
	每股净资产(元)	1.8990	2.1940	2.2376	2.7221
	每股经营现金净流量(元)	–0.0723	0.4350	0.0019	0.3821
	每股现金流量(元)	–0.2929	0.1824	0.0225	–0.2170
	每股资本公积金(元)	0.0628	0.3327	0.3520	0.7532
	每股盈余公积金(元)	0.1030	0.0948	0.0970	0.1165
	每股未分配利润(元)	0.7386	0.7785	0.7899	0.8580
	净资产收益率(%)	12.9900	12.5940	12.9886	12.1932
	加权净资产收益率(%)	13.7200	12.8800	13.1200	12.8700
	净资产收益率(扣除)(%)	12.8852	11.3689	12.3923	11.4848
	总资产(万元)	273388.46	252623.46	254857.35	257863.87
	归属母公司股东权益(万元)	173754.91	154422.87	157668.60	147636.53
	营业收入(万元)	144889.96	220272.44	152829.40	173550.07
	营业支出(万元)	86667.41	134569.59	96776.05	102394.16
	投资收益(万元)	1319.52	–3778.27	1256.12	2992.14
	净利润(万元)	22961.74	19396.63	20478.98	18001.66
	营业利润(万元)	25478.29	21707.48	23068.11	18354.71
	利润总额(万元)	25696.94	23861.65	24192.21	19474.73

三全食品股份有限公司

公司概况	公司名称	三全食品股份有限公司			证券简称	三全食品
	法人代表	陈南	董秘	郑晓东	证券代码	002216
	公司网址	www.sanquan.com		电子信箱	sanquan@sanquan.com	
	电　话	0371-63987832		传　真	0371-63988183	
	办公地址	河南省郑州市综合投资区长兴路中段				
	经营范围	速冻食品、方便快餐食品、常温食品、速冻调制食品的生产和销售				

主要财务指标	指标\报告期	2015.06.30	2014.12.31	2014.06.30	2013.12.31
	基本每股收益(元)	0.0800	0.2000	0.0800	0.2900
	基本每股收益(扣除后)(元)	0.0700	0.1700	0.1600	0.2700
	稀释每股收益(元)	0.0800	0.2000	0.0800	0.2900
	每股净资产(元)	2.3706	4.6155	4.5731	4.4577
	每股经营现金净流量(元)	–0.3146	0.3555	–0.1556	0.4006
	每股现金流量(元)	–0.3245	–0.7511	–0.7264	–0.2943
	每股资本公积金(元)	0.3056	1.6086	1.6019	1.6019
	每股盈余公积金(元)	0.0590	0.1180	0.1148	0.1148
	每股未分配利润(元)	1.0060	1.8889	1.8563	1.7410
	净资产收益率(%)	3.2300	4.3566	3.6157	6.5904
	加权净资产收益率(%)	3.2700	4.4400	3.6500	6.7800
	净资产收益率(扣除)(%)	2.7929	3.5920	3.4261	6.0803
	总资产(万元)	306739.61	353778.04	297229.59	370883.65
	归属母公司股东权益(万元)	190645.49	185594.56	183886.55	179248.31
	营业收入(万元)	229753.86	409437.06	221926.60	360332.93
	营业支出(万元)	150008.21	267851.87	143705.56	234515.94
	投资收益(万元)	435.20	378.22	75.72	403.45
	净利润(万元)	6158.23	8085.43	6649.23	11814.28
	营业利润(万元)	6018.48	–979.22	6455.99	12267.67
	利润总额(万元)	6911.69	3421.20	8007.00	16049.82

合力泰科技股份有限公司

公司概况	公司名称	合力泰科技股份有限公司			证券简称	合力泰
	法人代表	文开福	董秘	金波	证券代码	002217
	公司网址	www.lianhechem.com.cn		电子信箱	jinbo@holitech.net	
	电　话	0796-8979766　0533-2343868		传　真	0796-7088855　0533-2343856	
	办公地址	山东省淄博市沂源县城南外环89号				
	经营范围	液氨、硝酸、硝酸铵、硝酸钠、亚硝酸钠、硝基复合肥、甲醇等				

主要财务指标	指标\报告期	2015.06.30	2014.12.31	2014.06.30	2013.12.31
	基本每股收益(元)	0.0913	0.1500	0.0772	0.2100
	基本每股收益(扣除后)(元)	0.0700	0.1200	0.0600	–0.2100
	稀释每股收益(元)	0.0913	0.1500	0.0772	0.2100
	每股净资产(元)	1.7643	1.6879	1.6664	6.6080
	每股经营现金净流量(元)	0.0983	–0.1584	–0.0506	0.1163
	每股现金流量(元)	0.0311	0.0500	0.3524	0.2330
	每股资本公积金(元)	0.3814	0.3814	0.4214	0.6737
	每股盈余公积金(元)	0.0367	0.0367	0.0168	0.1160
	每股未分配利润(元)	0.3451	0.2676	0.2282	1.0439
	净资产收益率(%)	5.1882	8.0882	4.6338	–7.7171
	加权净资产收益率(%)	5.2600	10.7500	7.2000	38.8000
	净资产收益率(扣除)(%)	3.8410	6.2921	3.5377	–8.6906
	总资产(万元)	390574.15	321028.70	309752.22	90705.19
	归属母公司股东权益(万元)	190266.55	182023.25	179709.66	44204.58
	营业收入(万元)	176275.71	305343.79	125410.37	116331.36
	营业支出(万元)	147131.28	257552.94	105224.80	90405.48
	投资收益(万元)	–	75.83	7.00	41.45
	净利润(万元)	9837.17	14722.41	8329.89	14365.68
	营业利润(万元)	9195.39	14900.19	7705.30	13660.74
	利润总额(万元)	12304.63	18847.31	10022.56	16622.85

深圳市拓日新能源科技股份有限公司

公司概况	公司名称	深圳市拓日新能源科技股份有限公司			证券简称	拓日新能
	法人代表	陈五奎	董秘	刘强	证券代码	002218
	公司网址	www.topraysolar.cn		电子信箱	rickennliu@topraysolar.com	
	电　话	0755-86612658　29680031		传　真	0755-86612620	
	办公地址	广东省深圳市南山区侨香路6060号香年广场A栋802-804				
	经营范围	研发、生产及销售太阳电池芯片等				

主要财务指标	指标\报告期	2015.06.30	2014.12.31	2014.06.30	2013.12.31
	基本每股收益(元)	0.0200	–0.0100	0.0170	0.0270
	基本每股收益(扣除后)(元)	0.0100	–0.0700	–0.0020	0.0041
	稀释每股收益(元)	0.0200	–0.0100	0.0170	0.0270
	每股净资产(元)	4.1644	2.8654	2.9724	2.9394
	每股经营现金净流量(元)	0.0125	0.2913	–0.2179	–0.1543
	每股现金流量(元)	0.5753	0.2400	0.1080	–0.1343
	每股资本公积金(元)	3.1120	1.7515	1.7756	1.7739
	每股盈余公积金(元)	0.0449	0.0567	0.0553	0.0535
	每股未分配利润(元)	0.0341	0.0804	0.1475	0.1141
	净资产收益率(%)	0.4699	–0.3832	0.5860	0.9017
	加权净资产收益率(%)	0.6100	–0.3800	0.1500	0.9100
	净资产收益率(扣除)(%)	0.2202	–2.3082	–	0.1409
	总资产(万元)	398371.50	319546.55	280579.70	256496.05
	归属母公司股东权益(万元)	257430.39	140332.48	145571.48	143955.06
	营业收入(万元)	22994.17	54579.28	33465.60	106423.17
	营业支出(万元)	15359.79	38912.58	27049.57	90114.80
	投资收益(万元)	–	–	–	253.15
	净利润(万元)	1209.58	–494.02	852.67	1298.07
	营业利润(万元)	654.39	–2870.11	165.71	631.66
	利润总额(万元)	1297.15	–338.54	1132.16	1667.04

恒康医疗集团股份有限公司

公司概况	公司名称	恒康医疗集团股份有限公司			证券简称	恒康医疗
	法人代表	周先敏	董秘	金振声	证券代码	002219
	公司网址	www.hkmg.com		电子信箱	duyiwei@hkmg.com	
	电　　话	028-85950888*8955		传　　真	028-85950552	
	办公地址	四川省成都市锦江工业开发区金石路 456 号				
	经营范围	片剂、糖浆剂、散剂、酒剂、硬胶囊剂、软胶囊剂、口服液、合剂等				

主要财务指标	指标\报告期	2015.06.30	2014.12.31	2014.06.30	2013.12.31
	基本每股收益(元)	0.1266	0.4175	0.2584	0.3879
	基本每股收益(扣除后)(元)	0.1243	0.4064	0.2583	0.3818
	稀释每股收益(元)	0.1266	0.4175	0.2584	0.3879
	每股净资产(元)	4.9174	1.6569	1.4872	1.8234
	每股经营现金净流量(元)	0.0644	0.3137	0.1622	0.3596
	每股现金流量(元)	3.5200	0.1314	0.1745	–0.4311
	每股资本公积金(元)	3.3986	0.1516	0.1409	0.2008
	每股盈余公积金(元)	0.0787	0.0966	0.0839	0.1174
	每股未分配利润(元)	0.4400	0.4087	0.2624	0.5051
	净资产收益率(%)	2.1777	25.1997	17.3830	21.1456
	加权净资产收益率(%)	5.4100	28.7800	18.5300	24.9300
	净资产收益率(扣除)(%)	2.1387	24.5338	17.3716	20.8083
	总资产(万元)	590270.60	189138.29	156821.70	114309.36
	归属母公司股东权益(万元)	372000.47	102117.25	91657.56	80313.22
	营业收入(万元)	42374.89	68565.77	36509.46	56472.54
	营业支出(万元)	21585.63	27427.58	12744.09	17465.27
	投资收益(万元)	581.10	–	–	32.00
	净利润(万元)	8004.10	25714.95	15933.01	16982.70
	营业利润(万元)	10305.77	28212.34	17845.71	20101.97
	利润总额(万元)	10534.85	29033.73	17858.21	20431.58

大连天宝绿色食品股份有限公司

公司概况	公司名称	大连天宝绿色食品股份有限公司			证券简称	天宝股份
	法人代表	黄作庆	董秘	孙立涛	证券代码	002220
	公司网址	www.cn-tianbao.com		电子信箱	planning@cn-tianbao.com	
	电　　话	0411-39330110		传　　真	0411-39330208	
	办公地址	辽宁省大连市金州区拥政街道三里村 624 号				
	经营范围	以水产品加工出口为主的农副产品加工和销售				

主要财务指标	指标\报告期	2015.06.30	2014.12.31	2014.06.30	2013.12.31
	基本每股收益(元)	0.1700	0.2900	0.1600	0.2900
	基本每股收益(扣除后)(元)	0.1700	0.2900	0.1600	0.2900
	稀释每股收益(元)	0.1700	0.2900	0.1600	0.2900
	每股净资产(元)	3.9220	3.7972	3.6776	3.5142
	每股经营现金净流量(元)	0.5007	–0.0933	0.2519	0.4464
	每股现金流量(元)	0.4374	–0.3855	0.4873	–0.4212
	每股资本公积金(元)	1.0847	1.0847	1.0847	1.0847
	每股盈余公积金(元)	0.2009	0.2009	0.1735	0.1735
	每股未分配利润(元)	1.6817	1.5553	1.4525	1.2924
	净资产收益率(%)	4.2422	7.6455	4.3543	8.1704
	加权净资产收益率(%)	4.3100	7.9400	4.4600	8.4800
	净资产收益率(扣除)(%)	4.2263	7.6262	4.3313	8.1364
	总资产(万元)	436118.04	419274.19	395386.29	353333.06
	归属母公司股东权益(万元)	182264.60	176466.94	170905.86	163312.29
	营业收入(万元)	65976.74	160737.88	69960.83	148776.85
	营业支出(万元)	52060.52	130939.69	56729.70	116298.13
	投资收益(万元)	57.91	–	–	–
	净利润(万元)	7732.01	13491.73	7441.80	13343.20
	营业利润(万元)	7741.55	13703.02	7575.54	13733.13
	利润总额(万元)	7780.21	13743.30	7614.93	13800.64

东华能源股份有限公司

公司概况	公司名称	东华能源股份有限公司			证券简称	东华能源
	法人代表	周一峰	董秘	陈圆圆	证券代码	002221
	公司网址	www.chinadhe.com		电子信箱	tzz@chinadhe.com	
	电　　话	0512-58322508 025-86771100		传　　真	0512-58728098	
	办公地址	江苏省南京市仙林大道徐庄软件园紫气路 1 号				
	经营范围	再生资源、钢材销售与配送				

主要财务指标	指标\报告期	2015.06.30	2014.12.31	2014.06.30	2013.12.31
	基本每股收益(元)	0.1200	0.2200	0.0632	0.2132
	基本每股收益(扣除后)(元)	0.1100	0.1900	0.0630	0.2108
	稀释每股收益(元)	0.1200	0.2200	0.0632	0.2132
	每股净资产(元)	4.1586	4.1610	3.9887	2.6285
	每股经营现金净流量(元)	–0.6601	–0.5194	–0.8727	1.7314
	每股现金流量(元)	–0.3159	0.3019	1.6709	1.0125
	每股资本公积金(元)	2.5530	2.6392	2.6447	1.2557
	每股盈余公积金(元)	0.0371	0.0371	0.0330	0.0389
	每股未分配利润(元)	0.4614	0.3765	0.2356	0.2350
	净资产收益率(%)	2.7680	4.7718	1.3425	8.1127
	加权净资产收益率(%)	2.7600	6.2200	2.3900	8.5100
	净资产收益率(扣除)(%)	2.7203	4.2530	1.3376	8.0191
	总资产(万元)	1387594.64	1129914.29	1053530.32	769646.54
	归属母公司股东权益(万元)	287918.75	288086.52	276157.02	154122.84
	营业收入(万元)	739958.39	1331425.57	604005.66	939755.48
	营业支出(万元)	719003.62	1269981.95	586302.04	906197.69
	投资收益(万元)	58.85	1872.99	560.48	4229.29
	净利润(万元)	8006.04	13773.77	3707.43	12503.59
	营业利润(万元)	15555.01	18225.92	4086.17	15347.33
	利润总额(万元)	15738.17	18218.65	4111.79	15548.70

福建福晶科技股份有限公司

公司概况	公司名称	福建福晶科技股份有限公司			证券简称	福晶科技
	法人代表	陈辉	董秘	蔡德全	证券代码	002222
	公司网址	www.castech.com		电子信箱	securities@castech.com	
	电　　话	0591-83770347 83719323		传　　真	0591-83719323	
	办公地址	福建省福州市鼓楼区软件大道 89 号福州软件园 F 区 9 号楼福晶科技园 B 楼 10 层				
	经营范围	光学晶体、晶体材料、激光器件的制造及其技术咨询、技术服务等				

主要财务指标	指标\报告期	2015.06.30	2014.12.31	2014.06.30	2013.12.31
	基本每股收益(元)	0.1100	–0.0539	0.1000	0.1400
	基本每股收益(扣除后)(元)	0.1000	–0.0641	0.0900	–
	稀释每股收益(元)	0.1100	–0.0539	0.1000	0.1400
	每股净资产(元)	2.1629	2.0520	2.2041	2.2059
	每股经营现金净流量(元)	0.0966	0.2355	0.0883	0.2171
	每股现金流量(元)	–0.0079	–0.0056	–0.0751	0.0158
	每股资本公积金(元)	0.7369	0.7343	0.7343	0.7343
	每股盈余公积金(元)	0.1455	0.1455	0.1455	0.1455
	每股未分配利润(元)	0.2805	0.1723	0.3244	0.3262
	净资产收益率(%)	5.0038	–2.6255	4.4553	6.2409
	加权净资产收益率(%)	5.1400	–2.5400	4.3900	6.2900
	净资产收益率(扣除)(%)	4.7842	–3.1217	4.0666	5.6372
	总资产(万元)	68038.94	65857.32	71995.29	72098.41
	归属母公司股东权益(万元)	61642.23	58483.23	62817.46	62868.73
	营业收入(万元)	10742.49	20200.78	10007.37	17803.84
	营业支出(万元)	4721.16	9547.32	4843.21	8692.70
	投资收益(万元)	6.48	74.67	721.56	943.19
	净利润(万元)	3084.96	–1420.76	2798.73	3923.55
	营业利润(万元)	3407.81	–1042.37	2991.21	3987.37
	利润总额(万元)	3567.03	–699.37	3278.78	4320.45

江苏鱼跃医疗设备股份有限公司

公司概况	公司名称	江苏鱼跃医疗设备股份有限公司		证券简称	鱼跃医疗
	法人代表	吴光明	董秘 陈坚	证券代码	002223
	公司网址	www.yuyue.com.cn		电子信箱	dongmi@yuyue.com.cn
	电　话	0511-86900802 86900876		传　真	0511-86900876
	办公地址	江苏省丹阳市云阳工业园(振新路南)			
	经营范围	医疗器械和保健用品的生产和销售			

主要财务指标	指标\报告期	2015.06.30	2014.12.31	2014.06.30	2013.12.31
	基本每股收益(元)	0.4300	0.5600	0.3600	0.4900
	基本每股收益(扣除后)(元)	0.3900	0.5000	0.3400	0.4300
	稀释每股收益(元)	0.4300	0.5600	0.3600	0.4900
	每股净资产(元)	3.4239	3.2924	3.0951	2.8337
	每股经营现金净流量(元)	0.3345	0.3871	0.1189	0.2341
	每股现金流量(元)	0.8700	0.0770	0.0041	0.0023
	每股资本公积金(元)	0.0275	0.1303	0.1303	0.1303
	每股盈余公积金(元)	0.2070	0.2277	0.1798	0.1798
	每股未分配利润(元)	2.1894	1.9344	1.7850	1.5236
	净资产收益率(%)	12.5825	16.9694	11.6770	17.1305
	加权净资产收益率(%)	13.4300	18.2400	11.9900	18.3800
	净资产收益率(扣除)(%)	11.3298	15.2561	11.0306	15.1995
	总资产(万元)	300766.56	213830.42	210018.28	181337.66
	归属母公司股东权益(万元)	200216.37	175024.08	164536.59	150639.68
	营业收入(万元)	109173.88	168180.23	93585.71	142432.33
	营业支出(万元)	64016.75	100941.08	55207.73	88745.17
	投资收益(万元)	-59.83	48.50	-0.60	-24.03
	净利润(万元)	25249.90	29789.00	19212.97	25805.35
	营业利润(万元)	25847.76	28486.50	19945.16	25260.24
	利润总额(万元)	29335.09	33369.33	21708.18	29814.75

三力士股份有限公司

公司概况	公司名称	三力士股份有限公司		证券简称	三力士
	法人代表	吴培生	董秘 许唯放	证券代码	002224
	公司网址	www.v-belt.com		电子信箱	xuwf@sanlux.org
	电　话	00575-85670540 84313688		传　真	0575-84318666
	办公地址	浙江省绍兴市柯桥区柯岩街道余渚工业园区			
	经营范围	三角橡胶带和胶管的生产与销售			

主要财务指标	指标\报告期	2015.06.30	2014.12.31	2014.06.30	2013.12.31
	基本每股收益(元)	0.1500	0.3000	0.1200	0.4600
	基本每股收益(扣除后)(元)	0.1500	0.3000	0.1200	0.4500
	稀释每股收益(元)	0.1500	0.3000	0.1200	0.4600
	每股净资产(元)	1.9379	1.8718	1.6774	3.2245
	每股经营现金净流量(元)	0.2133	0.4701	0.1792	0.1645
	每股现金流量(元)	0.0507	0.2346	0.0589	0.7114
	每股资本公积金(元)	0.1598	0.1438	0.1359	0.9718
	每股盈余公积金(元)	0.1012	0.1012	0.0723	0.1445
	每股未分配利润(元)	0.6769	0.6268	0.4692	1.1082
	净资产收益率(%)	7.7453	16.1127	6.8630	13.9904
	加权净资产收益率(%)	7.7800	17.3900	6.9300	15.3400
	净资产收益率(扣除)(%)	7.6833	15.9923	6.9023	13.8072
	总资产(万元)	143551.36	139561.26	131365.07	117740.44
	归属母公司股东权益(万元)	126867.06	122540.73	109812.60	105549.51
	营业收入(万元)	43780.77	96965.12	44316.84	94454.00
	营业支出(万元)	26693.68	61252.66	28653.89	64592.37
	投资收益(万元)	125.50	-251.50		-38.17
	净利润(万元)	9794.35	19824.88	7536.44	14766.85
	营业利润(万元)	11315.10	22795.24	10070.24	17020.58
	利润总额(万元)	11314.89	23026.83	9964.06	17186.35

濮阳濮耐高温材料(集团)股份有限公司

公司概况	公司名称	濮阳濮耐高温材料(集团)股份有限公司		证券简称	濮耐股份
	法人代表	刘百宽	董秘 彭艳鸣	证券代码	002225
	公司网址	www.punai.com.cn		电子信箱	pengyanming@punai.com
	电　话	0393-3214228		传　真	0393-3214218
	办公地址	河南省濮阳市西环路中段			
	经营范围	耐火材料原料和制品、功能陶瓷材料、高温结构材料			

主要财务指标	指标\报告期	2015.06.30	2014.12.31	2014.06.30	2013.12.31
	基本每股收益(元)	0.1116	0.2000	0.1100	0.1600
	基本每股收益(扣除后)(元)	0.1000	0.2000	0.1100	0.1600
	稀释每股收益(元)	0.1116	0.2000	0.1100	0.1600
	每股净资产(元)	2.9053	2.7594	2.4100	2.3446
	每股经营现金净流量(元)	0.0454	0.1697	0.0602	0.1914
	每股现金流量(元)	0.0332	0.0186	0.0202	-0.0207
	每股资本公积金(元)	1.0875	0.9795	0.6509	0.6495
	每股盈余公积金(元)	0.0815	0.0840	0.0789	0.0789
	每股未分配利润(元)	0.7419	0.7030	0.6848	0.6238
	净资产收益率(%)	3.7809	6.8050	4.6061	6.5898
	加权净资产收益率(%)	3.9200	8.4600	4.6300	8.2900
	净资产收益率(扣除)(%)	3.4812	6.6189	4.4190	6.2735
	总资产(万元)	508046.98	489946.15	397169.43	378320.85
	归属母公司股东权益(万元)	258589.22	238239.32	190606.78	185875.27
	营业收入(万元)	147943.19	261100.91	130009.34	243247.42
	营业支出(万元)	103315.42	181154.21	90593.51	172635.69
	投资收益(万元)	219.14	-6.04	10.00	372.08
	净利润(万元)	10022.86	16513.48	8779.50	12248.81
	营业利润(万元)	11107.30	18946.49	10492.27	14133.86
	利润总额(万元)	12038.43	19419.43	10876.96	14846.83

安徽江南化工股份有限公司

公司概况	公司名称	安徽江南化工股份有限公司		证券简称	江南化工
	法人代表	冯忠波	董秘 赵磊	证券代码	002226
	公司网址	www.ahjnhg.com		电子信箱	ahjnhg@ahjnhg.com
	电　话	0551-65862589		传　真	0551-5862577
	办公地址	安徽省合肥市政务文化新区怀宁路1639号平安大厦17层			
	经营范围	工业炸药的生产、销售、主要产品为胶状乳化炸药、粉状乳化炸药			

主要财务指标	指标\报告期	2015.06.30	2014.12.31	2014.06.30	2013.12.31
	基本每股收益(元)	0.0635	0.4056	0.1223	0.6770
	基本每股收益(扣除后)(元)	0.0592	0.3920	0.2252	0.6526
	稀释每股收益(元)	0.0635	0.4056	0.1223	0.6770
	每股净资产(元)	3.6047	6.3861	6.2233	6.4000
	每股经营现金净流量(元)	0.1374	0.9412	0.3479	0.4435
	每股现金流量(元)	-0.2656	-0.2045	-0.2053	0.1000
	每股资本公积金(元)	1.4053	3.7982	3.7966	3.7829
	每股盈余公积金(元)	0.0972	0.1945	0.1502	0.1496
	每股未分配利润(元)	0.4652	1.2534	1.1362	1.2870
	净资产收益率(%)	1.7622	6.3663	3.9394	10.5784
	加权净资产收益率(%)	1.9600	6.4300	3.8400	10.9300
	净资产收益率(扣除)(%)	1.6436	6.1518	3.6359	10.1973
	总资产(万元)	435857.90	402521.89	403728.43	401195.53
	归属母公司股东权益(万元)	287140.01	254347.50	247865.74	254398.46
	营业收入(万元)	63361.87	179255.09	85046.76	193583.89
	营业支出(万元)	32509.48	91959.24	43170.37	97987.20
	投资收益(万元)	1705.84	1494.17	1060.87	1914.96
	净利润(万元)	7296.65	23319.79	13669.91	35734.32
	营业利润(万元)	8558.35	29069.29	16203.89	43655.17
	利润总额(万元)	9028.87	29890.33	17334.94	45436.80

深圳奥特迅电力设备股份有限公司

公司概况	公司名称	深圳奥特迅电力设备股份有限公司		证券简称	奥特迅
	法人代表	廖晓霞	董秘 廖晓东	证券代码	002227
	公司网址	www.atc-a.com		电子信箱	atczq@vip.163.com
	电话	0755-26520515		传真	0755-26520515
	办公地址	广东省深圳市南山区高新南一道29号厂房南座二层D区			
	经营范围	生产经营高频开关电源、电力电源设备、无功补偿装置、绝缘监测装置			

主要财务指标	指标\报告期	2015.06.30	2014.12.31	2014.06.30	2013.12.31
	基本每股收益(元)	-0.0408	0.3734	0.0438	0.4735
	基本每股收益(扣除后)(元)	-0.0408	0.3636	0.0379	0.4469
	稀释每股收益(元)	-0.0404	0.3708	0.0434	0.4727
	每股净资产(元)	3.3885	3.4746	3.1004	6.1233
	每股经营现金净流量(元)	-0.1072	-0.0539	-0.3075	0.3350
	每股现金流量(元)	-0.1130	0.0966	-0.1706	0.4313
	每股资本公积金(元)	1.3139	1.2776	1.2225	3.3504
	每股盈余公积金(元)	0.2584	0.2371	0.2131	0.3585
	每股未分配利润(元)	0.8214	0.9650	0.6649	1.4146
	净资产收益率(%)	-1.2045	10.7133	1.4115	7.6776
	加权净资产收益率(%)	-1.1800	11.6000	1.4200	8.0400
	净资产收益率(扣除)(%)	-1.2040	10.4317	1.2239	7.2467
	总资产(万元)	96812.57	96884.32	82400.47	83752.29
	归属母公司股东权益(万元)	74364.81	76248.95	67809.70	66962.64
	营业收入(万元)	14032.73	45795.63	15303.75	34795.28
	营业支出(万元)	8942.05	26842.13	9416.93	21556.49
	投资收益(万元)	-	74.65	284.02	274.48
	净利润(万元)	-950.88	8117.15	957.15	5141.14
	营业利润(万元)	-1184.56	8239.67	595.35	4404.22
	利润总额(万元)	-826.21	9160.37	1079.05	5276.85

厦门合兴包装印刷股份有限公司

公司概况	公司名称	厦门合兴包装印刷股份有限公司		证券简称	合兴包装
	法人代表	许晓光	董秘 康春华	证券代码	002228
	公司网址	www.hxpp.com.cn		电子信箱	zqb@hxpp.com.cn
	电话	0592-7896162		传真	0592-7896162
	办公地址	福建省厦门市同安工业集中区梧侣路19号			
	经营范围	生产中高档瓦楞纸箱及纸、塑等各种包装印刷制品、研究和开发新型彩色印刷产品			

主要财务指标	指标\报告期	2015.06.30	2014.12.31	2014.06.30	2013.12.31
	基本每股收益(元)	0.1900	0.3600	0.1900	0.2700
	基本每股收益(扣除后)(元)	0.1800	0.3500	0.1800	0.2500
	稀释每股收益(元)	0.1900	0.3600	0.1900	0.2700
	每股净资产(元)	4.0793	3.0512	2.8900	2.7559
	每股经营现金净流量(元)	0.1603	0.9205	0.3122	0.3578
	每股现金流量(元)	0.4487	0.1084	0.0667	-0.5257
	每股资本公积金(元)	1.8346	0.8001	0.8161	0.8161
	每股盈余公积金(元)	0.0651	0.0690	0.0513	0.0513
	每股未分配利润(元)	1.1796	1.1821	1.0263	0.8885
	净资产收益率(%)	4.3512	11.8417	6.4916	9.8835
	加权净资产收益率(%)	5.3500	12.3900	6.5900	10.2000
	净资产收益率(扣除)(%)	4.1537	11.3660	6.2422	8.9238
	总资产(万元)	286413.63	244885.76	234058.69	220786.87
	归属母公司股东权益(万元)	151950.80	106031.08	100560.24	95769.77
	营业收入(万元)	138754.02	271647.44	136126.80	244208.16
	营业支出(万元)	109929.20	215537.13	108365.73	195332.17
	投资收益(万元)	19.38	-137.12	-103.75	465.76
	净利润(万元)	7060.93	13188.75	6527.98	9465.41
	营业利润(万元)	8618.06	16243.99	8131.56	12198.01
	利润总额(万元)	9017.08	16915.00	8454.69	12749.41

鸿博股份有限公司

公司概况	公司名称	鸿博股份有限公司		证券简称	鸿博股份
	法人代表	尤丽娟	董秘 李娟	证券代码	002229
	公司网址	www.hb-print.com.cn		电子信箱	hongbo_printing@hb-group.com.cn
	电话	0591-88070028		传真	0591-83840666
	办公地址	福建省福州市金山开发区金达路136号			
	经营范围	出版物、包装装潢印刷品、其他印刷品印刷、磁卡、智能卡的研制与加工等			

主要财务指标	指标\报告期	2015.06.30	2014.12.31	2014.06.30	2013.12.31
	基本每股收益(元)	-0.0228	0.0928	0.0618	0.1646
	基本每股收益(扣除后)(元)	-0.0297	0.0785	0.0462	0.1587
	稀释每股收益(元)	-0.0228	0.0928	0.0618	0.1646
	每股净资产(元)	2.8677	2.8904	2.8594	2.8326
	每股经营现金净流量(元)	-0.2012	0.0699	-0.1109	0.4031
	每股现金流量(元)	-0.0633	0.0509	-0.0228	-0.0693
	每股资本公积金(元)	1.1212	1.1212	1.1212	1.1212
	每股盈余公积金(元)	0.1192	0.1192	0.1075	0.1075
	每股未分配利润(元)	0.6272	0.6499	0.6307	0.6039
	净资产收益率(%)	-0.7935	3.2108	2.1620	5.8119
	加权净资产收益率(%)	-0.7900	3.2500	2.1700	5.9300
	净资产收益率(扣除)(%)	-1.0354	2.7159	1.6169	5.6023
	总资产(万元)	138028.41	136575.51	130327.58	120219.54
	归属母公司股东权益(万元)	85509.85	86188.34	85264.49	84464.69
	营业收入(万元)	31733.17	86351.30	35588.27	64374.40
	营业支出(万元)	24272.40	65851.63	25855.65	44849.12
	投资收益(万元)	450.00	-	-	-
	净利润(万元)	-353.73	3644.31	1843.45	4908.96
	营业利润(万元)	-714.50	2267.95	1703.58	6510.40
	利润总额(万元)	-311.20	3392.22	2599.08	7507.49

科大讯飞股份有限公司

公司概况	公司名称	科大讯飞股份有限公司		证券简称	科大讯飞
	法人代表	刘庆峰	董秘 徐景明	证券代码	002230
	公司网址	www.iflytek.com		电子信箱	xunfei@iflytek.com
	电话	0551-5331880		传真	0551-5331802
	办公地址	安徽省合肥市高新开发区望江西路666号			
	经营范围	语音核心技术及其相关产品研发、生产与销售			

主要财务指标	指标\报告期	2015.06.30	2014.12.31	2014.06.30	2013.12.31
	基本每股收益(元)	0.1200	0.4700	0.1000	0.3700
	基本每股收益(扣除后)(元)	0.0700	0.3600	0.1100	0.5000
	稀释每股收益(元)	0.1200	0.4700	0.1000	0.3700
	每股净资产(元)	3.1764	4.6160	4.2657	7.0664
	每股经营现金净流量(元)	-0.0777	0.5231	0.0048	0.6320
	每股现金流量(元)	-0.2717	-0.8564	-0.6620	2.6160
	每股资本公积金(元)	1.3638	2.4136	2.3887	4.6141
	每股盈余公积金(元)	0.0667	0.1016	0.0796	0.1362
	每股未分配利润(元)	0.7459	1.1009	0.7975	1.3161
	净资产收益率(%)	3.7070	10.2365	3.4161	8.4272
	加权净资产收益率(%)	3.8500	10.7900	3.4400	10.6300
	净资产收益率(扣除)(%)	2.1176	7.7912	2.6900	6.6116
	总资产(万元)	550485.79	516989.59	432581.00	432752.74
	归属母公司股东权益(万元)	386000.76	370662.76	341895.87	331055.70
	营业收入(万元)	103915.20	177521.06	64769.18	125370.78
	营业支出(万元)	52615.14	78758.37	29413.29	58917.15
	投资收益(万元)	1200.54	1271.92	61.39	299.68
	净利润(万元)	14115.71	38848.66	11786.37	27843.86
	营业利润(万元)	7468.73	28806.39	7608.50	21573.63
	利润总额(万元)	16346.65	43374.92	13429.05	32058.40

奥维通信股份有限公司

公司概况						
	公司名称	奥维通信股份有限公司			证券简称	奥维通信
	法人代表	杜方	董秘	吕琦	证券代码	002231
	公司网址	www.syallwin.com		电子信箱	pub@syallwin.com	
	电　　话	024-83782200		传　　真	024-83782200	
	办公地址	辽宁省沈阳市浑南新区高歌路6号				
	经营范围	通信产品、视频监控设备、广播电视发射设备、无线电发射与接收设备等				

主要财务指标	指标＼报告期	2015.06.30	2014.12.31	2014.06.30	2013.12.31
	基本每股收益(元)	–0.0252	0.0219	–0.0466	–0.1348
	基本每股收益(扣除后)(元)	–0.0318	–0.0110	–0.0556	–0.1532
	稀释每股收益(元)	–0.0252	0.0219	–0.0466	–0.1348
	每股净资产(元)	1.7912	1.8263	1.7569	1.8036
	每股经营现金净流量(元)	–0.0300	–0.0106	–0.1772	–0.3167
	每股现金流量(元)	–0.0314	–0.0342	–0.2170	–0.1859
	每股资本公积金(元)	0.4265	0.4265	0.4265	0.4265
	每股盈余公积金(元)	0.0765	0.0765	0.0765	0.0765
	每股未分配利润(元)	0.2882	0.3234	0.2540	0.3006
	净资产收益率(%)	–1.4055	1.1998	–2.6544	–7.4737
	加权净资产收益率(%)	–1.3900	1.2100	–2.6200	–7.2000
	净资产收益率(扣除)(%)	–1.7747	–0.6004	–3.1662	–8.4922
	总资产(万元)	89775.71	85681.02	77960.47	82511.28
	归属母公司股东权益(万元)	63908.68	65163.73	62687.77	64351.72
	营业收入(万元)	9698.65	43849.52	11384.76	34095.64
	营业支出(万元)	7675.95	30129.65	8297.91	24100.05
	投资收益(万元)	–	–0.79	–	–
	净利润(万元)	–1107.14	460.70	–1663.96	–4809.44
	营业利润(万元)	–1331.41	–1262.56	–2305.45	–6917.67
	利润总额(万元)	–925.78	314.89	–1978.37	–5985.89

启明信息技术股份有限公司

公司概况						
	公司名称	启明信息技术股份有限公司			证券简称	启明信息
	法人代表	许宪平	董秘	吴铁山	证券代码	002232
	公司网址	www.qm.cn		电子信箱	qm@qm.cn	
	电　　话	0431-89603547		传　　真	0431-89603547	
	办公地址	吉林省长春市净月经济开发区百合街启明软件园				
	经营范围	软件开发、汽车电子、技术服务、系统集成、硬件销售五大类				

主要财务指标	指标＼报告期	2015.06.30	2014.12.31	2014.06.30	2013.12.31
	基本每股收益(元)	0.0042	0.0188	0.0031	0.0186
	基本每股收益(扣除后)(元)	–0.0004	–0.0174	–	–0.0159
	稀释每股收益(元)	0.0042	0.0188	0.0031	0.0186
	每股净资产(元)	2.4585	2.4563	2.4406	2.4394
	每股经营现金净流量(元)	–0.1281	0.2809	–0.1725	0.2224
	每股现金流量(元)	–0.1585	0.0347	–0.3329	–0.0505
	每股资本公积金(元)	0.6410	0.6410	0.6410	0.6410
	每股盈余公积金(元)	0.1303	0.1259	0.1239	0.1222
	每股未分配利润(元)	0.6872	0.6894	0.6757	0.6762
	净资产收益率(%)	0.1705	0.7661	0.1290	0.7638
	加权净资产收益率(%)	0.1700	0.7700	0.1300	0.7700
	净资产收益率(扣除)(%)	–0.0164	–0.7067	–0.3510	–0.6516
	总资产(万元)	157303.82	165220.43	165736.89	173427.74
	归属母公司股东权益(万元)	100442.75	100351.52	99710.45	99661.11
	营业收入(万元)	48623.85	138763.66	48357.02	134040.97
	营业支出(万元)	39680.75	116269.47	39211.40	111498.50
	投资收益(万元)	–	–	–	–
	净利润(万元)	233.65	776.74	128.62	761.21
	营业利润(万元)	347.07	–1438.59	–519.80	–1744.79
	利润总额(万元)	597.94	346.23	137.64	106.96

广东塔牌集团股份有限公司

公司概况						
	公司名称	广东塔牌集团股份有限公司			证券简称	塔牌集团
	法人代表	何坤皇	董秘	曾皓平	证券代码	002233
	公司网址	www.tapai.com		电子信箱	gdtpzhp@126.com	
	电　　话	0753-7887036		传　　真	0753-7887233	
	办公地址	广东省梅州市蕉岭县蕉城镇(塔牌大厦)				
	经营范围	制造水泥、水泥熟料、制造、加工、销售建筑材料、水泥机械及零部件等				

主要财务指标	指标＼报告期	2015.06.30	2014.12.31	2014.06.30	2013.12.31
	基本每股收益(元)	0.2077	0.6798	0.3979	0.4475
	基本每股收益(扣除后)(元)	0.1782	0.6637	0.3934	0.4205
	稀释每股收益(元)	0.2077	0.6798	0.3979	0.4475
	每股净资产(元)	4.6618	4.7316	4.4400	4.2218
	每股经营现金净流量(元)	0.4468	1.2879	0.6005	0.7310
	每股现金流量(元)	0.0267	0.0428	0.0717	–0.0405
	每股资本公积金(元)	1.1996	1.1996	1.1996	1.1996
	每股盈余公积金(元)	0.1902	0.1902	0.1414	0.1414
	每股未分配利润(元)	2.2188	2.2912	2.0581	1.8401
	净资产收益率(%)	4.4551	14.3682	8.9526	10.6002
	加权净资产收益率(%)	4.3400	15.2400	9.0600	11.1100
	净资产收益率(扣除)(%)	3.8224	14.0260	8.8506	9.9592
	总资产(万元)	538981.23	540811.10	541143.27	544532.68
	归属母公司股东权益(万元)	417072.86	423314.35	397666.22	377702.24
	营业收入(万元)	184114.30	445668.80	199885.87	381609.36
	营业支出(万元)	141334.38	314158.60	128552.75	282931.70
	投资收益(万元)	2242.92	1597.04	669.68	991.19
	净利润(万元)	18539.64	60758.04	35601.49	40037.36
	营业利润(万元)	24680.80	83015.52	49184.29	54038.44
	利润总额(万元)	25673.92	82891.24	49122.48	55518.75

山东民和牧业股份有限公司

公司概况						
	公司名称	山东民和牧业股份有限公司			证券简称	民和股份
	法人代表	孙希民	董秘	张东明	证券代码	002234
	公司网址	www.minhe.cn		电子信箱	minhe7525@126.com	
	电　　话	0535-5637723		传　　真	0535-5855999	
	办公地址	山东省烟台蓬莱市南关路2-3号				
	经营范围	羊、牛的饲养；种鸡饲养、种蛋、鸡苗销售				

主要财务指标	指标＼报告期	2015.06.30	2014.12.31	2014.06.30	2013.12.31
	基本每股收益(元)	–0.4500	0.2100	0.0400	–0.8100
	基本每股收益(扣除后)(元)	–0.4500	0.0700	–0.0900	–0.9000
	稀释每股收益(元)	–0.4500	0.2100	0.0400	–0.8100
	每股净资产(元)	3.5012	3.9470	3.7785	3.7390
	每股经营现金净流量(元)	0.4860	–0.5738	0.1050	–0.2099
	每股现金流量(元)	–0.3790	–0.7871	–0.2891	–1.1150
	每股资本公积金(元)	2.8535	2.8535	2.8529	2.8529
	每股盈余公积金(元)	0.3922	0.3922	0.3922	0.3922
	每股未分配利润(元)	–0.7445	–0.2986	–0.4666	–0.5061
	净资产收益率(%)	–12.7353	5.2582	1.0469	–21.7310
	加权净资产收益率(%)	–11.9700	5.4000	1.0500	–19.6400
	净资产收益率(扣除)(%)	–12.8720	1.8174	–2.3860	–24.1383
	总资产(万元)	199579.91	218977.28	210907.97	181273.27
	归属母公司股东权益(万元)	105751.30	119219.08	114129.02	112934.23
	营业收入(万元)	44732.55	118641.74	51118.71	99631.38
	营业支出(万元)	49129.63	102609.74	46939.92	109260.09
	投资收益(万元)	–724.29	–489.14	–211.50	–477.95
	净利润(万元)	–13467.78	6268.81	1194.79	–24541.77
	营业利润(万元)	–13598.91	2235.33	–2681.94	–27261.06
	利润总额(万元)	–13454.37	6337.41	1235.92	–24542.40

厦门安妮股份有限公司

公司概况	公司名称	厦门安妮股份有限公司		证券简称	安妮股份
	法人代表	张杰	董秘 叶泉青	证券代码	002235
	公司网址	www.anne.com.cn		电子信箱	securities@anne.com.cn
	电　话	0592-3152372		传　真	0592-3152406
	办公地址	福建省厦门市集美区杏林锦园南路 99 号			
	经营范围	从事商务信息用纸的研发、生产、销售及综合应用服务			

	指标＼报告期	2015.06.30	2014.12.31	2014.06.30	2013.12.31
主要财务指标	基本每股收益(元)	0.0300	-0.4720	0.0300	0.0500
	基本每股收益(扣除后)(元)	0.0300	-0.4334	0.0200	0.0205
	稀释每股收益(元)	0.0300	-0.4720	0.0300	0.0500
	每股净资产(元)	1.8407	1.8104	2.3200	2.2824
	每股经营现金净流量(元)	-0.0294	0.2369	-0.0900	0.2628
	每股现金流量(元)	0.0048	-0.1314	-0.1479	0.0628
	每股资本公积金(元)	0.8713	0.8713	0.8713	0.8713
	每股盈余公积金(元)	0.0972	0.0972	0.0972	0.0972
	每股未分配利润(元)	-0.1278	-0.1581	0.3488	0.3139
	净资产收益率(%)	1.6477	-26.0731	1.5055	2.1572
	加权净资产收益率(%)	1.6600	-23.0700	1.5200	2.0700
	净资产收益率(扣除)(%)	1.5599	-23.9374	0.9100	0.8979
	总资产(万元)	69576.48	61598.16	77562.18	78217.74
	归属母公司股东权益(万元)	35894.31	35302.88	45187.76	44507.44
	营业收入(万元)	21324.02	44962.45	21898.21	55440.70
	营业支出(万元)	15862.28	40173.42	16903.01	44644.17
	投资收益(万元)	3.12	293.19	54.77	285.34
	净利润(万元)	924.00	-9741.76	680.31	960.11
	营业利润(万元)	971.79	-9369.65	445.42	990.57
	利润总额(万元)	1008.64	-9662.17	707.70	1266.60

浙江大华技术股份有限公司

公司概况	公司名称	浙江大华技术股份有限公司		证券简称	大华股份
	法人代表	傅利泉	董秘 吴坚	证券代码	002236
	公司网址	www.dahuatech.com		电子信箱	zqsw@dahuatech.com
	电　话	0571-28939522		传　真	0571-28051737
	办公地址	浙江省杭州市滨江区滨安路 1199 号			
	经营范围	计算机软件的开发、服务、销售，电子产品及通讯产品的设计、开发、生产、安装及销售等			

	指标＼报告期	2015.06.30	2014.12.31	2014.06.30	2013.12.31
主要财务指标	基本每股收益(元)	0.4000	1.0100	0.4400	1.0000
	基本每股收益(扣除后)(元)	0.3900	0.9700	0.4200	0.9800
	稀释每股收益(元)	0.4000	1.0100	0.4400	1.0000
	每股净资产(元)	4.7979	4.4457	4.3282	3.6371
	每股经营现金净流量(元)	-0.4807	-0.0146	-0.8036	0.3110
	每股现金流量(元)	-0.3196	-0.4319	-0.5580	0.9574
	每股资本公积金(元)	1.1952	1.3403	1.3467	0.9550
	每股盈余公积金(元)	0.3156	0.3128	0.2497	0.2550
	每股未分配利润(元)	2.5331	2.2138	1.7319	1.4271
	净资产收益率(%)	8.3328	21.9633	9.9935	27.1296
	加权净资产收益率(%)	8.5600	24.4400	11.0800	35.0900
	净资产收益率(扣除)(%)	8.1507	21.2362	9.6824	26.7373
	总资产(万元)	841097.13	798996.62	676416.76	602751.79
	归属母公司股东权益(万元)	556605.54	520266.09	506661.78	416858.81
	营业收入(万元)	346888.72	733188.14	304252.19	541009.40
	营业支出(万元)	214525.16	453543.49	188981.02	309342.42
	投资收益(万元)	961.75	755.74	-32.03	775.34
	净利润(万元)	46331.69	114426.45	50633.08	113092.19
	营业利润(万元)	37861.71	92756.52	41562.11	93781.94
	利润总额(万元)	53580.59	125284.39	55547.30	112523.81

山东恒邦冶炼股份有限公司

公司概况	公司名称	山东恒邦冶炼股份有限公司		证券简称	恒邦股份
	法人代表	曲胜利	董秘 张俊峰	证券代码	002237
	公司网址	www.hbyl.cn		电子信箱	manage@hbyl.cn
	电　话	0535-4631769		传　真	0535-4631176
	办公地址	烟台市牟平区水道镇金政街 11 号			
	经营范围	黄金的采选、冶炼及化工生产			

	指标＼报告期	2015.06.30	2014.12.31	2014.06.30	2013.12.31
主要财务指标	基本每股收益(元)	0.1300	0.5500	0.1500	0.5100
	基本每股收益(扣除后)(元)	0.0700	0.2600	0.2000	0.2000
	稀释每股收益(元)	0.1300	0.5500	0.1500	0.5100
	每股净资产(元)	3.9671	7.8141	7.5800	7.3567
	每股经营现金净流量(元)	0.4381	3.4566	0.9196	-0.8129
	每股现金流量(元)	-0.0023	0.3660	-0.1312	-0.5593
	每股资本公积金(元)	1.0789	3.1579	3.1692	3.1579
	每股盈余公积金(元)	0.2218	0.4435	0.3735	0.3735
	每股未分配利润(元)	1.6195	3.1827	3.0002	2.7027
	净资产收益率(%)	3.2292	7.0397	3.9238	6.9820
	加权净资产收益率(%)	3.2300	7.2100	3.9600	7.2500
	净资产收益率(扣除)(%)	1.6650	3.3500	2.6464	2.6785
	总资产(万元)	1157494.93	1051508.70	1175460.69	1131389.79
	归属母公司股东权益(万元)	361169.01	355699.85	345171.04	334876.82
	营业收入(万元)	667340.97	1538493.30	623330.34	1184267.17
	营业支出(万元)	628331.92	1444317.47	579829.14	1105088.74
	投资收益(万元)	-1502.65	7546.34	-514.44	1352.23
	净利润(万元)	11213.04	23807.90	13321.74	22286.86
	营业利润(万元)	13261.99	28568.85	14289.53	26783.98
	利润总额(万元)	13621.20	31125.78	16685.29	27747.88

深圳市天威视讯股份有限公司

公司概况	公司名称	深圳市天威视讯股份有限公司		证券简称	天威视讯
	法人代表	郑鼎文	董秘 钟林	证券代码	002238
	公司网址	www.topway.com.cn		电子信箱	do@topway.cn
	电　话	0755-83069184 83067777		传　真	0755-83069184 83067777
	办公地址	广东省深圳市福田区彩田路 6001 号			
	经营范围	有线广播电视网络及其他通讯网络规划建设及技术服务等			

	指标＼报告期	2015.06.30	2014.12.31	2014.06.30	2013.12.31
主要财务指标	基本每股收益(元)	0.2700	0.5400	0.2363	0.4500
	基本每股收益(扣除后)(元)	0.2700	0.4600	0.2300	0.4300
	稀释每股收益(元)	0.2700	0.5400	0.2363	0.4500
	每股净资产(元)	4.7209	5.9842	5.0293	4.8930
	每股经营现金净流量(元)	0.6241	1.6930	0.4960	1.0881
	每股现金流量(元)	0.2405	0.7330	0.1223	0.2937
	每股资本公积金(元)	0.8030	1.3439	0.9925	0.9925
	每股盈余公积金(元)	0.3851	0.5007	0.5107	0.5107
	每股未分配利润(元)	2.5328	3.1396	2.5262	2.3899
	净资产收益率(%)	5.7522	9.0735	4.6986	9.1355
	加权净资产收益率(%)	5.7300	9.4500	4.7200	9.4700
	净资产收益率(扣除)(%)	5.6781	6.5178	4.6244	8.7676
	总资产(万元)	313811.93	303777.88	210653.14	206512.21
	归属母公司股东权益(万元)	242873.84	236818.04	161139.87	156772.58
	营业收入(万元)	67963.77	131568.51	44669.29	92999.99
	营业支出(万元)	43642.50	83073.10	26752.56	55012.26
	投资收益(万元)	-	-	-	-14.65
	净利润(万元)	13231.23	21797.67	7571.29	14321.89
	营业利润(万元)	13198.06	21887.85	7429.87	14616.42
	利润总额(万元)	13410.86	22260.62	7607.27	15688.59

奥特佳新能源科技股份有限公司

公司概况					
公司名称	奥特佳新能源科技股份有限公司			证券简称	奥特佳
法人代表	王进飞	董秘	郑维龙	证券代码	002239
公司网址	www.kfield.com.cn		电子信箱	kingfield@kfield.com.cn	
电　　话	0513-80169096 80167888		传　　真	0513-80167999	
办公地址	江苏省南通高新技术产业开发区文昌路666号				
经营范围	生产服装及服装辅料、梭织面料、针织面料、销售自产产品				

主要财务指标

指标\报告期	2015.06.30	2014.12.31	2014.06.30	2013.12.31
基本每股收益(元)	0.1300	0.0300	0.0300	0.1300
基本每股收益(扣除后)(元)	0.1000	0.0300	0.0300	0.0300
稀释每股收益(元)	0.1300	0.0300	0.0300	0.1300
每股净资产(元)	3.4323	1.4934	3.1354	3.0161
每股经营现金净流量(元)	0.0641	0.1241	0.0286	–0.0946
每股现金流量(元)	0.3646	0.5251	0.0909	–0.2444
每股资本公积金(元)	2.1870	0.0710	1.1492	1.0559
每股盈余公积金(元)	0.0116	0.0295	0.0571	0.0571
每股未分配利润(元)	0.2357	0.3982	0.9397	0.9141
净资产收益率(%)	2.3040	1.8183	0.8155	8.9257
加权净资产收益率(%)	5.1100	1.8200	0.8300	9.4000
净资产收益率(扣除)(%)	1.8129	–	0.8470	0.8980
总资产(万元)	538759.39	71702.28	80681.93	81014.53
归属母公司股东权益(万元)	368272.88	63036.56	63021.53	60624.37
营业收入(万元)	69566.58	45000.20	20692.51	47341.48
营业支出(万元)	52646.48	37868.90	17515.77	41395.81
投资收益(万元)	–1.98	906.06	–61.08	–15.48
净利润(万元)	8495.42	580.21	334.94	5335.37
营业利润(万元)	7578.77	1724.54	681.00	719.19
利润总额(万元)	9989.73	1627.37	651.40	6590.69

广东威华股份有限公司

公司概况					
公司名称	广东威华股份有限公司			证券简称	威华股份
法人代表	梁斌	董秘	韩润	证券代码	002240
公司网址	www.weihuaonline.com		电子信箱	whgf@vip.163.com	
电　　话	0753-2191686 2191163		传　　真	0753-2191162	
办公地址	广东省梅州市沿江东路滨江新村B00栋7楼				
经营范围	人造板、家私、木材、木制品加工和销售以及造林工程设计、林木种植等业务				

主要财务指标

指标\报告期	2015.06.30	2014.12.31	2014.06.30	2013.12.31
基本每股收益(元)	–0.0130	0.0200	0.0100	0.0200
基本每股收益(扣除后)(元)	–0.0200	0.0100	–0.0010	–0.1000
稀释每股收益(元)	–0.0130	0.0200	0.0100	0.0200
每股净资产(元)	3.2079	3.2207	3.2087	3.1974
每股经营现金净流量(元)	0.0122	0.4942	0.2214	0.3577
每股现金流量(元)	0.0236	0.0385	–0.0611	–0.0589
每股资本公积金(元)	1.9422	1.9422	1.9422	1.9422
每股盈余公积金(元)	0.1668	0.1668	0.1668	0.1668
每股未分配利润(元)	0.0989	0.1117	0.0997	0.0885
净资产收益率(%)	–0.3984	0.7220	0.3511	0.6105
加权净资产收益率(%)	–0.4000	0.7200	0.3500	0.6100
净资产收益率(扣除)(%)	–0.6913	0.4339	–0.0191	–3.0204
总资产(万元)	268654.54	268137.73	270671.01	278351.43
归属母公司股东权益(万元)	157413.20	158040.28	157452.12	156899.28
营业收入(万元)	67039.66	171545.25	79847.91	177803.16
营业支出(万元)	58964.85	152244.90	70215.17	161709.87
投资收益(万元)	–	–	–	4986.89
净利润(万元)	–680.53	1027.76	552.84	957.81
营业利润(万元)	–3714.77	–7134.38	–3504.33	–7296.62
利润总额(万元)	–482.72	1244.57	608.96	877.52

歌尔声学股份有限公司

公司概况					
公司名称	歌尔声学股份有限公司			证券简称	歌尔声学
法人代表	姜滨	董秘	贾军安	证券代码	002241
公司网址	www.goertek.com		电子信箱	ir@goertek.com	
电　　话	0536-8525688		传　　真	0536-8525669	
办公地址	山东省潍坊市高新技术产业开发区东方路268号				
经营范围	微型电声元器件和消费类电声产品的研发、制造和销售				

主要财务指标

指标\报告期	2015.06.30	2014.12.31	2014.06.30	2013.12.31
基本每股收益(元)	0.3400	1.0900	0.4000	0.8600
基本每股收益(扣除后)(元)	0.3400	1.0400	0.3700	0.8300
稀释每股收益(元)	0.3400	1.0900	0.4000	0.8600
每股净资产(元)	5.7169	5.4578	4.4751	4.1500
每股经营现金净流量(元)	0.5645	0.7631	0.4501	0.5545
每股现金流量(元)	–0.8823	1.4741	0.0564	0.1896
每股资本公积金(元)	1.3653	1.3429	1.3154	1.2858
每股盈余公积金(元)	0.2983	0.2983	0.2056	0.2056
每股未分配利润(元)	2.7942	2.5546	1.9595	1.6615
净资产收益率(%)	5.9402	19.8944	8.8900	20.6264
加权净资产收益率(%)	6.0300	23.2900	9.1900	22.7500
净资产收益率(扣除)(%)	5.9233	19.0830	8.2635	20.0276
总资产(万元)	1689809.30	1775773.68	1330075.09	1259639.93
归属母公司股东权益(万元)	872644.58	833093.77	683088.07	633472.68
营业收入(万元)	541637.05	1269898.60	467305.12	1004881.85
营业支出(万元)	400901.49	921553.81	338375.12	735013.66
投资收益(万元)	20.17	213.21	12.88	530.42
净利润(万元)	51534.32	168431.16	60753.10	130662.65
营业利润(万元)	60860.74	192411.42	67606.50	152751.95
利润总额(万元)	61081.53	200580.05	72894.06	157472.37

九阳股份有限公司

公司概况					
公司名称	九阳股份有限公司			证券简称	九阳股份
法人代表	王旭宁	董秘	姜广勇	证券代码	002242
公司网址	www.joyoung.com		电子信箱	jgy@joyoung.com	
电　　话	0571-81639093 81639178		传　　真	0571-81639096	
办公地址	浙江省杭州市江干区下沙街道银海街760号				
经营范围	豆浆机和厨房小家电产品的研发、生产和销售				

主要财务指标

指标\报告期	2015.06.30	2014.12.31	2014.06.30	2013.12.31
基本每股收益(元)	0.4200	0.7000	0.3700	0.6200
基本每股收益(扣除后)(元)	0.3900	0.6200	0.3200	0.5700
稀释每股收益(元)	0.4200	0.7000	0.3700	0.6200
每股净资产(元)	3.8542	4.0337	3.7346	3.8689
每股经营现金净流量(元)	0.7925	0.7754	0.6567	0.3225
每股现金流量(元)	–0.6778	0.2236	–0.8484	–0.5616
每股资本公积金(元)	1.2144	1.2107	1.1877	1.1877
每股盈余公积金(元)	0.5182	0.5181	0.5228	0.5228
每股未分配利润(元)	1.1608	1.3448	1.0241	1.1584
净资产收益率(%)	10.7871	17.1647	9.7920	15.9545
加权净资产收益率(%)	9.7900	17.7900	9.2200	16.3800
净资产收益率(扣除)(%)	10.1351	15.1798	8.6649	14.8156
总资产(万元)	466140.90	496575.54	462497.26	453293.45
归属母公司股东权益(万元)	295905.49	309737.99	284184.03	294404.30
营业收入(万元)	316662.55	594351.33	263428.69	532812.16
营业支出(万元)	215410.37	400314.54	175555.98	349596.54
投资收益(万元)	2275.47	3081.90	448.78	2846.55
净利润(万元)	33530.51	61542.99	27827.22	46970.65
营业利润(万元)	40398.12	71235.14	38738.64	69065.71
利润总额(万元)	40161.18	75644.69	42029.38	69585.01

深圳市通产丽星股份有限公司

公司概况	公司名称	深圳市通产丽星股份有限公司			证券简称	通产丽星
	法人代表	曹海成	董秘	彭晓华	证券代码	002243
	公司网址	www.beautystar.cn		电子信箱	bs@beautystar.cn	
	电　话	0755-28483234		传　真	0755-28483900*8102	
	办公地址	广东省深圳市龙岗区龙岗大道(坪地段)1001 号通产丽星科技产业园				
	经营范围	化妆品塑料包装的生产和销售				

主要财务指标	指标\报告期	2015.06.30	2014.12.31	2014.06.30	2013.12.31
	基本每股收益(元)	–0.0345	–0.0996	0.0039	0.1854
	基本每股收益(扣除后)(元)	–0.0461	–0.0776	–0.0172	0.1625
	稀释每股收益(元)	–0.0345	–0.0996	0.0039	0.1854
	每股净资产(元)	3.9073	3.9417	4.0452	4.0714
	每股经营现金净流量(元)	0.2077	0.2803	0.1193	0.3466
	每股现金流量(元)	–0.0277	–0.3395	–0.0140	0.5153
	每股资本公积金(元)	2.0818	2.0818	2.0818	2.0818
	每股盈余公积金(元)	0.0871	0.0871	0.0871	0.0871
	每股未分配利润(元)	0.7385	0.7729	0.8764	0.9025
	净资产收益率(%)	–0.8818	–2.5276	0.0956	4.1102
	加权净资产收益率(%)	–0.8800	–2.4900	0.0900	4.9700
	净资产收益率(扣除)(%)	–1.1791	–1.9680	–0.4244	3.6019
	总资产(万元)	184108.12	195128.26	205769.99	202980.82
	归属母公司股东权益(万元)	142595.92	143853.31	147630.40	148584.13
	营业收入(万元)	47701.35	106278.70	51106.12	113560.27
	营业支出(万元)	40481.54	92357.51	44189.39	91331.95
	投资收益(万元)	71.71	383.00	254.43	261.12
	净利润(万元)	–1043.94	–3589.41	141.11	6107.13
	营业利润(万元)	–1115.55	–4564.48	–229.84	6245.88
	利润总额(万元)	–752.78	–4130.46	283.76	6930.82

杭州滨江房产集团股份有限公司

公司概况	公司名称	杭州滨江房产集团股份有限公司			证券简称	滨江集团
	法人代表	戚金兴	董秘	李渊	证券代码	002244
	公司网址	www.binjiang.com.cn		电子信箱	office@binjiang.com.cn	
	电　话	0571-86987771		传　真	0571-86987779	
	办公地址	浙江省杭州市庆春东路 38 号				
	经营范围	房地产开发、房屋建筑、商品房销售、水电安装、室内外装潢				

主要财务指标	指标\报告期	2015.06.30	2014.12.31	2014.06.30	2013.12.31
	基本每股收益(元)	0.1900	0.6100	0.3300	1.0400
	基本每股收益(扣除后)(元)	0.1900	0.6100	0.3300	0.9000
	稀释每股收益(元)	0.1900	0.6100	0.3300	1.0400
	每股净资产(元)	6.1215	5.8881	5.6081	5.3849
	每股经营现金净流量(元)	1.6350	–0.9741	–1.5083	0.2998
	每股现金流量(元)	0.8769	–0.1188	–0.0903	0.3542
	每股资本公积金(元)	0.4178	0.4178	0.4178	0.4178
	每股盈余公积金(元)	0.5000	0.5000	0.4585	0.4585
	每股未分配利润(元)	4.2037	3.9704	3.7318	3.5087
	净资产收益率(%)	6.2625	10.4141	5.9409	19.3687
	加权净资产收益率(%)	6.3300	10.9100	6.0400	21.3000
	净资产收益率(扣除)(%)	6.2742	10.2919	5.9723	16.6556
	总资产(万元)	3955714.19	3824577.28	4163163.08	3956482.31
	归属母公司股东权益(万元)	827625.96	796075.88	758216.04	728043.41
	营业收入(万元)	594516.25	1175856.96	434314.98	1038191.64
	营业支出(万元)	433380.99	911341.45	303564.64	722012.26
	投资收益(万元)	12.45	78.41	22.08	27752.66
	净利润(万元)	65696.98	80600.75	45044.63	141012.45
	营业利润(万元)	91998.49	116205.66	63817.82	199430.72
	利润总额(万元)	91658.10	116127.90	63023.74	197062.83

江苏澳洋顺昌股份有限公司

公司概况	公司名称	江苏澳洋顺昌股份有限公司			证券简称	澳洋顺昌
	法人代表	沈学如	董秘	林文华	证券代码	002245
	公司网址	www.aucksun.com		电子信箱	secretary@aucksun.com	
	电　话	0512-58161276		传　真	0512-58161233	
	办公地址	江苏省张家港市杨舍镇新泾中路 10 号				
	经营范围	从事冷轧钢板的涂层生产及涂层板、镀锌板、铝合金板等金属材料的加工等				

主要财务指标	指标\报告期	2015.06.30	2014.12.31	2014.06.30	2013.12.31
	基本每股收益(元)	0.1377	0.4083	0.1691	0.2553
	基本每股收益(扣除后)(元)	0.0982	0.3572	0.1517	0.2428
	稀释每股收益(元)	0.1357	0.4027	0.1689	0.2553
	每股净资产(元)	1.5492	3.1790	2.9795	2.0743
	每股经营现金净流量(元)	0.1639	0.4111	0.4295	0.3076
	每股现金流量(元)	0.0510	0.0696	0.2529	–0.0088
	每股资本公积金(元)	0.0598	1.0184	1.0085	0.0036
	每股盈余公积金(元)	0.0537	0.1184	0.0983	0.1191
	每股未分配利润(元)	0.4498	1.0732	0.8620	0.9387
	净资产收益率(%)	8.7583	12.1596	5.2013	12.3085
	加权净资产收益率(%)	9.0700	14.2500	6.5800	13.0400
	净资产收益率(扣除)(%)	6.2435	10.6379	4.6677	11.7066
	总资产(万元)	250387.27	250264.42	226046.77	195323.88
	归属母公司股东权益(万元)	150855.33	140421.67	131666.76	75671.89
	营业收入(万元)	74907.70	151739.99	71382.30	139852.78
	营业支出(万元)	58231.68	121729.49	55202.28	120595.93
	投资收益(万元)	104.62	34.05	–73.90	–257.14
	净利润(万元)	15224.21	20585.83	6848.36	9314.09
	营业利润(万元)	13732.72	22331.59	10461.67	17697.64
	利润总额(万元)	18654.07	24886.96	11409.79	18201.48

四川北方硝化棉股份有限公司

公司概况	公司名称	四川北方硝化棉股份有限公司			证券简称	北化股份
	法人代表	魏光源	董秘	黄卫平	证券代码	002246
	公司网址	www.sn-nc.com		电子信箱	snc-office@vip.sina.com	
	电　话	028-85925760　85925759		传　真	028-85925665	
	办公地址	四川省成都市锦江工业园三色路 209 号火炬动力港南区 8 栋 9 楼				
	经营范围	硝化棉产品的研发、生产与销售				

主要财务指标	指标\报告期	2015.06.30	2014.12.31	2014.06.30	2013.12.31
	基本每股收益(元)	0.0500	0.1800	0.0700	0.2000
	基本每股收益(扣除后)(元)	0.0400	0.1000	0.0400	0.0600
	稀释每股收益(元)	0.0500	0.1800	0.0700	0.2000
	每股净资产(元)	2.7061	2.6824	2.5834	3.7552
	每股经营现金净流量(元)	0.0544	0.3797	0.1451	0.0019
	每股现金流量(元)	–0.0132	–0.0275	–0.0958	0.0064
	每股资本公积金(元)	0.7350	0.7350	0.7350	1.5437
	每股盈余公积金(元)	0.0830	0.0830	0.0744	0.1116
	每股未分配利润(元)	0.8801	0.8567	0.7611	1.0836
	净资产收益率(%)	1.9742	6.5686	2.7889	4.6851
	加权净资产收益率(%)	1.9700	6.8000	2.8100	4.9200
	净资产收益率(扣除)(%)	1.4938	3.6353	1.5414	1.3189
	总资产(万元)	168255.44	165374.65	163923.94	167869.99
	归属母公司股东权益(万元)	111946.64	110966.79	106872.45	103564.25
	营业收入(万元)	85104.59	203603.28	94315.96	201266.23
	营业支出(万元)	73375.72	173986.57	80210.17	173546.12
	投资收益(万元)	–	–60.79	–60.79	–311.54
	净利润(万元)	2444.12	8053.13	2980.58	4852.11
	营业利润(万元)	2103.24	5090.22	2304.14	3321.17
	利润总额(万元)	2774.99	9019.52	4023.20	7541.35

浙江帝龙新材料股份有限公司

公司概况	公司名称	浙江帝龙新材料股份有限公司			证券简称	帝龙新材
	法人代表	姜飞雄	董秘	王晓红	证券代码	002247
	公司网址	www.dilong.cc		电子信箱	dsh@dilong.cc	
	电　　话	0571-63818733		传　　真	0571-63818603	
	办公地址	浙江省临安市玲珑街道玲珑工业区环南路 1958 号				
	经营范围	新型建筑装饰材料的研发、生产和销售				

主要财务指标	指标\报告期	2015.06.30	2014.12.31	2014.06.30	2013.12.31
	基本每股收益(元)	0.1600	0.3800	0.1400	0.6700
	基本每股收益(扣除后)(元)	0.1500	0.3600	0.1300	0.6200
	稀释每股收益(元)	0.1600	0.3800	0.1400	0.6700
	每股净资产(元)	3.8412	3.7339	3.5700	6.9558
	每股经营现金净流量(元)	-0.0118	0.2922	-0.0473	0.7665
	每股现金流量(元)	0.3039	-0.3611	-0.3545	0.4442
	每股资本公积金(元)	1.6405	1.5872	1.5352	4.0704
	每股盈余公积金(元)	0.1432	0.1433	0.1164	0.2328
	每股未分配利润(元)	1.1578	1.1010	0.9170	1.6526
	净资产收益率(%)	4.1034	10.0326	3.9428	9.0485
	加权净资产收益率(%)	4.1300	10.5400	3.9800	10.3700
	净资产收益率(扣除)(%)	3.8857	9.3540	3.6670	8.3940
	总资产(万元)	127463.94	122997.07	116769.51	111863.71
	归属母公司股东权益(万元)	101639.93	98726.85	91927.00	89590.51
	营业收入(万元)	40839.87	86704.56	40025.96	74994.54
	营业支出(万元)	31242.53	66254.20	31095.91	58008.66
	投资收益(万元)	993.42	1489.19	603.44	592.34
	净利润(万元)	4172.32	9943.42	3624.49	8106.59
	营业利润(万元)	3962.21	9723.02	3781.13	7851.50
	利润总额(万元)	4642.19	11280.57	4415.79	9301.85

威海华东数控股份有限公司

公司概况	公司名称	威海华东数控股份有限公司			证券简称	华东数控
	法人代表	李壮	董秘	孙吉庆	证券代码	002248
	公司网址	www.huadongcnc.com		电子信箱	wms6178@163.com	
	电　　话	0631-5902248 5912929		传　　真	0631-5967988	
	办公地址	山东省威海市经济技术开发区环山路 698 号				
	经营范围	数控系统、数控机床、切削工具、手工具、金属切削机床、机床附件等				

主要财务指标	指标\报告期	2015.06.30	2014.12.31	2014.06.30	2013.12.31
	基本每股收益(元)	-0.1600	0.0100	-0.1500	-0.6700
	基本每股收益(扣除后)(元)	-0.1600	-0.4200	-0.1600	-0.6700
	稀释每股收益(元)	-0.1600	0.0100	-0.1500	-0.6700
	每股净资产(元)	3.3630	3.5193	3.2881	2.9151
	每股经营现金净流量(元)	-0.0404	-0.2278	-0.0376	-0.0539
	每股现金流量(元)	0.0749	-0.1410	-0.1923	-0.1140
	每股资本公积金(元)	2.3882	2.3882	2.3882	1.8643
	每股盈余公积金(元)	0.1841	0.1841	0.1841	0.2199
	每股未分配利润(元)	-0.2410	-0.0808	-0.3075	-0.1931
	净资产收益率(%)	-4.7626	0.3595	-4.4361	-23.0318
	加权净资产收益率(%)	-4.6600	0.3900	-4.8200	-20.6900
	净资产收益率(扣除)(%)	-4.8197	-11.6133	-4.5967	-22.9054
	总资产(万元)	238397.41	236240.48	260239.70	269295.58
	归属母公司股东权益(万元)	103409.80	108216.96	101106.30	75061.79
	营业收入(万元)	9013.36	34549.97	17671.89	33579.96
	营业支出(万元)	8643.54	31303.68	15867.18	28545.43
	投资收益(万元)	29.95	8123.47	-	-0.03
	净利润(万元)	-6215.52	-2610.59	-4485.15	-17288.07
	营业利润(万元)	-6326.55	-10626.33	-5913.36	-20880.83
	利润总额(万元)	-6282.15	-3174.52	-5719.70	-21247.56

中山大洋电机股份有限公司

公司概况	公司名称	中山大洋电机股份有限公司			证券简称	大洋电机
	法人代表	鲁楚平	董秘	熊杰明	证券代码	002249
	公司网址	www.broad-ocean.com.cn		电子信箱	bear@broad-ocean.com	
	电　　话	0760-88555306		传　　真	0760-88559031	
	办公地址	广东省中山市西区沙朗第三工业区				
	经营范围	微特电机的生产与销售				

主要财务指标	指标\报告期	2015.06.30	2014.12.31	2014.06.30	2013.12.31
	基本每股收益(元)	0.0900	0.3900	0.1900	0.3000
	基本每股收益(扣除后)(元)	0.0600	0.3600	0.1800	0.2700
	稀释每股收益(元)	0.0900	0.3900	0.1900	0.3000
	每股净资产(元)	2.0358	4.2053	3.6100	3.6583
	每股经营现金净流量(元)	-0.0420	0.6351	0.2987	0.6545
	每股现金流量(元)	0.0033	-1.1183	-0.6585	0.7378
	每股资本公积金(元)	0.6432	2.2177	1.6533	1.6886
	每股盈余公积金(元)	0.0900	0.1719	0.1758	0.1619
	每股未分配利润(元)	0.3547	0.8309	0.7906	0.8254
	净资产收益率(%)	4.2156	8.2947	5.3232	8.2247
	加权净资产收益率(%)	4.1300	9.7900	5.1300	8.4700
	净资产收益率(扣除)(%)	3.1760	7.6441	5.0759	7.4311
	总资产(万元)	674871.86	629514.41	579508.44	458456.70
	归属母公司股东权益(万元)	350739.14	357910.07	257961.33	261941.08
	营业收入(万元)	237522.89	444331.35	226919.21	327312.38
	营业支出(万元)	191703.26	346144.06	178804.44	266975.14
	投资收益(万元)	-705.00	-464.33	-652.29	-771.10
	净利润(万元)	16169.67	33820.06	13676.69	21543.93
	营业利润(万元)	14219.29	36545.08	17887.13	24224.22
	利润总额(万元)	18945.17	40383.41	19427.09	27296.24

联化科技股份有限公司

公司概况	公司名称	联化科技股份有限公司			证券简称	联化科技
	法人代表	牟金香	董秘	陈飞彪	证券代码	002250
	公司网址	www.lianhetech.com		电子信箱	ltss@lianhetech.com	
	电　　话	0576-84275238		传　　真	0576-84275238	
	办公地址	浙江省台州市黄岩区劳动北路总商会大厦 17 楼				
	经营范围	精细化学高级中间体的研发、生产和销售				

主要财务指标	指标\报告期	2015.06.30	2014.12.31	2014.06.30	2013.12.31
	基本每股收益(元)	0.3600	0.6900	0.3000	0.8600
	基本每股收益(扣除后)(元)	0.3600	0.6900	0.3000	0.8600
	稀释每股收益(元)	0.3600	0.6800	0.3000	0.8500
	每股净资产(元)	4.7453	4.2206	3.7393	5.0972
	每股经营现金净流量(元)	0.4672	0.7751	0.3490	0.8856
	每股现金流量(元)	-0.0108	0.1954	0.0039	-0.4518
	每股资本公积金(元)	1.0777	0.8656	0.7199	1.3585
	每股盈余公积金(元)	0.1871	0.1911	0.1376	0.2096
	每股未分配利润(元)	2.4805	2.1639	1.8818	2.5291
	净资产收益率(%)	7.6268	15.9683	8.0580	16.7920
	加权净资产收益率(%)	8.0200	17.9800	8.4100	18.4600
	净资产收益率(扣除)(%)	7.6575	16.1370	8.0462	16.7526
	总资产(万元)	600222.50	579711.54	504835.19	460284.40
	归属母公司股东权益(万元)	396285.58	345091.11	299141.99	267721.98
	营业收入(万元)	192232.34	399026.61	177972.13	336835.14
	营业支出(万元)	119725.22	264813.68	118591.08	226157.21
	投资收益(万元)	405.95	312.25	200.83	140.86
	净利润(万元)	30655.80	55880.51	24104.88	44955.91
	营业利润(万元)	35891.21	66341.82	29044.10	52627.58
	利润总额(万元)	35771.97	65647.10	29085.61	52788.07

步步高商业连锁股份有限公司

公司概况	公司名称	步步高商业连锁股份有限公司			证券简称	步步高
	法人代表	王填	董秘	师茜	证券代码	002251
	公司网址	www.bbg.com.cn		电子信箱	bbgshiqian@163.com	
	电　　话	0731-52322517		传　　真	0731-52339867	
	办公地址	湖南省湘潭市韶山西路 309 号步步高大厦				
	经营范围	投资商业、普通货物运输、物业管理、仓储保管、商品配送、农副产品加工等				

	指标＼报告期	2015.06.30	2014.12.31	2014.06.30	2013.12.31
主要财务指标	基本每股收益(元)	0.3183	0.5783	0.4634	0.7271
	基本每股收益(扣除后)(元)	0.2749	0.5259	0.4287	0.7003
	稀释每股收益(元)	0.3183	0.5783	0.4634	0.7271
	每股净资产(元)	6.3511	5.6607	5.5458	5.5824
	每股经营现金净流量(元)	0.6528	1.0867	0.5146	1.2780
	每股现金流量(元)	0.7155	-0.1312	0.3859	0.1166
	每股资本公积金(元)	3.8332	2.7291	2.7291	2.7291
	每股盈余公积金(元)	0.2502	0.3264	0.2544	0.2544
	每股未分配利润(元)	1.2677	1.6052	1.5623	1.5989
	净资产收益率(%)	4.8806	10.2155	8.3557	12.4634
	加权净资产收益率(%)	5.1400	10.4400	8.2100	14.2300
	净资产收益率(扣除)(%)	4.2159	9.2972	7.7299	12.0028
	总资产(万元)	1158105.12	879735.87	823437.56	844006.47
	归属母公司股东权益(万元)	494740.32	338010.09	331150.57	333336.35
	营业收入(万元)	806086.84	1229678.83	643755.49	1138789.46
	营业支出(万元)	627531.34	953371.74	496011.94	884758.61
	投资收益(万元)	-50.05	120.96	22.15	-117.69
	净利润(万元)	24061.99	34491.57	27670.02	41545.05
	营业利润(万元)	26417.16	42992.82	34006.14	52889.72
	利润总额(万元)	30739.50	45849.42	35889.25	54161.30

上海莱士血液制品股份有限公司

公司概况	公司名称	上海莱士血液制品股份有限公司			证券简称	上海莱士
	法人代表	郑跃文	董秘	刘峥	证券代码	002252
	公司网址	www.raas-corp.com		电子信箱	raas@raas-corp.com	
	电　　话	021-22130888　217		传　　真	021-37515869	
	办公地址	上海市奉贤经济开发区生物科技园区望园路 2009 号				
	经营范围	生产和销售血液制品、疫苗、诊断试剂及检测技术器具和检测技术并提供检测服务				

	指标＼报告期	2015.06.30	2014.12.31	2014.06.30	2013.12.31
主要财务指标	基本每股收益(元)	0.6100	0.4500	0.3030	0.2900
	基本每股收益(扣除后)(元)	0.2000	0.4200	0.3030	0.2900
	稀释每股收益(元)	0.6100	0.4500	0.3030	0.2900
	每股净资产(元)	7.2320	6.3064	5.6595	2.2207
	每股经营现金净流量(元)	0.2051	0.3413	0.5217	-0.1840
	每股现金流量(元)	0.0650	0.8210	0.9834	-0.0660
	每股资本公积金(元)	5.0200	4.5920	3.6071	0.1465
	每股盈余公积金(元)	0.1077	0.1087	0.1867	0.2323
	每股未分配利润(元)	1.1066	0.6080	0.8657	0.8418
	净资产收益率(%)	8.3432	5.9335	5.0344	13.2257
	加权净资产收益率(%)	8.9900	15.7600	6.4100	13.5500
	净资产收益率(扣除)(%)	2.7336	5.5964	5.0322	13.1015
	总资产(万元)	1078709.40	937945.90	395334.45	157514.68
	归属母公司股东权益(万元)	996661.93	860971.34	344805.74	108723.48
	营业收入(万元)	81659.06	131973.52	54212.10	49635.96
	营业支出(万元)	31440.47	49415.77	22149.72	17528.65
	投资收益(万元)	-20.59	3146.37	1.03	-
	净利润(万元)	84905.47	51051.48	17358.91	14379.46
	营业利润(万元)	99576.76	59941.04	20428.02	16739.40
	利润总额(万元)	100084.00	60198.17	20431.88	16897.46

四川川大智胜软件股份有限公司

公司概况	公司名称	四川川大智胜软件股份有限公司			证券简称	川大智胜
	法人代表	游志胜	董秘	宋万忠	证券代码	002253
	公司网址	www.wisesoft.com.cn		电子信箱	wisesoft@wisesoft.com.cn	
	电　　话	028-85372650　85372506		传　　真	028-85372506	
	办公地址	四川省成都市武科东一路七号				
	经营范围	软件、硬件及配套系统开发、系统集成和图象图形工程				

	指标＼报告期	2015.06.30	2014.12.31	2014.06.30	2013.12.31
主要财务指标	基本每股收益(元)	0.0943	0.0788	0.0899	0.4912
	基本每股收益(扣除后)(元)	0.0863	0.0300	0.0480	0.3200
	稀释每股收益(元)	0.0943	0.0788	0.0899	0.4912
	每股净资产(元)	5.8967	5.8024	5.8134	5.9235
	每股经营现金净流量(元)	0.0320	0.5434	0.1592	0.1452
	每股现金流量(元)	-0.2528	-0.7929	-0.7344	-1.0281
	每股资本公积金(元)	3.1823	3.1823	3.1823	3.1823
	每股盈余公积金(元)	0.3256	0.3256	0.3207	0.3207
	每股未分配利润(元)	1.3888	1.2944	1.3105	1.4206
	净资产收益率(%)	1.5997	1.3585	1.5464	8.2925
	加权净资产收益率(%)	1.6100	1.3500	1.5100	8.5300
	净资产收益率(扣除)(%)	1.4633	0.5677	0.8262	5.3885
	总资产(万元)	106034.73	102284.29	95956.30	97726.16
	归属母公司股东权益(万元)	82108.70	80795.22	80949.44	82482.56
	营业收入(万元)	8257.20	22095.97	6751.40	25657.50
	营业支出(万元)	4711.48	16250.01	4053.03	17268.48
	投资收益(万元)	-	-17.77	3.19	-11.38
	净利润(万元)	1429.02	1481.18	1251.79	6839.86
	营业利润(万元)	1501.80	727.63	905.85	4390.82
	利润总额(万元)	1643.88	1760.32	1664.04	7993.32

烟台泰和新材料股份有限公司

公司概况	公司名称	烟台泰和新材料股份有限公司			证券简称	泰和新材
	法人代表	孙茂健	董秘	迟海平	证券代码	002254
	公司网址	www.tayho.com.cn		电子信箱	chihaiping@tayho.com.cn	
	电　　话	0535-6394123		传　　真	0535-6371234　6394123	
	办公地址	山东省烟台市经济技术开发区黑龙江路 10 号				
	经营范围	氨纶纤维、芳纶纤维系列产品的开发、制造和销售				

	指标＼报告期	2015.06.30	2014.12.31	2014.06.30	2013.12.31
主要财务指标	基本每股收益(元)	0.0900	0.3000	0.1500	0.1700
	基本每股收益(扣除后)(元)	0.0800	0.2800	0.1700	0.1500
	稀释每股收益(元)	0.0900	0.3000	0.1500	0.1700
	每股净资产(元)	3.7869	3.6775	3.5600	3.3800
	每股经营现金净流量(元)	0.0029	0.6246	0.3138	0.2488
	每股现金流量(元)	0.1597	0.0825	0.1017	0.1989
	每股资本公积金(元)	0.6545	0.6545	0.6530	0.6530
	每股盈余公积金(元)	0.5702	0.5702	0.5425	0.5425
	每股未分配利润(元)	1.5619	1.4525	1.3607	1.1831
	净资产收益率(%)	2.8899	8.0780	4.9935	4.8999
	加权净资产收益率(%)	2.9300	8.4200	5.1200	5.1500
	净资产收益率(扣除)(%)	2.5940	7.6192	4.8139	4.2983
	总资产(万元)	253640.57	259702.12	236864.28	229369.76
	归属母公司股东权益(万元)	192764.01	187197.53	181043.71	172002.44
	营业收入(万元)	77724.65	177604.50	84172.69	177005.25
	营业支出(万元)	62161.01	139803.56	64904.06	147633.99
	投资收益(万元)	584.16	743.23	323.97	268.28
	净利润(万元)	6637.82	16781.00	9912.54	9432.66
	营业利润(万元)	7843.06	19515.50	11679.66	9780.61
	利润总额(万元)	8119.07	20078.27	11903.57	10882.71

苏州海陆重工股份有限公司

公司概况					
公司名称	苏州海陆重工股份有限公司			证券简称	海陆重工
法人代表	徐元生	董秘	张郭一	证券代码	002255
公司网址	www.hailu-boiler.cn			电子信箱	stock@hailu-boiler.cn
电　话	0512-58913056			传　真	0512-58683105
办公地址	江苏省张家港市东南大道 1 号(张家港经济技术开发区)				
经营范围	锅炉(特种锅炉、工业锅炉)、核承压设备、锅炉辅机、压力容器				

主要财务指标 指标\报告期	2015.06.30	2014.12.31	2014.06.30	2013.12.31
基本每股收益(元)	0.1010	0.2460	0.1800	0.4000
基本每股收益(扣除后)(元)	0.0980	0.2160	0.1500	0.3600
稀释每股收益(元)	0.1010	0.2460	0.1800	0.4000
每股净资产(元)	3.0773	5.9967	5.9335	5.8036
每股经营现金净流量(元)	0.0692	-0.0194	-0.0179	-0.0259
每股现金流量(元)	0.0301	-0.5377	-0.1148	-0.3724
每股资本公积金(元)	0.6681	2.3320	2.3320	2.3320
每股盈余公积金(元)	0.1392	0.2784	0.2559	0.2559
每股未分配利润(元)	1.2703	2.3891	2.3454	2.2157
净资产收益率(%)	3.2745	4.1014	3.0298	6.8464
加权净资产收益率(%)	3.3100	4.2800	3.0500	7.0400
净资产收益率(扣除)(%)	3.1693	3.6057	2.5559	6.1427
总资产(万元)	304078.03	323530.50	323899.24	286779.70
归属母公司股东权益(万元)	158909.24	154833.66	153201.81	149850.16
营业收入(万元)	66005.11	140415.32	66127.77	148102.86
营业支出(万元)	51874.83	112663.16	50634.39	114981.37
投资收益(万元)	25.89	170.29	-	102.57
净利润(万元)	5654.22	6565.21	4641.76	10259.37
营业利润(万元)	6238.69	7232.27	5017.00	10656.50
利润总额(万元)	6488.74	8032.52	5888.07	11860.92

深圳市彩虹精细化工股份有限公司

公司概况					
公司名称	深圳市彩虹精细化工股份有限公司			证券简称	彩虹精化
法人代表	汤薇东	董秘	金红英	证券代码	002256
公司网址	www.7cf.com			电子信箱	dongsh@rainbowvc.com
电　话	0755-86922889　86922886			传　真	0755-86922800
办公地址	广东省深圳市南山区高新技术产业园二期科技中二路深圳软件园 11 栋 6 楼				
经营范围	气雾剂系列产品的技术开发、生产与销售				

主要财务指标 指标\报告期	2015.06.30	2014.12.31	2014.06.30	2013.12.31
基本每股收益(元)	0.1100	0.1300	0.1300	0.1900
基本每股收益(扣除后)(元)	0.1000	0.1300	0.1300	0.0800
稀释每股收益(元)	0.1100	0.1300	0.1300	0.1900
每股净资产(元)	1.8105	1.7416	1.7100	1.6135
每股经营现金净流量(元)	0.1042	-0.0749	-0.0500	0.2304
每股现金流量(元)	0.0822	-0.3822	-0.1124	0.4834
每股资本公积金(元)	0.2609	0.2366	0.2060	0.2060
每股盈余公积金(元)	0.0923	0.0925	0.0809	0.0809
每股未分配利润(元)	0.4574	0.4124	0.4206	0.3266
净资产收益率(%)	5.8353	7.7013	7.5539	11.9622
加权净资产收益率(%)	5.9700	8.0700	7.7100	12.6400
净资产收益率(扣除)(%)	5.5393	7.6889	7.5400	5.2662
总资产(万元)	134005.69	122606.88	73692.84	64661.19
归属母公司股东权益(万元)	57076.39	54789.48	53478.38	50534.90
营业收入(万元)	26682.78	52802.87	27964.66	58927.58
营业支出(万元)	16773.34	36383.70	18827.16	45521.30
投资收益(万元)	219.97	528.97	284.57	3538.83
净利润(万元)	3456.96	4563.52	4039.68	6045.10
营业利润(万元)	3738.76	5356.70	5043.57	6238.76
利润总额(万元)	3935.98	5366.31	5054.48	6264.39

利尔化学股份有限公司

公司概况					
公司名称	利尔化学股份有限公司			证券简称	利尔化学
法人代表	高文	董秘	刘军	证券代码	002258
公司网址	www.lierchem.com			电子信箱	tzfzb@lierchem.com
电　话	0816-2841069			传　真	0816-2845140
办公地址	四川省绵阳经济技术开发区绵州大道南段 327 号				
经营范围	农药原药、制剂、化工材料及化工产品的研发、生产、销售				

主要财务指标 指标\报告期	2015.06.30	2014.12.31	2014.06.30	2013.12.31
基本每股收益(元)	0.4374	0.4600	0.3600	0.5100
基本每股收益(扣除后)(元)	0.4234	0.4600	0.3300	0.5600
稀释每股收益(元)	0.4374	0.4600	0.3600	0.5100
每股净资产(元)	6.1701	5.7253	5.6225	5.3720
每股经营现金净流量(元)	0.4546	0.6932	0.5503	0.5379
每股现金流量(元)	-0.1137	0.0172	0.2643	-0.3185
每股资本公积金(元)	2.1012	2.1012	2.1012	2.1012
每股盈余公积金(元)	0.3877	0.3877	0.3438	0.3438
每股未分配利润(元)	2.6361	2.1987	2.1444	1.8861
净资产收益率(%)	7.0893	7.9730	6.3720	9.5712
加权净资产收益率(%)	7.3500	8.2600	6.4600	9.9600
净资产收益率(扣除)(%)	6.8628	8.0608	5.8965	10.4426
总资产(万元)	222975.25	204213.10	191002.20	180009.90
归属母公司股东权益(万元)	124909.30	115905.62	113824.05	108752.25
营业收入(万元)	80868.82	131738.96	72849.11	144042.30
营业支出(万元)	61144.93	102751.44	57091.32	111965.10
投资收益(万元)	-222.99	-213.63	-170.47	-545.63
净利润(万元)	8922.38	9519.38	7252.84	10408.86
营业利润(万元)	10138.43	11004.90	8455.31	14290.25
利润总额(万元)	10540.99	11358.05	9472.30	13427.10

四川升达林业产业股份有限公司

公司概况					
公司名称	四川升达林业产业股份有限公司			证券简称	升达林业
法人代表	江昌政	董秘	贺晓静	证券代码	002259
公司网址	www.shengdawood.com			电子信箱	mail@shengdawood.com
电　话	028-86783590			传　真	028-86755286
办公地址	四川省成都市锦江区东华正街 42 号				
经营范围	林木种植、中纤板的生产与销售、木地板的生产与销售				

主要财务指标 指标\报告期	2015.06.30	2014.12.31	2014.06.30	2013.12.31
基本每股收益(元)	0.0115	0.0240	0.0111	0.0190
基本每股收益(扣除后)(元)	-0.0045	-0.1500	-0.1264	-0.0230
稀释每股收益(元)	0.0115	0.0240	0.0111	0.0190
每股净资产(元)	1.3162	1.3074	1.2893	1.2873
每股经营现金净流量(元)	0.0141	0.0682	-0.0200	0.2483
每股现金流量(元)	-0.0062	0.1778	-0.0300	0.0071
每股资本公积金(元)	0.1369	0.1397	0.1344	0.1335
每股盈余公积金(元)	0.0286	0.0286	0.0224	0.0224
每股未分配利润(元)	0.1506	0.1391	0.1325	0.1314
净资产收益率(%)	0.8747	1.8270	0.8586	1.4378
加权净资产收益率(%)	0.8800	1.8500	0.8600	1.4600
净资产收益率(扣除)(%)	-0.3382	-11.4415	-9.8028	-1.7885
总资产(万元)	191569.90	199116.22	240727.56	260846.20
归属母公司股东权益(万元)	84673.04	84110.42	82940.64	82815.20
营业收入(万元)	22550.13	74781.33	40991.85	71530.90
营业支出(万元)	17155.64	62073.58	36783.54	55320.69
投资收益(万元)	-	8692.86	8692.86	1248.58
净利润(万元)	580.28	1151.72	712.10	1190.68
营业利润(万元)	-44.03	-297.16	248.69	-1787.46
利润总额(万元)	491.26	1054.63	673.85	896.84

德奥通用航空股份有限公司

公司概况					
公司名称	德奥通用航空股份有限公司			证券简称	德奥通航
法人代表	朱家钢	董秘	陈国辉	证券代码	002260
公司网址	www.elecpro.com		电子信箱	elecpro@elecpro.cn	
电　话	0757-88374384		传　真	0757-88374990	
办公地址	广东省佛山市南海区松岗松夏工业园工业大道西 9 号				
经营范围	电饭煲、电烤炉、电奶锅、铁板烧、电压力锅等家用小电器				

主要财务指标 指标\报告期	2015.06.30	2014.12.31	2014.06.30	2013.12.31
基本每股收益(元)	-0.0728	0.2100	-0.0574	0.1300
基本每股收益(扣除后)(元)	-0.0748	0.0500	-0.0874	0.1162
稀释每股收益(元)	-0.0728	0.2100	-0.0574	0.1300
每股净资产(元)	1.2493	2.2519	1.9402	2.1330
每股经营现金净流量(元)	-0.0242	0.1656	-0.0963	0.1899
每股现金流量(元)	-0.1272	-0.1180	-0.0872	0.2017
每股资本公积金(元)	0.0371	0.8049	0.7359	0.7359
每股盈余公积金(元)	0.0368	0.0626	0.0626	0.0626
每股未分配利润(元)	0.1837	0.4432	0.1504	0.3480
净资产收益率(%)	-5.8268	9.4302	-5.0327	6.0307
加权净资产收益率(%)	-5.6600	9.7700	-4.7200	6.0900
净资产收益率(扣除)(%)	-5.9866	2.3102	-4.5058	5.4470
总资产(万元)	71028.55	69266.11	55630.98	49290.78
归属母公司股东权益(万元)	33130.21	35353.09	30267.52	33275.10
营业收入(万元)	26888.01	69104.48	26099.04	68033.06
营业支出(万元)	22856.63	54977.32	22087.89	56117.18
投资收益(万元)	-14.42	-122.00	-247.29	809.06
净利润(万元)	-1931.54	3473.81	-1523.28	2006.73
营业利润(万元)	-2241.00	957.35	-1909.88	2457.39
利润总额(万元)	-2244.21	4450.43	-1849.42	2321.64

拓维信息系统股份有限公司

公司概况					
公司名称	拓维信息系统股份有限公司			证券简称	拓维信息
法人代表	张忠革	董秘	龙麒	证券代码	002261
公司网址	www.talkweb.com.cn		电子信箱	longqi@talkweb.com.cn	
电　话	0731-88668270 89852892		传　真	0731-88668270	
办公地址	湖南省长沙市岳麓区桐梓坡西路 298 号				
经营范围	从事电信行业软件开发及无线增值业务				

主要财务指标 指标\报告期	2015.06.30	2014.12.31	2014.06.30	2013.12.31
基本每股收益(元)	0.2800	0.1400	0.0900	0.1400
基本每股收益(扣除后)(元)	0.0800	0.0900	0.0700	0.0900
稀释每股收益(元)	0.2800	0.1400	0.0900	0.1400
每股净资产(元)	3.7746	2.6000	2.1257	2.9990
每股经营现金净流量(元)	-0.0978	0.2602	0.0920	0.1959
每股现金流量(元)	-0.7761	0.9941	-0.0423	-0.5575
每股资本公积金(元)	1.7404	0.7306	0.0176	0.3231
每股盈余公积金(元)	0.0947	0.1003	0.0826	0.1156
每股未分配利润(元)	1.0761	0.9129	1.0241	1.5610
净资产收益率(%)	7.3521	5.1815	4.1244	4.6555
加权净资产收益率(%)	7.9100	6.6200	4.0200	4.7500
净资产收益率(扣除)(%)	2.0589	3.4282	3.3429	3.0754
总资产(万元)	209601.12	136949.12	105434.29	104239.26
归属母公司股东权益(万元)	167106.35	108659.54	84352.79	85005.60
营业收入(万元)	28950.10	65785.25	28566.04	55948.56
营业支出(万元)	12514.17	38392.53	15751.27	29667.14
投资收益(万元)	7924.49	147.38	-150.95	-5.37
净利润(万元)	12678.54	7652.00	3479.08	3957.45
营业利润(万元)	13166.08	6798.32	4153.66	3852.00
利润总额(万元)	13779.99	8758.53	5010.06	5568.74

江苏恩华药业股份有限公司

公司概况					
公司名称	江苏恩华药业股份有限公司			证券简称	恩华药业
法人代表	孙彭生	董秘	段保州	证券代码	002262
公司网址	www.nhwa-group.com		电子信箱	dbz1966@126.com	
电　话	0516-87661189 87661012		传　真	0516-87767118	
办公地址	江苏省徐州市民主南路 69 号恩华大厦				
经营范围	冻干粉针剂、小容量注射剂、片剂、硬胶囊剂等				

主要财务指标 指标\报告期	2015.06.30	2014.12.31	2014.06.30	2013.12.31
基本每股收益(元)	0.3017	0.5679	0.2549	0.4483
基本每股收益(扣除后)(元)	0.3010	0.5649	0.3156	0.5325
稀释每股收益(元)	0.3017	0.5679	0.2549	0.4483
每股净资产(元)	3.5100	2.6539	2.4005	2.5581
每股经营现金净流量(元)	0.0930	0.4076	0.1647	0.5932
每股现金流量(元)	0.9939	-0.0802	-0.0714	0.0996
每股资本公积金(元)	1.1022	0.0294	0.0294	0.0353
每股盈余公积金(元)	0.1769	0.2184	0.1613	0.1936
每股未分配利润(元)	1.2303	1.4060	1.2098	1.3292
净资产收益率(%)	8.5956	21.4007	13.1062	21.0318
加权净资产收益率(%)	13.2500	23.7700	13.7400	23.2600
净资产收益率(扣除)(%)	8.5774	21.2850	13.1484	20.8154
总资产(万元)	266181.50	192265.63	176000.50	156634.11
归属母公司股东权益(万元)	170263.20	104328.72	94369.91	83803.41
营业收入(万元)	134431.63	250135.87	121816.99	223607.70
营业支出(万元)	78441.14	150766.42	74029.37	134024.58
投资收益(万元)	-	-	-	-
净利润(万元)	14499.22	22125.41	12284.61	17248.57
营业利润(万元)	17165.33	25947.40	14626.93	20316.54
利润总额(万元)	17213.12	26091.11	14584.70	20534.25

浙江大东南股份有限公司

公司概况					
公司名称	浙江大东南股份有限公司			证券简称	大东南
法人代表	黄飞刚	董秘	王陈	证券代码	002263
公司网址	www.chinaddn.com		电子信箱	ddn@chinaddn.com	
电　话	0575-87380698 87380005		传　真	0575-87380005	
办公地址	浙江省诸暨市陶朱街道千禧路 5 号				
经营范围	塑料薄膜、塑料包装制品的生产、销售、服装、纺织品的生产				

主要财务指标 指标\报告期	2015.06.30	2014.12.31	2014.06.30	2013.12.31
基本每股收益(元)	0.0100	0.0200	-0.0120	0.0200
基本每股收益(扣除后)(元)	0.0050	-0.1400	-0.0200	-0.1100
稀释每股收益(元)	0.0100	0.0200	-0.0120	0.0200
每股净资产(元)	3.2308	3.2733	3.2460	3.5620
每股经营现金净流量(元)	0.1844	0.0607	-0.0578	0.0509
每股现金流量(元)	0.3213	-0.1658	0.1122	-0.3260
每股资本公积金(元)	1.9940	1.9899	1.9896	2.2669
每股盈余公积金(元)	0.0360	0.0441	0.0425	0.0467
每股未分配利润(元)	0.2008	0.2393	0.2138	0.2484
净资产收益率(%)	0.1556	0.4602	-0.3681	0.5997
加权净资产收益率(%)	0.1800	0.4600	-0.3700	0.6000
净资产收益率(扣除)(%)	0.1396	-4.1530	-0.4777	-3.0571
总资产(万元)	433518.38	349466.86	366135.12	354456.13
归属母公司股东权益(万元)	303434.02	251557.93	249457.30	248862.46
营业收入(万元)	44349.05	91786.74	39135.01	74410.18
营业支出(万元)	38319.68	92290.15	36045.73	75034.93
投资收益(万元)	0.49	959.98	144.85	1596.27
净利润(万元)	240.52	-857.84	-918.33	1492.37
营业利润(万元)	202.69	-12945.47	-1362.73	-8404.51
利润总额(万元)	258.02	624.51	-1072.78	997.51

新华都购物广场股份有限公司

公司概况						
	公司名称	新华都购物广场股份有限公司			证券简称	新华都
	法人代表	上官常川	董秘	郭建生	证券代码	002264
	公司网址	www.nhd-mart.com		电子信箱	info@nhd.com.cn	
	电　话	0591-87987972		传　真	0591-87987982	
	办公地址	福建省福州市鼓楼区福新路28号阳光城3期四楼				
	经营范围	批发零售百货、纺织品、仪器仪表、通讯设备、五金交电化工				

主要财务指标	指标\报告期	2015.06.30	2014.12.31	2014.06.30	2013.12.31
	基本每股收益(元)	-0.0400	0.0700	0.0900	-0.4400
	基本每股收益(扣除后)(元)	-0.1100	-0.0200	0.0800	-0.3400
	稀释每股收益(元)	-0.0400	0.0700	0.0900	-0.4400
	每股净资产(元)	1.9393	1.9833	2.0016	1.9155
	每股经营现金净流量(元)	-0.2636	-0.3986	-0.4089	0.3245
	每股现金流量(元)	-0.2466	-0.5043	-0.5995	-0.7339
	每股资本公积金(元)	0.5959	0.5959	0.5959	0.5959
	每股盈余公积金(元)	0.1430	0.1430	0.1167	0.1167
	每股未分配利润(元)	0.2004	0.2444	0.2890	0.2029
	净资产收益率(%)	-2.2672	3.4167	4.3005	-22.7793
	加权净资产收益率(%)	-2.2400	3.4800	4.4000	-20.0900
	净资产收益率(扣除)(%)	-5.6978	-1.1856	4.0829	-17.5338
	总资产(万元)	350782.23	368591.08	361626.77	379219.62
	归属母公司股东权益(万元)	105013.34	107394.17	108385.98	103724.82
	营业收入(万元)	333482.40	701848.11	365432.02	737971.65
	营业支出(万元)	263552.72	552989.47	287657.63	592501.50
	投资收益(万元)	1950.00	423.91	-	100.00
	净利润(万元)	-3053.67	2479.80	4661.17	-23627.81
	营业利润(万元)	-2734.39	3995.24	6527.02	-13411.00
	利润总额(万元)	-3149.51	5808.86	6761.39	-19017.08

云南西仪工业股份有限公司

公司概况						
	公司名称	云南西仪工业股份有限公司			证券简称	西仪股份
	法人代表	高辛平	董秘	邹成高	证券代码	002265
	公司网址	www.ynxygf.com		电子信箱	xygf002265@163.com	
	电　话	0871-68598506　68580658		传　真	0871-68598357	
	办公地址	云南省昆明市西山区海口镇山冲				
	经营范围	汽车发动机连杆、其他工业产品、机床零部件及其他机械产品的研发等				

主要财务指标	指标\报告期	2015.06.30	2014.12.31	2014.06.30	2013.12.31
	基本每股收益(元)	-0.0360	0.0300	0.0050	0.0200
	基本每股收益(扣除后)(元)	-0.0480	0.0100	-0.0050	-0.1000
	稀释每股收益(元)	-0.0360	0.0300	0.0050	0.0200
	每股净资产(元)	1.7256	1.7717	1.7481	1.7433
	每股经营现金净流量(元)	0.0170	0.0243	-0.0357	0.0412
	每股现金流量(元)	0.0020	-0.0213	-0.0611	0.0785
	每股资本公积金(元)	0.4908	0.4908	0.4908	0.4908
	每股盈余公积金(元)	0.0856	0.0856	0.0840	0.0840
	每股未分配利润(元)	0.1492	0.1953	0.1734	0.1685
	净资产收益率(%)	-2.0942	1.6042	0.2759	1.1550
	加权净资产收益率(%)	-2.0700	1.6200	0.2800	1.1600
	净资产收益率(扣除)(%)	-2.7695	0.3342	-0.2688	-5.7827
	总资产(万元)	79396.14	77921.65	76814.36	75865.49
	归属母公司股东权益(万元)	50218.74	51561.44	50874.65	50734.30
	营业收入(万元)	25687.98	46784.40	24073.51	36743.31
	营业支出(万元)	23958.35	39726.38	20953.04	33552.95
	投资收益(万元)	3.77	-805.40	-166.15	2201.05
	净利润(万元)	-1090.93	825.47	140.35	585.99
	营业利润(万元)	-1490.04	225.55	-147.14	-743.88
	利润总额(万元)	-1090.93	844.72	178.93	608.04

浙富控股集团股份有限公司

公司概况						
	公司名称	浙富控股集团股份有限公司			证券简称	浙富控股
	法人代表	孙毅	董秘	房振武	证券代码	002266
	公司网址	www.zhefu.cn		电子信箱	stock-dept@zhefu.cn	
	电　话	0571-89939661		传　真	0571-89939660	
	办公地址	浙江省杭州市西湖区古墩路702号赞宇大厦11楼				
	经营范围	成套水轮发电机组的研制、生产及销售				

主要财务指标	指标\报告期	2015.06.30	2014.12.31	2014.06.30	2013.12.31
	基本每股收益(元)	0.0140	0.0700	0.0300	0.0800
	基本每股收益(扣除后)(元)	0.0130	-0.0100	0.0300	0.0600
	稀释每股收益(元)	0.0140	0.0700	0.0300	0.0800
	每股净资产(元)	1.4457	1.8789	1.6169	1.5731
	每股经营现金净流量(元)	0.0283	-0.0537	-0.1173	-0.0708
	每股现金流量(元)	-0.0195	-0.2699	-0.2034	0.3319
	每股资本公积金(元)	0.0669	0.3870	0.1152	0.1053
	每股盈余公积金(元)	0.0514	0.0668	0.0576	0.0571
	每股未分配利润(元)	0.3312	0.4307	0.4447	0.4121
	净资产收益率(%)	1.0023	3.5389	1.7020	4.0760
	加权净资产收益率(%)	1.0000	4.1100	1.7100	4.6900
	净资产收益率(扣除)(%)	0.9177	-0.5240	-	3.1983
	总资产(万元)	536285.65	504950.12	503550.37	424448.84
	归属母公司股东权益(万元)	286064.51	285989.67	228547.71	224391.75
	营业收入(万元)	29386.30	68601.52	36711.25	79615.12
	营业支出(万元)	23553.47	62153.63	28242.76	58136.67
	投资收益(万元)	9187.17	31989.30	5868.16	1581.81
	净利润(万元)	3050.52	10484.49	3888.82	9146.27
	营业利润(万元)	1515.19	11731.04	3078.43	8625.75
	利润总额(万元)	1717.79	12362.09	3391.28	10134.67

陕西省天然气股份有限公司

公司概况						
	公司名称	陕西省天然气股份有限公司			证券简称	陕天然气
	法人代表	郝晓晨	董秘	梁倩	证券代码	002267
	公司网址	www.shaanxigas.com		电子信箱	public@shaanxigas.com	
	电　话	029-86156196		传　真	029-86156196	
	办公地址	陕西省西安市经济技术开发区A1区开元路2号				
	经营范围	天然气输送、天然气相关产品开发、天然气综合利用、天然气发电				

主要财务指标	指标\报告期	2015.06.30	2014.12.31	2014.06.30	2013.12.31
	基本每股收益(元)	0.3296	0.4923	0.2810	0.3321
	基本每股收益(扣除后)(元)	0.3271	0.4904	0.2799	0.3308
	稀释每股收益(元)	0.3296	0.4923	0.2810	0.3321
	每股净资产(元)	4.2523	4.0522	3.2358	3.0915
	每股经营现金净流量(元)	0.6600	1.0121	0.5957	0.8386
	每股现金流量(元)	-0.4619	0.3355	-0.3315	-0.0245
	每股资本公积金(元)	1.1599	1.1599	0.4342	0.4342
	每股盈余公积金(元)	0.2835	0.2835	0.2609	0.2609
	每股未分配利润(元)	1.7286	1.5490	1.5205	1.3894
	净资产收益率(%)	7.7514	11.3690	8.6855	10.7437
	加权净资产收益率(%)	7.8600	14.4100	8.7600	11.0900
	净资产收益率(扣除)(%)	7.6919	-	8.6515	10.7017
	总资产(万元)	936656.10	975030.25	863114.12	865682.66
	归属母公司股东权益(万元)	472891.08	450638.40	329030.72	314352.01
	营业收入(万元)	330978.56	532245.89	248611.37	405808.60
	营业支出(万元)	270527.38	435537.62	197991.84	333967.88
	投资收益(万元)	1341.81	2117.70	929.07	1381.46
	净利润(万元)	37042.06	51570.50	28577.93	33772.94
	营业利润(万元)	43607.97	60656.38	33464.50	39451.47
	利润总额(万元)	43928.10	60873.18	33597.31	39586.97

成都卫士通信息产业股份有限公司

公司概况	公司名称	成都卫士通信息产业股份有限公司			证券简称	卫士通
	法人代表	李成刚	董秘	胡凯春	证券代码	002268
	公司网址	www.westone.com.cn		电子信箱	westone_dm@163.com	
	电话	028-62386166 62386165		传真	028-62386030	
	办公地址	四川省成都高新技术产业开发区云华路 333 号				
	经营范围	通信保密与信息安全、信息网络与多媒体终端及系统产品的开发、生产、销售等				

	指标\报告期	2015.06.30	2014.12.31	2014.06.30	2013.12.31
主要财务指标	基本每股收益(元)	-0.0154	0.5523	-0.0270	0.3406
	基本每股收益(扣除后)(元)	-0.0376	0.4411	-0.0435	0.1087
	稀释每股收益(元)	-0.0154	0.5523	-0.0270	0.3406
	每股净资产(元)	2.8133	5.6973	3.2337	3.2489
	每股经营现金净流量(元)	-0.6136	0.1934	-0.9430	0.2191
	每股现金流量(元)	-0.7275	0.6547	-0.9183	0.2603
	每股资本公积金(元)	0.6843	2.3785	0.6347	1.5255
	每股盈余公积金(元)	0.0949	0.1899	0.2329	0.2329
	每股未分配利润(元)	1.0341	2.1289	1.3661	1.9890
	净资产收益率(%)	-0.5457	9.6936	-0.1604	6.9257
	加权净资产收益率(%)	-0.5400	13.2300	-1.4300	7.1600
	净资产收益率(扣除)(%)	-1.3356	7.7431	-1.3460	3.3466
	总资产(万元)	178388.19	192989.94	90519.96	141137.99
	归属母公司股东权益(万元)	121681.37	123210.47	55849.94	81992.79
	营业收入(万元)	39145.42	123649.75	29064.34	77066.15
	营业支出(万元)	23588.23	76708.47	17687.65	43077.51
	投资收益(万元)	88.91	0.23	-	270.00
	净利润(万元)	-367.91	12507.86	-1442.04	7226.73
	营业利润(万元)	-2159.26	9551.58	-3587.45	2864.22
	利润总额(万元)	-263.23	14247.63	-1533.23	8487.65

上海美特斯邦威服饰股份有限公司

公司概况	公司名称	上海美特斯邦威服饰股份有限公司			证券简称	美邦服饰
	法人代表	周成建	董秘	涂珂	证券代码	002269
	公司网址	www.metersbonwe.com		电子信箱	corporate@metersbonwe.com	
	电话	021-38119999		传真	021-38119997	
	办公地址	上海市浦东新区康桥东路 800 号				
	经营范围	服装制造加工、服装、鞋、针纺织品、皮革制品、羽绒制品、箱包、玩具等				

	指标\报告期	2015.06.30	2014.12.31	2014.06.30	2013.12.31
主要财务指标	基本每股收益(元)	-0.0400	0.1400	0.0700	0.4000
	基本每股收益(扣除后)(元)	-0.0400	0.0900	0.1400	0.0700
	稀释每股收益(元)	-0.0400	0.1400	0.0700	0.4000
	每股净资产(元)	1.3622	3.5970	3.6988	3.7600
	每股经营现金净流量(元)	0.1136	1.3078	0.6908	0.9793
	每股现金流量(元)	-0.1185	0.3228	0.7517	0.4520
	每股资本公积金(元)	0.0826	1.1116	1.1116	1.0548
	每股盈余公积金(元)	0.2061	0.6150	0.6070	0.6106
	每股未分配利润(元)	0.0983	0.9393	0.9802	1.0897
	净资产收益率(%)	-2.7539	4.0049	4.7830	10.7440
	加权净资产收益率(%)	-2.6500	4.0000	4.6300	11.0000
	净资产收益率(扣除)(%)	-3.0093	2.5859	3.7784	11.3464
	总资产(万元)	628350.93	698674.27	719914.43	670730.40
	归属母公司股东权益(万元)	344089.96	363653.18	373952.48	377397.13
	营业收入(万元)	277728.80	662076.75	299414.49	788961.81
	营业支出(万元)	150794.46	362985.95	152611.60	436831.52
	投资收益(万元)	-190.81	2396.49	2396.49	-413.46
	净利润(万元)	-9476.02	14564.05	17885.35	40547.64
	营业利润(万元)	-9315.81	17825.02	18168.21	51772.00
	利润总额(万元)	-8138.59	24627.77	23176.10	48741.83

山东法因数控机械股份有限公司

公司概况	公司名称	山东法因数控机械股份有限公司			证券简称	法因数控
	法人代表	李胜军	董秘	孟中良	证券代码	002270
	公司网址	www.fincm.com		电子信箱	dshm@fincm.com	
	电话	0531-82685200		传真	0531-82685201	
	办公地址	山东省济南市天辰大街 389 号				
	经营范围	钢结构数控成套加工设备的研发、制造、销售				

	指标\报告期	2015.06.30	2014.12.31	2014.06.30	2013.12.31
主要财务指标	基本每股收益(元)	0.0120	0.1000	0.0340	0.1000
	基本每股收益(扣除后)(元)	-0.0040	0.0400	0.0100	0.0700
	稀释每股收益(元)	0.0120	0.1000	0.0340	0.1000
	每股净资产(元)	3.0868	3.1227	3.0596	3.0756
	每股经营现金净流量(元)	0.0582	0.0767	0.0711	0.2121
	每股现金流量(元)	0.0021	-0.1803	0.0201	0.1562
	每股资本公积金(元)	1.1508	1.1508	1.1508	1.1508
	每股盈余公积金(元)	0.1418	0.1418	0.1321	0.1321
	每股未分配利润(元)	0.7922	0.8301	0.7767	0.7926
	净资产收益率(%)	0.3930	3.1109	1.1124	3.1891
	加权净资产收益率(%)	0.3900	3.1400	1.1000	3.2100
	净资产收益率(扣除)(%)	-0.1368	1.3366	0.4201	2.2358
	总资产(万元)	72879.68	76750.94	78177.68	81185.55
	归属母公司股东权益(万元)	58385.91	59065.82	57872.10	58174.07
	营业收入(万元)	9944.67	30061.69	14157.15	36641.87
	营业支出(万元)	6902.51	20553.62	10044.85	26106.02
	投资收益(万元)	129.36	124.91	-	-
	净利润(万元)	229.46	1837.50	643.78	1855.24
	营业利润(万元)	-35.45	832.51	286.72	1320.55
	利润总额(万元)	270.63	2162.05	758.10	2116.07

北京东方雨虹防水技术股份有限公司

公司概况	公司名称	北京东方雨虹防水技术股份有限公司			证券简称	东方雨虹
	法人代表	李卫国	董秘	张洪涛	证券代码	002271
	公司网址	www.yuhong.com.cn		电子信箱	stocks@yuhong.com.cn	
	电话	010-85762629		传真	010-85762629	
	办公地址	北京市朝阳区高碑店北路康家园小区 4 号楼				
	经营范围	新型建筑防水材料的研发、生产、销售和防水工程施工业务				

	指标\报告期	2015.06.30	2014.12.31	2014.06.30	2013.12.31
主要财务指标	基本每股收益(元)	0.3500	1.5900	0.3200	1.0400
	基本每股收益(扣除后)(元)	0.2800	1.5200	0.6046	0.9800
	稀释每股收益(元)	0.3400	1.5000	0.3100	0.9800
	每股净资产(元)	4.3812	8.2543	5.1920	4.6724
	每股经营现金净流量(元)	0.0614	0.8432	-0.1799	0.7325
	每股现金流量(元)	-0.4988	1.2561	-0.1096	-0.0965
	每股资本公积金(元)	1.6885	4.3511	1.6057	1.5093
	每股盈余公积金(元)	0.0958	0.1915	0.1607	0.1593
	每股未分配利润(元)	1.6799	2.8775	2.4255	1.9893
	净资产收益率(%)	7.7864	16.7772	12.0025	21.6326
	加权净资产收益率(%)	7.9300	25.3200	12.5400	25.7100
	净资产收益率(扣除)(%)	6.1199	-	11.6792	20.3327
	总资产(万元)	540336.51	514121.89	422167.10	352083.29
	归属母公司股东权益(万元)	364804.97	343650.56	186825.68	158924.26
	营业收入(万元)	219603.97	500592.37	236056.34	390262.69
	营业支出(万元)	130163.76	322192.34	149437.21	258362.17
	投资收益(万元)	89.91	394.79	450.00	300.00
	净利润(万元)	28758.28	58257.29	22652.85	36496.07
	营业利润(万元)	25914.34	62385.40	25821.26	40991.30
	利润总额(万元)	32344.88	65146.56	26569.35	43860.66

四川川润股份有限公司

公司概况	公司名称	四川川润股份有限公司			证券简称	川润股份
	法人代表	罗丽华	董秘	谢光勇	证券代码	002272
	公司网址	www.chuanrun.com			电子信箱	chuanrun@chuanrun.com
	电　话	028-61777787			传　真	028-61777787
	办公地址	四川省成都市郫县现代工业港港北六路 85 号				
	经营范围	稀油、干油集中润滑系统及设备的设计、制造、销售等				

主要财务指标	指标\报告期	2015.06.30	2014.12.31	2014.06.30	2013.12.31
	基本每股收益(元)	0.0113	0.0253	0.0122	-0.0698
	基本每股收益(扣除后)(元)	0.0045	-0.0357	0.0026	-0.1317
	稀释每股收益(元)	0.0113	0.0253	0.0122	-0.0698
	每股净资产(元)	2.9204	2.9091	2.8961	2.8838
	每股经营现金净流量(元)	-0.0642	-0.1061	-0.1087	-0.2146
	每股现金流量(元)	-0.2701	-0.3303	-0.1504	0.0583
	每股资本公积金(元)	1.5194	1.5194	1.5194	1.5194
	每股盈余公积金(元)	0.0535	0.0535	0.0520	0.0520
	每股未分配利润(元)	0.3475	0.3362	0.3246	0.3124
	净资产收益率(%)	0.3882	0.8688	0.4225	-2.4156
	加权净资产收益率(%)	0.3900	0.8700	0.4200	-2.3900
	净资产收益率(扣除)(%)	0.1545	-1.2269	0.0893	-4.5615
	总资产(万元)	183481.81	188641.11	201697.44	197537.85
	归属母公司股东权益(万元)	122570.98	122095.11	121547.87	121034.38
	营业收入(万元)	37614.08	84488.00	40587.74	81463.11
	营业支出(万元)	30486.22	69201.23	33360.30	70636.44
	投资收益(万元)	-	152.21	133.89	31.88
	净利润(万元)	475.88	1060.73	513.49	-2923.71
	营业利润(万元)	133.68	-694.64	30.72	-5777.10
	利润总额(万元)	472.13	1067.39	506.12	-3170.31

浙江水晶光电科技股份有限公司

公司概况	公司名称	浙江水晶光电科技股份有限公司			证券简称	水晶光电
	法人代表	林敏	董秘	孔文君	证券代码	002273
	公司网址	www.crystal-optech.com			电子信箱	sjzqb@crystal-optech.com
	电　话	0576-88038738　88038286			传　真	0576-88038266
	办公地址	浙江省台州市椒江区星星电子产业区 A5 号				
	经营范围	光学元器件制造、加工、光电子元器件制造、加工				

主要财务指标	指标\报告期	2015.06.30	2014.12.31	2014.06.30	2013.12.31
	基本每股收益(元)	0.2200	0.4000	0.2200	0.3000
	基本每股收益(扣除后)(元)	0.2100	0.3800	0.2100	0.2900
	稀释每股收益(元)	0.2200	0.4000	0.2200	0.3000
	每股净资产(元)	3.7263	3.6506	3.6260	2.9892
	每股经营现金净流量(元)	0.1925	0.3901	0.0677	0.2483
	每股现金流量(元)	0.0560	-0.4960	-0.4894	-0.3262
	每股资本公积金(元)	1.1624	1.1990	1.2272	0.7762
	每股盈余公积金(元)	0.1924	0.1912	0.1621	0.1669
	每股未分配利润(元)	1.3715	1.2963	1.1314	1.0461
	净资产收益率(%)	5.8524	10.9239	6.0439	10.1978
	加权净资产收益率(%)	5.8300	11.9000	7.1300	10.5900
	净资产收益率(扣除)(%)	5.6558	10.4227	5.6937	9.6839
	总资产(万元)	197072.59	179813.17	156967.99	124703.80
	归属母公司股东权益(万元)	142099.50	140075.74	136102.89	112199.86
	营业收入(万元)	53784.29	97722.18	43545.05	62637.90
	营业支出(万元)	36527.60	65464.60	28869.03	39675.33
	投资收益(万元)	945.01	-20.98	0.12	-
	净利润(万元)	8442.27	15644.20	8225.94	11441.87
	营业利润(万元)	9374.30	17465.64	9214.52	13086.36
	利润总额(万元)	9699.91	18288.52	9809.31	13802.47

江苏华昌化工股份有限公司

公司概况	公司名称	江苏华昌化工股份有限公司			证券简称	华昌化工
	法人代表	朱郁健	董秘	蒋晓宁	证券代码	002274
	公司网址	www.huachangchem.cn			电子信箱	huachang@huachangchem.cn
	电　话	0512-58727158			传　真	0512-58727155
	办公地址	江苏省张家港市金港镇保税区扬子江国际化学工业园南海路 1 号				
	经营范围	从事基础化工业务、为农业生产、玻璃行业、精细化工行业提供产品				

主要财务指标	指标\报告期	2015.06.30	2014.12.31	2014.06.30	2013.12.31
	基本每股收益(元)	0.0073	-0.2478	-0.0260	0.0500
	基本每股收益(扣除后)(元)	-0.0442	-0.3035	-0.0260	-0.2100
	稀释每股收益(元)	0.0073	-0.2478	-0.0260	0.0500
	每股净资产(元)	4.3515	3.7413	3.7237	5.6229
	每股经营现金净流量(元)	0.3779	0.4469	0.2697	1.1222
	每股现金流量(元)	0.1358	-0.0341	-0.0909	-0.4113
	每股资本公积金(元)	1.5763	1.5763	1.8569	3.2338
	每股盈余公积金(元)	0.1543	0.1543	0.1543	0.2314
	每股未分配利润(元)	0.4980	0.4907	0.7125	1.1577
	净资产收益率(%)	0.1687	-6.6227	-0.6970	0.7040
	加权净资产收益率(%)	0.1800	-6.6200	-0.6900	0.8400
	净资产收益率(扣除)(%)	-1.0147	-8.1109	-2.2339	-3.2143
	总资产(万元)	704259.21	629247.14	554592.34	514478.89
	归属母公司股东权益(万元)	217536.07	187033.57	186149.74	187396.79
	营业收入(万元)	213505.34	423958.12	222916.14	424295.50
	营业支出(万元)	190452.82	399788.18	208295.97	398405.56
	投资收益(万元)	3069.82	156.24	231.74	99.27
	净利润(万元)	392.96	-12373.47	-1297.55	1319.26
	营业利润(万元)	330.94	-19710.91	-5792.81	-8383.86
	利润总额(万元)	556.65	-16149.90	-2081.85	1175.22

桂林三金药业股份有限公司

公司概况	公司名称	桂林三金药业股份有限公司			证券简称	桂林三金
	法人代表	邹节明	董秘	邹洵	证券代码	002275
	公司网址	www.sanjin.com.cn			电子信箱	dsh@sanjin.com.cn
	电　话	0773-5829106　5829109			传　真	0773-5838652
	办公地址	广西壮族自治区桂林市金星路 1 号				
	经营范围	片剂、硬胶囊剂、散剂、颗粒剂、酊剂等				

主要财务指标	指标\报告期	2015.06.30	2014.12.31	2014.06.30	2013.12.31
	基本每股收益(元)	0.3700	0.7500	0.3970	0.7100
	基本每股收益(扣除后)(元)	0.3600	0.7200	0.3860	0.6500
	稀释每股收益(元)	0.3700	0.7500	0.3970	0.7100
	每股净资产(元)	3.7014	3.9318	3.5801	3.7327
	每股经营现金净流量(元)	0.3536	0.6719	0.5486	0.5323
	每股现金流量(元)	-0.1230	-0.1151	-0.1936	-0.5871
	每股资本公积金(元)	1.1501	1.1501	1.1542	1.1542
	每股盈余公积金(元)	0.4874	0.4874	0.4110	0.4110
	每股未分配利润(元)	1.0638	1.2943	1.0148	1.1675
	净资产收益率(%)	9.9840	19.1706	11.0990	19.0766
	加权净资产收益率(%)	9.4400	20.0900	10.6000	20.1000
	净资产收益率(扣除)(%)	9.7242	-	10.7778	17.4623
	总资产(万元)	253585.76	278363.88	253851.27	268917.00
	归属母公司股东权益(万元)	218455.61	232057.03	211296.70	220305.83
	营业收入(万元)	60725.54	146635.18	67203.41	145263.62
	营业支出(万元)	15859.52	41512.00	19377.10	39581.40
	投资收益(万元)	547.21	1673.11	580.04	1227.36
	净利润(万元)	21810.58	44486.64	23451.87	42026.79
	营业利润(万元)	25461.84	52343.48	27768.31	48462.32
	利润总额(万元)	25585.08	53119.85	27990.30	51321.19

浙江万马股份有限公司

公司概况					
公司名称	浙江万马股份有限公司			证券简称	万马股份
法人代表	何若虚	董秘	屠国良	证券代码	002276
公司网址	www.wanma-cable.cn		电子信箱	investor@zjwanma.com	
电　话	0571-61097518　61097518		传　真	0571-63755256	
办公地址	浙江省临安市经济开发区南环路 88 号				
经营范围	电力电缆的研发、生产和销售				

主要财务指标	2015.06.30	2014.12.31	2014.06.30	2013.12.31
指标\报告期	2015.06.30	2014.12.31	2014.06.30	2013.12.31
基本每股收益(元)	0.1151	0.2500	0.1033	0.2400
基本每股收益(扣除后)(元)	0.1132	0.2400	0.1014	0.2300
稀释每股收益(元)	0.1151	0.2500	0.1033	0.2400
每股净资产(元)	2.9594	2.8921	2.7402	2.6835
每股经营现金净流量(元)	−0.1669	0.2639	−0.2313	0.1613
每股现金流量(元)	−0.3967	0.0679	−0.4152	0.0123
每股资本公积金(元)	0.8391	0.8373	0.8319	0.8285
每股盈余公积金(元)	0.1418	0.1418	0.1197	0.1197
每股未分配利润(元)	0.9784	0.9130	0.7886	0.7353
净资产收益率(%)	3.8909	8.6625	3.7690	8.7341
加权净资产收益率(%)	3.9000	9.0300	3.7900	9.1700
净资产收益率(扣除)(%)	3.8238	8.3384	3.7006	8.4859
总资产(万元)	449688.55	467796.94	417230.06	402501.96
归属母公司股东权益(万元)	277982.13	271754.02	257228.14	251904.35
营业收入(万元)	244843.98	584695.02	221480.15	485562.96
营业支出(万元)	202382.67	498865.38	187515.70	411856.24
投资收益(万元)	15.47	86.81	16.72	150.32
净利润(万元)	10742.50	23677.23	9693.87	22001.70
营业利润(万元)	10530.53	22361.65	9512.38	20613.80
利润总额(万元)	12145.72	26205.03	11135.57	24303.62

湖南友谊阿波罗商业股份有限公司

公司概况					
公司名称	湖南友谊阿波罗商业股份有限公司			证券简称	友阿股份
法人代表	胡子敬	董秘	陈学文	证券代码	002277
公司网址	www.your-mart.cn		电子信箱	cxw5448@126.com	
电　话	0731-82293541　82295528		传　真	0731-82243046　82294448	
办公地址	湖南省长沙市芙蓉区八一路 1 号				
经营范围	商品零售业及相关配套服务、酒店业、餐饮业、休闲娱乐业的投资等				

主要财务指标	2015.06.30	2014.12.31	2014.06.30	2013.12.31
指标\报告期	2015.06.30	2014.12.31	2014.06.30	2013.12.31
基本每股收益(元)	0.4421	0.6265	0.4808	0.7360
基本每股收益(扣除后)(元)	0.4328	0.6199	0.4737	0.7270
稀释每股收益(元)	0.4421	0.6265	0.4808	0.7360
每股净资产(元)	5.5977	5.2444	5.1403	4.7540
每股经营现金净流量(元)	−1.2016	−0.3988	−0.3923	0.6870
每股现金流量(元)	−0.1781	−1.4560	−1.7173	0.4871
每股资本公积金(元)	1.1777	1.1645	1.1900	1.1841
每股盈余公积金(元)	0.3968	0.3973	0.3300	0.3300
每股未分配利润(元)	3.0174	2.6785	2.6203	2.2398
净资产收益率(%)	7.8929	11.8820	9.3530	15.4111
加权净资产收益率(%)	8.0800	12.4700	9.6600	16.8100
净资产收益率(扣除)(%)	7.7265	11.7561	9.2146	15.2273
总资产(万元)	900041.04	790858.17	630852.41	654153.95
归属母公司股东权益(万元)	316899.06	296576.18	288698.16	266972.28
营业收入(万元)	320585.02	595160.90	311047.07	598584.66
营业支出(万元)	264497.74	495536.80	255003.87	495272.94
投资收益(万元)	4278.85	4411.11	874.59	3380.22
净利润(万元)	24239.64	33508.75	27001.92	41143.49
营业利润(万元)	34243.49	48211.05	36565.42	54723.87
利润总额(万元)	33328.98	47170.42	36471.14	54561.32

上海神开石油化工装备股份有限公司

公司概况					
公司名称	上海神开石油化工装备股份有限公司			证券简称	神开股份
法人代表	顾正	董秘	王炜鹏	证券代码	002278
公司网址	www.shenkai.com		电子信箱	shenkai@shenkai.com	
电　话	021-64293895		传　真	021-54336696	
办公地址	上海市闵行区浦星公路 1769 号				
经营范围	研发、制造、销售石油勘探设备、钻井井控设备、采油和井口设备等				

主要财务指标	2015.06.30	2014.12.31	2014.06.30	2013.12.31
指标\报告期	2015.06.30	2014.12.31	2014.06.30	2013.12.31
基本每股收益(元)	0.1000	0.1900	0.1100	0.2000
基本每股收益(扣除后)(元)	0.0900	0.1300	0.1100	0.1700
稀释每股收益(元)	0.1000	0.1900	0.1100	0.2000
每股净资产(元)	3.2847	3.7626	3.6799	4.0745
每股经营现金净流量(元)	−0.1189	0.0793	−0.0339	0.2908
每股现金流量(元)	−0.1407	−0.5595	−0.7561	0.0227
每股资本公积金(元)	1.3191	1.6669	1.6645	1.9310
每股盈余公积金(元)	0.1622	0.1865	0.1681	0.1849
每股未分配利润(元)	0.8066	0.9126	0.8499	0.9626
净资产收益率(%)	3.0449	5.1099	3.0217	4.8331
加权净资产收益率(%)	3.0200	5.1700	2.9800	4.8800
净资产收益率(扣除)(%)	2.7367	3.5447	2.8848	4.0842
总资产(万元)	180341.00	189650.56	160280.93	158888.73
归属母公司股东权益(万元)	119534.31	119064.59	116449.16	117213.51
营业收入(万元)	34496.89	67138.68	34498.74	76466.51
营业支出(万元)	21135.06	44442.03	22701.86	51911.80
投资收益(万元)	284.27	1026.28	580.45	-
净利润(万元)	3790.20	5747.10	3518.76	5665.02
营业利润(万元)	3879.01	5675.79	3810.36	5389.46
利润总额(万元)	4327.53	6587.22	3986.68	6351.49

北京久其软件股份有限公司

公司概况					
公司名称	北京久其软件股份有限公司			证券简称	久其软件
法人代表	赵福君	董秘	王海霞	证券代码	002279
公司网址	www.jiuqi.com.cn		电子信箱	002279@jiuqi.com.cn	
电　话	010-88551199　58022988		传　真	010-58022897	
办公地址	北京市经济技术开发区西环中路 6 号				
经营范围	从事报表管理软件、电子政务软件、集团管控软件、商业智能软件等				

主要财务指标	2015.06.30	2014.12.31	2014.06.30	2013.12.31
指标\报告期	2015.06.30	2014.12.31	2014.06.30	2013.12.31
基本每股收益(元)	0.0379	0.4134	−0.0398	0.3381
基本每股收益(扣除后)(元)	−0.0092	0.2850	−0.0686	0.3026
稀释每股收益(元)	0.0379	0.4134	−0.0398	0.3381
每股净资产(元)	6.3090	4.2651	3.8119	4.0300
每股经营现金净流量(元)	−0.3011	0.4741	−0.3598	0.4101
每股现金流量(元)	−0.1798	0.2964	−0.4956	−0.0156
每股资本公积金(元)	3.8656	1.5695	1.5695	1.5695
每股盈余公积金(元)	0.2273	0.2558	0.2209	0.2209
每股未分配利润(元)	1.2161	1.4398	1.0214	1.2412
净资产收益率(%)	0.5822	9.6933	−1.0433	8.3900
加权净资产收益率(%)	0.6500	10.0400	−1.0100	8.6600
净资产收益率(扣除)(%)	−0.1419	6.6822	−1.7985	7.5055
总资产(万元)	130174.85	82465.44	68917.09	76232.29
归属母公司股东权益(万元)	124799.44	74978.63	67104.34	70875.03
营业收入(万元)	15860.48	32667.85	9637.24	28954.55
营业支出(万元)	3646.04	1637.95	780.34	783.49
投资收益(万元)	763.28	1880.38	231.98	448.08
净利润(万元)	465.11	7164.67	−699.12	5943.39
营业利润(万元)	590.02	6554.80	−960.95	5717.05
利润总额(万元)	1022.31	7581.79	−728.79	6334.61

杭州联络互动信息科技股份有限公司

公司概况	公司名称	杭州联络互动信息科技股份有限公司			证券简称	联络互动
	法人代表	何志涛	董秘	俞竣华	证券代码	002280
	公司网址	www.lianluo.com			电子信箱	ir@haolianluo.com
	电　　话	0571-28996018			传　　真	0571-28996018
	办公地址	浙江省杭州市滨江区物联网街451号芯图大厦18层				
	经营范围	应用软件开发与销售、系统集成及技术支持与服务				

主要财务指标	指标\报告期	2015.06.30	2014.12.31	2014.06.30	2013.12.31
	基本每股收益(元)	0.2000	1.2200	0.1700	0.2700
	基本每股收益(扣除后)(元)	0.2000	1.2200	-0.0400	-0.2700
	稀释每股收益(元)	0.2000	1.2200	0.1700	0.2700
	每股净资产(元)	1.3199	3.0030	3.5481	2.5600
	每股经营现金净流量(元)	0.0006	0.3521	0.4812	0.1690
	每股现金流量(元)	-0.4274	2.0216	1.8228	0.6464
	每股资本公积金(元)	-0.1953	1.0118	2.2601	0.7224
	每股盈余公积金(元)	0.0106	0.0264	0.1818	0.0386
	每股未分配利润(元)	0.5084	0.9726	0.1061	1.8836
	净资产收益率(%)	15.1037	19.5981	-0.7756	-9.7332
	加权净资产收益率(%)	15.8100	55.2600	23.1500	13.0900
	净资产收益率(扣除)(%)	14.7764	19.5925	-1.2071	-6.8815
	总资产(万元)	115167.51	96121.74	44521.81	25231.99
	归属母公司股东权益(万元)	92719.29	84384.85	37964.19	21665.67
	营业收入(万元)	27354.54	32249.93	12072.80	17881.43
	营业支出(万元)	7645.44	6397.31	2500.97	1011.79
	投资收益(万元)	220.37	-	151.04	-122.18
	净利润(万元)	14189.10	16537.86	5686.47	2270.71
	营业利润(万元)	16745.74	19365.11	6553.93	3823.64
	利润总额(万元)	16755.74	19369.92	6558.75	3853.24

武汉光迅科技股份有限公司

公司概况	公司名称	武汉光迅科技股份有限公司			证券简称	光迅科技
	法人代表	鲁国庆	董秘	毛浩	证券代码	002281
	公司网址	www.accelink.com			电子信箱	investor@accelink.com
	电　　话	027-87694060			传　　真	027-87694060
	办公地址	湖北省武汉市江夏区藏龙岛开发区谭湖路1号				
	经营范围	信息技术领域光、电器件技术及产品的研制、生产、销售和相关技术服务				

主要财务指标	指标\报告期	2015.06.30	2014.12.31	2014.06.30	2013.12.31
	基本每股收益(元)	0.5500	0.7600	0.5300	0.8900
	基本每股收益(扣除后)(元)	0.5200	0.6700	0.4900	0.5100
	稀释每股收益(元)	0.5500	0.7600	0.5300	0.8900
	每股净资产(元)	11.9908	11.6793	9.2570	8.9795
	每股经营现金净流量(元)	0.1612	0.6172	-0.7764	1.1211
	每股现金流量(元)	-2.0735	0.9829	-1.2767	0.2615
	每股资本公积金(元)	7.0494	6.6496	4.0796	4.0796
	每股盈余公积金(元)	0.3577	0.3689	0.4009	0.4009
	每股未分配利润(元)	3.6100	3.6764	3.7649	3.4966
	净资产收益率(%)	4.5495	6.0642	5.5992	9.7806
	加权净资产收益率(%)	4.5700	7.7400	5.6900	10.5300
	净资产收益率(扣除)(%)	4.2842	5.3736	5.2481	5.6039
	总资产(万元)	391361.48	358576.80	289948.33	264393.58
	归属母公司股东权益(万元)	251674.75	237672.16	172348.78	167182.13
	营业收入(万元)	146231.60	243305.26	122755.27	213269.72
	营业支出(万元)	108937.92	188339.38	96140.98	166738.10
	投资收益(万元)	-	-2.13	-	-41.32
	净利润(万元)	11449.84	14412.85	9650.12	16351.47
	营业利润(万元)	12022.09	13160.93	9978.58	9829.40
	利润总额(万元)	12998.03	15188.71	10661.45	18035.15

博深工具股份有限公司

公司概况	公司名称	博深工具股份有限公司			证券简称	博深工具
	法人代表	陈怀荣	董秘	井成铭	证券代码	002282
	公司网址	www.bosuntools.com			电子信箱	bod@bosuntools.com
	电　　话	0311-85962650			传　　真	0311-85965550
	办公地址	河北省石家庄市高新区长江大道289号				
	经营范围	生产销售人造金刚石及制品、粉末冶金制品、电动工具及配件以及相关技术服务				

主要财务指标	指标\报告期	2015.06.30	2014.12.31	2014.06.30	2013.12.31
	基本每股收益(元)	0.0500	0.1400	0.0800	0.0700
	基本每股收益(扣除后)(元)	0.0300	0.1200	0.0700	-0.0600
	稀释每股收益(元)	0.0500	0.1400	0.0800	0.0700
	每股净资产(元)	2.3355	3.5401	3.4992	3.4596
	每股经营现金净流量(元)	0.1039	0.5203	0.2088	0.1513
	每股现金流量(元)	0.0572	-0.0782	0.0418	0.0237
	每股资本公积金(元)	0.9132	1.8698	1.8698	1.8698
	每股盈余公积金(元)	0.0865	0.1298	0.1248	0.1248
	每股未分配利润(元)	0.3989	0.6284	0.5809	0.5477
	净资产收益率(%)	1.9973	3.8339	2.3764	2.0690
	加权净资产收益率(%)	1.9800	3.8700	2.3200	2.0700
	净资产收益率(扣除)(%)	1.2948	3.3483	2.1279	-1.6290
	总资产(万元)	103368.55	101363.07	106323.45	107985.82
	归属母公司股东权益(万元)	78969.96	79799.91	78878.96	77987.35
	营业收入(万元)	24439.64	54845.81	27756.81	56604.75
	营业支出(万元)	16684.17	38322.96	19196.47	41689.07
	投资收益(万元)	-111.93	-242.87	-147.08	2818.40
	净利润(万元)	1577.27	3059.44	1874.47	1613.53
	营业利润(万元)	1524.78	2807.09	2070.11	1478.22
	利润总额(万元)	1936.43	3212.33	2306.36	1815.30

天润曲轴股份有限公司

公司概况	公司名称	天润曲轴股份有限公司			证券简称	天润曲轴
	法人代表	邢运波	董秘	刘立	证券代码	002283
	公司网址	www.tianrun.com			电子信箱	liuli@tianrun.com
	电　　话	0631-8982313 8982177			传　　真	0631-8982333
	办公地址	山东省文登市天润路2-13号				
	经营范围	曲轴、机床、机械配件的生产、销售				

主要财务指标	指标\报告期	2015.06.30	2014.12.31	2014.06.30	2013.12.31
	基本每股收益(元)	0.1500	0.2400	0.1300	0.1800
	基本每股收益(扣除后)(元)	0.1300	0.2000	0.1200	0.1600
	稀释每股收益(元)	0.1500	0.2400	0.1300	0.1800
	每股净资产(元)	5.8311	5.7018	5.5978	5.4855
	每股经营现金净流量(元)	0.5628	0.7327	0.4413	0.3429
	每股现金流量(元)	-0.0170	0.1341	0.2000	-0.5123
	每股资本公积金(元)	3.2665	3.2595	3.2595	3.2595
	每股盈余公积金(元)	0.1410	0.1410	0.1205	0.1205
	每股未分配利润(元)	1.4236	1.3013	1.2178	1.1055
	净资产收益率(%)	2.5097	4.1796	2.3991	3.2935
	加权净资产收益率(%)	2.5300	4.2600	2.4200	3.3400
	净资产收益率(扣除)(%)	2.2140	3.4854	2.0749	2.8816
	总资产(万元)	490540.69	492877.95	486927.85	465476.42
	归属母公司股东权益(万元)	326201.00	318965.34	313146.44	306864.51
	营业收入(万元)	85789.82	161950.51	91399.26	156985.88
	营业支出(万元)	65897.38	124844.16	70365.43	123125.52
	投资收益(万元)	-	-	-	-
	净利润(万元)	8268.23	13834.59	7512.64	10106.71
	营业利润(万元)	8511.40	13473.97	8300.92	10052.52
	利润总额(万元)	9646.16	15970.78	9478.79	11540.05

浙江亚太机电股份有限公司

公司概况						
公司名称	浙江亚太机电股份有限公司				证券简称	亚太股份
法人代表	黄伟中	董秘	邱蓉		证券代码	002284
公司网址	www.apg.cn			电子信箱	qr@apg.cn;yqy@apg.cn	
电　　话	0571-82765229 82761316			传　　真	0571-82761666	
办公地址	浙江省杭州市萧山区蜀山街道亚太路 1399 号					
经营范围	开发、生产、销售汽车制动系统					

主要财务指标：指标\报告期	2015.06.30	2014.12.31	2014.06.30	2013.12.31
基本每股收益(元)	0.1400	0.6000	0.1600	0.4800
基本每股收益(扣除后)(元)	0.1300	0.5300	0.2900	0.4400
稀释每股收益(元)	0.1400	0.6000	0.1600	0.4800
每股净资产(元)	3.4518	6.7228	4.4423	4.2148
每股经营现金净流量(元)	0.1398	0.6238	0.4693	0.8795
每股现金流量(元)	0.1367	0.0250	-0.0137	-0.1798
每股资本公积金(元)	1.5416	3.5833	0.9776	0.9776
每股盈余公积金(元)	0.1506	0.3011	0.3265	0.3265
每股未分配利润(元)	0.7538	1.8268	2.1252	1.8977
净资产收益率(%)	4.0666	7.0815	7.3720	11.3277
加权净资产收益率(%)	4.1100	12.8000	7.5400	11.9100
净资产收益率(扣除)(%)	3.3227	6.3308	6.5656	10.4006
总资产(万元)	419629.58	419754.99	286200.62	261293.01
归属母公司股东权益(万元)	254588.63	247923.27	127512.40	120982.64
营业收入(万元)	172560.60	327887.82	170044.94	271859.67
营业支出(万元)	143395.28	273135.99	142479.52	226225.62
投资收益(万元)	1282.78	-523.50	-423.83	-348.15
净利润(万元)	10790.17	18114.21	9662.33	14138.79
营业利润(万元)	11982.61	18693.32	10086.53	15020.89
利润总额(万元)	12420.75	21000.36	11225.35	16427.27

深圳世联行地产顾问股份有限公司

公司概况						
公司名称	深圳世联行地产顾问股份有限公司				证券简称	世联行
法人代表	陈劲松	董秘	袁鸿昌		证券代码	002285
公司网址	www.worldunion.com.cn			电子信箱	info@worldunion.com.cn	
电　　话	0755-22162144 22162708			传　　真	0755-22162231	
办公地址	广东省深圳市罗湖区深南东路 2028 号罗湖商务中心 12 楼					
经营范围	房地产咨询、房地产代理、房地产经纪、物业管理					

主要财务指标：指标\报告期	2015.06.30	2014.12.31	2014.06.30	2013.12.31
基本每股收益(元)	0.1300	0.5200	0.1800	0.7500
基本每股收益(扣除后)(元)	0.1300	0.5100	0.1800	0.7200
稀释每股收益(元)	0.1300	0.5200	0.1800	0.7500
每股净资产(元)	2.2559	2.6528	2.3662	4.0273
每股经营现金净流量(元)	0.0391	-1.2070	-0.5853	1.0918
每股现金流量(元)	1.1910	-0.2218	-0.4731	-0.1301
每股资本公积金(元)	0.6732	0.4633	0.5086	1.3155
每股盈余公积金(元)	0.1737	0.3288	0.2455	0.4418
每股未分配利润(元)	0.4089	0.8607	0.6121	1.2700
净资产收益率(%)	4.9965	19.4628	7.7897	18.6257
加权净资产收益率(%)	7.1500	21.1300	7.9800	20.1300
净资产收益率(扣除)(%)	4.9871	19.2446	7.6633	17.8502
总资产(万元)	603237.20	411595.27	262853.34	249764.49
归属母公司股东权益(万元)	326130.36	202614.54	180721.23	170886.38
营业收入(万元)	191552.23	330817.06	141650.42	256302.79
营业支出(万元)	138678.00	218931.62	97953.00	164810.40
投资收益(万元)	475.72	205.77	195.77	146.87
净利润(万元)	17011.54	41897.01	14077.60	31828.81
营业利润(万元)	23176.86	55910.91	21634.41	46994.75
利润总额(万元)	23102.36	56299.79	21672.92	47720.36

保龄宝生物股份有限公司

公司概况						
公司名称	保龄宝生物股份有限公司				证券简称	保 龄 宝
法人代表	刘宗利	董秘	李霞		证券代码	002286
公司网址	www.blb-cn.com			电子信箱	tzzgx@blb-cn.com	
电　　话	0534-8918658			传　　真	0534-2126058	
办公地址	山东省德州市禹城高新开发区东外环路 1 号					
经营范围	以农副产品为原料经生物工程深加工生产、销售低聚糖、果葡糖浆、糖醇等产品					

主要财务指标：指标\报告期	2015.06.30	2014.12.31	2014.06.30	2013.12.31
基本每股收益(元)	0.0800	0.0600	0.0700	0.2500
基本每股收益(扣除后)(元)	0.0700	0.0300	0.0600	-
稀释每股收益(元)	0.0800	0.0600	0.0600	0.2500
每股净资产(元)	3.9720	3.9252	3.9332	7.7742
每股经营现金净流量(元)	-0.2426	0.2756	-0.0345	0.4636
每股现金流量(元)	0.3857	-0.6772	-0.1117	1.2674
每股资本公积金(元)	2.1655	2.1653	2.1648	5.3296
每股盈余公积金(元)	0.0884	0.0883	0.0834	0.1667
每股未分配利润(元)	0.7181	0.6684	0.6851	1.2779
净资产收益率(%)	1.9808	1.6505	1.8078	2.9213
加权净资产收益率(%)	1.9900	1.6600	1.8100	3.4200
净资产收益率(扣除)(%)	1.8270	0.8682	1.5368	1.8407
总资产(万元)	193425.55	176495.22	166993.98	167621.38
归属母公司股东权益(万元)	146670.04	144825.87	145236.18	143533.69
营业收入(万元)	61769.06	91071.03	45090.04	90076.91
营业支出(万元)	52501.00	80187.48	38413.26	76404.26
投资收益(万元)	754.45	1663.07	837.07	607.64
净利润(万元)	2905.29	2392.24	2625.63	4193.11
营业利润(万元)	3129.91	1393.92	2587.54	3068.84
利润总额(万元)	3398.60	2735.38	3053.86	4901.28

西藏奇正藏药股份有限公司

公司概况						
公司名称	西藏奇正藏药股份有限公司				证券简称	奇正藏药
法人代表	雷菊芳	董秘	冯平		证券代码	002287
公司网址	www.cheezheng.com.cn			电子信箱	qzzy@qzh.cn	
电　　话	010-64972881			传　　真	010-64987324	
办公地址	西藏自治区林芝市巴宜区德吉路 2 号					
经营范围	藏药的研发、生产和销售、包括外用止痛药物、口服药等					

主要财务指标：指标\报告期	2015.06.30	2014.12.31	2014.06.30	2013.12.31
基本每股收益(元)	0.3800	0.5900	0.3200	0.5300
基本每股收益(扣除后)(元)	0.3500	0.4700	0.2400	0.4500
稀释每股收益(元)	0.3800	0.5900	0.3200	0.5300
每股净资产(元)	3.6909	3.7049	3.4419	3.4698
每股经营现金净流量(元)	0.6064	0.7659	0.6728	0.4889
每股现金流量(元)	0.2036	-0.5939	0.1917	0.0234
每股资本公积金(元)	1.0124	1.0124	1.0124	1.0124
每股盈余公积金(元)	0.2934	0.2934	0.2420	0.2420
每股未分配利润(元)	1.3851	1.3991	1.1875	1.2155
净资产收益率(%)	10.1608	15.7916	9.3569	15.1463
加权净资产收益率(%)	9.6300	16.3100	8.8700	15.7500
净资产收益率(扣除)(%)	9.3987	12.7616	7.0058	12.8434
总资产(万元)	177110.64	179188.71	159288.88	153455.74
归属母公司股东权益(万元)	149850.70	150418.01	139739.99	140874.60
营业收入(万元)	45073.15	95010.56	39198.50	96946.68
营业支出(万元)	9501.76	25005.18	9230.75	35637.95
投资收益(万元)	1093.87	209.97	30.48	-
净利润(万元)	15162.47	23546.95	13075.39	21337.27
营业利润(万元)	16588.10	23291.16	11637.84	21971.08
利润总额(万元)	16802.64	28606.43	15508.42	25789.97

广东超华科技股份有限公司

公司概况	公司名称	广东超华科技股份有限公司			证券简称	超华科技
	法人代表	梁健锋	董秘	范卓	证券代码	002288
	公司网址	www.chaohuatech.com		电子信箱	002288@chaohuatech.com	
	电　话	0755-83432838　8586687		传　真	0755-83432658	
	办公地址	广东省梅州市梅县雁洋镇超华工业园				
	经营范围	覆铜箔板、印制电路板及其上游相关产品电解铜箔、专用木浆纸的研发、生产和销售				

	指标\报告期	2015.06.30	2014.12.31	2014.06.30	2013.12.31
主要财务指标	基本每股收益(元)	0.0270	0.0172	0.0660	0.1160
	基本每股收益(扣除后)(元)	0.0250	−0.0085	0.0450	0.0280
	稀释每股收益(元)	0.0270	0.0172	0.0660	0.1160
	每股净资产(元)	1.8910	2.9333	2.9853	2.9342
	每股经营现金净流量(元)	0.0339	0.0128	0.0505	−0.0616
	每股现金流量(元)	−0.0051	−0.0074	−0.0634	0.2264
	每股资本公积金(元)	0.6073	1.3135	1.3135	1.3135
	每股盈余公积金(元)	0.0197	0.0464	0.0464	0.0464
	每股未分配利润(元)	0.2639	0.5544	0.6254	0.5790
	净资产收益率(%)	1.2748	0.5857	2.2260	3.9676
	加权净资产收益率(%)	1.6400	0.5600	2.2400	4.0400
	净资产收益率(扣除)(%)	1.1760	−0.2901	1.5097	0.9524
	总资产(万元)	234158.55	236332.76	230266.42	229981.43
	归属母公司股东权益(万元)	176177.49	115243.07	118166.51	116140.14
	营业收入(万元)	44995.68	120168.28	55754.21	92957.39
	营业支出(万元)	37367.91	102590.58	46858.01	76967.60
	投资收益(万元)	–	–	–	–
	净利润(万元)	2489.02	1100.97	2630.36	4607.96
	营业利润(万元)	2564.69	−150.65	2302.80	2044.26
	利润总额(万元)	2769.83	989.25	3302.13	5548.78

深圳市宇顺电子股份有限公司

公司概况	公司名称	深圳市宇顺电子股份有限公司			证券简称	宇顺电子
	法人代表	魏连速	董秘	林萌(代)	证券代码	002289
	公司网址	www.szsuccess.com.cn		电子信箱	ysdz@szsuccess.com.cn	
	电　话	0755-86028112		传　真	0755-86028498	
	办公地址	广东省深圳市南山区高新技术产业园区中区M-6栋二层一区				
	经营范围	专注于中小尺寸液晶显示器的研发、生产与销售				

	指标\报告期	2015.06.30	2014.12.31	2014.06.30	2013.12.31
主要财务指标	基本每股收益(元)	−0.1394	−1.9735	0.1243	0.0805
	基本每股收益(扣除后)(元)	−0.1528	−2.0476	0.0926	−0.0598
	稀释每股收益(元)	−0.1394	−1.9735	0.1243	0.0805
	每股净资产(元)	8.7812	8.9210	9.5891	9.4649
	每股经营现金净流量(元)	−0.8297	−0.4745	−1.7695	0.8668
	每股现金流量(元)	−0.9825	−0.1353	0.0507	1.7428
	每股资本公积金(元)	9.6271	9.6271	8.4138	8.4138
	每股盈余公积金(元)	0.0852	0.0852	0.0985	0.0985
	每股未分配利润(元)	−1.9309	−1.7915	0.0769	−0.0474
	净资产收益率(%)	−1.5869	−19.6229	1.2960	0.5276
	加权净资产收益率(%)	−1.5700	−22.6700	1.3000	1.3100
	净资产收益率(扣除)(%)	−1.7401	–	0.9660	−0.3919
	总资产(万元)	418713.70	393743.26	427561.04	383381.73
	归属母公司股东权益(万元)	164064.71	166675.34	154867.14	152862.19
	营业收入(万元)	148656.21	275003.27	148297.80	144404.46
	营业支出(万元)	134590.03	242506.50	131562.63	125609.84
	投资收益(万元)	42.06	276.94	178.58	107.48
	净利润(万元)	−2604.23	−32371.35	2006.78	806.46
	营业利润(万元)	−2866.48	−31776.90	2824.62	−448.83
	利润总额(万元)	−2652.27	−30797.73	3156.95	847.80

苏州禾盛新型材料股份有限公司

公司概况	公司名称	苏州禾盛新型材料股份有限公司			证券简称	禾盛新材
	法人代表	赵东明	董秘	袁文雄	证券代码	002290
	公司网址	www.szhssm.com.cn		电子信箱	hesheng@szhssm.com	
	电　话	0512-65073528　65073880		传　真	0512-65073400	
	办公地址	江苏省苏州市工业园区后戴街108号				
	经营范围	家电用外观部件复合材料的研发、生产和销售				

	指标\报告期	2015.06.30	2014.12.31	2014.06.30	2013.12.31
主要财务指标	基本每股收益(元)	0.1100	−0.5800	0.1000	0.1400
	基本每股收益(扣除后)(元)	0.1000	−0.5800	0.1000	0.1100
	稀释每股收益(元)	0.1100	−0.5800	0.1000	0.1400
	每股净资产(元)	3.9412	3.9854	4.6676	4.6156
	每股经营现金净流量(元)	0.1143	0.5125	0.2831	0.2891
	每股现金流量(元)	−0.3245	−0.4641	−0.4774	0.1219
	每股资本公积金(元)	2.1128	2.1128	2.1128	2.1128
	每股盈余公积金(元)	0.1990	0.1990	0.1990	0.1990
	每股未分配利润(元)	0.6294	0.6736	1.3558	1.3038
	净资产收益率(%)	2.6830	−14.5571	2.1856	3.0861
	加权净资产收益率(%)	2.6300	−13.5200	2.1900	3.1100
	净资产收益率(扣除)(%)	2.5016	−14.4539	2.0776	2.4741
	总资产(万元)	134511.53	142687.58	159256.03	134377.06
	归属母公司股东权益(万元)	83029.02	83961.40	98332.85	97237.06
	营业收入(万元)	57322.27	118485.81	56084.06	108965.18
	营业支出(万元)	50296.19	103004.65	49128.29	94821.82
	投资收益(万元)	−2.88	−66.00	234.22	426.85
	净利润(万元)	2227.70	−12222.31	2149.15	3000.82
	营业利润(万元)	2349.22	−12111.73	2181.10	3191.18
	利润总额(万元)	2523.25	−12102.77	2362.57	3518.00

佛山星期六鞋业股份有限公司

公司概况	公司名称	佛山星期六鞋业股份有限公司			证券简称	星期六
	法人代表	张泽民	董秘	何建锋	证券代码	002291
	公司网址	www.st-sat.com		电子信箱	zhengquan@st-sat.com	
	电　话	0757-86256351		传　真	0757-86252172	
	办公地址	广东省佛山市南海区桂城街道庆安路2号				
	经营范围	生产经营皮鞋、皮革制品、服装、服饰等				

	指标\报告期	2015.06.30	2014.12.31	2014.06.30	2013.12.31
主要财务指标	基本每股收益(元)	0.0732	0.1000	0.0917	0.0900
	基本每股收益(扣除后)(元)	0.0629	0.0900	0.0893	0.0900
	稀释每股收益(元)	0.0732	0.1000	0.0917	0.0900
	每股净资产(元)	4.6509	4.5535	4.4928	4.4591
	每股经营现金净流量(元)	0.0166	0.1482	0.2436	−0.2261
	每股现金流量(元)	1.0232	−0.6258	−0.0156	−0.0163
	每股资本公积金(元)	2.4642	2.2250	2.1715	2.2296
	每股盈余公积金(元)	0.1707	0.1874	0.1760	0.1760
	每股未分配利润(元)	1.0160	1.1411	1.1453	1.0536
	净资产收益率(%)	1.4565	2.1729	2.0415	2.0998
	加权净资产收益率(%)	1.5900	2.2000	2.0400	2.1200
	净资产收益率(扣除)(%)	1.2510	1.9344	1.9874	2.0510
	总资产(万元)	329521.76	282347.13	284553.69	286535.33
	归属母公司股东权益(万元)	185536.00	165452.53	163245.13	162023.20
	营业收入(万元)	84454.29	175815.05	87802.55	184438.61
	营业支出(万元)	43498.01	85377.64	43357.15	95728.43
	投资收益(万元)	−24.15	–	–	–
	净利润(万元)	2799.88	3862.76	3332.60	3402.15
	营业利润(万元)	3260.38	4803.46	4515.30	4822.44
	利润总额(万元)	3768.95	5330.93	4633.08	4950.89

广东奥飞动漫文化股份有限公司

公司概况	公司名称	广东奥飞动漫文化股份有限公司			证券简称	奥飞动漫
	法人代表	蔡东青	董秘	王晶	证券代码	002292
	公司网址	www.gdalpha.com		电子信箱	invest@gdalpha.com	
	电　话	020-38983278*3886 1102		传　真	020-38336260	
	办公地址	广东省广州市珠江新城临江大道5号保利国际中心10楼				
	经营范围	制作、复制、发行:电视剧、综艺、专题、动画故事片等				

主要财务指标	指标\报告期	2015.06.30	2014.12.31	2014.06.30	2013.12.31
	基本每股收益(元)	0.2000	0.6800	0.1400	0.3800
	基本每股收益(扣除后)(元)	0.1300	0.6500	0.2700	0.3500
	稀释每股收益(元)	0.2000	0.6800	0.1400	0.3800
	每股净资产(元)	2.1780	4.0174	3.2800	2.7565
	每股经营现金净流量(元)	−0.0316	0.8273	0.3371	0.2416
	每股现金流量(元)	−0.2107	0.1978	−0.5219	0.2325
	每股资本公积金(元)	0.1874	1.3573	0.9765	0.6086
	每股盈余公积金(元)	0.0758	0.1516	0.1295	0.1315
	每股未分配利润(元)	0.9309	1.5380	1.1695	1.0097
	净资产收益率(%)	9.2705	16.8590	8.3485	13.6297
	加权净资产收益率(%)	9.5500	20.4100	9.4400	14.5800
	净资产收益率(扣除)(%)	6.0596	16.1487	7.9656	12.8486
	总资产(万元)	438532.83	411006.62	376213.92	324271.80
	归属母公司股东权益(万元)	275269.21	253877.58	204324.16	169360.96
	营业收入(万元)	125882.67	242967.32	102326.56	155301.06
	营业支出(万元)	59256.23	121886.89	54204.89	86741.54
	投资收益(万元)	7915.81	−1091.33	−327.37	25.35
	净利润(万元)	24967.61	41256.68	16651.53	23341.47
	营业利润(万元)	27546.63	42286.47	17657.32	26160.68
	利润总额(万元)	29351.24	44220.87	18296.92	26851.97

罗莱生活科技股份有限公司

公司概况	公司名称	罗莱生活科技股份有限公司			证券简称	罗莱家纺
	法人代表	薛伟成	董秘	田霖	证券代码	002293
	公司网址	www.luolai.com.cn		电子信箱	ir@luolai.com.cn	
	电　话	021-23137924		传　真	021-23138776*340	
	办公地址	江苏省南通市经济技术开发区源兴路555号				
	经营范围	家用纺织品的生产与销售				

主要财务指标	指标\报告期	2015.06.30	2014.12.31	2014.06.30	2013.12.31
	基本每股收益(元)	0.2600	1.4200	0.2200	1.1800
	基本每股收益(扣除后)(元)	0.2200	1.3600	0.5400	1.1100
	稀释每股收益(元)	0.2600	1.4200	0.2200	1.1800
	每股净资产(元)	3.3176	8.6395	7.7826	7.5712
	每股经营现金净流量(元)	0.1006	1.8097	0.3001	1.4736
	每股现金流量(元)	−0.0388	−1.0155	−0.3446	−0.0847
	每股资本公积金(元)	0.4924	2.7310	2.7310	2.7310
	每股盈余公积金(元)	0.3055	0.7637	0.6058	0.6058
	每股未分配利润(元)	1.5222	4.1508	3.4513	3.2407
	净资产收益率(%)	7.8927	16.4139	7.2029	15.6276
	加权净资产收益率(%)	7.4400	17.5600	7.1900	16.6000
	净资产收益率(扣除)(%)	6.6151	15.2321	6.9868	14.6183
	总资产(万元)	298615.68	311485.56	266077.21	264545.03
	归属母公司股东权益(万元)	232834.97	242532.57	218478.23	212542.94
	营业收入(万元)	124997.61	276140.06	111227.98	252420.94
	营业支出(万元)	64604.47	152259.03	61411.36	141405.82
	投资收益(万元)	1845.81	1715.49	826.68	545.76
	净利润(万元)	18722.57	39817.37	15736.79	33215.47
	营业利润(万元)	20569.40	43209.97	17791.97	37313.84
	利润总额(万元)	21728.73	45180.58	18270.21	39201.60

深圳信立泰药业股份有限公司

公司概况	公司名称	深圳信立泰药业股份有限公司			证券简称	信立泰
	法人代表	叶澄海	董秘	杨健锋	证券代码	002294
	公司网址	www.salubris.cn		电子信箱	investor@salubris.cn	
	电　话	0755-83867888		传　真	0755-83867338	
	办公地址	广东省深圳市福田区深南大道6009号车公庙绿景广场主楼37层				
	经营范围	心血管类、头孢类抗生素、骨吸收抑制剂类等药物的研发、生产和销售				

主要财务指标	指标\报告期	2015.06.30	2014.12.31	2014.06.30	2013.12.31
	基本每股收益(元)	0.5900	1.5900	0.7600	1.2700
	基本每股收益(扣除后)(元)	0.5900	1.5800	0.7500	1.2600
	稀释每股收益(元)	0.5900	1.5900	0.7600	1.2700
	每股净资产(元)	3.7683	5.7812	4.9442	4.7867
	每股经营现金净流量(元)	0.3741	1.5025	0.6926	1.0226
	每股现金流量(元)	−0.3076	0.2404	0.1469	−0.4046
	每股资本公积金(元)	0.1739	0.8783	0.8783	0.8783
	每股盈余公积金(元)	0.3125	0.5000	0.3938	0.3938
	每股未分配利润(元)	2.2810	3.4027	2.6721	2.5146
	净资产收益率(%)	15.7060	27.5774	15.3220	26.5365
	加权净资产收益率(%)	15.7300	30.7500	15.2600	29.4900
	净资产收益率(扣除)(%)	15.6147	27.3360	15.1660	26.2959
	总资产(万元)	454212.42	461604.20	394637.79	364325.26
	归属母公司股东权益(万元)	394167.61	377953.63	323232.31	312933.44
	营业收入(万元)	165798.41	288264.46	130375.87	232748.35
	营业支出(万元)	42599.10	76485.39	30492.03	56461.92
	投资收益(万元)	471.00	1993.48	681.42	272.77
	净利润(万元)	62041.32	104338.42	49525.57	83041.66
	营业利润(万元)	72706.55	120718.57	57460.49	96776.39
	利润总额(万元)	73117.53	121736.30	58011.15	97643.43

广东精艺金属股份有限公司

公司概况	公司名称	广东精艺金属股份有限公司			证券简称	精艺股份
	法人代表	张军	董秘	张舟	证券代码	002295
	公司网址	www.jingyimetal.com		电子信箱	jy@jingyimetal.com	
	电　话	0757-26336931		传　真	0757-22397895	
	办公地址	广东省佛山市顺德区北滘镇西海工业区				
	经营范围	金属加工设备、精密铜管和铜管深加工产品的生产和销售				

主要财务指标	指标\报告期	2015.06.30	2014.12.31	2014.06.30	2013.12.31
	基本每股收益(元)	0.0115	−0.2644	−0.1159	0.0169
	基本每股收益(扣除后)(元)	0.0089	−0.2750	−0.1187	−0.1041
	稀释每股收益(元)	0.0115	−0.2644	−0.1159	0.0169
	每股净资产(元)	4.2234	3.7082	3.8594	3.9726
	每股经营现金净流量(元)	0.2768	0.2918	0.3994	−0.8671
	每股现金流量(元)	0.1231	−0.0016	0.1103	0.0501
	每股资本公积金(元)	2.3739	1.7250	1.7277	1.7250
	每股盈余公积金(元)	0.1207	0.1416	0.1416	0.1416
	每股未分配利润(元)	0.7285	0.8416	0.9901	1.1060
	净资产收益率(%)	0.2719	−7.1305	−3.0034	0.4252
	加权净资产收益率(%)	0.3100	−6.8900	−2.9600	0.4300
	净资产收益率(扣除)(%)	0.2114	−7.4156	−3.0745	−2.6210
	总资产(万元)	128343.05	130338.53	131663.43	139931.43
	归属母公司股东权益(万元)	104992.68	78539.93	81742.38	84140.25
	营业收入(万元)	147628.38	235964.49	108474.99	262718.45
	营业支出(万元)	142057.06	228636.52	105728.16	251040.26
	投资收益(万元)	−28.61	−152.09	−33.66	−103.28
	净利润(万元)	285.46	−5600.31	−2455.08	357.75
	营业利润(万元)	479.14	−7491.64	−3303.03	−2560.28
	利润总额(万元)	560.00	−7434.54	−3225.52	354.66

河南辉煌科技股份有限公司

公司概况					
公司名称	河南辉煌科技股份有限公司			证券简称	辉煌科技
法人代表	李海鹰	董秘	韩瑞	证券代码	002296
公司网址	www.hhkj.cn		电子信箱	zqb@hhkj.cn	
电　话	0371-67371035		传　真	0371-67388201	
办公地址	河南省郑州市高新技术产业开发区科学大道74号				
经营范围	铁路信号通信领域产品的研制开发、生产及销售				

主要财务指标 指标\报告期	2015.06.30	2014.12.31	2014.06.30	2013.12.31
基本每股收益(元)	0.0824	0.2629	0.1068	0.3881
基本每股收益(扣除后)(元)	0.0786	0.2445	0.0971	0.3090
稀释每股收益(元)	0.0824	0.2629	0.1068	0.3881
每股净资产(元)	3.7372	3.6848	5.9241	6.5016
每股经营现金净流量(元)	0.0276	0.1193	-0.2186	0.2981
每股现金流量(元)	0.1732	-0.0941	-0.1742	2.7376
每股资本公积金(元)	1.6873	1.6873	3.5685	4.0063
每股盈余公积金(元)	0.1321	0.1321	0.1241	0.1241
每股未分配利润(元)	0.9177	0.8654	1.2315	1.3712
净资产收益率(%)	2.2037	7.1336	1.8003	4.8871
加权净资产收益率(%)	2.2100	6.8300	1.6500	9.1400
净资产收益率(扣除)(%)	2.1037	6.6356	1.6393	3.8913
总资产(万元)	201402.61	192765.94	183336.31	181080.55
归属母公司股东权益(万元)	140762.26	138790.20	131255.79	144051.79
营业收入(万元)	18424.36	52562.38	15380.95	38755.37
营业支出(万元)	9705.18	28167.47	8196.08	21152.69
投资收益(万元)	-53.34	-	-	-
净利润(万元)	3102.03	10031.71	2366.37	7039.92
营业利润(万元)	3197.23	9103.46	2485.97	3762.38
利润总额(万元)	3664.19	11549.97	3014.71	7854.82

湖南博云新材料股份有限公司

公司概况					
公司名称	湖南博云新材料股份有限公司			证券简称	博云新材
法人代表	刘文胜	董秘	易剑鸣	证券代码	002297
公司网址	www.hnboyun.com.cn		电子信箱	hnboyun@hnboyun.com.cn	
电　话	0731-85302297		传　真	0731-88122777	
办公地址	湖南省长沙市岳麓区雷锋大道346号				
经营范围	研究、生产、销售粉末冶金摩擦材料、炭/炭复合材料、纳米材料及其制品				

主要财务指标 指标\报告期	2015.06.30	2014.12.31	2014.06.30	2013.12.31
基本每股收益(元)	-0.0729	0.0100	0.0058	-0.1099
基本每股收益(扣除后)(元)	-0.0810	-0.0600	-0.0037	-0.1553
稀释每股收益(元)	-0.0729	0.0100	0.0058	-0.1099
每股净资产(元)	2.7719	2.8448	2.8374	2.8317
每股经营现金净流量(元)	-0.0329	0.0336	-0.0476	0.1368
每股现金流量(元)	-0.0562	-0.7484	-0.6738	1.4431
每股资本公积金(元)	1.6190	1.6190	1.6190	1.6190
每股盈余公积金(元)	0.0500	0.0500	0.0500	0.0500
每股未分配利润(元)	0.1028	0.1757	0.1684	0.1627
净资产收益率(%)	-2.6303	0.4595	0.2030	-3.1242
加权净资产收益率(%)	-2.6000	0.4600	0.2000	-6.0800
净资产收益率(扣除)(%)	-2.9205	-2.0491	-	-4.4140
总资产(万元)	175498.56	173698.20	174244.26	196650.57
归属母公司股东权益(万元)	110547.40	113455.11	113163.40	112933.82
营业收入(万元)	15766.41	38024.78	18873.96	36708.55
营业支出(万元)	12451.15	29539.23	14473.01	27559.53
投资收益(万元)	-2345.29	-1439.98	204.28	-1304.17
净利润(万元)	-2804.12	834.59	229.58	-3528.29
营业利润(万元)	-3136.92	-2134.62	105.27	-5229.93
利润总额(万元)	-2790.03	893.33	509.87	-3970.80

安徽中电兴发与鑫龙科技股份有限公司

公司概况					
公司名称	安徽中电兴发与鑫龙科技股份有限公司			证券简称	中电鑫龙
法人代表	束龙胜	董秘	汪宇	证券代码	002298
公司网址	www.ah-xinlong.com		电子信箱	xinlongdsb@126.com	
电　话	0553-5772627		传　真	0553-5312688 5772865	
办公地址	安徽省芜湖市经济技术开发区电器部件园(九华北路118)				
经营范围	高低压成套开关设备、元器件和自动化产品的生产和销售				

主要财务指标 指标\报告期	2015.06.30	2014.12.31	2014.06.30	2013.12.31
基本每股收益(元)	0.0219	0.0362	0.0180	0.2125
基本每股收益(扣除后)(元)	0.0021	0.0135	0.0050	0.1168
稀释每股收益(元)	0.0219	0.0362	0.0180	0.2123
每股净资产(元)	3.1983	3.0942	3.0703	3.0872
每股经营现金净流量(元)	0.1444	0.0535	-0.3719	-0.2026
每股现金流量(元)	-0.0598	-0.3473	-0.0367	-0.1588
每股资本公积金(元)	1.3466	1.2494	1.2437	1.2437
每股盈余公积金(元)	0.1034	0.1053	0.1026	0.1026
每股未分配利润(元)	0.7483	0.7395	0.7240	0.7409
净资产收益率(%)	0.6745	1.1713	0.5871	6.8475
加权净资产收益率(%)	0.7000	1.1700	0.5800	7.1300
净资产收益率(扣除)(%)	0.0652	0.4360	0.1641	3.7655
总资产(万元)	226010.99	227079.95	237154.36	229443.03
归属母公司股东权益(万元)	134768.43	128051.63	127062.04	127764.50
营业收入(万元)	25878.67	80940.89	38290.87	90519.55
营业支出(万元)	15607.71	48981.98	24153.01	53416.09
投资收益(万元)	-250.99	-677.63	-237.33	-696.05
净利润(万元)	963.54	1665.45	746.01	8748.67
营业利润(万元)	285.78	918.07	254.01	5331.14
利润总额(万元)	1258.84	2035.11	894.02	9973.52

福建圣农发展股份有限公司

公司概况					
公司名称	福建圣农发展股份有限公司			证券简称	圣农发展
法人代表	傅光明	董秘	陈剑华	证券代码	002299
公司网址	www.sunnercn.com		电子信箱	sn023@sunnercn.com	
电　话	0599-7951250 7951242		传　真	0599-7951242 7921003	
办公地址	福建省南平市光泽县十里铺圣农总部办公大楼				
经营范围	畜、牧、禽、鱼、鳖养殖、茶果种植、混配合饲料生产				

主要财务指标 指标\报告期	2015.06.30	2014.12.31	2014.06.30	2013.12.31
基本每股收益(元)	-0.3612	0.0836	0.0478	-0.2412
基本每股收益(扣除后)(元)	-0.3603	0.0429	0.0456	-0.2740
稀释每股收益(元)	-0.3612	0.0836	0.0478	-0.2412
每股净资产(元)	4.7384	3.4910	3.4552	3.4074
每股经营现金净流量(元)	-0.0902	1.0109	0.7408	0.0237
每股现金流量(元)	0.4135	-0.2217	-0.1705	-0.5073
每股资本公积金(元)	3.5608	1.8868	1.8868	1.8868
每股盈余公积金(元)	0.1354	0.1651	0.1573	0.1573
每股未分配利润(元)	0.0422	0.4391	0.4111	0.3633
净资产收益率(%)	-6.7074	2.3956	1.3823	-7.0800
加权净资产收益率(%)	-9.2500	2.4200	1.3900	-6.8400
净资产收益率(扣除)(%)	-6.6912	1.2297	1.3185	-8.0408
总资产(万元)	1094533.04	1003855.78	866287.48	820084.90
归属母公司股东权益(万元)	526391.72	317998.67	314731.45	310380.83
营业收入(万元)	318874.79	643605.99	291181.71	470822.77
营业支出(万元)	324735.70	591115.63	265257.26	460698.81
投资收益(万元)	-230.32	-982.38	326.68	125.14
净利润(万元)	-40895.85	3797.70	4350.62	-21974.95
营业利润(万元)	-41488.44	-1113.11	2840.79	-29006.15
利润总额(万元)	-40953.77	3778.18	3044.14	-26105.94

福建南平太阳电缆股份有限公司

公司概况

公司名称	福建南平太阳电缆股份有限公司			证券简称	太阳电缆
法人代表	李云孝	董秘	江永涛	证券代码	002300
公司网址	www.npcable.com			电子信箱	sunbss@163.com
电　　话	0599-8736341			传　　真	0599-8736321
办公地址	福建省南平市工业路 102 号				
经营范围	主要从事电线电缆的生产和销售				

主要财务指标

指标\报告期	2015.06.30	2014.12.31	2014.06.30	2013.12.31
基本每股收益(元)	0.2000	0.3700	0.1003	0.4598
基本每股收益(扣除后)(元)	0.1100	0.2200	0.1037	0.3475
稀释每股收益(元)	0.2000	0.3700	0.1003	0.4598
每股净资产(元)	2.9034	2.7001	2.3915	3.8379
每股经营现金净流量(元)	-0.1023	1.0339	0.1343	1.2158
每股现金流量(元)	0.2181	-0.0306	0.0405	-0.1252
每股资本公积金(元)	0.7695	0.7695	0.8193	1.7301
每股盈余公积金(元)	0.2638	0.2638	0.2268	0.3402
每股未分配利润(元)	0.7759	0.5761	0.3454	0.7676
净资产收益率(%)	6.8793	13.6338	4.1961	11.9803
加权净资产收益率(%)	7.1300	14.0600	3.8500	12.2800
净资产收益率(扣除)(%)	3.9183	8.1617	4.3352	9.0553
总资产(万元)	329876.51	277792.40	267578.01	260578.13
归属母公司股东权益(万元)	131305.48	122111.01	108155.06	115712.76
营业收入(万元)	169251.81	335354.25	146849.27	335990.73
营业支出(万元)	147290.43	293682.65	128420.89	294798.66
投资收益(万元)	285.78	148.35	30.63	118.22
净利润(万元)	9357.58	17505.28	4538.29	13862.71
营业利润(万元)	7372.08	14462.34	6847.03	14396.18
利润总额(万元)	12495.49	23705.19	6652.92	19327.61

深圳齐心集团股份有限公司

公司概况

公司名称	深圳齐心集团股份有限公司			证券简称	齐心集团
法人代表	陈钦鹏	董秘	沈焰雷	证券代码	002301
公司网址	www.comix.com.cn			电子信箱	stock@comix.com.cn
电　　话	0755-83679273 83002400			传　　真	0755-83002300
办公地址	广东省深圳市坪山新区锦绣中路 18 号齐心科技园行政大楼				
经营范围	文件管理用品、办公设备、桌面文具等综合办公用品的研发、生产、销售				

主要财务指标

指标\报告期	2015.06.30	2014.12.31	2014.06.30	2013.12.31
基本每股收益(元)	-0.0500	0.0800	0.0300	0.0700
基本每股收益(扣除后)(元)	-0.0800	0.0700	0.0300	-
稀释每股收益(元)	-0.0500	0.0800	0.0300	0.0700
每股净资产(元)	2.9505	3.0036	2.9856	2.9476
每股经营现金净流量(元)	-0.1722	0.2041	-0.2587	-0.1387
每股现金流量(元)	-0.0351	-0.1347	-0.1125	-0.2726
每股资本公积金(元)	1.0103	1.0103	1.0255	1.0346
每股盈余公积金(元)	0.1097	0.1097	0.1031	0.1018
每股未分配利润(元)	0.8306	0.8836	0.8610	0.8155
净资产收益率(%)	-1.7983	2.5734	1.1372	2.4398
加权净资产收益率(%)	-1.7800	2.5500	1.1300	2.4400
净资产收益率(扣除)(%)	-2.5432	2.2496	0.9441	2.1373
总资产(万元)	217345.93	192288.93	184237.19	177705.02
归属母公司股东权益(万元)	110982.03	112977.80	113253.30	113144.87
营业收入(万元)	63843.55	163275.34	77771.45	167761.88
营业支出(万元)	51492.89	133668.52	64586.32	138599.71
投资收益(万元)	61.13	91.35	26.54	5.97
净利润(万元)	-1967.96	2910.70	1287.95	2760.54
营业利润(万元)	-2447.81	2719.41	1248.08	2888.84
利润总额(万元)	-1680.98	3094.08	1524.85	3307.60

中建西部建设股份有限公司

公司概况

公司名称	中建西部建设股份有限公司			证券简称	西部建设
法人代表	吴文贵	董秘	林彬	证券代码	002302
公司网址	www.cwcg.cscec.com			电子信箱	linb@cscec.com
电　　话	028-83335732 83332715			传　　真	028-83332761
办公地址	四川省成都市高新区交子大道 177 号中海国际中心 B 座 22 楼				
经营范围	预拌混凝土的生产和销售				

主要财务指标

指标\报告期	2015.06.30	2014.12.31	2014.06.30	2013.12.31
基本每股收益(元)	0.1000	0.6400	0.0300	0.8700
基本每股收益(扣除后)(元)	0.0900	0.6300	0.0200	0.9000
稀释每股收益(元)	0.1000	0.6400	0.0300	0.8700
每股净资产(元)	7.2011	7.2000	6.5900	7.3587
每股经营现金净流量(元)	-1.4657	0.0373	-0.7667	-0.8092
每股现金流量(元)	-1.6673	0.1291	-0.9993	1.0398
每股资本公积金(元)	3.0395	3.0395	3.0395	3.0395
每股盈余公积金(元)	0.1790	0.1790	0.1633	0.1633
每股未分配利润(元)	2.9826	2.9844	2.3863	2.4554
净资产收益率(%)	1.3637	8.9500	0.4681	11.8466
加权净资产收益率(%)	1.3600	9.3100	0.4600	15.2800
净资产收益率(扣除)(%)	1.3143	8.7834	0.2680	11.2262
总资产(万元)	1129048.12	1087289.34	987717.46	898238.55
归属母公司股东权益(万元)	371660.82	371753.46	340073.51	343642.88
营业收入(万元)	439151.78	1021104.05	424625.51	861431.88
营业支出(万元)	390455.02	898453.46	380828.46	750918.73
投资收益(万元)	-	-	-	227.00
净利润(万元)	5452.82	36552.86	1591.80	40710.11
营业利润(万元)	8519.07	46748.47	3494.73	48557.10
利润总额(万元)	8802.62	47451.58	4338.25	50837.85

美盈森集团股份有限公司

公司概况

公司名称	美盈森集团股份有限公司			证券简称	美盈森
法人代表	张珍义	董秘	黄琳	证券代码	002303
公司网址	www.szmys.com			电子信箱	mys.stock@szmys.com
电　　话	0755-29751666			传　　真	0755-28234302
办公地址	广东省深圳市宝安区光明新陂头村美盈森厂区 A 栋				
经营范围	纸箱、木箱的生产及销售、轻型环保包装制品、重型环保包装制品				

主要财务指标

指标\报告期	2015.06.30	2014.12.31	2014.06.30	2013.12.31
基本每股收益(元)	0.2026	0.3657	0.1555	0.4868
基本每股收益(扣除后)(元)	0.1989	0.3490	0.1449	0.4593
稀释每股收益(元)	0.2026	0.3657	0.1555	0.4868
每股净资产(元)	3.2736	3.0715	2.8616	5.4914
每股经营现金净流量(元)	0.1680	0.4091	0.1625	0.7525
每股现金流量(元)	-0.1964	0.3125	0.0833	0.1739
每股资本公积金(元)	0.7226	0.7226	0.7226	2.4452
每股盈余公积金(元)	0.1144	0.1144	0.0983	0.1966
每股未分配利润(元)	1.4399	1.2373	1.0432	1.8554
净资产收益率(%)	6.1888	11.9060	5.4350	8.8642
加权净资产收益率(%)	6.3600	12.5500	5.3700	9.1400
净资产收益率(扣除)(%)	6.0759	11.3619	5.0642	8.3644
总资产(万元)	317343.44	292562.17	271724.48	264765.30
归属母公司股东权益(万元)	234129.94	219670.62	204658.49	196374.16
营业收入(万元)	89248.00	156322.23	72478.07	130563.70
营业支出(万元)	59544.58	101780.62	47468.76	87156.90
投资收益(万元)	44.54	87.54	5.63	62.69
净利润(万元)	14833.01	26756.97	11123.22	17407.03
营业利润(万元)	17041.97	29601.85	13284.16	20650.47
利润总额(万元)	17510.29	31324.31	14403.66	21969.14

江苏洋河酒厂股份有限公司

公司概况	公司名称	江苏洋河酒厂股份有限公司		证券简称	洋河股份
	法人代表	王耀	董秘 丛学年	证券代码	002304
	公司网址	www.chinayanghe.com		电子信箱	yanghe002304@vip.163.com
	电　话	025-52489218		传　真	025-52489218
	办公地址	江苏省宿迁市洋河中大街 118 号			
	经营范围	洋河蓝色经典、洋河大曲、敦煌古酿等系列品牌浓香型白酒的生产、加工和销售			

指标＼报告期	2015.06.30	2014.12.31	2014.06.30	2013.12.31
基本每股收益(元)	2.1100	4.1900	2.6500	4.6300
基本每股收益(扣除后)(元)	2.0700	4.1500	2.6500	-
稀释每股收益(元)	2.1100	4.1900	2.6500	4.6300
每股净资产(元)	13.7737	18.3244	16.7888	16.1010
每股经营现金净流量(元)	1.9265	2.5193	1.2073	2.9445
每股现金流量(元)	0.7570	-3.2589	-1.7059	0.1816
每股资本公积金(元)	0.4922	1.0891	1.0891	1.2283
每股盈余公积金(元)	0.3583	0.5017	0.5017	0.5000
每股未分配利润(元)	11.9231	15.7336	14.1980	13.5083
净资产收益率(%)	15.3437	22.8520	15.7952	28.7656
加权净资产收益率(%)	15.2000	24.5300	15.4700	31.4400
净资产收益率(扣除)(%)	15.0226	-	-	28.6846
总资产(万元)	3046269.71	2875772.32	2745468.70	2821844.33
归属母公司股东权益(万元)	2075675.64	1972473.41	1807179.08	1738906.58
营业收入(万元)	957145.12	1467221.47	865309.70	1502362.49
营业支出(万元)	376235.63	577741.29	340782.55	594571.57
投资收益(万元)	8750.89	5302.44	1180.57	5139.72
净利润(万元)	318474.42	450804.42	285447.96	500207.18
营业利润(万元)	424381.83	600951.15	380589.98	670558.60
利润总额(万元)	424795.04	603070.93	380770.36	668585.30

(主要财务指标)

武汉南国置业股份有限公司

公司概况	公司名称	武汉南国置业股份有限公司		证券简称	南国置业
	法人代表	夏进	董秘 谭永忠	证券代码	002305
	公司网址	www.langold.com.cn		电子信箱	ir@langold.com.cn
	电　话	027-83988055		传　真	027-83988055
	办公地址	武汉市武昌区民主路 789 号			
	经营范围	房地产综合开发、商品房销售、租赁、物业管理			

指标＼报告期	2015.06.30	2014.12.31	2014.06.30	2013.12.31
基本每股收益(元)	1.8900	4.6300	-0.0821	0.5100
基本每股收益(扣除后)(元)	2.6500	4.6200	-0.0822	0.5100
稀释每股收益(元)	1.8900	4.6300	-0.0821	0.5100
每股净资产(元)	16.7888	16.1010	1.9121	3.0884
每股经营现金净流量(元)	1.2073	2.9445	-1.3268	-0.7037
每股现金流量(元)	-1.7059	0.1816	0.2679	-0.4206
每股资本公积金(元)	1.0891	1.2283	0.0118	0.1130
每股盈余公积金(元)	0.5017	0.5000	0.0923	0.1386
每股未分配利润(元)	14.1980	13.5083	0.8080	1.8368
净资产收益率(%)	15.7952	28.7656	-4.2926	16.4030
加权净资产收益率(%)	15.4700	31.4400	-4.0700	17.5000
净资产收益率(扣除)(%)	15.7864	28.6846	-4.2933	16.3996
总资产(万元)	2745468.70	2821844.33	1346532.40	1044162.10
归属母公司股东权益(万元)	1807179.08	1738906.58	278221.12	299274.46
营业收入(万元)	865309.70	1502362.49	60476.53	264723.35
营业支出(万元)	340782.55	594571.57	33234.13	149318.09
投资收益(万元)	1180.57	5139.72	198.42	3806.90
净利润(万元)	285474.93	500215.33	-12140.09	49055.41
营业利润(万元)	380589.98	670558.60	-9242.25	70046.45
利润总额(万元)	380770.36	668585.30	-9239.42	70080.76

(主要财务指标)

中科云网科技集团股份有限公司

公司概况	公司名称	中科云网科技集团股份有限公司		证券简称	*ST 云网
	法人代表	王禹皓	董秘 安鑫	证券代码	002306
	公司网址	www.xeq.com.cn		电子信箱	anxin@bjxeq.com
	电　话	010-88137599		传　真	010-88137599
	办公地址	北京市朝阳区鼓楼外大街 23 号龙德行大厦 5 层			
	经营范围	提供融湘鄂情特色菜品与湘鄂情特色服务为一体的餐饮服务			

指标＼报告期	2015.06.30	2014.12.31	2014.06.30	2013.12.31
基本每股收益(元)	-0.1300	-0.8500	0.0806	0.5600
基本每股收益(扣除后)(元)	-	-0.9000	0.1207	0.5600
稀释每股收益(元)	-0.1300	-0.8500	0.0806	0.5600
每股净资产(元)	-0.2428	-0.1080	2.8210	2.6980
每股经营现金净流量(元)	-0.0296	-0.0932	-1.0762	-0.9890
每股现金流量(元)	-0.0838	0.0194	0.0471	0.0331
每股资本公积金(元)	0.2749	0.2749	0.1075	0.1042
每股盈余公积金(元)	0.0433	0.0433	0.0805	0.0805
每股未分配利润(元)	-1.5519	-1.4215	1.6330	1.5132
净资产收益率(%)	-	791.2042	4.2822	20.7459
加权净资产收益率(%)	-	-292.0200	4.3800	23.1800
净资产收益率(扣除)(%)	49.4775	831.4775	4.2758	20.7339
总资产(万元)	88608.51	105448.83	980372.35	801222.90
归属母公司股东权益(万元)	-19426.56	-8641.77	272635.05	260572.13
营业收入(万元)	19418.57	62120.58	57745.73	165540.18
营业支出(万元)	8037.34	27186.97	27392.06	85981.96
投资收益(万元)	0.60	6265.02	-401.87	19851.45
净利润(万元)	-11001.76	-71424.83	11651.67	54022.24
营业利润(万元)	-9998.64	-68025.05	18013.35	65665.76
利润总额(万元)	-10914.19	-71159.21	18036.64	65710.71

(主要财务指标)

新疆北新路桥集团股份有限公司

公司概况	公司名称	新疆北新路桥集团股份有限公司		证券简称	北新路桥
	法人代表	张杰	董秘 朱胜军	证券代码	002307
	公司网址	www.bxlq.com		电子信箱	zsj@xjbxlq.com
	电　话	0991-3631208 3631209		传　真	0991-3631269
	办公地址	新疆维吾尔自治区乌鲁木齐市高新区高新街 217 号盈科广场 A 座 16-17 层			
	经营范围	公路工程施工总承包一级、公路路面工程专业承包一级			

指标＼报告期	2015.06.30	2014.12.31	2014.06.30	2013.12.31
基本每股收益(元)	0.0270	0.0500	0.0374	0.0600
基本每股收益(扣除后)(元)	0.0154	0.0040	-0.0086	0.0200
稀释每股收益(元)	0.0270	0.0500	0.0374	0.0600
每股净资产(元)	2.3127	2.3005	2.3278	2.9751
每股经营现金净流量(元)	-0.3648	0.5761	-0.1256	-0.8434
每股现金流量(元)	0.4888	0.4371	0.1129	-1.3156
每股资本公积金(元)	0.6001	0.6001	0.6023	1.0830
每股盈余公积金(元)	0.0625	0.0625	0.0614	0.0799
每股未分配利润(元)	0.5976	0.5706	0.5800	0.7053
净资产收益率(%)	1.1674	2.3451	1.6090	1.8671
加权净资产收益率(%)	1.0900	2.3200	1.5000	1.9300
净资产收益率(扣除)(%)	0.6674	0.1525	-0.3676	0.8111
总资产(万元)	1088289.71	1003839.52	851119.38	837018.19
归属母公司股东权益(万元)	128895.82	128212.48	129737.12	127546.97
营业收入(万元)	152537.01	580779.56	171867.41	488406.29
营业支出(万元)	123915.87	516438.06	148412.10	425841.92
投资收益(万元)	480.80	219.11	169.76	358.29
净利润(万元)	584.06	1081.97	2086.95	2381.45
营业利润(万元)	-219.33	-895.13	84.13	2780.03
利润总额(万元)	561.19	2755.71	3048.59	4357.28

(主要财务指标)

广东威创视讯科技股份有限公司

公司概况	公司名称	广东威创视讯科技股份有限公司			证券简称	威创股份
	法人代表	何正宇	董秘	陈宇	证券代码	002308
	公司网址	www.vtron.com		电子信箱	irm@vtron.com	
	电　话	020-22213431		传　真	020-83903598	
	办公地址	广东省广州高新技术产业开发区科珠路233号				
	经营范围	超高分辨率数字拼接墙系统、交互数字平台及相关软件的研发、生产、销售和服务				

主要财务指标	指标\报告期	2015.06.30	2014.12.31	2014.06.30	2013.12.31
	基本每股收益(元)	0.0200	0.1300	0.0400	0.3600
	基本每股收益(扣除后)(元)	0.0200	0.1000	0.0300	0.3200
	稀释每股收益(元)	0.0200	0.1300	0.0400	0.3600
	每股净资产(元)	2.4727	2.4863	2.4100	2.5605
	每股经营现金净流量(元)	0.1041	0.1014	–0.0693	0.2604
	每股现金流量(元)	–0.5512	–0.1686	–0.1162	–0.0961
	每股资本公积金(元)	0.6926	0.6926	0.6926	0.6926
	每股盈余公积金(元)	0.1828	0.1828	0.1702	0.1702
	每股未分配利润(元)	0.5977	0.6112	0.5428	0.6979
	净资产收益率(%)	0.8695	5.0633	1.8694	14.1064
	加权净资产收益率(%)	0.8600	5.0200	1.7600	14.5500
	净资产收益率(扣除)(%)	0.7603	3.9922	1.0573	12.3635
	总资产(万元)	237833.30	230833.51	236829.34	247667.53
	归属母公司股东权益(万元)	206620.54	207751.70	200993.82	213952.32
	营业收入(万元)	34355.33	80297.09	32722.21	101544.98
	营业支出(万元)	18026.10	38455.41	16057.71	42482.41
	投资收益(万元)	36.36	–	–	–
	净利润(万元)	1784.72	10519.01	3757.35	30181.06
	营业利润(万元)	359.65	4026.69	784.30	24394.80
	利润总额(万元)	2484.31	11288.77	4256.83	32399.19

中利科技集团股份有限公司

公司概况	公司名称	中利科技集团股份有限公司			证券简称	中利科技
	法人代表	王柏兴	董秘	程娴	证券代码	002309
	公司网址	www.zhongli.com		电子信箱	zhonglidm@zhongli.com	
	电　话	0512-52571118		传　真	0512-52572288	
	办公地址	江苏省常熟市东南经济开发区常昆路8号				
	经营范围	电线、电缆、光缆、PVC电力电缆料、电源插头、电子接插件、电工机械设备等				

主要财务指标	指标\报告期	2015.06.30	2014.12.31	2014.06.30	2013.12.31
	基本每股收益(元)	–0.3600	0.5200	0.0600	0.3600
	基本每股收益(扣除后)(元)	–0.3800	0.3200	0.0400	0.0400
	稀释每股收益(元)	–0.3600	0.5200	0.0600	0.3600
	每股净资产(元)	6.9828	7.3857	6.9805	5.5883
	每股经营现金净流量(元)	0.0845	–2.1901	–2.9938	0.0723
	每股现金流量(元)	–1.4909	1.0954	–0.2854	0.5409
	每股资本公积金(元)	4.0443	4.0443	3.9411	2.2456
	每股盈余公积金(元)	0.1703	0.1703	0.1562	0.1847
	每股未分配利润(元)	1.7326	2.1948	1.8652	2.1359
	净资产收益率(%)	–5.1876	6.8040	0.8440	6.4572
	加权净资产收益率(%)	–5.0100	7.5800	1.0100	6.6600
	净资产收益率(扣除)(%)	–5.3835	4.2183	0.5602	0.6662
	总资产(万元)	1647132.48	1711489.54	1582758.76	1523071.35
	归属母公司股东权益(万元)	396824.85	419725.82	396694.18	268575.58
	营业收入(万元)	331562.39	924607.16	368835.80	807505.15
	营业支出(万元)	272115.47	712406.14	299756.37	647039.48
	投资收益(万元)	1231.28	3137.06	420.00	23645.76
	净利润(万元)	–27858.82	24969.71	3347.92	17342.36
	营业利润(万元)	–26867.66	28900.71	–145.17	30750.68
	利润总额(万元)	–26056.56	36461.64	710.37	32529.45

北京东方园林生态股份有限公司

公司概况	公司名称	北京东方园林生态股份有限公司			证券简称	东方园林
	法人代表	何巧女	董秘	张强	证券代码	002310
	公司网址	www.orientscape.com		电子信箱	orientlandscape@163.com	
	电　话	010-59388886		传　真	010-59388885	
	办公地址	北京市朝阳区酒仙桥北路甲10号院104号楼7楼				
	经营范围	主要从事园林环境景观设计和园林绿化工程施工				

主要财务指标	指标\报告期	2015.06.30	2014.12.31	2014.06.30	2013.12.31
	基本每股收益(元)	0.1600	0.6400	0.3600	1.4600
	基本每股收益(扣除后)(元)	0.1500	0.5600	0.3600	1.4600
	稀释每股收益(元)	0.1600	0.6400	0.3600	1.4500
	每股净资产(元)	5.7419	5.6510	5.3871	7.6583
	每股经营现金净流量(元)	–0.3722	–0.3009	–0.3287	–0.3933
	每股现金流量(元)	–0.7506	–0.1845	–0.7612	3.1308
	每股资本公积金(元)	1.6976	1.6976	1.7088	3.0549
	每股盈余公积金(元)	0.2927	0.2927	0.2283	0.3425
	每股未分配利润(元)	2.7515	2.6606	2.4500	3.2609
	净资产收益率(%)	2.7154	11.3641	6.6094	17.3527
	加权净资产收益率(%)	2.7200	11.9600	6.7500	27.3500
	净资产收益率(扣除)(%)	2.6773	9.8454	6.6505	17.3451
	总资产(万元)	1352129.41	1306595.22	1222015.93	1199952.71
	归属母公司股东权益(万元)	579194.08	570023.01	540803.48	512536.20
	营业收入(万元)	223357.15	467958.87	229591.09	497363.73
	营业支出(万元)	147877.13	305958.25	144531.55	306159.62
	投资收益(万元)	–86.67	10294.42	235.61	28.72
	净利润(万元)	15449.08	64310.23	35743.75	88938.81
	营业利润(万元)	17654.24	72543.86	40258.94	102299.49
	利润总额(万元)	17902.96	72525.26	40035.42	102400.30

广东海大集团股份有限公司

公司概况	公司名称	广东海大集团股份有限公司			证券简称	海大集团
	法人代表	薛华	董秘	黄志健	证券代码	002311
	公司网址	www.haid.com.cn		电子信箱	zqbgs@haid.com.cn	
	电　话	020-39388960		传　真	020-39388958	
	办公地址	广东省广州市番禺区番禺大道北555号番禺节能科技园内天安科技创新大厦213房				
	经营范围	饲料、添加剂的生产和技术开发、技术服务、畜牧、水产品的养殖等				

主要财务指标	指标\报告期	2015.06.30	2014.12.31	2014.06.30	2013.12.31
	基本每股收益(元)	0.1900	0.5000	0.1400	0.3400
	基本每股收益(扣除后)(元)	0.1900	0.4800	0.1800	0.3200
	稀释每股收益(元)	0.1900	0.5000	0.1400	0.3400
	每股净资产(元)	3.0029	4.0487	3.8299	3.7200
	每股经营现金净流量(元)	0.7533	1.0013	0.9590	0.6562
	每股现金流量(元)	0.4152	–0.3114	–0.0782	0.3904
	每股资本公积金(元)	0.9198	1.5299	1.5236	1.4787
	每股盈余公积金(元)	0.1195	0.1716	0.1313	0.1321
	每股未分配利润(元)	1.0242	1.3564	1.1830	1.1202
	净资产收益率(%)	6.2376	12.4295	4.9476	8.5972
	加权净资产收益率(%)	6.4700	12.8900	5.0100	11.0100
	净资产收益率(扣除)(%)	6.0383	11.8948	4.7518	8.0650
	总资产(万元)	896704.31	766578.03	824100.57	739156.47
	归属母公司股东权益(万元)	461660.12	433212.25	409799.87	395891.98
	营业收入(万元)	965044.28	2109041.13	893218.74	1793041.25
	营业支出(万元)	861360.87	1901883.35	802222.84	1641160.34
	投资收益(万元)	3303.80	5231.25	2664.97	9273.46
	净利润(万元)	29803.77	55058.07	21040.78	33801.50
	营业利润(万元)	35464.95	70139.58	25274.49	39672.64
	利润总额(万元)	36659.11	70862.77	26329.94	42309.66

海南海峡航运股份有限公司

公司概况					
公司名称	海南海峡航运股份有限公司			证券简称	海峡股份
法人代表	林毅	董秘	叶伟	证券代码	002320
公司网址	www.hnss.net.cn		电子信箱	yewei@hngh.com	
电　话	0898-68612566 68615335		传　真	0898-68615225	
办公地址	海口市滨海大道157号港航大厦14楼				
经营范围	国内沿海及近洋汽车、旅客运输、物流、旅游投资、房地产投资				

主要财务指标 指标\报告期	2015.06.30	2014.12.31	2014.06.30	2013.12.31
基本每股收益(元)	0.2400	0.2000	0.1400	0.2000
基本每股收益(扣除后)(元)	0.2300	0.1500	0.1300	0.1800
稀释每股收益(元)	0.2400	0.2000	0.1400	0.2000
每股净资产(元)	4.8207	4.5996	4.5454	4.4447
每股经营现金净流量(元)	0.3825	0.4783	0.0684	0.2792
每股现金流量(元)	0.0366	–0.3745	–0.3692	–1.1971
每股资本公积金(元)	2.3853	2.3853	2.3853	2.3853
每股盈余公积金(元)	0.2968	0.2968	0.2773	0.2773
每股未分配利润(元)	1.1348	0.9158	0.8773	0.7787
净资产收益率(%)	4.9160	4.2768	3.0499	4.5058
加权净资产收益率(%)	5.0300	4.3500	3.0700	4.4000
净资产收益率(扣除)(%)	4.7006	3.3094	2.9534	3.1396
总资产(万元)	229532.99	220008.74	198349.62	192572.48
归属母公司股东权益(万元)	205302.51	195889.73	193580.47	189291.72
营业收入(万元)	40670.66	59541.75	33045.91	53581.73
营业支出(万元)	24005.28	43734.47	22141.38	38506.38
投资收益(万元)	–	–	–	–
净利润(万元)	10178.83	8344.05	5904.04	8529.17
营业利润(万元)	12773.74	8732.02	7528.86	7758.82
利润总额(万元)	13501.48	11462.51	7901.61	11305.63

河南华英农业发展股份有限公司

公司概况					
公司名称	河南华英农业发展股份有限公司			证券简称	华英农业
法人代表	曹家富	董秘	李远平	证券代码	002321
公司网址	www.hua-ying.com		电子信箱	huaying@hua-ying.com	
电　话	0371-55697518 55697517		传　真	0371-55697519	
办公地址	河南省潢川县产业集聚区工业大道1号				
经营范围	种禽养殖孵化、禽苗销售、商品禽养殖、屠宰加工及其制品的生产与销售、饲料加工				

主要财务指标 指标\报告期	2015.06.30	2014.12.31	2014.06.30	2013.12.31
基本每股收益(元)	0.0490	0.0295	–0.1230	–0.3500
基本每股收益(扣除后)(元)	0.0330	–0.0758	–0.2120	–0.4500
稀释每股收益(元)	0.0490	0.0295	–0.1230	–0.3500
每股净资产(元)	3.4836	3.4343	3.2810	3.4047
每股经营现金净流量(元)	0.3406	1.6714	0.2232	0.6934
每股现金流量(元)	–0.3919	–0.0551	0.0839	1.3423
每股资本公积金(元)	2.0787	2.0787	2.0787	2.0787
每股盈余公积金(元)	0.0940	0.0940	0.0933	0.0933
每股未分配利润(元)	0.3110	0.2617	0.1094	0.2328
净资产收益率(%)	1.4173	0.8602	–3.7608	–8.7857
加权净资产收益率(%)	1.4300	0.8600	–3.6900	–10.4300
净资产收益率(扣除)(%)	0.9367	–2.2063	–6.4691	–11.2300
总资产(万元)	454008.28	427609.23	387516.93	360677.41
归属母公司股东权益(万元)	148333.23	146230.89	139718.39	144972.98
营业收入(万元)	92804.36	184310.28	80021.39	175636.92
营业支出(万元)	79533.98	167967.77	78906.74	172443.78
投资收益(万元)	19.33	171.64	48.99	297.89
净利润(万元)	2235.04	1386.36	–5254.59	–12736.94
营业利润(万元)	1532.33	–3158.78	–8920.74	–16360.32
利润总额(万元)	2347.69	1551.28	–5063.43	–12721.55

宁波理工监测科技股份有限公司

公司概况					
公司名称	宁波理工监测科技股份有限公司			证券简称	理工监测
法人代表	周方洁	董秘	李雪会	证券代码	002322
公司网址	www.lgom.com.cn		电子信箱	ir@lgom.com.cn	
电　话	0574-86821166		传　真	0574-86995616	
办公地址	浙江省宁波市北仑保税南区曹娥江路22号				
经营范围	电力高压设备在线监测产品的开发、生产和销售				

主要财务指标 指标\报告期	2015.06.30	2014.12.31	2014.06.30	2013.12.31
基本每股收益(元)	0.0100	0.2300	0.0500	0.4700
基本每股收益(扣除后)(元)	0.0100	0.1900	0.0400	0.4600
稀释每股收益(元)	0.0100	0.2300	0.0500	0.4700
每股净资产(元)	4.2509	4.3687	4.3400	4.3780
每股经营现金净流量(元)	0.0040	0.5841	0.2907	0.4478
每股现金流量(元)	–0.1499	–0.1918	–0.1339	0.2956
每股资本公积金(元)	1.6724	1.6965	1.7051	1.6985
每股盈余公积金(元)	0.2173	0.2138	0.1866	0.1866
每股未分配利润(元)	1.4159	1.5836	1.4468	1.4929
净资产收益率(%)	0.2357	4.9879	1.2414	10.7623
加权净资产收益率(%)	0.2300	5.1100	1.2300	11.3600
净资产收益率(扣除)(%)	0.1723	4.2392	0.8800	10.5069
总资产(万元)	123759.38	132022.50	127187.13	129311.20
归属母公司股东权益(万元)	118191.36	123424.26	122569.82	123687.12
营业收入(万元)	6708.74	19538.04	7083.72	31055.08
营业支出(万元)	2732.80	7362.71	2734.34	10218.79
投资收益(万元)	60.00	–	–	–106.91
净利润(万元)	211.70	6040.92	1521.62	13311.55
营业利润(万元)	–18.88	4334.83	565.92	10960.90
利润总额(万元)	345.43	6512.89	1731.72	14194.57

江苏雅百特科技股份有限公司

公司概况					
公司名称	江苏雅百特科技股份有限公司			证券简称	雅百特
法人代表	陆永	董秘	陈冬尔	证券代码	002323
公司网址	www.zl-electronic.com		电子信箱	jszldq@163.com	
电　话	0515-88448188		传　真	0515-88449688	
办公地址	江苏省盐城市青年西路88号				
经营范围	矿用隔爆型移动变电站、干式变压器的开发、生产、销售等				

主要财务指标 指标\报告期	2015.06.30	2014.12.31	2014.06.30	2013.12.31
基本每股收益(元)	0.0482	0.1167	0.0894	0.2737
基本每股收益(扣除后)(元)	0.0057	0.0672	0.0687	0.2057
稀释每股收益(元)	0.0482	0.1167	0.0894	0.2737
每股净资产(元)	7.9757	7.9275	7.8951	7.9608
每股经营现金净流量(元)	0.0268	–0.0428	0.0625	–0.1329
每股现金流量(元)	0.3623	–0.9357	–0.4987	–1.7860
每股资本公积金(元)	5.2011	1.4208	5.2011	5.2011
每股盈余公积金(元)	0.3323	0.1848	0.3182	0.3182
每股未分配利润(元)	1.4423	1.6384	1.3758	1.4415
净资产收益率(%)	0.6043	1.4717	1.1320	3.4380
加权净资产收益率(%)	0.6100	1.4500	1.1200	3.4400
净资产收益率(扣除)(%)	0.0712	0.8482	0.8696	2.5851
总资产(万元)	96808.06	47404.83	97667.50	99882.62
归属母公司股东权益(万元)	85808.65	29730.07	84942.32	85648.71
营业收入(万元)	14627.65	39126.53	14944.64	31339.34
营业支出(万元)	12405.23	32040.50	11555.64	22369.49
投资收益(万元)	84.18	144.41	13.85	–
净利润(万元)	518.56	1255.20	961.53	2944.58
营业利润(万元)	73.84	864.41	904.82	2815.49
利润总额(万元)	612.03	1501.40	1166.99	3676.17

上海普利特复合材料股份有限公司

公司概况					
公司名称	上海普利特复合材料股份有限公司			证券简称	普 利 特
法人代表	周文	董秘	林义擎	证券代码	002324
公司网址	www.pret.com.cn		电子信箱	dsh@pret.com.cn	
电　　话	021-69210096		传　　真	021-51685255	
办公地址	上海市青浦工业园区新业路 558 号				
经营范围	汽车用改性塑料产品的生产、研发、销售和服务				

主要财务指标 指标\报告期	2015.06.30	2014.12.31	2014.06.30	2013.12.31
基本每股收益(元)	0.5800	0.7300	0.3700	0.7300
基本每股收益(扣除后)(元)	0.5700	0.6600	0.3100	0.6300
稀释每股收益(元)	0.5800	0.7300	0.3700	0.7300
每股净资产(元)	6.4283	5.8601	5.5189	5.3534
每股经营现金净流量(元)	-0.1494	0.8083	-0.0012	0.0294
每股现金流量(元)	-0.6379	0.2284	-0.5670	0.2819
每股资本公积金(元)	2.1396	2.1396	2.1590	2.1590
每股盈余公积金(元)	0.3345	0.3345	0.2618	0.2618
每股未分配利润(元)	2.9695	2.3860	2.0981	1.9326
净资产收益率(%)	9.0774	12.3904	6.6231	13.6491
加权净资产收益率(%)	9.5600	12.9700	6.6400	14.6100
净资产收益率(扣除)(%)	8.8276	11.2211	5.5300	11.8490
总资产(万元)	291001.16	224688.04	195583.31	202451.98
归属母公司股东权益(万元)	173564.36	158222.80	149010.76	144541.70
营业收入(万元)	133945.23	202576.68	93337.97	170988.50
营业支出(万元)	101927.54	160255.12	76156.49	135126.30
投资收益(万元)	10.45	47.01	-	-23.00
净利润(万元)	15755.07	19604.50	9869.06	19728.60
营业利润(万元)	17689.60	21128.56	9801.74	20748.89
利润总额(万元)	18236.55	23213.80	11661.37	23858.26

深圳市洪涛装饰股份有限公司

公司概况					
公司名称	深圳市洪涛装饰股份有限公司			证券简称	洪涛股份
法人代表	刘年新	董秘	李庆平	证券代码	002325
公司网址	www.szhongtao.cn		电子信箱	hongtao@szhongtao.cn	
电　　话	0755-29999999*986		传　　真	0755-25893839	
办公地址	广东省深圳市罗湖区泥岗西洪涛路 17 号				
经营范围	承接酒店、剧院会场、写字楼、图书馆、医院、体育场馆等公共装饰工程的设计及施工				

主要财务指标 指标\报告期	2015.06.30	2014.12.31	2014.06.30	2013.12.31
基本每股收益(元)	0.1900	0.4100	0.1800	0.4000
基本每股收益(扣除后)(元)	0.1900	0.4000	0.2100	0.4000
稀释每股收益(元)	0.1900	0.4100	0.1800	0.4000
每股净资产(元)	3.7759	3.6293	2.8147	2.6000
每股经营现金净流量(元)	-0.4082	0.2785	-0.1604	-0.3260
每股现金流量(元)	0.4209	-0.1937	-0.3576	-0.1311
每股资本公积金(元)	1.4256	1.4211	0.5402	0.5197
每股盈余公积金(元)	0.1428	0.1428	0.1240	0.1242
每股未分配利润(元)	1.2744	1.1342	1.1173	0.9588
净资产收益率(%)	5.0363	10.1600	7.4535	15.2436
加权净资产收益率(%)	5.1100	13.4500	7.7400	17.0600
净资产收益率(扣除)(%)	4.9084	10.1298	7.4074	15.1739
总资产(万元)	631329.52	541282.10	439323.70	367887.87
归属母公司股东权益(万元)	302535.38	290790.09	198594.42	183370.53
营业收入(万元)	158852.29	339264.09	182889.43	354565.07
营业支出(万元)	125357.80	271297.36	147773.37	289251.06
投资收益(万元)	-	-	-	-
净利润(万元)	14586.77	29409.61	14818.95	27952.24
营业利润(万元)	17125.35	35001.87	17410.94	33897.01
利润总额(万元)	17585.11	35090.62	17518.65	34047.35

浙江永太科技股份有限公司

公司概况					
公司名称	浙江永太科技股份有限公司			证券简称	永太科技
法人代表	王莺妹	董秘	戴涛	证券代码	002326
公司网址	www.yongtaitech.com		电子信箱	guanhui@yongtaitech.com	
电　　话	0576-85588006 85588960		传　　真	0576-85588006	
办公地址	浙江省临海市化学原料药基地临海园区东海第五大道一号				
经营范围	主要从事氟精细化学品的研发、生产和销售				

主要财务指标 指标\报告期	2015.06.30	2014.12.31	2014.06.30	2013.12.31
基本每股收益(元)	0.1390	0.3300	0.0390	0.0800
基本每股收益(扣除后)(元)	0.1230	0.2900	-	-0.0100
稀释每股收益(元)	0.1390	0.3300	0.0390	0.0800
每股净资产(元)	2.2418	5.9257	4.3482	4.1831
每股经营现金净流量(元)	0.0138	0.5846	0.3965	0.0926
每股现金流量(元)	0.5857	0.7010	0.2067	-0.2193
每股资本公积金(元)	0.7137	3.7573	2.0907	2.0366
每股盈余公积金(元)	0.0595	0.1667	0.1579	0.1604
每股未分配利润(元)	0.4931	1.0934	1.1000	0.9875
净资产收益率(%)	6.1803	4.9341	2.9338	1.9745
加权净资产收益率(%)	6.3600	7.2500	2.9300	1.8700
净资产收益率(扣除)(%)	5.4798	4.3188	2.2995	-0.1457
总资产(万元)	357945.79	251818.58	211814.62	197199.05
归属母公司股东权益(万元)	179055.65	168911.41	106105.69	100520.47
营业收入(万元)	72355.25	106144.93	43016.07	76962.28
营业支出(万元)	51819.86	79679.23	32146.23	58906.00
投资收益(万元)	1271.54	2480.29	1713.51	1665.76
净利润(万元)	11020.38	8300.05	3125.66	1873.70
营业利润(万元)	12770.47	8482.45	3099.48	1695.79
利润总额(万元)	13250.60	9131.51	3828.49	2693.94

深圳市富安娜家居用品股份有限公司

公司概况					
公司名称	深圳市富安娜家居用品股份有限公司			证券简称	富 安 娜
法人代表	林国芳	董秘	林国芳(代)	证券代码	002327
公司网址	www.fuanna.com.cn		电子信箱	huzhenchao@fuanna.com.cn	
电　　话	0755-26055091		传　　真	0755-26055076	
办公地址	广东省深圳市南山区南光路富安娜工业大厦				
经营范围	套件、被芯、枕芯等床上用品及其他家纺产品的研发、设计、生产和销售				

主要财务指标 指标\报告期	2015.06.30	2014.12.31	2014.06.30	2013.12.31
基本每股收益(元)	0.2130	0.9000	0.1850	0.7500
基本每股收益(扣除后)(元)	0.1980	0.8600	0.3600	0.9200
稀释每股收益(元)	0.2130	0.8900	0.1840	0.7500
每股净资产(元)	2.6889	5.0575	4.6602	5.5907
每股经营现金净流量(元)	-0.0537	1.0181	0.1600	0.6758
每股现金流量(元)	-0.4593	0.5832	-0.1000	0.0838
每股资本公积金(元)	0.1170	1.2123	1.2025	1.7251
每股盈余公积金(元)	0.1293	0.2594	0.2117	0.2804
每股未分配利润(元)	1.5108	2.7029	2.2459	2.5851
净资产收益率(%)	7.9250	17.3956	7.9221	17.4789
加权净资产收益率(%)	8.1200	19.0600	8.3900	19.0900
净资产收益率(扣除)(%)	7.3477	16.6240	7.6344	16.5035
总资产(万元)	282189.87	278955.67	240793.50	238241.34
归属母公司股东权益(万元)	230806.16	216464.85	198889.08	180185.95
营业收入(万元)	86261.99	196976.69	85398.91	186389.54
营业支出(万元)	41371.64	95886.12	40962.56	90631.03
投资收益(万元)	1457.89	1686.27	387.30	1201.27
净利润(万元)	18291.38	37655.25	15756.27	31494.55
营业利润(万元)	23071.60	48522.34	20320.48	41119.49
利润总额(万元)	23390.16	49057.14	20696.32	42250.70

上海新朋实业股份有限公司

公司概况	公司名称	上海新朋实业股份有限公司		证券简称	新朋股份
	法人代表	宋琳	董秘 汪培毅	证券代码	002328
	公司网址	www.xinpeng.com		电子信箱	peiyi.wang@xinpeng.com
	电　话	0431-86176633　86176789		传　真	021-31166513
	办公地址	上海市青浦区华新镇华隆路1698号			
	经营范围	各类金属冲压钣金件和微型电机的生产			

主要财务指标	指标\报告期	2015.06.30	2014.12.31	2014.06.30	2013.12.31
	基本每股收益(元)	0.1200	0.1900	0.1000	0.1000
	基本每股收益(扣除后)(元)	0.1100	0.1800	0.0900	0.0800
	稀释每股收益(元)	0.1200	0.1900	0.1000	0.1000
	每股净资产(元)	4.9528	4.8938	4.8026	4.7279
	每股经营现金净流量(元)	0.0346	1.1053	0.4472	0.4450
	每股现金流量(元)	-0.2756	0.2180	0.0177	-0.9494
	每股资本公积金(元)	2.7061	2.7061	2.7061	2.7061
	每股盈余公积金(元)	0.1258	0.1258	0.1188	0.1188
	每股未分配利润(元)	1.1315	1.0711	0.9866	0.9123
	净资产收益率(%)	2.4310	3.8973	2.0674	2.1912
	加权净资产收益率(%)	2.4300	3.9600	2.0800	1.7700
	净资产收益率(扣除)(%)	2.2568	3.6481	1.9873	1.7513
	总资产(万元)	393249.07	387382.72	413212.68	369745.17
	归属母公司股东权益(万元)	222875.16	220222.57	216115.46	212757.55
	营业收入(万元)	210301.67	366156.12	172750.69	266486.49
	营业支出(万元)	186442.52	321836.88	150430.67	230017.22
	投资收益(万元)	1744.98	5067.10	1618.79	1655.70
	净利润(万元)	9280.86	15665.72	4467.87	4661.86
	营业利润(万元)	11319.97	17367.71	10216.65	10740.76
	利润总额(万元)	11990.39	18794.40	10509.83	12031.24

皇氏集团股份有限公司

公司概况	公司名称	皇氏集团股份有限公司		证券简称	皇氏集团
	法人代表	黄嘉棣	董秘 何海晏	证券代码	002329
	公司网址	www.gxhsry.com		电子信箱	hsryhhy@126.com
	电　话	0771-3211086		传　真	0771-3221828
	办公地址	广西壮族自治区南宁市科园大道66号			
	经营范围	液态乳和液态乳制品的生产、加工、销售以及与此产业关联的奶牛养殖和牧草种植业务			

主要财务指标	指标\报告期	2015.06.30	2014.12.31	2014.06.30	2013.12.31
	基本每股收益(元)	0.2125	0.3456	0.1170	0.1699
	基本每股收益(扣除后)(元)	0.2160	0.2994	0.1010	0.1306
	稀释每股收益(元)	0.2125	0.3456	0.1170	0.1699
	每股净资产(元)	5.9935	5.8310	3.7908	3.7113
	每股经营现金净流量(元)	0.0514	0.4526	0.0201	0.5535
	每股现金流量(元)	-0.2927	0.2819	0.1051	-0.4836
	每股资本公积金(元)	3.8156	3.8156	1.7622	1.7498
	每股盈余公积金(元)	0.1452	0.1452	0.1607	0.1607
	每股未分配利润(元)	1.0327	0.8702	0.8680	0.8009
	净资产收益率(%)	3.5454	4.8578	3.0891	4.5786
	加权净资产收益率(%)	3.5900	8.5200	3.1060	4.5600
	净资产收益率(扣除)(%)	3.6047	4.2083	2.6619	3.5185
	总资产(万元)	235660.06	227838.28	145018.28	126591.34
	归属母公司股东权益(万元)	159685.71	155356.40	81123.86	79422.05
	营业收入(万元)	67005.06	113030.43	50240.60	99072.10
	营业支出(万元)	44735.79	78196.06	35742.40	69869.78
	投资收益(万元)	84.38	165.15	-	79.41
	净利润(万元)	7272.16	8987.19	2506.01	3636.39
	营业利润(万元)	7999.82	9372.34	2875.13	3461.69
	利润总额(万元)	8173.55	10879.57	3320.79	4668.37

山东得利斯食品股份有限公司

公司概况	公司名称	山东得利斯食品股份有限公司		证券简称	得利斯
	法人代表	郑思敏	董秘 王松	证券代码	002330
	公司网址	www.delisi.com.cn		电子信箱	wssc007@126.com
	电　话	0536-6339032　6339137		传　真	0536-6339137
	办公地址	山东省潍坊市诸城市昌城镇驻地			
	经营范围	低温肉制品、酱卤肉制品及其他肉制品、蛋制品、速冻面米食品等			

主要财务指标	指标\报告期	2015.06.30	2014.12.31	2014.06.30	2013.12.31
	基本每股收益(元)	0.0490	0.0700	0.0590	0.0790
	基本每股收益(扣除后)(元)	0.0490	0.0570	0.0580	0.0690
	稀释每股收益(元)	0.0490	0.0700	0.0590	0.0790
	每股净资产(元)	2.6076	2.5887	2.6772	2.6500
	每股经营现金净流量(元)	0.1168	0.0881	0.0022	0.1919
	每股现金流量(元)	0.0144	-0.0633	0.0159	-0.0814
	每股资本公积金(元)	0.9627	0.9627	1.0247	1.0630
	每股盈余公积金(元)	0.0403	0.0403	0.0403	0.0403
	每股未分配利润(元)	0.6046	0.5857	0.6122	0.5456
	净资产收益率(%)	1.8767	2.7083	2.2955	3.2021
	加权净资产收益率(%)	1.8700	2.6200	2.3200	3.0500
	净资产收益率(扣除)(%)	1.8716	2.2007	2.1517	2.6569
	总资产(万元)	160944.78	163284.87	159714.02	164617.54
	归属母公司股东权益(万元)	130903.14	129952.53	134395.97	132973.78
	营业收入(万元)	78333.07	162238.48	87533.16	205173.91
	营业支出(万元)	64530.35	138492.34	73617.54	182289.48
	投资收益(万元)	-	110.87	-	-
	净利润(万元)	2451.14	3596.37	3062.33	3829.66
	营业利润(万元)	2892.83	3677.15	3384.07	3743.39
	利润总额(万元)	2875.12	4403.31	3585.82	4506.14

安徽皖通科技股份有限公司

公司概况	公司名称	安徽皖通科技股份有限公司		证券简称	皖通科技
	法人代表	王中胜	董秘 陈新	证券代码	002331
	公司网址	www.wantong-tech.net		电子信箱	wtkjfz@mail.hf.ah.cn
	电　话	0551-62969206		传　真	0551-62969207
	办公地址	安徽省合肥市高新区皖水路589号			
	经营范围	计算机软件、硬件的开发、生产与销售、信息系统集成等			

主要财务指标	指标\报告期	2015.06.30	2014.12.31	2014.06.30	2013.12.31
	基本每股收益(元)	0.0802	0.2579	0.0850	0.3303
	基本每股收益(扣除后)(元)	0.0555	0.2039	0.0842	0.2464
	稀释每股收益(元)	0.0802	0.2579	0.0850	0.3303
	每股净资产(元)	4.0542	4.8189	3.6177	3.5357
	每股经营现金净流量(元)	-0.1086	-0.0374	-0.3429	0.2561
	每股现金流量(元)	-0.4190	0.8235	-0.7331	0.0533
	每股资本公积金(元)	2.0626	2.6751	1.4837	1.4837
	每股盈余公积金(元)	0.0992	0.1190	0.1144	0.1144
	每股未分配利润(元)	0.8924	1.0247	1.0196	0.9376
	净资产收益率(%)	1.9771	4.8734	2.8189	9.3412
	加权净资产收益率(%)	1.9900	6.5400	2.8400	9.7200
	净资产收益率(扣除)(%)	1.3690	3.8528	2.3288	6.9676
	总资产(万元)	162628.67	156837.27	118965.27	122604.65
	归属母公司股东权益(万元)	118358.17	117234.49	77511.19	75754.75
	营业收入(万元)	28895.01	78130.09	31561.30	79484.81
	营业支出(万元)	22186.25	61754.12	24595.15	62273.24
	投资收益(万元)	681.94	346.99	72.80	1558.98
	净利润(万元)	2577.37	6070.25	2301.67	7389.50
	营业利润(万元)	2841.78	5760.43	2243.08	7642.57
	利润总额(万元)	3144.87	7244.66	2727.64	8546.32

浙江仙琚制药股份有限公司

公司概况						
公司名称	浙江仙琚制药股份有限公司			证券简称	仙琚制药	
法人代表	金敬德	董秘	张南	证券代码	002332	
公司网址	www.xjpharma.com		电子信箱	dmb@xjpharma.com		
电　　话	0576-87731138		传　　真	0576-87774487		
办公地址	浙江省台州市仙居县仙药路1号					
经营范围	甾体原料药和制剂的研制、生产与销售					

主要财务指标	2015.06.30	2014.12.31	2014.06.30	2013.12.31
指标\报告期	2015.06.30	2014.12.31	2014.06.30	2013.12.31
基本每股收益(元)	0.0800	0.1100	0.0600	0.1800
基本每股收益(扣除后)(元)	0.0800	0.1000	0.0500	0.1700
稀释每股收益(元)	0.0800	0.1100	0.0600	0.1800
每股净资产(元)	2.3527	2.3700	2.3100	3.3890
每股经营现金净流量(元)	0.0976	0.2766	-0.1504	0.1859
每股现金流量(元)	-0.1648	0.0499	-0.1188	-0.0273
每股资本公积金(元)	0.8037	0.8037	0.8037	1.7055
每股盈余公积金(元)	0.1987	0.1987	0.1801	0.2702
每股未分配利润(元)	0.3503	0.3675	0.3311	0.4131
净资产收益率(%)	3.5187	4.6714	2.4040	5.2370
加权净资产收益率(%)	3.4800	4.7800	2.4300	5.2700
净资产收益率(扣除)(%)	3.3814	4.1640	2.3729	5.0417
总资产(万元)	282367.37	280255.71	280447.95	275378.17
归属母公司股东权益(万元)	120481.81	121367.61	118550.44	115699.57
营业收入(万元)	118130.11	247053.30	119048.30	231504.06
营业支出(万元)	66211.60	151527.09	75360.95	151750.98
投资收益(万元)	725.91	996.82	590.34	1417.38
净利润(万元)	4375.45	4881.80	2849.81	6059.15
营业利润(万元)	4793.37	6910.78	2680.96	7020.21
利润总额(万元)	4824.88	7317.66	2597.63	7008.86

苏州罗普斯金铝业股份有限公司

公司概况						
公司名称	苏州罗普斯金铝业股份有限公司			证券简称	罗普斯金	
法人代表	吴明福	董秘	施健	证券代码	002333	
公司网址	www.lpsk.com.cn		电子信箱	di02@lpsk.com.cn		
电　　话	0512-65768211		传　　真	0512-65498037		
办公地址	江苏省苏州市相城区阳澄湖中路31号					
经营范围	铝挤压材产品的研发、生产和销售					

主要财务指标	2015.06.30	2014.12.31	2014.06.30	2013.12.31
指标\报告期	2015.06.30	2014.12.31	2014.06.30	2013.12.31
基本每股收益(元)	0.3900	0.2100	0.1300	0.3400
基本每股收益(扣除后)(元)	-0.0800	0.2200	0.1300	-
稀释每股收益(元)	0.3900	0.2100	0.1300	0.3400
每股净资产(元)	5.4177	5.3287	5.2433	5.3150
每股经营现金净流量(元)	0.0237	0.2520	0.2549	0.4729
每股现金流量(元)	-0.5932	0.1238	0.0008	-0.7920
每股资本公积金(元)	2.8081	2.8081	2.8081	2.8081
每股盈余公积金(元)	0.2294	0.2294	0.2066	0.2066
每股未分配利润(元)	1.3802	1.2912	1.2286	1.3002
净资产收益率(%)	7.1800	4.0105	2.4477	6.4882
加权净资产收益率(%)	7.2700	4.0300	2.4000	6.6100
净资产收益率(扣除)(%)	-1.5165	4.0445	2.4669	6.4438
总资产(万元)	163181.07	181056.43	152793.47	149131.56
归属母公司股东权益(万元)	136148.00	133911.59	131766.25	133567.05
营业收入(万元)	51072.27	108031.96	50835.21	106444.52
营业支出(万元)	46913.02	90001.61	41191.56	86255.03
投资收益(万元)	-77.77	-17.22	-62.88	-69.25
净利润(万元)	9775.47	5370.58	3225.24	8666.10
营业利润(万元)	-2199.64	6493.12	3884.39	10093.78
利润总额(万元)	11806.19	6505.41	3908.05	10244.02

深圳市英威腾电气股份有限公司

公司概况						
公司名称	深圳市英威腾电气股份有限公司			证券简称	英威腾	
法人代表	黄申力	董秘	鄢光敏	证券代码	002334	
公司网址	www.invt.com.cn		电子信箱	sec@invt.com.cn		
电　　话	0755-86312861 86312975		传　　真	0755-86312975		
办公地址	广东省深圳市南山区龙井高发科技工业园4号厂房					
经营范围	高、中、低压变频器及伺服驱动器研发、制造和销售的高新技术企业					

主要财务指标	2015.06.30	2014.12.31	2014.06.30	2013.12.31
指标\报告期	2015.06.30	2014.12.31	2014.06.30	2013.12.31
基本每股收益(元)	0.0866	0.4547	0.2137	0.4200
基本每股收益(扣除后)(元)	0.0799	0.3957	0.1992	0.3800
稀释每股收益(元)	0.0866	0.4496	0.2137	0.4100
每股净资产(元)	2.0511	4.0674	3.7981	3.6685
每股经营现金净流量(元)	-0.0768	0.2586	0.0329	0.5472
每股现金流量(元)	-0.1317	0.0551	-0.1796	-0.8833
每股资本公积金(元)	0.2476	1.4824	1.4471	1.4318
每股盈余公积金(元)	0.0886	0.1774	0.1590	0.1590
每股未分配利润(元)	0.7156	1.4091	1.1934	1.0795
净资产收益率(%)	4.2227	11.1395	5.6264	9.4618
加权净资产收益率(%)	4.1700	11.8300	5.6600	10.0500
净资产收益率(扣除)(%)	3.8949	9.6941	5.2457	8.2388
总资产(万元)	183223.48	182273.68	171001.10	160444.91
归属母公司股东权益(万元)	146717.54	145351.88	135089.56	130507.77
营业收入(万元)	47888.60	105788.43	49872.08	92808.88
营业支出(万元)	27404.46	60733.81	28419.81	53330.92
投资收益(万元)	1256.60	2782.95	1295.01	829.43
净利润(万元)	6574.82	15999.77	7600.73	12348.39
营业利润(万元)	5114.83	13088.59	6754.90	8748.85
利润总额(万元)	7228.67	17982.21	8455.21	12872.52

厦门科华恒盛股份有限公司

公司概况						
公司名称	厦门科华恒盛股份有限公司			证券简称	科华恒盛	
法人代表	陈成辉	董秘	汤珊	证券代码	002335	
公司网址	www.kehua.com.cn		电子信箱	xmkehua@kehua.com		
电　　话	0592-5160516		传　　真	0592-5162166		
办公地址	福建省厦门市湖里区马垄路457号					
经营范围	信息设备用不间断电源产品和工业动力用不间断电源产品的研发、生产、销售和服务					

主要财务指标	2015.06.30	2014.12.31	2014.06.30	2013.12.31
指标\报告期	2015.06.30	2014.12.31	2014.06.30	2013.12.31
基本每股收益(元)	0.0700	0.5800	0.2200	0.5100
基本每股收益(扣除后)(元)	0.0300	0.5100	0.1900	0.4400
稀释每股收益(元)	0.0700	0.5800	0.2200	0.5100
每股净资产(元)	5.0597	5.0445	4.7322	4.6923
每股经营现金净流量(元)	-0.6222	0.2348	-0.5740	0.2393
每股现金流量(元)	-0.0655	0.2519	-0.1988	-1.2268
每股资本公积金(元)	1.8846	1.8408	1.7165	1.7783
每股盈余公积金(元)	0.3136	0.3139	0.2717	0.2684
每股未分配利润(元)	1.9795	2.0079	1.7440	1.6456
净资产收益率(%)	1.4495	11.2260	4.7530	10.9171
加权净资产收益率(%)	1.4400	11.8200	4.7000	11.3600
净资产收益率(扣除)(%)	0.6502	9.9854	4.1037	9.4615
总资产(万元)	226298.94	211429.72	173973.35	154296.38
归属母公司股东权益(万元)	113536.54	113094.87	104001.64	104393.21
营业收入(万元)	51490.25	148566.47	46209.17	101361.54
营业支出(万元)	33045.08	100734.63	28783.29	65743.79
投资收益(万元)	77.23	166.62	133.61	389.00
净利润(万元)	1883.72	13726.59	4943.15	11396.75
营业利润(万元)	1591.73	13388.22	5410.41	12316.97
利润总额(万元)	2718.22	15496.54	6299.85	13690.15

人人乐连锁商业集团股份有限公司

公司概况	公司名称	人人乐连锁商业集团股份有限公司			证券简称	人人乐
	法人代表	何金明	董秘	石勇	证券代码	002336
	公司网址	www.renrenle.cn		电子信箱	shiyong@renrenle.cn	
	电　话	0755-86058141		传　真	0755-26093560	
	办公地址	广东省深圳市南山区前海路心语家园裙楼二楼				
	经营范围	从事大卖场、综合超市及百货的连锁经营业务				

	指标\报告期	2015.06.30	2014.12.31	2014.06.30	2013.12.31
主要财务指标	基本每股收益(元)	0.1131	-1.1513	0.0296	0.0592
	基本每股收益(扣除后)(元)	0.0907	-0.9400	0.0645	0.0622
	稀释每股收益(元)	0.1131	-1.1513	0.0296	0.0592
	每股净资产(元)	6.9157	6.8026	8.2700	8.2373
	每股经营现金净流量(元)	-0.2691	0.0724	-0.1506	1.2742
	每股现金流量(元)	0.1168	-1.4656	-1.7842	-0.2947
	每股资本公积金(元)	6.1897	6.1897	6.1897	6.1897
	每股盈余公积金(元)	0.2482	0.2482	0.2458	0.2458
	每股未分配利润(元)	-0.5222	-0.6353	0.8313	0.8017
	净资产收益率(%)	1.6357	-16.9244	0.3579	0.7184
	加权净资产收益率(%)	1.6500	-15.6000	0.3600	0.7200
	净资产收益率(扣除)(%)	1.3120	-13.7790	0.7806	0.7546
	总资产(万元)	647853.18	690873.92	701303.75	744003.12
	归属母公司股东权益(万元)	276629.66	272104.95	330674.40	329490.85
	营业收入(万元)	590737.28	1211738.40	628531.35	1271645.68
	营业支出(万元)	449724.36	950659.50	488182.13	1004745.11
	投资收益(万元)	757.28	3104.62	-	1787.41
	净利润(万元)	4524.71	-46052.03	1183.55	2366.93
	营业利润(万元)	7131.58	-24716.11	4367.56	7451.92
	利润总额(万元)	7462.30	-36814.87	3058.86	5587.09

天津赛象科技股份有限公司

公司概况	公司名称	天津赛象科技股份有限公司			证券简称	赛象科技
	法人代表	张建浩	董秘	朱洪光	证券代码	002337
	公司网址	www.chinarpm.com		电子信箱	tstzqb@sina.com	
	电　话	022-23788169　23788188*8308		传　真	022-23788199	
	办公地址	天津市华苑新技术产业园区(环外)海泰发展四道9号				
	经营范围	子午线轮胎生产成套装备和检测设备的研发、生产和销售				

	指标\报告期	2015.06.30	2014.12.31	2014.06.30	2013.12.31
主要财务指标	基本每股收益(元)	-0.0400	0.2600	0.1300	0.2500
	基本每股收益(扣除后)(元)	-0.0500	0.1900	0.0800	0.2000
	稀释每股收益(元)	-0.0400	0.2600	0.1300	0.2500
	每股净资产(元)	2.1448	6.4883	6.4383	6.5459
	每股经营现金净流量(元)	-0.3293	-0.2812	-0.7234	0.9187
	每股现金流量(元)	-0.4107	0.3772	-0.7711	-0.3041
	每股资本公积金(元)	0.7357	4.1423	4.1933	4.1771
	每股盈余公积金(元)	0.1065	0.3195	0.3084	0.2955
	每股未分配利润(元)	0.3121	1.0557	0.9382	1.0734
	净资产收益率(%)	-1.8629	3.9389	1.9719	3.7186
	加权净资产收益率(%)	-1.8600	3.9800	1.9400	3.7800
	净资产收益率(扣除)(%)	-2.2996	2.9234	1.1734	3.0350
	总资产(万元)	171840.20	176233.49	182049.79	182512.27
	归属母公司股东权益(万元)	127464.63	128597.58	127607.21	129821.08
	营业收入(万元)	18458.20	72132.63	36694.52	67227.62
	营业支出(万元)	13281.96	56872.30	29377.31	52537.31
	投资收益(万元)	312.07	1413.52	1169.42	579.59
	净利润(万元)	-2115.67	5428.45	2516.26	4827.53
	营业利润(万元)	-2579.82	4686.10	2011.24	3699.83
	利润总额(万元)	-1957.06	6308.84	0.1300	0.2500

长春奥普光电技术股份有限公司

公司概况	公司名称	长春奥普光电技术股份有限公司			证券简称	奥普光电
	法人代表	贾平	董秘	王小东	证券代码	002338
	公司网址	www.up-china.com		电子信箱	up@up-china.com	
	电　话	0431-86176789		传　真	0431-86176788	
	办公地址	吉林省长春市经济技术开发区营口路588号				
	经营范围	光电测控仪器设备及光学材料的研发、生产与销售				

	指标\报告期	2015.06.30	2014.12.31	2014.06.30	2013.12.31
主要财务指标	基本每股收益(元)	0.2600	0.4900	0.2500	0.6300
	基本每股收益(扣除后)(元)	0.1200	0.3800	0.2200	0.3900
	稀释每股收益(元)	0.2600	0.4900	0.2500	0.6300
	每股净资产(元)	6.1894	5.9261	5.9400	5.6866
	每股经营现金净流量(元)	-0.2901	0.0650	0.0607	0.2447
	每股现金流量(元)	-0.3989	-0.3686	-0.0504	-0.6044
	每股资本公积金(元)	3.0466	3.0466	3.0467	3.0466
	每股盈余公积金(元)	0.3480	0.3480	0.3082	0.3082
	每股未分配利润(元)	1.7948	1.5315	1.5840	1.3318
	净资产收益率(%)	4.2538	8.2601	4.3121	11.0886
	加权净资产收益率(%)	4.3500	8.4600	4.3400	11.4700
	净资产收益率(扣除)(%)	1.8727	6.3363	3.5749	6.8876
	总资产(万元)	96651.40	96404.64	98248.79	94993.09
	归属母公司股东权益(万元)	74272.59	71113.20	71266.87	68239.20
	营业收入(万元)	15264.12	38870.12	17099.85	29543.90
	营业支出(万元)	7948.83	21920.97	8936.33	17542.66
	投资收益(万元)	-	-49.48	-	-
	净利润(万元)	3440.44	6846.50	3026.86	7566.80
	营业利润(万元)	1776.78	6065.29	3521.62	5526.43
	利润总额(万元)	4028.49	8015.15	4187.97	8754.64

积成电子股份有限公司

公司概况	公司名称	积成电子股份有限公司			证券简称	积成电子
	法人代表	杨志强	董秘	姚斌	证券代码	002339
	公司网址	www.ieslab.com.cn		电子信箱	yaobin@ieslab.com.cn	
	电　话	0531-88061716		传　真	0531-88061716	
	办公地址	山东省济南市花园路东段188号				
	经营范围	发电、输电、变电、配电、用电、调度控制系统和设备				

	指标\报告期	2015.06.30	2014.12.31	2014.06.30	2013.12.31
主要财务指标	基本每股收益(元)	0.0500	0.3400	0.0400	0.3100
	基本每股收益(扣除后)(元)	0.0500	0.3200	0.0400	0.2900
	稀释每股收益(元)	0.0500	0.3400	0.0400	0.3100
	每股净资产(元)	3.5605	3.5690	3.2714	3.2867
	每股经营现金净流量(元)	-0.6043	0.1010	-0.3125	0.0442
	每股现金流量(元)	-0.4804	0.1649	-0.3351	0.1833
	每股资本公积金(元)	1.2115	1.2115	1.2115	1.2115
	每股盈余公积金(元)	0.1461	0.1461	0.1186	0.1186
	每股未分配利润(元)	1.2029	1.2114	0.9412	0.9565
	净资产收益率(%)	1.4476	9.5906	1.3664	9.1662
	加权净资产收益率(%)	1.4500	10.0100	1.3600	9.9900
	净资产收益率(扣除)(%)	1.3815	8.9443	1.2180	8.7083
	总资产(万元)	199468.49	199276.04	166079.92	164585.00
	归属母公司股东权益(万元)	134905.75	135226.17	123950.76	124530.52
	营业收入(万元)	40659.57	110875.17	30539.99	88577.89
	营业支出(万元)	24360.24	72207.82	18602.09	57662.82
	投资收益(万元)	-2.39	20.32	69.43	252.82
	净利润(万元)	1904.58	14112.33	1693.62	11414.72
	营业利润(万元)	2344.99	11622.62	1537.44	8861.25
	利润总额(万元)	2962.73	15577.59	2334.36	13576.97

格林美股份有限公司

公司概况					
公司名称	格林美股份有限公司			证券简称	格林美
法人代表	许开华	董秘	欧阳铭志	证券代码	002340
公司网址	www.gemchina.com		电子信箱	info@gemchina.com	
电　话	0755-33668121 33668038		传　真	0755-33895777	
办公地址	广东省深圳市宝安区宝安中心区兴华路南侧荣超滨海大厦 A 栋 20 层				
经营范围	废弃钴镍资源与电子废弃物的循环利用以及钴镍粉体材料、铜与塑木型材的生产、销售				

主要财务指标：指标\报告期	2015.06.30	2014.12.31	2014.06.30	2013.12.31
基本每股收益(元)	0.1100	0.2500	0.1300	0.1900
基本每股收益(扣除后)(元)	0.0700	0.1400	0.0700	0.0800
稀释每股收益(元)	0.1100	0.2500	0.1300	0.1900
每股净资产(元)	3.6331	4.6427	4.5218	3.1036
每股经营现金净流量(元)	-0.4638	0.0245	-0.4497	0.0304
每股现金流量(元)	-0.2782	0.3945	1.2400	-0.5998
每股资本公积金(元)	1.9887	2.8854	2.8851	1.4557
每股盈余公积金(元)	0.0245	0.0318	0.0274	0.0336
每股未分配利润(元)	0.6191	0.7270	0.6114	0.6167
净资产收益率(%)	3.0253	4.9205	2.3973	6.1629
加权净资产收益率(%)	3.0700	6.1000	3.7400	6.3200
净资产收益率(扣除)(%)	2.0443	2.7471	1.2290	2.5909
总资产(万元)	1270827.62	1158681.60	1000886.18	773660.88
归属母公司股东权益(万元)	436337.48	428913.59	417746.52	233841.62
营业收入(万元)	225446.94	390885.63	187040.79	348602.83
营业支出(万元)	184073.77	318082.61	151340.96	290846.22
投资收益(万元)	87.04	735.77	418.85	-969.48
净利润(万元)	16323.71	25887.61	10014.51	14411.51
营业利润(万元)	12687.81	16236.01	7558.47	8008.62
利润总额(万元)	18071.66	28713.30	13434.35	18104.09

深圳市新纶科技股份有限公司

公司概况					
公司名称	深圳市新纶科技股份有限公司			证券简称	新纶科技
法人代表	侯毅	董秘	高翔	证券代码	002341
公司网址	www.szselen.com		电子信箱	gaoxiang@szselen.com	
电　话	0755-26993098		传　真	0755-26993313	
办公地址	广东省深圳市光明新区塘家村塘家北路南侧新纶科技产业园				
经营范围	防静电/洁净室耗品的研发、生产、销售				

主要财务指标：指标\报告期	2015.06.30	2014.12.31	2014.06.30	2013.12.31
基本每股收益(元)	0.0615	0.2332	0.1884	0.3070
基本每股收益(扣除后)(元)	0.0733	0.2208	0.1945	0.3008
稀释每股收益(元)	0.0615	0.2332	0.1884	0.3070
每股净资产(元)	4.2047	4.1535	4.1088	3.9702
每股经营现金净流量(元)	0.1789	0.4366	0.1490	-0.0818
每股现金流量(元)	-0.4075	-0.5047	0.1255	0.8767
每股资本公积金(元)	2.1003	2.1003	2.1003	2.1003
每股盈余公积金(元)	0.1026	0.1026	0.0894	0.0894
每股未分配利润(元)	1.0017	0.9515	0.9199	0.7815
净资产收益率(%)	1.4621	5.6145	4.5855	7.3155
加权净资产收益率(%)	1.4700	5.7400	4.6600	8.5000
净资产收益率(扣除)(%)	1.7433	5.3162	4.7332	7.1684
总资产(万元)	359205.12	337579.28	325222.61	301803.02
归属母公司股东权益(万元)	157020.77	155107.14	153437.68	148263.56
营业收入(万元)	55720.04	134897.27	70170.85	134972.84
营业支出(万元)	38488.88	90954.30	46879.21	97047.23
投资收益(万元)	-34.62	-51.09	-25.06	-38.87
净利润(万元)	1954.23	9035.51	7035.93	10846.21
营业利润(万元)	2873.80	10453.19	8738.76	12533.10
利润总额(万元)	2273.44	10398.17	8430.02	12813.97

巨力索具股份有限公司

公司概况					
公司名称	巨力索具股份有限公司			证券简称	巨力索具
法人代表	杨建忠	董秘	付强(代)	证券代码	002342
公司网址	www.julisling.com		电子信箱	baixf@julisling.com	
电　话	0312-8608520		传　真	0312-8608086	
办公地址	河北省保定市徐水县巨力路				
经营范围	索具及相关产品的研发、设计、生产和销售				

主要财务指标：指标\报告期	2015.06.30	2014.12.31	2014.06.30	2013.12.31
基本每股收益(元)	0.0310	0.0340	0.0370	0.0700
基本每股收益(扣除后)(元)	0.0270	0.0330	0.0360	0.0700
稀释每股收益(元)	0.0310	0.0300	0.0370	0.0700
每股净资产(元)	2.5067	2.4811	2.4850	2.4675
每股经营现金净流量(元)	0.0683	0.3094	0.3517	0.0992
每股现金流量(元)	-0.0402	0.0479	0.2324	-0.0094
每股资本公积金(元)	0.7014	0.7014	0.7014	0.7014
每股盈余公积金(元)	0.1209	0.1209	0.1172	0.1172
每股未分配利润(元)	0.6856	0.6602	0.6678	0.6503
净资产收益率(%)	1.2535	1.3537	1.5078	2.9631
加权净资产收益率(%)	1.2600	1.3600	1.5100	3.0000
净资产收益率(扣除)(%)	1.0667	1.3211	1.4583	2.8818
总资产(万元)	402197.00	404124.06	452498.99	435104.87
归属母公司股东权益(万元)	240638.61	238185.72	238563.80	236884.28
营业收入(万元)	72034.73	155365.68	73633.60	169746.77
营业支出(万元)	55042.25	120038.83	55768.64	126536.16
投资收益(万元)	133.15	72.93	80.09	103.22
净利润(万元)	3016.51	3224.33	3597.14	7019.09
营业利润(万元)	2784.62	3328.39	3866.61	7655.65
利润总额(万元)	3409.63	3593.48	4098.35	8068.31

浙江禾欣实业集团股份有限公司

公司概况					
公司名称	浙江禾欣实业集团股份有限公司			证券简称	禾欣股份
法人代表	马中骏	董秘	陈明友	证券代码	002343
公司网址	lsm_9981@163.com		电子信箱	chenmingyou@163.com	
电　话	021-33623250 33623253		传　真	021-33623251-802	
办公地址	上海市虹口区东大名路 948 号白金湾广场 1703 室				
经营范围	PU 合成革产品的研制开发、生产、销售与服务				

主要财务指标：指标\报告期	2015.06.30	2014.12.31	2014.06.30	2013.12.31
基本每股收益(元)	0.2492	0.2740	0.1604	0.2641
基本每股收益(扣除后)(元)	0.2459	0.2604	0.1554	0.2433
稀释每股收益(元)	0.2492	0.2740	0.1604	0.2641
每股净资产(元)	6.3059	6.0328	5.9012	5.9543
每股经营现金净流量(元)	0.1352	0.9157	-0.0348	0.6049
每股现金流量(元)	0.3257	-0.4545	-0.2408	-1.1898
每股资本公积金(元)	3.2251	1.2874	3.2251	3.2029
每股盈余公积金(元)	0.3868	0.0603	0.3644	0.3644
每股未分配利润(元)	1.5500	1.8399	1.2097	1.2994
净资产收益率(%)	3.9521	4.5410	2.7175	4.4354
加权净资产收益率(%)	4.0500	4.5700	2.6600	4.4300
净资产收益率(扣除)(%)	3.8995	4.3168	2.6339	4.0856
总资产(万元)	183747.85	110445.69	178324.58	181039.51
归属母公司股东权益(万元)	124933.35	68382.86	116915.27	117967.56
营业收入(万元)	84822.81	161320.77	75363.46	145886.51
营业支出(万元)	65206.19	130382.51	60047.79	117350.30
投资收益(万元)	1272.46	1762.76	967.98	1633.22
净利润(万元)	6348.64	6878.70	3177.17	5232.32
营业利润(万元)	7100.57	8069.05	4453.39	8459.02
利润总额(万元)	7192.13	8269.04	4592.00	8714.63

海宁中国皮革城股份有限公司

	公司名称	海宁中国皮革城股份有限公司			证券简称	海宁皮城
公	法人代表	任有法	董秘	孙宇民	证券代码	002344
司	公司网址	www.zgpgc.com		电子信箱	pgc@chinaleather.com	
概	电　话	0573-87217777		传　真	0573-87217999	
况	办公地址	浙江省海宁市海州西路201号				
	经营范围	皮革专业市场的开发、租赁和服务				

主要财务指标	指标\报告期	2015.06.30	2014.12.31	2014.06.30	2013.12.31
	基本每股收益(元)	0.4600	0.8400	0.5340	0.9300
	基本每股收益(扣除后)(元)	0.4200	0.7700	0.5160	0.8700
	稀释每股收益(元)	0.4600	0.8400	0.5340	0.9300
	每股净资产(元)	4.4249	4.0864	3.7841	3.4004
	每股经营现金净流量(元)	0.0657	0.6122	0.3975	1.2084
	每股现金流量(元)	0.5637	-0.4162	0.1509	-0.0589
	每股资本公积金(元)	0.3937	0.3937	0.3937	0.3937
	每股盈余公积金(元)	0.2428	0.2428	0.1800	0.1800
	每股未分配利润(元)	2.7884	2.4500	2.2104	1.8267
	净资产收益率(%)	10.3607	20.4593	14.1045	27.2819
	加权净资产收益率(%)	10.6200	22.3300	14.5500	31.0400
	净资产收益率(扣除)(%)	9.5689	18.7485	-	25.4698
	总资产(万元)	948212.53	868154.99	833495.97	752154.62
	归属母公司股东权益(万元)	495584.16	457678.30	423817.87	380840.51
	营业收入(万元)	121343.43	242728.54	141282.04	292647.89
	营业支出(万元)	31659.65	75000.49	38374.16	83139.66
	投资收益(万元)	1521.65	2247.51	965.24	1421.22
	净利润(万元)	52913.18	95918.11	59777.36	103900.44
	营业利润(万元)	67015.62	120530.07	80162.38	133476.42
	利润总额(万元)	70631.79	128397.06	81697.64	140201.20

广东潮宏基实业股份有限公司

	公司名称	广东潮宏基实业股份有限公司			证券简称	潮宏基
公	法人代表	廖木枝	董秘	徐俊雄	证券代码	002345
司	公司网址	www.chjchina.com		电子信箱	stock@chjchina.com	
概	电　话	0754-88781767		传　真	0754-88781755	
况	办公地址	广东省汕头市龙湖区龙新工业区龙新五街四号1-4楼				
	经营范围	从事高档时尚珠宝首饰产品的设计、研发、生产及销售				

主要财务指标	指标\报告期	2015.06.30	2014.12.31	2014.06.30	2013.12.31
	基本每股收益(元)	0.1700	0.2600	0.1500	0.2300
	基本每股收益(扣除后)(元)	0.1400	0.2300	0.2800	0.4600
	稀释每股收益(元)	0.1700	0.2600	0.1500	0.2300
	每股净资产(元)	2.9113	2.8499	5.4621	5.2840
	每股经营现金净流量(元)	0.2217	0.3104	0.4720	0.7721
	每股现金流量(元)	0.0965	-0.0952	0.0954	0.0959
	每股资本公积金(元)	1.0706	1.0706	3.1412	3.1412
	每股盈余公积金(元)	0.1043	0.1043	0.1674	0.1674
	每股未分配利润(元)	0.7222	0.6554	1.1322	0.9798
	净资产收益率(%)	5.7302	9.1640	5.5368	7.8791
	加权净资产收益率(%)	5.7200	9.5700	5.5900	10.1300
	净资产收益率(扣除)(%)	4.8678	8.2287	5.0881	7.7897
	总资产(万元)	437118.56	436590.85	434121.12	341575.73
	归属母公司股东权益(万元)	246033.73	240845.80	230803.87	223277.37
	营业收入(万元)	139459.24	247038.15	121692.68	207404.23
	营业支出(万元)	88791.77	163927.53	82891.18	145990.70
	投资收益(万元)	750.76	3468.70	2495.20	5271.87
	净利润(万元)	14151.24	22473.81	13145.00	18868.65
	营业利润(万元)	15735.92	27159.16	15254.13	21191.15
	利润总额(万元)	17485.39	27495.38	15477.41	21336.78

上海柘中集团股份有限公司

	公司名称	上海柘中集团股份有限公司			证券简称	柘中股份
公	法人代表	陆仁军	董秘	郭加广	证券代码	002346
司	公司网址	www.ch-zzcc.com		电子信箱	guojg@ch-zzcc.com	
概	电　话	021-57403737		传　真	021-57401222	
况	办公地址	上海市奉贤区浦卫公路50号				
	经营范围	应力高强度混凝土管桩(PHC管桩)的生产与销售				

主要财务指标	指标\报告期	2015.06.30	2014.12.31	2014.06.30	2013.12.31
	基本每股收益(元)	0.2200	0.1900	0.1000	0.1300
	基本每股收益(扣除后)(元)	0.0600	-0.0800	-0.0400	-0.2800
	稀释每股收益(元)	0.2200	0.1900	0.1000	0.1300
	每股净资产(元)	3.4653	3.2460	3.5196	7.0436
	每股经营现金净流量(元)	0.1416	0.3928	0.0468	1.0258
	每股现金流量(元)	0.1406	-0.2756	-0.2525	-2.4675
	每股资本公积金(元)	0.9983	0.9983	1.8005	5.0646
	每股盈余公积金(元)	0.1347	0.1347	0.1163	0.5976
	每股未分配利润(元)	1.3324	1.1131	0.6027	3.3611
	净资产收益率(%)	6,3276	5.8893	-0.0616	0.4174
	加权净资产收益率(%)	6.5300	6.0600	2.9200	4.3500
	净资产收益率(扣除)(%)	1.7967	-1.6912	-1.2110	-3.9739
	总资产(万元)	200740.93	189136.62	103859.89	192871.50
	归属母公司股东权益(万元)	153019.70	143337.23	95029.74	135314.70
	营业收入(万元)	20550.03	46331.08	21739.44	54773.51
	营业支出(万元)	14353.57	35192.08	17090.49	45227.94
	投资收益(万元)	3275.28	8832.83	4066.53	5991.90
	净利润(万元)	9682.47	8441.51	4340.71	5976.82
	营业利润(万元)	12008.64	9668.09	4164.01	6350.64
	利润总额(万元)	12077.88	9595.54	4415.98	7164.17

泰尔重工股份有限公司

	公司名称	泰尔重工股份有限公司			证券简称	泰尔重工
公	法人代表	邰正彪	董秘	王春琦	证券代码	002347
司	公司网址	www.taiergroup.com		电子信箱	dongwuxia@taiergroup.com	
概	电　话	0555-2202118		传　真	0555-2202118	
况	办公地址	安徽省马鞍山市经济技术开发区超山路669号				
	经营范围	万向轴、鼓形联轴器、安全联轴器生产、剪刃、轧辊、模具、减速机、液压件、电器元件生产与销售				

主要财务指标	指标\报告期	2015.06.30	2014.12.31	2014.06.30	2013.12.31
	基本每股收益(元)	0.0359	0.0400	0.0764	0.0800
	基本每股收益(扣除后)(元)	0.0209	0.0100	0.0589	0.0600
	稀释每股收益(元)	0.0359	0.0400	0.0648	0.0600
	每股净资产(元)	5.3743	5.3670	5.0707	4.9454
	每股经营现金净流量(元)	-0.3112	0.2600	-0.0232	-0.2336
	每股现金流量(元)	-0.2957	0.0152	0.3290	0.9362
	每股资本公积金(元)	3.3171	3.3171	2.8036	2.7307
	每股盈余公积金(元)	0.1460	0.1460	0.1607	0.1640
	每股未分配利润(元)	0.9051	0.8992	1.0996	1.0455
	净资产收益率(%)	0.6681	0.6980	1.4835	1.5692
	加权净资产收益率(%)	0.6700	0.7900	1.5300	1.5900
	净资产收益率(扣除)(%)	0.3892	0.1722	1.1426	1.2521
	总资产(万元)	173772.92	170581.47	175838.94	165159.10
	归属母公司股东权益(万元)	120746.90	120582.86	96885.48	92577.87
	营业收入(万元)	18326.78	37304.25	17984.49	35801.93
	营业支出(万元)	11900.89	25036.78	11632.86	21702.02
	投资收益(万元)	365.44	709.66	319.99	-63.13
	净利润(万元)	804.61	842.41	1437.33	1452.73
	营业利润(万元)	471.50	75.53	1137.52	1544.58
	利润总额(万元)	868.00	885.11	1534.88	1890.35

广东高乐玩具股份有限公司

公司概况	公司名称	广东高乐玩具股份有限公司			证券简称	高乐股份
	法人代表	杨旭恩	董秘	杨广城	证券代码	002348
	公司网址	www.goldlok.com		电子信箱	gary@goldlok.com	
	电　　话	0663-2348056		传　　真	0663-2348055	
	办公地址	广东省普宁市占陇加工区振如大厦				
	经营范围	开发、设计、生产经营各式玩具、儿童用品等				

主要财务指标	指标\报告期	2015.06.30	2014.12.31	2014.06.30	2013.12.31
	基本每股收益(元)	0.0636	0.0967	0.0752	0.1376
	基本每股收益(扣除后)(元)	0.0602	0.0911	0.0744	0.1006
	稀释每股收益(元)	0.0636	0.0967	0.0752	0.1376
	每股净资产(元)	2.5093	2.4958	2.4750	2.4487
	每股经营现金净流量(元)	0.0339	0.1475	0.0032	0.0867
	每股现金流量(元)	-0.0185	-0.4631	-0.1615	0.2337
	每股资本公积金(元)	0.9209	0.9209	0.9209	0.9209
	每股盈余公积金(元)	0.1090	0.1090	0.0993	0.0993
	每股未分配利润(元)	0.4873	0.4737	0.4619	0.4367
	净资产收益率(%)	2.5355	3.8746	3.0403	5.6191
	加权净资产收益率(%)	2.5800	3.9181	3.0300	5.7290
	净资产收益率(扣除)(%)	2.3981	3.6509	3.0076	4.1064
	总资产(万元)	121658.83	119280.39	118955.49	116901.56
	归属母公司股东权益(万元)	118842.70	118199.38	117214.96	115969.96
	营业收入(万元)	22904.25	41703.71	23160.78	42546.82
	营业支出(万元)	15962.50	29707.30	16149.42	30669.76
	投资收益(万元)	71.61	467.92	229.79	70.89
	净利润(万元)	3013.29	4579.75	3563.72	6516.41
	营业利润(万元)	3564.81	5501.26	4207.74	5707.49
	利润总额(万元)	3549.18	5388.44	4171.04	7663.24

精华制药集团股份有限公司

公司概况	公司名称	精华制药集团股份有限公司			证券简称	精华制药
	法人代表	朱春林	董秘	杨小军	证券代码	002349
	公司网址	www.ntjhzy.com		电子信箱	ntjh@jhoa.net	
	电　　话	0513-85609109　85609123		传　　真	0513-85609115	
	办公地址	江苏省南通市港闸经济开发区兴泰路 9 号				
	经营范围	中成药、原料药及医药中间体和西药制剂的研发、生产和销售				

主要财务指标	指标\报告期	2015.06.30	2014.12.31	2014.06.30	2013.12.31
	基本每股收益(元)	0.1200	0.1973	0.1100	0.1780
	基本每股收益(扣除后)(元)	0.1200	0.1293	0.1100	0.1684
	稀释每股收益(元)	0.1200	0.1973	0.1100	0.1780
	每股净资产(元)	5.3400	5.3204	3.4100	3.3493
	每股经营现金净流量(元)	0.0557	0.1758	0.1281	-0.2747
	每股现金流量(元)	-0.7356	2.8059	-0.0614	-0.2963
	每股资本公积金(元)	3.4511	3.4517	1.3681	1.3681
	每股盈余公积金(元)	0.1036	0.1036	0.1198	0.1198
	每股未分配利润(元)	0.7673	0.7466	0.8951	0.8381
	净资产收益率(%)	2.2600	2.8532	3.1378	5.3142
	加权净资产收益率(%)	2.2600	5.7600	3.1400	5.5800
	净资产收益率(扣除)(%)	2.2230	1.8698	2.2607	5.0272
	总资产(万元)	178454.28	188655.74	104582.26	107081.51
	归属母公司股东权益(万元)	138856.80	138329.20	68176.09	66985.57
	营业收入(万元)	29272.96	57775.36	30597.22	73261.82
	营业支出(万元)	16248.74	35448.25	19264.44	52165.51
	投资收益(万元)	92.01	697.51	696.82	-
	净利润(万元)	3291.35	4062.73	2139.26	3559.72
	营业利润(万元)	4042.07	3984.23	2767.77	3924.71
	利润总额(万元)	4225.27	5109.03	2860.80	4282.39

北京科锐配电自动化股份有限公司

公司概况	公司名称	北京科锐配电自动化股份有限公司			证券简称	北京科锐
	法人代表	张新育	董秘	郭文亮	证券代码	002350
	公司网址	www.creat-da.com.cn		电子信箱	ir@creat-da.com.cn	
	电　　话	010-62981321		传　　真	010-82701909	
	办公地址	北京市海淀区上地创业路 8 号 3 号楼 4 层				
	经营范围	12kV 配电、控制设备及 35kV 永磁开关设备的研发、生产和销售				

主要财务指标	指标\报告期	2015.06.30	2014.12.31	2014.06.30	2013.12.31
	基本每股收益(元)	0.0600	0.3400	0.1000	0.2800
	基本每股收益(扣除后)(元)	0.0400	0.3300	0.0900	0.2600
	稀释每股收益(元)	0.0600	-	0.1000	-
	每股净资产(元)	4.8508	4.9441	4.7093	4.6612
	每股经营现金净流量(元)	-0.6753	0.0319	-0.7106	0.4790
	每股现金流量(元)	-0.7428	-0.9001	-1.0437	-0.2710
	每股资本公积金(元)	2.2557	2.2557	2.2557	2.2557
	每股盈余公积金(元)	0.2916	0.2916	0.2762	0.2762
	每股未分配利润(元)	1.3035	1.3968	1.1774	1.1349
	净资产收益率(%)	1.1686	6.8226	2.1765	6.0325
	加权净资产收益率(%)	1.1500	7.0300	2.1800	5.9500
	净资产收益率(扣除)(%)	0.8124	6.6151	-	5.5509
	总资产(万元)	166935.27	171265.59	159124.77	145397.95
	归属母公司股东权益(万元)	105882.79	107919.66	102794.01	101866.38
	营业收入(万元)	52441.84	134777.45	52299.07	99343.46
	营业支出(万元)	40370.36	97482.03	37276.80	-
	投资收益(万元)	103.02	-	-	-
	净利润(万元)	1159.18	7697.90	2237.31	6015.29
	营业利润(万元)	387.11	8430.21	2586.88	6785.61
	利润总额(万元)	1518.95	9102.95	2956.63	7567.98

深圳市漫步者科技股份有限公司

公司概况	公司名称	深圳市漫步者科技股份有限公司			证券简称	漫 步 者
	法人代表	张文东	董秘	李晓东	证券代码	002351
	公司网址	www.edifier.com		电子信箱	main@edifier.com	
	电　　话	0755-86029885		传　　真	0755-26970904	
	办公地址	广东省深圳市南山区科技园科发路 8 号金融基地 2 栋 7C				
	经营范围	生产销售音响设备及配件、耳机、汽车音响、模具				

主要财务指标	指标\报告期	2015.06.30	2014.12.31	2014.06.30	2013.12.31
	基本每股收益(元)	0.1800	0.3100	0.1600	0.2900
	基本每股收益(扣除后)(元)	0.1000	0.1600	0.0800	0.1800
	稀释每股收益(元)	0.1800	0.3100	0.1600	0.2900
	每股净资产(元)	5.6597	5.6760	5.5262	5.5420
	每股经营现金净流量(元)	0.0809	0.2025	0.0590	1.9864
	每股现金流量(元)	0.0946	-0.3173	0.0477	-1.3608
	每股资本公积金(元)	3.4417	3.4417	3.4417	3.4417
	每股盈余公积金(元)	0.1479	0.1479	0.1270	0.1270
	每股未分配利润(元)	1.0762	1.0941	0.9644	0.9803
	净资产收益率(%)	3.2183	5.5429	2.9686	5.2250
	加权净资产收益率(%)	3.1800	5.6200	2.9300	5.2800
	净资产收益率(扣除)(%)	1.7949	2.7972	1.4866	3.2035
	总资产(万元)	177785.54	179846.37	173028.44	178333.71
	归属母公司股东权益(万元)	166395.25	166873.91	162471.55	162935.31
	营业收入(万元)	31115.85	68141.81	33615.77	73431.01
	营业支出(万元)	21450.46	48376.41	24268.67	52505.14
	投资收益(万元)	3058.92	5811.39	2892.13	3987.95
	净利润(万元)	5220.39	9114.74	4823.13	8513.44
	营业利润(万元)	6589.85	11414.94	5869.65	10314.56
	利润总额(万元)	6605.23	11578.98	6110.56	10612.03

马鞍山鼎泰稀土新材料股份有限公司

公司概况	公司名称	马鞍山鼎泰稀土新材料股份有限公司			证券简称	鼎泰新材
	法人代表	刘冀鲁	董秘	黄学春	证券代码	002352
	公司网址	www.dingtaicn.com		电子信箱	dtxc@dingtaicn.com	
	电　话	0555-6615924		传　真	0555-2916511	
	办公地址	安徽省马鞍山市当涂工业园				
	经营范围	生产、销售稀土合金镀层钢丝、钢绞线和PC钢绞线				

主要财务指标	指标\报告期	2015.06.30	2014.12.31	2014.06.30	2013.12.31
	基本每股收益(元)	0.1800	0.3100	0.2300	0.5200
	基本每股收益(扣除后)(元)	0.1700	0.3000	0.2200	0.3000
	稀释每股收益(元)	0.1800	0.3100	0.2300	0.5200
	每股净资产(元)	9.4019	9.2238	9.4400	9.3138
	每股经营现金净流量(元)	0.5064	1.9086	0.5706	-1.4683
	每股现金流量(元)	-0.4114	-0.9170	-1.2264	-0.0353
	每股资本公积金(元)	7.4520	7.4520	7.4520	7.4520
	每股盈余公积金(元)	0.3609	0.3467	0.3350	0.2944
	每股未分配利润(元)	0.5890	0.4251	0.6530	0.5675
	净资产收益率(%)	1.8944	3.3604	2.3956	5.5567
	加权净资产收益率(%)	1.9100	3.3100	2.4500	5.5700
	净资产收益率(扣除)(%)	1.7854	3.2651	2.3419	3.1925
	总资产(万元)	90076.39	96392.35	105727.67	115121.91
	归属母公司股东权益(万元)	73175.80	71789.54	73472.16	72490.33
	营业收入(万元)	35728.91	81264.59	40182.88	72199.47
	营业支出(万元)	30946.03	70578.51	34526.93	62106.11
	投资收益(万元)	0.85	-227.88	22.00	-134.06
	净利润(万元)	1386.26	2412.44	1760.13	4028.10
	营业利润(万元)	1534.74	2710.81	1985.19	2696.00
	利润总额(万元)	1592.52	2791.49	2031.61	4712.31

烟台杰瑞石油服务集团股份有限公司

公司概况	公司名称	烟台杰瑞石油服务集团股份有限公司			证券简称	杰瑞股份
	法人代表	孙伟杰	董秘	程永峰	证券代码	002353
	公司网址	www.jereh.com		电子信箱	zqb@jereh.com	
	电　话	0535-6723532		传　真	0535-6723172	
	办公地址	山东省烟台市莱山区杰瑞路5号				
	经营范围	油田专用设备制造与油田工程技术服务为公司战略发展业务				

主要财务指标	指标\报告期	2015.06.30	2014.12.31	2014.06.30	2013.12.31
	基本每股收益(元)	0.1100	1.2600	0.6800	1.6500
	基本每股收益(扣除后)(元)	0.0900	1.2300	0.6500	1.6000
	稀释每股收益(元)	0.1100	1.2600	0.6800	1.6500
	每股净资产(元)	8.1022	8.2178	7.7483	6.6993
	每股经营现金净流量(元)	0.0746	0.4769	0.8962	0.8537
	每股现金流量(元)	0.1373	1.4307	3.2743	0.2098
	每股资本公积金(元)	3.9248	3.9228	3.9260	1.9779
	每股盈余公积金(元)	0.2599	0.2599	0.1330	0.2138
	每股未分配利润(元)	3.0667	3.1608	2.7089	3.5434
	净资产收益率(%)	1.3018	15.2159	8.6677	24.6307
	加权净资产收益率(%)	1.2800	16.7000	10.2500	27.5800
	净资产收益率(扣除)(%)	1.1554	14.8878	8.2756	23.8903
	总资产(万元)	1155527.37	1118181.89	1062083.01	689092.12
	归属母公司股东权益(万元)	777717.66	788814.04	743750.63	399985.80
	营业收入(万元)	122599.20	446060.21	222832.93	370023.27
	营业支出(万元)	83784.69	243433.03	127186.41	208276.92
	投资收益(万元)	2716.47	6289.43	897.18	4359.19
	净利润(万元)	10253.42	121878.08	64466.02	98519.13
	营业利润(万元)	11443.64	139359.53	71896.14	111384.73
	利润总额(万元)	13050.74	144745.22	75967.90	115310.97

大连天神娱乐股份有限公司

公司概况	公司名称	大连天神娱乐股份有限公司			证券简称	天神娱乐
	法人代表	朱晔	董秘	张执交	证券代码	002354
	公司网址	www.tianshenhudong.com		电子信箱	kemian@kemianwood.com	
	电　话	010-87926860		传　真	010-87926860	
	办公地址	北京市东城区白桥大街15号嘉禾国信大厦6F				
	经营范围	中高档实木复合地板的研发、设计、生产和销售				

主要财务指标	指标\报告期	2015.06.30	2014.12.31	2014.06.30	2013.12.31
	基本每股收益(元)	0.6400	1.5200	0.7400	1.0800
	基本每股收益(扣除后)(元)	0.6300	1.2500	-0.0700	-0.0500
	稀释每股收益(元)	0.6400	1.5200	0.7400	1.0800
	每股净资产(元)	3.5026	2.9700	4.9257	5.0056
	每股经营现金净流量(元)	0.6709	0.5843	0.1429	0.8678
	每股现金流量(元)	-0.0004	0.3825	0.2999	0.7870
	每股资本公积金(元)	-0.9598	-0.9598	2.4479	-0.7438
	每股盈余公积金(元)	0.0736	0.0736	0.0880	0.1249
	每股未分配利润(元)	2.6850	2.1487	1.3898	1.9123
	净资产收益率(%)	18.2791	35.0008	-1.4194	2.3665
	加权净资产收益率(%)	19.7800	56.9900	30.0000	2.3900
	净资产收益率(扣除)(%)	17.9569	28.8488	-1.4283	-1.0125
	总资产(万元)	136116.55	74416.17	86208.53	37070.00
	归属母公司股东权益(万元)	78084.11	66210.65	46054.88	29683.34
	营业收入(万元)	31928.14	47554.12	24508.19	30820.82
	营业支出(万元)	8282.12	8407.53	5428.46	4324.72
	投资收益(万元)	188.79	4497.44	31.32	459.59
	净利润(万元)	13990.92	23404.49	9634.61	13583.06
	营业利润(万元)	14386.50	25552.89	10790.34	15140.19
	利润总额(万元)	14386.27	25553.07	10790.52	15139.84

山东兴民钢圈股份有限公司

公司概况	公司名称	山东兴民钢圈股份有限公司			证券简称	兴民钢圈
	法人代表	高赫男	董秘	崔积和	证券代码	002355
	公司网址	www.xingmin.com		电子信箱	cjh@xingmin.com	
	电　话	0535-8882355 8881578		传　真	0535-8886708	
	办公地址	山东省龙口市龙口经济开发区				
	经营范围	加工制造车轮、钢管、橡塑制品、钢化玻璃、五金配件等				

主要财务指标	指标\报告期	2015.06.30	2014.12.31	2014.06.30	2013.12.31
	基本每股收益(元)	0.0300	0.1000	0.0700	0.1400
	基本每股收益(扣除后)(元)	0.0200	0.0800	0.0600	0.1100
	稀释每股收益(元)	0.0300	0.1000	0.0700	0.1400
	每股净资产(元)	3.8237	3.8034	3.7825	3.7213
	每股经营现金净流量(元)	0.0783	0.1465	0.0896	0.0087
	每股现金流量(元)	-0.0676	0.2731	0.1308	-0.8876
	每股资本公积金(元)	1.9150	1.9150	1.9150	1.9150
	每股盈余公积金(元)	0.1066	0.1066	0.0971	0.0971
	每股未分配利润(元)	0.8022	0.7819	0.7704	0.7092
	净资产收益率(%)	0.7609	2.5560	1.9209	3.6585
	加权净资产收益率(%)	0.7600	2.5800	1.9300	3.7000
	净资产收益率(扣除)(%)	0.5913	2.0358	1.5476	2.9627
	总资产(万元)	302930.38	294492.00	294474.75	291643.52
	归属母公司股东权益(万元)	196421.53	195381.64	194304.52	191163.35
	营业收入(万元)	59050.38	132538.87	74276.60	128484.74
	营业支出(万元)	51173.92	114014.43	64589.98	109201.72
	投资收益(万元)	64.38	372.36	222.85	839.04
	净利润(万元)	1497.60	5001.80	3732.42	6993.79
	营业利润(万元)	1795.18	5697.34	4231.79	8440.25
	利润总额(万元)	2174.96	6709.91	4976.03	9363.39

深圳浩宁达仪表股份有限公司

公司概况					
公司名称	深圳浩宁达仪表股份有限公司			证券简称	浩宁达
法人代表	王磊	董秘	李丽	证券代码	002356
公司网址	www.szhnd.com		电子信箱	hnd@vip.163.com	
电话	0755-26755598		传真	0755-26755598	
办公地址	广东省深圳市南山区侨香路东方科技园华科大厦六楼				
经营范围	研发生产经营电工仪器仪表、微电子及元器件、水电气热计量自动化管理终端及系统等				

主要财务指标：指标\报告期	2015.06.30	2014.12.31	2014.06.30	2013.12.31
基本每股收益(元)	0.1900	0.5000	0.0500	0.2700
基本每股收益(扣除后)(元)	0.1500	0.0800	-0.0500	0.1600
稀释每股收益(元)	0.1900	0.5000	0.0500	0.2700
每股净资产(元)	4.8444	14.1142	11.4994	11.7042
每股经营现金净流量(元)	-0.8915	-0.9219	-0.1065	-0.6239
每股现金流量(元)	0.0800	-0.3446	-0.9247	-2.5512
每股资本公积金(元)	3.1730	11.5068	8.9194	8.9194
每股盈余公积金(元)	0.0739	0.2218	0.2474	0.2474
每股未分配利润(元)	0.5975	1.3856	1.3325	1.5373
净资产收益率(%)	3.8312	2.9826	0.3930	2.3029
加权净资产收益率(%)	5.9700	3.9100	0.3900	2.3100
净资产收益率(扣除)(%)	3.1615	0.4627	-0.4573	1.3251
总资产(万元)	254673.52	235770.91	131405.86	140994.44
归属母公司股东权益(万元)	150405.19	146069.71	91995.15	93633.60
营业收入(万元)	51789.00	77412.06	19179.02	61188.06
营业支出(万元)	33503.48	57125.91	14340.56	45923.37
投资收益(万元)	2882.40	3954.23	761.27	860.57
净利润(万元)	5528.62	4013.52	361.55	2156.29
营业利润(万元)	5493.19	4442.60	-23.56	761.37
利润总额(万元)	7135.26	4976.38	198.70	1711.28

四川富临运业集团股份有限公司

公司概况					
公司名称	四川富临运业集团股份有限公司			证券简称	富临运业
法人代表	李亿中	董秘	黎昌军	证券代码	002357
公司网址	www.scflyy.cn		电子信箱	zhengquan@scflyy.cn	
电话	028-83262759		传真	028-83251560	
办公地址	四川省成都市青羊区广富路239号N区29栋				
经营范围	汽车客、货运输、客运站经营、石油制品销售、汽车租赁服务等				

主要财务指标：指标\报告期	2015.06.30	2014.12.31	2014.06.30	2013.12.31
基本每股收益(元)	0.3690	0.6010	0.3337	0.3487
基本每股收益(扣除后)(元)	0.3615	0.5491	0.3113	0.2873
稀释每股收益(元)	0.3690	0.6010	0.3337	0.3487
每股净资产(元)	4.1132	3.8862	3.6193	3.3837
每股经营现金净流量(元)	0.5605	0.9794	0.4860	1.0604
每股现金流量(元)	1.3405	-0.1431	-0.3516	-0.5346
每股资本公积金(元)	0.8788	0.9026	0.9026	0.9026
每股盈余公积金(元)	0.1929	0.1929	0.1506	0.1506
每股未分配利润(元)	2.0158	1.7668	1.5418	1.3080
净资产收益率(%)	8.9721	15.4647	9.2214	10.3038
加权净资产收益率(%)	9.2400	16.6500	9.4000	10.6400
净资产收益率(扣除)(%)	8.7884	14.1302	8.6013	8.4894
总资产(万元)	139551.42	121506.35	114150.96	108713.87
归属母公司股东权益(万元)	80589.60	76142.39	70912.34	66297.44
营业收入(万元)	30798.44	39128.76	19523.09	37223.65
营业支出(万元)	19326.03	18279.11	8917.24	17150.67
投资收益(万元)	1161.45	1234.73	681.44	349.70
净利润(万元)	7408.01	12055.52	6539.12	6831.15
营业利润(万元)	8436.25	12872.08	7137.96	7945.08
利润总额(万元)	8757.88	14425.02	7917.66	9671.04

河南森源电气股份有限公司

公司概况					
公司名称	河南森源电气股份有限公司			证券简称	森源电气
法人代表	杨合岭	董秘	崔付军	证券代码	002358
公司网址	www.hnsyec.com		电子信箱	hnsyzqb@163.com	
电话	0374-6108288		传真	0374-6108288	
办公地址	河南省长葛市魏武大道南段西侧				
经营范围	高低压配电成套装置、高压电器元器件系列产品开发、生产和销售等				

主要财务指标：指标\报告期	2015.06.30	2014.12.31	2014.06.30	2013.12.31
基本每股收益(元)	0.1200	0.6600	0.1600	0.7200
基本每股收益(扣除后)(元)	0.1100	0.6200	0.3000	0.6200
稀释每股收益(元)	0.1200	0.6600	0.1600	0.7200
每股净资产(元)	2.6216	5.2371	5.0400	4.7200
每股经营现金净流量(元)	0.2090	-0.1380	-0.3595	0.0711
每股现金流量(元)	0.4091	-0.4257	0.2765	1.1188
每股资本公积金(元)	0.5332	2.0665	2.0665	2.0665
每股盈余公积金(元)	0.1314	0.2617	0.2095	0.2095
每股未分配利润(元)	0.9570	1.8990	1.7682	1.4398
净资产收益率(%)	4.5018	12.6285	6.5109	13.8504
加权净资产收益率(%)	4.4400	15.7200	7.4100	20.0900
净资产收益率(扣除)(%)	4.3807	6.5492	5.8496	12.0324
总资产(万元)	420578.45	386843.98	311371.81	281867.96
归属母公司股东权益(万元)	208570.95	207937.48	200655.52	187591.10
营业收入(万元)	69491.67	114574.06	59153.03	131928.59
营业支出(万元)	45996.21	69055.67	34912.49	81700.47
投资收益(万元)	199.38	13237.74	259.29	-
净利润(万元)	9499.99	27117.81	13455.70	26676.82
营业利润(万元)	10729.44	30283.06	14376.39	31166.06
利润总额(万元)	11056.44	32356.02	15936.03	31725.57

山东齐星铁塔科技股份有限公司

公司概况					
公司名称	山东齐星铁塔科技股份有限公司			证券简称	齐星铁塔
法人代表	李韶军	董秘	李伟	证券代码	002359
公司网址	www.qxtt.cn		电子信箱	qxttzqb@126.com	
电话	0543-4305986		传真	0543-4305298	
办公地址	山东省滨州市邹平县开发区会仙二路				
经营范围	输电塔、通讯塔和立体停车设备等相关产品的研发、生产和销售				

主要财务指标：指标\报告期	2015.06.30	2014.12.31	2014.06.30	2013.12.31
基本每股收益(元)	0.0023	-0.1973	-0.0352	0.0072
基本每股收益(扣除后)(元)	0.0010	-0.2203	-0.0425	-0.0261
稀释每股收益(元)	0.0023	-0.1973	-0.0352	0.0072
每股净资产(元)	2.2326	2.2297	2.3913	2.4265
每股经营现金净流量(元)	-0.1122	0.1066	-0.2129	-0.2574
每股现金流量(元)	-0.1448	-0.3446	-0.4228	0.0794
每股资本公积金(元)	1.0935	1.0935	1.0935	1.0935
每股盈余公积金(元)	0.0542	0.0542	0.0542	0.0542
每股未分配利润(元)	0.0837	0.0814	0.2436	0.2788
净资产收益率(%)	0.1014	-8.8502	-1.4711	0.2899
加权净资产收益率(%)	0.1000	-8.4800	-1.4600	0.3100
净资产收益率(扣除)(%)	0.0428	-9.8820	-1.7776	-1.0453
总资产(万元)	138568.98	151094.57	156174.93	158526.17
归属母公司股东权益(万元)	93055.73	92932.99	99668.89	101135.16
营业收入(万元)	34987.88	59040.44	25914.66	69364.17
营业支出(万元)	27998.76	50811.59	21884.96	58246.49
投资收益(万元)	5.61	57.03	5.38	232.79
净利润(万元)	89.43	-8241.41	-1466.27	293.14
营业利润(万元)	18.61	-8511.91	-1823.14	-364.39
利润总额(万元)	91.36	-8281.95	-1490.84	793.26

山西同德化工股份有限公司

公司概况	公司名称	山西同德化工股份有限公司			证券简称	同德化工
	法人代表	张云升	董秘	邬庆文	证券代码	002360
	公司网址	www.tondchem.com		电子信箱	tdl@tondchem.com	
	电　话	0350-7264191		传　真	0350-7264191	
	办公地址	山西省忻州市河曲县文笔镇焦尾城大茂口				
	经营范围	工业炸药、白炭黑产品的生产与销售				

	指标\报告期	2015.06.30	2014.12.31	2014.06.30	2013.12.31
主要财务指标	基本每股收益(元)	0.1100	0.3200	0.1600	0.6331
	基本每股收益(扣除后)(元)	0.1100	0.3090	0.1539	0.6659
	稀释每股收益(元)	0.1100	0.3200	0.1600	0.6331
	每股净资产(元)	2.3993	2.3725	2.2037	4.3242
	每股经营现金净流量(元)	0.1331	0.6266	0.2567	1.1311
	每股现金流量(元)	-0.0369	0.3955	0.1441	0.7657
	每股资本公积金(元)	0.1614	0.1614	0.1614	1.3129
	每股盈余公积金(元)	0.1222	0.1222	0.0882	0.1919
	每股未分配利润(元)	1.0482	1.0340	0.9091	1.7434
	净资产收益率(%)	4.7608	13.3394	7.1163	14.6414
	加权净资产收益率(%)	5.0200	14.2800	7.6000	15.7900
	净资产收益率(扣除)(%)	4.5328	12.9813	6.7027	15.3998
	总资产(万元)	133811.95	136613.65	130238.32	124388.42
	归属母公司股东权益(万元)	93935.74	92886.42	86276.85	77835.19
	营业收入(万元)	30266.23	89679.96	36776.89	82709.25
	营业支出(万元)	16370.22	50476.10	20327.33	46770.78
	投资收益(万元)	-99.99	129.10	120.89	869.79
	净利润(万元)	5108.76	13751.94	6139.74	11396.18
	营业利润(万元)	6501.21	18592.14	9023.52	19806.82
	利润总额(万元)	6765.13	18991.84	9394.96	19356.12

安徽神剑新材料股份有限公司

公司概况	公司名称	安徽神剑新材料股份有限公司			证券简称	神剑股份
	法人代表	刘志坚	董秘	李保才	证券代码	002361
	公司网址	www.shen-jian.com		电子信箱	wmx@shen-jian.com	
	电　话	0553-5316355 5316333		传　真	0553-5316577	
	办公地址	安徽省芜湖市芜湖经济技术开发区桥北工业园保顺路 8 号				
	经营范围	聚酯树脂系列产品的生产销售				

	指标\报告期	2015.06.30	2014.12.31	2014.06.30	2013.12.31
主要财务指标	基本每股收益(元)	0.1360	0.2700	0.1198	0.1990
	基本每股收益(扣除后)(元)	0.1262	0.2500	0.1083	0.1733
	稀释每股收益(元)	0.1360	0.2700	0.1198	0.1733
	每股净资产(元)	3.2279	3.0919	1.9604	1.9405
	每股经营现金净流量(元)	0.1495	0.2735	0.1891	-0.1268
	每股现金流量(元)	0.0640	1.2399	-0.0363	-0.0791
	每股资本公积金(元)	1.4135	1.4135	0.3013	0.3013
	每股盈余公积金(元)	0.0980	0.0980	0.0890	0.0890
	每股未分配利润(元)	0.7164	0.5804	0.5701	0.5502
	净资产收益率(%)	4.2118	7.3345	6.1136	10.2547
	加权净资产收益率(%)	4.3000	12.6500	6.0900	10.6600
	净资产收益率(扣除)(%)	3.9099	6.9329	5.5244	8.9322
	总资产(万元)	189284.85	182661.29	130309.82	121897.52
	归属母公司股东权益(万元)	123321.70	118127.64	62731.77	62096.59
	营业收入(万元)	55896.98	124958.47	61857.40	98249.23
	营业支出(万元)	44018.42	104528.59	52261.42	84581.33
	投资收益(万元)	-73.01	-89.44	-53.02	308.85
	净利润(万元)	5202.30	8664.06	3835.17	6367.82
	营业利润(万元)	5509.18	9493.46	4084.75	6886.81
	利润总额(万元)	5969.94	10067.39	4519.59	7439.63

汉王科技股份有限公司

公司概况	公司名称	汉王科技股份有限公司			证券简称	汉王科技
	法人代表	刘迎建	董秘	朱德永	证券代码	002362
	公司网址	www.hanwang.com.cn		电子信箱	zhudy@hanwang.com.cn	
	电　话	010-82786816		传　真	010-82786786	
	办公地址	北京市海淀区东北旺西路 8 号 5 号楼三层				
	经营范围	技术开发、技术转让、技术咨询、技术服务、技术培训等				

	指标\报告期	2015.06.30	2014.12.31	2014.06.30	2013.12.31
主要财务指标	基本每股收益(元)	0.0024	0.0500	0.0100	-1.0100
	基本每股收益(扣除后)(元)	-0.0082	-0.0100	-0.0100	-1.0100
	稀释每股收益(元)	0.0024	0.0500	0.0100	-1.0100
	每股净资产(元)	3.4340	3.4188	3.3700	3.3552
	每股经营现金净流量(元)	-0.0122	0.2705	0.1112	0.1586
	每股现金流量(元)	-0.6422	0.4899	0.1357	-0.4910
	每股资本公积金(元)	4.5625	4.5497	4.5358	4.5358
	每股盈余公积金(元)	0.1109	0.1109	0.1109	0.1109
	每股未分配利润(元)	-2.2394	-2.2418	-2.2776	-2.2916
	净资产收益率(%)	0.0695	1.4554	0.4147	-30.1203
	加权净资产收益率(%)	0.0700	1.4700	0.4200	26.1800
	净资产收益率(扣除)(%)	-0.2394	-0.3616	-	-29.9910
	总资产(万元)	86399.34	85427.71	83233.87	84505.87
	归属母公司股东权益(万元)	73523.20	73197.36	72135.10	71835.96
	营业收入(万元)	18206.91	35428.55	16913.45	27873.46
	营业支出(万元)	9044.36	17994.87	9649.96	17008.17
	投资收益(万元)	611.48	745.75	529.78	378.61
	净利润(万元)	99.93	1041.16	299.13	-21637.18
	营业利润(万元)	-644.87	-619.61	-552.17	-20375.57
	利润总额(万元)	127.43	1048.20	262.78	-21730.95

山东隆基机械股份有限公司

公司概况	公司名称	山东隆基机械股份有限公司			证券简称	隆基机械
	法人代表	张海燕	董秘	刘建	证券代码	002363
	公司网址	www.sdljjx.com.cn		电子信箱	liujian@longjigroup.cn	
	电　话	0535-8881898 8842175		传　真	0535-8881899	
	办公地址	山东省龙口市外向型经济开发区				
	经营范围	生产、销售盘式制动器总成、制动毂、制动盘、轮毂、刹车片、刹车等				

	指标\报告期	2015.06.30	2014.12.31	2014.06.30	2013.12.31
主要财务指标	基本每股收益(元)	0.1200	0.1500	0.1000	0.3800
	基本每股收益(扣除后)(元)	0.1000	0.1300	0.1000	0.2600
	稀释每股收益(元)	0.1200	0.1500	0.1000	0.3800
	每股净资产(元)	4.4513	4.3766	4.3276	8.5490
	每股经营现金净流量(元)	0.4621	0.5740	0.1496	0.8734
	每股现金流量(元)	0.1716	-0.1181	-0.0182	0.4657
	每股资本公积金(元)	2.3821	2.3821	2.3819	5.7639
	每股盈余公积金(元)	0.1024	0.1024	0.0855	0.1710
	每股未分配利润(元)	0.9668	0.8921	0.8601	1.6141
	净资产收益率(%)	2.8014	3.4713	2.3818	4.1326
	加权净资产收益率(%)	2.8100	3.5100	2.3800	4.6200
	净资产收益率(扣除)(%)	2.1657	2.9781	2.3389	2.8826
	总资产(万元)	240134.44	230829.82	229241.65	224838.85
	归属母公司股东权益(万元)	133004.95	130772.98	129307.79	127721.87
	营业收入(万元)	71547.48	123803.36	61131.18	113215.80
	营业支出(万元)	58975.60	101612.74	49800.57	92420.50
	投资收益(万元)	-19.03	289.51	157.34	43.82
	净利润(万元)	3603.30	4445.72	3079.91	5278.23
	营业利润(万元)	3255.52	4617.21	3544.05	4191.45
	利润总额(万元)	4396.07	5392.21	3612.38	6357.62

杭州中恒电气股份有限公司

公司概况				
公司名称	杭州中恒电气股份有限公司		证券简称	中恒电气
法人代表	朱国锭	董秘 陈志云	证券代码	002364
公司网址	www.hzzh.com		电子信箱	zhengquan@hzzh.com
电　　话	0571-86699838		传　　真	0571-86699755
办公地址	浙江省杭州市高新区之江科技工业园东信大道69号			
经营范围	高频开关电源设备、不间断电源设备、逆变器、光纤通信设备、电力自动化设备等			

主要财务指标 指标\报告期	2015.06.30	2014.12.31	2014.06.30	2013.12.31
基本每股收益(元)	0.1200	0.4900	0.1800	0.3500
基本每股收益(扣除后)(元)	0.1100	0.4800	0.1700	0.3300
稀释每股收益(元)	0.1200	0.4900	0.1800	0.3500
每股净资产(元)	2.0100	3.6800	3.4710	3.3875
每股经营现金净流量(元)	-0.0859	-0.0207	-0.0959	-0.0324
每股现金流量(元)	-0.2114	-0.2054	-0.4063	-0.5647
每股资本公积金(元)	0.0500	0.7763	0.8237	0.8237
每股盈余公积金(元)	0.0847	0.1698	0.1514	0.1514
每股未分配利润(元)	0.8753	1.7363	1.4958	1.4124
净资产收益率(%)	6.1586	13.0738	5.2853	10.3320
加权净资产收益率(%)	6.5100	14.0500	5.3000	10.8400
净资产收益率(扣除)(%)	5.6406	12.8139	4.9929	9.8526
总资产(万元)	128829.31	120631.64	103541.60	98528.27
归属母公司股东权益(万元)	105172.66	96153.79	88210.93	86090.13
营业收入(万元)	32032.77	60090.65	21706.18	43188.53
营业支出(万元)	18616.74	32444.03	11505.77	23270.98
投资收益(万元)	-202.88	-342.12	-144.05	-180.57
净利润(万元)	6413.86	12570.93	4662.17	8894.84
营业利润(万元)	6768.31	13230.92	4912.80	9101.09
利润总额(万元)	7528.97	14331.64	5349.40	10215.86

潜江永安药业股份有限公司

公司概况				
公司名称	潜江永安药业股份有限公司		证券简称	永安药业
法人代表	陈勇	董秘 吴晓波	证券代码	002365
公司网址	www.chinataurine.com		电子信箱	tzz@chinataurine.com
电　　话	0728-6204039		传　　真	0728-6202797
办公地址	湖北省潜江市泽口经济开发区广泽大道2号			
经营范围	主要从事牛磺酸产品的研发、生产和销售			

主要财务指标 指标\报告期	2015.06.30	2014.12.31	2014.06.30	2013.12.31
基本每股收益(元)	0.0700	0.1700	0.1000	0.1200
基本每股收益(扣除后)(元)	0.0200	0.1000	0.0700	0.0600
稀释每股收益(元)	0.0700	0.1700	0.1000	0.1200
每股净资产(元)	5.9315	5.9245	5.8546	5.7746
每股经营现金净流量(元)	0.1220	0.1030	-0.0058	0.3404
每股现金流量(元)	0.1390	-0.5000	-0.0131	-0.5171
每股资本公积金(元)	3.2330	3.2330	3.2330	3.2330
每股盈余公积金(元)	0.2944	0.2944	0.2683	0.2683
每股未分配利润(元)	1.3927	1.3869	1.3458	1.2733
净资产收益率(%)	1.1090	2.8633	1.7501	2.1305
加权净资产收益率(%)	1.1000	2.9000	1.7600	2.0800
净资产收益率(扣除)(%)	0.3663	1.6151	1.1935	1.0801
总资产(万元)	119690.85	118702.93	118432.95	120235.31
归属母公司股东权益(万元)	110918.25	110788.67	109480.75	107985.03
营业收入(万元)	30107.57	65841.71	27889.81	52271.82
营业支出(万元)	24909.00	55678.55	22827.50	43777.00
投资收益(万元)	720.04	1197.66	568.39	808.67
净利润(万元)	1205.79	3172.23	1915.99	2300.66
营业利润(万元)	1256.57	3273.36	2261.70	2242.25
利润总额(万元)	1533.02	3718.70	2412.27	2767.94

台海玛努尔核电设备股份有限公司

公司概况				
公司名称	台海玛努尔核电设备股份有限公司		证券简称	台海核电
法人代表	罗志中	董秘 姜明杰	证券代码	002366
公司网址	www.scdanfu.cn		电子信箱	4501@scdanfu.cn
电　　话	028-38926346		传　　真	028-38926346
办公地址	四川省青神县黑龙镇丹甫工业园			
经营范围	生产、销售制冷压缩机、冷冻冷藏设备、冷气工程、环试设备、家用电器及其他机电设备等			

主要财务指标 指标\报告期	2015.06.30	2014.12.31	2014.06.30	2013.12.31
基本每股收益(元)	0.0900	0.2640	0.2000	0.2183
基本每股收益(扣除后)(元)	0.0800	0.2182	0.1950	0.2028
稀释每股收益(元)	0.0900	0.2640	0.2000	0.2183
每股净资产(元)	5.5778	5.4919	5.4284	5.4778
每股经营现金净流量(元)	0.3137	0.1320	0.0875	0.8617
每股现金流量(元)	0.3082	0.1090	0.1920	0.0988
每股资本公积金(元)	3.5423	1.3055	3.5423	3.5423
每股盈余公积金(元)	0.2674	0.2512	0.2410	0.2410
每股未分配利润(元)	0.7680	2.3971	0.6451	0.6944
净资产收益率(%)	1.5410	4.8079	3.6960	3.9859
加权净资产收益率(%)	1.5500	4.8500	3.6500	4.0100
净资产收益率(扣除)(%)	1.4133	3.9730	3.5924	3.7022
总资产(万元)	93029.71	327564.55	91475.54	91246.04
归属母公司股东权益(万元)	74463.74	74308.36	72469.76	73128.79
营业收入(万元)	26944.67	57346.62	31477.54	61629.14
营业支出(万元)	22815.72	47433.20	25612.28	50328.58
投资收益(万元)	-	440.70	440.70	-
净利润(万元)	1147.52	3524.94	2678.47	2914.84
营业利润(万元)	1124.82	3603.52	2867.36	2732.03
利润总额(万元)	1236.71	3882.95	2955.68	2467.28

康力电梯股份有限公司

公司概况				
公司名称	康力电梯股份有限公司		证券简称	康力电梯
法人代表	王友林	董秘 刘占涛	证券代码	002367
公司网址	www.canny-elevator.com		电子信箱	dongmiban@canny-elevator.com
电　　话	0512-63293967		传　　真	0512-63299905
办公地址	江苏省苏州市吴江市汾湖经济开发区康力大道888号			
经营范围	制造加工销售电梯、自动扶梯、自动人行道、停车设备、电控设备等			

主要财务指标 指标\报告期	2015.06.30	2014.12.31	2014.06.30	2013.12.31
基本每股收益(元)	0.2711	0.5444	0.2072	0.7478
基本每股收益(扣除后)(元)	0.2418	0.5002	0.1900	0.7400
稀释每股收益(元)	0.2711	0.5444	0.2072	0.7478
每股净资产(元)	2.7734	2.7447	2.3991	4.5309
每股经营现金净流量(元)	0.0416	0.7617	0.4385	0.8630
每股现金流量(元)	-0.0153	-0.4574	-0.1853	-0.9388
每股资本公积金(元)	0.4717	0.4678	0.4623	2.1186
每股盈余公积金(元)	0.1337	0.1337	0.0906	0.1760
每股未分配利润(元)	1.1569	1.1357	0.8403	1.5206
净资产收益率(%)	9.7766	19.8502	8.6375	16.1046
加权净资产收益率(%)	9.6800	21.7600	8.7600	17.0500
净资产收益率(扣除)(%)	8.7186	18.2358	8.0947	15.8568
总资产(万元)	368181.11	377824.50	347262.76	297670.68
归属母公司股东权益(万元)	204841.18	202722.80	177346.37	172478.70
营业收入(万元)	146957.36	282128.20	122208.44	222839.69
营业支出(万元)	95460.78	184610.29	80019.98	152825.30
投资收益(万元)	2564.79	2368.96	438.11	-
净利润(万元)	20067.19	40462.22	15318.23	27777.03
营业利润(万元)	24383.00	44511.77	17567.71	31940.74
利润总额(万元)	24135.89	46070.02	18264.57	32426.99

太极计算机股份有限公司

公司概况	公司名称	太极计算机股份有限公司		证券简称	太极股份
	法人代表	李建明	董秘 柴永茂	证券代码	002368
	公司网址	www.taiji.com.cn		电子信箱	zhengjiyun@mail.taiji.com.cn
	电　话	010-51616309		传　真	010-51616309
	办公地址	北京市海淀区北四环中路211号			
	经营范围	行业解决方案与服务、IT咨询及IT产品增值服务			

主要财务指标	指标\报告期	2015.06.30	2014.12.31	2014.06.30	2013.12.31
	基本每股收益(元)	0.0600	0.7100	0.2400	0.7500
	基本每股收益(扣除后)(元)	0.0600	0.6300	0.2300	0.6600
	稀释每股收益(元)	0.0600	0.7100	0.2400	0.7500
	每股净资产(元)	4.8060	7.2806	6.8035	6.7674
	每股经营现金净流量(元)	-1.3148	-0.0616	-2.9960	1.4187
	每股现金流量(元)	-1.1250	-0.7414	-2.3425	1.3025
	每股资本公积金(元)	2.2865	3.8169	3.8169	3.8169
	每股盈余公积金(元)	0.1672	0.2532	0.2073	0.2073
	每股未分配利润(元)	1.3524	2.2105	1.7793	1.7432
	净资产收益率(%)	0.8210	9.7961	3.4708	9.5210
	加权净资产收益率(%)	0.8100	10.1500	3.3900	14.4800
	净资产收益率(扣除)(%)	0.7716	8.6893	3.4394	8.4629
	总资产(万元)	422310.87	415892.17	366819.87	386155.35
	归属母公司股东权益(万元)	199737.48	199788.90	186697.32	185705.59
	营业收入(万元)	164015.28	425562.21	200877.93	336637.61
	营业支出(万元)	136421.90	355233.60	170199.43	278846.33
	投资收益(万元)	-281.57	209.68	-207.79	192.35
	净利润(万元)	1369.96	19819.05	6479.97	17680.98
	营业利润(万元)	75.78	18049.65	6889.00	16210.29
	利润总额(万元)	1854.57	21833.80	7599.32	19262.14

深圳市卓翼科技股份有限公司

公司概况	公司名称	深圳市卓翼科技股份有限公司		证券简称	卓翼科技
	法人代表	夏传武	董秘 魏代英	证券代码	002369
	公司网址	www.zowee.com.cn		电子信箱	message@zowee.com.cn
	电　话	0755-26997888 26986749		传　真	0755-26986712
	办公地址	广东省深圳市南山区西丽平山民企科技工业园5栋			
	经营范围	计算机周边板卡、消费数码产品、通讯网络产品、音响产品、广播电影电视器材等			

主要财务指标	指标\报告期	2015.06.30	2014.12.31	2014.06.30	2013.12.31
	基本每股收益(元)	-0.0500	0.0900	0.0700	0.3700
	基本每股收益(扣除后)(元)	-0.0700	0.0800	0.0600	0.3600
	稀释每股收益(元)	-0.0500	0.0900	0.0700	0.3700
	每股净资产(元)	2.8023	2.8367	2.8839	5.6914
	每股经营现金净流量(元)	0.5358	0.0094	0.1785	0.1412
	每股现金流量(元)	0.1225	0.1465	0.6571	-0.8758
	每股资本公积金(元)	1.3139	1.3089	1.3544	3.6341
	每股盈余公积金(元)	0.1247	0.1239	0.1008	0.2066
	每股未分配利润(元)	0.3821	0.4283	0.4288	0.8507
	净资产收益率(%)	-1.7433	3.1759	2.3390	6.5578
	加权净资产收益率(%)	-1.7300	3.2300	2.4100	6.7200
	净资产收益率(扣除)(%)	-2.2980	2.8977	2.0853	6.2829
	总资产(万元)	288069.01	326273.84	302023.14	231121.85
	归属母公司股东权益(万元)	137020.17	139560.66	141884.22	136593.01
	营业收入(万元)	178945.76	358687.75	157045.78	204362.00
	营业支出(万元)	170350.83	331074.69	144347.19	182449.05
	投资收益(万元)	-	144.40	-	-
	净利润(万元)	-2455.24	4432.33	3318.73	8957.50
	营业利润(万元)	-2637.45	5526.54	3868.04	10399.93
	利润总额(万元)	-1743.27	5906.48	4291.55	10862.10

浙江亚太药业股份有限公司

公司概况	公司名称	浙江亚太药业股份有限公司		证券简称	亚太药业
	法人代表	陈尧根	董秘 孙黎明	证券代码	002370
	公司网址	www.ytyaoye.com		电子信箱	ytdsh@ytyaoye.com
	电　话	0575-84810101		传　真	0575-84810101
	办公地址	浙江省绍兴市绍兴县云集路1152号			
	经营范围	化学制剂药的开发、生产与销售			

主要财务指标	指标\报告期	2015.06.30	2014.12.31	2014.06.30	2013.12.31
	基本每股收益(元)	0.1500	0.2000	0.1100	0.0300
	基本每股收益(扣除后)(元)	0.1500	0.1900	0.1000	0.0300
	稀释每股收益(元)	0.1500	0.2000	0.1100	0.0300
	每股净资产(元)	3.7304	3.6633	3.5711	3.4795
	每股经营现金净流量(元)	0.1327	0.3594	0.0418	0.1526
	每股现金流量(元)	-0.0582	-0.2222	-0.3336	0.0895
	每股资本公积金(元)	1.6780	1.6780	1.6886	1.6875
	每股盈余公积金(元)	0.1795	0.1795	0.1555	0.1555
	每股未分配利润(元)	0.8461	0.7913	0.7269	0.6365
	净资产收益率(%)	4.1479	5.4285	3.0929	0.7720
	加权净资产收益率(%)	4.1700	5.5700	3.1500	0.7800
	净资产收益率(扣除)(%)	4.1410	5.0707	2.7371	0.7310
	总资产(万元)	89789.34	84852.75	78644.95	80186.21
	归属母公司股东权益(万元)	76099.64	74731.47	72850.52	70982.57
	营业收入(万元)	19960.24	37560.18	19488.70	31363.72
	营业支出(万元)	10808.03	23161.76	12659.62	21662.78
	投资收益(万元)	35.94	27.23	27.23	26.29
	净利润(万元)	3156.56	4056.80	2253.16	548.02
	营业利润(万元)	3688.22	4561.76	2394.30	581.50
	利润总额(万元)	3674.13	4838.81	2679.71	579.95

北京七星华创电子股份有限公司

公司概况	公司名称	北京七星华创电子股份有限公司		证券简称	七星电子
	法人代表	王彦伶	董秘 徐加力	证券代码	002371
	公司网址	www.sevenstar.com.cn		电子信箱	zbzq@sevenstar.com.cn
	电　话	010-64369908		传　真	010-64369908
	办公地址	北京市朝阳区酒仙桥东路1号			
	经营范围	从事基础电子产品的研发、生产、销售和技术服务业务			

主要财务指标	指标\报告期	2015.06.30	2014.12.31	2014.06.30	2013.12.31
	基本每股收益(元)	0.0600	0.1200	0.0600	0.2900
	基本每股收益(扣除后)(元)	-	0.0100	0.0300	0.2400
	稀释每股收益(元)	0.0600	0.1200	0.0600	0.2900
	每股净资产(元)	5.2553	5.1984	5.1400	5.1795
	每股经营现金净流量(元)	-0.2343	0.2636	-0.1042	-0.0742
	每股现金流量(元)	-0.2174	-0.1428	-0.2460	-0.9249
	每股资本公积金(元)	2.3759	2.3759	2.3759	2.3759
	每股盈余公积金(元)	0.1637	0.1637	0.1637	0.1637
	每股未分配利润(元)	1.7169	1.6601	1.5982	1.6412
	净资产收益率(%)	1.0821	2.2870	1.1093	5.6513
	加权净资产收益率(%)	1.0900	2.2900	1.0900	5.7900
	净资产收益率(扣除)(%)	0.0874	0.1183	-	4.6785
	总资产(万元)	409170.45	388615.96	393804.82	374606.50
	归属母公司股东权益(万元)	185091.11	183087.22	180905.81	182422.12
	营业收入(万元)	31838.68	96173.41	38043.59	85952.71
	营业支出(万元)	17037.60	62878.44	22563.24	49935.84
	投资收益(万元)	-	0.95	0.95	-
	净利润(万元)	3199.90	7352.45	2006.81	10309.24
	营业利润(万元)	1705.77	5650.82	3006.60	13745.46
	利润总额(万元)	3911.58	10022.70	4311.96	15905.22

浙江伟星新型建材股份有限公司

公司概况

公司名称	浙江伟星新型建材股份有限公司			证券简称	伟星新材
法人代表	金红阳	董秘	谭梅	证券代码	002372
公司网址	www.china-pipes.com		电子信箱	wxxc@china-pipes.com	
电　　话	0576-85225086		传　　真	0576-85305080	
办公地址	浙江省临海市经济开发区				
经营范围	塑料管道制造、加工、塑料管道、新型建筑材料及原辅辅料、卫生洁具等				

主要财务指标

指标\报告期	2015.06.30	2014.12.31	2014.06.30	2013.12.31
基本每股收益(元)	0.3300	0.8900	0.2900	0.7300
基本每股收益(扣除后)(元)	0.3100	0.8600	0.3700	0.9300
稀释每股收益(元)	0.3300	0.8800	0.2900	0.7300
每股净资产(元)	3.6300	4.8300	4.3100	5.8361
每股经营现金净流量(元)	0.1971	1.1708	0.3979	1.2579
每股现金流量(元)	-0.3064	-0.2415	-0.3602	0.0299
每股资本公积金(元)	1.5797	2.2708	2.2642	3.1406
每股盈余公积金(元)	0.2306	0.3043	0.2370	0.3118
每股未分配利润(元)	0.8174	1.2539	0.8113	1.3837
净资产收益率(%)	9.0711	18.3163	8.6854	16.2275
加权净资产收益率(%)	8.5900	19.1200	8.1100	17.0900
净资产收益率(扣除)(%)	8.5252	17.7326	8.6360	15.7891
总资产(万元)	259640.58	255933.96	227608.22	230131.33
归属母公司股东权益(万元)	209933.11	211697.14	189054.94	194529.35
营业收入(万元)	111614.60	235367.76	102313.03	215881.44
营业支出(万元)	63970.70	138729.73	60576.94	131420.10
投资收益(万元)	690.95	242.00	179.01	-
净利润(万元)	19043.25	38775.16	16420.12	31567.30
营业利润(万元)	21678.66	44004.14	19383.19	36677.39
利润总额(万元)	22422.44	45502.37	19569.60	37950.92

北京千方科技股份有限公司

公司概况

公司名称	北京千方科技股份有限公司			证券简称	千方科技
法人代表	夏曙东	董秘	周洲	证券代码	002373
公司网址	www.ctfo.com		电子信箱	securities@ctfo.com	
电　　话	010-61959518		传　　真	010-61959666	
办公地址	中国北京市海淀区学院路39号唯实大厦9层				
经营范围	行业应用软件开发、计算机信息系统集成和专业技术服务				

主要财务指标

指标\报告期	2015.06.30	2014.12.31	2014.06.30	2013.12.31
基本每股收益(元)	0.2200	0.5400	0.2100	-0.9300
基本每股收益(扣除后)(元)	0.2100	0.4700	0.2000	-0.9400
稀释每股收益(元)	0.2200	0.5400	0.2100	-
每股净资产(元)	2.0085	1.8917	1.5700	3.4480
每股经营现金净流量(元)	-0.3881	0.3224	-0.1316	-0.0553
每股现金流量(元)	-0.4493	0.2396	-0.0690	-0.3348
每股资本公积金(元)	-0.2717	-0.2717	-0.2693	-0.5629
每股盈余公积金(元)	0.0498	0.0498	0.0290	0.0398
每股未分配利润(元)	1.2304	1.1136	0.8123	0.8799
净资产收益率(%)	10.7899	26.0627	10.8745	-26.8716
加权净资产收益率(%)	10.7500	32.6800	14.1100	-23.6800
净资产收益率(扣除)(%)	10.4008	22.5393	10.1830	-27.3154
总资产(万元)	231060.43	219745.48	203330.97	186589.97
归属母公司股东权益(万元)	101529.15	95629.35	79468.46	49991.86
营业收入(万元)	72297.41	136071.83	60291.09	34928.17
营业支出(万元)	51815.87	96835.09	45038.95	27510.10
投资收益(万元)	1007.97	2865.19	1152.43	-
净利润(万元)	11813.37	26819.43	8641.79	-12699.20
营业利润(万元)	11897.32	25449.66	9903.23	-14104.50
利润总额(万元)	12857.19	29113.71	10530.61	-13098.89

山东丽鹏股份有限公司

公司概况

公司名称	山东丽鹏股份有限公司			证券简称	丽鹏股份
法人代表	孙鲲鹏	董秘	李海霞	证券代码	002374
公司网址	www.lp.com.cn		电子信箱	haixia5229@sina.com	
电　　话	0535-4660587		传　　真	0535-4660587	
办公地址	山东省烟台市牟平区姜格庄街道办事处丽鹏路1号				
经营范围	专业从事铝板复合型防伪印刷、防伪瓶盖的生产、销售及相关业务等				

主要财务指标

指标\报告期	2015.06.30	2014.12.31	2014.06.30	2013.12.31
基本每股收益(元)	0.1500	0.1600	0.0800	0.2000
基本每股收益(扣除后)(元)	0.1500	0.1300	0.0700	0.1700
稀释每股收益(元)	0.1500	0.1600	0.0800	0.2000
每股净资产(元)	5.8163	5.6626	4.2527	4.2251
每股经营现金净流量(元)	-0.1998	0.2973	0.1594	0.4580
每股现金流量(元)	-0.0903	-0.0756	-0.2768	-0.7442
每股资本公积金(元)	4.1234	4.1234	2.4103	2.4103
每股盈余公积金(元)	0.0445	0.0445	0.0691	0.0691
每股未分配利润(元)	0.6485	0.4947	0.7734	0.7457
净资产收益率(%)	2.6432	1.6795	1.8258	4.6786
加权净资产收益率(%)	2.6800	3.8300	1.8300	4.7100
净资产收益率(扣除)(%)	2.5318	1.3249	1.6184	4.0935
总资产(万元)	313690.07	289128.06	126089.38	126756.30
归属母公司股东权益(万元)	191737.06	186669.09	81401.02	80871.88
营业收入(万元)	61919.97	70192.31	29780.32	66060.18
营业支出(万元)	48411.66	55673.88	23191.63	51850.63
投资收益(万元)	439.98	12.71	-	17.79
净利润(万元)	5190.28	3508.21	1486.19	3783.64
营业利润(万元)	5797.01	3949.47	1993.08	4602.87
利润总额(万元)	6042.62	4751.38	2205.20	5208.55

浙江亚厦装饰股份有限公司

公司概况

公司名称	浙江亚厦装饰股份有限公司			证券简称	亚厦股份
法人代表	丁海富	董秘	吴青谊	证券代码	002375
公司网址	www.chinayasha.com		电子信箱	002375@yashazs.com	
电　　话	0571-89880808　89880086		传　　真	0571-89880809	
办公地址	浙江省杭州市望江东路299号冠盛大厦				
经营范围	建筑装饰装修工程、建筑幕墙工程、钢结构工程、消防工程、水电工程等				

主要财务指标

指标\报告期	2015.06.30	2014.12.31	2014.06.30	2013.12.31
基本每股收益(元)	0.3600	1.1800	0.7200	1.4100
基本每股收益(扣除后)(元)	0.3600	1.1600	0.7200	1.4000
稀释每股收益(元)	0.3600	1.1700	0.7200	1.4100
每股净资产(元)	5.1125	7.2432	8.7066	6.8120
每股经营现金净流量(元)	-0.6694	0.1659	-1.0014	0.2040
每股现金流量(元)	-1.0172	0.9392	0.3041	-0.9838
每股资本公积金(元)	1.3600	2.5447	3.5829	2.1069
每股盈余公积金(元)	0.1859	0.2790	0.2660	0.2869
每股未分配利润(元)	2.5666	3.4195	3.8577	3.4181
净资产收益率(%)	7.0662	15.9881	7.9093	20.6691
加权净资产收益率(%)	7.2100	18.5000	9.5500	22.8600
净资产收益率(扣除)(%)	6.9758	15.7419	7.8419	20.5567
总资产(万元)	1861761.46	1774001.08	1525401.14	1269557.18
归属母公司股东权益(万元)	684128.01	645869.01	596725.58	432858.12
营业收入(万元)	533137.32	1291711.23	627971.06	1214294.74
营业支出(万元)	436177.46	1047584.86	516379.37	996874.64
投资收益(万元)	498.01	1668.64	410.32	-
净利润(万元)	50084.49	106900.39	47196.73	89467.78
营业利润(万元)	59244.94	124532.27	57285.56	105145.57
利润总额(万元)	59549.40	124728.92	57394.64	105889.45

山东新北洋信息技术股份有限公司

公司概况

公司名称	山东新北洋信息技术股份有限公司			证券简称	新北洋
法人代表	丛强滋	董秘	荣波	证券代码	002376
公司网址	www.newbeiyang.com.cn	电子信箱	snbc@newbeiyang.com		
电话	0631-5675777	传真	0631-5680499		
办公地址	东省威海市环翠区昆仑路126号				
经营范围	专业从事专用打印机及相关产品的研发、生产、销售和服务				

主要财务指标

指标\报告期	2015.06.30	2014.12.31	2014.06.30	2013.12.31
基本每股收益(元)	0.1000	0.5100	0.4300	0.3800
基本每股收益(扣除后)(元)	0.0900	0.2000	0.1400	0.3400
稀释每股收益(元)	0.1000	0.5100	0.4300	0.3800
每股净资产(元)	3.0389	3.0377	2.9585	2.6287
每股经营现金净流量(元)	0.1633	0.2958	-0.0141	0.0974
每股现金流量(元)	0.2874	0.1655	-0.0050	-0.1958
每股资本公积金(元)	0.5287	0.5281	0.5261	0.5261
每股盈余公积金(元)	0.2676	0.2676	0.2290	0.2290
每股未分配利润(元)	1.2455	1.2437	1.2034	0.8736
净资产收益率(%)	3.3486	16.8130	14.5281	14.3950
加权净资产收益率(%)	3.3000	18.0800	15.1200	15.2000
净资产收益率(扣除)(%)	3.0745	6.5972	4.6084	13.0186
总资产(万元)	288611.78	274404.60	268484.82	236536.54
归属母公司股东权益(万元)	182335.13	182260.93	177510.30	157723.62
营业收入(万元)	46752.87	99243.85	39258.52	85586.11
营业支出(万元)	25120.68	54235.29	22364.22	44611.88
投资收益(万元)	355.50	21832.13	21009.78	3223.76
净利润(万元)	7619.78	33437.47	25788.96	22704.30
营业利润(万元)	7104.66	31122.03	25013.13	20928.46
利润总额(万元)	8994.18	35111.26	27020.06	25866.20

湖北国创高新材料股份有限公司

公司概况

公司名称	湖北国创高新材料股份有限公司			证券简称	国创高新
法人代表	高庆寿	董秘	彭雅超	证券代码	002377
公司网址	www.guochuang.com.cn	电子信箱	p20732@sina.com		
电话	027-87617347	传真	027-87617400		
办公地址	湖北省武汉东湖开发区武大科技园武大园三路八号国创高科实业集团办公大楼				
经营范围	研制、生产、销售成品改性沥青、沥青改性设备等				

主要财务指标

指标\报告期	2015.06.30	2014.12.31	2014.06.30	2013.12.31
基本每股收益(元)	0.0102	0.1000	0.0045	0.0600
基本每股收益(扣除后)(元)	0.0085	0.1400	0.0087	0.0600
稀释每股收益(元)	0.0102	0.1000	0.0045	0.0600
每股净资产(元)	1.7235	1.7178	3.5319	3.4895
每股经营现金净流量(元)	-0.1803	-0.0193	-0.6193	-0.1439
每股现金流量(元)	-0.2463	0.1990	0.7130	0.5642
每股资本公积金(元)	0.4068	0.4010	1.7721	1.7207
每股盈余公积金(元)	0.0387	0.0387	0.0715	0.0733
每股未分配利润(元)	0.2990	0.2888	0.6883	0.6956
净资产收益率(%)	0.5897	5.9387	0.2538	2.3064
加权净资产收益率(%)	0.6100	5.8900	0.2600	2.3300
净资产收益率(扣除)(%)	0.4935	5.7799	0.2459	1.8707
总资产(万元)	205519.41	231763.50	215456.27	168741.87
归属母公司股东权益(万元)	75513.59	75261.89	77394.80	74676.33
营业收入(万元)	46322.32	193421.26	46329.53	117172.75
营业支出(万元)	40778.04	170347.43	39952.99	103429.88
投资收益(万元)	138.04	-17.80	17.23	39.72
净利润(万元)	808.10	4640.12	245.96	1789.29
营业利润(万元)	1243.31	5502.25	876.86	1839.20
利润总额(万元)	1336.01	5614.25	885.09	2188.44

崇义章源钨业股份有限公司

公司概况

公司名称	崇义章源钨业股份有限公司			证券简称	章源钨业
法人代表	黄泽兰	董秘	刘佶	证券代码	002378
公司网址	www.zy-tungsten.com	电子信箱	info@zy-tungsten.com		
电话	0797-3813839	传真	0797-3813839		
办公地址	江西省赣州市崇义县城塔下				
经营范围	钨及其他金属矿产品采掘、钨制品的冶炼和深加工、钨制品销售				

主要财务指标

指标\报告期	2015.06.30	2014.12.31	2014.06.30	2013.12.31
基本每股收益(元)	-0.0300	0.1500	0.0900	0.2500
基本每股收益(扣除后)(元)	-0.0500	0.1300	0.0900	0.2500
稀释每股收益(元)	-0.0300	0.1500	0.0900	0.2500
每股净资产(元)	2.2042	4.4724	3.3700	3.3225
每股经营现金净流量(元)	0.1377	0.1993	0.1748	0.3186
每股现金流量(元)	0.0926	0.0738	-0.0589	0.1311
每股资本公积金(元)	0.6223	2.2447	1.1085	1.1085
每股盈余公积金(元)	0.1569	0.3138	0.2998	0.2998
每股未分配利润(元)	0.4090	0.8792	0.9291	0.8855
净资产收益率(%)	-1.3893	3.1509	2.7798	7.6209
加权净资产收益率(%)	-1.3300	4.2200	2.7900	7.7700
净资产收益率(扣除)(%)	-2.2628	2.7974	2.5729	7.6628
总资产(万元)	318931.33	316512.31	293909.71	299397.04
归属母公司股东权益(万元)	203705.52	206660.83	144212.38	142273.65
营业收入(万元)	72778.99	203882.95	101524.62	195247.02
营业支出(万元)	65529.78	165339.07	82292.22	149065.34
投资收益(万元)	406.89	1111.22	474.35	1041.83
净利润(万元)	-2830.17	6511.67	4008.83	10842.57
营业利润(万元)	-4412.45	8860.65	5084.17	14505.19
利润总额(万元)	-2342.58	9647.42	5399.74	14389.57

鲁丰环保科技股份有限公司

公司概况

公司名称	鲁丰环保科技股份有限公司			证券简称	鲁丰环保
法人代表	于荣强	董秘	王连永	证券代码	002379
公司网址	www.loften.com.cn	电子信箱	stock@loften.cn		
电话	0543-2161727 2385777	传真	0543-2161727		
办公地址	山东省滨州市博兴县滨博大街1568号				
经营范围	板带箔生产、加工、销售等				

主要财务指标

指标\报告期	2015.06.30	2014.12.31	2014.06.30	2013.12.31
基本每股收益(元)	-0.0700	-0.3733	-0.0200	0.0200
基本每股收益(扣除后)(元)	-0.0700	-0.4433	-0.0200	0.0100
稀释每股收益(元)	-0.0700	-0.3733	-0.0200	0.0200
每股净资产(元)	1.3449	1.4144	1.7700	3.5853
每股经营现金净流量(元)	-0.1264	-0.4660	0.8084	0.5919
每股现金流量(元)	-0.2622	-0.2670	0.3145	0.1898
每股资本公积金(元)	0.6120	0.6120	0.6120	2.2240
每股盈余公积金(元)	0.0125	0.0125	0.0125	0.0250
每股未分配利润(元)	-0.2799	-0.2100	0.1440	0.3365
净资产收益率(%)	-5.1969	-26.3902	-1.0885	0.4462
加权净资产收益率(%)	-5.0700	-23.2800	-1.0800	0.4500
净资产收益率(扣除)(%)	5.1951	31.3412	1.0877	0.1843
总资产(万元)	428536.12	505140.94	750914.42	679754.60
归属母公司股东权益(万元)	124593.58	131034.13	163815.13	166069.99
营业收入(万元)	89219.66	203906.22	118533.67	241268.88
营业支出(万元)	86225.56	207047.98	106942.10	211331.62
投资收益(万元)	-	5711.91	50.74	30.00
净利润(万元)	-6475.05	-34661.83	-1783.11	741.02
营业利润(万元)	-7939.85	-40583.81	-2493.58	734.15
利润总额(万元)	-7943.08	-40534.12	-2490.44	1271.21

南京科远自动化集团股份有限公司

公司概况	公司名称	南京科远自动化集团股份有限公司			证券简称	科远股份
	法人代表	刘国耀	董秘	赵文庆	证券代码	002380
	公司网址	www.sciyon.com		电子信箱	sciyon@sciyon.com	
	电　话	025-68598968*9808		传　真	025-68598948	
	办公地址	江苏省南京市江宁经济技术开发区西门子路27号				
	经营范围	热工自动化和电厂信息化产品研发、生产、销售和服务				

主要财务指标	指标\报告期	2015.06.30	2014.12.31	2014.06.30	2013.12.31
	基本每股收益(元)	0.2400	0.4200	0.1900	0.4700
	基本每股收益(扣除后)(元)	0.2000	0.3700	0.1700	0.3600
	稀释每股收益(元)	0.2400	0.4200	0.1900	0.4700
	每股净资产(元)	9.3543	9.2512	9.0245	13.4030
	每股经营现金净流量(元)	-0.1230	0.2152	0.0437	0.7883
	每股现金流量(元)	-0.5221	-0.3485	-0.2984	-0.2475
	每股资本公积金(元)	6.0499	6.0499	6.0510	9.5765
	每股盈余公积金(元)	0.3154	0.3154	0.2691	0.4037
	每股未分配利润(元)	1.9890	1.8859	1.7044	2.4228
	净资产收益率(%)	2.5991	4.5070	2.0962	3.5343
	加权净资产收益率(%)	2.6100	4.5900	2.1000	3.5800
	净资产收益率(扣除)(%)	2.1563	4.0334	1.8582	2.6833
	总资产(万元)	115820.98	112164.04	110876.96	107119.49
	归属母公司股东权益(万元)	95413.88	94361.96	92050.05	91140.46
	营业收入(万元)	16704.93	31430.33	13460.90	24272.50
	营业支出(万元)	9040.01	17509.92	7654.41	14475.22
	投资收益(万元)	-	-	-	-
	净利润(万元)	2475.70	4355.05	1929.58	3221.20
	营业利润(万元)	1637.08	3075.40	1325.15	1614.21
	利润总额(万元)	2667.54	4903.34	2102.00	3613.25

浙江双箭橡胶股份有限公司

公司概况	公司名称	浙江双箭橡胶股份有限公司			证券简称	双箭股份
	法人代表	沈耿亮	董秘	张梁铨	证券代码	002381
	公司网址	www.doublearrow.net		电子信箱	chenbaisong@188.com	
	电　话	0573-88533979		传　真	0573-88531023	
	办公地址	浙江省桐乡市洲泉镇晚村				
	经营范围	橡胶制品，帆布的生产、销售				

主要财务指标	指标\报告期	2015.06.30	2014.12.31	2014.06.30	2013.12.31
	基本每股收益(元)	0.1500	0.5700	0.1900	0.6100
	基本每股收益(扣除后)(元)	0.1500	0.5400	0.2800	0.5800
	稀释每股收益(元)	0.1500	0.5700	0.1900	0.6100
	每股净资产(元)	3.2544	4.9579	4.6730	4.5903
	每股经营现金净流量(元)	0.2908	0.6772	0.3045	0.4428
	每股现金流量(元)	-0.1764	-0.0154	-0.0973	0.0128
	每股资本公积金(元)	0.8100	1.7151	1.7164	1.7164
	每股盈余公积金(元)	0.1872	0.2807	0.2209	0.2209
	每股未分配利润(元)	1.2572	1.9621	1.7357	1.6531
	净资产收益率(%)	4.5829	11.5000	6.0492	13.3713
	加权净资产收益率(%)	4.4600	12.0200	6.0600	14.1200
	净资产收益率(扣除)(%)	4.5185	10.9211	5.9720	12.5985
	总资产(万元)	151730.06	151072.38	141129.81	139158.78
	归属母公司股东权益(万元)	114230.44	116015.40	109348.71	107413.94
	营业收入(万元)	46113.66	110209.68	51452.41	113261.94
	营业支出(万元)	33076.24	78928.65	37401.98	81138.77
	投资收益(万元)	5.87	7.33	7.33	45.52
	净利润(万元)	5132.45	13396.83	6669.45	14583.87
	营业利润(万元)	5885.85	14697.01	7601.00	17053.08
	利润总额(万元)	6178.40	16276.88	7952.22	18336.04

蓝帆医疗股份有限公司

公司概况	公司名称	蓝帆医疗股份有限公司			证券简称	蓝帆医疗
	法人代表	刘文静	董秘	韩邦友	证券代码	002382
	公司网址	www.bluesail.cn		电子信箱	stock@bluesail.cn	
	电　话	0533-7871008		传　真	0533-7871018	
	办公地址	山东省淄博市临淄区稷下街道一诺路48号				
	经营范围	生产加工PVC手套及其他塑料制品、粒料等				

主要财务指标	指标\报告期	2015.06.30	2014.12.31	2014.06.30	2013.12.31
	基本每股收益(元)	0.3400	0.2600	0.0700	0.2000
	基本每股收益(扣除后)(元)	0.3300	0.2300	0.0600	0.0900
	稀释每股收益(元)	0.3400	0.2600	0.0700	0.2000
	每股净资产(元)	4.3812	4.3442	4.1049	4.1014
	每股经营现金净流量(元)	0.6141	0.6290	0.1341	0.5579
	每股现金流量(元)	-0.0491	0.0773	-0.3800	0.0712
	每股资本公积金(元)	2.0538	2.0831	2.0351	2.0351
	每股盈余公积金(元)	0.1154	0.1188	0.1176	0.1176
	每股未分配利润(元)	1.2434	1.1446	0.9540	0.9513
	净资产收益率(%)	7.5808	5.9180	1.5902	4.7722
	加权净资产收益率(%)	7.5500	6.1100	1.5800	4.8400
	净资产收益率(扣除)(%)	7.4717	5.3783	1.5163	2.1904
	总资产(万元)	145876.74	160307.75	196010.89	193002.82
	归属母公司股东权益(万元)	108304.27	104261.22	98517.44	98433.84
	营业收入(万元)	75553.54	153508.74	77740.52	133518.80
	营业支出(万元)	56986.18	129528.85	67812.02	114631.08
	投资收益(万元)	260.22	-158.23	-57.46	260.63
	净利润(万元)	8089.33	6167.36	1566.65	4697.42
	营业利润(万元)	10713.45	6517.21	1386.07	3236.97
	利润总额(万元)	10842.10	7292.26	1839.12	6003.96

北京合众思壮科技股份有限公司

公司概况	公司名称	北京合众思壮科技股份有限公司			证券简称	合众思壮
	法人代表	郭信平	董秘	左玉立	证券代码	002383
	公司网址	www.unistrong.com		电子信箱	dongmi@unistrong.com	
	电　话	010-58275500		传　真	010-58275259	
	办公地址	北京市朝阳区酒仙桥路10号恒通商业园1幢B10楼三层				
	经营范围	技术开发、技术推广、技术转让、技术咨询、技术服务、技术培训等				

主要财务指标	指标\报告期	2015.06.30	2014.12.31	2014.06.30	2013.12.31
	基本每股收益(元)	0.0197	0.2140	-0.1831	0.0524
	基本每股收益(扣除后)(元)	-0.0163	-0.4788	-0.2326	-0.3221
	稀释每股收益(元)	0.0197	0.2140	-0.1831	0.0524
	每股净资产(元)	8.7640	7.6018	7.3165	7.4844
	每股经营现金净流量(元)	-0.2940	-0.3561	-0.6685	-0.0839
	每股现金流量(元)	-0.5853	-0.2567	-0.8582	-1.4141
	每股资本公积金(元)	6.5415	5.3820	5.4226	5.4172
	每股盈余公积金(元)	0.2515	0.2651	0.2365	0.2365
	每股未分配利润(元)	0.9990	1.0332	0.6663	0.8494
	净资产收益率(%)	0.2152	2.8149	-2.5030	0.6996
	加权净资产收益率(%)	0.2600	2.8200	-2.4700	0.7000
	净资产收益率(扣除)(%)	-0.1775	-6.2988	-3.1794	-4.3040
	总资产(万元)	227805.36	186714.89	175134.32	177901.56
	归属母公司股东权益(万元)	172938.23	142305.05	136965.79	140108.68
	营业收入(万元)	30183.88	48987.42	20032.14	61975.59
	营业支出(万元)	16630.84	29941.92	11753.13	35722.54
	投资收益(万元)	-435.10	11963.91	-128.72	5528.53
	净利润(万元)	334.74	3699.29	-3428.24	980.13
	营业利润(万元)	-945.10	1999.94	-5029.07	-258.34
	利润总额(万元)	474.15	5189.12	-3481.98	2548.08

苏州东山精密制造股份有限公司

公司概况	公司名称	苏州东山精密制造股份有限公司			证券简称	东山精密
	法人代表	袁永刚	董秘	冒小燕	证券代码	002384
	公司网址	www.sz-dsbj.com			电子信箱	maoxy@sz-dsbj.com
	电　话	0512-66306201			传　真	0512-66307172
	办公地址	江苏省苏州市吴中区东山工业园凤凰山路8号				
	经营范围	精密钣金件和精密铸件的制造与服务				

	指标\报告期	2015.06.30	2014.12.31	2014.06.30	2013.12.31
主要财务指标	基本每股收益(元)	0.0600	0.0600	0.0300	0.0300
	基本每股收益(扣除后)(元)	0.0600	0.0400	0.0256	0.0400
	稀释每股收益(元)	0.0600	0.0600	0.0300	0.0300
	每股净资产(元)	3.1900	1.9522	1.7592	1.7400
	每股经营现金净流量(元)	-0.2178	-0.1846	-0.1688	0.3557
	每股现金流量(元)	0.4856	-0.1564	0.0150	0.4952
	每股资本公积金(元)	1.9406	0.7423	0.5682	2.1364
	每股盈余公积金(元)	0.0372	0.0410	0.0399	0.0798
	每股未分配利润(元)	0.2257	0.1793	0.1522	0.2672
	净资产收益率(%)	1.9767	2.9102	1.6266	2.0010
	加权净资产收益率(%)	2.8100	3.1500	1.6300	2.0200
	净资产收益率(扣除)(%)	1.8180	2.1475	1.4529	1.2102
	总资产(万元)	620525.50	511407.68	444591.62	328136.74
	归属母公司股东权益(万元)	270740.93	149930.37	135109.56	133762.15
	营业收入(万元)	183238.71	352373.94	143797.02	264207.23
	营业支出(万元)	153497.10	296817.78	120511.48	226197.61
	投资收益(万元)	84.43	592.42	179.89	-213.89
	净利润(万元)	5455.37	4443.69	2066.72	2436.82
	营业利润(万元)	4972.57	3448.58	1617.49	1400.57
	利润总额(万元)	5511.66	4654.53	1854.95	2575.55

北京大北农科技集团股份有限公司

公司概况	公司名称	北京大北农科技集团股份有限公司			证券简称	大北农
	法人代表	邵根伙	董秘	陈忠恒	证券代码	002385
	公司网址	www.dbn.com.cn			电子信箱	cwbgs@dbn.com.cn
	电　话	010-82856450			传　真	010-82856430
	办公地址	北京市海淀区中关村大街27号中关村大厦14层				
	经营范围	饲料、种子产品的研发、生产、销售				

	指标\报告期	2015.06.30	2014.12.31	2014.06.30	2013.12.31
主要财务指标	基本每股收益(元)	0.0800	0.4800	0.1100	0.4800
	基本每股收益(扣除后)(元)	0.0700	0.4600	0.1500	0.4600
	稀释每股收益(元)	0.0800	0.4800	0.1100	0.4700
	每股净资产(元)	2.3726	3.5349	3.1568	3.0730
	每股经营现金净流量(元)	-0.1368	-	-0.2707	0.3187
	每股现金流量(元)	-0.5916	-	-0.0697	-0.0928
	每股资本公积金(元)	0.2059	0.8090	0.7160	0.7046
	每股盈余公积金(元)	0.0910	0.1366	0.0998	0.0999
	每股未分配利润(元)	1.0754	1.5892	1.3410	1.2686
	净资产收益率(%)	3.4800	13.5194	5.5060	15.2815
	加权净资产收益率(%)	3.4400	14.8700	5.5300	17.4100
	净资产收益率(扣除)(%)	2.8736	12.8329	4.8790	14.6487
	总资产(万元)	1048476.07	1055059.25	931431.95	820646.28
	归属母公司股东权益(万元)	592562.67	588548.15	517620.96	503309.87
	营业收入(万元)	734170.46	1844491.60	822516.73	1666112.40
	营业支出(万元)	565030.34	1439132.32	641536.18	1320630.94
	投资收益(万元)	1273.35	1412.71	-374.62	257.10
	净利润(万元)	19670.77	81115.27	29072.34	78291.79
	营业利润(万元)	20165.04	91211.84	31046.76	92909.22
	利润总额(万元)	24308.76	97163.17	35017.89	97126.51

宜宾天原集团股份有限公司

公司概况	公司名称	宜宾天原集团股份有限公司			证券简称	天原集团
	法人代表	罗云	董秘	何波	证券代码	002386
	公司网址	www.ybty.com			电子信箱	zcbmsk@ybty.com
	电　话	0831-3607079　3608918			传　真	0831-3607026
	办公地址	四川省宜宾市翠屏区下江北中元路1号				
	经营范围	基本化学原料、有机合成化学原料、化工产品制造、销售等				

	指标\报告期	2015.06.30	2014.12.31	2014.06.30	2013.12.31
主要财务指标	基本每股收益(元)	-0.1300	0.1263	-0.0800	0.1200
	基本每股收益(扣除后)(元)	-0.1155	-0.4740	-0.1357	0.0663
	稀释每股收益(元)	-0.1300	0.1263	-0.0800	0.1200
	每股净资产(元)	5.8225	8.3268	8.1700	8.2487
	每股经营现金净流量(元)	0.0486	0.1880	0.1183	1.0681
	每股现金流量(元)	-0.9944	1.4800	0.2582	-0.3974
	每股资本公积金(元)	2.7597	4.2636	4.2636	4.2636
	每股盈余公积金(元)	0.3623	0.5072	0.4814	0.4814
	每股未分配利润(元)	1.6962	2.5510	2.4215	2.5004
	净资产收益率(%)	-2.1630	1.5172	-0.9653	1.4256
	加权净资产收益率(%)	-2.1400	1.5200	-0.9600	1.4300
	净资产收益率(扣除)(%)	-1.9840	-5.6926	-1.6609	0.8032
	总资产(万元)	1435272.39	1509729.17	1439395.14	1401720.82
	归属母公司股东权益(万元)	391085.57	399496.10	392092.72	395750.43
	营业收入(万元)	272217.59	918398.46	389261.05	915204.80
	营业支出(万元)	246128.56	859429.56	361899.96	833955.91
	投资收益(万元)	-409.68	-499.54	-257.64	165.81
	净利润(万元)	-9882.94	3890.77	-3785.01	5641.95
	营业利润(万元)	-7910.32	-25446.00	-7257.06	5444.67
	利润总额(万元)	-8518.01	14221.05	-3426.32	9514.87

黑牛食品股份有限公司

公司概况	公司名称	黑牛食品股份有限公司			证券简称	黑牛食品
	法人代表	林秀浩	董秘		证券代码	002387
	公司网址	www.blackcow.cn			电子信箱	sh@blackcow.cn
	电　话	0754-88108997			传　真	0754-88107793
	办公地址	广东省汕头市金平区岐山北工业片区02-02号地块				
	经营范围	大豆等植物蛋白类营养饮品的研发、生产和销售				

	指标\报告期	2015.06.30	2014.12.31	2014.06.30	2013.12.31
主要财务指标	基本每股收益(元)	-0.1597	0.0400	0.0155	0.0500
	基本每股收益(扣除后)(元)	-0.1646	-0.0200	-0.0044	0.0200
	稀释每股收益(元)	-0.1597	0.0400	0.0155	0.0500
	每股净资产(元)	2.7560	4.3837	4.3777	4.3544
	每股经营现金净流量(元)	-0.0388	-0.0075	-0.3306	0.3584
	每股现金流量(元)	-0.1838	-0.8302	-1.1439	-0.1729
	每股资本公积金(元)	1.1606	2.2408	2.2408	2.2408
	每股盈余公积金(元)	0.0363	0.0544	0.0462	0.0462
	每股未分配利润(元)	0.5592	1.0884	1.0906	1.0673
	净资产收益率(%)	-5.7958	0.8957	0.5318	1.0692
	加权净资产收益率(%)	-5.6200	0.9000	0.5300	1.0700
	净资产收益率(扣除)(%)	-5.9732	-0.4224	-0.1003	0.5633
	总资产(万元)	201361.11	217574.38	185671.53	179932.83
	归属母公司股东权益(万元)	129384.79	137196.64	137009.31	136280.75
	营业收入(万元)	25060.30	58334.41	25576.10	69715.63
	营业支出(万元)	18644.02	35558.53	16227.43	45108.48
	投资收益(万元)	-	-	-	-
	净利润(万元)	-7498.89	1228.87	728.56	1457.08
	营业利润(万元)	-7468.07	-803.79	-541.70	1308.26
	利润总额(万元)	-7163.62	1477.92	1197.66	2289.14

深圳市新亚电子制程股份有限公司

公司概况	公司名称	深圳市新亚电子制程股份有限公司			证券简称	新亚制程
	法人代表	许雷宇	董秘	徐冰	证券代码	002388
	公司网址	www.sunyes.cn		电子信箱	info@sunyes.cn	
	电　话	0755-23818518 23818513		传　真	0755-23818685	
	办公地址	深圳市福田区中康路卓越梅林中心广场(北区)1 栋 306A				
	经营范围	电子工具、仪器仪表设备、电子元器件、化工产品的销售及售后服务				

	指标\报告期	2015.06.30	2014.12.31	2014.06.30	2013.12.31
主要财务指标	基本每股收益(元)	0.0100	0.0600	0.0400	0.0500
	基本每股收益(扣除后)(元)	–	0.0300	0.0300	0.0300
	稀释每股收益(元)	0.0100	0.0600	0.0400	0.0500
	每股净资产(元)	2.8242	2.8271	2.8066	2.7804
	每股经营现金净流量(元)	0.1510	–0.0289	–0.0814	–0.0729
	每股现金流量(元)	0.0810	–0.5528	–0.4773	–0.6139
	每股资本公积金(元)	1.4007	1.4007	1.4007	1.4007
	每股盈余公积金(元)	0.0646	0.0646	0.0629	0.0629
	每股未分配利润(元)	0.3589	0.3619	0.3431	0.3169
	净资产收益率(%)	0.2499	2.0055	1.2902	1.7853
	加权净资产收益率(%)	0.2500	1.9700	1.2900	1.7700
	净资产收益率(扣除)(%)	0.1193	0.9345	1.0699	1.1928
	总资产(万元)	81037.62	82495.86	63049.38	60246.23
	归属母公司股东权益(万元)	56427.40	56486.16	56076.78	55553.11
	营业收入(万元)	24733.67	51720.52	25985.67	41977.10
	营业支出(万元)	20260.04	41439.18	20716.60	31634.19
	投资收益(万元)	8.73	619.35	46.23	238.96
	净利润(万元)	166.84	1350.15	723.48	991.78
	营业利润(万元)	204.88	1714.45	1098.96	1660.96
	利润总额(万元)	332.89	1856.23	1176.93	1958.47

浙江南洋科技股份有限公司

公司概况	公司名称	浙江南洋科技股份有限公司			证券简称	南洋科技
	法人代表	邵奕兴	董秘	杜志喜	证券代码	002389
	公司网址	www.nykj.cc		电子信箱	nykj@nykj.cc	
	电　话	0576-88169898 88170181		传　真	0576-88169922	
	办公地址	浙江省台州市开发区开发大道 388 号				
	经营范围	电容器专用电子薄膜的制造和销售				

	指标\报告期	2015.06.30	2014.12.31	2014.06.30	2013.12.31
主要财务指标	基本每股收益(元)	0.0800	0.0900	0.0400	0.0700
	基本每股收益(扣除后)(元)	0.0700	0.0800	0.0400	0.0500
	稀释每股收益(元)	0.0800	0.0900	0.0400	0.0700
	每股净资产(元)	3.7103	3.6491	3.1308	3.1142
	每股经营现金净流量(元)	0.0896	0.2531	0.0760	0.0272
	每股现金流量(元)	0.0047	0.0051	0.1067	–0.1436
	每股资本公积金(元)	2.0934	2.0882	1.5179	1.5122
	每股盈余公积金(元)	0.0650	0.0650	0.0733	0.0737
	每股未分配利润(元)	0.5694	0.5134	0.5397	0.5284
	净资产收益率(%)	2.0497	2.2931	1.2520	2.2679
	加权净资产收益率(%)	2.0700	2.8000	1.2600	2.2800
	净资产收益率(扣除)(%)	1.9599	2.0557	–	1.5921
	总资产(万元)	300753.88	283888.76	200888.47	178579.03
	归属母公司股东权益(万元)	215699.11	212141.07	156941.97	155204.41
	营业收入(万元)	41047.11	69962.26	26612.96	44194.76
	营业支出(万元)	27607.59	53346.74	21143.24	36738.40
	投资收益(万元)	–13.31	252.02	247.29	288.25
	净利润(万元)	5058.73	5464.48	1965.28	3519.92
	营业利润(万元)	5713.00	6506.83	2682.85	3182.76
	利润总额(万元)	5993.94	7055.94	2650.87	4294.86

贵州信邦制药股份有限公司

公司概况	公司名称	贵州信邦制药股份有限公司			证券简称	信邦制药
	法人代表	张观福	董秘	陈船	证券代码	002390
	公司网址	www.xinbang.com		电子信箱	xinbang@xinbang.com	
	电　话	0851-8660261		传　真	0851-8660280	
	办公地址	贵州省贵阳市白云经济开发区信邦大道 227 号				
	经营范围	中成药的开发、生产和销售				

	指标\报告期	2015.06.30	2014.12.31	2014.06.30	2013.12.31
主要财务指标	基本每股收益(元)	0.0700	0.3200	0.0400	0.1200
	基本每股收益(扣除后)(元)	0.0600	0.2900	0.1000	0.2100
	稀释每股收益(元)	0.0700	0.3200	0.0400	0.1200
	每股净资产(元)	1.9573	4.7895	4.5950	5.9614
	每股经营现金净流量(元)	–0.0457	–0.3968	0.0135	–0.1229
	每股现金流量(元)	–0.0348	0.7101	0.8208	–0.6089
	每股资本公积金(元)	0.5867	2.9668	2.9690	3.3372
	每股盈余公积金(元)	0.0360	0.0900	0.0797	0.2299
	每股未分配利润(元)	0.3346	0.7327	0.5463	1.3943
	净资产收益率(%)	3.3246	6.0399	2.0153	3.8880
	加权净资产收益率(%)	3.3500	7.6300	2.4800	3.9300
	净资产收益率(扣除)(%)	3.2790	5.3612	1.7971	3.4812
	总资产(万元)	604962.21	522330.08	451501.13	148662.33
	归属母公司股东权益(万元)	244890.29	239691.83	229960.72	103490.17
	营业收入(万元)	178467.61	247618.31	78419.09	56948.79
	营业支出(万元)	141123.00	183785.02	54175.05	21393.58
	投资收益(万元)	66.81	551.82	50.77	220.11
	净利润(万元)	8425.94	15385.71	4902.52	3967.55
	营业利润(万元)	10027.45	17505.09	5240.38	3748.74
	利润总额(万元)	10918.35	19903.58	6264.29	4778.16

江苏长青农化股份有限公司

公司概况	公司名称	江苏长青农化股份有限公司			证券简称	长青股份
	法人代表	于国权	董秘	闵丹	证券代码	002391
	公司网址	www.jscq.com		电子信箱	irm@jscq.com	
	电　话	0514-86424918		传　真	0514-86421039	
	办公地址	江苏省扬州市江都市浦头镇江灵路 1 号				
	经营范围	化学农药的生产、销售				

	指标\报告期	2015.06.30	2014.12.31	2014.06.30	2013.12.31
主要财务指标	基本每股收益(元)	0.3915	0.7400	0.3783	0.6200
	基本每股收益(扣除后)(元)	0.3970	0.7400	0.3900	0.9600
	稀释每股收益(元)	0.3915	0.7400	0.3783	0.6200
	每股净资产(元)	7.7283	7.1541	6.8619	9.2300
	每股经营现金净流量(元)	0.4510	0.7150	0.2508	0.9758
	每股现金流量(元)	0.1499	–0.3987	1.3779	–0.7044
	每股资本公积金(元)	4.5796	3.3678	3.8307	5.4516
	每股盈余公积金(元)	0.2944	0.3381	0.2850	0.4274
	每股未分配利润(元)	1.8537	2.0566	1.7455	2.3507
	净资产收益率(%)	4.6987	10.3809	5.5137	9.9245
	加权净资产收益率(%)	5.2000	11.2200	6.0100	10.6900
	净资产收益率(扣除)(%)	4.7647	10.3980	5.7511	10.2837
	总资产(万元)	323478.35	310979.64	310573.91	227278.32
	归属母公司股东权益(万元)	279870.15	225573.81	216360.31	194010.96
	营业收入(万元)	94607.98	180898.08	92840.81	156866.89
	营业支出(万元)	67489.00	130223.15	66204.64	115206.79
	投资收益(万元)	333.40	52.11	–16.82	470.49
	净利润(万元)	13060.07	23219.65	11809.31	19027.11
	营业利润(万元)	15779.35	27282.42	14373.98	22892.00
	利润总额(万元)	15558.40	27230.22	13762.88	22089.77

北京利尔高温材料股份有限公司

公司概况	公司名称	北京利尔高温材料股份有限公司			证券简称	北京利尔
	法人代表	赵继增	董秘	张建超	证券代码	002392
	公司网址	www.bjlirr.com		电子信箱	ir@bjlirr.com	
	电　话	010-61712828		传　真	010-61712828	
	办公地址	北京市昌平区小汤山工业园				
	经营范围	钢铁、有色、石化、建材等工业用耐火材料的生产和销售等				

主要财务指标	指标\报告期	2015.06.30	2014.12.31	2014.06.30	2013.12.31
	基本每股收益(元)	0.0810	0.3400	0.2010	0.3100
	基本每股收益(扣除后)(元)	0.0680	0.2700	0.1710	0.2600
	稀释每股收益(元)	0.0810	0.3400	0.2010	0.3100
	每股净资产(元)	2.5020	4.8919	4.7523	4.6005
	每股经营现金净流量(元)	-0.0454	-0.0251	-0.1242	0.2738
	每股现金流量(元)	-0.0185	0.0204	0.1320	-1.2316
	每股资本公积金(元)	0.8286	2.6571	2.6571	2.6571
	每股盈余公积金(元)	0.0483	0.0966	0.0762	0.0762
	每股未分配利润(元)	0.6229	1.1339	1.0163	0.8658
	净资产收益率(%)	3.2348	6.9202	4.2200	6.2710
	加权净资产收益率(%)	3.2600	7.1300	4.2700	7.4800
	净资产收益率(扣除)(%)	2.7303	5.4828	3.6049	5.3160
	总资产(万元)	429939.25	403940.90	384046.93	360481.78
	归属母公司股东权益(万元)	299884.45	293161.47	284793.05	275698.15
	营业收入(万元)	93121.95	188198.18	89360.59	148071.92
	营业支出(万元)	61807.96	119354.25	57498.65	95316.64
	投资收益(万元)	1161.16	3428.14	1903.38	1931.48
	净利润(万元)	9723.99	20339.29	12018.39	17287.79
	营业利润(万元)	10051.78	22669.42	13695.47	19354.18
	利润总额(万元)	10898.84	24617.54	14101.70	20685.11

天津力生制药股份有限公司

公司概况	公司名称	天津力生制药股份有限公司			证券简称	力生制药
	法人代表	郑洁	董秘	马霏霏	证券代码	002393
	公司网址	www.lishengpharma.com		电子信箱	lisheng@lishengpharma.com	
	电　话	022-27641760		传　真	022-27364239	
	办公地址	天津市南开区黄河道491号				
	经营范围	片剂、硬胶囊剂、颗粒剂、滴丸剂、原料药及塑料瓶、化工原料				

主要财务指标	指标\报告期	2015.06.30	2014.12.31	2014.06.30	2013.12.31
	基本每股收益(元)	0.5800	0.5100	0.5200	1.6300
	基本每股收益(扣除后)(元)	0.5800	0.4900	0.5200	1.6100
	稀释每股收益(元)	0.5800	0.5100	0.5200	1.6300
	每股净资产(元)	16.2219	15.9484	15.9528	16.0250
	每股经营现金净流量(元)	0.4913	0.3959	-0.0428	1.5873
	每股现金流量(元)	-0.3399	-1.8649	-1.2340	0.0386
	每股资本公积金(元)	9.2760	9.2711	9.2711	9.2711
	每股盈余公积金(元)	1.8078	1.8078	1.7687	1.7609
	每股未分配利润(元)	4.0961	3.8274	3.9129	3.9929
	净资产收益率(%)	3.5974	3.1920	3.2598	10.1941
	加权净资产收益率(%)	3.6000	3.1900	3.1900	10.4200
	净资产收益率(扣除)(%)	3.5678	3.0684	3.2620	10.0484
	总资产(万元)	332632.13	324780.65	318170.58	322208.90
	归属母公司股东权益(万元)	295977.11	290986.32	291066.39	292383.46
	营业收入(万元)	46363.64	77372.57	47878.89	104439.78
	营业支出(万元)	18880.51	34712.31	19093.08	36938.25
	投资收益(万元)	1155.92	774.19	140.51	2400.84
	净利润(万元)	10647.63	9288.65	9488.08	29805.90
	营业利润(万元)	12092.95	10778.11	11057.03	34796.95
	利润总额(万元)	12195.94	11207.31	11049.33	35317.69

江苏联发纺织股份有限公司

公司概况	公司名称	江苏联发纺织股份有限公司			证券简称	联发股份
	法人代表	薛庆龙	董秘	潘志刚	证券代码	002394
	公司网址	www.lianfa.cn		电子信箱	panzg@gl.lianfa.cn	
	电　话	0513-88869069		传　真	0513-88869069	
	办公地址	江苏省南通市海安县城东镇恒联路88号				
	经营范围	生产销售色织布、服装、纺织品				

主要财务指标	指标\报告期	2015.06.30	2014.12.31	2014.06.30	2013.12.31
	基本每股收益(元)	0.3619	0.9400	0.3500	1.3000
	基本每股收益(扣除后)(元)	0.2700	0.7000	0.2500	0.9900
	稀释每股收益(元)	0.3619	0.9400	0.3500	1.3000
	每股净资产(元)	8.2716	8.0622	7.6627	11.3204
	每股经营现金净流量(元)	0.4608	1.9223	1.0906	1.5790
	每股现金流量(元)	-0.1738	-2.3347	0.1183	-1.8744
	每股资本公积金(元)	3.3272	3.3304	3.2585	5.5314
	每股盈余公积金(元)	0.4135	0.4135	0.3342	0.5013
	每股未分配利润(元)	3.5472	3.3853	3.0710	4.2890
	净资产收益率(%)	4.3756	11.6418	4.5025	11.4812
	加权净资产收益率(%)	4.3900	11.9700	4.4700	11.9400
	净资产收益率(扣除)(%)	3.2936	8.6013	3.2964	8.7813
	总资产(万元)	442740.71	429045.50	405280.94	401519.27
	归属母公司股东权益(万元)	267750.21	260974.07	248040.18	244294.52
	营业收入(万元)	171049.55	339158.31	160215.47	320514.69
	营业支出(万元)	137288.36	269283.97	129362.26	254039.35
	投资收益(万元)	3512.32	7108.39	3215.43	5363.76
	净利润(万元)	11919.27	31508.90	11167.99	28047.85
	营业利润(万元)	16747.69	40476.40	15457.65	37159.90
	利润总额(万元)	17116.13	43645.79	16277.20	40425.65

无锡双象超纤材料股份有限公司

公司概况	公司名称	无锡双象超纤材料股份有限公司			证券简称	双象股份
	法人代表	唐炳泉	董秘	沈铭	证券代码	002395
	公司网址	www.sxcxgf.com		电子信箱	sx@sxcxgf.com	
	电　话	0510-88993888 8701 8702		传　真	0510-88997333	
	办公地址	江苏省无锡市新区鸿山街道后宅中路188号				
	经营范围	人造革合成革产品的研发、生产和销售				

主要财务指标	指标\报告期	2015.06.30	2014.12.31	2014.06.30	2013.12.31
	基本每股收益(元)	0.0350	0.0446	0.0203	0.1053
	基本每股收益(扣除后)(元)	0.0297	0.0375	0.0141	0.0960
	稀释每股收益(元)	0.0350	0.0446	0.0203	0.1053
	每股净资产(元)	4.4087	4.4237	4.3004	4.4291
	每股经营现金净流量(元)	0.4544	-0.3038	-0.3345	0.1481
	每股现金流量(元)	0.3253	-0.1956	-0.4023	-0.2423
	每股资本公积金(元)	2.3619	2.3619	2.2628	2.3619
	每股盈余公积金(元)	0.1599	0.1599	0.1495	0.1495
	每股未分配利润(元)	0.8870	0.9020	0.8880	0.9177
	净资产收益率(%)	0.7939	1.0085	0.4725	2.3779
	加权净资产收益率(%)	0.7900	1.0100	0.4600	2.3800
	净资产收益率(扣除)(%)	0.6737	0.8470	0.3290	2.1678
	总资产(万元)	119357.82	114351.04	113916.37	111638.82
	归属母公司股东权益(万元)	78831.09	79099.27	76893.28	79195.55
	营业收入(万元)	46571.23	80327.31	33689.24	54915.05
	营业支出(万元)	42513.27	74261.10	31398.94	48114.05
	投资收益(万元)	-	-	-	-
	净利润(万元)	563.40	178.32	363.31	1883.17
	营业利润(万元)	605.44	324.40	44.47	1883.33
	利润总额(万元)	716.20	474.83	174.28	2079.08

福建星网锐捷通讯股份有限公司

公司概况	公司名称	福建星网锐捷通讯股份有限公司			证券简称	星网锐捷
	法人代表	黄奕豪	董秘	刘万里	证券代码	002396
	公司网址	www.star-net.cn		电子信箱	zqsw@star-net.cn	
	电　　话	0591-83057977　83057009		传　　真	0591-83057818	
	办公地址	福建省福州市仓山区金山大道 618 号桔园洲星网锐捷科技园 19-22 栋				
	经营范围	研发、生产和销售企业级网络通讯系统设备及终端设备				

主要财务指标	指标\报告期	2015.06.30	2014.12.31	2014.06.30	2013.12.31
	基本每股收益(元)	0.0411	0.6886	0.1504	0.6813
	基本每股收益(扣除后)(元)	0.0243	0.5308	0.0986	0.5789
	稀释每股收益(元)	0.0411	0.6886	0.1504	0.6813
	每股净资产(元)	4.0488	6.1117	5.5735	5.7230
	每股经营现金净流量(元)	-0.5654	0.5656	-0.9823	1.3048
	每股现金流量(元)	-1.5385	0.1073	-2.4051	-0.3636
	每股资本公积金(元)	1.1725	2.2588	2.2588	2.2588
	每股盈余公积金(元)	0.1804	0.2706	0.2013	0.2013
	每股未分配利润(元)	1.6962	2.5828	2.1138	2.2634
	净资产收益率(%)	1.0143	11.2675	2.6976	11.9045
	加权净资产收益率(%)	1.0100	11.6400	2.5900	12.3700
	净资产收益率(扣除)(%)	0.6002	8.6851	1.7687	10.1146
	总资产(万元)	346131.46	391414.11	302290.73	362077.72
	归属母公司股东权益(万元)	213208.21	214556.90	195663.37	200913.04
	营业收入(万元)	133383.12	364168.67	128983.14	327616.28
	营业支出(万元)	77479.22	200343.08	77061.54	173509.39
	投资收益(万元)	260.56	2676.21	350.82	658.33
	净利润(万元)	3956.40	37171.72	5278.21	23917.75
	营业利润(万元)	-5678.58	19821.34	-1833.38	26408.13
	利润总额(万元)	3314.07	40589.99	7322.51	43585.00

湖南梦洁家纺股份有限公司

公司概况	公司名称	湖南梦洁家纺股份有限公司			证券简称	梦洁家纺
	法人代表	姜天武	董秘	李军	证券代码	002397
	公司网址	www.mendale.com		电子信箱	zqb@mendale.com	
	电　　话	0731-82848012		传　　真	0731-82848945	
	办公地址	湖南省长沙市高新技术产业开发区麓谷产业基地谷苑路 168 号				
	经营范围	以床上用品为主的家用纺织品的研发、设计、生产和销售				

主要财务指标	指标\报告期	2015.06.30	2014.12.31	2014.06.30	2013.12.31
	基本每股收益(元)	0.0839	0.4856	0.0799	0.3300
	基本每股收益(扣除后)(元)	0.0802	0.4500	0.1700	0.6000
	稀释每股收益(元)	0.0839	0.4900	0.0799	0.3300
	每股净资产(元)	1.9154	4.1898	3.8431	3.8500
	每股经营现金净流量(元)	-0.1519	0.7389	-0.0390	0.8764
	每股现金流量(元)	-0.2966	0.1520	-0.3672	-0.0788
	每股资本公积金(元)	0.3465	1.9218	1.8767	4.6703
	每股盈余公积金(元)	0.1059	0.2341	0.2063	0.4125
	每股未分配利润(元)	0.4637	1.0401	0.7623	1.6711
	净资产收益率(%)	4.3751	11.6315	4.5983	8.4200
	加权净资产收益率(%)	4.2900	12.1700	4.5100	8.6500
	净资产收益率(扣除)(%)	4.1823	10.7550	4.4599	7.7377
	总资产(万元)	177228.69	187630.61	169617.40	174469.79
	归属母公司股东权益(万元)	128792.77	127495.24	116214.69	117202.95
	营业收入(万元)	60016.96	156605.39	71508.56	142267.15
	营业支出(万元)	31708.55	85150.27	40946.89	79398.43
	投资收益(万元)	-	-	-	826.74
	净利润(万元)	5635.55	14870.43	5335.49	9849.09
	营业利润(万元)	6479.02	18181.33	7009.49	11654.44
	利润总额(万元)	6782.01	18472.82	7223.95	11768.93

厦门市建筑科学研究院集团股份有限公司

公司概况	公司名称	厦门市建筑科学研究院集团股份有限公司			证券简称	建研集团
	法人代表	蔡永太	董秘	叶斌	证券代码	002398
	公司网址	www.xmabr.com		电子信箱	xmabr@winmail.cn	
	电　　话	0592-2273752		传　　真	0592-2273752	
	办公地址	福建省厦门市思明区湖滨南路 62 号				
	经营范围	建设综合技术服务和混凝土外加剂、商品混凝土等新型建筑材料的研发、生产和销售				

主要财务指标	指标\报告期	2015.06.30	2014.12.31	2014.06.30	2013.12.31
	基本每股收益(元)	0.3200	0.8400	0.3300	0.8600
	基本每股收益(扣除后)(元)	0.3000	0.8000	0.3900	0.8100
	稀释每股收益(元)	0.3200	0.8400	0.3300	0.8600
	每股净资产(元)	5.5570	6.9093	6.4900	6.1677
	每股经营现金净流量(元)	0.2743	0.3261	0.0284	0.2945
	每股现金流量(元)	-0.3143	-0.2954	-0.5715	-0.3820
	每股资本公积金(元)	1.6847	2.4900	2.4900	2.4902
	每股盈余公积金(元)	0.0743	0.0966	0.0873	0.0873
	每股未分配利润(元)	2.7980	3.3226	2.9138	2.5902
	净资产收益率(%)	5.7426	12.1819	6.5253	13.9280
	加权净资产收益率(%)	5.8400	12.9100	6.6700	14.8900
	净资产收益率(扣除)(%)	5.4312	11.5400	6.0540	13.1468
	总资产(万元)	247659.41	243279.17	237021.65	233235.15
	归属母公司股东权益(万元)	190457.23	182156.36	171133.07	162606.32
	营业收入(万元)	64915.72	178920.27	85187.35	177235.53
	营业支出(万元)	39757.82	120342.01	58303.73	120675.72
	投资收益(万元)	351.26	713.29	384.00	764.68
	净利润(万元)	11087.14	22895.99	11592.07	23950.12
	营业利润(万元)	13058.43	27144.24	13295.11	28011.79
	利润总额(万元)	13513.26	28025.11	13906.32	28901.95

深圳市海普瑞药业股份有限公司

公司概况	公司名称	深圳市海普瑞药业股份有限公司			证券简称	海普瑞
	法人代表	李锂	董秘	步海华	证券代码	002399
	公司网址	www.hepalink.com		电子信箱	stock@hepalink.com	
	电　　话	0755-26980311		传　　真	0755-86142889	
	办公地址	广东省深圳市南山区高新区中区高新中一道 19 号				
	经营范围	开发、生产经营原料药(肝素钠)、从事货物及技术进出口				

主要财务指标	指标\报告期	2015.06.30	2014.12.31	2014.06.30	2013.12.31
	基本每股收益(元)	0.3400	0.4227	0.1400	0.4000
	基本每股收益(扣除后)(元)	0.3300	0.4140	0.1400	0.3924
	稀释每股收益(元)	0.3400	0.4227	0.1400	0.4000
	每股净资产(元)	10.4815	10.3300	9.8576	9.9801
	每股经营现金净流量(元)	0.5167	1.1407	0.2480	0.5261
	每股现金流量(元)	0.3472	-2.4047	-1.1640	-0.6726
	每股资本公积金(元)	6.5951	6.5960	6.9035	6.8572
	每股盈余公积金(元)	0.5384	0.5384	0.4933	0.4933
	每股未分配利润(元)	1.7535	1.7097	1.4696	1.6321
	净资产收益率(%)	3.2797	4.0905	1.3949	3.9736
	加权净资产收益率(%)	3.2700	4.1700	1.3700	4.0000
	净资产收益率(扣除)(%)	3.1468	4.0063	1.3698	3.9317
	总资产(万元)	1017979.94	993035.43	953412.81	827137.92
	归属母公司股东权益(万元)	838727.81	826979.42	788808.89	798605.64
	营业收入(万元)	120341.50	195886.13	91114.16	151316.86
	营业支出(万元)	77421.31	139348.68	69304.61	113696.47
	投资收益(万元)	1030.42	186.97	44.27	40.55
	净利润(万元)	27226.00	33533.14	11003.05	31733.48
	营业利润(万元)	33457.66	39018.24	14701.04	37525.80
	利润总额(万元)	33749.29	39660.99	14883.74	37898.27

广东省广告集团股份有限公司

公司概况	公司名称	广东省广告集团股份有限公司			证券简称	省广股份
	法人代表	陈钿隆	董秘	廖浩	证券代码	002400
	公司网址	www.gimc.cn		电子信箱	db@gimc.cn	
	电　话	020-87617378 87600168		传　真	020-87671661	
	办公地址	广东省广州市越秀区东风东路745号之二				
	经营范围	设计、制作、发布、代理国内外各类广告、广告咨询、承办展览业务等				

	指标＼报告期	2015.06.30	2014.12.31	2014.06.30	2013.12.31
主要财务指标	基本每股收益(元)	0.2200	0.7400	0.1800	0.5000
	基本每股收益(扣除后)(元)	0.2100	0.7300	0.2800	0.7000
	稀释每股收益(元)	0.2200	0.7400	0.1800	0.5000
	每股净资产(元)	2.4749	3.2374	2.7700	3.8801
	每股经营现金净流量(元)	0.2056	0.2221	0.2403	0.3142
	每股现金流量(元)	0.1283	–0.5682	0.0036	0.1056
	每股资本公积金(元)	0.2021	0.5248	0.4586	1.1878
	每股盈余公积金(元)	0.1001	0.1521	0.1032	0.1548
	每股未分配利润(元)	1.1726	1.5605	1.2083	1.5374
	净资产收益率(%)	8.8416	22.0567	10.2290	19.2248
	加权净资产收益率(%)	8.8500	26.4600	8.5000	20.9500
	净资产收益率(扣除)(%)	8.5810	21.9637	10.2573	17.9264
	总资产(万元)	606027.30	485787.98	308606.57	309050.68
	归属母公司股东权益(万元)	223905.98	192753.86	160177.64	149575.93
	营业收入(万元)	384840.84	633758.76	262272.01	559089.73
	营业支出(万元)	322716.74	506939.53	211891.88	452652.46
	投资收益(万元)	1056.12	1375.16	487.04	1051.12
	净利润(万元)	20352.14	48727.07	18343.77	34638.20
	营业利润(万元)	24756.51	62951.92	24123.24	43476.54
	利润总额(万元)	26338.93	63111.75	24003.19	45946.82

中海网络科技股份有限公司

公司概况	公司名称	中海网络科技股份有限公司			证券简称	中海科技
	法人代表	周群	董秘	杨忆明	证券代码	002401
	公司网址	www.cnshippingnt.com		电子信箱	dailan@cnshippingnt.com	
	电　话	021-58211308		传　真	021-58210704	
	办公地址	上海市浦东新区民生路600号				
	经营范围	智能交通系统、工业自动化、交通信息化等领域的软、硬件产品的科研、开发、销售等				

	指标＼报告期	2015.06.30	2014.12.31	2014.06.30	2013.12.31
主要财务指标	基本每股收益(元)	0.1019	0.1684	0.0998	0.2324
	基本每股收益(扣除后)(元)	0.1019	0.1572	0.0999	0.2534
	稀释每股收益(元)	0.1019	0.1684	0.0998	0.2324
	每股净资产(元)	2.2585	2.2088	2.1402	3.0605
	每股经营现金净流量(元)	–0.0961	–0.0654	–0.2541	–0.2228
	每股现金流量(元)	–0.2567	–0.1679	–0.1394	–0.4090
	每股资本公积金(元)	0.2838	0.4539	0.2890	0.9335
	每股盈余公积金(元)	0.1204	0.1204	0.1041	0.1561
	每股未分配利润(元)	0.8543	0.8024	0.7471	0.9709
	净资产收益率(%)	4.5123	7.6255	4.6641	7.5948
	加权净资产收益率(%)	4.5300	7.9277	4.7800	7.8171
	净资产收益率(扣除)(%)	4.5117	7.1177	4.6662	8.2810
	总资产(万元)	109586.16	113217.70	100104.59	95141.30
	归属母公司股东权益(万元)	68485.91	72069.96	64898.27	61871.38
	营业收入(万元)	28150.26	55480.85	28628.34	54999.41
	营业支出(万元)	21896.62	45553.98	23324.61	44141.82
	投资收益(万元)	–300.12	–61.64	–	22.27
	净利润(万元)	3235.87	5312.09	3026.89	4698.99
	营业利润(万元)	3923.94	5810.71	3700.56	6230.83
	利润总额(万元)	3925.25	6177.43	3698.95	5802.87

深圳和而泰智能控制股份有限公司

公司概况	公司名称	深圳和而泰智能控制股份有限公司			证券简称	和而泰
	法人代表	刘建伟	董秘	罗珊珊	证券代码	002402
	公司网址	www.szhittech.com		电子信箱	het@szhittech.com	
	电　话	0755-26727721		传　真	0755-26727137	
	办公地址	深圳市南山区高新南区科技南十路6号深圳航天科技创新研究院大厦D座10楼1010-1011				
	经营范围	计算机、光机电一体化产品、家用电器、各种设备、装备等				

	指标＼报告期	2015.06.30	2014.12.31	2014.06.30	2013.12.31
主要财务指标	基本每股收益(元)	0.1000	0.2900	0.0700	0.2300
	基本每股收益(扣除后)(元)	0.0700	0.2700	0.1400	0.3400
	稀释每股收益(元)	0.1000	0.2900	0.0700	0.2300
	每股净资产(元)	2.8785	5.6128	5.0541	7.6671
	每股经营现金净流量(元)	0.0521	0.2867	0.0622	0.2658
	每股现金流量(元)	–0.1529	0.6197	–0.1436	–0.8128
	每股资本公积金(元)	1.3186	3.5991	3.0895	5.1342
	每股盈余公积金(元)	0.0835	0.1670	0.1501	0.2251
	每股未分配利润(元)	0.4781	0.8497	0.8175	1.3125
	净资产收益率(%)	3.5855	4.8329	2.8187	4.5855
	加权净资产收益率(%)	3.7200	5.6700	2.7800	4.5900
	净资产收益率(扣除)(%)	2.5328	4.4338	2.7796	4.4670
	总资产(万元)	131486.23	126431.74	103382.92	103779.65
	归属母公司股东权益(万元)	95620.17	93223.30	75849.86	76709.46
	营业收入(万元)	50193.71	86803.05	39216.88	75064.41
	营业支出(万元)	39802.71	68671.13	31124.85	60379.51
	投资收益(万元)	1062.45	196.99	69.32	181.44
	净利润(万元)	3464.10	4661.98	2211.87	3633.49
	营业利润(万元)	3762.33	5229.29	2414.49	4194.42
	利润总额(万元)	3808.55	5512.62	2452.87	4299.63

浙江爱仕达电器股份有限公司

公司概况	公司名称	浙江爱仕达电器股份有限公司			证券简称	爱仕达
	法人代表	陈合林	董秘	刘学亮	证券代码	002403
	公司网址	www.chinaasd.com		电子信箱	002403@asd.com.cn	
	电　话	0576-86199005		传　真	0576-86199000	
	办公地址	浙江省台州市温岭市经济开发区科技路2号				
	经营范围	炊具、厨房小家电等系列产品的研发、生产和销售等				

	指标＼报告期	2015.06.30	2014.12.31	2014.06.30	2013.12.31
主要财务指标	基本每股收益(元)	0.2400	0.3400	0.1600	0.1800
	基本每股收益(扣除后)(元)	0.1800	0.2800	0.1500	0.1300
	稀释每股收益(元)	0.2400	0.3400	0.1600	0.1800
	每股净资产(元)	6.9152	6.9180	6.7394	6.7791
	每股经营现金净流量(元)	0.0363	1.0550	0.4830	0.8245
	每股现金流量(元)	–0.2445	–0.4932	–0.0136	0.2128
	每股资本公积金(元)	4.3934	4.3862	4.3862	4.3862
	每股盈余公积金(元)	0.1661	0.1661	0.0907	0.0907
	每股未分配利润(元)	1.3557	1.3657	1.2625	1.3021
	净资产收益率(%)	3.4709	4.8993	2.3789	2.6353
	加权净资产收益率(%)	3.4300	4.9500	2.3400	2.6700
	净资产收益率(扣除)(%)	2.6215	3.9879	2.1763	1.8760
	总资产(万元)	273180.95	270682.22	263356.82	237594.36
	归属母公司股东权益(万元)	165965.48	166032.15	161745.51	162697.75
	营业收入(万元)	100068.69	220653.15	103603.49	213469.37
	营业支出(万元)	60583.53	142056.25	66727.98	144642.93
	投资收益(万元)	1113.05	1415.39	–36.79	345.64
	净利润(万元)	5785.24	8850.48	3847.76	4287.61
	营业利润(万元)	7202.55	9855.54	4738.70	4355.83
	利润总额(万元)	7496.47	10218.04	4814.31	5402.55

浙江嘉欣丝绸股份有限公司

公司概况	公司名称	浙江嘉欣丝绸股份有限公司			证券简称	嘉欣丝绸
	法人代表	周国建	董秘	郑晓	证券代码	002404
	公司网址	www.jxsilk.com		电子信箱	inf@jxsilk.cn	
	电　话	0573-82078789		传　真	0573-82084568	
	办公地址	浙江省嘉兴市中环西路 588 号				
	经营范围	丝、绸、服装等产品的研发、生产和销售				

	指标\报告期	2015.06.30	2014.12.31	2014.06.30	2013.12.31
主要财务指标	基本每股收益(元)	0.0700	0.3000	0.0800	0.3100
	基本每股收益(扣除后)(元)	0.0600	0.2400	0.1400	0.2100
	稀释每股收益(元)	0.0700	0.3000	0.0800	0.3100
	每股净资产(元)	2.3899	4.8223	4.6767	4.7403
	每股经营现金净流量(元)	0.0277	0.0982	-0.1982	0.0779
	每股现金流量(元)	-0.0004	-0.0248	0.0373	0.0717
	每股资本公积金(元)	0.6186	2.2373	2.2860	2.2368
	每股盈余公积金(元)	0.1398	0.2796	0.2491	0.2491
	每股未分配利润(元)	0.5935	1.2462	1.1415	1.1992
	净资产收益率(%)	2.9465	6.1710	3.3344	6.4895
	加权净资产收益率(%)	2.8900	6.2900	3.2900	6.3300
	净资产收益率(扣除)(%)	2.3181	5.0756	2.9730	4.3597
	总资产(万元)	206758.79	198539.42	196501.51	172915.79
	归属母公司股东权益(万元)	124430.06	125535.81	121746.10	123233.56
	营业收入(万元)	98949.24	200627.68	97340.56	181343.35
	营业支出(万元)	79920.16	159236.98	77062.91	146012.60
	投资收益(万元)	280.37	2321.18	842.04	2215.74
	净利润(万元)	3943.87	8949.21	4587.39	8776.22
	营业利润(万元)	5042.95	9501.74	4554.56	10060.49
	利润总额(万元)	5283.87	11146.78	5869.53	10903.70

北京四维图新科技股份有限公司

公司概况	公司名称	北京四维图新科技股份有限公司			证券简称	四维图新
	法人代表	吴劲风	董秘	雷文辉(代)	证券代码	002405
	公司网址	www.navinfo.com		电子信箱	guominqing@navinfo.com	
	电　话	010-82306399　84554886		传　真	010-82306909	
	办公地址	北京市朝阳区曙光西里甲 5 号院 16 号楼凤凰置地广场 A 座写字楼 10-17 层				
	经营范围	导航电子地图产品的研发、生产、销售和服务				

	指标\报告期	2015.06.30	2014.12.31	2014.06.30	2013.12.31
主要财务指标	基本每股收益(元)	0.1000	0.1700	0.0800	0.1500
	基本每股收益(扣除后)(元)	0.0900	0.1100	0.0600	0.1100
	稀释每股收益(元)	0.1000	0.1700	0.0800	0.1500
	每股净资产(元)	3.6028	3.5579	3.4784	3.4844
	每股经营现金净流量(元)	0.1296	0.4696	0.0401	0.2742
	每股现金流量(元)	-0.7359	0.3956	-0.3357	-0.0991
	每股资本公积金(元)	1.4211	1.4211	1.4211	1.4658
	每股盈余公积金(元)	0.1410	0.1410	0.1280	0.1280
	每股未分配利润(元)	1.0543	1.0024	0.9303	0.8914
	净资产收益率(%)	2.8569	4.7752	2.4383	4.3707
	加权净资产收益率(%)	2.8700	4.8600	2.4200	4.3900
	净资产收益率(扣除)(%)	2.4680	3.1532	1.8119	3.2143
	总资产(万元)	326531.15	311125.32	296721.33	298797.19
	归属母公司股东权益(万元)	249171.27	246066.09	240567.44	240980.97
	营业收入(万元)	67575.74	105901.32	45142.22	88087.40
	营业支出(万元)	16479.97	19703.91	7566.08	18469.47
	投资收益(万元)	512.91	1222.44	225.52	1809.00
	净利润(万元)	6950.55	12941.84	5865.83	10532.65
	营业利润(万元)	5087.92	6128.71	3634.51	4729.64
	利润总额(万元)	8405.05	17339.26	7139.76	12145.79

许昌远东传动轴股份有限公司

公司概况	公司名称	许昌远东传动轴股份有限公司			证券简称	远东传动
	法人代表	刘延生	董秘	李丹青	证券代码	002406
	公司网址	www.yodonchina.com		电子信箱	weimin1957@163.com	
	电　话	0374-5651335　5656689		传　真	0374-5650177　5654051	
	办公地址	河南省许昌市北郊尚集镇昌盛路				
	经营范围	非等速传动轴及相关零部件的研发、生产与销售				

	指标\报告期	2015.06.30	2014.12.31	2014.06.30	2013.12.31
主要财务指标	基本每股收益(元)	0.1100	0.4600	0.2700	0.4500
	基本每股收益(扣除后)(元)	0.1100	0.4100	0.2700	0.4200
	稀释每股收益(元)	0.1100	0.4600	0.2700	0.4500
	每股净资产(元)	3.8405	7.6500	7.4700	7.4935
	每股经营现金净流量(元)	0.0968	0.8286	0.3687	0.1530
	每股现金流量(元)	0.0426	0.3972	0.0845	-1.7107
	每股资本公积金(元)	1.5919	4.1838	4.1838	4.1838
	每股盈余公积金(元)	0.1502	0.3004	0.2668	0.2668
	每股未分配利润(元)	1.0985	2.1696	2.0154	2.0429
	净资产收益率(%)	2.9599	6.0124	3.6499	5.9746
	加权净资产收益率(%)	2.9400	6.1000	3.6000	6.0800
	净资产收益率(扣除)(%)	2.8965	5.3717	-	5.6322
	总资产(万元)	245036.40	242104.56	230216.45	235017.86
	归属母公司股东权益(万元)	215453.85	214686.71	209422.66	210193.90
	营业收入(万元)	48112.12	118684.04	61455.56	110233.43
	营业支出(万元)	32475.98	84190.79	43265.02	77084.49
	投资收益(万元)	345.87	1347.43	905.27	636.90
	净利润(万元)	6380.94	12924.36	7643.76	12558.25
	营业利润(万元)	7096.27	14760.44	8946.38	14684.52
	利润总额(万元)	7258.59	15075.38	9012.59	14819.05

多氟多化工股份有限公司

公司概况	公司名称	多氟多化工股份有限公司			证券简称	多 氟 多
	法人代表	李世江	董秘	陈相举	证券代码	002407
	公司网址	www.dfdchem.com		电子信箱	dfdzqb@126.com	
	电　话	0391-2956992　2956956		传　真	0391-2956956	
	办公地址	河南省焦作市中站区焦克路				
	经营范围	无机氟化盐、无机酸、助剂产品的生产与销售等				

	指标\报告期	2015.06.30	2014.12.31	2014.06.30	2013.12.31
主要财务指标	基本每股收益(元)	0.0400	0.0200	0.0200	0.0700
	基本每股收益(扣除后)(元)	0.0100	-0.0400	-0.0200	0.0416
	稀释每股收益(元)	0.0400	0.0200	0.0200	0.0700
	每股净资产(元)	6.2297	6.4600	6.4800	6.5580
	每股经营现金净流量(元)	0.0631	0.0335	0.0499	0.0360
	每股现金流量(元)	0.9294	-0.3390	0.8216	0.0085
	每股资本公积金(元)	4.0480	4.1731	4.1941	4.1940
	每股盈余公积金(元)	0.2041	0.2119	0.2118	0.2118
	每股未分配利润(元)	1.0146	1.0709	1.0697	1.1521
	净资产收益率(%)	0.6605	0.2938	0.2721	1.1208
	加权净资产收益率(%)	0.6600	0.2900	0.2700	1.1200
	净资产收益率(扣除)(%)	0.0804	-0.5829	-	0.6345
	总资产(万元)	322667.28	316386.18	303720.16	271288.12
	归属母公司股东权益(万元)	143981.29	143685.60	144120.81	145954.05
	营业收入(万元)	98535.26	213189717.72	88391.66	155955.13
	营业支出(万元)	82517.62	186178711.56	76855.86	130050.63
	投资收益(万元)	275.67	654224.66	429.83	476.12
	净利润(万元)	190.07	769747.03	392.13	1635.89
	营业利润(万元)	64.42	167988.86	-104.57	2264.10
	利润总额(万元)	638.37	362487.83	451.70	1755.30

淄博齐翔腾达化工股份有限公司

公司概况	公司名称	淄博齐翔腾达化工股份有限公司			证券简称	齐翔腾达
	法人代表	车成聚	董秘	周洪秀	证券代码	002408
	公司网址	www.qxtdgf.com		电子信箱	zqb@qxtdgf.com	
	电　　话	0533-7547767　7547782		传　　真	0533-7547782	
	办公地址	山东省淄博市临淄区杨坡路206号				
	经营范围	工业叔丁醇、仲丁醚、甲基叔丁基醚、仲丁醇、甲乙酮、甲醇、三异丁基铝等				

主要财务指标	指标\报告期	2015.06.30	2014.12.31	2014.06.30	2013.12.31
	基本每股收益(元)	0.2300	0.5300	0.3200	0.6200
	基本每股收益(扣除后)(元)	0.2000	0.4900	0.2900	0.3900
	稀释每股收益(元)	0.2300	0.4800	0.3200	0.6200
	每股净资产(元)	6.3754	6.5426	6.3906	5.8028
	每股经营现金净流量(元)	0.1757	-0.1554	0.2494	-0.1378
	每股现金流量(元)	0.1858	0.7189	-0.0825	-0.3998
	每股资本公积金(元)	3.3496	2.4106	2.8400	2.4100
	每股盈余公积金(元)	0.2599	0.3520	0.3263	0.3263
	每股未分配利润(元)	1.7659	2.4146	2.2242	2.0664
	净资产收益率(%)	2.6252	8.1619	4.9728	10.6377
	加权净资产收益率(%)	3.2300	8.6200	5.2700	10.6400
	净资产收益率(扣除)(%)	2.2826	7.5367	4.6012	6.6747
	总资产(万元)	718799.36	654079.32	655011.96	521293.48
	归属母公司股东权益(万元)	484055.73	366827.16	358286.63	325331.24
	营业收入(万元)	212009.97	520042.93	248256.45	377119.51
	营业支出(万元)	182571.08	440288.45	212767.86	320956.49
	投资收益(万元)	916.68	175.23	62.35	337.09
	净利润(万元)	12838.61	31038.80	17816.71	34607.69
	营业利润(万元)	14730.30	34819.67	21361.13	31628.52
	利润总额(万元)	15764.67	37358.73	22904.49	43610.09

江苏雅克科技股份有限公司

公司概况	公司名称	江苏雅克科技股份有限公司			证券简称	雅克科技
	法人代表	沈琦	董秘	王君	证券代码	002409
	公司网址	www.yokechem.com		电子信箱	ir@yokechem.com	
	电　　话	0510-87126509		传　　真	0510-87126509	
	办公地址	江苏省无锡市宜兴市宜兴经济开发区荆溪北路				
	经营范围	磷酸酯阻燃剂、聚氨酯催化剂、有机硅泡沫稳定剂的研发和生产等				

主要财务指标	指标\报告期	2015.06.30	2014.12.31	2014.06.30	2013.12.31
	基本每股收益(元)	0.2327	0.3624	0.1943	0.4731
	基本每股收益(扣除后)(元)	0.1619	0.2290	0.1412	0.3941
	稀释每股收益(元)	0.2327	0.3624	0.1943	0.4731
	每股净资产(元)	7.7914	7.6866	7.5549	7.5035
	每股经营现金净流量(元)	0.3641	1.0102	0.5128	-0.1796
	每股现金流量(元)	0.0827	-0.1272	-0.1358	-3.1332
	每股资本公积金(元)	4.5181	4.5181	4.5181	4.5181
	每股盈余公积金(元)	0.2770	0.2770	0.2093	0.2093
	每股未分配利润(元)	2.0585	1.9338	1.8333	1.7841
	净资产收益率(%)	2.9871	4.7148	2.5715	6.3047
	加权净资产收益率(%)	3.0000	4.7900	2.5600	6.4600
	净资产收益率(扣除)(%)	2.0783	2.9789	1.8694	5.2519
	总资产(万元)	164722.08	168915.15	141598.19	138837.83
	归属母公司股东权益(万元)	129586.20	127842.85	125652.65	124798.26
	营业收入(万元)	51912.21	132306.51	66545.06	130941.98
	营业支出(万元)	39570.73	108042.06	54726.78	107347.28
	投资收益(万元)	1721.85	2719.93	1081.13	1345.80
	净利润(万元)	3870.89	6027.54	3231.13	7868.14
	营业利润(万元)	5017.04	7711.19	3980.85	9299.50
	利润总额(万元)	4967.64	7530.76	3966.54	9527.02

广联达软件股份有限公司

公司概况	公司名称	广联达软件股份有限公司			证券简称	广 联 达
	法人代表	刁志中	董秘	张奎江	证券代码	002410
	公司网址	www.glodon.com		电子信箱	zhangkj@glodon.com	
	电　　话	010-82342000		传　　真	010-56403335	
	办公地址	北京市海淀区西北旺东路10号院东区13号楼				
	经营范围	工程造价系列软件、项目管理系列软件的开发、销售和相关软件技术服务				

主要财务指标	指标\报告期	2015.06.30	2014.12.31	2014.06.30	2013.12.31
	基本每股收益(元)	0.0490	0.7920	0.3540	0.9100
	基本每股收益(扣除后)(元)	0.0460	0.7710	0.3420	0.9000
	稀释每股收益(元)	0.0490	0.7920	0.3540	0.9100
	每股净资产(元)	2.2726	3.7149	3.3500	4.5872
	每股经营现金净流量(元)	-0.2092	0.7984	0.1063	1.2439
	每股现金流量(元)	-0.8783	0.5458	-0.4178	0.2327
	每股资本公积金(元)	0.4144	1.0876	1.1267	1.9548
	每股盈余公积金(元)	0.1714	0.2572	0.1755	0.2457
	每股未分配利润(元)	0.7275	1.4176	1.0607	1.3888
	净资产收益率(%)	2.1618	21.3304	10.5631	19.8048
	加权净资产收益率(%)	1.9900	22.8400	10.3900	21.3100
	净资产收益率(扣除)(%)	2.0368	20.7530	10.2039	19.4975
	总资产(万元)	269778.96	318557.02	272269.72	280459.22
	归属母公司股东权益(万元)	256443.02	279458.81	252463.72	246584.36
	营业收入(万元)	52212.83	175987.47	70240.81	139309.56
	营业支出(万元)	1714.35	6226.81	1685.31	4236.98
	投资收益(万元)	287.06	2556.40	613.29	1085.02
	净利润(万元)	5949.31	60514.27	26668.07	48835.48
	营业利润(万元)	-2195.02	51699.22	22438.64	36402.78
	利润总额(万元)	6278.32	65981.35	29539.87	53480.87

江苏九九久科技股份有限公司

公司概况	公司名称	江苏九九久科技股份有限公司			证券简称	九 九 久
	法人代表	周新基	董秘	陈兵	证券代码	002411
	公司网址	www.jjjkj.com.cn		电子信箱	jjjkjgjt@163.com	
	电　　话	0513-84415116　84415048		传　　真	0513-84415116	
	办公地址	江苏省南通市如东沿海经济开发区黄海三路12号				
	经营范围	医药中间体类产品与氮肥类产品的研发、生产和销售				

主要财务指标	指标\报告期	2015.06.30	2014.12.31	2014.06.30	2013.12.31
	基本每股收益(元)	0.0152	0.0800	0.0100	0.0800
	基本每股收益(扣除后)(元)	-0.0158	0.0600	0.0100	0.0200
	稀释每股收益(元)	0.0152	0.0800	0.0100	0.0800
	每股净资产(元)	2.4349	2.4697	2.4137	2.4169
	每股经营现金净流量(元)	-0.1371	-0.2709	0.0603	0.2929
	每股现金流量(元)	0.0002	-0.2498	0.0284	-0.3512
	每股资本公积金(元)	0.7104	0.7104	0.7214	0.7191
	每股盈余公积金(元)	0.0808	0.0808	0.0722	0.0722
	每股未分配利润(元)	0.6437	0.6786	0.6201	0.6257
	净资产收益率(%)	0.6226	3.3013	0.6002	3.1940
	加权净资产收益率(%)	0.6100	3.3300	0.6000	3.2300
	净资产收益率(扣除)(%)	-0.6481	2.3514	0.3169	0.8807
	总资产(万元)	167208.89	156160.53	143384.65	130896.40
	归属母公司股东权益(万元)	84807.21	86020.66	84070.35	84179.88
	营业收入(万元)	45606.10	106027.36	50751.69	89468.84
	营业支出(万元)	36269.85	87375.27	42575.66	73245.03
	投资收益(万元)	-45.52	-32.88	-	-
	净利润(万元)	1323.48	3004.66	504.61	2688.71
	营业利润(万元)	87.16	2485.26	44.30	665.00
	利润总额(万元)	1390.99	3475.73	359.47	2969.90

湖南汉森制药股份有限公司

公司概况	公司名称	湖南汉森制药股份有限公司			证券简称	汉森制药
	法人代表	刘令安	董秘	刘厚尧	证券代码	002412
	公司网址	www.hansenzy.com		电子信箱	ada_0320@163.com	
	电　话	0737-6351486		传　真	0737-6351067	
	办公地址	湖南省益阳市银城南路龙岭工业园				
	经营范围	胃肠疾病、骨伤科疾病及心脑血管疾病中药制剂的研发、生产与销售等				

	指标＼报告期	2015.06.30	2014.12.31	2014.06.30	2013.12.31
主要财务指标	基本每股收益(元)	0.1824	0.3973	0.1900	0.7500
	基本每股收益(扣除后)(元)	0.1794	0.3910	0.1900	0.7400
	稀释每股收益(元)	0.1824	0.3973	0.1900	0.7500
	每股净资产(元)	3.9646	3.7822	3.5744	7.2699
	每股经营现金净流量(元)	0.0404	0.3118	0.1029	0.5141
	每股现金流量(元)	–0.1583	–0.1587	–0.2990	0.9100
	每股资本公积金(元)	1.4949	1.4949	1.4949	3.9897
	每股盈余公积金(元)	0.1740	0.1740	0.1366	0.2732
	每股未分配利润(元)	1.2958	1.1134	0.9429	2.0069
	净资产收益率(%)	4.6004	10.5033	5.3005	10.3010
	加权净资产收益率(%)	4.7100	10.7700	5.1400	10.8600
	净资产收益率(扣除)(%)	4.5260	10.3368	5.2170	10.1248
	总资产(万元)	137391.95	136777.17	129514.64	132211.69
	归属母公司股东权益(万元)	117351.75	111953.05	105802.33	107594.26
	营业收入(万元)	35609.18	73742.46	34423.74	58493.21
	营业支出(万元)	10778.62	21204.06	10065.92	15176.86
	投资收益(万元)	–	–	–	41.23
	净利润(万元)	5506.83	11953.25	5608.08	11083.26
	营业利润(万元)	6317.84	13718.10	6628.36	12908.10
	利润总额(万元)	6420.46	13963.08	6731.98	13091.06

江苏雷科防务科技股份有限公司

公司概况	公司名称	江苏雷科防务科技股份有限公司			证券简称	雷科防务
	法人代表	黄小平	董秘	刘训雨	证券代码	002413
	公司网址	www.changfazl.com		电子信箱	cfzl@changfazl.com	
	电　话	0519-86237018		传　真	0519-86235691	
	办公地址	江苏省常州市武进区礼嘉镇建东村建华路南				
	经营范围	冰箱、空调用蒸发器及冷凝器的生产和销售				

	指标＼报告期	2015.06.30	2014.12.31	2014.06.30	2013.12.31
主要财务指标	基本每股收益(元)	0.1400	0.1500	0.0800	0.1200
	基本每股收益(扣除后)(元)	0.1400	0.1800	0.1000	0.1200
	稀释每股收益(元)	0.1400	0.1500	0.0800	0.1200
	每股净资产(元)	6.3521	5.4671	5.4259	5.4220
	每股经营现金净流量(元)	0.0647	0.6251	–0.3869	–0.1919
	每股现金流量(元)	0.0595	0.0870	–0.0392	–0.0270
	每股资本公积金(元)	3.9970	2.6595	2.6585	2.6595
	每股盈余公积金(元)	0.1510	0.2173	0.2030	0.2030
	每股未分配利润(元)	1.2087	1.5957	1.5645	1.5586
	净资产收益率(%)	1.5766	2.7705	1.9514	2.1342
	加权净资产收益率(%)	2.6000	2.7800	1.9400	2.1400
	净资产收益率(扣除)(%)	1.5930	3.3088	1.8381	2.2748
	总资产(万元)	259915.48	160614.14	166179.28	179156.75
	归属母公司股东权益(万元)	201614.14	120548.61	119641.11	119555.94
	营业收入(万元)	107959.92	216484.46	110433.87	185418.25
	营业支出(万元)	94907.10	196848.03	100630.91	170698.91
	投资收益(万元)	–	418.69	418.69	595.68
	净利润(万元)	3178.60	3339.74	2334.70	2551.52
	营业利润(万元)	4244.23	5992.44	3387.80	4273.50
	利润总额(万元)	4129.24	4779.34	3149.91	3453.71

武汉高德红外股份有限公司

公司概况	公司名称	武汉高德红外股份有限公司			证券简称	高德红外
	法人代表	黄立	董秘	陈丽玲	证券代码	002414
	公司网址	www.wuhan-guide.com		电子信箱	liling.chen@126.com	
	电　话	027-81298268		传　真	027-81298268	
	办公地址	湖北省武汉市东湖开发区黄龙山南路6号				
	经营范围	红外热像仪产品研发、生产和销售				

	指标＼报告期	2015.06.30	2014.12.31	2014.06.30	2013.12.31
主要财务指标	基本每股收益(元)	0.0609	0.1133	0.0700	0.1025
	基本每股收益(扣除后)(元)	0.0580	0.0873	0.0684	0.0957
	稀释每股收益(元)	0.0609	0.1133	0.0700	0.1025
	每股净资产(元)	4.1006	4.0598	4.0162	3.9662
	每股经营现金净流量(元)	–0.1789	–0.0975	–0.3589	–0.0661
	每股现金流量(元)	–0.2662	–0.7819	–1.1430	–0.0766
	每股资本公积金(元)	2.4788	2.4788	2.4788	2.4788
	每股盈余公积金(元)	0.0918	0.0918	0.0896	0.0896
	每股未分配利润(元)	0.5300	0.4890	0.4480	0.3980
	净资产收益率(%)	1.4854	2.7899	1.7425	2.5847
	加权净资产收益率(%)	1.4900	2.8200	1.7500	2.5800
	净资产收益率(扣除)(%)	1.4138	2.1511	1.7027	2.4137
	总资产(万元)	257666.94	252013.90	249200.86	272103.38
	归属母公司股东权益(万元)	246036.79	243587.92	240970.63	237971.21
	营业收入(万元)	26450.69	39798.06	21087.88	35627.54
	营业支出(万元)	13763.47	21275.53	10282.47	16580.78
	投资收益(万元)	366.40	1106.18	587.64	1517.45
	净利润(万元)	3654.65	6795.92	4198.90	6150.88
	营业利润(万元)	2007.23	4164.01	4242.49	4135.86
	利润总额(万元)	3969.71	7663.61	4710.07	5872.76

杭州海康威视数字技术股份有限公司

公司概况	公司名称	杭州海康威视数字技术股份有限公司			证券简称	海康威视
	法人代表	陈宗年	董秘	郑一波	证券代码	002415
	公司网址	www.hikvision.com		电子信箱	hikvision@hikvision.com	
	电　话	0571-89710492		传　真	0571-89986895	
	办公地址	浙江省杭州市滨江区阡陌路555号				
	经营范围	电子产品的研发、生产、销售自产产品、提供技术服务、电子设备安装等				

	指标＼报告期	2015.06.30	2014.12.31	2014.06.30	2013.12.31
主要财务指标	基本每股收益(元)	0.5500	1.1700	0.3800	0.7700
	基本每股收益(扣除后)(元)	0.5300	1.1200	0.3620	0.7400
	稀释每股收益(元)	0.5500	1.1600	0.3800	0.7700
	每股净资产(元)	3.8079	3.6475	2.9147	2.7826
	每股经营现金净流量(元)	–0.4716	0.9109	–0.0604	0.4638
	每股现金流量(元)	–0.2100	0.6210	–0.1479	–0.2364
	每股资本公积金(元)	0.3842	0.3637	0.2476	0.2416
	每股盈余公积金(元)	0.3292	0.3292	0.2220	0.2220
	每股未分配利润(元)	2.2337	2.0914	1.4468	1.3185
	净资产收益率(%)	14.2402	31.4330	12.9779	27.4338
	加权净资产收益率(%)	14.2900	36.2700	12.8900	31.2100
	净资产收益率(扣除)(%)	13.6322	30.1503	12.4302	26.6367
	总资产(万元)	2320239.41	2129052.03	1659915.05	1407152.80
	归属母公司股东权益(万元)	1549502.77	1484224.37	1170914.48	1108663.82
	营业收入(万元)	979638.17	1723311.40	601605.53	1074590.70
	营业支出(万元)	558949.76	957826.67	314758.78	562883.84
	投资收益(万元)	7916.46	15102.44	6178.04	3867.43
	净利润(万元)	221809.02	468070.12	152923.80	307705.29
	营业利润(万元)	217190.46	437756.42	145256.72	294695.29
	利润总额(万元)	261799.30	520634.24	170817.82	338595.43

深圳市爱施德股份有限公司

公司概况	公司名称	深圳市爱施德股份有限公司			证券简称	爱 施 德
	法人代表	黄文辉	董秘	罗筱溪	证券代码	002416
	公司网址	www.aisidi.com		电子信箱	ir@aisidi.com	
	电　话	0755-21519888 21519815		传　真	0755-21519900	
	办公地址	广东省深圳市南山区茶光路南湾工业区 7 栋 3 楼				
	经营范围	手机及数码电子产品的销售渠道综合服务				

	指标\报告期	2015.06.30	2014.12.31	2014.06.30	2013.12.31
主要财务指标	基本每股收益(元)	0.0800	0.0290	0.0600	0.7600
	基本每股收益(扣除后)(元)	0.0800	–0.0400	0.0500	0.7300
	稀释每股收益(元)	0.0800	0.0290	0.0600	0.7600
	每股净资产(元)	4.4247	4.3210	4.3819	4.5953
	每股经营现金净流量(元)	0.2345	0.0091	1.0605	0.7809
	每股现金流量(元)	–0.0158	–1.4111	0.6451	1.0091
	每股资本公积金(元)	1.5342	1.5065	1.5483	1.6859
	每股盈余公积金(元)	0.2222	0.2228	0.1860	0.1860
	每股未分配利润(元)	1.6682	1.5918	1.6476	1.7397
	净资产收益率(%)	1.8222	0.6780	1.3220	16.4333
	加权净资产收益率(%)	1.8500	0.6600	1.2900	17.9600
	净资产收益率(扣除)(%)	1.8036	–1.0276	1.1049	15.8427
	总资产(万元)	1051857.20	892622.08	1328133.29	1200750.22
	归属母公司股东权益(万元)	441315.43	429837.18	437795.11	460743.60
	营业收入(万元)	2286267.73	4832056.75	2688929.97	4024347.98
	营业支出(万元)	2213713.96	4665466.13	2582615.24	3762839.24
	投资收益(万元)	135.01	360.87	92.16	111.82
	净利润(万元)	7801.41	4720.24	5787.83	75447.91
	营业利润(万元)	10340.98	–5435.61	5555.34	97142.83
	利润总额(万元)	9984.49	3121.22	6470.55	100561.56

福建三元达通讯股份有限公司

公司概况	公司名称	福建三元达通讯股份有限公司			证券简称	*ST 元达
	法人代表	周世平	董秘	汪晓东	证券代码	002417
	公司网址	www.sunnada.com		电子信箱	ir@sunnada.com	
	电　话	0591-83736937		传　真	0591-87883838	
	办公地址	福建省福州市铜盘路软件园基地 C 区 28 座				
	经营范围	无线网络优化覆盖设备及软件的生产和销售				

	指标\报告期	2015.06.30	2014.12.31	2014.06.30	2013.12.31
主要财务指标	基本每股收益(元)	–0.2400	–1.2100	–0.1800	–0.4900
	基本每股收益(扣除后)(元)	–0.2500	–1.2400	–0.1800	–0.5000
	稀释每股收益(元)	–0.2400	–1.2100	–0.1800	–0.4900
	每股净资产(元)	1.3037	1.5464	2.5799	2.7556
	每股经营现金净流量(元)	–0.1975	–0.0327	–0.2127	–0.1369
	每股现金流量(元)	0.0197	0.0882	–0.1850	0.0598
	每股资本公积金(元)	1.5112	1.5112	1.5112	1.5112
	每股盈余公积金(元)	0.1014	0.1014	0.1014	0.1014
	每股未分配利润(元)	–1.3089	–1.0663	–0.0328	0.1429
	净资产收益率(%)	–18.6112	–78.1944	–6.8094	–17.7452
	加权净资产收益率(%)	–17.0300	–56.2200	–6.5900	–16.3000
	净资产收益率(扣除)(%)	–18.8876	–80.3296	–7.0164	–18.1504
	总资产(万元)	90983.35	113237.37	138838.36	140372.60
	归属母公司股东权益(万元)	35201.10	41752.43	69657.26	74400.51
	营业收入(万元)	14798.48	52078.34	22986.86	75759.50
	营业支出(万元)	12437.30	44048.07	14770.44	50210.61
	投资收益(万元)	–52.40	833.39	–	–
	净利润(万元)	–6590.21	–33172.73	–4743.25	–13202.50
	营业利润(万元)	–6772.09	–33695.42	–4774.38	–15886.02
	利润总额(万元)	–6590.21	–33172.73	–4448.07	–14572.02

浙江康盛股份有限公司

公司概况	公司名称	浙江康盛股份有限公司			证券简称	康盛股份
	法人代表	陈汉康	董秘	鲁旭波	证券代码	002418
	公司网址	www.kasun.cn		电子信箱	ksgf@kasun.cn	
	电　话	0571-64836953 64837208		传　真	0571-64836953	
	办公地址	浙江省杭州市淳安县千岛湖镇康盛路 268 号				
	经营范围	制造、销售内螺纹钢管、精密铜管、钢管、铝管、冷轧钢带、铜带、冰箱等				

	指标\报告期	2015.06.30	2014.12.31	2014.06.30	2013.12.31
主要财务指标	基本每股收益(元)	0.0500	–0.1300	–0.0600	0.0600
	基本每股收益(扣除后)(元)	0.0300	–0.1500	–0.0700	–0.0200
	稀释每股收益(元)	0.0500	–0.1300	–0.0600	0.0600
	每股净资产(元)	5.6049	4.9307	4.9906	5.0485
	每股经营现金净流量(元)	–0.4324	0.7790	0.1796	0.3343
	每股现金流量(元)	0.8224	–0.0630	–0.4181	0.2647
	每股资本公积金(元)	3.6614	3.2275	2.5221	2.5221
	每股盈余公积金(元)	0.0762	0.1261	0.1157	0.1157
	每股未分配利润(元)	0.8091	1.1782	1.3529	1.4107
	净资产收益率(%)	0.7759	–2.6924	–1.1595	1.2705
	加权净资产收益率(%)	1.0100	–2.6600	–1.1500	1.2800
	净资产收益率(扣除)(%)	0.4962	–3.0354	–1.3404	–0.3834
	总资产(万元)	317888.03	248257.88	238448.20	227124.63
	归属母公司股东权益(万元)	212312.15	128769.49	114185.78	115509.82
	营业收入(万元)	97777.02	186450.48	97511.02	147268.11
	营业支出(万元)	84595.63	162815.31	85050.06	125151.84
	投资收益(万元)	477.34	924.43	530.73	845.93
	净利润(万元)	1600.19	–3263.78	–1324.04	1467.50
	营业利润(万元)	991.60	–3805.32	–1744.00	–782.40
	利润总额(万元)	1772.77	–2967.12	–1468.38	1904.38

天虹商场股份有限公司

公司概况	公司名称	天虹商场股份有限公司			证券简称	天虹商场
	法人代表	高书林	董秘	万颖	证券代码	002419
	公司网址	www.rainbow.cn		电子信箱	ir@rainbowcn.com	
	电　话	0755-23651888		传　真	0755-23652166	
	办公地址	广东省深圳市南山区中心路(深圳湾段)3019 号天虹大厦 9–14 楼、17–20 楼				
	经营范围	从事以百货为主的商品零售业务				

	指标\报告期	2015.06.30	2014.12.31	2014.06.30	2013.12.31
主要财务指标	基本每股收益(元)	0.2600	0.6700	0.3500	0.7700
	基本每股收益(扣除后)(元)	0.2600	0.6300	0.3200	0.7100
	稀释每股收益(元)	0.2600	0.6700	0.3500	0.7700
	每股净资产(元)	5.6402	5.6635	5.3866	5.3972
	每股经营现金净流量(元)	–0.3594	0.9273	–0.1952	0.6150
	每股现金流量(元)	–0.5400	–1.3418	–1.0522	–1.4265
	每股资本公积金(元)	2.1390	2.1216	2.1390	2.1390
	每股盈余公积金(元)	0.5041	0.5000	0.5000	0.4874
	每股未分配利润(元)	1.9971	2.0501	1.7476	1.7709
	净资产收益率(%)	4.6608	11.7836	6.4861	14.2502
	加权净资产收益率(%)	4.5400	12.1800	6.3400	14.9300
	净资产收益率(扣除)(%)	4.5311	10.9675	5.9163	13.2061
	总资产(万元)	1063104.39	1149905.09	944300.10	1049357.20
	归属母公司股东权益(万元)	451331.24	456918.99	431034.55	431884.48
	营业收入(万元)	889399.76	1699795.66	818735.66	1603248.31
	营业支出(万元)	682184.98	1305730.56	619678.85	1220100.42
	投资收益(万元)	2636.87	3761.30	1488.41	3308.38
	净利润(万元)	20987.21	53722.86	27957.27	61544.31
	营业利润(万元)	35043.58	75731.64	40120.33	85211.26
	利润总额(万元)	33343.13	77267.90	41298.93	87650.18

广州毅昌科技股份有限公司

公司概况						
公司概况	公司名称	广州毅昌科技股份有限公司			证券简称	毅昌股份
	法人代表	丁金铎	董秘	叶昌焱	证券代码	002420
	公司网址	www.echom.com		电子信箱	zhengquan@echom.com	
	电　　话	020-32200889		传　　真	020-32200775	
	办公地址	广东省广州市高新技术产业开发区科学城科丰路 29 号				
	经营范围	设计、生产和销售电视机外观结构件				

主要财务指标	指标\报告期	2015.06.30	2014.12.31	2014.06.30	2013.12.31
	基本每股收益(元)	0.0278	0.1100	-0.0292	-0.1400
	基本每股收益(扣除后)(元)	0.0018	0.0300	-0.0573	-0.2100
	稀释每股收益(元)	0.0278	0.1100	-0.0292	-0.1400
	每股净资产(元)	4.0112	3.9827	3.8500	3.8772
	每股经营现金净流量(元)	0.3337	0.4371	0.1838	0.2840
	每股现金流量(元)	0.5138	-0.1306	-0.2198	-0.3737
	每股资本公积金(元)	2.0148	2.0140	2.0140	2.0140
	每股盈余公积金(元)	0.0740	0.0740	0.0740	0.0740
	每股未分配利润(元)	0.9230	0.8952	0.7599	0.7891
	净资产收益率(%)	0.6933	2.6656	-0.7583	-3.5473
	加权净资产收益率(%)	0.7000	2.7200	-0.7600	-3.5000
	净资产收益率(扣除)(%)	0.0450	0.7096	-1.4888	-5.3393
	总资产(万元)	381409.43	365813.01	324030.68	333830.23
	归属母公司股东权益(万元)	160850.10	159704.68	154282.53	155476.17
	营业收入(万元)	151338.23	324264.54	140398.93	273504.95
	营业支出(万元)	132417.18	285047.59	125247.05	248299.27
	投资收益(万元)	42.61	-638.03	-375.92	57.47
	净利润(万元)	1141.45	4313.24	-1169.86	-5515.22
	营业利润(万元)	11.68	563.12	-2949.20	-10300.30
	利润总额(万元)	1209.21	4058.29	-1726.71	-7229.74

深圳达实智能股份有限公司

公司概况						
公司概况	公司名称	深圳达实智能股份有限公司			证券简称	达实智能
	法人代表	刘磅	董秘	林雨斌	证券代码	002421
	公司网址	www.chn-das.com		电子信箱	das@chn-das.com	
	电　　话	0755-26525166		传　　真	0755-26639599	
	办公地址	广东省深圳市南山区高新技术产业园达实智能大厦				
	经营范围	组装生产、研发能源管理产品、IC 卡读写机具产品、安防监控设备和信息终端等				

主要财务指标	指标\报告期	2015.06.30	2014.12.31	2014.06.30	2013.12.31
	基本每股收益(元)	0.0766	0.5086	0.0695	0.3941
	基本每股收益(扣除后)(元)	0.0695	0.4756	0.1334	0.3684
	稀释每股收益(元)	0.0766	0.5086	0.0695	0.3941
	每股净资产(元)	3.0147	6.3240	3.7619	3.7062
	每股经营现金净流量(元)	-0.1389	0.4461	-0.2164	0.0217
	每股现金流量(元)	0.2064	0.9527	-0.1847	-0.0137
	每股资本公积金(元)	1.3454	3.8879	1.3871	1.3841
	每股盈余公积金(元)	0.0588	0.1323	0.1301	0.1301
	每股未分配利润(元)	0.6104	1.3037	1.2448	1.1920
	净资产收益率(%)	2.5357	6.9339	4.0616	10.6344
	加权净资产收益率(%)	2.5800	11.1600	4.0700	11.2000
	净资产收益率(扣除)(%)	2.3001	6.4839	3.5469	9.9399
	总资产(万元)	279039.08	260038.54	155120.36	147060.94
	归属母公司股东权益(万元)	173499.19	161766.95	78548.98	77384.62
	营业收入(万元)	61398.72	126306.23	46061.94	101189.27
	营业支出(万元)	44533.43	86354.42	32876.49	71321.09
	投资收益(万元)	-	-	-	34.01
	净利润(万元)	4945.29	14773.98	3928.43	10719.32
	营业利润(万元)	5411.59	16493.35	4088.19	11839.61
	利润总额(万元)	6029.62	17509.89	4714.99	12681.88

四川科伦药业股份有限公司

公司概况						
公司概况	公司名称	四川科伦药业股份有限公司			证券简称	科伦药业
	法人代表	刘革新	董秘	冯昊	证券代码	002422
	公司网址	www.kelun.com		电子信箱	kelun@kelun.com	
	电　　话	028-82860678		传　　真	028-86132515	
	办公地址	四川省成都市青羊区百花西路 36 号				
	经营范围	研究、生产大容量注射剂、小容量注射剂、冲洗剂、直立式聚丙烯输液袋的技术开发、生产等				

主要财务指标	指标\报告期	2015.06.30	2014.12.31	2014.06.30	2013.12.31
	基本每股收益(元)	0.5700	1.3900	0.7500	1.5000
	基本每股收益(扣除后)(元)	0.5100	1.2800	1.0600	2.2600
	稀释每股收益(元)	0.5700	1.3900	0.7500	1.5000
	每股净资产(元)	15.3872	14.9159	21.2473	20.3332
	每股经营现金净流量(元)	0.9056	1.6927	1.3207	2.1883
	每股现金流量(元)	-0.2363	-0.8903	-0.7960	-0.2249
	每股资本公积金(元)	6.1526	6.1321	9.7269	9.6768
	每股盈余公积金(元)	0.6132	0.6132	0.7581	0.7581
	每股未分配利润(元)	7.6154	7.0470	9.7682	8.8997
	净资产收益率(%)	3.6940	9.3292	5.2642	11.0608
	加权净资产收益率(%)	3.7500	9.7800	5.3500	11.6400
	净资产收益率(扣除)(%)	3.3442	8.5523	4.9919	11.1123
	总资产(万元)	2157068.93	2120283.53	1914085.79	1794685.14
	归属母公司股东权益(万元)	1107881.88	1073947.83	1019870.90	975992.62
	营业收入(万元)	383560.69	802342.13	396716.51	683128.20
	营业支出(万元)	226064.95	460780.65	229738.55	371205.55
	投资收益(万元)	2045.91	1492.44	226.82	195.22
	净利润(万元)	40519.87	98468.22	54141.10	109149.90
	营业利润(万元)	44357.45	108875.20	61007.57	114853.87
	利润总额(万元)	47864.09	114870.84	63137.77	128250.93

中原特钢股份有限公司

公司概况						
公司概况	公司名称	中原特钢股份有限公司			证券简称	中原特钢
	法人代表	李宗樵	董秘	蒋根豹	证券代码	002423
	公司网址	www.zssw.com		电子信箱	jyjgb2007@163.com	
	电　　话	0391-6099022　6099031		传　　真	0391-6099019	
	办公地址	河南省济源市承留镇小寨村				
	经营范围	工业专用装备及大型特殊钢精锻件的研发、生产、销售和服务				

主要财务指标	指标\报告期	2015.06.30	2014.12.31	2014.06.30	2013.12.31
	基本每股收益(元)	-0.0480	-0.0995	-0.0210	0.0050
	基本每股收益(扣除后)(元)	-0.0550	-0.1300	-0.0340	-0.1800
	稀释每股收益(元)	-0.0480	-0.0995	-0.0210	0.0050
	每股净资产(元)	4.0008	4.0477	3.8200	3.8465
	每股经营现金净流量(元)	0.0074	0.0631	-0.0589	0.0049
	每股现金流量(元)	-0.5345	0.0522	-0.3306	-0.1303
	每股资本公积金(元)	2.1230	2.1230	1.7422	1.7422
	每股盈余公积金(元)	0.0839	0.0839	0.0907	0.0907
	每股未分配利润(元)	0.7928	0.8407	0.9879	1.0136
	净资产收益率(%)	-1.1965	-2.2910	-0.5428	0.1293
	加权净资产收益率(%)	-1.1900	-2.6000	-0.5400	0.1300
	净资产收益率(扣除)(%)	-1.3790	-2.9733	-0.8985	-4.5595
	总资产(万元)	343434.75	354285.83	305053.88	297145.80
	归属母公司股东权益(万元)	201233.93	203592.49	177862.16	179059.47
	营业收入(万元)	56863.35	121850.18	64876.69	131591.81
	营业支出(万元)	50592.20	105458.27	57130.61	116552.86
	投资收益(万元)	548.38	667.18	610.04	619.85
	净利润(万元)	-2407.75	-4664.22	-964.56	231.52
	营业利润(万元)	-2967.91	-5997.43	-1662.89	-9089.65
	利润总额(万元)	-2513.98	-4468.95	-970.46	1701.36

贵州百灵企业集团制药股份有限公司

公司概况	公司名称	贵州百灵企业集团制药股份有限公司		证券简称	贵州百灵
	法人代表	姜伟	董秘 牛民	证券代码	002424
	公司网址	www.gzbl.com		电子信箱	niumin1804@126.com
	电话	0853-3415126		传真	0853-3412296
	办公地址	贵州省安顺市经济技术开发区西航大道			
	经营范围	片剂、胶囊剂、糖浆剂、软胶囊剂、颗粒剂、丸剂、散剂、喷雾剂、煎膏剂等			

主要财务指标	指标\报告期	2015.06.30	2014.12.31	2014.06.30	2013.12.31
	基本每股收益(元)	0.3800	0.6600	0.2800	0.5700
	基本每股收益(扣除后)(元)	0.3500	0.6400	0.2800	0.5600
	稀释每股收益(元)	0.3800	0.6600	0.2800	0.5700
	每股净资产(元)	5.1178	4.9358	4.5586	4.4767
	每股经营现金净流量(元)	0.4325	0.2805	0.5083	0.3014
	每股现金流量(元)	0.0797	-0.0415	-0.2635	-0.4690
	每股资本公积金(元)	2.2931	0.0977	2.2941	2.2941
	每股盈余公积金(元)	0.2561	0.0854	0.1748	0.1748
	每股未分配利润(元)	1.5686	0.4622	1.0897	1.0078
	净资产收益率(%)	7.4646	13.3723	6.1831	12.8027
	加权净资产收益率(%)	7.4500	14.1800	6.0000	13.3600
	净资产收益率(扣除)(%)	6.9266	12.9958	6.1346	12.5519
	总资产(万元)	352965.24	356518.15	339674.23	347916.90
	归属母公司股东权益(万元)	240741.97	232179.43	214434.81	210584.14
	营业收入(万元)	81354.87	157467.22	68961.90	140533.03
	营业支出(万元)	33090.16	61620.26	28434.69	55913.31
	投资收益(万元)	119.94	894.55	272.74	456.76
	净利润(万元)	18206.59	31505.38	13258.67	26960.45
	营业利润(万元)	20438.77	37152.91	16012.24	31989.95
	利润总额(万元)	21699.62	37710.63	16161.58	32615.90

凯撒(中国)股份有限公司

公司概况	公司名称	凯撒(中国)股份有限公司		证券简称	凯撒股份
	法人代表	郑合明	董秘 冯育升	证券代码	002425
	公司网址	www.kaiser.com.cn		电子信箱	kaiser@vip.163.com
	电话	0754-88805099		传真	0754-88801350
	办公地址	广东省汕头市龙湖珠津工业区珠津1街3号凯撒工业城			
	经营范围	生产、加工服装(皮革服装)、服饰、皮鞋、皮帽、皮包、玩具、钓鱼用具等			

主要财务指标	指标\报告期	2015.06.30	2014.12.31	2014.06.30	2013.12.31
	基本每股收益(元)	0.0390	0.0200	0.0220	0.0800
	基本每股收益(扣除后)(元)	0.0140	-0.0300	0.0020	0.0500
	稀释每股收益(元)	0.0390	0.0200	0.0220	0.0800
	每股净资产(元)	4.4088	3.7671	3.7700	3.7674
	每股经营现金净流量(元)	-0.2224	0.2080	-0.0013	0.2498
	每股现金流量(元)	-0.0035	-0.0406	-0.0198	0.2617
	每股资本公积金(元)	2.7840	2.0915	2.0887	2.0781
	每股盈余公积金(元)	0.1082	0.1205	0.1164	0.1164
	每股未分配利润(元)	0.5226	0.5611	0.5705	0.5785
	净资产收益率(%)	0.8313	0.4468	0.5847	1.7288
	加权净资产收益率(%)	1.0600	0.4500	0.5800	2.2800
	净资产收益率(扣除)(%)	0.2947	-0.6640	0.0449	1.1714
	总资产(万元)	285272.19	178198.03	172470.28	176652.90
	归属母公司股东权益(万元)	191447.14	146913.31	147052.92	146922.97
	营业收入(万元)	28474.64	54152.11	22294.62	50638.08
	营业支出(万元)	18571.34	33380.07	11891.82	23557.26
	投资收益(万元)	859.89	1898.92	934.72	635.23
	净利润(万元)	-127.85	152.59	859.86	2540.02
	营业利润(万元)	169.25	1027.56	1133.74	4193.48
	利润总额(万元)	843.15	1327.79	1259.33	4653.28

苏州胜利精密制造科技股份有限公司

公司概况	公司名称	苏州胜利精密制造科技股份有限公司		证券简称	胜利精密
	法人代表	高玉根	董秘 高玉根	证券代码	002426
	公司网址	www.vicsz.com		电子信箱	zhengquan@vicsz.com
	电话	0512-69207028 69207200		传真	0512-69207028 69207112
	办公地址	江苏省苏州市高新区浒关工业园浒泾路55号			
	经营范围	研发、生产、销售:冲压件、金属结构件、模具、五金配件等			

主要财务指标	指标\报告期	2015.06.30	2014.12.31	2014.06.30	2013.12.31
	基本每股收益(元)	0.0976	0.1595	0.1005	0.2885
	基本每股收益(扣除后)(元)	0.0849	0.1878	0.1133	0.1122
	稀释每股收益(元)	0.0976	0.1595	0.1005	0.2885
	每股净资产(元)	3.0602	3.0312	1.8222	3.5102
	每股经营现金净流量(元)	-0.3138	-0.1635	0.0341	0.3887
	每股现金流量(元)	-0.6042	0.9534	-0.1358	0.1040
	每股资本公积金(元)	1.4400	1.4103	0.1393	1.2785
	每股盈余公积金(元)	0.0661	0.0661	0.0725	0.1451
	每股未分配利润(元)	0.5561	0.5548	0.6219	1.1427
	净资产收益率(%)	3.1880	4.6865	5.5169	8.2185
	加权净资产收益率(%)	3.1600	6.7700	5.5900	8.4800
	净资产收益率(扣除)(%)	2.7744	5.4823	6.2204	3.1951
	总资产(万元)	543617.78	513766.23	324913.68	249097.78
	归属母公司股东权益(万元)	301601.48	298741.26	145912.60	140552.87
	营业收入(万元)	143269.60	325581.53	133872.11	212151.38
	营业支出(万元)	122737.15	279556.48	113381.65	183175.21
	投资收益(万元)	275.88	-1883.27	38.36	4094.60
	净利润(万元)	10154.06	14782.91	8049.88	11551.32
	营业利润(万元)	11278.04	16530.35	10768.58	9994.94
	利润总额(万元)	11669.08	16996.15	10924.69	15756.34

浙江尤夫高新纤维股份有限公司

公司概况	公司名称	浙江尤夫高新纤维股份有限公司		证券简称	尤夫股份
	法人代表	茅惠新	董秘 陈彦	证券代码	002427
	公司网址	www.unifull.com		电子信箱	ufg_cfo@unifull.com
	电话	0572-3961786		传真	0572-2833555
	办公地址	浙江省湖州市和孚镇工业园区			
	经营范围	生产差别化FDY聚酯纤维及特种工业用布、聚酯线带、销售本公司生产产品			

主要财务指标	指标\报告期	2015.06.30	2014.12.31	2014.06.30	2013.12.31
	基本每股收益(元)	0.2000	0.4000	0.1400	0.0700
	基本每股收益(扣除后)(元)	0.1900	0.3900	0.1900	0.0600
	稀释每股收益(元)	0.2000	0.4000	0.1400	0.0700
	每股净资产(元)	5.2212	4.5130	4.3051	4.1246
	每股经营现金净流量(元)	0.3248	1.8028	0.5311	-0.8946
	每股现金流量(元)	2.4282	0.0258	0.3293	-0.1341
	每股资本公积金(元)	3.3742	2.3205	2.3205	2.3205
	每股盈余公积金(元)	0.0970	0.1622	0.1312	0.1312
	每股未分配利润(元)	0.7500	1.0304	0.8534	0.6730
	净资产收益率(%)	3.1309	8.8293	4.4231	1.7435
	加权净资产收益率(%)	5.8900	9.2300	4.5100	1.7700
	净资产收益率(扣除)(%)	3.0416	8.6423	4.4062	1.4888
	总资产(万元)	347661.52	253175.81	265898.77	255184.20
	归属母公司股东权益(万元)	207884.11	107498.69	102544.80	98247.33
	营业收入(万元)	102663.54	247924.12	126824.02	175886.05
	营业支出(万元)	84013.13	210412.87	108083.24	156480.14
	投资收益(万元)	-	-30.84	-9.83	15.11
	净利润(万元)	6812.71	10267.90	4643.71	1566.16
	营业利润(万元)	8039.09	10504.02	5564.67	1632.36
	利润总额(万元)	8144.12	10543.28	5549.67	1685.84

云南临沧鑫圆锗业股份有限公司

公司概况					
公司名称	云南临沧鑫圆锗业股份有限公司			证券简称	云南锗业
法人代表	包文东	董秘	金洪国	证券代码	002428
公司网址	www.sino-ge.com		电子信箱	jinhongguo@sino-ge.com	
电　　话	0871-65955312　65955973		传　　真	0871-63635956　63635956	
办公地址	云南省昆明市呈贡新区马金铺电力装备园魁星街				
经营范围	锗系列产品及其他冶金产品、矿产品生产、冶炼、销售等				

主要财务指标 指标\报告期	2015.06.30	2014.12.31	2014.06.30	2013.12.31
基本每股收益(元)	0.0860	0.1900	0.1070	0.1900
基本每股收益(扣除后)(元)	0.0590	0.1500	0.0890	0.1600
稀释每股收益(元)	0.0860	0.1900	0.1070	0.1900
每股净资产(元)	2.4269	2.3709	2.2900	2.2635
每股经营现金净流量(元)	0.0457	0.1231	0.1512	0.4274
每股现金流量(元)	-0.0956	-0.3202	-0.1457	-0.2852
每股资本公积金(元)	0.4956	0.4956	0.4954	0.5200
每股盈余公积金(元)	0.1187	0.1187	0.0985	0.0985
每股未分配利润(元)	0.8089	0.7530	0.6888	0.6414
净资产收益率(%)	3.5413	8.0896	4.6934	8.3276
加权净资产收益率(%)	3.5600	8.2700	4.6700	8.6100
净资产收益率(扣除)(%)	2.4526	6.4945	3.9096	7.0261
总资产(万元)	215988.28	203832.62	199798.13	200518.24
归属母公司股东权益(万元)	158504.64	154846.67	149404.07	147835.18
营业收入(万元)	25991.01	55591.11	30939.93	82407.20
营业支出(万元)	15778.63	33344.03	19508.01	61132.77
投资收益(万元)	-	-	-	-
净利润(万元)	5693.03	12528.47	7012.19	12311.06
营业利润(万元)	4751.20	12047.63	7056.35	12761.44
利润总额(万元)	6790.69	14973.55	8440.08	15138.15

深圳市兆驰股份有限公司

公司概况					
公司名称	深圳市兆驰股份有限公司			证券简称	兆驰股份
法人代表	顾伟	董秘	漆凌燕	证券代码	002429
公司网址	www.szmtc.com.cn		电子信箱	ls@szmtc.com.cn	
电　　话	0755-33345613　32901981		传　　真	0755-32901983	
办公地址	广东省深圳市龙岗区南湾街道下李朗社区李朗路一号兆驰创新产业园				
经营范围	家庭视听消费类电子产品的研发、设计、制造、销售				

主要财务指标 指标\报告期	2015.06.30	2014.12.31	2014.06.30	2013.12.31
基本每股收益(元)	0.1683	0.4155	0.1764	0.6000
基本每股收益(扣除后)(元)	0.1427	0.4055	0.1823	0.5700
稀释每股收益(元)	0.1683	0.4155	0.1764	0.6000
每股净资产(元)	2.9428	2.8008	2.5600	3.5817
每股经营现金净流量(元)	-0.3942	0.6407	0.2645	0.0813
每股现金流量(元)	-0.0273	-0.2152	-0.2346	0.2387
每股资本公积金(元)	0.3054	0.3054	0.2971	0.9573
每股盈余公积金(元)	0.1468	0.1468	0.1117	0.1675
每股未分配利润(元)	1.5045	1.3622	1.1580	1.4719
净资产收益率(%)	5.7180	14.8379	6.8934	16.6183
加权净资产收益率(%)	5.8300	16.0500	7.1300	17.8800
净资产收益率(扣除)(%)	4.8506	14.5574	7.1214	15.9351
总资产(万元)	844139.69	689642.21	682916.71	721285.64
归属母公司股东权益(万元)	471366.27	448622.05	410101.15	382641.75
营业收入(万元)	264070.94	710762.50	336611.35	677611.98
营业支出(万元)	232848.32	603578.39	287053.57	588384.37
投资收益(万元)	10163.32	13904.64	3103.30	5845.84
净利润(万元)	26920.03	66566.24	28270.06	63588.55
营业利润(万元)	29216.55	72406.50	29710.48	71026.98
利润总额(万元)	31959.81	78429.99	32838.88	74043.27

杭州杭氧股份有限公司

公司概况					
公司名称	杭州杭氧股份有限公司			证券简称	杭氧股份
法人代表	蒋明	董秘	汪加林	证券代码	002430
公司网址	www.hangyang.com		电子信箱	investor@hangyang.com	
电　　话	0571-85869078　85869076		传　　真	0571-85869076	
办公地址	浙江省杭州市下城区中山北路592号弘元大厦				
经营范围	空气分离设备、工业气体产品和石化设备的生产及销售业务等				

主要财务指标 指标\报告期	2015.06.30	2014.12.31	2014.06.30	2013.12.31
基本每股收益(元)	0.0700	0.1600	0.0543	0.2900
基本每股收益(扣除后)(元)	0.0600	0.0800	0.0034	0.2400
稀释每股收益(元)	0.0700	0.1600	0.0543	0.2900
每股净资产(元)	4.3214	4.2547	4.1199	4.0258
每股经营现金净流量(元)	0.2218	0.1680	0.0825	0.5130
每股现金流量(元)	-0.0996	-0.3578	-0.0071	-0.0238
每股资本公积金(元)	1.0621	1.0621	1.0621	0.9245
每股盈余公积金(元)	0.3235	0.3235	0.3162	0.3239
每股未分配利润(元)	1.8873	1.8335	1.7227	1.7606
净资产收益率(%)	1.7082	3.8273	1.3083	7.0860
加权净资产收益率(%)	1.7200	3.9300	1.3300	7.2600
净资产收益率(扣除)(%)	1.3419	1.8687	0.0817	6.0311
总资产(万元)	979452.18	940175.31	1004553.97	998496.15
归属母公司股东权益(万元)	359447.33	353896.21	342679.83	326903.64
营业收入(万元)	292841.47	593382.40	260381.07	550271.78
营业支出(万元)	243157.57	488848.05	214480.13	443292.55
投资收益(万元)	-144.66	22.14	1481.60	704.87
净利润(万元)	6964.59	16294.73	4483.21	23164.43
营业利润(万元)	8641.60	17159.48	5641.83	32290.92
利润总额(万元)	10053.41	24230.59	8879.23	35802.50

棕榈园林股份有限公司

公司概况					
公司名称	棕榈园林股份有限公司			证券简称	棕榈园林
法人代表	林从孝	董秘	冯玉兰	证券代码	002431
公司网址	www.palm-la.com		电子信箱	002431@palm-la.com	
电　　话	020-85189002　85189003		传　　真	020-85189000	
办公地址	广州市天河区马场路16号富力盈盛广场B栋23-25楼				
经营范围	承接园林绿化、园林建筑、喷泉、雕塑、市政工程、园林规划设计等				

主要财务指标 指标\报告期	2015.06.30	2014.12.31	2014.06.30	2013.12.31
基本每股收益(元)	0.2500	0.9300	0.3390	0.8700
基本每股收益(扣除后)(元)	0.2400	0.9100	0.3210	0.8200
稀释每股收益(元)	0.2500	0.9300	0.3390	0.8700
每股净资产(元)	8.1209	6.3775	5.7923	5.5983
每股经营现金净流量(元)	-0.9914	-0.5734	-0.7070	-0.3612
每股现金流量(元)	0.6315	-0.2134	-0.3521	0.4880
每股资本公积金(元)	4.2108	2.0930	2.0902	2.1166
每股盈余公积金(元)	0.2690	0.3215	0.2406	0.2406
每股未分配利润(元)	2.6729	3.0007	2.4915	2.2826
净资产收益率(%)	2.8624	14.5681	5.8506	15.4575
加权净资产收益率(%)	3.2500	15.5200	5.9000	16.7200
净资产收益率(扣除)(%)	2.7992	14.2150	5.5412	14.6770
总资产(万元)	1081169.28	936229.50	789071.91	717888.79
归属母公司股东权益(万元)	447296.08	293885.38	266909.66	257970.77
营业收入(万元)	212677.43	500694.29	219224.48	429729.75
营业支出(万元)	167030.23	382569.20	169097.88	329339.73
投资收益(万元)	1120.06	4005.29	2417.91	5316.24
净利润(万元)	13858.59	44819.53	15615.82	39875.79
营业利润(万元)	16615.12	52254.10	19075.75	47497.83
利润总额(万元)	16946.86	53468.65	20044.65	49860.85

天津九安医疗电子股份有限公司

公司概况	公司名称	天津九安医疗电子股份有限公司			证券简称	九安医疗
	法人代表	刘毅	董秘	马雅杰	证券代码	002432
	公司网址	www.jiuan.com		电子信箱	ir@jiuan.com	
	电　　话	022-60526161　8065		传　　真	022-60526162	
	办公地址	天津市南开区南开工业园雅安道金平路3号				
	经营范围	开发、生产、销售电子产品、医疗器械及相关的技术咨询服务等				

	指标＼报告期	2015.06.30	2014.12.31	2014.06.30	2013.12.31
主要财务指标	基本每股收益(元)	–0.1100	0.0300	–0.0200	–0.0200
	基本每股收益(扣除后)(元)	–0.1000	–0.2200	–0.0200	–0.0300
	稀释每股收益(元)	–0.1100	0.0300	–0.0200	–0.0200
	每股净资产(元)	1.9150	2.0397	1.9882	2.0121
	每股经营现金净流量(元)	–0.1897	–0.1853	–0.0546	–0.2002
	每股现金流量(元)	0.1833	–0.6473	–0.7405	–0.1024
	每股资本公积金(元)	0.8079	0.8079	0.8057	0.8057
	每股盈余公积金(元)	0.0467	0.0467	0.0467	0.0467
	每股未分配利润(元)	0.0610	0.1884	0.1364	0.1632
	净资产收益率(%)	–5.6096	1.3440	–1.0285	–1.1150
	加权净资产收益率(%)	–5.4100	1.3500	0.0800	–1.1100
	净资产收益率(扣除)(%)	–4.9735	–10.7469	–1.0191	–1.4722
	总资产(万元)	95143.62	100244.09	89818.70	93366.69
	归属母公司股东权益(万元)	71236.24	75875.30	73959.80	74849.98
	营业收入(万元)	19464.70	42545.20	22959.18	40756.71
	营业支出(万元)	13764.60	29261.85	15342.25	27470.12
	投资收益(万元)	–781.69	10173.85	–45.16	–
	净利润(万元)	–3996.03	839.30	–760.68	–834.61
	营业利润(万元)	–5243.48	2031.32	–760.70	–1073.17
	利润总额(万元)	–4994.87	992.65	–765.80	–797.94

广东太安堂药业股份有限公司

公司概况	公司名称	广东太安堂药业股份有限公司			证券简称	太安堂
	法人代表	柯少彬	董秘	陈小卫	证券代码	002433
	公司网址	www.pibao.cn		电子信箱	t-a-t@163.com	
	电　　话	0754-88116066　188		传　　真	0754-88105160	
	办公地址	广东省汕头市金园工业区广东太安堂药业股份有限公司麒麟园				
	经营范围	中成药的研发、生产和销售				

	指标＼报告期	2015.06.30	2014.12.31	2014.06.30	2013.12.31
主要财务指标	基本每股收益(元)	0.1000	0.3000	0.1100	0.4800
	基本每股收益(扣除后)(元)	0.1000	0.2900	0.1043	0.4700
	稀释每股收益(元)	0.1000	0.3000	0.1100	0.4800
	每股净资产(元)	5.2203	5.1338	3.6221	7.1043
	每股经营现金净流量(元)	–0.3535	–0.3752	–0.1438	–0.5107
	每股现金流量(元)	–0.1243	0.5335	–0.1971	–1.1921
	每股资本公积金(元)	3.3855	3.3703	1.8591	4.7183
	每股盈余公积金(元)	0.0605	0.0610	0.0690	0.1379
	每股未分配利润(元)	0.7743	0.7025	0.6940	1.2481
	净资产收益率(%)	1.9707	5.0308	2.9666	6.7290
	加权净资产收益率(%)	1.9900	8.7200	2.9800	6.9500
	净资产收益率(扣除)(%)	1.9407	4.8263	2.8803	6.5746
	总资产(万元)	451525.46	449330.95	273279.85	255574.98
	归属母公司股东权益(万元)	379338.20	370329.87	201388.17	197498.76
	营业收入(万元)	89231.21	122763.66	44397.63	78516.58
	营业支出(万元)	62048.69	76835.26	28576.49	46065.82
	投资收益(万元)	193.47	480.58	–	0.56
	净利润(万元)	7706.77	19237.55	5974.41	13289.66
	营业利润(万元)	8754.71	20353.77	7007.24	15305.23
	利润总额(万元)	8889.22	20778.56	7206.47	15648.31

浙江万里扬变速器股份有限公司

公司概况	公司名称	浙江万里扬变速器股份有限公司			证券简称	万里扬
	法人代表	黄河清	董秘	胡春荣	证券代码	002434
	公司网址	www.zjwly.com		电子信箱	hcr@zjwly.com	
	电　　话	0579-82216776		传　　真	0579-82216776	
	办公地址	浙江省金华市宾虹西路3999号				
	经营范围	研制、生产、销售汽车变速器及其他汽车零部件				

	指标＼报告期	2015.06.30	2014.12.31	2014.06.30	2013.12.31
主要财务指标	基本每股收益(元)	0.2500	0.5600	0.3300	0.4300
	基本每股收益(扣除后)(元)	0.1700	0.3200	0.2000	0.2000
	稀释每股收益(元)	0.2500	0.5600	0.3300	0.4300
	每股净资产(元)	4.3712	6.3874	6.1581	5.9748
	每股经营现金净流量(元)	0.0222	0.6138	–0.1380	0.3285
	每股现金流量(元)	0.0270	0.1889	–0.3519	–0.9457
	每股资本公积金(元)	1.7802	3.1703	3.1710	3.1710
	每股盈余公积金(元)	0.1641	0.2461	0.2069	0.2069
	每股未分配利润(元)	1.4269	1.9710	1.7803	1.5969
	净资产收益率(%)	5.6340	8.8198	5.4134	7.1655
	加权净资产收益率(%)	5.6500	9.1500	5.4700	7.3800
	净资产收益率(扣除)(%)	3.9774	4.9523	3.2350	3.3059
	总资产(万元)	427796.83	406179.21	354011.86	341936.88
	归属母公司股东权益(万元)	222931.89	217171.92	209376.73	203142.30
	营业收入(万元)	77807.81	138203.21	74481.81	142530.14
	营业支出(万元)	52168.53	100314.97	55044.02	110704.93
	投资收益(万元)	–40.94	1257.26	587.11	1842.29
	净利润(万元)	12859.68	19881.44	11334.44	14556.15
	营业利润(万元)	14449.93	22601.44	13386.13	16956.34
	利润总额(万元)	14996.08	23447.13	13894.11	17621.86

长江润发机械股份有限公司

公司概况	公司名称	长江润发机械股份有限公司			证券简称	长江润发
	法人代表	郁霞秋	董秘	卢斌	证券代码	002435
	公司网址	www.cjrfjx.com		电子信箱	cjrf@vip.163.com	
	电　　话	0512-56926898		传　　真	0512-56926898	
	办公地址	江苏省张家港市金港镇镇山东路				
	经营范围	主要从事电梯导轨系统部件的研发、生产、销售及服务				

	指标＼报告期	2015.06.30	2014.12.31	2014.06.30	2013.12.31
主要财务指标	基本每股收益(元)	0.0900	0.2400	0.1100	0.2600
	基本每股收益(扣除后)(元)	0.0900	0.2400	0.1000	0.2500
	稀释每股收益(元)	0.0900	0.2400	0.1000	0.2600
	每股净资产(元)	4.3184	4.3292	4.2000	4.1861
	每股经营现金净流量(元)	0.1142	0.2122	0.3155	0.0113
	每股现金流量(元)	–0.0295	0.1035	0.2715	–0.5868
	每股资本公积金(元)	2.1519	2.1519	2.1519	2.1519
	每股盈余公积金(元)	0.1388	0.1388	0.1149	0.1149
	每股未分配利润(元)	1.0277	1.0384	0.9295	0.9193
	净资产收益率(%)	2.0664	5.6146	2.6259	6.2242
	加权净资产收益率(%)	2.0400	5.7100	2.6000	6.0600
	净资产收益率(扣除)(%)	1.9850	5.4618	2.4647	5.9597
	总资产(万元)	145629.81	136977.93	132103.82	122575.49
	归属母公司股东权益(万元)	85504.53	85717.67	83086.75	82884.98
	营业收入(万元)	51796.69	122788.22	57656.76	115484.43
	营业支出(万元)	44916.96	107985.65	51028.84	101129.44
	投资收益(万元)	–	–	–	–
	净利润(万元)	1766.86	4812.70	2181.77	5158.94
	营业利润(万元)	2163.07	5549.22	2501.52	6028.93
	利润总额(万元)	2245.01	5702.64	2659.33	6286.18

深圳市兴森快捷电路科技股份有限公司

公司概况	公司名称	深圳市兴森快捷电路科技股份有限公司			证券简称	兴森科技
	法人代表	邱醒亚	董秘	陈岚	证券代码	002436
	公司网址	www.chinafastprint.com		电子信箱	stock@chinafastprint.com	
	电　话	0755-26074462　26062342		传　真	0755-26051189	
	办公地址	广东省深圳市南山区深南路科技园工业厂房 25 栋 1 段 3 层				
	经营范围	印制电路样板、小批量板的生产与销售等				

	指标＼报告期	2015.06.30	2014.12.31	2014.06.30	2013.12.31
主要财务指标	基本每股收益(元)	0.1000	0.5600	0.3200	0.5100
	基本每股收益(扣除后)(元)	0.1000	0.5100	0.3200	0.4900
	稀释每股收益(元)	0.1000	0.5600	0.3200	0.5100
	每股净资产(元)	4.2261	7.6706	7.4432	7.2665
	每股经营现金净流量(元)	-0.0499	0.7060	0.2289	0.6031
	每股现金流量(元)	0.2179	0.1691	0.0604	-0.0646
	每股资本公积金(元)	2.0158	3.9669	3.9669	3.9669
	每股盈余公积金(元)	0.1323	0.2772	0.2561	0.2392
	每股未分配利润(元)	1.0814	2.4152	2.1930	2.0404
	净资产收益率(%)	2.3899	7.3367	4.2920	7.0525
	加权净资产收益率(%)	4.5500	7.5600	4.3000	6.9900
	净资产收益率(扣除)(%)	2.2611	6.7058	-	6.7041
	总资产(万元)	328091.67	261552.77	250858.48	230099.62
	归属母公司股东权益(万元)	209600.10	171360.51	166280.95	162333.36
	营业收入(万元)	100668.80	167382.52	84208.50	130079.74
	营业支出(万元)	71373.37	114221.73	56782.49	87372.46
	投资收益(万元)	240.19	1183.29	558.89	796.03
	净利润(万元)	5572.86	12572.21	7136.79	11448.54
	营业利润(万元)	5339.12	12542.54	7742.71	11934.56
	利润总额(万元)	5672.11	13874.83	7806.08	12666.06

哈尔滨誉衡药业股份有限公司

公司概况	公司名称	哈尔滨誉衡药业股份有限公司			证券简称	誉衡药业
	法人代表	朱吉满	董秘	国磊峰	证券代码	002437
	公司网址	www.gloria.cc		电子信箱	irm@gloria.cc	
	电　话	010-80479607　68002437		传　真	010-68002438-607	
	办公地址	北京市顺义区空港开发区 B 区裕华路融慧园 28 号楼				
	经营范围	药品生产和药品代理销售业务等				

	指标＼报告期	2015.06.30	2014.12.31	2014.06.30	2013.12.31
主要财务指标	基本每股收益(元)	0.4400	0.6300	0.2900	0.3200
	基本每股收益(扣除后)(元)	0.4200	0.5590	0.6800	0.5500
	稀释每股收益(元)	0.4400	0.6300	0.2900	0.3200
	每股净资产(元)	4.4702	4.1280	9.1635	3.4200
	每股经营现金净流量(元)	0.4926	0.9210	0.7566	1.6179
	每股现金流量(元)	-0.6585	0.3160	-1.5862	-1.5456
	每股资本公积金(元)	1.7357	1.7357	5.3853	5.3853
	每股盈余公积金(元)	0.1372	0.1372	0.2954	0.2954
	每股未分配利润(元)	1.5974	1.2551	2.4828	1.8590
	净资产收益率(%)	9.8937	14.6884	7.8990	9.4825
	加权净资产收益率(%)	10.2500	16.7300	8.1500	9.6600
	净资产收益率(扣除)(%)	9.4956	13.0511	7.4280	6.4253
	总资产(万元)	736822.93	492234.97	433421.94	294298.09
	归属母公司股东权益(万元)	327172.69	302122.12	256578.54	239112.00
	营业收入(万元)	126460.54	190582.40	90659.97	130788.62
	营业支出(万元)	45831.98	70588.76	34835.47	29892.54
	投资收益(万元)	259.73	851.10	344.19	355.45
	净利润(万元)	34066.25	45566.04	20662.28	22960.35
	营业利润(万元)	39668.36	49115.45	23570.95	20139.51
	利润总额(万元)	41026.97	54757.95	24925.36	26947.34

江苏神通阀门股份有限公司

公司概况	公司名称	江苏神通阀门股份有限公司			证券简称	江苏神通
	法人代表	吴建新	董秘	章其强	证券代码	002438
	公司网址	www.stfm.cn		电子信箱	zhangqq@stfm.cn	
	电　话	0513-83335899　83333645		传　真	0513-83335998	
	办公地址	江苏省南通市启东市南阳镇				
	经营范围	生产销售阀门及冶金、电力、化工机械、比例伺服阀				

	指标＼报告期	2015.06.30	2014.12.31	2014.06.30	2013.12.31
主要财务指标	基本每股收益(元)	0.0800	0.2590	0.1420	0.3170
	基本每股收益(扣除后)(元)	0.0640	0.2290	0.1270	0.3010
	稀释每股收益(元)	0.0800	0.2600	0.1400	0.3170
	每股净资产(元)	4.5409	4.5084	4.3914	4.2996
	每股经营现金净流量(元)	-0.1513	0.2129	-0.1356	0.1437
	每股现金流量(元)	-0.2398	-0.6911	-0.7629	-0.0613
	每股资本公积金(元)	1.9580	1.9580	1.9580	1.9580
	每股盈余公积金(元)	0.1794	0.1794	0.1537	0.1537
	每股未分配利润(元)	1.4036	1.3711	1.2798	1.1880
	净资产收益率(%)	1.8178	5.7389	3.2279	7.3681
	加权净资产收益率(%)	1.8100	5.8700	3.2400	7.6000
	净资产收益率(扣除)(%)	1.4126	5.0786	2.8991	7.0020
	总资产(万元)	128603.31	126373.41	121873.82	124476.36
	归属母公司股东权益(万元)	94451.27	93774.37	91341.16	89432.72
	营业收入(万元)	20032.74	46560.64	22520.30	51111.92
	营业支出(万元)	12961.52	29449.43	14309.70	31499.48
	投资收益(万元)	223.35	307.07	77.37	-
	净利润(万元)	1716.90	5381.65	2948.44	6589.46
	营业利润(万元)	1699.73	5794.47	3081.02	7295.72
	利润总额(万元)	1927.18	6218.85	3434.49	7685.55

启明星辰信息技术集团股份有限公司

公司概况	公司名称	启明星辰信息技术集团股份有限公司			证券简称	启明星辰
	法人代表	王佳	董秘	姜朋	证券代码	002439
	公司网址	www.venustech.com.cn		电子信箱	ir_contacts@venustech.com.cn	
	电　话	010-82779006		传　真	010-82779010	
	办公地址	北京市海淀区东北旺西路 8 号中关村软件园 21 号楼启明星辰大厦				
	经营范围	货物进出口、技术进出口、代理进出口、技术开发、技术转让、技术咨询等				

	指标＼报告期	2015.06.30	2014.12.31	2014.06.30	2013.12.31
主要财务指标	基本每股收益(元)	0.0200	0.4100	-0.0500	0.3000
	基本每股收益(扣除后)(元)	-0.0010	0.3000	-0.1100	0.5200
	稀释每股收益(元)	0.0200	0.4100	-0.0500	0.3000
	每股净资产(元)	1.7975	3.6026	3.0698	6.4259
	每股经营现金净流量(元)	-0.2695	0.8868	-0.3168	1.2136
	每股现金流量(元)	0.1623	-0.8641	-0.3834	0.0212
	每股资本公积金(元)	0.2578	1.3155	1.2863	3.1726
	每股盈余公积金(元)	0.0329	0.0658	0.0501	0.1001
	每股未分配利润(元)	0.5069	1.2212	0.7335	2.1532
	净资产收益率(%)	1.1816	11.3919	-3.0337	9.1766
	加权净资产收益率(%)	1.1800	12.0700	-2.9600	9.5700
	净资产收益率(扣除)(%)	-0.0739	8.4443	-3.7111	8.0619
	总资产(万元)	223695.56	240210.51	163746.71	183192.09
	归属母公司股东权益(万元)	149239.02	149551.27	127436.05	133377.74
	营业收入(万元)	47653.32	119565.26	32855.76	94843.01
	营业支出(万元)	12921.49	39958.14	11221.27	34455.10
	投资收益(万元)	1466.60	1016.01	29.21	-218.50
	净利润(万元)	826.32	18212.10	-3866.08	12239.55
	营业利润(万元)	-7665.88	11347.22	-8706.24	3656.38
	利润总额(万元)	1635.81	20502.95	-4693.73	13226.42

中原内配集团股份有限公司

公司概况	公司名称	中原内配集团股份有限公司			证券简称	中原内配
	法人代表	薛德龙	董秘	刘向宁	证券代码	002448
	公司网址	www.hnzynp.com			电子信箱	zhengquan@hnzynp.com
	电　话	0391-8298666			传　真	0391-8298999
	办公地址	河南省孟州市产业集聚区淮河大道69号				
	经营范围	内燃机气缸套的生产和销售				

主要财务指标	指标\报告期	2015.06.30	2014.12.31	2014.06.30	2013.12.31
	基本每股收益(元)	0.1700	0.7703	0.4000	0.6900
	基本每股收益(扣除后)(元)	0.1560	0.6711	0.3850	0.6450
	稀释每股收益(元)	0.1700	0.7703	0.4000	0.6900
	每股净资产(元)	3.3075	8.0432	7.6757	7.4755
	每股经营现金净流量(元)	0.0385	0.7194	0.2181	1.0597
	每股现金流量(元)	-0.0647	0.1282	-0.3749	-0.4071
	每股资本公积金(元)	0.9263	3.8158	3.8158	3.8158
	每股盈余公积金(元)	0.1379	0.3447	0.2818	0.2818
	每股未分配利润(元)	1.2444	2.8850	2.5777	2.3776
	净资产收益率(%)	5.1530	9.5766	5.2115	9.2352
	加权净资产收益率(%)	5.1600	9.9700	5.3500	9.5700
	净资产收益率(扣除)(%)	4.7145	8.3439	5.0186	8.6330
	总资产(万元)	255241.49	249235.10	242750.20	233008.73
	归属母公司股东权益(万元)	194516.32	189210.14	180563.30	175854.50
	营业收入(万元)	59540.37	108398.49	59051.20	110955.07
	营业支出(万元)	37730.71	69589.39	39193.06	73321.00
	投资收益(万元)	1718.89	4026.28	2413.66	1961.61
	净利润(万元)	10025.06	18097.96	9410.03	16240.46
	营业利润(万元)	11383.12	20063.59	10761.48	18924.35
	利润总额(万元)	11866.96	20905.56	11169.08	19616.54

佛山市国星光电股份有限公司

公司概况	公司名称	佛山市国星光电股份有限公司			证券简称	国星光电
	法人代表	何勇	董秘	刘艾璨子	证券代码	002449
	公司网址	www.nationstar.com			电子信箱	stock@nationstar.com
	电　话	0757-82100271 82109323			传　真	0757-82100268
	办公地址	广东省佛山市禅城区华宝南路18号				
	经营范围	LED器件及其组件的研发、生产与销售				

主要财务指标	指标\报告期	2015.06.30	2014.12.31	2014.06.30	2013.12.31
	基本每股收益(元)	0.1940	0.3367	0.1500	0.2627
	基本每股收益(扣除后)(元)	0.1720	0.2695	0.1270	0.2084
	稀释每股收益(元)	0.1940	0.3367	0.1500	0.2627
	每股净资产(元)	5.6544	5.2774	5.0906	5.0431
	每股经营现金净流量(元)	0.0102	0.1717	-0.0684	0.3828
	每股现金流量(元)	0.4303	-0.7984	-0.6538	-0.1259
	每股资本公积金(元)	3.3782	2.9098	2.9098	2.9122
	每股盈余公积金(元)	0.1841	0.2037	0.1623	0.1623
	每股未分配利润(元)	1.0921	1.1639	1.0186	0.9687
	净资产收益率(%)	3.1064	6.3791	2.9440	5.2098
	加权净资产收益率(%)	3.6500	6.5300	2.9500	5.3000
	净资产收益率(扣除)(%)	2.7525	5.1062	2.4991	4.1322
	总资产(万元)	432458.16	367874.61	351421.51	340088.11
	归属母公司股东权益(万元)	269007.58	226926.99	218896.38	216854.87
	营业收入(万元)	90633.77	154303.03	72711.96	114237.63
	营业支出(万元)	70752.79	115597.21	54574.73	84916.85
	投资收益(万元)	-	602.56	-43.23	-19.69
	净利润(万元)	8450.46	13397.42	6444.95	11297.72
	营业利润(万元)	8205.75	12546.31	6925.43	8778.21
	利润总额(万元)	9851.71	16948.16	8396.29	12707.70

江苏康得新复合材料股份有限公司

公司概况	公司名称	江苏康得新复合材料股份有限公司			证券简称	康得新
	法人代表	钟玉	董秘	钟凯	证券代码	002450
	公司网址	www.kangdexin.com			电子信箱	kdx@kdxfilm.com
	电　话	010-89710777			传　真	010-80107261 6218
	办公地址	江苏省张家港市环保新材料产业园晨港路北侧、港华路西侧				
	经营范围	预涂膜和预涂膜覆膜机的研发、生产和销售				

主要财务指标	指标\报告期	2015.06.30	2014.12.31	2014.06.30	2013.12.31
	基本每股收益(元)	0.4600	1.0600	0.4800	0.7100
	基本每股收益(扣除后)(元)	0.4600	1.0400	0.4700	0.7000
	稀释每股收益(元)	0.4600	1.0500	0.4700	0.7000
	每股净资产(元)	3.7367	5.0340	4.4172	3.9912
	每股经营现金净流量(元)	0.2467	0.4512	0.2702	0.2400
	每股现金流量(元)	0.8382	1.2405	0.1274	-0.8196
	每股资本公积金(元)	0.8085	1.7029	1.6603	1.6248
	每股盈余公积金(元)	0.0354	0.0533	0.1078	0.0541
	每股未分配利润(元)	1.8904	2.2744	1.6478	1.3295
	净资产收益率(%)	12.2874	20.9161	10.8017	17.4864
	加权净资产收益率(%)	12.8200	23.4500	11.3900	19.2400
	净资产收益率(扣除)(%)	12.2230	20.6587	10.6176	17.2662
	总资产(万元)	1268078.24	1087650.37	936907.46	796275.27
	归属母公司股东权益(万元)	536423.02	479429.17	419503.43	376646.64
	营业收入(万元)	330112.61	520809.18	242421.12	319270.20
	营业支出(万元)	204615.04	317170.51	150839.74	203294.53
	投资收益(万元)	-	-	-	-
	净利润(万元)	65606.93	100021.63	45313.47	65862.04
	营业利润(万元)	77935.05	117451.54	52947.73	72944.88
	利润总额(万元)	78326.04	118739.55	53906.51	73934.57

上海摩恩电气股份有限公司

公司概况	公司名称	上海摩恩电气股份有限公司			证券简称	摩恩电气
	法人代表	问泽鸿	董秘	徐萍	证券代码	002451
	公司网址	www.morncable.com			电子信箱	investor@morncable.com
	电　话	021-58974262-2210			传　真	021-58979608
	办公地址	上海市浦东新区龙东大道5901号				
	经营范围	电线电缆及附件的研发、制造及销售、电线电缆专业的技术开发等				

主要财务指标	指标\报告期	2015.06.30	2014.12.31	2014.06.30	2013.12.31
	基本每股收益(元)	0.0400	0.0600	0.0250	0.0800
	基本每股收益(扣除后)(元)	0.0400	0.0600	-	0.0600
	稀释每股收益(元)	0.0400	0.0600	0.0250	0.0800
	每股净资产(元)	1.5485	1.5115	1.4770	2.9051
	每股经营现金净流量(元)	-0.1871	-0.0238	0.0595	-0.4087
	每股现金流量(元)	0.0288	-0.1111	-0.1253	-0.3695
	每股资本公积金(元)	0.1554	0.1554	0.1552	1.3122
	每股盈余公积金(元)	0.0283	0.0283	0.0272	0.0544
	每股未分配利润(元)	0.3657	0.3287	0.2947	0.5394
	净资产收益率(%)	2.3905	3.9796	1.6932	2.6636
	加权净资产收益率(%)	2.4200	3.9900	1.7100	2.6700
	净资产收益率(扣除)(%)	2.2607	3.9831	1.6682	1.9311
	总资产(万元)	170628.13	158022.94	126463.15	122853.56
	归属母公司股东权益(万元)	68009.10	66383.42	64869.70	63794.93
	营业收入(万元)	27077.50	64665.13	22722.44	44263.03
	营业支出(万元)	19491.39	50428.48	17256.29	33477.56
	投资收益(万元)	-53.48	-12.05	-17.89	-44.94
	净利润(万元)	1811.35	3078.25	1098.37	1699.21
	营业利润(万元)	1953.15	3370.59	1375.09	1669.64
	利润总额(万元)	2122.37	3712.61	1394.24	2208.19

湖南长高高压开关集团股份公司

公司概况	公司名称	湖南长高高压开关集团股份公司		证券简称	长高集团
	法人代表	马晓	董秘 马晓	证券代码	002452
	公司网址	www.gykg.cn		电子信箱	cgjtmx@yahoo.com.cn
	电　话	0731-88585000		传　真	0731-88585000
	办公地址	湖南省长沙市望城区金星大道高科技食品工业基地(金星大道与普瑞大道交汇处西南角)			
	经营范围	高压隔离开关及接地开关的生产和销售			

主要财务指标	指标\报告期	2015.06.30	2014.12.31	2014.06.30	2013.12.31
	基本每股收益(元)	0.0630	0.3470	0.0880	0.2930
	基本每股收益(扣除后)(元)	0.0590	0.3230	0.1530	0.5760
	稀释每股收益(元)	0.0630	0.3470	0.0880	0.2930
	每股净资产(元)	2.2600	4.4874	4.3056	8.3535
	每股经营现金净流量(元)	-0.0894	0.2396	-0.1030	0.1436
	每股现金流量(元)	-0.3497	0.6413	0.2939	-1.2051
	每股资本公积金(元)	0.4271	1.8413	1.8254	4.6411
	每股盈余公积金(元)	0.0996	0.1926	0.1720	0.3447
	每股未分配利润(元)	0.7329	1.4536	1.3081	2.3678
	净资产收益率(%)	2.7963	7.7126	4.0950	7.0537
	加权净资产收益率(%)	2.8100	7.9100	4.1600	7.2100
	净资产收益率(扣除)(%)	2.5933	7.1800	3.5486	6.7949
	总资产(万元)	140733.29	140041.80	131113.49	131177.54
	归属母公司股东权益(万元)	118635.42	117226.37	112149.64	108596.12
	营业收入(万元)	19141.43	47836.57	20764.69	49629.12
	营业支出(万元)	11342.94	27851.48	12066.02	29350.41
	投资收益(万元)	58.95	509.18	451.74	333.80
	净利润(万元)	3300.61	8807.81	4576.77	7256.94
	营业利润(万元)	3592.49	9702.88	4624.73	8532.44
	利润总额(万元)	3816.67	10534.44	5352.84	8775.62

苏州天马精细化学品股份有限公司

公司概况	公司名称	苏州天马精细化学品股份有限公司		证券简称	天马精化
	法人代表	徐敏	董秘 贾国华	证券代码	002453
	公司网址	www.tianmachem.com		电子信箱	stock@tianmachem.com
	电　话	0512-66571019		传　真	0512-66571020
	办公地址	江苏省苏州市高新区浒青路 122 号			
	经营范围	自营和代理各类商品及技术的进出口业务等			

主要财务指标	指标\报告期	2015.06.30	2014.12.31	2014.06.30	2013.12.31
	基本每股收益(元)	0.0500	0.0600	0.0500	0.1800
	基本每股收益(扣除后)(元)	0.0400	0.0500	0.0500	0.1400
	稀释每股收益(元)	0.0500	0.0600	0.0500	0.1800
	每股净资产(元)	2.1039	2.0760	2.0652	4.0794
	每股经营现金净流量(元)	0.1854	0.0367	0.2154	0.1185
	每股现金流量(元)	-0.0111	0.0039	0.0686	0.2054
	每股资本公积金(元)	0.5962	0.5962	0.5962	2.1924
	每股盈余公积金(元)	0.0479	0.0479	0.0453	0.0907
	每股未分配利润(元)	0.4599	0.4320	0.4233	0.7921
	净资产收益率(%)	2.2774	3.0546	2.5302	4.0355
	加权净资产收益率(%)	2.2300	3.0900	2.5400	5.2100
	净资产收益率(扣除)(%)	2.1839	2.3103	2.2786	3.1716
	总资产(万元)	212528.85	196560.21	185063.87	180321.65
	归属母公司股东权益(万元)	120196.71	118601.91	117987.56	116528.58
	营业收入(万元)	56629.09	104017.78	49550.78	112166.77
	营业支出(万元)	46797.78	85505.20	40322.79	94147.32
	投资收益(万元)	398.82	1002.33	500.06	421.50
	净利润(万元)	2802.06	3542.53	2985.35	4702.53
	营业利润(万元)	3392.61	4239.72	3420.18	4955.67
	利润总额(万元)	3526.98	4519.47	3780.58	5829.17

上海加冷松芝汽车空调股份有限公司

公司概况	公司名称	上海加冷松芝汽车空调股份有限公司		证券简称	松芝股份
	法人代表	陈福泉	董秘 陈睿	证券代码	002454
	公司网址	www.shsongz.com.cn		电子信箱	shstock@shsongz.com.cn
	电　话	021-54424998*225		传　真	021-54429631
	办公地址	上海市莘庄工业区华宁路 4999 号			
	经营范围	生产、研究开发各类车辆空调器及相关配件、销售自产产品			

主要财务指标	指标\报告期	2015.06.30	2014.12.31	2014.06.30	2013.12.31
	基本每股收益(元)	0.3300	0.6800	0.3500	0.7700
	基本每股收益(扣除后)(元)	0.2300	0.5900	0.3300	0.5600
	稀释每股收益(元)	0.3300	0.6800	0.3500	0.7700
	每股净资产(元)	5.7447	5.7129	5.3818	6.8410
	每股经营现金净流量(元)	0.2961	0.5552	0.2492	0.4222
	每股现金流量(元)	-0.4378	0.3999	0.0351	-1.3819
	每股资本公积金(元)	2.0770	2.0770	2.0770	3.0001
	每股盈余公积金(元)	0.3400	0.3400	0.2684	0.3489
	每股未分配利润(元)	2.3277	2.2959	2.0364	2.4921
	净资产收益率(%)	5.7760	11.9264	6.5080	11.2218
	加权净资产收益率(%)	5.6400	12.4200	6.4400	8.6700
	净资产收益率(扣除)(%)	4.0650	10.2909	-	8.2232
	总资产(万元)	367578.09	374643.71	347872.23	333964.77
	归属母公司股东权益(万元)	233005.21	231714.77	218284.35	213439.50
	营业收入(万元)	131435.14	252724.62	125499.00	196816.14
	营业支出(万元)	93940.94	174127.87	85112.49	134839.70
	投资收益(万元)	616.52	2004.83	576.96	8221.02
	净利润(万元)	15213.74	30124.42	14204.86	23951.84
	营业利润(万元)	15094.80	34825.67	17943.83	28045.11
	利润总额(万元)	17913.17	35808.98	18870.66	29451.19

无锡百川化工股份有限公司

公司概况	公司名称	无锡百川化工股份有限公司		证券简称	百川股份
	法人代表	郑铁江	董秘 陈慧敏	证券代码	002455
	公司网址	www.bcchem.com		电子信箱	bcc@bcchem.com
	电　话	0510-81629928		传　真	0510-86013255
	办公地址	江苏省江阴市云亭街道建设路 55 号			
	经营范围	醋酸丁酯、偏苯三酸酐的生产与销售			

主要财务指标	指标\报告期	2015.06.30	2014.12.31	2014.06.30	2013.12.31
	基本每股收益(元)	0.0600	0.2300	0.0600	0.1700
	基本每股收益(扣除后)(元)	0.0500	0.2100	0.1100	0.2800
	稀释每股收益(元)	0.0600	0.2300	0.0600	0.1700
	每股净资产(元)	1.6449	3.4232	3.3078	5.9455
	每股经营现金净流量(元)	0.3520	1.2951	0.4742	-0.8574
	每股现金流量(元)	0.1305	0.1455	0.1234	-0.0222
	每股资本公积金(元)	0.0849	1.1698	1.1698	2.9056
	每股盈余公积金(元)	0.0609	0.1217	0.1217	0.2191
	每股未分配利润(元)	0.4990	1.1317	1.0153	1.8208
	净资产收益率(%)	3.5352	6.7557	3.4724	5.1128
	加权净资产收益率(%)	3.3800	6.9000	3.4400	5.2100
	净资产收益率(扣除)(%)	3.1863	6.0274	3.3488	4.7202
	总资产(万元)	213446.86	210988.16	217227.70	202332.31
	归属母公司股东权益(万元)	77986.27	81150.51	78415.34	78302.61
	营业收入(万元)	120377.66	290455.72	133101.83	250406.47
	营业支出(万元)	109217.77	263365.62	121610.01	227541.02
	投资收益(万元)	-	-	-	-
	净利润(万元)	2756.98	5482.28	2722.86	4003.49
	营业利润(万元)	3525.67	5754.91	3373.26	4387.32
	利润总额(万元)	3859.09	6325.08	3374.76	4524.01

深圳欧菲光科技股份有限公司

公司概况	公司名称	深圳欧菲光科技股份有限公司		证券简称	欧 菲 光
	法人代表	蔡荣军	董秘 肖燕松	证券代码	002456
	公司网址	www.o-film.com		电子信箱	ofkj@o-film.com
	电　　话	0755-27555331		传　　真	0755-27545688
	办公地址	广东省深圳市宝安区公明街道松白公路华发路段欧菲光科技园			
	经营范围	精密光电薄膜元器件的研发、生产和销售			

主要财务指标	指标＼报告期	2015.06.30	2014.12.31	2014.06.30	2013.12.31
	基本每股收益(元)	0.2600	0.7100	0.3400	1.2500
	基本每股收益(扣除后)(元)	0.1860	0.5700	0.2900	1.1300
	稀释每股收益(元)	0.2600	0.7100	0.3400	1.2500
	每股净资产(元)	5.8053	5.6468	3.7597	7.0200
	每股经营现金净流量(元)	-0.1862	-0.2143	-1.0638	1.4848
	每股现金流量(元)	-0.0053	0.9780	0.9147	1.2502
	每股资本公积金(元)	3.0924	3.0924	1.4272	3.8545
	每股盈余公积金(元)	0.0440	0.0440	0.0401	0.0802
	每股未分配利润(元)	1.6748	1.5159	1.2944	2.0961
	净资产收益率(%)	4.4592	11.7111	9.0118	17.4901
	加权净资产收益率(%)	4.4800	16.2200	9.2800	19.8600
	净资产收益率(扣除)(%)	3.2084	9.5163	7.6058	15.8522
	总资产(万元)	1500458.17	1415573.49	1373960.63	952002.42
	归属母公司股东权益(万元)	598300.36	581966.98	349714.00	326662.93
	营业收入(万元)	868501.22	1948229.02	831021.53	910176.43
	营业支出(万元)	767569.59	1714504.12	731035.49	761440.87
	投资收益(万元)	326.60	594.14	138.94	113.44
	净利润(万元)	26679.23	68154.65	31515.41	57133.55
	营业利润(万元)	22580.76	63683.93	30651.82	61993.81
	利润总额(万元)	31178.15	78110.75	36708.47	68179.58

宁夏青龙管业股份有限公司

公司概况	公司名称	宁夏青龙管业股份有限公司		证券简称	青龙管业
	法人代表	陈家兴	董秘 马跃	证券代码	002457
	公司网址	www.qlgd.com.cn		电子信箱	myplace528@126.com
	电　　话	0951-5070380 5673796		传　　真	0951-5673796
	办公地址	宁夏回族自治区银川市兴庆区兴庆科技园兴春路235号			
	经营范围	水泥混凝土制品制造、销售、塑胶、橡胶制品制造、销售			

主要财务指标	指标＼报告期	2015.06.30	2014.12.31	2014.06.30	2013.12.31
	基本每股收益(元)	0.0500	0.1700	0.0500	5.2088
	基本每股收益(扣除后)(元)	0.0400	0.1700	2.4504	0.1602
	稀释每股收益(元)	0.0500	0.1700	0.9300	0.8116
	每股净资产(元)	5.2088	5.1806	31440.29	22979.51
	每股经营现金净流量(元)	0.2813	0.2746	1731.49	1955.14
	每股现金流量(元)	0.3962	-1.6220	0.0500	5.2088
	每股资本公积金(元)	2.4504	2.4504	2.4504	0.1602
	每股盈余公积金(元)	0.1602	0.1602	0.9300	0.8116
	每股未分配利润(元)	1.5983	1.5700	31440.29	22979.51
	净资产收益率(%)	0.9271	3.3257	1731.49	1955.14
	加权净资产收益率(%)	0.9300	3.3700	0.0500	5.2088
	净资产收益率(扣除)(%)	0.8116	3.2843	2.4504	0.1602
	总资产(万元)	233241.46	224571.04	0.9300	0.8116
	归属母公司股东权益(万元)	174492.17	173544.40	31440.29	22979.51
	营业收入(万元)	31440.29	85579.34	1731.49	1955.14
	营业支出(万元)	22979.51	57777.03	0.0500	5.2088
	投资收益(万元)	1244.93	1238.69	2.4504	0.1602
	净利润(万元)	1410.92	6155.49	0.9300	0.8116
	营业利润(万元)	1731.49	8123.88	31440.29	22979.51
	利润总额(万元)	1955.14	8144.77	1731.49	1955.14

山东益生种畜禽股份有限公司

公司概况	公司名称	山东益生种畜禽股份有限公司		证券简称	益生股份
	法人代表	曹积生	董秘 曹积生(代)	证券代码	002458
	公司网址	www.yishenggufen.com		电子信箱	sdys@vip.163.com
	电　　话	0535-6215877		传　　真	0535-6215877
	办公地址	山东省烟台市福山区(空港路南)益生路1号			
	经营范围	祖代种鸡的引进与饲养、父母代种雏鸡的生产与销售等			

主要财务指标	指标＼报告期	2015.06.30	2014.12.31	2014.06.30	2013.12.31
	基本每股收益(元)	-0.6800	0.0800	-0.2300	-1.0300
	基本每股收益(扣除后)(元)	-0.6800	-0.1700	-0.2400	-1.1800
	稀释每股收益(元)	-0.6800	0.0800	-0.2300	-1.0300
	每股净资产(元)	1.8204	2.4742	2.1800	2.3890
	每股经营现金净流量(元)	-0.4383	0.2462	0.0060	-0.3500
	每股现金流量(元)	-0.3531	0.2266	-0.1489	-0.8955
	每股资本公积金(元)	1.5299	1.5209	1.4871	1.4703
	每股盈余公积金(元)	0.1661	0.1654	0.1654	0.1676
	每股未分配利润(元)	-0.8411	-0.1630	-0.4734	-0.2489
	净资产收益率(%)	-37.2102	3.3398	-10.4495	-43.0415
	加权净资产收益率(%)	-31.5800	3.4300	-10.1500	-35.4700
	净资产收益率(扣除)(%)	-37.4465	-6.9784	-10.9665	-49.3989
	总资产(万元)	178324.86	182451.13	158767.32	156319.09
	归属母公司股东权益(万元)	51591.02	70393.61	62000.20	67082.57
	营业收入(万元)	31832.63	84192.14	31363.59	50287.58
	营业支出(万元)	43309.18	76436.50	33018.51	67395.76
	投资收益(万元)	-812.92	235.50	-216.34	-301.42
	净利润(万元)	-19248.60	2326.75	-6478.72	-28873.34
	营业利润(万元)	-19311.98	-4947.57	-6792.31	-32993.49
	利润总额(万元)	-19213.75	2357.22	-6471.75	-28910.49

秦皇岛天业通联重工股份有限公司

公司概况	公司名称	秦皇岛天业通联重工股份有限公司		证券简称	天业通联
	法人代表	朱新生	董秘 徐波	证券代码	002459
	公司网址	www.tianyetolian.com		电子信箱	tolian@tianyetolian.com
	电　　话	0335-5302528 5302599		传　　真	0335-5302528
	办公地址	河北省秦皇岛市经济技术开发区天山北路3号			
	经营范围	铁路桥梁施工起重运输设备和其他领域起重运输设备的研发、设计、制造和销售			

主要财务指标	指标＼报告期	2015.06.30	2014.12.31	2014.06.30	2013.12.31
	基本每股收益(元)	-0.0500	0.1200	-0.2100	-1.9300
	基本每股收益(扣除后)(元)	-0.0500	-0.2700	-0.2100	-1.9200
	稀释每股收益(元)	-0.0500	0.1200	-0.2100	-1.9300
	每股净资产(元)	3.8561	3.9080	2.0467	2.2528
	每股经营现金净流量(元)	-0.1588	-0.4409	0.0700	1.0156
	每股现金流量(元)	-1.2086	1.2683	0.0018	-0.1131
	每股资本公积金(元)	4.2562	4.2562	3.7468	3.7468
	每股盈余公积金(元)	0.0663	0.0663	0.1159	0.1159
	每股未分配利润(元)	-1.4850	-1.4347	-2.8334	-2.6269
	净资产收益率(%)	-1.3047	1.7314	-10.0901	-85.7024
	加权净资产收益率(%)	-1.3100	5.1000	-9.6100	-60.1200
	净资产收益率(扣除)(%)	-1.1856	-3.9130	-10.1470	-85.4177
	总资产(万元)	169257.27	174988.44	148265.18	162330.64
	归属母公司股东权益(万元)	149883.47	151900.49	45499.10	50079.80
	营业收入(万元)	10319.16	63038.34	26610.22	66419.22
	营业支出(万元)	8445.03	52179.03	24436.23	60681.53
	投资收益(万元)	253.54	5211.05	-8.72	307.34
	净利润(万元)	-1974.69	1104.62	-4590.93	-42919.58
	营业利润(万元)	-1758.80	-2080.50	-5333.31	-43413.53
	利润总额(万元)	-1974.69	1209.10	-5315.30	-43518.50

江西赣锋锂业股份有限公司

公司概况	公司名称	江西赣锋锂业股份有限公司		证券简称	赣锋锂业
	法人代表	李良彬	董秘	欧阳明	证券代码 002460
	公司网址	www.ganfenglithium.com		电子信箱	ouyangming@ganfenglithium.com
	电　　话	0790-6415606		传　　真	0790-6860528
	办公地址	江西省新余市经济开发区龙腾路			
	经营范围	深加工锂产品的研究、开发、生产与销售			

主要财务指标	指标＼报告期	2015.06.30	2014.12.31	2014.06.30	2013.12.31
	基本每股收益(元)	0.1400	0.2400	0.2200	0.4900
	基本每股收益(扣除后)(元)	0.1100	0.2100	0.2000	0.4200
	稀释每股收益(元)	0.1400	0.2400	0.2200	0.4900
	每股净资产(元)	3.9500	3.8893	7.7760	7.5225
	每股经营现金净流量(元)	0.1304	0.0312	0.1037	0.3566
	每股现金流量(元)	-0.1045	-0.4806	-1.8379	2.5968
	每股资本公积金(元)	2.1483	2.1436	5.2688	5.2503
	每股盈余公积金(元)	0.0891	0.0891	0.1209	0.1209
	每股未分配利润(元)	0.7550	0.7119	1.3696	1.1501
	净资产收益率(%)	3.6299	6.1828	2.8232	5.5272
	加权净资产收益率(%)	3.6100	6.3700	2.8200	7.7500
	净资产收益率(扣除)(%)	3.2135	5.3087	2.5709	4.7975
	总资产(万元)	206842.14	195445.18	179110.20	179589.18
	归属母公司股东权益(万元)	140549.78	138655.10	138607.25	134105.83
	营业收入(万元)	54439.94	86948.01	40692.98	68626.70
	营业支出(万元)	43636.17	68375.00	31930.17	52687.26
	投资收益(万元)	101.65	359.63	-28.34	-219.59
	净利润(万元)	5085.89	8439.96	3913.23	7412.35
	营业利润(万元)	5657.93	9214.12	4323.48	7767.24
	利润总额(万元)	6274.06	10126.79	4667.91	8609.54

广州珠江啤酒股份有限公司

公司概况	公司名称	广州珠江啤酒股份有限公司		证券简称	珠江啤酒
	法人代表	方贵权	董秘	朱维彬	证券代码 002461
	公司网址	www.zhujiangbeer.com		电子信箱	zhengquan@zhujiangbeer.com
	电　　话	020-84206636 84207045		传　　真	020-84202560 84207045
	办公地址	广东省广州市海珠区新港东路磨碟沙大街118号			
	经营范围	制造、加工、销售:酒、饮料、瓶盖、酒花、食品添加剂、饲料等			

主要财务指标	指标＼报告期	2015.06.30	2014.12.31	2014.06.30	2013.12.31
	基本每股收益(元)	0.0600	0.0900	0.0400	0.0600
	基本每股收益(扣除后)(元)	0.0400	0.0600	0.0400	0.0300
	稀释每股收益(元)	0.0600	0.0900	0.0400	0.0600
	每股净资产(元)	4.9128	4.8865	4.8418	4.8127
	每股经营现金净流量(元)	0.5759	1.7161	0.6235	1.7932
	每股现金流量(元)	-0.1137	0.4547	0.2312	0.0706
	每股资本公积金(元)	2.3387	2.3387	2.3387	2.3387
	每股盈余公积金(元)	0.2150	0.2150	0.2052	0.2052
	每股未分配利润(元)	1.3592	1.3328	1.2979	1.2688
	净资产收益率(%)	1.1477	1.8172	0.9111	1.2598
	加权净资产收益率(%)	1.1500	1.8300	0.9100	1.2700
	净资产收益率(扣除)(%)	0.8132	1.4027	0.8206	0.5265
	总资产(万元)	637133.62	628453.70	581231.22	574454.35
	归属母公司股东权益(万元)	334152.67	332358.22	329319.27	327339.02
	营业收入(万元)	174103.61	352377.68	160891.76	334914.28
	营业支出(万元)	104807.97	209154.84	96413.58	193980.59
	投资收益(万元)	-	-	-	23.83
	净利润(万元)	4777.14	6974.63	3000.49	4123.77
	营业利润(万元)	3662.80	6479.50	3818.21	3367.12
	利润总额(万元)	6266.40	8872.05	4180.67	6054.95

嘉事堂药业股份有限公司

公司概况	公司名称	嘉事堂药业股份有限公司		证券简称	嘉 事 堂
	法人代表	丁元伟	董秘	王新侠	证券代码 002462
	公司网址	www.cachet.com.cn		电子信箱	cachet@cachet.com.cn
	电　　话	010-88433464		传　　真	010-88447731
	办公地址	北京市海淀区昆明湖南路11号1号楼			
	经营范围	销售医疗器材、化学药制剂、中药饮片、中成药、抗生素、生化药品等			

主要财务指标	指标＼报告期	2015.06.30	2014.12.31	2014.06.30	2013.12.31
	基本每股收益(元)	0.3700	0.9500	0.6700	0.5400
	基本每股收益(扣除后)(元)	0.3714	0.5072	0.2307	0.3541
	稀释每股收益(元)	0.3700	0.9500	0.6700	0.5400
	每股净资产(元)	5.6171	5.3632	5.0813	4.9448
	每股经营现金净流量(元)	-0.8588	-3.1852	-0.5492	-1.3016
	每股现金流量(元)	0.0791	0.7284	1.5679	-0.5029
	每股资本公积金(元)	1.4931	1.4931	1.4939	1.8750
	每股盈余公积金(元)	0.3325	0.3325	0.2628	0.2628
	每股未分配利润(元)	2.7914	2.5375	2.3246	1.8070
	净资产收益率(%)	6.6568	17.7180	13.1392	10.9685
	加权净资产收益率(%)	6.7400	18.9000	13.1900	11.3300
	净资产收益率(扣除)(%)	6.6124	9.4578	4.5393	7.1615
	总资产(万元)	521234.52	454728.03	348106.98	278835.77
	归属母公司股东权益(万元)	134810.77	128716.74	121951.58	118675.10
	营业收入(万元)	368475.79	557215.23	238624.29	354427.52
	营业支出(万元)	319610.61	485420.58	211975.29	320688.81
	投资收益(万元)	10.70	14002.57	13689.10	3032.63
	净利润(万元)	15133.55	30642.28	16023.51	13016.88
	营业利润(万元)	19935.57	40654.76	24466.08	16468.88
	利润总额(万元)	20015.33	41052.05	24770.40	19429.14

沪士电子股份有限公司

公司概况	公司名称	沪士电子股份有限公司		证券简称	沪电股份
	法人代表	吴礼淦	董秘	李明贵	证券代码 002463
	公司网址	www.wuscn.com		电子信箱	fin30@wuspc.com
	电　　话	0512-57356148 57356136		传　　真	0512-57356030
	办公地址	江苏省昆山市黑龙江北路55号			
	经营范围	印制电路板的研发、生产和销售等			

主要财务指标	指标＼报告期	2015.06.30	2014.12.31	2014.06.30	2013.12.31
	基本每股收益(元)	-0.0300	-0.0100	0.0100	0.1300
	基本每股收益(扣除后)(元)	-0.0300	-0.0200	0.0100	0.1400
	稀释每股收益(元)	-	-	0.0100	0.1300
	每股净资产(元)	1.9002	1.9246	1.9464	2.4231
	每股经营现金净流量(元)	-0.0109	0.0346	0.0289	0.2462
	每股现金流量(元)	0.0062	-0.2243	-0.1365	-0.7395
	每股资本公积金(元)	0.0991	0.0991	0.0991	0.3189
	每股盈余公积金(元)	0.1483	0.1483	0.1483	0.1779
	每股未分配利润(元)	0.6563	0.6813	0.6990	0.9263
	净资产收益率(%)	-1.3171	-0.3758	0.5380	5.3243
	加权净资产收益率(%)	-1.3100	-0.3700	0.5200	5.3400
	净资产收益率(扣除)(%)	-1.8380	-0.9679	0.5528	5.5870
	总资产(万元)	562453.18	544696.21	520937.26	480716.26
	归属母公司股东权益(万元)	318129.09	322215.60	325859.01	338055.44
	营业收入(万元)	164598.08	329179.49	166883.35	301735.81
	营业支出(万元)	152431.77	288888.44	146273.71	247400.76
	投资收益(万元)	406.37	560.80	271.27	1610.82
	净利润(万元)	-4189.93	-1210.92	1753.00	17999.20
	营业利润(万元)	-6331.54	-2700.40	2603.28	22955.10
	利润总额(万元)	-4381.81	-471.08	2546.59	21910.29

昆山金利表面材料应用科技股份有限公司

公司概况	公司名称	昆山金利表面材料应用科技股份有限公司		证券简称	金利科技
	法人代表	郑玉芝	董秘 孙铁明	证券代码	002464
	公司网址	www.kebdt.com		电子信箱	sz002464@163.com
	电　话	0512-36860986		传　真	0512-36860985
	办公地址	江苏省昆山开发区春旭路 258 号东安大厦 1701 室			
	经营范围	研发、制造和销售各类铭板、薄膜开关、传统塑胶件和 IMD 产品等			

主要财务指标 指标\报告期	2015.06.30	2014.12.31	2014.06.30	2013.12.31
基本每股收益(元)	–0.8100	–0.8900	0.0600	0.2600
基本每股收益(扣除后)(元)	–0.8000	–0.9400	0.0400	0.2400
稀释每股收益(元)	–0.8100	–0.8900	0.0600	0.2600
每股净资产(元)	4.3493	5.1901	6.1461	6.1869
每股经营现金净流量(元)	–0.3841	–0.0485	–0.1458	0.5953
每股现金流量(元)	0.3695	–0.5359	–0.4221	–2.2453
每股资本公积金(元)	4.1744	4.1744	4.1775	4.1763
每股盈余公积金(元)	0.2425	0.2425	0.2425	0.2425
每股未分配利润(元)	–1.0164	–0.2111	0.7400	0.7831
净资产收益率(%)	–18.5169	–17.1315	1.0078	4.1741
加权净资产收益率(%)	–16.8200	–15.6300	1.0000	4.2400
净资产收益率(扣除)(%)	–18.4033	–18.1891	0.7139	3.8551
总资产(万元)	70955.65	90485.02	107616.76	100333.59
归属母公司股东权益(万元)	63321.50	75561.96	89480.80	90075.14
营业收入(万元)	20134.33	52820.85	28690.76	45722.04
营业支出(万元)	15277.56	40830.90	21872.25	31207.49
投资收益(万元)	291.96	805.95	386.74	399.04
净利润(万元)	–11725.15	–12944.89	901.75	3759.81
营业利润(万元)	–11203.65	–12910.66	928.47	4495.23
利润总额(万元)	–11584.90	–12733.99	1039.83	4390.33

广州海格通信集团股份有限公司

公司概况	公司名称	广州海格通信集团股份有限公司		证券简称	海格通信
	法人代表	杨海洲	董秘 谭伟明	证券代码	002465
	公司网址	www.haige.com		电子信箱	hgzqb@haige.com
	电　话	020-38699138		传　真	020-38698028
	办公地址	广东省广州市高新技术产业开发区科学城海云路 88 号			
	经营范围	通信设备、导航设备的研制、生产、销售和服务			

主要财务指标 指标\报告期	2015.06.30	2014.12.31	2014.06.30	2013.12.31
基本每股收益(元)	0.1700	0.4400	0.1345	0.4900
基本每股收益(扣除后)(元)	0.1300	0.3600	0.0900	0.3800
稀释每股收益(元)	0.1700	0.4400	0.1345	0.4900
每股净资产(元)	4.9233	4.9540	4.6447	6.8653
每股经营现金净流量(元)	–0.3454	–0.0864	–0.4489	0.6036
每股现金流量(元)	–0.1523	–0.3738	–1.0866	–1.3750
每股资本公积金(元)	2.5975	2.5975	2.5975	4.3963
每股盈余公积金(元)	0.2084	0.1791	0.1532	0.2297
每股未分配利润(元)	1.1174	1.1774	0.8940	1.2392
净资产收益率(%)	3.4396	8.9590	2.8965	7.1449
加权净资产收益率(%)	3.3600	9.2500	2.9100	7.3700
净资产收益率(扣除)(%)	2.6272	7.1940	1.8985	5.5603
总资产(万元)	832620.32	848870.39	645497.08	572222.68
归属母公司股东权益(万元)	491113.61	494171.80	463319.16	456549.27
营业收入(万元)	132117.19	295382.80	105762.40	168375.96
营业支出(万元)	69801.47	164314.08	57648.20	78836.73
投资收益(万元)	2235.44	2293.91	1230.27	2573.56
净利润(万元)	18408.52	52690.12	13420.02	32619.85
营业利润(万元)	16247.10	47900.40	12264.59	32459.32
利润总额(万元)	20690.18	57569.78	17219.62	38432.56

四川天齐锂业股份有限公司

公司概况	公司名称	四川天齐锂业股份有限公司		证券简称	天齐锂业
	法人代表	蒋卫平	董秘 李波	证券代码	002466
	公司网址	www.tianqilithium.com		电子信箱	likunda@tianqilithium.com
	电　话	028-85183501		传　真	028-85183501
	办公地址	四川省遂宁市射洪县太和镇城北			
	经营范围	主要从事工业级碳酸锂、电池级碳酸锂、无水氯化锂、氢氧化锂等			

主要财务指标 指标\报告期	2015.06.30	2014.12.31	2014.06.30	2013.12.31
基本每股收益(元)	0.1584	0.5400	0.0786	–0.9000
基本每股收益(扣除后)(元)	0.1680	0.4400	–0.0393	0.0960
稀释每股收益(元)	0.1584	0.5400	0.0786	–0.9000
每股净资产(元)	11.1267	11.4282	12.2133	5.8877
每股经营现金净流量(元)	1.2802	1.1681	0.4770	–0.8722
每股现金流量(元)	0.3985	–0.9079	0.7259	–3.0656
每股资本公积金(元)	12.4585	12.4585	12.4525	23.4048
每股盈余公积金(元)	0.1190	0.1190	0.1190	0.2094
每股未分配利润(元)	0.3247	0.1664	–0.2707	–0.5949
净资产收益率(%)	1.4232	4.4131	0.5512	–15.2933
加权净资产收益率(%)	1.4000	3.7300	0.4800	–14.1100
净资产收益率(扣除)(%)	1.5102	3.5808	–0.2754	1.6282
总资产(万元)	724529.26	612855.45	680502.11	666894.53
归属母公司股东权益(万元)	287915.72	295716.69	316030.39	308790.06
营业收入(万元)	75566.33	142238.40	64683.71	41497.59
营业支出(万元)	39776.95	96401.15	48836.73	35331.94
投资收益(万元)	108.85	241.24	139.86	89.00
净利润(万元)	11995.11	28151.87	1741.94	–13236.14
营业利润(万元)	22234.03	29345.37	7759.33	–14918.86
利润总额(万元)	22454.97	32778.72	7964.87	–13901.36

二六三网络通信股份有限公司

公司概况	公司名称	二六三网络通信股份有限公司		证券简称	二 六 三
	法人代表	李小龙	董秘 刘江涛	证券代码	002467
	公司网址	www.net263.com		电子信箱	invest263@net263.com
	电　话	010-64260109		传　真	010-64260109
	办公地址	北京市朝阳区和平里东土城路 14 号建达大厦 16–18 层			
	经营范围	增值通信业务、企业通信业务及其他业务			

主要财务指标 指标\报告期	2015.06.30	2014.12.31	2014.06.30	2013.12.31
基本每股收益(元)	0.0800	0.3100	0.1000	0.2900
基本每股收益(扣除后)(元)	0.0800	0.2700	0.1310	0.5100
稀释每股收益(元)	0.0800	0.3100	0.1000	0.2900
每股净资产(元)	1.9516	2.9394	2.7232	5.5221
每股经营现金净流量(元)	0.0842	0.4163	0.1890	0.7351
每股现金流量(元)	–0.3887	0.4523	0.3232	–1.0457
每股资本公积金(元)	0.1513	0.7252	0.7250	2.4067
每股盈余公积金(元)	0.1043	0.1564	0.1417	0.2849
每股未分配利润(元)	0.6368	1.0108	0.8648	1.8477
净资产收益率(%)	4.2314	10.4258	5.3538	10.3970
加权净资产收益率(%)	4.1800	10.8400	5.1900	10.6400
净资产收益率(扣除)(%)	4.2427	9.3165	4.7965	9.2818
总资产(万元)	167693.08	168554.38	155815.69	160010.04
归属母公司股东权益(万元)	141173.79	141823.18	131394.01	132530.07
营业收入(万元)	32406.00	68489.78	35229.62	71597.49
营业支出(万元)	9582.89	21559.22	12088.55	25464.88
投资收益(万元)	350.48	–35.06	83.58	732.19
净利润(万元)	5973.64	14786.24	7034.54	13820.61
营业利润(万元)	6464.52	14457.19	7172.60	13483.85
利润总额(万元)	6442.76	15607.43	7547.20	13905.42

浙江艾迪西流体控制股份有限公司

公司概况					
公司名称	浙江艾迪西流体控制股份有限公司			证券简称	艾 迪 西
法人代表	王绍东	董秘	王绍东(代)	证券代码	002468
公司网址	www.idcgroup.com.cn		电子信箱	ldc_security@idcgroup.com.cn	
电　　话	0576-87298766-8011		传　　真	0576-87298758	
办公地址	浙江省台州市玉环县机电工业园区				
经营范围	水暖器材、阀门、管件、建筑金属配件、智能家庭及环保节能控制系统				

主要财务指标 指标\报告期	2015.06.30	2014.12.31	2014.06.30	2013.12.31
基本每股收益(元)	0.0200	0.0300	0.0300	0.0300
基本每股收益(扣除后)(元)	-0.0100	0.0300	0.0400	-0.0200
稀释每股收益(元)	0.0200	0.0300	0.0300	0.0300
每股净资产(元)	2.1999	2.1928	2.1951	2.6112
每股经营现金净流量(元)	0.2085	0.1055	-0.0639	0.3760
每股现金流量(元)	0.2543	0.1532	0.2051	0.0810
每股资本公积金(元)	0.7902	0.7902	0.7902	1.1482
每股盈余公积金(元)	0.0868	0.0868	0.0770	0.0924
每股未分配利润(元)	0.3229	0.3158	0.3280	0.3706
净资产收益率(%)	0.7772	1.1450	1.2520	1.2371
加权净资产收益率(%)	0.7800	1.1500	1.2600	1.2400
净资产收益率(扣除)(%)	-0.2461	1.1571	1.9735	-0.6583
总资产(万元)	170592.49	162041.04	163781.97	154633.24
归属母公司股东权益(万元)	72985.83	72750.35	72829.24	72193.83
营业收入(万元)	70204.08	171596.22	81949.16	145587.68
营业支出(万元)	61165.49	147946.13	70030.25	124399.19
投资收益(万元)	214.55	-54.67	-622.77	440.45
净利润(万元)	299.36	461.29	911.89	893.14
营业利润(万元)	-354.18	71.56	560.88	93.42
利润总额(万元)	-89.39	609.04	882.58	1582.06

山东三维石化工程股份有限公司

公司概况					
公司名称	山东三维石化工程股份有限公司			证券简称	三维工程
法人代表	曲思秋	董秘	高勇	证券代码	002469
公司网址	www.sdsunway.com.cn		电子信箱	gaoyong@sdsunway.com.cn	
电　　话	0533-7576134 7575612		传　　真	0533-7576134 7575612	
办公地址	山东省淄博市临淄区炼厂中路22号				
经营范围	对外派遣实施境外工程所需的劳务人员等				

主要财务指标 指标\报告期	2015.06.30	2014.12.31	2014.06.30	2013.12.31
基本每股收益(元)	0.1900	0.4700	0.1900	0.4800
基本每股收益(扣除后)(元)	0.1900	0.4600	0.1900	0.4800
稀释每股收益(元)	0.1900	0.4700	0.1900	0.4800
每股净资产(元)	3.4082	3.3589	3.0400	3.7918
每股经营现金净流量(元)	0.2692	-0.4143	-0.1625	0.3924
每股现金流量(元)	-0.0035	-0.8945	-0.3407	0.3538
每股资本公积金(元)	0.8965	0.8913	0.8399	1.3798
每股盈余公积金(元)	0.1726	0.1726	0.1310	0.1704
每股未分配利润(元)	1.3391	1.2950	1.0691	1.2417
净资产收益率(%)	5.6957	13.8201	6.2787	12.5938
加权净资产收益率(%)	5.7400	15.0000	6.3900	13.7400
净资产收益率(扣除)(%)	5.4493	13.5797	6.2773	12.5646
总资产(万元)	142857.64	154282.16	123038.40	119255.52
归属母公司股东权益(万元)	113495.56	111852.67	100645.13	96565.53
营业收入(万元)	29076.33	77024.34	25680.00	58639.20
营业支出(万元)	18958.44	48608.74	14013.78	35514.63
投资收益(万元)	150.07	233.84	30.37	-
净利润(万元)	6720.53	16364.36	6319.22	12161.25
营业利润(万元)	7375.72	19680.74	8027.43	15742.85
利润总额(万元)	7499.83	19761.57	8029.24	15765.91

金正大生态工程集团股份有限公司

公司概况					
公司名称	金正大生态工程集团股份有限公司			证券简称	金 正 大
法人代表	万连步	董秘	崔彬	证券代码	002470
公司网址	www.kingenta.com		电子信箱	jzd@kingenta.com	
电　　话	0539-7198691		传　　真	0539-6088691	
办公地址	山东省临沂市临沭县兴大西街19号				
经营范围	复合肥、控释肥的研发、生产和销售				

主要财务指标 指标\报告期	2015.06.30	2014.12.31	2014.06.30	2013.12.31
基本每股收益(元)	0.4100	1.2300	0.6800	0.9500
基本每股收益(扣除后)(元)	0.4100	1.2000	0.6800	0.9400
稀释每股收益(元)	0.4100	1.2300	0.6800	0.9500
每股净资产(元)	4.7800	8.8150	6.3697	5.8351
每股经营现金净流量(元)	0.4979	0.2345	0.5697	1.6464
每股现金流量(元)	-0.0991	1.1242	0.0853	0.6659
每股资本公积金(元)	1.6223	4.1755	1.8694	1.8694
每股盈余公积金(元)	0.1575	0.3149	0.2781	0.2781
每股未分配利润(元)	2.0005	3.3246	3.2222	2.6876
净资产收益率(%)	8.6435	12.5779	10.7486	16.2548
加权净资产收益率(%)	9.0300	18.7000	11.2200	17.5600
净资产收益率(扣除)(%)	8.6092	12.3344	10.6802	16.0549
总资产(万元)	1164654.75	1101129.44	838406.33	869995.05
归属母公司股东权益(万元)	747076.38	688820.97	445880.44	408454.65
营业收入(万元)	969680.25	1355444.22	704693.19	1199215.74
营业支出(万元)	815078.60	1116478.69	580199.05	1022239.24
投资收益(万元)	-131.19	135.38	-294.23	743.23
净利润(万元)	64646.98	88008.87	47925.78	66393.60
营业利润(万元)	77233.80	102991.17	58253.66	80529.30
利润总额(万元)	77564.19	105024.14	58622.76	1523.93

江苏中超控股股份有限公司

公司概况					
公司名称	江苏中超控股股份有限公司			证券简称	中超控股
法人代表	杨飞	董秘	潘志娟	证券代码	002471
公司网址	www.zcdlgf.com		电子信箱	zccable@126.com	
电　　话	0510-87696868 87698298		传　　真	0510-87698298	
办公地址	江苏省无锡市宜兴市西郊工业园振丰东路999号				
经营范围	电线电缆的研发、生产、销售和服务				

主要财务指标 指标\报告期	2015.06.30	2014.12.31	2014.06.30	2013.12.31
基本每股收益(元)	0.1212	0.2000	0.1173	0.3300
基本每股收益(扣除后)(元)	0.1073	0.1800	0.1000	0.2700
稀释每股收益(元)	0.1212	0.2000	0.1173	0.3300
每股净资产(元)	3.2932	3.2370	3.1490	3.1316
每股经营现金净流量(元)	-0.1613	-0.5665	-0.3113	-0.3661
每股现金流量(元)	-0.2306	0.2433	-0.1127	-1.0946
每股资本公积金(元)	1.5268	1.5268	1.5262	1.5262
每股盈余公积金(元)	0.1103	0.0953	0.0859	0.0859
每股未分配利润(元)	0.6561	0.6148	0.5368	0.5195
净资产收益率(%)	3.6804	6.3242	3.7253	10.3885
加权净资产收益率(%)	3.6800	6.4300	3.6800	10.7700
净资产收益率(扣除)(%)	3.2577	5.4994	3.2565	8.6375
总资产(万元)	602760.79	608651.47	580504.44	523146.73
归属母公司股东权益(万元)	167029.02	164178.42	159714.88	158837.10
营业收入(万元)	231938.83	486577.14	221484.82	444792.27
营业支出(万元)	197491.40	409161.82	187338.43	376999.18
投资收益(万元)	15.64	67.82	274.60	61.65
净利润(万元)	6216.37	15010.63	7454.98	20810.92
营业利润(万元)	6739.66	15942.77	7907.52	20313.26
利润总额(万元)	7641.10	17948.84	8917.01	23794.07

浙江双环传动机械股份有限公司

公司概况	公司名称	浙江双环传动机械股份有限公司			证券简称	双环传动
	法人代表	吴长鸿	董秘	叶松	证券代码	002472
	公司网址	www.gearsnet.com		电子信箱	ys@gearsnet.com	
	电　话	0571-81671018		传　真	0571-81671020	
	办公地址	浙江省杭州市西湖区古墩路 702 号赞宇大厦 12 楼				
	经营范围	传动用齿轮及齿轮零件的生产与销售				

	指标\报告期	2015.06.30	2014.12.31	2014.06.30	2013.12.31
主要财务指标	基本每股收益(元)	0.2200	0.4400	0.1800	0.2400
	基本每股收益(扣除后)(元)	0.2100	0.4100	0.1700	0.2200
	稀释每股收益(元)	0.2100	0.4300	0.1800	0.2400
	每股净资产(元)	5.5169	5.3988	5.2300	5.2093
	每股经营现金净流量(元)	0.2960	0.4393	0.2401	0.4248
	每股现金流量(元)	0.0843	–0.1056	–0.0387	–0.1120
	每股资本公积金(元)	2.2722	2.2597	2.2230	2.2130
	每股盈余公积金(元)	0.2591	0.2597	0.2181	0.2257
	每股未分配利润(元)	2.0830	1.9944	1.7864	1.7706
	净资产收益率(%)	3.8681	7.8740	3.3579	4.6470
	加权净资产收益率(%)	3.8900	8.1600	3.3900	4.7400
	净资产收益率(扣除)(%)	3.7264	7.3421	3.2473	4.2816
	总资产(万元)	249660.37	239874.24	228256.00	217795.77
	归属母公司股东权益(万元)	159091.75	155318.43	150392.07	144814.25
	营业收入(万元)	69254.93	126638.55	59268.15	99088.57
	营业支出(万元)	52171.19	93524.46	44676.87	74233.29
	投资收益(万元)	719.54	1168.36	413.67	47.79
	净利润(万元)	6153.75	12229.72	5050.03	6729.57
	营业利润(万元)	7096.89	13366.31	5886.67	7491.17
	利润总额(万元)	7213.97	14038.45	6062.61	7997.00

宁波圣莱达电器股份有限公司

公司概况	公司名称	宁波圣莱达电器股份有限公司			证券简称	圣 莱 达
	法人代表	胡宜东	董秘	胡宜东(代)	证券代码	002473
	公司网址	www.nbslt.com		电子信箱	cqzheng@nbslt.com	
	电　话	0574-87522922 87522994		传　真	0574-87522941	
	办公地址	浙江省宁波市江北区金山路 298 号				
	经营范围	电热电器、电机电器及配件的制造、加工				

	指标\报告期	2015.06.30	2014.12.31	2014.06.30	2013.12.31
主要财务指标	基本每股收益(元)	–0.0500	–0.0600	–0.0200	0.0200
	基本每股收益(扣除后)(元)	–0.0500	–0.0700	–0.0200	0.0100
	稀释每股收益(元)	–0.0500	–0.0600	–0.0200	0.0200
	每股净资产(元)	2.3850	2.4349	2.4757	2.6750
	每股经营现金净流量(元)	–0.0387	–0.0228	–0.0398	0.0558
	每股现金流量(元)	–0.0619	–0.1423	–0.1344	–0.1496
	每股资本公积金(元)	1.3872	1.3872	1.3872	1.3872
	每股盈余公积金(元)	0.0703	0.0703	0.0703	0.0703
	每股未分配利润(元)	–0.0725	–0.0226	0.0182	0.2175
	净资产收益率(%)	–2.0908	–2.4683	–0.7790	0.6048
	加权净资产收益率(%)	–2.0700	–2.3800	–0.7600	0.6000
	净资产收益率(扣除)(%)	–2.2036	–2.6866	–0.8507	0.1926
	总资产(万元)	42538.83	44313.56	45436.79	46571.19
	归属母公司股东权益(万元)	38160.43	38958.29	39611.35	42799.92
	营业收入(万元)	4726.28	15096.79	7514.60	16612.78
	营业支出(万元)	4029.27	12536.25	6146.95	13040.51
	投资收益(万元)	–	–	–	–
	净利润(万元)	–811.35	–1009.56	–308.57	258.85
	营业利润(万元)	–844.01	–1082.54	–306.91	52.36
	利润总额(万元)	–802.91	–994.36	–267.95	260.28

福建榕基软件股份有限公司

公司概况	公司名称	福建榕基软件股份有限公司			证券简称	榕基软件
	法人代表	鲁峰	董秘	万孝雄	证券代码	002474
	公司网址	www.rongji.com		电子信箱	rongji@rongji.com	
	电　话	0591-83517761 87303569		传　真	0591-87862566	
	办公地址	福建省福州市鼓楼区铜盘路福州软件园产业基地				
	经营范围	计算机及网络软件开发服务、计算机硬件技术服务				

	指标\报告期	2015.06.30	2014.12.31	2014.06.30	2013.12.31
主要财务指标	基本每股收益(元)	0.0316	0.0358	0.0595	0.2020
	基本每股收益(扣除后)(元)	0.0156	–0.0022	0.0391	0.1602
	稀释每股收益(元)	0.0316	0.0358	0.0595	0.2020
	每股净资产(元)	2.1957	2.1791	2.2036	4.3399
	每股经营现金净流量(元)	–0.1551	–0.0694	–0.0768	0.1837
	每股现金流量(元)	–0.3203	–0.0661	0.2554	–1.2372
	每股资本公积金(元)	0.5844	0.5844	0.5844	2.1689
	每股盈余公积金(元)	0.0858	0.0858	0.0759	0.1518
	每股未分配利润(元)	0.5279	0.5113	0.5448	1.0208
	净资产收益率(%)	1.4411	1.6411	2.6985	4.6542
	加权净资产收益率(%)	1.6500	1.6500	2.7100	4.7300
	净资产收益率(扣除)(%)	0.7084	–0.0987	1.7742	3.6915
	总资产(万元)	167282.73	168615.49	156725.10	158082.95
	归属母公司股东权益(万元)	136617.23	135583.96	137107.33	135015.00
	营业收入(万元)	23224.41	59830.52	25874.97	60314.24
	营业支出(万元)	12200.43	42492.24	15415.45	41104.83
	投资收益(万元)	975.60	3654.63	1675.78	2097.43
	净利润(万元)	1929.75	2196.76	3699.78	6283.87
	营业利润(万元)	1791.78	1318.86	3199.96	5712.15
	利润总额(万元)	2309.82	2406.48	3853.75	7034.15

立讯精密工业股份有限公司

公司概况	公司名称	立讯精密工业股份有限公司			证券简称	立讯精密
	法人代表	王来春	董秘	李雄伟	证券代码	002475
	公司网址	www.luxshare-ict.com		电子信箱	Ivan.wang@luxshare-ict.com	
	电　话	0769-87892475		传　真	0769-87732475	
	办公地址	广东省东莞市清溪镇青皇村青皇工业区葵青路 17 号				
	经营范围	生产经营连接线、连接器、电脑周边设备、塑胶五金制品				

	指标\报告期	2015.06.30	2014.12.31	2014.06.30	2013.12.31
主要财务指标	基本每股收益(元)	0.3100	0.8000	0.1900	0.4400
	基本每股收益(扣除后)(元)	0.2800	0.7700	0.1600	0.4800
	稀释每股收益(元)	0.3100	0.8000	0.1900	0.4400
	每股净资产(元)	3.9292	5.5198	3.2473	4.2332
	每股经营现金净流量(元)	0.0422	0.3857	0.1435	0.5376
	每股现金流量(元)	–0.5115	1.7817	0.1397	0.4830
	每股资本公积金(元)	1.4704	2.7055	0.7806	1.5403
	每股盈余公积金(元)	0.0526	0.0788	0.0596	0.0834
	每股未分配利润(元)	1.4153	1.7445	1.4080	1.6066
	净资产收益率(%)	7.7801	13.7203	9.5594	14.6611
	加权净资产收益率(%)	8.0400	20.3000	9.7900	15.4800
	净资产收益率(扣除)(%)	7.1893	13.1108	8.9607	12.3922
	总资产(万元)	1028026.53	969162.89	700801.92	621478.92
	归属母公司股东权益(万元)	490319.96	459208.77	248891.12	231753.74
	营业收入(万元)	442423.09	729594.86	320600.07	459165.67
	营业支出(万元)	350446.37	559673.19	251581.09	364704.83
	投资收益(万元)	394.31	1639.08	4759.74	4637.69
	净利润(万元)	40271.67	73865.97	29736.02	46213.44
	营业利润(万元)	43489.40	80310.64	33108.25	48987.69
	利润总额(万元)	46938.58	86378.70	35109.59	54324.50

山东宝莫生物化工股份有限公司

公司概况

公司名称	山东宝莫生物化工股份有限公司			证券简称	宝莫股份
法人代表	夏春良	董秘	张扬	证券代码	002476
公司网址	www.slcapam.com		电子信箱	cnvca@slcapam.com	
电　话	0546-7788268		传　真	0546-7773708	
办公地址	山东省东营市东营区西四路 892 号				
经营范围	丙烯酰胺、聚丙烯酰胺的许可生产和销售				

主要财务指标

指标\报告期	2015.06.30	2014.12.31	2014.06.30	2013.12.31
基本每股收益(元)	0.0312	0.0783	0.0504	0.0767
基本每股收益(扣除后)(元)	0.0283	0.0528	0.0462	0.0690
稀释每股收益(元)	0.0312	0.0783	0.0504	0.0767
每股净资产(元)	1.6558	1.6635	1.6493	1.6289
每股经营现金净流量(元)	0.0264	−0.1739	−0.1758	0.1175
每股现金流量(元)	−0.2501	0.0524	0.0152	−0.1824
每股资本公积金(元)	0.3353	0.3353	0.3353	0.3353
每股盈余公积金(元)	0.0646	0.0646	0.0568	0.0568
每股未分配利润(元)	0.2785	0.2773	0.2571	0.2367
净资产收益率(%)	1.8862	4.7059	3.0540	4.7079
加权净资产收益率(%)	1.8600	4.7500	3.0400	4.7800
净资产收益率(扣除)(%)	1.7077	3.1747	2.8039	4.2456
总资产(万元)	146437.80	136584.93	122692.44	111883.41
归属母公司股东权益(万元)	101335.67	101808.77	100934.44	99688.08
营业收入(万元)	30733.27	66760.67	30461.73	68498.28
营业支出(万元)	24646.40	53933.81	24396.57	56892.12
投资收益(万元)	−92.98	340.74	82.85	84.70
净利润(万元)	1759.19	4833.19	3082.36	4693.22
营业利润(万元)	2131.95	5918.28	3783.97	5515.14
利润总额(万元)	2166.99	5989.41	3834.81	5633.16

雏鹰农牧集团股份有限公司

公司概况

公司名称	雏鹰农牧集团股份有限公司			证券简称	雏鹰农牧
法人代表	侯建芳	董秘	吴易得	证券代码	002477
公司网址	www.chu-ying.com		电子信箱	info@chu-ying.com	
电　话	0371-62583588 62583825		传　真	0371-62583825	
办公地址	河南省新郑市薛店镇世纪大道公司办公区				
经营范围	家畜、家禽养殖与销售				

主要财务指标

指标\报告期	2015.06.30	2014.12.31	2014.06.30	2013.12.31
基本每股收益(元)	0.0052	−0.2033	−0.1489	0.0885
基本每股收益(扣除后)(元)	−0.1411	−0.3442	−0.1609	0.0408
稀释每股收益(元)	0.0052	−0.2033	−0.1489	0.0885
每股净资产(元)	3.9891	2.8457	2.8900	2.4500
每股经营现金净流量(元)	−0.1380	−0.1606	−0.2146	0.2747
每股现金流量(元)	1.0796	−0.1703	0.6115	0.0106
每股资本公积金(元)	2.5281	1.3275	1.3275	0.6277
每股盈余公积金(元)	0.1084	0.1206	0.1218	0.1326
每股未分配利润(元)	0.3527	0.3976	0.4409	0.6917
净资产收益率(%)	0.1239	−7.0898	−5.4444	3.6097
加权净资产收益率(%)	0.1900	−6.9800	−7.3100	3.6000
净资产收益率(扣除)(%)	−3.3573	−12.0033	−5.5686	1.6652
总资产(万元)	922997.98	724118.15	706797.47	626715.68
归属母公司股东权益(万元)	416887.03	267230.51	271400.45	209496.84
营业收入(万元)	125007.50	176168.47	65162.11	186807.34
营业支出(万元)	115324.83	155708.65	58850.23	140080.04
投资收益(万元)	3191.43	12064.60	209.90	96.52
净利润(万元)	−229.53	−18416.70	−14661.00	7596.55
营业利润(万元)	−11145.78	−17181.49	−14445.50	4705.04
利润总额(万元)	2548.60	−16135.61	−14105.94	9467.62

江苏常宝钢管股份有限公司

公司概况

公司名称	江苏常宝钢管股份有限公司			证券简称	常宝股份
法人代表	曹坚	董秘	赵旦	证券代码	002478
公司网址	www.cbsteeltube.com		电子信箱	zjb@cbsteeltube.com	
电　话	0519-88814347		传　真	0519-88812052	
办公地址	江苏省常州市延陵东路 558 号				
经营范围	石油天然气用管和锅炉管等专用钢管的生产和销售				

主要财务指标

指标\报告期	2015.06.30	2014.12.31	2014.06.30	2013.12.31
基本每股收益(元)	0.2300	0.6100	0.2800	0.5700
基本每股收益(扣除后)(元)	0.1700	0.5800	0.2800	0.5000
稀释每股收益(元)	0.2300	0.6100	0.2800	0.5700
每股净资产(元)	7.1669	7.1384	6.7985	6.7220
每股经营现金净流量(元)	0.1262	2.2953	0.8616	0.5484
每股现金流量(元)	−0.8749	0.6274	0.3110	−0.3533
每股资本公积金(元)	2.7742	2.7742	2.7758	2.7758
每股盈余公积金(元)	0.5403	0.5403	0.4643	0.4643
每股未分配利润(元)	2.8242	2.7966	2.5344	2.4580
净资产收益率(%)	3.1759	8.6098	4.0665	8.4405
加权净资产收益率(%)	3.1500	8.8700	4.0300	8.7200
净资产收益率(扣除)(%)	2.3683	8.1041	4.0608	7.4408
总资产(万元)	383142.79	398031.46	376794.10	369810.45
归属母公司股东权益(万元)	286749.06	285608.57	272006.36	268947.07
营业收入(万元)	138455.08	377657.19	201643.07	398801.79
营业支出(万元)	116158.69	311393.14	167084.40	330182.47
投资收益(万元)	2112.88	768.30	7.60	1076.17
净利润(万元)	10139.40	28270.98	11061.24	22700.37
营业利润(万元)	10631.10	30279.16	14769.01	26286.59
利润总额(万元)	11462.22	31543.18	14837.58	28491.58

浙江富春江环保热电股份有限公司

公司概况

公司名称	浙江富春江环保热电股份有限公司			证券简称	富春环保
法人代表	吴斌	董秘	张杰	证券代码	002479
公司网址	www.zhefuet.com		电子信箱	zhangjie@zhefuet.com	
电　话	0571-63553779		传　真	0571-63553789	
办公地址	浙江省富阳市灵桥镇春永路 188 号				
经营范围	火力发电、垃圾发电				

主要财务指标

指标\报告期	2015.06.30	2014.12.31	2014.06.30	2013.12.31
基本每股收益(元)	0.1355	0.2400	0.1342	0.1900
基本每股收益(扣除后)(元)	0.1314	0.2100	0.1301	0.1800
稀释每股收益(元)	0.1355	0.2400	0.1342	0.1900
每股净资产(元)	2.9900	2.9730	2.8930	2.7635
每股经营现金净流量(元)	0.0724	0.5470	0.2904	0.7688
每股现金流量(元)	−0.4353	0.1046	0.1668	−0.2207
每股资本公积金(元)	1.1656	1.1733	1.1778	1.1854
每股盈余公积金(元)	0.1258	0.1253	0.1064	0.1060
每股未分配利润(元)	0.6986	0.6911	0.6088	0.4722
净资产收益率(%)	4.5326	7.9090	4.6532	7.0125
加权净资产收益率(%)	4.5000	8.2200	4.7400	7.1700
净资产收益率(扣除)(%)	4.3954	7.0695	4.5083	6.6459
总资产(万元)	371550.88	381777.06	361833.78	358205.63
归属母公司股东权益(万元)	218771.30	218435.73	212553.05	203888.90
营业收入(万元)	158101.85	373006.85	170060.48	316775.29
营业支出(万元)	137725.16	331904.24	149938.77	280306.35
投资收益(万元)	892.56	1146.15	1160.81	2118.84
净利润(万元)	12098.00	21872.17	9890.60	14297.75
营业利润(万元)	13453.19	24578.98	13469.35	18894.91
利润总额(万元)	14632.23	26788.65	14156.23	21282.67

成都市新筑路桥机械股份有限公司

公司概况	公司名称	成都市新筑路桥机械股份有限公司		证券简称	新筑股份
	法人代表	黄志明	董秘　周思伟	证券代码	002480
	公司网址	www.xinzhu.com		电子信箱	vendition@xinzhu.com
	电　话	028-82550671		传　真	028-82550671
	办公地址	四川省成都市四川新津工业园区			
	经营范围	金属桥梁结构及桥梁零件的设计制造、建筑用金属结构、构件的设计制造			

主要财务指标	指标\报告期	2015.06.30	2014.12.31	2014.06.30	2013.12.31
	基本每股收益(元)	−0.0356	0.0195	0.0168	0.0300
	基本每股收益(扣除后)(元)	−0.0364	−0.0786	0.0017	−0.3400
	稀释每股收益(元)	−0.0356	0.0195	0.0168	0.0300
	每股净资产(元)	3.7905	3.8261	3.3577	6.6817
	每股经营现金净流量(元)	0.0119	0.3526	0.0131	0.6841
	每股现金流量(元)	−0.2245	0.3645	0.0288	−1.8803
	每股资本公积金(元)	2.2430	2.2430	1.6941	4.3882
	每股盈余公积金(元)	0.0848	0.0848	0.0921	0.1842
	每股未分配利润(元)	0.4587	0.4943	0.5715	1.1093
	净资产收益率(%)	−0.9398	0.4693	0.5016	0.5230
	加权净资产收益率(%)	−0.9400	0.5500	0.5000	0.5200
	净资产收益率(扣除)(%)	−0.9605	−1.8966	0.0518	−5.1483
	总资产(万元)	500646.62	450545.52	411955.08	380895.63
	归属母公司股东权益(万元)	244627.80	246926.91	188030.64	187087.49
	营业收入(万元)	64026.71	127509.08	76746.49	124724.34
	营业支出(万元)	50082.33	95330.82	57344.03	97092.65
	投资收益(万元)	316.60	633.20	316.60	105.53
	净利润(万元)	−3093.88	925.76	943.15	978.47
	营业利润(万元)	−3723.10	−6512.12	−199.98	−12204.78
	利润总额(万元)	−3521.18	374.62	800.16	315.79

烟台双塔食品股份有限公司

公司概况	公司名称	烟台双塔食品股份有限公司		证券简称	双塔食品
	法人代表	杨君敏	董秘　师恩战	证券代码	002481
	公司网址	www.shuangtafensi.com		电子信箱	shuangtashipin@sohu.com
	电　话	0535-8070881		传　真	0535-8070881
	办公地址	山东省烟台市招远市金岭镇寨里			
	经营范围	生产并销售淀粉、粉丝(条)、豌豆蛋白粉、食用菌菌种、甲烷、膳食纤维等			

主要财务指标	指标\报告期	2015.06.30	2014.12.31	2014.06.30	2013.12.31
	基本每股收益(元)	0.2100	0.3400	0.1406	0.2617
	基本每股收益(扣除后)(元)	0.1700	0.3300	0.1339	0.2402
	稀释每股收益(元)	0.2100	0.3400	0.1406	0.2617
	每股净资产(元)	4.9490	4.7353	2.4068	2.3111
	每股经营现金净流量(元)	−0.0844	−0.1479	0.3317	0.3032
	每股现金流量(元)	−2.4304	2.4345	0.2077	−0.2937
	每股资本公积金(元)	2.7209	2.7209	0.4239	0.4239
	每股盈余公积金(元)	0.1116	0.1116	0.0967	0.0967
	每股未分配利润(元)	1.1166	0.9028	0.8861	0.7905
	净资产收益率(%)	4.3189	6.2177	5.8432	11.3221
	加权净资产收益率(%)	4.2300	14.0000	5.9100	11.9700
	净资产收益率(扣除)(%)	3.3926	5.8694	5.5628	10.3951
	总资产(万元)	391523.32	377925.23	185522.58	175572.25
	归属母公司股东权益(万元)	250102.40	239300.70	103972.68	99841.39
	营业收入(万元)	54059.01	106517.77	55672.88	74432.17
	营业支出(万元)	38267.90	80014.54	44477.93	55419.84
	投资收益(万元)	2814.65	861.12	682.70	1279.77
	净利润(万元)	10801.70	14878.99	6075.29	11304.19
	营业利润(万元)	12201.34	16575.23	6760.91	12184.12
	利润总额(万元)	12446.67	17067.76	6896.39	12809.04

深圳广田装饰集团股份有限公司

公司概况	公司名称	深圳广田装饰集团股份有限公司		证券简称	广田股份
	法人代表	范志全	董秘　朱旭	证券代码	002482
	公司网址	www.szgt.com		电子信箱	zq@szgt.com
	电　话	0755-22190518		传　真	0755-22190528
	办公地址	广东省深圳市罗湖区沿河北路 1003 号京基东方都会大厦 1-3 层			
	经营范围	承担境内,外各类建筑(包括车,船,飞机)的室内外装饰工程的设计与施工等			

主要财务指标	指标\报告期	2015.06.30	2014.12.31	2014.06.30	2013.12.31
	基本每股收益(元)	0.3200	1.0400	0.4000	1.0200
	基本每股收益(扣除后)(元)	0.2600	1.0300	0.4000	1.0100
	稀释每股收益(元)	0.3200	1.0200	0.4000	1.0200
	每股净资产(元)	8.3943	8.0806	7.4266	7.1760
	每股经营现金净流量(元)	−2.0322	0.4742	−1.9020	−0.1112
	每股现金流量(元)	−0.8210	1.2146	−0.4994	0.9775
	每股资本公积金(元)	4.0559	3.7703	3.7564	3.7531
	每股盈余公积金(元)	0.3834	0.3990	0.2962	0.2962
	每股未分配利润(元)	2.9552	2.9113	2.3740	2.1268
	净资产收益率(%)	3.6699	12.8387	5.3483	14.0902
	加权净资产收益率(%)	3.8600	13.6000	5.3800	15.2900
	净资产收益率(扣除)(%)	2.9685	12.6930	5.3021	14.0150
	总资产(万元)	1199998.83	1132721.74	1015727.20	883665.54
	归属母公司股东权益(万元)	451859.18	417911.84	384084.43	371127.69
	营业收入(万元)	365764.76	978797.03	420339.25	869132.69
	营业支出(万元)	303806.17	812754.71	354107.68	731444.58
	投资收益(万元)	−15.62	−0.56	−	−
	净利润(万元)	18021.49	54967.04	20541.82	52292.67
	营业利润(万元)	18024.45	64000.91	25144.91	61947.81
	利润总额(万元)	21808.73	64737.37	25361.43	62280.63

江苏润邦重工股份有限公司

公司概况	公司名称	江苏润邦重工股份有限公司		证券简称	润邦股份
	法人代表	吴建	董秘　谢贵兴	证券代码	002483
	公司网址	www.rainbowgroup.com.cn		电子信箱	rbgf@rainbowco.com.cn
	电　话	0513-80100206		传　真	0513-80100206
	办公地址	江苏省南通市经济技术开发区振兴西路 9 号			
	经营范围	重型装备的设计、生产、销售及服务			

主要财务指标	指标\报告期	2015.06.30	2014.12.31	2014.06.30	2013.12.31
	基本每股收益(元)	0.0800	0.2900	0.1700	0.2800
	基本每股收益(扣除后)(元)	0.0700	0.2300	0.1700	0.2500
	稀释每股收益(元)	0.0800	0.2900	0.1700	0.2800
	每股净资产(元)	6.1048	6.0844	5.9700	5.9169
	每股经营现金净流量(元)	−0.4243	−0.7457	−0.2842	0.3276
	每股现金流量(元)	0.0954	−0.5698	−0.1835	−0.1787
	每股资本公积金(元)	3.6063	3.5130	3.5130	3.5130
	每股盈余公积金(元)	0.1059	0.1128	0.1011	0.1011
	每股未分配利润(元)	1.3926	1.4586	1.3537	1.3028
	净资产收益率(%)	1.1558	4.7247	2.8631	4.7363
	加权净资产收益率(%)	1.2300	4.8100	2.8700	4.8100
	净资产收益率(扣除)(%)	1.0874	3.7958	2.8937	4.2818
	总资产(万元)	394355.87	359887.37	340920.56	312810.55
	归属母公司股东权益(万元)	234093.92	219036.61	214839.05	213007.89
	营业收入(万元)	102319.26	221158.58	89603.76	229885.67
	营业支出(万元)	81775.47	172188.57	64808.26	184537.44
	投资收益(万元)	−1.35	298.24	12.47	−
	净利润(万元)	4113.45	14670.84	6151.15	10088.60
	营业利润(万元)	5745.03	14408.50	8853.64	12004.52
	利润总额(万元)	6061.88	16677.45	9507.96	13040.04

南通江海电容器股份有限公司

公司概况						
公司概况	公司名称	南通江海电容器股份有限公司			证券简称	江海股份
	法人代表	陈卫东	董秘	王汉明	证券代码	002484
	公司网址	www.jianghai.com		电子信箱	info@jianghai.com	
	电　话	0513-86726006		传　真	0513-86571812	
	办公地址	江苏省南通市通州区平潮镇通扬南路79号				
	经营范围	生产加工电容器及其材料、配件、电容器设备、仪器、仪表及配件等				

主要财务指标	指标\报告期	2015.06.30	2014.12.31	2014.06.30	2013.12.31
	基本每股收益(元)	0.2017	0.4615	0.2297	0.6210
	基本每股收益(扣除后)(元)	0.1546	0.4291	0.2004	0.6011
	稀释每股收益(元)	0.2017	0.4615	0.2297	0.6210
	每股净资产(元)	4.8551	4.7536	4.5321	7.0170
	每股经营现金净流量(元)	0.1199	0.5056	0.2995	0.6781
	每股现金流量(元)	-0.2434	-0.1213	-0.1032	-0.2188
	每股资本公积金(元)	2.0435	2.0437	2.0435	3.8697
	每股盈余公积金(元)	0.3154	0.2836	0.2548	0.3520
	每股未分配利润(元)	1.4962	1.4263	1.2338	1.7953
	净资产收益率(%)	4.1549	9.7087	5.0680	8.8504
	加权净资产收益率(%)	4.1600	10.1000	5.1200	9.0900
	净资产收益率(扣除)(%)	3.1838	9.0274	4.4218	8.5667
	总资产(万元)	198068.79	195464.93	183908.21	181573.93
	归属母公司股东权益(万元)	161576.37	158199.85	150829.48	145953.60
	营业收入(万元)	52627.12	115520.88	56732.82	110887.65
	营业支出(万元)	39191.89	86513.98	43323.13	84531.35
	投资收益(万元)	610.04	3336.01	2326.60	1347.84
	净利润(万元)	6984.90	16260.63	7644.07	12917.43
	营业利润(万元)	6041.08	18305.14	9314.49	15602.10
	利润总额(万元)	7914.19	18530.98	9347.14	16126.83

希努尔男装股份有限公司

公司概况						
公司概况	公司名称	希努尔男装股份有限公司			证券简称	希努尔
	法人代表	陈玉剑	董秘	王润田	证券代码	002485
	公司网址	www.sinoer.com		电子信箱	sinoer0899@sinocr.cn	
	电　话	0536-6076188		传　真	0536-6076188	
	办公地址	山东省诸城市东环路58号				
	经营范围	中高档西服、衬衣及服饰的制造、销售本公司制造的产品等				

主要财务指标	指标\报告期	2015.06.30	2014.12.31	2014.06.30	2013.12.31
	基本每股收益(元)	0.0200	-0.1500	-0.0600	0.2200
	基本每股收益(扣除后)(元)	0.0100	-0.1600	-0.0600	0.1900
	稀释每股收益(元)	0.0200	-0.1500	-0.0600	0.2200
	每股净资产(元)	6.0975	6.0812	6.2081	6.2668
	每股经营现金净流量(元)	-0.0742	0.0952	-0.2331	0.1415
	每股现金流量(元)	-0.3415	-0.3054	-0.2983	0.1411
	每股资本公积金(元)	3.9438	3.9438	3.9438	3.9438
	每股盈余公积金(元)	0.2312	0.2312	0.2312	0.2312
	每股未分配利润(元)	0.9225	0.9062	1.0331	1.0918
	净资产收益率(%)	0.2678	-2.3942	-0.9453	3.5600
	加权净资产收益率(%)	0.2700	-2.3600	-0.9400	3.5900
	净资产收益率(扣除)(%)	0.2091	-2.5970	-0.9869	3.0510
	总资产(万元)	262546.02	271710.59	274135.84	279303.33
	归属母公司股东权益(万元)	195121.29	194598.74	198659.89	200537.79
	营业收入(万元)	50621.17	102945.72	46752.43	125920.02
	营业支出(万元)	35070.05	73209.94	32032.30	78887.57
	投资收益(万元)	-	-	-	-
	净利润(万元)	522.55	-4659.06	-1877.90	7139.11
	营业利润(万元)	549.82	-6718.26	-2039.32	7626.45
	利润总额(万元)	699.23	-6198.81	-1929.16	8987.31

上海嘉麟杰纺织品股份有限公司

公司概况						
公司概况	公司名称	上海嘉麟杰纺织品股份有限公司			证券简称	嘉麟杰
	法人代表	黄伟国	董秘	凌云	证券代码	002486
	公司网址	www.challenge-21c.com		电子信箱	wangcx.sct@challenge-21c.com	
	电　话	021-37330000*1998		传　真	021-57381100*1998	
	办公地址	上海市金山区亭林镇亭枫公路1918号				
	经营范围	高档针织面料的研发、生产和销售				

主要财务指标	指标\报告期	2015.06.30	2014.12.31	2014.06.30	2013.12.31
	基本每股收益(元)	-0.0373	0.0332	0.0397	0.2371
	基本每股收益(扣除后)(元)	-0.0417	0.0332	0.0382	0.1704
	稀释每股收益(元)	-0.0373	0.0332	0.0397	0.2371
	每股净资产(元)	1.1869	1.2339	1.2479	2.4891
	每股经营现金净流量(元)	-0.0407	0.0840	-0.0067	0.1854
	每股现金流量(元)	-0.1023	-0.0244	0.2007	0.0617
	每股资本公积金(元)	0.0024	0.0024	0.0068	0.8075
	每股盈余公积金(元)	0.0577	0.0577	0.0502	0.1005
	每股未分配利润(元)	0.1355	0.1829	0.1968	0.5942
	净资产收益率(%)	-3.1454	2.6914	3.1813	9.5241
	加权净资产收益率(%)	-3.0700	2.7000	3.2200	9.9200
	净资产收益率(扣除)(%)	-3.5121	2.3592	3.0642	6.8441
	总资产(万元)	172523.08	165978.42	152780.16	123138.54
	归属母公司股东权益(万元)	98747.16	102659.81	103822.23	103546.25
	营业收入(万元)	32443.14	87260.94	46648.74	89641.03
	营业支出(万元)	25657.21	61857.40	33252.26	65079.92
	投资收益(万元)	539.15	29.42	56.32	3.57
	净利润(万元)	-3782.86	2352.15	3302.85	9861.83
	营业利润(万元)	-4480.13	2197.51	3628.22	8269.13
	利润总额(万元)	-4012.51	2614.84	3772.71	11929.98

辽宁大金重工股份有限公司

公司概况						
公司概况	公司名称	辽宁大金重工股份有限公司			证券简称	大金重工
	法人代表	金鑫	董秘	仇钢	证券代码	002487
	公司网址	www.dajin.cn		电子信箱	djzq2008@139.com	
	电　话	0418-6602618		传　真	0418-6602618	
	办公地址	辽宁省阜新市新邱区新邱大街155号				
	经营范围	钢结构制造、安装、金属门窗制造、安装、海洋工程、石化、港口机械制造等				

主要财务指标	指标\报告期	2015.06.30	2014.12.31	2014.06.30	2013.12.31
	基本每股收益(元)	0.0600	0.1300	0.0700	0.1000
	基本每股收益(扣除后)(元)	0.0300	0.0200	0.0100	0.0700
	稀释每股收益(元)	0.0600	0.1300	0.0700	0.1000
	每股净资产(元)	2.9306	4.3145	4.2492	4.1939
	每股经营现金净流量(元)	0.0590	-0.1878	-0.0664	0.6569
	每股现金流量(元)	0.0285	-1.0188	-0.6584	-0.6704
	每股资本公积金(元)	1.4078	2.6117	2.6117	2.6117
	每股盈余公积金(元)	0.0599	0.0899	0.0741	0.0741
	每股未分配利润(元)	0.4629	0.6130	0.5635	0.5082
	净资产收益率(%)	2.0784	3.0428	1.5362	2.4151
	加权净资产收益率(%)	2.1000	3.0900	1.5500	2.4300
	净资产收益率(扣除)(%)	1.0434	0.4704	0.3342	1.7194
	总资产(万元)	224576.71	198249.06	195280.19	192674.12
	归属母公司股东权益(万元)	158252.41	155323.34	152971.79	150981.88
	营业收入(万元)	31015.09	30750.88	11297.69	35284.11
	营业支出(万元)	23816.07	25443.06	9422.03	30801.78
	投资收益(万元)	769.77	2300.85	1079.70	64.15
	净利润(万元)	3289.06	4726.23	2349.91	3646.42
	营业利润(万元)	3037.12	3339.04	1544.91	3101.39
	利润总额(万元)	3905.51	5587.89	2823.84	4297.49

浙江金固股份有限公司

公司概况	公司名称	浙江金固股份有限公司			证券简称	金固股份
	法人代表	孙锋峰	董秘	倪永华	证券代码	002488
	公司网址	www.jgwheel.com		电子信箱	jingu@jgwheel.com	
	电　　话	0571-63133920		传　　真	0571-63133950 63102488	
	办公地址	浙江省富阳市富春街道公园西路1181号				
	经营范围	从事汽车钢制车轮的研发、制造、销售				

主要财务指标	指标\报告期	2015.06.30	2014.12.31	2014.06.30	2013.12.31
	基本每股收益(元)	0.0800	0.3500	0.2100	0.2500
	基本每股收益(扣除后)(元)	0.0900	0.3300	0.2000	0.2100
	稀释每股收益(元)	0.0800	0.3500	0.2100	0.2500
	每股净资产(元)	3.0995	7.7466	5.2200	5.1073
	每股经营现金净流量(元)	0.1202	1.6215	0.5598	0.0689
	每股现金流量(元)	0.2118	0.4222	0.8529	0.3828
	每股资本公积金(元)	1.6527	5.6318	3.1030	3.1030
	每股盈余公积金(元)	0.0755	0.1888	0.1700	0.1700
	每股未分配利润(元)	0.3737	0.9319	0.9500	0.8433
	净资产收益率(%)	2.6102	4.0346	3.9602	4.9020
	加权净资产收益率(%)	2.5900	6.7500	3.9700	4.9200
	净资产收益率(扣除)(%)	2.8136	3.7757	3.8215	4.1022
	总资产(万元)	368432.01	352672.22	285659.13	255659.17
	归属母公司股东权益(万元)	157603.58	157561.41	93959.17	91931.91
	营业收入(万元)	69501.58	131315.40	62409.93	116623.09
	营业支出(万元)	50452.18	98598.83	45833.47	90019.71
	投资收益(万元)	-581.67	-287.11	3.09	-
	净利润(万元)	4026.70	6220.21	3721.01	4506.46
	营业利润(万元)	4731.71	6323.62	4016.35	4270.77
	利润总额(万元)	4956.03	7226.34	4259.79	5175.22

浙江永强集团股份有限公司

公司概况	公司名称	浙江永强集团股份有限公司			证券简称	浙江永强
	法人代表	谢建勇	董秘	王洪阳	证券代码	002489
	公司网址	www.yotrio.com		电子信箱	yotrioir@yotrio.com	
	电　　话	0576-85956878 5956868		传　　真	0576-85956299	
	办公地址	浙江省临海市前江南路1号				
	经营范围	户外用品及家具、遮阳用品、工艺品、金属铁制品的制造、销售等				

主要财务指标	指标\报告期	2015.06.30	2014.12.31	2014.06.30	2013.12.31
	基本每股收益(元)	0.7300	0.6700	0.3300	0.5500
	基本每股收益(扣除后)(元)	0.3600	0.1600	0.3400	0.4400
	稀释每股收益(元)	0.7300	0.6700	0.3300	0.5500
	每股净资产(元)	5.7266	6.8660	6.3333	6.5850
	每股经营现金净流量(元)	1.2887	-0.4349	1.4391	0.9063
	每股现金流量(元)	0.4707	0.4417	0.5505	-1.5294
	每股资本公积金(元)	2.9006	4.0708	4.0626	4.1419
	每股盈余公积金(元)	0.2566	0.2855	0.2637	0.2637
	每股未分配利润(元)	1.3448	1.3432	1.0166	1.1903
	净资产收益率(%)	12.8034	9.8266	5.1520	8.3163
	加权净资产收益率(%)	13.0200	10.1600	4.9900	8.4900
	净资产收益率(扣除)(%)	6.2279	2.2782	-	6.6513
	总资产(万元)	549155.47	563792.41	466743.98	489924.52
	归属母公司股东权益(万元)	355989.28	328319.88	302846.93	314885.61
	营业收入(万元)	197936.46	329973.97	188362.70	302235.89
	营业支出(万元)	151265.08	265774.13	147660.82	231957.96
	投资收益(万元)	23553.62	35630.32	3965.83	5497.50
	净利润(万元)	45577.43	32262.41	15603.11	26186.71
	营业利润(万元)	59727.88	47819.42	23238.44	33347.28
	利润总额(万元)	59723.53	45738.61	22846.77	35512.17

山东墨龙石油机械股份有限公司

公司概况	公司名称	山东墨龙石油机械股份有限公司			证券简称	山东墨龙
	法人代表	张恩荣	董秘	赵洪峰	证券代码	002490
	公司网址	www.molonggroup.com		电子信箱	sdml@molonggroup.com	
	电　　话	0536-5100890 5789083		传　　真	0536-5100888	
	办公地址	山东省寿光市文圣街999号				
	经营范围	抽油泵、抽油杆、抽油机、抽油管、石油机械、纺织机械、石油设备等				

主要财务指标	指标\报告期	2015.06.30	2014.12.31	2014.06.30	2013.12.31
	基本每股收益(元)	0.0100	0.0300	0.0100	-0.2200
	基本每股收益(扣除后)(元)	-0.0100	0.0200	0.0100	-0.2500
	稀释每股收益(元)	0.0100	0.0300	0.0100	-0.2200
	每股净资产(元)	3.3899	3.3769	3.3631	3.3516
	每股经营现金净流量(元)	0.1589	0.5021	0.3985	-0.1949
	每股现金流量(元)	-0.1161	0.2084	0.5098	-0.0483
	每股资本公积金(元)	1.0647	1.0647	1.0647	1.0647
	每股盈余公积金(元)	0.2215	0.2215	0.2117	0.2117
	每股未分配利润(元)	1.1033	1.0904	1.0863	1.0747
	净资产收益率(%)	0.3813	0.7510	0.3443	-6.5713
	加权净资产收益率(%)	0.3800	0.7500	0.3400	-6.3100
	净资产收益率(扣除)(%)	-0.3634	0.5585	0.2278	-7.3487
	总资产(万元)	592697.62	604450.07	617156.99	579346.61
	归属母公司股东权益(万元)	270462.37	269428.53	268324.23	267410.40
	营业收入(万元)	109764.96	252210.25	133691.30	227203.43
	营业支出(万元)	90952.24	213476.91	118470.17	207643.01
	投资收益(万元)	132.68	347.42	173.83	239.74
	净利润(万元)	-99.17	1425.67	923.78	-17572.22
	营业利润(万元)	-1716.29	1559.38	778.90	-21750.18
	利润总额(万元)	651.02	2148.91	1144.36	-20371.74

通鼎互联信息股份有限公司

公司概况	公司名称	通鼎互联信息股份有限公司			证券简称	通鼎互联
	法人代表	钱慧芳	董秘	贺忠良	证券代码	002491
	公司网址	www.tdgd.com.cn		电子信箱	hezl@tdgd.com.cn	
	电　　话	0512-63878226		传　　真	0512-63877239	
	办公地址	江苏省苏州市吴江区震泽镇八都经济开发区小平大道8号				
	经营范围	市内通信电缆、光缆和铁路信号电缆的生产和销售等				

主要财务指标	指标\报告期	2015.06.30	2014.12.31	2014.06.30	2013.12.31
	基本每股收益(元)	0.0672	0.4971	0.2919	0.8064
	基本每股收益(扣除后)(元)	0.0613	0.4911	0.2828	0.7973
	稀释每股收益(元)	0.0672	0.4971	0.2919	0.8064
	每股净资产(元)	2.2500	5.8800	5.3400	6.7470
	每股经营现金净流量(元)	-0.0674	1.5600	0.4971	-0.7307
	每股现金流量(元)	-0.1399	0.3323	0.0777	0.5736
	每股资本公积金(元)	0.5880	2.8466	2.3906	3.3961
	每股盈余公积金(元)	0.0725	0.2366	0.2094	0.2723
	每股未分配利润(元)	0.6060	1.8607	1.7369	2.0786
	净资产收益率(%)	2.9501	8.2729	5.4694	11.7620
	加权净资产收益率(%)	3.2500	9.2700	5.5000	12.4600
	净资产收益率(扣除)(%)	2.6931	8.1733	5.2988	11.6282
	总资产(万元)	517873.07	517553.51	467618.96	442795.75
	归属母公司股东权益(万元)	269520.63	216032.28	191027.68	185764.14
	营业收入(万元)	149176.35	303115.19	144381.89	282159.76
	营业支出(万元)	117162.62	236732.08	112334.95	215552.85
	投资收益(万元)	1089.02	1218.77	-31.82	-85.30
	净利润(万元)	9010.77	18569.94	10448.03	21849.57
	营业利润(万元)	10026.59	21684.00	12142.53	25609.79
	利润总额(万元)	10836.84	22011.05	12551.59	26103.75

珠海恒基达鑫国际化工仓储股份有限公司

公司概况

公司名称	珠海恒基达鑫国际化工仓储股份有限公司			证券简称	恒基达鑫
法人代表	王青运	董秘	赖军	证券代码	002492
公司网址	www.winbase-tank.com		电子信箱	winbase@winbase-tank.com	
电　　话	0756-3226342 3226242		传　　真	0756-3359588	
办公地址	广东省珠海市高栏港经济区南迳湾				
经营范围	液体化工产品和油品的码头、仓储的建设与经营等				

主要财务指标

指标\报告期	2015.06.30	2014.12.31	2014.06.30	2013.12.31
基本每股收益(元)	0.0487	0.1847	0.0993	0.4056
基本每股收益(扣除后)(元)	0.0477	0.1775	0.0986	0.3959
稀释每股收益(元)	0.0487	0.1847	0.0993	0.4056
每股净资产(元)	4.0945	3.7033	3.6228	7.0754
每股经营现金净流量(元)	0.0949	0.3668	0.2119	0.7460
每股现金流量(元)	0.0611	-0.3866	-0.5670	0.1447
每股资本公积金(元)	2.0550	1.5397	1.5442	3.9794
每股盈余公积金(元)	0.1163	0.1308	0.1149	0.2299
每股未分配利润(元)	0.9082	1.0170	0.9474	1.8262
净资产收益率(%)	1.1883	4.9886	2.7398	5.7323
加权净资产收益率(%)	1.4500	5.1100	2.7700	5.8700
净资产收益率(扣除)(%)	1.1653	4.7921	2.7222	5.5958
总资产(万元)	149150.45	123195.26	111374.23	109449.90
归属母公司股东权益(万元)	110551.25	88879.96	86946.45	84905.07
营业收入(万元)	6764.08	17444.32	9556.12	16691.96
营业支出(万元)	4637.58	10277.06	5724.36	9000.84
投资收益(万元)	381.06	318.59	82.97	-
净利润(万元)	1289.54	4429.00	2382.19	4867.04
营业利润(万元)	1353.38	4876.15	2725.47	5266.50
利润总额(万元)	1617.89	5510.62	3038.08	6166.97

荣盛石化股份有限公司

公司概况

公司名称	荣盛石化股份有限公司			证券简称	荣盛石化
法人代表	李水荣	董秘	全卫英	证券代码	002493
公司网址	www.cnrspc.com		电子信箱	rspc@cnrspc.com	
电　　话	0571-82520189		传　　真	0571-82527208 8150	
办公地址	浙江省杭州市萧山区益农镇浙江荣盛控股集团大楼				
经营范围	PTA、聚酯纤维相关产品的生产和销售等				

主要财务指标

指标\报告期	2015.06.30	2014.12.31	2014.06.30	2013.12.31
基本每股收益(元)	0.1500	-0.3100	-0.0500	0.2100
基本每股收益(扣除后)(元)	0.1500	-0.3000	-0.0300	0.1200
稀释每股收益(元)	0.1500	-0.3100	-0.0500	0.2100
每股净资产(元)	6.0078	5.9023	6.1682	6.3232
每股经营现金净流量(元)	1.0946	3.3382	3.0233	-1.9425
每股现金流量(元)	0.1906	-1.0224	2.1792	-0.3648
每股资本公积金(元)	2.1963	2.1963	2.1963	2.1963
每股盈余公积金(元)	0.1722	0.1638	0.1638	0.1638
每股未分配利润(元)	2.6131	2.5217	2.7879	2.9339
净资产收益率(%)	2.4935	-5.2889	-0.7458	3.2734
加权净资产收益率(%)	2.5100	-5.1100	-0.7300	3.3500
净资产收益率(扣除)(%)	2.4357	-5.1284	-0.4153	1.8673
总资产(万元)	3473616.15	3066843.24	3136320.58	2836809.23
归属母公司股东权益(万元)	668070.38	656334.92	685906.34	703138.30
营业收入(万元)	1225278.56	3181084.62	1720361.98	2935606.02
营业支出(万元)	1163241.27	3107776.57	1667367.01	2846784.58
投资收益(万元)	7257.12	-18084.20	-1361.63	17201.19
净利润(万元)	16138.58	-59989.99	-5115.76	23016.67
营业利润(万元)	17660.19	-72391.61	-8294.80	27288.19
利润总额(万元)	18425.91	-67848.78	-5968.40	32275.25

华斯控股股份有限公司

公司概况

公司名称	华斯控股股份有限公司			证券简称	华斯股份
法人代表	贺国英	董秘	郗惠宁	证券代码	002494
公司网址	www.huasiag.com		电子信箱	jialongshipin@126.com	
电　　话	0317-5090055		传　　真	0317-5115789	
办公地址	河北省沧州市肃宁县尚村镇				
经营范围	农业高新技术产品的研发、裘皮、革皮、尾毛及其制品的加工、销售等				

主要财务指标

指标\报告期	2015.06.30	2014.12.31	2014.06.30	2013.12.31
基本每股收益(元)	0.0300	0.5600	0.1300	0.5700
基本每股收益(扣除后)(元)	0.0200	0.5100	0.2300	0.7100
稀释每股收益(元)	0.0300	0.5600	0.1300	0.5700
每股净资产(元)	4.0183	7.9886	7.7087	9.0400
每股经营现金净流量(元)	0.0501	-1.5745	-0.7107	0.6705
每股现金流量(元)	-0.2157	1.0061	2.3897	-1.8424
每股资本公积金(元)	2.0328	5.0657	5.0657	5.7943
每股盈余公积金(元)	0.1176	0.2352	0.1861	0.2857
每股未分配利润(元)	0.8762	1.6944	1.4564	1.9592
净资产收益率(%)	0.7211	6.8125	3.3346	8.2111
加权净资产收益率(%)	0.7200	7.2800	3.6200	8.4800
净资产收益率(扣除)(%)	0.4568	6.2732	2.8807	7.8927
总资产(万元)	218011.29	214032.65	213425.39	141941.34
归属母公司股东权益(万元)	140028.43	139192.51	134314.76	102583.98
营业收入(万元)	24276.28	83388.29	37645.23	63871.55
营业支出(万元)	16955.10	57419.91	26157.42	45692.92
投资收益(万元)	1.93	48.23	1.92	34.87
净利润(万元)	839.78	9602.41	4749.20	8111.36
营业利润(万元)	730.94	10794.06	4757.15	9465.71
利润总额(万元)	1166.41	11703.18	5479.33	9945.47

广东佳隆食品股份有限公司

公司概况

公司名称	广东佳隆食品股份有限公司			证券简称	佳隆股份
法人代表	林平涛	董秘	徐浪	证券代码	002495
公司网址	www.gdjlfood.com		电子信箱	jialongshipin@126.com	
电　　话	0663-2912816		传　　真	0663-2918011	
办公地址	广东省普宁市池尾工业区上寮园 256 幢 0138 号				
经营范围	从事食品研究开发、调味品、罐头食品生产、销售				

主要财务指标

指标\报告期	2015.06.30	2014.12.31	2014.06.30	2013.12.31
基本每股收益(元)	0.0464	0.1292	0.0951	0.1242
基本每股收益(扣除后)(元)	0.0385	0.1023	0.0827	-
稀释每股收益(元)	0.0464	0.1292	0.0951	0.1242
每股净资产(元)	1.6162	3.8352	3.7903	3.7946
每股经营现金净流量(元)	0.1055	0.2306	0.0060	0.3543
每股现金流量(元)	0.1832	-0.9746	-0.4333	-0.1157
每股资本公积金(元)	0.4822	2.1475	2.1483	2.1483
每股盈余公积金(元)	0.0525	0.1248	0.1115	0.1115
每股未分配利润(元)	0.0814	0.5629	0.5403	0.5348
净资产收益率(%)	2.8722	3.3730	2.5095	3.2770
加权净资产收益率(%)	2.8700	3.3900	2.4900	3.2800
净资产收益率(扣除)(%)	2.3843	2.6713	2.1828	3.3834
总资产(万元)	115118.92	110959.35	112180.41	111125.86
归属母公司股东权益(万元)	108009.11	107890.64	106934.99	107057.20
营业收入(万元)	18044.84	30669.42	17721.52	27601.93
营业支出(万元)	11115.51	19326.18	10596.79	16952.24
投资收益(万元)	549.77	988.91	527.61	58.14
净利润(万元)	3102.22	3639.19	2683.54	3508.23
营业利润(万元)	3907.05	4614.91	3586.19	4189.36
利润总额(万元)	4063.28	4641.72	3524.59	4060.95

江苏辉丰农化股份有限公司

公司概况						
	公司名称	江苏辉丰农化股份有限公司			证券简称	辉丰股份
	法人代表	仲汉根	董秘	贲银良	证券代码	002496
	公司网址	www.hfagro.com		电子信箱	jshuifenggufen@163.com	
	电　话	0515-83255333　85055568		传　真	0515-83516755	
	办公地址	江苏省大丰市海洋经济开发区南区纬二路(王港闸南首)				
	经营范围	化学农药产品的研发、生产及销售等				

主要财务指标	指标\报告期	2015.06.30	2014.12.31	2014.06.30	2013.12.31
	基本每股收益(元)	0.3000	0.6300	0.3400	0.6700
	基本每股收益(扣除后)(元)	0.2600	0.6200	0.3200	0.6600
	稀释每股收益(元)	0.3000	0.6300	0.3400	0.6700
	每股净资产(元)	7.7828	6.3675	6.1190	7.6296
	每股经营现金净流量(元)	0.2139	0.4658	-0.2868	1.1463
	每股现金流量(元)	1.0679	-0.1492	0.1485	-0.4566
	每股资本公积金(元)	4.8133	3.1637	3.1572	4.3959
	每股盈余公积金(元)	0.2203	0.2744	0.2011	0.2614
	每股未分配利润(元)	1.7466	1.9789	1.7575	1.9814
	净资产收益率(%)	3.6310	9.9226	5.5094	8.7258
	加权净资产收益率(%)	5.5400	10.4500	5.6100	9.0400
	净资产收益率(扣除)(%)	3.2044	9.7431	5.2837	8.6399
	总资产(万元)	594980.89	462354.43	457156.64	381170.94
	归属母公司股东权益(万元)	308748.28	202837.04	194921.23	186961.33
	营业收入(万元)	153316.59	242906.91	110152.22	208584.54
	营业支出(万元)	122793.06	181393.90	80494.60	154968.74
	投资收益(万元)	705.09	784.30	20.10	53.47
	净利润(万元)	10793.10	19585.28	10738.94	16313.96
	营业利润(万元)	12014.39	24154.79	14188.23	20339.70
	利润总额(万元)	13701.24	24443.15	14632.73	20253.19

四川雅化实业集团股份有限公司

公司概况						
	公司名称	四川雅化实业集团股份有限公司			证券简称	雅化集团
	法人代表	高欣	董秘	翟雄鹰	证券代码	002497
	公司网址	www.scyahua.com		电子信箱	yhjt@scyahua.com	
	电　话	028-85325316		传　真	028-85325316	
	办公地址	四川省成都市高新区天府四街66号航兴国际广场1号楼				
	经营范围	工业炸药、民用爆破器材、表面活性剂、纸箱、其他化工产品等				

主要财务指标	指标\报告期	2015.06.30	2014.12.31	2014.06.30	2013.12.31
	基本每股收益(元)	0.0757	0.4739	0.1230	0.4626
	基本每股收益(扣除后)(元)	0.0692	0.4546	0.2406	0.4652
	稀释每股收益(元)	0.0757	0.4739	0.1230	0.4626
	每股净资产(元)	2.2756	4.5018	4.2994	4.2894
	每股经营现金净流量(元)	0.0346	0.4115	0.1999	0.5081
	每股现金流量(元)	-0.0530	-0.3380	-0.2366	-0.9629
	每股资本公积金(元)	0.3877	1.7753	1.7818	1.7830
	每股盈余公积金(元)	0.0790	0.1580	0.1197	0.1197
	每股未分配利润(元)	0.7386	1.4257	1.2359	1.2400
	净资产收益率(%)	3.3275	10.5274	5.7204	10.7847
	加权净资产收益率(%)	3.3300	10.8700	5.7200	11.1600
	净资产收益率(扣除)(%)	3.0390	10.0957	5.5956	10.7667
	总资产(万元)	293831.85	291093.92	279226.38	279819.17
	归属母公司股东权益(万元)	218458.50	216086.60	206371.99	205890.65
	营业收入(万元)	64872.35	145486.76	70711.33	128431.87
	营业支出(万元)	38875.88	76802.30	36878.54	66459.24
	投资收益(万元)	697.96	3283.31	1140.25	1598.47
	净利润(万元)	7756.04	24893.70	12849.70	24551.55
	营业利润(万元)	9649.84	30385.51	15657.19	29783.65
	利润总额(万元)	10038.12	30477.26	15810.20	29454.10

青岛汉缆股份有限公司

公司概况						
	公司名称	青岛汉缆股份有限公司			证券简称	汉缆股份
	法人代表	陈沛云	董秘	王正庄	证券代码	002498
	公司网址	www.hanhe-cable.com		电子信箱	hanhe1@hanhe-cable.com	
	电　话	0532-88817759		传　真	0532-88817462	
	办公地址	山东省青岛市崂山区九水东路628号				
	经营范围	电线、电缆、光缆、电子通信电缆及相关材料制造等				

主要财务指标	指标\报告期	2015.06.30	2014.12.31	2014.06.30	2013.12.31
	基本每股收益(元)	0.1700	0.2200	0.1000	0.4000
	基本每股收益(扣除后)(元)	0.1600	0.2400	0.1000	0.2300
	稀释每股收益(元)	0.1700	0.2200	0.1000	0.4000
	每股净资产(元)	3.9988	3.9316	3.8094	3.8413
	每股经营现金净流量(元)	0.0928	0.1993	-0.2019	-0.0048
	每股现金流量(元)	-0.4143	-0.1153	-0.0838	-0.0566
	每股资本公积金(元)	1.1379	1.4372	1.1404	1.1404
	每股盈余公积金(元)	0.2061	0.2061	0.1937	0.1937
	每股未分配利润(元)	1.6547	1.5971	1.4753	1.5072
	净资产收益率(%)	4.1758	5.6383	2.5754	10.5239
	加权净资产收益率(%)	3.9100	5.7000	2.5200	10.8400
	净资产收益率(扣除)(%)	4.0713	6.2299	2.6140	6.0583
	总资产(万元)	585409.10	640800.34	528801.89	504178.27
	归属母公司股东权益(万元)	429135.40	455061.27	408811.51	412234.10
	营业收入(万元)	207454.99	463761.04	206097.62	480743.65
	营业支出(万元)	171353.62	385964.54	175729.19	404992.15
	投资收益(万元)	4021.22	-2614.96	-2805.76	-3320.58
	净利润(万元)	17919.29	23807.54	10528.49	43383.01
	营业利润(万元)	21739.94	27443.45	12029.59	28460.75
	利润总额(万元)	22369.72	28880.97	13174.33	51877.45

科林环保装备股份有限公司

公司概况						
	公司名称	科林环保装备股份有限公司			证券简称	科林环保
	法人代表	宋七棣	董秘	周蔚	证券代码	002499
	公司网址	www.kelin-china.com		电子信箱	zq@kelin-china.com	
	电　话	0512-62515528　62512888		传　真	0512-62515549	
	办公地址	江苏省苏州市吴江区高新路425号科林环保科技园				
	经营范围	袋式除尘器的研发、设计、制造、销售及袋式除尘系统设计业务等				

主要财务指标	指标\报告期	2015.06.30	2014.12.31	2014.06.30	2013.12.31
	基本每股收益(元)	0.1404	0.0800	0.0440	0.1200
	基本每股收益(扣除后)(元)	-0.0024	0.0100	0.0354	0.0600
	稀释每股收益(元)	0.1404	0.0800	0.0440	0.1200
	每股净资产(元)	3.6869	4.9951	4.9145	5.8846
	每股经营现金净流量(元)	-0.0355	0.1828	0.1352	0.6169
	每股现金流量(元)	-0.6166	0.2874	0.0032	0.0258
	每股资本公积金(元)	1.8580	3.0011	2.9562	3.7475
	每股盈余公积金(元)	0.0964	0.1350	0.1258	0.1510
	每股未分配利润(元)	0.7325	0.8590	0.8325	0.9862
	净资产收益率(%)	3.8080	1.5957	0.8952	2.0236
	加权净资产收益率(%)	3.8600	1.6100	0.8900	2.0400
	净资产收益率(扣除)(%)	-0.0654	0.1092	0.7210	0.9822
	总资产(万元)	99624.89	124647.76	104480.75	107488.91
	归属母公司股东权益(万元)	69682.92	67434.38	66346.16	66202.24
	营业收入(万元)	16960.51	40462.58	19863.31	46737.27
	营业支出(万元)	13270.98	31268.13	15313.67	37198.54
	投资收益(万元)	2913.93	24.75	2.03	21.19
	净利润(万元)	2646.22	814.71	593.92	1339.70
	营业利润(万元)	2881.34	-323.37	495.34	547.17
	利润总额(万元)	3156.57	908.18	625.32	1356.63

山西证券股份有限公司

公司概况	公司名称	山西证券股份有限公司		证券简称	山西证券
	法人代表	侯巍	董秘 王怡里	证券代码	002500
	公司网址	www.sxzq.com		电子信箱	sxzq@i618.com.cn
	电　话	0351-8686905 8686668		传　真	0351-8686667 8686918
	办公地址	山西省太原市府西街69号山西国际贸易中心东塔楼			
	经营范围	证券经纪、证券自营、资产管理、投资银行、财务顾问等证券相关业务			

	指标\报告期	2015.06.30	2014.12.31	2014.06.30	2013.12.31
主要财务指标	基本每股收益(元)	0.4778	0.2300	0.0947	0.1100
	基本每股收益(扣除后)(元)	0.1000	0.2300	0.0958	0.1100
	稀释每股收益(元)	0.4778	0.2300	0.0947	0.1100
	每股净资产(元)	3.3499	2.9135	2.7400	2.7400
	每股经营现金净流量(元)	0.6462	0.3146	0.1290	0.1360
	每股现金流量(元)	6.4521	2.1091	-0.2328	0.1534
	每股资本公积金(元)	1.2586	1.2586	1.2564	1.2586
	每股盈余公积金(元)	0.1057	0.1057	0.0837	0.0837
	每股未分配利润(元)	0.7277	0.2999	0.2309	0.2113
	净资产收益率(%)	14.2631	7.9895	3.4763	3.7482
	加权净资产收益率(%)	15.1800	8.2500	3.4300	4.2400
	净资产收益率(扣除)(%)	14.2486	7.9320	3.5008	3.6678
	总资产(万元)	5820143.34	2749740.19	1743140.53	1751510.29
	归属母公司股东权益(万元)	843747.77	733834.55	689724.24	689886.82
	营业收入(万元)	243347.89	195918.85	87223.03	132120.39
	营业支出(万元)	80589.65	116667.75	54728.93	97855.57
	投资收益(万元)	57900.78	28053.74	20364.52	11241.74
	净利润(万元)	123014.55	58640.22	24039.00	24901.92
	营业利润(万元)	162758.24	79251.11	32494.10	34264.82
	利润总额(万元)	162997.82	79816.58	32273.07	35152.13

吉林利源精制股份有限公司

公司概况	公司名称	吉林利源精制股份有限公司		证券简称	利源精制
	法人代表	王民	董秘 张莹莹	证券代码	002501
	公司网址	www.liyuanlvye.com		电子信箱	liyuanxingcaizqb@sina.com
	电　话	0437-3166501		传　真	0437-3166501
	办公地址	吉林省辽源市民营经济开发区友谊工业园区			
	经营范围	铝型材及深加工产品的研发、生产与销售业务			

	指标\报告期	2015.06.30	2014.12.31	2014.06.30	2013.12.31
主要财务指标	基本每股收益(元)	0.2600	0.8500	0.2300	0.6800
	基本每股收益(扣除后)(元)	0.2600	0.8300	0.4400	0.6700
	稀释每股收益(元)	0.2600	0.8500	0.2300	0.6800
	每股净资产(元)	3.8499	7.3426	6.9371	6.6078
	每股经营现金净流量(元)	0.4382	1.5680	0.8174	1.7206
	每股现金流量(元)	0.6123	3.1043	0.8732	1.1164
	每股资本公积金(元)	1.5535	4.1069	4.1069	4.1069
	每股盈余公积金(元)	0.1256	0.2512	0.1694	0.1694
	每股未分配利润(元)	1.1453	1.9410	1.6248	1.3027
	净资产收益率(%)	6.8771	11.5773	6.5173	9.3762
	加权净资产收益率(%)	7.3000	12.0900	6.6200	11.6800
	净资产收益率(扣除)(%)	6.6577	11.2639	6.3496	9.1558
	总资产(万元)	760468.85	670130.61	529975.67	457684.66
	归属母公司股东权益(万元)	360350.92	343633.45	324658.52	309245.51
	营业收入(万元)	108763.98	193242.69	93134.59	187800.11
	营业支出(万元)	69637.82	128413.15	62066.36	138313.61
	投资收益(万元)	-	-	-	-
	净利润(万元)	24781.78	39783.47	21158.99	28995.36
	营业利润(万元)	28360.39	46130.60	24460.24	33551.53
	利润总额(万元)	29290.44	47448.99	25100.62	34385.39

骅威科技股份有限公司

公司概况	公司名称	骅威科技股份有限公司		证券简称	骅威股份
	法人代表	郭卓才	董秘 刘先知	证券代码	002502
	公司网址	www.huaweitoys.com		电子信箱	stock@huaweitoys.com
	电　话	0754-83689555		传　真	0754-83689556
	办公地址	广东省汕头市澄海区澄华工业区玉亭路			
	经营范围	各类玩具产品的设计、开发、生产和销售等			

	指标\报告期	2015.06.30	2014.12.31	2014.06.30	2013.12.31
主要财务指标	基本每股收益(元)	0.0700	0.1200	0.0500	0.2300
	基本每股收益(扣除后)(元)	0.0690	0.1300	0.0500	0.2300
	稀释每股收益(元)	0.0700	0.1200	0.0500	0.2300
	每股净资产(元)	4.9701	3.2528	3.1767	6.3617
	每股经营现金净流量(元)	0.0329	0.1756	0.0026	0.0489
	每股现金流量(元)	-0.0369	-0.2917	-0.2516	-0.5673
	每股资本公积金(元)	3.2545	1.4048	1.4048	3.8097
	每股盈余公积金(元)	0.0924	0.1145	0.0996	0.1992
	每股未分配利润(元)	0.6222	0.7335	0.6722	1.3529
	净资产收益率(%)	1.4077	3.7505	1.4420	3.5649
	加权净资产收益率(%)	2.5400	3.8000	1.4400	3.6000
	净资产收益率(扣除)(%)	1.2677	3.8545	1.5132	3.6206
	总资产(万元)	189166.82	98995.66	93826.63	92839.94
	归属母公司股东权益(万元)	173349.12	91600.07	89454.48	89572.59
	营业收入(万元)	16436.05	47677.82	17947.58	44921.35
	营业支出(万元)	8832.63	36153.30	13433.58	33416.25
	投资收益(万元)	402.12	1937.46	726.75	57.32
	净利润(万元)	2636.69	3370.73	1289.89	3193.19
	营业利润(万元)	2878.03	3718.05	1361.25	3936.47
	利润总额(万元)	3049.29	3695.32	1414.25	3822.83

东莞市搜于特服装股份有限公司

公司概况	公司名称	东莞市搜于特服装股份有限公司		证券简称	搜于特
	法人代表	马鸿	董秘 廖岗岩	证券代码	002503
	公司网址	www.celucasn.com		电子信箱	syt@celucasn.com
	电　话	0769-81333505		传　真	0769-81333508
	办公地址	广东省东莞市道滘镇昌平第二工业区第一栋			
	经营范围	设计、销售:服装、皮具、装饰品、日用品			

	指标\报告期	2015.06.30	2014.12.31	2014.06.30	2013.12.31
主要财务指标	基本每股收益(元)	0.1100	0.2400	0.0700	0.5300
	基本每股收益(扣除后)(元)	0.1000	0.2000	0.1300	0.6000
	稀释每股收益(元)	0.1100	0.2400	0.0700	0.5300
	每股净资产(元)	2.1442	4.1780	4.0832	4.8785
	每股经营现金净流量(元)	0.0691	-0.0851	-0.2187	-0.0760
	每股现金流量(元)	0.2967	-0.3951	-0.0349	-1.6530
	每股资本公积金(元)	0.4552	1.9104	1.9104	2.4925
	每股盈余公积金(元)	0.0978	0.1956	0.1721	0.2065
	每股未分配利润(元)	0.5913	1.0389	1.0007	1.1795
	净资产收益率(%)	4.9073	5.6872	3.4969	13.0103
	加权净资产收益率(%)	4.9300	5.7800	3.4700	13.5800
	净资产收益率(扣除)(%)	4.5939	4.9005	3.1754	12.3264
	总资产(万元)	327493.13	292071.42	246845.82	263067.17
	归属母公司股东权益(万元)	222315.54	216589.91	211674.11	210752.01
	营业收入(万元)	86412.62	130581.77	56844.59	173774.54
	营业支出(万元)	53262.08	81616.49	34925.81	109317.18
	投资收益(万元)	749.02	1551.06	857.34	884.95
	净利润(万元)	10880.02	12302.48	7402.09	27419.37
	营业利润(万元)	14461.76	16262.13	9890.61	35694.79
	利润总额(万元)	14862.46	16977.20	9942.23	36751.82

北京弘高创意建筑设计股份有限公司

公司概况	公司名称	北京弘高创意建筑设计股份有限公司			证券简称	弘高创意
	法人代表	何宁	董秘	王慧龙	证券代码	002504
	公司网址	www.jsdgme.com		电子信箱	hgcy002504@126.com	
	电　话	010-57963201		传　真	010-57963201	
	办公地址	北京市朝阳区来广营西路朝来高科技产业园7号楼				
	经营范围	半导体器件、集成电路的开发、设计、制造、销售、推广应用				

	指标\报告期	2015.06.30	2014.12.31	2014.06.30	2013.12.31
主要财务指标	基本每股收益(元)	0.2700	0.6900	0.3100	0.5000
	基本每股收益(扣除后)(元)	0.2700	0.6900	-0.1700	-0.1700
	稀释每股收益(元)	0.2700	0.6900	0.3100	0.5000
	每股净资产(元)	1.8256	1.6566	4.5714	1.5300
	每股经营现金净流量(元)	-1.6097	-1.1047	-0.8786	3.2859
	每股现金流量(元)	-1.5246	0.0513	-0.7879	3.8921
	每股资本公积金(元)	2.4829	4.3583	2.7412	5.2359
	每股盈余公积金(元)	0.1699	0.2614	0.2004	0.3800
	每股未分配利润(元)	6.3384	8.3288	0.6298	6.2341
	净资产收益率(%)	14.7322	30.1480	-2.9804	-2.4322
	加权净资产收益率(%)	25.7700	38.8400	18.3500	41.4300
	净资产收益率(扣除)(%)	14.7641	30.0730	-3.7626	-3.5082
	总资产(万元)	322329.54	257022.14	92119.96	137724.32
	归属母公司股东权益(万元)	75348.47	68375.34	63587.83	41761.54
	营业收入(万元)	160698.90	311044.28	125656.54	217481.48
	营业支出(万元)	133104.35	258282.80	104991.85	183444.84
	投资收益(万元)	-	-	-	-
	净利润(万元)	11100.48	20613.80	8438.33	14947.92
	营业利润(万元)	14860.69	28012.99	11271.27	19952.40
	利润总额(万元)	14828.65	28081.35	11333.85	20217.05

湖南大康牧业股份有限公司

公司概况	公司名称	湖南大康牧业股份有限公司			证券简称	大康牧业
	法人代表	朱德宇	董秘	彭继泽(代)	证券代码	002505
	公司网址	www.dakangmuye.com		电子信箱	002505@dakangmuye.com	
	电　话	021-62430519		传　真	021-52137175	
	办公地址	上海市长宁区虹桥路2188弄虹桥商务别墅43号				
	经营范围	种猪、仔猪、育肥猪以及饲料的生产销售等				

	指标\报告期	2015.06.30	2014.12.31	2014.06.30	2013.12.31
主要财务指标	基本每股收益(元)	0.0040	0.0060	0.0056	0.0100
	基本每股收益(扣除后)(元)	0.0040	-0.0020	-0.0035	-0.0600
	稀释每股收益(元)	0.0040	0.0060	0.0056	0.0100
	每股净资产(元)	2.0007	2.0039	4.4014	3.2962
	每股经营现金净流量(元)	0.0291	-0.1636	-0.1527	0.2486
	每股现金流量(元)	0.2188	0.8197	3.0800	-0.1312
	每股资本公积金(元)	0.9561	0.9561	3.3035	1.7977
	每股盈余公积金(元)	0.0098	0.0098	0.0173	0.0919
	每股未分配利润(元)	0.0422	0.0382	0.0807	0.4067
	净资产收益率(%)	0.2008	0.2711	0.0959	0.3511
	加权净资产收益率(%)	0.2000	0.3500	0.1700	0.3500
	净资产收益率(扣除)(%)	0.1993	-0.0806	-0.0607	-1.8890
	总资产(万元)	703982.52	657732.07	636121.19	132587.77
	归属母公司股东权益(万元)	577612.80	578527.77	577592.02	81324.02
	营业收入(万元)	99151.13	58460.01	37573.75	99649.68
	营业支出(万元)	98243.38	58913.06	36125.40	92020.08
	投资收益(万元)	7335.55	10664.30	3064.73	-40.30
	净利润(万元)	1266.31	1892.60	554.08	285.51
	营业利润(万元)	2238.88	290.34	-103.04	-1347.26
	利润总额(万元)	2368.06	2283.71	854.75	515.14

协鑫集成科技股份有限公司

公司概况	公司名称	协鑫集成科技股份有限公司			证券简称	协鑫集成
	法人代表	舒桦	董秘	冒同甲	证券代码	002506
	公司网址	www.gclsi.com		电子信箱	gclsizqb@gclsi.com	
	电　话	021-51889318		传　真	021-33617902	
	办公地址	上海市奉贤区南桥镇杨王经济园区旗港路738号				
	经营范围	研发、生产和销售晶体硅太阳能电池				

	指标\报告期	2015.06.30	2014.12.31	2014.06.30	2013.12.31
主要财务指标	基本每股收益(元)	0.0700	1.0700	-0.9400	-1.8300
	基本每股收益(扣除后)(元)	0.0700	0.0600	-3.0100	-1.4600
	稀释每股收益(元)	0.0700	1.0700	-0.9400	-1.8300
	每股净资产(元)	0.1981	0.1284	-3.4884	-0.3934
	每股经营现金净流量(元)	-0.1875	-0.4400	0.0685	0.2509
	每股现金流量(元)	0.2125	-0.0155	-0.0011	-0.1677
	每股资本公积金(元)	0.7714	0.7714	1.9926	1.9926
	每股盈余公积金(元)	0.0299	0.0299	0.0895	0.0895
	每股未分配利润(元)	-1.6033	-1.6730	-6.5560	-8.1991
	净资产收益率(%)	37.5885	831.6675	-88.5965	-437.6510
	加权净资产收益率(%)	44.9600	-90.1000	-	416.2200
	净资产收益率(扣除)(%)	37.6700	45.0485	86.2539	370.3519
	总资产(万元)	613383.92	310761.32	358475.48	245466.02
	归属母公司股东权益(万元)	49990.64	32396.56	-294257.05	-433760.80
	营业收入(万元)	356770.22	269927.85	22892.69	58447.75
	营业支出(万元)	323887.20	237461.54	18724.05	53856.35
	投资收益(万元)	-	75011.70	-	592.10
	净利润(万元)	18790.71	268225.05	-79578.01	-493175.31
	营业利润(万元)	18831.46	67245.86	-71612.14	-470892.61
	利润总额(万元)	18790.71	246933.54	-79694.38	-492741.18

重庆市涪陵榨菜集团股份有限公司

公司概况	公司名称	重庆市涪陵榨菜集团股份有限公司			证券简称	涪陵榨菜
	法人代表	周斌全	董秘	黄正坤	证券代码	002507
	公司网址	www.flzc.com		电子信箱	flzchzk@163.com	
	电　话	023-72231475		传　真	023-72231475	
	办公地址	重庆市涪陵区江北街道办事处二渡村一组				
	经营范围	生产、加工、销售蔬菜制品等				

	指标\报告期	2015.06.30	2014.12.31	2014.06.30	2013.12.31
主要财务指标	基本每股收益(元)	0.2800	0.6600	0.2700	0.7000
	基本每股收益(扣除后)(元)	0.2800	0.6100	0.4000	0.8500
	稀释每股收益(元)	0.2800	0.6600	0.2700	0.7000
	每股净资产(元)	6.0070	5.6555	7.0617	6.7006
	每股经营现金净流量(元)	0.2929	0.5420	-0.0888	1.2886
	每股现金流量(元)	-0.0067	-0.6351	-0.4782	0.0847
	每股资本公积金(元)	2.5359	2.5359	3.5967	3.5967
	每股盈余公积金(元)	0.3073	0.3073	0.3115	0.3115
	每股未分配利润(元)	2.1638	1.8123	2.1536	1.7925
	净资产收益率(%)	7.5163	11.5825	7.9458	13.5421
	加权净资产收益率(%)	7.6800	12.1200	8.0400	14.2600
	净资产收益率(扣除)(%)	7.3356	10.7101	7.3006	12.6733
	总资产(万元)	146505.79	137194.75	135637.92	129861.66
	归属母公司股东权益(万元)	121041.53	113958.66	109456.59	103859.37
	营业收入(万元)	47592.14	90642.87	46596.94	84621.64
	营业支出(万元)	26090.99	52221.95	25672.67	51095.63
	投资收益(万元)	273.49	228.55	23.37	28.84
	净利润(万元)	9097.87	13199.30	8697.22	14064.71
	营业利润(万元)	10550.91	14399.69	9444.02	15404.37
	利润总额(万元)	10809.65	15569.14	10274.38	16464.41

杭州老板电器股份有限公司

公司概况						
	公司名称	杭州老板电器股份有限公司			证券简称	老板电器
	法人代表	任建华	董秘	王刚	证券代码	002508
	公司网址	www.robam.com		电子信箱	wg@robam.com	
	电　　话	0571-86187810		传　　真	0571-86187769	
	办公地址	浙江省杭州市余杭区余杭经济开发区临平大道 592 号				
	经营范围	制造、加工、销售:吸油烟机、燃气具、消毒碗柜、电压力煲、电磁炉等				

主要财务指标	指标\报告期	2015.06.30	2014.12.31	2014.06.30	2013.12.31
	基本每股收益(元)	0.6300	1.8000	0.4500	1.2100
	基本每股收益(扣除后)(元)	0.6200	1.7400	0.6400	1.4900
	稀释每股收益(元)	0.6200	1.7400	0.4300	1.2000
	每股净资产(元)	5.5458	7.7567	6.6416	7.9500
	每股经营现金净流量(元)	0.9439	2.0584	1.2489	1.2609
	每股现金流量(元)	0.4549	1.0129	0.6585	0.6191
	每股资本公积金(元)	1.6627	2.8291	2.8291	3.7864
	每股盈余公积金(元)	0.3377	0.5129	0.4080	0.4251
	每股未分配利润(元)	2.5454	3.4147	2.4044	2.7407
	净资产收益率(%)	11.3733	23.1413	10.2361	18.9430
	加权净资产收益率(%)	11.5700	25.5500	10.2500	20.5700
	净资产收益率(扣除)(%)	11.1720	22.4494	9.6819	18.7898
	总资产(万元)	415107.78	362583.25	329763.09	280278.78
	归属母公司股东权益(万元)	269569.83	248215.19	212529.72	203575.01
	营业收入(万元)	204185.87	358894.01	159977.21	265381.00
	营业支出(万元)	86981.67	155952.65	70357.01	120916.09
	投资收益(万元)	–	–	–	-4.37
	净利润(万元)	30377.56	56769.32	21387.71	37764.76
	营业利润(万元)	35222.70	64358.24	23961.32	43969.12
	利润总额(万元)	35875.70	66411.22	25359.42	44358.36

天广消防股份有限公司

公司概况						
	公司名称	天广消防股份有限公司			证券简称	天广消防
	法人代表	陈秀玉	董秘	张红盛	证券代码	002509
	公司网址	www.tianguang.com		电子信箱	tgzq@tianguang.com	
	电　　话	0595-26929988		传　　真	0595-86395887	
	办公地址	福建省南安市成功科技工业区				
	经营范围	消防器材、消防装备、耐火建筑构配件的设计、开发、制造、销售、维保等				

主要财务指标	指标\报告期	2015.06.30	2014.12.31	2014.06.30	2013.12.31
	基本每股收益(元)	0.1500	0.2800	0.1400	0.2300
	基本每股收益(扣除后)(元)	0.1400	0.2700	0.1400	0.2200
	稀释每股收益(元)	0.1500	0.2800	0.1400	0.2300
	每股净资产(元)	3.3739	3.2853	3.1440	2.2685
	每股经营现金净流量(元)	-0.0500	-0.0333	-0.1728	0.0411
	每股现金流量(元)	-0.1278	0.3290	0.8850	-0.0384
	每股资本公积金(元)	1.3103	1.3103	1.3103	0.4113
	每股盈余公积金(元)	0.0961	0.0961	0.0701	0.0800
	每股未分配利润(元)	0.9535	0.8679	0.7546	0.7694
	净资产收益率(%)	4.3170	8.0188	3.9478	10.0364
	加权净资产收益率(%)	4.3500	10.0200	6.0500	10.5300
	净资产收益率(扣除)(%)	4.2185	7.5775	3.8651	9.8899
	总资产(万元)	186733.92	181977.91	166996.93	99708.90
	归属母公司股东权益(万元)	153997.24	149955.77	143503.77	90741.44
	营业收入(万元)	36040.83	69373.00	32063.40	57238.78
	营业支出(万元)	24357.80	47248.21	21876.91	41851.97
	投资收益(万元)	1347.23	1575.69	473.09	465.06
	净利润(万元)	6637.10	12018.18	5665.19	9107.20
	营业利润(万元)	7574.64	13826.28	6427.19	10457.79
	利润总额(万元)	7735.72	14013.29	6567.29	10614.12

天津汽车模具股份有限公司

公司概况						
	公司名称	天津汽车模具股份有限公司			证券简称	天 汽 模
	法人代表	常世平	董秘	任伟	证券代码	002510
	公司网址	www.tqm.com.cn		电子信箱	zq@tqm.com.cn	
	电　　话	022-24895297		传　　真	022-24895279	
	办公地址	天津市空港经济区航天路 77 号				
	经营范围	模具设计、制造、冲压件加工、铆焊加工、汽车车身及其工艺装备设计等				

主要财务指标	指标\报告期	2015.06.30	2014.12.31	2014.06.30	2013.12.31
	基本每股收益(元)	0.2000	0.4000	0.1700	0.6000
	基本每股收益(扣除后)(元)	0.1900	0.3900	0.1700	0.5600
	稀释每股收益(元)	0.2000	0.4000	0.1700	0.6000
	每股净资产(元)	4.1462	4.0551	3.8209	7.4814
	每股经营现金净流量(元)	0.0525	-0.0046	-0.0696	0.4832
	每股现金流量(元)	-0.0445	-0.0266	-0.0099	-0.5210
	每股资本公积金(元)	1.5701	1.5778	1.5787	4.1575
	每股盈余公积金(元)	0.1239	0.1239	0.1089	0.2178
	每股未分配利润(元)	1.4506	1.3522	1.1330	2.1056
	净资产收益率(%)	4.7836	9.9729	4.4542	7.9597
	加权净资产收益率(%)	4.7900	10.3900	4.4700	8.2200
	净资产收益率(扣除)(%)	4.5665	9.5734	4.3433	7.4891
	总资产(万元)	373242.47	350815.61	314328.96	297490.57
	归属母公司股东权益(万元)	170623.14	166875.74	157239.66	153937.12
	营业收入(万元)	84585.62	148912.59	57620.94	116654.39
	营业支出(万元)	64112.09	104935.54	39958.04	84784.09
	投资收益(万元)	1963.15	325.65	-185.29	496.47
	净利润(万元)	8169.30	16566.95	7003.75	12252.89
	营业利润(万元)	8536.54	19485.78	8109.14	13007.11
	利润总额(万元)	8901.36	20171.12	8336.75	13844.02

中顺洁柔纸业股份有限公司

公司概况						
	公司名称	中顺洁柔纸业股份有限公司			证券简称	中顺洁柔
	法人代表	邓颖忠	董秘	张海军	证券代码	002511
	公司网址	www.zhongshungroup.com		电子信箱	dsh@zhongshungroup.com	
	电　　话	0760-87885678 87885196		传　　真	0760-87885677	
	办公地址	广东省中山市西区彩虹大道 136 号				
	经营范围	生产、加工和销售高档生活用纸系列产品、产品国内外销售、浆板贸易等				

主要财务指标	指标\报告期	2015.06.30	2014.12.31	2014.06.30	2013.12.31
	基本每股收益(元)	0.0941	0.1700	0.0900	0.3700
	基本每股收益(扣除后)(元)	0.0881	0.1600	0.0700	0.3000
	稀释每股收益(元)	0.0941	0.1700	0.0900	0.3700
	每股净资产(元)	4.9136	5.7935	5.7162	7.3151
	每股经营现金净流量(元)	0.6784	0.6466	0.3293	0.6935
	每股现金流量(元)	0.1191	-0.7825	-0.4919	0.8171
	每股资本公积金(元)	2.6183	3.3419	3.3419	4.6445
	每股盈余公积金(元)	0.0556	0.0668	0.0608	0.0790
	每股未分配利润(元)	1.2397	1.3848	1.3135	1.5916
	净资产收益率(%)	1.9147	2.8726	1.5595	5.0797
	加权净资产收益率(%)	1.9300	2.9100	1.5700	5.1700
	净资产收益率(扣除)(%)	1.7931	2.7785	1.1955	4.0628
	总资产(万元)	454286.54	455000.11	445229.76	449285.92
	归属母公司股东权益(万元)	239156.20	234982.65	231848.02	228232.43
	营业收入(万元)	129955.86	252178.02	112867.06	250171.87
	营业支出(万元)	89813.58	176420.51	79839.37	174504.43
	投资收益(万元)	3.53	26.33	–	–
	净利润(万元)	4579.15	6750.22	3615.59	11593.52
	营业利润(万元)	5994.08	9088.62	4228.62	11929.11
	利润总额(万元)	6366.20	9425.88	5349.19	15003.44

中山达华智能科技股份有限公司

公司概况	公司名称	中山达华智能科技股份有限公司			证券简称	达华智能
	法人代表	蔡小如	董秘	阙海辉(代)	证券代码	002512
	公司网址	www.twh.com.cn			电子信箱	8888@twh.com.cn
	电　话	0760-22550278			传　真	0760-22130941
	办公地址	广东省中山市小榄镇泰丰工业区水怡南路9号				
	经营范围	生产、销售:非接触IC智能卡、非接触式IC卡读卡器、接触式智能卡等				

	指标\报告期	2015.06.30	2014.12.31	2014.06.30	2013.12.31
主要财务指标	基本每股收益(元)	0.0400	0.2873	0.0541	0.2728
	基本每股收益(扣除后)(元)	0.0300	0.2813	0.0532	0.2541
	稀释每股收益(元)	0.0400	0.2873	0.0541	0.2700
	每股净资产(元)	4.0328	3.9785	4.1000	3.9766
	每股经营现金净流量(元)	-0.5302	-0.0479	-0.1158	-0.3511
	每股现金流量(元)	-0.2676	-0.4246	-0.5401	-0.4560
	每股资本公积金(元)	1.9843	1.9843	2.4036	2.3325
	每股盈余公积金(元)	0.0716	0.0716	0.0640	0.0640
	每股未分配利润(元)	0.7986	0.8598	0.6342	0.5801
	净资产收益率(%)	0.9625	7.2219	1.3189	6.2258
	加权净资产收益率(%)	0.9600	7.2200	1.3400	8.5000
	净资产收益率(扣除)(%)	0.6752	7.0694	1.2969	5.7986
	总资产(万元)	269338.01	226843.60	201373.13	212007.57
	归属母公司股东权益(万元)	142873.15	140952.36	145317.65	140885.04
	营业收入(万元)	41206.21	76068.01	25439.44	54947.23
	营业支出(万元)	30403.31	46413.28	16442.93	31653.84
	投资收益(万元)	223.10	336.59	96.34	50.00
	净利润(万元)	1940.06	12927.85	1916.60	8771.21
	营业利润(万元)	1199.62	14179.35	2497.78	11328.91
	利润总额(万元)	2557.03	15193.04	3209.86	12640.01

江苏蓝丰生物化工股份有限公司

公司概况	公司名称	江苏蓝丰生物化工股份有限公司			证券简称	蓝丰生化
	法人代表	杨振华	董秘	陈康	证券代码	002513
	公司网址	www.jslanfeng.com			电子信箱	lfshdmb@jslanfeng.com
	电　话	0516-88920479			传　真	0516-88923712
	办公地址	江苏省徐州市新沂经济开发区苏化路1号				
	经营范围	杀虫剂原药及剂型、杀菌剂原药及剂型、除草剂原药及剂型、化工产品等				

	指标\报告期	2015.06.30	2014.12.31	2014.06.30	2013.12.31
主要财务指标	基本每股收益(元)	-0.0400	-0.1800	0.0100	0.1000
	基本每股收益(扣除后)(元)	-0.0600	-0.2400	0.0100	0.0800
	稀释每股收益(元)	-0.0400	-0.1800	0.0100	0.1000
	每股净资产(元)	5.3550	5.3915	5.5552	5.5661
	每股经营现金净流量(元)	0.1127	0.6005	0.0188	0.2566
	每股现金流量(元)	-0.1184	0.1955	0.2684	-0.3698
	每股资本公积金(元)	2.8724	2.8724	2.8724	2.8724
	每股盈余公积金(元)	0.2096	0.2096	0.2097	0.2097
	每股未分配利润(元)	1.1738	1.2165	1.4042	1.4122
	净资产收益率(%)	-0.7973	-3.2605	0.2160	1.7789
	加权净资产收益率(%)	-0.7900	-3.2100	0.2100	1.7800
	净资产收益率(扣除)(%)	-1.1235	-4.5297	0.1412	1.4716
	总资产(万元)	268890.53	261116.39	265337.66	258861.04
	归属母公司股东权益(万元)	114126.48	114903.26	118393.04	118623.70
	营业收入(万元)	57518.23	125206.22	68344.54	137207.73
	营业支出(万元)	46445.00	110952.00	59898.51	114173.50
	投资收益(万元)	-	-15.00	-	-
	净利润(万元)	-909.91	-3746.44	255.73	2110.17
	营业利润(万元)	-1807.96	-6187.26	164.80	1921.26
	利润总额(万元)	-1361.62	-4458.09	269.04	2352.74

苏州宝馨科技实业股份有限公司

公司概况	公司名称	苏州宝馨科技实业股份有限公司			证券简称	宝馨科技
	法人代表	朱永福	董秘	陈东(代)	证券代码	002514
	公司网址	www.boamax.com			电子信箱	zqb@boamax.com
	电　话	0512-66729265			传　真	0512-66163297
	办公地址	江苏省苏州市高新区浒墅关经济开发区新亭路10号				
	经营范围	从事精密模具、用于电子专用设备、测试仪器、电力通讯设备等的钣金结构件的研发、生产等				

	指标\报告期	2015.06.30	2014.12.31	2014.06.30	2013.12.31
主要财务指标	基本每股收益(元)	0.1100	0.0700	0.0500	0.1900
	基本每股收益(扣除后)(元)	0.1100	0.0600	0.0400	0.1700
	稀释每股收益(元)	0.1100	0.0700	0.0500	0.1900
	每股净资产(元)	3.5194	3.4086	2.3890	4.8798
	每股经营现金净流量(元)	-0.0134	-0.0323	-0.0239	-0.0045
	每股现金流量(元)	-0.1808	-0.0323	-0.2475	-0.4138
	每股资本公积金(元)	1.9726	1.9726	0.8620	2.7239
	每股盈余公积金(元)	0.0728	0.0728	0.0902	0.1803
	每股未分配利润(元)	0.4825	0.3685	0.4408	0.9880
	净资产收益率(%)	3.2380	1.7896	1.9587	3.8279
	加权净资产收益率(%)	3.2900	2.5900	1.9300	3.8900
	净资产收益率(扣除)(%)	3.1946	1.7541	1.7750	3.5550
	总资产(万元)	125848.96	122874.21	62142.05	66060.51
	归属母公司股东权益(万元)	97494.39	94425.12	51985.45	53091.87
	营业收入(万元)	26092.50	41986.50	18088.96	32814.88
	营业支出(万元)	18414.82	32191.52	13518.48	25414.79
	投资收益(万元)	19.45	71.43	61.78	51.34
	净利润(万元)	2881.55	1661.08	1018.25	2032.30
	营业利润(万元)	2942.42	1372.63	1153.63	2214.82
	利润总额(万元)	3121.01	1543.99	1204.23	2333.90

金字火腿股份有限公司

公司概况	公司名称	金字火腿股份有限公司			证券简称	金字火腿
	法人代表	施延军	董秘	王蔚婷	证券代码	002515
	公司网址	www.jinzichina.com			电子信箱	jinziham@jinzichina.com
	电　话	0579-82262717			传　真	0579-82262717
	办公地址	浙江省金华市工业园区金帆街1000号				
	经营范围	金华火腿、火腿制品等发酵肉制品及各类低温肉制品的研发、生产及销售				

	指标\报告期	2015.06.30	2014.12.31	2014.06.30	2013.12.31
主要财务指标	基本每股收益(元)	0.0600	0.1400	0.0800	0.1600
	基本每股收益(扣除后)(元)	0.0600	0.0600	0.0700	0.0300
	稀释每股收益(元)	0.0600	0.1400	0.0800	0.1600
	每股净资产(元)	3.7500	6.0232	6.0370	5.9400
	每股经营现金净流量(元)	0.1597	0.1379	0.0332	0.0971
	每股现金流量(元)	-0.0155	-0.0812	-0.0269	-1.4464
	每股资本公积金(元)	2.2082	3.7064	3.7064	3.7064
	每股盈余公积金(元)	0.0728	0.1826	0.1642	0.1642
	每股未分配利润(元)	0.4722	1.1341	1.1664	1.0651
	净资产收益率(%)	1.6047	2.2815	2.5058	2.6555
	加权净资产收益率(%)	1.8200	2.3000	2.5200	2.6700
	净资产收益率(扣除)(%)	1.5664	0.9531	1.1700	0.5528
	总资产(万元)	143517.17	98207.96	107115.16	116983.62
	归属母公司股东权益(万元)	134988.87	86326.95	86525.57	85074.00
	营业收入(万元)	11357.42	21292.47	11324.46	20288.67
	营业支出(万元)	7039.47	14626.60	7553.75	12523.27
	投资收益(万元)	1110.00	3078.76	2994.67	3211.95
	净利润(万元)	2492.09	2547.75	2746.94	2791.98
	营业利润(万元)	2525.39	2097.17	2391.42	2638.87
	利润总额(万元)	2599.18	2535.85	2880.67	3426.31

江苏旷达汽车织物集团股份有限公司

公司概况	公司名称	江苏旷达汽车织物集团股份有限公司		证券简称	江苏旷达
	法人代表	沈介良	董秘 徐秋	证券代码	002516
	公司网址	www.kuangdacn.com		电子信箱	qiu.xu@kuangdacn.com
	电　话	0519-86540239 86159358		传　真	0519-86549358
	办公地址	江苏省常州市武进区雪堰镇旷达路1号			
	经营范围	化纤复合面料、化纤布、化纤丝、汽车座椅套、座椅、汽车内饰件、纺织机械等			

主要财务指标	指标\报告期	2015.06.30	2014.12.31	2014.06.30	2013.12.31
	基本每股收益(元)	0.2056	0.6700	0.3400	0.5700
	基本每股收益(扣除后)(元)	0.2050	0.6700	0.3400	0.5700
	稀释每股收益(元)	0.2039	0.6700	0.3400	0.5700
	每股净资产(元)	2.9916	7.5369	7.2027	7.0613
	每股经营现金净流量(元)	0.0456	0.5413	0.0588	0.4486
	每股现金流量(元)	0.1051	-2.1868	-1.3316	0.0844
	每股资本公积金(元)	1.0741	3.8597	3.8597	3.8597
	每股盈余公积金(元)	0.1060	0.2808	0.2471	0.2471
	每股未分配利润(元)	1.0227	2.3966	2.0958	1.9562
	净资产收益率(%)	6.5601	8.9436	4.7143	8.0787
	加权净资产收益率(%)	6.7000	9.2300	4.7200	8.3400
	净资产收益率(扣除)(%)	6.5393	9.0006	4.7077	8.1150
	总资产(万元)	522626.91	345008.34	298477.94	284927.02
	归属母公司股东权益(万元)	198195.54	188423.17	180066.94	176533.39
	营业收入(万元)	90682.41	174376.17	81917.54	142508.13
	营业支出(万元)	55935.03	124608.46	57659.30	102834.92
	投资收益(万元)	-	-44.52	-	51.78
	净利润(万元)	12927.85	17102.78	8488.91	14261.69
	营业利润(万元)	14866.60	21784.55	11545.24	18581.86
	利润总额(万元)	14924.50	21819.51	11565.63	18608.67

泰亚鞋业股份有限公司

公司概况	公司名称	泰亚鞋业股份有限公司		证券简称	泰亚股份
	法人代表	林祥加	董秘 谢梓熙	证券代码	002517
	公司网址	www.taiya.hk		电子信箱	zqb@taiya.hk
	电　话	0595-22498599 22019888		传　真	0595-22499000
	办公地址	福建省泉州市经济技术开发区清濛园区美泰路36号			
	经营范围	生产各种鞋及鞋材等			

主要财务指标	指标\报告期	2015.06.30	2014.12.31	2014.06.30	2013.12.31
	基本每股收益(元)	0.0300	-0.3000	-0.0900	0.0300
	基本每股收益(扣除后)(元)	-0.0200	-0.2900	-0.0800	0.0100
	稀释每股收益(元)	0.0300	-0.3000	-0.0900	0.0300
	每股净资产(元)	3.4202	3.3943	3.6100	3.6928
	每股经营现金净流量(元)	0.0759	-0.0410	-0.0535	0.0740
	每股现金流量(元)	-0.1412	-0.0751	-0.0773	-0.5413
	每股资本公积金(元)	1.8834	1.8834	1.8834	1.8834
	每股盈余公积金(元)	0.0878	0.0878	0.0843	0.0843
	每股未分配利润(元)	0.4490	0.4230	0.6392	0.7251
	净资产收益率(%)	0.7574	-8.7954	-2.3814	0.7012
	加权净资产收益率(%)	0.7600	-8.4200	-2.3500	0.7000
	净资产收益率(扣除)(%)	-0.6509	-8.5617	-2.0920	0.3649
	总资产(万元)	79183.70	82843.96	84374.52	84506.17
	归属母公司股东权益(万元)	60469.16	60011.15	63770.76	65289.40
	营业收入(万元)	18016.12	33490.43	16051.95	34839.03
	营业支出(万元)	14569.97	28408.15	13033.41	26988.12
	投资收益(万元)	-	-	-	-
	净利润(万元)	458.00	-5278.25	-1518.65	457.84
	营业利润(万元)	-203.52	-4643.70	-1349.17	555.54
	利润总额(万元)	930.25	-4794.01	-1512.96	822.59

深圳科士达科技股份有限公司

公司概况	公司名称	深圳科士达科技股份有限公司		证券简称	科士达
	法人代表	刘程宇	董秘 蔡艳红	证券代码	002518
	公司网址	www.kstar.com.cn		电子信箱	caiyh@kstar.com.cn
	电　话	0755-86168479		传　真	0755-86169275
	办公地址	广东省深圳市南山区高新北区科技中二路软件园1栋4楼401、402室			
	经营范围	UPS不间断电源、逆变电源、EPS应急电源、太阳能逆变器、太阳能控制器等			

主要财务指标	指标\报告期	2015.06.30	2014.12.31	2014.06.30	2013.12.31
	基本每股收益(元)	0.2700	0.5100	0.2100	0.6100
	基本每股收益(扣除后)(元)	0.2600	0.4900	0.2000	0.5800
	稀释每股收益(元)	0.2700	0.5100	0.2100	0.6100
	每股净资产(元)	5.3570	5.2299	4.9012	6.6445
	每股经营现金净流量(元)	-0.1624	0.4621	-0.4428	0.5250
	每股现金流量(元)	-0.0062	-0.2229	-0.3847	-2.1886
	每股资本公积金(元)	2.4662	2.4582	2.4372	3.7829
	每股盈余公积金(元)	0.1791	0.1791	0.1398	0.1958
	每股未分配利润(元)	1.7118	1.5928	1.3241	1.6659
	净资产收益率(%)	5.0213	9.8158	4.1949	8.9804
	加权净资产收益率(%)	5.0300	10.3200	4.2600	9.4800
	净资产收益率(扣除)(%)	4.9223	9.4566	4.0914	8.5538
	总资产(万元)	204693.50	216995.68	191337.68	204254.21
	归属母公司股东权益(万元)	159198.86	155421.57	145676.04	141066.39
	营业收入(万元)	62376.58	138787.81	58360.75	117165.83
	营业支出(万元)	42856.51	96549.56	39926.73	79543.72
	投资收益(万元)	1397.11	1602.22	1051.30	1042.62
	净利润(万元)	7940.15	15136.78	6110.90	12668.29
	营业利润(万元)	9363.05	16874.54	7084.45	14466.76
	利润总额(万元)	9552.78	17533.96	7286.44	15195.17

江苏银河电子股份有限公司

公司概况	公司名称	江苏银河电子股份有限公司		证券简称	银河电子
	法人代表	吴建明	董秘 吴刚	证券代码	002519
	公司网址	www.yinhe.com		电子信箱	yhdm@yinhe.com
	电　话	0512-58449138 58449198		传　真	0512-58449267
	办公地址	江苏省苏州市张家港市塘桥镇南环路188号			
	经营范围	计算机及部件、计算机外部设备、电子产品、网络产品、软件产品、监控设备等			

主要财务指标	指标\报告期	2015.06.30	2014.12.31	2014.06.30	2013.12.31
	基本每股收益(元)	0.1700	0.5300	0.1100	0.5300
	基本每股收益(扣除后)(元)	0.1600	0.5100	0.2100	0.5100
	稀释每股收益(元)	0.1700	0.5100	0.1100	0.5100
	每股净资产(元)	3.6089	7.1169	5.6337	5.3800
	每股经营现金净流量(元)	0.1656	0.4837	-0.0403	0.4004
	每股现金流量(元)	0.1774	-0.4569	-0.0659	0.0553
	每股资本公积金(元)	1.8469	4.4823	2.3724	2.2915
	每股盈余公积金(元)	0.1303	0.2675	0.3047	0.3070
	每股未分配利润(元)	0.6225	1.3498	1.9566	1.7545
	净资产收益率(%)	4.5593	6.1118	3.8211	9.7748
	加权净资产收益率(%)	4.5200	8.5800	3.9500	10.2200
	净资产收益率(扣除)(%)	4.4161	5.9286	3.7384	9.4242
	总资产(万元)	255424.62	238155.05	155226.66	157238.07
	归属母公司股东权益(万元)	205404.15	197339.07	120810.43	114431.82
	营业收入(万元)	63149.88	117559.68	56917.97	121034.25
	营业支出(万元)	41576.60	87022.25	43089.71	90238.68
	投资收益(万元)	-	104.34	-	-
	净利润(万元)	10192.25	12255.77	4631.64	11127.19
	营业利润(万元)	11112.68	12674.49	4694.20	12592.59
	利润总额(万元)	12112.76	13683.56	4872.71	13066.04

浙江日发精密机械股份有限公司

公司概况	公司名称	浙江日发精密机械股份有限公司			证券简称	日发精机
	法人代表	王本善	董秘	李燕	证券代码	002520
	公司网址	www.rifapm.com		电子信箱	rifapm@rifa.com.cn	
	电　话	0575-86337958		传　真	0575-86337881	
	办公地址	浙江省绍兴市新昌县七星街道日发数码科技园				
	经营范围	数控机床、机械产品的研制、生产、销售				

	指标\报告期	2015.06.30	2014.12.31	2014.06.30	2013.12.31
主要财务指标	基本每股收益(元)	0.0700	0.2200	0.0800	0.0400
	基本每股收益(扣除后)(元)	0.0600	0.2000	0.1300	0.0300
	稀释每股收益(元)	0.0700	0.2200	0.0800	0.0400
	每股净资产(元)	2.0694	3.0916	2.9968	2.8698
	每股经营现金净流量(元)	-0.1608	0.0491	-0.1500	0.1857
	每股现金流量(元)	-0.2819	-0.1673	-0.0664	-0.6857
	每股资本公积金(元)	0.7067	1.5601	1.5601	1.5601
	每股盈余公积金(元)	0.1344	0.2016	0.1811	0.1811
	每股未分配利润(元)	0.2291	0.3329	0.2557	0.1286
	净资产收益率(%)	3.5702	7.2714	4.2389	1.3266
	加权净资产收益率(%)	3.5400	7.5400	4.3300	1.2400
	净资产收益率(扣除)(%)	2.9937	6.5881	4.1812	0.9945
	总资产(万元)	133627.18	135081.06	95628.20	96465.41
	归属母公司股东权益(万元)	67049.85	66779.34	64731.09	61987.22
	营业收入(万元)	31624.42	55163.87	19381.62	24742.47
	营业支出(万元)	19046.35	34294.25	12669.75	17021.45
	投资收益(万元)	-	-	-	-
	净利润(万元)	2607.14	5062.69	2700.81	730.96
	营业利润(万元)	2546.19	5547.94	3278.39	860.13
	利润总额(万元)	2985.98	6087.81	3305.36	1076.16

齐峰新材料股份有限公司

公司概况	公司名称	齐峰新材料股份有限公司			证券简称	齐峰新材
	法人代表	李学峰	董秘	孙文荣	证券代码	002521
	公司网址	www.qifeng.cn		电子信箱	qftzswr@163.com	
	电　话	0533-7785585		传　真	0533-7788998	
	办公地址	山东省淄博市临淄区朱台镇朱台路22号				
	经营范围	造纸及纸制品加工、销售，板材销售，货物进出口等				

	指标\报告期	2015.06.30	2014.12.31	2014.06.30	2013.12.31
主要财务指标	基本每股收益(元)	0.3100	0.6500	0.3000	0.4500
	基本每股收益(扣除后)(元)	0.3100	0.6500	0.3000	0.4500
	稀释每股收益(元)	0.2800	0.6400	0.3000	0.4500
	每股净资产(元)	6.5060	6.1032	5.5267	5.4206
	每股经营现金净流量(元)	-0.0594	1.0360	0.1758	0.1110
	每股现金流量(元)	-0.9827	0.0410	-0.8060	-0.0571
	每股资本公积金(元)	4.0172	3.3079	3.0803	3.0745
	每股盈余公积金(元)	0.1279	0.1505	0.1230	0.1229
	每股未分配利润(元)	1.3609	1.6448	1.3234	1.2232
	净资产收益率(%)	4.0410	10.6340	5.4283	8.2866
	加权净资产收益率(%)	4.9400	11.3600	5.4800	8.6300
	净资产收益率(扣除)(%)	4.0681	10.6472	5.4081	8.2843
	总资产(万元)	409523.68	402757.37	317807.55	349045.59
	归属母公司股东权益(万元)	321841.96	256605.04	232362.50	227935.17
	营业收入(万元)	114931.95	253797.71	123307.35	210813.82
	营业支出(万元)	88410.92	191956.75	92023.70	166208.62
	投资收益(万元)	1490.76	294.45	-	-
	净利润(万元)	13005.67	27287.43	12613.41	18888.12
	营业利润(万元)	14955.57	31635.49	16462.05	22174.65
	利润总额(万元)	14860.50	31328.08	16516.12	22188.09

浙江众成包装材料股份有限公司

公司概况	公司名称	浙江众成包装材料股份有限公司			证券简称	浙江众成
	法人代表	陈大魁	董秘	吴军	证券代码	002522
	公司网址	www.zjzhongda.com		电子信箱	sec@zjzhongda.com	
	电　话	0573-84187845		传　真	0573-84187829	
	办公地址	浙江省嘉善县经济开发区泰山路1号				
	经营范围	生产、销售多层共挤热收缩薄膜、塑料制品等				

	指标\报告期	2015.06.30	2014.12.31	2014.06.30	2013.12.31
主要财务指标	基本每股收益(元)	0.0300	0.1400	0.0600	0.4300
	基本每股收益(扣除后)(元)	0.0100	0.1000	0.0500	0.4200
	稀释每股收益(元)	0.0300	0.1400	0.0600	0.4300
	每股净资产(元)	1.5126	3.0721	2.9905	6.2245
	每股经营现金净流量(元)	0.0192	0.1922	0.0735	0.4745
	每股现金流量(元)	0.4737	-0.4428	0.2476	-1.1978
	每股资本公积金(元)	0.3127	1.6254	1.6254	4.0335
	每股盈余公积金(元)	0.0553	0.1105	0.0953	0.2466
	每股未分配利润(元)	0.1450	0.3369	0.2704	0.9465
	净资产收益率(%)	1.7534	4.4377	1.8276	6.8939
	加权净资产收益率(%)	1.7200	4.5300	1.8400	6.8400
	净资产收益率(扣除)(%)	0.7596	3.0846	1.5402	6.6914
	总资产(万元)	191124.38	174312.20	168145.69	129979.92
	归属母公司股东权益(万元)	133603.21	135676.93	132073.02	106234.10
	营业收入(万元)	22876.28	54162.81	25265.81	50634.80
	营业支出(万元)	16244.48	40143.07	18719.53	34885.65
	投资收益(万元)	1101.78	2453.95	701.72	473.29
	净利润(万元)	2291.63	5968.23	2413.77	7323.68
	营业利润(万元)	2627.83	6659.18	2682.00	8405.74
	利润总额(万元)	2725.54	6987.00	2776.68	8587.82

株洲天桥起重机股份有限公司

公司概况	公司名称	株洲天桥起重机股份有限公司			证券简称	天桥起重
	法人代表	成固平	董秘	范洪泉	证券代码	002523
	公司网址	www.tqcc.cn		电子信箱	sid@tqcc.cn	
	电　话	0731-22337000-8007		传　真	0731-22337798	
	办公地址	湖南省株洲市石峰区田心北门				
	经营范围	从事各种起重设备的研发、制造和销售业务等				

	指标\报告期	2015.06.30	2014.12.31	2014.06.30	2013.12.31
主要财务指标	基本每股收益(元)	0.0300	0.0400	0.0100	0.0800
	基本每股收益(扣除后)(元)	0.0200	0.0100	-	0.0600
	稀释每股收益(元)	0.0300	0.0400	0.0100	0.0800
	每股净资产(元)	2.4776	3.2383	3.2100	3.2472
	每股经营现金净流量(元)	0.0188	-0.0731	-0.0479	-0.1269
	每股现金流量(元)	-0.0545	-0.0142	-0.0637	-0.7874
	每股资本公积金(元)	0.9788	1.5724	1.5724	1.5724
	每股盈余公积金(元)	0.0770	0.0961	0.0917	0.0900
	每股未分配利润(元)	0.4219	0.5699	0.5462	0.5848
	净资产收益率(%)	1.0118	1.2713	0.4071	2.5554
	加权净资产收益率(%)	1.0100	1.2700	0.4300	2.5800
	净资产收益率(扣除)(%)	0.6242	0.3104	-0.0185	1.9030
	总资产(万元)	153581.34	145327.30	147748.46	148090.70
	归属母公司股东权益(万元)	107192.23	107771.68	106836.55	108065.60
	营业收入(万元)	22387.75	50199.52	22085.10	46061.64
	营业支出(万元)	17449.20	39261.22	17492.61	33506.84
	投资收益(万元)	482.99	950.60	453.86	604.53
	净利润(万元)	986.28	1299.88	434.95	2761.49
	营业利润(万元)	1134.07	992.12	451.68	3196.61
	利润总额(万元)	1150.49	1306.17	542.55	3454.22

光正集团股份有限公司

公司概况	公司名称	光正集团股份有限公司			证券简称	光正集团
	法人代表	周永麟	董秘	杨波	证券代码	002524
	公司网址	www.gzss.cc		电子信箱	guangzheng@gzss.cc	
	电　　话	0991-3766551		传　　真	0991-3766551	
	办公地址	新疆维吾尔自治区乌鲁木齐市经济技术开发区上海路 105 号				
	经营范围	各类钢结构的设计、生产、安装等业务				

主要财务指标	指标\报告期	2015.06.30	2014.12.31	2014.06.30	2013.12.31
	基本每股收益(元)	-0.0200	-0.1700	-0.0300	0.0030
	基本每股收益(扣除后)(元)	-0.0700	-0.2000	-0.0300	-0.0380
	稀释每股收益(元)	-0.0200	-0.1700	-0.0300	0.0030
	每股净资产(元)	1.5054	1.5234	1.6682	1.6894
	每股经营现金净流量(元)	0.0243	0.1893	0.0075	0.0237
	每股现金流量(元)	-0.2041	-0.6071	-0.0990	0.6103
	每股资本公积金(元)	0.5913	0.5913	0.5941	0.5924
	每股盈余公积金(元)	0.0229	0.0229	0.0229	0.0229
	每股未分配利润(元)	-0.1418	-0.1214	0.0259	0.0528
	净资产收益率(%)	-1.3556	-11.4319	-1.6095	0.1822
	加权净资产收益率(%)	-1.3500	-10.8700	-1.6000	0.2100
	净资产收益率(扣除)(%)	-4.0933	-12.9276	-1.7844	-2.1665
	总资产(万元)	189476.01	203706.73	204727.48	199192.18
	归属母公司股东权益(万元)	75772.53	76677.67	83967.24	85035.34
	营业收入(万元)	19867.65	62630.52	28402.97	50542.87
	营业支出(万元)	13361.05	53533.25	23131.32	42312.60
	投资收益(万元)	787.50	891.70	598.19	270.37
	净利润(万元)	-190.93	-6826.33	-1351.47	154.97
	营业利润(万元)	-2351.72	-7272.37	-1137.02	-1335.48
	利润总额(万元)	83.47	-6400.56	-952.35	1027.26

山东矿机集团股份有限公司

公司概况	公司名称	山东矿机集团股份有限公司			证券简称	山东矿机
	法人代表	赵笃学	董秘	赵笃学(代)	证券代码	002526
	公司网址	www.skj.cc		电子信箱	sdkj002526@163.com	
	电　　话	0536-6295539		传　　真	0536-6295539	
	办公地址	山东省潍坊市昌乐县经济开发区大沂路北段矿机工业园				
	经营范围	煤矿机械、矿山机械、通用机械、矿山安全技术与装备等				

主要财务指标	指标\报告期	2015.06.30	2014.12.31	2014.06.30	2013.12.31
	基本每股收益(元)	0.0224	0.0049	0.0321	0.0858
	基本每股收益(扣除后)(元)	0.0099	-0.0521	0.0315	0.0483
	稀释每股收益(元)	0.0224	0.0049	0.0321	0.0858
	每股净资产(元)	3.6793	3.6531	3.6693	3.6773
	每股经营现金净流量(元)	0.2807	-0.0258	-0.0679	-0.1066
	每股现金流量(元)	-0.0482	-0.3737	-0.3722	0.0022
	每股资本公积金(元)	2.0749	2.0749	2.0749	2.0749
	每股盈余公积金(元)	0.0853	0.0853	0.0853	0.0853
	每股未分配利润(元)	0.5044	0.4820	0.5092	0.5171
	净资产收益率(%)	0.6084	0.1345	0.8739	2.3336
	加权净资产收益率(%)	0.5800	0.1300	0.9300	2.3500
	净资产收益率(扣除)(%)	0.2700	-1.4269	0.8588	1.3133
	总资产(万元)	344679.39	377043.74	351434.13	341477.45
	归属母公司股东权益(万元)	196477.26	195075.58	195943.22	196366.86
	营业收入(万元)	49613.20	145371.80	77480.95	145476.05
	营业支出(万元)	39914.26	115936.70	61924.99	119310.92
	投资收益(万元)	3681.81	1301.12	549.32	801.24
	净利润(万元)	1351.58	1657.76	1712.35	4582.48
	营业利润(万元)	878.60	398.34	2919.92	2941.05
	利润总额(万元)	1236.28	2993.23	2998.08	5303.61

上海新时达电气股份有限公司

公司概况	公司名称	上海新时达电气股份有限公司			证券简称	新 时 达
	法人代表	纪德法	董秘	冯骏	证券代码	002527
	公司网址	www.stepelectric.com		电子信箱	yangls@stepelectric.com	
	电　　话	021-69926000		传　　真	021-69926163	
	办公地址	上海市嘉定区南翔镇新勤路 289 号				
	经营范围	从事电梯控制系统与电梯变频器的研发、生产及销售				

主要财务指标	指标\报告期	2015.06.30	2014.12.31	2014.06.30	2013.12.31
	基本每股收益(元)	0.1421	0.5500	0.2245	0.4700
	基本每股收益(扣除后)(元)	0.1209	0.5100	0.1963	0.4300
	稀释每股收益(元)	0.1421	0.5500	0.2245	0.4700
	每股净资产(元)	3.5247	5.1909	4.3205	4.3595
	每股经营现金净流量(元)	0.0001	0.2225	0.0898	0.4220
	每股现金流量(元)	-0.0597	-0.5106	-0.3146	0.0393
	每股资本公积金(元)	1.4660	2.6956	1.9486	2.0589
	每股盈余公积金(元)	0.1237	0.1855	0.1649	0.1649
	每股未分配利润(元)	0.9375	1.3626	1.2132	1.1386
	净资产收益率(%)	4.0417	9.9599	5.1951	10.8410
	加权净资产收益率(%)	4.0000	11.5800	5.1600	11.2900
	净资产收益率(扣除)(%)	3.4402	9.2447	4.5424	9.9609
	总资产(万元)	302168.35	247471.32	180610.73	178074.35
	归属母公司股东权益(万元)	207875.01	204094.52	151843.31	153223.61
	营业收入(万元)	66879.56	130507.56	50140.60	100056.72
	营业支出(万元)	42867.06	78966.66	30551.13	59317.26
	投资收益(万元)	265.79	359.95	323.84	516.01
	净利润(万元)	8452.10	20323.49	7888.43	16610.90
	营业利润(万元)	6480.94	18280.50	7358.14	16327.89
	利润总额(万元)	9792.63	22665.62	9238.45	20090.63

深圳英飞拓科技股份有限公司

公司概况	公司名称	深圳英飞拓科技股份有限公司			证券简称	英 飞 拓
	法人代表	刘肇怀	董秘	华元柳	证券代码	002528
	公司网址	www.infinova.com.cn		电子信箱	invrel@infinova.com.cn	
	电　　话	0755-86096000 86095586		传　　真	0755-86098166	
	办公地址	广东省深圳市宝安区观澜高新技术产业园英飞拓厂房				
	经营范围	电子安防产品的研发、设计、生产和销售等				

主要财务指标	指标\报告期	2015.06.30	2014.12.31	2014.06.30	2013.12.31
	基本每股收益(元)	-0.0142	0.0700	-0.0196	0.1800
	基本每股收益(扣除后)(元)	-0.0138	0.0900	-0.0180	-
	稀释每股收益(元)	-0.0141	0.0700	-0.0193	0.1700
	每股净资产(元)	3.0412	4.6800	4.6040	6.1745
	每股经营现金净流量(元)	0.0195	0.0271	-0.0190	-0.0914
	每股现金流量(元)	0.1915	-0.6196	-0.5831	-2.6279
	每股资本公积金(元)	1.9085	3.3563	3.3437	4.6261
	每股盈余公积金(元)	0.0582	0.0873	0.0800	0.1039
	每股未分配利润(元)	0.1191	0.3002	0.2188	0.5094
	净资产收益率(%)	-0.4678	1.5458	-0.4260	2.8383
	加权净资产收益率(%)	-0.4600	1.5500	-0.4100	2.8300
	净资产收益率(扣除)(%)	-0.4521	1.9612	-	2.8021
	总资产(万元)	250676.23	264609.76	232777.17	240630.80
	归属母公司股东权益(万元)	211856.66	217299.76	211506.28	218398.71
	营业收入(万元)	73115.40	97943.14	36940.46	96054.84
	营业支出(万元)	42619.41	48560.50	17403.80	47254.39
	投资收益(万元)	995.79	6572.63	3490.62	2901.30
	净利润(万元)	-963.01	3372.08	-900.57	6198.76
	营业利润(万元)	-379.34	2325.15	-711.80	4116.06
	利润总额(万元)	48.01	3746.50	-227.58	5331.39

福建海源自动化机械股份有限公司

公司概况						
	公司名称	福建海源自动化机械股份有限公司			证券简称	海源机械
	法人代表	李良光	董秘	刘嘉屹	证券代码	002529
	公司网址	www.haiyuan-group.com		电子信箱	hyjx@haiyuan-group.com	
	电　　话	0591-83855071		传　　真	0591-83855031	
	办公地址	福建省福州市闽侯县荆溪镇铁岭北路2号				
	经营范围	从事全自动液压设备以及配套设备的研发、生产与销售				

主要财务指标	指标\报告期	2015.06.30	2014.12.31	2014.06.30	2013.12.31
	基本每股收益(元)	-0.0900	0.0200	-0.0800	0.0500
	基本每股收益(扣除后)(元)	-0.1029	-0.0013	-0.0800	-
	稀释每股收益(元)	-0.0900	0.0200	-0.0800	0.0500
	每股净资产(元)	4.8897	6.2215	6.1247	6.2346
	每股经营现金净流量(元)	-0.1057	-0.3639	-0.1924	-0.0583
	每股现金流量(元)	-0.0090	-0.5182	-0.4370	-0.8728
	每股资本公积金(元)	3.1188	4.1485	4.1485	4.1485
	每股盈余公积金(元)	0.1935	0.2418	0.2418	0.2418
	每股未分配利润(元)	0.5673	0.8221	0.7210	0.8331
	净资产收益率(%)	-1.8482	0.3250	-1.3205	0.8779
	加权净资产收益率(%)	-1.8300	0.3200	-1.3100	0.8800
	净资产收益率(扣除)(%)	-2.1045	-0.0216	-1.3566	-0.1674
	总资产(万元)	114273.87	113494.86	108418.93	113030.92
	归属母公司股东权益(万元)	97794.10	99543.83	97994.53	99753.03
	营业收入(万元)	8624.52	20670.26	7404.82	25254.67
	营业支出(万元)	6299.18	12903.23	5192.76	17403.91
	投资收益(万元)	-125.34	-129.06	-52.94	17.99
	净利润(万元)	-1807.44	323.50	-1293.97	875.74
	营业利润(万元)	-2146.74	-175.70	-1326.22	-410.27
	利润总额(万元)	-1847.13	235.51	-1284.45	891.35

江苏丰东热技术股份有限公司

公司概况						
	公司名称	江苏丰东热技术股份有限公司			证券简称	丰东股份
	法人代表	朱文明	董秘	房莉莉	证券代码	002530
	公司网址	www.fengdong.com		电子信箱	fengdong@fengdong.com	
	电　　话	0515-83282838		传　　真	0515-83282843	
	办公地址	江苏省大丰市经济开发区南翔西路333号				
	经营范围	开发、生产热处理设备及其辅助设备并销售本公司自产产品等				

主要财务指标	指标\报告期	2015.06.30	2014.12.31	2014.06.30	2013.12.31
	基本每股收益(元)	0.0560	0.1200	0.0350	0.1610
	基本每股收益(扣除后)(元)	0.0380	0.0900	0.0279	0.1512
	稀释每股收益(元)	0.0560	0.1200	0.0350	0.1610
	每股净资产(元)	2.5289	2.5028	2.4160	2.4273
	每股经营现金净流量(元)	-0.0658	0.1256	-0.0500	0.0040
	每股现金流量(元)	-0.1684	0.0580	0.0934	-0.1176
	每股资本公积金(元)	0.7850	0.7850	0.7852	0.7817
	每股盈余公积金(元)	0.0931	0.0931	0.0827	0.0827
	每股未分配利润(元)	0.6509	0.6247	0.5482	0.5630
	净资产收益率(%)	2.2202	4.8801	1.4559	6.6183
	加权净资产收益率(%)	2.2300	4.9700	1.4500	6.8000
	净资产收益率(扣除)(%)	1.5072	3.7366	1.1552	6.2302
	总资产(万元)	99721.55	100124.59	92074.76	85340.12
	归属母公司股东权益(万元)	67775.59	67074.83	64748.66	65052.00
	营业收入(万元)	21034.24	36717.54	19092.69	38344.30
	营业支出(万元)	14913.86	25212.94	13704.13	27184.97
	投资收益(万元)	246.36	760.16	30.69	685.48
	净利润(万元)	1615.80	3489.76	942.68	4305.32
	营业利润(万元)	1410.22	3321.56	1077.99	4939.91
	利润总额(万元)	1991.23	4256.58	1317.22	5264.90

天顺风能(苏州)股份有限公司

公司概况						
	公司名称	天顺风能(苏州)股份有限公司			证券简称	天顺风能
	法人代表	严俊旭	董秘	郑康生	证券代码	002531
	公司网址	www.titanmetal.com.cn		电子信箱	public@titanwind.com.cn	
	电　　话	0512-82783958　82783910		传　　真	0512-82757667	
	办公地址	江苏省太仓市经济开发区宁波东路28号				
	经营范围	从事设计、生产加工各类电力设备(风力发电设备)、船舶设备等				

主要财务指标	指标\报告期	2015.06.30	2014.12.31	2014.06.30	2013.12.31
	基本每股收益(元)	0.1450	0.4200	0.2500	0.4200
	基本每股收益(扣除后)(元)	0.1320	0.3500	0.2200	0.3900
	稀释每股收益(元)	0.1450	0.4200	0.2500	0.4200
	每股净资产(元)	2.4200	4.8692	4.7013	4.5884
	每股经营现金净流量(元)	-0.0833	0.4024	-0.1330	0.2311
	每股现金流量(元)	0.0862	-0.3227	-0.7328	-1.0044
	每股资本公积金(元)	0.6930	2.6249	2.6249	2.6246
	每股盈余公积金(元)	0.0837	0.1674	0.1314	0.1314
	每股未分配利润(元)	0.6282	1.0660	0.9263	0.8270
	净资产收益率(%)	6.0007	8.7283	5.3039	9.1354
	加权净资产收益率(%)	5.8100	8.9700	5.2900	9.4100
	净资产收益率(扣除)(%)	5.4514	7.2509	4.5865	8.4172
	总资产(万元)	391211.99	297214.22	299271.76	292782.49
	归属母公司股东权益(万元)	199167.18	200366.77	193458.49	188810.98
	营业收入(万元)	93730.78	140231.89	69065.28	129072.94
	营业支出(万元)	69202.73	108342.47	52948.11	99978.73
	投资收益(万元)	1546.62	4928.43	3435.85	1119.69
	净利润(万元)	12020.62	17483.95	10260.87	17248.71
	营业利润(万元)	13953.30	19447.29	11628.63	19787.97
	利润总额(万元)	14501.28	20201.48	11960.49	20330.53

新界泵业集团股份有限公司

公司概况						
	公司名称	新界泵业集团股份有限公司			证券简称	新界泵业
	法人代表	许敏田	董秘	严先发	证券代码	002532
	公司网址	www.shimge.com		电子信箱	zqb@shimge.com	
	电　　话	0576-81670968		传　　真	0576-86338769	
	办公地址	浙江省温岭市大溪镇大洋城工业区				
	经营范围	各类水泵及控制设备以及空气压缩机的研发、生产和销售				

主要财务指标	指标\报告期	2015.06.30	2014.12.31	2014.06.30	2013.12.31
	基本每股收益(元)	0.2100	0.2700	0.1500	0.7600
	基本每股收益(扣除后)(元)	0.1800	0.2500	0.1500	0.4700
	稀释每股收益(元)	0.2100	0.2700	0.1500	0.7600
	每股净资产(元)	3.6016	3.3900	3.2600	6.3133
	每股经营现金净流量(元)	0.0226	0.5890	0.2135	0.8276
	每股现金流量(元)	0.2483	0.3381	0.0249	-1.0288
	每股资本公积金(元)	1.2008	1.1563	1.1563	3.3127
	每股盈余公积金(元)	0.1468	0.1474	0.1224	0.2448
	每股未分配利润(元)	1.2119	1.0538	0.9526	1.7094
	净资产收益率(%)	5.8925	8.0749	4.5427	11.9954
	加权净资产收益率(%)	6.1000	8.3800	4.5800	12.7000
	净资产收益率(扣除)(%)	4.8580	7.4432	4.7321	7.4688
	总资产(万元)	167747.37	150431.01	146374.37	141752.13
	归属母公司股东权益(万元)	115708.11	108611.32	104370.58	101013.29
	营业收入(万元)	57428.26	114531.17	55713.43	112628.55
	营业支出(万元)	41739.51	85210.03	41320.02	84442.06
	投资收益(万元)	54.00	2840.71	1343.66	582.66
	净利润(万元)	6747.87	9338.62	4732.59	12116.92
	营业利润(万元)	6344.50	8679.87	4479.80	13678.49
	利润总额(万元)	7650.44	10691.39	5949.13	14703.60

金杯电工股份有限公司

公司概况	公司名称	金杯电工股份有限公司			证券简称	金杯电工
	法人代表	吴学愚	董秘	黄喜华	证券代码	002533
	公司网址	www.gold-cup.cn		电子信箱	xhhang2466@sina.com	
	电　话	0731-82786126　82786129		传　真	0731-82786127	
	办公地址	湖南省长沙市国家高新技术产业开发区东方红中路 580 号				
	经营范围	加工、制造、销售电线、电缆、生产、销售电线、电缆材料及成品等				

	指标\报告期	2015.06.30	2014.12.31	2014.06.30	2013.12.31
主要财务指标	基本每股收益(元)	0.0910	0.2360	0.0740	0.3380
	基本每股收益(扣除后)(元)	0.0860	0.2140	0.0690	0.3100
	稀释每股收益(元)	0.0910	0.2360	0.0740	0.3380
	每股净资产(元)	3.5541	3.5457	3.3906	5.4141
	每股经营现金净流量(元)	0.1113	0.2010	–0.1129	0.4027
	每股现金流量(元)	–0.6480	0.1524	–0.5999	–0.1782
	每股资本公积金(元)	1.4266	1.4095	1.3211	2.7014
	每股盈余公积金(元)	0.0888	0.0888	0.0829	0.1326
	每股未分配利润(元)	1.0998	1.1091	0.9867	1.5801
	净资产收益率(%)	2.5516	6.5172	2.1848	6.2437
	加权净资产收益率(%)	2.5300	6.8200	2.1800	6.3700
	净资产收益率(扣除)(%)	2.4275	5.9101	2.0232	5.7326
	总资产(万元)	294257.85	286625.98	273083.98	261945.26
	归属母公司股东权益(万元)	196721.35	196258.26	182279.78	181913.45
	营业收入(万元)	148394.13	317712.82	136322.82	300156.07
	营业支出(万元)	128376.30	276885.80	120968.75	266391.05
	投资收益(万元)	27.33	–468.18	–5.90	–84.58
	净利润(万元)	5414.99	13295.64	3982.43	11358.20
	营业利润(万元)	6199.34	14003.85	4625.46	12129.19
	利润总额(万元)	6466.24	15652.94	5091.48	13284.90

杭州锅炉集团股份有限公司

公司概况	公司名称	杭州锅炉集团股份有限公司			证券简称	杭锅股份
	法人代表	吴南平	董秘	濮卫锋	证券代码	002534
	公司网址	www.chinaboilers.com		电子信箱	boiler@mail.hz.zj.cn	
	电　话	0571-85387519		传　真	0571-85387598	
	办公地址	浙江省杭州市江干区大农港路 1216 号				
	经营范围	各类余热锅炉、工业锅炉、电站锅炉、核电设备和电站辅机的研发、生产和销售				

	指标\报告期	2015.06.30	2014.12.31	2014.06.30	2013.12.31
主要财务指标	基本每股收益(元)	–0.5000	0.1800	0.1600	0.1700
	基本每股收益(扣除后)(元)	–0.5800	0.0400	0.1200	0.0800
	稀释每股收益(元)	–0.5000	0.1800	0.1600	0.1700
	每股净资产(元)	5.9646	6.6085	6.5540	6.5360
	每股经营现金净流量(元)	0.0102	1.0395	–0.3039	0.9947
	每股现金流量(元)	–0.1141	–0.7064	0.2565	0.2845
	每股资本公积金(元)	2.5951	2.5951	2.5672	2.5672
	每股盈余公积金(元)	0.3990	0.3569	0.3569	0.3066
	每股未分配利润(元)	1.9001	2.5910	2.5758	2.6157
	净资产收益率(%)	–8.3642	2.6689	2.4472	2.6586
	加权净资产收益率(%)	–7.8800	2.6900	2.4400	2.6900
	净资产收益率(扣除)(%)	–9.7073	0.6193	1.8106	1.2177
	总资产(万元)	690285.98	692512.64	711229.51	697462.01
	归属母公司股东权益(万元)	238896.05	264682.43	262501.31	261779.59
	营业收入(万元)	121745.33	313278.07	156912.57	594219.25
	营业支出(万元)	95198.93	249788.30	122335.03	501548.65
	投资收益(万元)	–1252.87	833.73	–30.51	–193.45
	净利润(万元)	–24016.58	10512.93	6423.87	6959.67
	营业利润(万元)	–33129.11	11043.92	8833.84	15104.47
	利润总额(万元)	–30819.84	17044.42	10639.47	19086.00

林州重机集团股份有限公司

公司概况	公司名称	林州重机集团股份有限公司			证券简称	林州重机
	法人代表	郭现生	董秘	曹庆平	证券代码	002535
	公司网址	www.lzzj.com		电子信箱	lzzj002535@126.com	
	电　话	0372-3263566　3263686		传　真	0372-3263686	
	办公地址	河南省林州市经济技术开发区凤宝大道与陵阳大道交叉口				
	经营范围	液压支架等煤炭综采支护设备的设计、研发、制造、销售及技术服务				

	指标\报告期	2015.06.30	2014.12.31	2014.06.30	2013.12.31
主要财务指标	基本每股收益(元)	–0.0500	0.1000	0.1400	0.3700
	基本每股收益(扣除后)(元)	–0.0800	0.0700	0.1300	0.2900
	稀释每股收益(元)	–0.0500	0.1000	0.1400	0.3700
	每股净资产(元)	5.2191	4.0591	4.0843	4.0784
	每股经营现金净流量(元)	–0.1048	–0.1494	–0.0268	0.1667
	每股现金流量(元)	1.6517	–0.1629	–0.1459	0.0214
	每股资本公积金(元)	3.3591	1.9925	1.9925	2.0025
	每股盈余公积金(元)	0.1321	0.1525	0.1453	0.1446
	每股未分配利润(元)	0.7231	0.9085	0.9494	0.9181
	净资产收益率(%)	–0.8937	2.3489	3.3203	9.1045
	加权净资产收益率(%)	–1.3400	2.3400	3.2700	9.4300
	净资产收益率(扣除)(%)	–1.3123	1.8500	3.2420	7.0334
	总资产(万元)	775971.97	684556.51	601600.47	545055.10
	归属母公司股东权益(万元)	321851.04	216850.25	219153.28	218837.78
	营业收入(万元)	77334.96	187434.94	94305.69	205187.25
	营业支出(万元)	69335.59	150126.72	72859.88	155952.17
	投资收益(万元)	359.70	1766.78	1189.94	818.29
	净利润(万元)	–3141.89	5688.51	7276.57	19924.12
	营业利润(万元)	–4901.86	5693.97	9162.64	23225.96
	利润总额(万元)	–3317.13	6778.81	9364.61	28587.49

河南省西峡汽车水泵股份有限公司

公司概况	公司名称	河南省西峡汽车水泵股份有限公司			证券简称	西泵股份
	法人代表	孙耀志	董秘	席洪民	证券代码	002536
	公司网址	www.xixia-waterpump.com		电子信箱	xhm@xixia-waterpump.com	
	电　话	0377-69723888　69662536		传　真	0377-69722888　69662536	
	办公地址	河南省南阳市西峡县工业大道 299 号				
	经营范围	汽车、摩托车零部件及其机械产品的加工、制造、销售等				

	指标\报告期	2015.06.30	2014.12.31	2014.06.30	2013.12.31
主要财务指标	基本每股收益(元)	0.3300	0.4200	0.2800	0.2600
	基本每股收益(扣除后)(元)	0.3100	0.3100	0.2300	0.1600
	稀释每股收益(元)	0.3300	0.4200	0.2800	0.2600
	每股净资产(元)	15.7549	12.3590	12.2206	12.1379
	每股经营现金净流量(元)	0.4599	0.8750	0.5620	0.6676
	每股现金流量(元)	3.3831	–0.0176	0.3962	–0.7387
	每股资本公积金(元)	11.8458	8.3220	8.3220	8.3220
	每股盈余公积金(元)	0.3222	0.3734	0.3368	0.3368
	每股未分配利润(元)	2.5869	2.6637	2.5618	2.4792
	净资产收益率(%)	1.8331	3.4070	2.3131	2.1716
	加权净资产收益率(%)	2.4900	3.4400	2.3000	2.1800
	净资产收益率(扣除)(%)	1.6689	2.4878	–	1.3504
	总资产(万元)	311971.17	252031.15	242347.26	220093.12
	归属母公司股东权益(万元)	175303.63	118646.59	117317.98	116524.30
	营业收入(万元)	94945.96	161468.62	78493.26	124400.52
	营业支出(万元)	73648.75	127134.65	62882.49	97344.58
	投资收益(万元)	–	–	–	–
	净利润(万元)	3262.45	4114.24	2713.69	2530.40
	营业利润(万元)	3251.60	3149.09	2433.09	1720.07
	利润总额(万元)	3601.78	4551.89	3007.87	2856.82

青岛海立美达股份有限公司

公司概况	公司名称	青岛海立美达股份有限公司			证券简称	海立美达
	法人代表	刘国平	董秘	曹际东	证券代码	002537
	公司网址	www.haili.com.cn			电子信箱	hlmo@haili.com.cn
	电　话	0532-89066166			传　真	0532-89066196
	办公地址	山东省青岛市即墨市青威路1626号				
	经营范围	钢板的剪切、冲压加工、彩涂钢板、钢制零部件、模具的开发与生产等				

主要财务指标	指标\报告期	2015.06.30	2014.12.31	2014.06.30	2013.12.31
	基本每股收益(元)	0.2700	0.2000	0.1800	0.3900
	基本每股收益(扣除后)(元)	0.1000	0.1600	0.1600	0.3400
	稀释每股收益(元)	0.2700	0.2000	0.1800	0.3900
	每股净资产(元)	4.8949	9.3022	9.2813	9.1788
	每股经营现金净流量(元)	1.0687	2.3424	0.5396	0.0092
	每股现金流量(元)	-0.0398	0.1529	0.0795	0.3347
	每股资本公积金(元)	2.5693	6.1461	6.1476	6.1361
	每股盈余公积金(元)	0.0672	0.1344	0.1231	0.1222
	每股未分配利润(元)	1.2585	2.0219	2.0106	1.9207
	净资产收益率(%)	5.5534	2.1381	1.9152	4.2179
	加权净资产收益率(%)	5.6800	2.1500	1.9100	4.3200
	净资产收益率(扣除)(%)	2.1154	1.7006	1.7227	3.6571
	总资产(万元)	295374.67	268753.34	289475.28	310860.02
	归属母公司股东权益(万元)	148168.97	140789.48	140577.58	139958.36
	营业收入(万元)	111592.15	250608.16	134928.03	312094.93
	营业支出(万元)	96673.52	220773.09	119483.61	277958.21
	投资收益(万元)	39.39	39.39	39.39	26.26
	净利润(万元)	11303.92	5103.08	2692.29	5903.34
	营业利润(万元)	3556.53	6484.92	4542.98	10193.26
	利润总额(万元)	12842.05	7278.14	4896.87	11172.29

安徽省司尔特肥业股份有限公司

公司概况	公司名称	安徽省司尔特肥业股份有限公司			证券简称	司尔特
	法人代表	金国清	董秘	吴勇	证券代码	002538
	公司网址	www.sierte.com			电子信箱	ahsierte@163.com
	电　话	0563-4181590　4181525			传　真	0563-4181525
	办公地址	安徽省宁国经济技术开发区汪溪园区				
	经营范围	高浓度磷复肥产品研发、生产和销售等				

主要财务指标	指标\报告期	2015.06.30	2014.12.31	2014.06.30	2013.12.31
	基本每股收益(元)	0.2000	0.4900	0.2400	0.3800
	基本每股收益(扣除后)(元)	0.1900	0.4200	0.1800	0.2900
	稀释每股收益(元)	0.2000	0.4900	0.2400	0.3800
	每股净资产(元)	3.1345	5.9700	5.7215	5.5821
	每股经营现金净流量(元)	0.2051	0.1076	-0.1299	0.0545
	每股现金流量(元)	0.2116	-0.2795	-0.2951	0.0916
	每股资本公积金(元)	0.7972	2.5944	2.5944	2.5944
	每股盈余公积金(元)	0.1444	0.2888	0.2405	0.2405
	每股未分配利润(元)	1.1929	2.0856	1.8867	1.7472
	净资产收益率(%)	6.3840	8.1544	4.1857	6.7544
	加权净资产收益率(%)	6.5400	8.4300	4.2100	6.9300
	净资产收益率(扣除)(%)	5.9726	7.0804	3.1939	5.2226
	总资产(万元)	371740.04	337941.63	298618.61	267606.19
	归属母公司股东权益(万元)	185562.11	176675.84	169357.78	165228.99
	营业收入(万元)	159974.83	237836.21	108177.60	222386.46
	营业支出(万元)	131187.13	196659.55	88171.44	187789.53
	投资收益(万元)	-	-	-	-
	净利润(万元)	11846.27	14406.85	7088.79	11160.30
	营业利润(万元)	13050.24	14787.37	6365.16	10201.65
	利润总额(万元)	13934.61	16992.58	8327.58	13152.04

成都市新都化工股份有限公司

公司概况	公司名称	成都市新都化工股份有限公司			证券简称	新都化工
	法人代表	牟嘉云	董秘	王生兵	证券代码	002539
	公司网址	www.shindoo.com			电子信箱	zhengquan@shindoo.com
	电　话	028-87373422			传　真	028-87373422
	办公地址	四川省成都市新都工业开发区南二路				
	经营范围	生产、销售复合肥等				

主要财务指标	指标\报告期	2015.06.30	2014.12.31	2014.06.30	2013.12.31
	基本每股收益(元)	0.2700	0.3400	0.1800	0.3200
	基本每股收益(扣除后)(元)	0.1800	0.2900	0.1500	0.2100
	稀释每股收益(元)	0.2700	0.3400	0.1800	0.3200
	每股净资产(元)	7.0980	7.0286	6.8700	6.8989
	每股经营现金净流量(元)	-0.4895	0.7588	-0.8245	0.8732
	每股现金流量(元)	0.2539	-0.2132	0.0761	-0.7400
	每股资本公积金(元)	3.8763	3.8763	3.8713	3.8833
	每股盈余公积金(元)	0.2161	0.2161	0.1422	0.1422
	每股未分配利润(元)	1.9685	1.8964	1.8094	1.8273
	净资产收益率(%)	3.8326	4.8787	2.6484	4.6716
	加权净资产收益率(%)	3.8200	4.9500	2.6000	4.5900
	净资产收益率(扣除)(%)	2.5422	4.0910	2.1658	3.0809
	总资产(万元)	812976.07	667557.72	627735.10	557264.34
	归属母公司股东权益(万元)	234972.94	232673.90	227555.72	228582.49
	营业收入(万元)	290114.73	466704.32	233961.42	384871.72
	营业支出(万元)	241314.30	384312.36	194742.55	325850.96
	投资收益(万元)	-2.29	-447.56	-449.85	-1108.63
	净利润(万元)	12510.22	18701.58	9702.73	14097.72
	营业利润(万元)	12178.39	22290.06	11193.62	15148.75
	利润总额(万元)	16460.62	24842.31	12816.20	19956.57

江苏亚太轻合金科技股份有限公司

公司概况	公司名称	江苏亚太轻合金科技股份有限公司			证券简称	亚太科技
	法人代表	周福海	董秘	罗功武	证券代码	002540
	公司网址	www.yatal.com			电子信箱	dm@yatal.com
	电　话	0510-88278652			传　真	0510-88278653
	办公地址	江苏省无锡市新区坊兴路8号				
	经营范围	精密铝管、专用型材和高精度棒材等汽车铝挤压材及其他工业铝挤压材的研发、生产和销售				

主要财务指标	指标\报告期	2015.06.30	2014.12.31	2014.06.30	2013.12.31
	基本每股收益(元)	0.1339	0.5333	0.2258	0.3600
	基本每股收益(扣除后)(元)	0.1118	0.4051	0.1830	0.2900
	稀释每股收益(元)	0.1339	0.5333	0.2258	0.3600
	每股净资产(元)	2.5047	5.9265	5.6200	5.5929
	每股经营现金净流量(元)	0.0397	0.2122	0.0906	0.1165
	每股现金流量(元)	0.0288	0.0463	0.0352	-1.7359
	每股资本公积金(元)	0.6837	3.2091	3.2091	3.2091
	每股盈余公积金(元)	0.0735	0.1837	0.1543	0.1543
	每股未分配利润(元)	0.7463	1.5311	1.2530	1.2272
	净资产收益率(%)	5.3448	8.9982	4.0193	6.3491
	加权净资产收益率(%)	5.4900	9.2900	3.9600	6.5100
	净资产收益率(扣除)(%)	4.4650	6.8348	3.2573	5.1175
	总资产(万元)	298441.73	273633.05	260090.46	248260.03
	归属母公司股东权益(万元)	260491.45	246542.29	233672.82	232664.36
	营业收入(万元)	119853.38	224206.79	108889.87	204962.07
	营业支出(万元)	93572.05	177905.29	86315.60	169007.42
	投资收益(万元)	4293.63	5061.61	1550.06	2535.50
	净利润(万元)	13922.81	22017.78	9391.93	14771.98
	营业利润(万元)	15740.77	24718.12	10195.48	16224.71
	利润总额(万元)	15978.42	25147.97	10725.91	16517.51

安徽鸿路钢结构(集团)股份有限公司

公司概况	公司名称	安徽鸿路钢结构(集团)股份有限公司			证券简称	鸿路钢构
	法人代表	开金伟	董秘	汪国胜	证券代码	002541
	公司网址	www.hong-lu.com		电子信箱	wangguosheng0731@163.com	
	电　　话	0551-66391405		传　　真	0551-66391725	
	办公地址	安徽省合肥市双凤工业区				
	经营范围	钢结构及其围护产品的制造和销售等				

主要财务指标	指标＼报告期	2015.06.30	2014.12.31	2014.06.30	2013.12.31
	基本每股收益(元)	0.3426	0.5100	0.3554	0.6200
	基本每股收益(扣除后)(元)	0.3255	0.4700	0.3331	0.4800
	稀释每股收益(元)	0.3426	0.5100	0.3554	0.6200
	每股净资产(元)	9.0914	8.8188	8.6594	8.3740
	每股经营现金净流量(元)	0.8476	0.1540	0.1805	-0.5879
	每股现金流量(元)	-0.3750	-0.3865	-0.0306	-0.5189
	每股资本公积金(元)	4.4617	4.4617	4.4617	4.4617
	每股盈余公积金(元)	0.2616	0.2616	0.2150	0.2150
	每股未分配利润(元)	3.3681	3.0955	2.9827	2.6973
	净资产收益率(%)	3.7683	5.8374	4.1050	7.3753
	加权净资产收益率(%)	3.8100	6.0000	4.1700	7.6500
	净资产收益率(扣除)(%)	3.5802	5.3205	-	5.7058
	总资产(万元)	721817.44	739435.30	718771.93	662193.86
	归属母公司股东权益(万元)	243649.48	236344.01	232073.11	224423.69
	营业收入(万元)	150027.80	422515.09	207604.50	493010.68
	营业支出(万元)	119551.69	349425.66	175913.29	431297.53
	投资收益(万元)	1230.92	-75.99	-43.80	20.37
	净利润(万元)	9181.48	13796.34	9525.42	16551.93
	营业利润(万元)	10063.49	15612.75	10309.76	16524.02
	利润总额(万元)	10609.58	17072.91	11016.00	20954.12

中化岩土工程股份有限公司

公司概况	公司名称	中化岩土工程股份有限公司			证券简称	中化岩土
	法人代表	梁富华	董秘	王秀格	证券代码	002542
	公司网址	www.cge.com.cn		电子信箱	cge@cge.com.cn	
	电　　话	010-61271947		传　　真	010-61271705	
	办公地址	北京市大兴工业开发区科苑路 13 号				
	经营范围	工业、交通与民用各类建筑项目的岩土工程勘察、设计等				

主要财务指标	指标＼报告期	2015.06.30	2014.12.31	2014.06.30	2013.12.31
	基本每股收益(元)	0.0700	0.2900	0.0900	0.3500
	基本每股收益(扣除后)(元)	0.0700	0.2800	0.0800	0.3500
	稀释每股收益(元)	0.0700	0.2900	0.0900	0.3500
	每股净资产(元)	1.6568	3.2184	2.1605	4.2352
	每股经营现金净流量(元)	-0.1216	-0.4609	-0.1450	0.2669
	每股现金流量(元)	-0.0145	-0.3856	-0.4309	-0.3886
	每股资本公积金(元)	0.3214	1.6428	0.6483	2.2965
	每股盈余公积金(元)	0.0501	0.1002	0.0995	0.1990
	每股未分配利润(元)	0.2849	0.4746	0.4127	0.7396
	净资产收益率(%)	4.3818	7.7996	4.3008	8.3305
	加权净资产收益率(%)	4.4100	10.8900	4.3300	8.6300
	净资产收益率(扣除)(%)	4.1599	7.6592	3.9071	8.3439
	总资产(万元)	326922.02	303026.06	102407.15	101519.76
	归属母公司股东权益(万元)	171974.55	167034.02	86593.24	84873.02
	营业收入(万元)	83544.15	120388.61	29683.90	50471.65
	营业支出(万元)	62209.57	87420.72	22774.97	37296.19
	投资收益(万元)	-24.63	422.17	361.78	374.88
	净利润(万元)	7361.06	13012.22	3724.22	7070.32
	营业利润(万元)	8027.55	14752.45	4300.85	8234.31
	利润总额(万元)	8478.78	15028.51	4363.66	8220.92

广东万和新电气股份有限公司

公司概况	公司名称	广东万和新电气股份有限公司			证券简称	万和电气
	法人代表	卢础其	董秘	卢宇阳	证券代码	002543
	公司网址	www.vanward.com		电子信箱	vw@vanward.com	
	电　　话	0757-28382828		传　　真	0757-23814788	
	办公地址	广东省佛山市顺德高新区(容桂)建业中路 13 号				
	经营范围	生产销售燃气热水器、燃气采暖热水炉、电热水器、燃气灶具、消毒柜等				

主要财务指标	指标＼报告期	2015.06.30	2014.12.31	2014.06.30	2013.12.31
	基本每股收益(元)	0.4565	0.6066	0.3792	0.6193
	基本每股收益(扣除后)(元)	0.4509	0.5834	0.3675	0.6031
	稀释每股收益(元)	0.4565	0.6066	0.3792	0.6193
	每股净资产(元)	6.1434	5.8647	5.9190	6.2437
	每股经营现金净流量(元)	1.2590	0.4710	0.6546	0.7967
	每股现金流量(元)	0.4548	-0.5329	0.3208	-0.1730
	每股资本公积金(元)	2.8386	2.8386	2.8702	3.2572
	每股盈余公积金(元)	0.1840	0.1840	0.1676	0.1405
	每股未分配利润(元)	2.1229	1.8464	1.8854	1.8508
	净资产收益率(%)	7.4312	10.3425	6.4068	9.9187
	加权净资产收益率(%)	7.4900	10.2000	6.4600	10.2000
	净资产收益率(扣除)(%)	7.3394	9.9472	6.2095	9.6590
	总资产(万元)	389817.05	375620.39	377158.93	355776.16
	归属母公司股东权益(万元)	270308.12	258047.71	260435.18	249747.55
	营业收入(万元)	212363.53	397771.75	207810.76	369248.03
	营业支出(万元)	147209.72	279576.62	148755.73	264745.55
	投资收益(万元)	964.28	2198.71	860.87	1829.64
	净利润(万元)	20087.18	26688.64	16685.49	24771.71
	营业利润(万元)	23804.78	30022.17	19408.12	29082.84
	利润总额(万元)	24106.10	31235.68	20021.59	29881.63

广州杰赛科技股份有限公司

公司概况	公司名称	广州杰赛科技股份有限公司			证券简称	杰赛科技
	法人代表	韩玉辉	董秘	黄征	证券代码	002544
	公司网址	www.chinagci.com		电子信箱	ir@chinagci.com	
	电　　话	020-84118343		传　　真	020-84119246	
	办公地址	广东省广州市新港中路 381 号杰赛科技大楼				
	经营范围	开发、制造、加工:通信系统与设备、测控及自动化网络与产品等				

主要财务指标	指标＼报告期	2015.06.30	2014.12.31	2014.06.30	2013.12.31
	基本每股收益(元)	0.0300	0.1800	0.0600	0.2800
	基本每股收益(扣除后)(元)	0.0200	0.1400	0.0400	0.2400
	稀释每股收益(元)	0.0300	0.1800	0.0600	0.2800
	每股净资产(元)	2.2037	2.2000	2.0800	3.1031
	每股经营现金净流量(元)	-0.8279	0.0161	-0.7331	0.0627
	每股现金流量(元)	-0.5644	0.2541	-0.5285	-0.2329
	每股资本公积金(元)	0.4199	0.4199	0.4184	1.1276
	每股盈余公积金(元)	0.1270	0.1270	0.1098	0.1647
	每股未分配利润(元)	0.6854	0.6835	0.5697	0.8367
	净资产收益率(%)	1.3936	8.0614	2.6504	9.0898
	加权净资产收益率(%)	1.3900	8.3300	2.6400	9.4200
	净资产收益率(扣除)(%)	0.9105	6.3948	1.8411	7.6434
	总资产(万元)	283566.71	295684.25	224364.21	206802.56
	归属母公司股东权益(万元)	113658.92	113922.42	107364.26	106697.00
	营业收入(万元)	76891.09	194683.75	75569.58	168484.18
	营业支出(万元)	59890.93	154034.20	57017.83	128204.71
	投资收益(万元)	-	-	-	-
	净利润(万元)	1526.16	9237.16	2845.58	9698.58
	营业利润(万元)	1042.60	8103.81	2339.88	8856.77
	利润总额(万元)	1801.34	10639.70	3511.56	11033.61

青岛东方铁塔股份有限公司

公司概况	公司名称	青岛东方铁塔股份有限公司		证券简称	东方铁塔
	法人代表	韩方如	董秘	何良军	证券代码	002545
	公司网址	www.qddftt.cn	电子信箱	stock@qddftt.cn	
	电　话	0532-88056092	传　真	0532-82292646	
	办公地址	山东省胶州市广州北路 318 号			
	经营范围	广播电视塔、微波塔、电力塔、导航塔、钢管、公用天线及钢结构设计制造			

主要财务指标	指标\报告期	2015.06.30	2014.12.31	2014.06.30	2013.12.31
	基本每股收益(元)	0.1342	0.2059	0.1056	0.6486
	基本每股收益(扣除后)(元)	0.1320	0.1912	0.0920	0.5451
	稀释每股收益(元)	0.1342	0.2059	0.1056	0.6486
	每股净资产(元)	11.0525	10.9676	10.8627	10.8567
	每股经营现金净流量(元)	–	0.8733	–0.3075	0.7401
	每股现金流量(元)	–0.3992	–0.7356	0.7050	–1.4931
	每股资本公积金(元)	5.8730	5.8730	5.8730	5.8730
	每股盈余公积金(元)	0.4845	0.4803	0.4552	0.4552
	每股未分配利润(元)	3.6592	3.5792	3.5040	3.4983
	净资产收益率(%)	1.2143	1.8772	0.9723	5.9744
	加权净资产收益率(%)	1.2200	1.8900	0.9700	6.1000
	净资产收益率(扣除)(%)	1.1941	1.7431	0.8472	5.0204
	总资产(万元)	410582.51	401593.98	425189.28	423870.23
	归属母公司股东权益(万元)	287642.09	285430.64	282702.07	282546.20
	营业收入(万元)	49536.58	99393.68	43100.40	169635.27
	营业支出(万元)	39873.56	75796.43	32038.79	127244.17
	投资收益(万元)	4303.21	2666.85	1463.57	842.50
	净利润(万元)	3472.37	5359.43	2748.83	16880.55
	营业利润(万元)	3575.38	6194.40	3209.81	19502.75
	利润总额(万元)	3692.91	6215.37	3202.20	19577.15

南京新联电子股份有限公司

公司概况	公司名称	南京新联电子股份有限公司		证券简称	新联电子
	法人代表	胡敏	董秘	朱忠明	证券代码	002546
	公司网址	www.xldz.com	电子信箱	zzm@njxldz.com	
	电　话	025-83699366	传　真	025-87153628	
	办公地址	江苏省南京市江宁开发区家园中路 28 号			
	经营范围	三遥系统(国家有专项规定的办理许可证后经营)、广播电视设备等			

主要财务指标	指标\报告期	2015.06.30	2014.12.31	2014.06.30	2013.12.31
	基本每股收益(元)	0.2510	0.6100	0.2490	0.8800
	基本每股收益(扣除后)(元)	0.2170	0.5100	0.2150	0.7600
	稀释每股收益(元)	0.2510	0.6100	0.2490	0.8800
	每股净资产(元)	5.1794	5.2284	4.8684	7.3278
	每股经营现金净流量(元)	–0.0627	0.4089	–0.0900	1.2268
	每股现金流量(元)	1.2447	0.3317	0.5745	–2.5375
	每股资本公积金(元)	1.8913	1.8913	1.8913	3.3355
	每股盈余公积金(元)	0.2719	0.2719	0.2294	0.3441
	每股未分配利润(元)	2.0163	2.0652	1.7477	2.6482
	净资产收益率(%)	4.8471	11.6459	5.1131	12.0467
	加权净资产收益率(%)	4.7300	12.1500	5.0600	12.6400
	净资产收益率(扣除)(%)	4.1835	9.6719	4.4186	10.3540
	总资产(万元)	167266.65	174133.79	145953.24	142180.16
	归属母公司股东权益(万元)	130521.22	131754.75	122682.90	123107.07
	营业收入(万元)	32797.81	58036.11	25030.79	54310.48
	营业支出(万元)	19599.96	34508.29	14963.19	32008.59
	投资收益(万元)	924.00	2959.96	970.38	1658.32
	净利润(万元)	6486.70	15597.47	6272.96	14830.39
	营业利润(万元)	7067.80	15329.28	6101.50	15359.94
	利润总额(万元)	7632.95	16826.43	6845.05	16905.17

苏州春兴精工股份有限公司

公司概况	公司名称	苏州春兴精工股份有限公司		证券简称	春兴精工
	法人代表	孙洁晓	董秘	徐苏云	证券代码	002547
	公司网址	www.chunxing-group.com	电子信箱	cxjg@chunxing-group.com	
	电　话	0512-62625328　62625319	传　真	0512-62625328	
	办公地址	江苏省苏州市工业园区唯亭镇金陵东路 120 号			
	经营范围	通讯系统设备以及汽车用精密铸件及各类精密部件的制造、销售及服务等			

主要财务指标	指标\报告期	2015.06.30	2014.12.31	2014.06.30	2013.12.31
	基本每股收益(元)	0.2300	0.3600	0.1800	0.1100
	基本每股收益(扣除后)(元)	0.2000	0.3600	0.1700	0.1000
	稀释每股收益(元)	0.2300	0.3600	0.1800	0.1100
	每股净资产(元)	5.2367	5.0585	2.9567	2.7815
	每股经营现金净流量(元)	–0.1358	0.9308	0.2252	–0.0750
	每股现金流量(元)	–1.6489	2.1060	0.0663	0.1613
	每股资本公积金(元)	3.4000	3.4000	1.3626	1.3626
	每股盈余公积金(元)	0.0446	0.0446	0.0177	0.0177
	每股未分配利润(元)	0.8022	0.6191	0.5796	0.4037
	净资产收益率(%)	4.4510	6.1073	5.9489	3.9822
	加权净资产收益率(%)	4.5300	11.4500	6.1300	4.0600
	净资产收益率(扣除)(%)	3.8428	6.1222	5.8792	3.7349
	总资产(万元)	284564.28	326107.59	216781.68	180320.54
	归属母公司股东权益(万元)	176648.25	170637.43	83969.58	78995.61
	营业收入(万元)	106013.00	222016.49	94248.86	124474.77
	营业支出(万元)	84081.18	175569.45	73432.75	102368.06
	投资收益(万元)	1093.50	–	–	–
	净利润(万元)	7991.52	10521.06	4995.24	3145.79
	营业利润(万元)	9884.64	12387.85	5981.54	3398.30
	利润总额(万元)	9992.60	12317.05	6049.21	3639.63

深圳市金新农饲料股份有限公司

公司概况	公司名称	深圳市金新农饲料股份有限公司		证券简称	金新农
	法人代表	陈俊海	董秘	翟卫兵	证券代码	002548
	公司网址	www.chengnong.com	电子信箱	jxnfeed@163.com	
	电　话	0755-29420820　27166108	传　真	0755-27166396	
	办公地址	广东省深圳市宝安区公明镇将石塘下围			
	经营范围	生产、销售预混饲料、浓缩饲料、饲料、饲料添加剂等			

主要财务指标	指标\报告期	2015.06.30	2014.12.31	2014.06.30	2013.12.31
	基本每股收益(元)	0.1100	0.2000	0.1000	0.1400
	基本每股收益(扣除后)(元)	0.0900	0.1700	0.1900	0.2600
	稀释每股收益(元)	0.1100	0.2000	0.1000	0.1400
	每股净资产(元)	2.6230	2.6113	5.7227	5.7121
	每股经营现金净流量(元)	–0.4629	–0.0310	–0.2962	–0.1220
	每股现金流量(元)	0.5095	–0.4401	–1.0354	–1.0412
	每股资本公积金(元)	0.9777	0.9777	3.3510	3.3510
	每股盈余公积金(元)	0.0796	0.0796	0.1754	0.1716
	每股未分配利润(元)	0.5657	0.5540	1.1962	1.1895
	净资产收益率(%)	4.2584	7.5329	3.6800	5.2301
	加权净资产收益率(%)	4.2400	7.5100	3.6400	5.2300
	净资产收益率(扣除)(%)	3.5785	6.6856	3.2740	4.4832
	总资产(万元)	140338.47	99771.87	95532.35	101023.45
	归属母公司股东权益(万元)	81365.23	81002.36	80689.95	80540.55
	营业收入(万元)	126751.27	198782.65	95310.69	198991.75
	营业支出(万元)	112267.38	170614.96	82227.97	175491.86
	投资收益(万元)	632.10	85.76	128.97	234.72
	净利润(万元)	3479.17	6259.47	3013.42	4275.63
	营业利润(万元)	4164.57	8004.93	3735.93	4279.87
	利润总额(万元)	4316.89	8129.59	3867.84	5012.71

湖南凯美特气体股份有限公司

公司概况	公司名称	湖南凯美特气体股份有限公司		证券简称	凯美特气
	法人代表	祝恩福	董秘 张伟	证券代码	002549
	公司网址	www.china-kmt.cn		电子信箱	zhangw@china-kmt.cn
	电　　话	0730-8553359		传　　真	0730-8551458
	办公地址	湖南省岳阳市岳阳楼区七里山(巴陵石化化肥事业部西门)			
	经营范围	干冰、液体二氧化碳、食品添加剂液体二氧化碳等			

主要财务指标	指标\报告期	2015.06.30	2014.12.31	2014.06.30	2013.12.31
	基本每股收益(元)	-0.0600	0.0800	0.0500	0.1500
	基本每股收益(扣除后)(元)	-0.0600	0.0700	0.0600	0.2100
	稀释每股收益(元)	-0.0600	0.0800	0.0500	0.1500
	每股净资产(元)	1.4038	2.0416	2.0341	2.9500
	每股经营现金净流量(元)	0.0395	0.1885	0.1032	0.1141
	每股现金流量(元)	0.0120	-0.1297	0.1930	0.0217
	每股资本公积金(元)	0.0384	0.4538	0.4538	1.1806
	每股盈余公积金(元)	0.0422	0.0591	0.0522	0.0783
	每股未分配利润(元)	0.3181	0.5225	0.5203	0.6776
	净资产收益率(%)	-3.9217	3.8048	3.3718	7.3927
	加权净资产收益率(%)	-3.8500	3.8800	3.4300	7.6300
	净资产收益率(扣除)(%)	-4.2381	3.4294	3.1726	7.1366
	总资产(万元)	124683.70	119520.23	113275.33	108028.97
	归属母公司股东权益(万元)	79593.25	82685.71	82379.38	79569.79
	营业收入(万元)	2765.45	26199.33	12486.57	23241.48
	营业支出(万元)	5009.46	12106.98	5615.56	8967.36
	投资收益(万元)	4.38	32.81	17.97	8.54
	净利润(万元)	-3123.50	3141.20	2777.68	5882.38
	营业利润(万元)	-3972.05	1962.86	2151.43	5464.22
	利润总额(万元)	-3122.69	3495.31	2953.78	7061.23

常州千红生化制药股份有限公司

公司概况	公司名称	常州千红生化制药股份有限公司		证券简称	千红制药
	法人代表	王耀方	董秘 蒋文群	证券代码	002550
	公司网址	www.qhsh.com.cn		电子信箱	stock@qhsh.com.cn
	电　　话	0519-85156003		传　　真	0519-85156029
	办公地址	江苏省常州市新北区长江中路 90 号			
	经营范围	片剂、硬胶囊剂、颗粒剂、原料药、冻干粉、冻干粉针剂等			

主要财务指标	指标\报告期	2015.06.30	2014.12.31	2014.06.30	2013.12.31
	基本每股收益(元)	0.2100	0.7700	0.1700	0.5800
	基本每股收益(扣除后)(元)	0.1500	0.5300	0.3400	1.1400
	稀释每股收益(元)	0.2100	0.7700	0.1700	0.5800
	每股净资产(元)	3.3440	6.5596	6.1326	12.0900
	每股经营现金净流量(元)	0.2737	0.7875	0.4232	1.0030
	每股现金流量(元)	0.0849	-1.3010	-1.2054	-4.1115
	每股资本公积金(元)	1.1041	3.1958	3.1958	7.3916
	每股盈余公积金(元)	0.1761	0.3522	0.2744	0.5489
	每股未分配利润(元)	1.0639	2.0116	1.6624	3.1473
	净资产收益率(%)	6.2211	11.6736	5.5236	9.6700
	加权净资产收益率(%)	6.1500	12.2300	5.4900	9.9800
	净资产收益率(扣除)(%)	4.4060	8.1191	5.4729	9.3921
	总资产(万元)	244598.82	231073.94	206554.40	206628.52
	归属母公司股东权益(万元)	214017.89	209907.36	196243.43	193403.69
	营业收入(万元)	33090.90	81460.83	40141.52	86078.10
	营业支出(万元)	11365.12	33642.54	19751.63	49430.59
	投资收益(万元)	40.79	30.95	-	2.34
	净利润(万元)	13116.96	24215.59	10513.87	18168.91
	营业利润(万元)	15589.83	26887.51	12331.53	20949.85
	利润总额(万元)	15810.59	28607.61	12448.87	21615.79

深圳市尚荣医疗股份有限公司

公司概况	公司名称	深圳市尚荣医疗股份有限公司		证券简称	尚荣医疗
	法人代表	梁桂秋	董秘 林立	证券代码	002551
	公司网址	www.glory-medical.com.cn		电子信箱	gen@glory-medical.com.cn
	电　　话	0755-82290988		传　　真	0755-89926159
	办公地址	广东省深圳市龙岗区宝龙工业城宝龙五路二号尚荣科技工业园 1 号厂房 2 楼			
	经营范围	医疗设备及医疗系统工程、医疗设施的设计、生产、销售和安装等			

主要财务指标	指标\报告期	2015.06.30	2014.12.31	2014.06.30	2013.12.31
	基本每股收益(元)	0.1600	0.2800	0.1200	0.2000
	基本每股收益(扣除后)(元)	0.1600	0.2900	0.1800	0.2400
	稀释每股收益(元)	0.1600	0.2800	0.1200	0.2000
	每股净资产(元)	3.8917	3.7603	4.6036	4.5200
	每股经营现金净流量(元)	0.1579	-0.0387	-0.0501	-0.3056
	每股现金流量(元)	-0.1995	-0.3763	-0.0836	-0.9274
	每股资本公积金(元)	1.8785	1.8451	2.5874	2.5874
	每股盈余公积金(元)	0.0723	0.0724	0.0733	0.0733
	每股未分配利润(元)	0.9319	0.8428	0.9429	0.8572
	净资产收益率(%)	4.8726	7.4894	4.0338	5.8987
	加权净资产收益率(%)	4.9300	7.9200	4.0300	5.9700
	净资产收益率(扣除)(%)	4.8697	7.5568	3.9012	5.3731
	总资产(万元)	286935.31	235646.56	218617.08	201916.92
	归属母公司股东权益(万元)	141269.94	136401.16	127404.59	125037.83
	营业收入(万元)	86719.06	116677.75	48739.61	73090.09
	营业支出(万元)	67223.57	83650.54	34660.16	50836.91
	投资收益(万元)	-	19.67	121.10	-0.10
	净利润(万元)	7820.69	11100.25	5224.91	7748.48
	营业利润(万元)	8746.97	13128.06	6345.34	8859.52
	利润总额(万元)	9845.01	13338.39	6427.59	9576.98

宝鼎重工股份有限公司

公司概况	公司名称	宝鼎重工股份有限公司		证券简称	宝鼎重工
	法人代表	朱宝松	董秘 吴建海	证券代码	002552
	公司网址	www.bd-zg.com		电子信箱	info@bd-zg.com
	电　　话	0571-86319217		传　　真	0571-86319217
	办公地址	浙江省杭州市余杭区塘栖镇工业园区内			
	经营范围	大型铸锻件的研发、生产和销售等			

主要财务指标	指标\报告期	2015.06.30	2014.12.31	2014.06.30	2013.12.31
	基本每股收益(元)	0.0200	0.0500	0.0200	0.0400
	基本每股收益(扣除后)(元)	0.0100	0.0300	0.0100	0.0400
	稀释每股收益(元)	0.0200	0.0500	0.0200	0.0400
	每股净资产(元)	2.6981	2.6994	2.6721	5.3500
	每股经营现金净流量(元)	0.0344	0.0461	-0.0519	-0.0097
	每股现金流量(元)	0.6253	-0.1493	-0.1389	-0.9701
	每股资本公积金(元)	1.1346	1.1346	1.1346	3.2692
	每股盈余公积金(元)	0.0859	0.0859	0.0811	0.1622
	每股未分配利润(元)	0.4776	0.4789	0.4564	0.9223
	净资产收益率(%)	0.6952	1.7601	0.7580	1.5123
	加权净资产收益率(%)	0.6900	1.7700	0.7600	1.5100
	净资产收益率(扣除)(%)	0.4122	1.1482	0.4986	0.7350
	总资产(万元)	109475.28	90935.07	90004.10	86989.78
	归属母公司股东权益(万元)	80943.63	80980.90	80163.36	80305.57
	营业收入(万元)	15260.10	32443.19	13131.39	21634.14
	营业支出(万元)	12677.36	27495.49	11027.18	17503.60
	投资收益(万元)	-33.25	155.12	86.50	240.71
	净利润(万元)	562.73	1425.33	607.79	1214.45
	营业利润(万元)	378.67	1054.87	469.79	757.98
	利润总额(万元)	667.16	1602.67	699.35	1328.64

江苏南方轴承股份有限公司

公司概况	公司名称	江苏南方轴承股份有限公司			证券简称	南方轴承
	法人代表	史建伟	董秘	蔡卫东	证券代码	002553
	公司网址	www.nf-bearings.com		电子信箱	weidong.cai@nf-bearings.com	
	电 话	0519-86195066 67893573		传 真	0519-89810195	
	办公地址	江苏省常州市武进高新技术开发区龙翔路9号				
	经营范围	滚针轴承、离合器、齿轮、滑轮总成、机械零部件、汽车零部件等				

主要财务指标	指标\报告期	2015.06.30	2014.12.31	2014.06.30	2013.12.31
	基本每股收益(元)	0.1134	0.3750	0.0990	0.2710
	基本每股收益(扣除后)(元)	0.0824	0.3000	0.1579	0.5171
	稀释每股收益(元)	0.1134	0.3750	0.0990	0.2710
	每股净资产(元)	1.8093	3.5918	3.4148	6.8835
	每股经营现金净流量(元)	0.0698	0.3565	0.1364	0.6892
	每股现金流量(元)	-0.2380	0.2326	-0.0698	-2.4675
	每股资本公积金(元)	0.1624	1.3248	1.3248	3.6496
	每股盈余公积金(元)	0.0815	0.1630	0.1254	0.2509
	每股未分配利润(元)	0.5654	1.1040	0.9645	1.9830
	净资产收益率(%)	6.2686	10.4433	5.8003	7.8808
	加权净资产收益率(%)	6.1800	10.8400	5.7800	8.1500
	净资产收益率(扣除)(%)	4.5527	8.3585	4.6254	7.5125
	总资产(万元)	68286.44	67429.13	64388.05	64877.53
	归属母公司股东权益(万元)	62964.91	62497.87	59417.42	59886.05
	营业收入(万元)	15194.75	30135.35	15079.78	26780.19
	营业支出(万元)	10131.84	19780.41	10071.53	17911.09
	投资收益(万元)	1241.48	1446.44	766.47	129.41
	净利润(万元)	3947.04	6526.82	3446.37	4719.49
	营业利润(万元)	4565.30	7516.09	3998.01	5397.79
	利润总额(万元)	4594.90	7602.53	4052.82	5530.02

华油惠博普科技股份有限公司

公司概况	公司名称	华油惠博普科技股份有限公司			证券简称	惠博普
	法人代表	黄松	董秘	张中炜	证券代码	002554
	公司网址	www.china-hbp.com		电子信箱	securities@china-hbp.com	
	电 话	010-82809807		传 真	010-82809807	
	办公地址	北京市海淀区马甸东路17号11层1212				
	经营范围	油气田开发地面系统装备的工艺技术研发、系统设计等				

主要财务指标	指标\报告期	2015.06.30	2014.12.31	2014.06.30	2013.12.31
	基本每股收益(元)	0.1400	0.3400	0.1200	0.2300
	基本每股收益(扣除后)(元)	0.1400	0.3400	0.1200	0.1700
	稀释每股收益(元)	0.1400	0.3400	0.1200	0.2300
	每股净资产(元)	3.9901	3.1625	2.9457	2.8736
	每股经营现金净流量(元)	-0.2102	0.2332	-0.0174	-0.0997
	每股现金流量(元)	-0.0328	0.0398	-0.0863	-0.5644
	每股资本公积金(元)	2.0407	1.1814	1.1805	1.1805
	每股盈余公积金(元)	0.0683	0.0773	0.0621	0.0621
	每股未分配利润(元)	0.8978	0.9210	0.7148	0.6446
	净资产收益率(%)	3.3561	10.8068	4.0760	7.8650
	加权净资产收益率(%)	3.9200	11.3200	4.0900	8.1200
	净资产收益率(扣除)(%)	3.3145	10.6182	4.0062	5.8417
	总资产(万元)	290742.74	275008.95	203523.18	187113.09
	归属母公司股东权益(万元)	205739.24	144092.07	134214.92	130928.21
	营业收入(万元)	70803.15	138141.71	62862.30	95138.06
	营业支出(万元)	49782.37	96200.45	47746.37	68777.60
	投资收益(万元)	35.19	-430.21	-129.32	36.94
	净利润(万元)	7395.85	17581.21	5470.55	10297.56
	营业利润(万元)	9537.39	21162.96	7342.41	7134.88
	利润总额(万元)	9679.34	21502.42	7465.36	14147.15

芜湖顺荣三七互娱网络科技股份有限公司

公司概况	公司名称	芜湖顺荣三七互娱网络科技股份有限公司			证券简称	顺荣三七
	法人代表	吴卫东	董秘	张云	证券代码	002555
	公司网址	www.shunrong.cn		电子信箱	dmb@shunrong.cn	
	电 话	0553-6816767		传 真	0553-6816767	
	办公地址	安徽省芜湖市南陵县经济开发区				
	经营范围	汽车零部件制造、销售				

主要财务指标	指标\报告期	2015.06.30	2014.12.31	2014.06.30	2013.12.31
	基本每股收益(元)	0.2500	0.2500	0.0072	0.0300
	基本每股收益(扣除后)(元)	0.2300	0.2400	0.0159	0.0100
	稀释每股收益(元)	0.2500	0.2500	0.0072	0.0300
	每股净资产(元)	3.2463	8.1413	5.3234	5.5040
	每股经营现金净流量(元)	0.4344	0.2819	0.1616	0.3645
	每股现金流量(元)	0.4348	0.9362	-0.1575	-0.0632
	每股资本公积金(元)	1.9394	6.9317	4.0847	4.0847
	每股盈余公积金(元)	0.0378	0.1020	0.1384	0.1384
	每股未分配利润(元)	0.2488	0.1061	0.1003	0.2809
	净资产收益率(%)	7.5955	1.4449	0.3640	0.4991
	加权净资产收益率(%)	7.8600	4.2100	0.3600	0.4900
	净资产收益率(扣除)(%)	7.1820	1.3809	0.2980	0.1312
	总资产(万元)	410035.80	341527.90	77908.90	80110.30
	归属母公司股东权益(万元)	284732.14	264474.68	71333.54	73753.88
	营业收入(万元)	214930.66	59822.54	12572.60	25711.59
	营业支出(万元)	84051.20	34332.29	10316.71	21022.20
	投资收益(万元)	643.88	37.89	-	-
	净利润(万元)	38980.11	5860.70	259.67	368.12
	营业利润(万元)	35277.89	5760.78	237.23	98.53
	利润总额(万元)	39527.59	6039.26	292.65	417.78

安徽辉隆农资集团股份有限公司

公司概况	公司名称	安徽辉隆农资集团股份有限公司			证券简称	辉隆股份
	法人代表	李永东	董秘	邓顶亮	证券代码	002556
	公司网址	www.ahamp.com		电子信箱	zqb@ahamp.com	
	电 话	0551-2634360		传 真	0551-2655720	
	办公地址	安徽省合肥市蜀山区祁门路1777号				
	经营范围	农业生产资料、农机具、农用薄膜、化工原料及产品				

主要财务指标	指标\报告期	2015.06.30	2014.12.31	2014.06.30	2013.12.31
	基本每股收益(元)	0.2025	0.2933	0.1178	0.1887
	基本每股收益(扣除后)(元)	0.0203	0.1301	0.0300	-0.0800
	稀释每股收益(元)	0.2025	0.2933	0.1178	0.1887
	每股净资产(元)	4.4337	4.2328	4.1506	4.0324
	每股经营现金净流量(元)	1.3507	0.1230	-0.2643	1.4344
	每股现金流量(元)	0.6174	-0.3995	-0.5294	-0.2581
	每股资本公积金(元)	2.1880	2.1891	2.1819	2.1818
	每股盈余公积金(元)	0.1417	0.1417	0.1244	0.1244
	每股未分配利润(元)	1.1019	0.8994	0.8413	0.7235
	净资产收益率(%)	4.5663	6.9295	2.8375	4.6797
	加权净资产收益率(%)	4.6700	7.0900	2.8800	4.7200
	净资产收益率(扣除)(%)	0.4569	3.0743	0.7827	-1.9043
	总资产(万元)	628147.70	597327.07	551671.43	544302.59
	归属母公司股东权益(万元)	212108.05	202499.09	198563.49	192909.51
	营业收入(万元)	544637.49	943572.39	443411.40	1010930.98
	营业支出(万元)	518573.77	889533.62	420381.74	973403.54
	投资收益(万元)	12317.55	16222.92	5252.70	14804.49
	净利润(万元)	11159.13	13575.11	6401.06	8241.87
	营业利润(万元)	10453.36	15319.18	7910.52	5630.52
	利润总额(万元)	13497.64	17721.70	8617.02	12564.38

洽洽食品股份有限公司

公司概况	公司名称	洽洽食品股份有限公司		证券简称	洽洽食品
	法人代表	陈先保	董秘 项良宝	证券代码	002557
	公司网址	www.qiaqiafood.com		电子信箱	qiaqia@qiaqiafood.com
	电　话	0551-2227008		传　真	0551-62586500*7040
	办公地址	安徽省合肥市经济技术开发区莲花路1307号			
	经营范围	坚果炒货食品的生产和销售等			

主要财务指标	指标\报告期	2015.06.30	2014.12.31	2014.06.30	2013.12.31
	基本每股收益(元)	0.2800	0.8700	0.2200	0.7500
	基本每股收益(扣除后)(元)	0.2300	0.6300	0.2200	0.5400
	稀释每股收益(元)	0.2800	0.8700	0.2200	0.7500
	每股净资产(元)	5.1962	8.0680	7.5343	7.7000
	每股经营现金净流量(元)	0.7945	0.4655	0.9106	-0.0040
	每股现金流量(元)	0.6654	0.1717	0.4235	-0.8141
	每股资本公积金(元)	3.1330	5.1998	5.1998	5.1998
	每股盈余公积金(元)	0.2264	0.3396	0.2696	0.2696
	每股未分配利润(元)	0.8373	1.5295	1.0657	1.2337
	净资产收益率(%)	5.4712	10.7610	4.4061	9.8022
	加权净资产收益率(%)	5.2200	11.0100	4.2200	9.9100
	净资产收益率(扣除)(%)	4.3739	7.8450	2.8629	6.9975
	总资产(万元)	381642.07	428065.08	375887.37	395681.03
	归属母公司股东权益(万元)	263447.49	272699.55	254660.45	260330.04
	营业收入(万元)	150454.76	311323.14	136515.58	298844.79
	营业支出(万元)	101881.43	214938.17	96013.11	215943.03
	投资收益(万元)	3109.21	4047.82	2298.54	2367.04
	净利润(万元)	14285.72	29226.20	11135.71	25648.38
	营业利润(万元)	18991.65	35038.04	13392.95	29638.77
	利润总额(万元)	19229.54	37585.87	15034.15	32876.96

重庆新世纪游轮股份有限公司

公司概况	公司名称	重庆新世纪游轮股份有限公司		证券简称	世纪游轮
	法人代表	彭建虎	董秘 张生全	证券代码	002558
	公司网址	www.centuryrivercruises.com		电子信箱	zsqsczg@centuryrivercruises.com
	电　话	023-62949868 62328999 9906		传　真	023-62949900
	办公地址	重庆市南岸区江南大道8号万达广场1栋5层			
	经营范围	重庆长江至上海省际旅游船运输、旅游船船票销售、商务管理咨询			

主要财务指标	指标\报告期	2015.06.30	2014.12.31	2014.06.30	2013.12.31
	基本每股收益(元)	0.0200	0.1600	0.0200	0.0800
	基本每股收益(扣除后)(元)	0.0040	0.0200	0.2400	0.0400
	稀释每股收益(元)	0.0200	0.1600	0.0200	0.0800
	每股净资产(元)	9.3421	9.2987	9.1970	10.1788
	每股经营现金净流量(元)	0.1216	1.1341	0.1238	0.0136
	每股现金流量(元)	-0.0055	-0.0897	0.0590	-0.7415
	每股资本公积金(元)	6.1764	6.1764	6.1764	6.8941
	每股盈余公积金(元)	0.3404	0.3404	0.3046	0.3350
	每股未分配利润(元)	1.7656	1.7477	1.6996	1.9477
	净资产收益率(%)	0.1912	1.7387	0.2162	0.8335
	加权净资产收益率(%)	0.1900	1.7500	0.2100	0.8300
	净资产收益率(扣除)(%)	0.0441	0.2614	0.2565	0.3909
	总资产(万元)	65556.64	65779.32	69875.99	70653.60
	归属母公司股东权益(万元)	61144.26	60859.81	60194.39	60563.84
	营业收入(万元)	21713.43	51607.66	19657.48	39828.10
	营业支出(万元)	17902.36	42979.39	17732.00	35566.19
	投资收益(万元)	-	-	-	-
	净利润(万元)	116.93	1058.15	130.13	504.77
	营业利润(万元)	-468.75	670.00	-181.89	50.51
	利润总额(万元)	107.17	1727.70	208.90	633.91

江苏亚威机床股份有限公司

公司概况	公司名称	江苏亚威机床股份有限公司		证券简称	亚威股份
	法人代表	吉素琴	董秘 谢彦森	证券代码	002559
	公司网址	www.yawei.cc		电子信箱	ir@yawwei.cc
	电　话	0514-86880522		传　真	0514-86880505
	办公地址	江苏省扬州市江都区黄海南路仙城工业园			
	经营范围	机床、机械设备、机床配件制造、加工、销售			

主要财务指标	指标\报告期	2015.06.30	2014.12.31	2014.06.30	2013.12.31
	基本每股收益(元)	0.1500	0.4800	0.1500	0.4600
	基本每股收益(扣除后)(元)	0.1500	0.4500	0.2700	0.4200
	稀释每股收益(元)	0.1500	0.4800	0.1500	0.4600
	每股净资产(元)	3.6654	7.2761	7.0943	7.0430
	每股经营现金净流量(元)	0.0700	0.6751	0.1853	0.9090
	每股现金流量(元)	-0.2025	-0.3943	-0.1257	0.7483
	每股资本公积金(元)	1.6521	4.3042	4.3042	4.3042
	每股盈余公积金(元)	0.1406	0.2811	0.2338	0.2338
	每股未分配利润(元)	0.8708	1.6884	1.5560	1.5049
	净资产收益率(%)	4.1351	6.6089	4.2455	6.5979
	加权净资产收益率(%)	4.1300	6.7600	4.2400	6.7400
	净资产收益率(扣除)(%)	4.0008	6.1595	3.7400	5.9471
	总资产(万元)	166411.69	175626.98	171353.99	162823.36
	归属母公司股东权益(万元)	129020.34	128059.74	124859.42	123957.68
	营业收入(万元)	48352.66	89356.74	48190.51	85130.34
	营业支出(万元)	35425.57	64646.26	35238.63	63894.12
	投资收益(万元)	-	-	-	187.42
	净利润(万元)	5156.24	8396.11	5303.54	8185.17
	营业利润(万元)	5917.12	9246.96	5615.51	8714.72
	利润总额(万元)	6117.44	9794.63	6272.12	9448.56

河南通达电缆股份有限公司

公司概况	公司名称	河南通达电缆股份有限公司		证券简称	通达股份
	法人代表	史万福	董秘 张治中	证券代码	002560
	公司网址	www.hntddl.com		电子信箱	hntddlzqb@163.com
	电　话	0379-65107666		传　真	0379-67512888
	办公地址	河南省偃师市史家湾工业区			
	经营范围	钢芯铝绞线的研发、生产和销售			

主要财务指标	指标\报告期	2015.06.30	2014.12.31	2014.06.30	2013.12.31
	基本每股收益(元)	0.2100	0.3400	0.1300	0.5800
	基本每股收益(扣除后)(元)	0.1900	0.3100	0.1100	0.5500
	稀释每股收益(元)	0.2100	0.3400	0.1300	0.5800
	每股净资产(元)	9.9889	9.9328	9.9246	8.9801
	每股经营现金净流量(元)	-0.3144	0.4410	0.0934	-0.0777
	每股现金流量(元)	1.1107	0.3288	2.0765	-0.9208
	每股资本公积金(元)	6.7768	6.7768	6.7789	5.2429
	每股盈余公积金(元)	0.2425	0.2425	0.2148	0.2906
	每股未分配利润(元)	1.9732	1.9159	1.9308	2.4465
	净资产收益率(%)	2.0753	3.3762	1.2348	6.4101
	加权净资产收益率(%)	2.0700	3.4900	1.3100	6.4800
	净资产收益率(扣除)(%)	1.8829	3.0112	1.0711	6.0924
	总资产(万元)	211045.12	196717.70	187675.60	145407.31
	归属母公司股东权益(万元)	139647.35	138863.26	138748.58	92793.40
	营业收入(万元)	44781.46	72388.14	26600.24	91671.16
	营业支出(万元)	39140.90	64665.83	23766.09	79750.07
	投资收益(万元)	464.39	442.34	162.86	93.60
	净利润(万元)	3258.63	6751.14	1713.33	5948.19
	营业利润(万元)	3890.27	8376.77	3599.32	8634.75
	利润总额(万元)	3909.49	8546.30	3712.26	8995.47

上海徐家汇商城股份有限公司

公司概况	公司名称	上海徐家汇商城股份有限公司			证券简称	徐家汇
	法人代表	喻月明	董秘	王璐	证券代码	002561
	公司网址	www.xjh-sc.com		电子信箱	xjh@xjh-sc.com	
	电　话	021-64269999*6942 64269991		传　真	021-64269768	
	办公地址	上海市徐汇区肇嘉浜路1000号9楼				
	经营范围	百货、针纺织品、工艺美术品、劳防用品、日用杂货、五金交电等				

主要财务指标	指标\报告期	2015.06.30	2014.12.31	2014.06.30	2013.12.31
	基本每股收益(元)	0.3200	0.6210	0.3010	0.5900
	基本每股收益(扣除后)(元)	0.2900	0.5610	0.2760	0.5390
	稀释每股收益(元)	0.3200	0.6210	0.3010	0.5900
	每股净资产(元)	4.4370	4.4809	4.1611	4.2203
	每股经营现金净流量(元)	0.2405	0.6873	0.1951	0.6017
	每股现金流量(元)	–0.3635	0.1668	–0.2830	–0.2763
	每股资本公积金(元)	1.2592	1.2592	1.2592	1.2592
	每股盈余公积金(元)	0.4205	0.4205	0.3670	0.3670
	每股未分配利润(元)	1.7573	1.8012	1.5348	1.5941
	净资产收益率(%)	7.1243	13.8494	7.2272	13.9389
	加权净资产收益率(%)	7.0000	14.4600	7.0700	14.4300
	净资产收益率(扣除)(%)	6.4550	12.5303	6.6278	12.7604
	总资产(万元)	224051.58	232223.60	211368.55	222198.84
	归属母公司股东权益(万元)	184474.56	186299.59	173001.25	175465.60
	营业收入(万元)	103356.51	206207.52	101017.59	209857.83
	营业支出(万元)	72405.53	143628.80	70492.70	148175.58
	投资收益(万元)	1445.99	2539.28	1100.45	1778.06
	净利润(万元)	13682.40	26853.93	12503.12	24458.05
	营业利润(万元)	17857.58	34782.06	17081.38	32799.70
	利润总额(万元)	18192.33	35726.96	17390.29	34000.97

兄弟科技股份有限公司

公司概况	公司名称	兄弟科技股份有限公司			证券简称	兄弟科技
	法人代表	钱志达	董秘	钱柳华	证券代码	002562
	公司网址	www.brother.com.cn		电子信箱	stock@brother.com.cn	
	电　话	0573-80703928		传　真	0573-87081001	
	办公地址	浙江省海宁市海洲街道西山路612号1006–1008室				
	经营范围	公司主要从事维生素和皮革化学品的研发、生产与销售等业务				

主要财务指标	指标\报告期	2015.06.30	2014.12.31	2014.06.30	2013.12.31
	基本每股收益(元)	0.1500	0.1900	0.0600	0.0900
	基本每股收益(扣除后)(元)	0.1500	0.1600	0.0600	0.1400
	稀释每股收益(元)	0.1500	0.1900	0.0600	0.0900
	每股净资产(元)	3.9136	3.8667	3.7392	3.6790
	每股经营现金净流量(元)	0.3970	0.4284	0.2560	0.5664
	每股现金流量(元)	–0.6242	0.9509	0.1399	–1.8824
	每股资本公积金(元)	1.9918	1.9918	1.9920	1.9920
	每股盈余公积金(元)	0.1373	0.1373	0.1123	0.1123
	每股未分配利润(元)	0.7855	0.7386	0.6354	0.5761
	净资产收益率(%)	3.7527	4.8516	1.5870	2.3473
	加权净资产收益率(%)	3.7600	4.9700	1.6900	2.3700
	净资产收益率(扣除)(%)	3.7322	4.1383	1.6771	3.9044
	总资产(万元)	115514.76	122074.93	117231.79	113760.89
	归属母公司股东权益(万元)	83515.26	82516.25	79794.49	78509.61
	营业收入(万元)	41223.83	80092.30	37612.09	78421.64
	营业支出(万元)	31710.93	65100.50	31719.01	65953.17
	投资收益(万元)	181.27	12.58	–	41.06
	净利润(万元)	3500.77	3895.29	1266.47	1842.88
	营业利润(万元)	3566.56	4389.76	1000.70	964.03
	利润总额(万元)	3835.58	4608.12	1312.38	1044.83

浙江森马服饰股份有限公司

公司概况	公司名称	浙江森马服饰股份有限公司			证券简称	森马服饰
	法人代表	邱光和	董秘	郑洪伟	证券代码	002563
	公司网址	www.semirbiz.com		电子信箱	ir@semir.com	
	电　话	021-67288431		传　真	021-67288432	
	办公地址	上海市闵行区莲花南路2689号				
	经营范围	服饰设计与开发、外包生产、服饰营销和分销等				

主要财务指标	指标\报告期	2015.06.30	2014.12.31	2014.06.30	2013.12.31
	基本每股收益(元)	0.3200	1.6300	0.5100	1.3500
	基本每股收益(扣除后)(元)	0.3000	1.5100	0.5000	1.2800
	稀释每股收益(元)	0.3200	1.6300	0.5100	1.3500
	每股净资产(元)	6.1607	12.6907	11.5735	12.0604
	每股经营现金净流量(元)	0.2080	1.1373	0.1808	2.0782
	每股现金流量(元)	–0.7734	–1.5441	–2.4823	0.1354
	每股资本公积金(元)	2.8326	6.6652	6.6653	6.6653
	每股盈余公积金(元)	0.4609	0.9217	0.7153	0.7153
	每股未分配利润(元)	1.8672	4.1037	3.1929	3.6799
	净资产收益率(%)	5.1193	12.8460	4.4331	11.1627
	加权净资产收益率(%)	4.9800	13.3500	4.2800	11.4100
	净资产收益率(扣除)(%)	4.9117	11.9004	4.2948	10.6008
	总资产(万元)	992623.75	1037281.53	931965.48	971447.34
	归属母公司股东权益(万元)	825537.11	850274.95	775424.51	808048.93
	营业收入(万元)	336939.41	814713.38	293175.76	729371.76
	营业支出(万元)	211342.35	520914.16	186332.57	471543.51
	投资收益(万元)	1376.86	6016.23	421.79	1049.15
	净利润(万元)	42239.73	108804.06	34375.58	90200.38
	营业利润(万元)	56332.76	147412.37	44715.89	123601.38
	利润总额(万元)	55755.94	150339.23	44665.51	127097.31

苏州天沃科技股份有限公司

公司概况	公司名称	苏州天沃科技股份有限公司			证券简称	天沃科技
	法人代表	陈玉忠	董秘	陈玉忠(代)	证券代码	002564
	公司网址	www.thvow.com		电子信箱	zhanghuaji@zhanghuaji.com	
	电　话	0512-58788351		传　真	0512-58788326	
	办公地址	江苏省苏州市张家港市金港镇后塍澄杨路20号				
	经营范围	石油化工、煤化工、化工、有色金属等领域压力容器、非标设备的设计、制造等				

主要财务指标	指标\报告期	2015.06.30	2014.12.31	2014.06.30	2013.12.31
	基本每股收益(元)	0.0620	0.0900	0.0600	0.3700
	基本每股收益(扣除后)(元)	0.0580	0.0700	0.0500	0.3300
	稀释每股收益(元)	0.0620	0.0900	0.0600	0.3700
	每股净资产(元)	3.9720	3.9070	3.8692	7.6604
	每股经营现金净流量(元)	0.0280	–0.2967	–0.2307	–0.7864
	每股现金流量(元)	0.2115	–0.0265	0.6162	0.2418
	每股资本公积金(元)	2.0645	2.0645	2.0645	5.1290
	每股盈余公积金(元)	0.1021	0.1021	0.0891	0.1782
	每股未分配利润(元)	0.7963	0.7339	0.7098	1.3442
	净资产收益率(%)	1.5686	2.4279	1.4911	4.4296
	加权净资产收益率(%)	1.5800	2.4500	1.5000	5.0200
	净资产收益率(扣除)(%)	1.4492	1.8713	1.2217	3.9009
	总资产(万元)	718735.34	688818.02	690728.04	598467.54
	归属母公司股东权益(万元)	293810.24	289004.12	286206.16	283324.62
	营业收入(万元)	104523.52	232981.40	114302.40	207219.91
	营业支出(万元)	80029.29	182043.24	89963.91	160611.49
	投资收益(万元)	199.58	172.52	146.71	74.77
	净利润(万元)	4620.14	6542.42	4267.51	12550.19
	营业利润(万元)	5015.03	4638.39	4612.86	13022.70
	利润总额(万元)	5459.89	6598.33	5527.61	14807.56

上海绿新包装材料科技股份有限公司

公司概况					
公司名称	上海绿新包装材料科技股份有限公司			证券简称	上海绿新
法人代表	王丹	董秘	张晓东	证券代码	002565
公司网址	www.luxinevotech.com		电子信箱	zhangxiaodong@luxinevotech.com	
电　　话	021-66278702		传　　真	021-66278702	
办公地址	上海市普陀区真陈路 200 号				
经营范围	真空镀铝纸、白卡纸、复膜纸、烟用丙纤丝束等产品的研发、生产和销售等				

主要财务指标 指标＼报告期	2015.06.30	2014.12.31	2014.06.30	2013.12.31
基本每股收益(元)	0.0700	-0.0700	0.1600	0.6700
基本每股收益(扣除后)(元)	0.7200	0.1200	0.1600	0.5600
稀释每股收益(元)	0.0700	-0.0700	0.1600	0.6700
每股净资产(元)	2.4315	2.3575	2.7795	5.3414
每股经营现金净流量(元)	-0.1609	0.3252	-0.0081	0.5340
每股现金流量(元)	-0.1108	-0.4151	-0.2618	-0.0276
每股资本公积金(元)	0.8578	0.8577	1.0433	2.5637
每股盈余公积金(元)	0.0834	0.0834	0.0834	0.1669
每股未分配利润(元)	0.4928	0.4186	0.6540	1.6137
净资产收益率(%)	3.0493	-3.1082	5.8351	12.3210
加权净资产收益率(%)	3.1000	-2.8200	5.9500	13.3100
净资产收益率(扣除)(%)	2.9770	4.8662	5.6596	10.4276
总资产(万元)	324923.54	328274.54	343335.69	310636.81
归属母公司股东权益(万元)	169394.65	164259.83	193659.90	186080.05
营业收入(万元)	76002.66	194525.21	113225.65	186195.82
营业支出(万元)	54882.89	140501.38	83682.31	136572.33
投资收益(万元)	1101.36	-3870.31	203.16	101.59
净利润(万元)	5368.89	-4791.88	11299.68	22926.91
营业利润(万元)	6657.90	11604.36	15353.10	25604.94
利润总额(万元)	6827.48	-3736.48	15733.63	30183.02

吉林省集安益盛药业股份有限公司

公司概况					
公司名称	吉林省集安益盛药业股份有限公司			证券简称	益盛药业
法人代表	张益胜	董秘	李铁军	证券代码	002566
公司网址	www.yisheng-pharm.com		电子信箱	yisheng@yisheng-pharm.com	
电　　话	0435-6236009 6236050		传　　真	0435-6236009	
办公地址	吉林省集安市文化东路 17-20 号				
经营范围	中成药的研发、生产与销售等				

主要财务指标 指标＼报告期	2015.06.30	2014.12.31	2014.06.30	2013.12.31
基本每股收益(元)	0.1700	0.2900	0.1500	0.4000
基本每股收益(扣除后)(元)	0.1500	0.2300	0.1200	0.3000
稀释每股收益(元)	0.1700	0.2900	0.1500	0.4000
每股净资产(元)	5.3456	5.2288	5.0851	7.5063
每股经营现金净流量(元)	-1.1204	-1.7890	-0.3596	-0.8541
每股现金流量(元)	-0.3225	-0.2596	-0.1188	-2.0512
每股资本公积金(元)	2.5071	2.5071	2.5071	4.2607
每股盈余公积金(元)	0.2511	0.2511	0.2266	0.3399
每股未分配利润(元)	1.5874	1.4706	1.3513	1.9057
净资产收益率(%)	3.1194	5.5712	2.9010	5.2724
加权净资产收益率(%)	3.1500	5.7000	2.9100	5.4200
净资产收益率(扣除)(%)	2.8687	4.4668	2.4476	3.9605
总资产(万元)	276161.93	249034.71	210192.37	189065.52
归属母公司股东权益(万元)	176913.24	173049.43	168290.66	165614.89
营业收入(万元)	45575.79	78789.43	34089.97	64389.67
营业支出(万元)	14165.77	25265.40	8675.97	16927.59
投资收益(万元)	86.55	1335.32	375.21	642.85
净利润(万元)	5522.06	9631.31	4882.11	8731.90
营业利润(万元)	5542.95	9840.67	5215.10	8167.85
利润总额(万元)	6064.43	11028.77	5812.20	10244.08

唐人神集团股份有限公司

公司概况					
公司名称	唐人神集团股份有限公司			证券简称	唐 人 神
法人代表	陶一山	董秘	孙双胜	证券代码	002567
公司网址	www.tangrenshen.com.cn		电子信箱	trssss@vip.sina.com	
电　　话	0731-28591247		传　　真	0731-28591159	
办公地址	湖南省株洲市国家高新技术产业开发区栗雨工业园				
经营范围	生产饲料、饲料添加剂、养殖畜禽种苗以及上述产品自销等				

主要财务指标 指标＼报告期	2015.06.30	2014.12.31	2014.06.30	2013.12.31
基本每股收益(元)	0.0540	0.1930	0.0500	0.3100
基本每股收益(扣除后)(元)	0.0190	0.1880	0.0400	0.1800
稀释每股收益(元)	0.0540	0.1920	0.0500	0.3100
每股净资产(元)	4.1790	4.2553	4.1103	4.1526
每股经营现金净流量(元)	0.5128	0.5129	0.3472	0.1501
每股现金流量(元)	0.2551	-0.0246	-0.0079	-0.0934
每股资本公积金(元)	1.7963	1.7963	1.7963	1.7963
每股盈余公积金(元)	0.3704	0.3704	0.3301	0.3301
每股未分配利润(元)	1.0120	1.0882	0.9831	1.0254
净资产收益率(%)	1.2854	4.5390	1.1610	7.2795
加权净资产收益率(%)	1.2200	4.5900	1.1400	7.5300
净资产收益率(扣除)(%)	0.4497	4.4093	1.0440	4.2435
总资产(万元)	366393.10	366001.59	377983.69	267437.54
归属母公司股东权益(万元)	175848.51	179058.99	172955.68	174734.70
营业收入(万元)	459863.21	1006948.60	451942.76	712081.69
营业支出(万元)	420113.08	915117.92	412967.95	643995.63
投资收益(万元)	-1983.63	503.46	-545.98	927.95
净利润(万元)	5157.60	13604.58	2008.05	12719.77
营业利润(万元)	5877.40	18774.13	4893.31	10581.23
利润总额(万元)	7512.84	18835.16	5329.18	16131.26

上海百润香精香料股份有限公司

公司概况					
公司名称	上海百润香精香料股份有限公司			证券简称	百润股份
法人代表	刘晓东	董秘	马良	证券代码	002568
公司网址	www.bairun.net		电子信箱	info@mingr.com	
电　　话	021-58135000		传　　真	021-58136000	
办公地址	上海市康桥工业区康桥东路 558 号				
经营范围	香精香料的制造加工、香精香料化工原料及产品批发零售等				

主要财务指标 指标＼报告期	2015.06.30	2014.12.31	2014.06.30	2013.12.31
基本每股收益(元)	1.3700	0.3600	0.3200	0.2600
基本每股收益(扣除后)(元)	0.2100	0.3400	0.2000	0.2400
稀释每股收益(元)	1.3700	0.3600	0.3200	0.2600
每股净资产(元)	3.4754	4.0563	4.2028	4.0000
每股经营现金净流量(元)	1.5268	0.3668	1.1762	0.3512
每股现金流量(元)	1.1044	-0.0684	0.6095	-0.1633
每股资本公积金(元)	0.4776	3.2000	2.3563	2.3563
每股盈余公积金(元)	0.3189	0.3811	0.2372	0.2372
每股未分配利润(元)	1.6789	1.3824	0.6093	0.4066
净资产收益率(%)	39.3619	8.7832	4.8238	6.5430
加权净资产收益率(%)	48.6800	8.6800	17.3700	6.4500
净资产收益率(扣除)(%)	2.7944	8.4864	4.8158	6.0705
总资产(万元)	211962.61	130686.73	69641.20	65297.18
归属母公司股东权益(万元)	155699.10	95417.16	67244.89	64001.13
营业收入(万元)	168804.54	15718.40	44606.22	12845.12
营业支出(万元)	36349.10	4498.65	11126.75	3584.06
投资收益(万元)	-	-	-	-
净利润(万元)	61286.19	5700.46	14269.34	4187.58
营业利润(万元)	79914.58	6377.12	18185.71	4500.13
利润总额(万元)	81242.21	6603.80	18480.29	4855.87

浙江步森服饰股份有限公司

公司概况	公司名称	浙江步森服饰股份有限公司			证券简称	步森股份
	法人代表	马礼畏(代)	董秘	寿鹤蕾	证券代码	002569
	公司网址	www.busen.com.cn		电子信箱	bsgf@busen-group.com	
	电 话	0575-87047953 87480311		传 真	0575-87043967	
	办公地址	浙江省绍兴市诸暨市枫桥镇步森大道419号				
	经营范围	服装、服饰、针织品、皮革制品的生产、销售、经营进出口业务				

主要财务指标	指标\报告期	2015.06.30	2014.12.31	2014.06.30	2013.12.31
	基本每股收益(元)	-0.0400	-0.7300	-0.2400	0.0400
	基本每股收益(扣除后)(元)	-0.0500	-0.7800	-0.2400	0.0200
	稀释每股收益(元)	-0.0400	-0.7300	-0.2400	0.0400
	每股净资产(元)	3.5803	3.6217	4.1171	4.3549
	每股经营现金净流量(元)	-0.0786	-0.1067	-0.4658	-0.3810
	每股现金流量(元)	-0.2125	0.0117	-0.1185	-0.4341
	每股资本公积金(元)	2.2771	2.2771	2.2771	2.2771
	每股盈余公积金(元)	0.1980	0.1980	0.1980	0.1980
	每股未分配利润(元)	0.1052	0.1466	0.6421	0.8798
	净资产收益率(%)	-1.1565	-20.2453	-5.7751	0.9949
	加权净资产收益率(%)	-1.1500	-18.3800	-5.6100	0.9900
	净资产收益率(扣除)(%)	-1.3134	-21.6032	-5.8267	0.3629
	总资产(万元)	76537.14	81385.84	88657.09	90021.07
	归属母公司股东权益(万元)	50127.35	50707.05	57643.86	60972.84
	营业收入(万元)	17931.21	48202.89	21353.61	65118.65
	营业支出(万元)	11325.59	31713.87	13982.35	40198.09
	投资收益(万元)	-	-	-	-
	净利润(万元)	-591.44	-10307.86	-3328.98	606.63
	营业利润(万元)	-643.26	-9315.46	-1763.41	1182.06
	利润总额(万元)	-587.77	-8713.00	-1753.80	1581.80

贝因美婴童食品股份有限公司

公司概况	公司名称	贝因美婴童食品股份有限公司			证券简称	贝因美
	法人代表	王振泰	董秘	沈立军	证券代码	002570
	公司网址	www.beingmate.com		电子信箱	security@beingmate.com	
	电 话	0571-28038959 28078488		传 真	0571-28077045	
	办公地址	浙江省杭州市滨江区南环路3758号				
	经营范围	婴幼儿食品的研发、生产和销售等业务等				

主要财务指标	指标\报告期	2015.06.30	2014.12.31	2014.06.30	2013.12.31
	基本每股收益(元)	-0.1000	0.0700	0.1100	1.1300
	基本每股收益(扣除后)(元)	-0.1100	0.0500	0.0800	1.0900
	稀释每股收益(元)	-0.1000	0.0700	0.1100	1.1300
	每股净资产(元)	3.3866	3.4876	3.5263	6.1230
	每股经营现金净流量(元)	-0.1815	-0.1835	-0.2528	0.3279
	每股现金流量(元)	-0.0387	-0.0781	0.0398	-2.9612
	每股资本公积金(元)	1.1574	1.1574	1.1574	2.4518
	每股盈余公积金(元)	0.2233	0.2233	0.1709	0.2735
	每股未分配利润(元)	1.0068	1.1075	1.1979	2.3980
	净资产收益率(%)	-2.9732	1.9317	2.9897	18.4268
	加权净资产收益率(%)	-2.9300	1.8600	2.7700	19.7300
	净资产收益率(扣除)(%)	-3.2735	1.4397	2.3346	17.8146
	总资产(万元)	467102.06	472586.77	468128.81	509208.90
	归属母公司股东权益(万元)	346286.91	356616.02	360574.70	391303.95
	营业收入(万元)	177261.71	504878.44	240451.79	611711.78
	营业支出(万元)	81143.49	232544.00	100912.54	236015.31
	投资收益(万元)	437.27	752.35	620.34	-
	净利润(万元)	-13099.09	6318.11	10780.12	72104.64
	营业利润(万元)	-19169.57	9749.30	12696.57	93919.08
	利润总额(万元)	-18455.01	10381.54	15346.46	96085.19

安徽德力日用玻璃股份有限公司

公司概况	公司名称	安徽德力日用玻璃股份有限公司			证券简称	德力股份
	法人代表	施卫东	董秘	俞乐	证券代码	002571
	公司网址	www.deliglass.com		电子信箱	yl@deliglass.com	
	电 话	0550-6678809		传 真	0550-6678868	
	办公地址	安徽省滁州市凤阳县工业园				
	经营范围	玻璃制品制造、销售、纸箱、塑料配件加工、销售等				

主要财务指标	指标\报告期	2015.06.30	2014.12.31	2014.06.30	2013.12.31
	基本每股收益(元)	0.0133	0.0245	0.0886	0.2200
	基本每股收益(扣除后)(元)	0.0099	-0.0019	0.0699	0.2000
	稀释每股收益(元)	0.0133	0.0245	0.0886	0.2200
	每股净资产(元)	4.0493	4.0360	4.1001	4.0115
	每股经营现金净流量(元)	0.0343	0.1931	-0.1017	-0.0013
	每股现金流量(元)	-0.4048	0.1750	0.4216	0.3710
	每股资本公积金(元)	2.3058	2.3058	2.3058	2.3058
	每股盈余公积金(元)	0.0952	0.0952	0.0866	0.0866
	每股未分配利润(元)	0.6483	0.6350	0.7077	0.6191
	净资产收益率(%)	0.3275	0.6068	2.1599	5.0952
	加权净资产收益率(%)	0.3300	0.6100	2.1800	6.7300
	净资产收益率(扣除)(%)	0.2452	-0.0471	1.7041	4.5593
	总资产(万元)	215157.88	226949.26	219432.39	200497.91
	归属母公司股东权益(万元)	158712.62	158192.84	160703.96	157232.86
	营业收入(万元)	43160.95	94784.70	47680.33	95308.77
	营业支出(万元)	32682.52	70740.71	34322.42	68627.47
	投资收益(万元)	372.04	2107.21	689.93	25.20
	净利润(万元)	519.73	958.61	3471.10	8011.26
	营业利润(万元)	1286.63	385.79	4219.01	8616.80
	利润总额(万元)	1459.55	699.92	4384.95	9580.59

索菲亚家居股份有限公司

公司概况	公司名称	索菲亚家居股份有限公司			证券简称	索菲亚
	法人代表	江淦钧	董秘	潘雯姗	证券代码	002572
	公司网址	www.sogal.com.cn		电子信箱	ningji@suofeiya.com.cn	
	电 话	020-87533019		传 真	020-87579391	
	办公地址	广东省广州市增城市新塘镇宁西工业园				
	经营范围	定制衣柜及其配套定制家具的研发、生产和销售等				

主要财务指标	指标\报告期	2015.06.30	2014.12.31	2014.06.30	2013.12.31
	基本每股收益(元)	0.3064	0.7400	0.2171	0.5600
	基本每股收益(扣除后)(元)	0.3032	0.7300	0.2095	0.5500
	稀释每股收益(元)	0.3064	0.7400	0.2171	0.5600
	每股净资产(元)	4.4169	4.4019	3.9500	3.9542
	每股经营现金净流量(元)	0.6548	0.7988	0.3962	0.7995
	每股现金流量(元)	-0.4790	-0.2711	0.0370	0.2263
	每股资本公积金(元)	1.8474	1.8339	1.8042	1.7745
	每股盈余公积金(元)	0.2093	0.2093	0.1446	0.1446
	每股未分配利润(元)	1.4181	1.4618	1.0022	1.0351
	净资产收益率(%)	6.9362	16.8401	5.4950	14.0417
	加权净资产收益率(%)	6.8700	18.2000	5.4400	15.1400
	净资产收益率(扣除)(%)	6.8645	16.5285	5.3017	13.7318
	总资产(万元)	277513.09	253328.47	219270.90	208578.92
	归属母公司股东权益(万元)	194782.42	194117.97	174235.80	174375.94
	营业收入(万元)	115846.78	236108.44	84684.12	178347.76
	营业支出(万元)	74296.10	147890.58	54410.13	112261.90
	投资收益(万元)	-	194.50	-	-
	净利润(万元)	13608.92	33046.53	9574.38	24485.29
	营业利润(万元)	18009.55	39600.56	12334.74	29928.46
	利润总额(万元)	18198.10	40086.43	12742.14	30562.79

北京清新环境技术股份有限公司

公司概况	公司名称	北京清新环境技术股份有限公司			证券简称	清新环境
	法人代表	张开元	董秘	蔡晓芳	证券代码	002573
	公司网址	www.qingxin.com.cn		电子信箱	zhqb@qingxin.com.cn	
	电　话	010-88146320		传　真	010-88146320	
	办公地址	北京市海淀区西八里庄路69号人民政协报大厦10层				
	经营范围	燃煤电厂烟气脱硫装置的建造和运营等				

主要财务指标	指标\报告期	2015.06.30	2014.12.31	2014.06.30	2013.12.31
	基本每股收益(元)	0.1900	0.5078	0.1200	0.3400
	基本每股收益(扣除后)(元)	0.2000	0.5152	0.2500	0.3369
	稀释每股收益(元)	0.1900	0.5078	0.1200	0.3400
	每股净资产(元)	2.3952	4.5446	4.2868	4.1865
	每股经营现金净流量(元)	0.0199	0.3812	0.1438	0.0916
	每股现金流量(元)	-0.2669	-0.4871	-0.2318	-0.6752
	每股资本公积金(元)	0.6247	2.1932	2.1932	2.1932
	每股盈余公积金(元)	0.0869	0.1739	0.1214	0.1214
	每股未分配利润(元)	0.6834	1.1773	0.9719	0.8720
	净资产收益率(%)	8.1307	11.1747	5.8314	8.0707
	加权净资产收益率(%)	8.3400	11.6300	5.9000	8.3000
	净资产收益率(扣除)(%)	8.1512	11.3362	5.8296	8.0474
	总资产(万元)	518929.43	481081.63	397039.56	370920.16
	归属母公司股东权益(万元)	255232.48	242134.41	228401.14	223057.67
	营业收入(万元)	95520.34	127679.46	56694.89	76502.16
	营业支出(万元)	62104.56	84281.15	37188.50	48827.07
	投资收益(万元)	448.77	16.03	-	-
	净利润(万元)	21617.50	27646.15	13198.87	17880.52
	营业利润(万元)	23017.83	30619.50	14760.01	19808.84
	利润总额(万元)	22956.23	30137.67	14764.80	19869.82

浙江明牌珠宝股份有限公司

公司概况	公司名称	浙江明牌珠宝股份有限公司			证券简称	明牌珠宝
	法人代表	虞兔良	董秘	曹国其	证券代码	002574
	公司网址	www.mingr.com		电子信箱	cgq@mingr.com	
	电　话	0575-84025665		传　真	0575-84021062	
	办公地址	浙江省绍兴市绍兴县福全工业区				
	经营范围	中高档珠宝首饰产品的设计、生产和销售				

主要财务指标	指标\报告期	2015.06.30	2014.12.31	2014.06.30	2013.12.31
	基本每股收益(元)	0.1300	0.3800	0.6200	0.3500
	基本每股收益(扣除后)(元)	0.0800	0.3000	0.5700	0.2700
	稀释每股收益(元)	0.1300	0.3800	0.6200	0.3500
	每股净资产(元)	5.7925	5.7666	12.4785	11.9546
	每股经营现金净流量(元)	0.2674	0.7032	2.5372	2.1371
	每股现金流量(元)	0.2537	-0.3303	-0.4695	-1.6566
	每股资本公积金(元)	3.1264	3.1264	8.0781	8.0781
	每股盈余公积金(元)	0.1826	0.1826	0.3285	0.3285
	每股未分配利润(元)	1.4841	1.4583	3.0731	2.5496
	净资产收益率(%)	2.1730	6.5569	4.9964	2.9083
	加权净资产收益率(%)	2.1600	6.7600	5.1000	2.9400
	净资产收益率(扣除)(%)	1.3636	5.2502	4.5531	2.2250
	总资产(万元)	485734.19	500235.90	597598.51	486350.51
	归属母公司股东权益(万元)	305843.38	304478.01	299485.14	286910.63
	营业收入(万元)	327264.61	684211.16	435257.93	855780.38
	营业支出(万元)	303539.76	624983.35	395963.27	808307.48
	投资收益(万元)	2346.74	1338.08	-43.24	11581.91
	净利润(万元)	6380.43	19941.20	14963.57	8344.34
	营业利润(万元)	8566.75	25731.23	20475.67	11195.51
	利润总额(万元)	8895.99	26368.31	20571.40	11902.33

广东群兴玩具股份有限公司

公司概况	公司名称	广东群兴玩具股份有限公司			证券简称	群兴玩具
	法人代表	林伟章	董秘	林伟章(代)	证券代码	002575
	公司网址	www.qunxingtoys.com		电子信箱	tongda@tdchina.com	
	电　话	0755-86520802		传　真	0755-86520803	
	办公地址	深圳市南山区科苑中路15号科兴科学园B栋1单元603				
	经营范围	电子电动玩具的研发设计、生产及销售业务				

主要财务指标	指标\报告期	2015.06.30	2014.12.31	2014.06.30	2013.12.31
	基本每股收益(元)	0.0200	0.0600	0.0300	0.0900
	基本每股收益(扣除后)(元)	0.0200	0.0500	0.0600	0.0900
	稀释每股收益(元)	0.0200	0.0600	0.0300	0.0900
	每股净资产(元)	1.5105	3.3752	3.3760	3.3696
	每股经营现金净流量(元)	-0.0310	-0.0228	-0.1181	0.2686
	每股现金流量(元)	-0.0705	-0.5707	-0.5342	-0.2915
	每股资本公积金(元)	0.2611	1.7744	1.7744	1.7744
	每股盈余公积金(元)	0.0416	0.0916	0.0838	0.0838
	每股未分配利润(元)	0.2080	0.5096	0.5181	0.5118
	净资产收益率(%)	1.4437	1.6459	1.6676	2.7138
	加权净资产收益率(%)	1.4300	1.6500	1.6600	2.7400
	净资产收益率(扣除)(%)	1.1651	1.6243	1.6667	2.6159
	总资产(万元)	98831.95	98741.35	102924.76	93567.42
	归属母公司股东权益(万元)	88928.09	90320.48	90341.68	90171.04
	营业收入(万元)	17131.08	40416.31	22266.44	50087.72
	营业支出(万元)	13428.22	31977.20	17243.38	38891.97
	投资收益(万元)	496.22	492.77	181.90	6.01
	净利润(万元)	1283.81	1486.59	1506.50	2447.08
	营业利润(万元)	1300.76	1703.96	1684.29	2724.96
	利润总额(万元)	1564.06	1764.06	1739.95	2813.51

江苏通达动力科技股份有限公司

公司概况	公司名称	江苏通达动力科技股份有限公司			证券简称	通达动力
	法人代表	姜煜峰	董秘	刘利	证券代码	002576
	公司网址	www.tdchina.com		电子信箱	tdluyang@tdchina.com	
	电　话	0513-86213861		传　真	0513-86213965	
	办公地址	江苏省南通市通州区四安镇兴石路58号				
	经营范围	电机定转子冲片和铁心的研发、生产、销售和服务等				

主要财务指标	指标\报告期	2015.06.30	2014.12.31	2014.06.30	2013.12.31
	基本每股收益(元)	0.0200	-0.1000	0.0400	0.0600
	基本每股收益(扣除后)(元)	0.0200	-0.1200	0.0300	0.0400
	稀释每股收益(元)	0.0200	-0.1000	0.0400	0.0600
	每股净资产(元)	5.1165	5.0979	5.2346	5.2284
	每股经营现金净流量(元)	0.0053	-0.1459	-0.1650	0.1135
	每股现金流量(元)	0.1433	0.4595	-0.0542	-1.6122
	每股资本公积金(元)	3.3135	3.3135	3.3135	3.3135
	每股盈余公积金(元)	0.1220	0.1220	0.1220	0.1220
	每股未分配利润(元)	0.6809	0.6624	0.7990	0.7929
	净资产收益率(%)	0.3627	-1.9717	0.6900	1.1791
	加权净资产收益率(%)	0.3600	-1.9400	0.6900	1.1800
	净资产收益率(扣除)(%)	0.3564	-2.3181	0.6457	0.8422
	总资产(万元)	113846.27	113797.94	117180.11	116916.82
	归属母公司股东权益(万元)	84473.09	84166.71	86422.52	86321.49
	营业收入(万元)	42759.11	105235.87	55732.76	91813.08
	营业支出(万元)	38623.14	97185.58	50404.87	81578.51
	投资收益(万元)	876.50	763.12	244.91	272.91
	净利润(万元)	215.82	-1656.15	596.33	1017.83
	营业利润(万元)	292.39	-1988.18	709.03	814.75
	利润总额(万元)	298.79	-1641.11	756.19	1188.99

深圳雷柏科技股份有限公司

公司概况

公司名称	深圳雷柏科技股份有限公司			证券简称	雷柏科技
法人代表	曾浩	董秘	谢海波	证券代码	002577
公司网址	www.rapoo.com		电子信箱	board@rapoo.com	
电　　话	0755-28588566　28588828		传　　真	0755-28328808	
办公地址	广东省深圳市坪山新区坑梓街道锦绣东路22号				
经营范围	鼠标、键盘等电脑外设产品的研发、生产和销售等				

主要财务指标

指标\报告期	2015.06.30	2014.12.31	2014.06.30	2013.12.31
基本每股收益(元)	-0.0192	0.1300	0.2232	0.1200
基本每股收益(扣除后)(元)	-0.0304	0.1100	0.2107	0.1100
稀释每股收益(元)	-0.0192	0.1300	0.2232	0.1200
每股净资产(元)	4.9727	4.9674	5.0606	4.9473
每股经营现金净流量(元)	-0.0454	0.1787	0.0900	0.0743
每股现金流量(元)	-0.1210	0.2019	0.3726	-0.0121
每股资本公积金(元)	3.4711	3.3861	3.3861	3.3861
每股盈余公积金(元)	0.1185	0.1190	0.1190	0.1190
每股未分配利润(元)	0.4411	0.4621	0.5562	0.4430
净资产收益率(%)	-0.3853	2.5978	4.4110	2.3816
加权净资产收益率(%)	-0.3900	2.6100	4.4300	2.3700
净资产收益率(扣除)(%)	-0.6103	2.2938	4.1635	2.2234
总资产(万元)	194734.56	187643.63	188420.99	148871.35
归属母公司股东权益(万元)	141212.79	140517.95	143153.22	139949.68
营业收入(万元)	23034.53	52133.01	30175.08	39595.35
营业支出(万元)	14968.39	30195.71	15459.99	27118.35
投资收益(万元)	-15.77	-10.16	-	-
净利润(万元)	-108.65	6582.60	8389.54	3333.07
营业利润(万元)	-449.61	5253.69	8160.36	3669.59
利润总额(万元)	-74.70	5797.48	8618.18	3930.75

福建省闽发铝业股份有限公司

公司概况

公司名称	福建省闽发铝业股份有限公司			证券简称	闽发铝业
法人代表	黄天火	董秘	傅孙明	证券代码	002578
公司网址	www.minfa.com		电子信箱	minfaly@126.com	
电　　话	0595-86279713		传　　真	0595-86279731	
办公地址	福建省南安市南美综合开发区南洪路24号				
经营范围	从事各种铝型材产品的设计研发、生产和销售				

主要财务指标

指标\报告期	2015.06.30	2014.12.31	2014.06.30	2013.12.31
基本每股收益(元)	0.0400	0.2100	0.1000	0.2700
基本每股收益(扣除后)(元)	0.0200	0.2300	0.1100	0.2300
稀释每股收益(元)	0.0400	0.2100	0.1000	0.2700
每股净资产(元)	2.2557	5.7495	5.6501	5.5432
每股经营现金净流量(元)	-0.3064	0.4636	0.2350	0.4757
每股现金流量(元)	-0.1202	-0.3516	-0.0058	-0.0775
每股资本公积金(元)	0.7506	3.3764	3.3769	3.3764
每股盈余公积金(元)	0.0732	0.1829	0.1609	0.1609
每股未分配利润(元)	0.4320	1.1919	1.1124	1.0086
净资产收益率(%)	1.5617	3.5715	1.8371	4.8409
加权净资产收益率(%)	1.5300	3.6400	1.8600	4.9600
净资产收益率(扣除)(%)	0.9242	3.7995	1.9260	4.1635
总资产(万元)	133658.41	130779.42	148325.62	121980.86
归属母公司股东权益(万元)	96883.01	98776.02	97069.05	95232.29
营业收入(万元)	52000.10	131686.56	53089.17	115621.99
营业支出(万元)	47581.90	121239.73	48653.68	107002.34
投资收益(万元)	274.78	315.80	-40.62	-81.85
净利润(万元)	1476.72	3499.36	1783.25	4610.14
营业利润(万元)	1428.81	4317.97	1794.25	4874.61
利润总额(万元)	1731.73	4232.61	1994.79	5426.97

惠州中京电子科技股份有限公司

公司概况

公司名称	惠州中京电子科技股份有限公司			证券简称	中京电子
法人代表	杨林	董秘	傅道臣	证券代码	002579
公司网址	www.ceepcb.com		电子信箱	obd@ceepcb.com	
电　　话	0752-2057992		传　　真	0752-2057992	
办公地址	广东省惠州市仲恺高新区陈江街道中京路1号				
经营范围	印刷线路板的研发、生产和销售等				

主要财务指标

指标\报告期	2015.06.30	2014.12.31	2014.06.30	2013.12.31
基本每股收益(元)	0.0300	0.0800	0.0200	0.0500
基本每股收益(扣除后)(元)	-0.0100	0.0800	0.0192	0.0500
稀释每股收益(元)	0.0300	0.0800	0.0200	0.0500
每股净资产(元)	1.8017	2.6881	2.6062	2.6037
每股经营现金净流量(元)	0.1256	0.0501	0.0626	0.1904
每股现金流量(元)	0.0464	0.0062	0.2008	-0.0422
每股资本公积金(元)	0.4177	1.1266	1.1051	1.1051
每股盈余公积金(元)	0.0467	0.0700	0.0616	0.0616
每股未分配利润(元)	0.3373	0.4915	0.4395	0.4370
净资产收益率(%)	1.6437	3.0823	0.8614	1.9439
加权净资产收益率(%)	1.6400	3.1500	0.8600	1.9600
净资产收益率(扣除)(%)	-0.5524	2.8317	0.7368	1.9056
总资产(万元)	113112.59	105598.39	89779.64	80112.60
归属母公司股东权益(万元)	63142.03	62805.09	60890.55	60833.28
营业收入(万元)	24917.02	48269.86	22624.54	44640.50
营业支出(万元)	21341.67	40229.45	19334.26	38083.48
投资收益(万元)	263.69	523.42	-	-
净利润(万元)	1034.21	1931.59	524.53	1182.56
营业利润(万元)	-594.17	1881.32	529.63	1247.69
利润总额(万元)	1254.71	2066.50	618.94	1275.15

山东圣阳电源股份有限公司

公司概况

公司名称	山东圣阳电源股份有限公司			证券简称	圣阳股份
法人代表	宋斌	董秘	于海龙	证券代码	002580
公司网址	www.sacredsun.cn		电子信箱	zqb@sacredsun.cn	
电　　话	0537-4435777		传　　真	0537-4430400	
办公地址	山东省曲阜市圣阳路1号				
经营范围	前置许可经营项目:HW49阀控式密封废铅酸蓄电池收集、贮存等				

主要财务指标

指标\报告期	2015.06.30	2014.12.31	2014.06.30	2013.12.31
基本每股收益(元)	0.0900	0.1800	0.0800	0.1700
基本每股收益(扣除后)(元)	0.0700	0.0900	0.1000	-0.0300
稀释每股收益(元)	0.0900	0.1800	0.0800	0.1700
每股净资产(元)	4.9026	7.6147	7.5803	7.4443
每股经营现金净流量(元)	-0.3106	1.0388	-0.3399	-0.7471
每股现金流量(元)	-0.1269	0.4653	-0.6743	-0.7733
每股资本公积金(元)	2.8485	4.5603	4.5683	4.5894
每股盈余公积金(元)	0.1184	0.2383	0.2045	0.2025
每股未分配利润(元)	0.9358	1.8162	1.8075	1.6524
净资产收益率(%)	1.7455	2.3559	1.8075	2.2605
加权净资产收益率(%)	1.8800	2.3700	1.8100	2.2800
净资产收益率(扣除)(%)	1.3936	1.1704	1.3877	-0.3773
总资产(万元)	181227.24	158659.25	148609.46	148447.81
归属母公司股东权益(万元)	106658.22	82325.90	81954.51	81313.78
营业收入(万元)	65584.42	124612.50	54768.37	101773.80
营业支出(万元)	52696.82	102324.86	45031.11	83774.35
投资收益(万元)	-	-	-	12.00
净利润(万元)	1861.71	1939.48	1481.29	1838.14
营业利润(万元)	1562.00	970.62	1131.59	-265.35
利润总额(万元)	2003.65	2121.85	1536.38	2244.67

山东未名生物医药股份有限公司

公司概况	公司名称	山东未名生物医药股份有限公司			证券简称	未名医药
	法人代表	潘爱华	董秘	鲍延磊	证券代码	002581
	公司网址	www.wanchang.com		电子信箱	office@wanchang.com	
	电　　话	0533-2988888		传　　真	0533-2091578	
	办公地址	山东省淄博市张店区朝阳路 18 号				
	经营范围	原甲酸三甲酯、原甲酸三乙酯等农药、医药中间体的研发、生产和销售等				

主要财务指标	指标＼报告期	2015.06.30	2014.12.31	2014.06.30	2013.12.31
	基本每股收益(元)	0.1800	0.5800	0.1800	0.6300
	基本每股收益(扣除后)(元)	0.1800	0.5700	0.3500	0.6200
	稀释每股收益(元)	0.1800	0.5800	0.1800	0.6300
	每股净资产(元)	5.6886	5.3238	5.1085	5.2500
	每股经营现金净流量(元)	0.3822	0.6098	0.3626	0.5906
	每股现金流量(元)	0.3284	–0.1053	–0.1061	–0.0913
	每股资本公积金(元)	3.0866	3.4344	3.0866	3.0866
	每股盈余公积金(元)	0.2975	0.2520	0.2396	0.2396
	每股未分配利润(元)	1.3046	1.6560	0.7823	0.9188
	净资产收益率(%)	6.4126	10.8725	7.1155	11.9242
	加权净资产收益率(%)	6.6200	10.9500	6.8000	12.2800
	净资产收益率(扣除)(%)	6.4040	10.6999	6.9327	11.8224
	总资产(万元)	82588.81	126366.18	76596.11	77379.95
	归属母公司股东权益(万元)	80075.30	83320.06	71909.27	73830.73
	营业收入(万元)	19342.14	31913.99	17395.92	31725.36
	营业支出(万元)	11841.17	19162.34	10301.35	17809.31
	投资收益(万元)	–	77.22	42.57	–
	净利润(万元)	5134.89	8147.87	5116.73	8803.73
	营业利润(万元)	6017.57	9428.80	5867.14	10233.28
	利润总额(万元)	6025.70	9569.14	6021.86	10321.74

好想你枣业股份有限公司

公司概况	公司名称	好想你枣业股份有限公司			证券简称	好 想 你
	法人代表	石聚彬	董秘	豆妍妍	证券代码	002582
	公司网址	www.haoxiangni.cn		电子信箱	haoxiangni@haoxiangni.cn	
	电　　话	0371-62589968		传　　真	0371-62589968	
	办公地址	郑州新郑国际机场工业区四港联动大道西侧公司行政办公楼 2 层				
	经营范围	枣类相关产品的生产、加工和销售				

主要财务指标	指标＼报告期	2015.06.30	2014.12.31	2014.06.30	2013.12.31
	基本每股收益(元)	0.2400	0.3600	0.2600	0.6900
	基本每股收益(扣除后)(元)	0.1200	0.2800	0.2500	0.4300
	稀释每股收益(元)	0.2400	0.3600	0.2600	0.6900
	每股净资产(元)	9.6265	9.4869	9.3863	9.2230
	每股经营现金净流量(元)	1.2120	–0.6359	0.6297	1.2223
	每股现金流量(元)	0.0854	–0.4431	2.3646	–1.1846
	每股资本公积金(元)	5.6605	5.6605	5.6605	5.6605
	每股盈余公积金(元)	0.4035	0.4035	0.3477	0.3477
	每股未分配利润(元)	2.5625	2.4229	2.3782	2.2149
	净资产收益率(%)	2.4894	3.8351	2.8051	7.4948
	加权净资产收益率(%)	2.5000	3.8900	2.8200	7.7500
	净资产收益率(扣除)(%)	1.2746	2.9262	2.6107	4.6087
	总资产(万元)	220602.31	224108.66	204122.56	153861.12
	归属母公司股东权益(万元)	142087.37	140026.19	138542.33	136132.12
	营业收入(万元)	57932.62	97292.40	47731.98	90803.77
	营业支出(万元)	32110.21	55056.72	27461.06	56123.69
	投资收益(万元)	1444.63	886.16	236.16	4266.06
	净利润(万元)	3537.18	5370.08	3886.22	10202.78
	营业利润(万元)	3365.22	5210.30	3709.38	11131.42
	利润总额(万元)	3849.06	6235.31	4065.32	11882.73

海能达通信股份有限公司

公司概况	公司名称	海能达通信股份有限公司			证券简称	海 能 达
	法人代表	陈清州	董秘	张钜	证券代码	002583
	公司网址	www.hytera.com		电子信箱	stock@hytera.com	
	电　　话	0755-26972999 1170		传　　真	0755-86133699 0110	
	办公地址	广东省深圳市南山区高新区北区北环路 9108 号海能达大厦				
	经营范围	开发、生产矿用对讲机、防爆通讯产品及配件、无线电通讯器材及配件等				

主要财务指标	指标＼报告期	2015.06.30	2014.12.31	2014.06.30	2013.12.31
	基本每股收益(元)	–0.0030	0.0600	–0.2200	0.4900
	基本每股收益(扣除后)(元)	–0.0200	0.0100	–0.2400	0.3700
	稀释每股收益(元)	–0.0030	0.0600	–0.2200	0.4900
	每股净资产(元)	2.8568	2.8763	6.8217	7.1148
	每股经营现金净流量(元)	–0.1734	0.1666	–0.2643	0.2755
	每股现金流量(元)	–0.3392	–0.0666	–0.8205	0.1178
	每股资本公积金(元)	1.2594	1.2454	4.5891	4.5891
	每股盈余公积金(元)	0.0738	0.0740	0.1631	0.1631
	每股未分配利润(元)	0.5359	0.5603	1.0538	1.3506
	净资产收益率(%)	–0.0986	2.1597	–3.1774	6.8289
	加权净资产收益率(%)	–0.1000	2.1800	–3.1000	7.0600
	净资产收益率(扣除)(%)	–0.6820	0.5008	–3.5274	5.2312
	总资产(万元)	356345.18	364173.24	336607.13	342300.44
	归属母公司股东权益(万元)	199541.40	200335.40	189643.77	197792.20
	营业收入(万元)	73096.14	194938.26	60881.64	168339.54
	营业支出(万元)	35534.28	112206.57	32345.80	88161.39
	投资收益(万元)	76.68	275.13	79.01	770.81
	净利润(万元)	–196.72	4326.56	–6025.83	13507.12
	营业利润(万元)	–4389.44	–2337.14	–8442.32	8198.55
	利润总额(万元)	–581.71	5975.67	–6136.31	15721.30

西陇科学股份有限公司

公司概况	公司名称	西陇科学股份有限公司			证券简称	西陇科学
	法人代表	黄伟鹏	董秘	邬军晖	证券代码	002584
	公司网址	www.xlhg.com.cn		电子信箱	xlhg@xlhg.cn	
	电　　话	020-62612188 82481503		传　　真	020-87277188	
	办公地址	广州市萝岗区科学城新瑞路 6 号				
	经营范围	从事化学试剂的研发、生产、销售并从事部分化工原料、原料药及食品添加剂等业务				

主要财务指标	指标＼报告期	2015.06.30	2014.12.31	2014.06.30	2013.12.31
	基本每股收益(元)	0.2400	0.3900	0.2100	0.2400
	基本每股收益(扣除后)(元)	0.2300	0.3500	0.1700	0.2100
	稀释每股收益(元)	0.2400	0.3900	0.2100	0.2400
	每股净资产(元)	5.7372	5.3400	5.3400	5.1508
	每股经营现金净流量(元)	0.1013	0.5225	0.0087	0.1614
	每股现金流量(元)	0.0060	–0.4496	–0.3269	0.4469
	每股资本公积金(元)	2.9099	2.9099	2.9099	2.9099
	每股盈余公积金(元)	0.2003	0.2003	0.1706	0.1706
	每股未分配利润(元)	1.5609	1.3629	1.2119	1.0300
	净资产收益率(%)	4.1489	7.0076	3.8776	4.7185
	加权净资产收益率(%)	4.2100	7.2600	3.9400	4.7600
	净资产收益率(扣除)(%)	4.0718	6.3483	–	4.0922
	总资产(万元)	173136.19	166131.60	156274.42	157806.34
	归属母公司股东权益(万元)	114744.43	110634.12	106736.31	103015.36
	营业收入(万元)	107628.84	219793.58	106028.65	223989.34
	营业支出(万元)	87484.82	182353.34	88907.28	197319.22
	投资收益(万元)	904.05	25.87	62.66	142.17
	净利润(万元)	4945.87	8144.21	4138.81	4860.75
	营业利润(万元)	5925.29	9140.27	4447.62	5222.55
	利润总额(万元)	6031.39	9923.33	5199.29	5851.36

江苏双星彩塑新材料股份有限公司

公司概况

公司名称	江苏双星彩塑新材料股份有限公司			证券简称	双星新材
法人代表	吴培服	董秘	吴迪	证券代码	002585
公司网址	www.shuangxingcaisu.com		电子信箱	wudi@shuangxingcaisu.com	
电　　话	0527-84252088		传　　真	0527-84253042	
办公地址	江苏省宿迁市宿豫区彩塑工业园区井头街1号				
经营范围	从事新型塑料包装薄膜的研发、生产和销售等				

主要财务指标

指标\报告期	2015.06.30	2014.12.31	2014.06.30	2013.12.31
基本每股收益(元)	0.0900	0.2100	0.1500	0.2200
基本每股收益(扣除后)(元)	0.0700	0.1700	0.1200	0.1600
稀释每股收益(元)	0.0900	0.2100	0.1500	0.2200
每股净资产(元)	7.2133	9.2865	8.9351	8.8131
每股经营现金净流量(元)	0.0165	0.0849	0.4025	0.0552
每股现金流量(元)	0.5036	0.2818	0.2760	-0.1098
每股资本公积金(元)	5.0698	6.8908	6.1782	6.1782
每股盈余公积金(元)	0.1464	0.1903	0.2283	0.2283
每股未分配利润(元)	0.9971	1.2053	1.5286	1.4066
净资产收益率(%)	1.2889	1.9590	1.6453	2.4559
加权净资产收益率(%)	1.2900	2.3500	1.6600	2.4700
净资产收益率(扣除)(%)	0.9047	1.5784	1.3882	1.7666
总资产(万元)	582151.83	562331.07	439878.53	418486.58
归属母公司股东权益(万元)	517431.36	512417.71	371700.84	366625.28
营业收入(万元)	103645.39	226547.73	117486.59	245467.99
营业支出(万元)	93090.92	206127.26	104350.27	224126.66
投资收益(万元)	110.90	92.42	92.42	92.42
净利润(万元)	6669.03	10038.48	6115.56	9003.77
营业利润(万元)	5487.71	9187.02	6032.63	7268.19
利润总额(万元)	7826.35	11481.69	7156.93	10243.61

浙江省围海建设集团股份有限公司

公司概况

公司名称	浙江省围海建设集团股份有限公司			证券简称	围海股份
法人代表	冯全宏	董秘	陈伟	证券代码	002586
公司网址	www.zjwh.com.cn		电子信箱	ir@zjwh.com.cn	
电　　话	0574-87901130		传　　真	0574-87901002	
办公地址	浙江省宁波市高新区广贤路1009号				
经营范围	水利水电工程、市政公用工程、港口与航道工程、房屋建筑工程等				

主要财务指标

指标\报告期	2015.06.30	2014.12.31	2014.06.30	2013.12.31
基本每股收益(元)	0.0200	0.2900	0.0400	0.3200
基本每股收益(扣除后)(元)	0.0200	0.2700	0.0900	0.2900
稀释每股收益(元)	0.0200	0.2900	0.0400	0.3200
每股净资产(元)	2.1147	4.2750	4.0712	3.0638
每股经营现金净流量(元)	-0.1644	-0.0395	-0.5293	0.2081
每股现金流量(元)	-0.2319	0.7176	0.4423	0.1791
每股资本公积金(元)	0.5761	2.1522	2.1522	0.8611
每股盈余公积金(元)	0.0597	0.1193	0.1042	0.1243
每股未分配利润(元)	0.4291	0.9163	0.7333	0.9565
净资产收益率(%)	0.9890	6.5550	2.0155	10.3165
加权净资产收益率(%)	0.9800	7.1100	2.2600	10.7200
净资产收益率(扣除)(%)	0.8386	6.2396	1.9961	9.3904
总资产(万元)	389889.23	341832.17	299353.57	260534.43
归属母公司股东权益(万元)	153977.06	155635.84	148216.60	93430.51
营业收入(万元)	85291.15	183272.45	71006.49	162053.61
营业支出(万元)	74083.67	150466.44	58829.08	131474.61
投资收益(万元)	64.11	157.98	78.99	629.48
净利润(万元)	1562.77	11078.70	3221.45	10258.97
营业利润(万元)	2241.83	14426.66	4389.42	13723.54
利润总额(万元)	2444.65	14929.89	4359.88	13814.71

深圳市奥拓电子股份有限公司

公司概况

公司名称	深圳市奥拓电子股份有限公司			证券简称	奥拓电子
法人代表	吴涵渠	董秘	杨四化	证券代码	002587
公司网址	www.szaoto.com		电子信箱	yangsh@szaoto.com	
电　　话	0755-26719889		传　　真	0755-26719890	
办公地址	广东省深圳市南山区深南大道高新技术工业村T2厂房T2A6-B				
经营范围	电子自助服务设备、金融电子产品、LED光电产品、电子大屏幕显示屏等				

主要财务指标

指标\报告期	2015.06.30	2014.12.31	2014.06.30	2013.12.31
基本每股收益(元)	0.0041	0.3000	0.1057	0.2200
基本每股收益(扣除后)(元)	-0.0005	0.2900	0.1800	0.4000
稀释每股收益(元)	0.0041	0.3000	0.1057	0.2200
每股净资产(元)	1.5372	2.7639	2.6276	5.0823
每股经营现金净流量(元)	-0.1483	0.0835	-0.1396	0.5015
每股现金流量(元)	-0.2078	-1.0033	-0.3348	0.0189
每股资本公积金(元)	0.0743	0.8396	0.8281	2.6437
每股盈余公积金(元)	0.0817	0.1381	0.1063	0.2124
每股未分配利润(元)	0.3811	0.7862	0.6932	1.2262
净资产收益率(%)	0.2694	11.0207	6.8427	8.5659
加权净资产收益率(%)	0.2500	11.5000	6.8300	8.9200
净资产收益率(扣除)(%)	-0.0319	10.4138	6.7259	7.8288
总资产(万元)	67880.73	75971.50	67605.84	67114.84
归属母公司股东权益(万元)	57406.58	61078.11	58065.70	56184.57
营业收入(万元)	14399.51	36705.37	17363.63	28020.04
营业支出(万元)	8201.77	17803.12	8507.13	13487.33
投资收益(万元)	-	-	-	-
净利润(万元)	150.46	6904.82	3973.23	4812.74
营业利润(万元)	-94.55	7329.03	4526.82	4997.14
利润总额(万元)	112.53	7782.92	4620.28	5519.06

史丹利化肥股份有限公司

公司概况

公司名称	史丹利化肥股份有限公司			证券简称	史丹利
法人代表	高文班	董秘	胡照顺	证券代码	002588
公司网址	www.shidanli.cn		电子信箱	002588@shidanli.cn	
电　　话	0539-6263620		传　　真	0539-6263620	
办公地址	山东省临沂市临沭县城常林东大街东首				
经营范围	生产、经营高浓度复混肥料(复合肥料)、掺混肥				

主要财务指标

指标\报告期	2015.06.30	2014.12.31	2014.06.30	2013.12.31
基本每股收益(元)	0.5600	1.7300	0.4600	1.3900
基本每股收益(扣除后)(元)	0.5500	1.6800	0.8900	1.7900
稀释每股收益(元)	0.5600	1.7300	0.4600	1.3900
每股净资产(元)	5.6832	10.6869	9.8681	12.1388
每股经营现金净流量(元)	-0.4453	2.4763	0.9692	1.9299
每股现金流量(元)	-1.1299	0.2566	-0.0696	0.7048
每股资本公积金(元)	1.4837	3.7985	3.7985	5.2380
每股盈余公积金(元)	0.2938	0.5990	0.4641	0.6033
每股未分配利润(元)	2.9057	5.2894	4.6056	5.2975
净资产收益率(%)	9.8821	16.2246	9.2740	14.8928
加权净资产收益率(%)	10.1200	17.4300	9.4700	16.0200
净资产收益率(扣除)(%)	9.6715	15.7428	9.0518	14.7098
总资产(万元)	543014.29	509271.12	417693.61	429342.92
归属母公司股东权益(万元)	330966.77	305227.35	281843.79	266690.47
营业收入(万元)	333638.27	565399.88	275035.71	534549.99
营业支出(万元)	258007.40	448192.28	216078.56	430822.06
投资收益(万元)	971.46	1600.63	204.85	1206.39
净利润(万元)	32620.18	49513.04	26134.32	39717.78
营业利润(万元)	40217.28	56642.02	29944.97	48553.13
利润总额(万元)	40997.38	58354.32	30688.54	49241.29

山东瑞康医药股份有限公司

公司概况						
	公司名称	山东瑞康医药股份有限公司			证券简称	瑞康医药
	法人代表	韩旭	董秘	周云	证券代码	002589
	公司网址	www.realcan.cn		电子信箱	stock@realcan.cn	
	电　话	0535-6737695 6735656		传　真	0535-6737695	
	办公地址	山东省烟台市芝罘区机场路 326 号				
	经营范围	中药材、中药饮片、中成药、化学原料药、化学药制剂、抗生素、生化药品等				

主要财务指标	指标＼报告期	2015.06.30	2014.12.31	2014.06.30	2013.12.31
	基本每股收益(元)	0.4000	0.8300	0.7250	1.4900
	基本每股收益(扣除后)(元)	0.3900	0.8000	0.7310	1.5100
	稀释每股收益(元)	0.4000	0.8300	0.7250	1.4900
	每股净资产(元)	11.1023	8.2512	15.7014	14.9768
	每股经营现金净流量(元)	-0.5284	-0.7509	-1.8597	-2.5192
	每股现金流量(元)	1.7042	-0.4039	-1.7997	2.7775
	每股资本公积金(元)	7.7173	4.6903	10.3813	10.3813
	每股盈余公积金(元)	0.1549	0.1971	0.3217	0.3217
	每股未分配利润(元)	2.2301	2.3638	3.9984	3.2738
	净资产收益率(%)	3.3551	10.0666	4.6147	8.7979
	加权净资产收益率(%)	3.9200	10.5500	4.7200	13.3100
	净资产收益率(扣除)(%)	3.2613	9.7507	4.6565	8.8942
	总资产(万元)	739560.03	567833.18	498147.41	445423.32
	归属母公司股东权益(万元)	307834.30	179789.03	171062.94	163168.83
	营业收入(万元)	450110.70	778590.71	358214.99	592584.17
	营业支出(万元)	406694.60	708052.29	329153.36	541668.00
	投资收益(万元)	73.51	115.65	36.61	-45.61
	净利润(万元)	10220.69	18176.12	7894.11	14355.49
	营业利润(万元)	13209.04	23576.94	10695.82	19530.64
	利润总额(万元)	13445.20	24175.92	10618.36	19350.22

浙江万安科技股份有限公司

公司概况						
	公司名称	浙江万安科技股份有限公司			证券简称	万安科技
	法人代表	陈利祥	董秘	李建林	证券代码	002590
	公司网址	www.vie.com.cn		电子信箱	lijl@vie.com.cn	
	电　话	0575-87658897 87605817		传　真	0575-87659719	
	办公地址	浙江省诸暨市店口镇工业区				
	经营范围	汽车制动系统的研发、生产和销售和配套服务等				

主要财务指标	指标＼报告期	2015.06.30	2014.12.31	2014.06.30	2013.12.31
	基本每股收益(元)	0.1300	0.3600	0.0900	0.1700
	基本每股收益(扣除后)(元)	0.1200	0.3400	0.1700	0.2500
	稀释每股收益(元)	0.1300	0.3600	0.0900	0.1700
	每股净资产(元)	1.8737	3.5772	3.4015	5.5284
	每股经营现金净流量(元)	0.1747	0.4087	0.3177	0.2365
	每股现金流量(元)	0.0398	-0.0990	-0.0329	-0.6773
	每股资本公积金(元)	0.1594	1.0189	1.0211	2.4359
	每股盈余公积金(元)	0.0688	0.1377	0.1096	0.1863
	每股未分配利润(元)	0.6455	1.4207	1.2708	1.9062
	净资产收益率(%)	6.6781	10.1413	5.4320	5.3143
	加权净资产收益率(%)	6.7800	10.6400	5.5600	5.4300
	净资产收益率(扣除)(%)	6.2063	9.5132	5.0488	4.5468
	总资产(万元)	189423.32	183553.49	176555.79	182462.86
	归属母公司股东权益(万元)	77303.49	73791.33	70165.90	67082.54
	营业收入(万元)	81301.97	132229.01	63804.68	128318.86
	营业支出(万元)	62053.90	98747.00	48262.80	97928.48
	投资收益(万元)	-	41.99	41.99	59.53
	净利润(万元)	5517.99	7493.07	3816.22	3471.36
	营业利润(万元)	6065.60	8842.37	4219.22	3811.75
	利润总额(万元)	6415.19	9170.26	4419.41	4176.87

江西恒大高新技术股份有限公司

公司概况						
	公司名称	江西恒大高新技术股份有限公司			证券简称	恒大高新
	法人代表	朱星河	董秘	唐明荣	证券代码	002591
	公司网址	www.heng-da.com		电子信箱	zq@heng-da.net.cn	
	电　话	0791-88194572		传　真	0791-88197020	
	办公地址	江西省南昌市高新区金庐北路 88 号				
	经营范围	工业设备特种防护及表面工程、硬面技术服务等				

主要财务指标	指标＼报告期	2015.06.30	2014.12.31	2014.06.30	2013.12.31
	基本每股收益(元)	-0.0733	0.0225	0.0786	0.2433
	基本每股收益(扣除后)(元)	-0.0732	0.0099	0.0582	0.1636
	稀释每股收益(元)	-0.0733	0.0225	0.0786	0.2433
	每股净资产(元)	2.8959	2.8561	5.8393	5.7572
	每股经营现金净流量(元)	-0.0792	-0.1010	-0.1520	-0.1990
	每股现金流量(元)	-0.1535	-0.0630	0.0228	-0.8651
	每股资本公积金(元)	1.1642	1.1642	3.0464	3.0428
	每股盈余公积金(元)	0.1092	0.1092	0.2139	0.2139
	每股未分配利润(元)	0.5068	0.5819	1.5791	1.5005
	净资产收益率(%)	-2.5309	0.7897	1.3456	4.1915
	加权净资产收益率(%)	-2.5500	0.7800	1.3600	4.3100
	净资产收益率(扣除)(%)	-2.5109	0.3478	0.9968	2.8193
	总资产(万元)	92390.29	92988.88	95819.66	89109.18
	归属母公司股东权益(万元)	75884.04	74841.76	76655.36	75577.22
	营业收入(万元)	8536.87	24879.31	11574.06	33281.35
	营业支出(万元)	6091.47	17450.47	7643.26	25172.63
	投资收益(万元)	-257.90	-341.31	279.54	538.28
	净利润(万元)	-2034.18	539.28	1031.44	3167.81
	营业利润(万元)	-2271.60	242.79	1061.58	3060.38
	利润总额(万元)	-2268.94	677.71	1175.77	3671.21

南宁八菱科技股份有限公司

公司概况						
	公司名称	南宁八菱科技股份有限公司			证券简称	八菱科技
	法人代表	顾瑜	董秘	黄生田	证券代码	002592
	公司网址	www.baling.com.cn		电子信箱	nnblkj@baling.com.cn	
	电　话	0771-3216598		传　真	0771-3211338	
	办公地址	广西壮族自治区南宁市高新区工业园区科德路 1 号				
	经营范围	研究、开发、生产、经营散热器、汽车配件、空调配件、发电机组配件等				

主要财务指标	指标＼报告期	2015.06.30	2014.12.31	2014.06.30	2013.12.31
	基本每股收益(元)	0.3100	0.4900	0.2900	0.5100
	基本每股收益(扣除后)(元)	0.3000	0.4600	0.2700	0.4600
	稀释每股收益(元)	0.3100	0.4900	0.2900	0.5100
	每股净资产(元)	5.5039	5.3005	4.0312	4.0419
	每股经营现金净流量(元)	0.1420	0.5882	0.0187	0.4564
	每股现金流量(元)	-0.3221	1.3148	-0.4102	-0.0818
	每股资本公积金(元)	2.6372	2.6372	0.9303	0.9303
	每股盈余公积金(元)	0.3589	0.3589	0.4254	0.4254
	每股未分配利润(元)	1.5079	1.3045	1.6755	1.6862
	净资产收益率(%)	5.6274	7.1581	7.1761	12.6051
	加权净资产收益率(%)	5.6800	10.9600	7.1700	13.1600
	净资产收益率(扣除)(%)	5.2444	6.7143	6.7627	11.4657
	总资产(万元)	159197.56	164093.10	95867.75	92130.14
	归属母公司股东权益(万元)	137233.39	132161.49	71237.42	71426.77
	营业收入(万元)	30751.99	63883.02	33155.92	60349.76
	营业支出(万元)	23295.05	47595.82	25256.56	45805.81
	投资收益(万元)	2915.61	3115.21	1742.54	1034.99
	净利润(万元)	7722.59	9460.31	5112.09	9003.40
	营业利润(万元)	8167.02	10026.30	5492.14	9053.58
	利润总额(万元)	8437.88	10509.68	5715.33	9752.55

厦门日上集团股份有限公司

公司概况	公司名称	厦门日上集团股份有限公司			证券简称	日上集团
	法人代表	吴子文	董秘	钟柏安	证券代码	002593
	公司网址	www.sunrisewheel.com		电子信箱	stock@sunrisewheel.com	
	电 话	0592-6666866		传 真	0592-6666899	
	办公地址	福建省厦门市集美区杏林杏北路30号				
	经营范围	生产、加工汽车轮圈、汽车零部件、金属制品、零售汽车零部件、建筑材料等				

主要财务指标	指标\报告期	2015.06.30	2014.12.31	2014.06.30	2013.12.31
	基本每股收益(元)	0.1100	0.1900	0.0900	0.1700
	基本每股收益(扣除后)(元)	0.1000	0.1500	0.0800	0.1100
	稀释每股收益(元)	0.1100	0.1900	0.0900	0.1700
	每股净资产(元)	7.4548	5.7407	5.6518	5.6152
	每股经营现金净流量(元)	0.0350	0.0578	0.0579	-0.5585
	每股现金流量(元)	1.6289	-0.0411	0.2025	-0.4289
	每股资本公积金(元)	5.1346	3.3390	3.3390	3.3390
	每股盈余公积金(元)	0.0421	0.0447	0.0455	0.0442
	每股未分配利润(元)	1.3138	1.3944	1.3019	1.2685
	净资产收益率(%)	1.3626	3.2471	1.6747	2.9832
	加权净资产收益率(%)	1.9300	3.2900	1.6700	3.0000
	净资产收益率(扣除)(%)	1.3486	2.6816	1.4712	2.0213
	总资产(万元)	326597.03	282701.45	290312.21	256687.70
	归属母公司股东权益(万元)	173771.01	121702.40	119817.92	119041.78
	营业收入(万元)	65682.60	134192.82	64216.66	122958.51
	营业支出(万元)	53777.39	111240.92	53581.97	102685.22
	投资收益(万元)	-	-	-	-
	净利润(万元)	2367.83	3951.82	2006.58	3551.23
	营业利润(万元)	2776.29	4275.02	2232.10	3372.94
	利润总额(万元)	2805.63	5088.65	2520.37	4818.01

比亚迪股份有限公司

公司概况	公司名称	比亚迪股份有限公司			证券简称	比 亚 迪
	法人代表	王传福	董秘	李黔	证券代码	002594
	公司网址	www.byd.com.cn		电子信箱	db@byd.com	
	电 话	0755-89888888		传 真	0755-84202222	
	办公地址	广东省深圳市坪山新区比亚迪路3009号				
	经营范围	锂离子电池以及其他电池、充电器、电子产品、仪器仪表、柔性线路板等				

主要财务指标	指标\报告期	2015.06.30	2014.12.31	2014.06.30	2013.12.31
	基本每股收益(元)	0.1900	0.1800	0.1500	0.2300
	基本每股收益(扣除后)(元)	0.0600	-0.2800	0.0400	-0.0200
	稀释每股收益(元)	-	-	-	-
	每股净资产(元)	10.4359	10.4600	10.2326	9.2221
	每股经营现金净流量(元)	1.2205	0.0154	-0.2196	1.0349
	每股现金流量(元)	-0.2143	-0.2510	1.4778	0.5201
	每股资本公积金(元)	4.1592	4.1584	4.1447	2.9915
	每股盈余公积金(元)	0.8515	0.8515	0.7934	0.8345
	每股未分配利润(元)	4.4844	4.2968	4.3391	4.4650
	净资产收益率(%)	1.8060	1.7091	1.4236	2.5475
	加权净资产收益率(%)	1.8200	1.8400	1.5300	2.5800
	净资产收益率(扣除)(%)	0.5901	-2.6701	0.3689	-0.2622
	总资产(万元)	9525836.70	9400885.50	8667949.50	7801483.30
	归属母公司股东权益(万元)	2583936.90	2536559.70	2533600.90	2170976.40
	营业收入(万元)	3158236.60	5819587.80	2671570.60	5286328.40
	营业支出(万元)	2607575.00	4914388.60	2225381.70	4474555.50
	投资收益(万元)	-8933.90	6836.60	-718.50	-4840.80
	净利润(万元)	62419.60	73987.00	36069.10	55305.90
	营业利润(万元)	46228.80	-17911.50	33326.10	10665.30
	利润总额(万元)	83053.80	87395.20	64893.10	83208.10

山东豪迈机械科技股份有限公司

公司概况	公司名称	山东豪迈机械科技股份有限公司			证券简称	豪迈科技
	法人代表	张恭运	董秘	王晓静	证券代码	002595
	公司网址	www.haomaikeji.com		电子信箱	himile_zqb@himile.com	
	电 话	0536-2361002		传 真	0536-2361536	
	办公地址	山东省高密市密水科技工业园豪迈路1号				
	经营范围	轮胎模具及橡胶机械、数控机床的研制开发、生产、销售以及高端零部件铸造等				

主要财务指标	指标\报告期	2015.06.30	2014.12.31	2014.06.30	2013.12.31
	基本每股收益(元)	0.3939	1.2600	0.2876	0.8300
	基本每股收益(扣除后)(元)	0.3872	1.2300	1.1548	1.5771
	稀释每股收益(元)	0.3939	1.2600	0.2876	0.8300
	每股净资产(元)	3.3447	6.4022	11.4590	5.7374
	每股经营现金净流量(元)	0.4116	0.6332	0.1907	1.1430
	每股现金流量(元)	0.2930	-1.2557	-1.5681	-1.6375
	每股资本公积金(元)	0.6329	2.2659	5.2946	5.8664
	每股盈余公积金(元)	0.1888	0.3776	0.5000	0.5000
	每股未分配利润(元)	1.5207	2.7535	4.6416	4.0911
	净资产收益率(%)	11.7783	19.6119	10.0402	14.0759
	加权净资产收益率(%)	12.0400	20.8900	9.7100	15.1700
	净资产收益率(扣除)(%)	11.5777	19.2189	10.0781	14.0344
	总资产(万元)	304337.53	291430.69	256171.11	253167.18
	归属母公司股东权益(万元)	267575.64	256087.28	229179.03	229495.26
	营业收入(万元)	107470.94	181464.62	80908.43	117490.33
	营业支出(万元)	60470.87	102929.95	44594.03	66746.51
	投资收益(万元)	431.41	171.54	126.36	507.59
	净利润(万元)	31515.94	50164.26	22955.10	33260.41
	营业利润(万元)	36555.23	57972.93	27465.35	38771.78
	利润总额(万元)	36744.16	58975.17	27365.70	38884.08

海南瑞泽新型建材股份有限公司

公司概况	公司名称	海南瑞泽新型建材股份有限公司			证券简称	海南瑞泽
	法人代表	张海林	董秘	于清池	证券代码	002596
	公司网址	www.hnruize.com		电子信箱	yqc66888@163.com	
	电 话	0898-88710266		传 真	0898-88710266	
	办公地址	海南省三亚市吉阳镇迎宾大道488号				
	经营范围	商品混凝土生产与销售、加气砖、灰沙砖、新型建材生产与销售等				

主要财务指标	指标\报告期	2015.06.30	2014.12.31	2014.06.30	2013.12.31
	基本每股收益(元)	-0.0700	0.0800	0.0500	0.1800
	基本每股收益(扣除后)(元)	-0.0700	0.0700	0.0700	0.1800
	稀释每股收益(元)	-0.0700	0.0800	0.0500	0.1800
	每股净资产(元)	5.0544	4.9867	4.2077	4.1821
	每股经营现金净流量(元)	-0.0674	0.1446	-0.0464	-0.0831
	每股现金流量(元)	-0.1615	-0.2180	-0.1764	0.2262
	每股资本公积金(元)	3.0418	2.8323	1.8526	1.8459
	每股盈余公积金(元)	0.1012	0.1064	0.1172	0.1177
	每股未分配利润(元)	0.9201	1.0626	1.2379	1.2185
	净资产收益率(%)	-1.4021	1.3984	1.2783	4.3283
	加权净资产收益率(%)	-1.4100	1.9700	1.2800	4.3900
	净资产收益率(扣除)(%)	-1.4300	1.4255	1.5841	4.2936
	总资产(万元)	203898.80	208796.33	164803.13	161962.17
	归属母公司股东权益(万元)	135345.50	127042.30	90550.13	89664.61
	营业收入(万元)	55185.48	112130.85	54574.95	110202.06
	营业支出(万元)	48154.10	94126.62	46169.87	92744.37
	投资收益(万元)	0.16	90.45	366.14	70.70
	净利润(万元)	-1673.88	2264.18	1157.51	3880.97
	营业利润(万元)	-2357.03	2995.30	2041.00	5135.30
	利润总额(万元)	-2302.47	3202.89	1891.13	5578.70

安徽金禾实业股份有限公司

公司概况

公司名称	安徽金禾实业股份有限公司			证券简称	金禾实业
法人代表	杨迎春	董秘	仰宗勇	证券代码	002597
公司网址	www.jinheshiye.com		电子信箱	yangzongyong@ajhchem.com	
电　　话	0550-5612755 5614224		传　　真	0550-5611232	
办公地址	安徽省滁州市来安县城东大街127号				
经营范围	从事精细化工产品和基础化工产品的生产、研发和销售				

主要财务指标

指标\报告期	2015.06.30	2014.12.31	2014.06.30	2013.12.31
基本每股收益(元)	0.2100	0.5900	0.1600	0.5300
基本每股收益(扣除后)(元)	0.1800	0.5400	0.3000	0.5100
稀释每股收益(元)	0.2100	0.5900	0.1600	0.5300
每股净资产(元)	3.4620	6.7864	6.5100	6.4473
每股经营现金净流量(元)	0.4617	1.3074	0.6815	0.7639
每股现金流量(元)	–0.0542	–0.0796	–0.2864	0.1758
每股资本公积金(元)	0.8967	2.7723	2.7205	2.7205
每股盈余公积金(元)	0.1723	0.3445	0.2818	0.2818
每股未分配利润(元)	1.2907	2.4663	2.3160	2.2453
净资产收益率(%)	5.9951	8.6291	4.9253	8.1593
加权净资产收益率(%)	6.0100	9.0200	4.9200	8.3900
净资产收益率(扣除)(%)	5.1967	7.9174	4.6214	7.8439
总资产(万元)	350609.48	337113.60	304881.29	305610.62
归属母公司股东权益(万元)	196755.09	192841.34	180798.75	179027.87
营业收入(万元)	158688.37	321471.06	157548.86	297723.45
营业支出(万元)	133243.01	273800.49	135055.97	258742.69
投资收益(万元)	962.70	928.70	–6.48	–0.68
净利润(万元)	10947.62	13794.64	7495.12	15529.65
营业利润(万元)	12548.04	15965.13	8745.84	17544.00
利润总额(万元)	13458.38	17780.75	9496.98	18682.37

山东省章丘鼓风机股份有限公司

公司概况

公司名称	山东省章丘鼓风机股份有限公司			证券简称	山东章鼓
法人代表	方润刚	董秘	方树鹏	证券代码	002598
公司网址	www.blower.cn		电子信箱	sdzg@blower.cn	
电　　话	0531-83250020		传　　真	0531-83250085	
办公地址	山东省章丘市明水经济开发区世纪大道东首				
经营范围	罗茨鼓风机(罗茨真空泵)及离心鼓风机的研发、制造、销售等				

主要财务指标

指标\报告期	2015.06.30	2014.12.31	2014.06.30	2013.12.31
基本每股收益(元)	0.0876	0.2437	0.1192	0.2609
基本每股收益(扣除后)(元)	0.0837	0.2315	0.1134	0.2278
稀释每股收益(元)	0.0876	0.2437	0.1192	0.2609
每股净资产(元)	2.3314	2.3440	2.4195	2.3002
每股经营现金净流量(元)	–0.0509	0.1874	0.0456	0.3060
每股现金流量(元)	–0.2889	0.3455	0.5223	0.0043
每股资本公积金(元)	0.6785	0.6785	0.6785	0.6785
每股盈余公积金(元)	0.1502	0.1502	0.1256	0.1256
每股未分配利润(元)	0.5050	0.5174	0.6174	0.4982
净资产收益率(%)	3.7573	10.3987	4.9272	11.3442
加权净资产收益率(%)	3.6700	10.0635	5.0500	11.5800
净资产收益率(扣除)(%)	3.5899	9.8760	4.6885	9.9030
总资产(万元)	98078.79	99337.67	102931.14	97782.38
归属母公司股东权益(万元)	72740.01	73131.52	75488.81	71765.34
营业收入(万元)	21724.94	55462.78	27232.46	56742.19
营业支出(万元)	13354.44	36828.68	18005.45	38478.14
投资收益(万元)	578.54	1166.33	497.40	782.58
净利润(万元)	2733.06	7604.74	3719.49	8141.24
营业利润(万元)	3025.71	8178.36	4099.11	8060.36
利润总额(万元)	3168.92	8628.11	4310.14	9256.23

北京盛通印刷股份有限公司

公司概况

公司名称	北京盛通印刷股份有限公司			证券简称	盛通股份
法人代表	栗延秋	董秘	肖薇	证券代码	002599
公司网址	www.shengtongprint.com		电子信箱	ir@shengtongprint.com	
电　　话	010-67871609		传　　真	010-52249811	
办公地址	北京市北京经济技术开发区经海三路18号				
经营范围	出版物印刷、装订等				

主要财务指标

指标\报告期	2015.06.30	2014.12.31	2014.06.30	2013.12.31
基本每股收益(元)	0.0900	0.0900	0.0800	0.1400
基本每股收益(扣除后)(元)	0.0400	0.0700	0.0700	0.1300
稀释每股收益(元)	0.0900	0.0900	0.0800	0.1400
每股净资产(元)	4.5357	4.4717	4.4668	4.4153
每股经营现金净流量(元)	0.5684	0.5150	0.2459	0.5976
每股现金流量(元)	0.0041	–0.8100	0.0107	–0.0417
每股资本公积金(元)	2.0576	2.0576	2.0576	2.0576
每股盈余公积金(元)	0.1755	0.1755	0.1620	0.1620
每股未分配利润(元)	1.3026	1.2386	1.2471	1.1956
净资产收益率(%)	2.0731	1.9316	1.8250	3.2782
加权净资产收益率(%)	2.0800	1.9400	1.8400	3.3300
净资产收益率(扣除)(%)	0.9376	1.5328	1.5332	2.8871
总资产(万元)	122608.77	108083.82	105714.09	98845.95
归属母公司股东权益(万元)	59871.14	59025.96	58961.84	58281.79
营业收入(万元)	33385.53	62221.04	30315.24	53334.47
营业支出(万元)	27575.89	52301.94	25062.20	44054.67
投资收益(万元)	–	–	–	–
净利润(万元)	1239.60	1140.16	1076.04	1910.59
营业利润(万元)	394.30	943.50	1079.96	2018.60
利润总额(万元)	1243.83	1222.33	1282.15	2295.81

广东江粉磁材股份有限公司

公司概况

公司名称	广东江粉磁材股份有限公司			证券简称	江粉磁材
法人代表	汪南东	董秘	周战峰	证券代码	002600
公司网址	www.jpmf.com.cn		电子信箱	jpmf@jpmf.com.cn	
电　　话	0750-3506077 3506078		传　　真	0750-3506111	
办公地址	广东省江门市龙湾路8号				
经营范围	永磁铁氧体和软磁铁氧体的研发、生产和销售等				

主要财务指标

指标\报告期	2015.06.30	2014.12.31	2014.06.30	2013.12.31
基本每股收益(元)	0.0100	0.0100	–0.0100	0.0500
基本每股收益(扣除后)(元)	–0.0003	–0.0800	–0.0300	0.0100
稀释每股收益(元)	0.0100	0.0100	–0.0100	0.0500
每股净资产(元)	1.9165	3.9284	3.8868	4.0145
每股经营现金净流量(元)	0.0807	–0.0275	–0.0293	–0.2966
每股现金流量(元)	–0.1680	–0.1614	0.1257	0.4777
每股资本公积金(元)	0.7108	2.4225	2.4243	2.4243
每股盈余公积金(元)	0.0438	0.0876	0.0808	0.0808
每股未分配利润(元)	0.1635	0.4142	0.3818	0.5097
净资产收益率(%)	0.3337	0.2848	–0.7188	1.3492
加权净资产收益率(%)	0.3300	0.2800	–0.7000	1.3400
净资产收益率(扣除)(%)	–0.0152	–1.9861	–0.7044	0.2679
总资产(万元)	316601.95	275200.91	238580.20	219544.20
归属母公司股东权益(万元)	121814.25	124844.28	123522.80	127580.18
营业收入(万元)	161526.58	206028.87	84894.77	140516.79
营业支出(万元)	148536.61	182226.24	73917.20	118958.59
投资收益(万元)	839.52	2103.79	305.17	822.70
净利润(万元)	402.79	–350.24	–1186.23	1219.41
营业利润(万元)	613.34	–1390.88	–969.62	692.68
利润总额(万元)	667.52	111.40	–987.68	2231.78

河南佰利联化学股份有限公司

公司概况	公司名称	河南佰利联化学股份有限公司			证券简称	佰利联
	法人代表	许刚	董秘	申庆飞	证券代码	002601
	公司网址	www.billionschem.com		电子信箱	bll002601@163.com	
	电　话	0391-3126666		传　真	0391-3126111	
	办公地址	河南省焦作市中站区焦克路				
	经营范围	从事钛白粉、锆制品和硫酸铝等产品的生产与销售				

主要财务指标	指标\报告期	2015.06.30	2014.12.31	2014.06.30	2013.12.31
	基本每股收益(元)	0.2400	0.3300	0.0600	0.1200
	基本每股收益(扣除后)(元)	0.2400	0.2800	0.0300	0.0900
	稀释每股收益(元)	0.2400	0.3300	0.0600	0.1200
	每股净资产(元)	11.7004	11.5973	11.3516	11.3130
	每股经营现金净流量(元)	-0.9591	0.1104	0.6181	-0.9719
	每股现金流量(元)	2.1463	0.0095	0.0845	-2.2347
	每股资本公积金(元)	6.8078	6.5723	6.5952	6.5829
	每股盈余公积金(元)	0.4342	0.4652	0.4329	0.4312
	每股未分配利润(元)	3.4581	3.5598	3.3220	3.2989
	净资产收益率(%)	1.9496	2.8536	0.5359	1.0881
	加权净资产收益率(%)	2.0700	2.8900	0.5400	1.1000
	净资产收益率(扣除)(%)	1.9404	2.4282	0.2966	0.8137
	总资产(万元)	576133.04	464236.15	406901.11	357483.24
	归属母公司股东权益(万元)	239183.68	221267.74	216580.04	216660.72
	营业收入(万元)	132139.65	205129.59	104843.81	172250.06
	营业支出(万元)	107309.65	168179.19	89909.05	151245.82
	投资收益(万元)	21.66	191.27	182.10	864.71
	净利润(万元)	5163.91	6433.34	1160.67	2357.58
	营业利润(万元)	6536.39	6211.17	1052.64	1974.93
	利润总额(万元)	6562.45	7332.97	1663.62	2678.48

浙江世纪华通集团股份有限公司

公司概况	公司名称	浙江世纪华通车业股份有限公司			证券简称	世纪华通
	法人代表	王苗通	董秘	严正山	证券代码	002602
	公司网址	www.sjhuatong.com		电子信箱	sjhuatong@sjhuatong.com	
	电　话	0575-82148872		传　真	0575-82208079	
	办公地址	浙江省上虞市经济开发区北一路				
	经营范围	汽车配件、摩托车配件、精密金属模具制造、加工等				

主要财务指标	指标\报告期	2015.06.30	2014.12.31	2014.06.30	2013.12.31
	基本每股收益(元)	0.1400	0.6000	0.0500	0.3100
	基本每股收益(扣除后)(元)	0.1380	0.6000	0.2100	0.3000
	稀释每股收益(元)	0.1400	0.6000	0.0500	0.3100
	每股净资产(元)	3.6218	7.0627	6.4438	6.2437
	每股经营现金净流量(元)	0.0760	0.4780	0.1233	0.2693
	每股现金流量(元)	-0.0969	0.3437	-0.0796	-1.3838
	每股资本公积金(元)	1.8450	4.6900	3.3550	3.3550
	每股盈余公积金(元)	0.0639	0.1278	0.2291	0.2291
	每股未分配利润(元)	0.7129	1.2449	1.8597	1.6596
	净资产收益率(%)	3.8788	5.7669	3.1045	4.9519
	加权净资产收益率(%)	3.9000	8.9500	3.2000	5.0400
	净资产收益率(扣除)(%)	3.8102	5.7322	3.2161	4.7580
	总资产(万元)	456116.83	419887.77	212573.55	207052.33
	归属母公司股东权益(万元)	371993.01	362701.60	169149.27	163898.00
	营业收入(万元)	125522.19	171223.01	73022.37	122743.12
	营业支出(万元)	90081.29	120099.74	55091.24	94567.12
	投资收益(万元)	8.23	67.06	1.07	1.58
	净利润(万元)	14561.68	21112.18	5341.79	8279.75
	营业利润(万元)	16551.18	23776.40	6849.21	9790.69
	利润总额(万元)	16805.84	23710.34	6542.40	10005.11

石家庄以岭药业股份有限公司

公司概况	公司名称	石家庄以岭药业股份有限公司			证券简称	以岭药业
	法人代表	吴相君	董秘	吴瑞	证券代码	002603
	公司网址	www.yiling.cn		电子信箱	wurui@yiling.cn	
	电　话	0311-85901311		传　真	0311-85901311	
	办公地址	河北省石家庄市高新技术产业开发区天山大街238号				
	经营范围	硬胶囊剂、片剂、颗粒剂、合剂、小容量注射剂的生产等				

主要财务指标	指标\报告期	2015.06.30	2014.12.31	2014.06.30	2013.12.31
	基本每股收益(元)	0.2000	0.6300	0.3600	0.4400
	基本每股收益(扣除后)(元)	0.2000	0.6300	0.3500	0.4100
	稀释每股收益(元)	0.2000	0.6300	0.3600	0.4400
	每股净资产(元)	4.1919	8.0834	7.8002	7.5518
	每股经营现金净流量(元)	0.0147	0.1880	0.2792	0.0981
	每股现金流量(元)	0.0225	-0.5469	0.0593	-1.4000
	每股资本公积金(元)	1.4842	3.9645	3.9608	3.9642
	每股盈余公积金(元)	0.1723	0.3445	0.2943	0.2941
	每股未分配利润(元)	1.5352	2.7742	2.5518	2.2931
	净资产收益率(%)	4.7176	7.7841	4.5719	5.7368
	加权净资产收益率(%)	4.5900	7.9900	4.6100	6.0400
	净资产收益率(扣除)(%)	4.8052	7.7842	4.4817	5.3878
	总资产(万元)	549607.39	508791.14	498789.64	465803.37
	归属母公司股东权益(万元)	472217.70	455410.18	439919.20	425834.08
	营业收入(万元)	170545.58	292115.73	153722.86	249016.15
	营业支出(万元)	62264.74	107765.14	53888.74	83050.16
	投资收益(万元)	502.94	1666.36	1056.87	736.84
	净利润(万元)	22277.53	35449.52	20112.79	24429.15
	营业利润(万元)	26671.60	40999.34	23372.68	27322.71
	利润总额(万元)	26115.79	41055.96	23835.06	28934.05

山东龙力生物科技股份有限公司

公司概况	公司名称	山东龙力生物科技股份有限公司			证券简称	龙力生物
	法人代表	程少博	董秘	高立娟	证券代码	002604
	公司网址	www.longlive.cn		电子信箱	llgf@longlive.cn	
	电　话	0534-8103166		传　真	0534-8103168	
	办公地址	山东省禹城市高新技术开发区汉槐街1309号				
	经营范围	玉米、玉米芯收购加工销售业务、其他食品"低聚木糖"、饲料添加剂低聚木糖等				

主要财务指标	指标\报告期	2015.06.30	2014.12.31	2014.06.30	2013.12.31
	基本每股收益(元)	0.1000	0.2700	0.2800	0.3000
	基本每股收益(扣除后)(元)	0.0900	0.2400	0.2700	0.2700
	稀释每股收益(元)	0.1000	0.2700	0.2800	0.3000
	每股净资产(元)	3.7199	5.8656	5.8168	7.3110
	每股经营现金净流量(元)	0.1407	0.3097	0.1933	1.0989
	每股现金流量(元)	-0.3526	-0.9963	1.0970	0.1279
	每股资本公积金(元)	1.7785	3.4457	3.4457	4.7794
	每股盈余公积金(元)	0.1029	0.1647	0.1333	0.1732
	每股未分配利润(元)	0.8109	1.2156	1.2023	1.3167
	净资产收益率(%)	1.8795	4.6488	3.9348	4.0834
	加权净资产收益率(%)	1.8900	4.7400	3.9900	4.1300
	净资产收益率(扣除)(%)	1.6182	4.1615	3.7235	3.6342
	总资产(万元)	257361.16	271693.31	297535.08	258961.73
	归属母公司股东权益(万元)	187494.26	184775.91	183237.09	177159.80
	营业收入(万元)	37089.15	75707.05	37673.37	90321.30
	营业支出(万元)	27147.88	53304.80	26737.34	66365.36
	投资收益(万元)	-	-	-	-
	净利润(万元)	3492.72	8475.70	7162.63	7198.32
	营业利润(万元)	2891.71	3833.44	2882.75	7743.24
	利润总额(万元)	4193.92	10422.38	7744.67	8679.64

上海姚记扑克股份有限公司

公司概况	公司名称	上海姚记扑克股份有限公司			证券简称	姚记扑克
	法人代表	姚文琛	董秘	浦冬婵	证券代码	002605
	公司网址	www.yaojipoker.com		电子信箱	secretarybd@yaojipoker.com	
	电　话	021-69595008		传　真	021-69595008	
	办公地址	上海市嘉定区黄渡镇曹安路4218号				
	经营范围	主要从事各类扑克牌的设计、生产和销售等				

主要财务指标	指标\报告期	2015.06.30	2014.12.31	2014.06.30	2013.12.31
	基本每股收益(元)	0.1667	0.3270	0.3418	0.6256
	基本每股收益(扣除后)(元)	0.1560	0.2860	0.3015	0.5712
	稀释每股收益(元)	0.1667	0.3270	0.3418	0.6256
	每股净资产(元)	2.7062	2.5395	4.7668	4.5249
	每股经营现金净流量(元)	0.1582	0.1985	–0.0313	0.9107
	每股现金流量(元)	0.4090	–0.2071	–0.2198	–0.9818
	每股资本公积金(元)	0.4373	0.4373	1.8746	1.8746
	每股盈余公积金(元)	0.1198	0.1198	0.1907	0.1907
	每股未分配利润(元)	1.1491	0.9824	1.7015	1.4596
	净资产收益率(%)	6.1587	12.8776	7.1711	13.8251
	加权净资产收益率(%)	6.3500	13.6400	7.3100	14.4600
	净资产收益率(扣除)(%)	5.7656	11.2610	6.3253	12.6242
	总资产(万元)	150241.79	145094.35	108595.86	111082.75
	归属母公司股东权益(万元)	101210.10	94976.92	89138.39	84616.18
	营业收入(万元)	43855.66	75191.28	36954.03	71064.05
	营业支出(万元)	30495.72	54341.25	26864.49	51723.52
	投资收益(万元)	110.00	947.16	621.98	472.86
	净利润(万元)	6794.40	12319.60	6392.21	11698.28
	营业利润(万元)	9086.98	15658.53	8268.22	14984.04
	利润总额(万元)	9284.53	16620.90	8652.18	15860.39

大连电瓷集团股份有限公司

公司概况	公司名称	大连电瓷集团股份有限公司			证券简称	大连电瓷
	法人代表	刘桂雪	董秘	张永久	证券代码	002606
	公司网址	www.insulators.cn		电子信箱	zqb@insulators.cn	
	电　话	0411-84305686 62272888		传　真	0411-84307907	
	办公地址	辽宁省大连市经济技术开发区双D港辽河东路88号				
	经营范围	高压电瓷、避雷器、互感器、开关、合成绝缘子、高压线性电阻片、工业陶瓷等				

主要财务指标	指标\报告期	2015.06.30	2014.12.31	2014.06.30	2013.12.31
	基本每股收益(元)	–0.0700	0.1300	0.0400	0.1500
	基本每股收益(扣除后)(元)	–0.1000	0.0700	0.0200	0.0900
	稀释每股收益(元)	–0.0700	0.1300	0.0400	0.1500
	每股净资产(元)	3.5137	3.6516	3.5609	3.6225
	每股经营现金净流量(元)	0.2239	0.1357	0.2269	0.2356
	每股现金流量(元)	0.1325	–0.6612	–0.6586	0.0229
	每股资本公积金(元)	1.5192	1.5192	1.5084	1.5084
	每股盈余公积金(元)	0.1375	0.1375	0.1170	0.1170
	每股未分配利润(元)	0.8632	1.0053	0.9355	0.9971
	净资产收益率(%)	–1.9123	3.5253	1.0783	4.2159
	加权净资产收益率(%)	–1.8600	3.5000	1.0600	4.1500
	净资产收益率(扣除)(%)	–2.7419	1.8378	0.5576	2.5196
	总资产(万元)	138783.91	132598.41	132774.86	139880.72
	归属母公司股东权益(万元)	70273.59	73032.65	71218.68	72450.75
	营业收入(万元)	18183.25	59160.39	27193.29	62331.71
	营业支出(万元)	13379.56	40263.92	18662.59	41701.84
	投资收益(万元)	–25.63	–146.89	–	–117.20
	净利润(万元)	–1459.85	2487.27	767.93	3054.47
	营业利润(万元)	–2411.02	1465.91	208.99	2064.79
	利润总额(万元)	–1725.17	2772.34	645.22	3359.36

芜湖亚夏汽车股份有限公司

公司概况	公司名称	芜湖亚夏汽车股份有限公司			证券简称	亚夏汽车
	法人代表	周夏耘	董秘	李林	证券代码	002607
	公司网址	www.yaxia.net		电子信箱	board@yaxia.com	
	电　话	0553-2876077		传　真	0553-2876077	
	办公地址	安徽省芜湖市鸠江区弋江北路花塘村亚夏汽车城				
	经营范围	品牌轿车及其配件销售、维修、装潢、美容、信息咨询服务、品牌轿车二手车销售				

主要财务指标	指标\报告期	2015.06.30	2014.12.31	2014.06.30	2013.12.31
	基本每股收益(元)	0.0070	–0.2100	0.0800	0.2100
	基本每股收益(扣除后)(元)	–0.0610	–0.3000	–0.0100	0.0900
	稀释每股收益(元)	0.0070	–0.2100	0.0800	0.2100
	每股净资产(元)	2.2665	2.9370	3.2140	3.8133
	每股经营现金净流量(元)	0.2847	0.4331	–0.4662	0.3767
	每股现金流量(元)	0.0161	–0.1596	–0.1486	–0.1737
	每股资本公积金(元)	0.5668	1.0369	1.0307	1.4369
	每股盈余公积金(元)	0.1003	0.1304	0.1304	0.1564
	每股未分配利润(元)	0.5994	0.7697	1.0529	1.2200
	净资产收益率(%)	0.3206	–6.9896	2.4248	5.4223
	加权净资产收益率(%)	0.3200	–6.7200	2.4200	5.4900
	净资产收益率(扣除)(%)	–2.6845	–10.2529	–0.3434	2.3823
	总资产(万元)	345716.67	340851.06	319528.86	298610.39
	归属母公司股东权益(万元)	80896.54	80637.20	88244.26	87248.55
	营业收入(万元)	246480.59	523693.77	255633.47	504574.46
	营业支出(万元)	230452.17	497922.19	238807.71	471775.01
	投资收益(万元)	1438.66	–	156.80	–2.28
	净利润(万元)	132.90	–5896.39	2139.71	4730.91
	营业利润(万元)	–79.97	–8194.52	763.74	4413.77
	利润总额(万元)	972.16	–4720.91	3297.01	7512.94

江苏舜天船舶股份有限公司

公司概况	公司名称	江苏舜天船舶股份有限公司			证券简称	*ST舜船
	法人代表	张顺福	董秘	孙宝莉	证券代码	002608
	公司网址	www.saintymarine.com.cn		电子信箱	info@saintymarine.com.cn	
	电　话	025-52876100		传　真	025-52871600	
	办公地址	江苏省南京市雨花台区软件大道21号				
	经营范围	远洋支线机动船舶建造业务和非机动船舶建造业务等				

主要财务指标	指标\报告期	2015.06.30	2014.12.31	2014.06.30	2013.12.31
	基本每股收益(元)	–0.9700	–4.8200	0.1100	0.5600
	基本每股收益(扣除后)(元)	–0.9200	–4.4800	0.0200	10.0600
	稀释每股收益(元)	–0.9700	–4.8200	0.1100	0.5600
	每股净资产(元)	–0.3981	0.5684	9.7939	9.7011
	每股经营现金净流量(元)	–0.8187	–3.6885	–4.0577	–3.1353
	每股现金流量(元)	–1.0341	0.2943	–0.9945	0.6353
	每股资本公积金(元)	1.3870	1.3870	3.0580	3.0580
	每股盈余公积金(元)	0.1305	0.1305	0.2218	0.2218
	每股未分配利润(元)	–2.9262	–1.9497	5.5082	5.4180
	净资产收益率(%)	–245.2688	–848.4630	1.9413	5.7757
	加权净资产收益率(%)	–1217.9600	–159.9700	1.9400	5.9100
	净资产收益率(扣除)(%)	229.8590	–788.0326	0.7766	2.9124
	总资产(万元)	842580.26	940076.97	925022.14	746954.20
	归属母公司股东权益(万元)	–14924.45	21307.95	215956.18	213909.66
	营业收入(万元)	102740.34	300764.17	210754.09	326838.27
	营业支出(万元)	100110.83	308192.09	190825.76	298176.99
	投资收益(万元)	–	–	454.50	3719.30
	净利润(万元)	–36966.01	–180967.81	4192.41	12354.83
	营业利润(万元)	–35719.55	–167635.82	4560.03	14145.85
	利润总额(万元)	–38003.90	–181701.41	5232.09	17120.76

深圳市捷顺科技实业股份有限公司

公司概况						
	公司名称	深圳市捷顺科技实业股份有限公司			证券简称	捷顺科技
	法人代表	唐健	董秘	王恒波	证券代码	002609
	公司网址	www.jieshun.cn		电子信箱	stock@jieshun.cn	
	电　话	0755-83112288*8829		传　真	0755-83112306	
	办公地址	广东省深圳市福田区梅林路17号捷顺大厦				
	经营范围	智能卡、计算机软件的技术开发、机电一体化产品、电控自动大门等				

主要财务指标	指标\报告期	2015.06.30	2014.12.31	2014.06.30	2013.12.31
	基本每股收益(元)	0.0530	0.3500	0.0873	0.3900
	基本每股收益(扣除后)(元)	0.0520	0.3400	0.0851	0.3700
	稀释每股收益(元)	0.0530	0.3500	0.0873	0.3900
	每股净资产(元)	1.3814	2.7058	2.5228	3.9401
	每股经营现金净流量(元)	-0.0355	0.5572	0.0154	0.6319
	每股现金流量(元)	-0.4658	0.6103	-0.0315	0.3624
	每股资本公积金(元)	0.0269	0.8425	0.7373	1.7797
	每股盈余公积金(元)	0.0728	0.1457	0.1131	0.1810
	每股未分配利润(元)	0.3641	0.8723	0.6745	0.9794
	净资产收益率(%)	3.8395	12.2553	3.4610	9.9648
	加权净资产收益率(%)	3.8500	13.1200	3.4900	10.4300
	净资产收益率(扣除)(%)	3.7557	12.0371	3.3752	9.3636
	总资产(万元)	108589.57	110872.31	92534.38	93293.34
	归属母公司股东权益(万元)	83028.42	81299.30	74292.10	72517.83
	营业收入(万元)	20844.15	54862.32	18731.50	46100.14
	营业支出(万元)	9632.08	25611.18	9586.33	22655.88
	投资收益(万元)	-	-	-	-
	净利润(万元)	2937.85	9797.58	2571.22	7226.29
	营业利润(万元)	3536.72	11345.68	2635.48	7898.37
	利润总额(万元)	3618.58	11559.22	2710.44	8411.31

江苏爱康科技股份有限公司

公司概况						
	公司名称	江苏爱康科技股份有限公司			证券简称	爱康科技
	法人代表	邹承慧	董秘	季海瑜	证券代码	002610
	公司网址	www.akcome.com		电子信箱	zhengquanbu@akcome.com	
	电　话	0512-82557563		传　真	0512-82557644	
	办公地址	江苏省张家港市经济开发区金塘路				
	经营范围	研究、开发、生产、加工太阳能器材专用高档五金件、太阳能发电安装系统等				

主要财务指标	指标\报告期	2015.06.30	2014.12.31	2014.06.30	2013.12.31
	基本每股收益(元)	0.0700	0.2900	0.1200	0.0300
	基本每股收益(扣除后)(元)	0.0700	0.2400	0.1100	-0.0100
	稀释每股收益(元)	0.0700	0.2900	0.1200	0.0300
	每股净资产(元)	3.2371	6.3416	4.2439	4.1231
	每股经营现金净流量(元)	-0.1308	-0.2208	-0.1476	-0.5897
	每股现金流量(元)	0.0144	0.6026	-0.0899	-0.2128
	每股资本公积金(元)	1.9379	4.8758	2.7461	2.7461
	每股盈余公积金(元)	0.0396	0.0793	0.1079	0.1079
	每股未分配利润(元)	0.2588	0.3846	0.3877	0.2668
	净资产收益率(%)	2.0534	4.0028	2.8478	0.6834
	加权净资产收益率(%)	2.0700	5.7300	2.8900	0.6900
	净资产收益率(扣除)(%)	2.0887	3.3657	2.6729	-0.3415
	总资产(万元)	946745.15	842374.26	526121.32	435524.54
	归属母公司股东权益(万元)	234691.93	229883.42	127317.92	123691.95
	营业收入(万元)	136863.46	300278.35	100124.15	193102.81
	营业支出(万元)	109271.37	251879.33	80063.09	167234.41
	投资收益(万元)	237.58	516.42	191.18	442.74
	净利润(万元)	5160.47	9863.69	3625.77	845.29
	营业利润(万元)	6408.21	10312.13	3935.10	-1822.30
	利润总额(万元)	6374.91	10948.96	4221.35	-151.49

广东东方精工科技股份有限公司

公司概况						
	公司名称	广东东方精工科技股份有限公司			证券简称	东方精工
	法人代表	唐灼林	董秘	杨雅莉	证券代码	002611
	公司网址	www.vmtdf.com		电子信箱	securities@vmtdf.com	
	电　话	0757-86695489		传　真	0757-81098937	
	办公地址	广东省佛山市南海区狮山镇强狮路2号				
	经营范围	加工、制造、销售:纸箱印刷机及配件、通用机械及配件货物进出口等				

主要财务指标	指标\报告期	2015.06.30	2014.12.31	2014.06.30	2013.12.31
	基本每股收益(元)	0.0400	0.2400	0.1400	0.3100
	基本每股收益(扣除后)(元)	0.0300	0.2300	0.1400	0.3600
	稀释每股收益(元)	0.0400	0.2300	0.1400	0.3100
	每股净资产(元)	1.5966	2.4602	2.3181	4.4351
	每股经营现金净流量(元)	0.1355	0.1172	0.0938	0.3535
	每股现金流量(元)	0.0565	-0.7190	-0.5240	-0.4964
	每股资本公积金(元)	0.0931	0.7489	0.7319	2.4518
	每股盈余公积金(元)	0.0501	0.0802	0.0648	0.1300
	每股未分配利润(元)	0.3960	0.5919	0.5139	0.8530
	净资产收益率(%)	2.8044	9.4211	5.9728	6.9940
	加权净资产收益率(%)	2.8600	10.0700	6.1000	7.2000
	净资产收益率(扣除)(%)	2.1692	9.2948	6.0844	7.9636
	总资产(万元)	198085.25	196536.02	195924.82	95838.96
	归属母公司股东权益(万元)	92699.22	89274.76	84129.79	80255.03
	营业收入(万元)	48453.53	119026.97	47074.74	36535.95
	营业支出(万元)	35845.99	86643.58	32216.97	23461.95
	投资收益(万元)	-15.28	129.09	5.28	196.89
	净利润(万元)	2700.14	10954.29	5024.87	5613.00
	营业利润(万元)	3013.49	15224.77	8075.49	6512.27
	利润总额(万元)	3665.70	15760.31	8138.57	6697.23

朗姿股份有限公司

公司概况						
	公司名称	朗姿股份有限公司			证券简称	朗姿股份
	法人代表	申东日	董秘	王建优	证券代码	002612
	公司网址	www.lancygroup.com		电子信箱	wangjianyou@lancygroup.com	
	电　话	010-53518800*8179		传　真	010-59297211	
	办公地址	北京市朝阳区西大望路27号大郊亭南街3号院1号楼(朗姿大厦)6层				
	经营范围	品牌女装的设计、生产与销售				

主要财务指标	指标\报告期	2015.06.30	2014.12.31	2014.06.30	2013.12.31
	基本每股收益(元)	0.2163	0.6060	0.4900	1.1700
	基本每股收益(扣除后)(元)	0.1459	0.2600	0.2600	1.0200
	稀释每股收益(元)	0.2163	0.6060	0.4900	1.1700
	每股净资产(元)	11.4708	11.2792	11.5623	11.6733
	每股经营现金净流量(元)	1.7856	0.1776	0.2566	0.0646
	每股现金流量(元)	2.1045	1.1747	0.1471	-0.4401
	每股资本公积金(元)	8.2587	8.2587	8.2587	8.2587
	每股盈余公积金(元)	0.2792	0.2792	0.2718	0.2718
	每股未分配利润(元)	1.9561	1.7397	2.0270	2.1411
	净资产收益率(%)	1.8859	5.3738	4.2025	10.0116
	加权净资产收益率(%)	1.9000	5.0600	4.0800	10.2600
	净资产收益率(扣除)(%)	1.2718	2.2987	2.2572	8.7233
	总资产(万元)	325654.28	289835.77	247822.23	254082.24
	归属母公司股东权益(万元)	229416.71	225583.29	231245.76	233466.12
	营业收入(万元)	56941.99	123543.68	61755.39	137883.12
	营业支出(万元)	23051.33	48597.74	23423.17	52781.38
	投资收益(万元)	1798.15	5578.82	3153.57	1666.47
	净利润(万元)	4326.65	12122.49	9718.06	23373.73
	营业利润(万元)	4902.61	14125.92	10363.48	27559.64
	利润总额(万元)	4839.10	15834.72	12025.41	29145.03

洛阳北方玻璃技术股份有限公司

公司概况	公司名称	洛阳北方玻璃技术股份有限公司			证券简称	北玻股份
	法人代表	高学明	董秘	常海明	证券代码	002613
	公司网址	www.northglass.com		电子信箱	beibogufen@126.com	
	电　　话	0379-65110505		传　　真	0379-64330181	
	办公地址	河南省洛阳市高新区滨河路 20 号				
	经营范围	研制、开发玻璃深加工设备和技术、玻璃及产品的加工、销售				

主要财务指标	指标＼报告期	2015.06.30	2014.12.31	2014.06.30	2013.12.31
	基本每股收益(元)	0.0329	0.0400	0.0245	0.1100
	基本每股收益(扣除后)(元)	0.0224	0.0100	0.0130	0.0900
	稀释每股收益(元)	0.0329	0.0400	0.0245	0.1100
	每股净资产(元)	2.0713	3.0575	3.0434	3.6727
	每股经营现金净流量(元)	0.0096	−0.0783	−0.0029	0.0724
	每股现金流量(元)	−0.0039	−0.4264	−0.0892	−0.6245
	每股资本公积金(元)	0.6061	1.4091	1.4091	1.8909
	每股盈余公积金(元)	0.0898	0.1347	0.1302	0.1562
	每股未分配利润(元)	0.3754	0.5137	0.5041	0.6255
	净资产收益率(%)	1.5896	1.2631	0.8037	2.9779
	加权净资产收益率(%)	1.6000	1.2600	0.8000	3.0200
	净资产收益率(扣除)(%)	1.0807	0.3358	0.4257	2.4055
	总资产(万元)	201195.74	194121.23	195902.10	194565.25
	归属母公司股东权益(万元)	149317.54	146944.05	146263.52	147090.55
	营业收入(万元)	40000.16	83814.23	37990.34	82575.30
	营业支出(万元)	28121.23	62132.71	26782.84	59825.33
	投资收益(万元)	361.52	955.40	629.88	145.30
	净利润(万元)	2485.47	2205.81	1175.46	4380.22
	营业利润(万元)	2361.48	1816.49	1873.39	4385.27
	利润总额(万元)	2903.04	2550.08	1894.24	5284.13

厦门蒙发利科技(集团)股份有限公司

公司概况	公司名称	厦门蒙发利科技(集团)股份有限公司			证券简称	蒙 发 利
	法人代表	邹剑寒	董秘	李巧巧	证券代码	002614
	公司网址	www.easepal.com.cn		电子信箱	stock@easepal.com.cn	
	电　　话	0592-3795739　3795714		传　　真	0592-3795724	
	办公地址	福建省厦门市思明区前埔路 168 号(五楼)				
	经营范围	从事各类按摩器具的设计、研发、生产和销售工作				

主要财务指标	指标＼报告期	2015.06.30	2014.12.31	2014.06.30	2013.12.31
	基本每股收益(元)	0.1080	0.3900	0.1500	0.4400
	基本每股收益(扣除后)(元)	0.0350	0.3000	0.1500	0.2850
	稀释每股收益(元)	0.1080	0.3900	0.1500	0.4350
	每股净资产(元)	3.9835	6.0521	5.8400	8.6136
	每股经营现金净流量(元)	−0.0068	0.3960	0.0971	0.9537
	每股现金流量(元)	0.1155	−0.7354	−0.7511	1.0811
	每股资本公积金(元)	1.9848	3.3828	3.3870	5.5804
	每股盈余公积金(元)	0.0900	0.1386	0.0549	0.0823
	每股未分配利润(元)	1.0472	1.5499	1.3976	1.9663
	净资产收益率(%)	2.6695	6.4357	2.6342	5.0476
	加权净资产收益率(%)	2.6400	6.6100	2.6400	5.1400
	净资产收益率(扣除)(%)	0.8753	4.9038	2.5475	3.3099
	总资产(万元)	334877.72	332369.73	330548.69	320833.17
	归属母公司股东权益(万元)	220995.62	217876.97	210336.87	206725.27
	营业收入(万元)	121412.04	281125.78	119497.59	222997.83
	营业支出(万元)	81076.08	190617.34	78973.96	174323.13
	投资收益(万元)	783.27	5632.19	80.79	1399.12
	净利润(万元)	5906.13	13869.58	5523.74	10434.74
	营业利润(万元)	5995.12	14747.14	5285.02	10553.19
	利润总额(万元)	6838.05	16368.80	6775.64	12191.77

浙江哈尔斯真空器皿股份有限公司

公司概况	公司名称	浙江哈尔斯真空器皿股份有限公司			证券简称	哈 尔 斯
	法人代表	吕强	董秘	彭涛	证券代码	002615
	公司网址	www.haers.com		电子信箱	zqb@haers.com	
	电　　话	0579-89295369		传　　真	0579-89295392	
	办公地址	浙江省永康市经济开发区哈尔斯路 1 号				
	经营范围	不锈钢真空保温器皿的研发设计、生产与销售				

主要财务指标	指标＼报告期	2015.06.30	2014.12.31	2014.06.30	2013.12.31
	基本每股收益(元)	0.0800	0.7700	0.4500	0.6400
	基本每股收益(扣除后)(元)	0.0700	0.7700	0.4600	0.6300
	稀释每股收益(元)	0.0800	0.7700	0.4500	0.6400
	每股净资产(元)	3.3700	7.0779	6.7568	6.6268
	每股经营现金净流量(元)	−0.3162	0.4041	0.0327	0.9185
	每股现金流量(元)	−0.6980	−1.1644	−0.8853	−0.2148
	每股资本公积金(元)	1.3872	3.7744	3.7744	3.7744
	每股盈余公积金(元)	0.1727	0.3455	0.2597	0.2597
	每股未分配利润(元)	0.8101	1.9580	1.7227	1.5927
	净资产收益率(%)	2.4063	10.8932	6.6590	9.6755
	加权净资产收益率(%)	2.2900	11.3400	6.7300	10.0700
	净资产收益率(扣除)(%)	2.0717	10.8164	6.8290	9.5756
	总资产(万元)	77417.86	81181.32	77161.49	75166.25
	归属母公司股东权益(万元)	61469.14	64550.01	61621.86	60436.83
	营业收入(万元)	33697.54	74669.04	34817.40	61408.55
	营业支出(万元)	23798.94	53041.88	24456.62	43691.52
	投资收益(万元)	175.06	456.05	214.01	454.71
	净利润(万元)	1479.14	7031.58	4103.43	5847.56
	营业利润(万元)	1825.70	7831.71	4675.08	6651.76
	利润总额(万元)	2006.16	8036.80	4663.56	6625.63

广东长青(集团)股份有限公司

公司概况	公司名称	广东长青(集团)股份有限公司			证券简称	长青集团
	法人代表	何启强	董秘	龚韫	证券代码	002616
	公司网址	www.chinachant.com		电子信箱	dmof@chinachant.com	
	电　　话	0760-22583660		传　　真	0760-89829008	
	办公地址	广东省中山市小榄工业大道南 42 号				
	经营范围	工业、农业、生活废弃物、污水、污泥、烟气的治理和循环利用、治污设备的研发、制造、销售等				

主要财务指标	指标＼报告期	2015.06.30	2014.12.31	2014.06.30	2013.12.31
	基本每股收益(元)	0.1430	0.4226	0.0545	0.2692
	基本每股收益(扣除后)(元)	0.1401	0.3905	0.1010	0.2689
	稀释每股收益(元)	0.1430	0.4226	0.0545	0.2692
	每股净资产(元)	4.6926	9.5018	7.2739	7.2141
	每股经营现金净流量(元)	0.0579	0.6765	0.2743	1.1298
	每股现金流量(元)	−1.3136	3.3303	0.4931	−0.2153
	每股资本公积金(元)	2.6862	6.3311	4.0074	3.9797
	每股盈余公积金(元)	0.1177	0.2090	0.2189	0.2204
	每股未分配利润(元)	0.9474	1.9985	2.0598	2.0247
	净资产收益率(%)	3.0281	3.7773	1.4912	3.7318
	加权净资产收益率(%)	3.0000	5.7400	1.5000	3.7300
	净资产收益率(扣除)(%)	2.9676	3.4911	1.3801	3.7272
	总资产(万元)	261132.26	285117.18	219400.16	197259.47
	归属母公司股东权益(万元)	165213.08	166221.95	108385.95	106769.29
	营业收入(万元)	72206.29	138551.71	58740.76	111771.05
	营业支出(万元)	54786.26	107500.57	46404.67	89243.37
	投资收益(万元)	−183.02	119.99	158.53	528.39
	净利润(万元)	5002.85	6278.85	1616.38	3984.90
	营业利润(万元)	5807.36	7344.34	1604.10	5573.53
	利润总额(万元)	7100.83	9634.41	2616.54	6623.88

露笑科技股份有限公司

公司概况

公司名称	露笑科技股份有限公司			证券简称	露笑科技
法人代表	鲁永	董秘	李陈涛	证券代码	002617
公司网址	www.roshowtech.com			电子信箱	roshow@roshowtech.com
电　　话	0575-87061113			传　　真	0575-89009980
办公地址	浙江省诸暨市店口镇露笑路38号				
经营范围	电磁线产品的设计、研发、生产及销售等				

主要财务指标

指标\报告期	2015.06.30	2014.12.31	2014.06.30	2013.12.31
基本每股收益(元)	0.1800	-0.2200	0.0300	0.2100
基本每股收益(扣除后)(元)	0.1500	-0.2400	-	0.2000
稀释每股收益(元)	0.1800	-0.2200	0.0300	0.2100
每股净资产(元)	4.8862	4.7095	4.9526	4.9769
每股经营现金净流量(元)	0.5976	1.2856	0.5017	0.4775
每股现金流量(元)	-0.2393	-0.4458	-0.0604	0.1211
每股资本公积金(元)	2.9190	2.9190	2.9190	2.9190
每股盈余公积金(元)	0.1100	0.1100	0.1100	0.1100
每股未分配利润(元)	0.8572	0.6805	0.9235	0.9479
净资产收益率(%)	3.6169	-4.6169	0.5178	4.2541
加权净资产收益率(%)	3.6800	-4.4900	0.5200	4.2300
净资产收益率(扣除)(%)	3.3922	-5.1805	0.0101	4.0889
总资产(万元)	226084.99	221693.29	247865.71	218978.93
归属母公司股东权益(万元)	87952.34	84771.18	89146.63	89585.00
营业收入(万元)	110606.17	264828.66	141526.46	272970.55
营业支出(万元)	95925.77	246944.50	131767.42	253907.00
投资收益(万元)	-3358.46	-1461.43	1181.85	2042.04
净利润(万元)	3073.38	-4198.86	461.62	3810.99
营业利润(万元)	4365.21	-3478.97	751.32	4397.12
利润总额(万元)	4624.27	-3190.74	1017.29	4204.79

深圳丹邦科技股份有限公司

公司概况

公司名称	深圳丹邦科技股份有限公司			证券简称	丹邦科技
法人代表	刘萍	董秘	莫珊洁	证券代码	002618
公司网址	www.danbang.com			电子信箱	msj@danbang.com
电　　话	0755-26511518 26981518			传　　真	0755-26981518 8518
办公地址	广东省深圳市南山区高新园朗山一路丹邦科技大楼				
经营范围	FPC、COF柔性封装基板及COF产品的研发、生产与销售				

主要财务指标

指标\报告期	2015.06.30	2014.12.31	2014.06.30	2013.12.31
基本每股收益(元)	0.1591	0.5000	0.1500	0.3200
基本每股收益(扣除后)(元)	0.1424	0.4500	0.1300	0.2600
稀释每股收益(元)	0.1591	0.5000	0.1500	0.3200
每股净资产(元)	8.8394	8.7219	8.3929	8.2648
每股经营现金净流量(元)	0.3010	0.2154	-0.1726	0.6425
每股现金流量(元)	0.0617	-1.5620	-0.6167	2.4511
每股资本公积金(元)	5.8983	5.8983	5.8983	5.8983
每股盈余公积金(元)	0.1976	0.1976	0.1581	0.1581
每股未分配利润(元)	1.7533	1.6442	1.3384	1.2148
净资产收益率(%)	1.8000	5.7085	1.8189	3.4724
加权净资产收益率(%)	1.8100	5.8600	1.8300	4.9900
净资产收益率(扣除)(%)	1.6115	5.1370	1.5369	2.8865
总资产(万元)	228268.48	224201.21	206213.59	203761.83
归属母公司股东权益(万元)	161442.77	159295.88	153287.66	150948.95
营业收入(万元)	20892.25	50209.12	16231.48	28675.46
营业支出(万元)	12977.89	29820.81	9394.79	13996.00
投资收益(万元)	-	-	-	-
净利润(万元)	2905.90	9093.37	2788.15	5241.52
营业利润(万元)	3324.10	9842.55	3039.48	5279.49
利润总额(万元)	3729.86	10986.81	3615.94	6347.16

浙江巨龙管业股份有限公司

公司概况

公司名称	浙江巨龙管业股份有限公司			证券简称	巨龙管业
法人代表	吕仁高	董秘	郑亮	证券代码	002619
公司网址	www.zjjlgy.com			电子信箱	zjjlgy@163.com
电　　话	0579-82200256 82201396			传　　真	0579-82201118
办公地址	浙江省金华市婺城新区临江工业园区(白龙桥镇湖家)				
经营范围	从事包括PCCP、PCP、RCP、自应力管在内的混凝土输水管道的研发、生产和销售等				

主要财务指标

指标\报告期	2015.06.30	2014.12.31	2014.06.30	2013.12.31
基本每股收益(元)	0.2400	0.0600	0.0800	0.2400
基本每股收益(扣除后)(元)	0.2400	0.0300	0.0600	0.2400
稀释每股收益(元)	0.2400	0.0600	0.0800	0.2400
每股净资产(元)	9.7122	4.5554	4.6129	5.1315
每股经营现金净流量(元)	0.0666	0.3987	-0.1294	0.0977
每股现金流量(元)	0.5239	-0.2389	-0.2029	-0.2981
每股资本公积金(元)	8.2466	2.8316	2.8649	2.8649
每股盈余公积金(元)	0.0523	0.1370	0.1229	0.1229
每股未分配利润(元)	0.4144	0.5869	0.6251	1.1437
净资产收益率(%)	1.9716	1.2580	1.7642	4.7216
加权净资产收益率(%)	2.7300	1.1900	1.6000	4.8000
净资产收益率(扣除)(%)	1.9569	0.7045	1.3538	4.6953
总资产(万元)	360577.04	103071.92	105294.68	100792.34
归属母公司股东权益(万元)	310797.55	55371.48	56069.43	62373.24
营业收入(万元)	20585.88	37583.97	19447.77	50529.08
营业支出(万元)	6923.13	24786.99	12834.35	31863.20
投资收益(万元)	-27.53	-	-	-
净利润(万元)	6116.84	711.04	989.19	2945.02
营业利润(万元)	6603.40	801.19	978.46	4286.83
利润总额(万元)	6693.48	1156.78	1270.90	4222.66

深圳瑞和建筑装饰股份有限公司

公司概况

公司名称	深圳瑞和建筑装饰股份有限公司			证券简称	瑞和股份
法人代表	叶志彪	董秘	叶志彪	证券代码	002620
公司网址	www.sz-ruihe.com			电子信箱	yezhibiao@sz-ruihe.com
电　　话	0755-33916666*8922			传　　真	0755-33916666*8922
办公地址	广东省深圳市罗湖区深南东路3027号瑞和研发中心				
经营范围	特种流璃沙涂料系列产品的生产、加工、销售等				

主要财务指标

指标\报告期	2015.06.30	2014.12.31	2014.06.30	2013.12.31
基本每股收益(元)	0.3200	0.4600	0.2700	0.6700
基本每股收益(扣除后)(元)	0.3200	0.3800	0.2400	0.6400
稀释每股收益(元)	0.3200	0.4600	0.2700	0.6700
每股净资产(元)	8.7895	8.4895	8.3399	8.1354
每股经营现金净流量(元)	-0.1259	0.2765	-0.4891	-2.0177
每股现金流量(元)	-0.4870	0.0696	-0.1736	0.8911
每股资本公积金(元)	4.6895	4.6895	4.6895	4.6895
每股盈余公积金(元)	0.2934	0.2934	0.2484	0.2484
每股未分配利润(元)	2.5855	2.3681	2.2266	2.0565
净资产收益率(%)	3.6114	5.3786	3.2390	8.2957
加权净资产收益率(%)	3.6600	5.4800	3.2600	8.6400
净资产收益率(扣除)(%)	3.6124	4.5135	2.9253	7.8141
总资产(万元)	217595.42	201709.62	202391.14	195182.81
归属母公司股东权益(万元)	105473.57	101873.43	100078.52	97625.33
营业收入(万元)	81721.47	152186.20	72701.90	150819.58
营业支出(万元)	70047.94	130623.28	62347.01	128951.57
投资收益(万元)	146.50	759.40	412.64	433.76
净利润(万元)	3809.09	5479.33	3241.56	8098.75
营业利润(万元)	4475.67	7281.87	4316.14	10610.96
利润总额(万元)	4474.45	7559.22	4322.09	10804.20

大连三垒机器股份有限公司

公司概况	公司名称	大连三垒机器股份有限公司			证券简称	大连三垒
	法人代表	俞建模	董秘	金秉铎	证券代码	002621
	公司网址	www.slsj.com.cn		电子信箱	sljinbd@163.com	
	电话	0411-84793300		传真	0411-84791610	
	办公地址	辽宁省大连市高新技术产业园区七贤岭爱贤街33号				
	经营范围	精密成型技术开发及其设备的制造、先进模具设计、开发、制造及其设备的制造				

主要财务指标	指标\报告期	2015.06.30	2014.12.31	2014.06.30	2013.12.31
	基本每股收益(元)	0.1100	0.2700	0.1500	0.3300
	基本每股收益(扣除后)(元)	0.1100	0.2700	0.1500	0.3100
	稀释每股收益(元)	0.1100	0.2700	0.1500	0.3300
	每股净资产(元)	4.8871	4.8379	4.7176	6.8960
	每股经营现金净流量(元)	0.1059	0.3066	0.1265	0.4420
	每股现金流量(元)	0.0405	0.2620	0.1003	0.3596
	每股资本公积金(元)	2.2576	2.2576	2.2576	3.8863
	每股盈余公积金(元)	0.1727	0.1727	0.1466	0.2200
	每股未分配利润(元)	1.4583	1.4091	1.3147	1.7916
	净资产收益率(%)	2.2347	5.5274	3.1159	4.7899
	加权净资产收益率(%)	2.2400	5.6700	3.1500	4.9000
	净资产收益率(扣除)(%)	2.2310	5.5131	3.0928	4.5261
	总资产(万元)	114259.53	114740.06	111080.13	107670.00
	归属母公司股东权益(万元)	109960.86	108851.97	106146.87	103439.49
	营业收入(万元)	7926.59	18522.41	10109.07	16290.49
	营业支出(万元)	4681.67	11039.51	5907.62	9146.71
	投资收益(万元)	–	–	–	–
	净利润(万元)	2472.09	6090.69	3307.41	4954.64
	营业利润(万元)	2916.29	7172.98	3927.78	5609.00
	利润总额(万元)	2921.11	7195.18	3957.91	5935.57

吉林永大集团股份有限公司

公司概况	公司名称	吉林永大集团股份有限公司			证券简称	永大集团
	法人代表	李刚	董秘	黄佳慧	证券代码	002622
	公司网址	www.jlydjt.com		电子信箱	ydjt_security@jlydjt.com	
	电话	0432-64602099		传真	0432-64602099	
	办公地址	吉林省吉林市高新区吉林大街45-1号				
	经营范围	研发、生产和销售各种规格的永磁开关产品				

主要财务指标	指标\报告期	2015.06.30	2014.12.31	2014.06.30	2013.12.31
	基本每股收益(元)	0.0900	0.3200	0.1000	0.2600
	基本每股收益(扣除后)(元)	0.0900	0.3100	0.1000	0.2400
	稀释每股收益(元)	0.0900	0.3200	0.1000	0.2600
	每股净资产(元)	2.6364	8.1307	7.9135	7.8417
	每股经营现金净流量(元)	0.0142	0.3982	0.1128	0.4622
	每股现金流量(元)	0.0086	–0.9970	0.2218	1.1662
	每股资本公积金(元)	1.0015	4.6041	4.6041	4.6041
	每股盈余公积金(元)	0.0685	0.1568	0.1510	0.1229
	每股未分配利润(元)	0.5664	2.3698	2.1584	2.1146
	净资产收益率(%)	3.4022	3.8745	1.2364	3.2877
	加权净资产收益率(%)	3.2400	3.9400	1.2400	3.3400
	净资产收益率(扣除)(%)	3.3634	3.8572	1.2123	3.0955
	总资产(万元)	144195.53	140521.12	125166.80	124202.96
	归属母公司股东权益(万元)	110728.05	121960.85	118703.09	117625.50
	营业收入(万元)	5031.76	16104.26	5861.20	18468.06
	营业支出(万元)	2231.42	8802.37	3157.60	9916.59
	投资收益(万元)	2687.55	673.73	–	–
	净利润(万元)	3767.20	4725.35	1467.59	3867.15
	营业利润(万元)	3949.84	5063.99	1601.10	4129.89
	利润总额(万元)	4171.26	5416.13	1793.08	4758.12

常州亚玛顿股份有限公司

公司概况	公司名称	常州亚玛顿股份有限公司			证券简称	亚玛顿
	法人代表	林金锡	董秘	刘芹	证券代码	002623
	公司网址	www.czamd.com		电子信箱	amd@czamd.com	
	电话	0519-88880015*8301		传真	0519-88880017	
	办公地址	江苏省常州市天宁区青龙东路639号				
	经营范围	生产经营太阳能用镀膜导电玻璃和常压及真空镀膜玻璃产品等				

主要财务指标	指标\报告期	2015.06.30	2014.12.31	2014.06.30	2013.12.31
	基本每股收益(元)	0.2900	0.2400	0.1200	0.3800
	基本每股收益(扣除后)(元)	0.2300	0.1300	0.0700	0.3000
	稀释每股收益(元)	0.2900	0.2400	0.1200	0.3800
	每股净资产(元)	13.4239	13.1609	13.0400	12.9650
	每股经营现金净流量(元)	–0.5484	0.5993	0.5395	0.4383
	每股现金流量(元)	–0.2265	–1.9075	–0.7944	0.0434
	每股资本公积金(元)	9.2920	9.2920	9.2920	9.2920
	每股盈余公积金(元)	0.3271	0.3271	0.3023	0.3023
	每股未分配利润(元)	2.8042	2.5423	2.4497	2.3707
	净资产收益率(%)	2.1744	1.7962	0.9119	2.9694
	加权净资产收益率(%)	2.1900	1.8100	0.9100	3.0100
	净资产收益率(扣除)(%)	1.6892	1.0137	–	2.3007
	总资产(万元)	264069.45	259903.75	237810.12	229225.84
	归属母公司股东权益(万元)	214783.03	210574.85	208704.01	207439.38
	营业收入(万元)	47280.56	86281.63	40077.65	70199.22
	营业支出(万元)	39253.78	74556.75	35374.75	59405.59
	投资收益(万元)	4.88	0.36	–	–
	净利润(万元)	4670.16	3782.39	1903.12	6159.79
	营业利润(万元)	5271.83	3643.25	1968.42	7012.50
	利润总额(万元)	5725.48	4283.10	2276.47	7105.09

完美环球娱乐股份有限公司

公司概况	公司名称	完美环球娱乐股份有限公司			证券简称	完美环球
	法人代表	池宇峰	董秘	闫新广	证券代码	002624
	公司网址	www.pwpic.com		电子信箱	zhengquanbu@pwpic.com	
	电话	010-57806688		传真	010-57805227	
	办公地址	北京市朝阳区北苑路86号完美世界大厦19层				
	经营范围	广播电视节目制作经营				

主要财务指标	指标\报告期	2015.06.30	2014.12.31	2014.06.30	2013.12.31
	基本每股收益(元)	0.0800	0.6600	0.1400	0.4500
	基本每股收益(扣除后)(元)	0.0400	0.6500	0.0400	0.0700
	稀释每股收益(元)	0.0800	0.6600	0.1400	0.4500
	每股净资产(元)	1.3870	1.5494	2.4052	2.5378
	每股经营现金净流量(元)	–0.1680	–0.4070	–0.8498	0.6217
	每股现金流量(元)	0.3182	–0.1110	–0.5220	0.3554
	每股资本公积金(元)	0.0407	0.0407	0.9071	0.8491
	每股盈余公积金(元)	0.0109	0.0109	0.0758	0.0007
	每股未分配利润(元)	0.3355	0.2992	0.4223	–0.0515
	净资产收益率(%)	5.1116	25.1685	–3.4368	3.2904
	加权净资产收益率(%)	5.1100	27.6200	–3.3200	24.6300
	净资产收益率(扣除)(%)	2.3175	24.9079	–3.5535	2.7416
	总资产(万元)	224556.84	164649.22	80618.82	123250.22
	归属母公司股东权益(万元)	77591.50	75566.99	48103.17	59350.27
	营业收入(万元)	24767.71	92578.43	20781.40	99008.62
	营业支出(万元)	12205.72	46794.43	8766.80	50259.74
	投资收益(万元)	532.46	104.26	102.44	7.56
	净利润(万元)	4241.07	21315.99	5548.23	19185.80
	营业利润(万元)	2776.17	26629.80	5846.54	24687.04
	利润总额(万元)	5585.42	28790.88	7248.42	25784.58

浙江龙生汽车部件股份有限公司

公司概况	公司名称	浙江龙生汽车部件股份有限公司			证券简称	龙生股份
	法人代表	俞龙生	董秘	贾坤	证券代码	002625
	公司网址	www.longsheng988.com		电子信箱	longsheng@longsheng988.com	
	电　话	0571-64662918		传　真	0571-64651988	
	办公地址	浙江省杭州市桐庐县富春江镇机械工业区				
	经营范围	从事汽车座椅功能件及其他金属零部件的研发、生产和销售				

主要财务指标	指标\报告期	2015.06.30	2014.12.31	2014.06.30	2013.12.31
	基本每股收益(元)	0.0700	0.2200	0.1200	0.2700
	基本每股收益(扣除后)(元)	0.0600	0.2100	0.1100	0.2500
	稀释每股收益(元)	0.0700	0.2200	0.1200	0.2700
	每股净资产(元)	1.6607	2.6785	2.6240	3.7654
	每股经营现金净流量(元)	0.2034	0.3861	0.2053	0.2795
	每股现金流量(元)	0.0531	-0.4841	-0.2778	-0.4732
	每股资本公积金(元)	0.0932	0.8448	0.8269	1.6748
	每股盈余公积金(元)	0.0629	0.1069	0.0847	0.1293
	每股未分配利润(元)	0.5303	0.7894	0.7124	0.9613
	净资产收益率(%)	3.9674	8.2588	4.6600	7.1605
	加权净资产收益率(%)	4.0800	8.6200	4.7800	7.3800
	净资产收益率(扣除)(%)	3.8792	7.7231	4.2798	6.7102
	总资产(万元)	64346.68	63588.36	57865.07	52331.49
	归属母公司股东权益(万元)	49946.68	47388.99	46441.83	43681.31
	营业收入(万元)	20440.17	40207.41	16288.06	29135.24
	营业支出(万元)	15200.94	29825.19	11540.39	20921.60
	投资收益(万元)	257.19	277.65	27.52	-
	净利润(万元)	1981.56	3913.76	2164.09	3127.82
	营业利润(万元)	2248.86	4250.56	2313.57	3397.25
	利润总额(万元)	2280.20	4510.07	2504.78	3601.60

厦门金达威集团股份有限公司

公司概况	公司名称	厦门金达威集团股份有限公司			证券简称	金达威
	法人代表	江斌	董秘	洪彦	证券代码	002626
	公司网址	www.kingdomway.com		电子信箱	info@kingdomway.com	
	电　话	0592-6511111		传　真	0592-6515151	
	办公地址	福建省厦门市海沧新阳工业区阳光西路299号				
	经营范围	食品营养强化剂、饲料添加剂生产和销售				

主要财务指标	指标\报告期	2015.06.30	2014.12.31	2014.06.30	2013.12.31
	基本每股收益(元)	0.1500	0.6800	0.1800	0.3500
	基本每股收益(扣除后)(元)	0.1400	0.6100	0.3500	0.5300
	稀释每股收益(元)	0.1500	0.6800	0.1800	0.3500
	每股净资产(元)	2.4658	4.9369	4.6152	7.3200
	每股经营现金净流量(元)	0.0127	0.5604	0.2284	1.1220
	每股现金流量(元)	-0.4908	0.5312	0.0626	-1.6094
	每股资本公积金(元)	0.4674	1.9348	1.9348	3.6957
	每股盈余公积金(元)	0.1042	0.2084	0.1802	0.2883
	每股未分配利润(元)	0.8946	1.7937	1.5002	2.3342
	净资产收益率(%)	5.9917	13.6822	7.6669	7.7531
	加权净资产收益率(%)	5.8100	14.2000	7.4500	7.9200
	净资产收益率(扣除)(%)	5.7260	12.4038	7.5165	7.1990
	总资产(万元)	191862.09	156894.55	144139.63	140932.33
	归属母公司股东权益(万元)	142032.77	142181.64	132918.78	131728.02
	营业收入(万元)	54568.80	83825.03	40255.19	67015.84
	营业支出(万元)	32671.53	48257.47	22939.53	43319.69
	投资收益(万元)	206.37	1401.12	564.14	39.75
	净利润(万元)	8557.84	19423.40	10162.09	10190.87
	营业利润(万元)	10572.24	22322.24	11713.40	11000.08
	利润总额(万元)	10809.94	23061.36	11948.58	11858.83

湖北宜昌交运集团股份有限公司

公司概况	公司名称	湖北宜昌交运集团股份有限公司			证券简称	宜昌交运
	法人代表	董新利	董秘	胡军红	证券代码	002627
	公司网址	www.ycjyjt.com		电子信箱	jyjt@ycjyjt.com	
	电　话	0717-6451437		传　真	0717-6443860	
	办公地址	湖北省宜昌市港窑路5号				
	经营范围	旅客运输服务、汽车经销等				

主要财务指标	指标\报告期	2015.06.30	2014.12.31	2014.06.30	2013.12.31
	基本每股收益(元)	0.1876	0.4744	0.2333	0.4511
	基本每股收益(扣除后)(元)	0.1746	0.4285	0.2006	0.4053
	稀释每股收益(元)	0.1876	0.4744	0.2333	6.4624
	每股净资产(元)	6.7292	6.7393	6.4976	6.4624
	每股经营现金净流量(元)	0.5747	1.3637	0.4693	1.2373
	每股现金流量(元)	-1.5278	0.3652	0.6210	-0.4207
	每股资本公积金(元)	3.1095	3.1095	3.1089	3.1089
	每股盈余公积金(元)	0.3422	0.3422	0.3019	0.3019
	每股未分配利润(元)	2.2258	2.2383	2.0375	2.0042
	净资产收益率(%)	2.7872	7.0393	3.5911	6.9811
	加权净资产收益率(%)	2.7600	7.1900	3.5600	7.0900
	净资产收益率(扣除)(%)	2.5942	5.6699	3.0874	6.2715
	总资产(万元)	200281.12	196912.71	195226.15	167879.76
	归属母公司股东权益(万元)	89834.33	89969.85	86742.58	86272.57
	营业收入(万元)	70806.30	130388.52	64600.07	122248.20
	营业支出(万元)	60479.05	110858.71	54390.79	102492.44
	投资收益(万元)	384.53	1672.06	189.80	821.78
	净利润(万元)	2538.03	6669.80	3115.02	6022.75
	营业利润(万元)	3400.62	7085.22	3641.25	7620.65
	利润总额(万元)	3654.52	8838.24	4245.05	8500.90

成都市路桥工程股份有限公司

公司概况	公司名称	成都市路桥工程股份有限公司			证券简称	成都路桥
	法人代表	周维刚	董秘	郭皓	证券代码	002628
	公司网址	www.cdlq.com		电子信箱	zqb@cdlq.com	
	电　话	028-85003688		传　真	028-85003588	
	办公地址	四川省成都市武侯区武科东四路11号				
	经营范围	公路工程、桥梁工程和隧道工程的施工等				

主要财务指标	指标\报告期	2015.06.30	2014.12.31	2014.06.30	2013.12.31
	基本每股收益(元)	0.0200	0.1900	0.0400	0.4800
	基本每股收益(扣除后)(元)	0.0100	0.1900	0.0500	0.4800
	稀释每股收益(元)	0.0200	0.1900	0.0400	0.4800
	每股净资产(元)	3.5348	3.5699	3.4295	3.4768
	每股经营现金净流量(元)	-0.1243	-0.0241	-0.0402	-0.5749
	每股现金流量(元)	-0.4320	-0.7170	-0.4004	0.9332
	每股资本公积金(元)	1.1373	1.1373	1.1373	1.1373
	每股盈余公积金(元)	0.1607	0.1607	0.1408	0.1408
	每股未分配利润(元)	1.2253	1.2602	1.1378	1.1830
	净资产收益率(%)	0.4273	5.2383	1.3042	12.2838
	加权净资产收益率(%)	0.4200	5.3300	1.2900	15.5300
	净资产收益率(扣除)(%)	0.1989	5.2440	1.3404	12.1905
	总资产(万元)	605127.86	629815.50	661553.94	790827.37
	归属母公司股东权益(万元)	260661.34	263252.82	252896.13	256388.17
	营业收入(万元)	52273.59	149799.55	79599.77	427147.83
	营业支出(万元)	45144.65	125745.03	67191.29	363174.71
	投资收益(万元)	3550.30	10565.87	5304.03	16910.91
	净利润(万元)	1113.76	13790.05	3298.26	31494.28
	营业利润(万元)	684.31	12121.67	4588.14	42010.74
	利润总额(万元)	1362.45	12042.94	4466.01	42329.73

四川仁智油田技术服务股份有限公司

公司概况	公司名称	四川仁智油田技术服务股份有限公司			证券简称	仁智油服
	法人代表	汪建军	董秘	冯嫔	证券代码	002629
	公司网址	www.chinarenzhi.com		电子信箱	bds@renzhi.cn	
	电　话	0816-2211551		传　真	0816-2211551	
	办公地址	四川省绵阳市滨河北路东段116号				
	经营范围	油气田技术服务和石化产品销售等				

主要财务指标	指标\报告期	2015.06.30	2014.12.31	2014.06.30	2013.12.31
	基本每股收益(元)	-0.1100	0.0200	-0.0400	0.1900
	基本每股收益(扣除后)(元)	-0.1000	0.0100	-0.0400	-
	稀释每股收益(元)	-0.1100	0.0200	-0.0400	0.1900
	每股净资产(元)	1.7059	1.8300	4.3446	4.4065
	每股经营现金净流量(元)	0.0112	0.2932	0.4615	-0.2997
	每股现金流量(元)	-0.0508	-0.2635	0.3306	-0.0599
	每股资本公积金(元)	0.2151	0.8226	1.9162	1.9162
	每股盈余公积金(元)	0.0696	0.1044	0.1662	0.1662
	每股未分配利润(元)	0.4185	0.8070	1.2252	1.2906
	净资产收益率(%)	-6.2203	0.7171	-1.5065	4.3838
	加权净资产收益率(%)	-5.9800	0.7200	-1.5000	4.4300
	净资产收益率(扣除)(%)	-6.0561	0.4991	-1.5818	4.3706
	总资产(万元)	88726.92	100195.52	101294.96	111163.92
	归属母公司股东权益(万元)	70276.06	75275.24	74572.29	75635.74
	营业收入(万元)	9982.34	48029.20	20195.96	60586.00
	营业支出(万元)	10622.62	36731.59	17154.07	46214.43
	投资收益(万元)	82.54	-49.78	-	-
	净利润(万元)	-4437.35	650.98	-1123.47	3315.75
	营业利润(万元)	-4441.07	644.51	-1319.40	4053.38
	利润总额(万元)	-4576.86	837.56	-1253.40	4078.87

华西能源工业股份有限公司

公司概况	公司名称	华西能源工业股份有限公司			证券简称	华西能源
	法人代表	黎仁超	董秘	李伟	证券代码	002630
	公司网址	www.cwpc.com.cn		电子信箱	lw@cwpc.com.cn	
	电　话	0813-4736870		传　真	0813-4736870	
	办公地址	四川省自贡市高新工业园区荣川路66号				
	经营范围	锅炉及其配套产品的设计、设备成套、产品改造与性能优化、电力工程施工总承包等				

主要财务指标	指标\报告期	2015.06.30	2014.12.31	2014.06.30	2013.12.31
	基本每股收益(元)	0.3066	0.4112	0.2575	0.7870
	基本每股收益(扣除后)(元)	0.2929	0.3850	0.2455	0.6751
	稀释每股收益(元)	0.3066	0.4112	0.2575	0.7870
	每股净资产(元)	7.7433	7.4307	7.2709	10.5608
	每股经营现金净流量(元)	0.9734	-1.4659	-0.9568	-0.0081
	每股现金流量(元)	0.4132	-0.0800	1.6525	-4.4860
	每股资本公积金(元)	4.4016	4.4016	4.4034	5.8657
	每股盈余公积金(元)	0.2403	0.2403	0.1945	0.4298
	每股未分配利润(元)	2.0818	1.7752	1.6655	3.2533
	净资产收益率(%)	3.9591	5.4386	3.4201	7.4518
	加权净资产收益率(%)	4.0400	5.8600	3.9100	7.7200
	净资产收益率(扣除)(%)	3.7824	5.0921	3.2612	6.3910
	总资产(万元)	824442.03	716450.53	687342.09	522373.46
	归属母公司股东权益(万元)	285727.53	274193.01	268294.37	176366.19
	营业收入(万元)	170122.72	326858.54	161762.78	313697.40
	营业支出(万元)	135565.13	265783.09	130982.92	255075.47
	投资收益(万元)	2620.73	3636.47	1495.79	-564.54
	净利润(万元)	11040.08	14910.35	9175.84	13142.49
	营业利润(万元)	13651.30	15749.24	9768.55	12746.54
	利润总额(万元)	14245.55	16866.99	10270.87	14953.24

德尔未来科技控股集团股份有限公司

公司概况	公司名称	德尔未来科技控股集团股份有限公司			证券简称	德尔未来
	法人代表	汝继勇	董秘	栾承连	证券代码	002631
	公司网址	www.der.com.cn		电子信箱	der@der.com.cn	
	电　话	0512-63537615		传　真	0512-63537615	
	办公地址	江苏省苏州市吴江区盛泽西环路499号德尔广场3号楼				
	经营范围	木地板的研发、生产与销售等				

主要财务指标	指标\报告期	2015.06.30	2014.12.31	2014.06.30	2013.12.31
	基本每股收益(元)	0.1200	0.4000	0.1900	0.5700
	基本每股收益(扣除后)(元)	0.1200	0.4000	0.1900	0.5700
	稀释每股收益(元)	0.1200	0.4000	0.1900	0.5700
	每股净资产(元)	2.2982	4.3901	4.1643	8.0180
	每股经营现金净流量(元)	0.1115	0.1042	0.0242	0.7582
	每股现金流量(元)	0.2909	0.5563	-0.0480	-3.4422
	每股资本公积金(元)	0.6289	2.2514	2.2323	5.4340
	每股盈余公积金(元)	0.0737	0.1474	0.1026	0.2053
	每股未分配利润(元)	0.5956	0.9913	0.8293	1.3787
	净资产收益率(%)	5.4375	9.0479	4.5620	7.0680
	加权净资产收益率(%)	5.5600	9.5200	4.6500	7.3400
	净资产收益率(扣除)(%)	5.4385	9.0902	4.6061	7.0753
	总资产(万元)	170200.91	167312.62	158521.19	157553.89
	归属母公司股东权益(万元)	149239.07	142541.27	135111.10	130071.74
	营业收入(万元)	36121.05	68002.13	32503.71	55229.35
	营业支出(万元)	22852.29	44651.29	20667.56	37069.51
	投资收益(万元)	1618.15	3725.68	1170.27	998.84
	净利润(万元)	8114.87	12897.05	6163.83	9193.52
	营业利润(万元)	9699.93	15594.51	8464.54	11042.27
	利润总额(万元)	9698.16	15523.84	8385.09	11031.25

道明光学股份有限公司

公司概况	公司名称	道明光学股份有限公司			证券简称	道明光学
	法人代表	胡智彪	董秘	尤敏卫	证券代码	002632
	公司网址	www.chinadaoming.com		电子信箱	stock@chinadaoming.com	
	电　话	0579-87321111		传　真	0579-87312889	
	办公地址	浙江省金华市永康市象珠镇象珠工业区3号迎宾大道1号				
	经营范围	反光材料、反光服装及反光制品的研发、设计、生产与销售等				

主要财务指标	指标\报告期	2015.06.30	2014.12.31	2014.06.30	2013.12.31
	基本每股收益(元)	0.0900	0.2000	0.0400	0.1300
	基本每股收益(扣除后)(元)	0.0800	0.1800	0.0900	0.1000
	稀释每股收益(元)	0.0900	0.2000	0.0400	0.1300
	每股净资产(元)	4.6400	6.6155	6.5116	6.4664
	每股经营现金净流量(元)	0.0326	0.9693	0.4365	0.0531
	每股现金流量(元)	0.7899	0.2261	-0.1532	-0.5054
	每股资本公积金(元)	2.8511	4.0533	4.0533	4.0533
	每股盈余公积金(元)	0.0771	0.1644	0.1611	0.1611
	每股未分配利润(元)	0.7134	1.3978	1.2972	1.2520
	净资产收益率(%)	1.7599	3.0098	1.4620	2.0491
	加权净资产收益率(%)	2.6100	3.0400	1.4600	2.0500
	净资产收益率(扣除)(%)	1.6385	2.6897	1.3424	1.4792
	总资产(万元)	150227.61	106686.93	103125.41	105889.27
	归属母公司股东权益(万元)	137325.16	91737.72	90296.74	89669.97
	营业收入(万元)	23016.32	46277.85	21806.54	40624.97
	营业支出(万元)	15958.61	32940.63	15628.53	28045.91
	投资收益(万元)	14.57	-64.83	-56.83	40.67
	净利润(万元)	2416.80	2765.36	1324.39	1829.54
	营业利润(万元)	2693.80	2611.63	1304.94	1823.64
	利润总额(万元)	2879.00	2977.96	1613.11	2273.30

申科滑动轴承股份有限公司

公司概况	公司名称	申科滑动轴承股份有限公司			证券简称	*ST 申科
	法人代表	何全波	董秘	陈兰燕	证券代码	002633
	公司网址	www.shenke.com		电子信箱	zhengquan@shenke.com	
	电　　话	0575-87306601 89005608		传　　真	0575-89005609	
	办公地址	浙江省绍兴市诸暨市陶朱街道望云路 132 号				
	经营范围	厚壁滑动轴承及部套件的研发、生产及销售等				

主要财务指标	指标\报告期	2015.06.30	2014.12.31	2014.06.30	2013.12.31
	基本每股收益(元)	-0.1100	-0.2500	-0.0400	-0.1900
	基本每股收益(扣除后)(元)	-0.1100	-0.1700	-0.0600	-0.1900
	稀释每股收益(元)	-0.1100	-0.2500	-0.0400	-0.1900
	每股净资产(元)	3.3225	3.4292	3.5377	3.5935
	每股经营现金净流量(元)	0.1248	0.2674	0.2246	0.2459
	每股现金流量(元)	-0.8561	0.4529	0.0686	-0.2343
	每股资本公积金(元)	1.9957	1.9927	1.8870	1.9037
	每股盈余公积金(元)	0.1179	0.1179	0.1179	0.1179
	每股未分配利润(元)	0.2089	0.3186	0.5328	0.5719
	净资产收益率(%)	-3.3005	-7.3875	-1.1041	-5.2949
	加权净资产收益率(%)	-3.2500	-7.2200	-1.0600	-5.1600
	净资产收益率(扣除)(%)	-3.1727	-4.9549	-1.7704	-5.4236
	总资产(万元)	76061.60	93821.60	87274.49	90261.04
	归属母公司股东权益(万元)	49837.39	51438.29	53065.74	53902.80
	营业收入(万元)	10888.59	26789.82	14060.69	25000.67
	营业支出(万元)	9156.06	21569.10	10836.22	19790.16
	投资收益(万元)	-	-	-	7.92
	净利润(万元)	-1644.90	-3768.46	-585.87	-2854.09
	营业利润(万元)	-1608.66	-4043.41	-787.64	-2450.24
	利润总额(万元)	-1634.99	-3730.21	-499.87	-2388.55

浙江棒杰数码针织品股份有限公司

公司概况	公司名称	浙江棒杰数码针织品股份有限公司			证券简称	棒杰股份
	法人代表	陶建伟	董秘	刘朝阳	证券代码	002634
	公司网址	www.bangjie.cn		电子信箱	baj@bangjie.cn	
	电　　话	0579-85920903 85922008		传　　真	0579-85922004	
	办公地址	浙江省义乌市苏溪镇镇南小区(苏溪大道 510 号)				
	经营范围	服装、服装辅料、领带制造、销售、货物进出口、技术进出口等				

主要财务指标	指标\报告期	2015.06.30	2014.12.31	2014.06.30	2013.12.31
	基本每股收益(元)	0.1300	0.2800	0.1800	0.2900
	基本每股收益(扣除后)(元)	0.1200	0.2500	0.1700	0.2800
	稀释每股收益(元)	0.1300	0.2800	0.1800	0.2900
	每股净资产(元)	5.1308	4.9995	4.9150	4.9351
	每股经营现金净流量(元)	0.1287	0.7250	0.0106	0.5712
	每股现金流量(元)	-0.2812	0.9286	-0.3686	-0.1168
	每股资本公积金(元)	2.7025	2.7025	2.4123	2.4123
	每股盈余公积金(元)	0.1687	0.1687	0.1820	0.1820
	每股未分配利润(元)	1.2596	1.1284	1.3207	1.3408
	净资产收益率(%)	2.5579	5.2700	3.6592	5.8757
	加权净资产收益率(%)	2.5900	6.7600	3.6000	5.9300
	净资产收益率(扣除)(%)	2.3914	4.5598	3.4146	5.6755
	总资产(万元)	76493.43	79213.51	66448.40	70177.28
	归属母公司股东权益(万元)	65702.55	64021.93	49174.24	49375.84
	营业收入(万元)	15773.47	37425.20	17915.25	37431.86
	营业支出(万元)	11564.74	28005.45	13425.45	28052.91
	投资收益(万元)	234.87	791.41	577.14	879.22
	净利润(万元)	1680.62	3373.94	1799.40	2901.18
	营业利润(万元)	1816.27	3263.96	1882.61	3105.40
	利润总额(万元)	1946.16	3804.64	2024.85	3237.44

苏州安洁科技股份有限公司

公司概况	公司名称	苏州安洁科技股份有限公司			证券简称	安洁科技
	法人代表	吕莉	董秘	马玉燕	证券代码	002635
	公司网址	www.anjiesz.com		电子信箱	zhengquan@anjiesz.com	
	电　　话	0512-66316043		传　　真	0512-66596419	
	办公地址	江苏省苏州市吴中区光福镇福锦路 8 号				
	经营范围	为笔记本电脑和手机等消费电子产品品牌终端厂商提供功能性器件生产及相关服务				

主要财务指标	指标\报告期	2015.06.30	2014.12.31	2014.06.30	2013.12.31
	基本每股收益(元)	0.1900	0.7000	0.3400	0.7900
	基本每股收益(扣除后)(元)	0.1800	0.5800	0.3100	0.7000
	稀释每股收益(元)	0.1900	0.7000	0.3400	0.7900
	每股净资产(元)	5.3972	7.0707	6.8276	6.6284
	每股经营现金净流量(元)	0.1451	1.0931	0.5875	0.9275
	每股现金流量(元)	2.0721	-1.6799	0.0946	-0.3775
	每股资本公积金(元)	3.2153	3.6527	3.6552	3.5664
	每股盈余公积金(元)	0.1588	0.3410	0.2687	0.2702
	每股未分配利润(元)	1.0926	2.1889	1.9053	1.7931
	净资产收益率(%)	3.3334	9.8578	4.9957	11.9478
	加权净资产收益率(%)	5.3000	9.9600	5.0400	12.4800
	净资产收益率(扣除)(%)	3.0852	8.1163	4.5239	10.5724
	总资产(万元)	307021.52	233527.74	141780.56	143330.58
	归属母公司股东权益(万元)	209753.30	128000.38	123599.31	119311.90
	营业收入(万元)	63298.16	73130.06	28378.92	60537.63
	营业支出(万元)	46174.14	51275.13	19313.97	38079.29
	投资收益(万元)	179.18	1703.23	570.24	373.52
	净利润(万元)	6806.77	12318.51	6174.71	14255.12
	营业利润(万元)	8536.67	14108.53	7029.36	15959.15
	利润总额(万元)	8915.04	14558.92	7287.69	16571.75

金安国纪科技股份有限公司

公司概况	公司名称	金安国纪科技股份有限公司			证券简称	金安国纪
	法人代表	韩涛	董秘	程敬	证券代码	002636
	公司网址	www.goldenmax.cn		电子信箱	yanmin262@163.com	
	电　　话	021-57747138		传　　真	021-67742902	
	办公地址	上海市松江工业区宝胜路 33 号				
	经营范围	各种 FR-4、CEM-3 覆铜板及半固化片的研发、生产和销售				

主要财务指标	指标\报告期	2015.06.30	2014.12.31	2014.06.30	2013.12.31
	基本每股收益(元)	0.0500	0.1500	0.0400	0.1100
	基本每股收益(扣除后)(元)	0.0400	0.0900	0.1000	0.0900
	稀释每股收益(元)	0.0500	0.1500	0.0400	0.1100
	每股净资产(元)	1.8850	4.7703	4.7275	4.7900
	每股经营现金净流量(元)	0.0312	0.3479	0.3013	0.6262
	每股现金流量(元)	0.0428	-0.7129	-0.1049	-1.2692
	每股资本公积金(元)	0.2628	2.2833	2.2829	2.3955
	每股盈余公积金(元)	0.0642	0.1670	0.1632	0.1632
	每股未分配利润(元)	0.5588	1.3220	1.2808	1.2337
	净资产收益率(%)	2.6690	3.1907	2.2644	2.2410
	加权净资产收益率(%)	2.7100	3.2100	2.2500	2.2700
	净资产收益率(扣除)(%)	2.0114	1.8669	2.0412	1.9220
	总资产(万元)	250496.94	230081.00	227534.30	241160.56
	归属母公司股东权益(万元)	137226.71	133568.30	132369.67	134158.13
	营业收入(万元)	124737.95	226119.09	112842.15	237414.49
	营业支出(万元)	112181.87	201181.34	100007.31	214961.44
	投资收益(万元)	498.37	1271.50	355.78	193.79
	净利润(万元)	3662.60	4129.54	2961.79	3729.06
	营业利润(万元)	3758.86	3859.92	3673.40	4030.93
	利润总额(万元)	4360.06	4700.12	3700.72	4382.53

浙江赞宇科技股份有限公司

公司概况	公司名称	浙江赞宇科技股份有限公司			证券简称	赞宇科技
	法人代表	方银军	董秘	任国晓	证券代码	002637
	公司网址	www.zzytech.com		电子信箱	office@zzytech.com	
	电　话	0571-87830848		传　真	0571-87830847	
	办公地址	浙江省杭州市西湖区古墩路 702 号				
	经营范围	从事日化表面活性剂等产品的研究开发和生产经营等				

主要财务指标	指标\报告期	2015.06.30	2014.12.31	2014.06.30	2013.12.31
	基本每股收益(元)	0.0800	0.3400	0.2000	0.3600
	基本每股收益(扣除后)(元)	0.0700	0.3000	0.1800	0.3000
	稀释每股收益(元)	0.0800	0.3400	0.2000	0.3600
	每股净资产(元)	7.2781	6.6190	6.4921	6.3913
	每股经营现金净流量(元)	-0.0267	0.6131	-0.8204	0.5623
	每股现金流量(元)	-0.0519	-0.0418	-0.1698	-0.0433
	每股资本公积金(元)	3.9185	3.9185	3.9318	3.9318
	每股盈余公积金(元)	0.2275	0.2275	0.1356	0.1356
	每股未分配利润(元)	2.1321	2.1565	1.4247	1.3239
	净资产收益率(%)	1.0394	5.1526	3.0928	5.5598
	加权净资产收益率(%)	1.0300	5.2400	3.1200	5.6900
	净资产收益率(扣除)(%)	0.9397	4.4776	2.8379	4.7154
	总资产(万元)	202091.88	189523.74	180111.16	160977.12
	归属母公司股东权益(万元)	116449.10	116839.63	103873.68	102261.10
	营业收入(万元)	138634.97	249527.04	119708.24	221800.52
	营业支出(万元)	125228.62	219496.30	103750.56	193513.12
	投资收益(万元)	-	-	-	-
	净利润(万元)	1373.70	5818.64	3212.58	5685.48
	营业利润(万元)	1619.62	6141.10	3677.55	6102.58
	利润总额(万元)	1620.81	6654.86	3885.91	6771.24

东莞勤上光电股份有限公司

公司概况	公司名称	东莞勤上光电股份有限公司			证券简称	勤上光电
	法人代表	陈永洪	董秘	胡绍安	证券代码	002638
	公司网址	www.kingsun-china.com		电子信箱	ks_dsh@kingsun-china.com	
	电　话	0769-83996285 83996285		传　真	0769-83756736	
	办公地址	广东省东莞市常平镇横江厦村				
	经营范围	研发、生产、销售半导体照明产品、为用户提供 LED 照明解决方案等				

主要财务指标	指标\报告期	2015.06.30	2014.12.31	2014.06.30	2013.12.31
	基本每股收益(元)	0.0500	0.0300	0.1500	0.2800
	基本每股收益(扣除后)(元)	0.0300	-0.0400	0.1400	0.2600
	稀释每股收益(元)	0.0500	0.0300	0.1500	0.2800
	每股净资产(元)	5.9665	5.9226	6.0594	5.9093
	每股经营现金净流量(元)	0.0181	-0.0079	-0.1137	0.0356
	每股现金流量(元)	-0.0361	-0.2930	-0.1801	-0.2634
	每股资本公积金(元)	3.5607	3.5607	3.5607	3.5607
	每股盈余公积金(元)	0.1658	0.1578	0.1514	0.1514
	每股未分配利润(元)	1.2401	1.2030	1.3477	1.1965
	净资产收益率(%)	0.7562	0.5538	2.5043	4.6970
	加权净资产收益率(%)	0.7500	0.5500	2.5300	4.7900
	净资产收益率(扣除)(%)	0.5135	-0.6220	2.3151	4.4587
	总资产(万元)	320362.25	324931.10	322657.99	318017.70
	归属母公司股东权益(万元)	223547.65	221900.19	227027.11	221402.31
	营业收入(万元)	44255.83	90578.67	48048.69	114051.37
	营业支出(万元)	32072.87	71586.15	33854.05	80530.86
	投资收益(万元)	-319.51	-1044.54	-276.18	-216.66
	净利润(万元)	1908.55	1097.06	5685.53	10399.35
	营业利润(万元)	1753.14	1021.64	6271.70	11943.12
	利润总额(万元)	2391.48	1353.45	6777.25	12588.09

福建雪人股份有限公司

公司概况	公司名称	福建雪人股份有限公司			证券简称	雪人股份
	法人代表	林汝捷	董秘	林汝捷 1(代)	证券代码	002639
	公司网址	www.snowkey.com		电子信箱	snowman@snowkey.com	
	电　话	0591-28513175		传　真	0591-28513121	
	办公地址	福建省福州市长乐市闽江口洞山西路				
	经营范围	制造和销售冷冻、冷藏、空调、环保设备及制冷工程所需配套产品等				

主要财务指标	指标\报告期	2015.06.30	2014.12.31	2014.06.30	2013.12.31
	基本每股收益(元)	0.0400	-0.0500	0.0200	0.2700
	基本每股收益(扣除后)(元)	0.0400	-0.0700	0.0200	0.2500
	稀释每股收益(元)	0.0400	-0.0500	0.0200	0.2700
	每股净资产(元)	7.8800	7.1592	7.1894	7.2817
	每股经营现金净流量(元)	-0.9746	-0.2041	-0.1410	0.1240
	每股现金流量(元)	1.5739	-0.7302	-0.8897	-1.4527
	每股资本公积金(元)	5.7022	4.7616	4.6669	-
	每股盈余公积金(元)	0.2418	0.3023	0.3018	0.3018
	每股未分配利润(元)	0.9432	1.1457	1.2207	1.2692
	净资产收益率(%)	0.5416	-0.7120	0.3280	3.7100
	加权净资产收益率(%)	0.7400	-0.7100	0.3200	3.7300
	净资产收益率(扣除)(%)	0.5067	-1.0051	0.2405	3.4663
	总资产(万元)	242642.63	186520.86	148223.77	142987.64
	归属母公司股东权益(万元)	157656.93	114546.81	115030.37	116506.84
	营业收入(万元)	36983.98	42232.35	16948.08	38564.33
	营业支出(万元)	27676.01	31990.22	12354.64	26329.24
	投资收益(万元)	39.67	56.15	-	-
	净利润(万元)	884.07	-867.71	377.15	4322.39
	营业利润(万元)	889.14	-1245.80	408.40	4751.45
	利润总额(万元)	965.99	-953.74	527.08	5085.07

跨境通宝电子商务股份有限公司

公司概况	公司名称	跨境通宝电子商务股份有限公司			证券简称	跨境通
	法人代表	杨建新	董秘	高翔	证券代码	002640
	公司网址	www.byky.com		电子信箱	gx@byky.com	
	电　话	0351-7212033		传　真	0351-7212031	
	办公地址	山西省太原市建设南路 632 号盛饰大厦				
	经营范围	男女裤装的研发设计、组织外包生产、物流配送、连锁销售等				

主要财务指标	指标\报告期	2015.06.30	2014.12.31	2014.06.30	2013.12.31
	基本每股收益(元)	0.3600	0.2400	0.0900	0.2400
	基本每股收益(扣除后)(元)	0.3600	0.2200	0.0800	0.2300
	稀释每股收益(元)	0.3600	0.2400	0.0900	0.2400
	每股净资产(元)	8.9725	8.6417	5.2513	5.2109
	每股经营现金净流量(元)	0.1876	-0.0620	-0.3399	-0.1753
	每股现金流量(元)	0.4114	0.4183	-0.6470	-0.6424
	每股资本公积金(元)	6.5931	6.5931	2.7439	2.7439
	每股盈余公积金(元)	0.1344	0.1344	0.1877	0.1877
	每股未分配利润(元)	1.2472	0.9187	1.3198	1.2793
	净资产收益率(%)	3.9953	1.8276	1.6275	4.5322
	加权净资产收益率(%)	4.0700	4.1800	1.6300	4.6200
	净资产收益率(扣除)(%)	3.9789	1.7031	1.6169	4.4843
	总资产(万元)	239979.41	220467.65	95588.30	97769.71
	归属母公司股东权益(万元)	190038.39	183032.66	70021.16	69481.59
	营业收入(万元)	120321.87	84182.07	19834.50	44635.46
	营业支出(万元)	51839.10	39971.08	10565.03	23950.59
	投资收益(万元)	-23.00	60.45	14.55	-
	净利润(万元)	7397.36	2865.91	1139.60	3149.07
	营业利润(万元)	9150.01	4533.93	1242.16	4227.03
	利润总额(万元)	9189.44	4825.59	1252.10	4258.18

永高股份有限公司

公司概况

公司名称	永高股份有限公司			证券简称	永高股份
法人代表	卢震宇	董秘	陈志国	证券代码	002641
公司网址	www.yonggao.com	电子信箱	zqb@yonggao.com		
电　话	0576-84277186	传　真	0576-84277383		
办公地址	浙江省台州市黄岩区黄椒路555号永高双浦新厂区				
经营范围	专业从事塑料管道的研发、生产与销售等				

主要财务指标

指标\报告期	2015.06.30	2014.12.31	2014.06.30	2013.12.31
基本每股收益(元)	0.1400	0.5200	0.2200	0.6700
基本每股收益(扣除后)(元)	0.1300	0.5100	0.2300	0.6400
稀释每股收益(元)	0.1400	0.5200	0.2200	0.6700
每股净资产(元)	2.6268	5.1159	4.8199	5.6440
每股经营现金净流量(元)	0.1251	0.4872	0.1237	0.5674
每股现金流量(元)	0.0969	0.0214	0.1255	0.0755
每股资本公积金(元)	0.4709	2.0725	1.6691	2.0030
每股盈余公积金(元)	0.1509	0.3090	0.2507	0.3009
每股未分配利润(元)	1.0050	1.2985	1.9000	2.3401
净资产收益率(%)	5.2719	10.1825	4.6658	11.9575
加权净资产收益率(%)	5.2900	10.6300	4.6900	12.6200
净资产收益率(扣除)(%)	5.0881	9.8823	4.7570	11.4236
总资产(万元)	375108.36	366388.22	325875.80	298357.77
归属母公司股东权益(万元)	226958.17	202173.60	208218.70	203183.53
营业收入(万元)	150904.82	332560.05	144443.42	291841.57
营业支出(万元)	106288.88	249185.24	108678.82	217800.80
投资收益(万元)	–	–150.84	20.20	–
净利润(万元)	11965.03	22503.99	9715.16	24295.73
营业利润(万元)	14893.56	26053.83	11441.48	28043.68
利润总额(万元)	15406.09	27215.71	11880.15	29104.04

北京荣之联科技股份有限公司

公司概况

公司名称	北京荣之联科技股份有限公司			证券简称	荣之联
法人代表	王东辉	董秘	史卫华	证券代码	002642
公司网址	www.ronglian.com	电子信箱	ir@ronglian.com		
电　话	010-62602016	传　真	010-62602100		
办公地址	北京市海淀区北四环西路56号10层1002-1				
经营范围	围绕大中型企事业单位的数据中心提供系统集成及相关技术服务等				

主要财务指标

指标\报告期	2015.06.30	2014.12.31	2014.06.30	2013.12.31
基本每股收益(元)	0.1509	0.4500	0.1343	0.3772
基本每股收益(扣除后)(元)	0.0976	0.4396	0.1336	0.3754
稀释每股收益(元)	0.1509	0.4500	0.1343	0.3772
每股净资产(元)	6.2988	6.2114	4.4866	4.3132
每股经营现金净流量(元)	–0.6900	0.3466	–0.3938	0.2280
每股现金流量(元)	–0.7041	0.0632	–0.6829	–0.0001
每股资本公积金(元)	4.3406	4.3126	2.7127	2.6305
每股盈余公积金(元)	0.1050	0.1050	0.0931	0.0943
每股未分配利润(元)	0.9542	0.9036	0.6865	0.5954
净资产收益率(%)	2.3955	6.6831	2.9813	7.3697
加权净资产收益率(%)	2.4000	9.3700	3.0400	11.9900
净资产收益率(扣除)(%)	1.5499	6.5862	2.9660	7.3353
总资产(万元)	314233.85	321017.97	198358.73	215822.98
归属母公司股东权益(万元)	251464.95	247901.04	164570.51	156176.61
营业收入(万元)	63992.59	149773.23	59156.55	117391.05
营业支出(万元)	40739.70	96080.11	37872.06	85153.31
投资收益(万元)	2235.09	607.64	132.01	782.24
净利润(万元)	6660.96	18369.79	4906.37	11509.76
营业利润(万元)	7079.64	21302.43	6169.01	14656.01
利润总额(万元)	7785.52	21623.55	6383.71	14763.25

中节能万润股份有限公司

公司概况

公司名称	中节能万润股份有限公司			证券简称	烟台万润
法人代表	赵凤岐	董秘	王焕杰	证券代码	002643
公司网址	www.valiant-cn.com	电子信箱	wanrun@valiant-cn.com		
电　话	0535-6101017 6382740	传　真	0535-6101018 6378945		
办公地址	山东省烟台市经济技术开发区五指山路11号				
经营范围	液晶材料、医药中间体、光电化学品、专项化学用品等				

主要财务指标

指标\报告期	2015.06.30	2014.12.31	2014.06.30	2013.12.31
基本每股收益(元)	0.2200	0.3500	0.1300	0.4500
基本每股收益(扣除后)(元)	0.2200	0.3100	0.1300	0.4200
稀释每股收益(元)	0.2200	0.3500	0.1300	0.4500
每股净资产(元)	7.0710	4.9911	4.7754	4.8172
每股经营现金净流量(元)	0.5190	0.5202	0.2035	0.7188
每股现金流量(元)	1.1973	–0.3169	–0.2655	–0.3898
每股资本公积金(元)	4.7955	2.4541	2.4541	2.4516
每股盈余公积金(元)	0.2057	0.2536	0.2195	0.2195
每股未分配利润(元)	1.0583	1.2727	1.0904	1.1365
净资产收益率(%)	2.9148	7.0167	2.8031	9.3342
加权净资产收益率(%)	3.1200	7.1700	2.7600	9.6900
净资产收益率(扣除)(%)	2.8528	6.2817	2.7005	8.7616
总资产(万元)	270634.39	159971.89	152021.36	154580.06
归属母公司股东权益(万元)	240322.46	137574.57	131629.94	132782.65
营业收入(万元)	61513.85	106879.62	43301.12	96538.23
营业支出(万元)	40820.19	76803.87	31501.89	67081.30
投资收益(万元)	96.33	208.42	91.79	110.94
净利润(万元)	7008.82	9685.89	3689.76	12394.16
营业利润(万元)	7943.99	9985.10	4067.88	13609.44
利润总额(万元)	8119.43	11168.80	4226.16	14509.36

兰州佛慈制药股份有限公司

公司概况

公司名称	兰州佛慈制药股份有限公司			证券简称	佛慈制药
法人代表	李云鹏	董秘	吕芝瑛	证券代码	002644
公司网址	www.fczy.com	电子信箱	zqb@fczy.com		
电　话	0931-8362318 8363280	传　真	0931-8368945		
办公地址	甘肃省兰州市城关区佛慈大街68号				
经营范围	中成药研发、制造和销售等				

主要财务指标

指标\报告期	2015.06.30	2014.12.31	2014.06.30	2013.12.31
基本每股收益(元)	0.1000	0.1950	0.0902	0.3443
基本每股收益(扣除后)(元)	0.0900	0.1428	0.0473	0.2533
稀释每股收益(元)	0.1000	0.1950	0.0902	0.3443
每股净资产(元)	5.9200	4.1370	4.0323	7.9157
每股经营现金净流量(元)	0.0944	0.5275	0.3094	–0.1179
每股现金流量(元)	2.2642	0.6404	0.6741	–0.3169
每股资本公积金(元)	3.1058	1.1409	1.1409	3.2819
每股盈余公积金(元)	0.2566	0.2950	0.2746	0.5492
每股未分配利润(元)	1.5580	1.7011	1.6168	3.0846
净资产收益率(%)	1.5833	4.7133	2.2381	4.3500
加权净资产收益率(%)	2.5400	4.8200	2.2500	4.4400
净资产收益率(扣除)(%)	1.4311	3.4518	1.1742	3.2003
总资产(万元)	152456.13	104661.83	101077.39	90307.84
归属母公司股东权益(万元)	120963.77	73521.97	71660.55	70337.41
营业收入(万元)	16375.70	39907.13	21646.21	29152.83
营业支出(万元)	12125.41	31070.56	17497.81	18765.77
投资收益(万元)	–	–	–	–
净利润(万元)	1915.26	3465.29	1603.87	3059.64
营业利润(万元)	1977.67	2843.60	1051.23	2624.17
利润总额(万元)	2195.44	3934.71	1948.20	3575.53

江苏华宏科技股份有限公司

公司概况	公司名称	江苏华宏科技股份有限公司			证券简称	华宏科技
	法人代表	胡士勇	董秘	朱大勇	证券代码	002645
	公司网址	www.hhyyjx.net		电子信箱	hhkj@hhyyjx.com	
	电　话	0510-80629685		传　真	0510-80629683	
	办公地址	江苏省江阴市周庄镇澄杨路1118号				
	经营范围	再生资源加工设备的研发、生产和销售等				

主要财务指标 指标\报告期	2015.06.30	2014.12.31	2014.06.30	2013.12.31
基本每股收益(元)	0.0077	0.0650	0.0591	0.3001
基本每股收益(扣除后)(元)	-0.0323	-0.0066	0.0200	0.2380
稀释每股收益(元)	0.0077	0.0650	0.0591	0.3001
每股净资产(元)	4.3997	4.4036	4.3979	5.7179
每股经营现金净流量(元)	-0.0834	-0.2979	-0.2387	0.5591
每股现金流量(元)	-0.1671	-0.6743	-0.1629	-0.8581
每股资本公积金(元)	2.0054	2.0054	2.0054	2.9070
每股盈余公积金(元)	0.2147	0.2147	0.2076	0.2699
每股未分配利润(元)	1.1707	1.1780	1.1791	1.5361
净资产收益率(%)	0.1757	1.4762	1.3429	5.2492
加权净资产收益率(%)	0.1800	1.4800	1.3900	5.3600
净资产收益率(扣除)(%)	-0.7334	-0.1495	0.4557	4.1623
总资产(万元)	84433.20	83002.72	83011.43	87506.67
归属母公司股东权益(万元)	68638.46	68699.19	68610.77	68617.83
营业收入(万元)	12263.95	36043.90	18184.96	44226.48
营业支出(万元)	9655.67	28039.79	14401.85	33583.90
投资收益(万元)	324.01	785.79	452.84	388.70
净利润(万元)	31.71	1004.19	921.34	3601.87
营业利润(万元)	-339.51	589.16	814.13	3722.03
利润总额(万元)	72.98	1118.61	1077.40	4210.71

青海互助青稞酒股份有限公司

公司概况	公司名称	青海互助青稞酒股份有限公司			证券简称	青青稞酒
	法人代表	李银会	董秘	王兆三	证券代码	002646
	公司网址	www.qkj.com.cn		电子信箱	w333@vip.163.com	
	电　话	0972-8322971 010-84306345		传　真	0972-8322970	
	办公地址	青海省海东地区互助土族自治县威远镇西大街6号				
	经营范围	青稞酒的研发、生产、销售，主要产品含互助、天佑德、八大作坊、永庆和等系列				

主要财务指标 指标\报告期	2015.06.30	2014.12.31	2014.06.30	2013.12.31
基本每股收益(元)	0.4099	0.7050	0.3855	0.8297
基本每股收益(扣除后)(元)	0.3875	0.6251	0.3727	0.7587
稀释每股收益(元)	0.4099	0.7050	0.3855	0.8297
每股净资产(元)	5.1028	4.9430	4.6240	4.5375
每股经营现金净流量(元)	0.4099	0.5143	0.2117	0.6671
每股现金流量(元)	0.1234	-0.6623	-0.1116	-0.2862
每股资本公积金(元)	1.8995	1.8995	1.8995	1.8995
每股盈余公积金(元)	0.1832	0.1832	0.1243	0.1243
每股未分配利润(元)	2.0196	1.8597	1.5991	1.5136
净资产收益率(%)	8.0320	14.2631	8.3376	18.2863
加权净资产收益率(%)	8.0300	14.9500	8.1500	19.5400
净资产收益率(扣除)(%)	7.5942	12.6471	8.0598	16.7205
总资产(万元)	298383.49	250255.81	270774.95	238404.55
归属母公司股东权益(万元)	229624.72	222434.27	208081.53	204189.18
营业收入(万元)	72281.07	135514.21	71839.25	143772.72
营业支出(万元)	24114.78	41793.73	21201.33	47578.04
投资收益(万元)	1117.94	1745.99	-	-
净利润(万元)	18443.32	31726.00	17349.04	37338.68
营业利润(万元)	23577.08	37919.93	21712.21	44258.11
利润总额(万元)	23562.77	40590.64	22403.01	48289.15

浙江宏磊铜业股份有限公司

公司概况	公司名称	浙江宏磊铜业股份有限公司			证券简称	宏磊股份
	法人代表	章利全	董秘	杨凯	证券代码	002647
	公司网址	www.chinahonglei.com		电子信箱	honglei@chinahonglei.com	
	电　话	0575-87387532 87387320		传　真	0575-80708938	
	办公地址	浙江省绍兴市诸暨市经济开发区迎宾路2号				
	经营范围	漆包线、高精度铜管材和其他铜材的研发、生产和销售等				

主要财务指标 指标\报告期	2015.06.30	2014.12.31	2014.06.30	2013.12.31
基本每股收益(元)	0.0134	-0.2200	0.0241	0.4400
基本每股收益(扣除后)(元)	-0.0020	-0.3600	-0.0183	-0.4600
稀释每股收益(元)	0.0134	-0.2200	0.0241	0.4400
每股净资产(元)	4.5213	4.5080	6.2571	6.2331
每股经营现金净流量(元)	-0.8532	-3.8844	-2.9933	0.3728
每股现金流量(元)	0.0137	-1.0743	-1.4012	1.3665
每股资本公积金(元)	2.3180	2.3180	3.3134	3.3134
每股盈余公积金(元)	0.1285	0.1285	0.1670	0.1670
每股未分配利润(元)	1.0749	1.0615	1.7767	1.7527
净资产收益率(%)	0.2956	-4.8238	0.3844	7.1316
加权净资产收益率(%)	0.3000	-4.6800	0.3900	7.3600
净资产收益率(扣除)(%)	-0.0448	-8.0314	-0.2926	-7.4234
总资产(万元)	259232.53	266813.36	267552.90	265255.82
归属母公司股东权益(万元)	99280.94	98987.45	105688.91	105282.62
营业收入(万元)	185489.02	463445.88	170107.30	372102.34
营业支出(万元)	179043.16	456881.88	167218.19	370715.84
投资收益(万元)	560.00	840.00	840.00	840.00
净利润(万元)	32.14	-5894.51	406.29	7508.32
营业利润(万元)	-106.22	-6901.40	-486.96	-7990.18
利润总额(万元)	334.83	-6287.81	229.57	14224.49

浙江卫星石化股份有限公司

公司概况	公司名称	浙江卫星石化股份有限公司			证券简称	卫星石化
	法人代表	马国林	董秘	沈晓炜	证券代码	002648
	公司网址	www.satlpec.com		电子信箱	satlpec@gmail.com	
	电　话	0573-82229096		传　真	0573-82229088	
	办公地址	浙江省嘉兴市嘉兴工业园区步焦路				
	经营范围	丙烯酸、丙烯酸甲酯、丙烯酸乙酯、丙烯酸正丁酯、丙烯酸异辛酯等				

主要财务指标 指标\报告期	2015.06.30	2014.12.31	2014.06.30	2013.12.31
基本每股收益(元)	-0.1400	0.0400	0.2300	1.2500
基本每股收益(扣除后)(元)	-0.1600	0.0200	0.2200	1.2100
稀释每股收益(元)	-0.1400	0.0400	0.2300	1.2500
每股净资产(元)	4.3337	4.4083	4.6242	9.1210
每股经营现金净流量(元)	0.6457	-1.1765	-0.0272	0.3088
每股现金流量(元)	0.2000	-0.6664	-0.0922	-0.1385
每股资本公积金(元)	1.8572	1.8471	1.8174	4.6348
每股盈余公积金(元)	0.2340	0.2325	0.2220	0.4440
每股未分配利润(元)	1.1539	1.2889	1.4974	2.8867
净资产收益率(%)	-3.3044	0.9173	4.9536	13.7084
加权净资产收益率(%)	-3.2800	0.9100	4.9600	14.5600
净资产收益率(扣除)(%)	-3.6907	0.5026	4.7880	13.2133
总资产(万元)	779428.98	761444.26	764827.04	627251.68
归属母公司股东权益(万元)	346695.76	354903.06	369937.83	364838.92
营业收入(万元)	218267.12	430576.81	192584.50	331600.66
营业支出(万元)	212366.25	372232.71	153465.61	245415.57
投资收益(万元)	-5.51	-	-	-
净利润(万元)	-11456.33	3255.51	18325.26	50013.60
营业利润(万元)	-11930.97	4426.63	21383.19	57192.04
利润总额(万元)	-10717.38	5808.50	21847.79	58997.87

博彦科技股份有限公司

公司概况	公司名称	博彦科技股份有限公司		证券简称	博彦科技
	法人代表	王斌	董秘 韩超	证券代码	002649
	公司网址	www.beyondsoft.com		电子信箱	ir@beyondsoft.com
	电　话	010-62980335		传　真	010-62980335
	办公地址	北京市海淀区西北旺东路10号院东区7号楼博彦科技大厦			
	经营范围	信息技术开发、服务、计算机及设备软件的开发、设计、制作、测试等			

主要财务指标 指标\报告期	2015.06.30	2014.12.31	2014.06.30	2013.12.31
基本每股收益(元)	0.7700	1.0300	0.4400	0.8500
基本每股收益(扣除后)(元)	0.4600	0.9200	0.4390	0.7000
稀释每股收益(元)	0.7700	1.0300	0.4400	0.8500
每股净资产(元)	9.7744	9.2844	8.7233	8.5111
每股经营现金净流量(元)	–0.0131	1.3961	0.0642	0.6373
每股现金流量(元)	–0.4705	–0.4642	–1.5688	2.1623
每股资本公积金(元)	6.0826	6.0525	5.8473	5.8473
每股盈余公积金(元)	0.1233	0.1233	0.0930	0.0930
每股未分配利润(元)	2.8366	2.3796	1.8580	1.6466
净资产收益率(%)	7.8438	10.9453	5.0833	9.0861
加权净资产收益率(%)	7.7700	11.5500	5.0800	13.1500
净资产收益率(扣除)(%)	4.7394	9.7818	5.0319	7.4481
总资产(万元)	215887.47	209992.42	187950.88	181593.20
归属母公司股东权益(万元)	163916.06	155727.31	144283.98	140773.32
营业收入(万元)	84606.45	156146.33	71316.24	132883.43
营业支出(万元)	55767.06	103711.64	48696.54	91686.49
投资收益(万元)	–490.94	–259.00	–226.26	27.75
净利润(万元)	12846.59	16988.04	7334.35	12790.74
营业利润(万元)	9305.73	16540.93	8497.75	8470.76
利润总额(万元)	15303.26	19083.16	8669.29	12539.04

加加食品集团股份有限公司

公司概况	公司名称	加加食品集团股份有限公司		证券简称	加加食品
	法人代表	杨振	董秘 彭杰	证券代码	002650
	公司网址	www.jiajiagroup.com		电子信箱	dm@jiajiagroup.com
	电　话	0731-81820262		传　真	0731-81820215
	办公地址	国家级宁乡经济技术开发区三环北路与谐园路交汇处			
	经营范围	酱油、食用植物油和其他调味品的研发、生产和销售等			

主要财务指标 指标\报告期	2015.06.30	2014.12.31	2014.06.30	2013.12.31
基本每股收益(元)	0.3200	0.2900	0.1800	0.7000
基本每股收益(扣除后)(元)	0.1800	0.2800	0.1700	0.6400
稀释每股收益(元)	0.3200	0.2900	0.1800	0.7000
每股净资产(元)	3.9991	3.7800	3.6700	7.5775
每股经营现金净流量(元)	0.1047	0.5720	0.2762	0.5649
每股现金流量(元)	–0.1885	–0.0326	0.1710	–1.8794
每股资本公积金(元)	1.9479	1.9479	1.9479	4.8958
每股盈余公积金(元)	0.1588	0.1588	0.1307	0.2615
每股未分配利润(元)	0.8924	0.6704	0.5871	1.4203
净资产收益率(%)	8.0513	7.6351	4.8264	9.2722
加权净资产收益率(%)	8.1800	7.6200	4.5600	9.4000
净资产收益率(扣除)(%)	4.4184	7.3543	4.6912	8.4565
总资产(万元)	243794.73	229803.69	248011.90	212055.00
归属母公司股东权益(万元)	184280.43	174051.45	168914.91	174586.42
营业收入(万元)	90771.47	168475.06	83623.40	167802.16
营业支出(万元)	63695.13	117974.19	59034.18	122119.16
投资收益(万元)	8717.06	131.68	26.63	80.97
净利润(万元)	14836.98	13289.02	8152.49	16188.05
营业利润(万元)	19931.71	17292.26	10578.06	20038.70
利润总额(万元)	19953.89	17948.79	10890.05	21939.84

成都利君实业股份有限公司

公司概况	公司名称	成都利君实业股份有限公司		证券简称	利君股份
	法人代表	何亚民	董秘 胡益俊	证券代码	002651
	公司网址	www.cdleejun.com		电子信箱	leejun@cdleejun.com
	电　话	028-85366263		传　真	028-85370138
	办公地址	四川省成都市武侯区武科东二路5号			
	经营范围	研究制造、销售、机电产品(不含汽车)及配件等			

主要财务指标 指标\报告期	2015.06.30	2014.12.31	2014.06.30	2013.12.31
基本每股收益(元)	0.1600	0.6500	0.4400	0.7800
基本每股收益(扣除后)(元)	0.1400	0.6200	0.4400	0.7700
稀释每股收益(元)	0.1600	0.6500	0.4400	0.7800
每股净资产(元)	4.4305	4.6755	4.4670	4.7055
每股经营现金净流量(元)	0.0990	0.7193	0.3090	0.5044
每股现金流量(元)	0.1891	–0.3795	–0.7492	–0.7538
每股资本公积金(元)	2.3356	2.3356	2.3356	2.3356
每股盈余公积金(元)	0.5074	0.5074	0.4502	0.4502
每股未分配利润(元)	0.5882	0.8327	0.6812	0.9196
净资产收益率(%)	3.5085	13.9093	9.8852	16.4907
加权净资产收益率(%)	3.3200	14.0300	9.1700	16.0800
净资产收益率(扣除)(%)	3.1696	13.1855	9.7437	16.3883
总资产(万元)	221269.47	232765.58	230541.85	252407.19
归属母公司股东权益(万元)	177664.21	187485.83	179128.14	188688.94
营业收入(万元)	22950.47	73976.03	45430.96	88370.08
营业支出(万元)	12525.51	36202.81	21707.90	44489.00
投资收益(万元)	–473.57	749.60	213.27	20.91
净利润(万元)	6233.41	26078.04	17707.20	31116.19
营业利润(万元)	7046.23	29813.55	20465.16	36212.90
利润总额(万元)	7342.80	30491.51	20572.46	36601.59

苏州扬子江新型材料股份有限公司

公司概况	公司名称	苏州扬子江新型材料股份有限公司		证券简称	扬子新材
	法人代表	胡卫林	董秘 金跃国	证券代码	002652
	公司网址	www.yzjnm.com		电子信箱	jyg@yzjnm.com
	电　话	0512-68327201		传　真	0512-68073999
	办公地址	江苏省苏州市相城区潘阳工业园春丰路88号			
	经营范围	有机涂层板及其基板的研发、生产与销售等			

主要财务指标 指标\报告期	2015.06.30	2014.12.31	2014.06.30	2013.12.31
基本每股收益(元)	0.0800	0.2300	0.1100	0.2300
基本每股收益(扣除后)(元)	0.0800	0.2300	0.1100	0.2300
稀释每股收益(元)	0.0800	0.2300	0.1100	0.2300
每股净资产(元)	1.8931	3.6616	3.5445	3.5313
每股经营现金净流量(元)	–0.0209	0.8293	0.1003	–0.2004
每股现金流量(元)	–0.1770	0.6824	0.2337	–0.5561
每股资本公积金(元)	0.2784	1.4759	1.2528	1.2528
每股盈余公积金(元)	0.0838	0.1675	0.1446	0.1446
每股未分配利润(元)	0.5406	1.2370	1.1471	1.1338
净资产收益率(%)	4.3976	6.2897	3.1946	6.4060
加权净资产收益率(%)	4.2200	6.4200	3.2000	6.5100
净资产收益率(扣除)(%)	4.4682	6.1655	3.1219	6.3829
总资产(万元)	180893.20	111039.51	96146.26	75422.50
归属母公司股东权益(万元)	60588.31	62094.52	56718.84	56507.10
营业收入(万元)	75870.93	137965.24	63488.71	147666.98
营业支出(万元)	66271.53	124532.56	57679.63	135222.47
投资收益(万元)	–	94.12	–	–
净利润(万元)	3726.68	3632.59	1811.94	3619.82
营业利润(万元)	4576.81	4156.33	2055.95	4191.41
利润总额(万元)	4515.14	4241.94	2104.46	4206.76

西藏海思科药业集团股份有限公司

公司概况					
公司名称	西藏海思科药业集团股份有限公司			证券简称	海思科
法人代表	王俊民	董秘	王萌	证券代码	002653
公司网址	www.haisco.com		电子信箱	wangm@haisco.com	
电　话	0893-7834865		传　真	0893-7661674	
办公地址	西藏自治区山南地区泽当镇三湘大道西面 17 号				
经营范围	化药制剂及原料药的研发、生产和销售等				

主要财务指标：指标\报告期	2015.06.30	2014.12.31	2014.06.30	2013.12.31
基本每股收益(元)	0.2000	0.4200	0.2100	0.4800
基本每股收益(扣除后)(元)	0.1700	0.3200	0.1600	0.3700
稀释每股收益(元)	0.2000	0.4200	0.2100	0.4800
每股净资产(元)	1.9495	1.9508	1.7482	1.7838
每股经营现金净流量(元)	0.1295	0.4652	0.1731	0.5262
每股现金流量(元)	0.2449	0.1107	0.2181	-0.1154
每股资本公积金(元)	0.0259	0.0259	0.0271	0.0271
每股盈余公积金(元)	0.1790	0.1790	0.1349	0.1349
每股未分配利润(元)	0.7448	0.7460	0.5863	0.6218
净资产收益率(%)	10.1965	21.3793	12.2659	26.9452
加权净资产收益率(%)	9.8600	22.6000	11.8600	29.8000
净资产收益率(扣除)(%)	8.4861	16.6254	9.1192	21.0088
总资产(万元)	280261.02	287491.67	245974.97	245718.85
归属母公司股东权益(万元)	210603.87	210736.99	188852.24	192694.56
营业收入(万元)	55315.66	121059.54	53076.48	99233.73
营业支出(万元)	17357.43	36645.04	15394.72	26869.90
投资收益(万元)	3698.19	5886.70	2352.38	1335.72
净利润(万元)	21474.23	45054.11	23164.43	51921.89
营业利润(万元)	23699.25	45451.79	21458.97	46129.56
利润总额(万元)	24016.54	50454.75	25774.66	56883.77

深圳万润科技股份有限公司

公司概况					
公司名称	深圳万润科技股份有限公司			证券简称	万润科技
法人代表	李志江	董秘	郝军	证券代码	002654
公司网址	www.mason-led.com		电子信箱	wanrun@mason-led.com	
电　话	0755-33378926		传　真	0755-33378925	
办公地址	深圳市福田区福华路北深圳国际交易广场 1812-1816 号				
经营范围	研发、设计、生产和销售为一体的中高端 LED 光源器件封装和 LED 照明产品				

主要财务指标：指标\报告期	2015.06.30	2014.12.31	2014.06.30	2013.12.31
基本每股收益(元)	0.1100	0.2300	0.1400	0.2500
基本每股收益(扣除后)(元)	0.0800	0.2100	0.1300	0.2000
稀释每股收益(元)	0.1100	0.2300	0.1400	0.2500
每股净资产(元)	5.2250	3.1673	3.0807	3.0200
每股经营现金净流量(元)	0.0839	0.2587	0.0407	0.6253
每股现金流量(元)	1.0681	-0.0611	-0.1315	-0.2221
每股资本公积金(元)	3.2669	0.9175	0.9175	0.9175
每股盈余公积金(元)	0.1083	0.1490	0.1234	0.1234
每股未分配利润(元)	0.8497	1.1008	1.0398	0.9768
净资产收益率(%)	1.6394	7.2482	4.6414	8.3689
加权净资产收益率(%)	3.0500	7.4600	4.6700	8.6800
净资产收益率(扣除)(%)	1.5297	6.6088	4.3154	6.5872
总资产(万元)	192666.20	97563.47	87662.20	78697.37
归属母公司股东权益(万元)	126475.86	55744.79	54220.89	53112.30
营业收入(万元)	30811.91	52326.00	25454.79	43638.65
营业支出(万元)	21473.59	37909.44	18170.33	30643.47
投资收益(万元)	-	-	-	-
净利润(万元)	2085.54	3915.26	2516.58	4444.92
营业利润(万元)	2224.75	3992.87	2743.48	3924.79
利润总额(万元)	2390.51	4479.18	2951.43	5042.02

山东共达电声股份有限公司

公司概况					
公司名称	山东共达电声股份有限公司			证券简称	共达电声
法人代表	赵笃仁	董秘	王永刚	证券代码	002655
公司网址	www.gettopacoustic.com		电子信箱	gettop@gettopacoustic.com	
电　话	0536-2283666-259		传　真	0536-2283666-399	
办公地址	山东省潍坊市坊子区凤山路 68 号				
经营范围	微型电声元器件及电声组件的研发、生产和销售等				

主要财务指标：指标\报告期	2015.06.30	2014.12.31	2014.06.30	2013.12.31
基本每股收益(元)	0.0300	0.0700	0.0200	0.0600
基本每股收益(扣除后)(元)	0.0100	0.0500	0.0100	-0.0500
稀释每股收益(元)	0.0300	0.0700	0.0200	0.0600
每股净资产(元)	1.7274	1.7178	1.6301	2.4222
每股经营现金净流量(元)	-0.0957	0.1884	0.1019	0.2284
每股现金流量(元)	-0.0973	-0.0258	-0.0604	-0.3698
每股资本公积金(元)	0.1784	0.1784	0.1318	0.6978
每股盈余公积金(元)	0.0643	0.0643	0.0564	0.0847
每股未分配利润(元)	0.4882	0.4770	0.4408	0.6390
净资产收益率(%)	1.4599	3.8884	1.3953	2.4315
加权净资产收益率(%)	1.4600	4.0500	1.4000	2.4400
净资产收益率(扣除)(%)	0.3912	2.6289	0.8814	-1.0584
总资产(万元)	106244.14	100832.37	95203.99	93599.78
归属母公司股东权益(万元)	62185.55	61841.53	58682.90	58132.54
营业收入(万元)	32317.71	65362.36	28634.64	50704.93
营业支出(万元)	24307.04	48143.97	22247.31	38430.29
投资收益(万元)	21.68	91.89	33.53	94.60
净利润(万元)	916.69	2394.80	818.83	1413.47
营业利润(万元)	326.07	1786.48	513.36	-881.02
利润总额(万元)	1044.86	2610.34	841.50	1408.96

广州卡奴迪路服饰股份有限公司

公司概况					
公司名称	广州卡奴迪路服饰股份有限公司			证券简称	卡奴迪路
法人代表	林永飞	董秘	林峰国	证券代码	002656
公司网址	www.canudilo.com		电子信箱	investor@canudilo.com	
电　话	020-83963777		传　真	020-37873549	
办公地址	广州市天河区黄埔大道西 638 号富力科讯大厦 1310 房				
经营范围	高级男装服饰的研发设计、品牌推广和零售管理				

主要财务指标：指标\报告期	2015.06.30	2014.12.31	2014.06.30	2013.12.31
基本每股收益(元)	0.1200	0.0700	0.1000	0.7500
基本每股收益(扣除后)(元)	0.1200	0.0500	0.0800	0.7200
稀释每股收益(元)	0.1200	0.0700	0.1000	0.7500
每股净资产(元)	6.1213	6.1120	6.1414	6.2127
每股经营现金净流量(元)	0.2254	0.2122	0.0528	-0.0640
每股现金流量(元)	1.9407	-1.4987	-1.1253	-0.2576
每股资本公积金(元)	2.6740	2.6740	2.6740	2.6740
每股盈余公积金(元)	0.2210	0.2210	0.1923	0.1923
每股未分配利润(元)	2.2368	2.2271	2.2820	2.3611
净资产收益率(%)	1.9558	1.2209	1.6438	12.0175
加权净资产收益率(%)	1.9600	1.2100	1.6200	12.6000
净资产收益率(扣除)(%)	1.9614	0.8285	1.3595	11.6596
总资产(万元)	251818.63	203285.70	196772.60	212967.41
归属母公司股东权益(万元)	122426.25	122240.66	122827.60	124254.54
营业收入(万元)	37294.32	69992.03	36495.02	79909.16
营业支出(万元)	14697.86	26250.01	13812.07	28178.89
投资收益(万元)	-	120.43	-	158.13
净利润(万元)	2167.54	1253.42	2019.01	14932.23
营业利润(万元)	2781.29	2274.99	2766.53	16937.04
利润总额(万元)	2790.64	2707.26	3177.19	17289.13

北京中科金财科技股份有限公司

公司概况	公司名称	北京中科金财科技股份有限公司		证券简称	中科金财
	法人代表	朱烨东	董秘 贺岩	证券代码	002657
	公司网址	www.sinodata.net.cn		电子信箱	zkjc@sinodata.net.cn
	电　话	010-62309608		传　真	010-62309595
	办公地址	北京市海淀区学院路39号唯实大厦1006室			
	经营范围	应用软件开发、技术服务及相关的计算机信息系统集成服务等			

主要财务指标	指标\报告期	2015.06.30	2014.12.31	2014.06.30	2013.12.31
	基本每股收益(元)	0.2600	0.6100	0.2800	0.5400
	基本每股收益(扣除后)(元)	0.2400	0.4900	0.2200	0.4400
	稀释每股收益(元)	0.2600	0.6100	0.2800	0.5400
	每股净资产(元)	4.9706	9.4713	6.9386	6.7259
	每股经营现金净流量(元)	0.1471	1.5296	-3.0002	1.4324
	每股现金流量(元)	-0.5529	0.9542	-2.8226	1.1906
	每股资本公积金(元)	2.6473	6.2946	3.1029	3.1029
	每股盈余公积金(元)	0.1160	0.2321	0.2857	0.2857
	每股未分配利润(元)	1.2073	1.9447	2.5500	2.3373
	净资产收益率(%)	5.3294	5.1764	4.0738	7.9556
	加权净资产收益率(%)	5.4600	9.7500	4.1200	8.2200
	净资产收益率(扣除)(%)	4.7642	4.2324	3.2426	6.4767
	总资产(万元)	236017.24	233701.30	130212.79	136836.63
	归属母公司股东权益(万元)	157556.53	150110.79	72644.30	70417.41
	营业收入(万元)	61335.36	109836.72	51509.83	102282.27
	营业支出(万元)	43662.40	83123.44	37479.59	75540.20
	投资收益(万元)	1005.13	469.89	212.01	97.44
	净利润(万元)	8419.98	7887.54	2959.42	5602.16
	营业利润(万元)	8516.18	5730.10	2782.09	2850.17
	利润总额(万元)	9465.45	8458.11	3453.61	6409.23

北京雪迪龙科技股份有限公司

公司概况	公司名称	北京雪迪龙科技股份有限公司		证券简称	雪 迪 龙
	法人代表	敖小强	董秘 赵爱学	证券代码	002658
	公司网址	www.chsdl.com		电子信箱	zqb@chsdl.com
	电　话	010-80735666 80735664		传　真	010-80735777
	办公地址	北京市昌平区高新三街3号			
	经营范围	分析仪器仪表、环境监测系统、工业过程分析系统的研发、生产、销售等			

主要财务指标	指标\报告期	2015.06.30	2014.12.31	2014.06.30	2013.12.31
	基本每股收益(元)	0.1500	0.7200	0.2200	0.4900
	基本每股收益(扣除后)(元)	0.1500	0.7100	0.2200	0.4900
	稀释每股收益(元)	0.1500	0.7200	0.2200	0.4900
	每股净资产(元)	2.3143	4.9154	4.4140	4.2922
	每股经营现金净流量(元)	0.0532	0.1886	0.0532	0.0250
	每股现金流量(元)	-0.2227	0.6296	-0.0357	0.0062
	每股资本公积金(元)	0.4071	2.0957	2.0957	2.0957
	每股盈余公积金(元)	0.0943	0.2075	0.1351	0.1351
	每股未分配利润(元)	0.8128	1.6121	1.1831	1.0613
	净资产收益率(%)	6.4028	14.7130	5.0258	11.3673
	加权净资产收益率(%)	6.4600	15.7900	5.1000	11.9300
	净资产收益率(扣除)(%)	6.4016	14.5171	4.8814	11.3858
	总资产(万元)	162978.42	162295.99	146778.02	134556.86
	归属母公司股东权益(万元)	139984.89	135146.11	121361.40	118011.46
	营业收入(万元)	36271.90	74143.03	27750.67	58899.74
	营业支出(万元)	19503.44	38185.78	16134.33	32009.18
	投资收益(万元)	1908.08	3116.18	1687.21	236.78
	净利润(万元)	8945.84	19883.13	6099.40	13414.67
	营业利润(万元)	10140.98	22272.10	6950.77	15326.94
	利润总额(万元)	10545.25	23266.29	7175.76	15731.19

江苏中泰桥梁钢构股份有限公司

公司概况	公司名称	江苏中泰桥梁钢构股份有限公司		证券简称	中泰桥梁
	法人代表	陈禹	董秘 郁征	证券代码	002659
	公司网址	www.jszt.net.cn		电子信箱	tql@ztsschina.com
	电　话	0523-84633050		传　真	0523-84633096
	办公地址	江苏省江阴-经济工业园区同康路15号			
	经营范围	桥梁钢结构及其他金属结构及构件的制造、施工、安装、运输、修复和加固等			

主要财务指标	指标\报告期	2015.06.30	2014.12.31	2014.06.30	2013.12.31
	基本每股收益(元)	-0.0300	0.0400	-0.0200	-0.2000
	基本每股收益(扣除后)(元)	-0.0200	0.0300	-0.0200	-0.2100
	稀释每股收益(元)	-0.0300	0.0400	-0.0200	-0.2000
	每股净资产(元)	1.9018	1.9347	1.8750	1.8931
	每股经营现金净流量(元)	0.3184	0.2978	-0.1083	-0.3220
	每股现金流量(元)	-0.1072	-0.1193	-0.0475	-0.7061
	每股资本公积金(元)	0.5931	0.5931	0.5931	0.5931
	每股盈余公积金(元)	0.0747	0.0747	0.0710	0.0710
	每股未分配利润(元)	0.2342	0.2671	0.2110	0.2292
	净资产收益率(%)	-1.5206	2.1515	-0.9688	-10.6689
	加权净资产收益率(%)	-1.5100	2.1700	-0.9600	-10.0300
	净资产收益率(扣除)(%)	-1.2255	1.7719	-1.1225	-10.8503
	总资产(万元)	200280.51	195785.99	182853.85	165914.92
	归属母公司股东权益(万元)	59146.98	60170.66	58313.95	58876.94
	营业收入(万元)	23479.81	83278.70	36303.31	66550.59
	营业支出(万元)	21095.48	72792.17	33122.90	65393.78
	投资收益(万元)	-	-	-	-
	净利润(万元)	-996.57	1124.16	-564.95	-6281.54
	营业利润(万元)	-1160.67	1321.02	-771.64	-8675.09
	利润总额(万元)	-1335.03	1577.05	-652.01	-8580.96

茂硕电源科技股份有限公司

公司概况	公司名称	茂硕电源科技股份有限公司		证券简称	茂硕电源
	法人代表	顾永德	董秘 方吉槟	证券代码	002660
	公司网址	www.mosopower.com		电子信箱	jibin.fang@mosopower.com
	电　话	0755-27659888		传　真	0755-27659888
	办公地址	深圳市南山区西丽松白路1061号茂硕科技园			
	经营范围	开关电源的研发、生产及销售等			

主要财务指标	指标\报告期	2015.06.30	2014.12.31	2014.06.30	2013.12.31
	基本每股收益(元)	-0.1100	-0.1900	0.0054	0.1300
	基本每股收益(扣除后)(元)	-0.1200	-0.2000	-0.0026	0.0800
	稀释每股收益(元)	-0.1100	-0.1900	0.0054	0.1300
	每股净资产(元)	2.9999	2.5887	2.7000	3.5315
	每股经营现金净流量(元)	-0.1273	-0.0908	0.1044	0.0303
	每股现金流量(元)	-0.0116	-0.1437	0.6070	-1.0041
	每股资本公积金(元)	1.7138	1.1632	1.0784	1.7019
	每股盈余公积金(元)	0.0685	0.0753	0.0753	0.0979
	每股未分配利润(元)	0.2177	0.3502	0.5453	0.7318
	净资产收益率(%)	-3.3688	-7.3247	0.2018	3.6347
	加权净资产收益率(%)	-3.8400	-7.5000	0.2000	2.3400
	净资产收益率(扣除)(%)	-3.7292	-7.8661	-0.0951	2.3475
	总资产(万元)	158812.73	116185.30	117020.70	103365.03
	归属母公司股东权益(万元)	83200.83	65339.90	68123.31	68568.33
	营业收入(万元)	32544.22	62822.46	32653.19	60675.65
	营业支出(万元)	27110.29	53584.76	26570.32	47779.81
	投资收益(万元)	-18.61	1212.72	218.33	633.75
	净利润(万元)	-2761.85	-4951.13	137.46	2492.24
	营业利润(万元)	-3671.74	-6309.54	-214.42	1587.00
	利润总额(万元)	-3258.13	-5867.65	39.80	2623.51

克明面业股份有限公司

公司概况						
	公司名称	克明面业股份有限公司			证券简称	克明面业
	法人代表	陈克明	董秘	王勇	证券代码	002661
	公司网址	www.kemen.net.cn		电子信箱	kemen@kemen.net.cn	
	电　　话	0731-89935187		传　　真	0731-89935152	
	办公地址	湖南省长沙市雨花区环保产业 科技园振华路 28 号				
	经营范围	专注于传统健康主食——挂面食品的研发、生产及销售等				

主要财务指标

指标＼报告期	2015.06.30	2014.12.31	2014.06.30	2013.12.31
基本每股收益(元)	0.6102	0.7920	0.5559	1.0500
基本每股收益(扣除后)(元)	0.5649	0.5558	0.4972	0.9400
稀释每股收益(元)	0.5949	0.7897	0.5559	1.0500
每股净资产(元)	8.7742	8.6447	8.6258	8.5699
每股经营现金净流量(元)	0.4347	0.7139	–0.3638	0.6981
每股现金流量(元)	0.0194	0.1162	–0.0390	–0.2624
每股资本公积金(元)	5.0316	5.0447	4.6532	4.6532
每股盈余公积金(元)	0.3877	0.3860	0.3425	0.3425
每股未分配利润(元)	2.8239	2.7174	2.6300	2.5741
净资产收益率(%)	6.7560	8.8609	6.4445	12.2379
加权净资产收益率(%)	6.6600	9.1100	6.4000	12.7700
净资产收益率(扣除)(%)	6.2542	6.2185	5.7637	10.9876
总资产(万元)	114794.81	105427.05	100219.86	98986.53
归属母公司股东权益(万元)	75041.92	74258.33	71663.16	71198.86
营业收入(万元)	80350.12	152709.87	71321.26	122476.94
营业支出(万元)	62062.64	120068.20	56035.20	93999.97
投资收益(万元)	301.17	1509.18	1086.33	345.54
净利润(万元)	5054.94	6566.42	4618.30	8713.23
营业利润(万元)	6624.09	7784.49	5764.48	9920.84
利润总额(万元)	6876.48	8797.30	6014.42	10593.96

北京威卡威汽车零部件股份有限公司

公司概况						
	公司名称	北京威卡威汽车零部件股份有限公司			证券简称	京威股份
	法人代表	李璟瑜	董秘	鲍丽娜	证券代码	002662
	公司网址	www.beijing-wkw.com		电子信箱	jingwei@beijing-wkw.com	
	电　　话	010-60276313		传　　真	010-60279917	
	办公地址	北京市大兴区魏永路(天堂河段)70 号				
	经营范围	进行乘用车内外饰件系统的配套研发、制造和相关服务等				

主要财务指标

指标＼报告期	2015.06.30	2014.12.31	2014.06.30	2013.12.31
基本每股收益(元)	0.3100	0.7000	0.2700	0.5300
基本每股收益(扣除后)(元)	0.3100	0.6800	0.2600	0.4900
稀释每股收益(元)	0.3100	0.7000	0.2700	0.5300
每股净资产(元)	5.5260	5.5135	4.5715	4.5577
每股经营现金净流量(元)	0.3995	0.3336	0.1284	0.4405
每股现金流量(元)	–0.2340	–0.4956	–0.3130	–0.3704
每股资本公积金(元)	2.7886	2.7886	1.8592	1.8592
每股盈余公积金(元)	0.2692	0.2692	0.2749	0.2749
每股未分配利润(元)	1.4680	1.4555	1.4373	1.4235
净资产收益率(%)	5.6565	10.4086	5.9890	11.5933
加权净资产收益率(%)	5.6100	14.6400	6.1700	12.0700
净资产收益率(扣除)(%)	5.6301	10.0834	–	10.6467
总资产(万元)	478421.37	487735.11	321826.65	303737.63
归属母公司股东权益(万元)	414450.71	413509.96	274289.29	273460.73
营业收入(万元)	172663.84	244735.51	98111.63	179918.66
营业支出(万元)	119773.61	158055.66	63929.20	119015.82
投资收益(万元)	338.99	–737.18	–62.56	452.03
净利润(万元)	24008.73	42830.44	16427.82	31703.11
营业利润(万元)	30075.88	56933.98	23720.84	45976.42
利润总额(万元)	30222.13	56489.43	23638.02	46073.38

广州普邦园林股份有限公司

公司概况						
	公司名称	广州普邦园林股份有限公司			证券简称	普邦园林
	法人代表	曾伟雄	董秘	马力达	证券代码	002663
	公司网址	www.pblandscape.com		电子信箱	zhengquanbu@pblandscape.com	
	电　　话	020-87526515		传　　真	020-87526541	
	办公地址	广东省广州市天河区珠江新城海安路 13 号越秀财富世纪广场 A1 幢 34 楼				
	经营范围	园林环境配套产品、园林绿化工程、室内装修、公共社区园林绿化等				

主要财务指标

指标＼报告期	2015.06.30	2014.12.31	2014.06.30	2013.12.31
基本每股收益(元)	0.0900	0.7000	0.3600	0.5500
基本每股收益(扣除后)(元)	0.0900	0.7000	0.3600	0.5400
稀释每股收益(元)	0.0900	0.7000	0.3600	0.5500
每股净资产(元)	2.3250	5.6109	4.1455	3.8922
每股经营现金净流量(元)	–0.2818	–0.2591	–0.1736	–0.5917
每股现金流量(元)	–0.3226	0.7075	–0.5379	0.2250
每股资本公积金(元)	0.6590	3.1021	1.7579	1.7563
每股盈余公积金(元)	0.0693	0.1734	0.1314	0.1314
每股未分配利润(元)	0.5971	1.3356	1.2562	1.0045
净资产收益率(%)	3.8015	11.0167	8.7256	14.0118
加权净资产收益率(%)	3.8700	16.3300	8.9200	14.9900
净资产收益率(扣除)(%)	3.8016	10.9640	8.6608	13.8894
总资产(万元)	541964.21	548584.84	358709.55	339775.32
归属母公司股东权益(万元)	374683.89	361179.66	231725.89	217566.99
营业收入(万元)	114596.00	316086.27	156790.19	239343.03
营业支出(万元)	85938.19	233479.91	117275.80	177431.49
投资收益(万元)	1696.72	873.14	80.95	38.97
净利润(万元)	14243.61	39778.84	20219.38	30485.13
营业利润(万元)	15922.56	47854.59	23527.18	36376.22
利润总额(万元)	15923.86	48084.85	23699.00	36689.85

信质电机股份有限公司

公司概况						
	公司名称	信质电机股份有限公司			证券简称	信质电机
	法人代表	尹兴满	董秘	朱彬	证券代码	002664
	公司网址	www.chinaxinzhi.com		电子信箱	bin.zhu@chinaxinzhi.com	
	电　　话	0576-88931163 576-88931165		传　　真	0576-88931165	
	办公地址	浙江省台州市椒江区前所信质路 28 号				
	经营范围	从事各种电机定子、转子等电机核心零部件的研发、制造和销售				

主要财务指标

指标＼报告期	2015.06.30	2014.12.31	2014.06.30	2013.12.31
基本每股收益(元)	0.2154	0.9300	0.2017	0.7200
基本每股收益(扣除后)(元)	0.2085	0.8900	0.5961	1.0434
稀释每股收益(元)	0.2154	0.9300	0.2017	0.7200
每股净资产(元)	3.4211	6.6112	9.1279	8.7427
每股经营现金净流量(元)	0.0744	0.8268	–0.0411	0.2888
每股现金流量(元)	0.0784	–0.5258	–0.2751	0.1022
每股资本公积金(元)	1.0939	3.1879	5.2818	5.2818
每股盈余公积金(元)	0.1445	0.2891	0.2923	0.2923
每股未分配利润(元)	1.1826	2.1342	2.5538	2.1686
净资产收益率(%)	6.2977	14.0580	6.6298	12.3585
加权净资产收益率(%)	6.3700	14.9400	6.7200	13.0100
净资产收益率(扣除)(%)	6.0953	13.4834	6.5306	11.9341
总资产(万元)	174558.58	186415.39	170428.90	160505.55
归属母公司股东权益(万元)	136849.01	132230.89	121711.03	116575.30
营业收入(万元)	76638.80	155362.51	73432.20	132533.76
营业支出(万元)	58598.89	118374.87	56793.64	103404.89
投资收益(万元)	199.38	702.77	184.40	333.80
净利润(万元)	9025.19	18400.95	8040.87	13556.90
营业利润(万元)	10056.55	21222.05	9369.38	15721.28
利润总额(万元)	10360.82	21448.13	9486.63	15993.19

北京首航艾启威节能技术股份有限公司

公司概况	公司名称	北京首航艾启威节能技术股份有限公司		证券简称	首航节能
	法人代表	黄文佳	董秘 侯建峰	证券代码	002665
	公司网址	www.sh-ihw.com		电子信箱	shouhang@sh-ihw.com
	电　话	010-52255555		传　真	010-52256633
	办公地址	北京市丰台区南四环188号总部基地3区20号楼			
	经营范围	空冷系统的研发、设计、生产和销售等			

主要财务指标	指标\报告期	2015.06.30	2014.12.31	2014.06.30	2013.12.31
	基本每股收益(元)	0.1400	0.8000	0.3200	0.6000
	基本每股收益(扣除后)(元)	0.1100	0.6100	0.1900	0.5600
	稀释每股收益(元)	0.1400	0.8000	0.3200	0.6000
	每股净资产(元)	3.6616	7.3425	6.8640	6.6510
	每股经营现金净流量(元)	-0.0038	-0.2180	-0.3901	-0.4080
	每股现金流量(元)	0.7088	0.0116	0.1572	0.3459
	每股资本公积金(元)	1.7835	3.6436	4.0728	4.0728
	每股盈余公积金(元)	0.0937	0.2565	0.2083	0.1746
	每股未分配利润(元)	0.7842	1.9488	1.5829	1.4039
	净资产收益率(%)	3.5698	10.8645	4.6587	8.9946
	加权净资产收益率(%)	4.7900	11.4300	4.6600	9.3500
	净资产收益率(扣除)(%)	2.7457	8.2571	2.8364	8.4334
	总资产(万元)	459986.07	380675.30	270341.50	257526.69
	归属母公司股东权益(万元)	267315.16	182674.25	183062.86	177382.78
	营业收入(万元)	43015.09	111601.51	34786.03	97565.06
	营业支出(万元)	24480.74	74181.47	22302.09	65451.13
	投资收益(万元)	-	22.37	17.16	505.24
	净利润(万元)	9223.03	21014.23	8528.30	15954.91
	营业利润(万元)	8583.29	18880.70	5468.46	17529.59
	利润总额(万元)	11216.10	24887.67	9393.28	18701.15

广东德联集团股份有限公司

公司概况	公司名称	广东德联集团股份有限公司		证券简称	德联集团
	法人代表	徐咸大	董秘 邓国锦	证券代码	002666
	公司网址	www.delian.cn		电子信箱	delian@delian.cn
	电　话	0757-63220244		传　真	0757-63220234
	办公地址	广东省佛山市南海区狮山镇松岗虹岭二路386号			
	经营范围	汽车精细化学品的制造和销售等			

主要财务指标	指标\报告期	2015.06.30	2014.12.31	2014.06.30	2013.12.31
	基本每股收益(元)	0.2000	0.5000	0.1900	0.5000
	基本每股收益(扣除后)(元)	0.2000	0.5000	0.1900	0.4900
	稀释每股收益(元)	0.2000	0.5000	0.1900	0.5000
	每股净资产(元)	6.8513	5.0461	4.8794	4.6913
	每股经营现金净流量(元)	0.1244	0.0009	0.0415	-0.1418
	每股现金流量(元)	0.7600	-0.4265	0.2071	-1.0440
	每股资本公积金(元)	3.6039	1.6250	1.6250	1.6250
	每股盈余公积金(元)	0.0575	0.0677	0.0515	0.0515
	每股未分配利润(元)	2.1900	2.3540	2.2030	2.0155
	净资产收益率(%)	2.8132	10.0022	3.8418	10.6480
	加权净资产收益率(%)	3.2300	10.3500	3.9200	11.0800
	净资产收益率(扣除)(%)	2.7496	9.8921	3.8563	10.5512
	总资产(万元)	298446.78	200202.50	186081.88	177920.58
	归属母公司股东权益(万元)	258408.22	161473.99	156141.09	150123.16
	营业收入(万元)	86377.47	172251.84	74034.28	163028.78
	营业支出(万元)	68148.69	135551.93	59299.73	128860.52
	投资收益(万元)	81.20	102.57	151.65	171.33
	净利润(万元)	7417.43	16258.85	5998.58	15985.07
	营业利润(万元)	9234.96	19856.40	8317.77	20926.00
	利润总额(万元)	9399.59	20036.39	8298.45	20962.18

鞍山重型矿山机器股份有限公司

公司概况	公司名称	鞍山重型矿山机器股份有限公司		证券简称	鞍重股份
	法人代表	杨永柱	董秘 张宝田	证券代码	002667
	公司网址	www.aszkjqc.com		电子信箱	aszk@aszkjqc.com
	电　话	0412-5213058		传　真	0412-5213058
	办公地址	辽宁省鞍山市鞍千路294号			
	经营范围	煤炭、钢铁、矿山、筑路等行业专用大型振动筛的研发、生产和销售等			

主要财务指标	指标\报告期	2015.06.30	2014.12.31	2014.06.30	2013.12.31
	基本每股收益(元)	0.0900	0.6900	0.3500	0.8600
	基本每股收益(扣除后)(元)	0.0700	0.5600	0.2900	0.7400
	稀释每股收益(元)	0.0900	0.6900	0.3500	0.8600
	每股净资产(元)	5.6351	11.1598	10.8207	10.5500
	每股经营现金净流量(元)	0.1802	0.0080	-0.0545	0.3392
	每股现金流量(元)	0.1694	-0.2877	-0.2501	-1.1691
	每股资本公积金(元)	2.4195	5.8391	5.8669	5.8669
	每股盈余公积金(元)	0.2315	0.4630	0.3926	0.3926
	每股未分配利润(元)	1.9702	3.8299	3.5612	3.2904
	净资产收益率(%)	1.6010	6.1723	3.2319	8.1734
	加权净资产收益率(%)	1.6100	6.3500	3.2600	8.5000
	净资产收益率(扣除)(%)	1.1846	5.0627	2.6683	6.9829
	总资产(万元)	87861.98	88395.14	87565.13	88615.47
	归属母公司股东权益(万元)	76614.86	75864.09	73558.88	71718.57
	营业收入(万元)	7810.70	23438.84	10566.85	23750.51
	营业支出(万元)	3990.83	12213.36	5482.10	11611.49
	投资收益(万元)	119.94	217.40	102.04	81.32
	净利润(万元)	1221.97	4682.37	2377.35	5861.86
	营业利润(万元)	1096.67	4754.68	2331.69	5948.17
	利润总额(万元)	1339.73	5479.62	2768.70	6872.05

广东奥马电器股份有限公司

公司概况	公司名称	广东奥马电器股份有限公司		证券简称	奥马电器
	法人代表	赵国栋	董秘 何石琼	证券代码	002668
	公司网址	www.homa.cn		电子信箱	homa@homa.cn
	电　话	0760-23130226 23130225		传　真	0760-23137825
	办公地址	广东省中山市南头镇东福北路54号			
	经营范围	专注于冰箱的设计、制造和销售等			

主要财务指标	指标\报告期	2015.06.30	2014.12.31	2014.06.30	2013.12.31
	基本每股收益(元)	0.7900	1.2300	0.7100	1.1800
	基本每股收益(扣除后)(元)	0.5900	1.1100	0.7400	0.9600
	稀释每股收益(元)	0.7900	1.2300	0.7100	1.1800
	每股净资产(元)	9.6825	9.1693	8.6480	8.1707
	每股经营现金净流量(元)	0.9060	2.8163	0.7713	1.1833
	每股现金流量(元)	0.6320	0.0048	-0.0803	0.3611
	每股资本公积金(元)	2.7276	2.7276	2.7276	2.7276
	每股盈余公积金(元)	0.5706	0.5706	0.4521	0.4521
	每股未分配利润(元)	5.3843	4.8711	4.4682	3.9910
	净资产收益率(%)	8.2055	13.3990	8.1781	14.4855
	加权净资产收益率(%)	8.3000	14.1700	8.3000	15.5100
	净资产收益率(扣除)(%)	6.1396	12.1369	8.5926	11.7060
	总资产(万元)	379668.90	321474.32	289070.60	286084.40
	归属母公司股东权益(万元)	160100.44	151614.83	142994.21	135103.08
	营业收入(万元)	262777.67	446101.30	248572.32	425719.73
	营业支出(万元)	197005.12	336892.61	188639.11	329166.24
	投资收益(万元)	3503.72	1263.88	1163.33	3519.32
	净利润(万元)	13137.03	20314.80	11694.18	19570.32
	营业利润(万元)	14762.67	23076.10	13634.17	22444.58
	利润总额(万元)	14873.83	23817.10	13757.59	22968.01

上海康达化工新材料股份有限公司

公司概况	公司名称	上海康达化工新材料股份有限公司			证券简称	康达新材
	法人代表	姚其胜	董秘	张培影	证券代码	002669
	公司网址	www.shkdchem.com		电子信箱	kdxc@shkdchem.com	
	电　话	021-68918998-897 829		传　真	021-68916616	
	办公地址	上海市浦东新区庆达路 655 号				
	经营范围	胶粘剂的研发、生产、销售和服务等				

主要财务指标	指标＼报告期	2015.06.30	2014.12.31	2014.06.30	2013.12.31
	基本每股收益(元)	0.2950	0.3500	0.1200	0.4000
	基本每股收益(扣除后)(元)	0.2930	0.3500	0.1100	0.3700
	稀释每股收益(元)	0.2950	0.3500	0.1200	0.4000
	每股净资产(元)	3.3363	3.1100	2.8800	5.6428
	每股经营现金净流量(元)	–0.1947	0.2734	–0.0090	0.0033
	每股现金流量(元)	–0.4080	–0.0810	–0.1402	–0.4687
	每股资本公积金(元)	1.1476	1.1476	1.1476	3.2953
	每股盈余公积金(元)	0.1167	0.1167	0.0817	0.1634
	每股未分配利润(元)	1.0719	0.8466	0.6482	1.1842
	净资产收益率(%)	8.8525	11.2358	4.0338	7.1305
	加权净资产收益率(%)	9.1000	11.8000	4.0500	7.2500
	净资产收益率(扣除)(%)	8.7745	11.2727	3.9664	6.5490
	总资产(万元)	81180.78	77560.18	68608.12	65321.13
	归属母公司股东权益(万元)	66726.16	62219.23	57549.87	56428.41
	营业收入(万元)	35249.30	52718.97	19763.54	32111.71
	营业支出(万元)	22874.92	35442.50	13435.29	21887.96
	投资收益(万元)	18.09	–	–	–
	净利润(万元)	5906.93	6990.83	2321.46	4023.63
	营业利润(万元)	6964.09	8322.44	2733.77	4278.20
	利润总额(万元)	7025.22	8308.51	2779.43	4665.36

广东华声电器股份有限公司

公司概况	公司名称	广东华声电器股份有限公司			证券简称	华声股份
	法人代表	杜力	董秘	赵岑	证券代码	002670
	公司网址	www.wasung.com		电子信箱	zqb@wasung.com	
	电　话	0757-26680089		传　真	0757-26680089	
	办公地址	广东省佛山市顺德区容桂街道华口昌宝东路 13 号				
	经营范围	生产经营电器连接线、电源线、电线电缆及相关材料				

主要财务指标	指标＼报告期	2015.06.30	2014.12.31	2014.06.30	2013.12.31
	基本每股收益(元)	0.1450	0.4668	0.2650	0.4531
	基本每股收益(扣除后)(元)	0.1387	0.4709	0.2603	0.4566
	稀释每股收益(元)	0.1450	0.4668	0.2650	0.4531
	每股净资产(元)	3.8771	4.1321	3.9304	3.9653
	每股经营现金净流量(元)	0.5263	0.6369	0.4577	–0.2790
	每股现金流量(元)	0.1071	–0.3275	–0.2499	–0.2665
	每股资本公积金(元)	2.1454	2.1454	2.1454	2.1454
	每股盈余公积金(元)	0.1611	0.1611	0.1119	0.1119
	每股未分配利润(元)	0.5706	0.8256	0.6730	0.7079
	净资产收益率(%)	3.7404	11.2968	6.7435	11.4272
	加权净资产收益率(%)	3.5000	11.6000	6.5500	11.7900
	净资产收益率(扣除)(%)	3.5777	11.3970	6.6230	11.5138
	总资产(万元)	127611.37	135833.52	141004.30	136708.09
	归属母公司股东权益(万元)	77542.89	82642.47	78607.44	79306.55
	营业收入(万元)	59718.00	149707.02	78154.29	148688.19
	营业支出(万元)	50864.20	125931.36	65693.61	126463.32
	投资收益(万元)	–	–	–	–
	净利润(万元)	2897.31	9335.92	5300.89	9062.50
	营业利润(万元)	3542.00	11094.93	6322.10	10606.64
	利润总额(万元)	3709.27	10997.46	6433.88	10526.09

山东龙泉管道工程股份有限公司

公司概况	公司名称	山东龙泉管道工程股份有限公司			证券简称	龙泉股份
	法人代表	刘长杰	董秘	赵效德	证券代码	002671
	公司网址	www.lqpccp.com		电子信箱	longquangd@163.com	
	电　话	0533-4292288		传　真	0533-4291123	
	办公地址	山东省淄博市博山区西外环路 333 号				
	经营范围	预应力钢筒混凝土管、预应力混凝土输水管、钢筋混凝土排水管制造、销售、安装等				

主要财务指标	指标＼报告期	2015.06.30	2014.12.31	2014.06.30	2013.12.31
	基本每股收益(元)	0.0400	0.3700	0.1700	0.6500
	基本每股收益(扣除后)(元)	0.0400	0.3600	0.1600	0.6500
	稀释每股收益(元)	0.0400	0.3700	0.1600	0.6500
	每股净资产(元)	3.3273	3.3542	3.1230	6.8584
	每股经营现金净流量(元)	–0.5484	–0.3190	–0.5634	0.9600
	每股现金流量(元)	–0.3416	–0.6608	–0.7360	2.7648
	每股资本公积金(元)	1.4848	1.4848	1.4620	3.7190
	每股盈余公积金(元)	0.1618	0.1618	0.1054	0.2141
	每股未分配利润(元)	0.6807	0.7077	0.5556	0.9954
	净资产收益率(%)	1.2938	11.1102	5.2561	9.4897
	加权净资产收益率(%)	1.3200	11.8400	5.4600	15.4200
	净资产收益率(扣除)(%)	1.1520	10.7983	5.1911	9.4355
	总资产(万元)	249338.09	238756.56	207149.33	220172.03
	归属母公司股东权益(万元)	147630.67	148826.47	138565.73	129445.61
	营业收入(万元)	23278.96	129464.46	48018.33	93850.33
	营业支出(万元)	14063.53	87312.47	31940.68	60819.13
	投资收益(万元)	–	72.00	–	–
	净利润(万元)	1681.99	16472.91	7283.13	12283.99
	营业利润(万元)	1803.03	21649.55	9654.96	16542.01
	利润总额(万元)	2082.14	22277.62	9774.97	16635.55

东江环保股份有限公司

公司概况	公司名称	东江环保股份有限公司			证券简称	东江环保
	法人代表	张维仰	董秘	王恬	证券代码	002672
	公司网址	www.dongjiang.com.cn		电子信箱	ir@dongjiang.com.cn	
	电　话	0755-86676092 86676024		传　真	0755-86676002	
	办公地址	深圳市南山区科技园北区朗山路 9 号东江环保大楼 10 楼				
	经营范围	废物的处置及综合利用(执照另行申办)、废水、废气等				

主要财务指标	指标＼报告期	2015.06.30	2014.12.31	2014.06.30	2013.12.31
	基本每股收益(元)	0.2000	0.7400	0.1600	0.6100
	基本每股收益(扣除后)(元)	0.1900	0.7000	0.3900	0.7900
	稀释每股收益(元)	0.2000	0.7400	0.1600	0.6100
	每股净资产(元)	2.9818	7.0215	6.9971	9.9319
	每股经营现金净流量(元)	–0.0809	0.4759	0.2387	1.5240
	每股现金流量(元)	–0.0126	0.2571	–0.2653	–0.3633
	每股资本公积金(元)	0.4140	2.5147	2.4627	3.7896
	每股盈余公积金(元)	0.1532	0.3830	0.3188	0.4906
	每股未分配利润(元)	1.5313	3.4786	3.2157	4.6531
	净资产收益率(%)	6.6974	10.3020	5.6025	9.2910
	加权净资产收益率(%)	6.8200	10.7900	5.8900	9.6100
	净资产收益率(扣除)(%)	6.3300	9.7769	5.5455	7.9070
	总资产(万元)	615277.11	498547.06	375016.80	326745.76
	归属母公司股东权益(万元)	259270.11	244233.82	243042.61	224176.76
	营业收入(万元)	111886.69	204751.15	84923.99	158293.64
	营业支出(万元)	74312.83	138220.11	57129.01	110039.87
	投资收益(万元)	1765.76	3616.55	2474.14	3587.59
	净利润(万元)	19838.40	28246.75	15671.17	24363.82
	营业利润(万元)	21607.83	30323.92	17192.71	23885.09
	利润总额(万元)	23195.33	32151.29	17397.16	27147.73

西部证券股份有限公司

公司概况						
	公司名称	西部证券股份有限公司			证券简称	西部证券
	法人代表	刘建武	董秘	黄斌	证券代码	002673
	公司网址	www.westsecu.com		电子信箱	wangbh@xbmail.com.cn	
	电　话	029-87406171		传　真	029-87406409	
	办公地址	陕西省西安市新城区东新街232号信托大厦16-17层				
	经营范围	证券经纪、证券投资咨询、与证券交易、证券投资活动相关的财务顾问				

主要财务指标	指标\报告期	2015.06.30	2014.12.31	2014.06.30	2013.12.31
	基本每股收益(元)	0.5600	0.5500	0.1300	0.2300
	基本每股收益(扣除后)(元)	0.5600	0.5500	0.1300	0.2300
	稀释每股收益(元)	0.5600	0.5500	0.1300	0.2300
	每股净资产(元)	4.1618	4.4613	3.9600	3.8700
	每股经营现金净流量(元)	0.7210	0.7370	0.5164	−0.2608
	每股现金流量(元)	6.1037	5.9062	0.4298	−0.3022
	每股资本公积金(元)	1.9464	1.2199	1.2638	0.2914
	每股盈余公积金(元)	0.1783	0.4154	0.3604	0.4974
	每股未分配利润(元)	0.6201	0.9367	0.6791	-
	净资产收益率(%)	13.0476	12.4002	3.2000	5.8948
	加权净资产收益率(%)	17.6500	13.2800	3.2200	6.0200
	净资产收益率(扣除)(%)	13.0048	12.3193	3.2100	5.8839
	总资产(万元)	6001923.25	2891525.29	1240086.51	-
	归属母公司股东权益(万元)	1163456.27	535357.75	475557.52	464648.29
	营业收入(万元)	301529.60	193847.05	55001.49	35357.72
	营业支出(万元)	99968.28	105409.43	34179.73	16947.02
	投资收益(万元)	69793.77	34571.01	3490.91	7743.48
	净利润(万元)	151523.72	66047.96	15229.38	13692.68
	营业利润(万元)	201561.32	88437.62	20821.76	18410.70
	利润总额(万元)	202223.58	89050.78	20799.07	18411.81

兴业皮革科技股份有限公司

公司概况						
	公司名称	兴业皮革科技股份有限公司			证券简称	兴业科技
	法人代表	吴华春	董秘	吴美莉	证券代码	002674
	公司网址	www.xingyeleather.com		电子信箱	ir@xingyeleather.com	
	电　话	0595-36798886		传　真	0595-36798885	
	办公地址	福建省晋江市安海第二工业区				
	经营范围	中高档牛头层鞋面革的开发、生产与销售				

主要财务指标	指标\报告期	2015.06.30	2014.12.31	2014.06.30	2013.12.31
	基本每股收益(元)	0.0585	0.4938	0.2445	0.7400
	基本每股收益(扣除后)(元)	0.0163	0.4372	0.2094	0.7233
	稀释每股收益(元)	0.0585	0.4938	0.2445	0.7400
	每股净资产(元)	6.5626	6.6487	6.3830	6.3885
	每股经营现金净流量(元)	−1.0946	0.6671	−0.1123	−0.4267
	每股现金流量(元)	−0.1155	−0.0034	−0.0617	−1.5516
	每股资本公积金(元)	2.9678	2.9698	2.9508	2.9508
	每股盈余公积金(元)	0.3503	0.3493	0.2991	0.2991
	每股未分配利润(元)	2.2446	2.3297	2.1331	2.1386
	净资产收益率(%)	0.8925	7.4203	3.8300	11.4370
	加权净资产收益率(%)	0.8800	7.6000	3.7800	12.0800
	净资产收益率(扣除)(%)	0.2489	6.5690	3.2812	11.2093
	总资产(万元)	270905.18	231889.29	241201.33	191566.90
	归属母公司股东权益(万元)	159128.36	161653.76	155043.50	155177.12
	营业收入(万元)	94725.08	223390.54	81485.36	178038.94
	营业支出(万元)	86176.19	196372.21	69531.70	147532.68
	投资收益(万元)	229.94	765.67	555.58	407.77
	净利润(万元)	1420.19	11995.24	5938.89	17747.61
	营业利润(万元)	438.60	12848.19	6137.44	20752.69
	利润总额(万元)	1558.97	13979.33	6823.88	20950.12

烟台东诚药业集团股份有限公司

公司概况						
	公司名称	烟台东诚药业集团股份有限公司			证券简称	东诚药业
	法人代表	由守谊	董秘	白星华	证券代码	002675
	公司网址	www.dcb-group.com		电子信箱	stock@dcb-group.com	
	电　话	0535-6371119		传　真	0535-6371119	
	办公地址	山东省烟台市烟台经济技术开发区长白山路7号				
	经营范围	肝素钠原料药、硫酸软骨素的研发、生产与销售等				

主要财务指标	指标\报告期	2015.06.30	2014.12.31	2014.06.30	2013.12.31
	基本每股收益(元)	0.2900	0.6016	0.3200	0.5836
	基本每股收益(扣除后)(元)	0.2800	0.5761	0.3200	0.4443
	稀释每股收益(元)	0.2900	0.6016	0.3200	0.5836
	每股净资产(元)	6.9033	6.7648	6.4833	6.2950
	每股经营现金净流量(元)	−0.0122	0.3009	−0.0009	−0.1192
	每股现金流量(元)	0.0179	−0.3239	0.1873	−2.3336
	每股资本公积金(元)	3.3206	3.3206	3.3206	3.3206
	每股盈余公积金(元)	0.4725	0.4725	0.3699	0.3699
	每股未分配利润(元)	2.1107	1.9721	1.7929	1.6052
	净资产收益率(%)	4.1793	8.8932	4.9314	9.2712
	加权净资产收益率(%)	4.1900	9.2300	4.9500	9.3500
	净资产收益率(扣除)(%)	4.1215	8.5159	4.8796	7.0577
	总资产(万元)	146798.95	139335.39	132307.50	122849.91
	归属母公司股东权益(万元)	119288.21	116895.80	112030.86	108776.88
	营业收入(万元)	37774.28	75102.19	40469.52	77473.00
	营业支出(万元)	25587.33	50257.60	27885.17	59345.64
	投资收益(万元)	387.29	762.93	378.14	353.53
	净利润(万元)	5214.34	10786.57	5524.64	10084.95
	营业利润(万元)	6052.29	12643.31	6770.58	9661.93
	利润总额(万元)	6131.81	13162.62	6838.82	12498.98

广东顺威精密塑料股份有限公司

公司概况						
	公司名称	广东顺威精密塑料股份有限公司			证券简称	顺威股份
	法人代表	麦仁钊	董秘	曹惠娟	证券代码	002676
	公司网址	www.sunwill.com.cn		电子信箱	sw002676@vip.163.com	
	电　话	0757-28385938		传　真	0757-28385305	
	办公地址	广东省佛山市顺德区高新区(容桂)科苑一路6号				
	经营范围	塑料空调风叶的生产和销售等				

主要财务指标	指标\报告期	2015.06.30	2014.12.31	2014.06.30	2013.12.31
	基本每股收益(元)	0.1400	0.3000	0.2100	0.2700
	基本每股收益(扣除后)(元)	0.1400	0.1900	0.2000	0.2400
	稀释每股收益(元)	0.1400	0.3000	0.2100	0.2700
	每股净资产(元)	6.7147	6.6676	6.5737	6.4356
	每股经营现金净流量(元)	−0.4608	0.3132	−0.3842	0.2331
	每股现金流量(元)	−0.2042	−0.8158	−0.5428	−0.6125
	每股资本公积金(元)	3.8796	3.8796	3.8796	3.8796
	每股盈余公积金(元)	0.2583	0.2524	0.2554	0.2381
	每股未分配利润(元)	1.5782	1.5370	1.4391	1.3196
	净资产收益率(%)	2.0421	4.5244	3.1454	4.1979
	加权净资产收益率(%)	2.0400	4.6000	3.1700	4.2500
	净资产收益率(扣除)(%)	2.0426	2.8057	2.9752	3.7797
	总资产(万元)	176567.26	175265.58	177744.52	163437.80
	归属母公司股东权益(万元)	107435.28	106681.72	105179.59	102970.06
	营业收入(万元)	74788.28	148406.90	86926.88	128515.74
	营业支出(万元)	60182.50	120905.11	70882.64	104772.41
	投资收益(万元)	9.00	7.00	7.00	6.50
	净利润(万元)	2269.34	5082.82	3308.30	4322.59
	营业利润(万元)	2809.02	4123.96	4662.35	4795.76
	利润总额(万元)	2809.61	6646.22	4604.34	5384.98

浙江美大实业股份有限公司

公司概况

公司名称	浙江美大实业股份有限公司			证券简称	浙江美大
法人代表	夏志生	董秘	夏兰	证券代码	002677
公司网址	www.meida.com		电子信箱	meida@meida.com	
电　　话	0573-87813679 87812298		传　　真	0573-87813990 87816161	
办公地址	浙江省海宁市袁花镇谈桥 81 号(海宁市东西大道 60KM)				
经营范围	集成灶产品的研发、生产和销售等				

主要财务指标

指标＼报告期	2015.06.30	2014.12.31	2014.06.30	2013.12.31
基本每股收益(元)	0.1400	0.6900	0.2400	0.5400
基本每股收益(扣除后)(元)	0.1000	0.5500	0.1600	0.4400
稀释每股收益(元)	0.1400	0.6900	0.2400	0.5400
每股净资产(元)	2.3549	4.9392	4.4900	4.6005
每股经营现金净流量(元)	−0.0008	0.6482	−0.0846	0.6409
每股现金流量(元)	0.2062	1.5148	0.4400	-3.1144
每股资本公积金(元)	0.6809	2.3619	2.3619	2.3619
每股盈余公积金(元)	0.1057	0.2114	0.1319	0.1319
每股未分配利润(元)	0.5683	1.3659	0.9975	1.1067
净资产收益率(%)	5.7457	13.9430	5.3608	11.7028
加权净资产收益率(%)	5.5100	14.6200	5.3000	12.2000
净资产收益率(扣除)(%)	4.0753	11.0880	–	9.5291
总资产(万元)	105881.44	113117.20	100905.19	107305.90
归属母公司股东权益(万元)	94195.22	98783.09	89825.07	92009.72
营业收入(万元)	18881.55	46960.78	17110.03	39085.40
营业支出(万元)	9397.35	21909.64	8259.14	18096.95
投资收益(万元)	1601.75	3175.37	1755.66	2060.87
净利润(万元)	5412.13	13773.37	4815.36	10767.73
营业利润(万元)	5687.54	15040.49	5344.33	12047.55
利润总额(万元)	6185.62	15582.00	5565.37	12795.19

广州珠江钢琴集团股份有限公司

公司概况

公司名称	广州珠江钢琴集团股份有限公司			证券简称	珠江钢琴
法人代表	李建宁	董秘	杨伟华	证券代码	002678
公司网址	www.pearlriverpiano.com		电子信箱	yang@pearlriverpiano.com	
电　　话	020-81514020		传　　真	020-81503515	
办公地址	广东省广州市荔湾区花地大道南渔尾西路				
经营范围	公司集钢琴研发、生产、销售与服务为一体、倡导钢琴等				

主要财务指标

指标＼报告期	2015.06.30	2014.12.31	2014.06.30	2013.12.31
基本每股收益(元)	0.1000	0.1500	0.0900	0.2100
基本每股收益(扣除后)(元)	0.0900	0.1500	0.0900	0.1900
稀释每股收益(元)	0.1000	0.1500	0.0900	0.2100
每股净资产(元)	1.9486	1.9247	1.9082	1.8800
每股经营现金净流量(元)	−0.0815	0.1332	−0.0769	0.0521
每股现金流量(元)	−0.1888	−0.0054	−0.1801	−0.1288
每股资本公积金(元)	0.3327	0.3327	0.3386	0.3386
每股盈余公积金(元)	0.0830	0.0830	0.0769	0.0769
每股未分配利润(元)	0.5354	0.5102	0.4985	0.4702
净资产收益率(%)	4.8864	7.6700	4.8889	10.9308
加权净资产收益率(%)	4.8300	7.9000	4.8700	11.3700
净资产收益率(扣除)(%)	4.8493	7.6092	4.8151	10.0885
总资产(万元)	242367.76	237328.80	228939.47	226726.65
归属母公司股东权益(万元)	186287.31	184002.44	182427.48	179724.99
营业收入(万元)	70709.64	146931.77	72372.43	142170.59
营业支出(万元)	49004.25	105059.76	51160.32	97669.12
投资收益(万元)	404.52	1282.01	456.76	505.63
净利润(万元)	9107.60	14151.55	8918.67	19645.34
营业利润(万元)	9960.01	16292.19	10646.60	21272.70
利润总额(万元)	10045.77	16445.08	10817.31	23058.18

福建金森林业股份有限公司

公司概况

公司名称	福建金森林业股份有限公司			证券简称	福建金森
法人代表	王国熙	董秘	应飚	证券代码	002679
公司网址	www.jinsenforestry.com		电子信箱	jsly@jinsenforestry.com	
电　　话	0598-2359216		传　　真	0598-2261199	
办公地址	福建省三明市将乐县水南镇三华南路 48 号 12-15 层				
经营范围	森林培育营造、森林保育管护、木材生产销售等				

主要财务指标

指标＼报告期	2015.06.30	2014.12.31	2014.06.30	2013.12.31
基本每股收益(元)	0.0030	0.3400	0.0300	0.3500
基本每股收益(扣除后)(元)	−0.0600	0.1500	−0.0200	0.2500
稀释每股收益(元)	0.0030	0.3400	0.0300	0.3500
每股净资产(元)	4.9545	5.0412	4.8025	4.7974
每股经营现金净流量(元)	−1.0615	−0.0206	−0.5716	−3.8548
每股现金流量(元)	0.1922	−0.3310	−0.1432	−2.2777
每股资本公积金(元)	2.4634	2.4634	2.4634	2.4634
每股盈余公积金(元)	0.1052	0.1052	0.0773	0.0773
每股未分配利润(元)	1.3859	1.4726	1.2617	1.2567
净资产收益率(%)	0.0665	6.7206	0.6494	7.2339
加权净资产收益率(%)	0.0500	6.9100	0.6500	7.4200
净资产收益率(扣除)(%)	−1.1723	3.0038	−0.4046	5.2107
总资产(万元)	159138.65	138910.88	136984.00	137481.32
归属母公司股东权益(万元)	68709.46	69911.86	66600.87	66530.79
营业收入(万元)	6799.11	19020.64	6592.21	17426.37
营业支出(万元)	1774.10	5539.40	1866.32	4641.86
投资收益(万元)	−84.03	203.36	134.48	45.29
净利润(万元)	38.07	4692.59	432.54	4812.75
营业利润(万元)	−803.67	2136.34	−266.63	3511.98
利润总额(万元)	47.54	4734.77	435.36	4858.14

连云港黄海机械股份有限公司

公司概况

公司名称	连云港黄海机械股份有限公司			证券简称	黄海机械
法人代表	刘良文	董秘	王祥明	证券代码	002680
公司网址	www.hh-jx.com		电子信箱	hhjx@hh-jx.com	
电　　话	0518-85383039		传　　真	0518-85383039	
办公地址	江苏省连云港市海州开发区新建东路 1 号				
经营范围	岩土钻孔装备的研发、制造和销售				

主要财务指标

指标＼报告期	2015.06.30	2014.12.31	2014.06.30	2013.12.31
基本每股收益(元)	0.0200	0.1800	0.0700	0.4500
基本每股收益(扣除后)(元)	−0.0100	0.1100	0.1100	0.3500
稀释每股收益(元)	0.0200	0.1800	0.0700	0.4500
每股净资产(元)	5.2126	8.8837	8.8243	8.8300
每股经营现金净流量(元)	−0.0653	0.2173	−0.0277	0.2415
每股现金流量(元)	−0.2020	−1.6636	−0.9768	−0.4043
每股资本公积金(元)	2.8976	5.6259	5.6259	5.6259
每股盈余公积金(元)	0.1754	0.2982	0.2805	0.2805
每股未分配利润(元)	1.1257	1.9409	1.9016	1.9113
净资产收益率(%)	0.3708	1.9956	1.3632	5.0602
加权净资产收益率(%)	0.3700	2.0000	1.3500	5.1400
净资产收益率(扣除)(%)	−0.2811	1.2353	1.2877	3.9571
总资产(万元)	76052.47	78369.43	77357.47	77566.43
归属母公司股东权益(万元)	70891.44	71069.77	70594.09	70622.30
营业收入(万元)	4396.46	10694.34	6613.90	20033.31
营业支出(万元)	2820.55	7038.85	4374.65	13728.61
投资收益(万元)	97.29	437.67	–	–
净利润(万元)	262.85	1418.29	962.37	3573.62
营业利润(万元)	−44.76	1541.94	1053.31	3229.47
利润总额(万元)	314.20	1717.56	1116.06	4065.99

深圳市奋达科技股份有限公司

公司概况					
公司名称	深圳市奋达科技股份有限公司			证券简称	奋达科技
法人代表	肖奋	董秘	谢玉平	证券代码	002681
公司网址	www.fenda.com		电子信箱	fdkj@fenda.com	
电　话	0755-27353923		传　真	0755-27486663	
办公地址	广东省深圳市宝安区石岩洲石路奋达科技园				
经营范围	家居及个人护理类小家电产品的研发、生产和销售				

主要财务指标 指标\报告期	2015.06.30	2014.12.31	2014.06.30	2013.12.31
基本每股收益(元)	0.1706	0.4800	0.1871	0.8700
基本每股收益(扣除后)(元)	0.1546	0.4400	0.1425	0.7700
稀释每股收益(元)	0.1706	0.4800	0.1871	0.8700
每股净资产(元)	3.7056	3.6209	3.3462	6.6183
每股经营现金净流量(元)	0.1763	0.5157	0.1663	1.1783
每股现金流量(元)	-0.0714	-0.1856	-0.5079	0.5306
每股资本公积金(元)	1.8132	0.9667	0.9726	2.9451
每股盈余公积金(元)	0.0828	0.1688	0.1440	0.2880
每股未分配利润(元)	0.8096	1.4853	1.2297	2.3852
净资产收益率(%)	4.4252	13.2498	5.5904	13.1648
加权净资产收益率(%)	5.3100	14.0400	5.5800	13.9100
净资产收益率(扣除)(%)	4.0087	12.1526	4.2577	11.6373
总资产(万元)	288372.36	139066.48	123492.56	120587.88
归属母公司股东权益(万元)	228867.20	109755.97	100386.29	99274.28
营业收入(万元)	70819.52	108045.68	38688.37	105920.52
营业支出(万元)	52287.57	82346.03	29129.47	78166.19
投资收益(万元)	492.25	653.11	297.89	620.04
净利润(万元)	10120.52	14546.46	5612.01	13069.31
营业利润(万元)	11302.46	16180.46	6401.54	14085.02
利润总额(万元)	11739.22	16779.00	6789.07	15179.93

福建龙洲运输股份有限公司

公司概况					
公司名称	福建龙洲运输股份有限公司			证券简称	龙洲股份
法人代表	王跃荣	董秘	蓝能旺	证券代码	002682
公司网址	www.lzgf.cn		电子信箱	lzyszqb@163.com	
电　话	0597-3100699		传　真	0597-3100660	
办公地址	福建省龙岩市新罗区人民路龙津花园东塔楼5楼				
经营范围	县内班车客运、县际班车客运、市际班车客运、省际班车客运等				

主要财务指标 指标\报告期	2015.06.30	2014.12.31	2014.06.30	2013.12.31
基本每股收益(元)	0.1100	0.1000	0.1100	0.3500
基本每股收益(扣除后)(元)	0.0800	0.0400	0.0900	0.1600
稀释每股收益(元)	0.1100	0.1000	0.1100	0.3500
每股净资产(元)	5.1233	5.0765	5.1386	5.1159
每股经营现金净流量(元)	0.2776	1.0852	0.1412	0.1616
每股现金流量(元)	-0.6317	0.0327	-0.5624	-0.8141
每股资本公积金(元)	1.4104	1.4104	1.4821	1.4821
每股盈余公积金(元)	0.2671	0.2671	0.2528	0.2528
每股未分配利润(元)	2.4092	2.3703	2.3931	2.3555
净资产收益率(%)	2.1261	1.9505	2.0929	6.7947
加权净资产收益率(%)	2.1300	1.9200	2.1000	6.9200
净资产收益率(扣除)(%)	1.4914	0.7323	1.7489	3.1222
总资产(万元)	348260.96	302057.62	283274.85	294717.62
归属母公司股东权益(万元)	106564.72	105590.22	106881.99	106410.19
营业收入(万元)	101811.35	226174.53	109757.44	197743.77
营业支出(万元)	86022.08	198182.03	94067.86	167900.44
投资收益(万元)	370.90	1032.11	967.27	266.60
净利润(万元)	3570.29	3410.57	2236.89	7230.22
营业利润(万元)	1577.24	2624.68	2851.69	4568.96
利润总额(万元)	4999.09	6256.10	4723.85	12951.82

广东宏大爆破股份有限公司

公司概况					
公司名称	广东宏大爆破股份有限公司			证券简称	宏大爆破
法人代表	郑炳旭	董秘	王永庆	证券代码	002683
公司网址	www.hdbp.com		电子信箱	hdbp@hdbp.com	
电　话	020-38092888		传　真	020-38031951	
办公地址	广东省广州市天河区珠江新城华夏路49号之二津滨腾越大厦北塔21层				
经营范围	矿山工程总承包、爆破与拆除工程、土石方工程、地基与基础工程等				

主要财务指标 指标\报告期	2015.06.30	2014.12.31	2014.06.30	2013.12.31
基本每股收益(元)	0.2700	0.7300	0.3800	0.7500
基本每股收益(扣除后)(元)	0.2600	0.6800	0.3600	0.7900
稀释每股收益(元)	0.2700	0.7300	0.3800	0.7500
每股净资产(元)	8.5125	8.2184	6.1271	6.0323
每股经营现金净流量(元)	-0.7929	0.3404	-0.6384	-0.0153
每股现金流量(元)	-0.3009	0.1731	-0.3899	-0.4482
每股资本公积金(元)	5.1226	5.1226	3.1704	3.1541
每股盈余公积金(元)	0.1992	0.1992	0.1891	0.1891
每股未分配利润(元)	2.1416	1.8681	1.7343	1.6574
净资产收益率(%)	3.2128	8.2647	6.1518	12.4155
加权净资产收益率(%)	3.2700	10.6400	6.1000	13.0200
净资产收益率(扣除)(%)	3.0503	7.6694	5.8749	13.0199
总资产(万元)	398128.30	382063.00	346018.96	295991.23
归属母公司股东权益(万元)	207670.98	200495.56	134158.65	132083.25
营业收入(万元)	116745.80	339948.76	148476.26	295413.10
营业支出(万元)	87165.71	260793.72	110863.82	230180.92
投资收益(万元)	122.27	50.46	13.51	177.85
净利润(万元)	9617.58	22915.59	8253.21	16398.85
营业利润(万元)	10436.30	27068.30	14758.48	24625.91
利润总额(万元)	11195.09	28518.13	15311.71	23714.59

广东猛狮新能源科技股份有限公司

公司概况					
公司名称	广东猛狮新能源科技股份有限公司			证券简称	猛狮科技
法人代表	陈乐伍	董秘	王亚波	证券代码	002684
公司网址	www.dynavolt.net		电子信箱	msinfo@dynavolt.net	
电　话	0754-86989573		传　真	0754-86989554	
办公地址	广东省汕头市澄海区莲河西路(华富工业区猛狮蓄电池厂内1,2,4幢)				
经营范围	主要从事各类铅蓄电池产品的研发、生产和销售等				

主要财务指标 指标\报告期	2015.06.30	2014.12.31	2014.06.30	2013.12.31
基本每股收益(元)	0.0100	0.1000	0.0300	-0.1500
基本每股收益(扣除后)(元)	0.0100	0.0600	0.0100	-0.4200
稀释每股收益(元)	0.0100	0.1000	0.0300	-0.1500
每股净资产(元)	3.0271	4.9175	4.8427	4.8165
每股经营现金净流量(元)	-0.3906	0.3369	-0.2907	-0.1949
每股现金流量(元)	0.4558	-0.1415	-0.1341	-0.6086
每股资本公积金(元)	1.3901	2.2830	2.2830	2.2830
每股盈余公积金(元)	0.0670	0.1751	0.1633	0.1633
每股未分配利润(元)	0.5700	1.4594	1.3964	1.3701
净资产收益率(%)	0.3899	2.0548	0.5417	-3.1969
加权净资产收益率(%)	0.5200	2.0800	0.5400	-3.0600
净资产收益率(扣除)(%)	0.3005	1.1675	0.2152	-8.6452
总资产(万元)	130188.04	100500.91	97648.70	85816.29
归属母公司股东权益(万元)	84011.98	52200.27	51406.14	51127.68
营业收入(万元)	25071.89	48828.71	24741.43	28806.20
营业支出(万元)	20520.91	39056.06	20040.58	23558.60
投资收益(万元)	-	-	-	-
净利润(万元)	-32.33	1051.61	278.47	-1634.53
营业利润(万元)	-307.75	608.57	16.70	-5428.49
利润总额(万元)	-148.80	1185.30	214.68	-2043.99

无锡华东重型机械股份有限公司

公司概况	公司名称	无锡华东重型机械股份有限公司		证券简称	华东重机
	法人代表	翁耀根	董秘 惠岭	证券代码	002685
	公司网址	www.hdhm.com		电子信箱	securities@hdhm.com
	电　话	0510-85627789		传　真	0510-85625595
	办公地址	江苏省无锡市滨湖经济技术开发区高浪东路 508 号			
	经营范围	主要从事轨道吊、岸桥等集装箱装卸设备研发、生产、安装与销售			

主要财务指标	指标\报告期	2015.06.30	2014.12.31	2014.06.30	2013.12.31
	基本每股收益(元)	0.0181	0.0588	0.0300	0.0500
	基本每股收益(扣除后)(元)	0.0177	0.0582	0.0300	0.0400
	稀释每股收益(元)	0.0181	0.0588	0.0300	0.0500
	每股净资产(元)	1.4305	3.9751	3.9375	3.9330
	每股经营现金净流量(元)	–0.3818	0.0909	0.1627	0.1070
	每股现金流量(元)	–0.2853	0.3045	–0.3715	–0.4767
	每股资本公积金(元)	0.1390	2.1891	2.1891	2.1891
	每股盈余公积金(元)	0.0301	0.0844	0.0781	0.0781
	每股未分配利润(元)	0.2510	0.6771	0.6501	0.6496
	净资产收益率(%)	1.2644	1.4803	0.6463	1.2875
	加权净资产收益率(%)	1.2700	1.4889	0.6500	1.2900
	净资产收益率(扣除)(%)	1.2384	1.4654	0.6645	1.0065
	总资产(万元)	119846.83	109109.01	102275.35	100342.45
	归属母公司股东权益(万元)	80105.50	79501.14	78750.09	78660.36
	营业收入(万元)	63874.97	49877.72	17913.17	38547.92
	营业支出(万元)	58089.45	42393.68	15371.83	30839.59
	投资收益(万元)	167.25	441.54	141.43	309.06
	净利润(万元)	1106.59	1186.90	508.97	1012.72
	营业利润(万元)	1434.42	1374.79	630.28	1022.81
	利润总额(万元)	1437.34	1385.69	644.13	1204.15

浙江亿利达风机股份有限公司

公司概况	公司名称	浙江亿利达风机股份有限公司		证券简称	亿利达
	法人代表	章启忠	董秘 章冬友	证券代码	002686
	公司网址	www.yilida.com		电子信箱	db@yilida.com
	电　话	0576-82655833		传　真	0576-82651228
	办公地址	浙江省台州市路桥区横街镇亿利达路			
	经营范围	中央空调风机、建筑通风机及中央空调其他配件的设计、制造与销售等			

主要财务指标	指标\报告期	2015.06.30	2014.12.31	2014.06.30	2013.12.31
	基本每股收益(元)	0.1600	0.3000	0.1400	0.6500
	基本每股收益(扣除后)(元)	0.1600	0.3000	0.1400	0.6200
	稀释每股收益(元)	0.1600	0.3000	0.1400	0.6500
	每股净资产(元)	3.0474	2.8826	2.7188	5.3091
	每股经营现金净流量(元)	0.1627	0.4095	0.1265	0.5969
	每股现金流量(元)	–0.0409	–0.4390	–0.0551	–0.6614
	每股资本公积金(元)	0.8246	0.8246	0.8246	2.6493
	每股盈余公积金(元)	0.1003	0.1003	0.0796	0.1593
	每股未分配利润(元)	1.1224	0.9576	0.8146	1.5005
	净资产收益率(%)	5.4081	10.5132	5.1239	12.1730
	加权净资产收益率(%)	5.5600	10.9500	5.1100	12.8600
	净资产收益率(扣除)(%)	5.1635	10.3092	5.0917	11.6432
	总资产(万元)	121140.60	116604.24	100300.47	94996.01
	归属母公司股东权益(万元)	82892.07	78409.21	73955.30	72205.99
	营业收入(万元)	34904.70	69021.79	30288.37	66280.70
	营业支出(万元)	22832.52	44431.62	19643.58	42234.53
	投资收益(万元)	–	–	–	–
	净利润(万元)	5013.82	9109.89	3789.38	8789.61
	营业利润(万元)	5778.31	10825.58	4717.83	10517.33
	利润总额(万元)	6038.84	11025.69	4756.27	11001.68

浙江乔治白服饰股份有限公司

公司概况	公司名称	浙江乔治白服饰股份有限公司		证券简称	乔治白
	法人代表	池方燃	董秘 吴匡笔	证券代码	002687
	公司网址	www.giuseppe.cn		电子信箱	info@giuseppe.cn
	电　话	0577-63722222		传　真	0577-63726888
	办公地址	浙江省温州市平阳县昆阳镇平瑞公路 588 号			
	经营范围	生产、批发、零售服装及饰品、以特许经营方式从事商业活动			

主要财务指标	指标\报告期	2015.06.30	2014.12.31	2014.06.30	2013.12.31
	基本每股收益(元)	0.1000	0.3500	0.1600	0.3300
	基本每股收益(扣除后)(元)	0.1000	0.3400	0.1500	0.3100
	稀释每股收益(元)	0.1000	0.3500	0.1600	0.3300
	每股净资产(元)	2.7097	4.2176	4.0331	4.8968
	每股经营现金净流量(元)	–0.2869	0.4384	–0.2152	0.6700
	每股现金流量(元)	–0.5245	–0.0406	–0.5136	–0.1355
	每股资本公积金(元)	1.0241	2.0361	2.0361	2.6433
	每股盈余公积金(元)	0.1841	0.2761	0.2436	0.2923
	每股未分配利润(元)	0.5016	0.9054	0.7534	0.9612
	净资产收益率(%)	3.6160	8.1861	3.9860	6.7820
	加权净资产收益率(%)	3.5100	8.3900	3.9300	6.8800
	净资产收益率(扣除)(%)	3.5705	7.9792	3.7242	6.3886
	总资产(万元)	126959.20	138037.67	110006.15	117856.47
	归属母公司股东权益(万元)	96153.65	99773.82	95409.50	96534.71
	营业收入(万元)	30752.21	65847.13	28679.25	58215.59
	营业支出(万元)	15616.72	34658.13	14553.76	29301.59
	投资收益(万元)	4.11	–	–	–
	净利润(万元)	3258.66	8064.47	3803.29	6546.94
	营业利润(万元)	4140.78	8901.94	4444.22	7087.39
	利润总额(万元)	4173.55	9106.95	4719.13	7474.68

金河生物科技股份有限公司

公司概况	公司名称	金河生物科技股份有限公司		证券简称	金河生物
	法人代表	王东晓	董秘 邓一新	证券代码	002688
	公司网址	www.jinhe.com.cn		电子信箱	jinhe@jinhe.com.cn
	电　话	0471-3291630		传　真	0471-3291625
	办公地址	内蒙古自治区呼和浩特市新城区兴安北路 84 号鼎盛华世纪广场写字楼 22 层			
	经营范围	药物饲料添加剂的生产和销售等			

主要财务指标	指标\报告期	2015.06.30	2014.12.31	2014.06.30	2013.12.31
	基本每股收益(元)	0.2300	0.3500	0.2300	0.8300
	基本每股收益(扣除后)(元)	0.2200	0.3100	0.2169	0.8200
	稀释每股收益(元)	0.2300	0.3500	0.2300	0.8300
	每股净资产(元)	4.4974	4.3637	4.2321	8.2682
	每股经营现金净流量(元)	0.0231	–0.2663	0.1239	1.3618
	每股现金流量(元)	0.2577	–0.5804	–0.6315	–0.9019
	每股资本公积金(元)	2.2862	2.2862	2.2862	4.5723
	每股盈余公积金(元)	0.2028	0.2028	0.1739	0.3477
	每股未分配利润(元)	1.0097	0.8759	0.7764	2.3508
	净资产收益率(%)	5.1977	8.1224	5.3397	10.0416
	加权净资产收益率(%)	5.2400	8.2200	5.3500	9.9400
	净资产收益率(扣除)(%)	4.7965	7.1563	5.1262	9.8972
	总资产(万元)	169688.68	151862.79	102952.36	101687.35
	归属母公司股东权益(万元)	97970.49	95057.78	92192.07	90057.69
	营业收入(万元)	55134.83	83980.58	36076.61	74107.12
	营业支出(万元)	39440.22	58016.90	22822.35	47868.65
	投资收益(万元)	26.18	114.65	68.96	29.59
	净利润(万元)	5510.29	8007.91	4922.82	9043.25
	营业利润(万元)	5820.79	8341.23	5529.39	10677.56
	利润总额(万元)	6282.70	9421.67	5761.01	10816.41

沈阳远大智能工业集团股份有限公司

公司概况	公司名称	沈阳远大智能工业集团股份有限公司		证券简称	远大智能
	法人代表	康宝华	董秘 隋文涛	证券代码	002689
	公司网址	www.bltelevator.com		电子信箱	market@bltcn.cn
	电　话	024-25162569		传　真	024-25162732
	办公地址	辽宁省沈阳市沈阳经济技术开发区开发大路27号			
	经营范围	电梯、自动扶梯、自动人行道、立体车库及配件、永磁同步电机等			

主要财务指标	指标\报告期	2015.06.30	2014.12.31	2014.06.30	2013.12.31
	基本每股收益(元)	0.0642	0.3600	0.0614	0.3000
	基本每股收益(扣除后)(元)	0.0542	0.3400	0.1000	0.3000
	稀释每股收益(元)	0.0642	0.3600	0.0614	0.3000
	每股净资产(元)	1.3804	2.6498	2.3912	3.2615
	每股经营现金净流量(元)	-0.0810	0.3673	-0.0632	0.4363
	每股现金流量(元)	-0.2255	0.0037	-0.3480	-0.2465
	每股资本公积金(元)	0.1338	0.9988	0.9888	1.5854
	每股盈余公积金(元)	0.0561	0.1030	0.0710	0.0923
	每股未分配利润(元)	0.1875	0.5336	0.3261	0.5803
	净资产收益率(%)	4.6211	13.6692	4.6214	11.9238
	加权净资产收益率(%)	4.3300	14.1700	4.3300	12.2500
	净资产收益率(扣除)(%)	3.9016	12.9162	4.0516	9.3402
	总资产(万元)	262469.32	278185.59	270399.46	260684.89
	归属母公司股东权益(万元)	132839.26	138128.76	125227.39	131387.72
	营业收入(万元)	75625.63	195799.00	75879.37	165245.61
	营业支出(万元)	47465.22	127336.49	48826.88	110336.15
	投资收益(万元)	-	-	-	-475.45
	净利润(万元)	6114.15	18889.27	5724.75	15596.34
	营业利润(万元)	6224.32	21483.53	6221.01	14931.19
	利润总额(万元)	7352.24	22717.37	7060.74	19150.50

合肥美亚光电技术股份有限公司

公司概况	公司名称	合肥美亚光电技术股份有限公司		证券简称	美亚光电
	法人代表	田明	董秘 徐鹏	证券代码	002690
	公司网址	www.chinameyer.com		电子信箱	mygd@chinameyer.com
	电　话	0551-5305898		传　真	0551-5305898
	办公地址	合肥市高新区望江西路668号			
	经营范围	光电检测与分级专用设备及其应用软件研发、生产和销售等			

主要财务指标	指标\报告期	2015.06.30	2014.12.31	2014.06.30	2013.12.31
	基本每股收益(元)	0.1670	0.7426	0.1580	0.6154
	基本每股收益(扣除后)(元)	0.1325	0.6578	0.2891	0.7174
	稀释每股收益(元)	0.1670	0.7426	0.1580	0.6154
	每股净资产(元)	2.5807	5.0276	4.5953	5.8600
	每股经营现金净流量(元)	0.0601	0.6378	0.2431	0.7486
	每股现金流量(元)	0.1388	-1.5319	0.7432	0.2900
	每股资本公积金(元)	0.5869	2.1738	2.1738	3.1259
	每股盈余公积金(元)	0.2247	0.4495	0.3009	0.3911
	每股未分配利润(元)	0.7616	1.3891	1.1111	1.3337
	净资产收益率(%)	6.4707	14.7696	6.8753	13.6439
	加权净资产收益率(%)	6.4300	15.6300	6.8200	14.3500
	净资产收益率(扣除)(%)	5.1328	13.0828	6.2904	12.2360
	总资产(万元)	192153.29	188219.81	168748.16	167814.20
	归属母公司股东权益(万元)	174452.21	169932.67	155322.25	152447.84
	营业收入(万元)	31660.79	66117.51	28053.64	56755.49
	营业支出(万元)	13833.11	28005.43	11808.40	24807.26
	投资收益(万元)	2464.42	2460.45	817.91	1158.03
	净利润(万元)	11205.29	25077.47	10678.91	20799.84
	营业利润(万元)	11510.65	24785.46	10207.59	20760.16
	利润总额(万元)	12894.53	29301.99	12134.77	25031.35

冀凯装备制造股份有限公司

公司概况	公司名称	冀凯装备制造股份有限公司		证券简称	冀凯股份
	法人代表	冯帆	董秘 田季英	证券代码	002691
	公司网址	www.jikaigf.com		电子信箱	tjy@jikaigf.com
	电　话	0311-85323688		传　真	0311-85095068
	办公地址	河北省石家庄高新区湘江道418号			
	经营范围	矿用采掘机械、矿用运输设备、矿用电器及仪表、风动设备、电动设备及配件等			

主要财务指标	指标\报告期	2015.06.30	2014.12.31	2014.06.30	2013.12.31
	基本每股收益(元)	0.0700	0.1900	0.0900	0.2100
	基本每股收益(扣除后)(元)	0.0600	0.1700	0.0700	0.1800
	稀释每股收益(元)	0.0700	0.1900	0.0900	0.2100
	每股净资产(元)	4.1785	4.1194	4.0124	3.9503
	每股经营现金净流量(元)	-0.2221	0.1345	0.1623	-0.1981
	每股现金流量(元)	-0.5954	0.1174	0.0180	0.0606
	每股资本公积金(元)	2.2114	2.2114	2.2114	2.2114
	每股盈余公积金(元)	0.0829	0.0829	0.0728	0.0728
	每股未分配利润(元)	0.8710	0.8168	0.7257	0.6644
	净资产收益率(%)	1.6570	4.5512	2.1504	5.2729
	加权净资产收益率(%)	1.6700	4.6500	2.1600	5.3500
	净资产收益率(扣除)(%)	1.5032	4.2376	1.8592	4.6340
	总资产(万元)	96385.53	92590.05	90752.50	91052.97
	归属母公司股东权益(万元)	83569.23	82388.51	80247.63	79006.48
	营业收入(万元)	11587.29	30675.33	13810.50	32790.94
	营业支出(万元)	5434.50	17522.88	7567.61	16792.97
	投资收益(万元)	-	-	-	-
	净利润(万元)	1384.71	3749.69	1725.66	4165.97
	营业利润(万元)	1364.51	4176.18	1807.89	4235.87
	利润总额(万元)	1515.72	4480.19	2082.87	4829.80

远程电缆股份有限公司

公司概况	公司名称	远程电缆股份有限公司		证券简称	远程电缆
	法人代表	俞国平	董秘 金恺	证券代码	002692
	公司网址	www.yccable.cn		电子信箱	newyuancheng@yccable.cn
	电　话	0510-80777896		传　真	0510-80777896
	办公地址	江苏省宜兴市官林镇远程路8号			
	经营范围	电线电缆、通讯电缆、PVC塑料粒子、电缆盘的制造、辐照线缆、铜材、铝材的制造、加工等			

主要财务指标	指标\报告期	2015.06.30	2014.12.31	2014.06.30	2013.12.31
	基本每股收益(元)	0.2215	0.3020	0.1564	0.4010
	基本每股收益(扣除后)(元)	0.2202	0.2976	0.1567	0.4016
	稀释每股收益(元)	0.2215	0.3020	0.1564	0.4010
	每股净资产(元)	4.1265	3.9550	3.8009	3.7200
	每股经营现金净流量(元)	0.1279	-0.3869	-0.7089	-0.0198
	每股现金流量(元)	-0.3376	-0.9552	-1.2689	0.0676
	每股资本公积金(元)	1.6626	1.6626	1.6541	1.6541
	每股盈余公积金(元)	0.1530	0.1530	0.1234	0.1234
	每股未分配利润(元)	1.3110	1.1395	1.0235	0.9471
	净资产收益率(%)	5.3675	7.6351	4.1138	10.7665
	加权净资产收益率(%)	5.4500	7.8600	4.1100	11.1600
	净资产收益率(扣除)(%)	5.3369	7.5241	4.1225	10.7834
	总资产(万元)	317994.82	276185.01	272851.14	251172.86
	归属母公司股东权益(万元)	134702.46	129104.48	124073.97	121581.26
	营业收入(万元)	138755.27	249380.67	113924.40	271891.32
	营业支出(万元)	114455.65	207974.66	95406.98	235481.38
	投资收益(万元)	5.42	9.72	-	21.82
	净利润(万元)	7831.13	10974.19	5710.60	13372.22
	营业利润(万元)	9348.78	12708.87	7187.70	15836.58
	利润总额(万元)	9395.73	12844.67	7167.64	15790.96

海南双成药业股份有限公司

公司概况	公司名称	海南双成药业股份有限公司		证券简称	双成药业
	法人代表	王成栋	董秘 于晓风	证券代码	002693
	公司网址	www.shuangchengmed.com		电子信箱	yuxiaofeng@shuangchengmed.com
	电　话	0898-68592978		传　真	0898-68592978
	办公地址	海南省海口市秀英区兴国路16号			
	经营范围	化学合成多肽药物的研发、生产和销售等			

主要财务指标	指标\报告期	2015.06.30	2014.12.31	2014.06.30	2013.12.31
	基本每股收益(元)	0.0500	0.2200	0.1000	0.3700
	基本每股收益(扣除后)(元)	0.0400	0.1800	0.0800	0.3000
	稀释每股收益(元)	0.0500	0.2200	0.1000	0.3700
	每股净资产(元)	2.2900	3.3095	3.1900	4.8368
	每股经营现金净流量(元)	0.0195	0.1889	0.0242	0.3135
	每股现金流量(元)	–0.1029	–0.9717	–0.2444	–0.5512
	每股资本公积金(元)	0.8153	1.5612	1.5612	2.8418
	每股盈余公积金(元)	0.0665	0.1033	0.0816	0.1224
	每股未分配利润(元)	0.4042	0.6449	0.5476	0.8725
	净资产收益率(%)	2.3276	6.5953	3.1107	7.6695
	加权净资产收益率(%)	2.4400	6.7000	3.0500	7.8100
	净资产收益率(扣除)(%)	1.6949	5.3179	2.4033	6.1190
	总资产(万元)	127085.99	94354.18	90180.46	91704.48
	归属母公司股东权益(万元)	95828.13	89355.36	86141.68	87062.08
	营业收入(万元)	8804.35	16119.77	7001.25	14960.46
	营业支出(万元)	3984.41	5591.97	2831.64	5276.74
	投资收益(万元)	1274.26	1397.90	615.51	1240.41
	净利润(万元)	2230.50	5893.28	2679.60	6677.19
	营业利润(万元)	2277.59	6965.91	3053.45	7515.26
	利润总额(万元)	2464.24	6910.93	3154.79	7862.91

顾地科技股份有限公司

公司概况	公司名称	顾地科技股份有限公司		证券简称	顾地科技
	法人代表	林超群	董秘 王宏林	证券代码	002694
	公司网址	www.goody.com.cn		电子信箱	qgc@sjzzm.com
	电　话	0711-3350050		传　真	0711-3350621
	办公地址	湖北省鄂州经济开发区吴楚大道18号			
	经营范围	专业从事塑料管道的研发、生产和销售等			

主要财务指标	指标\报告期	2015.06.30	2014.12.31	2014.06.30	2013.12.31
	基本每股收益(元)	0.0500	0.0800	0.1300	0.5300
	基本每股收益(扣除后)(元)	0.0500	0.0700	0.1200	0.4900
	稀释每股收益(元)	0.0500	0.0800	0.1300	0.5300
	每股净资产(元)	3.0507	3.0018	3.0495	5.9478
	每股经营现金净流量(元)	0.0947	–0.2186	–0.1671	0.1620
	每股现金流量(元)	–0.0525	–0.2169	–0.1193	–0.9903
	每股资本公积金(元)	1.0065	1.0065	1.0065	3.0131
	每股盈余公积金(元)	0.1315	0.1315	0.1122	0.2245
	每股未分配利润(元)	0.9127	0.8638	0.9307	1.7103
	净资产收益率(%)	1.6022	2.7120	4.2319	8.9837
	加权净资产收益率(%)	1.6500	2.7600	4.2500	9.0600
	净资产收益率(扣除)(%)	1.5450	2.2143	3.9818	8.1661
	总资产(万元)	242051.42	239256.77	224212.05	201141.33
	归属母公司股东权益(万元)	105432.21	103742.97	105389.41	102778.41
	营业收入(万元)	91186.66	183727.24	87348.59	176355.58
	营业支出(万元)	72893.20	147983.44	68267.31	138439.27
	投资收益(万元)	–	–	–	–
	净利润(万元)	1529.99	1876.03	4459.96	9233.33
	营业利润(万元)	1888.45	2262.25	4969.55	9718.89
	利润总额(万元)	1985.41	2915.19	5319.33	10909.47

江西煌上煌集团食品股份有限公司

公司概况	公司名称	江西煌上煌集团食品股份有限公司		证券简称	煌上煌
	法人代表	徐桂芬	董秘 曾细华	证券代码	002695
	公司网址	www.jxhsh.com.cn		电子信箱	hshspb@163.com
	电　话	0791-85985546		传　真	0791-85950696
	办公地址	江西省南昌县小蓝经济开发区小蓝中大道66号			
	经营范围	酱卤肉制品及佐餐凉菜快捷消费食品的开发、生产和销售等			

主要财务指标	指标\报告期	2015.06.30	2014.12.31	2014.06.30	2013.12.31
	基本每股收益(元)	0.3000	0.8000	0.4500	0.9800
	基本每股收益(扣除后)(元)	0.2900	0.7700	0.4300	–
	稀释每股收益(元)	0.3000	0.8000	0.4500	0.9800
	每股净资产(元)	11.8756	11.7000	11.6039	11.3877
	每股经营现金净流量(元)	1.1217	0.9656	1.1469	0.4357
	每股现金流量(元)	0.5769	0.9091	1.3321	–1.2144
	每股资本公积金(元)	7.4508	7.4508	7.4422	7.3392
	每股盈余公积金(元)	0.3115	0.3115	0.2524	0.2581
	每股未分配利润(元)	3.2597	3.1818	2.9093	2.7904
	净资产收益率(%)	2.4752	6.6556	3.8542	8.6202
	加权净资产收益率(%)	2.4900	6.8300	3.9100	8.9200
	净资产收益率(扣除)(%)	2.3831	6.4470	3.6537	8.5037
	总资产(万元)	179793.65	159998.92	154611.46	148152.21
	归属母公司股东权益(万元)	150414.18	148190.68	146973.20	141066.82
	营业收入(万元)	58395.16	98398.04	51297.59	89325.82
	营业支出(万元)	40293.29	68330.59	34978.87	60310.20
	投资收益(万元)	–11.25	296.65	259.79	97.78
	净利润(万元)	3796.23	9862.91	5664.66	12160.24
	营业利润(万元)	4613.00	11958.97	6816.85	14761.57
	利润总额(万元)	4790.12	12032.06	6906.95	14864.60

百洋产业投资集团股份有限公司

公司概况	公司名称	百洋产业投资集团股份有限公司		证券简称	百洋股份
	法人代表	孙忠义	董秘 欧顺明	证券代码	002696
	公司网址	www.baiyang.com		电子信箱	baiyang@baiyang.com
	电　话	0771-3210585		传　真	0771-3212021
	办公地址	广西南宁市高新技术开发区高新四路9号			
	经营范围	冷冻罗非鱼产品的生产和销售等			

主要财务指标	指标\报告期	2015.06.30	2014.12.31	2014.06.30	2013.12.31
	基本每股收益(元)	0.0411	0.3200	0.1100	0.6500
	基本每股收益(扣除后)(元)	0.0248	0.2600	0.0871	–
	稀释每股收益(元)	0.0411	0.3200	0.1100	0.6500
	每股净资产(元)	5.2926	5.4000	5.1900	10.3621
	每股经营现金净流量(元)	0.3461	–0.1933	0.0281	1.1399
	每股现金流量(元)	–0.2191	1.3065	0.2825	–4.7104
	每股资本公积金(元)	2.6603	2.6603	2.6603	6.3205
	每股盈余公积金(元)	0.1263	0.1263	0.1053	0.2107
	每股未分配利润(元)	1.5061	1.6150	1.4253	2.8308
	净资产收益率(%)	0.7766	5.9330	2.1172	6.2374
	加权净资产收益率(%)	0.7600	6.0600	2.1000	6.2200
	净资产收益率(扣除)(%)	0.4683	4.9020	1.7198	5.2205
	总资产(万元)	163619.31	170746.05	154082.19	134245.00
	归属母公司股东权益(万元)	93149.90	95066.53	91360.47	91186.19
	营业收入(万元)	72000.26	178081.51	65711.34	134962.59
	营业支出(万元)	64228.93	157709.78	57780.80	119160.82
	投资收益(万元)	–96.56	395.97	479.69	152.10
	净利润(万元)	760.28	6027.69	1934.28	5687.68
	营业利润(万元)	482.45	5501.05	1682.03	4949.15
	利润总额(万元)	847.05	6689.35	2163.34	6132.54

成都红旗连锁股份有限公司

公司概况						
	公司名称	成都红旗连锁股份有限公司			证券简称	红旗连锁
	法人代表	曹世如	董秘	曹曾俊	证券代码	002697
	公司网址	www.hqls.com.cn			电子信箱	zj@hqls.com.cn
	电 话	028-87825762 13808011321			传 真	028-87825530
	办公地址	四川省成都市高新区西区迪康大道7号				
	经营范围	便利超市的连锁经营等				

主要财务指标	指标\报告期	2015.06.30	2014.12.31	2014.06.30	2013.12.31
	基本每股收益(元)	0.1500	0.2100	0.2700	0.3900
	基本每股收益(扣除后)(元)	0.1300	0.1400	0.2100	-
	稀释每股收益(元)	0.1500	0.2100	0.2700	0.3900
	每股净资产(元)	2.5179	2.3900	4.6677	4.4541
	每股经营现金净流量(元)	0.0873	0.3488	0.3075	0.6973
	每股现金流量(元)	-0.9283	1.1657	0.2701	-1.8757
	每股资本公积金(元)	0.5550	0.5550	2.1101	2.1101
	每股盈余公积金(元)	0.1074	0.1014	0.1851	0.1583
	每股未分配利润(元)	0.8555	0.7305	1.3724	1.1857
	净资产收益率(%)	5.8371	8.9169	5.6900	8.8135
	加权净资产收益率(%)	5.9900	9.2200	5.8200	9.0700
	净资产收益率(扣除)(%)	5.2019	6.0059	4.3948	7.6257
	总资产(万元)	348812.15	308854.98	290760.13	286134.75
	归属母公司股东权益(万元)	201428.03	190950.48	186706.35	178163.63
	营业收入(万元)	264435.82	476421.09	238008.12	443704.23
	营业支出(万元)	193304.06	351659.26	174290.84	325686.94
	投资收益(万元)	1235.34	5241.09	2574.64	1055.97
	净利润(万元)	11732.38	17023.50	10622.72	15702.45
	营业利润(万元)	13674.86	18842.49	12288.34	17031.06
	利润总额(万元)	13944.75	20121.79	12547.93	18464.70

哈尔滨博实自动化股份有限公司

公司概况						
	公司名称	哈尔滨博实自动化股份有限公司			证券简称	博实股份
	法人代表	邓喜军	董秘	陈博	证券代码	002698
	公司网址	www.boshi.cn			电子信箱	ir@boshi.cn
	电 话	0451-84367021			传 真	0451-84367022
	办公地址	黑龙江省哈尔滨市开发区迎宾路集中区东湖街9号				
	经营范围	从事自动化设备的开发、生产、销售、调试、维修、技术服务、技术转让等				

主要财务指标	指标\报告期	2015.06.30	2014.12.31	2014.06.30	2013.12.31
	基本每股收益(元)	0.3000	0.4700	0.2800	0.5200
	基本每股收益(扣除后)(元)	0.2600	0.4200	0.2500	-
	稀释每股收益(元)	0.3000	0.4700	0.2800	0.5200
	每股净资产(元)	4.3259	4.0279	3.8371	3.6742
	每股经营现金净流量(元)	0.1018	0.2301	0.0572	0.5694
	每股现金流量(元)	0.1423	-0.0121	0.1475	-1.4565
	每股资本公积金(元)	1.1695	1.1695	1.1695	1.1695
	每股盈余公积金(元)	0.2104	0.2104	0.1633	0.1633
	每股未分配利润(元)	1.9239	1.6285	1.4882	1.3285
	净资产收益率(%)	6.8285	11.5978	7.2877	14.0689
	加权净资产收益率(%)	7.0700	12.1600	7.3700	14.9700
	净资产收益率(扣除)(%)	6.0664	10.4151	6.6241	13.2533
	总资产(万元)	203736.38	204204.26	190863.00	191386.03
	归属母公司股东权益(万元)	173469.49	161516.81	153866.77	147334.63
	营业收入(万元)	42942.17	60767.46	38346.86	76362.01
	营业支出(万元)	24943.15	32969.59	21185.13	44397.23
	投资收益(万元)	929.49	2775.85	1079.02	1919.70
	净利润(万元)	11806.36	18577.40	11213.35	20728.29
	营业利润(万元)	12689.52	17356.12	11817.88	21270.33
	利润总额(万元)	13316.31	20923.29	12586.57	24083.17

美盛文化创意股份有限公司

公司概况						
	公司名称	美盛文化创意股份有限公司			证券简称	美盛文化
	法人代表	赵小强	董秘	郭瑞	证券代码	002699
	公司网址	www.chinarising.com.cn			电子信箱	office@chinarising.com.cn
	电 话	0575-86226885			传 真	0575-86288588
	办公地址	浙江省绍兴市新昌县省级高新技术园区内(南岩)				
	经营范围	动漫衍生产品设计开发、动漫饰品、节日礼品及工艺品开发设计、生产和销售等				

主要财务指标	指标\报告期	2015.06.30	2014.12.31	2014.06.30	2013.12.31
	基本每股收益(元)	0.0600	0.4700	0.0800	0.4500
	基本每股收益(扣除后)(元)	0.0400	0.3400	0.0900	0.3300
	稀释每股收益(元)	0.0600	0.4700	0.0800	0.4500
	每股净资产(元)	2.3806	3.4012	3.1975	6.9019
	每股经营现金净流量(元)	-0.0162	-0.1094	-0.1682	0.5317
	每股现金流量(元)	0.6999	0.7463	0.0186	-0.1740
	每股资本公积金(元)	0.8627	1.2941	1.4575	4.4065
	每股盈余公积金(元)	0.0650	0.1409	0.0938	0.2064
	每股未分配利润(元)	0.4677	0.9857	0.6441	1.2834
	净资产收益率(%)	2.4896	13.8826	2.6109	6.4665
	加权净资产收益率(%)	3.7700	14.5600	2.6300	6.5200
	净资产收益率(扣除)(%)	1.3971	10.0071	2.7166	4.7796
	总资产(万元)	132289.45	96555.82	90824.64	80796.90
	归属母公司股东权益(万元)	106175.24	69962.14	65773.48	64532.64
	营业收入(万元)	14554.45	45599.67	16498.43	23113.42
	营业支出(万元)	9224.36	28959.70	10439.23	14921.63
	投资收益(万元)	2318.33	1013.39	503.38	412.63
	净利润(万元)	2713.28	9811.07	1717.29	4173.02
	营业利润(万元)	2665.34	11468.07	2424.37	5004.21
	利润总额(万元)	3446.42	13420.95	2427.54	5716.77

新疆浩源天然气股份有限公司

公司概况						
	公司名称	新疆浩源天然气股份有限公司			证券简称	新疆浩源
	法人代表	周举东	董秘	吐尔洪·艾麦尔	证券代码	002700
	公司网址	www.hytrq.com			电子信箱	hy002700@163.com
	电 话	0997-6888585			传 真	0997-2285202 6888585
	办公地址	新疆维吾尔自治区阿克苏市英阿瓦提路2号				
	经营范围	天然气的运输(含管道运输)、加工、销售与服务业务等				

主要财务指标	指标\报告期	2015.06.30	2014.12.31	2014.06.30	2013.12.31
	基本每股收益(元)	0.1300	0.4500	0.2100	0.7000
	基本每股收益(扣除后)(元)	0.1300	0.4500	0.2100	0.6900
	稀释每股收益(元)	0.1300	0.4500	0.2100	0.7000
	每股净资产(元)	1.8610	3.1863	2.9600	5.6028
	每股经营现金净流量(元)	0.1104	0.5138	0.1992	0.8386
	每股现金流量(元)	0.1083	0.1643	0.3196	0.2141
	每股资本公积金(元)	0.0562	0.9012	0.9012	2.8024
	每股盈余公积金(元)	0.0765	0.1377	0.0930	0.1860
	每股未分配利润(元)	0.7166	1.1324	0.9431	1.5801
	净资产收益率(%)	7.0906	14.0326	7.2445	12.5130
	加权净资产收益率(%)	7.2400	14.9300	7.3200	13.2400
	净资产收益率(扣除)(%)	7.0713	14.1618	7.0537	12.3012
	总资产(万元)	97085.58	94323.77	83152.70	76425.26
	归属母公司股东权益(万元)	78613.22	74777.11	69498.82	65743.67
	营业收入(万元)	20907.16	34544.80	15469.58	27501.02
	营业支出(万元)	11643.73	18469.21	8317.22	14151.85
	投资收益(万元)	-	-	-	-
	净利润(万元)	5460.98	10493.18	5000.49	8226.48
	营业利润(万元)	6659.49	12476.31	5779.76	9552.62
	利润总额(万元)	6676.98	12361.64	5895.33	9713.08

奥瑞金包装股份有限公司

公司概况	公司名称	奥瑞金包装股份有限公司			证券简称	奥瑞金
	法人代表	周云杰	董秘	高树军	证券代码	002701
	公司网址	www.orgpackaging.com		电子信箱	zqb@orgpackaging.com	
	电话	010-85211915		传真	010-85289512	
	办公地址	北京市怀柔区雁栖工业开发区				
	经营范围	食品饮料金属包装产品的研发、设计、生产和销售等				

	指标\报告期	2015.06.30	2014.12.31	2014.06.30	2013.12.31
主要财务指标	基本每股收益(元)	0.5600	1.3200	0.6900	2.0000
	基本每股收益(扣除后)(元)	0.5200	0.9300	0.4900	1.3900
	稀释每股收益(元)	0.5600	1.3200	0.6900	2.0000
	每股净资产(元)	3.9756	6.1100	5.5400	10.7007
	每股经营现金净流量(元)	0.3917	1.2546	0.6520	2.1812
	每股现金流量(元)	0.2988	0.3220	0.1415	-1.8504
	每股资本公积金(元)	1.0643	2.3029	2.3105	5.6209
	每股盈余公积金(元)	0.1701	0.2721	0.1719	0.3439
	每股未分配利润(元)	1.7369	2.5364	2.0596	3.7387
	净资产收益率(%)	14.1917	21.5806	12.4575	18.6960
	加权净资产收益率(%)	14.2200	22.5700	12.3000	19.7900
	净资产收益率(扣除)(%)	13.1838	15.2325	8.9129	12.9817
	总资产(万元)	855586.17	676465.91	623124.93	537138.39
	归属母公司股东权益(万元)	390147.83	374870.37	339821.65	328158.06
	营业收入(万元)	331772.71	545463.13	269472.71	456702.26
	营业支出(万元)	219601.69	376477.92	185740.07	322506.03
	投资收益(万元)	-	822.09	23.01	3.50
	净利润(万元)	54981.88	80524.20	42333.45	61352.35
	营业利润(万元)	72938.33	100698.23	52390.87	76824.63
	利润总额(万元)	73234.42	103580.47	54562.01	78293.24

海欣食品股份有限公司

公司概况	公司名称	海欣食品股份有限公司			证券简称	海欣食品
	法人代表	滕用雄	董秘	林天山	证券代码	002702
	公司网址	www.haixinfoods.com		电子信箱	zqb@tengxinfoods.com.cn	
	电话	0591-88202235 88202231		传真	0591-88202231	
	办公地址	福建省福州市仓山区建新镇建新北路150号1#楼				
	经营范围	冷冻(藏)食品、生产:速冻面米食品、速冻肉制品、速冻鱼糜制品等				

	指标\报告期	2015.06.30	2014.12.31	2014.06.30	2013.12.31
主要财务指标	基本每股收益(元)	-0.0242	0.1301	-0.0047	0.2387
	基本每股收益(扣除后)(元)	-0.0361	0.1363	-0.0116	0.2228
	稀释每股收益(元)	-0.0242	0.1301	-0.0047	0.2387
	每股净资产(元)	2.7600	5.6685	5.5337	5.6384
	每股经营现金净流量(元)	0.0179	-0.0930	-0.0151	0.4247
	每股现金流量(元)	-0.0162	-1.5018	-1.5160	-1.4338
	每股资本公积金(元)	0.9399	2.8797	2.8797	2.8797
	每股盈余公积金(元)	0.1066	0.2132	0.1957	0.1957
	每股未分配利润(元)	0.7136	1.5756	1.4582	1.5630
	净资产收益率(%)	-0.8770	2.2948	-0.0853	4.2337
	加权净资产收益率(%)	-0.8600	2.3000	-0.0800	4.2900
	净资产收益率(扣除)(%)	-1.3089	2.4048	-0.2092	3.9515
	总资产(万元)	91478.96	105797.61	92514.97	98571.75
	归属母公司股东权益(万元)	78054.21	80152.75	78246.70	79727.42
	营业收入(万元)	37125.08	85527.82	35297.90	75448.14
	营业支出(万元)	25778.85	59405.82	24879.89	51667.97
	投资收益(万元)	284.40	892.03	404.75	281.09
	净利润(万元)	-684.55	1839.33	-66.73	3375.39
	营业利润(万元)	-630.98	2663.64	216.65	4100.68
	利润总额(万元)	-247.87	2593.46	330.99	4374.76

浙江世宝股份有限公司

公司概况	公司名称	浙江世宝股份有限公司			证券简称	浙江世宝
	法人代表	张世权	董秘	刘晓平	证券代码	002703
	公司网址	www.zjshibao.com		电子信箱	ir@zjshibao.com	
	电话	0571-28025692		传真	0571-28025691	
	办公地址	浙江省杭州市经济技术开发区17号大街6号				
	经营范围	汽车零部件制造,销售,金属材料,机电产品,电子产品的销售				

	指标\报告期	2015.06.30	2014.12.31	2014.06.30	2013.12.31
主要财务指标	基本每股收益(元)	0.1143	0.1600	0.1000	0.1800
	基本每股收益(扣除后)(元)	0.0902	0.1400	0.0900	0.1100
	稀释每股收益(元)	0.1143	0.1600	0.1000	0.1800
	每股净资产(元)	4.5120	4.4977	2.6899	2.6779
	每股经营现金净流量(元)	0.0830	0.2809	0.1771	0.2093
	每股现金流量(元)	-0.8766	2.1663	0.1100	-0.0654
	每股资本公积金(元)	2.0896	2.0896	0.1442	0.1523
	每股盈余公积金(元)	0.3843	0.3843	0.4102	0.4102
	每股未分配利润(元)	1.0381	1.0238	1.1354	1.1154
	净资产收益率(%)	2.5337	3.0532	3.7197	6.5663
	加权净资产收益率(%)	2.5100	5.7500	3.6700	6.6900
	净资产收益率(扣除)(%)	1.9993	2.7576	3.2991	4.1854
	总资产(万元)	201261.08	210106.79	139002.34	131415.56
	归属母公司股东权益(万元)	142515.20	142062.81	74687.18	74355.31
	营业收入(万元)	44272.35	81124.19	39467.99	67459.63
	营业支出(万元)	32612.34	59398.49	28684.38	49630.85
	投资收益(万元)	660.02	-	-	1066.89
	净利润(万元)	3427.31	3647.83	2778.13	4882.40
	营业利润(万元)	3871.62	3942.42	2581.91	4361.19
	利润总额(万元)	4113.70	4215.79	2915.47	5075.62

广东新宝电器股份有限公司

公司概况	公司名称	广东新宝电器股份有限公司			证券简称	新宝股份
	法人代表	郭建刚	董秘	杨芳欣	证券代码	002705
	公司网址	www.donlim.com		电子信箱	investor@donlim.com	
	电话	0757-25336206		传真	0757-25521283	
	办公地址	广东省佛山市顺德区勒流镇龙洲路				
	经营范围	设计研发、生产、销售小家电产品				

	指标\报告期	2015.06.30	2014.12.31	2014.06.30	2013.12.31
主要财务指标	基本每股收益(元)	0.2283	0.4897	0.1864	0.5252
	基本每股收益(扣除后)(元)	0.1818	0.4306	0.1639	0.4300
	稀释每股收益(元)	0.2283	0.4897	0.1864	0.5252
	每股净资产(元)	4.9127	4.9348	4.6334	3.6094
	每股经营现金净流量(元)	0.3818	0.4864	-0.3824	1.5450
	每股现金流量(元)	0.2769	1.0388	0.3512	0.2335
	每股资本公积金(元)	1.6073	1.6076	1.6076	0.1405
	每股盈余公积金(元)	0.3546	0.3546	0.3070	0.3707
	每股未分配利润(元)	1.9498	1.9714	1.7174	2.0969
	净资产收益率(%)	4.6479	9.7814	3.9070	14.5497
	加权净资产收益率(%)	4.5300	10.3500	4.0800	15.4400
	净资产收益率(扣除)(%)	3.7004	8.6017	3.4352	11.6301
	总资产(万元)	485953.75	437892.53	446898.55	337702.96
	归属母公司股东权益(万元)	217142.55	218116.92	204798.91	132102.90
	营业收入(万元)	287313.45	566888.85	233818.65	503554.66
	营业支出(万元)	240387.95	466621.46	191081.59	416855.85
	投资收益(万元)	1129.21	3214.20	1374.50	3093.99
	净利润(万元)	9904.35	21259.17	8001.55	19220.55
	营业利润(万元)	12858.01	26960.83	10555.67	24533.21
	利润总额(万元)	12923.09	27984.19	11249.11	25806.64

上海良信电器股份有限公司

公司概况

公司名称	上海良信电器股份有限公司			证券简称	良信电器
法人代表	任思龙	董秘	刘晓军	证券代码	002706
公司网址	www.sh-liangxin.com		电子信箱	liuxiaojun@sh-liangxin.com	
电　话	021-68586651　68586632		传　真	021-23025798	
办公地址	上海市浦东新区申江南路 2000 号				
经营范围	低压电器产品的研发、生产与销售				

主要财务指标

指标\报告期	2015.06.30	2014.12.31	2014.06.30	2013.12.31
基本每股收益(元)	0.5200	1.1900	0.5700	1.2500
基本每股收益(扣除后)(元)	0.4500	1.0400	0.4800	1.1700
稀释每股收益(元)	0.5200	1.1900	0.5700	1.2500
每股净资产(元)	7.1489	8.8940	8.8500	5.8346
每股经营现金净流量(元)	1.1639	0.9451	0.4100	0.7072
每股现金流量(元)	-0.3320	1.9869	1.3986	-0.2320
每股资本公积金(元)	3.8386	5.2153	4.8848	1.0266
每股盈余公积金(元)	0.3552	0.4618	0.3578	0.4771
每股未分配利润(元)	2.3066	2.6738	2.2428	3.3310
净资产收益率(%)	7.2603	12.7456	6.4205	21.4996
加权净资产收益率(%)	7.3700	13.7900	6.7900	24.0900
净资产收益率(扣除)(%)	6.3290	11.1819	-	20.0601
总资产(万元)	115751.71	103875.63	96558.08	61254.54
归属母公司股东权益(万元)	82208.49	78673.91	73093.50	37691.42
营业收入(万元)	46791.48	85570.56	39764.03	68384.92
营业支出(万元)	29220.40	54857.49	25886.08	42704.50
投资收益(万元)	166.22	539.51	134.22	-
净利润(万元)	5968.57	10027.48	4692.96	8103.51
营业利润(万元)	6319.71	11060.25	4649.56	8794.19
利润总额(万元)	7011.76	11942.15	5334.31	9432.51

北京众信国际旅行社股份有限公司

公司概况

公司名称	北京众信国际旅行社股份有限公司			证券简称	众信旅游
法人代表	冯滨	董秘	王锋	证券代码	002707
公司网址	www.utourworld.com		电子信箱	stock@utourworld.com	
电　话	010-64489903		传　真	010-64489955-110055	
办公地址	北京市朝阳区和平街东土城路 12 号院 2 号楼 4 层				
经营范围	出境旅游的批发、零售业务，以及商务会奖旅游业务				

主要财务指标

指标\报告期	2015.06.30	2014.12.31	2014.06.30	2013.12.31
基本每股收益(元)	0.3040	1.8850	0.6300	1.7200
基本每股收益(扣除后)(元)	0.2840	1.8340	0.6300	1.7000
稀释每股收益(元)	0.3040	1.8850	0.6300	1.7200
每股净资产(元)	7.0037	9.7316	7.9643	5.7030
每股经营现金净流量(元)	-0.6593	1.1734	0.3217	1.3379
每股现金流量(元)	0.9793	2.4031	2.7466	0.7600
每股资本公积金(元)	4.2731	3.3830	2.7831	0.3992
每股盈余公积金(元)	0.1726	0.6087	0.4298	0.4912
每股未分配利润(元)	1.5580	4.7398	3.7514	3.8126
净资产收益率(%)	4.0078	18.8786	7.7298	30.0731
加权净资产收益率(%)	5.7500	22.9300	8.3600	35.4000
净资产收益率(扣除)(%)	3.7462	18.3633	7.7318	29.8426
总资产(万元)	281750.41	107209.19	100036.03	67644.76
归属母公司股东权益(万元)	146213.74	57601.16	46423.82	29085.39
营业收入(万元)	313579.33	421700.31	167170.58	300525.55
营业支出(万元)	286257.11	384715.18	152547.86	270487.06
投资收益(万元)	-	-	-	-
净利润(万元)	6399.26	10873.81	3588.45	8746.88
营业利润(万元)	8265.46	14432.04	4795.31	11506.06
利润总额(万元)	8633.66	14826.73	4793.00	11595.43

常州光洋轴承股份有限公司

公司概况

公司名称	常州光洋轴承股份有限公司			证券简称	光洋股份
法人代表	程上楠	董秘	沈霞	证券代码	002708
公司网址	www.nrb.com.cn		电子信箱	bearing@nrb.com.cn	
电　话	0519-68861888		传　真	0519-85150888	
办公地址	江苏省常州市新北区汉江路 52 号				
经营范围	汽车精密轴承的研发、生产和销售				

主要财务指标

指标\报告期	2015.06.30	2014.12.31	2014.06.30	2013.12.31
基本每股收益(元)	0.1700	0.3400	0.1800	0.5300
基本每股收益(扣除后)(元)	0.1524	0.3133	0.1601	0.5201
稀释每股收益(元)	0.1700	0.3400	0.1600	0.5300
每股净资产(元)	4.8678	4.8526	4.6945	5.0179
每股经营现金净流量(元)	0.1852	0.3933	0.1555	0.3666
每股现金流量(元)	-0.0027	0.4957	0.7829	0.0327
每股资本公积金(元)	2.6226	2.6226	2.6226	2.2276
每股盈余公积金(元)	0.1255	0.1096	0.0790	0.1470
每股未分配利润(元)	1.1198	1.1204	0.9930	1.6435
净资产收益率(%)	3.3950	6.9815	3.8134	10.6439
加权净资产收益率(%)	3.4600	7.3700	6.5900	11.2400
净资产收益率(扣除)(%)	3.1316	6.3610	3.3099	10.3655
总资产(万元)	111553.07	112908.80	111951.99	79608.98
归属母公司股东权益(万元)	90495.62	90211.94	87273.75	50159.14
营业收入(万元)	29485.69	62217.12	32443.73	58055.61
营业支出(万元)	20116.74	41700.58	21358.92	39173.09
投资收益(万元)	-	-	-	-
净利润(万元)	3072.30	6298.17	3328.10	5338.88
营业利润(万元)	3354.80	6676.97	3513.85	6087.62
利润总额(万元)	3635.56	7335.88	4030.94	6252.42

广州天赐高新材料股份有限公司

公司概况

公司名称	广州天赐高新材料股份有限公司			证券简称	天赐材料
法人代表	徐金富	董秘	禤达燕	证券代码	002709
公司网址	www.tinci.com		电子信箱	ir@tinci.com	
电　话	020-66608666		传　真	020-66608668	
办公地址	广东省广州市黄埔区云埔工业区东诚片康达路 8 号				
经营范围	精细化工新材料的研发、生产和销售				

主要财务指标

指标\报告期	2015.06.30	2014.12.31	2014.06.30	2013.12.31
基本每股收益(元)	0.2400	0.5200	0.2500	0.8200
基本每股收益(扣除后)(元)	0.2600	0.4500	0.2100	0.6100
稀释每股收益(元)	0.2400	0.5200	0.2500	0.8200
每股净资产(元)	7.1576	7.0341	6.8469	5.5499
每股经营现金净流量(元)	0.2436	0.5728	0.0765	0.8345
每股现金流量(元)	-0.6392	0.5835	0.7867	0.1709
每股资本公积金(元)	3.3746	3.3746	3.4544	1.7487
每股盈余公积金(元)	0.2535	0.2535	0.2131	0.2597
每股未分配利润(元)	2.5295	2.4059	2.1794	2.5416
净资产收益率(%)	3.4026	7.2649	3.5647	14.8316
加权净资产收益率(%)	3.4200	7.6100	3.7500	15.8700
净资产收益率(扣除)(%)	3.6884	6.2701	2.9196	11.0427
总资产(万元)	129991.79	102596.77	100189.54	79568.59
归属母公司股东权益(万元)	86187.06	84699.44	82445.41	54832.91
营业收入(万元)	36826.61	70568.69	31522.64	59605.92
营业支出(万元)	25657.07	49783.02	22272.66	39956.28
投资收益(万元)	36.99	276.56	73.92	-
净利润(万元)	2932.58	6393.60	2938.94	8132.58
营业利润(万元)	3732.00	6496.97	3074.12	7438.76
利润总额(万元)	3405.66	7291.26	3703.87	9927.72

欧浦智网股份有限公司

公司概况						
	公司名称	欧浦智网股份有限公司			证券简称	欧浦智网
	法人代表	陈礼豪	董秘	余玩丽	证券代码	002711
	公司网址	corp.opsteel.cn		电子信箱	opzqb@opsteel.net	
	电　话	0757-28977053		传　真	0757-28977053	
	办公地址	广东省佛山市顺德区乐从镇路州村委会第二工业区乐成路 7 号地				
	经营范围	第三方钢铁物流业务，包括仓储、加工、综合物流和电子商务				

主要财务指标	指标\报告期	2015.06.30	2014.12.31	2014.06.30	2013.12.31
	基本每股收益(元)	0.3800	0.8600	0.4400	0.9900
	基本每股收益(扣除后)(元)	0.2700	0.7300	0.3900	0.9200
	稀释每股收益(元)	0.3800	0.8600	0.4400	0.9900
	每股净资产(元)	3.7581	8.2923	7.8691	5.2617
	每股经营现金净流量(元)	0.8847	0.1910	-0.2525	0.9219
	每股现金流量(元)	0.9055	-1.0743	2.9597	0.5815
	每股资本公积金(元)	1.0184	4.7407	3.3721	-
	每股盈余公积金(元)	0.2097	0.4578	0.3413	0.4333
	每股未分配利润(元)	1.5300	3.7873	3.1557	3.8283
	净资产收益率(%)	5.5868	10.1604	5.3399	18.8318
	加权净资产收益率(%)	4.5300	10.9300	5.7000	20.7900
	净资产收益率(扣除)(%)	5.3137	8.5895	4.7260	17.3682
	总资产(万元)	211291.81	217870.18	163681.66	101859.47
	归属母公司股东权益(万元)	124025.56	149797.00	118044.24	62171.80
	营业收入(万元)	76505.61	177443.96	63346.90	61660.65
	营业支出(万元)	64724.11	157621.85	53663.26	43200.61
	投资收益(万元)	-196.44	1260.85	151.20	75.60
	净利润(万元)	6929.01	12638.91	6303.45	11708.08
	营业利润(万元)	8369.06	13682.19	6690.57	12645.68
	利润总额(万元)	8536.00	14883.52	7543.07	13736.95

思美传媒股份有限公司

公司概况						
	公司名称	思美传媒股份有限公司			证券简称	思美传媒
	法人代表	朱明虬	董秘	潘海强	证券代码	002712
	公司网址	www.simei.cc		电子信箱	ir@simei.cc	
	电　话	0571-86588028		传　真	0571-87926126	
	办公地址	杭州市虎玉路 41 号八卦田公园正大门内				
	经营范围	媒介代理及品牌管理				

主要财务指标	指标\报告期	2015.06.30	2014.12.31	2014.06.30	2013.12.31
	基本每股收益(元)	0.3960	0.8400	0.3800	1.1500
	基本每股收益(扣除后)(元)	0.3760	0.7700	0.3500	1.1100
	稀释每股收益(元)	0.3960	0.8400	0.3800	1.1500
	每股净资产(元)	10.6462	9.7393	9.2837	6.9913
	每股经营现金净流量(元)	-0.1418	-4.3624	-3.7272	0.4348
	每股现金流量(元)	0.6906	-1.5246	-0.8521	0.4394
	每股资本公积金(元)	4.5621	3.7483	3.7483	0.7752
	每股盈余公积金(元)	0.4829	0.4980	0.3449	0.4032
	每股未分配利润(元)	4.6011	4.4929	4.1905	4.8128
	净资产收益率(%)	3.7055	8.5227	4.0328	16.4834
	加权净资产收益率(%)	3.0400	9.0400	4.2300	17.9600
	净资产收益率(扣除)(%)	3.5167	7.7939	3.6321	16.6470
	总资产(万元)	124928.01	119325.99	99908.19	79729.13
	归属母公司股东权益(万元)	93675.13	83095.37	79207.70	51014.01
	营业收入(万元)	101091.71	215076.13	93364.70	163848.51
	营业支出(万元)	88660.68	189111.28	81584.83	140643.24
	投资收益(万元)	29.42	2.35	-	-50.00
	净利润(万元)	3464.11	7147.95	3194.26	8408.83
	营业利润(万元)	4742.19	9103.48	4155.26	10619.74
	利润总额(万元)	4880.80	9573.02	4411.73	11091.50

东易日盛家居装饰集团股份有限公司

公司概况						
	公司名称	东易日盛家居装饰集团股份有限公司			证券简称	东易日盛
	法人代表	陈辉	董秘	王薇	证券代码	002713
	公司网址	www.dyrs.com.cn		电子信箱	dyrs@dyrs.com.c	
	电　话	010-58637710		传　真	010-58636921	
	办公地址	北京市朝阳区东大桥路 8 号尚都国际中心 A 座 20 层				
	经营范围	建筑装修装饰工程专业承包、室内装饰设计服务				

主要财务指标	指标\报告期	2015.06.30	2014.12.31	2014.06.30	2013.12.31
	基本每股收益(元)	-0.1100	0.9600	0.1684	1.0500
	基本每股收益(扣除后)(元)	-0.1200	0.9000	0.1362	0.9800
	稀释每股收益(元)	-0.1100	0.9600	0.1684	1.0500
	每股净资产(元)	3.3619	7.4477	6.6736	4.1257
	每股经营现金净流量(元)	0.8734	0.3764	0.7125	3.1211
	每股现金流量(元)	-1.9353	0.4435	-2.8125	2.4106
	每股资本公积金(元)	1.5736	4.1471	4.1471	0.8092
	每股盈余公积金(元)	0.2251	0.4296	0.3610	0.4245
	每股未分配利润(元)	0.5632	1.8709	1.1655	1.8920
	净资产收益率(%)	-1.8435	12.5090	2.3606	25.4144
	加权净资产收益率(%)	-1.7000	14.1700	2.7200	28.3800
	净资产收益率(扣除)(%)	-2.0085	11.6977	1.9088	23.8698
	总资产(万元)	184548.40	166193.39	169056.92	119050.18
	归属母公司股东权益(万元)	83939.31	92977.14	83313.38	41553.85
	营业收入(万元)	92400.00	188001.69	76692.04	159201.52
	营业支出(万元)	58966.86	116246.11	47673.39	95185.33
	投资收益(万元)	1553.04	2167.87	205.27	-
	净利润(万元)	-1438.96	11630.48	1966.72	10560.66
	营业利润(万元)	-566.17	14364.85	2449.95	12678.75
	利润总额(万元)	-378.04	15363.05	2947.37	13487.82

牧原食品股份有限公司

公司概况						
	公司名称	牧原食品股份有限公司			证券简称	牧原股份
	法人代表	秦英林	董秘	秦军	证券代码	002714
	公司网址	www.muyuanfoods.com		电子信箱	myzqb@mu-yuan.com	
	电　话	0377-65239559		传　真	0377-65239559	
	办公地址	河南省南阳市内乡县灌涨镇水田村				
	经营范围	生猪的养殖与销售，主要产品为仔猪，种猪，商品猪				

主要财务指标	指标\报告期	2015.06.30	2014.12.31	2014.06.30	2013.12.31
	基本每股收益(元)	0.1000	0.3300	-0.3400	1.4300
	基本每股收益(扣除后)(元)	0.0800	0.2000	-0.3800	1.3000
	稀释每股收益(元)	0.1000	0.3300	-0.3400	1.4300
	每股净资产(元)	4.0915	8.0505	7.6206	5.9284
	每股经营现金净流量(元)	0.0508	1.8818	-0.2201	0.5701
	每股现金流量(元)	0.3148	0.5608	1.5326	-0.0298
	每股资本公积金(元)	1.0255	3.0510	3.0510	0.4741
	每股盈余公积金(元)	0.2332	0.4663	0.4393	0.5015
	每股未分配利润(元)	1.8329	3.5332	3.1303	3.9528
	净资产收益率(%)	2.3649	4.1165	-4.3628	24.1742
	加权净资产收益率(%)	2.3800	4.2700	-4.5400	27.0400
	净资产收益率(扣除)(%)	1.9258	2.5158	-4.8440	21.8985
	总资产(万元)	516503.68	411930.12	379545.68	323454.31
	归属母公司股东权益(万元)	198029.30	194822.25	184419.40	125683.13
	营业收入(万元)	112472.65	260476.34	107823.29	204440.28
	营业支出(万元)	100424.42	240329.33	108305.80	163929.77
	投资收益(万元)	76.84	198.97	120.98	9.62
	净利润(万元)	4683.25	8019.81	-8045.85	30382.95
	营业利润(万元)	1486.69	2097.53	-9620.58	25981.46
	利润总额(万元)	4683.25	8019.81	-8045.85	30382.95

怀集登云汽配股份有限公司

公司概况	公司名称	怀集登云汽配股份有限公司			证券简称	登云股份
	法人代表	张弢	董秘	邓剑雄	证券代码	002715
	公司网址	www.huaijivalve.com			电子信箱	dengyun@huaijivalve.com
	电　话	0758-5525368			传　真	0758-5865855
	办公地址	广东省肇庆市怀集县怀城镇登云亭				
	经营范围	一直专注于汽车发动机进排气门系列产品的研发,生产与销售等				

主要财务指标	指标\报告期	2015.06.30	2014.12.31	2014.06.30	2013.12.31
	基本每股收益(元)	-0.1473	0.2100	0.1400	0.4900
	基本每股收益(扣除后)(元)	-0.1525	0.1700	0.1400	0.3800
	稀释每股收益(元)	-0.1473	0.2100	0.1400	0.4900
	每股净资产(元)	5.2328	5.4401	5.3765	4.1455
	每股经营现金净流量(元)	-0.0765	0.0524	-0.0405	0.3654
	每股现金流量(元)	0.2370	0.0205	0.1532	-0.1035
	每股资本公积金(元)	2.6393	2.6393	2.6393	0.9346
	每股盈余公积金(元)	0.2254	0.2254	0.2139	0.2723
	每股未分配利润(元)	1.3754	1.5754	1.5226	1.9487
	净资产收益率(%)	-2.8151	3.7212	2.4325	11.8348
	加权净资产收益率(%)	-2.7400	4.0500	4.1200	12.4200
	净资产收益率(扣除)(%)	-2.9148	3.0265	-	9.0245
	总资产(万元)	73294.74	70530.09	73780.65	66766.61
	归属母公司股东权益(万元)	48141.30	50049.36	49463.94	28603.73
	营业收入(万元)	11974.93	29606.68	15004.13	30342.68
	营业支出(万元)	9219.96	21256.09	10436.43	20488.70
	投资收益(万元)	7.02	19.07	12.78	25.56
	净利润(万元)	-1355.23	1862.45	1203.23	3385.20
	营业利润(万元)	-1366.87	1808.78	1449.63	3103.52
	利润总额(万元)	-1310.41	2219.89	1525.12	4049.76

郴州市金贵银业股份有限公司

公司概况	公司名称	郴州市金贵银业股份有限公司			证券简称	金贵银业
	法人代表	曹永贵	董秘	孟建怡	证券代码	002716
	公司网址	www.jingui-silver.com			电子信箱	jinguizq@jingui-silver.com
	电　话	0735-2659881 2659898			传　真	0735-2659891
	办公地址	湖南省郴州市苏仙区白露塘镇福城大道1号				
	经营范围	生产销售高纯银、电解铅、黄金、高纯铋等有价金属				

主要财务指标	指标\报告期	2015.06.30	2014.12.31	2014.06.30	2013.12.31
	基本每股收益(元)	0.3200	0.5200	0.3800	0.9100
	基本每股收益(扣除后)(元)	0.1300	0.4100	0.4000	0.6900
	稀释每股收益(元)	0.3200	0.5200	0.3800	0.9100
	每股净资产(元)	3.8053	8.1309	8.0839	6.0805
	每股经营现金净流量(元)	0.6841	-1.0399	0.1832	1.6778
	每股现金流量(元)	-0.3608	0.7867	2.4397	-0.3337
	每股资本公积金(元)	1.0351	3.4772	3.4772	0.8991
	每股盈余公积金(元)	0.1670	0.3674	0.3141	0.4078
	每股未分配利润(元)	1.5287	3.1474	3.1783	3.6562
	净资产收益率(%)	3.7703	6.3053	4.4817	14.9151
	加权净资产收益率(%)	3.8000	6.6800	4.9100	16.2000
	净资产收益率(扣除)(%)	1.5331	4.9317	4.7302	11.3856
	总资产(万元)	577733.43	564003.78	468126.25	354880.84
	归属母公司股东权益(万元)	191515.19	186009.51	184933.82	107138.27
	营业收入(万元)	260417.73	429739.19	198536.90	360965.06
	营业支出(万元)	240902.41	383830.69	174029.68	310467.03
	投资收益(万元)	-619.58	-269.91	-65.26	330.75
	净利润(万元)	7220.77	11728.52	8288.24	15979.77
	营业利润(万元)	2434.87	6961.39	8129.45	11864.45
	利润总额(万元)	7327.99	11085.32	8333.80	15447.02

岭南园林股份有限公司

公司概况	公司名称	岭南园林股份有限公司			证券简称	岭南园林
	法人代表	尹洪卫	董秘	秋天	证券代码	002717
	公司网址	www.lnlandscape.com			电子信箱	ln@lnlandscape.com
	电　话	0769-22500085			传　真	0769-22492600
	办公地址	广东省东莞市东城区光明大道27号金丰大厦A栋301室				
	经营范围	园林工程施工、景观规划设计、绿化养护和苗木产销等				

主要财务指标	指标\报告期	2015.06.30	2014.12.31	2014.06.30	2013.12.31
	基本每股收益(元)	0.2200	0.7300	0.7000	1.2900
	基本每股收益(扣除后)(元)	0.2100	0.7400	0.7000	1.2800
	稀释每股收益(元)	0.2200	0.7300	0.7000	1.2900
	每股净资产(元)	2.5023	4.6243	8.0938	5.6800
	每股经营现金净流量(元)	-0.3137	-1.1779	-2.1062	-0.4200
	每股现金流量(元)	0.4639	0.9884	1.2564	-0.0158
	每股资本公积金(元)	0.0499	1.0748	2.9421	0.7056
	每股盈余公积金(元)	0.1262	0.2524	0.3452	0.3945
	每股未分配利润(元)	1.3262	2.2971	3.8065	3.5817
	净资产收益率(%)	8.5992	15.5363	8.3112	22.6758
	加权净资产收益率(%)	8.9600	17.7400	9.6900	25.5800
	净资产收益率(扣除)(%)	8.4907	15.5838	8.2774	22.4956
	总资产(万元)	305710.91	191349.45	166165.82	120460.50
	归属母公司股东权益(万元)	81508.38	75314.93	69380.10	42613.77
	营业收入(万元)	64233.52	108819.29	53727.97	80539.10
	营业支出(万元)	45243.30	76757.04	38708.74	55641.02
	投资收益(万元)	-	-	-	-
	净利润(万元)	7009.03	11701.16	5766.33	9663.00
	营业利润(万元)	8302.22	14123.70	6948.00	11560.18
	利润总额(万元)	8406.27	14080.54	6975.60	11649.02

浙江友邦集成吊顶股份有限公司

公司概况	公司名称	浙江友邦集成吊顶股份有限公司			证券简称	友邦吊顶
	法人代表	时沈祥	董秘	吴伟江	证券代码	002718
	公司网址	www.chinayoubang.com			电子信箱	zhejiangyoubang@163.com
	电　话	0573-86790032			传　真	0573-86788388
	办公地址	浙江省海盐县百步镇金范路8号				
	经营范围	集成吊顶的研发、生产和销售				

主要财务指标	指标\报告期	2015.06.30	2014.12.31	2014.06.30	2013.12.31
	基本每股收益(元)	0.5900	2.0500	0.5400	1.9100
	基本每股收益(扣除后)(元)	0.5100	2.0000	0.8300	1.8600
	稀释每股收益(元)	0.5900	2.0500	0.5400	1.9100
	每股净资产(元)	6.6600	10.2089	9.0308	6.2400
	每股经营现金净流量(元)	0.5282	2.2836	1.0259	2.3129
	每股现金流量(元)	1.0531	2.6261	3.6859	1.3278
	每股资本公积金(元)	1.5508	3.0813	3.0813	0.1188
	每股盈余公积金(元)	0.4513	0.7221	0.5170	0.5928
	每股未分配利润(元)	3.6597	5.4055	4.4325	4.5315
	净资产收益率(%)	8.9131	19.8720	9.4190	30.6298
	加权净资产收益率(%)	8.9600	22.2400	10.0600	35.8300
	净资产收益率(扣除)(%)	7.7137	19.4278	8.9877	29.8818
	总资产(万元)	61593.01	58483.24	52183.89	33302.66
	归属母公司股东权益(万元)	55000.02	52677.80	46598.90	28093.96
	营业收入(万元)	17086.44	37862.18	16290.52	30864.05
	营业支出(万元)	8763.95	18211.61	8059.90	14698.45
	投资收益(万元)	240.33	24.57	5.41	-
	净利润(万元)	4902.22	10468.15	4389.26	8605.12
	营业利润(万元)	5173.24	11978.32	4896.94	9776.02
	利润总额(万元)	5709.02	12232.72	5133.53	10067.14

麦趣尔集团股份有限公司

公司概况	公司名称	麦趣尔集团股份有限公司			证券简称	麦趣尔
	法人代表	李勇	董秘	姚雪	证券代码	002719
	公司网址	www.maiquer.com		电子信箱	bod@maiquer.com	
	电　　话	0994-6568908		传　　真	0994-2516699	
	办公地址	新疆维吾尔自治区昌吉回族自治州昌吉市麦趣尔大道				
	经营范围	乳制品的生产和销售,烘焙食品的连锁经营				

主要财务指标	指标\报告期	2015.06.30	2014.12.31	2014.06.30	2013.12.31
	基本每股收益(元)	0.2151	0.4600	0.1500	0.7400
	基本每股收益(扣除后)(元)	0.2021	0.4300	0.1500	0.7100
	稀释每股收益(元)	0.2151	0.4600	0.1500	0.7400
	每股净资产(元)	10.0715	7.0795	6.8956	4.1104
	每股经营现金净流量(元)	-0.0205	0.4082	-0.0104	0.3244
	每股现金流量(元)	0.7117	1.0586	0.9804	0.1972
	每股资本公积金(元)	6.7504	3.5798	3.5798	0.5838
	每股盈余公积金(元)	0.1587	0.1883	0.1542	0.1800
	每股未分配利润(元)	2.1624	2.3114	2.1616	2.3466
	净资产收益率(%)	2.1354	6.3893	2.1874	17.9009
	加权净资产收益率(%)	2.6800	6.7500	2.8800	19.5200
	净资产收益率(扣除)(%)	2.0067	6.0700	2.1912	15.9734
	总资产(万元)	131978.38	79104.31	77775.17	48346.27
	归属母公司股东权益(万元)	109500.07	64848.62	63163.46	32262.24
	营业收入(万元)	17721.18	32136.25	15052.54	38764.95
	营业支出(万元)	10149.65	19130.07	9497.43	23553.86
	投资收益(万元)	485.86	561.19	141.06	-
	净利润(万元)	2338.26	4143.40	1381.62	5775.24
	营业利润(万元)	2508.64	4404.29	1495.74	5733.78
	利润总额(万元)	2649.58	4645.93	1493.08	6416.97

北京金一文化发展股份有限公司

公司概况	公司名称	北京金一文化发展股份有限公司			证券简称	金一文化
	法人代表	钟葱	董秘	徐巍	证券代码	002721
	公司网址	www.e-kingee.com		电子信箱	jyzq@1king1.com	
	电　　话	010-68567301		传　　真	010-68567301	
	办公地址	北京市西城区复兴门外大街 A2 号中化大厦 5 层 515 室				
	经营范围	贵金属工艺品的研发设计、外包生产和销售				

主要财务指标	指标\报告期	2015.06.30	2014.12.31	2014.06.30	2013.12.31
	基本每股收益(元)	0.4200	0.4100	0.0400	0.7300
	基本每股收益(扣除后)(元)	0.3500	0.4100	0.2300	0.3800
	稀释每股收益(元)	0.4200	0.4100	0.0400	0.7300
	每股净资产(元)	9.2037	5.3226	5.0542	4.2595
	每股经营现金净流量(元)	-1.0567	-0.4008	0.4051	0.7259
	每股现金流量(元)	0.7246	0.1130	1.2920	-0.2788
	每股资本公积金(元)	6.2105	2.1132	2.1132	1.0246
	每股盈余公积金(元)	0.0578	0.0589	0.0388	0.0457
	每股未分配利润(元)	1.9355	2.1505	1.9022	2.1892
	净资产收益率(%)	4.1571	7.7386	0.8606	17.1660
	加权净资产收益率(%)	5.2700	8.1500	1.0000	18.8000
	净资产收益率(扣除)(%)	3.5011	7.5519	4.4899	8.7770
	总资产(万元)	518090.02	305322.40	297437.76	201765.15
	归属母公司股东权益(万元)	198810.48	89021.00	84532.04	60485.14
	营业收入(万元)	275313.88	601636.42	205821.47	327578.27
	营业支出(万元)	237512.11	558266.57	184956.27	289613.37
	投资收益(万元)	698.37	3832.89	2375.53	378.44
	净利润(万元)	8556.75	7850.79	727.48	10382.89
	营业利润(万元)	9940.66	8048.00	-488.05	15601.12
	利润总额(万元)	11569.86	10664.10	1557.68	14590.22

金轮科创股份有限公司

公司概况	公司名称	金轮科创股份有限公司			证券简称	金轮股份
	法人代表	陆挺	董秘	邱九辉	证券代码	002722
	公司网址	www.geron-china.com		电子信箱	stock@geron-china.com	
	电　　话	0513-80776888		传　　真	0513-80776886	
	办公地址	江苏省南通经济技术开发区滨水路 6 号				
	经营范围	生产销售梳理器材,纺织器材,纺织机械,特种钢丝及制品				

主要财务指标	指标\报告期	2015.06.30	2014.12.31	2014.06.30	2013.12.31
	基本每股收益(元)	0.2100	0.2600	0.1300	0.4700
	基本每股收益(扣除后)(元)	0.2200	0.2300	0.1200	0.4500
	稀释每股收益(元)	0.2100	0.2600	0.1300	0.4700
	每股净资产(元)	4.2989	4.1450	4.0200	3.3911
	每股经营现金净流量(元)	0.3092	0.4011	0.0712	0.4541
	每股现金流量(元)	0.5718	0.2062	0.4761	-0.1022
	每股资本公积金(元)	1.5342	1.5342	1.5342	0.5261
	每股盈余公积金(元)	0.1924	0.1923	0.1846	0.2271
	每股未分配利润(元)	1.5723	1.4185	1.2972	1.6379
	净资产收益率(%)	4.9754	6.1062	3.0712	13.7557
	加权净资产收益率(%)	5.0300	6.4500	3.2600	14.6600
	净资产收益率(扣除)(%)	5.0139	5.4591	-	13.1888
	总资产(万元)	77164.10	73802.01	71773.64	64450.72
	归属母公司股东权益(万元)	57647.97	55584.49	53854.67	35097.83
	营业收入(万元)	21218.28	39792.29	19815.63	41260.11
	营业支出(万元)	11551.77	24633.71	11920.57	24495.38
	投资收益(万元)	-	-	-	-
	净利润(万元)	2871.11	3395.50	1653.97	4827.94
	营业利润(万元)	3688.01	4156.92	1885.69	5484.31
	利润总额(万元)	3658.49	4636.49	1993.91	5732.39

广东金莱特电器股份有限公司

公司概况	公司名称	广东金莱特电器股份有限公司			证券简称	金莱特
	法人代表	蒋小荣	董秘	刘德祥	证券代码	002723
	公司网址	gd.kennede.com		电子信箱	kn_anyby@kennede.com	
	电　　话	0750-3167074		传　　真	0750-3167031	
	办公地址	广东省江门市蓬江区棠下镇金桐路 21 号				
	经营范围	可充电备用照明灯具以及可充电式交直流两用风扇的研发、生产和销售				

主要财务指标	指标\报告期	2015.06.30	2014.12.31	2014.06.30	2013.12.31
	基本每股收益(元)	0.2855	0.4472	0.2645	0.5783
	基本每股收益(扣除后)(元)	0.2804	0.4099	0.2366	0.5689
	稀释每股收益(元)	0.2855	0.4472	0.2645	0.5783
	每股净资产(元)	3.3647	6.6400	6.4600	5.0045
	每股经营现金净流量(元)	0.0337	0.7358	0.3698	0.7095
	每股现金流量(元)	-0.1268	0.2118	0.8484	-0.5254
	每股资本公积金(元)	1.1982	2.8965	2.8965	0.3910
	每股盈余公积金(元)	0.1574	0.3148	0.2711	0.3615
	每股未分配利润(元)	1.0091	2.4327	2.2921	3.2521
	净资产收益率(%)	4.2424	6.5904	3.9244	11.5550
	加权净资产收益率(%)	4.2100	6.9300	4.1400	12.2600
	净资产收益率(扣除)(%)	4.1675	6.0408	3.5101	11.3675
	总资产(万元)	94858.21	80628.81	74342.40	60114.03
	归属母公司股东权益(万元)	62819.71	62021.63	60300.55	35031.82
	营业收入(万元)	39189.56	58317.96	30161.60	56331.36
	营业支出(万元)	32833.27	48238.01	24860.34	45075.75
	投资收益(万元)	167.78	-47.39	-	-
	净利润(万元)	2650.60	4087.50	2366.41	4047.93
	营业利润(万元)	3375.14	4358.16	2477.66	4717.13
	利润总额(万元)	3437.91	4741.39	2771.51	4794.39

海洋王照明科技股份有限公司

公司概况						
公司名称	海洋王照明科技股份有限公司			证券简称	海洋王	
法人代表	周明杰	董秘	唐小芬	证券代码	002724	
公司网址	www.haiyangwang.com		电子信箱	ok@oceansking.com.cn		
电　话	0755-26492666 26051975		传　真	0755-26406711		
办公地址	广东省深圳市南山区南海大道海王大厦 A 座 22 层					
经营范围	研制、生产灯具；国内商业、物资供销业等					

主要财务指标

指标＼报告期	2015.06.30	2014.12.31	2014.06.30	2013.12.31
基本每股收益(元)	-0.0389	0.4790	0.1022	0.4928
基本每股收益(扣除后)(元)	-0.0069	0.4274	0.0743	0.4434
稀释每股收益(元)	-0.0389	0.4790	0.1022	0.4928
每股净资产(元)	3.6276	3.8375	2.8600	2.9300
每股经营现金净流量(元)	-0.1252	0.4960	0.0060	0.5845
每股现金流量(元)	-1.0095	1.0165	-0.3877	0.0289
每股资本公积金(元)	0.9223	0.9223	0.0596	0.0596
每股盈余公积金(元)	0.2087	0.2087	0.2342	0.2095
每股未分配利润(元)	1.4969	1.7068	1.5669	1.6608
净资产收益率(%)	-1.0724	11.1810	3.5739	16.8221
加权净资产收益率(%)	-1.0300	15.2900	3.6000	18.1700
净资产收益率(扣除)(%)	-0.1906	9.9764	2.5971	15.1360
总资产(万元)	158732.28	177759.89	113035.19	128974.08
归属母公司股东权益(万元)	145104.84	153501.02	100113.79	102532.99
营业收入(万元)	34342.77	105642.85	41953.53	113131.00
营业支出(万元)	10090.23	29754.58	12369.13	31854.07
投资收益(万元)	18.26	-	-	-
净利润(万元)	-1556.13	17162.88	3577.96	17248.20
营业利润(万元)	-1829.45	17812.44	3973.33	17951.21
利润总额(万元)	-544.78	19989.67	4982.68	19999.24

浙江跃岭股份有限公司

公司概况						
公司名称	浙江跃岭股份有限公司			证券简称	跃岭股份	
法人代表	林仙明	董秘	卢岳嵩	证券代码	002725	
公司网址	www.yuering.com		电子信箱	yl@yueling.com.cn		
电　话	0576-86402693		传　真	0576-86428985		
办公地址	浙江省温岭市泽国镇现代大道北侧					
经营范围	从事铝合金车轮的研发、设计、制造和销售					

主要财务指标

指标＼报告期	2015.06.30	2014.12.31	2014.06.30	2013.12.31
基本每股收益(元)	0.2100	0.9600	0.5700	1.3700
基本每股收益(扣除后)(元)	0.2000	0.9100	0.5300	1.3200
稀释每股收益(元)	0.2100	0.9600	0.5700	1.3700
每股净资产(元)	5.4107	8.7072	8.3100	6.3629
每股经营现金净流量(元)	0.3510	-0.0247	0.3258	1.6077
每股现金流量(元)	-0.1470	1.3551	2.0007	0.2259
每股资本公积金(元)	2.4573	4.5317	4.5174	1.8272
每股盈余公积金(元)	0.2523	0.4036	0.3100	0.4133
每股未分配利润(元)	1.6982	2.7875	2.4871	3.1225
净资产收益率(%)	3.8074	10.7881	6.5582	21.5473
加权净资产收益率(%)	3.7700	11.5400	6.9400	23.9400
净资产收益率(扣除)(%)	3.7332	10.2729	6.1294	20.7549
总资产(万元)	98744.27	105198.73	102281.19	66540.78
归属母公司股东权益(万元)	86571.82	87071.94	83145.00	47722.08
营业收入(万元)	33510.79	83263.74	40622.35	84079.44
营业支出(万元)	26524.17	63246.72	30321.95	63260.36
投资收益(万元)	0.40	265.10	139.73	0.90
净利润(万元)	3296.15	9393.37	5452.81	10282.81
营业利润(万元)	3843.88	10642.45	6155.27	11551.92
利润总额(万元)	3882.97	10858.44	6400.08	11931.17

山东龙大肉食品股份有限公司

公司概况						
公司名称	山东龙大肉食品股份有限公司			证券简称	龙大肉食	
法人代表	宫明杰	董秘	纪鹏斌	证券代码	002726	
公司网址	www.longdameat.com		电子信箱	jipb@longdameat.cn		
电　话	0535-7717760		传　真	0535-7717337		
办公地址	山东省莱阳市食品工业园					
经营范围	生猪养殖,生猪屠宰,冷鲜肉,冷冻肉,熟食制品的生产加工及销售					

主要财务指标

指标＼报告期	2015.06.30	2014.12.31	2014.06.30	2013.12.31
基本每股收益(元)	0.1100	0.5400	0.3200	0.7100
基本每股收益(扣除后)(元)	0.0900	0.4800	0.3100	0.6600
稀释每股收益(元)	0.1100	0.5400	0.3200	0.7100
每股净资产(元)	3.3913	6.7060	6.4724	5.4900
每股经营现金净流量(元)	0.0152	0.2057	-0.0762	0.1307
每股现金流量(元)	0.0996	1.0709	2.1283	-0.3420
每股资本公积金(元)	1.3366	3.6732	3.6732	2.1893
每股盈余公积金(元)	0.1717	0.3435	0.2634	0.3513
每股未分配利润(元)	0.8830	1.6893	1.5358	1.9541
净资产收益率(%)	3.3413	6.9943	3.6776	12.9357
加权净资产收益率(%)	3.3500	8.7300	5.7300	13.7000
净资产收益率(扣除)(%)	2.7946	6.3168	3.5684	12.0527
总资产(万元)	181667.50	174008.29	178658.42	123704.78
归属母公司股东权益(万元)	148023.46	146351.12	141252.88	89921.60
营业收入(万元)	184654.88	354651.37	169507.51	315833.41
营业支出(万元)	170986.24	324767.61	154440.82	289072.71
投资收益(万元)	297.58	109.26	-	-
净利润(万元)	5002.77	10351.36	5194.74	11624.66
营业利润(万元)	5030.56	10254.74	5553.27	11450.84
利润总额(万元)	5660.47	11248.87	5711.30	12290.06

云南鸿翔一心堂药业(集团)股份有限公司

公司概况						
公司名称	云南鸿翔一心堂药业(集团)股份有限公司			证券简称	一心堂	
法人代表	阮鸿献	董秘	田俊	证券代码	002727	
公司网址	www.hx8886.com		电子信箱	1192373467@qq.com		
电　话	0871-68185283		传　真	0871-68185283		
办公地址	云南省昆明市(呈贡新区)经济技术开发区鸿翔路 1 号					
经营范围	医药零售连锁和医药批发业务,其中医药零售连锁是公司的核心业务					

主要财务指标

指标＼报告期	2015.06.30	2014.12.31	2014.06.30	2013.12.31
基本每股收益(元)	0.6680	1.3050	0.8070	1.2340
基本每股收益(扣除后)(元)	0.6650	1.3020	0.8050	1.2090
稀释每股收益(元)	0.6680	1.3050	0.8070	1.2340
每股净资产(元)	8.0696	8.0012	7.5060	5.3600
每股经营现金净流量(元)	-0.1038	0.6770	0.3516	1.1692
每股现金流量(元)	-0.7363	2.0436	2.8829	0.6884
每股资本公积金(元)	3.2185	3.2185	3.2602	0.8436
每股盈余公积金(元)	0.3451	0.3006	0.2639	0.3055
每股未分配利润(元)	3.5060	3.4822	2.9819	3.2157
净资产收益率(%)	8.2828	14.2750	8.0636	22.9992
加权净资产收益率(%)	8.2200	18.9300	13.9900	25.9900
净资产收益率(扣除)(%)	8.2426	14.2374	8.0464	22.5432
总资产(万元)	373413.54	294143.62	304485.45	207284.76
归属母公司股东权益(万元)	210052.43	208272.23	195381.85	104722.25
营业收入(万元)	249906.92	442841.00	207384.71	354666.21
营业支出(万元)	145923.87	263776.30	120169.39	214245.67
投资收益(万元)	-21.87	50.20	21.36	48.34
净利润(万元)	17398.20	29504.50	15754.73	24085.33
营业利润(万元)	19290.49	34442.68	17598.74	26434.33
利润总额(万元)	19390.02	34534.34	17637.95	26994.92

广东台城制药股份有限公司

公司概况						
公司名称	广东台城制药股份有限公司			证券简称	台城制药
法人代表	许丹青	董秘	陈习良	证券代码	002728
公司网址	www.tczy.com.cn			电子信箱	gdtczy@vip.sina.com
电　　话	0750-5627588			传　　真	0750-5627000
办公地址	广东省台山市北坑工业园				
经营范围	主要从事中成药和化学制剂药的研发、生产和销售				

主要财务指标：指标＼报告期	2015.06.30	2014.12.31	2014.06.30	2013.12.31
基本每股收益(元)	0.4100	0.9400	0.6300	1.0700
基本每股收益(扣除后)(元)	0.4100	0.9100	–	1.0700
稀释每股收益(元)	0.4100	0.9400	–	1.0700
每股净资产(元)	7.7638	7.3564	5.0792	4.6700
每股经营现金净流量(元)	0.4327	0.5735	–	0.9897
每股现金流量(元)	-3.0827	3.3749	–	0.2080
每股资本公积金(元)	3.3793	3.3793	–	0.5483
每股盈余公积金(元)	0.3741	0.3741	–	0.3918
每股未分配利润(元)	3.0105	2.6031	–	2.7284
净资产收益率(%)	5.2477	10.9012	12.4172	23.0060
加权净资产收益率(%)	5.3900	15.7100	13.0400	25.6700
净资产收益率(扣除)(%)	5.2263	10.5869	–	22.9594
总资产(万元)	117967.85	82560.27	46078.68	45354.35
归属母公司股东权益(万元)	77638.23	73564.04	38094.23	35013.99
营业收入(万元)	18508.02	34474.84	17344.13	34272.10
营业支出(万元)	9993.75	19239.82	–	19379.11
投资收益(万元)	–	–	–	–
净利润(万元)	4074.19	8019.37	4730.24	8055.47
营业利润(万元)	4779.22	9030.10	5457.29	9326.77
利润总额(万元)	4798.77	9302.55	5564.99	9346.67

好利来(中国)电子科技股份有限公司

公司概况					
公司名称	好利来(中国)电子科技股份有限公司			证券简称	好利来
法人代表	黄舒婷	董秘	黄舒婷(代)	证券代码	002729
公司网址	www.hollyfuse.com			电子信箱	securities@hollyfuse.com
电　　话	0592-5772288			传　　真	0592-5760888
办公地址	厦门市翔安区舫山东二路829号				
经营范围	熔断器、自复保险丝等过电流、过热电路保护元器件的研发、生产和销售				

主要财务指标：指标＼报告期	2015.06.30	2014.12.31	2014.06.30	2013.12.31
基本每股收益(元)	0.1900	0.6400	0.3500	0.8300
基本每股收益(扣除后)(元)	0.2100	0.5800	0.3400	0.8200
稀释每股收益(元)	0.1900	0.6400	0.3500	0.8300
每股净资产(元)	5.5428	5.5541	3.6600	3.6500
每股经营现金净流量(元)	0.0831	0.6768	0.3770	0.7856
每股现金流量(元)	1.1807	0.8458	-0.1847	0.0648
每股资本公积金(元)	2.6683	2.6683	0.4920	0.4920
每股盈余公积金(元)	0.2368	0.2368	0.2483	0.2483
每股未分配利润(元)	1.6492	1.6604	1.9335	1.9247
净资产收益率(%)	3.4063	9.4096	9.5280	22.8136
加权净资产收益率(%)	3.3600	15.2700	9.6900	24.7700
净资产收益率(扣除)(%)	3.7203	8.5377	9.1600	–
总资产(万元)	48442.43	47995.96	29407.19	25430.90
归属母公司股东权益(万元)	36959.37	37034.48	18301.60	18246.00
营业收入(万元)	7823.05	17327.66	8621.91	20643.26
营业支出(万元)	4619.13	9652.75	4769.73	11381.64
投资收益(万元)	208.30	–	–	–
净利润(万元)	1258.94	3484.78	1743.73	4162.56
营业利润(万元)	1622.58	3661.11	1964.64	4821.80
利润总额(万元)	1486.08	4041.11	2043.82	4882.43

电光防爆科技股份有限公司

公司概况					
公司名称	电光防爆科技股份有限公司			证券简称	电光科技
法人代表	石碎标	董秘	曹汉君	证券代码	002730
公司网址	www.dianguang.com			电子信箱	ir@dianguang.com
电　　话	0577-55776666			传　　真	0577-62666111
办公地址	浙江省乐清市经济开发区纬五路180号				
经营范围	矿用防爆电器研发,设计,生产及销售				

主要财务指标：指标＼报告期	2015.06.30	2014.12.31	2014.06.30	2013.12.31
基本每股收益(元)	0.2600	0.4500	0.2400	0.5700
基本每股收益(扣除后)(元)	0.1000	0.4000	0.2200	0.5500
稀释每股收益(元)	0.2600	0.4500	0.2400	0.5700
每股净资产(元)	5.5076	5.3820	4.5300	4.2904
每股经营现金净流量(元)	0.3029	0.3485	0.4437	0.3441
每股现金流量(元)	-0.4735	1.5651	0.1864	-0.1868
每股资本公积金(元)	2.4173	2.4173	1.1548	1.1548
每股盈余公积金(元)	0.1782	0.1782	0.1931	0.1931
每股未分配利润(元)	1.9121	1.7865	2.1792	1.9425
净资产收益率(%)	4.6780	6.7445	5.2291	13.3079
加权净资产收益率(%)	4.6800	9.4300	5.3700	14.2600
净资产收益率(扣除)(%)	1.7748	6.1045	4.8805	12.8085
总资产(万元)	118901.41	122151.24	92212.32	91939.61
归属母公司股东权益(万元)	80780.57	78937.68	49798.71	47194.69
营业收入(万元)	21225.11	57563.89	27860.65	66022.23
营业支出(万元)	14102.38	37658.18	17887.38	42918.22
投资收益(万元)	0.54	–	–	–
净利润(万元)	3775.36	5323.98	2604.01	6280.63
营业利润(万元)	1663.70	5711.64	2918.20	7172.93
利润总额(万元)	4412.29	6233.86	3100.64	7390.06

沈阳萃华金银珠宝股份有限公司

公司概况					
公司名称	沈阳萃华金银珠宝股份有限公司			证券简称	萃华珠宝
法人代表	郭英杰	董秘	郭裕春	证券代码	002731
公司网址	www.chjd.com.cn			电子信箱	chgf_zqb@163.com
电　　话	024-24868333			传　　真	024-24869666
办公地址	辽宁省沈阳市大东区北顺城路翠华巷72号				
经营范围	金银制品、氯化金、金银饰品、珠宝、铂首饰、钯首饰等生产、加工、批发、零售				

主要财务指标：指标＼报告期	2015.06.30	2014.12.31	2014.06.30	2013.12.31
基本每股收益(元)	0.2500	0.8200	0.3900	0.9800
基本每股收益(扣除后)(元)	0.2400	0.8000	0.3600	0.9200
稀释每股收益(元)	0.2500	0.8200	0.3900	0.9800
每股净资产(元)	7.0246	6.8362	5.0194	4.6327
每股经营现金净流量(元)	0.1444	1.6551	3.1354	5.2984
每股现金流量(元)	-1.9664	2.0753	0.4049	-0.5699
每股资本公积金(元)	2.6676	2.6676	0.2781	0.2781
每股盈余公积金(元)	0.1851	0.1851	0.2073	0.2073
每股未分配利润(元)	3.1718	2.9835	3.5340	3.1473
净资产收益率(%)	3.5350	9.5499	7.7037	21.1701
加权净资产收益率(%)	3.5700	15.3500	8.0100	23.6800
净资产收益率(扣除)(%)	3.3690	9.2143	7.1592	19.8040
总资产(万元)	198252.41	195808.08	141057.03	124122.49
归属母公司股东权益(万元)	105846.00	103008.39	56719.37	52349.87
营业收入(万元)	166539.58	330805.52	179876.37	367915.40
营业支出(万元)	155150.97	304321.20	163229.06	351678.96
投资收益(万元)	1032.45	1849.55	-239.83	6339.60
净利润(万元)	3597.55	9847.43	4374.26	11112.26
营业利润(万元)	4896.76	12829.16	5483.53	13941.09
利润总额(万元)	4998.78	13292.65	5895.37	14895.11

广东燕塘乳业股份有限公司

公司概况	公司名称	广东燕塘乳业股份有限公司			证券简称	燕塘乳业
	法人代表	黄宣	董秘	吴树荣	证券代码	002732
	公司网址	www.yantangmilk.com		电子信箱	master@ytdairy.com	
	电　话	020-61372566		传　真	020-61372038	
	办公地址	广东省广州市天河区沙河燕塘				
	经营范围	主要从事乳制品和含乳饮料的研发、生产和销售，属于食品制造业				

主要财务指标	指标\报告期	2015.06.30	2014.12.31	2014.06.30	2013.12.31
	基本每股收益(元)	0.2900	0.6500	0.3500	0.5900
	基本每股收益(扣除后)(元)	0.3000	0.6600	0.3500	0.5900
	稀释每股收益(元)	0.2900	0.6500	0.3500	0.5900
	每股净资产(元)	4.6727	4.5813	3.1600	2.8100
	每股经营现金净流量(元)	0.2359	0.6459	0.0970	0.9194
	每股现金流量(元)	−0.9127	2.1117	−0.1793	0.5278
	每股资本公积金(元)	2.0299	2.0299	0.1129	0.1129
	每股盈余公积金(元)	0.1736	0.1736	0.1667	0.1667
	每股未分配利润(元)	1.4691	1.3778	1.8813	1.5321
	净资产收益率(%)	6.2355	10.9672	11.0479	21.0176
	加权净资产收益率(%)	6.2100	20.2100	11.6900	23.4900
	净资产收益率(扣除)(%)	6.3585	11.1385	11.1244	21.0094
	总资产(万元)	98364.29	96074.20	59872.69	58006.47
	归属母公司股东权益(万元)	73524.85	72087.24	37298.43	33177.73
	营业收入(万元)	46508.69	94991.03	43330.42	87781.30
	营业支出(万元)	30247.15	64945.02	30014.03	61312.92
	投资收益(万元)	117.30	–	–	–
	净利润(万元)	4609.06	7879.57	4089.42	7031.09
	营业利润(万元)	5919.27	10126.50	5114.39	8851.35
	利润总额(万元)	5827.43	10028.41	5075.58	8903.68

深圳市雄韬电源科技股份有限公司

公司概况	公司名称	深圳市雄韬电源科技股份有限公司			证券简称	雄韬股份
	法人代表	张华农	董秘	肖杨健	证券代码	002733
	公司网址	www.senry-batt.com		电子信箱	sales@vision-batt.com	
	电　话	0755-66851118*8245		传　真	0755-66850678*8245	
	办公地址	深圳市大鹏新区大鹏镇同富工业区雄韬科技园办公楼				
	经营范围	阀控式密封铅酸蓄电池的研发、生产和销售				

主要财务指标	指标\报告期	2015.06.30	2014.12.31	2014.06.30	2013.12.31
	基本每股收益(元)	0.2400	0.9400	0.2700	0.8200
	基本每股收益(扣除后)(元)	0.2100	0.9100	0.4200	0.7800
	稀释每股收益(元)	0.2400	0.9400	0.2700	0.8200
	每股净资产(元)	5.4790	8.0853	6.5500	6.1000
	每股经营现金净流量(元)	0.2625	0.7051	0.9069	0.4222
	每股现金流量(元)	−1.4233	2.7870	0.7330	−0.5571
	每股资本公积金(元)	2.2726	3.9090	1.6258	1.6258
	每股盈余公积金(元)	0.1399	0.2099	0.2304	0.2304
	每股未分配利润(元)	2.1165	3.0414	3.7785	3.3368
	净资产收益率(%)	4.2996	8.9422	6.7454	13.4900
	加权净资产收益率(%)	4.3000	14.0900	6.9900	13.7000
	净资产收益率(扣除)(%)	3.7852	8.6422	6.4719	12.8405
	总资产(万元)	195935.02	189928.13	145584.50	120941.95
	归属母公司股东权益(万元)	111772.37	109960.16	66802.26	62228.84
	营业收入(万元)	102749.94	197540.45	93233.04	165039.13
	营业支出(万元)	87368.73	166613.41	79171.88	138823.46
	投资收益(万元)	581.56	273.26	244.31	30.26
	净利润(万元)	4760.41	9963.57	4571.31	8502.15
	营业利润(万元)	5439.16	11209.36	5128.08	9544.48
	利润总额(万元)	5605.54	11482.23	5216.49	9995.97

利民化工股份有限公司

公司概况	公司名称	利民化工股份有限公司			证券简称	利民股份
	法人代表	李新生	董秘	李新生(代)	证券代码	002734
	公司网址	www.chinalimin.com		电子信箱	limin@chinalimin.com	
	电　话	0516-88984525		传　真	0516-88984525	
	办公地址	江苏省新沂市经济开发区经九路69号				
	经营范围	农用杀菌剂原药及制剂的研发、生产和销售				

主要财务指标	指标\报告期	2015.06.30	2014.12.31	2014.06.30	2013.12.31
	基本每股收益(元)	0.2900	0.6400	0.3900	0.7000
	基本每股收益(扣除后)(元)	0.2600	0.5800	0.3800	0.6200
	稀释每股收益(元)	0.2900	0.6400	0.3900	0.7000
	每股净资产(元)	5.6417	6.7435	6.5000	5.9500
	每股经营现金净流量(元)	−0.0932	0.8388	0.6722	1.3710
	每股现金流量(元)	−0.1478	−0.1705	0.6988	0.1066
	每股资本公积金(元)	2.5651	2.1529	2.1529	2.0057
	每股盈余公积金(元)	0.2804	0.4445	0.4165	0.3803
	每股未分配利润(元)	1.8021	3.1626	2.9379	2.5820
	净资产收益率(%)	4.1163	9.5632	6.0300	11.7500
	加权净资产收益率(%)	4.3000	10.1500	6.3600	11.8000
	净资产收益率(扣除)(%)	3.8106	8.6538	5.7894	10.4221
	总资产(万元)	110619.59	93061.30	89123.33	77940.56
	归属母公司股东权益(万元)	73341.86	50575.92	48747.06	44637.58
	营业收入(万元)	43617.02	75795.30	41321.08	66599.06
	营业支出(万元)	32918.28	58802.40	31578.56	49577.42
	投资收益(万元)	409.42	648.04	329.30	604.36
	净利润(万元)	3021.97	4864.67	2978.07	5259.56
	营业利润(万元)	3194.08	5091.63	3377.89	5349.35
	利润总额(万元)	3463.28	5641.36	3496.79	6055.43

深圳王子新材料股份有限公司

公司概况	公司名称	深圳王子新材料股份有限公司			证券简称	王子新材
	法人代表	王进军	董秘	罗忠放	证券代码	002735
	公司网址	www.szwzxc.com		电子信箱	stock@szwzxc.com	
	电　话	0755-81713366		传　真	0755-28135066	
	办公地址	广东省深圳市宝安区龙华街道油松第十工业区王子工业园				
	经营范围	主要从事塑料包装材料及产品的研发、设计、生产和销售				

主要财务指标	指标\报告期	2015.06.30	2014.12.31	2014.06.30	2013.12.31
	基本每股收益(元)	0.1400	0.5300	0.2000	0.6600
	基本每股收益(扣除后)(元)	0.1400	0.4900	0.2000	0.5400
	稀释每股收益(元)	0.1400	0.5300	0.2000	0.6600
	每股净资产(元)	5.5389	5.4804	4.4400	4.3100
	每股经营现金净流量(元)	0.3399	0.4588	0.3924	0.9777
	每股现金流量(元)	−0.0713	1.7697	0.2117	−0.0291
	每股资本公积金(元)	2.0330	2.0330	0.5235	0.5235
	每股盈余公积金(元)	0.1259	0.1259	0.1468	0.1468
	每股未分配利润(元)	2.3800	2.3216	2.7724	2.6410
	净资产收益率(%)	2.5364	7.4092	4.4427	15.2023
	加权净资产收益率(%)	2.5400	11.4200	4.5100	16.3600
	净资产收益率(扣除)(%)	2.4724	6.8325	4.4220	12.6170
	总资产(万元)	51468.44	56940.55	38761.21	40024.66
	归属母公司股东权益(万元)	44311.13	43843.21	26656.59	25868.31
	营业收入(万元)	20850.68	47992.09	21191.67	47658.43
	营业支出(万元)	17094.88	39048.42	17378.95	37938.29
	投资收益(万元)	–	−44.45	−49.02	27.90
	净利润(万元)	1151.11	3299.89	1206.50	4017.99
	营业利润(万元)	1533.64	4094.75	1624.20	4657.32
	利润总额(万元)	1572.37	4443.42	1659.40	5455.89

国信证券股份有限公司

公司概况	公司名称	国信证券股份有限公司			证券简称	国信证券
	法人代表	何如	董秘	胡华勇	证券代码	002736
	公司网址	www.guosen.com.cn		电子信箱	xzyxzb@guosen.com.cn	
	电　话	0755-82130188		传　真	0755-82133453	
	办公地址	广东省深圳市罗湖区红岭中路1012号国信证券大厦十六层至二十六层				
	经营范围	证券经纪;证券投资咨询;与证券交易、证券投资活动有关的财务顾问				

	指标\报告期	2015.06.30	2014.12.31	2014.06.30	2013.12.31
主要财务指标	基本每股收益(元)	1.1000	0.7000	0.2200	0.3000
	基本每股收益(扣除后)(元)	1.1000	0.7000	0.2100	0.3000
	稀释每股收益(元)	1.1000	0.7000	0.2200	0.3000
	每股净资产(元)	5.5452	4.0000	3.0600	2.9425
	每股经营现金净流量(元)	1.4596	0.7938	0.2876	0.3933
	每股现金流量(元)	11.7402	3.9672	0.5418	-0.7506
	每股资本公积金(元)	0.8150	0.8150	0.1890	0.1489
	每股盈余公积金(元)	0.2319	0.2319	0.2253	0.2076
	每股未分配利润(元)	2.0275	1.1278	0.9707	0.9111
	净资产收益率(%)	19.8409	15.0313	6.9945	10.2343
	加权净资产收益率(%)	24.2700	21.2800	7.2100	10.6200
	净资产收益率(扣除)(%)	19.8097	14.9550	6.8869	10.1058
	总资产(万元)	34804711.87	16135237.11	8358243.87	7595194.49
	归属母公司股东权益(万元)	4547061.40	3278212.51	2138683.67	2059749.35
	营业收入(万元)	1747201.74	1179232.26	429395.56	677192.23
	营业支出(万元)	550306.26	528325.35	228090.03	401865.98
	投资收益(万元)	333033.08	222927.88	83259.28	118799.08
	净利润(万元)	902182.16	494322.56	152626.35	209960.13
	营业利润(万元)	1196895.48	650906.91	201305.52	275326.25
	利润总额(万元)	1198737.78	654081.07	203811.76	276764.56

葵花药业集团股份有限公司

公司概况	公司名称	葵花药业集团股份有限公司			证券简称	葵花药业
	法人代表	关彦斌	董秘	田艳	证券代码	002737
	公司网址	www.kuihuayaoye.com		电子信箱	khyygroup@163.com	
	电　话	0451-82307136		传　真	0451-82367253	
	办公地址	黑龙江省哈尔滨市高新技术产业开发区迎宾路集中区东湖路18号				
	经营范围	投资及投资管理;企业策划;医药技术开发				

	指标\报告期	2015.06.30	2014.12.31	2014.06.30	2013.12.31
主要财务指标	基本每股收益(元)	1.2500	2.7500	1.5000	2.4000
	基本每股收益(扣除后)(元)	1.1700	2.5800	1.4400	2.1200
	稀释每股收益(元)	1.2500	2.7500	1.5000	2.4000
	每股净资产(元)	8.0394	15.1797	7.5800	7.5600
	每股经营现金净流量(元)	0.8876	2.7618	2.5617	2.6789
	每股现金流量(元)	-3.3748	9.2707	0.4484	-0.4283
	每股资本公积金(元)	4.1838	9.3677	1.4205	1.4200
	每股盈余公积金(元)	0.2861	0.5721	0.7628	0.7628
	每股未分配利润(元)	2.5289	4.1611	4.2997	4.2981
	净资产收益率(%)	7.7533	13.5874	19.7973	31.7428
	加权净资产收益率(%)	7.8900	34.4800	19.2100	35.1400
	净资产收益率(扣除)(%)	7.2537	12.7549	19.0487	28.0284
	总资产(万元)	312474.94	373301.54	221172.97	209859.34
	归属母公司股东权益(万元)	234749.91	221623.35	83054.69	82832.88
	营业收入(万元)	151292.62	271876.05	125143.35	218093.21
	营业支出(万元)	64865.69	103339.56	45916.13	78577.89
	投资收益(万元)	49.30	22.75	22.75	20.13
	净利润(万元)	19569.26	33108.49	18606.96	28252.66
	营业利润(万元)	22099.48	38340.43	21699.81	30785.35
	利润总额(万元)	23645.30	40695.93	22553.56	34697.48

中矿资源勘探股份有限公司

公司概况	公司名称	中矿资源勘探股份有限公司			证券简称	中矿资源
	法人代表	王平卫	董秘	肖晓霞	证券代码	002738
	公司网址	www.nfmec.com		电子信箱	chinazkzy@126.com	
	电　话	010-58819925		传　真	010-58815521	
	办公地址	北京市海淀区长春桥路11号万柳亿城中心A座5层				
	经营范围	主营业务包括固体矿产勘查技术服务,矿权投资业务,海外勘查后勤配套服务和建筑工程服务等				

	指标\报告期	2015.06.30	2014.12.31	2014.06.30	2013.12.31
主要财务指标	基本每股收益(元)	0.1488	0.5000	0.2390	0.5400
	基本每股收益(扣除后)(元)	0.1541	0.4900	0.2400	0.4400
	稀释每股收益(元)	0.1488	0.5000	0.2390	0.5400
	每股净资产(元)	4.7961	5.0818	4.5200	4.8200
	每股经营现金净流量(元)	-0.2545	-0.0730	0.0398	0.2774
	每股现金流量(元)	-0.9832	1.3205	0.2228	-1.2818
	每股资本公积金(元)	1.9274	1.9274	0.7672	0.7729
	每股盈余公积金(元)	0.1306	0.1306	0.1586	0.1586
	每股未分配利润(元)	2.4799	2.4811	3.0641	2.9751
	净资产收益率(%)	3.1030	7.3563	5.2903	11.7270
	加权净资产收益率(%)	2.9700	10.7300	5.1400	12.0600
	净资产收益率(扣除)(%)	3.2138	7.2764	5.2290	9.4612
	总资产(万元)	71118.80	79837.01	62897.73	59799.96
	归属母公司股东权益(万元)	57553.31	60981.07	40661.46	41791.59
	营业收入(万元)	11970.09	30833.61	13483.26	32999.63
	营业支出(万元)	7695.30	20948.49	8853.92	22491.27
	投资收益(万元)	-2.46	-8.99	-1.58	374.02
	净利润(万元)	1563.16	4020.96	2015.83	5009.96
	营业利润(万元)	2058.77	4976.35	2447.09	5632.74
	利润总额(万元)	2011.39	4952.05	2478.37	6662.38

万达电影院线股份有限公司

公司概况	公司名称	万达电影院线股份有限公司			证券简称	万达院线
	法人代表	张霖	董秘	王会武	证券代码	002739
	公司网址	www.wandacinemas.com		电子信箱	wandafilm-ir@wanda.com.cn	
	电　话	010-85587602		传　真	010-85587600	
	办公地址	北京市朝阳区建国路93号万达广场B座11层				
	经营范围	影院投资建设、院线电影发行、影院电影放映及相关衍生业务等				

	指标\报告期	2015.06.30	2014.12.31	2014.06.30	2013.12.31
主要财务指标	基本每股收益(元)	1.1400	1.6020	0.8400	1.2050
	基本每股收益(扣除后)(元)	1.0800	1.4150	0.7800	1.0400
	稀释每股收益(元)	1.1400	1.6020	0.8400	1.2050
	每股净资产(元)	7.8909	5.9962	5.2300	4.3943
	每股经营现金净流量(元)	1.5960	2.5227	1.5379	2.0372
	每股现金流量(元)	2.1589	1.1415	1.1272	0.9597
	每股资本公积金(元)	2.1300	0.0249	0.0249	0.0249
	每股盈余公积金(元)	0.4568	0.3559	0.2162	0.2162
	每股未分配利润(元)	4.3041	4.6154	3.9884	3.1532
	净资产收益率(%)	14.2218	26.7150	15.9704	27.4231
	加权净资产收益率(%)	14.4600	30.8300	17.4600	31.7600
	净资产收益率(扣除)(%)	13.4264	23.6018	14.9149	23.7263
	总资产(万元)	589639.11	457378.08	411096.86	345244.91
	归属母公司股东权益(万元)	441889.70	299812.48	261476.15	219717.43
	营业收入(万元)	348645.67	533899.21	247576.36	402255.75
	营业支出(万元)	228817.22	350917.82	163689.77	262327.05
	投资收益(万元)	-	-	-	-
	净利润(万元)	62949.56	80256.45	41847.07	60478.86
	营业利润(万元)	78228.54	93699.83	51111.36	68297.44
	利润总额(万元)	82725.07	105739.95	54612.73	78914.92

深圳市爱迪尔珠宝股份有限公司

公司概况	公司名称	深圳市爱迪尔珠宝股份有限公司		证券简称	爱迪尔
	法人代表	苏日明	董秘 朱新武	证券代码	002740
	公司网址	www.idr.com.cn		电子信箱	zhu@idr.com.cn
	电　　话	86-755-25798819		传　　真	86-755-25631878
	办公地址	广东省深圳市罗湖区东晓路1005号北楼二,三楼			
	经营范围	珠宝、铂金首饰、黄金饰品的零售			

指标\报告期	2015.06.30	2014.12.31	2014.06.30	2013.12.31
基本每股收益(元)	0.3700	1.1600	0.5300	1.2100
基本每股收益(扣除后)(元)	0.3600	1.1400	0.5300	1.1900
稀释每股收益(元)	0.3700	1.1600	0.5300	1.2100
每股净资产(元)	9.3198	7.1581	6.5300	5.9900
每股经营现金净流量(元)	-1.7755	-0.5378	-0.1496	0.5816
每股现金流量(元)	2.1017	-0.2765	-0.3228	1.0494
每股资本公积金(元)	4.2224	1.1635	1.1635	1.1635
每股盈余公积金(元)	0.3845	0.5127	0.3918	0.3918
每股未分配利润(元)	3.7129	4.4819	3.9723	3.4378
净资产收益率(%)	3.7713	16.2751	8.1877	20.2412
加权净资产收益率(%)	4.0400	17.7200	8.4900	22.5300
净资产收益率(扣除)(%)	3.6994	15.9372	8.1453	19.7798
总资产(万元)	128421.65	84301.68	73356.80	67435.38
归属母公司股东权益(万元)	93197.88	53685.46	48956.52	44948.09
营业收入(万元)	43846.71	88490.17	42807.73	79896.43
营业支出(万元)	34029.00	68595.76	33332.54	61327.49
投资收益(万元)	-	-	-	-
净利润(万元)	3514.79	8737.37	4008.43	9098.03
营业利润(万元)	4806.87	11622.31	5419.28	11918.11
利润总额(万元)	4896.62	11857.53	5446.99	12194.49

（主要财务指标）

广东光华科技股份有限公司

公司概况	公司名称	广东光华科技股份有限公司		证券简称	光华科技
	法人代表	郑创发	董秘 杨荣政	证券代码	002741
	公司网址	www.jinhuada.com		电子信箱	stock@jinhuada.com
	电　　话	86-754-88211322		传　　真	86-754-88110058
	办公地址	广东省汕头市大学路295号			
	经营范围	危险化学品及化学试剂的生产重庆三圣特种建材股份有限公司			

指标\报告期	2015.06.30	2014.12.31	2014.06.30	2013.12.31
基本每股收益(元)	0.2600	0.7500	0.3100	0.6700
基本每股收益(扣除后)(元)	0.2500	0.7100	0.3100	0.6400
稀释每股收益(元)	0.2600	0.7500	0.3100	0.6700
每股净资产(元)	6.0495	4.0800	3.6400	3.4770
每股经营现金净流量(元)	-0.5081	0.5299	0.2868	0.4385
每股现金流量(元)	0.7947	0.1992	0.2805	-0.0991
每股资本公积金(元)	2.7058	0.2995	0.2995	0.2995
每股盈余公积金(元)	0.1897	0.2270	0.1948	0.1698
每股未分配利润(元)	2.1507	2.5467	2.1398	2.0001
净资产收益率(%)	4.2997	18.4856	8.6404	19.2012
加权净资产收益率(%)	5.1900	19.8200	8.7800	20.9500
净资产收益率(扣除)(%)	4.0783	17.5192	8.5779	18.4340
总资产(万元)	92161.43	69971.86	60911.29	54278.22
归属母公司股东权益(万元)	72593.76	36697.95	32776.23	31293.14
营业收入(万元)	39437.65	77358.17	35341.31	66687.95
营业支出(万元)	29341.79	57207.22	26215.24	49141.73
投资收益(万元)	-	-	-	-
净利润(万元)	3121.35	6783.83	2832.00	6008.67
营业利润(万元)	3462.74	7443.57	3312.96	6722.13
利润总额(万元)	3652.32	7861.94	3336.42	7001.98

（主要财务指标）

重庆三圣特种建材股份有限公司

公司概况	公司名称	重庆三圣特种建材股份有限公司		证券简称	三圣特材
	法人代表	潘先文	董秘 张凯	证券代码	002742
	公司网址	www.cqsstc.com		电子信箱	cqsstc@163.com
	电　　话	86-23-68239069		传　　真	86-23-68239069
	办公地址	重庆市北碚区水土高新园云汉大道1号			
	经营范围	硫酸、二氧化硫(液态的)、焦亚硫酸钠生产、销售			

指标\报告期	2015.06.30	2014.12.31	2014.06.30	2013.12.31
基本每股收益(元)	0.4000	1.4000	0.3800	1.4200
基本每股收益(扣除后)(元)	0.3900	1.3900	0.5700	1.2800
稀释每股收益(元)	0.4000	1.4000	0.3800	1.4200
每股净资产(元)	8.0430	9.4765	8.6300	8.2500
每股经营现金净流量(元)	-0.1657	-1.6521	-1.3761	-0.6566
每股现金流量(元)	2.2358	-0.9564	-0.0828	0.3410
每股资本公积金(元)	3.7514	2.4069	2.4069	2.4069
每股盈余公积金(元)	0.3173	0.6346	0.4949	0.4949
每股未分配利润(元)	2.8927	5.2973	4.6059	4.2334
净资产收益率(%)	4.6917	14.8121	6.6344	17.2656
加权净资产收益率(%)	5.4500	15.9600	6.8100	18.8000
净资产收益率(扣除)(%)	4.6079	14.6915	6.6466	15.5040
总资产(万元)	207309.37	145233.57	142797.11	128727.60
归属母公司股东权益(万元)	115819.73	68230.68	62128.90	59395.19
营业收入(万元)	67031.71	127080.64	64425.13	117397.02
营业支出(万元)	52468.11	102577.40	53161.76	94945.68
投资收益(万元)	-	7.40	7.40	-
净利润(万元)	5467.56	10122.49	4147.77	10233.63
营业利润(万元)	6172.97	11870.07	4909.40	10912.88
利润总额(万元)	6268.03	11959.36	4892.98	12143.82

（主要财务指标）

安徽富煌钢构股份有限公司

公司概况	公司名称	安徽富煌钢构股份有限公司		证券简称	富煌钢构
	法人代表	杨俊斌	董秘 杨俊斌	证券代码	002743
	公司网址	www.fuhuang.cn		电子信箱	zhouyifan@fuhuang.com
	电　　话	86-551-88562919		传　　真	86-551-88561316
	办公地址	安徽省巢湖市黄麓镇富煌工业园			
	经营范围	钢结构生产、安装			

指标\报告期	2015.06.30	2014.12.31	2014.06.30	2013.12.31
基本每股收益(元)	0.1400	0.4300	0.2300	0.4500
基本每股收益(扣除后)(元)	0.1400	0.4000	-	0.4300
稀释每股收益(元)	0.1400	0.4300	0.2300	0.4500
每股净资产(元)	6.0726	5.8596	-	5.4312
每股经营现金净流量(元)	-1.5822	-0.9754	-	-2.3569
每股现金流量(元)	-0.4567	-1.9618	-	-1.9123
每股资本公积金(元)	2.0307	0.8981	-	0.8981
每股盈余公积金(元)	0.3050	0.4067	-	0.3652
每股未分配利润(元)	2.7305	3.5455	-	3.1594
净资产收益率(%)	2.1658	7.2968	-	8.2613
加权净资产收益率(%)	2.3200	7.5600	4.0700	8.6300
净资产收益率(扣除)(%)	2.1122	6.8863	-	7.9693
总资产(万元)	316056.33	304866.27	-	253434.31
归属母公司股东权益(万元)	73685.16	53322.66	-	49424.37
营业收入(万元)	70171.48	183481.46	90098.94	187330.03
营业支出(万元)	58690.36	157575.25	77526.48	164825.79
投资收益(万元)	-	-	-	-
净利润(万元)	1624.34	3980.44	2132.78	4164.44
营业利润(万元)	1934.80	4197.24	2383.75	4523.56
利润总额(万元)	1981.13	4463.59	2450.18	4694.28

（主要财务指标）

木林森股份有限公司

公司概况	公司名称	木林森股份有限公司		证券简称	木林森
	法人代表	孙清焕	董秘 赖爱梅	证券代码	002745
	公司网址	www.zsmls.com		电子信箱	ir@zsmls.com
	电　　话	86-760-87803366		传　　真	86-760-87803399
	办公地址	广东省中山市小榄镇木林森大道 1 号、中山市小榄镇泰丰工业大道中 42 号			
	经营范围	LED 封装及应用系列产品的研发、设计、生产与销售			

主要财务指标	指标\报告期	2015.06.30	2014.12.31	2014.06.30	2013.12.31
	基本每股收益(元)	0.5400	1.0800	0.6300	1.0800
	基本每股收益(扣除后)(元)	0.5300	1.0600	–	1.0500
	稀释每股收益(元)	0.5400	1.0800	0.6300	1.0800
	每股净资产(元)	5.5980	3.6720	–	2.5900
	每股经营现金净流量(元)	–0.5983	2.0378	–	2.1377
	每股现金流量(元)	1.0504	–0.1740	–	0.3426
	每股资本公积金(元)	1.9609	0.0985	–	0.0982
	每股盈余公积金(元)	0.2723	0.3026	–	0.1905
	每股未分配利润(元)	2.3648	2.2709	–	1.2986
	净资产收益率(%)	9.3114	29.5321	–	41.8084
	加权净资产收益率(%)	10.6800	34.6500	21.6100	49.4700
	净资产收益率(扣除)(%)	9.2259	28.8478	–	40.4552
	总资产(万元)	663987.66	519269.68	–	343588.44
	归属母公司股东权益(万元)	248831.14	146878.08	–	103491.62
	营业收入(万元)	200046.81	400166.79	179939.40	287364.66
	营业支出(万元)	146450.50	296735.63	125507.14	200875.37
	投资收益(万元)	3.73	37.52	–0.67	91.44
	净利润(万元)	23222.34	43835.31	25270.93	43614.39
	营业利润(万元)	27213.85	50559.18	29475.38	49921.39
	利润总额(万元)	27402.40	51736.26	29700.28	51215.25

山东仙坛股份有限公司

公司概况	公司名称	山东仙坛股份有限公司		证券简称	仙坛股份
	法人代表	王寿纯	董秘 许士卫	证券代码	002746
	公司网址	www.sdxiantan.com		电子信箱	xtxsw@sdxiantan.com
	电　　话	86-535-4658717		传　　真	86-535-4658318
	办公地址	山东省烟台市牟平工业园区(城东)			
	经营范围	前置许可项目:种鸡、家禽饲养、销售			

主要财务指标	指标\报告期	2015.06.30	2014.12.31	2014.06.30	2013.12.31
	基本每股收益(元)	0.0600	0.3700	0.1100	0.4000
	基本每股收益(扣除后)(元)	0.0400	0.3100	–	0.0800
	稀释每股收益(元)	0.0600	0.3700	0.1100	0.4000
	每股净资产(元)	6.1725	6.7200	–	6.3500
	每股经营现金净流量(元)	0.4762	0.8210	–	0.8590
	每股现金流量(元)	0.5523	–0.4517	–	0.0455
	每股资本公积金(元)	2.4051	2.0992	–	2.0992
	每股盈余公积金(元)	0.1907	0.2542	–	0.1958
	每股未分配利润(元)	2.5767	3.3640	–	3.0514
	净资产收益率(%)	0.8737	5.5237	–	6.2785
	加权净资产收益率(%)	1.0300	5.6800	1.7200	6.5100
	净资产收益率(扣除)(%)	0.6071	4.5736	–	1.1926
	总资产(万元)	146091.49	149831.81	–	137632.54
	归属母公司股东权益(万元)	98358.15	80273.76	–	75839.67
	营业收入(万元)	90410.61	173468.94	76484.93	177307.20
	营业支出(万元)	85831.43	160237.71	70932.05	167736.94
	投资收益(万元)	118.21	505.78	223.63	81.51
	净利润(万元)	859.39	4434.09	1317.33	4761.61
	营业利润(万元)	715.38	4096.46	1346.30	920.66
	利润总额(万元)	859.39	4479.82	1378.11	4761.61

南京埃斯顿自动化股份有限公司

公司概况	公司名称	南京埃斯顿自动化股份有限公司		证券简称	埃斯顿
	法人代表	吴波	董秘 潘文兵	证券代码	002747
	公司网址	www.estun.com		电子信箱	zqb@estun.com
	电　　话	86-25-52785597		传　　真	86-25-52785966*5597
	办公地址	江苏省南京市江宁经济技术开发区将军南路 155 号			
	经营范围	生产、开发、服务各类机电一体化产品、自动控制等			

主要财务指标	指标\报告期	2015.06.30	2014.12.31	2014.06.30	2013.12.31
	基本每股收益(元)	0.1600	0.4900	0.2300	0.6000
	基本每股收益(扣除后)(元)	0.1300	0.3900	–	0.4900
	稀释每股收益(元)	0.1600	0.4900	0.2300	0.6000
	每股净资产(元)	3.8622	3.1989	–	2.8770
	每股经营现金净流量(元)	–0.1869	–0.0191	–	0.2831
	每股现金流量(元)	0.2922	–0.1966	–	0.0002
	每股资本公积金(元)	1.4170	0.3296	–	0.3296
	每股盈余公积金(元)	0.1147	0.1530	–	0.1207
	每股未分配利润(元)	1.3202	1.7015	–	1.4120
	净资产收益率(%)	3.7285	15.2709	–	20.8165
	加权净资产收益率(%)	4.5500	16.3000	7.7500	22.7000
	净资产收益率(扣除)(%)	2.9563	12.3377	–	16.8659
	总资产(万元)	57179.56	45386.62	–	39840.42
	归属母公司股东权益(万元)	46346.13	28790.49	–	25892.87
	营业收入(万元)	23595.95	51186.67	25009.46	45012.68
	营业支出(万元)	15385.86	34601.44	16887.21	30289.90
	投资收益(万元)	–	0.09	0.09	3.43
	净利润(万元)	1739.49	4260.23	1923.00	5393.18
	营业利润(万元)	993.46	2462.19	1021.63	4133.55
	利润总额(万元)	1675.43	4697.37	1893.53	5990.81

江西世龙实业股份有限公司

公司概况	公司名称	江西世龙实业股份有限公司		证券简称	世龙实业
	法人代表	刘宜云	董秘 李角龙	证券代码	002748
	公司网址	www.chinaselon.com		电子信箱	ljl2198@163.com
	电　　话	86-798-6735688		传　　真	86-798-6735688
	办公地址	江西省乐平市接渡镇(世龙公司 3 栋行政办公楼)			
	经营范围	生产精细化工产品为主的综合性化工企业			

主要财务指标	指标\报告期	2015.06.30	2014.12.31	2014.06.30	2013.12.31
	基本每股收益(元)	0.2100	0.9119	0.6400	1.0711
	基本每股收益(扣除后)(元)	0.1900	0.8936	–	1.0725
	稀释每股收益(元)	0.2100	0.9119	0.6400	1.0711
	每股净资产(元)	7.7611	5.8200	–	5.3600
	每股经营现金净流量(元)	–0.2007	1.1201	–	0.8713
	每股现金流量(元)	0.1145	–0.0296	–	0.0019
	每股资本公积金(元)	3.7713	0.8707	–	0.8707
	每股盈余公积金(元)	0.3658	0.4877	–	0.3966
	每股未分配利润(元)	2.6176	3.4441	–	3.0734
	净资产收益率(%)	2.3775	15.6812	–	19.9837
	加权净资产收益率(%)	3.0700	15.7900	11.3000	21.8800
	净资产收益率(扣除)(%)	2.1980	15.3656	–	20.0093
	总资产(万元)	113504.84	87063.74	–	85840.62
	归属母公司股东权益(万元)	93132.90	52337.82	–	48240.52
	营业收入(万元)	48089.06	104788.80	53770.39	107978.95
	营业支出(万元)	41502.42	85912.33	42359.13	86499.87
	投资收益(万元)	–	–	–	–
	净利润(万元)	2214.27	8207.20	5781.03	9640.22
	营业利润(万元)	2446.61	9483.33	6826.15	11365.31
	利润总额(万元)	2643.34	9677.66	6839.08	11350.73

四川国光农化股份有限公司

公司概况	公司名称	四川国光农化股份有限公司			证券简称	国光股份
	法人代表	颜昌绪	董秘	何颉	证券代码	002749
	公司网址	www.scggic.com		电子信箱	dsh@scggic.com	
	电 话	028-66848862		传 真	028-66848862	
	办公地址	四川省简阳市平泉镇				
	经营范围	主要从事植物生长调节剂、杀菌剂为主的农药制剂和水溶性肥料的研发、生产和销售业务				

主要财务指标	指标\报告期	2015.06.30	2014.12.31	2014.06.30	2013.12.31
	基本每股收益(元)	1.3700	2.0598	1.7500	2.1339
	基本每股收益(扣除后)(元)	1.3600	2.0434	–	2.1467
	稀释每股收益(元)	1.3700	2.0598	1.7500	2.1339
	每股净资产(元)	10.5414	6.8800	–	5.6600
	每股经营现金净流量(元)	0.7631	1.8785	–	2.1679
	每股现金流量(元)	4.5664	0.3821	–	1.1995
	每股资本公积金(元)	4.4085	0.0119	–	0.0119
	每股盈余公积金(元)	0.3744	0.4293	–	0.3963
	每股未分配利润(元)	4.7585	5.4410	–	4.2476
	净资产收益率(%)	11.7319	29.9290	–	37.7303
	加权净资产收益率(%)	14.9200	34.3800	29.3400	43.2300
	净资产收益率(扣除)(%)	11.6253	29.6903	–	37.9550
	总资产(万元)	86295.33	49556.19	–	47845.01
	归属母公司股东权益(万元)	79060.67	41293.35	–	33934.67
	营业收入(万元)	36754.38	58351.47	37684.85	60242.15
	营业支出(万元)	18550.31	29901.78	18203.08	30760.73
	投资收益(万元)	78.54	51.98	51.98	33.00
	净利润(万元)	9275.32	12358.68	10522.84	12803.65
	营业利润(万元)	10801.19	14176.51	12152.56	14805.71
	利润总额(万元)	10902.66	14486.12	12397.15	14994.44

昆明龙津药业股份有限公司

公司概况	公司名称	昆明龙津药业股份有限公司			证券简称	龙津药业
	法人代表	樊献俄	董秘	李亚鹤	证券代码	002750
	公司网址	www.longjin.com.cn		电子信箱	kmljyy@vip.sina.com	
	电 话	86-871-64179595		传 真	86-871-64179595	
	办公地址	云南省昆明市呈贡区马金铺兰茂路789号				
	经营范围	中、西医药的开发、研究、生产、销售				

主要财务指标	指标\报告期	2015.06.30	2014.12.31	2014.06.30	2013.12.31
	基本每股收益(元)	0.4980	1.2715	0.5308	1.5011
	基本每股收益(扣除后)(元)	0.4760	1.2315	0.5062	1.4345
	稀释每股收益(元)	0.4980	1.2715	0.5308	1.5011
	每股净资产(元)	8.4902	5.7114	4.9707	6.0399
	每股经营现金净流量(元)	0.3562	1.4033	0.7542	2.1292
	每股现金流量(元)	3.5957	0.1077	-0.5753	-0.0877
	每股资本公积金(元)	4.3417	0.0884	0.0884	0.0884
	每股盈余公积金(元)	0.4346	0.5801	0.5801	0.5801
	每股未分配利润(元)	2.7139	4.0429	3.3022	4.3714
	净资产收益率(%)	5.1301	22.2618	10.6777	24.8532
	加权净资产收益率(%)	6.5700	22.6700	9.2000	28.3800
	净资产收益率(扣除)(%)	4.9031	21.5615	10.1831	23.7497
	总资产(万元)	66724.77	43558.82	40739.80	44256.32
	归属母公司股东权益(万元)	56671.81	28557.02	24853.51	30199.72
	营业收入(万元)	9324.38	18740.21	8676.09	17885.29
	营业支出(万元)	3266.36	5776.96	2836.16	4755.74
	投资收益(万元)	4.76	4.85	0.82	23.04
	净利润(万元)	2907.30	6357.30	2653.78	7505.59
	营业利润(万元)	3284.21	7337.41	3119.68	8607.24
	利润总额(万元)	3431.30	7567.81	3263.50	8978.15

深圳市易尚展示股份有限公司

公司概况	公司名称	深圳市易尚展示股份有限公司			证券简称	易尚展示
	法人代表	刘梦龙	董秘	王震强	证券代码	002751
	公司网址	www.es-display.com		电子信箱	szesun@es-display.com	
	电 话	86-755-36676600		传 真	86-755-83830798	
	办公地址	广东省深圳市福田区福强路4001号(深圳文化创意园)AB座三层B301				
	经营范围	提供展示服务、虚拟展示服务、循环会展服务				

主要财务指标	指标\报告期	2015.06.30	2014.12.31	2014.06.30	2013.12.31
	基本每股收益(元)	0.3500	0.6700	0.3300	1.0500
	基本每股收益(扣除后)(元)	0.3200	0.6100	–	0.7800
	稀释每股收益(元)	0.3500	0.6700	0.3300	1.0500
	每股净资产(元)	5.9436	4.7300	–	4.4600
	每股经营现金净流量(元)	0.0958	0.2286	–	1.1775
	每股现金流量(元)	2.7019	0.8216	–	0.9466
	每股资本公积金(元)	2.3175	0.4816	–	0.4816
	每股盈余公积金(元)	0.3285	0.4380	–	0.3698
	每股未分配利润(元)	2.2976	2.8074	–	2.6066
	净资产收益率(%)	4.9134	14.1529	–	23.6157
	加权净资产收益率(%)	6.6000	14.8900	7.3600	25.9500
	净资产收益率(扣除)(%)	4.5493	12.8625	–	17.5022
	总资产(万元)	82466.62	61609.42	–	41250.84
	归属母公司股东权益(万元)	41747.62	24901.90	–	23484.75
	营业收入(万元)	24984.49	43420.84	19601.93	37008.60
	营业支出(万元)	17045.81	29172.62	13193.53	24624.07
	投资收益(万元)	–	–	–	–
	净利润(万元)	2051.23	3524.35	1715.05	5546.09
	营业利润(万元)	2128.43	3908.85	1970.93	4869.71
	利润总额(万元)	2307.37	4287.02	2125.01	6559.25

昇兴集团股份有限公司

公司概况	公司名称	昇兴集团股份有限公司			证券简称	昇兴股份
	法人代表	林永贤	董秘	李敦波	证券代码	002752
	公司网址	www.shengxingholdings.com		电子信箱	sxzq@shengxingholdings.com	
	电 话	86-591-83680888		传 真	86-591-83982888	
	办公地址	福建省福州市经济技术开发区经一路				
	经营范围	用于食品、饮料等包装所使用的金属容器的生产和销售				

主要财务指标	指标\报告期	2015.06.30	2014.12.31	2014.06.30	2013.12.31
	基本每股收益(元)	0.1100	0.3100	0.1000	0.3200
	基本每股收益(扣除后)(元)	0.1100	0.2900	–	0.2800
	稀释每股收益(元)	0.1100	0.3100	0.1000	0.3200
	每股净资产(元)	3.1331	2.6600	2.6600	2.3600
	每股经营现金净流量(元)	0.2113	0.4226	–	0.7219
	每股现金流量(元)	0.2105	0.0982	–	-0.0741
	每股资本公积金(元)	0.6741	0.0805	–	0.0805
	每股盈余公积金(元)	0.0623	0.0727	–	0.0559
	每股未分配利润(元)	1.3971	1.5112	–	1.2195
	净资产收益率(%)	3.2494	11.5809	–	13.6507
	加权净资产收益率(%)	3.9400	12.2900	4.1900	14.6500
	净资产收益率(扣除)(%)	3.2370	10.9646	–	11.9736
	总资产(万元)	238039.83	234132.53	–	187336.32
	归属母公司股东权益(万元)	131589.60	95905.13	–	84796.70
	营业收入(万元)	96878.44	187047.02	83229.13	173588.97
	营业支出(万元)	81153.24	155749.70	70732.18	145228.37
	投资收益(万元)	–	–	–	–
	净利润(万元)	4254.96	10955.74	3527.83	11390.18
	营业利润(万元)	5845.76	14218.47	4794.21	13678.38
	利润总额(万元)	5867.63	15006.32	4895.52	15575.92

山西永东化工股份有限公司

公司概况	公司名称	山西永东化工股份有限公司		证券简称	永东股份
	法人代表	刘东良	董秘 张巍	证券代码	002753
	公司网址	www.sxydhg.com		电子信箱	zqb@sxydhg.com
	电　话	86-359-5662069		传　真	86-359-5662095
	办公地址	山西省运城市稷山县西社镇高渠村			
	经营范围	炭黑制品制造及煤焦油加工			

主要财务指标	指标\报告期	2015.06.30	2014.12.31	2014.06.30	2013.12.31
	基本每股收益(元)	0.3866	0.8056	0.4525	0.8065
	基本每股收益(扣除后)(元)	0.3836	0.7866	–	0.7789
	稀释每股收益(元)	0.3866	0.8056	0.4525	0.8065
	每股净资产(元)	8.4372	6.9100	–	5.3941
	每股经营现金净流量(元)	0.2294	0.2449	–	0.1986
	每股现金流量(元)	3.2402	–0.7441	–	–0.6561
	每股资本公积金(元)	3.9461	1.6676	–	1.6676
	每股盈余公积金(元)	0.3148	0.4198	–	0.2715
	每股未分配利润(元)	3.1389	3.7785	–	2.4437
	净资产收益率(%)	3.6266	11.6648	–	14.9512
	加权净资产收益率(%)	5.2500	12.4200	7.1700	16.3900
	净资产收益率(扣除)(%)	3.5987	11.3905	–	14.4391
	总资产(万元)	110360.92	81941.26	–	71266.31
	归属母公司股东权益(万元)	83274.69	51103.63	–	39916.57
	营业收入(万元)	40973.10	84835.69	41843.74	72496.25
	营业支出(万元)	31819.74	66821.86	32637.13	56754.58
	投资收益(万元)	–	–	–	1.61
	净利润(万元)	3020.04	5961.12	3348.33	5968.02
	营业利润(万元)	3527.53	6903.26	3907.59	6844.20
	利润总额(万元)	3550.80	7068.51	3969.69	7085.95

北京东方新星石化工程股份有限公司

公司概况	公司名称	北京东方新星石化工程股份有限公司		证券简称	东方新星
	法人代表	陈会利	董秘 胡德新	证券代码	002755
	公司网址	www.bnec.cn		电子信箱	bneczqb@bnec.cn
	电　话	010-63706972		传　真	86-10-63706966
	办公地址	北京市丰台区南四环西路188号七区28号楼			
	经营范围	地理信息系统工程			

主要财务指标	指标\报告期	2015.06.30	2014.12.31	2014.06.30	2013.12.31
	基本每股收益(元)	0.1900	0.4900	0.2000	0.7900
	基本每股收益(扣除后)(元)	–	0.4900	–	0.7800
	稀释每股收益(元)	0.1900	0.4900	0.2000	0.7900
	每股净资产(元)	5.1008	4.3900	–	3.4700
	每股经营现金净流量(元)	–0.2608	–0.4644	–	1.4009
	每股现金流量(元)	1.4022	–0.6356	–	1.1906
	每股资本公积金(元)	1.3939	0.0283	–	0.0283
	每股盈余公积金(元)	0.2969	0.3744	–	0.2662
	每股未分配利润(元)	2.4100	2.9870	–	2.1712
	净资产收益率(%)	3.6465	11.2419	–	22.7628
	加权净资产收益率(%)	4.4300	11.7700	4.9000	25.2700
	净资产收益率(扣除)(%)	3.6465	11.1021	–	22.5398
	总资产(万元)	75920.75	58265.63	–	60482.17
	归属母公司股东权益(万元)	51691.36	33361.22	–	26338.69
	营业收入(万元)	18132.37	47086.92	21005.02	49425.84
	营业支出(万元)	12976.91	34392.54	15745.53	34860.29
	投资收益(万元)	–	22.93	–	–
	净利润(万元)	1884.92	3750.42	1516.35	5995.41
	营业利润(万元)	2069.86	4463.74	1824.96	7057.75
	利润总额(万元)	2115.97	4495.82	1825.93	7126.94

永兴特种不锈钢股份有限公司

公司概况	公司名称	永兴特种不锈钢股份有限公司		证券简称	永兴特钢
	法人代表	高兴江	董秘 刘继斌	证券代码	002756
	公司网址	www.yongxingbxg.com		电子信箱	yxzq@yongxingbxg.com
	电　话	86-572-2352506		传　真	86-572-2768603
	办公地址	浙江省湖州市杨家埠工业区			
	经营范围	不锈钢等特钢钢锭、圆钢、锻压件、荒管、线材和钢丝等金属材料及制品的冶炼、生产、加工经营进出口业务			

主要财务指标	指标\报告期	2015.06.30	2014.12.31	2014.06.30	2013.12.31
	基本每股收益(元)	0.7700	1.7600	1.0200	1.5400
	基本每股收益(扣除后)(元)	0.6500	1.6100	–	1.5000
	稀释每股收益(元)	0.7700	1.7600	1.0200	1.5400
	每股净资产(元)	13.8797	11.3600	–	9.8442
	每股经营现金净流量(元)	–0.6416	1.6648	–	1.2205
	每股现金流量(元)	3.7421	0.2279	–	–0.9448
	每股资本公积金(元)	4.9300	0.2547	–	0.2547
	每股盈余公积金(元)	0.8658	1.1543	–	0.9819
	每股未分配利润(元)	6.9366	8.7844	–	7.4959
	净资产收益率(%)	4.4008	15.5053	–	15.6932
	加权净资产收益率(%)	6.4400	16.7300	10.0100	17.0100
	净资产收益率(扣除)(%)	3.7120	14.1819	–	15.1927
	总资产(万元)	317138.51	201503.14	–	188235.93
	归属母公司股东权益(万元)	277594.90	170351.37	–	147663.74
	营业收入(万元)	180188.07	401882.20	211070.97	376949.82
	营业支出(万元)	161335.92	357963.06	187469.10	336835.32
	投资收益(万元)	294.48	446.47	176.80	409.83
	净利润(万元)	12216.34	26413.55	15351.71	23173.18
	营业利润(万元)	12317.10	28933.19	15910.94	26656.36
	利润总额(万元)	14634.66	31388.58	18152.03	27094.03

东莞市南兴家具装备制造股份有限公司

公司概况	公司名称	东莞市南兴家具装备制造股份有限公司		证券简称	南兴装备
	法人代表	詹谏醒	董秘 杨建林	证券代码	002757
	公司网址	www.nanxing.com.cn		电子信箱	investor@nanxing.com.cn
	电　话	86-769-88803333		传　真	0769-88803333-838
	办公地址	广东省东莞市沙田镇进港中路8号			
	经营范围	主要从事板式家具生产线成套设备的研发、设计、生产和销售			

主要财务指标	指标\报告期	2015.06.30	2014.12.31	2014.06.30	2013.12.31
	基本每股收益(元)	0.3961	0.7733	0.6102	0.6577
	基本每股收益(扣除后)(元)	0.3873	0.7507	0.5946	0.6239
	稀释每股收益(元)	0.3961	0.7733	0.6102	0.6577
	每股净资产(元)	6.4250	4.2300	3.4612	2.3486
	每股经营现金净流量(元)	0.1654	1.3637	0.3676	0.5039
	每股现金流量(元)	2.3900	0.3986	–0.2354	0.2524
	每股资本公积金(元)	3.2039	0.6909	0.6909	0.6909
	每股盈余公积金(元)	0.1908	0.2544	0.1770	0.0658
	每股未分配利润(元)	2.0304	2.2892	1.5932	0.5919
	净资产收益率(%)	4.8801	18.2630	17.6298	28.0032
	加权净资产收益率(%)	8.2000	20.1000	19.3300	32.5600
	净资产收益率(扣除)(%)	4.7723	17.7273	17.1793	26.5647
	总资产(万元)	96202.69	62772.51	54404.82	43720.60
	归属母公司股东权益(万元)	70251.38	34722.99	28381.53	19258.35
	营业收入(万元)	29561.38	54311.06	47445.29	36342.65
	营业支出(万元)	20607.85	38554.06	33611.87	24809.02
	投资收益(万元)	–	–	–	–
	净利润(万元)	3428.37	6341.46	5003.60	5392.96
	营业利润(万元)	3944.22	7281.59	5784.79	6109.43
	利润总额(万元)	4033.38	7500.41	5935.19	6435.35

浙江华通医药股份有限公司

公司概况	公司名称	浙江华通医药股份有限公司			证券简称	华通医药
	法人代表	钱木水	董秘	倪赤杭	证券代码	002758
	公司网址	www.sxhtyy.net		电子信箱	sxhtyy@sxhtyy.net	
	电　话	86-575-85565978		传　真	86-575-85565947	
	办公地址	浙江省绍兴市柯桥区轻纺城大道1605号				
	经营范围	药品批发、连锁零售				

	指标\报告期	2015.06.30	2014.12.31	2014.06.30	2013.12.31
主要财务指标	基本每股收益(元)	0.4600	1.0900	0.4300	1.0100
	基本每股收益(扣除后)(元)	0.4500	1.0500	–	1.0000
	稀释每股收益(元)	0.4600	1.0900	0.4300	1.0100
	每股净资产(元)	8.9926	6.6500	–	5.2700
	每股经营现金净流量(元)	–0.6695	1.8619	–	1.3356
	每股现金流量(元)	1.8220	0.3803	–	0.5284
	每股资本公积金(元)	5.2341	2.0508	–	2.0508
	每股盈余公积金(元)	0.2573	0.3430	–	0.1694
	每股未分配利润(元)	2.5012	3.2532	–	2.0526
	净资产收益率(%)	4.0182	16.4431	–	19.1275
	加权净资产收益率(%)	6.4300	17.7000	7.2200	21.1500
	净资产收益率(扣除)(%)	3.9360	15.7475	–	19.0356
	总资产(万元)	91449.05	75698.62	–	65970.26
	归属母公司股东权益(万元)	50358.51	27917.35	–	22145.71
	营业收入(万元)	57860.43	114389.00	55014.88	95296.65
	营业支出(万元)	51255.13	101220.90	48767.82	83017.12
	投资收益(万元)	–	11.71	–4.19	–17.11
	净利润(万元)	2023.48	4590.48	1793.99	4235.93
	营业利润(万元)	2662.07	5782.51	2358.17	5838.49
	利润总额(万元)	2635.64	5884.94	2329.74	5731.01

广东天际电器股份有限公司

公司概况	公司名称	广东天际电器股份有限公司			证券简称	天际股份
	法人代表	吴锡盾	董秘	郑文龙	证券代码	002759
	公司网址	www.tonze.com		电子信箱	zwl@tonze.com	
	电　话	86-754-88118888		传　真	86-754-88116816	
	办公地址	广东省汕头市潮汕路金园工业城12-12片区				
	经营范围	生产加工家用小电器及其配套电子元器件、陶瓷制品				

	指标\报告期	2015.06.30	2014.12.31	2014.06.30	2013.12.31
主要财务指标	基本每股收益(元)	0.3400	0.8100	0.3100	0.7000
	基本每股收益(扣除后)(元)	0.3400	0.8000	–	0.6800
	稀释每股收益(元)	0.3400	0.8100	0.3100	0.7000
	每股净资产(元)	5.5490	3.7800	–	2.6500
	每股经营现金净流量(元)	–0.4157	1.0410	–	0.9819
	每股现金流量(元)	0.9709	0.2794	–	0.3999
	每股资本公积金(元)	2.7289	0.5710	–	0.5710
	每股盈余公积金(元)	0.2148	0.2863	–	0.1277
	每股未分配利润(元)	1.6054	1.9233	–	0.9551
	净资产收益率(%)	4.9180	21.2971	–	26.2213
	加权净资产收益率(%)	8.0300	23.3100	9.3100	29.5400
	净资产收益率(扣除)(%)	4.8895	21.0320	–	25.5098
	总资产(万元)	62631.51	44006.59	–	24701.76
	归属母公司股东权益(万元)	53270.83	27220.38	–	19107.20
	营业收入(万元)	18843.94	40061.03	17827.05	33029.59
	营业支出(万元)	12817.62	27167.90	12130.83	22207.16
	投资收益(万元)	–	–	–	–
	净利润(万元)	2619.87	5797.14	2198.92	5010.15
	营业利润(万元)	2997.66	6655.81	2804.68	5650.24
	利润总额(万元)	3015.51	6740.70	2837.82	5810.17

安徽省凤形耐磨材料股份有限公司

公司概况	公司名称	安徽省凤形耐磨材料股份有限公司			证券简称	凤形股份
	法人代表	陈晓	董秘	王振来	证券代码	002760
	公司网址	www.fengxing.com		电子信箱	wzl@fengxing.com	
	电　话	86-563-4150393		传　真	86-563-4150330	
	办公地址	安徽省宣城市宁国市经济技术开发区东城大道北侧				
	经营范围	从事耐磨材料研发、生产、销售和技术服务				

	指标\报告期	2015.06.30	2014.12.31	2014.06.30	2013.12.31
主要财务指标	基本每股收益(元)	0.2900	0.5600	0.3200	0.6800
	基本每股收益(扣除后)(元)	0.2200	0.4800	–	0.5400
	稀释每股收益(元)	0.2900	0.5600	0.3200	0.6800
	每股净资产(元)	6.3839	5.9800	5.9800	4.7705
	每股经营现金净流量(元)	0.0387	1.0421	–	0.9195
	每股现金流量(元)	1.2907	0.5564	–	–0.2613
	每股资本公积金(元)	2.6884	1.6738	–	1.6738
	每股盈余公积金(元)	0.3021	0.4027	–	0.2892
	每股未分配利润(元)	2.3934	2.9041	–	1.8076
	净资产收益率(%)	3.3734	9.4140	–	14.3181
	加权净资产收益率(%)	4.6900	9.8800	5.7300	15.1200
	净资产收益率(扣除)(%)	2.6214	8.0634	–	11.2908
	总资产(万元)	98944.24	93069.11	–	87359.38
	归属母公司股东权益(万元)	56178.17	39471.93	–	31485.30
	营业收入(万元)	23433.64	52220.46	26741.39	65926.23
	营业支出(万元)	17535.31	38443.99	19647.07	49964.79
	投资收益(万元)	106.12	–228.70	94.98	–155.77
	净利润(万元)	1895.14	3715.89	2111.08	3832.42
	营业利润(万元)	1741.02	3655.82	2162.11	3560.92
	利润总额(万元)	2233.83	4337.32	2483.17	4836.78

多喜爱家纺股份有限公司

公司概况	公司名称	多喜爱家纺股份有限公司			证券简称	多喜爱
	法人代表	陈军	董秘	赵传淼	证券代码	002761
	公司网址	www.dohia.com		电子信箱	dohiazq@dohia.com	
	电　话	86-731-88226816		传　真	86-731-88226816	
	办公地址	湖南省长沙市营盘路296号元盛大厦六楼				
	经营范围	床上用品、床垫、服装、窗帘及家用饰品的开发、生产与销售				

	指标\报告期	2015.06.30	2014.12.31	2014.06.30	2013.12.31
主要财务指标	基本每股收益(元)	0.1000	0.5000	0.1800	0.9000
	基本每股收益(扣除后)(元)	0.0900	0.4200	–	0.7700
	稀释每股收益(元)	0.1000	0.5000	0.1800	0.9000
	每股净资产(元)	5.0382	4.5500	–	3.3800
	每股经营现金净流量(元)	–0.3127	1.0760	–	0.7489
	每股现金流量(元)	1.0641	0.2825	–	–0.1676
	每股资本公积金(元)	2.0018	0.9420	–	0.9420
	每股盈余公积金(元)	0.2169	0.2892	–	0.1666
	每股未分配利润(元)	1.8195	2.3226	–	1.2717
	净资产收益率(%)	1.5392	11.0297	–	26.5185
	加权净资产收益率(%)	2.2500	11.6700	4.4100	30.5700
	净资产收益率(扣除)(%)	1.3933	9.2756	–	22.8687
	总资产(万元)	86463.37	67985.52	–	56827.53
	归属母公司股东权益(万元)	60458.53	40984.57	–	30422.79
	营业收入(万元)	25392.18	67211.10	30127.17	79848.37
	营业支出(万元)	14555.47	38163.19	16650.80	48520.84
	投资收益(万元)	–	–	–	–
	净利润(万元)	930.56	4520.49	1642.57	8067.67
	营业利润(万元)	1102.22	5036.70	1812.71	8397.17
	利润总额(万元)	1219.48	5972.89	2190.69	9694.69

金发拉比妇婴童用品股份有限公司

公司概况	公司名称	金发拉比妇婴童用品股份有限公司			证券简称	金发拉比
	法人代表	林若文	董秘	贝旭	证券代码	002762
	公司网址	www.stjinfa.com		电子信箱	stjinfa@stjinfa.com	
	电话	0754-82516061		传真	0754-82526662	
	办公地址	广东省汕头市金平区鮀浦鮀济南路 107 号				
	经营范围	婴幼儿消费品的设计研发、生产、销售				

	指标\报告期	2015.06.30	2014.12.31	2014.06.30	2013.12.31
主要财务指标	基本每股收益(元)	0.6400	1.8500	0.7700	1.7100
	基本每股收益(扣除后)(元)	0.6500	1.8500	–	1.7100
	稀释每股收益(元)	0.6400	1.8500	–	1.7100
	每股净资产(元)	11.7258	7.5500	–	6.0128
	每股经营现金净流量(元)	0.5079	2.1805	–	1.1532
	每股现金流量(元)	6.2298	1.7025	–	0.7361
	每股资本公积金(元)	6.3688	1.0504	–	1.0504
	每股盈余公积金(元)	0.4507	0.6009	–	0.4170
	每股未分配利润(元)	3.9063	4.9009	–	3.5454
	净资产收益率(%)	4.0990	24.4878	–	28.4922
	加权净资产收益率(%)	8.1400	27.3700	12.1500	32.6200
	净资产收益率(扣除)(%)	4.1323	24.5552	–	28.5068
	总资产(万元)	88021.08	44309.19	–	37554.43
	归属母公司股东权益(万元)	79735.22	38515.87	–	30665.20
	营业收入(万元)	17319.23	40691.66	17834.02	38037.97
	营业支出(万元)	9063.88	19247.84	8727.04	18412.67
	投资收益(万元)	–	–	–	–
	净利润(万元)	3268.35	9431.67	3931.97	8737.19
	营业利润(万元)	4404.32	12628.98	5312.84	11685.73
	利润总额(万元)	4379.77	12597.19	5275.15	11683.81

深圳汇洁集团股份有限公司

公司概况	公司名称	深圳汇洁集团股份有限公司			证券简称	汇洁股份
	法人代表	吕兴平	董秘	李芳	证券代码	002763
	公司网址	www.huijiegroup.com		电子信箱	lif@huijiegroup.com	
	电话	86-755-88916088		传真	86-755-88916066	
	办公地址	广东省深圳市福田区深南大道 7888 号东海国际中心(一期)A 栋 23、24、2526 层 01				
	经营范围	内衣产品的研发、设计、生产及销售				

	指标\报告期	2015.06.30	2014.12.31	2014.06.30	2013.12.31
主要财务指标	基本每股收益(元)	0.7800	0.8200	0.5900	0.6200
	基本每股收益(扣除后)(元)	0.7700	0.8000	–	0.5500
	稀释每股收益(元)	0.7800	0.8200	0.5900	0.6200
	每股净资产(元)	6.7895	4.4400	–	3.2900
	每股经营现金净流量(元)	0.7742	1.1626	–	0.9238
	每股现金流量(元)	3.1059	0.1475	–	-0.1726
	每股资本公积金(元)	3.7134	1.2028	–	1.2028
	每股盈余公积金(元)	0.2147	0.2862	–	0.1164
	每股未分配利润(元)	1.8614	1.9475	–	0.9751
	净资产收益率(%)	8.6651	18.4770	–	18.8434
	加权净资产收益率(%)	16.6800	20.0300	14.3500	20.8000
	净资产收益率(扣除)(%)	8.5449	18.1265	–	16.7469
	总资产(万元)	223538.48	162127.71	–	153802.97
	归属母公司股东权益(万元)	146653.78	71872.02	–	53368.14
	营业收入(万元)	92767.45	165388.26	81435.11	134490.02
	营业支出(万元)	27631.50	47072.21	22488.66	38913.56
	投资收益(万元)	–	–	–	–
	净利润(万元)	12707.67	13279.76	9516.46	10056.38
	营业利润(万元)	16899.32	17782.44	12585.46	12905.57
	利润总额(万元)	17134.42	18118.27	12743.46	13491.66

重庆蓝黛动力传动机械股份有限公司

公司概况	公司名称	重庆蓝黛动力传动机械股份有限公司			证券简称	蓝黛传动
	法人代表	朱堂福	董秘	卞卫芹	证券代码	002765
	公司网址	www.cqld.com		电子信箱	landai@cqld.com	
	电话	86-23-41410188		传真	86-23-41441126	
	办公地址	重庆市璧山县璧泉街道剑山路 100 号				
	经营范围	乘用车变速器齿轮及壳体等零部件、变速器总成、摩托车主副轴组件的研发、生产与销售				

	指标\报告期	2015.06.30	2014.12.31	2014.06.30	2013.12.31
主要财务指标	基本每股收益(元)	0.2400	0.5200	0.2000	0.4900
	基本每股收益(扣除后)(元)	0.2100	0.4400	–	0.4600
	稀释每股收益(元)	0.2400	0.5200	0.2000	0.4900
	每股净资产(元)	4.4378	3.6800	–	2.9800
	每股经营现金净流量(元)	0.2743	-0.0768	–	0.3087
	每股现金流量(元)	1.0188	0.0156	–	-0.0513
	每股资本公积金(元)	2.6926	1.6272	–	1.2972
	每股盈余公积金(元)	0.1355	0.1551	–	0.0693
	每股未分配利润(元)	0.6097	0.8996	–	0.6177
	净资产收益率(%)	4.0367	14.1768	–	16.2799
	加权净资产收益率(%)	6.2800	16.3600	6.2400	17.7300
	净资产收益率(扣除)(%)	3.5159	12.0860	–	15.4066
	总资产(万元)	147691.70	116545.04	–	99040.99
	归属母公司股东权益(万元)	92305.44	57437.92	–	46553.76
	营业收入(万元)	40452.16	78069.41	33065.31	69851.09
	营业支出(万元)	31410.64	59428.46	25355.35	53847.14
	投资收益(万元)	0.34	-50.32	-4.11	-214.82
	净利润(万元)	3675.81	8365.95	3128.71	7520.62
	营业利润(万元)	3880.16	8388.60	2990.20	8354.45
	利润总额(万元)	4445.63	9801.34	3628.68	8832.71

深圳市索菱实业股份有限公司

公司概况	公司名称	深圳市索菱实业股份有限公司			证券简称	索菱股份
	法人代表	肖行亦	董秘	钟贵荣	证券代码	002766
	公司网址	www.szsoling.com		电子信箱	dm88@szsoling.com	
	电话	0755-28022655		传真	0755-29024084	
	办公地址	广东省深圳市南山区深南大道 9678 号大冲商务中心 1 栋 2 号楼(B 座)28 楼				
	经营范围	从事 CID 系统的研发、生产、销售、并以此为基础向客户提供专业车联网服务				

	指标\报告期	2015.06.30	2014.12.31	2014.06.30	2013.12.31
主要财务指标	基本每股收益(元)	0.2600	0.4700	0.2400	0.4900
	基本每股收益(扣除后)(元)	0.2500	0.4400	–	0.4700
	稀释每股收益(元)	0.2600	0.4700	0.2400	0.4900
	每股净资产(元)	5.1122	4.2800	–	3.3900
	每股经营现金净流量(元)	0.3354	0.4462	–	0.5580
	每股现金流量(元)	1.8192	0.0633	–	-0.1440
	每股资本公积金(元)	2.3291	1.1572	–	1.1572
	每股盈余公积金(元)	0.1701	0.2268	–	0.1280
	每股未分配利润(元)	1.6070	1.8842	–	1.1030
	净资产收益率(%)	3.8023	10.9902	–	14.3551
	加权净资产收益率(%)	5.8800	11.6500	6.0200	15.2900
	净资产收益率(扣除)(%)	3.5899	10.2369	–	13.8688
	总资产(万元)	145343.23	108991.29	–	78639.17
	归属母公司股东权益(万元)	93557.65	58694.31	–	46459.66
	营业收入(万元)	39590.08	77077.62	39097.48	81487.78
	营业支出(万元)	28905.21	55738.09	28192.07	61268.83
	投资收益(万元)	–	–	–	–
	净利润(万元)	3557.31	6450.61	3231.59	6669.33
	营业利润(万元)	4005.69	7113.03	3574.52	7444.29
	利润总额(万元)	4285.73	7642.36	3805.31	7715.77

杭州先锋电子技术股份有限公司

公司概况	公司名称	杭州先锋电子技术股份有限公司		证券简称	先锋电子
	法人代表	石义民	董秘 程迪尔	证券代码	002767
	公司网址	www.innover.com.cn		电子信箱	webmast@innover.com.cn
	电　　话	0571-86791103		传　　真	86-571-86791113
	办公地址	浙江省杭州市滨江区滨安路 1186-1 号			
	经营范围	计量器具、电子计算机及其外部设备、技术开发、技术服务、成果转让等			

主要财务指标	指标\报告期	2015.06.30	2014.12.31	2014.06.30	2013.12.31
	基本每股收益(元)	0.2205	0.8900	0.3877	0.8100
	基本每股收益(扣除后)(元)	0.2202	0.8800	–	0.8000
	稀释每股收益(元)	0.2205	0.8900	0.3877	0.8100
	每股净资产(元)	5.8483	3.9000	–	3.0400
	每股经营现金净流量(元)	–0.2185	0.6375	–	0.6871
	每股现金流量(元)	2.6581	0.1612	–	0.2075
	每股资本公积金(元)	3.3725	0.5831	–	0.5831
	每股盈余公积金(元)	0.2930	0.3907	–	0.2156
	每股未分配利润(元)	1.1828	1.9226	–	1.2406
	净资产收益率(%)	3.7702	22.7983	–	26.5092
	加权净资产收益率(%)	8.1200	24.1900	11.1700	28.1600
	净资产收益率(扣除)(%)	3.7647	22.6872	–	26.4596
	总资产(万元)	67590.57	39038.79	–	31715.90
	归属母公司股东权益(万元)	58483.26	29223.42	–	22795.08
	营业收入(万元)	12726.13	30672.43	13964.62	26715.81
	营业支出(万元)	7521.19	17377.07	7757.48	14853.07
	投资收益(万元)	17.93	160.77	–5.74	138.77
	净利润(万元)	2204.94	6662.43	2908.02	6042.80
	营业利润(万元)	1954.33	6224.80	2725.03	5385.10
	利润总额(万元)	2526.75	7776.95	3464.47	7055.34

青岛国恩科技股份有限公司

公司概况	公司名称	青岛国恩科技股份有限公司		证券简称	国恩股份
	法人代表	王爱国	董秘 刘燕	证券代码	002768
	公司网址	www.qdgon.com		电子信箱	guoenkeji_29e@163.com
	电　　话	86-532-89082999		传　　真	86-532-89082855
	办公地址	山东省青岛市城阳区棘洪滩街道青大工业园 2 号路			
	经营范围	改性塑料粒子及深加工后的各种改性塑料制品的研发、生产和销售等			

主要财务指标	指标\报告期	2015.06.30	2014.12.31	2014.06.30	2013.12.31
	基本每股收益(元)	0.6200	1.0500	0.4800	0.7600
	基本每股收益(扣除后)(元)	0.6200	1.0100	–	0.7200
	稀释每股收益(元)	0.6200	1.0500	0.4800	0.7600
	每股净资产(元)	8.4940	5.3500	–	3.4403
	每股经营现金净流量(元)	–0.6312	0.4040	–	0.7064
	每股现金流量(元)	3.5417	–0.0497	–	–0.2625
	每股资本公积金(元)	4.8243	1.4089	–	1.4089
	每股盈余公积金(元)	0.2457	0.3277	–	0.1365
	每股未分配利润(元)	2.4240	2.6153	–	0.8949
	净资产收益率(%)	5.4444	19.5592	–	22.0404
	加权净资产收益率(%)	10.8900	21.6800	10.6300	24.7700
	净资产收益率(扣除)(%)	5.4404	18.9337	–	20.9274
	总资产(万元)	115429.94	69172.04	–	36611.19
	归属母公司股东权益(万元)	67952.25	32111.36	–	20642.04
	营业收入(万元)	40468.98	68278.84	36650.32	42389.83
	营业支出(万元)	32728.86	54901.79	29702.60	33189.52
	投资收益(万元)	–	–	–	–
	净利润(万元)	3699.56	6280.72	2900.76	4549.59
	营业利润(万元)	4293.73	6995.54	3854.14	4989.22
	利润总额(万元)	4296.90	7232.31	3865.64	5259.90

深圳市普路通供应链管理股份有限公司

公司概况	公司名称	深圳市普路通供应链管理股份有限公司		证券简称	普路通
	法人代表	陈书智	董秘 张云	证券代码	002769
	公司网址	www.prolto.com		电子信箱	info@prolto.com
	电　　话	86-755-82874201		传　　真	86-755-82874231
	办公地址	广东省深圳市福田区深南大道 1006 号深圳国际创新中心 A 栋 21 楼			
	经营范围	供应链管理服务			

主要财务指标	指标\报告期	2015.06.30	2014.12.31	2014.06.30	2013.12.31
	基本每股收益(元)	1.4300	1.9400	0.7300	0.8400
	基本每股收益(扣除后)(元)	0.9600	1.9300	–	0.8400
	稀释每股收益(元)	1.4300	1.9400	0.7300	0.8400
	每股净资产(元)	12.4211	7.2400	–	4.7319
	每股经营现金净流量(元)	–3.3219	0.6429	–	–1.0188
	每股现金流量(元)	7.8558	–6.5025	–	–0.5744
	每股资本公积金(元)	6.8313	1.1542	–	1.1542
	每股盈余公积金(元)	0.4751	0.5064	–	0.2354
	每股未分配利润(元)	4.1454	4.6134	–	2.3591
	净资产收益率(%)	8.6298	26.8150	–	–
	加权净资产收益率(%)	17.3500	29.1000	11.8500	17.8000
	净资产收益率(扣除)(%)	5.7687	26.7096	–	17.7401
	总资产(万元)	2170258.14	2235784.45	–	516704.16
	归属母公司股东权益(万元)	91915.83	40180.19	–	26261.77
	营业收入(万元)	137371.54	313257.86	139444.65	497657.23
	营业支出(万元)	128325.56	296343.39	132710.63	484505.13
	投资收益(万元)	20858.93	48608.24	20446.07	1643.55
	净利润(万元)	7932.11	10797.11	4060.43	4646.26
	营业利润(万元)	6176.23	12435.85	4614.41	5495.74
	利润总额(万元)	9270.09	12487.52	4658.32	5497.60

河南科迪乳业股份有限公司

公司概况	公司名称	河南科迪乳业股份有限公司		证券简称	科迪乳业
	法人代表	张清海	董秘 崔少松	证券代码	002770
	公司网址	www.kedidairy.com		电子信箱	cuishaosong@kedidairy.com
	电　　话	86-370-4218602		传　　真	86-370-4218668
	办公地址	河南省商丘市虞城县产业集聚区工业大道 18 号			
	经营范围	乳制品、乳饮料、饮料的生产与销售奶牛的养殖、繁育及销售			

主要财务指标	指标\报告期	2015.06.30	2014.12.31	2014.06.30	2013.12.31
	基本每股收益(元)	0.2000	0.4600	0.2200	0.3800
	基本每股收益(扣除后)(元)	0.2000	0.4400	–	0.3600
	稀释每股收益(元)	0.2000	0.4600	0.2200	0.3800
	每股净资产(元)	3.8055	2.9670	–	2.5628
	每股经营现金净流量(元)	0.2399	0.2990	–	0.4466
	每股现金流量(元)	1.9199	–0.0335	–	–0.2024
	每股资本公积金(元)	1.6398	0.5353	–	0.5353
	每股盈余公积金(元)	0.1230	0.1641	–	0.1215
	每股未分配利润(元)	1.0427	1.2677	–	0.9060
	净资产收益率(%)	3.9305	15.5305	–	14.6401
	加权净资产收益率(%)	6.5600	16.6900	8.2800	15.7400
	净资产收益率(扣除)(%)	3.8797	14.7951	–	14.1982
	总资产(万元)	191476.21	127231.13	–	88857.86
	归属母公司股东权益(万元)	104041.77	60824.36	–	52538.05
	营业收入(万元)	30438.81	66620.71	30038.43	63879.53
	营业支出(万元)	20072.43	45221.30	20046.44	47019.32
	投资收益(万元)	–	–	–	–
	净利润(万元)	4089.41	9446.31	4502.46	7691.61
	营业利润(万元)	5253.57	11735.59	5398.86	9392.04
	利润总额(万元)	5306.46	12194.24	5746.76	9628.77

北京真视通科技股份有限公司

公司概况	公司名称	北京真视通科技股份有限公司		证券简称	真视通
	法人代表	胡小周	董秘 吴岚	证券代码	002771
	公司网址	www.bjzst.cn		电子信箱	wulan@zzstworld.com
	电　话	86-10-59220193		传　真	86-10-59220128
	办公地址	北京朝阳区马甸裕民路12号中国国际科技会展中心B座1008			
	经营范围	多媒体视讯综合解决方案业务			

主要财务指标	指标\报告期	2015.06.30	2014.12.31	2014.06.30	2013.12.31
	基本每股收益(元)	0.5100	0.7800	0.4200	0.9800
	基本每股收益(扣除后)(元)	0.5100	0.7400	–	0.9600
	稀释每股收益(元)	0.5100	–	0.4200	–
	每股净资产(元)	6.4242	4.4900	–	3.1300
	每股经营现金净流量(元)	–0.7754	1.1167	–	0.5342
	每股现金流量(元)	1.6713	0.5467	–	0.7289
	每股资本公积金(元)	3.1569	0.8210	–	0.8210
	每股盈余公积金(元)	0.2440	0.3253	–	0.1484
	每股未分配利润(元)	2.0233	2.3475	–	1.1559
	净资产收益率(%)	5.9572	17.3278	–	31.4201
	加权净资产收益率(%)	10.9300	18.5900	10.3400	36.0400
	净资产收益率(扣除)(%)	5.9052	16.5026	–	30.7625
	总资产(万元)	89784.95	74145.58	–	57428.29
	归属母公司股东权益(万元)	51393.47	26962.55	–	18751.64
	营业收入(万元)	27166.46	58177.80	24104.03	60890.80
	营业支出(万元)	20427.63	44074.55	17460.49	44975.99
	投资收益(万元)	–	–	–	–
	净利润(万元)	3061.60	4672.02	2539.41	5891.78
	营业利润(万元)	3365.57	4955.56	2678.57	6468.40
	利润总额(万元)	3545.31	5352.29	2954.85	6846.98

天水众兴菌业科技股份有限公司

公司概况	公司名称	天水众兴菌业科技股份有限公司		证券简称	众兴菌业
	法人代表	陶军	董秘 高博书	证券代码	002772
	公司网址	www.tszxjy.cn		电子信箱	gstszxjy@163.com
	电　话	86-938-2851611		传　真	86-938-2855051
	办公地址	甘肃省天水市国家农业科技园区			
	经营范围	从事食用菌的研发、生产与销售			

主要财务指标	指标\报告期	2015.06.30	2014.12.31	2014.06.30	2013.12.31
	基本每股收益(元)	0.3300	0.8100	0.3100	0.5900
	基本每股收益(扣除后)(元)	0.3000	0.7500	–	0.5900
	稀释每股收益(元)	0.3300	0.8100	0.3100	0.5900
	每股净资产(元)	6.3745	4.4400	–	3.1300
	每股经营现金净流量(元)	0.5120	1.5250	–	0.8467
	每股现金流量(元)	2.4304	0.7956	–	0.2827
	每股资本公积金(元)	3.7018	1.4552	–	1.4552
	每股盈余公积金(元)	0.0884	0.1180	–	0.0647
	每股未分配利润(元)	1.5843	1.8654	–	0.6145
	净资产收益率(%)	4.0863	18.3345	–	18.2808
	加权净资产收益率(%)	6.6200	20.0800	8.1800	22.7800
	净资产收益率(扣除)(%)	3.7431	16.9941	–	18.2403
	总资产(万元)	150997.54	106114.02	–	55970.76
	归属母公司股东权益(万元)	94934.30	49567.98	–	35004.89
	营业收入(万元)	20548.18	38349.73	16355.72	19040.17
	营业支出(万元)	13019.79	23780.44	10500.82	–
	投资收益(万元)	–	–	–	1.40
	净利润(万元)	3875.65	9080.67	3471.59	6398.85
	营业利润(万元)	3549.81	8416.25	3207.05	6043.00
	利润总额(万元)	3875.65	9080.67	3471.59	6398.85

成都康弘药业集团股份有限公司

公司概况	公司名称	成都康弘药业集团股份有限公司		证券简称	康弘药业
	法人代表	柯尊洪	董秘 钟建军	证券代码	002773
	公司网址	www.cnkh.com		电子信箱	khdm@cnkh.com
	电　话	86-28-87502055		传　真	86-28-87513956
	办公地址	四川省成都市金牛区蜀西路36号			
	经营范围	中成药、化学药及生物制品的研发、生产和销售			

主要财务指标	指标\报告期	2015.06.30	2014.12.31	2014.06.30	2013.12.31
	基本每股收益(元)	0.3201	0.6837	0.2158	0.5069
	基本每股收益(扣除后)(元)	0.3106	0.6602	–	0.4407
	稀释每股收益(元)	0.3201	0.6837	0.2158	0.5069
	每股净资产(元)	5.0179	3.9800	–	3.0300
	每股经营现金净流量(元)	0.0735	0.7284	–	0.7829
	每股现金流量(元)	1.1452	0.4987	–	0.3990
	每股资本公积金(元)	1.5116	0.3573	–	0.5081
	每股盈余公积金(元)	0.4449	0.4681	–	0.3759
	每股未分配利润(元)	2.0614	2.1539	–	1.1507
	净资产收益率(%)	5.7257	17.1800	–	18.5600
	加权净资产收益率(%)	7.8300	18.5100	6.1400	20.2100
	净资产收益率(扣除)(%)	5.5561	16.5900	–	16.1400
	总资产(万元)	260397.76	194087.71	–	151155.58
	归属母公司股东权益(万元)	223598.72	159171.32	–	109251.86
	营业收入(万元)	89104.84	167451.85	70035.06	133137.44
	营业支出(万元)	10136.43	19348.99	8071.57	15697.60
	投资收益(万元)	738.48	1120.04	558.80	–3562.10
	净利润(万元)	12778.52	27646.55	8634.53	20577.79
	营业利润(万元)	15081.87	32956.16	9920.59	21913.14
	利润总额(万元)	15309.33	33761.73	10595.92	25087.01

深圳文科园林股份有限公司

公司概况	公司名称	深圳文科园林股份有限公司		证券简称	文科园林
	法人代表	李从文	董秘 吴仲起	证券代码	002775
	公司网址	www.wkyy.com		电子信箱	investor@wkyy.com
	电　话	86-755-33052661		传　真	86-755-83148398
	办公地址	广东省深圳市福田区滨河路以南沙嘴路以东中央西谷大厦21层			
	经营范围	园林景观设计、绿化苗木种植、园林绿化工程施工及园林养护			

主要财务指标	指标\报告期	2015.06.30	2014.12.31	2014.06.30	2013.12.31
	基本每股收益(元)	0.4590	1.0000	0.3694	0.9700
	基本每股收益(扣除后)(元)	0.4535	0.9800	–	0.9400
	稀释每股收益(元)	0.4590	1.0000	0.3694	0.9700
	每股净资产(元)	8.7374	6.0000	–	4.1000
	每股经营现金净流量(元)	–0.7491	–0.7748	–	–0.8546
	每股现金流量(元)	3.3812	–0.0305	–	–0.5638
	每股资本公积金(元)	4.6992	1.4117	–	1.4117
	每股盈余公积金(元)	0.2806	0.3741	–	0.1654
	每股未分配利润(元)	2.7577	3.2179	–	1.5221
	净资产收益率(%)	3.9396	16.6849	–	23.6357
	加权净资产收益率(%)	5.2000	18.1200	7.0200	26.8000
	净资产收益率(扣除)(%)	3.9044	16.3603	–	22.9803
	总资产(万元)	176642.67	129698.29	–	65913.89
	归属母公司股东权益(万元)	104848.79	54033.15	–	36892.42
	营业收入(万元)	44658.64	94470.41	35775.55	70543.85
	营业支出(万元)	32696.81	69925.60	26123.48	52522.80
	投资收益(万元)	–	–	–	–
	净利润(万元)	4130.64	9015.39	3324.66	8719.79
	营业利润(万元)	5546.90	11423.43	4267.81	10058.29
	利润总额(万元)	5596.12	11660.57	4432.88	10342.80

广东柏堡龙股份有限公司

公司概况	公司名称	广东柏堡龙股份有限公司			证券简称	柏堡龙
	法人代表	陈伟雄	董秘	江伟荣	证券代码	002776
	公司网址	www.bobaolon.net		电子信箱	bobaolon@163..com	
	电　话	86-663-2769999		传　真	86-663-2678887	
	办公地址	广东省普宁市流沙东街道新坛村新美路南侧大德北路西				
	经营范围	服装设计、研发；服装面料的技术开发				

	指标＼报告期	2015.06.30	2014.12.31	2014.06.30	2013.12.31
主要财务指标	基本每股收益(元)	0.7700	1.3700	0.7000	1.3000
	基本每股收益(扣除后)(元)	0.7600	1.3500	–	1.2600
	稀释每股收益(元)	0.7700	1.3700	0.7000	1.3000
	每股净资产(元)	8.8916	5.1500	–	3.7800
	每股经营现金净流量(元)	0.5731	1.8211	–	1.4019
	每股现金流量(元)	5.9080	0.7001	–	1.1183
	每股资本公积金(元)	5.8898	1.0450	–	1.0450
	每股盈余公积金(元)	0.3756	0.5008	–	0.3643
	每股未分配利润(元)	1.6262	2.6015	–	1.3729
	净资产收益率(%)	6.4669	26.5208	–	34.2466
	加权净资产收益率(%)	15.5500	30.5800	17.0100	29.4100
	净资产收益率(扣除)(%)	6.4487	26.2535	–	33.4395
	总资产(万元)	119804.57	58536.30	–	51028.26
	归属母公司股东权益(万元)	93254.66	40489.16	–	29751.09
	营业收入(万元)	30866.33	54991.73	27791.15	51621.22
	营业支出(万元)	21811.76	38578.04	19350.65	36499.36
	投资收益(万元)	–	–	–	–
	净利润(万元)	6030.70	10738.07	5531.51	10188.75
	营业利润(万元)	7080.58	12321.91	6502.67	11541.84
	利润总额(万元)	7100.58	12449.78	6508.50	11824.34

四川久远银海软件股份有限公司

公司概况	公司名称	四川久远银海软件股份有限公司			证券简称	久远银海
	法人代表	李慧霞	董秘	杨成文	证券代码	002777
	公司网址	www.yinhai.com		电子信箱	public@yinhai.com	
	电　话	86-28-65516146		传　真	86-28-65516111	
	办公地址	四川省成都市高新区科园一路3号2幢				
	经营范围	人力资源和社会保障为核心的民生信息化领域软件产品、运维服务和系统集成				

	指标＼报告期	2015.06.30	2014.12.31	2014.06.30	2013.12.31
主要财务指标	基本每股收益(元)	0.4100	0.9300	0.9000	0.7200
	基本每股收益(扣除后)(元)	0.3600	0.8600	0.7200	0.6700
	稀释每股收益(元)	0.4100	0.9300	0.9000	0.7200
	每股净资产(元)	3.3000	3.8900	3.6300	2.4800
	每股经营现金净流量(元)	-0.2566	1.4827	1.2090	0.9672
	每股现金流量(元)	-1.3646	0.5927	0.8598	0.7241
	每股资本公积金(元)	0.5500	0.5500	0.5500	0.5500
	每股盈余公积金(元)	0.4221	0.4221	0.3315	0.1628
	每股未分配利润(元)	1.3301	1.9226	1.7504	0.7676
	净资产收益率(%)	12.3400	23.8600	24.8240	29.0089
	加权净资产收益率(%)	9.9400	22.6900	25.6500	26.9400
	净资产收益率(扣除)(%)	11.0024	22.1431	19.7487	27.0837
	总资产(万元)	61576.21	68958.77	61043.68	42685.66
	归属母公司股东权益(万元)	19813.21	23368.64	21791.78	14882.42
	营业收入(万元)	17672.11	36571.04	29683.53	25311.88
	营业支出(万元)	10012.66	19741.24	15024.44	13711.80
	投资收益(万元)	-117.68	114.83	610.96	40.72
	净利润(万元)	2524.27	5907.82	5353.21	4256.40
	营业利润(万元)	2703.58	6299.70	5226.11	4953.65
	利润总额(万元)	3015.66	6791.02	5727.11	5182.16

江苏高科石化股份有限公司

公司概况	公司名称	江苏高科石化股份有限公司			证券简称	高科石化
	法人代表	许汉祥	董秘	刘君南	证券代码	002778
	公司网址	www.jsgaoke.com		电子信箱	jsgk@jsgaoke.com	
	电　话	86-510-87688832		传　真	86-510-87681155	
	办公地址	江苏省宜兴市徐舍镇鲸塘工业集中区				
	经营范围	生物柴油的生产；石油制品、化工产品、日用化学品的生产、销售				

	指标＼报告期	2015.06.30	2014.12.31	2014.06.30	2013.12.31
主要财务指标	基本每股收益(元)	0.2700	0.5200	0.1000	0.6800
	基本每股收益(扣除后)(元)	0.2600	0.5000	0.0982	0.6600
	稀释每股收益(元)	0.2700	0.5200	–	0.6800
	每股净资产(元)	5.7600	5.4900	–	4.5000
	每股经营现金净流量(元)	-0.1223	0.4500	–	0.4481
	每股现金流量(元)	0.1120	-0.3078	–	-1.1807
	每股资本公积金(元)	1.0000	1.0569	–	1.0569
	每股盈余公积金(元)	0.3434	0.3434	–	0.2444
	每股未分配利润(元)	3.3577	3.0910	–	2.1995
	净资产收益率(%)	4.6300	9.5484	–	15.1916
	加权净资产收益率(%)	4.7400	10.0300	–	16.4400
	净资产收益率(扣除)(%)	75.8010	9.0977	–	14.7269
	总资产(万元)	57719.33	55583.23	–	53157.62
	归属母公司股东权益(万元)	38468.90	36687.49	–	30069.52
	营业收入(万元)	29251.07	90441.28	22010.75	96429.89
	营业支出(万元)	24719.82	80331.39	19784.71	85245.07
	投资收益(万元)	–	–	–	–
	净利润(万元)	1781.41	3503.08	700.82	4568.03
	营业利润(万元)	1984.64	3805.54	773.32	5075.12
	利润总额(万元)	2034.19	4000.08	788.09	5240.37

浙江中坚科技股份有限公司

公司概况	公司名称	浙江中坚科技股份有限公司			证券简称	中坚科技
	法人代表	吴明根	董秘	傅震刚	证券代码	002779
	公司网址	www.topsunpower.cc		电子信箱	fzg@topsunpower.cc	
	电　话	86-759-86878687		传　真	86-759-86878687	
	办公地址	浙江省永康市经济开发区名园南大道10号				
	经营范围	园林机械、农业机械、便携式发电机技术研发等				

	指标＼报告期	2015.06.30	2014.12.31	2014.06.30	2013.12.31
主要财务指标	基本每股收益(元)	0.3900	0.8600	0.7000	0.8100
	基本每股收益(扣除后)(元)	0.3800	0.8500	0.6700	0.7400
	稀释每股收益(元)	0.3900	0.8600	0.7000	0.8100
	每股净资产(元)	5.2800	4.8900	4.0269	2.6075
	每股经营现金净流量(元)	0.2912	0.8399	0.7446	1.0262
	每股现金流量(元)	–	0.6783	0.0861	0.3630
	每股资本公积金(元)	0.6629	0.6629	0.6629	0.6629
	每股盈余公积金(元)	0.3658	0.3658	0.2794	0.1374
	每股未分配利润(元)	3.2553	2.8624	2.0847	0.8072
	净资产收益率(%)	7.4360	17.6679	17.2911	31.1255
	加权净资产收益率(%)	7.7200	19.3800	18.9300	36.8600
	净资产收益率(扣除)(%)	7.1648	17.4061	16.5736	28.3919
	总资产(万元)	50778.52	48462.27	41362.37	35985.34
	归属母公司股东权益(万元)	34874.43	32281.16	26577.77	17209.32
	营业收入(万元)	25242.45	50991.23	42134.63	41835.41
	营业支出(万元)	19536.14	38551.94	31331.86	30776.37
	投资收益(万元)	–	–	–	–
	净利润(万元)	2593.27	5703.39	4595.58	5356.50
	营业利润(万元)	2850.68	6542.96	5060.93	5771.05
	利润总额(万元)	2961.97	6642.39	5285.27	6261.21

北京三夫户外用品股份有限公司

公司概况	公司名称	北京三夫户外用品股份有限公司			证券简称	三夫户外
	法人代表	张恒	董秘	周春红	证券代码	002780
	公司网址	www.sanfo.com		电子信箱	sanfoirm@sanfo.com	
	电　　话	86-10-62051913		传　　真	86-10-82022052*26	
	办公地址	北京市西城区马甸南村4楼5号				
	经营范围	数字压力检测、温度校准仪器仪表产品研发、生产和销售				

主要财务指标	指标\报告期	2015.06.30	2014.12.31	2014.06.30	2013.12.31
	基本每股收益(元)	0.1900	0.5600	–	0.5600
	基本每股收益(扣除后)(元)	0.1800	0.5500	–	0.5400
	稀释每股收益(元)	0.1900	0.5600	–	0.5600
	每股净资产(元)	4.1400	3.9500	–	2.9970
	每股经营现金净流量(元)	0.1743	0.3451	–	0.7407
	每股现金流量(元)	0.0854	0.1182	–	0.6821
	每股资本公积金(元)	0.7600	0.7600	–	0.7600
	每股盈余公积金(元)	0.2252	0.2252	–	0.1092
	每股未分配利润(元)	2.1539	1.9686	–	1.1278
	净资产收益率(%)	4.4781	14.0884	–	18.5410
	加权净资产收益率(%)	4.5800	14.4400	–	20.4400
	净资产收益率(扣除)(%)	4.3258	13.9130	–	18.0835
	总资产(万元)	25258.99	25224.63	–	20788.19
	归属母公司股东权益(万元)	20695.53	19768.76	–	14984.95
	营业收入(万元)	13520.07	29150.46	–	23587.20
	营业支出(万元)	7516.30	16441.90	–	13687.74
	投资收益(万元)	–	–	–	–
	净利润(万元)	926.77	2785.10	–	2778.37
	营业利润(万元)	1205.98	3688.34	–	3655.38
	利润总额(万元)	1248.01	3735.23	–	3747.37

深圳市奇信建设集团股份有限公司

公司概况	公司名称	深圳市奇信建设集团股份有限公司			证券简称	奇信股份
	法人代表	叶家豪	董秘	张铁	证券代码	002781
	公司网址	www.qxzs.com		电子信箱	ir@qxholding.com	
	电　　话	86-755-25329819		传　　真	86-755-25329777	
	办公地址	深圳市福田区福强路江南名苑一、二层				
	经营范围	建筑装饰工程的设计与施工业务				

主要财务指标	指标\报告期	2015.06.30	2014.12.31	2014.06.30	2013.12.31
	基本每股收益(元)	0.4100	0.8300	–	0.7000
	基本每股收益(扣除后)(元)	0.4100	0.8200	–	0.6900
	稀释每股收益(元)	0.4100	0.8300	–	0.7000
	每股净资产(元)	5.2200	4.8000	–	3.9800
	每股经营现金净流量(元)	–1.2693	–0.6520	–	0.0441
	每股现金流量(元)	–0.8625	–0.0861	–	0.6303
	每股资本公积金(元)	1.2254	1.2254	–	1.2254
	每股盈余公积金(元)	0.2364	0.2364	–	0.1630
	每股未分配利润(元)	2.7572	2.3431	–	1.5890
	净资产收益率(%)	8.2600	17.2218	–	17.7042
	加权净资产收益率(%)	8.2600	18.8400	–	19.4200
	净资产收益率(扣除)(%)	–	17.0252	–	17.3448
	总资产(万元)	269807.48	259197.06	–	216795.42
	归属母公司股东权益(万元)	93941.60	86487.38	–	71592.72
	营业收入(万元)	165800.06	320588.10	–	257995.97
	营业支出(万元)	137103.25	264999.95	–	213144.86
	投资收益(万元)	–	–	–	–
	净利润(万元)	7454.22	14894.65	–	12674.92
	营业利润(万元)	11294.22	22482.84	–	18693.87
	利润总额(万元)	11461.16	22709.48	–	19036.90

深圳可立克科技股份有限公司

公司概况	公司名称	深圳可立克科技股份有限公司			证券简称	可立克
	法人代表	肖铿	董秘	段铁群	证券代码	002782
	公司网址	www.clickele.com		电子信箱	invest@clickele.com	
	电　　话	86-755-29918075		传　　真	86-755-29918005	
	办公地址	广东省深圳市宝安区福永街道桥头社区正中工业厂区7栋1-5层厂房8栋2层				
	经营范围	开发、生产经营高低频变压器、电源产品及相关电子零配件等				

主要财务指标	指标\报告期	2015.06.30	2014.12.31	2014.06.30	2013.12.31
	基本每股收益(元)	0.1965	0.4582	–	0.4153
	基本每股收益(扣除后)(元)	0.1895	0.4465	–	0.3966
	稀释每股收益(元)	0.1965	0.4582	–	0.4153
	每股净资产(元)	3.5594	3.4500	–	3.0800
	每股经营现金净流量(元)	0.0068	0.5628	–	0.2351
	每股现金流量(元)	–0.2221	–0.0668	–	–0.3741
	每股资本公积金(元)	0.5396	0.5396	–	0.5396
	每股盈余公积金(元)	0.1860	0.1860	–	0.1528
	每股未分配利润(元)	1.8338	1.7270	–	1.3877
	净资产收益率(%)	5.5200	13.2699	–	13.4825
	加权净资产收益率(%)	5.6100	14.0600	–	14.2300
	净资产收益率(扣除)(%)	–	12.9326	–	12.8752
	总资产(万元)	63067.45	66317.63	–	56558.87
	归属母公司股东权益(万元)	45489.64	44124.78	–	39364.23
	营业收入(万元)	36031.15	74272.51	–	65476.76
	营业支出(万元)	28614.37	58066.69	–	51373.72
	投资收益(万元)	–	–	–	–11.63
	净利润(万元)	2511.48	5855.32	–	5307.27
	营业利润(万元)	3433.61	7438.65	–	5875.92
	利润总额(万元)	3537.89	7614.41	–	6168.23

湖北凯龙化工集团股份有限公司

公司概况	公司名称	湖北凯龙化工集团股份有限公司			证券简称	凯龙股份
	法人代表	邵兴祥	董秘	林宏	证券代码	002783
	公司网址	www.hbklgroup.cn		电子信箱	zbb@hbklgroup.cn	
	电　　话	86-724-2309237		传　　真	86-724-2309615	
	办公地址	湖北省荆门市东宝区泉口路20号				
	经营范围	民爆产品的生产与销售、工程爆破服务、硝酸铵及其制品的生产与销售				

主要财务指标	指标\报告期	2015.06.30	2014.12.31	2014.06.30	2013.12.31
	基本每股收益(元)	0.7600	1.7100	–	1.9400
	基本每股收益(扣除后)(元)	0.7300	1.6600	–	1.9200
	稀释每股收益(元)	0.7600	1.7100	–	1.9400
	每股净资产(元)	11.0700	11.0100	–	9.9068
	每股经营现金净流量(元)	0.4912	1.8511	–	2.6298
	每股现金流量(元)	0.1206	–0.8212	–	0.8945
	每股资本公积金(元)	0.4297	0.4359	–	0.4359
	每股盈余公积金(元)	1.2097	1.2097	–	1.0428
	每股未分配利润(元)	7.3322	7.3695	–	6.5748
	净资产收益率(%)	6.8907	15.5447	–	19.6096
	加权净资产收益率(%)	6.7400	16.4600	–	21.0700
	净资产收益率(扣除)(%)	6.5906	15.1093	–	19.3572
	总资产(万元)	122821.67	119533.01	–	114587.91
	归属母公司股东权益(万元)	69285.04	68932.28	–	62016.79
	营业收入(万元)	41063.79	88427.50	–	89593.86
	营业支出(万元)	26453.53	52449.14	–	53386.32
	投资收益(万元)	407.13	750.16	–	699.85
	净利润(万元)	5428.03	11947.53	–	13184.68
	营业利润(万元)	6144.58	14542.90	–	15256.27
	利润总额(万元)	6411.58	14935.05	–	15706.29

厦门万里石股份有限公司

公司概况	公司名称	厦门万里石股份有限公司			证券简称	万里石
	法人代表	胡精沛	董秘	朱著香	证券代码	002785
	公司网址	www.wanlistone.com		电子信箱	zhengquan@wanli.com	
	电　话	86-592-5065075		传　真	86-592-5209525	
	办公地址	福建省厦门市思明区湖滨北路201号宏业大厦8楼				
	经营范围	建筑装饰石材及景观石材的研发设计、生产和销售				

主要财务指标	指标\报告期	2015.06.30	2014.12.31	2014.06.30	2013.12.31
	基本每股收益(元)	0.0200	0.1400	0.2500	0.3500
	基本每股收益(扣除后)(元)	0.0200	0.1300	0.2400	0.3300
	稀释每股收益(元)	0.0200	0.1400	0.2500	0.3500
	每股净资产(元)	3.4898	3.4700	3.3084	2.8492
	每股经营现金净流量(元)	–0.0822	–0.0228	0.2512	0.1534
	每股现金流量(元)	0.0674	–0.4274	0.0548	0.3393
	每股资本公积金(元)	0.9055	0.9053	0.8827	0.8916
	每股盈余公积金(元)	0.0617	0.0615	0.0565	0.0374
	每股未分配利润(元)	1.5344	1.5099	1.3796	0.9220
	净资产收益率(%)	0.7000	3.9001	7.6099	12.4490
	加权净资产收益率(%)	0.7100	3.9800	7.9000	13.2400
	净资产收益率(扣除)(%)	–	3.8450	7.3089	11.5127
	总资产(万元)	98093.31	93470.51	93257.11	85265.01
	归属母公司股东权益(万元)	52347.26	52043.76	49625.84	42738.68
	营业收入(万元)	28437.80	63091.04	76562.49	83934.95
	营业支出(万元)	21205.69	46494.27	57883.44	63717.05
	投资收益(万元)	215.98	499.34	626.90	573.24
	净利润(万元)	354.89	2058.70	3957.17	5590.35
	营业利润(万元)	466.45	2685.00	5135.77	6816.82
	利润总额(万元)	475.17	2727.87	5242.83	7154.24

深圳市银宝山新科技股份有限公司

公司概况	公司名称	深圳市银宝山新科技股份有限公司			证券简称	银宝山新
	法人代表	刘金柱	董秘	李凌	证券代码	002786
	公司网址	www.basismold.com		电子信箱	public@basismold.com	
	电　话	86-755-27642925		传　真	86-755-27642925	
	办公地址	广东省深圳市宝安区石岩街道罗租社区建兴路5号				
	经营范围	大型精密注塑模具的研发、设计、制造、销售及精密结构件成型生产和销售				

主要财务指标	指标\报告期	2015.06.30	2014.12.31	2014.06.30	2013.12.31
	基本每股收益(元)	0.3500	0.6400	–	0.9400
	基本每股收益(扣除后)(元)	0.2800	0.6200	–	0.8500
	稀释每股收益(元)	0.3500	0.6400	–	0.9400
	每股净资产(元)	6.4900	6.2000	–	5.6600
	每股经营现金净流量(元)	–0.6221	1.1651	–	1.1614
	每股现金流量(元)	–0.0549	–0.3618	–	0.0257
	每股资本公积金(元)	1.6802	1.6802	–	1.6802
	每股盈余公积金(元)	0.4131	0.4131	–	0.3372
	每股未分配利润(元)	3.3919	3.1036	–	2.6477
	净资产收益率(%)	5.4600	10.3523	–	16.5905
	加权净资产收益率(%)	5.5800	10.8200	–	17.7100
	净资产收益率(扣除)(%)	–	10.0330	–	14.9709
	总资产(万元)	215859.22	196455.91	–	157044.32
	归属母公司股东权益(万元)	61809.10	59062.75	–	53979.06
	营业收入(万元)	101297.38	188730.07	–	144130.57
	营业支出(万元)	84190.79	157095.77	–	115870.98
	投资收益(万元)	224.13	62.71	–	–
	净利润(万元)	3389.07	6177.21	–	8826.36
	营业利润(万元)	3438.68	6960.26	–	9009.95
	利润总额(万元)	4005.02	7105.13	–	10042.74

苏州华源包装股份有限公司

公司概况	公司名称	苏州华源包装股份有限公司			证券简称	华源包装
	法人代表	李炳兴	董秘	邵娜	证券代码	002787
	公司网址	www.huayuan-print.com		电子信箱	zqb@huayuan-print.com	
	电　话	86-512-63857748		传　真	86-512-63852178	
	办公地址	江苏省苏州市吴江区桃源镇桃乌公路东侧				
	经营范围	金属包装产品的生产及销售业务				

主要财务指标	指标\报告期	2015.06.30	2014.12.31	2014.06.30	2013.12.31
	基本每股收益(元)	0.3800	0.6900	–	0.6600
	基本每股收益(扣除后)(元)	0.3700	0.6600	–	0.6400
	稀释每股收益(元)	0.3800	0.6900	–	0.6600
	每股净资产(元)	4.8600	4.4800	–	3.8000
	每股经营现金净流量(元)	0.0565	1.3154	–	0.0342
	每股现金流量(元)	–0.3160	0.1612	–	–0.1596
	每股资本公积金(元)	1.1593	1.1593	–	1.1593
	每股盈余公积金(元)	0.1486	0.1486	–	0.1023
	每股未分配利润(元)	2.5519	2.1755	–	1.5332
	净资产收益率(%)	7.7400	15.3578	–	17.2989
	加权净资产收益率(%)	8.0600	16.6400	–	18.9400
	净资产收益率(扣除)(%)	7.6447	14.7914	–	16.7734
	总资产(万元)	89421.23	83480.52	–	73449.49
	归属母公司股东权益(万元)	51327.18	47352.35	–	40080.19
	营业收入(万元)	44332.70	83189.83	–	70837.37
	营业支出(万元)	34532.17	65825.62	–	54460.08
	投资收益(万元)	–	–	–	–
	净利润(万元)	3974.84	7272.27	–	6933.44
	营业利润(万元)	4652.36	8290.82	–	8419.32
	利润总额(万元)	4717.10	8604.98	–	8669.66

鹭燕(福建)药业股份有限公司

公司概况	公司名称	鹭燕(福建)药业股份有限公司			证券简称	鹭燕医药
	法人代表	吴金祥	董秘	雷鸣	证券代码	002788
	公司网址	www.luyan.com.cn		电子信箱	zqb@luyan.com.cn	
	电　话	86-592-8128888		传　真	86-592-8129310	
	办公地址	福建省厦门市湖里区安岭路1004号				
	经营范围	药品、中药饮片、医疗器械和疫苗等分销及医药零售连锁				

主要财务指标	指标\报告期	2015.06.30	2014.12.31	2014.06.30	2013.12.31
	基本每股收益(元)	–	1.1400	–	1.1300
	基本每股收益(扣除后)(元)	–	1.0800	–	1.1100
	稀释每股收益(元)	–	1.1400	–	1.1300
	每股净资产(元)	–	6.6800	–	5.7616
	每股经营现金净流量(元)	–	1.8507	–	–0.7955
	每股现金流量(元)	–	2.3279	–	0.6141
	每股资本公积金(元)	–	1.4652	–	1.4939
	每股盈余公积金(元)	–	0.2977	–	0.2149
	每股未分配利润(元)	–	3.9205	–	3.0548
	净资产收益率(%)	–	17.0220	–	19.5527
	加权净资产收益率(%)	–	17.9700	–	21.6600
	净资产收益率(扣除)(%)	–	16.1993	–	19.3421
	总资产(万元)	–	331400.81	–	282564.16
	归属母公司股东权益(万元)	–	64227.04	–	55380.19
	营业收入(万元)	–	629980.17	–	551975.22
	营业支出(万元)	–	576335.89	–	504862.54
	投资收益(万元)	–	152.74	–	–
	净利润(万元)	–	11097.23	–	10911.62
	营业利润(万元)	–	14618.13	–	14552.20
	利润总额(万元)	–	15188.51	–	14727.43

深圳市建艺装饰集团股份有限公司

公司概况	公司名称	深圳市建艺装饰集团股份有限公司			证券简称	建艺集团
	法人代表	刘海云	董秘	孙昀	证券代码	002789
	公司网址	www.jyzs.com.cn		电子信箱	investjy@jyzs.com.cn	
	电　话	0755-83786867		传　真	0755-83786093	
	办公地址	广东省深圳市福田区振兴路建艺大厦19层东				
	经营范围	为写字楼、政府机关、星级酒店、文教体卫建筑、交通基建建筑等				

	指标\报告期	2015.06.30	2014.12.31	2014.06.30	2013.12.31
主要财务指标	基本每股收益(元)	–	1.4400	–	1.4500
	基本每股收益(扣除后)(元)	–	–	–	–
	稀释每股收益(元)	–	1.4400	–	1.4500
	每股净资产(元)	–	8.3400	–	6.9200
	每股经营现金净流量(元)	–	–1.7496	–	–2.7996
	每股现金流量(元)	–	–2.0811	–	1.1880
	每股资本公积金(元)	–	3.5004	–	3.5008
	每股盈余公积金(元)	–	0.3742	–	0.2281
	每股未分配利润(元)	–	3.2374	–	1.9484
	净资产收益率(%)	–	17.2118	–	20.9917
	加权净资产收益率(%)	–	18.8100	–	23.5500
	净资产收益率(扣除)(%)	–	16.8955	–	21.0018
	总资产(万元)	–	142250.05	–	125368.40
	归属母公司股东权益(万元)	–	50775.20	–	42130.29
	营业收入(万元)	–	180966.33	–	170874.19
	营业支出(万元)	–	155038.44	–	147185.84
	投资收益(万元)	–	133.26	–	–
	净利润(万元)	–	8587.93	–	8753.48
	营业利润(万元)	–	11367.33	–	11816.62
	利润总额(万元)	–	11451.04	–	11812.62

厦门瑞尔特卫浴科技股份有限公司

公司概况	公司名称	厦门瑞尔特卫浴科技股份有限公司			证券简称	瑞尔特
	法人代表	罗远良	董秘	罗远良(代)	证券代码	002790
	公司网址	www.rtplumbing.com		电子信箱	rtplumbing@rtplumbing.com	
	电　话	86-592-6059559		传　真	86-592-6539868	
	办公地址	福建省厦门市海沧新阳工业区后祥路18号				
	经营范围	卫浴配件产品的研发,生产与销售等				

	指标\报告期	2015.06.30	2014.12.31	2014.06.30	2013.12.31
主要财务指标	基本每股收益(元)	–	1.1600	–	1.1200
	基本每股收益(扣除后)(元)	–	–	–	–
	稀释每股收益(元)	–	1.1600	–	1.1200
	每股净资产(元)	–	4.0282	–	3.0653
	每股经营现金净流量(元)	–	0.9101	–	1.0473
	每股现金流量(元)	–	–0.0417	–	–0.1397
	每股资本公积金(元)	–	0.7589	–	0.7589
	每股盈余公积金(元)	–	0.2963	–	0.1795
	每股未分配利润(元)	–	1.9729	–	1.1269
	净资产收益率(%)	–	28.8691	–	36.4900
	加权净资产收益率(%)	–	32.7900	–	38.8200
	净资产收益率(扣除)(%)	–	27.7490	–	32.2620
	总资产(万元)	–	74729.30	–	56524.04
	归属母公司股东权益(万元)	–	48337.86	–	36783.13
	营业收入(万元)	–	76429.85	–	68027.91
	营业支出(万元)	–	50734.43	–	45145.75
	投资收益(万元)	–	–67.58	–	561.03
	净利润(万元)	–	13954.73	–	13422.33
	营业利润(万元)	–	15521.86	–	14142.46
	利润总额(万元)	–	16182.28	–	15455.64

广东坚朗五金制品股份有限公司

公司概况	公司名称	广东坚朗五金制品股份有限公司			证券简称	坚朗五金
	法人代表	白宝鲲	董秘	殷建忠	证券代码	002791
	公司网址	www.kinlong.com		电子信箱	dsb@kinlong.com	
	电　话	0769-82955232		传　真	0769-87947885	
	办公地址	广东省东莞市塘厦镇大坪坚朗路3号				
	经营范围	中高端建筑门窗幕墙五金系统及金属构配件等相关产品的研发、生产和销售				

	指标\报告期	2015.06.30	2014.12.31	2014.06.30	2013.12.31
主要财务指标	基本每股收益(元)	–	1.2700	–	1.3500
	基本每股收益(扣除后)(元)	–	1.2500	–	1.3100
	稀释每股收益(元)	–	1.2700	–	1.3500
	每股净资产(元)	–	6.8398	–	5.5728
	每股经营现金净流量(元)	–	0.1994	–	0.9310
	每股现金流量(元)	–	–0.1297	–	0.5048
	每股资本公积金(元)	–	1.4332	–	1.4332
	每股盈余公积金(元)	–	0.4396	–	0.3111
	每股未分配利润(元)	–	3.9667	–	2.8288
	净资产收益率(%)	–	18.5152	–	24.1676
	加权净资产收益率(%)	–	20.4100	–	27.4900
	净资产收益率(扣除)(%)	–	18.3456	–	23.5618
	总资产(万元)	–	166780.89	–	137863.15
	归属母公司股东权益(万元)	–	116275.76	–	94737.30
	营业收入(万元)	–	202533.51	–	174933.49
	营业支出(万元)	–	121906.11	–	105209.03
	投资收益(万元)	–	–	–	–
	净利润(万元)	–	21577.92	–	22945.11
	营业利润(万元)	–	25463.91	–	26535.03
	利润总额(万元)	–	25697.65	–	27213.02

广东通宇通讯股份有限公司

公司概况	公司名称	广东通宇通讯股份有限公司			证券简称	通宇通讯
	法人代表	吴中林	董秘	李春阳	证券代码	002792
	公司网址	www.tycc.cn		电子信箱	zqb@tycc.cn	
	电　话	0760-85312820		传　真	0760-85594662	
	办公地址	广东省中山市火炬开发区金通街3号				
	经营范围	移动通信系统中的通信天线及基站射频器件的研发、生产和销售				

	指标\报告期	2015.06.30	2014.12.31	2014.06.30	2013.12.31
主要财务指标	基本每股收益(元)	–	2.9500	–	0.5700
	基本每股收益(扣除后)(元)	–	2.9500	–	0.5400
	稀释每股收益(元)	–	2.9500	–	0.5700
	每股净资产(元)	–	7.0600	–	4.4900
	每股经营现金净流量(元)	–	2.3519	–	0.7576
	每股现金流量(元)	–	1.7562	–	0.4375
	每股资本公积金(元)	–	1.8816	–	2.8421
	每股盈余公积金(元)	–	0.5000	–	0.2941
	每股未分配利润(元)	–	3.7317	–	1.9135
	净资产收益率(%)	–	41.7897	–	12.6576
	加权净资产收益率(%)	–	50.9300	–	13.3600
	净资产收益率(扣除)(%)	–	41.7078	–	12.0065
	总资产(万元)	–	166056.31	–	97382.08
	归属母公司股东权益(万元)	–	84738.53	–	53851.49
	营业收入(万元)	–	150013.27	–	60880.54
	营业支出(万元)	–	84667.00	–	37621.34
	投资收益(万元)	–	1.71	–	–2.16
	净利润(万元)	–	35411.98	–	6816.28
	营业利润(万元)	–	41255.98	–	7579.03
	利润总额(万元)	–	41255.98	–	7936.07

浙江东音泵业股份有限公司

公司概况	公司名称	浙江东音泵业股份有限公司			证券简称	东音股份
	法人代表	方秀宝	董秘	方小桃	证券代码	002793
	公司网址	www.doyin.com		电子信箱	fxt@doyin.com	
	电　　话	86-576-81609998		传　　真	86-576-86332358	
	办公地址	井用潜水泵、小型潜水泵及陆上泵的研发、生产和销售				
	经营范围	浙江省温岭市大溪镇大石一级公路南侧				

主要财务指标	指标\报告期	2015.06.30	2014.12.31	2014.06.30	2013.12.31
	基本每股收益(元)	–	0.8500	–	0.6100
	基本每股收益(扣除后)(元)	–	0.8600	–	0.5900
	稀释每股收益(元)	–	0.8500	–	0.6100
	每股净资产(元)	–	4.2100	–	3.3500
	每股经营现金净流量(元)	–	0.5577	–	0.8634
	每股现金流量(元)	–	–0.0336	–	–0.1524
	每股资本公积金(元)	–	1.0249	–	1.0249
	每股盈余公积金(元)	–	0.2179	–	0.1328
	每股未分配利润(元)	–	1.9633	–	1.1956
	净资产收益率(%)	–	20.2750	–	18.2760
	加权净资产收益率(%)	–	22.5600	–	20.1100
	净资产收益率(扣除)(%)	–	20.4238	–	17.5235
	总资产(万元)	–	44786.02	–	36330.16
	归属母公司股东权益(万元)	–	31545.90	–	25149.96
	营业收入(万元)	–	53732.58	–	47417.44
	营业支出(万元)	–	38829.56	–	36084.13
	投资收益(万元)	–	367.75	–	305.98
	净利润(万元)	–	6395.94	–	4596.41
	营业利润(万元)	–	7015.21	–	5212.70
	利润总额(万元)	–	7416.85	–	5303.32

永和流体智控股份有限公司

公司概况	公司名称	永和流体智控股份有限公司			证券简称	永和智控
	法人代表	应雪青	董秘	陈尔军	证券代码	002795
	公司网址	www.yhvalve.com		电子信箱	dongmi@yhvalve.com	
	电　　话	0576-87121675		传　　真	0576-87121768	
	办公地址	浙江省玉环县清港镇工业产业集聚区				
	经营范围	流体控制设备及器材的研发、制造和销售				

主要财务指标	指标\报告期	2015.06.30	2014.12.31	2014.06.30	2013.12.31
	基本每股收益(元)	–	0.8700	–	0.6900
	基本每股收益(扣除后)(元)	–	0.8700	–	0.6700
	稀释每股收益(元)	–	0.8700	–	0.6900
	每股净资产(元)	–	2.8795	–	2.4793
	每股经营现金净流量(元)	–	1.3711	–	0.7881
	每股现金流量(元)	–	0.1454	–	0.2778
	每股资本公积金(元)	–	0.5265	–	0.5265
	每股盈余公积金(元)	–	0.2451	–	0.1636
	每股未分配利润(元)	–	1.1080	–	0.7892
	净资产收益率(%)	–	30.1056	–	27.9526
	加权净资产收益率(%)	–	31.6300	–	30.5800
	净资产收益率(扣除)(%)	–	30.2824	–	26.8507
	总资产(万元)	–	43062.15	–	42761.19
	归属母公司股东权益(万元)	–	21596.61	–	18594.82
	营业收入(万元)	–	52046.44	–	45869.32
	营业支出(万元)	–	36525.48	–	32325.66
	投资收益(万元)	–	–9.43	–	77.28
	净利润(万元)	–	6501.79	–	5197.74
	营业利润(万元)	–	7867.11	–	6312.77
	利润总额(万元)	–	7867.40	–	6311.22

苏州市世嘉科技股份有限公司

公司概况	公司名称	苏州市世嘉科技股份有限公司			证券简称	世嘉科技
	法人代表	王娟	董秘	姚跃文	证券代码	002796
	公司网址	www.sz-shijia.com		电子信箱	shijiagufen@shijiakj.com	
	电　　话	0512-66161736		传　　真	0512-68223088	
	办公地址	江苏省苏州市塘西路28号				
	经营范围	从事定制化精密箱体系统的研发,设计,生产,销售以及服务				

主要财务指标	指标\报告期	2015.06.30	2014.12.31	2014.06.30	2013.12.31
	基本每股收益(元)	–	0.9500	–	0.8600
	基本每股收益(扣除后)(元)	–	0.9000	–	0.8200
	稀释每股收益(元)	–	0.9500	–	0.8600
	每股净资产(元)	–	–	–	–
	每股经营现金净流量(元)	–	1.1473	–	1.0431
	每股现金流量(元)	–	1.2331	–	0.7171
	每股资本公积金(元)	–	0.9891	–	0.9891
	每股盈余公积金(元)	–	0.2508	–	0.1603
	每股未分配利润(元)	–	1.7730	–	1.3121
	净资产收益率(%)	–	–	–	–
	加权净资产收益率(%)	–	26.0400	–	27.8400
	净资产收益率(扣除)(%)	–	–	–	–
	总资产(万元)	–	31442.91	–	27340.45
	归属母公司股东权益(万元)	–	24077.77	–	20769.26
	营业收入(万元)	–	44326.62	–	40951.91
	营业支出(万元)	–	34039.61	–	31303.25
	投资收益(万元)	–	172.76	–	–
	净利润(万元)	–	5708.51	–	5173.40
	营业利润(万元)	–	6442.90	–	5727.55
	利润总额(万元)	–	6639.38	–	6001.49

第一创业证券股份有限公司

公司概况	公司名称	第一创业证券股份有限公司			证券简称	第一创业
	法人代表	刘学民	董秘	萧进华	证券代码	002797
	公司网址	www.firstcapital.com.cn		电子信箱	ir@fcsc.com	
	电　　话	86-755-23838868		传　　真	86-755-23838877	
	办公地址	广东省深圳市福田区福华一路115号投行大厦20楼				
	经营范围	证券经纪;证券投资咨询;与证券交易				

主要财务指标	指标\报告期	2015.06.30	2014.12.31	2014.06.30	2013.12.31
	基本每股收益(元)	–	0.2600	–	0.0800
	基本每股收益(扣除后)(元)	–	0.2600	–	0.0800
	稀释每股收益(元)	–	0.2600	–	0.0800
	每股净资产(元)	–	–	–	–
	每股经营现金净流量(元)	–	0.3348	–	0.0967
	每股现金流量(元)	–	1.6469	–	–0.2637
	每股资本公积金(元)	–	0.9507	–	0.9507
	每股盈余公积金(元)	–	0.0468	–	0.0241
	每股未分配利润(元)	–	0.3030	–	0.1340
	净资产收益率(%)	–	–	–	–
	加权净资产收益率(%)	–	10.5000	–	3.6200
	净资产收益率(扣除)(%)	–	–	–	–
	总资产(万元)	–	2111359.90	–	1130357.30
	归属母公司股东权益(万元)	–	513430.98	–	455507.29
	营业收入(万元)	–	185895.18	–	103172.34
	营业支出(万元)	–	119945.81	–	84116.77
	投资收益(万元)	–	84532.06	–	38989.91
	净利润(万元)	–	51760.10	–	16823.18
	营业利润(万元)	–	65949.37	–	19055.57
	利润总额(万元)	–	66155.50	–	20048.07

青岛特锐德电气股份有限公司

公司概况					
公司名称	青岛特锐德电气股份有限公司			证券简称	特 锐 德
法人代表	于德翔	董秘	于德翔(代)	证券代码	300001
公司网址	www.qdtgood.com		电子信箱	ir@qdtgood.com	
电　　话	0532-80938126		传　　真	0532-89083388	
办公地址	山东省青岛市崂山区松岭路 336 号				
经营范围	设计、制造 220kv 及以下的变配电一二次产品以及提供相应技术服务等				

主要财务指标				
指标＼报告期	2015.06.30	2014.12.31	2014.06.30	2013.12.31
基本每股收益(元)	0.1000	0.4000	0.0800	0.3000
基本每股收益(扣除后)(元)	0.0800	0.3600	0.1700	0.5400
稀释每股收益(元)	0.1000	0.4000	0.0800	0.3000
每股净资产(元)	1.6547	1.5874	3.3067	6.4100
每股经营现金净流量(元)	–0.3130	0.2807	–0.2074	0.3206
每股现金流量(元)	–0.1316	0.0214	–0.4159	–0.0819
每股资本公积金(元)	0.0322	1.2708	1.2708	3.5415
每股盈余公积金(元)	0.0725	0.1595	0.1225	0.2450
每股未分配利润(元)	0.5479	1.0930	0.9098	1.6162
净资产收益率(%)	5.8350	11.2530	5.3428	9.2166
加权净资产收益率(%)	5.2900	11.7700	4.8600	9.5900
净资产收益率(扣除)(%)	4.6692	10.2970	5.1501	8.3828
总资产(万元)	331845.93	303016.54	254266.86	232353.41
归属母公司股东权益(万元)	145904.39	141373.96	132531.06	128432.43
营业收入(万元)	99901.71	193205.42	74502.94	135324.93
营业支出(万元)	75126.76	139974.09	53567.40	96007.85
投资收益(万元)	136.55	544.29	167.43	108.26
净利润(万元)	8489.34	17855.56	7479.39	12753.31
营业利润(万元)	7557.28	19114.14	8416.17	14107.96
利润总额(万元)	9803.52	21163.96	8732.16	15380.91

北京神州泰岳软件股份有限公司

公司概况					
公司名称	北京神州泰岳软件股份有限公司			证券简称	神州泰岳
法人代表	王宁	董秘	黄松浪	证券代码	300002
公司网址	www.ultrapower.com.cn		电子信箱	irm@ultrapower.com.cn	
电　　话	010-58847555		传　　真	010-58847583	
办公地址	北京市朝阳区北苑路甲 13 号院 1 号楼 22 层				
经营范围	集中于运维管理领域、互联网领域等				

主要财务指标				
指标＼报告期	2015.06.30	2014.12.31	2014.06.30	2013.12.31
基本每股收益(元)	0.0561	0.4868	0.1765	0.8434
基本每股收益(扣除后)(元)	0.0526	0.4736	0.1711	0.8375
稀释每股收益(元)	0.0556	0.4820	0.1749	0.8375
每股净资产(元)	2.4161	3.6487	3.3508	5.8315
每股经营现金净流量(元)	–0.0476	0.2633	–0.1307	0.5907
每股现金流量(元)	–0.2817	–0.1895	–0.5779	0.1733
每股资本公积金(元)	0.4090	1.1133	1.0841	2.2123
每股盈余公积金(元)	0.0886	0.1341	0.1069	0.2300
每股未分配利润(元)	0.9349	1.4477	1.1601	2.3898
净资产收益率(%)	2.3136	12.8916	4.9586	14.4346
加权净资产收益率(%)	2.3400	14.5400	5.8200	15.3600
净资产收益率(扣除)(%)	2.1683	12.5423	4.8069	14.0744
总资产(万元)	542843.73	558332.76	492736.63	415996.10
归属母公司股东权益(万元)	479944.57	487194.54	443493.91	358544.63
营业收入(万元)	114600.44	254884.44	113310.83	190646.65
营业支出(万元)	81096.96	135081.33	64606.06	80125.13
投资收益(万元)	4679.38	8032.19	2512.13	549.69
净利润(万元)	9280.53	60412.14	21991.29	51754.42
营业利润(万元)	8877.56	61831.51	22687.99	52885.24
利润总额(万元)	10539.45	65141.58	23704.12	56345.24

乐普(北京)医疗器械股份有限公司

公司概况					
公司名称	乐普(北京)医疗器械股份有限公司			证券简称	乐普医疗
法人代表	蒲忠杰	董秘	张霞	证券代码	300003
公司网址	www.lepumedical.com		电子信箱	zqb@lepumedical.com	
电　　话	010-80120666		传　　真	010-80120776	
办公地址	北京市昌平区超前路 37 号 3 号楼				
经营范围	医疗器械及其配件的技术开发、生产、销售自产产品、提供自产产品的技术咨询服务等				

主要财务指标				
指标＼报告期	2015.06.30	2014.12.31	2014.06.30	2013.12.31
基本每股收益(元)	0.3547	0.5212	0.2597	0.4454
基本每股收益(扣除后)(元)	0.3374	0.5011	0.2548	0.4345
稀释每股收益(元)	0.3547	0.5212	0.2597	0.4454
每股净资产(元)	4.0834	3.8702	3.6121	3.4822
每股经营现金净流量(元)	0.1136	0.4290	0.0951	0.4061
每股现金流量(元)	0.1138	–0.2604	–0.0848	–0.4977
每股资本公积金(元)	0.9271	0.9271	0.9271	0.9271
每股盈余公积金(元)	0.2726	0.2726	0.2368	0.2368
每股未分配利润(元)	1.8869	1.6722	1.4465	1.3169
净资产收益率(%)	8.6870	13.4665	7.1889	12.7900
加权净资产收益率(%)	8.8100	14.2100	7.2300	13.2400
净资产收益率(扣除)(%)	8.2618	12.9468	7.0552	12.4767
总资产(万元)	533462.04	382993.28	325276.18	312824.76
归属母公司股东权益(万元)	331572.43	314256.43	293304.62	282757.39
营业收入(万元)	133201.83	166863.70	79234.49	130326.78
营业支出(万元)	61859.09	60827.60	29054.01	40377.43
投资收益(万元)	383.58	159.27	–29.10	–35.48
净利润(万元)	32343.72	45223.65	21085.31	36164.55
营业利润(万元)	35780.24	51686.44	25797.94	42096.92
利润总额(万元)	37966.57	53663.83	26272.38	43195.94

南方风机股份有限公司

公司概况					
公司名称	南方风机股份有限公司			证券简称	南风股份
法人代表	杨子善	董秘	邱少媚	证券代码	300004
公司网址	www.ntfan.com		电子信箱	investors@ntfan.com	
电　　话	0757-81006199		传　　真	0757-81006190	
办公地址	广东省佛山市南海区小塘三环西路(狮南段)31 号				
经营范围	通风与空气处理系统设计和产品开发、制造与销售等				

主要财务指标				
指标＼报告期	2015.06.30	2014.12.31	2014.06.30	2013.12.31
基本每股收益(元)	0.0700	0.5000	0.0800	0.2500
基本每股收益(扣除后)(元)	0.0700	0.4800	0.0800	0.2300
稀释每股收益(元)	0.0700	0.5000	0.0800	0.2500
每股净资产(元)	11.7900	11.7700	6.2500	4.6500
每股经营现金净流量(元)	–0.0545	0.7263	–0.3548	0.2963
每股现金流量(元)	–0.5937	0.1853	–0.0823	–0.1244
每股资本公积金(元)	9.4230	9.4230	3.9506	2.3346
每股盈余公积金(元)	0.1238	0.1238	0.1626	0.1658
每股未分配利润(元)	1.2468	1.2220	1.1358	1.1462
净资产收益率(%)	0.6344	3.6286	1.2451	5.3066
加权净资产收益率(%)	0.6300	6.0400	1.7800	5.3900
净资产收益率(扣除)(%)	0.5852	3.4997	1.1626	4.9914
总资产(万元)	362994.31	377400.48	155697.33	118920.61
归属母公司股东权益(万元)	300276.13	299644.08	126273.61	87356.33
营业收入(万元)	34424.06	81836.29	17332.36	40747.43
营业支出(万元)	23136.24	49594.03	10895.70	25209.39
投资收益(万元)	23.74	–19.43	–	–
净利润(万元)	1706.24	10769.79	1572.28	4635.63
营业利润(万元)	2200.11	12001.22	1732.46	5088.44
利润总额(万元)	2374.14	12468.19	1855.07	5412.37

探路者控股集团股份有限公司

公司概况	公司名称	探路者控股集团股份有限公司		证券简称	探路者
	法人代表	盛发强	董秘 张成	证券代码	300005
	公司网址	www.toread.com.cn		电子信箱	zhang.cheng@toread.com.cn
	电　话	010-81788188		传　真	010-81788593 81786239
	办公地址	北京市海淀区知春路6号锦秋国际大厦A座21层			
	经营范围	户外用品研发设计、组织外包生产、销售等			

主要财务指标	指标\报告期	2015.06.30	2014.12.31	2014.06.30	2013.12.31
	基本每股收益(元)	0.2417	0.5760	0.2404	0.5873
	基本每股收益(扣除后)(元)	0.2392	0.5630	0.2306	0.5600
	稀释每股收益(元)	0.2411	0.5758	0.2396	0.5853
	每股净资产(元)	2.4933	2.4325	2.0781	2.4324
	每股经营现金净流量(元)	-0.3177	0.5671	-0.2022	0.5135
	每股现金流量(元)	-0.4903	0.2784	-0.5073	0.3381
	每股资本公积金(元)	0.3533	0.3363	0.3076	0.3480
	每股盈余公积金(元)	0.1989	0.1991	0.1357	0.1630
	每股未分配利润(元)	0.9427	0.9021	0.6348	0.9238
	净资产收益率(%)	9.6875	23.5826	11.5623	24.0656
	加权净资产收益率(%)	9.5600	26.0400	11.3200	27.3100
	净资产收益率(扣除)(%)	9.5893	23.0509	11.0970	22.8363
	总资产(万元)	189318.06	176732.31	132315.54	149049.58
	归属母公司股东权益(万元)	128074.05	124790.99	106071.63	103490.15
	营业收入(万元)	67602.36	171524.19	62245.06	144534.81
	营业支出(万元)	32922.83	87751.00	31464.94	72238.03
	投资收益(万元)	40.36	287.65	123.30	-
	净利润(万元)	11899.60	28204.04	12264.27	24880.38
	营业利润(万元)	16443.85	32434.34	13226.53	26746.18
	利润总额(万元)	16595.22	33224.18	13813.88	28198.02

重庆莱美药业股份有限公司

公司概况	公司名称	重庆莱美药业股份有限公司		证券简称	莱美药业
	法人代表	邱宇	董秘 冷雪峰	证券代码	300006
	公司网址	www.cqlummy.com		电子信箱	cqlm@cqlummy.com
	电　话	023-67300382 67300368		传　真	023-67300381
	办公地址	重庆市北部新区杨柳路2号黄山大道中段重庆应用技术研究院B栋15楼			
	经营范围	生产、销售(限本企业自产)大容量注射剂(含抗肿瘤药)、小容量注射剂等			

主要财务指标	指标\报告期	2015.06.30	2014.12.31	2014.06.30	2013.12.31
	基本每股收益(元)	0.0500	0.0500	-0.1200	0.3200
	基本每股收益(扣除后)(元)	0.0400	0.0400	-0.1400	0.2200
	稀释每股收益(元)	0.0500	0.0500	-0.1200	0.3200
	每股净资产(元)	4.8597	4.9262	4.9105	5.4420
	每股经营现金净流量(元)	-0.0158	-0.2447	-0.0365	0.3702
	每股现金流量(元)	0.1453	-1.2962	-0.5387	1.2861
	每股资本公积金(元)	2.6911	2.7125	2.8664	3.1742
	每股盈余公积金(元)	0.1448	0.1448	0.1355	0.1355
	每股未分配利润(元)	1.0238	1.0689	0.9086	1.1323
	净资产收益率(%)	1.1284	0.9334	-2.5188	5.5373
	加权净资产收益率(%)	1.1100	0.8700	-2.3000	7.7700
	净资产收益率(扣除)(%)	0.8383	0.7983	-2.8317	3.7173
	总资产(万元)	255479.50	224389.76	227622.72	218213.51
	归属母公司股东权益(万元)	98066.52	99407.83	99091.51	109816.53
	营业收入(万元)	44140.18	91180.17	35404.44	75911.80
	营业支出(万元)	28120.69	62046.66	24750.44	47068.40
	投资收益(万元)	15.63	-4.71	-	18.43
	净利润(万元)	1118.02	1126.48	-2495.88	6080.86
	营业利润(万元)	1061.26	474.21	-2808.94	4983.00
	利润总额(万元)	1396.46	634.28	-2444.04	7503.83

河南汉威电子股份有限公司

公司概况	公司名称	河南汉威电子股份有限公司		证券简称	汉威电子
	法人代表	任红军	董秘 肖锋	证券代码	300007
	公司网址	www.hwsensor.com		电子信箱	hwdz@hwsensor.com
	电　话	0371-67169159		传　真	0371-67169196
	办公地址	河南省郑州市高新技术开发区雪松路169号			
	经营范围	气体传感器、气体检测仪器仪表的研发、生产、销售及自营产品出口等			

主要财务指标	指标\报告期	2015.06.30	2014.12.31	2014.06.30	2013.12.31
	基本每股收益(元)	0.2200	0.4700	0.1400	0.3400
	基本每股收益(扣除后)(元)	0.1300	0.3200	0.1100	0.2000
	稀释每股收益(元)	0.2200	0.4700	0.1400	0.3400
	每股净资产(元)	8.0315	7.8577	5.5414	5.4497
	每股经营现金净流量(元)	0.1739	0.3476	-0.0921	0.6600
	每股现金流量(元)	2.0196	-0.2209	-0.7392	0.3972
	每股资本公积金(元)	5.0900	5.0890	2.6896	2.6896
	每股盈余公积金(元)	0.1634	0.1634	0.1614	0.1614
	每股未分配利润(元)	1.7781	1.6053	1.6904	1.5987
	净资产收益率(%)	2.7743	4.9809	2.5568	6.1845
	加权净资产收益率(%)	2.8000	7.9800	2.5700	6.3600
	净资产收益率(扣除)(%)	1.5850	3.3795	2.0218	3.7331
	总资产(万元)	256018.77	182037.98	90665.80	93423.26
	归属母公司股东权益(万元)	117670.46	115123.77	65388.21	64306.36
	营业收入(万元)	31831.82	39930.68	14556.64	30247.24
	营业支出(万元)	18077.39	20097.01	6525.28	14316.42
	投资收益(万元)	299.20	-47.28	-15.93	-63.69
	净利润(万元)	3866.76	5837.35	1671.85	3977.02
	营业利润(万元)	3256.44	3309.08	961.98	2918.39
	利润总额(万元)	4859.95	6645.53	2092.51	5474.07

上海佳豪船舶工程设计股份有限公司

公司概况	公司名称	上海佳豪船舶工程设计股份有限公司		证券简称	上海佳豪
	法人代表	刘楠	董秘 马锐	证券代码	300008
	公司网址	www.bestwaysh.com		电子信箱	public@bestwaysh.com
	电　话	021-60859788 60859745		传　真	021-60859896
	办公地址	上海市松江区莘砖公路518号10号			
	经营范围	船舶工程及海洋工程设计、设计工程总承包(EPC)、船舶建造监理等			

主要财务指标	指标\报告期	2015.06.30	2014.12.31	2014.06.30	2013.12.31
	基本每股收益(元)	0.0830	0.1840	0.0880	0.0550
	基本每股收益(扣除后)(元)	0.0820	0.1430	0.0660	0.0310
	稀释每股收益(元)	0.0830	0.1840	0.0880	0.0550
	每股净资产(元)	3.3983	3.3297	3.1973	2.3900
	每股经营现金净流量(元)	-0.3405	-0.0948	-0.2038	0.4037
	每股现金流量(元)	-0.4261	-0.5624	-0.4218	0.2305
	每股资本公积金(元)	1.5687	1.5334	1.5045	0.6387
	每股盈余公积金(元)	0.1360	0.1360	0.1252	0.1433
	每股未分配利润(元)	0.6933	0.6602	0.5672	0.6075
	净资产收益率(%)	2.4456	5.5164	2.5004	2.2961
	加权净资产收益率(%)	2.4700	6.6000	3.2800	2.3000
	净资产收益率(扣除)(%)	1.9952	4.2932	-	1.2956
	总资产(万元)	139087.23	131863.69	92705.06	64275.34
	归属母公司股东权益(万元)	84947.46	83233.51	79922.83	52206.75
	营业收入(万元)	45737.29	84666.94	17563.80	23693.84
	营业支出(万元)	38675.55	70261.41	11867.69	16435.77
	投资收益(万元)	-6.42	-33.13	-25.27	-39.52
	净利润(万元)	1856.80	4114.59	1998.40	1198.73
	营业利润(万元)	2230.16	4736.44	1885.96	594.40
	利润总额(万元)	2619.59	5692.02	2461.40	1372.30

安徽安科生物工程(集团)股份有限公司

公司概况	公司名称	安徽安科生物工程(集团)股份有限公司			证券简称	安科生物
	法人代表	宋礼华	董秘	姚建平	证券代码	300009
	公司网址	www.ankebio.com		电子信箱	master@ankebio.com	
	电　　话	0551-65316867　65316841		传　　真	0551-65319985　65316841	
	办公地址	安徽省合肥市长江西路 669 号高新区海关路 K-1				
	经营范围	生物医药的研究、开发、生产和销售等				

主要财务指标	指标\报告期	2015.06.30	2014.12.31	2014.06.30	2013.12.31
	基本每股收益(元)	0.1620	0.3800	0.1525	0.3800
	基本每股收益(扣除后)(元)	0.1564	0.3700	0.1500	0.3600
	稀释每股收益(元)	0.1620	0.3800	0.1525	0.3759
	每股净资产(元)	2.0549	2.5448	2.2735	2.7301
	每股经营现金净流量(元)	0.1290	0.3743	0.1279	0.2199
	每股现金流量(元)	-0.2380	-0.1687	-0.1955	0.0541
	每股资本公积金(元)	0.2687	0.5835	0.5381	0.8306
	每股盈余公积金(元)	0.1603	0.2084	0.1716	0.2060
	每股未分配利润(元)	0.6259	0.7529	0.5638	0.6935
	净资产收益率(%)	7.8876	14.8669	6.7095	13.6043
	加权净资产收益率(%)	8.1700	15.8800	6.6300	14.7300
	净资产收益率(扣除)(%)	7.6110	14.3974	6.6776	12.9844
	总资产(万元)	90874.03	91557.64	78463.28	74981.09
	归属母公司股东权益(万元)	77548.36	73889.73	66013.43	66059.94
	营业收入(万元)	29462.87	54240.59	22780.55	43034.61
	营业支出(万元)	8804.41	15729.07	6652.95	11705.90
	投资收益(万元)	7.06	10.42	-	-7.14
	净利润(万元)	5836.67	10877.12	4429.18	8987.01
	营业利润(万元)	6637.47	12267.18	5151.65	10104.76
	利润总额(万元)	6887.39	12671.25	5176.82	10587.83

北京立思辰科技股份有限公司

公司概况	公司名称	北京立思辰科技股份有限公司			证券简称	立思辰
	法人代表	池燕明	董秘	华婷	证券代码	300010
	公司网址	www.lanxum.com		电子信箱	contact@lanxum.com	
	电　　话	010-82736996　82736433		传　　真	010-82736055*6433	
	办公地址	北京市海淀区学清路 8 号科技财富中心 B 座 3A 层				
	经营范围	办公信息系统解决方案及服务等				

主要财务指标	指标\报告期	2015.06.30	2014.12.31	2014.06.30	2013.12.31
	基本每股收益(元)	-0.0197	0.3640	0.0351	0.2389
	基本每股收益(扣除后)(元)	-0.0218	0.3631	0.0351	-
	稀释每股收益(元)	-0.0197	0.3626	0.0351	0.2389
	每股净资产(元)	1.9929	4.4824	3.1688	3.1500
	每股经营现金净流量(元)	-0.1696	0.3121	-0.1466	0.1566
	每股现金流量(元)	0.0012	0.5503	0.0810	-0.1371
	每股资本公积金(元)	0.6067	2.5308	1.3652	1.3652
	每股盈余公积金(元)	0.0229	0.0533	0.0593	0.0593
	每股未分配利润(元)	0.3730	0.9203	0.7443	0.7264
	净资产收益率(%)	-0.9877	7.6189	1.1038	7.5325
	加权净资产收益率(%)	-0.9700	9.7100	1.1000	7.8000
	净资产收益率(扣除)(%)	-1.0920	7.5992	1.1064	6.9070
	总资产(万元)	203259.45	193072.24	134816.41	122866.18
	归属母公司股东权益(万元)	128882.61	131741.65	83402.20	82930.69
	营业收入(万元)	36606.92	84703.12	24887.32	61778.83
	营业支出(万元)	23734.36	49189.97	15856.05	36554.20
	投资收益(万元)	-5.53	-146.14	-10.03	25.11
	净利润(万元)	-1092.70	11316.45	920.60	6246.76
	营业利润(万元)	-2409.04	10291.54	363.51	7359.51
	利润总额(万元)	-587.98	11760.40	1086.67	8663.23

北京鼎汉技术股份有限公司

公司概况	公司名称	北京鼎汉技术股份有限公司			证券简称	鼎汉技术
	法人代表	顾庆伟	董秘	万卿	证券代码	300011
	公司网址	www.dinghantech.com		电子信箱	ir@dinghantech.com	
	电　　话	010-83683366　8288		传　　真	010-83683366　8222	
	办公地址	北京市丰台区南四环西路 188 号总部基地 18 区 2 号楼				
	经营范围	生产轨道交通信号智能电源产品、轨道交通电力操作电源、屏蔽门电源等				

主要财务指标	指标\报告期	2015.06.30	2014.12.31	2014.06.30	2013.12.31
	基本每股收益(元)	0.1792	0.3863	0.0725	0.2463
	基本每股收益(扣除后)(元)	0.1774	0.3701	0.0717	0.2482
	稀释每股收益(元)	0.1756	0.3768	0.0703	0.2404
	每股净资产(元)	3.6060	3.4801	1.9370	3.3684
	每股经营现金净流量(元)	0.2771	0.2818	-0.1300	0.0767
	每股现金流量(元)	-0.2603	0.1885	-0.1771	0.2103
	每股资本公积金(元)	1.7516	1.7414	0.3579	1.3932
	每股盈余公积金(元)	0.0367	0.0368	0.0411	0.0743
	每股未分配利润(元)	0.8180	0.7019	0.5379	0.9009
	净资产收益率(%)	4.9565	9.5999	3.7304	7.3122
	加权净资产收益率(%)	5.0400	15.1200	3.7700	7.5800
	净资产收益率(扣除)(%)	4.9068	9.1968	3.6919	7.3684
	总资产(万元)	299780.91	212759.12	98558.88	95458.27
	归属母公司股东权益(万元)	189368.87	182005.68	80878.07	77875.39
	营业收入(万元)	45899.93	79572.30	25443.26	45176.78
	营业支出(万元)	24809.50	47268.62	16824.12	27430.45
	投资收益(万元)	-24.42	-64.60	-44.93	-9.38
	净利润(万元)	9355.22	17470.82	3017.10	5694.40
	营业利润(万元)	10451.06	18465.28	3357.45	6001.20
	利润总额(万元)	10660.33	20330.30	3615.17	6605.38

华测检测认证集团股份有限公司

公司概况	公司名称	华测检测认证集团股份有限公司			证券简称	华测检测
	法人代表	万峰	董秘	陈砚	证券代码	300012
	公司网址	www.cti-cert.com		电子信箱	security@cti-cert.com	
	电　　话	0755-33682137		传　　真	0755-33683385-2137	
	办公地址	广东省深圳市宝安区西乡铁岗水库桃花源科技创新园 C 栋公共检测中心 1 楼				
	经营范围	计量仪器与设备的技术咨询、电子安全电磁兼技术开发、电子元器件和仪器的销售等				

主要财务指标	指标\报告期	2015.06.30	2014.12.31	2014.06.30	2013.12.31
	基本每股收益(元)	0.1000	0.3900	0.1400	0.4100
	基本每股收益(扣除后)(元)	0.0900	0.3500	0.1200	0.3700
	稀释每股收益(元)	0.1000	0.3900	0.1400	0.4000
	每股净资产(元)	3.3549	3.3342	2.6881	2.6316
	每股经营现金净流量(元)	0.0756	0.6603	0.1234	0.6430
	每股现金流量(元)	-0.0758	-0.0625	-0.0406	0.1211
	每股资本公积金(元)	1.0827	1.0592	0.6308	0.6088
	每股盈余公积金(元)	0.1364	0.1369	0.1076	0.1079
	每股未分配利润(元)	1.1441	1.1464	0.9554	0.9213
	净资产收益率(%)	3.0483	11.4927	5.0790	15.3946
	加权净资产收益率(%)	3.0400	14.1300	5.1000	16.5000
	净资产收益率(扣除)(%)	2.6709	10.1171	4.3061	14.1886
	总资产(万元)	156821.70	158756.03	117177.01	115190.92
	归属母公司股东权益(万元)	128489.80	127146.06	99598.06	97206.11
	营业收入(万元)	53251.59	92604.55	38187.51	77692.46
	营业支出(万元)	26771.92	38810.53	16244.50	29261.54
	投资收益(万元)	4.51	59.71	-27.37	-1.46
	净利润(万元)	3955.79	14870.11	5058.55	14964.52
	营业利润(万元)	5165.77	15965.98	5476.85	16992.47
	利润总额(万元)	5741.35	18065.03	6417.70	18388.75

江苏新宁现代物流股份有限公司

公司概况	公司名称	江苏新宁现代物流股份有限公司			证券简称	新宁物流
	法人代表	王雅军	董秘	张瑜	证券代码	300013
	公司网址	www.xinning.com.cn		电子信箱	jsxn@xinning.com.cn	
	电　话	0512-57120911		传　真	0512-57999356	
	办公地址	江苏省昆山市张浦镇阳光西路 760 号				
	经营范围	进出口货物的仓储、集装箱堆存及有关配套业务等				

	指标＼报告期	2015.06.30	2014.12.31	2014.06.30	2013.12.31
主要财务指标	基本每股收益(元)	0.0100	0.0400	0.0100	0.0500
	基本每股收益(扣除后)(元)	0.0100	0.0300	0.0100	0.0100
	稀释每股收益(元)	0.0100	0.0400	0.0100	0.0500
	每股净资产(元)	1.8893	1.8900	1.8721	1.8663
	每股经营现金净流量(元)	–0.0197	0.0787	0.0275	0.2854
	每股现金流量(元)	0.0745	–0.2561	–0.1546	–0.1319
	每股资本公积金(元)	0.4518	0.4518	0.4523	1.9045
	每股盈余公积金(元)	0.0518	0.0518	0.0432	0.0863
	每股未分配利润(元)	0.3853	0.3881	0.3756	0.7420
	净资产收益率(%)	0.3827	1.8901	0.7829	1.4623
	加权净资产收益率(%)	0.3800	1.9000	0.7800	1.4700
	净资产收益率(扣除)(%)	0.2418	1.6980	0.7788	0.2295
	总资产(万元)	57261.04	68208.08	54697.40	53823.43
	归属母公司股东权益(万元)	34006.97	34061.83	33697.00	33593.66
	营业收入(万元)	20324.70	40428.84	19093.67	36834.20
	营业支出(万元)	14579.71	27812.47	13139.81	25208.53
	投资收益(万元)	376.56	493.56	238.85	297.07
	净利润(万元)	222.36	864.16	263.81	491.25
	营业利润(万元)	511.06	1637.42	817.30	1171.34
	利润总额(万元)	588.33	1734.21	834.16	1688.85

惠州亿纬锂能股份有限公司

公司概况	公司名称	惠州亿纬锂能股份有限公司			证券简称	亿纬锂能
	法人代表	刘金成	董秘	唐秋英	证券代码	300014
	公司网址	www.evebattery.com		电子信箱	ir@evebattery.com	
	电　话	86-752-5751928		传　真	86-752-2606033	
	办公地址	广东省惠州市仲恺高新区惠风七路 36 号				
	经营范围	生产、销售锂一次电池、锂二次电池、锂聚合物电池、锂离子电池等				

	指标＼报告期	2015.06.30	2014.12.31	2014.06.30	2013.12.31
主要财务指标	基本每股收益(元)	0.1549	0.2100	0.1314	0.8100
	基本每股收益(扣除后)(元)	0.1578	0.0500	0.1230	0.8000
	稀释每股收益(元)	0.1543	0.2100	0.1307	0.8000
	每股净资产(元)	2.5507	2.4458	2.3640	4.4615
	每股经营现金净流量(元)	0.0246	0.0982	–0.1438	1.1398
	每股现金流量(元)	–0.0467	–0.2972	–0.2877	0.5619
	每股资本公积金(元)	0.1939	0.1939	0.1922	1.3799
	每股盈余公积金(元)	0.1600	0.1600	0.1226	0.2454
	每股未分配利润(元)	1.1969	1.0920	1.0492	1.8362
	净资产收益率(%)	6.0728	8.6474	5.5573	18.0982
	加权净资产收益率(%)	6.1400	9.0500	5.7200	19.9800
	净资产收益率(扣除)(%)	6.1860	1.9895	5.2027	17.8151
	总资产(万元)	179282.63	168049.28	178085.75	127012.96
	归属母公司股东权益(万元)	101589.74	97411.83	94153.68	88814.52
	营业收入(万元)	63382.44	120892.40	50339.28	103906.65
	营业支出(万元)	44363.00	89501.72	37053.41	74088.94
	投资收益(万元)	–	55.90	–	–
	净利润(万元)	6699.89	8090.70	5232.39	16073.83
	营业利润(万元)	7955.86	3559.68	6110.00	18096.03
	利润总额(万元)	7805.40	9961.43	6502.88	18391.83

爱尔眼科医院集团股份有限公司

公司概况	公司名称	爱尔眼科医院集团股份有限公司			证券简称	爱尔眼科
	法人代表	陈邦	董秘	吴士君	证券代码	300015
	公司网址	www.aierchina.com		电子信箱	zhengquanbu@yeah.net	
	电　话	0731-82570739		传　真	0731-85179288 8039	
	办公地址	长沙市芙蓉中路二段 198 号新世纪城 4 楼				
	经营范围	眼科、内科、麻醉剂、检验科、影视像科、验光配镜等				

	指标＼报告期	2015.06.30	2014.12.31	2014.06.30	2013.12.31
主要财务指标	基本每股收益(元)	0.2057	0.4747	0.2215	0.5200
	基本每股收益(扣除后)(元)	0.2125	0.4852	0.2209	0.5500
	稀释每股收益(元)	0.2057	0.4747	0.2215	0.5200
	每股净资产(元)	2.1863	3.0941	2.7831	3.8508
	每股经营现金净流量(元)	0.2169	0.6934	0.2868	0.9538
	每股现金流量(元)	–0.1442	0.1539	–0.1445	0.2125
	每股资本公积金(元)	0.1180	0.6488	0.5859	1.2294
	每股盈余公积金(元)	0.1121	0.1684	0.1208	0.1820
	每股未分配利润(元)	0.9562	1.2769	1.0764	1.4394
	净资产收益率(%)	9.4074	15.2722	7.9405	13.4149
	加权净资产收益率(%)	9.5600	16.9100	7.9500	14.0200
	净资产收益率(扣除)(%)	9.7159	15.6078	7.9205	14.1771
	总资产(万元)	280149.75	255043.04	230322.62	211884.08
	归属母公司股东权益(万元)	214791.42	202450.02	181457.94	166602.55
	营业收入(万元)	145410.72	240204.76	111622.32	198496.73
	营业支出(万元)	77630.60	132320.59	61313.32	107397.57
	投资收益(万元)	387.58	1661.76	480.00	–
	净利润(万元)	21067.26	31288.41	14408.76	22349.56
	营业利润(万元)	28185.83	42935.08	20074.20	32041.45
	利润总额(万元)	27142.92	40708.68	19702.99	30489.94

北京北陆药业股份有限公司

公司概况	公司名称	北京北陆药业股份有限公司			证券简称	北陆药业
	法人代表	王代雪	董秘	刘宁	证券代码	300016
	公司网址	www.beilu.com.cn		电子信箱	blxp@beilu.com.cn	
	电　话	010-62625287		传　真	010-82626933	
	办公地址	北京市海淀区西直门北大街 32 号枫蓝国际 A 座写字楼 7 层				
	经营范围	药品生产以及药品经销等				

	指标＼报告期	2015.06.30	2014.12.31	2014.06.30	2013.12.31
主要财务指标	基本每股收益(元)	0.1800	0.2800	0.1300	0.2200
	基本每股收益(扣除后)(元)	0.1800	0.2800	0.1310	0.2100
	稀释每股收益(元)	0.1800	0.2800	0.1300	0.2200
	每股净资产(元)	2.1561	2.0021	1.9147	1.8310
	每股经营现金净流量(元)	0.1243	0.1353	–0.0005	0.1354
	每股现金流量(元)	–0.0202	–0.3221	–0.0724	–0.0711
	每股资本公积金(元)	0.3390	0.3185	0.3096	0.2484
	每股盈余公积金(元)	0.1419	0.1418	0.1164	0.1186
	每股未分配利润(元)	0.7276	0.6088	0.4887	0.4640
	净资产收益率(%)	8.2777	13.9231	6.9619	11.7900
	加权净资产收益率(%)	8.5400	14.7400	7.0700	12.2900
	净资产收益率(扣除)(%)	8.1910	13.5445	6.7798	11.3320
	总资产(万元)	95311.25	90700.49	65079.05	62054.22
	归属母公司股东权益(万元)	67081.32	62320.06	59600.92	55938.10
	营业收入(万元)	27177.75	43998.04	18369.88	33161.58
	营业支出(万元)	7082.39	12025.20	5083.14	9498.92
	投资收益(万元)	–6.11	–18.75	–	267.86
	净利润(万元)	5935.53	9416.47	4149.36	6597.17
	营业利润(万元)	6687.30	11113.73	4707.47	7860.53
	利润总额(万元)	6754.54	11397.91	4835.19	7881.78

网宿科技股份有限公司

公司概况				
公司名称	网宿科技股份有限公司		证券简称	网宿科技
法人代表	刘成彦	董秘 周丽萍	证券代码	300017
公司网址	www.chinanetcenter.com		电子信箱	wangsudmb@chinanetcenter.com
电　　话	021-64685982		传　　真	021-64879605
办公地址	上海市徐汇区斜土路2899号光启文化广场甲幢5楼			
经营范围	计算机软硬件的技术开发、技术转让、技术咨询、技术服务、信息采集等			

主要财务指标	2015.06.30	2014.12.31	2014.06.30	2013.12.31
指标\报告期	2015.06.30	2014.12.31	2014.06.30	2013.12.31
基本每股收益(元)	0.4615	1.5400	0.6164	1.5300
基本每股收益(扣除后)(元)	0.4259	1.4254	0.5085	1.4500
稀释每股收益(元)	0.4471	1.4900	0.6042	1.4800
每股净资产(元)	2.7510	5.1559	4.1724	7.2610
每股经营现金净流量(元)	0.3335	1.6448	0.3620	1.7580
每股现金流量(元)	-0.2709	-0.3548	-0.1335	-0.2959
每股资本公积金(元)	0.1021	1.3871	1.2971	3.5424
每股盈余公积金(元)	0.1407	0.3101	0.1616	0.3234
每股未分配利润(元)	1.5090	2.4605	1.7153	2.3990
净资产收益率(%)	16.7502	29.5666	14.7717	20.8316
加权净资产收益率(%)	18.0800	35.3000	15.7000	23.9600
净资产收益率(扣除)(%)	15.4579	27.4029	12.1920	19.7103
总资产(万元)	253853.09	197766.05	156584.89	139134.82
归属母公司股东权益(万元)	192397.57	163596.77	130880.20	113823.33
营业收入(万元)	123682.31	191076.71	87464.54	120499.10
营业支出(万元)	69189.91	107806.63	52354.32	69481.10
投资收益(万元)	1796.63	1531.91	518.74	357.92
净利润(万元)	32189.23	48370.02	19333.23	23711.20
营业利润(万元)	34530.62	47721.51	17243.90	25489.76
利润总额(万元)	35665.99	50140.44	20476.59	26634.59

武汉中元华电科技股份有限公司

公司概况				
公司名称	武汉中元华电科技股份有限公司		证券简称	中元华电
法人代表	邓志刚	董秘 陈志兵	证券代码	300018
公司网址	www.zyhd.com.cn		电子信箱	stock@zyhd.com.cn
电　　话	027-87180718		传　　真	027-87180719
办公地址	湖北省武汉市东湖新技术开发区华中科技大学科技园六路6号			
经营范围	计算机软、硬件、自动化、电力、电子设备与器件、通讯、办公设备的开发、研制等			

主要财务指标	2015.06.30	2014.12.31	2014.06.30	2013.12.31
指标\报告期	2015.06.30	2014.12.31	2014.06.30	2013.12.31
基本每股收益(元)	0.0600	0.2600	0.0700	0.2000
基本每股收益(扣除后)(元)	0.0600	0.2500	0.0700	0.1900
稀释每股收益(元)	0.0600	0.2600	0.0700	0.2000
每股净资产(元)	3.8900	3.8300	3.6500	3.6800
每股经营现金净流量(元)	0.0077	0.2487	0.0052	0.2426
每股现金流量(元)	-0.0152	-0.0348	-0.1355	0.0878
每股资本公积金(元)	1.8860	1.8860	1.8860	1.8860
每股盈余公积金(元)	0.1440	0.1440	0.1156	0.1156
每股未分配利润(元)	0.8631	0.8037	0.6498	0.6764
净资产收益率(%)	1.5266	6.6696	2.0111	5.3871
加权净资产收益率(%)	1.5400	6.8400	1.9900	5.4900
净资产收益率(扣除)(%)	1.5152	6.4714	1.8957	5.0317
总资产(万元)	86216.22	85410.97	81229.84	81261.19
归属母公司股东权益(万元)	75915.22	74756.30	71202.32	71720.37
营业收入(万元)	8056.33	22510.68	9245.20	20522.15
营业支出(万元)	3435.96	10355.63	4674.77	10823.67
投资收益(万元)	-	-	-	-
净利润(万元)	1014.42	4999.12	1431.95	3863.62
营业利润(万元)	1161.24	5164.78	1397.07	3792.19
利润总额(万元)	1340.16	5910.05	1743.94	4606.42

成都硅宝科技股份有限公司

公司概况				
公司名称	成都硅宝科技股份有限公司		证券简称	硅宝科技
法人代表	王跃林	董秘 曹振海	证券代码	300019
公司网址	www.guibao.cn		电子信箱	guibao@cnguibao.com
电　　话	028-85317909 86039232		传　　真	028-86039232
办公地址	四川省成都市高新区新园大道16号			
经营范围	研发、生产和销售有机硅室温胶等			

主要财务指标	2015.06.30	2014.12.31	2014.06.30	2013.12.31
指标\报告期	2015.06.30	2014.12.31	2014.06.30	2013.12.31
基本每股收益(元)	0.1016	0.4900	0.1900	0.4300
基本每股收益(扣除后)(元)	0.0893	0.4500	0.1800	0.4000
稀释每股收益(元)	0.1016	0.4900	0.1900	0.4300
每股净资产(元)	1.8047	1.8000	3.3000	3.3130
每股经营现金净流量(元)	0.0313	0.2773	0.0825	0.3458
每股现金流量(元)	-0.1736	-0.1297	-0.4384	-0.0994
每股资本公积金(元)	0.0368	1.0736	1.0736	1.0736
每股盈余公积金(元)	0.1091	0.2183	0.1702	0.1702
每股未分配利润(元)	0.6570	1.3108	1.0539	1.0683
净资产收益率(%)	5.6305	13.6044	5.6241	12.9647
加权净资产收益率(%)	5.5300	14.2500	5.5000	13.5800
净资产收益率(扣除)(%)	4.9497	12.3784	5.4045	12.0589
总资产(万元)	81671.48	81440.48	68553.33	67017.48
归属母公司股东权益(万元)	58906.30	58852.49	53860.04	54068.10
营业收入(万元)	25558.30	54949.96	21968.08	46467.17
营业支出(万元)	17641.44	37027.52	14820.68	31087.16
投资收益(万元)	-	-	-	-
净利润(万元)	3298.07	7958.87	3029.15	7009.77
营业利润(万元)	3330.26	8375.19	3365.45	7578.59
利润总额(万元)	3828.76	9242.46	3515.62	8163.42

银江股份有限公司

公司概况				
公司名称	银江股份有限公司		证券简称	银江股份
法人代表	章建强	董秘 金振江	证券代码	300020
公司网址	www.enjoyor.net		电子信箱	enjoyor@enjoyor.net
电　　话	86-571-89716117		传　　真	86-571-89716114
办公地址	杭州市西湖区西湖经济科技园西园八路2号			
经营范围	向交通、医疗、建筑等行业用户提供智能化系统工程及服务			

主要财务指标	2015.06.30	2014.12.31	2014.06.30	2013.12.31
指标\报告期	2015.06.30	2014.12.31	2014.06.30	2013.12.31
基本每股收益(元)	0.1800	0.6800	0.3500	0.6000
基本每股收益(扣除后)(元)	0.1700	0.6000	0.3200	0.5500
稀释每股收益(元)	0.1800	0.6800	0.3400	0.6000
每股净资产(元)	3.1929	6.7001	6.3403	3.9697
每股经营现金净流量(元)	-0.2885	-0.9357	-0.8923	-0.0393
每股现金流量(元)	-0.2557	-0.3402	-0.7155	0.0844
每股资本公积金(元)	1.0536	3.4823	3.4594	1.1457
每股盈余公积金(元)	0.1112	0.2453	0.2263	0.2186
每股未分配利润(元)	1.0280	1.9725	1.6546	1.6054
净资产收益率(%)	5.5935	9.9013	5.1365	15.1241
加权净资产收益率(%)	5.7300	11.5800	8.9200	16.8000
净资产收益率(扣除)(%)	5.2346	8.3630	4.7466	13.7893
总资产(万元)	441230.68	409049.48	360210.42	255310.25
归属母公司股东权益(万元)	194950.55	185516.50	174950.98	96306.92
营业收入(万元)	101115.34	231905.37	88949.03	185465.65
营业支出(万元)	72806.12	171645.40	63283.46	141839.74
投资收益(万元)	58.65	1070.47	584.21	277.25
净利润(万元)	10850.78	18479.78	8986.43	14565.56
营业利润(万元)	11639.60	18401.11	9526.23	14428.61
利润总额(万元)	12394.85	21198.05	10224.52	15683.73

大禹节水集团股份有限公司

公司概况	公司名称	大禹节水集团股份有限公司			证券简称	大禹节水
	法人代表	王栋	董秘	王光敏	证券代码	300021
	公司网址	www.dyjs.com		电子信箱	dyjszqb@163.com	
	电　话	0937-2689028 2688658*838		传　真	0937-2688963	
	办公地址	甘肃省酒泉市解放路 290 号				
	经营范围	节水灌溉用塑料制品及过滤器、施肥器、排灌机械、建筑用塑料管材等				

主要财务指标	指标\报告期	2015.06.30	2014.12.31	2014.06.30	2013.12.31
	基本每股收益(元)	0.0420	0.0746	0.0300	0.0600
	基本每股收益(扣除后)(元)	0.0200	0.0570	0.0200	0.0200
	稀释每股收益(元)	0.0420	0.0746	0.0300	0.0600
	每股净资产(元)	1.7594	1.7200	1.7310	1.7044
	每股经营现金净流量(元)	-0.0442	0.0473	-0.4271	0.1140
	每股现金流量(元)	0.0664	-0.0762	-0.3039	0.2119
	每股资本公积金(元)	0.1588	0.1588	0.1588	0.1588
	每股盈余公积金(元)	0.0786	0.0786	0.0719	0.0719
	每股未分配利润(元)	0.5220	0.4802	0.5003	0.4737
	净资产收益率(%)	2.3803	4.3445	1.5366	3.6021
	加权净资产收益率(%)	2.4000	4.3630	1.5400	1.2600
	净资产收益率(扣除)(%)	1.3629	3.3203	0.8960	1.2918
	总资产(万元)	163328.58	153374.24	144788.39	142214.93
	归属母公司股东权益(万元)	49017.34	47850.56	48224.95	47483.92
	营业收入(万元)	46576.07	78911.50	31856.03	72150.58
	营业支出(万元)	34937.06	57909.94	22529.44	52928.06
	投资收益(万元)	-	-	-	-
	净利润(万元)	1166.78	2069.69	741.03	1710.42
	营业利润(万元)	802.06	2122.33	490.57	958.90
	利润总额(万元)	1388.78	2699.03	854.03	2243.97

吉峰农机连锁股份有限公司

公司概况	公司名称	吉峰农机连锁股份有限公司			证券简称	吉峰农机
	法人代表	王新明	董秘	杨元兴	证券代码	300022
	公司网址	www.gifore.com		电子信箱	office@gifore.com.cn	
	电　话	028-67518546		传　真	028-67518546	
	办公地址	四川省成都市郫县现代工业港北部园区港通北二路 219				
	经营范围	批发、零售农业机械、机械设备、汽车零配件、摩托车及配件、建筑材料等				

主要财务指标	指标\报告期	2015.06.30	2014.12.31	2014.06.30	2013.12.31
	基本每股收益(元)	0.0033	-1.0831	-0.1620	-0.4033
	基本每股收益(扣除后)(元)	0.0027	-1.2750	-0.1289	-0.3663
	稀释每股收益(元)	0.0033	-1.0831	-0.1620	-0.4033
	每股净资产(元)	0.2178	0.2140	1.1464	1.3090
	每股经营现金净流量(元)	-0.1847	-0.1959	0.1710	-0.3133
	每股现金流量(元)	0.1670	-0.4564	-0.2672	-0.6022
	每股资本公积金(元)	0.2085	0.2080	0.2275	0.2282
	每股盈余公积金(元)	0.0417	0.0417	0.0417	0.0417
	每股未分配利润(元)	-1.0406	-1.0439	-0.1228	0.0391
	净资产收益率(%)	1.5134	-506.1165	-14.1280	-30.8079
	加权净资产收益率(%)	1.5300	-141.1200	-13.1900	-26.4900
	净资产收益率(扣除)(%)	1.2536	-595.8006	-	-27.9856
	总资产(万元)	291420.75	236770.68	370279.65	385378.31
	归属母公司股东权益(万元)	7783.55	7648.12	40972.33	46784.52
	营业收入(万元)	137499.25	389748.64	205355.99	595376.54
	营业支出(万元)	116798.72	348883.52	182767.78	521786.07
	投资收益(万元)	1.60	12344.12	86.61	-75.73
	净利润(万元)	1637.03	-48588.50	-5788.57	-14413.35
	营业利润(万元)	1987.81	-39755.54	-6733.98	-19779.21
	利润总额(万元)	2013.04	-47613.64	-9056.95	-22321.31

西安宝德自动化股份有限公司

公司概况	公司名称	西安宝德自动化股份有限公司			证券简称	宝德股份
	法人代表	赵敏	董秘	范勇建	证券代码	300023
	公司网址	www.bode-e.com		电子信箱	dongmiban@bode-e.com	
	电　话	029-89010616		传　真	029-89010610	
	办公地址	西安高新区草堂科技产业基地秦岭大道西付 6 号				
	经营范围	微电子及光机电一体化产品的设计、生产、销售、维修、改造及服务等				

主要财务指标	指标\报告期	2015.06.30	2014.12.31	2014.06.30	2013.12.31
	基本每股收益(元)	0.0600	0.1700	0.0600	-0.1200
	基本每股收益(扣除后)(元)	0.0500	0.1500	0.0370	-0.1500
	稀释每股收益(元)	0.0600	0.1700	0.0600	-0.1200
	每股净资产(元)	7.4328	3.7774	3.6608	3.6037
	每股经营现金净流量(元)	-5.0751	0.0077	0.0431	-0.0124
	每股现金流量(元)	1.3092	-0.1785	0.0369	0.3589
	每股资本公积金(元)	6.1642	2.4791	2.4791	2.4791
	每股盈余公积金(元)	0.0525	0.0737	0.0506	0.0506
	每股未分配利润(元)	0.2165	0.2252	0.1307	0.0736
	净资产收益率(%)	0.7569	4.6225	1.5580	-3.4083
	加权净资产收益率(%)	1.1100	4.7300	1.5700	-3.3500
	净资产收益率(扣除)(%)	0.6554	3.8644	1.0128	-4.9529
	总资产(万元)	300016.71	50094.62	40259.27	38675.09
	归属母公司股东权益(万元)	93981.73	33996.33	32946.76	32432.94
	营业收入(万元)	6736.81	9075.03	4361.83	4471.85
	营业支出(万元)	3892.10	5265.70	2788.14	3777.06
	投资收益(万元)	0.01	92.25	-	232.61
	净利润(万元)	936.95	1691.54	513.32	-1105.41
	营业利润(万元)	1238.56	1450.33	301.99	-1408.56
	利润总额(万元)	1350.81	1758.93	513.32	-1368.18

沈阳新松机器人自动化股份有限公司

公司概况	公司名称	沈阳新松机器人自动化股份有限公司			证券简称	机器人
	法人代表	于海斌	董秘	赵立国	证券代码	300024
	公司网址	www.siasun.com		电子信箱	zlg5335@163.com	
	电　话	024-31699888 31699818		传　真	024-31680024	
	办公地址	辽宁省沈阳市浑南新区金辉街 16 号				
	经营范围	机器人与自动化装备、自动化立体仓库及仓储物流设备、机械电子设备等				

主要财务指标	指标\报告期	2015.06.30	2014.12.31	2014.06.30	2013.12.31
	基本每股收益(元)	0.2400	0.5000	0.2000	0.8400
	基本每股收益(扣除后)(元)	0.2300	0.3900	0.1900	0.7500
	稀释每股收益(元)	0.2400	0.5000	0.2000	0.8400
	每股净资产(元)	3.1849	2.9536	2.5962	5.4264
	每股经营现金净流量(元)	-0.3158	0.1405	-0.1686	-0.0916
	每股现金流量(元)	-0.3202	0.2089	-0.2317	-0.0602
	每股资本公积金(元)	0.4751	0.4751	0.4751	1.6453
	每股盈余公积金(元)	0.1922	0.1922	0.1492	0.3282
	每股未分配利润(元)	1.4188	1.2284	0.9718	2.4528
	净资产收益率(%)	7.5484	16.8378	7.6193	15.4692
	加权净资产收益率(%)	7.8200	18.4700	7.7100	16.5700
	净资产收益率(扣除)(%)	7.2701	13.3519	7.3441	13.7392
	总资产(万元)	367052.27	324262.23	262971.13	242091.29
	归属母公司股东权益(万元)	208564.85	193415.73	170010.56	161521.78
	营业收入(万元)	81004.49	152353.51	65733.88	131907.56
	营业支出(万元)	52969.46	97792.69	44946.80	87621.35
	投资收益(万元)	-14.90	498.97	38.19	-98.72
	净利润(万元)	15915.98	33207.97	12953.68	24986.14
	营业利润(万元)	16803.33	30389.28	13812.70	25740.98
	利润总额(万元)	18425.03	38700.44	15236.60	30061.75

杭州华星创业通信技术股份有限公司

公司概况	公司名称	杭州华星创业通信技术股份有限公司			证券简称	华星创业
	法人代表	程小彦	董秘	鲍航	证券代码	300025
	公司网址	www.hxcy.com.cn			电子信箱	hxcy_1@hxcy.com.cn
	电　话	0571-87208518			传　真	0571-87208517
	办公地址	浙江省杭州市西湖区文三路553-555号浙江省中小企业科技楼10楼				
	经营范围	提供移动通信技术服务及研发、生产、销售测试优化系统等				

主要财务指标	指标\报告期	2015.06.30	2014.12.31	2014.06.30	2013.12.31
	基本每股收益(元)	0.1300	0.4200	0.1200	0.3600
	基本每股收益(扣除后)(元)	0.1300	0.4000	0.1200	0.3300
	稀释每股收益(元)	0.1300	0.4200	0.1200	0.3600
	每股净资产(元)	3.5574	3.4531	3.1423	3.0679
	每股经营现金净流量(元)	-0.4935	-0.2964	-0.4311	0.0465
	每股现金流量(元)	-0.1468	-0.0579	-0.3842	0.0162
	每股资本公积金(元)	1.1883	1.1906	1.1894	1.1907
	每股盈余公积金(元)	0.0427	0.0427	0.0424	0.0424
	每股未分配利润(元)	1.2956	1.1865	0.8936	0.8214
	净资产收益率(%)	3.6313	12.0294	3.8885	9.5611
	加权净资产收益率(%)	3.6800	12.7500	3.9000	13.6600
	净资产收益率(扣除)(%)	3.5876	11.6024	3.7216	8.7666
	总资产(万元)	178334.83	172955.24	133579.06	127261.14
	归属母公司股东权益(万元)	76222.92	73988.97	67327.57	65733.43
	营业收入(万元)	44770.80	105875.56	34852.75	71641.70
	营业支出(万元)	31104.31	72976.88	23220.71	47447.97
	投资收益(万元)	8.16	-17.97	-0.72	-91.77
	净利润(万元)	2746.41	9124.44	2618.02	6284.87
	营业利润(万元)	3351.48	10904.21	2941.47	7279.36
	利润总额(万元)	3442.13	11331.36	3129.78	8002.45

天津红日药业股份有限公司

公司概况	公司名称	天津红日药业股份有限公司			证券简称	红日药业
	法人代表	姚小青	董秘	郑丹	证券代码	300026
	公司网址	www.chasesun.cn			电子信箱	shangxm_420@sina.com
	电　话	022-59623217			传　真	022-59623290
	办公地址	天津市新技术产业园区武清开发区泉发路西				
	经营范围	小容量注射剂、片剂、硬胶囊剂、颗粒剂、原料药等				

主要财务指标	指标\报告期	2015.06.30	2014.12.31	2014.06.30	2013.12.31
	基本每股收益(元)	0.2800	0.7800	0.3900	0.9100
	基本每股收益(扣除后)(元)	0.2800	0.7400	0.3800	0.8800
	稀释每股收益(元)	0.2800	0.7800	0.3900	0.9100
	每股净资产(元)	3.8267	4.0861	3.6048	4.5207
	每股经营现金净流量(元)	0.0245	0.2612	0.1001	0.3840
	每股现金流量(元)	0.7489	0.3785	0.2726	-0.2878
	每股资本公积金(元)	1.2228	0.8652	0.7786	1.2045
	每股盈余公积金(元)	0.1025	0.1627	0.1251	0.1920
	每股未分配利润(元)	1.5014	2.0582	1.7011	2.1242
	净资产收益率(%)	7.1027	19.0558	10.6526	20.0836
	加权净资产收益率(%)	8.4300	21.7200	11.5700	22.1700
	净资产收益率(扣除)(%)	7.0046	17.9546	10.3982	19.4710
	总资产(万元)	414059.68	304340.91	265523.72	221899.16
	归属母公司股东权益(万元)	348812.07	234581.37	206965.73	169061.57
	营业收入(万元)	146027.45	286355.96	124816.18	209720.12
	营业支出(万元)	25149.67	46725.05	18279.77	31783.71
	投资收益(万元)	870.13	859.73	865.04	-120.89
	净利润(万元)	24869.58	44893.54	22047.29	33953.65
	营业利润(万元)	28737.83	48849.33	25340.41	38601.14
	利润总额(万元)	29217.60	51938.10	26005.63	40084.70

华谊兄弟传媒股份有限公司

公司概况	公司名称	华谊兄弟传媒股份有限公司			证券简称	华谊兄弟
	法人代表	王忠军	董秘	匡娜	证券代码	300027
	公司网址	www.hbpictures.com			电子信箱	ir@huayimedia.com
	电　话	86-10-65805818			传　真	010-65881512
	办公地址	北京市朝阳区朝阳门外大街18号丰联广场A座908室				
	经营范围	制作、复制、发行:专题、专栏、综艺、动画片、广播剧、电视剧等				

主要财务指标	指标\报告期	2015.06.30	2014.12.31	2014.06.30	2013.12.31
	基本每股收益(元)	0.4100	0.7300	0.3400	0.5500
	基本每股收益(扣除后)(元)	0.1600	0.4400	0.0300	0.2900
	稀释每股收益(元)	0.4100	0.7300	0.3400	0.5500
	每股净资产(元)	4.7700	4.0600	3.5400	3.2600
	每股经营现金净流量(元)	-0.0528	-0.0169	-0.0117	0.4227
	每股现金流量(元)	0.1061	0.1560	0.2206	0.4099
	每股资本公积金(元)	0.6359	0.6684	1.4064	1.3491
	每股盈余公积金(元)	0.1991	0.1992	0.1103	0.1129
	每股未分配利润(元)	1.7827	1.4781	1.0188	0.7973
	净资产收益率(%)	8.4946	17.8000	9.5389	16.8800
	加权净资产收益率(%)	8.6100	20.4000	10.5900	20.7700
	净资产收益率(扣除)(%)	3.3949	10.7200	0.7473	8.9600
	总资产(万元)	1102861.66	981864.16	767513.58	721235.05
	归属母公司股东权益(万元)	593196.34	503741.58	437561.03	394247.26
	营业收入(万元)	129304.31	238902.28	48381.16	201396.38
	营业支出(万元)	53255.04	93367.49	16605.82	91023.24
	投资收益(万元)	37710.07	42584.93	49528.07	37392.60
	净利润(万元)	60072.69	103436.83	41738.48	66540.23
	营业利润(万元)	69069.16	117915.61	52043.47	82275.09
	利润总额(万元)	73103.82	127910.23	55890.71	89776.54

金亚科技股份有限公司

公司概况	公司名称	金亚科技股份有限公司			证券简称	金亚科技
	法人代表	董昱坤	董秘	何苗	证券代码	300028
	公司网址	www.geeya.cn			电子信箱	stocks@geeya.cn
	电　话	028-68232103			传　真	028-68232100
	办公地址	四川省成都市蜀西路50号				
	经营范围	数字电视机顶盒、有线电视器材、数字化用户信息网络终端产品等				

主要财务指标	指标\报告期	2015.06.30	2014.12.31	2014.06.30	2013.12.31
	基本每股收益(元)	-0.3200	0.1000	0.0391	-0.4600
	基本每股收益(扣除后)(元)	-0.3200	0.0400	0.0353	-0.4700
	稀释每股收益(元)	-0.3200	0.1000	0.0391	-0.4600
	每股净资产(元)	0.6046	2.3567	2.3683	2.2966
	每股经营现金净流量(元)	0.8217	0.7661	0.1340	-0.1509
	每股现金流量(元)	-0.0477	-1.0244	-0.0452	0.0516
	每股资本公积金(元)	0.7261	1.2323	1.2347	1.2173
	每股盈余公积金(元)	0.0403	0.0524	0.0629	0.0633
	每股未分配利润(元)	-1.1320	-1.0599	0.0520	0.0133
	净资产收益率(%)	-40.9343	4.1065	1.6406	-19.9719
	加权净资产收益率(%)	-37.7600	4.1700	1.6700	-17.7200
	净资产收益率(扣除)(%)	-43.3653	1.6876	1.4831	-20.5797
	总资产(万元)	65011.75	99584.10	128734.98	134824.40
	归属母公司股东权益(万元)	20930.61	31328.28	63069.93	60768.36
	营业收入(万元)	10486.03	55822.95	23931.15	59357.90
	营业支出(万元)	8808.93	42234.90	18097.68	48353.07
	投资收益(万元)	985.45	492.25	141.24	-113.99
	净利润(万元)	-8618.41	2632.55	1034.72	-12136.57
	营业利润(万元)	-8622.78	852.76	1174.96	-13277.21
	利润总额(万元)	-8034.09	2401.88	1291.46	-12705.11

江苏华盛天龙光电设备股份有限公司

公司概况	公司名称	江苏华盛天龙光电设备股份有限公司		证券简称	天龙光电
	法人代表	孙利	董秘 张洪宇	证券代码	300029
	公司网址	www.hstl.cn		电子信箱	info@hstl.cn
	电　话	0519-82330395		传　真	0519-82330395
	办公地址	江苏省金坛市经济开发区华城路 318 号			
	经营范围	硅材料生长、加工设备的研发、生产和销售等			

主要财务指标	指标\报告期	2015.06.30	2014.12.31	2014.06.30	2013.12.31
	基本每股收益(元)	-0.1127	0.1474	-0.2694	-0.6503
	基本每股收益(扣除后)(元)	-0.2021	-0.8141	-0.2692	-
	稀释每股收益(元)	-0.1127	0.1474	-0.2694	-0.6503
	每股净资产(元)	2.8682	2.9809	2.6660	2.9354
	每股经营现金净流量(元)	-0.6390	0.2026	-0.0807	-0.6896
	每股现金流量(元)	-0.2391	0.1335	-0.0262	-0.5523
	每股资本公积金(元)	4.1573	4.1573	4.2592	4.2592
	每股盈余公积金(元)	0.1278	0.1278	0.1278	0.1278
	每股未分配利润(元)	-2.4169	-2.3042	-2.7210	-2.4516
	净资产收益率(%)	-3.9283	4.9437	-10.1059	-22.1534
	加权净资产收益率(%)	-3.8500	5.1000	-9.6200	-20.3700
	净资产收益率(扣除)(%)	-7.0452	-27.3093	-10.0979	-26.0145
	总资产(万元)	104809.92	109805.44	107725.65	108082.50
	归属母公司股东权益(万元)	57364.03	59617.44	53319.95	58708.41
	营业收入(万元)	8448.41	13859.22	6268.04	22057.50
	营业支出(万元)	7094.27	12809.45	5497.98	18083.06
	投资收益(万元)	-2.26	16079.72	-906.31	592.36
	净利润(万元)	-2668.01	556.07	-5388.46	-13005.91
	营业利润(万元)	-4347.46	-1653.49	-5944.76	-17432.13
	利润总额(万元)	-2550.35	686.63	-5949.09	-14784.80

广州阳普医疗科技股份有限公司

公司概况	公司名称	广州阳普医疗科技股份有限公司		证券简称	阳普医疗
	法人代表	邓冠华	董秘 郑桂华	证券代码	300030
	公司网址	www.improve-medical.com		电子信箱	board@improve-medical.com
	电　话	020-32218167		传　真	020-32312573
	办公地址	广东省广州市经济技术开发区科学城开源大道 102 号			
	经营范围	为临床检验实验室与临床护理提供以专业解决方案为依托的技术、产品和服务等			

主要财务指标	指标\报告期	2015.06.30	2014.12.31	2014.06.30	2013.12.31
	基本每股收益(元)	0.0600	0.1800	0.0600	0.3100
	基本每股收益(扣除后)(元)	0.0500	0.1400	0.0500	0.2200
	稀释每股收益(元)	0.0600	0.1800	0.0600	0.3100
	每股净资产(元)	2.4960	2.4661	2.3512	4.6240
	每股经营现金净流量(元)	-0.2906	-0.3655	-0.0886	0.2999
	每股现金流量(元)	-0.1512	-0.5766	-0.2342	0.0308
	每股资本公积金(元)	0.8371	0.8371	0.8440	2.6880
	每股盈余公积金(元)	0.0781	0.0781	0.0630	0.1260
	每股未分配利润(元)	0.5740	0.5441	0.4442	0.8099
	净资产收益率(%)	2.4003	7.2684	2.7311	6.7393
	加权净资产收益率(%)	2.4100	7.5200	2.7500	6.9500
	净资产收益率(扣除)(%)	2.0138	5.6231	2.2706	4.7275
	总资产(万元)	112047.31	101933.35	93203.00	88308.00
	归属母公司股东权益(万元)	73881.04	72997.21	69595.63	68434.54
	营业收入(万元)	23143.76	46179.22	19553.40	39673.75
	营业支出(万元)	13280.46	26162.70	11983.40	23020.43
	投资收益(万元)	24.24	281.32	86.10	190.91
	净利润(万元)	1916.91	5674.47	1900.71	4611.99
	营业利润(万元)	2101.64	5351.45	1852.80	4474.89
	利润总额(万元)	2449.70	6593.70	2246.34	5978.16

无锡宝通科技股份有限公司

公司概况	公司名称	无锡宝通科技股份有限公司		证券简称	宝通科技
	法人代表	包志方	董秘 陈希	证券代码	300031
	公司网址	www.btdy.com		电子信箱	boton8011@126.com
	电　话	0510-83709871		传　真	0510-83709871
	办公地址	江苏省无锡市新区张公路 19 号			
	经营范围	加工制造橡胶产品、普通机械、销售自产产品并提供售后服务等			

主要财务指标	指标\报告期	2015.06.30	2014.12.31	2014.06.30	2013.12.31
	基本每股收益(元)	0.1309	0.2453	0.1346	0.6800
	基本每股收益(扣除后)(元)	0.1240	0.2338	0.1311	0.6591
	稀释每股收益(元)	0.1309	0.2453	0.1346	0.6800
	每股净资产(元)	2.8761	2.7451	2.6344	2.6498
	每股经营现金净流量(元)	0.2494	0.3016	0.2072	1.0224
	每股现金流量(元)	0.1086	0.0253	-0.0056	-0.0410
	每股资本公积金(元)	0.7839	0.7839	0.7838	2.5676
	每股盈余公积金(元)	0.1378	0.1378	0.1133	0.2265
	每股未分配利润(元)	0.9543	0.8234	0.7373	1.5054
	净资产收益率(%)	4.5524	8.9347	5.1091	12.8500
	加权净资产收益率(%)	4.6400	9.1300	5.0000	13.4600
	净资产收益率(扣除)(%)	4.3208	8.5174	4.9772	12.4376
	总资产(万元)	98098.69	98757.95	94426.48	99869.64
	归属母公司股东权益(万元)	86282.18	82354.30	79030.64	79492.85
	营业收入(万元)	23845.57	50245.06	23641.04	56100.90
	营业支出(万元)	15781.38	35331.09	16821.33	37822.84
	投资收益(万元)	-	-	-	-
	净利润(万元)	4032.07	7359.71	4037.79	10214.62
	营业利润(万元)	4610.35	8277.49	4627.83	11666.31
	利润总额(万元)	4832.88	8681.65	4750.50	14730.37

金龙机电股份有限公司

公司概况	公司名称	金龙机电股份有限公司		证券简称	金龙机电
	法人代表	金绍平	董秘 黄娟	证券代码	300032
	公司网址	www.kotl.com.cn		电子信箱	hj@kotl.com.cn
	电　话	0577-61806666-8982		传　真	0577-61801666
	办公地址	浙江省温州市乐清市北白象镇进港大道边金龙科技园			
	经营范围	生产销售微电机和微电机组件、新型电子元器件及消费类电子等			

主要财务指标	指标\报告期	2015.06.30	2014.12.31	2014.06.30	2013.12.31
	基本每股收益(元)	0.3004	0.4000	0.0155	0.0700
	基本每股收益(扣除后)(元)	0.2470	0.3800	0.0145	0.0100
	稀释每股收益(元)	0.3004	0.4000	0.0155	0.0700
	每股净资产(元)	2.9870	2.7365	2.9305	2.9150
	每股经营现金净流量(元)	0.2306	0.2652	0.0168	-0.0602
	每股现金流量(元)	0.3140	0.0333	-0.0133	-0.6768
	每股资本公积金(元)	1.4609	3.9218	1.6710	1.6709
	每股盈余公积金(元)	0.0726	0.1452	0.1130	0.1092
	每股未分配利润(元)	0.4532	0.4056	0.1464	0.1347
	净资产收益率(%)	10.0558	6.3018	0.5297	2.5436
	加权净资产收益率(%)	10.4400	11.4900	0.5300	2.5600
	净资产收益率(扣除)(%)	8.2701	6.0798	0.4958	0.3950
	总资产(万元)	345740.57	320320.93	142299.18	128739.18
	归属母公司股东权益(万元)	201901.47	184971.26	83635.22	83193.67
	营业收入(万元)	132295.36	122657.60	28400.91	44593.83
	营业支出(万元)	100693.72	87158.40	23336.69	34706.95
	投资收益(万元)	4079.77	972.73	771.87	128.61
	净利润(万元)	18052.01	7629.48	442.99	2116.13
	营业利润(万元)	21882.09	10640.22	-986.80	-489.54
	利润总额(万元)	22159.17	11111.02	-952.99	1645.04

浙江核新同花顺网络信息股份有限公司

公司概况						
公司概况	公司名称	浙江核新同花顺网络信息股份有限公司			证券简称	同花顺
	法人代表	易峥	董秘	朱志峰	证券代码	300033
	公司网址	www.10jqka.com.cn		电子信箱	myhexin@myhexin.com	
	电　话	0571-88852766		传　真	0571-88911818 8001	
	办公地址	浙江省杭州市翠柏路7号杭州电子商务产业园2楼				
	经营范围	技术开发、技术服务、电子计算机、电子产品等				

主要财务指标　指标＼报告期	2015.06.30	2014.12.31	2014.06.30	2013.12.31
基本每股收益(元)	0.4200	0.2200	0.0500	0.1600
基本每股收益(扣除后)(元)	0.4000	0.1900	0.0400	0.1200
稀释每股收益(元)	0.4200	0.2200	0.0500	0.1600
每股净资产(元)	2.5937	4.4326	4.2550	8.4754
每股经营现金净流量(元)	1.1038	0.7642	0.0201	0.6117
每股现金流量(元)	1.1241	0.6034	-0.1127	0.1835
每股资本公积金(元)	0.6636	2.3273	2.3273	5.6546
每股盈余公积金(元)	0.0495	0.0990	0.0768	0.1537
每股未分配利润(元)	0.8806	1.0063	0.8508	1.6670
净资产收益率(%)	16.0964	5.0740	1.1114	1.9245
加权净资产收益率(%)	17.2200	5.1900	1.1100	1.9400
净资产收益率(扣除)(%)	15.5559	4.2572	0.9521	1.3725
总资产(万元)	268424.23	158101.94	132523.78	131871.42
归属母公司股东权益(万元)	139436.43	119148.51	114374.12	113909.80
营业收入(万元)	40585.83	26559.71	10579.80	18388.05
营业支出(万元)	7943.20	4276.32	1671.80	3824.45
投资收益(万元)	7465.11	2142.36	81.05	-
净利润(万元)	22444.19	6045.55	1271.11	2192.19
营业利润(万元)	25385.93	4899.29	1049.88	1223.23
利润总额(万元)	26625.06	6281.10	1413.96	2308.63

北京钢研高纳科技股份有限公司

公司概况						
公司概况	公司名称	北京钢研高纳科技股份有限公司			证券简称	钢研高纳
	法人代表	才让	董秘	许洪贵	证券代码	300034
	公司网址	www.cisri-gaona.com.cn		电子信箱	mahj@cisri.com.cn	
	电　话	010-62182656		传　真	010-62185097	
	办公地址	北京市海淀区大柳树南村19号				
	经营范围	航空航天材料中高温合金材料的研发、生产和销售等				

主要财务指标　指标＼报告期	2015.06.30	2014.12.31	2014.06.30	2013.12.31
基本每股收益(元)	0.1321	0.3465	0.1259	0.4088
基本每股收益(扣除后)(元)	0.1297	0.3095	0.1235	0.3924
稀释每股收益(元)	0.1321	0.3460	0.1259	0.4084
每股净资产(元)	3.4709	3.4528	3.2095	3.1903
每股经营现金净流量(元)	-0.0482	0.0068	-0.0556	0.2651
每股现金流量(元)	-0.2384	-0.4126	-0.3802	-0.7888
每股资本公积金(元)	1.2349	1.1806	1.1579	2.2369
每股盈余公积金(元)	0.1771	0.1784	0.1429	0.2144
每股未分配利润(元)	1.0589	1.0938	0.9087	1.3341
净资产收益率(%)	3.7988	10.0359	3.9224	8.5422
加权净资产收益率(%)	3.7200	10.4700	3.8700	8.8000
净资产收益率(扣除)(%)	3.7083	8.9628	3.8472	8.1992
总资产(万元)	139956.45	144103.32	128453.55	131574.43
归属母公司股东权益(万元)	111175.98	109794.37	102056.58	101445.30
营业收入(万元)	28541.86	61658.32	26391.67	51977.02
营业支出(万元)	19264.90	43640.09	19070.59	37549.60
投资收益(万元)	-	-	-	-
净利润(万元)	4198.82	10958.38	4003.08	8665.67
营业利润(万元)	4862.47	11213.43	4464.83	9157.48
利润总额(万元)	4993.53	12763.55	4610.44	10009.35

湖南中科电气股份有限公司

公司概况						
公司概况	公司名称	湖南中科电气股份有限公司			证券简称	中科电气
	法人代表	余新	董秘	黄雄军	证券代码	300035
	公司网址	www.cseco.cn		电子信箱	yueyangzhongke@vip.sina.com	
	电　话	0730-8688891		传　真	0730-8688895	
	办公地址	湖南省岳阳市岳阳大道中科工业园				
	经营范围	电磁、电气、电子、电器、机械设备的设计、制造及销售等				

主要财务指标　指标＼报告期	2015.06.30	2014.12.31	2014.06.30	2013.12.31
基本每股收益(元)	0.0700	0.2300	0.0700	0.4000
基本每股收益(扣除后)(元)	0.0700	0.1000	0.0700	0.2000
稀释每股收益(元)	0.0700	0.2300	0.0700	0.4000
每股净资产(元)	3.6086	3.6378	3.4775	4.6329
每股经营现金净流量(元)	0.0688	0.0305	0.0507	0.0796
每股现金流量(元)	-1.2599	0.1585	0.0772	0.0743
每股资本公积金(元)	1.6018	1.6018	1.6018	2.3824
每股盈余公积金(元)	0.1438	0.1438	0.1215	0.1580
每股未分配利润(元)	0.8624	0.8919	0.7527	1.0923
净资产收益率(%)	1.9529	6.2642	1.9065	8.5946
加权净资产收益率(%)	1.9200	6.3700	1.8400	8.9800
净资产收益率(扣除)(%)	1.9075	2.8191	1.8711	4.3501
总资产(万元)	100821.50	101343.38	110380.27	108884.13
归属母公司股东权益(万元)	84388.76	85071.37	81321.61	83340.33
营业收入(万元)	9051.44	20706.81	10693.59	25572.62
营业支出(万元)	4919.55	12131.85	6102.97	14578.74
投资收益(万元)	545.53	2502.37	-	-
净利润(万元)	1618.36	5026.91	1550.44	7162.78
营业利润(万元)	1585.59	4258.35	1244.24	3774.36
利润总额(万元)	1860.86	5968.20	1698.56	8341.81

北京超图软件股份有限公司

公司概况						
公司概况	公司名称	北京超图软件股份有限公司			证券简称	超图软件
	法人代表	钟耳顺	董秘	龚娅杰	证券代码	300036
	公司网址	www.supermap.com.cn		电子信箱	public@supermap.com	
	电　话	010-59896000		传　真	010-59896666	
	办公地址	北京市朝阳区酒仙桥北路甲10号电子城IT产业园107号楼6层				
	经营范围	地理信息系统、遥感、全球定位系统、办公自动化软件技术开发、技术咨询等				

主要财务指标　指标＼报告期	2015.06.30	2014.12.31	2014.06.30	2013.12.31
基本每股收益(元)	0.0190	0.3750	-0.0700	0.4560
基本每股收益(扣除后)(元)	0.0070	0.3080	-0.1140	0.2270
稀释每股收益(元)	0.0190	0.3750	-0.0700	0.4560
每股净资产(元)	3.2758	5.2800	4.9680	5.1200
每股经营现金净流量(元)	-0.3875	0.6437	-0.6468	0.4727
每股现金流量(元)	-0.5936	-0.8825	-0.8846	0.3532
每股资本公积金(元)	1.3640	2.7767	2.7683	2.7477
每股盈余公积金(元)	0.1213	0.1941	0.1580	0.1584
每股未分配利润(元)	0.8990	1.5056	1.0922	1.2677
净资产收益率(%)	0.5937	7.0997	-1.4671	8.7509
加权净资产收益率(%)	0.6000	7.3300	-1.4400	9.3300
净资产收益率(扣除)(%)	0.2164	5.8320	-2.2995	4.3442
总资产(万元)	81019.41	86552.19	75476.84	81372.56
归属母公司股东权益(万元)	64171.39	64643.13	60901.19	62582.76
营业收入(万元)	15704.46	36111.28	12355.07	31289.94
营业支出(万元)	6980.51	12122.53	5782.49	9946.06
投资收益(万元)	-18.80	-63.78	-11.54	1868.37
净利润(万元)	362.68	4571.98	-893.47	5476.56
营业利润(万元)	-494.78	2789.76	-1783.66	4309.12
利润总额(万元)	410.60	5172.82	-878.84	6216.44

深圳新宙邦科技股份有限公司

公司概况	公司名称	深圳新宙邦科技股份有限公司		证券简称	新宙邦
	法人代表	覃九三	董秘 梁作	证券代码	300037
	公司网址	www.capchem.com		电子信箱	stock@capchem.com
	电　话	0755-89924512		传　真	0755-89924533
	办公地址	广东省深圳市龙岗区坪山沙坐同富裕工业区			
	经营范围	电容器化学品与锂离子电池化学品两大类产品等			

主要财务指标	指标\报告期	2015.06.30	2014.12.31	2014.06.30	2013.12.31
	基本每股收益(元)	0.2400	0.7800	0.3900	0.7300
	基本每股收益(扣除后)(元)	0.2000	0.7300	0.3800	0.6800
	稀释每股收益(元)	0.2400	0.7800	0.3900	0.7300
	每股净资产(元)	10.2740	7.8427	7.4574	7.3122
	每股经营现金净流量(元)	0.1683	0.7773	0.6352	0.6930
	每股现金流量(元)	-0.1056	-0.2770	0.1912	-0.6281
	每股资本公积金(元)	6.3479	3.9485	3.9485	3.9485
	每股盈余公积金(元)	0.3630	0.3902	0.3188	0.3188
	每股未分配利润(元)	2.5558	2.5074	2.1974	2.0533
	净资产收益率(%)	2.1712	9.8877	5.2848	10.0229
	加权净资产收益率(%)	2.8900	10.2600	5.2800	10.3900
	净资产收益率(扣除)(%)	1.8168	9.2770	5.0572	9.2868
	总资产(万元)	225318.49	163267.92	151807.84	144706.88
	归属母公司股东权益(万元)	189062.21	134266.78	127670.36	125184.69
	营业收入(万元)	39521.49	75678.20	36224.40	68435.22
	营业支出(万元)	27008.29	48413.34	22646.17	45399.29
	投资收益(万元)	357.30	707.25	343.00	758.28
	净利润(万元)	4311.69	13527.78	6747.10	12547.11
	营业利润(万元)	4915.25	15702.50	7797.78	14136.30
	利润总额(万元)	5176.14	15934.61	7893.33	14401.55

北京梅泰诺通信技术股份有限公司

公司概况	公司名称	北京梅泰诺通信技术股份有限公司		证券简称	梅泰诺
	法人代表	张志勇	董秘 陈鹏	证券代码	300038
	公司网址	www.miteno.com		电子信箱	info@miteno.com
	电　话	010-82055588		传　真	010-82055731
	办公地址	北京市海淀区花园东路15号旷怡大厦7-8层			
	经营范围	三管通信塔为核心的各类通信塔的研发设计、生产制造及安装维护			

主要财务指标	指标\报告期	2015.06.30	2014.12.31	2014.06.30	2013.12.31
	基本每股收益(元)	0.1270	0.3300	0.0870	0.3200
	基本每股收益(扣除后)(元)	0.1210	0.2960	0.0650	0.2900
	稀释每股收益(元)	0.1270	0.3300	0.0870	0.3200
	每股净资产(元)	7.1041	6.6000	6.3499	6.2600
	每股经营现金净流量(元)	0.0889	-1.0634	-0.8230	-0.8249
	每股现金流量(元)	0.1576	-0.7039	-0.4914	-0.1595
	每股资本公积金(元)	4.7949	4.3862	4.3454	4.3454
	每股盈余公积金(元)	0.1058	0.1058	0.1010	0.1010
	每股未分配利润(元)	1.2035	1.1108	0.9047	0.8181
	净资产收益率(%)	1.7895	5.0295	1.3648	4.9955
	加权净资产收益率(%)	1.9100	5.1700	1.3700	5.3000
	净资产收益率(扣除)(%)	1.7106	4.4855	1.0170	4.3880
	总资产(万元)	224892.44	188920.51	168401.01	159645.98
	归属母公司股东权益(万元)	114126.34	106127.51	102112.09	100735.66
	营业收入(万元)	29055.71	63565.92	22877.42	58337.09
	营业支出(万元)	20622.62	44712.59	16625.09	42185.41
	投资收益(万元)	-139.26	-70.51	-183.03	179.50
	净利润(万元)	2028.26	6164.91	1393.62	5032.29
	营业利润(万元)	2318.45	5849.57	943.26	5739.47
	利润总额(万元)	2579.65	7172.19	1746.19	6867.80

上海凯宝药业股份有限公司

公司概况	公司名称	上海凯宝药业股份有限公司		证券简称	上海凯宝
	法人代表	刘宜善	董秘 穆竟伟	证券代码	300039
	公司网址	www.xykb.com		电子信箱	kbyydmb@126.com
	电　话	021-37572069		传　真	021-37572069
	办公地址	上海市工业综合开发区程普路88号			
	经营范围	清热解毒类中成药痰热清注射液的研发、生产和销售等			

主要财务指标	指标\报告期	2015.06.30	2014.12.31	2014.06.30	2013.12.31
	基本每股收益(元)	0.2272	0.5527	0.2900	0.6100
	基本每股收益(扣除后)(元)	0.2247	0.5461	0.2866	0.5700
	稀释每股收益(元)	0.2272	0.5527	0.2900	0.6100
	每股净资产(元)	2.3510	2.3404	2.6181	2.5441
	每股经营现金净流量(元)	0.1180	0.4410	0.2125	0.5137
	每股现金流量(元)	-0.0843	0.0041	-0.1207	-0.0526
	每股资本公积金(元)	0.3227	0.8039	0.6916	1.0299
	每股盈余公积金(元)	0.1794	0.2335	0.1558	0.1869
	每股未分配利润(元)	0.8490	1.0095	0.7708	0.8362
	净资产收益率(%)	9.6625	18.5367	11.1007	19.8504
	加权净资产收益率(%)	9.3500	20.6100	10.9500	21.3900
	净资产收益率(扣除)(%)	9.5580	18.3142	10.9470	18.6264
	总资产(万元)	248435.31	230190.40	186035.19	177081.05
	归属母公司股东权益(万元)	195998.81	195118.54	165278.29	160609.35
	营业收入(万元)	88280.28	148107.69	80259.11	132321.54
	营业支出(万元)	15117.82	23000.45	12893.01	20436.53
	投资收益(万元)	-	-	-	-
	净利润(万元)	18938.36	34935.17	18347.03	31881.54
	营业利润(万元)	21814.26	40990.45	21188.14	35400.87
	利润总额(万元)	22067.86	41483.94	21486.99	37713.64

哈尔滨九洲电气股份有限公司

公司概况	公司名称	哈尔滨九洲电气股份有限公司		证券简称	九洲电气
	法人代表	李寅	董秘 李斌	证券代码	300040
	公司网址	www.jze.com.cn		电子信箱	stock@jze.com.cn
	电　话	0451-86687723　58771318		传　真	0451-86696792
	办公地址	黑龙江省哈尔滨市松北区九洲路609号			
	经营范围	电力电子产品、高压变频器、高低压电气设备、箱式变电站、整流装置等			

主要财务指标	指标\报告期	2015.06.30	2014.12.31	2014.06.30	2013.12.31
	基本每股收益(元)	-0.0611	-0.2000	0.0221	0.0300
	基本每股收益(扣除后)(元)	-0.0808	-0.2600	0.0157	-0.0100
	稀释每股收益(元)	-0.0611	-0.2000	0.0221	0.0300
	每股净资产(元)	4.1998	4.4783	4.4835	4.5115
	每股经营现金净流量(元)	-0.0871	0.3332	0.0444	-0.0726
	每股现金流量(元)	0.5482	-0.0150	-0.0243	-0.6295
	每股资本公积金(元)	1.3766	1.3766	1.3766	1.3766
	每股盈余公积金(元)	0.1051	0.1051	0.1051	0.1051
	每股未分配利润(元)	1.7181	1.7792	2.0018	2.0297
	净资产收益率(%)	-1.4539	-4.7077	0.4920	0.7241
	加权净资产收益率(%)	-1.4400	-4.5800	0.4900	0.7200
	净资产收益率(扣除)(%)	-1.9245	-5.9995	0.3502	-0.3232
	总资产(万元)	139122.53	139631.71	144455.65	145288.91
	归属母公司股东权益(万元)	116670.55	118366.82	124551.97	125328.14
	营业收入(万元)	7100.51	18951.37	7791.37	20920.30
	营业支出(万元)	5297.91	16461.24	5264.94	14133.02
	投资收益(万元)	92.34	358.22	123.56	68.64
	净利润(万元)	-1696.27	-5572.32	612.82	907.52
	营业利润(万元)	-2607.22	-8115.31	-70.85	-802.17
	利润总额(万元)	-1984.23	-6560.59	710.63	829.34

湖北回天新材料股份有限公司

公司概况	公司名称	湖北回天新材料股份有限公司			证券简称	回天新材
	法人代表	章锋	董秘	章宏建	证券代码	300041
	公司网址	www.huitian.net.cn		电子信箱	htjy2009@163.com	
	电　话	0710-3626888-8068		传　真	0710-3347316	
	办公地址	湖北省襄阳市国家高新技术开发区航天路7号				
	经营范围	胶粘剂、汽车制动液、原子灰的生产与销售、精细化工产品的研究与开发、生产、销售				

主要财务指标	指标\报告期	2015.06.30	2014.12.31	2014.06.30	2013.12.31
	基本每股收益(元)	0.2827	0.6484	0.3282	0.5262
	基本每股收益(扣除后)(元)	0.2575	0.5614	0.3114	0.4360
	稀释每股收益(元)	0.2827	0.6484	0.3282	0.5262
	每股净资产(元)	6.3796	6.2770	5.9568	5.7886
	每股经营现金净流量(元)	-0.2524	-0.0140	0.0671	0.0392
	每股现金流量(元)	-0.1144	-0.4532	-0.5628	-0.4918
	每股资本公积金(元)	2.7639	2.7639	2.7639	2.7639
	每股盈余公积金(元)	0.4770	0.4770	0.4381	0.4381
	每股未分配利润(元)	2.1387	2.0361	1.7548	1.5866
	净资产收益率(%)	4.4308	10.3298	5.5104	9.0908
	加权净资产收益率(%)	4.4700	10.7700	5.5600	9.4100
	净资产收益率(扣除)(%)	4.0363	8.9435	5.2268	7.5316
	总资产(万元)	142515.32	133383.44	117695.82	112033.24
	归属母公司股东权益(万元)	107787.28	106052.59	100643.50	97800.89
	营业收入(万元)	48965.18	84372.50	40699.62	64209.78
	营业支出(万元)	33006.47	54202.33	25939.91	39391.84
	投资收益(万元)	-	-	-	74.57
	净利润(万元)	4777.34	10956.53	5545.89	8890.92
	营业利润(万元)	4736.93	10004.45	5689.40	8553.55
	利润总额(万元)	5365.93	12200.57	6234.01	10273.48

深圳市朗科科技股份有限公司

公司概况	公司名称	深圳市朗科科技股份有限公司			证券简称	朗科科技
	法人代表	石桂生	董秘	王爱凤	证券代码	300042
	公司网址	www.netac.com.cn		电子信箱	ir@netac.com	
	电　话	0755-26727600		传　真	0755-26727575	
	办公地址	广东省深圳市南山区高新区南区高新南六道10号朗科大厦16、18、19层				
	经营范围	从事电脑软硬件、移动存储产品、数码影音娱乐产品、多媒体产品、网络等				

主要财务指标	指标\报告期	2015.06.30	2014.12.31	2014.06.30	2013.12.31
	基本每股收益(元)	0.0743	0.1502	0.0970	0.0444
	基本每股收益(扣除后)(元)	0.0638	0.0846	0.0423	-0.0026
	稀释每股收益(元)	0.0743	0.1502	0.0970	0.0444
	每股净资产(元)	6.2011	6.2268	6.1739	6.0766
	每股经营现金净流量(元)	0.1387	0.0040	0.1816	0.1836
	每股现金流量(元)	-0.1110	1.1008	1.2416	-0.1129
	每股资本公积金(元)	4.5094	4.5094	4.5094	4.5094
	每股盈余公积金(元)	0.0993	0.0964	0.0946	0.0917
	每股未分配利润(元)	0.5925	0.6212	0.5699	0.4756
	净资产收益率(%)	1.1974	2.4124	1.5741	0.7304
	加权净资产收益率(%)	1.1900	2.4400	1.5900	0.7300
	净资产收益率(扣除)(%)	1.0293	1.3579	0.6852	-0.0425
	总资产(万元)	85781.06	86120.04	85609.81	87305.79
	归属母公司股东权益(万元)	82846.23	83190.20	82482.75	81183.93
	营业收入(万元)	18459.06	21101.80	7656.52	23136.13
	营业支出(万元)	15659.00	16257.29	5496.36	18499.17
	投资收益(万元)	-	737.87	737.87	-
	净利润(万元)	992.01	2006.85	1298.36	592.93
	营业利润(万元)	986.92	1986.02	1429.86	172.66
	利润总额(万元)	1200.28	2285.65	1485.12	1160.82

星辉互动娱乐股份有限公司

公司概况	公司名称	星辉互动娱乐股份有限公司			证券简称	互动娱乐
	法人代表	陈雁升	董秘	杨农	证券代码	300043
	公司网址	www.rastar.cn		电子信箱	stock@rastar.cn	
	电　话	86-20-28123517		传　真	86-20-28123521	
	办公地址	广东省广州市天河区珠江新城华夏路16号富力盈凯广场49楼				
	经营范围	车模、玩具车及其他玩具及汽车品牌衍生品等				

主要财务指标	指标\报告期	2015.06.30	2014.12.31	2014.06.30	2013.12.31
	基本每股收益(元)	0.1400	0.4800	0.1400	0.5600
	基本每股收益(扣除后)(元)	0.0900	0.3900	0.1500	0.5100
	稀释每股收益(元)	0.1400	0.4800	0.1400	0.5600
	每股净资产(元)	1.5041	3.3664	2.9946	4.2140
	每股经营现金净流量(元)	-0.0672	0.5814	0.0247	0.2421
	每股现金流量(元)	-0.0472	0.2333	0.1795	0.1051
	每股资本公积金(元)	0.0019	1.3092	1.2643	1.6885
	每股盈余公积金(元)	-	0.1061	0.0768	0.1643
	每股未分配利润(元)	0.5049	0.9552	0.6580	1.3720
	净资产收益率(%)	9.3388	13.5030	4.2738	13.1769
	加权净资产收益率(%)	8.8600	16.4200	5.2700	14.3000
	净资产收益率(扣除)(%)	5.8772	10.9752	4.7713	12.0319
	总资产(万元)	370109.46	284268.84	296159.06	182456.16
	归属母公司股东权益(万元)	187134.39	190387.05	169360.45	101887.40
	营业收入(万元)	72421.96	251768.44	118020.28	221917.73
	营业支出(万元)	42466.08	201977.32	96582.75	193651.86
	投资收益(万元)	6237.54	9151.95	835.91	1358.94
	净利润(万元)	19051.60	27091.57	7238.13	13425.60
	营业利润(万元)	20455.70	29976.31	8974.44	16441.62
	利润总额(万元)	20973.00	30865.15	8918.48	16680.66

深圳市赛为智能股份有限公司

公司概况	公司名称	深圳市赛为智能股份有限公司			证券简称	赛为智能
	法人代表	周勇	董秘	商毛红	证券代码	300044
	公司网址	www.szsunwin.com		电子信箱	sunwin@szsunwin.com	
	电　话	0755-86169631 86169980		传　真	0755-86169393	
	办公地址	广东省深圳市南山区高新区科技中二路软件园2号楼3楼				
	经营范围	为水利行业、城市轨道交通行业、建筑行业、铁路行业提供智能化系统解决方案等				

主要财务指标	指标\报告期	2015.06.30	2014.12.31	2014.06.30	2013.12.31
	基本每股收益(元)	0.0437	0.2300	0.0971	0.1300
	基本每股收益(扣除后)(元)	0.0286	0.2200	0.0862	0.1300
	稀释每股收益(元)	0.0437	0.2300	0.0971	0.1300
	每股净资产(元)	2.9278	2.9041	2.8296	2.7516
	每股经营现金净流量(元)	-0.2767	0.0069	0.0350	0.0098
	每股现金流量(元)	-0.4919	-0.9335	-0.8061	0.4553
	每股资本公积金(元)	1.1640	1.1640	1.2128	1.2128
	每股盈余公积金(元)	0.0855	0.0855	0.0723	0.0723
	每股未分配利润(元)	0.6943	0.6706	0.5435	0.4665
	净资产收益率(%)	1.4928	8.0770	3.4300	4.7576
	加权净资产收益率(%)	1.4900	7.9200	3.4700	5.0000
	净资产收益率(扣除)(%)	0.9773	7.4480	3.0470	4.5983
	总资产(万元)	104840.25	99301.14	90468.13	100472.07
	归属母公司股东权益(万元)	65481.71	64942.53	63625.82	61871.73
	营业收入(万元)	18632.00	61958.58	21206.48	42829.26
	营业支出(万元)	14790.12	48022.49	16243.94	34414.04
	投资收益(万元)	-	-	-	-
	净利润(万元)	1007.43	6224.07	2182.53	2943.60
	营业利润(万元)	756.25	6570.45	2259.30	3708.92
	利润总额(万元)	1166.42	7145.49	2546.24	3819.28

北京华力创通科技股份有限公司

公司概况	公司名称	北京华力创通科技股份有限公司			证券简称	华力创通
	法人代表	高小离	董秘	吴梦冰	证券代码	300045
	公司网址	www.hwacreate.com.cn		电子信箱	irm@hwacreate.com.cn	
	电　　话	010-82966393 82966577		传　　真	010-82803295	
	办公地址	北京市海淀区东北旺西路8号院乙18号				
	经营范围	基于计算机技术的仿真测试系统及其相关设备的研发、生产和销售等				

	指标\报告期	2015.06.30	2014.12.31	2014.06.30	2013.12.31
主要财务指标	基本每股收益(元)	0.0190	0.1800	0.0300	0.0500
	基本每股收益(扣除后)(元)	0.0150	0.0900	-0.0300	-0.1100
	稀释每股收益(元)	0.0190	0.1700	0.0300	0.0500
	每股净资产(元)	1.4995	1.5044	2.8613	2.8313
	每股经营现金净流量(元)	-0.1636	0.0366	-0.0453	-0.0577
	每股现金流量(元)	-0.1170	-0.1294	-0.1513	-0.3215
	每股资本公积金(元)	0.2240	1.3111	1.1555	1.1516
	每股盈余公积金(元)	0.0363	0.0737	0.0621	0.0621
	每股未分配利润(元)	0.3755	0.7534	0.6438	0.6176
	净资产收益率(%)	1.2422	5.7061	0.9137	1.8908
	加权净资产收益率(%)	1.2400	5.9700	0.9200	1.9200
	净资产收益率(扣除)(%)	0.9887	2.8641	-0.9841	-3.9933
	总资产(万元)	108527.27	106165.44	93565.00	90732.16
	归属母公司股东权益(万元)	83238.68	82404.62	76683.52	75878.85
	营业收入(万元)	18273.01	40338.64	15917.45	30370.01
	营业支出(万元)	7749.06	20445.69	8415.29	17124.78
	投资收益(万元)	-14.52	3.82	3.41	-
	净利润(万元)	950.32	4233.38	700.65	1434.73
	营业利润(万元)	385.76	1397.93	-1589.56	-4234.39
	利润总额(万元)	963.93	4463.84	265.92	989.07

湖北台基半导体股份有限公司

公司概况	公司名称	湖北台基半导体股份有限公司			证券简称	台基股份
	法人代表	邢雁	董秘	康进	证券代码	300046
	公司网址	www.tech-sem.com		电子信箱	securities@techsem.com.cn	
	电　　话	0710-3506236		传　　真	0710-3500847	
	办公地址	湖北省襄阳市襄城区胜利街162号				
	经营范围	功率晶闸管、整流管、电力半导体模块等大功率半导体元器件及其功率组件等				

	指标\报告期	2015.06.30	2014.12.31	2014.06.30	2013.12.31
主要财务指标	基本每股收益(元)	0.1106	0.3090	0.1651	0.2827
	基本每股收益(扣除后)(元)	0.0978	0.2759	0.1487	0.2618
	稀释每股收益(元)	0.1106	0.3090	0.1651	0.2827
	每股净资产(元)	5.4618	5.7512	5.6073	5.8423
	每股经营现金净流量(元)	0.1282	0.4950	0.2390	0.5056
	每股现金流量(元)	-0.4409	0.0352	-0.1225	-0.0026
	每股资本公积金(元)	3.9659	3.9659	3.9659	3.9659
	每股盈余公积金(元)	0.2730	0.2730	0.2421	0.2421
	每股未分配利润(元)	0.2229	0.5123	0.3993	0.6342
	净资产收益率(%)	2.0243	5.3727	2.9440	4.8397
	加权净资产收益率(%)	1.9000	5.3900	2.8500	4.8500
	净资产收益率(扣除)(%)	1.7913	4.7975	2.6518	4.4813
	总资产(万元)	83109.66	87942.15	86763.64	90755.03
	归属母公司股东权益(万元)	77601.45	81713.76	79668.97	83006.70
	营业收入(万元)	8678.97	22171.32	11406.16	22011.32
	营业支出(万元)	5767.35	15124.91	7713.62	14537.64
	投资收益(万元)	9.57	-	-	1.91
	净利润(万元)	1570.89	4390.26	2345.47	4017.24
	营业利润(万元)	1655.75	4625.04	2499.63	4400.55
	利润总额(万元)	1858.89	5179.08	2772.50	4749.20

深圳天源迪科信息技术股份有限公司

公司概况	公司名称	深圳天源迪科信息技术股份有限公司			证券简称	天源迪科
	法人代表	陈友	董秘	陈秀琴	证券代码	300047
	公司网址	www.tydic.com		电子信箱	v-mailbox@tydic.com	
	电　　话	0755-26745678		传　　真	0755-26745600	
	办公地址	广东省深圳市高新区南区市高新技术工业村T3栋B3楼				
	经营范围	计算机硬件及软件的研发、生产和销售及技术咨询服务等				

	指标\报告期	2015.06.30	2014.12.31	2014.06.30	2013.12.31
主要财务指标	基本每股收益(元)	-0.0086	0.1900	0.0107	0.3900
	基本每股收益(扣除后)(元)	-0.0312	0.1800	0.0016	0.3800
	稀释每股收益(元)	-0.0086	0.1900	0.0107	0.3900
	每股净资产(元)	3.8424	3.8376	3.6486	3.6430
	每股经营现金净流量(元)	-0.0131	-0.3970	-0.2225	-0.0606
	每股现金流量(元)	-0.4231	-0.0360	-0.1792	-0.0297
	每股资本公积金(元)	1.6360	1.5880	1.5779	1.5383
	每股盈余公积金(元)	0.1628	0.1648	0.1518	0.1532
	每股未分配利润(元)	1.0436	1.0848	0.9189	0.9515
	净资产收益率(%)	-0.2219	4.9960	0.2923	10.6240
	加权净资产收益率(%)	-0.2200	5.1800	0.3000	11.2000
	净资产收益率(扣除)(%)	-0.8062	4.5778	0.0445	10.5343
	总资产(万元)	197323.94	190743.39	175852.95	157622.96
	归属母公司股东权益(万元)	124136.06	122503.68	116232.25	115004.38
	营业收入(万元)	52520.06	118664.45	37986.62	102306.99
	营业支出(万元)	41603.71	88291.39	27205.41	68735.43
	投资收益(万元)	-115.16	148.82	-212.26	235.75
	净利润(万元)	40.44	6864.79	339.80	12218.04
	营业利润(万元)	-1632.10	6689.77	112.88	12956.88
	利润总额(万元)	-626.25	7312.06	476.75	13247.52

北京合康亿盛变频科技股份有限公司

公司概况	公司名称	北京合康亿盛变频科技股份有限公司			证券简称	合康变频
	法人代表	刘锦成	董秘	刘瑞霞	证券代码	300048
	公司网址	www.hiconics.com		电子信箱	hicon@hiconics.com	
	电　　话	010-59180256		传　　真	010-59180234	
	办公地址	北京市经济技术开发区博兴二路3号				
	经营范围	研发、生产、销售各种高压变频器等				

	指标\报告期	2015.06.30	2014.12.31	2014.06.30	2013.12.31
主要财务指标	基本每股收益(元)	0.0700	0.1300	0.0500	0.1300
	基本每股收益(扣除后)(元)	0.0700	0.1200	0.0400	0.1200
	稀释每股收益(元)	0.0700	0.1300	0.0500	0.1300
	每股净资产(元)	4.5141	4.4986	4.4154	4.4194
	每股经营现金净流量(元)	-0.0428	0.0174	0.0821	-0.0821
	每股现金流量(元)	-0.3342	-0.4459	-0.4390	-0.3031
	每股资本公积金(元)	2.5145	2.5145	2.5145	2.5145
	每股盈余公积金(元)	0.1575	0.1575	0.1404	0.1404
	每股未分配利润(元)	0.8421	0.8267	0.7606	0.7645
	净资产收益率(%)	1.4496	2.8734	1.0426	2.9756
	加权净资产收益率(%)	1.4400	2.9000	1.0400	2.9900
	净资产收益率(扣除)(%)	1.4867	2.5595	1.0035	2.8249
	总资产(万元)	207309.52	209230.14	190817.43	185289.00
	归属母公司股东权益(万元)	152640.75	152118.87	149304.59	149438.66
	营业收入(万元)	34817.94	66744.67	29644.14	66185.19
	营业支出(万元)	21209.88	42575.51	19216.88	43782.75
	投资收益(万元)	263.97	-1292.24	-822.20	-2710.32
	净利润(万元)	3293.55	5114.69	1556.66	4446.68
	营业利润(万元)	2584.69	3320.02	738.18	3635.64
	利润总额(万元)	3370.17	6129.54	1967.34	5870.77

内蒙古福瑞医疗科技股份有限公司

公司概况	公司名称	内蒙古福瑞医疗科技股份有限公司			证券简称	福瑞股份
	法人代表	王冠一	董秘	林欣	证券代码	300049
	公司网址	www.fu-rui.com		电子信箱	dshbgs@fu-rui.com	
	电　话	010-84683855		传　真	010-84683766	
	办公地址	北京市朝阳区新源里16号琨莎中心2座7层				
	经营范围	提供肝病领域诊断及治疗手段以及配套服务等				

主要财务指标	指标\报告期	2015.06.30	2014.12.31	2014.06.30	2013.12.31
	基本每股收益(元)	0.2800	0.7000	0.1220	0.0400
	基本每股收益(扣除后)(元)	0.2900	0.5900	0.1220	0.0600
	稀释每股收益(元)	0.2800	0.6600	0.1220	0.0400
	每股净资产(元)	9.5339	6.6769	6.0044	5.7100
	每股经营现金净流量(元)	0.6454	0.3919	0.0690	0.2254
	每股现金流量(元)	4.4499	0.1412	-0.2336	-0.4457
	每股资本公积金(元)	7.1869	4.1097	3.7962	3.5805
	每股盈余公积金(元)	0.2750	0.2790	0.2689	0.2792
	每股未分配利润(元)	1.5724	1.5222	0.9798	0.8932
	净资产收益率(%)	2.8542	10.4472	1.9879	0.6872
	加权净资产收益率(%)	3.6800	11.2600	2.1000	0.0100
	净资产收益率(扣除)(%)	3.0020	8.8582	2.1899	1.0096
	总资产(万元)	194287.50	133119.39	116161.15	114177.46
	归属母公司股东权益(万元)	125589.49	83500.86	77955.78	71385.85
	营业收入(万元)	28598.46	64551.77	26333.02	52348.32
	营业支出(万元)	9590.25	23208.11	10740.57	24019.72
	投资收益(万元)	-23.30	-8.30	-19.81	-56.12
	净利润(万元)	3919.99	8480.51	1549.68	490.54
	营业利润(万元)	5306.04	12597.60	2503.27	1756.11
	利润总额(万元)	5065.44	12182.62	2327.63	1548.77

珠海世纪鼎利科技股份有限公司

公司概况	公司名称	珠海世纪鼎利科技股份有限公司			证券简称	世纪鼎利
	法人代表	王耘	董秘	伍燕青	证券代码	300050
	公司网址	www.dinglicom.com		电子信箱	ir@dinglicom.com	
	电　话	0756-3626066		传　真	0756-3626065	
	办公地址	广东省珠海市港湾大道科技五路8号一层				
	经营范围	软件开发、系统集成、电力技术推广、技术服务、通信设备、仪器仪表等				

主要财务指标	指标\报告期	2015.06.30	2014.12.31	2014.06.30	2013.12.31
	基本每股收益(元)	0.1700	0.2000	0.0800	-0.3200
	基本每股收益(扣除后)(元)	0.1600	0.2000	0.0700	-0.3300
	稀释每股收益(元)	0.1700	0.2000	0.0800	-0.3200
	每股净资产(元)	7.9835	9.0702	6.6090	6.5370
	每股经营现金净流量(元)	-0.0533	0.5378	0.1057	0.0702
	每股现金流量(元)	-0.8508	0.6797	0.1407	-0.6048
	每股资本公积金(元)	5.6716	6.6905	4.3533	4.3566
	每股盈余公积金(元)	0.2059	0.2378	0.2223	0.2223
	每股未分配利润(元)	1.1201	1.1574	1.0459	0.9698
	净资产收益率(%)	2.1033	2.2386	1.1508	-4.9035
	加权净资产收益率(%)	2.1200	3.0600	1.1600	-4.7100
	净资产收益率(扣除)(%)	1.9350	2.1567	1.0110	-5.0915
	总资产(万元)	225397.30	237017.31	149968.33	153489.62
	归属母公司股东权益(万元)	199153.83	195917.20	142753.78	141195.93
	营业收入(万元)	31902.64	44705.43	18729.27	35116.77
	营业支出(万元)	17676.19	25088.94	10845.55	23340.77
	投资收益(万元)	57.91	-21.39	70.39	15.94
	净利润(万元)	4166.71	4325.77	1642.88	-6923.60
	营业利润(万元)	3573.06	3101.16	1076.19	-8187.01
	利润总额(万元)	4576.97	4480.67	1648.27	-7733.28

厦门三五互联科技股份有限公司

公司概况	公司名称	厦门三五互联科技股份有限公司			证券简称	三五互联
	法人代表	龚少晖	董秘	杨小亮	证券代码	300051
	公司网址	www.35.com		电子信箱	yangxl@35.cn	
	电　话	0592-5397222 5391849		传　真	0592-5392104	
	办公地址	福建省厦门市火炬高新技术产业开发区软件园二期观日路8号三五互联大厦				
	经营范围	网络工程、信息系统工程、计算机软件及其他电子产品的技术开发等				

主要财务指标	指标\报告期	2015.06.30	2014.12.31	2014.06.30	2013.12.31
	基本每股收益(元)	-0.0100	0.0200	0.0128	0.0400
	基本每股收益(扣除后)(元)	-0.0200	0.0100	0.0093	0.0400
	稀释每股收益(元)	-0.0100	0.0200	0.0128	0.0400
	每股净资产(元)	1.5244	1.5488	1.5399	1.5740
	每股经营现金净流量(元)	-0.0515	0.0750	0.0209	0.1467
	每股现金流量(元)	0.0648	-0.4730	0.0415	0.1610
	每股资本公积金(元)	0.4026	0.3981	0.3917	0.3885
	每股盈余公积金(元)	0.0567	0.0567	0.0517	0.0517
	每股未分配利润(元)	0.0641	0.0931	0.0965	0.1338
	净资产收益率(%)	-0.9171	1.1184	0.8286	2.7226
	加权净资产收益率(%)	-0.9100	1.1100	0.8200	2.7800
	净资产收益率(扣除)(%)	-1.0663	0.4982	0.6023	2.5951
	总资产(万元)	83548.32	77111.42	67332.36	63593.97
	归属母公司股东权益(万元)	48932.17	49716.88	49431.89	50526.08
	营业收入(万元)	10777.86	27989.99	13305.44	29037.86
	营业支出(万元)	3680.19	11267.06	5408.18	10188.74
	投资收益(万元)	-19.36	-155.64	-34.36	4.47
	净利润(万元)	-610.34	263.32	409.57	1375.61
	营业利润(万元)	-836.75	38.25	168.28	1218.66
	利润总额(万元)	-639.21	539.01	403.72	1556.52

深圳中青宝互动网络股份有限公司

公司概况	公司名称	深圳中青宝互动网络股份有限公司			证券简称	中青宝
	法人代表	李瑞杰	董秘	许岳明	证券代码	300052
	公司网址	www.zqgame.com		电子信箱	ir@zqgame.com	
	电　话	0755-26944114 26525516		传　真	0755-26525613	
	办公地址	广东省深圳市南山区科技园南区高新南四道W1B栋4楼				
	经营范围	计算机软、硬件及网络系统的技术开发等				

主要财务指标	指标\报告期	2015.06.30	2014.12.31	2014.06.30	2013.12.31
	基本每股收益(元)	0.0500	-0.0800	0.0700	0.0100
	基本每股收益(扣除后)(元)	0.0400	-0.3000	0.0500	-0.2300
	稀释每股收益(元)	0.0500	-0.0800	-0.0014	0.0100
	每股净资产(元)	3.5944	3.5474	1.5202	3.0432
	每股经营现金净流量(元)	-0.0021	-0.1002	0.0293	-0.1461
	每股现金流量(元)	-0.1575	-0.4093	0.2287	-1.0934
	每股资本公积金(元)	2.2148	2.2190	0.3789	1.7579
	每股盈余公积金(元)	0.0698	0.0698	0.0456	0.0912
	每股未分配利润(元)	0.3091	0.2581	0.0957	0.1941
	净资产收益率(%)	1.4180	-2.3892	-0.0909	0.6793
	加权净资产收益率(%)	1.4300	-2.3700	-0.0900	0.6500
	净资产收益率(扣除)(%)	1.0071	-8.5830	-0.1501	-7.6800
	总资产(万元)	154326.81	153517.35	59804.30	59203.09
	归属母公司股东权益(万元)	93453.76	92232.86	48798.49	48842.86
	营业收入(万元)	15448.35	48952.76	13037.92	26680.10
	营业支出(万元)	6778.14	19933.91	4985.58	8505.37
	投资收益(万元)	1263.03	6041.11	–	–
	净利润(万元)	1195.79	645.09	-44.37	331.79
	营业利润(万元)	237.17	-1855.49	-250.88	-5528.90
	利润总额(万元)	732.14	-1218.59	-99.48	-1112.48

珠海欧比特控制工程股份有限公司

公司概况					
公司名称	珠海欧比特控制工程股份有限公司			证券简称	欧 比 特
法人代表	颜军	董秘	颜志宇	证券代码	300053
公司网址	www.myorbita.net		电子信箱	zqb@myorbita.net	
电　话	0756-3391979　3399569		传　真	0756-3391980　3399569	
办公地址	广东省珠海市唐家东岸白沙路1号欧比特科技园				
经营范围	集成电路和计算机软件及硬件产品、宇航总线测试系统及产品、智能控制系统及产品等				

主要财务指标 指标\报告期	2015.06.30	2014.12.31	2014.06.30	2013.12.31
基本每股收益(元)	0.1234	0.1250	0.0613	0.1400
基本每股收益(扣除后)(元)	0.1070	0.1230	0.0606	0.1290
稀释每股收益(元)	0.1234	0.1250	0.0613	0.1400
每股净资产(元)	5.2440	3.2849	3.2151	3.1803
每股经营现金净流量(元)	-0.0259	0.1787	-0.0792	0.0606
每股现金流量(元)	-0.2994	-0.0784	-0.0835	-0.3434
每股资本公积金(元)	3.4549	1.4915	1.4832	1.4832
每股盈余公积金(元)	0.0979	0.1132	0.0897	0.0897
每股未分配利润(元)	0.7019	0.6937	0.6531	0.6168
净资产收益率(%)	2.3529	3.8151	1.9073	4.4044
加权净资产收益率(%)	4.2500	3.8800	1.9200	4.5000
净资产收益率(扣除)(%)	2.0413	3.7478	1.8849	4.0393
总资产(万元)	142001.80	75059.98	67616.97	68107.71
归属母公司股东权益(万元)	121219.93	65697.89	64301.14	63606.19
营业收入(万元)	16895.72	17650.20	7201.71	15123.74
营业支出(万元)	9651.43	9573.78	3450.00	8017.02
投资收益(万元)	27.07	-130.61	-92.40	-48.36
净利润(万元)	2935.00	2522.67	1226.41	2801.45
营业利润(万元)	3016.16	2949.70	1490.84	3053.04
利润总额(万元)	3463.30	2998.55	1507.77	3326.25

湖北鼎龙化学股份有限公司

公司概况					
公司名称	湖北鼎龙化学股份有限公司			证券简称	鼎龙股份
法人代表	朱双全	董秘	顾承鸣	证券代码	300054
公司网址	www.dinglongchem.com		电子信箱	hbdl@dinglongchem.com	
电　话	027-59720677　59720699		传　真	027-59720677　59720699	
办公地址	湖北省武汉市经济技术开发区东荆河路1号				
经营范围	从事电子成像显像专用信息化学品的研发、生产和销售及相关贸易业务				

主要财务指标 指标\报告期	2015.06.30	2014.12.31	2014.06.30	2013.12.31
基本每股收益(元)	0.1652	0.3100	0.1400	0.2700
基本每股收益(扣除后)(元)	0.1600	0.2800	0.1400	0.2300
稀释每股收益(元)	0.1648	0.3000	0.1400	0.2700
每股净资产(元)	2.7796	2.6619	2.4809	2.3668
每股经营现金净流量(元)	0.1330	0.3049	0.1448	0.2877
每股现金流量(元)	-0.1074	-0.0174	-0.1057	0.2148
每股资本公积金(元)	0.9940	0.9914	0.9717	1.9501
每股盈余公积金(元)	0.0767	0.0767	0.0624	0.0936
每股未分配利润(元)	0.7090	0.5937	0.4467	0.5065
净资产收益率(%)	5.9433	11.4515	5.7387	7.1747
加权净资产收益率(%)	6.0700	12.1800	5.8800	9.8100
净资产收益率(扣除)(%)	5.7006	10.3387	5.5033	6.0940
总资产(万元)	159894.37	156301.62	149186.40	137745.36
归属母公司股东权益(万元)	122542.88	117351.80	109040.46	104027.38
营业收入(万元)	49483.08	91863.78	43325.96	49053.77
营业支出(万元)	32455.71	62821.29	29773.92	34094.86
投资收益(万元)	-	88.05	101.63	521.49
净利润(万元)	8708.15	15722.77	6257.49	7463.70
营业利润(万元)	9812.17	16813.02	8620.40	8872.63
利润总额(万元)	10185.21	18396.82	8928.20	10251.95

北京万邦达环保技术股份有限公司

公司概况					
公司名称	北京万邦达环保技术股份有限公司			证券简称	万 邦 达
法人代表	王飘扬	董秘	杜政修	证券代码	300055
公司网址	www.waterbd.cn		电子信箱	waterbd@waterbd.cn	
电　话	010-58800036		传　真	010-58800018	
办公地址	北京市海淀区新街口外大街19号京师大厦9325室				
经营范围	环境保护工程领域内的技术研发、技术咨询、技术服务、投资、建设等				

主要财务指标 指标\报告期	2015.06.30	2014.12.31	2014.06.30	2013.12.31
基本每股收益(元)	0.2292	0.8191	0.2583	0.6100
基本每股收益(扣除后)(元)	0.2275	0.8162	0.2532	0.6135
稀释每股收益(元)	0.2292	0.8191	0.2583	0.6100
每股净资产(元)	3.7568	3.5482	8.3130	8.0547
每股经营现金净流量(元)	-0.0245	-0.1760	-0.2845	0.3638
每股现金流量(元)	-0.2121	-0.9239	-0.4955	-0.3566
每股资本公积金(元)	1.8780	7.6360	5.5920	5.5920
每股盈余公积金(元)	0.0692	0.2075	0.1840	0.1840
每股未分配利润(元)	0.8096	1.8010	1.5371	1.2788
净资产收益率(%)	6.1020	7.3549	3.1074	7.6263
加权净资产收益率(%)	6.2800	9.0200	3.1600	7.8700
净资产收益率(扣除)(%)	6.0580	7.2823	3.0461	7.6165
总资产(万元)	488028.34	367215.24	249457.12	239155.59
归属母公司股东权益(万元)	276191.45	260857.62	190202.45	184292.14
营业收入(万元)	88781.41	102915.31	33290.92	77199.03
营业支出(万元)	62240.80	72116.98	24569.64	56520.43
投资收益(万元)	-	126.47	-	-
净利润(万元)	16863.82	19230.41	5910.31	14054.60
营业利润(万元)	19294.38	22531.28	6785.01	16596.73
利润总额(万元)	19450.83	22613.12	6934.23	16618.65

厦门三维丝环保股份有限公司

公司概况					
公司名称	厦门三维丝环保股份有限公司			证券简称	三 维 丝
法人代表	罗祥波	董秘	王荣聪	证券代码	300056
公司网址	www.savings.com.cn		电子信箱	savings@savings.com.cn	
电　话	0592-7769767		传　真	0592-7769502	
办公地址	福建省厦门市火炬高新区(翔安)产业区春光路1178-1188号				
经营范围	袋式除尘器核心部件高性能高温滤料的研发、生产、销售和服务等				

主要财务指标 指标\报告期	2015.06.30	2014.12.31	2014.06.30	2013.12.31
基本每股收益(元)	0.2100	0.3900	0.0995	0.5300
基本每股收益(扣除后)(元)	0.2000	0.3400	0.0900	0.4400
稀释每股收益(元)	0.2100	0.3900	0.0995	0.5300
每股净资产(元)	4.0098	3.0951	2.8030	2.8300
每股经营现金净流量(元)	-0.1711	0.4969	0.0382	0.5548
每股现金流量(元)	-0.0661	-0.0567	0.1357	-0.4461
每股资本公积金(元)	2.0383	1.1629	1.1629	2.4606
每股盈余公积金(元)	0.1150	0.1233	0.0882	0.1411
每股未分配利润(元)	0.8565	0.8089	0.5519	0.9238
净资产收益率(%)	4.8660	12.6536	3.5494	11.6947
加权净资产收益率(%)	6.6400	13.2700	3.4800	12.3600
净资产收益率(扣除)(%)	4.5664	10.9861	3.2095	9.7769
总资产(万元)	136848.13	86913.13	84063.36	71688.76
归属母公司股东权益(万元)	64366.84	46352.32	41977.01	42359.07
营业收入(万元)	35420.23	45452.86	17798.00	43395.77
营业支出(万元)	27158.69	29949.15	11960.73	28891.32
投资收益(万元)	601.91	454.95	6.89	33.23
净利润(万元)	3198.33	6110.72	1489.94	4953.75
营业利润(万元)	3396.23	6518.67	1618.76	5108.56
利润总额(万元)	3615.60	7311.34	1797.02	5982.91

汕头万顺包装材料股份有限公司

公司概况	公司名称	汕头万顺包装材料股份有限公司			证券简称	万顺股份
	法人代表	杜成城	董秘	黄薇	证券代码	300057
	公司网址	www.wanshun.cn		电子信箱	wanshun1@wanshun.cn	
	电　话	0754-83597700		传　真	0754-83590689	
	办公地址	广东省汕头市汕头保税区万顺工业园				
	经营范围	纸制品、光电产品、包装材料、塑料制品、工艺美术品的加工、制造等				

主要财务指标	指标\报告期	2015.06.30	2014.12.31	2014.06.30	2013.12.31
	基本每股收益(元)	0.1109	0.4255	0.1511	0.3421
	基本每股收益(扣除后)(元)	0.1068	0.3143	0.1471	–
	稀释每股收益(元)	0.1109	0.4255	0.1511	0.3421
	每股净资产(元)	5.0864	4.1869	3.9126	3.7682
	每股经营现金净流量(元)	0.3329	0.3603	–0.0442	0.2337
	每股现金流量(元)	0.8520	–0.2117	–0.4645	0.1350
	每股资本公积金(元)	2.7854	1.8524	1.8524	1.7792
	每股盈余公积金(元)	0.1041	0.1085	0.0967	0.0967
	每股未分配利润(元)	1.1969	1.2260	0.9635	0.8923
	净资产收益率(%)	2.0930	10.1623	3.8630	9.0780
	加权净资产收益率(%)	2.6200	10.7000	3.9300	9.4800
	净资产收益率(扣除)(%)	2.0161	7.5076	3.7607	8.8289
	总资产(万元)	487305.57	449891.47	394511.24	380587.45
	归属母公司股东权益(万元)	223630.62	176686.28	165110.59	159016.35
	营业收入(万元)	108751.40	217398.13	100703.52	203404.69
	营业支出(万元)	90729.45	176344.15	80861.41	163439.50
	投资收益(万元)	–	–	–	–
	净利润(万元)	5305.67	21966.73	6378.18	14435.46
	营业利润(万元)	6111.90	18931.97	8485.10	20234.74
	利润总额(万元)	6325.69	25099.49	8686.75	20763.28

北京蓝色光标品牌管理顾问股份有限公司

公司概况	公司名称	北京蓝色光标品牌管理顾问股份有限公司			证券简称	蓝色光标
	法人代表	赵文权	董秘	许志平	证券代码	300058
	公司网址	www.bluefocusgroup.com		电子信箱	bfg@bluefocus.com	
	电　话	010-56478871 56478872		传　真	86-10-56478000	
	办公地址	北京市朝阳区酒仙桥北路9号恒通国际创新园C9楼				
	经营范围	公共关系服务、核心业务是为企业提供品牌管理服务、主要内容为品牌传播、产品推广等				

主要财务指标	指标\报告期	2015.06.30	2014.12.31	2014.06.30	2013.12.31
	基本每股收益(元)	0.0400	0.7500	0.3200	1.0400
	基本每股收益(扣除后)(元)	0.0800	0.6400	0.3100	0.8900
	稀释每股收益(元)	0.0400	0.7400	0.3100	1.0200
	每股净资产(元)	2.2906	4.6369	4.2748	8.1150
	每股经营现金净流量(元)	0.0513	0.2129	0.0938	0.3225
	每股现金流量(元)	–0.0480	–0.2036	–0.2053	0.6929
	每股资本公积金(元)	0.5836	2.2005	2.2099	5.3973
	每股盈余公积金(元)	0.0339	0.0677	0.0457	0.0933
	每股未分配利润(元)	0.6704	1.4010	1.0181	1.6333
	净资产收益率(%)	1.9494	15.9130	7.4431	11.6523
	加权净资产收益率(%)	1.9100	16.9600	7.4500	19.5300
	净资产收益率(扣除)(%)	3.4678	13.6217	7.2738	9.9589
	总资产(万元)	1291339.95	1137017.31	755068.56	672945.67
	归属母公司股东权益(万元)	441837.19	447360.60	405294.35	376790.66
	营业收入(万元)	345271.25	597908.82	262826.77	358399.81
	营业支出(万元)	244506.93	408056.87	182000.16	234693.23
	投资收益(万元)	–4375.10	11678.68	2411.61	2720.36
	净利润(万元)	8755.59	74211.50	30166.55	43904.67
	营业利润(万元)	13749.44	91148.51	37438.77	55152.38
	利润总额(万元)	14238.23	94795.38	38380.95	63502.66

东方财富信息股份有限公司

公司概况	公司名称	东方财富信息股份有限公司			证券简称	东方财富
	法人代表	其实	董秘	陆威	证券代码	300059
	公司网址	www.eastmoney.com		电子信箱	dongmi@eastmoney.com	
	电　话	021-64382978		传　真	021-64389508	
	办公地址	上海市龙田路195号3号楼C座9楼				
	经营范围	企业投资咨询、策划、商务企业投资咨询、策划、商务咨询、会务会展咨询服务等				

主要财务指标	指标\报告期	2015.06.30	2014.12.31	2014.06.30	2013.12.31
	基本每股收益(元)	0.6153	0.1370	0.0300	0.0100
	基本每股收益(扣除后)(元)	0.6100	0.1346	0.0300	–0.0039
	稀释每股收益(元)	0.6153	0.1370	0.0300	0.0100
	每股净资产(元)	1.7033	1.5540	1.4125	2.5136
	每股经营现金净流量(元)	1.7774	1.9535	0.2557	0.7084
	每股现金流量(元)	1.5087	1.8914	0.3460	0.3267
	每股资本公积金(元)	0.0532	0.2420	0.2103	1.1785
	每股盈余公积金(元)	0.0342	0.0480	0.0336	0.0605
	每股未分配利润(元)	0.6159	0.2640	0.1685	0.2745
	净资产收益率(%)	35.9921	8.8165	1.9235	0.2961
	加权净资产收益率(%)	43.9200	9.3800	1.9300	0.2900
	净资产收益率(扣除)(%)	35.6869	8.6647	–	–0.1549
	总资产(万元)	1969471.13	618277.40	298171.26	243278.24
	归属母公司股东权益(万元)	289477.28	187970.75	170853.26	168910.86
	营业收入(万元)	156996.19	61200.70	20015.16	24847.49
	营业支出(万元)	19149.74	14856.91	5572.71	8973.51
	投资收益(万元)	170.79	–	–	–
	净利润(万元)	104189.01	16566.89	3286.40	500.13
	营业利润(万元)	121877.34	19388.64	3776.59	–338.64
	利润总额(万元)	122714.95	19725.38	3924.20	497.68

上海康耐特光学股份有限公司

公司概况	公司名称	上海康耐特光学股份有限公司			证券简称	康耐特
	法人代表	费铮翔	董秘	张惠祥	证券代码	300061
	公司网址	www.conantoptical.com		电子信箱	zhanghx@conantoptical.com	
	电　话	021-58598866-1298		传　真	021-58598535	
	办公地址	上海市浦东新区川大路555号				
	经营范围	工程塑料、树脂镜片及材料、成镜及配件、眼镜镜架、光学仪器的技术开发及生产等				

主要财务指标	指标\报告期	2015.06.30	2014.12.31	2014.06.30	2013.12.31
	基本每股收益(元)	0.0827	0.2391	0.1199	0.2184
	基本每股收益(扣除后)(元)	0.0648	0.2151	0.1183	0.0582
	稀释每股收益(元)	0.0826	0.2391	0.1199	0.2184
	每股净资产(元)	1.6674	2.6956	2.6956	4.1303
	每股经营现金净流量(元)	0.0648	0.3019	0.1004	0.2562
	每股现金流量(元)	–0.0307	0.1245	0.0638	–0.3019
	每股资本公积金(元)	0.2051	0.9611	1.1205	2.2928
	每股盈余公积金(元)	0.0453	0.0734	0.0522	0.0835
	每股未分配利润(元)	0.4511	0.6198	0.5218	0.7680
	净资产收益率(%)	5.2197	9.1535	4.4481	5.2870
	加权净资产收益率(%)	4.8600	8.9200	4.5400	5.4000
	净资产收益率(扣除)(%)	3.8509	8.2347	4.3877	1.4102
	总资产(万元)	79063.89	76943.08	76045.83	70777.90
	归属母公司股东权益(万元)	41524.44	40122.61	41404.58	39651.04
	营业收入(万元)	32777.67	62073.79	31570.31	41945.62
	营业支出(万元)	22932.12	43470.89	22469.51	31087.88
	投资收益(万元)	17.40	49.82	20.56	32.87
	净利润(万元)	2297.44	4204.08	1841.71	2096.35
	营业利润(万元)	1920.54	4249.88	2718.50	1124.50
	利润总额(万元)	2602.98	4690.12	2781.25	3794.05

中能电气股份有限公司

公司概况	公司名称	中能电气股份有限公司			证券简称	中能电气
	法人代表	陈添旭	董秘	黄孝銮	证券代码	300062
	公司网址	www.ceepower.com		电子信箱	ceepower300062@ceepower.com	
	电　话	4000620666-5		传　真	86-591-86550211	
	办公地址	福建省福清市融侨经济技术开发区(宏路街道周店村)				
	经营范围	输配电设备产品的研发、生产和销售等				

主要财务指标	指标\报告期	2015.06.30	2014.12.31	2014.06.30	2013.12.31
	基本每股收益(元)	0.1100	0.2000	0.1100	0.2600
	基本每股收益(扣除后)(元)	0.1100	0.1600	0.1000	0.2300
	稀释每股收益(元)	0.1100	0.2000	0.1100	0.2600
	每股净资产(元)	4.9637	4.9058	4.9058	4.7894
	每股经营现金净流量(元)	0.1851	0.0924	-0.1875	0.2410
	每股现金流量(元)	0.0211	-0.1768	-0.2854	-0.1338
	每股资本公积金(元)	2.3410	2.3431	2.3817	2.3816
	每股盈余公积金(元)	0.1527	0.1525	0.1445	0.1442
	每股未分配利润(元)	1.4699	1.4557	1.3796	1.2636
	净资产收益率(%)	2.2341	3.9763	2.3144	5.3972
	加权净资产收益率(%)	2.2100	4.0400	2.3400	5.4700
	净资产收益率(扣除)(%)	1.8413	3.3126	1.9494	4.8564
	总资产(万元)	99505.51	102653.90	102915.83	103265.66
	归属母公司股东权益(万元)	76440.49	76353.84	75651.19	74001.18
	营业收入(万元)	20822.34	45752.88	21113.01	44612.97
	营业支出(万元)	14069.46	31602.09	14542.57	29527.79
	投资收益(万元)	-	16.53	-	-
	净利润(万元)	1797.80	3352.22	1750.90	3993.97
	营业利润(万元)	1823.59	3377.42	2229.39	4803.43
	利润总额(万元)	2177.70	3972.45	2564.22	5318.37

广东天龙油墨集团股份有限公司

公司概况	公司名称	广东天龙油墨集团股份有限公司			证券简称	天龙集团
	法人代表	冯毅	董秘	徐永全	证券代码	300063
	公司网址	www.tlym.cn		电子信箱	tljt@tlym.cn	
	电　话	0758-8507810		传　真	0758-8507306	
	办公地址	广东省肇庆市金渡工业园内				
	经营范围	一直专注于水性油墨的研发、生产和销售等				

主要财务指标	指标\报告期	2015.06.30	2014.12.31	2014.06.30	2013.12.31
	基本每股收益(元)	0.0074	0.0077	0.0113	0.1400
	基本每股收益(扣除后)(元)	0.0047	0.0020	0.0091	0.1500
	稀释每股收益(元)	0.0074	0.0077	0.0113	0.1400
	每股净资产(元)	3.2692	3.2279	3.2228	6.4344
	每股经营现金净流量(元)	0.1631	-0.3968	-0.2316	-0.6285
	每股现金流量(元)	0.0995	-0.3764	0.0967	-1.0685
	每股资本公积金(元)	1.7030	1.6513	1.6513	4.2233
	每股盈余公积金(元)	0.0508	0.0508	0.0492	0.0985
	每股未分配利润(元)	0.4886	0.5013	0.5064	1.0902
	净资产收益率(%)	0.2249	0.2393	0.3495	2.2275
	加权净资产收益率(%)	0.2300	0.2400	0.3500	2.2500
	净资产收益率(扣除)(%)	0.1437	0.0717	0.2823	2.2585
	总资产(万元)	143794.82	120001.49	105883.94	96547.79
	归属母公司股东权益(万元)	65710.48	64879.87	64777.85	64665.30
	营业收入(万元)	46190.78	90528.97	42031.53	65626.88
	营业支出(万元)	37283.02	75938.25	35573.43	53009.93
	投资收益(万元)	120.59	-	-	-
	净利润(万元)	-22.99	356.03	226.40	1440.41
	营业利润(万元)	510.38	788.73	339.06	2181.76
	利润总额(万元)	580.66	984.39	428.31	2194.98

郑州华晶金刚石股份有限公司

公司概况	公司名称	郑州华晶金刚石股份有限公司			证券简称	豫金刚石
	法人代表	郭留希	董秘	张凯	证券代码	300064
	公司网址	www.sinocrystal.com.cn		电子信箱	chinadiamond@sinocrystal.com.cn	
	电　话	0371-63377777		传　真	0371-63377777	
	办公地址	河南省郑州市高新开发区冬青街24号				
	经营范围	人造金刚石及制品、设备的生产、销售、人造金刚石相关技术、材料、设备等				

主要财务指标	指标\报告期	2015.06.30	2014.12.31	2014.06.30	2013.12.31
	基本每股收益(元)	0.0840	0.1009	0.0563	0.1550
	基本每股收益(扣除后)(元)	0.0821	0.0871	0.0532	0.1326
	稀释每股收益(元)	0.0840	0.1009	0.0563	0.1550
	每股净资产(元)	2.8023	2.4001	2.3555	2.3152
	每股经营现金净流量(元)	0.1271	0.2013	-0.0439	0.0316
	每股现金流量(元)	0.5788	-0.0191	-0.0780	-0.0760
	每股资本公积金(元)	1.0331	0.6141	0.6141	0.6141
	每股盈余公积金(元)	0.0853	0.0951	0.0887	0.0887
	每股未分配利润(元)	0.6840	0.6909	0.6527	0.6124
	净资产收益率(%)	2.6866	4.2025	2.3901	6.6965
	加权净资产收益率(%)	3.4400	4.2800	2.4100	6.8600
	净资产收益率(扣除)(%)	2.6272	3.6310	2.2567	5.7271
	总资产(万元)	348398.97	282940.78	281650.95	250949.31
	归属母公司股东权益(万元)	190031.47	145923.70	143214.15	140764.02
	营业收入(万元)	40215.55	63759.63	27676.62	52441.78
	营业支出(万元)	25837.93	42047.60	17466.17	32865.90
	投资收益(万元)	-60.51	330.99	-	-
	净利润(万元)	6019.30	6069.12	3422.93	9426.21
	营业利润(万元)	6896.41	6606.52	3622.79	8537.24
	利润总额(万元)	7023.08	7326.13	3844.39	10234.76

北京海兰信数据科技股份有限公司

公司概况	公司名称	北京海兰信数据科技股份有限公司			证券简称	海兰信
	法人代表	申万秋	董秘	姜楠	证券代码	300065
	公司网址	www.highlander.com.cn		电子信箱	hlx@highlander.com.cn	
	电　话	010-82151445		传　真	010-82150083	
	办公地址	北京市海淀区清华科技园科技大厦C座1902室				
	经营范围	技术开发、转让、咨询、服务、培训、销售开发后的产品、通信设备、五金交电等				

主要财务指标	指标\报告期	2015.06.30	2014.12.31	2014.06.30	2013.12.31
	基本每股收益(元)	0.0600	0.0900	0.0300	0.1100
	基本每股收益(扣除后)(元)	0.0400	0.0300	0.0100	0.0200
	稀释每股收益(元)	0.0600	0.0900	0.0300	0.1100
	每股净资产(元)	2.8809	2.8493	2.7907	2.7880
	每股经营现金净流量(元)	-0.1109	-0.0549	-0.3358	-0.1392
	每股现金流量(元)	-0.2260	-0.4098	-0.4830	-0.3088
	每股资本公积金(元)	1.3933	1.3933	1.3933	3.7865
	每股盈余公积金(元)	0.0501	0.0501	0.0418	0.0836
	每股未分配利润(元)	0.4397	0.4083	0.3578	0.7115
	净资产收益率(%)	2.1319	3.0129	0.9703	2.0254
	加权净资产收益率(%)	2.1300	3.0500	0.9700	2.0400
	净资产收益率(扣除)(%)	1.2215	1.0966	0.5154	0.2969
	总资产(万元)	78155.48	82592.97	77593.99	83493.57
	归属母公司股东权益(万元)	60644.59	59979.15	58746.91	58689.83
	营业收入(万元)	13524.19	39282.07	17749.14	35850.15
	营业支出(万元)	8606.32	28589.57	12937.49	25901.20
	投资收益(万元)	149.08	-29.95	-37.01	-43.47
	净利润(万元)	1334.00	1813.52	570.00	1188.72
	营业利润(万元)	438.19	-172.26	-204.43	166.13
	利润总额(万元)	1517.93	2055.58	522.31	2157.26

江西三川水表股份有限公司

公司概况					
公司名称	江西三川水表股份有限公司			证券简称	三川股份
法人代表	童保华	董秘	倪国强	证券代码	300066
公司网址	www.ytsanchuan.com		电子信箱	webmaster@ytsanchuan.com	
电　　话	0701-6318013 6318005		传　　真	0701-6318013	
办公地址	江西省鹰潭市高新区龙岗片区三川水工产业园				
经营范围	主营各种水表产品的研发、生产和销售				

主要财务指标

指标\报告期	2015.06.30	2014.12.31	2014.06.30	2013.12.31
基本每股收益(元)	0.1600	0.5000	0.2100	0.6500
基本每股收益(扣除后)(元)	0.1246	0.4300	0.1800	0.6200
稀释每股收益(元)	0.1600	0.5000	0.2100	0.6500
每股净资产(元)	2.9137	4.5083	4.2040	6.4800
每股经营现金净流量(元)	0.0989	0.4332	0.1076	0.6075
每股现金流量(元)	-0.1132	0.3795	0.0317	-0.4677
每股资本公积金(元)	0.7391	1.7805	1.7748	3.4302
每股盈余公积金(元)	0.1350	0.2160	0.1705	0.2729
每股未分配利润(元)	1.0267	1.4928	1.2437	1.7569
净资产收益率(%)	5.3618	11.1488	4.9492	9.9853
加权净资产收益率(%)	5.4300	11.7800	5.0100	10.4100
净资产收益率(扣除)(%)	4.2750	9.4282	4.1882	9.5432
总资产(万元)	142003.01	141604.78	133646.43	124021.19
归属母公司股东权益(万元)	116333.20	112502.37	104907.13	101050.00
营业收入(万元)	31305.93	69793.34	29928.06	67621.00
营业支出(万元)	20869.42	45668.93	20691.85	47047.27
投资收益(万元)	632.24	1799.65	654.26	1147.11
净利润(万元)	6611.21	14399.40	5192.04	10090.19
营业利润(万元)	5747.56	14781.67	5965.83	12763.50
利润总额(万元)	7638.60	16918.95	6848.77	13369.72

上海安诺其集团股份有限公司

公司概况					
公司名称	上海安诺其集团股份有限公司			证券简称	安诺其
法人代表	纪立军	董秘	陈昌文	证券代码	300067
公司网址	www.anoky.com.cn		电子信箱	investor@anoky.com.cn	
电　　话	021-59867500		传　　真	021-59867578	
办公地址	上海市青浦工业园区崧华路 881 号				
经营范围	专业从事新型纺织染料的研发、生产、销售和相关技术服务等				

主要财务指标

指标\报告期	2015.06.30	2014.12.31	2014.06.30	2013.12.31
基本每股收益(元)	0.1463	0.3084	0.1492	0.3000
基本每股收益(扣除后)(元)	0.1464	0.2966	0.1480	0.2900
稀释每股收益(元)	0.1454	0.3076	0.1490	0.3000
每股净资产(元)	1.7888	2.6731	2.5141	4.8233
每股经营现金净流量(元)	-0.0566	0.0001	-0.0770	-0.1645
每股现金流量(元)	-0.0527	-0.0379	-0.1464	-0.0842
每股资本公积金(元)	0.2801	1.0432	1.0148	3.0233
每股盈余公积金(元)	0.0391	0.0625	0.0451	0.0901
每股未分配利润(元)	0.4849	0.5918	0.4542	0.7099
净资产收益率(%)	8.1762	11.4644	5.9360	6.0495
加权净资产收益率(%)	8.4000	12.1300	6.0400	6.3700
净资产收益率(扣除)(%)	8.1837	11.0266	5.8881	5.8105
总资产(万元)	130659.55	102693.35	97375.43	89012.51
归属母公司股东权益(万元)	94206.59	87986.72	82243.41	78893.44
营业收入(万元)	42990.14	74636.23	41876.38	50674.41
营业支出(万元)	26726.98	49271.39	27777.36	35168.76
投资收益(万元)	-	-	-	-
净利润(万元)	7819.22	10503.36	4881.87	4772.66
营业利润(万元)	9516.48	12642.79	6853.91	5945.89
利润总额(万元)	9494.08	13085.32	6899.80	6136.70

浙江南都电源动力股份有限公司

公司概况					
公司名称	浙江南都电源动力股份有限公司			证券简称	南都电源
法人代表	王海光	董秘	王莹娇	证券代码	300068
公司网址	www.naradapower.com		电子信箱	nddy@narada.biz	
电　　话	0571-56975697		传　　真	0571-56975910	
办公地址	浙江省杭州市文二西路 822 号				
经营范围	化学电源、新能源储能产品的研究、开发、制造和销售等				

主要财务指标

指标\报告期	2015.06.30	2014.12.31	2014.06.30	2013.12.31
基本每股收益(元)	0.1300	0.1800	0.1300	0.2200
基本每股收益(扣除后)(元)	0.1200	0.1600	0.1100	0.1800
稀释每股收益(元)	0.1300	0.1800	0.1300	0.2200
每股净资产(元)	4.7682	4.6367	4.7573	4.7138
每股经营现金净流量(元)	-0.4880	0.0665	-0.3452	0.1306
每股现金流量(元)	0.0727	-0.0250	-0.5280	-0.3033
每股资本公积金(元)	2.7654	2.7654	2.7286	2.6961
每股盈余公积金(元)	0.1355	0.1355	0.0868	0.0870
每股未分配利润(元)	0.8718	0.7390	0.9455	0.9207
净资产收益率(%)	2.7850	3.7647	2.6620	4.6073
加权净资产收益率(%)	2.8200	3.6900	2.6500	4.7000
净资产收益率(扣除)(%)	2.5112	3.3724	2.3322	3.7396
总资产(万元)	554353.78	486786.44	444439.68	423186.47
归属母公司股东权益(万元)	288463.62	280508.05	285660.31	282451.87
营业收入(万元)	204642.67	378636.13	172469.11	350752.74
营业支出(万元)	171735.61	324038.79	147776.93	297908.07
投资收益(万元)	-421.24	-1021.77	196.21	214.41
净利润(万元)	8432.01	10284.94	7604.36	13013.28
营业利润(万元)	9057.16	12792.67	9265.53	17737.33
利润总额(万元)	9964.60	14218.06	10192.58	20093.92

浙江金利华电气股份有限公司

公司概况					
公司名称	浙江金利华电气股份有限公司			证券简称	金利华电
法人代表	赵坚	董秘	翁永华	证券代码	300069
公司网址	www.jlhdq.com		电子信箱	Cjh@jlhdq.com	
电　　话	0579-82913599 82913588		传　　真	0579-82913333	
办公地址	浙江省金华市金东经济开发区傅村镇华丰东路 1088 号				
经营范围	新型高强度功能玻璃制造技术的研究和特高压输变电绝缘器材开发等				

主要财务指标

指标\报告期	2015.06.30	2014.12.31	2014.06.30	2013.12.31
基本每股收益(元)	0.0600	0.1300	0.1400	0.2000
基本每股收益(扣除后)(元)	0.0500	0.1000	0.1300	0.1700
稀释每股收益(元)	0.0600	0.1300	0.1400	0.2000
每股净资产(元)	4.1503	4.1400	4.1877	4.0986
每股经营现金净流量(元)	-0.0893	-0.3000	-0.3699	0.7528
每股现金流量(元)	-0.0440	-0.3005	-0.0670	-0.3116
每股资本公积金(元)	2.2268	2.2268	2.2695	2.2695
每股盈余公积金(元)	0.1293	0.1293	0.1130	0.1130
每股未分配利润(元)	0.7941	0.7839	0.8051	0.7161
净资产收益率(%)	1.4512	3.2409	3.3210	4.9164
加权净资产收益率(%)	1.4400	3.2500	3.3400	4.9500
净资产收益率(扣除)(%)	1.0969	2.3745	-	4.2593
总资产(万元)	66384.95	65723.54	73270.42	69430.98
归属母公司股东权益(万元)	48558.12	48438.42	48995.90	47953.57
营业收入(万元)	10648.96	20772.59	10585.52	19210.32
营业支出(万元)	7802.38	15059.37	6430.32	11369.30
投资收益(万元)	-	-	-	-
净利润(万元)	704.70	1528.83	1627.33	2357.57
营业利润(万元)	584.00	1331.33	1763.27	2292.00
利润总额(万元)	769.98	1782.27	1880.59	2628.49

北京碧水源科技股份有限公司

公司概况					
公司名称	北京碧水源科技股份有限公司			证券简称	碧水源
法人代表	文剑平	董秘	何愿平	证券代码	300070
公司网址	www.originwater.com		电子信箱	ir@originwater.com	
电　话	010-88465890		传　真	010-88434847	
办公地址	北京市海淀区生命科学园路23-2碧水源大厦				
经营范围	污水处理和污水资源化领域的技术研究与开发、设备制造与销售等				

主要财务指标 指标\报告期	2015.06.30	2014.12.31	2014.06.30	2013.12.31
基本每股收益(元)	0.1400	0.8800	0.1300	0.9500
基本每股收益(扣除后)(元)	0.1400	0.8700	0.1200	0.9000
稀释每股收益(元)	0.1400	0.8700	0.1300	0.9400
每股净资产(元)	5.8200	5.6400	4.6200	5.4300
每股经营现金净流量(元)	-0.7368	0.7256	-0.4353	0.7562
每股现金流量(元)	-0.6346	0.1902	-0.6950	0.3031
每股资本公积金(元)	1.9407	1.7680	1.6666	2.2599
每股盈余公积金(元)	0.2220	0.2229	0.1510	0.1781
每股未分配利润(元)	2.4371	2.4394	1.7987	2.0491
净资产收益率(%)	2.4345	15.4789	2.7503	17.3483
加权净资产收益率(%)	2.4900	17.2600	2.7600	19.3500
净资产收益率(扣除)(%)	2.4149	15.2904	2.6555	16.5076
总资产(万元)	1089437.14	1053559.45	822217.56	819385.94
归属母公司股东权益(万元)	629556.05	607803.23	494113.81	489142.82
营业收入(万元)	105379.35	344915.79	99425.23	313327.28
营业支出(万元)	66118.24	209886.26	65401.53	196771.11
投资收益(万元)	5399.43	31780.26	4777.66	25509.84
净利润(万元)	18082.28	101368.01	13589.41	83991.02
营业利润(万元)	20525.98	116191.72	18016.55	104795.61
利润总额(万元)	20692.61	117485.11	18578.24	106792.09

北京华谊嘉信整合营销顾问集团股份有限公司

公司概况					
公司名称	北京华谊嘉信整合营销顾问集团股份有限公司			证券简称	华谊嘉信
法人代表	刘伟	董秘	杨真	证券代码	300071
公司网址	www.spearhead.com.cn		电子信箱	investor@spearhead.com.cn	
电　话	010-58039145		传　真	010-58039088	
办公地址	北京市朝阳区广渠路3号竞园文化艺术产业区39B				
经营范围	终端营销服务、活动营销服务、其他营销服务等				

主要财务指标 指标\报告期	2015.06.30	2014.12.31	2014.06.30	2013.12.31
基本每股收益(元)	0.0800	0.2000	0.0500	0.4000
基本每股收益(扣除后)(元)	0.0700	0.1600	0.0500	0.3300
稀释每股收益(元)	0.0800	0.2000	0.0500	0.4000
每股净资产(元)	1.6807	2.5805	1.6986	3.3419
每股经营现金净流量(元)	-0.1207	0.3014	0.3547	-0.4162
每股现金流量(元)	-0.0874	-0.0204	-0.0824	0.2955
每股资本公积金(元)	0.2293	0.8794	0.1414	1.2828
每股盈余公积金(元)	0.0298	0.0548	0.0363	0.0725
每股未分配利润(元)	0.3847	0.6063	0.5209	0.9866
净资产收益率(%)	4.5772	7.3340	3.0968	10.9051
加权净资产收益率(%)	4.8800	11.5300	3.1100	12.3000
净资产收益率(扣除)(%)	4.2163	5.9245	2.8800	9.1680
总资产(万元)	174717.35	171032.87	87065.28	100122.28
归属母公司股东权益(万元)	115174.34	96133.12	59175.26	58213.69
营业收入(万元)	91033.24	155983.93	64155.22	175524.11
营业支出(万元)	74277.89	136018.10	56802.86	156385.54
投资收益(万元)	-23.25	13.49	-0.59	-181.51
净利润(万元)	5233.29	6976.17	1832.53	6348.28
营业利润(万元)	6323.87	8302.42	2011.81	8837.77
利润总额(万元)	6885.21	9357.61	2182.56	9996.87

北京三聚环保新材料股份有限公司

公司概况					
公司名称	北京三聚环保新材料股份有限公司			证券简称	三聚环保
法人代表	刘雷	董秘	曹华锋	证券代码	300072
公司网址	www.sanju.cn		电子信箱	investor@sanju.cn	
电　话	010-82685562		传　真	010-82684108	
办公地址	北京市海淀区人大北路33号1号楼大行基业大厦9层				
经营范围	脱硫净化剂、脱硫催化剂、其他净化剂、特种催化材料及催化剂等的研发、生产、销售等				

主要财务指标 指标\报告期	2015.06.30	2014.12.31	2014.06.30	2013.12.31
基本每股收益(元)	0.6100	0.7900	0.3600	0.4000
基本每股收益(扣除后)(元)	0.6100	0.7900	0.3600	0.4000
稀释每股收益(元)	0.6100	0.7900	0.3600	0.4000
每股净资产(元)	3.4752	3.8006	3.2664	2.9409
每股经营现金净流量(元)	-0.4254	0.6262	-0.3292	0.0590
每股现金流量(元)	0.0277	0.8625	0.1295	0.0517
每股资本公积金(元)	0.5108	0.9387	0.8280	0.8025
每股盈余公积金(元)	0.0643	0.0836	0.0624	0.0624
每股未分配利润(元)	1.9001	1.7784	1.3760	1.0760
净资产收益率(%)	17.5247	20.7858	11.0208	13.7541
加权净资产收益率(%)	19.0200	23.8800	11.9900	14.6800
净资产收益率(扣除)(%)	17.4824	20.5924	10.9623	13.5632
总资产(万元)	716886.65	528082.09	426213.03	331825.43
归属母公司股东权益(万元)	229880.56	193390.75	165216.73	148750.91
营业收入(万元)	221393.57	300991.45	99167.39	120082.92
营业支出(万元)	138925.26	206422.21	59595.28	67631.10
投资收益(万元)	-5.46	-8.23	-40.65	-180.51
净利润(万元)	39985.27	41117.14	18208.24	20459.30
营业利润(万元)	46549.16	48774.82	22520.40	24049.04
利润总额(万元)	46685.30	49195.73	22634.63	24380.85

北京当升材料科技股份有限公司

公司概况					
公司名称	北京当升材料科技股份有限公司			证券简称	当升科技
法人代表	李建忠	董秘	曲晓力	证券代码	300073
公司网址	www.easpring.com.cn		电子信箱	securities@easpring.com.cn	
电　话	010-52269718		传　真	010-52269720-9718	
办公地址	北京市丰台区南四环西路188号总部基地18区21号楼				
经营范围	研究开发、生产和销售锂离子电池正极材料、电子粉体材料和新型金属材料等				

主要财务指标 指标\报告期	2015.06.30	2014.12.31	2014.06.30	2013.12.31
基本每股收益(元)	0.0060	-0.1600	0.0119	0.0606
基本每股收益(扣除后)(元)	-0.0119	-0.2364	-0.0287	0.0189
稀释每股收益(元)	0.0060	-0.1600	0.0119	0.0606
每股净资产(元)	5.1156	5.1096	5.2815	5.2845
每股经营现金净流量(元)	0.0995	-0.0012	-0.0826	-0.4577
每股现金流量(元)	0.0921	0.0278	0.1293	-1.2704
每股资本公积金(元)	3.6861	3.6861	3.6861	3.6861
每股盈余公积金(元)	0.1125	0.1125	0.1125	0.1125
每股未分配利润(元)	0.3169	0.3109	0.4828	0.4859
净资产收益率(%)	0.1170	-3.1305	0.2257	1.1476
加权净资产收益率(%)	0.1200	-3.0800	0.2300	1.1500
净资产收益率(扣除)(%)	-0.2324	-4.6267	-0.5439	0.3581
总资产(万元)	108540.01	101812.73	106580.82	99289.56
归属母公司股东权益(万元)	81849.18	81753.46	84503.49	84552.69
营业收入(万元)	34104.10	62499.80	29843.71	62995.40
营业支出(万元)	32918.03	60590.28	28535.03	59220.14
投资收益(万元)	1222.47	225.36	111.08	345.20
净利润(万元)	95.72	-2559.27	190.70	970.35
营业利润(万元)	-225.99	-4362.18	-634.15	232.27
利润总额(万元)	123.69	-2870.25	232.96	1047.23

华平信息技术股份有限公司

公司概况	公司名称	华平信息技术股份有限公司			证券简称	华平股份
	法人代表	刘焱	董秘	唐晓云	证券代码	300074
	公司网址	www.avcon.com.cn		电子信箱	ir@avcon.com.cn	
	电　话	021-65650210		传　真	021-55666998	
	办公地址	浙江省宁波市杭州湾新区滨海四路131号(总部)				
	经营范围	计算机软硬件及其他电子产品的设计、销售、计算机系统集成服务等				

主要财务指标	指标\报告期	2015.06.30	2014.12.31	2014.06.30	2013.12.31
	基本每股收益(元)	-0.0386	0.0940	0.1520	0.4650
	基本每股收益(扣除后)(元)	-0.0435	0.0840	0.1510	0.4424
	稀释每股收益(元)	-0.0386	0.0940	0.1520	0.4650
	每股净资产(元)	1.8849	3.0750	3.1244	4.5589
	每股经营现金净流量(元)	-0.0516	0.0623	-0.0002	0.4904
	每股现金流量(元)	-0.2425	0.0907	0.6322	0.5091
	每股资本公积金(元)	0.3210	1.1136	1.1051	2.1576
	每股盈余公积金(元)	0.0840	0.1344	0.1219	0.1829
	每股未分配利润(元)	0.4799	0.8296	0.8974	1.2184
	净资产收益率(%)	-2.0454	3.0558	4.8590	10.2090
	加权净资产收益率(%)	-2.0200	3.0900	4.8700	10.7100
	净资产收益率(扣除)(%)	-2.3099	2.7354	4.8354	9.7051
	总资产(万元)	106022.08	106444.08	107849.30	105156.22
	归属母公司股东权益(万元)	99521.67	101557.27	103104.40	100295.12
	营业收入(万元)	9472.94	22087.95	13253.57	25522.86
	营业支出(万元)	4067.67	5789.19	2778.30	5920.79
	投资收益(万元)	-14.73	166.70	-11.07	-
	净利润(万元)	-2190.60	2852.02	5009.28	10239.31
	营业利润(万元)	-3330.95	1583.68	4233.28	7848.70
	利润总额(万元)	-2722.74	3755.06	5388.88	10540.47

北京数字政通科技股份有限公司

公司概况	公司名称	北京数字政通科技股份有限公司			证券简称	数字政通
	法人代表	吴强华	董秘	邱鲁闽	证券代码	300075
	公司网址	www.egova.com.cn		电子信箱	egova@egova.com.cn	
	电　话	86-10-56161618		传　真	86-10-56161688	
	办公地址	北京市海淀区中关村软件园9号楼国际软件大厦三区101室				
	经营范围	从事基于GIS应用的电子政务平台的开发和推广工作等				

主要财务指标	指标\报告期	2015.06.30	2014.12.31	2014.06.30	2013.12.31
	基本每股收益(元)	0.0900	0.6300	0.1400	0.5000
	基本每股收益(扣除后)(元)	0.0900	0.6200	0.1390	0.8300
	稀释每股收益(元)	0.0900	0.6300	0.1400	0.7500
	每股净资产(元)	3.0707	2.9800	5.5227	5.4639
	每股经营现金净流量(元)	-0.0998	-0.3117	-0.4058	0.1077
	每股现金流量(元)	-0.1338	-2.3724	-0.4437	0.1263
	每股资本公积金(元)	1.1184	3.1762	3.1815	5.2277
	每股盈余公积金(元)	0.1081	0.2169	0.1771	0.2476
	每股未分配利润(元)	0.8442	1.6075	1.1640	1.7605
	净资产收益率(%)	3.0275	10.4349	2.5624	9.0618
	加权净资产收益率(%)	3.0600	10.9600	2.5600	9.4400
	净资产收益率(扣除)(%)	3.0363	10.3265	2.5275	10.0184
	总资产(万元)	145903.83	141190.78	127561.80	125951.26
	归属母公司股东权益(万元)	117158.85	114095.42	104884.84	103771.58
	营业收入(万元)	18619.31	54608.68	17729.76	40635.71
	营业支出(万元)	11413.81	30391.02	10470.42	24659.06
	投资收益(万元)	121.24	-	-	-
	净利润(万元)	3591.38	12700.54	2687.61	9403.60
	营业利润(万元)	2724.94	10679.40	1644.65	6274.46
	利润总额(万元)	3812.55	13367.49	2794.40	9416.85

宁波GQY视讯股份有限公司

公司概况	公司名称	宁波GQY视讯股份有限公司			证券简称	GQY视讯
	法人代表	郭启寅	董秘	黄健	证券代码	300076
	公司网址	www.gqy.com.cn		电子信箱	investor@gqy.com.cn	
	电　话	021-61002033		传　真	021-61002008	
	办公地址	上海市新金桥路58号银东大厦18F				
	经营范围	网络、数字、图像电子产品的研制、开发及销售、IT工程项目系统集成				

主要财务指标	指标\报告期	2015.06.30	2014.12.31	2014.06.30	2013.12.31
	基本每股收益(元)	0.0300	0.0900	0.0800	0.0700
	基本每股收益(扣除后)(元)	0.0300	0.0600	0.0500	0.0400
	稀释每股收益(元)	0.0300	0.0900	0.0800	0.0700
	每股净资产(元)	5.0325	5.0815	5.0520	5.0223
	每股经营现金净流量(元)	0.0098	0.1645	-0.0366	-0.0109
	每股现金流量(元)	0.0021	0.0362	0.2594	0.0588
	每股资本公积金(元)	3.1517	3.1517	3.1341	7.2696
	每股盈余公积金(元)	0.1347	0.1347	0.1097	0.2194
	每股未分配利润(元)	0.7461	0.7951	0.8082	1.5557
	净资产收益率(%)	0.6159	1.8161	1.5904	0.6994
	加权净资产收益率(%)	0.6100	1.8200	1.5900	0.7600
	净资产收益率(扣除)(%)	0.5738	1.1821	1.0169	0.3690
	总资产(万元)	119756.19	118065.63	122106.87	120720.13
	归属母公司股东权益(万元)	106688.69	107727.57	107102.86	106473.80
	营业收入(万元)	9736.74	26432.86	14079.91	33163.28
	营业支出(万元)	5777.09	15877.20	8226.45	20124.59
	投资收益(万元)	-	448.47	488.96	124.10
	净利润(万元)	657.12	2014.94	1703.32	744.66
	营业利润(万元)	780.52	2259.92	1850.11	997.44
	利润总额(万元)	833.07	2704.22	2133.26	1333.02

国民技术股份有限公司

公司概况	公司名称	国民技术股份有限公司			证券简称	国民技术
	法人代表	罗昭学	董秘	刘红晶	证券代码	300077
	公司网址	www.nationz.com.cn		电子信箱	investors@nationz.com.cn	
	电　话	86-755-86916692		传　真	0755-86169100	
	办公地址	广东省深圳市南山区高新南区粤兴三道9号华中科技大学产学研基地A座2-7层				
	经营范围	开发、生产、销售手机芯片、数据通讯芯片、图像处理芯片、语音处理芯片等				

主要财务指标	指标\报告期	2015.06.30	2014.12.31	2014.06.30	2013.12.31
	基本每股收益(元)	0.1100	0.0400	0.0200	0.0200
	基本每股收益(扣除后)(元)	0.0700	-0.1100	-0.0100	-0.1200
	稀释每股收益(元)	0.1100	0.0400	0.0200	0.0200
	每股净资产(元)	10.0700	9.9700	9.9600	9.9500
	每股经营现金净流量(元)	-0.0625	-0.1249	-0.1078	0.0668
	每股现金流量(元)	0.3949	-0.6013	0.0218	-0.4890
	每股资本公积金(元)	8.0632	8.0632	8.0632	8.0632
	每股盈余公积金(元)	0.1853	0.1853	0.1786	0.1786
	每股未分配利润(元)	0.8195	0.7263	0.7149	0.7107
	净资产收益率(%)	1.0744	0.3741	0.1924	0.1731
	加权净资产收益率(%)	1.0800	0.3700	0.1900	0.1700
	净资产收益率(扣除)(%)	0.6636	-1.1370	-0.0680	-1.2273
	总资产(万元)	305729.28	286537.73	285343.00	283956.57
	归属母公司股东权益(万元)	273824.05	271291.05	270805.27	270679.36
	营业收入(万元)	22627.88	42569.55	21663.01	43362.16
	营业支出(万元)	14754.38	25891.47	12841.98	26846.79
	投资收益(万元)	636.16	546.90	55.81	223.13
	净利润(万元)	2941.68	1013.77	521.00	468.51
	营业利润(万元)	1757.83	-4721.91	-842.29	-4854.04
	利润总额(万元)	3291.38	1021.52	452.64	738.84

思创医惠科技股份有限公司

公司概况	公司名称	思创医惠科技股份有限公司			证券简称	思创医惠
	法人代表	路楠	董秘	周为利	证券代码	300078
	公司网址	www.century-cn.com		电子信箱	zhengquanbu@century-cn.com	
	电　　话	0571-28818665		传　　真	0571-28818665	
	办公地址	浙江省杭州市莫干山路 1418-48 号				
	经营范围	物联网技术的开发、应用、推广，信息系统集成等				

主要财务指标	指标＼报告期	2015.06.30	2014.12.31	2014.06.30	2013.12.31
	基本每股收益(元)	0.2600	0.4700	0.2500	0.5100
	基本每股收益(扣除后)(元)	0.1600	0.4000	0.2400	0.4900
	稀释每股收益(元)	0.2600	0.4700	0.2500	0.5100
	每股净资产(元)	7.0925	6.8825	6.6929	6.9446
	每股经营现金净流量(元)	0.2598	0.2946	0.1637	0.1738
	每股现金流量(元)	-1.8483	-1.7685	-1.0719	-0.8490
	每股资本公积金(元)	5.0835	5.0835	5.0854	5.0854
	每股盈余公积金(元)	0.3073	0.3073	0.2574	0.2574
	每股未分配利润(元)	0.7353	0.5232	0.3588	0.6076
	净资产收益率(%)	3.6956	6.7633	3.7534	7.3757
	加权净资产收益率(%)	3.7500	6.7700	3.6000	7.4100
	净资产收益率(扣除)(%)	2.2525	5.8166	3.6126	7.0053
	总资产(万元)	212636.43	127889.80	125595.64	123396.90
	归属母公司股东权益(万元)	118798.87	115281.81	112105.31	116321.33
	营业收入(万元)	29603.90	49117.48	20937.55	42495.93
	营业支出(万元)	18263.79	28824.68	12038.09	25406.45
	投资收益(万元)	966.38	146.64	-1.33	-
	净利润(万元)	4328.20	8116.29	4207.72	8579.56
	营业利润(万元)	5204.59	9889.43	5179.50	9947.23
	利润总额(万元)	5361.95	10150.55	5354.94	10406.30

北京数码视讯科技股份有限公司

公司概况	公司名称	北京数码视讯科技股份有限公司			证券简称	数码视讯
	法人代表	郑海涛	董秘	王万春	证券代码	300079
	公司网址	www.sumavision.com		电子信箱	sumavision@sumavision.com	
	电　　话	010-82345841		传　　真	010-82345842	
	办公地址	北京市海淀区上地信息产业基地开拓路 15 号 1 幢				
	经营范围	从事数字电视软硬件产品的研发、生产、销售和技术服务业务等				

主要财务指标	指标＼报告期	2015.06.30	2014.12.31	2014.06.30	2013.12.31
	基本每股收益(元)	0.1608	0.2700	0.1333	0.4000
	基本每股收益(扣除后)(元)	0.1451	0.2300	0.1156	0.2800
	稀释每股收益(元)	0.1608	0.2700	0.1333	0.4000
	每股净资产(元)	4.3473	4.2038	4.0362	3.8783
	每股经营现金净流量(元)	-0.1002	0.3667	0.0035	0.2057
	每股现金流量(元)	0.5107	-1.1094	-0.2003	0.0014
	每股资本公积金(元)	1.7849	1.7770	1.7272	4.3795
	每股盈余公积金(元)	0.1199	0.1136	0.0947	0.1899
	每股未分配利润(元)	1.4479	1.3165	1.2150	2.2706
	净资产收益率(%)	3.6995	6.2658	3.2972	5.1252
	加权净资产收益率(%)	3.7600	6.5300	3.3300	5.2800
	净资产收益率(扣除)(%)	3.3386	5.4745	2.8575	3.5797
	总资产(万元)	373342.20	328548.16	298302.32	283376.06
	归属母公司股东权益(万元)	299486.28	289572.44	275699.50	266852.99
	营业收入(万元)	38555.93	54732.06	22725.66	38655.10
	营业支出(万元)	14179.62	15416.33	5233.92	10545.61
	投资收益(万元)	-55.16	58.59	-155.30	2148.13
	净利润(万元)	10716.84	18673.56	9090.43	13676.72
	营业利润(万元)	6248.40	12308.24	6789.70	8517.04
	利润总额(万元)	10262.21	19419.04	9986.61	15151.66

河南易成新能源股份有限公司

公司概况	公司名称	河南易成新能源股份有限公司			证券简称	易成新能
	法人代表	孙毅	董秘	宋中学	证券代码	300080
	公司网址	www.xindaxin.cn		电子信箱	xindaxin@xindaxin.cn	
	电　　话	0378-2656626		传　　真	0378-2656617	
	办公地址	河南省开封市精细化工产业园区				
	经营范围	晶硅片切割刃料的生产和销售等				

主要财务指标	指标＼报告期	2015.06.30	2014.12.31	2014.06.30	2013.12.31
	基本每股收益(元)	-0.0400	0.0912	0.0930	0.1984
	基本每股收益(扣除后)(元)	-0.0430	0.0661	0.0910	0.0069
	稀释每股收益(元)	-0.0400	0.0912	0.0930	0.1984
	每股净资产(元)	6.3622	6.4003	6.4023	6.3491
	每股经营现金净流量(元)	-0.1911	0.4080	-0.0602	-0.0991
	每股现金流量(元)	-0.1986	0.2875	-0.1772	-0.0315
	每股资本公积金(元)	4.8424	4.8302	4.8302	4.8302
	每股盈余公积金(元)	0.0665	0.0665	0.0478	0.0478
	每股未分配利润(元)	0.4533	0.5037	0.5243	0.4712
	净资产收益率(%)	-0.6348	1.4249	1.4552	2.3710
	加权净资产收益率(%)	-0.6300	1.4300	1.4600	3.3800
	净资产收益率(扣除)(%)	-0.6782	1.0322	1.4181	0.0820
	总资产(万元)	541516.68	555458.72	531422.94	505449.18
	归属母公司股东权益(万元)	319892.38	321810.40	321909.47	319236.20
	营业收入(万元)	74720.28	225903.47	95095.32	154770.45
	营业支出(万元)	57718.43	176267.71	71733.73	121741.45
	投资收益(万元)	-54.34	310.18	170.93	9899.96
	净利润(万元)	-3135.02	2840.42	4684.48	7569.18
	营业利润(万元)	-2969.98	1734.56	4968.80	6922.79
	利润总额(万元)	-2806.82	3336.88	5070.58	7305.97

恒信移动商务股份有限公司

公司概况	公司名称	恒信移动商务股份有限公司			证券简称	恒信移动
	法人代表	孟宪民	董秘	段赵东	证券代码	300081
	公司网址	www.hxgro.com		电子信箱	office@hxgro.com	
	电　　话	0311-86130089		传　　真	0311-86130089	
	办公地址	河北省石家庄市建设南大街 80 号恒辉商务大厦				
	经营范围	主要从事移动信息产品的销售与服务等				

主要财务指标	指标＼报告期	2015.06.30	2014.12.31	2014.06.30	2013.12.31
	基本每股收益(元)	0.0300	0.0800	-0.1500	-0.4100
	基本每股收益(扣除后)(元)	0.0100	-0.1100	-0.1600	-0.4200
	稀释每股收益(元)	0.0300	0.0800	-0.1500	-0.4100
	每股净资产(元)	5.8651	5.8378	5.6100	5.7600
	每股经营现金净流量(元)	0.0001	0.3541	-0.3565	0.3693
	每股现金流量(元)	-1.4355	0.7875	0.4182	1.0806
	每股资本公积金(元)	3.9778	3.9778	3.9791	3.9791
	每股盈余公积金(元)	0.0891	0.0891	0.0615	0.0615
	每股未分配利润(元)	0.7982	0.7709	0.5654	0.7198
	净资产收益率(%)	0.4654	1.3473	-2.7545	-7.0540
	加权净资产收益率(%)	0.4700	1.3600	-2.7200	-6.7700
	净资产收益率(扣除)(%)	0.0876	-1.8186	-2.7927	-7.2565
	总资产(万元)	87575.18	88654.31	92292.09	94552.56
	归属母公司股东权益(万元)	78592.11	78226.35	75120.50	77189.72
	营业收入(万元)	25719.34	66735.76	34419.50	93785.96
	营业支出(万元)	17318.86	46165.18	25348.57	71916.29
	投资收益(万元)	31.88	3115.57	-10.17	347.33
	净利润(万元)	145.61	803.22	-2069.22	-5444.96
	营业利润(万元)	-327.85	463.57	-2346.69	-6008.43
	利润总额(万元)	133.38	916.91	-2120.68	-5570.98

辽宁奥克化学股份有限公司

公司概况

公司名称	辽宁奥克化学股份有限公司			证券简称	奥克股份
法人代表	朱建民	董秘	李裕丰	证券代码	300082
公司网址	www.oxiranchem.com		电子信箱	ox300082@126.com	
电　　话	0419-5167408 5160718		传　　真	0419-5160978	
办公地址	辽宁省辽阳市宏伟区万和七路 38 号				
经营范围	聚乙二醇、聚醚、化工助剂、化工产品				

主要财务指标

指标＼报告期	2015.06.30	2014.12.31	2014.06.30	2013.12.31
基本每股收益(元)	0.0144	0.2700	0.1800	0.2400
基本每股收益(扣除后)(元)	0.0100	0.2300	0.1700	0.2200
稀释每股收益(元)	0.0144	0.2700	0.1800	0.2400
每股净资产(元)	4.2112	4.2700	8.4346	8.4000
每股经营现金净流量(元)	0.2937	-1.4102	-0.5702	0.3325
每股现金流量(元)	0.2675	-1.2110	-0.8483	-1.3371
每股资本公积金(元)	2.5231	6.0462	6.0341	6.0341
每股盈余公积金(元)	0.0914	0.1827	0.1622	0.1622
每股未分配利润(元)	0.5899	1.3009	1.2299	1.1987
净资产收益率(%)	0.3430	3.1933	2.1480	2.8639
加权净资产收益率(%)	0.3400	3.2300	2.1400	2.8500
净资产收益率(扣除)(%)	0.2537	2.6390	2.0736	2.6371
总资产(万元)	525592.32	519570.89	446460.78	393461.72
归属母公司股东权益(万元)	283803.17	287682.38	284212.82	283064.07
营业收入(万元)	133276.34	288309.52	143844.17	249409.78
营业支出(万元)	121422.28	258010.88	127478.29	222727.09
投资收益(万元)	-124.28	321.20	224.05	185.46
净利润(万元)	447.03	9236.34	6104.97	8106.79
营业利润(万元)	804.61	10926.74	7319.36	8773.10
利润总额(万元)	1186.43	11453.86	7589.73	9534.17

东莞劲胜精密组件股份有限公司

公司概况

公司名称	东莞劲胜精密组件股份有限公司			证券简称	劲胜股份
法人代表	王九全	董秘	王琼	证券代码	300083
公司网址	www.januscn.com		电子信箱	ir@januscn.com	
电　　话	0769-82288265		传　　真	0769-85075902	
办公地址	广东省东莞市长安镇上角村				
经营范围	生产和销售塑胶制品、塑胶五金模具、精冲模、精密型腔模、模具标准件等				

主要财务指标

指标＼报告期	2015.06.30	2014.12.31	2014.06.30	2013.12.31
基本每股收益(元)	-0.8400	0.3700	0.1200	0.6400
基本每股收益(扣除后)(元)	-0.8400	0.3500	0.1200	0.6700
稀释每股收益(元)	-0.8400	0.3700	0.1200	0.6300
每股净资产(元)	8.4214	7.4132	7.1582	7.0858
每股经营现金净流量(元)	-0.9649	-0.6046	-1.1197	2.0578
每股现金流量(元)	0.9956	-1.2765	-1.0458	0.0994
每股资本公积金(元)	6.3464	4.2987	4.2889	4.2256
每股盈余公积金(元)	0.2940	0.3333	0.2749	0.2767
每股未分配利润(元)	0.7850	1.7854	1.5919	1.5848
净资产收益率(%)	-8.7860	4.9820	1.6395	8.9969
加权净资产收益率(%)	-9.8500	5.1300	1.6400	9.3800
净资产收益率(扣除)(%)	-8.8508	4.6706	1.7011	9.4651
总资产(万元)	428323.17	376243.57	324958.64	271587.71
归属母公司股东权益(万元)	192183.69	149231.16	144098.52	141716.30
营业收入(万元)	140922.66	398051.09	181007.81	327800.77
营业支出(万元)	125492.18	324898.35	150125.46	271288.75
投资收益(万元)	-	-	-	-
净利润(万元)	-16938.19	7323.66	2362.53	12750.01
营业利润(万元)	-17038.61	7927.58	2984.18	16095.98
利润总额(万元)	-16912.04	8452.52	2870.50	15213.04

兰州海默科技股份有限公司

公司概况

公司名称	兰州海默科技股份有限公司			证券简称	海默科技
法人代表	窦剑文	董秘	张立强	证券代码	300084
公司网址	www.haimo.com.cn		电子信箱	securities@haimo.com.cn	
电　　话	0931-8559076		传　　真	0931-8553789	
办公地址	甘肃省兰州市城关区张苏滩 593 号				
经营范围	多相流量计的研发、生产、销售和售后技术服务等				

主要财务指标

指标＼报告期	2015.06.30	2014.12.31	2014.06.30	2013.12.31
基本每股收益(元)	0.0285	0.3093	0.0644	0.1758
基本每股收益(扣除后)(元)	0.0240	0.2668	0.0583	0.1710
稀释每股收益(元)	0.0285	0.3093	0.0644	0.1758
每股净资产(元)	3.2877	7.2071	4.9580	4.9155
每股经营现金净流量(元)	0.2000	0.3676	0.2913	0.5505
每股现金流量(元)	-0.0704	-0.0503	0.6293	-0.1211
每股资本公积金(元)	1.8712	5.3167	3.1590	3.1747
每股盈余公积金(元)	0.0413	0.0908	0.0915	0.0915
每股未分配利润(元)	0.4363	0.9272	0.8337	0.8193
净资产收益率(%)	0.8663	3.7692	1.2988	3.5766
加权净资产收益率(%)	0.8700	5.9100	1.3000	3.5900
净资产收益率(扣除)(%)	0.7294	3.2511	1.1757	3.4789
总资产(万元)	161757.30	162426.07	102419.44	90044.87
归属母公司股东权益(万元)	106774.27	106391.33	63462.70	62918.24
营业收入(万元)	19729.23	31556.39	10772.02	23354.11
营业支出(万元)	13732.85	17584.20	6116.91	13161.85
投资收益(万元)	-	-	-	-
净利润(万元)	1034.31	4275.87	824.27	2250.36
营业利润(万元)	1127.30	4932.45	1250.76	4016.79
利润总额(万元)	1337.61	5597.35	1347.47	4093.83

深圳市银之杰科技股份有限公司

公司概况

公司名称	深圳市银之杰科技股份有限公司			证券简称	银之杰
法人代表	陈向军	董秘	刘奕	证券代码	300085
公司网址	www.yinzhijie.com		电子信箱	invest@yinzhijie.com	
电　　话	0755-83930085		传　　真	0755-83562955	
办公地址	深圳市福田区天安数码城天祥大厦 AB 座 10A				
经营范围	兴办实业(具体项目另行申报)、银行验印系统、计算机软、硬件的技术开发等				

主要财务指标

指标＼报告期	2015.06.30	2014.12.31	2014.06.30	2013.12.31
基本每股收益(元)	0.0198	0.1130	0.0112	0.1199
基本每股收益(扣除后)(元)	0.0232	0.1116	0.0110	0.1019
稀释每股收益(元)	0.0197	0.1125	0.0112	0.1199
每股净资产(元)	1.5892	3.1688	2.1376	4.3028
每股经营现金净流量(元)	-0.0807	0.1213	-0.0983	-0.0341
每股现金流量(元)	-0.1686	0.3095	-0.0435	-0.7366
每股资本公积金(元)	0.3907	1.7783	0.8144	2.6288
每股盈余公积金(元)	0.0340	0.0679	0.0686	0.1371
每股未分配利润(元)	0.1676	0.3257	0.2546	0.5369
净资产收益率(%)	1.2440	3.3257	0.5221	2.7672
加权净资产收益率(%)	1.2400	4.7800	0.5200	2.7900
净资产收益率(扣除)(%)	1.4611	3.2862	0.5128	2.3516
总资产(万元)	99511.00	96320.53	52946.43	53511.24
归属母公司股东权益(万元)	83502.37	83251.76	51870.49	52206.31
营业收入(万元)	22306.17	19212.40	4643.38	11007.47
营业支出(万元)	13149.97	9532.00	2189.01	5111.65
投资收益(万元)	-179.22	-124.97	-16.94	-0.20
净利润(万元)	1300.74	2820.78	270.83	1444.67
营业利润(万元)	1640.38	2641.16	-78.02	847.79
利润总额(万元)	1546.87	3080.30	175.71	1453.41

海南康芝药业股份有限公司

公司概况	公司名称	海南康芝药业股份有限公司			证券简称	康芝药业
	法人代表	洪江游	董秘	林德新	证券代码	300086
	公司网址	www.honz.com.cn			电子信箱	honz168@honz.com.cn
	电　　话	0898-66812876			传　　真	0898-66812876
	办公地址	海南省海口市国家高新技术产业开发区药谷工业园药谷三路6号				
	经营范围	生产销售粉针剂(头孢菌素类)、冻干粉针剂、片剂、胶囊剂、颗粒剂等				

主要财务指标	指标\报告期	2015.06.30	2014.12.31	2014.06.30	2013.12.31
	基本每股收益(元)	0.0625	0.1969	0.0700	0.0743
	基本每股收益(扣除后)(元)	0.0197	0.1608	0.0700	0.0478
	稀释每股收益(元)	0.0625	0.1969	0.0700	0.0743
	每股净资产(元)	5.8829	5.8204	5.6983	8.6352
	每股经营现金净流量(元)	0.0980	0.2464	0.1792	0.3946
	每股现金流量(元)	0.1086	0.0027	0.0211	−0.2113
	每股资本公积金(元)	4.2217	4.2217	4.2217	6.8325
	每股盈余公积金(元)	0.1365	0.1311	0.0944	0.1416
	每股未分配利润(元)	0.5247	0.4677	0.3822	0.6610
	净资产收益率(%)	1.0623	3.3836	1.3138	0.8600
	加权净资产收益率(%)	1.0700	3.3800	1.3000	0.8400
	净资产收益率(扣除)(%)	0.3342	2.7625	1.1596	0.5617
	总资产(万元)	194454.30	192717.48	192095.31	190450.93
	归属母公司股东权益(万元)	176486.65	174611.79	170949.54	172703.62
	营业收入(万元)	13823.62	40853.85	17663.64	30933.70
	营业支出(万元)	6391.08	19598.72	8822.92	16178.62
	投资收益(万元)	1468.07	219.95	104.93	171.76
	净利润(万元)	1763.53	5859.89	2245.93	1485.29
	营业利润(万元)	2423.29	6918.22	2749.76	2498.58
	利润总额(万元)	2547.03	7897.67	2985.86	2926.77

安徽荃银高科种业股份有限公司

公司概况	公司名称	安徽荃银高科种业股份有限公司			证券简称	荃银高科
	法人代表	张琴	董秘	叶红	证券代码	300087
	公司网址	www.winallseed.com			电子信箱	winallseed@yahoo.cn
	电　　话	0551-5355175			传　　真	0551-5320226
	办公地址	合肥市高新区创新大道98号				
	经营范围	从事高产、优质杂交水稻种子研发、繁育、推广及服务等				

主要财务指标	指标\报告期	2015.06.30	2014.12.31	2014.06.30	2013.12.31
	基本每股收益(元)	−0.0113	0.0330	−0.0235	0.0700
	基本每股收益(扣除后)(元)	−0.0217	−0.0241	−0.0317	0.0700
	稀释每股收益(元)	−0.0113	0.0330	−0.0235	0.0700
	每股净资产(元)	1.7964	3.5902	3.5337	5.4858
	每股经营现金净流量(元)	−0.0197	0.6139	0.0531	0.0975
	每股现金流量(元)	−0.2639	0.0212	−0.0938	−0.2606
	每股资本公积金(元)	0.5177	2.0103	2.0103	3.5154
	每股盈余公积金(元)	0.0371	0.0742	0.0742	0.1113
	每股未分配利润(元)	0.2415	0.5057	0.4492	0.8590
	净资产收益率(%)	−0.6304	0.9196	−0.6650	1.3356
	加权净资产收益率(%)	−0.6300	0.9100	−0.6500	1.3500
	净资产收益率(扣除)(%)	−1.2063	−0.6630	−	1.2901
	总资产(万元)	103540.54	104831.51	96152.51	100241.29
	归属母公司股东权益(万元)	56908.38	56868.94	55973.79	57929.97
	营业收入(万元)	17332.36	46902.28	16312.73	46606.67
	营业支出(万元)	10487.84	31019.56	10816.54	30412.06
	投资收益(万元)	303.05	107.59	−4.66	−91.37
	净利润(万元)	−51.75	2417.30	−372.19	773.69
	营业利润(万元)	−51.10	1520.71	−202.84	2652.69
	利润总额(万元)	−14.91	2657.54	−58.96	2636.86

芜湖长信科技股份有限公司

公司概况	公司名称	芜湖长信科技股份有限公司			证券简称	长信科技
	法人代表	陈奇	董秘	宁鹏飞	证券代码	300088
	公司网址	www.token-ito.com			电子信箱	token@token-ito.com
	电　　话	0553-2398888-6102 2398888			传　　真	0553-5843520
	办公地址	安徽省芜湖市经济技术开发区汽经二路以东				
	经营范围	ITO导电膜玻璃及手机面板视窗材料的研发、生产及销售等				

主要财务指标	指标\报告期	2015.06.30	2014.12.31	2014.06.30	2013.12.31
	基本每股收益(元)	0.1900	0.3200	0.2200	0.5400
	基本每股收益(扣除后)(元)	0.1600	0.2800	0.2000	0.5100
	稀释每股收益(元)	0.1900	0.3200	0.2200	0.5400
	每股净资产(元)	5.9884	4.2300	4.1260	3.3900
	每股经营现金净流量(元)	0.2914	0.0658	−0.0774	0.2468
	每股现金流量(元)	2.1348	0.1348	−0.0084	−0.1334
	每股资本公积金(元)	3.2685	1.4963	1.4975	0.8145
	每股盈余公积金(元)	0.1886	0.2118	0.1772	0.1860
	每股未分配利润(元)	1.5283	1.5163	1.4523	1.3892
	净资产收益率(%)	2.9778	7.6358	5.4269	15.8856
	加权净资产收益率(%)	6.6000	7.8800	6.1900	17.0100
	净资产收益率(扣除)(%)	2.6517	6.6204	4.9248	15.0026
	总资产(万元)	499080.37	352432.50	307151.28	225681.85
	归属母公司股东权益(万元)	345536.55	216994.99	211954.26	165892.15
	营业收入(万元)	178293.53	164338.06	67210.26	109735.25
	营业支出(万元)	156927.76	125586.52	47799.91	68309.22
	投资收益(万元)	−54.39	−	−	659.02
	净利润(万元)	10387.96	16488.89	11502.54	26352.99
	营业利润(万元)	11043.95	16542.85	12183.44	30008.31
	利润总额(万元)	12370.37	19007.74	13435.54	30906.30

广东文化长城集团股份有限公司

公司概况	公司名称	广东文化长城集团股份有限公司			证券简称	文化长城
	法人代表	蔡廷祥	董秘	任锋	证券代码	300089
	公司网址	www.thegreatwall-china.com			电子信箱	zqb@thegreatwall-china.com
	电　　话	0768-2932398 0755-36988132			传　　真	86-768-2931162
	办公地址	广东省潮州市枫溪区蔡陇大道				
	经营范围	主要从事艺术陶瓷的研发设计、生产和销售等				

主要财务指标	指标\报告期	2015.06.30	2014.12.31	2014.06.30	2013.12.31
	基本每股收益(元)	0.0600	0.0600	0.0600	0.0200
	基本每股收益(扣除后)(元)	0.0700	0.0300	0.0300	−0.0200
	稀释每股收益(元)	0.0600	0.0600	0.0600	0.0200
	每股净资产(元)	5.3072	5.2658	5.2649	5.2098
	每股经营现金净流量(元)	−0.2751	0.2934	−0.0558	0.0556
	每股现金流量(元)	−0.8995	−0.5310	−0.3879	−1.3320
	每股资本公积金(元)	3.2393	3.2393	3.2393	3.2393
	每股盈余公积金(元)	0.1849	0.1849	0.1699	0.1699
	每股未分配利润(元)	0.8829	0.8416	0.8557	0.8006
	净资产收益率(%)	1.1565	1.0638	1.0477	0.4606
	加权净资产收益率(%)	1.1600	1.0700	1.0500	0.4600
	净资产收益率(扣除)(%)	1.2274	0.5128	0.6066	−0.5088
	总资产(万元)	113150.13	116336.01	124904.28	106880.84
	归属母公司股东权益(万元)	79607.64	78986.99	78974.17	78146.73
	营业收入(万元)	22124.05	44860.81	21281.08	41537.61
	营业支出(万元)	15654.87	31994.38	15119.44	29036.59
	投资收益(万元)	−	−694.98	281.82	−
	净利润(万元)	920.65	840.26	827.44	359.97
	营业利润(万元)	1007.53	935.10	764.13	336.97
	利润总额(万元)	951.05	1447.40	1174.13	1223.32

安徽盛运环保(集团)股份有限公司

公司概况	公司名称	安徽盛运环保(集团)股份有限公司			证券简称	盛运股份
	法人代表	开晓胜	董秘	开晓胜(代)	证券代码	300090
	公司网址	www.300090.com.cn		电子信箱	qi_dunwei@sina.com	
	电　　话	0551-64844638		传　　真	0551-64844638	
	办公地址	安徽省桐城市经济开发区新东环路				
	经营范围	输送机械产品和环保设备产品的研发、生产和销售等				

主要财务指标	指标\报告期	2015.06.30	2014.12.31	2014.06.30	2013.12.31
	基本每股收益(元)	0.2372	0.5420	0.2400	0.6500
	基本每股收益(扣除后)(元)	0.1409	0.3500	0.2000	0.5200
	稀释每股收益(元)	0.2372	0.5420	0.2400	0.6500
	每股净资产(元)	4.0857	3.9308	3.6649	6.3500
	每股经营现金净流量(元)	-0.2761	0.3628	-0.1617	0.0671
	每股现金流量(元)	-0.3279	0.6846	0.4761	-0.2362
	每股资本公积金(元)	1.5394	1.5716	1.5492	3.7008
	每股盈余公积金(元)	0.0879	0.0879	0.0671	0.1207
	每股未分配利润(元)	1.4584	1.2713	1.0487	1.5289
	净资产收益率(%)	5.8052	11.2361	5.4370	9.4917
	加权净资产收益率(%)	5.8600	11.9700	5.5900	13.2000
	净资产收益率(扣除)(%)	3.4477	7.2522	4.4675	7.5159
	总资产(万元)	691182.80	602197.53	557895.10	471749.13
	归属母公司股东权益(万元)	216333.61	208131.28	194055.69	186804.95
	营业收入(万元)	77370.52	121013.68	53543.86	117007.01
	营业支出(万元)	54297.82	76110.57	33729.48	78772.71
	投资收益(万元)	10605.01	20970.75	8449.38	10517.22
	净利润(万元)	12598.90	23995.54	10550.74	17472.39
	营业利润(万元)	13416.51	21450.01	10257.44	17503.79
	利润总额(万元)	13650.52	23978.68	11750.08	19644.95

江苏金通灵流体机械科技股份有限公司

公司概况	公司名称	江苏金通灵流体机械科技股份有限公司			证券简称	金通灵
	法人代表	季伟	董秘	陈树军	证券代码	300091
	公司网址	www.jtlfans.com		电子信箱	dsh@jtlfans.com	
	电　　话	0513-85198488		传　　真	0513-85198488	
	办公地址	江苏省南通市钟秀中路135号				
	经营范围	大型工业离心鼓风机、通风机、轴流鼓风机、通风机、多级离心鼓风机等				

主要财务指标	指标\报告期	2015.06.30	2014.12.31	2014.06.30	2013.12.31
	基本每股收益(元)	0.1000	0.0670	0.0300	0.0122
	基本每股收益(扣除后)(元)	0.1000	0.0560	0.0300	-0.0265
	稀释每股收益(元)	0.1000	0.0670	0.0300	0.0100
	每股净资产(元)	3.9717	3.8816	3.8440	3.8239
	每股经营现金净流量(元)	-0.0497	-0.0373	-0.2246	-0.1755
	每股现金流量(元)	-0.1114	-0.1749	-0.1561	-0.0694
	每股资本公积金(元)	2.1175	2.1175	2.1175	2.1175
	每股盈余公积金(元)	0.1036	0.1036	0.0975	0.0975
	每股未分配利润(元)	0.7481	0.6583	0.6275	0.6076
	净资产收益率(%)	2.5111	1.7225	0.7773	0.3186
	加权净资产收益率(%)	2.5400	1.7400	0.7800	0.3200
	净资产收益率(扣除)(%)	2.4257	1.4496	0.6799	-0.6928
	总资产(万元)	198238.75	187584.20	175165.59	160726.26
	归属母公司股东权益(万元)	83009.06	81126.11	80338.95	79919.04
	营业收入(万元)	44293.98	85670.18	36797.92	70366.66
	营业支出(万元)	33120.96	66504.46	29104.07	57449.73
	投资收益(万元)	-	-	-	-
	净利润(万元)	2050.78	1326.37	624.44	254.60
	营业利润(万元)	2420.22	1480.78	586.58	-642.66
	利润总额(万元)	2503.75	1749.94	678.87	308.84

四川科新机电股份有限公司

公司概况	公司名称	四川科新机电股份有限公司			证券简称	科新机电
	法人代表	林祯华	董秘	杨多荣	证券代码	300092
	公司网址	www.sckxjd.com		电子信箱	comelec001@sina.com	
	电　　话	0838-8265111		传　　真	0838-8501288	
	办公地址	四川省什邡市经济开发区沱江路西段21号				
	经营范围	三类压力容器的设计、制造、安装、销售等				

主要财务指标	指标\报告期	2015.06.30	2014.12.31	2014.06.30	2013.12.31
	基本每股收益(元)	0.0200	0.1200	0.0200	-0.3200
	基本每股收益(扣除后)(元)	-0.0100	-0.1000	-0.0500	-0.3600
	稀释每股收益(元)	0.0200	0.1200	0.0200	-0.3200
	每股净资产(元)	2.2673	5.6227	5.5291	5.5181
	每股经营现金净流量(元)	-0.0173	0.1048	-0.2729	-0.1216
	每股现金流量(元)	-0.0424	-0.1769	-0.2003	-0.3751
	每股资本公积金(元)	0.9072	3.7680	3.7680	3.7680
	每股盈余公积金(元)	0.0609	0.1522	0.1331	0.1331
	每股未分配利润(元)	0.2978	0.6996	0.6163	0.6001
	净资产收益率(%)	0.7923	2.1088	0.2930	-5.7883
	加权净资产收益率(%)	0.8000	2.1300	0.2900	-5.5700
	净资产收益率(扣除)(%)	-0.5156	-1.8246	-	-6.4914
	总资产(万元)	74449.20	76161.21	77118.17	77671.50
	归属母公司股东权益(万元)	51581.89	51166.40	50314.85	50214.82
	营业收入(万元)	13842.33	31127.39	17854.61	22605.15
	营业支出(万元)	11281.22	25438.49	15438.41	20807.98
	投资收益(万元)	-	-	-	-
	净利润(万元)	176.81	694.69	147.31	-2906.60
	营业利润(万元)	-564.71	-1698.56	-721.63	-4395.77
	利润总额(万元)	251.11	839.04	80.29	-3947.56

广东金刚玻璃科技股份有限公司

公司概况	公司名称	广东金刚玻璃科技股份有限公司			证券简称	金刚玻璃
	法人代表	庄大建	董秘	林臻	证券代码	300093
	公司网址	www.golden-glass.cn		电子信箱	wangx@golden-glass.cn	
	电　　话	0754-82514288		传　　真	0754-82535211	
	办公地址	广东省汕头市大学路叠金工业区				
	经营范围	从事特种玻璃产品的研发、生产和销售等				

主要财务指标	指标\报告期	2015.06.30	2014.12.31	2014.06.30	2013.12.31
	基本每股收益(元)	0.0400	0.0900	0.0500	0.0500
	基本每股收益(扣除后)(元)	0.0300	0.0800	0.0500	0.0400
	稀释每股收益(元)	0.0400	0.0900	0.0500	0.0500
	每股净资产(元)	4.0783	4.0500	4.0168	3.9684
	每股经营现金净流量(元)	0.2153	0.5963	0.0491	0.1419
	每股现金流量(元)	-0.6308	0.6194	0.4362	0.4257
	每股资本公积金(元)	1.7909	1.7909	1.7909	1.7909
	每股盈余公积金(元)	0.2480	0.2480	0.2341	0.2341
	每股未分配利润(元)	1.0361	1.0088	0.9905	0.9392
	净资产收益率(%)	0.9160	2.2080	1.2761	1.3624
	加权净资产收益率(%)	0.9400	8.5600	1.2800	1.3700
	净资产收益率(扣除)(%)	0.7759	2.0475	1.2038	1.0422
	总资产(万元)	144607.06	159623.16	159231.87	144297.34
	归属母公司股东权益(万元)	88090.80	87497.79	86762.46	85717.02
	营业收入(万元)	18525.43	43317.20	20380.62	40043.51
	营业支出(万元)	11808.60	28658.45	13633.36	26042.65
	投资收益(万元)	-	-	-	1.57
	净利润(万元)	806.92	1928.52	1107.14	1167.84
	营业利润(万元)	722.85	2059.70	1117.24	1083.44
	利润总额(万元)	870.22	2231.84	1192.57	1423.84

湛江国联水产开发股份有限公司

公司概况	公司名称	湛江国联水产开发股份有限公司			证券简称	国联水产
	法人代表	李忠	董秘	鲁承诚(代)	证券代码	300094
	公司网址	www.gl-fish.com		电子信箱	ir@gl-fish.com	
	电　话	0759-3153930		传　真	0759-3153931	
	办公地址	广东省湛江市开发区平乐工业区永平南路				
	经营范围	水产种苗、饲料、养殖、加工及销售等业务				

	指标\报告期	2015.06.30	2014.12.31	2014.06.30	2013.12.31
主要财务指标	基本每股收益(元)	-0.1100	0.6400	0.0600	0.1610
	基本每股收益(扣除后)(元)	-0.1200	0.0300	0.0500	0.1170
	稀释每股收益(元)	-0.1100	0.6400	0.0600	0.1610
	每股净资产(元)	4.7401	4.8517	4.4488	4.3908
	每股经营现金净流量(元)	0.2144	0.0250	0.3309	-0.4585
	每股现金流量(元)	-0.0794	0.0136	0.0831	-0.2459
	每股资本公积金(元)	2.8228	2.8207	2.9955	2.9955
	每股盈余公积金(元)	0.1695	0.1697	0.1385	0.1385
	每股未分配利润(元)	0.7534	0.8677	0.3203	0.2641
	净资产收益率(%)	-2.3946	13.1204	1.2640	3.6548
	加权净资产收益率(%)	-2.3700	13.5900	1.2700	3.8100
	净资产收益率(扣除)(%)	-2.6345	1.0185	1.0642	2.6690
	总资产(万元)	262021.41	274902.09	229041.14	254524.21
	归属母公司股东权益(万元)	167708.01	171495.99	156599.42	154556.32
	营业收入(万元)	83101.70	212936.22	104023.37	221382.74
	营业支出(万元)	77183.14	187031.74	89573.34	192474.95
	投资收益(万元)	-	23205.61	-	-
	净利润(万元)	-4015.96	22501.02	1980.12	5648.68
	营业利润(万元)	-4385.61	24948.83	2170.65	4269.92
	利润总额(万元)	-3983.32	26863.62	2571.67	6056.66

江西华伍制动器股份有限公司

公司概况	公司名称	江西华伍制动器股份有限公司			证券简称	华伍股份
	法人代表	聂景华	董秘	陈凤菊	证券代码	300095
	公司网址	www.hua-wu.com		电子信箱	hwzqb@hua-wu.com	
	电　话	0795-6206009		传　真	0795-6206009	
	办公地址	江西省宜春市丰城市工业园区新梅路7号				
	经营范围	起重电器系列各种工业制动装置、防风装置、吊具用液压控制装置等				

	指标\报告期	2015.06.30	2014.12.31	2014.06.30	2013.12.31
主要财务指标	基本每股收益(元)	0.1016	0.2049	0.0901	0.6568
	基本每股收益(扣除后)(元)	0.0828	0.1993	0.0859	0.2813
	稀释每股收益(元)	0.1013	0.2049	0.0901	0.6568
	每股净资产(元)	2.6408	3.8467	3.7508	3.6914
	每股经营现金净流量(元)	0.0086	0.2991	-0.1807	-0.3257
	每股现金流量(元)	0.0503	-0.0019	-0.0706	-0.4247
	每股资本公积金(元)	0.8754	1.7923	1.7856	4.5325
	每股盈余公积金(元)	0.0788	0.1182	0.1012	0.2024
	每股未分配利润(元)	0.7038	0.9532	0.8640	1.6480
	净资产收益率(%)	3.8469	5.1983	2.4012	8.7538
	加权净资产收益率(%)	3.9100	5.3200	2.4200	9.2300
	净资产收益率(扣除)(%)	3.1336	5.0570	2.2900	3.7483
	总资产(万元)	120155.54	113333.33	109412.91	106129.33
	归属母公司股东权益(万元)	81389.02	79034.93	76736.20	75521.72
	营业收入(万元)	29270.19	67790.33	35638.35	42271.00
	营业支出(万元)	18350.02	48407.84	26008.20	26626.56
	投资收益(万元)	-71.21	-	-	3334.73
	净利润(万元)	3397.19	4643.27	1842.57	6611.06
	营业利润(万元)	3361.95	5303.10	2634.12	6831.87
	利润总额(万元)	3989.51	5547.31	2812.41	7166.59

易联众信息技术股份有限公司

公司概况	公司名称	易联众信息技术股份有限公司			证券简称	易 联 众
	法人代表	张曦	董秘	李虹海	证券代码	300096
	公司网址	www.ylzinfo.com		电子信箱	tylee173@163.com	
	电　话	0592-2517011　6307553		传　真	0592-2517008	
	办公地址	福建省厦门市软件园二期观日路18号502室				
	经营范围	研发、设计和生产智能卡、银行卡、销售智能卡、开发、生产计算机软件等				

	指标\报告期	2015.06.30	2014.12.31	2014.06.30	2013.12.31
主要财务指标	基本每股收益(元)	0.0266	0.1090	0.1000	0.2300
	基本每股收益(扣除后)(元)	0.0224	0.0980	0.0900	0.2100
	稀释每股收益(元)	0.0266	0.1090	0.1000	0.2300
	每股净资产(元)	1.6277	1.5852	3.7985	1.5200
	每股经营现金净流量(元)	-0.1797	0.1453	-0.3311	0.1774
	每股现金流量(元)	-0.2013	0.0754	0.2959	-0.4547
	每股资本公积金(元)	0.0794	0.0754	1.6988	1.6988
	每股盈余公积金(元)	0.0411	0.0411	0.0909	0.0909
	每股未分配利润(元)	0.5071	0.4687	1.0088	1.0109
	净资产收益率(%)	1.6335	6.8810	2.5750	6.1808
	加权净资产收益率(%)	1.6600	7.0400	2.5100	6.3100
	净资产收益率(扣除)(%)	1.5312	6.1952	2.4023	5.5876
	总资产(万元)	86843.27	89548.71	84428.60	80894.28
	归属母公司股东权益(万元)	69989.48	68164.18	65334.52	65372.19
	营业收入(万元)	17740.29	40217.95	15876.20	30092.98
	营业支出(万元)	8767.64	21611.59	8543.53	14919.25
	投资收益(万元)	-96.38	175.51	91.85	214.19
	净利润(万元)	946.05	4415.36	1682.34	4040.50
	营业利润(万元)	814.80	3779.42	1210.90	3463.14
	利润总额(万元)	1067.32	5008.62	1772.91	4722.86

大连智云自动化装备股份有限公司

公司概况	公司名称	大连智云自动化装备股份有限公司			证券简称	智云股份
	法人代表	谭永良	董秘	任彤	证券代码	300097
	公司网址	www.zhiyun-cn.com		电子信箱	rentong@zhiyun-cn.com	
	电　话	0411-86705641		传　真	0411-86705333	
	办公地址	辽宁省大连市甘井子区营日路32号-1				
	经营范围	自动化制造工艺系统研发及系统集成、自动化装备的研发、设计、制造等				

	指标\报告期	2015.06.30	2014.12.31	2014.06.30	2013.12.31
主要财务指标	基本每股收益(元)	0.0637	0.1900	0.1500	0.2300
	基本每股收益(扣除后)(元)	0.0628	0.1500	0.1300	0.2100
	稀释每股收益(元)	0.0637	0.1800	0.1500	0.2100
	每股净资产(元)	3.7933	3.8113	3.7971	3.6319
	每股经营现金净流量(元)	-0.2407	-0.1293	-0.0850	0.0707
	每股现金流量(元)	-0.7331	-0.0899	-0.0391	-0.1143
	每股资本公积金(元)	1.7106	1.7591	1.7787	1.7334
	每股盈余公积金(元)	0.1007	0.1010	0.0895	0.0903
	每股未分配利润(元)	0.9820	0.9512	0.9289	0.8083
	净资产收益率(%)	1.6772	4.8769	4.0051	6.4436
	加权净资产收益率(%)	1.6500	4.9900	4.1300	6.6900
	净资产收益率(扣除)(%)	1.6546	3.9333	3.3764	5.9043
	总资产(万元)	71170.24	55069.96	56966.47	57816.57
	归属母公司股东权益(万元)	46032.65	46115.29	45943.32	43583.26
	营业收入(万元)	9818.88	21903.00	11117.91	22111.89
	营业支出(万元)	6617.16	15191.39	7374.11	14257.74
	投资收益(万元)	-	-	-	12.02
	净利润(万元)	785.94	2293.26	1840.10	2808.35
	营业利润(万元)	953.96	2182.31	1907.04	3231.76
	利润总额(万元)	983.53	2697.20	2245.56	3509.47

高新兴科技集团股份有限公司

公司概况					
公司名称	高新兴科技集团股份有限公司			证券简称	高 新 兴
法人代表	刘双广	董秘	陈婧	证券代码	300098
公司网址	www.gosun.info	电子信箱	irm@gosun.info		
电　话	020-32068888	传　真	020-32032888		
办公地址	广东省广州市萝岗区科学城开创大道 2819 号				
经营范围	通信基站/机房运维综合管理服务系统的研发、生产、销售和服务				

主要财务指标

指标＼报告期	2015.06.30	2014.12.31	2014.06.30	2013.12.31
基本每股收益(元)	0.1404	0.7000	0.1850	0.3000
基本每股收益(扣除后)(元)	0.1296	0.3700	0.1548	0.2500
稀释每股收益(元)	0.1404	0.7000	0.1850	0.3000
每股净资产(元)	3.3086	3.2991	4.8764	4.6861
每股经营现金净流量(元)	–0.5228	–0.7655	–0.7582	–0.7497
每股现金流量(元)	–0.7679	0.2095	–0.6164	–0.5749
每股资本公积金(元)	1.2632	2.8201	2.8384	2.8037
每股盈余公积金(元)	0.1260	0.1802	0.1143	0.1142
每股未分配利润(元)	0.9549	1.3775	0.9237	0.7683
净资产收益率(%)	4.2426	13.3142	3.7890	6.2322
加权净资产收益率(%)	4.3300	13.6800	3.6900	6.6000
净资产收益率(扣除)(%)	3.9158	7.0567	3.1742	5.2602
总资产(万元)	166171.76	166888.59	123017.23	122181.63
归属母公司股东权益(万元)	97136.11	96857.64	89659.43	86234.35
营业收入(万元)	36226.63	73733.20	23943.85	53683.15
营业支出(万元)	24628.32	53024.50	14253.36	35266.71
投资收益(万元)	–41.79	–5.48	–	29.99
净利润(万元)	4108.90	13378.61	3397.24	5374.26
营业利润(万元)	4350.81	7226.20	1978.30	4474.56
利润总额(万元)	5041.78	15683.56	3212.02	7065.04

尤洛卡矿业安全工程股份有限公司

公司概况					
公司名称	尤洛卡矿业安全工程股份有限公司			证券简称	尤 洛 卡
法人代表	黄自伟	董秘	曹洪伟	证券代码	300099
公司网址	www.uroica.com.cn	电子信箱	chen19341912@163.com		
电　话	0538-8926155	传　真	0538-8926202		
办公地址	山东省泰安市高新区凤祥路以西规划支路以北				
经营范围	煤矿顶板安全监控设备的研发、生产与销售等				

主要财务指标

指标＼报告期	2015.06.30	2014.12.31	2014.06.30	2013.12.31
基本每股收益(元)	–0.0300	0.0230	0.1100	0.3300
基本每股收益(扣除后)(元)	–0.0300	0.0160	0.1100	0.3200
稀释每股收益(元)	–0.0300	0.0230	0.1100	0.3300
每股净资产(元)	3.7260	3.8529	3.9384	3.6818
每股经营现金净流量(元)	0.0146	–0.0721	–0.0826	0.2082
每股现金流量(元)	–0.1371	–0.0146	–0.2505	–0.2668
每股资本公积金(元)	1.7560	1.7560	1.7560	1.4630
每股盈余公积金(元)	0.1789	0.1789	0.1789	0.1858
每股未分配利润(元)	0.7911	0.9181	1.0035	1.0330
净资产收益率(%)	–0.7417	0.5989	2.7553	8.8846
加权净资产收益率(%)	–0.7200	0.5800	2.7200	9.0800
净资产收益率(扣除)(%)	–0.6850	0.4226	2.7083	8.7961
总资产(万元)	88913.86	93333.93	94439.83	80411.46
归属母公司股东权益(万元)	79960.60	82685.10	84518.66	76101.87
营业收入(万元)	3791.54	17904.46	9433.58	17386.42
营业支出(万元)	1699.72	6406.10	2925.37	4364.01
投资收益(万元)	–	140.79	96.70	319.61
净利润(万元)	–740.11	867.25	2328.78	6761.31
营业利润(万元)	–736.57	22.61	2176.03	6573.68
利润总额(万元)	–640.21	988.59	2562.85	7350.47

宁波双林汽车部件股份有限公司

公司概况					
公司名称	宁波双林汽车部件股份有限公司			证券简称	双林股份
法人代表	邬建斌	董秘	叶醒	证券代码	300100
公司网址	www.shuanglin.cn	电子信箱	qcbjzqb@shuanglin.com		
电　话	0574-83518938	传　真	0574-83518939		
办公地址	浙江省宁波市宁海县西店潢溪口				
经营范围	主营汽车零部件的生产与销售等				

主要财务指标

指标＼报告期	2015.06.30	2014.12.31	2014.06.30	2013.12.31
基本每股收益(元)	0.3000	0.4700	0.2300	0.3700
基本每股收益(扣除后)(元)	0.2900	0.4700	0.2200	0.3700
稀释每股收益(元)	0.3000	0.4700	0.2300	0.3700
每股净资产(元)	5.0000	4.8072	3.6660	3.5172
每股经营现金净流量(元)	0.3290	0.2242	0.1447	0.4002
每股现金流量(元)	–0.0272	–0.1184	–0.1126	–0.2514
每股资本公积金(元)	2.5352	2.5082	1.0870	1.0476
每股盈余公积金(元)	0.1527	0.1535	0.1839	0.1839
每股未分配利润(元)	1.3120	1.1455	1.3951	1.2857
净资产收益率(%)	6.0374	7.0251	6.2570	10.4038
加权净资产收益率(%)	6.1500	12.3700	6.3500	10.6400
净资产收益率(扣除)(%)	5.6679	7.1264	6.1282	10.4525
总资产(万元)	378324.72	364211.79	203855.52	184328.83
归属母公司股东权益(万元)	197887.11	189261.07	102831.55	98656.98
营业收入(万元)	122004.48	149724.03	72267.15	120567.22
营业支出(万元)	90703.36	109314.17	53555.98	88228.46
投资收益(万元)	–	–	–	–
净利润(万元)	12040.62	13471.73	6434.22	10264.10
营业利润(万元)	13339.72	14620.12	7402.85	12115.50
利润总额(万元)	14160.97	15359.99	7671.64	12449.11

成都振芯科技股份有限公司

公司概况					
公司名称	成都振芯科技股份有限公司			证券简称	振芯科技
法人代表	莫晓宇	董秘	杨国勇	证券代码	300101
公司网址	www.gotecom.com	电子信箱	corpro@corpro.cn		
电　话	028-65557625	传　真	028-65557627		
办公地址	四川省成都市高新区高朋大道 1 号				
经营范围	设计、开发、销售集成电路、微波组件及相关电子器件、开发、生产、销售等				

主要财务指标

指标＼报告期	2015.06.30	2014.12.31	2014.06.30	2013.12.31
基本每股收益(元)	0.1481	0.1900	0.0405	–0.0600
基本每股收益(扣除后)(元)	0.1445	0.1600	0.0398	–0.0600
稀释每股收益(元)	0.1481	0.1900	0.0405	–0.0600
每股净资产(元)	2.8255	2.7274	2.5826	2.5568
每股经营现金净流量(元)	–0.5960	0.6828	–0.4142	0.0707
每股现金流量(元)	–1.3669	0.6503	–0.6263	–0.1604
每股资本公积金(元)	1.1711	1.1711	1.1711	1.1859
每股盈余公积金(元)	0.0743	0.0711	0.0648	0.0648
每股未分配利润(元)	0.5801	0.4851	0.3467	0.3061
净资产收益率(%)	5.2416	6.7949	1.5693	–2.1570
加权净资产收益率(%)	5.2900	7.0300	1.5700	–2.1100
净资产收益率(扣除)(%)	5.1154	5.8327	1.5420	–2.3545
总资产(万元)	103135.46	117388.69	94475.85	99486.35
归属母公司股东权益(万元)	78547.64	75820.46	71795.21	71077.73
营业收入(万元)	23906.71	40719.74	17335.59	26080.14
营业支出(万元)	11849.87	18653.50	9790.55	14209.84
投资收益(万元)	221.89	–	–	–
净利润(万元)	5117.91	6622.83	1126.67	–1533.15
营业利润(万元)	5871.36	6778.44	1695.46	–1352.33
利润总额(万元)	6002.49	7674.93	1719.81	–1129.54

厦门乾照光电股份有限公司

公司概况	公司名称	厦门乾照光电股份有限公司			证券简称	乾照光电
	法人代表	王维勇	董秘	王维勇(代)	证券代码	300102
	公司网址	www.changelight.com.cn		电子信箱	changelight@changelight.com.cn	
	电　话	0592-7616279　7616258		传　真	0592-7616278	
	办公地址	福建省厦门市火炬高新区(翔安)产业区翔天路 259-269 号				
	经营范围	从事半导体光电产品的研发、生产和销售业务等				

主要财务指标	指标\报告期	2015.06.30	2014.12.31	2014.06.30	2013.12.31
	基本每股收益(元)	0.0400	0.1900	0.1600	0.3600
	基本每股收益(扣除后)(元)	0.0300	0.1400	0.1400	0.3000
	稀释每股收益(元)	0.0400	0.1900	0.1600	0.3600
	每股净资产(元)	3.0464	3.0300	6.0194	6.0600
	每股经营现金净流量(元)	0.0194	0.3948	0.2352	0.4753
	每股现金流量(元)	-0.1616	-0.6892	-0.6865	0.4944
	每股资本公积金(元)	1.4383	3.8766	3.8756	3.8756
	每股盈余公积金(元)	0.0750	0.1501	0.1290	0.1290
	每股未分配利润(元)	0.5330	1.0235	1.0148	1.0551
	净资产收益率(%)	1.3544	3.1321	2.6531	5.9000
	加权净资产收益率(%)	1.3500	3.1600	2.6000	5.9900
	净资产收益率(扣除)(%)	1.1001	2.2980	2.4040	4.9507
	总资产(万元)	223459.88	213228.25	210012.02	198663.05
	归属母公司股东权益(万元)	179736.03	178481.65	177572.84	178761.63
	营业收入(万元)	22126.78	42636.83	19891.89	47950.06
	营业支出(万元)	14890.36	26163.08	11741.23	29355.00
	投资收益(万元)	42.72	847.31	521.75	1749.44
	净利润(万元)	2434.39	5590.15	4711.21	10546.85
	营业利润(万元)	2390.51	5241.01	4928.23	10842.02
	利润总额(万元)	2928.38	6667.42	5448.57	12497.76

西安达刚路面机械股份有限公司

公司概况	公司名称	西安达刚路面机械股份有限公司			证券简称	达刚路机
	法人代表	孙建西	董秘	韦尔奇	证券代码	300103
	公司网址	www.sxdagang.com		电子信箱	investor@dagang.com.cn	
	电　话	029-88327811		传　真	029-88327811	
	办公地址	陕西省西安市高新区毕原三路 10 号				
	经营范围	公路机械设备、公路沥青材料、软件的开发、研制、销售及技术咨询等				

主要财务指标	指标\报告期	2015.06.30	2014.12.31	2014.06.30	2013.12.31
	基本每股收益(元)	0.1084	0.2381	0.1500	0.3000
	基本每股收益(扣除后)(元)	0.1070	0.1914	0.1445	0.2700
	稀释每股收益(元)	0.1084	0.2381	0.1500	0.3000
	每股净资产(元)	3.8720	3.8126	3.7163	3.6701
	每股经营现金净流量(元)	0.0089	0.4057	0.2547	0.0045
	每股现金流量(元)	-0.0336	-0.3389	0.2468	-0.0636
	每股资本公积金(元)	1.4775	1.4775	1.4775	1.4775
	每股盈余公积金(元)	0.1772	0.1772	0.1533	0.1533
	每股未分配利润(元)	1.2119	1.1535	1.0854	1.0392
	净资产收益率(%)	2.7988	6.2452	3.9351	8.2289
	加权净资产收益率(%)	2.8200	6.4000	3.9600	8.5400
	净资产收益率(扣除)(%)	2.7642	5.0198	3.8871	7.4742
	总资产(万元)	98152.17	94796.05	94693.03	94066.75
	归属母公司股东权益(万元)	81983.75	80725.04	78686.58	77707.49
	营业收入(万元)	10277.60	33068.36	22140.52	53387.36
	营业支出(万元)	6851.74	25324.47	18143.84	43692.14
	投资收益(万元)	166.03	-6.71	-5.51	-7.92
	净利润(万元)	2294.59	5041.41	3096.43	6394.50
	营业利润(万元)	2461.52	5120.84	3748.79	7330.30
	利润总额(万元)	2494.93	6277.20	3793.26	8020.33

乐视网信息技术(北京)股份有限公司

公司概况	公司名称	乐视网信息技术(北京)股份有限公司			证券简称	乐视网
	法人代表	贾跃亭	董秘	赵凯	证券代码	300104
	公司网址	www.letv.com		电子信箱	ir@letv.com	
	电　话	010-51665282		传　真	010-59283480	
	办公地址	北京市朝阳区姚家园路 105 号院 3 号楼宏城鑫泰大厦 16 层				
	经营范围	网络视频基础服务和视频平台增值服务等				

主要财务指标	指标\报告期	2015.06.30	2014.12.31	2014.06.30	2013.12.31
	基本每股收益(元)	0.1376	0.4400	0.0800	0.3200
	基本每股收益(扣除后)(元)	0.0839	0.4200	0.1771	0.3100
	稀释每股收益(元)	0.1361	0.4300	0.0800	0.3100
	每股净资产(元)	1.8424	1.7112	3.5809	2.0033
	每股经营现金净流量(元)	0.2507	0.2784	0.5511	0.2202
	每股现金流量(元)	0.3560	-0.1645	0.4708	0.4912
	每股资本公积金(元)	0.2097	1.6239	1.6875	0.2250
	每股盈余公积金(元)	0.0630	0.1390	0.0760	0.0797
	每股未分配利润(元)	0.5710	1.0026	0.8177	0.7001
	净资产收益率(%)	7.4526	11.4951	5.0670	15.9427
	加权净资产收益率(%)	7.7500	13.8300	8.0700	18.1900
	净资产收益率(扣除)(%)	5.0478	10.8956	4.7539	15.4534
	总资产(万元)	1123395.98	885102.32	796019.73	502032.50
	归属母公司股东权益(万元)	341802.38	316682.77	299783.35	159954.01
	营业收入(万元)	446071.30	681893.86	293880.19	236124.47
	营业支出(万元)	378789.31	582813.35	248794.75	166868.40
	投资收益(万元)	8526.36	0.50	-71.25	-135.51
	净利润(万元)	10924.12	12879.66	6629.51	23238.08
	营业利润(万元)	7336.30	4786.65	5251.24	23670.76
	利润总额(万元)	7341.00	7289.91	6551.52	24640.09

烟台龙源电力技术股份有限公司

公司概况	公司名称	烟台龙源电力技术股份有限公司			证券简称	龙源技术
	法人代表	汤得军	董秘	郝欣冬	证券代码	300105
	公司网址	www.lypower.com		电子信箱	lypower@lypower.com.cn	
	电　话	0535-6103004		传　真	0535-6399366	
	办公地址	山东省烟台市经济技术开发区衡山路 9 号				
	经营范围	生产、销售、安装和运营电力、能源及相关领域生产设备等				

主要财务指标	指标\报告期	2015.06.30	2014.12.31	2014.06.30	2013.12.31
	基本每股收益(元)	-0.0600	0.3300	0.1100	0.6700
	基本每股收益(扣除后)(元)	-0.0700	0.3200	0.1000	0.6400
	稀释每股收益(元)	-0.0600	0.3300	0.1100	0.6700
	每股净资产(元)	4.0851	4.1875	3.9646	7.0934
	每股经营现金净流量(元)	-0.0193	-0.2688	-0.3704	0.3615
	每股现金流量(元)	-0.0845	-0.4094	-0.4192	0.0361
	每股资本公积金(元)	1.3193	1.3193	1.3193	3.1748
	每股盈余公积金(元)	0.2128	0.2128	0.1797	0.3235
	每股未分配利润(元)	1.5541	1.6565	1.4665	2.5972
	净资产收益率(%)	-1.5277	7.8812	2.6978	9.4927
	加权净资产收益率(%)	-1.5000	8.1200	2.6800	9.9000
	净资产收益率(扣除)(%)	-1.6627	7.5236	2.6356	8.9584
	总资产(万元)	291011.39	318073.61	289410.41	296657.28
	归属母公司股东权益(万元)	209654.60	214911.27	203468.95	202246.56
	营业收入(万元)	34858.66	163794.80	62470.88	138048.41
	营业支出(万元)	27148.95	124217.87	46191.36	95961.19
	投资收益(万元)	-	-	-	-
	净利润(万元)	-3282.08	17073.67	5489.24	19198.64
	营业利润(万元)	-3717.77	20241.47	5844.03	21879.46
	利润总额(万元)	-3384.49	21153.18	6006.49	23195.36

新疆西部牧业股份有限公司

公司概况	公司名称	新疆西部牧业股份有限公司			证券简称	西部牧业
	法人代表	徐义民	董秘	梁雷	证券代码	300106
	公司网址	www.xjxbmy.com		电子信箱	liang-lei-100@163.com	
	电　　话	0993-2516883		传　　真	0993-2516883	
	办公地址	新疆维吾尔自治区石河子市北三东路29号				
	经营范围	优质生鲜乳的供应及辅助产品的生产与销售等				

	指标\报告期	2015.06.30	2014.12.31	2014.06.30	2013.12.31
主要财务指标	基本每股收益(元)	0.1100	0.1400	0.1700	0.2300
	基本每股收益(扣除后)(元)	0.0700	0.0200	0.1500	0.0200
	稀释每股收益(元)	0.1100	0.1400	0.1700	0.2300
	每股净资产(元)	3.9728	3.8629	5.4112	5.2374
	每股经营现金净流量(元)	0.1421	-1.0172	0.1697	-0.2892
	每股现金流量(元)	0.0125	0.2836	0.1242	0.2782
	每股资本公积金(元)	1.7130	1.7130	2.7947	2.7947
	每股盈余公积金(元)	0.0904	0.0904	0.1093	0.1093
	每股未分配利润(元)	1.1694	1.0595	1.5072	1.3334
	净资产收益率(%)	2.7662	3.5543	3.2108	4.4350
	加权净资产收益率(%)	2.8100	3.6100	3.2600	4.5300
	净资产收益率(扣除)(%)	1.6754	0.5339	2.8584	0.3136
	总资产(万元)	183495.53	174881.03	140815.40	128012.86
	归属母公司股东权益(万元)	65074.47	63274.38	63310.80	61278.03
	营业收入(万元)	36947.83	77137.98	33893.90	45146.03
	营业支出(万元)	30417.14	65784.36	28332.81	37511.71
	投资收益(万元)	12.66	97.63	112.26	5.12
	净利润(万元)	2243.69	3083.14	2032.77	2717.70
	营业利润(万元)	1551.15	1054.97	1906.36	182.25
	利润总额(万元)	2385.13	3298.63	2179.48	3066.64

河北建新化工股份有限公司

公司概况	公司名称	河北建新化工股份有限公司			证券简称	建新股份
	法人代表	朱守琛	董秘	彭建民	证券代码	300107
	公司网址	www.jianxinchemical.com		电子信箱	jx@jianxinchemical.com	
	电　　话	0317-3598366		传　　真	0317-3598366	
	办公地址	河北省沧州市清池南大道建新大厦8楼				
	经营范围	生产销售氯乙烷、间氨基苯酚、间氨基苯磺酸、间羟基-N、N-二乙基苯胺等				

	指标\报告期	2015.06.30	2014.12.31	2014.06.30	2013.12.31
主要财务指标	基本每股收益(元)	0.0200	0.1500	0.1200	0.2700
	基本每股收益(扣除后)(元)	0.0200	0.1500	0.1200	0.2900
	稀释每股收益(元)	0.0200	0.1500	0.1200	0.2700
	每股净资产(元)	1.6253	3.2283	3.1814	6.3700
	每股经营现金净流量(元)	0.0555	0.3926	0.1313	0.3993
	每股现金流量(元)	0.0733	-0.2083	-0.0367	0.0267
	每股资本公积金(元)	0.2898	1.5429	1.5299	4.0334
	每股盈余公积金(元)	0.0439	0.0885	0.0733	0.1466
	每股未分配利润(元)	0.2913	0.5969	0.5782	1.0009
	净资产收益率(%)	1.2352	4.6973	3.7020	4.3680
	加权净资产收益率(%)	1.2500	4.8100	3.7500	4.4600
	净资产收益率(扣除)(%)	1.2295	4.6546	3.6971	4.7181
	总资产(万元)	92677.84	91376.17	88901.91	85232.36
	归属母公司股东权益(万元)	87649.65	86388.11	85135.06	82722.43
	营业收入(万元)	20955.60	46635.11	24566.81	41131.27
	营业支出(万元)	17078.86	35308.50	17576.01	30046.19
	投资收益(万元)	165.23	236.12	-	-
	净利润(万元)	1082.66	4057.92	3151.70	3613.33
	营业利润(万元)	1178.94	4777.01	3667.09	4616.72
	利润总额(万元)	1184.86	4820.44	3671.97	4276.01

通化双龙化工股份有限公司

公司概况	公司名称	通化双龙化工股份有限公司			证券简称	双龙股份
	法人代表	卢忠奎	董秘	张亮	证券代码	300108
	公司网址	www.thslhg.com		电子信箱	shuanglong@thslhg.com	
	电　　话	0435-3752903		传　　真	0435-3751886	
	办公地址	吉林省通化市二道江区铁厂镇				
	经营范围	精细化工产品(不含危险品)生产、制造、销售、进出口贸易等				

	指标\报告期	2015.06.30	2014.12.31	2014.06.30	2013.12.31
主要财务指标	基本每股收益(元)	0.1955	0.3100	0.1400	0.2000
	基本每股收益(扣除后)(元)	0.1797	0.2600	0.1140	0.1700
	稀释每股收益(元)	0.1955	0.3100	0.1400	0.2000
	每股净资产(元)	3.7321	5.3100	2.9855	2.9400
	每股经营现金净流量(元)	-0.1006	0.3031	0.1003	0.1341
	每股现金流量(元)	-0.2068	0.4212	-0.2215	0.1306
	每股资本公积金(元)	2.1490	3.7235	1.0372	1.0372
	每股盈余公积金(元)	0.0490	0.0734	0.1103	0.1103
	每股未分配利润(元)	0.5342	0.5129	0.8380	0.7963
	净资产收益率(%)	5.2370	3.7777	4.7465	6.8245
	加权净资产收益率(%)	5.3100	5.9100	4.7800	6.9600
	净资产收益率(扣除)(%)	4.8139	3.1576	3.8061	5.6669
	总资产(万元)	227168.84	216790.64	45400.74	46583.17
	归属母公司股东权益(万元)	158245.95	150094.40	40363.65	39799.80
	营业收入(万元)	35124.63	34326.26	8834.93	16481.41
	营业支出(万元)	21596.98	21679.31	5198.81	10200.65
	投资收益(万元)	1.51	-	-	-
	净利润(万元)	8445.71	5748.89	1915.85	2716.12
	营业利润(万元)	9282.98	5917.95	1852.97	2681.10
	利润总额(万元)	10094.46	7035.75	2305.24	3223.13

博爱新开源制药股份有限公司

公司概况	公司名称	博爱新开源制药股份有限公司			证券简称	新开源
	法人代表	方华生	董秘	张军政	证券代码	300109
	公司网址	www.china-pvp.com		电子信箱	pr@china-pvp.com	
	电　　话	0391-8610680		传　　真	0391-8610681	
	办公地址	河南省焦作市博爱县文化路(东段)1888号				
	经营范围	经营药用辅料、聚乙烯吡咯烷酮系列产品及乙烯基甲醚/马来酸酐聚合物产品				

	指标\报告期	2015.06.30	2014.12.31	2014.06.30	2013.12.31
主要财务指标	基本每股收益(元)	0.2200	0.2600	0.1200	0.1800
	基本每股收益(扣除后)(元)	0.2200	0.2600	0.1200	0.1700
	稀释每股收益(元)	0.2200	0.2600	0.1200	0.1800
	每股净资产(元)	3.5991	3.4744	3.3349	3.2731
	每股经营现金净流量(元)	0.1794	0.4045	0.1818	0.2012
	每股现金流量(元)	-0.1947	0.1634	-0.0428	-0.2083
	每股资本公积金(元)	1.5974	1.5974	1.5974	1.5974
	每股盈余公积金(元)	0.1180	0.1180	0.0919	0.0919
	每股未分配利润(元)	0.8837	0.7591	0.6457	0.5838
	净资产收益率(%)	6.2399	7.5248	3.6547	5.3480
	加权净资产收益率(%)	6.2900	7.7500	3.6600	5.4500
	净资产收益率(扣除)(%)	6.1979	7.4815	3.6469	5.0942
	总资产(万元)	47893.46	47462.93	43264.15	42264.28
	归属母公司股东权益(万元)	41461.23	40024.71	38418.32	37706.03
	营业收入(万元)	12680.65	25334.35	12548.66	20939.00
	营业支出(万元)	7558.43	17650.72	9218.32	15185.27
	投资收益(万元)	-	33.88	33.88	-
	净利润(万元)	2587.15	3011.79	1404.09	2016.51
	营业利润(万元)	2992.81	3489.27	1590.74	2221.94
	利润总额(万元)	3013.31	3509.68	1594.31	2334.51

华仁药业股份有限公司

公司概况	公司名称	华仁药业股份有限公司		证券简称	华仁药业
	法人代表	梁富友	董秘 龚凌	证券代码	300110
	公司网址	www.qdhuaren.com		电子信箱	huaren@qdhuaren.com
	电　话	0532-88701303		传　真	0532-88702625
	办公地址	山东省青岛市高科技工业园株洲路187号			
	经营范围	非PVC大输液产品的研发设计、生产和销售等			

主要财务指标 指标\报告期	2015.06.30	2014.12.31	2014.06.30	2013.12.31
基本每股收益(元)	0.0300	0.0800	0.0500	0.2800
基本每股收益(扣除后)(元)	0.0300	0.0900	0.0479	0.2800
稀释每股收益(元)	0.0300	0.0800	0.0500	0.2800
每股净资产(元)	2.2138	2.2013	2.1847	3.2549
每股经营现金净流量(元)	0.0294	0.0975	0.0424	0.0887
每股现金流量(元)	−0.2048	−0.2350	−0.2952	0.5403
每股资本公积金(元)	0.5064	0.5145	0.5017	1.2042
每股盈余公积金(元)	0.0739	0.0731	0.0663	0.0994
每股未分配利润(元)	0.6335	0.6446	0.6167	0.9513
净资产收益率(%)	1.4133	3.7949	2.1929	8.3270
加权净资产收益率(%)	1.3900	3.7900	2.1700	9.0500
净资产收益率(扣除)(%)	1.3689	3.8748	2.3011	8.2979
总资产(万元)	264992.75	262159.78	226649.03	236689.90
归属母公司股东权益(万元)	147191.01	147970.46	146927.54	145934.32
营业收入(万元)	50132.73	91676.14	40834.11	86720.03
营业支出(万元)	25565.50	47505.62	19896.36	40629.56
投资收益(万元)	−	−	−	−
净利润(万元)	2080.20	5615.40	3221.99	12151.94
营业利润(万元)	2259.69	6506.90	3920.71	14281.82
利润总额(万元)	2379.37	6378.52	3730.13	14334.64

浙江向日葵光能科技股份有限公司

公司概况	公司名称	浙江向日葵光能科技股份有限公司		证券简称	向日葵
	法人代表	俞相明	董秘 杨旺翔	证券代码	300111
	公司网址	www.sunowe.com.cn		电子信箱	wxyang@sunowe.com
	电　话	0575-88919762　88919159		传　真	0575-88959188
	办公地址	浙江省绍兴市袍江工业区三江路			
	经营范围	生产、销售大规格高效晶体硅太阳能电池等			

主要财务指标 指标\报告期	2015.06.30	2014.12.31	2014.06.30	2013.12.31
基本每股收益(元)	0.0020	0.0300	−0.0200	0.0400
基本每股收益(扣除后)(元)	−0.0100	0.0200	−0.0200	0.0100
稀释每股收益(元)	0.0020	0.0300	−0.0200	0.0400
每股净资产(元)	1.0577	1.0786	1.0241	1.0361
每股经营现金净流量(元)	0.1736	0.1014	0.0135	0.0623
每股现金流量(元)	0.0328	−0.1993	−0.1359	−0.0015
每股资本公积金(元)	0.1911	0.1911	0.1911	0.1911
每股盈余公积金(元)	0.0438	0.0438	0.0438	0.0438
每股未分配利润(元)	−0.1846	−0.1864	−0.2108	−0.1915
净资产收益率(%)	0.1677	3.1020	−1.8828	3.4998
加权净资产收益率(%)	0.1700	3.1600	−1.8700	3.5500
净资产收益率(扣除)(%)	−1.2354	2.1817	−1.8398	0.4740
总资产(万元)	318163.97	315389.95	298719.10	287386.26
归属母公司股东权益(万元)	118438.00	117601.78	114679.82	116027.34
营业收入(万元)	72616.01	164389.54	68275.61	112292.17
营业支出(万元)	58292.65	135823.02	57166.45	93804.49
投资收益(万元)	5321.81	−63.75	−152.87	6212.37
净利润(万元)	199.21	3753.78	−2159.25	4060.67
营业利润(万元)	30.09	3303.46	−2176.89	3018.26
利润总额(万元)	250.31	3891.00	−2013.99	4107.72

深圳万讯自控股份有限公司

公司概况	公司名称	深圳万讯自控股份有限公司		证券简称	万讯自控
	法人代表	傅宇晨	董秘 董慧宇	证券代码	300112
	公司网址	www.maxonic.com.cn		电子信箱	info@maxonic.com.cn
	电　话	0755-86250365		传　真	0755-86250389*10
	办公地址	广东省深圳市南山区高新技术产业园北区三号路万讯自控大楼1-6层			
	经营范围	生产经营自动化仪器仪表、计算机软件、自动化工程、经营进出口业务等			

主要财务指标 指标\报告期	2015.06.30	2014.12.31	2014.06.30	2013.12.31
基本每股收益(元)	0.0400	0.0900	0.0700	0.2100
基本每股收益(扣除后)(元)	0.0400	0.0900	0.0700	0.2000
稀释每股收益(元)	0.0400	0.0900	0.0700	0.2100
每股净资产(元)	1.9810	1.9446	1.9679	2.9100
每股经营现金净流量(元)	−0.0157	0.0781	0.0029	0.2058
每股现金流量(元)	−0.1714	−0.0085	−0.1245	−0.2679
每股资本公积金(元)	0.5469	0.5411	0.4634	1.1951
每股盈余公积金(元)	0.0525	0.0524	0.0419	0.0629
每股未分配利润(元)	0.4861	0.4680	0.4714	0.6700
净资产收益率(%)	2.2527	4.7348	3.4603	7.1629
加权净资产收益率(%)	2.2700	4.7800	3.4600	7.3700
净资产收益率(扣除)(%)	2.2218	4.5422	3.4577	7.0118
总资产(万元)	61204.87	60666.11	56542.98	58432.29
归属母公司股东权益(万元)	49011.74	48264.83	47573.99	46960.97
营业收入(万元)	14788.78	33697.31	15794.83	33085.84
营业支出(万元)	8046.59	17558.12	7887.88	16566.98
投资收益(万元)	6.46	26.55	23.45	24.43
净利润(万元)	1395.62	2712.84	1646.22	3363.77
营业利润(万元)	1403.34	2931.37	2006.96	4120.91
利润总额(万元)	1507.76	3203.82	2083.22	4406.79

杭州顺网科技股份有限公司

公司概况	公司名称	杭州顺网科技股份有限公司		证券简称	顺网科技
	法人代表	华勇	董秘 张丽	证券代码	300113
	公司网址	www.shunwang.com		电子信箱	dsh@shunwang.com
	电　话	0571-87205808　89712215		传　真	0571-87397837
	办公地址	浙江省杭州市西湖区文一西路98号数娱大厦5层			
	经营范围	主要从事互联网娱乐平台的开发与推广以及基于互联网娱乐平台的增值服务业务			

主要财务指标 指标\报告期	2015.06.30	2014.12.31	2014.06.30	2013.12.31
基本每股收益(元)	0.3500	0.5400	0.1300	0.7800
基本每股收益(扣除后)(元)	0.3400	0.4700	0.1200	0.7300
稀释每股收益(元)	0.3500	0.5400	0.1300	0.7800
每股净资产(元)	3.9339	3.5442	3.0383	6.6500
每股经营现金净流量(元)	0.4255	0.9356	0.1833	1.0864
每股现金流量(元)	0.7149	−1.4184	−0.2486	0.1534
每股资本公积金(元)	1.4494	1.3022	1.2072	3.8558
每股盈余公积金(元)	0.1419	0.1426	0.1057	0.2326
每股未分配利润(元)	1.3426	1.0994	0.7254	1.5617
净资产收益率(%)	8.8458	15.2380	4.2529	11.6768
加权净资产收益率(%)	9.3300	16.6900	4.2600	12.2400
净资产收益率(扣除)(%)	8.7065	13.2120	4.0231	10.9367
总资产(万元)	143661.62	132755.75	105250.00	126020.12
归属母公司股东权益(万元)	114794.44	102923.64	88232.89	87780.45
营业收入(万元)	40049.04	64902.98	22407.94	34692.97
营业支出(万元)	8330.72	14269.89	4985.77	6963.71
投资收益(万元)	664.06	726.03	−3.99	42.19
净利润(万元)	10780.87	16037.15	3752.43	10249.96
营业利润(万元)	11695.46	14258.39	3854.56	10423.54
利润总额(万元)	11778.25	15995.55	4085.33	11268.28

中航电测仪器股份有限公司

公司概况						
	公司名称	中航电测仪器股份有限公司			证券简称	中航电测
	法人代表	康学军	董秘	纪刚	证券代码	300114
	公司网址	www.zemic.com.cn		电子信箱	jigang@zemic.com.cn	
	电　话	0916-2386321 2386345		传　真	0916-2577213	
	办公地址	陕西省西安市高新技术产业开发区西部大道166号				
	经营范围	电阻应变计、传感器、电子衡器、交通运输检测设备、测量与自动控制设备等				

主要财务指标	指标\报告期	2015.06.30	2014.12.31	2014.06.30	2013.12.31
	基本每股收益(元)	0.2100	0.4500	0.1700	0.3100
	基本每股收益(扣除后)(元)	0.2000	0.2800	0.1600	0.2900
	稀释每股收益(元)	0.2100	0.4500	0.1700	0.3000
	每股净资产(元)	4.6027	5.7700	5.3999	5.3093
	每股经营现金净流量(元)	0.2182	0.3683	0.1618	0.1090
	每股现金流量(元)	-0.0048	0.4179	-0.0184	-0.3936
	每股资本公积金(元)	1.9786	2.8721	3.1583	3.1353
	每股盈余公积金(元)	0.5360	0.6714	0.6931	0.6501
	每股未分配利润(元)	1.1100	1.2495	0.5485	0.5240
	净资产收益率(%)	4.4938	7.4822	3.1078	5.7588
	加权净资产收益率(%)	4.5700	8.6500	3.1100	5.9400
	净资产收益率(扣除)(%)	4.3860	3.8331	2.9955	5.5047
	总资产(万元)	171988.30	165536.11	122737.68	117751.21
	归属母公司股东权益(万元)	120847.95	116443.86	84238.90	82825.37
	营业收入(万元)	48437.73	91690.39	37783.07	70560.35
	营业支出(万元)	32620.79	61815.64	26854.82	50094.85
	投资收益(万元)	516.91	1637.80	830.88	1320.24
	净利润(万元)	6509.53	10192.94	2617.99	4769.73
	营业利润(万元)	7281.25	11089.20	3558.41	5961.27
	利润总额(万元)	7463.03	11616.94	3690.98	6311.01

深圳市长盈精密技术股份有限公司

公司概况						
	公司名称	深圳市长盈精密技术股份有限公司			证券简称	长盈精密
	法人代表	陈奇星	董秘	徐正光	证券代码	300115
	公司网址	www.ewpt.cn		电子信箱	ir@ewpt.cn	
	电　话	0755-27347334		传　真	0755-29912057	
	办公地址	广东省深圳市宝安区福永镇桥头富桥工业三区11栋				
	经营范围	生产、销售、开发连接器件、精密五金件、精密接插件及自营进出口业务				

主要财务指标	指标\报告期	2015.06.30	2014.12.31	2014.06.30	2013.12.31
	基本每股收益(元)	0.4068	0.5600	0.2410	0.8600
	基本每股收益(扣除后)(元)	0.4000	0.5300	0.2300	0.8300
	稀释每股收益(元)	0.4024	0.5600	0.2407	0.8600
	每股净资产(元)	5.5459	3.8145	3.4751	6.5361
	每股经营现金净流量(元)	0.2417	0.0587	0.2031	1.1758
	每股现金流量(元)	0.5410	0.0710	0.0411	-0.2772
	每股资本公积金(元)	2.6125	1.0360	1.0177	3.0039
	每股盈余公积金(元)	0.1691	0.1822	0.1407	0.2815
	每股未分配利润(元)	1.7649	1.5970	1.3171	2.2522
	净资产收益率(%)	7.0731	14.7426	6.9340	13.1452
	加权净资产收益率(%)	10.4000	15.8500	7.1300	13.9700
	净资产收益率(扣除)(%)	6.9235	13.9427	-	12.7411
	总资产(万元)	482349.67	390845.45	265788.14	234161.43
	归属母公司股东权益(万元)	308218.59	196827.94	179316.40	168632.45
	营业收入(万元)	179224.57	232036.65	91869.79	172572.10
	营业支出(万元)	126279.04	157087.44	60547.40	116984.54
	投资收益(万元)	176.35	-	-	9.45
	净利润(万元)	21771.95	29028.60	12433.46	22167.03
	营业利润(万元)	26486.67	32718.96	14260.27	25501.93
	利润总额(万元)	27065.49	34627.71	15161.36	26327.38

陕西坚瑞消防股份有限公司

公司概况						
	公司名称	陕西坚瑞消防股份有限公司			证券简称	坚瑞消防
	法人代表	郭鸿宝	董秘	李军	证券代码	300116
	公司网址	www.xajr.com		电子信箱	stock@xajr.com	
	电　话	029-88332970 8060		传　真	029-88332680	
	办公地址	陕西省西安市高新区科技二路65号6幢10701房				
	经营范围	S型气溶胶灭火系统的研发、生产、销售和服务等				

主要财务指标	指标\报告期	2015.06.30	2014.12.31	2014.06.30	2013.12.31
	基本每股收益(元)	0.0273	0.0357	-0.0085	0.0300
	基本每股收益(扣除后)(元)	-0.0056	-0.0086	-0.0120	0.0193
	稀释每股收益(元)	0.0273	0.0357	-0.0085	0.0300
	每股净资产(元)	2.7906	2.7814	1.9778	1.9900
	每股经营现金净流量(元)	-0.1456	0.0514	0.0071	-0.0642
	每股现金流量(元)	-0.4383	0.6317	-0.1886	-0.2024
	每股资本公积金(元)	1.5998	1.5998	0.7696	1.6544
	每股盈余公积金(元)	0.0215	0.0215	0.0278	0.0417
	每股未分配利润(元)	0.1694	0.1602	0.1805	0.2935
	净资产收益率(%)	0.9766	0.9220	-0.4284	1.0094
	加权净资产收益率(%)	0.9700	1.7800	-0.4300	1.0000
	净资产收益率(扣除)(%)	-0.1990	-0.2263	-0.6060	0.6454
	总资产(万元)	132915.86	144747.18	74779.77	70056.34
	归属母公司股东权益(万元)	93065.72	92757.15	47467.25	47830.61
	营业收入(万元)	18629.38	35107.41	13684.17	26946.45
	营业支出(万元)	12778.93	24179.30	9301.69	17639.70
	投资收益(万元)	898.28	596.60	-	-
	净利润(万元)	1073.90	987.74	-203.34	482.79
	营业利润(万元)	1214.67	978.42	-95.68	822.82
	利润总额(万元)	1410.42	1529.53	-9.62	1034.42

北京嘉寓门窗幕墙股份有限公司

公司概况						
	公司名称	北京嘉寓门窗幕墙股份有限公司			证券简称	嘉寓股份
	法人代表	田新甲	董秘	牟世凤	证券代码	300117
	公司网址	www.jiayu.com.cn		电子信箱	service@jiayu.com.cn	
	电　话	010-69415566 69412772		传　真	010-69416588	
	办公地址	北京市顺义区牛栏山镇牛富路1号				
	经营范围	节能门窗幕墙的研发设计、生产加工、安装及服务等				

主要财务指标	指标\报告期	2015.06.30	2014.12.31	2014.06.30	2013.12.31
	基本每股收益(元)	0.1100	0.1500	0.0800	0.2800
	基本每股收益(扣除后)(元)	0.0800	0.0700	0.0700	0.2000
	稀释每股收益(元)	0.1100	0.1500	0.0800	0.2800
	每股净资产(元)	4.1000	4.0104	3.9635	3.8967
	每股经营现金净流量(元)	-0.1660	-0.3769	0.0639	-1.0900
	每股现金流量(元)	0.3056	-0.1545	-0.0203	-0.6876
	每股资本公积金(元)	1.6720	1.6682	1.6856	3.0149
	每股盈余公积金(元)	0.1187	0.1187	0.1102	0.1654
	每股未分配利润(元)	1.3116	1.2250	1.1677	1.6667
	净资产收益率(%)	2.5985	3.6344	2.0177	4.8059
	加权净资产收益率(%)	2.6200	3.6800	2.0300	4.9300
	净资产收益率(扣除)(%)	1.9569	1.6981	1.7194	3.4108
	总资产(万元)	387868.66	358717.47	302392.07	282977.49
	归属母公司股东权益(万元)	133584.90	130659.32	129130.02	126954.72
	营业收入(万元)	90639.00	183349.74	76663.94	139038.52
	营业支出(万元)	75522.75	154440.57	63766.60	114693.66
	投资收益(万元)	0.01	-	-	0.22
	净利润(万元)	3471.14	4748.71	2605.45	6101.31
	营业利润(万元)	2990.75	2797.32	2621.43	5052.47
	利润总额(万元)	4082.67	5851.57	3090.32	7135.52

东方日升新能源股份有限公司

公司概况	公司名称	东方日升新能源股份有限公司			证券简称	东方日升
	法人代表	林海峰	董秘	雪山行	证券代码	300118
	公司网址	www.risenenergy.com			电子信箱	xuesx@risenenergy.com
	电　　话	0574-65173983			传　　真	0574-59953338
	办公地址	浙江省宁波市宁海县梅林镇塔山工业园区				
	经营范围	电器、灯具、橡塑制品、电子产品、光电子器件、硅太阳能电池组件和部件的制造、加工等				

	指标\报告期	2015.06.30	2014.12.31	2014.06.30	2013.12.31
主要财务指标	基本每股收益(元)	0.1586	0.1135	0.0388	0.1400
	基本每股收益(扣除后)(元)	0.1499	0.1441	0.0222	0.1300
	稀释每股收益(元)	0.1586	0.1135	0.0388	0.1400
	每股净资产(元)	4.2874	4.1415	3.6296	3.5900
	每股经营现金净流量(元)	–0.4454	–0.1585	–0.4863	–0.1542
	每股现金流量(元)	0.2115	0.0656	–0.0820	–0.4511
	每股资本公积金(元)	3.1286	3.1266	2.7108	2.7108
	每股盈余公积金(元)	0.0763	0.0763	0.0886	0.0886
	每股未分配利润(元)	0.0987	–0.0677	–0.1593	–0.1981
	净资产收益率(%)	3.6988	2.4873	1.0690	3.7631
	加权净资产收益率(%)	3.7600	3.2300	1.0800	3.8300
	净资产收益率(扣除)(%)	3.4970	3.1582	–	3.7463
	总资产(万元)	702737.15	587062.77	470489.71	409972.94
	归属母公司股东权益(万元)	278641.33	269160.98	203255.95	201040.68
	营业收入(万元)	161567.45	295219.23	87447.49	216371.72
	营业支出(万元)	124447.91	234601.29	70024.66	170266.77
	投资收益(万元)	–55.06	921.38	–0.11	–0.66
	净利润(万元)	11276.85	7774.15	2172.55	7565.27
	营业利润(万元)	13845.26	12802.03	–1917.45	8147.65
	利润总额(万元)	14507.29	9719.64	–1495.14	9318.26

天津瑞普生物技术股份有限公司

公司概况	公司名称	天津瑞普生物技术股份有限公司			证券简称	瑞普生物
	法人代表	李守军	董秘	徐健	证券代码	300119
	公司网址	www.ringpu.com			电子信箱	zqb@ringpu.com
	电　　话	022-88958118			传　　真	022-88958118
	办公地址	天津市空港经济区环河北路76号空港商务园西区W2				
	经营范围	兽用生物制品和兽用制剂研发、生产、销售和技术服务等				

	指标\报告期	2015.06.30	2014.12.31	2014.06.30	2013.12.31
主要财务指标	基本每股收益(元)	0.1212	0.0698	0.0811	0.7800
	基本每股收益(扣除后)(元)	0.1041	0.0300	0.0709	0.6700
	稀释每股收益(元)	0.1212	0.0698	0.0811	0.7800
	每股净资产(元)	4.1698	4.1499	4.1798	8.3084
	每股经营现金净流量(元)	0.1017	0.3299	0.1120	0.4573
	每股现金流量(元)	–0.3305	–0.0039	0.0077	–1.5071
	每股资本公积金(元)	2.0960	2.0973	2.1160	5.1362
	每股盈余公积金(元)	0.1234	0.1234	0.1118	0.2244
	每股未分配利润(元)	0.9505	0.9293	0.9519	1.9478
	净资产收益率(%)	2.9064	1.6799	1.9341	9.4304
	加权净资产收益率(%)	2.8900	1.6800	1.9400	9.7900
	净资产收益率(扣除)(%)	2.4973	0.8325	1.6908	8.0920
	总资产(万元)	230847.93	198294.38	197438.39	200314.10
	归属母公司股东权益(万元)	162266.50	161491.30	162654.46	161137.87
	营业收入(万元)	33495.08	58519.70	28349.06	75490.44
	营业支出(万元)	13466.94	23711.58	11504.26	30688.11
	投资收益(万元)	103.21	–7.62	32.06	–33.55
	净利润(万元)	4840.48	2886.70	3145.90	15195.89
	营业利润(万元)	4668.43	2075.49	2836.90	15073.88
	利润总额(万元)	5483.85	3928.78	3380.01	17898.33

天津经纬电材股份有限公司

公司概况	公司名称	天津经纬电材股份有限公司			证券简称	经纬电材
	法人代表	董树林	董秘	张秋凤	证券代码	300120
	公司网址	www.jwdc.cn			电子信箱	tjjwdc@163.com
	电　　话	022-28572588-8551			传　　真	022-28572588-8056
	办公地址	天津市津南区小站工业区创新道1号				
	经营范围	生产、加工、销售电线、电缆、有色金属材料、绝缘材料、矽钢片、电抗器等				

	指标\报告期	2015.06.30	2014.12.31	2014.06.30	2013.12.31
主要财务指标	基本每股收益(元)	0.0289	0.0240	0.0199	0.1959
	基本每股收益(扣除后)(元)	0.0195	0.0116	0.0164	0.1867
	稀释每股收益(元)	0.0289	0.0240	0.0199	0.1959
	每股净资产(元)	2.9020	2.9084	2.9163	3.5776
	每股经营现金净流量(元)	–0.0878	–0.1482	0.0138	–0.1304
	每股现金流量(元)	–0.3103	–0.2322	–0.0954	–0.2979
	每股资本公积金(元)	1.4887	1.4812	1.4852	1.9850
	每股盈余公积金(元)	0.1329	0.1322	0.1272	0.1525
	每股未分配利润(元)	0.2823	0.3013	0.3038	0.4401
	净资产收益率(%)	0.9989	0.8266	0.6826	5.4251
	加权净资产收益率(%)	1.0000	0.8200	0.6600	5.5200
	净资产收益率(扣除)(%)	0.6679	0.3998	0.5631	5.1703
	总资产(万元)	67594.93	70934.62	66258.35	68287.80
	归属母公司股东权益(万元)	59437.46	59883.26	60046.10	61480.35
	营业收入(万元)	23967.23	42502.05	19669.06	41338.59
	营业支出(万元)	21623.21	38876.84	17909.90	34594.05
	投资收益(万元)	–45.40	–23.98	–	–
	净利润(万元)	573.80	494.04	409.88	3335.38
	营业利润(万元)	471.91	326.06	403.23	3741.31
	利润总额(万元)	743.65	626.66	487.64	3925.59

山东阳谷华泰化工股份有限公司

公司概况	公司名称	山东阳谷华泰化工股份有限公司			证券简称	阳谷华泰
	法人代表	王文博	董秘	贺玉广	证券代码	300121
	公司网址	www.yghuatai.com			电子信箱	hyg@yghuatai.com
	电　　话	0635-5106606			传　　真	0635-5106609
	办公地址	山东省聊城市阳谷县清河西路217号				
	经营范围	橡胶助剂的研发、生产、销售等				

	指标\报告期	2015.06.30	2014.12.31	2014.06.30	2013.12.31
主要财务指标	基本每股收益(元)	0.0670	0.1000	0.0730	0.1100
	基本每股收益(扣除后)(元)	0.0640	0.0500	0.0637	0.0327
	稀释每股收益(元)	0.0670	0.1000	0.0730	0.1100
	每股净资产(元)	1.7441	1.6767	1.6566	3.2300
	每股经营现金净流量(元)	0.2573	–0.2300	0.0301	0.2531
	每股现金流量(元)	0.2167	0.2422	–0.0477	0.0773
	每股资本公积金(元)	0.3434	0.3434	0.3463	1.6925
	每股盈余公积金(元)	0.0409	0.0409	0.0324	0.0648
	每股未分配利润(元)	0.3590	0.2925	0.2779	0.4697
	净资产收益率(%)	3.8159	5.7271	4.3964	3.4786
	加权净资产收益率(%)	3.8900	5.7800	4.4500	3.5400
	净资产收益率(扣除)(%)	3.6599	3.1470	3.8454	1.0139
	总资产(万元)	130298.51	121808.45	118054.63	107006.16
	归属母公司股东权益(万元)	48974.78	47081.91	46516.11	45315.22
	营业收入(万元)	40738.90	74535.73	35944.09	63374.00
	营业支出(万元)	30995.57	60437.27	28796.32	52318.63
	投资收益(万元)	1.46	88.66	–91.15	–
	净利润(万元)	1868.82	2696.45	2045.05	1576.34
	营业利润(万元)	2338.19	1756.44	2151.04	350.78
	利润总额(万元)	2431.22	3262.11	2452.59	1768.42

重庆智飞生物制品股份有限公司

公司名称	重庆智飞生物制品股份有限公司			证券简称	智飞生物
法人代表	蒋仁生	董秘	余农	证券代码	300122
公司网址	www.zhifeishengwu.com		电子信箱	office2@zhifeishengwu.com	
电　　话	023-86358226		传　　真	023-86358226	
办公地址	重庆市江北区金源路7号25层				
经营范围	疫苗、生物制品的研发、生产和销售等				

指标\报告期	2015.06.30	2014.12.31	2014.06.30	2013.12.31
基本每股收益(元)	0.1400	0.1900	0.1200	0.3300
基本每股收益(扣除后)(元)	0.1300	0.1800	0.1200	0.3100
稀释每股收益(元)	0.1400	0.1900	0.1200	0.3300
每股净资产(元)	3.1099	3.0722	3.0128	5.9731
每股经营现金净流量(元)	-0.0028	0.2017	-0.0063	0.5539
每股现金流量(元)	-0.2430	-0.2367	-0.3067	-0.1463
每股资本公积金(元)	1.2705	1.2680	1.2737	3.5347
每股盈余公积金(元)	0.0909	0.0909	0.0825	0.1650
每股未分配利润(元)	0.7484	0.7133	0.6565	1.2734
净资产收益率(%)	4.3459	6.0220	3.9778	5.4556
加权净资产收益率(%)	4.3300	6.1200	3.9500	5.5000
净资产收益率(扣除)(%)	4.2239	5.9122	3.9428	5.2314
总资产(万元)	268491.53	271445.56	260178.82	258786.67
归属母公司股东权益(万元)	248788.32	245773.87	241021.64	238925.98
营业收入(万元)	38461.78	80093.75	38049.83	78017.79
营业支出(万元)	11223.50	31079.33	14602.94	30805.49
投资收益(万元)	-68.53	-49.94	-	323.13
净利润(万元)	10812.21	14800.40	9587.46	13034.78
营业利润(万元)	12333.49	17207.29	11197.55	14967.84
利润总额(万元)	12690.67	17524.77	11296.89	15274.73

太阳鸟游艇股份有限公司

公司名称	太阳鸟游艇股份有限公司			证券简称	太阳鸟
法人代表	李跃先	董秘	夏亦才	证券代码	300123
公司网址	www.cnsunbird.com		电子信箱	stock@cnsunbird.com	
电　　话	0737-2732399		传　　真	0737-2854608	
办公地址	湖南省沅江市石矶湖大堤路18号				
经营范围	复合材料船艇的设计、研发、生产、销售及服务等				

指标\报告期	2015.06.30	2014.12.31	2014.06.30	2013.12.31
基本每股收益(元)	-0.0260	0.0800	0.0550	0.4400
基本每股收益(扣除后)(元)	-0.0390	-0.0100	0.0328	0.3500
稀释每股收益(元)	-0.0260	0.0800	0.0550	0.4400
每股净资产(元)	3.1976	3.1940	3.2228	6.5400
每股经营现金净流量(元)	-0.1340	0.0222	-0.2988	-0.4893
每股现金流量(元)	-0.3392	0.0378	-0.2366	-1.5446
每股资本公积金(元)	1.5341	1.5438	1.5526	4.1827
每股盈余公积金(元)	0.0295	0.0292	0.0270	0.0554
每股未分配利润(元)	0.6453	0.6653	0.6438	1.3063
净资产收益率(%)	-0.8237	2.4064	1.7168	6.6237
加权净资产收益率(%)	-0.7700	2.3800	1.7200	7.0000
净资产收益率(扣除)(%)	-1.2594	-0.2199	1.0176	5.3348
总资产(万元)	148883.86	145757.44	130817.95	134968.04
归属母公司股东权益(万元)	91184.03	91950.67	93107.15	92211.65
营业收入(万元)	17287.84	38617.17	18989.40	67978.08
营业支出(万元)	13390.95	29402.42	13810.49	49966.71
投资收益(万元)	-	-	-	-
净利润(万元)	-838.44	2108.49	1598.47	6107.82
营业利润(万元)	-1158.41	-146.86	1033.56	5773.27
利润总额(万元)	-742.97	2694.20	1795.95	7171.52

深圳市汇川技术股份有限公司

公司名称	深圳市汇川技术股份有限公司			证券简称	汇川技术
法人代表	朱兴明	董秘	宋君恩	证券代码	300124
公司网址	www.inovance.cn		电子信箱	ir@inovance.cn	
电　　话	0755-83185787　83185521		传　　真	0755-83185659	
办公地址	广东省深圳市宝安区新安街道留仙二路鸿威工业园E栋厂房1,2,3,4,5楼				
经营范围	从事工业自动化控制产品的研发、生产及销售等				

指标\报告期	2015.06.30	2014.12.31	2014.06.30	2013.12.31
基本每股收益(元)	0.4200	0.8500	0.3900	1.4400
基本每股收益(扣除后)(元)	0.4000	0.8200	0.3700	1.3700
稀释每股收益(元)	0.4200	0.8400	0.3800	1.4200
每股净资产(元)	4.5100	4.4300	3.9100	7.9000
每股经营现金净流量(元)	0.3582	0.6700	0.0919	1.1630
每股现金流量(元)	-0.0260	0.1745	-0.0088	0.1718
每股资本公积金(元)	1.8973	1.6973	1.6639	4.1468
每股盈余公积金(元)	0.2367	0.2404	0.1588	0.3191
每股未分配利润(元)	1.3752	1.4744	1.0921	2.4181
净资产收益率(%)	9.2188	19.2143	9.8715	18.2382
加权净资产收益率(%)	9.4200	20.5500	9.4900	19.5900
净资产收益率(扣除)(%)	8.6881	18.3854	9.4727	17.3325
总资产(万元)	480665.39	467129.21	380516.59	379533.15
归属母公司股东权益(万元)	358130.58	346781.25	305743.58	307173.04
营业收入(万元)	111178.99	224255.01	103964.95	172586.83
营业支出(万元)	56152.02	111602.46	51604.29	81388.75
投资收益(万元)	1459.91	281.41	70.80	-
净利润(万元)	34219.30	69006.26	30181.47	56022.87
营业利润(万元)	29647.88	61677.46	27390.17	51397.11
利润总额(万元)	36941.08	77539.54	34773.04	66744.85

大连易世达新能源发展股份有限公司

公司名称	大连易世达新能源发展股份有限公司			证券简称	易世达
法人代表	赖建清	董秘	赖建清(代)	证券代码	300125
公司网址	www.dleast.cc		电子信箱	dalianyishida@163.com	
电　　话	0411-84732571		传　　真	0411-84732571	
办公地址	辽宁省大连市高新技术产业园区火炬路32号B座16-20层				
经营范围	余热发电技术服务、工程设计、设备成套、工程总承包以及合同能源管理等				

指标\报告期	2015.06.30	2014.12.31	2014.06.30	2013.12.31
基本每股收益(元)	-0.1700	0.1200	0.0900	0.1800
基本每股收益(扣除后)(元)	-0.3600	0.1200	0.0900	0.1600
稀释每股收益(元)	-0.1700	0.1200	0.0900	0.1800
每股净资产(元)	9.0787	9.2851	9.2510	9.1905
每股经营现金净流量(元)	-0.3135	0.9546	0.0890	0.5945
每股现金流量(元)	0.1107	-3.0413	-2.5410	0.0201
每股资本公积金(元)	6.8749	6.8749	6.8749	6.8749
每股盈余公积金(元)	0.2079	0.2079	0.1968	0.1968
每股未分配利润(元)	0.9959	1.2023	1.1793	1.1188
净资产收益率(%)	-1.8321	1.3413	0.9784	2.0110
加权净资产收益率(%)	-1.8100	1.3500	0.9800	2.0300
净资产收益率(扣除)(%)	-3.9537	1.3097	0.9465	1.7671
总资产(万元)	218464.45	236928.55	161214.96	148561.07
归属母公司股东权益(万元)	107128.79	109563.93	109161.94	108447.91
营业收入(万元)	9701.38	27106.44	11197.00	41721.71
营业支出(万元)	7407.08	20845.74	8237.26	33191.33
投资收益(万元)	2162.31	-135.79	-11.60	220.85
净利润(万元)	-1933.36	1523.96	1068.03	2180.86
营业利润(万元)	-2114.03	1608.01	1215.91	2115.34
利润总额(万元)	-2029.03	1822.08	1337.28	2601.49

锐奇控股股份有限公司

公司概况	公司名称	锐奇控股股份有限公司			证券简称	锐奇股份
	法人代表	吴明厅	董秘	吴明厅(代)	证券代码	300126
	公司网址	www.kenpowertools.com		电子信箱	kenpowertools@126.com	
	电　　话	021-57825832		传　　真	021-37008859	
	办公地址	上海市松江区新桥镇新茸路5号				
	经营范围	高等级专业电动工具的研发、生产和销售等				

主要财务指标	指标\报告期	2015.06.30	2014.12.31	2014.06.30	2013.12.31
	基本每股收益(元)	0.0615	0.2041	0.1155	0.3857
	基本每股收益(扣除后)(元)	0.0567	0.1737	0.0886	0.2610
	稀释每股收益(元)	0.0615	0.2041	0.1155	0.3857
	每股净资产(元)	3.3690	3.3811	3.3237	6.4663
	每股经营现金净流量(元)	-0.3499	0.1062	0.0276	0.1240
	每股现金流量(元)	-1.2727	0.7491	-0.0442	0.9377
	每股资本公积金(元)	1.5555	1.6042	1.6001	4.2002
	每股盈余公积金(元)	0.1254	0.1254	0.1034	0.2069
	每股未分配利润(元)	0.7129	0.6764	0.6202	1.0592
	净资产收益率(%)	1.8259	5.9751	3.4763	5.9652
	加权净资产收益率(%)	1.8000	6.1600	3.5200	6.1100
	净资产收益率(扣除)(%)	1.6818	5.0843	2.6653	4.0363
	总资产(万元)	124424.99	123819.86	117441.03	114844.65
	归属母公司股东权益(万元)	103531.03	103904.76	100747.68	98003.14
	营业收入(万元)	35320.05	67387.36	33532.71	60042.61
	营业支出(万元)	28415.03	53327.38	26814.13	48117.57
	投资收益(万元)	-	-	-	-
	净利润(万元)	1498.66	6220.18	3502.33	5846.08
	营业利润(万元)	2047.36	6096.54	3087.73	4700.12
	利润总额(万元)	2240.38	7118.14	4047.02	7064.69

成都银河磁体股份有限公司

公司概况	公司名称	成都银河磁体股份有限公司			证券简称	银河磁体
	法人代表	戴炎	董秘	朱魁文	证券代码	300127
	公司网址	www.galaxymagnets.com		电子信箱	galaxymagnets@163.com	
	电　　话	028-87823555 890 892		传　　真	028-87824018	
	办公地址	四川省成都市高新技术开发区西区百草路6号				
	经营范围	制造、销售永磁合金元件及光机电高新技术服务等				

主要财务指标	指标\报告期	2015.06.30	2014.12.31	2014.06.30	2013.12.31
	基本每股收益(元)	0.1100	0.2200	0.1100	0.3400
	基本每股收益(扣除后)(元)	0.1100	0.2100	0.1000	0.3400
	稀释每股收益(元)	0.1100	0.2200	0.1100	0.3400
	每股净资产(元)	3.0689	3.1000	2.9872	3.0300
	每股经营现金净流量(元)	0.0986	0.3202	0.1627	0.2149
	每股现金流量(元)	-1.2178	0.0995	-0.0128	-0.3222
	每股资本公积金(元)	1.5355	1.5355	1.5355	4.0711
	每股盈余公积金(元)	0.2594	0.2594	0.2386	0.4772
	每股未分配利润(元)	0.2739	0.3100	0.2130	0.5155
	净资产收益率(%)	3.7117	7.1849	3.5244	5.6419
	加权净资产收益率(%)	3.6000	7.3300	3.4700	5.6700
	净资产收益率(扣除)(%)	3.6565	6.7037	3.3435	5.5316
	总资产(万元)	107586.24	110309.70	105056.93	106251.79
	归属母公司股东权益(万元)	99169.75	100336.08	96529.15	97974.23
	营业收入(万元)	17834.46	37903.82	18230.64	35392.62
	营业支出(万元)	12389.81	27142.42	13158.16	25456.82
	投资收益(万元)	330.40	-	-	-
	净利润(万元)	3716.15	7271.93	3402.11	5527.65
	营业利润(万元)	4306.16	7870.17	3829.34	6418.16
	利润总额(万元)	4370.65	8441.31	4037.38	6545.32

苏州锦富新材料股份有限公司

公司概况	公司名称	苏州锦富新材料股份有限公司			证券简称	锦富新材
	法人代表	富国平	董秘	富国平(代)	证券代码	300128
	公司网址	www.jin-fu.cn		电子信箱	jinfu@jin-fu.cn	
	电　　话	0512-62820000		传　　真	0512-62820200	
	办公地址	江苏省苏州市工业园区华池街时代广场24幢苏州国际金融中心11楼				
	经营范围	生产、加工各种高性能复合材料、高分子材料、销售本公司所生产的产品等				

主要财务指标	指标\报告期	2015.06.30	2014.12.31	2014.06.30	2013.12.31
	基本每股收益(元)	-0.0127	0.1800	0.1807	0.2400
	基本每股收益(扣除后)(元)	-0.0174	0.1700	0.1800	0.1800
	稀释每股收益(元)	-0.0127	0.1800	0.1807	0.2400
	每股净资产(元)	4.9787	4.9551	3.4423	3.3133
	每股经营现金净流量(元)	0.0425	0.6369	0.5522	0.0661
	每股现金流量(元)	-0.1288	0.1106	0.2917	-0.2288
	每股资本公积金(元)	3.1190	3.0686	1.3469	1.3499
	每股盈余公积金(元)	0.0777	0.0800	0.0788	0.0788
	每股未分配利润(元)	0.7840	0.8367	1.0185	0.8871
	净资产收益率(%)	-0.2509	2.9485	5.2526	7.1581
	加权净资产收益率(%)	-0.2500	5.2000	5.3100	7.2100
	净资产收益率(扣除)(%)	-0.3471	2.7943	5.2440	5.3755
	总资产(万元)	384620.80	390164.06	238933.86	192274.26
	归属母公司股东权益(万元)	249002.12	240760.33	140638.57	135454.00
	营业收入(万元)	146938.42	265301.21	126800.49	203999.83
	营业支出(万元)	134299.90	234972.29	108910.24	171936.00
	投资收益(万元)	-85.32	91.54	-109.73	2409.16
	净利润(万元)	-44.59	8098.29	7387.25	9695.98
	营业利润(万元)	-829.41	9306.03	8909.96	12950.79
	利润总额(万元)	-403.44	10218.52	9021.21	13184.34

上海泰胜风能装备股份有限公司

公司概况	公司名称	上海泰胜风能装备股份有限公司			证券简称	泰胜风能
	法人代表	柳志成	董秘	邹涛	证券代码	300129
	公司网址	www.shtsp.com		电子信箱	etaoo@163.com	
	电　　话	021-57243692		传　　真	021-57243692	
	办公地址	上海市金山区卫清东路1988号				
	经营范围	风力发电机组配套塔架的制造和销售等				

主要财务指标	指标\报告期	2015.06.30	2014.12.31	2014.06.30	2013.12.31
	基本每股收益(元)	0.1200	0.3000	0.1600	0.2400
	基本每股收益(扣除后)(元)	0.1200	0.2900	0.1500	0.2300
	稀释每股收益(元)	0.1200	0.3000	0.1600	0.2400
	每股净资产(元)	2.3901	4.6748	4.5519	4.4584
	每股经营现金净流量(元)	0.1150	0.2243	-0.3550	0.2020
	每股现金流量(元)	-0.0965	0.3094	-0.1220	-1.5204
	每股资本公积金(元)	0.7097	2.4355	2.4355	2.4355
	每股盈余公积金(元)	0.0485	0.0969	0.0792	0.0792
	每股未分配利润(元)	0.6560	1.1774	1.0543	0.9455
	净资产收益率(%)	4.9071	6.4085	3.4900	5.3585
	加权净资产收益率(%)	4.9100	6.5400	3.5100	5.4800
	净资产收益率(扣除)(%)	4.8194	6.2430	-	5.1898
	总资产(万元)	284739.93	277105.66	252714.73	237830.68
	归属母公司股东权益(万元)	154877.54	151464.81	147481.22	144451.43
	营业收入(万元)	69209.79	143818.64	52080.06	107925.36
	营业支出(万元)	49842.48	111785.02	40262.46	85679.79
	投资收益(万元)	553.47	98.70	98.70	13.64
	净利润(万元)	7863.55	9652.22	5146.44	7740.47
	营业利润(万元)	9350.00	12873.09	6084.26	7251.75
	利润总额(万元)	9529.83	13201.32	6329.35	7586.27

深圳市新国都技术股份有限公司

公司概况					
公司名称	深圳市新国都技术股份有限公司			证券简称	新 国 都
法人代表	刘祥	董秘	李艳芳	证券代码	300130
公司网址	www.xinguodu.com		电子信箱	liyanfang@xinguodu.com	
电　　话	0755-83899462 83481391		传　　真	0755-86319990	
办公地址	广东省深圳市福田区深南路车公庙工业区泰然劲松大厦 17A				
经营范围	银行卡电子支付终端产品(POS 机)、电子技术密码系统产品、计算机产品等				

主要财务指标

指标\报告期	2015.06.30	2014.12.31	2014.06.30	2013.12.31
基本每股收益(元)	0.1500	0.7000	0.4100	0.4800
基本每股收益(扣除后)(元)	0.1400	0.6000	0.4100	0.3900
稀释每股收益(元)	0.1500	0.7000	0.4100	0.4800
每股净资产(元)	5.1490	4.9448	9.4800	9.0400
每股经营现金净流量(元)	-0.0116	-0.0338	-0.4750	0.3091
每股现金流量(元)	-1.0202	-1.5224	-0.9993	-0.1170
每股资本公积金(元)	2.5112	5.8718	5.6816	5.6161
每股盈余公积金(元)	0.0763	0.1526	0.1242	0.1242
每股未分配利润(元)	1.5616	2.8652	2.6646	2.2973
净资产收益率(%)	2.9904	7.0402	4.2974	5.3185
加权净资产收益率(%)	3.0700	7.4600	4.4000	5.4500
净资产收益率(扣除)(%)	2.7058	6.0783	4.3289	4.3451
总资产(万元)	156033.32	138126.00	131259.44	125287.71
归属母公司股东权益(万元)	117707.12	113037.85	108246.70	103300.24
营业收入(万元)	34331.74	67820.03	28007.95	49917.78
营业支出(万元)	21233.57	38895.77	16045.11	30953.06
投资收益(万元)	64.21	263.24	22.05	1128.35
净利润(万元)	3598.43	7957.20	4651.74	5494.01
营业利润(万元)	1628.09	3583.20	3813.71	2231.06
利润总额(万元)	3702.02	7733.29	4907.46	5659.91

深圳市英唐智能控制股份有限公司

公司概况					
公司名称	深圳市英唐智能控制股份有限公司			证券简称	英唐智控
法人代表	胡庆周	董秘	刘林	证券代码	300131
公司网址	www.yitoa.com		电子信箱	liulin@yitoa.com	
电　　话	0755-86140392		传　　真	0755-26613854	
办公地址	广东省深圳南山区高新技术产业园高新南五道英唐大厦五楼				
经营范围	家电智能控制器的软件、硬件的开发与销售、电力智能控制器及设备软件等				

主要财务指标

指标\报告期	2015.06.30	2014.12.31	2014.06.30	2013.12.31
基本每股收益(元)	0.0093	0.1100	0.0100	-0.0400
基本每股收益(扣除后)(元)	-0.0159	-0.3800	-0.0200	-0.4200
稀释每股收益(元)	0.0093	0.1100	0.0100	-0.0400
每股净资产(元)	1.2597	2.6641	2.5465	2.5463
每股经营现金净流量(元)	-0.0064	-0.4500	-0.2493	-0.7307
每股现金流量(元)	-0.2688	0.1043	-0.4724	0.1380
每股资本公积金(元)	0.0795	1.1792	1.1909	1.2071
每股盈余公积金(元)	0.0346	0.0688	0.0585	0.0580
每股未分配利润(元)	0.1008	0.3302	0.2973	0.2827
净资产收益率(%)	0.7377	3.9659	0.4905	-1.7315
加权净资产收益率(%)	0.7200	4.0700	0.4900	-1.7000
净资产收益率(扣除)(%)	-1.2609	-14.2966	-0.8678	-16.3649
总资产(万元)	75411.49	96955.72	97928.52	109147.47
归属母公司股东权益(万元)	50943.08	54274.76	51877.89	52272.12
营业收入(万元)	11124.93	49078.92	20597.34	62787.85
营业支出(万元)	8580.60	42270.49	17475.30	56413.09
投资收益(万元)	20.13	10279.03	60.47	10059.01
净利润(万元)	406.98	2423.90	254.48	-905.09
营业利润(万元)	106.21	2730.18	-186.12	-150.21
利润总额(万元)	508.19	2969.45	327.30	244.39

福建青松股份有限公司

公司概况					
公司名称	福建青松股份有限公司			证券简称	青松股份
法人代表	柯维龙	董秘	邓建明	证券代码	300132
公司网址	www.greenpine.cc		电子信箱	office@greenpine.cc	
电　　话	0599-5820498 5820121		传　　真	0599-5820900	
办公地址	福建省建阳市回瑶工业园区				
经营范围	从事松节油深加工产品的研发、生产和销售等				

主要财务指标

指标\报告期	2015.06.30	2014.12.31	2014.06.30	2013.12.31
基本每股收益(元)	0.0185	0.1353	0.1900	0.1800
基本每股收益(扣除后)(元)	0.0155	0.1233	0.1800	0.1600
稀释每股收益(元)	0.0185	0.1353	0.1900	0.1800
每股净资产(元)	1.5453	1.5563	3.0360	2.9500
每股经营现金净流量(元)	0.1451	0.1826	0.1848	0.2333
每股现金流量(元)	0.0219	-0.0812	-0.0567	-0.0124
每股资本公积金(元)	0.2136	0.2136	1.4271	1.4271
每股盈余公积金(元)	0.0490	0.0490	0.0755	0.0755
每股未分配利润(元)	0.2811	0.2927	0.5299	0.3972
净资产收益率(%)	1.1941	8.6932	6.3477	6.1048
加权净资产收益率(%)	1.1800	9.0000	6.4300	6.2100
净资产收益率(扣除)(%)	1.0017	7.9229	5.9706	5.5156
总资产(万元)	103663.07	105464.94	105875.15	107080.49
归属母公司股东权益(万元)	59637.12	60059.23	58581.89	55985.71
营业收入(万元)	28264.82	76321.60	36311.72	63214.22
营业支出(万元)	23705.03	60522.15	27456.53	49097.73
投资收益(万元)	-	-	-	-47.12
净利润(万元)	712.15	5221.04	3718.58	2867.75
营业利润(万元)	600.96	5711.19	4492.85	3185.47
利润总额(万元)	727.87	6238.14	4771.11	3647.31

浙江华策影视股份有限公司

公司概况					
公司名称	浙江华策影视股份有限公司			证券简称	华策影视
法人代表	傅梅城	董秘	王丛	证券代码	300133
公司网址	www.huacemedia.com		电子信箱	zqsw@huacemedia.com	
电　　话	0571-87553075		传　　真	0571-81061286	
办公地址	浙江省杭州市文二西路 683 号西溪创意产业园 C-C 座				
经营范围	从事影视剧的制作、发行及衍生业务等				

主要财务指标

指标\报告期	2015.06.30	2014.12.31	2014.06.30	2013.12.31
基本每股收益(元)	0.2200	0.6200	0.3300	0.4500
基本每股收益(扣除后)(元)	0.2100	0.4800	0.2700	0.3700
稀释每股收益(元)	0.2200	0.6100	0.3300	0.4400
每股净资产(元)	3.7660	5.1841	5.0933	3.0303
每股经营现金净流量(元)	-0.4155	0.3160	-0.0229	-0.1029
每股现金流量(元)	-0.3194	0.2822	0.1230	-0.3395
每股资本公积金(元)	1.5906	2.8417	2.8378	0.9369
每股盈余公积金(元)	0.0468	0.0708	0.0577	0.0643
每股未分配利润(元)	1.1565	1.4738	1.1978	1.0291
净资产收益率(%)	5.9215	11.6321	6.1631	14.6765
加权净资产收益率(%)	6.1700	12.6500	7.9500	15.8700
净资产收益率(扣除)(%)	5.4647	9.0893	5.0676	12.2819
总资产(万元)	537622.57	502354.97	449217.94	210533.14
归属母公司股东权益(万元)	368806.90	335329.70	329460.49	175971.95
营业收入(万元)	92617.21	191607.32	76890.97	92046.57
营业支出(万元)	55500.26	114149.89	40547.13	49774.47
投资收益(万元)	1509.20	653.56	350.12	38.66
净利润(万元)	22556.93	40657.32	20305.09	25826.47
营业利润(万元)	24449.30	42268.27	24278.02	29982.54
利润总额(万元)	26819.72	52213.81	28849.77	35478.92

深圳市大富科技股份有限公司

公司概况	公司名称	深圳市大富科技股份有限公司			证券简称	大富科技
	法人代表	孙尚传	董秘	林晓媚	证券代码	300134
	公司网址	www.tatfook.com		电子信箱	ir@tatfook.com	
	电　话	0755-29816308		传　真	0755-27356851	
	办公地址	广东省深圳市宝安区沙井街道蚝乡路沙井工业公司第三工业区 A2				
	经营范围	滤波器、合路器、分路器、隔离器、耦合器、微波元器件、电子专用设备等				

	指标\报告期	2015.06.30	2014.12.31	2014.06.30	2013.12.31
主要财务指标	基本每股收益(元)	0.0800	1.3900	1.1700	0.1700
	基本每股收益(扣除后)(元)	0.0600	0.7000	0.5100	0.1000
	稀释每股收益(元)	0.0800	1.3900	1.1700	0.1700
	每股净资产(元)	3.7889	6.6949	8.0300	5.7200
	每股经营现金净流量(元)	0.2244	1.2388	0.3409	0.6870
	每股现金流量(元)	-0.0589	0.5254	0.1988	-0.0293
	每股资本公积金(元)	2.3121	4.6187	5.7424	5.7424
	每股盈余公积金(元)	0.1070	0.1819	0.1795	0.1037
	每股未分配利润(元)	0.3710	0.8964	1.1104	0.0168
	净资产收益率(%)	2.0868	20.8297	14.5809	2.5204
	加权净资产收益率(%)	2.0300	22.2300	15.7300	2.5500
	净资产收益率(扣除)(%)	1.5490	10.5097	6.3729	1.4763
	总资产(万元)	393292.35	346194.16	346262.42	298481.79
	归属母公司股东权益(万元)	247341.01	257085.68	256906.25	219461.86
	营业收入(万元)	98135.16	245086.40	132394.08	189527.31
	营业支出(万元)	75523.66	173886.52	95205.50	146258.74
	投资收益(万元)	-488.86	23924.03	24411.16	-329.74
	净利润(万元)	5072.66	53538.11	37459.17	5531.40
	营业利润(万元)	3848.10	56313.11	44335.76	3622.86
	利润总额(万元)	5506.68	63887.40	44640.81	6453.74

江苏宝利国际投资股份有限公司

公司概况	公司名称	江苏宝利国际投资股份有限公司			证券简称	宝利国际
	法人代表	周德洪	董秘	王学良	证券代码	300135
	公司网址	www.baolijt.cn		电子信箱	jsbaoli2008@126.com	
	电　话	0510-86017020		传　真	0510-86158880	
	办公地址	江苏省江阴市云亭镇工业园区				
	经营范围	高等级公路新材料的研发、生产和销售等				

	指标\报告期	2015.06.30	2014.12.31	2014.06.30	2013.12.31
主要财务指标	基本每股收益(元)	0.0340	0.1240	0.0780	0.1860
	基本每股收益(扣除后)(元)	0.0130	0.0750	0.0454	0.1560
	稀释每股收益(元)	0.0340	0.1240	0.0780	0.1860
	每股净资产(元)	1.2576	2.2621	2.2165	2.1884
	每股经营现金净流量(元)	-0.4477	0.6075	0.2401	-1.1063
	每股现金流量(元)	-0.0608	0.2712	0.0376	-0.5154
	每股资本公积金(元)	0.0383	0.5689	0.5689	0.5689
	每股盈余公积金(元)	0.0418	0.0752	0.0692	0.0692
	每股未分配利润(元)	0.1777	0.6183	0.5784	0.5504
	净资产收益率(%)	2.7172	5.4770	3.5230	8.5187
	加权净资产收益率(%)	2.6900	5.5800	3.5200	8.6800
	净资产收益率(扣除)(%)	1.0183	3.2951	2.0486	7.1379
	总资产(万元)	344503.24	236567.94	266359.19	228575.07
	归属母公司股东权益(万元)	115896.68	115820.67	113484.06	112046.29
	营业收入(万元)	62207.25	176956.41	65771.43	211378.76
	营业支出(万元)	52621.59	153035.12	53844.46	178283.58
	投资收益(万元)	3731.20	6395.97	2315.16	1963.34
	净利润(万元)	2960.39	6310.02	3997.77	9544.86
	营业利润(万元)	3661.68	7627.99	4935.97	11794.01
	利润总额(万元)	3805.47	7866.16	5205.29	11338.89

深圳市信维通信股份有限公司

公司概况	公司名称	深圳市信维通信股份有限公司			证券简称	信维通信
	法人代表	彭浩	董秘	毛大栋	证券代码	300136
	公司网址	www.sz-sunway.com.cn		电子信箱	ir@sz-sunway.com	
	电　话	0755-36615880		传　真	0755-86561715	
	办公地址	广东省深圳市宝安区沙井街道西环路蚝一西部工业区 A 栋、B 栋				
	经营范围	移动终端天线的设计、技术开发、生产和销售并提供相关技术服务等				

	指标\报告期	2015.06.30	2014.12.31	2014.06.30	2013.12.31
主要财务指标	基本每股收益(元)	0.1304	0.2313	0.1931	-0.4865
	基本每股收益(扣除后)(元)	0.1267	0.2112	0.1662	-0.5057
	稀释每股收益(元)	0.1304	0.2313	0.1924	-0.4865
	每股净资产(元)	1.3420	2.4592	4.7615	4.5790
	每股经营现金净流量(元)	0.1080	0.0440	-0.3098	-0.2264
	每股现金流量(元)	0.0403	-0.0941	-0.4758	-0.6493
	每股资本公积金(元)	0.0556	1.1112	3.2894	3.3083
	每股盈余公积金(元)	0.0415	0.0830	0.1275	0.1267
	每股未分配利润(元)	0.2491	0.2874	0.3444	0.1489
	净资产收益率(%)	9.7185	9.3751	4.0867	-10.4572
	加权净资产收益率(%)	10.0300	9.6100	4.1300	-10.2600
	净资产收益率(扣除)(%)	9.4380	8.5605	3.5163	-10.8701
	总资产(万元)	121495.16	104644.74	84679.37	79777.13
	归属母公司股东权益(万元)	73076.92	67290.52	64817.64	62743.37
	营业收入(万元)	51197.69	80771.81	35800.61	35228.15
	营业支出(万元)	36547.73	60426.27	27306.44	28821.30
	投资收益(万元)	392.42	631.90	-	-
	净利润(万元)	7101.99	6308.57	2648.89	-6561.20
	营业利润(万元)	7740.16	6284.95	2670.53	-6515.04
	利润总额(万元)	7981.31	6929.78	3105.47	-6210.05

河北先河环保科技股份有限公司

公司概况	公司名称	河北先河环保科技股份有限公司			证券简称	先河环保
	法人代表	李玉国	董秘	王少军	证券代码	300137
	公司网址	www.sailhero.com.cn		电子信箱	hebeiwsj@126.com	
	电　话	0311-85323900		传　真	0311-85329383	
	办公地址	河北省石家庄市湘江道 251 号				
	经营范围	从事计量仪器、环保设备的研制开发、化工产品等				

	指标\报告期	2015.06.30	2014.12.31	2014.06.30	2013.12.31
主要财务指标	基本每股收益(元)	0.1000	0.2200	0.0650	0.1900
	基本每股收益(扣除后)(元)	0.0800	0.1800	0.0400	0.2200
	稀释每股收益(元)	0.1000	0.2200	0.0650	0.3000
	每股净资产(元)	3.8522	2.9782	4.8514	2.9800
	每股经营现金净流量(元)	-0.3103	0.0035	-0.6015	0.3279
	每股现金流量(元)	-0.4401	-0.2222	-0.8766	0.0799
	每股资本公积金(元)	1.9680	1.3314	2.7303	2.7303
	每股盈余公积金(元)	0.0904	0.0900	0.1082	0.1082
	每股未分配利润(元)	0.7961	0.7403	1.0126	0.9332
	净资产收益率(%)	2.7060	6.9900	2.1338	6.2126
	加权净资产收益率(%)	2.7000	7.1500	2.1500	6.4100
	净资产收益率(扣除)(%)	2.0875	5.5926	1.3481	4.6083
	总资产(万元)	160982.96	119529.40	111925.90	110529.53
	归属母公司股东权益(万元)	132667.65	102566.76	98387.08	96769.70
	营业收入(万元)	27099.60	44061.57	14276.35	33477.92
	营业支出(万元)	15060.35	22733.75	7146.31	16477.52
	投资收益(万元)	-	-	-	-
	净利润(万元)	3890.89	7183.37	2099.34	6011.93
	营业利润(万元)	3805.36	5811.99	1616.18	4665.45
	利润总额(万元)	4804.95	8282.20	2547.53	7144.36

晨光生物科技集团股份有限公司

公司概况						
	公司名称	晨光生物科技集团股份有限公司			证券简称	晨光生物
	法人代表	卢庆国	董秘	周静	证券代码	300138
	公司网址	www.cn-cg.com		电子信箱	sesu@hdchenguang.com	
	电　　话	0310-8859023		传　　真	0310-8851655	
	办公地址	河北省邯郸市曲周县城晨光路 1 号				
	经营范围	辣椒红、红米红、甜菜红、姜黄色素、红曲米(粉)、调味油等				

主要财务指标	指标＼报告期	2015.06.30	2014.12.31	2014.06.30	2013.12.31
	基本每股收益(元)	0.2268	0.1246	0.0362	0.0584
	基本每股收益(扣除后)(元)	0.1574	0.0376	0.0018	0.0306
	稀释每股收益(元)	0.2268	0.1246	0.0362	0.0584
	每股净资产(元)	5.8114	5.6089	5.5357	5.4985
	每股经营现金净流量(元)	0.2890	1.5200	0.8181	–0.2031
	每股现金流量(元)	–0.4519	0.2866	–0.2524	0.2544
	每股资本公积金(元)	3.5390	3.5434	3.5434	3.5434
	每股盈余公积金(元)	0.1487	0.1487	0.1399	0.1399
	每股未分配利润(元)	1.2563	1.0445	0.9649	0.9387
	净资产收益率(%)	3.9025	2.2221	0.6547	1.0628
	加权净资产收益率(%)	3.9700	2.2400	0.6600	1.0600
	净资产收益率(扣除)(%)	2.6907	0.6704	0.0325	0.5567
	总资产(万元)	139966.22	150821.24	146769.10	163165.12
	归属母公司股东权益(万元)	104355.45	100720.40	99405.43	98736.18
	营业收入(万元)	67750.91	120717.97	59806.95	118622.47
	营业支出(万元)	58796.45	107023.17	54087.14	103221.06
	投资收益(万元)	–	–	–	–
	净利润(万元)	4053.84	2067.24	650.84	1049.40
	营业利润(万元)	3385.78	1171.54	4.94	1151.89
	利润总额(万元)	4849.06	2917.74	723.77	1747.18

北京晓程科技股份有限公司

公司概况						
	公司名称	北京福星晓程电子科技股份有限公司			证券简称	晓程科技
	法人代表	程毅	董秘	王含静	证券代码	300139
	公司网址	www.xiaocheng.com		电子信箱	tzz@xiaocheng.com	
	电　　话	010-68459012-8072		传　　真	010-68466652	
	办公地址	北京市海淀区西三环北路 87 号国际财经中心 D 座 503				
	经营范围	承接网络系统集成、自营和代理各类商品及技术的进出口业务等				

主要财务指标	指标＼报告期	2015.06.30	2014.12.31	2014.06.30	2013.12.31
	基本每股收益(元)	0.1400	0.5400	0.2800	0.6000
	基本每股收益(扣除后)(元)	0.1400	0.5400	0.2800	0.5755
	稀释每股收益(元)	0.1400	0.5400	0.2800	0.6000
	每股净资产(元)	4.5252	4.4406	10.9188	10.7122
	每股经营现金净流量(元)	–0.0058	–0.2308	–0.4899	–0.1186
	每股现金流量(元)	–0.1673	–1.1319	–1.3325	–1.3551
	每股资本公积金(元)	2.1184	6.7959	6.7959	6.7959
	每股盈余公积金(元)	0.2445	0.6113	0.5031	0.5031
	每股未分配利润(元)	1.3137	3.0386	2.9857	2.7023
	净资产收益率(%)	3.0556	4.9060	2.5960	5.5710
	加权净资产收益率(%)	3.0700	4.9900	2.6200	5.6400
	净资产收益率(扣除)(%)	3.1121	4.8906	2.5931	5.3723
	总资产(万元)	139655.53	134001.38	134340.34	128743.59
	归属母公司股东权益(万元)	123991.12	121672.37	119669.54	117405.58
	营业收入(万元)	12166.99	25430.58	10104.95	29130.82
	营业支出(万元)	5315.32	13334.58	4466.85	13895.62
	投资收益(万元)	–	–	–	–
	净利润(万元)	4434.90	6481.59	3106.50	6540.80
	营业利润(万元)	4768.18	6980.39	3873.59	7277.40
	利润总额(万元)	4781.01	7009.55	3878.62	7560.63

西安启源机电装备股份有限公司

公司概况						
	公司名称	西安启源机电装备股份有限公司			证券简称	启源装备
	法人代表	周宜	董秘	赵利军	证券代码	300140
	公司网址	www.sdricom.com		电子信箱	zhaolijun@sdricom.com	
	电　　话	029-86531385　86531386		传　　真	029-86531312	
	办公地址	陕西省西安市经济技术开发区凤城十二路 98 号				
	经营范围	从事变压器专用设备及组件的设计、开发、制造、销售、服务等				

主要财务指标	指标＼报告期	2015.06.30	2014.12.31	2014.06.30	2013.12.31
	基本每股收益(元)	0.0014	0.0697	0.0200	0.0700
	基本每股收益(扣除后)(元)	–0.0069	0.0456	0.0200	0.0500
	稀释每股收益(元)	0.0014	0.0697	0.0200	0.0700
	每股净资产(元)	3.1863	6.4706	6.4183	6.4944
	每股经营现金净流量(元)	–0.0327	–0.0631	–0.0089	–0.1175
	每股现金流量(元)	–0.5535	–1.0471	–0.6119	–0.3960
	每股资本公积金(元)	1.5395	4.0790	4.0790	4.0790
	每股盈余公积金(元)	0.1376	0.2753	0.2707	0.2707
	每股未分配利润(元)	0.5026	1.1024	1.0585	1.1373
	净资产收益率(%)	0.0426	1.0767	0.3294	1.1540
	加权净资产收益率(%)	0.0400	1.0800	0.3300	1.1600
	净资产收益率(扣除)(%)	–0.2156	0.7043	0.3023	0.7356
	总资产(万元)	110931.96	109916.64	101051.78	102688.17
	归属母公司股东权益(万元)	77745.95	78941.28	78303.44	79232.30
	营业收入(万元)	11148.78	26747.41	12329.17	23898.01
	营业支出(万元)	7773.99	18555.90	8732.33	17297.37
	投资收益(万元)	–71.93	–129.97	–154.66	–104.71
	净利润(万元)	134.94	1457.85	257.91	914.37
	营业利润(万元)	–190.94	1394.66	704.08	1135.06
	利润总额(万元)	173.97	1714.99	731.21	1512.81

苏州工业园区和顺电气股份有限公司

公司概况						
	公司名称	苏州工业园区和顺电气股份有限公司			证券简称	和顺电气
	法人代表	姚建华	董秘	褚晟	证券代码	300141
	公司网址	www.cnheshun.com		电子信箱	cnheshun@hotmail.com	
	电　　话	0512-62862607		传　　真	0512-62862608　67905060	
	办公地址	江苏省苏州市工业园区和顺路 8 号				
	经营范围	高低压电器及成套设备、电工器材、电力滤波装置、无功补偿装置等				

主要财务指标	指标＼报告期	2015.06.30	2014.12.31	2014.06.30	2013.12.31
	基本每股收益(元)	0.1000	0.3100	0.1800	0.3800
	基本每股收益(扣除后)(元)	0.0900	0.2800	0.1500	0.3600
	稀释每股收益(元)	0.1000	0.3100	0.1800	0.3800
	每股净资产(元)	4.1191	4.1200	3.9560	3.8577
	每股经营现金净流量(元)	–0.3086	0.0812	–0.1578	–0.0026
	每股现金流量(元)	–0.0740	–0.3288	–0.5577	–0.2158
	每股资本公积金(元)	1.8209	1.8187	1.7883	1.7621
	每股盈余公积金(元)	0.1502	0.1502	0.1204	0.1207
	每股未分配利润(元)	1.1481	1.1483	1.0473	0.9748
	净资产收益率(%)	2.4265	7.5586	4.4361	9.8105
	加权净资产收益率(%)	2.4300	7.8700	4.5000	10.2400
	净资产收益率(扣除)(%)	2.1017	6.8107	3.6721	9.4613
	总资产(万元)	78106.95	81894.99	78973.53	79420.46
	归属母公司股东权益(万元)	68774.78	68734.41	65717.24	63883.55
	营业收入(万元)	14650.04	32497.20	17983.61	34288.12
	营业支出(万元)	10919.35	22983.84	13123.33	22868.09
	投资收益(万元)	–	–	–	–
	净利润(万元)	1673.02	5195.76	2915.30	6267.30
	营业利润(万元)	1967.02	5847.66	3111.65	6880.30
	利润总额(万元)	2043.87	6311.23	3407.46	6964.74

云南沃森生物技术股份有限公司

公司概况						
	公司名称	云南沃森生物技术股份有限公司			证券简称	沃森生物
	法人代表	李云春	董秘	徐可仁	证券代码	300142
	公司网址	www.walvax.com		电子信箱	ir@walvax.com.cn	
	电　话	0871-8312779		传　真	0871-8312779	
	办公地址	昆明市高新区科园路99号鼎易天城9栋A座19楼				
	经营范围	从事人用疫苗产品研发、生产、销售				

主要财务指标	指标\报告期	2015.06.30	2014.12.31	2014.06.30	2013.12.31
	基本每股收益(元)	-0.1400	0.6100	-0.2600	0.2700
	基本每股收益(扣除后)(元)	-0.1700	-1.9000	-0.3000	0.3700
	稀释每股收益(元)	-0.1400	0.6100	-0.2600	0.2700
	每股净资产(元)	5.9691	6.1601	11.4175	15.2365
	每股经营现金净流量(元)	-0.1542	-0.2818	-0.2778	-0.6763
	每股现金流量(元)	-0.2898	-2.7596	-2.5423	-1.0702
	每股资本公积金(元)	3.5467	8.1385	8.1385	10.8800
	每股盈余公积金(元)	0.0788	0.1577	0.1720	0.2236
	每股未分配利润(元)	1.3436	3.0240	2.1070	3.1328
	净资产收益率(%)	-2.4029	4.9750	-2.3150	1.7463
	加权净资产收益率(%)	-2.3600	5.1100	-2.2800	1.5000
	净资产收益率(扣除)(%)	-2.8994	-15.3864	-	2.4357
	总资产(万元)	631487.57	596771.62	624973.09	613583.75
	归属母公司股东权益(万元)	279352.73	288290.58	267170.11	274256.22
	营业收入(万元)	41374.73	71902.13	40171.03	58309.48
	营业支出(万元)	22861.00	40695.63	21006.21	16163.39
	投资收益(万元)	-436.79	56021.34	213.70	12.00
	净利润(万元)	-8658.55	9670.51	-6186.11	4789.31
	营业利润(万元)	-8486.99	12816.14	-8259.58	350.85
	利润总额(万元)	-8208.13	13795.73	-8081.72	1030.12

广东星河生物科技股份有限公司

公司概况						
	公司名称	广东星河生物科技股份有限公司			证券简称	星河生物
	法人代表	叶运寿	董秘	邵亚宁	证券代码	300143
	公司网址	www.starway.com.cn		电子信箱	starway@starway.com.cn	
	电　话	0769-87935678		传　真	0769-87920269	
	办公地址	广东省东莞市塘厦镇蛟坪大道83号				
	经营范围	种植、加工、销售食用菌等农副产品、食(药)用菌和其他有益微生物育种等				

主要财务指标	指标\报告期	2015.06.30	2014.12.31	2014.06.30	2013.12.31
	基本每股收益(元)	0.0400	-1.9900	-0.1000	-1.1100
	基本每股收益(扣除后)(元)	-0.0500	-2.0100	-0.1500	-1.1100
	稀释每股收益(元)	0.0400	-1.9900	-0.1000	-1.1100
	每股净资产(元)	2.1197	2.0789	3.9659	4.0685
	每股经营现金净流量(元)	0.0722	0.1442	0.0229	0.0923
	每股现金流量(元)	-0.3165	0.1842	-0.0045	-0.1262
	每股资本公积金(元)	3.4474	3.4474	3.4474	3.4474
	每股盈余公积金(元)	0.0660	0.0660	0.0660	0.0660
	每股未分配利润(元)	-2.3936	-2.4345	-0.5474	-0.4448
	净资产收益率(%)	1.9268	-95.7082	-2.5869	-27.2068
	加权净资产收益率(%)	1.9500	-64.7300	-2.5500	-23.9500
	净资产收益率(扣除)(%)	-2.4871	-96.6541	-3.8259	-27.2378
	总资产(万元)	73168.88	80399.88	103662.76	103429.65
	归属母公司股东权益(万元)	31244.59	30642.56	58457.78	59969.99
	营业收入(万元)	12441.35	30784.25	13516.48	25483.75
	营业支出(万元)	9276.92	26395.74	11499.61	23354.71
	投资收益(万元)	-	-	-	1.59
	净利润(万元)	650.81	-29933.51	-1512.22	-16315.90
	营业利润(万元)	-943.19	-30262.16	-2381.73	-16928.59
	利润总额(万元)	650.81	-29933.51	-1509.03	-16721.31

宋城演艺发展股份有限公司

公司概况						
	公司名称	宋城演艺发展股份有限公司			证券简称	宋城演艺
	法人代表	张娴	董秘	董昕	证券代码	300144
	公司网址	www.chinascgf.com		电子信箱	zqb@chinascyy.com	
	电　话	0571-87091255		传　真	0571-87091233	
	办公地址	浙江省杭州市之江路148号				
	经营范围	实业投资、旅游服务、旅游电子商务、文化传播、餐饮、停车服务、工艺品及书画展览、销售等				

主要财务指标	指标\报告期	2015.06.30	2014.12.31	2014.06.30	2013.12.31
	基本每股收益(元)	0.5000	0.6500	0.3100	0.5500
	基本每股收益(扣除后)(元)	0.4700	0.6200	0.2800	0.5000
	稀释每股收益(元)	0.5000	0.6500	0.3100	0.5500
	每股净资产(元)	6.5240	6.1800	5.8400	5.6200
	每股经营现金净流量(元)	0.7069	0.9466	0.4170	0.7697
	每股现金流量(元)	0.1782	0.2068	-0.1312	-0.9303
	每股资本公积金(元)	3.1352	3.1341	3.1314	3.1286
	每股盈余公积金(元)	0.2232	0.2231	0.1785	0.1785
	每股未分配利润(元)	2.1656	1.8189	1.5260	1.3159
	净资产收益率(%)	7.6090	10.4860	5.3126	9.8330
	加权净资产收益率(%)	7.7600	11.0100	5.4000	9.7200
	净资产收益率(扣除)(%)	7.2221	10.0292	4.8564	8.9324
	总资产(万元)	405086.92	384235.35	363378.47	345581.63
	归属母公司股东权益(万元)	363837.20	344442.25	325511.15	313660.76
	营业收入(万元)	57309.68	93511.91	39070.23	67871.59
	营业支出(万元)	15538.20	30688.68	10759.48	19812.89
	投资收益(万元)	6.76	651.66	218.82	1065.67
	净利润(万元)	27880.31	36472.28	17293.07	30842.39
	营业利润(万元)	34380.96	47198.86	21505.25	38089.05
	利润总额(万元)	36259.83	49141.32	23320.71	41846.24

南方泵业股份有限公司

公司概况						
	公司名称	南方泵业股份有限公司			证券简称	南方泵业
	法人代表	沈金浩	董秘	沈梦晖	证券代码	300145
	公司网址	www.nanfang-pump.com		电子信箱	smh@nanfang-pump.com	
	电　话	0571-86397850		传　真	0571-86396201	
	办公地址	浙江省杭州市余杭区仁和镇				
	经营范围	不锈钢冲压焊接离心泵及无负压变频供水设备等的研发、制造和销售等				

主要财务指标	指标\报告期	2015.06.30	2014.12.31	2014.06.30	2013.12.31
	基本每股收益(元)	0.3200	0.7600	0.3100	1.1000
	基本每股收益(扣除后)(元)	0.3100	0.7000	0.2900	1.0300
	稀释每股收益(元)	0.3200	0.7500	0.3100	1.1000
	每股净资产(元)	5.7995	5.5045	5.1239	8.7500
	每股经营现金净流量(元)	-0.0654	0.6819	0.0008	1.3102
	每股现金流量(元)	-0.4492	-0.0908	-0.5802	-1.5903
	每股资本公积金(元)	2.3590	2.3173	2.3120	4.8447
	每股盈余公积金(元)	0.2562	0.2569	0.1734	0.3135
	每股未分配利润(元)	2.1728	1.9647	1.6110	2.5471
	净资产收益率(%)	5.4081	13.5839	6.1028	12.5385
	加权净资产收益率(%)	5.5500	14.5800	6.2400	13.4100
	净资产收益率(扣除)(%)	5.3107	12.6187	5.5938	11.7184
	总资产(万元)	204381.94	205200.97	183812.59	177198.89
	归属母公司股东权益(万元)	152593.64	144832.77	134402.49	126883.89
	营业收入(万元)	72698.94	157148.54	66313.33	134450.95
	营业支出(万元)	43942.34	97370.64	41015.05	84526.42
	投资收益(万元)	4.45	24.38	3.53	2.51
	净利润(万元)	8168.35	19616.52	8202.37	15909.35
	营业利润(万元)	9510.15	21380.27	8441.32	17949.56
	利润总额(万元)	9681.84	23007.18	9454.63	19239.96

汤臣倍健股份有限公司

公司概况	公司名称	汤臣倍健股份有限公司			证券简称	汤臣倍健
	法人代表	梁允超	董秘	胡超	证券代码	300146
	公司网址	www.by-health.com.cn		电子信箱	tcbj@by-health.com	
	电　话	020-28956666		传　真	020-28957910	
	办公地址	广东省广州市萝岗区科学城科学大道中 99 号科汇金谷 3 街 3 号				
	经营范围	膳食营养补充剂的研发、生产和销售等				

主要财务指标	指标\报告期	2015.06.30	2014.12.31	2014.06.30	2013.12.31
	基本每股收益(元)	0.5900	0.7700	0.5400	0.6400
	基本每股收益(扣除后)(元)	0.5800	0.7200	0.5200	1.2900
	稀释每股收益(元)	0.5900	0.7600	0.5400	1.2800
	每股净资产(元)	5.9487	3.7198	3.5000	6.8100
	每股经营现金净流量(元)	0.5856	0.8520	0.5516	1.9096
	每股现金流量(元)	0.1250	0.0484	0.0372	0.9876
	每股资本公积金(元)	3.6178	1.3278	1.3296	3.5447
	每股盈余公积金(元)	0.2215	0.2451	0.1623	0.3254
	每股未分配利润(元)	1.1097	1.1474	1.0031	1.9355
	净资产收益率(%)	9.6270	20.5334	15.3561	18.8862
	加权净资产收益率(%)	11.2900	22.0200	15.6800	20.5700
	净资产收益率(扣除)(%)	9.4094	19.2139	14.7995	18.9048
	总资产(万元)	467659.33	270117.44	251280.07	245532.80
	归属母公司股东权益(万元)	433071.57	244769.60	229975.84	223277.84
	营业收入(万元)	117704.84	170498.05	93817.00	148224.19
	营业支出(万元)	39034.88	58000.88	31323.67	52327.44
	投资收益(万元)	257.30	-	-	-
	净利润(万元)	41609.97	50259.50	35315.22	42168.63
	营业利润(万元)	47685.24	55410.70	39754.15	50279.34
	利润总额(万元)	48792.69	59223.70	41259.00	50320.93

广州市香雪制药股份有限公司

公司概况	公司名称	广州市香雪制药股份有限公司			证券简称	香雪制药
	法人代表	王永辉	董秘	黄滨	证券代码	300147
	公司网址	www.xphcn.com		电子信箱	directorate@xphcn.com	
	电　话	020-22211011 22211007		传　真	020-22211018	
	办公地址	广东省广州市萝岗区广州经济技术开发区科学城金峰园路 2 号				
	经营范围	现代中药生产与销售、辅之医疗设备等业务				

主要财务指标	指标\报告期	2015.06.30	2014.12.31	2014.06.30	2013.12.31
	基本每股收益(元)	0.1800	0.3900	0.2300	0.4000
	基本每股收益(扣除后)(元)	0.1700	0.3600	0.2200	0.3700
	稀释每股收益(元)	0.1800	0.3900	0.2300	0.4000
	每股净资产(元)	5.0280	3.4223	4.1810	4.0949
	每股经营现金净流量(元)	0.0732	0.3249	0.1319	0.8376
	每股现金流量(元)	2.0997	-0.8818	-0.1025	-1.3780
	每股资本公积金(元)	3.2321	1.4369	2.1672	2.1501
	每股盈余公积金(元)	0.1118	0.1451	0.1574	0.1573
	每股未分配利润(元)	0.6894	0.8473	0.8596	0.7906
	净资产收益率(%)	2.7983	11.2849	5.4730	9.8567
	加权净资产收益率(%)	5.2300	11.8300	5.4400	10.2400
	净资产收益率(扣除)(%)	2.5883	10.5069	5.2753	9.1514
	总资产(万元)	508749.02	358828.32	357723.16	347470.80
	归属母公司股东权益(万元)	332592.41	174389.21	163888.45	160543.69
	营业收入(万元)	75217.77	152398.01	74640.13	126111.47
	营业支出(万元)	43972.75	88885.62	44832.44	74258.40
	投资收益(万元)	641.78	557.42	-13.96	-15.61
	净利润(万元)	10309.37	21654.39	8969.56	15824.26
	营业利润(万元)	10696.91	20694.18	10255.61	17733.41
	利润总额(万元)	11086.16	22459.50	10916.54	19465.57

天舟文化股份有限公司

公司概况	公司名称	天舟文化股份有限公司			证券简称	天舟文化
	法人代表	肖志鸿	董秘	杨灏	证券代码	300148
	公司网址	www.t-angel.com		电子信箱	tangeldm@126.com	
	电　话	0731-88834956		传　真	0731-88834956	
	办公地址	湖南省长沙市岳麓区银杉路 31 号绿地中央广场紫峰写字楼 6 栋 33F				
	经营范围	青少年读物的策划、设计、制作与发行业务等				

主要财务指标	指标\报告期	2015.06.30	2014.12.31	2014.06.30	2013.12.31
	基本每股收益(元)	0.1897	0.3900	0.1000	0.1300
	基本每股收益(扣除后)(元)	0.1290	0.3700	0.1000	0.0800
	稀释每股收益(元)	0.1897	0.3900	0.1000	0.1300
	每股净资产(元)	4.3393	5.0145	4.7490	3.5300
	每股经营现金净流量(元)	0.0042	0.4964	0.0727	0.3055
	每股现金流量(元)	-0.1239	0.5560	0.2284	-1.4085
	每股资本公积金(元)	2.6887	3.4264	3.4264	1.8951
	每股盈余公积金(元)	0.0359	0.0430	0.0368	0.0850
	每股未分配利润(元)	0.6147	0.5450	0.2858	0.5483
	净资产收益率(%)	4.3716	6.7005	1.4848	3.7871
	加权净资产收益率(%)	4.4400	9.5100	3.3800	3.8300
	净资产收益率(扣除)(%)	2.9730	6.2673	1.4445	2.3944
	总资产(万元)	193817.15	202938.34	192015.66	63860.40
	归属母公司股东权益(万元)	183270.04	176490.05	167146.10	53666.57
	营业收入(万元)	22601.85	51575.58	17471.41	32794.84
	营业支出(万元)	9569.76	28143.98	10964.83	23419.60
	投资收益(万元)	2627.31	179.09	-8.96	324.22
	净利润(万元)	8041.23	11903.89	2481.83	2032.40
	营业利润(万元)	9147.90	13575.47	2989.93	2474.90
	利润总额(万元)	9916.92	14355.56	3079.82	2971.65

量子高科(中国)生物股份有限公司

公司概况	公司名称	量子高科(中国)生物股份有限公司			证券简称	量子高科
	法人代表	曾宪经	董秘	梁宝霞	证券代码	300149
	公司网址	www.qht.cc		电子信箱	boardsecretary@qht.cc	
	电　话	0750-3869162		传　真	0750-3869666	
	办公地址	广东省江门市高新区高新西路 133 号				
	经营范围	以低聚果糖、低聚半乳糖为代表的益生元系列产品的研发、生产和销售等				

主要财务指标	指标\报告期	2015.06.30	2014.12.31	2014.06.30	2013.12.31
	基本每股收益(元)	0.0600	0.1300	0.0600	0.2000
	基本每股收益(扣除后)(元)	0.0500	0.1300	0.0600	0.1700
	稀释每股收益(元)	0.0600	0.1300	0.0600	0.2000
	每股净资产(元)	1.6314	2.2396	2.1670	3.2200
	每股经营现金净流量(元)	0.1440	0.1978	0.1022	0.2305
	每股现金流量(元)	-0.1196	-0.0828	-0.0396	-0.3266
	每股资本公积金(元)	0.1831	0.6550	0.6550	1.4826
	每股盈余公积金(元)	0.0563	0.0789	0.0635	0.0953
	每股未分配利润(元)	0.3920	0.5057	0.4485	0.6391
	净资产收益率(%)	3.6243	6.0271	2.8378	6.1448
	加权净资产收益率(%)	3.6400	6.1700	2.8400	6.3100
	净资产收益率(扣除)(%)	3.3165	6.0270	2.7400	5.1717
	总资产(万元)	76926.17	74112.85	71461.33	70398.84
	归属母公司股东权益(万元)	68862.73	67523.07	65335.93	64659.38
	营业收入(万元)	16760.94	28116.69	13976.04	25672.37
	营业支出(万元)	9161.83	14633.77	7643.42	14991.06
	投资收益(万元)	251.07	113.88	36.40	170.56
	净利润(万元)	2463.15	3829.61	1854.12	3973.18
	营业利润(万元)	2926.98	4493.91	2205.94	3950.63
	利润总额(万元)	2928.98	4344.23	2188.60	4541.26

北京世纪瑞尔技术股份有限公司

公司概况	公司名称	北京世纪瑞尔技术股份有限公司			证券简称	世纪瑞尔
	法人代表	牛俊杰	董秘	朱江滨	证券代码	300150
	公司网址	www.c-real.com.cn		电子信箱	ireal@c-real.com.cn	
	电　话	010-62970877		传　真	010-62962298	
	办公地址	北京市海淀区上地信息路22号上地科技综合楼B座九、十层				
	经营范围	包括铁路综合视频监控系统、铁路防灾安全监控系统、铁路综合监控系统平台等				

主要财务指标	指标\报告期	2015.06.30	2014.12.31	2014.06.30	2013.12.31
	基本每股收益(元)	0.0300	0.4600	0.0200	0.2400
	基本每股收益(扣除后)(元)	0.0300	0.2700	0.0100	0.2100
	稀释每股收益(元)	0.0300	0.4600	0.0200	0.2400
	每股净资产(元)	2.6172	2.6900	4.9300	5.1100
	每股经营现金净流量(元)	–0.0813	0.0108	–0.1872	0.1325
	每股现金流量(元)	–0.2162	–0.5954	–0.2021	0.1534
	每股资本公积金(元)	1.3494	3.6988	3.6988	3.6988
	每股盈余公积金(元)	0.1052	0.2104	0.1714	0.1714
	每股未分配利润(元)	0.1627	0.4643	0.0631	0.2401
	净资产收益率(%)	1.1379	8.6208	0.3930	4.6800
	加权净资产收益率(%)	1.1100	8.8700	0.3800	4.6900
	净资产收益率(扣除)(%)	1.1337	5.0504	–	4.0882
	总资产(万元)	152809.52	162428.01	151715.97	156085.84
	归属母公司股东权益(万元)	141331.16	145083.35	133197.08	137976.01
	营业收入(万元)	12915.76	33254.60	11945.96	23684.98
	营业支出(万元)	6956.23	18441.11	7575.21	11619.82
	投资收益(万元)	–217.41	6454.27	–	–108.79
	净利润(万元)	1857.80	12519.05	522.85	6452.90
	营业利润(万元)	1614.91	13134.81	546.69	6731.93
	利润总额(万元)	2097.24	13761.25	648.14	7887.11

深圳市昌红科技股份有限公司

公司概况	公司名称	深圳市昌红科技股份有限公司			证券简称	昌红科技
	法人代表	李焕昌	董秘	刘军	证券代码	300151
	公司网址	www.sz-changhong.com		电子信箱	changhong@sz-changhong.com	
	电　话	0755-89785568		传　真	0755-89785598	
	办公地址	广东省深圳市坪山新区坪山锦龙大道西侧				
	经营范围	非金属制品模具设计、加工、制造,塑料制品、模具、五金制造				

主要财务指标	指标\报告期	2015.06.30	2014.12.31	2014.06.30	2013.12.31
	基本每股收益(元)	0.0300	0.2600	0.1300	0.3500
	基本每股收益(扣除后)(元)	0.0300	0.2500	0.1300	0.3600
	稀释每股收益(元)	0.0300	0.2600	0.1300	0.3500
	每股净资产(元)	1.5559	3.8630	3.7400	3.6580
	每股经营现金净流量(元)	0.0205	0.3445	0.1986	0.9080
	每股现金流量(元)	–0.0615	–0.0546	–0.0434	0.4872
	每股资本公积金(元)	0.2210	2.0525	2.0525	5.1051
	每股盈余公积金(元)	0.0281	0.0703	0.0590	0.1180
	每股未分配利润(元)	0.3097	0.7424	0.6268	1.0928
	净资产收益率(%)	2.1051	6.6610	3.4878	4.8210
	加权净资产收益率(%)	2.1000	6.8500	3.5000	4.8800
	净资产收益率(扣除)(%)	2.1879	6.5238	3.4756	4.8586
	总资产(万元)	99888.65	95308.83	92168.89	95077.78
	归属母公司股东权益(万元)	78182.81	77645.93	75141.13	73525.33
	营业收入(万元)	26248.29	57866.18	27420.82	61739.09
	营业支出(万元)	20882.40	44514.45	20977.91	50341.39
	投资收益(万元)	–	5.00	–	–69.34
	净利润(万元)	1553.56	5086.74	2620.80	3544.69
	营业利润(万元)	1847.53	5832.49	3283.75	4484.00
	利润总额(万元)	1771.83	5968.25	3295.93	4453.62

徐州科融环境资源股份有限公司

公司概况	公司名称	徐州科融环境资源股份有限公司			证券简称	科融环境
	法人代表	贾红生	董秘	单庆廷	证券代码	300152
	公司网址	www.xcc.com.cn		电子信箱	xcc@xcc.com.cn	
	电　话	86-516-87986552		传　真	86-516-87986552	
	办公地址	江苏省徐州市经济开发区杨山路12号				
	经营范围	锅炉点火及燃烧成套设备和控制系统的设计制造等				

主要财务指标	指标\报告期	2015.06.30	2014.12.31	2014.06.30	2013.12.31
	基本每股收益(元)	0.1300	0.1800	0.1080	0.1900
	基本每股收益(扣除后)(元)	0.1200	0.1000	0.1050	0.1800
	稀释每股收益(元)	0.1300	0.1800	0.1080	0.1900
	每股净资产(元)	6.2567	6.1511	6.0591	5.9400
	每股经营现金净流量(元)	–0.5242	–0.0203	–0.2025	–0.7587
	每股现金流量(元)	–0.4977	–0.3442	–0.4148	–1.0878
	每股资本公积金(元)	4.0798	4.0798	4.0574	4.0303
	每股盈余公积金(元)	0.1517	0.1517	0.1317	0.1303
	每股未分配利润(元)	1.0252	0.9196	0.8700	0.7837
	净资产收益率(%)	2.0073	2.8905	1.7840	3.2458
	加权净资产收益率(%)	2.0200	2.9200	1.7800	3.2800
	净资产收益率(扣除)(%)	1.9105	1.5605	–	2.9979
	总资产(万元)	313553.63	273715.31	259306.29	203673.80
	归属母公司股东权益(万元)	148658.97	146150.07	143963.81	142768.36
	营业收入(万元)	46863.18	84252.30	33623.14	57063.90
	营业支出(万元)	32832.57	61871.09	24026.97	42447.98
	投资收益(万元)	15.81	–	–	–
	净利润(万元)	3545.68	4857.04	2568.50	4634.00
	营业利润(万元)	4413.72	3550.90	2385.48	4951.17
	利润总额(万元)	4574.50	5912.75	3065.14	5314.94

上海科泰电源股份有限公司

公司概况	公司名称	上海科泰电源股份有限公司			证券简称	科泰电源
	法人代表	谢松峰	董秘	廖晓华	证券代码	300153
	公司网址	www.cooltechsh.com		电子信箱	irm@cooltechsh.com	
	电　话	021-69758010　69758012		传　真	021-69758500	
	办公地址	上海市张江高新区青浦园天辰路1633号				
	经营范围	新能源及柴油发电机组系统集成的开发、设计、制造等				

主要财务指标	指标\报告期	2015.06.30	2014.12.31	2014.06.30	2013.12.31
	基本每股收益(元)	0.0500	0.2000	0.0800	0.1300
	基本每股收益(扣除后)(元)	0.0400	0.1800	0.0700	0.1200
	稀释每股收益(元)	0.0500	0.2000	0.0800	0.1300
	每股净资产(元)	2.9004	2.9341	5.7513	5.7690
	每股经营现金净流量(元)	–0.0511	–0.0401	0.0542	0.4006
	每股现金流量(元)	–0.1453	–0.5113	–0.4326	–0.1689
	每股资本公积金(元)	1.5457	4.0915	4.0915	4.0915
	每股盈余公积金(元)	0.0652	0.1303	0.1151	0.1151
	每股未分配利润(元)	0.2987	0.6520	0.5514	0.5714
	净资产收益率(%)	1.6443	3.3366	1.3906	2.1804
	加权净资产收益率(%)	1.6200	3.3700	1.3800	2.1800
	净资产收益率(扣除)(%)	1.5511	3.0037	1.2909	2.1195
	总资产(万元)	121106.15	115143.74	112108.77	107689.04
	归属母公司股东权益(万元)	92813.55	93889.86	92021.49	92304.57
	营业收入(万元)	31054.50	63453.53	27397.06	46587.43
	营业支出(万元)	24280.68	51923.38	22628.87	37616.70
	投资收益(万元)	430.23	789.76	256.20	400.35
	净利润(万元)	1522.83	3132.72	1279.67	2012.64
	营业利润(万元)	1662.84	3176.20	1353.23	2191.62
	利润总额(万元)	1749.91	3516.87	1461.46	2257.99

深圳市瑞凌实业股份有限公司

公司概况	公司名称	深圳市瑞凌实业股份有限公司			证券简称	瑞凌股份
	法人代表	邱光	董秘	邱文	证券代码	300154
	公司网址	www.riland.com.cn		电子信箱	riland@riland.com.cn	
	电　　话	0755-27345888		传　　真	0755-27345999	
	办公地址	深圳宝安区新安街道留仙二路飞扬兴业科技厂区厂房B栋2-6楼				
	经营范围	逆变焊割设备的研发、生产、销售等				

主要财务指标	指标\报告期	2015.06.30	2014.12.31	2014.06.30	2013.12.31
	基本每股收益(元)	0.2300	0.5000	0.2800	0.4200
	基本每股收益(扣除后)(元)	0.2300	0.4800	0.2600	0.4100
	稀释每股收益(元)	0.2300	0.5000	0.2800	0.4200
	每股净资产(元)	6.6311	3.3494	6.4655	6.3898
	每股经营现金净流量(元)	0.0934	0.4191	0.1828	0.7618
	每股现金流量(元)	0.2112	0.4173	-0.0676	-0.1837
	每股资本公积金(元)	4.0575	4.0575	4.0509	4.0509
	每股盈余公积金(元)	0.2386	0.2386	0.1892	0.1892
	每股未分配利润(元)	1.3350	1.4026	1.2254	1.1497
	净资产收益率(%)	3.5047	7.4985	4.2635	6.5499
	加权净资产收益率(%)	3.4100	7.6900	4.2400	6.6600
	净资产收益率(扣除)(%)	3.4137	7.1091	4.0244	6.4240
	总资产(万元)	169077.19	175893.41	168947.43	165777.30
	归属母公司股东权益(万元)	148206.09	149716.96	144503.32	142812.40
	营业收入(万元)	28367.84	68144.41	36449.96	68611.93
	营业支出(万元)	20236.15	48137.93	25610.09	49176.55
	投资收益(万元)	133.16	806.44	188.45	8.19
	净利润(万元)	5158.90	11019.12	6160.92	9354.09
	营业利润(万元)	5794.48	12421.05	6821.15	10780.97
	利润总额(万元)	5939.51	13082.08	7222.87	11007.87

广东安居宝数码科技股份有限公司

公司概况	公司名称	广东安居宝数码科技股份有限公司			证券简称	安居宝
	法人代表	张波	董秘	黄伟宁	证券代码	300155
	公司网址	www.anjubao.com		电子信箱	anjubao@anjubao.net	
	电　　话	020-82051026		传　　真	020-82082030	
	办公地址	广东省广州市开发区科学城起云路6号安居宝科技园				
	经营范围	自动控制设备、通讯设备的开发、设计、研发、制造、销售及技术咨询等				

主要财务指标	指标\报告期	2015.06.30	2014.12.31	2014.06.30	2013.12.31
	基本每股收益(元)	0.0400	0.2300	0.1800	0.5600
	基本每股收益(扣除后)(元)	0.0300	0.2200	0.1700	0.5400
	稀释每股收益(元)	0.0400	0.2300	0.1800	0.5600
	每股净资产(元)	3.0905	3.0536	6.2128	6.0753
	每股经营现金净流量(元)	-0.1637	-0.1316	-0.3680	0.3041
	每股现金流量(元)	-0.2117	-0.2675	-0.2789	-0.6058
	每股资本公积金(元)	1.5147	1.5230	4.0521	4.0405
	每股盈余公积金(元)	0.1188	0.1182	0.1900	0.1900
	每股未分配利润(元)	0.5046	0.4598	0.9706	0.7934
	净资产收益率(%)	1.3736	7.4079	2.8490	9.1297
	加权净资产收益率(%)	1.3900	7.4300	2.9000	9.5300
	净资产收益率(扣除)(%)	1.1316	7.0864	2.7534	8.8030
	总资产(万元)	137670.00	137039.95	133262.96	130329.91
	归属母公司股东权益(万元)	112491.69	111708.27	113635.29	110208.54
	营业收入(万元)	32375.12	63994.32	22156.97	52210.21
	营业支出(万元)	20500.47	36479.14	12230.24	28632.26
	投资收益(万元)	-	98.09	80.87	190.30
	净利润(万元)	1547.19	8238.58	3237.73	10147.61
	营业利润(万元)	820.82	6441.67	2816.64	8729.19
	利润总额(万元)	1764.24	9346.70	3822.64	11596.87

神雾环保技术股份有限公司

公司概况	公司名称	神雾环保技术股份有限公司			证券简称	神雾环保
	法人代表	吴道洪	董秘	卢邦杰	证券代码	300156
	公司网址	www.swet.net.cn		电子信箱	swet@swet.net.cn	
	电　　话	010-80470099　80470166		传　　真	010-80470098	
	办公地址	北京市朝阳区将台路5号院15号楼C座7层				
	经营范围	环保节能工程设计、技术开发、技术咨询、技术服务、专业承包、销售等				

主要财务指标	指标\报告期	2015.06.30	2014.12.31	2014.06.30	2013.12.31
	基本每股收益(元)	0.1100	0.1100	0.0200	-0.5300
	基本每股收益(扣除后)(元)	0.1100	-0.0700	0.0100	-0.5400
	稀释每股收益(元)	0.1100	0.1100	0.0200	-0.5300
	每股净资产(元)	5.1157	3.9274	4.8623	4.8461
	每股经营现金净流量(元)	-0.2157	0.9350	0.3596	-1.9046
	每股现金流量(元)	-1.0009	-1.1432	-0.4691	-0.2604
	每股资本公积金(元)	3.2405	3.4137	3.2244	3.2250
	每股盈余公积金(元)	0.1298	0.1818	0.1298	0.1298
	每股未分配利润(元)	0.7428	0.6368	0.5077	0.4914
	净资产收益率(%)	2.0724	2.0988	0.3349	-10.8662
	加权净资产收益率(%)	2.0900	2.1300	0.3400	-10.0100
	净资产收益率(扣除)(%)	2.0669	-1.3410	0.2710	-11.0518
	总资产(万元)	251586.74	292751.29	230274.00	273503.86
	归属母公司股东权益(万元)	147699.33	158669.38	140385.31	139917.49
	营业收入(万元)	29530.27	30141.24	2621.29	26203.00
	营业支出(万元)	21975.67	22632.45	1929.22	21434.64
	投资收益(万元)	-	4862.87	3957.84	-41.99
	净利润(万元)	2663.13	2069.22	470.12	-15203.75
	营业利润(万元)	2269.72	1872.23	156.25	-20013.72
	利润总额(万元)	2279.70	2017.59	270.39	-19659.77

恒泰艾普石油天然气技术服务股份有限公司

公司概况	公司名称	恒泰艾普石油天然气技术服务股份有限公司			证券简称	恒泰艾普
	法人代表	汤承锋	董秘	刘庆枫	证券代码	300157
	公司网址	www.ldocean.com.cn		电子信箱	zqb@ldocean.com.cn	
	电　　话	010-56931156		传　　真	010-56931156	
	办公地址	北京海淀区丰秀中路3号院4号楼401室				
	经营范围	石油天然气勘探的技术开发、销售、计算机软件的开发、销售等				

主要财务指标	指标\报告期	2015.06.30	2014.12.31	2014.06.30	2013.12.31
	基本每股收益(元)	0.0900	0.1400	0.1400	0.3500
	基本每股收益(扣除后)(元)	0.0800	0.1300	0.1400	0.3400
	稀释每股收益(元)	0.0900	0.1400	0.1400	0.3500
	每股净资产(元)	3.7900	3.7100	3.7400	5.4300
	每股经营现金净流量(元)	-0.1604	0.1919	0.0143	0.2277
	每股现金流量(元)	-0.0465	-0.2893	-0.2946	-0.5198
	每股资本公积金(元)	1.9815	1.9809	1.9807	3.4737
	每股盈余公积金(元)	0.0429	0.0429	0.0429	0.0644
	每股未分配利润(元)	0.7973	0.7105	0.7184	0.9016
	净资产收益率(%)	2.2872	3.6668	3.8640	6.0662
	加权净资产收益率(%)	2.3100	3.7100	3.9100	6.4500
	净资产收益率(扣除)(%)	2.2255	3.5467	-	5.7966
	总资产(万元)	334102.98	303393.18	284427.01	286484.50
	归属母公司股东权益(万元)	226751.23	221832.65	223538.75	216532.42
	营业收入(万元)	37360.45	72325.16	36685.62	58329.47
	营业支出(万元)	20275.99	36964.01	17537.12	28739.00
	投资收益(万元)	127.94	-1213.54	380.39	-239.61
	净利润(万元)	6253.34	12444.02	8636.66	13135.28
	营业利润(万元)	6382.13	14654.72	11076.22	16631.42
	利润总额(万元)	6750.95	14956.63	11450.98	18567.67

山西振东制药股份有限公司

公司概况	公司名称	山西振东制药股份有限公司			证券简称	振东制药
	法人代表	李安平	董秘	宁潞宏	证券代码	300158
	公司网址	www.zdjt.com			电子信箱	zqb@zdjt.com
	电　话	0355-8096012			传　真	0355-8096018
	办公地址	山西省长治市长治县光明南路振东科技园				
	经营范围	中药制剂(仅限原料药比卡鲁胺、甘草酸二铵)、小容量注射剂、片剂等				

主要财务指标	指标\报告期	2015.06.30	2014.12.31	2014.06.30	2013.12.31
	基本每股收益(元)	0.1115	0.1457	0.1093	0.2600
	基本每股收益(扣除后)(元)	0.0672	0.0704	0.0465	0.2600
	稀释每股收益(元)	0.1115	0.1457	0.1093	0.2600
	每股净资产(元)	6.8140	6.8024	6.7660	6.7567
	每股经营现金净流量(元)	–0.0787	0.2543	–0.0838	–0.2606
	每股现金流量(元)	0.0928	–0.4912	–0.1090	–0.6837
	每股资本公积金(元)	4.4367	4.4367	4.4367	4.4367
	每股盈余公积金(元)	0.2536	0.2536	0.2404	0.2404
	每股未分配利润(元)	1.1237	1.1121	1.0890	1.0797
	净资产收益率(%)	1.6371	2.1417	1.6156	3.8037
	加权净资产收益率(%)	1.6300	2.1500	1.6100	3.8700
	净资产收益率(扣除)(%)	0.9862	1.0344	0.6867	3.8430
	总资产(万元)	314723.11	285833.97	288627.14	279689.75
	归属母公司股东权益(万元)	196242.30	195909.69	194862.17	194594.00
	营业收入(万元)	99868.52	191948.50	71941.87	165849.01
	营业支出(万元)	56161.51	108002.90	35941.52	83996.56
	投资收益(万元)	–	4.80	4.80	2.74
	净利润(万元)	2882.89	3452.05	3148.17	7401.72
	营业利润(万元)	2338.54	2348.55	1613.69	8192.93
	利润总额(万元)	3656.75	4896.09	3688.39	8684.59

新疆机械研究院股份有限公司

公司概况	公司名称	新疆机械研究院股份有限公司			证券简称	新研股份
	法人代表	周卫华	董秘	吴洋	证券代码	300159
	公司网址	www.xjjxy.com.cn			电子信箱	xinyangufen@126.com
	电　话	0991-3718201　3736150			传　真	0991-3736150
	办公地址	新疆乌鲁木齐市经济技术开发区融合南路501号				
	经营范围	多种农牧业机械的研究开发、生产和销售等				

主要财务指标	指标\报告期	2015.06.30	2014.12.31	2014.06.30	2013.12.31
	基本每股收益(元)	0.0235	0.3100	0.0450	0.5600
	基本每股收益(扣除后)(元)	0.0181	0.2900	0.0380	0.2800
	稀释每股收益(元)	0.0235	0.3100	0.0450	0.5600
	每股净资产(元)	1.5343	1.5358	2.8009	2.8600
	每股经营现金净流量(元)	0.0422	–0.0437	–0.1970	0.8018
	每股现金流量(元)	–0.2680	–0.1835	–0.3426	0.2895
	每股资本公积金(元)	0.0459	1.0918	1.0918	3.1837
	每股盈余公积金(元)	0.0557	0.1113	0.0843	0.1687
	每股未分配利润(元)	0.4268	0.8566	0.6174	1.3454
	净资产收益率(%)	1.5321	10.1217	1.5958	9.8743
	加权净资产收益率(%)	1.5400	10.5500	1.5700	10.3000
	净资产收益率(扣除)(%)	1.1798	9.5236	1.3399	9.0303
	总资产(万元)	151739.73	127467.27	115986.33	117278.38
	归属母公司股东权益(万元)	110713.46	110821.30	101056.10	103054.65
	营业收入(万元)	10299.27	56091.14	8943.77	57234.66
	营业支出(万元)	6658.32	34953.57	5003.79	38230.21
	投资收益(万元)	–	–	–	–
	净利润(万元)	1700.72	11204.63	1612.66	10175.93
	营业利润(万元)	1679.38	12159.35	1654.03	10487.58
	利润总额(万元)	2069.41	12865.81	1912.60	11396.65

江苏秀强玻璃工艺股份有限公司

公司概况	公司名称	江苏秀强玻璃工艺股份有限公司			证券简称	秀强股份
	法人代表	卢秀强	董秘	张小伟	证券代码	300160
	公司网址	www.jsxq.com			电子信箱	zqb@jsxq.com
	电　话	86-527-81081160			传　真	0527-84459085
	办公地址	宿迁市宿豫区江山大道28号				
	经营范围	生产冰箱玻璃、汽车玻璃、家居玻璃、生产钢化、中空、夹胶、热弯等				

主要财务指标	指标\报告期	2015.06.30	2014.12.31	2014.06.30	2013.12.31
	基本每股收益(元)	0.2257	0.1953	0.1642	0.1992
	基本每股收益(扣除后)(元)	0.2391	0.2000	0.1516	0.2002
	稀释每股收益(元)	0.2257	0.1953	0.1642	0.1992
	每股净资产(元)	5.9335	5.8078	5.7769	5.6627
	每股经营现金净流量(元)	0.1905	0.5560	0.2429	0.1630
	每股现金流量(元)	–0.3258	–0.3860	–0.4866	–0.0836
	每股资本公积金(元)	3.4324	3.4324	3.4326	3.4326
	每股盈余公积金(元)	0.1993	0.1993	0.1792	0.1792
	每股未分配利润(元)	1.3018	1.1761	1.1651	1.0509
	净资产收益率(%)	3.8036	3.3627	2.8428	3.5185
	加权净资产收益率(%)	3.8100	3.4100	2.8400	3.5700
	净资产收益率(扣除)(%)	4.0289	3.4435	2.6234	3.5355
	总资产(万元)	140929.37	136271.72	137048.33	146842.54
	归属母公司股东权益(万元)	110837.70	108489.85	107912.78	105779.03
	营业收入(万元)	46356.89	83730.99	41194.57	78678.43
	营业支出(万元)	32595.96	64008.97	30769.49	59038.89
	投资收益(万元)	–	–79.87	–386.28	–364.70
	净利润(万元)	4215.85	3282.58	3067.75	3721.79
	营业利润(万元)	5248.62	4019.33	2976.14	3693.02
	利润总额(万元)	4962.23	3520.04	3254.68	3671.78

武汉华中数控股份有限公司

公司概况	公司名称	武汉华中数控股份有限公司			证券简称	华中数控
	法人代表	陈吉红	董秘	叶建国	证券代码	300161
	公司网址	www.huazhongcnc.com			电子信箱	hcnc@hzncc.com
	电　话	027-87180605			传　真	027-87180605
	办公地址	湖北省武汉市东湖新技术开发区庙山小区华中科技大学科技园				
	经营范围	数控系统、机电一体化、电子、计算机、激光、通信等技术及产品的开发、研制等				

主要财务指标	指标\报告期	2015.06.30	2014.12.31	2014.06.30	2013.12.31
	基本每股收益(元)	–0.1800	0.0662	0.0324	0.0933
	基本每股收益(扣除后)(元)	–0.3500	–0.3400	–0.1600	–0.4700
	稀释每股收益(元)	–0.1800	0.0662	0.0324	0.0933
	每股净资产(元)	5.1174	5.3134	5.2808	7.9025
	每股经营现金净流量(元)	–1.0460	0.2026	0.0015	0.6916
	每股现金流量(元)	–1.0745	–0.2908	–0.1567	0.1792
	每股资本公积金(元)	3.0137	3.0137	3.0149	5.0223
	每股盈余公积金(元)	0.1882	0.1882	0.1882	0.2824
	每股未分配利润(元)	0.9154	1.1115	1.0777	1.5978
	净资产收益率(%)	–3.4409	1.2467	0.6142	1.1801
	加权净资产收益率(%)	–3.3700	1.2500	0.6100	1.1800
	净资产收益率(扣除)(%)	–6.7485	–6.4842	–2.9044	–5.8944
	总资产(万元)	134143.97	136446.80	141355.58	130067.43
	归属母公司股东权益(万元)	82770.71	85942.26	85413.82	85212.69
	营业收入(万元)	24126.35	58623.31	28273.24	49994.19
	营业支出(万元)	16501.14	42159.26	20476.98	37365.82
	投资收益(万元)	–77.63	–60.76	–17.24	–12.28
	净利润(万元)	–2943.07	1600.71	524.62	1005.60
	营业利润(万元)	–6467.94	–5782.06	–2294.31	–4738.06
	利润总额(万元)	–2804.01	2118.97	1072.11	1976.35

深圳雷曼光电科技股份有限公司

公司概况	公司名称	深圳雷曼光电科技股份有限公司			证券简称	雷曼股份
	法人代表	李漫铁	董秘	罗竝	证券代码	300162
	公司网址	www.ledman.cn		电子信箱	ledman@ledman.cn	
	电　　话	0755-86137035		传　　真	0755-86139001	
	办公地址	广东省深圳市南山区松白公路百旺信工业园区二区第八栋				
	经营范围	研发、生产经营高品级发光二极管及 LED 显示、照明及其他应用产品货物的进出口				

主要财务指标	指标\报告期	2015.06.30	2014.12.31	2014.06.30	2013.12.31
	基本每股收益(元)	0.0600	0.1900	0.1400	0.1300
	基本每股收益(扣除后)(元)	0.0500	0.1300	0.1300	0.0500
	稀释每股收益(元)	0.0600	0.1900	0.1400	0.1300
	每股净资产(元)	2.2504	5.5801	5.5283	5.4878
	每股经营现金净流量(元)	-0.0582	0.5270	0.0127	-0.2589
	每股现金流量(元)	0.0495	-0.6217	-0.2504	-0.7996
	每股资本公积金(元)	0.9788	3.9418	3.9418	3.9418
	每股盈余公积金(元)	0.0422	0.1054	0.0905	0.0905
	每股未分配利润(元)	0.2294	0.5330	0.4960	0.4555
	净资产收益率(%)	2.6298	3.4466	2.5422	2.3704
	加权净资产收益率(%)	2.5400	3.4900	2.5400	2.3700
	净资产收益率(扣除)(%)	2.2109	2.2714	2.3012	0.9389
	总资产(万元)	89630.06	91505.09	92929.55	87207.73
	归属母公司股东权益(万元)	75388.71	74773.67	74079.80	73536.55
	营业收入(万元)	16780.72	40505.37	20067.87	35043.93
	营业支出(万元)	11008.49	28040.87	13509.97	24052.67
	投资收益(万元)	36.79	163.18	27.83	-
	净利润(万元)	1759.15	3207.88	1883.25	1743.09
	营业利润(万元)	1652.97	2741.91	1807.46	840.43
	利润总额(万元)	2024.42	3827.68	2017.47	2086.20

宁波先锋新材料股份有限公司

公司概况	公司名称	宁波先锋新材料股份有限公司			证券简称	先锋新材
	法人代表	卢先锋	董秘	孟凡龙	证券代码	300163
	公司网址	www.aplus.cn		电子信箱	mfl0502@126.com	
	电　　话	0574-88003135		传　　真	0574-88003131	
	办公地址	浙江省宁波市鄞州区集士港镇山下庄村				
	经营范围	一般经营项目为 PVC 玻纤高分子复合材料的制造				

主要财务指标	指标\报告期	2015.06.30	2014.12.31	2014.06.30	2013.12.31
	基本每股收益(元)	0.0400	0.2000	0.1000	0.2800
	基本每股收益(扣除后)(元)	0.0300	0.1700	0.0900	0.2300
	稀释每股收益(元)	0.0400	0.2000	0.1000	0.2800
	每股净资产(元)	4.1299	4.2255	4.2123	4.1600
	每股经营现金净流量(元)	0.0817	0.5204	0.1505	0.7017
	每股现金流量(元)	-0.6130	0.4902	0.0322	-0.4519
	每股资本公积金(元)	2.5977	2.5977	2.5977	6.1953
	每股盈余公积金(元)	0.0737	0.0737	0.0565	0.1130
	每股未分配利润(元)	0.5772	0.6367	0.5581	1.0159
	净资产收益率(%)	0.9820	4.6377	2.3783	3.3279
	加权净资产收益率(%)	0.9600	4.6000	2.3800	3.3400
	净资产收益率(扣除)(%)	0.7506	4.1403	2.1545	2.8043
	总资产(万元)	99389.81	97707.06	72251.93	69572.29
	归属母公司股东权益(万元)	65252.07	66763.49	66553.89	65761.04
	营业收入(万元)	34611.04	44788.92	13164.41	22164.27
	营业支出(万元)	18589.20	27092.67	9493.69	16174.65
	投资收益(万元)	-	-	-	6.81
	净利润(万元)	489.14	3117.35	1582.84	2188.46
	营业利润(万元)	173.62	3532.31	1731.16	2228.32
	利润总额(万元)	326.83	3906.98	1906.45	2631.30

西安通源石油科技股份有限公司

公司概况	公司名称	西安通源石油科技股份有限公司			证券简称	通源石油
	法人代表	张国桉	董秘	张国桉(代)	证券代码	300164
	公司网址	www.tongoiltools.com		电子信箱	investor@tongoiltools.com	
	电　　话	029-87607465		传　　真	029-87607465	
	办公地址	陕西省西安市高新区科技二路 70 号软件园唐乐阁 D301 室				
	经营范围	石油、天然气开发领域中钻井、测井、录井和井下作业等				

主要财务指标	指标\报告期	2015.06.30	2014.12.31	2014.06.30	2013.12.31
	基本每股收益(元)	-0.0696	0.0294	-0.0406	0.1400
	基本每股收益(扣除后)(元)	-0.0704	0.0200	-0.0400	0.0900
	稀释每股收益(元)	-0.0696	0.0300	-0.0406	0.1400
	每股净资产(元)	3.2470	3.0921	3.0190	4.9478
	每股经营现金净流量(元)	0.2316	-0.1045	0.0729	-0.3470
	每股现金流量(元)	0.1363	-0.1815	-0.1820	-0.2967
	每股资本公积金(元)	1.6385	1.8316	1.4272	2.8881
	每股盈余公积金(元)	0.0981	0.1045	0.1012	0.1619
	每股未分配利润(元)	0.5168	0.6340	0.4920	0.9023
	净资产收益率(%)	-2.0998	1.0124	-1.3463	2.7680
	加权净资产收益率(%)	-1.9200	1.0100	-1.3300	2.7700
	净资产收益率(扣除)(%)	-2.1224	0.7758	-1.3734	1.8355
	总资产(万元)	198469.95	231846.39	147161.51	153039.52
	归属母公司股东权益(万元)	131533.14	135612.52	114769.35	117559.27
	营业收入(万元)	26400.59	39414.94	8924.55	36679.26
	营业支出(万元)	12032.74	23090.77	5050.54	18343.53
	投资收益(万元)	-	3326.88	1596.41	909.47
	净利润(万元)	-2629.92	2965.89	-1545.13	3254.08
	营业利润(万元)	-3098.20	3430.02	-1892.82	3431.26
	利润总额(万元)	-3079.16	3757.21	-1856.18	3562.75

江苏天瑞仪器股份有限公司

公司概况	公司名称	江苏天瑞仪器股份有限公司			证券简称	天瑞仪器
	法人代表	刘召贵	董秘	肖廷良	证券代码	300165
	公司网址	www.skyray-instrument.com		电子信箱	zqb@skyray-instrument.com	
	电　　话	0512-57017339		传　　真	0512-57018681	
	办公地址	江苏省昆山市玉山镇中华园西路 1888 号天瑞大厦				
	经营范围	化学分析仪器及其应用软件的研发、生产、销售等				

主要财务指标	指标\报告期	2015.06.30	2014.12.31	2014.06.30	2013.12.31
	基本每股收益(元)	0.1541	0.3200	0.1400	0.3600
	基本每股收益(扣除后)(元)	0.0697	0.0800	0.0500	0.1300
	稀释每股收益(元)	0.1541	0.3200	0.1400	0.3600
	每股净资产(元)	6.3841	9.5461	9.3977	9.3789
	每股经营现金净流量(元)	-0.0686	0.2160	0.0065	-0.0997
	每股现金流量(元)	-0.3084	0.1242	-0.0619	-0.3553
	每股资本公积金(元)	4.3257	6.9885	6.9885	6.9885
	每股盈余公积金(元)	0.1670	0.2505	0.2181	0.2181
	每股未分配利润(元)	0.8762	1.3355	1.1817	1.1629
	净资产收益率(%)	1.8675	3.3869	1.4768	3.8679
	加权净资产收益率(%)	1.8800	3.4400	1.4700	3.9200
	净资产收益率(扣除)(%)	0.8394	0.8515	0.4965	1.4188
	总资产(万元)	165052.88	156680.66	154642.55	155506.75
	归属母公司股东权益(万元)	147396.04	147666.30	144649.42	144360.29
	营业收入(万元)	14548.56	27683.14	13732.68	32545.72
	营业支出(万元)	5748.33	10937.77	5326.90	12078.80
	投资收益(万元)	-	-	-	-
	净利润(万元)	2680.94	4862.32	2136.17	5583.75
	营业利润(万元)	2538.03	3205.35	1769.62	4366.69
	利润总额(万元)	3247.06	5874.72	2487.12	6689.97

北京东方国信科技股份有限公司

公司概况	公司名称	北京东方国信科技股份有限公司			证券简称	东方国信
	法人代表	管连平	董秘	刘彦斐	证券代码	300166
	公司网址	www.bonc.com.cn		电子信箱	investor@bonc.com.cn	
	电　　话	010-64392089		传　　真	010-64398978	
	办公地址	北京市朝阳区望京北路9号叶青大厦D座1108				
	经营范围	因特网信息服务业务等				

	指标\报告期	2015.06.30	2014.12.31	2014.06.30	2013.12.31
主要财务指标	基本每股收益(元)	0.1000	0.5200	0.1400	0.7300
	基本每股收益(扣除后)(元)	0.1000	0.5100	0.1400	0.6900
	稀释每股收益(元)	0.1000	0.5200	0.1400	0.7200
	每股净资产(元)	2.9674	5.3677	4.0505	7.4686
	每股经营现金净流量(元)	-0.0984	0.3075	-0.0123	-0.3100
	每股现金流量(元)	-0.0133	-0.1145	0.0478	-0.5007
	每股资本公积金(元)	1.2195	2.9507	1.9095	4.5547
	每股盈余公积金(元)	0.0700	0.1418	0.1085	0.2076
	每股未分配利润(元)	0.6778	1.2752	1.0325	1.7063
	净资产收益率(%)	3.2821	9.0558	3.4685	8.9022
	加权净资产收益率(%)	3.4100	12.5000	3.5300	11.4900
	净资产收益率(扣除)(%)	3.2276	8.7745	3.3507	8.3837
	总资产(万元)	196699.49	181679.60	123726.67	113519.78
	归属母公司股东权益(万元)	167643.36	149769.66	105159.54	101364.67
	营业收入(万元)	29493.33	61526.64	21765.26	46816.14
	营业支出(万元)	15555.22	31781.52	11275.18	25927.61
	投资收益(万元)	-92.55	-198.92	-91.69	-206.51
	净利润(万元)	5497.57	13485.33	3647.43	9023.64
	营业利润(万元)	5082.00	13808.73	3353.91	8864.99
	利润总额(万元)	6270.02	14744.96	3807.51	9721.15

深圳市迪威视讯股份有限公司

公司概况	公司名称	深圳市迪威视讯股份有限公司			证券简称	迪威视讯
	法人代表	季刚	董秘	季刚(代)	证券代码	300167
	公司网址	www.dvision.cn		电子信箱	ir@dvision.cn	
	电　　话	0755-26727427		传　　真	0755-26727234	
	办公地址	深圳市南山区西丽镇茶光路中深圳集成电路设计应用产业园307				
	经营范围	智慧城市规划设计,建设,运营服务,技术开发,技术服务等				

	指标\报告期	2015.06.30	2014.12.31	2014.06.30	2013.12.31
主要财务指标	基本每股收益(元)	-0.0700	-0.0300	-0.0200	0.0200
	基本每股收益(扣除后)(元)	-0.0700	-0.0200	-0.0200	0.0200
	稀释每股收益(元)	-0.0800	-0.0300	-0.0200	0.0200
	每股净资产(元)	2.2132	2.2132	2.3101	2.3314
	每股经营现金净流量(元)	0.3494	-0.9794	-0.6973	0.1210
	每股现金流量(元)	0.1169	-0.7672	-0.3146	0.3833
	每股资本公积金(元)	0.9922	0.9903	0.9260	1.8942
	每股盈余公积金(元)	0.0300	0.0300	0.0215	0.0323
	每股未分配利润(元)	0.1909	0.2640	0.3625	0.5706
	净资产收益率(%)	-3.3025	-1.3645	-0.7724	0.7451
	加权净资产收益率(%)	-3.2500	-1.0500	-0.7500	0.7400
	净资产收益率(扣除)(%)	-3.4488	-1.0030	-0.7729	0.4448
	总资产(万元)	115622.85	113523.28	106859.63	101351.08
	归属母公司股东权益(万元)	66450.21	68583.67	69358.66	69997.41
	营业收入(万元)	5802.16	23408.78	7820.76	21671.88
	营业支出(万元)	3369.37	12780.17	4856.60	15961.11
	投资收益(万元)	-	22.52	-	-
	净利润(万元)	-2662.31	-550.45	-535.70	521.52
	营业利润(万元)	-2761.20	-147.86	-1007.34	-199.63
	利润总额(万元)	-2608.96	-235.60	-824.76	575.95

万达信息股份有限公司

公司概况	公司名称	万达信息股份有限公司			证券简称	万达信息
	法人代表	史一兵	董秘	张令庆	证券代码	300168
	公司网址	www.wondersgroup.com		电子信箱	invest@wondersgroup.com	
	电　　话	021-24177888		传　　真	021-32140588	
	办公地址	上海市联航路1518号				
	经营范围	计算机专业领域内的技术咨询、开发、转让、培训、承包等				

	指标\报告期	2015.06.30	2014.12.31	2014.06.30	2013.12.31
主要财务指标	基本每股收益(元)	0.0543	0.3899	0.0743	0.6106
	基本每股收益(扣除后)(元)	0.0361	0.3663	0.0720	0.5894
	稀释每股收益(元)	0.0543	0.3899	0.0743	0.6106
	每股净资产(元)	3.3793	3.2751	2.8819	5.7713
	每股经营现金净流量(元)	-0.8633	-0.2059	-0.6281	0.0482
	每股现金流量(元)	-0.2419	-0.2555	-0.5989	-0.1550
	每股资本公积金(元)	1.2322	1.0513	1.0089	3.0125
	每股盈余公积金(元)	0.1481	0.1522	0.1177	0.2355
	每股未分配利润(元)	0.9992	1.0718	0.7597	1.5328
	净资产收益率(%)	1.6082	11.9052	1.5031	10.4376
	加权净资产收益率(%)	1.6700	12.5700	1.4900	11.2900
	净资产收益率(扣除)(%)	1.0673	11.1852	1.4574	10.0747
	总资产(万元)	439520.48	373413.36	217190.85	207828.18
	归属母公司股东权益(万元)	169241.05	159534.33	140377.92	140561.86
	营业收入(万元)	57831.41	154280.58	47462.04	121306.98
	营业支出(万元)	37857.51	105143.26	33056.42	84857.61
	投资收益(万元)	-20.40	523.76	29.19	-23.80
	净利润(万元)	2138.71	19899.82	2110.02	14671.32
	营业利润(万元)	1696.58	21487.56	2185.67	13683.56
	利润总额(万元)	2846.14	22402.27	2270.80	14394.72

常州天晟新材料股份有限公司

公司概况	公司名称	常州天晟新材料股份有限公司			证券简称	天晟新材
	法人代表	吴海宙	董秘	吴海宙(代)	证券代码	300169
	公司网址	www.tschina.com		电子信箱	dongmi@tschina.com	
	电　　话	0519-86929019 86929011		传　　真	0519-88866091	
	办公地址	江苏省常州市龙锦路508号				
	经营范围	塑料制品、橡胶制品(限分支机构经营)、新型复合材料、新型墙体材料等				

	指标\报告期	2015.06.30	2014.12.31	2014.06.30	2013.12.31
主要财务指标	基本每股收益(元)	0.0224	0.0848	0.0124	-0.2485
	基本每股收益(扣除后)(元)	0.0178	-0.0359	-0.0493	-0.2628
	稀释每股收益(元)	0.0224	0.0848	0.0124	-0.2485
	每股净资产(元)	3.7453	3.7200	3.0962	3.0828
	每股经营现金净流量(元)	-0.0738	0.4345	-0.0563	-0.2385
	每股现金流量(元)	0.0499	-0.1088	-0.1199	0.0275
	每股资本公积金(元)	2.5429	2.5429	1.9659	1.9659
	每股盈余公积金(元)	0.0406	0.0406	0.0472	0.0472
	每股未分配利润(元)	0.1632	0.1408	0.0858	0.0733
	净资产收益率(%)	0.5991	2.0875	0.4010	-8.0611
	加权净资产收益率(%)	0.6000	2.5300	0.4000	-7.7400
	净资产收益率(扣除)(%)	0.4739	-0.8824	-	-8.5255
	总资产(万元)	193774.67	184808.33	156912.79	156308.00
	归属母公司股东权益(万元)	122092.02	121266.74	86847.15	86471.80
	营业收入(万元)	37551.75	76105.55	30540.98	60586.19
	营业支出(万元)	27071.27	56557.13	23731.50	48224.55
	投资收益(万元)	-	129.20	-	-
	净利润(万元)	702.33	2417.78	348.16	-6970.55
	营业利润(万元)	492.07	-829.93	-1785.84	-8866.03
	利润总额(万元)	675.35	2950.25	215.15	-8348.03

上海汉得信息技术股份有限公司

公司概况	公司名称	上海汉得信息技术股份有限公司		证券简称	汉得信息
	法人代表	范建震	董秘	张伟锋	证券代码	300170
	公司网址	www.hand-china.com		电子信箱	investors@vip.hand-china.com
	电　话	021-50177372		传　真	021-59800969
	办公地址	上海市青浦区汇联路 33 号			
	经营范围	研究、开发和生产计算机软件、信息系统和网络产品等			

主要财务指标	指标\报告期	2015.06.30	2014.12.31	2014.06.30	2013.12.31
	基本每股收益(元)	0.1100	0.3300	0.1500	0.5500
	基本每股收益(扣除后)(元)	0.1000	0.3000	0.1300	0.4700
	稀释每股收益(元)	0.1100	0.3300	0.1500	0.5500
	每股净资产(元)	2.0830	2.9423	2.6667	5.0400
	每股经营现金净流量(元)	-0.1154	0.1103	-0.0825	0.2392
	每股现金流量(元)	-0.2130	0.0227	-0.2381	0.0280
	每股资本公积金(元)	0.4002	1.0837	0.9683	2.7884
	每股盈余公积金(元)	0.0719	0.1078	0.0777	0.1566
	每股未分配利润(元)	0.6116	0.7515	0.6212	1.0998
	净资产收益率(%)	5.3088	10.9751	5.6201	10.8802
	加权净资产收益率(%)	5.4700	12.2100	5.7400	11.4400
	净资产收益率(扣除)(%)	4.8348	9.9440	5.0270	9.3383
	总资产(万元)	184942.00	175982.85	155782.14	147719.64
	归属母公司股东权益(万元)	171557.59	161549.47	143036.03	134246.26
	营业收入(万元)	55742.83	100902.39	44222.18	84692.23
	营业支出(万元)	32553.18	60953.10	27483.39	53413.95
	投资收益(万元)	-	-154.65	-	-
	净利润(万元)	8552.05	17672.05	8038.72	14606.24
	营业利润(万元)	9109.08	16217.88	7075.32	13627.86
	利润总额(万元)	9983.45	17927.46	8134.52	15326.93

上海东富龙科技股份有限公司

公司概况	公司名称	上海东富龙科技股份有限公司		证券简称	东富龙
	法人代表	郑效东	董秘	熊芳君	证券代码	300171
	公司网址	www.tofflon.com		电子信箱	dfl@tofflon.com
	电　话	021-64909699		传　真	021-64909369
	办公地址	上海市闵行区都会路 1509 号 4 幢			
	经营范围	医用冻干机及冻干系统的研发、设计、生产、销售和服务			

主要财务指标	指标\报告期	2015.06.30	2014.12.31	2014.06.30	2013.12.31
	基本每股收益(元)	0.3212	1.0800	0.7400	1.2800
	基本每股收益(扣除后)(元)	0.3152	1.0100	0.6700	1.2300
	稀释每股收益(元)	0.3212	1.0700	0.7400	1.2800
	每股净资产(元)	4.2233	8.2023	12.2405	11.0476
	每股经营现金净流量(元)	0.0791	0.1735	-0.1461	1.6296
	每股现金流量(元)	0.2449	0.1917	-0.6698	-2.5775
	每股资本公积金(元)	1.8815	4.7436	7.4955	7.2594
	每股盈余公积金(元)	0.2082	0.4165	0.4635	0.4752
	每股未分配利润(元)	1.2184	2.3105	3.2567	2.5760
	净资产收益率(%)	7.4144	12.8828	6.0796	11.3061
	加权净资产收益率(%)	7.3500	13.5200	6.5200	11.7300
	净资产收益率(扣除)(%)	7.2755	12.0118	5.4639	10.8475
	总资产(万元)	414230.36	416800.25	393390.07	377852.92
	归属母公司股东权益(万元)	268110.17	260355.08	261029.47	235591.30
	营业收入(万元)	79075.15	125869.37	63408.62	102112.06
	营业支出(万元)	41771.37	65298.66	32676.78	53223.29
	投资收益(万元)	361.66	183.33	20.65	-
	净利润(万元)	20000.05	35135.31	15869.67	26636.29
	营业利润(万元)	23533.77	38755.03	20398.06	32229.17
	利润总额(万元)	23703.68	41476.72	22516.46	33501.60

中电环保股份有限公司

公司概况	公司名称	南京中电环保股份有限公司		证券简称	中电环保
	法人代表	王政福	董秘	周安翔	证券代码	300172
	公司网址	www.ce-ep.com		电子信箱	ceep@ce-ep.com
	电　话	025-86533202　86533261		传　真	025-86524972
	办公地址	江苏省南京市江宁开发区诚信大道 1800 号			
	经营范围	环保、电力、化工、水处理设备的研发、设计、制造、系统集成及销售等			

主要财务指标	指标\报告期	2015.06.30	2014.12.31	2014.06.30	2013.12.31
	基本每股收益(元)	0.1200	0.4900	0.1800	0.5300
	基本每股收益(扣除后)(元)	0.1100	0.4500	0.1600	0.5000
	稀释每股收益(元)	0.1200	0.4900	0.1800	0.5300
	每股净资产(元)	2.8270	5.5153	5.2009	5.1371
	每股经营现金净流量(元)	-0.0703	0.4452	-0.0135	0.6217
	每股现金流量(元)	-0.5462	0.0728	-0.1640	0.2785
	每股资本公积金(元)	0.8598	2.7196	2.7196	3.8354
	每股盈余公积金(元)	0.0900	0.1800	0.1199	0.1559
	每股未分配利润(元)	0.8772	1.6156	1.3614	1.6870
	净资产收益率(%)	4.2233	8.9477	3.4445	7.9558
	加权净资产收益率(%)	4.2600	9.3000	3.4500	8.2100
	净资产收益率(扣除)(%)	4.0411	8.2056	3.0895	7.4246
	总资产(万元)	139367.55	132573.27	131540.19	122366.26
	归属母公司股东权益(万元)	95553.29	93207.81	87895.40	86817.82
	营业收入(万元)	27305.04	60712.36	25501.39	54050.27
	营业支出(万元)	18389.62	43498.25	18507.55	38759.23
	投资收益(万元)	48.41	1.04	0.06	0.08
	净利润(万元)	4215.69	8706.42	3027.58	6907.07
	营业利润(万元)	4709.55	9184.87	3158.94	7356.40
	利润总额(万元)	4940.90	10069.01	3561.13	7987.45

松德智慧装备股份有限公司

公司概况	公司名称	松德智慧装备股份有限公司		证券简称	智慧松德
	法人代表	郭景松	董秘	胡炳明	证券代码	300173
	公司网址	www.songde.com.cn		电子信箱	hubm@sotech.cn
	电　话	0760-23380388		传　真	0760-23380870
	办公地址	广东省中山市南头镇东福北路 35 号			
	经营范围	生产、加工、销售:包装机械及材料、印刷机械、光电材料及其设备等			

主要财务指标	指标\报告期	2015.06.30	2014.12.31	2014.06.30	2013.12.31
	基本每股收益(元)	0.0400	0.0700	0.0300	-0.1900
	基本每股收益(扣除后)(元)	0.0300	-0.1100	0.0300	-0.1900
	稀释每股收益(元)	0.0400	0.0700	0.0300	-0.1900
	每股净资产(元)	2.6292	7.7707	4.7524	4.7258
	每股经营现金净流量(元)	-0.0195	-0.0789	-0.1073	0.0003
	每股现金流量(元)	-0.1455	0.9783	-0.2391	-0.2484
	每股资本公积金(元)	1.3945	6.1835	2.7815	2.7815
	每股盈余公积金(元)	0.0305	0.0916	0.1534	0.1534
	每股未分配利润(元)	0.2042	0.4956	0.8174	0.7909
	净资产收益率(%)	1.4835	0.5148	0.5589	-4.0612
	加权净资产收益率(%)	1.4900	1.4500	0.5600	-3.9300
	净资产收益率(扣除)(%)	1.3387	-0.8564	0.5904	-4.1112
	总资产(万元)	194792.42	196992.90	78316.88	78885.29
	归属母公司股东权益(万元)	154120.51	151834.08	53811.33	53510.58
	营业收入(万元)	23037.76	19479.79	12506.10	20312.96
	营业支出(万元)	15764.41	14531.28	9113.29	14917.34
	投资收益(万元)	-9.81	393.00	21.82	70.81
	净利润(万元)	2286.43	746.88	300.74	-2173.17
	营业利润(万元)	1830.94	-1315.89	360.75	-2668.19
	利润总额(万元)	2574.55	772.38	341.66	-2638.05

福建元力活性炭股份有限公司

公司概况	公司名称	福建元力活性炭股份有限公司		证券简称	元力股份
	法人代表	卢元健	董秘 许文显	证券代码	300174
	公司网址	www.yuanlicarbon.com		电子信箱	dm@yuanlicarbon.com
	电话	0599-8558803		传真	0599-8558803
	办公地址	福建省南平市八一路356号			
	经营范围	一直致力于木质活性炭的研发、生产和销售等			

主要财务指标 指标\报告期	2015.06.30	2014.12.31	2014.06.30	2013.12.31
基本每股收益(元)	0.1485	0.0596	0.0448	0.0398
基本每股收益(扣除后)(元)	0.1010	0.0272	0.0243	0.0248
稀释每股收益(元)	0.1485	0.0596	0.0448	0.0398
每股净资产(元)	3.7627	3.6679	3.6530	3.6582
每股经营现金净流量(元)	0.1444	0.1563	0.0339	-0.0728
每股现金流量(元)	0.0141	-0.0043	-0.0184	-0.3781
每股资本公积金(元)	1.9194	1.9194	2.1936	2.1936
每股盈余公积金(元)	0.1321	0.1321	0.0655	0.0655
每股未分配利润(元)	0.7112	0.6126	0.3939	0.3991
净资产收益率(%)	3.9478	1.6255	1.2258	1.0886
加权净资产收益率(%)	3.9700	1.6300	1.2200	1.0800
净资产收益率(扣除)(%)	2.6835	0.7408	0.6656	0.6787
总资产(万元)	82766.98	83575.38	58801.16	58470.38
归属母公司股东权益(万元)	51172.13	49831.94	49680.94	49751.96
营业收入(万元)	29407.91	39830.34	18578.48	37330.49
营业支出(万元)	24081.46	31881.76	14963.76	29539.78
投资收益(万元)	1068.02	-	-	-
净利润(万元)	2837.93	810.84	608.98	541.60
营业利润(万元)	965.90	-1147.67	-591.25	-947.36
利润总额(万元)	3046.67	539.01	495.55	290.16

朗源股份有限公司

公司概况	公司名称	朗源股份有限公司		证券简称	朗源股份
	法人代表	戚大广	董秘 张丽娜	证券代码	300175
	公司网址	www.lontrue.com		电子信箱	ir@lontrue.com
	电话	0535-8611766		传真	0535-8610658
	办公地址	山东龙口高新技术产业园区朗源路299号			
	经营范围	种植、加工、储存、销售:水果、蔬菜、坚果、果仁及其深加工产品等			

主要财务指标 指标\报告期	2015.06.30	2014.12.31	2014.06.30	2013.12.31
基本每股收益(元)	0.0570	0.1860	0.1200	0.0370
基本每股收益(扣除后)(元)	0.0370	0.1610	0.1100	0.0374
稀释每股收益(元)	0.0570	0.1860	0.1200	0.0370
每股净资产(元)	1.9591	1.8128	1.6554	1.5343
每股经营现金净流量(元)	-0.0330	-0.5763	0.0700	-0.0674
每股现金流量(元)	0.1030	-0.1338	-0.0411	0.0505
每股资本公积金(元)	0.1496	0.1496	0.1496	0.1496
每股盈余公积金(元)	0.0616	0.0616	0.0434	0.0434
每股未分配利润(元)	0.5569	0.4996	0.4624	0.3413
净资产收益率(%)	2.9223	10.2761	7.3142	2.4200
加权净资产收益率(%)	2.9500	11.9900	7.4900	2.4300
净资产收益率(扣除)(%)	1.9023	8.8747	6.6624	2.4370
总资产(万元)	165735.78	148294.88	109718.70	111972.16
归属母公司股东权益(万元)	92235.78	85344.47	77936.49	72236.06
营业收入(万元)	33917.80	80916.17	42198.95	60206.40
营业支出(万元)	28790.49	66930.71	33900.92	51104.01
投资收益(万元)	-	202.70	202.70	-
净利润(万元)	2786.99	8843.91	5700.43	1748.10
营业利润(万元)	1835.94	7716.70	5464.50	1886.34
利润总额(万元)	2776.71	8912.76	5972.53	1874.03

广东鸿特精密技术股份有限公司

公司概况	公司名称	广东鸿特精密技术股份有限公司		证券简称	鸿特精密
	法人代表	卢楚隆	董秘 邱碧开	证券代码	300176
	公司网址	www.hongteo.com.cn		电子信箱	zq@hongteo.com.cn
	电话	0758-2696338 2696038		传真	0758-2691582
	办公地址	广东省肇庆市鼎湖城区北十区			
	经营范围	设计、制造、加工、销售铝合金精密压铸件、汽车零配件及通讯类零配件			

主要财务指标 指标\报告期	2015.06.30	2014.12.31	2014.06.30	2013.12.31
基本每股收益(元)	0.1015	0.1488	0.0840	0.2428
基本每股收益(扣除后)(元)	0.0653	0.1288	0.0778	0.2325
稀释每股收益(元)	0.1015	0.1488	0.0840	0.2428
每股净资产(元)	5.3218	5.2703	5.2055	5.2215
每股经营现金净流量(元)	1.6739	0.5387	0.0184	1.7417
每股现金流量(元)	0.1354	-0.4972	-0.3774	0.4828
每股资本公积金(元)	2.9764	2.9764	2.9764	2.9764
每股盈余公积金(元)	0.1801	0.1801	0.1551	0.1551
每股未分配利润(元)	1.1653	1.1139	1.0740	1.0900
净资产收益率(%)	1.9064	2.8235	1.6136	4.6499
加权净资产收益率(%)	1.9100	2.8400	1.6000	4.7200
净资产收益率(扣除)(%)	1.2275	2.4437	1.4941	4.4530
总资产(万元)	196878.74	181759.62	171307.96	150050.73
归属母公司股东权益(万元)	57091.98	56539.98	55844.68	56016.39
营业收入(万元)	68868.18	123574.54	59409.83	105838.30
营业支出(万元)	54469.90	97911.57	47143.70	83283.70
投资收益(万元)	-	-	-	-
净利润(万元)	1088.40	1596.39	901.09	2604.71
营业利润(万元)	831.68	1097.83	953.54	2690.72
利润总额(万元)	1300.98	1351.08	1032.00	2821.67

广州中海达卫星导航技术股份有限公司

公司概况	公司名称	广州中海达卫星导航技术股份有限公司		证券简称	中 海 达
	法人代表	廖定海	董秘 何金成	证券代码	300177
	公司网址	www.hi-target.com.cn		电子信箱	zhdsec@hi-target.com.cn
	电话	020-22883901 22883958		传真	86-20-22883877
	办公地址	广东省广州市番禺区番禺大道北555号番禺节能科技园总部中心13号楼			
	经营范围	卫星导航定位系统及软硬件产品、地理信息采集系统及软硬件产品等			

主要财务指标 指标\报告期	2015.06.30	2014.12.31	2014.06.30	2013.12.31
基本每股收益(元)	0.0251	0.2500	0.1107	0.5400
基本每股收益(扣除后)(元)	0.0144	0.2300	0.1043	0.5100
稀释每股收益(元)	0.0251	0.2500	0.1107	0.5400
每股净资产(元)	3.5723	2.5310	2.3801	4.6329
每股经营现金净流量(元)	-0.3080	0.0294	-0.1351	0.3304
每股现金流量(元)	-0.0202	-0.1675	-0.2547	-0.0511
每股资本公积金(元)	1.7150	0.6362	0.6172	2.2284
每股盈余公积金(元)	0.0883	0.0949	0.0650	0.1300
每股未分配利润(元)	0.7690	0.7999	0.6979	1.2745
净资产收益率(%)	0.6697	9.6982	4.6513	11.5201
加权净资产收益率(%)	0.8600	10.2200	4.6800	12.3600
净资产收益率(扣除)(%)	0.3845	9.2089	4.3849	11.0627
总资产(万元)	183998.90	130695.81	118163.38	114356.68
归属母公司股东权益(万元)	155613.27	102689.42	96132.66	93561.24
营业收入(万元)	25848.14	68722.19	27380.63	53827.85
营业支出(万元)	15399.67	33997.89	13248.10	26612.52
投资收益(万元)	449.23	-1.45	-	-
净利润(万元)	1117.80	10572.08	4471.42	10778.31
营业利润(万元)	162.91	9380.25	3671.15	10400.15
利润总额(万元)	1226.57	12333.31	5115.41	12366.75

深圳市腾邦国际商业服务股份有限公司

公司概况	公司名称	深圳市腾邦国际商业服务股份有限公司			证券简称	腾邦国际
	法人代表	钟百胜	董秘	周小凤	证券代码	300178
	公司网址	www.feiren.com		电子信箱	tt@tempus.cn	
	电　　话	0755-83663222		传　　真	0755-83663222	
	办公地址	广东省深圳市福田保税区桃花路腾邦物流大厦 5 楼				
	经营范围	经营国际、国内航线或香港、澳门、台湾地区的航空客运销售代理业务等				

	指标＼报告期	2015.06.30	2014.12.31	2014.06.30	2013.12.31
主要财务指标	基本每股收益(元)	0.1200	0.5300	0.2400	0.7400
	基本每股收益(扣除后)(元)	0.1193	0.5269	0.2200	0.7200
	稀释每股收益(元)	0.1200	0.5300	0.2400	0.7400
	每股净资产(元)	2.3945	5.0642	4.7910	9.2445
	每股经营现金净流量(元)	-0.4079	-1.0185	-0.0184	-0.4305
	每股现金流量(元)	0.1464	-0.5033	0.3605	-1.0252
	每股资本公积金(元)	0.4799	2.2429	2.2220	5.4357
	每股盈余公积金(元)	0.0917	0.2018	0.1469	0.2935
	每股未分配利润(元)	0.8303	1.6358	1.4116	2.4943
	净资产收益率(%)	5.0946	10.4809	4.9843	8.0414
	加权净资产收益率(%)	5.1800	11.1000	5.0300	8.3800
	净资产收益率(扣除)(%)	4.9843	10.4076	4.5339	7.8348
	总资产(万元)	293670.30	212876.10	166301.20	139721.94
	归属母公司股东权益(万元)	128885.53	123901.40	117217.53	113152.97
	营业收入(万元)	39411.17	46377.79	21867.28	35702.56
	营业支出(万元)	17530.42	15978.40	8035.77	12949.01
	投资收益(万元)	179.78	345.17	375.68	81.09
	净利润(万元)	6914.17	13381.63	5842.47	9099.06
	营业利润(万元)	9394.34	15320.95	6695.79	10761.69
	利润总额(万元)	9409.32	15020.45	6985.30	10953.81

河南四方达超硬材料股份有限公司

公司概况	公司名称	河南四方达超硬材料股份有限公司			证券简称	四 方 达
	法人代表	方海江	董秘	陈锦辉	证券代码	300179
	公司网址	www.sf-diamond.com.cn		电子信箱	sr@sf-diamond.com	
	电　　话	0371-66728022		传　　真	0371-86070182-321	
	办公地址	河南省郑州市经济技术开发区第十大街 109 号				
	经营范围	复合超硬材料及制品的生产和销售业务等				

	指标＼报告期	2015.06.30	2014.12.31	2014.06.30	2013.12.31
主要财务指标	基本每股收益(元)	0.0470	0.1800	0.0749	0.1500
	基本每股收益(扣除后)(元)	0.0404	-0.1200	0.0565	0.1200
	稀释每股收益(元)	0.0470	0.1800	0.0749	0.1500
	每股净资产(元)	1.5081	1.5065	3.2159	3.1909
	每股经营现金净流量(元)	-0.0357	0.1786	-0.0098	0.2330
	每股现金流量(元)	-0.1407	-0.9287	-0.1494	-0.2944
	每股资本公积金(元)	0.1143	1.4514	1.4514	1.4514
	每股盈余公积金(元)	0.0487	0.1070	0.0878	0.0878
	每股未分配利润(元)	0.3451	0.7559	0.6767	0.6518
	净资产收益率(%)	3.1158	5.2323	2.3302	4.7738
	加权净资产收益率(%)	3.1000	5.4000	2.3300	4.8400
	净资产收益率(扣除)(%)	2.6800	-3.6303	1.7576	3.7860
	总资产(万元)	82820.68	84911.27	85297.31	83709.14
	归属母公司股东权益(万元)	71662.93	71590.06	69462.88	68924.25
	营业收入(万元)	9536.26	18907.32	7972.08	15135.68
	营业支出(万元)	5188.00	10045.84	4778.86	8774.60
	投资收益(万元)	282.65	648.17	265.77	502.43
	净利润(万元)	2163.21	3359.68	1618.63	3290.29
	营业利润(万元)	2488.49	-2045.81	1679.84	3593.28
	利润总额(万元)	2573.24	3761.48	1846.78	3967.17

上海华峰超纤材料股份有限公司

公司概况	公司名称	上海华峰超纤材料股份有限公司			证券简称	华峰超纤
	法人代表	尤小平	董秘	程鸣	证券代码	300180
	公司网址	www.hfmicrofibre.com		电子信箱	chengming2003@126.com	
	电　　话	021-57243140		传　　真	021-57245968	
	办公地址	上海市金山区亭卫南路 888 号				
	经营范围	超细纤维聚氨酯合成革的研发、生产、销售与服务等				

	指标＼报告期	2015.06.30	2014.12.31	2014.06.30	2013.12.31
主要财务指标	基本每股收益(元)	0.2100	0.7300	0.3600	0.5700
	基本每股收益(扣除后)(元)	0.4200	0.7000	0.3600	0.5300
	稀释每股收益(元)	0.2100	0.7300	0.3600	0.5700
	每股净资产(元)	3.7751	8.9818	8.6322	8.3700
	每股经营现金净流量(元)	0.0381	0.7711	0.4741	0.3696
	每股现金流量(元)	-0.1831	-0.5411	-0.0318	-0.5084
	每股资本公积金(元)	1.3723	4.9309	4.9199	4.9199
	每股盈余公积金(元)	0.1375	0.3438	0.2699	0.2699
	每股未分配利润(元)	1.2653	2.7072	2.4423	2.1791
	净资产收益率(%)	5.6789	8.1384	4.2082	6.7947
	加权净资产收益率(%)	5.8000	8.2600	4.2500	6.9900
	净资产收益率(扣除)(%)	5.5020	7.8359	4.1505	6.3642
	总资产(万元)	184869.92	176811.02	149732.52	138921.38
	归属母公司股东权益(万元)	149116.69	141912.56	136388.66	132229.11
	营业收入(万元)	57944.50	97031.31	46557.26	72654.98
	营业支出(万元)	40911.69	70680.84	33120.88	53831.07
	投资收益(万元)	-	-	-	-
	净利润(万元)	8468.14	11549.37	5739.55	8984.63
	营业利润(万元)	9567.44	12575.53	7538.98	9748.32
	利润总额(万元)	9882.14	13149.79	7643.88	10385.48

浙江佐力药业股份有限公司

公司概况	公司名称	浙江佐力药业股份有限公司			证券简称	佐力药业
	法人代表	俞有强	董秘	郑超一	证券代码	300181
	公司网址	www.jolly.com.cn		电子信箱	zhengcy@zuoli.com	
	电　　话	0572-8281383		传　　真	0572-8281246	
	办公地址	浙江省湖州市德清县武康镇志远路				
	经营范围	乌灵菌粉及乌灵胶囊的生产等				

	指标＼报告期	2015.06.30	2014.12.31	2014.06.30	2013.12.31
主要财务指标	基本每股收益(元)	0.1016	0.3300	0.1496	0.5600
	基本每股收益(扣除后)(元)	0.0875	0.3000	0.1388	0.5059
	稀释每股收益(元)	0.1016	0.3300	0.1496	0.5600
	每股净资产(元)	2.0760	2.5369	2.3609	2.4385
	每股经营现金净流量(元)	-0.0666	0.0432	-0.0283	0.2049
	每股现金流量(元)	0.5087	-0.3539	-0.2151	-0.0545
	每股资本公积金(元)	0.6789	0.7469	0.7469	2.8432
	每股盈余公积金(元)	0.0676	0.0986	0.0986	0.1606
	每股未分配利润(元)	0.3294	0.6915	0.5154	1.3609
	净资产收益率(%)	4.3313	12.8386	6.3380	10.4850
	加权净资产收益率(%)	6.6700	13.4000	6.2400	10.9600
	净资产收益率(扣除)(%)	3.7282	11.9582	5.8789	9.4309
	总资产(万元)	162797.80	118151.65	95782.27	94189.72
	归属母公司股东权益(万元)	126348.36	80370.15	74792.18	77251.73
	营业收入(万元)	32889.57	51492.62	22364.76	41941.52
	营业支出(万元)	8642.80	9009.69	2843.33	5510.82
	投资收益(万元)	-	-	-	-
	净利润(万元)	5915.96	10675.73	4740.45	8099.75
	营业利润(万元)	5086.26	9923.27	4312.50	6930.03
	利润总额(万元)	6639.14	12049.30	5318.39	9036.92

北京捷成世纪科技股份有限公司

公司概况

公司名称	北京捷成世纪科技股份有限公司			证券简称	捷成股份
法人代表	徐子泉	董秘	庄兵	证券代码	300182
公司网址	www.jetsen.com.cn		电子信箱	jetsen@jetsen.cn	
电　　话	010-82330868		传　　真	010-61736100	
办公地址	北京市海淀区知春路1号学院国际大厦709室				
经营范围	专业从事音视频整体解决方案的设计、开发与实施等				

主要财务指标

指标\报告期	2015.06.30	2014.12.31	2014.06.30	2013.12.31
基本每股收益(元)	0.2302	0.5600	0.1533	0.9000
基本每股收益(扣除后)(元)	0.2259	0.5500	0.1506	0.8500
稀释每股收益(元)	0.2286	0.5600	0.1533	0.8900
每股净资产(元)	3.7186	2.9965	3.1141	3.0039
每股经营现金净流量(元)	0.1155	–0.2838	–0.5910	0.1511
每股现金流量(元)	–0.2530	–0.5161	–0.7892	0.7744
每股资本公积金(元)	1.3441	1.2941	1.2004	3.3298
每股盈余公积金(元)	0.2382	0.2388	0.2069	0.4141
每股未分配利润(元)	1.1366	1.0701	0.7067	1.3329
净资产收益率(%)	6.1562	15.4900	4.9225	14.2275
加权净资产收益率(%)	5.9300	17.2300	4.9500	16.8300
净资产收益率(扣除)(%)	6.0431	15.2300	4.8338	13.4245
总资产(万元)	243913.08	234031.41	198221.45	191833.81
归属母公司股东权益(万元)	175547.20	169671.86	144798.09	141174.41
营业收入(万元)	63883.40	123384.09	49628.21	93446.51
营业支出(万元)	43251.78	71360.52	29169.05	50366.75
投资收益(万元)	3124.85	1895.40	461.76	1378.29
净利润(万元)	10602.19	26447.77	7127.68	20085.63
营业利润(万元)	9543.73	25193.31	6044.61	20284.74
利润总额(万元)	11092.19	28014.54	7781.13	22482.47

青岛东软载波科技股份有限公司

公司概况

公司名称	青岛东软载波科技股份有限公司			证券简称	东软载波
法人代表	崔健	董秘	王辉	证券代码	300183
公司网址	www.eastsoft.com.cn		电子信箱	wanghui@eastsoft.com.cn	
电　　话	0532-83676959		传　　真	0532-83676855	
办公地址	山东省青岛市市北区上清路16号甲				
经营范围	计算机软件开发及配套技术服务、集成电路设计及销售等				

主要财务指标

指标\报告期	2015.06.30	2014.12.31	2014.06.30	2013.12.31
基本每股收益(元)	0.2600	1.1000	0.4500	1.0700
基本每股收益(扣除后)(元)	0.2600	1.0800	0.4400	1.0600
稀释每股收益(元)	0.2600	1.1000	0.4500	1.0700
每股净资产(元)	4.3113	8.3979	7.7575	7.7774
每股经营现金净流量(元)	0.1916	1.1172	0.3962	0.9042
每股现金流量(元)	–0.6019	0.2072	–0.2960	0.6443
每股资本公积金(元)	1.5785	4.1492	4.1616	4.1275
每股盈余公积金(元)	0.2346	0.4692	0.3590	0.3594
每股未分配利润(元)	1.4982	2.7795	2.2369	2.2906
净资产收益率(%)	5.9956	13.1135	5.7791	13.6499
加权净资产收益率(%)	5.9700	13.6900	5.6600	14.8200
净资产收益率(扣除)(%)	5.9185	12.8052	5.6420	13.5431
总资产(万元)	215154.07	206737.17	185457.42	181342.97
归属母公司股东权益(万元)	192045.31	187041.68	172760.00	173018.18
营业收入(万元)	32908.19	64439.60	24333.94	50327.90
营业支出(万元)	15809.13	28325.04	10566.99	19213.08
投资收益(万元)	–	–	–	–
净利润(万元)	11252.10	24586.13	9983.96	23616.73
营业利润(万元)	10251.75	22767.66	9249.84	20949.03
利润总额(万元)	13075.38	27122.67	11002.69	24855.31

武汉力源信息技术股份有限公司

公司概况

公司名称	武汉力源信息技术股份有限公司			证券简称	力源信息
法人代表	赵马克	董秘	王晓东	证券代码	300184
公司网址	www.icbase.com		电子信箱	zqb@icbase.com	
电　　话	027-59417345		传　　真	027-59417373	
办公地址	湖北省武汉市东湖新技术开发区武大园三路5号				
经营范围	电子产品、电子元器件、信息技术及相关成套产品方案的开发、研制、生产、销售等				

主要财务指标

指标\报告期	2015.06.30	2014.12.31	2014.06.30	2013.12.31
基本每股收益(元)	0.0500	0.1300	0.0524	0.1700
基本每股收益(扣除后)(元)	0.0300	0.1200	0.0521	0.1500
稀释每股收益(元)	0.0500	0.1300	0.0524	0.1700
每股净资产(元)	1.7551	3.3600	2.9478	4.3400
每股经营现金净流量(元)	–0.0999	0.1495	–0.0323	–0.1692
每股现金流量(元)	–0.1208	0.0375	–0.4788	–1.0676
每股资本公积金(元)	0.5297	1.9946	1.5998	2.8997
每股盈余公积金(元)	0.0198	0.0401	0.0474	0.0711
每股未分配利润(元)	0.2147	0.3391	0.3180	0.3985
净资产收益率(%)	2.6909	3.4100	1.7767	3.9403
加权净资产收益率(%)	2.7500	4.0400	1.7900	3.9000
净资产收益率(扣除)(%)	1.9320	3.3223	1.7683	3.3433
总资产(万元)	92106.31	91443.07	49761.01	48903.03
归属母公司股东权益(万元)	63059.02	59560.46	44238.88	43416.84
营业收入(万元)	43992.51	63077.81	20153.39	33700.29
营业支出(万元)	37175.50	53691.58	17088.09	28165.09
投资收益(万元)	–103.30	–33.01	–	38.56
净利润(万元)	2174.64	2557.04	786.01	1710.75
营业利润(万元)	1898.47	2878.57	954.31	1586.35
利润总额(万元)	2575.42	2960.86	959.31	1931.96

通裕重工股份有限公司

公司概况

公司名称	通裕重工股份有限公司			证券简称	通裕重工
法人代表	司兴奎	董秘	祖吉旭	证券代码	300185
公司网址	www.tongyuheavy.com		电子信箱	tyzgsaj@126.com	
电　　话	0534-7520688		传　　真	0534-7287759	
办公地址	山东省禹城市高新技术产业开发区				
经营范围	大型锻件坯料、电渣锭、锻件、管模、数控机床、通用机械非标准设备制造、销售等				

主要财务指标

指标\报告期	2015.06.30	2014.12.31	2014.06.30	2013.12.31
基本每股收益(元)	0.0600	0.0900	0.0600	0.0700
基本每股收益(扣除后)(元)	0.0600	0.0600	0.0400	0.0200
稀释每股收益(元)	0.0600	0.0900	0.0600	0.0700
每股净资产(元)	3.8946	3.9004	3.8701	3.8558
每股经营现金净流量(元)	–0.0212	0.0516	–0.1074	–0.0982
每股现金流量(元)	0.3096	–0.1040	–0.1646	–0.0988
每股资本公积金(元)	2.3931	2.3931	2.3931	2.4081
每股盈余公积金(元)	0.0637	0.0637	0.0580	0.0580
每股未分配利润(元)	0.4378	0.4436	0.4190	0.3897
净资产收益率(%)	1.6474	2.2979	1.5325	1.6892
加权净资产收益率(%)	1.6400	2.3100	1.5300	1.6800
净资产收益率(扣除)(%)	1.4508	1.4852	0.9727	0.5457
总资产(万元)	772622.33	689053.70	665200.25	678747.84
归属母公司股东权益(万元)	350512.27	351038.05	348309.17	347021.56
营业收入(万元)	114093.29	205580.59	99704.46	165210.22
营业支出(万元)	90051.17	163194.09	80502.13	133210.46
投资收益(万元)	1236.51	2147.74	2560.22	844.19
净利润(万元)	5798.63	7414.35	5337.68	5861.99
营业利润(万元)	6270.66	8170.38	5091.96	2664.22
利润总额(万元)	7060.02	10136.89	5931.01	7415.20

永清环保股份有限公司

公司概况	公司名称	永清环保股份有限公司			证券简称	永清环保
	法人代表	刘正军	董秘	熊素勤	证券代码	300187
	公司网址	www.yonker.com.cn		电子信箱	pear77hi@163.com	
	电　　话	0731-83285599		传　　真	0731-83285599	
	办公地址	湖南省长沙市浏阳市国家生物医药产业基地(319 国道旁)				
	经营范围	大气污染防治工程、新能源发电、火力发电工程的咨询、设计等				

主要财务指标	指标\报告期	2015.06.30	2014.12.31	2014.06.30	2013.12.31
	基本每股收益(元)	0.1600	0.2700	0.1500	0.2700
	基本每股收益(扣除后)(元)	0.1500	0.2600	0.1500	0.2600
	稀释每股收益(元)	0.1600	0.2700	0.1500	0.2700
	每股净资产(元)	4.6186	4.5163	4.4197	4.2642
	每股经营现金净流量(元)	-0.8561	0.5820	0.2584	0.1092
	每股现金流量(元)	-1.1816	-0.2290	0.1908	-0.2011
	每股资本公积金(元)	2.3278	2.3278	2.3278	2.3278
	每股盈余公积金(元)	0.1464	0.1464	0.1205	0.1205
	每股未分配利润(元)	1.1284	1.0278	0.9602	0.8061
	净资产收益率(%)	3.4096	6.0358	3.4883	6.3215
	加权净资产收益率(%)	3.4300	6.2100	3.5500	6.5300
	净资产收益率(扣除)(%)	3.1712	5.7121	3.4570	6.0731
	总资产(万元)	153749.75	155668.34	141559.68	137755.24
	归属母公司股东权益(万元)	92529.67	90480.41	88545.18	85429.59
	营业收入(万元)	35251.68	90114.03	42134.20	63971.22
	营业支出(万元)	28277.70	75317.05	35561.94	51328.92
	投资收益(万元)	-	-	-	-
	净利润(万元)	2998.23	5444.33	3088.74	5400.43
	营业利润(万元)	3342.78	6104.54	3541.29	6059.93
	利润总额(万元)	3574.28	6436.92	3573.87	6309.61

厦门市美亚柏科信息股份有限公司

公司概况	公司名称	厦门市美亚柏科信息股份有限公司			证券简称	美亚柏科
	法人代表	滕达	董秘	李滢雪	证券代码	300188
	公司网址	www.300188.cn		电子信箱	tzzgx@300188.cn	
	电　　话	0592-3698792		传　　真	0592-2519335	
	办公地址	福建省厦门市软件园二期观日路 12 号美亚柏科大厦				
	经营范围	系统集成、计算机软件开发、信息咨询服务等				

主要财务指标	指标\报告期	2015.06.30	2014.12.31	2014.06.30	2013.12.31
	基本每股收益(元)	0.0430	0.5200	0.0780	0.2500
	基本每股收益(扣除后)(元)	0.0360	0.4800	0.0590	0.1900
	稀释每股收益(元)	0.0430	0.5200	0.0780	0.2500
	每股净资产(元)	2.2634	4.2587	3.7847	3.7323
	每股经营现金净流量(元)	-0.3614	0.7837	-0.3130	0.2209
	每股现金流量(元)	-0.1619	0.1529	-0.1125	0.0758
	每股资本公积金(元)	0.4932	1.7588	1.7247	1.7207
	每股盈余公积金(元)	0.0805	0.1611	0.1127	0.1127
	每股未分配利润(元)	0.6897	1.3388	0.9473	0.8989
	净资产收益率(%)	1.8901	12.1447	2.0582	6.7990
	加权净资产收益率(%)	1.9500	12.9400	2.0600	7.0100
	净资产收益率(扣除)(%)	1.5773	11.3364	1.5510	5.0909
	总资产(万元)	123815.40	131444.71	102584.44	104543.29
	归属母公司股东权益(万元)	100304.64	94364.16	83909.68	82786.94
	营业收入(万元)	19983.33	60309.52	16149.79	39041.34
	营业支出(万元)	6887.66	21871.84	6203.97	15054.87
	投资收益(万元)	-265.06	-429.76	-109.43	468.76
	净利润(万元)	2101.91	12341.95	1727.04	5628.69
	营业利润(万元)	-136.82	11603.08	1238.17	4701.43
	利润总额(万元)	2163.83	13748.48	2599.81	7211.42

海南神农基因科技股份有限公司

公司概况	公司名称	海南神农基因科技股份有限公司			证券简称	神农基因
	法人代表	黄培劲	董秘	胥洋	证券代码	300189
	公司网址	www.sndf.com.cn		电子信箱	sndf2010@126.com	
	电　　话	0898-68598068		传　　真	0898-68545606	
	办公地址	海南省海口市紫荆路 2-1 号紫荆信息公寓 26A				
	经营范围	优质杂交水稻种子和其他农作物良种的选育、推广、销售等				

主要财务指标	指标\报告期	2015.06.30	2014.12.31	2014.06.30	2013.12.31
	基本每股收益(元)	0.0014	-0.2160	0.0286	0.1501
	基本每股收益(扣除后)(元)	-0.0035	-0.2115	0.0220	0.1355
	稀释每股收益(元)	0.0014	-0.2160	0.0286	0.1501
	每股净资产(元)	3.0395	3.0381	5.2852	5.2566
	每股经营现金净流量(元)	0.0656	0.1104	-0.1392	0.0529
	每股现金流量(元)	-0.1485	-0.2061	-0.3946	-1.1342
	每股资本公积金(元)	1.7735	1.7735	3.4376	3.4375
	每股盈余公积金(元)	0.0459	0.0459	0.0735	0.0735
	每股未分配利润(元)	0.2202	0.2187	0.7741	0.7456
	净资产收益率(%)	0.0472	-7.1100	0.5407	2.8548
	加权净资产收益率(%)	0.0472	-6.8263	0.5400	2.8800
	净资产收益率(扣除)(%)	-0.1150	-6.9624	0.4158	2.5769
	总资产(万元)	155465.76	158382.86	165737.89	168358.65
	归属母公司股东权益(万元)	124499.88	124441.10	135301.70	134568.81
	营业收入(万元)	20507.95	35566.00	20082.83	45436.58
	营业支出(万元)	15313.07	29624.63	14349.10	32296.05
	投资收益(万元)	-16.97	-47.94	-22.07	5.78
	净利润(万元)	-279.48	-11595.27	731.52	3841.73
	营业利润(万元)	-489.82	-11426.58	-59.54	3290.74
	利润总额(万元)	-247.80	-11526.57	184.18	3839.19

江苏维尔利环保科技股份有限公司

公司概况	公司名称	江苏维尔利环保科技股份有限公司			证券简称	维尔利
	法人代表	李月中	董秘	宗韬	证券代码	300190
	公司网址	www.jswelle.com		电子信箱	zongtao@jswelle.com	
	电　　话	0519-85125884		传　　真	0519-85125883	
	办公地址	江苏省常州市汉江路 156 号				
	经营范围	环保设备的设计、集成、制造等				

主要财务指标	指标\报告期	2015.06.30	2014.12.31	2014.06.30	2013.12.31
	基本每股收益(元)	0.1300	0.5900	0.1500	0.1300
	基本每股收益(扣除后)(元)	0.1300	0.5900	0.1500	0.1300
	稀释每股收益(元)	0.1300	0.5900	0.1500	0.1300
	每股净资产(元)	4.3384	8.5133	6.2222	6.1669
	每股经营现金净流量(元)	-0.0712	0.2308	-0.0501	-0.3155
	每股现金流量(元)	0.3698	0.0123	-0.2781	-1.6736
	每股资本公积金(元)	2.6472	6.2927	4.3169	4.3237
	每股盈余公积金(元)	0.0677	0.1354	0.1246	0.1236
	每股未分配利润(元)	0.6235	1.0852	0.7808	0.7196
	净资产收益率(%)	3.0164	6.4831	2.5116	2.9901
	加权净资产收益率(%)	3.0400	8.3800	2.5000	3.0100
	净资产收益率(扣除)(%)	2.9514	6.4322	2.4967	2.1681
	总资产(万元)	250534.94	197213.73	121291.34	117944.65
	归属母公司股东权益(万元)	151029.94	148183.62	96692.23	96591.21
	营业收入(万元)	40305.64	65058.92	18663.86	27830.54
	营业支出(万元)	26173.60	42133.13	11437.66	17588.83
	投资收益(万元)	-36.81	-59.35	-49.32	-51.28
	净利润(万元)	4708.26	9873.34	2428.51	2888.16
	营业利润(万元)	5406.41	11235.79	2608.45	2364.65
	利润总额(万元)	5521.25	11326.62	2626.86	3175.42

潜能恒信能源技术股份有限公司

公司概况	公司名称	潜能恒信能源技术股份有限公司		证券简称	潜能恒信
	法人代表	周锦明	董秘 张卉	证券代码	300191
	公司网址	www.sinogeo.com		电子信箱	zqb@sinogeo.com
	电　话	010-84922368		传　真	010-84928085
	办公地址	北京市朝阳区北苑路甲13号北辰新纪元大厦2塔22层			
	经营范围	为石油公司提供地震数据处理解释一体化找油服务等			

主要财务指标	指标\报告期	2015.06.30	2014.12.31	2014.06.30	2013.12.31
	基本每股收益(元)	-0.0200	0.0800	0.0300	0.2900
	基本每股收益(扣除后)(元)	-0.0200	0.0800	0.0300	0.2800
	稀释每股收益(元)	-0.0200	0.0800	0.0300	0.2900
	每股净资产(元)	3.7755	3.8016	3.7523	3.7545
	每股经营现金净流量(元)	-0.0708	0.4134	0.0134	0.1740
	每股现金流量(元)	-0.2694	0.5051	-0.0116	0.0376
	每股资本公积金(元)	1.7189	1.7189	1.7189	1.7189
	每股盈余公积金(元)	0.2145	0.2145	0.1978	0.1978
	每股未分配利润(元)	0.8447	0.8708	0.8385	0.8408
	净资产收益率(%)	-0.4498	2.0201	0.7380	7.6748
	加权净资产收益率(%)	-0.4700	2.0300	0.7300	7.9500
	净资产收益率(扣除)(%)	-0.4446	2.0018	0.7289	7.4272
	总资产(万元)	123551.01	124279.90	122657.89	124740.77
	归属母公司股东权益(万元)	120814.96	121651.02	120072.49	120144.98
	营业收入(万元)	2549.12	7755.29	3797.04	16847.50
	营业支出(万元)	1738.04	3239.79	1690.86	4962.53
	投资收益(万元)	-	-	-	-
	净利润(万元)	-573.01	2446.84	886.18	9220.84
	营业利润(万元)	-463.03	3307.36	1331.85	10594.60
	利润总额(万元)	-470.38	3334.41	1344.80	10944.54

苏州科斯伍德油墨股份有限公司

公司概况	公司名称	苏州科斯伍德油墨股份有限公司		证券简称	科斯伍德
	法人代表	吴贤良	董秘 张峰	证券代码	300192
	公司网址	www.szkinks.com		电子信箱	szkinks@szkinks.com
	电　话	0512-65370257		传　真	0512-65374760
	办公地址	江苏省苏州市相城区潘阳工业园春申路989号			
	经营范围	胶印油墨的研发、生产和销售等			

主要财务指标	指标\报告期	2015.06.30	2014.12.31	2014.06.30	2013.12.31
	基本每股收益(元)	0.0600	0.1629	0.1695	0.3500
	基本每股收益(扣除后)(元)	0.0500	0.1369	0.1386	0.3100
	稀释每股收益(元)	0.0600	0.1629	0.1695	0.3500
	每股净资产(元)	2.7032	2.6815	5.7634	2.5656
	每股经营现金净流量(元)	0.1281	0.1736	0.2186	0.1667
	每股现金流量(元)	0.1097	-0.2816	-0.1777	-0.6892
	每股资本公积金(元)	0.8272	0.8272	3.0198	3.0198
	每股盈余公积金(元)	0.1013	0.1013	0.1861	0.1861
	每股未分配利润(元)	0.8014	0.7654	1.5316	1.4121
	净资产收益率(%)	2.0736	6.0770	2.9411	6.1747
	加权净资产收益率(%)	2.0700	6.1800	2.9600	6.3200
	净资产收益率(扣除)(%)	1.8685	5.0981	2.4047	5.4278
	总资产(万元)	80243.89	81415.40	78509.18	75131.61
	归属母公司股东权益(万元)	65567.10	65040.03	63541.94	62228.55
	营业收入(万元)	23860.83	52102.17	24528.16	48866.47
	营业支出(万元)	19082.34	40862.29	19135.70	38130.40
	投资收益(万元)	-	-	-	-
	净利润(万元)	1359.60	3952.47	1868.81	3842.41
	营业利润(万元)	1384.67	3933.23	1822.92	3986.43
	利润总额(万元)	1542.90	4619.44	2206.00	4526.15

深圳市佳士科技股份有限公司

公司概况	公司名称	深圳市佳士科技股份有限公司		证券简称	佳士科技
	法人代表	潘磊	董秘 李锐	证券代码	300193
	公司网址	www.jasic.com.cn		电子信箱	jasiczqb@jasic.com.cn
	电　话	0755-21674251		传　真	0755-21674250
	办公地址	广东省深圳市南山区桃园路田厦国际中心A栋1606-1610			
	经营范围	焊割设备及配件、五金制品、电子设备、电源设备及配件的生产、加工、销售等			

主要财务指标	指标\报告期	2015.06.30	2014.12.31	2014.06.30	2013.12.31
	基本每股收益(元)	0.2097	0.2400	0.1900	0.3100
	基本每股收益(扣除后)(元)	0.1987	0.2300	0.1778	0.2956
	稀释每股收益(元)	0.2097	0.2400	0.1900	0.3100
	每股净资产(元)	8.7400	8.6100	8.5600	8.5800
	每股经营现金净流量(元)	0.1294	0.4509	0.2523	0.4364
	每股现金流量(元)	-3.7907	-0.8912	-0.0391	0.1693
	每股资本公积金(元)	6.5787	6.5600	6.5600	6.5600
	每股盈余公积金(元)	0.2111	0.2197	0.1778	0.1778
	每股未分配利润(元)	0.9560	0.8337	0.8253	0.8389
	净资产收益率(%)	2.3212	2.7495	2.1769	3.6541
	加权净资产收益率(%)	2.4100	2.7500	2.1500	3.7100
	净资产收益率(扣除)(%)	2.1996	2.6741	2.0768	3.4466
	总资产(万元)	221862.55	211914.20	217444.96	213057.35
	归属母公司股东权益(万元)	201487.28	190703.37	189664.58	189962.68
	营业收入(万元)	29682.28	58824.10	32524.98	58469.66
	营业支出(万元)	19951.63	41420.65	23225.85	39229.51
	投资收益(万元)	-115.78	3.36	-6.39	-
	净利润(万元)	4528.12	4917.92	4128.76	6941.46
	营业利润(万元)	5301.42	5883.08	4747.78	7617.36
	利润总额(万元)	5591.18	6041.43	4960.32	8080.21

福安药业(集团)股份有限公司

公司概况	公司名称	福安药业(集团)股份有限公司		证券简称	福安药业
	法人代表	汪天祥	董秘 汤沁	证券代码	300194
	公司网址	www.fapharm.com		电子信箱	nachuan@nachuan.com
	电　话	023-61028766		传　真	023-68573999
	办公地址	重庆市长寿区化南一路1号			
	经营范围	普通货运、生产、销售、无菌原料药、非无菌原料药等			

主要财务指标	指标\报告期	2015.06.30	2014.12.31	2014.06.30	2013.12.31
	基本每股收益(元)	0.1000	0.1800	0.1300	0.2200
	基本每股收益(扣除后)(元)	0.0900	0.1700	0.1200	0.2200
	稀释每股收益(元)	0.1000	0.1800	0.1300	0.2200
	每股净资产(元)	7.4478	6.5617	6.5228	9.8271
	每股经营现金净流量(元)	0.1668	-0.1202	-0.2501	0.5167
	每股现金流量(元)	-1.7313	-0.1648	-0.4760	-1.2316
	每股资本公积金(元)	5.3242	4.3510	4.3524	7.0668
	每股盈余公积金(元)	0.1311	0.1421	0.1273	0.1910
	每股未分配利润(元)	0.9793	1.0564	1.0229	1.5433
	净资产收益率(%)	1.3025	2.6778	1.9527	2.2514
	加权净资产收益率(%)	1.5400	2.6800	1.9300	2.2600
	净资产收益率(扣除)(%)	1.1186	2.5838	1.9100	2.2048
	总资产(万元)	247594.34	183219.21	186756.23	186337.84
	归属母公司股东权益(万元)	210027.29	170690.76	169678.43	170420.72
	营业收入(万元)	29603.12	44856.97	23109.74	35777.96
	营业支出(万元)	18339.16	30579.03	15235.78	24133.28
	投资收益(万元)	415.77	257.86	-	128.60
	净利润(万元)	2771.54	4586.79	3313.33	3836.79
	营业利润(万元)	3316.20	5380.43	3860.82	4327.76
	利润总额(万元)	3353.45	5399.49	3947.19	4421.73

天津长荣印刷设备股份有限公司

公司概况	公司名称	天津长荣印刷设备股份有限公司			证券简称	长荣股份
	法人代表	李莉	董秘	李东晖	证券代码	300195
	公司网址	www.mkmchina.com		电子信箱	crgf@mkmchina.com	
	电　话	022-26986268		传　真	022-26973430	
	办公地址	天津市北辰科技园区双辰中路 11 号				
	经营范围	印刷设备的设计制造、主要集中于印后加工设备的设计与制造等				

主要财务指标	指标＼报告期	2015.06.30	2014.12.31	2014.06.30	2013.12.31
	基本每股收益(元)	0.3800	1.1000	0.4400	1.0100
	基本每股收益(扣除后)(元)	0.3500	1.0000	0.4300	0.8600
	稀释每股收益(元)	0.3800	1.1000	0.4400	1.0100
	每股净资产(元)	6.6914	13.1147	12.7658	9.4390
	每股经营现金净流量(元)	0.3544	-0.6031	0.3158	0.3014
	每股现金流量(元)	-0.5539	-0.9951	-0.2005	-0.3030
	每股资本公积金(元)	4.2972	9.5848	9.6558	6.3655
	每股盈余公积金(元)	0.2167	0.4335	0.3458	0.4162
	每股未分配利润(元)	1.1861	2.1144	1.7720	1.6681
	净资产收益率(%)	3.7951	7.8449	3.0245	10.6526
	加权净资产收益率(%)	3.8200	9.3600	4.0400	10.9500
	净资产收益率(扣除)(%)	3.4388	7.1028	2.9844	9.0350
	总资产(万元)	294250.28	283951.89	265983.20	155749.77
	归属母公司股东权益(万元)	228076.86	223509.34	218532.43	134245.89
	营业收入(万元)	47351.77	95678.34	37529.01	61567.95
	营业支出(万元)	27089.84	53749.06	21176.37	34602.65
	投资收益(万元)	-	303.83	303.83	-70.51
	净利润(万元)	9253.34	18724.27	6609.60	14300.73
	营业利润(万元)	10057.40	20790.27	8281.52	14945.05
	利润总额(万元)	11154.49	22747.87	8379.78	17510.17

江苏长海复合材料股份有限公司

公司概况	公司名称	江苏长海复合材料股份有限公司			证券简称	长海股份
	法人代表	杨国文	董秘	蔡志军	证券代码	300196
	公司网址	www.changhaigfrp.com		电子信箱	finance@changhaigfrp.com	
	电　话	0519-88712521 88702681		传　真	0519-88712521 88702681	
	办公地址	江苏省常州市武进区遥观镇塘桥村				
	经营范围	玻纤制品及玻纤复合材料的研发、生产和销售等				

主要财务指标	指标＼报告期	2015.06.30	2014.12.31	2014.06.30	2013.12.31
	基本每股收益(元)	0.4800	0.7700	0.3300	0.8800
	基本每股收益(扣除后)(元)	0.4200	0.7000	0.3000	0.8500
	稀释每股收益(元)	0.4800	0.7700	0.3300	0.8800
	每股净资产(元)	6.1000	5.5200	5.2900	8.1300
	每股经营现金净流量(元)	0.7252	0.7116	0.1702	0.9892
	每股现金流量(元)	0.4313	0.1567	-0.0100	-0.2234
	每股资本公积金(元)	2.3796	2.3852	2.3844	4.4073
	每股盈余公积金(元)	0.2211	0.2211	0.1823	0.2430
	每股未分配利润(元)	2.5024	2.1200	1.7235	2.4788
	净资产收益率(%)	7.9047	13.3594	6.2313	10.7652
	加权净资产收益率(%)	8.1500	14.2100	6.3300	11.3800
	净资产收益率(扣除)(%)	6.9095	12.2344	5.7502	10.4644
	总资产(万元)	229329.04	153531.60	150170.86	143223.24
	归属母公司股东权益(万元)	117180.70	109945.10	101572.00	97558.74
	营业收入(万元)	67074.52	111261.26	53010.80	91971.14
	营业支出(万元)	47493.44	81193.27	39235.33	69204.15
	投资收益(万元)	383.53	91.27	297.50	269.66
	净利润(万元)	9645.77	14875.25	6329.30	10502.35
	营业利润(万元)	10178.34	16095.84	6947.56	11697.58
	利润总额(万元)	11332.54	17300.93	7526.47	12051.91

深圳市铁汉生态环境股份有限公司

公司概况	公司名称	深圳市铁汉生态环境股份有限公司			证券简称	铁汉生态
	法人代表	刘水	董秘	杨锋源	证券代码	300197
	公司网址	www.sztechand.com		电子信箱	techand@sztechand.com	
	电　话	0755-82917023		传　真	0755-82927550	
	办公地址	广东省深圳市福田区红荔西路 8133 号农科商务办公楼 5、6、7 楼共三层				
	经营范围	水土保持、生态修复、园林绿化工程施工和园林养护、生态环保产品的技术开发等				

主要财务指标	指标＼报告期	2015.06.30	2014.12.31	2014.06.30	2013.12.31
	基本每股收益(元)	0.2400	0.4800	0.1800	0.7500
	基本每股收益(扣除后)(元)	0.2300	0.4800	0.1800	0.7300
	稀释每股收益(元)	0.2400	0.4800	0.1800	0.7500
	每股净资产(元)	5.7041	4.0075	3.7000	5.6400
	每股经营现金净流量(元)	-0.0795	-0.4785	-0.4175	-0.9536
	每股现金流量(元)	1.0588	0.1212	0.1210	0.3623
	每股资本公积金(元)	3.0293	1.3608	1.3537	2.6804
	每股盈余公积金(元)	0.1549	0.1651	0.1288	0.2062
	每股未分配利润(元)	1.5199	1.4816	1.2184	1.7546
	净资产收益率(%)	3.9138	12.0693	4.9788	13.2341
	加权净资产收益率(%)	5.7700	12.8600	5.0700	14.1700
	净资产收益率(扣除)(%)	3.8604	12.0427	4.9847	12.9736
	总资产(万元)	612918.15	506422.41	426150.16	360484.98
	归属母公司股东权益(万元)	307106.95	202493.65	187001.47	178150.38
	营业收入(万元)	110227.08	200309.27	82151.61	148989.85
	营业支出(万元)	78499.29	138297.87	56525.81	103958.40
	投资收益(万元)	5423.83	10332.12	4895.80	10659.65
	净利润(万元)	11982.07	24358.59	9310.34	23576.58
	营业利润(万元)	13270.84	29417.47	11275.33	26701.92
	利润总额(万元)	13464.92	29566.13	11259.85	27344.80

福建纳川管材科技股份有限公司

公司概况	公司名称	福建纳川管材科技股份有限公司			证券简称	纳川股份
	法人代表	陈志江	董秘	罗靖	证券代码	300198
	公司网址	www.superpipe.cn		电子信箱	fujiannachuan@163.com	
	电　话	0595-87770399 87770616		传　真	0595-87962111	
	办公地址	福建省泉州市泉港区普安工业区				
	经营范围	塑料管道生产销售、钢管塑料防腐处理及塑料防腐钢管成品销售等				

主要财务指标	指标＼报告期	2015.06.30	2014.12.31	2014.06.30	2013.12.31
	基本每股收益(元)	0.0570	0.1180	0.2040	0.4390
	基本每股收益(扣除后)(元)	0.0530	0.1130	0.1980	0.4360
	稀释每股收益(元)	0.0570	0.1180	0.2040	0.4390
	每股净资产(元)	2.7157	2.6785	5.4214	5.2255
	每股经营现金净流量(元)	-0.2469	0.1169	0.3367	-0.0673
	每股现金流量(元)	0.1368	-0.2054	-0.3339	-0.9650
	每股资本公积金(元)	0.8676	0.8676	2.7373	2.7501
	每股盈余公积金(元)	0.0893	0.0893	0.1554	0.1550
	每股未分配利润(元)	0.7589	0.7217	1.5287	1.3204
	净资产收益率(%)	2.1072	4.4352	3.7800	8.3915
	加权净资产收益率(%)	2.1200	4.4500	3.8400	8.6100
	净资产收益率(扣除)(%)	1.9629	4.2359	-	8.3244
	总资产(万元)	192516.24	155575.64	141210.85	132150.71
	归属母公司股东权益(万元)	112938.12	111390.82	113154.38	109343.64
	营业收入(万元)	52131.37	99859.47	27789.14	65549.54
	营业支出(万元)	42454.44	83752.66	19265.04	42958.37
	投资收益(万元)	922.29	3445.98	1203.59	211.38
	净利润(万元)	3072.71	4971.50	4276.65	9175.63
	营业利润(万元)	3606.68	5762.14	4948.93	10937.47
	利润总额(万元)	3810.31	6022.71	5110.07	11025.14

深圳翰宇药业股份有限公司

公司概况						
公司概况	公司名称	深圳翰宇药业股份有限公司			证券简称	翰宇药业
	法人代表	曾少贵	董秘	全衡	证券代码	300199
	公司网址	www.hybio.com.cn		电子信箱	hy@hybio.com.cn	
	电　　话	0755-26588036		传　　真	0755-26588078	
	办公地址	广东省深圳市南山区高新技术工业园中区翰宇生物医药园办公大楼四层				
	经营范围	生产经营片剂、硬胶囊剂、颗粒剂、小容量注射剂、冻干粉针剂、原料药等				

主要财务指标	指标\报告期	2015.06.30	2014.12.31	2014.06.30	2013.12.31
	基本每股收益(元)	0.1000	0.4300	0.1200	0.3200
	基本每股收益(扣除后)(元)	0.1000	0.4300	0.1200	0.3100
	稀释每股收益(元)	0.1000	0.4300	0.1200	0.3200
	每股净资产(元)	2.7077	3.2404	2.9354	2.8105
	每股经营现金净流量(元)	0.0224	0.3836	0.0612	0.3837
	每股现金流量(元)	-0.5292	0.6304	0.4713	-0.4221
	每股资本公积金(元)	1.1190	1.0432	1.0432	1.0432
	每股盈余公积金(元)	0.0514	0.1144	0.1022	0.0899
	每股未分配利润(元)	0.5397	1.0878	0.7945	0.6834
	净资产收益率(%)	3.7215	13.2363	4.2027	11.5575
	加权净资产收益率(%)	4.0500	14.1800	4.3000	12.1700
	净资产收益率(扣除)(%)	3.4527	13.0382	4.0727	11.1313
	总资产(万元)	305062.14	169746.33	154013.15	128868.43
	归属母公司股东权益(万元)	240988.66	129614.64	117417.38	112420.70
	营业收入(万元)	26541.79	41942.82	15738.86	30140.48
	营业支出(万元)	5756.51	7196.57	2528.61	4621.01
	投资收益(万元)	51.00	-	-	-
	净利润(万元)	8968.38	17156.17	4934.69	12993.07
	营业利润(万元)	9087.83	18331.43	5494.44	14221.98
	利润总额(万元)	9850.04	18633.87	5674.02	14785.66

北京高盟新材料股份有限公司

公司概况						
公司概况	公司名称	北京高盟新材料股份有限公司			证券简称	高盟新材
	法人代表	王子平	董秘	王子平	证券代码	300200
	公司网址	www.co-mens.com		电子信箱	zqb@co-mens.com	
	电　　话	010-69343241		传　　真	010-69343241	
	办公地址	北京市房山区燕山东流水工业区8号				
	经营范围	复合聚氨酯胶粘剂的研制、开发、生产和销售等				

主要财务指标	指标\报告期	2015.06.30	2014.12.31	2014.06.30	2013.12.31
	基本每股收益(元)	0.1276	0.2300	0.1106	0.2300
	基本每股收益(扣除后)(元)	0.1238	0.2200	0.1080	0.2300
	稀释每股收益(元)	0.1276	0.2300	0.1106	0.2300
	每股净资产(元)	3.4758	3.5482	3.4299	3.5193
	每股经营现金净流量(元)	0.1181	0.3321	0.1213	-0.0438
	每股现金流量(元)	-0.1776	-0.1587	-0.2038	-0.4793
	每股资本公积金(元)	1.9569	1.9569	1.9569	1.9569
	每股盈余公积金(元)	0.0974	0.0974	0.0793	0.0793
	每股未分配利润(元)	0.4216	0.4939	0.3937	0.4831
	净资产收益率(%)	3.6718	6.4527	3.2258	6.6181
	加权净资产收益率(%)	3.5700	6.4800	3.1000	6.6800
	净资产收益率(扣除)(%)	3.5621	6.3334	3.1495	6.4550
	总资产(万元)	80503.95	82853.30	77318.01	82961.92
	归属母公司股东权益(万元)	74244.08	75790.00	73262.78	75171.50
	营业收入(万元)	23219.75	51774.95	24963.01	50170.76
	营业支出(万元)	15977.24	37123.37	18159.24	36608.65
	投资收益(万元)	-	-	-	-
	净利润(万元)	2726.08	4890.50	2363.28	4974.89
	营业利润(万元)	3191.41	5621.68	2953.32	5697.02
	利润总额(万元)	3287.25	5725.25	3019.29	5841.35

徐州海伦哲专用车辆股份有限公司

公司概况						
公司概况	公司名称	徐州海伦哲专用车辆股份有限公司			证券简称	海伦哲
	法人代表	丁剑平	董秘	栗沛思	证券代码	300201
	公司网址	www.xzhlz.com		电子信箱	hlzzqb@xzhlz.com	
	电　　话	0516-87987729		传　　真	0516-87987777	
	办公地址	江苏省徐州市经济技术开发区宝莲寺路19号				
	经营范围	设计、制造专用汽车、工程机械、建设机械、环保机械等产品、销售自产产品等				

主要财务指标	指标\报告期	2015.06.30	2014.12.31	2014.06.30	2013.12.31
	基本每股收益(元)	-0.0316	0.0468	0.0003	0.0158
	基本每股收益(扣除后)(元)	-0.0357	0.0195	-0.0214	0.0056
	稀释每股收益(元)	-0.0316	0.0468	0.0003	0.0156
	每股净资产(元)	1.9956	1.8939	1.8562	1.8515
	每股经营现金净流量(元)	-0.1549	0.1001	-0.1405	-0.1389
	每股现金流量(元)	-0.1971	-0.0854	-0.1669	-0.0139
	每股资本公积金(元)	0.6742	0.5211	0.5321	0.5299
	每股盈余公积金(元)	0.0319	0.0331	0.0325	0.0325
	每股未分配利润(元)	0.2770	0.3291	0.2833	0.2829
	净资产收益率(%)	-1.5242	2.4716	0.0187	0.8524
	加权净资产收益率(%)	-1.5400	2.5000	0.0200	0.8500
	净资产收益率(扣除)(%)	-1.7218	1.0321	-1.1502	0.5247
	总资产(万元)	125347.88	107681.50	98687.80	100696.36
	归属母公司股东权益(万元)	72917.87	66665.61	65339.32	65173.71
	营业收入(万元)	26208.37	57591.27	21416.19	39905.29
	营业支出(万元)	20083.11	42513.82	16403.60	27993.15
	投资收益(万元)	-	26.39	-	-
	净利润(万元)	-1133.47	1631.72	12.24	555.55
	营业利润(万元)	-1408.55	512.26	-859.50	173.26
	利润总额(万元)	-1276.62	1636.15	146.03	431.12

聚龙股份有限公司

公司概况						
公司概况	公司名称	聚龙股份有限公司			证券简称	聚龙股份
	法人代表	柳长庆	董秘	崔文华	证券代码	300202
	公司网址	www.julong.cc		电子信箱	cwh@julong.cc	
	电　　话	0412-2538288		传　　真	0412-2538311	
	办公地址	辽宁省鞍山市铁东区千山中路308号				
	经营范围	金融办公自动化设备制造、设计、经营及有关技术咨询和技术服务等				

主要财务指标	指标\报告期	2015.06.30	2014.12.31	2014.06.30	2013.12.31
	基本每股收益(元)	0.1100	0.6700	0.1100	0.8900
	基本每股收益(扣除后)(元)	0.1000	0.6500	0.1000	0.8600
	稀释每股收益(元)	0.1100	0.6700	0.1100	0.8900
	每股净资产(元)	2.5229	2.5170	1.9611	3.4200
	每股经营现金净流量(元)	-0.3577	0.5533	-0.2149	0.2673
	每股现金流量(元)	-0.5425	0.3114	-0.3533	0.0975
	每股资本公积金(元)	0.1776	0.1776	0.1776	0.7196
	每股盈余公积金(元)	0.1699	0.1699	0.1021	0.1837
	每股未分配利润(元)	1.1800	1.1706	0.6808	1.5186
	净资产收益率(%)	4.3360	26.7221	5.8598	26.0261
	加权净资产收益率(%)	4.2400	30.4300	5.8700	29.5200
	净资产收益率(扣除)(%)	3.9952	25.7067	5.2328	25.1986
	总资产(万元)	163432.99	175863.87	120259.73	124609.32
	归属母公司股东权益(万元)	138633.60	138311.95	107764.88	104505.06
	营业收入(万元)	27263.67	113345.94	26988.85	86431.09
	营业支出(万元)	11237.11	53277.58	13807.57	40070.20
	投资收益(万元)	-	-	-	-
	净利润(万元)	5965.66	36940.19	6314.77	27198.59
	营业利润(万元)	3283.81	32991.15	3226.29	25005.25
	利润总额(万元)	6874.38	40666.73	6975.63	30049.04

聚光科技(杭州)股份有限公司

公司概况						
	公司名称	聚光科技(杭州)股份有限公司			证券简称	聚光科技
	法人代表	叶华俊	董秘	田昆仑	证券代码	300203
	公司网址	www.fpi-inc.com		电子信箱	fpi@fpi-inc.com	
	电　　话	0571-85012176		传　　真	0571-85012008	
	办公地址	浙江省杭州市滨江区滨安路760号				
	经营范围	光机电一体化产品和相关软件的研究、开发、生产、安装等				

主要财务指标	指标\报告期	2015.06.30	2014.12.31	2014.06.30	2013.12.31
	基本每股收益(元)	0.1800	0.4300	0.1300	0.3600
	基本每股收益(扣除后)(元)	0.1300	0.3400	0.1100	0.2100
	稀释每股收益(元)	0.1800	0.4300	0.1300	0.3600
	每股净资产(元)	4.7432	4.5867	4.3674	4.2746
	每股经营现金净流量(元)	-0.1678	0.3162	-0.1772	0.1737
	每股现金流量(元)	-0.4524	-0.1111	-0.5141	-0.2808
	每股资本公积金(元)	2.0380	2.0106	1.9298	1.9298
	每股盈余公积金(元)	0.1642	0.1642	0.1157	0.1157
	每股未分配利润(元)	1.6724	1.5414	1.3204	1.2280
	净资产收益率(%)	3.7098	9.2683	3.0326	8.3668
	加权净资产收益率(%)	3.8500	9.6800	3.0500	8.6500
	净资产收益率(扣除)(%)	2.7045	7.3174	2.4249	4.9808
	总资产(万元)	305510.96	290649.32	265041.01	240781.00
	归属母公司股东权益(万元)	214896.96	207803.94	194351.00	190219.37
	营业收入(万元)	65123.18	123060.44	48532.43	94108.19
	营业支出(万元)	34302.57	66809.28	25152.65	47915.55
	投资收益(万元)	-	42.12	42.12	-4.45
	净利润(万元)	8164.69	19662.90	5893.96	15915.22
	营业利润(万元)	4928.26	12745.58	4596.36	5530.53
	利润总额(万元)	9591.44	22754.22	7237.22	17897.09

舒泰神(北京)生物制药股份有限公司

公司概况						
	公司名称	舒泰神(北京)生物制药股份有限公司			证券简称	舒泰神
	法人代表	周志文	董秘	马莉娜	证券代码	300204
	公司网址	www.staidson.com		电子信箱	securities@staidson.com	
	电　　话	010-67875255		传　　真	010-67875255	
	办公地址	北京市北京经济技术开发区经海二路36号				
	经营范围	主要从事生物制品和部分化学药品的研发、生产和销售等				

主要财务指标	指标\报告期	2015.06.30	2014.12.31	2014.06.30	2013.12.31
	基本每股收益(元)	0.3300	0.8100	0.2500	0.4600
	基本每股收益(扣除后)(元)	0.3300	0.6900	0.2400	0.4300
	稀释每股收益(元)	0.3300	0.8100	0.2500	0.4600
	每股净资产(元)	4.6156	4.5048	5.7455	5.4723
	每股经营现金净流量(元)	0.4214	0.8615	0.3225	0.4638
	每股现金流量(元)	0.0282	0.3470	-0.2110	0.0485
	每股资本公积金(元)	1.8973	3.0562	3.0562	2.9353
	每股盈余公积金(元)	0.2028	0.2840	0.2059	0.2059
	每股未分配利润(元)	1.5155	1.9665	1.4829	1.3313
	净资产收益率(%)	7.0438	12.8950	4.3793	8.3389
	加权净资产收益率(%)	6.9700	13.7100	4.4900	8.5200
	净资产收益率(扣除)(%)	7.0266	10.9881	4.2359	7.8202
	总资产(万元)	181984.18	181191.88	165967.23	156947.16
	归属母公司股东权益(万元)	155162.66	151437.82	137960.89	131399.88
	营业收入(万元)	55904.30	109300.34	49800.13	89269.16
	营业支出(万元)	3262.08	6133.43	2876.52	4400.77
	投资收益(万元)	925.65	1343.61	552.18	603.79
	净利润(万元)	10929.33	19527.92	6041.69	10957.26
	营业利润(万元)	13090.04	20359.00	7002.30	12449.07
	利润总额(万元)	13120.51	23294.85	7240.90	13240.94

武汉天喻信息产业股份有限公司

公司概况						
	公司名称	武汉天喻信息产业股份有限公司			证券简称	天喻信息
	法人代表	张新访	董秘	江绥	证券代码	300205
	公司网址	www.whty.com.cn		电子信箱	tyobd@whty.com.cn	
	电　　话	86-27-87920301		传　　真	027-87920306	
	办公地址	湖北省武汉市东湖新技术开发区华工大学科技园天喻楼				
	经营范围	专业从事智能卡产品及相关应用系统的研发、生产、销售和服务等				

主要财务指标	指标\报告期	2015.06.30	2014.12.31	2014.06.30	2013.12.31
	基本每股收益(元)	0.0450	0.1363	0.1057	0.4000
	基本每股收益(扣除后)(元)	0.0465	0.1214	0.0849	0.3600
	稀释每股收益(元)	0.0450	0.1363	0.1057	0.4000
	每股净资产(元)	2.5777	2.5810	2.5556	4.9971
	每股经营现金净流量(元)	-0.3283	-0.2531	-0.4416	0.0161
	每股现金流量(元)	-0.7616	0.1890	0.2331	-0.1544
	每股资本公积金(元)	0.9312	0.9312	0.9462	2.8758
	每股盈余公积金(元)	0.0980	0.0980	0.0849	0.1698
	每股未分配利润(元)	0.5369	0.5420	0.5245	0.9375
	净资产收益率(%)	1.7450	5.2812	4.1378	8.0185
	加权净资产收益率(%)	1.7300	5.3700	4.1600	8.2800
	净资产收益率(扣除)(%)	1.8035	4.7029	3.3229	7.2290
	总资产(万元)	182057.21	202458.58	195565.14	174735.41
	归属母公司股东权益(万元)	110856.47	110998.82	109903.70	107452.43
	营业收入(万元)	68506.15	135468.65	64461.24	127054.68
	营业支出(万元)	47315.35	87140.34	41007.24	83645.26
	投资收益(万元)	-46.23	-1124.51	101.25	-368.78
	净利润(万元)	1866.18	5962.10	4547.57	8616.10
	营业利润(万元)	3192.89	5881.80	4875.19	9103.28
	利润总额(万元)	3119.09	6399.78	5043.64	9972.68

深圳市理邦精密仪器股份有限公司

公司概况						
	公司名称	深圳市理邦精密仪器股份有限公司			证券简称	理邦仪器
	法人代表	张浩	董秘	祖幼冬	证券代码	300206
	公司网址	www.edan.com.cn		电子信箱	ir@edan.com.cn	
	电　　话	0755-26851437		传　　真	0755-26850550	
	办公地址	广东省深圳市南山区蛇口南海大道1019号南山医疗器械园B栋三楼				
	经营范围	产科、多参数监护、超声影像、心电四大系列产品的研发、生产和销售等				

主要财务指标	指标\报告期	2015.06.30	2014.12.31	2014.06.30	2013.12.31
	基本每股收益(元)	0.0300	0.0700	0.0800	0.2700
	基本每股收益(扣除后)(元)	-0.0600	-0.0161	0.0400	0.1800
	稀释每股收益(元)	0.0300	0.0700	0.0800	0.2700
	每股净资产(元)	4.9100	4.9643	5.9542	6.0263
	每股经营现金净流量(元)	-0.0521	0.0410	0.1336	0.2317
	每股现金流量(元)	-1.8212	-1.0811	-0.3500	-1.0978
	每股资本公积金(元)	3.4195	4.3034	4.2863	6.9294
	每股盈余公积金(元)	0.1223	0.1388	0.1393	0.1921
	每股未分配利润(元)	0.3679	0.5182	0.5306	0.9200
	净资产收益率(%)	0.5309	1.1564	1.3736	2.9531
	加权净资产收益率(%)	0.5300	1.1500	1.3500	2.9700
	净资产收益率(扣除)(%)	-1.1862	-0.2702	0.7549	2.0025
	总资产(万元)	134013.90	135508.97	127083.54	127235.39
	归属母公司股东权益(万元)	114823.39	116164.69	116107.53	117512.94
	营业收入(万元)	26294.87	52277.56	25409.43	45460.70
	营业支出(万元)	12430.38	23593.41	11265.65	19696.15
	投资收益(万元)	746.64	-345.78	-226.12	-325.39
	净利润(万元)	488.68	1140.67	1594.91	3470.29
	营业利润(万元)	-922.04	-1019.25	438.29	1443.78
	利润总额(万元)	454.64	1141.24	1469.63	3365.37

欣旺达电子股份有限公司

公司概况	公司名称	欣旺达电子股份有限公司			证券简称	欣 旺 达
	法人代表	王明旺	董秘	王继宝	证券代码	300207
	公司网址	www.sunwoda.com		电子信箱	sunwei@sunwoda.com	
	电　话	0755-27352064		传　真	0755-29517735	
	办公地址	广东省深圳市宝安区石岩街道石龙社区颐和路2号综合楼1楼、2楼A-B区、2楼D区-9楼				
	经营范围	锂离子电池模组的研发、设计、生产及销售等				

主要财务指标	指标\报告期	2015.06.30	2014.12.31	2014.06.30	2013.12.31
	基本每股收益(元)	0.1549	0.6800	0.1900	0.3300
	基本每股收益(扣除后)(元)	0.1601	0.6900	0.1900	0.3100
	稀释每股收益(元)	0.1549	0.6800	0.1900	0.3300
	每股净资产(元)	2.4712	2.2997	5.5326	5.2183
	每股经营现金净流量(元)	0.4074	2.9199	0.1488	-0.6714
	每股现金流量(元)	-0.5719	2.6584	1.5550	-0.4568
	每股资本公积金(元)	0.7217	3.2096	3.1573	2.9458
	每股盈余公积金(元)	0.0882	0.2211	0.1410	0.1452
	每股未分配利润(元)	0.7664	1.6341	1.2349	1.1276
	净资产收益率(%)	6.2496	11.6114	3.4018	6.3537
	加权净资产收益率(%)	6.5600	11.5600	3.6100	6.5100
	净资产收益率(扣除)(%)	6.4616	11.8718	3.4027	5.9385
	总资产(万元)	466017.89	481244.12	352818.59	280602.44
	归属母公司股东权益(万元)	155877.42	144659.98	139206.98	127535.73
	营业收入(万元)	268979.68	427918.78	159160.60	220339.08
	营业支出(万元)	231520.05	368594.14	139397.92	187955.16
	投资收益(万元)	323.82	-118.70	-	22.45
	净利润(万元)	9553.85	17143.72	4735.56	8103.20
	营业利润(万元)	11811.09	20457.26	5660.41	8778.93
	利润总额(万元)	11453.30	19981.51	5791.21	9378.31

青岛市恒顺众昇集团股份有限公司

公司概况	公司名称	青岛市恒顺众昇集团股份有限公司			证券简称	恒顺众昇
	法人代表	贾全臣	董秘	莫柏欣	证券代码	300208
	公司网址	www.qdhengshun.com		电子信箱	hengshun@188.com	
	电　话	0532-68004136		传　真	0532-87712839	
	办公地址	山东省青岛市城阳区流亭街道双元路西侧(空港工业聚集区)				
	经营范围	高压无功补偿装置、滤波装置及核心部件的研发、设计、生产与销售等				

主要财务指标	指标\报告期	2015.06.30	2014.12.31	2014.06.30	2013.12.31
	基本每股收益(元)	0.7162	0.3800	0.0537	0.1300
	基本每股收益(扣除后)(元)	0.6791	0.3700	0.0505	0.0300
	稀释每股收益(元)	0.6789	0.3800	0.0534	0.1300
	每股净资产(元)	3.3659	2.6673	2.5107	2.4500
	每股经营现金净流量(元)	0.7721	0.4583	0.1111	0.3696
	每股现金流量(元)	0.7046	-0.4332	-0.2094	-0.5625
	每股资本公积金(元)	1.1277	1.0014	1.0331	1.0330
	每股盈余公积金(元)	0.0729	0.0740	0.0518	0.0518
	每股未分配利润(元)	1.3950	0.7407	0.4809	0.4273
	净资产收益率(%)	19.7728	13.5988	2.1375	5.4281
	加权净资产收益率(%)	23.2700	15.0600	2.1600	5.5800
	净资产收益率(扣除)(%)	18.7498	13.2384	2.0123	1.1271
	总资产(万元)	193334.99	143700.49	120693.92	118889.82
	归属母公司股东权益(万元)	103201.70	80544.50	71533.65	69881.29
	营业收入(万元)	63083.73	67044.26	19996.84	16906.29
	营业支出(万元)	32354.73	44906.84	14331.96	10644.86
	投资收益(万元)	-	-	-	-
	净利润(万元)	20215.76	11721.08	1529.02	3793.25
	营业利润(万元)	22698.83	13518.29	2245.91	382.87
	利润总额(万元)	23928.42	13844.87	2341.51	3429.21

天泽信息产业股份有限公司

公司概况	公司名称	天泽信息产业股份有限公司			证券简称	天泽信息
	法人代表	陈进	董秘	高丽丽	证券代码	300209
	公司网址	www.tiza.com.cn		电子信箱	tianze@tiza.com.cn	
	电　话	025-87793753		传　真	025-87793753	
	办公地址	江苏省南京市建邺区云龙山路80号				
	经营范围	车辆远程管理信息服务及配套软硬件的研发与销售等				

主要财务指标	指标\报告期	2015.06.30	2014.12.31	2014.06.30	2013.12.31
	基本每股收益(元)	0.0200	0.0600	0.0400	0.0400
	基本每股收益(扣除后)(元)	0.0100	0.0300	0.0200	0.0100
	稀释每股收益(元)	0.0200	0.0600	0.0400	0.0400
	每股净资产(元)	3.7109	5.3283	5.3032	5.2839
	每股经营现金净流量(元)	-0.0712	0.0087	-0.0114	0.0157
	每股现金流量(元)	-0.5482	-0.1585	-0.1250	-0.4352
	每股资本公积金(元)	2.1783	3.5179	3.5179	3.5179
	每股盈余公积金(元)	0.0551	0.0844	0.0750	0.0750
	每股未分配利润(元)	0.4810	0.7260	0.7104	0.6910
	净资产收益率(%)	0.5321	1.2097	0.7425	0.8132
	加权净资产收益率(%)	0.5700	1.2100	0.7400	0.8200
	净资产收益率(扣除)(%)	0.3457	0.4892	0.3567	0.2109
	总资产(万元)	100781.16	91906.57	92373.82	92319.68
	归属母公司股东权益(万元)	90890.11	85253.27	84851.94	84541.94
	营业收入(万元)	12403.60	17276.45	8507.93	15802.17
	营业支出(万元)	6552.96	7447.56	3245.78	6498.31
	投资收益(万元)	-59.54	-2.96	-12.30	6.79
	净利润(万元)	479.77	876.29	629.99	687.51
	营业利润(万元)	208.93	24.47	228.40	234.63
	利润总额(万元)	583.51	1197.10	923.25	1075.46

鞍山森远路桥股份有限公司

公司概况	公司名称	鞍山森远路桥股份有限公司			证券简称	森远股份
	法人代表	孙斌武	董秘	于健	证券代码	300210
	公司网址	www.assyrb.com		电子信箱	assyrb@assyrb.com	
	电　话	0412-5260113　5223068		传　真	0412-5223068	
	办公地址	辽宁省鞍山市高新技术产业开发区鞍千路281号				
	经营范围	公路筑路养护设备、除雪设备、市政环卫设备、港口设备、铁路养护设备等				

主要财务指标	指标\报告期	2015.06.30	2014.12.31	2014.06.30	2013.12.31
	基本每股收益(元)	0.1500	0.4500	0.1800	0.7700
	基本每股收益(扣除后)(元)	0.1400	0.3300	0.1700	0.6300
	稀释每股收益(元)	0.1500	0.4500	0.1800	0.7700
	每股净资产(元)	3.6415	3.5500	3.2779	5.6482
	每股经营现金净流量(元)	-0.2134	-0.4882	-0.4087	-0.2722
	每股现金流量(元)	-0.4153	-0.2555	-0.2680	-0.8261
	每股资本公积金(元)	0.8034	0.8034	0.8034	2.2461
	每股盈余公积金(元)	0.1425	0.1425	0.1425	0.2566
	每股未分配利润(元)	1.6820	1.5954	1.3269	2.1414
	净资产收益率(%)	4.1627	12.6809	5.5446	13.5595
	加权净资产收益率(%)	4.1900	13.3900	5.6300	14.4300
	净资产收益率(扣除)(%)	3.8938	9.3197	5.0979	11.1330
	总资产(万元)	142285.59	143431.89	123832.16	121332.52
	归属母公司股东权益(万元)	88310.70	86092.07	79493.12	76098.03
	营业收入(万元)	18706.27	48310.69	24672.18	45522.07
	营业支出(万元)	10810.06	27395.85	14182.46	26430.82
	投资收益(万元)	-	5.61	-	-
	净利润(万元)	3676.08	10917.22	4407.61	10318.48
	营业利润(万元)	2646.44	9417.72	5006.26	9621.26
	利润总额(万元)	3573.37	11198.16	5780.80	12274.20

江苏亿通高科技股份有限公司

公司概况	公司名称	江苏亿通高科技股份有限公司		证券简称	亿通科技
	法人代表	王振洪	董秘 王桂珍	证券代码	300211
	公司网址	www.yitong-group.com		电子信箱	yitong@yitong-group.com
	电　话	0512-52816252		传　真	0512-52818006
	办公地址	江苏省常熟市通林路 28 号			
	经营范围	有线电视网络设备、数字化用户信息网络终端产品等			

主要财务指标	指标\报告期	2015.06.30	2014.12.31	2014.06.30	2013.12.31
	基本每股收益(元)	0.0404	0.1252	0.1088	0.3523
	基本每股收益(扣除后)(元)	0.0370	0.1048	0.0973	0.3322
	稀释每股收益(元)	0.0404	0.1252	0.1088	0.3523
	每股净资产(元)	3.0949	3.0808	5.8371	7.5468
	每股经营现金净流量(元)	–0.0492	0.2799	–0.4097	0.4868
	每股现金流量(元)	–0.2469	–0.3712	–0.6803	–0.3247
	每股资本公积金(元)	1.1346	3.0557	3.0557	4.2724
	每股盈余公积金(元)	0.1165	0.2213	0.2088	0.2715
	每股未分配利润(元)	0.8438	1.5765	1.5726	2.0029
	净资产收益率(%)	1.3060	2.1391	1.8640	4.6686
	加权净资产收益率(%)	1.3100	2.1500	1.8600	4.7500
	净资产收益率(扣除)(%)	1.1952	1.7896	1.6666	4.4016
	总资产(万元)	56880.02	58064.82	55318.30	58141.18
	归属母公司股东权益(万元)	49302.51	49077.84	48940.26	48672.96
	营业收入(万元)	10323.38	21139.98	10832.75	26438.02
	营业支出(万元)	7615.13	16172.11	7934.50	19701.10
	投资收益(万元)	–	–	–	–
	净利润(万元)	643.89	1049.83	912.25	2272.33
	营业利润(万元)	703.92	1053.39	959.97	2540.03
	利润总额(万元)	768.16	1255.25	1073.61	2699.09

北京易华录信息技术股份有限公司

公司概况	公司名称	北京易华录信息技术股份有限公司		证券简称	易华录
	法人代表	韩建国	董秘 闫肃	证券代码	300212
	公司网址	www.ehualu.com		电子信箱	zhengquan@ehualu.com
	电　话	010-52281160		传　真	010-52281188
	办公地址	北京市石景山区阜石路 165 号中国华录大厦 B 座			
	经营范围	技术进出口、货物进出口、代理进出口等			

主要财务指标	指标\报告期	2015.06.30	2014.12.31	2014.06.30	2013.12.31
	基本每股收益(元)	0.1788	0.4470	0.1545	0.3500
	基本每股收益(扣除后)(元)	0.2504	0.4350	0.1502	0.3400
	稀释每股收益(元)	0.1788	0.4470	0.1545	0.3500
	每股净资产(元)	3.1003	3.0215	2.7186	3.1769
	每股经营现金净流量(元)	–0.9920	–1.3022	–0.7483	–0.6567
	每股现金流量(元)	–0.2364	–0.2099	–0.2554	–0.1427
	每股资本公积金(元)	0.7326	0.7326	0.7218	1.0662
	每股盈余公积金(元)	0.1160	0.1160	0.0856	0.1028
	每股未分配利润(元)	1.2517	1.1729	0.9111	1.0079
	净资产收益率(%)	5.7672	14.7852	5.6844	11.0745
	加权净资产收益率(%)	5.7500	15.8100	5.6700	11.6900
	净资产收益率(扣除)(%)	8.0758	14.3987	5.5262	10.5330
	总资产(万元)	372607.28	325612.63	251765.56	218772.00
	归属母公司股东权益(万元)	99706.70	97172.76	87429.46	85139.60
	营业收入(万元)	75375.61	157992.79	53301.11	82925.39
	营业支出(万元)	50017.30	111455.63	35571.28	55221.80
	投资收益(万元)	–	–	–	–
	净利润(万元)	6093.49	15587.01	4969.86	9428.76
	营业利润(万元)	9762.69	16375.70	6034.93	9908.30
	利润总额(万元)	7611.40	17994.98	6536.94	11087.71

北京佳讯飞鸿电气股份有限公司

公司概况	公司名称	北京佳讯飞鸿电气股份有限公司		证券简称	佳讯飞鸿
	法人代表	林菁	董秘 王翊	证券代码	300213
	公司网址	www.jiaxun.com		电子信箱	zqb@jiaxun.com
	电　话	010-62460088		传　真	010-62492088
	办公地址	北京市海淀区地锦路 5 号院 1 号楼			
	经营范围	生产、制造数字调度设备、专用通信设备等			

主要财务指标	指标\报告期	2015.06.30	2014.12.31	2014.06.30	2013.12.31
	基本每股收益(元)	0.1192	0.2800	0.1545	0.3500
	基本每股收益(扣除后)(元)	0.1191	0.2700	0.1502	0.3400
	稀释每股收益(元)	0.1192	0.2800	0.1545	0.3500
	每股净资产(元)	3.5350	3.5158	2.7186	3.1769
	每股经营现金净流量(元)	–0.1632	0.3363	–0.7483	–0.6567
	每股现金流量(元)	–0.1734	–0.1945	–0.2554	–0.1427
	每股资本公积金(元)	1.3548	1.3548	0.7218	1.0662
	每股盈余公积金(元)	0.1140	0.1140	0.0856	0.1028
	每股未分配利润(元)	1.0662	1.0470	0.9111	1.0079
	净资产收益率(%)	3.3712	7.5830	5.6844	11.0745
	加权净资产收益率(%)	3.3300	9.0300	5.6700	11.6900
	净资产收益率(扣除)(%)	3.3688	7.4117	5.5262	10.5330
	总资产(万元)	158431.57	136639.73	251765.56	218772.00
	归属母公司股东权益(万元)	92269.06	91767.20	87429.46	85139.60
	营业收入(万元)	47520.20	83173.50	53301.11	82925.39
	营业支出(万元)	33011.02	58343.24	35571.28	55221.80
	投资收益(万元)	–	–	–	–
	净利润(万元)	3467.78	8340.46	4969.86	9428.76
	营业利润(万元)	2365.54	8597.13	6034.93	9908.30
	利润总额(万元)	3553.99	9872.56	6536.94	11087.71

山东日科化学股份有限公司

公司概况	公司名称	山东日科化学股份有限公司		证券简称	日科化学
	法人代表	赵东日	董秘 田志龙	证券代码	300214
	公司网址	www.rikechem.com		电子信箱	rikechem@rikechem.com
	电　话	86-536-6283716		传　真	86-536-6283716
	办公地址	山东省潍坊市昌乐县英轩街 3999 号 1 号楼			
	经营范围	PVC 塑料改性剂产品的研发、生产和销售等			

主要财务指标	指标\报告期	2015.06.30	2014.12.31	2014.06.30	2013.12.31
	基本每股收益(元)	0.1200	0.1300	0.0600	0.2700
	基本每股收益(扣除后)(元)	0.1200	0.1200	0.0500	0.2500
	稀释每股收益(元)	0.1200	0.1300	0.0600	0.2700
	每股净资产(元)	3.1146	3.0417	2.9670	5.8204
	每股经营现金净流量(元)	0.0096	0.1184	0.0696	–0.0855
	每股现金流量(元)	–0.0873	–0.0052	0.1650	–0.6591
	每股资本公积金(元)	1.1057	1.1057	1.1057	3.2113
	每股盈余公积金(元)	0.0940	0.0940	0.0790	0.1580
	每股未分配利润(元)	0.9148	0.8420	0.7823	1.4510
	净资产收益率(%)	3.9455	4.3226	1.9150	4.7057
	加权净资产收益率(%)	3.9700	4.4200	1.9300	4.7800
	净资产收益率(扣除)(%)	3.7873	3.9956	–	4.2452
	总资产(万元)	152553.16	138986.12	144786.55	137733.95
	归属母公司股东权益(万元)	126139.60	123187.75	120163.87	117862.88
	营业收入(万元)	73138.25	130484.97	55961.02	100197.06
	营业支出(万元)	60398.66	112399.01	48126.20	82232.23
	投资收益(万元)	–	–	–	–
	净利润(万元)	5011.22	5294.36	2300.99	5546.33
	营业利润(万元)	6045.66	6631.77	2868.98	6275.70
	利润总额(万元)	6297.17	7150.43	3275.97	6901.60

苏州电器科学研究院股份有限公司

公司概况	公司名称	苏州电器科学研究院股份有限公司			证券简称	电科院
	法人代表	胡德霖	董秘	顾怡倩	证券代码	300215
	公司网址	www.eeti-easa.com		电子信箱	zqb@eeti.cn	
	电话	0512-68252194		传真	0512-68081686	
	办公地址	江苏省苏州市吴中区越溪前珠路5号				
	经营范围	开展各类发电设备、输变电设备、机电设备、高低压电器元件等				

主要财务指标	指标\报告期	2015.06.30	2014.12.31	2014.06.30	2013.12.31
	基本每股收益(元)	-0.0300	0.1078	0.0523	0.4800
	基本每股收益(扣除后)(元)	-0.0400	0.1000	0.0500	0.4600
	稀释每股收益(元)	-0.0300	0.1078	0.0523	0.4800
	每股净资产(元)	1.7700	1.8298	1.7743	3.5941
	每股经营现金净流量(元)	0.1252	0.3613	0.1798	0.7420
	每股现金流量(元)	0.0911	0.0148	-0.0943	-0.1624
	每股资本公积金(元)	0.3413	0.3413	0.3413	1.6826
	每股盈余公积金(元)	0.0762	0.0762	0.0662	0.1324
	每股未分配利润(元)	0.3525	0.4124	0.3668	0.7791
	净资产收益率(%)	-1.6867	5.8905	2.9454	13.2242
	加权净资产收益率(%)	-1.6400	5.9400	2.8700	13.9500
	净资产收益率(扣除)(%)	-2.0319	5.1956	2.8259	12.8342
	总资产(万元)	347480.68	326742.38	277946.78	267655.99
	归属母公司股东权益(万元)	127437.45	131746.89	127749.09	129386.38
	营业收入(万元)	14967.52	42176.10	20449.62	47657.38
	营业支出(万元)	9399.35	20369.04	9442.41	16289.51
	投资收益(万元)	-	-	-	-
	净利润(万元)	-2123.04	7758.97	3762.71	17110.30
	营业利润(万元)	-2622.23	7794.35	4771.26	19418.44
	利润总额(万元)	-2099.14	8907.43	4980.40	20028.19

湖南千山制药机械股份有限公司

公司概况	公司名称	湖南千山制药机械股份有限公司			证券简称	千山药机
	法人代表	刘祥华	董秘	金杰	证券代码	300216
	公司网址	www.chinasun.com.cn		电子信箱	zqb@chinasun.com.cn	
	电话	0731-84030025		传真	0731-84030025	
	办公地址	湖南省长沙市经济技术开发区盼盼路9号				
	经营范围	制造、销售制药机械、食品饮料机械、包装机械及备品备件、包装材料等				

主要财务指标	指标\报告期	2015.06.30	2014.12.31	2014.06.30	2013.12.31
	基本每股收益(元)	0.1000	0.7300	0.0800	0.4600
	基本每股收益(扣除后)(元)	0.0500	0.6100	0.0400	0.3700
	稀释每股收益(元)	0.1000	0.7300	0.0800	0.4600
	每股净资产(元)	2.6667	5.2555	4.6993	4.7051
	每股经营现金净流量(元)	0.2303	0.0310	-0.1606	0.5497
	每股现金流量(元)	-0.1520	0.5518	-0.0113	0.1026
	每股资本公积金(元)	0.5962	2.1833	2.3259	2.3107
	每股盈余公积金(元)	0.1310	0.2619	0.1730	0.1730
	每股未分配利润(元)	0.9530	1.8001	1.1971	1.2178
	净资产收益率(%)	3.8591	14.1579	1.6861	9.7425
	加权净资产收益率(%)	3.8400	14.7400	1.6700	10.3300
	净资产收益率(扣除)(%)	1.9217	11.7994	0.9355	7.8904
	总资产(万元)	255203.42	170506.21	140241.86	122749.09
	归属母公司股东权益(万元)	96425.15	95017.35	86749.85	86855.88
	营业收入(万元)	22426.04	59135.00	18422.57	46053.09
	营业支出(万元)	9060.14	26029.15	8887.28	23278.25
	投资收益(万元)	-	-	-	-
	净利润(万元)	4028.19	13310.01	1462.69	8461.92
	营业利润(万元)	3421.49	13400.55	827.22	8034.87
	利润总额(万元)	5899.95	16087.85	1584.21	9730.76

镇江东方电热科技股份有限公司

公司概况	公司名称	镇江东方电热科技股份有限公司			证券简称	东方电热
	法人代表	谭荣生	董秘	孙汉武	证券代码	300217
	公司网址	www.dongfang-heater.com		电子信箱	sunhw@dongfang-heater.com	
	电话	0511-88988598		传真	0511-88988060	
	办公地址	江苏省镇江市镇江新区大港五峰山路18号				
	经营范围	工业和民用高性能电加热器及其控制系统的研发、制造和销售等				

主要财务指标	指标\报告期	2015.06.30	2014.12.31	2014.06.30	2013.12.31
	基本每股收益(元)	0.1051	0.2596	0.2315	0.4587
	基本每股收益(扣除后)(元)	0.0985	0.2572	0.2341	0.4641
	稀释每股收益(元)	0.1051	0.2596	0.2315	0.4587
	每股净资产(元)	2.9859	2.9308	5.5742	5.4927
	每股经营现金净流量(元)	0.3153	0.1738	0.2730	-0.1854
	每股现金流量(元)	0.2082	-0.3259	-0.3714	-0.8692
	每股资本公积金(元)	0.8415	0.8415	2.6830	2.6830
	每股盈余公积金(元)	0.1145	0.1145	0.1835	0.1835
	每股未分配利润(元)	1.0301	0.9750	1.7079	1.6264
	净资产收益率(%)	3.5215	8.8582	4.1530	8.3517
	加权净资产收益率(%)	3.5200	9.1500	4.1300	8.6300
	净资产收益率(扣除)(%)	3.3001	8.7767	4.2000	8.4492
	总资产(万元)	173788.17	167048.43	160564.35	157633.54
	归属母公司股东权益(万元)	118083.04	115905.56	110222.61	108610.50
	营业收入(万元)	48482.92	101900.54	49316.05	82747.33
	营业支出(万元)	37332.41	75861.22	37285.47	61876.34
	投资收益(万元)	-	-	-	-0.07
	净利润(万元)	4153.94	10566.80	4577.60	9070.83
	营业利润(万元)	4706.71	12467.65	5547.76	10812.79
	利润总额(万元)	4836.73	12556.41	5499.12	10687.59

安徽安利材料科技股份有限公司

公司概况	公司名称	安徽安利材料科技股份有限公司			证券简称	安利股份
	法人代表	姚和平	董秘	刘松霞	证券代码	300218
	公司网址	www.chinapuleather.com		电子信箱	anli@mail.hf.ah.cn	
	电话	0551-8991557		传真	0551-65896562	
	办公地址	安徽省合肥市经济技术开发区桃花工业园拓展区				
	经营范围	专业从事中高档聚氨酯合成革的研发、生产、销售与服务等				

主要财务指标	指标\报告期	2015.06.30	2014.12.31	2014.06.30	2013.12.31
	基本每股收益(元)	0.1206	0.2516	0.1509	0.3494
	基本每股收益(扣除后)(元)	0.1128	0.1921	0.1192	0.2474
	稀释每股收益(元)	0.1206	0.2516	0.1509	0.3494
	每股净资产(元)	4.3724	4.3107	4.1439	4.0340
	每股经营现金净流量(元)	-0.2062	0.8373	0.0843	0.6210
	每股现金流量(元)	-0.6643	-0.1042	-0.4769	-0.3926
	每股资本公积金(元)	1.7094	1.6743	1.5744	1.5364
	每股盈余公积金(元)	0.2826	0.2841	0.2559	0.2559
	每股未分配利润(元)	1.3715	1.3382	1.3007	1.2298
	净资产收益率(%)	2.7498	5.7231	3.6421	8.6604
	加权净资产收益率(%)	2.7600	6.0500	3.6600	9.0200
	净资产收益率(扣除)(%)	2.5736	4.3686	2.8761	6.1325
	总资产(万元)	178710.83	175685.78	162839.27	156055.86
	归属母公司股东权益(万元)	94867.74	93029.69	87519.73	85198.08
	营业收入(万元)	64630.51	133219.45	60679.94	118302.11
	营业支出(万元)	50246.30	105078.37	46636.05	92750.50
	投资收益(万元)	-	-	-	-
	净利润(万元)	2951.03	5893.73	3187.57	7378.47
	营业利润(万元)	2970.45	4732.31	3111.14	6453.32
	利润总额(万元)	3163.53	6124.28	3852.71	8703.03

广州市鸿利光电股份有限公司

公司概况	公司名称	广州市鸿利光电股份有限公司			证券简称	鸿利光电
	法人代表	李国平	董秘	邓寿铁	证券代码	300219
	公司网址	www.honglitronic.com		电子信箱	stock@honglitronic.com	
	电　话	020-86733958		传　真	020-86733777	
	办公地址	广东省广州市花都区花东镇先科一路1号				
	经营范围	从事LED器件及其应用产品的研发、生产与销售等				

主要财务指标	指标\报告期	2015.06.30	2014.12.31	2014.06.30	2013.12.31
	基本每股收益(元)	0.2300	0.3700	0.1282	0.2500
	基本每股收益(扣除后)(元)	0.2100	0.3200	0.1104	0.2000
	稀释每股收益(元)	0.2300	0.3700	0.1282	0.2500
	每股净资产(元)	3.9335	3.6885	3.4544	3.3196
	每股经营现金净流量(元)	0.2240	0.8458	0.0771	0.4419
	每股现金流量(元)	–0.1260	–0.1844	–0.1441	–0.1232
	每股资本公积金(元)	1.6441	1.6194	1.6140	1.5747
	每股盈余公积金(元)	0.1211	0.1211	0.1084	0.0950
	每股未分配利润(元)	1.1621	0.9605	0.7320	0.6499
	净资产收益率(%)	5.8873	10.0076	3.7057	7.4910
	加权净资产收益率(%)	6.0900	10.6200	3.7800	7.5200
	净资产收益率(扣除)(%)	5.4428	8.7234	3.1899	6.1684
	总资产(万元)	174213.19	157175.91	114232.51	105538.27
	归属母公司股东权益(万元)	96875.10	90840.78	85085.45	81484.76
	营业收入(万元)	69348.28	101766.93	42588.23	73541.72
	营业支出(万元)	50788.72	76411.89	32400.77	55293.53
	投资收益(万元)	111.03	21.08	122.72	86.96
	净利润(万元)	6469.28	9397.01	3152.97	6104.03
	营业利润(万元)	7318.11	9513.24	3014.35	6476.49
	利润总额(万元)	7792.62	11122.31	3768.41	7587.81

武汉金运激光股份有限公司

公司概况	公司名称	武汉金运激光股份有限公司			证券简称	金运激光
	法人代表	梁伟	董秘	李丹	证券代码	300220
	公司网址	www.goldenlaser.cn		电子信箱	whjytz2008@163.com	
	电　话	027-82943465		传　真	027-82943465	
	办公地址	湖北省武汉市江岸区石桥一路金运激光大厦				
	经营范围	光机电系列激光设备、激光器的研制、生产、销售及技术服务等				

主要财务指标	指标\报告期	2015.06.30	2014.12.31	2014.06.30	2013.12.31
	基本每股收益(元)	0.0427	0.0856	0.1031	0.1013
	基本每股收益(扣除后)(元)	0.0246	0.0216	0.0942	0.0644
	稀释每股收益(元)	0.0427	0.0856	0.1031	0.1013
	每股净资产(元)	2.3704	2.3277	4.1992	4.1160
	每股经营现金净流量(元)	–0.1093	0.0910	0.0460	–0.1887
	每股现金流量(元)	–0.1811	–0.2461	0.9614	–0.8729
	每股资本公积金(元)	0.6573	0.6573	1.9863	1.9863
	每股盈余公积金(元)	0.0752	0.0752	0.1189	0.1189
	每股未分配利润(元)	0.6379	0.5952	1.0940	1.0108
	净资产收益率(%)	1.8021	2.3151	2.4555	2.4616
	加权净资产收益率(%)	1.8200	2.3300	2.4700	2.5200
	净资产收益率(扣除)(%)	1.0364	0.5834	2.2437	1.5650
	总资产(万元)	43053.99	42185.51	46895.24	40962.01
	归属母公司股东权益(万元)	29867.01	29328.78	29394.08	28812.30
	营业收入(万元)	9287.77	19253.58	9083.18	15841.82
	营业支出(万元)	5877.32	12054.44	5696.84	9183.82
	投资收益(万元)	50.41	149.58	52.51	112.70
	净利润(万元)	461.14	574.85	721.77	709.25
	营业利润(万元)	351.97	139.98	815.69	621.12
	利润总额(万元)	570.49	584.18	820.41	849.80

广东银禧科技股份有限公司

公司概况	公司名称	广东银禧科技股份有限公司			证券简称	银禧科技
	法人代表	谭颂斌	董秘	顾险峰	证券代码	300221
	公司网址	www.silverage.cn		电子信箱	silverage@silverage.cn	
	电　话	0769-38858388		传　真	0769-38858399	
	办公地址	广东省东莞市道滘镇南阁工业区银禧工程塑料(东莞)有限公司办公大楼				
	经营范围	生产和销售改性塑料、塑料制品、设立研发中心等				

主要财务指标	指标\报告期	2015.06.30	2014.12.31	2014.06.30	2013.12.31
	基本每股收益(元)	0.0600	0.1200	0.0600	0.0600
	基本每股收益(扣除后)(元)	0.0500	0.0300	0.0400	0.0300
	稀释每股收益(元)	0.0600	0.1200	0.0600	0.0600
	每股净资产(元)	1.8142	3.5094	3.4270	3.4022
	每股经营现金净流量(元)	0.0114	0.0062	–0.1069	–0.2514
	每股现金流量(元)	0.1348	–0.3111	–0.2877	–0.5326
	每股资本公积金(元)	0.3076	1.5708	1.5294	1.5293
	每股盈余公积金(元)	0.0427	0.0855	0.0758	0.0758
	每股未分配利润(元)	0.4720	0.8615	0.8217	0.7950
	净资产收益率(%)	3.5154	3.3578	1.7990	1.7696
	加权净资产收益率(%)	3.5800	3.4600	1.8000	1.7700
	净资产收益率(扣除)(%)	2.5025	0.8287	1.1412	0.9780
	总资产(万元)	131460.50	122651.95	106655.97	104782.92
	归属母公司股东权益(万元)	73155.69	70757.16	68540.96	68044.50
	营业收入(万元)	54437.37	110695.70	50786.54	96840.64
	营业支出(万元)	44514.00	95633.21	44087.46	83822.08
	投资收益(万元)	342.78	413.63	–	–
	净利润(万元)	2544.18	2332.55	1232.85	1204.10
	营业利润(万元)	1966.81	575.05	956.07	976.84
	利润总额(万元)	2838.38	2798.30	1487.64	1616.63

科大智能科技股份有限公司

公司概况	公司名称	科大智能科技股份有限公司			证券简称	科大智能
	法人代表	黄明松	董秘	穆峻柏	证券代码	300222
	公司网址	www.csg.com.cn		电子信箱	mjb@csg.com.cn	
	电　话	021-50804882		传　真	021-50804883	
	办公地址	上海市浦东新区张江高科技园区碧波路456号A203-A206室				
	经营范围	智能配电网监控通讯装置与自动化系统软硬件产品的生产、销售等				

主要财务指标	指标\报告期	2015.06.30	2014.12.31	2014.06.30	2013.12.31
	基本每股收益(元)	0.2000	0.5300	0.1900	0.0900
	基本每股收益(扣除后)(元)	0.1900	0.4900	0.1800	0.0300
	稀释每股收益(元)	0.2000	0.5300	0.1900	0.0900
	每股净资产(元)	4.1200	7.8601	7.5300	5.6400
	每股经营现金净流量(元)	–0.0363	0.2858	–0.1301	–0.0131
	每股现金流量(元)	–0.4014	0.2653	0.3641	0.0031
	每股资本公积金(元)	2.8011	5.7756	5.7756	3.6579
	每股盈余公积金(元)	0.0357	0.0706	0.0630	0.0956
	每股未分配利润(元)	0.6623	1.0139	0.6954	0.8883
	净资产收益率(%)	4.6123	5.9684	1.8980	1.5682
	加权净资产收益率(%)	4.6800	7.4200	2.9400	1.5700
	净资产收益率(扣除)(%)	4.3777	5.4952	1.8065	0.5574
	总资产(万元)	186523.63	175327.05	159864.18	79067.25
	归属母公司股东权益(万元)	133527.18	128823.88	123478.83	60931.15
	营业收入(万元)	40137.88	61472.38	21412.90	33316.34
	营业支出(万元)	22814.59	35907.56	12680.00	24147.88
	投资收益(万元)	258.49	–	–	–
	净利润(万元)	6824.57	8180.82	2343.68	955.55
	营业利润(万元)	7775.87	8013.79	2589.27	647.74
	利润总额(万元)	8328.05	9486.75	2999.11	1507.63

北京君正集成电路股份有限公司

公司概况	公司名称	北京君正集成电路股份有限公司			证券简称	北京君正
	法人代表	刘强	董秘	张敏	证券代码	300223
	公司网址	www.ingenic.cn		电子信箱	investors@ingenic.cn	
	电　话	010-82825005		传　真	010-56345001	
	办公地址	北京市海淀区西北旺东路 10 号院东区 14 号楼				
	经营范围	32 位嵌入式 CPU 芯片及配套软件平台的研发和销售等				

	指标\报告期	2015.06.30	2014.12.31	2014.06.30	2013.12.31
主要财务指标	基本每股收益(元)	0.0026	-0.0964	-0.0185	0.2459
	基本每股收益(扣除后)(元)	-0.0187	-0.1382	-0.0444	0.1103
	稀释每股收益(元)	0.0026	-0.0964	-0.0185	0.2459
	每股净资产(元)	6.3572	6.3547	10.2454	10.3641
	每股经营现金净流量(元)	0.0188	-0.0104	-0.0560	0.3456
	每股现金流量(元)	-1.9941	-0.1141	-0.1913	-0.7880
	每股资本公积金(元)	4.4076	7.6521	7.6521	7.6521
	每股盈余公积金(元)	0.1576	0.2522	0.2522	0.2522
	每股未分配利润(元)	0.7974	1.2718	1.3497	1.4684
	净资产收益率(%)	0.0405	-0.9485	-0.1807	2.3722
	加权净资产收益率(%)	0.0400	-0.9400	-0.1800	2.3700
	净资产收益率(扣除)(%)	-0.2940	-1.3595	-0.4338	1.0640
	总资产(万元)	106721.08	107318.13	107038.46	109063.69
	归属母公司股东权益(万元)	105783.49	105742.06	106552.56	107787.06
	营业收入(万元)	3089.94	5903.17	2702.69	9483.21
	营业支出(万元)	1371.08	2629.56	1209.83	4868.95
	投资收益(万元)	178.58	107.47	21.16	23.35
	净利润(万元)	67.96	-999.36	-192.53	2556.97
	营业利润(万元)	-216.24	-1848.72	-490.57	1153.31
	利润总额(万元)	113.95	-1275.30	-158.03	2833.38

烟台正海磁性材料股份有限公司

公司概况	公司名称	烟台正海磁性材料股份有限公司			证券简称	正海磁材
	法人代表	秘波海	董秘	宋侃	证券代码	300224
	公司网址	www.zhmag.com		电子信箱	dmb@zhmag.com	
	电　话	0535-6397287		传　真	0535-6397287	
	办公地址	山东省烟台市经济技术开发区汕头大街 63 号				
	经营范围	高性能钕铁硼永磁材料的研发、生产、销售和服务等				

	指标\报告期	2015.06.30	2014.12.31	2014.06.30	2013.12.31
主要财务指标	基本每股收益(元)	0.2000	0.4700	0.2000	0.3200
	基本每股收益(扣除后)(元)	0.2000	0.4600	0.2000	0.3143
	稀释每股收益(元)	0.2000	0.4700	0.2000	0.3200
	每股净资产(元)	4.0215	6.2189	5.9427	5.7938
	每股经营现金净流量(元)	0.4103	-0.2970	-0.0478	0.2849
	每股现金流量(元)	-0.2769	-1.2589	-0.5193	-0.0338
	每股资本公积金(元)	1.8113	2.9231	2.9231	2.9231
	每股盈余公积金(元)	0.1339	0.2818	0.2349	0.2349
	每股未分配利润(元)	1.0697	2.0025	1.7750	1.6282
	净资产收益率(%)	4.7110	7.5758	3.3108	5.5755
	加权净资产收益率(%)	5.7000	7.8500	3.3400	5.6800
	净资产收益率(扣除)(%)	4.7155	7.4164	3.2937	5.4254
	总资产(万元)	286372.62	203626.69	203998.84	188790.70
	归属母公司股东权益(万元)	203117.90	149254.08	142625.96	139051.50
	营业收入(万元)	62039.48	76904.39	35471.40	54758.29
	营业支出(万元)	43475.06	57716.22	27325.63	40638.69
	投资收益(万元)	627.93	-	-	-
	净利润(万元)	9747.61	11299.68	4722.02	7752.88
	营业利润(万元)	11141.01	12813.64	5438.69	8744.84
	利润总额(万元)	11133.92	13091.09	5465.00	8994.88

上海金力泰化工股份有限公司

公司概况	公司名称	上海金力泰化工股份有限公司			证券简称	金力泰
	法人代表	吴国政	董秘	杜晟华	证券代码	300225
	公司网址	www.knt.cn		电子信箱	knttzxx@knt.cn	
	电　话	021-31156097		传　真	021-31156068	
	办公地址	上海市化学工业区楚工路 139 号				
	经营范围	制造、加工高性能涂料产品、溶剂、添加剂、销售自产产品等				

	指标\报告期	2015.06.30	2014.12.31	2014.06.30	2013.12.31
主要财务指标	基本每股收益(元)	0.0723	0.3360	0.3550	0.5750
	基本每股收益(扣除后)(元)	0.0705	0.3080	0.3280	0.5460
	稀释每股收益(元)	0.0723	0.3360	0.3550	0.5750
	每股净资产(元)	1.6936	3.0671	6.1175	5.7587
	每股经营现金净流量(元)	0.0229	0.3556	0.2939	0.2930
	每股现金流量(元)	-0.2863	-0.0501	0.1076	-0.3867
	每股资本公积金(元)	0.0535	0.8962	2.7925	2.7925
	每股盈余公积金(元)	0.1289	0.2320	0.3968	0.3968
	每股未分配利润(元)	0.5008	0.9213	1.8931	1.5381
	净资产收益率(%)	4.2700	10.9510	5.8038	9.9846
	加权净资产收益率(%)	4.1600	11.2500	5.9800	10.3000
	净资产收益率(扣除)(%)	4.1639	10.0438	5.3645	9.4874
	总资产(万元)	100695.60	102395.11	103516.29	97964.93
	归属母公司股东权益(万元)	79656.57	80144.53	79925.26	75237.85
	营业收入(万元)	32671.31	69335.61	35798.96	63315.80
	营业支出(万元)	23123.31	49237.09	25262.24	44868.20
	投资收益(万元)	55.48	114.44	-	-
	净利润(万元)	3294.13	8776.64	4638.72	7512.16
	营业利润(万元)	3610.63	9360.16	5019.70	8282.82
	利润总额(万元)	3708.17	10215.57	5432.75	8722.85

上海钢联电子商务股份有限公司

公司概况	公司名称	上海钢联电子商务股份有限公司			证券简称	上海钢联
	法人代表	朱军红	董秘	游绍诚	证券代码	300226
	公司网址	www.mysteel.com		电子信箱	public@mysteel.com.cn	
	电　话	021-26093997		传　真	021-66896911	
	办公地址	上海市宝山区园丰路 68 号				
	经营范围	钢铁、能源、矿业和有色金属等相关行业信息服务为基础的 B2B 电子商务服务等				

	指标\报告期	2015.06.30	2014.12.31	2014.06.30	2013.12.31
主要财务指标	基本每股收益(元)	-0.6977	0.1204	0.0051	0.1799
	基本每股收益(扣除后)(元)	-0.7179	0.0700	-0.0092	0.1200
	稀释每股收益(元)	-0.6977	0.1204	0.0051	0.1799
	每股净资产(元)	1.4014	2.8422	2.4063	3.1603
	每股经营现金净流量(元)	-2.9426	-2.7588	-1.2074	0.0273
	每股现金流量(元)	1.6793	-0.2330	-0.1432	0.1308
	每股资本公积金(元)	0.3118	1.0356	0.7149	1.2181
	每股盈余公积金(元)	0.1145	0.1145	0.0960	0.1248
	每股未分配利润(元)	-0.0249	0.6921	0.5954	0.8173
	净资产收益率(%)	-49.7858	4.2346	0.2134	5.6933
	加权净资产收益率(%)	-28.0200	4.6900	0.2100	5.8300
	净资产收益率(扣除)(%)	-51.2256	2.4070	-0.3810	3.6757
	总资产(万元)	260896.82	158137.94	120082.90	82100.28
	归属母公司股东权益(万元)	21861.52	44338.46	37538.21	37923.41
	营业收入(万元)	906335.81	755711.02	91669.72	155305.31
	营业支出(万元)	916498.38	735549.05	83166.08	139663.53
	投资收益(万元)	202.35	-142.70	-75.88	-152.11
	净利润(万元)	-24468.33	1332.58	80.11	2159.08
	营业利润(万元)	-24801.52	178.80	-400.26	2094.83
	利润总额(万元)	-24434.72	1159.35	-135.91	3009.89

深圳光韵达光电科技股份有限公司

公司概况	公司名称	深圳光韵达光电科技股份有限公司			证券简称	光 韵 达
	法人代表	侯若洪	董秘	李璐	证券代码	300227
	公司网址	www.sunshine-laser.com		电子信箱	info@sunshine-laser.com	
	电　话	0755-26981580		传　真	0755-26981500	
	办公地址	广东省深圳市南山区高新区北区朗山路 13 号清华紫光科技园 C 座 1 层				
	经营范围	从事激光应用技术的研究与开发、提供激光切割、激光钻孔、激光焊接等				

主要财务指标	指标\报告期	2015.06.30	2014.12.31	2014.06.30	2013.12.31
	基本每股收益(元)	0.2316	0.2000	0.0807	0.1300
	基本每股收益(扣除后)(元)	0.0600	0.1900	0.0710	0.1100
	稀释每股收益(元)	0.2316	0.2000	0.0807	0.1300
	每股净资产(元)	2.7577	2.5238	2.6556	2.4502
	每股经营现金净流量(元)	0.2772	0.4009	0.1705	0.2301
	每股现金流量(元)	-0.0199	-0.2676	-0.0048	-0.2684
	每股资本公积金(元)	0.8974	0.9740	0.9681	0.7733
	每股盈余公积金(元)	0.0292	0.0293	0.0271	0.0281
	每股未分配利润(元)	0.9819	0.7742	0.6591	0.6485
	净资产收益率(%)	8.3646	7.8438	3.0391	5.5000
	加权净资产收益率(%)	8.8700	8.1300	3.3000	5.6100
	净资产收益率(扣除)(%)	2.1045	7.5153	2.6761	4.5612
	总资产(万元)	59164.33	58679.18	53526.08	49059.98
	归属母公司股东权益(万元)	38389.97	34995.15	36821.89	32832.73
	营业收入(万元)	10464.72	25249.99	10906.41	17361.49
	营业支出(万元)	6102.49	13056.31	5632.86	8192.95
	投资收益(万元)	2610.34	-	-	-
	净利润(万元)	3146.32	2937.78	1119.06	1805.81
	营业利润(万元)	3133.49	3326.29	1425.92	2199.13
	利润总额(万元)	3350.99	3471.43	1593.55	2580.20

张家港富瑞特种装备股份有限公司

公司概况	公司名称	张家港富瑞特种装备股份有限公司			证券简称	富瑞特装
	法人代表	邬品芳	董秘	李欣	证券代码	300228
	公司网址	www.furuise.com		电子信箱	furui@furuise.com	
	电　话	0512-58982295		传　真	0512-58982293	
	办公地址	江苏省张家港市杨舍镇晨新路 19 号				
	经营范围	金属压力容器的设计、生产和销售等				

主要财务指标	指标\报告期	2015.06.30	2014.12.31	2014.06.30	2013.12.31
	基本每股收益(元)	0.4000	1.6100	0.8700	1.7400
	基本每股收益(扣除后)(元)	0.3700	1.4500	0.8000	1.6600
	稀释每股收益(元)	0.4000	1.5800	0.8600	1.7000
	每股净资产(元)	9.4505	9.0869	8.4628	7.6467
	每股经营现金净流量(元)	0.8024	1.6523	0.7507	-1.0025
	每股现金流量(元)	-1.4441	0.1451	0.0704	-0.5462
	每股资本公积金(元)	3.1003	2.9171	3.0127	2.9309
	每股盈余公积金(元)	0.4863	0.4899	0.3295	0.3295
	每股未分配利润(元)	4.8077	4.6400	4.0904	3.3693
	净资产收益率(%)	4.2510	17.7303	10.2910	22.6021
	加权净资产收益率(%)	4.3200	19.2800	10.7500	26.5300
	净资产收益率(扣除)(%)	3.8707	15.9523	-	21.5263
	总资产(万元)	304730.63	327001.68	299403.20	304382.05
	归属母公司股东权益(万元)	128769.41	122897.98	114457.94	103420.44
	营业收入(万元)	74526.39	200368.05	106084.34	205223.30
	营业支出(万元)	50099.03	128802.31	69222.70	130207.28
	投资收益(万元)	-217.75	-215.57	-90.57	27.83
	净利润(万元)	5227.50	21575.48	11778.54	23375.24
	营业利润(万元)	5724.69	24232.63	12826.44	25935.04
	利润总额(万元)	6324.41	26468.33	13768.32	27274.42

北京拓尔思信息技术股份有限公司

公司概况	公司名称	北京拓尔思信息技术股份有限公司			证券简称	拓 尔 思
	法人代表	李渝勤	董秘	何东炯	证券代码	300229
	公司网址	www.trs.com.cn		电子信箱	ir@trs.com.cn	
	电　话	010-64848899		传　真	010-64879084	
	办公地址	北京市朝阳区大屯路科学园南里风林西奥中心 B 座 16 层				
	经营范围	技术推广、技术开发、技术转让、技术服务、技术咨询等				

主要财务指标	指标\报告期	2015.06.30	2014.12.31	2014.06.30	2013.12.31
	基本每股收益(元)	0.0548	0.4526	0.0923	0.3328
	基本每股收益(扣除后)(元)	0.0904	0.3887	0.0793	0.3160
	稀释每股收益(元)	0.0548	0.4526	0.0921	0.3321
	每股净资产(元)	3.0367	6.0639	4.2494	4.2030
	每股经营现金净流量(元)	-0.0796	0.5167	0.1380	0.3290
	每股现金流量(元)	-0.2649	-0.1343	0.0096	-0.3608
	每股资本公积金(元)	1.1709	3.3417	1.6679	1.6638
	每股盈余公积金(元)	0.0988	0.1976	0.1926	0.1926
	每股未分配利润(元)	0.7671	1.5246	1.3889	1.3466
	净资产收益率(%)	1.8045	6.7920	2.1731	7.8963
	加权净资产收益率(%)	1.7900	9.3900	2.1700	8.2200
	净资产收益率(扣除)(%)	1.4889	5.8332	1.8653	7.4972
	总资产(万元)	155905.83	156791.48	98434.19	96027.27
	归属母公司股东权益(万元)	141474.86	141254.73	87100.16	86148.36
	营业收入(万元)	14304.94	29007.97	9002.32	19415.97
	营业支出(万元)	3148.72	5237.13	1336.32	3658.42
	投资收益(万元)	-10.20	-60.73	-208.78	223.40
	净利润(万元)	2538.92	9594.33	1892.76	6802.55
	营业利润(万元)	977.77	8244.76	1256.64	5302.12
	利润总额(万元)	2825.06	10774.08	2121.03	7067.64

上海永利带业股份有限公司

公司概况	公司名称	上海永利带业股份有限公司			证券简称	永利股份
	法人代表	史佩浩	董秘	恽黎明	证券代码	300230
	公司网址	www.yonglibelt.com		电子信箱	yongli@yonglibelt.com	
	电　话	021-59884061		传　真	021-59884157	
	办公地址	上海市青浦区徐泾镇徐旺路 58 号				
	经营范围	新材料轻型输送带的研发、生产和销售等				

主要财务指标	指标\报告期	2015.06.30	2014.12.31	2014.06.30	2013.12.31
	基本每股收益(元)	0.1786	0.3502	0.1276	0.3226
	基本每股收益(扣除后)(元)	0.1695	0.3243	0.1252	0.3030
	稀释每股收益(元)	0.1786	0.3502	0.1276	0.3226
	每股净资产(元)	4.6058	3.5871	3.3826	3.3549
	每股经营现金净流量(元)	0.1119	0.2967	0.1274	0.2662
	每股现金流量(元)	-0.4985	-0.0429	-0.0816	-0.0627
	每股资本公积金(元)	2.4395	1.1835	1.1835	1.1835
	每股盈余公积金(元)	0.1157	0.1466	0.1223	0.1223
	每股未分配利润(元)	1.0820	1.2848	1.0865	1.0589
	净资产收益率(%)	3.1956	9.7631	3.7722	9.6148
	加权净资产收益率(%)	4.6200	10.0900	3.7300	9.9700
	净资产收益率(扣除)(%)	3.0328	9.0408	3.7000	9.0317
	总资产(万元)	147288.02	70530.86	67614.34	68015.29
	归属母公司股东权益(万元)	94291.14	57940.06	54637.99	54189.76
	营业收入(万元)	26348.69	39919.65	17747.83	35631.98
	营业支出(万元)	16553.75	22556.30	10300.02	20224.21
	投资收益(万元)	-	-	-	-
	净利润(万元)	3229.21	6030.43	2061.03	5210.23
	营业利润(万元)	3602.52	6631.11	2708.86	6196.30
	利润总额(万元)	3786.94	7125.54	2758.09	6572.45

北京银信长远科技股份有限公司

公司概况	公司名称	北京银信长远科技股份有限公司			证券简称	银信科技
	法人代表	詹立雄	董秘	卢英	证券代码	300231
	公司网址	www.trustfar.cn		电子信箱	public@trustfar.cn	
	电话	010-82629666		传真	010-82621118	
	办公地址	北京市海淀区苏州街18号长远天地大厦A1座21层				
	经营范围	国务院决定未规定许可的自主选择经营项目开展经营活动				

	指标\报告期	2015.06.30	2014.12.31	2014.06.30	2013.12.31
主要财务指标	基本每股收益(元)	0.1216	0.2700	0.1297	0.3934
	基本每股收益(扣除后)(元)	0.1044	0.2600	0.1283	0.3911
	稀释每股收益(元)	0.1216	0.2700	0.1297	0.3934
	每股净资产(元)	1.2469	1.7890	1.7162	2.9558
	每股经营现金净流量(元)	-0.0005	-0.0871	-0.4016	0.2842
	每股现金流量(元)	-0.0488	0.0275	-0.3428	0.0452
	每股资本公积金(元)	0.1932	0.1832	0.0118	0.8212
	每股盈余公积金(元)	0.0617	0.0928	0.0703	0.1265
	每股未分配利润(元)	0.1757	0.7121	0.6342	1.0081
	净资产收益率(%)	9.7151	14.4421	7.5564	13.3104
	加权净资产收益率(%)	10.4200	15.3700	7.6000	14.0500
	净资产收益率(扣除)(%)	8.3459	14.1518	7.4769	13.2324
	总资产(万元)	54840.58	52458.93	46929.37	44525.53
	归属母公司股东权益(万元)	41934.88	39973.48	37070.19	35469.03
	营业收入(万元)	28513.88	48927.56	23143.46	38173.35
	营业支出(万元)	19660.43	33858.67	16595.13	25765.34
	投资收益(万元)	-	-	-	-
	净利润(万元)	4074.02	5773.01	2801.16	4721.08
	营业利润(万元)	3968.15	6644.15	3241.23	5468.90
	利润总额(万元)	4655.67	6817.37	3295.48	5536.78

深圳市洲明科技股份有限公司

公司概况	公司名称	深圳市洲明科技股份有限公司			证券简称	洲明科技
	法人代表	林洺锋	董秘	徐朋	证券代码	300232
	公司网址	www.unilumin.com		电子信箱	irm@unilumin.com	
	电话	0755-29918999		传真	86-755-29912092	
	办公地址	广东省深圳市宝安区福永街道桥头社区永福路112号A栋				
	经营范围	LED显示屏、LED灯饰、LED照明灯的生产和销售等				

	指标\报告期	2015.06.30	2014.12.31	2014.06.30	2013.12.31
主要财务指标	基本每股收益(元)	0.2800	0.3000	0.2400	0.3300
	基本每股收益(扣除后)(元)	0.2600	0.2600	0.2100	0.2300
	稀释每股收益(元)	0.2800	0.3000	0.2400	0.3300
	每股净资产(元)	3.4484	3.1819	6.0062	5.8105
	每股经营现金净流量(元)	-0.0988	0.4334	0.2101	0.5133
	每股现金流量(元)	-0.3200	0.1722	0.6740	-0.7841
	每股资本公积金(元)	1.1752	1.1597	3.2802	3.2595
	每股盈余公积金(元)	0.1119	0.1119	0.1825	0.1825
	每股未分配利润(元)	1.1836	0.9325	1.5437	1.3686
	净资产收益率(%)	8.1508	9.4203	3.9132	5.5964
	加权净资产收益率(%)	8.4500	9.8800	3.9600	5.5200
	净资产收益率(扣除)(%)	7.4862	8.0389	3.4923	3.8651
	总资产(万元)	153413.56	133798.27	117979.37	101771.44
	归属母公司股东权益(万元)	70015.86	64603.99	60900.75	58915.71
	营业收入(万元)	62411.99	97340.25	44577.65	78895.93
	营业支出(万元)	40797.65	68948.51	31324.48	58846.80
	投资收益(万元)	-188.83	51.89	-64.99	-34.62
	净利润(万元)	8002.97	8026.03	2383.15	3297.16
	营业利润(万元)	8987.17	8387.10	4379.26	3701.37
	利润总额(万元)	9413.80	9464.97	4696.22	4910.61

山东金城医药化工股份有限公司

公司概况	公司名称	山东金城医药化工股份有限公司			证券简称	金城医药
	法人代表	赵叶青	董秘	朱晓刚	证券代码	300233
	公司网址	www.jinchengpharm.com		电子信箱	jcpc@jinchengpharm.com	
	电话	0533-5439432		传真	0533-5439426	
	办公地址	山东省淄博市淄川区经济开发区				
	经营范围	氨噻肟酸、碳二亚胺、头孢他啶活性酯、AE-活性酯、三嗪环、呋喃胺盐生产、销售等				

	指标\报告期	2015.06.30	2014.12.31	2014.06.30	2013.12.31
主要财务指标	基本每股收益(元)	0.6800	0.8800	0.4400	0.5300
	基本每股收益(扣除后)(元)	0.6600	0.8700	0.4300	0.5600
	稀释每股收益(元)	0.6800	0.8800	0.4400	0.5300
	每股净资产(元)	9.4463	4.4204	8.8469	8.4400
	每股经营现金净流量(元)	0.5366	1.7375	0.7044	0.7762
	每股现金流量(元)	-0.3984	0.3146	0.3943	-0.7244
	每股资本公积金(元)	4.7889	4.5727	4.9684	4.6835
	每股盈余公积金(元)	0.2348	0.2353	0.1965	0.2048
	每股未分配利润(元)	3.4486	3.0730	2.6784	2.5503
	净资产收益率(%)	7.2197	9.7343	4.7892	6.3225
	加权净资产收益率(%)	7.4800	10.1600	5.1400	6.4700
	净资产收益率(扣除)(%)	6.9950	9.6677	4.7082	6.5792
	总资产(万元)	180236.50	178527.89	165225.37	157580.28
	归属母公司股东权益(万元)	119590.45	111667.30	111587.34	102169.42
	营业收入(万元)	59053.75	105083.00	49952.58	90871.31
	营业支出(万元)	38664.76	68128.16	32928.87	62664.46
	投资收益(万元)	-	-	-	-
	净利润(万元)	8634.13	10870.07	5344.16	6459.67
	营业利润(万元)	9757.83	12786.98	6329.30	8357.95
	利润总额(万元)	10074.12	12332.40	5898.82	8051.22

浙江开尔新材料股份有限公司

公司概况	公司名称	浙江开尔新材料股份有限公司			证券简称	开尔新材
	法人代表	邢翰学	董秘	程志勇	证券代码	300234
	公司网址	www.zjke.com		电子信箱	stock@zjke.com	
	电话	86-571-86800327		传真	86-571-86592917	
	办公地址	浙江省金华市金东区曹宅工业区				
	经营范围	新型功能性搪瓷材料的前瞻性研发和市场化推广等				

	指标\报告期	2015.06.30	2014.12.31	2014.06.30	2013.12.31
主要财务指标	基本每股收益(元)	0.2100	0.4000	0.4600	0.4200
	基本每股收益(扣除后)(元)	0.1900	0.3900	0.4600	0.4000
	稀释每股收益(元)	0.2100	0.4000	0.4600	0.4200
	每股净资产(元)	2.1708	2.0022	3.9864	1.6235
	每股经营现金净流量(元)	-0.0313	0.2273	0.1522	-0.1932
	每股现金流量(元)	0.0572	-0.0887	0.0596	-0.4992
	每股资本公积金(元)	0.1581	0.1581	1.5478	1.5478
	每股盈余公积金(元)	0.0939	0.0939	0.1265	0.1265
	每股未分配利润(元)	0.9188	0.7503	1.3122	0.8976
	净资产收益率(%)	9.6064	19.8677	11.4548	11.6707
	加权净资产收益率(%)	9.9000	21.9400	12.0200	12.5400
	净资产收益率(扣除)(%)	8.7132	19.3883	11.5408	11.1454
	总资产(万元)	81574.26	76148.64	69381.02	63048.51
	归属母公司股东权益(万元)	57308.12	52858.85	47836.39	42861.15
	营业收入(万元)	23762.79	50554.39	24574.21	30545.80
	营业支出(万元)	13771.88	27604.77	13417.39	17045.61
	投资收益(万元)	-	-	-	-
	净利润(万元)	5469.42	10434.18	5479.57	5002.20
	营业利润(万元)	5970.23	11887.71	6526.35	5722.03
	利润总额(万元)	6537.65	12149.17	6472.51	5922.00

深圳市方直科技股份有限公司

公司概况

公司名称	深圳市方直科技股份有限公司			证券简称	方直科技
法人代表	黄元忠	董秘	陈克让	证券代码	300235
公司网址	www.kingsunsoft.com		电子信箱	feng.li@kingsunsoft.com	
电　话	0755-86336966		传　真	0755-86336977	
办公地址	广东省深圳市南山区科技中二路深圳软件园12号楼302				
经营范围	计算机软件、硬件、网络及教育软件和教学资源的开发、销售等				

主要财务指标

指标\报告期	2015.06.30	2014.12.31	2014.06.30	2013.12.31
基本每股收益(元)	0.0700	0.1400	0.1200	0.2600
基本每股收益(扣除后)(元)	0.0500	0.1000	0.0800	0.1800
稀释每股收益(元)	0.0700	0.1400	0.1200	0.2600
每股净资产(元)	2.0906	2.1228	3.7415	3.6250
每股经营现金净流量(元)	0.0373	0.1303	0.0708	0.2022
每股现金流量(元)	–0.5169	–0.0321	0.0503	–1.0491
每股资本公积金(元)	0.3951	0.3951	1.5111	1.5111
每股盈余公积金(元)	0.0956	0.0886	0.1451	0.1334
每股未分配利润(元)	0.5999	0.6391	1.0853	0.9805
净资产收益率(%)	3.2449	6.6987	3.1132	7.3078
加权净资产收益率(%)	3.1500	6.8700	3.1600	7.5800
净资产收益率(扣除)(%)	2.3135	4.6161	2.1273	5.0191
总资产(万元)	34677.38	35475.19	34171.37	33463.83
归属母公司股东权益(万元)	33114.95	33624.39	32925.01	31900.00
营业收入(万元)	4051.80	8282.78	3588.87	7508.91
营业支出(万元)	1159.56	2156.67	924.50	2104.75
投资收益(万元)	317.31	442.41	232.05	277.69
净利润(万元)	1074.56	2252.39	1025.02	2331.20
营业利润(万元)	1026.59	1853.04	815.39	1752.13
利润总额(万元)	1193.31	2590.93	1135.90	2709.26

上海新阳半导体材料股份有限公司

公司概况

公司名称	上海新阳半导体材料股份有限公司			证券简称	上海新阳
法人代表	王福祥	董秘	杜冰	证券代码	300236
公司网址	www.sinyang.com.cn		电子信箱	info@sinyang.com.cn	
电　话	021-57850066		传　真	021-57850066	
办公地址	上海市松江区小昆山镇思贤路3600号				
经营范围	制造加工与电子科技、信息科技、半导体材料、航空航天材料有关的化学产品等				

主要财务指标

指标\报告期	2015.06.30	2014.12.31	2014.06.30	2013.12.31
基本每股收益(元)	0.2100	0.6000	0.2700	0.4800
基本每股收益(扣除后)(元)	0.2100	0.5800	0.2600	0.4800
稀释每股收益(元)	0.2100	0.6000	0.2700	0.4800
每股净资产(元)	4.7945	7.4397	7.0907	6.9900
每股经营现金净流量(元)	–0.0350	0.1940	0.0587	0.2970
每股现金流量(元)	–0.3260	–0.8789	0.0142	–0.3672
每股资本公积金(元)	2.7987	5.0779	4.9806	4.9772
每股盈余公积金(元)	0.1037	0.1659	0.1478	0.1478
每股未分配利润(元)	0.8874	1.2122	0.9135	0.8243
净资产收益率(%)	2.7065	7.9791	3.7955	5.5520
加权净资产收益率(%)	2.7500	8.3200	3.7800	9.0400
净资产收益率(扣除)(%)	2.7350	7.7374	3.7229	5.6278
总资产(万元)	100892.72	104087.13	96978.47	95199.48
归属母公司股东权益(万元)	88152.12	85490.71	80692.32	79546.71
营业收入(万元)	17285.40	37617.03	15385.91	20882.17
营业支出(万元)	10521.03	21849.13	8862.38	10989.39
投资收益(万元)	86.55	27.81	41.59	102.55
净利润(万元)	2335.03	6746.85	3062.69	4416.42
营业利润(万元)	2799.31	7624.43	3585.96	2983.22
利润总额(万元)	2781.82	7928.70	3617.48	5057.70

山东美晨科技股份有限公司

公司概况

公司名称	山东美晨科技股份有限公司			证券简称	美晨科技
法人代表	张磊	董秘	李炜刚	证券代码	300237
公司网址	www.meichen.cc		电子信箱	liweigang@meichen.cc	
电　话	0536-6151511		传　真	0536-6320138	
办公地址	山东省诸城市东外环北首路西				
经营范围	减震橡胶制品、胶管制品及其他橡胶制品的研发、制造、销售等				

主要财务指标

指标\报告期	2015.06.30	2014.12.31	2014.06.30	2013.12.31
基本每股收益(元)	0.2100	0.9300	0.2600	0.5600
基本每股收益(扣除后)(元)	0.2000	0.8900	0.2600	0.5600
稀释每股收益(元)	0.2100	0.9300	0.2600	0.5600
每股净资产(元)	4.8550	9.3984	5.8776	5.6768
每股经营现金净流量(元)	–0.3129	0.3094	–0.2719	1.1326
每股现金流量(元)	0.0263	0.4207	–0.3811	–0.8596
每股资本公积金(元)	2.6340	6.2687	2.9223	6.0602
每股盈余公积金(元)	0.1234	0.2268	0.2322	0.4179
每股未分配利润(元)	1.0976	1.9029	1.7231	2.7401
净资产收益率(%)	4.2467	8.4309	4.3618	5.5145
加权净资产收益率(%)	4.1600	12.9600	4.4400	5.6500
净资产收益率(扣除)(%)	4.0552	8.1010	4.4209	5.5111
总资产(万元)	293018.66	288010.28	106065.23	97943.40
归属母公司股东权益(万元)	126562.79	122502.02	60304.35	58244.02
营业收入(万元)	59318.67	114876.26	35007.41	60561.43
营业支出(万元)	38916.04	78589.02	23438.83	42577.50
投资收益(万元)	85.33	424.54	–	–
净利润(万元)	5259.86	10027.04	2630.33	3211.88
营业利润(万元)	6161.93	12680.55	3131.53	3701.19
利润总额(万元)	6557.47	12802.46	3091.41	3703.10

广东冠昊生物科技股份有限公司

公司概况

公司名称	广东冠昊生物科技股份有限公司			证券简称	冠昊生物
法人代表	朱卫平	董秘	周利军	证券代码	300238
公司网址	www.grandhopebio.com		电子信箱	ir@grandhopebio.com	
电　话	020-32052295		传　真	020-32211255	
办公地址	广东省广州市萝岗区玉岩路12号				
经营范围	专业从事再生医学材料及再生型医用植入器械研发、生产及销售				

主要财务指标

指标\报告期	2015.06.30	2014.12.31	2014.06.30	2013.12.31
基本每股收益(元)	0.0700	0.4100	0.1300	0.3300
基本每股收益(扣除后)(元)	0.0600	0.3500	0.1100	0.2800
稀释每股收益(元)	0.0700	0.4100	0.1300	0.3300
每股净资产(元)	2.1731	4.3012	4.0906	4.0355
每股经营现金净流量(元)	0.1127	0.5295	0.1244	0.3361
每股现金流量(元)	0.0905	–0.0719	–0.2012	0.0107
每股资本公积金(元)	0.4874	1.9695	1.9190	1.8944
每股盈余公积金(元)	0.0916	0.1831	0.1465	0.1465
每股未分配利润(元)	0.6538	1.2684	1.0307	1.0009
净资产收益率(%)	3.1778	9.4248	3.1738	8.1448
加权净资产收益率(%)	3.1800	10.0000	3.2000	8.6800
净资产收益率(扣除)(%)	2.6826	8.0918	2.6033	6.7851
总资产(万元)	65620.21	61953.71	56670.14	57251.82
归属母公司股东权益(万元)	53673.26	53161.22	50496.12	49815.71
营业收入(万元)	8663.09	19035.67	7957.79	16850.19
营业支出(万元)	1336.89	2211.66	901.48	1696.43
投资收益(万元)	–125.72	–93.42	–	–
净利润(万元)	1663.10	5010.31	1602.66	4057.39
营业利润(万元)	1581.23	5110.10	1632.37	3840.31
利润总额(万元)	1893.93	5949.27	1971.44	4637.16

包头东宝生物技术股份有限公司

公司概况						
	公司名称	包头东宝生物技术股份有限公司			证券简称	东宝生物
	法人代表	王军	董秘	刘芳	证券代码	300239
	公司网址	www.dongbaoshengwu.com		电子信箱	xmliu@dongbaoshengwu.com	
	电　　话	0472-5319863		传　　真	0472-5319863	
	办公地址	内蒙古自治区包头市稀土高新技术产业开发区黄河大街46号				
	经营范围	生产经营照相明胶、药用明胶、食用明胶、工业明胶、骨油、骨粉等				

主要财务指标	指标\报告期	2015.06.30	2014.12.31	2014.06.30	2013.12.31
	基本每股收益(元)	0.0203	0.0247	0.0222	0.2159
	基本每股收益(扣除后)(元)	0.0130	0.0120	0.0178	0.1809
	稀释每股收益(元)	0.0203	0.0247	0.0222	0.2159
	每股净资产(元)	1.7242	1.7239	1.7214	1.7792
	每股经营现金净流量(元)	0.0497	-0.0619	-0.1047	0.0460
	每股现金流量(元)	-0.0124	-0.2098	-0.1567	-0.1521
	每股资本公积金(元)	0.2609	0.2609	0.2609	0.2609
	每股盈余公积金(元)	0.1038	0.1038	0.0990	0.0990
	每股未分配利润(元)	0.3595	0.3592	0.3615	0.4193
	净资产收益率(%)	1.1782	1.4353	1.2889	12.1323
	加权净资产收益率(%)	1.1800	1.4200	1.2500	12.6700
	净资产收益率(扣除)(%)	0.7527	0.6975	1.0312	10.1663
	总资产(万元)	52652.24	53056.96	53101.38	51962.91
	归属母公司股东权益(万元)	34061.81	34055.58	34005.06	35147.15
	营业收入(万元)	14225.86	25105.39	11825.90	38210.95
	营业支出(万元)	11777.37	20392.26	9261.10	28651.98
	投资收益(万元)	-	-	-	-
	净利润(万元)	401.33	488.81	438.29	4264.17
	营业利润(万元)	342.54	369.17	570.50	4322.58
	利润总额(万元)	505.28	649.17	672.49	5121.93

江苏飞力达国际物流股份有限公司

公司概况						
	公司名称	江苏飞力达国际物流股份有限公司			证券简称	飞力达
	法人代表	沈黎明	董秘	李镭	证券代码	300240
	公司网址	www.feiliks.com		电子信箱	dshmsc@feiliks.com	
	电　　话	0512-55278563 55278689		传　　真	0512-55278558	
	办公地址	江苏省苏州市昆山市开发区玫瑰路999号				
	经营范围	综合货运站(场)(仓储)、货物专用运输(集装箱)、普通货运、承办空运等				

主要财务指标	指标\报告期	2015.06.30	2014.12.31	2014.06.30	2013.12.31
	基本每股收益(元)	0.0900	0.2000	0.1200	0.3200
	基本每股收益(扣除后)(元)	0.0600	0.1300	0.0900	0.2700
	稀释每股收益(元)	0.0900	0.2000	0.1200	0.3200
	每股净资产(元)	3.9246	3.8973	5.8025	5.7462
	每股经营现金净流量(元)	0.2477	0.1775	0.0352	0.7797
	每股现金流量(元)	0.0455	-0.5953	-0.6784	-0.6130
	每股资本公积金(元)	1.5135	2.7631	2.8524	2.8152
	每股盈余公积金(元)	0.0652	0.0978	0.0843	0.0843
	每股未分配利润(元)	1.3598	2.0060	1.8722	1.8541
	净资产收益率(%)	2.2704	3.5391	2.0360	5.5435
	加权净资产收益率(%)	2.2700	3.5100	2.1000	5.6100
	净资产收益率(扣除)(%)	1.4253	2.2618	1.6017	4.6363
	总资产(万元)	165625.71	159603.52	163407.30	149169.17
	归属母公司股东权益(万元)	95644.57	94980.89	97203.14	96259.79
	营业收入(万元)	106227.11	274166.48	149919.12	236642.21
	营业支出(万元)	88884.34	237985.62	130323.57	197019.78
	投资收益(万元)	99.24	1493.69	208.69	-385.30
	净利润(万元)	2633.09	4672.42	1979.05	5336.13
	营业利润(万元)	2415.66	5526.14	3603.30	8220.09
	利润总额(万元)	3680.12	6677.06	4163.58	9280.06

深圳市瑞丰光电子股份有限公司

公司概况						
	公司名称	深圳市瑞丰光电子股份有限公司			证券简称	瑞丰光电
	法人代表	龚伟斌	董秘	龚伟斌(代)	证券代码	300241
	公司网址	www.refond.com		电子信箱	hanhua.ke@refond.com	
	电　　话	0755-66831166		传　　真	0755-66821166	
	办公地址	广东省深圳市南山区科技南十二路28号康佳研发大厦5层5C				
	经营范围	电子产品的购销及其他国内商业、物资供销业等				

主要财务指标	指标\报告期	2015.06.30	2014.12.31	2014.06.30	2013.12.31
	基本每股收益(元)	0.0988	0.1109	0.0967	0.2619
	基本每股收益(扣除后)(元)	0.0826	0.0788	0.0765	0.2233
	稀释每股收益(元)	0.0988	0.1109	0.0967	0.2619
	每股净资产(元)	2.9363	2.9193	2.8959	2.7903
	每股经营现金净流量(元)	-0.0396	0.6926	0.1002	0.6159
	每股现金流量(元)	-0.1211	-0.3453	-0.2691	-0.4252
	每股资本公积金(元)	1.1416	1.1200	1.0670	1.0556
	每股盈余公积金(元)	0.0861	0.0865	0.0783	0.0783
	每股未分配利润(元)	0.7444	0.7488	0.7533	0.6564
	净资产收益率(%)	3.3512	3.7256	3.3394	9.3611
	加权净资产收益率(%)	3.3300	3.9100	3.4000	9.9300
	净资产收益率(扣除)(%)	2.7996	2.6468	2.6428	7.9813
	总资产(万元)	126324.82	124415.19	109660.59	91277.24
	归属母公司股东权益(万元)	64626.33	63973.79	62738.83	60466.95
	营业收入(万元)	46257.99	90684.93	41043.59	68198.42
	营业支出(万元)	38799.98	75500.94	33599.73	54093.58
	投资收益(万元)	13.77	-484.16	-	-7.94
	净利润(万元)	2171.80	2374.01	2095.13	5660.38
	营业利润(万元)	1818.06	1764.32	1920.70	5499.26
	利润总额(万元)	2267.52	2644.55	2477.36	6567.54

广东明家科技股份有限公司

公司概况						
	公司名称	广东明家科技股份有限公司			证券简称	明家科技
	法人代表	周建林	董秘	陈涵涵	证券代码	300242
	公司网址	www.migsurge.com		电子信箱	mig-dshh@migsurge.com.cn	
	电　　话	0769-88972266		传　　真	0769-88973889	
	办公地址	广东省东莞市横沥镇村头村工业区				
	经营范围	研发、生产及销售:避雷器及雷电防护装置、防雷插座、配电箱及防雷产品等				

主要财务指标	指标\报告期	2015.06.30	2014.12.31	2014.06.30	2013.12.31
	基本每股收益(元)	0.1200	0.0500	0.0201	-0.3992
	基本每股收益(扣除后)(元)	0.1100	0.0400	0.0191	-0.4200
	稀释每股收益(元)	0.1200	0.0500	0.0201	-0.3992
	每股净资产(元)	5.7199	3.4269	3.3924	3.3723
	每股经营现金净流量(元)	0.0368	0.3455	0.1298	-0.2277
	每股现金流量(元)	-0.8066	-0.1368	-0.2553	-0.5473
	每股资本公积金(元)	4.2425	2.0016	2.0016	2.0016
	每股盈余公积金(元)	0.1075	0.1250	0.1223	0.1223
	每股未分配利润(元)	0.3699	0.3004	0.2685	0.2485
	净资产收益率(%)	2.1210	1.5947	0.5918	-11.8385
	加权净资产收益率(%)	2.2600	1.6100	0.5900	-11.1500
	净资产收益率(扣除)(%)	1.9393	1.0688	0.5617	-12.5057
	总资产(万元)	86062.87	31487.91	31410.83	31333.11
	归属母公司股东权益(万元)	49847.85	25701.87	25442.73	25292.28
	营业收入(万元)	37474.43	16899.93	9077.64	14378.62
	营业支出(万元)	32002.51	13677.84	7483.28	12684.53
	投资收益(万元)	104.61	208.32	-	-
	净利润(万元)	1057.25	409.86	150.56	-2994.23
	营业利润(万元)	1410.12	276.90	143.98	-3142.92
	利润总额(万元)	1501.78	412.06	151.63	-2974.18

山东瑞丰高分子材料股份有限公司

公司概况	公司名称	山东瑞丰高分子材料股份有限公司			证券简称	瑞丰高材
	法人代表	周仕斌	董秘	张琳	证券代码	300243
	公司网址	www.ruifengchemical.com		电子信箱	zhlin@ruifengchemical.com	
	电　　话	0533-3220711		传　　真	0533-3256197	
	办公地址	山东省淄博市沂源县经济开发区				
	经营范围	制造销售塑料助剂等				

主要财务指标	指标\报告期	2015.06.30	2014.12.31	2014.06.30	2013.12.31
	基本每股收益(元)	0.1100	0.1700	0.1700	0.2700
	基本每股收益(扣除后)(元)	0.1000	0.1600	0.1600	0.2600
	稀释每股收益(元)	0.1100	0.1700	0.1600	0.2700
	每股净资产(元)	2.1484	2.0460	3.9530	3.7850
	每股经营现金净流量(元)	0.1449	–0.0638	–0.3382	0.1190
	每股现金流量(元)	–0.1242	0.0823	0.2206	–0.6205
	每股资本公积金(元)	0.2010	0.2042	1.4183	1.4151
	每股盈余公积金(元)	0.0849	0.0846	0.1434	0.1434
	每股未分配利润(元)	0.8700	0.7721	1.3913	1.2261
	净资产收益率(%)	5.3557	8.2526	4.1808	7.1723
	加权净资产收益率(%)	5.4600	8.6200	4.2700	7.4900
	净资产收益率(扣除)(%)	4.5717	7.8992	4.0390	6.8122
	总资产(万元)	88101.65	85807.55	87012.26	74029.20
	归属母公司股东权益(万元)	44290.79	42329.71	41078.54	39328.16
	营业收入(万元)	40242.87	84552.00	39981.33	75869.18
	营业支出(万元)	30075.21	66383.88	31733.62	59917.07
	投资收益(万元)	–	–	–	–
	净利润(万元)	2372.10	3493.31	1717.42	2820.72
	营业利润(万元)	3082.48	4557.84	2339.77	3555.60
	利润总额(万元)	3326.89	4749.95	2435.90	3749.14

浙江迪安诊断技术股份有限公司

公司概况	公司名称	浙江迪安诊断技术股份有限公司			证券简称	迪安诊断
	法人代表	陈海斌	董秘	徐敏	证券代码	300244
	公司网址	www.dazd.cn		电子信箱	zqb@dagene.net	
	电　　话	0571-88933708		传　　真	0571-88918912	
	办公地址	浙江省杭州市西湖区古墩路702号赞宇大厦5-6层				
	经营范围	主要面向各种综合医院与专科医院、社区卫生服务中心(站)、乡(镇)卫生院等				

主要财务指标	指标\报告期	2015.06.30	2014.12.31	2014.06.30	2013.12.31
	基本每股收益(元)	0.3328	0.6100	0.3079	0.7200
	基本每股收益(扣除后)(元)	0.3178	0.5700	0.3008	0.6900
	稀释每股收益(元)	0.3305	0.6000	0.3061	0.7100
	每股净资产(元)	3.1228	3.3265	3.1719	4.8226
	每股经营现金净流量(元)	0.2929	0.5737	0.1821	0.6309
	每股现金流量(元)	–0.2560	0.1725	–0.2355	–0.0470
	每股资本公积金(元)	0.6853	0.7728	0.9198	1.9932
	每股盈余公积金(元)	0.0401	0.0526	0.0315	0.0542
	每股未分配利润(元)	1.3974	1.5011	1.2206	1.7752
	净资产收益率(%)	10.5580	18.2170	9.5975	14.9296
	加权净资产收益率(%)	12.0500	19.5700	10.2400	15.7400
	净资产收益率(扣除)(%)	10.0830	17.1433	9.3758	14.3882
	总资产(万元)	162709.66	110870.62	90362.51	81149.32
	归属母公司股东权益(万元)	84246.96	68389.16	65209.99	57666.05
	营业收入(万元)	81322.62	133510.01	62523.40	101547.44
	营业支出(万元)	51680.72	84778.41	39026.48	63865.09
	投资收益(万元)	916.38	258.89	–93.69	–117.07
	净利润(万元)	8635.13	12785.26	6258.50	8609.33
	营业利润(万元)	9858.61	15021.69	8117.39	10822.92
	利润总额(万元)	10291.29	15230.98	8220.84	11164.93

上海天玑科技股份有限公司

公司概况	公司名称	上海天玑科技股份有限公司			证券简称	天玑科技
	法人代表	陆文雄	董秘	陆廷洁	证券代码	300245
	公司网址	www.dnt.com.cn		电子信箱	public@dnt.com.cn	
	电　　话	021-54278888		传　　真	86-21-23521380	
	办公地址	上海市桂林路406号楼2号11楼				
	经营范围	计算机软硬件开发、销售、维修、系统集成、通讯设备的销售及维修等				

主要财务指标	指标\报告期	2015.06.30	2014.12.31	2014.06.30	2013.12.31
	基本每股收益(元)	0.0965	0.4000	0.1334	0.4500
	基本每股收益(扣除后)(元)	0.0811	0.3700	0.1176	0.4000
	稀释每股收益(元)	0.0965	0.4000	0.1334	0.4500
	每股净资产(元)	2.4941	3.6829	3.3642	4.2800
	每股经营现金净流量(元)	–0.1867	0.2965	–0.0858	0.3203
	每股现金流量(元)	–0.2807	0.3040	–0.0955	0.3678
	每股资本公积金(元)	0.5158	1.2612	1.2023	1.8408
	每股盈余公积金(元)	0.1084	0.1625	0.1269	0.1648
	每股未分配利润(元)	0.8707	1.2604	1.0361	1.2722
	净资产收益率(%)	3.8689	10.7955	3.9676	10.1971
	加权净资产收益率(%)	3.9000	11.4300	4.0100	11.0000
	净资产收益率(扣除)(%)	3.2530	10.0380	3.4968	9.1417
	总资产(万元)	77574.87	78691.13	73469.27	70323.96
	归属母公司股东权益(万元)	68026.60	67016.50	60964.32	59666.93
	营业收入(万元)	19343.88	40904.07	18275.69	34494.01
	营业支出(万元)	11324.71	22551.41	10911.36	18876.95
	投资收益(万元)	–	–	–	74.03
	净利润(万元)	2482.26	7512.65	2418.80	6084.27
	营业利润(万元)	2292.94	8016.07	2396.94	6823.65
	利润总额(万元)	2806.03	8668.94	2760.00	7559.80

广东宝莱特医用科技股份有限公司

公司概况	公司名称	广东宝莱特医用科技股份有限公司			证券简称	宝莱特
	法人代表	燕金元	董秘	燕传平	证券代码	300246
	公司网址	www.blt.com.cn		电子信箱	ir@blt.com.cn	
	电　　话	0756-3399909		传　　真	0756-3399903	
	办公地址	广东省珠海市高新区科技创新海岸创新一路2号				
	经营范围	从事医疗监护仪及相关医疗器械的研发、生产和销售等				

主要财务指标	指标\报告期	2015.06.30	2014.12.31	2014.06.30	2013.12.31
	基本每股收益(元)	0.0565	0.2300	0.1052	0.2000
	基本每股收益(扣除后)(元)	0.0421	0.2200	0.1029	0.1900
	稀释每股收益(元)	0.0565	0.2300	0.1052	0.2000
	每股净资产(元)	2.8223	2.8157	2.6895	2.6344
	每股经营现金净流量(元)	–0.0255	0.2896	0.1161	0.1870
	每股现金流量(元)	–0.1345	–0.1056	–0.0644	–0.4445
	每股资本公积金(元)	0.7845	0.7845	0.7845	0.7845
	每股盈余公积金(元)	0.1397	0.1397	0.1197	0.1197
	每股未分配利润(元)	0.8981	0.8915	0.7853	0.7301
	净资产收益率(%)	2.0031	8.2173	3.9113	7.5156
	加权净资产收益率(%)	2.0100	8.5000	3.9200	7.6800
	净资产收益率(扣除)(%)	1.4901	7.8144	3.8243	7.2689
	总资产(万元)	52853.71	51900.61	48058.43	47171.64
	归属母公司股东权益(万元)	41229.87	41134.43	39291.08	38484.72
	营业收入(万元)	14034.99	28899.35	12732.25	23483.20
	营业支出(万元)	8473.16	15950.51	6828.35	12305.04
	投资收益(万元)	–	–	–	–
	净利润(万元)	884.04	3520.68	1536.80	2892.37
	营业利润(万元)	456.62	3642.23	1604.81	3108.07
	利润总额(万元)	804.83	4075.48	1800.44	3501.10

安徽乐金健康科技股份有限公司

公司概况						
公司概况	公司名称	安徽乐金健康科技股份有限公司			证券简称	乐金健康
	法人代表	金道明	董秘	胡萍	证券代码	300247
	公司网址	www.saunaking.com.cn			电子信箱	saunaking@saunaking.com.cn
	电　话	0551-5329393			传　真	0551-5847577
	办公地址	安徽省合肥市高新区合欢路34号				
	经营范围	从事家用桑拿设备的研发、生产和销售等				

主要财务指标	指标\报告期	2015.06.30	2014.12.31	2014.06.30	2013.12.31
	基本每股收益(元)	0.0449	0.0789	0.0910	0.1300
	基本每股收益(扣除后)(元)	0.0404	0.0714	0.0825	0.1200
	稀释每股收益(元)	0.0449	0.0789	0.0910	0.1300
	每股净资产(元)	2.6285	2.5973	4.8368	2.3740
	每股经营现金净流量(元)	–0.0370	0.0794	0.0110	0.2288
	每股现金流量(元)	0.2090	–0.1084	0.1727	–0.1110
	每股资本公积金(元)	0.9794	0.9794	2.3529	2.3529
	每股盈余公积金(元)	0.0828	0.0828	0.1605	0.1605
	每股未分配利润(元)	0.6021	0.5572	1.3219	1.2309
	净资产收益率(%)	1.7073	2.8931	1.8820	2.7846
	加权净资产收益率(%)	1.7100	3.2800	1.9000	2.8300
	净资产收益率(扣除)(%)	1.5476	2.6200	1.7056	2.4600
	总资产(万元)	90180.49	79875.77	70515.89	67002.68
	归属母公司股东权益(万元)	67975.15	67167.55	59310.77	58223.04
	营业收入(万元)	18033.22	28412.11	12808.26	26504.66
	营业支出(万元)	10088.02	17530.27	7598.23	16976.87
	投资收益(万元)	–	–	–	–
	净利润(万元)	1145.58	1966.14	1116.24	1621.30
	营业利润(万元)	1198.07	2066.29	1178.03	1656.61
	利润总额(万元)	1333.19	2283.59	1302.05	1880.88

新开普电子股份有限公司

公司概况						
公司概况	公司名称	新开普电子股份有限公司			证券简称	新开普
	法人代表	杨维国	董秘	华梦阳	证券代码	300248
	公司网址	www.newcapec.com.cn			电子信箱	zqswb@newcapec.net
	电　话	0371-67579758			传　真	0371-67579716
	办公地址	河南省郑州市高新技术产业开发区迎春街18号				
	经营范围	计算机系统集成、计算机及相关产品、仪器仪表、各类智能卡应用产品等				

主要财务指标	指标\报告期	2015.06.30	2014.12.31	2014.06.30	2013.12.31
	基本每股收益(元)	0.0009	0.2600	0.0072	0.2800
	基本每股收益(扣除后)(元)	–0.0022	0.2600	0.0040	0.2600
	稀释每股收益(元)	0.0009	0.2600	0.0072	0.2800
	每股净资产(元)	1.8289	3.7561	3.4987	3.5541
	每股经营现金净流量(元)	–0.2242	0.0254	–0.3851	0.3118
	每股现金流量(元)	–0.2438	–0.3712	–0.6836	–0.5991
	每股资本公积金(元)	0.2233	1.4467	1.4467	2.9147
	每股盈余公积金(元)	0.0751	0.1503	0.1206	0.1929
	每股未分配利润(元)	0.5305	1.1591	0.9315	1.5789
	净资产收益率(%)	0.0488	7.0432	0.2049	4.8688
	加权净资产收益率(%)	0.0500	7.2500	0.2000	4.9500
	净资产收益率(扣除)(%)	–0.1226	6.8502	0.1172	4.7021
	总资产(万元)	64002.17	64668.81	59151.73	58307.18
	归属母公司股东权益(万元)	52205.34	53607.08	49933.75	50723.41
	营业收入(万元)	15448.10	31536.09	11194.22	22116.95
	营业支出(万元)	7563.69	14913.55	5377.14	10928.64
	投资收益(万元)	–	–	–	17.94
	净利润(万元)	–22.65	3806.43	102.34	2469.60
	营业利润(万元)	–399.25	3173.36	47.73	693.20
	利润总额(万元)	–45.80	4316.36	98.92	2597.34

四川依米康环境科技股份有限公司

公司概况						
公司概况	公司名称	四川依米康环境科技股份有限公司			证券简称	依米康
	法人代表	张菀	董秘	周淑兰	证券代码	300249
	公司网址	www.sunrisegroup.com.cn			电子信箱	dshb@sunrisegroup.com.cn
	电　话	028-85185206　85977635			传　真	028-82001888*1
	办公地址	四川省成都市高新区科园南二路二号				
	经营范围	生产、销售及安装制冷设备、空调、不间断电源、电池及相关产品等				

主要财务指标	指标\报告期	2015.06.30	2014.12.31	2014.06.30	2013.12.31
	基本每股收益(元)	–0.0500	0.0700	0.0300	0.0500
	基本每股收益(扣除后)(元)	–0.0600	0.0600	0.0200	0.0400
	稀释每股收益(元)	–0.0500	0.0700	0.0300	0.0500
	每股净资产(元)	3.7668	3.8245	3.0678	3.0405
	每股经营现金净流量(元)	–0.4708	0.0905	–0.2494	–0.0055
	每股现金流量(元)	–0.6720	0.2111	–0.3297	–0.4481
	每股资本公积金(元)	2.1827	2.1827	1.3875	1.3875
	每股盈余公积金(元)	0.0613	0.0613	0.0656	0.0656
	每股未分配利润(元)	0.5100	0.5839	0.6146	0.5874
	净资产收益率(%)	–1.4312	1.6562	0.8884	1.5592
	加权净资产收益率(%)	–1.1500	2.3100	0.8900	1.5600
	净资产收益率(扣除)(%)	–1.5729	1.4126	0.8141	1.1922
	总资产(万元)	144510.11	143592.77	71635.56	69848.83
	归属母公司股东权益(万元)	66285.82	67301.05	48103.05	47675.69
	营业收入(万元)	32423.17	48921.42	24344.35	38651.20
	营业支出(万元)	24171.13	33440.25	17217.59	26146.54
	投资收益(万元)	–191.31	–172.63	–52.77	–58.27
	净利润(万元)	–391.53	2775.83	427.36	743.35
	营业利润(万元)	–708.13	2708.82	733.89	1772.89
	利润总额(万元)	–551.56	3266.91	863.44	2081.48

杭州初灵信息技术股份有限公司

公司概况						
公司概况	公司名称	杭州初灵信息技术股份有限公司			证券简称	初灵信息
	法人代表	洪爱金	董秘	许平	证券代码	300250
	公司网址	www.cncr-it.com			电子信箱	IR@cncr-it.com
	电　话	0571-86791278　86797396			传　真	0571-86791287
	办公地址	浙江省杭州市滨江区浦沿街道伟业路1号5幢				
	经营范围	信息接入方案的设计及相应设备的研发、生产和销售等				

主要财务指标	指标\报告期	2015.06.30	2014.12.31	2014.06.30	2013.12.31
	基本每股收益(元)	0.1100	0.4000	0.1700	0.3500
	基本每股收益(扣除后)(元)	0.1100	0.3800	0.1700	0.3400
	稀释每股收益(元)	0.1100	0.3900	0.1700	0.3500
	每股净资产(元)	7.5609	5.0334	4.7077	4.6748
	每股经营现金净流量(元)	0.0242	0.3756	0.0655	0.2064
	每股现金流量(元)	–0.0147	0.1569	–0.1374	–0.1773
	每股资本公积金(元)	5.0777	2.2802	2.1840	2.1702
	每股盈余公积金(元)	0.1588	0.1946	0.1631	0.1631
	每股未分配利润(元)	1.3243	1.5586	1.3604	1.3414
	净资产收益率(%)	1.3471	7.9222	3.5891	7.4906
	加权净资产收益率(%)	1.5600	8.2800	3.5700	7.7100
	净资产收益率(扣除)(%)	1.3116	7.5978	3.5525	7.2579
	总资产(万元)	89018.46	49153.55	45615.45	44006.03
	归属母公司股东权益(万元)	74118.58	40267.25	37661.46	37398.84
	营业收入(万元)	10832.17	23122.98	9199.05	20277.45
	营业支出(万元)	5393.97	13546.60	4976.29	12483.96
	投资收益(万元)	–34.78	–26.77	–3.38	–
	净利润(万元)	955.14	3642.11	1351.73	2801.41
	营业利润(万元)	572.09	3386.51	1627.93	2977.23
	利润总额(万元)	982.66	4274.95	1952.29	3737.89

北京光线传媒股份有限公司

公司概况						
公司概况	公司名称	北京光线传媒股份有限公司			证券简称	光线传媒
公司概况	法人代表	王长田	董秘	王牮	证券代码	300251
公司概况	公司网址	www.ewang.com		电子信箱	ir@ewang.com	
公司概况	电　话	010-64516451		传　真	010-64516488	
公司概况	办公地址	北京市东城区和平里东街 11 号院内 3 号楼 3 层				
公司概况	经营范围	广播电视节目的制作、发行、设计、制作、代理、发布国内及外商来华广告等				

主要财务指标	指标＼报告期	2015.06.30	2014.12.31	2014.06.30	2013.12.31
主要财务指标	基本每股收益(元)	0.0600	0.3300	0.1000	0.6500
主要财务指标	基本每股收益(扣除后)(元)	0.0400	0.3100	0.1000	0.6100
主要财务指标	稀释每股收益(元)	0.0600	0.3300	0.1000	0.6500
主要财务指标	每股净资产(元)	4.3956	3.1232	2.2431	4.3831
主要财务指标	每股经营现金净流量(元)	–0.1378	–0.0818	0.0068	1.4896
主要财务指标	每股现金流量(元)	0.0211	–0.0403	–0.2760	–0.0596
主要财务指标	每股资本公积金(元)	1.9282	0.4893	0.4893	1.9787
主要财务指标	每股盈余公积金(元)	0.0642	0.0930	0.0605	0.1210
主要财务指标	每股未分配利润(元)	0.5905	0.8856	0.6941	1.2859
主要财务指标	净资产收益率(%)	1.2747	10.4121	4.5100	14.7764
主要财务指标	加权净资产收益率(%)	1.7000	13.0800	4.5100	15.7000
主要财务指标	净资产收益率(扣除)(%)	0.9485	9.8265	4.4198	13.9682
主要财务指标	总资产(万元)	776108.34	498377.53	279657.80	259064.39
主要财务指标	归属母公司股东权益(万元)	644744.59	316290.21	227156.86	221938.00
主要财务指标	营业收入(万元)	41412.05	121807.16	30103.03	90417.18
主要财务指标	营业支出(万元)	27440.79	73907.80	15420.95	48565.67
主要财务指标	投资收益(万元)	1003.46	5592.40	748.12	1915.25
主要财务指标	净利润(万元)	8855.23	35186.93	10244.69	32794.36
主要财务指标	营业利润(万元)	9103.05	41190.98	11768.77	38501.75
主要财务指标	利润总额(万元)	10415.46	42608.44	12011.06	40614.70

深圳金信诺高新技术股份有限公司

公司概况						
公司概况	公司名称	深圳金信诺高新技术股份有限公司			证券简称	金信诺
公司概况	法人代表	黄昌华	董秘	伍婧娉	证券代码	300252
公司概况	公司网址	www.kingsignal.com		电子信箱	debbie.wu@kingsignal.com	
公司概况	电　话	86-755-26016250*877		传　真	0755-26581802	
公司概况	办公地址	广东省深圳市南山区科技中二路深圳软件园 9# 楼 302				
公司概况	经营范围	从事中高端射频同轴电缆的研发、生产和销售等				

主要财务指标	指标＼报告期	2015.06.30	2014.12.31	2014.06.30	2013.12.31
主要财务指标	基本每股收益(元)	0.1875	0.5100	0.2905	0.1400
主要财务指标	基本每股收益(扣除后)(元)	0.1704	0.4400	0.2610	0.1000
主要财务指标	稀释每股收益(元)	0.1875	0.5100	0.2905	0.1400
主要财务指标	每股净资产(元)	1.8894	4.6927	4.5192	4.2066
主要财务指标	每股经营现金净流量(元)	0.2038	0.2781	0.9046	–0.6607
主要财务指标	每股现金流量(元)	–0.1760	0.3117	0.9184	–0.2546
主要财务指标	每股资本公积金(元)	0.2520	2.4655	2.4676	2.4454
主要财务指标	每股盈余公积金(元)	0.0568	0.1027	0.0972	0.0772
主要财务指标	每股未分配利润(元)	0.5841	1.1309	0.9583	0.6891
主要财务指标	净资产收益率(%)	9.9232	10.8741	6.4217	3.3606
主要财务指标	加权净资产收益率(%)	9.5100	11.4100	6.6700	3.4300
主要财务指标	净资产收益率(扣除)(%)	9.0208	9.3973	5.7704	2.3433
主要财务指标	总资产(万元)	204443.97	181521.59	187666.18	150184.81
主要财务指标	归属母公司股东权益(万元)	77189.12	76684.84	74365.13	69133.48
主要财务指标	营业收入(万元)	67373.43	119404.81	56253.15	74660.53
主要财务指标	营业支出(万元)	47552.49	88282.69	40386.45	58210.90
主要财务指标	投资收益(万元)	462.76	–	–	1014.00
主要财务指标	净利润(万元)	7973.64	9392.97	4775.49	2323.27
主要财务指标	营业利润(万元)	8894.22	9525.12	5729.22	941.49
主要财务指标	利润总额(万元)	9644.97	10957.45	6060.10	1746.22

卫宁健康科技集团股份有限公司

公司概况						
公司概况	公司名称	卫宁健康科技集团股份有限公司			证券简称	卫宁健康
公司概况	法人代表	周炜	董秘	靳茂	证券代码	300253
公司概况	公司网址	www.winning.com.cn		电子信箱	wndsh@winning.com.cn	
公司概况	电　话	021-26018382		传　真	021-26018347	
公司概况	办公地址	上海市广中西路 355 号宝华中心 10 楼				
公司概况	经营范围	计算机软件的开发、设计和制作、销售自产产品、计算机及辅助设备的销售等				

主要财务指标	指标＼报告期	2015.06.30	2014.12.31	2014.06.30	2013.12.31
主要财务指标	基本每股收益(元)	0.1070	0.5600	0.1750	0.7500
主要财务指标	基本每股收益(扣除后)(元)	0.0970	0.5200	0.1580	0.6600
主要财务指标	稀释每股收益(元)	0.1060	0.5500	0.1720	0.7400
主要财务指标	每股净资产(元)	1.4942	3.5158	3.0094	5.8160
主要财务指标	每股经营现金净流量(元)	–0.1387	0.1960	–0.1898	0.4645
主要财务指标	每股现金流量(元)	–0.4991	–0.3988	–0.3222	0.3553
主要财务指标	每股资本公积金(元)	0.0788	1.1121	0.9752	2.9006
主要财务指标	每股盈余公积金(元)	0.0629	0.1572	0.1137	0.2276
主要财务指标	每股未分配利润(元)	0.3525	1.2465	0.9205	1.6879
主要财务指标	净资产收益率(%)	7.1612	15.7476	5.8007	12.8362
主要财务指标	加权净资产收益率(%)	7.3500	17.6200	5.8000	14.1500
主要财务指标	净资产收益率(扣除)(%)	6.4834	14.5816	5.2534	11.2063
主要财务指标	总资产(万元)	125765.16	121802.36	76165.84	74131.16
主要财务指标	归属母公司股东权益(万元)	81655.19	76819.14	65022.34	62794.11
主要财务指标	营业收入(万元)	26414.80	49141.16	14854.17	34882.79
主要财务指标	营业支出(万元)	11985.56	22277.82	5675.12	16014.74
主要财务指标	投资收益(万元)	–	–	–	–
主要财务指标	净利润(万元)	5778.28	12264.20	3771.72	8060.40
主要财务指标	营业利润(万元)	3724.84	8976.50	2524.15	5064.21
主要财务指标	利润总额(万元)	5990.75	12899.67	4101.48	8414.50

山西仟源医药集团股份有限公司

公司概况						
公司概况	公司名称	山西仟源医药集团股份有限公司			证券简称	仟源医药
公司概况	法人代表	翁占国	董秘	俞俊贤	证券代码	300254
公司概况	公司网址	www.cy-pharm.com		电子信箱	stock@cy-pharm.com	
公司概况	电　话	0352-6116426		传　真	0352-6116452	
公司概况	办公地址	山西省大同市经济技术开发区湖滨大街 53 号				
公司概况	经营范围	医药研发、生产和销售等				

主要财务指标	指标＼报告期	2015.06.30	2014.12.31	2014.06.30	2013.12.31
主要财务指标	基本每股收益(元)	0.1185	0.3064	0.1480	0.2000
主要财务指标	基本每股收益(扣除后)(元)	0.1116	0.2672	0.1318	0.2000
主要财务指标	稀释每股收益(元)	0.1185	0.3064	0.1480	0.2000
主要财务指标	每股净资产(元)	3.6624	4.7655	4.6070	4.5591
主要财务指标	每股经营现金净流量(元)	0.0365	0.6143	0.2060	0.6023
主要财务指标	每股现金流量(元)	–0.2510	0.1932	–0.1497	–1.4320
主要财务指标	每股资本公积金(元)	1.8431	2.8244	2.8244	2.8244
主要财务指标	每股盈余公积金(元)	0.0898	0.1078	0.0892	0.0892
主要财务指标	每股未分配利润(元)	0.7295	0.8333	0.6934	0.6455
主要财务指标	净资产收益率(%)	3.2342	6.4298	3.2110	4.4446
主要财务指标	加权净资产收益率(%)	3.0000	6.6000	3.2200	4.5000
主要财务指标	净资产收益率(扣除)(%)	3.0481	5.6070	–	4.3342
主要财务指标	总资产(万元)	114209.27	118133.77	102595.99	109037.12
主要财务指标	归属母公司股东权益(万元)	58804.14	63761.93	61641.77	61000.18
主要财务指标	营业收入(万元)	31263.10	65365.52	30045.84	51351.07
主要财务指标	营业支出(万元)	10537.24	20548.98	9997.47	17811.72
主要财务指标	投资收益(万元)	–9.94	286.42	–21.15	49.26
主要财务指标	净利润(万元)	2152.36	5589.13	1979.59	2711.24
主要财务指标	营业利润(万元)	2357.07	5164.62	2631.95	4124.17
主要财务指标	利润总额(万元)	2513.18	6021.68	2979.72	4273.93

河北常山生化药业股份有限公司

公司概况	公司名称	河北常山生化药业股份有限公司			证券简称	常山药业
	法人代表	高树华	董秘	张威	证券代码	300255
	公司网址	www.heparin.cn		电子信箱	zhengquan@heparin.cn	
	电　话	0311-89190181		传　真	0311-89190182	
	办公地址	河北省石家庄市正定新区银川大街北首				
	经营范围	致力于肝素系列产品的研发、生产和销售等				

主要财务指标	指标\报告期	2015.06.30	2014.12.31	2014.06.30	2013.12.31
	基本每股收益(元)	0.1300	0.7100	0.2900	0.6100
	基本每股收益(扣除后)(元)	0.1100	0.6600	0.2800	0.6000
	稀释每股收益(元)	0.1300	0.7100	0.2900	0.6100
	每股净资产(元)	3.0046	2.9079	6.8301	6.5244
	每股经营现金净流量(元)	-0.2916	-0.4509	-1.2541	-0.0809
	每股现金流量(元)	-0.2341	-0.1745	-0.2414	-1.4774
	每股资本公积金(元)	0.9435	3.8496	3.8317	3.8139
	每股盈余公积金(元)	0.1089	0.2721	0.1966	0.1966
	每股未分配利润(元)	0.9522	2.1481	1.8017	1.5139
	净资产收益率(%)	4.2252	9.7631	4.2138	9.3696
	加权净资产收益率(%)	4.2800	10.2900	4.3100	9.9500
	净资产收益率(扣除)(%)	3.7895	9.0645	4.0885	9.2044
	总资产(万元)	217979.27	204475.78	196468.43	164530.12
	归属母公司股东权益(万元)	141530.16	136977.70	128691.12	122932.11
	营业收入(万元)	42114.68	81128.46	35509.81	70454.24
	营业支出(万元)	16004.92	33520.07	14556.29	31014.44
	投资收益(万元)	-	-	-	-
	净利润(万元)	6231.21	13431.72	5422.84	11518.29
	营业利润(万元)	6460.76	14748.85	5985.41	13225.38
	利润总额(万元)	7190.38	15686.96	6176.22	13475.22

浙江星星瑞金科技股份有限公司

公司概况	公司名称	浙江星星瑞金科技股份有限公司			证券简称	星星科技
	法人代表	王先玉	董秘	王先玉(代)	证券代码	300256
	公司网址	www.first-panel.com		电子信箱	irm@first-panel.com	
	电　话	0576-89081618		传　真	0576-89081616	
	办公地址	浙江省台州市椒江区洪家星星电子产业基地4号楼				
	经营范围	手机及平板电脑等产品的视窗防护屏的研发、生产与销售等				

主要财务指标	指标\报告期	2015.06.30	2014.12.31	2014.06.30	2013.12.31
	基本每股收益(元)	0.0510	0.1222	-0.0806	-0.9949
	基本每股收益(扣除后)(元)	0.0408	0.0833	-0.1002	-1.0327
	稀释每股收益(元)	0.0510	0.1200	-0.0806	-0.9949
	每股净资产(元)	9.4533	7.1501	6.9544	6.5323
	每股经营现金净流量(元)	0.0277	-0.7152	-0.5480	0.3819
	每股现金流量(元)	0.1486	-0.1744	0.5150	0.1246
	每股资本公积金(元)	8.6350	6.4575	6.4575	6.0063
	每股盈余公积金(元)	0.0373	0.0492	0.0492	0.0547
	每股未分配利润(元)	-0.2190	-0.3566	-0.5523	-0.5287
	净资产收益率(%)	0.5396	1.6658	-1.1015	-11.2425
	加权净资产收益率(%)	0.9400	1.6934	-1.1900	-21.7100
	净资产收益率(扣除)(%)	0.4319	1.1363	-1.3680	-11.6703
	总资产(万元)	557296.00	304459.68	265901.42	223009.05
	归属母公司股东权益(万元)	281989.69	161468.16	157048.60	132736.27
	营业收入(万元)	118493.46	167838.58	63408.40	42925.73
	营业支出(万元)	106466.27	139499.17	55648.01	45490.88
	投资收益(万元)	-	-	-	-
	净利润(万元)	1087.51	1437.56	-1729.84	-14922.87
	营业利润(万元)	1399.71	1924.68	-2542.22	-16332.12
	利润总额(万元)	1825.37	2904.34	-2056.44	-15749.93

浙江开山压缩机股份有限公司

公司概况	公司名称	浙江开山压缩机股份有限公司			证券简称	开山股份
	法人代表	曹克坚	董秘	杨建军	证券代码	300257
	公司网址	www.kaishancomp.com.cn		电子信箱	zqtzb@kaishangroup.com	
	电　话	0570-3662177		传　真	0570-3662786	
	办公地址	浙江省衢州市经济开发区凯旋西路9号				
	经营范围	空气压缩机、真空泵、螺杆膨胀机及配件的生产、销售等				

主要财务指标	指标\报告期	2015.06.30	2014.12.31	2014.06.30	2013.12.31
	基本每股收益(元)	0.1632	0.7600	0.4553	0.8200
	基本每股收益(扣除后)(元)	0.1600	0.7300	0.4523	0.8100
	稀释每股收益(元)	0.1632	0.7600	0.4553	0.8200
	每股净资产(元)	3.8423	7.8717	7.9113	7.4584
	每股经营现金净流量(元)	-0.0591	0.6608	0.3728	0.9561
	每股现金流量(元)	-0.2563	-0.0761	0.2281	-0.2735
	每股资本公积金(元)	1.7612	4.5224	4.5224	4.5224
	每股盈余公积金(元)	0.1461	0.2923	0.2257	0.2257
	每股未分配利润(元)	0.9467	2.0669	2.1741	1.7189
	净资产收益率(%)	4.2475	9.7133	5.7545	10.9585
	加权净资产收益率(%)	4.0700	9.9400	5.9200	11.3200
	净资产收益率(扣除)(%)	4.2261	9.3074	5.7172	10.8285
	总资产(万元)	447497.95	434582.90	410137.60	386892.80
	归属母公司股东权益(万元)	329672.45	337695.37	339396.22	319966.27
	营业收入(万元)	102090.95	199530.14	107687.63	194922.71
	营业支出(万元)	75293.41	144281.04	76910.97	138128.27
	投资收益(万元)	165.23	362.34	211.09	405.21
	净利润(万元)	14191.90	33301.52	19530.71	35063.43
	营业利润(万元)	17724.93	40046.55	24122.57	44086.46
	利润总额(万元)	17725.15	41647.55	24188.84	44412.51

江苏太平洋精锻科技股份有限公司

公司概况	公司名称	江苏太平洋精锻科技股份有限公司			证券简称	精锻科技
	法人代表	夏汉关	董秘	董义	证券代码	300258
	公司网址	www.ppforging.com		电子信箱	ppf@ppforging.com	
	电　话	86-523-80512658 80512699		传　真	0523-80512000	
	办公地址	江苏省泰州市姜堰区双登大道198号				
	经营范围	汽车精锻齿轮及其它精密锻件的研发、生产与销售等				

主要财务指标	指标\报告期	2015.06.30	2014.12.31	2014.06.30	2013.12.31
	基本每股收益(元)	0.2490	0.6976	0.3473	0.6778
	基本每股收益(扣除后)(元)	0.2221	0.6527	0.3132	0.6299
	稀释每股收益(元)	0.2490	0.6976	0.3473	0.6778
	每股净资产(元)	4.5123	4.3653	6.1954	5.9938
	每股经营现金净流量(元)	0.1551	0.7230	0.1740	0.5662
	每股现金流量(元)	0.0317	-0.1393	-0.2976	-0.7765
	每股资本公积金(元)	1.7986	3.1979	3.1979	3.1979
	每股盈余公积金(元)	0.1880	0.2820	0.2217	0.2217
	每股未分配利润(元)	1.5134	2.0567	1.7668	1.5695
	净资产收益率(%)	5.5175	10.6541	5.6064	11.3090
	加权净资产收益率(%)	5.5700	11.1300	5.6300	11.8700
	净资产收益率(扣除)(%)	4.8956	9.9682	5.0553	10.5094
	总资产(万元)	173950.46	158787.45	149609.52	133994.53
	归属母公司股东权益(万元)	121830.90	117864.08	111517.14	107888.70
	营业收入(万元)	34621.37	62754.96	29662.19	53174.16
	营业支出(万元)	21178.43	38685.99	18222.36	31684.22
	投资收益(万元)	17.13	36.76	36.76	41.12
	净利润(万元)	6722.06	12557.31	6252.08	12201.10
	营业利润(万元)	7610.60	13989.63	6793.94	13362.94
	利润总额(万元)	8350.74	14983.51	7566.66	14335.19

新天科技股份有限公司

公司概况						
	公司名称	新天科技股份有限公司			证券简称	新天科技
	法人代表	费战波	董秘	杨冬玲	证券代码	300259
	公司网址	www.suntront.com			电子信箱	xtkj@suntront.com
	电　　话	0371-56160968			传　　真	0371-56160968
	办公地址	郑州国家级高新技术产业开发区红松路 252 号				
	经营范围	开发、研制、生产、销售电子仪器、仪表、电子元器件、计算机外部设备及软件等				

主要财务指标	指标\报告期	2015.06.30	2014.12.31	2014.06.30	2013.12.31
	基本每股收益(元)	0.0700	0.3800	0.1100	0.5800
	基本每股收益(扣除后)(元)	0.0600	0.3400	0.0900	0.5300
	稀释每股收益(元)	0.0700	0.3800	0.1100	0.5800
	每股净资产(元)	1.7406	2.9400	2.6666	3.9482
	每股经营现金净流量(元)	–0.0016	0.4001	0.0051	0.5817
	每股现金流量(元)	–0.1808	0.1828	–0.0210	–0.2099
	每股资本公积金(元)	0.0181	0.7307	0.7316	1.5975
	每股盈余公积金(元)	0.0856	0.1455	0.1080	0.1620
	每股未分配利润(元)	0.6369	1.0638	0.8270	1.1888
	净资产收益率(%)	4.0237	12.9956	4.0425	14.7695
	加权净资产收益率(%)	3.9100	13.7400	4.0100	15.7500
	净资产收益率(扣除)(%)	3.2474	11.7323	3.3360	13.3523
	总资产(万元)	98524.35	96476.31	83966.80	84364.63
	归属母公司股东权益(万元)	80618.30	80098.94	72651.35	71712.37
	营业收入(万元)	14018.56	38032.60	13043.28	32754.71
	营业支出(万元)	7754.98	20889.40	6893.39	17841.09
	投资收益(万元)	654.70	723.89	441.67	367.80
	净利润(万元)	3203.80	10682.15	2936.92	10591.57
	营业利润(万元)	3092.05	10224.76	3248.72	8701.35
	利润总额(万元)	3712.16	12157.13	3410.88	11951.69

昆山新莱洁净应用材料股份有限公司

公司概况						
	公司名称	昆山新莱洁净应用材料股份有限公司			证券简称	新莱应材
	法人代表	李水波	董秘	郭红飞	证券代码	300260
	公司网址	www.kinglai.com.cn			电子信箱	lucy@kinglai.com.cn
	电　　话	0512-57871991			传　　真	0512-57871472
	办公地址	江苏省苏州市昆山市陆家镇陆丰西路 22 号				
	经营范围	以高纯不锈钢为母材之高洁净应用材料研发、生产与销售等				

主要财务指标	指标\报告期	2015.06.30	2014.12.31	2014.06.30	2013.12.31
	基本每股收益(元)	0.0570	0.0870	0.0680	0.1290
	基本每股收益(扣除后)(元)	0.0340	0.0860	0.0660	0.1160
	稀释每股收益(元)	0.0570	0.0870	0.0680	0.1290
	每股净资产(元)	6.4756	6.4341	6.4327	6.3685
	每股经营现金净流量(元)	0.0831	–0.1909	–0.0099	–0.3702
	每股现金流量(元)	–0.1549	–0.3431	0.1073	–0.5835
	每股资本公积金(元)	3.9289	3.9289	3.9289	3.9289
	每股盈余公积金(元)	0.1633	0.1633	0.1545	0.1545
	每股未分配利润(元)	1.3917	1.3520	1.3493	1.2888
	净资产收益率(%)	0.8447	1.3525	1.0499	2.0195
	加权净资产收益率(%)	0.2100	1.3600	1.0600	2.0500
	净资产收益率(扣除)(%)	0.5099	1.3430	1.0248	1.8155
	总资产(万元)	100728.76	94988.49	95133.91	89863.07
	归属母公司股东权益(万元)	64788.72	64373.24	64359.13	63716.95
	营业收入(万元)	21250.40	42211.24	20641.45	44259.67
	营业支出(万元)	16388.14	32087.58	15817.10	34313.02
	投资收益(万元)	–	–	–	–
	净利润(万元)	255.63	503.75	675.68	1286.74
	营业利润(万元)	376.06	696.26	605.50	1224.72
	利润总额(万元)	586.66	704.21	624.51	1378.24

雅本化学股份有限公司

公司概况						
	公司名称	雅本化学股份有限公司			证券简称	雅本化学
	法人代表	蔡彤	董秘	王卓颖	证券代码	300261
	公司网址	www.abachem.com			电子信箱	info@abachem.com
	电　　话	021-32270636			传　　真	021-51159188
	办公地址	太仓市太仓港港口开发区石化区东方东路 18 号				
	经营范围	农药中间体、医药中间体的研究与开发、生产、销售等				

主要财务指标	指标\报告期	2015.06.30	2014.12.31	2014.06.30	2013.12.31
	基本每股收益(元)	0.1236	0.1674	0.0944	0.1892
	基本每股收益(扣除后)(元)	0.1182	0.1581	0.0922	0.1727
	稀释每股收益(元)	0.1236	0.1674	0.0944	0.1892
	每股净资产(元)	2.3083	2.2347	2.1617	2.7376
	每股经营现金净流量(元)	0.1240	0.2804	0.1121	0.0496
	每股现金流量(元)	0.0853	–0.1640	–0.0979	–0.4562
	每股资本公积金(元)	0.7075	0.7075	0.7075	1.2198
	每股盈余公积金(元)	0.0767	0.0767	0.0608	0.0791
	每股未分配利润(元)	0.5240	0.4505	0.3934	0.4387
	净资产收益率(%)	5.3527	7.4894	4.3653	6.9125
	加权净资产收益率(%)	5.3800	7.7200	4.4000	7.0200
	净资产收益率(扣除)(%)	5.1195	7.0738	4.2674	6.3074
	总资产(万元)	148805.25	131226.72	129429.13	88661.69
	归属母公司股东权益(万元)	69675.43	67455.15	65251.60	63564.15
	营业收入(万元)	32406.22	52607.60	27733.86	41093.19
	营业支出(万元)	21631.05	36588.54	19966.68	29704.13
	投资收益(万元)	65.02	–27.65	7.47	93.78
	净利润(万元)	3801.65	5263.82	2848.41	4393.84
	营业利润(万元)	4394.50	5775.70	3493.64	4576.57
	利润总额(万元)	4404.56	5938.04	3627.13	4909.70

上海巴安水务股份有限公司

公司概况						
	公司名称	上海巴安水务股份有限公司			证券简称	巴安水务
	法人代表	张春霖	董秘	王贤	证券代码	300262
	公司网址	www.safbon.com			电子信箱	safbon@safbon.com
	电　　话	021-32020653			传　　真	021-52135781
	办公地址	上海市青浦区练塘镇章练塘路 666 号				
	经营范围	环保水处理、污水处理、饮用水处理系统工程设计、咨询及设备安装、调试等				

主要财务指标	指标\报告期	2015.06.30	2014.12.31	2014.06.30	2013.12.31
	基本每股收益(元)	0.1430	0.2820	0.0840	0.2396
	基本每股收益(扣除后)(元)	0.1350	0.2701	0.0727	0.2289
	稀释每股收益(元)	0.1430	0.2820	0.0840	0.2396
	每股净资产(元)	1.6968	2.2500	2.0476	1.9891
	每股经营现金净流量(元)	0.1676	0.5200	0.0330	–0.9958
	每股现金流量(元)	0.2590	0.0289	–0.0860	–0.1522
	每股资本公积金(元)	0.0468	0.3655	0.3655	0.3655
	每股盈余公积金(元)	0.0737	0.0892	0.0634	0.0634
	每股未分配利润(元)	0.5654	0.7833	0.6110	0.5520
	净资产收益率(%)	6.4091	12.5470	4.1036	12.0480
	加权净资产收益率(%)	6.5800	13.3300	4.1500	12.7800
	净资产收益率(扣除)(%)	6.0566	12.0106	3.5498	11.5083
	总资产(万元)	143007.04	118968.90	118258.14	113467.22
	归属母公司股东权益(万元)	63379.75	60000.71	54630.61	53069.63
	营业收入(万元)	31318.54	35071.77	18412.95	45094.55
	营业支出(万元)	24203.40	20947.99	13833.91	30859.21
	投资收益(万元)	1273.28	2429.36	1048.27	1551.98
	净利润(万元)	4043.37	7510.53	2241.83	6393.84
	营业利润(万元)	4499.92	9499.67	2329.43	8197.61
	利润总额(万元)	4762.77	9928.76	2691.60	8589.62

洛阳隆华传热节能股份有限公司

公司概况	公司名称	洛阳隆华传热节能股份有限公司			证券简称	隆华节能
	法人代表	李占明	董秘	段嘉刚	证券代码	300263
	公司网址	www.longhuachuanre.com		电子信箱	lylhzqb@126.com	
	电　话	86-379-67891813		传　真	0379-67891813	
	办公地址	河南省洛阳市空港产业集聚区				
	经营范围	传热设备、非标设备及配件的研究、开发、制造、销售等				

主要财务指标	指标\报告期	2015.06.30	2014.12.31	2014.06.30	2013.12.31
	基本每股收益(元)	0.1446	0.3800	0.1276	0.6800
	基本每股收益(扣除后)(元)	0.1342	0.3700	0.1208	0.6300
	稀释每股收益(元)	0.1433	0.3800	0.1266	0.6700
	每股净资产(元)	5.1903	4.0541	3.7872	7.4700
	每股经营现金净流量(元)	-0.2207	-0.5225	-0.1961	0.0492
	每股现金流量(元)	1.3861	-0.2505	-0.2164	-1.2386
	每股资本公积金(元)	3.2383	2.0609	2.0446	5.0800
	每股盈余公积金(元)	0.0770	0.0888	0.0754	0.1507
	每股未分配利润(元)	0.8750	0.9044	0.6672	1.2393
	净资产收益率(%)	2.4160	9.3848	3.3683	7.9562
	加权净资产收益率(%)	3.5100	9.8300	3.3800	10.8800
	净资产收益率(扣除)(%)	2.2430	9.0532	3.1901	7.3744
	总资产(万元)	370014.89	267777.37	220335.72	205337.12
	归属母公司股东权益(万元)	229247.12	155272.92	144529.47	142539.37
	营业收入(万元)	57146.50	124501.61	47174.48	72910.35
	营业支出(万元)	42333.66	89010.36	33328.84	50529.35
	投资收益(万元)	-0.26	1.75	-2.02	-0.54
	净利润(万元)	5624.18	14787.33	4868.13	11340.75
	营业利润(万元)	6106.34	16777.14	5560.08	12452.17
	利润总额(万元)	6573.08	17382.87	5863.11	13433.50

深圳市佳创视讯技术股份有限公司

公司概况	公司名称	深圳市佳创视讯技术股份有限公司			证券简称	佳创视讯
	法人代表	陈坤江	董秘	李汉辉	证券代码	300264
	公司网址	www.avit.com.cn		电子信箱	avit@avit.com.cn	
	电　话	0755-83571200		传　真	0755-83575099	
	办公地址	广东省深圳市福田区滨河路以南、沙嘴路以东中央西谷大厦15层01-08、16层04、05				
	经营范围	从事数字电视软硬件产品的研发、生产、销售和系统集成				

主要财务指标	指标\报告期	2015.06.30	2014.12.31	2014.06.30	2013.12.31
	基本每股收益(元)	-0.0271	0.0800	-0.0386	0.1100
	基本每股收益(扣除后)(元)	-0.0307	0.0600	-0.0410	0.0800
	稀释每股收益(元)	-0.0271	0.0800	-0.0386	0.1100
	每股净资产(元)	2.5969	2.7040	2.5832	2.6884
	每股经营现金净流量(元)	-0.1073	0.0492	-0.0904	0.3959
	每股现金流量(元)	-0.9833	-0.0766	-0.2064	0.2577
	每股资本公积金(元)	1.2204	1.2204	1.2204	2.3306
	每股盈余公积金(元)	0.0818	0.0818	0.0679	0.1018
	每股未分配利润(元)	0.2948	0.4019	0.2949	0.6003
	净资产收益率(%)	-1.0447	3.0421	-1.4945	2.7058
	加权净资产收益率(%)	-1.0200	3.0600	-1.4600	2.7400
	净资产收益率(扣除)(%)	-1.1838	2.0960	-1.5891	1.8781
	总资产(万元)	63240.82	67161.40	61300.55	64229.81
	归属母公司股东权益(万元)	59598.27	62056.93	59283.59	61699.15
	营业收入(万元)	6012.58	14992.79	3226.87	14528.52
	营业支出(万元)	4291.18	7379.01	1993.49	8307.47
	投资收益(万元)	229.15	-31.00	5.17	0.12
	净利润(万元)	-859.87	1679.54	-885.98	1669.47
	营业利润(万元)	-1334.05	840.57	-1093.84	358.39
	利润总额(万元)	-864.04	1839.15	-901.55	1501.60

江苏通光电子线缆股份有限公司

公司概况	公司名称	江苏通光电子线缆股份有限公司			证券简称	通光线缆
	法人代表	张忠	董秘	王旭光	证券代码	300265
	公司网址	www.tgjt.cn		电子信箱	cwb@tgjt.cn	
	电　话	0513-82263991		传　真	0513-82105111	
	办公地址	江苏省海门市海门镇渤海路169号				
	经营范围	生产销售半导体芯片、光有源、无源器件、电子线缆、计算机软件开发等				

主要财务指标	指标\报告期	2015.06.30	2014.12.31	2014.06.30	2013.12.31
	基本每股收益(元)	0.0600	0.2400	0.1100	0.3100
	基本每股收益(扣除后)(元)	0.0600	0.2100	0.1100	0.2300
	稀释每股收益(元)	0.0600	0.2400	0.1100	0.3100
	每股净资产(元)	2.3346	2.3150	5.6602	5.6500
	每股经营现金净流量(元)	-0.1434	-0.4565	-0.6531	0.6505
	每股现金流量(元)	-0.1508	-0.6909	-0.5311	-0.9206
	每股资本公积金(元)	0.7243	3.3109	3.3123	3.3109
	每股盈余公积金(元)	0.0675	0.1686	0.1278	0.1278
	每股未分配利润(元)	0.5481	1.3121	1.2201	1.2141
	净资产收益率(%)	2.7104	4.1265	1.8716	5.5478
	加权净资产收益率(%)	2.7200	4.1700	1.8700	5.6600
	净资产收益率(扣除)(%)	2.7477	3.5507	1.9254	4.0170
	总资产(万元)	129716.87	120263.21	121504.02	114393.22
	归属母公司股东权益(万元)	78794.36	78129.88	76412.25	76315.06
	营业收入(万元)	44349.69	85684.11	38682.85	76781.97
	营业支出(万元)	31416.21	63247.67	28491.54	56363.99
	投资收益(万元)	-153.19	-73.54	-118.70	-169.60
	净利润(万元)	2135.61	3224.01	1430.13	4233.78
	营业利润(万元)	2199.71	3298.95	1548.43	2964.81
	利润总额(万元)	2567.22	4135.41	1739.90	5065.70

兴源环境科技股份有限公司

公司概况	公司名称	兴源环境科技股份有限公司			证券简称	兴源过滤
	法人代表	周立武	董秘	熊文说	证券代码	300266
	公司网址	www.xingyuan.com		电子信箱	stock@xingyuan.com	
	电　话	0571-88771111		传　真	0571-88793599	
	办公地址	杭州市余杭区杭州余杭经济技术开发区望梅路1588号				
	经营范围	过滤机及其配件的制造、浓缩、分离、过滤、破碎、筛分、干化、成型技术的研究与开发等				

主要财务指标	指标\报告期	2015.06.30	2014.12.31	2014.06.30	2013.12.31
	基本每股收益(元)	0.0850	0.4300	0.1450	0.1900
	基本每股收益(扣除后)(元)	0.0810	0.2800	0.1260	0.1600
	稀释每股收益(元)	0.0850	0.4300	0.1450	0.1900
	每股净资产(元)	2.5970	6.2300	6.0606	4.6900
	每股经营现金净流量(元)	-0.1635	0.5556	-0.0826	0.2025
	每股现金流量(元)	-0.0868	-0.2182	-0.3750	-0.6458
	每股资本公积金(元)	0.9824	3.8820	3.8862	2.3767
	每股盈余公积金(元)	0.0464	0.1162	0.1076	0.1421
	每股未分配利润(元)	0.5375	1.1539	0.9728	1.1672
	净资产收益率(%)	3.2835	6.1773	2.2117	3.9576
	加权净资产收益率(%)	3.3400	7.1700	2.7800	4.0200
	净资产收益率(扣除)(%)	3.1180	4.0828	1.9212	3.5148
	总资产(万元)	153718.98	150868.80	132798.54	71972.58
	归属母公司股东权益(万元)	107520.05	102864.04	93186.75	54582.27
	营业收入(万元)	37591.86	74976.31	25747.92	32208.57
	营业支出(万元)	26639.50	54324.53	18581.85	23805.30
	投资收益(万元)	27.70	31.91	-	-
	净利润(万元)	3631.37	7986.27	2061.01	2160.14
	营业利润(万元)	4371.85	8572.80	2158.77	2200.19
	利润总额(万元)	4526.62	9334.84	2464.19	2485.55

湖南尔康制药股份有限公司

公司概况					
公司名称	湖南尔康制药股份有限公司			证券简称	尔康制药
法人代表	帅放文	董秘	罗琅	证券代码	300267
公司网址	www.hnerkang.com		电子信箱	hnerkang@126.com	
电　话	0731-83282597		传　真	0731-83282705	
办公地址	湖南省长沙市浏阳市经济技术开发区康平路 167 号				
经营范围	从事医药产品的研发、生产和销售、主要业务包括药用辅料及新型抗生素等				

主要财务指标：指标\报告期	2015.06.30	2014.12.31	2014.06.30	2013.12.31
基本每股收益(元)	0.3100	0.6300	0.1450	0.1900
基本每股收益(扣除后)(元)	0.3100	0.6300	0.1260	0.8000
稀释每股收益(元)	0.3100	0.6300	0.1450	0.1900
每股净资产(元)	2.0803	3.5683	6.0606	4.6900
每股经营现金净流量(元)	0.0607	0.3859	–0.0826	0.2025
每股现金流量(元)	0.1823	–0.3331	–0.3750	–0.6458
每股资本公积金(元)	0.1234	1.1747	3.8862	2.3767
每股盈余公积金(元)	0.0484	0.0972	0.1076	0.1421
每股未分配利润(元)	0.9088	1.2966	0.9728	1.1672
净资产收益率(%)	15.0193	17.7767	2.2117	3.9576
加权净资产收益率(%)	16.2700	19.8400	2.7800	4.0200
净资产收益率(扣除)(%)	14.7157	17.5157	1.9212	3.5148
总资产(万元)	294657.02	222055.40	132798.54	71972.58
归属母公司股东权益(万元)	189711.31	162172.34	93186.75	54582.27
营业收入(万元)	77932.82	137035.85	25747.92	32208.57
营业支出(万元)	33868.93	78914.65	18581.85	23805.30
投资收益(万元)	–	–85.98	–	–
净利润(万元)	28366.53	28741.16	2061.01	2160.14
营业利润(万元)	30772.78	33045.69	2158.77	2200.19
利润总额(万元)	31452.47	33565.20	2464.19	2485.55

万福生科(湖南)农业开发股份有限公司

公司概况					
公司名称	万福生科(湖南)农业开发股份有限公司			证券简称	万福生科
法人代表	卢建之	董秘	张久利	证券代码	300268
公司网址	www.wanfushk.com		电子信箱	wanfushk@126.com	
电　话	0736-6689376		传　真	0736-6689376	
办公地址	湖南省常德市桃源县陬市镇桂花路 1 号				
经营范围	从事稻米精深加工系列产品的研发、生产和销售等				

主要财务指标：指标\报告期	2015.06.30	2014.12.31	2014.06.30	2013.12.31
基本每股收益(元)	–0.1017	0.0380	–0.1160	–1.4010
基本每股收益(扣除后)(元)	–0.0999	–0.0610	–0.1261	–1.4170
稀释每股收益(元)	–0.1017	0.0380	–0.1160	–1.4010
每股净资产(元)	2.1704	2.2721	2.1180	2.2340
每股经营现金净流量(元)	–0.0715	0.2674	0.0872	0.9521
每股现金流量(元)	–0.8843	0.2885	–0.0352	–1.3331
每股资本公积金(元)	2.8133	2.8133	2.8133	2.8133
每股盈余公积金(元)	0.0105	0.0105	0.0105	0.0105
每股未分配利润(元)	–1.6534	–1.5517	–1.7059	–1.5899
净资产收益率(%)	–4.6856	1.6776	–5.4776	–62.7242
加权净资产收益率(%)	–4.5800	1.6900	–5.3300	–47.7500
净资产收益率(扣除)(%)	–4.6033	–2.6975	–5.9532	–63.4307
总资产(万元)	33856.76	42317.99	42406.65	47132.55
归属母公司股东权益(万元)	29083.69	30446.43	28381.06	29935.67
营业收入(万元)	589.09	7749.76	4899.60	22002.47
营业支出(万元)	473.57	7672.11	5181.79	22112.60
投资收益(万元)	–	3330.26	–	–
净利润(万元)	–1362.74	510.76	–1554.61	–18776.92
营业利润(万元)	–1338.81	–821.30	–1689.58	–18971.66
利润总额(万元)	–1362.74	510.76	–1554.61	–18760.18

深圳市联建光电股份有限公司

公司概况					
公司名称	深圳市联建光电股份有限公司			证券简称	联建光电
法人代表	刘虎军	董秘	钟菊英	证券代码	300269
公司网址	www.lcjh.com		电子信箱	dm@lcjh.com	
电　话	0755-29746682		传　真	0755-29746765	
办公地址	广东省深圳市宝安区 68 区留仙三路安通达工业厂区四号厂房 2 楼				
经营范围	中高端 LED 全彩显示应用产品的研发、生产和销售等				

主要财务指标：指标\报告期	2015.06.30	2014.12.31	2014.06.30	2013.12.31
基本每股收益(元)	0.1899	0.8660	0.2277	0.1400
基本每股收益(扣除后)(元)	0.1775	0.8213	0.2165	0.0800
稀释每股收益(元)	0.1899	0.8660	0.2277	0.1400
每股净资产(元)	4.9777	3.6186	8.4143	4.8404
每股经营现金净流量(元)	0.0979	1.0609	–0.2866	0.0948
每股现金流量(元)	0.0046	0.8041	–0.1551	0.0428
每股资本公积金(元)	3.2789	6.3043	6.2667	2.3854
每股盈余公积金(元)	0.0627	0.1831	0.1480	0.2178
每股未分配利润(元)	0.6364	1.5631	1.0037	1.2432
净资产收益率(%)	3.6331	8.5508	2.1290	2.8546
加权净资产收益率(%)	4.1600	11.0500	3.5600	2.8500
净资产收益率(扣除)(%)	3.3955	8.1095	–	1.6439
总资产(万元)	313077.87	205192.62	181868.28	91769.50
归属母公司股东权益(万元)	251641.26	156679.96	145732.26	56984.68
营业收入(万元)	65347.90	97009.80	33951.32	58560.82
营业支出(万元)	41132.59	64426.99	23640.20	44261.84
投资收益(万元)	93.21	34.02	5.02	–
净利润(万元)	9162.73	13354.84	3102.07	1626.69
营业利润(万元)	10593.72	15780.15	3734.18	1370.25
利润总额(万元)	11309.84	16235.84	3908.58	2182.30

杭州中威电子股份有限公司

公司概况					
公司名称	杭州中威电子股份有限公司			证券简称	中威电子
法人代表	石旭刚	董秘	孙琳	证券代码	300270
公司网址	www.obtelecom.com		电子信箱	sunlin@obtelecom.com	
电　话	0571-88373153		传　真	0571-88394930	
办公地址	浙江省杭州市西湖区文三路 20 号浙江建工大楼 17 层				
经营范围	安防视频监控传输技术及产品的研发、生产和销售等				

主要财务指标：指标\报告期	2015.06.30	2014.12.31	2014.06.30	2013.12.31
基本每股收益(元)	0.1100	0.3500	0.1600	0.1300
基本每股收益(扣除后)(元)	0.1000	0.3000	0.1500	0.1000
稀释每股收益(元)	0.1100	0.3400	0.1600	0.1300
每股净资产(元)	2.0554	1.9243	4.2545	3.9700
每股经营现金净流量(元)	–0.2311	0.2218	–0.0825	–0.0174
每股现金流量(元)	–0.1275	–0.2074	–0.5585	–0.5951
每股资本公积金(元)	0.5178	2.2870	2.2406	2.0641
每股盈余公积金(元)	0.0644	0.1421	0.1072	0.1105
每股未分配利润(元)	0.5612	1.0521	0.9067	0.7908
净资产收益率(%)	5.2169	7.9887	3.7362	3.2097
加权净资产收益率(%)	5.3600	8.3800	3.9200	3.2300
净资产收益率(扣除)(%)	4.6566	6.8399	3.4408	2.6005
总资产(万元)	71415.04	66532.33	57720.61	50804.61
归属母公司股东权益(万元)	56071.31	52485.41	52590.25	47584.42
营业收入(万元)	13596.29	20333.69	7616.79	11927.88
营业支出(万元)	6614.02	8247.25	1810.28	3787.19
投资收益(万元)	–	78.21	27.35	–
净利润(万元)	2914.04	4185.26	1964.88	1527.33
营业利润(万元)	1487.94	3294.11	1489.99	730.89
利润总额(万元)	3293.32	4748.76	2130.94	1706.68

北京华宇软件股份有限公司

公司概况	公司名称	北京华宇软件股份有限公司		证券简称	华宇软件
	法人代表	邵学	董秘	余晴燕	证券代码	300271
	公司网址	www.thunisoft.com		电子信箱	ir@thunisoft.com
	电　话	010-82150085		传　真	010-82150616
	办公地址	北京市海淀区中关村东路1号院清华科技园科技大厦C座25层			
	经营范围	从事电子政务系统的产品开发与服务等			

主要财务指标	指标\报告期	2015.06.30	2014.12.31	2014.06.30	2013.12.31
	基本每股收益(元)	0.2900	0.9900	0.4100	0.8100
	基本每股收益(扣除后)(元)	0.2800	0.9700	0.4100	0.7900
	稀释每股收益(元)	0.2800	0.9700	0.4100	0.8100
	每股净资产(元)	4.3800	3.7600	6.7700	6.4700
	每股经营现金净流量(元)	–0.6468	1.9257	–0.2828	–0.0798
	每股现金流量(元)	–0.9121	0.7232	–0.9087	–0.7733
	每股资本公积金(元)	1.5506	3.1569	3.0199	2.9755
	每股盈余公积金(元)	0.1201	0.2486	0.2502	0.2507
	每股未分配利润(元)	1.7109	3.0582	2.5007	2.2427
	净资产收益率(%)	6.4361	13.1683	6.0907	12.5000
	加权净资产收益率(%)	7.0700	14.2600	6.1700	13.3100
	净资产收益率(扣除)(%)	6.3780	12.9084	6.0873	12.2190
	总资产(万元)	217238.95	178881.44	139729.42	127784.60
	归属母公司股东权益(万元)	136023.21	111920.80	100900.06	96198.49
	营业收入(万元)	47010.57	90260.28	34817.19	66984.73
	营业支出(万元)	24764.61	49398.42	17268.24	36436.01
	投资收益(万元)	–6.89	2.55	–	–
	净利润(万元)	8341.34	14961.07	6145.49	12021.02
	营业利润(万元)	7402.03	12697.44	5892.80	8348.88
	利润总额(万元)	9347.99	16931.27	7087.56	11544.47

上海开能环保设备股份有限公司

公司概况	公司名称	上海开能环保设备股份有限公司		证券简称	开能环保
	法人代表	瞿建国	董秘	袁学伟	证券代码	300272
	公司网址	www.canature.com		电子信箱	dongmiban@canature.com
	电　话	021-58599901		传　真	021-58599079
	办公地址	上海市浦东新区川大路518号			
	经营范围	全屋水处理设备及其专业部件的研发、制造、销售与服务等			

主要财务指标	指标\报告期	2015.06.30	2014.12.31	2014.06.30	2013.12.31
	基本每股收益(元)	0.0883	0.2516	0.1000	0.3000
	基本每股收益(扣除后)(元)	0.0812	0.2329	0.0986	0.2900
	稀释每股收益(元)	0.0883	0.2516	0.1000	0.3000
	每股净资产(元)	1.6710	2.0861	1.9701	2.6648
	每股经营现金净流量(元)	0.0381	0.3144	0.1236	0.2529
	每股现金流量(元)	–0.0164	–0.3598	–0.1527	–0.6446
	每股资本公积金(元)	0.3712	0.5412	0.5743	1.1192
	每股盈余公积金(元)	0.0957	0.1244	0.0986	0.1330
	每股未分配利润(元)	0.2041	0.4205	0.2972	0.4125
	净资产收益率(%)	5.2827	12.0630	5.1139	11.2997
	加权净资产收益率(%)	5.3800	12.7200	5.0200	11.6900
	净资产收益率(扣除)(%)	4.8576	11.1683	5.0065	10.8033
	总资产(万元)	92980.74	86948.70	57222.07	56024.64
	归属母公司股东权益(万元)	55446.57	53250.76	50300.39	50420.78
	营业收入(万元)	18728.74	37473.77	16895.11	31120.58
	营业支出(万元)	11201.00	22698.20	10412.32	18070.95
	投资收益(万元)	392.36	513.48	6.91	31.38
	净利润(万元)	2913.17	6827.83	2572.29	5697.41
	营业利润(万元)	3461.26	7840.69	3166.54	6577.98
	利润总额(万元)	3527.68	8081.77	3209.32	6885.36

珠海和佳医疗设备股份有限公司

公司概况	公司名称	珠海和佳医疗设备股份有限公司		证券简称	和佳股份
	法人代表	郝镇熙	董秘	郝镇熙(代)	证券代码	300273
	公司网址	www.hokai.com		电子信箱	ir@hokai.com
	电　话	0756-8686333		传　真	0756-8686077
	办公地址	广东省珠海市香洲区宝盛路5号			
	经营范围	一直从事医疗设备的研发、生产、销售和服务等			

主要财务指标	指标\报告期	2015.06.30	2014.12.31	2014.06.30	2013.12.31
	基本每股收益(元)	0.1700	0.3900	0.2300	0.4000
	基本每股收益(扣除后)(元)	0.1400	0.3700	0.1900	0.3400
	稀释每股收益(元)	0.1700	0.3900	0.2300	0.4000
	每股净资产(元)	1.7619	2.1218	2.4745	2.3494
	每股经营现金净流量(元)	–0.3029	–0.6145	–1.0893	–0.4675
	每股现金流量(元)	–0.0678	–0.4244	–0.4482	–0.4413
	每股资本公积金(元)	0.0255	0.3332	0.7312	0.7312
	每股盈余公积金(元)	0.0815	0.1060	0.0883	0.0883
	每股未分配利润(元)	0.6548	0.6826	0.6549	0.5299
	净资产收益率(%)	9.5485	18.3790	9.0952	16.8433
	加权净资产收益率(%)	9.8400	19.9200	9.2000	17.9000
	净资产收益率(扣除)(%)	7.9613	17.3282	7.8176	14.4740
	总资产(万元)	274628.13	239521.24	206008.25	156750.01
	归属母公司股东权益(万元)	131031.72	121380.54	108890.31	103387.06
	营业收入(万元)	46955.80	92984.31	41561.72	73961.85
	营业支出(万元)	17395.84	34162.06	16910.66	28158.54
	投资收益(万元)	15.64	0.50	–1.16	–46.72
	净利润(万元)	13164.62	22558.65	9903.80	17413.78
	营业利润(万元)	13343.25	24831.94	10369.79	18290.58
	利润总额(万元)	16262.69	27003.29	12052.43	21083.62

阳光电源股份有限公司

公司概况	公司名称	阳光电源股份有限公司		证券简称	阳光电源
	法人代表	曹仁贤	董秘	谢乐平	证券代码	300274
	公司网址	www.sungrowpower.com		电子信箱	board@sungrowpower.com
	电　话	0551-65327867 65325617		传　真	0551-5327800
	办公地址	安徽省合肥市高新区习友路1699号			
	经营范围	新能源发电设备、分布式电源及其配套产品的研制、生产、销售、服务等			

主要财务指标	指标\报告期	2015.06.30	2014.12.31	2014.06.30	2013.12.31
	基本每股收益(元)	0.2500	0.4300	0.1500	0.5600
	基本每股收益(扣除后)(元)	0.2400	0.3700	0.1200	0.3900
	稀释每股收益(元)	0.2500	0.4300	0.1500	0.5600
	每股净资产(元)	3.8123	3.5950	3.2379	6.2590
	每股经营现金净流量(元)	0.0648	0.0157	–0.4879	0.8985
	每股现金流量(元)	–0.2685	–0.1191	–0.5799	0.5386
	每股资本公积金(元)	1.5232	1.5094	1.4354	3.8254
	每股盈余公积金(元)	0.1229	0.1229	0.0771	0.1542
	每股未分配利润(元)	1.1632	0.9606	0.7259	1.2796
	净资产收益率(%)	6.6269	11.9706	4.5128	8.8386
	加权净资产收益率(%)	6.8300	13.0400	4.5700	9.3700
	净资产收益率(扣除)(%)	6.1783	10.3276	3.7854	6.2414
	总资产(万元)	536920.43	487935.09	357830.30	390616.72
	归属母公司股东权益(万元)	250957.79	236651.15	211913.68	204819.43
	营业收入(万元)	178369.09	306224.74	93127.59	212039.60
	营业支出(万元)	136377.73	229002.14	66293.33	160958.84
	投资收益(万元)	303.86	–1592.44	–	186.08
	净利润(万元)	16630.65	28328.65	9563.25	18103.20
	营业利润(万元)	18449.22	27878.85	10104.41	17581.86
	利润总额(万元)	19764.67	32565.84	11146.19	20887.72

重庆梅安森科技股份有限公司

公司概况					
公司名称	重庆梅安森科技股份有限公司			证券简称	梅安森
法人代表	马焰	董秘	彭治江	证券代码	300275
公司网址	www.cqmas.com	电子信箱	mas@cqmas.com		
电话	86-23-68467829	传真	86-23-68465683		
办公地址	重庆市九龙坡区二郎创业路105号高科创业园C2区6层				
经营范围	煤矿安全生产监测监控设备及成套安全保障系统的研发、设计、生产和销售				

主要财务指标：指标\报告期	2015.06.30	2014.12.31	2014.06.30	2013.12.31
基本每股收益(元)	-0.1800	0.1800	0.1300	0.6100
基本每股收益(扣除后)(元)	-0.1900	0.1400	0.1300	0.5700
稀释每股收益(元)	-0.1800	0.1800	0.1300	0.6100
每股净资产(元)	3.8839	4.0691	4.0321	3.9808
每股经营现金净流量(元)	-0.1508	-0.2938	-0.1062	0.0115
每股现金流量(元)	-0.3088	-0.7962	-0.4872	-0.2964
每股资本公积金(元)	1.5279	1.5026	1.5082	1.4919
每股盈余公积金(元)	0.2049	0.2054	0.1836	0.1836
每股未分配利润(元)	1.1511	1.3611	1.3402	1.3054
净资产收益率(%)	-4.5595	4.3544	3.3380	15.1240
加权净资产收益率(%)	-4.4500	4.4200	3.3400	16.7300
净资产收益率(扣除)(%)	-4.9259	3.5409	-	14.1335
总资产(万元)	79858.11	81071.90	80009.87	73852.78
归属母公司股东权益(万元)	65677.52	68658.92	68033.36	67186.35
营业收入(万元)	6385.11	27481.25	13994.97	30407.17
营业支出(万元)	3305.81	14067.06	7043.84	13030.37
投资收益(万元)	-	43.05	-	-
净利润(万元)	-3260.34	2773.79	2270.66	10161.29
营业利润(万元)	-3751.54	1420.19	2055.49	8901.94
利润总额(万元)	-3370.29	3020.13	2514.05	11040.14

湖北三丰智能输送装备股份有限公司

公司概况					
公司名称	湖北三丰智能输送装备股份有限公司			证券简称	三丰智能
法人代表	朱汉平	董秘	徐恢川	证券代码	300276
公司网址	www.cnsanf.com	电子信箱	sfgfzxh@163.com		
电话	0714-6399668 6359320	传真	86-714-6359320		
办公地址	湖北省黄石市黄石经济技术开发区黄金山工业园新区金山大道398号				
经营范围	智能输送成套设备的研发设计、生产制造、安装调试与技术服务等				

主要财务指标：指标\报告期	2015.06.30	2014.12.31	2014.06.30	2013.12.31
基本每股收益(元)	0.0400	0.1200	0.0500	0.2000
基本每股收益(扣除后)(元)	0.0300	0.1000	0.0500	0.1900
稀释每股收益(元)	0.0400	0.1200	0.0500	0.2000
每股净资产(元)	1.5567	2.2953	2.2215	4.3695
每股经营现金净流量(元)	-0.0437	0.1437	0.0315	-0.3945
每股现金流量(元)	-0.1573	-0.1607	-0.0587	-0.4110
每股资本公积金(元)	0.1082	0.6622	0.6622	2.3245
每股盈余公积金(元)	0.0555	0.0832	0.0704	0.1408
每股未分配利润(元)	0.3931	0.5499	0.4888	0.9043
净资产收益率(%)	2.3444	5.2536	2.1021	4.5380
加权净资产收益率(%)	2.3600	5.3900	2.1200	4.6100
净资产收益率(扣除)(%)	2.1721	4.5186	2.0601	4.4243
总资产(万元)	82702.27	79295.26	77612.41	75192.52
归属母公司股东权益(万元)	58283.56	57291.58	55447.45	54531.32
营业收入(万元)	15559.20	33394.45	15036.13	28693.13
营业支出(万元)	11245.68	24816.99	11359.73	21527.34
投资收益(万元)	47.96	-	-	-
净利润(万元)	1285.32	2891.43	1165.58	2474.65
营业利润(万元)	1375.97	2815.60	1203.27	2640.39
利润总额(万元)	1534.85	3394.24	1293.46	2793.48

深圳海联讯科技股份有限公司

公司概况					
公司名称	深圳海联讯科技股份有限公司			证券简称	海联讯
法人代表	王天青	董秘	蔺晓静	证券代码	300277
公司网址	www.hirisun.com	电子信箱	szhlx@hirisun.com		
电话	0755-26972918	传真	0755-26972818		
办公地址	广东省深圳市南山区深南大道市高新技术园R2厂房B区3a层				
经营范围	电力信息化系统集成、软件开发与销售、技术及咨询服务等				

主要财务指标：指标\报告期	2015.06.30	2014.12.31	2014.06.30	2013.12.31
基本每股收益(元)	-0.0713	-0.3800	-0.1487	0.0400
基本每股收益(扣除后)(元)	-0.0700	-0.3300	-0.1492	0.0200
稀释每股收益(元)	-0.0713	-0.3800	-0.1487	0.0400
每股净资产(元)	3.3504	3.4216	3.6493	3.8279
每股经营现金净流量(元)	-0.3001	0.5738	-0.2303	-0.3044
每股现金流量(元)	-0.3319	-0.2319	-0.5473	-1.0296
每股资本公积金(元)	2.1185	2.1185	2.1185	2.1185
每股盈余公积金(元)	0.1217	0.1217	0.1217	0.1217
每股未分配利润(元)	0.1101	0.1814	0.4091	0.5877
净资产收益率(%)	-2.1279	-10.9970	-4.0735	0.9412
加权净资产收益率(%)	-2.1100	-10.3500	-3.9600	0.9100
净资产收益率(扣除)(%)	-2.0887	-9.5932	-4.0897	0.6059
总资产(万元)	63973.06	69633.00	67778.52	69510.38
归属母公司股东权益(万元)	44894.75	45850.05	48900.23	51294.20
营业收入(万元)	14523.62	39975.37	14051.97	37667.66
营业支出(万元)	10732.10	31393.18	10971.46	26240.40
投资收益(万元)	-158.25	-	-	-
净利润(万元)	-955.29	-5042.15	-1991.96	482.78
营业利润(万元)	-899.94	-4714.13	-1970.88	323.14
利润总额(万元)	-920.72	-5357.80	-1935.46	593.84

湖北华昌达智能装备股份有限公司

公司概况					
公司名称	湖北华昌达智能装备股份有限公司			证券简称	华昌达
法人代表	陈泽	董秘	华家蓉	证券代码	300278
公司网址	www.hchd.com.cn	电子信箱	kangbing@hchd.com.cn		
电话	0719-8767909	传真	0719-8767768		
办公地址	湖北省十堰市东益大道9号				
经营范围	机械设备及电气、环保设备、机械输送系统设计、制造、销售、安装、检修等				

主要财务指标：指标\报告期	2015.06.30	2014.12.31	2014.06.30	2013.12.31
基本每股收益(元)	0.1100	0.2400	0.0400	0.1000
基本每股收益(扣除后)(元)	0.1060	0.2100	0.0300	0.0900
稀释每股收益(元)	0.1100	0.2400	0.0400	0.1000
每股净资产(元)	2.6381	5.0524	3.1849	3.1563
每股经营现金净流量(元)	-0.1684	-0.0793	-0.3122	-0.1194
每股现金流量(元)	0.1004	-0.0691	-0.5163	0.0450
每股资本公积金(元)	1.2682	3.5363	1.6156	1.6156
每股盈余公积金(元)	0.0195	0.0390	0.0562	0.0562
每股未分配利润(元)	0.3503	0.4790	0.5132	0.4845
净资产收益率(%)	4.2025	3.5682	1.2136	3.1409
加权净资产收益率(%)	4.2900	5.9100	1.2200	3.1800
净资产收益率(扣除)(%)	4.0066	3.2142	0.9775	2.7440
总资产(万元)	288980.94	197694.66	83616.32	84640.42
归属母公司股东权益(万元)	143789.74	137689.84	55226.56	54729.71
营业收入(万元)	87750.95	43685.85	9067.38	21202.78
营业支出(万元)	72662.08	30871.29	6414.45	14615.42
投资收益(万元)	-1.97	-6.23	-	-
净利润(万元)	6048.13	4914.32	670.24	1719.01
营业利润(万元)	6905.80	4935.53	533.11	1739.79
利润总额(万元)	7237.76	5515.73	686.75	1994.36

任子行网络技术股份有限公司

公司概况	公司名称	任子行网络技术股份有限公司			证券简称	任子行
	法人代表	景晓军	董秘	张冰	证券代码	300311
	公司网址	www.1218.com.cn		电子信箱	rzxshenzhen@1218.com.cn	
	电话	0755-86156779		传真	0755-86168355	
	办公地址	广东省深圳市南山区高新区科技中2路软件园2栋6楼				
	经营范围	计算机软硬件技术开发、销售及相关技术服务、计算机信息系统集成等				

主要财务指标	指标\报告期	2015.06.30	2014.12.31	2014.06.30	2013.12.31
	基本每股收益(元)	0.0575	0.3700	0.1100	0.3600
	基本每股收益(扣除后)(元)	0.0381	0.3100	0.0800	0.3000
	稀释每股收益(元)	0.0575	0.3700	0.1100	0.3600
	每股净资产(元)	2.0053	3.9208	3.7447	5.9194
	每股经营现金净流量(元)	–0.1482	0.2689	–0.0971	0.5067
	每股现金流量(元)	–0.3577	–0.5844	–0.7355	0.0586
	每股资本公积金(元)	0.5204	1.8555	1.6410	3.2256
	每股盈余公积金(元)	0.0769	0.1415	0.1182	0.1891
	每股未分配利润(元)	0.6134	1.1817	0.9855	1.5046
	净资产收益率(%)	2.8605	9.0610	2.8745	6.0074
	加权净资产收益率(%)	2.8900	9.4700	2.8700	6.0900
	净资产收益率(扣除)(%)	1.7745	7.5815	2.1261	5.0793
	总资产(万元)	67865.90	62810.50	51974.77	54685.90
	归属母公司股东权益(万元)	46829.20	45642.17	42360.58	41849.95
	营业收入(万元)	11998.52	29678.01	9386.02	24538.62
	营业支出(万元)	4949.75	12406.56	3030.40	11990.54
	投资收益(万元)	–86.63	–110.75	–44.63	–83.60
	净利润(万元)	1205.67	3744.20	1217.64	2514.10
	营业利润(万元)	565.37	3100.12	728.86	1222.62
	利润总额(万元)	1425.48	4277.75	1217.73	2571.73

邦讯技术股份有限公司

公司概况	公司名称	邦讯技术股份有限公司			证券简称	邦讯技术
	法人代表	张庆文	董秘	王传世	证券代码	300312
	公司网址	www.boomsense.com		电子信箱	zqb@boomsense.com	
	电话	010-65800931		传真	010-65800000-8166	
	办公地址	北京市海淀区四季青镇杏石口路中部65号益园文化创意产业基地A区4号楼				
	经营范围	无线网络优化系统业务、包括系统集成、设备销售和代维服务等				

主要财务指标	指标\报告期	2015.06.30	2014.12.31	2014.06.30	2013.12.31
	基本每股收益(元)	0.0203	0.0600	–0.0859	–0.3600
	基本每股收益(扣除后)(元)	0.0196	0.0400	–0.0859	–0.3800
	稀释每股收益(元)	0.0203	0.0600	–0.0859	–0.3600
	每股净资产(元)	4.9519	4.9316	4.7896	4.8755
	每股经营现金净流量(元)	–0.8599	–0.7654	–1.2064	–0.6910
	每股现金流量(元)	–0.7390	–1.2766	–0.9171	–0.2678
	每股资本公积金(元)	3.2297	3.2297	3.2306	3.2306
	每股盈余公积金(元)	0.1271	0.1271	0.1132	0.1132
	每股未分配利润(元)	0.5950	0.5748	0.4457	0.5316
	净资产收益率(%)	0.4097	1.1575	–1.7930	–7.4849
	加权净资产收益率(%)	0.4100	1.1600	–1.7800	–7.1300
	净资产收益率(扣除)(%)	0.3950	0.8955	–1.7906	–7.6964
	总资产(万元)	154983.77	151430.11	133399.09	127791.84
	归属母公司股东权益(万元)	79240.29	78915.63	76643.18	78016.98
	营业收入(万元)	24468.37	51357.90	16905.48	28586.64
	营业支出(万元)	13013.30	26465.41	8642.23	15720.32
	投资收益(万元)	–38.29	0.81	0.31	–
	净利润(万元)	182.45	614.62	–1373.80	–5839.46
	营业利润(万元)	–123.50	909.72	–1496.01	–6757.54
	利润总额(万元)	–114.75	902.70	–1497.50	–6549.93

新疆天山畜牧生物工程股份有限公司

公司概况	公司名称	新疆天山畜牧生物工程股份有限公司			证券简称	天山生物
	法人代表	蒋炜	董秘	何敏	证券代码	300313
	公司网址	www.tsbulls.net		电子信箱	tsxmgs@sina.com	
	电话	0994-6566618		传真	0994-6566616	
	办公地址	新疆昌吉市延安北路198号东方广场写字楼20楼				
	经营范围	种牛、奶牛养殖和销售等				

主要财务指标	指标\报告期	2015.06.30	2014.12.31	2014.06.30	2013.12.31
	基本每股收益(元)	–0.0557	0.0197	0.0510	0.1058
	基本每股收益(扣除后)(元)	–0.0577	–0.0172	0.0330	0.0816
	稀释每股收益(元)	–0.0557	0.0197	0.0510	0.1058
	每股净资产(元)	2.0230	2.1142	4.3897	4.3888
	每股经营现金净流量(元)	–0.7118	0.0350	0.0087	–0.2968
	每股现金流量(元)	0.0725	0.3349	0.5629	–0.0586
	每股资本公积金(元)	0.9303	2.6269	2.6269	2.6269
	每股盈余公积金(元)	0.0571	0.1174	0.1016	0.1016
	每股未分配利润(元)	0.2202	0.6142	0.6611	0.6603
	净资产收益率(%)	–2.6790	0.4532	1.1592	2.4101
	加权净资产收益率(%)	–2.6100	0.4500	1.1500	2.4400
	净资产收益率(扣除)(%)	–2.7718	–0.3568	0.7535	1.8596
	总资产(万元)	72469.19	61001.24	49093.58	53437.44
	归属母公司股东权益(万元)	37819.50	39524.60	39906.37	39898.30
	营业收入(万元)	5045.99	12194.30	4310.23	8265.66
	营业支出(万元)	3056.88	7649.02	2378.09	4584.77
	投资收益(万元)	30.75	–	–	–
	净利润(万元)	–1402.80	210.62	462.61	961.58
	营业利润(万元)	–1396.00	–37.19	315.58	880.00
	利润总额(万元)	–1360.89	392.07	477.51	1093.26

宁波戴维医疗器械股份有限公司

公司概况	公司名称	宁波戴维医疗器械股份有限公司			证券简称	戴维医疗
	法人代表	陈再宏	董秘	李则东	证券代码	300314
	公司网址	www.nbdavid.com		电子信箱	zqb@nbdavid.com	
	电话	0574-65982386		传真	0574-65950888	
	办公地址	浙江省宁波市象山经济开发区滨海工业园金兴路35号				
	经营范围	婴儿保育设备研发、生产、销售等				

主要财务指标	指标\报告期	2015.06.30	2014.12.31	2014.06.30	2013.12.31
	基本每股收益(元)	0.0900	0.3400	0.1700	0.4000
	基本每股收益(扣除后)(元)	0.0900	0.3300	0.1700	0.3900
	稀释每股收益(元)	0.0900	0.3400	0.1700	0.4000
	每股净资产(元)	2.3611	4.1810	4.0195	3.9260
	每股经营现金净流量(元)	0.0047	0.4237	0.0797	0.3531
	每股现金流量(元)	–0.1104	0.1056	–0.1132	–0.1291
	每股资本公积金(元)	0.6095	1.8971	1.8971	1.8971
	每股盈余公积金(元)	0.0978	0.1760	0.1386	0.1386
	每股未分配利润(元)	0.6538	1.1080	0.9838	0.8903
	净资产收益率(%)	3.9738	8.0133	4.3162	10.1999
	加权净资产收益率(%)	3.9600	8.2800	4.3500	10.5400
	净资产收益率(扣除)(%)	3.8903	7.9331	4.2865	10.0119
	总资产(万元)	72392.54	71875.15	68571.61	67453.90
	归属母公司股东权益(万元)	67998.83	66896.71	64311.85	62816.05
	营业收入(万元)	10834.19	22718.14	11254.34	21724.51
	营业支出(万元)	5076.92	10564.12	4931.52	9859.72
	投资收益(万元)	–	–	–	–
	净利润(万元)	2702.12	5360.66	2775.80	6407.17
	营业利润(万元)	3163.68	6362.09	3760.42	7408.90
	利润总额(万元)	3219.66	6402.46	3782.45	7530.11

北京掌趣科技股份有限公司

公司概况					
公司名称	北京掌趣科技股份有限公司			证券简称	掌趣科技
法人代表	姚文彬	董秘	李好胜	证券代码	300315
公司网址	www.ourpalm.com		电子信箱	ir@ourpalm.com	
电　　话	010-65073699		传　　真	010-65073699	
办公地址	北京市海淀区马甸东路 17 号 8 层 916				
经营范围	第二类增值电信业务中的信息服务业务等				

主要财务指标 指标\报告期	2015.06.30	2014.12.31	2014.06.30	2013.12.31
基本每股收益(元)	0.0700	0.2700	0.0900	0.2300
基本每股收益(扣除后)(元)	0.0651	0.2300	0.0900	0.2100
稀释每股收益(元)	0.0700	0.2700	0.0900	0.2300
每股净资产(元)	1.6867	3.0764	2.8877	2.1620
每股经营现金净流量(元)	0.0652	0.3149	0.0691	0.1992
每股现金流量(元)	-0.1933	0.0762	0.1644	0.1931
每股资本公积金(元)	0.4018	1.6354	1.6164	0.7580
每股盈余公积金(元)	0.0269	0.0511	0.0172	0.0316
每股未分配利润(元)	0.2581	0.3900	0.2542	0.3726
净资产收益率(%)	4.0480	8.2814	2.9470	10.0779
加权净资产收益率(%)	4.1400	11.1500	5.4900	13.2600
净资产收益率(扣除)(%)	3.8568	7.0681	2.8261	9.2324
总资产(万元)	479091.27	502308.92	489718.81	192740.78
归属母公司股东权益(万元)	416207.18	399198.16	374708.89	152431.33
营业收入(万元)	45743.10	77476.42	33949.97	38050.41
营业支出(万元)	17016.08	29631.33	15343.37	17337.47
投资收益(万元)	-534.03	-712.31	-252.83	-48.47
净利润(万元)	18022.18	35045.27	11042.21	15361.94
营业利润(万元)	19721.00	34666.09	12303.55	15944.32
利润总额(万元)	20668.23	36850.18	12747.82	17249.39

浙江晶盛机电股份有限公司

公司概况					
公司名称	浙江晶盛机电股份有限公司			证券简称	晶盛机电
法人代表	邱敏秀	董秘	陆晓雯	证券代码	300316
公司网址	www.jsjd.cc		电子信箱	jsjd@jsjd.cc	
电　　话	0575-81222501		传　　真	0575-81222501	
办公地址	浙江省绍兴市上虞市经济开发区通江西路 218 号				
经营范围	晶体生长炉、半导体材料制备设备、机电设备制造、销售、进出口业务等				

主要财务指标 指标\报告期	2015.06.30	2014.12.31	2014.06.30	2013.12.31
基本每股收益(元)	0.0500	0.1600	0.0800	0.1600
基本每股收益(扣除后)(元)	0.0500	0.1500	0.0800	0.0800
稀释每股收益(元)	0.0500	0.1600	0.0800	0.1600
每股净资产(元)	1.9815	4.3038	4.2201	6.3100
每股经营现金净流量(元)	-0.0733	0.3344	0.0835	0.3923
每股现金流量(元)	-0.1010	-0.6365	0.0085	-0.2672
每股资本公积金(元)	0.3550	1.9342	1.9342	3.4012
每股盈余公积金(元)	0.0700	0.1546	0.1331	0.1997
每股未分配利润(元)	0.5565	1.2151	1.1529	1.7080
净资产收益率(%)	2.6016	3.8224	1.9159	2.5787
加权净资产收益率(%)	2.6200	3.8700	1.9200	2.5800
净资产收益率(扣除)(%)	2.5302	3.5367	1.9335	1.2263
总资产(万元)	223662.10	189384.30	185730.07	181788.19
归属母公司股东权益(万元)	175053.48	172172.74	168826.20	168258.69
营业收入(万元)	23741.84	24532.04	12785.97	17501.33
营业支出(万元)	14440.92	14895.39	7305.17	8791.32
投资收益(万元)	170.80	336.52	258.01	158.84
净利润(万元)	4513.01	6431.39	3234.51	4338.84
营业利润(万元)	5170.21	5923.88	3354.81	3878.77
利润总额(万元)	5279.61	6944.38	3485.27	5090.37

深圳珈伟光伏照明股份有限公司

公司概况					
公司名称	深圳珈伟光伏照明股份有限公司			证券简称	珈伟股份
法人代表	丁孔贤	董秘	陈琼阁	证券代码	300317
公司网址	www.jiawei.com		电子信箱	jw@jiawei.com	
电　　话	0755-85224478		传　　真	0755-85224353	
办公地址	广东省深圳市龙岗区坪地街道高桥社区富高东路 4 号 A、B、C、D 栋厂房				
经营范围	光伏照明产品的研发、生产与销售等				

主要财务指标 指标\报告期	2015.06.30	2014.12.31	2014.06.30	2013.12.31
基本每股收益(元)	-0.0468	0.0584	0.2100	0.1443
基本每股收益(扣除后)(元)	-0.0619	-0.1004	0.1000	0.1147
稀释每股收益(元)	-0.0468	0.0584	0.2100	0.1443
每股净资产(元)	4.1491	4.2000	4.3886	4.2100
每股经营现金净流量(元)	-0.5512	-0.2777	-0.3683	0.2186
每股现金流量(元)	-0.5501	-0.3536	-0.0157	-0.0793
每股资本公积金(元)	2.6869	2.6869	2.6869	2.7295
每股盈余公积金(元)	0.0638	0.0638	0.0638	0.0638
每股未分配利润(元)	0.4560	0.5028	0.6888	0.4744
净资产收益率(%)	-1.1279	1.3899	4.8840	3.4270
加权净资产收益率(%)	-1.1200	1.3800	4.6900	3.5000
净资产收益率(扣除)(%)	-1.4928	-2.3887	2.3793	2.7236
总资产(万元)	142949.68	138448.89	112044.78	112565.56
归属母公司股东权益(万元)	58087.38	58819.95	61441.00	58940.79
营业收入(万元)	40590.93	68014.60	34354.98	64072.11
营业支出(万元)	29848.04	51440.92	25764.40	48266.46
投资收益(万元)	-	642.46	639.36	-
净利润(万元)	-740.19	615.43	3000.66	2019.91
营业利润(万元)	-838.35	-1252.26	1442.61	1814.05
利润总额(万元)	-626.38	380.67	2981.42	2295.73

北京博晖创新光电技术股份有限公司

公司概况					
公司名称	北京博晖创新光电技术股份有限公司			证券简称	博晖创新
法人代表	杜江涛	董秘	刘敏	证券代码	300318
公司网址	www.bohui-tech.com		电子信箱	liumin@bohui-tech.com	
电　　话	010-88850168		传　　真	010-88856244	
办公地址	北京市昌平区生命园路 9 号院				
经营范围	临床检验快速检测技术的研发及应用产品系统等				

主要财务指标 指标\报告期	2015.06.30	2014.12.31	2014.06.30	2013.12.31
基本每股收益(元)	0.1349	0.2328	0.1128	0.3312
基本每股收益(扣除后)(元)	0.0623	0.1804	0.1027	0.3142
稀释每股收益(元)	0.1349	0.2328	0.1128	0.3312
每股净资产(元)	6.8515	4.4197	4.3697	4.2569
每股经营现金净流量(元)	0.0939	0.1895	0.0497	0.3362
每股现金流量(元)	-1.0708	-0.7994	-1.7696	0.0207
每股资本公积金(元)	4.3625	1.7012	1.7012	1.7012
每股盈余公积金(元)	0.1961	0.2448	0.2211	0.2211
每股未分配利润(元)	1.2929	1.4737	1.4475	1.3347
净资产收益率(%)	1.6420	5.2669	2.5809	7.7800
加权净资产收益率(%)	2.7200	5.3600	2.6100	7.9800
净资产收益率(扣除)(%)	0.7586	4.0825	2.3507	7.3817
总资产(万元)	201993.98	79933.80	76522.87	75239.57
归属母公司股东权益(万元)	140149.84	72412.66	71593.43	69745.66
营业收入(万元)	5760.29	10096.95	4400.29	10687.05
营业支出(万元)	1621.02	2163.49	938.10	2412.05
投资收益(万元)	-	1136.11	-	-
净利润(万元)	1947.19	3654.34	1847.77	5425.67
营业利润(万元)	684.52	3934.27	1833.55	5786.68
利润总额(万元)	2373.21	4308.56	2038.32	6232.15

深圳市麦捷微电子科技股份有限公司

公司概况	公司名称	深圳市麦捷微电子科技股份有限公司			证券简称	麦捷科技
	法人代表	李文燕	董秘	姜波	证券代码	300319
	公司网址	www.szmicrogate.com		电子信箱	securities@szmcirogate.com	
	电　话	0755-28085000-320		传　真	0755-28085605	
	办公地址	广东省深圳市宝安区观澜街道广培社区裕新路南兴工业园厂房第一栋、第二栋				
	经营范围	生产各类电子元器件、集成电路等电子产品等				

主要财务指标	指标\报告期	2015.06.30	2014.12.31	2014.06.30	2013.12.31
	基本每股收益(元)	0.0800	0.2200	0.2300	0.4700
	基本每股收益(扣除后)(元)	0.0700	0.2100	0.2200	0.4000
	稀释每股收益(元)	0.0800	0.2200	0.2300	0.4700
	每股净资产(元)	2.5429	2.4218	6.1205	5.6837
	每股经营现金净流量(元)	0.0750	0.2273	0.0576	0.5411
	每股现金流量(元)	0.2657	–0.0732	0.0948	–1.7606
	每股资本公积金(元)	0.7975	0.7110	3.6144	3.2469
	每股盈余公积金(元)	0.1282	0.1282	0.2889	0.2781
	每股未分配利润(元)	0.6289	0.5981	1.2171	1.1587
	净资产收益率(%)	3.1757	8.7732	3.6165	8.2285
	加权净资产收益率(%)	3.2900	8.9700	3.8100	8.4500
	净资产收益率(扣除)(%)	2.8400	8.4095	3.5381	7.0200
	总资产(万元)	49299.46	47424.28	41515.43	37058.33
	归属母公司股东权益(万元)	35285.97	33605.47	33972.37	30317.07
	营业收入(万元)	10806.80	22049.87	8804.73	15821.54
	营业支出(万元)	8092.17	15946.23	6336.54	11106.95
	投资收益(万元)	93.17	34.00	15.33	–
	净利润(万元)	1136.02	2896.88	1228.62	2494.64
	营业利润(万元)	1284.18	3258.79	1394.80	2456.36
	利润总额(万元)	1322.60	3351.08	1405.30	2885.45

江阴海达橡塑股份有限公司

公司概况	公司名称	江阴海达橡塑股份有限公司			证券简称	海达股份
	法人代表	钱振宇	董秘	胡蕴新	证券代码	300320
	公司网址	www.haida.cn		电子信箱	haida@haida.cn	
	电　话	0510-86900687		传　真	0510-86221558	
	办公地址	江苏省江阴市周庄镇云顾路585号				
	经营范围	橡胶零配件的研发、生产和销售等				

主要财务指标	指标\报告期	2015.06.30	2014.12.31	2014.06.30	2013.12.31
	基本每股收益(元)	0.1522	0.6150	0.3243	0.5100
	基本每股收益(扣除后)(元)	0.1421	0.5890	0.3004	0.5000
	稀释每股收益(元)	0.1522	0.6150	0.3243	0.5100
	每股净资产(元)	2.5353	2.4399	5.0777	4.8734
	每股经营现金净流量(元)	0.0723	0.1989	–0.0350	0.1468
	每股现金流量(元)	–0.0041	–0.0808	–0.2175	–1.9741
	每股资本公积金(元)	0.2250	1.6950	1.6950	1.6950
	每股盈余公积金(元)	0.1297	0.2853	0.2334	0.2334
	每股未分配利润(元)	1.1806	2.3874	2.1493	1.9450
	净资产收益率(%)	6.0025	11.4523	6.3861	10.4035
	加权净资产收益率(%)	6.0500	12.0100	6.4400	10.8600
	净资产收益率(扣除)(%)	5.6067	10.9696	5.9167	10.1945
	总资产(万元)	105038.93	103642.11	94329.77	80737.93
	归属母公司股东权益(万元)	74371.61	71574.17	67705.45	64981.78
	营业收入(万元)	41140.42	83697.37	38227.27	64297.16
	营业支出(万元)	30331.94	60739.83	27276.57	46838.05
	投资收益(万元)	–	0.70	–	0.70
	净利润(万元)	4617.87	8553.73	4323.74	6760.37
	营业利润(万元)	5218.83	10669.76	5099.82	8363.97
	利润总额(万元)	5508.49	10640.20	5301.87	8228.65

山东同大海岛新材料股份有限公司

公司概况	公司名称	山东同大海岛新材料股份有限公司			证券简称	同大股份
	法人代表	孙俊成	董秘	于洪亮	证券代码	300321
	公司网址	www.td300321.com		电子信箱	tdhdgf@126.com	
	电　话	0536-7191939 7199701		传　真	0536-7191956	
	办公地址	山东省昌邑市同大街522号				
	经营范围	海岛纤维材料、鞋材、服装面料(不含棉纺)、沙发革、汽车座套及高档擦拭布等生产销售				

主要财务指标	指标\报告期	2015.06.30	2014.12.31	2014.06.30	2013.12.31
	基本每股收益(元)	0.5099	0.6558	0.3721	0.6175
	基本每股收益(扣除后)(元)	0.5099	0.6357	0.3554	0.6125
	稀释每股收益(元)	0.5099	0.6558	0.3721	0.6175
	每股净资产(元)	12.3404	12.0076	11.7249	11.4638
	每股经营现金净流量(元)	0.7377	2.4442	0.6650	1.0203
	每股现金流量(元)	–0.4453	–0.2601	–0.6826	–1.6754
	每股资本公积金(元)	6.3618	6.3618	6.3618	6.3618
	每股盈余公积金(元)	0.5312	0.5312	0.4657	0.4657
	每股未分配利润(元)	4.4474	4.1146	3.8974	3.6362
	净资产收益率(%)	4.1318	5.4615	3.1740	5.3870
	加权净资产收益率(%)	4.1700	5.5500	3.1900	5.5000
	净资产收益率(扣除)(%)	4.0085	5.2946	3.0309	5.3438
	总资产(万元)	72027.66	72132.21	71666.06	72713.87
	归属母公司股东权益(万元)	54791.59	53313.61	52058.57	50899.07
	营业收入(万元)	25442.25	49074.49	25253.50	43680.77
	营业支出(万元)	19684.97	40483.81	21049.78	36022.89
	投资收益(万元)	–	4.37	–	–
	净利润(万元)	2263.86	2911.74	1652.34	2741.71
	营业利润(万元)	2586.64	3190.20	1863.99	3091.36
	利润总额(万元)	2666.08	3286.69	1951.62	3117.23

惠州硕贝德无线科技股份有限公司

公司概况	公司名称	惠州硕贝德无线科技股份有限公司			证券简称	硕贝德
	法人代表	朱坤华	董秘	孙文科	证券代码	300322
	公司网址	www.speed-hz.com		电子信箱	speed@speed-hz.com	
	电　话	0752-2836716		传　真	0752-2836145	
	办公地址	广东省惠州市东江高新区上霞片区SX-01-02号				
	经营范围	无线通信终端天线的研发、生产和销售等				

主要财务指标	指标\报告期	2015.06.30	2014.12.31	2014.06.30	2013.12.31
	基本每股收益(元)	–0.0700	0.2400	0.1100	0.3400
	基本每股收益(扣除后)(元)	–0.0700	0.2300	0.1000	0.3300
	稀释每股收益(元)	–0.0700	0.2400	0.1100	0.3400
	每股净资产(元)	1.3520	2.5919	2.4225	4.7125
	每股经营现金净流量(元)	0.1188	0.0505	0.1843	0.1676
	每股现金流量(元)	0.0567	–0.5592	–0.2580	–0.5749
	每股资本公积金(元)	0.1044	0.9269	0.8397	2.6795
	每股盈余公积金(元)	0.0477	0.0859	0.0704	0.1128
	每股未分配利润(元)	0.2229	0.6205	0.5067	0.9201
	净资产收益率(%)	–4.9037	9.3458	4.5478	7.2200
	加权净资产收益率(%)	–4.6000	9.9300	4.6000	7.4200
	净资产收益率(扣除)(%)	–5.1395	8.7039	4.1553	6.9321
	总资产(万元)	103774.28	112343.35	90697.45	84233.37
	归属母公司股东权益(万元)	54785.91	58349.16	54271.26	52786.78
	营业收入(万元)	32352.33	83814.34	33613.69	50500.56
	营业支出(万元)	24857.92	63471.73	25385.74	38765.47
	投资收益(万元)	–	–	–	–
	净利润(万元)	–2974.08	4920.25	2468.14	3811.23
	营业利润(万元)	–4081.22	5038.79	2245.03	4348.20
	利润总额(万元)	–3886.87	5477.72	2470.93	4527.24

华灿光电股份有限公司

公司概况	公司名称	华灿光电股份有限公司		证券简称	华灿光电
	法人代表	刘榕	董秘	徐朋	证券代码	300323
	公司网址	www.hcsemitek.com		电子信箱	zq@hcsemitek.com
	电　话	027-81929003		传　真	027-81929091-9003
	办公地址	湖北省武汉市东湖开发区滨湖路8号			
	经营范围	LED外延片及芯片的研发、生产和销售业务等			

主要财务指标	指标\报告期	2015.06.30	2014.12.31	2014.06.30	2013.12.31
	基本每股收益(元)	0.0200	0.2000	0.1500	-0.0300
	基本每股收益(扣除后)(元)	0.0030	0.0400	-0.0100	-0.3700
	稀释每股收益(元)	0.0200	0.2000	0.1500	-0.0300
	每股净资产(元)	2.6546	3.9292	5.7380	5.5908
	每股经营现金净流量(元)	-0.0195	-0.2887	0.0863	0.2396
	每股现金流量(元)	-0.0576	-0.0389	-0.3831	-0.7513
	每股资本公积金(元)	1.2131	2.3197	3.9796	3.9796
	每股盈余公积金(元)	0.0312	0.0468	0.0583	0.0583
	每股未分配利润(元)	0.3938	0.5627	0.7001	0.5530
	净资产收益率(%)	0.7015	5.1413	2.5645	-0.5137
	加权净资产收益率(%)	0.7100	5.2800	2.6000	-0.5100
	净资产收益率(扣除)(%)	0.1294	0.9148	-0.1300	-6.5927
	总资产(万元)	409151.79	377855.86	300018.72	246570.26
	归属母公司股东权益(万元)	179184.35	176815.17	172139.05	167724.55
	营业收入(万元)	43423.52	70608.16	30441.96	31620.25
	营业支出(万元)	31545.54	49984.06	22678.54	30655.40
	投资收益(万元)	-	-	-	-
	净利润(万元)	1256.95	9090.62	4414.50	-861.66
	营业利润(万元)	45.49	1160.32	-732.59	-12433.34
	利润总额(万元)	1346.44	10706.96	5321.88	1026.95

北京旋极信息技术股份有限公司

公司概况	公司名称	北京旋极信息技术股份有限公司		证券简称	旋极信息
	法人代表	陈江涛	董秘	黄海涛	证券代码	300324
	公司网址	www.watertek.com		电子信箱	investor@watertek.com
	电　话	010-82885950		传　真	010-82885950
	办公地址	北京市海淀区丰秀中路3号院12号楼			
	经营范围	从事嵌入式系统的开发、生产、销售和技术服务业务等			

主要财务指标	指标\报告期	2015.06.30	2014.12.31	2014.06.30	2013.12.31
	基本每股收益(元)	0.0859	0.3052	-0.0100	0.2000
	基本每股收益(扣除后)(元)	0.0915	0.2900	-0.0200	0.1600
	稀释每股收益(元)	0.0859	0.3052	-0.0100	0.2000
	每股净资产(元)	1.6283	3.1472	2.2879	4.6475
	每股经营现金净流量(元)	0.0766	0.0654	-0.0642	0.0292
	每股现金流量(元)	-0.0765	-0.0209	-0.1809	-1.0928
	每股资本公积金(元)	0.2292	1.3739	0.7932	2.5863
	每股盈余公积金(元)	0.0379	0.0760	0.0612	0.1224
	每股未分配利润(元)	0.3627	0.7004	0.4350	0.9456
	净资产收益率(%)	2.6345	9.3316	-0.5590	4.2689
	加权净资产收益率(%)	2.6900	11.8000	-0.5500	4.2800
	净资产收益率(扣除)(%)	2.8087	8.8997	-0.8357	3.5475
	总资产(万元)	119591.66	105012.62	64705.39	64072.04
	归属母公司股东权益(万元)	77017.44	74342.34	51249.69	52052.47
	营业收入(万元)	32665.02	36243.21	9844.23	24328.49
	营业支出(万元)	14250.09	15513.28	5745.10	14624.43
	投资收益(万元)	17.28	219.73	64.15	76.95
	净利润(万元)	3114.85	6727.80	-286.55	2222.05
	营业利润(万元)	4766.69	7547.74	-360.92	1901.81
	利润总额(万元)	5389.07	8203.55	-21.74	2509.76

江苏德威新材料股份有限公司

公司概况	公司名称	江苏德威新材料股份有限公司		证券简称	德威新材
	法人代表	周建明	董秘	李红梅	证券代码	300325
	公司网址	www.chinadewei.com		电子信箱	dongmi@chinadewei.com
	电　话	0512-53229379 53229354		传　真	0512-53222355
	办公地址	江苏省苏州市太仓市沙溪镇沙南东路99号			
	经营范围	线缆用高分子材料的研发、生产、销售等			

主要财务指标	指标\报告期	2015.06.30	2014.12.31	2014.06.30	2013.12.31
	基本每股收益(元)	0.1000	0.1800	0.0800	0.3900
	基本每股收益(扣除后)(元)	0.1000	0.1800	0.0780	0.3800
	稀释每股收益(元)	0.1000	0.1800	0.0800	0.3900
	每股净资产(元)	2.4715	2.4085	2.3053	4.4999
	每股经营现金净流量(元)	-0.1605	0.2337	0.1404	0.4303
	每股现金流量(元)	-0.1547	-0.1331	-0.1925	-0.2628
	每股资本公积金(元)	0.3650	0.3650	0.3650	1.7300
	每股盈余公积金(元)	0.1155	0.1155	0.0985	0.1970
	每股未分配利润(元)	0.9911	0.9281	0.8418	1.5729
	净资产收益率(%)	4.1669	7.6265	3.4870	8.5929
	加权净资产收益率(%)	4.1900	7.8900	3.5200	8.9300
	净资产收益率(扣除)(%)	3.9148	7.4707	3.3920	8.4591
	总资产(万元)	196788.12	180910.47	155319.20	144978.33
	归属母公司股东权益(万元)	79086.45	77071.70	73770.55	71998.16
	营业收入(万元)	70388.16	137851.11	54456.55	112440.24
	营业支出(万元)	60569.88	120429.57	46897.16	96470.06
	投资收益(万元)	102.71	163.78	163.78	130.26
	净利润(万元)	3432.95	6100.63	2572.39	6186.74
	营业利润(万元)	3927.45	7195.45	3096.73	7556.94
	利润总额(万元)	4159.98	7338.63	3181.38	7676.96

上海凯利泰医疗科技股份有限公司

公司概况	公司名称	上海凯利泰医疗科技股份有限公司		证券简称	凯利泰
	法人代表	秦杰	董秘	丁魁	证券代码	300326
	公司网址	www.kineticmedinc.com.cn		电子信箱	kmc@shkmc.com.cn
	电　话	021-50728758		传　真	021-50728758
	办公地址	上海市张江高科技园东区瑞庆路528号23幢2楼			
	经营范围	椎体成形微创介入手术系统的研发、生产和销售等			

主要财务指标	指标\报告期	2015.06.30	2014.12.31	2014.06.30	2013.12.31
	基本每股收益(元)	0.2351	0.3879	0.1944	0.8332
	基本每股收益(扣除后)(元)	0.1218	0.3617	0.1787	0.7218
	稀释每股收益(元)	0.2351	0.3879	0.1944	0.8332
	每股净资产(元)	3.1768	5.9304	3.3747	6.6207
	每股经营现金净流量(元)	0.0021	0.4059	0.0335	0.4301
	每股现金流量(元)	-0.5349	0.4153	-0.0736	-1.5458
	每股资本公积金(元)	1.4625	3.8821	1.3847	3.7694
	每股盈余公积金(元)	0.0688	0.1376	0.1300	0.2600
	每股未分配利润(元)	0.6455	0.9106	0.8600	1.5913
	净资产收益率(%)	7.4018	5.9598	5.7598	12.5843
	加权净资产收益率(%)	7.6300	9.3200	5.7000	13.4300
	净资产收益率(扣除)(%)	3.8331	5.5573	5.2962	10.9027
	总资产(万元)	153879.02	131259.78	66068.47	61097.80
	归属母公司股东权益(万元)	111868.79	104417.46	51886.76	50896.96
	营业收入(万元)	20398.32	22235.56	8478.77	12668.21
	营业支出(万元)	5847.95	8375.78	3319.80	3230.09
	投资收益(万元)	4613.19	1088.44	598.85	739.13
	净利润(万元)	9442.41	6693.70	2988.55	6405.01
	营业利润(万元)	10670.82	7419.28	3286.85	6432.80
	利润总额(万元)	10849.13	7766.53	3468.72	7360.23

中颖电子股份有限公司

公司概况	公司名称	中颖电子股份有限公司			证券简称	中颖电子
	法人代表	傅启明	董秘	潘一德	证券代码	300327
	公司网址	www.sinowealth.com		电子信箱	ir@sinowealth.com	
	电　话	021-61219988 1688		传　真	021-61219989	
	办公地址	上海市长宁区临空经济园区金钟路767弄3号				
	经营范围	集成电路的设计、制造、加工、与研发相关电子系统模块、销售自产产品等				

主要财务指标	指标\报告期	2015.06.30	2014.12.31	2014.06.30	2013.12.31
	基本每股收益(元)	0.1222	0.2015	0.0856	0.1875
	基本每股收益(扣除后)(元)	0.1222	0.1758	0.0848	0.1345
	稀释每股收益(元)	0.1222	0.2015	0.0856	0.1875
	每股净资产(元)	3.3819	3.3960	4.0903	4.0876
	每股经营现金净流量(元)	0.1867	0.2962	0.0969	0.1484
	每股现金流量(元)	-0.8451	0.4926	0.1200	0.3613
	每股资本公积金(元)	1.9833	2.2816	2.6097	2.6097
	每股盈余公积金(元)	0.1061	0.1032	0.0984	0.0891
	每股未分配利润(元)	0.2925	0.3508	0.3822	0.3887
	净资产收益率(%)	3.6134	5.3933	2.0930	4.5870
	加权净资产收益率(%)	3.5300	5.4100	2.0700	4.5900
	净资产收益率(扣除)(%)	3.6111	4.7064	-	3.2909
	总资产(万元)	66459.08	63690.97	63616.67	63471.85
	归属母公司股东权益(万元)	57616.11	57857.40	57591.39	57552.98
	营业收入(万元)	20575.24	37107.32	17742.89	33767.64
	营业支出(万元)	12484.60	23597.15	11332.17	21197.26
	投资收益(万元)	166.80	-	-	-
	净利润(万元)	2081.91	3120.42	1205.08	2639.93
	营业利润(万元)	2385.87	2557.88	1236.71	2393.27
	利润总额(万元)	2387.54	3019.50	1250.21	3037.15

东莞宜安科技股份有限公司

公司概况	公司名称	东莞宜安科技股份有限公司			证券简称	宜安科技
	法人代表	李扬德	董秘	张春联	证券代码	300328
	公司网址	www.e-ande.com		电子信箱	eon@e-ande.com	
	电　话	0769-87387777		传　真	0769-87367777	
	办公地址	广东省东莞市清溪镇银泉工业区				
	经营范围	铝合金、镁合金等轻合金精密压铸件的研究、开发、生产和销售等				

主要财务指标	指标\报告期	2015.06.30	2014.12.31	2014.06.30	2013.12.31
	基本每股收益(元)	0.0911	0.4368	0.1177	0.4400
	基本每股收益(扣除后)(元)	0.0716	0.3629	0.0730	0.2855
	稀释每股收益(元)	0.0911	0.4368	0.1177	0.4400
	每股净资产(元)	2.8318	5.5852	5.2299	5.1798
	每股经营现金净流量(元)	0.2921	0.2623	0.2823	0.5505
	每股现金流量(元)	0.1310	-0.2901	-0.1452	-1.5130
	每股资本公积金(元)	0.9265	2.7567	2.7194	2.6882
	每股盈余公积金(元)	0.0943	0.1886	0.1553	0.1553
	每股未分配利润(元)	0.8136	1.6450	1.3592	1.3415
	净资产收益率(%)	3.2169	7.8202	2.2508	8.5657
	加权净资产收益率(%)	3.2100	8.1100	2.2500	8.0200
	净资产收益率(扣除)(%)	2.5300	6.4974	1.3950	5.5125
	总资产(万元)	89094.89	85669.32	76175.03	73476.91
	归属母公司股东权益(万元)	63432.78	62554.13	58575.29	58013.73
	营业收入(万元)	26146.94	51463.55	19444.95	46371.13
	营业支出(万元)	18750.48	37027.21	14122.97	33474.97
	投资收益(万元)	9.27	17.19	2.26	-
	净利润(万元)	2038.04	4890.28	1318.40	4969.27
	营业利润(万元)	1832.83	4808.81	902.28	5157.58
	利润总额(万元)	2346.03	5782.91	1492.13	5946.19

海伦钢琴股份有限公司

公司概况	公司名称	海伦钢琴股份有限公司			证券简称	海伦钢琴
	法人代表	陈海伦	董秘	石定靖	证券代码	300329
	公司网址	www.hailunpiano.com		电子信箱	phil@hailunpiano.com	
	电　话	0574-86813822		传　真	0574-55221607	
	办公地址	浙江省宁波市北仑区龙潭山路36号				
	经营范围	钢琴制造、乐器制品、汽车配件、装潢五金、模具制品、非金属制品模具设计、加工、制造				

主要财务指标	指标\报告期	2015.06.30	2014.12.31	2014.06.30	2013.12.31
	基本每股收益(元)	0.1200	0.1900	0.1100	0.2400
	基本每股收益(扣除后)(元)	0.0900	0.1700	0.1000	0.1900
	稀释每股收益(元)	0.1200	0.1900	0.1100	0.2400
	每股净资产(元)	4.1130	4.0306	3.9442	3.8829
	每股经营现金净流量(元)	0.0124	0.0385	-0.2121	0.2122
	每股现金流量(元)	-0.1430	-0.3150	-0.3091	-0.3514
	每股资本公积金(元)	1.9448	1.9448	1.9448	1.9448
	每股盈余公积金(元)	0.1527	0.1404	0.1318	0.1217
	每股未分配利润(元)	1.0155	0.9454	0.8676	0.8164
	净资产收益率(%)	2.8287	4.7566	2.6700	6.2028
	加权净资产收益率(%)	2.8500	4.8500	2.6800	6.3000
	净资产收益率(扣除)(%)	2.2289	4.2552	-	4.9074
	总资产(万元)	68145.60	66843.16	67993.42	67240.55
	归属母公司股东权益(万元)	55105.40	54002.17	52844.46	52022.99
	营业收入(万元)	17540.10	35308.24	16471.30	33861.36
	营业支出(万元)	12515.37	25865.00	11793.56	23661.62
	投资收益(万元)	-	-	-	-
	净利润(万元)	1571.48	2602.94	1410.97	3226.88
	营业利润(万元)	1470.52	2699.94	1781.48	3029.86
	利润总额(万元)	1838.99	2980.55	1827.57	3792.82

上海华虹计通智能系统股份有限公司

公司概况	公司名称	上海华虹计通智能系统股份有限公司			证券简称	华虹计通
	法人代表	项翔	董秘	佘嘉音	证券代码	300330
	公司网址	www.huahongjt.com		电子信箱	hhjt@huahongjt.com	
	电　话	021-32090258*521		传　真	86-21-31016909	
	办公地址	上海市锦绣东路2777弄9号、11号楼				
	经营范围	设计、开发、生产和销售智能卡读写设备及系统、自动售检票设备及系统等				

主要财务指标	指标\报告期	2015.06.30	2014.12.31	2014.06.30	2013.12.31
	基本每股收益(元)	0.0040	0.0800	0.1300	0.2000
	基本每股收益(扣除后)(元)	0.0040	-0.0300	-0.0081	0.1100
	稀释每股收益(元)	0.0040	0.0800	0.1300	0.2000
	每股净资产(元)	2.5742	2.5699	3.6416	3.6348
	每股经营现金净流量(元)	0.0259	-0.2337	-0.1015	-0.3792
	每股现金流量(元)	0.0241	-0.2055	0.1215	-0.8498
	每股资本公积金(元)	1.1776	1.1776	2.0502	2.0227
	每股盈余公积金(元)	0.0727	0.0727	0.0908	0.0908
	每股未分配利润(元)	0.3411	0.3369	0.5006	0.5213
	净资产收益率(%)	0.1666	3.0422	3.5523	5.4717
	加权净资产收益率(%)	0.1700	3.0100	3.5000	5.6400
	净资产收益率(扣除)(%)	0.1659	-1.3171	-0.2229	3.0353
	总资产(万元)	60680.50	61694.98	62343.65	64026.12
	归属母公司股东权益(万元)	43779.92	43706.99	44238.69	44156.34
	营业收入(万元)	10151.88	22705.47	10251.21	22822.01
	营业支出(万元)	8360.59	18949.43	8264.39	17314.38
	投资收益(万元)	31.05	-	-	-
	净利润(万元)	72.92	1329.67	1571.49	2416.11
	营业利润(万元)	85.46	-709.21	-131.52	1576.20
	利润总额(万元)	85.79	1532.37	2095.25	2841.87

苏州苏大维格光电科技股份有限公司

公司概况						
公司名称	苏州苏大维格光电科技股份有限公司				证券简称	苏大维格
法人代表	陈林森	董秘	姚维品		证券代码	300331
公司网址	www.svgoptronics.com		电子信箱		info@svgoptronics.com	
电　　话	0512-62868882-881		传　　真		0512-62589155	
办公地址	江苏省苏州市苏州工业园区科教创新区新昌路 68 号					
经营范围	微纳光学产品的设计、开发与制造、关键制造设备的研制和相关技术的研发服务等					

主要财务指标	2015.06.30	2014.12.31	2014.06.30	2013.12.31
基本每股收益(元)	0.0100	0.0900	0.1000	0.2200
基本每股收益(扣除后)(元)	–0.0800	–0.1100	0.0600	0.0100
稀释每股收益(元)	0.0100	0.0900	0.1000	0.2200
每股净资产(元)	5.1884	5.1428	5.1300	7.4771
每股经营现金净流量(元)	–0.0221	0.0559	0.1771	0.3231
每股现金流量(元)	–0.8175	0.0005	–0.1098	–1.5201
每股资本公积金(元)	2.8584	2.8028	2.7792	4.5447
每股盈余公积金(元)	0.2157	0.2157	0.1836	0.2754
每股未分配利润(元)	1.1143	1.1243	1.1672	1.6570
净资产收益率(%)	0.1933	1.6532	1.8680	2.9686
加权净资产收益率(%)	0.1900	1.7000	1.9000	2.9800
净资产收益率(扣除)(%)	–1.5458	–2.1830	1.1593	0.1660
总资产(万元)	67998.60	69262.94	62647.62	58979.17
归属母公司股东权益(万元)	48252.25	47827.64	47708.70	46358.22
营业收入(万元)	17040.02	35730.27	17713.89	28963.69
营业支出(万元)	12350.50	25874.48	12643.16	22182.37
投资收益(万元)	70.12	–	–	–
净利润(万元)	–191.18	164.00	891.01	1376.17
营业利润(万元)	–762.86	–1436.30	499.00	–263.82
利润总额(万元)	146.91	733.64	897.41	1266.57

天壕环境股份有限公司

公司概况						
公司名称	天壕环境股份有限公司				证券简称	天壕环境
法人代表	陈作涛	董秘	王祖锋		证券代码	300332
公司网址	www.trce.com.cn		电子信箱		ir@trce.com.cn	
电　　话	010-62211992		传　　真		010-62213992	
办公地址	北京市海淀区西直门北大街 32 号枫蓝国际中心 2 号楼 906 室					
经营范围	能源技术咨询、技术开发、工业废气余热发电等节能项目的工程设计等					

主要财务指标	2015.06.30	2014.12.31	2014.06.30	2013.12.31
基本每股收益(元)	0.1900	0.4400	0.1900	0.3600
基本每股收益(扣除后)(元)	0.1900	0.4200	0.1800	0.3600
稀释每股收益(元)	0.1800	0.4300	0.1900	0.3600
每股净资产(元)	4.2938	4.1968	4.0473	3.9406
每股经营现金净流量(元)	–0.0480	0.0817	–0.0269	0.0904
每股现金流量(元)	–0.1320	–0.3635	–0.2907	–0.4356
每股资本公积金(元)	2.2101	2.1975	2.0894	2.0903
每股盈余公积金(元)	0.0539	0.0539	0.0361	0.0361
每股未分配利润(元)	1.2054	1.1210	0.9218	0.8142
净资产收益率(%)	4.2941	10.1433	4.6335	9.2026
加权净资产收益率(%)	4.3100	10.6200	4.6500	9.4900
净资产收益率(扣除)(%)	4.2413	9.8186	4.5433	9.0713
总资产(万元)	237350.02	236997.57	171306.38	165769.27
归属母公司股东权益(万元)	141288.68	138097.04	129513.90	126100.55
营业收入(万元)	24085.77	44775.05	17628.30	32550.25
营业支出(万元)	14108.59	23878.06	8643.71	15554.19
投资收益(万元)	–	244.63	36.85	–
净利润(万元)	5911.33	13862.59	6000.99	11604.50
营业利润(万元)	4996.60	11454.86	5297.12	9681.12
利润总额(万元)	6548.44	16007.14	6562.46	11840.71

深圳兆日科技股份有限公司

公司概况						
公司名称	深圳兆日科技股份有限公司				证券简称	兆日科技
法人代表	魏恺言	董秘	余凯		证券代码	300333
公司网址	www.sinosun.com.cn		电子信箱		ir@sinosun.com.cn	
电　　话	86-755-23609873		传　　真		0755-83420054	
办公地址	广东省深圳市福田区车公庙泰然八路泰然大厦 C 座 1605					
经营范围	计算机软件、硬件、电子产品的技术开发、销售和技术咨询等					

主要财务指标	2015.06.30	2014.12.31	2014.06.30	2013.12.31
基本每股收益(元)	0.1900	0.3300	0.1700	0.4500
基本每股收益(扣除后)(元)	0.1900	0.3300	0.1700	0.4300
稀释每股收益(元)	0.1900	0.3300	0.1700	0.4500
每股净资产(元)	7.3638	7.2692	7.1068	7.1386
每股经营现金净流量(元)	–0.0443	0.2656	–0.1116	0.4846
每股现金流量(元)	–2.3590	2.4843	0.2709	0.3505
每股资本公积金(元)	5.4404	5.4404	5.4404	5.4404
每股盈余公积金(元)	0.2181	0.2181	0.1828	0.1828
每股未分配利润(元)	0.7052	0.6106	0.4836	0.5153
净资产收益率(%)	2.6426	4.5479	2.3679	6.3616
加权净资产收益率(%)	2.6500	4.6000	2.3400	6.3800
净资产收益率(扣除)(%)	2.6427	4.5492	2.3679	6.0297
总资产(万元)	85676.39	85409.08	82385.01	83110.35
归属母公司股东权益(万元)	82474.03	81414.56	79596.68	79951.88
营业收入(万元)	9104.38	18052.51	7528.56	19010.95
营业支出(万元)	2822.87	6800.57	2670.04	6087.97
投资收益(万元)	103.48	–	–	–
净利润(万元)	3238.28	4860.21	1884.79	5086.20
营业利润(万元)	4123.23	5649.60	3020.09	8132.11
利润总额(万元)	4210.52	5983.11	3162.83	8738.30

天津膜天膜科技股份有限公司

公司概况						
公司名称	天津膜天膜科技股份有限公司				证券简称	津膜科技
法人代表	李新民	董秘	郝锴		证券代码	300334
公司网址	www.motimo.com		电子信箱		ir@motimo.com.cn	
电　　话	022-66230126		传　　真		022-66230122	
办公地址	天津市经济技术开发区第 11 大街 60 号					
经营范围	生产销售中空纤维膜、膜组件、膜分离设备、水处理设备及相关产品等					

主要财务指标	2015.06.30	2014.12.31	2014.06.30	2013.12.31
基本每股收益(元)	0.0600	0.3300	0.1000	0.4600
基本每股收益(扣除后)(元)	0.0600	0.3000	0.0900	0.4200
稀释每股收益(元)	0.0600	0.3300	0.1000	0.4600
每股净资产(元)	3.3054	3.2838	3.0551	4.4847
每股经营现金净流量(元)	–0.5465	–0.3983	–0.1481	–0.2070
每股现金流量(元)	–0.4785	–0.4793	–0.2712	–0.7716
每股资本公积金(元)	1.2278	1.2278	1.2278	2.3418
每股盈余公积金(元)	0.1135	0.1135	0.0806	0.1210
每股未分配利润(元)	0.9641	0.9424	0.7466	1.0220
净资产收益率(%)	1.9151	9.9679	3.2275	10.3075
加权净资产收益率(%)	1.9200	10.4300	3.2600	10.7800
净资产收益率(扣除)(%)	1.6910	9.0857	2.9987	9.3409
总资产(万元)	131917.72	124936.32	106303.49	104456.60
归属母公司股东权益(万元)	86271.72	85706.82	79737.22	78033.67
营业收入(万元)	21373.35	52449.55	15158.02	38192.34
营业支出(万元)	15159.17	32606.58	8403.05	21418.25
投资收益(万元)	352.38	360.55	96.15	–61.69
净利润(万元)	1669.50	8530.24	2573.55	8043.30
营业利润(万元)	1692.13	9084.68	2806.75	8768.86
利润总额(万元)	1920.51	9975.59	3021.43	9656.30

广州迪森热能技术股份有限公司

公司概况	公司名称	广州迪森热能技术股份有限公司			证券简称	迪森股份
	法人代表	马革	董秘	黄博	证券代码	300335
	公司网址	www.devotiongroup.com		电子信箱	gd@devotiongroup.com	
	电　　话	020-82199956		传　　真	020-82199901	
	办公地址	广东省广州市经济开发区东区东众路42号				
	经营范围	利用生物质燃料等新型清洁能源、为客户提供热能服务等				

主要财务指标	指标\报告期	2015.06.30	2014.12.31	2014.06.30	2013.12.31
	基本每股收益(元)	0.1041	0.2000	0.0999	0.3300
	基本每股收益(扣除后)(元)	0.0788	0.1700	0.0978	0.3000
	稀释每股收益(元)	0.1041	0.2000	0.0999	0.3300
	每股净资产(元)	2.5552	2.4802	2.5033	3.7552
	每股经营现金净流量(元)	0.1971	-0.0029	0.1993	0.3845
	每股现金流量(元)	0.1175	-0.4121	-0.0052	-0.2429
	每股资本公积金(元)	0.9403	0.9100	0.9517	1.9275
	每股盈余公积金(元)	0.0996	0.0996	0.0855	0.1283
	每股未分配利润(元)	0.5591	0.5149	0.4661	0.6994
	净资产收益率(%)	4.0752	8.0630	3.9900	8.7678
	加权净资产收益率(%)	4.1300	7.4700	3.9400	9.0300
	净资产收益率(扣除)(%)	3.0828	6.6140	-	8.1065
	总资产(万元)	106973.94	103512.95	84814.69	85317.86
	归属母公司股东权益(万元)	80807.99	78443.04	78566.70	78570.67
	营业收入(万元)	23280.76	57334.54	19791.20	41490.64
	营业支出(万元)	16186.20	41546.04	14316.30	29330.06
	投资收益(万元)	-	-37.59	-	-
	净利润(万元)	3231.69	6292.97	3134.54	6888.89
	营业利润(万元)	2084.84	6371.41	2610.96	6029.90
	利润总额(万元)	3623.27	6906.06	3343.76	7589.40

上海新文化传媒集团股份有限公司

公司概况	公司名称	上海新文化传媒集团股份有限公司			证券简称	新文化
	法人代表	杨震华	董秘	盛文蕾	证券代码	300336
	公司网址	www.ncmedia.com.cn		电子信箱	xinwenhua@ncmedia.com.cn	
	电　　话	021-65871976		传　　真	021-65873968	
	办公地址	上海市虹口区东江湾路444号北区238室				
	经营范围	主要从事影视剧的投资、制作、发行及衍生业务等				

主要财务指标	指标\报告期	2015.06.30	2014.12.31	2014.06.30	2013.12.31
	基本每股收益(元)	0.2000	0.6300	0.3030	1.2000
	基本每股收益(扣除后)(元)	0.2000	0.5900	0.2928	-0.7320
	稀释每股收益(元)	0.2000	0.6300	0.3030	1.2000
	每股净资产(元)	4.7042	5.3941	4.8699	9.6337
	每股经营现金净流量(元)	-0.2932	-0.6125	-0.3185	-0.7320
	每股现金流量(元)	-0.1640	-0.5997	-0.6164	-1.3218
	每股资本公积金(元)	2.7727	2.5121	2.5121	6.0241
	每股盈余公积金(元)	0.0847	0.2173	0.1615	0.2713
	每股未分配利润(元)	0.6770	1.4694	1.1963	2.3382
	净资产收益率(%)	4.3423	11.7163	6.2226	12.4067
	加权净资产收益率(%)	5.4200	12.6800	6.2000	13.0100
	净资产收益率(扣除)(%)	4.2075	11.0210	6.0119	11.4035
	总资产(万元)	349030.61	140333.97	114997.51	117163.06
	归属母公司股东权益(万元)	252871.13	103567.40	93501.42	92483.20
	营业收入(万元)	43264.24	62068.63	29710.51	48171.24
	营业支出(万元)	22516.46	39794.33	18254.05	28763.42
	投资收益(万元)	-5.01	-13.80	-	-
	净利润(万元)	11039.80	12137.95	5818.22	11474.10
	营业利润(万元)	13340.89	15225.34	7432.54	14114.19
	利润总额(万元)	13805.57	16184.27	7695.19	15331.62

银邦金属复合材料股份有限公司

公司概况	公司名称	银邦金属复合材料股份有限公司			证券简称	银邦股份
	法人代表	沈健生	董秘	张稷	证券代码	300337
	公司网址	www.cn-yinbang.com		电子信箱	stock@cn-yinbang.com	
	电　　话	0510-88991610		传　　真	0510-88990799	
	办公地址	江苏省无锡市新区鸿山街道后宅鸿山路99号				
	经营范围	铝合金复合材料、铝基多金属复合材料以及铝合金非复合材料的研究、生产和销售等				

主要财务指标	指标\报告期	2015.06.30	2014.12.31	2014.06.30	2013.12.31
	基本每股收益(元)	-0.0800	0.1500	0.1100	0.4000
	基本每股收益(扣除后)(元)	-0.0800	0.1300	0.1100	0.3900
	稀释每股收益(元)	-0.0800	0.1500	0.1100	0.4000
	每股净资产(元)	4.4987	4.6245	4.5859	9.0524
	每股经营现金净流量(元)	-0.7230	-0.2914	0.1275	0.4451
	每股现金流量(元)	-0.0091	-0.0473	-0.0456	-0.1930
	每股资本公积金(元)	2.7294	2.7294	2.7294	6.4588
	每股盈余公积金(元)	0.0986	0.0986	0.0836	0.1671
	每股未分配利润(元)	0.6705	0.7964	0.7713	1.4152
	净资产收益率(%)	-1.7968	3.2194	2.3699	4.4736
	加权净资产收益率(%)	-1.3400	3.2500	2.3900	3.5600
	净资产收益率(扣除)(%)	-1.7654	2.8663	2.3287	4.3085
	总资产(万元)	277035.69	260048.76	232959.29	226933.57
	归属母公司股东权益(万元)	168071.03	172770.57	171330.16	169098.32
	营业收入(万元)	72100.65	142870.93	68960.26	157015.86
	营业支出(万元)	67609.51	122588.00	58339.85	135608.37
	投资收益(万元)	-123.01	-58.14	3.16	6.94
	净利润(万元)	-3029.97	5553.72	4060.32	7564.72
	营业利润(万元)	-3028.24	6015.02	4697.08	8506.65
	利润总额(万元)	-3115.71	6709.82	4779.99	8835.06

长沙开元仪器股份有限公司

公司概况	公司名称	长沙开元仪器股份有限公司			证券简称	开元仪器
	法人代表	罗建文	董秘	郭剑锋	证券代码	300338
	公司网址	www.chs5e.com		电子信箱	gojefe@126.com	
	电　　话	0731-84874926		传　　真	0731-84874926	
	办公地址	湖南省长沙市经济技术开发区开元路172号				
	经营范围	检测分析测量仪器、设备及相关软件的开发、生产、销售等				

主要财务指标	指标\报告期	2015.06.30	2014.12.31	2014.06.30	2013.12.31
	基本每股收益(元)	0.0139	0.3884	0.2094	0.5300
	基本每股收益(扣除后)(元)	0.0081	0.3558	0.2109	0.4600
	稀释每股收益(元)	0.0139	0.3884	0.2094	0.5300
	每股净资产(元)	2.9744	6.0132	5.8190	8.2522
	每股经营现金净流量(元)	-0.1811	0.2868	-0.1557	0.3009
	每股现金流量(元)	-0.1655	-0.0149	-0.4320	0.1529
	每股资本公积金(元)	1.1360	3.2721	3.2721	4.9809
	每股盈余公积金(元)	0.0993	0.1987	0.1369	0.1916
	每股未分配利润(元)	0.7114	1.4949	1.3778	2.0357
	净资产收益率(%)	0.4685	6.4590	3.5983	6.4379
	加权净资产收益率(%)	0.4600	6.5800	3.5200	6.5500
	净资产收益率(扣除)(%)	0.2709	5.9176	3.6243	5.5949
	总资产(万元)	85344.75	87878.39	80913.49	83696.22
	归属母公司股东权益(万元)	74953.71	75766.85	73319.87	74270.21
	营业收入(万元)	9933.61	30739.05	14357.33	28237.41
	营业支出(万元)	4823.62	14267.55	6471.85	13325.75
	投资收益(万元)	-	-	-	-
	净利润(万元)	236.82	4788.50	2638.25	4781.43
	营业利润(万元)	-280.73	4579.31	2851.07	4228.39
	利润总额(万元)	333.45	5732.41	3194.03	5512.88

江苏润和软件股份有限公司

公司概况	公司名称	江苏润和软件股份有限公司		证券简称	润和软件
	法人代表	周红卫	董秘 朱祖龙	证券代码	300339
	公司网址	www.hoperun.com		电子信箱	company@hoperun.com
	电　话	025-52668518		传　真	025-52668895
	办公地址	江苏省南京市雨花台区软件大道 168 号			
	经营范围	为国际、国内客户提供专业领域的软件外包服务等			

主要财务指标	指标\报告期	2015.06.30	2014.12.31	2014.06.30	2013.12.31
	基本每股收益(元)	0.1000	0.4500	0.1300	0.5000
	基本每股收益(扣除后)(元)	0.0900	0.3200	0.1100	0.3400
	稀释每股收益(元)	0.1000	0.4500	0.1300	0.5000
	每股净资产(元)	5.1800	5.1278	2.9642	4.6400
	每股经营现金净流量(元)	–0.1694	0.1687	–0.1447	0.1583
	每股现金流量(元)	–0.7989	–0.0871	0.0679	–0.5248
	每股资本公积金(元)	3.2350	3.1795	1.1384	2.2076
	每股盈余公积金(元)	0.1100	0.1100	0.1139	0.1708
	每股未分配利润(元)	0.8481	0.8511	0.7306	1.2946
	净资产收益率(%)	1.8739	7.5390	4.5275	10.8293
	加权净资产收益率(%)	1.8700	11.8700	4.6100	11.1300
	净资产收益率(扣除)(%)	1.6644	5.3899	3.8229	7.3012
	总资产(万元)	218861.95	226474.40	138446.86	109350.85
	归属母公司股东权益(万元)	147430.78	145945.80	68242.68	71258.81
	营业收入(万元)	46874.36	73323.47	27486.71	47679.78
	营业支出(万元)	30996.03	44206.76	17149.70	29126.19
	投资收益(万元)	236.71	–3.41	–	166.38
	净利润(万元)	2869.67	11435.14	3089.67	7716.80
	营业利润(万元)	3083.45	8900.47	2805.17	5717.41
	利润总额(万元)	3339.90	12917.77	3453.96	8583.58

江门市科恒实业股份有限公司

公司概况	公司名称	江门市科恒实业股份有限公司		证券简称	科恒股份
	法人代表	万国江	董秘 唐秀雷	证券代码	300340
	公司网址	www.keheng.com.cn		电子信箱	txl@keheng.com.cn
	电　话	0750-3863815 3814790		传　真	0750-3899896
	办公地址	广东省江门市江海区滘头工业区滘兴南路 22 号			
	经营范围	生产、销售化工原料及化工产品等			

主要财务指标	指标\报告期	2015.06.30	2014.12.31	2014.06.30	2013.12.31
	基本每股收益(元)	–0.0963	–0.4819	0.0104	0.0345
	基本每股收益(扣除后)(元)	–0.0995	–0.4701	0.0092	0.0191
	稀释每股收益(元)	–0.0963	–0.4819	0.0104	0.0345
	每股净资产(元)	8.5963	8.6926	9.1849	9.1944
	每股经营现金净流量(元)	–0.1510	–0.1203	–0.1521	0.2577
	每股现金流量(元)	–0.5231	–0.5578	0.3189	–1.5937
	每股资本公积金(元)	5.1352	5.1352	5.1352	5.1352
	每股盈余公积金(元)	0.2731	0.2731	0.2745	0.2731
	每股未分配利润(元)	2.1880	2.2843	2.7752	2.7861
	净资产收益率(%)	–1.1197	–5.5433	0.1136	0.3752
	加权净资产收益率(%)	–1.1100	–5.3868	0.1100	0.3700
	净资产收益率(扣除)(%)	–1.1571	–5.4084	0.1002	0.2081
	总资产(万元)	97428.85	100834.20	109284.24	105599.56
	归属母公司股东权益(万元)	85963.11	86925.66	91848.53	91944.21
	营业收入(万元)	18449.71	38969.76	19014.20	37967.18
	营业支出(万元)	17218.83	36260.85	16492.38	33687.40
	投资收益(万元)	176.37	70.15	15.35	–
	净利润(万元)	–1200.47	–4908.01	104.32	345.02
	营业利润(万元)	–1241.40	–5442.06	91.84	121.57
	利润总额(万元)	–1202.59	–5608.84	111.75	498.20

麦克奥迪(厦门)电气股份有限公司

公司概况	公司名称	麦克奥迪(厦门)电气股份有限公司		证券简称	麦迪电气
	法人代表	杨泽声	董秘 李臻	证券代码	300341
	公司网址	www.motic-electric.com		电子信箱	info@motic-electric.com
	电　话	0592-5676713 5676875		传　真	0592-5626612
	办公地址	福建省厦门市火炬高新区(翔安)产业区舫山南路 808 号			
	经营范围	主要从事输配电设备核心部件——环氧绝缘件的研发、生产和销售等			

主要财务指标	指标\报告期	2015.06.30	2014.12.31	2014.06.30	2013.12.31
	基本每股收益(元)	0.0919	0.2044	0.1117	0.4847
	基本每股收益(扣除后)(元)	0.0886	0.2017	0.1103	0.4590
	稀释每股收益(元)	0.0919	0.2044	0.1083	0.4847
	每股净资产(元)	3.0538	4.3061	2.8863	5.6446
	每股经营现金净流量(元)	0.0824	0.2038	0.1093	0.3993
	每股现金流量(元)	–0.0911	–0.1557	0.0045	0.0294
	每股资本公积金(元)	1.0587	2.1384	1.0124	3.0248
	每股盈余公积金(元)	0.0819	0.3159	0.0656	0.1313
	每股未分配利润(元)	0.9245	0.8717	0.8195	1.5156
	净资产收益率(%)	2.9896	6.8638	3.8692	8.5873
	加权净资产收益率(%)	3.0300	7.0600	3.8900	8.8800
	净资产收益率(扣除)(%)	2.9050	6.7732	3.8203	8.1325
	总资产(万元)	64477.27	99201.65	58500.75	57836.52
	归属母公司股东权益(万元)	56971.57	79231.39	53108.02	51930.19
	营业收入(万元)	14957.22	30594.66	14742.61	31542.55
	营业支出(万元)	10617.53	21559.32	10418.93	22201.53
	投资收益(万元)	59.46	–	–	–
	净利润(万元)	1703.21	3760.51	2054.88	4459.40
	营业利润(万元)	1986.70	4311.22	2405.27	4926.02
	利润总额(万元)	2043.41	4369.70	2435.87	5204.06

常熟市天银机电股份有限公司

公司概况	公司名称	常熟市天银机电股份有限公司		证券简称	天银机电
	法人代表	赵晓东	董秘 李玲玲	证券代码	300342
	公司网址	www.tyjd.cc		电子信箱	tyjd@tyjd.cc
	电　话	0512-52690818		传　真	0512-52691888
	办公地址	江苏省苏州市常熟碧溪新区迎宾路 8 号			
	经营范围	节能节材型冰箱压缩机零部件的研发,生产和销售			

主要财务指标	指标\报告期	2015.06.30	2014.12.31	2014.06.30	2013.12.31
	基本每股收益(元)	0.2900	0.4600	0.4500	1.0100
	基本每股收益(扣除后)(元)	0.2900	0.4400	0.4300	0.9700
	稀释每股收益(元)	0.2900	0.4600	0.4500	1.0100
	每股净资产(元)	4.0372	3.9564	7.4450	7.4999
	每股经营现金净流量(元)	0.1917	0.5160	0.7782	0.3345
	每股现金流量(元)	–0.9427	–0.0284	0.0052	–0.3532
	每股资本公积金(元)	1.7024	1.6748	4.3662	4.3497
	每股盈余公积金(元)	0.1979	0.1720	0.2530	0.2530
	每股未分配利润(元)	1.1157	1.0983	1.8258	1.8774
	净资产收益率(%)	7.2646	11.5019	6.0225	13.4272
	加权净资产收益率(%)	7.2000	11.9400	5.9300	14.0000
	净资产收益率(扣除)(%)	7.0697	11.2166	5.8039	12.9962
	总资产(万元)	98511.48	90561.36	85830.98	85360.71
	归属母公司股东权益(万元)	80743.73	79127.43	74450.44	74998.57
	营业收入(万元)	27824.09	40917.45	20055.06	44658.22
	营业支出(万元)	17440.98	26561.92	13039.70	29720.22
	投资收益(万元)	–	4.00	–	–
	净利润(万元)	6538.72	9101.12	4483.79	10070.20
	营业利润(万元)	7619.01	10487.45	5086.90	11490.46
	利润总额(万元)	7796.89	10748.99	5278.39	11871.33

山东联创节能新材料股份有限公司

公司概况	公司名称	山东联创节能新材料股份有限公司			证券简称	联创节能
	法人代表	李洪国	董秘	胡安智	证券代码	300343
	公司网址	www.lecron.cn		电子信箱	lczq@lecron.cn	
	电　话	0533-6286018		传　真	0533-6286018	
	办公地址	山东省淄博市张店区东部化工区				
	经营范围	聚氨酯硬泡组合聚醚的技术研发、生产与销售等				

主要财务指标	指标\报告期	2015.06.30	2014.12.31	2014.06.30	2013.12.31
	基本每股收益(元)	0.0393	0.0800	0.0806	1.4900
	基本每股收益(扣除后)(元)	0.0184	0.0600	0.0753	1.0600
	稀释每股收益(元)	0.0393	0.0800	0.0806	1.4900
	每股净资产(元)	5.8326	5.8400	5.8441	11.9400
	每股经营现金净流量(元)	0.2855	-2.3214	-1.1359	1.8580
	每股现金流量(元)	0.5781	-0.3792	-0.0868	-2.5527
	每股资本公积金(元)	2.7946	2.7946	2.7946	6.5891
	每股盈余公积金(元)	0.2363	0.2363	0.2363	0.4726
	每股未分配利润(元)	1.8017	1.8124	1.8132	3.8753
	净资产收益率(%)	0.6745	1.3649	1.3783	12.4577
	加权净资产收益率(%)	0.6700	1.3500	1.3600	12.8300
	净资产收益率(扣除)(%)	0.3148	0.9922	1.2886	8.9013
	总资产(万元)	260804.27	91329.20	90074.76	69339.00
	归属母公司股东权益(万元)	46661.03	46746.29	46752.66	47748.26
	营业收入(万元)	31363.42	83261.61	39138.63	49827.81
	营业支出(万元)	28158.43	74293.51	34971.00	41170.83
	投资收益(万元)	100.00	0.15	4.37	5.26
	净利润(万元)	376.72	1172.34	644.40	5948.33
	营业利润(万元)	200.75	1477.11	1328.12	4941.86
	利润总额(万元)	424.64	1672.44	1373.78	6943.65

北京太空板业股份有限公司

公司概况	公司名称	北京太空板业股份有限公司			证券简称	太空板业
	法人代表	樊立	董秘	李争朝	证券代码	300344
	公司网址	www.taikong.cn		电子信箱	public@taikong.cn	
	电　话	010-83682311		传　真	010-63789321	
	办公地址	北京市丰台区科学城中核路1号03号楼12层				
	经营范围	太空板(发泡水泥复合板)系列产品的研发、设计、生产、销售及安装等				

主要财务指标	指标\报告期	2015.06.30	2014.12.31	2014.06.30	2013.12.31
	基本每股收益(元)	-0.0882	-0.0834	0.0431	0.1539
	基本每股收益(扣除后)(元)	-0.0919	-0.1023	0.0209	0.1494
	稀释每股收益(元)	-0.0882	-0.0834	0.0431	0.1539
	每股净资产(元)	2.7953	2.8835	4.5398	4.4752
	每股经营现金净流量(元)	0.0123	-0.0010	-0.0295	-0.0376
	每股现金流量(元)	-0.0107	-0.5499	-0.3095	-0.4019
	每股资本公积金(元)	1.3891	1.3891	2.4836	2.4836
	每股盈余公积金(元)	0.1066	0.1066	0.1599	0.1599
	每股未分配利润(元)	0.2968	0.3851	0.8923	0.8277
	净资产收益率(%)	-3.1562	-2.8932	1.4233	3.4381
	加权净资产收益率(%)	-3.1100	-2.8400	1.4300	3.4800
	净资产收益率(扣除)(%)	-3.2891	-3.5439	0.6901	3.3384
	总资产(万元)	90405.64	90460.10	98324.57	97252.82
	归属母公司股东权益(万元)	67435.86	69564.25	73014.56	71975.32
	营业收入(万元)	3660.87	12841.32	8396.71	21816.34
	营业支出(万元)	2455.89	8098.26	4523.68	12355.03
	投资收益(万元)	-	-	-	-
	净利润(万元)	-2170.14	-2049.55	1039.24	2474.61
	营业利润(万元)	-2272.68	-2585.99	638.76	2906.00
	利润总额(万元)	-2163.26	-2050.84	1268.51	2990.94

湖南红宇耐磨新材料股份有限公司

公司概况	公司名称	湖南红宇耐磨新材料股份有限公司			证券简称	红宇新材
	法人代表	朱红玉	董秘	陈新文	证券代码	300345
	公司网址	www.chinahongyu.cn		电子信箱	hongyu_zqtzb@163.com	
	电　话	86-731-89661618*8031		传　真	86-731-89661610	
	办公地址	湖南省长沙市岳麓区银杉路031号(绿地中央广场)6栋31楼				
	经营范围	磨球、磨段、衬板、辊类耐磨件及各种耐磨新材料生产、加工、销售等				

主要财务指标	指标\报告期	2015.06.30	2014.12.31	2014.06.30	2013.12.31
	基本每股收益(元)	0.1700	0.1200	0.0214	0.2300
	基本每股收益(扣除后)(元)	0.1700	0.1000	0.0188	0.2200
	稀释每股收益(元)	0.1700	0.1200	0.0214	0.2300
	每股净资产(元)	5.1289	4.9941	6.3960	6.4746
	每股经营现金净流量(元)	0.3949	0.9433	0.1418	-0.0160
	每股现金流量(元)	0.1195	-0.1842	-0.0995	-0.8819
	每股资本公积金(元)	3.0348	4.0452	4.0452	4.0452
	每股盈余公积金(元)	0.1678	0.1967	0.1853	0.1853
	每股未分配利润(元)	0.9263	1.2505	1.1655	1.2441
	净资产收益率(%)	3.3766	1.8145	0.3350	3.5746
	加权净资产收益率(%)	3.4200	1.8200	0.3300	3.5600
	净资产收益率(扣除)(%)	3.2253	1.6101	0.2941	3.4107
	总资产(万元)	90742.29	83527.10	80869.84	82783.52
	归属母公司股东权益(万元)	64008.22	62326.94	61401.50	62156.05
	营业收入(万元)	13723.52	21321.74	9003.72	19117.73
	营业支出(万元)	8403.77	14800.99	6304.56	11832.74
	投资收益(万元)	391.75	187.26	-	-
	净利润(万元)	2255.09	1178.30	205.45	2221.83
	营业利润(万元)	2324.80	1185.68	221.12	2355.00
	利润总额(万元)	2486.38	1386.32	250.37	2470.89

江苏南大光电材料股份有限公司

公司概况	公司名称	江苏南大光电材料股份有限公司			证券简称	南大光电
	法人代表	孙祥祯	董秘	张建富	证券代码	300346
	公司网址	www.natachem.com		电子信箱	natainfo@natachem.com	
	电　话	0512-62520998		传　真	0512-62527116	
	办公地址	苏州工业园区翠薇街9号月亮湾国际商务中心701-702				
	经营范围	光电新材料MO源的研发、生产和销售等				

主要财务指标	指标\报告期	2015.06.30	2014.12.31	2014.06.30	2013.12.31
	基本每股收益(元)	0.1329	0.5067	0.2000	0.6000
	基本每股收益(扣除后)(元)	0.1219	0.4555	0.1900	0.5800
	稀释每股收益(元)	0.1329	0.5067	0.2000	0.6000
	每股净资产(元)	7.2990	11.6618	11.3553	11.3600
	每股经营现金净流量(元)	0.0454	0.4448	0.0110	0.1464
	每股现金流量(元)	0.3415	2.1801	0.0220	-1.4972
	每股资本公积金(元)	4.1067	7.1668	7.1668	7.1668
	每股盈余公积金(元)	0.2267	0.3627	0.3106	0.3106
	每股未分配利润(元)	1.9656	3.1323	2.8779	2.8777
	净资产收益率(%)	1.8209	4.3448	1.7630	5.3069
	加权净资产收益率(%)	1.8100	4.4100	1.7500	5.4100
	净资产收益率(扣除)(%)	1.6703	3.9060	-	5.1084
	总资产(万元)	130768.22	126525.41	120227.60	120575.86
	归属母公司股东权益(万元)	117415.17	117247.79	114166.22	114164.46
	营业收入(万元)	6100.07	14987.80	6918.21	13508.44
	营业支出(万元)	3408.84	7926.31	4198.43	5804.52
	投资收益(万元)	-14.19	-38.78	-12.99	-30.22
	净利润(万元)	2103.47	5094.13	2012.55	6058.61
	营业利润(万元)	2295.00	5284.14	2247.95	6833.56
	利润总额(万元)	2503.09	5892.19	2378.38	7106.30

杭州泰格医药科技股份有限公司

公司概况	公司名称	杭州泰格医药科技股份有限公司		证券简称	泰格医药
	法人代表	叶小平	董秘 曹晓春	证券代码	300347
	公司网址	www.tigermed.net		电子信箱	ir@tigermed.net
	电　话	0571-89986795		传　真	0571-89986795
	办公地址	浙江省杭州市滨江区南环路 3760 号 17 层			
	经营范围	医药相关产业产品及健康相关产业产品的技术开发、技术咨询等			

主要财务指标

指标\报告期	2015.06.30	2014.12.31	2014.06.30	2013.12.31
基本每股收益(元)	0.1766	0.5900	0.2538	0.8800
基本每股收益(扣除后)(元)	0.1644	0.6200	0.2425	0.8300
稀释每股收益(元)	0.1764	0.5900	0.2531	0.8800
每股净资产(元)	2.0682	4.0162	3.5726	6.9661
每股经营现金净流量(元)	0.1196	0.2031	-0.0221	0.7219
每股现金流量(元)	-0.6455	-0.2422	-0.1902	-0.9890
每股资本公积金(元)	0.3598	1.7503	1.6087	4.1470
每股盈余公积金(元)	0.0669	0.1341	0.0960	0.1920
每股未分配利润(元)	0.6533	1.1551	0.8680	1.6284
净资产收益率(%)	8.5256	14.5327	7.1053	12.6424
加权净资产收益率(%)	8.4800	15.4400	7.1000	13.2000
净资产收益率(扣除)(%)	7.9411	15.3899	6.7867	11.9101
总资产(万元)	114830.93	135761.81	88241.55	80801.00
归属母公司股东权益(万元)	89054.47	86354.17	76310.10	74397.54
营业收入(万元)	42706.39	62456.17	23091.94	33651.89
营业支出(万元)	22475.40	32899.82	11483.33	18482.45
投资收益(万元)	927.24	580.13	-0.29	87.44
净利润(万元)	8546.65	13639.53	5422.05	9405.65
营业利润(万元)	10641.87	16946.11	7056.18	10205.77
利润总额(万元)	10889.27	17166.15	7271.87	11080.81

深圳市长亮科技股份有限公司

公司概况	公司名称	深圳市长亮科技股份有限公司		证券简称	长亮科技
	法人代表	王长春	董秘 徐亚丽	证券代码	300348
	公司网址	www.sunline.cn		电子信箱	invest@sunline.cn
	电　话	0755-86156510 86168206		传　真	0755-86168166
	办公地址	广东省深圳市南山区高新技术产业园区深圳软件园 7 栋 501、502			
	经营范围	计算机软、硬件及电子仪器的开发及服务、网络技术的开发及服务等			

主要财务指标

指标\报告期	2015.06.30	2014.12.31	2014.06.30	2013.12.31
基本每股收益(元)	0.0227	0.7044	0.0057	0.4206
基本每股收益(扣除后)(元)	0.0225	0.6550	-0.0170	0.3200
稀释每股收益(元)	0.0227	0.7044	0.0057	0.4206
每股净资产(元)	3.4245	8.5774	8.0483	8.1426
每股经营现金净流量(元)	-0.4770	0.1630	-0.9156	-0.1970
每股现金流量(元)	0.5474	-5.0417	-1.1819	-0.4907
每股资本公积金(元)	2.0899	6.3820	5.0756	5.0756
每股盈余公积金(元)	0.1130	0.2839	0.2373	0.2367
每股未分配利润(元)	0.8339	2.1880	1.7355	1.8303
净资产收益率(%)	0.6597	7.7635	0.0711	5.1659
加权净资产收益率(%)	0.6600	8.5900	0.0700	5.2400
净资产收益率(扣除)(%)	0.6530	7.2190	-0.2108	3.5964
总资产(万元)	59371.36	64259.06	43412.64	44204.11
归属母公司股东权益(万元)	48437.73	48299.78	41609.87	42097.29
营业收入(万元)	14637.62	24923.30	8809.28	17767.07
营业支出(万元)	6991.87	10181.14	4103.69	8175.29
投资收益(万元)	11.74	-	-	35.09
净利润(万元)	319.56	3749.77	29.59	2174.72
营业利润(万元)	286.35	3596.50	-126.03	1759.88
利润总额(万元)	290.19	3888.73	4.32	2306.61

金卡高科技股份有限公司

公司概况	公司名称	金卡高科技股份有限公司		证券简称	金卡股份
	法人代表	杨斌	董秘 方国升	证券代码	300349
	公司网址	www.china-goldcard.com		电子信箱	stock@china-goldcard.com
	电　话	0571-56615623		传　真	0571-56615621
	办公地址	浙江省杭州经济技术开发区金乔街 158 号			
	经营范围	软件开发、电子设备及电子元器件、燃气设备、仪器仪表的制造、销售等			

主要财务指标

指标\报告期	2015.06.30	2014.12.31	2014.06.30	2013.12.31
基本每股收益(元)	0.3267	0.7600	0.3900	1.2900
基本每股收益(扣除后)(元)	0.3300	0.7600	0.3900	1.3000
稀释每股收益(元)	0.3267	0.7600	0.3900	1.2900
每股净资产(元)	5.0559	4.8292	4.4615	8.2770
每股经营现金净流量(元)	-0.1185	0.4502	0.0482	0.6729
每股现金流量(元)	-0.7933	-0.1372	-0.1607	-0.8788
每股资本公积金(元)	1.6983	1.6983	1.6983	4.3965
每股盈余公积金(元)	0.2304	0.2304	0.1595	0.3190
每股未分配利润(元)	2.1071	1.8804	1.5833	2.5206
净资产收益率(%)	6.4617	15.6545	8.6963	15.6287
加权净资产收益率(%)	6.5700	16.9000	9.0000	16.9500
净资产收益率(扣除)(%)	6.4848	15.7700	8.6997	15.6893
总资产(万元)	123478.74	115612.68	108389.74	103324.47
归属母公司股东权益(万元)	91005.52	86925.37	80307.03	74493.27
营业收入(万元)	26943.69	58886.95	27162.40	49618.88
营业支出(万元)	15898.69	34116.82	16252.17	28246.19
投资收益(万元)	1182.35	1146.97	756.46	373.59
净利润(万元)	6211.78	14385.67	6983.77	11642.32
营业利润(万元)	6126.33	13960.87	7188.11	11717.63
利润总额(万元)	7114.98	16119.58	8182.18	13827.28

深圳市华鹏飞现代物流股份有限公司

公司概况	公司名称	深圳市华鹏飞现代物流股份有限公司		证券简称	华 鹏 飞
	法人代表	张京豫	董秘 李黎明	证券代码	300350
	公司网址	www.huapengfei.com		电子信箱	ir@huapengfei.com
	电　话	0755-84190977 84190988		传　真	0755-84160867
	办公地址	深圳市龙岗区坂田街道南坑社区水库路 4 号			
	经营范围	综合物流服务以及供应链商品销售等			

主要财务指标

指标\报告期	2015.06.30	2014.12.31	2014.06.30	2013.12.31
基本每股收益(元)	0.1800	0.3600	0.2000	0.3500
基本每股收益(扣除后)(元)	0.1500	0.2000	0.1600	0.2300
稀释每股收益(元)	0.1800	0.3600	0.2000	0.3500
每股净资产(元)	5.0920	4.9170	4.8803	4.6682
每股经营现金净流量(元)	0.1173	-0.3847	-0.4116	-0.6992
每股现金流量(元)	-0.6010	-0.8064	-0.9393	-0.0385
每股资本公积金(元)	2.2827	2.2827	2.3195	2.3195
每股盈余公积金(元)	0.1733	0.1733	0.1421	0.1421
每股未分配利润(元)	1.6360	1.4610	1.4019	1.2066
净资产收益率(%)	3.4381	7.2324	4.0014	7.5622
加权净资产收益率(%)	3.5000	7.4000	4.0900	7.7800
净资产收益率(扣除)(%)	2.8521	4.1563	3.3260	4.8234
总资产(万元)	82768.94	78986.50	68994.23	68356.26
归属母公司股东权益(万元)	44132.66	42615.71	42297.66	40459.02
营业收入(万元)	33666.73	67970.69	31873.00	40503.49
营业支出(万元)	27254.99	55871.60	25699.58	30971.25
投资收益(万元)	119.13	63.25	-	-14.85
净利润(万元)	1656.30	3305.83	1692.50	3059.61
营业利润(万元)	1853.14	2649.11	2266.15	2415.85
利润总额(万元)	2165.01	4145.09	2649.66	3749.48

浙江永贵电器股份有限公司

公司概况	公司名称	浙江永贵电器股份有限公司			证券简称	永贵电器
	法人代表	范纪军	董秘	贾飞龙	证券代码	300351
	公司网址	www.yonggui.com		电子信箱	yonggui@yonggui.com	
	电　话	0576-83938635		传　真	0576-83938061	
	办公地址	浙江省天台县白鹤镇东园路5号(西工业区)				
	经营范围	从事轨道交通连接器产品的研发、生产和销售等				

主要财务指标	指标＼报告期	2015.06.30	2014.12.31	2014.06.30	2013.12.31
	基本每股收益(元)	0.1668	0.7400	0.3432	0.6400
	基本每股收益(扣除后)(元)	0.1553	0.7200	0.3326	0.6000
	稀释每股收益(元)	0.1668	0.7400	0.3432	0.6400
	每股净资产(元)	3.0059	6.4961	6.0945	8.8270
	每股经营现金净流量(元)	–0.0519	0.7228	0.2097	0.3054
	每股现金流量(元)	–0.5812	–0.1853	–0.2819	–0.5450
	每股资本公积金(元)	1.2053	3.8516	3.8516	6.2773
	每股盈余公积金(元)	0.0749	0.1648	0.1137	0.1706
	每股未分配利润(元)	0.7257	1.4797	1.1292	1.3791
	净资产收益率(%)	5.5476	11.4652	5.6305	7.2157
	加权净资产收益率(%)	5.4600	12.0500	5.6900	7.2900
	净资产收益率(扣除)(%)	5.1662	11.0828	5.4818	6.8454
	总资产(万元)	117796.30	115202.08	106860.55	100789.95
	归属母公司股东权益(万元)	101356.92	99565.80	93409.82	90193.93
	营业收入(万元)	23570.92	38406.74	17392.19	22465.25
	营业支出(万元)	13733.33	16971.36	7691.83	10338.71
	投资收益(万元)	25.90	0.46	–	39.32
	净利润(万元)	5507.90	11311.06	5259.48	6508.13
	营业利润(万元)	5847.80	12981.91	6032.29	7244.44
	利润总额(万元)	6290.98	13409.00	6182.15	7583.95

北京北信源软件股份有限公司

公司概况	公司名称	北京北信源软件股份有限公司			证券简称	北信源
	法人代表	林皓	董秘	任佳伟	证券代码	300352
	公司网址	www.web.vrv.com.cn		电子信箱	vrvzq@vrvmail.com.cn	
	电　话	010-62140485*8073		传　真	010-62147259	
	办公地址	北京市海淀区中关村南大街34号中关村科技发展大厦C座1602室				
	经营范围	信息安全软件产品的研发、生产、销售及技术服务等				

主要财务指标	指标＼报告期	2015.06.30	2014.12.31	2014.06.30	2013.12.31
	基本每股收益(元)	0.0500	0.2500	0.0400	0.5100
	基本每股收益(扣除后)(元)	0.0500	0.2400	0.0397	0.4500
	稀释每股收益(元)	0.0500	0.2500	0.0400	0.5100
	每股净资产(元)	2.6278	2.6289	2.4173	4.8549
	每股经营现金净流量(元)	–0.1395	–0.0724	–0.1662	–0.0772
	每股现金流量(元)	–0.2218	–0.3072	–0.2508	–0.3522
	每股资本公积金(元)	0.6769	0.6769	0.6769	2.3538
	每股盈余公积金(元)	0.1127	0.1127	0.0859	0.1718
	每股未分配利润(元)	0.8439	0.8427	0.6545	1.3293
	净资产收益率(%)	1.9502	9.6941	1.6499	10.4673
	加权净资产收益率(%)	1.9300	10.0700	1.6300	10.9600
	净资产收益率(扣除)(%)	1.7750	9.2959	1.6413	9.3514
	总资产(万元)	79327.60	79168.72	70329.61	70556.51
	归属母公司股东权益(万元)	70108.86	70139.47	64494.75	64764.68
	营业收入(万元)	10571.92	26273.36	8688.92	22820.46
	营业支出(万元)	1847.60	3170.52	972.03	4702.00
	投资收益(万元)	–	–	–	–
	净利润(万元)	1367.27	6799.39	1064.07	6779.12
	营业利润(万元)	264.78	6436.74	712.08	4928.48
	利润总额(万元)	1213.55	7415.31	1017.15	6786.87

北京东土科技股份有限公司

公司概况	公司名称	北京东土科技股份有限公司			证券简称	东土科技
	法人代表	李平	董秘	吴建国	证券代码	300353
	公司网址	www.kyland.com.cn		电子信箱	ir@kyland.com	
	电　话	86-10-88798888		传　真	86-10-88799850	
	办公地址	北京市石景山区实兴大街30号院2号楼8至12层				
	经营范围	生产电子产品、技术开发、技术转让、技术推广、技术服务、计算机系统服务等				

主要财务指标	指标＼报告期	2015.06.30	2014.12.31	2014.06.30	2013.12.31
	基本每股收益(元)	0.0765	0.1187	0.0086	0.3994
	基本每股收益(扣除后)(元)	0.0748	0.0945	–0.0126	0.3780
	稀释每股收益(元)	0.0765	0.1187	0.0086	0.3994
	每股净资产(元)	2.5156	2.4663	2.3615	4.8063
	每股经营现金净流量(元)	–0.0158	0.2824	–0.0546	0.6222
	每股现金流量(元)	–0.2793	0.2394	–0.0679	–1.3546
	每股资本公积金(元)	0.6353	0.6353	0.6353	2.2706
	每股盈余公积金(元)	0.1091	0.1091	0.0988	0.1976
	每股未分配利润(元)	0.7785	0.7260	0.6263	1.3353
	净资产收益率(%)	3.0399	4.8128	0.3649	8.3100
	加权净资产收益率(%)	3.0600	4.8700	0.3600	8.5400
	净资产收益率(扣除)(%)	1.9689	3.8318	–0.5353	7.8654
	总资产(万元)	55849.65	54603.67	50003.56	47145.08
	归属母公司股东权益(万元)	43078.00	42232.64	40438.03	41151.95
	营业收入(万元)	12113.64	24119.50	9287.88	17420.13
	营业支出(万元)	5520.94	11682.06	4537.46	7007.45
	投资收益(万元)	–9.83	–28.45	–10.61	–43.47
	净利润(万元)	1459.07	2569.56	147.54	3419.70
	营业利润(万元)	778.03	1480.19	–517.64	2840.19
	利润总额(万元)	1684.74	2917.22	320.46	4047.08

江苏东华测试技术股份有限公司

公司概况	公司名称	江苏东华测试技术股份有限公司			证券简称	东华测试
	法人代表	刘士钢	董秘	瞿小松	证券代码	300354
	公司网址	www.dhtest.com		电子信箱	dhc@dhtest.com	
	电　话	0523-84908559		传　真	0523-84892079	
	办公地址	江苏省靖江市沿江公路罗家港桥东北侧4幢				
	经营范围	结构力学性能测试仪器及配套软件的研发、生产和销售等				

主要财务指标	指标＼报告期	2015.06.30	2014.12.31	2014.06.30	2013.12.31
	基本每股收益(元)	0.0139	0.0859	0.0412	0.2540
	基本每股收益(扣除后)(元)	0.0040	0.0751	0.0325	0.1699
	稀释每股收益(元)	0.0139	0.0859	0.0412	0.2540
	每股净资产(元)	2.3968	3.8381	3.7937	4.9785
	每股经营现金净流量(元)	–0.0645	0.0377	–0.0885	0.1184
	每股现金流量(元)	–0.1919	–0.1728	–0.1773	–0.4231
	每股资本公积金(元)	0.7545	1.8072	1.8072	2.6493
	每股盈余公积金(元)	0.0962	0.1539	0.1364	0.1773
	每股未分配利润(元)	0.5468	0.8775	0.8501	1.1519
	净资产收益率(%)	0.5806	2.2369	1.0872	5.1019
	加权净资产收益率(%)	0.5800	2.2400	1.0800	5.1200
	净资产收益率(扣除)(%)	0.1649	1.9570	0.8566	3.4124
	总资产(万元)	35184.54	36041.42	33740.50	34246.23
	归属母公司股东权益(万元)	33164.05	33192.20	32808.04	33119.25
	营业收入(万元)	4583.96	9122.81	3252.04	8686.48
	营业支出(万元)	1997.14	3756.12	1278.01	3194.47
	投资收益(万元)	–	–	–	24.40
	净利润(万元)	192.55	742.46	356.70	1689.72
	营业利润(万元)	–53.31	96.90	–94.65	1015.94
	利润总额(万元)	254.10	752.24	381.02	1872.29

内蒙古和信园蒙草抗旱绿化股份有限公司

公司概况	公司名称	内蒙古和信园蒙草抗旱绿化股份有限公司			证券简称	蒙草抗旱
	法人代表	王召明	董秘	尹松涛	证券代码	300355
	公司网址	www.mengcao.com		电子信箱	mckh2010@163.com	
	电　话	0471-6695125		传　真	0471-6695192	
	办公地址	内蒙古自治区呼和浩特市公园南路 39 号银都大厦 B 座 3 层				
	经营范围	城市园林绿化壹级、风景园林工程设计专项乙级等				

主要财务指标	指标 \ 报告期	2015.06.30	2014.12.31	2014.06.30	2013.12.31
	基本每股收益(元)	0.2600	0.3800	0.5000	0.5100
	基本每股收益(扣除后)(元)	0.2500	0.3600	0.4700	0.5000
	稀释每股收益(元)	0.2600	0.3800	0.5000	0.5100
	每股净资产(元)	3.4633	3.2728	6.2765	4.3748
	每股经营现金净流量(元)	-0.5294	-0.1454	-1.2487	-0.9395
	每股现金流量(元)	-0.5748	0.2248	-0.4346	-0.5094
	每股资本公积金(元)	1.1536	1.1537	3.3074	1.7073
	每股盈余公积金(元)	0.2296	0.2296	0.3390	0.3633
	每股未分配利润(元)	1.0802	0.8896	1.6302	1.3042
	净资产收益率(%)	7.3806	11.5703	7.7786	11.5809
	加权净资产收益率(%)	7.5200	12.8100	8.8400	12.1600
	净资产收益率(扣除)(%)	7.1196	10.8967	7.3172	11.3463
	总资产(万元)	384315.70	350538.55	297081.96	177241.85
	归属母公司股东权益(万元)	152523.09	144133.02	138206.97	89886.72
	营业收入(万元)	90055.66	162614.34	84345.60	74705.79
	营业支出(万元)	59380.57	111936.03	57965.86	47071.06
	投资收益(万元)	-23.21	-20.48	-	-
	净利润(万元)	11833.06	18104.73	10750.57	10409.65
	营业利润(万元)	13763.83	21277.14	12517.80	11456.06
	利润总额(万元)	14320.46	22477.87	13467.74	12037.57

光一科技股份有限公司

公司概况	公司名称	光一科技股份有限公司			证券简称	光一科技
	法人代表	龙昌明	董秘	蒋悦	证券代码	300356
	公司网址	www.elefirst.com		电子信箱	elefirst@elefirst.com	
	电　话	025-68531928		传　真	025-68531868	
	办公地址	江苏省南京市江宁区润麒路 86 号				
	经营范围	智能用电信息采集系统的软、硬件研发、生产、销售及服务等				

主要财务指标	指标 \ 报告期	2015.06.30	2014.12.31	2014.06.30	2013.12.31
	基本每股收益(元)	0.0400	0.2764	0.2200	0.3600
	基本每股收益(扣除后)(元)	0.0400	0.2113	0.1900	0.3500
	稀释每股收益(元)	0.0400	0.2764	0.2200	0.3600
	每股净资产(元)	8.0424	8.0396	5.3426	5.2230
	每股经营现金净流量(元)	-0.4086	-0.0742	-0.1783	0.1571
	每股现金流量(元)	-1.0168	0.1162	-0.4223	-0.9205
	每股资本公积金(元)	5.7489	5.7491	2.7991	2.7991
	每股盈余公积金(元)	0.1267	0.1267	0.1364	0.1364
	每股未分配利润(元)	1.1668	1.1638	1.4072	1.2876
	净资产收益率(%)	0.5349	2.7721	4.1110	6.9714
	加权净资产收益率(%)	0.5300	5.2100	4.1300	7.1100
	净资产收益率(扣除)(%)	0.5192	2.1195	-	6.6439
	总资产(万元)	195021.13	198772.31	103901.79	93062.69
	归属母公司股东权益(万元)	129660.91	129615.38	69456.97	67901.42
	营业收入(万元)	26452.52	34334.69	17935.42	32344.03
	营业支出(万元)	18828.13	23184.21	11563.59	21398.05
	投资收益(万元)	-48.36	-	-	31.01
	净利润(万元)	1032.32	2934.35	2855.60	4733.68
	营业利润(万元)	1420.42	2358.28	2380.88	4763.15
	利润总额(万元)	1477.28	3832.83	3084.93	5410.46

浙江我武生物科技股份有限公司

公司概况	公司名称	浙江我武生物科技股份有限公司			证券简称	我武生物
	法人代表	胡赓熙	董秘	颜华	证券代码	300357
	公司网址	www.wolwobiotech.com		电子信箱	Invest@wolwobiotech.com	
	电　话	0572-8350682		传　真	0572-8351800	
	办公地址	浙江省德清县武康镇志远北路 636 号				
	经营范围	研发、生产和销售变应原制品				

主要财务指标	指标 \ 报告期	2015.06.30	2014.12.31	2014.06.30	2013.12.31
	基本每股收益(元)	0.3200	0.6200	0.2500	0.7800
	基本每股收益(扣除后)(元)	0.3002	0.5800	0.2242	0.7700
	稀释每股收益(元)	0.3200	0.6200	0.2500	0.7800
	每股净资产(元)	3.1956	3.1779	2.8053	2.7990
	每股经营现金净流量(元)	0.3608	0.5180	0.2010	0.6478
	每股现金流量(元)	0.3678	1.0652	1.0029	0.4365
	每股资本公积金(元)	1.1244	1.1244	1.1244	0.0036
	每股盈余公积金(元)	0.1617	0.1617	0.1000	0.1796
	每股未分配利润(元)	0.9096	0.8919	0.5809	1.6160
	净资产收益率(%)	9.9406	19.3856	8.6777	28.0117
	加权净资产收益率(%)	9.9700	21.6300	9.2200	32.5700
	净资产收益率(扣除)(%)	9.3945	18.1084	7.8476	27.5329
	总资产(万元)	53474.63	53130.68	46696.38	26395.49
	归属母公司股东权益(万元)	51640.76	51355.02	45333.61	25190.99
	营业收入(万元)	11778.40	23951.11	10528.63	19360.98
	营业支出(万元)	623.17	973.25	425.56	737.43
	投资收益(万元)	55.98	124.87	-	-
	净利润(万元)	5133.04	9954.86	3933.90	7056.43
	营业利润(万元)	5791.58	11241.04	4115.95	8169.18
	利润总额(万元)	6067.37	11887.82	4558.68	8311.09

楚天科技股份有限公司

公司概况	公司名称	楚天科技股份有限公司			证券简称	楚天科技
	法人代表	唐岳	董秘	周飞跃	证券代码	300358
	公司网址	www.truking.cn		电子信箱	truking@truking.cn	
	电　话	0731-87938288-8248		传　真	0731-87938211	
	办公地址	湖南省长沙市宁乡县玉潭镇新康路 1 号				
	经营范围	水剂类制药装备的研发、设计、生产、销售和服务				

主要财务指标	指标 \ 报告期	2015.06.30	2014.12.31	2014.06.30	2013.12.31
	基本每股收益(元)	0.2100	1.3500	0.6000	2.0500
	基本每股收益(扣除后)(元)	0.1900	1.2000	0.5800	1.8600
	稀释每股收益(元)	0.2100	1.3500	0.6000	2.0500
	每股净资产(元)	3.6249	7.1317	6.3811	6.8985
	每股经营现金净流量(元)	-0.0668	-0.0744	-0.2485	2.1045
	每股现金流量(元)	0.3020	1.0857	1.2846	-0.0374
	每股资本公积金(元)	0.6830	2.3660	2.3660	1.1694
	每股盈余公积金(元)	0.2008	0.4016	0.3265	0.4729
	每股未分配利润(元)	1.7411	3.3641	2.6886	4.2562
	净资产收益率(%)	5.7680	18.8368	9.2900	29.6455
	加权净资产收益率(%)	5.8200	21.0400	9.9200	34.8000
	净资产收益率(扣除)(%)	5.3330	16.8003	8.9473	26.9067
	总资产(万元)	235316.79	143592.79	130254.17	107623.10
	归属母公司股东权益(万元)	84677.85	83297.59	74530.91	45529.94
	营业收入(万元)	42102.20	100518.98	48818.16	79720.57
	营业支出(万元)	24664.01	59933.17	28410.36	42110.94
	投资收益(万元)	-	-	-	-
	净利润(万元)	4884.22	15690.62	6923.95	13497.57
	营业利润(万元)	4946.88	16302.94	7883.49	13984.23
	利润总额(万元)	5381.19	18298.70	8183.99	15451.27

广东全通教育股份有限公司

公司概况	公司名称	广东全通教育股份有限公司			证券简称	全通教育
	法人代表	陈炽昌	董秘	孙光庆	证券代码	300359
	公司网址	www.qtone.cn		电子信箱	qtjy@qtone.cn	
	电　话	0760-88368596		传　真	0760-88328736	
	办公地址	广东省中山市东区中山四路 88 号尚峰金融商务中心 5 座 18 层				
	经营范围	计算机软、硬件的研发、销售、销售等				

主要财务指标	指标\报告期	2015.06.30	2014.12.31	2014.06.30	2013.12.31
	基本每股收益(元)	0.1600	0.4600	0.3000	0.7000
	基本每股收益(扣除后)(元)	0.1600	0.3900	0.2400	0.6700
	稀释每股收益(元)	0.1600	0.4600	0.3000	0.7000
	每股净资产(元)	1.8627	3.8188	3.6690	3.5794
	每股经营现金净流量(元)	-0.0064	0.2691	0.1901	0.7427
	每股现金流量(元)	-0.3953	0.8092	0.7191	0.4656
	每股资本公积金(元)	0.0393	1.2865	1.2865	0.7102
	每股盈余公积金(元)	0.0926	0.2037	0.1548	0.2507
	每股未分配利润(元)	0.7307	1.3285	1.2277	1.6185
	净资产收益率(%)	8.4467	12.0904	8.5034	19.5528
	加权净资产收益率(%)	8.7000	13.1200	12.6400	21.3400
	净资产收益率(扣除)(%)	8.5015	10.0604	6.9519	18.5903
	总资产(万元)	44625.88	39565.92	37696.17	23864.67
	归属母公司股东权益(万元)	39831.50	37118.30	35663.14	21476.31
	营业收入(万元)	14020.43	19257.38	9239.17	17225.54
	营业支出(万元)	6637.78	10043.37	4174.11	8507.42
	投资收益(万元)	-11.45	191.68	82.07	-
	净利润(万元)	3511.16	4487.74	3032.58	4199.21
	营业利润(万元)	4192.34	4670.39	2987.80	4831.75
	利润总额(万元)	4157.39	5365.18	3556.69	5074.94

杭州炬华科技股份有限公司

公司概况	公司名称	杭州炬华科技股份有限公司			证券简称	炬华科技
	法人代表	丁敏华	董秘	姜千才	证券代码	300360
	公司网址	www.sunrisemeter.com		电子信箱	sunrise@ sunrisemeter.com	
	电　话	0571-89935881		传　真	0571-89935899	
	办公地址	浙江省杭州市余杭区仓前街道龙潭路 9 号				
	经营范围	电能计量仪表和用电信息采集系统产品研发、生产与销售等				

主要财务指标	指标\报告期	2015.06.30	2014.12.31	2014.06.30	2013.12.31
	基本每股收益(元)	0.4400	0.9000	0.8100	2.2900
	基本每股收益(扣除后)(元)	0.4300	0.8700	0.7700	2.2600
	稀释每股收益(元)	0.4400	0.9000	0.8100	2.2900
	每股净资产(元)	3.8411	3.5722	6.2065	6.3348
	每股经营现金净流量(元)	-0.3351	0.7281	0.0075	2.1649
	每股现金流量(元)	-0.7389	-0.0100	-1.0073	1.0088
	每股资本公积金(元)	0.5613	0.5047	1.7228	0.2833
	每股盈余公积金(元)	0.2698	0.2702	0.3628	0.5753
	每股未分配利润(元)	2.1726	1.9386	3.1209	4.4762
	净资产收益率(%)	11.3642	24.7991	12.8555	36.1640
	加权净资产收益率(%)	11.6300	28.6200	13.9000	38.5700
	净资产收益率(扣除)(%)	11.1064	23.8195	12.2220	35.6433
	总资产(万元)	144947.06	148870.72	107535.32	84929.52
	归属母公司股东权益(万元)	92873.10	86248.14	73807.61	47511.16
	营业收入(万元)	52403.58	98832.50	41950.10	76617.05
	营业支出(万元)	35574.81	64150.12	26889.72	47921.04
	投资收益(万元)	52.45	96.26	26.12	-
	净利润(万元)	10554.27	21388.77	9488.35	17181.95
	营业利润(万元)	11963.42	24018.45	10554.52	19763.22
	利润总额(万元)	12298.58	25045.89	11115.24	20097.88

成都天翔环境股份有限公司

公司概况	公司名称	成都天翔环境股份有限公司			证券简称	天翔环境
	法人代表	邓亲华	董秘	王培勇	证券代码	300362
	公司网址	www.tbhic.cn		电子信箱	tbzz@tbhic.cn	
	电　话	028-83625802　83625163		传　真	028-83626299	
	办公地址	四川省成都市青白江区大同镇(工业园区内)				
	经营范围	大型节能环保及清洁能源设备的研发、生产和销售				

主要财务指标	指标\报告期	2015.06.30	2014.12.31	2014.06.30	2013.12.31
	基本每股收益(元)	0.1428	0.3308	0.1224	0.4174
	基本每股收益(扣除后)(元)	0.1286	0.3105	0.1079	0.4000
	稀释每股收益(元)	0.1428	0.3308	0.1224	0.4174
	每股净资产(元)	6.0616	5.9748	5.9597	4.3000
	每股经营现金净流量(元)	-0.3759	-0.6665	-0.9493	-0.4263
	每股现金流量(元)	-0.4342	-0.6157	0.4859	-0.0883
	每股资本公积金(元)	3.3269	3.3269	3.3269	1.2854
	每股盈余公积金(元)	0.1840	0.1840	0.1531	0.2041
	每股未分配利润(元)	1.5468	1.4641	1.4797	1.8101
	净资产收益率(%)	2.3551	5.4205	2.0540	9.7086
	加权净资产收益率(%)	2.3700	5.6800	2.6700	10.2000
	净资产收益率(扣除)(%)	2.1218	5.0891	-	9.1241
	总资产(万元)	163269.46	158687.03	144489.74	133747.75
	归属母公司股东权益(万元)	62271.91	61380.26	61224.50	33120.82
	营业收入(万元)	19607.01	39932.40	18997.34	35591.85
	营业支出(万元)	13115.65	25521.91	12787.97	21773.85
	投资收益(万元)	113.41	1.44	-	-
	净利润(万元)	1483.38	3338.96	1257.68	3215.58
	营业利润(万元)	1482.59	3845.57	1301.97	3685.40
	利润总额(万元)	1652.91	4064.35	1467.99	3893.54

重庆博腾制药科技股份有限公司

公司概况	公司名称	重庆博腾制药科技股份有限公司			证券简称	博腾股份
	法人代表	居年丰	董秘	陶荣	证券代码	300363
	公司网址	www.porton.cn		电子信箱	porton.db@porton.cn	
	电　话	023-67038625		传　真	023-67866760	
	办公地址	重庆市渝北区洪湖西路 18 号上丁企业公园 6 栋				
	经营范围	医药定制研发生产服务				

主要财务指标	指标\报告期	2015.06.30	2014.12.31	2014.06.30	2013.12.31
	基本每股收益(元)	0.2000	1.1600	0.4000	1.0400
	基本每股收益(扣除后)(元)	0.2000	1.1200	0.3800	1.0000
	稀释每股收益(元)	0.2000	1.1600	0.4000	1.0400
	每股净资产(元)	3.0978	7.4386	6.7308	4.4292
	每股经营现金净流量(元)	0.5215	1.1185	-0.4804	1.1788
	每股现金流量(元)	-0.3188	1.8120	1.3788	-0.5402
	每股资本公积金(元)	0.5771	2.9833	2.9833	0.6676
	每股盈余公积金(元)	0.1526	0.3425	0.2478	0.2792
	每股未分配利润(元)	1.4198	3.1959	2.5285	2.5149
	净资产收益率(%)	6.5684	15.4766	5.7838	23.3827
	加权净资产收益率(%)	6.7000	17.1300	6.2800	26.4700
	净资产收益率(扣除)(%)	6.4054	14.9482	5.5990	22.4651
	总资产(万元)	187570.25	185495.52	150834.41	94809.14
	归属母公司股东权益(万元)	84414.85	81081.08	73365.72	42852.81
	营业收入(万元)	53680.60	98725.59	36788.74	73436.09
	营业支出(万元)	38009.46	62475.15	22706.61	44776.05
	投资收益(万元)	-	-	-	-
	净利润(万元)	5308.47	12257.95	4243.32	10020.14
	营业利润(万元)	6603.60	14270.75	5153.43	11589.01
	利润总额(万元)	6765.24	14784.82	5314.40	12049.06

中文在线数字出版集团股份有限公司

公司概况					
公司名称	中文在线数字出版集团股份有限公司			证券简称	中文在线
法人代表	童之磊	董秘	张帆	证券代码	300364
公司网址	www.chineseall.com		电子信箱	ir@chineseall.com	
电　　话	010-51667567		传　　真	010-84195550	
办公地址	北京市东城区安定门东大街28号2号楼9层905号				
经营范围	数字阅读产品、数字出版运营服务、数字内容增值服务				

主要财务指标

指标\报告期	2015.06.30	2014.12.31	2014.06.30	2013.12.31
基本每股收益(元)	0.0600	0.5100	0.0900	0.5000
基本每股收益(扣除后)(元)	-0.0050	0.3700	0.0400	0.4000
稀释每股收益(元)	0.0600	0.5100	0.0900	0.5000
每股净资产(元)	3.8836	3.3467	2.9200	2.9260
每股经营现金净流量(元)	-0.0789	0.4258	-0.1488	0.5412
每股现金流量(元)	0.6038	-0.6354	0.1834	0.1315
每股资本公积金(元)	1.3946	0.3320	0.3320	0.3320
每股盈余公积金(元)	0.1683	0.2244	0.1642	0.1533
每股未分配利润(元)	1.3208	1.7903	1.4235	1.4407
净资产收益率(%)	1.4940	15.3282	2.9451	17.0405
加权净资产收益率(%)	1.5700	16.4000	2.9100	17.7700
净资产收益率(扣除)(%)	-0.1396	11.1266	1.2528	13.5671
总资产(万元)	52881.95	43313.04	36363.50	32074.90
归属母公司股东权益(万元)	46603.72	30120.63	26277.57	26333.65
营业收入(万元)	12964.61	26973.81	10541.07	22033.62
营业支出(万元)	6201.47	14473.58	6141.70	11067.50
投资收益(万元)	-136.11	607.64	166.48	360.24
净利润(万元)	684.60	4610.12	770.44	4512.40
营业利润(万元)	141.56	3992.02	532.30	4059.32
利润总额(万元)	1021.37	5369.42	1056.82	5155.12

北京恒华伟业科技股份有限公司

公司概况					
公司名称	北京恒华伟业科技股份有限公司			证券简称	恒华科技
法人代表	方文	董秘	陈显龙	证券代码	300365
公司网址	www.ieforever.com		电子信箱	irm@ieforever.com	
电　　话	010-62078588		传　　真	010-62032013	
办公地址	北京市东城区安定门外大街138号皇城国际中心A座12层				
经营范围	面向智能电网的信息化服务供应商，致力于运用信息技术、物联网技术等				

主要财务指标

指标\报告期	2015.06.30	2014.12.31	2014.06.30	2013.12.31
基本每股收益(元)	0.1100	0.9500	0.3100	1.4200
基本每股收益(扣除后)(元)	0.0700	0.8800	0.2200	1.3900
稀释每股收益(元)	0.1100	0.9500	0.3100	1.4200
每股净资产(元)	3.2214	6.0290	10.0147	5.6526
每股经营现金净流量(元)	-0.2694	0.2633	-0.3705	0.0691
每股现金流量(元)	-0.5208	2.4522	3.9389	-0.1308
每股资本公积金(元)	0.9570	2.5991	5.0284	0.4164
每股盈余公积金(元)	0.1326	0.2680	0.3562	0.4098
每股未分配利润(元)	1.1319	2.1618	3.6301	3.8264
净资产收益率(%)	3.4628	11.5600	3.0371	25.0602
加权净资产收益率(%)	3.6000	15.9100	4.0800	28.6500
净资产收益率(扣除)(%)	2.2713	10.7338	2.1656	24.5334
总资产(万元)	60300.56	55920.89	51511.90	29098.25
归属母公司股东权益(万元)	56619.46	52436.80	48390.82	23741.07
营业收入(万元)	10589.42	22763.77	7255.67	19822.78
营业支出(万元)	5456.76	12116.21	3818.82	10377.72
投资收益(万元)	-	-	-	-
净利润(万元)	2255.09	6061.70	1469.70	5949.56
营业利润(万元)	2021.30	6115.85	1193.17	6317.28
利润总额(万元)	2777.84	6631.21	1671.88	6548.94

四川创意信息技术股份有限公司

公司概况					
公司名称	四川创意信息技术股份有限公司			证券简称	创意信息
法人代表	陆文斌	董秘	王晓伟	证券代码	300366
公司网址	www.sc-troy.com		电子信箱	zq@sc-troy.com	
电　　话	028-87827800		传　　真	028-87825625	
办公地址	成都市高新西区西芯大道28号				
经营范围	电信外包服务中的电信级数据网络系统解决方案及技术服务				

主要财务指标

指标\报告期	2015.06.30	2014.12.31	2014.06.30	2013.12.31
基本每股收益(元)	0.1819	0.7200	0.3400	0.8500
基本每股收益(扣除后)(元)	0.1817	0.6600	0.3300	0.8200
稀释每股收益(元)	0.1819	0.7200	0.3400	0.8500
每股净资产(元)	3.1514	6.0141	5.6408	4.0870
每股经营现金净流量(元)	-0.5666	-0.5761	-0.9941	0.2492
每股现金流量(元)	-0.5018	0.9115	0.7336	-0.2051
每股资本公积金(元)	0.5752	1.8504	1.8504	-
每股盈余公积金(元)	0.3093	0.6186	0.5481	0.6265
每股未分配利润(元)	1.2669	2.5450	2.2423	2.2919
净资产收益率(%)	5.7715	11.8120	5.9766	20.9157
加权净资产收益率(%)	5.8700	12.7800	6.4000	21.8800
净资产收益率(扣除)(%)	5.7646	10.8411	5.6653	20.4522
总资产(万元)	48644.01	50152.71	40679.35	31080.25
归属母公司股东权益(万元)	36020.81	34370.50	32237.38	20435.02
营业收入(万元)	13678.26	27882.72	12118.87	27976.74
营业支出(万元)	8901.69	19034.22	7459.79	18891.06
投资收益(万元)	-	93.38	93.38	80.04
净利润(万元)	2075.53	4059.84	1926.71	4274.13
营业利润(万元)	2366.71	4418.51	2235.00	4950.12
利润总额(万元)	2369.63	4701.25	2243.21	4967.38

东方网力科技股份有限公司

公司概况					
公司名称	东方网力科技股份有限公司			证券简称	东方网力
法人代表	刘光	董秘	潘少斌	证券代码	300367
公司网址	www.netposa.com		电子信箱	irm@netposa.com	
电　　话	010-82325566		传　　真	010-82328940	
办公地址	北京市朝阳区阜通东大街1号望京SOHO塔二C座26层				
经营范围	城市视频监控管理平台的研发，制造，销售及提供相关技术服务				

主要财务指标

指标\报告期	2015.06.30	2014.12.31	2014.06.30	2013.12.31
基本每股收益(元)	0.1361	1.1597	0.2966	1.9404
基本每股收益(扣除后)(元)	0.1363	1.1539	0.2918	1.7059
稀释每股收益(元)	0.1361	1.1597	0.2966	1.9404
每股净资产(元)	2.9605	7.0089	5.7363	6.9594
每股经营现金净流量(元)	-0.3085	0.0891	-1.2275	0.5453
每股现金流量(元)	-0.4406	1.9666	-0.0193	0.3857
每股资本公积金(元)	0.6203	2.8786	2.4258	0.7696
每股盈余公积金(元)	0.1319	0.3298	0.2171	0.4863
每股未分配利润(元)	1.2084	2.8007	2.0934	4.7036
净资产收益率(%)	4.5972	16.2611	5.1243	27.8817
加权净资产收益率(%)	4.7700	19.7400	5.6000	32.4000
净资产收益率(扣除)(%)	4.6026	16.1803	5.0406	24.5128
总资产(万元)	157772.15	158066.25	98343.83	85644.44
归属母公司股东权益(万元)	88181.81	83507.71	67470.10	36536.84
营业收入(万元)	33142.87	63980.70	19967.61	43678.13
营业支出(万元)	16779.41	29536.24	8702.55	19003.23
投资收益(万元)	-396.08	55.72	-	-
净利润(万元)	4055.44	13742.44	3457.36	10187.09
营业利润(万元)	2302.26	12884.48	1773.16	8487.99
利润总额(万元)	4594.33	15818.91	3753.74	11497.46

河北汇金机电股份有限公司

公司概况						
公司名称	河北汇金机电股份有限公司			证券简称	汇金股份	
法人代表	孙景涛	董秘	赵海金	证券代码	300368	
公司网址	www.hjjs.com		电子信箱	hbhuijin@hjjs.com		
电　话	0311-66858368　66858108		传　真	0311-66858108		
办公地址	河北省石家庄高新技术产业开发区湘江道 209 号					
经营范围	金融机具的研发,生产,销售及服务					

主要财务指标　指标＼报告期	2015.06.30	2014.12.31	2014.06.30	2013.12.31
基本每股收益(元)	–0.0200	0.3700	0.0500	1.1000
基本每股收益(扣除后)(元)	–0.0200	0.3500	0.0300	1.1000
稀释每股收益(元)	–0.0200	0.3700	0.0500	1.1000
每股净资产(元)	2.0613	4.2455	3.9228	6.2453
每股经营现金净流量(元)	–0.3193	0.3022	–0.3900	0.8760
每股现金流量(元)	–0.3321	0.9068	0.4608	–0.9435
每股资本公积金(元)	0.2401	1.4801	1.4791	0.6661
每股盈余公积金(元)	0.1092	0.2183	0.1892	0.4684
每股未分配利润(元)	0.7121	1.5471	1.2545	4.1108
净资产收益率(%)	–1.0397	8.6207	1.1289	17.6116
加权净资产收益率(%)	–1.0200	9.1200	1.1600	19.2600
净资产收益率(扣除)(%)	–1.0475	8.1106	0.8083	17.5780
总资产(万元)	78814.11	82746.52	54732.09	40938.87
归属母公司股东权益(万元)	51038.61	52559.66	48564.64	31226.55
营业收入(万元)	14682.87	30498.50	7545.31	20665.71
营业支出(万元)	9101.83	16968.80	4352.33	9964.21
投资收益(万元)	–16.11	29.02	51.85	–
净利润(万元)	–190.61	5372.97	548.26	5499.48
营业利润(万元)	–292.69	5308.38	292.41	5476.81
利润总额(万元)	–103.04	6087.02	613.92	6267.06

北京安控科技股份有限公司

公司概况						
公司名称	北京安控科技股份有限公司			证券简称	安控科技	
法人代表	俞凌	董秘	宋卫红	证券代码	300370	
公司网址	www.etrol.com		电子信箱	info@etrol.com		
电　话	010-62971668		传　真	010-62979746		
办公地址	北京市海淀区地锦路 9 号院 6 号楼					
经营范围	专业承包;生产环保监测仪器、污染治理设备、计算机及外部设备、通讯设备等					

主要财务指标　指标＼报告期	2015.06.30	2014.12.31	2014.06.30	2013.12.31
基本每股收益(元)	–0.0366	0.5758	–0.1415	1.1690
基本每股收益(扣除后)(元)	–0.0366	0.5606	–0.1408	1.1743
稀释每股收益(元)	–0.0366	0.5758	–0.1415	1.1690
每股净资产(元)	1.6990	1.7957	3.7768	2.7925
每股经营现金净流量(元)	–0.1910	–0.3553	–1.0900	–0.4745
每股现金流量(元)	–0.1991	0.6169	–0.0067	–0.9242
每股资本公积金(元)	0.1936	1.4840	1.4840	0.0042
每股盈余公积金(元)	0.0967	0.2417	0.1934	0.4307
每股未分配利润(元)	0.4088	1.7636	1.0994	4.1500
净资产收益率(%)	–2.1571	12.7721	–3.6831	20.9300
加权净资产收益率(%)	–2.0700	13.8900	–4.4300	23.2300
净资产收益率(扣除)(%)	–2.3543	12.4337	–3.6657	21.0260
总资产(万元)	92161.62	89766.95	70227.57	58546.88
归属母公司股东权益(万元)	41298.38	43649.84	36722.51	24384.07
营业收入(万元)	13174.21	42839.18	10057.98	33779.09
营业支出(万元)	9218.61	24032.74	6766.56	17988.67
投资收益(万元)	–	–	–	–
净利润(万元)	–938.07	5691.25	–1352.53	5103.72
营业利润(万元)	–1251.38	6375.76	–1657.89	5851.04
利润总额(万元)	–1109.07	6614.67	–1621.80	6085.44

北京神州绿盟信息安全科技股份有限公司

公司概况						
公司名称	北京神州绿盟信息安全科技股份有限公司			证券简称	绿盟科技	
法人代表	沈继业	董秘	沈继业(代)	证券代码	300369	
公司网址	www.nsfocus.com		电子信箱	ir@nsfocus.com		
电　话	010-68438880		传　真	010-68438880-8811		
办公地址	北京市海淀区北洼路 4 号益泰大厦 5 层					
经营范围	信息安全产品的研发、生产、销售及提供专业安全服务					

主要财务指标　指标＼报告期	2015.06.30	2014.12.31	2014.06.30	2013.12.31
基本每股收益(元)	–0.0400	1.0800	–0.0600	1.4700
基本每股收益(扣除后)(元)	–0.0900	1.0100	–0.0600	1.3400
稀释每股收益(元)	–0.0400	1.0800	–0.0600	1.4700
每股净资产(元)	4.0203	7.1684	5.8344	6.2317
每股经营现金净流量(元)	–0.1494	0.7317	–0.3154	0.1569
每股现金流量(元)	–0.3206	2.8030	1.9900	–0.1005
每股资本公积金(元)	1.8161	2.6657	2.5953	0.5415
每股盈余公积金(元)	0.1608	0.4253	0.3227	0.5825
每股未分配利润(元)	1.0495	3.0923	1.9272	4.1232
净资产收益率(%)	–0.8890	14.8925	–0.8321	23.6488
加权净资产收益率(%)	–1.0600	16.7800	–1.3700	26.7900
净资产收益率(扣除)(%)	–2.1714	13.9089	–0.9334	21.7405
总资产(万元)	165629.37	122315.69	94990.25	73431.56
归属母公司股东权益(万元)	143919.86	97030.82	78973.82	46678.05
营业收入(万元)	22041.84	70266.82	20028.72	62304.59
营业支出(万元)	4832.29	15444.98	3746.24	13020.29
投资收益(万元)	–	2.52	–	–
净利润(万元)	–1304.34	14446.06	–658.80	11052.88
营业利润(万元)	–4214.62	8907.51	–3190.03	5465.98
利润总额(万元)	–921.73	15891.61	–825.12	11852.52

汇中仪表股份有限公司

公司概况						
公司名称	汇中仪表股份有限公司			证券简称	汇中股份	
法人代表	张力新	董秘	杨文博	证券代码	300371	
公司网址	www.hzyb.com		电子信箱	tshzdmb@hzyb.com		
电　话	0315-3856690		传　真	0315-3190081		
办公地址	河北省唐山市高新技术开发区清华道					
经营范围	超声热量表,超声水表,超声流量计等产品的开发,生产和销售					

主要财务指标　指标＼报告期	2015.06.30	2014.12.31	2014.06.30	2013.12.31
基本每股收益(元)	0.1700	0.7800	0.1900	1.4300
基本每股收益(扣除后)(元)	0.1700	0.7600	0.1800	1.3900
稀释每股收益(元)	0.1700	0.7800	0.1900	1.4300
每股净资产(元)	3.8922	4.7969	4.2133	4.4512
每股经营现金净流量(元)	–0.0890	0.6456	–0.0486	1.5072
每股现金流量(元)	–0.7484	1.4547	1.7463	0.0803
每股资本公积金(元)	1.5320	2.1650	2.1650	0.2057
每股盈余公积金(元)	0.2172	0.2715	0.1941	0.4436
每股未分配利润(元)	1.1430	1.3604	0.8542	2.8018
净资产收益率(%)	4.2814	16.1469	4.5320	32.1409
加权净资产收益率(%)	4.2900	18.1600	4.9900	30.9100
净资产收益率(扣除)(%)	4.2450	15.6789	–	31.3013
总资产(万元)	51509.64	49943.29	44366.96	22187.01
归属母公司股东权益(万元)	46705.85	46050.19	40447.42	18694.86
营业收入(万元)	8075.70	20175.14	7097.48	18333.19
营业支出(万元)	3183.52	7869.12	2912.27	7682.48
投资收益(万元)	–	32.09	–	–
净利润(万元)	1999.65	7435.69	1832.91	6008.69
营业利润(万元)	1835.82	7220.05	1751.00	5615.30
利润总额(万元)	2250.48	8957.74	2286.51	7016.30

丹东欣泰电气股份有限公司

公司概况						
	公司名称	丹东欣泰电气股份有限公司			证券简称	欣泰电气
	法人代表	孙文东	董秘	杜晓宁	证券代码	300372
	公司网址	www.xintaidianqi.com		电子信箱	xtdq@xintaidianqi.com	
	电　　话	0415-4139135		传　　真	0415-4139112	
	办公地址	辽宁省丹东市振安区东平大街 159 号				
	经营范围	制造、加工、销售,电抗器,电力电容器及成套装置,组合式变电站等				

主要财务指标				
指标\报告期	2015.06.30	2014.12.31	2014.06.30	2013.12.31
基本每股收益(元)	0.0957	0.5141	0.2700	0.8989
基本每股收益(扣除后)(元)	0.0897	0.4526	0.2392	0.8219
稀释每股收益(元)	0.0957	0.5141	0.2700	0.8989
每股净资产(元)	3.8718	7.6623	7.4197	5.8004
每股经营现金净流量(元)	-0.5883	-1.7696	-1.9779	0.5851
每股现金流量(元)	-0.1011	0.5012	0.8806	0.3959
每股资本公积金(元)	0.9019	2.4038	2.4038	0.0282
每股盈余公积金(元)	0.2230	0.4460	0.3928	0.4814
每股未分配利润(元)	1.7469	3.8125	3.6231	4.2908
净资产收益率(%)	2.4709	6.7096	3.6590	15.4976
加权净资产收益率(%)	2.4800	8.1000	4.4700	16.8000
净资产收益率(扣除)(%)	2.3155	5.9071	3.2238	14.1696
总资产(万元)	123499.06	104339.25	98448.33	75108.83
归属母公司股东权益(万元)	66423.98	65726.29	63645.34	40602.99
营业收入(万元)	21378.36	41901.11	22603.77	47346.75
营业支出(万元)	15392.66	29433.55	16070.92	34206.23
投资收益(万元)	-	-	-	-
净利润(万元)	1641.25	4409.98	2329.03	6292.48
营业利润(万元)	1293.19	3844.51	2105.64	5912.71
利润总额(万元)	1767.26	4953.64	2699.34	7137.68

扬州扬杰电子科技股份有限公司

公司概况						
	公司名称	扬州扬杰电子科技股份有限公司			证券简称	扬杰科技
	法人代表	梁勤	董秘	梁瑶	证券代码	300373
	公司网址	www.21yangjie.com		电子信箱	zjb@21yangjie.com	
	电　　话	0514-87755155		传　　真	0514-87943666	
	办公地址	江苏省扬州市维扬经济开发区荷叶西路 6 号				
	经营范围	新型电子元器件及其它电子元器件的制造,加工,销售本公司自产产品				

主要财务指标				
指标\报告期	2015.06.30	2014.12.31	2014.06.30	2013.12.31
基本每股收益(元)	0.3900	0.6900	0.3600	1.4400
基本每股收益(扣除后)(元)	0.3500	0.6100	0.3200	1.2500
稀释每股收益(元)	0.3900	0.6900	0.3600	1.4400
每股净资产(元)	4.5549	4.3747	4.0442	5.5805
每股经营现金净流量(元)	0.2299	0.5162	0.0635	1.1739
每股现金流量(元)	-0.0283	0.2092	0.4546	0.0162
每股资本公积金(元)	1.6321	1.4227	1.4227	1.2941
每股盈余公积金(元)	0.1682	0.1710	0.1139	0.2721
每股未分配利润(元)	1.9714	1.7810	1.5076	3.0143
净资产收益率(%)	8.5049	15.5671	8.6671	25.8903
加权净资产收益率(%)	8.6300	17.2500	9.4000	29.7400
净资产收益率(扣除)(%)	7.6016	13.6971	7.7335	22.3682
总资产(万元)	96698.65	89084.71	82568.53	54376.64
归属母公司股东权益(万元)	76308.69	72094.67	66648.06	38505.37
营业收入(万元)	33838.70	64781.18	31675.27	53005.71
营业支出(万元)	21449.61	43878.65	21481.76	35483.42
投资收益(万元)	489.51	255.41	144.81	-
净利润(万元)	6547.19	11238.30	5776.45	9969.15
营业利润(万元)	7364.04	11941.88	6289.49	10471.04
利润总额(万元)	7674.42	13201.28	6831.89	12072.34

北京恒通创新赛木科技股份有限公司

公司概况						
	公司名称	北京恒通创新赛木科技股份有限公司			证券简称	恒通科技
	法人代表	孙志强	董秘	谭黎明	证券代码	300374
	公司网址	www.htcxms.com		电子信箱	hengtongsaimu@sohu.com	
	电　　话	010-57961616		传　　真	010-57961616	
	办公地址	北京市房山区长阳万兴路 05 号				
	经营范围	技术开发、技术转让、技术咨询、技术服务、技术培训等				

主要财务指标				
指标\报告期	2015.06.30	2014.12.31	2014.06.30	2013.12.31
基本每股收益(元)	0.3900	0.6900	-0.0700	0.8400
基本每股收益(扣除后)(元)	0.3500	0.6100	-0.2200	0.7700
稀释每股收益(元)	0.3900	0.6900	-0.0700	0.8400
每股净资产(元)	4.5549	4.3747	5.1100	5.3204
每股经营现金净流量(元)	0.2299	0.5162	-0.1811	1.3886
每股现金流量(元)	-0.0283	0.2092	-1.2842	1.0772
每股资本公积金(元)	1.6321	1.4227	1.4795	1.4795
每股盈余公积金(元)	0.1682	0.1710	0.1090	0.1090
每股未分配利润(元)	1.9714	1.7810	2.5066	2.6699
净资产收益率(%)	8.5049	15.5671	-3.1952	15.7991
加权净资产收益率(%)	8.6300	17.2500	-3.1200	17.0800
净资产收益率(扣除)(%)	7.6016	13.6971	-4.3365	14.4082
总资产(万元)	96698.65	89084.71	73554.30	72574.49
归属母公司股东权益(万元)	76308.69	72094.67	37299.44	38839.07
营业收入(万元)	33838.70	64781.18	3936.26	35555.61
营业支出(万元)	21449.61	43878.65	3116.97	23203.35
投资收益(万元)	489.51	255.41	-	-
净利润(万元)	6547.19	11238.30	-1194.05	6175.30
营业利润(万元)	7364.04	11941.88	-1693.39	7530.73
利润总额(万元)	7674.42	13201.28	-1215.63	8162.82

天津鹏翎胶管股份有限公司

公司概况						
	公司名称	天津鹏翎胶管股份有限公司			证券简称	鹏翎股份
	法人代表	张洪起	董秘	刘世玲	证券代码	300375
	公司网址	www.pengling.cn		电子信箱	office@pengling.cn	
	电　　话	022-63267828		传　　真	022-63267817	
	办公地址	天津市滨海新区大港葛万公路 1703 号				
	经营范围	生产、销售汽车用橡胶软管				

主要财务指标				
指标\报告期	2015.06.30	2014.12.31	2014.06.30	2013.12.31
基本每股收益(元)	0.3400	1.4300	0.8000	1.2500
基本每股收益(扣除后)(元)	0.3300	1.3500	0.7500	1.2100
稀释每股收益(元)	0.3400	1.4300	0.8000	1.2500
每股净资产(元)	5.2911	10.1090	9.6210	7.7237
每股经营现金净流量(元)	0.3766	1.1051	0.1885	1.6028
每股现金流量(元)	-0.1174	2.1210	1.3007	-0.2194
每股资本公积金(元)	1.4347	3.7364	3.3276	1.1884
每股盈余公积金(元)	0.5048	0.9529	0.9257	0.9816
每股未分配利润(元)	2.5480	4.8125	4.3677	4.5537
净资产收益率(%)	6.4265	13.6181	8.1630	16.1212
加权净资产收益率(%)	6.4700	14.9100	8.6600	17.5300
净资产收益率(扣除)(%)	6.1742	12.9045	7.6631	15.6681
总资产(万元)	123889.61	117045.56	105190.02	83197.19
归属母公司股东权益(万元)	96404.92	92094.42	85330.18	59465.64
营业收入(万元)	51737.90	109915.42	55593.86	100351.35
营业支出(万元)	36825.55	80132.25	40476.31	76905.31
投资收益(万元)	-	-	-	-
净利润(万元)	6195.50	12541.47	6965.20	9586.59
营业利润(万元)	7057.00	13576.39	7769.42	11067.49
利润总额(万元)	7364.48	14370.72	8279.84	11386.22

易事特集团股份有限公司

公司概况	公司名称	易事特集团股份有限公司			证券简称	易事特
	法人代表	何思模	董秘	赵久红	证券代码	300376
	公司网址	www.eastups.com			电子信箱	zhaojh@eastups.com
	电话	0769-22897777-8223			传真	0769-87882853
	办公地址	广东省东莞市松山湖科技产业园区工业北路6号				
	经营范围	本公司主要从事UPS等功率电子装置的研发、生产、销售和服务				

主要财务指标	指标\报告期	2015.06.30	2014.12.31	2014.06.30	2013.12.31
	基本每股收益(元)	0.4217	0.9800	0.8700	2.0300
	基本每股收益(扣除后)(元)	0.3949	0.8400	0.7200	1.9300
	稀释每股收益(元)	0.4217	0.9800	0.8700	2.0300
	每股净资产(元)	4.6193	6.0590	11.0221	9.7800
	每股经营现金净流量(元)	-0.9063	0.2975	-0.6019	0.7699
	每股现金流量(元)	-0.4470	0.1570	0.2372	0.7754
	每股资本公积金(元)	0.2329	0.7244	2.4414	0.6494
	每股盈余公积金(元)	0.2286	0.3200	0.4363	0.5000
	每股未分配利润(元)	3.1577	4.0145	7.1443	7.6349
	净资产收益率(%)	9.1284	16.0096	7.7270	20.7445
	加权净资产收益率(%)	9.2900	17.3800	8.0000	23.1500
	净资产收益率(扣除)(%)	8.5499	13.7240	-	17.7616
	总资产(万元)	317675.08	252196.92	200920.36	169154.87
	归属母公司股东权益(万元)	115694.28	108395.09	98592.43	76375.94
	营业收入(万元)	141384.54	196908.54	81188.85	134786.55
	营业支出(万元)	116967.20	149501.56	61958.78	94874.34
	投资收益(万元)	861.69	1077.64	916.40	916.32
	净利润(万元)	10540.57	17298.02	7617.76	15843.79
	营业利润(万元)	11144.05	17973.93	8175.14	16443.78
	利润总额(万元)	11813.48	19631.68	8695.22	18197.88

深圳市赢时胜信息技术股份有限公司

公司概况	公司名称	深圳市赢时胜信息技术股份有限公司			证券简称	赢时胜
	法人代表	唐球	董秘	程霞	证券代码	300377
	公司网址	www.ysstech.com			电子信箱	ysstech@ysstech.com
	电话	0755-23968617			传真	0755-88265113
	办公地址	深圳市南山区侨香路4068号智慧广场B栋1101室				
	经营范围	计算机软件的技术开发,咨询,销售及售后服务等				

主要财务指标	指标\报告期	2015.06.30	2014.12.31	2014.06.30	2013.12.31
	基本每股收益(元)	0.0600	0.4200	0.1000	0.9000
	基本每股收益(扣除后)(元)	0.0600	0.3900	0.0800	0.8800
	稀释每股收益(元)	0.0600	0.4200	0.1000	0.9000
	每股净资产(元)	3.6653	3.8600	6.9677	4.4156
	每股经营现金净流量(元)	-0.2784	0.3400	-0.3776	0.4902
	每股现金流量(元)	-0.9195	1.3898	1.9112	0.1998
	每股资本公积金(元)	1.2441	1.2441	3.4882	0.2353
	每股盈余公积金(元)	0.1712	0.1712	0.2586	0.3180
	每股未分配利润(元)	1.2500	1.4407	2.2209	2.8623
	净资产收益率(%)	1.6176	10.8681	1.3466	20.3106
	加权净资产收益率(%)	1.5400	11.8000	1.4300	22.6100
	净资产收益率(扣除)(%)	1.5983	10.0184	1.1623	19.2062
	总资产(万元)	44073.17	46246.14	41582.10	23326.12
	归属母公司股东权益(万元)	40574.69	42685.86	38566.06	19870.07
	营业收入(万元)	9485.67	20003.73	7497.93	16820.76
	营业支出(万元)	2001.25	3893.82	1468.60	3620.73
	投资收益(万元)	-	-	-	-
	净利润(万元)	656.84	4639.13	519.34	4035.73
	营业利润(万元)	709.39	4443.33	390.35	4011.36
	利润总额(万元)	770.35	4927.94	525.81	4396.40

鼎捷软件股份有限公司

公司概况	公司名称	鼎捷软件股份有限公司			证券简称	鼎捷软件
	法人代表	孙蔼彬	董秘	张苑逸	证券代码	300378
	公司网址	www.digiwin.com.cn			电子信箱	digiwin-zhengquan@ digiwin.biz
	电话	021-51791699			传真	021-51791698
	办公地址	上海市闸北区共和新路4666弄1号8层				
	经营范围	以自制ERP软件为核心的企业管理软件的研发、销售、实施及服务				

主要财务指标	指标\报告期	2015.06.30	2014.12.31	2014.06.30	2013.12.31
	基本每股收益(元)	0.0900	0.4200	0.2300	1.0700
	基本每股收益(扣除后)(元)	0.0900	0.3800	0.2300	1.0300
	稀释每股收益(元)	0.0900	0.4200	0.2300	1.0700
	每股净资产(元)	5.7103	7.4258	7.3883	7.0367
	每股经营现金净流量(元)	-0.0496	-0.0058	-0.5682	0.4673
	每股现金流量(元)	-0.8425	2.7551	2.9431	0.2215
	每股资本公积金(元)	3.0484	4.2630	4.3009	2.4926
	每股盈余公积金(元)	0.1559	0.2027	0.1701	0.2919
	每股未分配利润(元)	1.5592	2.0814	1.9174	3.3205
	净资产收益率(%)	1.9606	5.5154	3.2074	15.1464
	加权净资产收益率(%)	1.9600	5.7300	4.1200	16.1600
	净资产收益率(扣除)(%)	1.5668	5.0096	3.0293	14.2885
	总资产(万元)	150554.70	147581.04	152348.12	100563.49
	归属母公司股东权益(万元)	114633.05	114669.72	114090.16	63329.95
	营业收入(万元)	49140.68	105318.67	51977.26	105926.76
	营业支出(万元)	9685.95	20581.03	10474.63	20421.99
	投资收益(万元)	-3.30	-184.73	2.61	54.56
	净利润(万元)	2247.52	6297.29	3659.28	9592.23
	营业利润(万元)	2171.24	5384.51	4254.50	10483.55
	利润总额(万元)	3137.13	8308.78	4891.44	13239.90

北京东方通科技股份有限公司

公司概况	公司名称	北京东方通科技股份有限公司			证券简称	东方通
	法人代表	张齐春	董秘	徐少璞	证券代码	300379
	公司网址	www.tongtech.com			电子信箱	tongtech@tongtech.com
	电话	010-82652668			传真	010-82652226
	办公地址	北京市海淀区彩和坊路10号1+1大厦三层				
	经营范围	技术推广;软件服务;销售计算机,软件及辅助设备				

主要财务指标	指标\报告期	2015.06.30	2014.12.31	2014.06.30	2013.12.31
	基本每股收益(元)	0.0596	1.1222	-0.0618	1.0106
	基本每股收益(扣除后)(元)	0.0505	0.9698	-0.1610	0.9110
	稀释每股收益(元)	0.0596	1.1222	-0.0618	1.0106
	每股净资产(元)	6.7405	13.5618	5.8350	4.4887
	每股经营现金净流量(元)	0.0463	1.0186	-0.2241	0.3534
	每股现金流量(元)	-1.2632	3.9227	1.5469	0.4658
	每股资本公积金(元)	4.3237	9.6475	2.7416	0.7982
	每股盈余公积金(元)	0.1159	0.2318	0.1760	0.2012
	每股未分配利润(元)	1.3009	2.6826	1.9174	2.4893
	净资产收益率(%)	0.8845	7.3104	-1.0378	22.5140
	加权净资产收益率(%)	0.8800	17.4786	-1.0600	25.3700
	净资产收益率(扣除)(%)	0.7490	6.3178	-2.7013	20.2955
	总资产(万元)	87299.94	97075.83	38414.08	29608.33
	归属母公司股东权益(万元)	77664.62	78129.89	30011.09	20198.93
	营业收入(万元)	8311.26	19413.76	6648.45	18021.23
	营业支出(万元)	607.94	396.71	37.89	386.73
	投资收益(万元)	-	0.94	-22.77	10.12
	净利润(万元)	686.93	5711.60	-311.45	4547.59
	营业利润(万元)	-543.42	2977.36	-1898.29	2483.64
	利润总额(万元)	1002.34	6266.58	-353.43	4844.04

上海安硕信息技术股份有限公司

公司概况

公司名称	上海安硕信息技术股份有限公司			证券简称	安硕信息
法人代表	高鸣	董秘	曹丰	证券代码	300380
公司网址	www.amarsoft.com		电子信箱	ir@amarsoft.com	
电　　话	021-55137223		传　　真	021-65108010	
办公地址	上海市杨浦区国泰路 11 号 2308 室				
经营范围	计算机软件的开发、实施，以及提供相关技术咨询和服务				

主要财务指标

指标\报告期	2015.06.30	2014.12.31	2014.06.30	2013.12.31
基本每股收益(元)	0.0800	0.5680	0.1800	0.7700
基本每股收益(扣除后)(元)	0.0800	0.5340	0.1700	0.7600
稀释每股收益(元)	0.0800	0.5680	0.1800	0.7700
每股净资产(元)	2.9835	6.0600	5.6778	3.7068
每股经营现金净流量(元)	-0.3973	0.5566	-0.5088	0.4771
每股现金流量(元)	-0.5724	2.4265	1.8270	0.1993
每股资本公积金(元)	1.0415	3.0830	3.0830	0.8518
每股盈余公积金(元)	0.1291	0.2583	0.1912	0.2190
每股未分配利润(元)	0.8129	1.7233	1.4037	1.6361
净资产收益率(%)	1.7183	9.2651	3.0860	20.9066
加权净资产收益率(%)	1.7000	9.9200	3.3600	22.9700
净资产收益率(扣除)(%)	1.7283	8.7177	2.9676	20.5763
总资产(万元)	46232.23	48889.48	43409.17	26215.69
归属母公司股东权益(万元)	41005.49	41675.28	39018.13	22241.06
营业收入(万元)	11760.54	22003.46	7246.80	20470.69
营业支出(万元)	6105.73	11766.37	3467.32	10223.39
投资收益(万元)	65.01	-4.58	-	-
净利润(万元)	653.61	3861.26	1204.11	4649.85
营业利润(万元)	440.49	3021.68	972.09	4411.01
利润总额(万元)	642.43	4100.14	1336.04	5074.99

广东溢多利生物科技股份有限公司

公司概况

公司名称	广东溢多利生物科技股份有限公司			证券简称	溢多利
法人代表	陈少美	董秘	周德荣	证券代码	300381
公司网址	www.yiduoli.com		电子信箱	vtr@yiduoli.com	
电　　话	0756-8676888*829		传　　真	0756-8673989	
办公地址	广东省珠海市南屏高科技工业区屏北一路 8 号				
经营范围	生产及销售酶制剂，饲料添加剂，添加剂预混合饲料，兽药散剂				

主要财务指标

指标\报告期	2015.06.30	2014.12.31	2014.06.30	2013.12.31
基本每股收益(元)	0.2507	0.6100	0.4185	1.6200
基本每股收益(扣除后)(元)	0.2333	0.6082	0.4383	1.5020
稀释每股收益(元)	0.2507	0.6100	0.4185	1.6200
每股净资产(元)	7.0660	6.6671	10.2042	3.9125
每股经营现金净流量(元)	0.0099	0.1806	-0.2778	1.7413
每股现金流量(元)	0.0546	0.1133	2.5432	0.2353
每股资本公积金(元)	3.1226	2.6823	3.5167	0.0392
每股盈余公积金(元)	0.3344	0.3447	0.6587	0.7736
每股未分配利润(元)	2.6090	2.6401	5.0287	6.0122
净资产收益率(%)	3.5138	8.3129	4.0099	20.6881
加权净资产收益率(%)	3.5700	11.6200	4.1200	23.0700
净资产收益率(扣除)(%)	3.2703	8.3061	4.2001	19.1906
总资产(万元)	94952.00	96336.26	51797.78	37614.44
归属母公司股东权益(万元)	72454.82	66310.05	46735.08	30517.49
营业收入(万元)	25959.55	35981.64	14939.20	35915.93
营业支出(万元)	13926.16	12971.40	5594.56	13643.13
投资收益(万元)	-	6.10	-	-
净利润(万元)	2731.93	5513.35	1874.02	6313.48
营业利润(万元)	2974.65	6366.92	2368.20	6826.77
利润总额(万元)	3209.43	6366.12	2249.49	7364.40

苏州斯莱克精密设备股份有限公司

公司概况

公司名称	苏州斯莱克精密设备股份有限公司			证券简称	斯莱克
法人代表	安旭	董秘	叶清	证券代码	300382
公司网址	www.slac.com.cn		电子信箱	stock@slac.com.cn	
电　　话	0512-66590361		传　　真	0512-66248543	
办公地址	苏州市吴中区胥口镇孙武路 1028 号				
经营范围	研发、生产、加工精冲模、冲压系统和农产品、食品包装的新技术、新设备及相关零配件				

主要财务指标

指标\报告期	2015.06.30	2014.12.31	2014.06.30	2013.12.31
基本每股收益(元)	0.4200	1.6300	0.9900	2.1000
基本每股收益(扣除后)(元)	0.4200	1.4300	0.8600	2.0200
稀释每股收益(元)	0.4200	1.6300	0.9900	2.1000
每股净资产(元)	5.0329	11.6439	10.9812	6.8907
每股经营现金净流量(元)	-0.4600	2.0724	1.8996	0.2430
每股现金流量(元)	0.1040	0.6890	2.6703	1.0350
每股资本公积金(元)	1.4806	4.4573	4.4573	0.0504
每股盈余公积金(元)	0.3214	0.7071	0.5430	0.6284
每股未分配利润(元)	2.1888	5.4002	4.9167	5.1544
净资产收益率(%)	8.2657	13.8336	8.7696	30.4231
加权净资产收益率(%)	8.9600	15.1800	9.5700	35.9700
净资产收益率(扣除)(%)	6.8379	12.1051	7.6484	29.4440
总资产(万元)	71983.69	79088.36	80751.21	56206.42
归属母公司股东权益(万元)	58946.31	61985.78	58460.50	31697.33
营业收入(万元)	13366.92	29206.97	16115.78	32198.13
营业支出(万元)	6850.95	16003.64	8389.35	17343.32
投资收益(万元)	484.75	442.54	16.49	-
净利润(万元)	4873.17	8575.79	5126.73	9643.32
营业利润(万元)	5264.09	9367.28	5317.32	11041.13
利润总额(万元)	5769.48	10177.81	6062.84	11401.70

北京光环新网科技股份有限公司

公司概况

公司名称	北京光环新网科技股份有限公司			证券简称	光环新网
法人代表	耿殿根	董秘	高宏	证券代码	300383
公司网址	www.sinnet.com.cn		电子信箱	i_r@sinnet.com.cn	
电　　话	010-64183433		传　　真	010-64181819	
办公地址	北京市东城区东中街 9 号东环广场 A 座 2A				
经营范围	宽带接入服务、IDC 及其增值服务以及其它互联网服务				

主要财务指标

指标\报告期	2015.06.30	2014.12.31	2014.06.30	2013.12.31
基本每股收益(元)	0.1700	0.8800	0.3600	1.4700
基本每股收益(扣除后)(元)	0.1700	0.8800	0.3600	1.4600
稀释每股收益(元)	0.1700	0.8800	0.3600	1.4700
每股净资产(元)	2.6071	6.3905	5.8737	6.7241
每股经营现金净流量(元)	-0.2005	1.3664	0.3342	2.2149
每股现金流量(元)	-0.4744	1.8316	1.8569	0.2838
每股资本公积金(元)	0.5402	2.8505	2.8505	1.3912
每股盈余公积金(元)	0.1097	0.2744	0.1851	0.4411
每股未分配利润(元)	0.9571	2.2656	1.8381	3.8919
净资产收益率(%)	6.5541	13.6448	6.0478	21.8416
加权净资产收益率(%)	6.5200	15.1200	6.6800	24.2900
净资产收益率(扣除)(%)	6.5427	13.6390	6.0351	21.7691
总资产(万元)	88506.59	86274.22	73643.27	45181.23
归属母公司股东权益(万元)	71146.69	69758.46	64117.76	30796.59
营业收入(万元)	26218.64	43454.31	20056.05	30814.96
营业支出(万元)	17230.78	24769.94	11606.09	16358.93
投资收益(万元)	62.37	-	-	-
净利润(万元)	4663.07	9518.60	3877.74	6726.46
营业利润(万元)	5421.30	11243.10	4611.47	7870.60
利润总额(万元)	5401.11	11248.87	4621.07	7896.85

北京三联虹普新合纤技术服务股份有限公司

公司概况	公司名称	北京三联虹普新合纤技术服务股份有限公司		证券简称	三联虹普
	法人代表	刘迪	董秘 韩梅	证券代码	300384
	公司网址	www.slhpcn.com		电子信箱	slhp@slhpcn.com
	电　话	010-64392238		传　真	010-64391702
	办公地址	北京市朝阳区广泽路 2 号院(西区)3 号楼 W-301、W-302、W-303			
	经营范围	纺织化工设备的技术开发、技术转让；纺织化工工程设计、咨询、技术服务等			

主要财务指标	指标\报告期	2015.06.30	2014.12.31	2014.06.30	2013.12.31
	基本每股收益(元)	0.4309	2.3884	1.0636	2.0004
	基本每股收益(扣除后)(元)	0.7126	2.2075	0.9910	1.9500
	稀释每股收益(元)	0.4309	–	–	–
	每股净资产(元)	4.8200	13.2900	6.7700	6.2100
	每股经营现金净流量(元)	–0.6103	4.0547	1.0976	4.3521
	每股现金流量(元)	–0.9510	4.3758	1.4479	–0.2377
	每股资本公积金(元)	1.7629	6.7362	0.0262	0.0262
	每股盈余公积金(元)	0.2230	0.6244	0.5575	0.5575
	每股未分配利润(元)	1.8341	4.9290	5.1912	4.6276
	净资产收益率(%)	8.9391	15.3502	15.7000	32.2060
	加权净资产收益率(%)	8.7900	37.5800	16.1700	38.0200
	净资产收益率(扣除)(%)	8.4300	14.1873	14.6281	31.3947
	总资产(万元)	119312.11	134757.48	70928.13	67869.61
	归属母公司股东权益(万元)	71987.18	70886.20	27099.52	24845.03
	营业收入(万元)	20316.27	41778.25	19346.56	34574.38
	营业支出(万元)	11287.00	24230.90	12817.91	21441.45
	投资收益(万元)	359.51	594.59	34.55	–
	净利润(万元)	6434.98	10881.18	4254.49	8001.69
	营业利润(万元)	7491.43	12318.95	4708.61	9155.93
	利润总额(万元)	7600.80	12747.82	4990.42	9392.87

无锡雪浪环境科技股份有限公司

公司概况	公司名称	无锡雪浪环境科技股份有限公司		证券简称	雪浪环境
	法人代表	杨建平	董秘 汪崇标	证券代码	300385
	公司网址	www.cecm.com.cn		电子信箱	zqsw@cecm.com.cn
	电　话	0510-85183412		传　真	0510-85183412
	办公地址	江苏省无锡市滨湖区太湖街道双新经济园			
	经营范围	烟气净化与灰渣处理系统设备的研发、生产、系统集成、销售及服务等			

主要财务指标	指标\报告期	2015.06.30	2014.12.31	2014.06.30	2013.12.31
	基本每股收益(元)	0.2548	0.6574	0.4398	0.9358
	基本每股收益(扣除后)(元)	0.2382	0.5866	0.3974	0.8859
	稀释每股收益(元)	0.2548	0.6574	0.4398	0.9358
	每股净资产(元)	8.4062	8.1239	7.8786	5.7632
	每股经营现金净流量(元)	0.2583	–0.4813	–0.7084	0.8980
	每股现金流量(元)	–0.4581	1.4529	2.8395	0.2387
	每股资本公积金(元)	4.4616	4.4616	4.4616	1.9804
	每股盈余公积金(元)	0.3321	0.3321	0.2830	0.3773
	每股未分配利润(元)	2.6125	2.3302	2.1340	2.4055
	净资产收益率(%)	4.5472	7.0804	4.1866	16.2370
	加权净资产收益率(%)	4.6000	9.2400	7.3500	17.6700
	净资产收益率(扣除)(%)	4.2510	6.3179	3.7826	15.3709
	总资产(万元)	125067.11	93580.52	96644.03	66845.08
	归属母公司股东权益(万元)	67249.53	64991.58	63028.70	34579.38
	营业收入(万元)	24406.12	41968.61	21263.34	41519.14
	营业支出(万元)	15139.44	28951.58	14629.52	28039.77
	投资收益(万元)	–	–	–	–
	净利润(万元)	3781.16	4601.67	2638.78	5614.64
	营业利润(万元)	4214.39	4946.66	3280.18	6396.71
	利润总额(万元)	4473.67	5608.74	3570.17	6708.57

飞天诚信科技股份有限公司

公司概况	公司名称	飞天诚信科技股份有限公司		证券简称	飞天诚信
	法人代表	黄煜	董秘 吴彼	证券代码	300386
	公司网址	www.ftsafe.com.cn		电子信箱	wubi@ftsafe.com
	电　话	010-62304466-1709		传　真	010-62304477
	办公地址	北京市海淀区学清路 9 号汇智大厦 B 楼 17 层			
	经营范围				

主要财务指标	指标\报告期	2015.06.30	2014.12.31	2014.06.30	2013.12.31
	基本每股收益(元)	0.4000	0.2200	1.6800	2.6800
	基本每股收益(扣除后)(元)	–	–	1.6200	0.4200
	稀释每股收益(元)	0.4000	0.2200	1.6800	2.6800
	每股净资产(元)	6.6992	14.8490	13.1700	6.7599
	每股经营现金净流量(元)	–0.3753	–1.0637	–0.4075	2.1271
	每股现金流量(元)	–0.3822	–2.9267	7.3884	1.8207
	每股资本公积金(元)	2.7398	7.2276	7.2276	1.1762
	每股盈余公积金(元)	0.2902	0.6385	0.3697	0.4683
	每股未分配利润(元)	2.6692	5.9830	4.5758	4.1155
	净资产收益率(%)	5.9019	1.4850	10.0738	39.6800
	加权净资产收益率(%)	5.8700	1.5000	22.1200	49.5000
	净资产收益率(扣除)(%)	5.7928	–	9.7051	37.4939
	总资产(万元)	160129.27	159184.28	155277.14	63816.86
	归属母公司股东权益(万元)	140028.97	141080.35	125156.55	50699.56
	营业收入(万元)	58343.23	14641.18	48474.80	84582.45
	营业支出(万元)	36876.26	9246.88	27658.96	50722.45
	投资收益(万元)	743.14	98.97	–	–
	净利润(万元)	7958.33	2015.22	12607.99	20117.59
	营业利润(万元)	6135.00	1143.03	11795.12	17974.64
	利润总额(万元)	9208.20	2419.01	14055.82	23203.98

湖北富邦科技股份有限公司

公司概况	公司名称	湖北富邦科技股份有限公司		证券简称	富邦股份
	法人代表	王仁宗	董秘 万刚	证券代码	300387
	公司网址	www.forbon.com		电子信箱	hbforbon@forbon.com
	电　话	0712-3257290		传　真	0712-3257290
	办公地址	湖北省应城市经济技术开发区			
	经营范围	化肥助剂的研发、生产、销售和服务			

主要财务指标	指标\报告期	2015.06.30	2014.12.31	2014.06.30	2013.12.31
	基本每股收益(元)	0.4900	0.8500	0.5700	1.2500
	基本每股收益(扣除后)(元)	0.4600	0.7000	0.4900	1.1400
	稀释每股收益(元)	0.4900	0.8500	0.5700	1.2500
	每股净资产(元)	9.6261	4.6445	8.9800	6.0709
	每股经营现金净流量(元)	0.2783	–0.1978	–0.0056	0.4151
	每股现金流量(元)	–0.0570	3.0193	4.5360	–0.1721
	每股资本公积金(元)	4.6010	4.6010	4.5973	1.3448
	每股盈余公积金(元)	0.3737	0.3737	0.2922	0.3713
	每股未分配利润(元)	3.6514	3.3147	3.0919	3.3557
	净资产收益率(%)	5.0565	8.1292	5.0210	20.6123
	加权净资产收益率(%)	5.1100	10.7400	9.0100	22.9800
	净资产收益率(扣除)(%)	4.9369	6.7660	4.2665	18.6987
	总资产(万元)	64874.68	62022.00	66403.48	35338.48
	归属母公司股东权益(万元)	58709.76	56653.70	54775.59	29140.30
	营业收入(万元)	17427.72	30344.92	15202.27	30231.38
	营业支出(万元)	10452.74	19055.65	9359.12	18616.36
	投资收益(万元)	–	–	–	–
	净利润(万元)	2962.77	4598.22	2750.09	6006.48
	营业利润(万元)	3368.34	4312.81	2680.48	6269.74
	利润总额(万元)	3450.94	5225.83	3166.48	6894.65

安徽国祯环保节能科技股份有限公司

公司概况

公司名称	安徽国祯环保节能科技股份有限公司			证券简称	国祯环保
法人代表	李炜	董秘	李燕来	证券代码	300388
公司网址	www.gzep.com.cn		电子信箱	gzhb@gzep.com.cn	
电　话	0551-65324976		传　真	0551-65324976	
办公地址	安徽省合肥市高新技术产业开发区科学大道 91 号				
经营范围	项目投资及投资管理，资产管理，企业管理，建设工程项目管理等				

主要财务指标

指标＼报告期	2015.06.30	2014.12.31	2014.06.30	2013.12.31
基本每股收益(元)	0.0900	0.6900	0.4200	0.8700
基本每股收益(扣除后)(元)	0.0900	0.6600	–	0.8800
稀释每股收益(元)	0.0900	0.6900	–	0.8700
每股净资产(元)	2.9256	8.6331	7.6700	7.2500
每股经营现金净流量(元)	–0.5747	0.3756	–	–1.3851
每股现金流量(元)	0.1256	1.5754	–	–0.0768
每股资本公积金(元)	0.3248	2.9745	–	0.8247
每股盈余公积金(元)	0.1095	0.3284	–	0.4022
每股未分配利润(元)	1.4912	4.3297	–	5.0230
净资产收益率(%)	3.0053	6.8272	5.5130	12.0340
加权净资产收益率(%)	3.0000	8.6400	5.6700	12.3000
净资产收益率(扣除)(%)	3.0337	6.5725	–	12.1001
总资产(万元)	290507.15	258417.81	219143.22	214817.13
归属母公司股东权益(万元)	77435.71	76167.23	50769.18	47970.06
营业收入(万元)	50205.25	102267.27	43942.50	63823.10
营业支出(万元)	36586.80	75235.65	–	39199.93
投资收益(万元)	38.79	184.86	–	123.59
净利润(万元)	2374.39	5301.85	2799.12	5772.79
营业利润(万元)	3394.11	6880.35	3680.63	6950.08
利润总额(万元)	3370.08	7051.43	3640.58	7065.95

深圳市艾比森光电股份有限公司

公司概况

公司名称	深圳市艾比森光电股份有限公司			证券简称	艾比森
法人代表	丁彦辉	董秘	张文磊	证券代码	300389
公司网址	www.absen.cn		电子信箱	dm@absen.com	
电　话	0755-28794126		传　真	0755-28792955	
办公地址	深圳市龙岗区坂田街道雪岗路 2018 号天安云谷产业园一期 3 栋 A 座 20 层				
经营范围	LED 应用产品的研发、生产、销售和服务，主要产品为 LED 全彩显示屏				

主要财务指标

指标＼报告期	2015.06.30	2014.12.31	2014.06.30	2013.12.31
基本每股收益(元)	0.2755	2.2820	1.2280	1.8100
基本每股收益(扣除后)(元)	0.2582	2.1850	1.2100	1.7400
稀释每股收益(元)	0.2755	2.2820	1.2280	1.8100
每股净资产(元)	4.6823	9.2096	6.2400	5.5073
每股经营现金净流量(元)	–0.3857	2.3421	0.9232	2.6815
每股现金流量(元)	–0.4336	2.0284	0.6336	–1.0509
每股资本公积金(元)	1.2997	3.4853	0.5075	0.5075
每股盈余公积金(元)	0.2851	0.5706	0.4584	–
每股未分配利润(元)	2.1187	4.1727	4.2695	3.5411
净资产收益率(%)	5.8701	21.5367	19.7000	32.8630
加权净资产收益率(%)	5.8600	31.1700	20.0700	38.9900
净资产收益率(扣除)(%)	5.3236	20.6208	19.4584	31.6548
总资产(万元)	120617.55	123687.37	75871.10	–
归属母公司股东权益(万元)	75057.27	73755.06	39385.26	34783.93
营业收入(万元)	45543.39	107946.62	47128.23	72977.45
营业支出(万元)	31012.28	71700.39	30657.02	46894.73
投资收益(万元)	502.70	384.38	172.38	4.97
净利润(万元)	4550.55	15884.39	7758.95	11431.04
营业利润(万元)	5452.08	17826.09	8988.54	12867.16
利润总额(万元)	5464.62	18236.40	9100.54	13356.01

苏州天华超净科技股份有限公司

公司概况

公司名称	苏州天华超净科技股份有限公司			证券简称	天华超净
法人代表	裴振华	董秘	陆建平	证券代码	300390
公司网址	www.canmax.com.cn		电子信箱	thcj@ canmax.com.cn	
电　话	0512-62852336		传　真	0512-62852120	
办公地址	江苏省苏州市工业园区双马街 99 号				
经营范围	防静电制品、无尘制品、医用防护制品的研发与制造及相关技术咨询等				

主要财务指标

指标＼报告期	2015.06.30	2014.12.31	2014.06.30	2013.12.31
基本每股收益(元)	0.2000	0.6000	0.3100	0.5900
基本每股收益(扣除后)(元)	0.2000	0.5700	0.3000	0.5800
稀释每股收益(元)	0.2000	0.6000	0.3100	0.5900
每股净资产(元)	2.8924	4.2383	3.3300	3.1773
每股经营现金净流量(元)	0.1336	0.4628	0.3902	0.4764
每股现金流量(元)	–0.3713	1.0508	0.0229	0.0495
每股资本公积金(元)	0.4949	1.2424	0.2003	0.2003
每股盈余公积金(元)	0.1349	0.2023	0.1928	0.1928
每股未分配利润(元)	1.2626	1.7936	1.9392	1.7841
净资产收益率(%)	6.9211	12.5990	9.1544	18.5820
加权净资产收益率(%)	6.9500	16.4100	9.3700	20.1400
净资产收益率(扣除)(%)	6.8785	11.8138	9.0459	18.2189
总资产(万元)	42011.99	40778.29	31244.77	28559.40
归属母公司股东权益(万元)	33832.26	33050.31	20793.87	19826.31
营业收入(万元)	22639.17	39012.93	18748.38	34587.87
营业支出(万元)	16862.31	28956.87	13826.97	25738.97
投资收益(万元)	–	–	–	–
净利润(万元)	2412.51	4164.00	1903.56	3684.05
营业利润(万元)	2939.00	4687.71	2286.72	4378.52
利润总额(万元)	2941.75	4994.39	2313.78	4462.44

康跃科技股份有限公司

公司概况

公司名称	康跃科技股份有限公司			证券简称	康跃科技
法人代表	郭锡禄	董秘	杨金玉	证券代码	300391
公司网址	www.chinakangyue.com		电子信箱	kysecu@chinakangyue.com	
电　话	0536-5788238		传　真	0536-5788238	
办公地址	山东省潍坊市寿光市开发区(原北洛镇政府驻地)				
经营范围	内燃机增压器的研发、制造和销售等				

主要财务指标

指标＼报告期	2015.06.30	2014.12.31	2014.06.30	2013.12.31
基本每股收益(元)	0.0503	0.5043	0.3100	0.7000
基本每股收益(扣除后)(元)	0.0272	0.3706	0.2500	0.6400
稀释每股收益(元)	0.0503	0.5043	0.3100	0.7000
每股净资产(元)	2.1864	5.4703	4.2600	3.9501
每股经营现金净流量(元)	–0.0560	–0.5832	0.0611	0.4332
每股现金流量(元)	0.1747	0.4474	–0.3573	0.1072
每股资本公积金(元)	0.4089	2.5223	0.9269	0.9269
每股盈余公积金(元)	0.0892	0.2230	0.2355	0.2355
每股未分配利润(元)	0.6883	1.7251	2.1010	1.7877
净资产收益率(%)	2.2984	7.8745	7.3501	17.7000
加权净资产收益率(%)	2.2700	10.6500	7.6300	18.8300
净资产收益率(扣除)(%)	1.2436	5.7869	5.8816	16.2605
总资产(万元)	76687.20	68184.71	62200.70	56291.91
归属母公司股东权益(万元)	36441.53	36470.68	21317.09	19750.26
营业收入(万元)	10992.92	24342.87	12196.61	25538.51
营业支出(万元)	7399.50	15403.45	7644.46	15691.63
投资收益(万元)	–	–	–	–
净利润(万元)	816.44	2871.87	1566.83	3495.85
营业利润(万元)	158.59	1857.80	1111.87	3259.50
利润总额(万元)	787.67	3109.98	1696.11	3899.15

北京腾信创新网络营销技术股份有限公司

公司概况						
	公司名称	北京腾信创新网络营销技术股份有限公司			证券简称	腾信股份
	法人代表	徐炜	董秘	高鹏	证券代码	300392
	公司网址	www.tensynchina.com	电子信箱	board@tensynchina.com		
	电　话	010-52937866	传　真	010-52937865		
	办公地址	北京市朝阳区光华路 15 号院 2 号楼铜牛国际大厦 6F				
	经营范围	技术开发;技术转让;技术咨询;技术推广;计算机网络技术培训等				

主要财务指标	指标\报告期	2015.06.30	2014.12.31	2014.06.30	2013.12.31
	基本每股收益(元)	0.4400	1.7200	0.8000	1.6100
	基本每股收益(扣除后)(元)	0.4300	1.6600	0.7500	1.5300
	稀释每股收益(元)	0.4400	1.7200	0.8000	1.6100
	每股净资产(元)	6.3193	11.9600	7.6119	6.8100
	每股经营现金净流量(元)	–0.0740	–0.4905	–0.7017	–0.6824
	每股现金流量(元)	–1.2145	5.0084	–0.7258	–0.6929
	每股资本公积金(元)	2.6391	6.2782	1.4344	1.4344
	每股盈余公积金(元)	0.2465	0.4931	0.4701	0.4701
	每股未分配利润(元)	2.4336	4.1912	4.7073	3.9101
	净资产收益率(%)	7.0106	11.6961	10.4730	23.6674
	加权净资产收益率(%)	7.1300	19.5000	11.0500	26.4800
	净资产收益率(扣除)(%)	6.8594	11.2741	9.7952	–
	总资产(万元)	113328.03	96240.64	54098.48	51104.22
	归属母公司股东权益(万元)	80886.43	76559.78	36536.91	32710.26
	营业收入(万元)	60864.08	83931.25	36181.22	17271.51
	营业支出(万元)	50249.57	68532.26	29668.53	14600.86
	投资收益(万元)	–	–	–	–
	净利润(万元)	5658.16	8954.48	3826.65	1083.14
	营业利润(万元)	6523.07	9877.29	4215.32	1290.19
	利润总额(万元)	6664.61	10257.35	4506.94	1290.69

苏州中来光伏新材股份有限公司

公司概况						
	公司名称	苏州中来光伏新材股份有限公司			证券简称	中来股份
	法人代表	林建伟	董秘	钟雪冰	证券代码	300393
	公司网址	www.jolywood.cn	电子信箱	stock@jolywood.cn		
	电　话	0512-52933702	传　真	0512-52334544		
	办公地址	江苏省常熟市沙家浜镇常昆工业园区青年路				
	经营范围	太阳能电池背膜的研发,生产与销售				

主要财务指标	指标\报告期	2015.06.30	2014.12.31	2014.06.30	2013.12.31
	基本每股收益(元)	0.3700	1.1500	0.6800	1.0200
	基本每股收益(扣除后)(元)	0.3700	1.1300	0.6600	0.9800
	稀释每股收益(元)	0.3700	1.1500	0.6800	1.0200
	每股净资产(元)	6.3705	6.2053	3.5300	2.8542
	每股经营现金净流量(元)	–0.2857	–0.6188	0.1985	0.7380
	每股现金流量(元)	–0.5275	1.1294	–0.1741	0.2516
	每股资本公积金(元)	2.7337	2.7337	0.0015	0.0015
	每股盈余公积金(元)	0.2793	0.2793	0.2258	0.2258
	每股未分配利润(元)	2.3636	2.1923	2.3077	1.6269
	净资产收益率(%)	5.8280	15.8432	19.2580	35.6582
	加权净资产收益率(%)	5.8700	27.9500	21.3100	41.7300
	净资产收益率(扣除)(%)	5.8086	15.4709	18.6113	–
	总资产(万元)	117224.95	105522.02	61909.00	49690.05
	归属母公司股东权益(万元)	76121.20	74147.59	33935.50	27400.25
	营业收入(万元)	24219.38	47589.81	21514.39	34537.31
	营业支出(万元)	15853.89	27981.59	11402.74	18466.48
	投资收益(万元)	–228.92	–88.51	–16.97	–
	净利润(万元)	4436.86	11747.34	6535.25	9770.43
	营业利润(万元)	5251.33	13590.28	7460.22	11042.24
	利润总额(万元)	5285.13	13862.00	7700.75	11492.18

苏州天孚光通信股份有限公司

公司概况						
	公司名称	苏州天孚光通信股份有限公司			证券简称	天孚通信
	法人代表	邹支农	董秘	欧洋	证券代码	300394
	公司网址	www.tfcsz.com	电子信箱	zhengquan@tfcsz.com		
	电　话	0512-66900598	传　真	0512-66905892		
	办公地址	苏州市高新区长江路 695 号				
	经营范围	陶瓷套管、光纤适配器和光收发接口组件				

主要财务指标	指标\报告期	2015.06.30	2014.12.31	2014.06.30	2013.12.31
	基本每股收益(元)	0.6900	1.5000	0.7100	0.9800
	基本每股收益(扣除后)(元)	0.6600	1.4300	0.7100	0.9700
	稀释每股收益(元)	0.6900	1.5000	0.7100	0.9800
	每股净资产(元)	8.3639	5.5100	4.7200	4.2900
	每股经营现金净流量(元)	0.6027	1.0150	0.6053	0.8192
	每股现金流量(元)	1.0063	0.1303	0.0283	0.4644
	每股资本公积金(元)	4.4784	1.0601	1.0601	1.0601
	每股盈余公积金(元)	0.3153	0.3966	0.2491	0.2491
	每股未分配利润(元)	2.5701	3.0515	2.4097	1.9786
	净资产收益率(%)	7.6537	27.2401	15.0693	22.8513
	加权净资产收益率(%)	8.9200	31.0800	16.0000	25.2000
	净资产收益率(扣除)(%)	7.3850	25.9662	14.9674	22.6267
	总资产(万元)	64193.81	34511.36	30012.90	26965.46
	归属母公司股东权益(万元)	62176.86	32553.28	27888.32	25340.55
	营业收入(万元)	11323.99	20064.38	10100.69	15080.83
	营业支出(万元)	4263.02	7432.19	3684.41	6091.78
	投资收益(万元)	6.85	–	–	–
	净利润(万元)	4758.82	8867.53	4202.57	5790.65
	营业利润(万元)	5429.41	9968.67	4963.12	6766.21
	利润总额(万元)	5627.43	10424.27	4983.42	6816.99

湖北菲利华石英玻璃股份有限公司

公司概况						
	公司名称	湖北菲利华石英玻璃股份有限公司			证券简称	菲利华
	法人代表	邓家贵	董秘	李中原	证券代码	300395
	公司网址	www.feilihua.com	电子信箱	zqb@feilihua.com		
	电　话	0716-8304687	传　真	0716-8304640		
	办公地址	湖北省荆州市东方大道 68 号				
	经营范围	生产、销售石英玻璃材料及制品				

主要财务指标	指标\报告期	2015.06.30	2014.12.31	2014.06.30	2013.12.31
	基本每股收益(元)	0.2883	1.3275	0.3230	1.4286
	基本每股收益(扣除后)(元)	0.2826	1.2495	0.6200	1.3465
	稀释每股收益(元)	0.2883	1.3275	0.3230	1.4286
	每股净资产(元)	5.1856	10.0446	7.0200	6.6300
	每股经营现金净流量(元)	0.1199	0.5498	0.1986	1.2511
	每股现金流量(元)	–0.2451	4.2206	–0.1398	–0.3337
	每股资本公积金(元)	1.8083	4.6165	0.9068	0.9068
	每股盈余公积金(元)	0.2840	0.5680	0.6186	0.6186
	每股未分配利润(元)	2.0934	3.8601	4.4990	4.1030
	净资产收益率(%)	5.5605	10.7307	9.1970	21.5537
	加权净资产收益率(%)	5.6500	16.4500	9.2900	23.1800
	净资产收益率(扣除)(%)	5.4493	10.1002	8.8593	20.3149
	总资产(万元)	76342.65	75752.32	45483.70	42196.02
	归属母公司股东权益(万元)	66998.55	64888.13	33997.79	32081.11
	营业收入(万元)	14369.68	28721.56	13483.25	28225.89
	营业支出(万元)	6942.84	14065.65	6282.56	14043.21
	投资收益(万元)	–	–	–	–
	净利润(万元)	3725.42	6962.96	3126.68	6914.66
	营业利润(万元)	4295.05	7679.89	3856.88	7920.72
	利润总额(万元)	4382.65	8161.26	4009.83	8071.23

长春迪瑞医疗科技股份有限公司

公司概况

公司名称	长春迪瑞医疗科技股份有限公司			证券简称	迪瑞医疗
法人代表	宋勇	董秘	李洪谕	证券代码	300396
公司网址	www.dirui.com.cn		电子信箱	zqb@dirui.com.cn	
电　　话	0431-81931002		传　　真	0431-81931002	
办公地址	长春市高新开发区宜居路 3333 号				
经营范围	医疗检验仪器及配套试纸试剂的研发、生产与销售				

主要财务指标

指标＼报告期	2015.06.30	2014.12.31	2014.06.30	2013.12.31
基本每股收益(元)	0.3100	2.0300	0.9600	2.0300
基本每股收益(扣除后)(元)	0.2800	1.8200	0.9100	1.9000
稀释每股收益(元)	0.3100	2.0300	0.9600	2.0300
每股净资产(元)	6.1114	14.9955	9.6400	8.6756
每股经营现金净流量(元)	0.4586	2.0243	0.7975	1.8452
每股现金流量(元)	−0.0114	8.1619	0.3962	0.2403
每股资本公积金(元)	2.6733	8.1833	2.1286	2.1286
每股盈余公积金(元)	0.2000	0.5000	0.6196	0.6196
每股未分配利润(元)	2.2380	5.3122	5.8900	4.9273
净资产收益率(%)	5.1244	11.0194	9.9880	23.4561
加权净资产收益率(%)	5.1400	18.2800	10.5100	24.4600
净资产收益率(扣除)(%)	4.6529	9.8353	9.4202	−
总资产(万元)	106514.27	104673.81	56913.37	54601.29
归属母公司股东权益(万元)	93717.74	91982.23	44336.18	39907.70
营业收入(万元)	22648.47	48647.23	21256.01	46440.38
营业支出(万元)	10173.66	21473.94	9538.30	20491.83
投资收益(万元)	93.30	63.51	17.90	−
净利润(万元)	4802.51	10135.89	4428.48	9360.78
营业利润(万元)	4403.75	9461.08	4393.13	9185.37
利润总额(万元)	5336.67	11470.94	5040.56	10591.43

西安天和防务技术股份有限公司

公司概况

公司名称	西安天和防务技术股份有限公司			证券简称	天和防务
法人代表	贺增林	董秘	王振平	证券代码	300397
公司网址	www.thtw.com.cn		电子信箱	thdsh126@126.com	
电　　话	029-88454533		传　　真	029-88452228	
办公地址	陕西省西安市高新区科技五路 9 号				
经营范围	以连续波雷达技术和光电探测技术为核心的侦察、指挥、控制系统的研发、生产、销售等				

主要财务指标

指标＼报告期	2015.06.30	2014.12.31	2014.06.30	2013.12.31
基本每股收益(元)	−0.1300	0.7700	−0.2100	1.6300
基本每股收益(扣除后)(元)	−0.1500	0.6000	−0.2400	1.5500
稀释每股收益(元)	−0.1300	0.7700	−0.2100	1.5500
每股净资产(元)	10.6637	10.7928	6.2000	6.4101
每股经营现金净流量(元)	−0.4880	−0.6998	0.1086	0.2227
每股现金流量(元)	0.0611	3.9419	0.0319	−1.2448
每股资本公积金(元)	5.3952	5.3952	0.3831	0.3831
每股盈余公积金(元)	0.2040	0.2040	0.1844	0.1844
每股未分配利润(元)	4.0645	4.1936	4.6357	4.8426
净资产收益率(%)	−1.2110	5.8128	−3.3360	25.3817
加权净资产收益率(%)	−1.2000	9.7100	−3.2800	27.6800
净资产收益率(扣除)(%)	−1.4457	4.4857	−3.9480	−
总资产(万元)	155878.94	150360.58	68445.20	74147.55
归属母公司股东权益(万元)	127963.95	129513.62	55828.00	57690.67
营业收入(万元)	998.64	22301.33	88.20	30339.91
营业支出(万元)	923.66	11668.40	31.63	6165.15
投资收益(万元)	255.11	1229.99	−	−
净利润(万元)	−1549.68	7528.40	−1862.67	14642.85
营业利润(万元)	−2344.42	5077.11	−2364.74	16766.03
利润总额(万元)	−1944.12	5968.67	−2022.73	17547.01

上海飞凯光电材料股份有限公司

公司概况

公司名称	上海飞凯光电材料股份有限公司			证券简称	飞凯材料
法人代表	张金山	董秘	苏斌	证券代码	300398
公司网址	www.phichem.com.cn		电子信箱	investor@phichem.com.cn	
电　　话	021-50322662		传　　真	021-50322661	
办公地址	上海市宝山区潘泾路 2999 号				
经营范围	高科技领域适用的紫外固化材料等新材料的研究、生产和销售				

主要财务指标

指标＼报告期	2015.06.30	2014.12.31	2014.06.30	2013.12.31
基本每股收益(元)	0.5000	1.3900	0.6300	1.0600
基本每股收益(扣除后)(元)	0.4500	1.3600	−	1.0600
稀释每股收益(元)	0.5000	1.3900	0.6300	1.0600
每股净资产(元)	6.5398	8.0549	4.6300	4.0046
每股经营现金净流量(元)	0.2738	1.0084	0.5454	1.1315
每股现金流量(元)	−0.9613	3.3756	−0.0986	0.7850
每股资本公积金(元)	2.8174	3.9626	0.3830	0.3830
每股盈余公积金(元)	0.0729	0.0947	0.0924	0.0924
每股未分配利润(元)	2.6499	2.9980	3.1569	2.5299
净资产收益率(%)	7.6087	13.9793	13.5367	27.2340
加权净资产收益率(%)	7.7800	24.7600	14.5200	31.1600
净资产收益率(扣除)(%)	6.8621	13.7435	13.2178	26.4604
总资产(万元)	93241.42	83411.82	46223.79	41786.48
归属母公司股东权益(万元)	68013.73	64439.05	27791.51	24027.68
营业收入(万元)	21886.53	40241.76	17422.92	32323.06
营业支出(万元)	11458.65	22007.87	9805.62	18165.25
投资收益(万元)	−	−	−	−
净利润(万元)	5174.95	9008.10	3762.05	6543.69
营业利润(万元)	5718.62	10320.52	4286.67	7172.50
利润总额(万元)	6316.00	10499.28	4399.21	7391.17

北京无线天利移动信息技术股份有限公司

公司概况

公司名称	北京无线天利移动信息技术股份有限公司			证券简称	京天利
法人代表	钱永耀	董秘	陈洪亮	证券代码	300399
公司网址	www.ihandy.cn		电子信箱	irm@ihandy.cn	
电　　话	010-57551169 57551331		传　　真	010-57551123	
办公地址	北京市石景山区实兴大街 30 号院 6 号楼 901 室				
经营范围	因特网信息服务业务				

主要财务指标

指标＼报告期	2015.06.30	2014.12.31	2014.06.30	2013.12.31
基本每股收益(元)	0.1800	0.5700	0.3400	0.7600
基本每股收益(扣除后)(元)	0.1100	0.4900	−	−
稀释每股收益(元)	0.1800	0.5700	0.3400	0.7600
每股净资产(元)	5.8705	5.7875	4.6000	4.3600
每股经营现金净流量(元)	0.0267	0.8942	−0.2180	0.2226
每股现金流量(元)	−0.7081	2.3664	−0.8053	−1.5332
每股资本公积金(元)	2.4881	2.4881	0.8177	0.8177
每股盈余公积金(元)	0.2449	0.2449	0.2644	0.2644
每股未分配利润(元)	2.1375	2.0545	2.5178	2.2794
净资产收益率(%)	3.0037	8.0628	7.3600	17.4300
加权净资产收益率(%)	3.0200	11.7400	7.5800	18.9800
净资产收益率(扣除)(%)	1.8713	6.8547	6.3300	16.7100
总资产(万元)	50829.77	47590.12	28891.10	28922.07
归属母公司股东权益(万元)	46963.85	46300.39	27599.52	26168.97
营业收入(万元)	7646.26	13849.11	6760.22	19741.91
营业支出(万元)	5016.36	7045.69	2610.28	9745.15
投资收益(万元)	395.41	641.05	321.50	211.38
净利润(万元)	1512.96	3733.10	2030.55	4561.96
营业利润(万元)	1624.46	4298.16	2380.60	5435.82
利润总额(万元)	1863.63	4315.15	2391.69	5445.70

深圳市劲拓自动化设备股份有限公司

公司概况	公司名称	深圳市劲拓自动化设备股份有限公司			证券简称	劲拓股份
	法人代表	吴限	董秘	王德祥	证券代码	300400
	公司网址	www.jt-ele.com		电子信箱	zqtzb@jt-ele.com	
	电　　话	0755-89481726		传　　真	0755-89481726	
	办公地址	广东省深圳市宝安区西乡街道广深高速公路北侧鹤洲工业区劲拓自动化工业厂区				
	经营范围	兴办实业(具体项目另行申报),机械设备,电子设备及其零配件的购销等				

主要财务指标	指标\报告期	2015.06.30	2014.12.31	2014.06.30	2013.12.31
	基本每股收益(元)	0.1600	0.4900	0.2900	0.5900
	基本每股收益(扣除后)(元)	0.1300	0.4554	0.2700	0.4800
	稀释每股收益(元)	0.1600	0.4900	0.2900	0.5900
	每股净资产(元)	3.0844	4.4921	3.7500	3.4600
	每股经营现金净流量(元)	0.1547	0.3902	0.2128	0.5794
	每股现金流量(元)	-0.0054	1.6719	-0.0126	0.2340
	每股资本公积金(元)	0.6977	1.5466	0.3982	0.3982
	每股盈余公积金(元)	0.1585	0.2378	0.2606	0.2606
	每股未分配利润(元)	1.2281	1.7077	2.0930	1.7985
	净资产收益率(%)	5.0695	8.9295	7.8500	16.9385
	加权净资产收益率(%)	5.1100	12.6600	8.1700	18.1600
	净资产收益率(扣除)(%)	4.3321	8.2378	7.2466	13.9372
	总资产(万元)	47680.87	45759.78	32739.07	31146.63
	归属母公司股东权益(万元)	37013.03	35936.64	22511.06	20743.94
	营业收入(万元)	13483.61	26983.08	13400.11	24376.54
	营业支出(万元)	8110.79	16463.31	8058.03	14937.02
	投资收益(万元)	20.68	-	-	384.67
	净利润(万元)	1861.35	3186.44	1767.13	3513.71
	营业利润(万元)	1670.09	2841.12	1758.86	3235.93
	利润总额(万元)	2204.10	3713.28	2091.84	4030.93

浙江花园生物高科股份有限公司

公司概况	公司名称	浙江花园生物高科股份有限公司			证券简称	花园生物
	法人代表	邵钦祥	董秘	喻铨衡	证券代码	300401
	公司网址	www.hybiotech.com		电子信箱	gkstock@hybiotech.cn	
	电　　话	0579-86271622		传　　真	0579-86271615	
	办公地址	浙江省金华市东阳市南马镇花园村				
	经营范围	维生素D3是维生素行业的细分品类				

主要财务指标	指标\报告期	2015.06.30	2014.12.31	2014.06.30	2013.12.31
	基本每股收益(元)	0.0600	0.5100	0.2200	0.5400
	基本每股收益(扣除后)(元)	0.0400	0.4200	-	-
	稀释每股收益(元)	0.0600	0.5100	0.2200	0.5400
	每股净资产(元)	3.9184	3.9086	-	8.0900
	每股经营现金净流量(元)	0.1292	-0.1315	0.2495	0.9578
	每股现金流量(元)	0.0543	0.0554	0.1701	-1.3157
	每股资本公积金(元)	0.2788	1.5577	0.4774	0.4774
	每股盈余公积金(元)	0.2256	0.4513	0.5673	0.5673
	每股未分配利润(元)	2.4140	4.8082	6.2658	6.0472
	净资产收益率(%)	1.5270	5.2590	-	6.6211
	加权净资产收益率(%)	1.5300	6.2900	-	6.8500
	净资产收益率(扣除)(%)	1.0019	4.3592	-	-
	总资产(万元)	74561.16	75524.39	59923.72	58385.13
	归属母公司股东权益(万元)	71080.41	70902.02	56511.80	55025.27
	营业收入(万元)	7122.05	15884.04	7236.71	18438.65
	营业支出(万元)	3503.39	6655.01	3221.00	10116.85
	投资收益(万元)	236.73	559.23	304.81	289.79
	净利润(万元)	1085.39	3715.08	1486.53	3643.29
	营业利润(万元)	1083.08	4115.32	1835.62	3513.02
	利润总额(万元)	1286.08	4358.51	1909.37	3988.28

南京宝色股份公司

公司概况	公司名称	南京宝色股份公司			证券简称	宝色股份
	法人代表	高颀	董秘	申克义	证券代码	300402
	公司网址	www.baose.com		电子信箱	dsoffice@baose.com	
	电　　话	025-51180028		传　　真	025-51180028	
	办公地址	江苏省南京市江宁滨江经济开发区景明大街15号				
	经营范围	研发,制造,安装,维修,销售,技术咨询;金属腐蚀试验检测等				

主要财务指标	指标\报告期	2015.06.30	2014.12.31	2014.06.30	2013.12.31
	基本每股收益(元)	0.0100	0.2821	0.1400	0.3800
	基本每股收益(扣除后)(元)	-0.0080	0.2100	0.1100	0.2900
	稀释每股收益(元)	0.0100	0.2821	0.1400	0.3800
	每股净资产(元)	3.4389	3.4709	3.1600	3.0100
	每股经营现金净流量(元)	0.1529	0.3812	0.0410	0.0382
	每股现金流量(元)	-0.5020	0.9865	-0.1580	0.0539
	每股资本公积金(元)	1.1100	1.1100	0.5002	0.5002
	每股盈余公积金(元)	0.1485	0.1485	0.1680	0.1680
	每股未分配利润(元)	1.1804	1.2124	1.4903	1.3466
	净资产收益率(%)	0.2917	6.5894	4.5476	12.6047
	加权净资产收益率(%)	0.2900	8.7500	4.6500	13.4500
	净资产收益率(扣除)(%)	-0.2334	4.9176	3.4871	9.6001
	总资产(万元)	153005.18	151103.53	125066.42	121703.17
	归属母公司股东权益(万元)	69466.43	70112.20	47692.63	45523.78
	营业收入(万元)	30722.15	68732.42	30978.23	78911.42
	营业支出(万元)	24047.39	50458.81	22321.91	59294.43
	投资收益(万元)	-	-	-	-
	净利润(万元)	202.63	4619.95	2168.85	5738.12
	营业利润(万元)	112.43	4043.20	2000.21	5073.94
	利润总额(万元)	495.53	5313.88	2551.37	6588.99

江门市地尔汉宇电器股份有限公司

公司概况	公司名称	江门市地尔汉宇电器股份有限公司			证券简称	地尔汉宇
	法人代表	石华山	董秘	马俊涛	证券代码	300403
	公司网址	www.idearhanyu.com		电子信箱	idearhanyu@oceanhanyu.com	
	电　　话	0750-3839060		传　　真	0750-3839366	
	办公地址	广东省江门市高新技术开发区清澜路336号				
	经营范围	高效节能家用电器排水泵的研发、生产和销售				

主要财务指标	指标\报告期	2015.06.30	2014.12.31	2014.06.30	2013.12.31
	基本每股收益(元)	0.4935	1.2417	0.5915	1.1854
	基本每股收益(扣除后)(元)	0.4857	1.2342	0.5932	1.1760
	稀释每股收益(元)	0.4935	1.2417	0.5915	1.1854
	每股净资产(元)	8.5176	8.5241	4.7000	4.4133
	每股经营现金净流量(元)	0.5804	0.6832	0.4536	1.0921
	每股现金流量(元)	-1.5375	4.6380	0.0249	-0.2799
	每股资本公积金(元)	4.8037	4.8037	0.7801	0.7801
	每股盈余公积金(元)	0.3217	0.3217	0.2941	0.2941
	每股未分配利润(元)	2.3922	2.3987	2.6307	2.3391
	净资产收益率(%)	5.7940	11.4873	12.5731	26.8589
	加权净资产收益率(%)	5.7400	22.4500	12.5600	26.8600
	净资产收益率(扣除)(%)	5.7028	11.4171	12.6088	26.6466
	总资产(万元)	123469.91	124040.31	-	-
	归属母公司股东权益(万元)	114136.23	114223.23	47048.58	44133.12
	营业收入(万元)	33023.05	64914.36	30340.22	59529.72
	营业支出(万元)	20853.31	41771.11	19250.02	37606.18
	投资收益(万元)	7.89	-	-	-
	净利润(万元)	6500.76	13105.45	5915.47	11853.68
	营业利润(万元)	7726.73	15264.73	7012.69	13713.34
	利润总额(万元)	7838.66	15314.13	6992.94	13823.60

广州博济医药生物技术股份有限公司

公司概况					
公司名称	广州博济医药生物技术股份有限公司			证券简称	博济医药
法人代表	王廷春	董秘	郑蕾	证券代码	300404
公司网址	www.gzboji.com		电子信箱	board@gzboji.com	
电　　话	020-28081015		传　　真	020-38473053	
办公地址	广东省广州市天河区龙怡路117号1506房				
经营范围	接受医药企业和其他新药研发机构委托提供新药研发外包服务				

主要财务指标：指标\报告期	2015.06.30	2014.12.31	2014.06.30	2013.12.31
基本每股收益(元)	0.2200	0.7600	0.2300	0.7000
基本每股收益(扣除后)(元)	0.2200	0.7500	–	0.6900
稀释每股收益(元)	0.2200	0.7600	0.2300	0.7000
每股净资产(元)	6.2906	4.3697	–	4.1100
每股经营现金净流量(元)	0.0112	0.5138	–	0.8696
每股现金流量(元)	2.8206	–0.4382	–	0.8110
每股资本公积金(元)	3.3800	1.0695	–	1.0695
每股盈余公积金(元)	0.1662	0.2217	–	0.1586
每股未分配利润(元)	1.7444	2.0785	–	1.8823
净资产收益率(%)	2.9513	17.3759	–	17.1096
加权净资产收益率(%)	4.3100	18.2700	5.6900	18.7100
净资产收益率(扣除)(%)	2.8766	17.0881	–	16.8876
总资产(万元)	51135.63	31026.30	–	29363.80
归属母公司股东权益(万元)	41939.76	21848.37	–	20552.01
营业收入(万元)	6136.36	14387.36	5231.15	13641.19
营业支出(万元)	3291.80	7285.47	2740.51	7320.24
投资收益(万元)	–	–	–	–
净利润(万元)	1237.77	3796.36	1154.20	3516.37
营业利润(万元)	1412.34	4396.10	1329.59	4093.74
利润总额(万元)	1449.20	4471.27	1362.84	4147.50

辽宁科隆精细化工股份有限公司

公司概况					
公司名称	辽宁科隆精细化工股份有限公司			证券简称	科隆精化
法人代表	姜艳	董秘	王笑衡	证券代码	300405
公司网址	www.kelongchem.com		电子信箱	kelong@kelongchem.com	
电　　话	0419-5589876		传　　真	0419-5589837	
办公地址	辽宁省辽阳市宏伟区万和七路36号				
经营范围	公司主要从事以环氧乙烷为主要原料的精细化工新材料系列产品研发、生产与销售等				

主要财务指标：指标\报告期	2015.06.30	2014.12.31	2014.06.30	2013.12.31
基本每股收益(元)	0.0301	0.7096	0.6200	1.0300
基本每股收益(扣除后)(元)	0.0153	0.6067	0.5900	0.9600
稀释每股收益(元)	0.0301	0.7096	–	–
每股净资产(元)	9.0160	9.1796	7.2100	6.5700
每股经营现金净流量(元)	–1.7970	0.1267	0.6940	–2.2155
每股现金流量(元)	–1.6774	3.1294	0.7511	–0.4066
每股资本公积金(元)	4.0477	4.0477	0.8364	0.8364
每股盈余公积金(元)	0.4001	0.4001	0.4698	0.4698
每股未分配利润(元)	3.5123	3.6822	4.8490	4.2243
净资产收益率(%)	0.3339	6.1197	8.6640	15.7187
加权净资产收益率(%)	0.3300	9.5700	9.0700	17.1200
净资产收益率(扣除)(%)	0.1693	5.2327	8.1731	14.6104
总资产(万元)	137693.05	140649.28	107682.07	95126.58
归属母公司股东权益(万元)	61308.80	62421.15	36772.54	33524.29
营业收入(万元)	38576.41	113730.78	58677.86	100388.81
营业支出(万元)	32492.01	95747.21	48676.93	83417.22
投资收益(万元)	–	–	–	–
净利润(万元)	204.38	3818.49	3185.96	5269.58
营业利润(万元)	249.92	4015.33	3573.08	5792.13
利润总额(万元)	371.81	4710.20	3782.67	6229.23

北京九强生物技术股份有限公司

公司概况					
公司名称	北京九强生物技术股份有限公司			证券简称	九强生物
法人代表	邹左军	董秘	王建民	证券代码	300406
公司网址	www.bsbe.com.cn		电子信箱	jiuqiangzhengquan@bsbe.com.cn	
电　　话	010-82247199		传　　真	010-82012812	
办公地址	北京市海淀区花园东路15号旷怡大厦5层				
经营范围	主要从事体外诊断试剂的研发、生产和销售，并辅以销售生化分析仪器				

主要财务指标：指标\报告期	2015.06.30	2014.12.31	2014.06.30	2013.12.31
基本每股收益(元)	0.4289	2.0200	0.9900	1.8100
基本每股收益(扣除后)(元)	0.4243	1.9600	0.9800	1.7700
稀释每股收益(元)	0.4289	2.0200	0.9900	1.8100
每股净资产(元)	4.1451	7.9324	5.7500	4.7600
每股经营现金净流量(元)	0.2383	1.2613	0.5089	1.4719
每股现金流量(元)	–0.0380	3.6727	0.4904	0.3555
每股资本公积金(元)	0.9444	2.8888	0.8380	0.8380
每股盈余公积金(元)	0.3013	0.5169	0.5316	0.4325
每股未分配利润(元)	1.8994	3.5267	3.3848	2.4925
净资产收益率(%)	10.3469	21.3409	17.2281	37.9246
加权净资产收益率(%)	10.4700	33.3500	18.8500	39.9800
净资产收益率(扣除)(%)	10.2355	20.6320	16.9558	37.1522
总资产(万元)	111095.29	104447.18	62191.72	52088.00
归属母公司股东权益(万元)	103154.47	98702.69	57544.39	47630.60
营业收入(万元)	26625.23	50827.43	23148.56	44462.54
营业支出(万元)	7775.59	14576.77	5984.56	14121.11
投资收益(万元)	–	–	–	–
净利润(万元)	10673.28	21064.09	9913.79	18063.74
营业利润(万元)	12420.33	23802.76	11438.64	20729.74
利润总额(万元)	12555.47	24626.02	11622.94	21162.57

天津凯发电气股份有限公司

公司概况					
公司名称	天津凯发电气股份有限公司			证券简称	凯发电气
法人代表	孔祥洲	董秘	蔡登明	证券代码	300407
公司网址	www.keyvia.cn		电子信箱	zhengquan@keyvia.cn	
电　　话	022-60128018		传　　真	022-60128001*8049	
办公地址	天津滨海高新区华苑产业园(环外)海泰发展二路15号				
经营范围	铁路供电及城市轨道交通自动化设备和系统的研发、生产、销售与技术服务				

主要财务指标：指标\报告期	2015.06.30	2014.12.31	2014.06.30	2013.12.31
基本每股收益(元)	0.2600	1.4000	0.3400	1.3300
基本每股收益(扣除后)(元)	0.2600	1.3000	0.6700	1.3000
稀释每股收益(元)	0.2600	1.4000	0.3400	1.3300
每股净资产(元)	5.5710	5.3825	6.8500	6.2811
每股经营现金净流量(元)	–0.3232	0.6452	–0.6261	0.8067
每股现金流量(元)	–1.2371	3.8006	–1.0474	0.4570
每股资本公积金(元)	1.9055	4.8111	0.0148	0.0148
每股盈余公积金(元)	0.2260	0.4520	0.5415	0.4514
每股未分配利润(元)	2.4395	4.5020	5.2948	4.8149
净资产收益率(%)	4.7296	10.0260	9.7803	21.2206
加权净资产收益率(%)	4.7900	19.1800	10.1500	22.8100
净资产收益率(扣除)(%)	4.5999	9.3354	9.7608	20.7308
总资产(万元)	101656.75	108138.55	69077.14	69711.71
归属母公司股东权益(万元)	75766.05	73202.66	34940.96	32033.61
营业收入(万元)	20088.23	34150.26	15420.66	29601.51
营业支出(万元)	11551.50	17109.67	7981.48	14970.23
投资收益(万元)	217.56	686.25	257.57	415.59
净利润(万元)	3657.22	7394.80	3431.33	6855.07
营业利润(万元)	3951.67	7542.28	3879.51	7368.66
利润总额(万元)	4251.75	8672.11	4004.26	7997.94

潮州三环(集团)股份有限公司

公司概况

公司名称	潮州三环(集团)股份有限公司			证券简称	三环集团
法人代表	张万镇	董秘	徐瑞英	证券代码	300408
公司网址	www.cctc.cc		电子信箱	dsh@cctc.cc	
电　　话	0768-6850192		传　　真	0768-6850193	
办公地址	广东省潮州市凤塘三环工业城内综合楼				
经营范围	研究、开发、生产、销售各类型电子元器件				

主要财务指标

指标\报告期	2015.06.30	2014.12.31	2014.06.30	2013.12.31
基本每股收益(元)	0.4500	1.6800	0.3900	1.4800
基本每股收益(扣除后)(元)	0.4300	1.6300	0.7300	1.4600
稀释每股收益(元)	0.4500	1.6800	0.3900	1.4800
每股净资产(元)	4.4100	8.4200	5.0900	10.1500
每股经营现金净流量(元)	0.2029	1.6454	0.7740	3.7067
每股现金流量(元)	–0.6178	2.4931	–0.2188	–0.2182
每股资本公积金(元)	0.9752	2.9505	0.0301	0.0663
每股盈余公积金(元)	0.3725	0.7450	0.6630	1.4585
每股未分配利润(元)	2.0626	3.7274	3.3994	7.6375
净资产收益率(%)	10.1817	17.9560	14.6593	32.0523
加权净资产收益率(%)	10.2200	30.5700	17.0500	33.9700
净资产收益率(扣除)(%)	9.6763	17.4732	14.2710	31.6192
总资产(万元)	439505.37	421424.30	262247.00	243903.35
归属母公司股东权益(万元)	378075.23	361030.54	194808.98	176677.18
营业收入(万元)	119654.63	220039.85	108844.57	202386.49
营业支出(万元)	62678.37	115542.50	57412.65	109555.80
投资收益(万元)	1664.05	450.87	140.30	25.27
净利润(万元)	38583.92	65002.93	32032.20	56782.46
营业利润(万元)	44938.99	74757.18	37220.26	66201.72
利润总额(万元)	45513.36	76363.34	38047.28	67093.83

广东道氏技术股份有限公司

公司概况

公司名称	广东道氏技术股份有限公司			证券简称	道氏技术
法人代表	荣继华	董秘	秦智宏	证券代码	300409
公司网址	www.dowstone.com.cn		电子信箱	dm@dowstone.com.cn	
电　　话	0757-82260396		传　　真	0757-82106833	
办公地址	广东省佛山市禅城区季华四路意美家卫浴陶瓷世界30栋2楼				
经营范围	无机非金属材料、高分子材料、陶瓷色釉料及原辅料、陶瓷添加剂等				

主要财务指标

指标\报告期	2015.06.30	2014.12.31	2014.06.30	2013.12.31
基本每股收益(元)	0.3980	1.4400	0.4990	1.2400
基本每股收益(扣除后)(元)	0.3950	1.4300	0.7500	1.1300
稀释每股收益(元)	0.3980	1.4400	0.4990	1.2400
每股净资产(元)	5.8538	8.6835	5.6400	5.2100
每股经营现金净流量(元)	–0.8866	0.7389	–0.0698	–0.0032
每股现金流量(元)	–2.3430	4.2376	–0.0763	–0.1393
每股资本公积金(元)	2.5005	4.2507	0.7949	0.7949
每股盈余公积金(元)	0.2632	0.3948	0.3746	0.3746
每股未分配利润(元)	2.0902	3.0380	3.4680	3.0398
净资产收益率(%)	6.8016	12.8060	13.2725	23.7203
加权净资产收益率(%)	6.7100	24.1300	13.8000	26.4300
净资产收益率(扣除)(%)	6.7540	12.6771	13.2610	21.6297
总资产(万元)	78433.84	81540.86	52967.99	43763.79
归属母公司股东权益(万元)	57075.03	56443.00	27482.72	25395.07
营业收入(万元)	24285.80	44679.26	21066.85	31926.52
营业支出(万元)	13816.40	24564.60	11393.00	17389.87
投资收益(万元)	–	–	–	–
净利润(万元)	3876.37	7228.11	3647.65	6023.79
营业利润(万元)	4580.68	8233.21	4292.69	6356.67
利润总额(万元)	4612.65	8319.04	4298.19	6985.08

广东正业科技股份有限公司

公司概况

公司名称	广东正业科技股份有限公司			证券简称	正业科技
法人代表	徐地华	董秘	秦艳平	证券代码	300410
公司网址	www.zhengyee.com		电子信箱	ir@zhengyee.com	
电　　话	0769-88774270		传　　真	0769-88774271	
办公地址	广东省东莞市松山湖科技产业园区科技九路2号				
经营范围	主要从事PCB精密加工检测设备及辅助材料的研发、生产、销售和服务				

主要财务指标

指标\报告期	2015.06.30	2014.12.31	2014.06.30	2013.12.31
基本每股收益(元)	0.2800	0.7400	0.4000	0.7300
基本每股收益(扣除后)(元)	0.2200	0.5700	0.3800	0.6300
稀释每股收益(元)	0.2800	0.7400	0.4000	0.7300
每股净资产(元)	6.5904	5.3824	5.2100	4.9109
每股经营现金净流量(元)	–0.3360	–0.0255	0.0003	0.2153
每股现金流量(元)	–0.7283	2.0709	–0.1232	–0.2236
每股资本公积金(元)	2.3820	2.3820	0.5605	0.5605
每股盈余公积金(元)	0.2480	0.2480	0.2698	0.2698
每股未分配利润(元)	2.9604	2.7450	3.3760	3.0806
净资产收益率(%)	4.1794	8.7083	7.5947	0.1482
加权净资产收益率(%)	4.2200	14.1700	7.7700	16.0100
净资产收益率(扣除)(%)	3.2830	6.6840	7.2061	12.8368
总资产(万元)	49498.66	49637.52	35226.49	33190.21
归属母公司股东权益(万元)	39542.43	38249.80	23428.29	22098.91
营业收入(万元)	15776.26	31107.47	16355.19	26405.77
营业支出(万元)	10178.46	20484.34	10713.72	16676.40
投资收益(万元)	–	–	–	–
净利润(万元)	1652.64	3330.89	1779.39	3276.52
营业利润(万元)	1507.53	2928.49	1971.22	3280.87
利润总额(万元)	1924.53	3839.39	2078.30	3798.19

浙江金盾风机股份有限公司

公司概况

公司名称	浙江金盾风机股份有限公司			证券简称	金盾股份
法人代表	王淼根	董秘	管美丽	证券代码	300411
公司网址	www.jindunfan.com		电子信箱	zqb@jindun.cc	
电　　话	0575-82952012		传　　真	0575-82952018	
办公地址	浙江省绍兴市上虞区章镇工业园区				
经营范围	从事风机、消声器、风阀等通风设备及通风系统的研发、生产和销售				

主要财务指标

指标\报告期	2015.06.30	2014.12.31	2014.06.30	2013.12.31
基本每股收益(元)	0.1400	0.6700	0.1500	0.7900
基本每股收益(扣除后)(元)	0.1300	0.6300	0.2900	0.7400
稀释每股收益(元)	0.1400	0.6700	0.1500	0.7900
每股净资产(元)	3.2875	6.3987	4.5200	4.2085
每股经营现金净流量(元)	–0.3172	–0.2272	–0.0114	–0.8722
每股现金流量(元)	–1.4968	2.4513	–0.2038	–1.1723
每股资本公积金(元)	1.2502	3.4980	1.3460	1.3460
每股盈余公积金(元)	0.0950	0.1901	0.1862	0.1862
每股未分配利润(元)	0.9423	1.7106	1.9853	1.6762
净资产收益率(%)	4.1658	7.8751	6.8418	18.6794
加权净资产收益率(%)	4.1900	14.7800	7.0800	20.6000
净资产收益率(扣除)(%)	3.9691	7.4101	6.3175	17.6942
总资产(万元)	74712.10	84702.77	58720.83	51281.49
归属母公司股东权益(万元)	52599.75	51189.49	27105.20	25250.71
营业收入(万元)	16271.17	30893.87	16185.68	29470.16
营业支出(万元)	9730.82	19125.12	10027.75	18111.98
投资收益(万元)	–	–	–	–
净利润(万元)	2191.18	4031.20	1854.49	4716.68
营业利润(万元)	2426.27	4727.30	2347.07	4976.33
利润总额(万元)	2531.98	4975.70	2517.88	5242.03

浙江迦南科技股份有限公司

公司概况						
公司概况	公司名称	浙江迦南科技股份有限公司			证券简称	迦南科技
	法人代表	方亨志	董秘	陈永兴	证券代码	300412
	公司网址	www.china-jianan.com		电子信箱	dsb@china-jianan.com	
	电　话	0577-67976666		传　真	0577-67378833	
	办公地址	浙江省温州市永嘉县瓯北镇东瓯工业园区园区大道				
	经营范围	固体制剂设备的研发,生产和销售				

主要财务指标	指标\报告期	2015.06.30	2014.12.31	2014.06.30	2013.12.31
	基本每股收益(元)	0.1800	1.0700	0.3800	0.8700
	基本每股收益(扣除后)(元)	0.1700	0.9700	0.3400	0.8000
	稀释每股收益(元)	0.1800	1.0700	0.3800	0.8700
	每股净资产(元)	3.0853	6.6941	4.4244	4.2416
	每股经营现金净流量(元)	-0.0535	0.7285	0.5211	0.5212
	每股现金流量(元)	-0.8182	3.4830	-0.4631	-0.3429
	每股资本公积金(元)	0.8029	2.9663	0.4690	0.4690
	每股盈余公积金(元)	0.1458	0.3209	0.3226	0.3226
	每股未分配利润(元)	1.1366	2.4070	2.6326	2.4500
	净资产收益率(%)	5.7972	11.9625	8.6486	20.4637
	加权净资产收益率(%)	5.7900	22.8600	8.6300	22.5400
	净资产收益率(扣除)(%)	5.5048	10.8738	7.6310	18.7951
	总资产(万元)	44827.60	45517.37	26575.43	23981.73
	归属母公司股东权益(万元)	36245.96	35746.71	17696.90	16966.36
	营业收入(万元)	9521.32	18381.00	7113.45	15424.93
	营业支出(万元)	4638.19	9113.80	3576.16	8020.76
	投资收益(万元)	-	-	-	-
	净利润(万元)	2101.25	4276.21	1530.54	3471.94
	营业利润(万元)	2386.81	4497.46	1623.65	3683.72
	利润总额(万元)	2516.68	4960.79	1841.35	4019.49

快乐购物股份有限公司

公司概况						
公司概况	公司名称	快乐购物股份有限公司			证券简称	快乐购
	法人代表	陈刚	董秘	李牛	证券代码	300413
	公司网址	www.happigo.com		电子信箱	happigo@happigo.com	
	电　话	0731-82168010		传　真	0731-82168899	
	办公地址	湖南省长沙市金鹰影视文化城				
	经营范围	日用化学品、日用百货、文体用品、玩具、五金工具、家用电器、首饰珠宝零售等				

主要财务指标	指标\报告期	2015.06.30	2014.12.31	2014.06.30	2013.12.31
	基本每股收益(元)	0.1120	0.4700	0.2400	0.5600
	基本每股收益(扣除后)(元)	0.1029	0.3900	0.2300	0.4800
	稀释每股收益(元)	0.1120	0.4700	0.2400	0.5600
	每股净资产(元)	3.8031	2.9062	2.6845	2.5900
	每股经营现金净流量(元)	0.1080	0.3227	0.0307	0.7406
	每股现金流量(元)	1.5298	-0.0739	-0.2133	0.4778
	每股资本公积金(元)	1.6747	0.5377	0.5377	0.5377
	每股盈余公积金(元)	0.1404	0.1700	0.1214	0.1214
	每股未分配利润(元)	0.9880	1.1984	1.0254	0.9323
	净资产收益率(%)	2.8596	16.0205	9.0857	21.5532
	加权净资产收益率(%)	3.0100	17.2500	9.3300	23.1900
	净资产收益率(扣除)(%)	2.6268	13.5341	8.6460	18.5013
	总资产(万元)	219164.92	147249.68	126775.42	139716.35
	归属母公司股东权益(万元)	152503.12	96196.11	88858.33	85776.63
	营业收入(万元)	148214.71	273801.14	138166.26	314987.52
	营业支出(万元)	109995.85	197493.95	99996.01	232360.35
	投资收益(万元)	-	-	-	-
	净利润(万元)	4359.26	15411.14	8073.37	18487.64
	营业利润(万元)	4026.13	13099.78	7836.56	15989.69
	利润总额(万元)	4381.14	15491.63	8227.21	18607.58

四川中光防雷科技股份有限公司

公司概况						
公司概况	公司名称	四川中光防雷科技股份有限公司			证券简称	中光防雷
	法人代表	王德言	董秘	周辉	证券代码	300414
	公司网址	www.zhongguang.com		电子信箱	zhouhui@zhongguang.com	
	电　话	028-66755418		传　真	028-87843532	
	办公地址	四川省成都市高新区西部园区天宇路 19 号				
	经营范围	研发、设计、生产、销售避雷器材及设备				

主要财务指标	指标\报告期	2015.06.30	2014.12.31	2014.06.30	2013.12.31
	基本每股收益(元)	0.4900	1.5400	0.7600	0.6800
	基本每股收益(扣除后)(元)	0.4500	1.4800	-	0.6400
	稀释每股收益(元)	0.4900	1.5400	0.7600	0.6800
	每股净资产(元)	7.5734	5.0291	-	3.0500
	每股经营现金净流量(元)	0.3352	1.6562	-	0.7437
	每股现金流量(元)	1.8801	1.3425	-	0.5589
	每股资本公积金(元)	3.4983	0.5800	-	0.5800
	每股盈余公积金(元)	0.3338	0.3790	-	0.1525
	每股未分配利润(元)	2.7413	3.0701	-	1.3208
	净资产收益率(%)	6.4491	30.7081	-	22.1472
	加权净资产收益率(%)	10.6900	35.8900	19.3200	24.7200
	净资产收益率(扣除)(%)	5.9880	29.5210	-	20.8610
	总资产(万元)	74553.35	46768.79	-	26183.42
	归属母公司股东权益(万元)	63817.54	31781.31	-	19294.95
	营业收入(万元)	18420.87	45652.84	22868.87	22433.20
	营业支出(万元)	11798.50	28152.89	13991.45	13436.23
	投资收益(万元)	-	-	-	-
	净利润(万元)	4115.63	9759.44	4833.82	4273.29
	营业利润(万元)	4681.26	10799.24	5387.91	4704.76
	利润总额(万元)	4985.83	11243.09	5609.82	4996.73

广东伊之密精密机械股份有限公司

公司概况						
公司概况	公司名称	广东伊之密精密机械股份有限公司			证券简称	伊之密
	法人代表	陈敬财	董秘	张涛	证券代码	300415
	公司网址	www.yizumi-group.com		电子信箱	zhangt@yizumi-group.com	
	电　话	0757-29262160		传　真	0757-29262266	
	办公地址	广东省佛山市顺德高新区(容桂)科苑三路 22 号				
	经营范围	生产经营、研究伺服高精密注塑机、压铸机、橡胶注射成型机等				

主要财务指标	指标\报告期	2015.06.30	2014.12.31	2014.06.30	2013.12.31
	基本每股收益(元)	0.3900	0.8400	0.4800	0.8800
	基本每股收益(扣除后)(元)	0.3500	0.7600	-	0.7800
	稀释每股收益(元)	0.3900	0.8400	0.4800	0.8800
	每股净资产(元)	6.1470	2.1166	-	3.3775
	每股经营现金净流量(元)	0.1585	0.3521	-	0.4979
	每股现金流量(元)	0.2103	-0.3643	-	-0.1304
	每股资本公积金(元)	2.9018	0.1957	-	0.1957
	每股盈余公积金(元)	0.3556	0.4741	-	0.3772
	每股未分配利润(元)	1.8471	2.5262	-	1.7782
	净资产收益率(%)	6.0596	19.9601	-	25.9088
	加权净资产收益率(%)	6.4200	22.2000	13.2600	29.1600
	净资产收益率(扣除)(%)	5.3854	18.0155	-	23.1743
	总资产(万元)	138672.77	127555.69	-	102393.98
	归属母公司股东权益(万元)	73764.31	38098.72	-	30397.81
	营业收入(万元)	60494.03	117514.01	60081.96	104346.56
	营业支出(万元)	39415.84	79828.60	40995.72	71305.66
	投资收益(万元)	-	-	-	-
	净利润(万元)	4718.93	7581.19	4327.13	8256.00
	营业利润(万元)	4664.46	8183.98	5197.95	8906.18
	利润总额(万元)	5257.74	9056.86	5806.71	9929.84

苏州苏试试验仪器股份有限公司

公司概况	公司名称	苏州苏试试验仪器股份有限公司		证券简称	苏试试验
	法人代表	钟琼华	董秘	陈英	证券代码	300416
	公司网址	www.chinasti.com		电子信箱	sushi@chinasti.com
	电　话	0512-66658033		传　真	0512-66658030
	办公地址	江苏省苏州市工业园区中新科技城唯亭镇科峰路 18 号			
	经营范围	研发、组装加工生产振动试验仪器			

主要财务指标	指标\报告期	2015.06.30	2014.12.31	2014.06.30	2013.12.31
	基本每股收益(元)	0.2800	0.8448	0.3100	0.7781
	基本每股收益(扣除后)(元)	0.2400	0.7726	0.3000	0.6700
	稀释每股收益(元)	0.2800	0.8448	0.3100	0.7781
	每股净资产(元)	6.5756	5.6412	5.1100	4.7998
	每股经营现金净流量(元)	-0.0549	0.9271	-0.1672	0.9079
	每股现金流量(元)	0.6589	-0.0895	-0.7763	0.4578
	每股资本公积金(元)	3.2310	1.6079	1.6079	1.6114
	每股盈余公积金(元)	0.1705	0.2273	0.1666	0.1666
	每股未分配利润(元)	2.1741	2.8059	2.3357	2.0218
	净资产收益率(%)	4.1015	14.9759	6.1421	16.2103
	加权净资产收益率(%)	4.3300	16.1800	6.3300	17.6400
	净资产收益率(扣除)(%)	3.4872	13.6959	5.9451	13.9650
	总资产(万元)	51937.30	43654.12	37463.08	36329.53
	归属母公司股东权益(万元)	41294.82	26570.14	24069.38	22607.05
	营业收入(万元)	13467.65	25397.94	11615.24	22435.75
	营业支出(万元)	7317.95	13213.45	6133.05	11836.66
	投资收益(万元)	-	-	-	-
	净利润(万元)	1875.55	4183.77	1553.24	3777.76
	营业利润(万元)	2176.32	4867.17	1972.12	4157.87
	利润总额(万元)	2479.06	5286.73	2029.51	4775.52

佛山市南华仪器股份有限公司

公司概况	公司名称	佛山市南华仪器股份有限公司			证券简称	南华仪器
	法人代表	杨耀光	董秘	伍颂颖	证券代码	300417
	公司网址	www.nanhua.com.cn		电子信箱	ir@nanhua.com.cn	
	电　话	0757-86718362		传　真	0757-86718963	
	办公地址	广东省佛山市南海区桂城街道夏南路 59 号				
	经营范围	事机动车环保和安全检测用分析仪器及系统研发、生产和销售				

主要财务指标	指标\报告期	2015.06.30	2014.12.31	2014.06.30	2013.12.31
	基本每股收益(元)	0.3552	0.9825	0.4111	0.9408
	基本每股收益(扣除后)(元)	0.3501	0.9572	0.4000	0.9500
	稀释每股收益(元)	0.3552	0.9825	0.4111	0.9408
	每股净资产(元)	8.2748	6.1875	5.6200	5.2049
	每股经营现金净流量(元)	-0.0543	0.6929	-0.0791	0.7458
	每股现金流量(元)	3.2640	0.1829	-0.1222	0.6742
	每股资本公积金(元)	3.9396	0.9288	0.9288	0.9288
	每股盈余公积金(元)	0.3087	0.4116	0.3115	0.3115
	每股未分配利润(元)	3.0272	3.8491	3.3778	2.9667
	净资产收益率(%)	4.1139	15.8787	7.3202	18.0762
	加权净资产收益率(%)	4.4100	17.2500	7.6000	19.8700
	净资产收益率(扣除)(%)	4.0552	15.4698	7.0802	18.3291
	总资产(万元)	36963.44	22171.74	19536.12	18726.40
	归属母公司股东权益(万元)	33761.04	18933.69	17184.53	15926.88
	营业收入(万元)	7820.23	14584.82	6229.70	12542.13
	营业支出(万元)	4117.63	7551.19	3106.94	6075.85
	投资收益(万元)	-	-	-	-
	净利润(万元)	1388.89	3006.42	1257.94	2878.97
	营业利润(万元)	1471.19	3335.65	1371.85	3159.00
	利润总额(万元)	1644.58	3609.28	1517.45	3352.79

北京昆仑万维科技股份有限公司

公司概况	公司名称	北京昆仑万维科技股份有限公司			证券简称	昆仑万维
	法人代表	周亚辉	董秘	周亚辉(代)	证券代码	300418
	公司网址	www.kalends.cn		电子信箱	ir@kunlun-inc.com	
	电　话	010-65210288 65210366		传　真	010-65210399	
	办公地址	北京市东城区西总布胡同 46 号明阳国际中心 B 座				
	经营范围	公司的主营业务集中于网络游戏、的开发和全球发行				

主要财务指标	指标\报告期	2015.06.30	2014.12.31	2014.06.30	2013.12.31
	基本每股收益(元)	0.7000	1.5500	1.1000	2.0800
	基本每股收益(扣除后)(元)	0.5600	1.5300	1.1000	1.1800
	稀释每股收益(元)	0.7000	1.5500	1.1000	2.0800
	每股净资产(元)	8.7266	4.8186	4.7400	4.0640
	每股经营现金净流量(元)	-0.3230	1.8895	1.0858	1.7639
	每股现金流量(元)	0.8102	0.2151	0.3124	1.0806
	每股资本公积金(元)	5.0848	0.7780	0.7780	0.7780
	每股盈余公积金(元)	0.2527	0.3369	0.2445	0.2445
	每股未分配利润(元)	2.5007	2.7398	2.5957	2.0637
	净资产收益率(%)	7.9733	32.2542	23.2732	51.0768
	加权净资产收益率(%)	8.8800	35.8000	23.9100	47.5300
	净资产收益率(扣除)(%)	6.4463	31.7282	23.1750	28.9725
	总资产(万元)	317459.12	146824.31	134911.51	124967.27
	归属母公司股东权益(万元)	244345.48	101190.56	99561.57	85343.28
	营业收入(万元)	88624.42	193414.58	96825.63	150999.28
	营业支出(万元)	32115.84	59814.51	25071.81	43047.63
	投资收益(万元)	3126.45	-1.38	-1.38	17040.44
	净利润(万元)	19482.51	32638.23	23171.16	43590.64
	营业利润(万元)	18966.36	32350.57	27379.06	41968.89
	利润总额(万元)	19660.37	32968.61	27491.62	44201.15

北京浩丰创源科技股份有限公司

公司概况	公司名称	北京浩丰创源科技股份有限公司			证券简称	浩丰科技
	法人代表	孙成文	董秘	杨志炯	证券代码	300419
	公司网址	www.interact.net.cn		电子信箱	haofeng@interact.net.cn	
	电　话	010-82001150		传　真	010-88878800*5678	
	办公地址	北京市石景山区八角东街 65 号融科创意中心大厦 A 座 11 层				
	经营范围	公司是国内领先的营销信息化解决方案提供商				

主要财务指标	指标\报告期	2015.06.30	2014.12.31	2014.06.30	2013.12.31
	基本每股收益(元)	0.5800	1.7400	0.7900	1.6800
	基本每股收益(扣除后)(元)	0.5600	1.7400	-	1.6800
	稀释每股收益(元)	0.5800	1.7400	0.7900	1.6800
	每股净资产(元)	12.7484	5.8800	-	6.4521
	每股经营现金净流量(元)	-0.6493	0.2878	-	1.0312
	每股现金流量(元)	0.3049	-0.1473	-	0.5279
	每股资本公积金(元)	6.4308	0.2524	-	0.2524
	每股盈余公积金(元)	0.3091	0.4125	-	0.2973
	每股未分配利润(元)	5.0084	6.1810	-	4.9024
	净资产收益率(%)	4.5214	22.2262	-	26.1143
	加权净资产收益率(%)	5.0100	24.7000	11.8900	29.6300
	净资产收益率(扣除)(%)	4.3784	22.2170	-	25.9773
	总资产(万元)	60055.05	34662.47	-	30735.58
	归属母公司股东权益(万元)	52395.76	24165.41	-	19872.35
	营业收入(万元)	14923.87	28402.91	13964.08	24770.71
	营业支出(万元)	10976.79	19662.77	9769.49	16925.99
	投资收益(万元)	-	-	-	-
	净利润(万元)	2369.02	5371.06	2443.18	5189.53
	营业利润(万元)	2316.37	5445.73	2628.21	5129.21
	利润总额(万元)	2512.21	5774.30	2834.65	5660.02

徐州五洋科技股份有限公司

公司概况	公司名称	徐州五洋科技股份有限公司			证券简称	五洋科技
	法人代表	侯友夫	董秘	张立永	证券代码	300420
	公司网址	www.wuyangkeji.com		电子信箱	wuyangsh@163.com	
	电　话	0516-83501768		传　真	0516-83502339	
	办公地址	江苏省徐州市铜山新区银山路东,珠江路北				
	经营范围	散料搬运核心装置及设备研发、设计、生产和销售的高新技术企业				

主要财务指标	指标\报告期	2015.06.30	2014.12.31	2014.06.30	2013.12.31
	基本每股收益(元)	0.1355	0.5200	0.2300	0.6400
	基本每股收益(扣除后)(元)	0.1259	0.4900	0.2200	0.5700
	稀释每股收益(元)	0.1355	0.5200	0.2300	0.6400
	每股净资产(元)	4.7854	4.1800	3.8800	3.6593
	每股经营现金净流量(元)	–0.0422	0.1311	0.1915	0.4941
	每股现金流量(元)	1.5936	–0.0412	0.1167	–0.0138
	每股资本公积金(元)	2.4850	1.4473	1.4473	1.4473
	每股盈余公积金(元)	0.1491	0.1987	0.1490	0.1490
	每股未分配利润(元)	1.1514	1.5296	1.2884	1.0631
	净资产收益率(%)	2.5948	12.3645	5.8003	17.4666
	加权净资产收益率(%)	2.9100	13.1800	5.9700	18.5200
	净资产收益率(扣除)(%)	2.4109	11.6635	5.6455	15.6834
	总资产(万元)	46804.84	32937.00	29584.49	28079.69
	归属母公司股东权益(万元)	38283.58	25053.72	23307.88	21955.95
	营业收入(万元)	8130.47	18986.31	7843.69	18464.39
	营业支出(万元)	4789.32	10871.24	4292.83	10042.22
	投资收益(万元)	1.03	1.49	0.58	7.20
	净利润(万元)	993.38	3097.77	1351.93	3834.97
	营业利润(万元)	1072.10	3417.84	1510.16	4026.97
	利润总额(万元)	1154.96	3714.75	1627.00	4396.04

江苏力星通用钢球股份有限公司

公司概况	公司名称	江苏力星通用钢球股份有限公司			证券简称	力星股份
	法人代表	施祥贵	董秘	张邦友	证券代码	300421
	公司网址	www.jgbr.com.cn		电子信箱	board@jgbr.cn	
	电　话	0513-87513793		传　真	0513-87516774	
	办公地址	江苏省如皋市如城街道兴源大道68号				
	经营范围	精密轴承钢球的研发、生产和销售				

主要财务指标	指标\报告期	2015.06.30	2014.12.31	2014.06.30	2013.12.31
	基本每股收益(元)	0.2480	0.6236	0.3267	0.5926
	基本每股收益(扣除后)(元)	0.2301	0.5556	–	0.5298
	稀释每股收益(元)	0.2480	0.6236	0.3267	0.5926
	每股净资产(元)	4.9213	3.8291	–	3.6029
	每股经营现金净流量(元)	0.3750	0.8461	–	0.3963
	每股现金流量(元)	0.4375	0.0130	–	–0.0535
	每股资本公积金(元)	2.8724	1.4403	–	1.4377
	每股盈余公积金(元)	0.1853	0.2471	–	0.1930
	每股未分配利润(元)	0.8636	1.1417	–	0.9722
	净资产收益率(%)	4.6186	16.2854	–	16.4467
	加权净资产收益率(%)	6.3100	15.5300	8.0300	16.6600
	净资产收益率(扣除)(%)	4.2861	14.5091	–	14.7048
	总资产(万元)	70046.26	64376.63	–	55306.33
	归属母公司股东权益(万元)	55118.68	32164.37	–	30264.41
	营业收入(万元)	24010.83	47098.62	22397.98	42411.11
	营业支出(万元)	18518.12	35472.25	17141.20	31805.79
	投资收益(万元)	–	–	–	1.17
	净利润(万元)	2545.69	5373.97	2834.26	5134.61
	营业利润(万元)	2789.23	5643.57	2757.47	5396.35
	利润总额(万元)	3004.84	6316.84	3328.33	6024.03

广西博世科环保科技股份有限公司

公司概况	公司名称	广西博世科环保科技股份有限公司			证券简称	博世科
	法人代表	宋海农	董秘	赵璇	证券代码	300422
	公司网址	www.bossco.cc		电子信箱	bskdb@bossco.cc	
	电　话	0771-3220251		传　真	0771-3220251	
	办公地址	广西壮族自治区南宁市高新区总部路1号东盟企业总部基地一期A12栋				
	经营范围	环保设备制造及销售				

主要财务指标	指标\报告期	2015.06.30	2014.12.31	2014.06.30	2013.12.31
	基本每股收益(元)	0.3500	0.6700	0.2200	0.6000
	基本每股收益(扣除后)(元)	0.3200	0.5800	–	0.4800
	稀释每股收益(元)	0.3500	0.6700	0.2200	0.6000
	每股净资产(元)	5.5664	4.3976	3.9421	3.8300
	每股经营现金净流量(元)	–1.0119	0.0127	–0.5874	–0.2303
	每股现金流量(元)	0.4424	0.0519	–0.5536	0.6998
	每股资本公积金(元)	2.2394	0.6417	0.6417	0.6417
	每股盈余公积金(元)	0.2491	0.2841	0.2307	0.2307
	每股未分配利润(元)	2.0779	2.4717	2.0697	1.9528
	净资产收益率(%)	5.7512	15.2882	5.5021	15.7449
	加权净资产收益率(%)	6.6700	16.3500	5.5100	16.8500
	净资产收益率(扣除)(%)	5.2604	13.1974	–	12.5656
	总资产(万元)	76621.34	59566.97	45316.05	44257.53
	归属母公司股东权益(万元)	34511.44	20448.62	18330.97	17787.39
	营业收入(万元)	22354.17	28031.42	11595.28	20628.08
	营业支出(万元)	15582.73	18672.40	7736.67	13225.45
	投资收益(万元)	–5.73	–4.75	–56.38	–152.94
	净利润(万元)	1983.61	3124.54	1008.58	2800.60
	营业利润(万元)	2060.75	3196.64	908.82	2636.12
	利润总额(万元)	2257.15	3461.82	908.46	3033.99

山东鲁亿通智能电气股份有限公司

公司概况	公司名称	山东鲁亿通智能电气股份有限公司			证券简称	鲁亿通
	法人代表	纪法清	董秘	崔静	证券代码	300423
	公司网址	www.luyitong.com		电子信箱	lyt@luyitong.com	
	电　话	0535-7962672		传　真	0535-7962999	
	办公地址	山东省莱阳市龙门西路256号				
	经营范围	电气成套设备的研发设计、生产与销售				

主要财务指标	指标\报告期	2015.06.30	2014.12.31	2014.06.30	2013.12.31
	基本每股收益(元)	0.2600	0.6500	0.3100	0.0700
	基本每股收益(扣除后)(元)	0.2400	0.6000	–	–
	稀释每股收益(元)	0.2600	0.6500	0.3100	0.0700
	每股净资产(元)	4.7381	3.2551	–	–
	每股经营现金净流量(元)	–0.0302	–0.1317	–	–
	每股现金流量(元)	0.8198	–0.2987	–	–
	每股资本公积金(元)	2.0309	0.1590	–	–
	每股盈余公积金(元)	0.1572	0.2096	–	–
	每股未分配利润(元)	1.5500	1.8865	–	–
	净资产收益率(%)	4.9618	19.9309	–	–
	加权净资产收益率(%)	5.8800	22.1400	11.1400	2.5200
	净资产收益率(扣除)(%)	4.6804	18.3667	–	–
	总资产(万元)	57958.13	47438.27	–	–
	归属母公司股东权益(万元)	41695.59	21483.73	–	–
	营业收入(万元)	15887.05	30404.88	15017.50	5048.53
	营业支出(万元)	10683.19	21020.33	10447.47	3746.72
	投资收益(万元)	–	–	–	–
	净利润(万元)	2068.86	4281.89	2029.77	439.72
	营业利润(万元)	2506.88	4280.46	2171.86	434.82
	利润总额(万元)	2663.34	4675.80	2334.36	521.07

广州航新航空科技股份有限公司

公司概况					
公司名称	广州航新航空科技股份有限公司			证券简称	航新科技
法人代表	卜范胜	董秘	李凤瑞	证券代码	300424
公司网址	www.hangxin.com			电子信箱	securities@hangxin.com
电　话	020-66350978			传　真	020-66354166
办公地址	广东省广州市经济技术开发区科学城光宝路1号				
经营范围	从事航空机载设备研制、机载设备检测设备研制和机载设备维修服务等				

主要财务指标

指标\报告期	2015.06.30	2014.12.31	2014.06.30	2013.12.31
基本每股收益(元)	0.2189	0.8100	0.2756	0.7400
基本每股收益(扣除后)(元)	0.2102	0.7200	0.2400	0.6800
稀释每股收益(元)	0.2189	0.8100	0.2756	0.7400
每股净资产(元)	6.1227	4.5051	3.9700	3.8500
每股经营现金净流量(元)	-0.5839	0.5042	-0.6429	1.7108
每股现金流量(元)	0.9759	-0.5544	-1.2444	0.8963
每股资本公积金(元)	2.2780	0.0037	0.0037	0.0037
每股盈余公积金(元)	0.2333	0.3111	0.2754	0.2754
每股未分配利润(元)	2.6115	3.1903	2.6955	2.5699
净资产收益率(%)	3.5745	17.8908	6.9340	19.1447
加权净资产收益率(%)	4.6100	19.3000	7.0500	21.0200
净资产收益率(扣除)(%)	3.4331	15.8635	6.0701	17.6549
总资产(万元)	106244.44	85426.45	83774.44	87469.49
归属母公司股东权益(万元)	81475.29	44960.95	39667.46	38414.10
营业收入(万元)	19967.59	50911.18	19476.80	47570.67
营业支出(万元)	9193.10	27595.66	9995.40	26756.41
投资收益(万元)	100.67	183.07	106.20	132.29
净利润(万元)	2912.36	8043.87	2750.56	7354.26
营业利润(万元)	2839.64	6118.83	1900.76	6182.38
利润总额(万元)	3412.86	9189.13	3131.46	8307.04

四川环能德美科技股份有限公司

公司概况					
公司名称	四川环能德美科技股份有限公司			证券简称	环能科技
法人代表	倪明亮	董秘	唐益军	证券代码	300425
公司网址	www.scimee.com			电子信箱	tyj@scimee.com
电　话	028-85001659			传　真	028-85001655
办公地址	四川省成都市武侯区武兴一路3号				
经营范围	为磁分离水体净化成套设备的销售				

主要财务指标

指标\报告期	2015.06.30	2014.12.31	2014.06.30	2013.12.31
基本每股收益(元)	0.5400	1.0000	0.5800	1.1000
基本每股收益(扣除后)(元)	0.5100	0.8800	0.4900	1.0000
稀释每股收益(元)	0.5400	1.0000	0.5800	1.1000
每股净资产(元)	9.2923	7.5364	7.1100	6.7900
每股经营现金净流量(元)	-0.1691	0.4472	0.3116	1.2914
每股现金流量(元)	2.6615	-0.2486	-0.5030	0.2997
每股资本公积金(元)	5.0391	2.5330	2.5330	2.5330
每股盈余公积金(元)	0.3044	0.4059	0.3128	0.3128
每股未分配利润(元)	2.8937	3.5375	3.2064	2.9009
净资产收益率(%)	5.2801	13.2639	8.0966	16.1824
加权净资产收益率(%)	6.0400	14.0700	8.3300	17.4700
净资产收益率(扣除)(%)	5.0064	11.7138	6.8728	14.7310
总资产(万元)	84315.55	61245.72	54989.79	50262.94
归属母公司股东权益(万元)	66904.58	40696.46	38379.24	36655.43
营业收入(万元)	14778.23	23512.61	11895.75	23365.50
营业支出(万元)	7025.20	11081.15	5642.49	11394.21
投资收益(万元)	-	-	-	-
净利润(万元)	3450.28	5364.21	3062.79	6031.97
营业利润(万元)	3503.37	5326.98	2927.68	6571.44
利润总额(万元)	3726.14	5895.49	3481.37	7197.45

浙江唐德影视股份有限公司

公司概况					
公司名称	浙江唐德影视股份有限公司			证券简称	唐德影视
法人代表	吴宏亮	董秘	李兰天	证券代码	300426
公司网址	www.tangde.com.cn			电子信箱	investor@tangde.com.cn
电　话	010-82025868			传　真	010-62367673
办公地址	北京市海淀区花园路16号				
经营范围	主要从事电视剧的投资、制作、发行和衍生业务				

主要财务指标

指标\报告期	2015.06.30	2014.12.31	2014.06.30	2013.12.31
基本每股收益(元)	0.7400	1.4300	0.4100	1.0600
基本每股收益(扣除后)(元)	0.6700	1.3300	0.3500	0.9400
稀释每股收益(元)	0.7400	1.4300	0.4100	1.0600
每股净资产(元)	10.2447	5.7700	4.7500	4.3400
每股经营现金净流量(元)	-0.2171	-1.1506	-2.1129	-0.7502
每股现金流量(元)	2.7986	-0.0967	-0.7616	0.5671
每股资本公积金(元)	5.3748	0.5192	0.5192	0.5192
每股盈余公积金(元)	0.2589	0.3453	0.2164	0.2164
每股未分配利润(元)	3.6109	3.9069	3.0165	2.6062
净资产收益率(%)	6.6448	24.7709	8.6354	24.5285
加权净资产收益率(%)	8.3400	28.2700	9.0300	27.9000
净资产收益率(扣除)(%)	6.0025	22.9736	7.4255	21.7423
总资产(万元)	123022.79	91080.96	80863.23	64261.34
归属母公司股东权益(万元)	81957.51	34628.50	28512.92	26050.73
营业收入(万元)	26875.82	40778.86	10594.75	31932.77
营业支出(万元)	16294.17	21730.61	4847.00	19016.46
投资收益(万元)	-	-	-	-
净利润(万元)	5443.31	8571.29	2458.09	6364.92
营业利润(万元)	6562.95	10789.88	2927.45	7530.64
利润总额(万元)	7235.20	11609.63	3380.86	8493.35

厦门红相电力设备股份有限公司

公司概况					
公司名称	厦门红相电力设备股份有限公司			证券简称	红相电力
法人代表	杨成	董秘	罗媛	证券代码	300427
公司网址	www.redphase.com.cn			电子信箱	securities@redphase.com.cn
电　话	0592-2108051			传　真	0592-2107581
办公地址	福建省厦门市思明区水仙路33号海光大厦21层E单元				
经营范围	电力设备状态检测、监测产品和电能表的研发、生产和销售				

主要财务指标

指标\报告期	2015.06.30	2014.12.31	2014.06.30	2013.12.31
基本每股收益(元)	0.1300	0.8500	0.1000	0.8000
基本每股收益(扣除后)(元)	0.1100	0.7600	0.1000	0.7500
稀释每股收益(元)	0.1300	0.8500	0.1000	0.8000
每股净资产(元)	5.8630	4.8468	4.1100	4.2200
每股经营现金净流量(元)	-0.6398	0.2521	-0.4289	0.3680
每股现金流量(元)	-0.1078	-0.0435	-0.6820	0.0172
每股资本公积金(元)	2.2502	0.5252	0.5252	0.5252
每股盈余公积金(元)	0.2808	0.3744	0.3170	0.3170
每股未分配利润(元)	2.3412	2.9581	2.2725	2.3888
净资产收益率(%)	2.0931	17.4691	2.5244	18.9009
加权净资产收益率(%)	2.4100	18.8200	2.4700	20.4400
净资产收益率(扣除)(%)	1.7399	15.6900	2.3371	17.6595
总资产(万元)	58954.58	42404.76	33170.72	36424.83
归属母公司股东权益(万元)	51987.48	32231.39	27319.39	28080.10
营业收入(万元)	10371.40	26759.70	7702.80	24209.45
营业支出(万元)	6650.38	13325.34	4511.37	11613.11
投资收益(万元)	112.57	-	-	-
净利润(万元)	1088.16	5630.53	689.64	5307.38
营业利润(万元)	800.54	6188.45	717.08	5826.83
利润总额(万元)	1304.88	6605.06	828.03	6326.43

河北四通新型金属材料股份有限公司

公司概况				
公司名称	河北四通新型金属材料股份有限公司		证券简称	四通新材
法人代表	臧立国	董秘 李志国	证券代码	300428
公司网址	www.stnm.com.cn		电子信箱	info@stnm.com.cn
电　　话	0312-5806816		传　　真	0312-5806515
办公地址	保定市清苑县发展路西街 359 号			
经营范围	铝基中间合金、铜基中间合金、铁基中间合金、镍基中间合金及特殊合金材料制造、销售			

主要财务指标 指标＼报告期	2015.06.30	2014.12.31	2014.06.30	2013.12.31
基本每股收益(元)	0.4700	0.9600	0.5000	0.7300
基本每股收益(扣除后)(元)	0.4300	0.8600	0.4500	0.6600
稀释每股收益(元)	0.4700	0.9600	0.5000	0.7300
每股净资产(元)	7.4167	4.8800	4.4000	3.8700
每股经营现金净流量(元)	-0.3899	0.4114	0.2750	0.4719
每股现金流量(元)	1.3011	0.3932	0.4426	-0.1957
每股资本公积金(元)	3.6312	0.7455	0.7455	0.7455
每股盈余公积金(元)	0.2247	0.2996	0.2051	0.2051
每股未分配利润(元)	2.4403	2.7024	2.3348	1.8348
净资产收益率(%)	5.5755	19.7029	11.3709	18.8839
加权净资产收益率(%)	7.4600	21.9800	12.0900	20.9700
净资产收益率(扣除)(%)	5.0961	17.6020	10.2274	17.1678
总资产(万元)	67329.71	49464.03	44368.00	35127.83
归属母公司股东权益(万元)	59927.00	29590.40	26650.37	23462.89
营业收入(万元)	38661.66	69597.09	30695.99	53727.44
营业支出(万元)	33432.60	59985.47	26015.47	46166.79
投资收益(万元)	68.81	-20.72	-9.78	19.57
净利润(万元)	3341.23	5830.16	3030.40	4430.71
营业利润(万元)	3509.61	5753.71	3040.25	4275.96
利润总额(万元)	3923.17	6770.61	3566.34	5179.87

常州强力电子新材料股份有限公司

公司概况				
公司名称	常州强力电子新材料股份有限公司		证券简称	强力新材
法人代表	钱晓春	董秘 管瑞卿	证券代码	300429
公司网址	www.tronly.com		电子信箱	ir@tronly.com
电　　话	0519-88388908		传　　真	0519-85788911
办公地址	江苏省常州市武进区遥观镇钱家工业园			
经营范围	化工原料销售			

主要财务指标 指标＼报告期	2015.06.30	2014.12.31	2014.06.30	2013.12.31
基本每股收益(元)	0.5845	1.1400	0.5000	0.9600
基本每股收益(扣除后)(元)	0.5211	1.1400	0.5100	0.9200
稀释每股收益(元)	0.5845	1.1400	0.5000	0.9600
每股净资产(元)	6.9692	4.3840	3.7500	3.3970
每股经营现金净流量(元)	0.1749	1.1172	0.3978	0.9692
每股现金流量(元)	2.1922	0.1583	-0.2611	0.1441
每股资本公积金(元)	3.7334	0.7357	0.7357	0.7357
每股盈余公积金(元)	0.1467	0.1957	0.1281	0.1281
每股未分配利润(元)	2.0891	2.4525	1.8858	1.5332
净资产收益率(%)	7.3365	25.9342	13.4060	28.1895
加权净资产收益率(%)	9.7300	29.6000	14.1700	31.2100
净资产收益率(扣除)(%)	6.5400	25.9094	13.5847	27.1558
总资产(万元)	59927.63	36937.36	30438.41	27231.78
归属母公司股东权益(万元)	55614.13	26215.80	22422.96	20313.94
营业收入(万元)	14737.88	27593.34	12338.24	23370.61
营业支出(万元)	8121.33	14971.93	6645.04	13091.23
投资收益(万元)	21.35	-42.32	-13.70	10.79
净利润(万元)	4072.26	6787.54	3002.69	5726.20
营业利润(万元)	4594.46	7883.71	3554.44	6497.91
利润总额(万元)	4863.24	7964.01	3629.91	6598.46

北京诚益通控制工程科技股份有限公司

公司概况				
公司名称	北京诚益通控制工程科技股份有限公司		证券简称	诚益通
法人代表	梁学贤	董秘 刘棣	证券代码	300430
公司网址	www.ctntech.com		电子信箱	sec@eastctn.com
电　　话	010-58711983		传　　真	010-58711983
办公地址	北京市大兴区生物医药产业基地庆丰西路 27 号			
经营范围	面向大中型制药、生物企业，提供个性化的自动化控制系统产品及整体解决方案			

主要财务指标 指标＼报告期	2015.06.30	2014.12.31	2014.06.30	2013.12.31
基本每股收益(元)	0.5700	1.1400	0.6200	1.0700
基本每股收益(扣除后)(元)	0.5200	1.1000	0.6000	1.0100
稀释每股收益(元)	0.5700	1.1400	0.6200	1.0700
每股净资产(元)	9.6802	6.8300	6.3100	5.6900
每股经营现金净流量(元)	-0.1679	0.5356	0.2875	0.3522
每股现金流量(元)	2.8558	0.6272	0.2157	0.0462
每股资本公积金(元)	5.2144	1.8795	1.8795	1.8795
每股盈余公积金(元)	0.2855	0.3806	0.2663	0.2663
每股未分配利润(元)	3.1803	3.5737	3.1628	2.5460
净资产收益率(%)	5.1651	16.7119	9.7773	18.7689
加权净资产收益率(%)	6.7500	18.2400	10.2800	20.7100
净资产收益率(扣除)(%)	4.7011	16.1199	9.5847	17.7843
总资产(万元)	94112.98	72888.81	67062.53	62882.52
归属母公司股东权益(万元)	58855.44	31162.28	28767.13	25954.49
营业收入(万元)	19151.53	31948.56	17170.83	28781.59
营业支出(万元)	12401.09	20314.57	11033.84	18529.28
投资收益(万元)	-	-	-	-
净利润(万元)	3039.96	5207.80	2812.64	4871.38
营业利润(万元)	3246.98	5861.31	3227.86	5374.18
利润总额(万元)	3584.89	6103.27	3296.29	5718.78

北京暴风科技股份有限公司

公司概况				
公司名称	北京暴风科技股份有限公司		证券简称	暴风科技
法人代表	冯鑫	董秘 毕士钧	证券代码	300431
公司网址	www.baofeng.com		电子信箱	ir@baofeng.com
电　　话	010-62309066		传　　真	010-62309066*5555
办公地址	北京市海淀区学院路 51 号首享科技大厦 6 层,13 层			
经营范围	互联网信息服务业务			

主要财务指标 指标＼报告期	2015.06.30	2014.12.31	2014.06.30	2013.12.31
基本每股收益(元)	0.0600	0.4700	0.2500	0.4300
基本每股收益(扣除后)(元)	0.0100	0.4100	-	0.3500
稀释每股收益(元)	0.0600	0.4700	0.2500	0.4300
每股净资产(元)	4.0190	3.1865	-	2.7200
每股经营现金净流量(元)	0.4890	0.8969	-	0.7972
每股现金流量(元)	0.9806	0.4537	-	-0.1276
每股资本公积金(元)	1.7102	0.5160	-	0.5160
每股盈余公积金(元)	0.0965	0.1287	-	0.1167
每股未分配利润(元)	1.2122	1.5419	-	1.0878
净资产收益率(%)	1.3891	14.6245	-	15.7394
加权净资产收益率(%)	1.7600	15.7800	8.9300	17.0800
净资产收益率(扣除)(%)	0.1819	13.0076	-	12.9353
总资产(万元)	63056.03	45332.71	-	36057.27
归属母公司股东权益(万元)	48227.86	28678.95	-	24484.80
营业收入(万元)	21655.21	38620.58	17170.86	32476.94
营业支出(万元)	5869.23	9828.58	4272.70	9267.00
投资收益(万元)	-276.48	96.70	96.70	-
净利润(万元)	686.13	4185.49	2288.80	3853.75
营业利润(万元)	390.34	3245.50	2011.21	3224.28
利润总额(万元)	753.58	3669.11	2326.86	4008.93

绵阳富临精工机械股份有限公司

公司概况					
公司名称	绵阳富临精工机械股份有限公司			证券简称	富临精工
法人代表	曹勇	董秘	阳宇	证券代码	300432
公司网址	www.fulinpm.com		电子信箱	fljgzqb@fulinpm.com	
电　话	0816-6800673		传　真	0816-6800655	
办公地址	四川省绵阳市经开区板桥街 268 号				
经营范围	汽车发动机精密零部件的研发、生产和销售				

主要财务指标：指标\报告期	2015.06.30	2014.12.31	2014.06.30	2013.12.31
基本每股收益(元)	0.8500	1.5197	0.7300	1.0385
基本每股收益(扣除后)(元)	0.8333	1.4484	–	1.0218
稀释每股收益(元)	0.8500	1.5197	0.7300	1.0385
每股净资产(元)	6.8696	4.4278	–	6.0700
每股经营现金净流量(元)	0.3520	1.2568	–	1.8622
每股现金流量(元)	0.8710	0.4792	–	0.0245
每股资本公积金(元)	2.9869	0.1723	–	0.3446
每股盈余公积金(元)	0.2992	0.3989	–	0.5013
每股未分配利润(元)	2.5835	2.8567	–	4.2203
净资产收益率(%)	10.7868	34.3223	–	34.2399
加权净资产收益率(%)	14.2500	41.0800	21.9500	41.3100
净资产收益率(扣除)(%)	10.6142	32.7104	–	33.6869
总资产(万元)	121430.56	76938.72	–	59331.02
归属母公司股东权益(万元)	82434.93	39850.62	–	27297.97
营业收入(万元)	43911.38	69957.16	32312.77	53605.75
营业支出(万元)	28506.22	45665.54	21042.67	34419.98
投资收益(万元)	78.11	–	–	–
净利润(万元)	8892.13	13677.62	6590.33	9346.80
营业利润(万元)	10373.39	15323.00	7446.18	10864.09
利润总额(万元)	10462.68	16078.71	7736.56	11041.70

蓝思科技股份有限公司

公司概况					
公司名称	蓝思科技股份有限公司			证券简称	蓝思科技
法人代表	周群飞	董秘	彭孟武	证券代码	300433
公司网址	www.hnlens.com		电子信箱	lsgf@hnlens.com	
电　话	0731-83285699		传　真	0731-83285010	
办公地址	湖南省浏阳市生物医药园				
经营范围	公司的主营业务是视窗防护玻璃的研发、生产和销售				

主要财务指标：指标\报告期	2015.06.30	2014.12.31	2014.06.30	2013.12.31
基本每股收益(元)	1.0700	1.9400	0.8400	4.0300
基本每股收益(扣除后)(元)	0.7200	1.1100	0.6200	3.7700
稀释每股收益(元)	1.0700	1.9400	0.8400	4.0300
每股净资产(元)	14.2676	12.2287	11.1200	10.2700
每股经营现金净流量(元)	1.4084	4.2210	1.9703	5.8108
每股现金流量(元)	0.6810	0.2187	0.0733	0.6107
每股资本公积金(元)	2.1649	0.0306	0.0306	0.0306
每股盈余公积金(元)	0.8245	0.9161	0.6893	0.6893
每股未分配利润(元)	10.2330	10.2402	9.3694	8.5250
净资产收益率(%)	7.1292	15.8808	7.5921	39.2844
加权净资产收益率(%)	8.0500	17.2700	7.9000	48.9800
净资产收益率(扣除)(%)	4.7904	9.0903	5.5301	36.6781
总资产(万元)	1972637.22	1823842.64	1496661.74	1328442.30
归属母公司股东权益(万元)	960726.16	741058.93	673991.15	622129.48
营业收入(万元)	865937.58	1449701.40	556361.43	1335164.89
营业支出(万元)	685533.36	1125652.34	411226.79	912213.40
投资收益(万元)	–64.95	–94.69	–60.53	789.49
净利润(万元)	68480.02	117628.96	51118.29	244004.12
营业利润(万元)	63356.81	113719.90	56510.84	276895.72
利润总额(万元)	75747.19	136139.86	61061.00	284640.14

四川金石东方新材料设备股份有限公司

公司概况					
公司名称	四川金石东方新材料设备股份有限公司			证券简称	金石东方
法人代表	蒯一希	董秘	林强	证券代码	300434
公司网址	www.goldstone-group.com		电子信箱	goldstone@goldstone-group.com	
电　话	028-87086807		传　真	028-87086861	
办公地址	四川省成都市家园路 8 号大地新光华广场 A1 区 8 楼				
经营范围	研发、生产、销售塑料复合管材、管件及设备				

主要财务指标：指标\报告期	2015.06.30	2014.12.31	2014.06.30	2013.12.31
基本每股收益(元)	0.2600	0.6300	0.3800	0.9600
基本每股收益(扣除后)(元)	0.2000	0.6200	–	0.9000
稀释每股收益(元)	0.2600	0.6300	0.3800	0.9600
每股净资产(元)	5.5194	4.3449	–	3.9200
每股经营现金净流量(元)	0.3556	0.5138	–	0.7829
每股现金流量(元)	2.2663	–0.0772	–	0.4902
每股资本公积金(元)	2.0790	0.2150	–	0.2150
每股盈余公积金(元)	0.2505	0.3340	–	0.2801
每股未分配利润(元)	2.1899	2.7958	–	2.4202
净资产收益率(%)	3.9951	14.4891	–	24.4893
加权净资产收益率(%)	5.3900	15.4900	9.4500	27.3000
净资产收益率(扣除)(%)	3.0002	14.2082	–	23.0702
总资产(万元)	42676.76	28725.58	–	27812.69
归属母公司股东权益(万元)	37531.79	22158.78	–	19968.18
营业收入(万元)	7004.93	17283.01	10130.76	23858.82
营业支出(万元)	4157.12	10457.47	6147.31	14975.62
投资收益(万元)	18.52	50.37	8.75	–
净利润(万元)	1499.44	3210.60	1913.30	4890.07
营业利润(万元)	1300.14	3665.68	2197.95	5345.33
利润总额(万元)	1737.07	3688.52	2205.85	5678.79

杭州中泰深冷技术股份有限公司

公司概况					
公司名称	杭州中泰深冷技术股份有限公司			证券简称	中泰股份
法人代表	章有虎	董秘	周娟萍	证券代码	300435
公司网址	www.hz-ztpe.com		电子信箱	info@zhongtaichina.com	
电　话	0571-58838858		传　真	0571-58838859	
办公地址	浙江省杭州市富阳区东洲街道高尔夫路 228 号				
经营范围	生产、销售:冷箱、压力容器、压力管道及相关技术咨询服务				

主要财务指标：指标\报告期	2015.06.30	2014.12.31	2014.06.30	2013.12.31
基本每股收益(元)	0.4800	1.3300	0.5000	1.1000
基本每股收益(扣除后)(元)	0.4200	1.2600	0.4800	1.0900
稀释每股收益(元)	0.4800	1.3300	0.5000	1.1000
每股净资产(元)	7.2597	4.9561	4.1200	3.9562
每股经营现金净流量(元)	–0.3867	2.2413	0.2964	0.9443
每股现金流量(元)	0.5128	1.0491	–0.9906	0.6618
每股资本公积金(元)	3.5306	0.6968	0.6968	0.6968
每股盈余公积金(元)	0.2602	0.3470	0.2184	0.2184
每股未分配利润(元)	2.4556	2.8947	2.1875	2.0410
净资产收益率(%)	5.7942	26.8803	12.0622	27.8688
加权净资产收益率(%)	7.4400	29.9600	11.8100	32.3800
净资产收益率(扣除)(%)	5.0950	25.4357	11.6909	27.4489
总资产(万元)	95606.02	69635.44	69612.21	49891.01
归属母公司股东权益(万元)	58077.92	29736.53	24698.21	23737.11
营业收入(万元)	18598.08	43277.05	17570.65	37962.34
营业支出(万元)	12136.78	27033.06	10776.38	24592.63
投资收益(万元)	67.86	111.67	40.74	23.62
净利润(万元)	3365.16	7993.26	2979.14	6615.26
营业利润(万元)	3594.30	9030.24	3576.50	7696.53
利润总额(万元)	3992.03	9389.10	3643.23	7752.39

福建广生堂药业股份有限公司

公司概况	公司名称	福建广生堂药业股份有限公司			证券简称	广生堂
	法人代表	李国平	董秘	陈迎	证券代码	300436
	公司网址	www.cosunter.com		电子信箱	chenying@cosunter.com	
	电　　话	0591-28378999		传　　真	0591-28378833	
	办公地址	福建省福州市鼓楼区软件大道 89 号软件园 B 区 10 号楼 B 座				
	经营范围	片剂、胶囊剂、茶剂、颗粒剂、原料药、人工天竺黄				

主要财务指标	指标\报告期	2015.06.30	2014.12.31	2014.06.30	2013.12.31
	基本每股收益(元)	0.8700	0.7479	0.7400	1.0200
	基本每股收益(扣除后)(元)	0.8091	1.4357	–	0.9916
	稀释每股收益(元)	0.8700	1.5000	0.7400	1.0200
	每股净资产(元)	6.6908	2.8000	–	2.5600
	每股经营现金净流量(元)	0.7947	1.9114	–	1.1822
	每股现金流量(元)	0.9331	0.0780	–	0.3198
	每股资本公积金(元)	3.5037	0.0076	–	0.0076
	每股盈余公积金(元)	0.2931	0.3664	–	0.2168
	每股未分配利润(元)	1.8939	1.4272	–	1.3309
	净资产收益率(%)	11.2418	53.3991	–	40.0145
	加权净资产收益率(%)	19.5400	59.0700	36.7800	47.8900
	净资产收益率(扣除)(%)	10.4805	51.2534	–	38.8025
	总资产(万元)	54406.08	22411.35	–	19752.57
	归属母公司股东权益(万元)	46835.26	15687.14	–	14310.35
	营业收入(万元)	14416.71	25446.78	11601.41	17815.50
	营业支出(万元)	1730.23	3639.42	1659.86	2602.54
	投资收益(万元)	–	–	–	–
	净利润(万元)	5265.13	8376.78	4135.76	5726.22
	营业利润(万元)	5790.88	9452.15	4519.18	6511.93
	利润总额(万元)	6215.19	9851.82	4886.55	6728.65

河南清水源科技股份有限公司

公司概况	公司名称	河南清水源科技股份有限公司			证券简称	清水源
	法人代表	王志清	董秘	朱晓军	证券代码	300437
	公司网址	www.qywt.com.cn		电子信箱	dongshihui@qywt.com.cn	
	电　　话	0391-6089790		传　　真	0391-6089919	
	办公地址	河南省济源市轵城镇 207 国道东侧正兴玉米公司北邻				
	经营范围	水处理剂、化学清洗剂、油田注剂及包装桶的生产销售				

主要财务指标	指标\报告期	2015.06.30	2014.12.31	2014.06.30	2013.12.31
	基本每股收益(元)	0.3323	0.7391	0.3484	0.6280
	基本每股收益(扣除后)(元)	0.3277	0.7279	–	0.6120
	稀释每股收益(元)	0.3323	0.7391	0.3484	0.6280
	每股净资产(元)	6.0588	4.6935	–	4.1300
	每股经营现金净流量(元)	0.0755	0.8497	–	0.5467
	每股现金流量(元)	1.2286	0.4816	–	0.1312
	每股资本公积金(元)	2.4697	0.5825	–	0.5825
	每股盈余公积金(元)	0.2821	0.3763	–	0.3024
	每股未分配利润(元)	2.2738	2.6640	–	2.1148
	净资产收益率(%)	4.5686	15.7468	–	15.2108
	加权净资产收益率(%)	6.2700	16.6800	8.1300	16.1700
	净资产收益率(扣除)(%)	4.5065	15.5085	–	14.8230
	总资产(万元)	46890.34	30665.17	–	28084.21
	归属母公司股东权益(万元)	40412.19	23467.57	–	20643.54
	营业收入(万元)	18703.34	42455.45	20495.37	38262.02
	营业支出(万元)	13841.69	31825.46	15319.05	28802.39
	投资收益(万元)	4.53	–	–	–
	净利润(万元)	1846.27	3695.39	1741.91	3140.04
	营业利润(万元)	2138.36	4328.15	2122.19	3564.67
	利润总额(万元)	2163.36	4393.94	2162.12	3661.93

广州鹏辉能源科技股份有限公司

公司概况	公司名称	广州鹏辉能源科技股份有限公司			证券简称	鹏辉能源
	法人代表	夏信德	董秘	鲁宏力	证券代码	300438
	公司网址	www.greatpower.net		电子信箱	info@greatpower.net	
	电　　话	020-39196888		传　　真	020-39196767	
	办公地址	广东省广州市番禺区沙湾镇市良路(西村段)912 号				
	经营范围	能源技术研究、技术开发服务				

主要财务指标	指标\报告期	2015.06.30	2014.12.31	2014.06.30	2013.12.31
	基本每股收益(元)	0.4400	0.9600	0.3900	0.9100
	基本每股收益(扣除后)(元)	0.4100	0.8600	0.3600	0.8400
	稀释每股收益(元)	0.4400	0.9600	0.3900	0.9100
	每股净资产(元)	9.1939	7.3500	6.7800	6.4000
	每股经营现金净流量(元)	-0.1172	0.6572	-0.0783	1.0750
	每股现金流量(元)	0.7868	-0.0675	-0.0258	-0.2626
	每股资本公积金(元)	5.0258	2.6186	2.6186	2.6186
	每股盈余公积金(元)	0.1824	0.2432	0.1796	0.1796
	每股未分配利润(元)	2.9837	3.4901	2.9851	2.5974
	净资产收益率(%)	3.9818	13.0065	5.7160	14.1938
	加权净资产收益率(%)	5.3800	13.9100	5.8800	15.2800
	净资产收益率(扣除)(%)	3.6727	11.7310	5.3733	13.0994
	总资产(万元)	113413.05	80807.74	74855.20	67545.57
	归属母公司股东权益(万元)	77228.87	46318.34	42734.90	40293.82
	营业收入(万元)	34425.69	70053.53	30272.68	66840.59
	营业支出(万元)	26137.23	53496.78	23111.70	50216.19
	投资收益(万元)	6.74	7.75	0.02	3.58
	净利润(万元)	3029.08	5972.50	2401.32	5681.21
	营业利润(万元)	3098.15	6155.53	2549.62	6121.57
	利润总额(万元)	3380.64	6852.71	2729.89	6640.36

宁波美康生物科技股份有限公司

公司概况	公司名称	宁波美康生物科技股份有限公司			证券简称	美康生物
	法人代表	邹炳德	董秘	周英章	证券代码	300439
	公司网址	www.nb-medicalsystem.com		电子信箱	nbmk@nb-medicalsystem.com	
	电　　话	0574-28882206		传　　真	0574-28882205	
	办公地址	浙江省宁波市鄞州区启明南路 299 号				
	经营范围	第二、三类 6840 体外诊断试剂的制造、加工				

主要财务指标	指标\报告期	2015.06.30	2014.12.31	2014.06.30	2013.12.31
	基本每股收益(元)	0.7100	1.6200	0.6600	1.2200
	基本每股收益(扣除后)(元)	0.6800	1.6000	–	1.1700
	稀释每股收益(元)	0.7100	1.6200	0.6600	1.2200
	每股净资产(元)	10.5238	4.8700	–	6.1200
	每股经营现金净流量(元)	0.1951	1.3707	–	2.0013
	每股现金流量(元)	5.5975	0.1288	–	0.7054
	每股资本公积金(元)	6.0320	0.0003	–	0.7005
	每股盈余公积金(元)	0.2980	0.3973	–	0.3715
	每股未分配利润(元)	3.1942	3.4708	–	4.0505
	净资产收益率(%)	5.6181	33.2710	–	33.8193
	加权净资产收益率(%)	9.7900	38.7900	17.2800	40.7000
	净资产收益率(扣除)(%)	5.4020	32.7849	–	32.4887
	总资产(万元)	133413.13	62124.64	–	47091.84
	归属母公司股东权益(万元)	119277.10	41382.69	–	30612.63
	营业收入(万元)	31203.93	59784.92	26159.35	43206.15
	营业支出(万元)	11977.09	26241.83	11092.86	18101.51
	投资收益(万元)	–	–	–	–
	净利润(万元)	6618.14	13679.00	5565.98	10325.87
	营业利润(万元)	7860.69	16478.37	7587.98	12506.92
	利润总额(万元)	8125.44	16675.07	7524.11	12912.67

成都运达科技股份有限公司

公司概况	公司名称	成都运达科技股份有限公司			证券简称	运达科技
	法人代表	何鸿云	董秘	王海峰	证券代码	300440
	公司网址	www.yd-tec.com		电子信箱	wanghf@yd-tec.com	
	电　话	028-82839983		传　真	028-82839988	
	办公地址	四川省成都市高新区新达路 11 号				
	经营范围	从事轨道交通机务运用安全系统的研发、生产和销售				

	指标\报告期	2015.06.30	2014.12.31	2014.06.30	2013.12.31
主要财务指标	基本每股收益(元)	0.4381	1.3000	0.3978	1.1200
	基本每股收益(扣除后)(元)	0.4327	1.2600	0.3800	1.1000
	稀释每股收益(元)	0.4381	1.3000	0.3978	1.1200
	每股净资产(元)	9.7730	6.2444	5.3500	5.2500
	每股经营现金净流量(元)	-0.3970	1.2238	0.1885	-0.0773
	每股现金流量(元)	4.0922	0.3256	-1.2946	0.0445
	每股资本公积金(元)	5.8257	1.4547	0.2148	1.4547
	每股盈余公积金(元)	0.3219	0.4292	0.3340	0.2995
	每股未分配利润(元)	2.6255	3.3605	2.5764	2.4936
	净资产收益率(%)	3.7359	20.7691	7.4415	21.3315
	加权净资产收益率(%)	5.6300	22.4700	7.4400	23.6400
	净资产收益率(扣除)(%)	3.6894	20.1759	7.1966	20.9025
	总资产(万元)	136531.77	78310.49	28381.96	62786.77
	归属母公司股东权益(万元)	109457.99	52452.59	21039.06	44081.21
	营业收入(万元)	14717.94	36309.88	12280.93	31080.19
	营业支出(万元)	6721.60	17037.99	5704.57	14712.05
	投资收益(万元)	-	-	-	-
	净利润(万元)	4089.23	10893.93	3341.23	9403.19
	营业利润(万元)	3218.18	9655.35	2803.43	8610.34
	利润总额(万元)	4697.09	12337.81	3904.86	10686.48

宁波鲍斯能源装备股份有限公司

公司概况	公司名称	宁波鲍斯能源装备股份有限公司			证券简称	鲍斯股份
	法人代表	陈金岳	董秘	陈军	证券代码	300441
	公司网址	www.cnbaosi.com		电子信箱	chenj@cnbaosi.com	
	电　话	0574-88661525		传　真	0574-88661529	
	办公地址	浙江省宁波市奉化市西坞街道尚桥路 18 号				
	经营范围	主要从事螺杆压缩机核心部件——螺杆主机以及螺杆压缩机整机的研发生产及销售				

	指标\报告期	2015.06.30	2014.12.31	2014.06.30	2013.12.31
主要财务指标	基本每股收益(元)	0.2900	0.6400	0.3800	0.7600
	基本每股收益(扣除后)(元)	0.2800	0.5700	-	0.7100
	稀释每股收益(元)	0.2900	0.6400	0.3800	0.7600
	每股净资产(元)	5.2425	4.0657	-	3.4300
	每股经营现金净流量(元)	0.0799	0.6928	-	0.7346
	每股现金流量(元)	0.8278	0.2857	-	0.0937
	每股资本公积金(元)	1.9378	0.1844	-	0.1844
	每股盈余公积金(元)	0.2159	0.2879	-	0.2233
	每股未分配利润(元)	2.0888	2.5934	-	2.0179
	净资产收益率(%)	4.6500	15.7430	-	22.1103
	加权净资产收益率(%)	6.3200	17.0900	10.5700	24.8600
	净资产收益率(扣除)(%)	4.4169	14.0036	-	20.6789
	总资产(万元)	56751.31	48325.11	-	40219.01
	归属母公司股东权益(万元)	44288.47	25760.25	-	21704.80
	营业收入(万元)	14954.61	24696.38	13420.11	25233.61
	营业支出(万元)	10265.02	16042.70	8542.53	15619.22
	投资收益(万元)	-	-	-	-
	净利润(万元)	2054.40	4029.65	2414.04	4799.00
	营业利润(万元)	2231.90	4157.55	2701.87	5207.82
	利润总额(万元)	2354.77	4686.26	2823.77	5573.12

上海普丽盛包装股份有限公司

公司概况	公司名称	上海普丽盛包装股份有限公司			证券简称	普丽盛
	法人代表	姜卫东	董秘	舒石泉	证券代码	300442
	公司网址	www.cn-pls.com		电子信箱	pls@cn-pls.com	
	电　话	021-57211797		传　真	021-57213028	
	办公地址	上海市金山区张堰镇金张支路 84 号 26 幢				
	经营范围	液态食品包装机械和纸铝复合无菌包装材料的研发				

	指标\报告期	2015.06.30	2014.12.31	2014.06.30	2013.12.31
主要财务指标	基本每股收益(元)	0.3200	1.2100	0.5500	1.1700
	基本每股收益(扣除后)(元)	0.2900	1.1600	-	1.1400
	稀释每股收益(元)	0.3200	1.2100	0.5500	1.1700
	每股净资产(元)	9.4711	6.6539	-	5.4400
	每股经营现金净流量(元)	-0.6046	0.6062	-	1.3359
	每股现金流量(元)	3.6853	-0.7017	-	0.8954
	每股资本公积金(元)	5.2063	1.6613	-	1.6613
	每股盈余公积金(元)	0.1990	0.2653	-	0.1980
	每股未分配利润(元)	3.0658	3.7272	-	2.5834
	净资产收益率(%)	2.8545	18.2022	-	21.4566
	加权净资产收益率(%)	4.1400	20.0200	9.6200	24.0400
	净资产收益率(扣除)(%)	2.5779	17.4645	-	20.8917
	总资产(万元)	118308.07	78008.53	-	66592.83
	归属母公司股东权益(万元)	94711.07	49904.15	-	40820.51
	营业收入(万元)	26098.97	58159.06	27484.50	46672.79
	营业支出(万元)	17569.11	37011.55	16901.77	28030.99
	投资收益(万元)	-	-	-	-
	净利润(万元)	2703.56	9083.64	4125.16	8758.69
	营业利润(万元)	2809.87	10527.49	5404.58	10254.96
	利润总额(万元)	3135.36	10872.82	5430.75	10457.37

山东莱芜金雷风电科技股份有限公司

公司概况	公司名称	山东莱芜金雷风电科技股份有限公司			证券简称	金雷风电
	法人代表	伊廷雷	董秘	周丽	证券代码	300443
	公司网址	www.jinleiwind.com		电子信箱	jinleizqb@163.com	
	电　话	0634-6494368		传　真	0634-6494367	
	办公地址	山东省莱芜市钢城区里辛镇张家岭村				
	经营范围	风电主轴研发、锻造，金属锻件、机械零部件加工销售				

	指标\报告期	2015.06.30	2014.12.31	2014.06.30	2013.12.31
主要财务指标	基本每股收益(元)	1.2400	2.0300	0.9800	1.1700
	基本每股收益(扣除后)(元)	1.2400	2.0300	0.9800	1.1400
	稀释每股收益(元)	1.2400	2.0300	0.9800	1.1700
	每股净资产(元)	14.5310	9.3519	8.3000	7.3200
	每股经营现金净流量(元)	0.8113	1.3919	0.1957	-0.0268
	每股现金流量(元)	4.0541	1.3181	0.5917	-0.5268
	每股资本公积金(元)	7.6879	2.4407	2.4407	2.4407
	每股盈余公积金(元)	0.4728	0.5911	0.3878	0.3878
	每股未分配利润(元)	5.3703	5.3201	4.4736	3.4904
	净资产收益率(%)	7.6731	21.7386	11.8429	15.9301
	加权净资产收益率(%)	10.1300	24.3900	12.5900	17.3100
	净资产收益率(扣除)(%)	7.6779	21.7170	11.8240	15.5922
	总资产(万元)	105138.36	62245.58	61004.58	54587.03
	归属母公司股东权益(万元)	81751.15	42083.40	37359.51	32935.04
	营业收入(万元)	32043.29	45483.07	20917.40	37038.98
	营业支出(万元)	21261.16	31354.05	14340.52	27574.23
	投资收益(万元)	-	4.33	-	6.07
	净利润(万元)	6272.86	9148.36	4424.46	5246.60
	营业利润(万元)	8368.82	10632.10	5113.31	5966.14
	利润总额(万元)	8363.57	10642.79	5121.63	6097.07

北京双杰电气股份有限公司

公司概况	公司名称	北京双杰电气股份有限公司		证券简称	双杰电气
	法人代表	赵志宏	董秘 李涛	证券代码	300444
	公司网址	www.sojoline.com		电子信箱	sojo@sojoline.com
	电　话	010-62988465		传　真	010-62988464
	办公地址	北京市海淀区上地三街9号D座1111			
	经营范围	输配电及控制设备的研发、生产和销售			

主要财务指标	指标\报告期	2015.06.30	2014.12.31	2014.06.30	2013.12.31
	基本每股收益(元)	0.1300	0.7200	0.0900	0.6500
	基本每股收益(扣除后)(元)	0.1100	0.7000	0.0900	0.6000
	稀释每股收益(元)	0.1300	0.7200	0.0900	0.6500
	每股净资产(元)	5.6585	3.8271	3.2000	3.2800
	每股经营现金净流量(元)	0.0176	0.4726	-0.0194	0.4453
	每股现金流量(元)	2.6238	-0.1111	-0.2176	0.1072
	每股资本公积金(元)	2.7678	0.4452	0.4452	0.7343
	每股盈余公积金(元)	0.1955	0.2606	0.2000	0.2400
	每股未分配利润(元)	1.6952	2.1213	1.5561	1.9571
	净资产收益率(%)	1.8421	18.7511	2.8680	19.8468
	加权净资产收益率(%)	2.7300	20.2100	2.7600	21.5300
	净资产收益率(扣除)(%)	1.6712	18.3917	2.7788	18.3324
	总资产(万元)	108374.62	70390.40	62905.94	60764.07
	归属母公司股东权益(万元)	78056.03	39595.23	33120.59	33894.99
	营业收入(万元)	21072.72	54492.12	18276.31	44814.60
	营业支出(万元)	13483.61	32524.17	11490.75	26631.59
	投资收益(万元)	-	-	-	-
	净利润(万元)	1437.90	7424.56	949.91	6727.06
	营业利润(万元)	1627.41	8470.82	1083.06	7237.29
	利润总额(万元)	1820.32	8638.28	1117.83	7841.16

北京康斯特仪表科技股份有限公司

公司概况	公司名称	北京康斯特仪表科技股份有限公司		证券简称	康斯特
	法人代表	姜维利	董秘 刘楠楠	证券代码	300445
	公司网址	www.constgroup.com		电子信箱	zqb@constgroup.com
	电　话	010-56973355		传　真	010-56973349
	办公地址	北京市海淀区丰秀中路3号院5号楼			
	经营范围	数字压力、温度校准仪表产品的研究、开发、生产、销售、技术服务、技术转让			

主要财务指标	指标\报告期	2015.06.30	2014.12.31	2014.06.30	2013.12.31
	基本每股收益(元)	0.3593	1.1385	0.2953	1.0159
	基本每股收益(扣除后)(元)	0.3501	1.0512	0.2212	0.9957
	稀释每股收益(元)	0.3593	1.1385	0.2953	1.0159
	每股净资产(元)	8.3264	5.7166	4.8800	4.7800
	每股经营现金净流量(元)	0.0122	1.3362	0.0961	1.1646
	每股现金流量(元)	2.7788	0.8157	0.0674	-0.3313
	每股资本公积金(元)	3.6382	0.0011	0.0011	0.0011
	每股盈余公积金(元)	0.4197	0.5595	0.4502	0.4502
	每股未分配利润(元)	3.2752	4.1644	3.4305	3.3342
	净资产收益率(%)	3.5968	19.9166	6.0566	21.2665
	加权净资产收益率(%)	5.2200	21.7700	6.0000	22.4600
	净资产收益率(扣除)(%)	3.5050	18.3878	4.5373	20.8425
	总资产(万元)	36100.99	24586.85	21318.55	20758.55
	归属母公司股东权益(万元)	33971.51	17492.70	14919.33	14617.85
	营业收入(万元)	6166.96	14087.78	5121.02	11771.71
	营业支出(万元)	1794.56	3904.76	1365.05	3172.30
	投资收益(万元)	-	-	-	-
	净利润(万元)	1221.90	3483.96	903.61	3045.54
	营业利润(万元)	1185.25	3219.02	689.40	2762.89
	利润总额(万元)	1494.41	4024.62	1083.77	3563.83

保定乐凯新材料股份有限公司

公司概况	公司名称	保定乐凯新材料股份有限公司		证券简称	乐凯新材
	法人代表	滕方迁	董秘 周春丽	证券代码	300446
	公司网址	maginfo.luckyfilm.com.cn		电子信箱	liheng@saimo.cn;zhuwf@saimo.cn
	电　话	0312-7922999		传　真	0312-7922999
	办公地址	河北省保定市和润路569号			
	经营范围	感光化学品及热敏化学品等的研发,生产和销售			

主要财务指标	指标\报告期	2015.06.30	2014.12.31	2014.06.30	2013.12.31
	基本每股收益(元)	0.8700	1.6700	0.7500	1.4200
	基本每股收益(扣除后)(元)	0.8700	1.6600	0.7500	1.4100
	稀释每股收益(元)	0.8700	1.6700	0.7500	1.4200
	每股净资产(元)	6.0554	5.2900	4.3700	4.2200
	每股经营现金净流量(元)	0.7302	2.1398	0.9529	1.5114
	每股现金流量(元)	0.8817	0.0816	-0.4315	1.3622
	每股资本公积金(元)	1.5747	0.0121	0.0121	0.0121
	每股盈余公积金(元)	0.3653	0.4876	0.3958	0.3204
	每股未分配利润(元)	3.1154	3.7880	2.9621	2.8836
	净资产收益率(%)	12.0053	31.6130	17.2511	33.6397
	加权净资产收益率(%)	15.4500	36.3200	17.5600	40.4400
	净资产收益率(扣除)(%)	11.9331	31.4114	17.1408	33.3972
	总资产(万元)	44762.81	32855.68	29423.90	30342.16
	归属母公司股东权益(万元)	37180.03	24323.22	20101.68	19393.92
	营业收入(万元)	11734.11	21053.76	9747.05	18042.54
	营业支出(万元)	4248.03	7762.43	3581.70	6677.27
	投资收益(万元)	-	-	-	-
	净利润(万元)	4463.57	7689.30	3467.76	6524.06
	营业利润(万元)	5235.57	9157.53	4163.19	7651.28
	利润总额(万元)	5262.55	9208.31	4186.81	7703.62

南京全信传输科技股份有限公司

公司概况	公司名称	南京全信传输科技股份有限公司		证券简称	全信股份
	法人代表	陈祥楼	董秘 陈业宝	证券代码	300447
	公司网址	www.qx-kj.com		电子信箱	cyb@qx-kj.com
	电　话	025-83245761		传　真	025-52777568
	办公地址	江苏省南京市鼓楼区汉中门大街301号01幢12层			
	经营范围	主要从事国防军工用高性能传输线缆及线缆组件的研发生产和销售等			

主要财务指标	指标\报告期	2015.06.30	2014.12.31	2014.06.30	2013.12.31
	基本每股收益(元)	0.4759	0.8100	0.4481	0.6900
	基本每股收益(扣除后)(元)	0.4532	0.7715	-	0.6727
	稀释每股收益(元)	0.4759	0.8100	0.4481	0.6900
	每股净资产(元)	6.3930	4.5342	-	4.1700
	每股经营现金净流量(元)	0.1277	0.6575	-	0.5461
	每股现金流量(元)	2.7169	-0.3146	-	0.3626
	每股资本公积金(元)	2.4658	0.1602	-	0.1602
	每股盈余公积金(元)	0.2644	0.3525	-	0.2733
	每股未分配利润(元)	2.6628	3.0217	-	2.7402
	净资产收益率(%)	6.2035	17.8799	-	16.5914
	加权净资产收益率(%)	8.8800	18.6200	10.1900	18.0900
	净资产收益率(扣除)(%)	5.9072	17.0145	-	16.1180
	总资产(万元)	61272.68	33423.35	-	30878.29
	归属母公司股东权益(万元)	51783.43	27545.85	-	25354.43
	营业收入(万元)	12435.36	20517.60	10831.21	18657.51
	营业支出(万元)	5239.06	8660.69	4427.60	8402.79
	投资收益(万元)	-6.72	66.44	-0.31	-0.87
	净利润(万元)	3212.38	4925.17	2722.17	4206.67
	营业利润(万元)	3552.69	5430.84	3046.98	4745.89
	利润总额(万元)	3733.20	5711.32	3164.04	4887.18

广州市浩云安防科技股份有限公司

公司概况	公司名称	广州市浩云安防科技股份有限公司			证券简称	浩云科技
	法人代表	雷洪文	董秘	陈翩	证券代码	300448
	公司网址	www.haoyuntech.com		电子信箱	zqb@haoyuntech.com	
	电 话	020-34831515		传 真	020-34831415	
	办公地址	广东省广州市番禺区东环街番禺大道北555号天安总部中心2号楼2201				
	经营范围	主营业务为金融安防系统设计集成和运维服务以及相关软硬件产品的研发生产和销售				

主要财务指标	指标\报告期	2015.06.30	2014.12.31	2014.06.30	2013.12.31
	基本每股收益(元)	0.1200	0.9500	0.1200	0.8700
	基本每股收益(扣除后)(元)	0.1200	0.9200	–	0.8300
	稀释每股收益(元)	0.1200	0.9500	0.1200	0.8700
	每股净资产(元)	6.5399	4.0515	–	3.3000
	每股经营现金净流量(元)	–1.1873	0.5572	–	0.6399
	每股现金流量(元)	2.0298	0.1889	–	0.4381
	每股资本公积金(元)	3.6247	0.4332	–	0.4332
	每股盈余公积金(元)	0.2274	0.3032	–	0.2157
	每股未分配利润(元)	1.6879	2.3151	–	1.6517
	净资产收益率(%)	1.5524	23.4703	–	26.2794
	加权净资产收益率(%)	3.3700	26.2200	3.6100	29.7400
	净资产收益率(扣除)(%)	1.5395	22.6006	–	25.1981
	总资产(万元)	58886.22	37332.43	–	31129.89
	归属母公司股东权益(万元)	52319.50	24309.25	–	19803.79
	营业收入(万元)	17998.55	38626.94	15419.29	32876.47
	营业支出(万元)	10846.73	21999.86	9277.31	19442.87
	投资收益(万元)	–	–	–	–
	净利润(万元)	812.21	5705.45	705.10	5204.31
	营业利润(万元)	948.28	6249.78	724.03	5861.37
	利润总额(万元)	956.21	6496.81	775.55	6108.20

北京汉邦高科数字技术股份有限公司

公司概况	公司名称	北京汉邦高科数字技术股份有限公司			证券简称	汉邦高科
	法人代表	王立群	董秘	李坚	证券代码	300449
	公司网址	www.hbgk.net		电子信箱	chlma@hbgk.net	
	电 话	010-57985711		传 真	010-57985799	
	办公地址	北京市海淀区长春桥路11号4号楼裙房四层南侧1-12号房间				
	经营范围	公司主要从事安防行业数字视频监控产品和系统的研发生产和销售				

主要财务指标	指标\报告期	2015.06.30	2014.12.31	2014.06.30	2013.12.31
	基本每股收益(元)	0.4011	1.0700	0.4000	0.9900
	基本每股收益(扣除后)(元)	0.4011	1.0300	0.3700	0.9500
	稀释每股收益(元)	0.4011	1.0700	0.4000	0.9900
	每股净资产(元)	10.2600	6.0400	5.3700	4.9700
	每股经营现金净流量(元)	–3.2638	1.0134	–3.3113	0.3951
	每股现金流量(元)	–0.1843	1.4007	–2.9281	1.0970
	每股资本公积金(元)	4.6273	1.2845	1.2845	1.2845
	每股盈余公积金(元)	0.1820	0.2428	0.1739	0.1739
	每股未分配利润(元)	2.8752	3.5159	2.9125	2.5147
	净资产收益率(%)	3.9097	17.7100	7.4100	19.9600
	加权净资产收益率(%)	5.6500	19.4300	7.6900	22.1700
	净资产收益率(扣除)(%)	3.8568	17.0568	6.9260	19.0923
	总资产(万元)	83932.60	68715.26	55596.79	57165.04
	归属母公司股东权益(万元)	61399.53	32028.86	28465.65	26357.42
	营业收入(万元)	21457.60	56289.24	22702.72	55661.01
	营业支出(万元)	14008.40	37680.38	14410.52	36582.15
	投资收益(万元)	–	–	–	–
	净利润(万元)	2400.56	5671.44	2108.23	5261.23
	营业利润(万元)	1860.54	5616.34	1663.95	4856.58
	利润总额(万元)	2632.67	6676.10	2288.18	6226.50

无锡先导智能装备股份有限公司

公司概况	公司名称	无锡先导智能装备股份有限公司			证券简称	先导智能
	法人代表	王燕清	董秘	陈强	证券代码	300450
	公司网址	www.leadchina.cn		电子信箱	lead@leadchina.cn	
	电 话	0510-81163600		传 真	0510-81163638	
	办公地址	江苏省无锡市国家高新技术产业开发区新锡路20号				
	经营范围	电子工业专用设备研发、生产和技术服务				

主要财务指标	指标\报告期	2015.06.30	2014.12.31	2014.06.30	2013.12.31
	基本每股收益(元)	0.8587	1.2846	0.4452	0.7346
	基本每股收益(扣除后)(元)	0.8371	1.2305	–	0.7078
	稀释每股收益(元)	0.8587	1.2846	0.4452	0.7346
	每股净资产(元)	9.4483	5.6287	4.7893	4.7800
	每股经营现金净流量(元)	0.3629	1.8343	0.8995	0.8546
	每股现金流量(元)	4.2570	1.2848	0.7642	–0.0879
	每股资本公积金(元)	6.2194	2.1740	2.1740	2.1740
	每股盈余公积金(元)	0.2252	0.3002	0.1705	0.1705
	每股未分配利润(元)	2.0038	2.1544	1.4447	1.4395
	净资产收益率(%)	7.1953	22.8224	9.2958	15.3552
	加权净资产收益率(%)	13.0200	25.0300	9.1600	16.6300
	净资产收益率(扣除)(%)	7.0136	21.8610	9.1469	14.7943
	总资产(万元)	127240.39	73571.21	57380.33	38191.00
	归属母公司股东权益(万元)	64248.73	28706.19	24425.28	24398.75
	营业收入(万元)	19232.27	30654.37	10204.15	17476.09
	营业支出(万元)	11572.61	17324.38	5574.58	9678.95
	投资收益(万元)	72.29	83.09	31.49	8.90
	净利润(万元)	4622.88	6551.45	2270.53	3746.47
	营业利润(万元)	4284.64	7486.70	2665.69	4229.27
	利润总额(万元)	5449.80	7728.31	2676.99	4381.36

创业软件股份有限公司

公司概况	公司名称	创业软件股份有限公司			证券简称	创业软件
	法人代表	葛航	董秘	董祖琰	证券代码	300451
	公司网址	www.bsoft.com.cn		电子信箱	bsoft@bsoft.com.cn	
	电 话	0571-88217878		传 真	0571-88217703	
	办公地址	浙江省杭州市文三路199号创业大厦三楼				
	经营范围	医疗卫生信息化应用软件和基于信息技术的系统集成业务				

主要财务指标	指标\报告期	2015.06.30	2014.12.31	2014.06.30	2013.12.31
	基本每股收益(元)	0.1400	0.9300	0.1400	0.9000
	基本每股收益(扣除后)(元)	0.1200	0.8100	–	0.6800
	稀释每股收益(元)	0.1400	0.9300	0.1400	0.9000
	每股净资产(元)	10.2500	6.7500	–	6.0100
	每股经营现金净流量(元)	–1.1375	1.0767	–	0.9227
	每股现金流量(元)	1.3813	0.5676	–	0.0291
	每股资本公积金(元)	3.5434	1.1258	–	1.1183
	每股盈余公积金(元)	0.3668	0.4890	–	0.3899
	每股未分配利润(元)	3.2081	4.1327	–	3.4990
	净资产收益率(%)	1.3366	13.8253	–	14.9271
	加权净资产收益率(%)	1.9400	14.6700	2.3500	16.1300
	净资产收益率(扣除)(%)	1.2185	12.0548	–	11.3117
	总资产(万元)	68461.14	49621.08	–	44849.22
	归属母公司股东权益(万元)	55204.21	34412.33	–	30636.73
	营业收入(万元)	17047.62	40564.81	16650.03	37800.55
	营业支出(万元)	8729.35	20970.07	8692.66	19924.64
	投资收益(万元)	–76.12	–21.49	–13.58	–7.76
	净利润(万元)	737.89	4758.38	719.35	4569.87
	营业利润(万元)	235.74	2790.44	65.59	2407.05
	利润总额(万元)	914.16	5612.43	961.38	5357.34

安徽山河药用辅料股份有限公司

公司概况					
公司名称	安徽山河药用辅料股份有限公司			证券简称	山河药辅
法人代表	尹正龙	董秘	胡浩	证券代码	300452
公司网址	www.shanhe01.com		电子信箱	sunhere@shanhe01.com	
电　　话	0554-2796116		传　　真	0554-2796150	
办公地址	安徽省淮南市经济技术开发区河滨路 2 号				
经营范围	药用辅料的研发、生产和销售				

主要财务指标：指标\报告期	2015.06.30	2014.12.31	2014.06.30	2013.12.31
基本每股收益(元)	0.5600	1.0000	0.5700	1.0100
基本每股收益(扣除后)(元)	0.5500	0.8700	–	0.9600
稀释每股收益(元)	0.5600	1.0000	0.5700	1.0100
每股净资产(元)	7.3133	5.0920	–	4.2900
每股经营现金净流量(元)	0.3894	1.0583	–	0.7439
每股现金流量(元)	0.8566	0.4997	–	-0.2902
每股资本公积金(元)	3.4333	0.6384	–	0.6384
每股盈余公积金(元)	0.3084	0.4112	–	0.3134
每股未分配利润(元)	2.5717	3.0424	–	2.3363
净资产收益率(%)	6.0149	19.7136	–	23.4678
加权净资产收益率(%)	9.7300	21.5600	12.6300	26.0100
净资产收益率(扣除)(%)	5.9187	17.0393	–	22.3842
总资产(万元)	43288.26	26639.44	–	23357.86
归属母公司股东权益(万元)	33933.69	17720.02	–	14922.77
营业收入(万元)	13209.48	23939.38	12211.65	21289.05
营业支出(万元)	8622.64	16278.16	8156.78	13917.95
投资收益(万元)	4.73	11.62	8.11	–
净利润(万元)	2041.08	3493.25	1979.69	3502.04
营业利润(万元)	2348.59	3531.42	2021.66	3888.47
利润总额(万元)	2382.28	4077.29	2309.26	4078.70

江西三鑫医疗科技股份有限公司

公司概况					
公司名称	江西三鑫医疗科技股份有限公司			证券简称	三鑫医疗
法人代表	彭义兴	董秘	乐珍荣	证券代码	300453
公司网址	www.sanxin-med.com		电子信箱	sanxin-med@vip.163.com	
电　　话	0791-85950380		传　　真	0791-85988030	
办公地址	江西省南昌市小蓝经济开发区富山大道 999 号				
经营范围	一次性使用无菌注输类医疗器械的研发、生产和销售				

主要财务指标：指标\报告期	2015.06.30	2014.12.31	2014.06.30	2013.12.31
基本每股收益(元)	0.3800	0.8200	0.3800	0.8200
基本每股收益(扣除后)(元)	0.3500	0.7500	–	0.7600
稀释每股收益(元)	0.3800	0.8200	0.3800	0.8200
每股净资产(元)	6.3494	4.2063	–	3.4900
每股经营现金净流量(元)	0.0465	1.1478	–	0.5043
每股现金流量(元)	1.7524	0.1605	–	-0.3207
每股资本公积金(元)	3.0470	0.5368	–	0.5368
每股盈余公积金(元)	0.2272	0.3030	–	0.2234
每股未分配利润(元)	2.0753	2.3665	–	1.7290
净资产收益率(%)	4.7414	19.4250	–	23.4302
加权净资产收益率(%)	7.9500	21.3700	10.3200	26.5400
净资产收益率(扣除)(%)	4.4224	17.8110	–	21.8938
总资产(万元)	56194.77	38137.00	–	32970.98
归属母公司股东权益(万元)	50388.94	25027.22	–	20760.68
营业收入(万元)	16133.35	32220.46	15904.91	30473.74
营业支出(万元)	10498.52	21680.20	10811.99	19931.22
投资收益(万元)	–	–	–	–
净利润(万元)	2389.13	4861.54	2258.66	4864.27
营业利润(万元)	2591.74	5207.10	2462.05	5351.61
利润总额(万元)	2771.38	5643.63	2640.68	5690.29

北京康拓红外技术股份有限公司

公司概况					
公司名称	北京康拓红外技术股份有限公司			证券简称	康拓红外
法人代表	赵大鹏	董秘	曹昶辉	证券代码	300455
公司网址	www.cchbds.com.cn		电子信箱	cchbds@cchbds.com.cn	
电　　话	010-68378620		传　　真	010-68379141	
办公地址	北京市海淀区知春路 61 号 9 层				
经营范围	主要从事铁路车辆运行安全检测领域和机车车辆检修自动化领域相关设备的销售、安装和服务				

主要财务指标：指标\报告期	2015.06.30	2014.12.31	2014.06.30	2013.12.31
基本每股收益(元)	0.1400	0.5200	0.1400	0.5200
基本每股收益(扣除后)(元)	0.1400	0.5000	–	0.4500
稀释每股收益(元)	0.1400	0.5200	0.1400	0.5200
每股净资产(元)	3.8918	3.2157	–	2.8000
每股经营现金净流量(元)	-0.2303	0.4734	–	0.3364
每股现金流量(元)	1.1618	0.2952	–	-0.0733
每股资本公积金(元)	1.5560	0.4843	–	0.4843
每股盈余公积金(元)	0.1495	0.1994	–	0.1476
每股未分配利润(元)	1.1862	1.5321	–	1.1665
净资产收益率(%)	2.8823	16.0874	–	18.7016
加权净资产收益率(%)	4.1800	17.3000	4.9300	20.5600
净资产收益率(扣除)(%)	2.8607	15.6766	–	16.1015
总资产(万元)	65829.82	48522.87	–	47212.70
归属母公司股东权益(万元)	54485.17	33765.21	–	29383.27
营业收入(万元)	7267.98	23359.58	6283.85	22762.50
营业支出(万元)	4327.27	12395.63	2885.01	12559.79
投资收益(万元)	–	–	–	–
净利润(万元)	1570.42	5431.95	1459.67	5495.15
营业利润(万元)	461.84	5400.38	1053.47	4318.43
利润总额(万元)	1641.06	6441.68	1732.35	6379.89

北京耐威科技股份有限公司

公司概况					
公司名称	北京耐威科技股份有限公司			证券简称	耐威科技
法人代表	杨云春	董秘	张阿斌	证券代码	300456
公司网址	www.navgnss.com		电子信箱	zqb@navgnss.com	
电　　话	010-82252103		传　　真	010-59702066	
办公地址	北京市西城区裕民路 18 号北环中心 A 座 2607 室(中关村德胜园区)				
经营范围	从事惯性导航产品、卫星导航产品的研发、生产与销售				

主要财务指标：指标\报告期	2015.06.30	2014.12.31	2014.06.30	2013.12.31
基本每股收益(元)	0.2919	0.8562	0.2437	0.8841
基本每股收益(扣除后)(元)	0.2327	0.8130	–	0.8427
稀释每股收益(元)	0.2919	0.8562	0.2437	0.8841
每股净资产(元)	6.5391	4.1857	–	3.4300
每股经营现金净流量(元)	-0.2691	0.4710	–	0.2211
每股现金流量(元)	2.7492	0.5556	–	-0.1079
每股资本公积金(元)	3.1848	0.3549	–	0.2617
每股盈余公积金(元)	0.0397	0.0529	–	0.0298
每股未分配利润(元)	2.3146	2.7780	–	2.1365
净资产收益率(%)	3.5338	20.4562	–	25.7895
加权净资产收益率(%)	6.3000	22.0700	6.8600	29.6100
净资产收益率(扣除)(%)	2.8169	19.4230	–	24.5833
总资产(万元)	66520.89	39436.25	–	31790.78
归属母公司股东权益(万元)	54928.19	26370.12	–	21596.73
营业收入(万元)	6438.99	16939.10	5506.08	16716.19
营业支出(万元)	3476.09	9185.06	3205.93	8225.85
投资收益(万元)	–	–	–	–
净利润(万元)	1973.09	5485.91	1512.83	5537.96
营业利润(万元)	1220.91	4974.84	1111.25	5248.74
利润总额(万元)	2244.15	6139.49	1686.86	6303.32

深圳市赢合科技股份有限公司

公司概况

公司名称	深圳市赢合科技股份有限公司		证券简称	赢合科技
法人代表	王维东	董秘 李程	证券代码	300457
公司网址	www.yhwins.com		电子信箱	yinghekejiid@163.com
电　话	0755-21637660		传　真	0755-81713999
办公地址	广东省深圳市龙华新区大浪办事处同胜社区赢合产业园1栋1-2层			
经营范围	锂离子电池自动化生产设备的研发、设计、制造、销售与服务			

主要财务指标

指标\报告期	2015.06.30	2014.12.31	2014.06.30	2013.12.31
基本每股收益(元)	0.4900	0.8636	0.4500	0.8606
基本每股收益(扣除后)(元)	0.4628	0.8179	–	0.7242
稀释每股收益(元)	0.4900	0.8636	0.4500	0.8606
每股净资产(元)	6.2478	4.3200	–	3.4600
每股经营现金净流量(元)	-0.2757	0.5240	–	1.0060
每股现金流量(元)	2.1838	0.2347	–	0.0705
每股资本公积金(元)	2.9126	0.7271	–	0.7271
每股盈余公积金(元)	0.2012	0.2682	–	0.1769
每股未分配利润(元)	2.1341	2.3248	–	1.5526
净资产收益率(%)	6.2493	19.9904	–	24.8969
加权净资产收益率(%)	10.0800	22.2100	12.3400	28.4400
净资产收益率(扣除)(%)	5.8644	18.9332	–	20.9520
总资产(万元)	76391.33	53328.47	–	39731.38
归属母公司股东权益(万元)	48732.75	25272.79	–	20220.66
营业收入(万元)	15923.46	22500.62	10981.53	21117.72
营业支出(万元)	10535.22	13269.93	6341.64	12999.44
投资收益(万元)	–	–	–	–
净利润(万元)	3045.46	5052.13	2658.80	5034.32
营业利润(万元)	2349.41	4631.99	2574.10	4316.42
利润总额(万元)	3325.56	5690.64	3021.49	5684.90

珠海全志科技股份有限公司

公司概况

公司名称	珠海全志科技股份有限公司		证券简称	全志科技
法人代表	张建辉	董秘 薛巍	证券代码	300458
公司网址	www.allwinnertech.com		电子信箱	ir@allwinnertech.com
电　话	0756-3818276		传　真	0756-3818300
办公地址	广东省珠海市高新区唐家湾镇科技二路9号			
经营范围	电子元器件、软件的研发及销售；系统集成			

主要财务指标

指标\报告期	2015.06.30	2014.12.31	2014.06.30	2013.12.31
基本每股收益(元)	0.3900	0.9200	0.5200	3.4900
基本每股收益(扣除后)(元)	0.3500	0.8600	–	3.4200
稀释每股收益(元)	0.3900	0.9200	0.5200	3.4900
每股净资产(元)	9.1702	8.3300	–	8.1100
每股经营现金净流量(元)	0.2904	2.7104	–	3.5819
每股现金流量(元)	2.6198	1.2560	–	1.7984
每股资本公积金(元)	2.5259	0.1231	–	0.1231
每股盈余公积金(元)	0.3750	0.5000	–	0.5000
每股未分配利润(元)	5.2694	6.7037	–	6.4843
净资产收益率(%)	4.2697	11.0429	–	43.0624
加权净资产收益率(%)	5.7500	11.2700	6.3400	52.1500
净资产收益率(扣除)(%)	3.8465	10.2740	–	42.2438
总资产(万元)	163650.88	119729.85	–	115101.69
归属母公司股东权益(万元)	146722.49	99917.28	–	97284.67
营业收入(万元)	51878.02	124196.38	62932.59	165009.92
营业支出(万元)	32386.42	86394.51	44044.59	96827.75
投资收益(万元)	–	-5.11	–	–
净利润(万元)	6264.62	11033.76	6279.61	41893.16
营业利润(万元)	6447.07	9802.54	6669.03	41869.26
利润总额(万元)	7315.23	11289.24	7067.29	44491.92

浙江金科过氧化物股份有限公司

公司概况

公司名称	浙江金科过氧化物股份有限公司		证券简称	浙江金科
法人代表	朱志刚	董秘 魏洪涛	证券代码	300459
公司网址	www.jinke-chem.com		电子信箱	zqb@jinkegroup.com
电　话	0575-82738067		传　真	0575-82735552
办公地址	浙江省杭州湾上虞工业园区纬九路5号			
经营范围	从事氧系漂白助剂SPC的研发、生产和销售的“国家高新技术企业”			

主要财务指标

指标\报告期	2015.06.30	2014.12.31	2014.06.30	2013.12.31
基本每股收益(元)	0.2800	0.4600	0.2800	0.6400
基本每股收益(扣除后)(元)	0.2600	0.4600	–	0.6100
稀释每股收益(元)	0.2800	0.4600	0.2800	0.6400
每股净资产(元)	5.6647	5.1818	–	4.7200
每股经营现金净流量(元)	0.3993	1.2972	–	0.7909
每股现金流量(元)	0.8090	1.3017	–	-0.4758
每股资本公积金(元)	3.0308	2.1667	–	2.1667
每股盈余公积金(元)	0.1292	0.1722	–	0.1142
每股未分配利润(元)	1.4910	1.8289	–	1.4318
净资产收益率(%)	3.8720	8.7824	–	13.6315
加权净资产收益率(%)	5.1300	9.1900	5.6700	14.5000
净资产收益率(扣除)(%)	3.7014	8.9090	–	12.8208
总资产(万元)	73935.83	65753.87	–	59742.01
归属母公司股东权益(万元)	60045.85	41195.25	–	37548.86
营业收入(万元)	23441.22	47690.20	24252.23	48041.25
营业支出(万元)	18031.00	37695.17	18769.89	36352.97
投资收益(万元)	-33.34	-24.62	–	–
净利润(万元)	2324.49	3617.93	2192.92	5118.48
营业利润(万元)	2667.56	3876.21	2318.67	5842.36
利润总额(万元)	2799.32	4160.36	2540.31	6217.98

广东惠伦晶体科技股份有限公司

公司概况

公司名称	广东惠伦晶体科技股份有限公司		证券简称	惠伦晶体
法人代表	赵积清	董秘 王军	证券代码	300460
公司网址	www.dgylec.com		电子信箱	yl@dgylec.com
电　话	0769-38879888*2233		传　真	0769-38879889
办公地址	广东省东莞市黄江镇东环路鸡啼岗段36号			
经营范围	设计、生产和销售新型电子元器件			

主要财务指标

指标\报告期	2015.06.30	2014.12.31	2014.06.30	2013.12.31
基本每股收益(元)	0.1700	0.4000	0.1900	0.4200
基本每股收益(扣除后)(元)	0.1700	0.3800	0.1900	0.4000
稀释每股收益(元)	0.1700	0.4000	0.1900	0.4200
每股净资产(元)	3.7601	2.8800	2.6600	2.4700
每股经营现金净流量(元)	0.1653	0.9340	0.6004	0.5713
每股现金流量(元)	1.4418	0.0351	0.0781	0.0091
每股资本公积金(元)	1.5266	0.4143	0.4143	0.4143
每股盈余公积金(元)	0.1163	0.1551	0.1155	0.1155
每股未分配利润(元)	1.1171	1.3061	1.1331	0.9417
净资产收益率(%)	3.6608	14.0481	7.1856	16.8614
加权净资产收益率(%)	5.5700	15.1100	7.4500	18.4100
净资产收益率(扣除)(%)	3.6401	13.0801	7.0876	15.9969
总资产(万元)	90406.33	63832.83	63071.05	62978.64
归属母公司股东权益(万元)	63272.38	36286.64	33603.70	31189.07
营业收入(万元)	19706.32	40415.71	20572.36	40043.71
营业支出(万元)	14074.00	29937.43	15201.53	28677.55
投资收益(万元)	–	–	–	–
净利润(万元)	2316.30	5097.58	2414.63	5258.91
营业利润(万元)	2718.06	5421.70	2636.11	5693.49
利润总额(万元)	2733.47	5835.32	2675.26	6010.70

浙江田中精机股份有限公司

公司概况	公司名称	浙江田中精机股份有限公司			证券简称	田中精机
	法人代表	钱承林	董秘	詹劲松	证券代码	300461
	公司网址	www.tanac.com.cn		电子信箱	securities@tanac.com.cn	
	电　话	0573-84778878		传　真	0573-84778977	
	办公地址	浙江省嘉兴市嘉善县姚庄镇新景路 398 号				
	经营范围	从事数控自动化电子线圈生产设备的研发、生产和销售				

	指标 \ 报告期	2015.06.30	2014.12.31	2014.06.30	2013.12.31
主要财务指标	基本每股收益(元)	0.2300	0.5100	0.2500	0.6200
	基本每股收益(扣除后)(元)	0.2100	0.4600	–	0.5700
	稀释每股收益(元)	0.2300	0.5100	0.2500	0.6200
	每股净资产(元)	4.5574	3.9011	–	3.6900
	每股经营现金净流量(元)	0.0396	1.0966	–	0.4524
	每股现金流量(元)	1.5988	0.5680	–	–0.1713
	每股资本公积金(元)	2.2853	1.4484	–	1.4484
	每股盈余公积金(元)	0.1742	0.2323	–	0.1836
	每股未分配利润(元)	1.1065	1.2298	–	1.0641
	净资产收益率(%)	4.0432	13.1861	–	16.7237
	加权净资产收益率(%)	5.6600	13.8300	13.8300	17.8300
	净资产收益率(扣除)(%)	3.6153	11.7828	–	15.5139
	总资产(万元)	34532.61	22790.49	–	21080.71
	归属母公司股东权益(万元)	30388.42	19505.67	–	18436.57
	营业收入(万元)	6041.24	12296.41	6415.55	15317.88
	营业支出(万元)	3008.78	5637.97	2887.51	7812.38
	投资收益(万元)	148.91	168.77	57.36	51.70
	净利润(万元)	1228.65	2572.04	1252.44	3083.27
	营业利润(万元)	1560.51	2936.75	1500.36	3502.99
	利润总额(万元)	1577.90	3008.52	1522.91	3689.59

上海华铭智能终端设备股份有限公司

公司概况	公司名称	上海华铭智能终端设备股份有限公司			证券简称	华铭智能
	法人代表	张亮	董秘	蔡红梅	证券代码	300462
	公司网址	www.hmmachine.com		电子信箱	hmzn@hmmachine.com	
	电　话	021-57784382		传　真	021-57784383	
	办公地址	上海市松江区茸北工业区施惠路北侧				
	经营范围	自动售检票系统终端设备的研发、生产、销售与维护				

	指标 \ 报告期	2015.06.30	2014.12.31	2014.06.30	2013.12.31
主要财务指标	基本每股收益(元)	0.4000	1.0000	0.5600	0.9500
	基本每股收益(扣除后)(元)	0.3700	0.8300	–	0.8700
	稀释每股收益(元)	0.4000	1.0000	0.5600	0.9500
	每股净资产(元)	7.0201	4.8190	–	4.2100
	每股经营现金净流量(元)	–0.3474	0.7247	–	0.4809
	每股现金流量(元)	0.0311	1.7255	–	–1.5483
	每股资本公积金(元)	3.8749	1.1824	–	1.8554
	每股盈余公积金(元)	0.2691	0.3588	–	0.3649
	每股未分配利润(元)	1.8761	2.2778	–	2.6719
	净资产收益率(%)	4.5266	20.8200	–	22.6100
	加权净资产收益率(%)	7.4500	21.9500	12.6800	25.1300
	净资产收益率(扣除)(%)	4.2249	17.1600	–	20.2900
	总资产(万元)	61103.59	39967.02	–	38125.10
	归属母公司股东权益(万元)	48354.40	24895.13	–	21742.29
	营业收入(万元)	9033.91	18154.06	10127.35	15768.11
	营业支出(万元)	4932.87	9021.58	5768.41	6634.40
	投资收益(万元)	151.80	458.70	138.82	86.83
	净利润(万元)	2188.83	5182.33	2912.66	4915.42
	营业利润(万元)	2513.85	5433.44	2967.97	5229.42
	利润总额(万元)	2533.72	6046.43	3392.68	5735.39

四川迈克生物科技股份有限公司

公司概况	公司名称	四川迈克生物科技股份有限公司			证券简称	迈克生物
	法人代表	唐勇	董秘	邹媛	证券代码	300463
	公司网址	www.makerbio.com		电子信箱	zqb@makerbio.com	
	电　话	028-87825789		传　真	028-87825764	
	办公地址	四川省成都市高新区百川路 16 号				
	经营范围	体外诊断试剂及临床检验分析仪器的生产				

	指标 \ 报告期	2015.06.30	2014.12.31	2014.06.30	2013.12.31
主要财务指标	基本每股收益(元)	0.8800	1.5200	0.8100	1.3000
	基本每股收益(扣除后)(元)	0.8800	1.5700	–	1.3500
	稀释每股收益(元)	0.8800	1.5200	0.8100	1.3000
	每股净资产(元)	10.1133	5.3336	–	4.0700
	每股经营现金净流量(元)	–0.0549	0.7750	–	0.6626
	每股现金流量(元)	4.6802	0.4607	–	–0.1199
	每股资本公积金(元)	5.2173	0.0714	–	0.0714
	每股盈余公积金(元)	0.2194	0.2748	–	0.1975
	每股未分配利润(元)	3.6766	3.9875	–	2.8017
	净资产收益率(%)	7.2805	28.5600	–	31.9500
	加权净资产收益率(%)	13.7400	32.5500	18.2600	37.6400
	净资产收益率(扣除)(%)	7.2493	29.4100	–	33.0600
	总资产(万元)	236262.71	121631.70	–	83701.79
	归属母公司股东权益(万元)	188106.73	79204.55	–	60448.46
	营业收入(万元)	51442.26	93484.61	45222.97	77942.66
	营业支出(万元)	22456.28	38091.82	18747.39	34013.09
	投资收益(万元)	303.67	280.36	151.38	118.83
	净利润(万元)	13695.18	22621.09	12018.48	19315.59
	营业利润(万元)	16478.17	29300.15	15398.57	25187.73
	利润总额(万元)	16498.89	28391.07	15151.41	24244.16

广东星徽精密制造股份有限公司

公司概况	公司名称	广东星徽精密制造股份有限公司			证券简称	星徽精密
	法人代表	蔡耿锡	董秘	陈惠吟	证券代码	300464
	公司网址	www.sh-abc.cn		电子信箱	sec@sh-abc.cn	
	电　话	0757-26332400		传　真	0757-26326798	
	办公地址	广东省佛山市顺德区北滘镇工业园兴业路 7 号				
	经营范围	从事滑轨,铰链等精密金属连接件的研发,设计,生产,销售及服务				

	指标 \ 报告期	2015.06.30	2014.12.31	2014.06.30	2013.12.31
主要财务指标	基本每股收益(元)	0.1400	0.6500	0.2100	0.6900
	基本每股收益(扣除后)(元)	0.1300	0.6000	–	0.6800
	稀释每股收益(元)	0.1400	0.6500	0.2100	0.6900
	每股净资产(元)	5.4073	4.1733	–	3.8400
	每股经营现金净流量(元)	0.0964	0.9060	–	0.9144
	每股现金流量(元)	2.2713	0.0180	–	–0.1422
	每股资本公积金(元)	2.7473	1.1501	–	1.1501
	每股盈余公积金(元)	0.2154	0.2872	–	0.2165
	每股未分配利润(元)	1.4446	1.7359	–	1.4761
	净资产收益率(%)	2.6394	15.6480	–	17.9801
	加权净资产收益率(%)	4.4600	15.8700	5.3200	18.8600
	净资产收益率(扣除)(%)	2.4174	14.3536	–	17.7272
	总资产(万元)	71843.79	51585.96	–	42557.19
	归属母公司股东权益(万元)	44702.25	25874.16	–	23825.36
	营业收入(万元)	18195.91	39159.12	16581.98	39531.01
	营业支出(万元)	13698.09	29326.55	12461.17	29692.76
	投资收益(万元)	–	–	–	–
	净利润(万元)	1179.85	4048.80	1302.44	4283.81
	营业利润(万元)	1490.31	4320.13	1521.16	4966.28
	利润总额(万元)	1622.60	4714.19	1513.80	5037.15

高伟达软件股份有限公司

公司概况

公司名称	高伟达软件股份有限公司		证券简称	高伟达
法人代表	于伟	董秘	高源	证券代码	300465
公司网址	www.git.com.cn		电子信箱	securities@git.com.cn
电　　话	010-57321010		传　　真	010-57321000
办公地址	北京市朝阳区亮马桥路32号高斓大厦1601室			
经营范围	向以银行、保险、证券等为主的金融企业客户提供IT解决方案、IT运维服务			

主要财务指标

指标\报告期	2015.06.30	2014.12.31	2014.06.30	2013.12.31
基本每股收益(元)	0.1300	0.6600	0.1700	0.5300
基本每股收益(扣除后)(元)	0.1200	0.6500	–	0.5200
稀释每股收益(元)	0.1300	0.6600	0.1700	0.5300
每股净资产(元)	5.3803	3.5542	–	2.8900
每股经营现金净流量(元)	–0.8203	0.3954	–	–0.3586
每股现金流量(元)	1.0194	0.7452	–	–0.5186
每股资本公积金(元)	2.6635	0.4004	–	0.4004
每股盈余公积金(元)	0.1459	0.1945	–	0.1390
每股未分配利润(元)	1.5710	1.9592	–	1.3539
净资产收益率(%)	1.8891	18.5926	–	18.3996
加权净资产收益率(%)	2.5300	19.4900	5.6100	20.2600
净资产收益率(扣除)(%)	1.7672	18.4229	–	17.8889
总资产(万元)	87395.80	67919.34	–	65911.42
归属母公司股东权益(万元)	71740.98	35541.55	–	28933.46
营业收入(万元)	35957.87	99593.06	41924.09	110109.92
营业支出(万元)	25570.41	76927.14	32265.85	89565.75
投资收益(万元)	–	–	–	–
净利润(万元)	1355.27	6608.09	1671.37	5323.64
营业利润(万元)	1175.79	7360.30	1632.17	5800.20
利润总额(万元)	1300.65	7440.65	1634.16	5987.74

赛摩电气股份有限公司

公司概况

公司名称	赛摩电气股份有限公司			证券简称	赛摩电气
法人代表	厉达	董秘	李恒	证券代码	300466
公司网址	www.saimo.cn		电子信箱	dshoffice@saimo.cn	
电　　话	0516-87885998		传　　真	0516-87793650	
办公地址	江苏省徐州市经济开发区螺山2号				
经营范围	研发、生产、销售煤能源及其他矿物料的计量、采样设备				

主要财务指标

指标\报告期	2015.06.30	2014.12.31	2014.06.30	2013.12.31
基本每股收益(元)	0.1300	0.6000	0.1600	0.7100
基本每股收益(扣除后)(元)	0.1300	0.5900	–	0.6600
稀释每股收益(元)	0.1300	0.6000	0.1600	0.7100
每股净资产(元)	5.5695	4.3900	–	3.9100
每股经营现金净流量(元)	–0.3004	0.1225	–	0.4930
每股现金流量(元)	2.0015	0.0255	–	0.1863
每股资本公积金(元)	2.8036	1.1756	–	1.1756
每股盈余公积金(元)	0.1809	0.2413	–	0.1809
每股未分配利润(元)	1.5873	1.9749	–	1.5602
净资产收益率(%)	1.9057	13.7513	–	18.2424
加权净资产收益率(%)	2.8600	14.5500	4.0200	19.8500
净资产收益率(扣除)(%)	1.8957	13.5471	–	16.8252
总资产(万元)	61517.22	41919.49	–	36071.16
归属母公司股东权益(万元)	44555.93	26332.59	–	23468.83
营业收入(万元)	9893.98	24210.51	9357.04	25325.35
营业支出(万元)	5892.64	14461.33	5564.98	15271.88
投资收益(万元)	–	–	–	–
净利润(万元)	849.12	3621.07	961.82	4281.27
营业利润(万元)	478.12	3005.01	659.31	3565.15
利润总额(万元)	974.61	4183.35	1131.62	4948.89

四川迅游网络科技股份有限公司

公司概况

公司名称	四川迅游网络科技股份有限公司			证券简称	迅游科技
法人代表	章建伟	董秘	王巍	证券代码	300467
公司网址	www.xunyou.com		电子信箱	corp@xunyou.com	
电　　话	028-65598000		传　　真	028-65598000*289	
办公地址	四川省成都市高新区世纪城南路599号7栋6,7层				
经营范围	为网游等互联网实时交互应用提供网络加速服务				

主要财务指标

指标\报告期	2015.06.30	2014.12.31	2014.06.30	2013.12.31
基本每股收益(元)	0.9600	2.0100	1.0200	1.5300
基本每股收益(扣除后)(元)	0.9600	1.9600	–	1.4300
稀释每股收益(元)	0.9600	2.0100	1.0200	1.5300
每股净资产(元)	10.3873	3.5700	–	3.1600
每股经营现金净流量(元)	0.4956	2.0915	–	2.4092
每股现金流量(元)	7.0050	0.1189	–	0.6948
每股资本公积金(元)	8.0812	1.0940	–	1.0940
每股盈余公积金(元)	0.4345	0.4728	–	0.2668
每股未分配利润(元)	0.8716	1.0014	–	0.8016
净资产收益率(%)	7.3444	60.0500	–	47.8000
加权净资产收益率(%)	19.3900	60.0500	30.6800	47.8000
净资产收益率(扣除)(%)	7.3439	56.2000	–	48.3400
总资产(万元)	47363.55	15478.21	–	14160.66
归属母公司股东权益(万元)	41549.17	10704.59	–	9487.08
营业收入(万元)	8466.88	17806.31	9074.81	14424.53
营业支出(万元)	2280.37	4778.99	2436.63	4068.72
投资收益(万元)	0.65	–	–	–
净利润(万元)	2747.60	5690.94	2938.17	4585.91
营业利润(万元)	3278.99	6608.02	3291.68	4906.76
利润总额(万元)	3278.99	6774.59	3449.18	5240.29

深圳四方精创资讯股份有限公司

公司概况

公司名称	深圳四方精创资讯股份有限公司			证券简称	四方精创
法人代表	周志群	董秘	李琳	证券代码	300468
公司网址	www.formssi.com		电子信箱	formssyntronss@formssi.com	
电　　话	0755-86649962		传　　真	0755-86329137	
办公地址	深圳市南山区高新中一道9号软件大厦1008室				
经营范围	以定制化软件开发为主的各类型专业IT外包服务				

主要财务指标

指标\报告期	2015.06.30	2014.12.31	2014.06.30	2013.12.31
基本每股收益(元)	0.3561	1.1200	0.4596	1.1000
基本每股收益(扣除后)(元)	0.3542	1.0900	–	1.0500
稀释每股收益(元)	0.3561	1.1200	0.4596	1.1000
每股净资产(元)	7.4736	4.3894	–	3.7700
每股经营现金净流量(元)	–0.4444	1.0438	–	0.9508
每股现金流量(元)	3.1049	0.1038	–	0.2705
每股资本公积金(元)	4.6917	0.8893	–	0.8893
每股盈余公积金(元)	0.3106	0.4142	–	0.3038
每股未分配利润(元)	1.4883	2.1085	–	1.5951
净资产收益率(%)	3.7717	25.6021	–	29.1051
加权净资产收益率(%)	6.9000	27.8500	11.7500	31.5800
净资产收益率(扣除)(%)	3.7516	24.8016	–	28.0146
总资产(万元)	78248.84	37208.06	–	32312.64
归属母公司股东权益(万元)	74735.68	32920.69	–	28237.74
营业收入(万元)	14031.70	33798.82	14824.79	31532.88
营业支出(万元)	7092.02	17835.82	7469.25	15925.82
投资收益(万元)	–	–	–	–
净利润(万元)	2818.80	8428.38	3446.80	8218.62
营业利润(万元)	3113.21	8876.70	3574.38	8614.31
利润总额(万元)	3130.91	9169.52	3714.62	8956.44

上海中信信息发展股份有限公司

公司概况	公司名称	上海中信信息发展股份有限公司			证券简称	信息发展
	法人代表	张曙华	董秘	石富义	证券代码	300469
	公司网址	www.cesgroup.com.cn		电子信箱	ir@cesgroup.com.cn	
	电　　话	021-51208285		传　　真	021-51208285	
	办公地址	上海市中江路 879 号 11 号楼				
	经营范围	从事面向档案、食品流通追溯、政法等领域的信息化系统开发与服务				

	指标\报告期	2015.06.30	2014.12.31	2014.06.30	2013.12.31
主要财务指标	基本每股收益(元)	-0.2440	0.7050	-0.2790	0.6610
	基本每股收益(扣除后)(元)	-0.2460	0.5890	–	0.5730
	稀释每股收益(元)	-0.2440	0.7050	-0.2790	0.6610
	每股净资产(元)	4.3548	3.1820	–	2.4800
	每股经营现金净流量(元)	-2.3755	0.1869	–	0.1364
	每股现金流量(元)	0.6788	-0.0615	–	0.2350
	每股资本公积金(元)	1.9014	0.0002	–	0.0002
	每股盈余公积金(元)	0.1861	0.2481	–	0.1902
	每股未分配利润(元)	1.2673	1.9340	–	1.2865
	净资产收益率(%)	-4.2079	22.1656	–	26.6695
	加权净资产收益率(%)	-9.1800	24.9300	-11.9200	30.7700
	净资产收益率(扣除)(%)	-4.2656	18.4939	–	23.1488
	总资产(万元)	57872.42	42428.17	–	33534.50
	归属母公司股东权益(万元)	29089.80	15943.31	–	12409.38
	营业收入(万元)	13406.99	36832.88	8034.39	30808.95
	营业支出(万元)	8337.84	22062.04	5057.49	18941.10
	投资收益(万元)	–	–	–	–
	净利润(万元)	-1230.97	3758.35	-1427.86	3489.04
	营业利润(万元)	-1507.95	3481.82	-2191.50	3178.72
	利润总额(万元)	-1435.29	4255.55	-1656.47	3719.10

四川日机密封件股份有限公司

公司概况	公司名称	四川日机密封件股份有限公司			证券简称	日机密封
	法人代表	赵其春	董秘	陈虹	证券代码	300470
	公司网址	www.sns-china.com		电子信箱	chenhong@sns-china.com	
	电　　话	028-85361968　85542909		传　　真	028-85366222	
	办公地址	四川省成都市武侯区武科西四路八号				
	经营范围	通用零部件制造及机械修理				

	指标\报告期	2015.06.30	2014.12.31	2014.06.30	2013.12.31
主要财务指标	基本每股收益(元)	0.8400	2.2200	1.0000	2.0100
	基本每股收益(扣除后)(元)	0.7400	2.1100	–	1.9100
	稀释每股收益(元)	0.8400	2.2200	1.0000	2.0100
	每股净资产(元)	14.2213	8.4807	–	6.7600
	每股经营现金净流量(元)	0.0857	0.9634	–	0.8813
	每股现金流量(元)	7.2600	1.2460	–	-0.5020
	每股资本公积金(元)	7.9341	0.6658	–	0.6658
	每股盈余公积金(元)	0.6246	0.8328	–	0.6110
	每股未分配利润(元)	4.6627	5.9820	–	4.4812
	净资产收益率(%)	4.4067	26.2091	–	29.6937
	加权净资产收益率(%)	9.3900	29.1700	13.7900	34.1300
	净资产收益率(扣除)(%)	3.8819	24.9092	–	28.2130
	总资产(万元)	89307.83	48260.78	–	37843.37
	归属母公司股东权益(万元)	75856.46	33922.79	–	27031.95
	营业收入(万元)	16193.65	35698.39	16826.58	33281.13
	营业支出(万元)	7556.39	14956.09	7054.74	14022.95
	投资收益(万元)	–	–	–	–
	净利润(万元)	3342.74	8890.85	4003.16	8026.78
	营业利润(万元)	3395.60	9922.09	4339.87	8957.89
	利润总额(万元)	3865.60	10440.84	4707.97	9428.80

成都华气厚普机电设备股份有限公司

公司概况	公司名称	成都华气厚普机电设备股份有限公司			证券简称	厚普股份
	法人代表	江涛	董秘	敬志坚	证券代码	300471
	公司网址			电子信箱	hqhop@hqhop.com	
	电　　话	028-63165912　63166001		传　　真	028-63165920	
	办公地址	成都高新区世纪城南路 599 号 6 栋 11 层 3 号				
	经营范围	天然气汽车加气站设备及信息化集成监管系统的研发、设计、生产、销售和服务				

	指标\报告期	2015.06.30	2014.12.31	2014.06.30	2013.12.31
主要财务指标	基本每股收益(元)	1.1760	3.1840	1.0300	2.6540
	基本每股收益(扣除后)(元)	1.1230	3.1200	–	2.5180
	稀释每股收益(元)	1.1760	3.1840	1.0300	2.6540
	每股净资产(元)	18.6505	10.2600	–	7.6000
	每股经营现金净流量(元)	-2.3886	2.4063	–	2.6116
	每股现金流量(元)	6.5292	0.5411	–	-0.7483
	每股资本公积金(元)	10.9573	1.3790	–	1.4390
	每股盈余公积金(元)	0.7811	0.8027	–	0.5909
	每股未分配利润(元)	5.9205	7.0814	–	4.5689
	净资产收益率(%)	4.9950	31.0397	–	34.9206
	加权净资产收益率(%)	11.1500	35.8400	12.9400	41.5600
	净资产收益率(扣除)(%)	4.7709	30.4137	–	33.1306
	总资产(万元)	203656.24	150442.28	–	137814.96
	归属母公司股东权益(万元)	132791.51	57859.59	–	42857.07
	营业收入(万元)	43751.74	95759.38	38175.03	83716.87
	营业支出(万元)	24140.37	53438.19	21738.88	47710.91
	投资收益(万元)	-21.32	16.92	-26.21	39.13
	净利润(万元)	6632.92	17959.45	5810.17	14776.05
	营业利润(万元)	7577.05	18443.88	6023.75	15617.48
	利润总额(万元)	7917.08	20964.04	6854.69	17290.50

北京万向新元科技股份有限公司

公司概况	公司名称	北京万向新元科技股份有限公司			证券简称	新元科技
	法人代表	朱业胜	董秘	潘帮南	证券代码	300472
	公司网址	www.newu.com.cn		电子信箱	newu@newu.com.cn	
	电　　话	010-51607598		传　　真	010-88131355	
	办公地址	北京市海淀区阜成路 58 号新洲商务大厦 409 房间				
	经营范围	提供工业智能化物料输送、配料成套解决方案				

	指标\报告期	2015.06.30	2014.12.31	2014.06.30	2013.12.31
主要财务指标	基本每股收益(元)	0.2200	0.6900	0.2900	0.6700
	基本每股收益(扣除后)(元)	0.2200	0.6600	–	0.6400
	稀释每股收益(元)	0.2200	0.6900	0.2900	0.6700
	每股净资产(元)	5.4695	3.8800	–	3.3200
	每股经营现金净流量(元)	-0.5168	0.5096	–	0.2087
	每股现金流量(元)	1.7712	0.3435	–	0.1440
	每股资本公积金(元)	2.7705	0.7658	–	0.7658
	每股盈余公积金(元)	0.1529	0.2039	–	0.1506
	每股未分配利润(元)	1.5461	1.9056	–	1.4081
	净资产收益率(%)	4.0580	17.8237	–	20.0554
	加权净资产收益率(%)	7.4400	19.3800	8.4700	22.2900
	净资产收益率(扣除)(%)	3.4865	17.0487	–	19.3068
	总资产(万元)	48415.24	35496.94	–	26593.55
	归属母公司股东权益(万元)	36464.88	19376.16	–	16622.61
	营业收入(万元)	9782.72	19226.24	9030.85	17348.87
	营业支出(万元)	6118.17	11422.39	5455.01	10562.46
	投资收益(万元)	–	11.44	–	–
	净利润(万元)	1479.73	3453.55	1440.06	3333.73
	营业利润(万元)	1308.76	3768.54	1620.38	3668.32
	利润总额(万元)	1747.94	4037.84	1734.75	3885.16

阜新德尔汽车部件股份有限公司

公司概况	公司名称	阜新德尔汽车部件股份有限公司			证券简称	德尔股份
	法人代表	李毅	董秘	韩颖	证券代码	300473
	公司网址	www.fzb.com.cn		电子信箱	zqb@fzb.com.cn	
	电　话	0418-3399169		传　真	0418-3399170	
	办公地址	辽宁省阜新市经济开发区E路55号				
	经营范围	机电产品、汽车零部件、环保设备的技术开发、技术咨询及生产、销售				

主要财务指标	指标\报告期	2015.06.30	2014.12.31	2014.06.30	2013.12.31
	基本每股收益(元)	0.8632	1.7959	1.1076	1.7477
	基本每股收益(扣除后)(元)	0.8253	1.6679	–	1.7121
	稀释每股收益(元)	0.8632	1.7959	1.1076	1.7477
	每股净资产(元)	14.4867	9.6933	–	8.2900
	每股经营现金净流量(元)	0.8079	1.8507	–	1.7351
	每股现金流量(元)	6.8424	0.9295	–	0.2388
	每股资本公积金(元)	9.9233	4.5931	–	4.5931
	每股盈余公积金(元)	0.4125	0.5500	–	0.3479
	每股未分配利润(元)	3.1485	3.5471	–	2.3532
	净资产收益率(%)	5.9587	18.5275	–	21.0744
	加权净资产收益率(%)	11.1800	19.5300	12.5200	22.0400
	净资产收益率(扣除)(%)	5.7108	17.2066	–	20.6451
	总资产(万元)	183904.58	108251.59	–	90811.66
	归属母公司股东权益(万元)	144866.89	72700.00	–	62197.60
	营业收入(万元)	39282.49	67447.61	39248.69	61238.14
	营业支出(万元)	23387.54	42592.28	24659.95	38294.67
	投资收益(万元)	–	246.34	246.34	–
	净利润(万元)	8506.67	13304.32	8383.51	13114.51
	营业利润(万元)	9801.14	15073.76	9566.80	15119.25
	利润总额(万元)	10232.64	15975.67	9923.24	15441.48

安徽聚隆传动科技股份有限公司

公司概况	公司名称	安徽聚隆传动科技股份有限公司			证券简称	聚隆科技
	法人代表	刘军	董秘	阮懿威	证券代码	300475
	公司网址	www.ahjlcd.com		电子信箱	ahjlcd@126.com	
	电　话	0563-4186119		传　真	0563-4132222	
	办公地址	安徽省宣城市宁国市经济技术开发区创业北路16号				
	经营范围	新型、高效节能洗衣机减速离合器研发、生产、销售				

主要财务指标	指标\报告期	2015.06.30	2014.12.31	2014.06.30	2013.12.31
	基本每股收益(元)	0.3415	1.0500	0.5382	0.7500
	基本每股收益(扣除后)(元)	0.3315	0.8800	–	0.7000
	稀释每股收益(元)	0.3415	1.0500	0.5382	0.7500
	每股净资产(元)	5.0384	3.8985	–	2.9900
	每股经营现金净流量(元)	0.5231	0.9430	–	−0.0177
	每股现金流量(元)	2.4069	0.5575	–	−0.0429
	每股资本公积金(元)	2.1700	0.5286	–	0.5286
	每股盈余公积金(元)	0.1470	0.1960	–	0.1088
	每股未分配利润(元)	1.7214	2.1738	–	1.3573
	净资产收益率(%)	5.0830	27.0303	–	25.0600
	加权净资产收益率(%)	8.7100	30.9100	16.8800	28.1900
	净资产收益率(扣除)(%)	4.9343	22.5687	–	23.4901
	总资产(万元)	120696.54	83578.52	–	68545.87
	归属母公司股东权益(万元)	100768.64	58476.90	–	44920.40
	营业收入(万元)	17713.30	45808.97	19294.77	39285.06
	营业支出(万元)	9251.38	23819.49	10215.46	20674.50
	投资收益(万元)	–	–	–	–
	净利润(万元)	5122.07	15806.50	8072.98	11257.03
	营业利润(万元)	5703.08	15365.38	6407.82	12423.52
	利润总额(万元)	5996.16	18765.63	9530.22	13387.80

胜宏科技(惠州)股份有限公司

公司概况	公司名称	胜宏科技(惠州)股份有限公司			证券简称	胜宏科技
	法人代表	陈涛	董秘	赵启祥	证券代码	300476
	公司网址	www.shpcb.com		电子信箱	zqb@shpcb.com	
	电　话	0752-3761918		传　真	0752-3761928	
	办公地址	广东省惠州市惠阳区淡水镇新桥村行诚科技园				
	经营范围	高密度印制线路板的研发、生产和销售				

主要财务指标	指标\报告期	2015.06.30	2014.12.31	2014.06.30	2013.12.31
	基本每股收益(元)	0.5700	0.9400	0.5100	0.8000
	基本每股收益(扣除后)(元)	0.5600	0.9100	–	0.7800
	稀释每股收益(元)	0.5700	0.9400	0.5100	0.8000
	每股净资产(元)	8.0543	5.3251	–	4.8400
	每股经营现金净流量(元)	0.1032	1.8532	–	1.6445
	每股现金流量(元)	3.5984	−0.6790	–	0.2686
	每股资本公积金(元)	4.9689	2.1108	–	2.1108
	每股盈余公积金(元)	0.1611	0.1749	–	0.1080
	每股未分配利润(元)	1.9245	2.0396	–	1.6187
	净资产收益率(%)	5.2738	17.6109	–	16.6380
	加权净资产收益率(%)	10.1000	18.4600	10.0700	18.1500
	净资产收益率(扣除)(%)	5.2122	17.1492	–	16.1029
	总资产(万元)	177712.69	128519.22	–	108142.75
	归属母公司股东权益(万元)	118132.42	58576.05	–	53210.44
	营业收入(万元)	57078.68	108672.54	52459.24	98011.49
	营业支出(万元)	42561.93	83075.02	39948.59	74596.29
	投资收益(万元)	105.89	−158.14	–	–
	净利润(万元)	6230.01	10315.78	5640.05	8853.14
	营业利润(万元)	6863.95	11391.45	6041.20	10121.07
	利润总额(万元)	6843.65	11875.27	6325.23	10321.87

北京合纵科技股份有限公司

公司概况	公司名称	北京合纵科技股份有限公司			证券简称	合纵科技
	法人代表	刘泽刚	董秘	冯峥	证券代码	300477
	公司网址	www.chinahezong.com		电子信箱	hezong@chinahezong.com	
	电　话	010-62973188		传　真	010-62975911	
	办公地址	北京市海淀区上地三街9号(嘉华大厦)D座1211,1212				
	经营范围	从事配电及控制设备制造及相关技术服务				

主要财务指标	指标\报告期	2015.06.30	2014.12.31	2014.06.30	2013.12.31
	基本每股收益(元)	0.3600	0.9200	0.3300	0.9300
	基本每股收益(扣除后)(元)	0.3300	0.9100	0.2900	0.8800
	稀释每股收益(元)	0.3600	0.9200	0.3300	0.9300
	每股净资产(元)	6.2410	5.0800	4.4900	4.3600
	每股经营现金净流量(元)	−0.2280	0.2309	−1.1910	0.8003
	每股现金流量(元)	1.7848	−0.2605	−1.6249	0.1617
	每股资本公积金(元)	2.1970	0.2376	0.2376	0.2376
	每股盈余公积金(元)	0.2635	0.3469	0.2725	0.2725
	每股未分配利润(元)	2.7805	3.4964	2.9839	2.8547
	净资产收益率(%)	4.4277	18.0304	7.3257	21.3467
	加权净资产收益率(%)	5.4700	19.4000	7.2700	23.9000
	净资产收益率(扣除)(%)	4.0590	17.8403	6.5113	20.2550
	总资产(万元)	142344.56	99396.21	86584.75	81581.76
	归属母公司股东权益(万元)	67515.42	41754.60	36931.57	35869.69
	营业收入(万元)	48210.85	91146.47	37547.99	71423.52
	营业支出(万元)	35512.83	63114.62	25494.82	46942.52
	投资收益(万元)	–	–	–	–
	净利润(万元)	2857.64	7501.36	2618.79	7639.36
	营业利润(万元)	3149.95	8920.75	2777.95	8652.83
	利润总额(万元)	3444.22	9014.07	3131.71	9113.10

杭州高新橡塑材料股份有限公司

公司概况	公司名称	杭州高新橡塑材料股份有限公司			证券简称	杭州高新
	法人代表	高长虹	董秘	周黎隽	证券代码	300478
	公司网址	www.gxsl.com		电子信箱	hzgaoxinxiangsu@163.com	
	电　　话	0571-88581338		传　　真	0571-88581338	
	办公地址	浙江省杭州市余杭区径山镇龙皇路10号				
	经营范围	线缆用高分子材料的研发、生产和销售				

主要财务指标	指标\报告期	2015.06.30	2014.12.31	2014.06.30	2013.12.31
	基本每股收益(元)	0.3100	0.9200	0.3700	0.8600
	基本每股收益(扣除后)(元)	0.3000	0.8600	–	0.8200
	稀释每股收益(元)	0.3100	0.9200	0.3700	0.8600
	每股净资产(元)	6.9613	4.9500	–	4.0900
	每股经营现金净流量(元)	0.1814	0.2580	–	0.2121
	每股现金流量(元)	2.7948	–0.2658	–	0.6426
	每股资本公积金(元)	3.6020	0.8756	–	0.8756
	每股盈余公积金(元)	0.3612	0.4816	–	0.3432
	每股未分配利润(元)	1.9981	2.5023	–	1.8678
	净资产收益率(%)	3.3607	18.9940	–	21.0754
	加权净资产收益率(%)	6.2800	20.8100	8.7600	23.3900
	净资产收益率(扣除)(%)	3.2298	17.7135	–	20.0057
	总资产(万元)	61163.52	42131.69	–	35239.75
	归属母公司股东权益(万元)	46410.90	24297.71	–	20432.60
	营业收入(万元)	23550.06	57295.51	26388.82	54060.59
	营业支出(万元)	17437.62	44262.18	20338.29	41979.63
	投资收益(万元)	–	–	–	–
	净利润(万元)	1559.73	4615.11	1837.85	4306.24
	营业利润(万元)	1797.05	4900.93	1846.85	4637.02
	利润总额(万元)	1845.01	5252.93	2179.25	4867.59

山东神思电子技术股份有限公司

公司概况	公司名称	山东神思电子技术股份有限公司			证券简称	神思电子
	法人代表	王继春	董秘	王廷山	证券代码	300479
	公司网址	www.sdses.com		电子信箱	security@sdses.com	
	电　　话	0531-88878969		传　　真	0531-88878968	
	办公地址	山东省济南市高新区舜华西路699号				
	经营范围	智能身份认证终端和行业应用软件的研发、生产、销售与服务				

主要财务指标	指标\报告期	2015.06.30	2014.12.31	2014.06.30	2013.12.31
	基本每股收益(元)	0.2900	0.7000	0.2600	0.6400
	基本每股收益(扣除后)(元)	0.2900	0.6500	–	0.5900
	稀释每股收益(元)	0.2900	0.7000	0.2600	0.6400
	每股净资产(元)	4.7404	3.2200	–	2.6500
	每股经营现金净流量(元)	–0.7399	0.6888	–	0.5504
	每股现金流量(元)	1.4300	0.3776	–	0.0589
	每股资本公积金(元)	2.0180	0.1464	–	0.1464
	每股盈余公积金(元)	0.2147	0.2477	–	0.1773
	每股未分配利润(元)	1.5077	1.8291	–	1.3286
	净资产收益率(%)	6.1147	21.8483	–	24.1665
	加权净资产收益率(%)	11.5000	23.7000	9.4200	27.1000
	净资产收益率(扣除)(%)	6.0666	20.0367	–	22.3990
	总资产(万元)	45274.31	27178.75	–	22209.80
	归属母公司股东权益(万元)	37923.41	19339.06	–	15913.81
	营业收入(万元)	16790.72	24747.57	10276.26	21212.70
	营业支出(万元)	10973.94	15937.39	6796.34	12880.70
	投资收益(万元)	–	–	–	–
	净利润(万元)	2318.89	4225.25	1553.35	3845.82
	营业利润(万元)	2341.62	3174.88	904.36	2841.73
	利润总额(万元)	2598.17	4699.75	1706.23	4285.46

郑州光力科技股份有限公司

公司概况	公司名称	郑州光力科技股份有限公司			证券简称	光力科技
	法人代表	赵彤宇	董秘	曹伟	证券代码	300480
	公司网址	www.gltech.cn		电子信箱	info@gltech.cn	
	电　　话	0371-67858887		传　　真	0371-67991111	
	办公地址	河南省郑州市高新开发区长椿路10号				
	经营范围	从事煤矿安全监控设备及系统的研发、生产、销售				

主要财务指标	指标\报告期	2015.06.30	2014.12.31	2014.06.30	2013.12.31
	基本每股收益(元)	0.2500	0.4900	0.2400	0.7900
	基本每股收益(扣除后)(元)	0.2000	0.4200	–	0.7100
	稀释每股收益(元)	0.2500	0.4900	0.2400	0.7900
	每股净资产(元)	4.8673	4.2201	–	3.8300
	每股经营现金净流量(元)	0.0558	0.6941	–	0.6140
	每股现金流量(元)	1.3738	0.5399	–	0.5491
	每股资本公积金(元)	1.9775	0.9501	–	0.9501
	每股盈余公积金(元)	0.2083	0.2777	–	0.2258
	每股未分配利润(元)	1.6815	1.9923	–	1.6498
	净资产收益率(%)	3.8465	11.7149	–	20.6782
	加权净资产收益率(%)	5.7500	12.3400	6.0200	23.0600
	净资产收益率(扣除)(%)	3.1107	10.0047	–	18.5366
	总资产(万元)	48583.31	36344.44	–	32587.64
	归属母公司股东权益(万元)	44778.79	29118.78	–	26397.53
	营业收入(万元)	6546.29	12731.05	6018.10	14036.00
	营业支出(万元)	2812.54	4829.69	2144.78	3912.74
	投资收益(万元)	–	–	–	1.92
	净利润(万元)	1720.86	3406.84	1621.02	5463.44
	营业利润(万元)	1232.64	2681.18	1258.46	4451.64
	利润总额(万元)	1926.91	3881.91	1842.98	6212.83

濮阳惠成电子材料股份有限公司

公司概况	公司名称	濮阳惠成电子材料股份有限公司			证券简称	濮阳惠成
	法人代表	王中锋	董秘	陈淑敏	证券代码	300481
	公司网址	www.huichengchem.com		电子信箱	chenshumin@huichengchem.com	
	电　　话	0393-8910373		传　　真	0393-8961801	
	办公地址	河南省濮阳市胜利路西段				
	经营范围	顺酐酸酐衍生物等精细化学品的研发、生产、销售				

主要财务指标	指标\报告期	2015.06.30	2014.12.31	2014.06.30	2013.12.31
	基本每股收益(元)	0.4700	0.5300	0.4400	0.7900
	基本每股收益(扣除后)(元)	0.4500	0.6900	–	0.6800
	稀释每股收益(元)	0.4700	0.5300	0.4400	0.7900
	每股净资产(元)	5.0368	3.8200	–	3.3700
	每股经营现金净流量(元)	0.3160	0.3824	–	0.6401
	每股现金流量(元)	1.7851	0.1314	–	–0.0894
	每股资本公积金(元)	1.9933	0.5579	–	0.5579
	每股盈余公积金(元)	0.1843	0.2457	–	0.1927
	每股未分配利润(元)	1.8574	2.0015	–	1.6042
	净资产收益率(%)	7.0720	13.8777	–	23.5444
	加权净资产收益率(%)	11.7000	14.7700	12.2000	26.6300
	净资产收益率(扣除)(%)	6.6264	17.9920	–	20.1675
	总资产(万元)	46459.79	32116.32	–	26492.41
	归属母公司股东权益(万元)	40294.19	22929.72	–	20238.02
	营业收入(万元)	18540.89	37560.93	20174.60	39234.68
	营业支出(万元)	13290.90	28654.52	15401.10	30878.46
	投资收益(万元)	–	–	–	–
	净利润(万元)	2849.60	3182.12	2618.19	4764.92
	营业利润(万元)	3084.75	4735.36	2884.68	4802.57
	利润总额(万元)	3295.96	3625.60	3053.42	5607.49

广州万孚生物技术股份有限公司

公司概况						
	公司名称	广州万孚生物技术股份有限公司			证券简称	万孚生物
	法人代表	李文美	董秘	陈斌	证券代码	300482
	公司网址	www.wondfo.com.cn		电子信箱	stock@wondfo.com.cn	
	电　话	020-32215701		传　真	020-32022032	
	办公地址	广东省广州市萝岗区科学城荔枝山路8号				
	经营范围	快速诊断试剂、快速检测仪器等POCT相关产品的研发、生产与销售				

主要财务指标	指标\报告期	2015.06.30	2014.12.31	2014.06.30	2013.12.31
	基本每股收益(元)	0.8900	1.4900	0.7800	0.8900
	基本每股收益(扣除后)(元)	0.7900	1.1500	–	0.5600
	稀释每股收益(元)	0.8900	1.4900	0.7800	0.8900
	每股净资产(元)	7.5063	4.7500	–	3.6600
	每股经营现金净流量(元)	0.4762	1.5829	–	1.5290
	每股现金流量(元)	3.7476	0.7320	–	0.5298
	每股资本公积金(元)	4.3014	1.2956	–	1.2956
	每股盈余公积金(元)	0.2335	0.3114	–	0.1546
	每股未分配利润(元)	1.9699	2.1402	–	1.2066
	净资产收益率(%)	8.8566	31.3829	–	24.4349
	加权净资产收益率(%)	12.0100	33.8400	20.2500	27.8300
	净资产收益率(扣除)(%)	7.8750	24.2094	–	15.2998
	总资产(万元)	74513.54	40987.68	–	33635.15
	归属母公司股东权益(万元)	66055.52	31343.18	–	24147.23
	营业收入(万元)	19163.67	36539.59	17680.91	24764.31
	营业支出(万元)	6483.97	12835.10	6326.19	10450.74
	投资收益(万元)	160.19	348.87	131.89	–
	净利润(万元)	5850.26	9836.40	5142.05	5900.35
	营业利润(万元)	6256.61	9149.11	5170.60	4402.39
	利润总额(万元)	6859.01	11456.21	6155.57	6970.41

上海沃施园艺股份有限公司

公司概况						
	公司名称	上海沃施园艺股份有限公司			证券简称	沃施股份
	法人代表	吴海林	董秘	赵云	证券代码	300483
	公司网址	www.worthgarden.com		电子信箱	worthgarden@worthgarden.com	
	电　话	021-64093206		传　真	021-64093209	
	办公地址	上海市闵行区元江路5000号				
	经营范围	园艺用品的研发、生产、销售				

主要财务指标	指标\报告期	2015.06.30	2014.12.31	2014.06.30	2013.12.31
	基本每股收益(元)	0.3400	0.7200	0.3600	0.7800
	基本每股收益(扣除后)(元)	0.3300	0.6600	–	0.7200
	稀释每股收益(元)	0.3400	0.7200	0.3600	0.7800
	每股净资产(元)	6.2255	5.0427	–	4.6200
	每股经营现金净流量(元)	0.3591	0.4614	–	0.0804
	每股现金流量(元)	3.1118	0.0452	–	0.1755
	每股资本公积金(元)	3.0867	1.2260	–	1.2260
	每股盈余公积金(元)	0.1929	0.2578	–	0.1965
	每股未分配利润(元)	1.9460	2.5588	–	2.1982
	净资产收益率(%)	4.1191	14.3169	–	16.8597
	加权净资产收益率(%)	6.5800	14.4900	7.4300	17.1900
	净资产收益率(扣除)(%)	3.9968	13.1370	–	15.6316
	总资产(万元)	55847.05	41622.78	–	37770.01
	归属母公司股东权益(万元)	38286.75	23196.31	–	21255.33
	营业收入(万元)	19219.62	38787.56	19855.82	37194.72
	营业支出(万元)	14089.87	27793.63	14376.97	27076.25
	投资收益(万元)	–	–	–	–
	净利润(万元)	1525.37	3180.56	1551.51	3536.15
	营业利润(万元)	1941.33	3561.46	2005.79	4025.69
	利润总额(万元)	1997.06	4028.67	2044.53	4588.49

北京赛升药业股份有限公司

公司概况						
	公司名称	北京赛升药业股份有限公司			证券简称	赛升药业
	法人代表	马骉	董秘	王雪峰	证券代码	300485
	公司网址	www.ssyy.com.cn		电子信箱	ssyyzqb@ssyy.com.cn	
	电　话	010-67862500		传　真	010-67862501	
	办公地址	北京市经济技术开发区兴盛街8号				
	经营范围	生物生化药品的研发、生产和销售				

主要财务指标	指标\报告期	2015.06.30	2014.12.31	2014.06.30	2013.12.31
	基本每股收益(元)	1.1700	2.2500	1.1100	1.7900
	基本每股收益(扣除后)(元)	1.1700	2.2300	–	1.7600
	稀释每股收益(元)	1.1700	2.2500	1.1100	1.7900
	每股净资产(元)	14.8992	7.1700	–	5.4675
	每股经营现金净流量(元)	0.5425	2.3803	–	2.1869
	每股现金流量(元)	9.1084	1.7450	–	1.6640
	每股资本公积金(元)	9.6743	1.1061	–	1.1061
	每股盈余公积金(元)	0.3750	0.5000	–	0.3880
	每股未分配利润(元)	3.8499	4.5622	–	2.9733
	净资产收益率(%)	5.8949	31.3994	–	32.6758
	加权净资产收益率(%)	15.1000	36.1500	18.3600	38.0200
	净资产收益率(扣除)(%)	5.8739	31.1131	–	32.2444
	总资产(万元)	182508.99	71834.78	–	54104.00
	归属母公司股东权益(万元)	178790.01	64514.45	–	49207.29
	营业收入(万元)	29085.31	58984.64	27396.12	48021.22
	营业支出(万元)	11689.84	22502.89	10422.59	18951.58
	投资收益(万元)	–	–	–	–
	净利润(万元)	10535.80	20243.01	9928.10	16075.44
	营业利润(万元)	12195.82	23390.83	11629.77	18386.90
	利润总额(万元)	12240.07	23608.07	11660.51	18681.99

山西东杰智能物流装备股份有限公司

公司概况						
	公司名称	山西东杰智能物流装备股份有限公司			证券简称	东杰智能
	法人代表	贾俊亭	董秘	张新海	证券代码	300486
	公司网址	www.omhgroup.com		电子信箱	sec@omhgroup.com	
	电　话	0351-3633818		传　真	0351-3633818	
	办公地址	山西省太原市新兰路51号				
	经营范围	智能物流输送系统和智能物流仓储系统的研发设计、生产制造、销售等				

主要财务指标	指标\报告期	2015.06.30	2014.12.31	2014.06.30	2013.12.31
	基本每股收益(元)	0.2800	0.5200	0.2700	0.5100
	基本每股收益(扣除后)(元)	0.2700	0.5200	–	0.5100
	稀释每股收益(元)	0.2800	0.5200	0.2700	0.5100
	每股净资产(元)	4.9100	3.6400	–	3.2100
	每股经营现金净流量(元)	-0.3835	0.0661	–	0.1346
	每股现金流量(元)	1.6400	-0.1559	–	-0.0869
	每股资本公积金(元)	2.0249	0.4115	–	0.4115
	每股盈余公积金(元)	0.1611	0.2148	–	0.1737
	每股未分配利润(元)	1.7104	2.0005	–	1.6220
	净资产收益率(%)	4.2835	14.2860	–	15.9163
	加权净资产收益率(%)	7.4200	15.3200	8.1800	17.2900
	净资产收益率(扣除)(%)	4.1009	14.2794	–	15.8943
	总资产(万元)	100063.34	67516.13	–	61058.78
	归属母公司股东权益(万元)	68124.76	37872.78	–	33400.63
	营业收入(万元)	20563.34	39611.47	17687.48	38652.04
	营业支出(万元)	14178.65	27480.15	11936.25	26983.68
	投资收益(万元)	–	–	–	–
	净利润(万元)	2918.13	5410.50	2804.53	5316.15
	营业利润(万元)	2900.36	6111.47	3183.02	5979.64
	利润总额(万元)	3266.12	6245.51	3226.58	6070.57

西安蓝晓科技新材料股份有限公司

公司概况

公司名称	西安蓝晓科技新材料股份有限公司			证券简称	蓝晓科技
法人代表	高月静	董秘	张成	证券代码	300487
公司网址	www.sunresin.com		电子信箱	pub@sunresin.com	
电　　话	029-88445729		传　　真	029-88453538	
办公地址	陕西省西安市高新区科技二路 72 号天泽大厦南楼四层				
经营范围	研发、生产和销售吸附分离树脂并提供应用解决方案				

主要财务指标

指标\报告期	2015.06.30	2014.12.31	2014.06.30	2013.12.31
基本每股收益(元)	0.4800	1.0000	0.4400	1.0300
基本每股收益(扣除后)(元)	0.4300	0.9700	–	0.9700
稀释每股收益(元)	0.4800	1.0000	0.4400	1.0300
每股净资产(元)	8.2200	6.4100	–	5.6000
每股经营现金净流量(元)	–0.3696	0.4424	–	1.2100
每股现金流量(元)	2.3386	0.0684	–	1.0006
每股资本公积金(元)	4.7860	2.4592	–	2.4592
每股盈余公积金(元)	0.2500	0.3334	–	0.2341
每股未分配利润(元)	2.1840	2.6153	–	1.9057
净资产收益率(%)	4.3378	15.5285	–	18.4653
加权净资产收益率(%)	7.2500	16.5700	7.5000	20.0700
净资产收益率(扣除)(%)	3.9278	15.1089	–	17.2583
总资产(万元)	78522.86	47657.85	–	43737.78
归属母公司股东权益(万元)	65760.64	38447.65	–	33593.88
营业收入(万元)	15020.64	28603.80	12788.98	25417.68
营业支出(万元)	9320.26	17565.79	7839.45	14406.70
投资收益(万元)	–	–	–	–
净利润(万元)	2852.55	5970.35	2617.83	6203.21
营业利润(万元)	2959.94	6759.41	2932.90	6642.31
利润总额(万元)	3263.47	6926.52	2980.89	7120.12

恒锋工具股份有限公司

公司概况

公司名称	恒锋工具股份有限公司			证券简称	恒锋工具
法人代表	陈尔容	董秘	陈子怡	证券代码	300488
公司网址	www.esttools.com		电子信箱	pr@esttools.com	
电　　话	0573-86169505		传　　真	0573-86122456	
办公地址	浙江省嘉兴市海盐县武原镇新桥北路 239 号				
经营范围	机床用工具的研发、生产与销售				

主要财务指标

指标\报告期	2015.06.30	2014.12.31	2014.06.30	2013.12.31
基本每股收益(元)	0.6300	1.3600	0.5800	1.1800
基本每股收益(扣除后)(元)	0.6000	1.3000	–	1.0800
稀释每股收益(元)	0.6300	1.3600	0.5800	1.1800
每股净资产(元)	8.9890	6.4930	–	5.6700
每股经营现金净流量(元)	0.3735	1.4399	–	1.1636
每股现金流量(元)	3.6730	1.1774	–	0.0678
每股资本公积金(元)	3.2675	0.0734	–	0.0734
每股盈余公积金(元)	0.4699	0.5875	–	0.4556
每股未分配利润(元)	4.2515	4.8321	–	4.1434
净资产收益率(%)	5.6337	20.9552	–	20.8737
加权净资产收益率(%)	9.4000	22.2000	9.6700	23.3100
净资产收益率(扣除)(%)	5.3437	20.0652	–	19.0152
总资产(万元)	66851.37	41942.43	–	32768.35
归属母公司股东权益(万元)	56190.07	32465.08	–	28361.95
营业收入(万元)	8690.42	17323.16	7739.72	14893.90
营业支出(万元)	3360.74	6612.32	2936.47	5756.92
投资收益(万元)	–	–	–	–
净利润(万元)	3165.59	6803.12	2880.97	5920.18
营业利润(万元)	3507.07	7655.40	3471.26	6373.18
利润总额(万元)	3698.20	7932.92	3547.11	6941.93

哈尔滨中飞新技术股份有限公司

公司概况

公司名称	哈尔滨中飞新技术股份有限公司			证券简称	中飞股份
法人代表	杨志峰	董秘	李海兵	证券代码	300489
公司网址	www.zfgf.cc		电子信箱	HRBZFGF@126.com	
电　　话	0451-51835038		传　　真	0451-86811102	
办公地址	黑龙江省哈尔滨市经开区哈平路集中区机电配套基地锦州路东侧				
经营范围	高性能铝合金材料及其机加工产品的研发、生产和销售				

主要财务指标

指标\报告期	2015.06.30	2014.12.31	2014.06.30	2013.12.31
基本每股收益(元)	0.4690	1.0584	0.7160	0.9941
基本每股收益(扣除后)(元)	0.4667	1.0193	–	0.9744
稀释每股收益(元)	0.4690	1.0584	0.7160	0.9941
每股净资产(元)	9.2184	7.0623	–	6.0000
每股经营现金净流量(元)	–0.1702	1.1152	–	1.5396
每股现金流量(元)	3.0428	–0.0391	–	–0.5875
每股资本公积金(元)	4.6453	1.7662	–	1.7662
每股盈余公积金(元)	0.3118	0.3801	–	0.2914
每股未分配利润(元)	3.2614	3.9159	–	2.9463
净资产收益率(%)	3.8149	14.9864	–	16.5572
加权净资产收益率(%)	6.4300	16.2000	11.2500	18.0500
净资产收益率(扣除)(%)	3.7959	14.4335	–	16.2301
总资产(万元)	69233.56	50209.30	–	43449.73
归属母公司股东权益(万元)	41828.53	24029.44	–	20428.29
营业收入(万元)	7815.66	15725.40	8185.51	15681.26
营业支出(万元)	4589.05	9031.40	4364.61	9296.95
投资收益(万元)	–	–	–	–
净利润(万元)	1595.71	3601.16	2436.06	3382.35
营业利润(万元)	1925.72	4136.22	2781.84	3945.49
利润总额(万元)	1935.56	4295.64	2912.63	4026.15

华自科技股份有限公司

公司概况

公司名称	华自科技股份有限公司			证券简称	华自科技
法人代表	黄文宝	董秘	宋辉	证券代码	300490
公司网址	www.cshnac.com		电子信箱	sh@cshnac.com	
电　　话	0731-88238888*8612		传　　真	0731-88907777	
办公地址	湖南省长沙市高新开发区麓谷麓松路 609 号				
经营范围	水利、电力及工业自动化设备、辅机控制设备、输配电控制设备的研究				

主要财务指标

指标\报告期	2015.06.30	2014.12.31	2014.06.30	2013.12.31
基本每股收益(元)	0.3100	0.5900	–	0.5500
基本每股收益(扣除后)(元)	0.2700	0.5300	–	0.5300
稀释每股收益(元)	0.3100	0.5900	–	0.5500
每股净资产(元)	4.4300	4.2400	–	3.7500
每股经营现金净流量(元)	–0.0964	1.1580	–	0.5939
每股现金流量(元)	–0.2551	0.9327	–	0.0741
每股资本公积金(元)	1.6695	1.6695	–	1.6695
每股盈余公积金(元)	0.1867	0.1867	–	0.1284
每股未分配利润(元)	1.5691	1.3821	–	0.9525
净资产收益率(%)	6.9400	13.8689	–	14.7673
加权净资产收益率(%)	7.0900	14.7800	–	15.8600
净资产收益率(扣除)(%)	6.0227	12.4434	–	14.0081
总资产(万元)	74555.76	69323.05	–	50759.37
归属母公司股东权益(万元)	33189.49	31786.99	–	28128.48
营业收入(万元)	19078.56	35846.08	–	34222.36
营业支出(万元)	11818.10	21040.09	–	20084.45
投资收益(万元)	111.89	–	–	–
净利润(万元)	2302.50	4408.50	–	4153.82
营业利润(万元)	1948.06	3239.19	–	3250.63
利润总额(万元)	2636.54	5078.48	–	4658.54

石家庄通合电子科技股份有限公司

公司概况					
公司名称	石家庄通合电子科技股份有限公司			证券简称	通合科技
法人代表	马晓峰	董秘	王润梅	证券代码	300491
公司网址	www.sjzthdz.com	电子信箱	Investor@sjzthdz.com		
电　　话	0311-67300568	传　　真	0311-67300568		
办公地址	河北省石家庄市高新区湘江道 319 号天山科技园 12 号楼				
经营范围	高频开关电源的研发、制造和销售				

主要财务指标

指标\报告期	2015.06.30	2014.12.31	2014.06.30	2013.12.31
基本每股收益(元)	0.2700	0.6200	–	0.6100
基本每股收益(扣除后)(元)	0.2700	0.6100	–	0.6000
稀释每股收益(元)	0.2700	0.6200	–	0.6100
每股净资产(元)	3.1602	3.0100	–	2.5168
每股经营现金净流量(元)	0.2197	0.4574	–	0.4352
每股现金流量(元)	–0.1406	–0.3634	–	0.0890
每股资本公积金(元)	0.6506	0.6506	–	0.6506
每股盈余公积金(元)	0.1562	0.1562	–	0.0941
每股未分配利润(元)	1.3534	1.2058	–	0.7721
净资产收益率(%)	8.6200	20.6078	–	24.0794
加权净资产收益率(%)	8.6500	21.9600	–	27.3800
净资产收益率(扣除)(%)	–	20.1854	–	23.9288
总资产(万元)	26055.10	25070.74	–	20481.05
归属母公司股东权益(万元)	18961.23	18076.12	–	15101.02
营业收入(万元)	6118.93	14999.48	–	13439.32
营业支出(万元)	2866.39	7406.75	–	6361.03
投资收益(万元)	–	–	–	–
净利润(万元)	1635.11	3725.10	–	3636.24
营业利润(万元)	1376.33	3194.24	–	3227.60
利润总额(万元)	1800.80	4119.25	–	4017.80

四川山鼎建筑工程设计股份有限公司

公司概况					
公司名称	四川山鼎建筑工程设计股份有限公司			证券简称	山鼎设计
法人代表	袁歆	董秘	刘骏翔	证券代码	300492
公司网址	www.cendes-arch.com	电子信箱	cendes.bso@cendes-arch.com		
电　　话	028-86713701	传　　真	028-86672200		
办公地址	四川省成都市锦江区天仙桥北路 3 号附 1 号				
经营范围	提供建筑工程设计及相关咨询服务				

主要财务指标

指标\报告期	2015.06.30	2014.12.31	2014.06.30	2013.12.31
基本每股收益(元)	0.2500	0.4100	–	0.6800
基本每股收益(扣除后)(元)	0.2600	0.4000	–	0.6800
稀释每股收益(元)	0.2500	0.4100	–	0.6800
每股净资产(元)	2.7500	2.4900	–	2.3300
每股经营现金净流量(元)	–0.1092	–0.3007	–	0.8670
每股现金流量(元)	–0.1752	–0.3083	–	–0.0346
每股资本公积金(元)	0.1546	0.1442	–	0.1442
每股盈余公积金(元)	0.1896	0.1896	–	0.1493
每股未分配利润(元)	1.4035	1.1548	–	1.0347
净资产收益率(%)	9.0500	16.4942	–	29.1226
加权净资产收益率(%)	9.5100	17.3400	–	31.2100
净资产收益率(扣除)(%)	–	16.0985	–	29.2952
总资产(万元)	27040.33	26587.65	–	24853.96
归属母公司股东权益(万元)	17145.63	15528.92	–	14527.55
营业收入(万元)	9816.60	20182.16	–	22742.31
营业支出(万元)	5649.89	12318.81	–	12929.42
投资收益(万元)	–	–	–	–
净利润(万元)	1567.62	2566.38	–	4356.67
营业利润(万元)	1912.14	3011.97	–	5319.05
利润总额(万元)	1848.56	3077.99	–	5288.45

上海润欣科技股份有限公司

公司概况					
公司名称	上海润欣科技股份有限公司			证券简称	润欣科技
法人代表	郎晓刚	董秘	庞军	证券代码	300493
公司网址	www.fortune-co.com	电子信箱	investment@fortune-co.com		
电　　话	021-54264260	传　　真	021-54264261		
办公地址	上海市徐汇区钦州北路 1198 号 82 幢 6 楼 B 座				
经营范围	电子产品、通信设备、软件及器件的研发、生产、批发				

主要财务指标

指标\报告期	2015.06.30	2014.12.31	2014.06.30	2013.12.31
基本每股收益(元)	0.2200	0.4300	–	0.4400
基本每股收益(扣除后)(元)	0.2200	0.4000	–	0.4000
稀释每股收益(元)	0.2200	0.4300	–	0.4400
每股净资产(元)	3.0500	2.8300	–	2.6300
每股经营现金净流量(元)	0.0662	–0.0530	–	0.8553
每股现金流量(元)	–0.2915	–0.2386	–	0.5078
每股资本公积金(元)	0.8038	0.8038	–	0.8038
每股盈余公积金(元)	0.1000	0.1000	–	0.0709
每股未分配利润(元)	1.2005	0.9828	–	0.8063
净资产收益率(%)	7.1332	15.0282	–	16.8539
加权净资产收益率(%)	7.4000	15.5900	–	17.8200
净资产收益率(扣除)(%)	7.1361	14.0799	–	15.1678
总资产(万元)	46830.47	44000.08	–	44177.82
归属母公司股东权益(万元)	27465.54	25493.63	–	23659.65
营业收入(万元)	51238.92	101061.00	–	99604.66
营业支出(万元)	45068.70	89139.29	–	87372.79
投资收益(万元)	52.94	72.02	–	–
净利润(万元)	1969.36	3845.01	–	4019.71
营业利润(万元)	2307.23	4193.02	–	4163.40
利润总额(万元)	2306.09	4477.44	–	4640.49

湖北盛天网络技术股份有限公司

公司概况					
公司名称	湖北盛天网络技术股份有限公司			证券简称	盛天网络
法人代表	赖春临	董秘	陈爱斌	证券代码	300494
公司网址	www.stnts.com	电子信箱	info@stnts.com		
电　　话	027-86655050	传　　真	027-87498500		
办公地址	湖北省武汉市东湖新技术开发区光谷大道 77 号金融港 B7 栋 9-11 楼				
经营范围	计算机软硬件研发、技术服务				

主要财务指标

指标\报告期	2015.06.30	2014.12.31	2014.06.30	2013.12.31
基本每股收益(元)	0.4100	1.1700	–	1.4100
基本每股收益(扣除后)(元)	0.3900	1.1600	–	1.3700
稀释每股收益(元)	0.4100	1.1700	–	1.4100
每股净资产(元)	3.5200	3.1100	–	2.4400
每股经营现金净流量(元)	0.3179	1.0754	–	2.6070
每股现金流量(元)	0.2852	0.4880	–	1.4196
每股资本公积金(元)	0.1220	0.1220	–	0.2440
每股盈余公积金(元)	0.4175	0.3768	–	0.5188
每股未分配利润(元)	1.9763	1.6101	–	3.1079
净资产收益率(%)	11.5700	37.7484	–	57.8150
加权净资产收益率(%)	12.2800	40.5100	–	68.0600
净资产收益率(扣除)(%)	–	37.2391	–	56.2614
总资产(万元)	33883.43	30890.53	–	24277.52
归属母公司股东权益(万元)	31641.38	27980.05	–	21918.02
营业收入(万元)	10170.87	23170.52	–	21312.70
营业支出(万元)	2522.39	4356.42	–	1952.53
投资收益(万元)	5.00	–	–	–
净利润(万元)	3661.33	10562.03	–	12671.91
营业利润(万元)	3994.23	11689.73	–	14017.27
利润总额(万元)	4223.87	11870.97	–	14372.39

江苏美尚生态景观股份有限公司

公司概况	公司名称	江苏美尚生态景观股份有限公司			证券简称	美尚生态
	法人代表	王迎燕	董秘	陆兵	证券代码	300495
	公司网址	www.misho.com.cn		电子信箱	ir@misho.com.cn	
	电　　话	0510-82702530		传　　真	0510-82762145	
	办公地址	江苏省无锡市滨湖区山水城科教软件园 B 区 3 号楼				
	经营范围	生态景观建设				

	指标\报告期	2015.06.30	2014.12.31	2014.06.30	2013.12.31
主要财务指标	基本每股收益(元)	1.2937	2.1513	–	2.0254
	基本每股收益(扣除后)(元)	1.2993	2.1000	–	2.0400
	稀释每股收益(元)	–	2.1513	–	–
	每股净资产(元)	9.6800	8.3900	–	6.2300
	每股经营现金净流量(元)	0.3409	0.0151	–	0.5719
	每股现金流量(元)	1.3907	–0.3704	–	1.2996
	每股资本公积金(元)	1.2132	1.2132	–	1.2132
	每股盈余公积金(元)	0.6083	0.6083	–	0.3959
	每股未分配利润(元)	6.8576	5.5639	–	3.6250
	净资产收益率(%)	13.3700	25.6549	–	32.4890
	加权净资产收益率(%)	14.3200	29.4300	–	38.7200
	净资产收益率(扣除)(%)	–	25.0018	–	32.6687
	总资产(万元)	110806.92	96264.93	–	75703.23
	归属母公司股东权益(万元)	48395.53	41927.02	–	31170.70
	营业收入(万元)	30052.11	57272.84	–	53526.44
	营业支出(万元)	18861.60	37549.83	–	34474.89
	投资收益(万元)	–	–	–	–
	净利润(万元)	6462.44	10772.82	–	10137.52
	营业利润(万元)	7702.74	12440.41	–	12092.79
	利润总额(万元)	7640.70	12724.59	–	11972.05

中科创达软件股份有限公司

公司概况	公司名称	中科创达软件股份有限公司			证券简称	中科创达
	法人代表	赵鸿飞	董秘	武楠	证券代码	300496
	公司网址	www.thundersoft.com		电子信箱	zq@thundersoft.com	
	电　　话	010-82036551		传　　真	010-82036511	
	办公地址	北京市海淀区龙翔路甲 1 号泰翔商务楼 4 层 401-409				
	经营范围	移动智能终端操作系统产品的研发、销售及提供相关技术服务				

	指标\报告期	2015.06.30	2014.12.31	2014.06.30	2013.12.31
主要财务指标	基本每股收益(元)	0.9030	1.4975	–	1.2891
	基本每股收益(扣除后)(元)	0.8911	1.3498	–	1.0915
	稀释每股收益(元)	0.9030	1.4975	–	1.2891
	每股净资产(元)	4.9400	4.5389	–	3.3900
	每股经营现金净流量(元)	0.5764	0.9387	–	1.6169
	每股现金流量(元)	–0.1518	0.1769	–	0.9136
	每股资本公积金(元)	0.9528	0.9528	–	0.9528
	每股盈余公积金(元)	0.3010	0.3010	–	0.1860
	每股未分配利润(元)	2.7310	2.3280	–	1.2956
	净资产收益率(%)	18.2837	33.0940	–	37.9795
	加权净资产收益率(%)	19.0600	38.7200	–	45.8000
	净资产收益率(扣除)(%)	18.0429	29.7385	–	32.1576
	总资产(万元)	48288.51	42084.55	–	29794.81
	归属母公司股东权益(万元)	37040.69	34007.28	–	25456.10
	营业收入(万元)	26832.57	45220.96	–	33627.25
	营业支出(万元)	11997.20	20740.41	–	16076.22
	投资收益(万元)	–55.91	8.58	–	–7.84
	净利润(万元)	6772.39	11265.75	–	9668.09
	营业利润(万元)	6857.90	9904.40	–	7829.65
	利润总额(万元)	7345.56	12094.51	–	10853.71

江西富祥药业股份有限公司

公司概况	公司名称	江西富祥药业股份有限公司			证券简称	富祥股份
	法人代表	包建华	董秘	陈祥强	证券代码	300497
	公司网址	www.fushine.cn		电子信箱	stock@fushine.cn	
	电　　话	0798-2193377		传　　真	0798-2193322	
	办公地址	江西省景德镇市昌江区鱼丽工业区 2 号(鱼山与丽阳交界处)				
	经营范围	专业从事原料药、医药中间体及相关产品研发、生产与销售				

	指标\报告期	2015.06.30	2014.12.31	2014.06.30	2013.12.31
主要财务指标	基本每股收益(元)	0.7500	0.9900	–	0.8300
	基本每股收益(扣除后)(元)	0.7300	0.9400	–	0.7400
	稀释每股收益(元)	0.7500	0.9900	–	0.8300
	每股净资产(元)	5.6000	5.2500	–	4.2500
	每股经营现金净流量(元)	1.0246	0.5813	–	1.0596
	每股现金流量(元)	0.4821	–0.0432	–	–0.0397
	每股资本公积金(元)	1.7661	1.7661	–	1.7661
	每股盈余公积金(元)	0.2764	0.2764	–	0.1717
	每股未分配利润(元)	2.5553	2.2004	–	1.3155
	净资产收益率(%)	13.4700	18.8663	–	19.6173
	加权净资产收益率(%)	13.7500	20.8400	–	21.7600
	净资产收益率(扣除)(%)	–	17.8851	–	17.3475
	总资产(万元)	68036.00	63234.82	–	54130.84
	归属母公司股东权益(万元)	30257.34	28326.27	–	22976.03
	营业收入(万元)	27617.08	51072.71	–	44284.21
	营业支出(万元)	18648.66	37126.93	–	32805.74
	投资收益(万元)	32.76	90.98	–	89.04
	净利润(万元)	4076.33	5344.12	–	4507.27
	营业利润(万元)	4813.86	6083.29	–	4748.36
	利润总额(万元)	4926.23	6360.24	–	5292.58

广东温氏食品集团股份有限公司

公司概况	公司名称	广东温氏食品集团股份有限公司			证券简称	温氏股份
	法人代表	温鹏程	董秘	梅锦方	证券代码	300498
	公司网址	www.wens.com.cn		电子信箱	dsh@wens.com.cn	
	电　　话	0766-2292926		传　　真	0766-2292613	
	办公地址	广东省云浮市新兴县新城镇东堤北路 9 号				
	经营范围	畜禽养殖				

	指标\报告期	2015.06.30	2014.12.31	2014.06.30	2013.12.31
主要财务指标	基本每股收益(元)	–	0.8400	–	–
	基本每股收益(扣除后)(元)	–	–	–	–
	稀释每股收益(元)	–	0.8400	–	–
	每股净资产(元)	–	–	–	–
	每股经营现金净流量(元)	0.6698	1.4331	–	0.5831
	每股现金流量(元)	0.2201	–0.3015	–	–0.1163
	每股资本公积金(元)	1.5193	1.5193	–	1.5352
	每股盈余公积金(元)	0.1649	0.1649	–	0.1043
	每股未分配利润(元)	2.1956	1.8232	–	1.1995
	净资产收益率(%)	–	–	–	–
	加权净资产收益率(%)	–	–	–	–
	净资产收益率(扣除)(%)	–	–	–	–
	总资产(万元)	2553579.48	2533693.03	–	2393885.79
	归属母公司股东权益(万元)	1562053.52	1454752.15	–	1223842.34
	营业收入(万元)	1988653.89	3804022.69	–	3518705.75
	营业支出(万元)	1740575.52	3323930.26	–	3271431.96
	投资收益(万元)	48998.17	10051.91	–	31028.86
	净利润(万元)	178633.53	287710.70	–	61080.32
	营业利润(万元)	176172.01	275715.51	–	51455.17
	利润总额(万元)	181727.31	291921.13	–	67926.35

广州高澜节能技术股份有限公司

公司概况						
	公司名称	广州高澜节能技术股份有限公司			证券简称	高澜股份
	法人代表	李琦	董秘	陆宏	证券代码	300499
	公司网址	www.goaland.com.cn		电子信箱	luhong@goaland.com.cn	
	电　话	020-62800188 66616248		传　真	020-62800132	
	办公地址	广东省广州市高新技术产业开发区科学城南云五路3号				
	经营范围	大功率电力电子装置用纯水冷却设备及控制系统的研发、设计、生产和销售				

主要财务指标	指标\报告期	2015.06.30	2014.12.31	2014.06.30	2013.12.31
	基本每股收益(元)	0.2800	0.9500	–	0.8400
	基本每股收益(扣除后)(元)	0.2300	0.9000	–	0.8000
	稀释每股收益(元)	0.2800	0.9500	–	0.8400
	每股净资产(元)	5.7358	5.4496	–	4.4978
	每股经营现金净流量(元)	–1.3091	1.4219	–	0.6015
	每股现金流量(元)	–1.1684	0.5440	–	0.0353
	每股资本公积金(元)	1.1551	1.1551	–	1.1551
	每股盈余公积金(元)	0.3128	0.3128	–	0.2220
	每股未分配利润(元)	3.2677	2.9816	–	2.1194
	净资产收益率(%)	4.9889	17.4872	–	18.5889
	加权净资产收益率(%)	5.1200	19.1600	–	20.5000
	净资产收益率(扣除)(%)	4.1347	16.5338	–	17.8203
	总资产(万元)	60390.19	53213.22	–	43405.67
	归属母公司股东权益(万元)	28678.95	27248.05	–	22488.94
	营业收入(万元)	14749.44	28365.54	–	28034.72
	营业支出(万元)	8319.89	14964.28	–	15345.00
	投资收益(万元)	–	–	–	0.42
	净利润(万元)	1412.47	4733.71	–	4152.42
	营业利润(万元)	1243.72	4956.94	–	4483.07
	利润总额(万元)	1546.47	5462.06	–	4884.40

苏州设计研究院股份有限公司

公司概况						
	公司名称	苏州设计研究院股份有限公司			证券简称	苏州设计
	法人代表	戴雅萍	董秘	华亮	证券代码	300500
	公司网址	www.siad-c.com		电子信箱	huiling.yu@siad-c.com	
	电　话	0512-69564641		传　真	0512-69564641	
	办公地址	江苏省苏州市工业园区星海街9号				
	经营范围	建筑设计等工程技术服务				

主要财务指标	指标\报告期	2015.06.30	2014.12.31	2014.06.30	2013.12.31
	基本每股收益(元)	0.6000	1.2600	–	1.3200
	基本每股收益(扣除后)(元)	0.6000	1.2200	–	1.2600
	稀释每股收益(元)	0.6000	1.2600	–	1.3200
	每股净资产(元)	7.2277	6.8782	–	5.8590
	每股经营现金净流量(元)	–0.3974	1.0510	–	1.5260
	每股现金流量(元)	–0.6835	0.3989	–	1.0884
	每股资本公积金(元)	2.7392	2.7392	–	2.7392
	每股盈余公积金(元)	0.4193	0.3872	–	0.2667
	每股未分配利润(元)	3.0692	2.7517	–	1.8531
	净资产收益率(%)	8.3000	18.2700	–	22.5600
	加权净资产收益率(%)	8.4500	19.5300	–	25.1400
	净资产收益率(扣除)(%)	8.2623	17.6686	–	21.4240
	总资产(万元)	38743.13	39814.04	–	34439.21
	归属母公司股东权益(万元)	32524.71	30951.74	–	26365.28
	营业收入(万元)	16161.84	33802.92	–	28501.67
	营业支出(万元)	9395.51	20149.29	–	16256.14
	投资收益(万元)	200.00	200.00	–	212.54
	净利润(万元)	2778.79	5818.55	–	5947.55
	营业利润(万元)	3100.49	6862.50	–	6633.51
	利润总额(万元)	3113.06	7074.76	–	6985.12

上海海顺新型药用包装材料股份有限公司

公司概况						
	公司名称	上海海顺新型药用包装材料股份有限公司			证券简称	海顺新材
	法人代表	林武辉	董秘	童小晖	证券代码	300501
	公司网址	www.haishunpackaging.com		电子信箱	xiaohui@haishunpackaging.com	
	电　话	86-21-37017626		传　真	86-21-57674077	
	办公地址	上海市松江区洞泾镇蔡家浜路18号				
	经营范围	从事直接接触药品的高阻隔包装材料研发、生产和销售				

主要财务指标	指标\报告期	2015.06.30	2014.12.31	2014.06.30	2013.12.31
	基本每股收益(元)	–	1.3600	–	1.1100
	基本每股收益(扣除后)(元)	–	1.2800	–	1.0900
	稀释每股收益(元)	–	1.3600	–	1.1100
	每股净资产(元)	–	5.7600	–	4.8583
	每股经营现金净流量(元)	–	1.5701	–	0.7101
	每股现金流量(元)	–	1.0940	–	–0.1102
	每股资本公积金(元)	–	1.6918	–	1.6918
	每股盈余公积金(元)	–	0.2934	–	0.2063
	每股未分配利润(元)	–	2.7787	–	1.9602
	净资产收益率(%)	–	23.5189	–	22.8816
	加权净资产收益率(%)	–	26.2700	–	25.4700
	净资产收益率(扣除)(%)	–	22.1805	–	22.4956
	总资产(万元)	–	28804.05	–	25707.72
	归属母公司股东权益(万元)	–	23055.58	–	19433.17
	营业收入(万元)	–	28984.97	–	27736.68
	营业支出(万元)	–	18819.66	–	18226.68
	投资收益(万元)	–	36.72	–	–
	净利润(万元)	–	5429.13	–	4447.96
	营业利润(万元)	–	6119.13	–	5300.55
	利润总额(万元)	–	6389.85	–	5389.21

成都新易盛通信技术股份有限公司

公司概况						
	公司名称	成都新易盛通信技术股份有限公司			证券简称	新易盛
	法人代表	高光荣	董秘	匡安荣	证券代码	300502
	公司网址	www.eoptolink.com		电子信箱	ir@eoptolink.com	
	电　话	028-67087999		传　真	028-67087999	
	办公地址	四川省成都高新区高朋大道21号1幢四楼				
	经营范围	从事光模块的研发及制造				

主要财务指标	指标\报告期	2015.06.30	2014.12.31	2014.06.30	2013.12.31
	基本每股收益(元)	–	1.5900	–	1.3600
	基本每股收益(扣除后)(元)	–	–	–	–
	稀释每股收益(元)	–	1.5900	–	1.3600
	每股净资产(元)	–	7.4100	–	5.8200
	每股经营现金净流量(元)	–	0.9831	–	0.4595
	每股现金流量(元)	–	0.3148	–	–0.6188
	每股资本公积金(元)	–	1.9145	–	1.9145
	每股盈余公积金(元)	–	0.4611	–	0.2922
	每股未分配利润(元)		4.0344	–	2.6157
	净资产收益率(%)	–	21.4253	–	23.4193
	加权净资产收益率(%)	–	24.0000	–	26.5300
	净资产收益率(扣除)(%)	–	20.5917	–	22.7117
	总资产(万元)	–	55834.09	–	45657.09
	归属母公司股东权益(万元)	–	43125.94	–	33886.09
	营业收入(万元)	–	52263.43	–	46104.90
	营业支出(万元)	–	36306.99	–	33078.36
	投资收益(万元)	–	–	–	–
	净利润(万元)	–	9239.85	–	7935.88
	营业利润(万元)	–	10394.85	–	9053.51
	利润总额(万元)	–	10819.54	–	9335.92

广州市昊志机电股份有限公司

公司概况	公司名称	广州市昊志机电股份有限公司			证券简称	昊志机电
	法人代表	汤丽君	董秘	肖泳林	证券代码	300503
	公司网址	www.haozhihs.com		电子信箱	zqswb@haozhihs.com	
	电　　话	020-62868399		传　　真	020-32226553-8884	
	办公地址	广东省广州市经济技术开发区永和经济区江东街6号				
	经营范围	机床附件制造、轴承制造、金属切削机床制造、其他金属加工机械制造等				

主要财务指标	指标\报告期	2015.06.30	2014.12.31	2014.06.30	2013.12.31
	基本每股收益(元)	–	0.5300	0.2800	1.0100
	基本每股收益(扣除后)(元)	–	–	–	–
	稀释每股收益(元)	–	0.5300	0.2800	1.0100
	每股净资产(元)	–	5.4795	5.4263	5.1447
	每股经营现金净流量(元)	–	0.1125	–0.0841	0.4031
	每股现金流量(元)	–	–0.0097	–0.1343	–0.2326
	每股资本公积金(元)	–	1.6366	1.6366	1.6366
	每股盈余公积金(元)	–	0.3309	0.2775	0.2775
	每股未分配利润(元)	–	2.5120	2.5123	2.2307
	净资产收益率(%)	–	9.7600	5.1900	19.7100
	加权净资产收益率(%)	–	9.8800	5.3300	21.3600
	净资产收益率(扣除)(%)	–	9.2544	4.9195	18.6197
	总资产(万元)	–	48702.92	46319.40	43674.72
	归属母公司股东权益(万元)	–	41095.95	40697.50	38585.00
	营业收入(万元)	–	20009.45	9344.56	25227.80
	营业支出(万元)	–	8424.33	3737.32	9519.36
	投资收益(万元)	–	–	–	–
	净利润(万元)	–	4010.95	2112.50	7603.34
	营业利润(万元)	–	4386.30	2681.76	8361.58
	利润总额(万元)	–	4622.90	2820.60	8847.77

昆明川金诺化工股份有限公司

公司概况	公司名称	昆明川金诺化工股份有限公司			证券简称	川金诺
	法人代表	刘甍	董秘	陈勇	证券代码	300505
	公司网址	www.kmcjn.com		电子信箱	chenyong@kmcjn.com	
	电　　话	0871-62124601		传　　真	0871-62124600	
	办公地址	昆明市东川区铜都镇四方地工业园区				
	经营范围	湿法磷酸的研究、生产及分级利用				

主要财务指标	指标\报告期	2015.06.30	2014.12.31	2014.06.30	2013.12.31
	基本每股收益(元)	–	0.5800	–	0.8300
	基本每股收益(扣除后)(元)	–	0.5300	–	0.6800
	稀释每股收益(元)	–	0.5800	–	0.8300
	每股净资产(元)	–	4.5318	–	4.2494
	每股经营现金净流量(元)	–	0.6199	–	0.9456
	每股现金流量(元)	–	–0.1406	–	0.3399
	每股资本公积金(元)	–	1.3943	–	1.3943
	每股盈余公积金(元)	–	0.2742	–	0.2104
	每股未分配利润(元)	–	1.8633	–	1.6447
	净资产收益率(%)	–	12.8500	–	19.4400
	加权净资产收益率(%)	–	13.4200	–	21.2500
	净资产收益率(扣除)(%)	–	11.7313	–	16.0680
	总资产(万元)	–	50447.09	–	40457.33
	归属母公司股东权益(万元)	–	31727.22	–	29750.13
	营业收入(万元)	–	46001.31	–	53313.57
	营业支出(万元)	–	30775.59	–	36191.19
	投资收益(万元)	–	–	–	–
	净利润(万元)	–	4077.39	–	5782.76
	营业利润(万元)	–	4466.09	–	6519.21
	利润总额(万元)	–	4884.84	–	7856.35

深圳市名家汇科技股份有限公司

公司概况	公司名称	深圳市名家汇科技股份有限公司			证券简称	名家汇
	法人代表	程宗玉	董秘	刘东华	证券代码	300506
	公司网址	www.minkave.com		电子信箱	minkave@minkave.com	
	电　　话	86-755-26067248		传　　真	86-755-26070372	
	办公地址	广东省深圳市南山区南油大道西海岸大厦17层				
	经营范围	照明工程业务及与之相关的照明工程设计、照明产品的研发、生产、销售及合同能源管理业务				

主要财务指标	指标\报告期	2015.06.30	2014.12.31	2014.06.30	2013.12.31
	基本每股收益(元)	–	0.5300	–	0.5100
	基本每股收益(扣除后)(元)	–	–	–	–
	稀释每股收益(元)	–	0.5300	–	0.5100
	每股净资产(元)	–	2.5000	–	1.9700
	每股经营现金净流量(元)	–	–0.4589	–	–0.3044
	每股现金流量(元)	–	–0.0387	–	0.0277
	每股资本公积金(元)	–	0.0900	–	0.0900
	每股盈余公积金(元)	–	0.1566	–	0.1010
	每股未分配利润(元)	–	1.2542	–	0.7803
	净资产收益率(%)	–	21.1747	–	25.9256
	加权净资产收益率(%)	–	23.6800	–	29.7900
	净资产收益率(扣除)(%)	–	19.9272	–	25.3213
	总资产(万元)	–	44925.07	–	31475.45
	归属母公司股东权益(万元)	–	22508.11	–	17742.09
	营业收入(万元)	–	23481.59	–	20626.27
	营业支出(万元)	–	11856.58	–	10611.82
	投资收益(万元)	–	–	–	–
	净利润(万元)	–	4766.02	–	4599.75
	营业利润(万元)	–	5461.72	–	5271.78
	利润总额(万元)	–	5792.67	–	5399.79

江苏奥力威传感高科股份有限公司

公司概况	公司名称	江苏奥力威传感高科股份有限公司			证券简称	苏奥传感
	法人代表	李宏庆	董秘	陈武峰	证券代码	300507
	公司网址	www.yos.net.cn		电子信箱	olive@yos.net.cn	
	电　　话	86-514-85118056		传　　真	86-514-85118071	
	办公地址	江苏省扬州高新技术产业开发区祥园路158号				
	经营范围	研发、生产和销售汽车零部件				

主要财务指标	指标\报告期	2015.06.30	2014.12.31	2014.06.30	2013.12.31
	基本每股收益(元)	–	1.3800	–	1.0200
	基本每股收益(扣除后)(元)	–	1.3500	–	0.9500
	稀释每股收益(元)	–	1.3800	–	1.0200
	每股净资产(元)	–	5.2788	–	4.0189
	每股经营现金净流量(元)	–	1.0401	–	0.7979
	每股现金流量(元)	–	0.2693	–	0.2214
	每股资本公积金(元)	–	0.3970	–	0.3970
	每股盈余公积金(元)	–	0.4089	–	0.2769
	每股未分配利润(元)	–	3.4729	–	2.3450
	净资产收益率(%)	–	26.1392	–	25.3738
	加权净资产收益率(%)	–	29.7400	–	29.0600
	净资产收益率(扣除)(%)	–	25.5760	–	23.5357
	总资产(万元)	–	36749.81	–	30937.55
	归属母公司股东权益(万元)	–	26393.76	–	20094.65
	营业收入(万元)	–	46154.74	–	39455.43
	营业支出(万元)	–	33212.48	–	29863.92
	投资收益(万元)	–	–	–	–
	净利润(万元)	–	7273.55	–	5190.71
	营业利润(万元)	–	8371.96	–	5607.91
	利润总额(万元)	–	8551.14	–	6042.67

上海维宏电子科技股份有限公司

公司概况	公司名称	上海维宏电子科技股份有限公司			证券简称	维宏股份
	法人代表	汤同奎	董秘	韩雪冬	证券代码	300508
	公司网址	www.weihong.com.cn		电子信箱	weihongzq@weihong.com.cn	
	电　话	021-33587550		传　真	021-33587519	
	办公地址	研发、生产和销售工业运动控制系统				
	经营范围	计算机软件,电子及机电产品专业领域内的技术开发等				

主要财务指标	指标\报告期	2015.06.30	2014.12.31	2014.06.30	2013.12.31
	基本每股收益(元)	–	1.3700	–	1.0000
	基本每股收益(扣除后)(元)	–	1.2100	–	0.9600
	稀释每股收益(元)	–	1.3700	–	1.0000
	每股净资产(元)	–	3.4027	–	2.7189
	每股经营现金净流量(元)	–	1.2041	–	0.8063
	每股现金流量(元)	–	–0.3042	–	0.2948
	每股资本公积金(元)	–	0.0497	–	0.0497
	每股盈余公积金(元)	–	0.3185	–	0.1819
	每股未分配利润(元)	–	2.0345	–	1.4873
	净资产收益率(%)	–	40.1383	–	36.9328
	加权净资产收益率(%)	–	43.6500	–	44.3000
	净资产收益率(扣除)(%)	–	35.5481	–	35.2626
	总资产(万元)	–	16235.33	–	12756.98
	归属母公司股东权益(万元)	–	15312.12	–	12235.10
	营业收入(万元)	–	14052.28	–	10793.74
	营业支出(万元)	–	3749.67	–	2830.49
	投资收益(万元)	–	–	–	–
	净利润(万元)	–	6146.02	–	4518.76
	营业利润(万元)	–	5942.22	–	4572.19
	利润总额(万元)	–	7068.06	–	5204.33

江苏新美星包装机械股份有限公司

公司概况	公司名称	江苏新美星包装机械股份有限公司			证券简称	新美星
	法人代表	何德平	董秘	何洁波	证券代码	300509
	公司网址	www.newamstar.com		电子信箱	dsh@newamstar.com	
	电　话	0512-58693918		传　真	0512-58693908	
	办公地址	液态食品包装机械的研发、生产与销售				
	经营范围	液体包装机械、水处理设备制造、销售				

主要财务指标	指标\报告期	2015.06.30	2014.12.31	2014.06.30	2013.12.31
	基本每股收益(元)	–	0.7400	–	0.6700
	基本每股收益(扣除后)(元)	–	0.6300	–	0.5900
	稀释每股收益(元)	–	0.7400	–	0.6700
	每股净资产(元)	–	4.3800	–	3.6400
	每股经营现金净流量(元)	–	0.0841	–	1.5002
	每股现金流量(元)	–	0.1954	–	0.7328
	每股资本公积金(元)	–	1.5915	–	1.5915
	每股盈余公积金(元)	–	0.1683	–	0.0959
	每股未分配利润(元)	–	1.6069	–	0.9424
	净资产收益率(%)	–	16.8223	–	18.5015
	加权净资产收益率(%)	–	18.3800	–	20.3900
	净资产收益率(扣除)(%)	–	14.2953	–	16.1503
	总资产(万元)	–	83169.27	–	17.8000
	归属母公司股东权益(万元)	–	26280.88	–	76278.03
	营业收入(万元)	–	44334.95	–	42046.81
	营业支出(万元)	–	27463.18	–	26638.18
	投资收益(万元)	–	–	–	–
	净利润(万元)	–	4421.05	–	4040.46
	营业利润(万元)	–	4311.32	–	4063.17
	利润总额(万元)	–	5067.84	–	4656.70

吉林省金冠电气股份有限公司

公司概况	公司名称	吉林省金冠电气股份有限公司			证券简称	金冠电气
	法人代表	徐海江	董秘	张文福	证券代码	300510
	公司网址	www.jljgdq.cn		电子信箱	jilinjinguan@163.com	
	电　话	0431-84155588		传　真	0431-84155588	
	办公地址	吉林省长春市双阳经济开发区				
	经营范围	智能电气成套开关设备及其配套元器件的研发、生产和销售				

主要财务指标	指标\报告期	2015.06.30	2014.12.31	2014.06.30	2013.12.31
	基本每股收益(元)	–	0.7000	–	0.6600
	基本每股收益(扣除后)(元)	–	0.6500	–	0.6300
	稀释每股收益(元)	–	0.7000	–	0.6600
	每股净资产(元)	–	4.1000	–	3.4700
	每股经营现金净流量(元)	–	0.2269	–	0.7247
	每股现金流量(元)	–	–0.1102	–	0.6194
	每股资本公积金(元)	–	0.8933	–	0.8933
	每股盈余公积金(元)	–	0.2414	–	0.1695
	每股未分配利润(元)	–	1.9668	–	1.4071
	净资产收益率(%)	–	16.9627	–	18.1204
	加权净资产收益率(%)	–	18.4000	–	21.6600
	净资产收益率(扣除)(%)	–	15.9231	–	17.2704
	总资产(万元)	–	40294.88	–	32069.43
	归属母公司股东权益(万元)	–	26709.05	–	22596.11
	营业收入(万元)	–	24002.85	–	19413.36
	营业支出(万元)	–	13962.20	–	10329.73
	投资收益(万元)	–	–	–	–
	净利润(万元)	–	4453.87	–	4077.92
	营业利润(万元)	–	4954.14	–	4552.12
	利润总额(万元)	–	5257.24	–	4757.58

上海雪榕生物科技股份有限公司

公司概况	公司名称	上海雪榕生物科技股份有限公司			证券简称	雪榕生物
	法人代表	杨勇萍	董秘	王向东	证券代码	300511
	公司网址	www.xuerong.com		电子信箱	xrtz@ xuerong.com	
	电　话	021-37198681		传　真	021-37198897	
	办公地址	上海市奉贤区现代农业园区高丰路999号				
	经营范围	鲜品食用菌的研发、工厂化种植与销售				

主要财务指标	指标\报告期	2015.06.30	2014.12.31	2014.06.30	2013.12.31
	基本每股收益(元)	–	0.8500	–	0.7000
	基本每股收益(扣除后)(元)	–	0.7000	–	0.5800
	稀释每股收益(元)	–	0.8500	–	0.7000
	每股净资产(元)	–	4.6472	–	3.7983
	每股经营现金净流量(元)	–	2.2510	–	2.0895
	每股现金流量(元)	–	–	–	–
	每股资本公积金(元)	–	0.8666	–	0.8666
	每股盈余公积金(元)	–	0.1976	–	0.1004
	每股未分配利润(元)	–	2.5796	–	1.8283
	净资产收益率(%)	–	18.2573	–	18.4086
	加权净资产收益率(%)	–	20.0900	–	19.2400
	净资产收益率(扣除)(%)	–	15.1431	–	15.2996
	总资产(万元)	–	154866.04	–	146344.79
	归属母公司股东权益(万元)	–	52281.23	–	42731.17
	营业收入(万元)	–	88837.54	–	77302.54
	营业支出(万元)	–	64396.15	–	55943.35
	投资收益(万元)	–	–	–	1.62
	净利润(万元)	–	9726.32	–	7894.25
	营业利润(万元)	–	8361.77	–	6950.01
	利润总额(万元)	–	10193.08	–	8553.98

深圳市物业发展(集团)股份有限公司

公司概况					
公司名称	深圳市物业发展(集团)股份有限公司			证券简称	深物业 B
法人代表	陈玉刚	董秘	范维平	证券代码	200011
公司网址	www.szwuye.com.cn		电子信箱	000011touzizhe@163.com	
电　　话	0755-82211020		传　　真	0755-82210610 82212043	
办公地址	广东省深圳市人民南路国贸大厦 39、42 层				
经营范围	房地产开发及商品房销售、商品楼宇的建筑、管理、房屋租赁、建设监理等				

主要财务指标

指标\报告期	2015.06.30	2014.12.31	2014.06.30	2013.12.31
基本每股收益(元)	0.0523	0.7005	0.1881	0.5048
基本每股收益(扣除后)(元)	0.0452	0.4258	0.1736	0.5048
稀释每股收益(元)	0.0523	0.7005	0.1881	0.5048
每股净资产(元)	3.3077	3.4804	2.9635	3.0249
每股经营现金净流量(元)	-0.3723	-0.0245	-0.3186	0.1853
每股现金流量(元)	-0.5469	-0.2822	-0.6878	0.3011
每股资本公积金(元)	0.2013	0.2013	0.2013	0.2015
每股盈余公积金(元)	0.2292	0.2292	0.2039	0.2039
每股未分配利润(元)	1.8889	2.0567	1.5694	1.6314
净资产收益率(%)	1.5808	20.1278	6.3456	16.6876
加权净资产收益率(%)	1.5200	21.8200	6.1900	18.1900
净资产收益率(扣除)(%)	1.3669	12.2348	5.8564	16.6542
总资产(万元)	375656.87	388328.81	358833.82	387325.27
归属母公司股东权益(万元)	197133.92	207424.27	176617.39	180278.13
营业收入(万元)	33876.13	126845.15	50136.76	161922.72
营业支出(万元)	19905.42	52048.51	23083.52	74484.75
投资收益(万元)	676.75	21462.49	626.17	516.48
净利润(万元)	3116.28	41749.87	11207.45	30084.06
营业利润(万元)	4306.17	57474.75	14402.97	42358.63
利润总额(万元)	4252.49	55376.50	14781.26	42293.45

中国南玻集团股份有限公司

公司概况					
公司名称	中国南玻集团股份有限公司			证券简称	南玻 B
法人代表	曾南	董秘	周红	证券代码	200012
公司网址	www.csgholding.com		电子信箱	securities@csgholding.com	
电　　话	0755-26860666		传　　真	0755-26692755	
办公地址	广东省深圳市蛇口工业区工业六路一号南玻大厦				
经营范围	高级浮法玻璃、特种玻璃、工程玻璃、汽车玻璃、精细玻璃、彩色滤光片等				

主要财务指标

指标\报告期	2015.06.30	2014.12.31	2014.06.30	2013.12.31
基本每股收益(元)	0.1000	0.4200	0.2800	0.7400
基本每股收益(扣除后)(元)	0.0300	0.2100	0.1200	0.2900
稀释每股收益(元)	0.1000	0.4200	0.2800	0.7400
每股净资产(元)	3.6225	4.0228	3.8640	3.8779
每股经营现金净流量(元)	0.1699	0.6776	0.2799	0.8186
每股现金流量(元)	0.0129	-0.0576	0.0049	-0.0825
每股资本公积金(元)	0.6076	0.6457	0.6718	0.6483
每股盈余公积金(元)	0.4003	0.4003	0.3686	0.3686
每股未分配利润(元)	1.5754	1.9762	1.8167	1.8869
净资产收益率(%)	2.7370	10.4647	7.3475	20.5200
加权净资产收益率(%)	2.4700	10.6100	7.3800	20.5200
净资产收益率(扣除)(%)	0.8549	5.2571	3.0294	7.5295
总资产(万元)	1532177.53	1511680.83	1479696.06	1507886.68
归属母公司股东权益(万元)	751798.80	834856.18	801914.35	804789.41
营业收入(万元)	332303.95	704450.26	326268.17	773379.61
营业支出(万元)	264602.07	532321.94	243859.30	550130.07
投资收益(万元)	4245.45	32843.96	32076.21	92737.61
净利润(万元)	22059.64	93976.47	58921.04	153592.97
营业利润(万元)	15099.26	89626.46	62251.08	187060.76
利润总额(万元)	22712.31	98358.25	67819.44	193517.89

康佳集团股份有限公司

公司概况					
公司名称	康佳集团股份有限公司			证券简称	深康佳 B
法人代表	张民	董秘	吴勇军	证券代码	200016
公司网址	www.konka.com		电子信箱	szkonka@konka.com	
电　　话	0755-26608866-6268		传　　真	0755-26601139	
办公地址	中国深圳市南山区科技南十二路 28 号康佳研发大厦 23-24 层				
经营范围	研究开发、生产经营电视机、冰箱、洗衣机、日用小家电等家用电器产品等				

主要财务指标

指标\报告期	2015.06.30	2014.12.31	2014.06.30	2013.12.31
基本每股收益(元)	-0.2500	0.0437	0.0377	0.0375
基本每股收益(扣除后)(元)	-0.2774	-0.3949	-0.1428	-0.0573
稀释每股收益(元)	-0.2500	0.0437	0.0377	0.0375
每股净资产(元)	3.1543	3.4083	3.4187	3.3892
每股经营现金净流量(元)	0.0582	-0.5319	1.0033	1.8964
每股现金流量(元)	0.3291	-0.1090	-0.1158	0.7869
每股资本公积金(元)	1.0730	1.0710	1.0585	1.0911
每股盈余公积金(元)	0.7043	0.7043	0.7043	0.7043
每股未分配利润(元)	0.3630	0.6196	0.6406	0.5804
净资产收益率(%)	-7.8192	1.2824	1.1021	1.1068
加权净资产收益率(%)	-7.5200	1.2800	1.1100	1.1100
净资产收益率(扣除)(%)	-8.7931	-11.5873	-4.1772	-1.6914
总资产(万元)	1613279.91	1677935.93	1515866.61	1574328.43
归属母公司股东权益(万元)	379772.44	410347.90	411597.53	408045.82
营业收入(万元)	894455.89	1942348.90	839830.05	2000673.69
营业支出(万元)	779121.58	1673374.66	701056.78	1666098.16
投资收益(万元)	718.55	59687.36	26644.01	5498.52
净利润(万元)	-30461.82	6052.47	4536.01	4516.30
营业利润(万元)	-42192.07	-14961.28	2898.36	-6949.59
利润总额(万元)	-35571.98	9237.97	8316.31	18206.09

深圳中华自行车(集团)股份有限公司

公司概况					
公司名称	深圳中华自行车(集团)股份有限公司			证券简称	深中华 B
法人代表	李海	董秘	孙龙龙	证券代码	200017
公司网址	www.cbc.com.cn		电子信箱	dmc@szcbc.com.cn	
电　　话	0755-28181666		传　　真	0755-28181009	
办公地址	广东省深圳市笋岗东路 3002 号万通大厦 1201 室				
经营范围	生产装配各种类型的自行车及自行车零件、部件、配件、机械产品等				

主要财务指标

指标\报告期	2015.06.30	2014.12.31	2014.06.30	2013.12.31
基本每股收益(元)	0.0008	0.0089	0.0034	2.8570
基本每股收益(扣除后)(元)	0.0007	-0.0110	-0.0049	0.0079
稀释每股收益(元)	0.0008	0.0089	0.0034	2.8570
每股净资产(元)	0.0223	0.0216	0.0161	0.0127
每股经营现金净流量(元)	-0.0102	0.0071	0.0050	-0.0512
每股现金流量(元)	-0.0106	0.0060	0.0046	-0.0464
每股资本公积金(元)	1.1387	1.1387	1.1387	1.1387
每股盈余公积金(元)	0.0593	0.0593	0.0593	0.0593
每股未分配利润(元)	-2.1756	-2.1764	-2.1819	-2.1853
净资产收益率(%)	3.3782	41.0446	21.1157	22492.4800
加权净资产收益率(%)	3.4400	51.7200	23.6100	-
净资产收益率(扣除)(%)	3.1101	-51.0230	-30.3455	62.2561
总资产(万元)	5630.59	5148.96	7108.02	15151.14
归属母公司股东权益(万元)	1231.95	1190.33	887.80	700.33
营业收入(万元)	7653.68	21207.06	8566.66	27111.17
营业支出(万元)	6999.25	19896.47	8032.68	24322.56
投资收益(万元)	-	-	-	7293.40
净利润(万元)	59.26	578.30	187.46	157522.39
营业利润(万元)	78.84	-672.75	-172.86	779.84
利润总额(万元)	83.25	792.89	315.08	166885.88

神州长城股份有限公司

公司概况	公司名称	神州长城股份有限公司			证券简称	神州 B
	法人代表	陈略	董秘	杨春玲	证券代码	200018
	公司网址	www.udcgroup.com			电子信箱	zhangjl@udcgroup.com
	电　话	010-59045856			传　真	010-59045855
	办公地址	北京经济技术开发区锦绣街 3 号神州长城大厦				
	经营范围	生产经营纺织工业品及所需的原材料、辅料、各种面料服装、机械设备				

主要财务指标	指标\报告期	2015.06.30	2014.12.31	2014.06.30	2013.12.31
	基本每股收益(元)	–0.0040	0.0254	0.0040	0.0486
	基本每股收益(扣除后)(元)	–0.0040	0.0178	0.0040	–0.0338
	稀释每股收益(元)	–0.0040	0.0254	0.0040	0.0486
	每股净资产(元)	0.7727	0.7761	0.7527	0.7468
	每股经营现金净流量(元)	0.0054	0.0197	0.0160	0.0101
	每股现金流量(元)	0.0040	–0.0697	–0.0192	0.0667
	每股资本公积金(元)	0.2329	2.5161	0.2345	0.2344
	每股盈余公积金(元)	0.1579	0.7036	0.1579	0.1579
	每股未分配利润(元)	–0.6171	6.3264	–0.6345	–0.6389
	净资产收益率(%)	–0.4656	3.2688	0.5799	6.5032
	加权净资产收益率(%)	–0.4600	3.3500	0.5800	6.7000
	净资产收益率(扣除)(%)	–0.4656	2.2732	0.5814	–4.5213
	总资产(万元)	17323.36	239012.19	19527.51	17050.28
	归属母公司股东权益(万元)	13069.39	76147.12	12732.10	12632.01
	营业收入(万元)	556.97	1101.54	507.75	2699.90
	营业支出(万元)	192.27	376.08	144.60	946.10
	投资收益(万元)	–5.02	879.97	85.72	84.98
	净利润(万元)	–60.86	428.72	73.83	821.48
	营业利润(万元)	–60.86	343.40	74.02	844.56
	利润总额(万元)	–60.86	474.09	73.83	1023.45

深圳市深宝实业股份有限公司

公司概况	公司名称	深圳市深宝实业股份有限公司			证券简称	深深宝 B
	法人代表	郑煜曦	董秘	李亦研	证券代码	200019
	公司网址	www.sbsy.com.cn			电子信箱	lyy@sbsy.com.cn
	电　话	0755-82027522			传　真	0755-82027522
	办公地址	广东省深圳市南山区学府路科技园南区软件产业基地 4 栋 B 座 8 层				
	经营范围	生产茶叶、茶制品、茶及天然植物提取物、食品罐头、饮料、土产品等				

主要财务指标	指标\报告期	2015.06.30	2014.12.31	2014.06.30	2013.12.31
	基本每股收益(元)	0.0177	0.0443	–0.0777	0.1740
	基本每股收益(扣除后)(元)	–0.0083	0.0145	–0.0943	–0.1291
	稀释每股收益(元)	0.0177	0.0443	–0.0777	0.1740
	每股净资产(元)	3.2423	3.2247	3.1027	3.8283
	每股经营现金净流量(元)	0.0728	0.0845	0.0558	–0.0475
	每股现金流量(元)	–0.2869	0.0777	0.2795	–0.4591
	每股资本公积金(元)	1.7211	1.7211	1.7211	2.2771
	每股盈余公积金(元)	0.1644	0.1644	0.1495	0.1794
	每股未分配利润(元)	0.3569	0.3392	0.2322	0.3718
	净资产收益率(%)	0.5447	1.3723	–2.5030	4.5457
	加权净资产收益率(%)	0.5500	1.3800	–2.4700	4.5200
	净资产收益率(扣除)(%)	–0.2566	0.4500	–3.0397	–3.3730
	总资产(万元)	110760.47	115461.23	140234.62	112683.12
	归属母公司股东权益(万元)	97619.58	97087.82	93416.83	96051.71
	营业收入(万元)	16335.61	36812.14	11825.02	43831.87
	营业支出(万元)	10557.78	22905.93	9648.77	36757.55
	投资收益(万元)	63.05	287.57	285.31	6826.67
	净利润(万元)	252.48	1412.62	–2338.21	4366.22
	营业利润(万元)	133.62	1141.82	–2593.70	4200.84
	利润总额(万元)	721.01	1805.41	–2404.59	6200.35

深圳中恒华发股份有限公司

公司概况	公司名称	深圳中恒华发股份有限公司			证券简称	深华发 B
	法人代表	李中秋	董秘	杨斌	证券代码	200020
	公司网址	www.hwafa.com			电子信箱	hwafainvestor@126.com
	电　话	0755-86360201			传　真	0755-86360206
	办公地址	深圳市南山区大冲商务中心 2 号楼 33 层				
	经营范围	电子产品生产行业，包括注塑件和泡沫件的生产与销售以及液晶显示器整机业务				

主要财务指标	指标\报告期	2015.06.30	2014.12.31	2014.06.30	2013.12.31
	基本每股收益(元)	0.0501	0.0271	0.0051	–0.0230
	基本每股收益(扣除后)(元)	–0.0291	0.0082	0.0037	–0.0210
	稀释每股收益(元)	0.0501	0.0271	0.0051	–0.0230
	每股净资产(元)	1.0437	0.9936	0.9716	0.9665
	每股经营现金净流量(元)	0.0601	0.4220	–0.6660	–0.2449
	每股现金流量(元)	–0.0048	–0.1000	0.8247	–0.1750
	每股资本公积金(元)	0.3867	0.3867	0.3867	0.3867
	每股盈余公积金(元)	0.2733	0.2733	0.2733	0.2733
	每股未分配利润(元)	–0.6163	–0.6664	–0.6884	–0.6935
	净资产收益率(%)	4.7973	2.7324	0.5292	–2.3815
	加权净资产收益率(%)	4.9200	2.7700	0.5300	–2.3500
	净资产收益率(扣除)(%)	–2.7885	0.8253	0.3779	–2.1685
	总资产(万元)	117277.88	116274.10	118764.03	73134.85
	归属母公司股东权益(万元)	29552.86	28135.13	27511.96	27366.36
	营业收入(万元)	24873.46	69483.98	36662.18	62682.10
	营业支出(万元)	20746.35	59399.88	32692.16	55659.89
	投资收益(万元)	2950.06	98.36	–	–
	净利润(万元)	1417.73	768.76	145.59	–651.74
	营业利润(万元)	1297.46	474.65	154.15	–761.52
	利润总额(万元)	1346.84	1064.37	209.67	–759.52

深圳赤湾港航股份有限公司

公司概况	公司名称	深圳赤湾港航股份有限公司			证券简称	深赤湾 B
	法人代表	郑少平	董秘	王永立	证券代码	200022
	公司网址	www.szcwh.com			电子信箱	cwh@cndi.com
	电　话	0755-26694222			传　真	0755-26684117
	办公地址	广东省深圳市赤湾石油大厦 8 楼				
	经营范围	集装箱和散杂货的港口装卸、仓储、运输及其他配套服务等				

主要财务指标	指标\报告期	2015.06.30	2014.12.31	2014.06.30	2013.12.31
	基本每股收益(元)	0.3750	0.6480	0.3650	0.7800
	基本每股收益(扣除后)(元)	0.3780	0.6470	0.3620	0.7800
	稀释每股收益(元)	0.3750	0.6480	0.3650	0.7800
	每股净资产(元)	6.4387	6.3826	6.0998	6.1229
	每股经营现金净流量(元)	0.5669	1.2692	0.4384	1.3915
	每股现金流量(元)	–0.2489	–0.3829	0.1044	0.6214
	每股资本公积金(元)	0.2523	0.2523	0.2576	0.2577
	每股盈余公积金(元)	0.8066	0.8066	0.8066	0.7502
	每股未分配利润(元)	4.3855	4.3342	4.0515	4.1329
	净资产收益率(%)	5.8288	10.1474	5.9838	12.7385
	加权净资产收益率(%)	5.7570	10.3580	5.8500	13.2600
	净资产收益率(扣除)(%)	5.8718	10.1482	5.9268	12.7277
	总资产(万元)	671161.03	693582.42	747042.66	734652.92
	归属母公司股东权益(万元)	415142.80	411529.88	393290.53	394784.64
	营业收入(万元)	88078.80	180476.62	87598.12	178077.48
	营业支出(万元)	46342.75	98388.66	46266.61	91013.47
	投资收益(万元)	4883.50	9244.85	4442.87	10205.46
	净利润(万元)	31021.06	52979.05	23533.86	50289.45
	营业利润(万元)	34375.20	67186.91	33813.44	75928.29
	利润总额(万元)	34466.91	67253.77	34264.65	75998.85

深圳市特力(集团)股份有限公司

公司概况						
	公司名称	深圳市特力(集团)股份有限公司			证券简称	特力B
	法人代表	吕航	董秘	祁鹏	证券代码	200025
	公司网址	www.tellus.cn		电子信箱	ir@tellus.cn	
	电　话	0755-83989339 83989378		传　真	0755-83989386	
	办公地址	广东省深圳市福田区深南中路中核大厦十五楼				
	经营范围	汽车销售、汽车检测维修及配件销售、物业租赁及服务等				

主要财务指标

指标\报告期	2015.06.30	2014.12.31	2014.06.30	2013.12.31
基本每股收益(元)	0.0296	0.0470	0.0244	0.0313
基本每股收益(扣除后)(元)	0.0290	0.0398	0.0237	-0.0704
稀释每股收益(元)	0.0296	0.0470	0.0244	0.0313
每股净资产(元)	2.8022	0.8711	0.8928	0.8687
每股经营现金净流量(元)	0.1139	0.0282	-0.0190	-0.0119
每股现金流量(元)	0.1723	0.0766	-0.0332	0.0364
每股资本公积金(元)	1.8978	0.0348	0.0383	0.0386
每股盈余公积金(元)	0.0099	0.0134	0.0134	0.0134
每股未分配利润(元)	-0.1055	-0.1772	-0.1589	-0.2241
净资产收益率(%)	0.9184	5.3915	2.7358	3.6063
加权净资产收益率(%)	1.4900	5.5300	2.7700	3.6700
净资产收益率(扣除)(%)	0.9023	4.5732	2.6518	-8.1076
总资产(万元)	114397.48	80632.48	74175.79	70218.02
归属母公司股东权益(万元)	83305.06	19188.03	19666.61	18237.10
营业收入(万元)	15849.18	46498.75	22869.25	48672.93
营业支出(万元)	11693.95	38942.36	19529.81	38755.87
投资收益(万元)	62.44	2600.18	784.15	855.09
净利润(万元)	730.87	856.62	538.04	690.07
营业利润(万元)	849.80	918.99	513.32	1652.78
利润总额(万元)	850.94	1002.54	535.58	1417.92

飞亚达(集团)股份有限公司

公司概况						
	公司名称	飞亚达(集团)股份有限公司			证券简称	飞亚达B
	法人代表	徐东升	董秘	陆万军	证券代码	200026
	公司网址	www.fiytagroup.com		电子信箱	investor@fiyta.com.cn	
	电　话	0755-86013669 86013198		传　真	0755-83348369	
	办公地址	广东省深圳市南山区高新南一道飞亚达科技大厦20楼				
	经营范围	钟表及其零配件的设计、开发、制造、销售和维修等				

主要财务指标

指标\报告期	2015.06.30	2014.12.31	2014.06.30	2013.12.31
基本每股收益(元)	0.1860	0.3710	0.2250	0.3310
基本每股收益(扣除后)(元)	0.1830	0.3480	0.2190	0.3240
稀释每股收益(元)	0.1860	0.3710	0.2250	0.3310
每股净资产(元)	4.2631	4.1587	4.0423	3.9118
每股经营现金净流量(元)	0.4386	0.7363	0.3513	0.2013
每股现金流量(元)	0.1120	0.0184	0.1329	-0.0834
每股资本公积金(元)	1.3380	1.3380	1.3380	1.3380
每股盈余公积金(元)	0.4224	0.4224	0.3990	0.3990
每股未分配利润(元)	1.5293	1.4431	1.3207	1.1959
净资产收益率(%)	4.3663	8.9134	5.5605	8.4693
加权净资产收益率(%)	4.3600	8.6200	5.5800	8.6900
净资产收益率(扣除)(%)	4.2976	8.3751	5.4276	8.2762
总资产(万元)	382085.01	365778.16	368955.07	355870.26
归属母公司股东权益(万元)	167439.77	163340.19	158769.80	153643.47
营业收入(万元)	168379.32	327814.28	164261.48	310349.70
营业支出(万元)	103798.17	205471.50	103806.07	199012.51
投资收益(万元)	25.00	-84.82	-50.46	158.92
净利润(万元)	7328.06	14610.32	8828.39	13012.51
营业利润(万元)	9403.78	15894.50	10231.75	14763.11
利润总额(万元)	9554.22	17039.46	10495.68	15147.67

国药集团一致药业股份有限公司

公司概况						
	公司名称	国药集团一致药业股份有限公司			证券简称	一致B
	法人代表	闫志刚	董秘	陈常兵	证券代码	200028
	公司网址	www.szaccord.com.cn		电子信箱	investor@szaccord.com.cn	
	电　话	0755-25875195		传　真	0755-25195435	
	办公地址	广东省深圳市福田区八卦四路15号一致药业大厦				
	经营范围	中成药、化学原料药、化学药制剂、抗生素原料药、抗生素制剂、生化药品等				

主要财务指标

指标\报告期	2015.06.30	2014.12.31	2014.06.30	2013.12.31
基本每股收益(元)	1.0680	1.9000	1.0730	1.8100
基本每股收益(扣除后)(元)	1.0300	1.7800	1.0030	1.7600
稀释每股收益(元)	1.0680	1.9000	1.0730	1.8100
每股净资产(元)	14.0070	13.1390	12.2928	7.7903
每股经营现金净流量(元)	1.2361	-2.1970	-1.3367	1.6138
每股现金流量(元)	0.8365	-0.6721	0.8588	0.6150
每股资本公积金(元)	5.1399	5.1399	5.1301	0.0200
每股盈余公积金(元)	0.5000	0.5000	0.3995	0.5027
每股未分配利润(元)	7.3671	6.4991	5.7633	6.2676
净资产收益率(%)	7.6253	13.6947	7.8338	23.1868
加权净资产收益率(%)	7.8500	16.4100	10.3900	26.0000
净资产收益率(扣除)(%)	7.3564	12.8289	7.3249	22.5449
总资产(万元)	1381265.65	1282894.15	1249010.17	1105789.69
归属母公司股东权益(万元)	507940.07	476460.78	445776.33	224475.77
营业收入(万元)	1281380.32	2395433.10	1161264.24	2119946.64
营业支出(万元)	1180166.10	2200262.88	1062676.77	1943608.19
投资收益(万元)	2827.41	5041.58	2359.57	4247.32
净利润(万元)	39964.23	66984.12	34921.40	52048.82
营业利润(万元)	48244.95	78148.72	41679.02	64500.84
利润总额(万元)	49499.11	82928.34	44391.87	65910.22

深圳经济特区房地产(集团)股份有限公司

公司概况						
	公司名称	深圳经济特区房地产(集团)股份有限公司			证券简称	深深房B
	法人代表	周建国	董秘	陈继	证券代码	200029
	公司网址	www.sfjt.com.cn		电子信箱	spg@163.net	
	电　话	0755-82293000 4718 4715		传　真	0755-82294024	
	办公地址	广东省深圳市罗湖区人民南路深房广场47楼				
	经营范围	房地产开发及商品房销售、物业租赁及管理、建筑装饰安装、商品零售及贸易等				

主要财务指标

指标\报告期	2015.06.30	2014.12.31	2014.06.30	2013.12.31
基本每股收益(元)	0.1843	0.2946	0.0343	0.2256
基本每股收益(扣除后)(元)	0.1840	0.2937	0.0341	0.2203
稀释每股收益(元)	0.1843	0.2946	0.0343	0.2256
每股净资产(元)	2.3210	2.1366	1.8758	1.8419
每股经营现金净流量(元)	0.4506	0.3184	0.1977	0.1927
每股现金流量(元)	0.2931	0.1491	0.0314	0.0549
每股资本公积金(元)	0.9670	0.9670	0.9670	0.9670
每股盈余公积金(元)	0.0417	0.0049	0.0049	0.0049
每股未分配利润(元)	0.3028	0.1553	-0.1049	-0.1393
净资产收益率(%)	7.9388	13.7880	1.8303	12.2504
加权净资产收益率(%)	8.2700	14.8100	1.8500	13.0500
净资产收益率(扣除)(%)	7.9269	13.7479	1.8154	11.9593
总资产(万元)	446255.60	437509.83	438904.83	421509.93
归属母公司股东权益(万元)	234804.60	216153.74	189764.31	186334.71
营业收入(万元)	114755.28	213231.12	57307.44	211648.27
营业支出(万元)	69764.59	140966.49	43280.78	154717.01
投资收益(万元)	22.03	-0.63	-	-2.53
净利润(万元)	18640.40	29805.81	3473.24	22826.83
营业利润(万元)	24944.74	39947.48	4970.86	29728.36
利润总额(万元)	24983.03	40066.09	5008.57	30387.50

富奥汽车零部件股份有限公司

公司概况	公司名称	富奥汽车零部件股份有限公司			证券简称	富奥B
	法人代表	金毅	董秘	王晓平	证券代码	200030
	公司网址	www.fawer.com.cn		电子信箱	000030@fawer.com.cn	
	电话	0431-85122797		传真	0431-85122756	
	办公地址	吉林省长春汽车经济技术开发区东风南街777号				
	经营范围	汽车零部件及相关产品的研究,设计,制造等				

	指标\报告期	2015.06.30	2014.12.31	2014.06.30	2013.12.31
主要财务指标	基本每股收益(元)	0.2200	0.4800	0.2500	0.4400
	基本每股收益(扣除后)(元)	0.2200	0.4600	0.2400	0.4400
	稀释每股收益(元)	0.2200	0.4800	0.2500	0.4400
	每股净资产(元)	3.4428	3.3143	3.0807	2.9222
	每股经营现金净流量(元)	0.1655	0.2771	0.1420	–0.0577
	每股现金流量(元)	0.2332	0.1962	0.1366	–0.2066
	每股资本公积金(元)	0.4017	0.3982	0.3918	0.3883
	每股盈余公积金(元)	0.2370	0.2370	0.1883	0.1883
	每股未分配利润(元)	1.7983	1.6756	1.4977	1.2984
	净资产收益率(%)	6.4563	14.5524	8.2136	14.3082
	加权净资产收益率(%)	6.4800	15.5500	8.2900	15.4100
	净资产收益率(扣除)(%)	6.3375	13.7325	7.9135	14.1482
	总资产(万元)	733050.05	727111.44	727940.24	710368.64
	归属母公司股东权益(万元)	447114.04	430426.10	400092.12	374113.63
	营业收入(万元)	229811.68	501001.23	263067.81	522780.24
	营业支出(万元)	187988.91	407619.17	212851.85	427134.20
	投资收益(万元)	22155.57	47142.36	23222.54	43757.70
	净利润(万元)	30669.11	67241.42	32861.85	54300.64
	营业利润(万元)	32077.57	65923.21	36342.22	61370.31
	利润总额(万元)	32706.32	70250.99	37628.94	62203.56

深圳南山热电股份有限公司

公司概况	公司名称	深圳南山热电股份有限公司			证券简称	深南电B
	法人代表	杨海贤	董秘	张杰	证券代码	200037
	公司网址	www.nsrd.com.cn		电子信箱	public@nspower.com.cn	
	电话	0755-26948888		传真	0755-26003684	
	办公地址	广东省深圳市南山区华侨城汉唐大厦16、17楼				
	经营范围	供电、供热、提供相关技术咨询和技术服务等				

	指标\报告期	2015.06.30	2014.12.31	2014.06.30	2013.12.31
主要财务指标	基本每股收益(元)	–0.1700	–0.5500	–0.1200	0.0900
	基本每股收益(扣除后)(元)	–0.2200	–0.5500	–0.1300	–0.1300
	稀释每股收益(元)	–	–0.5500	–	0.0900
	每股净资产(元)	1.9379	2.1079	2.5314	2.6562
	每股经营现金净流量(元)	0.5290	0.9477	0.6472	0.8001
	每股现金流量(元)	0.4836	0.0505	0.3249	0.0186
	每股资本公积金(元)	0.6018	0.6017	0.6017	0.6017
	每股盈余公积金(元)	0.5523	0.5523	0.5523	0.5523
	每股未分配利润(元)	–0.2162	–0.0461	0.3774	0.5022
	净资产收益率(%)	–8.7791	–26.0136	–4.9317	3.3165
	加权净资产收益率(%)	–8.4100	–23.0200	–4.8100	3.3700
	净资产收益率(扣除)(%)	–11.5652	–25.9502	–5.0555	–4.8063
	总资产(万元)	514827.49	505641.58	554975.80	544029.14
	归属母公司股东权益(万元)	116807.66	127054.23	152580.77	160105.55
	营业收入(万元)	65055.72	123410.15	52739.76	111042.78
	营业支出(万元)	74690.78	174090.53	75646.50	161320.60
	投资收益(万元)	–88.33	–173.03	–127.01	7926.40
	净利润(万元)	–12880.95	–42163.24	–7524.78	5309.91
	营业利润(万元)	–26198.13	–92906.62	–38538.43	–80440.74
	利润总额(万元)	–12832.08	–41828.98	–9977.82	9510.68

深圳市纺织(集团)股份有限公司

公司概况	公司名称	深圳市纺织(集团)股份有限公司			证券简称	深纺织B
	法人代表	朱军	董秘	姜澎	证券代码	200045
	公司网址	www.chinasthc.com		电子信箱	jiangp@chinasthc.com	
	电话	0755-83776043		传真	0755-83776139	
	办公地址	广东省深圳市福田区华强北路3号深纺大厦6楼				
	经营范围	纺织服装、LCD用偏光片及其相关产品的生产与贸易和物业租赁管理				

	指标\报告期	2015.06.30	2014.12.31	2014.06.30	2013.12.31
主要财务指标	基本每股收益(元)	0.0150	–0.2200	–0.0430	0.1000
	基本每股收益(扣除后)(元)	–0.0660	–0.2900	–0.0800	–
	稀释每股收益(元)	0.0150	–0.2200	–0.0430	–
	每股净资产(元)	4.2931	4.3359	4.4715	4.5365
	每股经营现金净流量(元)	0.0085	–0.0961	–0.1788	–0.3686
	每股现金流量(元)	–0.9081	0.3047	0.2136	1.4150
	每股资本公积金(元)	3.1294	3.1294	3.1494	3.1717
	每股盈余公积金(元)	0.1271	0.1271	0.1181	0.1181
	每股未分配利润(元)	0.0286	0.0134	0.2040	0.2468
	净资产收益率(%)	0.3526	–5.1721	–0.9557	2.0551
	加权净资产收益率(%)	0.3500	–5.0600	–0.9500	2.3100
	净资产收益率(扣除)(%)	–1.5352	–6.7777	–1.7792	–7.0271
	总资产(万元)	281181.54	282278.35	279691.49	285175.97
	归属母公司股东权益(万元)	217454.88	219624.92	226489.27	229784.66
	营业收入(万元)	62099.33	121095.25	47162.38	113109.86
	营业支出(万元)	58813.80	115474.35	43413.81	108793.80
	投资收益(万元)	4759.19	2329.46	2002.37	25804.86
	净利润(万元)	766.80	–11359.13	–2164.45	4722.26
	营业利润(万元)	1737.20	–8313.52	–1420.27	7787.12
	利润总额(万元)	2517.60	–6205.89	–826.33	10201.85

深圳赤湾石油基地股份有限公司

公司概况	公司名称	深圳赤湾石油基地股份有限公司			证券简称	深基地B
	法人代表	田俊彦	董秘	宋涛	证券代码	200053
	公司网址	www.chiwanbase.com		电子信箱	sa@chiwanbase.com	
	电话	0755-26694211		传真	0755-26694227	
	办公地址	中国广东省深圳市蛇口赤湾石油大厦14楼				
	经营范围	经营码头、港口服务、堆场、仓库及办公室的租赁业务、提供劳务服务等				

	指标\报告期	2015.06.30	2014.12.31	2014.06.30	2013.12.31
主要财务指标	基本每股收益(元)	0.1800	0.9500	0.5200	0.9000
	基本每股收益(扣除后)(元)	0.1700	0.9600	0.5000	–
	稀释每股收益(元)	–	–	0.5200	0.9000
	每股净资产(元)	7.5156	7.3308	6.9103	6.3876
	每股经营现金净流量(元)	0.5374	1.7969	0.5922	1.8884
	每股现金流量(元)	–0.0213	0.3271	–0.3346	–2.8622
	每股资本公积金(元)	1.0154	1.0154	1.0154	1.0154
	每股盈余公积金(元)	1.3317	1.3317	1.2671	1.2345
	每股未分配利润(元)	4.1474	3.9626	3.6130	3.1264
	净资产收益率(%)	2.4598	12.9279	7.5132	14.0914
	加权净资产收益率(%)	2.4900	13.8400	7.8100	15.0700
	净资产收益率(扣除)(%)	2.2805	13.0434	7.2765	13.8283
	总资产(万元)	548550.84	538962.99	483253.10	450106.46
	归属母公司股东权益(万元)	173309.91	169048.60	159352.32	147298.65
	营业收入(万元)	30711.91	71295.86	35027.20	69183.26
	营业支出(万元)	14044.65	25966.19	12085.22	25286.05
	投资收益(万元)	3615.96	9389.24	3806.94	9546.79
	净利润(万元)	5247.16	23885.69	11972.51	20756.44
	营业利润(万元)	6110.46	27870.86	15058.77	27267.19
	利润总额(万元)	6600.38	29058.80	15666.95	27785.49

重庆建设摩托车股份有限公司

公司概况	公司名称	重庆建设摩托车股份有限公司		证券简称	建摩 B
	法人代表	李华光	董秘	滕峰	证券代码 200054
	公司网址	www.jianshe.com.cn	电子信箱	cqjsmc@jianshe.com.cn	
	电　　话	023-66295333	传　　真	023-66295333	
	办公地址	重庆市巴南区花溪工业园建设大道 1 号			
	经营范围	摩托车、电动车、汽车零部件、配件、机械产品研发、加工制造及其相关的技术服务等			

主要财务指标 指标\报告期	2015.06.30	2014.12.31	2014.06.30	2013.12.31
基本每股收益(元)	-0.5937	-1.1190	-0.5023	0.1010
基本每股收益(扣除后)(元)	-0.5937	-1.2890	-0.4777	-0.8330
稀释每股收益(元)	-0.5937	-1.1190	-0.5023	0.1010
每股净资产(元)	-0.4487	0.1451	0.7658	1.2681
每股经营现金净流量(元)	0.2719	0.7924	0.8766	1.3642
每股现金流量(元)	-0.0142	-1.1281	-1.2668	0.7423
每股资本公积金(元)	8.0462	8.0462	8.0462	8.0462
每股盈余公积金(元)	1.0529	1.0529	1.0529	1.0529
每股未分配利润(元)	-10.5478	-9.9540	-9.3332	-8.8349
净资产收益率(%)	-132.3353	-771.2744	-65.5884	7.9648
加权净资产收益率(%)	-391.1500	-158.8200	-49.3900	8.1300
净资产收益率(扣除)(%)	133.9666	-888.4972	-62.3712	-65.3629
总资产(万元)	249570.39	238921.10	264225.62	274395.30
归属母公司股东权益(万元)	-5356.75	1732.12	9142.14	15091.51
营业收入(万元)	71965.57	176361.98	94717.09	188583.15
营业支出(万元)	63611.21	155014.29	83040.97	162178.11
投资收益(万元)	1172.28	3193.03	1715.81	3835.97
净利润(万元)	-7075.90	-13354.18	-5996.18	1205.74
营业利润(万元)	-7029.73	-15381.94	-5679.18	-10130.07
利润总额(万元)	-6942.34	-13351.51	-5973.30	970.01

方大集团股份有限公司

公司概况	公司名称	方大集团股份有限公司		证券简称	方 大 B
	法人代表	熊建明	董秘	周志刚	证券代码 200055
	公司网址	www.fangda.com	电子信箱	zqb@fangda.com	
	电　　话	0755-26788571	传　　真	0755-26788353	
	办公地址	广东省深圳市南山区高新区科技南十二路方大大厦二十楼			
	经营范围	生产经营新型建筑材料、复合材料、金属制品、金属结构、环保设备及器材等			

主要财务指标 指标\报告期	2015.06.30	2014.12.31	2014.06.30	2013.12.31
基本每股收益(元)	0.0700	0.1300	0.0500	0.1100
基本每股收益(扣除后)(元)	0.0500	0.0900	0.0500	0.0900
稀释每股收益(元)	0.0700	0.1300	0.0500	0.1100
每股净资产(元)	1.6677	1.6315	1.5573	1.5334
每股经营现金净流量(元)	-0.3629	-0.7371	-0.3548	0.2068
每股现金流量(元)	0.1450	-0.2412	0.0554	0.0595
每股资本公积金(元)	0.1045	0.1045	0.1047	0.1046
每股盈余公积金(元)	0.0645	0.0645	0.0613	0.0613
每股未分配利润(元)	0.5002	0.4624	0.3913	0.3675
净资产收益率(%)	4.0654	7.8546	3.4588	7.3819
加权净资产收益率(%)	4.0700	8.1400	3.4900	7.6100
净资产收益率(扣除)(%)	2.8113	5.5929	3.3654	5.8927
总资产(万元)	404475.84	366271.99	312559.01	259955.75
归属母公司股东权益(万元)	126231.22	123493.09	117873.81	116063.97
营业收入(万元)	115011.55	193832.44	82279.27	174762.08
营业支出(万元)	94048.73	159083.68	66844.74	142536.92
投资收益(万元)	154.80	172.07	96.91	30.09
净利润(万元)	4416.11	9268.93	4077.00	8567.69
营业利润(万元)	7254.65	10452.53	4261.07	9439.91
利润总额(万元)	6032.93	11018.31	4359.03	10065.05

深圳市皇庭国际企业股份有限公司

公司概况	公司名称	深圳市皇庭国际企业股份有限公司		证券简称	深国商 B
	法人代表	郑康豪	董秘	曹剑	证券代码 200056
	公司网址	www.china-ia.com	电子信箱	cj000056@21cn.com	
	电　　话	0755-82281888 82285565	传　　真	0755-82566573	
	办公地址	广东省深圳市福田区金田路 2028 号皇岗商务中心主楼 6 楼			
	经营范围	商业、房地产开发、物业管理和林业种植等			

主要财务指标 指标\报告期	2015.06.30	2014.12.31	2014.06.30	2013.12.31
基本每股收益(元)	0.0298	-1.2600	-0.4400	10.5100
基本每股收益(扣除后)(元)	-0.0100	-1.2100	-0.4300	-0.5560
稀释每股收益(元)	0.0298	-1.2600	-0.4400	10.5100
每股净资产(元)	7.2041	7.1742	9.6869	10.1258
每股经营现金净流量(元)	0.0599	-1.4221	-1.2187	-1.8255
每股现金流量(元)	0.0070	0.0306	0.0284	0.0015
每股资本公积金(元)	0.0917	0.1144	0.3100	0.3100
每股盈余公积金(元)	0.4751	0.5416	0.5701	0.5701
每股未分配利润(元)	5.6373	9.3803	7.8068	8.2457
净资产收益率(%)	0.4143	-17.6186	-4.5307	103.7503
加权净资产收益率(%)	0.4200	-16.1900	-4.3400	103.5700
净资产收益率(扣除)(%)	-0.1815	-16.9240	-4.4389	-5.4880
总资产(万元)	789204.54	787195.95	791669.86	780328.37
归属母公司股东权益(万元)	190966.08	292551.10	213985.81	223680.89
营业收入(万元)	17042.34	9893.87	3735.21	3529.28
营业支出(万元)	4047.28	6246.00	2243.39	2440.91
投资收益(万元)	-	-	-	90.00
净利润(万元)	867.84	-54279.89	-9695.08	232069.70
营业利润(万元)	-1029.53	-50838.57	-15812.32	526281.63
利润总额(万元)	867.84	-52647.79	-16138.74	523685.03

深圳赛格股份有限公司

公司概况	公司名称	深圳赛格股份有限公司		证券简称	深赛格 B
	法人代表	王立	董秘	郑丹	证券代码 200058
	公司网址	www.segcl.com.cn	电子信箱	segcl@segcl.com.cn	
	电　　话	0755-83747939	传　　真	0755-83975237	
	办公地址	广东省深圳市福田区华强北路群星广场 A 座 31 层			
	经营范围	投资电子电器产品、电子化工、计算机、兴办实业、电子信息系统等			

主要财务指标 指标\报告期	2015.06.30	2014.12.31	2014.06.30	2013.12.31
基本每股收益(元)	0.0445	0.0616	0.0480	0.0692
基本每股收益(扣除后)(元)	0.0442	0.0585	0.0468	0.0623
稀释每股收益(元)	0.0445	0.0616	0.0480	0.0692
每股净资产(元)	1.8296	1.6552	1.6410	1.5931
每股经营现金净流量(元)	-0.1256	-0.5453	-0.1330	-0.1561
每股现金流量(元)	-0.2890	0.0592	0.3743	-0.1498
每股资本公积金(元)	0.6454	0.5157	0.5155	0.5152
每股盈余公积金(元)	0.1311	0.1311	0.1311	0.1311
每股未分配利润(元)	0.0525	0.0080	-0.0057	-0.0536
净资产收益率(%)	2.4310	3.7245	2.9232	4.3463
加权净资产收益率(%)	2.5500	3.8000	2.9700	4.4400
净资产收益率(扣除)(%)	2.4165	3.5351	2.8528	3.9123
总资产(万元)	249594.63	265971.77	248615.66	213494.06
归属母公司股东权益(万元)	143590.40	129897.07	128782.17	125022.44
营业收入(万元)	37455.51	68134.39	31614.14	59735.83
营业支出(万元)	31730.39	56094.45	24834.92	48641.12
投资收益(万元)	545.20	720.49	1173.15	1307.78
净利润(万元)	5206.58	7867.42	3764.58	5433.87
营业利润(万元)	7195.70	10970.21	6934.75	10297.25
利润总额(万元)	7218.72	11176.16	7045.79	10525.27

山东航空股份有限公司

公司概况	公司名称	山东航空股份有限公司			证券简称	山航B
	法人代表	马崇贤	董秘	董钱堂	证券代码	200152
	公司网址	www.shandongair.com.cn		电子信箱	zqb@shandongair.com.cn	
	电 话	0531-82085939 82085586		传 真	0531-85698767*8679	
	办公地址	山东省济南市历下区二环东路5746号山东航空大厦				
	经营范围	国际、国内航空客货运输业务、酒店餐饮(仅限分支机构)、航空器维修等				

	指标\报告期	2015.06.30	2014.12.31	2014.06.30	2013.12.31
主要财务指标	基本每股收益(元)	0.5400	0.7200	0.1200	0.9700
	基本每股收益(扣除后)(元)	0.4500	0.3700	-0.0400	0.3400
	稀释每股收益(元)	0.5400	0.7200	0.1200	0.9700
	每股净资产(元)	7.5959	7.1953	6.6372	6.7703
	每股经营现金净流量(元)	1.9540	3.6496	1.6946	3.5280
	每股现金流量(元)	0.6116	0.0405	-0.3543	0.7228
	每股资本公积金(元)	0.1885	0.1885	0.1885	0.1885
	每股盈余公积金(元)	0.7956	0.7956	0.7434	0.7434
	每股未分配利润(元)	5.4059	5.0638	4.7053	4.8384
	净资产收益率(%)	7.1357	10.0014	1.7602	14.3671
	加权净资产收益率(%)	7.3200	10.3300	1.7100	15.0800
	净资产收益率(扣除)(%)	5.9749	5.0868	-0.6706	5.0902
	总资产(万元)	1198337.31	1211886.76	1199277.94	1147489.57
	归属母公司股东权益(万元)	303835.86	287812.04	265486.78	276196.61
	营业收入(万元)	571372.45	1157029.68	556429.02	1142715.79
	营业支出(万元)	484687.56	1007912.88	492575.31	970986.56
	投资收益(万元)	-2018.25	-2604.05	-284.13	1416.32
	净利润(万元)	21680.69	28785.15	4673.01	38908.18
	营业利润(万元)	24797.37	20625.45	-2596.95	27398.86
	利润总额(万元)	30011.24	39836.62	6267.37	53094.68

承德南江股份有限公司

公司概况	公司名称	承德南江股份有限公司			证券简称	南江B
	法人代表	赵永生	董秘	李文英	证券代码	200160
	公司网址			电子信箱	liwy@cdnanjiang.com	
	电 话	0314-3115048 3115049		传 真	0314-3111475	
	办公地址	河北省承德市承德县下板城镇				
	经营范围	各种针织服装、各种纱线及化纤合成丝和各种纸制品的生产和销售等				

	指标\报告期	2015.06.30	2014.12.31	2014.06.30	2013.12.31
主要财务指标	基本每股收益(元)	0.1700	0.1100	0.0300	0.1300
	基本每股收益(扣除后)(元)	0.0300	-	-0.0200	-0.0100
	稀释每股收益(元)	0.1700	0.1100	0.0300	0.1300
	每股净资产(元)	0.5855	0.4106	0.3243	0.2969
	每股经营现金净流量(元)	0.0458	-0.1902	-0.0564	-0.2896
	每股现金流量(元)	0.0433	-0.0600	-0.0122	-0.0050
	每股资本公积金(元)	0.6511	0.6463	0.6463	0.6463
	每股盈余公积金(元)	0.1087	0.1087	0.1087	0.1087
	每股未分配利润(元)	-1.1743	-1.3444	-1.4307	-1.4581
	净资产收益率(%)	29.0538	27.6846	8.4403	45.2104
	加权净资产收益率(%)	34.3200	32.1300	8.8100	58.4200
	净资产收益率(扣除)(%)	4.6640	-	-4.8911	-2.6774
	总资产(万元)	65993.84	64250.13	48139.27	38076.33
	归属母公司股东权益(万元)	41352.93	28998.20	22903.26	20970.15
	营业收入(万元)	35782.06	32250.26	21683.24	36395.23
	营业支出(万元)	29570.40	32579.50	21814.32	33908.33
	投资收益(万元)	3.76	22.91	12.14	16.46
	净利润(万元)	11911.87	7323.52	1933.12	9480.68
	营业利润(万元)	3118.92	-3556.58	-1333.09	-47.89
	利润总额(万元)	13204.82	7418.71	1720.25	13123.06

广东雷伊(集团)股份有限公司

公司概况	公司名称	广东雷伊(集团)股份有限公司			证券简称	雷伊B
	法人代表	陈鸿成	董秘	徐巍	证券代码	200168
	公司网址	www.200168.com		电子信箱	xw@200168.com	
	电 话	0755-82250045		传 真	0755-82251182	
	办公地址	深圳市南山区中心路3333号中铁南方总部大厦1201号				
	经营范围	西服、时装、制服和针纺织品等各类服装的生产、加工和销售等				

	指标\报告期	2015.06.30	2014.12.31	2014.06.30	2013.12.31
主要财务指标	基本每股收益(元)	0.0500	0.0320	0.0131	0.0200
	基本每股收益(扣除后)(元)	0.0175	0.0436	0.0139	0.0114
	稀释每股收益(元)	0.0500	0.0320	0.0131	0.0200
	每股净资产(元)	1.2181	1.1698	1.1509	1.1378
	每股经营现金净流量(元)	0.0806	-0.2500	-0.1636	0.2050
	每股现金流量(元)	0.2799	-0.1245	-0.1636	0.1091
	每股资本公积金(元)	0.1636	0.1636	0.1636	0.1636
	每股盈余公积金(元)	0.2700	0.2700	0.2700	0.2700
	每股未分配利润(元)	0.2156	-0.2639	-0.2827	-0.2959
	净资产收益率(%)	3.9645	2.7335	1.1421	1.8998
	加权净资产收益率(%)	4.0400	2.7700	1.1500	1.9200
	净资产收益率(扣除)(%)	1.4376	3.7305	1.2102	1.0046
	总资产(万元)	53957.52	48077.98	44881.53	48721.71
	归属母公司股东权益(万元)	38807.27	37268.78	36668.82	36250.02
	营业收入(万元)	8485.38	18841.41	5657.30	14845.88
	营业支出(万元)	7321.80	12240.36	3712.97	9563.99
	投资收益(万元)	1428.46	0.18	-	-
	净利润(万元)	1579.79	1015.05	418.80	688.67
	营业利润(万元)	1768.76	2402.84	848.17	1696.81
	利润总额(万元)	1777.97	2349.89	795.27	1685.19

东旭光电科技股份有限公司

公司概况	公司名称	东旭光电科技股份有限公司			证券简称	东旭B
	法人代表	李兆廷	董秘	龚昕	证券代码	200413
	公司网址	www.dxoti.com		电子信箱	bs@bseg.cn	
	电 话	0311-86917775 010-68297016		传 真	0311-86917775 010-68297016	
	办公地址	北京市海淀区复兴路甲23号临5院				
	经营范围	电真空玻璃器件及配套的电子元器件等				

	指标\报告期	2015.06.30	2014.12.31	2014.06.30	2013.12.31
主要财务指标	基本每股收益(元)	0.1600	0.3300	0.1500	0.5100
	基本每股收益(扣除后)(元)	0.1000	0.1900	0.1000	0.3500
	稀释每股收益(元)	0.1600	0.3300	0.1500	0.5100
	每股净资产(元)	2.4820	2.3800	2.2965	6.4382
	每股经营现金净流量(元)	0.0282	-0.0165	-0.5507	-2.0346
	每股现金流量(元)	0.5530	0.2033	-0.2980	2.6071
	每股资本公积金(元)	1.0982	1.0969	1.1556	5.4669
	每股盈余公积金(元)	0.0249	0.0249	0.0101	0.0304
	每股未分配利润(元)	0.3589	0.2962	0.1307	-0.0591
	净资产收益率(%)	6.5562	13.6812	6.5508	6.3522
	加权净资产收益率(%)	6.6400	14.1300	6.7700	9.4300
	净资产收益率(扣除)(%)	3.8698	7.8165	-	4.4125
	总资产(万元)	1583377.40	1246816.33	1095535.59	903297.84
	归属母公司股东权益(万元)	660716.68	643673.25	622121.04	581367.37
	营业收入(万元)	144660.03	214339.80	90997.47	93190.07
	营业支出(万元)	80597.02	117950.18	43307.17	40980.34
	投资收益(万元)	-2.81	-	-	-
	净利润(万元)	45386.62	90916.72	40753.67	36929.73
	营业利润(万元)	33276.11	64405.77	35337.00	39890.80
	利润总额(万元)	54056.85	108519.95	53416.97	54738.41

无锡小天鹅股份有限公司

公司概况	公司名称	无锡小天鹅股份有限公司			证券简称	小天鹅 B
	法人代表	方洪波	董秘	周斯秀	证券代码	200418
	公司网址	www.littleswan.com		电子信箱	IR_littleswan@littleswan.com.cn	
	电　话	0510-81082320 81082377		传　真	0510-83720879	
	办公地址	江苏省无锡市国家高新技术开发区长江南路 18 号				
	经营范围	家用电器及零配件等的生产、销售和技术服务等				

主要财务指标	指标\报告期	2015.06.30	2014.12.31	2014.06.30	2013.12.31
	基本每股收益(元)	0.6800	1.1000	0.5000	0.6500
	基本每股收益(扣除后)(元)	0.5800	0.8700	0.4300	0.4900
	稀释每股收益(元)	0.6800	1.1000	0.5000	0.6500
	每股净资产(元)	7.2426	7.0009	6.3892	6.1802
	每股经营现金净流量(元)	2.1586	2.6200	1.3045	1.4307
	每股现金流量(元)	-0.6519	-0.0656	0.8797	0.4191
	每股资本公积金(元)	1.8132	1.8023	1.7941	1.7854
	每股盈余公积金(元)	0.5259	0.5259	0.4600	0.4600
	每股未分配利润(元)	3.9091	3.6782	3.1403	2.9401
	净资产收益率(%)	9.4020	15.7678	7.8285	10.5746
	加权净资产收益率(%)	9.2800	16.7300	7.7800	10.8800
	净资产收益率(扣除)(%)	8.0577	12.4151	6.7431	7.9373
	总资产(万元)	1123015.81	1137679.39	968639.39	922252.74
	归属母公司股东权益(万元)	458088.14	442798.21	404110.91	390889.77
	营业收入(万元)	610190.39	1080421.73	497405.70	872795.60
	营业支出(万元)	445754.15	800749.22	365531.51	654962.19
	投资收益(万元)	7182.05	17796.51	5637.81	11686.19
	净利润(万元)	49850.90	79082.61	31635.85	41335.01
	营业利润(万元)	56781.76	90840.88	40993.43	52144.23
	利润总额(万元)	57742.54	93400.27	41680.03	54862.13

广东省高速公路发展股份有限公司

公司概况	公司名称	广东省高速公路发展股份有限公司			证券简称	粤高速 B
	法人代表	朱战良	董秘	左江	证券代码	200429
	公司网址	www.gpedcl.com		电子信箱	zuoj@126.com	
	电　话	020-29004609 29004522		传　真	020-38787002	
	办公地址	广东省广州市天河区珠江新城珠江东路 32 号利通广场 45,46 层				
	经营范围	主营高速公路、等级公路、桥梁的建设施工、公路、桥梁的收费和养护管理等				

主要财务指标	指标\报告期	2015.06.30	2014.12.31	2014.06.30	2013.12.31
	基本每股收益(元)	0.1800	0.2500	0.1400	0.1000
	基本每股收益(扣除后)(元)	0.1800	0.2400	0.1400	0.0600
	稀释每股收益(元)	0.1800	0.2500	0.1400	0.1000
	每股净资产(元)	4.1645	3.9902	3.4405	3.3712
	每股经营现金净流量(元)	0.4121	0.7694	0.3985	0.6025
	每股现金流量(元)	0.0144	-0.3299	-0.0187	0.1416
	每股资本公积金(元)	1.2209	1.2209	1.2845	1.2209
	每股盈余公积金(元)	0.2013	0.2013	0.1859	0.1859
	每股未分配利润(元)	1.1510	1.0665	0.9701	0.8783
	净资产收益率(%)	4.4287	6.3545	4.1200	3.0100
	加权净资产收益率(%)	4.4900	6.9000	4.1500	3.0100
	净资产收益率(扣除)(%)	4.3557	6.1269	4.0803	1.6884
	总资产(万元)	1240020.34	1251350.59	1266478.41	1269447.55
	归属母公司股东权益(万元)	523524.24	501617.65	432510.55	423799.91
	营业收入(万元)	72439.29	145505.50	68871.69	132750.61
	营业支出(万元)	36069.89	84854.72	36961.46	92330.30
	投资收益(万元)	23167.17	41996.37	22169.11	47559.71
	净利润(万元)	26729.84	35884.95	17819.29	12777.77
	营业利润(万元)	31621.44	41252.95	23562.31	21798.95
	利润总额(万元)	32130.31	41198.98	23463.18	7147.59

南京普天通信股份有限公司

公司概况	公司名称	南京普天通信股份有限公司			证券简称	宁通信 B
	法人代表	王虹	董秘	张沈卫	证券代码	200468
	公司网址	www.postel.com.cn		电子信箱	zsw@postel.com.cn	
	电　话	025-58962072 58962010		传　真	025-52409954	
	办公地址	江苏省南京市秦淮区普天路 1 号				
	经营范围	研发、制造、销售各类通信设备和电气设备等				

主要财务指标	指标\报告期	2015.06.30	2014.12.31	2014.06.30	2013.12.31
	基本每股收益(元)	-0.0800	-0.0900	-0.0440	0.0200
	基本每股收益(扣除后)(元)	-0.0900	-0.1100	-0.0612	-0.1000
	稀释每股收益(元)	-0.0800	-0.0900	-0.0440	0.0200
	每股净资产(元)	1.6166	1.6939	1.7379	1.7824
	每股经营现金净流量(元)	-0.6320	0.3303	-0.2629	0.2172
	每股现金流量(元)	-0.3897	-0.1240	-0.2043	-0.1286
	每股资本公积金(元)	0.8622	0.8622	0.8622	0.8622
	每股盈余公积金(元)	0.0027	0.0027	0.0027	0.0027
	每股未分配利润(元)	-0.2329	-0.1557	-0.1112	-0.0674
	净资产收益率(%)	-4.7800	-5.2108	-2.5208	1.2783
	加权净资产收益率(%)	-4.6700	-5.0800	-2.4900	1.2900
	净资产收益率(扣除)(%)	-5.3479	-6.6814	-3.5231	-5.4467
	总资产(万元)	222745.40	208286.02	219674.66	210719.46
	归属母公司股东权益(万元)	34757.17	36417.99	37363.79	38321.05
	营业收入(万元)	92029.13	229334.09	117302.37	242938.03
	营业支出(万元)	75920.58	193323.67	100824.25	206870.38
	投资收益(万元)	164.82	453.36	22.70	1935.50
	净利润(万元)	-1365.80	-852.46	-941.87	489.86
	营业利润(万元)	-823.28	164.48	-415.03	2148.40
	利润总额(万元)	-524.25	814.59	18.51	2618.36

山东晨鸣纸业集团股份有限公司

公司概况	公司名称	山东晨鸣纸业集团股份有限公司			证券简称	晨 鸣 B
	法人代表	陈洪国	董秘	王春方	证券代码	200488
	公司网址	www.chenmingpaper.com		电子信箱	chenmmingpaper@163.com	
	电　话	0536-2158008		传　真	0536-2158977	
	办公地址	山东省寿光市农圣东街 2199 号				
	经营范围	机制纸及板纸和造纸原料、造纸机械、电力、热力的生产与销售等				

主要财务指标	指标\报告期	2015.06.30	2014.12.31	2014.06.30	2013.12.31
	基本每股收益(元)	0.1400	0.2600	0.1200	0.3500
	基本每股收益(扣除后)(元)	0.0900	0.0700	0.0300	0.2000
	稀释每股收益(元)	0.1400	0.2600	0.1200	0.3500
	每股净资产(元)	7.1982	7.1872	7.0416	7.1071
	每股经营现金净流量(元)	-1.1479	0.5089	0.6640	0.5683
	每股现金流量(元)	-0.1296	0.1289	0.0954	-0.8185
	每股资本公积金(元)	3.1755	3.1755	3.1755	3.1409
	每股盈余公积金(元)	0.5846	0.5846	0.5846	0.5731
	每股未分配利润(元)	2.4123	2.4096	2.2739	2.4003
	净资产收益率(%)	1.9829	3.6300	1.7782	5.0617
	加权净资产收益率(%)	1.9700	3.6200	1.7200	5.1100
	净资产收益率(扣除)(%)	1.2516	0.9373	0.4240	2.8930
	总资产(万元)	6374980.92	5682202.65	5046577.47	4752188.36
	归属母公司股东权益(万元)	1393865.33	1391734.33	1363543.77	1403988.82
	营业收入(万元)	971869.77	1910167.71	908202.06	2038889.01
	营业支出(万元)	737038.47	1532310.28	737899.86	1665188.60
	投资收益(万元)	4663.27	6903.56	2121.82	2370.60
	净利润(万元)	25371.33	45330.89	24246.11	71065.53
	营业利润(万元)	35536.56	16603.87	2205.33	40354.09
	利润总额(万元)	42712.46	56100.83	26173.66	86629.17

海南珠江控股股份有限公司

公司概况	公司名称	海南珠江控股股份有限公司		证券简称	珠江 B
	法人代表	郑清	董秘 俞翠红	证券代码	200505
	公司网址			电子信箱	hnpearlriver@21cn.net
	电　话	0898-68581888 68581199		传　真	0898-68581026
	办公地址	海南省海口市滨海大道珠江广场帝豪大厦 29 楼			
	经营范围	房地产开发经营及综合投资等			

主要财务指标	指标\报告期	2015.06.30	2014.12.31	2014.06.30	2013.12.31
	基本每股收益(元)	0.0500	–0.4100	–0.1800	0.0300
	基本每股收益(扣除后)(元)	–0.2400	–0.4200	–0.1800	–0.4100
	稀释每股收益(元)	0.0500	–0.4100	–0.1800	0.0300
	每股净资产(元)	–0.2064	0.0365	0.0724	0.2735
	每股经营现金净流量(元)	–0.2225	–0.5710	–0.3673	–0.1072
	每股现金流量(元)	0.0905	0.0352	0.0390	–0.0080
	每股资本公积金(元)	0.7843	0.7843	0.8893	0.9081
	每股盈余公积金(元)	0.2566	0.2566	0.2566	0.2566
	每股未分配利润(元)	–2.2472	–2.2976	–2.0735	–1.8912
	净资产收益率(%)	–	–1114.2231	–248.8335	7.6100
	加权净资产收益率(%)	–	–262.2100	–104.1300	7.6100
	净资产收益率(扣除)(%)	117.8559	–1152.5097	–252.4902	–150.3291
	总资产(万元)	158808.43	164543.66	144661.78	123771.38
	归属母公司股东权益(万元)	–8807.05	1556.45	3088.40	11671.42
	营业收入(万元)	13611.78	23890.42	12468.45	22530.82
	营业支出(万元)	10073.73	18686.32	9175.62	16602.15
	投资收益(万元)	12413.74	456.66	39.33	17744.52
	净利润(万元)	1864.13	–18075.54	–7684.98	1348.95
	营业利润(万元)	3418.17	–19487.59	–7946.01	240.60
	利润总额(万元)	3449.54	–19541.78	–7989.25	1163.00

厦门灿坤实业股份有限公司

公司概况	公司名称	厦门灿坤实业股份有限公司		证券简称	闽灿坤 B
	法人代表	潘志荣	董秘 孙美美	证券代码	200512
	公司网址	www.eupa.cn		电子信箱	mm_sun@tkl.tsannkuen.com
	电　话	0596-6268161		传　真	0596-6268104
	办公地址	福建省漳州市台商投资区灿坤工业园			
	经营范围	开发、生产家用电器、电子、轻工产品、现代化办公用品等			

主要财务指标	指标\报告期	2015.06.30	2014.12.31	2014.06.30	2013.12.31
	基本每股收益(元)	0.0800	0.2800	0.0800	0.2500
	基本每股收益(扣除后)(元)	0.0200	0.2300	0.0900	0.0900
	稀释每股收益(元)	0.0800	0.2800	0.0800	0.2500
	每股净资产(元)	2.8794	2.9482	2.7502	2.8086
	每股经营现金净流量(元)	–0.2727	0.2428	–0.1784	0.8942
	每股现金流量(元)	–0.5583	–1.9641	–3.6156	0.4031
	每股资本公积金(元)	1.5020	1.5020	1.5020	1.5020
	每股盈余公积金(元)	0.0885	0.0885	0.0620	0.0620
	每股未分配利润(元)	0.2941	0.3626	0.1922	0.2521
	净资产收益率(%)	2.8307	9.3947	2.9141	9.0398
	加权净资产收益率(%)	2.7300	9.6600	2.8200	9.3600
	净资产收益率(扣除)(%)	0.6868	7.6403	3.3435	3.1761
	总资产(万元)	176628.54	165102.46	209987.70	169080.13
	归属母公司股东权益(万元)	53381.80	54657.44	50987.25	52069.32
	营业收入(万元)	89519.42	200816.13	89021.63	203738.28
	营业支出(万元)	77148.33	170997.65	76197.44	176522.72
	投资收益(万元)	603.07	2859.54	1400.01	1682.38
	净利润(万元)	1924.00	6610.21	1485.80	4706.94
	营业利润(万元)	1942.95	6623.71	1402.55	4943.23
	利润总额(万元)	2254.08	7423.64	2210.46	5798.67

合肥美菱股份有限公司

公司概况	公司名称	合肥美菱股份有限公司		证券简称	皖美菱 B
	法人代表	刘体斌	董秘 李霞	证券代码	200521
	公司网址	www.meiling.com		电子信箱	info@meiling.com
	电　话	0551-2219021		传　真	0551-2219021
	办公地址	安徽省合肥市经济技术开发区莲花路 2163 号			
	经营范围	制冷电器、空调器、洗衣机、电脑数控注塑机、电脑热水器、塑料制品等			

主要财务指标	指标\报告期	2015.06.30	2014.12.31	2014.06.30	2013.12.31
	基本每股收益(元)	0.2074	0.3856	0.2083	0.3589
	基本每股收益(扣除后)(元)	0.1945	0.3218	0.1881	0.3280
	稀释每股收益(元)	0.2074	0.3856	0.2083	0.3589
	每股净资产(元)	4.6180	4.4816	4.3823	4.1733
	每股经营现金净流量(元)	0.4496	0.2166	–0.3567	0.7057
	每股现金流量(元)	0.1617	0.5329	0.6246	0.7039
	每股资本公积金(元)	1.9103	1.9208	1.9363	1.9364
	每股盈余公积金(元)	0.4712	0.4712	0.4424	0.4424
	每股未分配利润(元)	1.2413	1.0939	1.0054	0.7970
	净资产收益率(%)	4.4903	8.6044	4.7540	8.9100
	加权净资产收益率(%)	4.5200	8.8800	4.6400	8.9100
	净资产收益率(扣除)(%)	4.2124	7.1802	4.2922	7.8599
	总资产(万元)	1046729.25	900901.42	1017032.78	852217.18
	归属母公司股东权益(万元)	352695.32	342274.67	334696.05	318733.05
	营业收入(万元)	642691.73	1076480.83	634438.91	1053893.39
	营业支出(万元)	508424.51	823420.04	478049.57	799475.68
	投资收益(万元)	–548.44	–170.39	–78.43	–14.95
	净利润(万元)	15904.29	28040.69	15910.63	27406.82
	营业利润(万元)	16801.45	29517.95	18020.67	27606.27
	利润总额(万元)	17355.50	34740.50	19779.17	30610.88

大连冷冻机股份有限公司

公司概况	公司名称	大连冷冻机股份有限公司		证券简称	大冷 B
	法人代表	纪志坚	董秘 宋文宝	证券代码	200530
	公司网址	www.daleng.cn		电子信箱	000530@bingshan.com
	电　话	0411-86538130		传　真	0411-86654530
	办公地址	辽宁省大连市沙河口区西南路 888 号			
	经营范围	制冷设备及配套辅机、阀门、配件以及制冷工程所需配套产品的加工、制造等			

主要财务指标	指标\报告期	2015.06.30	2014.12.31	2014.06.30	2013.12.31
	基本每股收益(元)	0.1800	0.3300	0.1900	0.4400
	基本每股收益(扣除后)(元)	0.1800	0.3000	0.1800	0.3500
	稀释每股收益(元)	0.1800	0.3300	0.1900	0.4400
	每股净资产(元)	8.0290	5.6198	5.4879	5.4484
	每股经营现金净流量(元)	–0.3626	0.0814	–0.0074	0.0218
	每股现金流量(元)	–0.4039	–0.0765	–0.0926	–0.0671
	每股资本公积金(元)	1.7588	1.6636	1.6709	1.6630
	每股盈余公积金(元)	1.5775	1.5593	1.5274	1.4443
	每股未分配利润(元)	1.3167	1.3890	1.2897	1.3331
	净资产收益率(%)	2.2643	5.8687	3.4608	8.0233
	加权净资产收益率(%)	3.2600	5.9800	3.4900	8.2700
	净资产收益率(扣除)(%)	2.2090	5.3601	3.3211	6.3559
	总资产(万元)	412211.41	305393.02	301304.22	296739.02
	归属母公司股东权益(万元)	289176.33	196702.73	192085.95	190701.82
	营业收入(万元)	71174.03	142571.56	77491.23	153570.69
	营业支出(万元)	56234.74	108655.07	60995.04	116700.10
	投资收益(万元)	4839.31	10394.08	5633.43	8854.18
	净利润(万元)	6468.32	11451.93	6647.76	15300.61
	营业利润(万元)	6761.08	10938.32	6823.25	13246.73
	利润总额(万元)	7037.48	12398.81	7307.57	18474.52

广东电力发展股份有限公司

公司概况	公司名称	广东电力发展股份有限公司			证券简称	粤电力 B
	法人代表	李灼贤	董秘	刘维	证券代码	200539
	公司网址	www.ged.com.cn		电子信箱	liuw@ged.com.cn	
	电　话	020-87570276 87570251		传　真	020-85138084	
	办公地址	广东省广州市天河东路 2 号粤电广场南塔 23-26 楼				
	经营范围	电力项目的投资、建设和经营管理、电力的生产和销售、电力行业技术咨询和服务等				

主要财务指标	指标\报告期	2015.06.30	2014.12.31	2014.06.30	2013.12.31
	基本每股收益(元)	0.3300	0.6900	0.3800	0.7100
	基本每股收益(扣除后)(元)	0.2900	0.7100	0.3800	0.7300
	稀释每股收益(元)	0.3300	0.6900	0.3800	0.7100
	每股净资产(元)	4.2570	4.8706	4.5290	4.3552
	每股经营现金净流量(元)	1.0861	1.9182	1.0363	2.2193
	每股现金流量(元)	0.3776	0.0345	0.1753	0.3573
	每股资本公积金(元)	0.9520	1.1424	1.1510	1.1400
	每股盈余公积金(元)	1.1070	1.0996	1.0996	0.9608
	每股未分配利润(元)	1.1281	1.5892	1.2784	1.2414
	净资产收益率(%)	7.7001	14.0965	8.2989	16.1975
	加权净资产收益率(%)	7.7300	14.9400	8.2700	17.4900
	净资产收益率(扣除)(%)	6.7846	14.6113	8.3225	16.7922
	总资产(万元)	7251976.14	6908482.59	6762911.03	6791871.90
	归属母公司股东权益(万元)	2235025.64	2131005.46	1981550.40	1905491.41
	营业收入(万元)	1291155.32	2904656.87	1497131.36	3083075.73
	营业支出(万元)	918172.20	2094010.02	1098244.31	2268431.83
	投资收益(万元)	51997.07	61210.91	35011.66	74152.58
	净利润(万元)	239813.62	432875.00	164446.05	308642.86
	营业利润(万元)	295638.95	564133.70	296946.97	554949.42
	利润总额(万元)	297652.49	557420.56	296014.55	558048.66

佛山电器照明股份有限公司

公司概况	公司名称	佛山电器照明股份有限公司			证券简称	粤照明 B
	法人代表	何勇	董秘	林奕辉	证券代码	200541
	公司网址	www.chinafsl.com		电子信箱	gzfsligh@pub.foshan.gd.cn	
	电　话	0757-82966062 82810239		传　真	0757-82816276	
	办公地址	广东省佛山市禅城区汾江北路 64 号				
	经营范围	研究、开发、生产电光源产品、电光源设备、电光源配套器件、电光源原材料等				

主要财务指标	指标\报告期	2015.06.30	2014.12.31	2014.06.30	2013.12.31
	基本每股收益(元)	0.0788	0.2700	0.1485	0.2600
	基本每股收益(扣除后)(元)	0.0722	0.3100	0.1729	0.2500
	稀释每股收益(元)	0.0788	0.2700	0.1485	0.2600
	每股净资产(元)	3.4000	3.1113	2.9845	2.9539
	每股经营现金净流量(元)	0.0780	0.3123	0.1415	0.2092
	每股现金流量(元)	-0.0908	0.0940	-0.0371	-0.0897
	每股资本公积金(元)	0.2329	0.6028	0.6287	0.6028
	每股盈余公积金(元)	0.4922	0.6399	0.6361	0.6361
	每股未分配利润(元)	0.5210	0.7948	0.7197	0.6866
	净资产收益率(%)	2.3179	8.7409	6.4699	8.7121
	加权净资产收益率(%)	3.4800	9.0800	6.6800	8.6900
	净资产收益率(扣除)(%)	2.1226	10.0608	5.7942	8.5482
	总资产(万元)	531442.74	373670.43	367304.61	337378.16
	归属母公司股东权益(万元)	432539.70	304458.57	292056.91	289058.19
	营业收入(万元)	152436.28	306864.12	154305.88	252667.98
	营业支出(万元)	116604.34	224705.47	115621.73	189030.78
	投资收益(万元)	2070.92	1921.46	1811.54	-687.01
	净利润(万元)	9651.56	26666.60	18722.86	25228.50
	营业利润(万元)	13644.08	37018.78	22573.96	24542.37
	利润总额(万元)	12444.94	31912.84	22891.85	29914.91

江铃汽车股份有限公司

公司概况	公司名称	江铃汽车股份有限公司			证券简称	江 铃 B
	法人代表	王锡高	董秘	宛虹	证券代码	200550
	公司网址	www.jmc.com.cn		电子信箱	relations@jmc.com.cn	
	电　话	0791-85235675 85266178		传　真	0791-85232839	
	办公地址	江西省南昌市迎宾北大道 509 号				
	经营范围	生产和销售轻型汽车以及相关的零部件等				

主要财务指标	指标\报告期	2015.06.30	2014.12.31	2014.06.30	2013.12.31
	基本每股收益(元)	1.2500	2.4400	1.3500	1.9700
	基本每股收益(扣除后)(元)	1.0400	1.8000	1.0500	1.7700
	稀释每股收益(元)	1.2500	2.4400	1.3500	1.9700
	每股净资产(元)	12.5608	12.2779	11.1899	10.6310
	每股经营现金净流量(元)	0.2672	4.8540	1.4556	3.6452
	每股现金流量(元)	-0.2951	2.8770	0.9863	1.0661
	每股资本公积金(元)	0.9725	0.9725	0.9725	0.9711
	每股盈余公积金(元)	0.5000	0.5000	0.5000	0.5000
	每股未分配利润(元)	10.0914	9.8085	8.7175	8.1566
	净资产收益率(%)	9.9748	19.8883	12.0545	18.5056
	加权净资产收益率(%)	9.7100	21.2000	11.9300	19.5600
	净资产收益率(扣除)(%)	8.2512	14.6850	9.3643	16.6307
	总资产(万元)	1955978.62	1949652.77	1782447.12	1648469.95
	归属母公司股东权益(万元)	1084264.35	1059842.88	965929.21	917399.93
	营业收入(万元)	1198932.74	2553728.96	1227492.97	2088970.57
	营业支出(万元)	900981.64	1909871.53	923637.48	1552306.07
	投资收益(万元)	194.23	1685.93	1157.06	1235.03
	净利润(万元)	108153.23	210785.21	116437.66	169823.24
	营业利润(万元)	106428.67	185197.68	106645.77	175347.72
	利润总额(万元)	126745.62	242929.52	134219.47	192708.75

湖北沙隆达股份有限公司

公司概况	公司名称	湖北沙隆达股份有限公司			证券简称	沙隆达 B
	法人代表	安礼如	董秘	李忠禧	证券代码	200553
	公司网址	www.sanonda.cn		电子信箱	sld@agr.chemchina.com	
	电　话	0716-8208632		传　真	0716-8321099	
	办公地址	湖北省荆州市北京东路 93 号				
	经营范围	农药、兽药、化工产品的制造和销售、农药、兽药、化工产品及其中间体等				

主要财务指标	指标\报告期	2015.06.30	2014.12.31	2014.06.30	2013.12.31
	基本每股收益(元)	0.1981	0.8280	0.4856	0.5402
	基本每股收益(扣除后)(元)	0.1944	0.8254	0.4841	0.5492
	稀释每股收益(元)	0.1981	0.8280	0.4856	0.5402
	每股净资产(元)	3.4872	3.3803	3.0464	2.6033
	每股经营现金净流量(元)	-0.0325	1.1772	0.6299	1.3465
	每股现金流量(元)	0.0152	0.0148	0.0772	0.3955
	每股资本公积金(元)	0.4431	0.4431	0.4431	0.4431
	每股盈余公积金(元)	0.2998	0.2998	0.2127	0.2127
	每股未分配利润(元)	1.7095	1.6114	1.3561	0.9205
	净资产收益率(%)	5.6819	24.4951	15.9399	20.7486
	加权净资产收益率(%)	5.7400	27.6800	17.1500	22.8800
	净资产收益率(扣除)(%)	5.5763	24.4188	15.8919	21.0959
	总资产(万元)	323290.21	293429.97	314779.37	270827.12
	归属母公司股东权益(万元)	207111.57	200763.12	180933.28	154618.96
	营业收入(万元)	123525.17	313118.63	170028.14	307846.73
	营业支出(万元)	94176.76	219227.41	117648.98	-
	投资收益(万元)	-	171.65	-	465.67
	净利润(万元)	11764.43	49128.39	28840.66	32081.20
	营业利润(万元)	15762.11	66691.87	39203.45	44217.18
	利润总额(万元)	16054.37	66866.60	39320.40	43437.03

常柴股份有限公司

公司概况	公司名称	常柴股份有限公司			证券简称	苏常柴 B
	法人代表	薛国俊	董秘	石建春	证券代码	200570
	公司网址	www.changchai.com.cn		电子信箱	ccsjc@changchai.com	
	电　话	0519-68683155 86610041		传　真	0519-86630954	
	办公地址	江苏省常州市怀德中路 123 号				
	经营范围	农用柴油机、农用运输车、联合收割机等产品的制造与销售等				

主要财务指标	指标\报告期	2015.06.30	2014.12.31	2014.06.30	2013.12.31
	基本每股收益(元)	0.0700	0.1100	0.0600	0.1300
	基本每股收益(扣除后)(元)	0.0600	0.1000	0.0600	0.1300
	稀释每股收益(元)	0.0700	0.1100	0.0600	0.1300
	每股净资产(元)	3.7786	3.4503	3.2687	3.2235
	每股经营现金净流量(元)	0.0832	-0.0918	-0.0541	0.0559
	每股现金流量(元)	-0.0635	-0.2603	-0.2396	-0.0465
	每股资本公积金(元)	0.2927	0.2927	0.7996	0.3046
	每股盈余公积金(元)	0.5311	0.5311	0.5159	0.5159
	每股未分配利润(元)	1.0366	0.9897	0.9407	0.8956
	净资产收益率(%)	1.7709	3.3146	1.8695	4.1840
	加权净资产收益率(%)	1.8500	3.2800	1.8800	4.1400
	净资产收益率(扣除)(%)	1.6835	3.0298	1.8267	3.9761
	总资产(万元)	339372.59	316678.38	301082.67	304234.93
	归属母公司股东权益(万元)	212120.40	193693.68	183494.25	180957.71
	营业收入(万元)	135989.59	248979.21	133987.62	292759.31
	营业支出(万元)	117907.31	215706.22	118548.48	253062.53
	投资收益(万元)	490.06	1201.43	147.27	1596.95
	净利润(万元)	3821.74	6566.96	3430.34	7571.24
	营业利润(万元)	4488.94	8329.22	4063.12	9831.92
	利润总额(万元)	4572.09	8525.72	4224.42	9899.14

无锡威孚高科技集团股份有限公司

公司概况	公司名称	无锡威孚高科技集团股份有限公司			证券简称	苏威孚 B
	法人代表	陈学军	董秘	周卫星	证券代码	200581
	公司网址	www.weifu.com.cn		电子信箱	wfjt@public1.wx.js.cn	
	电　话	0510-80505999		传　真	0510-80505199	
	办公地址	江苏省无锡市新区华山路 5 号				
	经营范围	柴油燃油喷射系统产品和汽车后处理系统产品的生产和销售				

主要财务指标	指标\报告期	2015.06.30	2014.12.31	2014.06.30	2013.12.31
	基本每股收益(元)	1.0300	1.5100	0.8200	1.0900
	基本每股收益(扣除后)(元)	0.8700	1.3800	0.8100	0.9900
	稀释每股收益(元)	1.0300	1.5100	0.8200	1.0900
	每股净资产(元)	11.3905	10.6440	9.8915	9.4107
	每股经营现金净流量(元)	0.4296	0.8723	0.3858	0.7880
	每股现金流量(元)	-0.6139	-0.2554	-0.1088	-0.1412
	每股资本公积金(元)	3.5637	3.5637	3.6122	3.6552
	每股盈余公积金(元)	0.5000	0.5000	0.4250	0.4250
	每股未分配利润(元)	6.0856	5.4603	4.8531	4.3292
	净资产收益率(%)	9.0012	14.1766	8.3298	11.5431
	加权净资产收益率(%)	9.1400	15.0500	8.4100	12.1200
	净资产收益率(扣除)(%)	7.6072	12.9374	8.1418	10.5521
	总资产(万元)	1545258.25	1448858.92	1423847.73	1307423.27
	归属母公司股东权益(万元)	1162056.94	1085903.47	1009132.49	960076.52
	营业收入(万元)	339043.79	635448.00	352981.99	558930.77
	营业支出(万元)	264363.90	474020.17	266854.76	416980.73
	投资收益(万元)	78233.85	104244.62	53705.06	64249.33
	净利润(万元)	107008.95	158907.73	84058.58	110822.15
	营业利润(万元)	113800.10	171750.19	93504.13	123236.69
	利润总额(万元)	115827.47	171252.10	93605.75	125730.96

安徽古井贡酒股份有限公司

公司概况	公司名称	安徽古井贡酒股份有限公司			证券简称	古井贡 B
	法人代表	梁金辉	董秘	叶长青	证券代码	200596
	公司网址	www.gujing.com		电子信箱	ycq@gujing.com.cn	
	电　话	0558-5712231 5710057		传　真	0558-5317706	
	办公地址	安徽省亳州市古井镇				
	经营范围	生产白酒、啤酒、葡萄酒、酿酒设备、包装材料、玻璃瓶、酒精、饲料、油脂等				

主要财务指标	指标\报告期	2015.06.30	2014.12.31	2014.06.30	2013.12.31
	基本每股收益(元)	0.7600	1.1900	0.7100	1.2400
	基本每股收益(扣除后)(元)	0.7300	1.1300	0.6900	1.1800
	稀释每股收益(元)	0.7600	1.1900	0.7100	1.2400
	每股净资产(元)	8.9679	8.3023	7.7984	7.4320
	每股经营现金净流量(元)	0.6676	0.7694	-0.1513	1.2674
	每股现金流量(元)	0.4404	-1.2402	-0.5578	-2.1897
	每股资本公积金(元)	2.5714	2.5714	2.5756	2.5714
	每股盈余公积金(元)	0.5101	0.5101	0.5101	0.5101
	每股未分配利润(元)	4.7433	4.1877	3.7127	3.3522
	净资产收益率(%)	8.4252	14.2797	9.1108	16.6189
	加权净资产收益率(%)	8.7500	15.0500	9.3300	17.4700
	净资产收益率(扣除)(%)	8.1541	13.5936	8.8895	15.8693
	总资产(万元)	703417.35	641351.82	590889.90	581693.46
	归属母公司股东权益(万元)	451625.76	418105.10	392728.57	374275.63
	营业收入(万元)	271304.28	465085.59	239015.89	458057.57
	营业支出(万元)	82757.85	145907.29	73408.34	138413.71
	投资收益(万元)	3829.82	10514.26	5465.21	1005.04
	净利润(万元)	38050.48	59704.19	35780.62	62200.49
	营业利润(万元)	50434.96	77556.37	47344.41	82455.61
	利润总额(万元)	51305.50	79620.45	48474.81	85191.12

海南大东海旅游中心股份有限公司

公司概况	公司名称	海南大东海旅游中心股份有限公司			证券简称	大东海 B
	法人代表	黎愿斌	董秘	汪宏娟	证券代码	200613
	公司网址	www.cninfo.com.cn		电子信箱	hnddht@21cn.com	
	电　话	0898-88219921		传　真	0898-88214998	
	办公地址	海南省三亚市大东海				
	经营范围	房地产开发经营、住宿及饮食业、旅游服务业等				

主要财务指标	指标\报告期	2015.06.30	2014.12.31	2014.06.30	2013.12.31
	基本每股收益(元)	-0.0093	0.0069	-0.0023	-0.0060
	基本每股收益(扣除后)(元)	-0.0131	-0.0074	-0.0025	-0.0063
	稀释每股收益(元)	-0.0093	0.0069	-0.0023	-0.0060
	每股净资产(元)	0.2225	0.2318	0.2226	0.2250
	每股经营现金净流量(元)	0.0023	0.0067	-	0.0072
	每股现金流量(元)	0.0022	0.0432	-0.0004	-0.0230
	每股资本公积金(元)	0.1487	0.1487	0.1487	0.1487
	每股盈余公积金(元)	-	-	-	-
	每股未分配利润(元)	-0.9262	-0.9169	-0.9261	-0.9237
	净资产收益率(%)	-4.1864	2.9657	-1.0467	-2.6850
	加权净资产收益率(%)	-4.1000	3.0100	-1.0400	-2.6500
	净资产收益率(扣除)(%)	-5.9207	-3.2103	-1.1197	-2.7872
	总资产(万元)	10992.03	11408.10	11101.03	11396.09
	归属母公司股东权益(万元)	8102.34	8441.53	8106.34	8191.18
	营业收入(万元)	842.13	2020.21	1168.65	2366.08
	营业支出(万元)	27.13	33.78	0.53	0.78
	投资收益(万元)	-	402.00	-	-
	净利润(万元)	-339.20	250.35	-84.85	-219.93
	营业利润(万元)	-463.09	-71.00	-90.77	-228.30
	利润总额(万元)	-339.20	250.35	-84.85	-219.93

重庆长安汽车股份有限公司

公司概况	公司名称	重庆长安汽车股份有限公司			证券简称	长安B
	法人代表	徐留平	董秘	黎军 王锟(代)	证券代码	200625
	公司网址	www.changan.com.cn		电子信箱	cazqc@changan.com.cn	
	电　话	023-67594008		传　真	023-67866055	
	办公地址	重庆市江北区建新东路 260 号				
	经营范围	乘用车和商用车的开发、制造和销售等				

	指标\报告期	2015.06.30	2014.12.31	2014.06.30	2013.12.31
主要财务指标	基本每股收益(元)	1.0900	1.6200	0.7800	0.7500
	基本每股收益(扣除后)(元)	1.0500	1.5600	0.7600	0.7100
	稀释每股收益(元)	1.0900	–	0.7800	0.7500
	每股净资产(元)	6.3275	5.4982	4.6252	4.0272
	每股经营现金净流量(元)	1.3803	0.8106	0.7595	0.3930
	每股现金流量(元)	0.8540	1.1624	0.6978	0.0397
	每股资本公积金(元)	0.6922	0.6922	0.7278	0.7745
	每股盈余公积金(元)	0.5000	0.5000	0.3895	0.3895
	每股未分配利润(元)	4.0815	3.2417	2.5101	1.8323
	净资产收益率(%)	17.2355	29.4925	16.8227	18.6685
	加权净资产收益率(%)	18.4400	34.2000	17.6100	20.4400
	净资产收益率(扣除)(%)	16.5734	28.3923	16.5208	17.6981
	总资产(万元)	7989884.11	6968735.29	6052773.54	5451210.77
	归属母公司股东权益(万元)	2950455.47	2563729.85	2156660.33	1886361.67
	营业收入(万元)	3305295.52	5291333.21	2420673.06	3848186.23
	营业支出(万元)	2724993.42	4326582.59	1999548.25	3174779.88
	投资收益(万元)	496294.98	810211.70	408404.02	450660.23
	净利润(万元)	505773.62	751797.89	362809.30	350564.05
	营业利润(万元)	499289.65	717651.59	353009.82	313053.29
	利润总额(万元)	522920.13	753882.96	361529.71	331556.15

瓦房店轴承股份有限公司

公司概况	公司名称	瓦房店轴承股份有限公司			证券简称	瓦轴B
	法人代表	孟伟	董秘	孙娜娟	证券代码	200706
	公司网址	www.zwz-200706.com		电子信箱	zwz2308@126.com	
	电　话	0411-39116369 39116731		传　真	0411-39116738	
	办公地址	辽宁省瓦房店市北共济街一段 1 号				
	经营范围	轴承、机械设备、汽车零配件及相关产品的制造与销售、机械设备和房屋的租赁等				

	指标\报告期	2015.06.30	2014.12.31	2014.06.30	2013.12.31
主要财务指标	基本每股收益(元)	–0.1500	–0.2600	–0.0400	0.0100
	基本每股收益(扣除后)(元)	–0.1600	–0.4700	–0.0500	–0.0110
	稀释每股收益(元)	–0.1500	–0.2600	–0.0400	0.0100
	每股净资产(元)	3.2843	3.4323	3.6948	3.7381
	每股经营现金净流量(元)	0.0366	0.1750	0.1395	0.1745
	每股现金流量(元)	–0.1514	0.2056	0.1150	0.0015
	每股资本公积金(元)	1.2064	1.2064	1.2141	1.2141
	每股盈余公积金(元)	0.3265	0.3265	0.3265	0.3265
	每股未分配利润(元)	0.7514	0.8994	1.1542	1.1975
	净资产收益率(%)	–4.5065	–7.5191	–1.1730	0.1343
	加权净资产收益率(%)	–4.4100	–7.1800	–1.1700	0.1300
	净资产收益率(扣除)(%)	–4.9465	–13.8090	–1.3768	–0.2979
	总资产(万元)	371128.98	393581.92	394223.23	371779.79
	归属母公司股东权益(万元)	132225.77	138184.50	148751.72	150496.64
	营业收入(万元)	116809.37	300757.86	164101.32	307978.02
	营业支出(万元)	106850.93	276767.77	149048.70	276114.14
	投资收益(万元)	–	1800.09	226.12	760.93
	净利润(万元)	–5958.73	–10390.29	–1744.92	202.18
	营业利润(万元)	–6574.35	–19162.68	–2101.54	–529.09
	利润总额(万元)	–5932.32	–10266.17	–1744.92	176.98

京东方科技集团股份有限公司

公司概况	公司名称	京东方科技集团股份有限公司			证券简称	京东方B
	法人代表	王东升	董秘	刘洪峰	证券代码	200725
	公司网址	www.boe.com.cn		电子信箱	web.master@boe.com.cn	
	电　话	010-64318888		传　真	010-64366264	
	办公地址	北京市朝阳区酒仙桥路 10 号				
	经营范围	电子产品、通信设备、电子计算机软硬件的制造及购销等				

	指标\报告期	2015.06.30	2014.12.31	2014.06.30	2013.12.31
主要财务指标	基本每股收益(元)	0.0550	0.0870	0.0500	0.1740
	基本每股收益(扣除后)(元)	0.0450	0.0620	0.0290	0.1270
	稀释每股收益(元)	0.0550	0.0870	0.0500	0.1740
	每股净资产(元)	2.2130	2.1580	2.1071	2.0894
	每股经营现金净流量(元)	0.1545	0.2294	0.0922	0.6624
	每股现金流量(元)	–0.1274	0.5676	0.6941	0.2158
	每股资本公积金(元)	1.1075	1.1075	1.0967	1.1351
	每股盈余公积金(元)	0.0156	0.0143	0.0141	0.0369
	每股未分配利润(元)	0.0946	0.0407	–0.0023	–0.0830
	净资产收益率(%)	2.4984	3.3644	1.4008	8.3300
	加权净资产收益率(%)	2.5300	4.2900	2.3800	8.7000
	净资产收益率(扣除)(%)	2.0185	2.4002	0.7401	6.0668
	总资产(万元)	14085598.94	13624028.35	12793520.50	9253845.15
	归属母公司股东权益(万元)	7809691.31	7615507.16	7435743.32	2825181.54
	营业收入(万元)	2297084.81	3681631.67	1611317.16	3377428.56
	营业支出(万元)	1750961.04	2850488.07	1263011.85	2570382.34
	投资收益(万元)	6465.92	1344.74	692.44	760.05
	净利润(万元)	195315.38	271591.40	104163.57	235336.57
	营业利润(万元)	195279.04	230762.57	77957.10	225784.41
	利润总额(万元)	236421.44	317590.72	131891.90	302241.34

鲁泰纺织股份有限公司

公司概况	公司名称	鲁泰纺织股份有限公司			证券简称	鲁泰B
	法人代表	刘子斌	董秘	秦桂玲	证券代码	200726
	公司网址	www.lttc.com.cn		电子信箱	lttc@lttc.com.cn	
	电　话	0533-5285166 5266188		传　真	0533-5418805	
	办公地址	山东省淄博市淄川区松龄东路 81 号 山东省淄博市高新技术开发区铭波路 11 号				
	经营范围	生产销售棉纱、色织布、衬衣、服装饰品、保健内衣等纺织品及配套系列产品等				

	指标\报告期	2015.06.30	2014.12.31	2014.06.30	2013.12.31
主要财务指标	基本每股收益(元)	0.3600	1.0000	0.5000	1.0400
	基本每股收益(扣除后)(元)	0.3200	0.9200	0.5000	0.9700
	稀释每股收益(元)	0.3600	1.0000	0.5000	1.0400
	每股净资产(元)	6.7549	6.8938	6.3889	6.2650
	每股经营现金净流量(元)	0.3791	1.1636	0.4175	1.5212
	每股现金流量(元)	–0.1266	–0.2307	–0.4474	–0.0317
	每股资本公积金(元)	1.0537	1.0537	1.0521	1.0471
	每股盈余公积金(元)	0.7767	0.7767	0.6900	0.6900
	每股未分配利润(元)	3.9327	4.0722	3.6546	3.5356
	净资产收益率(%)	5.3364	14.5509	7.8094	17.9000
	加权净资产收益率(%)	5.1000	15.3900	7.8100	17.9000
	净资产收益率(扣除)(%)	4.7801	13.2968	7.7949	15.5143
	总资产(万元)	858563.31	862767.14	812945.77	841194.86
	归属母公司股东权益(万元)	645603.05	658877.22	610647.39	598805.41
	营业收入(万元)	294183.59	616968.88	311422.66	647824.50
	营业支出(万元)	213302.22	423458.44	213785.03	448192.36
	投资收益(万元)	2886.06	2805.59	2127.89	2218.63
	净利润(万元)	34541.02	97937.72	47688.03	99925.67
	营业利润(万元)	40700.44	103999.09	55286.59	116994.26
	利润总额(万元)	41287.98	115697.50	56959.75	122435.62

本钢板材股份有限公司

公司概况	公司名称	本钢板材股份有限公司		证券简称	本钢板 B
	法人代表	赵忠民	董秘 张吉臣	证券代码	200761
	公司网址			电子信箱	bgbc761@126.com
	电　　话	024-7828360　47827003		传　　真	024-47827004
	办公地址	辽宁省本溪市平山区人民路 16 号			
	经营范围	钢铁冶炼及压延加工等			

主要财务指标	指标\报告期	2015.06.30	2014.12.31	2014.06.30	2013.12.31
	基本每股收益(元)	0.0400	0.0740	0.0600	0.0880
	基本每股收益(扣除后)(元)	0.0300	0.0740	0.0490	0.0220
	稀释每股收益(元)	0.0400	0.0740	0.0600	0.0880
	每股净资产(元)	4.9001	4.9058	4.8895	4.8815
	每股经营现金净流量(元)	-0.7475	0.9146	-0.3898	0.8571
	每股现金流量(元)	-2.0003	1.5544	-0.6350	0.2284
	每股资本公积金(元)	2.9065	2.9065	2.9065	2.9065
	每股盈余公积金(元)	0.3065	0.3065	0.3051	0.3051
	每股未分配利润(元)	0.6835	0.6927	0.6753	0.6698
	净资产收益率(%)	0.8330	1.5132	1.1341	1.8003
	加权净资产收益率(%)	0.8300	1.5200	1.1400	1.7500
	净资产收益率(扣除)(%)	0.6851	1.2163	0.9963	0.3677
	总资产(万元)	4552169.81	4917060.30	4283031.15	4305030.73
	归属母公司股东权益(万元)	1536660.75	1538456.23	1533359.34	1530833.77
	营业收入(万元)	1634491.52	4142208.80	1981267.63	4032934.45
	营业支出(万元)	1490154.94	3848911.90	1813912.61	3775197.96
	投资收益(万元)	658.43	2084.55	1355.52	1695.65
	净利润(万元)	14498.47	31487.32	17389.43	27559.30
	营业利润(万元)	12100.38	32699.86	18943.81	18355.02
	利润总额(万元)	14256.55	35381.64	19961.12	35736.05

杭州汽轮机股份有限公司

公司概况	公司名称	杭州汽轮机股份有限公司		证券简称	杭汽轮 B
	法人代表	郑斌	董秘 俞昌权	证券代码	200771
	公司网址	www.htc.cn		电子信箱	ychq@htc.cn
	电　　话	0571-85780432　85780198		传　　真	0571-85780433
	办公地址	浙江省杭州市石桥路 357 号			
	经营范围	汽轮机、燃气轮机等旋转类、往复类机械设备及辅机设备、备品配件的设计等			

主要财务指标	指标\报告期	2015.06.30	2014.12.31	2014.06.30	2013.12.31
	基本每股收益(元)	-0.0100	0.4700	0.2600	0.8700
	基本每股收益(扣除后)(元)	-0.0300	0.4300	0.2400	0.8200
	稀释每股收益(元)	-0.0100	0.4700	0.2600	0.8700
	每股净资产(元)	5.7892	5.9026	5.6722	5.6113
	每股经营现金净流量(元)	0.1350	0.3763	0.1589	0.4903
	每股现金流量(元)	-0.0761	-0.3291	-0.1483	-0.3239
	每股资本公积金(元)	0.1851	0.1851	0.1851	0.1851
	每股盈余公积金(元)	0.8237	0.8237	0.7743	0.7743
	每股未分配利润(元)	3.7483	3.8619	3.6898	3.6297
	净资产收益率(%)	-0.2356	7.9108	4.5869	15.4423
	加权净资产收益率(%)	-0.2300	8.1200	4.5300	16.1300
	净资产收益率(扣除)(%)	-0.5078	7.2526	4.2417	14.5792
	总资产(万元)	777237.88	755205.89	776045.35	764564.88
	归属母公司股东权益(万元)	436510.69	445059.82	427688.58	423094.21
	营业收入(万元)	105499.63	372233.19	174336.26	506464.37
	营业支出(万元)	66250.93	236312.57	107444.69	341154.96
	投资收益(万元)	3923.15	4474.99	3366.82	6977.19
	净利润(万元)	753.40	42394.67	19617.49	65335.62
	营业利润(万元)	1469.64	48666.30	25973.43	85474.68
	利润总额(万元)	1882.45	50133.18	26737.60	86597.02

烟台张裕葡萄酿酒股份有限公司

公司概况	公司名称	烟台张裕葡萄酿酒股份有限公司		证券简称	张 裕 B
	法人代表	孙利强	董秘 曲为民	证券代码	200869
	公司网址	www.changyu.com.cn		电子信箱	quwm@changyu.com.cn
	电　　话	0535-6633656		传　　真	0535-6633639
	办公地址	山东省烟台市大马路 56 号			
	经营范围	葡萄酒、白兰地、香槟酒和保健酒的酿制、生产与销售等			

主要财务指标	指标\报告期	2015.06.30	2014.12.31	2014.06.30	2013.12.31
	基本每股收益(元)	1.0900	1.4300	0.9300	1.5300
	基本每股收益(扣除后)(元)	1.0800	1.3900	0.9200	1.4800
	稀释每股收益(元)	1.0900	1.4300	0.9300	1.5300
	每股净资产(元)	11.0617	9.9793	9.9875	9.0570
	每股经营现金净流量(元)	1.3526	1.5611	1.2979	1.0724
	每股现金流量(元)	0.6865	0.0057	0.9463	-0.8837
	每股资本公积金(元)	0.8215	0.8215	0.8215	0.8215
	每股盈余公积金(元)	0.5000	0.5000	0.5000	0.5000
	每股未分配利润(元)	8.7502	7.6618	7.6663	6.7355
	净资产收益率(%)	9.8394	14.2930	9.3198	16.8837
	加权净资产收益率(%)	10.3400	15.1100	9.7700	17.3000
	净资产收益率(扣除)(%)	9.7520	13.8908	9.2009	16.3870
	总资产(万元)	937991.08	891223.26	861401.37	800153.24
	归属母公司股东权益(万元)	758236.74	684045.21	684605.14	620827.97
	营业收入(万元)	282579.33	415672.75	230199.02	432094.86
	营业支出(万元)	93252.27	137244.46	75430.24	135789.80
	投资收益(万元)	-	-	-	-
	净利润(万元)	74606.02	97770.77	63804.13	104818.59
	营业利润(万元)	98334.45	126710.76	83904.39	135687.22
	利润总额(万元)	99178.73	130273.38	84828.32	139710.67

佛山华新包装股份有限公司

公司概况	公司名称	佛山华新包装股份有限公司		证券简称	粤华包 B
	法人代表	黄欣	董秘 杨映辉	证券代码	200986
	公司网址	www.fshxp.com		电子信箱	jzw-hxbz@chinapaper.com.cn
	电　　话	0757-83992076		传　　真	0757-83992026
	办公地址	广东省佛山市季华五路 18 号经华大厦 19 楼			
	经营范围	包装材料、包装制品、装饰材料、铝塑复合材料、包装机械销售及维修等			

主要财务指标	指标\报告期	2015.06.30	2014.12.31	2014.06.30	2013.12.31
	基本每股收益(元)	0.0250	0.1600	0.0500	0.1600
	基本每股收益(扣除后)(元)	0.0150	0.1100	0.0470	0.0600
	稀释每股收益(元)	0.0250	0.1600	0.0500	0.1600
	每股净资产(元)	3.5965	3.5866	3.4719	3.4227
	每股经营现金净流量(元)	0.5997	0.9495	-0.4335	1.6249
	每股现金流量(元)	-0.6983	-0.1721	-0.0889	-0.3534
	每股资本公积金(元)	0.5081	0.5081	0.5089	0.5094
	每股盈余公积金(元)	0.3705	0.3705	0.3546	0.3546
	每股未分配利润(元)	1.7175	1.7076	1.6084	1.5587
	净资产收益率(%)	0.6912	4.5944	1.4296	4.5702
	加权净资产收益率(%)	0.6900	4.7000	1.4400	4.6100
	净资产收益率(扣除)(%)	0.4067	3.0907	1.3356	1.7946
	总资产(万元)	605796.11	643412.70	660022.82	577326.65
	归属母公司股东权益(万元)	181774.67	181276.39	175479.55	172993.70
	营业收入(万元)	157993.55	355269.87	179013.77	400610.98
	营业支出(万元)	133620.82	297074.04	150668.48	343798.15
	投资收益(万元)	776.59	1248.68	28.05	65.75
	净利润(万元)	3165.54	14925.85	2508.70	7906.09
	营业利润(万元)	2855.73	15435.71	6748.66	6666.16
	利润总额(万元)	3995.64	19697.58	7022.47	14126.87

山东省中鲁远洋渔业股份有限公司

公司概况	公司名称	山东省中鲁远洋渔业股份有限公司			证券简称	中 鲁 B
	法人代表	李文役	董秘	李明	证券代码	200992
	公司网址	www.zofco.cn		电子信箱	zlzqb@163.com	
	电　　话	0531-86553278 86553276		传　　真	0531-86982906	
	办公地址	山东省济南市和平路 43 号				
	经营范围	外海、远洋捕捞、水产品养殖、加工、销售、批准范围的商品进出口业务、机冰制造、销售等				

主要财务指标	指标\报告期	2015.06.30	2014.12.31	2014.06.30	2013.12.31
	基本每股收益(元)	-0.0400	0.0578	0.0050	0.1600
	基本每股收益(扣除后)(元)	-0.0400	0.0393	0.0040	0.1500
	稀释每股收益(元)	-0.0400	0.0578	0.0050	0.1600
	每股净资产(元)	2.0492	2.0855	2.0376	2.0327
	每股经营现金净流量(元)	0.0122	0.2455	0.0065	0.0774
	每股现金流量(元)	-0.0112	-0.0308	-0.0436	0.0427
	每股资本公积金(元)	1.0617	1.0570	1.0570	1.0570
	每股盈余公积金(元)	0.0823	0.0823	0.0823	0.0823
	每股未分配利润(元)	-0.0951	-0.0540	-0.1019	-0.1069
	净资产收益率(%)	-2.0035	2.7695	0.2410	7.9920
	加权净资产收益率(%)	-1.9900	2.8100	0.2400	7.9100
	净资产收益率(扣除)(%)	-1.7341	1.8851	0.2080	7.2957
	总资产(万元)	85280.50	79749.02	71565.63	73731.81
	归属母公司股东权益(万元)	54522.96	55490.08	54215.13	54085.07
	营业收入(万元)	35468.77	59838.07	26001.66	55424.67
	营业支出(万元)	34189.35	55998.86	23912.60	46683.41
	投资收益(万元)	-	-	-	-
	净利润(万元)	-1110.79	1411.83	130.68	4322.47
	营业利润(万元)	-963.89	-2408.98	69.08	1427.37
	利润总额(万元)	-1084.84	1424.45	86.98	4315.07

主要财务指标	指标\报告期	2015.06.30	2014.12.31	2014.06.30	2013.12.31
	基本每股收益(元)				
	基本每股收益(扣除后)(元)				
	稀释每股收益(元)				
	每股净资产(元)				
	每股经营现金净流量(元)				
	每股现金流量(元)				
	每股资本公积金(元)				
	每股盈余公积金(元)				
	每股未分配利润(元)				
	净资产收益率(%)				
	加权净资产收益率(%)				
	净资产收益率(扣除)(%)				
	总资产(万元)				
	归属母公司股东权益(万元)				
	营业收入(万元)				
	营业支出(万元)				
	投资收益(万元)				
	净利润(万元)				
	营业利润(万元)				
	利润总额(万元)				

主要财务指标	指标\报告期	2015.06.30	2014.12.31	2014.06.30	2013.12.31
	基本每股收益(元)				
	基本每股收益(扣除后)(元)				
	稀释每股收益(元)				
	每股净资产(元)				
	每股经营现金净流量(元)				
	每股现金流量(元)				
	每股资本公积金(元)				
	每股盈余公积金(元)				
	每股未分配利润(元)				
	净资产收益率(%)				
	加权净资产收益率(%)				
	净资产收益率(扣除)(%)				
	总资产(万元)				
	归属母公司股东权益(万元)				
	营业收入(万元)				
	营业支出(万元)				
	投资收益(万元)				
	净利润(万元)				
	营业利润(万元)				
	利润总额(万元)				

主要财务指标	指标\报告期	2015.06.30	2014.12.31	2014.06.30	2013.12.31
	基本每股收益(元)				
	基本每股收益(扣除后)(元)				
	稀释每股收益(元)				
	每股净资产(元)				
	每股经营现金净流量(元)				
	每股现金流量(元)				
	每股资本公积金(元)				
	每股盈余公积金(元)				
	每股未分配利润(元)				
	净资产收益率(%)				
	加权净资产收益率(%)				
	净资产收益率(扣除)(%)				
	总资产(万元)				
	归属母公司股东权益(万元)				
	营业收入(万元)				
	营业支出(万元)				
	投资收益(万元)				
	净利润(万元)				
	营业利润(万元)				
	利润总额(万元)				

第四编

中国基金市场

第一章　中国基金市场概况

证券投资基金托管人名录

序号	托管人名称	注册地域	取得托管资格时间	网址	地址
1	中国工商银行股份有限公司	北京	1998 年 2 月 24 日	www. icbc. com. cn	北京市西城区复兴门内大街 55 号
2	中国农业银行股份有限公司	北京	1998 年 5 月 29 日	www. abchina. com	北京市海淀区复兴路甲 23 号
3	中国银行股份有限公司	北京	1998 年 7 月 7 日	www. boc. cn	北京市西城区复兴门内大街 1 号
4	中国建设银行股份有限公司	北京	1998 年 3 月 18 日	www. ccb. com	北京市西城区金融大街 25 号
5	交通银行股份有限公司	上海	1998 年 7 月 3 日	www. bankcomm. com	上海市银城中路 188 号
6	华夏银行股份有限公司	北京	2005 年 2 月 23 日	www. hxb. com. cn	北京市东城区建国门内大街 22 号华夏银行大厦
7	中国光大银行股份有限公司	北京	2002 年 10 月 23 日	www. cebbank. com	北京市西城区复兴门外大街 6 号光大大厦
8	招商银行股份有限公司	深圳	2002 年 11 月 6 日	www. cmbchina. com	广东省深圳市深南大道 7088 号招商银行大厦
9	中信银行股份有限公司	北京	2004 年 8 月 18 日	www. ecitic. com	北京市东城区朝阳门北大街 8 号富华大厦 C 座
10	中国民生银行股份有限公司	北京	2004 年 7 月 9 日	www. cmbc. com. cn	北京市西城区复兴门内大街 2 号
11	兴业银行股份有限公司	福建	2005 年 4 月 25 日	www. cib. com. cn	上海市江宁路 168 号兴业大厦 9 层
12	上海浦东发展银行股份有限公司	上海	2003 年 9 月 10 日	www. spdb. com. cn	上海市中山东一路 12 号
13	北京银行股份有限公司	北京	2008 年 6 月 3 日	www. bankofbeijing. com. cn	北京市西城区金融大街丙 17 号
14	深圳发展银行股份有限公司	深圳	2008 年 8 月 6 日	www. sdb. com. cn	广东省深圳市深南东路 5047 号
15	广东发展银行股份有限公司	广东	2009 年 5 月 4 日	www. gdb. com. cn	广东省广州市农林下路 83 号广发银行大厦
16	中国邮政储蓄银行有限责任公司	北京	2009 年 7 月 16 日	www. psbc. com	北京市西城区宣武门西大街 131 号
17	上海银行股份有限公司	上海	2009 年 8 月 18 日	www. bankofshanghai. com	上海市银城中路 168 号
18	渤海银行股份有限公司	天津	2010 年 6 月 29 日	www. cbhb. com. cn	天津市河西区马场道 201 - 205 号
19	宁波银行股份有限公司	宁波	2012 年 10 月 30 日	www. nbcb. com. cn	浙江省宁波市鄞州区宁南南路 700 号
20	浙商银行股份有限公司	杭州	2013 年 11 月 13 日	www. czbank. com	浙江省杭州市上城区庆春路 288 号
21	海通证券股份有限公司	上海	2013 年 12 月 27 日	www. htsec. com	上海市广东路 689 号 1001A1001B 室
22	国信证券股份有限公司	深圳	2013 年 12 月 31 日	www. guosen. com. cn	广东省深圳市红岭中路国信证券大厦
23	徽商银行股份有限公司	安徽	2014 年 1 月 3 日	www. hsbank. com. cn	安徽省合肥市安庆路 79 号天徽大厦 A 座
24	广州农村商业银行股份有限公司	广州	2014 年 1 月 9 日	www. grcbank. com	广东省广州市珠江新城华夏路 1 号
25	招商证券股份有限公司	深圳	2014 年 1 月 10 日	www. newone. com. cn	广东省深圳市福田区益田路江苏大厦 38 - 45 层
26	中国证券登记结算有限责任公司	北京	2014 年 3 月 4 日	www. chinaclear. com. cn	北京市西城区太平桥大街 17 号
27	包商银行股份有限公司	内蒙古	2014 年 2 月 10 日	www. bsb. com. cn	内蒙古自治区包头市青山区钢铁大街 6 号
28	恒丰银行股份有限公司	烟台	2014 年 2 月 10 日	www. egbank. com. cn	山东省烟台市南大街 248 号
29	杭州银行股份有限公司	杭州	2014 年 3 月 17 日	www. hzbank. com. cn	浙江省杭州市庆春路 46 号杭州银行大厦 27 楼
30	南京银行股份有限公司	南京	2014 年 4 月 9 日	www. njcb. com. cn	江苏省南京市玄武区中山路 288 号
31	广发证券股份有限公司	广州	2014 年 5 月 20 日	www. gf. com. cn	广东省广州市天河北路 183 号大都会广场 41 楼
32	国泰君安证券股份有限公司	上海	2014 年 5 月 20 日	www. gtja. com	上海市浦东新区银城中路 168 号上海银行大厦 29 楼
33	江苏银行股份有限公司	南京	2014 年 6 月 23 日	www. jsbchina. cn	江苏省南京市玄武区洪武北路 55 号
34	中国银河证券股份有限公司	北京	2014 年 6 月 24 日	www. chinastock. com. cn	北京市西城区金融大街 35 号国际企业大厦 C 座

基金管理公司名录

序号	公司名称	公司代码	注册资本（万元）	注册地点	成立时间	网　址	地　址	电　话
1	国泰基金管理有限公司	50010000	11000	上海	1998 年 3 月	www. gtfund. com	上海市浦东新区世纪大道 100 号上海环球金融中心 39 楼	4008 - 888 - 688 021 - 38569000
2	南方基金管理有限公司	50020000	15000	深圳	1998 年 3 月	www. southernfund. com	深圳市福田中心区福华一路 6 号免税商务大厦 31 - 33 层	400 - 889 - 8899
3	华夏基金管理有限公司	50030000	23800	北京	1998 年 3 月	www. ChinaAMC. com	北京市西城区金融大街 33 号通泰大厦 B 座 3 层	400 - 818 - 6666
4	华安基金管理有限公司	50040000	15000	上海	1998 年 5 月	www. huaan. com. cn	上海市世纪大道 8 号上海国金中心 2 期 31、32 层	40088 - 50099
5	博时基金管理有限公司	50050000	25000	深圳	1998 年 7 月	www. bosera. com	深圳市福田区深南大道招商银行大厦 29 - 30 层	95105568

序号	公司名称	公司代码	注册资本（万元）	注册地点	成立时间	网　址	地　址	电　话
6	鹏华基金管理有限公司	50060000	15000	深圳	1998 年 12 月	www.phfund.com.cn	深圳市福田区福华三路 168 号深圳国际商会中心第 43 层	400-6788-999
7	长盛基金管理有限公司	50070000	15000	深圳	1999 年 3 月	www.csfunds.com.cn	深圳市福田区福中三路 1006 号诺德中心 8 层 GH 单元	400-888-2666
8	嘉实基金管理有限公司	50080000	15000	上海	1999 年 3 月	www.jsfund.cn	上海市浦东新区世纪大道 8 号上海国金中心二期 23 楼 01-03 单元	400-600-8800
9	大成基金管理有限公司	50090000	20000	深圳	1999 年 4 月	www.dcfund.com	深圳市福田区深南大道 7088 号招商银行大厦 32-33 层	400-888-5558
10	富国基金管理有限公司	50100000	18000	上海	1999 年 4 月	www.fullgoal.com.cn	上海市浦东新区世纪大道 8 号上海国金中心二期 16-17 楼	400-888-0688 95105686
11	易方达基金管理有限公司	50110000	12000	广东	2001 年 4 月	www.efunds.com.cn	广州市体育西路 189 号城建大厦 19、25、27、28 楼	400-881-8088
12	宝盈基金管理有限公司	50120000	10000	深圳	2001 年 5 月	www.byfunds.com	深圳市深南大道 6008 号特区报业大厦 15 楼	400-8888-300
13	融通基金管理有限公司	50130000	12500	深圳	2001 年 5 月	www.rtfund.com	深圳市南山区华侨城汉唐大厦 13、14 层	400-883-8088
14	银华基金管理有限公司	50140000	20000	深圳	2001 年 5 月	www.yhfund.com.cn	北京市东城区东长安街 1 号东方广场东方经贸城中二办公楼 15 层	400-678-3333
15	长城基金管理有限公司	50150000	15000	深圳	2001 年 12 月	www.ccfund.com.cn	深圳市福田区益田路 6009 号新世界商务中心 40-41 层	400-8868-666
16	银河基金管理有限公司	50160000	15000	上海	2002 年 5 月	www.galaxyasset.com	上海市浦东新区世纪大道 1568 号 15 层	400-820-0860
17	泰达宏利基金管理有限公司	50170000	18000	北京	2002 年 7 月	www.aateda.com	北京市西城区金融大街 7 号英蓝国际金融中心南楼三层	400-698-8888
18	国投瑞银基金管理有限公司	50180000	10000	深圳	2002 年 6 月	www.ubssdic.com	广东省深圳市福田区金田路 4028 号荣超经贸中心 46 层	400-880-6868
19	万家基金管理有限公司	50190000	10000	上海	2002 年 8 月	www.ttasset.com	上海市浦东新区福山路 450 号新天国际大厦 23 层	400-888-0800
20	金鹰基金管理有限公司	50200000	25000	广东	2002 年 12 月	www.gefund.com.cn	广州沿江中路 298 号江湾商业中心大厦 22 层	020-83936180
21	招商基金管理有限公司	50210000	21000	深圳	2002 年 12 月	www.cmfchina.com	深圳市福田区深南大道 7088 号招商银行大厦 28 层	400-887-9555
22	华宝兴业基金管理有限公司	50220000	15000	上海	2003 年 2 月	www.fsfund.com	上海浦东新区世纪大道 100 号上海环球金融中心 58 层	400-700-5588
23	摩根士丹利华鑫基金管理有限公司	50230000	22750	深圳	2003 年 3 月	www.msfunds.com.cn	深圳市福田区中心四路 1 号嘉里建设广场一期二座 17 楼	400-8888-668
24	国联安基金管理有限公司	50240000	15000	上海	2003 年 3 月	www.gtja-allianz.com	上海市陆家嘴环路 1318 号星展银行大厦 9 楼	4007000365
25	海富通基金管理有限公司	50250000	15000	上海	2003 年 4 月	www.hftfund.com	上海市浦东新区陆家嘴花园石桥路 66 号东亚银行金融大厦 36-37 层	40088-40099
26	长信基金管理有限责任公司	50260000	15000	上海	2003 年 4 月	www.cxfund.com.cn	上海市银城中路 68 号时代金融中心 9 楼	400-700-5566
27	泰信基金管理有限公司	50270000	20000	上海	2003 年 5 月	www.ftfund.com	上海市浦东新区浦东南路 256 号华夏银行大厦 37 层	400-888-5988
28	天治基金管理有限公司	50280000	16000	上海	2003 年 5 月	www.chinanature.com.cn	上海市浦东新区莲振路 298 号 4 号楼 231 室	400-886-4800
29	景顺长城基金管理有限公司	50290000	13000	深圳	2003 年 6 月	www.invescogreatwall.com	深圳市福田区中心四路 1 号嘉里建设广场第一座 21 层	4008888606
30	广发基金管理有限公司	50300000	12000	广东	2003 年 7 月	www.gffunds.com.cn	珠海市拱北情侣南路 255 号四层	95105828
31	兴业全球基金管理有限公司	50310000	15000	上海	2003 年 9 月	www.xyfunds.com.cn	上海市浦东新区张杨路 500 号时代广场 20 楼	400-678-0099
32	诺安基金管理有限公司	50330000	15000	深圳	2003 年 12 月	www.lionfund.com.cn	深圳市深南大道 4013 号兴业银行大厦 19-20 层	400-888-8998
33	申万菱信基金管理有限公司	50340000	15000	上海	2003 年 12 月	www.swbnpp.com	上海市淮海中路 300 号香港新世界大厦 40 层	400-880-8588
34	中海基金管理有限公司	50350000	14666.67	上海	2004 年 3 月	www.zhfund.com	上海市浦东新区银城中路 68 号 2905-2908 及 30 层整层	400-888-9788
35	光大保德信基金管理有限公司	50360000	16000	上海	2004 年 4 月	www.epf.com.cn	上海市延安东路 222 号外滩中心 46 楼	400-820-2888
36	华富基金管理有限公司	50370000	12000	上海	2004 年 3 月	www.hffund.com	上海市陆家嘴环路 1000 号 31 层	400-700-8001
37	上投摩根基金管理有限公司	50380000	25000	上海	2004 年 4 月	www.51fund.com	上海市浦东新区富城路 99 号震旦大厦 20 楼	4008894888
38	东方基金管理有限责任公司	50390000	20000	北京	2004 年 6 月	www.orient-fund.com	北京市西城区锦什坊街 28 号 1 至 4 层	010-66578578
39	中银基金管理有限公司	50400000	10000	上海	2004 年 6 月	www.bociim.com	上海市浦东银城中路 200 号中银大厦 45 层	400-888-5566
40	东吴基金管理有限公司	50410000	10000	上海	2004 年 8 月	www.scfund.com.cn	上海市源深路 279 号	021-50509666
41	国海富兰克林基金管理有限公司	50420000	22000	南宁	2004 年 9 月	www.ftsfund.com	广西壮族自治区南宁市总部路 1 号中国—东盟科技企业孵化基地一期 C-6 栋二层	021-38789555
42	天弘基金管理有限公司	50430000	51430	天津	2004 年 10 月	www.thfund.com.cn	天津市河西区马场道 59 号天津国际经济贸易中心 A 座 16 层	400-710-9999
43	华泰柏瑞基金管理有限公司	50440000	20000	上海	2004 年 11 月	www.aig-huatai.com	上海浦东民生路 1199 弄证大五道口广场 1 号楼 17 层	400-888-0001
44	新华基金管理有限公司	50450000	16000	重庆	2004 年 12 月	www.ncfund.com.cn	重庆市江北区建新东路 85 号附一号 1 层 1-1	400-710-8866
45	汇添富基金管理有限公司	50460000	10000	上海	2005 年 1 月	www.htffund.com	上海市富城路 99 号震旦大厦 21 楼	400-888-9918
46	工银瑞信基金管理有限公司	50470000	20000	北京	2005 年 6 月	www.icbccs.com.cn	北京市西城区金融大街丙 17 号北京银行大厦 8 层	400-811-9999
47	交银施罗德基金管理有限公司	50480000	20000	上海	2005 年 7 月	www.jysld.com	上海市浦东新区世纪大道 201 号渣打银行大厦 10 楼	400-700-5000
48	信诚基金管理有限公司	50490000	20000	上海	2005 年 8 月	www.citicprufunds.com.cn	上海市浦东新区世纪大道 8 号上海国金中心汇丰银行大楼 9 层	400-666-0066
49	建信基金管理有限责任公司	50500000	20000	北京	2005 年 9 月	www.ccbfund.cn	北京市西城区金融大街 7 号英蓝国际金融中心 16 层	400-81-95533
50	华商基金管理有限公司	50510000	10000	北京	2005 年 9 月	www.hsfund.com	北京市西城区平安里西大街 28 号院中海国际中心 19 层	400-700-8880

序号	公司名称	公司代码	注册资本（万元）	注册地点	成立时间	网　址	地　址	电　话
51	汇丰晋信基金管理有限公司	50520000	20000	上海	2005年10月	www.hsbcjt.cn	上海市富城路99号震旦大厦35楼	021-38789998
52	益民基金管理有限公司	50530000	10000	重庆	2005年12月	www.ymfund.com	北京市宣武区宣武门外大街10号庄胜广场中央办公楼南翼13A	400-650-8808
53	中邮创业基金管理有限公司	50540000	10000	北京	2006年2月	www.postfund.com.cn	北京市海淀区西直门北大街60号首钢国际大厦10层	400-880-1618
54	信达澳银基金管理有限公司	50550000	10000	深圳	2006年4月	www.fscinda.com	广东省深圳市福田区深南大道7088号招商银行大厦24楼	400-8888-118
55	诺德基金管理有限公司	50560000	10000	上海	2006年5月	www.lordabbettchina.com	上海市陆家嘴环路1233号汇亚大厦12楼	400-888-0009
56	中欧基金管理有限公司	50570000	18800	上海	2006年5月	www.lcfunds.com	上海市浦东新区花园石桥路66号东亚银行金融大厦8层	021-68609700
57	金元惠理基金管理有限公司	50580000	24500	上海	2006年11月	www.jykbc.com	上海浦东新区陆家嘴花园石桥路33号花旗集团大厦3608室	400-666-0666
58	浦银安盛基金管理有限公司	50590000	28000	上海	2007年7月	www.py-axa.com	上海市淮海中路381号中环广场38楼	400-8828-999
59	农银汇理基金管理有限公司	50600000	20000	上海	2008年2月	www.abc-ca.com	上海市浦东新区世纪大道1600号浦项商务广场7层	021-61095599
60	民生加银基金管理有限公司	50610000	30000	深圳	2008年10月	www.msjyfund.com.cn/	深圳市福田区益田路6009号新世界商务中心42楼	400-8888-388
61	纽银梅隆西部基金管理有限公司	50620000	30000	上海	2010年6月	www.bnyfund.com	上海市浦东新区世纪大道100号上海环球金融中心19楼	021-38572999
62	浙商基金管理有限公司	50630000	30000	杭州	2010年9月	www.zsfund.com	浙江省杭州市下城区环城北路208号1801室	0571-2819000
63	平安大华基金管理有限公司	50640000	30000	深圳	2010年12月	fund.pingan.com	深圳市福田区金田路大中华国际交易广场第八层	400-800-4800
64	富安达基金管理有限公司	50650000	16000	上海	2011年4月	www.fadfunds.com	上海市浦东新区世纪大道1568号29楼	400-630-6999
65	财通基金管理有限公司	50660000	20000	上海	2011年5月	www.ctfund.com	上海市虹口区吴淞路619号505室	400-820-9888
66	方正富邦基金管理有限公司	50670000	20000	北京	2011年6月	www.founderff.com	北京市西城区太平桥大街18号丰融国际大厦11层	400-818-0990
67	长安基金管理有限公司	50680000	20000	上海	2011年8月	www.changanfunds.com	上海市虹口区丰镇路806号3幢371室	400-820-9688
68	国金通用基金管理有限公司	50690000	28000	北京	2011年10月	www.gfund.com	北京市怀柔区府前街三号楼3-6	4000-2000-18
69	安信基金管理有限责任公司	50700000	35000	深圳	2011年11月	www.essencefund.com	广东省深圳市福田区益田路6009号新世界商务中心36层	4008-088-088
70	德邦基金管理有限公司	50710000	12000	上海	2012年2月	www.dbfund.com.cn	上海市虹口区吴淞路218号宝矿国际大厦35层	4008-217-788
71	华宸未来基金管理有限公司	50720000	20000	上海	2012年3月	www.hcmiraefund.com	上海市虹口区四川北路859号中信广场16楼	021-26066999
72	红塔红土基金管理有限公司	50730000	20000	深圳	2012年5月	www.htamc.com.cn	深圳市南山区粤兴二道6号武汉大学深圳产学研大楼B815房	0755-61865878
73	英大基金管理有限公司	50740000	12000	北京	2012年6月	www.ydamc.com	北京市朝阳区东三环中路1号环球金融中心西塔22楼2201	010-57835666
74	江信基金管理有限公司	50750000	10000	北京	2012年12月	www.jxfund.cn	北京市海淀区北三环西路99号西海国际中心A座20层	010-57380999
75	中原英石基金管理有限公司	50760000	20000	上海	2012年12月	www.acfund.com.cn	上海市邯郸路135号5幢101室	021-38874600
76	华润元大基金管理有限公司	50770000	20000	深圳	2012年12月	www.cryuantafund.com	广东省深圳市南山区粤兴二道6号武汉大学深圳产学研大楼B815房	0755-88399008
77	前海开源基金管理有限公司	50780000	15000	深圳	2012年12月	暂无	深圳市南山区粤兴二道6号武汉大学深圳产学研大楼B815房	0755-88601888
78	东海基金管理有限责任公司	50790000	15000	上海	2013年2月	暂无	上海市虹口区丰镇路806号3幢360室	021-60586916
79	中加基金管理有限公司	50800000	30000	北京	2013年3月	www.bobbns.com.cn	北京市顺义区仁和镇顺泽大街65号	4000095526
80	兴业基金管理有限公司	50810000	50000	福建	2013年3月	暂无	福建省福州市五四路137号信和广场25楼	4000095561
81	道富基金管理有限公司	50820000	30000	北京	2013年5月	www.ssga-fund.com	北京市门头沟区石龙经济开发区永安路20号3号楼3层	010-85003210
82	国开泰富基金管理有限责任公司	50830000	20000	北京	2013年6月	暂无	北京市怀柔区北房镇幸福西街3号416室	暂无
83	中信建投基金管理有限公司	50840000	15000	北京	2013年8月	暂无	北京市怀柔区桥梓镇八龙桥雅苑3号楼1室	暂无
84	上银基金管理有限公司	50850000	30000	上海	2013年8月	暂无	上海市浦东新区秀浦路2388号3幢528室	暂无
85	鑫元基金管理有限公司	50860000	20000	上海	2013年8月	www.xyamc.com	上海市浦东新区富城路99号震旦大厦31楼	400-606-6188
86	永赢基金管理有限公司	50870000	15000	浙江	2013年10月	暂无	浙江省宁波市江东区中山东路466号	暂无
87	华福基金管理有限责任公司	50880000	10000	福建	2013年10月	暂无	福建省福州市平潭县潭城镇西航路西航住宅新区11号楼四楼	暂无
88	国寿安保基金管理有限公司	50890000	58800	上海	2013年10月	暂无	上海市虹口区丰镇路806号3幢306号	暂无
89	圆信永丰基金管理有限公司	50900000	20000	福建	2013年11月	暂无	福建省厦门市展鸿路82号厦门金融中心大厦21楼2102单元	暂无
90	中金基金管理有限公司	50910000	10000	北京	2014年1月	暂无	北京市朝阳区建国门外大街1号国贸写字楼2座26层	暂无
91	北信瑞丰基金管理有限公司	50920000	17000	北京	2014年3月	暂无	北京平谷区平谷镇林荫北街13号1幢802室	暂无
92	红土创新基金管理有限公司	50970000	10000	深圳	2014年6月	暂无	深圳市前海深港合作区前湾一路1号A栋201室	0755-33011866
93	嘉合基金管理有限公司	50940000	10000	上海	2014年6月	www.haoamc.com	上海市虹口区广纪路738号1幢329室	021-60168300
94	创金合信基金管理有限公司	50990000	17000	深圳	2014年7月	暂无	深圳市前海深港合作区前湾一路1号201室	0755-23838000
95	九泰基金管理有限公司	50980000	10000	北京	2014年7月	www.jtamc.com	北京市丰台区丽泽路8号院1号楼801-16室	010-52601666

公开募集基金销售机构名录

1、商业银行(98 家)

(1)全国性商业银行(18 家)

编号	机构名称	网址	联系地址	电话	核准时间
1	中国工商银行	www.icbc.com.cn	北京市西城区复兴门内大街55号	95588	2001年8月
2	中国农业银行	www.abchina.com	北京市东城区建国门内大街69号	95599	2001年12月
3	中国银行	www.boc.cn	北京市西城区复兴门内大街1号	95566	2001年12月
4	中国建设银行	www.ccb.com	北京市西城区金融大街25号	95533	2001年7月
5	交通银行	www.bankcomm.com	上海市银城中路188号	95559	2001年9月
6	中信银行	www.ecitic.com	北京市东城区朝阳门北大街8号富华大厦C座	95558	2002年1月
7	平安银行	www.bank.pingan.com	广东省深圳市深南东路5047号	95501 95511-3	2002年5月
8	上海浦东发展银行	www.spdb.com.cn	上海市中山东一路12号	95528	2002年7月
9	招商银行	www.cmbchina.com	广东省深圳市深南大道7088号招商银行大厦	95555	2001年12月
10	兴业银行	www.cib.com.cn	上海市江宁路168号兴业大厦9层	95561	2002年8月
11	中国民生银行	www.cmbc.com.cn	北京市西城区复兴门内大街2号	95568	2002年9月
12	中国光大银行	www.cebbank.com	北京市西城区复兴门外大街6号光大大厦	95595	2003年1月
13	华夏银行	www.hxb.com.cn	北京市东城区建国门内大街22号华夏银行大厦	95577	2004年11月
14	广发银行	www.gdb.com.cn	广州市农林下路83号广发银行大厦	95508	2005年7月
15	中国邮政储蓄银行	www.psbc.com	北京市西城区金融大街3号	95580	2006年7月
16	浙商银行	www.czbank.com	杭州市庆春路288号	95527	2008年8月
17	渤海银行	www.cbhb.com.cn	天津市河西区马场道-205号	4008888811	2009年10月
18	恒丰银行	www.egbank.com.cn	山东省烟台市南大街248号	4008138888	2014年1月

(2)城市商业银行(50 家)

编号	机构名称	网址	联系地址	电话	核准时间
1	北京银行	www.bankofbeijing.com.cn	北京市西城区金融大街丙17号	010-96169	2004年10月
2	上海银行	www.bankofshanghai.com.cn	上海市黄浦区中山东二路585号	021-962888	2005年1月
3	宁波银行	www.nbcb.com.cn	宁波市中山东路294号	96528	2008年2月
4	青岛银行	www.qdcb.com	青岛市香港中路68号	0532-96588	2008年5月
5	徽商银行	www.hsbank.com.cn	合肥市安庆路79号徽商银行大厦	96588	2008年7月
6	东莞银行	www.dongguanbank.cn	东莞市城区运河东一路193号	0769-22118118	2008年10月
7	南京银行	www.njcb.com.cn	南京市淮海路50号	025-96400	2008年10月
8	杭州银行	www.hccb.com.cn	杭州市凤起路432号	96523	2009年1月
9	临商银行	www.lsbchina.com	临沂市沂蒙路336号	4006996588	2009年2月
10	温州银行	www.wzcb.com.cn	温州市车站大道温州银行大楼	0577-96699	2009年5月
11	汉口银行	www.hkbchina.com	武汉市建设大道933号	027-82656666	2009年6月
12	江苏银行	www.jsbchina.cn	南京市洪武北路55号置地广场	4008696098	2009年9月
13	洛阳银行	www.bankofluoyang.com.cn	洛阳新区开元大道256号	96699	2010年1月
14	乌鲁木齐商业银行	www.uccb.com.cn	乌鲁木齐市新华北路8号	96518	2010年2月
15	烟台银行	www.ytcb.com	山东省烟台市芝罘区海港路25-18号	4008311777	2010年6月
16	齐商银行	www.qsbank.cc	山东省淄博市张店区金晶大道105号	0533-96588	2010年9月
17	浙江民泰商业银行	www.mintaibank.com	浙江省温岭市三星大道168号	0576-86109988	2010年10月
18	大连银行	www.bankofdl.com	大连市中山区中山路88号	4006640099	2010年10月
19	哈尔滨银行	www.hrbcb.com.cn	哈尔滨市道里区尚志大街160号	4006096358	2010年10月
20	重庆银行	www.cqcbank.com	重庆市渝中区邹容路153号	96899、4007096899	2010年11月
21	浙江稠州商业银行	www.czcb.com.cn	浙江省义乌市江滨路义乌乐园东侧	0571-96527	2010年11月
22	天津银行	www.tccb.com.cn	天津市河西区友谊路15号	022-960296	2011年2月
23	河北银行	www.sccb.com.cn	河北省石家庄市平安北大街28号	0311-96368	2011年5月
24	嘉兴银行	www.jxccb.com	浙江省嘉兴市建国南路409号	0573-96528	2011年6月
25	广州银行	www.gzcb.com.cn	广州市广州大道北195号	020-96699	2011年7月
26	西安银行	www.96779.com.cn	西安市东四路35号	029-96779	2011年9月
27	长沙银行	www.cscb.cn	湖南省长沙市芙蓉中路1段433号	96511	2011年9月
28	金华银行	www.jhccb.com.cn	浙江省金华市金东区光南路668号	0579-96528	2011年9月
29	包商银行	www.bsb.com.cn	内蒙古自治区包头市青山区钢铁大街6号	96016(内蒙)	2011年9月

编号	机构名称	网址	联系地址	电话	核准时间
30	郑州银行	www. zzbank. cn	郑州市郑东新区商务外环22号郑银大厦	4000967585	2012年4月
31	厦门银行	www. xmccb. com	厦门市思明区湖滨北路101号商业银行大厦	0592－96319	2012年5月
32	吉林银行	www. jlbank. com. cn	吉林省长春市东南湖大道1817号	400－88－96666	2012年10月
33	苏州银行	www. suzhoubank. com	江苏省苏州市吴中区东吴北路143号	96067	2012年12月
34	珠海华润银行	www. crbank. com. cn	广东省珠海市香洲区吉大九洲大道东1346号	4008800338	2012年12月
35	威海市商业银行	www. whccb. com	山东省威海市宝泉路9号财政大厦	96636、40000－96636	2013年2月
36	南充市商业银行	www. cgnb. com	四川省南充市文化路301号	028－96869	2013年2月
37	长安银行	www. ccabchina. com	西安市高新技术产业开发区高新四路13号朗臣大厦	029－96669	2013年6月
38	晋商银行	www. jshbank. com	山西省太原市万柏林区长风西街一号丽华大厦	95105588	2013年8月
39	富滇银行	www. fudian－bank. com	云南省昆明市官渡区昆明市拓东路41号	0871－96533	2013年8月
40	昆仑银行	www. klb. cn	新疆维吾尔自治区乌鲁木齐市民主路75号金新信托大厦	4006696569	2013年9月
41	日照银行	www. bankofrizhao. com	山东省日照市烟台路197号	400－68－96588	2013年12月
42	南昌银行	www. naccb. com	江西省南昌市中山路159号	0791－96266	2013年12月
43	潍坊银行	www. wfccb. com	山东省潍坊市胜利东街5139号	0536－96588	2013年12月
44	福建海峡银行	www. fjhxbank. com	福建省福州市六一北路158号	400－893－9999	2013年12月
45	绍兴银行	www. sxccb. com	浙江省绍兴市越城区中兴南路1号	0575－96528	2013年12月
46	攀枝花市商业银行	ebank. pzhccb. com	四川省攀枝花东区机场路88号	400－10－96998	2013年3月
47	广东华兴银行	www. ghbank. com. cn	广东省广州市天河区天河路533号	400－830－8001	2014年4月
48	成都银行	www. bocd. com. cn	四川省成都市青羊区西御街16号	028－96511	2014年7月
49	龙江银行	www. lj－bank. com	黑龙江省哈尔滨市道里区友谊路436号	400－645－8888	2014年8月
50	泉州银行	www. qzccbank. com	福建省泉州市丰泽区云鹿路3号	0595－96312	2014年8月

(3)农村商业银行(20家)

编号	机构名称	网址	联系地址	电话	核准时间
1	上海农商银行	www. shrcb. com	上海市延安西路728号华敏翰尊国际	021－962999	2008年2月
2	北京农商银行	www. bjrcb. com	北京市西城区阜成门内大街410号	96198	2008年4月
3	张家港农村商业银行	www. zrcbank. com	江苏省张家港市人民中路66号	0512－96065	2009年12月
4	深圳农村商业银行	www. 961200. net	深圳市深南东路3038号合作金融大厦	961200	2010年1月
5	东莞农村商业银行	www. dgrcc. com	东莞市城区南城路2号	0769－961122	2011年2月
6	常熟农村商业银行	www. csrcbank. com	江苏省常熟市新世纪大道58号	962000	2011年7月
7	顺德农村商业银行	www. sdebank. com	广东省佛山市顺德区大良新城区拥翠路2号	0757－22223388	2011年8月
8	重庆农村商业银行(业务网点仅限于县级支行及城市地区网点,不包括三农服务性网点)	www. cqrcb. com	重庆市江北区洋河东路10号	966866	2011年8月
9	吴江农村商业银行	www. wjrcb. com	江苏省吴江市中山南路1777号	96068	2011年9月
10	江南农村商业银行	www. jnbank. cc	江苏省常州市延陵中路668号	96005	2011年9月
11	江阴农村商业银行	www. jybank. com. cn	江苏省江阴市澄江中路1号	0510－96078	2011年9月
12	昆山农村商业银行	www. 96079. com. cn	江苏省昆山市前进中路219号	0512－57379216	2011年10月
13	广州农村商业银行	www. 961111. cn	广东省广州市天河区珠江新城华夏路1号	961111	2012年7月
14	成都农村商业银行(业务网点仅限于非三农服务性网点)	www. cdrcb. com	四川省成都市武侯区科华中路新5号	028－962711	2012年9月
15	杭州联合农村商业银行	www. urcb. com	浙江省杭州市建国中路99号	96592、96596	2013年2月
16	山东寿光农村商业银行	www. sdnxs. com	山东省潍坊市寿光市银海路19号	0536－96633	2013年9月
17	无锡农村商业银行	www. wrcb. com. cn	江苏省无锡市崇安区解放北路1号	0510－96058	2013年11月
18	浙江绍兴瑞丰农村商业银行	www. borf. cn	浙江省绍兴市柯桥笛扬路1363号	400－88－96596	2014年1月
19	浙江温州龙湾农村商业银行股份有限公司	www. lwrcb. com	浙江省温州市龙湾区永强大道衔前段	4008296596	2014年2月
20	广东南海农村商业银行	www. nanhaibank. com	广东省佛山市南海区桂城南海大道北26号农商银行大厦	96138	2014年3月

(4)在华外资法人银行(10家)

编号	机构名称	网址	联系地址	电话	核准时间
1	渣打银行	www. standardchartered. com. cn	上海市浦东新区世纪大道201号	8008208088	2013年6月
2	大华银行	www. uobchina. com. cn	上海市浦东新区东园路111号1层105单元,2层,3层	400-888-6826	2013年6月
3	花旗银行	www. citibank. com. cn	上海市浦东新区花园石桥路33号花旗集团大厦	8008301880 8008201268	2013年6月
4	东亚银行	www. hkbea. com. cn	上海市浦东新区花园石桥路66号	8008303811	2013年6月
5	恒生银行	www. hangseng. com. cn	上海市浦东新区陆家嘴环路1000号恒生银行大厦34楼、36楼及浦东南路528号27楼	8008-30-8008 4008-30-8008	2013年6月
6	星展银行	www. dbs. com. cn	上海市浦东新区陆家嘴环路1318号1301、1801单元	4008-208-988	2013年6月
7	汇丰银行	www. hsbc. com. cn	上海市浦东新区世纪大道8号上海国金中心汇丰银行大楼	8008208828 8008208878	2013年6月
8	南洋商业银行	www. ncbchina. cn	上海市浦东新区世纪大道800号三层、六层至九层	800-830-2066 400-830-2066	2013年6月
9	摩根大通银行	www. jpmorganchina. com. cn	北京市西城区金融大街7号北京英蓝国际金融中心19层	4008102580 021-52002368	2013年9月
10	华侨银行	www. ocbc. com. cn	上海市浦东新区源深路1155号华侨银行大厦	400-670-2888	2013年10月

2、证券公司(98家)

编号	机构名称	网址	联系地址	电话	核准时间
1	国泰君安证券	www. gtja. com	上海市延平路135号	4008888666	2002年7月
2	广发证券	www. gf. com. cn	广东省广州市天河北路183号大都会广场42楼	020-87555888-875	2002年8月
3	国信证券	www. guosen. com. cn	深圳市红岭中路1012号国信证券大厦26层	8008108868	2002年8月
4	招商证券	www. newone. com. cn	深圳市福田区益田路江苏大厦A座39-45层	95565	2002年8月
5	华泰联合证券	www. lhzq. com	深圳市深南东路5047号发展银行大厦25层	4008888555	2002年8月
6	中信证券	www. cs. ecitic. com	北京市朝阳区新源南路6号京城大厦三层	95558	2002年8月
7	海通证券	www. htsec. com	上海市淮海中路98号金钟广场19层	4008888001	2002年10月
8	申银万国证券	www. sywg. com. cn	上海市常熟路171号	021-962505	2002年10月
9	西南证券	www. swsc. com. cn	重庆市渝中区临江支路2号合景国际大厦A座22-25层	023-63786187	2003年1月
10	华龙证券	www. hlzqgs. com	甘肃省兰州市城关区静宁路308号	0931-8730264	2003年1月
11	大同证券	www. dtsbc. com. cn	山西省太原市青年路8号	0351-4167056	2003年1月
12	民生证券	www. mszq. com	北京市朝阳区朝外大街16号中国人寿大厦1901	4006198888	2003年1月
13	山西证券	www. sxzq. net	山西省太原市府西街69号山西国际贸易中心	0351-8686868	2003年1月
14	长江证券	www. cjsc. com. cn	武汉市江汉区新华路特8号	4008888999	2003年2月
15	中信万通证券	www. zxwt. com. cn	青岛市东海西路28号	96577	2003年2月
16	广州证券	www. gzs. com. cn	广州市先烈中路69号东山广场主楼5楼	020-961303	2003年2月
17	兴业证券	www. xyzq. com. cn	上海浦东陆家嘴东路166号/福州市湖东路99号标力大厦18层	021-68419974	2003年2月
18	华泰证券	www. htsc. com. cn	南京市中山东路90号华泰证券大厦	4008888168	2003年2月
19	渤海证券	www. ewww. com. cn	天津市河西区宾水道3号	022-28455588	2003年2月
20	中信证券(浙江)	www. bigsun. com. cn	杭州市中河南路11号万凯庭院商务楼A座	0571-96598	2003年2月
21	万联证券	www. wlzq. com. cn	广州市东风东路836号东峻广场3座34-35层	4008888133	2003年2月
22	国元证券	www. gyzq. com. cn	安徽省合肥市寿春路179号国元大厦	4008888777	2003年2月
23	湘财证券	www. xcsc. com	上海市浦东新区陆家嘴环路958号华能联合大厦5楼	021-68865111	2003年3月
24	东吴证券	www. dwjq. com. cn	江苏省苏州市爱河桥路28号	0512-96288	2003年12月
25	东方证券	www. dfzq. com. cn	上海市中山南路318号2号楼	021-962506	2004年4月
26	光大证券	www. ebscn. com	上海市浦东南路528号上海证券大厦南塔16楼	4008888788	2004年4月
27	上海证券	www. 962518. com	上海市九江路111号4楼	021-962518	2004年5月
28	国联证券	www. glsc. com. cn	江苏省无锡市县前东街168号国联大厦6层	0510-82588168	2004年6月
29	浙商证券	www. stocke. com. cn	深圳市福田区益田路江苏大厦A座	95105665	2004年6月
30	平安证券	www. xmpb. com	深圳市福田区八卦岭八卦三路平安大厦	95511	2004年8月
31	华安证券	www. huaans. com. cn	安徽省合肥市阜南路166号A座	96518	2004年8月
32	东北证券	www. nesc. cn	吉林省长春市自由大路1138号证券大厦	0431-9668899	2004年7月
33	南京证券	www. njzq. com. cn	南京市玄武区鼓楼大钟亭8号	025-83364032	2004年8月
34	长城证券	www. cc168. com. cn	深圳市福田区深南大道6008号特区报业大厦	0755-82288968	2004年8月
35	国海证券	www. ghzq. com. cn	广西自治区南宁市滨湖路46号	4008888100	2004年9月
36	财富证券	www. cfzq. com	湖南省长沙市芙蓉中路二段80号顺天财富中心	0731-4403360	2004年9月
37	东莞证券	www. dgzq. com. cn	广东省东莞市莞城区可园南路1号金源中心	0769-961130	2004年9月
38	中原证券	www. ccnew. com	河南郑州市经三路15号广汇国际贸易大厦	0371-967218	2004年10月

编号	机构名称	网址	联系地址	电话	核准时间
39	国都证券	www. guodu. com	北京市东城区东直门南大街3号国华投资大厦	8008108809	2004年11月
40	恒泰证券	www. cnht. com. cn	内蒙古自治区呼和浩特市新城区东风路111号	0471－4961259	2004年11月
41	中银国际证券	www. bocichina. com	上海市浦东银城中路200号中银大厦	021－68604866	2004年11月
42	齐鲁证券	www. qlzq. com. cn	山东省济南市经十路128号	0531－82084184	2004年11月
43	华西证券	www. hx168. com. cn	成都市陕西街239号	4008888818	2004年11月
44	国盛证券	www. gsstock. com	江西省南昌市永叔路15号信达大厦	0791－6285337	2004年11月
45	新时代证券	www. xsdzq. cn	北京市西城区月坛北街2号月坛大厦15层	010－68083601	2004年11月
46	华林证券	www. chinalions. com	深圳市福田区民田路178号华融大厦6楼	4008802888	2004年11月
47	中金公司	www. cicc. com. cn	北京市建国门外大街1号国贸大厦2座	010－85679238	2004年12月
48	宏源证券	www. ehongyuan. com	新疆维吾尔自治区乌鲁木齐市建设路2号宏源大厦	010－62294600	2004年12月
49	华福证券	www. hfzq. com. cn	福建省福州市鼓楼区温泉街道五四路157号	0591－96326	2005年1月
50	世纪证券	www. csco. com. cn	深圳市深南大道7088号招商银行大厦	0755－83199599	2005年2月
51	德邦证券	www. tebon. com. cn	上海浦东新区福山路500号城建国际中心26楼	021－68761616－8125	2005年2月
52	金元证券	www. jyzq. com. cn	深圳市福田区益田路4001号时代金融中心	4008888228	2005年4月
53	西部证券	www. westsecu. com	陕西省西安市东新街232号信托大厦	029－87419999	2005年4月
54	东海证券	www. longone. com. cn	上海市浦东新区东方路989号中达广场	0519－8166222	2004年9月
55	中航证券	www. scstock. com	南昌市抚河北路291号江西教育出版大厦	0791－6768763	2005年4月
56	第一创业证券	www. firstcapital. com. cn	深圳市罗湖区笋岗路12号中民时代广场B座	0755－25832686	2005年3月
57	中信建投证券	www. csc108. com	北京市东城区朝内大街188号	4008888108	2005年12月
58	财通证券	www. ctsec. com	浙江省杭州市解放路111号	0571－96336	2006年7月
59	安信证券	www. essences. com. cn	深圳市福田区金田路4018号安联大厦	0755－82825555	2007年4月
60	银河证券	www. chinastock. com. cn	北京市西城区金融街35号国际企业大厦C座	4008888888	2007年5月
61	华鑫证券	www. cfsc. com. cn	上海市肇嘉浜路750号	021－64339000	2008年1月
62	瑞银证券	www. ubs. com/cn	北京市西城区金融大街7号英蓝国际金融中心	010－58328888	2008年2月
63	国金证券	www. gjzq. com. cn	成都市东城根上街95号	4006666598	2008年3月
64	中投证券	www. cjis. cn	深圳市福田区益田路与福华三路交界处深圳国际商会中心	4006008008	2008年3月
65	中山证券	www. zszq. com. cn	深圳市福田区益田路江苏大厦B座	0755－82943750	2008年3月
66	红塔证券	www. hongtazq. com	昆明市北京路155号附1号红塔大厦	0871－3577927	2008年3月
67	日信证券	www. rxzq. com. cn	北京市西城区闹市口1号长安兴融中心西楼11层	010－88086830	2008年5月
68	西藏同信证券	www. xzsec. com	上海市永和路118弄东方企业园24号	4008811177	2008年5月
69	方正证券	www. foundersc. com	长沙市芙蓉中路二段200号	0731－95571	2008年6月
70	联讯证券	www. lxzq. com. cn	广东省惠州市下埔路14号	0752－2119397	2008年6月
71	天源证券	www. tyzq. com. cn	深圳市民田路新华保险大厦18楼	0755－3333118－8806	2008年8月
72	江海证券	www. jhzq. com. cn	哈尔滨市香坊区赣水路56号	0451－82269280	2008年8月
73	银泰证券	www. ytzq. net	深圳市福田区竹子林四路紫竹七道18号光大银行大厦	0755－83703759	2008年12月
74	民族证券	www. e5618. com	北京市西城区金融大街5号新盛大厦A座6－9层	4008895618	2008年12月
75	华宝证券	www. cnhbstock. com	上海市陆家嘴环路166号未来资产大厦	021－38929908	2009年1月
76	厦门证券	www. xmzq. com. cn	厦门市莲前西路2号莲富大厦17楼	0592－5163588	2009年1月
77	爱建证券	www. ajzq. com	上海市南京西路758号(博爱大厦)20层－25层	021－32229888	2009年1月
78	英大证券	www. ysun. com	深圳市深南中路华能大厦30楼	0755－26982993	2009年3月
79	信达证券	www. cindasc. com	北京市西城区三里河东路5号中商大厦10层	4008008899	2009年7月
80	东兴证券	www. dxzq. net	北京市西城区金融大街5号新盛大厦B座12－15层	010－66555383	2009年7月
81	华融证券	www. hrsec. com. cn	北京市西城区月坛北街26号恒华国际商务中心A座9层	010－58568162	2009年9月
82	天风证券	www. tfzq. com	武汉市东湖新技术开发区关东园路2号高科大厦四楼	028－86712334	2009年11月
83	大通证券	www. estock. com	大连市中山区延安路1号保嘉大厦	4008169169	2009年12月
84	财达证券	www. s10000. com	石家庄市桥西区自强路35号庄家金融大厦	4006128888	2009年12月
85	中天证券	www. stockren. com	沈阳市和平区光荣街23甲	4006180315	2010年1月
86	财富里昂证券	www. cf－clsa. com	上海市浦东新区福山路500号城建中心15楼	021－38784818	2010年2月
87	五矿证券	www. wkzq. com. cn	深圳市福田区荣超经贸中心47楼	40018－40028	2010年4月
88	高华证券	www. ghsl. cn	北京市西城区金融大街7号英蓝国际中心18楼	010－66273000	2010年5月
89	华创证券	www. hczq. com	贵州省贵阳市中华北路216号华创大厦	0851－960872	2010年6月
90	恒泰长财证券	www. cczq. net	吉林省长春市珠江路439号长财大厦	0431－82951765	2010年7月
91	万和证券	www. wanhesec. com	深圳市福田区深南大道7028号时代科技大厦20层西厅	0755－25170332	2010年9月
92	中邮证券	www. cnpsec. com. cn	陕西省西安市太白北路320号华弘大厦	4008888005	2010年11月
93	首创证券	www. sczq. com. cn	北京市西城区德胜门外大街115号德胜尚城E座	4006200620	2011年2月

编号	机构名称	网址	联系地址	电话	核准时间
94	国开证券	www.stockfly.com.cn	北京市东城区东直门南大街3号国华投资大厦17层	010－85285202 010－85285217	2011年5月
95	太平洋证券	www.tpyzq.com	云南省昆明市青年路389号志远大厦18层	0871－8898130	2012年11月
96	开源证券	www.sxkyzq.com	陕西省西安市雁塔区锦业路1号都市之门B座5层	4008608866	2012年12月
97	诚浩证券	www.chstock.com	辽宁省沈阳市沈河区热闹路51号	024－22955438	2013年2月
98	宏信证券	www.hx818.com	四川省成都市人民南路二段18号川信大厦10楼	4008－366－366	2013年6月

基金管理公司从事特定客户资产管理业务子公司名录

序号	公司名称	母公司名称	注册资本（万元）	注册地点	批复时间	办公地址	电话
1	工银瑞信投资管理有限公司	工银瑞信基金管理有限公司	5000	上海	2012年11月	北京市西城区金融大街丙17号北京银行大厦7层	400－811－9999
2	嘉实资本管理有限公司	嘉实基金管理有限公司	30000	北京	2012年11月	北京市东城区建国门北大街8号华润大厦8层	010－65215588
3	深圳平安大华汇通财富管理有限公司	平安大华基金管理有限公司	3000	深圳	2012年11月	广东省深圳市福田区金田路大中华国际交易广场8楼	400－800－4800
4	华夏资本管理有限公司	华夏基金管理有限公司	5000	深圳	2012年12月	北京市西城区金融大街33号通泰大厦B座12层	400－818－6666
5	北京方正富邦创融资产管理有限公司	方正富邦基金管理有限公司	2000	北京	2012年12月	北京市西城区太平桥大街18号北区11层	010－57303700
6	长安财富资产管理有限公司	长安基金管理有限公司	5000	上海	2012年12月	上海市浦东新区民生路1199弄证大五道口金融大厦1号楼6层	400－820－9688
7	富安达资产管理(上海)有限公司	富安达基金管理有限公司	2000	上海	2012年12月	上海市浦东新区世纪大道1568号29楼	021－61870999
8	上海兴全睿众资产管理有限公司	兴业全球基金管理有限公司	2000	上海	2012年12月	上海市浦东新区张杨路500号华润时代广场19楼	021－38824536
9	北京千石创富资本管理有限公司	国金通用基金管理有限公司	2000	北京	2012年12月	北京市海淀区西三环北路87号国际财经中心D座14层	010－88005615 400－0200－018
10	深圳市红塔资产管理有限公司	红塔红土基金管理有限公司	2000	深圳	2012年12月	广东省深圳市南山区侨香路4068号智慧广场A座801	0755－36855888
11	鹏华资产管理(深圳)有限公司	鹏华基金管理有限公司	3000	深圳	2012年12月	广东省深圳市福田区福田中心区福华三路国际商会中心42楼	0755－88262500
12	北京天地方中资产管理有限公司	天弘基金管理有限公司	2000	北京	2012年12月	北京市西城区月坛北街2号月坛大厦C602	010－83571761
13	民生加银资产管理有限公司	民生加银基金管理有限公司	12500	广州	2013年1月	北京市西城区菜市口大街1号院2号楼开元名都大酒店12层	010－63506800
14	上海新东吴优胜资产管理有限公司	东吴基金管理有限公司	2000	上海	2013年1月	上海市黄浦区西藏南路1208号东吴证券大厦5楼	021－63122829
15	上海锐懿资产管理有限公司	泰信基金管理有限公司	2000	上海	2013年1月	上海市浦东新区浦东南路256号华夏银行大厦36层	021－20899315 021－20899319
16	万家共赢资产管理有限公司	万家基金管理有限公司	6000	上海	2013年1月	上海市浦东新区浦电路360号6楼B单元	021－38619936
17	首誉资产管理有限公司	中邮创业基金管理有限公司	5000	深圳	2013年1月	北京市海淀区西直门北大街60号首钢国际大厦7层	010－82295160
18	招商财富资产管理有限公司	招商基金管理有限公司	10000	深圳	2013年2月	广东省深圳市深南大道7888号东海国际中心B座3楼01B单元	0755－23986999
19	博时资本管理有限公司	博时基金管理有限公司	5000	深圳	2013年2月	广东省深圳市福田区深南大道7028号时代科技大厦19楼西	0755－83169999
20	德邦创新资本有限责任公司	德邦基金管理有限公司	5000	上海	2013年2月	上海市浦东新区福山路388号宏嘉大厦28楼	021－20830800
21	上海金元百利资产管理有限公司	金元惠理基金管理有限公司	3054.4	上海	2013年2月	上海市浦东新区花园石桥路33号花旗集团大厦36楼3606室	021－68885823
22	上海聚潮资产管理有限公司	浙商基金管理有限公司	2000	上海	2013年2月	上海市浦东新区陆家嘴西路99号万向大厦10层	021－60350842
23	汇添富资本管理有限公司	汇添富基金管理有限公司	5000	上海	2013年2月	上海市浦东新区富城路99号震旦大楼22楼	021－28932888
24	信达新兴财富(北京)资产管理有限公司	信达澳银基金管理有限公司	2000	北京	2013年2月	北京市西城区月坛北街26号605室	010－58569988
25	银华财富资本管理(北京)有限公司	银华基金管理有限公司	2000	北京	2013年3月	北京市东城区东长安街1号东方广场C2座3层	010－58163000
26	深圳华宸未来资产管理有限公司	华宸未来基金管理有限公司	2000	深圳	2013年3月	上海市虹口区四川北路1318号盛邦国际大厦805室	400－920－0699 021－56779396
27	国泓资产管理有限公司	益民基金管理有限公司	5000	北京	2013年3月	北京市西城区宣武门外大街10号庄胜广场中央办公楼南翼13A层	010－63105556
28	深圳新华富时资产管理有限公司	新华基金管理有限公司	2000	深圳	2013年3月	北京市西城区西直门外大街1号院2号楼20层	010－68726666
29	中信信诚资产管理有限公司	信诚基金管理有限公司	5000	上海	2013年4月	上海市浦东新区陆家嘴富城路99号震旦国际大楼12楼01室	021－68649783
30	深圳市融通资本财富管理有限公司	融通基金管理有限公司	2000	深圳	2013年4月	深圳市南山区华侨城汉唐大厦13层	0755－26947585

序号	公司名称	母公司名称	注册资本（万元）	注册地点	批复时间	办公地址	电话
31	国泰元鑫资产管理有限公司	国泰基金管理有限公司	5000	上海	2013年5月	上海市虹口区东大名路558号新华保险大厦11楼01－03A	021－56515336
32	上海华富利得资产管理有限公司	华富基金管理有限公司	3500	上海	2013年5月	上海市浦东新区浦东南路528号南楼S1903、S1904	021－68869296
33	上海财通资产管理有限公司	财通基金管理有限公司	2000	上海	2013年5月	上海市浦东新区花园石桥路66号东亚银行金融大厦2203－2204室	021－50709999
34	建信资本管理有限责任公司	建信基金管理有限责任公司	5000	上海	2013年5月	北京市西城区闹市口大街1号院长安兴融中心2号楼5B	010－58528008
35	瑞元资本管理有限公司	广发基金管理有限公司	5000	珠海	2013年6月	广东省广州市海珠区琶洲大道东3号保利国际广场东裙楼	9510－5828
36	易方达资产管理有限公司	易方达基金管理有限公司	12000	珠海	2013年6月	广东省广州市天河区珠江新城珠江东路30号广州银行大厦42F	020－85102799
37	兴业财富资产管理有限公司	兴业基金管理有限公司	20000	上海	2013年6月	上海市静安区江宁路168号7楼	021－22211888
38	天治资产管理有限公司	天治基金管理有限公司	5000	北京	2013年6月	北京市西城区金融大街17号投资广场A座20层东区	010－66215855
39	深圳前海金鹰资产管理有限公司	金鹰基金管理有限公司	2000	深圳	2013年7月	广东省深圳市福田区益田路6009号新世界中心25层	0755－82772770
40	中海恒信资产管理(上海)有限公司	中海基金管理有限公司	2000	上海	2013年7月	上海市浦东新区银城中路68号时代金融中心3002－3003单元	021－38429800
41	国投瑞银资本管理有限公司	国投瑞银基金管理有限公司	5000	深圳	2013年7月	北京市西城区金融大街7号英蓝国际7号815室	0755－83160000 400－880－6868
42	富国资产管理(上海)有限公司	富国基金管理有限公司	2000	上海	2013年7月	上海市浦东新区世纪大道8号国金中心二期16层	021－20361602
43	长城嘉信资产管理有限公司	长城基金管理有限公司	5000	深圳	2013年7月	广东省深圳市福田区益田路6009号41层	0755－23980445
44	上海长江财富资产管理有限公司	长信基金管理有限责任公司	2000	上海	2013年8月	上海市浦东新区世纪大道1589号11楼	021－61522010
45	深圳中欧盛世资本管理有限公司	中欧基金管理有限公司	2000	深圳	2013年8月	上海市浦东新区花园石桥路66号东亚银行金融大厦7层	021－68609600
46	东方汇智资产管理有限公司	东方基金管理有限责任公司	5000	深圳	2013年8月	北京市西城区锦什坊街28号恒奥中心D座2层	010－66295888
47	上海瑞京资产管理有限公司	东海基金管理有限责任公司	2000	上海	2013年8月	上海市浦东新区世纪大道1528号陆家嘴基金大厦15楼	021－61622155 021－60586959
48	诺安资产管理有限公司	诺安基金管理有限公司	5000	北京	2013年8月	北京市朝阳区光华路甲14号诺安基金大厦15层	010－59027869
49	前海开源资产管理(深圳)有限公司	前海开源基金管理有限公司	2000	深圳	2013年8月	广东省深圳市福田区深南大道7006号万科富春东方大厦2206	400－166－6998
50	农银汇理(上海)资产管理有限公司	农银汇理基金管理有限公司	2000	上海	2013年8月	上海市浦东新区世纪大道1600号1幢3室	021－61095588
51	景顺长城资产管理(深圳)有限公司	景顺长城基金管理有限公司	3000	深圳	2013年9月	广东省深圳市福田区中心四路1号嘉里建设广场第一座22层	0755－22381600
52	道富资产管理有限公司	道富基金管理有限公司	5000	北京	2013年9月	北京市东城区建国门内大街28号民生金融中心A座7层	010－85003210
53	华安未来资产管理(上海)有限公司	华安基金管理有限公司	3000	上海	2013年9月	上海市浦东新区世纪大道8号国金中心二期31楼	021－38969999
54	大成创新资本管理有限公司	大成基金管理有限公司	10000	深圳	2013年10月	广东省深圳市福田区深南大道7088号招商银行大厦32层	400－888－5558
55	南方资本管理有限公司	南方基金管理有限公司	20000	深圳	2013年10月	广东省深圳市福田区福华一路六号免税大厦22层	0755－82763888
56	长盛创富资产管理有限公司	长盛基金管理有限公司	5000	北京	2013年10月	北京市海淀区北太平庄路18号城建大厦A座20层	400－888－2666
57	上海浦银安盛资产管理有限公司	浦银安盛基金管理有限公司	2000	上海	2013年11月	上海市淮海中路381号中环广场38楼	021－23212888
58	安信乾盛财富管理(深圳)有限公司	安信基金管理有限责任公司	2000	深圳	2013年11月	广东省深圳市福田区益田路6009号新世界商务中心36层	400－808－8088
59	中铁宝盈资产管理有限公司	宝盈基金管理有限公司	5000	深圳	2013年11月	广东省深圳市深南大道6008号特区报业大厦C座22层	400－888－8300
60	交银施罗德资产管理有限公司	交银施罗德基金管理有限公司	5000	上海	2013年11月	上海市浦东新区世纪大道201号渣打银行大厦10楼	021－61055050
61	深圳华润元大资产管理有限公司	华润元大基金管理有限公司	3000	深圳	2013年11月	广东省深圳市福田区中心西路嘉里建设广场1－1嘉里建设广场第3座7层	0755－83399008
62	国海富兰克林资产管理(上海)有限公司	国海富兰克林基金管理有限公司	2000	上海	2013年11月	上海市浦东新区世纪大道8号国金中心2期9楼	021－38555555
63	鑫沅资产管理有限公司	鑫元基金管理有限公司	5000	上海	2014年1月	上海市浦东新区富城路99号震旦国际大厦31层	021－20892000
64	北银丰业资产管理有限公司	中加基金管理有限公司	10000	深圳	2014年2月	北京市丰台区南四环西路188号17区15号楼8层	－
65	上银瑞金资产管理(上海)有限公司	上银基金基金管理有限公司	3000	上海	2014年3月	上海市浦东新区世纪大道1528号陆家嘴基金大厦12楼	021－60232799

序号	公司名称	母公司名称	注册资本（万元）	注册地点	批复时间	办公地址	电话
66	申万菱信（上海）资产管理有限公司	申万菱信基金管理有限公司	2000	上海	2014 年 3 月	上海市黄浦区淮海中路 300 号香港新世界大厦 35 楼	400－880－8588
67	永赢资产管理有限公司	永赢基金管理有限公司	5000	上海	2014 年 3 月	上海市浦东新区世纪大道 210 号 21 世纪大厦 27 楼	021－51690111
68	银河资本资产管理有限公司	银河基金管理有限公司	5000	上海	2014 年 4 月	北京市西城区金融大街 35 号国际企业大厦 C 座 12 楼	010－66053770
69	北京国开泰富资产管理有限公司	国开泰富基金管理有限责任公司	2000	北京	2014 年 4 月	北京市东城区朝阳门北大街 7 号五矿广场 C 座 10 层	010－59363299
70	上海富诚海富通资产管理有限公司	海富通基金管理有限公司	2000	上海	2014 年 7 月	上海市浦东新区陆家嘴花园石桥路 66 号东亚银行金融大厦 36－37 层	40088－40099
71	柏瑞爱建资产管理（上海）有限公司	华泰柏瑞基金管理有限公司	10000	上海	2014 年 8 月	上海市浦东新区外高桥保税区马吉路 88 号（C 区 C4 地块）3 号楼	021－38601577

QFII 名录

序号	中文名称	外文名称	国别/地区	托管行	批准日期
1	瑞士银行	UBS AG	瑞士	花旗银行	2003－5－23
2	野村证券株式会社	Nomura Securities Co. ,Ltd.	日本	农业银行	2003－5－23
3	摩根士丹利国际股份有限公司	Morgan Stanley & Co. International PLC.	英国	汇丰银行	2003－6－5
4	花旗环球金融有限公司	Citigroup Global Markets Limited	英国	德意志银行	2003－6－5
5	高盛公司	Goldman, Sachs & Co.	美国	汇丰银行	2003－7－4
6	德意志银行	Deutsche Bank Aktiengesellschaft	德国	花旗银行	2003－7－30
7	香港上海汇丰银行有限公司	The Hongkong and Shanghai Banking Corporation Limited	中国香港	建设银行	2003－8－4
8	荷兰安智银行股份有限公司	ING Bank N. V.	荷兰	渣打银行	2003－9－10
9	摩根大通银行	JPMorgan Chase Bank, National Association	美国	汇丰银行	2003－9－30
10	瑞士信贷（香港）有限公司	Credit Suisse (Hong Kong) Limited	中国香港	工商银行	2003－10－24
11	渣打银行（香港）有限公司	Standard Chartered Bank (Hong Kong) Limited	中国香港	中国银行	2003－12－11
12	日兴资产管理有限公司	Nikko Asset Management Co. ,Ltd.	日本	交通银行	2003－12－11
13	美林国际	Merrill Lynch International	英国	汇丰银行	2004－4－30
14	恒生银行有限公司	Hang Seng Bank Limited	中国香港	建设银行	2004－5－10
15	大和证券资本市场株式会社	Daiwa Securities Capital Markets Co. ,Ltd.	日本	工商银行	2004－5－10
16	比尔及梅林达盖茨信托基金会	Bill & Melinda Gates Foundation Trust	美国	汇丰银行	2004－7－19
17	景顺资产管理有限公司	INVESCO Asset Management Limited	英国	中国银行	2004－8－4
18	苏格兰皇家银行有限公司	The Royal Bank of Scotland N. V.	荷兰	汇丰银行	2004－9－2
19	法国兴业银行	Société Générale	法国	汇丰银行	2004－9－2
20	巴克莱银行	Barclays Bank PLC	英国	渣打银行	2004－9－15
21	德国商业银行	Commerzbank AG	德国	工商银行	2004－9－27
22	法国巴黎银行	BNP Paribas	法国	工商银行	2004－9－29
23	加拿大鲍尔公司	Power Corporation of Canada	加拿大	建设银行	2004－10－15
24	东方汇理银行	Credit Agrigole Corporate and Investment Bank	法国	汇丰银行	2004－10－15
25	高盛国际资产管理公司	Goldman Sachs Asset Management International	英国	汇丰银行	2005－5－9
26	马丁可利投资管理有限公司	Martin Currie Investment Management Ltd	英国	花旗银行	2005－10－25
27	新加坡政府投资有限公司	GIC Private Limited	新加坡	渣打银行	2005－10－25
28	柏瑞投资有限责任公司	PineBridge Investment LLC	美国	中国银行	2005－11－14
29	淡马锡富敦投资有限公司	Temasek Fullerton Alpha Pte Ltd	新加坡	汇丰银行	2005－11－15
30	JF 资产管理有限公司	JF Asset Management Limited	中国香港	建设银行	2005－12－28
31	日本第一生命保险株式会社	The Dai－ichi Life Insurance Company, Limited	日本	中国银行	2005－12－28
32	星展银行有限公司	DBS Bank Ltd	新加坡	农业银行	2006－2－13
33	安保资本投资有限公司	AMP Capital Investors Limited	澳大利亚	建设银行	2006－4－10
34	加拿大丰业银行	The Bank of Nova Scotia	加拿大	中国银行	2006－4－10
35	比联金融产品英国有限公司	KBC Financial Products UK Limited	英国	花旗银行	2006－4－10
36	法国爱德蒙得洛希尔银行	La Compagnie Financierr Edmond de Rothschild Banque	法国	中国银行	2006－4－10
37	耶鲁大学	Yale University	美国	汇丰银行	2006－4－14
38	摩根士丹利投资管理公司	Morgan Stanley Investment Management Inc.	美国	汇丰银行	2006－7－7
39	瀚亚投资（香港）有限公司	Eastspring Investment (Hong Kong) Limited	中国香港	农业银行	2006－7－7
40	斯坦福大学	Stanford University	美国	汇丰银行	2006－8－5

序号	中文名称	外文名称	国别/地区	托管行	批准日期
41	通用电气资产管理公司	GE Asset Management Incorporated	美国	汇丰银行	2006－8－5
42	大华银行有限公司	United Overseas Bank Limited	新加坡	工商银行	2006－8－5
43	施罗德投资管理有限公司	Schroder Investment Mangement Limited	英国	交通银行	2006－8－29
44	汇丰环球投资管理(香港)有限公司	HSBC Global Asset Management (Hong Kong) Limited	中国香港	交通银行	2006－9－5
45	瑞穗证券株式会社	Mizuho Securities Co. ,Ltd	日本	建设银行	2006－9－5
46	瑞银环球资产管理(新加坡)有限公司	UBS Global Asset Management (Singapore) Ltd	新加坡	花旗银行	2006－9－25
47	三井住友资产管理株式会社	Sumitomo Mitsui Asset Management Company, Limited	日本	花旗银行	2006－9－25
48	挪威中央银行	Norges Bank	挪威	汇丰银行	2006－10－24
49	百达资产管理有限公司	Pictet Asset Management Limited	英国	汇丰银行	2006－10－25
50	哥伦比亚大学	The Trustees of Columbia University in the City of New York	美国	汇丰银行	2008－3－12
51	荷宝基金管理公司	Robeco Institutional Asset management B. V.	荷兰	花旗银行	2008－5－5
52	道富环球投资管理亚洲有限公司	State Street Global Advisors Asia Limited	中国香港	渣打银行	2008－5－16
53	铂金投资管理有限公司	Platinum Investment Company Limited	澳大利亚	汇丰银行	2008－6－2
54	比利时联合资产管理有限公司	KBC Asset Management N. V.	比利时	工商银行	2008－6－2
55	未来资产基金管理公司	Mirae Asset Global Investments Co. , Ltd.	韩国	工商银行	2008－7－25
56	安达国际控股有限公司	ACE INA International Holdings, Ltd.	美国	工商银行	2008－8－5
57	魁北克储蓄投资集团	Caisse de dép? t et placement du Québec	加拿大	汇丰银行	2008－8－22
58	哈佛大学	President and Fellows of Harvard College	美国	工商银行	2008－8－22
59	三星资产运用株式会社	Samsung Investment Trust Management Co. , Ltd.	韩国	中国银行	2008－8－25
60	联博有限公司	AllianceBernstein Limited	英国	汇丰银行	2008－8－28
61	华侨银行有限公司	Oversea－Chinese Banking Corporation Limited	新加坡	建设银行	2008－8－28
62	首域投资管理(英国)有限公司	First State Investment Management (UK) Limited	英国	花旗银行	2008－9－11
63	大和证券投资信托株式会社	DAIWA Asset Management Co.	日本	中国银行	2008－9－11
64	壳牌资产管理有限公司	Shell Asset Management Company B. V.	荷兰	花旗银行	2008－9－12
65	普信投资公司	T. Rowe Price Associates, Inc.	美国	汇丰银行	2008－9－12
66	瑞士信贷银行股份有限公司	Credit Suisse AG	瑞士	工商银行	2008－10－14
67	大华资产管理有限公司	UOB Asset Management Ltd	新加坡	工商银行	2008－11－28
68	阿布达比投资局	ABU Dhabi Investment Authority	阿联酋	汇丰银行	2008－12－3
69	德盛安联资产管理卢森堡	Allianz Global Investors Luxembourg S. A.	卢森堡	工商银行	2008－12－16
70	资本国际公司	Capital International, Inc.	美国	汇丰银行	2008－12－18
71	三菱日联摩根士丹利证券股份有限公司	Mitsubishi UFJ Morgan Stanley Securities Co. , Ltd.	日本	中国银行	2008－12－29
72	韩华资产运用株式会社	Hanwha Investment Trust Management Co. , Ltd.	韩国	花旗银行	2009－2－5
73	安石股票投资管理(美国)有限公司	Ashmore Equities Investment Management(US) LLC	美国	汇丰银行	2009－2－10
74	DWS投资管理有限公司	DWS Investment S. A.	卢森堡	汇丰银行	2009－2－24
75	韩国产业银行	The Korea Development Bank	韩国	建设银行	2009－4－23
76	韩国友利银行股份有限公司	Woori Bank Co. , Ltd	韩国	工商银行	2009－5－4
77	马来西亚国家银行	Bank Negara Malaysia	马来西亚	汇丰银行	2009－5－19
78	罗祖儒投资管理(香港)有限公司	Lloyd George Management (Hong Kong) Limited	中国香港	汇丰银行	2009－5－27
79	邓普顿投资顾问有限公司	Templeton Investment Counsel, LLC	美国	汇丰银行	2009－6－5
80	东亚联丰投资管理有限公司	BEA Union Investment Management Limited	中国香港	工商银行	2009－6－18
81	三井住友信托银行股份有限公司	The Sumitomo Trust & Banking Co. , Ltd.	日本	花旗银行	2009－6－26
82	韩国投资信托运用株式会社	Korea Investment Trust Management Co. , Ltd	韩国	工商银行	2009－7－21
83	霸菱资产管理有限公司	Baring Asset Management Limited	英国	汇丰银行	2009－8－6
84	安石投资管理有限公司	Ashmore Investment Management Limited	英国	工商银行	2009－9－14
85	纽约梅隆资产管理国际有限公司	BNY Mellon Asset Management International Limited	英国	建设银行	2009－11－6
86	宏利资产管理(香港)有限公司	Manulife Asset Management (Hong Kong) Limited	中国香港	花旗银行	2009－11－20
87	野村资产管理株式会社	Nomura Asset Management CO. , LTD	日本	工商银行	2009－11－23
88	东洋资产运用(株)	Tongyang Asset Management Corp.	韩国	花旗银行	2009－12－11
89	加拿大皇家银行	Royal Bank of Canada	加拿大	工商银行	2009－12－23
90	英杰华投资集团全球服务有限公司	Aviva Investors Global Services Limited	英国	工商银行	2009－12－28
91	常青藤资产管理公司	Ivy Investment Management Company	美国	汇丰银行	2010－2－8
92	达以安资产管理公司	DIAM Co. , Ltd.	日本	汇丰银行	2010－4－20
93	法国欧菲资产管理公司	OFI Asset Management	法国	渣打银行	2010－5－21
94	安本亚洲资产管理公司	Aberdeen Asset Management Asia Limited	新加坡	花旗银行	2010－7－6
95	KB资产运用	KB Asset Management Co. , Ltd.	韩国	花旗银行	2010－8－9

序号	中文名称	外文名称	国别/地区	托管行	批准日期
96	富达基金(香港)有限公司	Fidelity Investments Management (Hong Kong) Limited	中国香港	汇丰银行	2010-9-1
97	美盛投资(欧洲)有限公司	Legg Mason Investements (Europe) Limited	英国	花旗银行	2010-10-8
98	香港金融管理局	Hong Kong Monetary Authority	中国香港	花旗银行	2010-10-27
99	富邦证券投资信托股份有限公司	Fubon Securities Investment Trust Co. Ltd.	中国台湾	建设银行	2010-10-29
100	群益证券投资信托股份有限公司	Capital Securities Investment Trust Corporation	中国台湾	汇丰银行	2010-10-29
101	蒙特利尔银行投资公司	BMO Investments Inc.	加拿大	工商银行	2010-12-6
102	瑞士宝盛银行	Bank Julius Bear & Co.,Ltd	瑞士	花旗银行	2010-12-14
103	科提比资产运用株式会社	KTB Asset Management Co.,Ltd	韩国	建设银行	2010-12-28
104	领先资产管理	Lyxor Asset Management	法国	建设银行	2011-2-16
105	元大宝来证券投资信托股份有限公司	Yuanta Securities Investment Trust Co.,Ltd.	中国台湾	花旗银行	2011-3-4
106	忠利保险有限公司	Assicurazioni Generali S. p. A.	意大利	工商银行	2011-3-18
107	西班牙对外银行有限公司	Banco Bilbao Vizcaya Argentaria, S. A.	西班牙	中信银行	2011-5-6
108	国泰证券投资信托股份有限公司	Cathay Securities Investment Trust Co., Ltd.	台湾	汇丰银行	2011-6-9
109	复华证券投资信托股份有限公司	Fuh Hwa Securities Investment Trust Co. Ltd.	中国台湾	花旗银行	2011-6-9
110	亢简资产管理公司	Comgest S. A.	法国	德意志银行	2011-6-24
111	东方汇理资产管理香港有限公司	Amundi Hong Kong Limited	中国香港	建设银行	2011-7-14
112	贝莱德机构信托公司	BlackRock Institutional Trust Company, N. A.	美国	花旗银行	2011-7-14
113	GMO有限责任公司	Grantham, Mayo, Van Otterloo & Co. LLC	美国	汇丰银行	2011-8-9
114	新加坡金融管理局	Monetary Authority of Singapore	新加坡	汇丰银行	2011-10-8
115	中国人寿保险股份有限公司(台湾)	China Life Insurance Co., Ltd. (Taiwan)	中国台湾	建设银行	2011-10-26
116	新光人寿保险股份有限公司	Shin Kong Life Insurance Co., Ltd.	中国台湾	花旗银行	2011-10-26
117	普林斯顿大学	Princeton University	美国	汇丰银行	2011-11-25
118	新光投信株式会社	Shinko Asset Management Co., Ltd.	日本	汇丰银行	2011-11-25
119	加拿大年金计划投资委员会	Canada Pension Plan Investment Board	加拿大	汇丰银行	2011-12-9
120	泛达公司	Van Eck Associates Corporation	美国	工商银行	2011-12-9
121	瀚博环球投资公司	Hansberger Global Investors, Inc.	美国	渣打银行	2011-12-13
122	安耐德合伙人有限公司	EARNEST Partners LLC	美国	建设银行	2011-12-13
123	泰国银行	Bank of Thailand	泰国	汇丰银行	2011-12-16
124	科威特政府投资局	Kuwait Investment Authority	科威特	工商银行	2011-12-21
125	北美信托环球投资公司	Northern Trust Global Investments Limited	英国	交通银行	2011-12-21
126	台湾人寿保险股份有限公司	Taiwan Life Insurance Co., Ltd.	中国台湾	工商银行	2011-12-21
127	韩国银行	The Bank of Korea	韩国	汇丰银行	2011-12-21
128	安大略省教师养老金计划委员会	Ontario Teachers´Pension Plan Board	加拿大	汇丰银行	2011-12-22
129	韩国投资公司	Korea Investment Corporation	韩国	汇丰银行	2011-12-28
130	罗素投资爱尔兰有限公司	Russell Investments Ireland Limited	爱尔兰	汇丰银行	2011-12-28
131	迈世勒资产管理有限责任公司	Metzler Asset Management GmbH	德国	工商银行	2011-12-31
132	华宜资产运用有限公司	HI Asset Management Co., Linmited.	韩国	工商银行	2011-12-31
133	新韩法国巴黎资产运用株式会社	Shinhan BNP Paribas Asset Management Co., Ltd.	韩国	汇丰银行	2012-1-5
134	家庭医生退休基金	Stichting Pensioenfonds voor Huisartsen	荷兰	汇丰银行	2012-1-5
135	国民年金公团(韩国)	National Pension Service	韩国	花旗银行	2012-1-5
136	三商美邦人寿保险股份有限公司	Mercuries Life Insurance Co,Ltd	中国台湾	汇丰银行	2012-1-30
137	保德信证券投资信托股份有限公司	Prudential Financial Securities Investment Trust Enterprise	中国台湾	汇丰银行	2012-1-31
138	信安环球投资有限公司	Principal Global Investors LLC	美国	建设银行	2012-1-31
139	医院管理局公积金计划	Hospital Authority Provident Fund Scheme	中国香港	汇丰银行	2012-1-31
140	全球人寿保险股份有限公司	TransGlobe Life Insurance Inc.	中国台湾	花旗银行	2012-2-3
141	大众信托基金有限公司	Public Mutual Berhad	马来西亚	花旗银行	2012-2-3
142	明治安田资产管理有限公司	Meiji Yasuda Asset Management Company Ltd.	日本	花旗银行	2012-2-27
143	国泰人寿保险股份有限公司	Cathay Life Insurance Co., LTD.	中国台湾	中国银行	2012-2-28
144	三井住友银行株式会社	Sumitomo Mitsui Banking Corporation	日本	中国银行	2012-2-28
145	富邦人寿保险股份有限公司	Fubon Life Insurance Co. Ltd	中国台湾	花旗银行	2012-3-1
146	友邦保险有限公司	AIA Company Limited	中国香港	中国银行	2012-3-5
147	纽伯格伯曼欧洲有限公司	Neuberger Berman Europe Limited	英国	工商银行	2012-3-5
148	马来西亚国库控股公司	KHAZANAH NASIONAL BERHAD	马来西亚	工商银行	2012-3-7
149	资金研究与管理公司	Capital Research and Management Company	美国	汇丰银行	2012-3-9
150	日本东京海上资产管理株式会社	Tokio Marine Asset Management Co.,Ltd	日本	汇丰银行	2012-3-14

序号	中文名称	外文名称	国别/地区	托管行	批准日期
151	韩亚大投证券株式会社	Hana Daetoo Securities Co,Ltd	韩国	花旗银行	2012-3-29
152	兴元资产管理有限公司	Genesis Asset Managers,LLP	美国	德意志银行	2012-3-30
153	伦敦市投资管理有限公司	City of London Investment Managementi Company Limited	英国	汇丰银行	2012-3-30
154	摩根资产管理(英国)有限公司	JPMorgan Asset Management (UK) Limited	英国	工商银行	2012-3-30
155	冈三资产管理股份有限公司	Okasan Asset Management Co. ,Ltd	日本	汇丰银行	2012-3-30
156	预知投资管理公司	Prescient Investment Management PTY LTD	南非	工商银行	2012-4-18
157	东部资产运用株式会社	Dongbu Asset Management Co. ,Ltd.	韩国	建设银行	2012-4-20
158	骏利资产管理有限公司	Janus Capital Management LLC	美国	汇丰银行	2012-4-20
159	瑞穗投信投资顾问有限公司	Mizuho Asset Management Co. , Ltd.	日本	汇丰银行	2012-4-26
160	瀚森全球投资有限公司	Henderson Global Investors Limited	英国	渣打银行	2012-4-28
161	欧利盛资产管理有限公司	Eurizon Capital S. A.	卢森堡	工商银行	2012-5-2
162	中银国际英国保诚资产管理有限公司	BOCI-Prudential Asset Management Limited	中国香港	渣打银行	2012-5-3
163	富敦资金管理有限公司	Fullerton Fund Management Company Ltd	新加坡	工商银行	2012-5-4
164	利安资金管理公司	Lion Global Investors Limited	新加坡	花旗银行	2012-5-7
165	忠利基金管理有限公司	GENERAIL Fund Management S. A.	卢森堡	建设银行	2012-5-23
166	威廉博莱公司	William Blair & Company, L. L. C.	美国	汇丰银行	2012-5-24
167	天达资产管理有限公司	Investec Asset Management Limited	英国	花旗银行	2012-5-28
168	安智投资管理亚太(香港)有限公司	ING Investment Management Aisa Pacific (Hong Kong) Limited	中国香港	花旗银行	2012-6-4
169	三菱日联资产管理公司	Mitsubishi UFJ Asset Management Co. ,Ltd	日本	汇丰银行	2012-6-4
170	中银集团人寿保险有限公司	BOC Group Life Assurance Company Limited	中国香港	农业银行	2012-7-12
171	霍尔资本有限公司	Hall Capital Partners LLC	美国	花旗银行	2012-8-6
172	得克萨斯大学体系董事会	Board of Regents of The University of Texas System	美国	汇丰银行	2012-8-6
173	南山人寿保险股份有限公司	Nan Shan Life Insurance Company, Ltd.	中国台湾	工商银行	2012-8-6
174	SUVA 瑞士国家工伤保险机构	Suva	瑞士	花旗银行	2012-8-13
175	不列颠哥伦比亚省投资管理公司	British Columbia Investment Management Corporation	加拿大	汇丰银行	2012-8-17
176	惠理基金管理香港有限公司	Value Partners Hong Kong Limited	中国香港	汇丰银行	2012-8-21
177	安大略退休金管理委员会	Ontario Pension Board	加拿大	中国银行	2012-8-29
178	教会养老基金	The Church Pension Fund	美国	工商银行	2012-8-31
179	麦格理银行有限公司	Macquarie Bank Limited	澳大利亚	汇丰银行	2012-9-4
180	瑞典第二国家养老金	Andra AP-fonden	瑞典	汇丰银行	2012-9-20
181	海通资产管理(香港)有限公司	Hai Tong Asset Management (HK) Limited	中国香港	交通银行	2012-9-20
182	IDG 资本管理(香港)有限公司	IDG CAPITAL MANAGEMENT (HK) LIMITED	中国香港	建设银行	2012-9-20
183	杜克大学	Duke University	美国	工商银行	2012-9-24
184	卡塔尔控股有限责任公司	Qatar Holding LLC	卡塔尔	农业银行	2012-9-25
185	瑞士盈丰银行股份有限公司	EFG Bank AG	瑞士	花旗银行	2012-9-26
186	海拓投资管理公司	Cutwater Investor Services Corporation	美国	中国银行	2012-10-26
187	奥博医疗顾问有限公司	OrbiMed Advisors LLC	美国	花旗银行	2012-10-26
188	新思路投资有限公司	New Silk Road Investment Pte. Ltd.	新加坡	汇丰银行	2012-10-26
189	贝莱德资产管理北亚有限公司	BlackRock Asset Management North Asia Limited	中国香港	花旗银行	2012-10-26
190	摩根证券投资信托股份有限公司	JPMorgan Asset Management Taiwan	中国台湾	建设银行	2012-11-5
191	全球保险集团美国投资管理有限公司	AEGON USA Investment Management, LLC	美国	花旗银行	2012-11-5
192	鼎晖投资咨询新加坡有限公司	CDH Investment Advisory Private Limited	新加坡	建设银行	2012-11-7
193	瑞典北欧斯安银行有限公司	Skandinaviska Enskilda Banken AB(publ)	瑞典	中国银行	2012-11-12
194	嘉实国际资产管理有限公司	Harvest Global Investments Limited	中国香港	中国银行	2012-11-12
195	灰石投资管理有限公司	Greystone Managed Investments Inc.	加拿大	工商银行	2012-11-21
196	统一证券投资信托股份有限公司	Uni-President Assets Management Corporation	中国台湾	汇丰银行	2012-11-21
197	大和住银投信投资顾问株式会社	Daiwa SB Investments Ltd.	日本	农业银行	2012-11-19
198	毕盛资产管理有限公司	APS Asset Management Pte Ltd	新加坡	建设银行	2012-11-27
199	中信证券国际投资管理(香港)有限公司	CITIC Securities International Investment Management (HK) Limited	中国香港	工商银行	2012-12-11
200	太平洋投资策略有限公司	Pacific Alliance Investment Management (HK) Limited	中国香港	建设银行	2012-12-11
201	易方达资产管理(香港)有限公司	E Fund Management (Hongkong) Co. ,Limited	中国香港	汇丰银行	2012-12-11
202	高瓴资本管理有限公司	Hillhouse Capital Management Pte. Ltd.	新加坡	建设银行	2012-12-11
203	永丰证券投资信托股份有限公司	SinoPac Securities Investment Trust Co. ,Ltd	中国台湾	工商银行	2012-12-13
204	华夏基金(香港)有限公司	China Asset Management (Hong Kong) Limited	中国香港	汇丰银行	2012-12-25
205	宜思投资管理有限责任公司	East Capital AB	瑞典	花旗银行	2013-1-7

序号	中文名称	外文名称	国别/地区	托管行	批准日期
206	第一金证券投资信托股份有限公司	First Securities Investment Trust Co., Ltd.	中国台湾	汇丰银行	2013-1-24
207	太平洋投资管理公司亚洲私营有限公司	PIMCO Asia Pte Ltd	新加坡	汇丰银行	2013-1-24
208	瑞银环球资产管理(香港)有限公司	UBS Global Asset Management (Hong Kong) Limited	中国香港	花旗银行	2013-1-24
209	南方东英资产管理有限公司	CSOP Asset Management Limited	中国香港	渣打银行	2013-1-31
210	EJS投资管理有限公司	EJS Investment Management S. A.	瑞士	交通银行	2013-1-31
211	国泰君安资产管理(亚洲)有限公司	Guotai Junan Assets (Asia) Limited	中国香港	交通银行	2013-2-21
212	泰康资产管理(香港)有限公司	Taikang Asset Management (HK) Company Limited	中国香港	工商银行	2013-2-22
213	招商证券资产管理(香港)有限公司	CMS Asset Management (HK) Co., Limited	中国香港	交通银行	2013-2-22
214	现代证券株式会社	Hyundai Securities Co., Ltd	韩国	建设银行	2013-3-22
215	工银亚洲投资管理有限公司	ICBC (Asia) Investment Management Company Limited	中国香港	建设银行	2013-3-25
216	亚洲资本再保险集团私人有限公司	Asia Capital Reinsurance Group Pte. Ltd.	新加坡	花旗银行	2013-4-11
217	AZ基金管理股份有限公司	AZ Fund Management S. A.	卢森堡	德意志银行	2013-4-11
218	台新证券投资信托股份有限公司	Taishin Securities Investment Trust Co., Ltd.	中国台湾	建设银行	2013-4-27
219	海富通资产管理(香港)有限公司	HFT Investment Management (HK) Limited	中国香港	花旗银行	2013-5-7
220	汇丰中华证券投资信托股份有限公司	HSBC Global Asset Management (Taiwan) Limited	中国台湾	交通银行	2013-5-10
221	太平资产管理(香港)有限公司	Taiping Assets Management (HK) Company Limited	中国香港	建设银行	2013-5-15
222	中国国际金融香港资产管理有限公司	China International Capital Corporation Hong Kong Asset Management Limited	中国香港	建设银行	2013-5-16
223	中国光大资产管理有限公司	China Everbright Assets Management Limited	中国香港	汇丰银行	2013-5-30
224	博时基金(国际)有限公司	Bosera Asset Management (International) Co., Ltd.	中国香港	汇丰银行	2013-6-4
225	兆丰国际证券投资信托股份有限公司	Mega International Investment Trust Co., Ltd.	中国台湾	德意志银行	2013-6-4
226	法国巴黎投资管理亚洲有限公司	BNP Paribas Investment Partners Asia Limited	中国香港	中国银行	2013-6-19
227	圣母大学	University of Notre Dame du Lac	美国	汇丰银行	2013-6-19
228	纽堡亚洲	Newport Asia LLC	美国	汇丰银行	2013-7-15
229	华南永昌证券投资信托股份有限公司	HUA NAN INVESTMENT TRUST CORPORATION	中国台湾	花旗银行	2013-7-15
230	景林资产管理香港有限公司	Greenwoods Asset Management Hong Kong Limited	中国香港	汇丰银行	2013-7-15
231	中国信托人寿保险股份有限公司	CTBC Life Insurance Co., Ltd.	中国台湾	中国银行	2013-8-20
232	凯思博投资管理(香港)有限公司	Keywise Capital Management (HK) Limited	中国香港	工商银行	2013-8-20
233	富邦产物保险股份有限公司	FUBON INSURANCE COMPANY LIMITED	中国台湾	工商银行	2013-8-26
234	欧特咨询有限公司	Alta Advisers Limited	英国	汇丰银行	2013-8-26
235	盛树投资管理有限公司	Flowering Tree Investment Manangement Pte. Ltd.	新加坡	汇丰银行	2013-8-26
236	广发国际资产管理有限公司	GF International Investment Management Limited	中国香港	工商银行	2013-9-26
237	梅奥诊所	Mayo Clinic	美国	汇丰银行	2013-9-29
238	国信证券(香港)资产管理有限公司	Guosen Securities (HK) Asset Management Company Limited	中国香港	花旗银行	2013-9-29
239	新加坡科技资产管理有限公司	ST Asset Management Ltd	新加坡	渣打银行	2013-10-18
240	政府养老基金(泰国)	Government Pension Fund	泰国	建设银行	2013-10-24
241	狮诚控股国际私人有限公司	SeaTown Holdings International Pte. Ltd.	新加坡	汇丰银行	2013-10-30
242	CSAM资产管理有限公司	CSAM Asset Management Pte Ltd	新加坡	花旗银行	2013-10-30
243	中国人寿富兰克林资产管理有限公司	China Life Franklin Asset Management Co., Limited	中国香港	建设银行	2013-10-30
244	福特基金会	The Ford Foundation	美国	汇丰银行	2013-10-31
245	瑞银韩亚资产运用株式会社	UBS Hana Asset Management Co., Ltd.	韩国	花旗银行	2013-10-31
246	国泰世华商业银行股份有限公司	Cathay United Bank Co., Ltd.	中国台湾	工商银行	2013-11-7
247	立陶宛银行	Bank of Lithuania	立陶宛	汇丰银行	2013-11-23
248	富兰克林华美证券投资信托股份有限公司	Franklin Templeton SinoAM SIM Inc.	中国台湾	农业银行	2013-11-23
249	中国信托商业银行股份有限公司	CTBC Bank Co., Ltd.	中国台湾	中国银行	2013-11-23
250	华盛顿大学	The Washington University	美国	汇丰银行	2014-1-23
251	澳门金融管理局	Monetary Authority of Macao	中国澳门	中国银行	2014-1-27
252	史帝夫尼可洛司股份有限公司	Stifel Nicolaus & Company, Inc.	美国	花旗银行	2014-1-27
253	职总英康保险合作社有限公司	NTUC Income Insurance Co-operative Limited	新加坡	花旗银行	2014-1-27
254	Invesco PowerShares资产管理有限公司	Invesco PowerShares Capital Management LLC	美国	建设银行	2014-1-27
255	苏黎世欧洲再保险股份有限公司	European Reinsurance Company of Zurich Ltd	瑞士	花旗银行	2014-1-27
256	Nordea投资管理公司	Nordea Investment Management AB	瑞典	汇丰银行	2014-1-27
257	华顿证券投资信托股份有限公司	Paradigm Asset Management Co., Ltd.	中国台湾	工商银行	2014-3-11
258	喀斯喀特有限责任公司	Cascade Investment, L. L. C.	美国	德意志银行	2014-3-11
259	铭基国际投资公司	Matthews International Capital Management, LLC	美国	汇丰银行	2014-3-12
260	奥本海默基金公司	Oppenheimer Funds, Inc.	美国	汇丰银行	2014-3-19

序号	中文名称	外文名称	国别/地区	托管行	批准日期
261	高观投资有限公司	Overlook Investments Limited	中国香港	汇丰银行	2014-4-8
262	台新国际商业银行股份有限公司	Taishin International Bank	中国台湾	建设银行	2014-6-3
263	花旗集团基金管理有限公司	Citigroup First Investment Management Limited	中国香港	德意志银行	2014-6-16
264	爱斯普乐基金管理公司	ASSETPLUS Investment Management Co., Ltd.	韩国	花旗银行	2014-7-24
265	彭博家族基金会	The Bloomberg Family Foundation Inc.	美国	汇丰银行	2014-7-25
266	石溪集团	The Rock Creek Group, LP.	美国	汇丰银行	2014

RQFII 名录

序号	中文名称	英文名称	注册地	批准日期
1	南方东英资产管理有限公司		中国香港	2011.12.21
2	易方达资产管理(香港)有限公司		中国香港	2011.12.21
3	嘉实国际资产管理有限公司		中国香港	2011.12.21
4	华夏基金(香港)有限公司		中国香港	2011.12.21
5	大成国际资产管理有限公司		中国香港	2011.12.21
6	汇添富资产管理(香港)有限公司		中国香港	2011.12.21
7	博时基金(国际)有限公司		中国香港	2011.12.21
8	海富通资产管理(香港)有限公司		中国香港	2011.12.21
9	华安资产管理(香港)有限公司		中国香港	2011.12.21
10	中国国际金融(香港)有限公司		中国香港	2011.12.22
11	国信证券(香港)金融控股有限公司		中国香港	2011.12.22
12	光大证券金融控股有限公司		中国香港	2011.12.22
13	华泰金融控股(香港)有限公司		中国香港	2011.12.22
14	国泰君安金融控股有限公司		中国香港	2011.12.22
15	海通国际控股有限公司		中国香港	2011.12.22
16	广发控股(香港)有限公司		中国香港	2011.12.22
17	招商证券国际有限公司		中国香港	2011.12.22
18	申银万国(香港)有限公司		中国香港	2011.12.22
19	中信证券国际有限公司		中国香港	2011.12.22
20	安信国际金融控股有限公司		中国香港	2011.12.22
21	国元证券(香港)有限公司		中国香港	2011.12.22
22	工银瑞信资产管理(国际)有限公司		中国香港	2012.08.07
23	广发国际资产管理有限公司		中国香港	2012.08.07
24	上投摩根资产管理(香港)有限公司		中国香港	2012.10.26
25	国投瑞银资产管理(香港)有限公司		中国香港	2012.12.17
26	富国资产管理(香港)有限公司		中国香港	2012.12.17
27	诺安基金(香港)有限公司		中国香港	2013.02.22
28	泰康资产管理(香港)有限公司	Taikang Asset Management (Hong Kong) Company Limited	中国香港	2013.03.14
29	建银国际资产管理有限公司	CCB International Asset Management Limited	中国香港	2013.03.25
30	兴证(香港)金融控股有限公司		中国香港	2013.04.25
31	中国人寿富兰克林资产管理有限公司	China Life Franklin Asset Management Co., Limited	中国香港	2013.05.15
32	农银国际资产管理有限公司	ABCI Asset Management Limited	中国香港	2013.05.15
33	中投证券(香港)金融控股有限公司		中国香港	2013.05.16
34	东方金融控股(香港)有限公司		中国香港	2013.05.23
35	工银亚洲投资管理有限公司	ICBC (Asia) Investment Management Company Limited	中国香港	2013.06.04
36	恒生投资管理有限公司	Hang Seng Investment Management Limited	中国香港	2013.06.04
37	太平资产管理(香港)有限公司	Taiping Assets Management (HK) Company Limited	中国香港	2013.06.19
38	中银香港资产管理有限公司	BOCHK Asset Management Limited	中国香港	2013.07.15
39	南华资产管理(香港)有限公司	Nanhua Asset Management (Hong Kong) Corporation Limited	中国香港	2013.07.15
40	长江证券控股(香港)有限公司		中国香港	2013.07.15
41	中国平安资产管理(香港)有限公司	Ping An of China Asset Management (Hong Kong) Company Limited	中国香港	2013.07.19
42	信达国际资产管理有限公司	Cinda International Asset Management Limited	中国香港	2013.07.19
43	丰收投资管理(香港)有限公司	Income Partners Asset Management (HK) Limited	中国香港	2013.07.19
44	汇丰环球投资管理(香港)有限公司	HSBC Global Asset Management (Hong Kong) Limited	中国香港	2013.07.19
45	东亚银行有限公司	The Bank of East Asia, Limited	中国香港	2013.08.15
46	永丰金资产管理(亚洲)有限公司	SinoPac Asset Management (Asia) Ltd.	中国香港	2013.08.15
47	交银国际资产管理有限公司	BOCOM International Asset Management Limited	中国香港	2013.08.20
48	中国东方国际资产管理有限公司	China Orient International Asset Management Limited	中国香港	2013.08.20

序号	中文名称	英文名称	注册地	批准日期
49	惠理基金管理香港有限公司	Value Partners Hong Kong Limited	中国香港	2013.08.20
50	柏瑞投资香港有限公司	PineBridge Investments Hong Kong Limited	中国香港	2013.09.26
51	创兴银行有限公司	Chong Hing Bank Limited	中国香港	2013.09.26
52	香港沪光国际投资管理有限公司	Shanghai International Asset Management (Hong Kong) Company Limited	中国香港	2013.10.30
53	中国光大资产管理有限公司	China Everbright Assets Management Limited	中国香港	2013.10.30
54	中信建投(国际)金融控股有限公司		中国香港	2013.10.30
55	JF 资产管理有限公司	JF Asset Management Limited	中国香港	2013.10.30
56	未来资产环球投资(香港)有限公司	Mirae Asset Global Investments (Hong Kong) Limited	中国香港	2013.10.30
57	粤海证券有限公司	Guangdong Securites Limited	中国香港	2013.12.06
58	中国银河国际金融控股有限公司		中国香港	2013.12.11
59	安石投资管理有限公司	Ashmore Investment Management Limited	英国	2013.12.17
60	瑞银环球资产管理(香港)有限公司	UBS Global Asset Management (Hong Kong) Limited	中国香港	2013.12.19
61	永隆资产管理有限公司	Wing Lung Asset Management Limited	中国香港	2013.12.30
62	景林资产管理香港有限公司	Greenwoods Asset Management Hong Kong Limited	中国香港	2014.01.10
63	华宝兴业资产管理(香港)有限公司	Fortune SG Asset Management (Hong Kong) Co., Limited	中国香港	2014.01.20
64	易亚投资管理有限公司	Enhanced Investment Products Limited	中国香港	2014.01.27
65	麦格理基金管理(香港)有限公司	Macquarie Funds Management Hong Kong Limited	中国香港	2014.01.27
66	道富环球投资管理亚洲有限公司	State Street Global Advisors Asia Limited	中国香港	2014.01.27
67	嘉理资产管理有限公司	Galaxy Asset Management (H.K.) Limited	中国香港	2014.03.06
68	施罗德投资管理(香港)有限公司	Schroder Investment Management (Hong Kong) Limited	中国香港	2014.03.06
69	贝莱德资产管理北亚有限公司	BlackRock Asset Management North Asia Limited	中国香港	2014.03.11
70	交银施罗德资产管理(香港)有限公司	BOCOM Schroder Asset Management (Hong Kong) Company Limited	中国香港	2014.03.12
71	越秀资产管理有限公司	Yue Xiu Asset Management Limited	中国香港	2014.03.26
72	润晖投资管理香港有限公司	Cephei Capital Management (Hong Kong) Limited	中国香港	2014.03.27
73	赤子之心资本亚洲有限公司	Pureheart Capital Asia Limited	中国香港	2014.04.15
74	招商资产(香港)有限公司	China Merchants Asset Management (Hong Kong) Company Limited	中国香港	2014.05.21
75	富达基金(香港)有限公司	FIL Investment Management (Hong Kong) Limited	中国香港	2014.05.21
76	日兴资产管理亚洲有限公司	Nikko Asset Management Asia Ltd	新加坡	2014.05.21
77	毕盛资产管理有限公司	APS Asset Management Pte Ltd	新加坡	2014.05.21
78	富敦资金管理有限公司	Fullerton Fund Management Company Ltd	新加坡	2014.05.21
79	辉立资本管理(香港)有限公司	Phillip Capital Management (HK) Ltd	中国香港	2014.06.03
80	长盛基金(香港)有限公司	Changsheng Fund Management (H.K.) Limited	中国香港	2014.06.12
81	贝莱德顾问(英国)有限公司	BlackRock Advisors (UK) Limited	英国	2014.06.13
82	汇丰环球资产管理(英国)有限公司	HSBC Global Asset Management (UK) Limited	英国	2014.06.16
83	齐鲁国际控股有限公司	Qilu International Holdings Limited	中国香港	2014.06.27
84	三星资产运用(香港)有限公司	Samsung Asset Management (Hong Kong) Limited	中国香港	2014.06.30
85	新思路投资有限公司	New Silk Road Investment Pte. Ltd.	新加坡	2014.07.24
86	新华资产管理(香港)有限公司	New China Asset Management (Hong Kong) Limited	中国香港	2014.07.24
87	元富证券(香港)有限公司	Masterlink Securites (Hong Kong) Corporation Limited	中国香港	2014.07.28
88	国泰君安基金管理有限公司	Guotai Junan Fund Management Limited	中国香港	2014.08.11
89	高泰盆景资产管理(香港)有限公司	Gottex Penjing Asset Management (HK) Limited	中国香港	2014.08.11
90	联博香港有限公司	AllianceBernstein Hong Kong Limited	中国香港	2014.08.12
91	财通国际资产管理有限公司	Caitong International Asset Management Co., Limited	中国香港	2014.08.12
92	元大宝来证券(香港)有限公司	Yuanta Securities (Hong Kong) Company Limited	中国香港	2014.08.15
93	安本亚洲资产管理有限公司	Aberdeen Asset Management Asia Limited	新加坡	2014.08.15
94	法国巴黎资产管理	BNP Paribas Asset Management	法国	2014.08.27
95	天达资产管理有限公司	Investec Asset Management Limited	英国	2014.08.28

2014 年证券投资基金市场数据统计

截至 2014 年 12 月底，我国境内共有基金管理公司 95 家，其中合资公司 46 家，内资公司 49 家，共有取得公募基金管理资格的证券公司 6 家；管理资产合计 66811.36亿元，其中管理的公募基金规模 45353.61 亿元，非公开募集资产规模 21457.75 亿元。

类别	基金数量(只)	份额(亿份)	净值(亿元)	份额(亿份)	净值(亿元)
公募基金	1897	42011.99	45353.61	40675.94	42386.35
封闭式基金	134	1253.71	1363.79	1312.01	1434.57
开放式基金	1763	40758.28	43989.82	39363.92	40951.78
其中:股票型	699	10772.46	13142.02	10099.95	11129.43
其中:混合型	395	5525.28	6025.23	5513.71	5834.76
其中:债券型	409	3039.70	3473.40	3479.45	3825.85

类别	基金数量(只)	份额(亿份)	净值(亿元)	份额(亿份)	净值(亿元)
其中:货币型	171	20804. 36	20862. 43	19623. 22	19642. 20
其中:QDII	89	616. 48	486. 75	647. 59	519. 54
非公开募集资产	–	–	21457. 75	–	18526. 33
合计	1897	42011. 99	66811. 36	40675. 94	60912. 67

基金管理公司:经中国证监会核准的基金管理人

公募基金:指基金管理公司或经中国证监会按照规定核准的其他机构公开募集的证券投资基金。

封闭式基金:指在合同约定期限内采取封闭运作模式,份额保持不变的公募基金。

开放式基金及分类:是指基金份额总额不固定,基金份额可以在基金合同约定的时间和场所申购或者赎回的公募基金;其分类按照《证券投资基金运作管理办法》第二十九条按投资标的比例进行分类。

非公开募集资产:基金管理公司受托管理社会保障基金、企业年金和特定客户资产管理计划,不包括基金管理公司子公司管理的资产。

2014年证券公司、基金管理公司私募资产管理业务统计年报

截至2014年底,证券公司资管业务、基金公司及其子公司专户业务管理资产总规模12.91万亿元,较2013年底增加6.26万亿元,增长94%。其中,证券公司资管业务管理资产规模7.95万亿元,较2013年底增加2.74万亿元,增长53%;基金公司专户业务管理资产规模1.22万亿元,较2013年底增加7501亿元,增长158%;基金子公司专户业务管理资产规模3.74万亿元,较2013年底增加2.77万亿元,增长285%。

表1　证券公司、基金公司及其子公司2014年资产管理业务总体情况

	2014年底规模(亿元)	占比(%)	年度规模增量(亿元)	增长率(%)
证券公司	79463	61.5	27404	52.6
基金公司	12240	9.5	7501	158
基金子公司	37390	29.0	27683	285
合计	129093	100.0	62588	94.1

从全年来看,证券公司、基金公司及其子公司资管业务呈现以下特点:一是资产管理规模继续增长,全年增速平稳,年末受多种因素影响出现飙升;二是机构主动管理能力进一步加强,主动管理规模及其占比上升;三是通道业务增长趋缓,资管业务结构逐步优化,信托贷款、委托贷款规模增量下降,票据、信用证等投资规模增量上升;四是产品类型进一步丰富,投资领域不断拓展,机构依据自身优势资源逐步形成特色业务;五是资产管理行业竞争加剧,基金公司、基金子公司行业集中度下降。

表2　主动管理、被动管理产品规模及占比

	主动产品		被动产品		合计规模(亿元)
	规模(亿元)	占比(%)	规模亿元)	占比(%)	
证券公司	13492	17.0	65971	83.0	79463
基金公司	9128	74.6	3112	25.4	12240
基金子公司	15107	40.4	22283	59.6	37390
合计	37727	29.2	91366	70.8	129093

表3　标准、非标产品规模及占比

	标准产品		非标产品		合计规模(亿元)
	规模(亿元)	占比(%)	规模亿元)	占比(%)	
证券公司	14775	18.6	64688	81.4	79463
基金公司	12240	100.0	–	–	12240
基金子公司	3638	9.7	33752	90.3	37390
合计	30653	23.7	98440	76.3	129093

表4　一对一、一对多产品规模及占比

	一对一(定向)		一对多(集合)		合计规模(亿元)
	规模(亿元)	占比(%)	规模亿元)	占比(%)	
证券公司	72542	91.3	6921	8.7	79463
基金公司	8736	71.4	3504	28.6	12240
基金子公司	23329	62.4	14061	37.6	37390
合计	104607	81.0	24486	19.0	129093

2014年第二季度全球共同基金发展情况

美国投资公司协会(ICI)代表国际投资基金协会(IIFA)——由世界各国、地区的投资基金协会组成的联合会——定期汇编全球统计数据。2014年第二季度收集了全球46个国家(地区)的统计数据。

2014年二季度末,全球共同基金资产增至32万亿美元,环比增长3.8%。所有类型基金合计,2014年二季度现金净流入2910亿美元,2014年第一季度净流入3570亿美元。其中,长期基金二季度现金净流入3580亿美元,今年第一季度净流入3290亿美元;股票型基金二季度净流入660亿美元,今年一季度净流入1270亿美元;债券型基金二季度净流入1540亿美元,今年一季度净流出960亿美元;货币市场基金二季度净流入670亿美元,高于今年一季度的280亿美元。

由于美元贬值因素,以美元计价的共同基金资产的增加有所高估。例如,2014年第二季度,欧洲以美元计价的共同基金资产增加了3.8%,如以欧元计价,则是增加了5.0%(图1)。

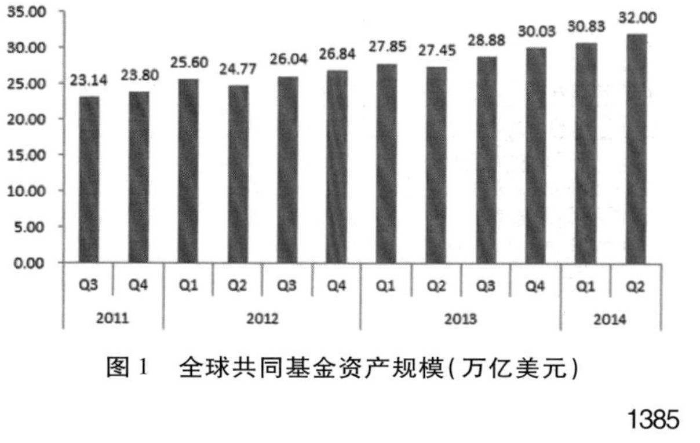

图1　全球共同基金资产规模(万亿美元)

以美元计价，至 2014 年二季度末，全球股票型基金资产规模环比上升 4.5% 至 14.2 万亿美元，股票型基金资产规模净增长占全部基金资产规模净增长的 50% 以上；债券型基金资产规模环比增长 4.2%，达到 7.6 万亿美元，占全部基金资产规模净增长的 26%；混合型基金资产规模环比上升 5.7%；货币市场基金资产规模环比下降 7.9%（图 2）。

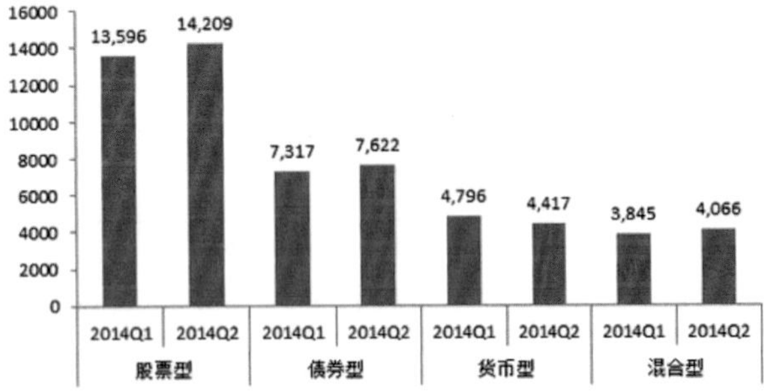

图 2　全球共同基金资产按基金类型统计图

2014 年二季度，全球共同基金现金净流入 2910 亿美元，股票型基金现金净流入 660 亿美元，低于 2014 年一季度的 1270 亿美元。在美洲，股票型基金二季度现金净流入 190 亿美元，低于 2014 年一季度的 710 亿美元。在欧洲，股票型基金二季度现金净流入 330 亿美元，低于 2014 年一季度的 370 亿美元。

2014 年二季度，全球债券型基金现金净流入 1540 亿美元，2014 年一季度净流出 960 亿美元。在美洲和欧洲，二季度债券型基金分别出现 660 亿美元净流出和 770 亿美元净流入。在亚太地区，二季度债券型基金净流入 110 亿美元，而 2014 年一季度为净流出 340 亿美元。

2014 年二季度，全球混合型基金现金净流入为 1110 亿美元，2014 年一季度为净流入 980 亿美元。在美洲和欧洲，混合型基金二季度现金净流入分别为 290 亿美元和 760 亿美元。

2014 年二季度，全球货币市场基金现金净流出为 670 亿美元，2014 年一季度净流入 280 亿美元。货币市场基金现金净流出发生在美洲和欧洲地区，分别是 700 亿美元和 300 亿美元，在亚太地区则净流入 320 亿美元。

表 1　全球共同基金净销售额

（单位：十亿美元）

	2012		2013				2014	
	Q3	Q4	Q1	Q2	Q3	Q4	Q1	Q2
全部基金	181	424	331	114	191	252	350	291
长期基金	195	287	450	212	90	203	322	358
股票型基金	-56	17	144	45	77	145	126	66
债券型基金	194	215	187	53	-56	-8	95	154
混合型基金	48	42	101	74	63	63	98	111
其他基金	8	12	19	40	6	3	3	27
货币市场基金	-14	137	-119	-99	101	49	28	-67

注释：2012 年第三季度、2012 年第四季度、2013 的第一季度、2013 的第二季度、2013 的第三季度、2013 的第四季度、2014 的第一季度包含了 42 个国家（地区）的数据；2014 年第二季度包含了 43 个国家（地区）的数据。报告净销售额的国家地区）基金资产总额占全部调研国家（地区）基金资产总额的 94%。净销售额 = 新增销售额 + 红利再投资 - 赎回 + 净转换。由于约数操作，各部分之的与部计略有误差。

截至 2014 年二季度末，全球共同基金资产的 44% 为股票型基金，24% 为债券型基金，13% 为混合型基金，14% 为货币市场基金（图 3）。

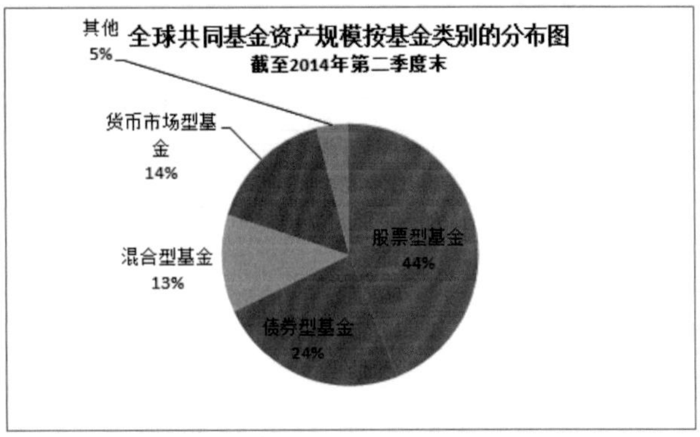

图 3　全球共同基金资产规模按基金类别的分布图

按照区域，截至 2014 年第二季度末，全球资产的 56% 在美洲，32% 在欧洲，12% 在非洲和亚太地区（图 4）。

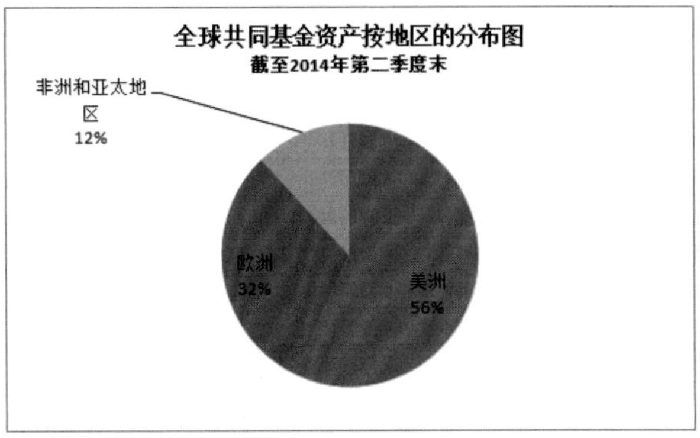

图 4　全球共同基金资产按地区的分布图

截至 2014 年第二季度末，全球共同基金共有 78,033 只。按照基金类型，37% 为股票型基金，23% 为混合型基金，19% 为债券型基金，4% 为货币市场基金（图 5）。

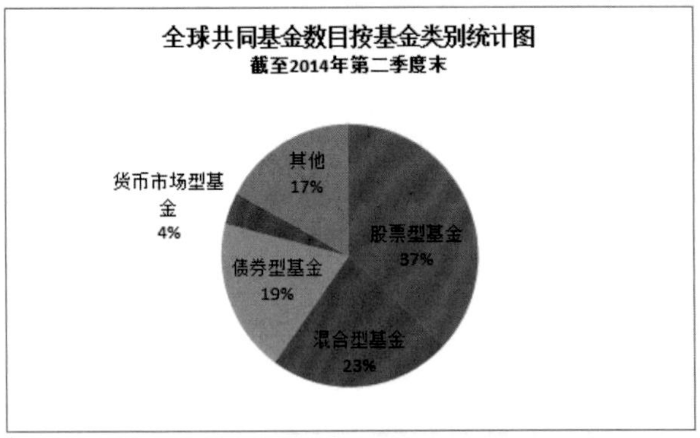

图 5　全球共同基金数目按基金类别统计图

注释：其他/未分类基金包括爱尔兰的全部基金。

公募基金管理机构管理公募基金规模排名
（2015 年 6 月底）

为加强信息披露，提高公募基金市场透明度，基金业协会统计了 105 家具有公募基金管理资格的基金管理公司、证券公司、保险资管公司 2015 年 6 月底的公募基金规模排名数据，现予以公布，仅供市场参考。

排名	机构名称	公募基金规模(亿元)	公募基金数量(只)
1	天弘基金管理有限公司	6685	33
2	华夏基金管理有限公司	4082	55
3	易方达基金管理有限公司	3666	83
4	工银瑞信基金管理有限公司	3521	67
5	嘉实基金管理有限公司	2827	75
6	富国基金管理有限公司	2658	66
7	鹏华基金管理有限公司	2277	82
8	广发基金管理有限公司	2262	76
9	汇添富基金管理有限公司	2199	54
10	南方基金管理有限公司	2196	71
11	中银基金管理有限公司	1958	49
12	招商基金管理有限公司	1793	53
13	建信基金管理有限责任公司	1655	55
14	国泰基金管理有限公司	1512	54
15	上投摩根基金管理有限公司	1329	43
16	博时基金管理有限公司	1322	70
17	银华基金管理有限公司	1308	50
18	大成基金管理有限公司	1266	58
19	华安基金管理有限公司	1215	68
20	国投瑞银基金管理有限公司	1158	44
21	华宝兴业基金管理有限公司	1109	39
22	中欧基金管理有限公司	1058	25
23	兴业全球基金管理有限公司	1053	14
24	申万菱信基金管理有限公司	1025	24
25	诺安基金管理有限公司	929	42
26	宝盈基金管理有限公司	827	17
27	融通基金管理有限公司	808	32
28	华泰柏瑞基金管理有限公司	767	32
29	华商基金管理有限公司	763	26
30	交银施罗德基金管理有限公司	752	46
31	景顺长城基金管理有限公司	719	46
32	安信基金管理有限责任公司	685	15
33	东方基金管理有限责任公司	637	24
34	中邮创业基金管理有限公司	631	19
35	国联安基金管理有限公司	628	28
36	长城基金管理有限公司	618	28
37	泰达宏利基金管理有限公司	603	31
38	民生加银基金管理有限公司	545	24
39	信诚基金管理有限公司	515	38
40	农银汇理基金管理有限公司	514	25
41	银河基金管理有限公司	485	29
42	前海开源基金管理有限公司	470	21
43	海富通基金管理有限公司	451	32
44	浦银安盛基金管理有限公司	429	19
45	中海基金管理有限公司	421	26
46	长信基金管理有限责任公司	412	22
47	长盛基金管理有限公司	408	41
48	兴业基金管理有限公司	398	10
49	国寿安保基金管理有限公司	372	10
50	光大保德信基金管理有限公司	344	20
51	新华基金管理有限公司	330	28
52	上海东方证券资产管理有限公司	330	10
53	中融基金管理有限公司	317	10
54	万家基金管理有限公司	282	20
55	华富基金管理有限公司	261	19
56	金鹰基金管理有限公司	230	20
57	摩根士丹利华鑫基金管理有限公司	212	20
58	国金通用基金管理有限公司	207	9
59	泰信基金管理有限公司	206	15
60	德邦基金管理有限公司	204	9
61	平安大华基金管理有限公司	203	9
62	国海富兰克林基金管理有限公司	192	20
63	长安基金管理有限公司	187	5
64	西部利德基金管理有限公司	156	6
65	华福基金管理有限责任公司	153	4
66	东吴基金管理有限公司	132	18
67	天治基金管理有限公司	115	10
68	鑫元基金管理有限公司	115	8
69	汇丰晋信基金管理有限公司	98	14
70	上银基金管理有限公司	86	2
71	英大基金管理有限公司	79	4
72	中加基金管理有限公司	76	3
73	方正富邦基金管理有限公司	75	6
74	红塔红土基金管理有限公司	62	2
75	富安达基金管理有限公司	57	6
76	信达澳银基金管理有限公司	54	11
77	浙商基金管理有限公司	52	5
78	财通基金管理有限公司	49	7
79	益民基金管理有限公司	39	7
80	中信建投基金管理有限公司	38	5
81	中金基金管理有限公司	30	4
82	泓德基金管理有限公司	30	2
83	北信瑞丰基金管理有限公司	28	6
84	九泰基金管理有限公司	26	1
85	诺德基金管理有限公司	22	9
86	华润元大基金管理有限公司	22	6
87	永赢基金管理有限公司	18	1
88	山西证券股份有限公司	15	1
89	华融证券股份有限公司	13	2
90	江信基金管理有限公司	12	1
91	泰康资产管理有限责任公司	12	1
92	嘉合基金管理有限公司	11	1
93	圆信永丰基金管理有限公司	10	2
94	国开泰富基金管理有限责任公司	8	2
95	金元顺安基金管理有限公司	8	10
96	浙江浙商证券资产管理有限公司	8	1
97	创金合信基金管理有限公司	3	1
98	东海基金管理有限责任公司	0.61	1
99	华宸未来基金管理有限公司	0.44	2
100	中原英石基金管理有限公司	0.38	2

注：排名仅列示了公募基金规模非零的机构管理公募基金的数据。

基金管理公司非货币基金管理规模前 20 名

（数据截至 2015 年底）

排名	公司名称	管理规模（亿元）
1	易方达基金管理有限公司	2704
2	华夏基金管理有限公司	2206
3	南方基金管理有限公司	2152
4	嘉实基金管理有限公司	2005
5	工银瑞信基金管理有限公司	1990
6	富国基金管理有限公司	1687
7	汇添富基金管理有限公司	1201
8	招商基金管理有限公司	1197
9	华安基金管理有限公司	1109
10	鹏华基金管理有限公司	1105
11	广发基金管理有限公司	1041
12	中银基金管理有限公司	963.8
13	博时基金管理有限公司	963.6
14	建信基金管理有限责任公司	761
15	银华基金管理有限公司	733.9
16	国泰基金管理有限公司	733.8
17	中邮创业基金管理股份有限公司	705
18	国投瑞银基金管理有限公司	660
19	华泰柏瑞基金管理有限公司	651
20	中欧基金管理有限公司	620

基金管理公司专户管理规模前 20 名

（数据截至 2015 年底）

排名	公司名称	管理规模（亿元）
1	中银基金管理有限公司	3438
2	华夏基金管理有限公司	1460
3	嘉实基金管理有限公司	1430
4	易方达基金管理有限公司	1374
5	工银瑞信基金管理有限公司	1271
6	建信基金管理有限责任公司	1062
7	天弘基金管理有限公司	1017
8	创金合信基金管理有限公司	1001
9	银华基金管理有限公司	983
10	财通基金管理有限公司	965
11	汇添富基金管理股份有限公司	815
12	南方基金管理有限公司	802
13	浦银安盛基金管理有限公司	735
14	广发基金管理有限公司	701
15	融通基金管理有限公司	562
16	博时基金管理有限公司	558
17	中信建投基金管理有限公司	466
18	平安大华基金管理有限公司	455
19	兴业全球基金管理有限公司	445
20	中邮创业基金管理股份有限公司	435

基金管理公司公募基金管理规模前 20 名

（数据截至 2015 年底）

排名	公司名称	管理规模（亿元）
1	天弘基金管理有限公司	6739
2	华夏基金管理有限公司	5902
3	易方达基金管理有限公司	5760
4	工银瑞信基金管理有限公司	4430
5	嘉实基金管理有限公司	3488
6	南方基金管理有限公司	3342
7	广发基金管理有限公司	3300
8	建信基金管理有限责任公司	3147
9	中银基金管理有限公司	2778
10	汇添富基金管理股份有限公司	2525
11	招商基金管理有限公司	2503
12	博时基金管理有限公司	1982
13	富国基金管理有限公司	1925
14	华宝兴业基金管理有限公司	1827
15	鹏华基金管理有限公司	1728
16	华安基金管理有限公司	1558
17	银华基金管理有限公司	1549
18	大成基金管理有限公司	1307
19	华泰柏瑞基金管理有限公司	1269
20	上投摩根基金管理有限公司	1167

基金子公司专户管理规模前 20 名

（数据截至 2015 年底）

排名	公司名称	管理规模（亿元）
1	民生加银资产管理有限公司	8068
2	深圳平安大华汇通财富管理有限公司	7378
3	招商财富资产管理有限公司	5459
4	深圳市融通资本财富管理有限公司	3811
5	上海浦银安盛资产管理有限公司	2962
6	兴业财富资产管理有限公司	2926
7	天弘创新资产管理有限公司	2828
8	博时资本管理有限公司	2789
9	交银施罗德资产管理有限公司	2704
10	鑫沅资产管理有限公司	2626
11	中信信诚资产管理有限公司	2591
12	工银瑞信投资管理有限公司	2366
13	建信资本管理有限责任公司	1944
14	南方资本管理有限公司	1923
15	上海兴瀚资产管理有限公司	1829
16	北京千石创富资本管理有限公司	1790
17	东方汇智资产管理有限公司	1702
18	鹏华资产管理（深圳）有限公司	1412
19	万家共赢资产管理有限公司	1399
20	嘉实资本管理有限公司	1389

表2　基金管理公司及其子公司专户业务规模(截至2015年12月31日)

产品类型	产品数量(只)	资产规模(亿元)
基金公司	5105	40262.14
其中:一对一产品	1996	21263.15
其中:一对多产品	3109	7245.69
其中:社保基金及企业年金	—	11753.30
基金子公司	16092	85712.74
其中:一对一产品	7674	61275.15
其中:一对多产品	8418	24437.58
合计	21197	125974.88

表3　证券公司资产管理业务规模(截至2015年12月31日)

产品类型	产品数量(只)	资产规模(亿元)
集合计划	3242	15574.09
定向资管计划	14830	101580.23
专项资管计划	156	1793.75
合计	18228	118948.07

表4　私募基金管理机构资产管理规模(截至2015年12月31日)

基金类型	基金数量(只)	认缴规模(亿元)	实缴规模(亿元)
私募证券投资基金	15182	17379.77	17289.59
股权投资基金	6806	26340.02	17270.2
创业投资基金	1481	2675.84	2119.51
其他	1900	5699.54	4882.15
合计	25369	52095.17	41561.45

表5　在基金业协会登记的私募基金管理人家数(截至2015年12月31日)

管理人类型	已登记家数(家)
私募证券投资基金管理人	10965
股权投资基金管理人	11782
创业投资基金管理人	1459
其他类型管理人	799
合计	25005

2015年中国基金业十大新闻

不同寻常的一年即将过去。2015年,资本市场的大起大落中,基金行业亦经历了从喧嚣回归理性的深度体验:高歌猛进的激昂有之,逡巡徘徊的低落有之,顺境有之,逆境亦有之。潮起潮落,起承转合,唯责任、理性、制度的光辉依然照亮这个年轻行业向上生长的姿态。

站在更替的时点,本报评选出了2015年基金业十大新闻。镜于过往,烛照未来。我们坚信一条亘古不变的道理:任何一家金融百年老店崛起的背后,必定有对责任的坚守、对常识的尊重和对市场的敬畏。

一、公募成救市"压舱石"

三季度市场前所未有的巨震使得"信心"成为比黄金更为珍贵的因素。

从近百家公募基金公司先后发声,倡议理性看待市场波动坚持价值投资理念,到积极自购公司旗下偏股产品,再到5只总体量达到2000亿的证金系"订制基金"火线成立,在"救市"期间,公募行业整体起到了稳定人心、维护资本市场稳定的作用。

需要指出的是,在上半年的结构性行情中,市场亦出现对个别基金盲目追涨,一定程度上对风险积聚产生推波助澜影响的质疑。因此,大幅调整过后,回归常识、重建理性,坚守价值投资理念,行业任重道远。

二、私募基金的"乱与治"

私募基金今年取得巨大发展。截至11月底,基金业协会已登记私募基金管理人23705家。已备案私募基金22217只,认缴规模4.79万亿元,实缴规模3.82万亿元。其中17371只是2014年8月21日《私募投资基金监督管理暂行办法》发布实施后新设立基金,认缴规模3.13万亿元,实缴规模2.50万亿元。

但在跨越式发展的同时,行业也暴露出部分不规范现象,引起监管层的重视并予以整顿。5月,中金信安、中金赛富、中投金汇、山西和利因涉嫌非法集资被公安机关立案侦查,华兴泰达被中国证监会移送北京市打非办进一步调查。基金业协会拟对上述机构依照规定撤销管理人登记,并对有关责任人员加入黑名单;11月起,协会首次先后两批公示有"失联"(异常)行为的私募机构;年末,监管层暂停了私募基金管理机构在新三板的挂牌和融资,并对前期融资的使用情况开展调研。

三、分级基金的"冰与火"

在上半年的牛市中,分级基金一战成名,成为市场最炙手可热的投资品种。上半年分级基金资产总规模从1947.52亿元增加到了5170.45亿元,净增加3222.93亿元,增幅为165.49%,远高于同期公募整体资产规模56.98%的增长幅度。

然而在随后的市场巨震中,连续的下折潮使得分级基金投资者遭遇大面积亏损,业内开始对分级基金在诸如产品结构设计、投资者教育、准入门槛设定等方面进行"再审视",而截至目前,已有近200只申请发行的分级基金"搁浅"待批。

四、基金公司进入"百家争鸣"时代

根据中国证券投资基金业协会的数据,截至9月底,我国境内共有基金管理公司100家,其中合资公司46家,内资公司54家;取得公募基金管理资格的证券公司9家,保险资管公司1家。

而动态来看,包括券商、银行、信托、保险、第三方理财、私募乃至个人纷纷瞄准这方财富管理的土壤,后续资本仍在不断涌入。"百家争鸣"时代,行业竞争逐渐加剧,传统业务发展模式遭遇挑战,如何根据自身比较优势制定差异化发展战略,成为"围城"内外普遍需要思考的问题。

五、离职潮"潮起潮落"

伴随资管行业的快速扩容,公募基金人才流动在今年达到高潮。

截至11月底,年内八成基金公司都出现基金经理离职,离职人数289位,公告离职的基金公司总经理人数达到17位,无论是基金经理还是总经理,离职数量都创历史新高。

引发行业"流动性"的最主要因素之一是上半年私募基金的巨大发展,吸引了一批公募业内优秀的投资管理人寻求新的职业规划;而随着A股行情持续震荡、私募基金监管的逐步到位,这波陡然上升的离职潮又在今年三季度骤然停歇,连续多月出现"零奔私"的现象。

六、股基批量变混基

8月8日,重新制订后的《公开募集证券投资基金运作管理办法》及其实施规定正式施行。

按照最新的标准,股票型基金需要将其80%以上的基金资产投资于股票,而原来规定的最低仓位线为60%。

由于未来主动股票型基金将维持 8 成以上高仓位，可能对基金经理的操作带来一定难度，基金公司纷纷赶在新规生效前选择产品转型，将股票型基金转型为仓位更为灵活的混合型基金；而在后续新发的产品中，主动权益类产品的定位也多偏向混合型，股基数量骤然减少。

可以预见，主动股票型基金的高仓位决定了其将在操作上淡化择时，强调选股，偏向细分行业或主题增强型基金，未来基金产品的工具性属性将更加凸显。

七、基金公司挂牌新三板

根据全国中小企业股份转让系统发布的公告，中邮基金的挂牌公开转让申请已经获得批准，并于 11 月 24 日起在全国股转系统挂牌交易，这是国内公募业首家挂牌新三板的基金公司。

对于以人力资本为核心资本的公募基金公司来说，上市除了融资之外，股权激励也是重中之重，其被认为是解决日益加剧的人才流失问题的最有效途径之一；通过上市让员工获得股权，也是监管层提倡的方向，2013 年 6 月起开始实行的新基金法便已经为基金公司上市清除障碍。

八、打新基金“嬗变”

上半年火热的 IPO 使得打新基金备受追捧，资产管理规模高峰期突破万亿大关，成为同期分级基金以外最受市场欢迎的公募产品。

然而 7 月份 IPO 暂停，万亿体量打新基金一方面遭遇巨额赎回压力，一方面转型问题迫在眉睫。有基金公司将转型重点投向以相对稳健的利率债和信用债为主的固定收益类产品；有的则以中短久期的债券为主要投资方向，对股票投资将严格控制仓位；还有的直接转型为保本基金。

即便是在 IPO 重启之后，传统打新基金的运作模式亦将迎来嬗变，不仅“以大为美”的规律被打破，以往的高收益也呈直线下降的趋势，风光一时的打新基金或将在注册制下成为“鸡肋”，基金公司对于“纯打新”基金的发行热情或将消退。

九、基金子公司“锦衣夜行”

今年以来，基金子公司进入业务快速发展期，以银行系为代表的一批基金公司在非公领域“锦衣夜行”，实现在了资产管理总规模上的逆袭。

基金业协会数据统计显示，截至今年 9 月底，74 家基金子公司资产管理规模达到 6.91 万亿，超过千亿管理规模的基金子公司达到 22 家。其中，民生加银资管以 7049 亿元居第一，平安大华汇通财富以 6289 亿元居第二，招商财富资管以 4326 亿元居第三。而同期，上述三家基金公司的公募基金管理规模分别仅为 670.90 亿元、249.17 亿元、2051.29 亿元。

经过 3 年的发展，基金子公司所代表的非公业务以日益成为基金公司的重要业务支柱，9 月底基金业整体资管规模为 16.87 万亿，其中公募规模仅为 6.72 万亿；但另一方面，片面强调低性价比的通道业务、融资类业务信用风险显现、风控缺位等问题也在子公司的发展过程中逐渐体现，需要引起业内警惕。

十、养老金入市在即基金业或将扮演重要角色

本年度最后的大事件，我们选择关注“未来”。

2015 年 8 月份，《基本养老保险基金投资管理办法》出台，对养老金投资范围进行了明确规定：投资股票、股票基金、混合基金、股票型养老金产品的比例，合计不得高于养老基金资产净值的 30%。

这意味着，酝酿多时的养老金入市问题大方向已定，推进养老金投资运营已箭在弦上；而参考国际经验和中国国情，在养老金投资运营方面，公募基金所承担的角色将至关重要。

按照 2014 年末全国养老基金累计结余 3.56 万亿元计算，该领域业务规模或将超过万亿。若公募基金获得委托管理基本养老金的机遇，将对于进一步建立和完善我国多层次养老体系起到重要作用，也将为基金资产管理提供更为广阔的发展空间。

第二章　基金托管机构

中国工商银行资产托管部

1998年2月，经中国人民银行和中国证监会批准，中国工商银行成为大陆第一家具备证券投资基金托管资格的商业银行。资产托管部是中国工商银行从事资产托管业务的专业机构，设有总经理室、综合管理处、证券投资基金处、委托资产一处、委托资产二处、全球资产处、托管业务运作中心、交易监督处、研究发展处、信息服务处和内部风险控制处，在国内设有5家托管分部。目前，除西藏外，工行境内37家一级（直属）分行全部开展了资产托管业务，部分境外分支机构也具备了托管服务能力。截至2015年9月末，中国工商银行资产托管部共有员工205人，平均年龄30岁，95%以上员工拥有大学本科以上学历，高管人员均拥有研究生以上学历或高级技术职称。

1998年2月24日，经中国证券监督管理委员会、中国人民银行核准，中国工商银行成为中国大陆首家托管银行。作为托管服务的先行者，中国工商银行始终秉承"诚实信用、勤勉尽责"的宗旨，依靠严密科学的风险管理和内部控制体系、规范的业务管理模式、先进的业务营运系统和专业的托管服务团队，为境内外广大投资者、金融资产管理机构和企业客户提供安全、高效、专业的托管服务，展现优异的市场形象和影响力，赢得了客户的长久信赖与尊重。

中国工商银行是国内目前资产托管品种最多、托管规模最大、托管服务最优的银行，连续保持市场份额第一的优势，截至2015年9月末的超过9.1万亿元。与此同时，随着我国资本市场国际化发展步伐的加快，金融创新不断涌现，托管机制作为重要的治理手段被广泛使用，越来越多的投资者、金融投资机构和企业得以享受安全高效的托管服务。

作为中国大陆托管服务的先行者，中国工商银行自1998年在国内首家提供托管服务以来，秉承"诚实信用、勤勉尽责"的宗旨，依靠严密科学的风险管理和内部控制体系、规范的管理模式、先进的营运系统和专业的服务团队，严格履行资产托管人职责，为境内外广大投资者、金融资产管理机构和企业客户提供安全、高效、专业的托管服务，展现优异的市场形象和影响力。建立了国内托管银行中最丰富、最成熟的产品线。拥有包括证券投资基金、信托资产、保险资产、社会保障基金、安心账户资金、企业年金基金、QFII资产、QDII资产、股权投资基金、证券公司集合资产管理计划、证券公司定向资产管理计划、商业银行信贷资产证券化、基金公司特定客户资产管理、QDII专户资产、ESCROW等门类齐全的托管产品体系，同时在国内率先开展绩效评估、风险管理等增值服务，可以为各类客户提供个性化的托管服务。截至2015年9月，中国工商银行共托管证券投资基金496只。自2003年以来，本行连续十一年获得香港《亚洲货币》、英国《全球托管人》、香港《财资》、美国《环球金融》、内地《证券时报》、《上海证券报》等境内外权威财经媒体评选的49项最佳托管银行大奖；是获得奖项最多的国内托管银行，优良的服务品质获得国内外金融领域的持续认可和广泛好评。

中国工商银行致力于为基金管理公司和基金投资者提供优质高效托管服务，已与全国几十家基金管理公司建立了密切的合作关系。中国工商银行始终引领市场创新，自开展托管服务以来，先后参与开发并托管了国内绝大多数的创新产品，在国内首家通过SAS70国际审计专项认证并将其年度化，首家实施资产托管业务灾难恢复应急演练并将其制度化，创新能力、服务水平和风险控制能力得到市场的高度认可。

中国工商银行致力于为最优秀的资本市场参与者提供最专业的托管服务，同时积极响应客户需求，逐步搭建全球托管网络体系，托管服务已由国内延伸到全球，服务范围涵盖国内资产托管服务和全球资产托管服务，可以为客户提供包括基本服务和增值服务在内的全面托管服务。

中国建设银行资产托管业务部

1998年3月，经中国证券监督管理委员会和中国人民银行核准，中国建设银行成为我国首批具有证券投资基金托管人资格的托管银行。目前，中国建设银行总行设立资产托管业务部，负责全行各类托管业务的经营与管理。具体职责包括承担托管业务的整体规划、市场开发和营销、托管产品研究和设计、业务运营服务、风险防范和控制等工作。

经过多年的经营与积淀，中国建设银行在托管业务领域积累了丰富的市场及运作经验，培养了大批专业人才，在业内树立了良好的信誉与品牌形象，与国内外众多知名企业建立了稳固长久的业务合作关系，得到了包括行业监管部门、主管部门、专业评价机构、合作客户乃至托管同行的一致认可。

1.国内最具市场竞争力的托管银行之一。到2015年底，投资托管业务规模已达到7.17万亿元。较上年新增2.88万亿元，增速67.36%。其中：证券投资基金托管规模1.74万亿元，新增7922.06亿元，增速83.47%，托管证券投资基金535只，市场第一；新增托管基金127只，市场第一。保险托管规模1.53万亿元，新增5770.81亿元，增速60.85%。

2.国内牌照最多服务最全的托管银行之一。中国建设银行托管业务紧紧抓住国内金融市场改革开放的有利时机，积极申请各类业务牌照，持续扩大业务服务范围，不断涉猎新兴业务品种，抢占市场先机。业务品种由最初的封闭式基金托管拓展到开放式基金托管、合格境外机构投资者（QFII）托管、养老金托管、保险资产托管、券商资产托管、信托财产保管、合格境内机构投资者（QDII）托管、特定客户资产托管、银行理财产品托管及股权投资基金托管等各类业务品种；涉及市场已由最初的国内交易所市场扩大到交易所市场、银行间市场、产权市场和柜台交易市场，以及国外所有成熟市场和部分新兴市场；合作客户由基金公司扩展为基金公司、保险公司、证券公司、信托公司、养老金公司、企业年金客户、境外投资机构、产业投资基金、私募股权基金、商业银行、各类专户投资者等社会各界方方面面的企业和个人；提供的服务不仅包括账户开立、财产保管、资金清算、会计核算、资产估值、投资监督等常规服务，还包括风险绩效评价、报告定制、公司股务、会计外包等增值服务和创新服务。中国建设银行已发展成为国内托管业务体系最完善、牌照最多、产品最全、服务范围最广的托管银行之一，并仍在继续发展和完善。

3. 投入巨大力量打造高度自动化、集约化、流程化的新一代托管业务系统。中国建设银行十分重视系统应用与系统建设，抽调精兵强将组成项目开发团队，自主研发托管业务系统，将标准化服务与差异化服务有机结合，即快速满足了市场创新及客户需求，又有效控制了业务风险。

4. 内控与风险管理能力得到国际权威专业机构的高度认可。中国建设银行托管业务高度重视客户托管资产的安全，始终以"尽责、规范、稳健、审慎"为原则，把内控风险管理工作放在首位。在业内首创生产运营双备份机制，实现总行与上海备份中心互为热切；通过全行托管业务风险管理制度体系建设和实施、岗位隔离、员工从业行为规范制定和执行、内外部业务检查、总分行条线化管理以及积极引入内外部审计等有效措施，严格内控管理，规范业务操作和员工行为，切实防范经营风险和道德风险。新一代托管应用系统上线后，实现了监督工作的自动化与前移，事中监督事项检查自动化，业务处理集中监控，重点业务实时监控等重要功能，内控风险管理能力进一步提升。自 2008 年开始，中国建设银行每年聘请国际上的权威专业外部审计机构进行 ISAE3402（原 SAS70）审计，审计范围覆盖所有产品和所有环节，已连续七年获得外部审计机构出具的无保留意见审计报告，风控能力得到国际权威机构、监管部门和业界的高度认可。

5. 托管业务创新成果丰厚，多个领域领先同业。中国建设银行在托管业务领域不断探索，积极创新，大胆尝试，业内首批开办封闭式、开放式、QDII 等各类基金产品托管业务，国内首家推出创新型封闭式债券基金、联接基金、债券型理财基金、QDII 专户基金等业务；首家取得保险公司委托资产管理托管业务资格，首家开办保险资金股指期货托管业务，首批推出"托保通"综合金融服务解决方案；业内首批获得养老金托管业务资格，独家开办基本养老保险个人账户基金托管业务，后端集合养老金业务居市场第一；作为唯一的托管银行，业内首批开展香港互认基金代理人业务，业内首批开展沪港通业务，业内首创为境外"三类机构"客户提供"债券交易 + 托管"服务。中国建设银行也是国内最早涉猎受托资产外包服务业务的托管银行之一。

6. 多次获得业内最高评价。中国建设银行多次以行业最高分获得业内权威机构英国《全球托管人》杂志"中国最佳托管银行"奖，并连续五年获得该奖项；多次在香港《财资》杂志、《首席财务官》杂志、《每日经济新闻》、"和讯网"等权威专业媒体上获奖。2005 年至今，中国建设银行已获得国内外各类奖项二十多个，托管能力和服务水平得到业界和社会的普遍认可。

中国银行托管业务部

●基本情况

1912 年 2 月，经孙中山先生批准，中国银行正式成立。在中华人民共和国成立前的 37 年间，中国银行先后是当时的国家中央银行、国际汇兑银行和外贸专业银行。在动荡的历史年代，中国银行作为民族金融的支柱，以服务大众、振兴民族金融业为己任，稳健经营，锐意进取，各项业务取得了长足发展。新中国成立后，中国银行成为国家指定的外汇外贸专业银行，继续保持和发扬了顽强创业的企业精神，为国家对外经贸发展、开展经济建设做出了贡献。1994 年，随着金融体制改革的深化，中国银行由外汇外贸专业银行向功能完善、服务全面的国有商业银行转化。1994 年和 1995 年，中国银行分别成为香港地区、澳门地区的发钞银行。2004 年 8 月 26 日，中国银行股份有限公司在北京注册成立，中国银行成为国家控股的股份制商业银行，标志中国银行向建立拥有良好公司治理机制的现代化股份制商业银行的目标迈出了一大步，中国银行历史翻开了新的一页。中国银行于 2006 年 6 月 1 日在香港联合交易所（股份代号:3988）上市，同年 7 月 5 日亦在上海证券交易所（股份代号:601988）挂牌上市，进一步扩大了中国银行在国际市场和国内市场的实力和影响力，为中国银行的百年品牌再添美誉。中国银行是国内主要金融服务提供商之一，业务范围涵盖商业银行、投资银行和保险领域，旗下有中银香港、中银国际、中银保险、中银基金、中银航空租赁、中银投资等控股金融机构。商业银行为中国银行的主营业务，包括公司金融、个人金融和金融市场等业务。

作为中国唯一连续经营百年的银行，中国银行在全球范围内的卓越表现得到了海内外的高度认可。连续 27 年入选美国《财富》杂志评选的"世界 500 强"。在英国《银行家》杂志公布的"全球 1000 家大银行"排名中，排名第四位。中国银行曾先后多次被《欧洲货币》评选为"中国最佳银行"和"中国最佳国内银行"，多次被《财资》评为"中国最佳国内银行"，被美国《环球金融》杂志评为"中国最佳外汇银行"。在美国斯坦福大学和 IDG 集团评选的全球竞争力品牌"中国 TOP10"中，中国银行榜上有名。在 A + H 资本市场整体上市后，中国银行荣获《投资者关系》"最佳 IPO 投资者关系奖"等多个重要奖项。2011 年，中国银行荣获《21 世纪经济报道》评选的"亚洲最具影响力银行"、"年度最佳中资私人银行"、"最佳企业公民奖"；荣获英国《金融时报》中国银行业产品创新奖；2011 年，中国银行成为新兴市场经济体中首家入选全球系统重要性银行的金融机构，并已连续三年当选。2012 年，中国银行荣获中国银行业协会"年度贸易金融"大奖；荣获英国《银行家》"2012 年度中国最佳银行"；荣获"中国资产托管服务公众满意最佳典范品牌"称号等。2013 年，在"2013 中国金融机构金牌榜 · 金龙奖"评选中，中国银行蝉联"年度最佳贸易金融银行"，并获评"年度互联网金融创新银行"；在中国银行业协会举办的《2013 年度中国银行业社会责任报告》发布会暨社会责任工作表彰大会上荣获"最具社会责任金融机构奖""社会责任最佳民生金融奖"两项大奖。2014 年，在《亚洲银行家》杂志（THEASIANBANKER）举行的"2014 年亚洲银行家杰出成就奖"颁奖典礼上，中国银行荣获"亚太地区最佳人民币清算行"、"中国最佳贸易融资银行"、"最佳资金管理项目"和"香港地区最佳现金管理银行"四项大奖。2015 年，中国银行在 Interbrand 发布的"2015 最佳中国品牌价值排行榜"中，排名第七位；在美国《福布斯》杂志"2015 福布斯全球企业 2000 强"中位列第四位；胡润研究院"2015 胡润品牌榜"位列第 7 位；连续 7 年被优兴咨询评为"中国大学生最佳理想雇主"。

中国银行在注重稳健经营的同时积极进取，不断创新，创造了国内银行业的许多第一，在国际结算、外汇资金和贸易融资等领域得到业界和客户的广泛认可和赞誉。中国银行是中国国际化程度最高的银行。1929 年，中国银行在伦敦设立第一家海外分行，此后在世界各大金融中心相继开设分支机构。

中国银行在国内同业中率先引进国际管理技术人才和经营理念，不断向国际化一流大银行的目标迈进。截至2015年末，除在中国内地外，中国银行在香港、澳门及36个国家和地区拥有分支机构，海外员工数量超过22,000名，拥有广泛的国际银行网络。

●**托管业务介绍**

一、基本概况

1998年7月，经中国证监会和中国人民银行核准，中国银行成为国内首批五家从事基金托管业务的银行之一，同年10月总行基金托管部成立，2014年初正式更名为"托管业务部"。

经过近17年的发展，中国银行拥有目前业内最为齐全的托管业务资质，取得了所有监管机构开办托管业务的批复，依托遍布全球一万多家境内外分支机构的网络优势，为全球客户的单一或全球市场投资提供本地托管与跨境托管服务。截至2015年末，中银集团全球托管资产规模近7万亿元，是业内领先的大型托管银行。

二、亮点与优势

1.托管业务起步早，托管经验丰富。中国银行托管业务起步于1998年。2003年率先为中资保险公司的境内投资提供托管服务，2005年首开中资银行跨境托管之先河。多年的业务运营，使中国银行积累了丰富的托管业务经验。经过十余年的持续努力，中国银行托管业务领域和范围不断拓宽，拥有全面的业务资格、业内最为齐全和丰富的托管产品线，服务手段和内容不断深化，风险管理能力不断增强，积累了丰富的托管运作经验。

2.产品创新引领市场。中国银行致力于通过创新满足客户需求、引领市场潮流。在几乎所有的托管领域，中国银行均是首家或首批实践者。中国银行首批获得基金、保险、企业年金等托管资格，是国内首家社保资金托管银行与保险资金全托管银行之一，并首批为交易所交易基金（ETF）、QFII、QDII、RQFII、企业年金、信托计划、银行理财、券商资产管理计划等金融产品提供托管服务；中国银行也是最早涉足机构客户QDII、资产证券化等创新业务的托管银行。在托管服务方面，中国银行先后率先推出绩效评估、公司行动、风险分析等托管增值服务，并在业内首家推出"一站式"跨境托管服务。

3.托管客户类型全面。中国银行拥有最为齐全的托管客户群，其中不但包括以社保基金与保险公司为代表的保险保障类机构、大型央企、主要的基金公司、证券公司、信托公司、商业银行和高端个人客户等客户，还包括众多国际知名金融机构客户。

4.领先的"一站式"跨境托管能力。中国银行依托海外机构优势，在国内同业中率先构建海内外一体化的托管综合服务平台。以中国银行担任全球托管行，在不同市场委任海外机构或外资托管行，建立全球托管网络，即"总行+主要海外机构（或外资托管行）"的托管模式，为机构和个人投资者的全球投资活动提供全面托管及相关金融服务。目前中国银行的托管境外投资客户数量和规模居市场领先地位。

5.安全稳定高效的托管系统平台。中国银行结合国际先进托管业务设计思想，推出了全球托管系统平台，用信息化手段和国际化的管理思维，为客户提供账户管理、指令管理、公司行动、清算交收、核算估值、投资监督等托管服务内容；并率先打造完全自主知识产权的跨境托管模块，直接深入对接海外本地资本市场，为全球托管业务的开展提供了强有力的网络化、电子化和信息化的支持。同时，该平台实现与渠道系统、资金汇划系统及各登记结算机构的无缝衔接，为客户提供安全、稳定、便捷、高效的全球资产托管服务。

6.严密完善的风险内控体系。中国银行建立了全面、严格的管理制度和操作流程，通过制度控制、岗位控制、系统应用控制、操作风险管理工具应用、业务持续性管理、内控检查及审计等措施建立了涵盖托管业务全流程的风险体系。截至2015年，中国银行托管业务已连续九年获得国际主流内控审阅准则（最新标准为ISAE3402和SSAE16）的无保留意见的内控报告，内部控制获得外部独立审计机构的认可。

7.卓越的品牌声誉：经过不懈的努力，"中银托管"品牌在业内建立起较高知名度，蜚声海外，取得了境内外客户、监管机构及同业的认同，近年来获得多项荣誉：先后获得《21世纪经济报道》"年度最佳托管银行"；《金融理财》"年度金牌最稳健托管银行"；香港《财资》（THEASSET）杂志"最佳RQFII托管银行"奖、"中国最佳本地托管银行"；《首席财务官》杂志"中国CFO最佳资产托管银行"等行业奖项。

中国农业银行托管业务部

1998年6月，经中国证监会和中国人民银行批准，中国农业银行成为国内首批获取证券投资基金托管业务资格的商业银行之一。同年7月，中国农业银行证券投资基金托管部成立。2004年9月，证券投资基金托管部更名为托管业务部，内设养老金管理中心、技术保障处、营运中心、委托资产托管处、保险资产托管处、证券投资基金托管处、境外资产托管处、综合管理处、风险管理处，拥有先进的安全防范设施和基金托管业务系统。

中国农业银行托管业务部现有员工140余名，其中高级会计师、高级经济师、高级工程师、律师等专家10余名，服务团队成员专业水平高、业务素质好、服务能力强，高级管理层均有20年以上金融从业经验和高级技术职称，精通国内外证券市场的运作。

多年以来，中国农业银行托管业务坚持"主业突出、适度多元"的发展战略，目前已全面覆盖证券投资基金、券商资产管理计划、信托计划、基金专户理财产品、保险资金、QFII、QDII、企业年金基金、产业投资基金、私募股权基金等所有托管业务品种，成为国内托管产品体系最为完善的托管银行之一。截至2015年12月31日，中国农业银行托管的封闭式证券投资基金和开放式证券投资基金共321只。

中国农业银行是中国第一批开展托管业务的国内商业银行，经验丰富，服务优质，业绩突出，2004年被英国《全球托管人》评为中国"最佳托管银行"。2007年中国农业银行通过了美国SAS70内部控制审计，并获得无保留意见的SAS70审计报告，表明了独立公正第三方对中国农业银行托管服务运作流程的风险管理、内部控制的健全有效性的全面认可。中国农业银行着力加强能力建设，品牌声誉进一步提升，在2010年首届"'金牌理财'TOP10颁奖盛典"中成绩突出，获"最佳托管银行"奖。2010年再次荣获《首席财务官》杂志颁发的"最佳资产托管奖"。

中国农业银行严格履行托管人职责。托管业务部严格按照有关法律法规和规范性文件，为客户提供资产保管、资金清算、资产核算估值及投资监督等优质服务，并按照国际标准构建科学有效的业务营运系统和风险管理体系，成功通过美国SAS70内部控制审计。

中国农业银行大力加强人才队伍建设。经过多年的业务实践，托管业务部已锻炼出一只专业水平高、业务素质好、服务能力强的高素质团队，拥有一大批高级会计师、高级经济师、高级工程师、律师等金融、技术和法律专家。部门高管人员、各业务负责人和主要业务骨干均具有长期的资本市场工作经验，精通国内外证券市场和托管业务的运作。

中国农业银行高度重视客户服务工作。托管业务部内专门组建了新产品研发团队，配备了多名具有资深经验的博士和高级研究人员，具有雄厚的新产品研发力量，可以根据客户个性化需求，开展新产品、新业务的研发工作。此外，托管业务部充分利用总行网站(www.95599.cn)，为投资者及时提供了新闻公告、基金净值、理财知识、证券法规等资讯服务。

中国农业银行着力提升创新服务水平。托管业务部依托全行系统强大的系统资源优势，在做好资产保管、资金清算和资产估值等基础服务的同时，不断加大创新力度，为客户提供市场信息、收益代收、现金管理、代理投票、绩效评估、风险分析等多种增值服务。

中国农业银行强化科技系统开发，成功上线托管业务前置系统，为新一代核心系统建设托管业务模块的实施奠定坚实基础；灾备应急能力强大，可对全部业务数据异地备份，保障业务安全。

中国农业银行托管业务部全体员工将继续本着"开拓进取、勤勉尽责、诚实守信、严谨自律"的执业原则，以科学严谨的风险管理和内部控制体系、高效安全的业务营运和技术保障系统、开拓创新的托管服务团队，为广大客户提供安全、专业、高效的托管服务，切实维护资产委托人利益。

交通银行总行资产托管部

【业务概况】

交通银行总行设资产托管部。现有员工具有多年基金、证券和银行的从业经验，具备基金从业资格，以及经济师、会计师、工程师和律师等中高级专业技术职称，员工的学历层次较高，专业分布合理，职业技能优良，职业道德素质过硬，是一支诚实勤勉、积极进取、开拓创新、奋发向上的资产托管从业人员队伍。

【服务品种】

证券投资基金托管

交通银行自1998年7月获得基金托管资格，从封闭式基金托管起步，一直致力于业务的创新和发展，如今交通银行的证券投资基金托管业务已经发展成为一项比较成熟、有较高知名度、市场竞争能力较强的中间业务品种，曾先后托管了国内第一只开放式基金、第一只纯债券基金、第一只伞型基金、首批货币市场基金之一、首只跟踪上证50指数的基金、第一只生命周期型基金，创造了多个第一。

全国社保基金资产托管

2002年底，交通银行从全国社会保障基金理事会托管人招标中脱颖而出，成为全国社保基金首批两家托管行之一。交通银行以高度社会责任感，勤勉尽责地履行托管人义务，为全国社保基金提供高质量的托管服务。

保险资金托管业务

2005年3月，保监会核准交通银行从事保险公司股票资产托管业务。保险资金托管业务是交通银行接受保险行业客户的委托，对其委托资产提供托管服务。具体包括：为委托资产分别开立银行账户和证券账户，安全保管各类资产；为委托资产提供安全、高效的资金清算服务，并执行资产委托人和投资管理人发送的其他资金清算指令；为委托资产单独建账，进行会计核算；对各投资管理人的投资行为进行监控，确保其投资符合监管部门的要求、符合事先确定的投资范围和投资比例；及时与投资管理人进行账务核对；按要求向监管部门提供各类报表；编制托管报告；保管与各保险行业客户有关的重要合同及业务资料等。

券商集合/定向资产管理计划托管

交通银行根据与证券公司签订的《集合资产管理计划托管协议》或《定向资产管理合同》，为资产管理计划的资产提供资产保管、资金清算、会计核算、交易监管等托管服务。

企业年金托管

2005年8月，经劳动和社会保障部批准，交通银行成为首批获得企业年金基金托管业务资格的商业银行之一。如今交通银行企业年金托管客户涉及电力、航空、铁路运输、烟草、金融、石化、港口、基础设施建设等行业的多家大型企业，而且获得了国内多个省市地方社保的整体移交托管项目。

国际托管

2003年9月，交通银行托管了首个QFII项目：日兴资产管理公司的封闭式基金——"日兴中国人民币国债母基金"，这是中国首个QFII基金项目。目前交通银行不仅为QFII资产提供托管服务，而且与知名的全球托管银行展开了紧密合作，为境内合格的机构投资者投资境外市场搭建高效的服务平台。

信托资金保管

信托资金保管业务是指交通银行根据国家颁布的有关法律法规的规定和信托资产托管合同的约定，作为信托资金保管人，接受受托人的委托，对信托资产进行保管，办理信托资金名下清算、核算、估值及其资金往来等业务，并对信托财产的投资情况、收益分配情况等进行监督。曾托管首只银行、信托公司、担保公司合作的新型理财产品——得利宝"宝蓝"系列人民币理财产品。

私募股权基金托管

私募股权基金托管业务是指交通银行作为托管人，为有限合伙型、公司型、信托契约型等各种组织形式的私募股权投资基金提供的基金项下资金清算、核算、估值、投资监督等托管服务的总称。目前私募股权基金包括产业投资基金、创业投资基金、私募PE基金等。

资产证券化类产品托管

2006年5月交通银行开始托管由东方证券股份有限公司作为计划管理人的远东首期租赁资产支持收益专项资产管理计划。远东首期租赁资产支持收益专项资产计划是中国金融市场上首只上市交易的国内租赁业资产证券化项目，也是交通银行托管的首只资产证券化创新产品，它的获批标志着交通银行在资产证券化托管业务上的突破。

基金管理公司特定资产管理计划托管业务

基金管理公司特定资产管理计划托管业务是指基金管理公司向特定客户募集资金或接受特定客户财产委托，为资产委托人的利益进行证券投资，托管银行为该委托财产提供托管服务的业务。2008年3月交通银行与客户签订了国内首单基金公司特定资产管理计划的资产管理合同。

中国光大银行投资与托管业务部

2002年10月，经中国人民银行和中国证券监督管理委员会批准同意，中国光大银行成为继工、农、中、建、交行后第六家获得证券投资基金托管资格的国内商业银行。中国光大银行投资与托管业务部拥有一支高素质的员工队伍。人员知识构成中,涉及证券、基金、银行、会计、计算机、法律、国际金融等专业。能够为基金托管业务提供全方位的知识支持。50%以上人员具有海外金融机构培训经历。

截至2014年底,光大银行共实现托管业务规模28361亿元,同比增长11207亿元,增幅达65%,规模增量单年超过一万亿元,是光大银行开展托管业务以来增量最大的一年。2014年,光大银行共有托管产品投资组合数10126个,同比增长5141个,增幅达103.8%,单年增量超过以往10年托管业务积累的总和。随着托管业务规模的增长,盈利水平也在快速提升。2014年,光大银行托管业务收入同比净增长2.5亿元,增幅达36.5%,收入增量为历年之最。

通过加大传统产品推广力度,光大银行保持了部分产品在业内的领先优势。2014年,光大银行新增伞形证券结构化产品3238个,运作账户数量4846个,运作规模1262亿,较年初增幅均超过300%,账户数量和规模为全行业第一。保险债权计划托管规模达2416亿元,较年初增长84%,规模居行业首位。

利用托管业务的平台优势,光大银行创新推出了融资撮合业务。通过专题培训、示范营销等多种形式,实现融资撮合业务托管规模224亿元,取得了较好成效。

作为国内获得基金托管人资格的首批股份制银行,近年来,光大银行始终以"忠诚守护,勤勉尽责"为宗旨,牢固树立"阳光托管"的品牌与服务理念,坚持"在发展中创新,在创新中发展"的工作思路,长期致力于向委托人、投资人提供优质的托管服务,努力促进基金业生态环境发展、提高托管人增值服务水平。

目前,光大银行具有证券投资基金、QFII境内证券投资、全国社会保障基金、企业年金基金、保险资金等全部资产托管资质,产品链延伸至包括证券投资基金、企业年金基金、信托计划资金、券商集合资产管理计划、基金专户理财、券商专户理财、私募基金、银行理财、QDII、产业投资基金、股权基金及企业债等在内的10多类品种。

资产托管业务开办以来,光大银行在业务运做上积累了丰富的实践经验,培养了一批专业人才,为客户打造了高效的"一站式"托管服务,创造了业内的多项第一:首批获得企业年金基金托管人和账户管理人双资格;最早将托管机制引入银行理财产品;首家托管证券公司集合资产管理计划;托管业内规模最大的文化产业基金;首次举办"托管银行投资绩效评估与风险管理研讨会";首次开展投资者教育活动,等。

依托光大集团的综合经营优势,光大银行将致力于不断整合集团内部的保险、证券、信托、基金、资产管理公司等多种金融资源,努力为客户提供全方位托管服务,在为客户创造价值的过程中实现自身的不断发展。

招商银行资产托管部

2002年8月,招商银行成立基金托管部;2005年8月,经报中国证监会同意,更名为资产托管部,下设业务支持室、产品管理室、运营室、监察稽核室4个职能处室,现有员工52人。2002年11月,经中国人民银行和中国证监会批准获得证券投资基金托管业务资格,成为国内第一家获得该项业务资格上市银行;2003年4月,正式办理基金托管业务。招商银行作为托管业务资质最全的商业银行,拥有证券投资基金托管、受托投资管理托管、合格境外机构投资者托管(QFII)、全国社会保障基金托管、保险资金托管、企业年金基金托管等业务资格。

招商银行确立"因势而变、先您所想"的托管理念和"财富所托、信守承诺"的托管核心价值,独创"6S托管银行"品牌体系,以"保护您的业务、保护您的财富"为历史使命,不断创新托管系统、服务和产品:在业内率先推出"网上托管银系统"、托管业务综合系统和"6心"托管服务标准,首家发布私募基金绩效分析报告,开办国内首个托管银行网站,成功托管国内第一只券商集合资产管理计划、第一只FOF、第一只信托资金计划、第一只股权私募基金、第一家实现货币市场基金赎回资金T+1到账、第一只境外银行QDII基金、第一只红利ETF基金、第一只"1+N"基金专户理财、第一家大小非解禁资产、第一单TOT保管,实现从单一托管服务商向全面投资者服务机构的转变,得到了同业认可,被境内外权威媒体评为"中国最佳托管专业银行"、"中国资产托管市场创新客户满意首选品牌"、6S资产托管综合业务平台荣获"深圳市金融创新奖二等奖第一名"。

经过十多年发展,招商银行资产托管规模快速壮大。截至2014年报告期末,托管资产余额35,430.38亿元,较年初增长90.77%;累计实现托管费收入21.12亿元,同比增长98.87%。托管产品项目数量7,737个,同比增长128.97%,全年新增托管19只开放式基金(含QDII),托管募集规模238.73亿元,累计托管90只开放式基金(含QDII),开放式基金托管资产规模达1,358.06亿元;开办外包业务,开辟了托管业务新领域。报告期末,本公司基金公司客户资产管理托管市场份额为13.92%,较上年末增长6.90个百分点。

招商银行始终把维护投资者利益作为工作宗旨,认真履行托管人职责,严格按照法律法规和托管协议规定,安全保管委托资产,监控托管资产投资运作,建立了全面的风险管理和内部控制体系:在组织体系上,赋予稽核监察室在总经理直接领导下,以"独立、客观、公正"的监督原则,对各项托管业务、各个业务环节进行全方位、全程的风险监控;在管理制度上,健全了基金托管业务的规章制度、岗位职责、各项业务管理办法和操作规程,从业务管理、操作流程、会计核算、内控监察、系统管理、应急处理和内部管理等建立了一整套完备的管理制度体系;在监督体制上,充分开发托管系统监督自动化监督功能,采取了事前预防、事中监控和事后稽核的监督方式,实行了"自控、互控、监控"三道风险控制防线,对投资管理人投资行为和对投资组合进行实时和事后监督;在应急处理方面,建立了托管系统异地灾备中心,对各类突发事件建立了完备应急方案,对重要岗位人员、主要业务系统、软件和数据建立了备份,确保托管资产保管安全性和托管业务持续正常运营。

按照"零差错"的高标准和高要求,招商银行致力于为托管客户提供高效、便利、周到、全面的金融服务。招商银行注重从细节入手,强化流程化控制,不断规范和优化托管业务流程处理,提高业务操作效率;深入研究托管新业务、新规则和新政策,与投资管理人积极合作,不断探索和改进资产估值核算体系;依托招商银行企业银行"现金池"管理技术,整合托管客户个性化需求和托管资金管理要求,设计托管资产"直通式"处理模式,对托管业务进行不落地处理,总行对托管资产账户远程控制,实现托管资金异地清算"零在途",委托人或投资管理人可突破托管资金帐户开户地域的限制,享受网上托集中化处理的资金账户实时查询及业务信息本地化服务,托管资金清算效率较高,业务操作风险得到有效控制,为投资人、基金管理公司、证券公司、信托投资公司及其他资产管理公司提供优质托管服务，在业界得到了广泛的认同和肯定。

本着“诚实信用、勤勉尽责、服务创新、追求卓越”的经营宗旨，招商银行将在安全保管托管资产、合规稳健高效运作前提下，追求卓越、锐意创新，不断满足客户多样性、差异性的业务需求，为投资者和资产管理人提供安全、优质、高效的托管服务。

兴业银行资产托管部

兴业银行资产托管部成立于2005年2月，办公地点常设上海。托管的业务品种涵盖了证券投资基金、基金公司特定客户资产、证券公司集合资产管理计划、证券公司定向资产、保险资金、集合资金信托、单一资金信托、合格境内机构投资者资产(QDII)、商业银行理财产品、产业投资基金、私募股权基金、直投基金、资产证券化资金、基本养老保险个人账户基金、账户监管类资产等多个业务门类。资产托管部下辖综合管理处、市场处、委托资产管理处、稽核监察处、产品研发处、核算管理处、企业年金中心等职能处室。配备了一支涉及证券、基金、银行、会计、计算机、法律等专业的高素质人才队伍，半数以上人员具备证券从业资格。80%的人员具有3年以上金融从业经历，处级以上管理人员均具有5年以上金融行业从业经历，部门负责人更是具有15年以上金融行业从业经历。目前，资产托管业务已合作信托公司、商业银行、证券公司、基金公司，保险资产管理公司等金融机构约200余家。

截至2015年三季度末，兴业银行共托管产品17821只，资产托管总规模达63921.49亿元，已超过该行表内资产规模。托管产品数量、规模在全部托管银行中分别排名第一位和第二位，在同类型股份制银行中均居首位。兴业银行也因为资产托管业绩蝉联“第一财经金融价值榜”“最佳托管银行”称号。

兴业银行资产托管业务发展迅速，十年间，我行托管产品数量从4只增长到17821只，托管规模从26.52亿元增长到63921.49亿元，翻逾11番。尤其是近五年，托管规模由2011年初的2272.04亿快速增长到如今的6万亿元，业务发展规模呈几何级数增长，多项指标跃居行业前列。

客户需求是我行营销活动的起点，服务源自真诚是我行资产托管业务的服务宗旨。高学历、经验丰富的专业化托管从业人员、严密有效的风险控制体系、先进完善的托管系统是我行托管业务蓬勃发展的坚实基础。通过发挥全行资源优势和借助本行强大的结算、销售渠道，兴业银行在市场分析、产品研发、营销策划、募集发行到持续销售等环节上力求为客户资产管理提供更多的优质服务。

我们承诺：兴业银行将严格恪守托管业务操守，凭借我行专业化服务能力和处事认真负责的原则，在依法全力保障客户资产安全的前提下，努力实现客户资产运用的多元化需求。我行将通过提供专业化服务、强化服务品质、持续关注细节，树立兴业一流资产托管业务品牌。

上海浦东发展银行资产托管部

【概况】

上海浦东发展银行于2003年2月正式成立了独立的总行基金托管部，2005年正式更名为上海浦东发展银行资产托管部。资产托管部下设市场发展部、托管运作部、运行保障部、内控管理部等4个职能部门，在2003年12月成立了深圳分部。资产托管部全体人员均在本科学历以上，其中硕士以上学历占70%；均具有多年金融从业经历，100%以上人员具有基金从业资格。

上海浦东发展银行于2003年9月10日获得基金托管资格，截止到2014年报告期末，公司的资产托管业务规模30，753.55亿元，同比增长74.33%；本报告期实现托管费收入28.2亿元，同比增长34.67%。

【产品与服务】

充分满足您需求的专业优势，拥有全面的托管业务资格。获准证券投资基金、证券公司受托理财业务、资金信托计划、投资连接保险、中比产业投资基金、全国社保基金、基本养老个人账户基金等多项资产托管业务资格。个性化的托管服务。根据您的要求并结合资产管理人的特点，向您提供全面的个性化资产托管服务。完善的托管业务内控体系。“制度先行”和“风控优先”的指导思想下，建立了科学合理的组织架构、完善的业务规章制度和内部控制制度，确保托管业务平稳运行。高素质的专业化员工队伍。员工学历均在本科以上，硕士以上学历者占70%，全员具有基金从业资格，绝大部分骨干具有多年金融从业经历。丰富的业务经验。1993年始任上海市养老保险基金独家代理行，现为中国第一个由银行担保的“嘉实－浦安保本基金”托管银行、中国第一家规范运作的中外合资产业基金“中比直接股权投资基金”的独家托管银行。

值得您充分信赖的技术系统自主开发的托管业务综合处理系统(SAFEs)，采用国内第三代托管行业最新技术平台，支持多个托管业务产品在共同的技术平台上独立运行，个性化、模块化、权限控制自动化的特色处于国内领先地位。

托管人是托管财产忠实的守护者。随着我国资本市场日新月异的发展，我们深知，作为资产所有人，您不仅需要专业的投资机构运作您的资金，以实现资金的保值增值，同时您更需要一位诚信可靠、服务周到的托管人全面保障您的资产安全；作为资产管理人，您在受人之托、为人理财的同时，亦需携手一家专业、专注、经验丰富的托管机构作为合作伙伴，共赢财富天下！

“笃守诚信、严格自律、勤勉尽责、创造卓越”，上海浦东发展银行致力于打造资产托管业务品牌，更关注于对客户的服务与承诺！在全面借鉴和重构国内外托管模式的基础上，我们不仅为您创新推出了系列资产托管产品，还为您配备了高效的资金清算网络、先进的托管业务综合处理系统、完善的内部风险控制制度以及专业的托管运作团队，以确保为您提供优质的资产托管服务！

“创富之旅，真情守护”，我们确信，您未来的战略规划和每一步目标落实，都将获得我们个性化的服务与专业化的托管支持！

中国民生银行资产托管部

中国民生银行股份有限公司于2004年7月9日获得基金托管资格，成为《中华人民共和国证券投资基金法》颁布后首家获批从事基金托管业务的银行。为了更好地发挥后发优势，大力发展托管业务，中国民生银行股份有限公司抓住经济结构调整升级、资本市场快速发展、大资管时代创新以及互联网金融大发展的多重机遇，充分发挥资产托管业务的平台作用，大力整合行内资源，搭建外部合作平台，积极推进交叉营销，实现资产托管业务跨越发展。截至2014年报告期末，本公司资产托管（含保管）规模折合人民币为29,840.41亿元，比上年末增长52.50%；实现托管业务收入33.47亿元，同比增长10.68%，实现托管业务规模与效益的较快增长。养老金业务方面，本公司立足企业年金账户管理和托管服务，成功推出员工福利计划、养老理财等创新金融服务，探索机关事业单位职业年金等新领域，积极打造养老金融综合服务平台，促进养老金业务稳步向前发展。截至报告期末，本公司管理企业年金账户143,533户，比上年末增长3.53%，企业年金基金托管规模177.72亿元，比上年末增长93.74%。

中国民生银行股份有限公司基金托管业务内部风险控制组织结构由中国民生银行股份有限公司稽核部、资产托管部内设稽核监督处及资产托管部各业务处室共同组成。总行稽核部对各业务部门风险控制工作进行指导、监督。资产托管部内设独立、专职的内部稽核监督处，负责拟定托管业务风险控制工作总体思路与计划，组织、指导、协调、监督各业务处室风险控制工作的实施。各业务处室在各自职责范围内实施具体的风险控制措施。

中国民生银行股份有限公司从控制环境、风险评估、控制活动、信息沟通、监控等五个方面构建了托管业务风险控制体系。

（1）坚持风险管理与业务发展同等重要的理念。托管业务是商业银行新兴的中间业务，中国民生银行股份有限公司资产托管部从成立之日起就特别强调规范运作，一直将建立一个系统、高效的风险防范和控制体系作为工作重点。随着市场环境的变化和托管业务的快速发展，新问题新情况不断出现，中国民生银行股份有限公司资产托管部始终将风险管理放在与业务发展同等重要的位置，视风险防范和控制为托管业务生存和发展的生命线。

（2）实施全员风险管理。完善的风险管理体系需要从上至下每个员工的共同参与，只有这样，风险控制制度和措施才会全面、有效。中国民生银行股份有限公司资产托管部实施全员风险管理，将风险控制责任落实到具体业务处室和业务岗位，每位员工对自己岗位职责范围内的风险负责。

（3）建立分工明确、相互牵制的风险控制组织结构。托管部通过建立纵向双人制，横向多处室制的内部组织结构，形成不同处室、不同岗位相互制衡的组织结构。

（4）以制度建设作为风险管理的核心。中国民生银行股份有限公司资产托管部十分重视内部控制制度的建设，已经建立了一整套内部风险控制制度，包括业务管理办法、内部控制制度、员工行为规范、岗位职责及涵括所有后台运作环节的操作手册。以上制度随着外部环境和业务的发展还会不断增加和完善。

（5）制度的执行和监督是风险控制的关键。制度执行比编写制度更重要，制度落实检查是风险控制管理的有力保证。中国民生银行股份有限公司资产托管部内部设置专职稽核监督处，依照有关法律规章，每两月对业务的运行进行一次稽核检查。总行稽核部也不定期对资产托管部进行稽核检查。

（6）将先进的技术手段运用于风险控制中。在风险管理中，技术控制风险比制度控制风险更加可靠，可将人为不确定因素降至最低。托管业务系统需求不仅从业务方面而且从风险控制方面都要经过多方论证，托管业务技术系统具有较强的自动风险控制功能。

中信银行托管中心

2004年8月18日，经中国证监会和中国银监会核准，中信银行获得证券投资基金托管资格。中信银行托管中心内设市场发展部、托管营运部、投资者服务部和企业年金部四个职能部门，拥有一批高素质的专业托管人才，托管部目前拥有员工36人，全部无不良行为纪录，90%以上人员具有基金从业资格，40%以上的人员具有硕士研究生以上学历，90%以上人员具有三年以上银行或证券基金从业经历。截至2014年末，中信银行当年新增资产托管规模位居行业第三，托管收入同比增量位居行业第四。托管规模市场份额6.56%，托管收入市场份额4.11%，比上年末分别上升0.71%和1.64%，市场占比连续三年增加；中信银行成为公募基金、券商资金托管规模增长最多的托管银行，公募基金托管规模总额位居全行业第三位，股份制银行第一位，券商托管规模总额位居全行业第二位。

截至2014年报告期末，中信银行托管资产规模35,383.06亿元，比上年末增长72.90%。其中，养老金新增托管规模236.32亿元，总签约规模691.43亿元，比上年末增长33.76%。报告期内，中信银行实现托管及其他受托业务佣金收入15.22亿元，比上年增长96.13%。

中信银行托管中心建立了一套独立、先进的托管业务技术系统，业务功能完善、系统处理能力强，各种安全防范设施稳定可靠，具备安全保管财产的条件和资金核算清算和投资监督能力，配备了独立的门禁系统和电话录音、录像监控系统，确保托管业务运作相对独立。托管中心积聚了一批高素质的员工队伍，具有丰富的资金清算、会计核算、市场营销、风险控制等方面的经验，为托管业务安全运作打下了坚实的基础。

为保障托管业务健康发展，我行制订了一整套完善的规章制度；建立了科学的风险控制流程，营造良好的内部控制环境，形成自控、互控、监控三道防线；加强了系统安全性建设，建立了数据备份中心和应急处理方案，具备应急处理能力。

中信银行托管中心业务涵盖了证券投资基金、保险资产、券商理财、信托融资、阳光私募、养老金、企业年金、QFII、QDII等多个领域。确立了以托管产品门类齐全、服务专业化和开拓创新为特征的行业形象与市场地位。

华夏银行资产托管部

概况

2005年2月23日，华夏银行股份有限公司经中国证券监督管理委员会和中国银行业监督管理委员会核准，获得证券投资基金托管资格，是《证券投资基金托管资格管理办法》实施后取得证券投资基金托管资格的第一家银行。该项资格的获得，为华夏银行开拓托管业务领域、增加托管业务品种奠定了基础，使得华夏银行在中间业务领域的竞争实力得到进一步提升。

自成立以来，华夏银行托管业务部门严格履行托管人职责，按照法律法规和托管协议规定，安全保管委托资产，严格监控托管资产投资运作，将监控与控制风险有机结合，得到了业界的广泛认同和高度肯定。在业务处理中，操作流程科学规范，在保证效率的同时，追求“零差错”的高标准和高要求，保障了委托人合法利益，从而树立了托管业务良好品牌。截至2013年12月31日，华夏银行托管开放式证券投资基金、券商集合资产管理计划、信托产品、私募基金、理财产品、保险资金等各类资产组合超过500只，托管资产总规模7222.72亿元。在和讯网举办的2011银行业战略发展峰会暨银行行业财经风云榜颁奖典礼上荣获2011年度“最佳资产托管银行”大奖。

业务优势

全面的托管资质

自2005年2月经中国证监会和中国银监会核准证券投资基金托管资格，到2009年6月经中国保监会核准保险资金托管资格，华夏银行托管服务涵盖开放式基金、券商理财、信托、保险、社保、QFII/QDII、VC/PE、房资等十个领域20多个品种。

完善的服务功能

立足于强化受托责任，集中技术和人才优势，安全保管受托资产，为客户提供全方位、标准化的综合托管服务。我们的服务宗旨是基础服务标准化、增值服务个性化、综合服务一体化。

我行为客户提供证券投资类产品销售和托管的“一站式服务”，是业内少数实行“销售＋托管”捆绑营销模式的托管银行之一。

先进的托管系统

托管资金清算系统与华夏银行核心系统无缝衔接，利用行业领先的支付结算网络、完善的风险测控体系以及标准化的操作流程，能迅速处理客户“投资指令”，以优质、高效、安全的服务，获得了托管客户的肯定。

托管业务综合处理系统采用国内最先进的系统，支持多类托管业务在共同的技术平台上独立运行，个性化、模块化、权限控制自动化的特色处于国内领先。

托管系统网络框架按照“两网分离”的原则将办公网和业务网分开，保障托管资产安全性和独立性。采用先进的底层架构和技术，支持远程浏览器接入功能，大大提升了容灾应急能力。

建立了完善的业务连续性方案，应急预案定期演练，确保受托资产的安全性。

高效的组织构架

华夏银行资产托管部属于总行一级独立部门，根据业务条线下设市场综合、销售管理、交易管理、风险管理四个处室，在上海、深圳设立了托管分部，在多家分行设立了托管分中心，实行属地化管理，确保快速响应客户需求。

专业的服务团队

拥有一批从事托管业务的专业人才，绝大部分员工具有多年金融从业经历。40%的员工具有海外工作、留学或培训经历、90%具有硕士以上学历、100%获得中国证券业协会颁发的从业资格证书。在多年的托管业务工作中积累了丰富的工作经验。

丰富的托管经验

截至2013年12月31日，我行托管开放式证券投资基金、券商集合资产管理计划、信托产品、私募基金、理财产品、保险资金等各类资产组合超过500只，托管资产总规模7222.72亿元。

华夏银行具有9年以上资产托管经验，自2004年成立至今，华夏银行资产托管业务差错率一直保持为零。

自成立以来，无违法违规行为，未受到有关监管机构任何处罚，近年来，托管业务内控工作在中国银监会和中国证监会的多次检查中均受到了赞扬。

荣誉成就

2005年4月，托管第一只货币基金长城货币。

2005年11月，托管第一只股票基金德盛精选。

2006年7月，托管第一只债券基金诺安优化。

2006年11月，托管第一只券商集合理财国都1号。

2006年12月，托管第一只信托产品云国投中国龙集合资金信托计划。

2009年5月，托管第一只PE基金硅谷天堂。

2009年10月，托管第一只基金特定专户国泰稳健增值。

2011年3月，开展商品房预售资金监管业务。

2011年7月，托管第一只保险不动产投资项目合众人寿武汉蔡甸养老社区建设资金项目。

2011年度，在和讯网举办的2011银行业战略发展峰会暨银行行业财经风云榜颁奖典礼上荣获“最佳资产托管银行”大奖。

2012年6月，由我行承办、中国银行业协会主办的“《2011年中国资产托管行业发展报告》发布会暨托管行业发展论坛”活动成功举行。

2013年3月，成功托管我行第一只保险资金债权投资计划人保苏州轨道交通债权投资计划。

上海银行资产托管部

1995年12月29日，上海银行在中国经济金融改革大潮中应运而生。坚持服务地方经济、服务中小企业、服务市民的经营特色，秉承“点滴用心、相伴成长”为服务理念，上海银行稳健经营，规范管理，获得了良好的社会效益和经济效益，实现了持续快速稳健发展，成为我国银行体系中最具生机和活力的商业银行之一。

1999年9月和2001年12月，上海银行分别吸收国际金融公司和香港上海汇丰银行、上海商业银行等外资金融机构的参股投资，不仅对自身快速、稳健、开放式发展起到了积极的促进作用，同时也为我国商业银行及其他金融机构实现吸引外资投资多元化开创了成功的先例。

2005年11月，上海银行获准在城市商业银行系统中率先实现跨区域发展。如今，总部扎根上海浦东陆家嘴金融圈的上海银行，已经发展成为一家具有良好品牌形象、迈向全国的中等规模商业银行，分支机构延伸至长三角、珠三角、环渤海以及中西部地区，初步构建起了全国布局的战略框架，并与世界70个国家及地区近600家境内外银行的总行，建立了代理行网络关系。

自成立以来，上海银行充分发挥自身特点和优势，市场竞争力和影响力不断提高：在英国《银行家》公布的“全球前1000家银行”中，连年跻身500强；多次被《亚洲银行家》杂志评为中国地区“中国最佳城市零售银行”；先后荣获“上海市著名商标”、“最具价值的上海服务商标”、“全国小企业贷款工作先进单位”、“小企业优秀客户服务银行”、“全国再就业先进单位”，“全国银行间市场优秀交易成员”等称号；连续四年在上海市银行业窗口服务质量大检查评比中名列第一。此外，在2010年上海世博会金融服务中，上海银行以良好的企业形象和优质的金融服务获得“上海世博会金融服务工作先进集体”、“中国银行业世博金融服务组织奖”、“中国银行业世博金融服务创新奖”等荣誉。

截至2010年底，上海银行总资产超5600亿元；存、贷款总额分别达到4095亿元和2984亿元;其中,人民币储蓄存款余额突破1000亿元;全年实现利润总额57.39亿元。目前,上海银行注册资本42.34亿元;拥有250余家营业网点和150余家自助银行,布放自助服务类终端设备(ATM、CDS、ASM、XDM等)近2000台。

上海银行于2009年8月21日获得中国证监会、中国银监会核准开办证券投资基金托管业务,批准文号:中国证监会证监许可[2009]814号。内设托管运作团队、稽核监督团队、运行保障团队和市场拓展团队,平均年龄30岁,100%员工拥有大学本科以上学历,业务岗位人员均具有基金从业资格。截止到2011年末,本行共托管基金2只,托管基金资产净值规模12.13亿元。

中国邮政储蓄银行托管业务部

中国邮政储蓄银行自2009年7月获得证券投资基金托管资格,成为我国第16家具有证券投资基金托管资格的托管银行,可托管证券投资基金、银行理财产品、信托产品、专户理财产品、券商理财等多种资产,为客户提供账户开立、财产保管、资金结算、会计核算、投资监督、信息披露、托管报告等安全、高效、专业的托管服务。拥有一支专业化、年轻化的托管业务团队,所有人员均具有本科以上学历和金融学、会计学的专业背景。中国邮政储蓄银行坚持以客户为中心、以服务为基础的经营理念,依托专业的托管团队、灵活的托管业务系统、规范的托管管理制度、健全的内控体系、运作高效的业务处理模式,为广大基金份额持有人和众多资产管理机构提供安全、高效、专业、全面的托管服务,并获得了合作伙伴一致好评。

截至2014年12月31日,中国邮政储蓄银行托管的证券投资基金共27只,包括中欧中小盘股票型证券投资基金(LOF)(166006)、长信中短债证券投资基金(519985)、东方保本混合型开放式证券投资基金(400013)、万家添利分级债券型证券投资基金(161908)、长信利鑫分级债券型证券投资基金(163003)、天弘丰利分级债券型证券投资基金(164208)、鹏华丰泽分级债券型证券投资基金(160618)、东方增长中小盘混合型开放式证券投资基金(400015)等。

中国邮政储蓄银行作为一家新兴的托管银行,从开放式基金、一对多专户理财等产品的托管起步,将持续致力于托管业务的创新和发展,为投资者和合作伙伴提供安全可靠、优质精心的资产托管服务。

第三章　基金管理公司

国泰基金管理有限公司

【基本情况】

法定名称:国泰基金管理有限公司
英文名称:Guotai Asset Management Co. , Ltd.
成立日期:1998 年 3 月 5 日
注册资本:1.1 亿元
法人代表:唐建光
总 经 理:张　峰
注册地址:上海市浦东新区世纪大道 100 号上海环球金融中心 39 楼
办公地址:上海市虹口区公平路 18 号 8 号楼嘉昱大厦 16 层 - 19 层
邮政编码:200082
客服邮箱:service@ gtfund. com
电话号码:400 - 888 - 8688、021 - 38569000
传真号码:86 - 21 - 31081800
网站地址:www. gtfund. com. cn

【公司概况】

国泰基金成立于 1998 年 3 月,是国内首批规范成立的基金管理公司之一。历经 16 年的市场磨砺,公司稳步发展,目前进入了新的发展阶段。2010 年全球领先的保险集团之一意大利忠利集团正式收购公司部分股权,国泰基金变身为中外合资基金公司,并在投资管理、产品研发、风险控制、基金营销等多方面与之展开交流与合作,得到了显著提高。(注:基金管理人与股东之间实行业务隔离制度,股东并不直接参与基金财产的投资运作)

目前公司已拥有包括公募基金、社保基金投资管理人、企业年金投资管理人、特定客户资产管理业务和合格境内机构投资者等业务资格,是行业内极少数拥有并开展多类业务的资产管理公司之一。

自 1998 年 3 月 23 日公开发行国内第一只封闭式基金——基金金泰以来,国泰基金的产品线不断得到丰富和完善。目前公司旗下共管理着 58 只公募基金,2 只养老金产品和包括专户、年金、社保、投资咨询在内 80 多个资产委托组合,形成了丰富的资产管理产品线,能够满足不同风险偏好投资者的需求。

17 年来,国泰基金始终秉承“以最大的专业性和勤勉为投资人实现长期稳定的财富增值”的经营宗旨,赢得了包括全国社会保障基金理事会在内的数百万投资人的信任。在为投资者创造物质财富的同时,也不忘承担社会责任,通过“红蜡烛助教计划”开展支学助教活动,积极践行“和谐社会”的价值观,为社会精神财富的创造贡献力量。截至 2015 年,国泰基金“红蜡烛助教计划”已历时 8 年,在全国范围内完成助教 22 次、捐助“红蜡烛图书馆”12 座、“红蜡烛 · 梦想中心”多媒体教室 4 个、助养学生 128 人、捐赠图书 21287 本、受益师生近 6000 人次。

【公司大事记】

2014 年公司荣获《中国证券报》颁发的“海外投资金牛基金公司奖”,《上海证券报》颁发的“金基金 · 海外投资回报基金管理公司奖”。

2014 年国泰金牛创新基金荣获《中国证券报》颁发的“五年期股票型金牛基金奖”,《上海证券报》颁发的“五年期股票型金基金奖”。

2014 年国泰金鑫封闭基金荣获《中国证券报》颁发的“三年期封闭式金牛基金奖”,晨星(中国)颁发的“晨星基金(封闭式)奖”。

2014 年国泰金鼎价值精选荣获《上海证券报》颁发的“金基金 · 2013 年度偏股混合型基金奖”。

2015 年公司荣获 21 世纪传媒颁发的“最佳品牌建设基金公司奖”。

【股东概况】

排序	股东名称	持股比例
1	中国建银投资有限责任公司	60%
2	意大利忠利集团	30%
3	中国电力财务有限公司	10%

【旗下基金】

基金代码	基金名称	基金类型
160211	国泰小盘	混合型
160212	国泰估值	混合型
160218	国泰地产	股票型
160224	国泰 TMT	股票型
160225	新汽车	股票型
020003	国泰精选	混合型
000199	国泰策略收益灵活配置混合	混合型
518800	黄金基金	黄金型
020009	国泰金鹏	混合型
020001	国泰金鹰	混合型
020011	国泰 300	股票型
160222	国泰食品	股票型
160215	国泰价值	混合型
000742	国泰新经济	混合型
020023	国泰事件	混合型
000954	国泰睿吉 C	混合型
000953	国泰睿吉 A	混合型
020026	国泰成长	混合型
020015	国泰区位	混合型
020018	国泰金鹿保本	保本型
519021	国泰金鼎价值	混合型
519606	国泰金鑫	股票型
510230	金融 ETF	股票型
020021	金融 ETF 联接	股票型

基金代码	基金名称	基金类型
000362	国泰聚信 A	混合型
000363	国泰聚信 C	混合型
020005	国泰金马	混合型
160219	国泰医药	股票型
020022	国泰保本	保本型
001626	国泰央企改革股票	股票型
020033	国泰增利 A	债券型
001542	国泰互联网	股票型
160217	国泰互利	债券型
020002	国泰金龙债券 A	债券型
001922	国泰新目标收益保本混合	保本型
001491	国泰生益 A	混合型
519022	国泰金泰 C	混合型
519020	国泰金泰 A	混合型
020034	国泰增利 C	债券型
020010	国泰金牛	混合型
160226	国泰民益 C	混合型
160220	国泰民益	混合型
020028	国泰信用债 C	债券型
020027	国泰信用债 A	债券型
020020	国泰双利 C	债券型
020019	国泰双利 A	债券型
000526	国泰浓益灵活 A	混合型
000367	国泰安康养老 A	混合型
000511	国泰国策驱动 A	混合型
000512	国泰结构转型 A	混合型
160221	国泰有色	股票型
020036	国泰上证 5 年期联接 C	债券型
020035	国泰上证 5 年期联接 A	债券型
020029	国泰创利	债券型
020012	国泰金龙债券 C	债券型
002197	国泰鑫保本混合	保本型
001265	国泰兴益 A	混合型
000302	国泰淘金互联网	债券型
511010	国债 ETF	债券型
000103	国泰高收益债	债券型
000193	国泰美国房地产	股票型
001645	国泰大健康股票	股票型
001934	国泰全球绝对收益美元现钞	基金型
001935	国泰全球绝对收益美元现汇	基金型
001936	国泰全球绝对收益人民币	基金型
150066	互利 A	债券型
150067	互利 B	债券型
150117	房地产 A	股票型
150118	房地产 B	股票型
150130	医药 A	股票型
150131	医药 B	股票型
150196	有色 A	股票型
150197	有色 B	股票型
150198	食品 A	股票型
150199	食品 B	股票型
150215	TMTA	股票型
150216	TMTB	股票型
150357	新汽车 A	股票型
150358	新汽车 B	股票型
160213	国泰纳指	股票型
160216	国泰商品	基金型
513100	纳指 ETF	股票型

【公司高管】

唐建光先生：中国国籍，大学本科。高级工程师。1982 年 1 月至 1988 年 10 月在煤炭工业部基建司任工程师；1988 年 10 月至 1993 年 7 月在中国统配煤矿总公司基建局任副处长；1993 年 7 月至 1995 年 9 月在中煤建设开发总公司总经理办公室任处长；1995 年 9 月至 1998 年 10 月在煤炭部基建管理中心工作，先后任综合处处长、中心副主任；1998 年 10 月至 2005 年 1 月在中国建设银行资产保全部任副总经理；2005 年 1 月起在中国建银投资有限责任公司先后任资产管理处置部总经理、企业管理部高级业务总监。2010 年 11 月至 2014 年 10 月任国泰基金管理有限公司监事会主席，2014 年 8 月起任公司党委书记，2015 年 8 月起任公司董事长、法定代表人。

张峰先生：硕士研究生。1987 年 7 月至 1999 年 3 月就职于国家计划委员会，历任产业经济研究所科员、政研室经济分析处副处长、财金司综合处处长。1999 年 3 月至 2001 年 7 月在嘉实基金管理有限公司工作，任研究部副总监、市场部总监。2001 年 7 月至 2002 年 4 月在中保集团资产管理公司，任总经理助理。2002 年 4 月至 2015 年 4 月在嘉实基金管理有限公司工作，历任督察长、副总经理兼首席市场官。2015 年 5 月加入国泰基金管理有限公司，2015 年 8 月起任公司总经理及公司董事。

巴立康先生：硕士研究生，高级会计师。1993 年 4 月至 1998 年 4 月在华夏证券工作，历任营业部财务经理、公司计划财务部副总经理兼上海分公司财务部经理。1998 年 4 月至 2007 年 11 月在华夏基金管理有限公司工作，历任综合管理部总经理、基金运作部总经理、基金运营总监、稽核总监。2007 年 12 月加入国泰基金管理有限公司，2008 年 12 月起担任公司副总经理，2015 年 8 月 31 日起代任公司督察长。

南方基金管理有限公司

【基本情况】

法定名称：南方基金管理有限公司
英文名称：China Southern Fund Management Co. , Ltd.
成立日期：1998 – 03 – 06
注册资本：3 亿元
法人代表：吴万善
总　经　理：杨小松
注册地址：深圳市福田中心区福华一路 6 号免税商务大厦塔楼 31、32、33 层整层
办公地址：深圳市福田中心区福华一路 6 号免税商务大厦塔楼 31、32、33 层整层
邮政编码：518048
客服邮箱：service@ nffund. com
service@ southernfund. com
电话号码：400 – 889 – 8899
传真号码：0755 – 82763889
网站地址：www. nffund. com

【公司概况】

1998 年 3 月 6 日，经中国证监会批准，南方基金管理有限公司作为国内首批规范的基金管理公司正式成立，成为我国“新基金时代”的起始标志。南方基金总部设在深圳，注册资本 1.5 亿元人民币。股东结构为：华泰证券股份有限公司

(45%);深圳市投资控股有限公司(30%);厦门国际信托有限公司(15%);兴业证券股份有限公司(10%)。目前,公司在北京、上海、合肥等地设有分公司,在香港设有子公司——南方东英资产管理有限公司,这也是境内基金公司获批成立的第一家境外分支机构。

公司拥有一支高素质、经验丰富的专业化团队。现有员工470余人,超过60%的员工具有硕士以上学历,近50%的员工具有5年以上的证券从业经历,其中投研人员的平均证券从业年限为6年,32%的投研人员具有海外学习或工作经验。

公司经历了中国证券市场多次牛熊交替的长期考验,以持续优秀的投资业绩、完善周到的客户服务,赢得了广大基金投资人、社保理事会、企业年金客户、专户客户的认可和信赖。截至2015年末,公司管理资产规模5027亿元,位居行业前列。旗下管理公募基金共85只,产品涵盖股票型、混合型、债券型、保本型、货币型、指数型、QDII等。公募基金资产管理规模3266亿元,累计向基金持有人分红超过758亿元,拥有客户数量超过2000万人。私募业务管理规模1761亿元,在行业中持续保持领先地位。南方基金已经发展成为国内产品种类最丰富、业务领域最全面、经营业绩优秀、资产管理规模最大的基金管理公司之一。

【公司荣誉】

公司奖(2015年)

中国证券报2014年度金牛基金管理公司

汤森路透集团(中国)2014年中国固定收益市场展望调查大奖

中国证券报2014年度被动投资金牛基金公司

中央国债登记结算有限责任公司优秀资产管理机构

汤森路透集团(中国)中国固定收益市场展望2014年综合奖第一名

大众证券报2014年度十佳基金公司

证券时报2014年度十大明星基金公司奖

上海证券报2014年度金基金TOP公司大奖

中国证券报2014年度债券投资金牛基金公司

基金奖(2015年)

上海证券报南方中证500ETF:1年期指数型金基金奖

中国证券报南方策略优化:2014年度开放式股票型金牛基金

中国证券报南方中证500ETF:2014年度开放式指数型金牛基金

中国证券报南方广利回报:三年期开放式债券型持续优胜金牛基金

上海证券报南方策略优化:1年期股票型金基金奖

上海证券报南方优选价值:5年期股票型金基金奖

上海证券报南方宝元债券:1年期平衡型金基金奖

证券时报南方优选价值:五年持续回报股票型明星基金奖

证券时报南方广利回报:2014年度积极债券型明星基金奖

证券时报南方成份精选:2014年度股票型明星基金奖

【股东概况】

排序	股东名称	股权比例
1	华泰证券有限责任公司	45%
2	深圳市投资控股有限公司	30%
3	厦门国际信托投资股份有限公司	15%
4	兴业证券股份有限公司	10%

【旗下基金】

基金代码	基金名称	基金类型
160135	高铁基金	股票型
000955	南方产业活力	股票型
001692	南方国策动力	股票型
160136	改革基金	股票型
202009	南方盛元	混合型
512310	500工业	股票型
510290	380ETF	股票型
160137	互联基金	股票型
512330	500信息	股票型
202025	380ETF联接	股票型
202027	南方高端装备	混合型
202017	南方深成	股票型
160119	南方500	股票型
510500	500ETF	股票型
160127	南方消费	股票型
159903	深成ETF	股票型
202003	南方绩优	混合型
202002	南稳贰号	混合型
510160	小康ETF	股票型
160106	南方高增	混合型
202001	南方稳健	混合型
001053	南方创新经济	混合型
202021	南方小康	股票型
202019	南方策略	混合型
202015	南方300联接	股票型
001421	南方量化	股票型
001113	大数据100	股票型
160133	南方天元	股票型
159925	南方300	股票型
001181	南方改革机遇	混合型
000527	南方新优享	混合型
001426	南方大数据C	股票型
001420	南方大数据A	股票型
202005	南方成份	混合型
160105	南方积配	混合型
202011	南方价值A	混合型
202007	南方隆元	混合型
512300	500医药	股票型
000554	中国梦灵活配置	混合型
202023	南方成长	混合型
512340	500原料	股票型
001772	南方消费活力	混合型
202107	南方广利C	债券型
000452	南方医保	混合型
202101	南方宝元	混合型
202106	南方广利B	债券型
202105	南方广利A	债券型
160132	南方永利C	债券型
202211	南方恒元	保本型

基金代码	基金名称	基金类型
160130	南方永利	债券型
202213	南方安心保本	保本型
002016	南方荣光 C	混合型
002015	南方荣光 A	混合型
001580	南方利安 C	混合型
001570	南方利安 A	混合型
001567	南方利达 C	混合型
001504	南方利淘 C	混合型
001183	南方利淘 A	混合型
000326	南方顺达	保本型
000844	南方绝对收益	混合型
202212	南方保本	保本型
202202	南方避险	保本型
202103	南方多利 A	债券型
202102	南方多利 C	债券型
000023	南方中票 C	债券型
000022	南方中票 A	债券型
160124	南方 50C	债券型
160123	南方 50 债	债券型
160134	南方聚利 C	债券型
160131	南方聚利	债券型
160129	南方金利 C	债券型
160128	南方金利	债券型
001566	南方利达 A	混合型
001505	南方利众 C	混合型
001503	南方利鑫 C	混合型
001335	南方利众 A	混合型
001334	南方利鑫 A	混合型
000998	南方双元 C	债券型
000720	南方稳利 C	债券型
000562	南方启元 C	债券型
000561	南方启元 A	债券型
000356	南方丰元 C	债券型
000355	南方丰元 A	债券型
000327	南方丰合	保本型
000086	南方稳利 A	债券型
202109	南方润元 B	债券型
202108	南方润元 A	债券型
202110	南方润元 C	债券型
000564	南方通利 C	债券型
000563	南方通利 A	债券型
000997	南方双元 A	债券型
513600	恒指 ETF	股票型
001691	南方香港成长	混合型
001979	南方沪港深价值	混合型
002167	南方顺康	保本型
002218	南方弘利 A	债券型
002219	南方弘利 C	债券型
002220	南方瑞利保本	保本型
150049	消费收益	股票型
150050	消费进取	股票型
150293	高铁 A 级	股票型
150294	高铁 B 级	股票型
150295	改革 A	股票型
150296	改革 B	股票型
150297	互联 A 级	股票型
150298	互联 B 级	股票型
160121	南方金砖	股票型
160125	南方香港	股票型
202801	南方全球	股票型

【公司高管】

吴万善先生，董事长，中共党员，工商管理硕士，高级经济师。历任中国人民银行江苏省分行金融管理处科员、中国人民银行南京市分行江宁支行科员、华泰证券有限责任公司发行部副经理、总经理助理、副总经理、总裁，现任华泰证券有限责任公司董事长兼党委副书记、南方基金管理有限公司董事长代总裁。

杨小松先生，董事，中共党员，经济学硕士，注册会计师。历任德勤国际会计师行会计专业翻译，光大银行证券部职员，美国 NASDAQ 实习职员，证监会处长、副主任。2012 年加入南方基金，担任督察长，现任南方基金管理有限公司董事、总裁、党委副书记。

鲍文革先生，督察长，中国民主同盟盟员，经济学硕士。历任财政部中华会计师事务所审计师，南方证券有限公司投行部及计划财务部总经理助理，1998 年加入南方基金，历任运作保障部总监、公司监事、财务负责人、总经理助理，现任南方基金管理有限公司督察长、南方东英资产管理有限公司（香港）董事。

安信基金管理有限责任公司

【基本情况】

法定名称：安信基金管理有限责任公司
英文名称：Essence Fund Management Co.，ltd.
公司属性：中资企业
成立日期：2011－12－06
注册资本：3.5 亿元
法人代表：刘入领
总　经　理：刘入领
注册地址：深圳市福田区益田路 6009 号新世界商务中心 36 层
办公地址：深圳市福田区益田路 6009 号新世界商务中心 36 层
邮政编码：518026
电话号码：4008－088－088
传真号码：0755－82799292
客服邮箱：service@ essencefund. com
网站地址：www. essencefund. com

【公司概况】

安信基金管理有限责任公司经中国证监会批准，成立于 2011 年 12 月，注册地深圳，注册资本 3.5 亿元人民币。公司股东为安信证券股份有限公司、五矿资本控股有限公司、佛山市顺德区新碧贸易有限公司、中广核财务有限责任公司。安信基金管理有限责任公司的经营范围包括基金募集、基金销售、特定客户资产管理、资产管理和中国证监会许可的其他业务，是为客户提供专业理财服务的资产管理机构。

【股东概况】

序号	股东名称	持股比例(%)	股东性质
1	中广核财务有限责任公司	8.57	财务公司
2	佛山市顺德区新碧贸易有限公司	19.71	一般法人
3	安信证券股份有限公司	33.00	券商
4	五矿资本控股有限公司	38.72	一般法人

【旗下基金】

基金代码	基金名称	基金类型
167503	一带分级	股票型
000433	安信鑫发优选	混合型
001583	安信新常态	股票型
000974	安信消费医药	股票型
000577	安信价值精选	股票型
750001	安信策略	混合型
002035	安信平稳 C	混合型
001399	安信鑫安 A	混合型
750005	安信平稳 A	混合型
167501	安信宝利	债券型
002029	安信动态策略 C	混合型
001400	安信鑫安 C	混合型
001185	安信动态策略 A	混合型
002036	安信优势 C	混合型
001338	安信稳健 C	混合型
750003	安信目标债 C	债券型
750002	安信目标债 A	债券型
001687	安信新动力混合 C	混合型
001686	安信新动力混合 A	混合型
001316	安信稳健 A	混合型
001287	安信优势 A	混合型
000310	安信永利信用 A	债券型
000335	安信永利信用 C	债券型
150275	一带一 A	股票型
150276	一带一 B	股票型

华安基金管理有限公司

【基本情况】

法定名称:华安基金管理有限公司

英文名称:Hua An Fund Management Co., Ltd.

公司属性:中资企业

成立日期:1998－06－04

注册资本:1.5 亿元

法人代表:朱学华

总 经 理:童 威

注册地址:上海浦东新区世纪大道 8 号上海国金中心二期 31、32 层

办公地址:上海浦东新区世纪大道 8 号上海国金中心二期 31、32 层

邮政编码:200120

客服邮箱:service@huaan.com.cn

电话号码:40088－50099

传真号码:021－68862145

网站地址:www.huaan.com.cn

【公司概况】

华安基金管理有限公司经中国证监会证监基金字［1998］20 号文批准于 1998 年 6 月设立,是国内首批基金管理公司之一,注册资本 1.5 亿元人民币,公司总部设在上海陆家嘴金融贸易区。目前的股东为上海电气(集团)总公司、上海国际信托有限公司、上海工业投资(集团)有限公司、上海锦江国际投资管理有限公司和国泰君安投资管理股份有限公司。

截至 2014 年 12 月 31 日,华安基金共有 47 只公募基金。公募基金管理规模达到 938.41 亿元,15 年稳居行业前 10。从业绩上来看,股票投资能力有 12 年居行业前 1/2,7 年居前 1/3,5 年居前 1/4。

截至 2014 年 12 月 31 日,华安基金管理有限公司旗下共管理了华安安顺封闭 1 只封闭式证券投资基金,华安创新混合、华安中国 A 股增强指数、华安现金富利货币、华安宝利配置混合、华安宏利股票、华安中小盘成长股票、华安策略优选股票、华安核心优选股票、华安稳定收益债券、华安动态灵活混合、华安强化收益债券、华安行业轮动股票、华安上证 180ETF、华安上证 180ETF 联接、华安上证龙头企业 ETF、龙头 ETF 联接、华安升级主题股票、华安稳固收益债券、华安可转换债基金、华安深证 300 指数基金(LOF)、华安科技动力股票、华安四季红债券、华安香港精选股票、华安大中华升级股票、华安标普石油指数基金(QDII－LOF)、华安月月鑫短期理财债券、华安季季鑫短期理财债券、华安月安鑫短期理财债券、华安七日鑫短期理财债券、华安沪深 300 指数分级、华安逆向策略、华安日日鑫货币、华安安心收益债券、华安信用增强债券、华安保本混合、华安纯债债券、华安双债债券、华安易富黄金 ETF、华安年年红债券、华安生态优先、华安中证细分医药 ETF、华安中证细分地产 ETF 等 47 只开放式基金。

【股东概况】

序号	股东名称	持股比例(%)	股东性质
1	上海国际信托有限公司	20.00	信托公司
2	上海电气(集团)总公司	20.00	一般法人
3	上海锦江国际投资管理有限公司	20.00	一般法人
4	上海工业投资(集团)有限公司	20.00	一般法人
5	国泰君安投资管理股份有限公司	20.00	一般法人

【旗下基金】

基金代码	基金名称	类型
040025	华安科技	混合型
519909	华安安顺混合	混合型
001072	华安装备	股票型
001445	华安国企	混合型
160415	华安 S300	股票型
040035	华安逆向	混合型
000313	华安沪深 300C	股票型
040015	华安动态	混合型
000312	华安沪深 300A	股票型
040004	华安宝利	混合型
000294	华安生态	混合型
040002	华安 A 股	股票型
001028	华安物联网	股票型
000549	华安大国新经济	股票型
040005	华安宏利	混合型

基金代码	基金名称	类型
518880	黄金 ETF	黄金型
040023	华安可转债 B	债券型
000217	华安黄金易 ETF 联接 C	黄金型
040022	华安可转债 A	债券型
040011	华安核心	混合型
040001	华安创新	混合型
160417	华安 300	股票型
001104	华安新丝路	股票型
160419	证券股基	股票型
512110	中证地产	股票型
519002	安信消费	混合型
040020	华安升级	混合型
000216	华安黄金易 ETF 联接 A	黄金型
510190	龙头 ETF	股票型
040190	龙头 ETF 联接	股票型
510180	180ETF	股票型
040007	华安成长	混合型
040180	180ETF 联接	股票型
160418	银行股基	股票型
040016	华安行业轮动	混合型
160420	创业 50	股票型
001071	华安媒体	混合型
512120	中证医药	股票型
040036	华安安心债 A	债券型
040037	华安安心债 B	债券型
000376	华安中证医药联接 C	股票型
000373	华安中证医药联接 A	股票型
040045	华安信用增强	债券型
040008	华安优选	混合型
000072	华安保本	保本型
002144	华安新优选 C	混合型
001311	华安回报	混合型
001282	华安新机遇	保本型
040026	华安信用	债券型
040009	华安收益 A	债券型
040010	华安收益 B	债券型
040041	华安纯债 C	债券型
040040	华安纯债 A	债券型
040019	华安稳固	债券型
040013	华安强债 B	债券型
040012	华安强债 A	债券型
001905	华安安益保本混合	保本型
001800	华安新乐享保本混合	保本型
001485	华安添颐	混合型
001312	华安新优选 A	混合型
001139	华安新动力	混合型
000708	华安安享混合	混合型
000590	华安新活力	混合型
000240	华安年年盈 C	债券型
000239	华安年年盈 A	债券型
000150	华安双债 C	债券型
000149	华安双债 A	债券型
000227	华安年年红 A	债券型
000614	华安德国 30	股票型
002238	华安乐惠保本混合 A	保本型
002239	华安乐惠保本混合 C	保本型
040018	华安香港	股票型
040021	华安大中华	股票型
040046	华安纳指 100 人民币	股票型
040047	华安纳指 100 美元现钞	股票型
040048	华安纳指 100 美元现汇	股票型
150104	HS300A	股票型
150105	HS300B	股票型
150299	银行股 A	股票型
150300	银行股 B	股票型
150301	证券股 A	股票型
150302	证券股 B	股票型
150303	创业股 A	股票型
150304	创业股 B	股票型
160416	华安石油	股票型
513030	德国 30	股票型

【公司高管】

朱学华先生：中国国籍、中共党员，大学专科。曾任武警上海警卫局干部、上海财政证券有限公司党总支副书记，上海证券有限责任公司党委书记、副董事长、副总经理，海际大和证券有限责任公司董事长，现任华安基金管理有限公司董事长、法定代表人，党总支书记，同时代行公司总经理职务。

童威先生：中国国籍，无境外永久居留权，中共党员，经济学博士，高级经济师，注册金融分析师（CFA），曾任上海证券有限责任公司研究发展中心部门总经理，上海国际集团有限公司研究发展总部副总经理（主持工作），上投摩根基金管理有限责任公司副总经理，上海国际集团有限公司战略发展总部总经理，自 2015 年 7 月起任华安基金管理有限公司总经理。

薛珍女士：研究生学历，11 年证券、基金从业经验，曾任华东政法大学副教授，中国证监会上海证管办机构处副处长，中国证监会上海监管局信息调研处处长，中国证监会上海监管局法制工作处处长，现任华安基金管理有限公司督察长。

博时基金管理有限公司

【基本情况】

法定名称：博时基金管理有限公司
英文名称：Bosera Fund Management Co., Ltd
公司属性：中资企业
成立日期：1998 年 7 月 13 日
注册资本：2.5 亿元
法人代表：张光华
总 经 理：江向阳
注册地址：广东省深圳市福田区深南大道 7088 号招商银行大厦 29 层
办公地址：广东省深圳市福田区深南大道 7088 号招商银行大厦 29 层
邮政编码：518040
电话号码：95105568
传真号码：0755－83195140
客服邮箱：service@bosera.com
网站地址：www.bosera.com

【公司概况】

博时基金管理有限公司成立于 1998 年 7 月 13 日，是中国内地首批成立的五家基金管理公司之一。注册资本 2.5 亿元人民币，总部设在深圳，在北京、上海、郑州、沈阳、成都设有分公司。同时，博时基金公司拥有博时基金(国际)有限公司和博时资本管理有限公司两家全资子公司。博时基金公司的股东为招商证券股份有限公司、中国长城资产管理公司、天津港(集团)有限公司、璟安股权投资有限公司、上海盛业股权投资基金有限公司、上海丰益股权投资基金有限公司、广厦建设集团有限责任公司。博时基金公司的经营范围包括基金募集、基金销售、资产管理和中国证监会许可的其他业务，是一家为客户提供专业投资服务的资产管理机构。

“为国民创造财富”是博时的使命。博时基金公司的投资理念是“做投资价值的发现者”。我们的股票投资强调以内部研究为基础的基本面分析，持续挖掘业绩稳定增长、有核心竞争力、有成长潜力的上市公司。我们坚信股票的二级市场价格终将反映企业的内在价值，坚守对企业的深入把握这一获取收益、规避风险的根本方法。

截至 2015 年 12 月 31 日，博时基金共管理博时价值增长混合基金、博时沪深 300 指数基金、博时现金收益货币基金、博时精选股票基金、博时主题行业股票(LOF)基金、博时稳定价值债券基金、博时平衡配置混合基金、博时价值增长贰号混合基金、博时第三产业股票基金、博时新兴成长股票基金、博时特许价值股票基金、博时信用债券基金、博时策略混合基金、博时上证超大盘 ETF 基金、博时上证超大盘 ETF 联接基金、博时创业成长股票基金、博时大中华亚太精选股票(QDII)基金、博时宏观回报债券基金、博时转债增强债券基金、博时行业轮动股票基金、博时抗通胀增强回报(QDII - FOF)基金、博时卓越品牌股票基金、博时深证基本面 200ETF 基金、博时深证基本面 200ETF 联接基金、博时回报混合基金、博时天颐债券基金、博时上证自然资源 ETF 基金、博时上证自然资源 ETF 联接基金、博时标普 500ETF 基金、博时标普 500ETF 联接(QDII)基金、博时医疗保健行业股票基金、博时信用债纯债基金、博时稳健回报债券基金、博时安心收益定期开放债券基金、博时理财 30 天债券基金、博时亚洲票息收益债券(QDII)基金、博时安盈债券基金、博时岁岁增利一年定期开放债券基金、博时上证企债 30ETF 基金、博时裕益灵活配置混合基金、博时内需增长灵活配置混合基金、博时灵活配置混合基金、博时月月薪定期支付债券基金、博时双月薪定期支付债券基金、博时安丰 18 个月定期开放债券基金、博时双债增强债券基金、博时裕隆灵活配置混合基金、博时黄金 ETF、博时天天增利货币基金、博时优势收益信用债债券基金、博时现金宝货币基金、博时月月盈短期理财债券基金、博时保证金货币 ETF、博时产业新动力混合、博时产业债纯债、博时互联网主题、博时招财一号大数据、博时淘金大数据 100、博时沪港深优质企业、博时中证 800 证券保险分级、博时国企改革主题、博时丝路主题、博时上证 50ETF、博时上证 50ETF 联接、博时新趋势、博时中证银行分级、博时证金宝、博时新起点、博时新财富、博时裕瑞纯债、博时裕盈纯债、裕恒、裕荣、裕泰、裕晟、博时安荣定开债、博时安誉定开债、博时新策略、博时裕丰、博时裕和、博时裕坤、博时裕达、博时裕康、博时境源保本基金等八十五只开放式基金，并受全国社会保障基金理事会委托管理部分社保基金，以及多个企业年金账户。

截至 2015 年 12 月 31 日，博时基金公司共管理八十五只开放式基金，并受全国社会保障基金理事会委托管理部分社保基金，以及多个企业年金账户。资产管理净值总规模逾 3980 亿元人民币，其中公募基金资产规模约 2054 亿元人民币，累计分红约 677 亿元人民币，是目前我国资产管理规模最大的基金公司之一，养老金资产管理规模在同业中名列前茅。

【公司荣誉】

2015 年 12 月 18 日，由东方财富网主办的 2015 年东方财富风云榜活动在深举行，博时基金荣获“2015 年度最优 QDII 产品基金公司奖”。

2015 年 12 月 17 日，由华夏日报主办第九届机构投资者年会暨金蝉奖颁奖盛典，博时基金荣获“2015 年度最具互联网创新基金公司”。

2015 年 12 月 16 日，由北京商报主办的 2015 北京金融论坛，博时基金荣获“品牌推广卓越奖”。

2015 年 12 月 11 日，由第一财经日报主办的 2015 金融价值榜典礼在北京金融街威斯汀酒店举行，博时基金荣获“最佳财富管理金融机构”大奖。

2015 年 12 月 11 日，由 21 世纪经济报道主办的 2015 亚洲资本年会在深圳洲际酒店举行，博时基金获评“2015 最受尊敬基金公司”、张光华董事长获评“2015 中国赢基金任务奖”。

2015 年 12 月 4 日，由经济观察报主办的 2014 - 2015 年度中国卓越金融奖颁奖典礼在北京举行，博时基金凭借旗下固定收益类的出色表现，独家获评“年度卓越固定收益投资团队奖”。

2015 年 11 月 26 日，由北大汇丰商学院、南方都市报、奥一网联合主办的 CFAC 中国金融年会在深召开，博时基金荣获“年度最佳基金公司”大奖。

2015 年 11 月 20 日，第十一届中国证券市场年会，博时基金获评“年度卓越贡献龙鼎奖”。

2015 年 11 月 7 日，由每日经济新闻主办的第四届中国上市公司领袖峰会在成都香格里拉举行，博时资本荣获“最具成长性子公司”。

2015 年 8 月 3 日，博时基金经理过钧和张溪冈，荣获证券时报颁发的“英华奖”；同时，过钧获得证券时报评选的“三年期和五年期固定收益类 - 最佳基金经理”，张溪冈获得证券时报评选的“三年期海外投资 - 最佳基金经理”。

2015 年 4 月 22 日，在由上海证券报社主办的第十二届中国“金基金”奖的评选中，博时主题行业股票证券投资基金(LOF)获得金基金 5 年期股票型金基金奖。

2015 年 4 月 17 日，在由证券时报社主办，晨星资讯、上海证券和济安金信提供评奖支持的 2014 年度“中国基金业明星基金奖”评选中，博时基金旗下博时主题行业与博时信用债分别获得五年持续回报股票型明星基金奖、2014 年度积极债券型明星基金奖。

2015 年 3 月 28 日，在第十二届中国基金业金牛奖评选中，博时基金旗下博时主题行业(LOF)基金、博时信用债券基金分别获得“2014 年度开放式股票型金牛基金”奖、“三年期开放式债券型持续优胜金牛基金”奖。

2015 年 1 月 21 日，在《华夏时报》第八届投资者年会暨金蝉奖评选中，博时转债增强荣获第八届金蝉奖"2014 最佳年度债基品牌奖"。

2015 年 1 月 18 日，博时基金(香港)在和讯财经风云榜海外评选中荣获“最佳中资基金公司”奖。

2015 年 1 月 15 日，在和讯网主办的第十二届中国财经风云榜评选中，博时基金获评第十二届中国财经风云榜“年度十大品牌基金公司”奖。

2015 年 1 月 11 日，在和讯网主办的 2013 年第十一届财经风云榜基金行业评选中，博时基金荣获“2013 年度基金业最佳投资者关系奖”。

2015 年 1 月 7 日，博时基金在 2014 年信息时报金狮奖—金融行业风云榜的评选中获得年度最佳基金公司大奖。

2014 年 12 月 25 日，博时基金荣获金融界 2014 第三届领航中国金融行业年度评选基金业“最佳品牌奖”。

2014 年 12 月 25 日，博时基金在每日经济新闻“金鼎奖”评选中获得“RQFII 奖项 – 最具竞争力公司奖”。

2014 年 9 月 18 日，中国基金报“首届中国最佳基金经理评选”揭晓，博时大中华亚太精选基金经理张溪冈获评“海外投资最佳基金经理”。

2014 年 9 月 1 日，《投资者报》发布“公募基金投资总监牛人榜”年化收益率排行榜单，博时基金股票投资部价值组投资总监兼博时主题行业股票基金经理邓晓峰登上“公募总监五年以上年化收益率排行榜”。

2014 年 8 月 27 日，21 世纪网在苏州主办“2014 中国资本市场高峰论坛暨颁奖典礼”，博时亚洲票息收益债券（QDII）基金获评“2014 中国 QDII 基金国民投资热点奖”。

2014 年 6 月 16 日，大智慧在上海发布“智慧财经巅峰榜”，博时基金荣获“十佳基金公司”奖项，基金经理张溪冈荣获智慧财经巅峰榜“最佳基金经理”奖项。

2014 年 1 月 11 日，在和讯网主办的 2013 年第十一届财经风云榜基金行业评选中，博时基金荣获“2013 年度基金业最佳投资者关系奖”。

2014 年 1 月 9 日，金融界网站在北京举办“第二届领航中国 2013 金融行业年度颁奖典礼”，博时基金荣获“2013 金融界领航中国年度评选基金公司最佳品牌奖”。

【股东概况】

排序	股东名称	持股数量（万股）	持股比例（%）
1	招商证券股份有限公司	12250	49%
2	中国长城资产管理公司	6250	25%
3	天津港（集团）有限公司	1500	6%
	璟安实业有限公司	1500	6%
	上海盛业资产管理有限公司	1500	6%
	丰益实业发展有限公司	1500	6%
4	广厦建设集团有限责任公司	500	2%

【旗下基金】

基金代码	基金名称	类型
160512	博时卓越	混合型
050022	博时回报	混合型
050009	博时新兴	混合型
000264	博时内需增长	混合型
050008	博时产业	混合型
000652	博时裕隆	混合型
000219	博时裕益	混合型
050014	博时创业	混合型
050119	博时转债 C	债券型
050019	博时转债 A	债券型
050010	博时特许	混合型
001243	博时大数据 100I	股票型
001242	博时大数据 100A	股票型
159937	博时黄金	黄金型
000929	博时黄金 D	黄金型
000930	博时黄金 I	黄金型
001277	博时改革	股票型
510020	超大 ETF	股票型
050013	超大 ETF 联接	股票型
159908	深 F200	股票型
050021	F200ETF 联接	股票型
050123	博时天颐 C	债券型
050023	博时天颐 A	债券型
050002	博时沪深 300 指数 A	股票型
001236	博时丝路	股票型
050007	博时平衡	混合型
050001	博时增长	混合型
050201	博价值贰	混合型
001125	博时互联网	混合型
050026	博时医疗	混合型
050004	博时精选	混合型
160516	博时证保	股票型
510710	上 50ETF	股票型
000936	博时产业新动力	混合型
160505	博时主题	混合型
001237	博时上证 50 联接	股票型
050018	博时行业	混合型
050012	博时策略	混合型
050029	博时新机遇混合 A	混合型
510410	资源 ETF	股票型
050024	资源 ETF 联接	股票型
160517	博时银行	股票型
051016	博时宏观 B	债券型
050116	博时宏观 C	债券型
050016	博时宏观 A	债券型
001055	博时产业债 A	债券型
051011	博时信用 B	债券型
050111	博时信用 C	债券型
050011	博时信用 A	债券型
511210	企债 ETF	债券型
160515	安丰 18	债券型
160514	稳健债 C	债券型
160513	稳健债 A	债券型
050027	博时信用纯债 A	债券型
002206	博时裕康	债券型
002198	博时裕达	债券型
002150	博时裕和纯债	债券型
002143	博时裕坤	债券型
002109	博时裕丰纯债	债券型
002008	博时裕晟	债券型
001993	博时裕泰	债券型
001971	博时产业债 C	债券型
001961	博时裕荣	债券型
001911	博时裕恒纯债	债券型
001661	博时信用纯债 C	债券型
001578	博时裕瑞	债券型
001546	博时裕盈	债券型
001545	博时裕嘉	债券型
001523	博时新策略 C	混合型
001522	博时新策略 A	混合型
001429	博时新财富	混合型

基金代码	基金名称	类型
001425	博时新起点 C	混合型
001424	博时新起点 A	混合型
001395	博时新趋势 C	混合型
001394	博时新趋势 A	混合型
001238	博时招财一号	保本型
000752	博时优势	债券型
000281	博时双债 C	债券型
000280	博时双债 A	债券型
000178	博时灵配	混合型
000085	博时安盈债 C	债券型
000084	博时安盈债 A	债券型
050106	博时稳定 A	债券型
050006	博时稳定 B	债券型
001215	博时沪港深	混合型
000200	博时岁岁增利	债券型
000246	博时月月薪	债券型
000277	博时双月薪	债券型
000927	博时亚太美元现汇	股票型
001999	博时安荣	债券型
002048	博时安誉	债券型
002095	博时新收益混合 A	混合型
002096	博时新收益混合 C	混合型
002208	博时境源保本 A	保本型
002209	博时境源保本 C	保本型
002266	博时安和 A	债券型
002267	博时安和 C	债券型
050015	博时亚太	股票型
050020	博时抗通胀	基金型
050025	博时标普 500ETF 联接	股票型
050028	博时收益 A	债券型
050030	博时亚洲票息	债券型
050128	博时收益 C	债券型
050202	博时亚洲(美元现汇)	债券型
050203	博时亚洲(美元现钞)	债券型
150225	证保 A 级	股票型
150226	证保 B 级	股票型
150267	银行 A 类	股票型
150268	银行 B 类	股票型
513500	标普 500	股票型

【公司高管】

张光华先生:博士,董事长。历任国家外汇管理局政研室副主任,计划处处长,中国人民银行海南省分行副行长、党委委员,中国人民银行广州分行副行长、党委副书记,广东发展银行行长、党委副书记,招商银行副行长、执行董事、副董事长、党委副书记,在招商银行任职期间曾兼任永隆银行副董事长、招商基金管理有限公司董事长、招商信诺人寿保险有限公司董事长、招银国际金融有限公司董事长、招银金融租赁有限公司董事长。2015 年 8 月起,任博时基金管理有限公司董事长暨法定代表人。

江向阳先生:中国国籍,博士。1990 年起在中国农业工程研究设计院工作,历任中国证监会办公厅、党办副主任兼新闻办(网信办)主任;中国证监会办公厅副巡视员;中国证监会深圳专员办处长、副专员;中国证监会期货监管部副处长、处长。2015 年 1 月至今任招商局金融集团副总经理、博时基金管理有限公司党委副书记、总经理。2015 年 7 月起,任博时基金管理有限公司第六届董事会董事。

孙麒清女士:商法学硕士。曾供职于广东深港律师事务所。2002 年加入博时基金管理有限公司,曾任监察法律部法律顾问,现任公司督察长兼监察法律部总经理。

北信瑞丰基金管理有限公司

【基本情况】

法定名称:北信瑞丰基金管理有限公司
英文名称:Beixin Ruifeng Fund Management Co. ,Ltd.
成立日期:2014 年 3 月 17 日
注册资本:1.7 亿元
法人代表:周瑞明
总 经 理:朱 彦
注册地址:北京市海淀区首体南路 9 号主语国际 4 号楼 3 层
办公地址:北京市海淀区首体南路 9 号主语国际 4 号楼 3 层
电话号码:400 - 061 - 7297
传真号码:010 - 68619300
网站地址:www. bxrfund. com

【公司概况】

北信瑞丰基金管理有限公司(Beixin Ruifeng Fund Management Co. ,Ltd.)成立于 2014 年 3 月初,是经中国证监会证监许可〔2014〕265 号文批准,由北京国际信托有限公司与莱州瑞海投资有限公司两家股东共同发起设立的基金公司。公司注册资本 17,000 万人民币,总部设在北京,是一家从事基金募集、基金销售、资产管理以及中国证监会许可的其他业务的专业资产管理公司。

【股东概况】

公司成立初期注册资本暂定为 17,000 万人民币;成立后三年内增资至 20,000 万人民币。北信瑞丰设立时,由北京国际信托有限公司与莱州瑞海投资有限公司分别以货币形式足额缴纳注册资本 10,200 万人民币与 6,800 万人民币。双方出资额与持股比例如下所示:

股东名称	出资额(万人民币)	持股比例
北京国际信托有限公司	10,200	60%
莱州瑞海投资有限公司	68,00	40%
合计	17,000	100%

【旗下基金】

基金代码	基金名称	类型
001154	北信平安	混合型
000886	北信互联	混合型
001056	北信健康	混合型
001866	北信瑞丰新成长	混合型
000744	北信稳定 A	债券型
000745	北信稳定 C	债券型
001829	北信瑞丰中国智造主题	混合型
000872	北信宜投宝 B	货币型
000871	北信宜投宝 A	货币型
000982	北信现金添利 B	货币型
000981	北信现金添利 A	货币型

【公司高管】

周瑞明先生：董事长，中共党员，毕业于中国社会科学院工经所，获博士学位。历任原河北省师范学院政教系助教，中国人民银行金融管理司干部，原国务院证券委办公室处长，中国证监会上市公司部监管二处处长，中国证监会信息统计部副主任，中国证监会党委办公室副主任、宣传部副部长、系统团委书记，现任北京国际信托有限公司副总经理、北信瑞丰基金管理有限公司董事长。

朱彦先生：中国国籍，董事，中共党员，助理会计师，毕业于中国人民大学投资经济系基本建设经济专业，获学士学位。历任北京国际信托投资公司计划财务部员工，海南赛格国际信托投资公司资金计划部主管，海南华银国际信托投资公司北京证券营业部总经理，北京国际信托投资公司上海昆明路证券营业部总经理，国都证券有限责任公司上海通北路证券营业部总经理，国都证券有限责任公司上海长阳路证券营业部总经理，中欧基金管理有限公司督察长、副总经理，现任北信瑞丰基金管理有限公司总经理。

张洪水先生：督察长，无党派人士，毕业于中国科学院研究生院管理科学与工程专业，获博士学位。历任中央财政金融学院(现中央财经大学)经济信息管理系助教，中国长城计算机集团公司应用开发部、发展计划部职员，中国证券监督管理委员会机构监管部主任科员、副处长，中国证券业协会资格管理部、场外市场委、发展战略委主任，长安基金管理有限公司督察长。

华夏基金管理有限公司

【基本情况】

法定名称：华夏基金管理有限公司

英文名称：CHINA ASSET MANAGEMENT CO., LTD.

注册地址：北京市顺义区天竺空港工业区A区

办公地址：北京市西城区金融大街33号通泰大厦B座8层

法人代表：杨明辉

总 经 理：滕天鸣

成立时间：1998年4月9日

注册资本：2.38亿元

公司属性：中资

联系电话：(010) 88066508

客服热线：400-818-6666

传真号码：(010) 88066566

邮政编码：100032

公司网址：www.chinaamc.com

【公司概况】

华夏基金管理有限公司成立于1998年4月9日，是经中国证监会批准成立的首批全国性基金管理公司之一。公司总部设在北京，在北京、上海、深圳、成都、南京、杭州、广州和青岛设有分公司，在香港及深圳设有子公司。公司是首批全国社保基金管理人、首批企业年金基金管理人、境内首批QDII基金管理人、境内首只ETF基金管理人，以及特定客户资产管理人、保险资金投资管理人，香港子公司是首批RQFII基金管理人。华夏基金是业务领域最广泛的基金管理公司之一。

华夏基金规范运作、稳健经营，以雄厚的综合实力持续保持了行业的领先地位。公司拥有17年投资管理经验，是管理基金规模最大的基金管理公司之一。公司服务机构客户35000余户，服务公众持有人约2000万户。华夏基金秉承"为信任奉献回报"的企业宗旨，注重将投资收益及时转化为红利，为投资人创造了丰厚的回报，累计为持有人分红超过1000亿元。

华夏基金的核心使命即为投资人创造良好的回报。华夏基金在业内最早提出了"研究创造价值"的投资理念，始终将投资业绩放在首位，打造了业内规模最大、最优秀的投资团队。华夏基金投资研究团队吸收了大批海内外专业人士，选拔了知名高校的优秀人才，构建了精英荟萃的投研平台，建立了一支约200人的业内最大的买方投研团队，基金经理具有丰富的经验，平均从业经验10年以上。

在公募基金方面，华夏基金建立了完善的基金产品线，可以满足投资者各类投资需求。公司旗下共有46只公募基金，主动管理的基金囊括了货币型、理财型、债券型、混合型以及股票型等5大类不同风险收益特征的品种；在被动管理方面，公司构建了覆盖综合指数、权重股指数、中小盘指数、行业指数以及海外市场指数的完善的产品线。在互联网方面，华夏基金是中国基金行业中唯一一家与腾讯、百度、阿里巴巴三大互联网公司全面开展合作的基金公司，公司管理的电商规模近1000亿元。

华夏基金机构业务包括全国社保基金、养老金业务、专户理财业务、机构客户公募基金组合管理业务及海外机构业务。作为境内最早的社保基金管理机构，华夏基金经过14年的管理实践，管理的社保资产有效规模名列前茅。华夏基金已被188家大中型企业年金客户确定为投资管理人，公司管理的企业年金运作规模超过500亿元，继续居于基金行业第一位。华夏基金还受到了多家境外主权基金、中央银行、政府养老金等国际投资者的认可，为美国、韩国、日本、马来西亚、德国等国家及中国香港、台湾等地区的海(境)外机构客户提供专业的投资管理和顾问服务。

17年来，华夏基金凭借规范的经营管理及良好的品牌声誉，获得了业界的广泛认可，多次荣获境内外各大权威奖项。华夏基金八次获得《中国证券报》评选的"金牛基金管理公司奖"，八次获得《上海证券报》评选的"金基金top公司大奖"，五次获得《证券时报》评选的"明星基金公司奖"，并多次获得《亚洲投资者》、《亚洲资产管理》以及《财资》等境外权威机构评选的"中国最佳基金管理公司奖"。

【股东概况】

公司股权结构如下：

持股单位	持股占总股本比例
中信证券股份有限公司	59%
南方工业资产管理有限责任公司	11%
山东省农村经济开发投资公司	10%
POWER CORPORATION OF CANADA	10%
青岛海鹏科技投资有限公司	10%
合计	100%

【旗下基金】

基金代码	基金简称	类型
288002	华夏收入	股票型
000021	华夏优势增长	股票型
000031	华夏复兴	股票型
160314	华夏行业精选	股票型
000061	华夏盛世精选	股票型

基金代码	基金简称	类型
000001	华夏成长	混合型
000011	华夏大盘精选	混合型
002001	华夏回报	混合型
002011	华夏红利	混合型
002021	华夏回报二号	混合型
519029	华夏平稳增长	混合型
160311	华夏蓝筹	混合型
002031	华夏策略精选	混合型
288001	华夏经典	混合型
519908	华夏兴华	混合型
000121	华夏永福养老理财	混合型
000041	华夏全球精选	QDII
001061	华夏收益债券 A	QDII
001063	华夏收益债券 C	QDII
001065	华夏收益债券现汇	QDII
159920	华夏恒生 ETF	QDII
000071	华夏恒生 ETF 联接	QDII
000075	华夏恒生 ETF 联接现汇	QDII
001001	华夏债券 A/B	债券型
001003	华夏债券 C	债券型
001011	华夏希望债券 A	债券型
001013	华夏希望债券 C	债券型
288102	中信双利	债券型
001021	华夏亚债中国债指 A	债券型
001023	华夏亚债中国债指 B	债券型
001031	华夏安康优选债券 A	债券型
001033	华夏安康优选债券 C	债券型
000014	华夏一年定开债券 *	债券型
000015	华夏纯债债券 A	债券型
000016	华夏纯债债券 C	债券型
000047	华夏双债债券 A	债券型
000048	华夏双债债券 C	债券型
003003	华夏现金增利 A/E	货币型
288101	华夏货币 A	货币型
288201	华夏货币 B	货币型
519800	华夏保证金货币 A	货币型
519801	华夏保证金货币 B	货币型
000343	华夏财富宝货币	货币型
510050	华夏上证 50ETF	指数型
159902	华夏中小板 ETF	指数型
000051	华夏沪深 300	指数型
510330	华夏沪深 300ETF	指数型
510610	华夏能源 ETF	指数型
510620	华夏材料 ETF	指数型
510630	华夏消费 ETF	指数型
510650	华夏金融 ETF	指数型
510660	华夏医药 ETF	指数型
001057	华夏理财 30 天债券 A	理财型
001058	华夏理财 30 天债券 B	理财型
001077	华夏理财 21 天 A	理财型
001078	华夏理财 21 天 B	理财型
500018	华夏兴和	封闭式

【公司高管】

杨明辉先生，董事长，硕士，高级经济师。现任中信证券股份有限公司董事总经理、党委委员。曾任纺织部北京纺织机械研究所工程师、室副主任，中信兴业信托投资公司纺织处项目经理，中国国际信托投资公司证券部项目经理，中信证券北京营业部副总经理，中信证券公司董事、襄理、副总经理，中信控股公司董事、常务副总裁并兼任中信证券董事、中信信托董事、信诚基金管理有限公司董事长，中国建银投资证券有限责任公司党委副书记、执行董事、总裁。

滕天鸣先生，总经理，硕士。曾任机构理财部总经理、公司总经理助理、公司副总经理等。

方瑞枝女士，督察长，硕士。曾在中国金融出版社工作。

鹏华基金管理有限责任公司

【基本情况】

法定名称：鹏华基金管理有限责任公司
英文名称：Penghua Fund Management Co. , Ltd.
注册地址：深圳市福田区福华三路与益田路交汇处
深圳国际商会中心 43 层
办公地址：深圳市福田区福华三路与益田路交汇处
深圳国际商会中心 43 层
法人代表：何　如
总 经 理：邓召明
成立时间：1998 年 12 月 22 日
公司性质：中外合资
注册资本：1.5 亿元
联系电话：0755 - 82021150
传真号码：0755 - 82021125
邮政编码：518001
公司网址：www. phfund. com. cn

【公司概况】

鹏华基金管理有限公司于 1998 年 12 月 22 日成立，注册资本 15,000 万元人民币，总部设在深圳，在北京、上海、广州、武汉设有分公司，在深圳前海设立全资子公司鹏华资产管理（深圳）有限公司。股东由国信证券股份有限公司、意大利欧利盛资本资产管理股份公司（Eurizon Capital SGR S. p. A. ）、深圳市北融信投资发展有限公司组成，三家股东的出资比例分别为 50%、49%、1%，业务范围包括基金募集、基金销售、资产管理及中国证监会许可的其他业务。

凭借丰富的管理经验和强大的投研实力，鹏华基金在继续做大做强传统业务的同时，积极向非传统业务领域拓展。2013 年 1 月 4 日，鹏华基金全资子公司鹏华资产管理（深圳）有限公司在深圳前海注册成立，业务范围为特定客户资产管理业务以及中国证监会许可的其他业务，为广大个人/机构投资者、上市公司提供多样化的投资理财服务。

伴随着基金行业创新和变革的加速推进，鹏华基金全体员工扎实工作、努力进取，实现了业绩规模的稳健增长；公司整体运营稳健有序，品牌价值不断提升，团队建设成效显现。截至 2014 年 9 月 30 日，公司管理资产总规模达到 1541. 92 亿元，管理 1 只封闭式基金、52 只开放式基金、8 只全国社保投资组合。

【公司大事记】

1998 年 12 月 22 日，鹏华基金管理有限公司经中国证监会批准正式成立，注册资本金 8000 万元。

2001 年 09 月 26 日，公司注册资本由 8000 万元增加到

15000 万元。

2002 年 08 月 12 日,鹏华基金管理有限公司北京分公司在北京注册成立。

2002 年 08 月 15 日,鹏华基金管理有限公司上海分公司在上海注册成立。

2002 年 12 月 13 日,全国社会保障基金理事会正式签发《关于投资管理人评审有关问题的通知》的文件(社保基金办[2002]53 号),鹏华基金被确定为全国社会保障基金首批投资管理人。

2007 年 6 月 22 日,经中国证券监督管理委员会批准,公司原股东深圳市北融信投资发展有限公司、方正证券有限责任公司、安徽国元信托投资有限责任公司将其持有的占本公司总股本 49% 的股权一次性整体转让给意大利欧利盛金融集团股份公司(Eurizon Capital SGR S. p. A.),中国商务部于 6 月 27 日向本公司颁发了外商投资企业批准证书(商外资资审字[2007]0259 号)。

2008 年 2 月 14 日,公司经中国证券监督管理委员会批准,成为获得从事特定客户资产管理业务资格的首批投资管理人之一。

2008 年 4 月 25 日,经中国证券监督管理委员会批准,鹏华基金管理有限公司获得作为合格境内机构投资者从事境外证券投资管理业务的资格。

2009 年 8 月 6 日,经中国证券监督管理委员会批准,本公司原股东意大利欧利盛金融集团股份公司将其持有的本公司 49% 的股权转让给意大利欧利盛资本资产管理股份公司(Eurizon Capital SGR S. p. A.))。

2010 年 4 月 16 日,鹏华基金管理有限公司武汉分公司在武汉注册成立。

2010 年 10 月 13 日,鹏华基金管理有限公司广州分公司在广州注册成立。

2012 年 10 月 12 日,经中国保险监督管理委员会批准,鹏华基金管理有限公司获得保险资金投资管理人资格。

2013 年 1 月 4 日,鹏华基金全资子公司鹏华资产管理(深圳)有限公司在深圳前海注册成立。

【股东概况】

排序	股东名称	持股数量(万股)	持股比例
1	国信证券有限责任公司	7500.00	50%
2	Eurizon Capital SGR S. P. A	7350.00	49%
3	深圳市北融信投资发展有限公司	150.00	1%

【旗下基金】

基金代码	基金简称	类型
160607	鹏华价值优势	股票型
206002	鹏华精选成长	股票型
160611	鹏华优质治理	股票型
160613	鹏华盛世创新	股票型
206007	鹏华消费优选	股票型
206009	鹏华新兴产业	股票型
206012	鹏华价值精选	股票型
160603	鹏华普天收益	混合型
160605	鹏华中国 50	混合型
206001	鹏华行业成长	混合型
160610	鹏华动力增长	混合型
206013	鹏华金刚保本	混合型
160606	鹏华货币 A	货币型
160609	鹏华货币 B	货币型
206016	鹏华理财 21 天债券 A	货币型
206017	鹏华理财 21 天债券 B	货币型
160602	鹏华普天债券 A	债券型
160608	鹏华普天债券 B	债券型
160612	鹏华丰收债券	债券型
160615	鹏华沪深 300	指数型
206003	鹏华信用增利债券 A	债券型
206004	鹏华信用增利债券 B	债券型
206008	鹏华丰盛稳固债券	债券型
160617	鹏华丰润债券	债券型
160618	鹏华丰泽分级债券	债券型
160619	鹏华丰泽分级债券 A	债券型
150061	鹏华丰泽分级债券 A	债券型
206015	鹏华纯债	债券型
160621	鹏华中小企业纯债	债券型
260618	鹏华产业债债券	债券型
000007	鹏华国企债债券	债券型
160616	鹏华中证 500	指数型
206005	鹏华上证民企 50 联接	指数型
510070	鹏华上证民企 50ETF	指数型
159911	鹏华深证民营 ETF	指数型
206010	鹏华深证民营联接	指数型
160620	鹏华资源分级	指数型
150100	鹏华资源 A	指数型
150101	鹏华资源 B	指数型
159927	鹏华沪深 300ETF	指数型
206006	鹏华环球发现	QDII
206011	鹏华美国房地产	QDII
000290	鹏华全球高收益债	QDII
184689	鹏华普惠	封闭式
184693	鹏华普丰	封闭式

【公司高管】

何如先生,董事长,硕士,高级会计师,国籍:中国。历任中国电子器件公司深圳公司副总会计师兼财务处处长、总会计师、常务副总经理、总经理、党委书记,深圳发展银行行长助理、副行长、党委委员、副董事长、行长、党委副书记,现任国信证券股份有限公司董事长、党委书记,鹏华基金管理有限公司董事长。

邓召明先生,总裁,经济学博士,讲师。历任北京理工大学管理与经济学院讲师、中国兵器工业总公司主任科员、中国证监会处长、南方基金管理有限公司副总经理,现任鹏华基金管理有限公司总裁。

高鹏先生,督察长,经济学硕士,国籍:中国。历任博时基金管理有限公司监察法律部监察稽核经理,鹏华基金管理有限公司监察稽核部副总经理、监察稽核部总经理、职工监事,现任鹏华基金管理有限公司督察长、监察稽核部总经理。

嘉实基金管理有限公司

【基本情况】

法定名称:嘉实基金管理有限公司

英文名称:Harvest Fund Management Co., Ltd.

注册地址:上海市浦东新区世纪大道 8 号上海国金中心

二期 23 楼 01－03 单元
办公地址：北京市建国门北大街 8 号华润大厦 16 层
法人代表：安　奎
总 经 理：赵学军
成立时间：1999 年 3 月 25 日
公司属性：中外合资
注册资本：1.5 亿元
联系电话：010－65188866
客服热线：400－600－8800
传真号码：010－65185678
邮政编码：100005
公司网址：www.jsfund.cn

【公司概况】

嘉实基金创建于 1999 年，是中国"老十家"基金管理公司之一。目前嘉实的股东为中诚信托有限责任公司、立信投资有限责任公司与德意志资产管理（亚洲）有限公司。截至 2013 年 12 月 31 日，资产管理规模超过 3500 亿元，居行业前列。

嘉实拥有证券投资基金设立与管理、全国社保基金投资管理人、企业年金投资管理人、保险资金投资管理人、基金公司开展境外证券投资管理业务和基金管理公司特定客户资产管理业务资格。

嘉实旗下管理 50 多只公募基金。与此同时，嘉实管理多个社保组合、企业年金组合以及特定客户资产管理账户，服务于全国社保基金、企业年金及各类机构投资者，为他们量身定制个性化的投资管理服务，帮助他们实现资产保值、增值。嘉实基金以业绩为核心，为客户提供远见而全面的资产管理解决方案。

嘉实在国内市场领先的同时，积极增强国际竞争力。近几年，先后成立了嘉实国际、嘉实财富、嘉实资本等三家子公司，为满足投资者进行海（境）外投资、非证券市场投资等日益增长的多元化需求尽心竭力。嘉实已经初步成为跨市场、跨资产类别投资管理的综合资产管理平台。

【公司大事记】

1999 年 3 月，经中国证监会批准，嘉实基金管理有限公司在北京成立。

1999 年 4 月，嘉实管理的第一只基金基金泰和成立。

2001 年 12 月，嘉实与英国保诚集团达成技术合作协议。

2002 年 11 月，嘉实首只开放式基金——嘉实成长收益基金成立。

2002 年 12 月，嘉实获得首批全国社保基金投资管理人资格。

2003 年 5 月，嘉实注册地迁至上海浦东。

2003 年 7 月，嘉实第一只伞型基金——理财通系列基金成立。

2004 年 12 月，国内第一只银行担保的保本基金——嘉实浦安保本基金成立。

2004 年 12 月，嘉实管理资产总规模超过 300 亿元。

2005 年 6 月，德意志资产管理公司参股嘉实，嘉实成为国内最大的合资基金公司之一。

2005 年 8 月，嘉实被劳动和社会保障部选为首批企业年金投资管理人。

2006 年 12 月，嘉实基金成为中国首家资产管理规模超过千亿的基金公司。

2007 年 1 月，嘉实基金荣获《中国证券报》"2006 年度金牛基金管理公司"奖；旗下嘉实理财通增长基金获"开放式股票型持续优胜金牛基金"奖；基金泰和获"2006 年度封闭式金牛基金"奖；嘉实货币获"2006 年度开放式货币市场金牛基金"奖。

2007 年 1 月，嘉实基金荣获和讯网、中国证券市场研究设计中心评选的"2006 年度中国十大品牌基金公司"、"2006 年度中国基金业杰出营销案例奖"，嘉实总经理赵学军先生获"2006 年度中国基金业杰出掌门人奖"。

2007 年 1 月，嘉实基金荣获《21 世纪经济报道》评选的"2006 年基金管理公司综合实力奖"。

2007 年 2 月，嘉实荣获 2006 搜狐理财年度评选"明星基金管理人"奖。

2007 年 4 月，"爱在嘉实"公益活动全面启动。

2007 年 6 月，由嘉实基金、联想控股融科投资管理顾问公司举办的"中国房地产投资基金（REITs）发展研讨会"在京召开。

2007 年 8 月，嘉实获得 QDII 资格，成为中国首家符合资格开展境外证券投资管理业务的中外合资基金管理公司。

2007 年 10 月，嘉实海外中国股票型证券投资基金成立。

2007 年 10 月，嘉实基金正式成为西门子（中国）有限公司企业年金计划唯一投资管理人。

2007 年 11 月，嘉实基金正式成为 BP（中国）有限公司企业年金计划唯一投资管理人。

2007 年 11 月，嘉实基金与德意志资产管理公司共同举办的"全球机构投资人高峰会议"在京召开。

2007 年 12 月，嘉实基金荣获《新京报》2007 年度"金字招牌"评选的"年度最佳基金公司奖"。

2007 年 12 月，嘉实基金荣获搜狐网 2007 年度金融网络盛典"最受尊敬基金公司奖"。

2007 年 12 月，嘉实基金荣获《成都商报》颁发的"2007 年度成都基民最信任的五大基金公司奖"。

2007 年 12 月，由中国主流媒体理财联盟共同发起的"2007 中国年度理财总评榜"评选中，嘉实基金获得"2007 年度最具价值基金公司奖"。

2008 年 1 月，嘉实基金荣获由网易财经、基金观察共同发起的"中国基金 10 年高峰论坛"评选出的"2007 年中国十大金钻基金公司"奖及"2007 年中国基金公司投研能力杰出"奖。

2008 年 1 月，嘉实基金荣获由南都周刊、南方都市报、证券日报共同评选的"2007 年度最具公信力基金公司"奖。

2008 年 2 月，嘉实基金成为第一批获准开展特定客户资产管理业务的基金管理公司。

2008 年 4 月，嘉实基金获得普华永道出具的 SAS70 国际认证。

2008 年 11 月，嘉实全新运营数据中心建成并全面投入使用。

2009 年 2 月，嘉实国际资产管理公司完成在香港的注册，获发香港证监会第四类（投资咨询）和第九类（资产管理）牌照。

2009 年 3 月，嘉实基金机构业务板块进行全面重组，新业务体系由五个业务团队构成。

2009 年 4 月，国内首只量化基金投资者信心指数——"嘉实中国基金投资者信心指数"推出。

2009 年 8 月，嘉实国际（HGI）迁址至香港中环交易广场。

2009 年 9 月，嘉实基金第一批"一对多"4 只产品获批发行，伴随着“一对多”产品的集体亮相，嘉实产品设计的差异化受到市场高度关注。

2009 年 10 月，由“嘉实守护天使基金”捐建的首个公益项目——“嘉实博爱小学”在雅安石龙落成。

2009 年 12 月，国内首款基本面指数基金——嘉实中证锐联基金面 50 指数基金成立，填补了国内基本面指数产品的空白。

2010 年 3 月，嘉实基金与德意志资产联合举办的以“变革与机遇”为主题的“2010 年国际投资论坛”在京举行

2010 年 5 月，嘉实基金首次获得全球投资业绩标准（GIPS）国际认证。

2010 年 9 月 10 日，嘉实基金正式签约成为 2010 年至 2014 年连续五年的“中国网球公开赛白金赞助商”。

2010 年 9 月，嘉实恒生中国企业指数基金以首发超 10 亿元的规模创下近两年来 QDII 基金首发新高。

2010 年 11 月，HGI 获发香港证监会第一类（证券交易）牌照，获准在香港进行证券交易。

2010 年 12 月，以“让业绩的旗帜高高飘扬”为主题的嘉实基金 2011 年大型投资策略会在海南三亚举行。

2011 年 1 月，嘉实基金整体资产管理规模位列“2010 年度前十大竞争组基金公司排名”首位。

2011 年 2 月，成立嘉实另类投资集团（HAI），完成另类投资平台的建设并启动业务。

2011 年 2 月，任命蔡秉华先生为嘉实国际（HGI）CEO。

2011 年 3 月，嘉实基金董事会选举新一届公司董事会和监事会成员，新任董事长安奎先生经中国证监会核准高管任职资格于 8 月 5 日正式上任。

2011 年 6 月，嘉实基金第三届运动会在京举行。

2011 年 8 月，嘉实基金首只 ETF 基金——嘉实深证基本面 120ETF 及其联接基金成立。

2011 年 9 月，嘉实基金以“白金赞助商”身份参与中国网球公开赛，获得超过 2200 万美元的国际媒体品牌曝光价值。

2011 年 9 月，以“全球经济再平衡过程中的投资机会”为主题的嘉实 - DB 机构投资论坛在京召开。

2011 年 9 月，中共嘉实基金管理有限公司总支部换届选举大会召开，选举产生新一届党总支委员会。

2011 年 9 月，嘉实上海办公室迁址至上海国金中心二期。

2011 年 12 月，嘉实基金 2011 年度累计捐资 219 万元，用于青海省海南藏族自治州共和县小学教学楼、甘肃成县县域基础教育提升项目。

2012 年 2 月，嘉实官网全新改版上线。

2012 年 3 月，嘉实财富管理有限公司（HWM）在上海注册成立，7 月迁址上海国金中心。

2012 年 4 月，嘉实投资者回报研究中心网站正式上线，该中心以“预测、配置、选基”为主要职能，同期推出自主研发的嘉实 FAS 系统，将助力于投资人获取实实在在的投资回报。

2012 年 4 月，嘉实沪深 300ETF 首发募集 193.32 亿份。

2012 年 5 月，嘉实沪深 300ETF 成功募集 193 亿元，在深圳证券交易所挂牌上市。2012 年 5 月 HGI（60% 股权）与 KranoCapital（40% 股权）正式成立了合资公司 HarvestKrane，该公司旨在美国和加拿大地区销售 HGI 及其关联公司的产品及战略。

2012 年 7 月，嘉实国际资产管理及嘉实另类投资集团迁址香港交易广场。

2012 年 7 月，嘉实捐助公益活动“嘉实 - 西部阳光”心舞夏令营，实现留守儿童舞蹈梦。

2012 年 8 月，嘉实沪深 300 指数证券投资基金（LOF）基金份额持有人大会成功召开，共征集 36 万客户授权，创业界先河。

2012 年 9 月，嘉实基金管理公司与英国高富诺基金管理公司联手组建一个专注投资于大中华区的私募地产基金管理平台——嘉实地产投资管理有限公司（简称“嘉实地产”），汉威资本创始人任荣将出任嘉实地产行政总裁。

2012 年 10 月，嘉实基金以白金赞助商身份连续第三年赞助中国网球公开赛。

2012 年 11 月，证监会主席助理张育军先生走访嘉实基金调研，对公司运营及战略布局给予高度肯定。

2012 年 11 月，嘉实资本（HCM）首批获准成立另类子公司，首只私募 ABS 产品成功募集。

2012 年 12 月，“嘉实投资者回报研究中心”发布国内首个投资者授权基金投资管理账户——嘉实 HiFAS 定制账户并向投资人开放。

2012 年 12 月，嘉实管理年金突破 300 亿元。

2012 年 12 月，嘉实财富管理有限公司（HWM）获证监会批准，取得独立基金销售牌照。

【股东概况】

排序	股东名称	持股数量（万股）	持股比例
1	中诚信托投资有限责任公司	6000.00	40%
2	立信投资有限责任公司	4500.00	30%
3	德意志资产管理（亚洲）有限公司	4500.00	30%

【旗下基金】

基金代码	基金简称	类型
070099	嘉实优质	股票型
070013	嘉实研究精选	股票型
070017	嘉实量化阿尔法	股票型
070019	嘉实价值优势	股票型
070021	嘉实主题新动力	股票型
070022	嘉实领先成长	股票型
070027	嘉实周期优选	股票型
070032	嘉实优化红利	股票型
000082	嘉实研究阿尔法	股票型
070001	嘉实成长收益	混合型
070002	嘉实理财增长	混合型
070003	嘉实理财稳健	混合型
070006	嘉实服务增值行业	混合型
070010	嘉实主题	混合型
070011	嘉实策略增长	混合型
070018	嘉实回报	混合型
000414	嘉实收益策略	混合型
070005	嘉实债券	债券型
070009	嘉实超短债	债券型
070015	嘉实多元债券 A	债券型
070016	嘉实多元债券 B	债券型
070020	嘉实稳固收益债券	债券型
070025	嘉实信用债券 A	债券型
070026	嘉实信用债券 C	债券型
160718	嘉实多利分级债券	
150032	多利优先	债券型
150033	多利进取	债券型
070033	嘉实增强收益定期债券	债券型

基金代码	基金简称	类型
070037	嘉实纯债债券 A	债券型
070038	嘉实纯债债券 C	债券型
160721	嘉实中证中期企业债指数(LOF)C	债券型
160720	嘉实中证中期企业债指数(LOF)A	债券型
000005	嘉实增强信用定期债券	债券型
000087	嘉实中证金边中期国债 ETF 联接 A	债券型
000088	嘉实中证金边中期国债 ETF 联接 C	债券型
159926	嘉实中证中期国债 ETF	债券型
000116	嘉实丰益纯债定期债券	债券型
000113	嘉实如意宝定期债券 A/B	债券型
000115	嘉实如意宝定期债券 C	债券型
000183	嘉实丰益策略定期债券	债券型
000177	嘉实丰益信用定期债券	债券型
159919	嘉实沪深 300ETF	指数型
160706	嘉实沪深 300ETF 联接	指数型
160716	嘉实基本面 50	指数型
070023	嘉实深证 120 联接	指数型
159910	嘉实深证 120ETF	指数型
070030	嘉实中创 400 联接	指数型
159918	嘉实中创 400ETF	指数型
159922	嘉实中证 500ETF	指数型
000008	嘉实中证 500ETF 联接	指数型
070012	嘉实海外	QDII
160717	嘉实 H 股指数	QDII
160719	嘉实黄金	QDII
070031	嘉实全球房地产	QDII
000043	嘉实美国成长股票(QDII)人民币	QDII
000044	嘉实美国成长股票(QDII)美元	QDII
000341	嘉实新兴市场 A	QDII
000342	嘉实新兴市场 B	QDII
070008	嘉实货币 A	货币型
070088	嘉实货币 B	货币型
070028	嘉实安心货币市场 A	货币型
070029	嘉实安心货币市场 B	货币型
519808	嘉实宝 A	货币型
519809	嘉实宝 B	货币型
000464	嘉实活期宝货币	货币型
500002	嘉实泰和	封闭式
184721	嘉实丰和	封闭式
070035	嘉实理财宝 7 天债券 A	理财型
070036	嘉实理财宝 7 天债券 B	理财型
000486	嘉实 1 个月理财债券 E	理财型

【公司高管】

安奎先生,董事长,大学本科,中共党员,曾任吉林农业机械研究所主任;吉林省信托投资公司外经处处长、香港吉信有限公司总经理;吉林省证券公司总经理;东北证券有限责任公司监事长;吉林天信投资公司总经理;中诚信托有限责任公司副总经理。2011 年 8 月 5 日起任嘉实基金管理有限公司董事长。

赵学军先生,董事、总经理,经济学博士,中共党员。1987 年 7 月至 1990 年 9 月在天津通信广播公司电视设计所任助理工程师。1992 年 12 月至 1993 年 6 月在外经贸部中国仪器进出口总公司任经济师。1993 年 7 月至 1994 年 8 月在北京商品交易所任信息处长。1994 年 8 月至 1995 年 5 月在天津纺织原材料交易所任总裁、法定代表人。1995 年 5 月至 1997 年 5 月在商鼎期货经纪有限公司任副总经理兼上海营业部总经理。1998 年 6 月至 1998 年 9 月在北京证券有限公司任基金部总经理助理、阜成路营业部总经理助理。1998 年 9 月至 2000 年 10 月在大成基金管理有限公司助理总经理、副总经理。2000 年 10 月至今在嘉实基金管理有限公司任总经理。

王炜女士,督察长,中共党员,法学硕士。曾就职于中国政法大学法学院、北京市陆通联合律师事务所、北京市智浩律师事务所、新华保险股份有限公司。曾任嘉实基金管理有限公司法律部总监。

长盛基金管理有限责任公司

【基本情况】

法定名称:长盛基金管理有限责任公司
英文名称:Changsheng Fund Management Co. ,Ltd.
注册地址:深圳市福田中心区福中三路诺德金融中心主楼 10D
办公地址:北京市海淀区北太平庄路 18 号北京城建大厦 A 座 21 层
法人代表:凤良志
总 经 理:周　兵
成立时间:1999 年 3 月 26 日
公司性质:中外合资
注册资本:1.5 亿元
联系电话:010 - 82255818
传真号码:010 - 82255988
邮政编码:518001
公司网址:www. csfunds. com. cn

【公司概况】

长盛基金管理有限公司(以下简称“公司”)成立于 1999 年 3 月 26 日,是国内最早成立的十家基金管理公司之一,也是首批获得全国社保基金管理资格的六家基金管理公司之一。公司注册资本为人民币 1.5 亿元,总部设在北京,在北京、上海、郑州、杭州、成都设有分公司。公司的股东为国元证券股份有限公司、新加坡星展银行有限公司、安徽省信用担保集团有限公司、安徽省投资集团控股有限公司。公司的经营范围包括基金募集、基金销售、资产管理及中国证监会许可的其他业务,是一家为客户提供专业投资理财服务的资产管理机构。

截至 2014 年 12 月 31 日,公司共管理长盛成长价值混合基金、长盛创新先锋混合基金、长盛积极配置债券基金、长盛量化红利股票基金、长盛环球行业股票(QDII)基金、长盛同鑫行业配置混合基金、长盛同鑫二号保本混合基金、长盛战略新兴产业混合基金、长盛同禧信用增利债券基金、长盛货币基金、长盛同智优势混合(LOF)基金、长盛同庆中证 800 分级基金、长盛沪深 300 指数(LOF)基金、长盛中证 100 指数基金、长盛同瑞中证 200 分级基金、长盛同辉深 100 等权重分级基金、长盛全债指数增强债券基金、长盛动态精选混合基金、长盛同德主题股票基金、长盛电子信息产业股票基金、长盛添利 30 天理财债券基金、长盛添利 60 天理财发起式基金、长盛同丰债券(LOF)基金、长盛纯债债券基金、上证百强 ETF、长盛电子信息主题混合基金、长盛季季红 1 年定期债券基金、长盛年年收益定期债券基金、长盛双月红 1 年定期债券基金、长盛城镇化主题股票基金、长盛添利宝货币基金、长盛高端装备混合基金、长盛航天海工装备混合基金、长盛生态环境主题混合基金、长盛养老健康产业混合基金、长盛同益成长回报混合(LOF)基金、长盛同盛成长优选混合(LOF)基金共 37 只开放式基金，并且受全国社会保障基金理事会委托管理部分社保基金，以及多个专户产品。公司同时兼任境外 QFII 基金和专户理财产品的投资顾问。截至 2014 年 12 月 31 日，公司管理的公募基金资产规模逾人民币 430 亿元，累计分红超过人民币 204 亿元。

【公司大事记】

1999 年 3 月，长盛基金管理有限公司正式成立。

2012 年 3 月 27 日，长盛电子信息产业股票基金正式成立，募集份额为 436,781,526.34 份。

2012 年 4 月 10 日，长盛同庆基金基金份额持有人大会在北京举行，高票通过长盛同庆基金转型方案。

2012 年 7 月 10 日，长盛同鑫二号保本混合型证券投资基金正式成立，募集份额为 1,364,877,570.48 份。

2012 年 9 月 13 日，长盛同辉深证 100 等权重指数分级证券投资基金正式成立，募集份额为 844,062,743.33 份。

2012 年 10 月 26 日，长盛添利 30 天理财债券型证券投资基金正式成立，募集份额为 4,138,676,687.06 份。

2012 年 11 月 29 日，长盛添利 60 天理财债券型发起式证券投资基金正式成立，募集份额为 2,251,782,733.94 份。

2012 年 12 月 27 日，长盛同丰分级债券型证券投资基金正式成立，募集份额为 1,997,372,126.07 份。

2013 年 3 月 13 日，长盛纯债债券型证券投资基金正式成立，募集份额为 3,335,066,436.23 份。

2013 年 4 月 24 日，上证市值百强交易型开放式指数证券投资基金正式成立，募集份额为 622,680,523.00 份。

2013 年 5 月 10 日，长盛上证市值百强交易型开放式指数证券投资基金联接基金正式成立，募集份额为 308,496,450.30 份。

2013 年 6 月 14 日，长盛季季红 1 年期定期开放债券型证券投资基金正式成立，募集份额为 1,396,003,609.71 份。

2013 年 8 月 9 日，长盛年年收益定期开放债券型证券投资基金正式成立，募集份额为 592,654,154.16 份。

2013 年 9 月 24 日，长盛双月红 1 年期定期开放债券型证券投资基金正式成立，募集份额为 348,134,882.30 份。

2013 年 11 月 12 日，长盛城镇化主题股票型证券投资基金正式成立，募集份额为 2,011,529,249.85 份。

2013 年 12 月 9 日，长盛添利宝货币市场基金正式成立，募集份额为 3,875,301,402.19 份。

2014 年 11 月 25 日，长盛养老健康产业灵活配置混合型证券投资基金正式成立，募集份额为 1,077,446,643.94 份。

2014 年 12 月，基金同盛圆满完成“封转开”集中申购，加上原有基金折算的份额，长盛同盛成长优选灵活配置混合型证券投资基金（LOF）总份额为 43 亿余份，并正式开始运作。

2014 年 11 月 25 日，长盛养老健康产业灵活配置混合型证券投资基金正式成立，募集份额为 1,077,446,643.94 份。

2014 年 12 月，基金同盛圆满完成“封转开”集中申购，加上原有基金折算的份额，长盛同盛成长优选灵活配置混合型证券投资基金（LOF）总份额为 43 亿余份，并正式开始运作。

【股东概况】

排序	股东名称	持股数量（万股）	持股比例
1	国元证券有限责任公司	6150.00	41%
2	新加坡星展资产管理有限公司	4950.00	33%
3	安徽省创新投资有限公司	1950.00	13%
3	安徽省投资集团有限责任公司	1950.00	13%

【旗下基金】

基金代码	基金简称	类型
519039	长盛同德主题增长	股票型
080005	长盛量化红利	股票型
080012	长盛电子信息产业	股票型
000354	长盛城镇化主题	股票型
080001	长盛成长价值	混合型
510081	长盛动态精选	混合型
160805	长盛同智优势成长	混合型
080002	长盛创新先锋	混合型
080008	长盛战略新兴	混合型
080011	长盛货币	货币型
000424	长盛添利宝货币 A	货币型
000425	长盛添利宝货币 B	货币型
080006	长盛环球行业精选	QDII
510080	长盛全债指数强债	债券型
080003	长盛积极配置债券	债券型
080009	长盛同禧信增债券 A	债券型
080010	长盛同禧信增债券 C	债券型
160811	长盛同丰分级 A	债券型
150115	长盛同丰分级 B	债券型
000050	长盛纯债 A	债券型
000052	长盛纯债 C	债券型
000145	长盛季季红 1 年期债券 A	债券型
000146	长盛季季红 1 年期债券 C	债券型
000225	长盛年年收益定期债券 A	债券型
000226	长盛年年收益定期债券 C	债券型
000303	长盛双月红定期债券 A	债券型
000304	长盛双月红定期债券 C	债券型
519100	长盛中证 100	指数型
160807	长盛沪深 300	指数型
160808	长盛同瑞 200 分级	指数型
160806	长盛同庆 800 分级	指数型
160809	长盛同辉深证 100	指数型
510700	上证百强 ETF	指数型
000063	上证百强 ETF 联接	指数型
080007	长盛同鑫保本	保本型
080015	长盛同鑫二号保本	保本型
184690	基金同益	封闭式
184699	基金同盛	封闭式
080016	长盛添利 30 天 A	理财型
080017	长盛添利 30 天 B	理财型
080018	长盛添利 60 天 A	理财型
080019	长盛添利 60 天 B	理财型

【公司高管】

凤良志先生，董事长，博士，高级经济师。历任安徽省政府办公厅第二办公室副主任、安徽省国际信托投资公司副总经理、安徽省证券管理办公室主任、安徽省政府驻香港窗口公司（黄山有限公司）董事长、安徽省国际信托投资公司副总经理（主持工作）、安徽国元控股（集团）有限责任公司暨国元信托有限责任公司董事长。现为国元证券股份有限公司（原国元证券有限责任公司）董事长。

周兵先生，董事、总经理，硕士，经济师。曾任中国银行总行综合计划部副主任科员、香港南洋商业银行内地融资部副经理、香港中银国际亚洲有限公司企业财务部经理、广发证券股份有限公司北京业务总部副总经理（期间兼任海南华银国际信托投资公司北京证券营业部托管组负责人）、北京朝阳门大街证券营业部总经理。2004 年 10 月加入长盛基金管理有限公司，曾任公司副总经理。现任长盛基金管理有限公司总经理。

叶金松先生，大学，会计师。历任美菱股份有限公司财会部经理，安徽省信托投资公司财会部副经理，国元证券有限责任公司清算中心主任、风险监管部副经理、经理等职。现任长盛基金管理有限公司督察长。

大成基金管理有限公司

【基本情况】

法定名称：大成基金管理有限公司
英文名称：Da Cheng Fund Management Co.，Ltd.
注册地址：深圳市福田区深南大道 7088 号
招商银行大厦 32 层
办公地址：深圳市福田区深南大道 7088 号
招商银行大厦 32－33 层
法人代表：张树忠
总 经 理：王　颢
成立时间：1999 年 4 月 12 日
公司性质：中资
注册资本：2 亿元
联系电话：0755－83183388
传真号码：0755－83199588
客服热线：400－8868－666
邮政编码：518040
公司网址：www.dcfund.com.cn

【公司概况】

大成基金管理有限公司（以下简称“公司”）成立于 1999 年 4 月 12 日，注册资本金人民币 2 亿元，是中国首批获准成立的“老十家”基金管理公司之一。公司总部设在广东省深圳市，主要业务是公募基金的募集和管理，还具有全国社保基金投资管理、受托管理保险资金、保险保障基金投资管理、特定客户资产管理和 QDII 业务资格。

经过十多年的稳健发展，公司形成了强大稳固的综合实力。公司旗下基金产品齐全、风格多样，构建了涵盖股票型基金、混合型基金、指数型基金、债券型基金和货币市场基金的完备产品线。截至 2014 年 12 月 31 日，资产管理规模近 800 亿元人民币。

公司实行董事会领导下的总经理负责制，在“专业管理专业”的管理理念下，充分发挥各专业委员会的专业职能。公司组织架构完整稳定，职责明晰，并根据业务发展不断更新完善，现有 20 个职能部门。

成立以来，公司打造了一支具有良好职业素养和丰富经验的投资研究团队，各项业务迅猛发展，综合实力不断提升，为广大投资者带来了丰厚回报。截至 2014 年 12 月 31 日，公司旗下基金已累计向投资者分红超过 310 亿元人民币。

公司已经形成了覆盖全国的营销网络，在北京、上海、西安、成都、武汉、福州、沈阳、广州、南京和青岛等地设立了十家分公司，并设立子公司大成国际资产管理有限公司和大成创新资本管理有限公司，分别从事海（境）外资产管理业务和特定客户资产管理业务。

“成为具有国际影响力的全能资产管理机构”是大成基金管理有限公司追求的目标。我们将继续坚持为持有人奉献长期稳健回报的核心理念，努力保持投资风格的稳定性及投资业绩的可持续性，与持有人共同分享中国经济的增长。

【公司大事记】

1999 年 4 月 12 日，大成基金管理有限公司成立。

1999 年 5 月 4 日，景宏证券投资基金基金合同生效，基金规模 20 亿份，存续期 15 年。

2002 年 11 月 11 日，公司第一只开放式基金——大成价值增长证券投资基金合同生效。

2003 年 4 月，率先在业内建立基金运营业务异地灾难备份中心。

2003 年 9 月，在上海建立业内最大客户服务中心。

2004 年 3 月，推出开放式基金网上交易业务。

2006 年 12 月，基金景业成为首只封转开方案获持有人大会全票通过的封闭式基金。

2007 年 8 月 1 日，创新型封闭式基金大成优选股票型证券投资基金基金合同生效。

2008 年 1 月，公司获得合格境内机构投资者（QDII）业务资格。

2008 年 3 月，公司获得特定客户资产管理业务资格。

2009 年 3 月，公司武汉、西安、成都、沈阳、福州五地分公司获中国证监会批复同意。

2009 年 4 月 12 日，为庆祝成立 10 周年，公司在深圳、北京、上海、武汉、西安、成都、福州、沈阳等地开展植树造林活动。

2009 年 4 月，公司出资设立的大成慈善基金会经广东省民政厅批准，正式设立。

2009 年 10 月，香港子公司——大成国际资产管理有限公司正式开业。

2010 年 7 月，中资基金公司在香港发行的首只公募产品——大成中证中国内地消费 ETF 在香港交易所上市。

2010 年 9 月，广州分公司成立。

2010 年 12 月，公司获得全国社保基金境内委托投资管理人资格。

2011 年 9 月，南京分公司成立。

2011 年 12 月，公司香港子公司获人民币合格境外投资者（RQFII）业务资格。

2012 年 9 月，公司获得首批保险资金投资管理人资格。

2013 年 11 月，子公司——大成创新资本管理有限公司成立。

【股东概况】

排序	股东名称	持股数量（万股）	持股比例
1	中泰信托投资有限责任公司	9600.00	48%
2	光大证券有限责任公司	5000.00	25%
2	中国银河证券有限责任公司	5000.00	25%
3	广东证券股份有限公司	400.00	2%

【旗下基金】

基金代码	基金简称	类型
519017	大成积极成长	股票型

基金代码	基金简称	类型
519019	大成景阳领先	股票型
090007	大成策略回报	股票型
090009	大成行业轮动	股票型
090011	大成核心双动力	股票型
090015	大成内需增长	股票型
160916	大成优选	股票型
160919	大成产业升级	股票型
160918	大成中小盘	股票型
	大成高新技术产业	股票型
090016	大成消费主题	股票型
090020	大成健康产业	股票型
090013	大成竞争优势	股票型
090015	大成内需增长	股票型
090018	大成新锐产业股票	股票型
090001	大成价值增长	混合型
090003	大成蓝筹稳健	混合型
090004	大成精选增值	混合型
090006	大成 2020 生命周期	混合型
160910	大成创新成长	混合型
090013	大成保本	混合型
090019	大成景恒保本	混合型
000695	大成景益平稳收益	混合型
000587	大成灵活配置	混合型
000865	大成景利	混合型
090002	大成债券基金 A/B	债券型
092002	大成债券 C	债券型
090008	大成强化收益债券	债券型
090017	大成可转债增强债券	债券型
000128	大成景安短融 A	债券型
000129	大成景安短融不	债券型
000130	大成景兴信用债 A	债券型
000131	大成景兴信用债 C	债券型
160915	大成景丰债券(LOF)	债券型
000152	大成景旭纯债	债券型
000153	大成景旭纯债 C	债券型
000440	大成景祥分级债券	债券型
000357	大成景祥分级债券 A	债券型
000358	大成景祥分级债券 B	债券型
000426	大成信用增利一年定期债 A	债券型
000427	大成信用增利一年定期债 C	债券型
090005	大成货币 A	货币型
091005	大成货币 B	货币型
090022	大成现金增利 A	货币型
091022	大成现金增利 B	货币型
519898	大成现金宝货币 A	货币型
519899	大成现金宝货币 B	货币型
000626	大成丰财宝货币 A	货币型
000627	大成丰财宝货币 B	货币型
000724	大成添利宝货币 A	货币型
000725	大成添利宝货币 B	货币型
000026	大成添利宝货币 E	货币型
096001	大成标普 500	QDII
000834	大成纳斯达克 100	QDII
519300	大成沪深 300	指数型
090010	大成中证红利指数	指数型
090012	大成深证成长 40 联接	指数型
159906	大成深证成长 40ETF	指数型
090016	大成内地消费指数	指数型
510440	大成中证 500 沪市 ETF	指数型
159932	大成中证 500 深市 ETF	指数型
159923	大成中证 100ETF	指数型
184691	基金景宏	封闭式
184701	基金景福	封闭式
090021	大成月添利 A	理财型
091021	大成月添利 B	理财型
090023	大成月月盈债 A	理财型
091023	大成月月盈债 B	理财型

【公司高管】

张树忠先生，董事长，经济学博士。1989 年 7 月至 1993 年 2 月，任中央财经大学财政系讲师；1993 年 2 月至 1997 年 3 月，任华夏证券股份有限公司投资银行总部总经理、研究发展部总经理；1997 年 3 月至 2003 年 7 月，任光大证券股份有限公司总裁助理兼北方总部总经理、资产管理总监；2003 年 7 月至 2004 年 6 月，任光大保德信基金管理公司董事、副总经理；2004 年 6 月至 2006 年 12 月，任大通证券股份有限公司副总经理；2007 年 1 月至 2008 年 1 月，任大通证券股份有限公司总经理；2008 年 1 月至 2008 年 4 月，任职中国人保资产管理股份有限公司；2008 年 4 月起任中国人保资产管理股份有限公司副总裁、党委委员；2008 年 11 月起同时担任大成基金管理有限公司董事长。

王颢先生，董事总经理，国际工商管理专业博士。2000 年 12 月至 2002 年 9 月，任招商证券股份有限公司深圳管理总部副总经理、机构管理部副总经理；2002 年 9 月加入大成基金管理有限公司，历任助理总经理、副总经理；2008 年 11 月起担任大成基金管理有限公司总经理。

杜鹏女士，督察长，研究生。1992 年至 1994 年，历任原中国银行陕西省信托咨询公司证券部驻上交所出市代表、上海业务部负责人；1994 年至 1998 年，历任广东省南方金融服务总公司投资基金管理部证券投资部副经理、广东华侨信托投资公司证券总部资产管理部经理；1998 年 9 月参与大成基金管理有限公司的筹建；1999 年 3 月至今，任大成基金管理有限公司督察长兼监察稽核部经理。

富国基金管理有限公司

【基本情况】

法定名称：富国基金管理有限公司

英文名称：Fullgoal Fund Management Co. , Ltd.

注册地址：上海市浦东新区世纪大道 8 号
上海国金中心二期 16－17 层

办公地址：上海市浦东新区世纪大道 8 号
上海国金中心二期 16－17 层

法人代表：陈　敏

总 经 理：陈　敏（代行）

成立时间：1999 年 4 月 13 日

公司属性：中外合资

注册资本：1. 8 亿元

联系电话：021－20361818

客服热线：400－888－0688

传真号码：021－20161616

邮政编码：200001

公司网址：www. fullgoal. com. cn

【公司概况】

富国基金于1999年在北京成立，是经中国证监会批准设立的首批十家基金管理公司之一。公司注册资本为1.8亿元人民币，总部设于上海，在北京、深圳、成都设有分公司。

2003年加拿大蒙特利尔银行参股，富国基金成为国内首批十家基金公司中第一家实现外资参股的基金公司。经过十年多的发展，富国基金不仅在中国资本市场的演进中积累了丰富的投资管理经验，而且不断将外方股东的先进理念和管理技术融入到公司经营管理的各项实践中，为投资者提供专业化的基金投资理财服务。

公司目前下设十七个部门、三个分公司和二个子公司，分别是：权益投资部、固定收益部、量化与海外投资部、研究部、集中交易部、专户投资部、机构业务部、零售业务部、营销策划与产品部、客服与电子商务部、战略发展部、监察稽核部、计划财务部、人力资源部、行政管理部、信息技术部、运营部、北京分公司、成都分公司、广州分公司、富国资产管理（香港）有限公司、富国资产管理（上海）有限公司。权益投资部：负责权益类基金产品的投资管理；固定收益部：负责固定收益类产品的研究与投资管理；量化与海外投资部：负责FOF、PE、定量类产品等的研究与投资管理；研究部：负责行业研究、上市公司研究和宏观研究等；集中交易部：负责投资交易和风险控制；专户投资部：在固定收益部、权益投资部和量化与海外投资部内设立的虚拟部门，独立负责年金等专户产品的投资管理；机构业务部：负责年金、专户、社保及共同基金的机构客户营销工作；零售业务部：管理华东营销中心、华中营销中心、华南营销中心（广州分公司）、北方营销中心（北京分公司）、西部营销中心（成都分公司）、华北营销中心，负责共同基金的零售业务；营销策划与产品部：负责产品开发、营销策划和品牌建设等；客服与电子商务部：负责电子商务与客户服务；战略发展部：负责公司战略的研究、规划与落实；监察稽核部：负责监察、风控、法务和信息披露；信息技术部：负责软件开发与系统维护等；运营部：负责基金会计与清算；计划财务部：负责公司财务计划与管理；人力资源部：负责人力资源规划与管理；行政管理部：负责文秘、行政后勤；富国资产管理（香港）有限公司：就证券提供意见和提供资产管理；富国资产管理（上海）有限公司：经营特定客户资产管理以及中国证监会认可的其他业务。

【股东概况】

排序	股东名称	持股数量（万股）	持股比例
1	海通证券股份有限公司	4999.50	27.775%
1	申银万国证券股份有限公司	4999.50	27.775%
1	加拿大蒙特利尔银行	4999.50	27.775%
2	山东省国际信托投资有限公司	3001.50	16.675%

【旗下基金】

基金代码	基金简称	类型
100026	富国天合稳健优选	股票型
519035	富国天博创新主题	股票型
100039	富国通胀通缩	股票型
100056	富国低碳环保	股票型
100060	富国高新技术产业	股票型
000220	富国医疗保健	股票型
100016	富国天源平衡	混合型
100020	富国天益价值	混合型
100022	富国天瑞强势	混合型
100029	富国天成红利	混合型
161005	富国天惠成长精选	混合型
000029	富国宏观策略	混合型
100025	富国天时货币A	货币型
100028	富国天时货币B	货币型
100032	富国中证红利增强	指数型
100038	富国量化沪深300	指数型
100053	富国上证综指联接	指数型
161017	富国中证500	指数型
161022	富国创业板指数分级	指数型
150152	富国创业板分级A	指数型
150153	富国创业板分级B	指数型
100018	富国天利增长	债券型
100035	富国优化增强A/B	债券型
100037	富国优化增强C	债券型
100051	富国可转换债券	债券型
100058	富国产业债债券	债券型
161010	富国天丰强化债券	债券型
000107	富国信用增强债券	债券型
000109	富国信用增强债券C	债券型
000139	富国国有企业债	债券型
000141	富国国有企业债C	债券型
100066	富国纯债债券(	债券型
100068	富国纯债债券C	债券型
000191	富国信用债债券	债券型
000192	富国信用债债券C	债券型
000383	富国恒利分级债券A	定期开放债券型
000384	富国恒利分级债券B	定期开放债券型
000197	富国目标收益一年期	定期开放债券型
000202	富国目标收益两年期	定期开放债券型
100072	富国强回报	定期开放债券型
100073	富国强回报C	定期开放债券型
161019	富国新天锋债券	定期开放债券型
100070	富国强收益	定期开放债券型
100071	富国强收益C	定期开放债券型
100050	富国全球债券	QDII
100055	富国全球顶级消费品	QDII
100061	富国中国中小盘股票	QDII
100007	富国7天理财宝A	理财型
1010007	富国7天理财宝B	理财型
161014	富国汇利分级	封闭式
150020	富国汇利A	封闭式
150021	富国汇利B	封闭式
161015	富国天盈分级	封闭式
161016	富国天盈A	封闭式
150041	富国天盈B	封闭式
510210	上证综指ETF	封闭式
500015	基金汉兴	封闭式
500005	基金汉盛	封闭式

【公司高管】

陈敏女士，董事长。生于1954年，中共党员，工商管理硕士，经济师。历任上海市信托投资公司副处长、处长；上海市外经贸委处长；上海万国证券公司党委书记；申银万国证券股份有限公司副总裁、党委委员。2004年开始担任富国基金管理有限公司董事长。

范伟隽先生，督察长。生于1974年，中共党员，硕士研究生。曾任毕马威华振会计师事务所项目经理，中国证监会上海监管局主任科员、副处长。2012年10月20日开始担任富国基金管理有限公司督察长。

易方达基金管理有限公司

【基本情况】

法定名称：易方达基金管理有限公司

英文名称：E Fund Management Co., Ltd.

注册地址：广东省珠海市横琴新区宝中路3号4004－8室

办公地址：广州市天河区珠江新城珠江东路30号广州银行大厦40－43楼

法人代表：叶俊英

总 经 理：刘晓艳

成立时间：2001年4月17日

公司属性：中资

注册资本：1.2亿元

联系电话：020－38797888

客服热线：400－881－8088

传真号码：020－38799488

邮政编码：510620

公司网址：www.efunds.com.cn

【公司概况】

易方达基金管理有限公司成立于2001年4月17日，旗下设有北京、广州、上海分公司和香港子公司。易方达秉承“取信于市场，取信于社会”的宗旨，坚持“在诚信规范的前提下，通过专业化运作和团队合作实现持续稳健增长”的经营理念，以严格的管理、规范的运作和良好的投资业绩，赢得市场认可。2004年10月，易方达取得全国社会保障基金投资管理人资格。2005年8月，易方达获得企业年金基金投资管理人资格。2007年12月，易方达获得合格境内机构投资者(QDII)资格。2008年2月，易方达获得从事特定客户资产管理业务资格。截至2014年12月31日，易方达旗下共管理59只开放式基金、1只封闭式基金和多个全国社保基金资产组合、企业年金及特定客户资产管理业务，资产管理总规模达4300亿元。

易方达基金高度重视健全内部管理体制和完善风险防范机制，成立伊始便在业内率先制定“内部控制大纲”，对公司治理结构、内部控制制度体系与制度管理、内部控制基本要点、控制环境、持续的控制检验作出规范，在此基础上制定了大量规章制度，初步形成了一套具有公司特色、合乎基金行业规范运作要求的制度化管理体系，保证了公司的合规、高效运作，获得了国家主管部门和中介评估机构的充分肯定。

基金业是“人的事业”，易方达成立伊始，便努力打造一支高度专业化的基金管理团队。截至2014年9月30日，公司员工逾400人，平均年龄32岁，其中具有硕士以上学历的占员工总数的60.4%，具有复合专业背景的占27.97%。公司高管人员人均金融从业时间18年以上，全部具有经济学或管理学教育背景。易方达基金的投资研究队伍专业、稳健、勇于进取，投资管理人员平均证券从业时间10年，95.83%的投资人员具有硕士以上学历，具有理工科背景的占62.5%，具有复合专业背景的占54.17%；98.04%的研究人员具有硕士以上学历，具有理工科背景的占54.9%，具有复合专业背景的占37.25%。

完善的制度、严格的管理、规范的运作使公司始终保持各方面业务持续增长的良性发展态势，投资业绩综合排名始终在国内基金公司中名列前茅。截至2014年12月31日，公司旗下基金累计分红超575亿元，为投资者创造了良好的回报。

公司一贯秉承价值投资理念，强调研究在投资中的主导作用，不断追求研究的深度和前瞻性。目前，公司已自主培养和建立起一支高素质的研究员队伍，形成了研究主导的投资文化，研究注重深度挖掘、实地调研、持续跟踪，投资与研究相互促进、良性互动，为公司取得优异投资业绩打下了坚实基础。

专业坦诚是易方达的服务理念。公司不断致力于改进客户服务质量、加强多方沟通协调、完善和创新服务方式。目前，公司已与多家机构签订了合作协议，并推出了开放式基金的网上交易平台，努力为广大客户提供更多的交易便利和优惠。

易方达将继续坚持以诚信和业绩立足，不断开拓创新，积极进取，努力为投资者创造最优回报。

【公司大事记】

2001年4月17日，易方达基金管理有限公司正式成立。

2001年6月20日，在清理规范广东省6只联网投资基金的基础上，易方达旗下的科汇、科翔、科讯证券投资基金分别在深圳、上海证券交易所挂牌交易。

2001年7月12日，科汇、科翔、科讯证券投资基金完成扩募工作，分别扩募至8亿份基金单位。

2001年12月15日，易方达顺利通过中国证监会和境外投资基金专家小组对开放式基金准备情况的现场检查，获得了高度评价。

2012年5月3日，易方达纯债债券型证券投资基金合同生效，认购份额超过80亿份。

2012年6月4日，易方达标普全球高端消费品指数增强型证券投资基金合同生效。

2012年7月5日，易方达量化衍伸股票型证券投资基金合同生效。

2012年8月9日，易方达恒生中国企业交易型开放式指数证券投资基金合同生效。

2012年8月21日，易方达恒生中国企业交易型开放式指数证券投资基金联接基金合同生效。

2012年9月20日，易方达中小板指数分级证券投资基金合同生效。

2012年11月9日，易方达中债新综合债券指数发起式证券投资基金(LOF)基金合同生效。

2012年11月26日，易方达月月利理财债券型证券投资基金基金合同生效。

2013年1月15日，易方达双月利理财债券型证券投资基金基金合同生效。

2013年3月4日，易方达天天理财货币市场基金基金合同生效。

2013年3月6日，易方达沪深300交易型开放式指数发起式证券投资基金基金合同生效。

2013年3月29日，易方达保证金收益货币市场基金基金合同生效。

2013年4月24日，易方达信用债债券型证券投资基金合同生效。

2013 年 7 月 30 日，易方达纯债 1 年定期开放债券型证券投资基金合同生效。

2013 年 8 月 23 日，易方达高等级信用债债券型证券投资基金合同生效。

2013 年 8 月 23 日，易方达裕丰回报债券型证券投资基金合同生效。

2013 年 9 月 10 日，易方达投资级信用债债券型证券投资基金合同生效。

2013 年 10 月 24 日，易方达易理财货币市场基金合同生效。

2013 年 11 月 14 日，易方达聚盈分级债券型发起式证券投资基金合同生效。

2013 年 11 月 28 日，易方达新兴成长混合型证券投资基金合同生效。

2014 年 6 月 17 日，易方达财富快线货币市场基金合同生效。

2014 年 6 月 25 日，易方达天天增利货币市场基金合同生效。

【股东概况】

排序	股东名称	持股数量(万股)	持股比例
1	广东粤财信托投资有限公司	3000.00	25%
2	广发证券股份有限公司	3000.00	25%
3	广东美的电器股份有限公司	3000.00	25%
4	重庆国际信托投资有限公司	2000.00	16.67%
5	广州市广永国有资产经营有限公司	1000.00	8.33%

【旗下基金】

基金代码	基金简称	类型
110009	易方达价值精选	股票型
110029	易方达科讯	股票型
110011	易方达中小盘	股票型
110013	易方达科翔	股票型
110015	易方达行业领先	股票型
110022	易方达消费行业	股票型
110023	易方达医疗保健行业	股票型
110025	易方达资源行业	股票型
110001	易方达平稳增长	混合型
110002	易方达策略成长	混合型
110005	易方达积极成长	混合型
110010	易方达价值成长	混合型
112002	易方达策略二号	混合型
110012	易方达科汇灵活配置	混合型
000404	易方达新兴成长灵活配置	混合型
110006	易方达货币 A	货币型
110016	易方达货币 B	货币型
000009	易方达天天理财货币 A	货币型
000010	易方达天天理财货币 B	货币型
000013	易方达天天理财货币 R	货币型
159001	易方达保证金收益货币 A	货币型
159002	易方达保证金收益货币 B	货币型
000359	易方达易理财货币	货币型
110007	易方达稳健债券 A	债券型
110008	易方达稳健债券 B	债券型
110017	易方达增强债券 A	债券型
110018	易方达增强债券 B	债券型
110027	易方达安心债券 A	债券型
110028	易方达安心债券 B	债券型
110035	易方达双债强债 A	债券型
110036	易方达双债强债 C	债券型
161115	易方达岁丰添利债券	债券型
161117	易方达永旭添利	债券型
110037	易方达纯债 A	债券型
110038	易方达纯债 C	债券型
161119	易方达中债新综指(LOF)A	债券型
161120	易方达中债新综指(LOF)C	债券型
110050	易方达月月利理财债券 A	债券型
110051	易方达月月利理财债券 B	债券型
110052	易方达双月利理财债券 A	债券型
110053	易方达双月利理财债券 B	债券型
000032	易方达信用债债券 A	债券型
000033	易方达信用债债券 C	债券型
000111	易方达纯债 1 年定期开放债券 A	债券型
000112	易方达纯债 1 年定期开放债券 C	债券型
000147	易方达高等级信用债债券 A	债券型
000148	易方达高等级信用债债券 C	债券型
000171	易方达裕丰回报债券	债券型
000205	易方达投资级信用债债券 A	债券型
000206	易方达投资级信用债债券 C	债券型
000428	易方达聚盈分级债券基础	债券型
000429	易方达聚盈分级债券 A	债券型
000430	易方达聚盈分级债券 B	债券型
000436	易方达裕惠回报债券	债券型
110003	易方达上证 50	指数型
110019	易基深证 100 联接	指数型
110020	易方达沪深 300	指数型
110021	易基上证中盘联接	指数型
159901	易方达深证 100ETF	指数型
510130	易方达上证中盘 ETF	指数型
110026	易方达创业板联接	指数型
159915	易方达创业板 ETF	指数型
110030	易方达沪深 300 量化增强	指数型
110031	易方达恒生中国企业人民币	指数型
110032	易方达恒生中国企业美元现汇	指数型
110033	易方达恒生中国企业美元现钞	指数型
161118	易基中小板分级	指数型
150106	易方达中小板分级 A	指数型
150107	易方达中小板分级 B	指数型
510310	易方达沪深 300ETF	指数型
110030	易方达沪深 300 量化增强	指数型
512010	易方达沪深 300 医药卫生 ETF	指数型
159934	易方达黄金 ETF	指数型
118001	易方达亚洲精选	QDII
161116	易方达黄金主题	QDII
118002	易方达标普消费品指数增强	QDII
510900	易方达恒生中国企业	QDII
110050	易方达月月利 A	理财型
110051	易方达月月利 B	理财型
110052	易方达双月利理财债券 A	理财型
110053	易方达双月利理财债券 B	理财型
500056	易方达科瑞	封闭式

【公司高管】

叶俊英先生，经济学博士，董事长。曾任中国南海石油联合服务总公司条法部科员、副科长、科长，广东省烟草专卖局专卖办公室干部，广发证券有限责任公司投资银行部总经理、公司董事、副总裁，易方达基金管理有限公司董事兼总裁、副董事长兼总裁。现任易方达基金管理有限公司董事长。

刘晓艳女士，经济学博士，董事、总裁。曾任广发证券有限责任公司投资理财部副经理、基金经理，基金投资理财部副总经理、基金资产管理部总经理，易方达基金管理有限公司督察员兼监察部总经理、总裁助理兼市场部总经理、公司副总裁、常务副总裁。现任易方达基金管理有限公司董事、总裁，兼任易方达资产管理（香港）有限公司董事长。

张南女士，博士。曾任广东省经贸委产业政策处副处长，易方达基金管理有限公司市场拓展部副总经理，现兼任易方达基金管理有限公司监察部总经理。

国金通用基金管理有限公司

【基本情况】

法定名称：国金通用基金管理有限公司

英文名称：Gfund Management Co. ,Ltd.

注册地址：北京市怀柔区府前街三号楼 3－6

办公地址：北京市海淀区西三环北路 87 号国际财经中心 D 座 14 层

董 事 长：纪　路

总 经 理：尹庆军

成立日期：2011 年 11 月 2 日

注册资本：2.8 亿元人民币

公司属性：中资公司

联系电话：010－88005888

客服电话：400－020－0018

联系传真：010－88005666

邮政编码：100033

公司网址：www. gfund. com

【公司概况】

国金通用基金管理有限公司（英文名称：Gfund Management Co. ,Ltd.）成立于 2011 年 11 月 2 日，是经中国证监会批准成立的从事基金募集、基金销售、资产管理以及中国证监会许可的其他业务的专业资产管理公司。

公司股东为国金证券股份有限公司、苏州工业园区兆润投资控股集团有限公司、广东宝丽华新能源股份有限公司、中国通用技术（集团）控股有限责任公司，四家企业共同出资 2.8亿元人民币，出资比例分别为 49%、19.5%、19.5% 和 12%。

国金证券股份有限公司是一家资产质量优良、专业团队精干、创新能力突出、服务特色鲜明的上市证券公司，是沪深 300 指数、上证 180 指数、上证 180 金融股指数和上证中型企业指数成份股。

苏州工业园区兆润投资控股集团有限公司成立于 2000 年，是苏州工业园区管委会直属最大的国有企业，注册资本 160 亿元。

广东宝丽华新能源股份有限公司是 1997 年 1 月在深圳证券交易所上市的新能源电力公司，已经确立了以新能源电力为核心、以房地产开发和建设施工为基础、以现代金融投资为动力的主营业务架构，是中国证券市场中的新能源电力龙头上市公司，是深证红利、泰达环保、南方低碳、巨潮公司治理等多个重要指数样本股。

中国通用技术（集团）控股有限责任公司是由国务院国资委履行出资人职责、中央直接管理的国有重要骨干企业，是我国最大的先进技术装备引进服务商、最大的轻工产品和医药保健品进出口商、最大的移动通信终端产品分销与服务商，同时是我国重要的装备制造商、国际工程承包商、医药生产与供应商、技术服务与咨询商及建筑地产商。

雄厚的股东背景为公司的渠道开发、市场销售等方面提供了强有力的支持，为公司的发展奠定了基础。

【公司大事记】

2011 年 11 月 2 日，国金通用基金管理有限公司在北京正式注册成立。

2012 年 8 月 24 日，国金通用首只基金——国金通用国鑫灵活配置混合型发起式基金发行成功，首募 1.78 亿元。

2012 年 9 月 7 日，国金通用完成增资工作，注册资本由 1.6 亿元人民币增加至 2.8 亿元。

2013 年 1 月 25 日，国金通用全资子公司北京千石创富资本管理有限公司在北京正式注册成立。

2013 年 4 月 8 日，国金通用完成办公场所变更，新址为：北京市海淀区西三环北路 87 号国际财经中心 D 座 14 层。

2013 年 7 月 26 日，国金通用首只被动型基金——国金通用沪深 300 指数分级证券投资基金（总第 2 只）发行成功，首募 3.23 亿元。

2013 年 12 月 16 日，国金通用首只货币基金——国金通用鑫盈货币市场证券投资基金（总第 3 只）发行成功，首募 5.45亿元。

2014 年 1 月 15 日，国金通用全资子公司上海国金通用财富资产管理有限公司在上海正式注册成立。

2014 年 1 月 21 日，国金通用首只分级债基金——国金通用鑫利分级债券型证券投资基金（总第 4 只）发行成功，首募 4.3 亿元。

2014 年 2 月 17 日，国金通用金腾通货币市场证券投资基金（总第 5 只）发行成功，首募 2.02 亿元。

2014 年 5 月 12 日，国金通用新版网站正式上线。

2014 年 8 月 27 日，国金通用鑫安保本混合型证券投资基金（总第 6 只）发行成功，首募 14.43 亿元。

【股东概况】

股东名称	持股比例
国金证券股份有限公司	49%
苏州工业园区地产经营管理公司	19.5%
广东宝丽华新能源股份有限公司	19.5%
中国通用技术（集团）控股有限责任公司	12%

【旗下基金】

基金代码	基金简称	类型
762001	国金通用国鑫发起	混合型
167601	国金 300	指数型
150140	国金 300A	指数型
150141	国金 300B	指数型
000439	国金通用鑫盈货币	货币型
000454	国金通用鑫利分级 A	债券型
000455	国金通用鑫利分级 B	债券型

基金代码	基金简称	类型
000540	国金通用金腾通货币	货币性
000749	国金通用鑫安保本	混合型

【公司高管】

纪路先生，董事长，硕士，EMBA。历任博时基金管理有限公司分析师、金信证券有限责任公司投资研究中心总经理、国金证券股份有限公司研究所总经理。现任国金证券股份有限公司副总经理、中国证券业协会证券公司专业评价专家、四川证券业协会创新咨询委员会主任委员。2011 年 11 月至今任国金通用基金管理有限公司董事长。

尹庆军先生，总经理，硕士。历任中央编译局世界所助理研究员、办公厅科研外事秘书，中央编译出版社出版部主任，博时基金管理有限公司人力资源部总经理、董事会秘书、监事，国金通用基金管理有限公司筹备组拟任督察长，国金通用基金管理有限公司督察长。2012 年 7 月至今任国金通用基金管理有限公司总经理。

张丽女士，督察长，硕士。历任科学出版社法律事务部内部法律顾问，国金通用基金管理有限公司筹备组监察稽核部法律顾问，国金通用基金管理有限公司监察稽核部法律顾问、监察稽核部副总经理兼法律顾问、监察稽核部总经理。2014 年 7 月至今任国金通用基金管理有限公司督察长。

融通基金管理有限公司

【基本情况】

法定名称：融通基金管理有限公司

英文名称：Rongtong Fund Management Co．, Ltd.

注册地址：深圳市南山区华侨城汉唐大厦 13、14 层

办公地址：深圳市南山区华侨城汉唐大厦 13、14 层

法人代表：田德军

总 经 理：孟朝霞

成立时间：2001 年 5 月 22 日

公司性质：中外合资

注册资本：1.25 亿元

联系电话：0755 - 26948666

客服热线：400 - 883 - 8088

传真号码：0755 - 26948079

邮政编码：518035

公司网址：www. rtfund. com

【公司概况】

融通基金管理有限公司经中国证监会监基字〔2001〕8 号文批准，于 2001 年 5 月 22 日在深圳正式成立，是中国第二批基金管理公司之一，注册资本 1.25 亿元人民币。总部设在深圳，在北京和上海设有分公司。公司在法人治理结构、投资管理、内控体系、组织架构等各方面充分体现了“新基金、新体制”。

公司在基金管理上实行投资决策委员会领导下的基金经理负责制。目前公司旗下共有 24 只基金，其中 23 只开放式基金：融通新蓝筹混合、融通通利系列基金（由融通债券A/B、C、融通深证 100 指数和融通蓝筹成长混合三只子基金构成）、融通行业景气混合、融通巨潮 100 指数（LOF）、融通易支付货币、融通动力先锋股票、融通领先成长股票（LOF）、融通内需驱动股票、融通深证成份指数、融通四季添利债券、融通创业板指数、融通医疗保健行业股票、融通岁岁添利定期开放债券、融通丰利四分法基金、融通七天理财债券、融通标普中国可转债指数基金、融通通泰保本混合基金、融通通泽一年目标触发混合基金、融通通祥一年目标触发式混合基金、融通通福分级债基金和融通通源一年目标触发混合基金，1 只封闭式基金（融通通乾封闭）。

【公司大事记】

2000 年 7 月 31 日，融通基金管理有限公司（筹）第一次发起人会议在北京召开。

2000 年 11 月 2 日，融通基金管理有限公司获准筹建。

2001 年 2 月 13 日，融通基金管理有限公司（筹）第二次发起人会议在深圳召开。

2001 年 5 月 8 日，融通基金管理有限公司获准开业。

2001 年 5 月 22 日，融通基金管理有限公司正式成立。

2012 年 1 月 5 日，融通内需驱动股票：周珺新任，鲁万峰继续任融通内需驱动股票基金经理。

2012 年 1 月 11 日，融通四季添利债券证券投资基金正式向全国发售。

2012 年 1 月 12 日，融通通乾封闭：汪忠远新任，刘泽兵继续任融通通乾封闭基金经理。

2012 年 1 月 12 日，融通行业景气混合：严菲新任，邹曦继续任融通行业景气混合基金经理。

2012 年 1 月 19 日，融通行业景气混合：邹曦离任，严菲继续任融通行业景气混合基金经理；融通内需驱动股票：鲁万峰离任，周珺继续任融通内需驱动股票基金经理；融通通乾封闭：刘泽兵离任，汪忠远继续任融通通乾封闭基金经理。

2012 年 2 月 20 日，融通债券投资基金进行份额分类并增加收费模式，分为融通债券 A（原融通债券前）、融通债券 B（原融通债券后）和融通债券 C（新增份额分类）。

2012 年 3 月 1 日，融通四季添利债券型证券投资基金基金合同正式生效，合同生效后两年内封闭运作，在深圳证券交易所上市交易，基金合同生效满两年后，转为上市开放式基金（LOF）。募集规模 1，281，761，462. 73 份基金份额。

2012 年 3 月 5 日，融通创业板指数增强型证券投资基金正式向全国发售。

2012 年 4 月 6 日，融通创业板指数增强型证券投资基金基金合同正式生效，募集规模 487，321，720. 94 份基金份额。

2012 年 5 月 2 日，融通易支付货币市场证券投资基金进行份额分类并增加收费模式，分为融通易支付货币 A、融通易支付货币 B。

2012 年 5 月 7 日，融通创业板增强型指数股票型证券投资基金定于 2012 年 5 月 7 日起开始办理日常申购、赎回业务；个人投资者仅限定投申购方式，单笔定投上限 1 万元。

2012 年 6 月 25 日，融通医疗保健行业股票型证券投资基金正式向全国发售。

2012 年 7 月 3 日，融通行业景气混合：邹曦新任，严菲继续任融通行业景气混合基金经理。

2012 年 7 月 25 日，融通新蓝筹混合：姚昆新任，吴巍、汪忠远继续任融通新蓝筹混合基金经理。

2012 年 7 月 26 日，融通医疗保健行业股票型证券投资基金基金合同正式生效，募集规模 336，147，352. 89 份基金份额。

2012 年 8 月 10 日，融通领先成长股票（LOF）：余志勇新任，管文浩继续任融通领先成长股票（LOF）基金经理。

2012 年 8 月 29 日，融通债券 A/B、C：张李陵新任，乔羽夫继续任融通债券 A/B、C 基金经理。

2012 年 8 月 31 日，融通债券 A/B、C：乔羽夫离任，张李陵继续任融通债券 A/B、C 基金经理；融通四季添利债券：乔羽夫离任，蔡奕奕继续任融通四季添利债券基金经理。

2012 年 9 月 6 日，融通医疗保健行业股票：蒋秀蕾新任，吴巍继续任融通医疗保健行业股票基金经理。

2012 年 10 月 9 日，融通岁岁添利定期开放债券型证券投资基金正式向全国发售。

2012 年 11 月 6 日，融通岁岁添利定期开放债券型证券投资基金基金合同正式生效，募集规模 3,119,837,355.31 份基金份额。

2013 年 1 月 14 日，融通丰利四分法证券投资基金正式向全国发售。

2013 年 2 月 5 日，融通丰利四分法证券投资基金基金合同正式生效，募集规模 740,856,169.49 份基金份额。

2013 年 2 月 7 日，融通领先成长股票（LOF）：管文浩离任，余志勇继续任融通领先成长股票（LOF）基金经理。

2013 年 3 月 4 日，融通标普中国可转债指数型证券投资基金正式向全国发售。

2013 年 3 月 14 日，融通七天理财债券型证券投资基金基金合同正式生效，募集规模4,044,290,011.14份基金份额。

2013 年 3 月 26 日，融通标普中国可转债指数增强型证券投资基金基金合同正式生效，募集规模1,309,454,237.09份基金份额。

2013 年 5 月 8 日，融通通泰保本混合型证券投资基金正式向全国发售。

2013 年 5 月 31 日，融通通泰保本混合型证券投资基金基金合同正式生效，募集规模528,653,648.94份基金份额。

2013 年 8 月 1 日，融通通泽一年目标触发式灵活配置混合型证券投资基金正式向全国发售。

2013 年 8 月 30 日，融通通泽一年目标触发式灵活配置混合型证券投资基金基金合同正式生效，募集规模869,304,088.98份基金份额。

2013 年 9 月 16 日，融通通祥一年目标触发式灵活配置混合型证券投资基金正式向全国发售。

2013 年 10 月 22 日，融通通祥一年目标触发式灵活配置混合型证券投资基金基金合同正式生效，募集规模640,543,966.41份基金份额。

2013 年 11 月 11 日，融通通福分级债券型证券投资基金正式向全国发售，其中通福 B 的发售起始日 2013 年 11 月 11 日，通福 A 的发售起始日 2013 年 11 月 15 日。

2013 年 11 月 25 日，融通通源一年目标触发式灵活配置混合型证券投资基金正式向全国发售。

2013 年 12 月 10 日，融通通福分级债券型证券投资基金基金合同正式生效，募集规模融通通福分级债券A：368,624,812.72 份基金份额；融通通福分级债券B：158,423,848.56份基金份额。

2013 年 12 月 19 日，融通债券：韩海平新任，张李陵继续任融通债券基金经理。

2013 年 12 月 27 日，融通债券：王超新任，张李陵和韩海平继续任融通债券基金经理；融通标普中国可转债指数：王超新任，张李陵继续任融通标普中国可转债指数基金经理；通祥一年目标触发式混合：张士锋新任，吴巍继续任通祥一年目标触发式混合基金经理。

2013 年 12 月 31 日，融通通源一年目标触发式灵活配置混合型证券投资基金基金合同正式生效，募集规模505,912,256.65份基金份额。

【股东概况】

排序	股东名称	持股数量（万股）	持股比例
1	新时代证券有限责任公司	7500.00	60%
2	日兴资产管理有限公司	5000.00	40%

【旗下基金】

基金代码	基金简称	类型
161609	融通动力先锋	股票型
161610	融通领先成长	股票型
161611	融通驱动	股票型
161616	融通医疗保健	股票型
161601	融通新蓝筹	混合型
161605	融通蓝筹成长	混合型
161606	融通行业景气	混合型
000142	融通通泰保本	混合型
000278	融通通泽一年目标触发式混合	混合型
000315	融通通祥一年目标触发式混合	混合型
000394	融通通源一年目标触发式混合	混合型
161603	融通债券 A	债券型
161653	融通债券 B	债券型
161614	融通四季添利	债券型
161618	融通岁岁添利 A	债券型
161619	融通岁岁添利 B	债券型
161624	融通标普中国可转债指数 A	债券型
161625	融通标普中国可转债指数 C	债券型
161626	融通通福分级债	债券型
161627	融通通福分级债 A	债券型
150160	融通通福分级债 B	债券型
161604	融通深证 100	指数型
161607	融通巨潮 100（LOF）	指数型
161612	融通深成指	指数型
161613	融通创业板指数	指数型
161620	融通丰利四分法（QDII－FOF）	QDII
161608	融通易支付货币 A	货币型
161615	融通易支付货币 B	货币型
161622	融通七天理财债券 A	理财型
161623	融通七天理财债券 B	理财型
500038	融通通乾	封闭式

【公司高管】

田德军先生，董事长，经济学博士，现任新时代证券有限责任公司总经理。历任中信证券股份有限公司投资银行业务主管，上海远东证券有限公司董事长兼总经理。2010 年至今任公司董事长。

奚星华先生，总经理，经济学硕士，历任黑龙江省证券公司宏观行业研究员；北京时代博讯高科技有限公司投资业务副总经理；长财证券经纪有限责任公司总裁；恒泰长财证券有限责任公司执行董事、法定代表人。2011 年起任公司总经理。

涂卫东先生，督察长，法学硕士。历任国务院法制办公室（原国务院法制局）财金司一处主任科员，中国证监会基金监管部监管一处处级干部，中国证监会公职律师。2009 年至今任中共融通基金管理有限公司支部委员会副书记。2011 年至今任公司督察长。

银华基金管理有限公司

【基本情况】

法定名称:银华基金管理有限公司
英文名称:Yinhua Fund Management Co.,Ltd.
注册地址:深圳市深南大道6008号特区报业大厦19层
办公地址:北京市东城区东长安街1号东方广场
东方经贸城C2办公楼15层
法人代表:王珠林
总 经 理:王立新
成立时间:2001年5月28日
公司属性:中资
注册资本:2亿元
联系电话:010-85186558
客服热线:400-678-3333
传真号码:010-58163027
邮政编码:518034
公司网址:www.yhfund.com.cn

【公司概况】

银华基金成立于2001年5月,成立13年以来,凭借诚信、规范、稳健、务实的运作风格,银华基金致力于为广大投资者提供专业的资产管理服务,逐步发展为一个具有大资金管理能力的综合型资产管理公司。截至2012年底,公司有效资产管理规模位列行业前十,跻身国内优秀基金管理公司行列。

我们致力于提供有质量的资产管理和理财服务,帮助投资者打造高品质的财富生活。为实现这一目标,我们强调通过严格的制度和流程化管理提升公司的服务质量。2005年8月,银华基金获得企业年金基金投资管理人资格,成为国内9家首批获此资格的基金管理公司之一。2007年10月底,银华基金管理公司正式获得合格境内机构投资者(QDII)资格,获准开展境外证券投资管理业务。在接下来的2008年2月,银华基金管理公司获得特定客户资产管理业务资格。2010年12月,银华基金管理有限公司获得"社保基金境内委托投资管理人"资格。2012年10月,银华基金管理有限公司获得保险资金投资管理人资格。至此,银华基金成为业内为数不多的同时拥有企业年金基金投资管理人资格、合格境外机构投资者业务资格、特定客户资产管理业务资格和社保基金境内委托投资管理人资格、保险资金投资管理人资格的全牌照基金管理公司。

作为一个资产管理者,为持有人提供长期稳健的回报是银华基金的核心价值所在。13年来,银华旗下管理的多只基金业绩排名同类产品前列,并获得多项业内大奖,多次赢得独立专业机构高度评价,为持有人带来了可持续的稳健投资回报。银华基金因为整体业绩表现突出,五度荣膺"金牛基金公司"。

时至今日,银华基金旗下管理着35只基金,建立了覆盖股票型、配置型、债券型、货币型、保本型和QDII基金的较为完善的产品线,为数百万不同风险收益特征和理财需求的客户提供专业的资产管理服务。

在稳健经营的基础上,我们致力于让风险收益特征各异的投资者在银华享受到全面的理财服务。未来,在继续完善产品线基础上,我们还将努力在企业年金管理、独立帐户资产管理、QDII等领域拓展自己的业务。继续为自己所追求的目标——投资改变生活而执著前行。

我们将继续秉承"诚信经营赢得客户、优质服务贴近客户、一流业绩回报客户"的质量管理方针,帮助更多的普通人实现他们的财富梦想。

【公司大事记】

2000年10月18日,证监会批准筹建银华基金管理有限公司。

2000年10月25日,于北京,召开银华基金管理有限公司创立大会,选举产生公司第一届董事会、监事会和经营班子。

2000年10月31日,签署《更换管理人协议》,银华基金管理有限公司(筹)成为新任的基金管理人。

2000年11月10日,正式向证监会递交开业申请。

2001年1月19日,根据证监会意见,选聘四位独立董事,并对公司章程及相关的规章制度进行修改。

2001年4月13日,通过证监会组织的专家评审会的开业审查。

2001年5月10日,证监会发下发《关于同意银华基金管理有限公司开业申请的批复》(证监基金字〔2001〕7号)一文,标志公司正式获得开业资格。

2001年5月28日,公司获得营业执照、基金管理公司法人许可证及法人机构代码证,标志公司正式成立,并获得经营权。

2012年6月,银华中小盘精选股票型证券投资基金成立,该基金通过投资于具有竞争优势和较高成长性的中小盘股票,力求在有效控制投资组合风险的前提下,寻求基金资产的长期增值。

2012年8月,银华纯债信用主题债券型证券投资基金(LOF)成立,该基金以信用债券为主要投资对象,在控制信用风险的前提下,力求为基金持有人提供稳健的当期收益和总投资回报。

2012年8月,上证50等权重交易型开放式指数证券投资基金成立,该基金为ETF基金,跟踪标的为上证50等权重指数,投资于核心蓝筹股。

2012年8月,银华上证50等权重交易型开放式指数证券投资基金联接基金成立,该基金通过投资银华上证50等权ETF,紧密跟踪标的指数。

2012年10月,公司获得保险资金投资管理人资格。

2012年12月,银华中证中票50指数债券型证券投资基金(LOF)成立。该基金为被动式指数基金,主要投资于具有良好流动性的固定收益类金融工具。

2013年1月,银华永兴纯债分级债券型发起式证券投资基金成立。该基金为发起式基金,以债券为主要投资对象。

2013年4月,银华交易型货币市场基金成立。该基金为场内交易型货币ETF,为股民保证金理财提供了新的工具。

2013年5月,银华中证成长股债恒定组合30/70指数证券投资基金成立。该基金为恒定组合基金,主要投资于中证银华成长股债恒定组合30/70指数成分证券及其备选成份证券。

2013年8月,银华信用四季红债券型证券投资基金成立。该基金以信用债为主要投资对象。

2013年8月,银华中证转债指数增强分级证券投资基金成立。该基金为国内首只可转债指数分级基金。

2013年11月,银华中证800等权重指数增强分级证券投资基金成立。该基金为股票指数增强型基金,通过量化投资技术与基本面分析相结合的方法对目标指数进行积极的组合管理与风险控制,力争实现超越目标指数的投资收益,追求基金资产的长期增值。

2014 年 1 月，银华沪深 300 指数分级证券投资基金成立。该基金转型自银华沪深 300 指数。

2014 年 1 月，银华永利债券型证券投资基金成立。

【股东概况】

排序	股东名称	持股比例
1	西南证券有限责任公司	49%
2	第一创业证券有限责任公司	29%
4	东北证券有限责任公司	21%
3	山西海鑫实业股份有限公司	1%

【旗下基金】

基金代码	基金简称	类型
180010	银华优质增长	股票型
180012	银华富裕主题	股票型
180013	银华领先策略	股票型
519001	银华价值优选	股票型
161810	银华内需精选(LOF)	股票型
161818	银华消费分级	股票型
150047	银华瑞吉	股票型
150048	银华瑞祥	股票型
180031	银华中小盘	股票型
180001	银华优势企业	混合型
180002	银华保本增值	混合型
180018	银华和谐主题	混合型
180020	银华成长先锋混合	混合型
180028	银华永祥保本	混合型
000062	银华成长股债 30/70 指数	混合型
180003	银华道琼斯 88 精选	指数型
161811	银华沪深 300 指数分级	指数型
150167	银华 300A	指数型
150168	银华 300B	指数型
161812	银华深证 100 指数分级	指数型
150018	银华稳进	指数型
150019	银华锐进	指数型
161816	银华中证等权 90 指数分级	指数型
150030	银华金利	指数型
150031	银华鑫利	指数型
161819	银华中证内地资源指数分级	指数型
150059	银华金瑞	指数型
150060	银华鑫瑞	指数型
510430	上证 50 等权 ETF	指数型
180033	银华上证 50 等权 ETF 联接	指数型
161825	银华中证 800 等权指数增强分级	指数型
150138	银华 800A	指数型
150139	银华 800B	指数型
180008	银华货币 A	货币型
180009	银华货币 B	货币型
511880	银华日利	货币型
183001	银华全球优选	QDII
161815	银华抗通胀主题	QDII
180015	银华增强债券	债券型
161813	银华信用	债券型
180025	银华双利债券 A	债券型
180026	银华双利债券 C	债券型
180029	银华永泰积极债券 A	债券型
180030	银华永泰积极债券 C	债券型
161820	银华纯债	债券型
161821	银华中证中票 50A	债券型
161822	银华中证中票 50C	债券型
161823	银华永兴纯债分级债券发起式	债券型
161824	银华永兴债券 A	债券型
150116	银华永兴债券 B	债券型
000194	银华信用四季红债券	债券型
161826	银华中证转债指数增强分级	债券型
150143	转债 A	债券型
150144	转债 B	债券型
000286	银华信用季季红债券	债券型
000287	银华永利债券 A	债券型
000288	银华永利债券 C	债券型

【公司高管】

王珠林先生，董事长，经济学博士。历任甘肃省职工财经学院财会系讲师；甘肃省证券公司发行部经理；中国蓝星化学工业总公司处长，蓝星清洗股份有限公司董事副总经理、董事会秘书，蓝星化工新材料股份公司筹备组组长；西南证券有限责任公司副总裁；中国银河证券股份有限公司副总裁；西南证券股份有限公司董事、总裁。此外，还曾先后担任中国证监会发行审核委员会委员、中国证监会上市公司并购重组审核委员会委员、中国证券业协会投行专业委员会委员、盐田港集团外部董事、国投电力控股股份有限公司独立董事、上海城投控股股份有限公司独立董事等职务。现任银华基金管理有限公司董事长、西南证券股份有限公司董事、财政部资产评估准则委员会委员、重庆市证券期货业协会会长、北京大学公共经济管理研究中心研究员。

王立新先生：董事总经理，经济学博士。历任中国工商银行总行科员；南方证券股份有限公司基金部副处长；南方基金管理有限公司研究开发部、市场拓展部总监；银华基金管理有限公司总经理助理、副总经理、代总经理、代董事长。现任银华基金管理有限公司总经理。

凌宇翔先生：督察长，工商管理硕士。曾任职于重庆国际信托投资公司证券总部，西南证券有限责任公司基金管理部总经理。

长城基金管理有限公司

【基本情况】

法定名称：长城基金管理有限公司
英文名称：Great Wall Fund Management Co. ,Ltd.
注册地址：深圳市福田区益田路 6009 号新世界商务中心 41 层
办公地址：深圳市福田区益田路 6009 号新世界商务中心 40 – 41 层
法人代表：杨光裕
总 经 理：熊科金
成立时间：2001 年 12 月 27 日
公司属性：中资
注册资本：1.5 亿元
联系电话：0755 – 23982338
传真号码：0755 – 23982328
客服热线：400 – 8868 – 6666
邮政编码：518026
公司网址：www. ccfund. com. cn

【公司概况】

长城基金管理有限公司成立于 2001 年 12 月 27 日，由长城证券有限责任公司、东方证券股份有限公司、北方国际信托股份有限公司、中原信托有限公司共同出资设立。公司的经营范围为基金募集、基金销售、资产管理和中国证监会许可的其他业务。

长城基金管理有限公司一直秉承"诚信、规范、专业、创新"的经营理念，坚持基金持有人利益至上的经营原则，凭借完善的公司治理结构、严格的风险控制、规范的业务流程、高效专业的员工团队、开放与学习的文化氛围，努力打造一流的基金管理公司品牌，竭诚为客户提供优质的投资理财产品和服务。

截至 2014 年 10 月，长城基金管理有限公司一共管理基金 23 只。基金产品类别涵盖货币型、债券型、混合型、股票型以及指数型基金，形成覆盖低、中、高各类风险收益特征的较为完善的产品线。

【公司大事记】

2014 年 7 月 30 日，长城久鑫保本混合型证券投资基金正式成立。

2014 年 6 月 26 日，公司管理的第二十三只基金——长城久鑫保本混合型证券投资基金公开发行。

2014 年 6 月 25 日，长城工资宝货币市场基金正式成立。

2014 年 6 月 16 日，公司管理的第二十二只基金——长城工资宝货币市场基金公开发行。

2014 年 5 月 7 日，长城淘金一年期理财债券型证券投资基金正式成立。

2014 年 4 月 10 日，公司管理的第二十一只基金——长城淘金一年期理财债券型证券投资基金公开发行。

2014 年 2 月 28 日，长城医疗保健股票型证券投资基金正式成立。

2014 年 1 月 23 日，公司管理的第二十只基金——长城医疗保健股票型证券投资基金公开发行。

【股东概况】

排序	股东名称	持股比例
1	长城证券有限责任公司	47.059%
2	东方证券股份有限公司	17.647%
3	北方国际信托投资股份有限公司	17.647%
4	中原信托投资有限公司	17.647%

【旗下基金】

基金代码	基金简称	类型
162006	长城久富核心	股票型
200006	长城消费增值	股票型
200008	长城品牌	股票型
200010	长城双动力	股票型
200012	长城中小盘成长	股票型
200015	长城优化	股票型
200001	长城久恒平衡	混合型
200007	长城安心回报	混合型
200011	长城景气行业龙头	混合型
200016	长城保本	混合型
000030	长城久利保本	混合型
200002	长城久泰沪深 300	指数型
162010	长城久兆中小板 300 分级	指数型
150057	久兆稳健	指数型
150058	久兆积极	指数型
200009	长城稳健增利	债券型
200013	长城积极增利债券 A	债券型
200113	长城积极增利债券 C	债券型
200017	长城岁岁金理财	债券型
000254	长城增强收益 A	债券型
000255	长城增强收益 B	债券型
200003	长城货币 A	货币型
200103	长城货币 B	货币型
184722	基金久嘉	封闭式

【公司高管】

杨光裕先生，中共党员，硕士研究生毕业。历任江西省审计厅办公室主任，长城证券有限责任公司副总裁，现任长城基金管理有限公司董事长。

熊科金先生，经济学硕士。历任中国银行江西信托投资公司证券业务部负责人，中国东方信托投资公司南昌证券营业部总经理、公司证券总部负责人，华夏证券有限公司江西管理总部总经理，中国银河证券有限责任公司基金部负责人、银河基金管理有限公司筹备组负责人，银河基金管理有限公司副总经理、总经理。2011 年 7 月进入长城基金管理有限公司，现任公司总经理。

车君女士，中共党员，经济学硕士。曾任职于深圳本鲁克斯实业股份有限公司，1993 年起先后在中国证监会深圳监管局市场处、机构监管处、审理执行处、稽查一处、机构监管二处、党办等部门工作，历任副主任科员、主任科员、副处长、正处级调研员等职务。现任公司督察长兼监察稽核部总经理。

国投瑞银基金管理有限公司

【基本情况】

法定名称：国投瑞银基金管理有限公司

英文名称：UBS SDIC Fund Management Co., Ltd.

注册地址：上海市虹口区东大名路 638 号 7 层

办公地址：深圳市福田区金田路 4028 号
荣超经贸中心 46 层

法人代表：钱　蒙

总 经 理：刘纯亮

成立时间：2002 年 6 月 13 日

公司属性：中外合资

注册资本：1 亿元

联系电话：0755－83575999

传真号码：0755－83575816

客服电话：400－880－6868

公司网址：http://www.ubssdic.com

【公司概况】

国投瑞银基金管理有限公司由国投信托有限公司和瑞银集团联合组建，中外股东分别持有公司 51% 和 49% 的股份。自 2005 年合资以来，国投瑞银展现出快速发展的蓬勃朝气和勇于创新的开拓精神，迅速成长为一家具备较强综合实力的基金公司。公司的目标是建立品牌认知、资产规模、投资业绩、产品创新、诚信声誉均达一流的资产管理公司。

目前公司已建立起覆盖高、中、低风险等级的较为完整的产品线。截至 2014 年 4 月，国投瑞银共管理着 24 只开放式基金和 2 只创新型分级基金；获得了 QDII 资格，并为 QFII 和信托计划提供投资咨询服务，具有丰富经验，截至 2012 年底，为 QFII 和信托计划共计 40 多亿元人民币提供投资咨询服务；自 2008 年获得特定客户资产管理业务资格以来，公司专户业务发展迅猛，已成功运作管理专户逾 50 个，累计管理资金超过 40 亿元，产品涵盖灵活配置型、稳健增利型等常规产品，还包括分级、期指套利、商品期货、QDII 等创新品种。

国投瑞银秉承瑞银环球资产管理公司的投资理念，成功吸收其全球市场行之有效的投资方法，并结合中国本土实际情况，不断加以完善，形成了自身独特的稳中求胜的投资风格。

【公司大事记】

2002 年 6 年 6 日，中融基金管理有限公司获准开业。

2002 年 6 年 13 日，中融基金管理有限公司正式开业。

2005 年 6 年 10 日，经国家工商行政管理总局授权，中融基金管理有限公司已按有关规定于 2005 年 6 月 8 日在深圳市工商行政管理局办理完毕股权出资转让、公司更名及法定代表人变更的工商变更登记相关手续，国投瑞银基金管理有限公司成立。

2012 年 1 年 9 日，被誉为中国高端私人理财领域第一奖的“金鼎奖”发布，继 2010 年度获得该奖项后，2011 年度国投瑞银在基金专户“一对多”理财类别评选中再传捷报，一举囊括两大奖项：“年度最佳投资研究团队”和“年度最佳基金一对多产品奖”。

2012 年 3 月 26 日，证券时报“2011 年度中国基金业明星奖”评选结果揭晓，国投瑞银基金一举捧回 4 座奖杯，除荣获 2011 年度十大明星基金公司称号外，旗下国投瑞银稳健增长混合基金获得 2011 年度和三年持续回报平衡混合型明星基金两项大奖，国投瑞银创新动力股票基金也荣获五年持续回报股票型明星基金。

2012 年 6 年 7 日，继 5 月初国内三大商品期货交易所发布特殊单位客户开户的相关规定及要求后，国投瑞银成为首家正式开立商品期货账户的金融机构。公司旗下一款托管于交通银行的商品期货套利专户产品，5 月 4 日完成在上海期货交易所开户，已正式获取交易编码，成为上期所首个特殊单位客户，这标志着基金专户产品正式进入商品期货市场。

2012 年 10 年 23 日，根据中国证券监督管理委员会深圳监管局《关于核准国投瑞银基金管理有限公司设立深圳分公司的批复》（深证局发〔2012〕219 号），国投瑞银基金管理有限公司深圳分公司已在深圳市市场监督管理局办理完成工商注册登记，取得营业执照。

2012 年 12 年 21 日，国投瑞银资产管理（香港）有限公司于 2012 年 12 月 17 日取得中国证监会关于核准人民币合格境外机构投资者的批复，正式获批 RQFII（人民币合格境外机构投资者）业务资格。

2013 年 5 年 14 日，国投瑞银资产管理（香港）有限公司于 2013 年 4 月 28 日取得中国国家外汇管理局关于人民币合格境外机构投资者投资额度的批复，正式获批 RQFII（人民币合格境外机构投资者）投资额度 8 亿元人民币。本次香港子公司获批的 RQFII 投资额度将用于发行中国香港证监会认可的公募纯债基金，这标志着香港子公司为正式进入境外公募基金市场迈出坚实的一步。

2013 年 5 年 16 日，国投瑞银中高等级债券型证券投资基金于 5 月 14 日成立。

2013 年 8 年 23 日，国投瑞银岁添利一年期定期开放债券型证券投资基金于 8 月 21 成立。

2013 年 9 年 18 日，国投瑞银沪深 300 金融地产交易型开放式指数证券投资基金于 9 月 17 日成立。

2013 年 9 年 28 日，国投瑞银策略精选灵活配置混合型证券投资基金于 9 月 27 日成立。

2013 年 10 月 9 日，自 2008 年获得特定客户资产管理业务资格以来，公司专户业务发展迅猛，已成功运作管理专户逾 50 个，累计管理资金超过 40 亿元，产品涵盖灵活配置型、稳健增利型等常规产品，还包括分级、期指套利、商品期货、QDII 等创新品种。

【股东概况】

排序	股东名称	出资金额（万元）	持股比例
1	国投信托投资公司	5100.00	51%
2	瑞士银行集团（UBS AG）	4900.00	49%

【旗下基金】

基金代码	基金简称	类型
121003	国投瑞银核心	股票型
121005	国投瑞银创新动力	股票型
121008	国投瑞银成长优选	股票型
121002	国投瑞银景气	混合型
121006	国投瑞银稳健增长	混合型
161219	国投瑞银新兴产业	混合型
121010	国投瑞银瑞源保本	混合型
000165	策略精选混合	混合型
121011	国投瑞银货币 A	货币型
128011	国投瑞银货币 B	货币型
121001	国投瑞银融华债券	债券型
121009	国投瑞银稳定增利	债券型
121012	国投瑞银增强债 A	债券型
128012	国投瑞银增强债 B	债券型
128112	国投瑞银增强债 C	债券型
121013	国投瑞银纯债 A	债券型
128013	国投瑞银纯债 B	债券型
000069	中高等级债券 A	债券型
000070	中高等级债券 C	债券型
000237	一年定期开放债 A	债券型
000238	一年定期开放债 C	债券型
161216	国投瑞银双债增利	封闭式
161211	国投金融地产指数	指数型
161213	国投瑞银消费指数	指数型
161217	国投瑞银中证指数	指数型
161210	国投瑞银全球新兴市场	QDII
121099	瑞福分级	创新型
121007	瑞福优先	创新型
150001	瑞福进取	创新型
161207	瑞和 300	创新型
150008	瑞和小康	创新型
150009	瑞和远见	创新型

【公司高管】

钱蒙先生，董事长，中国国籍，硕士，现任国家开发投资公司总裁助理、国投信托有限公司董事长。曾任国投资产管理公司总经理，安徽省六安市市委副书记，兴业基金管理公司董事，国家开发投资公司金融投资部总经理，国家开发投资公司经营部副主任、主任，国投机轻有限公司业务经理、副总经理，国家开发投资公司机电轻纺业务部业务经理，国家机电轻纺投资公司工程师、副处长，国家计委干部、主任科员。

刘纯亮先生，总经理，董事，中国国籍，经济学学士，中国注册会计师协会和特许公认会计师公会（ACCA）会员。曾任北京建工集团总公司会计，柏德豪（BDO）关黄陈方国际会计师行会计师，中国证券监督管理委员会稽查部科员，博时基金管理有限公司监察法律部负责人、督察长，国投瑞银基金管理有限公司副总经理。

刘凯先生，督察长，中国国籍，复旦大学工商管理学硕士。曾任尊荣集团证券投资项目经理，君安证券东门南营业部研究员，平安证券蛇口营业部投资顾问，招商基金管理有限公司客户服务部总监，国投瑞银基金管理有限公司市场服务部总监、总经理助理。

银河基金管理有限公司

【基本情况】

法定名称：银河基金管理有限公司

英文名称：Galaxy Asset Management Co. ,Ltd.

注册地址：上海市世纪大道 1568 号中建大厦 15 层

办公地址：上海市世纪大道 1568 号中建大厦 15 层

法人代表：徐　旭

总 经 理：尤象都

成立时间：2002 年 6 月 14 日

公司性质：中资

注册资本：1.5 亿元

联系电话：021 - 38568888

客服热线：400 - 820 - 0860

传真号码：021 - 38568800

邮政编码：200122

公司网址：www. galaxyasset. com

【公司概况】

银河基金管理有限公司成立于 2002 年 6 月 14 日，是经中国证券监督管理委员会按照市场化机制批准成立的第一家基金管理公司（俗称："好人举手第一家"），是中央汇金公司旗下专业资产管理机构。

银河基金公司的经营范围包括发起设立、管理基金等，注册资本 1.5 亿元人民币，注册地中国上海。银河基金公司的股东分别为：中国银河金融控股有限责任公司（控股股东）、中国石油天然气集团公司、首都机场集团公司、上海市城市建设投资开发总公司、湖南电广传媒股份有限公司。银河基金公司成立以来，股权结构稳定。

银河基金公司构建了管理规范、机制健全、分工明确、运作高效、相互制衡的治理结构。股东会、董事会、监事会、经理层、督察长权责分明，报告路径清晰、完整。银河基金公司实行独立董事制度，独立董事在公司内部风险控制、重大经营决策、基金经理选拔等重要事项的决定中发挥重要作用，并对经理层进行监督。

银河基金公司成立以来，已发行并管理多只基金，涵盖股票、混合、债券、货币等系列品种。旗下基金投资稳健、运作规范、业绩稳定，体现出优良的基金管理能力。凭借旗下基金稳健卓越的业绩表现，银河基金赢得独立专业机构的高度评价。

银河基金公司倡导企业实践并承担社会责任，秉持并恪守"基金持有人利益优先"和"基金持有人利益最大化"之企业核心价值观，以集体的智慧和勇气持续改善共生的商业环境和商业生态。

银河基金公司致力于为基金持有人创造价值，创建具有"品格和特色的资产管理公司"，努力成为"运营规范、投资稳健、信誉卓著"的一流财富管理机构。

【股东概况】

排序	股东名称	持股数量（万股）	持股比例
1	中国银河金融控股有限责任公司	7500.00	50%
2	中国石油天然气集团公司	1875.00	12.5%
2	上海市城市建设投资开发总公司	1875.00	12.5%
2	北京首都机场集团公司	1875.00	12.5%
2	湖南电广传媒股份有限公司	1875.00	12.5%

【旗下基金】

基金代码	基金简称	类型
519668	银河竞争优势成长	股票型
519672	银河蓝筹精选	股票型
519674	银河创新成长	股票型
519678	银河消费驱动	股票型
519679	银河主题策略	股票型
519670	银河行业优选	股票型
151001	银河稳健	混合型
150103	银河银泰理财	混合型
519676	银河保本	混合型
151002	银河收益	债券型
519667	银河银信添利 A	债券型
519666	银河银信添利 B	债券型
519669	银河领先	债券型
161506	银河通利分级 A	债券型
150079	银河通利分级 B	债券型
519660	银河增利债券 A	债券型
519661	银河增利债券 C	债券型
519662	银河岁岁回报 A	债券型
519663	银河岁岁回报 C	债券型
519671	银河沪深 300 价值	指数型
161507	银河沪深 300 成长分级	指数型
150121	银河优先	指数型
150122	银河进取	指数型
150005	银河银富 A	货币型
150015	银河银富 B	货币型
500058	基金银丰	封闭式

【公司高管】

徐旭女士，董事长，中共党员，经济学博士学位。历任中国人保信托投资公司总裁助理、研究中心副主任，中国银河证券有限责任公司企划部（党委宣传部）负责人、总经理、研究中心主任、总裁办主任兼党委办公室主任、机关党委委员。现任中国银河金融控股有限责任公司党委委员、董事会执行委员会委员。

尤象都先生，总经理，中共党员，硕士研究生学历。历任国家经济体制改革委员会宏观司财税处、投资处副处长，中信实业银行北京分行（后为总行营业部）办公室副主任（主持工作)、信贷部副总经理兼综合处处长、资产保全部副总经理、支行管理处副处长(主持工作)、西单支行负责人,财政部综合司综合处副处长、处长,兴业银行北京分行月坛支行行长,中国银河金融控股有限责任公司投资部负责人,银河基金管理有限公司副总经理等职。

李立生先生,督察长,硕士研究生学历。历任建设部标准定额研究所助理研究员,中国华融信托投资公司证券总部研究发展部副经理,中国银河证券有限责任公司研究中心综合研究部副经理,银河基金管理有限公司筹备组成员,银河基金管理有限公司研究部总监、基金管理部总监、基金经理、金融工程部总监、产品规划部总监等职。

泰达宏利基金管理有限公司

【基本情况】

法定名称:泰达宏利基金管理有限公司
英文名称:ABN AMRO TEDA Fund Management Co., Ltd.
注册地址:北京市西城区金融大街 7 号英蓝国际金融中心南楼 3 层
办公地址:北京市西城区金融大街 7 号英蓝国际金融中心南楼 3 层
法人代表:刘惠文
总 经 理:刘青山
成立时间:2002 年 6 月 6 日
公司属性:中外合资
注册资本:1.8 亿元
联系电话:010－66577777
传真号码:010－66577666
客服热线:400－698－8888
公司网址:www.mfcteda.com

【公司概况】

泰达宏利基金管理有限公司成立于 2002 年 6 月,是中国首批合资基金管理公司之一,注册资本 1.8 亿元人民币。在吸取外方股东全球投资智慧以及深刻认知中国资本市场的基础上,公司建立并拥有了一整套科学严谨的投资管理流程、先进的研究方法,并且在十年多的实践中积累了丰富的投资管理经验,取得了良好的长期投资业绩,赢得了投资者的信任。目前公司旗下共管理 18 只证券投资基金,具有较为完善的产品线可供选择。

"财智分享合赢人生"——泰达宏利矢志成为受人尊敬的基金管理公司,通过分享我们的专业经验、创造优异的投资业绩;提供高品质的客户服务,给予我们的客户持续的价值回报,共创富足、健康的和谐社会。

【股东概况】

排序	股东名称	持股比例
1	北方国际信托投资股份有限公司	51%
2	宏利资产管理(香港)有限公司	49%

天津泰达投资控股有限公司成立于 2001 年,其企业规模和实力位居天津市首位,经营范围涉及银行、经纪业务、保险、证券及其他多种行业。旗下的北方信托是经国务院、中国人民银行批准成立的大型国有股份制金融机构,是全国首家引入外资股份的信托投资公司。

宏利金融(Manulife Financial)成立于 1887 年,总部位于加拿大多伦多,具有超过 120 年的发展历史,其业务遍布全球 19 个国家;具有良好的风控文化、经营稳健,获得多个业内财务实力最高评级。宏利金融的主要业务范围为共同基金、个人保险及财富管理、团体福利及退休金、团体寿险及医疗保险等。目前,宏利金融在亚洲 10 个国家和地区开展业务,已经拥有 9 家资产管理公司。中国首家合资人寿保险公司——中宏保险,就是宏利金融与中国中化集团合资成立。

【旗下基金】

基金代码	基金简称	类型
162201	泰达宏利成长	股票型
162202	泰达宏利周期	股票型
162203	泰达宏利稳定	股票型
162204	泰达宏利精选	股票型
162208	泰达宏利首选	股票型
162209	泰达宏利市值	股票型
162212	泰达宏利红利先锋	股票型
162214	泰达宏利中小盘	股票型
229002	泰达宏利逆向策略	股票型
162205	泰达宏利预算	混合型
162207	泰达宏利效率	混合型
162211	泰达宏利品质	混合型
162210	泰达宏利集利 A	债券型
162299	泰达宏利集利 C	债券型
162215	泰达聚利分级债券	债券型
150034	泰达宏利聚利 A	债券型
150035	泰达宏利聚利 B	债券型
000026	泰达宏利信用合利 A	债券型
000027	泰达宏利信用合利 B	债券型
000169	泰达宏利高票息 A	债券型
000170	泰达宏利高票息 B	债券型
000387	泰达宏利瑞利 A	债券型
000388	泰达宏利瑞利 B	债券型
162206	泰达宏利货币	货币型
229001	泰达宏利新格局	QDII
162213	泰达宏利中证财富大盘	指数型
162216	泰达中证 500 分级	指数型
150053	泰达稳健	指数型
150054	泰达进取	指数型
220001	泰达宏利安利宝	安利宝

【公司高管】

刘惠文先生,董事长。毕业于吉林大学经济系,经济学学士学位,高级经济师。1996 年至 2001 年任天津泰达集团有限公司总经理。自 2001 年起担任天津泰达投资控股有限公司董事长兼总经理。自 2005 年起兼任渤海财产保险股份有限公司、北方国际信托投资股份有限公司等核心企业的董事长。

刘青山先生,总经理。毕业于中国人民大学,获史学学士和管理学硕士。1997 年就职于华夏证券基金部,参与筹建华夏基金管理公司,从事投资研究工作。2001 年起参与筹建湘财合丰基金管理有限公司(泰达宏利基金管理有限公司前身)并工作至今,期间历任研究部负责人、基金经理、投资副总监,投资总监兼总经理助理,副总经理兼投资总监。2013 年 3 月起任泰达宏利基金管理有限公司总经理。

张萍女士,督察长。毕业于中国人民大学和中国科学院，管理学和理学双硕士。先后任职于中信公司、毕马威国际会计师事务所等公司，从事财务管理和管理咨询工作。2002 年起在嘉实基金管理有限公司工作，任监察稽核部副总监。2005 年 10 月起任泰达荷银基金管理有限公司风险管理部总监。2006 年 11 月起任泰达荷银基金管理有限公司督察长。

万家基金管理有限公司

【基本情况】

法定名称：万家基金管理有限公司
英文名称：WanJia Asset Management Co. ,Ltd.
注册地址：上海市浦东新区浦电路 360 号
　　　　　陆家嘴投资大厦 9 层
办公地址：上海市浦东新区浦电路 360 号
　　　　　陆家嘴投资大厦 9 层
法人代表：毕玉国
总 经 理：吕宜振
成立时间：2002 年 8 月 23 日
公司属性：中资
注册资本：1 亿元
联系电话：021 －38619999
客服热线：400 －888 －0800
传真号码：021 －38619888
邮政编码：200122
公司网址：www. wjasset. com

【公司概况】

万家基金管理有限公司，原名为天同基金管理有限公司，于 2002 年 8 月 23 日正式成立。于 2006 年 2 月 20 日正式更名为万家基金管理有限公司。

万家基金管理有限公司严格遵守基金合同，运作透明规范，以为百姓提供高水准的理财服务为经营目标，以对投资者的不同需求提供差异化服务为动力，在投资组合管理、定量分析以及风险控制方面追求高专业水准，是国内一家独具特色和发展潜力的基金管理公司。

【公司大事记】

2002 年 8 月 23 日，天同基金管理有限公司正式成立。

2003 年 3 月 15 日，天同 180 指数证券投资基金正式成立。

2004 年 9 月 28 日，天同保本增值证券投资基金正式成立。

2005 年 7 月 8 日，天同公用事业股票型证券投资基金正式成立。

2006 年 2 月 20 日，公司正式更名为万家基金管理有限公司，旗下产品全部更名为‘万家’系列。

2006 年 2 月，万家基金管理有限公司在由《新财经》杂志社主办，中国银河证券基金研究中心担任研究顾问的“《新财经》第二届中国基金及基金管理公司评选”中荣获“营销创新奖”。

2006 年 3 月，万家保本增值基金凭借着较高的收益和更低的风险，荣获了 2006 年 3 月《科学与财富》举办的 2005 年中国最佳基金评选的“2005 年度中国最佳保本基金”的称号。万家保本增值基金入选晨星公司评出的“2005 年中国最具投资价值的 50 只基金”。

2006 年 5 月 24 日，万家货币市场证券投资基金正式成立。

2006 年 9 月，万家和谐增长基金产品设计及其电子商务解决方案获得 2006 中国国际金融（银行）技术暨设备展览会优秀解决方案奖。

2006 年 11 月 30 日，万家和谐增长混合型证券投资基金正式成立。

2007 年 11 月，公司与大成、上投摩根等 20 家基金公司一同获得了由齐鲁晚报评选的“最受山东投资者欢迎的 20 家基金公司”的殊荣。

2007 年 11 月，万家 180 指数基金在第三届中国证券市场年会上荣获由证券日报社颁发的“高成长开放式基金金算盘奖”。

2008 年 1 月，万家货币市场基金在中国理财总评榜活动中荣获“最受欢迎的货币型基金”奖。

2008 年 1 月，万家公用事业行业基金荣获证券时报“2007 年平衡型基金明星奖”。

2008 年 1 月，万家公用事业行业基金荣获《新民晚报》评选的“2007 最受老百姓欢迎的基金”中“十大最具特色基金”称号。

2008 年 6 月 26 日万家双引擎灵活配置混合型证券投资基金基金合同生效。

2009 年 5 月 18 日，万家精选股票型证券投资基金正式成立。

2009 年 8 月 12 日，万家稳健增利债券型证券投资基金正式成立。

2011 年 3 月 17 日，万家中证红利指数型证券投资基金正式成立。

2011 年 6 月 2 日，万家添利分级债券型证券投资基金成立。

2012 年 8 月 2 日，万家中证创业成长指数分级证券投资基金成立。

2012 年 9 月 21 日，万家信用恒利债券型证券投资基金成立。

2013 年 1 月 15 日，万家 14 天理财债券型证券投资基金成立。

2013 年 3 月 6 日，万家岁得利定期开放债券证券投资基金成立。

2013 年 5 月 7 日，万家强化收益定期开放债券型证券投资基金成立。

2014 年 9 月，万家基金孙驰荣获《中国基金报》2013 年度三年期十大最佳固定收益投资基金经理。

2014 年 4 月，万家基金管理有限公司荣获《上海证券报》2013 年度“金基金债券投资回报公司”奖。

2014 年 4 月，万家增强收益债荣获《上海证券报》2013 年度 3 年期债券型金基金奖。

【股东概况】

排序	股东名称	持股数量（万股）	持股比例
1	齐鲁证券有限公司	4900.00	49%
2	新疆国际实业股份有限公司	4000.00	40%
3	山东省国有资产投资控股有限公司	1100.00	11%

【旗下基金】

基金代码	基金简称	类型
161903	万家公用事业	股票型
519185	万家精选	股票型
519181	万家和谐增长	混合型
519183	万家双引擎灵活配置	混合型
519180	万家 180	指数型
161907	万家中证红利	指数型
161910	万家中创	指数型
150090	万家创 A	指数型
150091	万家创 B	指数型
510680	万家上证 380ETF	指数型
519508	万家货币 A	货币型
519507	万家货币 B	货币型
519501	万家货币 R	货币型
519511	万家 14 天理财	货币型
161902	万家增强债券	债券型
519186	万家稳健增利 A	债券型
519187	万家稳健增利 C	债券型
161908	万家添利分级	债券型
161909	万家添利 A	债券型
150038	万家添利 B	债券型
519188	万家信用恒利 A	债券型
519189	万家信用恒利 C	债券型
519190	万家岁得利	债券型
161911	万家强债	债券型
519192	万家市政	债券型

【公司高管】

毕玉国先生，董事长，中共党员，硕士学历，高级会计师、注册企业风险管理师。历任莱钢股份公司炼铁厂财务科科长、莱钢股份公司财务处成本科科长、莱钢集团财务部副部长、莱钢驻日照钢铁有限公司财务总监等职；2004 年 1 月至今，在齐鲁证券有限公司工作，曾任齐鲁证券计划财务部总经理，现任齐鲁证券有限公司副总经理兼财务负责人、万家基金管理有限公司董事长。

吕宜振先生，总经理，中共党员，博士研究生。曾任易方达基金管理有限公司研究主管，信诚基金管理有限公司研究总监，天弘基金管理有限公司投资总监，本公司副总经理等职。2012 年 12 月起任公司总经理。

李振伟先生，督察长，中共党员，大学本科，学士学位，高级经济师。1998 年 6 月起从事证券监管工作，先后任证监会济南证管办党委办公室、上市处主任科员，证监会济南证管办上市处、机构处副处长，证监会山东证监局机构处副处长、处长，本公司总经理、监事会主席等职。2012 年 4 月起任本公司督察长。

金鹰基金管理有限公司

【基本情况】

法定名称：金鹰基金管理有限公司
英文名称：Golden Eagle Asset Management Co. ,ltd
注册地址：广东省珠海市吉大九洲大道东段商业银行大厦 7 楼 16 单元
办公地址：广州市天河区体育西路 189 号城建大厦 22 – 23 层
董 事 长：刘　东
总 经 理：殷克胜
成立时间：2002 年 12 月 25 日
公司属性：中资企业
注册资本：2.5 亿元
联系电话：020 – 83282855
客服电话：400 – 6135 – 888
传真号码：020 – 83282856
邮政编码：510620
公司网址：www. gefund. com. cn

【公司概况】

金鹰基金管理有限公司 2002 年成立，注册资本 2.5 亿元人民币。股东包括广州证券有限责任公司、广州白云山医药集团股份有限公司、广东美的电器股份有限公司、东亚联丰投资管理有限公司，分别持有 49%、20%、20% 和 11% 的股份。

公司现设有基金管理部、研究发展部、产品研发部、金融工程部、固定收益投资部、集中交易部、专户投资部、市场拓展部、品牌电子商务部、机构客户部、监察稽核部、运作保障部、综合管理部十三大职能部门及广州分公司、北京分公司、上海分公司、深圳分公司。目前公司员工有 120 余人。

公司坚持"进取、求实、稳健、规范"的理念，以严格的管理、规范的运作和优秀的业绩，赢得了市场的认可，资产管理规模逐步扩大。

【公司大事记】

2002 年 11 月 6 日，金鹰基金管理有限公司成立。

2003 年 6 月 16 日，金鹰成份股优选证券投资基金成立。

2003 年 9 月 23 日，金鹰基金管理有限公司广州分公司成立。

2004 年 2 月 25 日，金鹰基金管理有限公司北京分公司成立。

2004 年 5 月 27 日，金鹰中小盘精选证券投资基金成立。

2007 年，金鹰成份股优选证券投资基金以 132% 年度净值增长率跃居同类 86 只积极配置型股票基金前三名，在所有 331 只开放式基金年度净值增长率总排名中居 62 位而进入前 20% 行列，获得《证券时报》授予广州唯一"六星级基金"、2007 年十大明星基金等美誉。

2008 年 12 月 4 日，金鹰红利价值灵活配置混合型证券投资基金成立。

2008 年，金鹰中小盘证券投资基金年度业绩排名居同类基金前三，金鹰成份股优选证券投资基金年度业绩排名居同类基金前 50%。

2008 年，金鹰基金管理有限公司被《上海证券报》评为业绩最佳的六家基金公司之一（《上海证券报》2008 年 6 月 30 日），是连续两年保持整体业绩优良和持续改善的少数基金公司之一（《证券时报》2009 年 1 月 5 日），同时并被评为 2008 年最佳资产配置的基金公司（《证券时报》2009 年 1 月 14 日）。

2009 年 7 月 1 日，金鹰行业优势股票型证券投资基金成立。

2009 年，金鹰中小盘证券投资基金连续二年保持前三，被晨星和银河评为五星级基金。

2009 年，金鹰基金管理有限公司在"2008 年度中国明星基金暨最佳托管银行公司评选活动"中被评为"基金资产最佳配置公司"（《证券时报》2009 年 1 月 14 日）、在《证券日报》主办的第五届中国证券市场年会上，被评为2009年“金算盘”基金奖。

2009年，金鹰中小盘证券投资基金在“21世纪2008年中国赢基金奖”评选活动中获“开放式进取混合型基金最佳表现奖”（华财社网站2009年3月12日，《21世纪经济报道》2009年3月16日）。

2010年4月8日，金鹰基金管理有限公司以公开招聘的市场化手段引进殷克胜总经理、郭容辰副总经理等专业管理人才，为公司实施市场化改革奠定了基础。

2010年4月14日，金鹰稳健成长股票型证券投资基金成立。

2010年12月3日，金鹰基金管理有限公司完成股权变更，变更后股东为广州证券有限责任公司、广州药业股份有限公司、广东美的电器股份有限公司、东亚联丰投资管理有限公司，分别持有49%、20%、20%和11%的股份。

2010年12月20日，金鹰主题优势股票型证券投资基金成立。

2010年，金鹰基金管理有限公司在《上海证券报》主办的“金基金”评选活动中获“成长公司奖”、在人民网主办的首届“民富奖”基金评选中获“中国基金最佳风格基金管理人”奖、在《21世纪经济报道》主办的“中国赢基金奖”评选中获“中国最具成长潜力基金公司”奖。

2011年5月16日，金鹰基金管理有限公司完成注册资本由1亿元人民币增加为2亿5仟万元人民币的变更。

2011年5月17日，金鹰保本混合型证券投资基金成立。

2011年6月1日，金鹰中证技术领先指数增强型证券投资基金成立。

2011年6月9日，金鹰基金管理有限公司上海分公司成立。

2011年7月18日，金鹰基金管理有限公司广州分公司搬迁至“广州市体育西路189号城建大厦22－23层”。

2011年9月1日，金鹰策略配置股票型证券投资基金成立。

2011年10月26日，金鹰基金管理有限公司在理财周报主办的“中国最受尊敬基金公司”评选活动中获“2011中国最佳公司治理基金公司”奖。

2011年10月26日，金鹰基金总经理殷克胜在理财周报主办的“中国最受尊敬基金公司”活动中获“2011中国基金业年度新锐人物”奖。

2011年12月14日，金鹰基金管理有限公司获中国证监会批准从事特定客户资产管理业务。

2012年3月9日，金鹰持久回报分级债券型证券投资基金成立。

2012年4月23日，金鹰中小盘证券投资基金在上海证券报主办的第九届“金基金”评选活动中荣获2011年度“一年期金基金·分红基金奖”。

2012年5月23日，金鹰核心资源股票型证券投资基金成立。

2012年6月5日，金鹰中证500指数分级证券投资基金成立。

2012年7月11日，金鹰基金深圳分公司成立。

2012年11月30日，金鹰元泰精选信用债债券证券投资基金成立。

2012年12月7日，金鹰货币市场证券投资基金成立。

2013年1月30日，金鹰元丰保本混合型证券投资基金成立。

2013年5月10日，金鹰元盛分级债券型发起式证券投资基金成立。

2013年7月30日，深圳前海金鹰资产管理有限公司成立。

【股东概况】

排序	股东名称	持股数量（万股）	持股比例
1	广州证券有限责任公司	12250.00	49%
2	广州药业股份有限公司	5000.00	20%
2	广东美的集团股份有限公司	5000.00	20%
3	东亚联丰投资管理有限公司	2750.00	11%

【旗下基金】

基金代码	基金简称	类型
210003	金鹰行业优势	股票型
210004	金鹰稳健成长	股票型
210005	金鹰主题优势	股票型
210008	金鹰策略配置	股票型
210009	金鹰核心资源	股票型
162102	金鹰中小盘精选	混合型
210001	金鹰成份优选	混合型
210002	金鹰红利价值	混合型
210006	金鹰保本	混合型
210014	金鹰元丰保本	混合型
000010	金鹰元安保本	混合型
210012	金鹰货币 A	货币型
210013	金鹰货币 B	货币型
210007	金鹰中证技术指数	指数型
162107	金鹰中证500指数分级	指数型
150088	金鹰中证500指数分级 A	指数型
150089	金鹰中证500指数分级 B	指数型
162105	金鹰持久回报分级债券	债券型
162106	金鹰持久回报分级债券 A	债券型
150078	金鹰持久回报分级债券 B	债券型
210010	金鹰元泰精选信用债 A	债券型
210011	金鹰元泰精选信用债 C	债券型
162108	金鹰元盛分级债券	债券型
162109	金鹰元盛分级债券 A	债券型
150132	金鹰元盛分级债券 B	债券型

【公司高管】

刘东先生，董事长，经济学硕士，高级经济师。曾在中国现代国际关系研究所、中国信达信托投资公司驻武汉证券交易中心任职，历任中国信达信托投资公司北京营业部总经理、证券业务总部副总经理，新疆宏源信托投资股份有限公司总经理助理兼证券业务总部总经理，宏源证券股份有限公司党委委员、副总经理，宏源期货有限公司董事长，现任广州证券有限责任公司总经理。经公司第三届董事会第十六次会议选举通过，并报经中国证监会核准，2010年4月起担任公司董事长。

殷克胜先生，总经理，经济学博士。曾在综合开发研究院（中国深圳）、深圳市体改办任职，历任深圳证监局法规处副处长、上市公司处处长，鹏华基金管理有限公司董事、常务副总经理，方正证券股份有限公司基金公司筹备组组长等职。经公司第三届董事会第十六次会议选举通过，并报经中国证监会核准，2010年4月起担任公司总经理。

苏文锋先生，经济学硕士。历任广州市经济管理干部学院外贸经济系党支部书记，南方证券广州分公司研究发展部总经理、大德路营业部总经理、投资银行部总经理，华鼎担保投资有限公司副总经理等职，2006 年 3 月起担任金鹰基金管理有限公司市场拓展部副总监，2008 年 9 月起担任公司督察长。

招商基金管理有限公司

【基本情况】

法定名称：招商基金管理有限公司

英文名称：China Merchants Fund Management Co. ，Ltd.

注册地址：深圳市深南大道 7088 号招商银行大厦 28 层

办公地址：深圳市深南大道 7088 号招商银行大厦 28 层

法人代表：张光华

总 经 理：许小松

成立时间：2002 年 12 月 27 日

公司属性：合资企业

注册资本：2.1 亿元

联系电话：0755 －83196666

客服热线：400 －887 －9555

传真号码：0755 －83196405

邮政编码：518040

公司网址：www. cmfchina. com

【公司概况】

招商基金管理有限公司于 2002 年 12 月 27 日经中国证监会（2002）100 号文批准设立，是中国第一家中外合资基金管理公司。公司的经营范围包括发起设立基金、基金管理业务和中国证监会批准的其他业务。

经招商基金管理有限公司（以下简称“本公司”）股东会审议通过，并经中国证券监督管理委员会证监许可〔2013〕1074 号文批复同意，本公司原股东荷兰投资公司（ING Asset Management B. V. ）将其持有的本公司 21.6% 股权转让给招商银行股份有限公司，11.7% 股权转让给招商证券股份有限公司，截止 2013 年 10 月份，本次股权转让的相关工商变更登记手续已办理完毕。目前，本公司的股东股权结构为：招商银行股份有限公司持有公司全部股权的 55%，招商证券股份有限公司持有公司全部股权的 45%。公司注册资本金为 2.1 亿元人民币。目前，招商基金拥有两家全资子公司，分别为招商财富资产管理有限公司和招商资产管理（香港）有限公司。

招商基金将以国际化和规范化作为鲜明特色，努力为投资者提供一流的投资理财服务。公司从创建开始就全方位借鉴国际市场的先进经验和技术，形成了高效卓越的团体、标准化的业务流程、开放与学习的文化氛围。

招商基金将以取信于市场、取信于社会为宗旨，秉承长期、优良、稳健、专业的经营理念，努力成为客户推崇、股东满意、员工热爱、具有国际竞争力的基金管理公司。

【股东概况】

排序	股东名称	出资额（万元）	持股比例
1	招商银行	11550.00	55%
2	招商证券股份有限公司	9450.00	45%

【旗下基金】

基金代码	基金简称	类型
217001	招商安泰	股票型
161706	招商优质成长	股票型
217010	招商大盘蓝筹	股票型
217012	招商行业领先	股票型
217013	招商中小盘精选	股票型
217027	招商央视财经 50	股票型
217002	招商安泰平衡	混合型
217005	招商先锋	混合型
217009	招商核心价值	混合型
217020	招商安达保本	混合型
217021	招商优企灵活配置	混合型
217024	招商安盈保本	混合型
000126	招商安润保本混合	混合型
000314	招商瑞丰混合发起式	混合型
217003	招商安泰债券 A	债券型
217203	招商安泰债券 B	债券型
217008	招商安本增利债券	债券型
217011	招商安心收益	债券型
161713	招商信用添利	债券型
217018	招商安瑞进取债券	债券型
217022	招商产业债	债券型
217023	招商信用增强	债券型
161716	招商双债增强分级债券	债券型
161717	招商双债增强分级债券 A	债券型
150127	招商双债增强分级债券 B	债券型
217004	招商现金增值货币 A	货币型
217014	招商现金增值货币 B	货币型
159003	招商保证金快线 A	货币型
159004	招商保证金快线 B	货币型
217015	招商全球资源	QDII
161714	招商标普金砖四国	QDII
000391	招商标普指数－人民币	QDII
000392	招商标普指数－美元	QDII
000393	招商标普指数－港币	QDII
217016	招商深证 100	指数型
217017	招商上证消费 80 联接	指数型
510150	招商上证消费 80ETF	指数型
217019	招商深证 TMT50 联接	指数型
159909	招商深证 TMT50ETF	指数型
161715	中证大宗商品指数分级	指数型
150096	中证大宗商品指数分级 A	指数型
150097	中证大宗商品指数分级 B	指数型
161718	沪深 300 高贝塔指数分级	指数型
150145	沪深 300 高贝塔指数分级 A	指数型
150146	沪深 300 高贝塔指数分级 B	指数型
217025	招商理财 7 天 A	理财型
217026	招商理财 7 天 B	理财型
161713	招商信用添利	封闭式

【公司高管】

张光华，男，博士。历任国家外汇管理局计划处处长，中国人民银行海南省分行副行长、党委委员，中国人民银行广州分行副行长、党委副书记，广东发展银行行长、党委副书记，2007 年 4 月起于招商银行任职，曾任副行长等职务，现任招商银行副董事长、党委副书记。现任公司董事长。

许小松，男，经济学博士。历任深圳证券交易所综合研究所副所长，南方基金管理有限公司首席经济学家、副总经理，国联安基金管理有限公司总经理，2011 年加入招商基金管理有限公司，现任公司总经理、董事，兼任招商财富资产管理有限公司董事长、招商资产管理（香港）有限公司董事长。

欧志明，男，华中科技大学经济学及法学双学士、投资经济硕士；2002 年加入广发证券深圳业务总部任机构客户经理；2003 年 4 月至 2004 年 7 月于广发证券总部任风险控制岗从事风险管理工作；2004 年 7 月加入招商基金管理有限公司，曾任法律合规部高级经理、副总监、总监，现任公司督察长兼董事会秘书。

华宝兴业基金管理有限公司

【基本情况】

法定名称：华宝兴业基金管理有限公司

英文名称：Fortune SGAM Fund Management Co. ,Ltd.

注册地址：上海市浦东新区世纪大道 100 号
上海环球金融中心 58 楼

办公地址：上海市浦东新区世纪大道 100 号
上海环球金融中心 58 楼

法人代表：郑安国

总 经 理：黄小薏

成立时间：2003 年 3 月 7 日

公司属性：合资企业

注册资本：1.5 亿元

联系电话：021 – 38505888

客服热线：400 – 700 – 5588

传真号码：021 – 38505777

邮政编码：200121

公司网址：www. fsfund. com

【公司概况】

华宝兴业基金管理有限公司于 2003 年 2 月 12 日获准开业，是国内首批中外合资基金管理公司，也是国内首家由信托公司和外方资产管理公司发起设立的中外合资基金管理公司，股东背景强大，股权结构简单稳定。

在组织结构上，华宝兴业下设投资管理部、研究部、金融工程部、产品开发部、市场开发部、市场支持部、机构理财部、北京分公司、南方分公司（筹）、交易部、清算登记部、信息技术部、人力资源部、行政财务部。在投资管理上，作为首批中外合资基金管理公司，华宝兴业充分利用中外股东的资源，引进、吸收、消化法兴资产在国际市场上的经验和技术，并结合国内市场的需求，形成了科学、合理并具特色的投资、营销和管理体系。

【公司大事记】

2001 年 12 月，经中国证监会批准，华宝兴业资产管理（香港）有限公司于 2011 年 12 月成立。

2002 年 10 月 21 日，中国证监会批准我公司筹建申请，成为我国第一批获准筹建的中外合资基金管理。

2003 年 2 月 12 日，中国证监会批准公司开业，成为我国第二家开业的中外合资基金管理公司。

2012 年 2 月 28 日，华宝兴业医药生物优选股票型证券投资基金正式成立。

2012 年 6 月 12 日，华宝兴业中证短融 50 指数债券型证券投资基金正式成立。

2012 年 8 月 21 日，华宝兴业资源优选股票型证券投资基金正式成立。

2012 年 11 月获得了香港证券及期货事务监察委员会颁发的第 4 类（就证券提供意见）和第 9 类（提供资产管理）业务牌照。

2012 年 12 月 27 日，华宝兴业现金添益交易型货币市场基金正式成立。

2013 年 6 月 27 日，华宝兴业服务优选股票型证券投资基金正式成立。

2014 年 1 月 21 日，华宝兴业品质生活股票型证券投资基金成立。2014 年 5 月 14 日，华宝兴业创新优选股票型证券投资基金成立。

2014 年 5 月 20 日，华宝兴业中证短融 50 指数债券型证券投资基金转型为华宝兴业活期通货币市场基金。

2014 年 6 月 3 日，华宝兴业现金添益交易型货币市场基金的最小申购、赎回单位限制由 10 份或 10 份的整数倍调整为 1 份或 1 份的整数倍。

2014 年 6 月 13 日，华宝兴业生态中国股票型证券投资基金成立。

2014 年 7 月 14 日，华宝兴业现金宝货币市场基金新增 E 类基金份额。

2014 年 9 月 17 日，华宝兴业量化对冲策略混合型发起式证券投资基金成立。

2015 年 1 月 19 日，华宝兴业标普石油天然气上游股票指数证券投资基金（LOF）正式开启二级市场“T + 0 回转”交易。

【股东概况】

排序	股东名称	出资额（万元）	持股比例
1	华宝信托投资有限责任公司	76550.00	51%
2	领先资产管理有限公司	7350.00	49%

【旗下基金】

基金代码	基金简称	类型
240004	华宝动力	股票型
240005	华宝多策略	股票型
240009	华宝先进成长	股票型
240010	华宝行业精选	股票型
240011	华宝大盘精选	股票型
240017	华宝新兴产业	股票型
240020	华宝兴业医药生物	股票型
240022	华宝兴业资源优选	股票型
000124	华宝兴业服务股票	股票型
240001	华宝宝康消费	混合型
240002	华宝宝康配置	混合型
240008	华宝收益	混合型
240003	华宝宝康债券	债券型
240012	华宝强债 A	债券型
240013	华宝强债 B	债券型
240018	华宝可转债	债券型
240021	华宝短融 50	债券型
240006	华宝货币 A	货币型
240007	华宝货币 B	货币型
511990	华宝添益	货币型
240014	华宝中证 100	指数型
510030	上证 180 价值 ETF	指数型
240016	华宝 180 价值联接	指数型
240019	华宝上证 180 成长联接	指数型
510280	华宝上证 180 成长 ETF	指数型

基金代码	基金简称	类型
241001	华宝海外中国成长	QDII
241002	华宝成熟市场	QDII
162411	华宝油气	QDII

【公司高管】

郑安国先生，董事长，博士、高级经济师。曾任南方证券有限公司发行部经理、投资部经理、南方证券有限公司投资银行部总经理助理、南方证券有限公司上海分公司副总经理、南方证券公司研究所总经理级副所长、华宝信托投资有限责任公司副总经理、总经理、总裁。现任华宝兴业基金管理有限公司董事长、华宝信托有限责任公司董事长、华宝投资有限公司董事、总经理，中国太平洋保险（集团）股份有限公司董事。

HUANG Xiaoyi（黄小薏）Helen，女士，董事，硕士。曾任加拿大 TD Securities 公司金融分析师，Acthop 投资公司财务总监。2003 年 5 月加入华宝兴业基金管理有限公司，曾任公司营运总监、董事会秘书、副总经理，现任公司总经理。

刘月华先生，督察长，硕士。曾在冶金工业部、国家冶金工业局、中国证券业协会等单位工作。现任华宝兴业基金管理有限公司督察长。

摩根士丹利华鑫基金管理有限公司

【基本情况】

法定名称：摩根士丹利华鑫基金管理有限公司
英文名称：Morgan Stanley Huaxin Fund Management CO.,Ltd.
注册地址：深圳市福田区中心四路 1 号嘉里建设广场第二座第 17 层 01－04 室
办公地址：深圳市福田区中心四路 1 号嘉里建设广场一期二座 17 楼
法人代表：王文学
总 经 理：于　华
成立时间：2003 年 3 月 14 日
公司属性：中外合资
注册资本：2.275 亿元
联系电话：0755－88318883
传真号码：0755－82990384
邮政编码：518033
公司网址：www.msfunds.com.cn

【公司概况】

摩根士丹利华鑫基金管理有限公司（Morgan Stanley Huaxin Fund Management Company Limited，简称摩根士丹利华鑫基金）于 2008 年 6 月 12 日完成工商注册登记变更，是一家中外合资基金管理公司（公司前身为于 2003 年 3 月 14 日成立的巨田基金管理有限公司），注册资本为 22750 万元人民币，注册地是深圳市。摩根士丹利华鑫基金总部现处深圳，另在北京设有分公司。

公司股东主要为华鑫证券有限责任公司、摩根士丹利国际控股公司、深圳市招融投资控股有限公司、深圳市中技实业（集团）有限公司等国内外机构。其中国内主要股东华鑫证券有限责任公司于 2001 年 3 月在深圳市注册成立，是全国性综合类证券经营机构。公司核心业务包括有价证券的发行、自营和代理买卖以及财务顾问等，在北京、上海、西安和深圳拥有 21 家营业部。外资方股东摩根士丹利是一家全球领先的国际性金融服务公司，业务范围涵盖投资银行、证券、投资管理以及财富管理，在全球 33 个国家设有超过 600 家办事处，为各地企业、政府机关、事业机构和个人投资者提供服务。

摩根士丹利华鑫基金管理有限公司将一如既往，为客户提供一流的服务，并希望在未来几年，凭借中外股东的强大资源，进一步扩大业务领域和规模。

【股东概况】

排序	股东名称	持股数量（万股）	持股比例
1	华鑫证券有限责任公司	8999.9	39.560%
2	摩根士丹利国际控股公司	8500.0825	37.363%
3	深圳招融投资控股有限公司	2499.9975	10.989%
4	汉唐证券有限责任公司	1499.9075	6.593%
5	深圳市中技实业（集团）有限公司	1250.1125	5.495%

【旗下基金】

基金代码	基金简称	类型
233006	大摩领先优势	股票型
233007	大摩卓越成长	股票型
233009	大摩多因子策略	股票型
233011	大摩主题优选	股票型
233015	大摩量化配置	股票型
000309	大摩品质生活精选股票	股票型
233001	大摩基础行业	混合型
163302	大摩资源优选	混合型
233008	大摩消费领航	混合型
163303	大摩货币	货币型
233005	大摩强收益	债券型
233012	大摩多元收益 A	债券型
233013	大摩多元收益 C	债券型
000024	大摩双利增强债券 A	债券型
000025	大摩双利增强债券 C	债券型
000064	大摩 18 个月定期开放债券	债券型
233010	大摩深证 300 增强	指数型

【公司高管】

王文学先生，英国格林威治大学项目管理硕士。2000 年 12 月至今任华鑫证券有限责任公司董事长。1993 年 7 月至 2000 年 12 月任西安证券有限责任公司副总经理、总经理、董事长。曾任人民银行西安分行担任体改、外汇管理、稽核副处长。现任本公司董事长。

于华先生，北京大学经济学学士，比利时鲁汶大学工商管理硕士、金融博士，美国注册金融分析师（CFA）。曾任英国里丁大学经济系金融财务讲师，加拿大魁北克大学管理学院金融终身教授，深圳证券交易所综合研究所所长，加拿大鲍尔集团亚太分公司基金与保险业务副总裁，加拿大伦敦人寿保险公司北京代表处首席代表，大成基金管理有限公司董事、总经理，摩根士丹利投资管理公司董事总经理、中国业务主管。现任本公司董事、总经理；兼任中国证券业协会基金业委员会副主任委员，国际资产管理协会董事。

李锦女士，吉林大学经济管理学院国际金融专业硕士。15 年证券从业经验。曾就职于巨田证券有限责任公司，历任交易管理总部综合管理部经理助理，总经理办公室主任助理，资产管理部理财部副经理、经理；曾任巨田基金管理有限公司基金运营部副总监、总监，总经理助理兼基金运营部总监。现任本公司督察长。

国联安基金管理有限公司

【基本情况】

法定名称：国联安基金管理有限公司
英文名称：Guotai Junan Allianz Fund Management Co.，Ltd.
注册地址：上海市浦东新区陆家嘴环路 1318 号星展银行大厦 9 楼
办公地址：上海市浦东新区陆家嘴环路 1318 号星展银行大厦 9 楼
法人代表：庹启斌
总 经 理：邵杰军
成立时间：2003 年 4 月 3 日
公司属性：合资企业
注册资本：1.5 亿元
联系电话：021 -38992888
传真号码：021 -50151880
客服热线：400 -700 -0365
邮政编码：200121
公司网址：www. vip - funds. com

【公司概况】

国联安基金管理有限公司，是中国第一家获准筹建的中外合资基金管理公司，由享誉全球、来自德国的安联集团（Allianz AG）和蜚声中国的国泰君安证券公司合力打造。公司注册资金 1 亿 5 千万元人民币。公司的经营范围包括发起设立基金、基金管理业务和中国证监会批准的其它业务。

在组织结构上，国联安基金下设投资组合管理部、研究部、数量化策略部、交易部、风险管理部、机构理财部、市场发展部、渠道代销部、北京分公司、信息技术部、基金事务部、财务部、人力资源部、合规和内部审计部，同时设有投资决策委员会、风险控制委员会和独立的督察长。

【股东概况】

排序	股东名称	出资额（万元）	持股比例
1	国泰君安证券股份有限公司	7650.00	51%
2	安联集团（Allianz AG）	7350.00	49%

【旗下基金】

基金代码	基金简称	类型
253010	国联安德盛安心成长	混合型
255010	国联安稳健	混合型
257010	国联安德盛小盘精选	混合型
000058	国联安保本	混合型
257020	国联安德盛精选	股票型
257030	国联安德盛优势	股票型
257040	国联安德盛红利	股票型
257050	国联安主题驱动	股票型
257070	国联安优选行业	股票型
253020	国联安德盛增利债 A	债券型
253021	国联安德盛增利债 B	债券型
253030	国联安信心增益债券	债券型
253060	国联安信心增长债 A	债券型
253061	国联安信心增长债 B	债券型
162511	国联安双佳信用分级	债券型
162512	国联安双佳信用分级 A	债券型
150080	国联安双佳信用分级 B	债券型
253070	国联安中债信用债	债券型
162509	国联安双禧中证 100	指数型
150012	国联安双禧中证 100A	指数型
150013	国联安双禧中证 100B	指数型
257060	国联安上证商品 ETF 联接	指数型
510170	国联安上证商品 ETF	指数型
1612510	国联安双力中小板综指	指数型
150069	国联安双力中小板综指 A	指数型
150070	国联安双力中小板综指 B	指数型
000060	国联安中证股债动态指数	指数型
000059	国联安中证医药 100 指数	指数型
253050	国联安货币 A	货币型
253051	国联安货币 B	货币型

【公司高管】

庹启斌先生，董事长，经济学博士。历任华东师范大学国际金融系讲师、君安证券有限公司万航渡路营业部经理、资产管理公司研究部经理、香港公司研究策划部经理、研究发展中心主任、经纪管理部总经理、债券部总经理、副总裁，国泰君安证券股份有限公司副总裁。现任国泰君安证券股份有限公司执行董事、党委委员；国联安基金管理有限公司董事长。

邵杰军先生，董事、总经理，研究生学历。1993 年 4 月起任职于万国证券公司和申银万国证券股份有限公司。1998 年 6 月加盟华安基金管理有限公司，担任常务副总裁，先后分管投资研究、市场营销、海外投资管理等多个业务领域。2011 年 11 月加盟国联安基金管理有限公司，现担任国联安基金管理有限公司董事、总经理。

周浩先生，督察长，法学硕士。曾先后任职于中国证券监督管理委员会和上海航运产业基金管理有限公司。2012 年 2 月加盟国联安基金管理有限公司，现担任国联安基金管理有限公司督察长。

海富通基金管理有限公司

【基本情况】

法定名称：海富通基金管理有限公司
英文名称：Fortis Haitong Investment Management Co.，Ltd.
注册地址：上海市浦东新区花园石桥路 66 号东亚银行金融大厦 36 -37 层
办公地址：上海市浦东新区花园石桥路 66 号东亚银行金融大厦 36 -37 层
法人代表：张文伟
总 经 理：田仁灿
成立时间：2003 年 4 月 1 日
公司性质：中外合资
注册资本：1.5 亿元
联系电话：021 -38650999
客服热线：400 -884 -0099

传真号码：021－50479997
邮政编码：200120
公司网址：www.hftfund.com

【公司概况】

海富通基金管理有限公司成立于2003年4月，是中国首批获准成立的中外合资基金管理公司。

从2003年8月开始，海富通先后募集成立了29只公募基金。截至2014年9月30日，海富通管理的公募基金资产规模为243亿元人民币。

作为国家人力资源和社会保障部首批企业年金基金投资管理人，截至2014年9月30日，海富通为80多家企业超过324亿元的企业年金基金担任了投资管理人。作为首批特定客户资产管理业务资格的基金管理公司，截至2014年9月30日，海富通旗下专户理财管理资产规模超过34亿元。2010年12月，海富通基金管理有限公司被全国社会保障基金理事会选聘为境内委托投资管理人。2012年9月，中国保监会公告确认海富通基金为首批保险资金投资管理人之一。

2004年末开始，海富通为QFII（合格境外机构投资者）及其他多个海内外投资组合担任投资咨询顾问，截至2014年9月30日，投资咨询及海外业务规模近219亿元人民币。2011年12月，海富通全资子公司——海富通资产管理（香港）有限公司获得证监会核准批复RQFII（人民币合格境外机构投资者）业务资格，能够在香港筹集人民币资金投资境内证券市场。2012年2月，海富通资产管理（香港）有限公司已募集发行了首只RQFII产品。

2012年3月，国内权威财经媒体《中国证券报》等授予海富通基金管理有限公司“中国基金业金牛基金管理公司”大奖，《证券时报》授予海富通精选混合基金“2011年中国基金业明星奖—五年持续回报平衡混合型明星基金”荣誉。2013年4月，《上海证券报》授予海富通精选混合基金2012年“金基金”奖——分红基金奖。

海富通同时还在不断践行其社会责任。公司自2008年启动“绿色与希望－橄榄枝公益环保计划”，针对汶川震区受灾学校、上海民工小学、安徽老区小学进行了物资捐赠，向内蒙古库伦旗捐建了环保公益林。几年来，海富通的公益行动进一步升级，持续为上海民工小学学生捐献生活物资，并向安徽农村小学捐献图书室。此外，海富通还积极推进投资者教育工作，推出了以“幸福投资”为主题和特色的投资者教育活动，向投资者传播长期投资、理性投资的理念。

【公司大事记】

2012年1月，海富通香港子公司首只RQFII基金获得SFC核准。

2012年3月，海富通精选混合被《证券时报》授予“五年持续回报平衡混合型明星基金”。

2012年3月，海富通被《中国证券报》授予“2011年金牛基金管理公司”。

2012年5月，海富通中证内地低碳经济主题指数证券投资基金成立。

2012年7月，海富通携手壹基金于深圳会展中心启动“大爱将至”救助孤儿计划。

2012年9月，海富通基金管理有限公司获得保险资金投资管理人资格。

2013年3月，海富通现金管理货币市场基金正式成立。

2003年4月1日海富通基金管理有限公司获得中国证监会开业批准。

2013年4月，海富通精选混合被《证券时报》授予“五年持续回报平衡混合型明星基金”。

2013年5月，海富通香港子公司获批QFII资格。

2013年5月，海富通养老收益混合型证券投资基金正式成立。

2013年10月，海富通一年定期开放债券型证券投资基金正式成立。

2014年4月，海富通纯债债券型证券投资基金正式成立。

2014年5月，海富通双福分级债券型证券投资基金正式成立。

2014年8月，海富通季季增利理财债券型证券投资基金正式成立。

2014年11月，海富通上证可质押城投债交易型开放式指数证券投资基金正式成立。

【股东概况】

排序	股东名称	持股数量（万股）	持股比例
1	海通证券股份有限公司	7650.00	51%
2	法国巴黎投资管理BE控股公司	7350.00	49%

【旗下基金】

基金代码	基金简称	类型
519005	海富通股票	股票型
519013	海富通风格优势	股票型
519025	海富通领先成长	股票型
519026	海富通中小盘	股票型
519033	海富通国策导向	股票型
519056	海富通内需热点	股票型
519003	海富通收益增长	混合型
519007	海富通强化回报	混合型
519011	海富通精选	混合型
519015	海富通精选贰号	混合型
519050	海富通养老收益	混合型
519505	海富通货币A	货币型
519506	海富通货币B	货币型
519528	海富通现金管理货币A	货币型
519529	海富通现金管理货币B	货币型
519601	海富通中国海外	QDII
519602	海富通大中华精选	QDII
519023	海富通稳健添利债C	债券型
519024	海富通稳健添利债A	债券型
519030	海富通稳固收益	债券型
519051	海富通一年定开债券	债券型
519055	海富通双利分级债券	债券型
162307	海富通中证100	指数型
519027	海富通上证周期联接	指数型
510110	海富通上证周期ETF	指数型
510120	海富通上证非周期ETF	指数型
519032	海富通上证非周期联接	指数型
519034	海富通中证内地低碳指数	指数型
162308	海富通稳增分级债券	创新封闭式
150044	海富通稳增债券A	创新封闭式
150045	海富通稳增债券B	创新封闭式

【公司高管】

张文伟先生，董事长，硕士，高级经济师。历任交通银行郑州分行铁道支行行长、紫荆山支行行长、私人金融处处长，海通证券办公室主任，海通证券投资银行总部副总经理、海富通基金管理有限公司董事、副总经理。2013 年 5 月起任海富通基金管理有限公司董事长。

田仁灿先生，董事、总经理，比利时籍，工商管理学硕士。历任法国金融租赁 EuroequipementS. A. 公司总裁助理、富通银行区域经理、大中华地区主管、富通基金管理亚洲有限公司投资经理、业务发展部总经理、首席执行官。2003 年至今任海富通基金管理有限公司董事、总经理。

章明女士，督察长，硕士。历任加拿大蒙特利尔 BBCC Tech & TradeInt'lInc 公司高级财务经理、加拿大蒙特利尔 Dalma Investment，FutureElectronics 公司产品专家、海通证券股份有限公司对外合作部经理。2003 年至今任海富通基金管理有限公司督察长。

长信基金管理有限公司

【基本情况】

法定名称：长信基金管理有限公司
英文名称：Chang Xin Asset Management Co. ，Ltd.
注册地址：上海市浦东新区银城中路 68 号 9 楼
办公地址：上海市浦东新区银城中路 68 号 9 楼
法人代表：田　丹
总 经 理：叶　烨
成立时间：2003 年 4 月 28 日
公司性质：中资
注册资本：1.5 亿元
联系电话：021 －61009999
传真号码：021 －61009800
邮政编码：200122
公司网址：www. cxfund. com. cn

【公司概况】

长信基金管理有限责任公司由长江证券股份有限公司、上海海欣（集团）股份有限公司、武汉钢铁股份有限公司共同发起设立，于 2003 年 4 月 28 日经中国证券监督管理委员会批准，并于 2003 年 5 月 9 日成立。注册资本金 1.5 亿元人民币，公司的经营范围包括发起设立基金、基金管理业务和中国证监会批准的其他业务。

股东会是公司的最高权力机构，下设董事会和监事会。

公司组织管理实行董事会领导下的总经理负责制，总经理、副总经理、督察长组成公司的经营管理层。在经营管理层下设内部控制委员会、投资决策委员会两个非常设委员会，以及金融工程部、国际业务部、专户理财部、投资管理部、研究发展部、固定收益部、交易管理部、基金事务部、市场开发部、信息技术部、监察稽核部、综合行政部、产品开发部等十三个职能部门，并根据公司发展需要设北京分公司、深圳分公司和武汉办事处。

成立多年以来，长信基金——一个怀有远大梦想的公司，以强烈的进取心和开拓精神成为业内一颗冉冉升起的明星，在“真诚坦率、认真负责”的企业文化的推动下，长信公司正朝着可持续健康发展的方向稳步前进。

【股东概况】

排序	股东名称	持股数量（万股）	持股比例
1	长江证券有限责任公司	7350.00	49%
2	上海海欣集团股份有限公司	5149.50	34.33%
3	武汉钢铁股份有限公司	2500.50	16.67%

【旗下基金】

基金代码	基金简称	类型
519993	长信增利动态策略	股票型
519995	长信金利趋势	股票型
519997	长信银利精选	股票型
519987	长信恒利优势	股票型
163001	长信中证央企	股票型
519983	长信量化先锋	股票型
519979	长信内需成长	股票型
519991	长信双利优选	混合型
519999	长信利息收益货币 A	货币型
519998	长信利息收益货币 B	货币型
519989	长信利丰债券	债券型
519985	长信中短债	债券型
519977	长信可转债 A	债券型
519976	长信可转债 C	债券型
519973	长信纯债 A	债券型
519972	长信纯债 C	债券型
519981	长信美国标普 100	QDII
163004	长信利鑫分级债券 A	创新封闭式
150042	长信利鑫分级债券 B	创新封闭式
163006	长信利众分级 A	创新封闭式
150102	长信利众分级 B	创新封闭式

【公司高管】

田丹，董事长，硕士。1985 年起进入金融、证券行业，先后在人民银行湖北省分行、湖北证券公司、三峡证券公司、长江证券公司任部门及公司领导。出任长信基金管理有限责任公司董事长前为长江证券有限责任公司董事、总裁。

叶烨，总经理，中共党员，硕士。曾任交通部秦皇岛港务局计划处科员，君安证券有限公司投资银行部高级经理、营业部总经理、公司副总裁，国泰君安证券股份有限公司北京分公司副总经理、武汉分公司总经理、资产管理总部总监。

周永刚，督察长，硕士，经济师。曾任湖北证券有限责任公司武汉自治街营业部总经理，长江证券有限责任公司北方总部总经理兼北京展览路证券营业部总经理，长江证券有限责任公司经纪业务总部副总经理兼上海代表处主任、上海汉口路证券营业部总经理。

泰信基金管理有限公司

【基本情况】

法定名称：泰信基金管理有限公司
英文名称：First － Trust Fund Management Co. ，Ltd.
注册地址：上海市浦东新区浦东南路 256 号 37 层
办公地址：上海市浦东新区浦东南路 256 号华夏银行大厦 36 －37 层
法人代表：葛　航（代）
总 经 理：葛　航

成立时间:2003 年 5 月 8 日
公司属性:中资
注册资本:2 亿元
客服热线:400－888－5988
联系电话:021－20899188
传真号码:021－20899008
邮政编码:200120
公司网址:www.ftfund.com

【公司概况】

泰信基金管理有限公司于 2003 年 5 月 8 日获《关于同意泰信基金管理有限公司开业的批复》(证监基金字〔2003〕68 号),并于 2003 年 5 月 23 日正式成立。公司注册资本金为人民币 2 亿元,是由山东省国际信托有限公司(出资 9000 万元)、江苏省投资管理有限公司(出资 6000 万元)、青岛国信实业有限公司(出资 5000 万元)共同发起设立的。泰信的三家股东均是其所在地的政府投资主体,实力雄厚、经营稳健、业绩优良,在国内外资本市场上保持着良好的信誉,设立泰信是三家股东长期发展战略的重要组成部分,也将为其今后的发展提供强有力的支持。

公司目前下设市场部、营销部(分华东、华北、华南三大营销中心和电子商务部)、客服中心、基金投资部、研究部、专户投资部、理财顾问部、清算会计部、信息技术部、风险管理部、监察稽核部、计划财务部、综合管理部、北京分公司、深圳分公司。公司有正式员工 105 人,多数具有硕士以上学历。所有人员在最近三年内均未受到所在单位及有关管理部门的处罚。

泰信基金管理有限公司是第一家以信托公司为主发起人的基金管理公司。自 2003 年 5 月成立至今,公司已经拥有泰信天天收益货币、泰信先行策略混合、泰信双息双利债券、泰信优质生活股票、泰信优势增长混合、泰信蓝筹精选股票、泰信债券增强收益、泰信发展主题股票、泰信债券周期回报、泰信中证 200 指数、泰信中小盘精选股票、泰信保本混合、泰信中证锐联基本面 400 指数分级、泰信现代服务业股票、泰信鑫益定期开放债券等 15 只开放式基金,形成了较完善的基金产品线。自成立以来,我们秉承"先行一步创造优质生活"的企业理念,坚守"诚信专业责任共赢"的价值观,努力实现为客户增值财富,为员工创造空间,为股东创造价值,对社会承担责任的使命,力争做最值得公众信赖的财富管理人。

【股东概况】

排序	股东名称	出资额(万元)	持股比例
1	山东省国际信托投资有限公司	9000	45%
2	江苏省投资管理有限责任公司	6000	30%
3	青岛国信实业有限公司	5000	25%

【旗下基金】

基金代码	基金简称	类型
290004	泰信优质生活	股票型
290006	泰信蓝筹精选	股票型
290008	泰信发展主题	股票型
290011	泰信中小盘	股票型
290014	泰信现代服务业	股票型
290002	泰信先行策略	混合型
290005	泰信优势增长	混合型
290012	泰信保本	混合型
290003	泰信双息双利债券	债券型
290007	泰信强债 A	债券型
291007	泰信强债 B	债券型
290009	泰信周期回报	债券型
000212	泰信鑫益定期开放 A	债券型
000213	泰信鑫益定期开放 C	债券型
290001	泰信天天收益货币	货币型
290010	泰信中证 200	指数型
162907	泰信中证 400 分级	指数型

【公司高管】

葛航先生,总经理,学士;1989 年 7 月加入山东省国际信托有限公司,曾山东省国际信有限公司任租赁部高级业务经理、山东省国际信托有限公司自营业务部经理。

吴胜光先生,督察长,硕士,高级经济师;曾任南京大学城市与资源系副主任、江苏省信托投资公司投资银行部业务二部经理、信泰证券有限责任公司投资银行部副总经理。

天治基金管理有限公司

【基本情况】

公司名称:天治基金管理有限公司
英文名称:China Nature Asset Management Co.,Ltd.
注册地址:上海市浦东新区莲振路 298 号 4 号楼 231 室
办公地址:上海复兴西路 159 号
法人代表:高福波
总　经　理:赵玉彪
成立时间:2003 年 5 月 27 日
注册资本:1.6 亿元
公司属性:中资
联系电话:021－64371155
客服电话:400－098－4800
传真号码:021－64374934
邮政编码:200031
公司网址:www.chinanature.com.cn

【公司概况】

天治基金管理有限公司于 2003 年 5 月成立,股东为吉林省信托有限责任公司、中国吉林森林工业集团有限责任公司,各股东出资比例分别为 61.25%、38.75%。公司注册资本 1.6亿元人民币,注册地为上海。

目前,天治公司旗下共有十只开放式基金,分别是天治财富增长基金(配置型)、天治品质优选基金(配置型)、天治核心成长基金(股票型)、天治创新先锋基金(股票型)、天治成长精选基金(股票型)、天治稳健双盈基金(债券型)、天治天得利基金(货币型)和天治趋势精选基金(配置型)、天治稳定收益债券基金(债券型)、天治可转债 A&C(债券型)。

经过多年的积累,天治基金形成了一支精干、团结、自信的人才队伍,逐渐摸索出适合的投资模式。

天治基金秉承以诚感人、以信立业、顺天而治、顺势而为、以智慧发现规律、依规律共享财富增长的经营理念,力争为投资者提供优质的基金理财服务,与投资者共同分享中国经济发展的成果,回报投资者的信任。

【股东概况】

序号	股东名称	出资额(万元)	持股比例
1	吉林省信托投资有限责任公司	9800.00	61.25%
2	中国吉林森林工业(集团)总公司	6200.00	38.75%

【旗下基金】

基金代码	基金简称	类型
350001	天治财富增长	混合型
350002	天治品质优选	混合型
350007	天治趋势精选	混合型
350004	天治天得利货币	货币型
163503	天治核心	股票型
350005	天治创新先锋	股票型
350008	天治成长精选	股票型
350006	天治稳健双盈债券	债券型
350009	天治稳定收益债券	债券型
000080	天治可转债 A	债券型
000081	天治可转债 C	债券型

【公司高管】

高福波先生,董事长,研究生学历,高级经济师,历任吉林省白山市人民银行任办公室主任、副行级助理稽察、吉林省白山市农村信用联社任理事长、党委书记、吉林省农村信用联社任资金信贷处负责人、副主任,现任吉林省信托有限责任公司党委书记、董事长、天治基金管理有限公司董事长。

赵玉彪先生,董事、总经理,硕士,历任吉林省信托有限责任公司上海证券业务部交易部经理、吉林省信托有限责任公司上海洪山路证券营业部经理兼驻上海证券交易所出市代表、上海金路达投资管理有限公司总经理、天治基金管理有限公司董事长,现任天治基金管理有限公司总经理。

刘伟先生,督察长,本科学历,高级工程师。曾任吉林省信托投资有限责任公司产权交易部副经理、自营基金部副经理、基金业务部副总经理,上海全路达创业投资管理有限公司董事长。

景顺长城基金管理有限公司

【基本情况】

法定名称:景顺长城基金管理有限公司
英文名称:Invesco Great Wall Fund Management Co. , Ltd.
注册地址:深圳市福田区中心四路 1 号嘉里建设广场第一座 21 层
办公地址:深圳市福田区中心四路 1 号嘉里建设广场第一座 21 层
法人代表:赵如冰
总 经 理:许义明
成立时间:2003 年 6 月 12 日
公司属性:中外合资
注册资本:1.3 亿元
联系电话:0755 - 82370388
客服热线:400 - 888 - 8606
传真号码:0755 - 25987356
邮政编码:518040
公司网址:www. invescogreatwall. com

【公司概况】

景顺长城基金管理有限公司成立于 2003 年 6 月 12 日,是经中国证监会证监基金字〔2003〕76 号文批准设立的国内首家中美合资的基金管理公司。景顺长城基金管理有限公司由景顺集团下属景顺资产管理有限公司与长城证券有限责任公司联合开滦(集团)有限责任公司和大连实德集团有限公司共同发起设立,其中景顺资产管理有限公司和长城证券有限责任公司各持有 49% 的公司股份。公司注册资本 1.3 亿元人民币,总部设在深圳,在北京、上海、广州设有分公司。

景顺长城秉承"为每一个信赖我们的客户持续地创造财富"的公司宗旨和"客户为先、投资领先、专业诚信、追求卓越"的经营理念,始终如一地把保护投资者利益放在第一位,力保客户资产的保值增值,致力于成为中国资产管理行业的持续领跑者。作为第一家中美合资的基金管理公司,景顺长城充分利用中外股东的资源优势,引进、吸收、消化景顺集团的全球化视野和资产管理能力,并结合国内市场的特色和实际需要,形成了极具特色的"四大支柱体系",即管理体系、投资体系、营销体系和技术平台体系,以卓越的绩效、专业的团队、严谨的管理和优质的资源,为投资者创造长期而稳定的收益。目前,景顺长城旗下管理了 32 只开放式基金,建立了覆盖高中低风险等级的较为完善的产品线,在股票型基金的管理上形成了独特的优势。

【股东概况】

排序	股东名称	持股数量(万股)	持股比例
1	长城证券有限责任公司	6370.00	49%
2	景顺资产管理有限公司	6370.00	49%
3	开滦(集团)有限责任公司	130.00	1%
3	大连实德集团有限公司	130.00	1%

【旗下基金】

基金代码	基金简称	类型
260101	景顺长城优选	股票型
260104	景顺长城内需增长	股票型
260108	景顺长城新兴成长	股票型
260109	景顺长城内需增长贰号	股票型
260110	景顺长城精选蓝筹	股票型
162605	景顺长城鼎益	股票型
162607	景顺长城资源垄断	股票型
260111	景顺长城公司治理	股票型
260112	景顺长城能源基建	股票型
260115	景顺长城中小盘	股票型
260116	景顺长城核心竞争力	股票型
260117	景顺长城支柱产业	股票型
000418	成长之星	股票型
000020	品质投资基金	贡献
260102	景顺长城货币 A	货币型
260202	景顺长城货币 B	货币型
000380	景益货币 A	货币型
000381	景益货币 B	货币型
260103	景顺长城动力平衡	混合型
000242	景顺长城策略精选	混合型
261001	景顺长城稳定债券 A	债券型
261101	景顺长城稳定债券 C	债券型
261002	景顺长城优信增利 A	债券型

基金代码	基金简称	类型
261102	景顺长城优信增利 C	债券型
000181	四季金利 A	债券型
000182	四季金利 C	债券型
000252	景兴信用 A	债券型
000253	景兴信用 C	债券型
000385	景颐双利 A	债券型
000386	景颐双利 C	债券型
262001	景顺长城大中华	QDII
510420	景顺长城上证 180 ETF	指数型
263001	景顺长城上证 180 ETF 联接	指数型
159924	沪深 300 等权重 ETF	指数型
000311	沪深 300 指数增强基金	指数型
159935	中证 500ETF	指数型

【公司高管】

赵如冰先生，董事长，武汉水利电力学院（现武汉大学）动力系本科毕业，辽宁大学经济学硕士。曾任葛洲坝水力发电厂主任、研究员级高级工程师，葛洲坝至上海超高压直流输电葛洲坝站站长、书记，葛洲坝水力发电厂办公室主任兼外办主任，华能南方开发公司党组书记、总经理，华能房地产开发公司副总经理，中住地产开发公司总经理、党组书记，长城证券有限责任公司董事、副董事长、党委副书记等职。2009 年加入本公司，现任公司董事长。

许义明先生，总经理，香港大学社会科学学士及香港城市大学金融工程学硕士。曾先后就职于前美国大通银行香港、台湾及伦敦分行财资部，汇丰银行总行中国环球市场部；之前曾担任台湾景顺证券投资信托股份有限公司董事兼总经理、景顺香港大中华区业务拓展总监等职务。2009 年加入本公司，现任公司董事兼总经理。

黄卫明先生，督察长，中国人民大学法学硕士。历任国家工商局市场司主任科员，国泰君安证券公司总裁助理兼人力资源部总经理，中国证监会期货部、非上市公众公司部等主任科员、副处长、处长。2010 年加入本公司，现任公司督察长。

兴业全球基金管理有限公司

【基本情况】

法定名称：兴业全球基金管理有限公司
英文名称：Aegon－Industrial Fund Management Co.，Ltd.
注册地址：上海市黄浦区金陵东路 368 号
办公地址：上海市张杨路 500 号时代广场 20 层
法人代表：兰　荣
总 经 理：杨　东
成立时间：2003 年 9 月 30 日
公司性质：中外合资
注册资本：1.5 亿元
联系电话：021－20398888
客服热线：400－678－0099
传真号码：021－20398858
邮政编码：200122
公司网址：www.xyfunds.com.cn

【公司概况】

兴业全球基金管理有限公司（原名“兴业基金管理有限公司”，以下简称“公司”）经证监基金字〔2003〕100 号文批准于 2003 年 9 月 30 日成立。2008 年 1 月，中国证监会批复（证监许可〔2008〕6 号），同意全球人寿保险国际公司（AEGON International B.V）受让公司股权并成为公司股东。2008 年 4 月 12 日，公司完成股权转让、变更注册资本等相关手续后，公司注册资本为人民币 1.2 亿元，其中兴业证券股份有限公司的出资占注册资本的 51%，全球人寿保险国际公司的出资占注册资本的 49%。2008 年 7 月，经中国证监会批准（证监许可〔2008〕888 号），公司于 2008 年 8 月 25 日完成变更公司名称、注册资本等相关手续后，公司名称变更为“兴业全球基金管理有限公司”，注册资本增加为 1.5 亿元人民币，其中两股东出资比例不变。

自成立以来，公司始终以“基金持有人利益最大化”为首要经营目标，遵循诚信、规范、稳健的经营方针，倡导严谨、求实、高效的管理作风，以风险控制、长期投资、价值投资的投资理念，专业、专注、创新的运营方式管理和运用基金资产，为基金持有人提供一流的投资理财服务。

目前，公司旗下共管理着兴全可转债混合型基金、兴全趋势混合型基金（LOF）、兴全货币市场基金、兴全全球视野股票型基金、兴全社会责任股票型基金、兴全有机增长混合型基金、兴全磐稳增利债券型基金、兴全合润分级股票型基金、兴全沪深 300 指数增强型基金（LOF）、兴全绿色投资股票型基金（LOF）、兴全保本混合型基金、兴全轻资产投资股票型基金（LOF）、兴全商业模式优选股票型基金（LOF）和兴全添利宝货币市场基金等 14 只基金。

近年来公司及旗下基金取得的荣誉有：兴全趋势混合型基金获“五年期混合型金牛基金”（《中国证券报》）、兴全全球视野股票型基金获“五年期股票型金牛基金”（《中国证券报》）、兴全可转债混合型基金获“五年期混合型金牛基金”（《中国证券报》）、兴全社会责任股票型基金获“三年期股票型金牛基金”（《中国证券报》）等荣誉。公司也因旗下基金业绩突出，2007－2011 连续五年荣膺《中国证券报》评选的“年度十大金牛基金公司”称号。

经中国证监会许可（证监许可〔2012〕1760 号），公司于 2013 年 1 月 14 日在上海市黄浦区登记注册成立全资资产管理子公司“上海兴全睿众资产管理有限公司”，注册资本 2000 万元人民币，经营范围是特定客户资产管理和中国证监会许可的其它业务。子公司以“委托人利益最大化“为首要业务发展原则，专注于基础资产为股票的相关业务，重点开展权益类主动管理、收益权转让、综合财富管理以及金融机构同业合作等多种业务，以专业、专注、创新的运营方式管理和运用客户委托资产，为客户提供一流的投资理财服务。

【公司大事记】

2012 年 11 月 12 日，兴全商业模式优选股票型基金公开发行，2012 年 12 月 18 日正式成立，募集份额 5.46 亿份。

2012 年 2 月 27 日，兴全轻资产投资股票型基金公开发行，2012 年 4 月 5 日正式成立，募集份额 9.94 亿份。

2011 年 7 月 4 日，兴全保本混合型基金公开发行，2011 年 8 月 3 日正式成立，募集份额 14.93 亿份。

2011 年 4 月 6 日，兴全绿色投资股票型基金（LOF）公开发行，2011 年 5 月 6 日正式成立，募集份额 20.22 亿份。

2010 年 12 月 17 日，经中国证监会批准，公司旗下九只开放式基金从 2011 年 1 月 1 日起变更名称（各只基金的基金代码保持不变)。以兴业趋势投资混合型证券投资基金(LOF)为例,名称变更后为"兴全"趋势投资混合型证券投资基金(LOF),简称"兴全"趋势混合基金。

2010 年 10 月 12 日,兴业沪深 300 指数增强型基金(LOF)公开发行,2010 年 11 月 2 日正式成立,募集份额29.55 亿份。

2010 年 3 月 15 日,兴业合润分级股票型证券投资基金公开发行,2010 年 4 月 22 日正式成立,募集份额 33.28 亿份。

2009 年 7 月 1 日,兴业磐稳增利债券型证券投资基金公开发行,2009 年 7 月 23 日正式成立,募集份额 14.18 亿份。

2009 年 2 月 23 日,兴业有机增长混合型证券投资基金公开发行,2009 年 3 月 25 日正式成立,募集份额 19.80 亿份。兴业有机增长基金是国内首只明确提出"有机增长"投资理念的证券投资基金。

2008 年 12 月 31 日,经中国证监会批准,公司获准从事特定客户资产管理业务。

2008 年 8 月 25 日,经中国证监会批准,公司中文名称变更为"兴业全球基金管理有限公司"公司注册资本增加到人民币 1.5 亿元,兴业证券股份有限公司和全球人寿保险国际公司的出资比例不变。

2008 年 4 月 12 日,由 Industrial Fund Management Co., Ltd. 变更为 AEGON - INDUSTRIAL Fund Management Co., Ltd. 。公司注册资本由人民币 9,800 万元变更为人民币 12,000万元,其中,兴业证券股份有限公司的出资占注册资本的 51%,全球人寿保险国际公司的出资占注册资本的 49%。

2008 年 3 月 28 日,兴业社会责任股票型证券投资基金公开发行,2008 年 4 月 30 日正式成立,募集份额 13.88 亿份。兴业社会责任金是国内首只系统运用"社会责任"投资理念的证券投资基金。

2007 年 8 月 7 日,兴业银行、兴业证券、兴业基金管理公司在福州共同签署《关于进一步深入开展战略联盟合作备忘录》,开创了国内银行、证券、基金三类金融机构通力合作、结成战略合作联盟的先河。

2007 年 5 月 11 日,兴业趋势投资混合型证券投资基金(LOF)实施拆分,拆分比例为 1:3.9939。

2006 年 8 月 15 日,兴业全球视野股票型证券投资基金公开发行,2006 年 9 月 20 日正式成立,募集份额 32.86 亿份。兴业全球视野基金是国内首只系统运用"全球视野"投资理念的证券投资基金。

2006 年 4 月 12 日,兴业货币市场证券投资基金公开发行,2006 年 4 月 27 日正式成立,募集份额 17.3 亿份。

2005 年 9 月 19 日,兴业趋势投资混合型证券投资基金公开发行,2005 年 11 月 3 日正式成立,募集份额 9.27 亿份。兴业趋势投资基金首次引入趋势投资理念,投资上强调顺势而为,把握投资对象中长期趋势,追求中长期收益。

2004 年 4 月 2 日,兴业可转债混合型证券投资基金公开发行,2004 年 5 月 11 日正式成立,募集份额 32.82 亿份。兴业可转债基金是国内首只也是目前唯一的一只可转债投资基金。

2003 年 9 月 30 日,经中国证监会批准,兴业基金管理有限公司在上海成立。注册资本 9800 万人民币。

【股东概况】

排序	股东名称	持股数量(万股)	持股比例
1	兴业证券股份有限公司	7650.00	51%
2	全球人寿保险国际公司	7350.00	49%

【旗下基金】

基金代码	基金简称	类型
340006	兴全全球视野	股票型
340007	兴全社会责任	股票型
163406	兴全合润分级	股票型
150016	兴全合润分级 A	股票型
150017	兴全合润分级 B	股票型
163409	兴全绿色投资	股票型
163412	兴全轻资产	股票型
163415	兴全商业模式	股票型
340001	兴全可转债	混合型
163402	兴全趋势	混合型
340008	兴全有机增长	混合型
163411	兴全保本	混合型
340009	兴全磐稳增利	债券型
163407	兴全沪深 300	指数型
340005	兴全货币	货币型

【公司高管】

兰荣先生,董事长,1960 年生,中共党员,高级工商管理硕士、高级经济师。历任福建省建设银行投资处干部,福建省福兴财务公司科长,兴业银行总行计划资金部副总经理,兴业银行证券业务部副总经理,福建兴业证券公司总裁,兴业证券股份有限公司董事长、总裁、党委书记。现任兴业证券股份有限公司董事长兼兴业全球基金管理有限公司董事长、中国证券业协会副会长。

杨东先生,总经理,1970 年生,高级工商管理硕士。历任福建兴业证券公司上海业务部总经理助理,证券投资部副总经理兼上海业务部副总经理,兴业证券股份有限公司证券投资部总经理,兴业证券股份有限公司总裁助理、投资总监。现任兴业全球基金管理有限公司总经理。

冯晓莲女士,督察长,1964 年生,中共党员,高级工商管理硕士、高级经济师。先后就职于新疆兵团组织部、新疆兵团驻海南办事处、海南国际信托公司,历任兴业银行党办副科长,兴业证券股份有限公司人力资源部副总经理、人力资源部总经理、合规与风险管理部总经理,兴业全球基金管理有限公司总经理助理。现任兴业全球基金管理有限公司督察长。

广发基金管理有限公司

【基本情况】

法定名称:广发基金管理有限公司
英文名称:GF Fund Management Co. ,Ltd.
注册地址:广东省珠海市横琴新区宝中路 3 号 4004 - 56 室
办公地址:广州市海珠区琶洲大道东 1 号保利国际广场南塔 31 - 33 层
法人代表:王志伟
总 经 理:林传辉
成立时间:2003 年 8 月 5 日
公司属性:中资
注册资本:1.2 亿元
联系电话:020 - 83936666
客服热线:95105828
传真号码:020 - 89899158
邮政编码:510308

公司网址：www. gffunds. com. cn

【公司概况】

广发基金管理有限公司成立于2003年8月，是经中国证监会批准设立的专业基金管理公司，总部设在广州，公司注册资本金1.2亿元人民币。公司目前拥有公募基金、特定客户资产管理业务、合格境内机构投资者（QDII）资格、以及社保基金投资管理人等业务资格。

公司目前管理着28只证券投资基金、多个企业年金及特定客户资产管理专户，截至2012年12月31日，公司管理公募基金资产总规模达1131.03亿元。公司坚持“专业创造价值、客户利益为上”的经营思想，致力成为业绩优秀、管理规范、行业领先、具有可持续发展能力、全能型的资产管理公司，为投资者谋求长期稳定的收益。

【公司大事记】

2003年8月，经中国证监会批准，广发基金管理有限公司成立。

2005年1月，广发基金与工行合作开办定投业务，并于2007年成为国内首个拥有百万定投客户的基金管理公司。

2005年6月，广发基金网上交易系统上线，投资者可通过广发基金网上直销购买基金。

2007年11月，广发基金获原劳动和社会保障部颁发的企业年金投资管理人资格。

2007年12月，广发基金成为资产管理规模超过千亿的基金公司，资产管理规模位列行业第六。

2008年2月，广发基金获中国证券监督管理委员会批准从事特定客户资产管理业务。

2009年1月，广发基金获得合格境内机构投资者（QDII）资格，成为符合资格开展境外证券投资管理业务的基金管理公司。

2010年12月，广发基金在香港设立全资子公司——广发国际资产管理有限公司。

2010年12月，广发基金获得第三批社保基金管理人资格。

2011年9月，广发基金香港分公司获发香港证监会第四类（投资咨询）和第九类（资产管理）牌照。

2012年8月，广发基金香港子公司获得RQFII资格（《关于核准广发国际资产管理有限公司人民币合格境外机构投资者资格的批复》（证监许可〔2012〕1075号））。

2012年10月，广发基金获得受托管理保险资金投资管理人资格。

2013年9月，广发基金香港子公司——广发国际资产管理有限公司获得合格境外机构投资者资格。

2013年8月，广发基金获得中国保险保障基金有限责任公司授予的保险保障基金委托资产管理投资管理人资格。

2013年6月，广发基金子公司——瑞元资本管理有限公司注册成立。

2013年4月，广发管理的第一只跨市场ETF——广发中证500交易型开放式基金成立。

2014年3月，广发基金香港子公司——广发国际资产管理有限公司获得香港证监会颁发的第1号牌照。

【股东概况】

排序	股东名称	持股数量（万股）	持股比例
1	广发证券股份有限公司	5799.60	48.33%
2	烽火通信科技股份有限公司	2000.40	16.67%
2	香江投资有限公司	2000.40	16.67%
3	广东康美药业股份有限公司	1200.00	10%
4	广州科技风险投资有限公司	999.60	8.33%

【旗下基金】

基金代码	基金简称	类型
270005	广发聚丰	股票型
162703	广发小盘成长	股票型
270008	广发核心精选	股票型
270021	广发聚瑞	股票型
270025	广发行业领先	股票型
270028	广发制造业精选	股票型
270041	广发消费品精选	股票型
270050	广发新经济	股票型
000117	广发轮动配置	股票型
270001	广发聚富	混合型
270002	广发稳健增长	混合型
270006	广发策略优选	混合型
270007	广发大盘成长	混合型
270022	广发内需增长	混合型
000167	广发聚优灵活配置	混合型
000215	广发趋势优选	混合型
000214	广发成长优选	混合型
270024	广发聚祥保本	保本型
270009	广发增强债券	债券型
162712	广发聚利债券	债券型
270029	广发聚财信用A	债券型
270030	广发聚财信用B	债券型
270043	广发年年红	债券型
270044	广发双债添利A	债券型
270045	广发双债添利C	债券型
270048	广发纯债A	债券型
270049	广发纯债C	债券型
162715	广发聚源定期A	债券型
162716	广发聚源定期C	债券型
000118	广发聚鑫A	债券型
000119	广发聚鑫C	债券型
000267	广发集利一年A	债券型
000268	广发集利一年C	债券型
000348	广发中债金融债A	债券型
000349	广发中债金融债C	债券型
270004	广发货币A	货币型
270014	广发货币B	货币型
270046	广发理财30天债券A	货币型
270047	广发理财30天债券B	货币型
000389	广发天天红	货币型
519858	广发现金宝A	货币型
519859	广发现金宝B	货币型
270010	广发沪深300	指数型
162711	广发中证500ETF联接	指数型
270026	广发中小板300联接	指数型
159907	广发中小板300ETF	指数型
162714	广发深证100分级	指数型
150083	广发深证100分级A	指数型
150084	广发深证100分级B	指数型
510510	广发中证500ETF	指数型

基金代码	基金简称	类型
270023	广发亚太精选	QDII
270027	广发全球农业指数	QDII
270042	广发纳斯达克 100 指数	QDII
000179	广发美国房地产人民币	QDII
000180	广发美国房地产美元	QDII
000274	广发亚太中高收益人民币	QDII
000275	广发亚太中高收益美元	QDII
000369	广发全球医疗保健人民币	QDII
000370	广发全球医疗保健美元	QDII

【公司高管】

王志伟，董事长，男，经济学硕士，高级经济师。兼任广东省第十届政协委员，广东省政府决策咨询顾问委员会企业家委员，广东金融学会常务理事，江西财经大学客座教授。历任广发证券董事长兼党委书记、广东发展银行党组成员兼副行长，广东发展银行行长助理，广东发展银行信托投资部总经理，广东发展银行人事教育部经理，广东省委办公厅政治处人事科科长等职务。

林传辉，副董事长，男，大学本科学历，现任广发基金管理有限公司总经理，兼任广发国际资产管理有限公司董事长。曾任广发证券投资银行总部北京业务总部总经理、投资银行总部副总经理兼投资银行上海业务总部副总经理、投资银行部常务副总经理。

段西军，督察长，男，博士。曾在广东省佛山市财贸学校、广发证券股份有限公司、中国证券监督管理委员会广东监管局工作。

诺安基金管理有限公司

【基本情况】

法定名称：诺安基金管理有限公司
英文名称：Lion Fund Management Co., Ltd.
注册地址：深圳市深南大道 4013 号兴业银行大厦 19－20 层
办公地址：深圳市深南大道 4013 号兴业银行大厦 19－20 层
法人代表：秦维舟
总 经 理：奥成文
成立时间：2003 年 12 月 9 日
公司属性：中资
注册资本：1.5 亿元
联系电话：0755－83026688
传真号码：0755－83026677
客服热线：400－888－8998
邮政编码：518043
公司网址：www.lionfund.com.cn

【公司概况】

诺安基金成立于 2003 年 12 月，由中国对外经济贸易信托投资有限公司、深圳市捷隆投资有限公司、北京中关村科学城建设股份有限公司共同出资一亿五千万元。

“智·汇财富稳·见未来”，诺安基金管理有限公司致力于以科学严谨的专业知识，以稳健的风格，以卓越的远见在瞬息万变的市场中为投资者实现长期持久的投资回报。

【股东概况】

排序	股东名称	持股数量(万股)	持股比例
1	中国对外经济贸易信托投资有限公司	6000.00	40%
1	深圳市捷隆投资有限公司	6000.00	40%
2	北京中关村科学城建设股份有限公司	3000.00	20%

【旗下基金】

基金代码	基金简称	类型
320003	诺安股票	股票型
320005	诺安价值增长	股票型
320007	诺安成长	股票型
320011	诺安中小盘精选	股票型
320012	诺安主题精选	股票型
320016	诺安多策略	股票型
320001	诺安平衡	混合型
320006	诺安灵活配置	混合型
320015	诺安保本	混合型
320018	诺安新动力	混合型
320020	诺安汇鑫保本	混合型
000066	诺安鸿鑫保本	混合型
320004	诺安优化债券	债券型
320008	诺安增利债券 A	债券型
320009	诺安增利债券 B	债券型
320021	诺安双利	债券型
163210	诺安纯债 A	债券型
163211	诺安纯债 C	债券型
000151	诺安信用债一年定期开放债券	债券型
000235	诺安稳固收益一年定期开放债券	债券型
000201	诺安泰鑫一年定期开放债券	债券型
320010	诺安中证 100	指数型
320014	诺安上证新兴联接	指数型
510260	诺安上证新兴 ETF	指数型
163209	诺安中证创业指数分级	指数型
150073	诺安稳健	指数型
150075	诺安进取	指数型
159921	诺安中小板等权重 ETF	指数型
320022	诺安中小板等权重 ETF 联接	指数型
320002	诺安货币 A	货币型
320019	诺安货币 B	货币型
000559	诺安天天宝货币 A	货币型
000560	诺安天天宝货币 E	货币型
320013	诺安全球黄金	QDII
320017	诺安全球不动产	QDII
163208	诺安油气能源	QDII

【公司高管】

秦维舟先生，董事长，工商管理硕士。历任北京中联新技术有限公司总经理、香港昌维发展有限公司总经理、香港先锋投资有限公司总经理、中国新纪元有限公司副总裁、诺安基金管理有限公司副董事长。

奥成文先生，总经理，经济学硕士，经济师。曾任中国通用技术(集团)控股有限责任公司资产经营部副经理、中国对外经济贸易信托投资有限公司投资银行部副总经理。2002 年 10 月开始参加诺安基金管理有限公司筹备工作，任公司督察长，现任公司总经理。

陈勇先生，督察长，经济学硕士。曾任国泰君安证券公司固定收益部业务董事、资产管理部基金经理、民生证券公司证券投资总部副总经理。2003 年 10 月加入诺安基金管理有限公司,历任研究员、研究部总监,现任公司督察长。

申万菱信基金管理有限公司

【基本情况】

法定名称:申万菱信基金管理有限公司
英文名称:SWS MU Fund Management Co., Ltd.
注册地址:上海市淮海中路 300 号香港新世界大厦 40 层
办公地址:上海市淮海中路 300 号香港新世界大厦 40 层
法人代表:姜国芳
总 经 理:过振华
成立时间:2004 年 1 月 15 日
公司性质:中外合资
注册资本:1.5 亿元
联系电话:021 - 23281188
客服热线:400 - 880 - 8588
传真号码:021 - 23261199
邮政编码:200021
公司网址:www.swsmu.com

【公司概况】

申万菱信基金管理有限公司(SWS MU Fund Management Co., Ltd)成立于 2004 年 1 月 15 日,注册地位于中国上海,注册资本为 1.5 亿元人民币。现有股东申银万国证券股份有限公司(Shenyin & Wanguo Securities Co., Ltd.)持有 67% 的股权,三菱 UFJ 信托银行株式会社(Mitsubishi UFJ Trust and Banking Corporation)持有 33% 的股权。

申万菱信立足于"以客为先,创新求变,专业管理,业绩至上"的经营理念,以负责的态度、高效的管理、专业的服务,全力为投资者提供丰厚的投资回报。公司成立以来,业务增长迅速,在北京、广州先后建立了分公司,目前旗下管理 15 只开放式基金,资产管理规模约 158.9 亿元,客户数超过 200 万户。

公司经过努力,逐渐形成了规范、诚信、专业、稳健的运作风格。展望未来,申万菱信将继续依靠强大的股东背景,不断丰富和完善产品线,借助完善高效的客户服务体系,通过海内外资深专业人士组成的精英团队为投资者提供优质的理财服务!依托丰富的全球和本土运作经验,采用成熟的投资及风险管理技术,实现客户资产的保值增值,努力打造国内领先、国际知名的财富管理中心!

【股东概况】

排序	股东名称	持股数量(万股)	持股比例
1	申银万国证券股份有限公司	10050.00	67%
2	三菱 UFJ 信托银行株式会社	4950.00	33%

【旗下基金】

基金代码	基金简称	类型
310328	申万新动力	股票型
310368	申万竞争优势	股票型
310388	申万消费增长	股票型
163110	申万量化小盘	股票型
310308	申万盛利精选	混合型
310358	申万新经济	混合型
310378	申万添益宝债券 A	债券型
310379	申万添益宝债券 B	债券型
310508	申万稳益宝债券	债券型
310518	申万可转换债券	债券型
163112	申万定期开放债券	债券型
310338	申万收益宝 A	货币型
310339	申万收益宝 B	货币型
310398	申万沪深 300 价值	指数型
163109	申万深成指分级	指数型
150022	申万深成收益	指数型
150023	申万深成进取	指数型
163111	申万中小板分级	指数型
150085	申万中小板 A	指数型
150086	申万中小板 B	指数型
310318	沪深 300 增强	指数型

【公司高管】

姜国芳先生,董事长,1957 年出生,高级经济师,工商管理硕士。1980 年至 1984 年任职于中国人民银行上海市分行,1984 年至 1992 年任职于中国工商银行上海市分行组织处,1992 年至 1996 年任职于上海申银证券有限公司,董事副总经理、党委副书记。1996 年至 2004 年 2 月任申银万国证券股份有限公司执行副总裁,兼申银万国(香港)有限公司董事长。2004 年 2 月至今任申万菱信基金管理有限公司(原申万巴黎基金管理管理有限公司)董事长。

过振华先生,公司总经理,工商管理硕士。曾任职于中国工商银行上海分行、上海申银证券公司、申万泛达投资管理(亚洲)有限公司、申银万国证券股份有限公司等。2004 年加入申万菱信基金管理有限公司(原申万巴黎基金管理管理有限公司),曾任公司督察员、副总经理,现任公司总经理。

来肖贤先生,督察长,经济学硕士,现任申万巴黎基金管理有限公司监事会监事,曾任本公司监察稽核总部副总经理。在本公司任职之前,曾任申银万国证券股份有限公司国际业务总部投资分析师、部门副经理,并作为筹备组主要成员参与筹建申万巴黎基金管理有限公司。

中海基金管理有限公司

【基本情况】

法定名称:中海基金管理有限公司
英文名称:Zhong Hai Fund Management Co., Ltd.
注册地址:上海市浦东新区银城中路 68 号
2905 - 2908 室及 30 层
办公地址:上海市浦东新区银城中路 68 号
2905 - 2908 室及 30 层
法人代表:黄　鹏
总 经 理:黄　鹏
成立时间:2004 年 3 月 18 日
公司性质:中外合资
注册资本:14666.67 万元
联系电话:021 - 38429808
客服热线:400 - 888 - 9788
传真号码:021 - 68419525
邮政编码:200120

公司网址:www. zhfund. com. cn

【公司概况】

中海基金管理有限公司(以下简称“中海基金”)成立于2004年3月18日,前身为国联基金管理有限公司。2006年7月,中国海洋石油总公司旗下中海信托股份有限公司入主成为中海基金第一大股东,公司相应更名为“中海基金管理有限公司”。公司现注册资本为1.47亿元人民币,各方股东持股比例为:中海信托股份有限公司41.591%、国联证券股份有限公司33.409%、法国爱德蒙得洛希尔银行股份有限公司25.000%。公司总部位于上海浦东陆家嘴金融圈,在北京设有分公司,并于2013年7月成立子公司——中海恒信资产管理(上海)有限公司。

中海基金旗下目前拥有包括不同类型、不同风格的17只公募基金以及多款专户产品(“一对一”与“一对多”)在内的较为完善的产品线,涵盖了主动管理与被动管理、权益投资与固定收益投资等不同领域,在以能源及新能源为视角的主题投资、债券投资和量化投资方面已形成独有特色。公司先后服务机构与个人投资者200多万人(家),并获得投资者广泛好评。公司现有包括公募基金经理、专户投资经理及分析师在内的近40人的投资研究团队,通过扎实研究,努力为客户创造价值。

依托“世界500强”中国海洋石油总公司的产业资本支撑,以及洛希尔银行在资产管理方面的丰富经验,中海基金始终遵循诚实信用、勤勉尽责的原则来管理基金资产,经营稳健、运作规范。公司成立9年来,从公司治理、风险控制、投资研究等多个方面得到快速提升,熔铸起了稳健的根基,成长为具有强大央企背景及丰富外资先进管理经验的基金管理公司,正在朝“受人尊敬的一流资产管理公司”的目标稳步迈进。

【公司大事记】

2004年3月5日,根据中国证监会证监基金字〔2004〕24号文件,公司正式获准开业。

2004年3月18日,公司经上海市工商行政管理局批准正式成立,注册资金10000万人民币。

2006年7月3日,国联基金管理有限公司自2006年7月3日起正式更名为中海基金管理有限公司,注册资本金增加至1.3亿元人民币。中海信托投资有限责任公司成为第一大股东。

2008年2月14日,中国证券监督管理委员会下发《关于核准中海基金管理有限公司从事特定客户资产管理业务的批复》(证监许可〔2008〕254号),我司成为首批获得该业务资格的基金管理公司。

2008年2月18日,中国证券监督管理委员会下发《关于核准中海基金管理有限公司设立北京分公司的批复》(证监许可〔2008〕266号)。

2008年2月18日,中海基金管理有限公司北京分公司正式成立。

2008年10月6日,中海基金管理有限公司自2008年10月6日起,办公场地搬迁至银城中路68号29楼。公司联系电话、传真及邮编维持不变。

2008年11月24日,中海基金管理有限公司完成股权变更,法国爱德蒙得洛希尔银行股份有限公司受让云南烟草兴云投资股份有限公司所持有的本公司15.385%股权。本次股权转让完成后,本公司股东及其持股比例分别为:中海信托股份有限公司46.923%、国联证券股份有限公司37.692%、法国爱德蒙得洛希尔银行股份有限公司15.385%。

2011年4月27日,经中国证券监督管理委员会(证监许可〔2011〕258号)、中华人民共和国商务部(商外资资审字〔2008〕0298号)批准,公司注册资本由130,000,000元人民币增加至146,666,700元人民币,其中法国爱德蒙得洛希尔银行股份有限公司增加出资16,666,700元人民币,各股东的持股比例分别为:中海信托股份有限公司41.591%、国联证券股份有限公司33.409%、法国爱德蒙德洛希尔银行股份有限公司25.00%。此次增资扩股后,法国爱德蒙得洛希尔银行股份有限公司将进一步把其在资产管理领域先进的风险控制技术、公司治理和累积了260余年的资产管理经验引入中海基金,为公司长远发展打下坚实基础。

2012年3月7日,中海上证380指数型证券投资基金正式成立(基金部函〔2012〕120号),陈明星先生担任中海上证380指数型证券投资基金基金经理。

2012年6月20日,中海保本混合型证券投资基金正式成立(基金部函〔2012〕506号),刘俊先生担任中海保本混合型证券投资基金基金经理。

2012年10月18日,中海基金获得由中国保监会颁发的保险资金受托管理业务资质。

2013年1月7日,中海惠裕纯债分级债券型发起式证券投资基金正式成立(基金部函〔2013〕12号),江小震先生担任中海惠裕纯债分级债券型发起式证券投资基金基金经理。

2013年3月20日,中海可转换债券债券型证券投资基金正式成立(基金部函〔2013〕203号),周其源先生担任中海可转换债券债券型证券投资基金基金经理。

2013年7月30日,中海基金出资设立的专户子公司中海恒信资产管理(上海)有限公司正式成立,业务范围包括特定客户资产管理业务以及中国证监会认可的其他业务。

2013年7月31日,中海安鑫保本混合型证券投资基金正式成立(基金部函〔2013〕622号),刘俊先生担任中海安鑫保本混合型证券投资基金基金经理。

2013年9月12日,中海惠丰纯债分级债券型证券投资基金正式成立(基金部函〔2013〕799号),陆成来先生担任中海惠丰纯债分级债券型证券投资基金基金经理。

2013年11月21日,中海惠利纯债分级债券型证券投资基金正式成立(基金部函〔2013〕995号),陆成来先生担任中海惠利纯债分级债券型证券投资基金基金经理。

2014年4月23日,中海纯债债券型证券投资基金基金正式成立(证监许可〔2013〕1020号),冯小波先生担任中海纯债债券型证券投资基金基金基金经理。

2014年5月26日,中海积极收益灵活配置混合型证券投资基金正式成立(证监许〔2014〕288号),刘俊先生担任中海积极收益灵活配置混合型证券投资基金基金经理。

2014年8月29日,中海惠祥分级债券型证券投资基金正式成立(证监许可〔2014〕348号),江小震先生担任中海惠祥分级债券型证券投资基金基金经理。

【股东概况】

排序	股东名称	持股数量(万)	持股比例
1	中海信托投资有限责任公司	6100.01472	41.591%
2	国联证券有限责任公司	4899.98778	33.409%
3	法国爱德蒙得洛希尔银行	3666.6675	25%

【旗下基金】

基金代码	基金简称	类型
398041	中海量化策略	股票型
398061	中海消费精选	股票型
398001	中海优质成长	混合型
398011	中海分红增利	混合型
398021	中海能源策略	混合型
398031	中海蓝筹灵活	混合型
398051	中海环保新能源	混合型
393001	中海保本	保本型
000166	中海安鑫保本	保本型
395001	中海稳健债券	债券型
395011	中海增强债券 A	债券型
395012	中海增强债券 C	债券型
163907	中海惠裕纯债分级	债券型
163908	中海惠裕纯债分级 A	债券型
150114	中海惠裕纯债分级 B	债券型
000003	中海可转债 A	债券型
000004	中海可转债 C	债券型
163909	中海惠丰纯债分级	债券型
163910	中海惠丰纯债分级 A	债券型
150154	中海惠丰纯债分级 B	债券型
000316	中海惠利纯债分级	债券型
000317	中海惠利纯债分级 A	债券型
000318	中海惠利纯债分级 B	债券型
399001	中海上证 50	指数型
399011	中海上证 380	指数型
392001	中海货币 A	货币型
3920012	中海货币 B	货币型

【公司高管】

陈浩鸣先生，董事长。中央财经大学硕士，高级经济师。现任中海信托股份有限公司总裁。历任海洋石油开发工程设计公司经济师，中国海洋石油总公司财务部保险处主管、资产处处长，中海石油投资控股有限公司总经理，中海信托股份有限公司副总裁、中海基金管理有限公司总经理。

黄鹏先生，董事。复旦大学硕士。现任中海基金管理有限公司总经理兼中海恒信资产管理（上海）有限公司董事长。历任上海市新长宁（集团）有限公司销售经理，上海浦东发展银行股份有限公司大连分行行长秘书，中海信托股份有限公司综合管理部经理助理、投资管理部经理、风控委员会委员，中海基金管理有限公司董事会秘书、总经理助理兼营销中心总经理。

朱冰峰先生，学士。历任长江律师事务所律师、华虹（集团）有限公司法律顾问、锦天城律师事务所律师、上海证监局副处级职务。2009 年 10 月进入中海基金管理有限公司工作，曾任总经理助理，现任督察长。

光大保德信基金管理有限公司

【基本情况】

法定名称：光大保德信基金管理有限公司
英文名称：Everbright Pramerica Fund Management Co., Ltd.
注册地址：上海市延安东路 222 号外滩中心 46 层
办公地址：上海市延安东路 222 号外滩中心 46 层
法人代表：林　昌
总 经 理：傅德修
成立时间：2004 年 4 月 22 日
公司性质：中外合资
注册资本：1.6 亿元
联系电话：021－33074700
客服热线：400－820－2888
传真号码：021－63351152
邮政编码：200002
公司网址：www.epf.com.cn

【公司概况】

光大保德信基金管理有限公司（光大保德信）成立于 2004 年 4 月，由中国光大集团控股的光大证券股份有限公司（光大证券）和美国保德信金融集团（保德信）旗下的保德信投资管理有限公司（保德信投资管理）共同创建，公司总部设在上海，注册资本为人民币 1.6 亿元，两家股东分别持有 55% 和 45% 的股份。公司主要从事基金发起、设立和管理业务。今后，将在法律法规允许的范围内为各类投资者提供更多资产管理服务。

光大保德信的中方股东光大证券历史悠久，拥有强大的证券综合业务体系，具有丰富的本地资产管理经验；美国保德信投资管理有限公司是美国保德信金融集团的主要业务机构，在机构和零售投资市场享有盛誉。

依托中国光大集团强大的金融集团背景、对中国市场的深刻认知和广泛的网络以及美国保德信金融集团丰富的国际经验、先进的技术、享誉全球的资产管理能力和品牌，光大保德信致力于以科学理性的投资管理帮助客户实现资产的保值增值，致力于向投资者提供满意的产品和服务，努力成为最受中国投资者信任的资产管理公司之一。

截止 2014 年 10 月末，光大保德信基金旗下管理着 17 只风格各异的开放式基金。光大保德信基金具有专户管理业务、QDII 业务资格。

【公司大事记】

2004 年 3 月 24 日，公司获得了中国证监会（证监基金字〔2004〕42 号）发布的《关于同意光大保德信基金管理有限公司开业的批复》；4 月 22 日，公司获得上海市工商行政管理局“企合沪总字第 035703 号”《企业法人营业执照》；4 月 23 日，公司获得中国证监会颁发的编号为 A036“基金管理公司法人许可证”。自此，公司可以正式从事基金业务，此举成为公司业务发展的重要标志。

2004 年 10 月 11 日，经中国证监会批准，公司英文名称由“EVERBRIGHT PRUMERICA FUND MANAGEMENT CO., LTD.”变更为“EVERBRIGHT PRAMERICA FUND MANAGEMENT CO., LTD.”，公司中文名称维持不变。

2005 年 10 月 12 日，公司发布公告，公司注册资本由人民币一亿元增加到人民币一亿六千万元。原股东持股比例保持不变，仍为：光大证券股份有限公司 67%，保德信投资管理有限公司 33%。

2011 年 1 月，公司发布公告，中方股东光大证券股份有限公司向外方股东保德信投资管理有限公司转让光大保德信 12% 的股权，双方股东的持股比例变更为：光大证券持有 55% 的股份，保德信持有 45% 的股份。

2012 年 5 月 21 日，公司的第十二只开放式基金产品——光大保德信添天利季度开放短期理财债券型证券投资基金获得同意募集的批复（中国证监会证监许可〔2012〕672

号),并于 2012 年 5 月 28 日至 2012 年 6 月 12 日在全国发售。2012 年 6 月 19 日基金合同正式生效,总募集规模为 823,786,627.31 元人民币。

2012 年 8 月 8 日,公司的第十三只开放式基金产品——光大保德信添盛双月理财债券型证券投资基金获得同意募集的批复(中国证监会证监许可〔2012〕1071 号),并于 2012 年 8 月 24 日至 2012 年 9 月 3 日在全国发售。2012 年 9 月 5 日基金合同正式生效,总募集规模为 3,443,822,310.62元人民币。

2013 年 5 月 29 日,公司的第十五只开放式基金产品——光大保德信现金宝货币市场基金获得同意募集的批复(中国证监会证监许可〔2013〕700 号),并于 2013 年 8 月 21 日至 2013 年 9 月 3 日在全国发售。2013 年 9 月 5 日基金合同正式生效,总募集规模为 1,972,398,150.89 元人民币。

2013 年 10 月 18 日,光大保德信基金携手银联商务正式推出银联商务"天天富"互联网金融理财平台。"天天富"面向银联商务近 230 万的商户企业,是对货币基金销售渠道的一次突破性尝试。

2014 年 3 月 11 日,公司的第十六只开放式基金产品——光大保德信银发商机主题股票型证券投资基金获得同意募集的批复(中国证监会证监许可〔2004〕278 号),并于 2014 年 3 月 31 日至 2014 年 4 月 25 日在全国发售。2014 年 4 月 29 日基金合同正式生效,总募集规模为 315,731,210.37 元人民币。

2014 年 3 月 15 日,公司发布公告,经公司八届六次董事会审议通过,聘任陶耿先生担任公司董事、总经理。陶耿先生的总经理任职资格已获中国证监会核准。V2014 年 4 月 22 日,公司成立 10 周年,再次向"耀未来"慈善专项基金注资 50 万,用于乡村助学计划。截至目前,"耀未来"慈善专项基金累计捐款数目已接近 300 万,捐助 15 所"梦想教室",惠及 8340 名小学生。2014 年公司还将携手真爱梦想公益基金会,捐建 4 所学校的梦想教室。

2014 年 10 月 23 日,光大保德信基金管理有限公司成立 10 周年庆典活动在上海隆重举办。

【股东概况】

排序	股东名称	出资额(万元)	出资比例
1	光大证券股份有限公司	8800.00	55%
2	保德信投资管理有限公司	7200.00	45%

【旗下基金】

基金代码	基金简称	类型
360001	光大量化核心	股票型
360005	光大红利	股票型
360006	光大新增长	股票型
360007	光大优势配置	股票型
360010	光大均衡精选	股票型
360012	光大中小盘	股票型
360016	光大行业轮动	股票型
360011	光大动态优选	混合型
360003	光大货币	货币型
000210	光大现金宝 A	货币型
000211	光大现金宝 B	货币型
360008	光大增利债券 A	债券型
360009	光大增利债券 C	债券型
360013	光大添益债券 A	债券型
360014	光大添益债券 C	债券型
360017	光大添天利 A	理财型
360018	光大添天利 B	理财型
360019	光大添天盈 A	理财型
360020	光大添天盈 B	理财型
360021	光大添盛 A	理财型
360022	光大添盛 B	理财型

【公司高管】

林昌先生,董事长,北京大学硕士,中国国籍。历任光大证券南方总部研究部总经理;投资银行一部总经理;南方总部副总经理;投资银行总部总经理;光大证券助理总裁。

盛松先生,董事,北京大学硕士,中国国籍。历任中国光大国际信托投资公司证券部交易部经理,光大证券资产管理总部总经理;2003 年参加光大保德信基金管理有限公司筹备工作。现任光大保德信基金管理有限公司的督察长。

华富基金管理有限公司

【基本情况】

法定名称:华富基金管理有限公司
英文名称:Huafu Fund Management Co. ,Ltd.
注册地址:上海市浦东新区陆家嘴环路 1000 号 31 层
办公地址:上海市浦东新区陆家嘴环路 1000 号 31 层
法人代表:章宏韬
总 经 理:姚怀然
成立时间:2004 年 4 月 19 日
公司性质:中资
注册资本:1.2 亿元
联系电话:021 – 68886996
客服热线:400 – 700 – 8001
传真号码:021 – 68887997
邮政编码:200120
公司网址:www. hffund. com

【公司概况】

华富基金管理有限公司是按照市场化机制设立的专业基金管理公司。公司于 2004 年 4 月 19 日在上海正式注册成立,注册资金为人民币 1.2 亿元。

经过多年的积累,华富基金形成了一支精干、团结、自信的人才队伍,逐渐摸索出适合的投资模式。投资团队长期从事投资、研究工作,具有丰富的投资经验。公司凭借团结、高效、锐意、创新的投资团队,以规范、务实的管理风格,科学、理性、健康的投资运作为基金持有人提供专业化、高质量的金融服务。

华富基金管理有限公司是国内证券投资基金业的新锐,秉承"诚信、稳健、专业、进取"的经营理念,致力于为投资人提供专业化、高质量的基金理财服务。

【股东概况】

排序	股东名称	持股数量(万股)	持股比例
1	华安证券有限责任公司	5880.00	49%
2	安徽省信用担保集团有限公司	3240.00	27%

排序	股东名称	持股数量(万股)	持股比例
3	合肥兴泰控股集团有限公司	2880.00	24%

【旗下基金】

基金代码	基金简称	类型
410001	华富竞争力	股票型
410003	华富成长趋势	股票型
410009	华富量子生命力	股票型
410006	华富策略精选	混合型
410007	华富价值增长	混合型
000028	华富保本	混合型
410002	华富货币	货币型
164105	华富强化回报	债券型
410004	华富增强债券 A	债券型
410005	华富增强债券 B	债券型
000398	华富恒鑫债券 A	债券型
000399	华富恒鑫债券 C	债券型
410008	华富中证 100?	指数型
410010	华富中小板指数增强	指数型

【公司高管】

章宏韬先生，董事长，本科学历，工商管理硕士学位。历任安徽省农村经济管理干部学院政治处职员，安徽省农村经济委员会调查研究处秘书、副科秘书，安徽证券交易中心综合部(办公室)经理助理、副经理(副主任)，安徽省证券公司合肥蒙城路营业部总经理，华安证券有限责任公司总裁办副主任、总裁助理兼办公室主任，现任华安证券有限责任公司党委委员、副总裁，华安期货有限责任公司董事。

姚怀然先生，董事，学士学位、研究生学历。历任中国人民银行安徽省分行金融管理处主任科员，安徽省证券公司营业部经理、总办主任、总经理助理兼证券投资总部总经理，华安证券有限责任公司总裁助理兼证券投资总部总经理，华富基金管理有限公司董事长。现任华富基金管理有限公司总经理、上海华富资产管理有限公司董事长。

满志弘女士，督察长，管理学硕士，CPA。曾任道勤控股股份有限公司财务部总经理，华富基金管理有限公司监察稽核部副总监兼董事会秘书，现任华富基金管理有限公司督察长兼监察稽核部总监、上海华富资产管理有限公司监事。

上投摩根基金管理有限公司

【基本情况】

法定名称：上投摩根基金管理有限公司
英文名称：China International Fund Management Co. , Ltd.
注册地址：上海市浦东富城路 99 号震旦国际大楼 20 层
办公地址：上海市浦东富城路 99 号震旦国际大楼 20 层
法人代表：陈开元
总　经　理：章硕麟
成立时间：2004 年 5 月 25 日
公司属性：中外合资
注册资本：2.5 亿元
联系电话：021 – 38794888
客服热线：400 – 889 – 4888
传真号码：021 – 68881130
邮政编码：200120
公司网址：www. 51fund. com

【公司概况】

上投摩根基金管理有限公司是经中国证监会证监基字〔2004〕56 号文批准，于 2004 年 5 月 12 日成立的合资基金管理公司。2005 年 8 月 12 日，基金管理人完成了股东之间的股权变更事项，公司注册资本保持不变，股东及出资比例分别由上海国际信托有限公司 67% 和摩根资产管理(英国)有限公司 33% 变更为目前的 51% 和 49%。

2006 年 6 月 6 日，基金管理人的名称由“上投摩根富林明基金管理有限公司”变更为“上投摩根基金管理有限公司”，该更名申请于 2006 年 4 月 29 日获得中国证监会的批准，并于 2006 年 6 月 2 日在国家工商总局完成所有变更相关手续。

2009 年 3 月 31 日，基金管理人的注册资本金由一亿五千万元人民币增加到二亿五千万元人民币，公司股东的出资比例不变。该变更事项于 2009 年 3 月 31 日在国家工商总局完成所有变更相关手续。

自成立以来，无论投资环境顺逆，上投摩根都不负所托，为投资者争取最佳主动管理回报。凭借旗下基金稳健卓越的业绩表现，上投摩根在业内脱颖而出，赢得独立专业机构高度评价，并迅速跻身国内基金业领先行列。

今日，上投摩根本土投研团队精英荟萃，更有摩根富林明海外投资团队鼎力支持，将继续以国际视野掌握中国投资契机，为投资者带来持续优异的业绩表现。

上投摩根基金管理有限公司由上海国际信托有限公司(Shanghai International Trust Co. , Ltd.)和摩根富林明资产管理(英国)有限公司(JPMorgan AssetManagement(UK) Limited)共同组建，其中上海国际信托有限公司持股 51%，摩根富林明资产管理(英国)有限公司持股 49%。

【公司大事记】

2004 年，上投摩根经中国证监会证监基字〔2004〕56 号文批准，于 2004 年 5 月 12 日成立。同年 8 月，推出上投摩根中国优势基金，受到了市场广泛关注。

2005 年，上投摩根率先推出了“致富 100”百场理财知识讲座活动，百场讲座全部围绕子女教育、养老、购房购车等与百姓生活息息相关的热门理财话题，为投资者带来深入浅出的全新理财观念。

2006 年，上投摩根创建大型基金理财知识普及活动“摩根基金大学”，讲座内容从基金产品的基本概念到基金投资策略，从子女教育到个人养老，以及总结基金投资误区等，几乎涵盖了投资者所关注的所有领域。同年，上投摩根的股票投资管理能力排名处于全市场前列，展现出了良好的、持续性较长的专业化资产管理风采。

2007 年，上投摩根内需动力和上投摩根亚太优势均创造了当时的基金销售记录。面对火爆的牛市，上投摩根长时间暂停旗下全部股票型基金的申购业务，以保持基金合理运作环境，争取稳健的基金业绩。同年，上投摩根点燃“火炬行动”，通过真实反映十位基金持有人的理财生活，连接十位基金持有人的理财人生，最终播撒倡导健康理财文化的“火种”。

2008 年，上投摩根率先在基金定投客户中，将投资目的为儿女教育成长基金的人群细分出来，创造出了“亲子定投”的概念。此外，上投摩根启动了新的大型投资主题活动“新致富100”,旨在引导投资者更深刻地理解投资精髓,内容涵盖海外投资、女性理财、子女教育、社会公益、投资者体验等多项内容。

2009年,上投摩根在业内率先提出了群星计划,将人才、产品、绩效和获利有机地结合,包括外部人才招聘、内部人才培养、投研信息交流、投研成果结合等一系列的步骤和流程,最终全面提高基金业绩。

2010年,上投摩根进入二次起飞阶段,公司规模排名显著提升,投研团队的精神面貌焕然一新,投研力量得到不断增强,业绩也得到明显改善。

2011年,上投摩根香港子公司和厦门分公司于7月先后成立。

2012年10月,上投摩根南京办事处于10月成立。

2013年12月,香港子公司首只RQFII产品成立。

【股东概况】

排序	股东名称	持股数量(万股)	持股比例
1	上海国际信托投资有限公司	12750.00	51%
2	摩根富林明资产管理(英国)有限公司	12250.00	49%

【旗下基金】

基金代码	基金简称	类型
377010	上投摩根阿尔法	股票型
377020	上投摩根内需动力	股票型
378010	上投摩根成长先锋	股票型
379010	上投中小盘	股票型
377530	上投行业轮动	股票型
376510	上投大盘蓝筹	股票型
377240	上投新兴动力	股票型
377150	上投健康品质生活	股票型
370024	上投核心优选	股票型
370027	上投智选30	股票型
370023	上投消费领先	指数型
510450	180高ETF	指数型
373010	上投双息平衡	混合型
375010	中国优势	混合型
373020	上投双核	混合型
000073	成长动力	混合型
000125	天颐年丰	混合型
000256	红利回报	混合型
000328	转型动力	混合型
371020	上投纯债A	债券型
371120	上投纯债B	债券型
372010	上投强化回报A	债券型
372110	上投强化回报B	债券型
370021	分红添利A	债券型
370022	分红添利B	债券型
370025	轮动添利A	债券型
370026	轮动添利C	债券型
000257	岁岁盈A	债券型
000258	岁岁盈C	债券型
000377	双债增利A	债券型
000378	双债增利C	债券型
370010	上投货币A	货币型
370011	上投货币B	货币型
377016	亚太优势	QDII
378006	上投全球新兴市场	QDII
378546	上投全球天然资源	QDII

【公司高管】

陈开元先生,董事长。大学本科学历,中共党员,高级经济师。先后任职于上海市财政局第三分局,共青团上海市财政局委员会,英国伦敦Coopers & Lybrand咨询公司等,曾任上海市财政局对外经济财务处处长,现任上海国际集团有限公司副总经理。

章硕麟先生,总经理。获台湾大学商学硕士学位。曾任怡富证券投资顾问股份有限公司任协理、摩根大通证券副总经理、摩根富林明证券股份有限公司董事长。

刘万方先生,督察长。博士,曾任职于中国普天信息产业集团公司、美国MBP咨询公司、中国证监会;2013年1月加入本公司。

宝盈基金管理有限公司

【基本情况】

法定名称:宝盈基金管理有限公司
英文名称:Baoying Fund Management Co.,Ltd.
注册地址:深圳市深南路6008号特区报业大厦15层
办公地址:深圳市深南路6008号特区报业大厦15层
法人代表:李建生
总 经 理:汪 钦
成立时间:2001年5月18日
公司属性:中资
注册资本:1亿元
联系电话:0755-83516688
客服热线:400-8888-300
传真号码:0755-83515599
邮政编码:518034
公司网址:www.byfunds.com

【公司概况】

宝盈基金管理有限公司成立于2001年5月18日,注册资本人民币1亿元,注册地深圳。公司股东实力雄厚,分别为中铁信托有限责任公司、中国对外经济贸易信托有限公司。公司主要经营业务是发起设立证券投资基金(以下简称基金)、基金管理、特定客户资产管理以及证监会批准的其他业务。公司旗下基金产品齐全、风格多样。目前,公司共管理基金9只,已构建了涵盖股票型基金、债券型基金、指数型基金、混合型基金和货币市场基金等较完备的产品线,能够满足各类风险偏好投资者的需求。2008年3月,公司获特定客户资产管理业务资格。目前,已管理多只特定客户资产管理产品。

在投资研究方面,公司坚持“研究创造价值,风险管理创造收益”的理念,通过打造投研一体化平台,力争为投资人创造持续良好的投资回报。

在内部控制方面,公司秉持“投资者利益至上”的首要原则,高度重视合规文化的建设,通过加强制度建设和监察稽核工作,将风险控制贯穿在业务操作的各个环节,保证业务运作合法合规。

公司弘扬“进取、共享、和谐”的企业文化,坚持“规范管理求效益、诚信创新谋发展、回报服务创品牌”的经营理念,做投资人信赖的资产管理者,为投资者提供优质的理财服务!

【股东概况】

排序	股东名称	持股比例
1	中铁信托有限责任公司	75%
2	中国对外经济贸易信托投资有限公司	25%

【旗下基金】

基金代码	基金简称	类型
213001	宝盈鸿利收益	混合型
213006	宝盈核心优势混合 A	混合型
000241	宝盈核心优势混合 C	混合型
213002	宝盈泛沿海	股票型
213003	宝盈策略增长	股票型
213008	宝盈资源优选	股票型
213009	宝盈货币 A	货币型
213909	宝盈货币 B	货币型
213007	宝盈增强收益 A	债券型
213907	宝盈增强收益 B	债券型
213917	宝盈增强收益 C	债券型
213010	宝盈中证 100	指数型
184728	基金鸿阳	封闭式

【公司高管】

李建生女士，董事长，1954 年生，中共党员，高级会计师、注册会计师、企业法律顾问。2000 年 1 月至 2002 年 12 月任中铁工总会计师，2002 年 12 月至 2007 年 9 月任中铁工总会计师、总法律顾问，2005 年 5 月至 2009 年 12 月兼任中铁信托有限责任公司董事长，2007 年 9 月至今任中国中铁股份有限公司副总裁、财务总监、总法律顾问，2011 年 6 月至今任安徽昊方机电股份有限公司独立非执行董事。

汪钦先生，董事，1966 年生，中共党员，经济学博士。曾就职于中国人民银行河南省分行教育处、海南港澳国际信托投资公司证券部，历任三亚东方实业股份有限公司副总经理、国信证券股份有限公司研究所所长、长城基金管理有限公司副总经理。2010 年 11 月起任宝盈基金管理有限公司总经理。

张瑾女士，督察长，1964 年生，工学学士。曾任职于中国工商银行安徽省分行科技处、华安证券有限公司深圳总部投资银行部、资产管理总部。2001 年加入宝盈基金管理有限公司，历任监察稽核部总监助理、副总监、总监，2013 年 12 月起任宝盈基金管理有限公司督察长。

东方基金管理有限责任公司

【基本情况】

法定名称：东方基金管理有限责任公司
英文名称：Orient Fund Management Co. ,Ltd.
注册地址：北京市西城区锦什坊街 28 号 1 – 4 层
办公地址：北京市西城区锦什坊街 28 号 1 – 4 层
法人代表：崔　伟
总 经 理：孙晔伟
成立时间：2004 年 6 月 11 日
公司属性：中资
注册资本：2 亿元
联系电话：010 – 66295888
客服热线：400 – 628 – 5888
传真号码：010 – 66295999
邮政编码：100033
公司网址：www. orient – fund. com

【公司概况】

东方基金管理有限责任公司成立于 2004 年 6 月，股东为东北证券股份有限公司、河北省国有资产控股运营有限公司和渤海国际信托有限公司。

成立至今，东方基金秉承“诚信是基，回报为金”的经营宗旨，凭借规范、稳健、务实的管理风格以及科学理性的投资运作模式，致力于全球性的开拓思维与本土化的务实行动，努力为广大投资者创造了丰厚的投资回报。

作为以诚信而立的资产管理人，为持有人创造长期稳健的回报是东方基金的核心价值所在。公司成立以来，已经建立起了一套成熟、高效的投资决策、风险控制、研究支持、运作保障和市场拓展体系。

“稳健投资创造持久价值”，未来东方基金将以市场为导向，投资者利益为中心，依托公司完善的治理结构、科学化的风险控制流程，树立知名品牌，提升核心竞争力，努力为千千万万持有人创造优质理财服务，并携手广大投资者共创资本市场美好明天。

【公司大事记】

2004 年 6 月 11 日，东方基金管理有限责任公司成立。

2004 年 11 月 25 日，东方龙混合型开放式证券投资基金成立。

2006 年 1 月 11 日，东方精选混合型开放式证券投资基金成立。

2006 年 8 月 2 日，东方金账簿货币市场证券投资基金成立。

2007 年 7 月，东方精选基金获基金观察颁发的“2007 钻石基金之新”称号。

2007 年 12 月，东方基金管理有限责任公司获华夏时报颁发的“最佳基金持续营销奖”。

2008 年 1 月，东方精选基金获《中国证券报》颁发的“2007 年混合型金牛基金”奖。

2008 年 1 月，东方精选基金获《证券时报》颁发的“2007 年平衡型明星基金”奖。

2008 年 1 月，由和讯网举办的“2007 年度中国财经风云榜”颁奖典礼上，东方精选基金经理付勇、于鑫先生获“2007 年度中国十大明星基金经理”称号。

2008 年 3 月，东方精选获由新民晚报和东方财富网联合颁发的“2007 年百姓最喜爱的十大股票基金”称号。

2008 年 5 月，东方基金管理有限责任公司获百度财经颁发的“亿万网民心目中的 2008 最具潜力基金公司”称号。

2008 年 6 月 3 日，东方策略成长股票型开放式证券投资基金成立。

2008 年 11 月，东方基金管理有限责任公司获中国国际金融博览会组委会颁发的“2009 最具潜力基金公司”称号。

2008 年 12 月 10 日，东方稳健回报债券型证券投资基金成立。

2009 年 6 月 19 日，东方核心动力股票型证券投资基金成立。

2009 年 6 月，东方精选入选“2009 福布斯基金排行榜”股票基金前 30 强。

2010 年 5 月，东方精选基金获《中国证券报》颁发的“2009 年混合型金牛基金奖”。

2010 年 5 月，东方精选基金获《证券时报》颁发的“2009 年积极混合型明星基金奖”。

2010 年 8 月，东方精选基金获《上海证券报》颁发的“金基金——2009 年偏股型混合基金奖”。

2011 年 4 月 14 日，东方保本混合型证券投资基金成立。

2011 年 12 月，东方基金管理有限责任公司获和讯网颁发的“2011 年度最具成长性基金公司奖”。

2011 年 12 月，东方基金管理有限责任公司获东方财富网颁发的“2011 年度最具投资能力奖”。

2011 年 12 月，东方龙、东方策略成长基金经理于鑫获搜狐网颁发的“2011 年度最佳基金经理奖”。

2011 年 12 月 28 日，东方增长中小盘混合型证券投资基金成立。

2012 年 1 月，东方龙、东方策略成长基金经理于鑫获和讯网颁发的“2011 年度最佳基金经理奖”。

2012 年 3 月，东方基金管理有限责任公司获《证券时报》颁发的“明星基金成长奖”。

2012 年 3 月，东方基金管理有限责任公司获凤凰网颁发的“2011 年度最佳投研团队奖”。

2012 年 3 月，东方精选基金获《证券时报》颁发的“积极混合型明星基金奖”。

2012 年 3 月，东方龙基金获《证券时报》颁发的“平衡混合型明星基金奖”。

2012 年 3 月，东方策略成长基金获《证券时报》颁发的“股票型明星基金奖”。

2012 年 4 月，东方基金管理有限责任公司获《上海证券报》颁发的“股票投资回报公司奖”。

2012 年 4 月，东方龙基金获《中国证券报》颁发的“混合型金牛基金奖”。

2012 年 4 月，东方龙基金获《上海证券报》颁发的“金基金 - 灵活配置型基金奖”。

2012 年 4 月，东方基金管理有限责任公司获《北京青年报》颁发的“2011 年度最佳静态投资奖”。

2012 年 4 月，东方精选基金获《上海证券报》颁发的“金基金 - 3 年期偏股型混合基金奖”。

2012 年 4 月，东方基金管理有限责任公司获《中国证券报》颁发的“金牛进取奖”。

2013 年 4 月，东方龙基金获《证券时报》颁发的“三年期持续回报平衡混合型明星基金奖”。

2013 年 4 月，东方龙基金获《中国证券报》颁发的“三年期混合型金牛基金奖”。

2013 年 4 月，东方精选基金获《中国证券报》颁发的“一年期混合型金牛基金奖”。

2013 年 4 月，东方基金管理有限责任公司获《上海证券报》颁发的“金基金 - 成长公司奖”。

2014 年 5 月 21 日，东方多策略灵活配置混合型证券投资基金成立。

2014 年 9 月 3 日，东方新兴成长混合型证券投资基金成立。

2014 年 9 月 24 日，东方双债添利债券型证券投资基金成立。

【股东概况】

持股单位	出资金额（万元）	占总股本比例
东北证券股份有限公司	12800 万元	64%
河北国有资产控股运营有限公司	5400 万元	27%
渤海国际信托有限公司	1800 万元	9%
合计	10000 万元	100

【旗下基金】

基金代码	基金简称	类型
400005	东方金账簿货币	货币型
400007	东方策略成长	股票型
400011	东方核心动力	股票型
400001	东方龙混合型基金	混合型
400003	东方精选混合	混合型
400013	东方保本	混合型
400015	东方增长中小盘	混合型
400022	东方利群混合型发起式	混合型
400020	东方安心收益保本	混合型
400009	东方稳健回报	债券型
400016	东方强化收益	债券型
400018	东方央视财经 50	指数型

【公司高管】

崔伟先生，董事长，经济学博士。历任中国人民银行副主任科员、主任科员、副处级秘书，中国证监会党组秘书、秘书处副处长、处长，中国人民银行东莞中心支行副行长、党委委员，中国人民银行汕头中心支行行长、党委书记兼国家外汇管理局汕头中心支局局长，中国证监会海南监管局副局长兼党委委员、局长兼党委书记，中国证监会协调部副主任兼中国证监会投资者教育办公室召集人；现任东方基金管理有限责任公司董事长，兼任东北证券股份有限公司副董事长、吉林大学商学院教师、中国证券投资基金业协会理事、东方汇智资产管理有限公司董事长。

孙晔伟先生，董事，经济学博士。历任吉林省社会科学院助理研究员，东北证券股份有限公司投资银行部经理，东方基金管理有限责任公司督察长，新华基金管理有限公司总经理助理，安信证券股份有限公司基金公司筹备组副组长，安信基金管理有限责任公司副总经理；现任东方基金管理有限责任公司总经理，兼任东方汇智资产管理有限公司董事。

李景岩先生，督察长，硕士研究生，中国注册会计师。具有 15 年证券从业经历，曾任东北证券股份有限公司延吉证券营业部财务经理、北京管理总部财务经理。2004 年 6 月加盟本公司，曾任财务主管，财务部经理，财务负责人，综合管理部经理兼人力资源部经理、总经理助理。

东吴基金管理有限公司

【基本情况】

法定名称：东吴基金管理有限公司

英文名称：Soochow Asset Management Co. ,Ltd.

注册地址：上海市源深路 279 号

办公地址：上海市源深路 279 号

法人代表：任少华

总 经 理：任少华

成立时间：2004 年 9 月 2 日

公司属性：中资

注册资本:1 亿元
联系电话:021 - 50509888
客服热线:400 - 821 - 0588
传真号码:021 - 50509884
邮政编码:200120
公司网址:www. scfund. com. cn

【公司概况】

东吴基金管理有限公司是经中国证监会批准成立的全国性基金管理公司。公司成立于 2004 年 9 月,总部位于上海。注册资本 1 亿元人民币。

公司股东为东吴证券股份有限公司(占 49% 股份)、上海兰生(集团)有限公司(占 30% 股份)、江阴澄星实业集团有限公司(占 21% 股份)。其中,东吴证券股份有限公司注册资本 20 亿元,并于 2011 年 12 月 12 日在上海证券交易所挂牌上市,主要从事证券代理买卖、证券自营买卖、证券承销和上市推荐、企业重组、收购与兼并、基金与资产管理等业务;上海兰生(集团)有限公司是由上海市人民政府批准组建的以国有资产管理、进出口贸易为主的国有大型企业集团,集团现有成员企业 18 家,拥有总资产 74. 82 亿多元,净资产近 24. 74 亿元;江阴澄星实业集团有限公司,主要从事实业投资,涉足磷化工、工程塑料、化肥农药、仓储物流、国际贸易、金融投资、房地产、风险投资等领域。

公司经营范围包括基金管理业务、发起设立基金和经中国证监会批准的其他业务。自 2005 年发行第一只基金以来,公司逐渐形成了高中低风险结合的完善产品线,并走出了一条独具特色的新兴产业投资产品线,凸显了战略投资基于成长性公司的产品线优势。除了公募业务之外,公司还始终致力于业务多元化发展,公司专户资格已获批,机构理财、专户投资、QDII 等新业务也已准备有序。

依托新兴产业方面的先发优势和良好的投资业绩,公司先后荣获最具投资价值基金公司、最佳投资团队、中国证券报金牛进取奖、上海证券报金基金 · 股票投资回报公司奖、证券时报明星基金公司成长奖、证券日报金算盘奖、金基金 · 成长公司奖。由于业绩表现突出,公司多支基金产品也获得业界殊荣。东吴行业轮动获理财周刊“年度最佳表现股票型基金”;东吴双动力获中国证券报“股票型金牛基金”,东吴策略获中国证券报“混合型金牛基金”;东吴嘉禾获证券时报“积极混合型明星基金奖”,东吴双动力获证券时报“股票型明星基金奖”,东吴策略获证券时报“积极混合型明星基金奖”。东吴基金和中央电视台财经频道在上海联合举办的“新经济财富论坛”,已成为业内一年一度的饕餮盛宴,强化了东吴基金在新兴产业方面的权威形象。

东吴基金拥有一支经验丰富而又充满活力的专业团队,平均年龄 33 岁,其中硕士以上学历占 50%;具有 5 年以上基金、证券从业经历的占 60%;公司高管和主要投资管理人员的平均金融从业年限为 10 年,具有丰富的实践操作经验和管理经验。

作为传统吴文化与前沿经济理念的有机结合,东吴基金崇尚“以人为本,以市场为导向,以客户为中心,以价值创造为根本出发点”的经营理念;遵循“诚而有信、稳而又健、和而有铮、勤而又专、有容乃大”的企业格言;树立了“做价值的创造者、市场的创新者和行业的思想者”的远大理想,创造性地树立公司独特的文化体系,在众多基金管理公司中树立自己鲜明的企业形象。

【股东概况】

排序	股东名称	持股数量(万股)	持股比例
1	东吴证券有限责任公司	4900.00	49%
2	上海兰生(集团)有限公司	3000.00	3C%
3	江阴澄星实业集团有限公司	2100.00	21%

【旗下基金】

基金代码	基金简称	类型
580002	东吴动力	股票型
580003	东吴行业轮动	股票型
580006	东吴新经济	股票型
580007	东吴新创业	股票型
580008	东吴新产业	股票型
580001	东吴嘉禾优势	混合型
580005	东吴策略	混合型
580009	东吴内需增长	混合型
582003	东吴保本	混合型
583001	东吴货币 A	货币型
583101	东吴货币 B	货币型
585001	东吴中证新兴	指数型
165806	东吴深证 100 指数增强	指数型
582001	东吴优信债券 A	债券型
582201	东吴优信债券 C	债券型
582002	东吴增利债券 A	债券型
582202	东吴增利债券 C	债券型
165807	东吴鼎利分级债券	债券型
165808	鼎利优先	债券型
150120	鼎利进取	债券型

【公司高管】

吴永敏先生,董事长,硕士研究生,高级审计师、高级经济师,中共党员。历任苏州市财政局科员、苏州市税务局三分局局长、苏州市税务局科长、苏州市审计局副局长。现任东吴证券股份有限公司董事长,中共东吴证券股份有限公司党委书记。

任少华先生,董事,博士研究生,经济师,中共党员。历任苏州市人民检察院助理检查员,苏州中辰期货公司总经理助理,苏州证券投资部总经理、资产管理部总经理、副总经济师,东吴证券有限责任公司资产管理总部总经理、总经济师、总裁助理兼任期货筹备组组长、研究所所长,东吴证券股份有限公司党委委员、副总裁,东吴期货有限公司董事长。现任东吴基金管理有限公司总经理。

徐军女士,督察长,大学,会计师、审计师,中共党员。历任苏州市审计局财政、金融审计处科员、副处长,东吴证券财务部总经理,东吴基金管理有限公司财务负责人、公司总裁助理等职务,现任东吴基金管理有限公司督察长。

国海富兰克林基金管理有限公司

【基本情况】

法定名称:国海富兰克林基金管理有限公司
英文名称:Franklin Templeton Sealand Fund Management Co. , Ltd.
注册地址:广西南宁市西乡塘区总部路 1 号中国 - 东盟科技企业孵化基地一期 C - 6 栋二层
办公地址:上海浦东世纪大道 8 号上海国金中心二期 9 层

法人代表：吴显玲
总 经 理：李雄厚
成立时间：2004 年 11 月 15 日
公司属性：中外合资
注册资本：2.2 亿元
联系电话：021 – 38555555
客服热线：400 – 700 – 4518
传真号码：021 – 68883050
邮政编码：200120
公司网址：www.ftsfund.com

【公司概况】

国海富兰克林基金管理有限公司成立于 2004 年 11 月，由国海证券有限责任公司和富兰克林邓普顿基金集团全资子公司邓普顿国际股份有限公司共同出资组建，目前公司注册资本 2.2 亿元人民币，国海证券有限责任公司持有 51% 的股份，邓普顿国际股份有限公司持有 49% 的股份。富兰克林邓普顿基金集团是世界知名基金管理公司，在全球市场上有超过 60 年的投资管理经验。国海富兰克林基金管理有限公司引进富兰克林邓普顿基金集团享誉全球的投资机制、研究平台和风险控制体系，力争成为国内一流的基金管理公司。

公司经营理念：诚信、稳健、前瞻、一流。

公司使命：成为中国一流的资产管理机构，以我们的核心价值与独特视野为指导，为客户提供高质量的投资方案和出色的服务，并吸引、激励和保留优秀人才。

目前，公司实行董事会领导下的总经理负责制，在管理层设有投资决策委员会和风险管理委员会两个专门委员会。在机构设置上，公司下设研究分析部、投资管理部、基金市场部、机构销售部、零售业务部、基金事务部、信息技术部、行政管理部和监察稽核部 9 个部门和中央交易室，并成立了上海分公司和深圳分公司。

【股东概况】

排序	股东名称	持股比例
1	国海证券有限责任公司	51%
2	坦伯顿国际股份有限公司	49%

【旗下基金】

基金代码	基金简称	类型
450002	国富弹性	股票型
450003	国富潜力	股票型
450004	国富价值	股票型
450007	国富成长动力	股票型
450009	国富中小盘	股票型
450011	国富研究精选	股票型
450001	国富中国收益	混合型
450010	国富策略回报	混合型
000065	国富焦点驱动	混合型
450005	国富强化收益 A	债券型
450006	国富强化收益 C	债券型
450018	国富恒久信用 A	债券型
450019	国富恒久信用 C	债券型
000351	国富恒丰定期债 A	债券型
000352	国富恒丰定期债 C	债券型
164509	国富恒利分级债券	债券型
164510	国富恒利分级债券 A	债券型
150166	国富恒利分级债券 B	债券型
450008	国富沪深 300	指数型
000203	国富日日收益货币 A	货币型
000204	国富日日收益货币 B	货币型
457001	国海亚洲机会	QDII

【公司高管】

吴显玲女士，董事长，中共党员，管理学硕士，经济师。历任中国人民银行广西壮族自治区金融管理处主任科员，广西证券交易中心副总经理（主持全面工作），广西证券登记有限责任公司法定代表人、总经理，广西证券有限责任公司副总裁，国海证券有限责任公司副总经理，国海富兰克林基金管理有限公司督察长。现任国海富兰克林基金管理有限公司董事长。

李彪先生，督察长，硕士研究生，副研究员。历任内蒙古大学经济系讲师、中国证监会海南证监局期货机构监管处副处长、证券机构监管处处长、稽查处处长、国海富兰克林基金管理有限公司督察长助理。现任国海富兰克林基金管理有限公司督察长。

鑫元基金管理有限公司

【基本情况】

法定名称：鑫元基金管理有限公司
注册地址：上海市浦东新区富城路 99 号震旦大厦 31 楼
办公地址：上海市浦东新区富城路 99 号震旦大厦 31 楼
法人代表：束行农
成立日期：2013 年 8 月 29 日
注册资本：2 亿元
公司属性：中资企业
联系电话：021 – 20892000
客服电话：400 – 606 – 6188
传真电话：021 – 20892111
邮政编码：200120
公司网址：www.xyamc.com

【公司概况】

鑫元基金管理有限公司经中国证监会证监许可〔2013〕1115 号文批准于 2013 年 8 月成立。由南京银行股份有限公司发起，与南京高科股份有限公司联合组建。注册资本金 2 亿元人民币，总部设在上海。

鑫元基金经营范围包括基金募集、基金销售、特定客户资产管理、资产管理（包括特定对象投资咨询）和中国证监会许可的其他业务。

定位：鑫元基金专注于固定收益资产管理细分市场。与国际市场相比，中国债券市场尚处于起步阶段，固定收益市场的前景非常广阔。各类投资者需要大量收益稳健、风险较低的金融产品来进行专业化资产配置和流动性管理，固定收益类产品将成为资产管理的核心配置。可以预见，固定收益类产品更将迎来黄金发展期，投资标的、投资策略和投资技术的创新将开启理财市场的大时代。

【股东概况】

股东名称	出资比例
南京银行股份有限公司	80%

股东名称	出资比例
南京高科股份有限公司	20%

【旗下基金】

基金代码	基金简称	类型
000483	鑫元货币 A	货币型
000484	鑫元货币 B	货币型

【公司高管】

束行农先生，董事长。1963 年出生，中央党校经济管理学士。现任南京银行股份有限公司副行长。历任南京市城市信用合作联合社信联证券营业部副经理，南京城市合作银行信联证券部副经理、经理，南京市商业银行计划处处长助理、副处长、资金交易部副总经理、总经理，南京银行股份有限公司资金营运中心副总经理、总经理。

李湧先生，董事，总经理。1972 年出生，厦门大学 MBA。历任厦门国际信托投资公司信贷部、营业部、计划部经理助理，厦信证券北京营业部副总经理，天同证券有限责任公司上海网上经纪业务部总经理，天同基金管理有限公司行业研究员，汇添富基金管理有限公司营销管理部总监、监察稽核部总监。

李晓燕女士，督察长。1978 年出生，上海交通大学工学学士。历任安达信华强会计师事务所审计员，普华永道中天会计师事务所高级审计员，光大保德信基金管理有限公司监察稽核高级经理，上投摩根基金管理有限公司监察稽核部总监。

华泰柏瑞基金管理有限公司

【基本情况】

法定名称：华泰柏瑞基金管理有限公司

英文名称：huatai－pinebridge fund management Co.，Ltd.

注册地址：上海浦东新区民生路 1199 弄上海证大五道口广场 1 号楼 17 层

办公地址：上海浦东新区民生路 1199 弄上海证大五道口广场 1 号楼 17 层

法人代表：齐　亮

总 经 理：韩　勇

成立时间：2004 年 11 月 18 日

公司属性：合资企业

注册资本：2 亿元

联系电话：021－38601777

客服热线：400－888－0001

传真号码：021－38601799

邮政编码：200135

公司网址：www. huatai－pb. com

【公司概况】

华泰柏瑞基金管理有限公司（以下简称：华泰柏瑞基金）是一家中外合资基金管理公司（原友邦华泰基金管理有限公司），公司股东为华泰证券股份有限公司、柏瑞投资有限责任公司、苏州新区高新技术产业股份有限公司。公司于 2004 年 11 月 18 日正式成立，现注册资本人民币 2 亿元，总部位于上海，下设北京和深圳分公司。公司经营范围包括基金管理业务、发起设立基金及中国证监会批准的其他业务。

公司自成立以来，奉行“主动投资”与“被动投资”并行的公司战略，致力于做中国 ETF 专家。公司是国内最早推出 ETF 产品的中外合资基金管理公司之一，凭借精准的指数跟踪能力，杰出的后台运营保障能力，公司旗下的上证红利 ETF 受到投资者的广泛认可，公司由此积累了丰富的 ETF 管理经验。

华泰柏瑞基金成立 10 年来，以完善的制度，严格的管理，规范的运作，严谨细致的工作精神践行“您的一分投资，我们十分对待”的企业理念，充分结合外方股东在资产管理方面的国际经验以及华泰证券等中方股东在中国本地市场的经验优势，为个人及机构投资者提供满足其需要的金融产品和高水平的理财服务。

【股东概况】

排序	股东名称	持股比例
1	华泰证券股份有限公司	49%
2	柏瑞投资（PineBridge Investments LLC）	49%
3	苏州新区高新技术产业股份有限公司	2%

【旗下基金】

基金代码	基金简称	类型
460001	华泰柏瑞盛世	股票型
460005	华泰柏瑞价值	股票型
460007	华泰柏瑞领先	股票型
460009	华泰柏瑞量化	股票型
460002	华泰柏瑞成长	混合型
510220	上证中小盘 ETF	指数型
460220	上证中小盘 ETF 联接	指数型
510880	上证红利 ETF	指数型
510300	沪深 300ETF	指数型
460300	沪深 300ETF 联接	指数型
000172	华泰柏瑞量化增强股票	指数型
519519	华泰柏瑞增利 A	债券型
460003	华泰柏瑞增利 B	债券型
164606	华泰柏瑞信用	债券型
460008	华泰柏瑞稳健 A	债券型
460108	华泰柏瑞稳健 C	债券型
000187	华泰柏瑞丰盛纯债债券 A	债券型
000188	华泰柏瑞丰盛纯债债券 C	债券型
000186	华泰柏瑞季季红债券	债券型
460010	华泰亚洲企业	QDII
460006	华泰柏瑞货币 A	货币型
460106	华泰柏瑞货币 B	货币型

【公司高管】

齐亮先生，董事长，硕士，1994－1998 年任国务院发展研究中心情报中心处长、副局长，1998－2001 年任中央财经领导小组办公室副局长，2001 年至 2004 年任华泰证券有限责任公司副总裁。

韩勇先生，总经理，博士，曾任职于君安证券有限公司、华夏证券有限公司和中国证券监督管理委员会，2007 年 7 月至 2011 年 9 月任华安基金管理有限公司副总经理。2011 年 10 月加入华泰柏瑞基金管理有限公司。

陈晖女士，督察长，硕士，1993－1999 年任江苏证券有限责任公司北京代表处代表，1999－2004 年任华泰证券有限责任公司北京总部总经理。

新华基金管理有限公司

【基本情况】

法定名称：新华基金管理有限公司
英文名称：New China Fund Management Co. , Ltd.
注册地址：重庆市渝中区邹容路 68 号大都会商厦 32 层
办公地址：北京市海淀区西三环北路 11 号海通时代商务中心 C1 座
重庆市渝中区较场口 88 号 A 座 7 - 2
法人代表：陈　重
总 经 理：张宗友
成立时间：2004 年 12 月 9 日
公司属性：中资
注册资本：1.6 亿元
联系电话：023 - 6872666
客服热线：400 - 819 - 8866
传真号码：023 - 88423358
邮政编码：400010
公司网址：www. ncfund. com. cn

【公司概况】

新华基金管理有限公司于 2004 年 12 月 9 日获准成立，公司注册资本为 1.6 亿元人民币，主发起人为新华信托股份有限公司。公司注册地为重庆市，经营管理中心位于北京市。

新华基金旗下共有 23 只基金产品，其中 7 只股票型基金，8 只混合型基金，4 只债券型基金，2 只货币型基金，1 只理财基金和 1 只指数基金。

目前，公司投研核心成员均为“60 后”，新华基金副总经理、投资总监王卫东，以及总经理助理曹名长、基金部总监崔建波等人平均从业时间超过 15 年，历经多轮牛熊转换，有着丰富的投资经验和靓丽业绩。公司目前拥有投研人员超过 30 人，团队十分稳定，基本完成了对行业的研究覆盖。

2008 年底，新华基金重整投研团队、王卫东担任新华基金投资总监，旗下基金业绩明显提升。目前，新华旗下曹名长、崔建波、桂跃强、李昱等基金经理投资各具风格，自 2009 年以来，常成为各类型股基业绩前段排名的座上宾。

2009 年，新华基金成为银河证券平均股票投资主动管理收益冠军，其中，新华优选成长基金以 115.21% 的业绩在所有股票型基金中排名第二，新华优选分红基金以 99.73% 的业绩在同类基金中排名第三；2011 年，新华基金再度成为银河证券 2011 年平均股票投资主动管理收益亚军，其中新华泛资源基金在偏股混合型基金中排名第一；2012 年，新华基金再创佳绩，新华基金股票投资主动管理能力在纳入排名的 64 家基金公司中排名第二，其中，新华行业基金收益率达 28.83%，在股票型基金中排名第二，在所有偏股基金中排名第三；另外，新华在海通证券的三年期（2011. 1. 1 - 2013. 12. 31）权益类投资收益业绩排行榜单中，整体业绩排名行业第二。多年来，新华基金业绩稳定增长，为投资者上交一份较为满意的答卷。

新华基金不仅权益类基金的业绩持续领跑，固定收益类基金的业绩表现也十分突出。2012 年，新华基金开始搭建固定收益团队，并于 2012 年底发行第一只债券基金。经过两年来的努力，公司固定收益团队的投资业绩迅速提升。截至 2014 年 12 月 12 日，新华安享惠金债券基金收益率为 31.78%，在同类债券基金中排名第一。

【股东概况】

排序	股东名称	持股数量（万股）	持股比例
1	新华信托投资股份有限公司	7680.00	48%
2	恒泰证券股份有限公司	7000.00	43.75%
3	杭州永原网络科技有限公司	1320.00	8.25%

【旗下基金】

基金代码	基金简称	类型
519089	新华成长	股票型
519093	新华钻石企业	股票型
519095	新华行业轮换	股票型
519097	新华中小市值优选	股票型
519099	新华灵活主题	股票型
519150	新华优选消费	股票型
519158	新华趋势领航	股票型
519087	新华分红	混合型
519091	新华泛资源	混合型
519156	新华配置	混合型
519152	新华纯债添利 A	债券型
519153	新华纯债添利 C	债券型
519160	新华安享惠金 A	债券型
519161	新华安享惠金 C	债券型
519162	新华信用增益 A	债券型
519163	新华信用增益 C	债券型
000434	新华壹诺宝	货币型

【公司高管】

陈重先生，董事长，金融学博士。历任原国家经委中国企业管理协会研究部副主任、主任；中国企业报社社长；中国企业管理科学基金会秘书长；重庆市政府副秘书长；中国企业联合会常务副理事长；幸福人寿保险公司筹备负责人。2008 年 3 月始任新世纪基金管理有限公司董事。

张宗友先生，董事，硕士。历任内蒙古证券有限责任公司副总经理，负责营业部的筹建、管理工作；太平洋证券有限责任公司副总经理，分管经纪业务；恒泰证券有限责任公司副总经理，管理人力资源、信息技术、经纪业务等事务。现任新华基金管理有限公司总经理。

齐岩先生，督察长，学士。历任中信证券股份有限公司解放北路营业部职员、中信证券股份有限公司天津管理部职员、中信证券股份有限公司天津大港营业部综合部经理，现任新世纪基金管理有限公司督察长。

汇添富基金管理有限公司

【基本情况】

法定名称：汇添富基金管理有限公司
英文名称：China Universal Asset Management Co. ,Ltd.
注册地址：上海市黄浦区大沽路 288 号 6 幢 538 室
办公地址：上海市富城路 99 号震旦国际大厦 22 楼
法人代表：林利军
成立时间：2005 年 2 月 3 日
公司性质：中资
注册资本：1 亿元

联系电话:021－28932888
客服热线:400－888－9918
传真号码:021－28932998
邮政编码:200120
公司网址:www.99fund.com

【公司概况】

汇添富基金是一家高起点、国际化、充满活力的基金公司,奉行"正直、激情、团队、客户第一、感恩"的公司文化,致力成为高质量的"快乐基金"。

经过多年全力打造和磨合历练,汇添富基金现已形成公募、专户、国际、养老金四大块业务领域以及股票、固定收益、被动投资、海外投资、另类投资五大块投资领域协同发展的格局,旗下基金业绩历经市场牛熊考验,整体表现优秀,长期投资业绩持续居于业内领先。汇添富立志于做中国证券市场的选股专家,并已形成一整套行之有效的独特个股研究方法。实践证明,无论牛市熊市,汇添富基金均能不断挖掘和发现出一批能够获得高额绝对收益的优质公司,旗下基金和理财产品的投资业绩也因此获得了投资者的充分认可。汇添富还以强大的创新能力长期引领市场,成功发行了中国首只场内T+0货币基金、理财基金、上证综合指数基金、贵金属基金、逆向投资基金、民营企业基金和第一张货币基金关联还款的信用卡。2011年,公司获得上海市金融创新一等奖,成为有史以来获得该奖项的首家基金公司。

汇添富基金在业内率先获得QDII资格。同时,汇添富于2007年即与全球顶尖投资管理公司资本国际(Capital International)缔结QDII合作关系。汇添富是业内最早一批获准设立境外子公司的基金管理公司。汇添富资产管理(香港)有限公司已于2010年2月正式成立,其积极参与境外资产管理业务,是汇添富基金管理公司开展跨境业务和合作的重要平台。2011年12月,汇添富资产管理(香港)有限公司获得RQFII资格(人民币合格境外机构投资者)及首批RQFII额度11亿元人民币。汇添富人民币债券基金成为最早发售的RQFII产品之一。

汇添富基金在业内首批获得了专户资产管理资格,最早组建了实力强大的专业团队率先开展专户业务,成功打造了"添富牛专户"的业务品牌,积累了丰富的专户资产管理经验,并拥有骄人的投资管理业绩。汇添富专户资产规模在行业处于领先地位,"添富牛专户"品牌在高端客户和核心渠道中具备非常强的号召力和口碑。

汇添富基金已获得社保基金境内委托投资管理人资格,投资业绩表现出色。

2013年初汇添富在上海设立了子公司汇添富资本管理有限公司,积极拓展非二级市场投资管理业务,包括逐步参与资产证券化投资、基础设施投资、私募股权等特定领域。在各项资产管理业务蓬勃发展的同时,汇添富基金还坚持强调完善的公司治理体系和科学的公司治理文化,是亚洲公司治理协会(ACGA)的首家中国会员企业。汇添富基金致力于为员工提供完善的个人职业发展规划和良好的工作与成长平台,并努力营造愉悦简单的工作氛围,员工具有强烈的忠诚度和归属感。2011年,汇添富荣登《财富》中文版"卓越雇主——中国最适宜工作的公司"榜,成为国内唯一上榜的基金公司。

自成立以来,汇添富基金屡获殊荣。除了连续三届(2006、2007、2008)荣获中国证券报"中国基金业金牛奖"评选两项以上大奖,汇添富还收获了包括"最受尊敬基金公司奖"、"最佳管理团队"、"最佳投资团队"等一系列行业大奖。继2011年之后,2013年汇添富又一次一举囊括证券类三大报2012年度多个权威奖项(金牛奖、明星基金奖、金基金奖),并获得晨星(中国)2013年度股票型基金提名奖。

"九层之台,起于垒土;千里之行,始于足下",汇添富基金成立至今,以一流的企业文化汇聚中外精英,开发市场欢迎的产品系列,建立高效的销售渠道,提供优质的客户服务,实施一流的投资风险管理,坚持基于深入基本面研究的长期价值投资理念,以长期稳定的优秀投资业绩回报投资人。

通过全体员工的共同努力,汇添富致力于经过长期艰苦不懈的奋斗,稳步发展成为中国最佳的资产管理公司之一,并逐步发展成为全球资产管理行业最优秀的中国有关资产的管理人之一,成为拥有中国资产管理行业最为优秀的团队、最具有影响力的品牌和最为稳定优秀的业绩的中国资产管理公司之一。

【股东概况】

排序	股东名称	持股数量(万股)	持股比例
1	东方证券股份有限公司	4700.00	47%
2	文汇新民联合报业集团	2650.00	26.5%
2	东航金戎控股有限责任公司	2650.00	26.5%

【旗下基金】

基金代码	基金简称	类型
519018	汇添富均衡增长	股票型
519068	汇添富成长焦点	股票型
519069	汇添富价值精选	股票型
470008	汇添富回报	股票型
470009	汇添富民营	股票型
470006	汇添富医药保健	股票型
470028	汇添富社会责任	股票型
470098	汇添富逆向投资	股票型
000083	汇添富消费行业股票	股票型
000173	汇添富美丽30股票	股票型
519008	汇添富优势	混合型
519066	汇添富蓝筹	混合型
519517	汇添富货币B	货币型
519518	汇添富货币A	货币型
519888	汇添富收益快线货币A	货币型
519889	汇添富收益快线货币B	货币型
000330	汇添富现金宝货币	货币型
000397	汇添富全额宝货币	货币型
519078	汇添富增收A	债券型
470078	汇添富增收C	债券型
470018	汇添富双利债券	债券型
470058	汇添富可转债A	债券型
470059	汇添富可转债C	债券型
470088	汇添富信用债债券A	债券型
470089	汇添富信用债债券C	债券型
164702	汇添富季季红	债券型
470010	汇添富多元收益债券A	债券型
470011	汇添富多元收益债券C	债券型
000122	汇添富实业债债券A	债券型
000123	汇添富实业债债券C	债券型
000174	汇添富高息债债券A	债券型
000175	汇添富高息债债券C	债券型
000221	汇添富年年利定期开放债券A	债券型

基金代码	基金简称	类型
000222	汇添富年年利定期开放债券 C	债券型
164703	汇添富互利分级债券	债券型
164704	汇添富互利分级债券 A	债券型
150142	汇添富互利分级债券 B	债券型
000395	汇添富安心中国债券 A	债券型
000396	汇添富安心中国债券 C	债券型
000406	汇添富双利增强债券 A	债券型
000407	汇添富双利增强债券 C	债券型
000366	汇添富新收益债券	债券型
470007	汇添富上证综合指数	指数型
470068	汇添富深证 300 联接	指数型
159912	汇添富深证 300ETF	指数型
159930	汇添富中证能源 ETF	指数型
159931	汇添富中证金融地产 ETF	指数型
159928	汇添富中证主要消费 ETF	指数型
159929	汇添富中证医药卫生 ETF	指数型
000368	汇添富沪深 300 安中指数	指数型
470030	汇添富理财 30 天 A	理财型
471030	汇添富理财 30 天 B	理财型
470060	汇添富理财 60 天 A	理财型
471060	汇添富理财 60 天 B	理财型
470014	汇添富理财 14 天 A	理财型
471014	汇添富理财 14 天 B	理财型
471028	汇添富理财 28 天 A	理财型
472028	汇添富理财 28 天 B	理财型
470021	汇添富理财 21 天发起式 A	理财型
471021	汇添富理财 21 天发起式 B	理财型
471007	汇添富理财 7 天 A	理财型
472007	汇添富理财 7 天 B	理财型
470888	汇添富亚澳优选	QDII
164701	汇添富黄金及贵金属	QDII

【公司高管】

潘鑫军先生，董事长。国籍：中国，1961 年出生，澳门科技大学工商管理硕士。现任东方证券股份有限公司党委书记、董事长。历任中国工商银行股份有限公司上海分行长宁支行党委书记、行长兼国际机场支行党支部书记，东方证券股份有限公司党委副书记、总裁；党委书记、董事长兼总裁。

林利军先生，董事，总经理。国籍：中国，1973 年出生，美国哈佛大学商学院工商管理硕士，复旦大学世界经济系硕士，历任上海证券交易所办公室主任助理、上市部总监助理，曾任职于中国证监会创业板筹备工作组，哈佛大学毕业后就职于美国道富金融集团（State Street Global Advisor）从事投资和风险管理工作。

李文先生，督察长。国籍：中国，1967 年出生，厦门大学管理学博士，高级经济师，中国注册会计师。历任中国人民银行厦门市分行稽核监督处科员，中国人民银行杏林支行副行长，中国人民银行厦门中心支行银行管理处处长助理、金融机构监管二处副处长，东方证券股份有限公司稽核总部总经理、资金财务管理总部总经理等。

工银瑞信基金管理有限公司

【基本情况】

法定名称：工银瑞信基金管理有限公司

英文名称：Credit Suisse Asset Management Co., Ltd.

注册地址：北市西城区金融大街丙 17 号北京银行大厦 8 层

办公地址：北市西城区金融大街丙 17 号北京银行大厦 8 层

法人代表：郭特华

成立时间：2005 年 6 月 21 日

公司属性：中外合资

注册资本：2 亿元

联系电话：010 - 66583333

客服电话：400 - 811 - 9999

传真号码：010 - 66583158

邮政编码：100033

公司网址：www.icbccs.com.cn

【公司概况】

工银瑞信基金管理有限公司是由中国工商银行和瑞士信贷合资设立的基金管理公司，成立于 2005 年 6 月。

自成立以来，公司坚持“以稳健的投资管理，为客户提供卓越的理财服务”为使命，依托强大的股东背景、稳健的经营理念、科学的投研体系、严密的风控机制和资深的管理团队，立足国际化、专业化、规范化，致力于为广大投资者提供一流的投资管理服务。

截至 2014 年 12 月 31 日，公司拥有公募基金、QDII、企业年金、特定资产管理和全国社保基金投资管理人等多项业务资格，为近 800 万公募基金客户和多个年金、专户客户提供资产管理服务，旗下管理逾 50 只公募基金和数十个年金、专户组合，资产管理规模近 6000 亿元。

为满足广大客户跨境投资需求，公司于 2011 年发起设立了全资香港子公司——工银瑞信资产管理（国际）有限公司，该公司具有香港证监会颁发的第 4 类（就证券提供意见）和第 9 类（提供资产管理）牌照。2012 年 7 月，工银瑞信成为全国社保基金境外配售投资产品管理人。2012 年 8 月，工银瑞信（国际）获得了中国证监会批准的人民币合格境外机构投资者（RQFII）资格，为进一步发行 RQFII 产品、拓展海外业务奠定了基础。

公司于 2012 年 11 月在业内首批设立全资子公司——工银瑞信投资管理有限公司，开展特定客户资产管理业务。至此，公司已成为国内业务资格最为全面的基金公司之一，能够为广大投资人提供更为灵活丰富的财富管理工具和理财解决方案。

公司秉持“以人为本”的理念，全方位引入国内外优秀人才，组建了一支风格稳健、诚信敬业、创新进取、团结协作的专业团队。公司共有员工近 400 人，平均年龄 32 岁，70% 的员工拥有硕士以上学历。公司投研团队由资深基金经理和研究员组成，投研人员近 100 名，投资人员平均拥有 10 年的投资管理经验。

公司先后荣获《中国证券报》“2006 年度金牛基金管理公司新秀奖”、“2008 年度金牛基金管理公司”、“2011 年度金牛基金管理公司”、“2013 年度债券投资金牛基金公司”《上海证券报》“2006 年度最快进步基金公司”、“2007 年度中国基金公司最佳风险控制奖”、“2008 年度最快进步基金公司”、“2010 年度债券投资回报公司奖”、“2012 年度债券投资回报公司奖”、“2013 年度债券投资回报公司奖”《证券时报》“2005 年度最具增长潜力公司”、“2007 年度投资者教育明星基金公司”、“2008 年度中国明星基金公司”、“2011 年度十大明星基金公司”、“2012 年度固定收益投资明星团队奖”、“2013 年度固定收益投资明星团队奖”。

【股东概况】

排序	股东名称	持股比例
1	中国工商银行	80%
2	瑞士信贷银行股份有限公司	20%

【旗下基金】

基金代码	基金简称	类型
481001	工银价值	股票型
481004	工银成长	股票型
481006	工银红利	股票型
481008	工银大盘蓝筹	股票型
481010	工银中小盘	股票型
481013	工银消费服务行业	股票型
481015	工银主题策略	股票型
481017	工银量化策略	股票型
000251	工银金融地产	股票型
000263	工银信息产业	股票型
483003	工银精选平衡	混合型
487016	工银保本	混合型
487021	工银保本2号混合发起	混合型
000195	工银保本3号混合A	混合型
000196	工银保本3号混合B	混合型
482002	工银货币	货币型
519886	工银安心增利A	货币型
519887	工银安心增利B	货币型
485105	工银强债A	债券型
485005	工银强债B	债券型
485107	工银添利A	债券型
485007	工银添利B	债券型
485111	工银双利债券A	债券型
485011	工银双利债券B	债券型
485114	工银添颐债券A	债券型
485014	工银添颐债券B	债券型
164808	工银四季债券	债券型
164810	工银纯债定期开放债券	债券型
485118	工银7天理财债券A	债券型
485018	工银7天理财债券B	债券型
485119	工银信用纯债债券A	债券型
485019	工银信用纯债债券B	债券型
485120	工银14天理财债券A	债券型
485020	工银14天理财债券B	债券型
485122	工银60天理财债券A	债券型
485022	工银60天理财债券B	债券型
000045	工银产业债A	债券型
000046	工银产业债B	债券型
164812	工银增利分级债券	债券型
164813	工银增利分级债券A	债券型
150128	工银增利分级债券B	债券型
000074	工银信用纯债一年定开债券A	债券型
000077	工银信用纯债一年定开债券C	债券型
000078	工银信用纯债两年定开债券A	债券型
000079	工银信用纯债两年定开债券C	债券型
000236	工银月月薪定期支付债券	债券型
164814	工银双债增强债券	债券型
000184	工银添福债券A	债券型
000185	工银添福债券B	债券型
486001	银全球配置	QDII
486002	工银全球精选	QDII
164815	工银标普全球自然资源指数	QDII
481009	工银沪深300	指数型
510060	工银上证央企50ETF	指数型
159905	工银深证红利ETF	指数型
481012	工银深证红利ETF联接	指数型
164809	工银中证500分级指数	指数型
150055	工银中证500A	指数型
150056	工银中证500B	指数型
164811	工银深证100指数分级	指数型
150112	工银深证100A	指数型
150113	工银深证100B	指数型

【公司高管】

陈焕祥先生，董事长，经济学硕士，现任中国工商银行股份有限公司总行集团派驻子公司董监事办公室专职派出董监事。1984年加入中国工商银行，曾任中国工商银行四川省分行行长、党委书记、中国工商银行贵州省分行行长、党委书记、中国工商银行三峡分行（副厅级）行长、党委书记等职。目前兼任中国工商银行四川省分行资深专家、工银金融租赁公司董事长及四川省第十二届人大常委、财经委副主任。

郭特华女士，董事，博士，现任工银瑞信基金管理有限公司总经理，兼任工银瑞信资产管理（国际）有限公司董事长。历任中国工商银行总行商业信贷部、资金计划部副处长，中国工商银行总行资产托管部处长、副总经理。

朱碧艳女士，督察长，硕士。1997－1999年中国华融信托投资公司证券总部经理，2000－2005年中国华融资产管理公司投资银行部、证券业务部高级副经理。

国开泰富基金管理有限公司

【基本情况】

法定名称：国开泰富基金管理有限公司

注册地址：北京市怀柔区北房镇幸福西街3号416室

办公地址：北京市东城区朝阳门北大街7号五矿广场C座10层

法人代表：崔智生

成立日期：2013年7月16日

注册资本：2亿元

公司属性：中外合资

客服电话：010－59363299

传真电话：010－59363298

邮政编码：100010

公司网址：www.cdbsfund.com

【公司概况】

国开泰富基金管理有限责任公司经中国证监会证监许可〔2013〕850号文批准设立。公司的股权结构如下：国开证券有限责任公司，66.7%；国泰证券投资信托股份有限公司，33.3%。

本基金管理人公司治理结构完善，经营运作规范，能够切实维护基金投资人的利益。股东会为公司权力机构，由全体股东组成，决定公司的经营方针以及选举和更换董事、监事等事宜。公司章程中明确公司股东通过股东会依法行使权利，不以任何形式直接或者间接干预公司的经营管理和基金资产的投资运作。

公司日常经营管理由总经理负责。公司根据经营运作需要设置综合管理部、市场部、投资部、专户投资部、研究部、交易部、基金运营部、风险管理部、监察稽核部(法律合规部)、信息技术部、财务部,共十一个职能部门。此外,公司还设有投资决策委员会和风险控制委员会。

【股东概况】

股东名称	出资比例
国开证券有限责任公司	66.7%
国泰证券投资信托股份有限公司	33.3%

【旗下基金】

基金代码	基金简称	类型
000412	国开泰富岁月鎏金定开信用债A	债券型
000413	国开泰富岁月鎏金定开信用债C	债券型

【公司高管】

崔智生先生,董事长。1998年5月–2009年11月,就职于国家开发银行。2009年11月至今,就职于国开证券有限责任公司(含筹备组),任公司党委委员、副总裁。

王翀先生,董事,总经理。法律硕士、工商管理硕士、国际贸易研究生。高级工程师。曾任国开证券经营管理部总经理(兼董事会、监事会办公室负责人)、国开泰富筹备推动组组长。曾任国开证券经纪业务部、营销中心负责人。曾在国家开发银行市场与投资局、国际金融局从事股权投资、并购重组、国际并购、国际银团等投资、投行业务。

王兰兰女士,监事会主席,督察长。会计师。曾任国开证券有限责任公司风险管理部总经理。曾在国家开发银行稽核评价局长期从事财务审计、信贷审计、风险管理审计、内控审计工作。

信诚基金管理有限公司

【基本情况】

法定名称:信诚基金管理有限公司
英文名称:CITIC – Prudential Fund Management Company Ltd.
注册地址:上海市浦东新区世纪大道8号上海国金中心汇丰银行大楼9层
办公地址:上海市浦东新区世纪大道8号上海国金中心汇丰银行大楼9层
法人代表:张翔燕
总 经 理:王俊锋
成立时间:2005年9月30日
公司性质:中外合资
注册资本:2亿元
联系电话:021–68649788
客服热线:400–666–0066
传真号码:021–50120888
邮政编码:200120
公司网址:www.citicprufunds.com.cn

【公司概况】

信诚基金管理有限公司(以下简称"公司")成立于2005年9月,注册资本人民币2亿元,其中,中信信托有限责任公司和英国保诚集团股份有限公司各持股权49%,中新苏州工业园区创业投资有限公司持股2%。

中方股东中信信托承接了中信集团的所有信托类资产、负债及业务,是银监会直接监管的三家全国性信托投资公司之一。中信集团目前已发展成为一家金融与实业并举的大型综合性跨国企业集团。其中,金融涉及银行、证券、信托、保险、基金、资产管理等行业和领域;实业涉及房地产、工程承包、资源能源、基础设施、机械制造、信息产业等行业和领域,具有较强的综合优势和良好发展势头。截至2013年末,中信集团总资产达42997亿元,全年实现营业收入3,751亿元,净利润378亿元。2009年以来连续五年入选美国《财富》杂志"世界500强"企业排行榜,2013年排名第172位,比上年提升22名。

外方股东英国保诚集团股份有限公司是英国保诚集团的下属公司。英国保诚集团于1848年在伦敦成立,拥有160多年的保险和资产管理经验。截至2013年年底,英国保诚集团为约2300万名保险客户提供服务,所管理资产达4430亿英镑。

凭借保诚集团在亚洲的跨市场合作平台,以及信诚基金专业的投研团队,信诚基金目前为瀚亚投资子公司提供A股市场的投资咨询业务,如QFII账户的投资咨询业务。

目前,公司已为瀚亚投资通过QFII额度在韩国市场募集的A股基金提供投资咨询业务,截至2013年12月31日,该基金的管理资产规模为18.26亿人民币。该业务模式将继续在日本、马来西亚、新加坡、甚至欧洲市场复制。

截至2014年12月底,公司现有32只公募基金产品,包括9只股票型基金、1只混合型基金、7只债券型基金、6只指数分级基金、3只债券分级基金、2只QDII基金、2只货币基金、2只短期理财基金。

站在巨人肩上,信诚基金将秉承百年传承的诚信之道,坚守千锤百炼的专业方法,勤勉尽责,规范运作,力争成为业绩出众、服务一流、深受投资者信任、稳进的基金管理公司。

【公司大事记】

2005年,公司于2005年9月30日获准成立。

2006年,发行了公司第一只公募基金产品——信诚四季红混合型基金。

2007年,担任QFII(合格境外机构投资者)账户的投资咨询顾问。

2008年,增加公司注册资本从人民币1亿元至人民币2亿元。

2008年,推出公司首只债券基金——信诚三得益债券型基金。

2009年,获得QDII(合格境内机构投资者)牌照,在全球化金融服务领域迈出了重要的一步。

2010年,推出公司首只QDII基金——信诚金砖四国积极配置基金(LOF)的基金。

2011年,获得特定客户资产管理业务资格。

2011年,发行公司第一只货币市场基金——信诚货币市场基金。

2011年,成立信诚中证500指数分级基金,为当时市场上唯一跟踪中证500指数的分级基金。。

2011年,推出首只以"全球商品"作为主要投资对象的主题基金——信诚全球商品主题基金(LOF)基金。

2012年,成为市场唯一同时拥有中证500和沪深300指数分级基金的基金公司。

2012年,推出首只借股指期货套利基金——信诚沪深300指数分级基金,实现使用股指期货对冲系统风险和实现期现套利,成为分级基金新标杆。

2012 年，成立年内最大规模分级债基——信诚添金分级债券基金，首募规模 30.93 亿元。

2012 年，推出当时同类产品费率最低的短期理财产品——信诚理财 7 日盈债券基金。

2013 年，推出 A 股市场第一只有色分级指数基金——信诚中证 800 有色指数分级基金。

2013 年，推出 A 股市场第一只医药指数分级基金——信诚中证 800 医药指数分级基金。

2013 年，成功发行信诚新双盈分级债券基金，募集 37.2 亿元，为成立时年内首募最大分级债券基金。

2013 年，在上海成立子公司——"中信信诚资产管理有限公司"。

2014 年，信诚打响"互联网金融"第一枪——淘宝旗舰店火热上线。

2014 年，中信"薪金煲"——信诚薪金宝二期功能正式上线，开通中信信用卡关联还款、薪金宝关联个人还贷、保底金额自由设置等功能。

【股东概况】

排序	股东名称	持股数量（万股）	持股比例
1	中信信托投资有限责任公司	9800.00	49%
1	英国保诚集团股份有限公司	9800.00	49%
2	中新苏州工业园区创业投资有限公司	400.00	2%

【旗下基金】

基金代码	基金简称	类型
550001	信诚四季红	混合型
550002	信诚精萃成长	股票型
550003	信诚蓝筹	股票型
550008	信诚优胜精选	股票型
550009	信诚中小盘	股票型
165508	信诚深度价值	股票型
165512	信诚新机遇	股票型
165516	信诚周期轮动	股票型
000209	信诚新兴产业	股票型
550004	信诚三得益债券 A	债券型
550005	信诚三得益债券 B	债券型
550006	信诚优债 A	债券型
550007	信诚优债 B	债券型
165509	信诚增强收益债券	债券型
165518	信诚双盈分级债券 A	债券型
150081	信诚双盈分级债券 B	债券型
550012	信诚理财 7 日盈 A	债券型
550013	信诚理财 7 日盈 B	债券型
550017	信诚添金分级	债券型
550015	季季添金	债券型
550016	岁岁添金	债券型
550018	信诚优质纯债 A	债券型
550019	信诚优质纯债 B	债券型
000091	信诚新双盈分级	债券型
000092	信诚新双盈分级 A	债券型
000093	信诚新双盈分级 B	债券型
000260	信诚季季定期支付	债券型
000360	信诚年年有余 A	债券型
000361	信诚年年有余 B	债券型
000405	信诚月月定期支付	债券型
550010	信诚货币 A	货币型
550011	信诚货币 B	货币型
165510	信诚金砖四国	QDII
165513	信诚全球商品主题	QDII
165511	信诚中证 500 分级	指数型
150028	信诚中证 500A	指数型
150029	信诚中证 500B	指数型
165515	信诚沪深 300 分级	指数型
150051	信诚沪深 300 分级 A	指数型
150052	信诚沪深 300 分级 B	指数型
165519	信诚 800 医药分级	指数型
150148	信诚 800 医药分级 A	指数型
150149	信诚 800 医药分级 B	指数型
165520	信诚中证 800 有色指数分级	指数型
150150	信诚中证 800 有色指数分级 A	指数型
150151	信诚中证 800 有色指数分级 B	指数型

【公司高管】

张翔燕女士，董事长，硕士学位。历任中信银行总行营业部副总经理、综合计划部总经理，中信银行北京分行副行长、中信银行总行营业总部副总经理，中信证券股份有限公司副总经济师，中信控股有限责任公司风险管理部总经理。现任中信控股有限责任公司副总裁。

王俊锋先生，总经理，工商管理硕士。历任国泰基金管理有限公司市场部副总监、华宝兴业基金管理有限公司市场总监、瑞银环球资产管理（香港）有限公司北京代表处首席代表、瑞银证券有限责任公司资产管理部总监。现任信诚基金管理有限公司总经理、首席执行官，兼任中信信诚资产管理有限公司（信诚基金管理有限公司之子公司）董事。

唐世春先生，督察长，法学硕士，历任北京天平律师事务所律师；国泰基金管理有限公司监察稽核部法务主管；友邦华泰基金管理有限公司法律监察部总监、总经理助理兼董事会秘书。2007 年 6 月 1 日加入信诚基金管理有限公司。现任信诚基金管理有限公司督察长。

中欧基金管理有限公司

【基本情况】

法定名称：中欧基金管理有限公司
英文名称：Lombarda China Fund Management Co.，Ltd.
注册地址：上海市浦东新区花园石桥路 66 号
　　　　　东亚银行金融大厦 8 层
办公地址：上海市浦东新区花园石桥路 66 号
　　　　　东亚银行金融大厦 8 层
法人代表：窦玉明
成立时间：2006 年 7 月 19 日
公司属性：中外合资
注册资本：1.88 亿元
联系电话：021－68609600
客服热线：400－700－9700
传真号码：021－33830351
邮政编码：200120
公司网址：www.lcfunds.com

【公司概况】

中欧基金管理有限公司(以下简称中欧基金)正式成立于2006年7月19日,注册资本为人民币1.88亿元,总部位于上海陆家嘴金融贸易区,并在北京设有分公司、深圳设有办事处。同时,2013年9月,子公司深圳中欧盛世资本管理有限公司成立。

中欧基金由中外四方股东合资组建:意大利意联银行股份合作公司(简称UBI)出资6,580万元人民币,占公司注册资本的35%;国都证券有限责任公司出资5,640万元人民币,占公司注册资本的30%;北京百骏投资有限公司出资5,640万元人民币,占公司注册资本的30%;万盛基业投资有限责任公司出资940万元人民币,占公司注册资本的5%。

成立以来,中欧基金坚持追求业绩和服务双轮驱动,深切关注基金持有人利益,致力于为投资者提供富有竞争力的产品和具有针对性的投资理财解决方案。截至2013年9月,旗下共有15只公募基金产品和14只专户产品,已建成一条拥有货币基金、债券基金、混合基金、股票基金、指数基金等较为完备的产品线。

中欧基金产品业绩近年来稳步提升。据银河证券统计,2012年中欧基金股票投资主动管理能力在64家可比公司中排名第1位,并包揽了三大报2012年成长公司类奖项——荣获2012年度"金牛进取公司奖"、"明星基金公司成长奖"以及"金基金·成长公司奖"。

【股东概况】

排序	股东名称	持股数量(万股)	持股比例
1	意大利意大利意联银行股份有限公司	6580.00	35%
2	国都证券有限责任公司	5640.00	30%
2	北京百骏投资有限公司	5640.00	30%
4	万盛基业投资有限责任公司	940.00	5%

【旗下基金】

基金代码	基金简称	类型
166001	中欧新趋势	股票型
166005	中欧价值	股票型
160006	中欧中小盘	股票型
166009	中欧动力	股票型
166011	中欧盛世	股票型
150071	中欧盛世A	股票型
150072	中欧盛世B	股票型
166002	中欧新蓝筹	混合型
166019	中欧智选	混合型
166020	中欧优选	混合型
166003	中欧债券A	债券型
166004	中欧债券C	债券型
160008	中欧强债	债券型
166010	中欧鼎利分级	债券型
150039	中欧鼎利分级A	债券型
150040	中欧鼎利分级B	债券型
166012	中欧信用分级	债券型
166013	中欧信用A	债券型
150087	中欧信用B	债券型
160016	中欧纯债分级	债券型
160017	中欧纯债分级A	债券型
150119	中欧纯债分级B	债券型
166021	中欧添利	债券型
166022	中欧添利A	债券型
150159	中欧添利B	债券型
160007	中欧沪深300	指数型
160014	中欧货币A	货币型
160015	中欧货币B	货币型

【公司高管】

窦玉明先生,清华大学经济管理学院本科、硕士,美国杜兰大学MBA,中国国籍。中欧基金管理有限公司董事长。曾任职于君安证券有限公司、大成基金管理有限公司。历任嘉实基金管理有限公司投资总监、总经理助理、副总经理兼基金经理,富国基金管理有限公司总经理。

刘建平先生,中欧基金管理有限公司总经理,中国国籍。北京大学法学硕士,16年以上证券及基金从业经验。历任北京大学助教、副科长;中国证券监督管理委员会基金监管部副处长;上投摩根基金管理有限公司督察长。

黄桦先生,中欧基金管理有限公司督察长,中国国籍。复旦大学经济学硕士,22年以上证券及基金从业经验。历任上海爱建信托公司场内交易员,上海万国证券公司部门经理助理、部门经理,申银万国证券股份有限公司研究发展中心部门经理,光大证券有限责任公司助理总经理,光大保德信基金管理有限公司信息技术部总监,信诚基金管理有限公司运营部、信息技术部总监,中欧基金管理有限公司分管运营副总经理。

第五编

中国期货市场

第一章　中国期货市场概况

2014 年中国期货业发展总报告

第一节　中国期货市场宏观环境

2014 年,全球经济总体保持温和增长态势。美国经济稳健复苏,量化宽松货币政策逐步退出,流动性开始从新兴经济体回流美国。欧元区与日本经济复苏迟缓,继续加大实施宽松政策,一定程度上抵消了美国流动性偏紧对新兴经济体的不利影响。美国股市上扬,美元升值,对全球大宗商品价格形成下行压力。中国经济实现中高速增长,消费和投资增速放缓,大宗商品需求疲软。美欧继续收紧场外衍生品监管,中国国务院颁布《关于进一步促进资本市场健康发展的若干意见》(以下简称新"国九条"),支持推动衍生品市场发展。中国金融领域和资源价格形成机制的改革进一步深化,环境、农业和能源等政策大幅调整,这都对期货市场发展产生深远影响。

一、世界经济与金融形势

世界银行预计 2014 年全球 GDP 增长率为 2.6%,低于 2013 年的 3.3%。各国经济走势明显分化,美国经济一枝独秀,全年实际 GDP 增长 2.4%,创 2010 年以来新高。欧元区经济仍在停滞的边缘徘徊,实际 GDP 增速仅为 0.9%。日本经济呈现出年度两边高中间低的剧烈震荡,全年实际 GDP 增速接近于零。新兴经济体整体走弱,国际货币基金组织(IMF)数据显示,2014 年,新兴经济体 11 国按照不变价 GDP 加权计算的经济增长率为 4.9%,比上年下降 0.3 个百分点。

(一)世界主要经济体宏观经济政策与市场流动性

2014 年,由于各国经济复苏步伐不统一,全球货币政策和财政政策出现分化。总体来看,全球流动性稳中偏紧,并向美国回流。

美联储从 1 月起开始逐步退出实施五年之久的量化宽松货币政策,并于 10 月正式宣布结束。同时,美国财政政策基本保持中性。

欧元区和日本等发达经济体继续实施大规模的扩张性货币政策。2014 年 6 月,欧洲央行(ECB)将基准利率下调 10 个基点至 0.15%,将银行隔夜存款利率首次下调至 -0.1%。同时,延续财政紧缩政策,但是紧缩压力有所减轻。日本实施了货币与财政双宽松政策。10 月,日本央行推出了宽松货币政策"加强版",将每年基础货币投放增量由 60 万亿 ~ 70 万亿日元增至 80 万亿日元,政府债券购买规模由 50 万亿日元扩大到 80 万亿日元,加大公共建设投资。

总体来说,美国流动性偏紧,但是全球范围内尤其是部分国际收支顺差较大的新兴经济体流动性依然较为宽松。欧洲和日本的宽松货币政策也向全球提供了一定流动性。随着美国货币政策紧缩及美元升值,全球流向新兴经济体的资本有所减少,出现了回流美国的情况。双方平衡的结果是,2014 年新兴市场资本流入规模基本维持在 2013 年的水平。

(二)世界金融市场概况

2014 年,强势美元对大宗商品价格形成较大压力。同时,美国股市上涨,吸引资金流向股票市场,进一步制约了大宗商品价格。

1. 股市

2014 年,美国股市攀升,道琼斯指数上涨 8.4%,标普 500 指数上涨 12.4%(图 1-1-1)。日本股市在经济政策的刺激下,日经 225 指数上涨 9.7%。主要欧洲股市全年总体走势平平,呈大幅震荡态势。

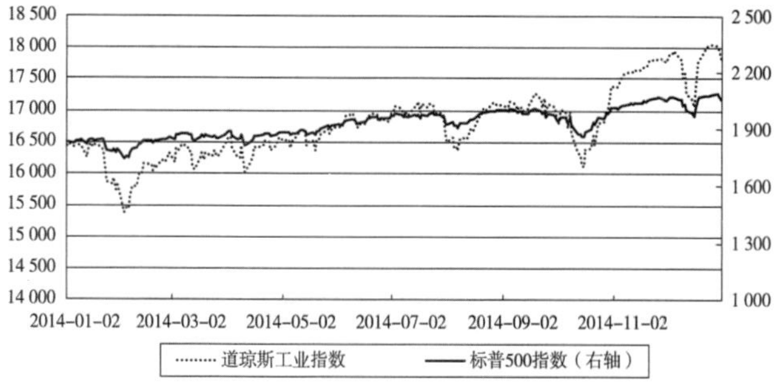

数据来源:Wind 资讯。

图 1-1-1　2014 年美国股市走势

2. 债市

2014 年,美国债券与欧洲主要国家债券收益率下降。12 月 31 日,美国 10 年期国债收益率为 2.17%,比年初下降 0.83 个百分点;德国、法国、英国分别下降 2.11 个、1.59 个和 1.43 个百分点(图 1-1-2)。美国债券二级市场流动性持续下降,做市商持有的债券规模从 2007 年的 2350 亿美元降至 600 亿美元,市场流动性和深度远低于危机前水平。

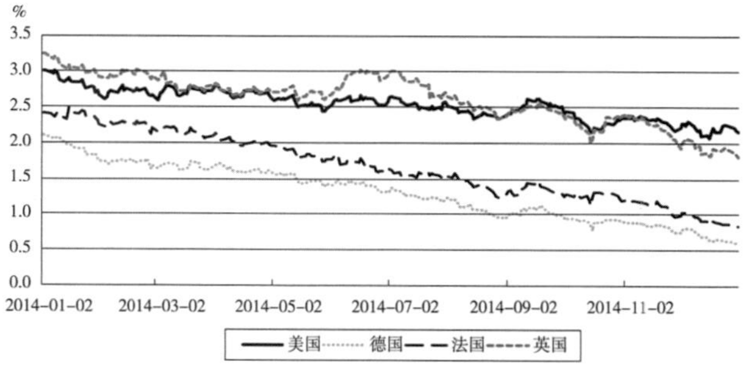

数据来源:Wind 资讯。

图 1-1-2　2014 年美欧 10 年期国债收益率

3. 汇市

2014 年,全球外汇市场美元走强,全年上涨 12.3%(图 1-1-3);欧元和日元走弱,分别贬值 11.9% 和 12.1%(图 1-1-4);部分新兴经济体货币大幅贬值,受乌克兰危机影响,俄罗斯卢布对美元全年贬值超过 70%。

数据来源：Wind 资讯。

图 1－1－3　2014 年美元指数走势

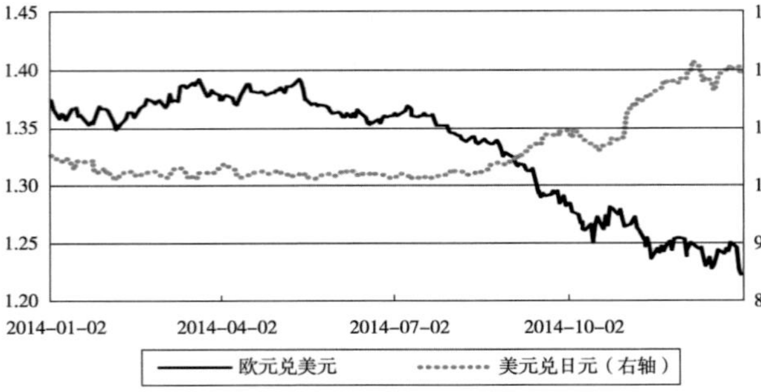

数据来源：Wind 资讯。

图 1－1－4　2014 年欧元、日元汇率走势

（三）世界大宗商品市场概况

受全球经济回升乏力、新兴经济体增速放缓以及衍生品监管政策调整等因素影响，2014 年全球主要大宗商品价格总体大幅回落，标普高盛商品指数从年初的 620.36 跌至 418.12，跌幅为 32.6%（图 1－1－5）。

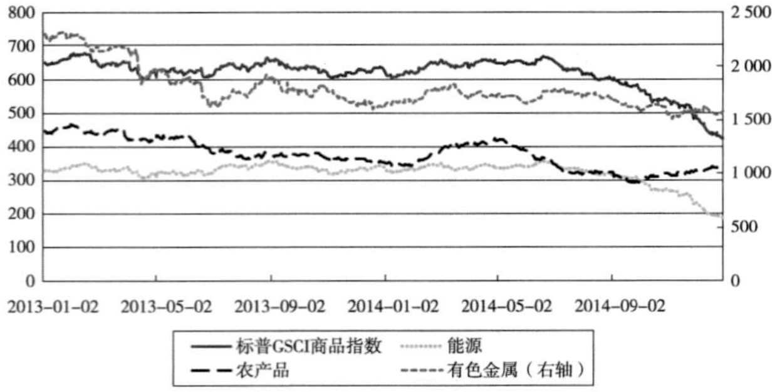

数据来源：Wind 资讯。

图 1－1－5　2013－2014 年大宗商品 GSCI 指数走势

受美国页岩油产量大幅增长、OPEC 坚持不减产和地缘政治等因素影响，原油价格呈现"跳水式"下跌，12 月 31 日布伦特原油期货价格跌至 60.24 美元/桶，全年下跌 40.6%。有色金属价格先升后降，12 月 31 日伦敦铜现货价格收于 6358.85 美元/吨，较年初下降 14.5%。农产品价格先大幅回落，后小幅回弹，12 月 31 日芝加哥小麦、大豆、玉米三大农产品期货平均价格分别收报 594.5 美分/蒲式尔、1030.5 美分/蒲式尔和 406.5 美分/蒲式尔，较年初分别下降 7.4%、9.5% 和 12.2%。

（四）美国、欧盟衍生品市场监管政策

2014 年，美国全面退出量化宽松政策，意味着金融危机对衍生品市场的短期不利影响在消散，但是发达国家继续酝酿收紧对场外衍生品市场的监管。

2014 年 1 月 14 日，欧盟就金融市场全面改革达成协议，再次修订《金融工具市场法规》（Markets in Financial Instruments Directive，MiFID），并将于 2016 年底正式实施淤。

新的 MiFID 涵盖欧洲金融工具和金融市场等各个方面，与衍生品交易相关的内容主要包括：（1）建立持仓限制制度，限制大宗商品投机。欧盟限制银行和其他金融机构拥有的农产品衍生品的净头寸，并强制要求交易者向公众公开交易信息。对部分电力和天然气衍生品市场实行头寸限制，要求部分煤炭和原油衍生品通过清算所进行交易。（2）更加严格的管制高频交易。设置熔断机制（Circuit Breakers），使合约买卖报价在一段时间内只能在熔断价格范围内交易。高频交易中使用的算法需要接受监管机构的测试与授权。（3）提高交易透明性。要求金融工具的买卖交易必须在接受管制的交易平台上进行，限制在"黑池"（Dark Pools）平台匿名进行股票交易的规模。监管机构可以在金融市场稳定受到威胁及投资者权益受到挑战的情况下停止或取消特定的金融产品或服务。

2014 年 2 月 15 日，是美国按照《多德—弗兰克法案》规定，对某些掉期合约实施强制交易执行规定的生效日。北美在 2013 年 10 月至 2014 年 2 月 15 日落实主要的衍生品市场参与者与掉期执行设施（Swap Execution Facility，SEF）运作的相关事务，并通过一个或多个 SEF 管理其场外衍生品掉期交易。根据 FIA 数据，截至 2014 年底，SEF 总名义交易额约为 94.92 万亿美元，其中利率掉期约为 79.77 万亿美元，外汇掉期约为 8.38 万亿美元，信用掉期约为 6.76 万亿美元。

2014 年 10 月，美国商品期货交易委员会（CFTC）、欧洲证券和市场管理局（ESMA）与英国金融市场监管局（FCA）举行会议，讨论无本金交割远期外汇的强制集中清算问题。CFTC 提出未来分三层推进强制集中清算：掉期交易商主要的互换参与者和主动型基金将在 90 天内实施；银行与其他基金将在 180 天内实施；其他主要市场参与者，包括养老金计划，将在 270 天内实施。ESMA 希望无本金交割远期外汇的强制清算在 2017 年初实行。

二、中国经济运行情况回顾

（一）整体经济运行情况

2014 年，中国经济总体保持中高速增长，全年通胀水平较低，经济结构和发展方式进一步转变，经济呈现"新常态"特征。

2014 年，中国 GDP 为 63.6463 万亿元，按同比价格计算，比上年增长 7.4%。通货膨胀处于较低水平，全年居民消费价格指数（CPI）同比上涨 2.0%，工业生产者出厂价格指数（PPI）同比下降 1.9%。

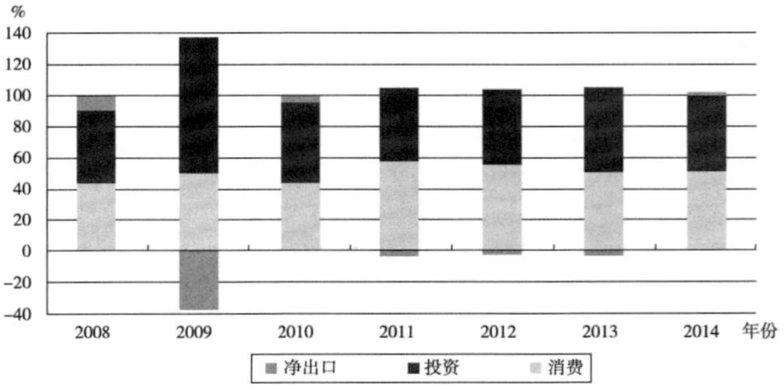

资料来源：中国期货业协会相关资料。

图 1－1－6　三大需求对 GDP 增长贡献率

内需是拉动2014年经济增长的主要力量，消费、投资和净出口对GDP增长的实际贡献率分别为51.2%、48.6%和0.2%（图1－1－6）。2014年消费需求平稳增长，社会消费品零售总额实际增长10.9%，略低于2013年增速。固定资产投资增速放缓，全年实际增长14.7%，增幅比上年降低4.2个百分点。其中，基建、制造业和房地产投资同比增幅分别回落2.9个、5.1个和9.3个百分点（图1－1－7）。

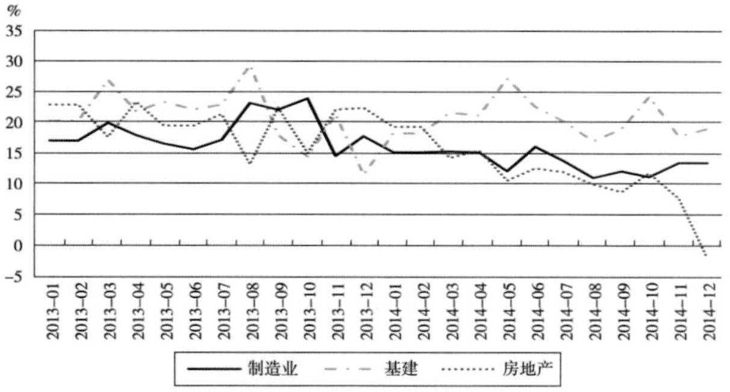

资料来源：中国期货业协会相关资料。

图1－1－7　固定资产投资增长

（二）经济新常态下的改革与政策调整

2014年是中国全面深化改革元年，经济与金融领域的市场化改革继续深化，对相关行业发展产生深远影响，也深刻影响了期货市场的发展。

1.资源性产品价格改革

（1）水资源。2014年，发改委、住建部印发文件部署全面实行城镇居民阶梯水价制度；出台南水北调东线一期主体工程运行初期供水价格，并实行两部制水价。

（2）电力。启动深圳市输配电价改革试点。利用电煤价格下降腾出的电价空间，将燃煤发电企业上网电价平均每千瓦时降低0.93元。完善水电、风电、抽水蓄能等价格形成机制，出台电动汽车用电价格政策，促进清洁能源发展。

（3）天然气。按照与可替代能源保持合理比价关系的原则和区分存量气、增量气分步推进的改革思路，将非居民用存量天然气价格每立方米提高0.4元。在5个省份多个城市全面推行城镇居民用气阶梯价格政策。

2.相关政策调整

（1）环境政策。2014年4月全国人大通过新环境保护法。国务院部署利用价格、税收、补贴等手段，落实雾霾等大气污染防治行动计划，并发文鼓励社会资本进入环保领域，推行环境污染第三方治理新模式，确立“污染者付费、专业化治理”的思路。9月，发改委推行差别化排污收费政策，将废气、污水主要污染物征收标准提高1倍。

（2）能源政策。国家在能源问题上确立了“四个革命”、“一个合作”的总要求。国务院审议并原则通过《能源发展战略行动计划（2014—2020年）》，明确坚持“节约、清洁、安全”的战略方针，加快构建清洁、高效、安全、可持续的现代能源体系。提出推进煤炭清洁高效开发利用、稳步提高国内石油产量、大力发展天然气、积极发展能源替代和加强储备应急能力建设等增强能源自主保障能力措施。

（3）农业和转基因政策。发改委部署完善农产品市场价格调控机制，推进农产品价格形成机制与政府补贴脱钩的改革，先后在黑龙江、新疆启动大豆、棉花目标价格试点。落实良种补贴、粮食直补、农机具补贴，提高补贴的标准。制定新增补贴向粮食等重要农产品、新型农业经营主体、主产区倾斜政策。降低农产品生产流通环节水电价格和运营费用等，提高流通效率。对农民专业合作社实施税收优惠政策。农地确权、宅基地确权，农地入市，增加农民的财产权利，盘活土地。转基因发展强调在研究上要大胆创新，占领转基因技术制高点；在推广上要慎重，转基因农作物产业化、商业化推广，要严格按照国家制定的技术规程规范进行，稳扎稳打，确保不出闪失。中国农业部于2014年12月批准了两个大豆和一个玉米新品种的进口，扩大了转基因农产品进口。

3.金融改革

（1）利率和汇率市场化改革出台新举措。央行将人民币存款利率浮动区间上限由基准利率的1.1倍扩大至1.2倍，简化存贷款基准利率的期限档次。人民币兑美元即期汇率浮动区间由1%扩大至2%，人民币汇率双向浮动弹性增强。

（2）期货市场建设与改革加快。2014年5月出台的新“国九条”明确提出继续推出大宗资源性产品期货品种，发展商品期权、商品指数、碳排放权等交易工具，允许符合条件的机构投资者以对冲风险为目的使用期货衍生品工具，清理取消对企业运用风险管理工具的不必要限制，逐步丰富股指期货、股指期权和股票期权品种，逐步发展国债期货。

（3）金融对外开放继续深化。2014年“沪港通”和RQDII正式启动，RQFII的境外试点扩大，允许跨国企业开展人民币双向资金池的集中运作。

（4）人民币国际化步伐加快。2014年人民币双边本币互换协议规模累计15020亿元。10月，英国财政部发行规模为30亿元的首只人民币主权债券。2014年离岸人民币债券发行量突破2000亿元，同比增长120%以上。已有超过30家央行和货币当局将人民币纳入其外汇储备。

第二节　中国期货业整体发展状况

2014年，我国期货市场交易规模再创历史新高，投资者结构和上市品种得到优化和丰富，国际地位进一步提升。新“国九条”正式出台，以及《关于进一步推进期货经营机构创新发展的意见》（以下简称《创新意见》）的发布实施，极大地激发了期货市场创新活力，促进期货经营机构转变经营理念和模式，期货行业服务实体经济和产品开发的能力大幅提升。

一、中国期货市场发展状况

（一）交易规模创历史纪录

中国期货业协会相关数据显示，2014年全国期货市场累计成交量为25.06亿手，累计成交额为291.99万亿元，同比分别增长21.54%和9.16%，成交量、成交额两项指标均创中国期货市场历史新高。

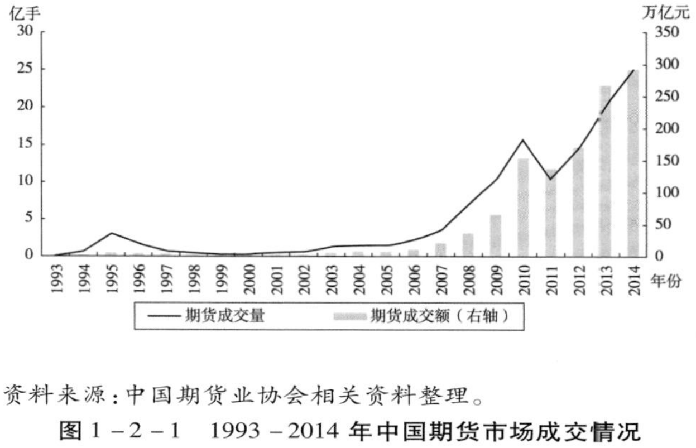

资料来源：中国期货业协会相关资料整理。

图1－2－1　1993－2014年中国期货市场成交情况

上海期货交易所(以下简称上期所)、大连商品交易所(以下简称大商所)、郑州商品交易所(以下简称郑商所)、中国金融期货交易所(以下简称中金所)成交量和成交额占比情况,如表1-2-1、图1-2-2和图1-2-3所示。

表1-2-1　2014年各期货交易所成交量和成交额对比

交易所名称	成交量(亿手)	同比增长(%)	成交额(万亿元)	同比增长(%)
上期所	8.42	31.10	63.24	4.67
郑商所	6.76	28.76	23.24	22.98
大商所	7.70	9.87	41.49	-12.00
中金所	2.18	12.37	164.02	16.31
共计	25.06	21.54	291.99	9.16

资料来源:中国期货业协会相关资料整理。

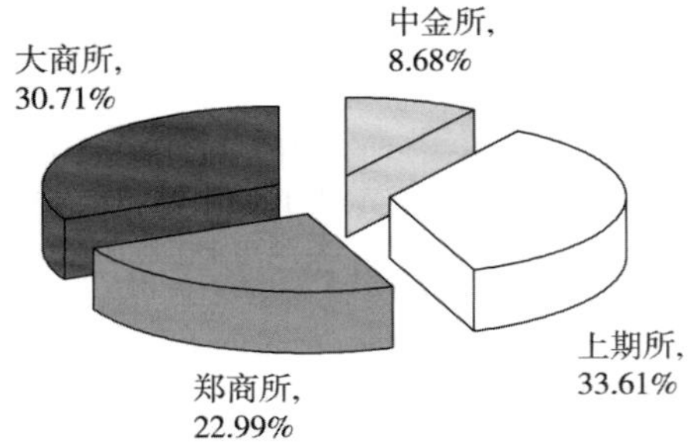

资料来源:中国期货业协会相关资料整理。

图1-2-2　2014年各期货交易所成交量占比

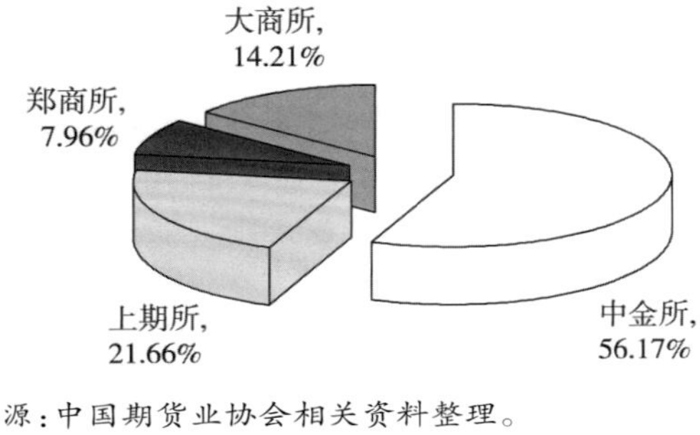

资料来源:中国期货业协会相关资料整理。

图1-2-3　2014年各期货交易所成交额占比

2014年,上期所累计成交量为8.42亿手,累计成交额为63.23万亿元,同比分别增长31.10%和4.67%。成交量占比前三位的是螺纹钢、白银和天然橡胶,分别为48.45%、22.97%和10.52%;成交额占比前三位的是铜、天然橡胶和螺纹钢,分别占比26.68%、20.21%和18.38%,如图1-2-4、图1-2-5所示。

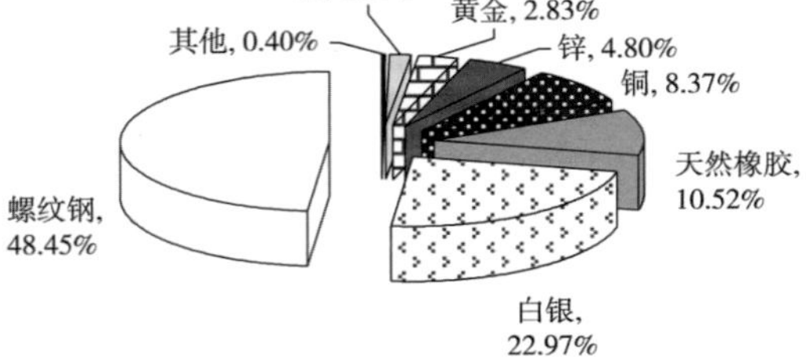

注:其他品种包括铅、沥青、线材、热轧卷板和燃料油。

资料来源:中国期货业协会相关资料整理。

图1-2-4　2014年上期所各品种成交量占比

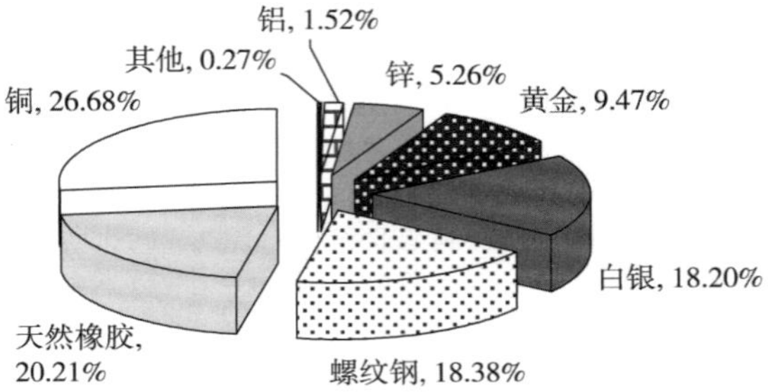

注:其他品种包括铅、沥青、线材、热轧卷板和燃料油。

资料来源:中国期货业协会相关资料整理。

图1-2-5　2014年上期所各品种成交额占比

2014年,郑商所成交量为6.76亿手,累计成交额为23.24万亿元,同比分别增长28.76%和22.98%。成交量占比前三位的是菜粕、PTA和白糖,分别为44.88%、17.42%和14.45%;成交额占比前三位的是菜粕、白糖和PTA,分别为33.49%、19.75%和15.70%,如图1-2-6、图1-2-7所示。

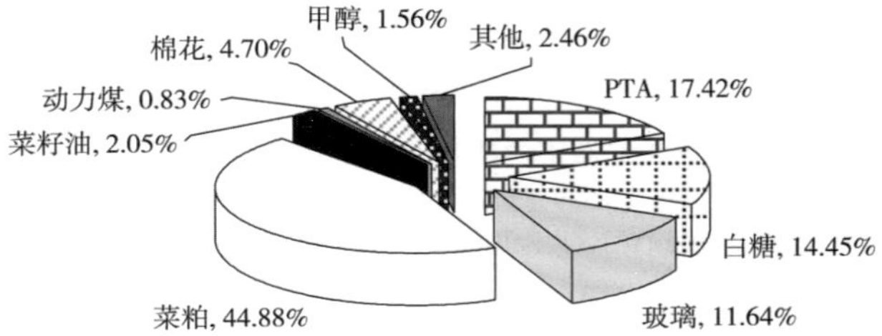

注:其他品种包括强麦、普麦、早稻、晚稻、粳稻、菜籽、硅铁和锰硅。

资料来源:中国期货业协会相关资料整理。

图1-2-6　2014年郑商所各品种成交量占比

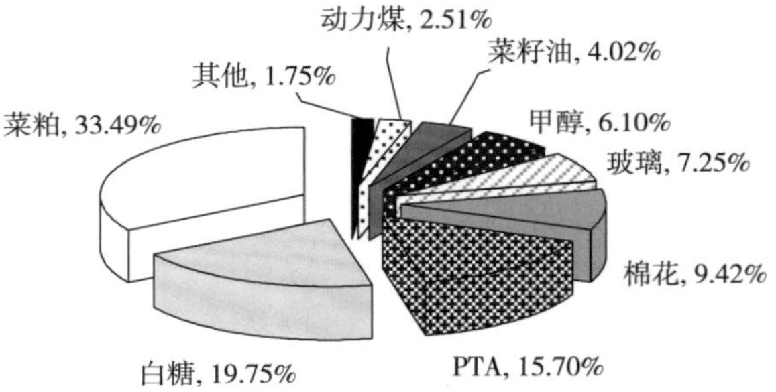

注:其他品种包括强麦、普麦、早稻、晚稻、粳稻、菜籽、硅铁和锰硅。

资料来源:中国期货业协会相关资料整理。

图1-2-7　2014年郑商所各品种成交额占比

2014年,大商所累计成交量为7.69亿手,累计成交额为41.49万亿元,同比分别增长9.87%和下降12.00%。成交量占比前三位的是豆粕、铁矿石和棕榈油,分别为26.63%、12.52%和10.39%;成交量占比前三位的是焦炭、豆粕和铁矿石,分别为18.14%、16.04%和14.58%,如图1-2-8、图1-2-9所示。

2014年,中金所累计成交量为2.18亿手,累计成交额为164.0万亿元,同比分别增长12.37%和16.31%。沪深300和国债期货成交量占比分别为99.58%和0.42%,成交额占比分别为99.46%和0.54%,如图1-2-10、图1-2-11所示。

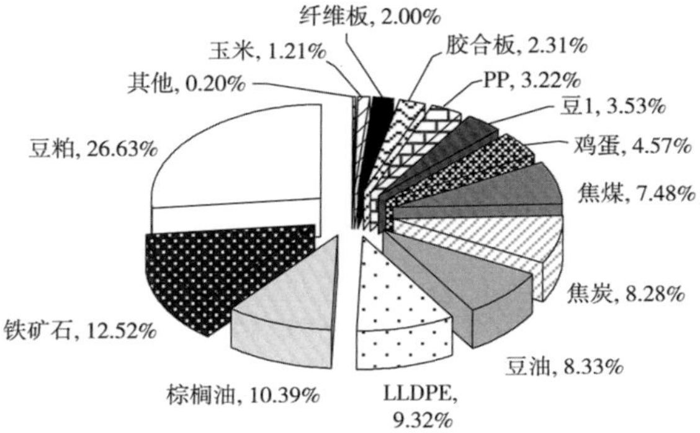

注：其他品种包括 PVC、黄大豆 2 号和淀粉。

资料来源：中国期货业协会相关资料整理。

图 1－2－8　2014 年大商所各品种成交量占比

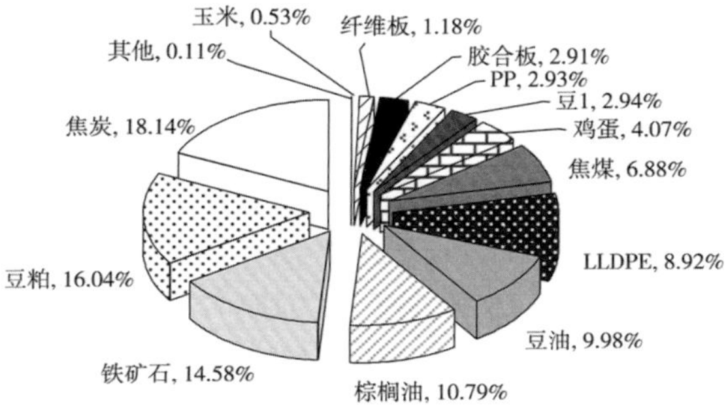

注：其他品种包括 PVC、黄大豆 2 号和淀粉。

资料来源：中国期货业协会相关资料整理。

图 1－2－9　2014 年大商所各品种成交额占比

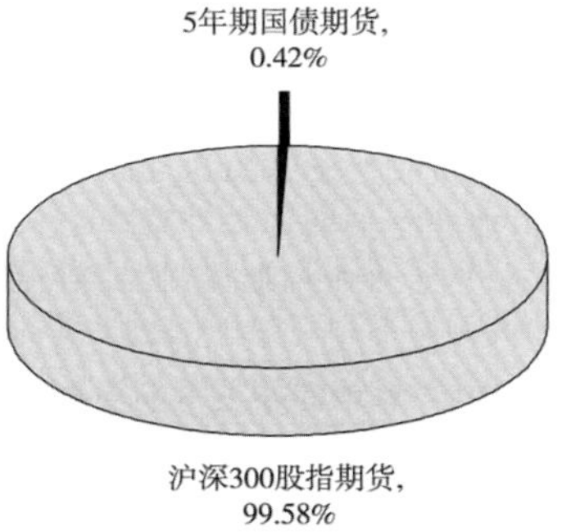

资料来源：中国期货业协会相关资料整理。

图 1－2－10　2014 年中金所各品种成交量占比

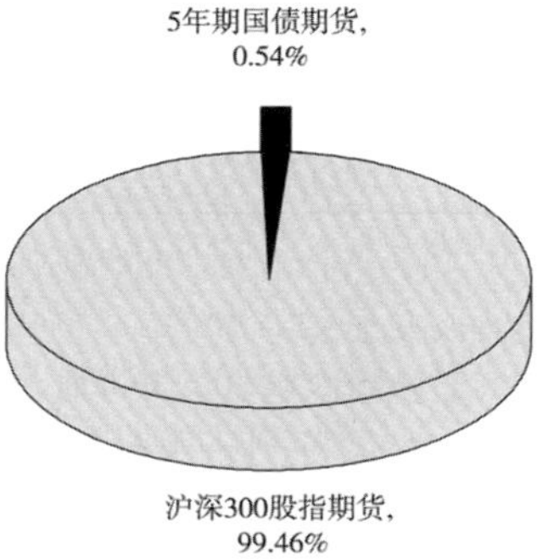

资料来源：中国期货业协会相关资料整理。

图 1－2－11　2014 年中金所各品种成交额占比

（二）品种运行日益成熟

2014 年，全国期货市场 13 个品种价格上涨，其余 33 个品种价格下跌，全年呈现“商品期货熊市、金融期货牛市”的格局，如表 1－2－2 所示。

表 1－2－2　2013－2014 年活跃期货品种成交量排名

排名	2013 年活跃品种	成交量占比（%）
1	螺纹钢	14.25
2	豆粕	12.87
3	沪深 300 股指	9.37
4	玻璃	9.03
5	白银	8.40
6	菜籽粕	7.77
7	焦炭	5.59
8	豆油	4.67
9	棕榈油	4.00
10	PTA	3.70
11	天然橡胶	3.51
12	聚乙烯	3.50
13	白糖	3.38
14	铜	3.12
15	焦煤	1.66
16	黄金	0.97
17	玉米	0.65
18	菜籽油	0.62
19	锌	0.59
20	黄大豆 1 号	0.53
21	1 号棉	0.36
22	动力煤	0.21
23	甲醇	0.17
24	铝	0.16
25	石油沥青	0.15
26	强麦	0.14
27	纤维板	0.12
28	铁矿石	0.11
29	胶合板	0.10
	合计	99.70

排名	2014 年活跃品种	成交量占比（%）
1	螺纹钢	16.29
2	菜籽粕	12.11
3	沪深 300 股指	8.65
4	豆粕	8.18
5	白银	7.72
6	PTA	4.70
7	白糖	3.90
8	铁矿石	3.85
9	天然橡胶	3.54
10	棕榈油	3.19
11	玻璃	3.14
12	聚乙烯	2.86
13	铜	2.81
14	豆油	2.56
15	焦炭	2.54
16	焦煤	2.30

排名	2014 年活跃品种	成交量占比(%)
17	锌	1.61
18	鸡蛋	1.40
19	1 号棉	1.27
20	黄大豆 1 号	1.09
21	聚丙烯	0.99
22	甲醇	0.98
23	黄金	0.95
24	胶合板	0.71
25	纤维板	0.61
26	铝	0.56
27	菜籽油	0.55
28	玉米	0.37
29	动力煤	0.23
	合计	99.66

资料来源:中国期货业协会相关资料整理。

2014 年,29 个成交活跃期货品种的成交量占全市场比重达到 99.66%,奠定了市场主导地位。随着期货品种的不断成熟,期现相关度不断提高,期货市场价格发现功能也得到有效发挥。

(三)投资者结构进一步优化

2014 年,期货市场投资者数量稳步增长,投资者结构进一步优化。截至 2014 年底,中国期货市场投资者数量共计 82.26 万户,其中法人客户数为 2.74 万户,自然人客户数为 79.52 万户,较 2013 年分别增长 32.4% 和 5.8%。2014 年,法人有效账户占全市场有效账户的比例为 3.33%,较 2013 年的 2.68% 和 2012 年的 2.77% 有较大增加。

从成交量来看,2014 年法人账户交易量达 129631.32 万手,占全市场交易量的 25.87%,较 2013 年的 37862.69 万手增长 242.37%;自然人账户交易量占全市场交易量的 74.13%,较 2013 年的 90.82% 大幅下降。从持仓量来看,2014 年法人账户持仓量达 718.53 万手,占全市场持仓量的 39.48%,较 2013 年的 517.91 万手增长 38.74%;自然人账户持仓量占全市场持仓量的 60.52%,较 2013 年大幅下降(表 1 -2 -3)。

上述变化,说明我国投资者结构在 2014 年有所优化,中国期货市场向成熟交易市场又迈进一步。

表 1 -2 -3　2013 -2014 年中国期货市场投资者结构

账户类别	年份	客户数量(万户)	成交量(万手)	成交额(亿元)	持仓量(万手)
法人客户	2014	2.74	129631.32	1084927.79	718.53
	2013	2.07	37862.69	418589.48	517.91
自然人客户	2014	79.52	371539.82	4754836.72	1101.33
	2013	75.17	374501.92	4930934.53	956.04

注:客户数量只统计有效客户数,不统计全市场客户数量和活跃客户数量。有效客户数为经过客户账户规范并且剔除休眠账户后的客户数。

资料来源:中国期货保证金监控中心相关资料整理。

(四)增量不增资状况得以改观

截至 2014 年底,中国期货市场保证金为 2923.84 亿元,较 2013 年的 2069.06 亿元大幅增长 41.31%(表 1 -2 -4)。其中,全国 151 家期货公司 2014 年末客户权益总额为 2742.72亿元,同比增长 37.95%,平均每家公司客户权益为 18.16 亿元,同比增长 42.54%。其他交易所会员单位保证金规模为 854.78 亿元,同样获得大幅增长。

表 1 -2 -4　2014 年全国期货市场保证金情况

单位:亿元,%

项目名称	2014 年	2013 年	同比变动
期货公司客户权益	2742.72	1988.18	37.95
其他交易所会员保证金	854.78	80.88	956.85
保证金合计	2923.84	2069.06	41.31

资料来源:中国期货保证金监控中心相关资料整理。

(五)市场国际地位得以提升

2014 年,我国期货市场在国际市场上的影响力得以继续提升。美国期货业协会(FIA)公布数据显示,2014 年上期所、大商所、郑商所、中金所在全球场内衍生品交易所中分别排在第 9 位、第 10 位、第 13 位和第 18 位。上期所的排名较 2013 年上升 3 位,进入全球场内衍生品交易所前 10 名,大商所和中金所排名较 2013 年各上升 1 位,郑商所排名与 2013 年保持不变(表 1 -2 -5)。

表 1 -2 -5　2014 年中国各期货交易所成交量全球排名

单位:手,%

排名	交易所	2014 年	2013 年	同比增长
9	上期所	842294223	642473980	31.10
10	大商所	769637041	700500777	9.90
13	郑商所	676343283	525299023	28.80
18	中金所	217581145	193549311	12.40

资料来源:美国期货业协会(FIA)相关资料。

二、中国期货品种发展状况

(一)新上市品种运行状况

2014 年,中国期货市场共上市 6 个新品种,包括聚丙烯、热轧卷板、晚籼稻、锰硅、硅铁和玉米淀粉。截至 2014 年底,中国期货市场交易品种增至 46 个。

其中,聚丙烯期货成交量为 2478.12 万手,在新上市期货品种中位居前列;热轧卷板期货成交量为 125.54 万手,在新上市期货品种中仅次于聚丙烯期货;晚籼稻、锰硅、硅铁和玉米淀粉成交量和成交额都相对偏小(表 1 -2 -6)。

表 1 -2 -6　2014 年中国新上市期货品种成交情况

品种	上市时间	2014 年成交量(万手)	2014 年成交额(亿元)
聚丙烯	2014 年 2 月 28 日	2478.12	12138.02
热轧卷板	2014 年 3 月 21 日	125.54	400.68
晚籼稻	2014 年 7 月 8 日	5.21	29.50
锰硅	2014 年 8 月 8 日	36.15	115.97
硅铁	2014 年 8 月 8 日	76.76	221.23
玉米淀粉	2014 年 12 月 19 日	7.20	19.87

资料来源:中国期货业协会相关资料整理。

(二)夜盘品种大幅扩容

为提高大宗商品国际影响力及定价能力,形成品种的连续性交易,2014 年夜盘交易品种大幅扩容,新增白糖、1 号棉、PTA、菜粕、甲醇、螺纹钢、热轧卷板、天然橡胶、石油沥青、棕榈油、焦炭等 17 个期货品种(表 1 -2 -7)。截至 2014 年底,开展夜盘交易的期货品种增至 23 个,占全部期货交易品种数量的 50% 以上。

表 1-2-7　期货品种连续交易情况

时间	交易所	夜盘上市品种	夜盘交易时间
2013 年 7	上期所	黄金、白银	21:00—02:30
2013 年 12 月	上期所	铜、铝、铅、锌	21:00—01:00
2014 年 7	大商所	棕榈油、焦炭	21:00—02:30
2014 年 12 月	郑商所	白糖、1 号棉、PTA、菜粕、甲醇	21:00—23:30
2014 年 12 月	上期所	螺纹钢、热轧卷板、天然橡胶、石油沥青	21:00—01:00
2014 年 12 月	大商所	豆粕、豆油、黄大豆 1 号、黄大豆 2 号、焦煤、铁矿石	21:00—02:30
合计	—	23 个	—

中国期货业协会相关资料整理。

通过夜盘交易，期货品种交易额、交易量均大幅提升。夜盘交易适时推出不仅有利于实体企业、投资者更好地规避隔夜风险，而且有利于我国期货市场与国际市场接轨。

(三)部分品种国际影响力凸显

2014 年，中国期货市场继续在国际市场中占据重要地位。在成交量前 20 名的农产品期货和期权合约中，郑商所的菜粕、白糖、1 号棉和菜籽油分列全球第 1 位、第 3 位、第 10 位和第 18 位；大商所的豆粕、棕榈油、豆油和鸡蛋分列全球第 2 位、第 5 位、第 7 位和第 9 位；上期所的天然橡胶位列全球第 4 位。在能源期货和期权合约的成交量排名上，大商所的焦炭和焦煤分列全球第 4 位和第 5 位。在金属期货和期权合约的成交量排名上，上期所的螺纹钢、白银、铜、锌分列全球第 1 位、第 2 位、第 4 位和第 7 位。大商所的铁矿石期货列全球第 3 位。在金融期货和期权合约的成交量排名上，中金所的沪深 300 股指期货列全球第 10 位(表 1-2-8、表 1-2-9、表 1-2-10、表 1-2-11)。

表 1-2-8　2014 年中国农产品期货品种成交量全球排名

单位：手，%

排名	品种名称及隶属交易所	2014 年	2013 年	同比增长
1	菜粕期货，ZCE	303515966	160100378	89.60
2	豆粕期货，DCE	204988746	265357592	-22.70
3	白糖期货，ZCE	97726662	69794046	40.00
4	天然橡胶期货，SHFE	88631586	72438058	22.40
5	棕榈油期货，DCE	79996388	82495230	-3.00
7	豆油期货，DCE	64082631	96334673	-33.50
9	鸡蛋期货，DCE	35188187	1951323	1703.30
10	1 号棉期货，ZCE	31782665	7452748	326.50

资料来源：美国期货业协会(FIA)相关资料。

表 1-2-9　2014 年中国能源期货品种成交量全球排名

单位：手，%

排名	品种名称及隶属交易所	2014 年	2013 年	同比增长
4	焦炭期货，DCE	63688294	115306637	-44.80
5	焦煤期货，DCE	57605436	34259550	68.10

资料来源：美国期货业协会(FIA)相关资料。

表 1-2-10　2014 年中国金融期货品种成交量全球排名

单位：手，%

排名	品种名称及隶属交易所	2014 年	2013 年	同比增长
10	沪深 300 股指期货，CFFEX	216658274	193220516	12.10

资料来源：美国期货业协会(FIA)相关资料。

表 1-2-11　2014 年中国金属期货品种成交量全球排名

单位：手，%

排名	品种名称及隶属交易所	2014 年	2013 年	同比增长
1	螺纹钢期货，SHFE	408078103	293728929	38.90
2	白银期货，SHFE	193487650	173222611	11.70
3	铁矿石期货，DCE	96359128	2189215	4301.50
4	铜期货，SHFE	70510306	64295856	9.70
7	锌期货，SHFE	40429347	12083166	234.60

资料来源：美国期货业协会(FIA)相关资料。

三、期货公司发展状况

(一)期货公司收入结构多元化

随着新“国九条”以及《创新意见》的出台和实施，行业创新环境宽松，创新引导政策逐渐得到落实，期货公司投资咨询业务、风险管理公司业务、资产管理业务等非经纪业务发展提速。2014 年期货公司收入结构进一步改善，非经纪业务收入快速增长。期货公司营业收入为 188.1 亿元，较上年微增 1.58%，包括手续费收入、利息净收入和其他收入。其中，手续费收入同比下滑 17.98%，其他收入包括资产管理、风险管理公司、投资咨询等业务，虽然总体数额仅有 16.88 亿元，但同比增长 166.28%，成长迅速。

截至 2014 年底，共有 46 家期货公司获得资产管理业务资格，较 2013 年的 29 家增长 58.62%。与此同时，共有 94 家期货公司获得期货投资咨询业务资格，45 家期货公司开展了投资咨询业务，业务收入较 2013 年增长 103.45%。

(二)期货公司做大做强步伐加快

2014 年政策支持力度加大，其中《创新意见》支持期货公司做大做强并放宽行业准入，支持期货公司在境外设立、收购公司等内容，极大地促进了期货公司的扩张。

期货公司通过合并、收购和增资等手段做大做强。与 2013 年 6 起合并案例相比，虽然 2014 年期货公司合并案例有所减少，但银行、证券、信托收购或入股期货公司的案例数量大幅增加，表明管理层降低期货业进入门槛后金融混业经营趋势明显(表 1-2-12)。

表 1-2-12　2014 年期货公司收购、合并、股权变更情况

单位：手，%

合并	收购	增资/股东变更
五矿期货吸收合并经易期货	混沌投资收购广东鸿海期货	英大证券增资英大期货
中信期货吸收合并中信新际期货	山东黄金全资控股象屿期货	财富期货吸收外资
中航期货吸收合并江南期货	瑞银证券收购普民期货	
	珠海金控增资收购金谷期货	
	建信信托收购良茂期货	
	兴业信托收购杉立期货	

资料来源：中国证监会相关资料。

2014 年国内期货公司在寻求国际化发展道路上有了新的突破。2014 年 6 月，南华期货美国有限公司在芝加哥正式成立。南华期货美国有限公司成为美国全国期货协会(NFA)会员，并取得芝加哥商业交易所(CME)活跃清算会员资格，为其他期货公司及相关金融机构提供代理结算服务。

(三)期货公司创新业务不断深化

面对国内市场快速增长和日益复杂的风险管理需求，2014 年期货经营机构业务创新转型升级加速，以充分发挥期货经营机构风险管理和资产定价服务为核心，推动特色化、专业化发展，投资咨询、资产管理、风险管理公司、境外业务等取得显著突破。

2014 年,期货公司创新业务收入 16.88 亿元,较 2013 年的 6.34 亿元大幅增长 166.24%。

1.资产管理门槛降低,业务范围扩大

2014 年 12 月,中国期货业协会发布《期货公司资产管理业务管理规则(试行)》,明确期货公司资产管理业务资格由审批制改为备案制,降低准入条件,放开为特定多个客户办理资产管理业务。

资产管理"一对多"业务的放开,极大地促进了期货公司开展资产管理业务的积极性,同时带动了期货公司投资咨询业务的发展。2014 年,期货公司资产管理及投资咨询业务收入实现快速增长。

2014 年期货公司资产管理及投资咨询业务收入为 2.05 亿元,较 2013 年增长

180.25%。其中,投资咨询业务收入为 1.18 亿元,同比增长 102.36%;资产管理业务收入为 8674 万元,同比大幅增长 490.07%。

2.风险管理公司业务拓展与实践

2014 年,风险管理公司运作总体平稳,现货、仓单、合作套保、期权、互换等业务稳步增长。2014 年 8 月,中国期货业协会修订《期货公司设立子公司开展以风险管理服务为主的业务试点工作指引》,扩大了业务范围,放宽了试点范围。

截至 2014 年底,共计 33 家期货公司完成了风险管理公司业务试点的备案和工商注册,各项业务总收入达 197.99 亿元。2014 年,共有 7 家公司采用了《中国证券期货市场场外衍生品交易主协议(2014 年版)》开展场外期权业务,签订协议 106 笔。

在业务试点范围逐步扩大背景下,风险管理公司积极探索利用期现结合产品、场外期权等工具服务"三农"和中小企业的模式,为客户开发、提供定制化的产品和服务,服务实体经济和产品设计的能力得到大幅提升。

第三节　中国期货业法治监管与自律管理状况

2014 年以来,监管系统围绕转变监管理念、完善法律法规、加强自律监管和实现监管转型,做了大量工作,并取得积极成效。随着《期货法(草案)》第一、第二稿的完成,我国期货业立法进程加快。2014 年继续保持"五位一体"监管协调体制,期货业监管制度改革有序推进,期货市场监管思路由事前监管为主,向事中事后监管为主转换,从"一刀切"到分类监管,期货行业在法治监管和自律管理的协同作用下稳步发展。

一、法治监管有效提升

2014 年,中国证监会根据新"国九条",在落实法治监管方面取得了突破性进展。

首先,简政放权释放市场活力。2014 年,中国证监会围绕转变监管方法和模式,取消和下放多项行政审批事项,释放了市场活力。中国证监会推动完成保证金、套保审批、限仓等制度改革,有力地提高了市场流动性和方便了产业客户参与套保业务。

其次,监管重心向事中事后转移。监管重点转向制定监管规则和开展监管执法,即"一手抓规则,一手抓执法";监管理念从事前审批转向风险导向和行为导向兼顾发展;在"放松管制、加强监管"的理念下,提高监管执法能力和加大监管执法力度,对违反"三公"原则、侵犯投资者权益的行为采取"零容忍"态度,全年对违法违规的期货公司或个人出具 13 项行政监管措施。

最后,法律法规体系进一步完善。2014 年,我国《期货法》立法进程加快。为落实新"国九条",促进期货行业改革开放和创新发展,中国证监会修订了《期货公司监督管理办法》,并于 2014 年 10 月 29 日正式发布。

二、行业自律管理作用进一步发挥

围绕"大力推进监管转型"以及"两维护、一促进"的监管要求,期货交易所、中国期货保证金监控中心和中国期货业协会分别在不同领域发挥自律管理作用,期货行业自律管理作用得到进一步加强。

期货交易所强化市场一线自律管理,严格按照交易所业务规则,加大对异常交易和违规行为的监察力度,对市场违规行为及时采取限制性措施,完善业务规则,增加对会员服务,激活市场参与活力。

中国期货保证金监控中心有效发挥数据监控作用。积极配合监管转型和市场创新,提高期货市场监控监测职能,全年共发出预警 60 次;积极构建证券期现货市场的跨市场监控及分析机制。

中国期货业协会积极发挥行业自律组织作用。2014 年协会从保护投资者出发加强自律和服务,坚持转变自律管理理念,优化工作方式方法,调动广大会员的积极性,紧扣服务实体经济的总目标,积极引领和推动行业创新发展。

第四节　中国期货业履行社会责任状况

期货市场是全球市场结构中的顶层市场,具有十分重要的战略价值。中国期货行业承担着通过期货市场的建设与健康运行,积极参与和影响全球价格体系形成与运行机制,维护国民经济平稳健康可持续发展的历史与社会责任,其核心是逐步建立与中国经济发展规模相适应的国际话语权。在这一过程中,中国实体企业扮演着

不可或缺的角色。中国期货行业以为实体企业服务为己任,携手实体企业共同承担这一责任。

一、紧紧依靠市场创新为实体经济服务

2014 年,中国期货行业以推出符合国际惯例兼顾中国国情的《中国证券期货市场场外衍生品交易主协议(2014 年版)》及补充协议、《中国证券期货市场场外衍生品交易权益类衍生品定义文件(2014 年版)》及场外衍生品商品定义文件、交易确认书为突破口,将为实体企业服务主要集中在两个方向。

一是围绕为大型实体企业充分利用国内外两个市场优化配置资源服务。2014 年,共有 7 家风险管理公司采用《中国证券期货市场场外衍生品交易主协议(2014 年版)》开展场外期权业务,推出一系列为企业量身打造的期权产品,如:浙期实业推出大豆欧式看跌期权、金瑞资本推出锌欧式看跌期权、鲁证经贸推出棕榈油场外期权等等、南华资本推出铝欧式看涨期权、申银万国智富推出沪深 300 股指看涨期权等。

二是围绕为中小企业与"三农"企业量身打造低成本避险工具。如围绕"三农"企业开展利用期货工具保底收购,以及围绕中小企业开展仓单、掉期、互换、合作套保等业务,支持它们平稳健康持续发展。

2014 年,中国期货市场法人客户增长迅速,比 2013 年增长 32.4%;持仓比 2013 年增长 38.74%。这些努力,正在逐步改变长期以来我国期货市场客户结构不合理的状况。

目前,期货市场上市期货品种体系不断完善,上市品种已覆盖了农产品、金属、能源化工等国民经济的重要领域,打开

了为实体经济服务的空间。

二、合规发展是行业履行社会责任的基础

2014年，中国期货行业继续坚持合规经营，严格遵守期货法律规章。在经纪业务保持增长、创新业务快速发展的背景下，行业通过继续对期货公司进行综合分类监管的有效方式，不断促进期货公司合规经营。同时，积极引导推进制度建设，不断完善期货公司法人治理结构，优化公司股权结构，强化风险控制责任体系。合规经营促使期货公司保持稳健发展，为服务实体经济与履行相关社会责任提供了保障。

2014年，期货公司总注册资本持续增加，达434亿元，比2013年增长13%，总资产达3433亿元，比2013年增长34%，整个行业抗风险能力明显提高。

三、以投资者适当性制度为前提保护投资者

期货市场属于高风险市场，有效保护投资者尤其是中小投资者权益是行业底线，不可动摇。同时，这也是期货行业履行社会责任的一种体现。

2014年，中国期货行业积极开展与期货市场风险管理相适应的投资者教育活动，将投资者适当性制度作为主线贯穿于活动之中。中国期货业协会投资者教育注重期货市场的价值与普及；期货交易所投资者教育注重上市品种特色与风险提示；期货公司投资者教育注重落实投资者适当性制度与风险揭示匹配。这种三位一体的完整的投资者教育体系从根本上维护了期货市场投资者的权益。它能够根据期货及衍生品市场高风险的特点，从切实落实投资者适当性制度出发，通过风险评估，推荐与投资者风险承受能力相匹配的服务，将适当的产品与服务提供给适当的投资者，确保投资者的风险认知和风险承受能力与金融产品相适应，主动化解潜在风险，有效保护投资者合法权益，积极履行对社会的责任。

此外，期货行业还开展多层次投资者教育活动，拓展投资者教育工作的辐射范围，如组织开展"3·15"期货投资者保护宣传统一行动，在全行业开展以防范非法期货为主题的"12·4"法制宣传等活动。

中国期货业协会成立了期货行业调解委员会，建立调解员队伍，制订协会投资者投诉处理办法，保持投资者投诉渠道畅通，维护社会稳定。

四、以持续的职业培训为中心构建和谐劳动关系

中国期货市场是一个年轻的成长迅速的市场。截至2014年底，专职从业人员为31132人，平均年龄仅为33岁，其中40岁以下占从业人员的83.27%；全行业男性占比69.5%，女性占比30.5%；72.25%的人员具有本科以上学历（含本科）。在2014年创新业务发展迅猛的情况下，与行业相关的金融、实体等企业也相应提出了大量的期货及衍生品专业人员的用人需求。

中国期货业协会2014年继续加大投入，制定了期货后备人才与在职从业人才培养并举的方针。一方面加强同各高校、研究机构合作，期货大讲堂进高校，并在多个地区与各关联单位联合举办了多样化的衍生品市场普及与知识性竞赛，吸引了来自700多所高校的6万余名学生参赛；另一方面加强针对现任高管与在职从业人员的继续教育与培训，使他们的职业技能始终处于行业发展前沿，具有职业竞争力，这是构建和谐劳动关系的最好方式，也从根本上维护了职工权益。

五、按时依法纳税是行业履行社会责任的硬指标

不偷税、不漏税，按时依法纳税，是期货行业履行社会责任的重要方面，体现了期货行业的发展与成熟。

2014年，期货公司向国家上缴营业税金及附加和所得税共19.73亿元，较2013年的19.39亿元增长1.75%。期货交易所也按时依法纳税收。2014年，上海期货交易所纳税8.70亿元，郑州商品交易所纳税5.6亿元，大连商品交易所纳税11.1亿元，中国金融期货交易所纳税11.35亿元，以上共计36.75亿元。上述两项共计缴税56.50亿元，行业人均缴税18.15万元。2014年，行业未发现偷漏税不良事件。

2014年，期货投资者保障基金共计筹集资金8.355亿元，有效增强了我国期货市场的风险承受能力。

六、积极参与社会公益与各项慈善事业

在创新发展的同时，期货行业还积极参加社会公益和慈善活动。2014年，期货行业积极参与捐资助学和扶贫帮困，全年共计捐款1050万元。

此外，期货行业始终响应国家"低碳办公，绿色运营"的号召，鼓励公司与员工积极参加绿色环保公益活动，从纸、电、水的节约使用开始，走绿色低碳的发展道路，为建设"美丽中国"，实现"生态文明"贡献力量。

2014年中国期货市场品种运行报告

第一节 期货品种运行总状况

一、农产品类期货运行状况

2014年，国内农产品期货价格整体呈现偏弱格局，同时存在一定的分化。多数农产品期货价格受全球经济偏软和供应宽松影响呈现震荡下跌走势，但谷物期货价格受国家收储政策影响走势平稳，鸡蛋与胶合板期货受供应偏紧影响价格上涨。2014年，我国农产品期货品种累计成交90232.87万手，累计成交金额35.68万亿元，分别占全国期货市场的36.01%和12.22%。农产品成交量和成交额所占比重较2013年微幅增长。

2014年，新上市的农产品品种有晚籼稻（7月8日上市）和玉米淀粉（12月19日上市）两个品种，分别占农产品期货成交量的0.006%和0.008%，占期货市场总成交量的0.002%和0.003%。

二、金属类期货运行状况

2014年，受国内外宏观经济影响，国内金属期货价格重心整体下移，而沪锌期货价格因供应出现大幅缩减，呈现上涨走势。2014年，我国金属类期货品种累计成交量为75414.01万手，累计成交额为504626.90亿元，同比大幅增长，累计成交量和成交额分别占当年全国期货市场的30.10%和17.28%。

2014年，新上市的金属类期货品种有热轧卷板（3月21日上市）、硅铁（8月8日上市）、锰硅（8月8日上市），分别占金属类期货成交量的0.17%、0.10%、0.05%，分别占期货市场总成交量的0.05%、0.03%、0.01%。

三、能源、化工及其他类期货运行状况

2014年，能源、化工类期货品种价格呈现不同程度下行，主要受经济增速下行导致需求下降，供给端产能过剩及国际原油价格下跌等多因素影响。2014年，能源、化工类期货品种累计成交量为63176.88万手，累计成交额为41.33万亿元，分别占当年全国期货市场的25.21%和14.33%。

2014年，新上市的聚丙烯期货（2月28日上市），其成交量占能源、化工类期货成交量的3.92%，占期货市场总成交量的0.99%。

四、金融期货运行状况

2014 年,中金所金融期货累计成交量为 2.18 亿手,同比增长 12.42%,累计成交额为 164.02 万亿元,同比增长 16.32%,分别占期货市场总成交量和成交额的 8.68% 和 56.17%。

2014 年股指期货与国债期货运行效率和质量进一步提升,市场功能有效发挥。

股指期货总成交量 21665.83 万手,同比上升 12.13%;总成交金额 163.14 万亿元,同比上升 15.95%。5 年期国债期货市场功能初步显现,累计成交量为 92.29 万手,累计成交金额为 8785.17 亿元,分别同比增长 180.68% 和 186.73%,市场运行平稳,交易规模保持稳步上升。

第二节　上海期货交易所上市品种运行报告

上期所 2014 年全年累计成交量为 8.42 亿手,占全国期货市场成交量的 33.61%,同比增长 31.10%;全年累计成交额为 63.24 万亿元,同比增长 4.67%。成交较为活跃的品种有铜、铝、锌、黄金、白银、螺纹钢、天然橡胶;成交较为低迷的品种有铅、燃料油、沥青、线材,单个品种年成交量在全国占比不足 0.1%;热轧卷板是 2014 年新上市品种,其市场规模有待发展。

一、铜期货运行报告

2014 年,上期所铜期货价格较 2013 年下行,呈现先抑后扬继而震荡下滑的走势。第一季度铜期价震荡徘徊,3 月 7 日太阳能设备生产商上海超日太阳能股份有限公司未能按期支付债券利息,为中国首例债券违约案,受该在债务违约影响铜仓单质押融资收资的预期的影响下,铜价出现断崖式下跌,并且国内铜价一度领跌。在 3 月 20 日创下 2009 年 7 月以来的新低 43610 元后,第二季度价格强劲反弹,国内外比价得到逐步修复。第三季度期货价格震荡下行,11 月末受国际原油价格暴跌、美元不断走强影响,第四季度期货价格再度暴跌,年末期货价格出现一定反弹。

(一)交易情况

2014 年,上期所铜期货成交量 7051.03 万手,同比增加 9.67%;成交金额 16.873 万亿元,同比增加 0.84%;年末持仓 33.97 万手,同比增加 30.99%。其中,成交量最高为 3 月的 1159.72 万手,最低为 2 月的 293.70 万手;月末持仓最大为 11 月的 40.55 万手,最小为 1 月的 24.24 万手。

(二)交割情况

截至 2014 年底,上期所铜期货交割仓库共 18 个,其中上海市 11 家,江苏省 3 家(2 家无锡市,1 家苏州市),浙江省 2 家(宁波市),广东省 1 家(广州市),江西省 1 家(鹰潭市)。

2014 年,上期所铜期货交割总量 46640 手折合 233200 吨,同比减少 9.61%,交割金额 114.41 亿元,同比减少 17.83%。其中,7 月交割量最大,为 6850 手折合 34250 吨;5 月交割量最小,为 1440 手折合 7200 吨。

(三)价格走势

1. 总体价格走势

2014 年,上期所铜主力连续合约年初开盘价 52290 元/吨(1 月 2 日),最高价 52770 元/吨(1 月 2 日),最低价 43690 元/吨(3 月 12 日),最大价差(全年最高结算价减去最低结算价,下同)9080 元/吨,年末收盘价 45800 元/吨(12 月 31 日)。全年下跌 6490 元/吨,跌幅 12.41%。

2014 年,上海 1 号电解铜现货价格年初报价 52370 元/吨(1 月 2 日),最高价 52370 元/吨(1 月 2 日),最低价 44325 元/吨(3 月 14 日),最大价差 8045 元/吨,年末报价 46550 元/吨。全年下跌 5820 元/吨,跌幅 11.11%。

2014 年,伦敦金属交易所(LME)铜连续合约年初开盘价 7420 美元/吨(1 月 2 日),最高价 7421 美元/吨(1 月 2 日),最低价 6250 美元/吨(12 月 29 日),最大价差 1171 美元/吨,年末收盘价 6300 美元/吨(12 月 31 日)。全年下跌 1120 美元/吨,跌幅 15.09%。

2014 年铜期货内外盘和现货市场价格比较见图 2－2－1。

资料来源:上海期货交易所相关资料、Reuters、SMM。

图 2－2－1　2014 年铜期货内外盘和现货市场价格比较

2. 市场重大变化

(1)中国企业完成最大海外铜矿项目收购

2014 年 4 月 14 日,中国五矿集团所属五矿资源有限公司联合国信国际投资有限公司和中信金属有限公司等组成联合体,与 GlencoreXstrataplc(嘉能可斯特拉塔)达成 Las-Bambas 铜矿项目(邦巴斯项目)股权收购协议,交易对价为 58.5 亿美元。2014 年 8 月,中方企业联合体以 70.5 亿美元完成该项目的股权交割,邦巴斯项目是中国金属矿业史上迄今实施的最大境外收购。收购并完成邦巴斯项目建设后,中国五矿有望成为中国最大的铜矿生产企业和全球前十大铜矿山生产商之一。由于中国铜资源缺乏,对外依存度呈持续上升趋势,邦巴斯作为已经完成了大半进程的大型在建项目,将会在相对较短时间内产出铜精矿,对国内铜原料供应起到很好的补益。

(2)印度尼西亚禁止矿产品出口政策实施

2014 年 1 月,印度尼西亚对矿产品实施出口禁令,对铜精矿出口征收高额关税(2014 年出口关税为 25%,2016 年中增至 60%)。由于对高额出口关税不满,印度尼西亚两大铜矿公司 Freeport 公司(PT－FI)和 Newmont 矿业公司暂停铜精矿出口。印度尼西亚禁矿政策的实施,对上半年铜精矿市场供应造成了一定影响,尽管未能扭转铜精矿供应过剩的局面,但在很大程度上缓和了过剩压力,对铜价起到了支撑作用,但压制了铜精矿加工费的上扬。

(3)青岛港事件暴露铜融资仓单重复质押

2014 年端午期间(5 月 31 日至 6 月 2 日),媒体曝出青岛港正在就重复质押仓单套取融资资金的行为进行调查。随后标准银行发表声明称已对青岛港的仓单重复质押行为进行调查,并承认该行因此蒙受损失,渣打银行也紧急叫停对中国新客户的金属融资业务。青岛港事件涉及铜、铝、镍等多种金属品种。受此次事件的影响,银行发放进口信用证更为谨慎,2014 年下半年国内铜贸易融资降温,精铜进口量也出现下滑。

二、铝期货运行报告

2014 年 2 月中旬，我国西部生产的铝锭开始运出，国内铝库存快速上升，铝价下行，3 月期货价格一度跌至 12750 元/吨，创近五年新低；第二季度铝价有所回升，接近 13000 元/吨。此后铝价持续走强，至 10 月前铝价涨至 15000 元/吨左右；部分铝产能复产导致铝价第四季度再次走弱。

（一）交易情况

2014 年，上期所铝期货成交量 1392.63 万手，同比增加 321.30%；成交金额 9628.45 亿元，同比增加 299.97%；年末持仓 17.13 万手，同比增加 58.61%。其中，成交量最高为 9 月的 253.28 万手，最低为 1 月的 28.61 万手；月末持仓量最大为 8 月的 22.55 万手，最小为 1 月的 11.98 万手。

（二）交割情况

截至 2014 年底，上期所铝期货共有交割仓库 23 个，分布在华东地区和华南地区。其中，华东地区共有 19 个（上海市 12 个，无锡市 2 个，苏州市 1 个，杭州市 1 个，诸暨市 1 个，宁波市 2 个），华南地区共有 4 个（佛山市 4 个）。2014 年，上期所铝期货交割总量 145100 手折合 725500 吨，同比增加 77.15%；交割金额 96.97 亿元，同比增加 62.10%。其中，4 月交割量最大，为 21105 手折合 105525 吨；1 月交割量最低，为 2445 手折合 12225 吨。

（三）价格走势

1. 总体价格走势

2014 年，上期所铝主力连续合约年初开盘价 13965 元/吨（1 月 2 日），最高价 15010 元/吨（9 月 5 日），最低价 12750 元/吨（3 月 24 日），最大价差 2260 元/吨，年末收盘价 13060 元/吨（12 月 31 日）。全年下跌 905 元/吨，跌幅 6.48%。2014 年，上海 A00 铝锭现货价格年初报价 14090 元/吨（1 月 2 日），最高价 15000 元/吨（9 月 3 日），最低价 12330 元/吨（3 月 25 日），最大价差 2670 元/吨，年末报价 12980 元/吨。全年下跌 1110 元/吨，跌幅 7.88%。

2014 年，伦敦金属交易所（LME）铝连续合约年初开盘价 1803 美元/吨（1 月 2 日），最高价 2107 美元/吨（9 月 2 日），最低价 1677 美元/吨（2 月 3 日），最大价差 430 美元/吨，年末收盘价 1853 美元/吨（12 月 31 日）。全年上涨 50 美元/吨，涨幅 2.77%。

2014 年铝期货内外盘和现货市场价格比较见图 2－2－2。

资料来源：上海期货交易所相关资料、Reuters、SMM。

图 2－2－2　2014 年铝期货内外盘和现货市场价格比较

2. 市场重大变化

（1）各省市电解铝企业开始执行阶梯电价

为落实《国务院关于化解产能严重过剩矛盾的指导意见》的具体措施，从 2 月 1 日起，新疆电解铝企业开始执行阶梯电价。电解铝企业铝液电解交流电耗不高于每吨 13700 千瓦时，其铝液电解用电不加价；电耗在每吨 13700 千瓦时～13800 千瓦时，其铝液电解用电每千瓦时加价 0.02 元；高于每吨 13800 千瓦时，其铝液电解用电每千瓦时加价 0.08 元。甘肃省、青岛市等省市的电解铝企业也开始执行阶梯电价，执行阶梯电价政策的目的是促进企业提高能效水平，提高企业竞争力。

（2）工信部公布第一批符合《铝行业规范条件》企业名单

工信部于 4 月 16 日公布了第一批 36 家（共计 40 个项目）符合《铝行业规范条件》企业名单，中国铝业、云铝股份、焦作万方、中孚实业、神火股份等上市公司榜上有名。名单中有铝土矿项目 5 个，产能 1720 万吨，约占全国的 46%；氧化铝项目 8 个，产能 1550 万吨，约占全国的 29%；电解铝项目 26 个，产能 955 万吨，约占全国的 30%；再生铝项目 1 个，产能 10 万吨，约占全国的 2%。

（3）我国将对电解铝等四行业实行产能置换，严禁新增产能

工业和信息化部 7 月 31 日发布《部分产能严重过剩行业产能置换实施办法》，对电解铝等 4 个产业项目建设实行产能置换，在京津冀、长三角、珠三角等环境敏感区域，实施减量置换。根据实施办法，上述四个产能严重过剩行业新建、改建和扩建项目建设，须制定产能置换方案，实施等量或减量置换。等量置换指新、改、扩项目应淘汰产能数量相等的落后或过剩产能，减量置换是指项目应淘汰大于该建设项目产能数量的落后或过剩产能。

3. 涨跌停板次数

2014 年上期所铝期货合约未出现涨跌停板情况（“停板”仅指“单边市”）。

三、锌期货运行报告

2014 年，上期所锌期货价格整体呈现大幅上涨后在高位震荡整理走势。2014 年上半年沪锌震荡走低，沪锌价格在 2014 年 3 月创下年内最低 14620 元/吨之后回升。2014 年下半年，中国五矿集团公司旗下澳洲子公司 MMG 集团永久关闭世界第三大的露天锌矿世纪锌矿运营场地，引发全球锌矿供给收缩，锌期货价格整体呈现大幅上涨，最高 17480 元/吨，随后在 15000～17000 元/吨震荡整理。

（一）交易情况

2014 年全年，上期所锌期货成交量 4043 万手，同比增加 235%；成交金额 33285 亿元，同比增加 268%；年末持仓 12.87 万手，同比增加 12%。其中，成交量最高为 9 月的 803 万手，最低为 5 月的 39.8 万手；月末持仓量最大为 7 月的 24.88 万手，最小为 3 月的 7.8 万手。

（二）交割情况

截至 2014 年底，上期所锌期货交割仓库共 18 家，其中上海市 9 家、江苏省 2 家、浙江省 4 家、广东省 3 家。

2014 年，上期所锌期货交割总量 38895 手折合 194475 吨，同比增加 4%；交割金额 31.27 亿元，同比增加 12.6%。其中，10 月交割量最大，为 7180 手折合 35900 吨；1 月交割量最低，为 590 手折合 2950 吨。

（三）价格走势

1. 总体价格走势

2014 年，上期所锌主力连续合约年初开盘价 15190 元/吨（1 月 4 日），最高价 17480 元/吨（7 月 29 日），最低价 14620 元/吨（3 月 20 日），最大价差 2860 元/吨，年末收盘价 16780 元/吨（12 月 31 日）。全年上涨 1590 元/吨，涨幅 10.47%。2014 年，上海 0 号锌现货价格年初报价 15160 元/

吨(1 月 4 日),最高价 17280 元/吨(7 月 29 日),最低价 14640 元/吨(3 月 24 日),最大价差 2640 元/吨,年末报价 16890 元/吨。全年上涨 1730 元/吨,涨幅 11.41%。

2014 年,伦敦金属交易所(LME)锌连续合约年初开盘价 2060 美元/吨(1 月 2 日),最高价 2146 美元/吨(7 月 28 日),最低价 1937 美元/吨(3 月 24 日),最大价差 209 美元/吨,年末收盘价 2178 美元/吨(12 月 31 日)。全年上涨 118 美元/吨,涨幅 5.73%。

2014 年锌期货内外盘和现货市场价格比较见图 2-2-3。

资料来源:上海期货交易所相关资料。

图 2-2-3　2014 年锌期货内外盘和现货市场价格比较

2. 市场重大变化

2014 年 6 月下旬,五矿宣布关停位于澳洲的世纪锌矿运营场地。

3. 涨跌停板次数

2014 年上期所锌期货合约未出现涨跌停板情况("停板"仅指"单边市")。

四、黄金期货运行报告

2014 年黄金期货价格整体呈先涨后跌走势。第一季度,COMEX 期金价格趋势主要为上涨。美联储缩减 QE100 亿美元导致金价承压,2 月初,申请失业金人数不及预期、乌克兰局势的恶化推动金价上涨,第一季度末,美联储缩减 QE 购债规模继续发酵,美国明确表示不会对俄罗斯采取军事制裁,市场避险情绪降温,金价下跌。4 月初,美联储公布的议息会议纪要中未透露 QE 结束 6 个月后加息的信息,黄金市场多头情绪受到提振,支撑金价反弹上扬。而后公布的经济数据利好,金价下跌,第二季度末价格出现反弹。第三季度,受美国经济数据表现良好、劳动力市场持续改善影响,金价承压下挫。第四季度,美国经济表现强于预期、美联储宣布结束量化宽松(QE)措施、原油价格下跌至 4 年新低及美元上涨,导致金价下行。

(一)交易情况

2014 年全年,上期所黄金期货成交量 2386.54 万手,同比增加 18.81%;成交金额 59913.14 亿元,同比增加11.89%;年末持仓 9.74 万手,同比增加 13.93%。其中,月度成交量最高为 11 月的 327.47 万手,最低为 8 月的 140.77 万手;月末持仓最大为 10 月的 12.97 万手,最小为 1 月的 7.76 万手。

(二)交割情况

截至 2014 年底,上期所黄金期货交割仓库共 38 家,其中北京市 3 家,上海市 4 家,深圳市 4 家,山东省 5 家,河南省 7 家,福建省 5 家,陕西省 2 家,江西省 1 家,安徽省 1 家,浙江省 1 家,贵州省 1 家,云南省 1 家,湖北省 1 家,辽宁省 1 家,广西壮族自治区 1 家。

2014 年,上期所黄金期货交割总量 3651 手,折合 3.65 吨,同比增加 28.51%,交割金额 9 亿元,同比增加 19.25%。其中,6 月交割量最大,为 1596 手折合 1.6 吨;9 月、11 月交割量最低,为 0 手折合 0 吨。

(三)价格走势

1. 总体价格走势

2014 年,上期所黄金主力合约年初开盘价 241.10 元/克(1 月 2 日),最高价 272.00 元/克(3 月 17 日),最低价 225.30 元/克(11 月 7 日),最大价差 46.7 元/克,年末收盘价 241.65 元/克(12 月 31 日)。全年上涨 0.55 元/克,涨幅 0.23%。2014 年,上海黄金交易所黄金 T+D 年初报价 239.20 元/克(1 月 2 日),最高价 272.91 元/克(3 月 17 日),最低价 224.99 元/克(11 月 6 日),最大价差 47.92 元/克,年末报价 240.00 元/克(12 月 31 日)。全年上涨 0.8 元/克,涨幅 0.33%。2014 年,芝加哥商业交易所(CME)黄金期货主力合约年初开盘价 1204.5 美元/盎司(1 月 2 日),最高价 1379 美元/盎司(3 月 14 日),最低价 1142.6 美元/盎司(11 月 6 日),最大价差 236.4 美元/盎司,年末收盘价 1184.1 美元/盎司(12 月 31 日)。全年下跌 20.4 美元/盎司,跌幅 1.69%。

2014 年黄金期货内外盘和现货市场价格比较见图 2-2-4。

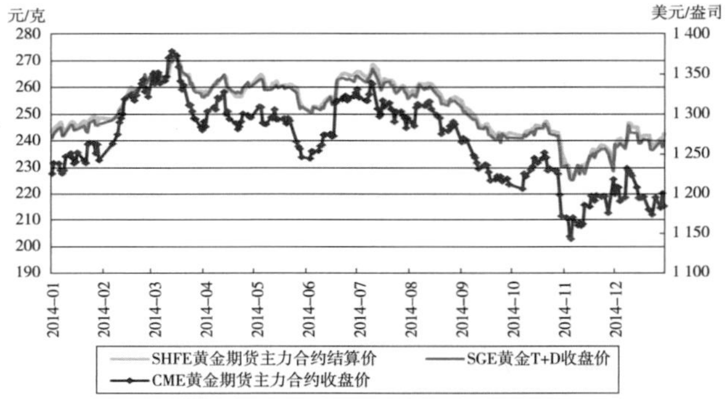

摇资料来源:Reuters、上海期货交易所相关资料。

图 2-2-4　2014 年黄金期货内外盘和现货市场价格比较

2. 市场重大变化

(1)2014 年 3 月 17 日,由于克里米亚加入俄罗斯国际事件,黄金期货触及高点 1392.6 美元/盎司;

(2)2014 年 6 月 19 日,由于美联储表示近期不会加息,打压美元指数下挫,同时伊拉克及乌克兰局势仍在持续发酵,避险买盘增加刺激大量空头止损,现货金当天暴涨 46 美元,黄金期货当天最高触及 1322 美元/盎司;

(3)2014 年 10 月 6 日,由于美国 9 月非农就业人口净增 24.8 万人,黄金期货触及低位 1183.3 美元/盎司;

(4)2014 年 10 月 29 日起,由于美联储决议宣布退出 QE3,引发全球经济震荡,金价开启下跌通道;

(5)2014 年 10 月 31 日,由于日本央行意外扩大宽松,黄金期货触及低位 1160.5 美元/盎司;

(6)2014 年 11 月 5 日,由于美国中期选举共和党获胜,黄金期货收盘跌至 1145.7 美元/盎司;

(7)2014 年 11 月 7 日,由于市场预期非农向好,黄金期货触及低点 1130.4 美元/盎司,但是同样当天金价却因非农公布后不及预期而收盘至 1169.8 美元/盎司;(8)2014 年 12 月 1 日,由于受逢低买盘和空头回补提振,黄金期货较前一天暴涨 42.6 美元,涨幅 3.62%。最高触及 1221 美元/盎司,这是2014年全年当日最大上涨振幅。

2014年黄金期货价格波动较2013年平缓。影响2014年国际金价持续疲软的因素主要有：美元强势上涨；美国股市持续向好；美国QE结束，美联储加息升温；国际油价暴跌；2014年黄金投资需求降温。

支撑国际金价企稳的因素主要有：投资需求降温，但实物黄金的需求却保持稳定；全球经济不景气，避险情绪对国际金价构成一定支撑；全球地缘政治的影响，对金价起到支撑作用。

3. 涨跌停板次数

上期所黄金期货合约在2014年未出现涨跌停板情况（“停板”仅指“单边市”）。

五、白银期货运行报告

2014年，上期所白银期货价格走势与COMEX白银期货价格、国内现货价格[上海黄金交易所（SGE）白银T+D价格]走势基本保持一致，呈震荡下行走势。第一季度，受美国经济数据走弱影响，白银价格强势反弹，但进入3月后受数据好转及美联储继续削减购债规模的影响价格回落；第二季度，白银价格先是受到美国经济数据好转及乌克兰冲突的弱化影响继续下跌，进入6月后受ISIS恐怖组织威胁伊拉克地区稳定的影响，价格出现反弹；第三季度，美国经济稳步改善，白银期货价格承压回落；第四季度，美联储宣布结束QE，白银价格触底后有所反弹，但受石油价格暴跌及美元指数连创新高影响，白银期货承压在低位震荡。

（一）交易情况

2014年全年，上期所白银期货成交量19348.77万手，同比增加11.7%；成交金额115091.49亿元，同比减少0.4%；年末持仓20.35万手，同比减少39.29%。其中，月度成交量最高为12月的271.95万手，最低为9月的9.71万手；月末持仓最大为10月的39.91万手，最小为12月的20.35万手。

（二）交割情况

截至2014年底，上期所白银期货交割仓库共2家，均在上海市，分别为中储发展股份有限公司和中国外运华东有限公司。2014年，上期所白银期货交割总量25122手折合376.83吨，同比增加56.53%，交割金额15.4亿元，同比减少63.75%。其中，12月交割量最大，为3344手折合50.16吨；11月交割量最低，为158手折合2.37吨。

（三）价格走势

1. 总体价格走势

2014年，SHF白银主力连续合约年初开盘价4118元/千克（1月2日），最高价4438元/千克（2月18日），最低价3217元/吨（11月7日），最大价差1221元/千克，年末收盘价3522元/吨（12月31日）。全年下跌596元/千克，跌幅14.47%。

2014年，上海黄金交易所白银T+D年初报价4030元/千克（1月2日），最高价4426元/吨（2月17日），最低价3161元/千克（12月1日），最大价差1265元/千克，年末报价3447元/千克。全年下跌583元/吨，跌幅14.47%。

2014年，COMEX白银期货连续合约年初开盘价19.44美元/盎司（1月2日），最高价22.18美元/盎司（2月24日），最低价14.155美元/吨（12月1日），最大价差8.025美元/盎司，年末收盘价15.6美元/盎司（12月31日）。全年下跌3.84美元/盎司，跌幅19.75%。

2014年白银期货内外盘和现货市场价格比较见图2-2-5。

资料来源：上海期货交易所相关资料、上海黄金交易所相关资料和Reuters。

图2-2-5　2014年白银期货内外盘和现货市场价格比较

2. 市场重大变化

（1）美联储3月中旬宣布削减购债规模100亿美元，贵金属市场流动性受到影响；

（2）ISIL（ISIS）在伊拉克持续扩大势力引发市场避险情绪；

（3）7月初，美联储预计在10月宣布结束购债，市场认为经济形势继续向好；

（4）美国经济数据及就业市场继续向好，市场预计美联储会按计划结束量化宽松购债计划；

（5）美联储在10月底宣布结束量化宽松购债计划；

（6）石油输出国组织在11月底宣布决定不减产，原油价格暴跌，美元指数大幅上涨。

六、螺纹钢期货运行报告

2014年，上期所螺纹钢期货价格呈现震荡下行走势。上半年，受宏观经济增速放缓，原材料价格整体承压等因素影响，螺纹钢期货价格进入下行通道。下半年，受市场“强刺激”政策预期落空，房地产市场需求疲软等因素影响，市场供大于求矛盾突出，螺纹钢期货价格继续震荡下行。2014年，螺纹钢期货市场交易活跃，交割有序。钢材期货市场功能发挥良好，期现价格联动紧密，套期保值功能显著发挥，基本满足产业客户风险管理与投资者投资的需求。

（一）交易情况

2014年，上期所螺纹钢期货成交量40807.81万手，同比增加38.93%；成交金额116204.03亿元，同比增加6.21%；年末持仓126.25万手，同比增加24.98%。其中，月度成交量最高为11月的6269.14万手，最低为2月的1161.46万手；月末持仓最大为10月的200.01万手，最小为1月的85.87万手。

目前，国际市场中与上期所推出的螺纹钢期货关联度较高的期货品种为CME集团和钢铁资讯机构“我的钢铁”合作推出的CME中国螺纹钢掉期期货（Chinese Steel Rebar HRB400（Mysteel）Futures Contract），该品种于2012年10月15日在NYMEX交易所挂牌上市，目前暂无成交信息。伦敦交易所（LME）钢坯期货的交易标的是螺纹钢的上游原料，合约成交量较低、流动性不强。

（二）交割情况

截至2014年底，上期所螺纹钢期货交割仓库共8家，其中北京市1家，上海市1家，天津市1家，江苏省3家，浙江省1家，广东省1家。2014年螺纹钢期货交割仓库数量较2013年减少2家，取消上海铁路闵行钢铁发展有限公司螺纹钢指定交割仓库资格，取消上海中农吴泾农资有限公司螺纹钢指定交割仓库资格并转为备用仓库。

2014 年，上期所螺纹钢期货交割总量 10710 手折合10.71 万吨，同比减少 46.32%，交割金额 3.10 亿元，同比减少 57.11%。在有交割量的月份中，10 月交割量最大，为 4290 手折合 4.29 万吨；8 月交割量最低，为 0 手。

（三）价格走势

1. 总体价格走势

2014 年，上期所螺纹钢主力连续合约年初开盘价 3562 元/吨（1 月 2 日），最高价 3582 元/吨（1 月 2 日），最低价 2436 元/吨（11 月 21 日和 11 月 25 日），最大价差 1146 元/吨，年末收盘价 2594 元/吨（12 月 31 日）。全年下跌 968 元/吨，跌幅 27.18%。

2014 年，上海螺纹钢现货价格年初报价 3546 元/吨（1 月 2 日），最高价 3546 元/吨（1 月 2 日），最低价 2742/吨（12 月 26 日、12 月 29 日和 12 月 30 日），最大价差 804 元/吨，年末报价 2753 元/吨（12 月 31 日）。全年下跌 793 元/吨，跌幅 22.36%。

2014 年螺纹钢期货和现货市场价格比较见图 2－2－6。

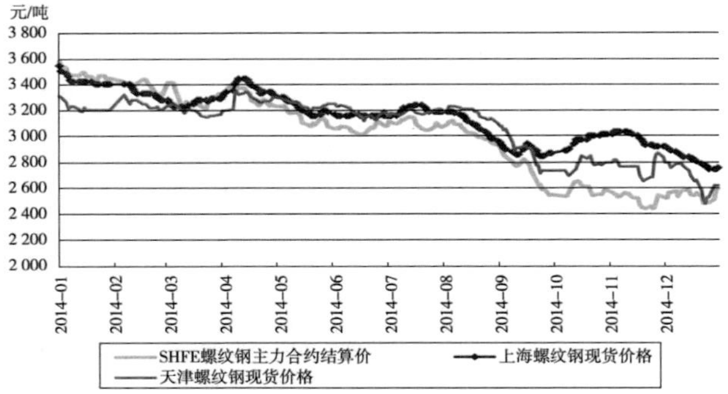

资料来源：上海期货交易所相关资料，Mysteel。

图 2－2－6　2014 年白银期货内外盘和现货市场价格比较

2. 市场重大变化

（1）2014 年 2 月 18 日，工信部宣布今后将进一步严格控制产能的增加，在 2017 年以前对钢铁、水泥、电解铝、平板玻璃、造船五大行业不再新增任何产能。

（2）2014 年 3 月 13 日，国家发改委集中公布 5 条铁路线路建设项目的核准情况，总投资额约 1424 亿元。

（3）2014 年 3 月 17 日，住建部表示 2014 年我国将继续大规模推进各类棚户区改造，全年计划改造 470 万户以上，预计完成投资将超过 1 万亿元。

（4）2014 年 4 月 2 日，银监会发文要求银行加强不良贷款余额和比率“双控”管理，严禁违规放贷。针对“两高一剩”、房地产、钢贸、船舶等行业的贷款难度将会加大。

（5）2014 年 5 月 7 日，山西省 2014 年工业行业淘汰落后和过剩产能目标任务正式出炉，淘汰对象涉及炼铁、炼钢、水泥、焦炭等 7 个行业的 45 家企业，预计淘汰炼铁 105 万吨、炼钢 320 万吨。

（6）2014 年 6 月 12 日，环保部、发改委、工信部、司法部、住建部、工商总局、安监总局和能源局 8 个部门召开全国电视电话会议，部署 2014 年全国整治违法排污企业保障群众健康环保专项行动，该行动将集中整治钢铁焦化等重点行业的环境违法。

（7）2014 年 7 月 24 日，澳大利亚参议院正式取消了自 2012 年 7 月起实施的碳排放税法案。取消碳排放税将降低部分铁矿石和煤炭生产企业的成本，有利于促使企业在未来进一步扩大产能。

（8）2014 年 7 月 31 日，工业和信息化部发布《部分产能严重过剩行业产能置换实施办法》，对钢铁（炼钢、炼铁）、电解铝、水泥（熟料）、平板玻璃行业项目建设实行产能置换，在京津冀、长三角、珠三角等环境敏感区域，实施减量置换。

（9）2014 年 8 月 13 日，银监会发文要求加强企业担保圈贷款风险的防范和化解工作。银监会警示，担保圈企业风险较高的地区为长三角、珠三角等地，行业分布为钢贸、煤炭、纺织化纤等；银行要重点监控银行贷款依存度高、民间融资依存度高、生产经营不正常的担保圈企业。

七、天然橡胶期货运行报告

2014 年，上期所天然橡胶期货价格呈现震荡下跌走势，主要原因是全球天然橡胶处于增产周期，国内基建、地产投资增速持续回落，产业链供需失衡。2014 年初，受国内经济数据低于预期、美国量化宽松政策（QE）减量、橡胶库存不断攀升的共同影响，天然橡胶期价大幅下跌。第二季度，随着国内宏观形势阶段性好转，以及欧洲央行开启负利率时代，天然橡胶期价跌势减缓，呈现盘整走势。第三季度，中国输美轮胎再遭“双反”调查，泰国抛售老胶，QE 结束等利空接踵而至，天然橡胶期价持续下行，一度跌破 12000 元/吨整数关口。第四季度，国内降息、房地产政策松动，阶段性供应压力缓解，天然橡胶期价止跌盘整。

（一）交易情况

2014 年，上期所天胶期货成交量 8863.17 万手，同比增加 22.36%；成交金额 127785.04 亿元，同比减少 12.03%；年末持仓 15.56 万手，同比增加 6.58%。其中，成交量最高为 3 月的 1070.28 万手，最低为 8 月的 485.51 万手；月末持仓最大为 4 月的 23.00 万手，最小为 9 月的 14.19 万手。

（二）交割情况

截至 2014 年底，上期所天胶期货交割仓库共 12 家，其中上海市 4 家，山东省 3 家，海南省 2 家，天津市 2 家，云南省 1 家。

2014 年，上期所天胶期货交割总量 17739 手折合 177390 吨，同比增加 21.44%，交割金额 24.62 亿元，同比减少 15.72%。其中，1 月交割量最大，为 4400 手折合 44000 吨；2 月和 12 月交割量最低，为 0 手。

（三）价格走势

1. 总体价格走势

2014 年，上期所天胶主力连续合约年初开盘价 18195 元/吨（1 月 2 日），最高收盘价 18135 元/吨（1 月 2 日），最低收盘价 11910 元/吨（12 月 11 日），最大价差 6225 元/吨，年末收盘价 13590 元/吨（12 月 31 日）。全年下跌 4605 元/吨，跌幅 25.31%。

2014 年，中橡全乳胶成交价年初为 18500 元/吨（1 月 2 日），最高价 19970 元/吨（2 月 13 日），最低价 11000 元/吨（9 月 29 日），最大价差 8970 元/吨，年末报价 13500 元/吨。全年下跌 5000 元/吨，跌幅 27.03%。

2014 年，东京工业品交易所（TOCOM）天胶主力连续合约年初开盘价 265.5 日元/千克（1 月 6 日），最高价 262.8 日元/千克（1 月 6 日），最低价 175.8 日元/千克（10 月 2 日），最大价差 87 日元/千克，年末收盘价 214 日元/千克（12 月 30 日）。全年下跌 51.5 日元/千克，跌幅 19.4%。

2014 年天胶期货内外盘和现货市场价格比较见图 2－2－7。

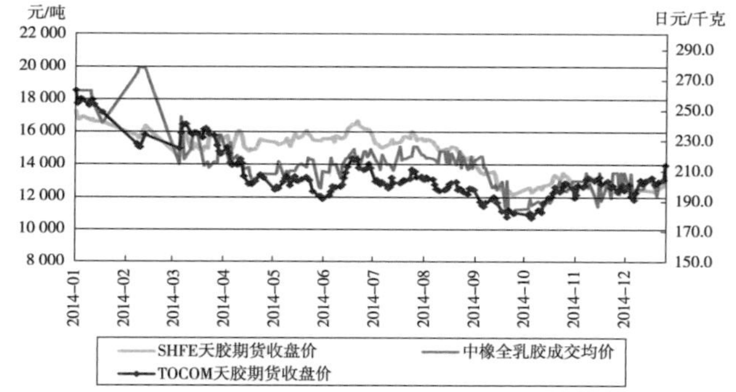

资料来源：上海期货交易所相关资料，中橡商务网，TOCOM 官网。

图 2－2－7　2014 年天胶期货内外盘和现货市场价格比较

2. 市场重大变化

（1）第一季度因美国和中国经济数据疲软，市场预期需求减弱，胶价下跌。

（2）第二季度受泰国供应量增加的影响，胶价下跌。

（3）第三季度受新胶供应稳步上升和泰国政府抛储传言的影响，胶价下跌。

（4）12 月受中国海关调升关税、市场传闻复合胶实施新标准的影响，胶价上涨。

八、铅期货运行报告

2014 年，上期所铅期货价格整体呈现下跌走势。第一季度，受国内经济增长明显低于预期的影响，铅价弱势下滑。第二季度，有色金属价格普遍回暖，在伴生金属锌的强势上扬带动下，铅出现罕见的“跳涨”行情，铅价一度攀升至一年多来的高点。第四季度，国内铅酸蓄电池产量增速大幅放缓，铅价速下跌，多次刷新铅期货上市以来的新低。铅锌作为一对伴生金属，价格波动一直较为紧密，两者的价差通常维持在一个相对稳定的区间内。然而 2014 年下半年以来，在基本面向好的推动下，锌价大幅走强，导致铅锌价差偏离历史区间。

（一）交割情况

截至 2014 年底，上期所铅期货交割仓库共 15 家，其中上海市 6 家、广东省 3 家、江苏省 1 家、浙江省 2 家、天津市 3 家。

（二）价格走势

2014 年，上期所铅主力连续合约年初开盘价 14235 元/吨（1 月 2 日），最高价 15510 元/吨（7 月 29 日），最低价 11800 元/吨（12 月 19 日），最大价差 3710 元/吨，年末收盘价 12420 元/吨（12 月 31 日）。全年下跌 1815 元/吨，跌幅 13%。

2014 年，上海 1 号铅现货价格年初报价 14150 元/吨（1 月 2 日），最高价 14950 元/吨（7 月 29 日），最低价 12575 元/吨（12 月 19 日），最大价差 2375 元/吨，年末报价 12600 元/吨（12 月 31 日）。全年下跌 1550 元/吨，跌幅 11%。

2014 年，伦敦金属交易所（LME）铅连续合约年初开盘价 2245 美元/吨（1 月 2 日），最高价 2301 美元/吨（7 月 28 日），最低价 1824 美元/吨（12 月 30 日），最大价差 477 美元/吨，年末收盘价 1858 美元/吨（12 月 31 日）。全年下跌 387 美元/吨，跌幅 17%。

2014 年铅期货内外盘和现货市场价格比较见图 2－2－8。

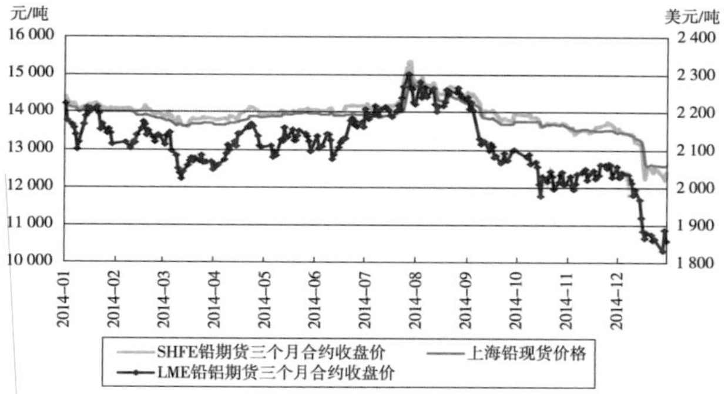

资料来源：上海期货交易所相关资料、Reuters、SMM。

图 2－2－8　2014 年铅期货内外盘和现货市场价格比较

九、燃料油期货运行报告

2014 年，上期所燃料油期货价格震荡下跌，全年成交清淡。

（一）交割情况

截至 2014 年底，上期所燃料油期货交割仓库共 9 家，其中上海市 2 家、广东省 5 家、浙江省 2 家。

（二）价格走势

2014 年，上期所燃料油主力连续合约年初开盘价 4480 元/吨（1 月 3 日），最高收盘价 4652 元/吨（1 月 20 日），最低收盘价 2300 元/吨（8 月 27 日），最大价差 2352 元/吨，年末收盘价 3370 元/吨（12 月 31 日）。全年下跌 1110 元/吨，跌幅 24.78%。

2014 年，国内现货燃料油价格年初报价 4540 元/吨（1 月 2 日），最高价 4540 元/吨（1 月 2—21 日），最低价 3500 元/吨（12 月 30—31 日），最大价差 1040 元/吨，年末报价 3500 元/吨。全年下跌 1040 元/吨，跌幅 22.9%。

2014 年，新加坡现货燃料油年初开盘价 618.88 美元/吨（1 月 2 日），最高价 629.58 美元/吨（6 月 23 日），最低价 306.92 美元/吨（12 月 31 日），最大价差 322.66 美元/吨，年末收盘价 306.92 美元/吨（12 月 31 日）。全年下跌 311.96 美元/吨，跌幅 50.41%。

2014 年燃料油期货内外盘和现货市场价格比较见图 2－2－9

资料来源：上海期货交易所相关资料。

图 2－2－9　2014 年燃料油期货内外盘和现货市场价格比较

十、沥青期货运行报告

2014 年，上期所沥青期货价格呈现下跌走势，年末主力 1506 合约收报 3508 元/吨，较上年末下跌 796 元。

（一）交割情况

截至 2014 年底，上期所沥青期货交割仓库共 5 家，其中江苏省 4 家，浙江省 1 家。

（二）价格走势

2014 年，上期所沥青主力连续合约年初开盘价 4302 元/吨（1 月 2 日），最高价 4576 元/吨（9 月 12 日），最低价 3262 元/吨（12 月 9 日），最大价差 1314 元/吨，年末收盘价 3508 元/吨（12 月 31 日）。全年下跌 794 元/吨，跌幅 18.46%。

2014 年，国产重交沥青华东现货价格年初报价 4425 元/吨（1 月 2 日），最高价 4425 元/吨（1 月 2 日），最低价 3450 元/吨（12 月 31 日），最大价差 975 元/吨，年末报价 3450 元/吨。全年下跌 975 元/吨，跌幅 22.03%。

2014 年沥青期货和现货市场价格比较见图 2－2－10。

资料来源：上海期货交易所相关资料。

图 2－2－10　2014 年沥青期货和现货市场价格比较

十一、线材期货运行报告

2014 年，上期所线材期货价格整体呈震荡下行走势。2014 年，线材期货全年累计成交量 665 手，成交金额 2189.43 万元。线材期货市场总体缺乏流动性，市场规模较小。2014 年，我国宏观经济增速放缓，钢铁生产保持增长，钢材市场供大于求矛盾突出，钢材价格走势呈现不断下跌态势。线材期货价格与现货价格走势趋同。线材期货作为建筑钢材期货品种，与螺纹钢期货相关性较高，市场影响因素、价格整体走势与螺纹钢期货基本保持一致。

（一）交割情况

截至 2014 年底，上期所线材期货交割仓库共 6 家，其中北京市 1 家，上海市 1 家，天津市 1 家，江苏省 2 家，浙江省 1 家。2014 年线材期货交割仓库数量较 2013 年减少 2 家，取消上海铁路闵行钢铁发展有限公司线材指定交割仓库资格，取消上海中农吴泾农资有限公司线材指定交割仓库资格并转为备用仓库。

2014 年，上期所线材期货全年未发生交割，交割总量为零手。

（二）价格走势

2014 年，上期所线材主力连续合约年初开盘价 3527 元/吨（1 月 2 日），最高价 3767 元/吨（1 月 6 日），最低价 2669 元/吨（12 月 29 日），最大价差 1098 元/吨，年末收盘价 2801 元/吨（12 月 31 日）。全年下跌 726 元/吨，跌幅 20.58%。2014 年，上海线材现货价格年初报价 3360 元/吨（1 月 2 日），最高价 3360 元/吨（1 月 2 日），最低价 2520 元/吨（12 月 26 日和 12 月 29 日），最大价差 840 元/吨，年末报价 2590 元/吨（12 月 31 日）。全年下跌 770 元/吨，跌幅 22.92%。

2014 年线材期货和现货市场价格比较见图 2－2－11。

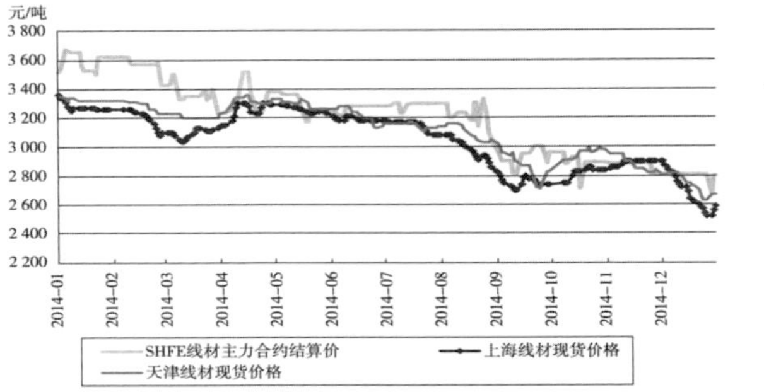

资料来源：上海期货交易所相关资料，Mysteel。

图 2－2－11　2014 年线材期货和现货市场价格比较

十二、热轧卷板期货运行报告

2014 年，上期所热轧卷板期货价格整体呈震荡下行走势。2014 年，热轧卷板期货全年成交量 125.54 万手，成交金额 400.68 亿元。热轧卷板期货是反映我国工业化需求的重要品种，于 2014 年 3 月 21 日正式上市交易，是继螺纹钢期货、线材期货之后上期所第三个钢材类期货品种，进一步完善了黑色金属产业链期货品种序列。2014 年上半年，制造业 PMI、工业增加值增速等主要经济指标趋缓，铁矿石价格承压下行，但板材出口情况良好，热轧卷板现货市场供需基本平衡，热轧卷板期货价格小幅震荡。第三季度，下游需求增速持续放缓，钢企产量维持高位，铁矿石价格不断创出历史新低，热轧卷板期货价格持续下跌。第四季度，国内钢材市场弱势运行和需求疲软的态势没有改变，但受国家稳定经济增长的政策措施逐步推进等因素影响，热轧卷板期货价格逐步趋稳，呈低位震荡走势。

（一）交割情况

截至 2014 年底，上期所热轧卷板期货交割仓库共 11 家，其中北京市 1 家，上海市 1 家，天津市 1 家，江苏省 5 家，浙江省 2 家，广东省 1 家。

（二）价格走势

2014 年，上期所热轧卷板主力连续合约年初开盘价 3252 元/吨（3 月 21 日），最高价 3468 元/吨（4 月 8 日），最低价 2782 元/吨（10 月 9 日），最大价差 686 元/吨，年末收盘价 2928 元/吨（12 月 31 日）。全年下跌 324 元/吨，跌幅 9.96%。

2014 年，上海热轧卷板现货价格年初报价 3310 元/吨（3 月 21 日），最高价 3410 元/吨（7 月 15 日、7 月 16 日、7 月 17 日和 7 月 18 日），最低价 2900 元/吨（9 月 25 日），最大价差 510 元/吨，年末收盘价 3050 元/吨（12 月 31 日）。全年下跌 260 元/吨，跌幅 7.85%。

2014 年热轧卷板期货和现货市场价格比较见图 2－2－12。

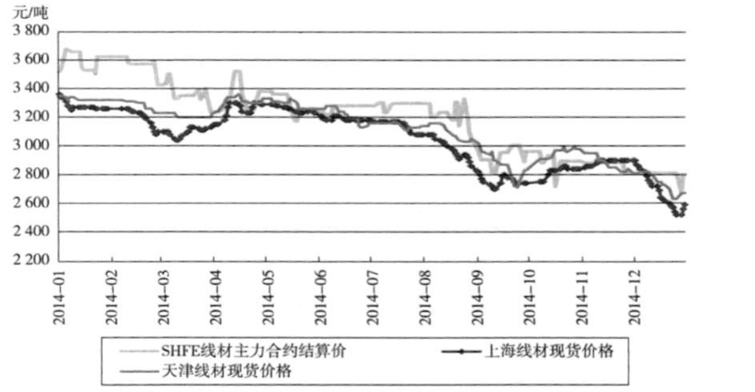

资料来源：上海期货交易所相关资料，Mysteel。

图 2－2－12　2014 年热轧卷板期货和现货市场价格比较

第三节　郑州商品交易所上市品种运行报告

郑商所2014年全年累计成交量为6.76亿手，占全国期货市场成交量的26.99%，同比增长28.76%；全年累计成交额为23.2万亿元，同比增长22.98%。成交较为活跃的品种有棉花、白糖、菜籽油、菜籽粕、PTA、甲醇、玻璃、动力煤，受国家有关最低收购价政策和临时存储政策影响，小麦、粳稻、早籼稻、油菜籽成 交低迷，单个品种年成交量在全国占比不足0.1%。晚籼稻、硅铁和锰硅是2014年 新上市品种，其市场规模有待发展。

一、棉花期货运行状况

2014年，郑商所棉花期货价格呈现冲高后震荡下行走势。棉花目标价格补贴试点政策取代了执行三年的棉花临时收储政策。

（一）交易情况

2014年，郑商所棉花期货成交量3178.27万手，同比增加326.46%；成交金额21897.79亿元，同比增加195.65%；年末持仓31.10万手，同比增加394.96%。其中，成交量最高为9月的749.66万手，最低为5月的23.43万手；月末持仓最大为11月的42.87万手，最小为1月的7.07万手。

（二）交割情况

截至2014年底，郑商所棉花期货交割仓库共16家，其中山东省5家，河南省3家，江苏省3家，湖北省2家，安徽省、河北省、浙江省各1家。

2014年，郑商所棉花期货交割总量4152手折合20760吨，同比减少51.04%，交割金额3.15亿元，同比减少63.49%。其中，11月交割量最大，为2944手折合14720吨；3月交割量最低，为8手折合40吨。

（三）价格走势

1.总体价格走势

2014年，郑商所棉花主力连续合约年初开盘价19360元/吨（1月2日），最高价20245元/吨（2月11日），最低价12355元/吨（11月24日），最大价差7890元/吨，年末收盘价13260元/吨（12月31日）。全年下跌6100元/吨，跌幅31.51%。

2014年，国家棉花现货价格指数CNCottonB年初报价19421元/吨（1月2日），最高价19421元/吨（1月2日至1月3日），最低价13377元/吨（12月31日），最大价差6044元/吨，年末报价13377元/吨。全年下跌6044元/吨，跌幅31.12%。

2014年，洲际交易所（ICE）棉花连续合约年初开盘价84.60美分/磅（1月2日），最高价94.65美分/磅（5月5日），最低价57.84美分/磅（11月20日），最 大价差36.81美分/磅，年末收盘价60.27美分/磅（12月31日）。全年下跌24.33美分/磅，跌幅28.76%。

2014年棉花期货内外盘和现货市场价格比较见图2-3-1。

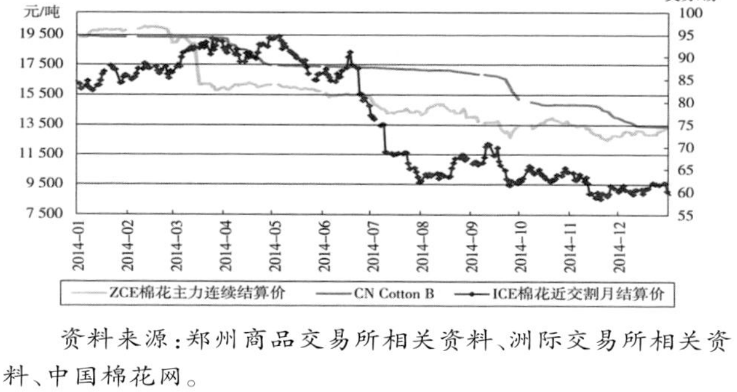

资料来源：郑州商品交易所相关资料、洲际交易所相关资料、中国棉花网。

图2-3-1　2014年棉花期货内外盘和现货市场价格比较

2.市场重大变化

（1）2014年1月20日，中共中央、国务院印发了《关于全面深化农村改革加快推进农业现代化的若干意见》。2014年，启动东北和内蒙古大豆、新疆棉花目标价格补贴试点，探索粮食、生猪等农产品目标价格保险试点，开展粮食生产规模经 营主体营销贷款试点。

（2）2014年3月31日，执行三年的临时收储政策退出市场。

（3）2014年4月10日，国家发展改革委、财政部、农业部联合发布2014年棉花目标价格为19800元/吨。

（4）2014年11月4日，在棉花目标价格改革试点工作部际联席会议，内地补贴范围为山东、湖北、湖南、河北、江苏、安徽、河南、江西和甘肃9省，补贴标准为2000元/吨，以后年度的补贴标准以新疆补贴额的60%为依据，上限不超过2000元/吨。

二、白糖期货运行状况

2014年，郑商所白糖期货价格呈现宽幅震荡走势。在全球连续五个年度供应过剩的前提下，巴西干旱成为国际糖价的主要支撑；国内甘蔗收购价较往年下调，食糖价格长时间低于制糖成本运行，国内糖市在对2014—2015年度减产预期、进口管控和目标价格改革的预期中震荡运行。

（一）交易情况

2014年，郑商所白糖期货成交量9772.67万手，同比增加40.02%；成交金额45902.38亿元，同比增加26.42%；年末持仓50.17万手，同比增加17.31%。其中，成交量最高为11月的1146.05万手，最低为1月的477.61万手；月末持仓最大为10月的65.62万手，最小为3月的46.19万手。

（二）交割情况

截至2014年底，郑商所白糖交割仓库共24家，其中广西壮族自治区9家，广东省3家，云南省3家，天津市2家，辽宁省2家，河北省、河南省、陕西省、山东省、浙江省各1家。

2014年，白糖期货交割总量8843手折合88430吨，同比增加118.40%；交割金额3.89亿元，同比增加76.94%。其中，9月交割量最大，为3513手折合35130吨；3月交割量最低，为76手折合760吨。

（三）价格走势

1.总体价格走势

2014年，郑商所白糖期货主力连续合约年初开盘价4787元/吨（1月2日），最高价5133元/吨（6月23日），最低价4163元/吨（9月22日），最大价差970元/吨，年末收盘价4619元/吨（12月31日）。全年下跌168元/吨，跌幅3.51%。

2014年白糖期货内外盘和现货市场价格比较见图2-3-2。

资料来源：郑州商品交易所相关资料、洲际交易所相关资料、广西糖网。

图2-3-2　2014年白糖期货内外盘和现货市场价格比较

2014 年，南宁地区白糖现货价格年初报价 4920 元/吨（1 月 2 日），最高价 4920 元/吨（1 月 2 日），最低价 3960 元/吨（9 月 19 日），最大价差 960 元/吨，年末报价 4350 元/吨。全年下跌 570 元/吨，跌幅 11.59%。

2014 年，洲际交易所（ICE）11 号原糖期货连续合约年初开盘价 16.38 美分/磅（1 月 2 日），最高价 18.47 美分/磅（3 月 6 日），最低价 13.32 美分/磅（9 月 17 日），最大价差 5.15 美分/磅，年末收盘价 14.52 美分/磅（12 月 31 日）。全年下跌 1.86 美分/磅，跌幅 11.36%。

2. 市场重大变化

（1）年初巴西干旱造成的产量损失超过 200 万吨，受此影响，2 月国际糖价反弹。

（2）年初国内低温阴雨天气导致甘蔗苗情较差，后期两次台风又导致甘蔗大面积断尾、倒伏，产量和含糖量都不及往年，预计影响国内超过 25% 的食糖产量。

（3）第四季度国家相继出台了食糖配额外自动进口许可证申请审批、控制配额外自律进口总量等措施来控制进口糖的流入。

（4）糖厂开榨进度近十年来最慢，收榨却快于往年。

（5）巴西雷亚尔贬值导致市场卖出更多以美元计价的糖。

三、菜籽油期货运行报告

2014 年，郑商所菜籽油（以下简称菜油）期货价格呈现震荡下行走势。上半年，受国家继续执行菜油临时存储政策的影响，菜油期货价格窄幅整理；下半年，国内油菜籽进口量持续维持高位，菜油市场供需格局长期宽松，菜油期货价格震荡走低。

（一）交易情况

2014 年，郑商所菜油期货成交量 1389.77 万手，同比增加 9.35%；成交金额 9352.01 亿元，同比减少 2.15%；年末持仓 7.78 万手，同比减少 51.81%。其中，成交量最高为 3 月的 219.23 万手，最低为 12 月的 73.71 万手；月末持仓最大为 3 月的 17.12 万手，最小为 12 月的 7.78 万手。

（二）交割情况

截至 2014 年底，郑商所菜油期货交割仓库共 15 家，其中湖北 4 家，江苏 4 家，四川 2 家，安徽、陕西、广东、广西和福建各 1 家。

2014 年，郑商所菜油期货交割总量 7392 手折合 73920 吨，同比增加 151.69%，交割金额 4.43 亿元，同比增加 74.12%。其中，9 月交割量最大，为 6167 手折合 61670 吨；7 月无交割。

（三）价格走势

1. 总体价格走势

2014 年，郑商所菜油主力连续合约年初开盘价 7060 元/吨（1 月 2 日），最高价 7470 元/吨（3 月 13 日），最低价 5796 元/吨（10 月 20 日），最大价差 1674 元/吨，年末收盘价 6078 元/吨（12 月 31 日）。全年下跌 982 元/吨，跌幅 13.91%。2014 年，武汉四级菜油现货价格年初报价 7850 元/吨（1 月 2 日），最高价 7850 元/吨（1 月 2 日），最低价 6050 元/吨（9 月 22 日），最大价差 1800 元/吨，年末报价 6300 元/吨。全年下跌 1550 元/吨，跌幅 19.75%。

2. 市场重大变化

（1）2014 年 5 月，国内继续执行菜籽临时收储政策，收储数量和价格与 2013 年持平。

（2）2014 年国家临时存储菜油库存不断增加，由于储存年限和成本的限制，国储菜油面临较大的出库压力。

（3）2014 年国内菜籽进口量持续维持高位，全年油菜籽进口量突破 500 万吨，创历史新高。

2014 年菜油期货和现货市场价格比较见图 2－3－3。

资料来源：郑州商品交易所相关资料、国家粮油信息中心相关资料。

图 2－3－3　2014 年菜油期货和现货市场价格比较

四、菜籽粕期货运行报告

2014 年，郑商所菜籽粕（以下简称菜粕）期货价格呈现先扬后抑走势。上半年，国内菜粕需求旺盛，国家上调国储菜粕销售定价，菜粕期货价格持续上涨；下半年，国内菜粕市场进入需求淡季，而菜粕供应不断增加，菜粕期货价格震荡走低。

（一）交易情况

2014 年全年，郑商所菜粕期货成交量 30351.60 万手，同比增加 89.58%；成交金额 77837.58 亿元，同比增加 98.59%；年末持仓 62.46 万手，同比减少 17.72%。其中，成交量最高为 6 月的 4021.81 万手，最低为 2 月的 1516.76 万手；月末持仓最大为 6 月的 99.87 万手，最小为 9 月的 56.83 万手。

（二）交割情况

截至 2014 年底，郑商所菜粕期货交割仓库共 19 家，其中湖北 4 家，江苏、广西和福建各 3 家，安徽、广东各 2 家，湖南和四川各 1 家。

2014 年，郑商所菜粕期货交割总量 13322 手折合 133220 吨，同比增加 290.22%，交割金额 3.45 亿元，同比增加 270.42%。其中，11 月交割量最大，为 3807 手折合 38070 吨；8 月交割量最低，为 300 手折合 3000 吨。

（三）价格走势

1. 总体价格走势

2014 年，郑商所菜粕主力连续合约年初开盘价 2616 元/吨（1 月 2 日），最高价 3118 元/吨（5 月 27 日），最低价 2067 元/吨（10 月 13 日），最大价差 1051 元/吨，年末收盘价 2253 元/吨（12 月 31 日）。全年下跌 363 元/吨，跌幅 13.88%。

2014 年菜粕期货和现货市场价格比较见图 2－3－4。

资料来源：郑州商品交易所相关资料、国家粮油信息中心相关资料。

图 2－3－4　2014 年菜粕期货和现货市场价格比较

2014 年，武汉普通国产菜粕现货价格年初报价 2820 元/吨(1 月 2 日)，最高价 3240 元/吨(6 月 26 日)，最低价 2250 元/吨(11 月 26 日)，最大价差 990 元/吨，年末报价 2300 元/吨。全年下跌 520 元/吨，跌幅 18.44%。

2. 市场重大变化

(1)2014 年 5 月，国内继续执行菜籽临时收储政策，收储数量和价格与 2013 年持平，国储菜粕销售定价较 2013 年提高。

(2)2014 年上半年，国内严格限制进口转基因蛋白饲料产品。

(3)2014 年底，我国已批准进口美国转基因玉米，后期大量进口 DDGS(酒糟蛋白饲料)将进入国内市场。

(4)2014 年国内菜籽进口量持续维持高位，全年油菜籽进口量突破 500 万吨，创历史新高。

五、PTA 期货运行报告

2014 年，郑商所精对苯二甲酸(以下简称 PTA)期货震荡下跌。受累于自身产能过剩以及国际原油大跌 PTA 成本塌陷的双重利空打压，PTA 行情整体处于弱势下跌趋势。影响 PTA 价格走势的不确定性因素增加，市场参与各方分歧加大，市场活跃度增强，PTA 期货成交量与成交金额双双增加。

(一)交易情况

2014 年全年，郑商所 PTA 期货成交量 11786.52 万手，同比增加 54.51%；成交金额 36501.18 亿元，同比增加 20.35%；年末持仓 53.90 万手，同比增加 91.96%。其中，成交量最高为 12 月的 1879.46 万手，最低为 1 月的 265.26 万手；月末持仓最大为 10 月的 57.34 万手，最小为 1 月的 25.31 万手。

(二)交割情况

截至 2014 年底，郑商所 PTA 期货交割仓库共 13 家，其中浙江省 6 家，杭州萧山、嘉兴、平湖、绍兴各 1 家，宁波 2 家；江苏省 6 家，太仓 1 家、江阴 1 家、张家港 4 家；厦门 1 家。

2014 年，PTA 期货交割总量 120664 手折合 60.33 万吨，同比增加 232.07%，交割金额 41.20 亿元，同比增加 191.18%。其中，1 月交割量最大，为 68480 手折合 34.24 万吨；11 月交割量最低，为 21 手折合 105 吨。

(三)价格走势

1. 总体价格走势

2014 年，PTA 期货主力连续合约年初开盘价 7364 元/吨(1 月 2 日)，最高价 7508 元/吨(7 月 23 日)，最低价 4724 元/吨(12 月 25 日)，最大价差 2784 元/吨，年末收盘价 4850 元/吨(12 月 31 日)。全年下跌 2514 元/吨，跌幅 34.14%。

2014 年，国产 PTA 现货价格年初报价 7360 元/吨(1 月 2 日)，最高价 7600 元/吨(6 月 30 日)，最低价 4490 元/吨(12 月 25 日)，年末报价 4590 元/吨。全年下跌 2770 元/吨，跌幅 37.64%。

2014 年 PTA 期货和现货市场价格比较见图 2-3-5。

资料来源：郑州商品交易所相关资料、中国化纤信息网。

图 2-3-5　2014 年 PTA 期货和现货市场价格比较

2. 市场重大变化

2014 年 6 月初，PTA 生产厂家提出新的结算价模式，将传统的以现货均价为基础的结价模式更改为参考 PX 成本的新结价模式，短期显著提高了 PTA 价格重心。

美国页岩油快速发展，原油供应增加，而全球经济增长疲软导致需求放缓，全球油市供需失衡，国际油价自 2014 年下半年以来大跌一半，创史上第二大年度跌幅，对石化产业链造成自上而下的打压。

六、甲醇期货运行报告

2014 年，郑商所甲醇期货震荡下行。2014 年，国内甲醇市场继续受到产能过剩的制约，且传统下游行业整体表现疲软，加上年末原油价格大跌也对甲醇产业链也产生一定影响，年内期货价格维持单边下跌走势，局部地区现货价格创近年新低。不过，新型下游甲醇制烯烃行业有进一步的发展，其在产业链话语权加重，将是后市甲醇行业发展的一个新机遇。

(一)交易情况

2014 年全年，郑商所甲醇期货成交量 2461.48 万手，同比增加 603.74%；成交金额 17146.79 亿元，同比增加 208.85%；年末持仓 20.76 万手，同比增加 858.24%。其中，成交量最高为 12 月的 1474.74 万手，最低为 5 月的 53.89 万手；月末持仓最大为 12 月的 20.76 万手，最小为 1 月的 1.17 万手。

(二)交割情况

截至 2014 年底，郑商所甲醇期货交割仓库共 21 家，其中江苏省 10 家，广东省 3 家，内蒙古 2 家，山东省 2 家，河北省 1 家，河南省 1 家，浙江省 1 家，福建省 1 家。

2014 年，甲醇期货交割总量 513 手折合 2.57 万吨，同比减少 74.63%，交割金额 0.66 亿元，同比减少 75.97%。其中，9 月交割量最大，为 240 手折合 1.2 万吨；3 月交割量最低，为 1 手折合 50 吨。

(三)价格走势

1. 总体价格走势

2014 年，甲醇期货主力连续合约年初开盘价 2990 元/吨(1 月 2 日)，最高价 3122 元/吨(2 月 11 日)，最低价 1925 元/吨(12 月 24 日)，最大价差 1197 元/吨，年末收盘价 1999 元/吨(12 月 31 日)。全年下跌 991 元/吨，跌幅 33.14%。2014 年，华东甲醇现货价格年初报价 3120 元/吨(1 月 2 日)，最高价 3120 元/吨(1 月 2 日)，最低价 1800 元/吨(12 月 23 日)，年末报价 1840 元/吨。全年下跌 1280 元/吨，跌幅 41.03%。

2014 年甲醇期货和现货市场价格比较见图 2-3-6。

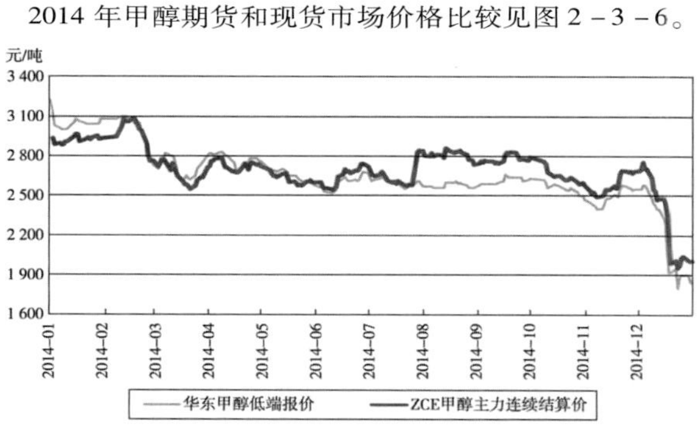

资料来源：郑州商品交易所网站、金银岛。

图 2-3-6　2014 年甲醇期货和现货市场价格比较

2. 市场重大变化

(1)2014 年以来，甲醇新型下游甲醇制烯烃行业继续稳步发展，成为甲醇下游新的需求增长点。

（2）2014 年国内甲醇产量继续呈增加态势，下半年以来进口量也逐步攀升，但甲醇传统下游表现不佳，疲软的供需基本面导致华东、华南港口甲醇库存达到近年高位，长期居高不下的港口库存是压制甲醇价格的重要因素之一。

（3）2014 年末国际原油大跌，甲醇下游的甲醇制烯烃及二甲醚行业受到明显冲击，对甲醇市场产生较大利空影响。

七、玻璃期货运行报告

2014 年，郑商所玻璃期货呈现震荡下跌的走势。受玻璃行业产能扩张迅速、房地产行业整体处于下滑态势以及我国经济增速放缓等利空因素的打压，玻璃期货价格走势总体趋弱。玻璃期货运行平稳，交易规模明显下降。

（一）交易情况

2014 年全年，郑商所玻璃期货成交量 7872.55 万手，同比减少 57.70%；成交金额 16845.55 亿元，同比减少68.45%；年末持仓 33.24 万手，同比增加 116.86%。其中，成交量最高为 9 月的 1578.78 万手，最低为 5 月的 339.85 万手；月末持仓最大为 10 月的 43.87 万手，最小为 1 月的 11.31 万手。

（二）交割情况

截至 2014 年底，郑商所玻璃期货共有交割厂库 12 家，其中河北省 4 家，山东省 3 家，湖北省 2 家，江苏省、广东省、福建省各 1 家。

2014 年，玻璃期货交割总量 1165 手折合 23300 吨，同比减少 57.42%，交割金额 0.27 亿元，同比减少 61.87%。其中，1 月交割量最大，为 276 手折合 5520 吨；8 月交割量最低，交割量为 6 手折合 120 吨。

（三）价格走势

1. 总体价格走势

2014 年，郑商所玻璃期货主力连续合约年初开盘价 1291 元/吨（1 月 2 日），最高价 1324 元/吨（2 月 17 日），最低价 848 元/吨（11 月 25 日），最大价差 476 元/吨，年末收盘价 949 元/吨（12 月 31 日）。全年下跌 342 元/吨，跌幅26.49%。

2014 年，北京地区河北安全 5 毫米玻璃现货价格年初报价 1272 元/吨（1 月 2 日），最高价 1272 元/吨（1 月 2 日），最低价 984 元/吨（7 月 25—31 日），最大价差 288 元/吨，年末报价 1080 元/吨。全年下跌 192 元/吨，跌幅 15.09%。

2014 年玻璃期货和现货市场价格比较见图 2 －3 －7。

资料来源：郑州商品交易所网站、中国玻璃信息网。

图 2 －3 －7　2014 年玻璃期货和现货市场价格比较

2. 市场重大变化

（1）2 月下旬，国内部分银行暂停房地产相关贷款的消息引发市场动荡，导致市场对未来房地产行业的预期偏空；

（2）2014 年行业产能过剩继续对玻璃市场形成压制，玻璃企业为缓解资金流紧张和库存高位等问题轮番降价促销，各区域为阻止大量外埠玻璃挤占本地市场，随之进行防御型降价，价格战多番上演；

（3）2014 年房地产行业处于整体下滑态势，当年全国商品房销售面积 120649 万平方米，同比下降 7.6%；年末，商品房待售面积 62169 万平方米，同比增加 26.10%。

八、动力煤期货运行报告

2014 年，郑商所动力煤期货价格呈现震荡下跌的走势。在对违法违规和不安全煤矿的生产加强监管的背景下，煤炭产量进一步得到遏制，但受煤炭市场需求疲软、消费增长基本停滞、库存持续高企等因素影响，动力煤期货价格走势整体趋弱。

（一）交易情况

2014 年全年，郑商所动力煤期货成交量 564.63 万手，同比增加 29.58%；成交金额 5832.75 亿元，同比增加 17.80%；年末持仓 2.11 万手，同比减少 37.41%。其中，成交量最高为 3 月的 66.80 万手，最低为 6 月的 21.50 万手；月末持仓最大为 11 月的 9.40 万手，最小为 3 月的 1.68 万手。

（二）交割情况

截至 2014 年底，郑商所动力煤期货交割厂库共 10 家，其中北京 2 家，内蒙古 3 家，山西、陕西、上海、浙江、江苏各 1 家。

2014 年，动力煤期货交割总量 1400 手折合 280000 吨，交割金额 1.34 亿元。其中，9 月交割量最大，为 1250 手折合 250000 吨；2 月交割量最低，交割量为 25 手折合 5000 吨。

（三）价格走势

1. 总体价格走势

2014 年，郑商所动力煤期货主力连续合约年初开盘价 563.2 元/吨（1 月 2 日），最高价 564.8 元/吨（1 月 2 日），最低价 468 元/吨（12 月 26 日），最大价差 97 元/吨，年末收盘价 481.6 元/吨（12 月 31 日）。全年下跌 81.6 元/吨，跌幅 14.49%。2014 年，秦皇岛港 5500 千卡/千克动力煤现货价格年初报价 635 元/吨（1 月 2 日），最高价 635 元/吨（1 月 2—7 日），最低价 475 元/吨（8 月 19 日、8 月 21 日—9 月 24 日），最大价差 160 元/吨，年末报价 525 元/吨。全年下跌 110 元/吨，跌幅 17.32%。

2014 年，芝加哥商业交易所（CME）动力煤连续合约年初开盘价 57.26 美元/吨（1 月 2 日），最高价 64.48 美元/吨（5 月 8 日），最低价 47 美元/吨（12 月 23 日—12 月 26 日），最大价差 17 美元/吨，年末收盘价 48.53 美元/吨（12 月 31 日）。全年下跌 9 美元/吨，跌幅 15.25%。

2014 年动力煤期货内外盘和现货市场价格比较见图 2 －3 －8。

资料来源：郑州商品交易所、芝加哥商业交易集团（CME）相关资料，中国煤炭市场网。

图 2 －3 －8　2014 年动力煤期货内外盘和现货市场价格比较

2. 市场重大变化

（1）第一季度，由于进口煤集中到货，市场供应压力加剧，但下游需求不足以及各地环保压力不断加大，导致基础能源消费受到抑制，市场供大于求格局突出；

（2）第二季度，铁路煤炭运价普遍上调，晋北、蒙西地区产能退出加快，以及大秦线例行检修等因素对煤炭价格构成支撑；

（3）第三、第四季度，国家、地方政府及行业协会密集出台的煤炭救市政策，效果显现需要时间，供大于求仍制约着动力煤向上反弹的动力。

九、小麦期货运行报告

2014 年，郑商所优质强筋小麦期货（以下简称强麦）价格震荡下跌，成交量、持仓量明显下滑；普通小麦期货（以下简称普麦）价格震荡整理，成交量、持仓量极低。

（一）交割情况

截至 2014 年底，强麦期货交割仓库共 15 家，其中山东 3 家、河北 4 家、江苏 2 家、河南 5 家、陕西 1 家。普麦期货交割仓库共 15 家，其中山东 3 家、河北 3 家、江苏 2 家、河南 5 家、陕西 1 家、安徽 1 家。

（二）价格走势

2014 年，郑商所强麦期货主力连续合约年初开盘价 2847 元/吨（1 月 2 日），最高价 2881 元/吨（4 月 15 日），最低价 2530 元/吨（12 月 16 日），最大价差 351 元/吨，年末收盘价 2538 元/吨（12 月 31 日）。全年下跌 309 元/吨，跌幅 10.85%。

2014 年，河南郑州地区优质小麦现货价格年初 2850 元/吨（1 月 2 日），最高价 2900 元/吨（2 月 28 日至 6 月 6 日），最低价 2750 元/吨（6 月 12 日至 7 月 14 日），年末报价 2830 元/吨。全年下跌 20 元/吨，跌幅 0.70%。

2014 年，芝加哥期货交易所（CBOT）软红冬麦期货连续合约开盘价 605.00 美分/蒲式耳（1 月 2 日），最高价 735.00 美分/蒲式耳（5 月 6 日），最低价 466.25 美分/蒲式耳（9 月 25 日），最大价差 268.75 美分/蒲式耳，年末收盘价 589.75 美分/蒲式耳（12 月 31 日）。全年下跌 15.25 美分/蒲式耳，跌幅 2.52%。

2014 年小麦期货内外盘和现货市场价格比较见图 2-3-9。

资料来源：郑州商品交易所、芝加哥期货交易所、国家粮油信息中心相关资料。

图 2-3-9　2014 年小麦期货内外盘和现货市场价格比较

十、粳稻期货运行报告

2014 年，郑商所粳稻期货价格震荡下跌，成交量、持仓量极低。

（一）交割情况

截至 2014 年底，粳稻期货交割仓库共 8 家，其中黑龙江 3 家、辽宁 2 家、吉林 2 家、北京 1 家。

（二）价格走势

2014 年，郑商所粳稻期货主力连续合约（JR）年初 3079 元/吨（1 月 2 日），最高价 3750 元/吨（5 月 9 日），最低价 2982 元/吨（4 月 30 日），最大价差 768 元/吨，年末收盘价 3000 元/吨（12 月 17 日）。自年初到年末下跌 79 元/吨，跌幅 2.57%。

2014 年，中国黑龙江佳木斯粳稻现货年初价格为 2980 元/吨（1 月 2 日），最高价 3120 元/吨（9 月 11 日至 9 月 26 日），最低价 2980 元/吨（1 月 2 日至 1 月 14 日），最大价差 140 元，年末价格 3100 元/吨（12 月 31 日）。年初到年末上涨 120 元/吨，涨幅 4.03%。

2014 年粳稻期货和现货市场价格比较见图 2-3-10。

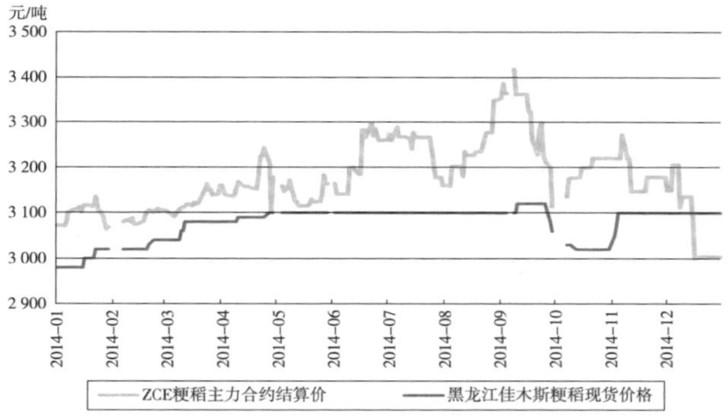

资料来源：郑州商品交易所、国家粮油信息中心相关资料。

图 2-3-10　2014 年粳稻期货和现货市场价格比较

十一、早籼稻期货运行报告

2014 年，郑商所早籼稻期货价格先扬后抑，成交量、持仓量均大幅下滑，主要因为国内早籼稻市场供应充足，终端消费需求低迷，购销清淡，市场主体入市兴趣不高。

（一）交割情况

截至 2014 年底，早籼稻期货交割仓库共 11 家。其中，湖南 5 家、江西 5 家、湖北 1 家。

（二）价格走势

2014 年，郑商所早籼稻期货主力连续合约年初开盘价 2307 元/吨（1 月 2 日），最高价 2543 元/吨（5 月 8 日），最低价 2142 元/吨（8 月 22 日），最大价差 401 元/吨，年末收盘价 2284 元/吨（12 月 31 日）。全年下跌 23 元/吨，跌幅 1.00%。

2014 年早籼稻期货内外盘和现货市场价格比较见图 2-3-11。

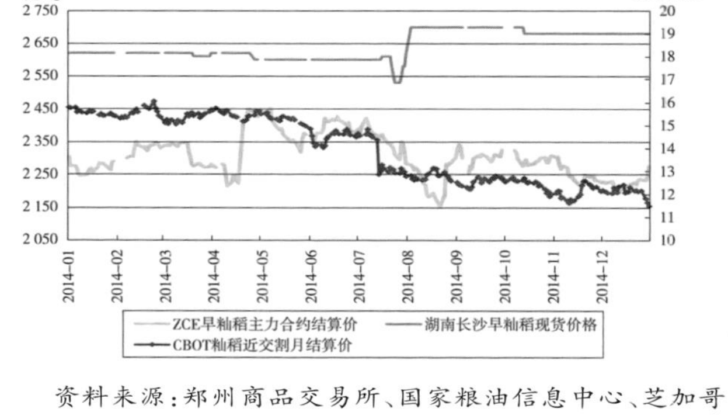

资料来源：郑州商品交易所、国家粮油信息中心、芝加哥期货交易所相关资料。

图 2-3-11　2014 年早籼稻期货内外盘和现货市场价格比较

2014 年，湖南长沙早籼稻现货价格年初 2620 元/吨（1 月 2 日），最高价 2700 元/吨（8 月 4 日至 11 月 28 日），最低价 2530 元/吨（7 月 25 日至 7 月 28 日），年末报价 2680 元/吨（12 月 31 日），全年上涨 60 元/吨，涨幅 2.29%。

2014 年，芝加哥期货交易所（CBOT）籼稻期货连续合约开盘价 1552.00 美分/英担（1 月 2 日），最高价 1610.00 美分/英担（2 月 25 日），最低价 1113.50 美分/英担（10 月 28 日），最大价差 496.50 美分/英担，年末收盘价 1149.00 美分/英担（12 月 31 日）。全年下跌 403.00 美分/英担，跌幅 25.97%。

十二、油菜籽期货运行报告

2014 年，郑商所油菜籽期货价格呈现震荡下跌走势。上半年，国内继续执行菜油临时收储政策，油菜籽期货价格呈区间震荡走势；下半年，国内油菜籽进口量较大，国际油脂油料市场供需格局宽松，油菜籽期货价格震荡下跌。

（一）交割情况

截至 2014 年底，郑商所油菜籽期货交割仓库共 12 家，其中湖北 4 家，江苏 3 家，安徽 2 家，湖南、四川和青海各 1 家。

（二）价格走势

2014 年，郑商所菜籽主力连续合约年初开盘价 4918 元/吨（1 月 2 日），最高价 5165 元/吨（4 月 1 日），最低价 4166 元/吨（9 月 22 日），最大价差 999 元/吨，年末收盘价 4464 元/吨（12 月 31 日）。全年下跌 454 元/吨，跌幅 9.23%。

2014 年，武汉普通国产油菜籽现货价格年初报价 5120 元/吨（1 月 2 日），最高价 5120 元/吨（1 月 2 日），最低价 5020 元/吨（5 月 19 日），最大价差 100 元/吨，年末报价 5100 元/吨。全年下跌 20 元/吨，跌幅 0.39%。

2014 年，洲际交易所（ICE）油菜籽连续合约年初开盘价 433 加元/吨（1 月 2 日），最高价 509.9 加元/吨（7 月 2 日），最低价 388 加元/吨（9 月 22 日），最大价差 121.9 加元/吨，年末收盘价 452.3 加元/吨（12 月 31 日）。全年上涨 19.3 加元/吨，涨幅 4.46%。

2014 年油菜籽期货内外盘和现货市场价格比较见图 2-3-12。

资料来源：郑州商品交易所、洲际交易所、国家粮油信息中心相关资料。

图 2-3-12　2014 年油菜籽期货内外盘和现货市场价格比较

十三、晚籼稻期货运行报告

2014 年，郑商所晚籼稻期货价格自 7 月 8 日上市以来先扬后抑，成交量、持仓量呈逐月下降趋势。

（一）交割情况

截至 2014 年底，晚籼稻期货交割仓库共 6 家，其中，江西 2 家、湖北 2 家、湖南 1 家、安徽 1 家。

（二）价格走势

2014 年，郑商所晚籼稻期货主力连续合约上市首日开盘价 2760 元/吨（7 月 8 日），最高价 2930 元/吨（12 月 8 日），最低价 2768 元/吨（7 月 8 日），最大价差 162 元/吨，年末收盘价 2890 元/吨（12 月 31 日）。全年上涨 130 元/吨，涨幅 4.71%。

2014 年，江西九江中晚籼稻现货价格上市首日 2760 元/吨（7 月 8 日），最高价 2770 元/吨（7 月 11 日至 9 月 9 日），最低价 2700 元/吨（10 月 30 日至 10 月 31 日），年末报价 2760 元/吨（12 月 31 日），全年涨跌 0 元/吨，涨跌幅 0.00%。

2014 年，芝加哥期货交易所（CBOT）籼稻期货连续合约开盘价 1552.00 美分/英担（1 月 2 日），最高价 1610.00 美分/英担（2 月 25 日），最低价 1113.50 美分/英担（10 月 28 日），最大价差 496.50 美分/英担，年末收盘价 1149.00 美分/英担（12 月 31 日）。全年下跌 403.00 美分/英担，跌幅 25.97%。

2014 年晚籼稻期货内外盘和现货市场价格比较见图 2-3-13。

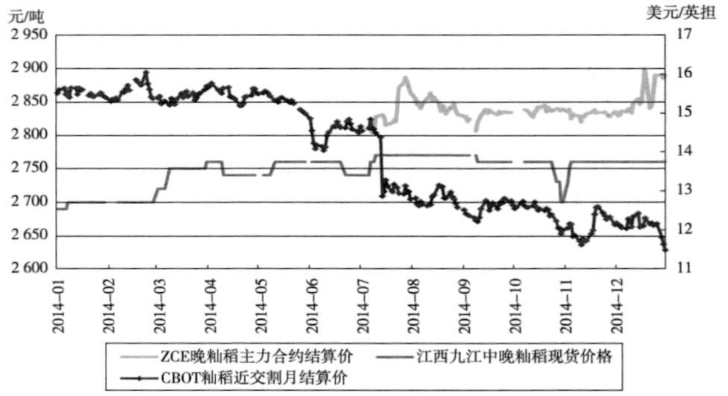

资料来源：郑州商品交易所、国家粮油信息中心、芝加哥期货交易所相关资料。

图 2-3-13　2014 年晚籼稻期货内外盘和现货市场价格比较

十四、铁合金期货运行报告

2014 年，郑商所铁合金包括硅铁和锰硅，硅铁期货价格呈现震荡下跌的走势；锰硅期货价格呈现震荡下跌的走势。2014 年 8 月 8 日，硅铁期货、锰硅期货在郑商所正式上市交易。硅铁期货、锰硅期货的推出，不仅丰富了现有煤钢产业链期货品种，而且为正在艰难复苏中的产业链企业，增添了一种经营管理和控制价格风险的途径。上市以来，受硅铁、锰硅行业产能长期过剩的压制，国际、国内钢市低迷难振的利空影响，以及钢企硅铁、锰硅采购价连创新低的打压，硅铁、锰硅期货价格震荡下跌。

（一）交割情况

截至 2014 年底，郑商所硅铁期货共有交割仓库 5 家，其中，天津 2 家，河北省、江苏省、湖北省各 1 家；交割厂库 5 家，其中，宁夏回族自治区 2 家，内蒙古、甘肃省、青海省各 1 家。

2014 年底，硅铁期货尚未进行交割。

（二）价格走势

2014 年，郑商所硅铁期货主力连续合约上市开盘价 5892 元/吨（8 月 8 日），最高价 5956 元/吨（8 月 12 日），最低价 5330 元/吨（12 月 29 日），最大价差 626 元/吨，年末收盘价 5368 元/吨（12 月 31 日）。全年下跌 524 元/吨，跌幅 8.89%。

2014 年，河北地区 75-B 硅铁贸易商现货价格年初报价 6875 元/吨（1 月 2 日），最高价 6875 元/吨（1 月 2 日），最低价 5700 元/吨(12 月 31 日),最大价差 1175 元/吨,年末报价 5700 元/吨。全年下跌 1175 元/吨,跌幅 17.09%。

2014 年硅铁期货和现货市场价格比较见图 2-3-14。

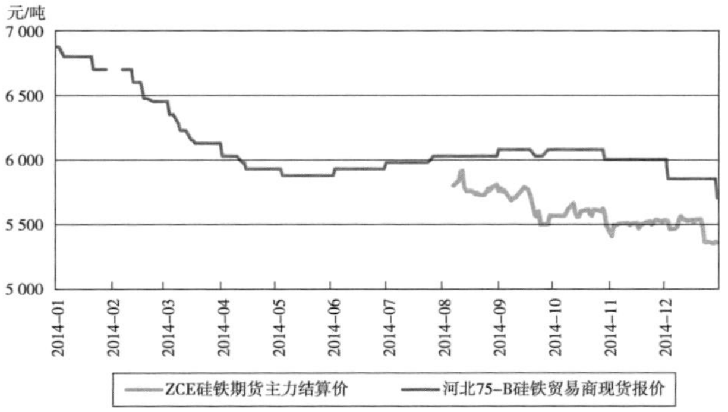

资料来源:郑州商品交易所网站、我的钢铁网。

图 2-3-14 2014 年硅铁期货和现货市场价格比较

2014 年,郑商所锰硅期货主力连续合约上市开盘价 6560 元/吨(8 月 8 日),最高价 6694 元/吨(8 月 88 日),最低价 5940 元/吨(9 月 26 日),最大价差 754 元/吨,年末收盘价 6130 元/吨(12 月 31 日)。全年下跌 430 元/吨,跌幅6.55%。2014 年,江苏地区 6818 锰硅贸易商现货价格年初报价 7275 元/吨(1 月 2 日),最高价 7275 元/吨(1 月 2 日、1 月 3 日),最低价 6350 元/吨(12 月 31 日),最大价差 925 元/吨,年末报价 6350 元/吨。全年下跌 925 元/吨,跌幅 12.71%。

2014 年锰硅期货和现货市场价格比较见图 2-3-15。

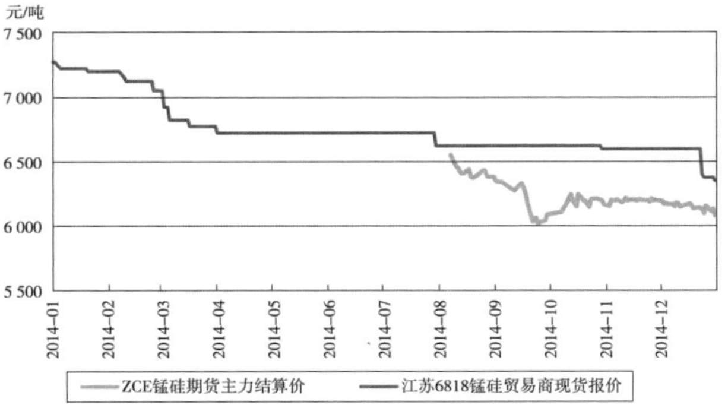

资料来源:郑州商品交易所网站、我的钢铁网。

图 2-3-15 2014 年锰硅期货和现货市场价格比较

第四节 大连商品交易所上市品种运行报告

大商所 2014 年全年累计成交量为 7.7 亿手,占全国期货市场成交量的 30.71%,同比增长 9.87%;全年累计成交额为 41.4 万亿元,同比减少 12%。成交较为活跃的品种有:黄大豆 1 号、玉米、豆粕、豆油、棕榈油、鸡蛋、胶合板、纤维板、LL郪 DPE、PP、焦炭、焦煤、铁矿石;成交较为低迷的品种有 PVC 和黄大豆 2 号,单个品种年成交量在全国占比不足 0.1%。玉米淀粉是 2014 年新上市品种,其市场规模有待发展。

一、黄大豆 1 号期货运行报告

2014 年,大商所黄大豆 1 号期货价格波动幅度较大。后期受大豆国家临储政策退出、目标价格政策开始试点的影响,价格主要由市场供求关系决定。

(一)交易情况

2014 年全年,大商所黄大豆 1 号期货成交量 2719.74 万手,同比增加 147.40%;成交金额 12216.12 亿元,同比增加 141.31%;年末持仓 19.14 万手,同比增加 85.97%。其中,成交量最高为 9 月的 417.22 万手,最低为 3 月的 62.55 万手;月末持仓最大为 5 月的 34.61 万手,最小为 1 月的 10.67 万手。

(二)交割情况

截至 2014 年底,大商所黄大豆 1 号期货交割仓库共 13 家,其中辽宁省 8 家,黑龙江省 5 家。

2014 年,大商所黄大豆 1 号期货交割总量 5798 手,折合 5780 吨,同比减少 4.95%;交割金额 2.64 亿元,同比减少 7.45%。其中,9 月交割量最大,为 4210 手,折合 42100 吨;3 月交割量最低,为 1 手,折合 10 吨。

(三)价格走势

1. 总体价格走势

2014 年,大商所黄大豆 1 号主力合约年初开盘价 4312 元/吨(1 月 2 日),最高价 4652 元/吨(5 月 29 日),最低价 4148 元/吨(3 月 31 日),最大价差 504 元/吨,年末收盘价 4510 元/吨(12 月 31 日)。全年上涨 198 元/吨,涨幅4.59%。

2014 年,大连大豆现货价格年初报价 4560 元/吨(1 月 2 日),最高价 4560 元/吨(1 月 2 日),最低价 4220 元/吨(12 月 29 日),最大价差 340 元/吨,年末报价 4220 元/吨。全年下跌 340 元/吨,跌幅 7.46%。

2014 年,芝加哥期货交易所(CBOT)大豆主力合约年初开盘价 1292 美分/蒲式耳(1 月 2 日),最高价 1519 美分/蒲式耳(5 月 23 日),最低价 907.25 美分/蒲式耳(9 月 29 日),最大价差 611.75 美分/蒲式耳,年末收盘价 1041.25 美分/蒲式耳(12 月 31 日)。全年下跌 250.75 美分/蒲式耳,跌幅 19.41%。

2014 年黄大豆 1 号期货和现货市场价格比较见图 2-4-1

资料来源:大连商品交易所相关资料、Wind 资讯。

图 2-4-1 2014 年黄大豆 1 号期货和现货市场价格比较

2. 市场重大变化

2014 年 5 月,根据 2014 年中央 1 号文件关于启动东北和内蒙古大豆目标价格改革试点的要求,经国务院批准,国家发展改革委、财政部、农业部联合发布 2014 年大豆目标价格,为每吨 4800 元。实行大豆目标价格政策后,取消临时收储政策,生产者按市场价格出售大豆。当市场价格低于目标价格时,国家根据目标价格与市场价格的差价和种植面积、产量或销售量等因素,对试点地区生产者给予补贴;当市场价格高于目标价格时,国家不发放补贴。具体补贴发放办法由试点地区制定并向社会公布。

二、玉米期货运行报告

2014 年,大商所玉米期货价格呈现中间有波动,两头走平走势。受国家临时收储影响,玉米在产量高于需求量的情况下，价格居高不下，运行稳定。

（一）交易情况

2014 年全年，大商所玉米期货成交量 1865.99 万手，同比减少 29.92%；成交金额 4429.48 亿元，同比减少 30.24%；年末持仓 27.90 万手，同比减少 17.42%。其中，成交量最高为 8 月的 278.79 万手，最低为 6 月的 59.68 万手；月末持仓最大为 2 月的 68.31 万手，最小为 12 月的 27.90 万手。

（二）交割情况

截至 2014 年底，大商所玉米期货交割仓库共 8 家，全部分布在辽宁省沿海地区的大连、营口、锦州附近。

2014 年，大商所玉米期货交割总量 6794 手，折合 67940 吨，同比减少 91.02%，交割金额 1.50 亿元，同比减少 91.75%。其中，5 月交割量最大，为 2335 手，折合 23350 吨；7 月交割量最低，为 0 手，折合 0 吨。

（三）价格走势

1. 总体价格走势

2014 年，大商所玉米主力合约年初开盘价 2344 元/吨（1 月 2 日），最高价 2432 元/吨（12 月 10 日），最低价 2298 元/吨（7 月 16 日），最大价差 134 元/吨，年末收盘价 2380 元/吨（12 月 31 日）。全年上涨 36 元/吨，涨幅 1.54%。

2014 年，大连玉米现货价格年初报价 2300 元/吨（1 月 2 日），最高价 2580 元/吨（8 月 13 日），最低价 2300 元/吨（1 月 2 日），最大价差 280 元/吨，年末报价 2300 元/吨。全年下跌 0 元/吨，跌幅 0.0%。

2014 年，芝加哥期货交易所（CBOT）玉米主力合约年初开盘价 422 美分/蒲式耳（1 月 2 日），最高价 520.75 美分/蒲式耳（4 月 30 日），最低价 322.25 美分/蒲式耳（9 月 29 日），最大价差 198.5 美分/蒲式耳，年末收盘价 397.75 美分/蒲式耳（12 月 31 日）。全年下跌 24.25 美分/蒲式耳，跌幅 5.75%。

2014 年玉米期货内外盘和现货市场价格比较见图 2－4－2。

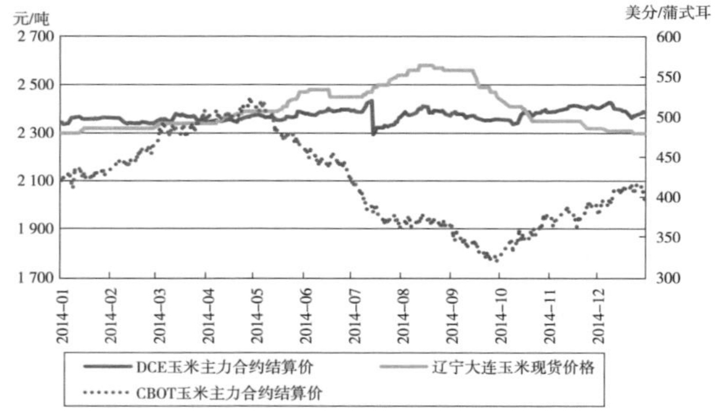

资料来源：大连商品交易所相关资料，Wind 资讯。

图 2－4－2　2014 年玉米期货内外盘和现货市场价格比较

2. 市场重大变化

2014 年 11 月 25 日，《关于 2014 年东北地区国家临时存储玉米收购有关问题的通知》正式发布。临储玉米收购时间为 2014 年 11 月 25 日至 2015 年 4 月 30 日。收储价格较上年持平，内蒙古、辽宁 1.13 元/斤，吉林 1.12 元/斤，黑龙江 1.11 元/斤。相邻等级之间差价按每市斤 0.02 元掌握。收储主体为中储粮、中粮、中纺，其中中储粮执行敞开收购，中粮、中纺的收储规模分别被暂时限定在 500 万吨和 100 万吨。中粮集团、中纺集团由其子公司或直属企业向当地农业发展银行独立贷款，其他收储库点所需贷款，由中储粮直属企业统一向当地农业发展银行承贷。同时，出台了玉米运输补贴政策，对于收储玉米 4 月底之前签订买卖协议，6 月底之前运往南方的玉米实行 140 元/吨的运费补贴，造成了 6 月底之前北方港口玉米的严重积压，南北玉米价格倒挂等。

三、豆粕期货运行报告

2014 年，大商所豆粕期货价格大部分时间处于下跌通道，并不断创新低。市场交投方面，交易量、交易额较上年下降约 25%，年末持仓量上涨约 17%，交割量上涨约 27%。总体来看，市场运行平稳，未出现重大风险事件。

（一）交易情况

2014 年全年，大商所豆粕期货成交量 20498.87 万手，同比减少 22.75%；成交金额 66563.18 亿元，同比减少 24.72%；年末持仓 160.21 万手，同比增加 16.85%。其中，成交量最高为 11 月的 2097.63 万手，最低为 2 月的 1105.93 万手；月末持仓最大为 11 月的 189.11 万手，最小为 4 月的 124.04 万手。

（二）交割情况

截至 2014 年底，大商所豆粕期货交割仓库共 27 家，其中天津市 4 家，山东省 4 家，江苏省 11 家，广东省 8 家。

2014 年，大商所豆粕期货交割总量 17689 手折合 176890 吨，同比增加 27.11%，交割金额 6.46 亿元，同比增加 19.16%。其中，5 月交割量最大，为 9412 手折合 94120 吨。

（三）价格走势

1. 总体价格走势

2014 年，大商所豆粕期货连续合约年初开盘价 3346 元/吨（1 月 2 日），最高价 3876 元/吨（6 月 3 日），最低价 2801 元/吨（12 月 3 日），最大价差 1075 元/吨，年末收盘价 2869 元/吨（12 月 31 日）。全年下跌 477 元/吨，跌幅 14.26%。2014 年，江苏南通地区现货价格年初报价 3880 元/吨（1 月 2 日），最高价 4020 元/吨（5 月 23 日），最低价 3180 元/吨（12 月 26 日），年末报价 3200 元/吨。全年下跌 680 元/吨，跌幅 17.53%。

2014 年，芝加哥期货交易所（CBOT）豆粕连续合约年初开盘价 424 美元/短吨（1 月 2 日），最高价 505.2 美元/短吨（6 月 2 日），最低价 305.50 美元/短吨（10 月 1 日），最大价差 199.7 美元/短吨，年末收盘价 364.70 美元/短吨（12 月 31 日）。全年下跌 59.3 美元/短吨，跌幅 13.99%。

2014 年豆粕期货内外盘和现货市场价格比较见图 2－4－3。

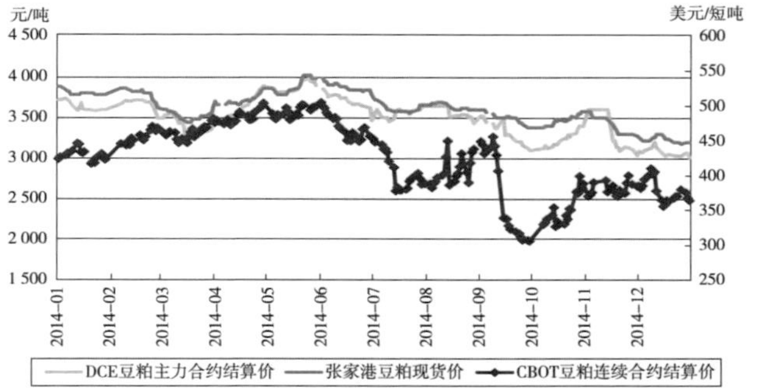

资料来源：Wind 资讯。

图 2－4－3　2014 年豆粕期货内外盘和现货市场价格比较

2. 市场重大变化

（1）1 月—3 月上半月：1—2 月，南美大豆迎来了关键降水，3 月南美大豆开始流入美国市场，打压美豆震荡下跌，加上国内水产养殖业处于淡季及禽流感疫情加速蔓延，禽料消费遭受重挫，令豆粕现货延续去年底跌势。

（2）3 月下半月—5 月 24 日：美豆需求强劲，刺激美豆出现技术性大幅反弹。随着天气逐步回暖，南方水产养殖需求启动，豆粕成交明显好转，令国内豆粕现货迎来一波反弹行情。进入3月下半月后，不少前期购买的3月基差合同到期结算，最终结算价普遍在3500～3600元/吨以上价位，明显高于当时现货价。

（3）5月底—12月底：6—7月美国大豆进入新播种期及生长关键期，作物生长条件接近完美，美国大豆产量创纪录，南美新季大豆增产在望，均打压美豆不断下跌。受利空因素打压，下半年豆粕持续下跌，回吐第二阶段的所有涨幅。

四、豆油期货运行报告

2014年，大商所豆油期货价格呈现下跌走势。市场交投方面，交易量较上年下降约33%，年末持仓量下降约26%，交割量上涨约60%。总体来看，市场运行平稳，未出现重大风险事件。

（一）交易情况

2014年全年，大商所豆油期货成交量6408.26万手，同比减少33.48%；成交金额41410.53亿元，同比减少42.64%；年末持仓41.36万手，同比减少26.42%。其中，成交量最高为3月的850.32万手，最低为5月的385.70万手；月末持仓最大为9月的59.12万手，最小为4月的41.03万手。

（二）交割情况

截至2014年底，大商所豆油期货交割仓库共21家，其中天津市5家，河北省2家，山东省5家，江苏省8家，浙江省1家。

2014年，大商所豆油期货交割总量13220手，折合132200吨，同比增加60.01%，交割金额7.95亿元，同比增加33.66%。其中，9月交割量最大，为9258手，折合92580吨。

（三）价格走势

1.总体价格走势

2014年，大商所豆油期货连续合约年初开盘价6866元/吨（1月2日），最高价7246元/吨（3月11日），最低价5540元/吨（12月3日），最大价差1706元/吨，年末收盘价5744元/吨（12月31日）。全年下跌1122元/吨，跌幅16.34%。

2014年，张家港豆油现货价格年初报价7000元/吨（1月2日），最高价7000元/吨（1月2日），最低价5600元/吨（12月3日），最大价差1400元/吨，年末报价5700元/吨。全年下跌1300元/吨，跌幅18.57%。

2014年，芝加哥期货交易所（CBOT）豆油连续合约年初开盘价38.65美分/磅（1月2日），最高价38.65美分/磅（1月2日），最低价31.35美分/磅（12月2日），最大价差7.3美分/磅，年末收盘价31.96美分/磅（12月31日）。全年下跌6.69美分/磅，跌幅17.31%。

2014年豆油期货内外盘和现货市场价格比较见图2－4－4。

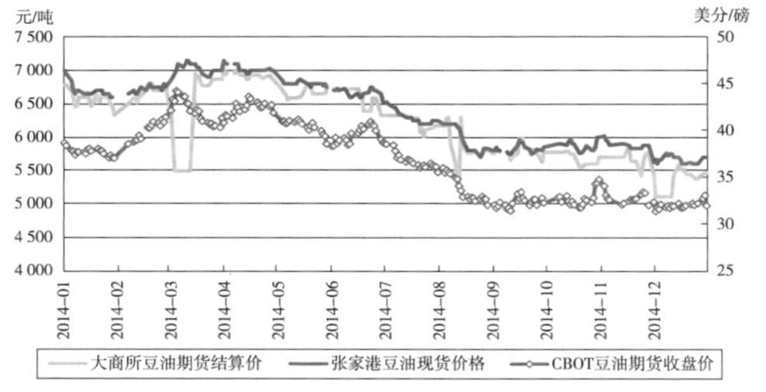

资料来源：Wind资讯。

图2－4－4　2014年豆油期货内外盘和现货市场价格比较

2.市场重大变化

2014年初，中国疲软的PMI数据引发市场对于经济减速的新担忧，经济面利空。南美大豆丰产前景改善且收割加快，之前订购的美国船货更多可能转至阿根廷和巴西，且豆油库存增加，令CBOT豆类持续回落。豆油供应宽松不变，国内库存重新突破99万吨，棕榈油库存也提升至100万吨之上，供需面延续偏空格局，令国内豆油市场承压，沿海一级豆油跌至6750～6800元/吨。

11月—12月：由于南美大豆丰产以及传言中国取消多达150万～250万吨美国2—3月船期大豆订单，拖累美豆期价重新陷入震荡局面，在1000美分/蒲式耳处上下震荡。此外，欧佩克（OPEC）决定把产量目标维持在3000万桶/日不变，更重要的是，欧美利用压低原油价格来打击俄罗斯，以使俄罗斯在乌克兰问题上妥协，原油期货大幅下挫，导致豆油价格快速下跌。

五、棕榈油期货运行报告

2014年，大商所棕榈油期货价格呈现下跌趋势。市场交投方面，交易量较上年下降约3%，年末持仓量上涨约7%，交割量上涨约25%。总体来看，市场运行平稳，未出现重大风险事件。

（一）交易情况

2014年全年，大商所棕榈油期货成交量7999.64万手，同比减少3.03%；成交金额44783.15亿元，同比减少11.92%；年末持仓30.49万手，同比增加6.58%。其中，成交量最高为11月的1096.53万手，最低为6月的404.45万手；月末持仓最大为10月的41.02万手，最小为1月的26.47万手。

（二）交割情况

截至2014年底，大商所棕榈油期货交割仓库共21家，其中天津市5家，江苏省8家，上海市1家，浙江省1家，广东省6家。

2014年，大商所棕榈油期货交割总量20084手，折合200840吨，同比增加25.49%，交割金额11.22亿元，同比增加23.31%。其中，5月交割量最大，为7560手，折合75600吨。

（三）价格走势

1.总体价格走势

2014年，大商所棕榈油主力连续合约年初开盘价6080元/吨（1月2日），最高价6546元/吨（3月11日），最低价4892元/吨（12月18日），最大价差1654元/吨，年末收盘价5078元/吨（12月31日）。全年下跌1002元/吨，跌幅16.48%。

2014年棕榈油期货内外盘和现货市场价格比较见图2－4－5。

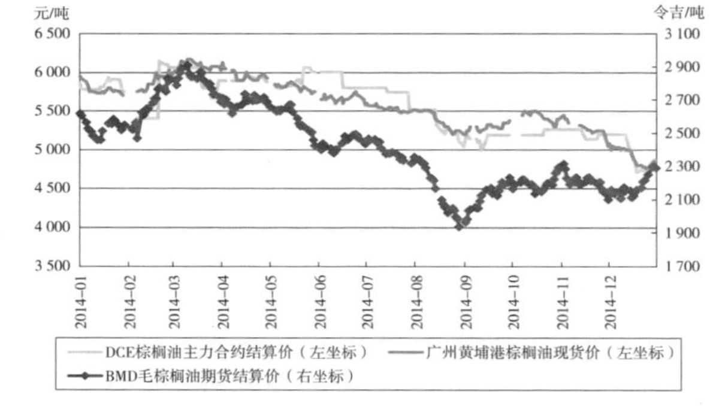

资料来源：Wind资讯。

图2－4－5　2014年棕榈油期货内外盘和现货市场价格比较

2014 年，黄埔港棕榈油现货价格年初报价 5950 元/吨（1 月 2 日），最高价 6170 元/吨（3 月 11 日），最低价 4760 元/吨（12 月 25 日），最大价差 1410 元/吨，年末报价 4850 元/吨。全年下跌 1100 元/吨，跌幅 18.49%。

2014 年，马来西亚衍生品交易所（BMD）棕榈油连续合约年初开盘价 2619 令吉/吨（1 月 2 日），最高价 2619 令吉/吨（1 月 2 日），最低价 1937 令吉/吨（8 月 29 日），最大价差 682 令吉/吨，年末收盘价 2291 令吉/吨（12 月 31 日）。全年下跌 328 令吉/吨，跌幅 12.52%。

2. 市场重大变化

3 月下旬—8 月：东南亚棕榈油处于增产周期，同时中国加强融资进口管制，使马来西亚棕榈油出口遭遇需求下降，导致棕榈油价格大幅下跌。

9 月、10 月马来西亚政府取消毛棕榈油出口关税，马来西亚棕榈油出口需求跳升，在马来西亚拟提高生物柴油使用比例等政策刺激下，BMD 毛棕榈油期价出现反弹契机。9 月，港口因受进口融资需求的下滑影响，库存进一步下降，且货权集中，多重利好支撑，国内棕榈油价格反弹。

11—12 月：马来西亚棕榈油出口数据表现欠佳，马盘大幅下跌。与此同时，以沙特为首的海湾产油国坚持不减产，国际原油暴跌，导致国内外棕榈油期货盘大幅走低。国内油厂开机率提升，同时棕榈油库存也止降回升，且国内棕油与豆油价差较少，导致其市场需求严重受抑。在以上利空因素影响下，棕榈油市场再度开始下跌。

六、鸡蛋期货运行报告

2014 年，大商所鸡蛋期货整体运行平稳，交投活跃，交割制度得到了初步检验。在年初禽流感疫情的影响下，价格在 2 月中旬降至年内低点，由于疫情持续时间长，养殖户补栏积极性降低，蛋鸡存栏大幅下滑，鸡蛋供应减少，期货价格上涨，并于第三季度创下年内高点，而随着养殖效益的好转，鸡蛋供应有望得到改善，第四季度鸡蛋期货价格再度回落。

（一）交易情况

2014 年，大商所鸡蛋期货成交量 3518.82 万手，同比增加 1703.3%；成交金额 16897.975 亿元，同比增加 2016.52%；年末持仓 7.683 万手，同比增加 94.78%%。其中，成交量最高为 7 月的 642.0486 万手，最低为 1 月的 70.7684 万手；月末持仓最大为 6 月的 25.2135 万手，最小为 1 月的 4.6954万手。

（二）交割情况

截至 2014 年底，大商所鸡蛋期货交割仓库共 18 家（其中厂库 13 家，仓库 5 家），其中辽宁省厂库 1 家；河北省厂库 2 家，仓库 1 家；山东省厂库 2 家，河南省厂库 2 家，湖北省厂库 3 家，仓库 1 家；江苏省厂库 3 家，仓库 2 家；上海市仓库 1 家。

2014 年，大商所鸡蛋期货交割总量 38 手，折合 190 吨，交割金额 184.73 万元。其中，9 月交割量最大，为 19 手，折合 95 吨；4 月、12 月交割量最低，各有 1 手，折合 5 吨。

（三）价格走势

1. 总体价格走势

2014 年，大商所鸡蛋主力连续合约年初开盘价 3951 元/500 公斤（1 月 2 日），最高价 5559 元/500 公斤（7 月 11 日），最低价 3630 元/500 公斤（2 月 26 日），最大价差 1929 元/500 公斤，年末收盘价 4268 元/500 公斤（12 月 31 日）。全年上涨 317 元/500 公斤，涨幅 8.02%。

2014 年，河北鸡蛋现货价格年初报价 4160 元/500 公斤（1 月 2 日），最高价 5540 元/500 公斤（8 月 26 日），最低价 3383 元/500 公斤（2 月 18 日），最大价差 2157 元/500 公斤，年末报价 4110 元/500 公斤。全年下跌 150 元/500 公斤，跌幅 1.2%。

2014 年鸡蛋期货和现货市场价格比较见图 2－4－6。

资料来源：大连商品交易所相关资料、芝华数据。

图 2－4－6　2014 年鸡蛋期货和现货市场价格比较

2. 市场重大变化

自 2013 年 4 月至 2014 年初，国内出现人感染 H7N9 禽流感疫情，消费者出现恐慌情绪，禽类产品消费下降。由于疫情持续时间较长，国内家禽养殖行业遭受重大损失，养殖户补栏积极性较低，蛋鸡存栏短期内难以恢复，鸡蛋供应下降。

七、胶合板期货运行报告

（一）交易情况

2014 年全年，大商所胶合板期货成交量 1776.04 万手；成交金额 1.21 万亿元；年末持仓 1.09 万手。其中，成交量最高为 4 月的 436.39 万手，最低为 12 月的 22.57 万手；月末持仓最大为 7 月的 5.12 万手，最小为 12 月的 1.09 万手。

（二）交割情况

截至 2014 年底，大商所胶合板期货交割仓库共 11 家，其中河北、天津共 2 家，山东 1 家，江苏 2 家，浙江 3 家，广东 3 家。

2013 年，大商所胶合板期货全年无交割。

2014 年，大商所胶合板期货交割总量 1031 手，约合 1.58 万吨，交割金额 0.73 亿元。其中，9 月交割量最大，为 191 手折合 1910 吨；其余月无交割。

（三）价格走势

1. 总体价格走势

2014 年，大商所胶合板主力连续合约年初开盘价 126.05 元/张（1 月 2 日），最高价 156.80 元/张（8 月 29 日），最低价 117.65 元/张（12 月 18 日），最大价差 39.15 元/张，年末收盘价 141.80 元/张（12 月 31 日）。全年上涨 15.75 元/张，涨幅 12.5%。

2014 年胶合板期货和现货市场价格比较见图 2－4－7。

资料来源：Wind 资讯。

图 2－4－7　2014 年胶合板期货和现货市场价格比较

2014 年，鱼珠·中国木材价格指数网年初纤维板报价 106 元/张(E2 级，1 月 2 日)，最高价 107 元/张(9 月 28 日)，最低价 98 元/张(5 月 8 日)，最大价差 9 元/张，年末报价 105.50 元/张(12 月 31 日)。全年下跌 1.5 元/张，跌幅1.4%。

2. 市场重大变化

2014 年 4 月 1 日起，国家禁止东北及内蒙古地区商业性采伐，导致国产木材供应量减少。

2014 年 7 月，受印度尼西亚等东南亚国家斋月影响，马六甲进口价格大幅上涨，马六甲板芯价格一度超过 90 元/张，原材料价格上涨对下游细木工板价格造成影响。

2014 年第四季度，印度尼西亚等马六甲木材主要出口国加大出口力度，导致马六甲进口价格持续下跌，马六甲板芯价格一度跌到 75 元/张左右。

八、纤维板期货运行报告

(一)交易情况

2014 年全年，大商所纤维板期货成交量 1535.44 万手；成交金额 4875.85 亿元；年末持仓 0.15 万手。其中，成交量最高为 3 月的 284.55 万手，最低为 12 月的 12.57 万手；月末持仓最大为 2 月的 8.10 万手，最小为 12 月的 0.15 万手。

(二)交割情况

截至 2014 年底，大商所纤维板期货交割仓库共 8 家，其中天津 2 家，江苏 2 家，浙江 1 家，广东 3 家。

2013 年，大商所纤维板期货全年无交割。

2014 年，大商所纤维板期货交割总量 1523 手，约合 2.42 万吨，交割金额 0.43 亿元。其中，10 月交割量最大，为 462 手，约合 0.74 万吨。

(三)价格走势

1. 总体价格走势

2014 年，大商所纤维板主力连续合约年初开盘价 69.80 元/张(1 月 2 日)，最高价 70.05 元/张(1 月 2 日)，最低价 57 元/张(12 月 9 日)，最大价差 13.05 元/张，年末收盘价 61.85 元/张(12 月 31 日)。全年下跌 7.95 元/张，跌幅 11.4%。

2014 年，鱼珠·中国木材价格指数网年初纤维板报价 75 元/张(E0 级，1 月 2 日)，最高价 84 元/张(4 月 11 日)，最低价 71 元/张(9 月 6 日)，最大价差 13 元/张，年末报价 76.50 元/张(12 月 31 日)。全年上涨 1.5 元/张，涨幅 2%。

2014 年纤维板期货和现货市场价格比较见图 2-4-8。

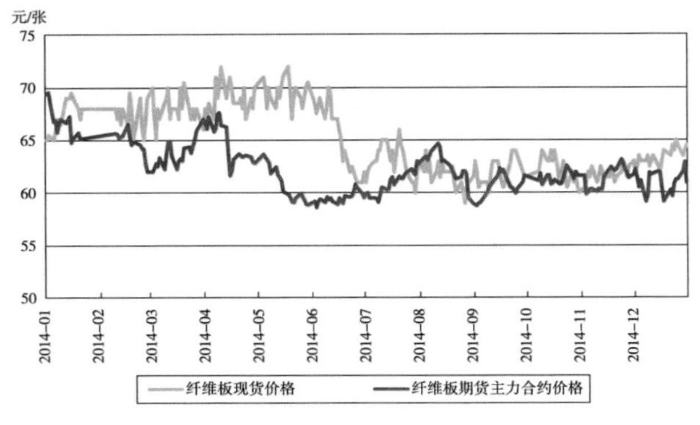

资料来源：Wind 资讯。

图 2-4-8　2014 年纤维板期货和现货市场价格比较

2. 市场重大变化

2014 年，纤维板产能过剩问题加剧；因为房地产市场整体不景气，下游家具企业受到严重影响，更突出了行业供求矛盾，受此影响纤维板生产企业利润率降低。

九、LLDPE 期货运行报告

2014 年，大商所 LLDPE 期货价格呈现震荡下行的走势。成交较为活跃，日均成交 24 万手，最大日成交 79 万手，日均持仓 20 万手，最大日持仓 29 万手。

对行情影响较大的事件为原油价格大幅下跌和煤制乙烯对价格的冲击。

(一)交易情况

2014 年全年，LLDPE 期货成交量 7175 万手，同比减少 0.5%；成交金额 3.69 万亿元，同比减少 4%；年末持仓 28 万手，同比增加 83%。其中，成交量最高为 12 月的 1202.75 万手，最低为 2 月的 337.51 万手；月末持仓最大为 6 月的 43.52 万手，最小为 1 月的 17.83 万手。

(二)交割情况

截至 2014 年底，LLDPE 期货交割仓库共 16 家，其中天津市 4 家，广东省 4 家，上海市 2 家，山东省 2 家，浙江省 4 家。

2014 年，LLDPE 期货交割总量 7205 手，折合 36025 吨，同比减少 62.4%，交割金额 4.09 亿元，同比减少 64%。其中，9 月交割量最大，为 3564 手，折合 17820 吨；4 月交割量最低，为 8 手，折合 40 吨。有 6 个月未发生交割。

(三)价格走势

1. 总体价格走势

2014 年，大商所 LLDPE 主力连续合约年初开盘价 11080 元/吨(1 月 2 日)，最高价 12135 元/吨(7 月 8 日)，最低价 8090 元/吨(12 月 11 日)，最大价差 4045 元/吨，年末收盘价 8495 元/吨(12 月 31 日)。全年下跌 2585 元/吨，跌幅23.33%。

2014 年，华东 LLDPE 现货价格年初报价 12050 元/吨(1 月 2 日)，最高价 12300 元/吨(5 月 30 日)，最低价 9150 元/吨(11 月 24 日)，最大价差 3150 元/吨，年末报价 10000 元/吨。全年下跌 2050 元/吨，跌幅 17%。

2014 年 LLDPE 期货和现货市场价格比较见图 2-4-9。

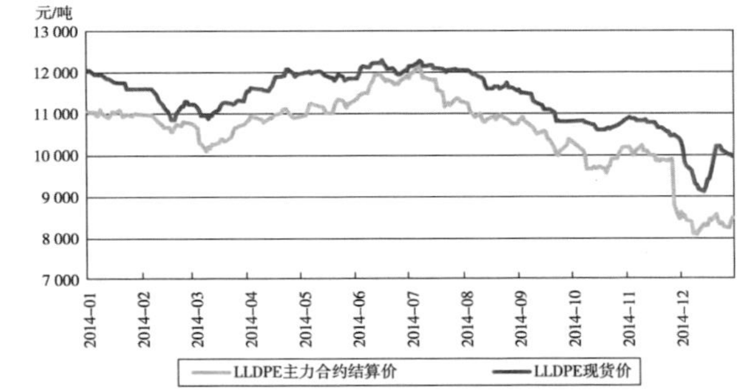

资料来源：大连商品交易所相关资料。

图 2-4-9　2014 年 LLDPE 期货和现货市场价格比较

2. 市场重大变化

年初受春节假期(1 月 31 日-2 月 6 日)、石化库存激增、与进口量增多等多重因素影响，行情持续下滑。7 月陕西延长及中煤榆林投产了 2 套共计 90 万吨/年的煤制烯烃装置，低价的煤制烯烃产品不断流入市场，对传统油制烯烃产品冲击明显，短短 2 个月时间 LLDPE 价格由 12100 元/吨下滑至 10600 元/吨，降幅在 1500 元/吨。10 月，国际油价暴跌，严重打压市场交投气氛。下游需求受订单因素影响，整体开工一般，原料采购积极性较差，仅以刚需为主，贸易商出货阻力凸显。石化虽在 11 月初调涨部分出厂价格，但市场无利好因素支撑，迫于库存及出货压力，转而开始下调 PE 出厂价格，业者报价都继续跟随下滑。虽然临近年末行情强势反弹，但整个下半年价格呈现大幅下跌趋势。

十、PP 期货运行报告

2014 年，大商所 PP 期货价格呈现震荡下行的走势。成交较为活跃，日均成交 10 万手，最高日成交 38 万手，日均持仓 7 万手，最高日持仓 13.3 万手。影响价格的主要因素是原油价格大幅下跌和大量煤制丙烯投产。

（一）交易情况

2014 年全年，PP 期货成交量 2478 万手；成交金额 1.2 万亿元；年末持仓 17.86 万手。其中，成交量最高为 12 月的 549.93 万手，最低为 2 月的 9.59 万手；月末持仓最大为 12 月的 17.87 万手，最小为 2 月的 1.93 万手。

（二）交割情况

截至 2014 年底，PP 期货交割仓库共 11 家，其中广东省 2 家，上海市 2 家，山东省 2 家，浙江省 4 家，江苏省 1 家。

2014 年，PP 期货交割总量 2732 手，折合 13660 吨，交割金额 1.57（亿）元。其中，9 月交割量最大，为 1488 手折合 7440 吨；11 月交割量最低，为 10 手折合 50 吨。有 9 个月未发生交割。

（三）价格走势

1. 总体价格走势

2014 年，大商所 PP 主力连续合约年初开盘价 10680 元/吨（2 月 28 日），最高价 11457 元/吨（6 月 13 日），最低价 7662 元/吨（12 月 11 日），最大价差 3795 元/吨，年末收盘价 7892 元/吨（12 月 31 日）。全年下跌 2788 元/吨，跌幅 26.1%。

2014 年，华东 PP 现货价格年初报价 11050 元/吨（2 月 28 日），最高价 11675 元/吨（6 月 20 日），最低价 8875 元/吨（12 月 22 日），最大价差 2800 元/吨，年末报价 9550 元/吨。全年下跌 1500 元/吨，跌幅 13.6%。

2014 年 PP 期货和现货市场价格比较见图 2－4－10。

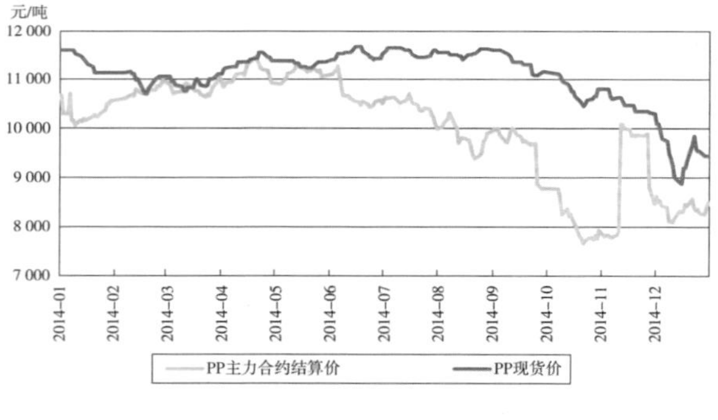

资料来源：大连商品交易所相关资料。

图 2－4－10　2014 年 PP 期货和现货市场价格比较

2. 市场重大变化

第一阶段，2014 年 2 月底至 8 月中旬，石化企业大量增加异地库，提高自身库存容量，通过调整市场资源供应量及出厂价格推动市场价格的走高。聚丙烯现货市场随之上涨，带动聚丙烯期货震荡上行之后展开高位盘整走势。

第二阶段，2014 年 8 月底至 12 月初，随着煤制聚丙烯装置集中投产，现货市场供应能力进一步增加，聚丙烯现货与期货市场随之展开震荡回调走势。10 月，美联储宣布退出 QE，全球流动性收紧，推动美元走强，以原油为代表的大宗商品价格遭遇“滑铁卢”，聚丙烯现货与期货虽期间小幅反弹，但弱势回落趋势并没有出现明显改善。

第三阶段，2014 年 12 月中旬至 12 月底，聚丙烯期货经过长期的下跌，超跌现象较为严重，随着聚丙烯期货超跌反弹并展开震荡上涨走势，刺激市场心态迅速好转。石化企业借机调涨出厂价，推动货源成本走高。受此影响，贸易商低价出货意愿减弱的同时开单补货；下游工厂少量备货，市场交投氛围明显回暖。

十一、焦炭期货运行报告

2014 年，大商所期货价格呈现单边下跌走势，全年跌幅逾 27%。上半年跌速较大，完成全年跌幅七成，下半年跌势放缓。全年共 245 个交易日，日均成交 26 万手，日均持仓 14.69 万手。

（一）交易情况

2014 年全年，大商所焦炭期货成交量 6368.83 万手，同比减少 44.77%；成交金额 75275.41 亿元，同比减少 59.15%；年末持仓 7.92 万手，同比减少 28.07%。其中，成交量最高为 3 月的 1049.41 万手，最低为 11 月的 236.08 万手；月末持仓最大为 6 月的 16.7 万手，最小为 12 月的 7.92 万手。

（二）交割情况

截至 2014 年底，大商所焦炭期货交割仓库共 9 家，其中河北省 2 家，山东省 2 家，山西省 2 家，天津市 2 家，江苏省 1 家。

2014 年，大商所焦炭期货交割总量 1960 手折合 196000 吨，同比增加 20.25%，交割金额 2.17 亿元，同比减少 10.02%。其中，5 月交割量最大，为 810 手折合 81000 吨；6 月、7 月、11 月交割量最低，为 10 手折合 1000 吨。

（三）价格走势

1. 总体价格走势 2014 年，大商所焦炭主力连续合约年初开盘价 1456 元/吨（1 月 2 日），最高价 1465 元/吨（1 月 2 日），最低价 996 元/吨（12 月 24 日），最大价差 469 元/吨，年末收盘价 1032 元/吨（12 月 31 日）。全年下跌 424 元/吨，跌幅 29.12%。

2014 年，焦炭现货价格年初报价 1580 元/吨（1 月 2 日），最高价 1580 元/吨（1 月 2 日），最低价 1160 元/吨（7 月 29 日），最大价差 420 元/吨，年末报价 1180 元/吨（12 月 31 日）。全年下跌 400 元/吨，跌幅 25.32%。

2014 年焦炭期货和现货市场价格比较见图 2－4－11。

资料来源：大连商品交易所相关资料。

图 2－4－11　2014 年焦炭期货和现货市场价格比较

2. 市场重大变化

2014 年第一季度，国内焦炭市场大幅下跌，山东、河北地区焦炭出厂价格较 2013 年底下跌 300 元/吨左右，创 2008 年以来新低，2014 年 3 月后，焦化企业才再度转盈为亏，大部分企业相继进行限产保价。

2014 年第四季度，受国内大型煤炭企业联手提价以及库存紧张影响，华东沿海部分钢厂采购价格小幅上调 20～30 元/吨，焦炭价格企稳。

十二、焦煤期货运行报告

2014 年,大商所焦煤期货价格呈现单边下跌走势,全年跌幅逾26%。上半年跌速稍大,完成全年跌幅六成,下半年跌势放缓。全年共 245 个交易日,日均成交 23.51 万手,日均持仓 17.19 万手。

(一)交易情况

2014 年全年,大商所焦煤期货成交量 5760.54 万手,同比增加 68.14%;成交金额 28559.13 亿元,同比增加 22.48%;年末持仓 9.34 万手,同比减少 39.02%。其中,成交量最高为 4 月的 869.23 万手,最低为 12 月的 203.22 万手;月末持仓最大为 10 月的 28.27 万手,最小为 12 月的 9.34 万手。

(二)交割情况

截至 2014 年底,大商所焦煤期货交割仓库共 8 家,其中河北省 1 家,山东省 2 家,山西省 2 家,天津市 2 家,江苏省 1 家。

2014 年,大商所焦煤期货交割总量 7700 手折合 462000 吨,同比增加 670%,交割金额 4.08 亿元,同比减少583.13%。其中,1 月交割量最大,为 6000 手折合 360000 吨;9 月交割量最低,为 20 手折合 1200 吨。

(三)价格走势

1. 总体价格走势

2014 年,大商所焦煤主力连续合约年初开盘价 1003 元/吨(1 月 2 日),最高价 1012 元/吨(1 月 2 日),最低价 706 元/吨(12 月 24 日),最大价差 306 元/吨,年末收盘价 740 元/吨(12 月 31 日)。全年下跌 263 元/吨,跌幅 26.22%。

2014 年,焦煤现货价格年初报价 1100 元/吨(1 月 2 日),最高价 1100 元/吨(1 月 2 日),最低价 905 元/吨(10 月 13 日),最大价差 195 元/吨,年末报价 920 元/吨。全年下跌 180 元/吨,跌幅 16.36%。

2014 年焦煤期货和现货市场价格比较见图 2-4-12。

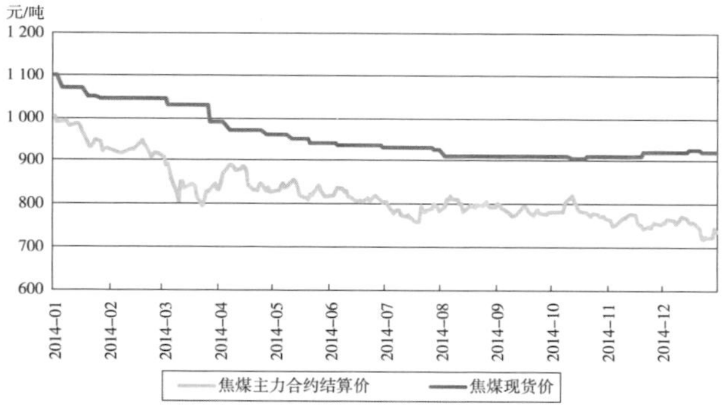

资料来源:大连商品交易所相关资料。

图 2-4-12 2014 年焦煤期货和现货市场价格比较

2. 市场重大变化

2014 年上半年,全国炼焦煤累计总产量略有增长,进口炼焦煤略有减少,供应端整体保持宽松。

2014 年第二季度焦煤合同价敲定在 120 美元/吨,较第一季度下跌 14%,为 2008 年以来最低水平。

十三、铁矿石期货运行报告

2014 年,大商所铁矿石期货价格呈现单边下跌走势,全年跌幅 44%,呈现三段式匀速下跌。全年共 245 个交易日,日均成交 39.33 万手,日均持仓 44.86 万手。

(一)交易情况

2014 年全年,大商所铁矿石期货成交量 9635.91 万手,同比增加 4301.54%;成交金额 60505.43 亿元,同比增加 2859.68%;年末持仓 43.75 万手,同比增加 574.22%。其中,成交量最高为 12 月的 1250.31 万手,最低为 2 月的 100.35 万手;月末持仓最大为 10 月的 89.62 万手,最小为 1 月的 14.42 万手。

(二)交割情况

截至 2014 年底,大商所铁矿石期货交割仓库共 10 家,其中河北省 3 家,山东省 2 家,北京市 1 家,天津市 2 家,江苏省 2 家。

2014 年,大商所铁矿石期货交割总量 3600 手折合 360000 吨,交割金额 2.62 亿元。其中,5 月交割量最大,为 1700 手折合 170000 吨;3 月交割量最低,为 100 手折合 10000 吨。

(三)价格走势

1. 总体价格走势

2014 年,大商所铁矿石主力连续合约年初开盘价 912 元/吨(1 月 2 日),最高价 912 元/吨(1 月 2 日),最低价 458 元/吨(11 月 26 日),最大价差 454 元/吨,年末收盘价 509 元/吨(12 月 31 日)。全年下跌 403 元/吨,跌幅 44.19%。

2014 年,铁矿石现货价格年初报价 961.96 元/吨(1 月 2 日),最高价 972.83 元/吨(1 月 6 日),最低价 510.87 元/吨(12 月 29 日),最大价差 461.96 元/吨,年末报价 538.04 元/吨。全年下跌 423.91 元/吨,涨(跌)幅 44.07%。

2014 年铁矿石期货和现货市场价格比较见图 2-4-13。

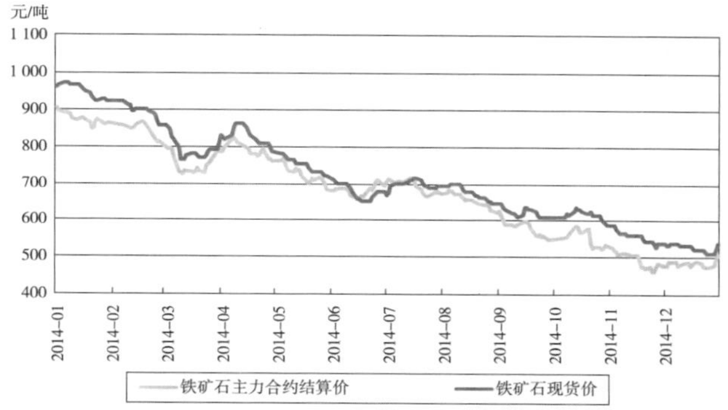

资料来源:大连商品交易所相关资料。

图 2-4-13 2014 年铁矿石期货和现货市场价格比较

2. 市场重大变化

2014 年上半年,铁矿石的价格持续大幅下跌,银行为了防控风险,于 5 月 1 日以后上调铁矿石贸易商信用证保证金比例,导致部分贸易商因跌破保证金产生毁单,港口出现低价抛货现象,很多单纯做现货的贸易商大幅亏损,不得不撤离市场。

2014 年 11 月以来,国内外高成本矿山已陆续宣布关停倒闭。

十四、PVC 期货运行报告

2014 年,大商所 PVC 期货价格呈现震荡下行的走势。成交极不活跃,日均成交仅为 4849 手,最高日成交量 14.6 万手,日均持仓 15735 手,最高持仓 55788 手。对 PVC 价格影响较大因素为房地产市场低迷,产能严重过剩和油价大幅下跌。

(一)交割情况

截至 2014 年底,PVC 期货交割仓库共 11 家,其中广东省 4 家,上海市 3 家,江苏省 1 家,浙江省 3 家。

(二)价格走势

2014 年,大商所 PVC 主力连续合约年初开盘价 6410 元/吨(1 月 2 日),最高价 6395 元/吨(1 月 15 日),最低价 5325 元/吨(12 月 25 日),最大价差 1070 元/吨,年末收盘价 5450 元/吨(12 月 31 日)。全年下跌 945 元/吨,跌幅 14.77%。

2014 年,华东 PVC 现货价格年初报价 6390 元/吨(1 月 2 日),最高价 6390 元/吨(1 月 2 日),最低价 5720 元/吨(12 月 11 日),最大价差 670 元/吨,年末报价 5740 元/吨。全年下跌 650 元/吨,跌幅 10.17%。

2014 年 PVC 期货和现货市场价格比较见图 2－4－14。

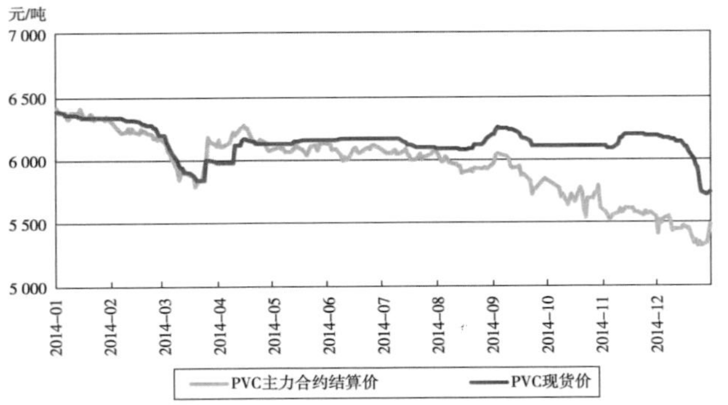

资料来源:大连商品交易所相关资料。

图 2－4－14　2014 年 PVC 期货和现货市场价格比较

十五、黄大豆 2 号期货运行报告

(一)交割情况

截至 2014 年底,大商所黄大豆 2 号期货交割仓库共 7 家,其中辽宁大连 3 家、江苏南通 1 家、山东日照 2 家、山东青岛 1 家。

(二)价格走势

2014 年,大商所黄大豆 2 号期货主力连续合约年初开盘价 3984 元/吨(1 月 2 日),最高价 4318 元/吨(2 月 7 日),最低价 3020 元/吨(10 月 13 日),最大价差 1298 元/吨,年末收盘价 3264 元/吨(12 月 31 日)。全年下跌 720 元/吨,跌幅 18.1%。

2014 年,青岛进口大豆港口分销价格年初报价 4200 元/吨(1 月 2 日),最高价 4220 元/吨(2 月 7 日),最低价 3380 元/吨(12 月 31 日),最大价差 840 元/吨,年末报价 3380 元/吨(12 月 31 日)。全年下跌 820 元/吨,跌幅 19.5%。

2014 年,芝加哥期货交易所(CBOT)大豆连续合约年初开盘价 1270 美分/蒲式耳(1 月 3 日),最高价 1536.75 美分/蒲式耳(5 月 22 日),最低价 904.25 美分/蒲式耳(10 月 1 日),最大价差 632.5 美分/蒲式耳,年末收盘价 1022.4 美分/蒲式耳(12 月 31 日)。全年下跌 247.6 美分/蒲式耳,跌幅 19.5%。

2014 年黄大豆 2 号期货内外盘和现货市场价格比较见图 2－4－15。

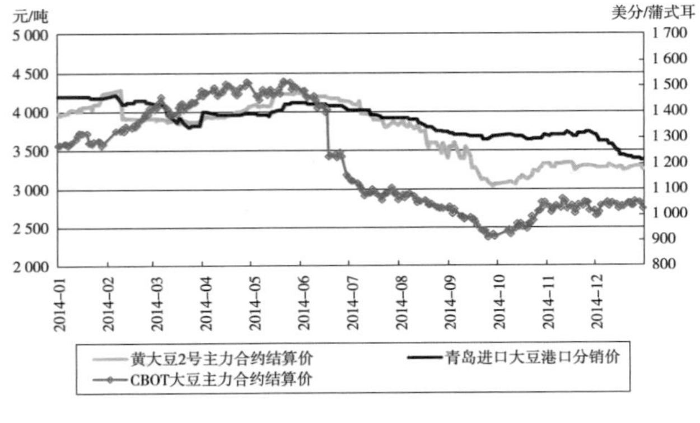

资料来源:Wind 资讯。

图 2－4－15　2014 年黄大豆 2 号期货内外盘和现货市场价格比较

十六、玉米淀粉期货运行报告

2014 年 12 月 19 日,大商所玉米淀粉期货上市。玉米淀粉期货上市后运行平稳,价格震荡下行。

(一)交易情况

2014 年,大商所玉米淀粉期货共交易 9 个交易日,累计成交量 7.2 万手,成交金额 19.87 亿元,年末持仓 0.51 万手。

(二)交割情况

截至 2014 年底,大商所玉米淀粉期货交割仓库共 7 家,其中吉林省 2 家,辽宁省 1 家,山东省 4 家。

2014 年,玉米淀粉期货未发生交割。

(三)价格走势

2014 年,大商所玉米淀粉主力连续合约开盘价 2800 元/吨(12 月 19 日),最高价 2834 元/吨(12 月 19 日),最低价 2665 元/吨(12 月 25 日),最大价差 169 元/吨,年末收盘价 2713 元/吨(12 月 31 日)。全年下跌 87 元/吨,跌幅 3.11%。

2014 年,吉林长春玉米淀粉现货价格报价 2800 元/吨(12 月 19 日),最高价 2800 元/吨(12 月 19 日),最低价 2750 元/吨(12 月 31 日),最大价差 50 元/吨,年末报价 2750 元/吨。2014 年 12 月 19 日—12 月 31 日,现货价格下跌 50 元/吨,跌幅 1.79%。

2014 年玉米淀粉期货和现货市场价格比较见图 2－4－16。

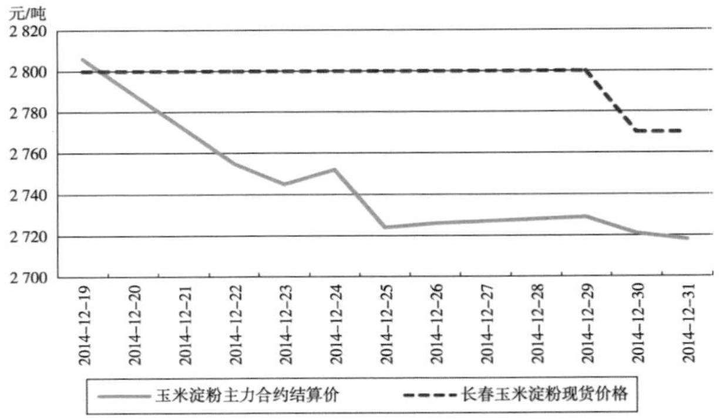

资料来源:大连商品交易所相关资料。

图 2－4－16　2014 年玉米淀粉期货和现货市场价格比较

第五节　中国金融期货交易所上市品种运行报告

2014 年,中金所金融期货累计成交量为 2.18 亿手,同比增长 12.42%,累计成交额为 164.02 万亿元,同比增长 16.32%,分别占全国市场的 8.68% 和 56.17%。沪深 300 股指期货交易十分活跃,年成交量占比达 8.649%;5 年期国债期货成交较为低迷,年成交量在全国占比不足 0.1%。

此外,中金所还开展了外汇期货、10 年期和 3 年期国债期货合约仿真交易。

一、股指期货运行报告

2014 年,中金所沪深 300 股指期货价格呈现前低后高的走势。上半年,受经济基本面等因素影响,期现货市场震荡筑底。下半年在改革预期和宽松货币政策推动下出现价格回升。11 月,资本市场迈出了对外开放的重要一步,期待已久的沪港通正式开通;11 月 22 日,央行下调金融机构人民币贷款和存款基准利率,此后股市大幅上涨。7—12 月,沪深 300 指数涨幅 63%,其中 11—12 月大涨 41%,并在 12 月 31 日创出 2 年内新高 3542.34 点。

(一)交易情况

2014 年全年,沪深 300 股指期货成交量 21665.83 万手，同比增加12.13%；成交金额163.14亿元，同比增加15.95%；年末持仓21.54万手，同比增加80.23%。其中，成交量最高为12月的4549.05万手，最低为2月的1059.72万手；月末持仓最大为12月的21.54万手，最小为1月的11.59万手。

（二）交割情况

2014年，沪深300股指期货交割总量35882手，同比减少6.57%，交割金额251.08亿元，同比减少10.50%。其中，1月交割量最大，为6652手；2月交割量最低，为1192手。

（三）价格走势

1. 总体价格走势

2014年，沪深300股指期货连续主力合约年初开盘价2340点（1月2日），最高价3596.4点（12月31日），最低价2046.6点（3月20日），年末收盘价3593.2点（12月31日）。全年上涨1253.2点，涨幅53.56%。

2014年，沪深300指数现货价格年初报价2323.43点，最高价3542.34点（12月31日），最低价2077.76点（3月21日），年末收盘价3533.71点。全年上涨1210.28点，涨幅52.09%。

2014年沪深300股指期货和现货市场价格比较见图2-5-1。

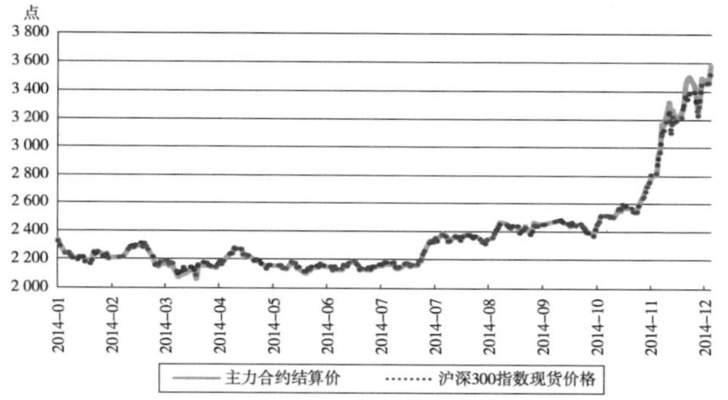

资料来源：中国金融期货交易所相关资料。

图2-5-1　2014年沪深300股指期货和现货市场价格比较

2. 市场重大变化

1月17日，新股IPO在时隔一年多后重启，打新资金冻结影响市场短期流动性，疲弱的市场面临更严峻的考验。

3月21日发布《优先股试点管理办法》，利好消息导致期指当日暴涨4.79%。

5月9日，国务院发布《关于进一步促进资本市场健康发展的若干意见》（以下简称新"国九条"），资本市场迎来重大利好。

11月17日，沪港通正式开闸。

11月22日央行下调金融机构人民币贷款和存款基准利率，结合此前进行的两轮定向降准，给市场带来新一轮行情突破。

3. 涨跌停板次数

2014年沪深300股指期货市场运行总体平稳，个别远月合约出现两次跌停情况，分别是2月24日9点15分22秒IF1409合约跌停，10月24日14点24分30秒IF1506合约跌停。

二、5年期国债期货运行报告

2014年，中金所5年期国债期货成交量先降后升。2014年5年期国债期货共成交922871手，总成交金额8785.17亿元，日均成交3767手，日均持仓9387手。2013年国债期货上市以来，成交量自首日的火爆后持续下滑。2014年4月日均成交量下滑至1307手，随后逐步企稳并逐渐增长，10月回升至3844手，取得除上市首月外的月度新高。11月开始，国债期货保证金的下调使得成交量大幅增长，11—12月，日均成交量达到1.12万手。国债期货持仓量一直处于上升趋势，11月的保证金下调也促使持仓量大幅增长，12月9日持仓量24588手，创历史新高。

2014年中国宏观经济下滑促使资金面日趋宽松，债市牛市推动国债期货成交量企稳回升。2014年来实体经济疲弱，房地产步入下行周期，中长期国债收益率步入下行通道。虽然上半年央行坚持谨慎货币政策，但实体经济对资金需求的下滑使货币市场资金面逐步宽松。5月开始货币市场基准利率3月上海银行间同业拆放利率步入下行周期，当月下滑10.37%，也带动5年期国债收益率下滑2.5%。资金面宽松加债券牛市推动国债成交量企稳回升。

2014年，5年期国债期货连续主力合约年初开盘价91.796元（1月2日），最高价98.072元（11月11日），最低价91.13元（1月3日），年末收盘价96.772元（12月31日）。全年上涨4.976元，涨幅5.42%。

2014年，5年期国债期货基准债现货价格年初报价91.164元，最高价97.626元（11月11日），最低价90.815元（1月6日），年末收盘价96.613元。全年上涨5.449元，涨幅5.98%。

2014年5年期国债期货和现货市场价格比较见图2-5-2。

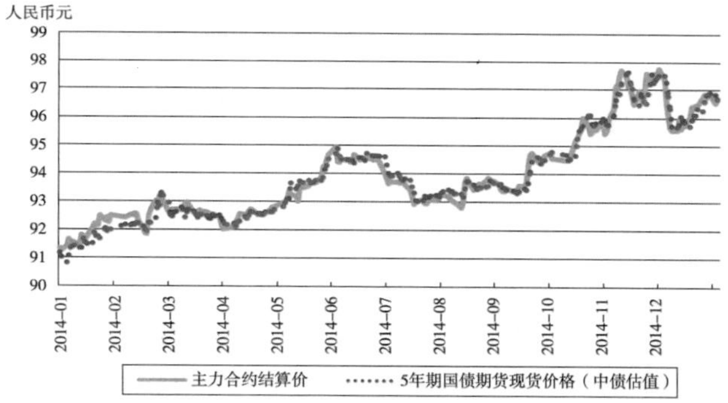

资料来源：中金所交易数据相关资料。

图2-5-2　2014年5年期国债期货和现货市场价格比较

三、上市品种制度、规则、合约的变化

（一）沪深300股指期货

中金所2014年8月29日发布了修订后的《沪深300股指期货合约》《中国金融期货交易所沪深300股指期货合约交易细则》，将沪深300股指期货合约的最低交易保证金由12%调整为8%，沪深300股指期货持仓限额由600手调整至1200手。

同日，中金所发布《关于调整沪深300股指期货交易保证金的通知》，自2014年9月1日结算时起，沪深300股指期货所有合约交易保证金标准统一调整为10%。

（二）5年期国债期货

2014年，中金所优化合约规则设计，降低保证金，加强市场培育。11月初，中金所实施合约业务规则优化措施，将最低交易保证金由2%调整为1.5%，梯度交易保证金由"2%-3%-5%"调整为"1.5%-2%-3%"，梯度持仓限额由"1000手-500手-100手"调整为"1000手-600手-

300 手”，梯度提高保证金和梯度限仓的执行时点延后等，国债期货活跃度显著提升。11 月日均成交 11495 手，日均持仓 18055 手，分别较 2014 年前 10 个月提高 198.96% 和 54.73%。

2014 年中国期货经营机构发展报告

第一节 期货公司基本状况

2014 年，期货公司整体经营情况良好，各项经营指标较 2013 年均有不同程度的增长。在资产管理、风险管理公司等创新业务的推动下，期货公司为实体经济服务的手段进一步丰富，服务能力明显增强，客户保证金规模增长显著。期货公司经纪业务竞争依然激烈，期货交易手续费率持续下滑，期货公司营业收入、营业利润等财务指标的增长速度远低于客户保证金规模的增速。上海、北京、浙江、深圳等地仍是期货行业优势区域。

一、期货公司整体经营情况

截至 2014 年末，我国持续经营的期货公司共 151 家，其中，证券公司参股控股期货公司 72 家。全国期货公司总资产为 3432.21 亿元（含客户资产），较 2013 年增长 33.60%；净资产为 613.32 亿元，净资本为 475.24 亿元，分别较 2013 年增长 17.46% 和 8.16%。

截至 2014 年末，全国 151 家期货公司共吸纳客户保证金 2742.72 亿元，较 2013 年增长 37.95%；营业收入为 188.10 亿元，与 2013 年基本持平；营业利润为 53.66 亿元，净利润为 41.43 亿元，分别较 2013 年增长 15.33% 和 16.55%。

二、期货公司资本规模情况

2014 年，期货公司注册资本稳步提升，较 2013 年增长 13%。期货公司增加注册资本主要有两个方面原因：一是为满足创新业务的资本要求和业务需求；二是为实现跨越式发展，兼并收购其他期货公司。

2014 年，从期货公司注册资本的分布情况来看，47 家期货公司的注册资本处于 1 亿元及以下，数量较 2013 年下降 20.34%，占比 31.13%；58 家期货公司的注册资本处于 1 亿元至 3 亿元之间，数量较 2013 年下降 4.92%，占比 38.41%；注册资本在 3 亿元以上的期货公司数量在稳步增加，达到 46 家，较 2013 年增加 27.78%，占比 30.46%。其中，5 家期货公司的注册资本超过 10 亿元，中国国际期货有限公司的注册资本为 17 亿元、中信期货有限公司的注册资本为 16.05 亿元、银河期货有限公司的注册资本为 12 亿元、五矿期货有限公司注册资本为 12 亿元、广发期货有限公司的注册资本为 11 亿元。

三、期货公司代理业务规模情况

（一）代理业务规模持续增长

2014 年，期货公司代理成交量为 24.96 亿手，同比增长 21.28%；代理成交额 为 290.78 万亿元，同比增长 8.88%。

（二）三大中心区域优势依然明显

从全国期货公司代理成交额排名的区域分布看，上海、北京、浙江依然是国内 期货市场最发达地区。2014 年，上海地区期货公司代理成交额占比进一步增长，稳 居各地区首位，优势明显。北京、浙江地区代理成交额均有不同程度的下降，深圳 地区快速增长，代理成交额占比超过广东地区（见图 3－1－1）。

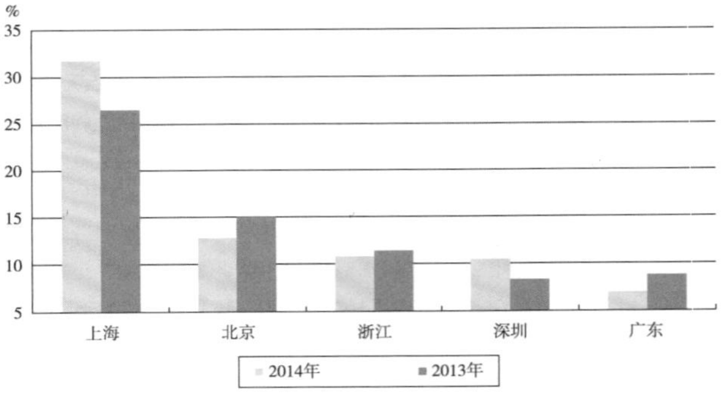

资料来源：中国期货业协会相关资料。

图 3－1－1 2013—2014 年期货公司代理成交额辖区占比分布情况

从 151 家期货公司的区域分布图可以看出，我国期货公司主要集中在经济较发 达的上海、北京、深圳、浙江等地。其中，上海地区的期货公司数量依然是最多的（见图 3－1－2）。

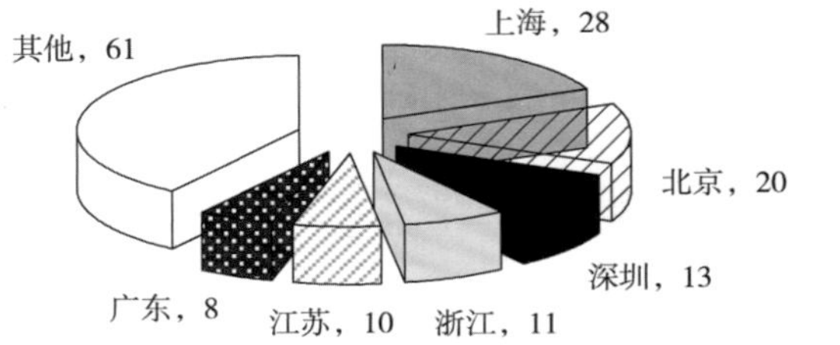

资料来源：中国期货业协会相关资料。

图 3－1－2 2014 年期货公司区域分布（单位：家）

第二节 期货公司财务状况

2014 年，期货公司资产规模继续增长，法人客户数量和规模增加显著。期货公司资产管理等创新业务收入快速增长，但占比依然有限，仍呈现出以经纪业务收入为主的收入结构。期货公司各项财务指标中，排名领先公司的优势持续扩大，经营分化进一步加剧。

一、期货公司资产规模和客户保证金规模情况

（一）资产规模稳步提升，分化进一步加剧

截至 2014 年末，151 家期货公司的资产总额合计为 3432.21 亿元，较 2013 年的 2569.07 亿元增长了 33.60%；平均每家期货公司资产总额为 22.73 亿元，较 2013 年的 16.47 亿元增长了 38.01%。从资产总额的分布情况来看，18 家资产规模在 50 亿元以上的期货公司资产占全行业资产总额的 51.29%，行业集中度明显提升。资产规模在 10 亿元以上的期货公司数量为 77 家，较 2013 年增加 10 家。资产规模在 10 亿元以下的期货公司数量和资产规模占比均出现不同程度的下降，期货公司分化进一步加剧。

（二）客户保证金整体规模大幅增加，排名领先公司增速更快

截至 2014 年末，全国 151 家期货公司共吸收客户保证金 2742.72 亿元，较 2013 年末的 1988.18 亿元增长 37.95%，保证金规模增速明显加快。从保证金分布情况看，分化程度进一步加剧，行业领先期货公司吸纳客户保证金的能力进一步增强，客户保证金规模在 50 亿元以上的期货公司达到 15 家，保证金规模占比近 50%。

根据期货公司 2014 年分类评价结果，从各类别期货公司

客户保证金分布情况看,43 家 A 类期货公司客户保证金合计为 2091.10 亿元,行业占比达到 76.24%,平均客户保证金近 50 亿元,进一步拉大了与 B 类公司之间的差距。A 类期货公司在行业中优势地位明显,C 类、D 类和 E 类期货公司客户保证金规模进一步萎缩,各类别期货公司发展分化程度进一步扩大。

二、期货公司利润情况

2014 年,151 家期货公司共实现营业利润 53.66 亿元,较 2013 年的 46.53 亿元增长 15.33%;净利润 41.43 亿元,较 2013 年的 35.55 亿元增长 16.55%。全国 151 家期货公司中有 124 家盈利,27 家亏损。与 2013 年相比,盈利期货公司的数量没有增加,但盈利总金额在增加,表明行业领先期货公司的盈利能力在进一步提升。

从各类别期货公司盈利情况看,43 家 A 类期货公司 2014 年全部实现盈利,总盈利金额为 33.06 亿元,盈利金额占全行业比例为 79.80%;63 家 B 类期货公司实现盈利,总盈利金额为 6.63 亿元,盈利金额占全行业比例为 16.00%。A 类和 B 类期货公司合计实现盈利 39.69 亿元,盈利金额占全行业比例达到 95.80%。

三、期货公司营业收入情况

（一）营业收入稳步增长,创新业务收入占比显著增加

2014 年,151 家期货公司营业收入合计为 188.10 亿元,较 2013 年的 185.18 亿元增长 1.58%。期货公司净资本和客户保证金规模的增加,使期货公司利息净收入较 2013 年增长 27.45%;经纪业务竞争激烈,手续费率大幅下滑,经纪业务呈现“增产不增收”现象,经纪业务收入较 2013 年下降19.14%。从营业收入结构看,期货经纪业务收入在营业收入中仍占主导地位,占比为 53.35%。与 2013 年相比,期货公司经纪业务收入占比有所下降,资产管理业务和投资咨询业务收入占比大幅增加,表明期货公司正在转型升级,资产管理、投资咨询等创新业务快速发展。

（二）A 类期货公司各项业务优势明显

从各类别期货公司各项业务收入分布看,A 类公司具有显著优势。A 类公司经纪业务收入行业占比 65.19%,资产管理业务收入行业占比 96.55%,投资咨询业务收入行业占比 53.39%,利息净收入行业占比 76.01%。A 类公司普遍具有注册资本高、经纪业务规模大的特征,期货公司资产管理等创新业务在刚刚推出时,监管部门对期货公司的注册资本和分类评级均有一定要求,因此,率先取得创新业务资格的期货公司也大多是 A 类公司,形成创新业务的先发优势。

四、税收贡献稳步增加

2014 年,151 家期货公司向国家上缴营业税金及附加和所得税共 19.73 亿元,较 2013 年的 19.39 亿元增长 1.75%。其中,上缴营业税金及附加 5.88 亿元,较 2013 年的 6.93 亿元下降 15.15%;上缴所得税 13.85 亿元,较 2013 年的 12.46 亿元增长 11.16%。

第三节　期货市场竞争状况分析

2014 年,期货公司经纪业务竞争进一步加剧,交易手续费率下滑显著。三家期货公司分别吸收合并行业内其他期货公司,期货营业部数量持续增加。期货行业集中度进一步提升,A 类期货公司优势地位显著,总资产规模大的期货公司具有较高的净资产收益率。

一、期货交易手续费率情况

2014 年,151 家期货公司代理成交额合计为 290.78 万亿元,经纪业务收入合计为 100.35 亿元,平均手续费率仅为 0.00173%,较 2013 年下降 25.43%。若扣减 2014 年交易所手续费返还及减收的 26.69 亿元,平均手续费率仅为 0.00127%(见图 3－3－1)。

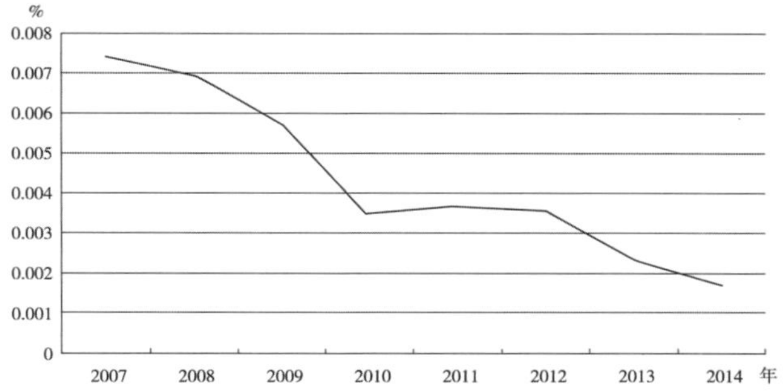

注:手续费率＝手续费收入/(代理成交额×2)。

资料来源:中国期货业协会相关资料。

图 3－3－1　2007—2014 年期货行业平均手续费率

二、期货公司并购重组情况

截至 2014 年末,全国期货公司共 151 家。除华南期货经纪有限公司被注销外,有 3 家期货公司被吸收合并。其中,五矿期货有限公司吸收合并经易期货经纪有限公司,成立五矿经易期货有限公司;中航期货有限公司吸收合并江南期货经纪有限公司;中信期货有限公司吸收合并中信新际期货有限公司。

三、期货公司营业部设立情况

截至 2014 年末,全国期货营业部数量达到 1697 家,平均每家期货公司拥有 11.23 家营业部。2014 年,中国证监会发布《期货公司监督管理办法》,同时废止《期货公司管理办法》和《期货营业部管理规定(试行)》。新办法进一步降低了期货公司设立分支机构的门槛,期货公司申请设立分支机构向公司所在地中国证监会派出机构备案材料,同时抄报拟设立分支机构所在地的中国证监会派出机构即可。程序的简化带来期货营业部数量的快速增长,同时部分期货公司因经营压力也在 2014 年陆续关停经营不善的期货营业部。与近几年相比,2014 年全国期货营业部数量的净增长明显加快(见图 3－3－2)。

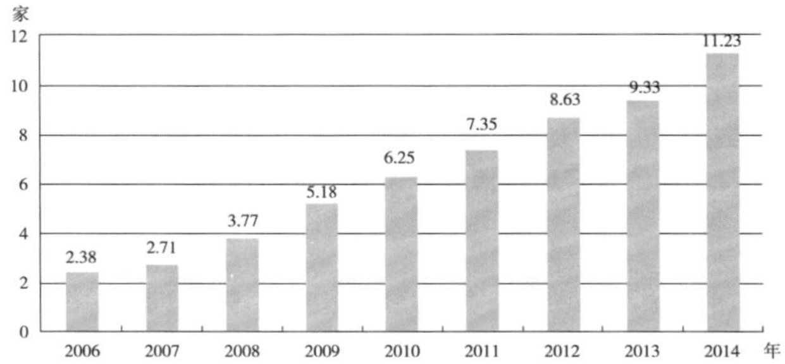

资料来源:中国期货业协会相关资料。

图 3－3－2　2006—2014 年期货公司平均营业部数量

四、不同类别期货公司经营情况对比

截至 2014 年末,A 类期货公司的平均注册资本为 5.89 亿元,是 B 类期货公司的 3.13 倍,C 类公司的 5.4 倍;A 类期货公司的平均客户保证金为 48.63 亿元,是 B 类期货公司的 7.82 倍,C 类期货公司的 13.32 倍,A 类期货公司在行业中占据绝对优势。A 类期货公司大多具有券商背景或现货背景,

凭借自身资本实力和资源优势进行业务扩张。从各项指标看，各类期货公司之间的差距已经十分明显。

五、期货行业市场集中度

2014 年，各项指标前 10 名期货公司的行业占比均超过 30%，各项指标前 20 名期货公司的行业占比约为 50%，各项指标前 30 名期货公司的行业占比约为 60%。与 2013 年相比，2014 年期货公司的客户保证金集中度明显提升，净利润集中度稍有下降。

六、期货公司规模经济特征

2014 年，151 家期货公司整体净资产收益率为 7.30%，与 2013 年基本持平。总资产规模在 100 亿元以上的期货公司有 5 家，平均净资产收率为 13.13%；5 亿元以下的期货公司大多处于亏损状态，平均净资产收率为 -5.73%。总资产规模在 10 亿元以上的期货公司净资产收益率高于行业平均水平。期货行业具有规模经济特征，即总资产规模大的企业，净资产收益率通常较高。

第四节　期货公司创新业务发展状况

2014 年，在期货行业创新发展的背景下，期货公司资产管理业务、风险管理公司业务、投资咨询业务等创新业务发展迅速。与 2013 年相比，期货公司资产管理业务收入和业务规模均有大幅度增长；风险管理公司业务内容更加丰富，各公司经营内容差异化显著；投资咨询业务收入增长迅速。

一、期货公司资产管理业务发展情况

2014 年末，中国期货业协会发布《期货公司资产管理业务管理规则(试行)》，明确期货公司资产管理业务资格由审批制改为备案制，期货公司或子公司开展资产管理业务向中国期货业协会履行登记手续。《期货公司资产管理业务管理规则(试行)》降低了准入条件并放开了为特定多个客户办理资产管理业务。期货公司申请资产管理业务的净资本要求由“净资本不低于人民币 5 亿元”调整为“净资本不低于人民币 1 亿元”；分类评级要求由“近两次分类监管评级均不低于 B 类 B 级”调整为“最近一次期货公司分类监管评级不低于 C 类 C 级”。

截至 2014 年末，共有 46 家期货公司获得资产管理业务资格，较 2013 年的 29 家增加 17 家。期货公司资产管理业务受托资金共计 137.90 亿元，较 2013 年增长 935.29%。受托客户数共计 1126 人，其中机构客户 157 户，个人客户 969 户。期货公司资产管理收入合计为 8674.25 万元，较 2013 年增长 490.07%。其中，永安期货股份有限公司、南华期货股份有限公司和广发期货有限公司资产管理业务收入超过 1000 万元。

二、期货公司风险管理公司业务发展情况

2014 年，期货公司风险管理公司运作总体平稳，现货、远期、仓单、合作套保、期权、互换等业务稳步增长。风险管理公司积极探索利用期现结合产品、场外期权等工具服务“三农”和中小企业的模式。截至 2014 年末，共计 33 家期货公司完成了风险管理公司业务试点的备案和工商注册，注册地主要分布在上海(16 家，其中自贸区 13 家)，深圳(8 家，其中前海 7 家)，杭州(5 家)及其他地区(4 家)。其中，13 家为《期货公司设立子公司开展以风险管理服务为主的业务试点工作指引(修订)》发布之后申请并完成备案。

截至 2014 年末，33 家风险管理公司注册资本金总额 35.7亿元，总资产总额 66.94 亿元，净资产总额 35.99 亿元，各项业务总收入 197.99 亿元，净利润总额 823 万元，其中 24 家盈利，9 家亏损。33 家风险管理公司资产负债率分布不均，仓单服务业务量较大的风险管理公司流动负债较高，资产负债率水平偏高，3 家公司资产负债率在 80% 以上，8 家公司资产负债率在 50% 至 80% 之间，22 家公司资产负债率小于 50%。

2014 年，全年共有 26 家风险管理公司开展即期现货业务淤，共计成交 2819 笔，成交金额 191.22 亿元；16 家公司开展远期现货业务于，共计成交 747 笔，成交金额 180.2 亿元；合作套保业务共计签订协议 66 笔，保值标的市场价值 59.44 亿元。

2014 年，风险管理公司在场外期权业务方面迈出历史性的第一步，全年共有 7 家风险管理公司采用《中国证券期货市场场外衍生品交易主协议(2014 年版)》开展场外期权业务，签订协议 106 笔，合同权利金总额达到 775.37 万元。开展此项业务的公司有南华资本管理有限公司、中证资本管理有限公司、金瑞资本管理有限公司、鲁证经贸有限公司、浙期实业有限公司、申银万国智富有限公司、银河德睿资本管理有限公司等 7 家公司。此外，永安资本管理有限公司、新湖瑞丰金融服务有限公司利用场外期权业务模式，向“三农”企业提供保底价收购服务，保障了农民种粮收益和积极性，并对农业价格保险制度进行了有益探索。江苏锦盈资本管理有限公司开展了 4 笔上海清算所的动力煤掉期交易，名义本金总额达到 255.3 万元。

2014 年，共有 31 家风险管理公司进行了期货市场交易，主要涉及期货交易品种 38 个，归为农产品、贵金属、金属、能源化工和金融类产品五大类，全年期货交易成交金额达到 2703 亿元。

三、期货投资咨询业务发展情况

截至 2014 年末，共有 94 家期货公司获得期货投资咨询业务资格，45 家期货公司投资咨询业务实现收入，收入总计为 1.18 亿元，较 2013 年增长 103.45%。1000 万元及以上收入规模的期货公司有 3 家，多数期货公司的投资咨询业务收入集中在 50 万元以下。

第五节　期货公司内控治理及风险控制状况

2014 年，期货公司净资本持续增长，各项风险监管指标基本符合监管要求。期货公司按照有关法律法规及监管部门的要求，加强全面风险控制制度建设和人才队伍建设，确保内控覆盖各项业务的所有环节，完善对新业务、关键环节的监督机制。

一、期货公司内控治理情况

2014 年，期货公司已经建立了以内部控制为核心的管理体系和风险控制制度，建立并有效执行风险管理、内部控制、期货保证金存管等业务制度和流程，有效隔离不同业务之间的风险，确保客户资产安全和交易安全。期货公司均配备了首席风险官，首席风险官在期货公司风险管理方面的职能逐步发挥，期货公司风险管理体系与风险管理制度得到完善，风险管理水平不断提高。

期货公司按照《期货公司监督管理办法》要求，设立风险管理部门或者岗位，管理和控制期货公司的经营风险；设立合规审查部门或者岗位，审查和稽核期货公司经营管理的合法合规性。期货公司基本建立了岗位责任制度，交易、结算、财务由不同部门和人员分开办理，不相容岗位应当分离。期货公司对分支机构实行集中统一管理，按照规定对营业部实行统一结算、统一风险管理、统一资金调拨、统一财务管理和会计核算。

二、期货公司风险监管指标情况

中国证监会颁布的《期货公司风险监管指标管理办法》规定期货公司应当持续符合的风险监管指标标准为："净资本不得低于人民币1500万元；净资本与公司的风险资本准备的比例不得低于100%；净资本与净资产的比例不得低于40%；流动资产与流动负债的比例不得低于100%；负债与净资产的比例不得高于150%；规定的最低限额的结算准备金要求。"

（一）净资本与风险资本准备比例均高于100%

截至2014年末，全国151家期货公司净资本合计为475.24亿元，每家期货公司平均净资本为3.15亿元，最高的期货公司净资本数额达到18.28亿元，净资本最低的期货公司为海南金海岸期货经纪有限公司，净资本为1197.04万元，低于1500万元的监管标准。全国151家期货公司仅有1家净资本低于监管标准，海南金海岸期货经纪有限公司已经暂停营业。

截至2014年末，全国151家期货公司全年提取期货风险准备金4.90亿元，风险资本准备合计为144.45亿元，各家期货公司净资本与风险资本准备的比例范围在150.00%至8917.80%，均满足净资本与风险资本准备的比例不得低于100%的监管要求。

（二）净资本与净资产比例均高于40%

截至2014年末，期货公司净资本与净资产的平均比例为77.49%。全国151家期货公司的净资本与净资产比例范围为43.90%至109.50%，均满足净资本与净资产的比例不得低于40%的监管要求。

（三）流动资产与流动负债的比例均高于100%

截至2014年末，全国151家期货公司的流动资产合计为515.19亿元，流动负债合计为76.17亿元，流动资产与流动负债的平均比例为676.37%。各期货公司流动资产与流动负债的比例范围为121.10%至23906.70%，均满足流动资产与流动负债比例不低于100%的监管要求。

（四）期货公司负债与净资产比例低于150%

截至2014年末，全国151家期货公司负债合计为76.17亿元，与净资产比例平均为12.42%。

第六节　期货从业人员状况

2014年，在期货行业创新发展的背景下，期货从业人员在数量和结构上均出现了显著变化。期货公司从业人员整体数量首次出现下降，创新业务人才数量显著增加，表明期货公司正在通过人员结构调整推动业务转型升级。

在中国期货业协会行业信息管理平台登记注册的期货从业人员有两类，一是通过期货从业人员资格考试，在期货公司任职的人员；二是通过期货从业人员资格考试，在证券公司任职，为期货公司提供中间介绍业务的人员。

一、期货从业人员整体情况

截至2014年末，在中国期货业协会行业信息管理平台登记注册的期货从业人员为51365人，较上年同期增加2097人，同比增长4.3%。其中，151家期货公司从业人员31132人，占比60.61%；78家介绍业务机构从业人员20233人，占比39.39%。151家期货公司高管人员（董事长、监事会主席、独立董事、总经理、副总经理和首席风险官）1048人、营业部经理1541人、取得投资咨询从业资格人员3012人。

（一）期货公司从业人员数量首次出现下降

截至2014年末，151家期货公司从业人员31132人，较2013年减少1017人，同比下降3.16%。这是自2006年以来，期货公司从业人员数量首次出现下降。截至2014年末，期货公司高管人员共计1048人，较2013年增加72人，增长7.38%。

期货公司从业人员数量在2008年高速增长之后，增长率呈逐年下降趋势。2014年期货公司从业人员数量首次出现减少，主要有三个方面的原因：一是在期货资产管理业务快速发展的背景下，部分期货公司从业人员流动到私募基金、投资公司等资产管理机构工作；二是为满足期货公司风险管理公司业务发展需要，部分期货公司从业人员流动至风险管理公司工作；三是期货公司并购重组后一些职能重复的岗位减员（见图3－6－1）。

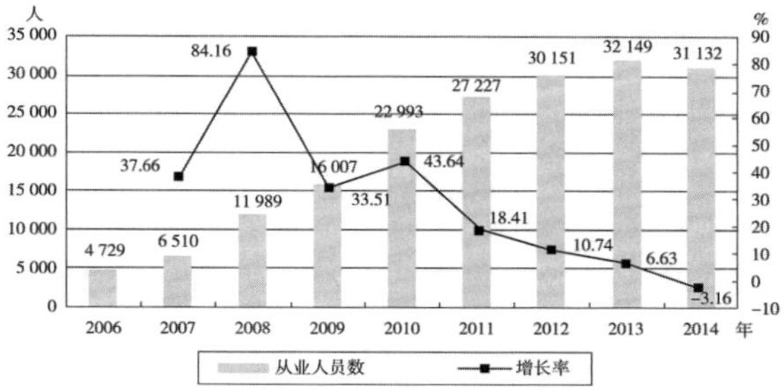

资料来源：中国期货业协会相关资料。

图3－6－1　2006—2014年期货从业人员增长率

（二）期货介绍业务人员增速放缓

自2009年开始，符合条件的证券公司可申请取得期货介绍业务资格（期货IB业务资格）。期货介绍业务资格自2013年4月起由行政审批转为备案管理，介绍业务机构及人员数量曾在2013年出现爆发式增长，2014年介绍业务人员增速开始放缓。截至2014年末，证券公司期货介绍业务人员为20233人，增长18.20%。

（三）期货投资咨询从业人员数量稳步增长

截至2014年末，共有9334人通过"期货投资分析"考试，其中4427人在期货公司从业。取得投资咨询从业资格3012人，较2013年增长13.66%，占期货公司从业人员数量的9.67%。

在通过"期货投资分析"考试的期货公司从业人员中，高管、研究分析、客户开发、客户服务以及投资咨询岗位的人员数量最多，共计3365人，占比76.01%。

（四）期货从业人员整体流动性高，行业内流动频繁

截至2014年末，期货公司共新申请期货从业资格5501人，注销期货从业资格6518人，人员流入率为17.11%，流出率为20.27%，流动率较2013年有所下降。

在新申请取得期货从业资格的5501人中，来自行业内其他期货公司人员2535人次，占比46.9%（见图3－6－2）。

在注销期货从业资格的6518人中，流向行业内其他期货公司的3142人，占比48.2%；流向银行、证券、基金等金融机构的占比17.6%；流向现货企业的占比9.5%（见图3－6－3）。

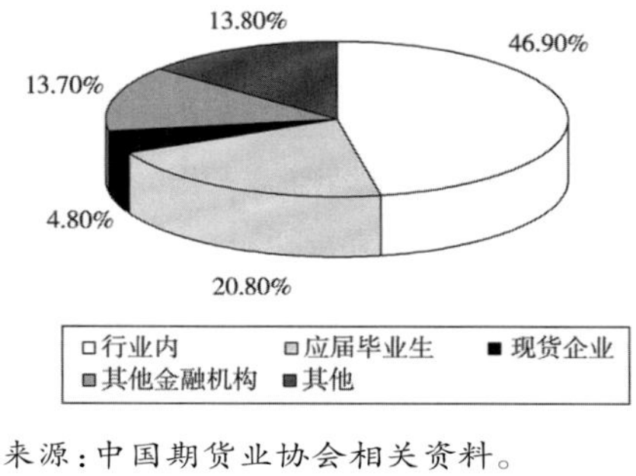

资料来源：中国期货业协会相关资料。

图3－6－2　2014年期货公司从业人员流入情况

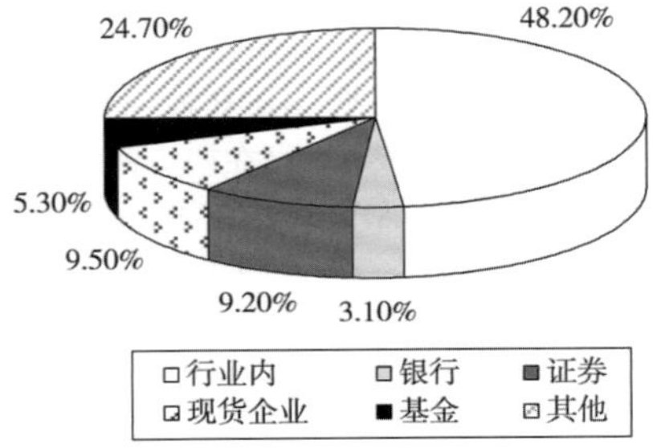

资料来源:中国期货业协会相关资料。

图3-6-3　2014年期货公司从业人员流出情况

二、期货从业人员结构特点

2014年,期货从业人员集中度进一步提高。伴随着期货公司的创新发展,创新业务人才数量显著增加。期货从业人员从业年限短、年轻化、市场开发与客户人员居多的特点依然明显。

(一)人员规模整体偏小,发达地区和A类公司人员规模相对较大

截至2014年末,六成以上的期货公司人员规模在200人以下。从业人员规模排名前5位的分别是永安期货871人、南华期货805人、中信期货791人、银河期货750人、弘业期货668人。

从期货公司所在地区来看,浙江、江苏、北京、深圳、上海、广东等经济发达地区的期货公司人员规模相对较大(见图3-6-4)。

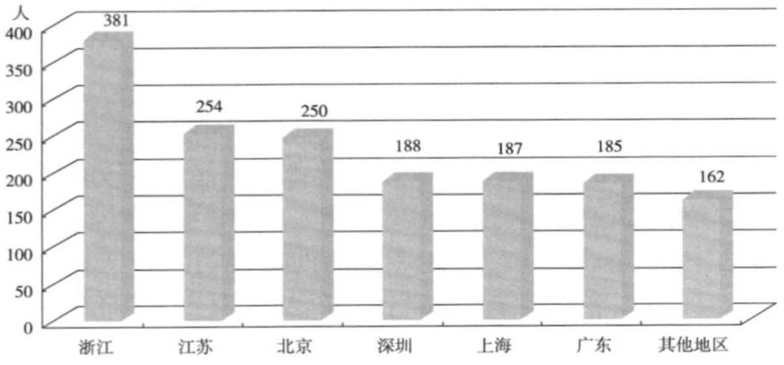

资料来源:中国期货业协会相关资料。

图3-6-4　2014年各地区期货公司平均从业人员数量

从近四年从业人员在各类期货公司的分布看,A、B、C、D类公司平均从业人员数依次递减,A类期货公司从业人员数量占比逐年提升。截至2014年末,占行业29.41%的43家A类期货公司集中了行业56.97%的从业人员,平均从业人员数量达到412人(见图3-6-5)。

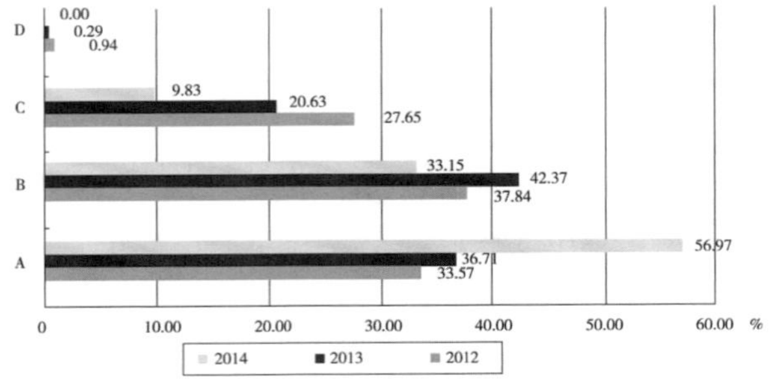

资料来源:中国期货业协会相关资料。

图3-6-5　2012—2014年各类期货公司从业人员分布

(二)传统经纪业务人员数量减少,创新业务人员数量显著增加

截至2014年末,期货公司客户开发和客户服务人员占比仍然最高,达到47.46%。为满足创新发展需要,期货公司普遍增加资产管理、投资咨询、信息技术等岗位人员,压缩传统经纪业务的客户开发和客户服务、研究分析等岗位人员数量。与2013年相比,期货公司资产管理人员增加163人,同比增加81.9%;信息技术人员增加338人,同比增加10.7%;投资咨询人员增加27人,同比增加7.78%;研究分析人员减少268人,同比减少12.28%;客户开发和客户服务人员减少994人,同比减少6.3%(见图3-6-6)。

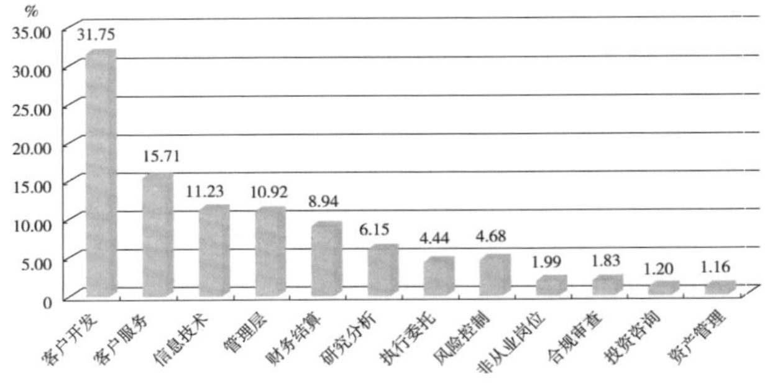

资料来源:中国期货业协会相关资料。

图3-6-6　2014年期货公司从业人员岗位分布

(三)外籍及中国港澳台地区人员任职数量大幅增加

为适应行业创新发展形势,学习国际成熟市场经验,期货公司加大海外人才引进力度。截至2014年末,共有83名外籍及中国港澳台地区人士在期货公司任职,较2013年增加219.23%。其中,美国籍15人、加拿大籍5人、澳大利亚籍3人、英国籍1人、中国港澳台地区53人、其他地区6人。

(四)整体从业时间较短,高管和营业部经理从业时间相对较长

截至2014年末,期货公司从业人员从业年限在3年以下的占比37.02%,3~6年的占比46.98%,7年以上的占比16%。其中,高管人员从业时间在11年以上的占比54.01%,营业部经理从业时间在7年以上的占比56.85%;投资咨询人员从业年限在3年以上的占比83.04%。

(五)整体性别比例基本均衡,高管和营业部经理男性居多

从性别结构看,期货从业人员整体性别比例基本均衡,但期货公司高管和营业部经理的男性人数比例远大于女性。在2014年期货公司离职的人员中,男性占比69.5%,女性占比30.5%,男性员工的流动率大于女性,造成各类别人员中女性比例较2013年均有所增加(见图3-6-7)。

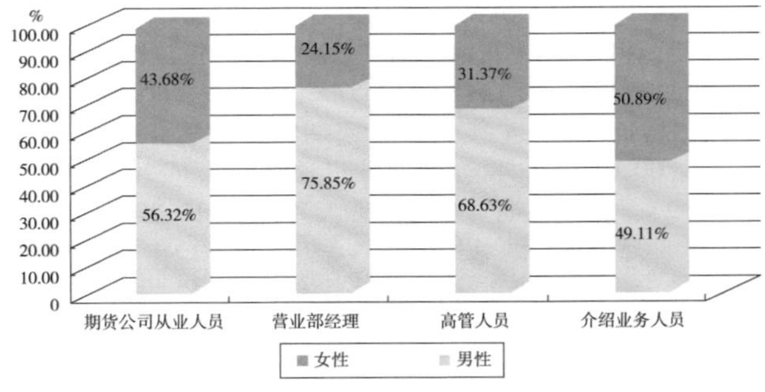

资料来源:中国期货业协会相关资料。

图3-6-7　2014年期货从业人员性别结构

（六）以中青年为主，年轻化特征明显

截至2014年末，年龄在30岁以下的期货公司从业人员比例为43.55%，平均年龄为33岁。其中，期货公司高管人员的年龄主要分布在40岁以上，平均年龄为45岁；营业部经理的年龄主要集中在30～50岁，平均年龄为38岁。证券公司期货介绍业务人员的年龄主要分布在40岁以下，平均年龄为35岁。

（七）七成以上具有大学本科及以上学历，专业背景多为经济学和管理学

截至2014年末，期货公司从业人员具有本科及以上学历的人员比例为72.25%。具有本科及以上学历的高管人员比例为88.84%，营业部经理比例为84.17%，期货介绍业务人员比例为85.48%。

期货公司从业人员专业背景为经济学和管理学的比例占到50%以上，计算机类等工学占比为19.30%（见图3-6-8）。

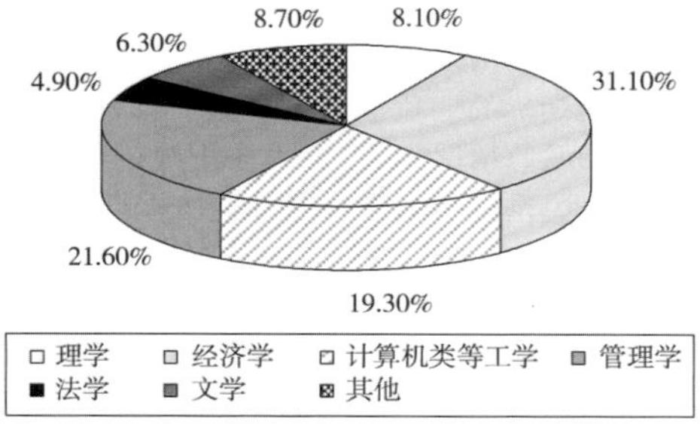

资料来源：中国期货业协会相关资料。

图3-6-8　2014年期货公司从业人员专业背景分布

2014年中国期货业法治监管与自律管理报告

2014年是中国期货市场的监管转型年。在大力推进监管转型的思路主导下，监管机构在监管理念、监管模式、监管方法等多个方面的转型改革中取得了积极进展。交易所以市场为导向、以服务市场为目标，实施多项促进行业创新和发展的自律管理新举措。期货保证金监控中心积极运用大数据支持监管转型，为转变监管方式提供服务。中国期货业协会积极推进自律管理转型，根据中国特色学习借鉴国际自律管理经验，紧扣服务实体经济的总目标，积极引领推动行业创新发展，发挥了积极作用。

第一节　期货市场监管情况

大力推进监管转型，加快转变政府职能，深化行政体制改革是2014年贯穿期货市场监管的主线。监管机构的监管重心从偏重市场规模发展，向强化监管执法，规模、结构和质量并重转变。监管方法从事前审批向加强事中事后、实施全程监管转变，减少前端审批的同时加强事中事后监管。监管模式从碎片化、分割式监管，向共享式、功能型监管转变。监管手段从单一性、强制性、封闭性，向多样性、协商性、开放性转变。监管运行从透明度不够、稳定性不强，向公正、透明、严谨、高效转变。2014年中国证监会在推进期货市场监管转型过程中取得显著成效。

一、大力推进监管转型

2014年，中国证监会积极落实新“国九条”，坚持以市场化、法治化为导向，切实履行“两维护、一促进”的根本职能，不断加强基础性制度建设，强化事中事后监管，积极支持期货行业的创新发展，监管转型取得显著成效。

一是积极推进行政审批制度改革，进一步释放市场活力。取消境外期货业务持证企业年度外汇风险敞口核准，交易所合并、分立、解散，住址或营业场所变更以及合约上市、修改或终止等4项审批事项。修改完善交易所主要业务活动监管指引。全部取消了缺乏法律法规依据的相关事前备案、事前征求意见事项，涵盖内容包括交割仓库设置、保证金标准和涨跌停板幅度调整等。进一步简化品种上市审核程序，提升市场创新效率。

对于期货经营机构，凡属于期货经营机构自主经营的事项或者通过事中事后监管可以解决的事项，坚决予以取消，尽量减少对微观经营主体的行政干预。截至2014年底，现行法规体系中涉及期货经营机构的报告备案事项共138项，经过反复研究排查，拟取消其中的60%以上，确有必要保留的项目不到40%。通过清理取消报备事项，切实减轻了行业负担。

二是推动保证金、套保审批、限仓等制度改革。进一步简化套保审批流程，提高套保审批透明度，便利产业客户套保操作。陆续推出套利交易保证金优惠，单向大边保证金制度等优惠措施，降低了市场运行成本。梯度保证金改革使得豆粕、菜粕等期货品种近月合约持仓量、流动性显著提高。研究制定商品期货限仓、实际控制关系账户和异常交易等监管工作指引。调整金融期货最低交易保证金和持仓限额标准，进一步降低交易成本。推动取消会员限仓制度。允许国债充抵交易保证金。扩大连续交易品种的覆盖面，推进焦炭、棕榈油、白糖、PTA、甲醇、棉花、菜粕等开展连续交易。

三是不断加强监管执法能力。督导期货交易所严厉打击操纵市场、内幕交易等各类违法违规行为，规范市场秩序，保护期货市场投资者利益。4家期货交易所共采取自律监管措施1316次。期货交易所发现违规线索并移送稽查局的案件共5起，移送公安部门案件共3起。对菜粕、鸡蛋等品种的信访投诉、举报来函进行核查，处理、答复各类投诉共46件。对光大证券“8·16”事件中期货市场内幕交易定性等问题进行研究论证。进一步健全国债期货跨部委协调机制和监管框架，防范跨市场操纵风险。继续配合做好清理整顿各类交易场所工作。研究提供非法期货认定意见。四是加大监管执法力度，强化事中事后监管。在放松管制的同时，在日常监管中加大执法力度，严厉打击违法违规行为。对于严重违反“三公”原则、侵害投资者权益的恶性案件，坚决秉持“零容忍”的态度，依法给予严厉打击，强化问责追责，提高违法成本，切实保护投资者权益。2014年以来，各派出机构对违法违规的期货公司或个人已出具13项行政监管措施，有效维护了期货市场秩序。

二、推动完善法律法规体系

配合全国人大《期货法》立法工作小组深入研究论证涉及期货经营机构的重大问题，包括期货经营机构的定位、业务范围、监督管理、涉外交易等，撰写相关立法条款和专项研究报告，积极推进期货市场基础法律体系的建设。一是扎实做好《期货法（草案）》章节起草工作。二是吸收借鉴境外交易和其他衍生品交易立法成熟经验做法，开展课题研究，向《期货法》起草小组提交相关立法建议。三是对国内大宗商品交易平台的交易机制和服务实体经济情况进行调研，研究对其立法监管的必要性与可行性。四是组织开展《期货法（草案）》条文研讨，研究解决涉及立法工作的重点问题。在反复研讨的基础上，形成了《期货法（草案）》第二稿。

为落实新“国九条”，中国证监会广泛征求行业意见，于2014年10月29日正式发布实施《期货公司监督管理办法》。

三、积极推进行业创新

积极推动行业创新发展，从品种、制度和机制上积极推进创新步伐，努力推动期货经营机构创新，提高期货经营机构服务实体经济的能力和核心竞争力。

一是创新机制下期货品种上市步伐加快。成功推出聚丙烯、热轧卷板、晚籼稻、玉米淀粉、硅铁和锰硅6个期货品种。推进其他大宗商品期货、其他期限国债期货、上证50和中证500股指期货、交叉汇率期货等品种的研发工作。加强有色金属指数期货、商品期货期权、股指期权、碳排放权期货等新型交易工具的研发工作。

二是贯彻落实新“国九条”，研究起草期货行业创新指导意见。为贯彻落实新“国九条”，促进中介机构创新发展，推动出台了《创新意见》，从八个方面提出了一系列创新举措和具体部署。为落实《创新意见》，将八个方面的指导意见细化成45项工作任务，逐项明确任务分工和时间进度。《创新意见》推动了期货经营机构以服务实体经济为目标开展业务和产品创新，成为指导当前和今后一个时期期货行业创新发展的行动纲领。

三是推进期货公司资产管理业务发展。为落实《创新意见》和《期货公司监督管理办法》，加快发展期货公司资管业务，证监会将期货公司资管业务由行政审批制转为协会备案制，指导中国期货业协会研究制定期货公司资管业务登记备案及自律管理相关规则，积极研究解决期货公司资管业务开展过程中遇到的难点问题，确保期货公司资管业务平稳有序开展。

四是推进期货公司风险管理公司试点。指导中国期货业协会完善风险管理公司备案相关工作程序和实施细则，探索完善风险管理公司业务运作模式，开展试点业务情况调研，进一步研究支持试点业务发展有关政策措施，推动期货公司风险管理公司试点业务稳步发展。截至2014年底，已有33家期货公司完成了风险管理公司的试点备案工作，在服务“三农”和满足小微企业风险管理需求方面取得了初步成效。

五是抓紧研究并推进境外期货经营机构参与原油期货市场的制度安排。根据证监会推出原油期货的部署，积极开展对境外期货市场中介政策的研究，并对境外投资者参与境内原油期货的中介代理模式进行调研论证，研究制定《境外交易者和境外经纪机构从事境内特定品种期货交易管理暂行办法》。

六是不断拓展服务实体经济和“三农”的途径和机制。第一，积极开展期货市场支持农产品目标价格改革的调研工作，研究期货市场服务棉花、大豆目标价格补贴试点的配套方案。第二，继续挖掘、总结、推广期货订单农业模式，探索利用期货、期权工具，稳定农民收入、促进合作社等新型农业主体发展，保障订单农业、土地流转等农业规模化经营顺利进行。第三，深化部委协作。与农业部联合推动农产品期货期权交易试点，与保监会共同开展农产品价格保险与农产品期货市场有效对接的研究。第四，完成期货市场2013年已上市品种的功能发挥评估工作，有针对性地完善已上市品种合约规则。全年共修改期货合约2次、规则17项，进一步适应产业客户需求。

四、稳步推进对外开放

初步形成我国期货市场对外开放的总体思路，重大改革开放举措逐步完善。积极研究与香港地区商品期货市场的合作策略，在CEPA框架下从参与者、交易所和市场机构等多个层面共同推进与香港地区的合作。加强国际交流合作，参加金融稳定理事会场外衍生品工作组、场外衍生品数据汇总方法研究小组（AFSG）以及IOSCO商品衍生品市场委员会（C7）工作。扩大和完善期货保税交割试点，批复大商所在天津东疆保税港区开展LLDPE保税交割业务试点。研究推进铁矿石等其他品种对外开放。

五、稳妥处置重大问题及风险事件

中国证监会稳妥推进风险公司处置，切实维护投资者合法权益。一是稳妥推进北亚期货风险处置工作。按照北亚期货风险处置工作方案，指导监控中心、黑龙江局继续推进相关工作。在完成对首批符合条件的投资者的补偿收购工作基础上，于2014年8月上旬召开北亚期货风险处置专家组会议，对剩余客户权益甄别过程中遇到的疑难问题进行审议。已完成剩余客户权益甄别及兑付工作，正抓紧推进休眠客户托管、破产清算等收尾工作。

二是稳妥处置华南期货注销期货业务许可工作。指导广东证监局对华南期货的期货业务结清情况进行全面验收，根据广东局上报的验收情况报告，上报关于注销华南期货业务许可证的请示。已批准华南期货许可证注销，2014年底前注销工作已经完成。

三是做好海南金海岸期货风险处置准备工作。指导海南局对净资本不达标的海南金海岸期货及时采取监管措施，督促其整改。金海岸期货限期未能完成整改，证监会相关部门及时指导海南局进行了现场验收检查，同时要求海南局聘请中介机构进一步固化其净资本不达标的证据，并对金海岸期货采取限制业务活动、自有资金和风险准备金调拨的监管措施。截至2014年底，金海岸期货已完成休眠客户托管工作。待金海岸期货限制业务活动期限届满，指导海南局进行检查验收后，再对其采取撤销全部期货业务许可的措施，彻底完成风险处置工作。

第二节　期货交易所自律管理概况

期货交易所认真落实证监会监管转型工作部署，牢牢把握服务实体经济根本要求，积极推动市场监管转型，做精做细已上市品种，修订完善业务规则，增加上市新品种，防范和化解市场风险，加大市场服务力度，努力增强服务实体经济能力。

一、上海期货交易所自律管理概况

（一）自律管理

上期所采取一系列针对性措施，在严厉打击各类违法违规行为，净化市场环境的同时，不断提升自律监管效能。

1. 强化实时监控监测，主动前移风险关口

一是落实专人，做到人盯品种、品种到人，加强对重点会员及客户的监测监控。全年共排查1217次市场异动，并针对监测情况，及时采取措施，保障市场的稳健运行。

二是继续做好异常交易行为的常态化监管，全年共排查自成交、频繁报撤单、大额报撤单及实际控制关系账户投机持仓合并超限等异常交易行为为66起。针对达到监管要求的异常交易行为，通过会员服务系统通报15次、通过交易所网站向全市场通告1次、限制开仓1次。在实际控制关系账户管理方面，上期所认真做好有关实际控制账户的报备、审核及撤销工作。截至2014年底，上期所已认定2451个实际控制关系账户组。

三是将窗口指导作为交易所服务市场的一项重要工作机

制，及时提醒客户注意违规风险，将风险防范关口前移。全年共对盘中发现的932起潜在的异常交易违规行为及时进行盘中警示。

四是每日监控风险舆情，及时监测经济金融领域中的风险事件、期货相关行业及宏观潜在风险信息，将外部舆情作为重要的线索来源，以便更快地启动监管应对措施，开展相应的实时监控、违规调查或历史数据分析。

2. 打击违法违规行为，维护市场“三公”原则

对交易违规行为做到及时发现、及时移交，最大程度缩短从违规发现到处理的时间，降低违规交易对市场带来的影响程度。全年共排查疑似违规交易行为129起，立案调查28起。其中，采取监管警示11起，自律处罚11起。此外，上期所还向证监会稽查局及公安机关移送1起盗取他人账户资金的案件。

3. 加强“五位一体”监管协作，增强监管合力

在“五位一体”监管体系的基础上，一是积极配合证监会期货监管部、稽查局、行政处罚委以及司法机关查处市场违法违规行为，探索有效的监管协作路径和办案模式。二是积极推进诚信系统违规交易信息更新。及时、准确将当年各类违规信息上传至诚信系统数据库。三是以课题合作的形式加强沟通，推动案件调查。

（二）市场服务

上期所强化窗口部门作用，加强与会员单位的联系沟通，多渠道听取市场意见建议，与各类机构开展多层次、多方位的合作，并深入产业链环节，提供专业服务。

1. 多方面听取会员意见建议，时刻把握市场动态。2014年2月在全国7个城市同时举办“分片区会员座谈会”，向会员通报近年来上期所开展会员服务和投资者教育工作的基本情况，并部署2014年上期所的工作安排。同时，通过持续走访全国的会员单位，深入了解公司经营发展情况、客户结构及盈利模式、创新业务开展情况，并深入听取对于交易所的意见和建议等。

2. 拓展与不同机构的合作。2014年上期所会员部先后接待了101批次各类机构人员来访，在多个领域探索合作的相关事宜。

3. 持续与会员合作举办市场活动培育市场，截至2014年11月末，上期所会员部与会员单位合作举办市场会议605场，覆盖企业总数约15000家合作举办驻厂调研共计124场，完成了2013年优秀会员及分析师的评选工作。

二、郑州商品交易所自律管理概况

（一）自律管理

郑商所为了适应期货市场发展和监管转型需要，在国内期货市场先行取消了会员持仓限制制度。扩大了单边市时交易保证金标准和涨跌停板幅度，将连续三个停板幅度由16%扩大到21%，避免频繁连续涨跌停板，尽可能减少强制减仓对市场的干预。根据市场实际，进一步完善了异常交易监管和大户报告制度。

在放松管制的同时，严格按照交易所业务规则，加大对异常交易和违规行为的监管力度，按照及时发现、及时制止、及时查处工作要求，郑商所严格依据业务规则，加强事中事后监管，采取了约见警示谈话、限期说明情况、暂停出金、限制交割业务、限期平仓、强行平仓等限制性措施。2014年共处理异常交易线索379起；认定实际控制关系账户544组，涉及866个客户，其中交易所通过发函询问认定11组32个客户，客户主动申报认定533组834个客户。加大违规查处力度，全年调查终结违规交易案件34起，已审结16起，对28名当事人分别给予警告、通报批评、暂停交易、责令返还违规所得、没收违规所得、暂停开仓交易等处分。违规当事人的违规行为记入中国资本市场诚信信息数据库。此外，郑商所还完善监察工作制度机制。建立查审分离机制，优化监察工作流程，明确市场监管相关部门职责，提高对违规交易调查、处罚的规范化水平。

（二）市场服务

郑商所从完善规则、组织活动等方面积极展开市场服务，推动期货市场对实体经济的促进作用，主要包括以下几个方面。

1. 完善合约和规则制度

从贴近现货实际，满足市场需求出发，调整甲醇期货合约单位，下调PTA等品种交易保证金，将白糖等3个品种仓单由通用改为非通用，增加PTA厂库交割方式，调整玻璃期货价格基准地，扩大动力煤最小交割单位，调整白糖等7个品种交割仓库布局及升贴水，全年共完成修改完善合约规则制度48项。

2. 积极组织活动，广泛开展市场服务工作

2014年共举办“三业”活动662场，共培训企业15895家次，参与人员54497人次。会员单位上报“点基地”企业30家，已通过郑商所初步审核的企业21家。依托中国化纤工业协会、中国糖业协会等行业组织，重点做好产业对接工作，加强企业培训。举办白糖、棉花等6个品种期货市场服务产业企业座谈会，组织期货服务实体经济30人论坛尝试开展大企业定点服务，对中煤集团等120多家企业进行上门服务。

3. 配合国家棉花目标价格改革试点

证监会期货部和郑商所主要领导多次带队专程赴新疆，就棉花目标价格试点、设立新疆交割中转库事宜进行调研，其间与新疆发改委、供销社、证监局、中储棉等机构共同举办了“新疆涉棉企业座谈会”，实地考察了多家棉花产业重点企业，共同探讨棉花期货服务目标价格改革的路径和模式，交流棉花市场风险管理策略，推动我国棉花产业稳定健康发展。

4. 将品种和制度创新融入到市场服务中

首先，全力推进新品种研发，扩大服务实体经济范围。2014年7月8日晚籼稻期货挂牌上市，完善了我国口粮期货品种体系。铁合金（硅铁合金和硅锰合金）8月8日上市交易，交易所品种体系扩展至”金领域。工业品种涵盖了能源、化工、建材和”金四大领域。

成立棉纱期货品种工作组，深入开展调研论证，广泛征求市场各方意见建议。棉纱期货立项已获证监会批准，正在积极准备上市工作。水泥、牛肉、短纤、乙二醇和尿素期货合约规则设计初步完成，立项申请材料均在准备当中。积极开展动力煤航运运力期货研发，合约规则设计的初步方案基本形成。

其次，顺利推出夜盘交易。8月底，郑商所夜盘交易准备完毕，12月12日正式推出。

最后，努力推进农产品期权研发，基本完成棉花和白糖试点准备工作。继续完善期权规则体系。形成了以《郑州商品交易所期权交易管理办法》为核心的规则体系，对期权交易的全部业务环节进行了规范。

三、大连商品交易所自律管理概况

（一）自律管理

大商所适应监管转型要求，进一步完善内部治理结构，增强作为市场一线组织和自律监管组织的执行力。同时，通过制度改革积极推进业务创新。包括上市聚丙烯期货和玉米淀

粉期货新品种，推出夜盘交易，推进交割环节改革，扩大仓单、串换试点品种范围等。

抓好一线自律监管，促进市场规范运行。一是加大违规交易查处力度，全年累计查处对敲、盗码等违规行为153起，帮助客户挽回经济损失达一百多万元；二是加强实时监控；三是做好风险业务规则、制度的完善创新，发布套利交易管理办法、套期保值管理办法和风险管理办法修正案；四是加强监察、风险管理等系统建设，进行业务流程的细化完善；五是在防范化解风险隐患的同时，重点加大对市场操纵行为的查处，探索新的自律监管手段和有效方式、途径。

（二）市场服务

大商所增强市场服务意识，不断改进市场服务工作。

1. 加强已上市品种合约维护

主动适应市场变化，开展品种运行评估，对黄大豆2号、鸡蛋、LLDPE等品种合约进行了优化，完成最小变动价位调整方案。

2. 不断优化业务制度

着眼于提高市场效率，陆续对套利交易管理办法、套期保值管理办法和风险管理办法进行了修订，扩大了套利保证金优惠的范围。

3. 降低市场交易成本

先后实施了套保交易手续费减半”、“产业客户手续费优惠”和“资管特法手续费减半”、梯度达标减收和反哺会员政策。

4. 加强行业人才培养

通过组织期货公司营业部经理EDP培训项目、期货学院校友会培训、十大投研团队评选、优秀研究员评选等活动，对全国100多家期货公司的2000多名管理和业务人员进行了培训。

5. 加强产业拓展工作

与行业协会、银行、政府部委、会员单位等合作开展产业链培训375场，培训4万多人次；4个产业大会总计2809人参加，产业客户参与比例达69%；探索服务“三农”新模式，成功开展新型粮食银行、“永安云天化”、“新湖瑞丰”和“浙商订单保险”等场外期权试点。

6. 加强研究，深化合作，不断优化发展环境

积极参与期货立法工作；开展国家重大战略规划和政策实务研究并完成多项课题；与建设银行、大连港集团以及浙江省、青岛市等地方政府开展战略合作；与泛欧交易所、新加坡交易所签订合作谅解备忘录，境外合作交易所达23家。

四、中国金融期货交易所自律管理概况

（一）自律管理

中金所围绕监管转型要求，2014年出台了《关于进一步加强自律监管工作的意见》，明确指导思想、目标任务，推动交易所自律监管能力的提升。

优化标准，促进市场功能发挥。中金所进一步优化相关业务规则和标准，将股指期货持仓限额由600手提升至1200手，最小交易保证金由12%下调至10%，双边征收保证金改为单向大边收取；将国债期货交易保证金调整为1.5%，梯度限仓标准由“1000手－500手－100手”调整为“1000手－600手－300手”，双方举手交割模式调整为卖方举手交割模式。

放松管制，减少审批，提升市场运行效率。包括交易会员申请条件由10项精简为5项，材料要求由14条减少到7条；期货公司申请结算会员条件由20项精简为8项，申请材料由16项减少为8项等。

严密监控，加强预警，防范市场风险，完善规则，加强内控，保护投资者合法权益。优化跨市场、跨部门监管协作机制，积极发挥监管合力。如在股指期货跨市场监管中，将中国证券金融股份有限公司纳入机制，扩展与中国证券登记结算有限公司数据交换内容。

深入督导，加强检查，提升会员合规管理水平。通过现场与非现场相结合的方式，开展覆盖全部147家会员的合规督导检查，抽查客户开户资料1457份，切实督促会员把好市场“入门关”，加强投资者教育，保护中小投资者利益。

（二）市场服务

中金所积极推进金融期货市场的发展。沪深300股指期货全面实现上市初衷，完成“高标准、稳起步”的预定目标，服务资本市场发展全局的积极作用日益显现。5年期国债期货实现平稳起步。一是上市以来，投资者参与有序，市场交易理性，86%的交易量集中在主力合约。二是期现货价格联动良好，定价合理。三是对现货市场的推动作用已经开始发挥。

在投资者服务方面，中金所将重点放在技术系统建设、业务创新、人员培训等方面。积极推动各类机构投资者平稳有序入市，不断优化市场交易及投资者结构。持续优化会员长效激励机制，扎实做好会员服务工作，支持会员创新发展。持续优化套保套利业务管理，加强事中事后自律监管。推进国债期货大宗交易、期转现业务准备，满足机构投资者多样化交易需求。

第三节　期货保证金监控中心工作概况

2014年，中国期货保证金监控中心（以下简称监控中心）围绕监管转型，全面推进各项业务工作，服务监管、服务市场方面的职能和作用得到进一步巩固和提升。

一、认真做好市场多样化开户准备工作

2014年全年开户总量33万个。截至2014年底，全市场有效客户81.9万个。在做好日常开户工作的基础上，积极支持市场创新，不断完善开户规则体系，升级改造统一开户系统。配合ETF期权和原油期货筹备上市，研究制定开户方案及规则；制定、修订了相关开户指引，以适应期货公司资管业务以及私募基金等特殊单位客户的开户需要；配合完成了期货公司合并过程中账户处理及系统权限管理工作；与中国期货业协会一起建立了期货从业人员开户情况核查机制。

二、围绕期货公司创新业务做好保证金监控工作

2014年初，在严控风险、保证监管目标的前提下，为减少期货公司因操作失误或其他技术方面原因造成的预警，研究完善了预警项目及处理方式，使预警工作更加科学化、人性化。2014年全年共发出预警60次。在做好日常监控工作的基础上，积极配合ETF期权、资管一对多和原油期货等市场创新，研究制定相关资金存管规则及监控方案，发布了数据报送格式和要求，并升级改造相应的业务系统；将7家新存管银行纳入保证金存管系统，做好相应的账户维护工作；顺利完成了期货公司吸收合并以及风险处置过程的保证金安全监控工作。

三、全力做好市场监测监控工作

2014年，期货市场规模迅速扩张，市场总资金量与总持仓量屡创新高，市场结构发生重大变化，尤其是机构投资者加速参与期货市场，市场创新层出不穷。依托期货市场运行监测监控系统，监控中心对市场运行情况、异常交易行为、违法违规行为、系统性风险进行全面监测、预警和分析，协助监管部门及时清晰掌握市场结构、特点和运行状况，为其监管决策

提供了有力支持。同时,积极落实构建了证券期、现货市场的跨市场监控及分析机制,跨市场监控成果显著。

四、管好用好投资者保障基金

2014年,监控中心积极研究降低保障基金收取比例、调整保障基金规模和缴纳方式等事宜,已经向有关部门提交了建议方案。同时,基本完成了北亚期货风险处置工作,共向36户投资者累计赔付1056万元补偿资金,有效保障了投资者合法权益。

五、全面开展期货市场投资者调查工作

依托现有的投资者查询系统,监控中心建设完善了期货市场投资者调查平台,可为监管部门及各交易所、期货公司等机构提供各类热点调查和专项调查服务。2014年,依托调查平台,共开展了6次热点调查和2次专项调查,涉及投资者保护、互联网开户、基金专户参与商品期货情况等多个主题。

六、积极参与行业基础设施建设

监控中心牵头主导建设行业数据模型;作为证券期货行业互联网主要承建单位之一,全程参与证联网项目建设,中心承建的证联网核心节点于2014年11月顺利通过验收。

第四节　期货行业协会工作概况

2014年,在中国证监会大力推进监管转型的总体思路下,中国期货业协会作为行业自律组织,坚持转变自律管理理念,学习借鉴国际成熟市场自律管理经验,优化工作方式方法,调动广大会员的积极性,紧扣服务实体经济的总目标,积极引领推动行业创新发展,发挥了应有的积极作用。

一、以创新发展为工作主线,参与起草和落实《创新意见》

配合证监会推出期货行业《创新意见》,明确了今后一段时期推进期货经营机构创新发展的总体原则和具体举措。在参与起草过程中,协会征求和吸收来自监管部门、相关会管单位和会员单位的意见,吸收和凝聚了全行业的智慧。

积极稳妥推进风险管理公司业务试点工作。修订并发布实施《期货公司设立子公司开展以风险管理服务为主的业务试点工作指引(修订)》及配套文件,取消事前评估,加强事中事后监管。启动新一批试点报备工作,进一步扩大试点范围。在推动试点过程中,协会注重及时总结风险管理公司服务实体经济的经验教训,鼓励期货经营机构创新多种业务模式,提升期货行业服务实体经济的能力和水平。

积极推进期货公司资产管理业务。根据证监会《私募投资基金监督管理暂行办法》和《期货公司监督管理办法》,协会制定发布了《期货公司资产管理业务管理规则(试行)》,降低了期货资产管理业务的准入门槛,扩大了业务和投资范围,明确了自律管理机制,特别是放开了"一对多"业务,对于进一步做大做强期货资产管理业务、引导期货公司转型升级提供了制度支持。

研究推动了场外市场建设和交易商试点。与证券业协会、基金业协会成立联合工作小组,制定并发布《中国证券期货市场场外衍生品交易主协议(2014年版)》及补充协议、《中国证券期货市场场外衍生品交易权益类衍生品定义文件(2014年版)》。起草了场外衍生品商品定义文件、交易确认书,以及商品场外衍生品柜台业务试点方案。成立了衍生品交易商委员会,研究制定了衍生品交易商试点的相关自律规则、协议等文件。积极与期货经营机构、交易所、监管部门协商出台支持衍生品交易商试点的配套政策,特别是支持有条件的风险管理公司开展期权等衍生品做市业务的具体措施。

配合原油期货和商品期权上市筹备工作。配合原油期货上市,起草《境外投资者参与境内期货经纪合同》、《期货公司为境外经纪机构提供代理业务协议》等4个协议文本。配合商品期权上市筹备,研究修订《期货经纪合同指引》、投资者适当性制度、子公司参与期权做市等规则或方案,建立期权投资者测试题库,研究起草证券期货经营机构参与股票期权交易试点的工作指引,以及期货公司为证券公司提供中间介绍业务的有关办法。

分层次分类别培养行业急需人才。起草了《中国期货业人才培训战略规划(初稿)》,加大了对于创新型、国际化和后备人才等三类紧缺人才的培养力度,强化从业人员自律意识,建立健全了多层次、分类别、专业化的人才培养体系。2014年,协会共组织开展现场培训10多期,累计培训高管和专业人员近2000余人。针对期货投资咨询、研究分析人员以及金融衍生品人才的培养,分别推出了涵盖29个品种、78个学时的期货品种分析系列课程,以及涵盖国债、期权、结构化产品、场外衍生品等在内的16讲、24个学时的金融衍生品网络系列课程,为行业培养了一批急需专业人才。协会在北京、河南、浙江等7个地区举办期货后备人才培训班,累计培训500余人。

推动解决制约行业发展的若干热点问题。针对业内普遍关注的互联网开户问题,研究起草《期货公司网上开户规范》、《网上开户流程》及相关配套文件。就行业普遍关注的财税问题进行专项调研,与保证金监控中心、交易所协商,推动解决风险管理公司设立特殊法人账户问题,联合陕西证监局及有关会员单位,梳理制约期货市场发展的外部政策问题,围绕推动清理取消产业客户尤其国有企业运用风险管理工具的限制规定,初步形成研究报告及相关政策建议。配合机构部开展QFII、QDII相关制度调研等。

围绕开放创新开展前瞻研究。加强对期货市场重大理论和实践问题的前瞻性研究,进一步发挥研究对创新实践的引领作用。围绕深度开放和创新发展涉及的难点热点问题,组织落实"中期协联合研究计划",加大研究力度。整合行业研究资源,完善行业研究联席会议机制。

二、以投资者保护为工作重点,切实强化自律和服务

1. 积极推动法规制度建设

积极参与《期货法》的立法进程,开展期货经营机构、行业自律组织、期货纠纷处理等专题研究工作,组织会员单位就相关内容提供立法建议。配合证监会行政审批制度改革,对协会的审核、备案等四类共计31项工作进行流程梳理,取消备案报告事项10项。

2. 大力加强投资者教育和保护

编写一套2册投资者保护丛书,联合地方政府、证监局在太原、济南、沈阳等地开展6期"期货市场牵手产企"系列服务活动,在河南、湖南、山东、陕西等地开展6期"期货服务上市公司"联合培训,启动"2014年期货投资者保护宣传计划",组织开展"3·15"期货投资者保护宣传统一行动,在全行业开展以防范非法期货为主题的"12·4"法制宣传等活动。参与起草证券期货投资者适当性标准。组织"期货市场投资者的自律保护"研究,研讨新形势下投资者保护的工作思路。制定《中国期货业协会调解规则》等4个办法,成立期货行业调解委员会,建立调解员队伍,开展调解员培训工作。

3. 调整优化了从业人员管理

调整、简化高管资质测试的方式方法,编写了《高管人员资质测试大纲》,完善了测试题库,启动了机考准备工作。协商期货保证金监控中心,开通了从业人员开户查询系统。组织开展了5次全国从业人员考试和3次投资咨询考试,加强了从业人员数据库管理。强化自律惩戒,全年共对9名违反自律规则的从业人员给予了纪律惩戒。

4. 促进行业宣传交流

与芝加哥期权交易所(CBOE)、全球期货业协会(FIAGlobal)、美国期权行业协会(OIC)等3家机构签署了合作备忘录(MOU),接待了10多家境外机构来访。围绕落实新"国九条",组织开展"多层次资本市场框架下的期货市场发展创新"征文宣传活动,向全行业征集文章303篇。以"重装上阵·定制未来"为主题,顺利召开"第八届中国期货分析师论坛";以"改革与创新·竞争与融合"为主题,成功举办第十届中国国际期货大会。

三、以落实监管转型为核心理念,全面加强自身建设

进一步优化工作机制。围绕《创新意见》落实,与有关部门建立定期沟通机制,加强对有关问题的协商沟通。修订《理事会工作办法》,推动理事尽职履职;制定《专业委员会管理办法》,成立经纪、资管等13个专业委员会,推动形成会员自我管理、自我约束的工作机制。

2014年,各地方协会积极落实监管转型要求,强化主动服务意识,大力开展行业调研,团结和依靠各地会员,强化行业自律管理,推动行业创新发展,取得了积极成效。

2014年中国期货业信息技术发展报告

2014年,随着业务不断丰富,交易量不断攀升,期货交易所不断优化核心交易系统,确保业务平稳运行。上期所、大商所核心系统最高交易吞吐量提升至6万笔/秒,郑商所核心系统内部平均时延从120毫秒降至12毫秒。

期货交易所是期货市场的核心,在技术服务与技术支持方面,上期所继续推广综合交易平台系统,市场占有率高达62%;郑商所推出单腿期货合约FAK指令,丰富组合定单指令内容,并根据期货市场投资者需求推出深度行情;大商所推出X-Speed极速交易平台、X-Quant策略交易平台等系统满足各类客户需求,搭建飞创指数计算和发布平台,实现指数算法的高效运行和指数行情的实时发布;中金所推出飞马平台、一线通平台、金融托管机房服务和行情经营服务四项拳头产品和服务。

证联网作为证券期货行业第一张全国骨干网,是由证券交易所、期货交易所等10家市场核心机构开发的证券期货业数据通信专网,已于2014年12月31日进入开通运行阶段。证联网将成为促进证监会监管转型的关键基础设施,是行业业务创新的重要基础平台,能够提高市场效率、降低行业成本、提升行业信息安全保障水平。未来证联网还将进一步实现与银行等行业外其他相关机构的高效互联,实现存管银行接入,开展深证通FDEP、中金所银期一线通、中国结算PROP等数据交换平台与证联网对接和迁移工作。证联网将支撑行业信息化公共基础设施开展业务,配合行业公民身份证验证业务系统、行业信息技术测试中心云测试平台、行业数据集中备份系统等上线运行;实现与国际主要市场网络的联通,推进我国资本市场国际化发展。

期货公司作为交易者与期货交易所之间的桥梁,在2014年互联网金融蓬勃发展的背景下,在券商互联网证券业务的基础上,大力推进期货公司网上开户。期货公司看好未来的互联网期货业务,期货公司在积极准备包括网站建设、手机APP开发、微信公众平台运营以及与一些互联网企业开展合作等。利用技术手段实现交易方式创新,将给期货信息技术的发展带来更广阔的空间。

第一节 期货交易所信息技术发展概况

一、上海期货交易所

(一)系统建设工作情况

1. 推进NGES2.0建设工作,保持信息技术领先优势

自2013年开始了更新一代交易系统(NGES2.0)的建设工作,2014年起NG-ES2.0建设工作进入了跟随运行阶段,目前系统的报单处理能力达到每秒6万笔、响应时间60%处于100微秒以下,基本达到设计目标,具备上线运行质量。

2. 密切配合业务需求,支持业务创新

一是提出多品种连续交易开始时间提前的前期准备;二是标准仓单系统技术改造经过前期讨论细化需求,以及技术准备,正在进行系统开发测试;三是SMARTS系统引进工作进入落地安装实施阶段,完成业务、技术需求的确认,数据馈送接口开发,处于系统集成测试阶段;四是交易系统增加行情代理组件,有效降低主干网络上行情占用的带宽。

3. 全力开展原油期货的技术准备工作

2014年上期所完善了技术系统支持能源中心相关业务的建设方案,11月底完成了原油期货的技术准备工作。

(二)安全管理工作情况

1. 强化演练力度,完善应急预案与流程

2014年,上期所结合《上海市网络与信息安全事件专项应急预案》对交易所的信息安全事件应急预案进行修订和完善。在确保日常操作规范稳定的情况下,针对不同场景,制定应急预案,并定期演练,根据演练情况,完善丰富应急预案。演练覆盖大厦和张江数据中心交易网、业务网、两地三中心交易骨干环网、海外网、交易系统同城主备切换、交易系统异地灾备切换、计算机主机设备及网络设备定期重启;在机房基础设施方面,每季度进行UPS输出电力演练、UPS电池充放电演练、柴油发电机空载和带载演练、精密空调演练等。2014年,共组织19次常规性的各类技术演练,通过演练,提高了操作人员的技术能力,增加了运维队伍对应急预案的理解,完善了跨部门的应急支持流程。

2. 积极开展技术检查和整改,消除安全隐患

上期所于2014年11月开展了交易信息系统(三级)、生产信息系统(三级)和因特网服务系统(二级)的信息安全等保年度测评工作,实现了对运维操作人员的权限控制及操作行为的安全审计,进一步提升重要信息系统等级保护符合率。

3. 推进内部管理系统建设,提高管理效率

上期所不断完善IT治理,严格遵循相关制度流程,完成了2014年度ISO20000运维服务管理体系的再认证和ISO27001信息安全管理体系年检工作。

4. 为提高自主可控能力开展前期准备工作

上期所组织国内网络设备供应商对国产路由、交换及防火墙设备进行组网能力、设备性能及网络虚拟化等方面进行测试,为将来的自主可控进行前期技术储备。

(三)技术服务与支持工作情况

1. 面向相关机构的技术保障与服务

2014年,针对会管机构的合作,上期所先后中标中证信息技术服务有限责任公司的技术人员服务提供商,中证资本市场统计监测中心有限责任公司技术人员服务提供商和中证资本市场发展监测中心有限责任公司私募报价系统测试服务等项目。

2. 面向会员的技术保障服务

(1)继续在行业中推广综合交易平台系统,目前主用系统达29家,新增12家,次用系统93家,新增29家;CTPMini已完成合同签署34家,其中完成上线28家。

(2)完善综合交易平台软件,加强机房托管服务水平。2014年共完成CTP需求变更373项业务请求,处理事件7124起;机房托管方面处理事件6856起,处理会员保障102项。

(3)推进研发CTPII,引入分交易所、性能提升、支持7伊23小时交易、账户结构灵活化等新的设计要求,继续保持技术领先地位,同时为交易所连续交易时间提前做好技术准备。

(4)开展移动互联和大数据技术研发,12月为投资者推出移动交易终端产品。

(5)进一步规范会员服务流程,充分体现公平、公正、公开的原则,使资源分配更规范化、透明化,制定并实施了《资源申请和分配规范》。

(6)与上海联通达成战略合作协议,租用上海联通机房为CTP主用系统会员服务,缓解机房资源紧张现状,满足会员机房租赁需求。

(7)为满足市场、会员及技术公司自身的发展需求,继续推进银信项目的建设工作。

3. 积极参与证联网建设

在项目建设过程中,上期所技术部门以项目办成员身份全程参与证联网业务需求分析、技术方案设计、POC测试、运管方案制定、业务上线、整网验收等工作。

4. 积极参与并承担行业任务

上期所组织技术力量积极参与承担行业课题任务,参与证信办证券期货业信息安全规划报告、国产密码应用规划报告等报告的编写起草工作;参与期货交易所结算文件标准、期货公司柜台系统数据接口标准等标准的制定工作;参与期货业协会期货公司年度检查、证信办信息安全年度检查等检查工作。

二、郑州商品交易所

(一)系统建设工作情况

1. 郑商所进行交易系统升级,完善交易系统功能、支持和推动业务创新

(1)降低交易系统时延、提高撮合效率

为降低交易系统内部时延,郑商所对交易前置机进行优化,系统内部平均时延从120毫秒降至12毫秒。实现了新的订单排序算法,从根本上解决了交易系统撮合效率随着订单数量增加而快速下降的问题。

(2)推出夜盘交易

郑商所推出夜盘交易,并组织会员进行夜盘交易测试和培训,修订、完善系统运维管理制度和相关交易规则。12月12日正式开始夜盘交易后,系统安全稳定运行。

(3)研发第五期交易系统

2014年完成了原型系统开发与测试工作,并于12月底完成第一轮专项测试,基本具备上线条件。

(4)Linux平台和与计算技术研发

对实时交易系统移植到新平台进行项目评估,并开始测试评估低延时网络设备、闪存等先进技术,为进一步提高交易系统撮合能力、降低系统时延作技术储备。

2. 稳妥推进并顺利完成期货大厦信息系统迁移工作

郑商所制定"分散风险、降低影响、平稳迁移、确保安全"的迁移原则和分阶段、分批次逐步迁移的策略。2014年初至7月,相继进行了交易系统联调测试、业务功能全流程测试、全市场联网测试、夜盘交易仿真测试和试运行等工作。8~9月,安排了4次交易系统迁移测试和应急演练。通信线路割接工作从8月初启动,11月初全部完成。交易系统于"十一"期间(10月1日至7日)从未来大厦机房顺利迁移至新期货大厦,系统运行平稳。

(二)安全管理工作情况

1. 信息安全基础设施和防护体系建设

根据《证券期货业重要信息系统安全等级保护基本要求》,分级别制定安全策略。期货大厦信息系统初步建成了由防火墙、网闸、IDS/IPS、桌面安全和防病毒软件、堡垒机等软硬件构成的信息安全基础设施,初步形成了安全分区、用户认证、权限管理、访问控制、操作审计、攻击防护等多重防控措施相结合的信息系统安全防护体系。

2. 信息安全风险评估

由安全服务商对期货大厦信息系统进行安全检测和等保测评,结合ISO20000运维管理体系中的信息安全管理流程,对交易业务系统进行一次信息安全风险识别和评估,对发现的问题制定了相应的整改方案。

3. 信息安全检查

按照ISO20000运维管理体系的信息安全管理要求,每季度进行一次内部安全检查。检查内容包括:安全管理制度的建立与执行,机房环境、设施、设备、系统、网络等安全控制措施,计算机安全防范技术的应用,生产过程安全等。

4. 信息安全保密管理

郑商所高度重视信息安全保密工作,2014年9月,证监会保密办、密码办会同信息中心对郑商所进行了网络保密检查和普通密码检查。

5. 信息安全等级保护

由安全服务商在系统启用前进行测评,测评的范围包括交易业务系统和互联网服务系统。经测评,期货大厦交易业务系统符合等级保护三级系统要求,互联网系统符合等级保护二级系统要求。

6. 信息安全灾备建设和应急保障

郑商所两地三中心的灾备运行管理架构的RTO和RPO指标均满足《关于加强证券期货交易所等市场核心机构信息系统备份能力建设的通知》的要求。2014年郑商所修订《郑州商品交易所信息安全事件应急预案》,继续与相关单位签订了应急处理与服务保障协议,多次开展内部测试和全市场应急演练。

(三)技术服务与支持工作情况

1. 丰富指令类型

为进一步满足期货市场交易工具需求,郑商所在交易系统中新增单腿期货合约的FAK指令,同时丰富组合定单指令内容,实现跨品种套利、展期、互换操作。新系统已经于11月底正式上线。

2. 推出深度行情

根据期货市场不同类型投资者对期货行情内容的差异化需求,郑商所协同下属易盛技术公司推出深度行情,2014年已完成开发测试工作。

3. 新银期通系统

为加强对会员服务,增强银期转账功能,2014年2月正式上线新银期通系统(一期),并协调新老结算银行完成联调测试。随后开始二期开发工作主要功能包括跨行资金调拨、追加保证金、资金监控、以及异常处理等。6月底完成相关开发和测试工作,并于2014年底前正式上线。

4. 优化会员服务系统

郑商所优化会员服务系统，优化和新增的功能模块达到200多项。主要新功能包括资管客户和风险管理子公司模块、新品种交割相关功能调整、动力煤车船板交货事项确认及交货协议模板修改、风控模块、客户结存量统计、实控关系申报、一般月份和临近交割月份套保申请、部分品种结算报表模块调整、交易编码新增外国人开户、数字证书更新等。

三、大连商品交易所

（一）系统建设工作情况

1. 积极开展信息系统建设和优化工作

（1）全面开展连续交易技术建设

大商所对17个交易核心应用进行了全面升级，对新监察、会员服务系统等九大外围业务系统完成了改造。

（2）加快核心系统升级优化

2014年，大商所对撮合模块进行全面优化，将其所能支持的最高交易吞吐量提升至6000笔/秒。在分品种架构下撮合三期项目可以实现12000笔/秒的订单处理效率，大幅提升了核心撮合的处理性能。

（3）优化网络结构，提升系统可用性

一是大商所采用EBGP路由协议对三所环网区域进行隔离，并对远程网络内部路由进行汇总，将远程路由条目从1000余条减少到约38条。二是大商所对万兆网络进行升级，升级后网络峰值流量达到了2.7Gbps和3.6Gbps（基于100us颗粒度）。

（4）推进数据库系统升级整合，优化数据备份

2014年大商所完成了数据库系统升级整合项目需求论证、POC测试工作。（5）优化自动化测试平台及项目管理平台，全面提升项目管理水平 2014年，大商所测试中心对ATF2.0进行了持续优化，提高执行效率，实现无人值守执行。ATF三期建设工作的启动将更好地衔接测试设计和用例自动化过程，提高数据准备效率，并支持UI及场下业务系统的测试，扩展自动化测试平台的应用范围。

2. 研究建立行业软件产品测试体系，持续推动行业测试中心建设

（1）高质量地完成行业重要信息系统的测试工作

在承接行业关键项目方面，大商所圆满地完成了全国中小企业股份转让系统新一代交易系统第三方验收测试项目和中国期货保证金监控中心的投资者查询服务系统性能测试项目。

（2）加强行业测试合作

在行业合作方面，大商所进一步加强与证监会、行业协会、证券业协会技术委员会的沟通交流合作。至2014年通过前期合作交流，已逐步承担基金行业主流产品的第三方测试工作、自动化测试在行业的应用及行业云测试平台建设和中央监管平台项目的第三方测试工作。

（二）安全管理工作情况

1. 以安全稳定运行为核心，做好运维工作

（1）不断加强软件测试，从源头做好安全保障大商所飞创技术公司先后完成所内以连续交易、期权项目为代表的核心测试工作20余项、变更系统测试90余项，共计发现A类缺陷120余个，及时避免了因软件故障导致信息安全事件发生。

（2）不断完善监控需求，优化升级监控指标

2014年，大商所完成了66次监控系统优化升级工作，覆盖了大商所主机、网络、应用、数据库、安全等各项监控需求。

2. 强化危机意识，积极推进应急保障工作

（1）不断完善信息安全基础设施及防护体系

一是建设核心B系统。对A、B系统的切换方式及安全访问控制进行建立和完善，并进行了多次A－B系统的内部切换测试。二是切实规范运维操作与审计。通过建立统一运维平台，实现强化身份认证和集中管理，从技术上实现运维人员权限细分，避免部分人为越权操作和操作失误。三是提高互联网服务系统主机安全防护。认真落实国家信息安全主管部门和证监会相关法规和规章，积极开展等级保护测评和整改相关工作。

（2）落实应急演练工作，完善应急保障体系

2014年共进行25次急演练，通过演练，验证了大商所灾备切换能力及相关应急技术措施的有效性。完善应急预案，加强防攻击和预警能力，就银行等外联系统故障，补充完善夜盘交易延迟开市、取消夜盘等场景以及相应的技术和业务应急流程。

3. 全方位开展信息安全风险评估及排查工作一是通过聘请专门的信息安全机构和厂商对大商所信息系统进行全面的安全检测和评估。二是高度重视证监会信息安全专项检查组的现场检查工作，拟定自查工作计划，明确自查责任部门和具体责任人，将相关问题制定详细计划，逐步进行论证实施。三是在证监会的统一规划、部署和指导下，顺利完成交易系统、互联网网站系统的等级保护定级、审核、备案和测评工作。

（三）技术服务与支持工作情况

1. 积极提升会员托管中心服务能力和保障水平

2014年大商所飞创公司不断完善产品体系，相继推出了X－Speed极速交易平台、X－Quant策略交易平台以及筹备期权做市商系统等以满足各类客户的不同需求。在对外提供信息行情服务的基础上，搭建了飞创指数计算和发布平台，实现了指数算法的高效运行和指数行情的实时发布。

2. 加强对会员单位的技术培训和协助

2014年大商所组织会员单位开展了相关技术培训，包括夜盘交易业务及技术培训、证联网接入技术培训和证联网访问仿真测试系统的技术培训。

四、中国金融期货交易所

（一）系统建设工作情况

1. 根据交易所战略部署、全力支持交易所各项业务创新，完成各业务系统改造上线

中金所以支持产品和业务创新为目标，优化多个股指期货、股指期权、多个国债期货、交叉汇率、波动率指数等新产品生产及仿真系统，完成隔夜利率指数期货、场外清算业务的所内仿真上线，实现大边保证金、价格波动带、做市商管理、策略组合保证金、会员信息管理等系统上线，初步形成组合保证金本土化系统建设方案。

2. 完成同城灾备中心建设，推进异地灾备中心建设

2014年中金所根据“安全可靠、开放领先、自主可控、运营高效以及规范严谨”的建设要求，高质高效地完成了张江数据中心建设，并于2014年6月28日正式作为同城灾备数据中心顺利上线，进一步夯实中金所技术基础设施建设。

3. 新一代业务系统建设工作全面启动，四大核心系统主体开发工作完成

2014年完成了54个关键业务模型和核心数据模型设计、原型开发等工作，完成了交易核心架构、结算核心、交易所管理系统、结算管理系统四大核心系统的主体开发工作，同时在整个开发过程中，还对容错通信中间件、资金风控、程序化、并行处理、内存计算等多方面进行了多项创新性设计，大幅提

升了结算业务的性能容量和扩展性，基本达到高性能、高可靠、可扩展的预期目标。

（二）安全管理工作情况

中金所以风险评估为核心，不断提高技术运维水平，优化完善运维管理制度体系，2014年全年未出现重大交易结算事故，顺利了通过ISO/IEC27001年审以及ISO/IEC20000再认证。

（三）技术服务与支持工作情况

1.市场化进程取得显著进展，初步实现以市场化服务行业的目标

2014年中金所陆续上线运营了飞马平台、一线通平台、金融托管机房服务和行情经营服务等四项拳头产品和服务。同时，在证监会统一领导下，牵头制定了《期货公司柜台系统数据接口标准》，并依据该标准提出未来基于开放标准的新一代期货柜台架构，开展了金融结算平台研发工作，完成了中金所产品清算核心开发。

截至2014年底，飞马平台方面，已有41家期货公司签署飞马平台授权协议，累计合同金额1350万元。一线通平台方面，已有80家机构签署一线通服务合同，合同总金额437万元。金融托管机房服务方面，首批共推出210个标准区域机柜，以及配套的1130平方米办公区域，已收到32家期货公司124个标准区域机柜的金融托管业务意向，其中14家期货公司的商务合同已在签署过程中。信息经营服务方面，非展示型深度行情源数据服务已于2014年11月正式推出，首批签约客户18家，合同金额238万元。

2.配合新产品部署，推动会员端准备，推进会员信息系统建设，提高会员服务质量

一是制定了交易所新产品全市场技术准备推进流程和操作手册，明确新产品技术从需求规划到最终上线各阶段的任务目标、职责和具体操作流程。二是建立新产品相关会员技术专项激励机制，鼓励和支持会员单位尽快进行生产系统功能升级和上线运行，配合交易所开展新产品相关技术准备工作。三是技术公司积极推进会员信息系统建设，对会员席位管理、会员席位IP绑定管理等日常业务进行电子化改造，提高会员业务办理效率和会员业务信息的准确性。四是完善会员技术支持知识库建设，强化会员技术支持热线，优化会员技术支持一二线分离，会员一线负责日常业务办理，会员二线负责故障应急处置，提高会员技术服务满意度和服务效率。

第二节　期货公司信息技术发展概况

在期货市场创新与发展的大背景下，信息技术和通信技术的快速发展，计算机处理能力、存储能力和网络通信能力大幅提升，开源技术、云计算、移动互联网等新技术广泛应用，量化投资、程序化交易等新型交易技术的引入，为期货信息技术提供了良好的发展契机。信息技术由原来的追随、支持业务，转向引领业务创新。利用互联网等现代技术改造传统业务模式，实现交易方式创新，将给期货信息技术的发展带来更广阔的空间。期货公司不断加强信息技术系统建设，减少信息安全事件，打造公司核心竞争力，全面提升期货公司的技术服务水平。

一、信息技术管理情况

（一）制度建设与IT治理

近年来，期货公司不断加强信息系统建设，规范信息技术管理体系，提高公司的IT治理水平，有效防范信息技术风险。2014年，九成以上的期货公司在IT建设、IT运维等技术制度较为完善。

（二）《期货公司信息技术管理指引》检查分类情况

按照中国证监会要求，为了持续促进期货公司提高信息技术保障能力，满足期货公司技术评级升级需求，中国期货业协会组织开展了2014年期货公司信息技术检查、抽查工作，对申请《期货公司信息技术管理指引》技术升级的期货公司进行升级检查，对部分其他期货公司技术等级持续达标情况进行抽查。年内共有8家期货公司申请进行升级检查，46家期货公司被选中抽查。10月底，现场检查、审核和评审工作顺利结束，共有53家期货公司达到相应类别技术等级要求，1家期货公司未达到拟申请的技术等级要求。

（三）行业信息技术人员情况

截至2014年底，151家期货公司共有信息技术人员3445人，较2013年增长了153人，平均每家公司22.97人，信息技术人员数量占员工数量的比例平均达到11.02%。

根据统计，30岁以下人员是行业信息技术从业人员的主要力量，约占全行业信息技术人员的56.26%，30～40岁的信息技术人员约占37.91%，40岁以上人员仅占较少比例。其中，期货公司总部具有信息技术相关专业大学本科以上学历的人员约占全部技术人员的82.93%；从业年限达到5年以上的信息技术人员约占24.24%。从上述统计数据来看，期货公司信息技术人员队伍相对年轻，未来行业信息技术人员在整体素质、从业经验等方面仍有较大的提升空间。

从岗位分布情况上看，期货公司信息技术人员从事系统运行保障岗位的比例约为80.23%；技术管理人员约为8.62%，由于期货公司一般采取软件外包开发，因此专职从事软件开发的岗位配备较少，只占3.51%左右。信息技术人员构成比例情况与2013年基本相同。

（四）IT投入

信息技术在期货公司运营中扮演的角色日渐重要，期货公司在信息技术方面的资金和人力投入与日俱增。2014年期货公司IT投入达到143149万元，较2013年增长14.76%，IT投入占营业收入比值达到7.0%。

二、核心系统建设情况

核心交易系统的各类服务器和存储等设备是期货公司的核心与关键设备。随着行业的快速发展以及相关技术标准的出台，为保障核心交易系统的健壮稳定、高效运行，期货公司在设备购置方面不断加大投入，已广泛采用高性能的服务器和存储设备，以提高系统的处理能力、可靠性以及扩展性。SAN存储网络采用冗余设计，且具备高可靠性、稳定性以及可扩展性等特点，能够有效避免单点故障隐患，提高整体系统的读写效率，因此，以SAN网络结构的磁盘阵列存储设备成为行业主流。

（一）交易结算系统

1.交易结算系统类别

期货行业的业务量近年来发展迅猛，对系统的性能和容量提出了更高的要求，交易结算系统平台也随之发生较大调整，系统架构也逐步出现高性能的内存数据库应用技术，各软件商也更新成熟技术，进行系统升级，以满足日益增长的业务量。目前期货行业内的期货交易结算系统有以下几种：上期技术综合交易平台系统、易盛系统、金仕达V6期货交易结算系统、恒生期货06版交易系统、金仕达V8T期货交易结算系统等。

目前各种交易结算系统的基本架构特点如下。

(1)上期技术综合交易平台系统

RHEL + OracleRAC + 交易核心内存数据库 + UDP 广播机制

(2)金仕达 V6 期货交易结算系统

RHEL + Sybase + 中间件技术 + 数据推送机制

(3)恒生期货 06 版交易系统

RHEL + OracleRAC + 中间件技术 + 数据推送机制

(4)金仕达 V8T 期货交易结算系统

RHEL + OracleRAC + 交易核心内存数据库 + 数据推送机制

(5)易盛系统

Windows + MSSQLServer + 内存数据库

(6)飞创系统

Windows + MySQL + 内存数据库

(7)飞马系统

RHEL + Oracle + 内存数据库

(8)其他

操作系统 + 物理数据库 + 内存数据库

2. 全面交易结算系统类别

中金所在制度设计中引入分级结算制度,以强化交易所的整体抗风险能力。在分级结算制度下,期货公司分为全面结算会员、结算会员和交易会员,只有具备一定条件的期货公司才能成为全面结算会员或结算会员,而交易会员必须通过全面结算会员进行结算,从而形成多层次的风险管理体系。

在引入分级结算制度后,期货公司信息技术系统不单需完成本单位的日常交易结算,对于全面结算会员还承载着为交易会员提供代理结算的重要业务内容。截至 2014 年底,期货行业内使用较为广泛的具备提供代理结算功能的系统有:金仕达期货交易结算系统(V6 和 V8T)、恒生期货 06 版交易系统。两套交易结算系统在原有的基础上针对相关代理结算的业务特点及业务范围,新增了代理结算功能,最大限度地保证了代理结算业务的顺利开展。

(二)行情系统

期货行情软件主要为投资者提供期货报价信息。期货行情软件是最基础的期货资讯软件,它只简单地将期货交易所行情数据通过报表及图形的形式表达出来传递给最终用户。期货分析软件是在期货行情软件的基础上增加一些分析功能(比如技术指标、买卖信号、画线分析等),以供期货投资者参考。

期货行业行情系统已从早期的提供基础行情资讯、即时行情,发展到行情策略分析、行情程序化交易、深度行情数据挖掘等高端功能,进一步满足市场高速发展而带来各种多变的投资者需求。

期货市场行情系统提供商在 2014 年未发生较大变化,主要以彭博、文华、富远三家为主。为了满足投资者多样化需求,期货公司仍然同时使用多套行情系统向投资者提供行情服务。截至 2014 年底,有 79 家次期货公司选购彭博财经行情系统,占比 43%;有 68 家次期货公司选购文华财经行情系统,占比 37%;有 24 家次期货公司选购富远行情系统,占比 13%。从期货公司使用网上行情系统的方式来看,相当一部分公司都采用了行情托管方式,即将行情咨询系统托管在行情提供商或电信 IDC 机房中。调查数据显示,2014 年期货公司放置网上行情系统的机房达到 1509 个,网上行情站点数量达到 2405 个。

(三)银期转账系统

银期转账系统是期货公司和银行合作推出的资金汇划系统。银期转账最大的优越性在于实现足不出户而资金却能瞬间到账,只要有互联网接入,投资者就可以方便地将资金在期货保证金账户和银行活期账户之间调拨。

随着期货保证金存管业务全面放开,越来越多的股份制银行获得了期货保证金存管资格。自 2014 年 7 月以来,浦发银行、兴业银行、光大银行、招商银行、民生银行、中信银行、汇丰银行(中国)等 7 家银行相继获得此资格。截至 2014 年底,国内已经有 12 家银行获得期货保证金存管资格。

(四)网上交易客户端

2014 年,期货行业主要的几家核心交易系统开发商进一步完善优化高性能内存数据库等各项功能。同时,配合《期货公司信息技术管理指引》对于核心系统的要求,进行系统安全方面的改进,在系统处理能力方面,151 家期货公司所使用的 413 套期货交易系统中,绝大部分系统的性能和容量均可承载目前的业务发展,仅有少量用于高频交易的交易系统的实际投资者数量、日处理委托笔数以及每秒处理委托笔数接近系统设计性能容量的 80%。

在期货交易方式上,互联网交易由于其便捷、快速、易操作等特点,得到了蓬勃发展和广泛普及,并成为近几年来投资者参与期货交易的主要方式。

在网上交易系统的规模上,2014 年全行业共建有网上交易站点 2405 个,网上行情站点 1683 个,手机交易站点 204 个。网上交易方式交易金额占比达 96.51%。但绝大多数系统的实际投资者数量基本都低于系统设计能力的 30%。由此可见,未来网上交易方式仍具有较大的发展潜力和发展空间。

在网上交易成为主要方式的同时,多数期货公司仍保留了电话委托方式。一方面,考虑到照顾少数投资者的操作习惯;另一方面,在一定程度上也可作为网上交易方式的备份。期货公司共有电话委托线路 3117 条,电话委托签约投资者数量为 82 万人,每万名投资者配备电话线路数 38 条。电话委托方式操作步骤相对较多,速度明显慢于网上交易,因而投资者实际使用情况非常少。近年手机交易发展迅速,2014 年全市场采用手机方式交易金额占比达到 1.52%。

近年来,程序化交易受到越来越多投资者的青睐,量化交易、程序化交易发展迅猛,发展空间也在不断地扩大。2014 年,程序化交易方式交易金额占比为 15.6%。期货市场对高端程序定制投资者的吸引,成为期货公司竞相追逐的新的业绩规模增长点。投资多样化以及对高频程序化交易的偏好,投资者对期货交易系统性能的要求提出了前所未有的高度,这使期货公司纷纷大力开展高性能交易系统的研究。

针对期货交易系统安全控制,在网上交易安全方面,随着互联网交易方式在期货行业的普遍应用以及近年来频繁出现的网络钓鱼等安全事件,互联网交易身份认证问题开始受到各方关注。截至 2014 年期货行业内主要的几家交易系统软件开发商已具备相关功能,完成对上海数字证书认证、科友令牌、林果令牌等多种认证方式的支持。从实际使用情况来看,2014 年,少数期货公司仍采用低强度身份认证方式,仅提供硬件证书身份认证的公司约占 14.7%,而仅提供动态口令认证方式的公司占比为 12.7%。

(五)呼叫中心系统

国内各大金融机构呼叫中心发展迅猛,其产业规模、人员数量、管理水平都已达到相当水平。金融业呼叫中心已经成为各家金融机构高效率、低成本服务与营销的重要渠道。与期货业发展规模相比，现阶段期货行业对呼叫中心的应用还不广泛，投入相对较少，规模较小，发展空间巨大。截至2014年底，期货全行业共有49家期货公司部署了55套呼叫中心系统。

三、信息安全保障情况

1. 安全等级保护、数据备份能力建设情况

证券期货业信息系统安全等级保护的核心是保证不同安全保护等级的信息系统具有相适应的安全保护能力。

证券期货业信息化程度高，交易、结算业务依赖于信息系统，信息系统的安全稳定运行关系到证券期货市场的稳定健康发展。重要信息系统一旦无法正常运转，投资者将无法进行交易，造成经济损失。因此，建立完备的信息系统备份体系是保证"数据不丢，业务不断"的重要基础，是保障信息系统安全稳定运行的关键环节。

根据2014年对期货公司重要业务系统数据离场备份情况的统计，具备同城数据备份的公司有137家，约占91%；所有公司均具备异地数据备份，备份频率实现每日至少一次；期货公司重要业务系统备份情况详见表5-2-10。从期货公司和分支机构通信备份情况来看，多线路双运营商通信备份的达到28.0%，多线路单运营商备份的达到0.7%，单线路的占比65.1%。

在灾备系统建设方面，近年来，行业内部分规模较大的期货公司未雨绸缪，在灾备系统建设方面进行了实际的建设投入。截至2014年底，全行业有79家期货公司完成建设灾备中心，并陆续投入使用，为未来行业全面开展灾备系统建设积累了宝贵的经验。

2. 信息技术应急演练与应急处置

2014年，根据《关于开展2014年证券期货业信息安全应急演练的通知》的要求，行业内先后开展了多次全市场范围的应急演练工作，包括中国证监会组织的全市场应急演练工作，期货交易所组织的主数据中心故障切换同城灾备系统、交易所单站点故障、交易系统发生灾难性故障等场景，期货公司积极配合和参与，加强了期货公司对于应急演练工作的重视程度，期货公司结合自身实际情况制定相应的应急处理流程，针对不同的应急场景设计不同的应急预案等。

此外，期货公司针对成立的应急工作小组，进一步深化应急工作、理顺优化应急流程细节，顺利地完成了年内各次应急演练工作。通过应急演练，各期货公司的应急处置流程得以有效验证，同时行业信息技术人员的应急处置能力也得到了切实提高。在2014年全行业应急演练工作的促进下，期货公司风险防范意识整体得到了加强，应对风险的能力整体得到了提高。

2014年，期货公司认真贯彻落实中国证监会和中国期货业协会关于敏感时期的安全保障工作要求，在"两会"维稳时期(3月5日—13日)采取了一系列安全保障措施。首先，在维稳前梳理运维流程，排查信息安全隐患，落实各项安全保障措施；其次，在维稳期间期货公司妥善安排人员值班，加大信息系统监控力度，冻结系统变更，同时按时上报网络与信息安全日报；最后，在维稳工作结束后及时总结维稳工作情况，并上报总结报告。

2014年"两会"闭幕期间共计11个报告日。据统计，协会151家期货公司会员应报信息安全日报1716次，实报1518次，报告率为88.46%。其中，报告良好1510次，报告出现问题8次。平均每个报告日有138家公司进行了填报，坚持每日按时填报的公司有72家。

2014年，期货行业各类业务系统基本实现了稳定运行的目标，经受住了期货成交量持续放大的考验，未出现重大信息安全事故，行业信息系统抗风险能力总体得到了提高。

第三节　保证金监控中心信息技术发展概况

一、系统建设工作情况

1. 原油业务相关技术工作

继续推进原油期货业务统一开户、保证金监控等相关技术工作，截至2014年底已完成系统开发和内部测试，经过长期内部测试和三轮行业联调测试，系统于2014年11月底上线，为原油期货业务的开启做好技术准备。同时也完成了运行监测监控系统、统计系统的技术改造，为市场监控工作打好技术基础。

2. 期货公司股票期权保证金监控相关技术工作

研究股票期权业务的交易、结算、行权与履约、风险管理等业务规则，设计了股票期权对中国结算和期货公司的数据报送接口。

根据期货公司股票期权业务资金监控方案，开展系统开发和测试工作。

3. 期货保证金监控中心实时指数系统建设期货保证金监控中心基于期货市场编制的相关指数，同时具备宏观引导性、社会公益性和金融创新性等综合特点，监控中心分期开发了指数系统平台，先后完成了静态指数系统上线、动态指数上线、行情发布、网站展示等工作。

4. 通过技术手段落实期货从业人员自动禁止开户

为更好地落实监管要求，期货保证金监控中心在统一开户系统上开发了从业人员自动禁止开户功能，该功能于2014年4月底上线使用，解决了长期困扰期货公司的实际问题，并为期货从业人员的自律管理工作提供了便利和客观的核实、查询渠道。

二、安全管理工作情况

1. 信息安全等级保护

2014年4月初，期货保证金监控中心历时近一个月开展了信息系统安全自查，共按要求执行了494个检查项的自查，其中384项符合，12项部分符合，98项不符合。自查结束后，形成《自查报告》并连同自查数据上报西城公安分局网络安全保卫大队。同时，结合除已完成备案定级的三个二级系统外，又有新增信息系统的现状，期货保证金监控中心拟启动新增信息系统的备案定级工作，截至2014年底，此项工作正在有序推进中。

2. 信息安全灾备建设和应急保障

(1)沙河数据中心建设工作

2014年，期货保证金监控中心与中国移动签订了租用其位于沙河的移动信息港机房的合同，完成了机房装修方案的制定，并完成了机房环境、机柜安装、强电安装、综合布线等机房装修施工工作。该机房可提供137个机柜，基础设施规格及保障等级，完全符合国家A级机房标准及信息安全等级保护三级系统的相关要求。

与此同时，开展了沙河数据中心基础网络系统的方案的设计，设计方案统筹考虑了沙河数据中心网络设计、新盛洋桥沙河三数据中心网络互联设计、网络监控管理设计、网络安全防护体系设计等方面。

(2)业务系统切换期货保证金监控中心主要业务系统按

计划从新盛数据中心平稳切换至洋桥数据中心运行，即洋桥数据中心成为主运行中心。洋桥数据中心在机房环境、硬件配置和软件高可用设计方面的优势，进一步提高了信息系统保障等级。

三、技术服务与支持工作情况

1. 配合证信办推进证联网设计、建设、直至验收启用

承建证联网北京核心节点建设，全程参与了该项目的需求分析、项目立项、方案制定、建设实施、试运行、验收启用等全部工作。与此同时，积极将自身已有的身份证验证、统一开户、保证金监控等业务系统接入证联网，积极协助机构部将FISS系统接入证联网，充分利用证联网的通道资源传输市场和监控数据。

2. 参与设计证券期货行业数据模型

证券期货行业数据模型是以证券期货行业相关法律法规、业务规则、制度及流程等为依据的，提取市场全业务流程与数据共性形成的具有通用性、稳定性和扩展性的数据模型。行业数据模型可用于规范和指导证券期货行业数据治理、机构及系统间数据交换、行业应用系统建设。组织设计完成了行业数据模型中公共主题的主体部分、基金披露、期货交易、融资融券、转融通、债券回购、股票质押式回购等模型，并通过入库评审。同时，还设计建设模型管理平台，供数据模型管理及行业用户查询使用。

3. 承建行业身份证验证平台，并上线试运行

为落实资本市场信息化规划中的有关要求，期货保证金监控中心利用现有统一开户身份证验证的资源和经验，搭建行业身份证验证平台，为证券、基金、期货等行业机构提供身份信息查询验证服务。截至2014年底生产环境已部署至证联网，正在组织证券期货市场机构进行试运行。

4. 参与中央监管信息系统部分项目的设计建设

参与中央监管信息系统中的机构监管项目的期货公司监管模块的前期设计论证和需求分析，配合该系统建设。同时，继续维护升级原期货公司监管综合信息系统，支持机构监管部门及期货业协会日常监管所需。

5. 参与起草多项行业规划和指引

参加《中国证券期货业信息安全规划》《证券期货业信息安全审计实施指引》和《证券期货业国产密码应用推进规划方案》起草工作组，在证信办统一部署下，积极落实相关起草工作。

第四节　中证信息技术服务有限公司信息技术发展概况

一、系统建设工作情况

作为推动行业信息化基础设施建设，支持多层次资本市场发展的一项重要举措，证联网建设工作在证监会的领导下，在深圳证券交易所、上期所、郑商所、大商所、中金所、中国期货保证金监控中心公司、中证信息技术服务有限责任公司、上海证券通信有限责任公司、深圳证券通信有限公司共九家承建单位的共同努力下，顺利完成了骨干网建设和全行业接入工作，并于2014年年底正式上线运行。

1. 证联网建成开通，全网通过测试

2013年3月，在证信办的具体领导下，证联网各承建单位成立了证联网项目办公室，正式启动证联网建设工作。2013年5月，项目办在广泛调研、行业论证的基础上，完成了证联网建设方案全面设计工作。2013年6月—12月，项目办完成了证联网骨干网络的设备和通信线路招标工作，并启动了骨干网络建设。2014年3月，完成了骨干网络建设，并正式启动行业各机构接入证联网工作。2014年6月底，行业各机构已全部接入证联网，并完成了证联网全网测试工作，并于2014年底正式开通运行。

同时，为规范证联网运维管理工作，项目办制定了《证联网运维管理规范》及相关细则，对各承建单位运维管理、业务上线等工作提出了规范性要求，各承建单位认真落实，确保证联网运维管理工作处于上线保障状态。

证联网2014年底完成412家机构接入工作，包括证监会及其38家派出机构、24家核心机构、106家证券公司、91家基金公司、151家期货公司、1家行业外机构，共计开通628条运营商线路，149条机房托管线路。

2. 证联网基础服务设施初步建立

完成了证联网DNS系统、邮件系统、短信网关等网络公共服务基础设施的建设，提供域名注册解析、邮件交换和通信通知等服务，为各行业机构实用证联网，以及各类业务系统运行提供基础服务。启动证券期货信息网建设，截至2014年底已上线试运行，为用户提供证联网各类业务的统一门户和访问入口，为各接入机构提供信息发布的平台。完成了证联网带内网管建设工作，实现证联网设备和线路的集中监视，为证联网整体运维和应急响应提供有力的保障。

3. 证联网业务上线工作有序推进

为发挥证联网功能，按照证联网业务规划，积极协调各单位将业务系统迁移至证联网运行。截至2014年底，已有7项业务正式切换上线至证联网，包括中金所“银期”一线通、期货保证金公民身份认证系统、郑商所期权仿真交易平台、大商所会员测试系统、期货保证金监控中心保证金统一开户系统、期货保证金监控中心保证金监察系统、机构部期货公司监管综合信息系统数据报价子系统。

二、安全管理工作情况

截至2014年底，行业机构重要网上信息系统存在较多安全漏洞，面临较大的网络安全威胁。有关监管部门专门提出要求，要求各行业机构至少每季度对信息系统进行一次扫描，对发现的安全漏洞及时进行修补，但是仍有相当一部分机构落实不到位。为了帮助行业机构有效落实监管要求，保障信息系统安全，中证信息公司积极开展行业信息安全远程扫描服务，发现了一批高危信息安全漏洞，取得了明显成效。

1. 精心准备工作方案，打造强大的信息安全远程扫描平台

为了向行业提供优质的安全服务，同时实现对信息安全的自主可控，中证信息自建了扫描服务综合管理系统，租用了充足带宽的互联网通信线路，部署了多套国内外一流的远程扫描设备，配备了多名专业的信息安全技术人员，建立了覆盖扫描、漏洞验证、扫描报告编发、重大漏洞报告、漏洞修补复测、安全事件快报、应急响应、定期分析等环节的完整流程。扫描设备不仅能够周期性对行业机构网上信息系统进行远程扫描，发现系统可能存在的安全漏洞，还可以7伊24小时监测关键网页篡改、暗链、挂马等WEB安全事件，第一时间通知行业机构进行处置。为了防止设备误报，对于扫描发现的高危漏洞，信息技术人员将进行逐一人工验证。根据行业机构需要，中证信息公司的技术人员还可以提供为委托单位提供漏洞修复技术咨询和支持服务，协助委托单位进行漏洞修复工作，必要时还可派人到现场提供技术支持服务。

2. 行业机构积极参与，扫描工作初显成效

2014年8月正式对外发布通知，接受证券期货行业机构的申请，截至2014年底，共有35家期货行业机构申请信息安

全扫描服务。截至2014年底,共完成3轮扫描,期货行业累计发行高危漏洞495个。期货公司在收到扫描报告后,均能在第一时间对漏洞进行分析研判,在中证信息的支持下制定整改方案,及时修复漏洞,防范了信息安全事件的发生,有力地提升了信息安全防护水平。

第五节　中国期货业协会信息技术发展概况

一、创新业务信息系统建设工作

创新业务成为中国期货协会的重要工作任务,在2014年里,中国期货业协会于年初筹备并启动了风险管理服务子公司信息系统建设工作,截至2014年底,该系统已进入试运行阶段。

二、组织修订《期货公司信息技术管理指引》(以下简称《指引》)

2014年中国期货业协会继续开展《指引》修订工作,其主要修改内容为对人员数量的要求进行了弹性规定,对技术管理、机房建设、核心系统、安全、日常运行、备份、系统维护和营业部技术要求分别进行相应细化。

三、期货公司信息技术评级检查工作

在技术检查工作方面,受监管部门委托,中国期货业协会2014年第六次组织开展此项工作。年内共有8家公司申请进行升级检查,46家公司被选中抽查。截至2014年10月底,现场检查、审核和评审工作顺利结束,共有53家公司达到相应类别技术等级要求,1家公司未达到拟申请的技术等级要求。

四、行业信息技术人员后续培训工作

2014年,中国期货业协会按照证信办要求,认真筹备并举办了两场行业信息技术人员现场培训班,以期货公司总部技术人员为对象,重点开展了以信息安全、行业标准化、应急处置、IT审计、互联网金融、大数据应用与风险管理等为主题的培训,共300余名期货公司技术总监、技术部经理及总部技术人员参加了培训。此外,中国期货业协会还按照证信办要求,邀请六个期货业务发达地区证监局相关负责人参加了培训。在网络后续培训方面,年内共完成了8课时营业部技术人员课程、5课时总部技术人员课程和3课时技术法规及标准类课程,顺利完成了2013－2014年度技术人员网上后续培训课程的建设工作。

五、积极开展行业信息技术标准化工作

中国期货业协会分别与中金所、大商所共同牵头,启动了"期货公司柜台交易系统接口标准"和"期货交易所结算文件标准"的制定工作。此外,在标准制定过程中,中国期货业协会同时协调两个起草组相互配合共同开展工作,并邀请"三商"(期货软件开发商,行情信息商和技术服务提供商)参与起草工作的创新做法也得到了证监会领导和证标委专家的肯定。与此同时,在证信办前期工作基础上,中国期货业协会继续牵头开展"证券期货业信息系统托管基本要求"的函审和报批工作。其间,中国期货业协会组织专人,对标准文本进行了反复审查和校对,并召开视频工作会议,与起草组专家进行沟通确认,同时,还征求并适当吸收了证标委委员等行业有关专家的意见建议,现已形成报批稿上报至证标委秘书处。

六、信息安全事故报告情况

据统计,2014年期货公司共计发生过28起信息安全事故,其中公司总部26起,营业部2起,对市场和投资者未造成不良影响和损失。

中国上市期货品种一览(截至2014年12月31日)

品种	交易所	代码	上市时间
铜	上海期货交易所(SHFE)	CU	1991年
铝	上海期货交易所(SHFE)	AL	1991年
锌	上海期货交易所(SHFE)	ZN	2007－03－26
天然橡胶	上海期货交易所(SHFE)	RU	1991年
燃料油	上海期货交易所(SHFE)	FU	2004－08－25
黄金	上海期货交易所(SHFE)	AU	2008－01－09
螺纹钢	上海期货交易所(SHFE)	RB	2009－03－27
线材	上海期货交易所(SHFE)	WR	2009－03－27
铅	上海期货交易所(SHFE)	PB	2011－03－24
白银	上海期货交易所(SHFE)	AG	2012－05－10
石油沥青	上海期货交易所(SHFE)	BU	2013－10－09
热轧卷板	上海期货交易所(SHFE)	HC	2014－03－21
黄大豆1号	大连商品交易所(DCE)	A	1993－11－18
黄大豆2号	大连商品交易所(DCE)	B	2004－12－22
豆粕	大连商品交易所(DCE)	M	2000－07－17
豆油	大连商品交易所(DCE)	Y	2006－01－09
玉米	大连商品交易所(DCE)	C	2004－09－22
线型低密度聚乙烯(LLDPE)	大连商品交易所(DCE)	L	2007－07－31
棕榈油	大连商品交易所(DCE)	P	2007－10－29
聚氯乙烯(PVC)	大连商品交易所(DCE)	V	2009－05－25
焦炭	大连商品交易所(DCE)	J	2011－04－15
胶合板	大连商品交易所(DCE)	BB	2013－12－06
纤维板	大连商品交易所(DCE)	FB	2013－12－06
铁矿石	大连商品交易所(DCE)	I	2013－10－18
鸡蛋	大连商品交易所(DCE)	JD	2013－11－08
焦煤	大连商品交易所(DCE)	JM	2013－03－22
聚丙烯	大连商品交易所(DCE)	PP	2014－02－28
玉米淀粉	大连商品交易所(DCE)	CS	2014－12－19
白糖	郑州商品交易所(CZCE)	SR	2006－01－06
棉花1号	郑州商品交易所(CZCE)	CF	2004－06－01
强麦	郑州商品交易所(CZCE)	WH	2003－03－28
普麦	郑州商品交易所(CZCE)	PM	1993－03－25
精对苯二甲酸(PTA)	郑州商品交易所(CZCE)	TA	2006－12－18
菜籽油	郑州商品交易所(CZCE)	OI	2007－06－08
早籼稻	郑州商品交易所(CZCE)	RI	2009－04－20
甲醇	郑州商品交易所(CZCE)	MA	2011－10－28
玻璃	郑州商品交易所(CZCE)	FG	2012－12－03
油菜籽	郑州商品交易所(CZCE)	RS	2012－12－28
菜籽粕	郑州商品交易所(CZCE)	RM	2012－12－28
动力煤	郑州商品交易所(CZCE)	TC	2013－09－26
粳稻	郑州商品交易所(CZCE)	JR	2013－11－18
晚籼稻	郑州商品交易所(CZCE)	LR	2014－07－08
硅铁	郑州商品交易所(CZCE)	SF	2014－08－08
锰硅	郑州商品交易所(CZCE)	SM	2014－08－08
沪深300股指期货	中国金融期货交易所	IF	2010－04－16
5年期国债期货	中国金融期货交易所	TF	2013－09－06

注:铜、铝期货最早是在深圳有色金属期货交易所交易,上海期货交易所自1992年开始交易。

2014 年中国期货市场成交情况统计

交易所名称	品种名称	2014 年累计成交总量（手）	2013 年同期成交总量（手）	同比增减（%）	2014 年累计成交总量占全国份额（%）	2014 年累计成交总额（亿元）	2013 年同期成交总额（亿元）	同比增减（%）	2014 年累计成交总额占全国份额（%）
上海期货交易所	铜	70 510306	64 295856	9.67	2.81	168728.76	167323.62	0.84	5.78
	铝	13 926276	3 305575	321.30	0.56	9628.45	2407.32	299.97	0.33
	锌	40 429347	12 083166	234.59	1.61	33285.68	9040.92	268.17	1.14
	铅	1 457822	172759	743.85	0.06	1036.43	246.28	320.84	0.04
	黄金	23 865406	20 087824	18.81	0.95	59913.14	53545.31	11.89	2.05
	白银	193 487650	173 222611	11.70	7.72	115091.49	115554.86	-0.40	3.94
	天然橡胶	88 631586	72 438058	22.36	3.54	127785.03	145267.78	-12.03	4.38
	燃料油	1469	1039	41.39	0.00	2.48	2.51	-1.23	0.00
	石油沥青	650169	3 134301	-79.26	0.03	276.86	1370.53	-79.80	0.01
	螺纹钢	408 078103	293 728929	38.93	16.29	116204.03	109407.13	6.21	3.98
	线材	665	3862	-82.78	0.00	0.22	1.46	-84.99	0.00
	热轧卷板	1 255424	—	—	0.05	400.68	—	—	0.01
	总额	842 294223	642 473980	31.10	33.61	632353.25	604167.73	4.67	21.66
郑州商品交易所	1 号棉	31 781857	7 452068	326.48	1.27	21897.11	7405.90	195.67	0.75
	早籼稻	332485	872946	-61.91	0.01	154.05	354.28	-56.52	0.01
	甲醇 ME	10 566137	3 497627	202.09	0.42	14168.31	5551.77	155.20	0.49
	甲醇 MA	14 048540	—	—	0.56	2978.37	—	—	0.10
	菜籽油	13 894567	12 699869	9.41	0.55	9349.88	9551.82	-2.11	0.32
	油菜籽	17219	1 172724	-98.53	0.00	8.37	633.59	-98.68	0.00
	菜籽粕	303 514400	160 100373	89.58	12.11	77837.15	39194.20	98.59	2.67
	白糖	97 723498	69 788050	40.03	3.90	45900.91	36305.78	26.43	1.57
	PTA	117 839489	76 257667	54.53	4.70	36491.93	30318.66	20.36	1.25
	普麦	1203	1894	-36.48	0.00	1.54	2.35	-34.33	0.00
	强麦	1 025486	2 903378	-64.68	0.04	561.60	1293.12	-56.57	0.02
	玻璃	78 725425	186 104877	-57.70	3.14	16845.52	53390.93	-68.45	0.58
	动力煤	5 645895	4 357234	29.58	0.23	5832.36	4951.12	17.80	0.20
	粳稻	8855	40480	-78.13	0.00	5.53	24.83	-77.74	0.00
	晚籼稻	52116	—	—	0.00	29.50	—	—	0.00
	硅铁	767619	—	—	0.03	221.23	—	—	0.01
	锰硅	361462	—	—	0.01	115.97	—	—	0.00
	总 额	676 306253	525 249187	28.76	26.99	232399.30	188978.31	22.98	7.96
大连商品交易所	黄大豆 1 号	27197413	10993500	147.40	1.09	12216.11	5062.50	141.31	0.42
	黄大豆 2 号	6952	7236	-3.92	0.00	2.56	3.06	-16.35	0.00
	胶合板	17760375	1988112	793.33	0.71	12059.32	1305.14	823.98	0.41
	玉米	9329939	13313633	-29.92	0.37	2214.74	3174.63	-30.24	0.08
	玉米淀粉	71958	—	—	0.00	19.87	—	—	0.00
	纤维板	15354378	2374759	546.57	0.61	4875.85	874.01	457.87	0.17
	铁矿石	96359128	2189215	4301.54	3.85	60505.43	2044.32	2859.68	2.07
	焦炭	63688294	115306637	-44.77	2.54	75275.41	184249.76	-59.14	2.58
	鸡蛋	35188187	1951323	1703.30	1.40	16897.95	798.38	2016.52	0.58
	焦煤	57605436	34259550	68.14	2.30	28559.13	23317.07	22.48	0.98
	聚乙烯	71754393	72142084	-0.54	2.86	36992.52	38648.32	-4.28	1.27
	豆粕	204988746	265357592	-22.75	8.18	66563.18	88418.63	-24.72	2.28
	棕榈油	79996388	82495230	-3.03	3.19	44783.15	50846.34	-11.92	1.53
	聚丙烯	24781150	—	—	0.99	12138.02	—	—	0.42
	聚氯乙烯	1471673	1787233	-17.66	0.06	430.52	593.21	-27.42	0.01
	豆油	64082631	96334673	-33.48	2.56	41410.53	72191.89	-42.64	1.42
	总额	769637041	700500777	9.87	30.71	414944.31	471527.27	-12.00	14.21

交易所名称	品种名称	2014年累计成交总量（手）	2013年同期成交总量（手）	同比增减（%）	2014年累计成交总量占全国份额（%）	2014年累计成交总额（亿元）	2013年同期成交总额（亿元）	同比增减（%）	2014年累计成交总额占全国份额（%）
中国金融期货交易所	沪深300股指期货	216658274	193220516	12.13	8.65	1631384.56	1407002.32	15.95	55.87
	5年期国债期货	922871	328795	180.68	0.04	8785.17	3063.89	186.73	0.30
	总额	217581145	193549311	12.42	8.68	1640169.73	1410066.21	16.32	56.17
全国期货市场交易总额		2505818662	2061773255	21.54	100.00	2919866.59	2674739.52	9.16	100.00

注：本表根据上海期货交易所、郑州商品交易所、大连商品交易所和中国金融期货交易所提供数据计算；于表中数据均为单边计算。

2014年度期货公司净利润排名

序号	公司名称	净利润
1	中信期货	28,039.67
2	永安期货	27,878.17
3	国泰君安	19,027.75
4	中粮期货	15,669.16
5	中财期货	14,375.78
6	海通期货	13,454.62
7	银河期货	13,274.07
8	广发期货	12,937.49
9	国信期货	12,004.98
10	中国国际期货	11,941.35
11	光大期货	11,024.54
12	招商期货	10,438.58
13	南华期货	9,792.39
14	瑞达期货	8,835.81
15	华泰长城期货	8,576.03
16	申银万国	7,705.93
17	浙商期货	7,671.35
18	万达期货	7,323.48
19	鲁证期货	7,135.32
20	金瑞期货	6,866.61
21	宏源期货	6,495.93
22	中信建投	6,305.28
23	方正中期期货	5,919.48
24	东证期货	5,571.20
25	长江期货	5,529.71
26	国投中谷	5,058.99
27	中融汇信	5,008.17
28	新湖期货	4,924.85
29	安信期货	4,889.78
30	弘业期货	4,359.15
31	迈科期货	4,293.70
32	兴证期货	4,169.41
33	上海中期	3,776.65
34	上海东亚	3,465.40
35	大地期货	3,377.29
36	五矿经易期货	3,183.61
37	美尔雅期货	3,136.42
38	格林大华	3,108.12
39	信达期货	3,081.19
40	国贸期货	3,047.77
41	华西期货	2,745.40
42	徽商期货	2,669.80
43	中钢期货	2,610.62
44	国海良时	2,585.28
45	锦泰期货	2,309.41
46	中投天琪期货	2,280.93
47	东海期货	2,270.01
48	新纪元期货	2,230.14
49	国联期货	2,217.33
50	中银国际期货	2,179.71
51	一德期货	2,094.20
52	金鹏期货	2,028.32
53	中衍期货	2,025.22
54	首创期货	1,957.98
55	摩根大通	1,859.44
56	东航期货	1,823.40
57	东兴期货	1,735.84
58	铜冠金源	1,698.58
59	广州期货	1,669.59
60	华安期货	1,656.29
61	道通期货	1,609.76
62	上海大陆	1,564.53
63	华融期货	1,493.03
64	东吴期货	1,489.52
65	中辉期货	1,218.78
66	财富期货	1,208.70
67	云晨期货	1,188.67
68	海航东银	1,123.68
69	中大期货	1,122.76
70	安粮期货	1,121.47
71	倍特期货	1,099.22
72	乾坤期货	1,062.23
73	平安期货	1,029.76
74	大越期货	982.41
75	渤海期货	906.54
76	国都期货	900.55
77	国元期货	868.07
78	中航期货	858.58

序号	公司名称	净利润
79	中原期货	849.27
80	宝城期货	819.07
81	金元期货	814.19
82	中州期货	809.27
83	国金期货	806.19
84	华联期货	786.24
85	浙江新世纪期货	782.36
86	湖南大有	777.13
87	红塔期货	758.89
88	招金期货	716.72
89	金友期货	666.55
90	同信久恒	638.55
91	冠通期货	609.49
92	江苏东华	578.38
93	神华期货	578.34
94	良运期货	578.03
95	华龙期货	558.78
96	恒泰期货	513.80
97	盛达期货	494.98
98	华创期货	478.83
99	创元期货	474.20
100	兴业期货	468.89
101	英大期货	360.73
102	上海浙石	320.35
103	南证期货	302.07
104	长安期货	299.05
105	首创京都	245.51
106	金汇期货	227.92
107	金信期货	219.60
108	天风期货	215.65
109	天津金谷	203.25
110	江苏文峰	164.53
111	和融期货	120.45
112	中电投先融	111.43
113	西南期货	92.72
114	金石期货	81.18
115	西部期货	67.87
116	银建期货	33.05
117	江信国盛	32.62
118	上海通联	29.93
119	汇鑫期货	27.48
120	山金期货	23.44
121	瑞银期货	20.71
122	华鑫期货	15.68
123	深圳瑞龙	13.03
124	和合期货	1.88
125	财达期货	-96.61
126	新疆天利	-103.25
127	民生期货	-148.86
128	时代期货	-188.66
129	大通期货	-192.42
130	集成期货	-234.68
131	国富期货	-260.85
132	第一创业	-322.61
133	天富期货	-354.43
134	河北恒银	-396.75
135	山西三立	-411.48
136	德盛期货	-486.83
137	新晟期货	-489.61
138	上海东方	-510.93
139	建信期货	-552.68
140	海证期货	-711.96
141	混沌天成	-739.13
142	津投期货	-760.51
143	华闻期货	-846.45
144	华海期货	-924.03
145	晟鑫期货	-936.04
146	广永期货	-983.87
147	鑫鼎盛期货	-1,064.74
148	天鸿期货	-1,283.71
149	瑞奇期货	-1,767.64
150	东方汇金期货	-1,923.33

2014年度期货公司净资本排名

序号	公司名称	净资本
1	中信期货	180,661.33
2	中粮期货	175,748.62
3	五矿经易期货	137,435.04
4	银河期货	124,971.09
5	中国国际期货	114,658.29
6	永安期货	104,219.79
7	海通期货	103,033.85
8	弘业期货	102,691.96
9	申银万国	92,864.61
10	华泰长城期货	86,928.12
11	南华期货	85,988.95
12	国泰君安	85,814.72
13	国信期货	81,617.56
14	广发期货	80,298.92
15	鲁证期货	79,605.67
16	光大期货	76,397.12
17	浙商期货	69,682.91
18	招商期货	68,998.62
19	方正中期期货	66,088.68
20	新湖期货	65,585.24
21	国投中谷	63,105.77
22	宏源期货	61,108.58
23	瑞达期货	60,928.76
24	中融汇信	59,964.40
25	金瑞期货	58,739.47
26	天津金谷	56,297.71
27	万达期货	56,050.50
28	东海期货	55,446.47

序号	公司名称	净资本
29	格林大华	52,151.24
30	中信建投	51,680.12
31	海航东银	50,877.59
32	东证期货	50,796.31
33	大地期货	50,549.36
34	建信期货	50,216.28
35	摩根大通	49,070.07
36	信达期货	48,420.04
37	中大期货	45,670.68
38	国元期货	43,785.08
39	上海中期	41,962.60
40	国联期货	41,613.24
41	中投天琪期货	41,091.00
42	东吴期货	40,147.71
43	国贸期货	39,920.28
44	锦泰期货	39,735.85
45	长江期货	38,455.13
46	宝城期货	36,893.30
47	中航期货	36,735.43
48	东航期货	35,564.25
49	兴证期货	35,139.53
50	迈科期货	34,806.36
51	中银国际期货	34,527.54
52	安粮期货	33,013.19
53	平安期货	32,421.65
54	安信期货	31,844.33
55	东兴期货	31,505.06
56	国海良时	31,213.30
57	英大期货	30,934.55
58	混沌天成	28,573.87
59	倍特期货	26,434.09
60	华安期货	25,882.08
61	浙江新世纪期货	25,843.28
62	中财期货	25,178.56
63	西南期货	24,364.11
64	美尔雅期货	22,477.51
65	中钢期货	22,235.53
66	上海浙石	22,113.21
67	财富期货	21,919.73
68	华融期货	21,709.68
69	铜冠金源	21,630.29
70	一德期货	21,138.68
71	首创期货	20,418.82
72	徽商期货	19,603.90
73	中辉期货	19,251.49
74	华西期货	19,043.90
75	金元期货	18,640.91
76	冠通期货	17,889.53
77	上海大陆	17,667.98
78	金鹏期货	17,661.24
79	新纪元期货	17,094.78
80	金汇期货	16,725.20

序号	公司名称	净资本
81	云晨期货	15,650.32
82	国金期货	15,073.54
83	乾坤期货	14,776.63
84	南证期货	14,595.43
85	道通期货	14,567.05
86	兴业期货	13,785.24
87	创元期货	13,762.89
88	上海东亚	13,311.64
89	湖南大有	13,213.37
90	大越期货	13,101.80
91	华鑫期货	13,032.99
92	长安期货	12,769.69
93	华龙期货	12,756.02
94	广州期货	12,570.67
95	海证期货	12,409.42
96	上海通联	12,332.26
97	金友期货	12,273.00
98	中原期货	12,119.98
99	金石期货	11,747.32
100	西部期货	11,695.66
101	红塔期货	11,536.95
102	国都期货	11,288.28
103	瑞银期货	11,214.70
104	新晟期货	10,922.15
105	渤海期货	10,718.94
106	天风期货	10,534.67
107	良运期货	10,518.21
108	中州期货	10,493.73
109	招金期货	10,451.08
110	江苏文峰	10,270.63
111	汇鑫期货	10,061.47
112	江苏东华	9,666.04
113	中衍期货	9,527.47
114	民生期货	9,268.84
115	华联期货	9,259.43
116	天富期货	8,823.54
117	华闻期货	8,553.04
118	德盛期货	8,493.18
119	广永期货	8,330.63
120	同信久恒	7,384.73
121	金信期货	7,340.87
122	恒泰期货	7,147.58
123	神华期货	6,936.44
124	银建期货	6,792.39
125	华创期货	6,706.61
126	集成期货	6,472.87
127	中电投先融	6,034.02
128	国富期货	5,618.51
129	深圳瑞龙	5,577.14
130	山金期货	4,985.60
131	瑞奇期货	4,967.88
132	财达期货	4,926.70

序号	公司名称	净资本
133	盛达期货	4,459.08
134	和融期货	4,423.30
135	河北恒银	4,149.70
136	东方汇金期货	4,087.20
137	首创京都	3,960.64
138	第一创业	3,950.51
139	新疆天利	3,859.25
140	津投期货	3,796.66
141	江信国盛	3,466.91
142	鑫鼎盛期货	3,422.31
143	晟鑫期货	3,216.92
144	大通期货	2,808.20
145	天鸿期货	2,756.68
146	上海东方	2,406.03
147	和合期货	2,231.18
148	华海期货	2,215.25
149	山西三立	2,020.25
150	时代期货	1,878.60

2014 年度期货公司净资产排名

序号	公司名称	净资产
1	中粮期货	259,131.98
2	中信期货	259,090.95
3	中国国际期货	216,250.29
4	五矿经易期货	214,959.84
5	永安期货	166,925.78
6	银河期货	143,562.56
7	广发期货	143,227.75
8	国泰君安	135,536.58
9	南华期货	132,254.94
10	海通期货	127,312.98
11	鲁证期货	120,184.64
12	光大期货	117,326.94
13	弘业期货	114,398.95
14	申银万国	105,690.64
15	华泰长城期货	105,640.70
16	浙商期货	96,935.77
17	国信期货	90,531.57
18	招商期货	80,020.70
19	宏源期货	75,149.20
20	万达期货	73,373.19
21	格林大华	73,219.88
22	东证期货	73,182.51
23	金瑞期货	72,875.12
24	新湖期货	70,083.07
25	国联期货	67,641.03
26	中信建投	67,427.87
27	国投中谷	66,611.10
28	方正中期期货	66,217.24
29	瑞达期货	65,911.93
30	中融汇信	65,171.26
31	锦泰期货	64,292.47
32	国贸期货	62,440.24
33	国元期货	61,890.03
34	大地期货	61,401.70
35	中大期货	60,787.26
36	东吴期货	59,870.44
37	天津金谷	59,632.53
38	迈科期货	59,355.03
39	东海期货	57,941.38
40	国海良时	57,259.71
41	信达期货	57,062.09
42	海航东银	52,567.75
43	长江期货	50,263.14
44	建信期货	49,717.98
45	摩根大通	49,187.26
46	英大期货	46,396.62
47	上海中期	45,291.19
48	中钢期货	43,207.39
49	兴证期货	43,165.78
50	中投天琪期货	42,270.95
51	中航期货	39,670.53
52	中银国际期货	39,346.41
53	东航期货	38,044.52
54	中财期货	37,472.22
55	宝城期货	36,134.92
56	安粮期货	34,277.71
57	东兴期货	34,252.12
58	平安期货	33,014.52
59	华融期货	32,721.36
60	安信期货	32,467.77
61	混沌天成	31,993.51
62	西南期货	29,313.29
63	华西期货	28,921.59
64	浙江新世纪期货	25,552.84
65	美尔雅期货	25,381.92
66	倍特期货	25,374.36
67	华安期货	25,252.54
68	金鹏期货	24,481.22
69	金元期货	23,375.06
70	上海浙石	23,080.74
71	财富期货	23,006.16
72	首创期货	22,652.25
73	一德期货	22,169.42
74	铜冠金源	22,023.01
75	渤海期货	21,016.05
76	长安期货	20,940.10
77	徽商期货	20,888.99
78	上海大陆	20,832.08
79	华鑫期货	20,190.44
80	国都期货	19,626.34
81	冠通期货	18,284.88
82	新纪元期货	17,622.74

序号	公司名称	净资产
83	中辉期货	17,576.40
84	国金期货	17,561.57
85	金汇期货	17,534.79
86	道通期货	17,519.57
87	湖南大有	17,516.40
88	中衍期货	17,240.96
89	上海东亚	16,740.13
90	云晨期货	16,631.36
91	乾坤期货	15,344.34
92	海证期货	15,139.66
93	大越期货	15,117.16
94	创元期货	15,030.85
95	华闻期货	14,749.68
96	广州期货	14,725.85
97	南证期货	14,251.29
98	西部期货	13,921.12
99	兴业期货	13,821.74
100	天风期货	13,596.29
101	良运期货	13,337.04
102	红塔期货	13,211.23
103	上海通联	13,060.59
104	中州期货	13,039.64
105	华龙期货	13,038.10
106	天富期货	12,609.93
107	金友期货	12,395.73
108	华联期货	12,259.96
109	银建期货	12,193.30
110	新晟期货	12,129.39
111	中电投先融	12,016.02
112	中原期货	12,015.49
113	瑞银期货	11,659.29
114	招金期货	11,639.17
115	金石期货	11,580.78
116	华创期货	11,122.57
117	江苏文峰	10,874.23
118	汇鑫期货	10,853.16
119	德盛期货	10,390.23
120	山金期货	9,958.84
121	广永期货	9,702.61
122	同信久恒	9,625.20
123	江苏东华	9,565.40
124	恒泰期货	9,489.17
125	民生期货	9,051.87
126	金信期货	8,995.99
127	东方汇金期货	8,676.59
128	瑞奇期货	8,669.59
129	深圳瑞龙	8,594.36
130	和融期货	7,838.30
131	盛达期货	7,728.44
132	首创京都	7,506.46
133	津投期货	7,319.42
134	集成期货	6,961.81
135	第一创业	6,596.46
136	神华期货	6,553.99
137	财达期货	6,343.21
138	国富期货	5,901.07
139	河北恒银	4,751.70
140	鑫鼎盛期货	4,281.79
141	江信国盛	3,902.71
142	晟鑫期货	3,732.52
143	天鸿期货	3,654.40
144	新疆天利	3,637.75
145	大通期货	2,952.93
146	和合期货	2,839.91
147	华海期货	2,820.30
148	上海东方	2,816.53
149	山西三立	2,188.71
150	时代期货	2,071.26

2014年度期货公司客户权益排名

序号	公司名称	客户权益
1	中信期货	1,862,438.82
2	永安期货	1,478,352.92
3	国泰君安	1,375,288.26
4	银河期货	1,208,099.30
5	海通期货	1,151,976.64
6	华泰长城期货	793,517.35
7	申银万国	732,160.63
8	光大期货	711,175.33
9	中粮期货	670,897.13
10	方正中期期货	644,286.65
11	东证期货	607,676.17
12	广发期货	588,864.81
13	南华期货	566,549.44
14	浙商期货	544,334.09
15	中国国际期货	538,988.32
16	万达期货	445,089.25
17	鲁证期货	426,909.55
18	招商期货	404,055.50
19	五矿经易期货	400,697.42
20	兴证期货	398,082.65
21	新湖期货	343,913.80
22	国投中谷	333,320.82
23	长江期货	309,255.41
24	国信期货	308,464.68
25	格林大华	299,797.62
26	首创期货	298,439.53
27	瑞达期货	290,501.46
28	中信建投	274,036.73
29	金瑞期货	273,404.46
30	上海中期	273,261.03
31	安信期货	258,652.49
32	财富期货	240,839.71

序号	公司名称	客户权益
33	一德期货	225,549.50
34	中投天琪期货	206,379.21
35	东海期货	204,940.30
36	宏源期货	200,648.43
37	弘业期货	197,572.61
38	国金期货	194,267.07
39	国海良时	189,056.99
40	东吴期货	179,187.81
41	中大期货	176,854.50
42	中辉期货	175,234.62
43	宝城期货	174,438.02
44	大地期货	169,417.14
45	信达期货	159,558.24
46	迈科期货	158,597.53
47	倍特期货	153,646.03
48	国联期货	152,272.22
49	冠通期货	149,641.70
50	美尔雅期货	149,130.99
51	中钢期货	146,475.70
52	徽商期货	142,028.26
53	东航期货	139,154.30
54	东兴期货	137,457.58
55	国贸期货	135,718.10
56	华西期货	124,894.66
57	湖南大有	123,720.90
58	道通期货	117,779.37
59	中银国际期货	114,124.43
60	中融汇信	113,697.52
61	混沌天成	102,305.78
62	兴业期货	102,267.07
63	金元期货	98,636.79
64	华鑫期货	95,792.55
65	广州期货	95,379.29
66	同信久恒	93,119.09
67	英大期货	88,722.20
68	招金期货	85,206.65
69	华安期货	84,715.99
70	渤海期货	84,178.01
71	铜冠金源	83,499.07
72	南证期货	82,442.47
73	海航东银	81,780.76
74	锦泰期货	81,328.63
75	上海大陆	80,617.48
76	天风期货	80,083.68
77	浙江新世纪期货	78,004.41
78	大越期货	75,761.65
79	中财期货	72,015.24
80	中原期货	67,602.15
81	中衍期货	62,640.71
82	汇鑫期货	61,818.45
83	乾坤期货	58,601.78
84	平安期货	57,623.06

序号	公司名称	客户权益
85	创元期货	55,732.83
86	新纪元期货	54,825.91
87	华联期货	54,081.13
88	金友期货	53,006.32
89	国都期货	51,162.17
90	良运期货	50,381.51
91	中州期货	49,122.16
92	金鹏期货	48,247.54
93	安粮期货	47,841.98
94	国元期货	46,985.37
95	江苏东华	46,204.20
96	西部期货	45,664.72
97	建信期货	45,056.06
98	新晟期货	45,036.79
99	恒泰期货	44,844.96
100	神华期货	44,419.38
101	首创京都	44,216.31
102	红塔期货	43,297.79
103	云晨期货	42,301.31
104	海证期货	41,414.56
105	中航期货	40,388.98
106	瑞奇期货	39,614.42
107	上海东亚	38,656.34
108	华融期货	36,059.57
109	华闻期货	35,985.54
110	摩根大通	33,358.08
111	第一创业	33,136.72
112	东方汇金期货	32,782.88
113	金石期货	32,466.50
114	金信期货	32,399.52
115	民生期货	31,730.09
116	西南期货	31,673.95
117	德盛期货	31,451.41
118	深圳瑞龙	29,901.69
119	华龙期货	28,343.85
120	集成期货	26,699.85
121	山金期货	26,429.93
122	广永期货	26,272.42
123	华创期货	25,480.55
124	中电投先融	25,147.00
125	盛达期货	25,125.47
126	上海浙石	24,767.03
127	长安期货	24,435.35
128	金汇期货	21,976.62
129	江苏文峰	19,716.97
130	上海通联	19,390.30
131	天鸿期货	16,244.51
132	国富期货	15,695.83
133	津投期货	14,883.98
134	天富期货	14,255.48
135	大通期货	13,997.59
136	山西三立	13,769.17

序号	公司名称	客户权益
137	银建期货	13,668.06
138	河北恒银	12,929.26
139	财达期货	11,321.61
140	和融期货	10,943.65
141	天津金谷	9,202.72
142	华海期货	8,535.81
143	鑫鼎盛期货	5,865.95
144	和合期货	5,379.65
145	新疆天利	3,679.89
146	晟鑫期货	3,644.92
147	江信国盛	3,467.56
148	上海东方	2,711.86
149	时代期货	797.36
150	瑞银期货	41.52

2014 年度期货公司手续费收入排名

序号	公司名称	手续费收入
1	永安期货	39,289.08
2	国泰君安	34,989.37
3	银河期货	31,758.69
4	海通期货	29,167.24
5	中信期货	28,196.73
6	方正中期期货	24,912.37
7	南华期货	22,936.84
8	广发期货	22,291.99
9	申银万国	22,079.12
10	光大期货	21,642.09
11	中国国际期货	20,849.78
12	华泰长城期货	19,317.90
13	浙商期货	17,547.26
14	长江期货	16,690.02
15	国信期货	16,588.29
16	弘业期货	16,447.99
17	鲁证期货	16,331.99
18	瑞达期货	15,213.33
19	招商期货	15,094.64
20	中粮期货	14,549.91
21	万达期货	13,798.08
22	中信建投	12,435.22
23	徽商期货	12,282.90
24	国海良时	12,239.82
25	格林大华	12,204.35
26	东证期货	12,052.61
27	兴证期货	11,683.96
28	中大期货	11,002.57
29	金瑞期货	11,000.50
30	新湖期货	10,617.40
31	国联期货	9,871.76
32	东海期货	9,871.16
33	信达期货	9,849.65
34	中辉期货	9,461.65
35	宏源期货	9,448.94
36	上海中期	9,378.67
37	华鑫期货	9,235.62
38	安信期货	9,047.67
39	中投天琪期货	8,977.16
40	五矿经易期货	8,680.87
41	中融汇信	8,571.98
42	新纪元期货	8,360.15
43	迈科期货	8,353.90
44	国投中谷	8,197.35
45	宝城期货	7,943.20
46	美尔雅期货	7,912.09
47	华西期货	7,711.88
48	天风期货	7,505.74
49	首创期货	7,407.62
50	中衍期货	7,263.56
51	华安期货	7,116.16
52	一德期货	7,030.16
53	倍特期货	6,868.89
54	东吴期货	6,544.58
55	安粮期货	5,848.93
56	海航东银	5,789.72
57	瑞奇期货	5,764.27
58	湖南大有	5,762.49
59	上海大陆	5,661.66
60	大地期货	5,655.66
61	锦泰期货	5,573.65
62	大越期货	5,517.51
63	冠通期货	5,377.30
64	广州期货	5,308.73
65	国贸期货	5,149.77
66	铜冠金源	4,912.05
67	中银国际期货	4,895.52
68	浙江新世纪期货	4,877.71
69	渤海期货	4,582.30
70	东航期货	4,451.63
71	英大期货	4,443.07
72	同信久恒	4,424.14
73	中钢期货	4,317.05
74	金石期货	4,163.07
75	汇鑫期货	4,101.29
76	招金期货	4,061.46
77	国元期货	4,058.51
78	金友期货	3,973.62
79	神华期货	3,921.99
80	华联期货	3,883.43
81	创元期货	3,882.31
82	德盛期货	3,830.55
83	恒泰期货	3,805.28
84	南证期货	3,784.42
85	道通期货	3,757.02
86	中原期货	3,692.68

序号	公司名称	手续费收入
87	国金期货	3,629.32
88	中财期货	3,558.08
89	东方汇金期货	3,477.70
90	红塔期货	3,259.44
91	国都期货	3,119.08
92	金元期货	3,094.10
93	建信期货	2,995.72
94	西部期货	2,949.71
95	盛达期货	2,944.29
96	民生期货	2,906.81
97	中州期货	2,851.79
98	东兴期货	2,721.01
99	金鹏期货	2,651.93
100	平安期货	2,618.20
101	海证期货	2,610.39
102	云晨期货	2,541.17
103	金信期货	2,484.93
104	集成期货	2,479.71
105	山西三立	2,397.99
106	上海东亚	2,301.22
107	良运期货	2,260.12
108	财富期货	2,247.15
109	华创期货	2,229.60
110	深圳瑞龙	2,173.58
111	金汇期货	2,097.38
112	中航期货	2,071.99
113	广永期货	2,044.24
114	新晟期货	2,028.70
115	江苏东华	1,891.97
116	华融期货	1,740.82
117	江苏文峰	1,700.00
118	中电投先融	1,564.31
119	华闻期货	1,550.45
120	长安期货	1,523.18
121	兴业期货	1,467.84
122	银建期货	1,408.57
123	华龙期货	1,271.62
124	和合期货	1,258.23
125	第一创业	1,250.01
126	河北恒银	1,219.33
127	天鸿期货	1,206.82
128	天富期货	1,201.31
129	首创京都	1,112.82
130	混沌天成	1,111.56
131	新疆天利	947.31
132	摩根大通	907.30
133	上海浙石	839.65
134	山金期货	796.84
135	国富期货	762.14
136	鑫鼎盛期货	749.29
137	财达期货	746.77
138	上海通联	710.85
139	江信国盛	681.60
140	乾坤期货	667.19
141	大通期货	660.74
142	晟鑫期货	633.31
143	津投期货	610.45
144	西南期货	583.59
145	华海期货	555.82
146	和融期货	463.03
147	天津金谷	440.50
148	时代期货	72.49
149	上海东方	67.64
150	瑞银期货	0.97

2014 年度期货公司注册资本排名

序号	公司名称	注册资本
1	中国国际期货	170,000.00
2	中信期货	160,479.30
3	银河期货	120,000.00
4	五矿经易期货	120,000.00
5	广发期货	110,000.00
6	海通期货	100,000.00
7	光大期货	100,000.00
8	永安期货	86,000.00
9	中粮期货	84,620.00
10	华泰长城期货	80,900.00
11	申银万国	77,600.00
12	鲁证期货	75,000.00
13	国泰君安	70,000.00
14	弘业期货	68,000.00
15	招商期货	63,000.00
16	国元期货	60,000.00
17	国信期货	60,000.00
18	中融汇信	60,000.00
19	天津金谷	60,000.00
20	格林大华	58,018.00
21	宏源期货	55,000.00
22	国贸期货	53,000.00
23	金瑞期货	51,300.00
24	南华期货	51,000.00
25	锦泰期货	50,715.00
26	万达期货	50,600.00
27	东海期货	50,000.00
28	东吴期货	50,000.00
29	东证期货	50,000.00
30	海航东银	50,000.00
31	信达期货	50,000.00
32	国海良时	50,000.00
33	浙商期货	50,000.00
34	摩根大通	46,000.00
35	国联期货	45,000.00
36	建信期货	43,605.98

序号	公司名称	注册资本
37	中信建投	39,000.00
38	中大期货	36,000.00
39	英大期货	35,000.00
40	中银国际期货	35,000.00
41	方正中期期货	34,000.00
42	兴证期货	33,000.00
43	混沌天成	33,000.00
44	华融期货	32,000.00
45	东兴期货	31,800.00
46	长江期货	31,000.00
47	安粮期货	30,000.00
48	东航期货	30,000.00
49	国投中谷	30,000.00
50	中投天琪期货	30,000.00
51	平安期货	30,000.00
52	瑞达期货	30,000.00
53	宝城期货	30,000.00
54	西南期货	30,000.00
55	安信期货	28,600.00
56	中钢期货	28,000.00
57	中航期货	28,000.00
58	大地期货	24,000.00
59	新湖期货	22,500.00
60	华安期货	20,000.00
61	首创期货	20,000.00
62	国都期货	20,000.00
63	财富期货	20,000.00
64	长安期货	20,000.00
65	华鑫期货	20,000.00
66	上海浙石	20,000.00
67	上海中期	20,000.00
68	倍特期货	20,000.00
69	华西期货	20,000.00
70	中财期货	19,000.00
71	一德期货	16,500.00
72	海证期货	16,000.00
73	金汇期货	16,000.00
74	渤海期货	15,000.00
75	广永期货	15,000.00
76	金元期货	15,000.00
77	湖南大有	15,000.00
78	天富期货	15,000.00
79	道通期货	15,000.00
80	西部期货	15,000.00
81	上海大陆	15,000.00
82	乾坤期货	15,000.00
83	国金期货	15,000.00
84	浙江新世纪期货	15,000.00
85	迈科期货	14,531.85
86	中辉期货	14,300.00
87	中衍期货	13,500.00
88	天风期货	13,000.00
89	东方汇金期货	13,000.00
90	广州期货	12,792.00
91	南证期货	12,575.00
92	上海通联	12,500.00
93	第一创业	12,000.00
94	新晟期货	12,000.00
95	创元期货	12,000.00
96	瑞银期货	12,000.00
97	金石期货	12,000.00
98	中原期货	11,000.00
99	云晨期货	11,000.00
100	华龙期货	10,903.56
101	新纪元期货	10,800.00
102	银建期货	10,600.00
103	红塔期货	10,100.00
104	金鹏期货	10,090.00
105	徽商期货	10,000.00
106	冠通期货	10,000.00
107	民生期货	10,000.00
108	首创京都	10,000.00
109	良运期货	10,000.00
110	金友期货	10,000.00
111	华联期货	10,000.00
112	德盛期货	10,000.00
113	金信期货	10,000.00
114	江苏文峰	10,000.00
115	汇鑫期货	10,000.00
116	兴业期货	10,000.00
117	招金期货	10,000.00
118	中州期货	10,000.00
119	华闻期货	10,000.00
120	上海东亚	10,000.00
121	铜冠金源	10,000.00
122	恒泰期货	10,000.00
123	深圳瑞龙	10,000.00
124	财达期货	10,000.00
125	山金期货	10,000.00
126	大越期货	10,000.00
127	中电投先融	10,000.00
128	华创期货	10,000.00
129	晟鑫期货	9,500.00
130	天鸿期货	9,000.00
131	和融期货	8,500.00
132	津投期货	8,500.00
133	鑫鼎盛期货	8,000.00
134	同信久恒	8,000.00
135	国富期货	6,500.00
136	集成期货	6,500.00
137	美尔雅期货	5,990.00
138	河北恒银	5,800.00
139	瑞奇期货	5,600.00
140	华海期货	5,500.00

序号	公司名称	注册资本
141	江信国盛	5,260.53
142	江苏东华	5,000.00
143	神华期货	5,000.00
144	盛达期货	5,000.00
145	大通期货	4,000.00
146	山西三立	3,500.00
147	时代期货	3,000.00
148	和合期货	3,000.00
149	上海东方	3,000.00
150	新疆天利	3,000.00

中国期货经营机构名录

序号	公司名称	辖区
1	安粮期货有限公司	安徽
2	安信期货有限责任公司	北京
3	宝城期货有限责任公司	浙江
4	北京首创期货有限责任公司	北京
5	倍特期货有限公司	四川
6	渤海期货股份有限公司	大连
7	财达期货有限公司	天津
8	中金期货有限公司	青海
9	长安期货有限公司	陕西
10	长江期货有限公司	湖北
11	创元期货股份有限公司	江苏
12	大地期货有限公司	浙江
13	大连良运期货经纪有限公司	大连
14	大通期货经纪有限公司	黑龙江
15	大有期货有限公司	湖南
16	大越期货股份有限公司	浙江
17	道通期货经纪有限公司	江苏
18	德盛期货有限公司	湖南
19	第一创业期货有限责任公司	北京
20	东方汇金期货有限公司	吉林
21	东海期货有限责任公司	江苏
22	东航期货有限责任公司	上海
23	东吴期货有限公司	上海
24	东兴期货有限责任公司	上海
25	方正中期期货有限公司	北京
26	格林大华期货有限公司	北京
27	冠通期货有限公司	北京
28	光大期货有限公司	上海
29	广发期货有限公司	广东
30	广永期货有限公司	广东
31	广州期货股份有限公司	广东
32	国都期货有限公司	北京
33	国富期货有限公司	大连
34	国海良时期货有限公司	浙江
35	国金期货有限责任公司	四川
36	国联期货股份有限公司	江苏
37	国贸期货有限公司	厦门
38	国泰君安期货有限公司	上海
39	国投中谷期货经纪有限公司	上海
40	国信期货有限责任公司	上海
41	国元期货有限公司	北京
42	海航东银期货有限公司	深圳
43	海通期货有限公司	上海
44	海证期货有限公司	上海
45	和合期货经纪有限公司	山西
46	和融期货有限责任公司	天津
47	河北恒银期货经纪有限公司	河北
48	黑龙江时代期货经纪有限公司	黑龙江
49	恒泰期货有限公司	上海
50	弘业期货股份有限公司	江苏
51	红塔期货有限责任公司	云南
52	宏源期货有限公司	北京
53	华安期货有限责任公司	安徽
54	华创期货有限责任公司	重庆
55	华海期货有限公司	北京
56	华联期货有限公司	广东
57	华龙期货股份有限公司	甘肃
58	华融期货有限责任公司	海南
59	华泰期货有限公司	广东
60	华闻期货有限公司	上海
61	华西期货有限责任公司	四川
62	华鑫期货有限公司	上海
63	徽商期货有限责任公司	安徽
64	混沌天成期货股份有限公司	广东
65	集成期货股份有限公司	广东
66	建信期货有限责任公司	上海
67	江海汇鑫期货有限公司	辽宁
68	江苏东华期货有限公司	江苏
69	江西瑞奇期货经纪有限公司	江西
70	江信国盛期货有限责任公司	辽宁
71	金谷期货有限公司	天津
72	金鹏期货经纪有限公司	北京
73	金瑞期货股份有限公司	深圳
74	金石期货有限公司	新疆
75	金信期货有限公司	湖南
76	福能期货股份有限公司	福建
77	金元期货有限公司	海南
78	津投期货经纪有限公司	天津
79	锦泰期货有限公司	江苏
80	鲁证期货股份有限公司	山东
81	迈科期货经纪有限公司	陕西
82	美尔雅期货有限公司	湖北
83	民生期货有限公司	北京
84	摩根大通期货有限公司	广东
85	南华期货股份有限公司	浙江
86	南证期货有限责任公司	江苏
87	平安期货有限公司	深圳
88	乾坤期货有限公司	深圳
89	瑞达期货股份有限公司	厦门
90	瑞银期货有限责任公司	上海

序号	公司名称	辖区
91	山金期货有限公司	天津
92	山西三立期货经纪有限公司	山西
93	上海大陆期货有限公司	上海
94	上海东方期货经纪有限责任公司	上海
95	上海东亚期货有限公司	上海
96	上海东证期货有限公司	上海
97	通惠期货有限公司	上海
98	上海浙石期货经纪有限公司	上海
99	上海中财期货有限公司	上海
100	上海中期期货经纪有限公司	上海
101	申银万国期货有限公司	上海
102	深圳金汇期货经纪有限公司	深圳
103	深圳瑞龙期货有限公司	深圳
104	神华期货有限公司	深圳
105	晟鑫期货经纪有限公司	山西
106	盛达期货有限公司	浙江
107	首创京都期货有限公司	北京
108	天风期货股份有限公司	大连
109	天富期货有限公司	吉林
110	天鸿期货经纪有限公司	上海
111	同信久恒期货有限责任公司	上海
112	铜冠金源期货有限公司	上海
113	万达期货股份有限公司	河南
114	文峰期货有限公司	江苏
115	五矿经易期货有限公司	深圳
116	西部期货有限公司	陕西
117	西南期货有限公司	重庆
118	新湖期货有限公司	上海
119	新纪元期货有限公司	江苏
120	新疆天利期货经纪有限公司	新疆
121	新晟期货有限公司	广东
122	鑫鼎盛期货经纪有限公司	福建
123	信达期货有限公司	浙江
124	兴业期货有限公司	宁波
125	兴证期货有限公司	福建
126	一德期货有限公司	天津
127	银河期货有限公司	北京
128	银建期货经纪有限责任公司	北京
129	英大期货有限公司	北京
130	永安期货股份有限公司	浙江
131	云晨期货有限责任公司	云南
132	招金期货有限公司	山东
133	招商期货有限公司	深圳
134	浙江新世纪期货有限公司	浙江
135	浙商期货有限公司	浙江
136	中大期货有限公司	浙江
137	中电投先融期货有限公司	重庆
138	中钢期货有限公司	北京
139	中国国际期货有限公司	北京
140	中航期货有限公司	深圳
141	中辉期货经纪有限公司	上海
142	中粮期货有限公司	北京

序号	公司名称	辖区
143	中融汇信期货有限公司	上海
144	中投天琪期货有限公司	深圳
145	中信建投期货有限公司	重庆
146	中信期货有限公司	深圳
147	中衍期货有限公司	北京
148	中银国际期货有限责任公司	海南
149	中原期货有限公司	河南
150	中州期货有限公司	山东

2014 年中国期货市场大事记

2 月 7 日，中国证监会审核通过建信信托收购良茂期货，并更名为建信期货。

2 月 18 日东航期货推出“手机三分钟”闪电极速开户和经纪“零佣金”业务，在业内引起较大震动。4 月 17 日，中期协以“低于成本收取客户手续费等不正当竞争”对东航期货“零佣金”行为做出“公开谴责”的自律惩戒。

2 月 21 日中国证监会新闻发言人宣布中编办批复同意证监会内设机构和职能调整方案，期货监管一部、期货监管二部合并为期货监管部，原期货监管二部部分职能转入新合并成立的证券基金机构部。

2 月 28 日，大连商品交易所上市聚丙烯期货。

3 月 19 日，经证监会核准，中航期货吸收合并江南期货。

3 月 21 日，上海期货交易所上市热轧卷板期货。

4 月 11 – 12 日，由中国期货业协会主办的“第八届中国期货分析师论坛”在杭州举行。

4 月 30 日，中信期货子公司中证资本推出螺纹钢欧式看跌期权。

5 月 9 日，国务院发布《关于进一步促进资本市场健康发展的若干意见》，在这一纲领性文件中详细阐述了推进期货市场的主要目标、路径和配套政策。

5 月 20 日，经证监会核准，混沌投资收购鸿海期货，并更名为混沌天成期货。

5 月 22 日，浙商期货子公司浙期实业推出大豆欧式看跌期权。

6 月 10 日，鲁证期货子公司鲁证经贸推出棕榈油场外期权。

6 月 13 日，中信期货子公司中证资本推出沪深 300 指数欧式看跌期权。

6 月 16 日，经证监会核准，五矿期货吸收合并经易期货，并更名为五矿经易期货。

7 月 8 日，郑州商品交易所上市晚籼稻期货。

7 月 21 日，金瑞期货子公司金瑞资本推出锌欧式看跌期权。

7 月 24 日，瑞银证券收购普民期货完成工商变更，公司名称变更为瑞银期货。

8 月 8 日，郑州商品交易所上市铁合金期货，包括锰硅和硅铁两个合约。

8 月 8 日，中信期货子公司中证资本推出鸡蛋美式看跌期权。

8 月 11 日，鲁证期货子公司鲁证经贸推出豆粕场外期权。

8 月 22 日中国期货业协会、中国证券业协会、中国证券投资基金业协会联合发布《中国证券期货市场场外衍生品交易主协议(2014 年版)》及补充协议、《中国证券期货市场场外衍生品交易权益类衍生品定义文件(2014 年版)》。

8 月 26 日,中国期货业协会发布《期货公司设立子公司开展以风险管理服务为主的业务试点工作指引(修订)》及配套文件。

9 月 16 日,中国证监会发布《关于进一步推进期货经营机构创新发展的意见》。

9 月 17 日,“期货经营机构创新发展研讨会”在北京召开。

9 月 24 日,南华期货子公司南华资本推出铝欧式看涨期权。

10 月 9 日,中信期货子公司中证资本推出焦炭美式看跌期权。

10 月 16 日,南华期货子公司南华资本推出塑料欧式看涨期权。

10 月 17 日,南华期货子公司南华资本推出铁矿石欧式看跌期权。

10 月 24 日,南华期货子公司南华资本推出胶合板欧式看跌期权。

10 月 27 日,南华期货子公司南华资本推出棉花欧式看跌期权。

10 月 29 日,中国证监会正式发布实施《期货公司监督管理办法》。

10 月 29 日,中国证监会废止《期货营业部管理规定(试行)》等 5 项行政审批制度。

10 月 31 日,南华期货子公司南华资本推出焦煤欧式看跌期权。

11 月 5 日,金瑞期货子公司金瑞资本推出铜欧式看跌期权。

11 月 17 日,中信期货子公司中证资本推出玻璃美式看涨期权。

11 月 18 日,中信期货子公司中证资本推出白糖欧式双向鲨鱼鳍期权。

12 月 4 日,经证监会核准,中信期货吸收合并中信新际期货。

12 月 4 日,中国期货业协会正式对外发布《期货公司资产管理业务管理规则(试行)》。

12 月 4 日,南华期货子公司南华资本推出豆油欧式看跌期权。

12 月 5 日,中国证监会就《股票期权交易试点管理办法(征求意见稿)》及配套指引《证券期货经营机构参与股票期权交易试点指引(征求意见稿)》向社会公开征求意见。

12 月 4 - 6 日,由中国期货业协会和深圳市人民政府联合主办的“第十届中国(深圳)国际期货大会”在深圳举行。

12 月 12 日,中国证监会正式批准上海期货交易所在上海国际能源交易中心开展原油期货。

12 月 19 日,大连商品交易所上市玉米淀粉期货。

12 月 19 日,中国证监会发布《公开募集证券投资基金运作指引第 1 号——商品期货交易型开放式基金指引》。

12 月 26 日,大连商品交易所推出第二批 6 个期货品种的夜盘交易,分别为豆粕、豆油、黄大豆一号、黄大豆二号、焦煤和铁矿石。

12 月 31 日,中国证监会就《境外交易者和境外经纪机构从事境内特定品种期货交易管理暂行办法(征求意见稿)》向社会公开征求意见。

第二章　期货经纪机构

国泰君安期货有限公司

【基本情况】

公司名称：国泰君安期货有限公司

注册资本：12 亿元

注册地址：上海市静安区延平路 121 号 26 层、28 层、31 层及 6F 室、10A 室、10F 室

法人代表：何晓斌

客服热线：95521

邮政编码：200042

公司网址：http://www.gtjaqh.com

电子邮箱：service@gtjaqh.com

【公司概况】

国泰君安期货有限公司（GUO TAI JUNAN FUTURES CO.,LTD.），是国泰君安证券股份有限公司的全资子公司。公司注册资本 12 亿元，具有商品期货经纪业务、金融期货经纪业务、期货投资咨询、资产管理业务资格，是国内首批获得金融期货全面结算业务资格的期货公司，是中国金融期货交易所的一号会员，同时也拥有上海期货交易所、大连商品交易所、郑州商品交易所的会员资格和交易结算席位。公司是中国期货业协会第二届至第四届理事会理事单位、中国证监会证券期货业信息化工作专家委员会委员单位、中国期货业协会信息技术委员会委员单位和全国金融标准化技术委员会证券分技术委员会委员单位。公司总部位于上海，服务网点遍及全国 29 个省、自治区、直辖市。

公司具备强大的研究能力，在国内券商系期货公司中最早开设了独立研究机构，创新设立了专兼职的研究服务体系，在业内率先成立了股指期货研究中心和国债期货研究中心，创建了国泰君安期货与金融衍生品研究院。公司践行“贴近市场、贴近客户、贴近业务”的服务理念，努力打造完善齐备的研究体系，在金融和产业领域提供衍生品、期现产品设计和投资策略的全覆盖的期货研究和咨询服务，实现“促营销、提服务、帮风控、固品牌”的效能。

公司具有业内一流的信息技术平台，达到了《期货公司信息技术管理指引》三类要求。公司每年 IT 投入多达几千万元，打造了一流的数据中心和国内领先的交易结算系统，并建设了多条专用交易跑道，为客户提供分类分级服务。公司已全面开通交通银行、工商银行、建设银行、农业银行、中国银行、浦发银行、兴业银行、招商银行、民生银行、中信银行、光大银行十一家银行的银期转账业务。

公司整合各方资源倾力打造国泰君安“君弘”期货服务体系，为客户提供“专业、尊贵、优享”的全方位综合服务，成为中国期货行业内首家通过“品牌化会员分级服务体系”为期货客户提供全方位高端综合服务的期货公司。作为最早为特殊法人提供服务的期货经纪商之一，公司在为证券、基金、信托、保险、私募等机构提供股指期货交易服务方面积累了丰富的经验。

公司围绕母公司战略目标，顺势而为、深化转型，确定了“立足于期货及衍生品金融服务，力争把期货公司打造成为期货及衍生品交易服务最佳提供商”的战略目标，坚持“争创一流，追求卓越——客户、员工、股东一起成长”的核心价值观，倡导“真实、团结、和谐、快乐”的企业文化。

公司自成立以来，充分发挥金融中介机构的功能，服务于国民经济特别是实体经济的发展，不断提高自身规范发展水平，市场影响力不断提升，受到了政府、行业、客户及权威媒体的肯定与褒奖。

【公司大事记】

2015.12.22，国泰君安君易智十二号资产管理计划成立。

2015.11.13，国泰君安期货在“2015 年中国期货业创新发展论坛暨第八届中国最佳期货分析师评选颁奖典礼”共揽下 15 项大奖，包括中国最佳期货公司和中国期货公司金牌管理团队等重量级大奖。

2015.7.14，国泰君安君易智 CPPI 资产管理计划成立。

2015.4.16，主题为“新品种、新机遇、新策略”的 2015 年国泰君安期货春季投资策略报告会顺利开展。

2015.1.28，美国芝加哥商品交易所集团（CMEGroup）与国泰君安期货有限公司在上海正式签署了合作备忘录。

【公司荣誉】

2010，第一财经金融价值榜——年度期货公司奖。

2010，证券时报、期货日报第三届中国优秀期货经营机构暨最佳期货分析师评选最佳 IB 服务商。

2013，中国金融期货交易所优秀会员金奖、客户管理奖、功能发挥奖、投资者教育奖、技术管理奖、代理结算奖、产品创新奖、金融期货宣传奖。

2013，最佳期货公司、中国金牌期货研究所、最佳有色金属产业服务奖、最佳金融期货服务奖、最佳期货 IT 系统建设奖、最佳金融量化策略工程师、最佳有色金属期货分析师、最佳建材类期货分析师、最佳能源化工类期货分析师。

2013，证券时报社新财富中国最佳衍生品财富管理机构、中国最佳商品期货资管产品、中国最佳创新期货资管产品。

2013，金融界最佳品牌奖、最具投资者信赖奖、最佳客户服务奖。

2014，中国金融期货交易所优秀会员白金奖、国债期货市场培育奖。

2014，大连商品交易所优秀会员奖、最佳产业拓展奖、最佳机构拓展奖、最佳工业品交易会员奖，十大投研团队。

南华期货股份有限公司

【基本情况】

公司名称：南华期货股份有限公司

注册资本：51000 万元

公司住所：杭州市西湖大道 193 号定安名都二层、三层

法人代表：罗旭峰

办公地址：杭州市西湖大道 193 号定安名都二层、三层

邮政编码:310002
客服电话:400 - 888 - 8910
公司网址:http://www. nanhua. net
公司电子邮箱:zjb@ nawaa. com

【公司概况】

南华期货股份有限公司(以下简称“南华期货”)成立于1996 年,主要从事商品期货经纪、金融期货经纪、期货投资咨询、资产管理业务,为全牌照类综合性期货公司,是中国金融期货交易所首批全面结算会员单位,是上海期货交易所、郑州商品交易所、大连商品交易所的全权会员单位,是上海证券交易所交易参与人。公司注册资金 5.1 亿人民币,总资产逾120 亿人民币,具有较强的资本实力。公司目前设有上海、北京、宁波、深圳分公司及上海世纪大道、兰州、台州、宁波、嘉兴、大连、北京、郑州、成都、温州、慈溪、哈尔滨、绍兴、深圳、青岛、上海虹桥路、萧山、广州、沈阳、天津、芜湖、重庆、太原、永康、余姚、南通、普宁、厦门、海宁、舟山、齐齐哈尔、南昌、义乌和苏州等 34 家营业部,期货代理交易额和客户保证金总量在同行中名列前茅,资产管理业务规模位居行业第一。同时,公司下设横华国际期货有限公司(以下简称“横华国际”)、浙江南华资本管理有限公司(以下简称“南华资本”)两家全资子公司和南华润石投资有限公司控股子公司。

横华国际是 2006 年 3 月经中国证监会批准成立的全资子公司,是南华期货开展海外金融服务的重要平台,其主要业务为期货合约交易、就期货合约提供意见。截至 2015 年 3 月31 日,横华国际旗下已成立横华国际证券有限公司、横华国际金融股份有限公司、横华国际外汇有限公司、横华国际投资顾问有限公司、横华国际资产管理有限公司、横华国际商贸有限公司、横华国际资本有限公司、NANHUAUSALLC,涵盖期货经纪业务、资产管理业务、证券经纪、杠杆式外汇交易、投资咨询业务、大宗商品贸易、清算业务等多个金融领域。南华美国有限公司于 2013 年在芝加哥成立,并于 2015 年 2 月 13 日正式成为 CMEGROUP 的无条件活跃清算会员,后期拟充分利用该项业务优势,为国内及东南亚地区的金融机构提供CMEGROUP 的清算服务。同时,南华美国于 2015 年 7 月 6日顺利取得 DME 清算会员资格,成为 DME 首个中资清算会员,更好的为国内企业提供 DME 阿曼原油产品等服务。

南华资本是 2013 年 4 月经中国期货业协会备案成立的风险管理子公司,以服务实体经济为宗旨,立足风险管理,深度服务产业客户。作为南华期货开展风险管理服务的运营平台,南华资本主要业务为国内外大宗商品期货、现货结合方面的风险管理服务业务,范围涵盖仓单服务、合作套保、基差交易、定价服务等。

多年来,南华期货始终保持着健康稳定的发展态势,始终保持着良好的市场信誉和形象。根据中期协《2014 年期货公司分类评价结果》,南华期货在全部参与评选的 154 家期货公司中获得 AA 评级,为当年期货公司的最高监管评级(AA 评级公司共 19 家,当年尚无 AAA 评级的期货公司)。在 2014年 45 家评级达到 A 类以上的期货公司中,公司净资本指标排名第 5,净利润指标排名第 13。

【公司大事记】

2015 年 7 月 14 日,南华期货子公司南华香港完成名称变更。即:“南华期货(香港)有限公司”更名为“横华国际金融有限公司”;“南华证券(香港)有限公司”更名为“横华国际证券有限公司”;“南华外汇(香港)有限公司”更名为“横华国际外汇有限公司”;“南华投资顾问(香港)有限公司”更名为“横华国际投资顾问有限公司”;“南华资产管理(香港)有限公司”更名为“横华国际资产管理有限公司”;“南华商贸(香港)有限公司”更名为“横华国际商贸有限公司”;“NAWAAFUTURES(HONGKONG)COMPANYLIMITED”更名为“横华国际期货有限公司”;“NAWAAFINANCE(HONGKONG)COMPANYLIMITED”更名为“横华国际资本有限公司”。

7 月 6 日,南华美国有限公司获得迪拜商品交易所(DME)清算会员资格。

4 月 2 日下午,浙江省副省长朱从玖、省政府副秘书长陆建强、省金融办主任丁敏哲、浙江证监局副局长蒋潇华等领导一行莅临我司,与公司总经理罗旭峰带领的高管团队开展了座谈。4 月 2 日上午,浙江证监局副局长蒋潇华等领导一行莅临我司,与公司总经理罗旭峰带领的高管团队就公司基本情况、业务发展情况等内容开展了座谈。

3 月 11 日,上城区书记陈瑾等领导一行莅临我司,与公司总经理罗旭峰带领的高管团队就公司基本情况、业务发展情况等内容开展了座谈。

2 月 6 日,中国证监会副主席姜洋、浙江证监局局长吕逸君、中国证监会期货监管部主任宋安平、浙江证监局副局长蒋潇华等领导一行莅临我司,与我司董事长徐文财、总经理罗旭峰带领的高管团队进行了亲切的座谈,就公司场外市场业务、资产管理业务的开展进行了沟通和交流。

1 月 23 日,杭州市副市长范辉等领导一行莅临我司,与公司总经理罗旭峰带领的高管团队就公司基本情况、业务发展情况等内容开展了座谈。

2014 年 12 月,我司正式取得资产管理一对多业务,未来将可以为投资者提供一站式的产品化营销服务,提升公司的整体盈利能力。

2014 年,我司信息技术再获突破,开发出了 nhtdcffex 中金所高速交易系统,具有一定的市场领先性,,并成为我司差异化竞争的重要方式。

2014 年,我司首次在期货公司分类评级中获得 A 类 AA级评价。

2014 年 11 月,我司总经理罗旭峰先生荣获“2014 中国期货业领袖人物”称号。

2014 年,南华证券(香港)有限公司、南华外汇(香港)有限公司正式开业,从而进一步拓宽了我司的经营范围,为打造国际化的金融控股公司夯实了基础。

2014 年 7 月,南华美国有限责任公司正式获得 NFA 的FCM 资格,并于 12 月取得 CMEGROUP 的活跃清算会员资格,成为我司国际化发展战略的重要一步。

2014 年 9 月,南华资本衍生品部成功开展第一单场外期权业务,取得了历史性突破。。

舟山营业部成立。

2013 年 11 月,南华期货第三十家营业部 - - 齐齐哈尔营业部成立。

2013 年 1 月,南华期货第二十九家营业部 - - 海宁营业部成立。

2013 年 1 月,公司注册资本金由 45000 万元增加至51000 万元。

【公司荣誉】

【新浪】2015 年度期货研究服务奖——南华期货

【和讯,第十三届中国财经风云榜】杰出掌门人

【杭州杭马体育运动俱乐部】战略合作伙伴

【期货日报 & 证券时报，第八届中国最佳期货经营机构评选】最佳期货 IT 系统建设奖

【期货日报 & 证券时报，第八届中国最佳期货经营机构评选】最佳期货 IT 系统建设奖（证书）

【期货日报 & 证券时报，第八届中国最佳期货经营机构评选】中国最佳期货公司

【期货日报 & 证券时报，第八届中国最佳期货经营机构评选】中国最佳期货公司（证书）

【期货日报 & 证券时报，第八届中国最佳期货经营机构评选】中国期货公司金牌管理团队

【期货日报 & 证券时报，第八届中国最佳期货经营机构评选】中国期货公司金牌管理团队（证书）

【期货日报 & 证券时报，第八届中国最佳期货经营机构评选】中国金牌期货研究所 – 南华期货研究所

【期货日报 & 证券时报，第八届中国最佳期货经营机构评选】中国金牌期货研究所 – 南华期货研究所（证书）

【第九届全国期货实盘交易大赛】优秀客户服务奖 – 南华期货

【上期所】产品服务优胜会员

【上期所】交易优胜会员

【上期所】黄金产业服务优胜会员

【证券时报，2015 中国最佳财富管理机构评选】2015 中国最佳期货投资咨询机构

【证券时报，2015 中国最佳财富管理机构评选】2015 中国最佳期货风险管理子公司 – 浙江南华资本管理有限公司

【第十届商学院戈壁挑战赛】2

【第十届商学院戈壁挑战赛】1

【2015 年度望江街道民生实事项目认领留念】

【浙江省人民政府】2014 年度金融机构支持浙江经济社会发展三等奖

【横店集团】2014 年度优秀企业

【金融界，2014 领航中国年度评选】最佳创新奖

【第二届浙江期货行业“中大杯”羽毛球团体比赛】亚军

2014 年度杰出掌门人 – 罗旭峰

2014 年度金牌产业研究奖

2014 年度境外业务突出贡献奖

【公司股东概况】

排序	股东名称	持股数量（万股）	持股比例（%）
1	横店集团控股有限公司	42,512.09	83.35
2	东阳市横华投资合伙企业（有限合伙）	2,448.00	4.8
3	北京怡广投资管理有限公司	1,339.91	2.63
4	深圳市建银南山投资有限公司	1,150.00	2.25
5	光大金控（天津）创业投资有限公司	1,000.00	1.96
6	浙江横店进出口有限公司	1,000.00	1.96
7	横店集团东磁股份有限公司	1,000.00	1.96
8	浙江领庆创业投资有限公司	250	0.49
9	上海山恒投资管理有限公司	100	0.2
10	甘肃富祥物资有限公司	100	0.2
11	大微投资管理有限公司	100	0.2

【企业文化】

南华期货核心价值观

诚信是金融企业的核心，人无信不立；

依法合规经营是获得社会广泛认同的基础；

加强风险管理是期货公司的首要任务；

服务创新是期货公司发展的旗帜；

不断提升服务能力是期货公司的永恒目标；

南华期货人才观

相信蚂蚁雄兵，让有才能的人充分展现能力。

南华期货质量方针

公平诚信，服务优良

南华期货经营目标

持续提升客户满意度

南华期货经营要求

规范自律，诚实信用，持续经营，踏实稳健

南华期货工作作风

扎实、细致、务实、高效

南华期货管理重点

注重研发，打造核心竞争能力；

注重管理规范化、标准化；

注重风险控制与管理制度建设；

注重营业网点布局与建设；

注重创新能力的培养；

注重人才队伍的建设；

注重公司电子化建设

永安期货股份有限公司

【基本情况】

公司名称：永安期货股份有限公司

注册资本：86000 万元

注册地址：杭州市潮王路 208 号浙江协作大厦 3、5 – 10、22 楼

法人代表：施建军

邮政编码：310005

客服电话：400 – 7007878

公司网址：http://www.yafco.com

电子邮箱：yaqh@yafco.com

【公司概况】

永安期货股份有限公司（简称：永安期货）是国内同行中规模最大、业务范围最宽、研究实力最强的期货公司之一，现注册资本人民币 8.6 亿元。原名为浙江省永安期货经纪有限公司，经中国证监会、浙江工商管理局批准，2012 年 10 月起正式改制成为股份有限公司。永安期货拥有员工 900 余人，总部设在杭州，在北京、上海、广州、宁波、深圳等 38 个城市设有营业部。永安期货的经营范围包括商品期货经纪、金融期货经纪、期货投资咨询、资产管理。永安期货旗下设有全资子公司——浙江永安资本管理有限公司，主要从事仓单服务、合作套保、定价服务和基差交易等风险管理试点业务。永安期货在港设有控股子公司——中国新永安期货有限公司，主要从事期货交易和咨询，及香港本地和香港证监会（SFC）认可的境外商品、金融期货经纪业务。永安期货参股设立永安国富资产管理有限公司，从事资产管理业务，拥有私募基金管理人牌照。永安期货还参股设立证通股份有限公司、浙江玉皇山南对冲基金投资管理有限公司、浙江中邦实业有限公司。自成立以来，永安期货的经营规模牢固占据浙江省第一，且自 2003 年起，经营规模基本稳定在全国前三，是国内唯一连续

十七年跻身全国十强行列的期货公司。

【公司大事记】

2014.4.1，永安期货厦门营业部成立。

2014.4.9，未来期货公司转型发展的四个方向：风险管理机构、财富管理道路、国际化发展和金融衍生品。

2014.7.24，首单铁矿石基差贸易合约签订。

2014.9.17，证监会发布八点意见促进期货经营机构创新发展。

2014.9.25，“生命之光”足球赛落幕，永安期货精彩绽放。

2014.12.2，永安期货 2014 年棉花风险管理报告会 - 山东站。

2014.9.15，永安期货—浙江工商大学“永安新星成长计划”第三期人才订单班招生与基础专业技能培训。

2015.1.7，永安期货—浙江工商大学“永安新星成长计划”第三期人才订单班学员顺利结业。

2015.1.29，杭州市委常委、副市长范辉一行莅临我司考察指导。

2015.2.2，永安期货期权经纪业务资格成功获批。

2015.2.25，永安期货十大骄傲。

2015.4.7，浙江省副省长朱从玖一行莅临我司调研指导。

2015.6.23，祝贺永安期货首家上线 UF2.0。

2015.8.18，永安期货成功发行 6 亿元次级债。

2015.8.21，2015 期货公司分类评级结果出炉——永安期货获评“AA”级。

2015.10.9，永安期货新三板挂牌上市。

2015.10.28，热烈庆祝永安期货正式登陆新三板。

2015.12.18，热烈庆贺永安期货“新三板”敲钟仪式成功举行。

2016.1.19，永安期货荣获郑商所市场发展优秀会员表彰 3 项大奖。

【公司荣誉】

2015 年度

2015 年郑商所市场发展优秀会员、产业服务优秀会员、品种发展优秀会员。

公司有 7 家营业部被评为“品种产业服务优秀营业部”。

在和讯网主办的“第十三届中国财经风云榜”评选中，荣获“2015 年度投资者最满意的期货公司“荣誉称号。

在“第十二届中国财经风云榜”评选中，施建军总经理荣获“2015 年度杰出掌门人”荣誉称号。

在“第届八中国最佳期货经营机构暨最佳期货分析师评选”中分获十余项大奖。

中国最佳期货公司、中国期货公司金牌管理团队、中国金牌期货研究所最佳资本运营发展奖、最佳期货 IT 系统建设奖、最佳资产管理业务奖、最佳金融期货服务奖、最佳商品期货产业服务奖(金属、农产品、能源化工)、最佳期货私募基金孵化奖、年度优秀期货资产管理产品奖等。

在由浙江省人民政府金融办公室、浙江省金融业发展促进会和浙江省金融研究院联合举办的“2015 浙江金融报告会暨 2015 浙江金融创新人物、浙江青年金融才俊颁奖典礼”上，总经理施建军被评为“2015 浙江金融创新人物”。

公司北京研究院周博、李晶、王晓宝设计的研究课题《场外期权服务实体企业研究》荣获 2014 年度浙江省金融学会重点课题三等奖。

公司期权部张嘉成、翁鼎、邵明设计的研究课题《期货公司如何设计面向中小投资者的理财产品》荣获 2014 年度浙江省金融学会重点课题优秀奖。

荣获 2015 中国塑料产业大会钻石赞助单位荣誉称号。

荣获对冲基金人才协会会员单位荣誉称号。

荣获由杭州市人民政府颁发的“2014 年度现代服务业先进企业”荣誉称号。

公司荣获由浙江省人民政府颁发的“2014 年金融机构支持浙江经济社会发展二等奖”。

公司荣获浙江省金融业发展促进会“副会长单位”荣誉称号。

2014 年度

2014 年度上期所优胜会员奖、产业服务优胜会员奖、黄金产业服务会员奖、钢材产业服务会员奖、天然橡胶产业服务会员奖、燃料油产业服务会员奖、沥青产业服务会员奖、白银产业服务会员奖。

2014 年度中金所优秀会员白金奖、国债期货市场培育奖、产品创新奖。

2014 年度郑商所市场发展优秀会员、市场成长优秀会员、产业服务优秀会员、品种发展优秀会员、PTA 品种发展优秀会员。

2014 年度大商所优秀会员奖、最佳产业服务奖、最佳产业拓展奖、最佳机构服务奖、最佳工业品交易会员奖、最佳农产品交易会员奖。

公司荣获 2014 中国过塑料产业大会“钻石赞助单位”称号。

公司荣获新浪财经 2014 年度最佳期货综合实力奖。

公司在由和讯网主办的“第十二届中国财经风云榜”评选中，荣获“2014 年度金牌资产管理奖”和“2014 年度金牌风险管理奖”双料大奖。

【公司高管】

董事长方锦女士，2008.2 - 2012.9 任浙江省永安期货经纪有限公司董事长；

2012.10 至今任永安期货股份有限公司董事长；

总经理施建军先生，1994.5 - 1995.4 任浙江省经济协作公司期货部经理；

1995.5 - 1997.6 任浙江省金安期货经纪有限公司副总经理；

1997.7 - 2012.9 任浙江省永安期货经纪有限公司董事、总经理；

2012.10 至今任永安期货股份有限公司董事、总经理。

【公司愿景】

在这个潮起云涌的时代，永安期货继续秉承合法合规、诚信自律的经营理念，抓住中国期货市场飞速发展历史机遇，抓住国家创新业务推出的关键点，以资产管理、金融工程、金融期货、国际化业务为突破口，积跬步而至千里，成为全国性、综合性、开放性，具备现代化金融管理体系的一流期货公司！

主业突出，平台完整，具有跨境服务能力，持续领跑行业。

首批拥有全部创新业务经营资格的综合类期货公司。

在国家政策许可时，成为首批上市公司。

一德期货有限公司

【基本情况】

公司名称：一德期货有限公司

注册资本：1.65 亿元

注册地址:天津市和平区解放北路188号信达广场14层
法人代表:常志武
邮政编码:300042
客服电话:022-58298788
公司网址:http://www.futuresonline.com.cn
http://www.ydqh.com.cn
电子邮箱:chenliang@ydqh.com.cn

【公司概况】

一德期货有限公司(First Futures Co., Ltd.)成立于1995年7月,是经中国证监会批准,在天津工商局登记注册的,从事商品期货、金融期货和期货投资咨询的专业期货经营机构法人。

一德期货注册资本现为一亿六千五百万元人民币(即将增资至三亿元),股东包括天津市财政投资管理中心、天津一德投资集团有限公司、地天泰集团有限公司、天津市春鹏预应力钢绞线有限公司和天津市恒兴钢业有限公司。

一德期货拥有中国证监会批准的商品期货经纪、金融期货经纪、期货投资咨询和金融期货全面结算业务资格,是中国金融期货交易所的全面结算会员,大连商品交易所、上海期货交易所和郑州商品交易所的全权会员,可代理客户从事国内所有上市品种的期货交易。

一德期货总部位于北方经济中心-天津,下辖北京北三环东路、上海、天津市区、天津滨海新区、大连、郑州、德州、宁波、唐山等九家营业部,初步形成以主要金融中心城市为主轴,逐步覆盖全国的市场推广和客户服务网络。

在期货业蓬勃发展的今天,一德期货将继续以专业、专注为出发点,以专业化升级和技术创新为突破口,强化公司核心竞争力建设,推动"责任一德"、"科技一德"、"专业一德"、"传媒一德"建设,构建以经纪业务为龙头、以增值理财和风险管理业务为两翼、多层次、立体化的期货业务体系,努力成为期货领域最具竞争力、国际化、综合性的金融服务企业。

专业品质　引领未来

深厚的专业积淀

国内成立最早的期货公司之一,期货市场发展的见证者和亲历者。

控股股东天津市财政投资管理中心,代表天津市政府出资。

历史溯源和人员班底源自原天津联合期货交易所。

位列天津市金融改革创新20项重点工作之一。

创造连续十年客户整体盈利的佳绩。

顶尖的业务资质

拥有金融期货全面结算业务资格这一行业顶尖业务资质。

三大商品期货交易所的全权会员、中国金融期货交易所005号全面结算会员。

天津地区唯一具有股指期货开户资格的法人机构。

一流的人才团队

拥有一支胸怀伟略的高管团队,全部是中国第一代期货人,在期货行业从业十年以上。

拥有一批业绩优良的投资专家,有着期货交易所、期货公司、证券公司、现货企业、投资公司和贸易公司等多元化经历,身经百战,成绩斐然。

拥有宏观经济、产业分析、品种分析、策略分析、金融工程等领域的专业研究团队,为您提供全方位、立体化的金融服务。广纳银行、证券、期货、保险、基金、信托等行业优秀人才加盟,群英汇萃。

稳定、高效、安全的交易平台

通过信息技术分类评级三类标准,达到国内期货公司信息技术评级的最高级,是科技型期货公司的先行者。

业内领先的天津、北京双机房热备份,拥有充分冗余的通讯链路,与四大交易所、五大商业银行并各营业部均采用专线连接,确保客户交易指令准确安全下达。

提供人工电话报单、400自助报单、网上自助交易等多种指令下达方式。

配备金仕达交易系统,满足海量客户交易需求;配备易盛交易系统,实现短线高手便捷、快速下单;配备上期技术综合交易平台,提供更快的交易速度、更稳定可靠的性能。

配备多套程序化交易系统,实现自动/半自动交易;配备账户分析系统,对您的交易能力进行全方位评估,提供个性化操作建议。

优质全面的客户服务

全国统一客服电话4-007-008-365,每周7天,每天8小时,全年365天为您提供贴心服务。

覆盖建行、交行、工行、农行、中行等五大商业银行的全国范围银期转账,为您提供安全、迅捷的资金存取服务。

配备文华财经、澎博、Flash在线行情、财顺行情、一键通、闪电手、交易开拓者、掌上期货、期货小精灵等多套行情资讯分析系统,满足您的个性化需求。

量身打造的高端期货培训、丰富全面的网站资讯、随时随地的短信、邮件、QQ信息提示,完备的增值理财和风险管理服务,帮助您掌握期货投资技巧,准确把握获利避险的良机。

【公司大事记】

2013.1.19,一德期货2013年年会party隆重举行2015.03.09"动力煤期货上市培训会"在天津滨海新区举行。

2013.1.29,一德期货荣获大连商品交易所2012年度"市场服务成就奖"。

2013.2.26,一德期货连续第三年获得"功臣企业"荣誉称号。

2013.3.28,一德期货召开年度"三会"。

2013.3.29,一德期货荣获最佳投资者教育期货公司称号。

2013.4.10,我司陈瑞华同志入选为天津市"131"创新型人才培养工程第一层次人选。

2013.4.12,"煤炭市场分析交流会"隆重举行。

2013.4.28,"环渤海橡胶产业高峰论坛"召开。

2013.5.10,"期货投资培训课程"在北京举行。

2013.5.17,一德期货有限公司在2012年的绩效考评中被评为优秀(AAA)。

2013.5.25,"环渤海地区有色金属期货高级投资报告会"隆重举行。

2013.6.29,首届"鲁西北地区饲料行业分析交流会"隆重举行。

2015.3.9,一德期货与物资学院合作项目成功获得"国家大学生校外实践教育基地"称号。

2015.3.9,研究院院长陈瑞华入选为天津市"131"创新型人才培养工程第一层次人选。

2015.3.9,"环渤海油脂产业高峰论坛"召开。

2015.3.9,"动力煤期货上市培训会"在天津滨海新区举行。

【公司股东概况】

排序	股东名称	持股比例（%）	持股数量（万股）
1	天津市财政投资管理中心	69.70%	132151 万元人民币
2	天津一德投资集团有限公司	12.12%	10480 万元人民币
3	天津市恒兴钢业有限公司	6.06%	21000 万元人民币
4	天津市春鹏预应力钢绞线有限公司	6.06%	5000 万元人民币
5	天津正德汇隆商贸有限公司	4.85%	3000 万元人民币
6	天津尚坤物流有限公司	1.21%	50 万元人民币

【公司文化】

一德企业文化精髓：

以人唯一、锤炼团队、张扬个性、激发合力

解放思想、干事创业、科学发展

诚信铸就品牌，专业创造价值

以客户需求为中心，以客户的长期稳定盈利为目标，与客户资产共成长。

一德核心价值观：

以人唯一，以德为先；注重业绩，推崇协作；勇于开拓，鼓励创新。

一德企业理念：

经营理念：与客户资产共成长

管理理念：以人唯一，以德为先

文化理念：一诺千金，德厚载富

一德企业精神：

诚信、专业、负责、创新

这种精神体现为：

对中国期货事业和公司发展的坚定信心；

以德为先、诚信负责的职业品质；

艰苦创业、战胜困难、开拓创新的职业精神；

以人唯一，个人价值与企业价值共成长的价值理念。

一德宣传用语：

德心德智德见未来

鲁证期货股份有限公司

【基本情况】

法定名称：鲁证期货股份有限公司

注册资本：1001900000.00

注册地址：济南市市中区经七路 86 号 15、16 层

法人代表：陈方

邮政编码：250001

客服电话：4006186767

公司网址：http//www.luzhengqh.com

电子邮箱：bgs@luzhengqh.com

【公司概况】

鲁证期货股份有限公司——鲁证期货股份有限公司是由中泰证券控股的大型专业期货公司，注册资本 10.019 亿元。公司拥有业内全部业务牌照，并首批设立风险管理子公司，首家设立信息技术子公司。公司连续 7 年获得 A 类评级，是中金所 24 家全面结算会员之一、是唯一一家通过信息技术四类评级的期货公司。公司于 2015 年 7 月在香港联交所主板挂牌上市，成为我国期货行业内首家上市公司、香港联交所首家以期货为主业的上市公司，实现了山东省金融企业境外上市“零”的突破。

【公司大事记】

2015.05.14，公司组织员工参加股指期权高级培训。

2015.5.29，公司成功举办“中国德州第五届资本交易大会——期货及衍生品高峰论坛”。

2015.7.7，鲁证期货股份有限公司在香港联交所（主板）成功上市。

2015.8.19，山东金融改革实施两年鲁证期货交出满意答卷。

2015.9.24，德州营业部成功举办“2015/2016 年度棉花供需分析与投资策略研讨会”。

2015.11.5，公司成功举办“期货服务农林企业研讨会”。

2015.11.23，“鲁证期货—清泉奖学金”正式成立。

2015.11.27，鲁证“2015 中国铝行业发展研讨会”。

2015.12.15，公司成功举办”油脂油料市场分析与风险管理研讨会”。

2015.12.18，为爱行走用行动践行公益热烈祝贺“中国期货—鲁证杯悦动公益健步走”活动圆满成功。

2015.12.18，公司受邀参加第 11 届中国（深圳）国际期货大会场外衍生品分论坛。

【公司荣誉】

2014 年

荣获第七届中国最佳期货经营机构评选“中国最佳期货公司”、“最佳金融创新奖”、“最佳期货 IT 系统建设奖”、“优秀期货资产管理产品奖”、“最佳风险管理子公司服务奖”；

荣获和讯网中国财经风云榜“金牌 IT 服务期货公司奖”；

荣获“中金所杯”大学生金融期货及衍生品知识竞赛“优秀组织奖”。

2013 年

荣获山东省财政厅“AAA 级山东省地方金融企业”称号；

荣获中国金融期货交易所“优秀会员金奖”、“适当性制度落实奖”、“技术管理奖”、“产品创新奖”；

荣获上海期货交易所“优胜会员奖”、“产业服务优胜奖”、“品种类产业服务奖（天然橡胶）”；

荣获大连商品交易所“优秀会员金奖”；

荣获郑州商品交易所“市场发展优秀会员”；

荣获第六届中国最佳期货经营机构评选“中国最佳期货公司”称号、“中国期货公司金牌管理团队”称号；

和讯网 2013 年度第十一届中国财经风云榜评选公司董事长陈方先生荣获“2013 年度期货杰出掌门人”、公司荣获“2013 年度金牌 IT 服务期货公司奖”。

2012 年

荣获山东省财政厅“优秀金融企业奖”；

荣获济南市人民政府“金融业支持实体经济发展贡献奖”；

荣获中国金融期货交易所“优秀会员金奖”、“技术管理奖”、“投资者教育奖”、“产品创新奖”；

荣获上海期货交易所“交易优胜会员”、“产业服务优胜会员”、“天然橡胶产业服务优胜会员”；

荣获大连商品交易所“优秀会员金奖”、十大研发团队评选“农产品期货十佳团队”；

荣获郑州商品交易所“市场发展奖”、“产业客户开发服务奖”；

荣获第五届中国最佳期货经营机构“中国最具成长性期

货公司"、"最佳金融创新奖"；

荣获第十届中国财经风云榜"投资者最满意期货公司"、"金牌 IT 服务期货公司"、"金牌产业服务期货公司"；

荣获期货日报第六届全国期货实盘交易大赛"最佳操作指导奖"；

荣获"金融界"领航中国金融行业年度评选"期货行业最具成长性奖"。

光大期货有限公司

【基本情况】

公司名称：光大期货有限公司

注册资本：10 亿元

注册地址：中国（上海）自由贸易试验区福山路 458 号 303、601 – 602、1104 – 1106、1301 – 1303、1309A、1311 – 1312 室

法人代表：田亚林

办公地址：上海市新闸路 1508 号 2 楼

邮政编码：200040

客服电话：021 – 22169021

公司网址：http://www. ebfcn. com

电子邮箱：ebf@ ebfcn. com. cn

【公司概况】

光大期货有限公司（EBF），是全资控股公司，注册资本达 10 亿元，拥有国内全部期货交易所的会员席位。公司前身南都期货成立于 1993 年，是国内首批专业期货公司之一. 公司自成立以来，经营稳健，管理规范，服务专业，资产优良，在业内享有着良好的声誉。

光大期货有限公司（EBF），总部位于中国金融中心上海市，在上海肇家浜路、北京、大连、福州、宁波、郑州、青岛、长沙、天津、深圳等地开设了 23 家期货营业部，并计划在国内开设多家期货营业部，同时依托光大证券遍布全国的营业网点，全方位拓展金融期货和商品期货经纪业务以及其他创新业务。公司致力于将服务网络覆盖每个地区，成为投资者的最佳选择，无论何时何地，都能提供投资者所需要的服务。

光大期货有限公司（EBF），全力打造一流交易平台，交易结算系统采用上期技术 CTP 交易系统。公司执行严格的保证金封闭管理，开通所有经中国证监会授权银行的银期转帐业务，为投资者提供快捷、安全服务。

光大期货有限公司（EBF），秉承"专业服务，诚信经营，创造价值，追求卓越"的经营理念，依托经验丰富，专业高效的工作团队，始终把投资者的需求放在第一位，真诚为投资者正确做出每一项投资决策提供专业高效的服务。

东海期货有限责任公司

【基本情况】

公司名称：东海期货有限责任公司

注册资本：5 亿元

注册地址：江苏省常州市延陵西路 23、25、27、29 号

法人代表：陈太康

办公地址：江苏省常州市延陵西路 23、25、27、29 号

邮政编码：213003

客服电话：95531、400 – 8888 – 588

公司网址：http://www. qh168. com. cn/

电子邮箱：bgs@ qh168. com. cn

【公司概况】

东海期货有限责任公司成立于 1993 年，注册地江苏常州，注册资本 5 亿元，2014、2015 年度分类监管评级 A 类 A 级，中国期货业协会理事会员、大连商品交易所、郑州商品交易所、上海期货交易所会员，中国金融期货交易所全面结算会员，拥有商品期货经纪、金融期货经纪、期货投资咨询、资产管理、基金销售、股票期权中间介绍业务等资质。在业内以创新、专业著称，下设 27 家营业部、2 家分公司，拥有业内领先的交易、结算等软硬件设施，囊括业内最优秀的行情交易系统。交易系统功能齐全，速度快捷，多条专线直通国内四大交易所。

公司坚持以客户为中心的服务理念，形成涵盖客户开发、产品设计、投资管理、客户服务、风险监控等方面内容的业务体系。拥有稳健精干的管理团队和一流的专业人才队伍，具备持续稳健的经营管理能力和专业创新的市场开拓能力。

【公司大事记】

2015. 1. 11，东海期货荣获第十二届中国财经风云榜评选"最佳期货行业创新奖"。

2015. 2. 3，东海期货荣获交易所 2014 年度多项大奖。

2015. 4. 24，江苏证监局领导莅临东海期货视察指导工作。

2015. 4. 28，东海期货 2015"新常态下金融期货投资报告会"成功举办。

2015. 7. 10，东海期货网上开户正式上线。

2015. 7. 15，东海期货团队户外活动成功举办。

2015. 7. 16，东海资本管理有限公司增资至 1 亿元。

2015. 7. 20，东海期货隆重发布"梦想中国"股票指数。

2015. 7. 24，东海期货在全司范围内组织开展全面合规自查自纠活动。

2015. 7. 27，东海证券成功登陆"新三板"。

2015. 8. 10，东海期货召开 2015 年上半年经营工作会议。

2015. 8. 27，2015 期货公司分类评级结果出炉—东海期货获评"A"级。

2015. 9. 8，东海期货新官网正式上线。

2015. 9. 22，东海期货开展营业部合规专题培训。

2015. 9. 23，第二届中国经济与长三角有色金属产业高峰论坛成功举办。

2015. 9. 25，签约交行银期开户送红包。

2015. 11. 2，东海期货基金商城上线。

2015. 11. 13，东海期货在"第八届最佳期货经营机构暨中国最佳期货分析师评选"上荣获多项大奖。

2015. 12. 11，东海期货在郑商所"三业"活动项目评选中获奖。

2015. 12. 17，东海期货在 2015 年领航中国年度评选中获奖。

2015. 12. 18，东海期货手机开户平台正式上线。

【公司荣誉】

2014 年

中国期货业协会：连续四届当选为中国期货业协会理事单位

中国金融期货交易所：

股指期权仿真交易推广评比活动三等奖（2014）

中金所杯全国高校金融期货及衍生品知识竞赛优秀组织奖（2014）

股指期权投资者教育产品大赛银奖(2014)

年度优秀会员金奖、年度技术管理奖(2014)

郑州商品交易所:

市场发展优秀会员奖、市场成长优秀会员奖、产业服务优秀会员奖(2014)

品种发展优秀会员(菜系)、品种产业服务优秀会员(菜系、PTA)(2014)

大连商品交易所:市场服务奖(2014)

上海证券交易所

ETF 期权交易策略大赛软件类三等奖(唯一一家获奖期货公司)

ETF 期权模拟交易游戏荣获产品类三等奖(2 家获奖期货公司之一)

媒体类大奖:

在《证券时报》主办的 2014 中国金融 IT 创新评选颁奖盛典中,东海期货荣获"中国最佳互联网创新期货公司"大奖。

期货日报"全国期货实盘交易大赛"连续四届获得最佳指导奖

2014 年金融界——领航中国金融行业年度评选"最佳品牌奖"和"最佳客户服务奖"

2013 年

中国金融期货交易所:优秀会员金奖、技术管理奖

郑州商品交易所:市场发展奖、市场成长奖

大连商品交易所:市场服务成就奖

媒体类:

期货日报"全国期货实盘交易大赛":最佳指导奖

期货日报、证券时报"2013 年中国最佳期货经营机构"评选:最佳金融期货服务奖、最佳金融创新奖、最佳能源化工产业服务奖、最佳棉花分析师、投资者教育杰出营业部(东海期货厦门营业部)

证券时报"2013 年金融 IT 创新暨优秀财经网站"评选:2013 年度中国金融 IT 十大创新案例、最佳期货网站、最佳手机期货

金融界"2013 金融界·领航中国金融行业年度评选":最佳品牌奖、最佳客户服务奖

浙江期货有限公司

【基本情况】

法定名称:浙江期货有限公司

注册地址:杭州市庆春路 173 号 8-10 层

法人代表:胡军

注册资本:5 亿元

邮政编码:310006

客服电话:400-700-5186

公司网址:http://www.cnzsqh.com/Index.aspx

【公司概况】

浙商期货有限公司于 1995 年 9 月在浙江杭州正式成立,注册资本 5 亿元,净资本逾 8 亿元,注册地浙江杭州市庆春路 173 号 8-10 层,由浙商证券股份有限公司全资控股。公司连续七年荣获期货公司分类评价 A 类 A 级以上评级,2014、2015 年荣获 AA 类评级。成为集商品期货经纪、金融期货经纪、期货投资咨询、资产管理、境外业务和风险管理业务为一体的综合类期货公司。

经过二十年的发展,公司经营规模持续扩张,目前有营业部 21 家,全资子公司 2 家;营销网络覆盖浙江省内 13 个重点城市以及北京、上海、天津、广州、武汉、大连、济南等全国经济发达地区。行业综合排名长期稳居行业前 20 位,部分指标稳居行业前十位。2015 年期货代理交易规模突破 8 万亿元,客户权益突破 100 亿元,资产管理业务规模突破 50 亿元,各项经营指标均创历史新高。

2013 年 4 月设立的浙江浙期实业有限公司,作为行业首批风险管理子公司,主要从事仓单购销、合作套保、基差交易、定价服务、第三方风险管理等业务。2015 年,浙期实业完成销售收入 8.1 亿元,实现净利润 3 千多万元,在全行业开展风险管理子公司业务的 20 多家期货公司中名列前茅,发挥了商品期货领域的研究优势及现货企业的合作关系;2015 年 4 月,浙商期货在香港特别行政区全资设立浙商期货(香港)有限公司,这将为公司拓展境外市场,提升综合竞争力的国际化战略打下基础。

【公司荣誉】

2015 年度

2015 年度中国期货业创新发展论坛暨第八届中国国最佳期货分析师评选颁奖典礼,公司荣获"中国最佳期货公司"、"最佳风险管理子公司服务奖"、"最佳资产管理业务"、"最佳商品期货产业服务奖"。

最佳宏观策略分析师(戚文举)、最佳工业品分析师(王楠、吴铭、陈之奇)、最佳农产品分析师(胡华挺)

和讯网第 13 届中国财经风云榜评选中,荣获"2015 年度投资者最满意的期货公司"。

总经理胡军女士被评为"2015 年度杰出掌门人"。

2014 年度

浙江省人民政府颁发的 2014 年度金融机构改革创新——优秀单位奖。

第七届中国最佳期货经营机构暨最佳期货分析师评选中,公司荣获"中国最佳期货公司"、"最佳金融期货服务奖"和"最佳风险管理子公司服务奖"称号。《浙商》杂志评选中,荣获"2014 浙商最信赖金融机构证券期货"奖。

"金融界-领航中国金融行业年度"评选中,荣获"最佳品牌奖"。

大连商品交易所:优秀会员奖、最佳产业拓展奖。

郑州商品交易所:市场发展优秀会员、PTA 品种发展优秀会员,玻璃品种发展优秀会员、动力煤品种发展优秀会员。

上海期货交易所:交易优胜会员、产业服务优胜会员;黄金产业服务优胜会员、钢材产业服务优胜会员。

中国金融期货交易所:优秀会员金奖、产品创新奖。

由期货日报和证券时报举办的第七届中国最佳期货经营机构暨最佳期货分析师评选中,公司荣获"中国最佳期货公司"、"最佳金融期货服务奖"和"最佳风险管理子公司服务奖"称号。

中金所股指期权仿真交易推广评比活动二等奖;"股指期权做市商仿真交易大赛"评比活动三等奖;

和讯网第 12 届中国财经风云榜评选中,荣获"2014 年度最佳期货行业创新奖"、"金牌产业研究奖"。

第七届中国最佳期货分析师评选中,公司戚文举荣获"最佳宏观策略分析师";沈文卓荣获"最佳国债期货分析师";王琳荣获"最佳贵金属类期货分析师";童俊杰荣获"最佳黑色产业链期货分析师";来斌荣获"最佳建材类期货分析师";胡华挺荣获"最佳农牧类期货分析师"。

总经理胡军荣获和讯网第 12 届中国财经风云榜评选

"杰出掌门人"奖,"2014 中国期货业领袖人物"提名奖。

2013 年度

郑州商品交易所"产业服务优秀会员奖"、"市场发展优秀会员奖"、"菜粕—品种发展优秀会员奖"、"PTA—品种成长优秀会员奖"。

中国金融期货交易所"优秀会员金奖"、"技术管理奖"、"产品创新奖"、"客户管理奖"、"金融期货宣传奖"。

大连商品交易所"优秀会员金奖"。

上海期货交易所"交易优胜会员奖"、"黄金产业服务优胜会员奖"、"钢材产业服务优胜会员奖"、"燃料油、沥青产业服务优胜会员奖"。

由期货日报和证券时报举办的第六届中国最佳期货经营机构暨最佳期货分析师评选中,公司荣获 2013 年度"中国最佳期货公司"和"最佳能源化工产业服务奖"称号。朱金明荣获"最佳菜籽类期货分析师"第二名;徐涛荣获"最佳玻璃期货分析师"第二名;朱磊荣获"最佳豆类期货分析师"第四名;戚文举荣获"最佳宏观策略分析师"第六名。

"和讯网——第十一届财经风云榜"评选中,荣获"投资者最满意期货公司"、"金牌 IT 服务期货公司"。

"金融界——领航中国金融行业年度"评选中,荣获"最佳品牌奖"、"最佳投研团队奖"。

《浙商》杂志评选中,荣获"2013 浙商最信赖金融机构"

2013 年对冲基金风云榜,公司总经理胡军荣获"最受关注期货公司掌门人"。

【公司文化】

公司总体定位是打造国内优秀的期货理财增值服务商。

公司核心理念是以服务为核心,发现需求、创造需求、满足需求。

公司发展架构是:在风险控制管理下,大力开拓公司主营业务建设,逐步推广期货外延建设。

风险控制架构:建立并完善以股东会、董事会、独立董事、职工监事、首席风险官、合规监察部门为主体的风险控制体系。严格按照中国证监会、期货行业协会及其他外部监管机构等法律法规体系,规范发展、合规管理、稳健经营。把防范风险作为公司工作的生命线,"守住不发生系统性、区域性风险"的底线,为公司长远发展奠定基础。

华泰期货有限公司

【基本情况】

公司名称:华泰期货有限公司

注册资本:809,000,000 元

公司住所:广州市越秀区先烈中路 65 号东山广场东楼 5 层、11 层、12 层

法定代表人:张涛

办公地址:广州市越秀区先烈中路 65 号东山广场东楼 5 层、11 层、12 层

邮政编码:510095

客服电话:4006280888

公司网址:http://www.htgwf.com

电子邮箱:gwf@htgwf.com

【公司概况】

华泰期货(原长城伟业期货)成立于 1994 年 3 月 28 日,是中国首批成立的期货公司之一,注册资本 8.09 亿元,已在全国 18 个省开设了 31 家营业网点。公司目前拥有上海、大连、郑州交易所会员资格和中国金融期货交易所全面结算会员资格,并首批获得中国证监会颁发的期货投资咨询业务资格、资产管理业务资格。多年来受到社会各界和交易所的广泛好评,连续多年被媒体评为中国最佳期货公司、中国期货风险管理卓越期货公司、最具影响力期货公司,累计获评四大交易所各类奖项一百余项。

公司在多年的实践中凝聚、积累了一支稳定的期货专业团队。公司经营班子成员分别来自期货、证券行业,平均金融行业从业时间 10 年以上;营业部总经理平均期货从业时间 10 年以上;613 名员工中 96% 具有期货从业资格,其中期货从业 5 年以上员工 210 人,10 年以上员工 72 人。

公司研究分设投资咨询部与研究所,共有研究人员 49 人,硕士、博士学位人员占 80%,研究团队多次荣获"中国金牌期货研究所"、全国"十佳期货研究所"荣誉称号。研究范围覆盖所有上市与拟上市交易品种,提供行情分析、套期保值以及各类交易策略等相关报告,对于趋势交易、套利对冲、风险管理以及程序化交易等各领域均配置了高水平的研究力量。在股指期货、有色金属、钢材、白糖、油脂等品种的研究在业内具有一定影响力,连续多年多名成员在各类优秀分析师评选中获奖,受到所服务的企业、机构的肯定。团队多次与交易所合作开展套期保值课题研究,组织开展国际市场研究,得到了期货监管部门与期货行业的持续好评。

【公司大事记】

2012.7.31,东莞财富论坛——宏观经济形势与黄金白银期货研讨会。

2012.12.25,华泰长城期货有限公司年度报告会。

2013.4.3,华泰长城期货程序化之星巡回研讨会。

2013.4.3,宏观经济与金融期货投资报告会。

2013.7.8,华泰长城 2013 宏观经济暨金融期货投资报告会。

2013.7.8,贵金属期货论坛暨广州营业部开业典礼。

2014.3.31,第八届全国期货实盘大赛。

2014.3.31,2014 年宏观经济暨金融期货、期权投资报告会。

2014.4.2 – 2014.4.13,深圳 – 2014 股指期权投资策略研讨会。

2014.4.2 – 2014.4.12,石家庄 – 宏观经济暨金融期货期权投资报告会。

2014.7.25,热烈祝贺华泰长城期货获得"中国期货市场最佳公司品牌十强"等多项奖项。

2014.9.16,2014(第三届)中国钢铁技术经济高端论坛在京盛大召开。

【公司荣誉】

2012.6.13,华泰长城期货公司落户杭州。

2012.8.24,8 家上市券商系期货公司上半年业绩亮相华泰长城净利 5244 万居首位。

2012.11.22,首批 18 家期货公司获资管业务牌照。

2014.7.25,上期所首届会员创新项目评选结果揭晓华泰长城期货获评"突出创新项目奖"。

2014.8.5,华泰长城资本率先获经纪商资格。

2014.8.5,华泰长城期货荣获上期所 2013 年度优秀分析师(团队)评选数项奖项。

2014.8.8,上海期货交易所 2013 年度会员突出创新业务——华泰长城一体管理与服务平台。

【公司股东概况】

排序	股东名称	注册资本（万元）	持股比例（%）
1	华泰证券股份有限公司	5600000000	60%
2	华丽家族股份有限公司	1602290000	40%

五矿经易期货有限公司

【基本情况】

公司名称：五矿经易期货有限公司

注册资本：12 亿元

注册地址：深圳市福田区益田路西福中路北新世界商务中心 4801－A、4802－B、4803、4804

法人代表：任珠峰

邮政编码：518026

客服热线：4008885398

联 系 人：姜午君

公司网址：http://www.wkjyqh.com

电子邮箱：wkqh@wkqh.cn

【公司概况】

五矿期货有限公司是全球 500 强中国五矿集团的全资子公司，前身为实达期货，成立于 1993 年 4 月，是中国最早成立的期货经营机构之一。公司注册资本 10 亿元，是国内最大注册资本期货公司之一。

雄厚的股东实力

公司股东中国五矿集团是中央管理的 39 家国有重要骨干企业之一，在全球 500 强中位列第 192 位。是中国最大的钢材贸易商、中国最大的综合有色金属集团。

突出的公司地位

中国金融期货交易所全面结算会员

上海期货交易所理事单位

中国期货业协会理事单位

深圳市期货同业公会的副会长单位

中国有色金属工业协会再生金属分会理事

荣获深圳市金融创新奖、最具潜力的知名品牌奖，为深圳市金融直通车企业

荣获上海市“星级诚信企业”奖

卓越的业务能力：五矿期货被誉为“套保专家，套利精英，金属权威，金融新锐”，坚持以服务产业客户、机构客户为重点，在套期保值与套利业务方面，特别是在金属期货品种上具有突出优势。

连续三年荣获上期所颁发的奖项：“交易优胜会员提名”、“产业服务优胜奖”、以及黄金、白银、铝、铅等多个品种的“交易优胜奖”。

连续两年荣获大连商品交易所“最具成长性会员奖”。2014 年还首次荣获中国金融期货交易所的“会员进步奖”。

被各大媒体评为“最佳有色金属产业服务奖”、“最佳产业服务期货公司”、“最具成长性期货公司”、“最佳产品创新期货公司”等。

优质的服务水平：五矿期货为客户提供全方位的优质服务，帮助企业制订套保制度、设计业务流程、培训业务人才，为现货的生产、加工贸易等各类型企业量身定做套期保值方案，为企业提供资讯、交割、物流等全面服务。客户的需求就是五矿期货努力的方向。

研究实力

以研究所为核心的研发力量分布在深圳、上海两地，毕业于北京大学、复旦大学、中科院等众多国内一流院校和英国、新加坡、香港等海外名校。

研究所期权和金融期货团队 2013 年承接的中金所期权课题被评为 3 家一等奖会员项目之一（唯一证券期货项目）。

套期保值服务团队以流程量化管理为基础的全面风险管理系统获 2013 年度深圳市政府金融创新奖。

研究所金属产品团队包揽了 2013 年度上海期货交易所、《证券时报》和《期货日报》，以及中国有色工业协会传媒中心等在内的业内优秀分析师评选的“大满贯”，近年来多人次获得“优秀分析师”、“杰出产业服务奖”、“最佳有色金属期货分析师”等称号。

研究所能源化工产品团队在 2012 年大商所全国十大期货研发团队评选中，荣获第二阶段能源化工产品组十佳团队。

五矿期货有限公司总部设在深圳，设有六个业务部和一个金融事业部。目前已经设立了上海营业部、郑州营业部、北京营业部、深圳营业部、昆明营业部、成都营业部、重庆营业部、天津营业部、广州营业部、杭州营业部。济南营业部正在筹备中。

【公司大事记】

2014.10.31，五矿期货成功举办 2014 年北京地区铅锌行业座谈会。

2014.10.14，五矿期货成功举办 2014 焦煤焦炭期货套利与交割实务研讨会。

2014.10.15，五矿期货股指期权投资系列沙龙——“炼权”之精进篇。

2014.10.16，五矿期货成功举办“套保盈”风险管理系统服务企业报告会。

2014.10.27，2014 天津钢铁行业期现结合研讨会邀请函。

2014.10.31，五矿期货铁矿石行情分析会顺利举行。

2014.10.31，五矿期货股指期权投资系列沙龙——“炼权”之精进篇。

2014.12.8，远离非法期货，保护自身权益！。

2014.12.8，2015 年五矿经易期货期现投资策略研讨会暨杭州营业部开业庆典。

2015.1.5，热烈祝贺五矿经易期货杭州营业部开业。

2015.1.5，五矿期货 2015 钢材行情走势及套保策略研讨会在昆成功召开。

2015.3.25，第九届全国期货实盘交易大赛火热报名中。

2015.4.23，“妖”镍锡来，共赢有色。

2015.5.121，常见自然灾害预防应对手册。

2015.8.4，布局轻网点发展新活力——五矿经易期货南通营业部盛大开业。

2015.8.10，“公平在身边”投资者保护专项活动。

2015.8.27，客户互联网开户流程指引。

2015.11.11，“中国期货－鲁证杯悦动公益健步走”活动细则。

2015.11.18，了解反洗钱知识，远离洗钱犯罪。

2015.11.27，2015“五矿经易期货杯”深圳期货业乒乓球比赛成功举办。

2015.12.18，提高反洗钱意识，防范洗钱风险。

2016.1.5，指数熔断机制业务问答。

2016.1.5，2016 年铜期货市场分析研讨会客户邀请函。

【公司荣誉】

2014 年

1 月 19 日,公司再度荣获大商所 2013 年度最具成长性会员奖。

2 月,首次荣获中国金融交易所 2013 年度会员进步奖。

2 月,公司三度蝉联上期所评优会员奖项,分别是交易优胜会员提名,以及锌、铅、黄金、白银品种的产业服务优胜会员奖。

广发期货有限公司

【基本情况】

公司名称:广发期货有限公司

注册资本:12 亿元

注册地址:广东省广州市天河区体育西路 57 号红盾大厦 9 楼、14 楼、15 楼

法人代表:罗满生

服务电话:95105826

投诉电话:020 - 38456999

公司网址:http://www. gfqh. com. cn

电子邮箱:zzw@ gf. com. cn

【公司概况】

广发期货有限公司成立于 1993 年 3 月,是国内成立较早、在工商管理机关注册的大型专业期货公司之一,现公司注册资本为 12 亿元人民币,是广发证券股份有限公司的全资子公司。公司总部位于广州,分别在北京、上海、郑州、珠海、青岛、大连、南宁、福州、武汉、西安、佛山、东莞、肇庆、江门、中山、广州、哈尔滨、杭州、无锡、深圳、汕头、成都、贵阳、昆明、宁波、厦门等地设有分支机构。另经监管部门批准,2006 年,公司在香港设立全资子公司。2013 年收购法国外贸银行旗下NatixisCommodityMarketsLimited100% 股权并更名为广发金融交易(英国)有限公司,该公司是伦敦金属交易所首家中资圈内一级会员,也是伦敦证券交易所首批中资会员之一。2013 年,公司在上海设立全资商贸子公司。现已形成立足珠三角地区,覆盖全国各主要城市,并通过香港和伦敦辐射全球衍生品市场的业务网络。公司的经营范围为商品期货经纪、金融期货经纪、期货投资咨询、资产管理、基金销售。香港子公司及英国子公司可代理香港地区及境外的商品期货和指数、外汇、利率等衍生品业务。

实力雄厚,资信良好

广发期货目前是期货行业中资金充裕,实力雄厚,资产质量和资信条件最好的公司之一。公司是中国期货业协会第二届、第三届理事会副会长单位和第四届理事单位、广东省证券期货业协会副会长单位、中国证监会证券期货业信息化工作专家委员会委员单位、全国金融标准化技术委员会证券分技术委员会委员单位、中国期货业协会第四届理事会申诉委员会及信息技术委员会委员单位、中国金融期货交易所全面结算会员。

经营稳健,管理规范

公司秉承广发证券的企业文化,坚持“以价值创造成就金融报国之梦”的使命,坚持“稳健经营,持续创新,绩效导向,协同高效”的经营管理理念,坚持“知识图强,求实奉献,客户至上,合作共赢”的核心价值观,十分注重健全内部管理体制和风险防范机制,已形成了一套具有自身特色,合乎期货公司规范运作的制度化管理体系。

服务专业,地位领先

公司致力于发展与客户的长期合作关系,拥有一批专业的客户服务队伍,为客户提供优质的投资服务。依托广发证券雄厚的资本实力和金融背景,公司在全国范围内开展期证合作,为投资者提供一站式的金融服务。公司连续六年荣获《期货日报》、《证券时报》评选的“中国最佳期货公司”和“中国金牌研究所”,荣获国际期货期权杂志(FOW)评选的 2014 年“最佳中国期货公司”。

技术先进,安全快捷

公司十分重视信息技术在业务和管理中的应用,把信息技术的有效应用视为核心竞争力之一。公司是业内首家采用国家电信枢纽高标准机房的期货公司。信息技术的建设成效明显,并且形成了自己的特色,建立了集规划、开发和运维为一体的组织管理体系,秉承了安全、稳定、高效的原则,为公司各项业务与管理提供了坚实的技术保障。目前建设了广州马场数据中心与上海张江数据中心的 IT 系统“双活”灾备中心,为保障客户交易的高效性与安全性打下了坚实的基础。

精英汇聚,研究先行

公司一贯重视专业人才队伍的建设,长期坚持“知识图强、求实奉献”的核心价值,凝聚和培养了一批行业精英。目前,公司共有员工 450 余人,80% 为本科以上学历,其中博士 8 人,硕士 100 余人,拥有多位从事期货行业多年、经验丰富的专家型人才。公司研究力量雄厚,不但为客户提供各期货品种高水平的研究报告和咨询服务,更在金融期货的前瞻性研究方面积累了丰硕的成果,力求与客户一起创造期市制胜的先机。

展望未来,广发期货公司将致力于发展成为代理投资全球金融衍生品及商品期货交易,为客户提供优质风险管理和咨询服务,同时管理期货基金的世界一流的具期货综合业务的大型集团化金融服务机构。

【公司荣誉】

第八届中国最佳期货经营机构暨最佳期分析师评选。

第八届中国最佳期货经营机构最佳期货分析师评选。

在证券时报和期货日报共同主办的“第八届中国最佳期货经营机构暨最佳期货分析师评选”中获得此奖项。

在 2015 中国最佳财富管理机构评选中,广发期货资产管理部荣获 2015 中国优秀期货资管团队称号。

在 2015 中国最佳财富管理机构评选中,广发期货——广发期智荣获 2015 中国最佳财富管理品牌称号。

在 2015 中国最佳财富管理机构评选中,广发期货——期明君享荣获 2015 中国最佳期货资管产品称号。

广发期货发展研究中心荣获上海期货交易所 2014 年度优秀分析师(团队)评选活动的优秀分析师团队奖。

广发期货有限公司在广州市人民政府关于广州金融创新和金融研究成果先进单位的通报中荣获广州市 2014 年金融研究成果先进单位之优良单位称号。

广发期货有限公司在广州市人民政府关于广州金融创新和金融研究成果先进单位的通报中荣获广州市 2014 年金融创新成果先进单位之优良单位称号。

广发期货有限公司荣获郑州商品交易所 2014 年度市场发展优秀会员的称号。

广发期货有限公司荣获郑州商品交易所 2014 年度市场成长优秀会员的称号。

广发期货有限公司荣获郑州商品交易所 2014 年度甲醇品种产业服务优秀会员的称号。

广发期货有限公司荣获郑州商品交易所2014年度产业服务优秀会员的称号。

广发期货有限公司荣获郑州商品交易所2014年度白糖品种发展优秀会员的称号。

广发期货有限公司荣获郑州商品交易所2014年度白糖品种产业服务优秀会员的称号。

【公司高管】

董事长赵桂萍女士,1995年1月-1997年1月,任广发期货董事长兼总经理;

2007年12月至今,任广发期货董事长。

总经理罗满生先生,1993年3月-1997年6月,任湖南零陵金属材料股份有限公司总经理助理兼期货分公司经理;

1997年6月-1999年3月,任湖南先锋期货部门经理;

2002年1月-2003年9月,任广发期货总经理助理;

2003年9月-2014年3月,任广发期货常务副总经理;

2006年11月-至今,任广发期货(香港)有限公司董事;

2013年4月-至今,任职广发商贸有限公司董事兼法定代表人;

2014年3月-2014年4月,任职广发期货有限公司董事/总经理;

2014年4月-至今,任职广发期货有限公司董事/法定代表人/总经理。

金瑞期货有限公司

【基本情况】

中文名称:金瑞期货股份有限公司

注册地址:广东省深圳市福田区彩田路东方新天地广场A座

法人代表:卢赣平

注册资本:6亿元人民币

邮政编码:518040

公司网址:http://www.jrqh.com.cn

电子邮箱:jrqhsw@jrqh.com.cn

【公司概况】

金瑞期货有限公司成立于1997年7月,由江西铜业集团公司和中粮地产(集团)股份有限公司共同投资兴办,注册资本目前正从人民币1亿元增至2.04亿元。公司总部设在深圳,下辖上海、南昌、北京、大连、郑州、佛山、青岛营业部及香港分公司。

金瑞期货坚持规范运作,稳健经营,始终秉承"一个坚持,两个打造,强化四项竞争"的经营理念,在企业套期保值和套利方面打造出自己的核心竞争力,在经济效益、经营管理、品牌形象等方面领行业之先。

金瑞期货十多年来发展迅猛,业绩卓越,年交易额从42亿元增长到2010年的5.6万亿元;年净利润从不足100万元增长到4000多万元;股东年回报率从8%增长到34%,综合经济效益在业内名列前茅。

金瑞期货是中国金融期货交易所的全面结算会员,是上海期货交易所理事单位,是上期所、大商所和郑商所均居前列的优秀会员单位,是全国首家获得国际权威机构ISO9001金融服务类认证的期货公司。

荣获深圳市"知名品牌"、"中国最佳期货公司"和"最佳产业服务奖"、"最具影响力期货公司"、"最受投资者喜爱的期货公司"等荣誉称号。

2011年荣获"十大品牌期货公司"、"期货杰出掌门人"、"中国最佳机构服务"、"中国最佳期货公司"和"最佳产业服务奖",三大交易所年度优秀会员奖。2010年获得了深圳市金融创新三等奖,这是公司首次获得此项荣誉,也是唯一获奖的期货公司。

【公司大事记】

2015年12月12日,"金瑞期货青岛海尔路营业部开业庆典暨大金融大资管下期货创新业务研讨会"在青岛黄海饭店隆重举行。青岛市崂山区金融办公厅主任徐伟先生、青岛股转系统挂牌公司协会秘书长李小军先生、金瑞期货副总经理杨建辉、金瑞期货华北大区总经理马林钰莅临参会。来自青岛地区的10多家企业和30多家证券、银行代表、媒体记者等共计100余人参加了本次活动。

2015年11月8日,金瑞期货宜春营业部开业庆典暨2015金融产业创新业务研讨会在宜春迎宾馆隆重举行。宜春市人民政府金融工作办公室易国民主任、金瑞期货总经理卢赣平莅临参会并致辞。

2015年10月16日,金瑞期货有限公司(以下简称"公司")出于经营发展需要,经公司股东会协商一致同意,公司由"有限责任公司"变更为"股份有限公司",公司名称由"金瑞期货有限公司"变更为"金瑞期货股份有限公司",公司注册资本由人民币5.13亿元变更为人民币6亿元整。

2015年9月19日,由江西铜业集团公司和上海期货交易所共同主办,金瑞期货有限公司承办的"第六届中国有色金属现货期货互动峰会"在深圳五洲宾馆隆重召开。江西省人民政府副省长李贻煌,深圳市人民政府副市长徐安良,江西省人民政府副秘书长张小平,江西铜业董事长、党委书记李保民,江西铜业总经理龙子平,上海期货交易所党委书记、理事长宋安平,中国期货业协会会长刘志超,中国有色金属工业协会副会长尚福山等领导出席会议。

2015年8月18日,金瑞期货股份有限公司创立大会暨第一次股东会议隆重召开。江西铜业董事长、党委书记李保民,总经理龙子平,副总经理吴育能,董事会秘书黄东风等相关领导以及股东代表、董事候选人、监事候选人和相关人员出席了会议

2015年5月20日,公司作为黄金赞助商参加了香港交易所及伦敦金属交易所(LME)举办的2015LME亚洲金属研讨会。

【历史沿革】

金瑞期货股份有限公司(以下简称"本公司")前身为江西铜业公司深圳期货经纪部,1997年1月在收购华盛期货经纪有限公司的基础上重组设立,公司名称由华盛期货经纪有限公司变更为金瑞期货经纪有限公司,法定代表人为戚怀英,公司注册资本为1,028万元,其中:深圳宝安江铜南方总公司出资1008万元,深圳宝安宝铜实业公司出资20万元。1999年8月,深圳宝安宝铜实业公司将20万元的股权转让给深圳市宝恒(集团)股份有限公司后,深圳市宝恒(集团)股份有限公司继续追加投资280万元,出资额增至300万元。深圳宝安江铜南方总公司追加投资1692万元,出资额增至2700万元,由此公司注册总资本增至3000万元。公司股权结构为:深圳宝安江铜南方总公司持有90%的股权,深圳市宝恒(集团)股份有限公司持有10%的股权。2003年8月,深圳宝安江铜南方总公司正式更名为深圳江铜南方总公司。2005年中粮地产(集团)股份有限公司已收购深圳市宝恒(集团)股份有限公司,致使中粮地产(集团)股份有限公司持有本公司

10%的股权。2006年3月,两名股东保持原比例增加资本2000万元,注册资本增至5000万元,2007年10月,两名股东增加资本5000万元,增资后注册资本为壹亿元整。2007年11月,深圳江铜南方总公司将持有本公司46%的股权转让给江西铜业集团公司,转让后公司的股权结构为:江西铜业集团公司持股46%,深圳江铜南方总公司持股44%,中粮地产(集团)股份有限公司持股10%。2008年8月,公司名称由金瑞期货经纪有限公司变更为金瑞期货有限公司,法定代表人由戚怀英变更为姜昌武。2010年7月,股东江西铜业集团公司增资23368.8万元,其中:人民币10400万元进入注册资本,余额人民币12968.8万元进入资本公积,增资后公司注册资本为2.04亿元,公司股权结构为:江西铜业集团公司持股73.53%,深圳江铜南方总公司持股21.57%,中粮地产(集团)股份有限公司持股4.90%;公司法人代表由姜昌武变更为卢赣平。2012年12月,江西铜业集团公司将其持有的本公司73.53%股权转让给江西铜业(北京)国际投资有限公司,中粮地产(集团)股份有限公司将其持有的本公司4.90%股权转让给深圳江铜南方总公司,转让后公司股权结构为:江西铜业(北京)国际投资有限公司持股73.53%,深圳江铜南方总公司持股26.47%。2013年5月31日,公司注册资本增至51300万元;其中江西铜业(北京)国际投资有限公司出资37720.89万元,持股比例为73.53%,深圳江铜南方总公司出资13579.11万元,持股比例为26.47%。2015年8月18日,金瑞期货股份有限公司召开了创立大会暨第一次股东大会,决议公司组织形式由有限责任公司变更为股份有限公司,公司名称变更为"金瑞期货股份有限公司",注册资本增至陆亿元整,由公司原股东同比例增资。

2013年7月4日,本公司设立风险管理子公司,金瑞前海资本管理(深圳)有限公司完成工商注册事宜,注册资本5000万元人民币。2014年8月12日,本公司对金瑞前海资本管理(深圳)有限公司进行增资,增资后注册资本为13000万元人民币。

浙江新世纪期货有限公司

【基本情况】

公司名称:浙江新世纪期货有限公司

注册资本:1.5亿元

注册地址:杭州市体育场路335号

法人代表:徐根雪

公司传真:0571-85152791

邮政编码:310006

公司网址:www.zjncf.com.cn

电子邮箱:zjncfjob@163.com

客服及投诉电话:400-700-2828

【公司概况】

浙江新世纪期货有限公司是1993年经浙江省人民政府批准、国家工商行政管理总局核准注册成立的国内第一批专业期货公司,也是国内首批获得金融期货结算业务资格及金融期货代理业务资格的期货公司。目前公司注册资本金为1.5亿元。截至2014年,净资产为2.56亿元。

公司由国有大型企业控股,股东实力雄厚。公司总部位于杭州市繁华的武林广场南侧,营业面积达3100多平方米,下设北京、上海、宜昌、浙江萧山、湖州、温州、宁波、东阳、衢州、临安、昆明等11家营业部。

公司系上海期货交易所、大连商品交易所、郑州商品交易所、中国金融期货交易所会员单位,从事国内期货和金融期货经纪代理、期货投资咨询。多年来,在董事会的领导和全体员工的共同努力下,公司取得了长足的发展。公司连续多年受到上海期货交易所、大连商品交易所和郑州商品交易所的表彰,多次被上海期货交易所,郑州商品交易所和大连商品交易所评为优秀会员和交易20强单位。

公司拥有现代化的交易系统和先进的通讯设备,法人治理结构健全,员工队伍素质良好,运作规范、稳健,管理专业、严谨。多年来,坚持"以人为本,客户至上"的价值观,坚持"诚信、进取、团结、服务"的企业精神,践行"服务客户、创造价值、回报股东、惠泽员工"的企业宗旨,赢得了广大客户的信赖,客户赢利水平居同行前列,在期货行业享有良好声誉。

【公司大事记】

2012-2-18,宜昌营业部盛大开业暨2012年大宗商品走势展望报告会隆重召开。

2012-4-5,浙江新世纪期货经纪有限公司更名公告。

2012-11-5,新世纪期货公司荣获第三届"浙商杯"浙期协乒乓球比赛亚军。

2012-12-24,热烈祝贺浙江新世纪期货荣获大连商品交易所2012年度十大期货研发团队评选多项奖项。

2013-4-22,新世纪期货公司获首届"南华杯"浙期协羽毛球团体比赛第七名。

2013-5-24,新世纪期货公司获第四届浙期协演讲比赛优秀奖。

2013-7-2,新世纪期货取得期货投资咨询业务资格。

2013-12-7,临安营业部盛大开业暨2013-2014投资报告年会隆重召开。

2014-12-22,热烈祝贺新世纪期货研究院两队均荣获大连商品交易所2014年度十大期货研发团队评选奖项。

【公司荣誉】

2010年

浙江东阳营业部成立

第一届"永安杯"浙期协乒乓球比赛季军

2011年,浙江衢州营业部成立

第二届"新华杯"浙期协乒乓球比赛亚军

大连商品交易所2011年度"最具成长性会员"

上海期货交易所"优胜会员提名奖

郑州商品交易所2011年度产业客户开发服务奖和

郑州商品交易所2011年度白糖品种产业服务奖

2012年

湖北宜昌营业部成立

"浙江新世纪期货经纪有限公司"更名为"浙江新世纪期货有限公司"

第三届"浙商杯"浙期协乒乓球比赛亚军

大连商品交易所"2012年度十大期货农产品研发团队评比第一名"

农产品领队吴凌获得大连商品交易所"2012年度农产品最佳研发团队领导人"

第六届全国期货实盘交易大赛荣获最佳客户服务奖

大连商品交易所能源化工研发团队获得"第二阶段十大期货能源化工研发团队"称号

2013年

首届"南华杯"浙期协羽毛球团体比赛第七名

第四届浙期协演讲比赛优秀奖

取得期货投资咨询业务资格

浙江临安营业部成立

郑州商品交易所 PTA 品种成长优秀会员

大连商品交易所工业品期货研发团队第二阶段工业品组十佳团队

郑州商品交易所玻璃品种成长优秀会员

2014 年

浙期协羽毛球团体比赛第七名

大连商品交易所十大期货投研团队评新世纪选 2 队总成绩第二名，

获“十大投研团队”称号

大连商品交易所十大期货投研团队评新世纪选 1 队总成绩第二十名，获“十大优秀投研团队”称号

投研团队荣获大连商品交易所最具潜力投研团队称号

荣获中国金融期货交易所股指期权仿真交易推广评比活动三等奖

开展资产管理业务

兴证期货有限公司

【基本情况】

公司名称：兴证期货有限公司

注册地址：福州市鼓楼区温泉街道湖东路 268 号 6 层

注册资本：48,000 万元人民币

法人代表：孔祥杰

邮政编码：350001

公司网址：http://www.xzfutures.com.cn

电子邮箱：wanghui@xzfutures.com

客户服务及投诉电话：4008888123

客户投诉邮箱：tousu@xyzq.com.cn

【公司概况】

兴证期货有限公司(简称兴证期货)成立于 1995 年 12 月，注册资本 48,000 万元。经营范围涵盖商品期货经纪，金融期货经纪、基金销售、资产管理，由兴业证券股份有限公司(以下简称兴业证券)投资控股，控股比例为 97.18%。兴证期货拥有上海期货交易所(会员号：0311)、大连商品交易所(会员号：0133)和郑州商品交易所(会员号：0268)的会员资格，拥有中国金融期货交易所(会员号：0102)交易全面结算会员资格，可以为客户提供境内所有已上市的商品期货与金融期货的交易和结算服务，并可以为中金所交易会员提供结算服务。

经过多年的不懈努力和发展，兴证期货 2014、2015 年连续两年被评为 A 类 A 级期货公司，发展成为拥有 13 家营业部，覆盖了东北、华北、华东、西南地区的有一定影响力的期货公司，主要业务和经营指标接近或进入行业前 20 名，公司综合竞争实力、抗风险能力、行业地位和市场影响力不断提升。

展望未来，兴证期货将全力打造良好的公司文化，建立良好的管理制度和激励机制，致力于成为一家“优秀的风险管理服务商”；公司将商品期货和金融期货、场内业务和场外业务并举，培育核心竞争能力、建立高素质的人才队伍、保持持续盈利能力；公司将由单纯的经纪业务逐步向风险管理、财富管理、资产管理、销售交易等多元化业务转变，逐步实现公司的机构化、产品化、专业化，力争到 2020 年主要业务和经营指标进入行业前 10 名。

建信期货有限责任公司

【基本情况】

公司名称：建信期货有限责任公司

注册地址：上海市浦东新区银城路 99 号 502、503 室

注册资本：43605.98 万元人民币

法人代表：葛文杰

办公地址：上海市浦东新区银城路 99 号建行大厦 5 楼

邮政编码：200120

客服电话：400-90-95533

公司网址：http://www.ccbfutures.com

电子邮箱：ccbf@ccbfutures.com

【公司概况】

建信期货有限责任公司(以下简称“建信期货”)是中国建设银行股份有限公司(以下简称“建设银行”)附属公司。公司成立于 1993 年，于 2014 年 4 月重组更名，注册资本金 43605.98 万元。

建信期货具有商品期货经纪、金融期货经纪业务资格和资产管理业务资格。公司有多年商品期货经纪业务、金融期货经纪业务服务经验，能够为客户提供全期货品种的投资和风险管理服务。资产管理业务可以根据客户委托，提供多层次、多品种财富管理工具。建信期货是上海期货交易所、大连商品交易所、郑州商品交易所会员，是中国金融期货交易所交易结算会员，是郑州商品交易所理事单位和上海期货交易所监察委员会主任委员单位，曾担任第一届中国期货业协会理事单位。公司总部位于上海，在上海、北京、郑州、福清、泉州、宁德、厦门等地拥有 8 家营业部。

公司控股股东建信信托有限责任公司(简称“建信信托”)是经中国银监会批准，由建设银行控股的子公司，注册资本 152727 万元。建信信托主要开展资金、动产、不动产、有价证券信托，投资基金业务，资产重组、购并及项目融资、公司理财、财务顾问业务，证券承销业务，居间、咨询、资信调查业务，代保管及保管箱业务，自有资金贷款、投资、担保等业务。建信信托 2014 年受托资产规模 6658 亿元，资产总额 74.87 亿元。

建信期货将依托建设银行集团，坚持以客户为中心、以市场为导向，坚持服务实体经济，加快创新与转型发展，把公司建成业绩优良、产品丰富、服务高效、技术领先、管理规范的国内一流期货公司。

1. 综合化、多功能的金融集团支持

建信期货是建设银行综合化经营的重要组成部分。截至 2014 年末，建设银行市值约 2079 亿美元。建设银行在国内设有分支机构 14856 个，服务于 348 万公司客户、3.14 亿个人客户。建设银行已经建成集商业银行、寿险、基金、信托、租赁、期货、投资银行、住房储蓄银行、村镇银行于一体的多功能金融服务体系。建信期货将依托建设银行综合化、多功能优势，积极推进产品创新和业务创新，利用期货及衍生品工具，为广大客户提供专业、优质的期货投资及风险管理服务。

2. 信息技术优势

公司拥有安全、稳定、高速的多套期货行情系统和交易下单系统，在上期、中金、大商所托管机房均有极速交易平台部署，可以为各类投资者提供个性化的系统支持和标准化的开放式接口接入。公司部署了资管系统，支持事前事中事后全面风控，标准化 API 接口，支持分帐户交易。

公司主交易系统 CTP 系统位于速度最快的上海期货交易所张江数据中心机房 VIP 机柜，中心机房配备最先进的服务器与安全高速的网络设备，能够容纳 10 万以上客户在线交易，客户报单最快以微秒级速度上报交易所。公司在张江数迅机房、移动机房搭建中金飞马平台、在大连飞创托管机房搭建大连飞创平台，可以满足低延时交易要求，实现快速报单，满足高频交易客户需求。

公司建设了 8 个交易站点，涵盖所有网络运营商；具有包括上期 CTP、恒生、POBO（澎博财经）、文华、金字塔、TB（Tradeblazer）、达钱、Multicharts 在内的所有主流交易客户端；提供澎博博易大师、文华财经、富远等多套行情分析系统，方便客户根据个性化需求快速接入公司交易网络。

公司在四家交易所有多个交易席位，并租用上证通和深证通的传输平台，可以实现与基金公司等专业投资者的业务对接。

3. 研发优势

公司拥有专业研发服务团队，能针对不同客户需求，实时提供长、中、短期交易指导。

研发主要就宏观经济及已上市期货品种基本面展开研究与行情研判，能够为客户提供信息、综合资讯等标准化线上、线下服务，也能根据客户需要进行行业分析和产业调研，为客户定制趋势性投资、套期保值、套利等投资策略。

公司研发部门在化工品、农产品等品种上储备有优秀的研究团队，多次对趋势性行情做出准确判断。2014 年公司研发部获得“大连商品交易所优秀投研团队”称号。

4. 综合服务优势

公司“客户交易分析系统”能够为客户提供上百个账户交易分析指标和算法，借助统计方法和数据挖掘体系对客户的交易结果和交易行为进行分析，并给出相应的意见建议。

公司可以为高端客户、机构客户量身打造以资产管理、风险管理为核心的综合化服务方案，对产业客户公司可优先推荐建设银行产品。

大宗商品服务团队能够为产业客户提供套利、均价交易、移仓交易等特色服务。

资产管理业务团队在期货组合投资、量化对冲产品设计与投资领域有多年丰富经验，能够利用包括投资期货与衍生品市场在内的多种策略为中高净值客户提供投资理财产品和财富管理工具。

5. 结算和风控优势

公司结算工作人员一半以上具备 5 年以上从业经验，熟练掌握各交易所交割、结算以及风控制度，能为客户提供专业的结算、风控和交割服务。

公司已开通包括建设银行、工商银行、农业银行、中国银行、交通银行五大银行在内的多家商业银行全国集中式银期转账系统。能够为客户提供安全、及时、便利的资金划转服务。

公司拥有满足专业投资机构需求的融航风控软件。可以为机构提供集交易管理、账户结算、费率设置、风险监控等功能于一体的多账户解决方案。拥有金仕达资产管理系统，解决资产管理账户问题。

【公司大事记】

2013.1.24，股东上海良友（集团）有限公司增加注册资本 3000 万元，公司注册资本达到人民币 1 亿元。

2013.4.26，为庆祝公司成立 20 周年，公司组织了庆祝成立 20 周年庆典活动。

2013.8.21，公司 2013 年第三次股东会作出决议，股东上海市油脂公司将所持有的公司 10% 的股权全额划转给上海良友（集团）有限公司，公司类型相应变成法人独资一人有限责任公司。

2013.9.26，公司召开股东会，建信信托有限责任公司向公司增资，公司注册资本将由人民币 1 亿万元增至人民币 4 亿 3605.98 万元，增资后公司股东建信信托有限责任公司、上海良友（集团）有限公司分别出资 33605.98 万元、10000 万元，占股比例分别为 77.07%、22.93%。

2014.4.9，公司顺利完成重组工作。公司名称由“上海良茂期货经纪有限公司”更名为“建信期货有限责任公司”，公司注册资本由 10000 万元增至 43605.98 万元，建信信托有限责任公司成为公司控股股东。

2014.8.26，公司召开 2014 年第一次股东会、董事会，组建建信期货新一届董事会及董事会下设委员会，选举董事长、聘任公司总裁。

2014.9.4，公司成功举办揭牌仪式。上海市副市长屠光绍、中国建设银行董事长王洪章出席了揭牌仪式并为公司揭牌。

2014.9.8，股东上海良友（集团）有限公司将持有的 2.93% 股权转让给建信信托有限责任公司。转让后，股东建信信托有限责任公司持有公司 80% 股份，上海良友（集团）有限公司持有公司 20% 股份。

2015.1.16，公司获资产管理业务资格，中国期货业协会对公司资产管理业务资格予以登记，公司具备开展资产管理业务资格。

2015.2.6，公司成功完成 CTP 主交易系统切换。

【公司荣誉】

上海金融工委——上海市金融系统主题立功竞赛建功奖。

上海金融工委——上海金融系统五星级优秀服务网点。

上海市期货同业公会——上海期货业五好服务窗口。

大连商品交易所 2014 年十大期货投研团队——2014 年度优秀投研团队。

中国金融期货交易所——股指期权仿真交易推广评比活动二等奖。

和讯网第 12 届中国财经风云榜期货业峰会——2014 年度最佳期货行业创新奖。

中国金融期货交易所——2013 年度优胜会员会员进步奖。

金融界网站第二届‘领航中国’金融行业创新发展高峰论坛——期货业 2013 领航中国金融行业年度评选最具投资者信赖奖。

【公司高管】

董事长程双起先生，1982.01－2014.03 中国建行银行历任河北省分行干部、部门经理；张家口分行行长兼党组书记；河北省分行计算机处处长、副行长等；2014.03－至今建信信托有限责任公司副董事长；2014.04－2014.08 建信期货有限责任公司筹备组组长；2014.08－至今建信期货有限责任公司董事长；

总裁葛文杰先生，1993.07－2014.04 中国建设银行历任上海市浦东分行干部、部门经理助理、科长、副行长；上海市分行部门总经理；部门副总经理；2014.04－2014.08 建信期货有限责任公司筹备组副组长；2014.08－2014.10 建信期货有限责任公司总裁、董事；2014.10－至今建信期货有限责任公司法定代表人、总裁、董事。

平安期货有限公司

【基本情况】

公司名称:平安期货有限公司

注册资本:30,000 万

注册地址:广东省深圳市福田中心区金田路 4036 号荣超大厦 14 层 01 单元

法人代表:姜学红

邮政编码:518026

客服电话深圳:0755 - 22623300

上海:021 - 68401279

公司网址:http://futures. pingan. com

电子邮箱:szpaqh@ pingan. com. cn

【公司概况】

平安期货有限公司(以下简称平安期货)是经中国证监会批准,并经国家工商局核准登记注册,获中国证监会《期货经纪业务许可证》的全国性专业化期货公司。公司成立于 1996 年 4 月,总部位于中国改革开放的前沿城市——深圳,在上海设有营业部,注册资本金 1.2 亿元。

平安期货是中国平安保险(集团)股份有限公司(以下简称"中国平安")旗下的子公司,中国平安是中国第一家以保险为核心的,融证券、信托、银行、资产管理、企业年金等多元金融业务为一体的综合金融服务集团。保险、银行、投资是中国平安综合金融集团的三大支柱产业,平安期货是投资产业的重要部分。公司客户除享受专业完善的期货服务外,还可以享有中国平安"VIP 俱乐部"的尊贵礼遇,并通过平安集团网站 PINGAN. COM 等多种渠道获得保险、银行、信托、证券、资产管理、企业年金等综合金融产品的资讯及服务,真正体验一站式金融理财的便捷。

平安期货的控股公司——平安证券有限责任公司是全国性综合类券商(简称平安证券),2006 年,经中国证券业协会评审通过,平安证券成为"创新类"券商之一。在"2007 世界金融实验室年度大奖"评选中,平安证券荣获"中国最值得信赖的十大证券公司"称号。

平安期货现为上海期货交易所、大连商品交易所、郑州商品交易所会员以及拥有中国金融期货交易所交易结算会员资格。平安期货总部下设人事行政部、财务部、信息技术部、运营部、客服结算部、合规审查部、研究所、业务总部 8 个职能部门,其中业务总部下设 3 个业务室,即:营销管理室、IB 及创新室、网络营销室。

作为中国平安集团的专业化子公司之一,平安期货专注于包括股指期货和商品期货在内的金融衍生品领域,努力为投资者营造利用金融衍生品的保值和投资平台。平安期货目前的业务范围包括商品期货经纪和金融期货经纪业务。

平安期货投资 1300 多万元建立了业界领先的交易结算系统,与中国电信、中国联通、SUNGARD 金仕达共同打造了安全高速的交易通道,与文华财经、澎博资讯等国内一流信息服务商构建了及时丰富的行情资讯系统,并与建设银行、工商银行和交通银行等携手推出了方便高效的银期转账服务。

承接中国平安集团和平安证券长期打造并夯实的业务基础,平安期货享有无比强大的品牌、技术、管理、风险控制、客户资源、销售拓展、财务等全方位的支持。这些支持将为平安期货的发展提供独一无二的竞争优势。

平安期货的目标是向最广泛的客户提供最全面的金融衍生产品和商品期货的交易结算及投资咨询服务,成为中国金融市场上最受尊敬和信赖的大型期货交易服务商,以及具有国际影响力的期货研究机构和金融资产风险管理机构。

格林大华期货有限公司

【基本情况】

公司名称:格林大华期货有限公司

注册资本:580180000 元

注册地址:北京市朝阳区光华东里 8 号院 2 号楼 501 内 601 室

法人代表:乔俊峰

办公地址:北京市朝阳区光华东里 8 号中海广场中楼 6 层

客服电话:400 - 653 - 7777

公司网址:http://www. gldhqh. com. cn

电子邮箱:greendhqh@ greendh. com

【公司概况】

格林大华期货有限公司是经中国证监会批准,由山西证券股份有限公司全资控股的专业期货公司,总部位于北京 CBD,其前身格林期货有限公司成立于 1993 年,是中国最早的期货公司之一。目前,公司注册资本 5.8 亿元,员工约 430 人。公司主营商品期货经纪、金融期货经纪、期货投资咨询业务以及资产管理,拥有国内全部四家期货交易所交易结算会员席位,当选历届中国期货业协会理事单位,中国证券业协会会员单位。在北京、上海、广州、深圳、杭州等大中城市设有 23 家分支机构,同时依托山西证券遍布全国各地的 71 家营业网点,形成了覆盖全国的服务网络。2006 年 3 月,公司获得中国证监会批准在香港设立全资子公司,成为国内首批在香港成立子公司的六家期货公司之一。香港子公司拥有香港证监会(SFC)颁发的期货合约交易牌照(RA2)、证券交易牌照、资产管理牌照,是香港交易所期货交易和结算会员,并与全球各大主要期货交易所保持良好的合作关系,搭建了专业、优质、多元的全球一体化期货交易平台。

【股东背景】

山西证券股份有限公司注册资本 25.187 亿元,最早成立于 1988 年,为全国首批证券公司之一。经过二十多年的发展,山西证券已发展成为作风稳健、经营稳定、管理规范、业绩良好的创新类证券公司。山西证券现有营业网点 71 家,分布在山西各地市、主要县区及北京、上海、天津、深圳、重庆、西安、宁波、大连、济南、福州等地。2007 年 8 月获批创新类券商资格,年底完成股份改制;2008 年 7 月获批期货 IB 资格;2009 年 7 月与德意志银行发起设立了中德证券有限责任公司;2010 年 11 月山西证券在深交所挂牌上市,代码 002500。

山西国信投资集团有限公司是经山西省人民政府批准成立的大型一类企业,是山西省唯一的地方金融控股集团,主要从事信托、证券、银行、基金、期货、担保、产权交易、创投、房地产、酒店、餐饮、旅游、高科技等行业。公司现注册资本 32.719 亿元,在职员工约 3000 人。截至 2012 年末,集团系统资产总额 208 亿元,净资产 102 亿元,托管及管理资产 2221 亿元。公司主要控股子公司包括:山西信托有限责任公司、山西证券股份有限公司、山西国际贸易中心有限公司、山西光信实业有限公司、山西省中小企业信用担保有限公司、山西省产权交易中心有限公司、上海万方投资管理有限公司、山西国信文化旅游投资发展有限公司、山西博爱医院、山西国信凯尔生物技术有限公司等。

【公司大事记】

2013年5月27日，格林期货有限公司获批成为中国证券业协会会员。

2013年7月23日山西证券股份有限公司全资收购格林期货有限公司，由格林期货作为存续公司吸收合并大华期货获中国证监会核准。

2014年5月22日，格林大华期货有限公司获中国证券监督管理委员会《关于核准格林大华期货有限公司资产管理业务资格的批复》（证监许可［2014］497号），正式核准公司资产管理业务资格。公司经营范围随之变更为：商品期货经纪、金融期货经纪、期货投资咨询、资产管理

2014年11月11日上午，格林大华资本管理有限公司正式开业。格林大华资本管理有限公司是经中国期货业协会备案通过，国家工商总局名称核准，由格林大华期货有限公司全资控股成立的以风险管理服务为主的业务试点单位。目前格林大华资本管理有限公司主要业务范围为基差交易和仓单服务，后期随着公司业务模式的不断完善发展，公司还将申请开展合作套保、定价服务等其他业务。

【公司荣誉】

2014年，荣获大连商品交易所“优秀会员奖”、“最佳产业服务奖”、“市场服务成就奖”。

2014年，荣获郑州商品交易所“市场发展优秀会员”、“棉花优秀会员”、“PTA优秀会员”、“动力煤优秀会员”、“甲醇优秀会员”、“菜粕优秀会员”。

2014年，荣获上海期货交易所“交易优胜会员提名奖”、“交易进步会员奖”、“产业服务优胜会员”、“白银产业服务优胜会员”。

2014年，在由《期货日报》和《证券时报》联合主办的“第七届中国最佳期货经营机构暨最佳期货分析师评选”活动中，荣获“中国最具成长性期货公司奖”、“最佳农产品产业服务奖”、“最佳境外期货业务服务奖”、“中国优秀期货营业部奖”。

2013年荣获中国金融期货交易所“2012年度金融期货宣传奖”。

2012年，荣获上海期货交易所“交易进步会员”，荣获中国金融交易所“投资者教育奖”。

2011年，在“第四届中国优秀期货公司”评选中荣获“十佳营业部”，“十佳优秀分析师”奖项；荣获《期货日报》《证券时报》“最佳金融服务”奖。

2010年，在“第三届中国优秀期货公司”评选中荣获“最具区域影响力奖”；荣获《期货日报》《证券时报》“最佳IB服务商”奖；荣获《期货日报》《证券时报》“最佳棕榈油分析师”；荣获重庆市人民政府颁发的“2010年度金融贡献”奖。

国贸期货经纪有限公司

【公司概况】

国贸期货于1996年成立，注册资本金伍亿叁仟万元人民币，经营国内期货交易所上市的商品期货、金融期货的经纪、投资咨询和资产管理业务。国贸期货愿以专业、严谨的态度，诚信、务实的理念服务客户，与客户共同成长。

丰富的商品套期保值经验

国贸期货是上市公司厦门国贸（股票代码600755）的全资子公司，凭借集团三十多年积累的供应链式的管理服务体系，十九年来共计为客户进行实物交割金额154.87亿元。公司长期为能源化工、贵金属、有色金属等多个领域的企业提供有关成本控制和销售价格管理的套期保值方案及投资、融资策略。

一站式的财富管理体系

国贸期货营业网点覆盖上海、广州、合肥、九江、烟台及福建省等各区域。并作为证监会批准的首批拥有资产管理业务牌照的期货公司，率先在福建自贸区成立下属子公司“厦门国贸资产管理有限公司”，为广大投资者提供财富管理、资产管理服务；下属风险管理子公司“国贸启润资本管理有限公司”提供基差交易、仓单服务、合作套保、定价服务。公司充分整合市场资源，积累丰富经验为客户量身定制，打造一站式财富管理体系。

多样化的IT整合平台

国贸期货在国内首创使用微信平台客户端，为客户提供基于微信应用的网上行情交易下单服务；银期转账系统支持包括四大国有银行在内的11家银行，为客户提供安全、高效、快捷的出入金服务；业内领先的多交易中心平台，部署多种直连多家交易所的后台极速通道系统，提供毗邻交易所的服务器托管服务，为不同需求的客户提供灵活多样的接入方式。

完整的快捷策略服务

国贸期货搭载全球知名的程序化编程平台，集合港台优异人才，为客户打造高端交易策略与技巧的培训；更在国内首批采用“一键式期权策略下单平台”，可享高频交易、程序化交易及即将上市的期权交易。

精进的研发实力

国贸期货与厦门大学经济学院、厦门大学王亚楠经济研究院建立战略合作关系，利用“金融工程实验室”平台，开展商品期货、金融期货以及期权的研究；多次在各大交易所举办的全国研发团队评比中取得优异成绩，获得“大商所十大工业品期货研发团队第一名”、“中金所年度优秀会员、期权仿真二等奖”、“郑商所产业服务奖”、“上期所钢材、燃料油、天然橡胶企业服务奖”等佳绩。

【公司荣誉】

2005－2011年，连续7年荣获“守合同重信用”企业称号。

2008－2009年度、2010－2011年度，在厦门辖区期货行业中被评为“投资者教育工作先进单位”。

2009年，福州营业部在福建省第二届金融理财博览会上获得福建省最佳风险控制期货营业部奖。

2010年，获得郑州商品交易所颁发的PTA企业服务奖；上海期货交易所颁发的钢材、燃料油、天然橡胶企业服务奖。

2011年，漳州营业部被评为2009－2010年度福建省证券期货行业优秀营业部。

2013年，获得中国金融期货交易所颁发的年度优秀会员、会员进步奖；郑州商品交易所颁发的产业服务奖；《海西晨报》社颁发的“海西标杆”金融机构称号；厦门证券期货业协会颁发的“产业服务先锋”称号。

2014年，获得中国金融期货交易所颁发的会员进步奖，厦门证券期货业协会颁发的产业服务先锋称号，郑州商品交易所颁发的产业服务优秀会员，中国金融期货交易所颁发的中金所股指期权仿真交易推广评比活动二等奖。

2015年，获得中国人民银行厦门市中心支行颁发的厦门市反洗钱工作先进单位，海西晨报社颁发的市民最信赖企业金融品牌，中国期货业协会颁发的“公平在身边”微信答题活动十佳组织奖。

银河期货有限公司

【基本情况】

公司名称:银河期货有限公司

注册资本:1.2 亿元

注册地址:北京市朝阳区朝外大街 16 号 1 幢 13 层 1302 单元

法人代表:姚广

客服电话:4008867799

邮政编码:100020

公司网址:http://www.yhqh.com.cn

电子邮箱:yhqh@chinastock.com.cn

【公司概况】

银河期货有限公司是经中国证券监督管理委员会批准,在国家工商行政管理总局注册,隶属中国银河金融控股有限责任公司旗下,由中国银河证券股份有限公司控股的专业型金融企业,现注册资本金为 12 亿元人民币。

公司总部设在北京,目前已在哈尔滨、长春、沈阳、大连、北京(3)、唐山、济南、青岛、太原、郑州、上海、杭州、南京、宁波、福州、昆明、广州、深圳、佛山、西安、重庆、成都、厦门、武汉、温州 25 个重点城市设立了 27 家营业部。

银河期货拥有上海期货交易所、大连商品交易所、郑州商品交易所、中国金融期货交易所全国四家期货交易所的会员资格,可代理国内所有品种的期货交易。

银河期货是国内第一家中外合资的期货公司,也是国内唯一一家同时具有著名国内投资银行和国际商业银行股东背景的期货公司。中方股东中国银河证券为其提供了强大的业务和网络支持,外方股东苏格兰皇家银行则为其提供了独一无二的全球化资源。

依托强大的股东背景,银河期货将以国际化的服务理念、精英化的团队、高端的技术平台和良好的风险控制能力,提供最专业最细致最个性化的期货交易服务,未来的发展目标是致力于打造国内一流的国际化金融投资服务平台。

北京首创期货有限责任公司

【基本情况】

公司名称:北京首创期货有限责任公司

注册地址:北京市西城区闹市口大街 1 号院长安兴融中心 4 号楼 11 层

注册资本:2 亿元

法人代表:马华轩

办公地址:北京市西城区闹市口大街 1 号院长安兴融中心 4 号楼 11 层

邮政编码:100031

客服电话:010-58379395

公司网址:http://www.scqh.com.cn

电子邮箱:scqh@scqh.com.cn

【公司概况】

北京首创期货有限责任公司(Beijing Capital Futures Co., Ltd)成立于 1996 年 1 月,注册资金 2 亿元人民币,具有商品期货经纪业务、金融期货经纪业务、期货投资咨询、资产管理业务资格,是上海期货交易所、大连商品交易所、郑州商品交易所、中国金融期货交易所的会员单位。

首创期货总部位于北京,在全国设有 21 家营业部,总部设有农产品、金属、煤焦钢、能源化工、金融事业部;公司拥有油脂油料、有色金属、贵金属、股指期货、期权及场外衍生品高端研究人才;公司资产管理风控规范严格,现成功发行 20 只产品,资管规模约 10 亿元;公司特色的 CRM 综合管理平台为客户提供全方位、一站式、管家服务模式。

首创期货具有业内一流的信息技术平台,通过并且长期达到中期协信息技术指引三类标准;核心系统为 CTP 双活版本,全部应用实现热备冗余;快速的二席系统包括中金所飞马系统,CTP 二席自运维系统,恒生 VIP 系统,郑州易盛 9.0 系统及大连 X-speed 系统;交易系统已开通文华赢顺赢智、澎博闪电手、快期、掌上财富、交易开拓者 TB、金字塔、达钱,也可以对接 YesTrader、迅投、超八、策略星等交易客户端软件,能满足了金融市场日益创新的各项需求。

首创期货秉持"规范诚信创新卓越"的经营理念,凭借 20 年的规范运作,树立了良好的品牌形象,受到了各界的肯定与褒奖,获得中金所"优秀会员金奖"、"金融期货宣传奖",上期所"产业服务优胜会员奖"、"交易优胜会员提名",大商所"最具成长性会员"、"市场服务奖",郑商所"产业服务优秀会员"、"市场发展优秀会员奖",期货日报"中国最具成长性期货公司"、"最佳期货 IT 系统建设奖",和讯网"金牌 IT 服务奖"等多个荣誉称号。

首创期货充分利用新技术、新手段,努力通过为客户提供覆盖"期货与现货、场内与场外、国际与国内"全市场的整体解决方案,在创新转型的道路上大跨步前行。

【公司荣誉】

2013 年度荣获

期货日报 & 证券时报"2013 年度最佳诚信自律营业部"——北京北辰东路营业部

期货日报 & 证券时报"2013 年度投资者教育杰出营业部"——昆明营业部

期货日报 & 证券时报"2013 年度最佳农产品产业服务奖"

2013 年度大连商品交易所十大农产品期货研发团队

2013 年度大连商品交易所最具成长性会员奖

2013 年度中国金融期货交易所"金融期货宣传奖"

2013 年度郑州商品交易所"产业服务优秀会员"、"市场发展优秀会员"、"品种发展优秀会员及品种成长优秀会员(白糖、玻璃、菜粕)"

2013 年度上海期货交易所产业服务优胜奖

和讯网 2013 年度期货最佳投资者教育公司

云南省黄金管理局、云南省黄金行业协会 2013 年度最佳集体——昆明营业部

北京市西城区街道总工会 2013 年度"双爱双评"先进企业

中国金融期货交易所期权联合研究课题二等奖

大连商品期货交易所期权仿真交易测试三等奖

上海期货交易所优秀分析师团队奖

2014 年度荣获

中国金融期货交易所"优秀会员金奖"

上海期货交易所"产业服务优胜会员奖"、"交易优胜会员提名"

大连商品交易所市场服务奖

郑州商品交易所市场发展优秀会员奖

中国金融期货交易所股指期权仿真交易大赛三等奖

中国金融期货交易所股指期权投教产品银奖、铜奖

第二届"中金所杯"高校知识竞赛十佳优秀组织奖

期货日报 & 证券时报 2014 年度"最佳期货 IT 系统建设奖"

和讯网 2014 年度期货金牌 IT 服务奖

大连商品交易所"焦煤焦炭优秀研究员"

【企业文化】

规范诚信创新卓越

规范:规范驱动高效。首创以规范为运行之准绳,打造科学模式下的现代企业。

诚信:诚信驱动品质。首创以诚信为立业之本,成就大家风范。

创新:创新驱动进步。从思维到实践,首创力求自主创新,保持发展和领先。

卓越:卓越驱动突破。首创以追求卓越为动力,不断向客户提供高品质的服务。

国信期货有限责任公司

【基本情况】

公司名称:国信期货有限责任公司

注册日期:1995 年 5 月 4 日

注册资本:6 亿元

法人代表:余晓东

注册地址:上海市虹口区东大名路 358 号 20 楼

办公地址:深圳市罗湖区红岭中路 1010 号
国际信托大厦 13 层

邮政编码:518001

公司电话:0755 - 25840978

客服电话:4008695536

公司传真:0755 - 82133411

公司网址:www. guosenqh. com. cn

电子邮箱:15100@ guosen. com. cn

【公司概况】

国信期货有限责任公司是国信证券股份有限公司的全资子公司,是一家全国性大型专业化期货公司。公司具备中国金融期货交易所交易结算会员资格和上海期货交易所、大连商品交易所、郑州商品交易所会员资格,秉承"以信为本,点石成金"的服务宗旨,为投资者提供金融期货、商品期货等国内所有上市品种的经纪业务服务和期货投资咨询、资产管理业务服务。

国信期货本着"贴近市场、贴近投资者、贴近业务"的宗旨,努力打造完善的研究体系,为投资者提供专业的期货研究和咨询服务。公司分别在深圳、上海、大连成立了金融期货和化工研究中心、有色金属及黑色金属研究中心、农产品研究中心,建立了以有色金属为特色,同时覆盖黄金、钢材、农产品、能源化工等品种的研究架构。

国信期货致力于为投资者提供优质快捷的行情和交易服务。公司现已拥有金仕达系统、上期技术 CTP 系统、恒生系统、中金所飞马系统、易盛系统等交易系统,同时引入了文华、富远、彭博、通达信等行情软件及金仕达快枪手、闪电手、一键通、通达信、快期等交易软件,是期货业内交易平台最为齐全的公司之一。

国信期货营业网点覆盖了北京、上海、深圳、杭州、大连、广州、武汉、郑州、厦门、海口、济南、洛阳、南阳、合肥等大中城市,同时拥有遍布全国各地的国信证券旗下营业部提供 IB 业务支持。

国信期货将以广博的胸怀和战略的视野建立全能型专业期货公司,以传统经纪业务为基石,创新业务为突破,发挥国信强大的品牌优势,凭借勤勉敬业、务实专业的员工团队和强大的综合服务能力为投资者提供全方位、高附加值的期货服务。

中信建投期货有限公司

【基本情况】

公司名称:中信建投期货有限公司

注册资本:3.9 亿元

注册地址:渝中区中山三路 107 号上站大楼平街 11 - B,
名义层 11 - A,8 - B4,9 - B、C

法人代表:彭文德

邮政编码:400014

客服电话:4008877780

公司网址:http://www. cfc108. com

电子邮箱:chinafutures@ csc. com. cn

【公司概况】

中信建投期货有限公司成立于 1993 年 3 月 16 日,公司注册地为重庆,注册资本为 3.9 亿元人民币,在全国设有 20 家营业网点,并设有风险管理子公司 - 上海方顿投资管理有限公司。经中国证监会批准,专业从事商品期货经纪、金融期货经纪、期货投资咨询、资产管理以及基金销售业务。公司目前拥有国内三大商品期货交易所即上海期货交易所(268 号)、大连商品交易所(71 号)、郑州商品交易所(168 号)交易结算会员资格以及中国金融期货交易所(115 号)全面结算会员资格;同时,公司也为中国期货业协会会、中国证券业协会、中国证券基金业协会以及重庆证券期货业协会理事会会员单位。

中信建投期货有限公司是中信建投证券股份有限公司的全资子公司,不仅凭借自身在北京、上海、济南、长沙、大连、南昌、郑州、廊坊、广州、漳州、重庆、合肥、西安、成都、深圳、杭州、宁波、武汉、南京等地区的二十家营业部,还完美依托股东单位遍布全国 30 个省、自治区、市的 200 余家营业网点为全国各地的广大投资者提供优质高效的金融服务。

自成立以来,中信建投期货各项业务不断发展,在商品期货、金融期货以及投资咨询业务等领域形成了自身特色和核心业务优势,拥有一支业务素养过硬、执行能力强的员工队伍,搭建了信息技术、研究咨询、运营管理、风险控制等高效的全业务支持体系。

公司始终秉承"诚信赢得客户,服务创造价值"的服务理念,倡导"公司兴衰、我的责任"的企业文化,凭借高度的敬业精神与突出的专业能力,致力于打造业内规范化、专业化、多样化的金融服务平台。

——从起航到成长这是一场华丽完美的蝶变

从创业到创新这是一支勤奋专业的团队

从合作到共赢这是一个实现梦想的平台

长江期货有限公司

【基本情况】

公司名称:长江期货有限公司

注册地址:湖北省武汉市汉口新华路特 8 号长江证券大厦

注册资本:3.1 亿元
法人代表:谭显荣
投诉电话:027 - 85861133
信访电话:027 - 8586113365799997
邮政编码:430015
公司网址:http://www.cjfco.com.cn
电子邮箱:cjfco@cjfco.com.cn

【公司概况】

长江期货有限公司是经中国证券监督管理委员会批准成立的金融机构,是实力雄厚的长江证券股份有限公司的全资子公司,公司目前注册资本 3.1 亿元,长江证券董事会已通过决议增资至 6 亿元。2013 年公司吸收合并湘财祈年期货经纪有限公司后,在北京、上海、广州、深圳、武汉等地拥有 2 家分公司、近 20 家期货营业部。根据中期协《2015 年期货公司分类评价结果》,长江期货在全部参与评选的 150 家期货公司中获得 AA 评级,为当年期货公司的最高监管评级(AA 评级公司共 20 家,尚无 AAA 评级的期货公司),正在筹备新三板挂牌上市事宜。

近年来,公司荣获中国金融期货交易所"优秀会员金奖"、"客户管理奖",上海期货交易所"2012 年度交易优胜会员提名奖",郑州商品交易所"产业服务奖"、"企业服务奖"、"行业成长奖"、"市场发展奖"和"产业客户开发服务奖",大连商品交易所"市场服务成就奖"等奖项。

公司立足于服务产业、服务地方经济发展,先后被湖北省人民政府授予 2009、2010 和 2012 年度"支持湖北经济发展突出贡献单位"、2011 年度"湖北资本市场建设发展先进单位",是湖北省"十佳优质文明服务金融机构"之一。公司是湖北省期货业协会第一届、第二届会长单位。公司与行业组织、专业媒体保持了良好合作关系,是中国期货业协会第四届理事单位,湖北省棉花协会副会长单位,以及湖北省电线电缆协会、铝业协会、河南省有色金属等协会的理事单位。

公司总裁谭显荣是长江证券股份有限公司副总裁、中国期货业协会会员理事、湖北省青年企业家协会副会长,武汉大学、中南财经政法大学、华中师范大学兼职硕士生导师,湖北省金融业领军人才,武汉市"黄鹤英才"。

长江期货于 2014 年 9 月 19 日设立了风险管理子公司,子公司全称为"武汉长江产业金融服务有限公司",注册资本人民币 5000 万元,总部设在武汉。主要业务范围包括仓单服务、基差交易、合作套保、定价服务、做市业务及其他与风险管理服务相关的业务。长江产业金融以立足于全产业链研究,源于期货,服务现货,突出为实体经济提供产业金融服务,专注打造风险管理的服务平台,更好的为实体产业发展助力。

长江期货将依托长江证券雄厚的资本实力、遍布全国的营业网点、享誉业内的研究力量以及领先的 IT 技术,立足华中,面向全国,努力打造业内一流的风险管理与金融衍生品的服务商和供应商。

【公司荣誉】

2012 - 3 - 16,公司获得湖北省最受欢迎金融服务品牌称号。

2012 - 3 - 16,长江期货荣获"中国期货行业客户最信赖十大满意品牌"。

2012 - 3 - 21,公司在武汉金博会"十佳"优质文明服务机构评比中喜获丰收。

2012 - 3 - 21,公司获得郑州商品交易所"品种优胜奖"。

2012 - 4 - 17,公司荣获 2010 年度支持湖北经济发展突出贡献奖。

2012 - 4 - 17,公司荣获中国金融期货交易所 2010 年度优秀会员金奖及 2 个单项奖。

2012 - 4 - 17,中国 · 武汉金博会暨理财总评榜颁奖典礼。

2012 - 4 - 17,公司荣获郑州商品交易所"企业服务奖"和"产业服务奖"。

2012 - 4 - 17,公司在 2010 年中国期货业发展高峰论坛暨第三届最佳分析师颁奖典礼中勇夺三奖。

2012 - 4 - 17,公司荣获 2009 年度支持湖北经济发展突出贡献奖。

2012 - 5 - 15,公司荣获"2011 年度湖北资本市场建设发展先进单位"。

2012 - 8 - 3,公司囊括"第五届中国最佳期货经营机构暨最佳期货分析师评选"多项大奖。

2013 - 1 - 15,公司被评为"2012 湖北十佳优质文明服务金融机构"。

2013 - 3 - 7,公司荣获政府部门和各交易所 2012 年度多项荣誉称号。

2013 - 11 - 13,公司在"第六届中国最佳期货经营机构暨最佳期货分析师评选"。

2015 - 3 - 9,公司 2014 年荣获省市政府和交易所多项荣誉。

【公司优势】

长江期货是经中国证监会批准成立的金融机构,是实力雄厚的长江证券的全资子公司,公司注册资本 3.1 亿元。公司是中国金融期货交易所、上海期货交易所、大连商品交易所、郑州商品交易所会员单位。

一、日益凸显的行业影响力

公司致力于为各类投资者提供研究咨询、风险管理和期货产品开发与设计服务。近年来,公司多次荣获中国金融期货交易所"优秀会员金奖",郑州商品交易所"产业服务奖"、"企业服务奖"、"行业成长奖"和"产业客户开发服务奖",大连商品交易所"最具成长性会员"等奖项,并被评为"中国最具发展潜力期货公司"和"中国最佳区域影响期货公司"。在 2012 年"第五届中国最佳期货经营机构评选"中,公司再度荣获"最佳金融期货服务奖"和"最佳农产品产业服务奖"两项大奖。

公司先后被湖北省人民政府授予 2009 和 2010 年度"支持湖北经济发展突出贡献单位"、2011 年度"湖北资本市场建设发展先进单位"等荣誉称号,是湖北省"十佳优质文明服务金融机构"之一。

公司法人代表、总裁谭显荣先生先后被聘为中国期货业协会第四届会员理事、中国期货业协会第三届理事会研究发展委员会委员、郑州商品交易所品种委员会委员、大连商品交易所交割委员会委员、上海期货交易所技术委员会委员,是湖北省期货业协会第一届、第二届会长,兼任中共长江证券党委委员、湖北省青年企业家协会副会长,武汉大学兼职教授、中南财经政法大学硕士研究生导师,是湖北省委组织部和发展改革委员会评定的"现代服务业领军人才",并在 2010 年荣获"湖北省十大优秀青年企业家"称号。

二、基于专业的特色服务模式

公司倡导专业营销和"1231"团队营销理念,致力打造期货行业专业服务团队。2004 年，长江期货从零起步，至 2011 年，公司客户权益年均增长 130.47%，市场份额年平均增长 205.61%，成为行业内少有的成功案例。

在产业服务方面，公司遵循专业主义，先后设立农产品总部、工业品总部、钢材事业部等特色品种部，先后为 200 余家大中型的钢材、棉花、有色金属、粮食、油脂、能源化工等领域的现货企业设计并实施了现货经营避险方案，帮助企业实现现货经营避险目标，并得到相关现货企业的认可和好评。

在机构投资者服务方面，公司积极与公募基金、信托、私募基金、资产管理公司开展合作，在信息交流、产品开发、通道合作、业务对接等多个方面进行探索。

公司机构客户部先后推出基于 ETF 现货的股指期货期现套利、动量组合 Alpha 对冲套利、价值 60 对冲套利、股指趋势程序化交易、商品趋势程序化交易等策略设计，积极引进和建设基于宏汇、交易开拓者、龙软等系统的套利与量化投资技术平台。2012 年初，公司与华润深国投公司共同合作进行的“春雷计划”，是公司与机构投资者之间开展深度合作的有力证明。

三、高效稳定快捷的交易平台

公司先后投入 3000 余万元，配置了一流的硬件设备，系统主机承载量达 10 万客户级次。公司在武汉、上海、天津、哈尔滨、新疆、郑州、成都、深圳等各地建立了托管机房，互联网络的行情和交易服务覆盖全国，拥有金仕达和上期技术 CTP 两套核心交易系统，配置有金仕达、博易大师、文华财经、宏汇套利、澎博闪电手、交易开拓者、澎博手机期货、财顺多账户等各类型行情及委托程序，为客户提供稳定、快速的交易通道。

2012 年，公司将建成武汉光谷数据中心、汉口数据中心双主中心，引进金仕达新一代快速交易系统，届时核心交易系统容量将超过 100 万客户，交易委托处理能力将超过 3000 笔/秒，客户交易速度将提高 10 倍，公司信息技术系统能力将达到业务领先水平。

四、高水准的研究咨询服务

公司以长江证券研究部（2011 年第九届“新财富”本土最佳研究团队第 8 名）强大的研究实力为支撑，积极整合长江证券旗下的资管、研究、基金、销售渠道等资源，为投资者提供风险管理和金融衍生产品开发与服务的全套解决方案。

公司倾力打造高水准的期货研究团队。公司研究咨询部下设宏观策略、金融衍生品、农产品、有色金属、能源化工等多个研究小组，致力为客户提供个性化、专业化的研究咨询产品和服务。公司多位研究员被上海期货交易所、郑州商品交易所评为“优秀分析师”和“高级分析师”。

2012 年，在期货日报、证券时报联合主办的“新财富”最佳期货分析师评选活动中，公司棉花研究员行业排名第 1，油脂研究员行业排名第 2，橡胶研究员行业排名 3。

五、业内领先的 IB 业务模式

2008 年，中国证监会核准长江证券期货中间介绍业务（IB）资格；2010 年 3 月 18 日长江证券和长江期货同时获得中国证监会出具的“长江证券为长江期货提供中间介绍业务的无异议函”，长江期货可以有效的利用长江证券遍布全国的 100 余家营业网点，为投资者提供“安全、稳定、高速”的期货投资平台。

长江期货依托长江证券雄厚的资本实力、遍布全国的营业网点、享誉业内的研究力量以及领先的 IT 技术，立足华中，面向全国，努力打造“期货理财专家、期证银合作专家”的长江期货品牌。

金元期货有限公司

【基本情况】

公司名称：金元期货有限公司
注册地址：海南省海口市南宝路 36 号证券大厦一楼、五楼
注册资本：1.5 亿元
法人代表：王鸿武
邮政编码：570206
客户服务：0898－66676633、0898－66552000
公司网址：www.jyqh.cn
电子邮箱：bgs@jyqh.cn

【公司概况】

金元期货有限公司是经中国证券监督管理委员会批准，由金元证券股份有限公司、中航鑫港担保有限公司共同出资成立，实际控股股东为首都机场集团公司，注册资本为人民币 1.5 亿元。公司总部位于海南省海口市南宝路证券大厦一、五楼。拥有上海期货交易所、大连商品交易所、郑州商品交易所、中国金融期货交易所会员资格。公司目前设有深圳、大连、郑州、上海、西安、海口等七家营业部。

公司确立了以“诚信、和谐、效率、创新”为核心的经营理念，建立了完善的法人治理结构、有效的风险控制体系、科学的投资决策机制、合理的绩效评估激励机制。公司凭借雄厚的股东背景、良好的市场信誉、丰富的管理经验、专业化的人才队伍和先进的技术保障手段，在市场研究、客户服务、信息咨询等方面确立了自身特色。公司经营业绩连续多年增长，综合实力稳居海南省同行业榜首。公司相继获得郑州商品交易所“市场成长奖第三名”和大连商品交易所“市场服务奖”及上海期货交易所“会员进步奖”和“天然橡胶产业服务奖”。此外，在股指期货等金融衍生品领域，公司除了有股东金元证券的支持外，还拥有金元比联基金公司关联合作方，已经形成良好的业务发展平台。

国联期货股份有限公司

【基本情况】

公司名称：国联期货股份有限公司
注册地址：无锡市金融一街 8 号
法人代表：马海疆
注册资本：4.5 亿元
邮政编码：214121
公司电话：0510－82757937
公司传真：0510－82759156
成立日期：1993－04－30
公司网址：http://www.glqh.com
电子邮箱：glqh@glsc.com.cn

【公司概况】

国联期货股份有限公司成立于 1992 年，1993 年 4 月获得中国证监会颁发的首批期货经营许可证，是在江苏省注册的商品期货经纪、金融期货经纪、期货投资咨询、资产管理的期货公司，公司注册资本 4.5 亿元人民币，是上海期货交易所（0018）、郑州商品交易所（0174）、大连商品交易所（0161）会员，中国金融期货交易所（0118）交易结算会员，是江苏省成立最早、经营规范、稳健的专业期货公司。公司可代理国内所有商品及金融期货品种的交易、结算、交割，可开展投资咨询、

资产管理业务，业务范围覆盖全国主要城市和地区。2015 年 6 月底公司资产总额 28.04 亿元，净资产 6.99 亿元，净资本 3.88 亿元，客户权益 20.41 亿元。

国联期货控股股东是实力雄厚、信誉卓越的大型金融、实业集团无锡市国联发展（集团）有限公司，股东有中海信托股份有限公司、新余铮晟中融投资合伙企业、无锡市国联物资投资有限公司。国联期货拥有务实、高效、勇于开拓创新的领导集体和勤奋、敬业、乐于奉献的高素质员工队伍，拥有一批德才兼备并在行业内有一定知名度的专业人才。公司总部设在江苏无锡，经过十几年的不懈努力，现已在上海、重庆、南宁、大连等地设立了 24 家营业部。由于努力拓展市场，近几年连续获得四大交易所和社会各界的嘉奖。

国联期货致力于成为资本市场的风险控制商和财富管理商，能提供“私人定制”套保服务，能够充分利用股东金融和产业的平台优势，为各类客户提供泛金融多样化服务。未来五年公司的工作中心紧紧围绕提升公司核心竞争力、提升服务水准和全面提升经济效益，工作重心从宽度外延式发展向服务“深度”和行业“高度”两极发展，谋求树立公司品牌和行业地位。国联期货全体员工将为国联期货建成百年老店，为千亿国联目标而持续奋斗。

【总经理致辞】

2002 年，国联正式成为期货大家庭的一员。
我们虚心向各界朋友和优秀公司学习，
十年风雨，十年发展，
国联期货茁壮成长。
今天，我们怀着感恩的心，
秉承“融通社会财富，创造多元价值”的理念，
满怀信心，合规经营，
迎接新挑战、新机遇、新发展，
共同创造行业新繁荣。
凡成事者皆重势。
股指期货的推出翻开了期货历史新篇章。
千帆竞发，百舸争流，
我们迎来了前所未有的行业发展机遇。
国联期货将以“团结、高效、务实、进取”的团队，
致力于打造新型财富管理平台和风险控制平台，
竭诚为广大投资者提供最优质的服务。

华信万达期货股份有限公司

【基本情况】

公司名称：华信万达期货股份有限公司
注册资本：5.06 亿元
注册地址：郑州市郑东新区商务内环路 27 号楼 1 单元 3 层 01 号、2 单元 3 层 02 号
法人代表：张岩
邮政编码：450016
客服电话：4006197666
公司网址：http://www.wdqh.com
http://www.wdfco.com
电子邮箱：service@wdqh.com

【公司概况】

万达期货股份有限公司经中国证监会批准，成立于 1993 年 4 月，是全国最早成立的大型期货公司之一。公司主营期货经纪、投资咨询、资产管理、风险管理四项业务，是国内为数不多的全牌照期货金融服务机构，同时也是郑州商品交易所、大连商品交易所、上海期货交易所全权会员，中国金融期货交易所交易结算会员。2015 年初，公司成为国内首批获得参与股票期权业务资格的 10 家期货公司之一。

万达期货秉承以客户为中心的经营理念，把提高客户的收益率作为企业发展的出发点和着眼点，致力于打造一流的管理平台，组建一流的管理团队，搭建一流的研究平台，构建日臻完善，运行高效的服务体系，在不断增强可持续发展能力的同时，将公司规模和服务水平提升到更高层次，努力成长为国内集商品期货代理、金融期货代理、境外期货代理于一身的大型专业化期货公司，成为国内提供期货交易、咨询服务的行业领先者。

和融期货有限责任公司

【基本情况】

公司名称：和融期货有限责任公司
注册资本：0.85 亿元
注册地址：天津市和平区郑州道 18 号港澳大厦 103，201 －1，201 －2，302 －1，302 －2
法人代表：李江
邮政编码：300050
客服电话：022 －59780722，022 －59780725
公司网址：www.hrfuture.com.cn
电子邮箱：hrqhgs@vip.sina.com

【公司概况】

和融期货有限责任公司，是由渤海证券股份有限公司和天津和融资产管理有限公司共同出资组建并经中国证监会颁发期货经纪业务许可证、经由中国工商总局登记注册的大型专业公司。控股股东渤海证券股份有限公司是国内具有较强影响力和实力的大型证券公司。

公司为独立的企业法人，治理结构规范，设有规范的股东会、董事会、监事、独立董事、首席风险官，有规范的制度及议事规则；实行董事会领导下的总经理负责制，自主经营、独立核算、自负盈亏。公司具有专业的研发机构、市场业务部门、异地（郑州）营业部及其他管理和服务部门。

公司经营范围为商品期货经纪和金融期货经纪，为国内四家期货交易所的会员单位，能够为客户提供全部期货交易品种的代理服务，是天津地区规模最大的期货经纪公司之一。

公司座落于天津繁华的商务金融区，交通便利快捷；具有先进的交易系统，开通了建行、工行、农行等银期转帐业务，为投资者安全、便捷地参与商品、金融期货提供了良好的条件。

公司拥有一支业务素质高、服务意识强的员工队伍，公司秉承“稳健、创新、诚信、服务”的经营理念，在所有的环节上均体现出客户利益至上的原则，以最大限度地满足投资者的需求、为众多企业和投资者提供避险保值和投资服务，争创一流的经济效益和社会效益。

中钢期货有限公司

【基本情况】

公司名称：中钢期货有限公司
英文名称：Sinosteel Futures Co.，Ltd
注册资本：2.8 亿元
注册地址：北京市海淀区海淀大街 8 号 A 座 19 层

法人代表:吴立军
邮政编码:100080
客服电话:010－62685670/5671,010－62688536
公司网址:http://www.zgfcc.com
公司邮箱:futures@sinosteel.com

【公司概况】

中钢期货有限公司是经中国证监会批准,在国家工商局注册登记的专业期货公司。中钢期货的前身中钢集团期货贸易部早在1993年就参与了国内期货市场,经历了中国期货行业的发展历程,实现了与中国期货市场的共成长。公司一直以诚实守信、合规运营为宗旨,以领先的技术平台、个性化的服务、系统化的产品解决方案为核心,为客户提供一流服务,为客户创造价值。

中钢期货总部设在北京,在大连商品交易所、上海期货交易所、郑州商品交易所和中国金融交易所拥有交易席位,在北京、上海、大连、武汉、重庆、南京、唐山、济南等地设有营业部。公司全面部署了电子化交易网络,拥有便捷完善的开户、交易、结算系统,使客户在全国各地都能够轻松实现期货交易。

中钢期货拥有专业的管理团队、研发团队和服务团队,人员队伍精干高效,具备良好的职业操守和丰富的实践经验。中钢期货愿为各类机构及个人投资者提供专业、高效的服务,实现与客户的共赢共发展。

【公司荣誉】

2014年

上海期货交易所"2014年度产业服务优胜会员奖"
上海期货交易所"2014年度钢材产业服务优胜会员奖"
上海期货交易所"2014年度黄金产业服务优胜会员奖"
上海期货交易所"2014年度白银产业服务优胜会员奖"
上海期货交易所"2014年度交易优胜会员提名奖"
大连商品交易所"十大期货投研团队"荣誉称号

海航东银期货股份有限公司

【基本情况】

公司名称:海航东银期货股份有限公司
注册地址:深圳市福田区益田路6001号太平金融大厦11层04、05单元
法人代表:程庆芳
注册资本:5亿元
邮政编码:518026
公司电话:0755－83680538
公司传真:0755－83662533
客服电话:0755－83680559
公司网址:www.dyqh.com.cn
电子信箱:topwin_sz@163.com

【公司概况】

海航东银期货股份有限公司(以下简称"海航东银期货")的前身为东银期货经纪有限公司,始创于1993年,2007年8月13日,经中国证监会证监期货字[2007]115号文批准,由海航集团控股,注册资本金50000万元。海航东银期货是上海期货交易所(会员号:182),大连商品交易所(会员号:023)和郑州商品交易所(会员号:026)的正式会员,并于2007年11月取得中国金融期货交易所的金融期货经纪业务资格和金融期货交易结算业务资格(会员号:123)。2012年1月31日,公司正式取得期货投资咨询业务资格,2013年9月22日正式取得资产管理业务资格,公司经营范围变为商品期货经纪、金融期货经纪和期货投资咨询业务和资产管理业务。

分支机构

海航东银期货总部位于深圳。下设上海营业部、北京营业部、苏州营业部、郑州营业部、大连营业部、贵阳营业部、厦门营业部、太原营业部、合肥营业部、兰州营业部、哈尔滨营业部、海口营业部、南宁营业部等13家分支机构。

安全优势

海航东银期货目前拥有具有高素质、精专业的管理、研究等精英人才近200名,拥有全国一流的电子化交易机房,为广大客户提供全面高效率的期货交易、结算等业务和优质的期货投资咨询服务。海航东银期货研究所是公司专业从事国内、国际宏观经济研究、金融专业研究及期货品种研究的部门,目前拥有高学历、精专业的研究人员12名,为客户提供专业投资、套期保值、期货投资咨询等专业化服务。

海航东银期货机房设备先做进,具有国内一流的电子化交易设施,建立了国内首家双中心互为灾备机房,并提供文华财经、富远、澎博等三套国内主流的行情软件和金仕达、易盛、恒生等三套国内先进的交易系统。

公司愿景

海航东银期货以成立以来保持了19年客户零投诉的业内领先记录。自2003年以来连续7年交易量和交易额综合排名位居行业前30位内,连续5年获得上海期货交易所优秀会员等奖励。海航东银期货始终坚持"至诚,至善,至精,至美"的服务理念,以"为社会做点事,为他人做点事,人生不留遗憾"的从业精神,致力于为客户提供满意的专业化服务。海航东银期货董事长程庆芳携全体员工诚挚希望与您一起共同创造中国期货市场的美好明天。

华闻期货有限公司

【基本情况】

公司名称:华闻期货有限公司
注册地址:上海市浦东新区浦东大道720号国际航运金融大厦22楼A、B、C、D、M、N、I室
注册资本:3亿元
法人代表:易乐园
邮政编码:200120
客服电话:021－50368698
公司网址:http://www.hwqh.com.cn
电子邮箱:zhb@hwqh.com.cn

【公司概况】

华闻期货有限公司(以下简称"华闻期货")是经上海市工商行政管理局登记注册(注册号:310000000092903),取得中国证监会颁发的期货经纪业务许可证(许可证号:30760000)的全国性专业化期货公司。华闻期货成立于1995年,注册资本金3亿元人民币,是上海期货交易所(席位号:0259)、郑州商品交易所(席位号:0275)、大连商品交易所(席位号:0062)的经纪会员,中国金融期货交易所(会员号:125)的交易结算会员。华闻期货总部设在上海浦东陆家嘴金融圈,注册地址为:上海市浦东新区浦东大道720号国际航运金融大厦22楼。目前,在郑州、北京、武汉等地设有营业部。

华闻期货立足于做强期货、服务客户、回报股东。借助良好的股东背景,充分发挥自身优势,在把握市场发展机遇的前提下,致力于成为国内期货行业领先的绩优期货服务商,与投

资者一起分享期货市场高速发展的成果。在为投资者创造价值的同时,也获得自身的长足发展。

【核心竞争力】

(一)研发能力

华闻期货拥有一批实战经验丰富、敬业专业的研究员队伍。他们对宏观经济景气、基本面供需情况、市场博弈力量分析均有深刻认识与独到把握,并能根据不同的风险水平与资产规模设计出有效的投资方案。

目前华闻期货研发中心已为多家上市公司设计过套利套保方案,为华闻众多投资机构设计过趋势性交易方案并受到市场良好验证。此外,研发中心极为重视中小投资者得日常交易,并在实践的基础上为中小客户构建出一套有效的风险控制与交易指导体系。

公司已与其他金融机构及科研院所展开战略合作,这将形成宏观、长远的研发视野,从而更客观地帮助投资者把握市场机会。

(二)服务能力

公司已在开户、划款、咨询、结算各个环节建立了规范高效的流程式服务,争取让投资者更省心、更放心。

公司已开发出自主产权的、安全快捷的网上交易系统,可以使客户在交易手段上更有优势。

公司即将开通银期转帐业务,将使客户的资金划转更为方便快捷。

(三)服务内容

1. 交易结算服务体系;
2. 资金划转服务体系;
3. 风险管理服务体系;
4. 研究咨询服务体系;
5. 办公与市场保障体系。

【公司文化】

华闻期货秉承“诚信、专业、创新”的经营理念,在谋求外部优势环境的同时,更注重团队结构与分工协作,努力打造内部的核心竞争力。争取以高效、专业、细致的服务,帮助投资者规避风险、赢取回报。

诚信立司——以诚信态度构建与股东单位、监管层、合作者、尤其是投资者的关系;

专业治司——以专业管理、专业研究、专业咨询、专业培训的标准经营企业;

创新谋司——以管理创新与业务创新谋求公司长期、稳健、快速发展。

渤海期货股份有限公司

【基本情况】

公司名称:渤海期货股份有限公司
注册资本:5 亿元
注册地址:大连市中山区玉光街 11 号远洋大厦 B 座写字间 1 单元 9 层
法人代表:王石梅
邮政编码:116001
客服电话:0411 - 82690269、0411 - 82690260
公司网址:http://www.bhfcc.com/
电子邮箱:bhqh2007@163.com

【公司概况】

渤海期货股份有限公司(以下简称“公司”)成立于 1996 年 1 月,是国内成立较早、经中国证监会批准及辽宁省工商局注册的专业期货公司之一。公司股东为东北证券股份有限公司(股票代码:000686)和吉林省融商投资有限公司,注册地址为辽宁省大连市,注册资本为人民币 5 亿元。公司主要从事商品期货经纪、金融期货经纪,资产管理、期货投资咨询。是中国金融期货交易所交易结算会员单位,是上海期货交易所、郑州商品交易所、大连商品交易所会员单位。

公司自创立以来,秉承“诚信、高效、勤勉、自强”的企业精神,运作规范,管理严格,服务专业,资产优良,在业内享有良好的声誉。公司已在大连设立分公司,在上海、北京、长春、郑州、沈阳、广州、福州、重庆、济南、杭州、厦门、深圳、成都设有 13 家营业部。

公司作为东北地区最大券商背景下的期货公司,依托股东单位雄厚的资本实力、广阔的金融业务平台、深化合作、共享资源,为全国投资者提供全方位的专业化期货服务。

【公司文化】

渤海期货公司自创立以来,秉承“诚信、高效、勤勉、自强”的企业精神,运作规范,管理严格,信誉至上。以广大投资者为中心,为广大投资者提供国内全部期货品种的交易代理、套保交割和其它相关服务。

渤海期货已经培养和建立了一支专业化的管理团队以及一支在业内颇具影响力的营销队伍。

云晨期货有限责任公司

【基本情况】

公司名称:云晨期货有限责任公司
注册资本:1.1 亿元
注册地址:云南省昆明市盘龙区人民东路 111 号
法人代表:曹辉
邮政编码:650051
客服电话:0871 - 63142036、0871 - 63142038
公司网址:http://www.ycfutures.com
电子邮箱:www.ycfutures@sina.com

【公司概况】

云晨期货有限责任公司(以下简称“公司”)成立于 2002 年 9 月 9 日,是一家主营商品期货经纪和金融期货经纪业务的期货公司,是上海期货交易所、大连商品交易所和郑州商品交易所会员和中国金融期货交易所交易结算会员,可代理客户从事国内所有品种的期货交易。公司注册资本为人民币 1.1 亿元,其中云南铜业(集团)有限公司占总股本的 60%;云南铜业股份有限公司占总股本的 40%。在 2014 年全国期货公司分类评级中,云晨期货被评为 BBB 级。

公司一直本着“规范经营、理性投资、科学管理、客户至上”的经营指导方针,形成了以铜、天胶、白糖为特色的优势期货品种,在蒙自、楚雄、曲靖开设了营业部,不断扩大营业网点、延伸服务范围。公司提出了独特的“价值投资理念”,针对企业与投资者的多元化需求,极具针对性地开发了“企业风险管理决策系统”和“客户关系管理系统”,可为企业和投资者提供投资交易、套期保值、期现套利、工具设计等多种个性化服务产品和信息咨询服务,还可提供专业培训、驻厂调研和企业保值方案设计等专项服务。公司紧紧围绕“以客户赢利为目标”,在激烈的市场竞争中以至善的服务赢得客户,不仅为客户提供交易通道,更为投资者提供卓越的价值投资机会。

【公司文化】

云晨战略

云晨期货坚持走建设专业化期货公司的发展道路，在做好传统经纪业务的基础上，努力拓展新型期货业务，把云晨期货打造成为实体企业服务的金融平台，确保云晨期货在国内期货行业始终做到成长性高、发展速度快、利润增长快、市场空间广、人才储备足、创新能力强、企业形象好，千方百计为国民经济提供一流的金融服务。

云晨期货价值理念

三个有利于——

有利于员工的发展；

有利于业务的增长；

有利于公司的整体持续发展。

“五感”文化

让员工对企业有自豪感；

企业要给予员工安全感；

员工拥有参与企业发展的参与感；

企业为员工建立归属感；

员工对企业拥有责任感。

国金期货有限责任公司

【基本情况】

公司名称：国金期货有限责任公司

注册资金：1.5 亿元

注册地址：成都市锦江区东大街芷泉段 229 号
1 栋 2 单元 28 层

法人代表：李蒲贤

邮政编码：610061

客服电话：400－682－1188

公司网址：http://www.gjqh.com.cn

电子邮箱：webmaster@gjqh.com.cn

【公司概况】

国金期货有限责任公司是国金证券（SH：600109）股份有限公司的控股子公司，注册资本 1.5 亿元人民币，员工近 200 名。公司拥有上海期货交易所、大连商品交易所、郑州商品交易所会员资格和中国金融期货交易所交易结算会员资格，具备商品期货经纪、金融期货经纪和期货投资咨询、期货资产管理等业务资格。公司总部位于成都，并在北京、上海、广州、杭州等经济中心城市设有营业部，同时依托国金证券众多的营业网点，期货业务范围辐射全国。

公司控股股东国金证券，是涌金集团旗下的一家资产质量优良、专业团队精干、创新能力突出、服务特色鲜明的综合类上市证券公司，是沪深 300 指数、上证 180 指数、上证 180 金融股指数、上证中型企业指数和上证公司治理指数成份股，证券公司业务牌照齐全、分类监管 AA 类券商，连续 20 年保持年终税前盈利，是证券行业仅有的 2 家连续盈利的证券公司之一。2010 年，国金证券荣获“中国 20 家最具影响力证券公司奖”。

国金期货秉承“责任、和谐、共赢”的核心价值观，依托涌金集团旗下所拥有的证券、资管、基金、信托等综合金融资源优势，立足商品期货，面向金融期货，放眼综合金融，坚持走平台化、专业化和产品化的业务发展模式，逐步打造以研究为支撑、产品为导向、机构为重点的全国性的综合金融服务平台。

国都期货有限公司

【基本情况】

公司名称：国都期货有限公司

注册资本：2 亿元

注册地址：北京市东城区东直门南大街 3 号国华投资大厦 8 层、10 层

法人代表：叶晓

邮政编码：100007

客服电话：4006508822　010－64002523

公司网址：http://www.guodu.cc

电子邮箱：gdqh@guodu.cc

【公司概况】

国都期货有限公司是经中国证监会批准，由国都证券股份有限公司和中诚信托有限责任公司共同出资设立的全国性期货公司，公司注册地为北京市。公司注册资本 2 亿元人民币，其中国都证券股份有限公司持有公司 62.31% 的股份，中诚信托有限责任公司持有公司 37.69% 的股份。公司经营范围为商品期货经纪、金融期货经纪、期货投资咨询、资产管理。公司为上海期货交易所、大连商品交易所、郑州商品交易所会员以及中国金融期货交易所交易结算会员，可代理各交易所已上市和即将上市全部期货品种的交易、结算及交割。

公司股东国都证券股份有限公司以其优良的资产质量、健全的内部控制机制和严格的风险控制著称于业内；公司股东中诚信托有限责任公司是中国银监会直接监管的中央级信托投资公司，中国信托业协会首届会员单位。

公司在上海、郑州、合肥设有营业部，营业范围覆盖各大期货交易所所在地。公司各营业部客户保证金实行封闭运行，交易设施先进齐备，资金划转安全便捷，咨询信息及时全面，经营场所优雅舒适，高素质的职业团队，可为客户提供专业化个性化的服务。

公司经营管理始终稳健、审慎经营，合法合规运作，从未发生挪用客户保证金及穿仓等重大风险事件。公司以对客户资产高度负责的态度，在业内树立了诚信、稳健、专业的形象。

申银万国期货有限公司

【基本情况】

法定名称：申银万国期货有限公司

法人代表：李建中

总　经　理：李建中

注册资本：7.76 亿元。

注册地址：上海市东方路 800 号 7、8、10 楼

邮政编码：200122

联系电话：021－50588811

公司网址：http://www.sywgqh.com.cn
http://www.sywgqh.com（新版）

电子邮箱：sf1000@sywgqh.com.cn

【公司概况】

申银万国期货有限公司（简称：申银万国期货），成立于 2007 年 12 月 11 日，是申万宏源证券有限公司的控股子公司（持股比例 96.2164%）。

申银万国期货拥有 1 家全资子公司——申银万国智富投资有限公司；在北京、上海、广州、大连、郑州、成都、深圳、杭

州、宁波、武汉、南京、贵阳、重庆、青岛、西安、福州、天津、温州、无锡设有21家营业部；同时，依托申万宏源证券公司遍布全国的150余个营业网点，为投资者提供专业化的风险管理、财富管理服务。除农、工、中、建、交五大银行以外，公司率先增开浦发、民生、中信、招商、光大、兴业6家商业银行开展银行银期转账业务。

申银万国期货注册资本金7.76亿元，经营范围包括：商品期货经纪、金融期货经纪、期货投资咨询、资产管理、基金销售；是中国金融期货交易所全面结算会员和上海期货交易所、大连商品交易所、郑州商品交易所的会员；是中国期货业协会的理事单位、上海市期货同业公会副会长单位、中国证券业协会会员、中国证券投资基金业协会会员、上海市工商业联合会钢铁贸易商会金融与法律委员会副主任单位、上海钢铁服务业协会副会长单位、上海市普陀区白银协会副会长单位、上海市五星级诚信创建企业。

申银万国期货在中国证监会期货公司分类评价中获评A类AA级，并以优异的表现在行业内的各项评选活动中荣获交易所、主流媒体、政府机关等颁发的共计百余个奖项和荣誉：公司自主研发的"程序化高频交易套利系统"在上海市人民政府设立的上海金融创新奖中荣获"金融创新成果二等奖"；"申银万国期货结构化ABCD产品"荣获"金融创新成果奖三等奖"，并连续多年被四大期货交易所、主流媒体评为"年度优秀会员"、"期货公司十强"、"中国最佳期货公司"等重要奖项。

中航期货有限公司

【基本情况】

法定名称：中航期货有限公司

法人代表：周小辉

注册资本：28000万元人民币

成立时间：1993年4月7日

注册地址：深圳市前海深港合作区前湾一路1号A栋201室

办公地址：深圳市福田区华富路1006号航都大厦21层

公司网站：http://www.cafco.com.cn

电子邮箱：ltj@zhqh.cn

联系电话：0755—83248723、83320464、83688531

传真电话：0755—83352428

邮政编码：518031

【公司概况】

中航期货有限公司（原名：中航期货经纪有限公司）控股股东为中航投资控股有限公司。成立于1993年4月7日，由中国航空工业供销总公司独资组建，成立时注册资金1000万元。1997年按照中国证券监督管理委员会的要求改制为股份制有限责任公司，注册资金增加至3000万元，股权结构变更为中国航空工业供销总公司持股95%，中航大厦持股5%。2006年12月经中国证券监督管理委员会和2007年2月经国家工商行政管理局核准变更股权结构，由原来的中国航空工业供销总公司持股95%，中航大厦持股5%，变更为：上海欣盛航空工业投资发展有限公司持股49%，中国航空工业供销总公司持股46%，中航大厦持股5%。2007年9月，再次增资扩股，注册资金增加至6500万元，股权结构变更为：中国航空工业第二集团公司持股53.85%（现与中国航空工业第一集团公司合并为中国航空工业集团公司）、上海欣盛航空工业投资发展有限公司持股31.15%、中国航空工业供销有限公司持股15%。2010年3月公司股权结构变更为：中航投资控股有限公司持股53.85%、上海欣盛航空工业投资发展有限公司持股31.15%、中国航空工业供销总公司持股15%。2013年11月公司注册资本增加至2.6亿元，股权结构变更为：中航投资控股有限公司持股88.46%、上海欣盛航空工业投资发展有限公司持股7.79%、中国航空工业供销有限公司持股3.75%。2014年6月9日经深圳市市场监督管理局核准，公司名称变更为"中航期货有限公司"。2014年10月吸收合并江南期货经纪有限公司，注册资本变更为2.8亿元，股权结构变更为：中航投资控股有限公司出资23078.947万元，占比82.42%，上海欣盛航空工业投资发展有限公司出资2070.677万元，占比7.40%，中航证券有限公司出资1853.384万元，占比6.62%，中国航空工业供销有限公司出资996.992万元，占比3.56%。

公司是中航投资控股有限公司的成员单位，是以商品期货经纪业务、金融期货经纪业务和资产管理为经营范围的非银行金融机构，公司实行董事会领导下的总经理负责制，设有行政与人力资源部、资产管理部、结算部、研发部、信息技术部、财务部、客服部、风控部、合规部和市场营销部。公司有一支伴随期货业发展而成长起来的管理团队，在多年的发展过程中，逐步锻炼出一批能为客户的投资增值提供强大研发能力的业务精英，形成了"诚信、尊重、敬业、服务、创新"的基本行为准则，作为中航工业集团金融板块的重要组成部分，公司在集团"两融、三新、五化、万亿"的战略指引下，以"创新思维提供有价值金融服务，推进产融结合"为指导思想，以"建设一流的，有特色的金融服务商"为目标，坚持"以人为本，追求创新"的经营理念，严格控制风险，稳健经营，推进管理创新，不断提升服务水平。

公司制度严谨、人员齐整，运作规范稳健。目前在上海、深圳、武汉、汕头、南昌、郑州、东莞设有合规的营业部。

近年来在股东单位的支持和全体员工的共同努力下，中航期货公司取得了长足的发展，在资产质量、交易额、研究水平和客户盈利能力等等各方面都有显著提升。在今后的发展中，公司将在集团和中航投资的支持下，进一步加强与集团内部企业和中航证券、中航信托等中航投资成员单位间的紧密协作，发挥金融服务功能，实现公司跨越式发展，为产融结合做出积极的贡献。

公司全体员工热忱欢迎广大企业、证券金融机构及个人投资者充分利用期货这一投资工具进行保值、套利投机等业务，本公司将以诚实高效的服务获得您的信赖，并期望您在我们公司取得良好的收益。

海通期货有限公司

【基本情况】

公司名称：海通期货有限公司

注册资本：13亿

注册地址：上海市浦东新区世纪大道1589号17楼、6楼01－04单元、25楼、2楼05单元

法人代表：徐凌

邮政编码：200122

客服电话：021－68685562

公司网址：http://www.htfutures.com

电子邮箱：office@htfutures.com

【公司概况】

海通期货有限公司是海通证券股份有限公司(600837)控股子公司,注册资本13亿元,首批获得投资咨询业务资格、资产管理业务资格,是国内首家通过ISO9001:2008质量管理体系认证的期货公司。公司拥有上海期货交易所、大连商品交易所、郑州商品交易所全权会员资格,是中国金融期货交易所全面结算会员。公司全面开通工商银行、中国银行、建设银行、农业银行、交通银行全国银期转账业务,为投资者提供专业、优质的期货经纪和风险控制服务。

公司拥有位居前列的市场规模和市场占有率;集聚一批业内有影响力、号召力的行业专家和卓越的员工团队;具备强大的研发能力、持续盈利的财务能力;具有高效的管理平台和海通特色的管理机制;享有较高的品牌价值和社会影响力。

【公司大事记】

2014年大事记

2月,公司由交易结算会员变更为全面结算会员。

3月7日,由公司与清华大学公共管理学院合作组建的"清华大学公共管理学院公共经济、金融与治理研究中心"成立仪式正式启动,徐凌总经理任研究中心理事并在成立仪式上致辞。

3月11日上午,海通证券裴长江副总经理、战略发展部总经理助理苏晓悦一行来公司调研,并与班子成员座谈。

4月25日,徐凌总经理当选上海期货同业公会第四届理事会会长。

7月18日,公司2014年中期工作会议在上海召开。公司领导、各职能部门及业务部门主要负责人共计80余人参加会议,徐凌总经理作工作报告。

7月31日,中国期货业协会刘志超会长在公司召开上海地区期货行业调研座谈会。

7月30日,上海期货交易所开展的2013年度优秀分析师(团队)评选活动落下帷幕,研究所获优秀分析师团队奖等荣誉。

8月14日下午,徐凌总经理在公司6楼多功能会议室为总部及上海地区各部门主管以上人员做了题为"新形势下公司的战略转型与管理者的素质要求"的报告,各地营业部通过连线电话会议系统听取报告。

9月19日,公司聘任李迅雷为公司首席经济学家。

9月28日,海通期货2014年度"期海扬帆"钢产业链秋季投资论坛活动在石家庄顺利召开,与会人数170多人。

10月,公司2014分类评级获得AA。

10月31日,徐凌总经理参与了由期货日报主办的"2014中国期货业领袖年会暨首届衍生品高峰论坛"领袖评选,并从20位提名候选人中脱颖而出,荣膺"2014中国期货业领袖人物"称号。

11月1日,公司联合香港交易所、BloombergRTS在上海举办了"深入了解LME定价机制掌握跨市套利新机遇"有色金属论坛。近百家有色金属产业链投资者、私募对冲投资者和部分个人投资者参会。

11月8日–9日,公司举办了为期两天的素质拓展活动,近三百位海通人欢聚一堂,广才智、比风格、赛水平,提升综合素质,演绎海通豪情。

11月,由信息安全技能竞赛(上海)组委会、上海市信息安全行业协会主办的第六届信息安全技能竞赛圆满结束,公司荣获证券组三等奖,是期货公司中唯一的获奖单位。

12月,由公司主办、中国金融期货交易所承办的"私募基金行政服务及金融期货量化交易应用高峰论坛"在北京成功落幕,60多家机构、80余位嘉宾参加了此次论坛。

2015年大事记

1月,由中金所和中期协联合举办的为期两个月的第二届"中金所杯"高校大学生金融及衍生品知识竞赛圆满结束,公司再度荣获"优秀组织奖"。

1月,第二期上海期货交易所期权讲师培训和评选工作结果出炉,来自公司创新事业群、期权部、投资咨询部的5位员工参与了此次培训,并在多轮竞赛环节中表现抢眼,取得优异成绩。

1月25–26日,公司2015年度工作会议在上海召开。公司领导、各职能部门及业务单位主要负责人共计110余人参加会议,徐凌总经理作工作报告。

1月,公司股票期权经纪业务正式获批。

1月,公司获得大商所2014年度优秀会员奖、最佳产业服务奖、最佳产业拓展奖、最佳机构服务奖、最佳机构拓展奖、最佳农产品交易会员奖、最佳工业品交易会员奖。

2月,公司被郑商所授予2014年度市场优秀发展会员、产业服务优秀会员,棉花、菜系、白糖、PTA、甲醇、玻璃、铁合金品种发展优秀会员,棉花、菜系、白糖、PTA品种产业服务优秀会员。

2月4日,上海期货交易所总经理刘能元一行来司调研,并与公司班子成员座谈。

3月25日,中金所董事长张慎峰一行来司调研,并与公司班子成员座谈。

4月10日,海通证券总经理瞿秋平、董事会秘书黄正红、办公室副主任舒芸芸一行来司调研,研究海通期货的战略定位及发展方向,张建刚董事长、徐凌总经理接待了瞿总一行。

4月16日,上证50和中证500股指期货上市仪式在上海举行,公司徐凌总经理作为唯一市场代表上台致贺。

4月21日,根据总公司党委统一部署,公司党委召开2014年度专题民主生活会。

5月28日至29日,由上海期货交易所、郑州商品交易所、大连商品交易所和中国金融期货交易所联合主办的第十二届上海衍生品市场论坛在上海召开,徐凌总经理出席原油论坛并作主题发言。

6月17日,海南证监局程绪兰副局长、海南证券期货业协会刘红滨副会长带队,海南证监局期货处李毅处长及金元期货、华融期货、中银国际期货等期货公司高管一行来司交流,并与公司班子成员座谈。

6月27日,由公司工会组织的全国徒步行活动圆满落下帷幕。

【公司文化】

海通期货有限公司的标志以中国殷商时期青铜器上的传统水纹图样为造型元素,设计构思以四朵浪花对应构成一个"古铜币"的基本型,较为完整地体现了海通期货"财源茂盛通四海"的内涵和视觉形象。

标志中的浪花图案首尾相连,循环往复,既巧妙地贴合了海通期货名称的涵义,又准确形象地表达了期货公司的行业特性。四朵翻滚的浪花,无论看成阿拉伯数字中的"6"还是"9",都象征了中华民族吉祥如意的"六六大顺"与"久久安安",更代表了海通期货的稳步发展和不断壮大,以及为每位投资者带来丰厚回报的美好愿望。

核心价值观勇担责任、矢志创新、追求卓越

三步走战略第一步,扩大市场份额;第二步,夯实管理基础;第三步,提升核心竞争力。

发展的四根支柱人才、研发、风控、IT

经营目标打造一流团队,提供一流服务,树立一流品牌,创造一流效益,争创国内规模大、实力强、服务全的新型期货公司。

冠通期货有限公司

【基本情况】

公司名称:冠通期货有限公司

注册资本:1 亿元

注册地址:北京市朝阳区朝阳门外大街甲 6 号万通中心 4 座 18 层

法人代表:杨冠平

邮政编码:(100020)

客服电话:010 - 4007007588

公司网址:http://www.gtfutures.com.cn

电子邮箱:gtqhxxbs@gtfutures.com.cn

【公司概况】

冠通期货有限公司成立于 1996 年,是国内历史最悠久的期货公司之一,公司法人治理结构完善,在服务能力、研发水平、市场开发、机构管理等方面经验丰富,公司成立至今一直保持连续盈利的经营业绩,在行业监管部门中素来以管理严谨规范著称。

公司总部设在北京,同时在北京、上海、大连、郑州、秦皇岛、贵阳、南通、柳州、青岛、天津、长沙、成都、武汉、深圳等地设有营业部。公司是上海期货交易所、大连商品交易所、郑州商品交易所和中国金融期货交易所国内四家交易所的结算会员。

公司的控股股东是中国中化集团成员企业——中国对外经济贸易信托有限公司。公司一直以来在金融创新方面成果卓著,打造的"信托 + 期货"的全新合作模式,更是促进了公司在金融衍生品创新领域表现突出,公司在"信托 + 期货"产品的研发方面亦将开创国内金融创新先河。近年来,公司投入大规模人力、物力研究集合资金信托理财产品,广大投资者将可以通过信托基金建立起更多元化的资产配置,与此同时将大幅降低投资者在单独参与期货市场时可能面临的风险,公司将紧随国内金融发展的步伐,适时为广大投资者推出多样化的金融衍生品,为中国金融市场的完善做出贡献。

·标准典范

公司严格按照证监会信息技术要求,管理总部建立了一套高规格、高冗余、高容量的交易系统,达到二类标准机房建设,并配备高标准的郑州异地机房备份系统,系统容量满足线性增长要求,随时准备随业务规模的巨增,实现系统容量的快速增长。

网络交易畅通——在总部机房内建立电信和联通中心传输,与电信和联通的中心机房百兆光纤直接链接,保证了网络通讯的持续和稳定。

系统选择多样——文华、彭博两套行情系统,金仕达、易盛、CTP 三套交易系统,文华一键通、博易闪电手等嵌套交易端接入,博易掌上财富、文华随身行行情及下单系统提供便利,交易通畅。

资金划转便捷——全面开通工、农、中、建、交、民生、兴业、浦发、招商等结算银行的全国银期转账业务,有效保障资金划转的及时性。

·增值服务

公司拥有一支充满活力与热情的交易研究团队,融合身经百战的实战专家、资深金融博士、严谨务实的 IT 精英,拥有多市场多品种多策略组合的程序化交易模型、交易投资经理、评估系统等,通过建立专业化、科学化的投资和评估体系,为市场发掘优秀的投资管理人才,为广大投资者提供个性化、专业化的优质投资和咨询服务。

公司研发中心是公司树立品牌优势、开拓专业化市场的核心竞争力。研发中心下设农产品研究组、化工能源研究组、金属研究组、宏观经济研究组、股指期货研究组、金融创新研究组。各小组在各研究领域成绩斐然,为投资者提供了强大的研发保障和支持,其中尤其是金融创新组,该组金融理论知识扎实、全面,在金融工程数量分析、模型构建方面具有丰富的国际工作经验,在国内很多领域的研究还属空缺的情况下推出了系列创新性的研究成果,为投资者在交易策略的具体可操作性、可行性、风险测算、评估等诸多方面提供很好的决策依据,在行业中保持领先水平。

·创新贡献

(1)公司董事长杨冠平先生参与组织国家重点文化项目《二十四史文白对照》的编译工程;

(2)业内首家独立举办"期货实盘大赛"的期货公司;

(3)业内首创期货交易评估系统(简称 FTES):期货交易评估系统已经实现面对全国广大期货交易者的自动化交易评估,逐步将行为金融学、交易心理学等前沿学科的学术成果运用到交易评估系统中。期货交易评估系统不仅在国内填补了一项空白,在国际的相应领域也处于相当领先的领域,已经通过国家专利局专利申请,并获得"2011 年证券期货业科学技术奖优胜奖"。

"慎初笃行为冠,逐鹿得人则通"——公司一直以来秉承"诚信、敬业、创新、服务"的企业宗旨,树立"以客户服务为先导,以诚信规范为基石,以开拓创新为手段,以和谐敬业为追求"的全新企业文化,努力在市场开拓、客户服务、风险管理、经济效益方面争创一流。在我国"实物经济"向"虚拟经济"的转型过程中,与中国金融市场共同成长!

【公司愿景】

企业愿景:建立广受尊重的大型优质综合类金融服务企业

企业宗旨:诚信敬业创新服务

经营理念:客户服务为先导

诚信规范为基石

开拓创新为手段

和谐敬业为追求

企业使命:为客户:提供定制化服务提升客户盈利能力

为社会:履行社会义务促进和谐社会建设

为股东:力创最优业绩回报股东长远利益

为员工:创造发展空间实现个人价值

招商期货有限公司

【基本情况】

公司名称:招商期货有限公司

注册资本:6.3 亿元

注册地址:深圳市福田区福华一路免税商务大厦 9 层 9 - 15 单元、7 层 1 - 8 单元、7 层 22 - 26 号单元

法人代表:王志斌

邮政编码:518048
客服电话:0755－95565
公司网址:http://qh. newone. com. cn
电子邮箱:zsqh@ cmschina. com. cn
【公司概况】
招商期货有限公司是招商证券股份有限公司的全资子公司,注册资本63000万元,是中国第一家获批的券商全资控股期货公司。公司具备上海期货交易所、大连商品交易所、郑州商品交易所、中国金融期货交易所四大期货交易所的交易结算会员资格,可代理中国期货市场所有期货品种的交易。

2008年中国证监会核准招商证券为招商期货提供中间介绍(IB)业务资格,公司成为国内第一批与券商开展IB业务的期货公司。目前,IB业务已在总部及获得中国证监会期货中间介绍业务开业资格的招商证券营业部全面展开,投资者可在招商证券营业部直接办理招商期货开户手续,并进行期货交易。

恪守招商传统的运营理念——合规稳健,协调发展。以保障客户资金安全和客户交易安全为生命线,斥巨资搭建安全可靠、性能卓越的交易系统。完善的制度流程管理,覆盖所有业务环节的合规、风控、稽查,全面掌控风险。

凭借招商卓越的人才机制——以人为本,任人唯贤。引进期货行业翘楚,自主培养学生精英,形成专业技能精湛、发展潜力巨大的员工队伍,支撑、优化着百年招商的运行管理品牌。

秉承招商独特的研发定位——立足市场,鼓励创新。公司研究所坚持独立客观、前瞻领先、贴近市场的研究方向,已在套利、程序化交易、短线交易等应用性领域取得显著成果,推出"智睿理财"系列产品。

承载招商真诚的服务理念——服务至上,成就价值。95565客服专线无微不至地关爱着客户,一对一高端服务随时随地呵护着客户,详实多样的信息渠道全面精准地引领着客户,各类针对性培训切实真诚地辅导着客户。

"百年招商,一脉相承,励新图强,敦行致远。"我们怀着这份信仰,力争建设中国金融市场上服务一流、能力突出、品牌卓越的专业期货交易服务机构,打造客户信赖、社会尊重、股东满意、员工自豪的优秀企业。

宏源期货有限公司

【基本情况】
法定名称:宏源期货有限公司
注册地址:北京市西城区太平桥大街19号4层4B
邮政编码:100033
成立时间:1995年5月2日
注册资本:5.5亿元
公司电话:010－88085299
公司传真:010－88085501
法人代表:王化栋
公司邮箱:hyqhzp@ swhysc. com
公司网址:http://www. hongyuanqh. com/
【公司概况】
宏源期货有限公司是经中国证监会批准,从事商品期货经纪、金融期货经纪、期货投资咨询、资产管理的专业化金融服务企业。公司注册地为北京,注册资本5.5亿元人民币,是上海期货交易所、大连商品交易所、郑州商品交易所全权会员,中国金融期货交易所交易结算会员,中国期货业协会理事单位,北京期货商会会长单位。

全资股东申万宏源证券有限公司是国内规模最大、经营业务最齐全、营业网点分布最广泛的大型综合类证券公司之一,在全国设有18家分公司和309家营业部,并设有香港、东京、新加坡、首尔等海外分支机构。

公司在北京、上海、乌鲁木齐、南宁、杭州、大连、郑州、合肥、济南、石家庄、昆明、扬州、天津、重庆、福州、深圳、苏州等地设有多家营业部,依托申万宏源证券三百余家营业网点形成覆盖全国的服务网络。

公司拥有澎博、文华等行情系统,澎博闪电手、文华一键通、金仕达多账户、众期分账户、上海快期、易盛、大连飞创、掌上财富手机行情交易、证券期货套利等交易系统,交易开拓者、MultiCharts、文华等程序化交易软件,满足客户的多样化需求。开通工行、建行、交行、农行、中行等全国银期转账系统,资金划转方便快捷。结合申万宏源证券研究所形成证券期货综合研究力量,为投资者提供及时准确的信息资讯、深度的研究报告和专业的投资咨询服务。

公司以市场为导向,以客户为中心,以专业化技能和高标准的服务,推动公司业绩快速成长,成为国内最具发展潜力的期货公司之一,多次荣获监管部门、交易所、行业协会和媒体奖励。

公司将竭诚为广大投资者提供多元化、标准化、个性化服务,以专业、诚信为投资者创造价值。

通惠期货有限公司

【基本情况】
公司名称:通惠期货有限公司
注册资本:1.25亿元
注册地址:上海市浦东新区陆家嘴西路99号7楼
法人代表:冯立民
邮政编码:200120
客服电话:021－68864915
投诉电话:021－68865320
公司网址:http://www. thqh. com. cn
电子邮箱:thqh@ thqh. com. cn
【公司概况】
通惠期货有限公司,原上海通联期货有限公司,控股股东为中国万向控股有限公司。股东拥有丰富的现货资源及多业并举的金融服务平台。公司于1999年经中国证监会核准在国家工商局登记注册,从事商品期货经纪、金融期货经纪业务、资产管理业务。公司注册资本1.25亿元,办公地址位于上海浦东陆家嘴金融贸易区,拥有1481.62平方米的办公场所。公司拥有上海期货交易所、大连商品交易所和郑州商品交易所的全权会员资格,是中国金融期货交易所交易结算会员、中国期货业协会团体会员。

公司拥有专业的研究团队,汇聚了业内研究水平一流、实务操作成绩稳健的研究员作为核心力量,确保为客户提供高质量的专业咨询,提供专业投资报告,帮助客户进行短长期行情分析,制定套期保值、跨期套利方案;协助客户有效规避风险、获得收益。

公司致力于打造期货行业一流的信息技术平台,采用胜科金仕达、易盛、上期技术综合交易平台等交易系统,拥有文华财经、澎博财经资讯等国内优秀的行情系统,为客户提供赢智 WH8、交易开拓者、达钱等程序化操作和策略平台,特色交易软件有快期、文华一键通、澎博闪电手、金仕达多点登录软件等,开通了工行、农行、建行、交行等全国性银期转帐业务,公司特别提供程序化服务器托管服务,提供高速的交易接入,确保程序化交易的速度、稳定及安全性。

公司具有规范而稳健的管理体系,秉持“诚信、沟通、专业、共赢”的经营理念,建立了基础管理、专业管理、综合管理相配套融合的经营管理体系,并逐渐形成了“客户、员工、股东共同成长”核心价值观,倾全体员工之思想创意、执业精神和专业素养,尽客户服务、研发产品、交易通道、后台运营、人才机制之系统资源,达致客户、员工、股东与公司共赢之境界。

中大期货有限公司

【基本情况】

公司名称:中大期货有限公司

注册资本:3.6 亿元

注册地址:浙江省杭州市中山北路 310 号 3 层 12 层东

法人代表:颜亮

邮政编码:310003

客服电话:400 - 8810 - 999

公司网址:http://www.zdqh.com

电子邮箱:zdfc@ zdqh.com

【公司概况】

中大期货有限公司,成立于 1993 年,是世界 500 强企业——浙江物产集团金融板块的核心成员,上市公司物产中大(股票代码:600704)的控股子公司;是四大期货交易所会员单位,上海期货交易所理事单位。

公司总部位于杭州,在北京、上海、重庆、西安等中心城市设有三十余家营业部。公司拥有高效便捷的交易通道、基础雄厚的研发能力、专业贴心的服务团队,秉承“规范经营、稳步发展”的经营方针,竭诚为客户提供涵盖通道、项目、产品的全方位服务。

经中国证监会核准,2011 年公司首批获得“期货投资咨询业务资格”,2013 年 2 月获得“资产管理业务资格”,2015 年 1 月成为浙江省内首个获得“基金销售业务资格”的期货公司,目前经营范围为:商品期货经纪、金融期货经纪、期货投资咨询、资产管理、基金销售。

【股东背景】

浙江省物产集团公司(简称“浙江物产”,英文简称“ZJMI”)是世界 500 强企业,中国最大的生产资料流通企业和综合性内外贸易及批发零售服务集成商。

浙江物产以生产性服务业、生产资料流通贸易为主业,经营范围涉及国内外贸易、实业加工、物流事业、金融投资等“四大”领域,和钢铁、汽车、能源、化工、商业地产、金融等“六大”业务板块,营销业务遍及全球 70 多个国家和地区。旗下共拥有 2 家上市公司(物产中大 600704、物产中拓 000906),10 家一级成员企业,1 所全日制高等职业技术学院,370 余家成员单位,员工 18000 余人。

展望未来,浙江物产将牢牢把握服务经济和生产性服务业发展的黄金机遇期,以服务中国经济转型升级和产业结构调整为己任,全面进入生产性服务业,按照“战略升级、提升发展”的战略方针,实施“产业领先,布局全国,国际视野,跨国经营,追求卓越,引领未来”的战略径,以提升发展为核心,产业结构优化升级为主线,深化改革和自主创新为动力,提高综合竞争力和可持续发展能力为目的,力争到 2015 年实现营业收入 2600 亿元,利润总额 52 亿元,资产总额 1000 亿元以上,打造成为集现代流通产业、现代流通方式与现代企业制度为一体的供应链服务集成商,和具有国际竞争力的一流现代流通企业集团。

【公司荣誉】

2013 年度

2013 年度浙商最受信赖金融机构

郑商所白糖期权仿真交易竞赛组织奖

温州营业部获得《期货日报》“最佳投资者教育营业部”

金融界“最受投资者信赖期货公司”

大商所农产品研发团队“十大期货研发团队”

和讯年度最佳投资者教育期货公司

中金在线 2013 年度的财经评选“最佳投资咨询期货公司”

2014 年度

第十二届中国财经风云榜最佳期货行业创新奖

荣获中金在线“最佳期货投资咨询有限公司”

2015 年度

荣获第 13 届中国财经风云榜“2015 年度最佳期货行业品牌”

荣获中金在线 2015 年第七届财经排行榜“最佳业务创新期货公司”

2015 年荣获《期货日报》第九届全国期货实盘交易大赛“优秀资管服务奖”

2015 年荣获《期货日报》第八届中国最佳期货经营机构评选“最佳期货私募基金孵化奖”

2015 年度大连商品交易所“最佳机构拓展奖”

015 年度大连商品交易所“市场服务奖”

2015 年中大期货永康营业部荣获《期货日报》第八届中国最佳期货经营机构最佳期货分析师评选暨“2015 年度最具成长性期货营业部”

华安期货有限责任公司

【基本情况】

公司名称:华安期货有限责任公司

注册资本:2 亿元

注册地址:合肥市庐阳区长江中路 419 号

法人代表:汪泓

邮政编码:230061

客服电话:0551 - 62839073、0551 - 62839083

公司网址:www.haqh.com

电子邮箱:haqhzh@ 126.com

【公司概况】

华安期货有限责任公司(下称“公司”)成立于 1995 年 5 月,由华安证券股份有限公司控股。公司具备从事商品期货和金融期货业务资格、期货投资咨询、资产管理业务资格,注册资本金为人民币 2 亿元,是目前国内综合研究实力较强的期货公司之一。

公司总部位于合肥市长江中路 419 号,营业面积 1600 平方米,并在上海、青岛、郑州、芜湖、阜阳、马鞍山、安庆、金华设立了营业部。公司的控股股东华安证券是安徽省第一家由中国证监会核准的具备从事期货中间介绍(IB)业务资格的证券公司。华安期货有限责任公司依托华安证券遍布全国的营业网络，可以为全国各地投资者提供最及时的投资资讯服务；并根据投资者需要设计套保、套利和投资理财等多种不同类型的投资方案，适应具有各类风险偏好投资者的需求。

为保障投资者交易的安全、快捷和稳定，公司配备了先进、稳定的网络系统和双路供电系统，拥有多套最新的澎博、文华、富远等资讯行情系统。为满足各类投资者的交易习惯，公司采用了目前交易速度最快、功能最丰富的恒生、易盛交易系统和上海期货信息技术有限公司最新推出的综合交易平台等先进软件，能为投资者提供闪电手、批量委托、一键通、止损、止盈、套利以及各种策略化、程式化交易等丰富多样的交易功能和手段。

公司拥有上海期货交易所、大连商品交易所和郑州商品交易所的全权会员资格，是中国金融期货交易所的交易结算会员，可代理股指期货、黄金、铜、铝、锌、燃料油、天然橡胶、螺纹钢、线材、小麦、PTA、白糖、棉花、玉米、菜籽油、早籼稻、大豆1号、大豆2号、豆粕、豆油、线型低密度聚乙烯（LLPDE）、棕榈油、PVC等等国内所有上市期货品种的交易，目前一直开展沪深300股指期货仿真交易。

华安期货有限责任公司奉行"严谨、活力、协作、创新"的经营理念，立足高起点，塑造投资新文化，致力于构建以塑造品质为核心，在业内具备持续竞争力和持久影响力的期货公司。公司广纳具有共同事业信念的业界精英，确立以专业拓展市场、以产品服务客户的业务战略，按照"产品、沟通、服务、诚信"的业务理念，形成了以股指期货等金融衍生品、以有色金属、天然橡胶、钢材等工业原料和以油脂、棉花等农产品为品种特色的研发方向。公司以客户的需求为导向，以客户资产的增值为目标，致力于提高公司研发水平的专业化和投资理财产品的实用性，依托股东优良的金融投资和现货实业背景，全力为投资者打造全方位投资理财平台，实现客户与公司双赢的企业宗旨。

面对中国金融市场的全面开放，华安期货有限责任公司将弘扬"厚积薄发、自强不息"的传统美德，以振兴中华民族的金融企业为己任，在世界金融市场的大潮中尽展炎黄子孙的金融投资智慧！

上海浙石期货经纪有限公司

【基本情况】

公司名称：上海浙石期货经纪有限公司

注册资本：2亿元

注册地址：上海市浦东新区浦电路438号

法人代表：刘志德

办公地址：上海市浦东新区浦电路438号双鸽大厦10－G

邮政编码：200122

客服电话：0571－87812161

公司网址：http://www.zsqh.com

电子邮箱：zpfc@zsqh.com

【公司概况】

上海浙石期货经纪有限公司成立于1995年5月，是经中国证监会批准设立（期货经纪业务许可证号：31530000）和上海工商行政管理局登记注册（企业法人营业执照注册号：310000000036215），经营范围商品期货经纪和金融期货经纪，注册资本人民币贰亿元整，法定代表人刘志德，总经理俞国华。公司注册地：上海市浦东新区浦电路438号双鸽大厦10G室，下设杭州、宁波两个营业部。本公司属中国石化集团绝对控股的一家规范合格的期货经纪公司。

上海浙石期货经纪有限公司的前身为原浙江省石油总公司期货部，是国内最早参与期货业务的公司之一。在1993年至1994年间参与原上海、北京等石油交易所的期货交易，积极利用期货市场所具有的规避风险和发现价格的功能，结合自身的经营业务，卓有成效地开展了套期保值业务，曾以交易规范，遵章守纪荣获上海石油交易所交易优秀一等奖。公司自成立以来一直遵循"浙石期货，信誉永恒"的宗旨，秉承母公司资信优秀、管理规范等优势，始终贯彻稳健经营、稳步发展的经营策略，坚持踏实、务实的工作作风，严格遵守中国证监会和各交易所有关期货法规、制度，建立了一整套规范严格的期货经纪业务管理制度，积极为有关企业和投资者开展商品期货交易和投资提供完善周到的服务，在业内树立了"浙石期货"的良好声誉。公司自成立以来，连年保持盈利。

证监会自1998年度实施期货公司年检，我公司每年首批通过年检，按照证监会期货部负责人的解释：每年度第一批通过年检的经纪公司属于在资产质量、抗风险能力、合规经营、内部控制与管理等方面综合考核表现较好，在业内有较好声誉的公司。

目前我司是上海期货交易所（席位号0075），大连商品交易所（席位号0157），郑州商品交易所（席位号0205）的正式会员和中国金融期货交易所（席位号0148）的交易结算会员。可代理客户从事铜、铝、锌、天然橡胶、燃料油、黄金、螺纹钢、线材、大豆、豆粕、玉米、豆油、聚乙烯、棕榈油、小麦、棉花、聚氯乙烯、早籼稻、PTA、糖等国内所有品种的期货交易，并向客户提供与期货相关的信息咨询，人员培训等服务。公司拥有文华财经行情分析系统和博易大师行情分析系统，并开通上海、大连、郑州四家期货交易所的异地同步交易系统，可为客户提供人工报单、自助委托交易、网上交易等多种交易手段。

公司设有交易、风控、财务、结算、信息技术、综合等部门；公司杭州营业部于96年3月经上海市、浙江省、杭州市证管办批准并报证监会。中国证监会期货字2000年30号文正式批准设立上海浙石期货经纪有限公司杭州营业部，是获全国首批颁发的《期货经纪公司营业部经营许可证》的公司之一。2002年经中国证监会批准设立宁波营业部。公司在上海、杭州、宁波三地购置了高端营业办公用房，为投资者创造了长期稳定的交易场所和良好的投资交易环境。公司现有员工40余人，其中8人获得期货公司高级管理人员任职资格证书，90%的工作人员获得期货从业人员资格证书。93年至96年进入本公司（含原浙江省石油总公司期货部）从事期货经纪业务的员工，占公司人员60%。

浙石期货稳步经营已走过十八个年头，如果从浙江省石油总公司期货部93年运作石油期货和石油期货经纪业务算起，已整整二十年。为了顺应国内期货市场的发展，浙石期货还须进一步壮大公司实力，以适应国际、国内石油期货市场发展的需要，逐步朝着建立以石油期货经纪为主的专业综合类期货公司方向发展。

上海浙石期货经纪有限公司真诚为投资者服务，愿与广大客户携手共进，共创中国期货市场的明天。

锦泰期货有限公司

【基本情况】

公司名称：锦泰期货有限公司

注册地址：南京市建邺区江东中路359号国瑞大厦

法人代表：单宁
注册资本：50715 万元
成立时间：1995 年 09 月 28 日
客服电话：4008819966
传真号码：025 - 83116169
公司网址：www. jtqh. com. cn
电子邮箱：jtqhzhaopin@ 163. com：

【公司概况】

锦泰期货有限公司（原江苏苏物期货经纪有限公司）是 1995 年 9 月成立的专业期货公司。公司注册资本为 50715 万元，是江苏省最大的省属企业江苏省国信资产管理集团有限公司旗下的专业期货平台。

公司伴随中国期货行业起伏，逐步成长、壮大。公司秉承“与客户财富共成长”的价值理念和“诚实守信、高效创新、务实稳健”的企业文化，努力打造“最专业的理财顾问”品牌形象。

公司建有先进的机房设施和便捷的信息技术通道，为投资者提供全球实时交易行情和专业信息研究资讯。

公司已设营业部十五家，分别在江苏省内的扬州、常熟、常州、无锡、连云港、徐州、南京及上海、北京、郑州、石家庄、青岛、东莞、深圳、武汉等大中城市。

随着期货行业的蓬勃发展，锦泰期货有限公司将立足江苏，辐射长三角，布局环渤海、珠三角等经济发达区域，专注于产业客户和专业投资者财富的保值增值，为客户提供综合金融服务，为期货行业谱写更辉煌的篇章。

新湖期货有限公司

【基本情况】

法定名称：新湖期货有限公司
注册资本：2.2 亿元
注册地址：上海市裕通路 100 号 36 层
法人代表：马文胜
公司地址：上海市裕通路 100 号 36 层
邮政编码：200070
客服电话：400 - 8888 - 398
公司网址：http：//www. xinhu. cn
电子邮箱：xh@ xhqh. net. cn

【公司概况】

新湖期货有限公司（以下简称“新湖期货”）成立于 1995 年，净资本 6 亿多元。由新湖中宝股份有限公司（证券代码 600208）控股。

新湖期货前身为“天地期货”，2008 年 1 月份正式更名为“新湖期货”，在以董事长马文胜为代表的优秀高管团队的带领下，新湖期货进入快速发展时期。2011 年 1 月，新湖期货从杭州迁址上海，续写快速发展的新篇章。经过几年多的发展，新湖期货取得了突破性的业绩，截止到 2015 年初，员工规模由 2008 年的 50 人扩大至 500 多人；营业部由最初的 4 家（嘉兴、郑州、福州、临海、）变化到 24 家（嘉兴、郑州、福州、台州、青岛、大连、温州、深圳、海口、上海、沈阳、北京、杭州、济南、重庆、长沙、厦门、西安、成都、太原、武汉、宁波、上海自贸区、哈尔滨）；为中国期货业协会副会长单位，上海期货同业公会监事长单位，上海期货交易所理事单位，在行业内的影响力日益扩大。

【业务范围】

新湖期货拥有为上海、大连、郑州三家期货交易所会员资格，并于 2008 年 1 月取得中国金融期货交易所交易结算会员资格，2014 年 11 月 7 日变更为全面结算会员。可代理客户从事国内所有品种的期货交易。新湖期货研究所和各营业部、事业部，从事与上市品种相关产业的调研、研究、开发和服务，可为企业、金融机构和投资者提供投资交易、套期保值、套利对冲交易、期现套利、投资产品与工具设计和实物交割等多种个性化服务产品和信息咨询服务，还可提供专业培训、产业调研、驻厂调研和企业保值方案设计等专项服务。2011 年 8 月，新湖期货首批取得期货投资咨询业务资格。2012 年 11 月首批获得资管业务牌照。2013 年 5 月获得设立风险管理子公司资格，进一步拓展了公司的业务范围、提升公司的服务质量。2015 年 1 月 27 日，由上海证券交易所批复新湖期货成为股票期权交易参与人，并开通股票期权经纪业务交易权限。

【公司荣誉】

2014 - 2015 年度奖项

期货日报 & 证券时报第六届“中国最佳期货经营机构暨最佳期货分析师评选”

“中国期货公司金牌管理团队”
“最佳能源化工产业服务奖”
“最佳金融创新奖”
“中国金牌期货研究所”
“最具成长性营业部 - 新湖期货福州营业部”
“最佳黑色产业链期货分析师” - 翁鸣晓
“最佳有色金属期货分析师” - 廉正
“最佳建材类期货分析师” - 马静静
“最佳农牧类期货分析师” - 李延冰
和讯 2014 财经风云榜
投资者最满意的期货公司
2014 郑州商品交易所
铁合金品种发展优秀会员
铁合金品种产业服务优秀会员
2014 大连商品交易所
市场服务奖
焦煤焦炭期货优秀研究员 - 付得玲
铁矿石期货优秀研究员 - 翁鸣晓
化工期货品种优秀研究员 - 袁照
化工期货品种优秀研究员 - 徐春松
化工期货品种优秀研究员 - 李乾孙
饲料养殖期货品种优秀研究员 - 詹啸
2014 上海期货交易所
交易优胜会员
产业服务优胜会员
天然橡胶产业服务优胜会员

东航期货有限责任公司

【基本情况】

公司名称：东航期货有限责任公司
注册资本：4.5 亿元
注册地址：上海市吴中路 686 弄 3 号 D 幢 16 楼
法人代表：涂股康
邮政编码：201103
客服电话：4008889889021 - 64064643
公司网址：www. cesfutures. com

电子邮箱:dhqh@ kiiik. com

【公司概况】

东航期货有限责任公司成立于 1995 年 2 月 11 日,是上世纪首批由中国证监会核准成立的期货公司之一。公司由国资委直属中央企业中国东方航空集团公司及其下属东航金控有限责任公司和东航进出口有限公司三家股东出资成立;2014 年 4 月 22 日公司完成股权变更,东航金控有限责任公司成为公司唯一股东;2014 年 5 月 26 日、2015 年 3 月 4 日公司分别完成增资人民币 2 亿和 1.5 亿,目前注册资本为 4.5 亿元人民币。公司是上海期货交易所、大连商品交易所、郑州商品交易所的全权会员单位和中国金融期货交易所交易结算会员,上海市期货同业公会理事单位。公司经营范围为:商品期货经纪、金融期货经纪、期货投资咨询、资产管理。

东航期货至今已成功发行 20 余个资管产品,公司还是国内第一家推出移动终端视频开户的期货公司。公司客户累计成交量稳步增加,2014 年顺利突破 4800 万手,全年成交金额近 3.5 万亿元。公司 2014 年分类评价结果为 B 类 BBB 级。近年净资产收益率在国内期货公司中排名第十一位。

??:东航集团强大的央企背景、自身艰苦卓绝的努力和孜孜不倦的探索,让东航期货在这个期货业旌旗林立、群雄割据的年代不断发展壮大。“规范”和“发展”紧密相连,构成象征企业灵魂的“生命之线”;风险管控步步为营,始终遵循现代金融企业的标准;研发群英精确制导,深入剖析各金融投资领域,聚焦未来投资机遇;细致贴心的客户服务、多重的网络化维护渠道,随时随地陪伴左右;资产管理高瞻远瞩,运筹帷幄,量身定制专属投资方案。公司为客户提供即时、多元化的行情、交易和分析系统;同时还为客户提供菜单式增值服务,涵盖资金雷达、交易行为分析、大行报告等,以及各类的投资咨询业务。

公司是中国期货界最富盛名的实盘大赛——“蓝海密剑”唯一国内期货指定交易服务商。大赛具有长周期赛制,多评估指标立体科学评估,专业增值产品服务、奖金丰富等特色,吸引众多期货业精英参与角逐。大赛中脱颖而出的精英选手已在投资领域独当一面,成为优秀的基金经理。一年一度的颁奖典礼更是一场万众瞩目的期货盛宴。

历经多年打造的对冲基金投资队伍,是国内量化投资方面的顶尖团队,先后推出的“种子一号”和“精英一号”基金产品备受投资者青睐。《中国金融安全报告》年度出版,全方位深锐剖析各金融投资领域。《东航金融衍生译丛》,引入国外衍生金融领域最新研究成果,洞察风云变幻。

【公司荣誉】

2011 年,东航期货先后获得郑州商品交易所颁发的“行业成长奖”、大连商品交易所颁发的“最具成长性会员奖”。

2012 年,公司先后获得上海期货交易所“2012 年度燃料油产业服务优胜会员”、中国金融期货交易所“会员进步奖”、大连商品交易所“2012 年度市场服务成就奖”。

公司获得“2013 年度中国东方航空集团公司先进集体”光荣称号、大商所“2013 年度最具成长性会员奖”。

在证券时报社主办的“2014 中国互联网金融跨界变革峰会暨第十五届金融 IT 创新评选”中公司获得“最佳互联网期货公司”大奖;在和讯网“第 12 届中国财经风云榜”评选中获得“最佳期货行业创新奖”称号;公司还获得大连商品交易所“2014 年度最具成长性会员奖”、中国金融期货交易所“2014 年度会员进步奖”以及上海期货同业公会“2014 年度上海期货行业五好窗口”称号。

海证期货有限公司

【基本情况】

法定名称:海证期货有限公司
法人代表:杨海梁
注册资本:16000 万元
成立时间:1995 年 12 月 14 日
注册地址:上海市临平北路 19 号三楼
邮政编码:200086
联系电话:021 – 65218887
客服电话:400 – 880 – 8998
投诉电话:400 – 880 – 8998
公司网址:www. hicend. com. cn
电子信箱:hzqh@ hicend. com. cn

【公司概况】

海证期货有限公司(以下简称“公司”)成立于 1995 年,其前身是上海实友期货经纪有限公司。

2008 年 3 月 20 日,经国家工商行政管理总局核准,上海实友期货经纪有限公司正式更名为“海证期货有限公司”。公司注册资本 1.6 亿元人民币,主要从事商品期货经纪、金融期货经纪、期货投资咨询和资产管理业务,是上海、大连、郑州商品期货交易所全权会员和中国金融期货交易所交易结算会员。

公司依靠强大的股东背景优势,秉承“诚信、远见、绩效、专业、和谐”的经营理念,坚持合规经营,建立了完善的法人治理结构和完备的风险控制体系。通过规范账户管理,实施银期转账,强化风险预警,完善以净资本为核心的动态监控机制,实现公司经营风险的可控、可测、可承受。

公司拥有一批高素质的研究人才,并与上海证券有限责任公司研究所建立了广泛而深度的合作。目前已形成了集资讯、研究和财富管理为一体的研究服务体系,公司发布了“聚锐”咨询系列产品,可以为客户提供丰富的研究产品和优质的咨询服务。

公司先后在长沙和成都开设了营业部,进一步提升了公司的服务力量。股东上海证券有 49 家营业部获得了开展中间介绍业务资格,可以为当地期货投资者提供开户,交易等综合服务。截至目前,公司的服务范围已经覆盖上海、深圳、温州、重庆、杭州等多个重点省市。

公司建立了以客户为中心的服务体系,依托雄厚的资本和先进的信息技术实力,开发和不断升级公司网上交易、短信平台和客服热线,令客户能够更安全、更快捷、更方便地获取公司的服务。

公司坚持“至诚至善,共同成长”的社会责任观,坚持善待客户,善待伙伴,善待员工,真诚服务,共享共赢,实现公司利益与客户利益、员工利益、行业利益和社会利益的和谐统一,努力朝着成为国内金融衍生交易服务行业领跑者的目标不断前进。

【公司股东】

2007 年 6 月,上海证券有限责任公司收购公司 100% 股权,成为公司唯一股东。上海证券有限责任公司成立于 2001 年 5 月,是由原上海财政证券公司和上海国际信托有限公司证券总部新设合并成立的全国性综合类证券公司。上海证券有限责任公司注册资本金 26.1 亿元人民币,是首批全国创新类证券公司之一。股东单位为国泰君安证券股份有限公司、上海国际集团有限公司和上海国际信托有限公司。

上海东证期货有限公司

【基本情况】

公司名称:上海东证期货有限公司

注册资本:5 亿元

注册地址:上海市浦东新区浦电路 500 号

上海期货大厦 14 层

法人代表:卢大印

办公地址:上海市浦东新区浦电路 500 号

上海期货大厦 14 层

邮政编码:200122

客服电话:021 -68400610

公司网址:http://www. orientfutures. com

电子邮箱:dzqh@ orientfutures. com

【公司概况】

上海东证期货有限公司成立于 2008 年,是一家经中国证券监督管理委员会批准的经营期货业务的综合性公司。东证期货是东方证券股份有限公司全资子公司,现在注册资本金为 5 亿元人民币,员工近 350 人。公司主要从事商品期货经纪、金融期货经纪、期货投资咨询、资产管理、基金销售等业务,拥有上海期货交易所、大连商品交易所、郑州商品交易所会员资格,是中国金融期货交易所全面结算会员。

东证期货以上海为总部所在地,在大连、北京、太原、郑州、青岛、常州、上海、长沙、广州、宁波、深圳、杭州、合肥、西安、成都、厦门、东营、天津、哈尔滨、柳州等地共设有 23 家营业部,并在北京、上海、广州、深圳多个经济发达地区设有 54 个 IB 分支机构,未来东证期货将形成立足上海,辐射全国的经营网络。

自 2008 年成立以来,东证期货秉承“稳健经营、创新发展”的宗旨,以市场化机制思变革、以国际化视野谋发展、以集团化格局求创新、以衍生品为核心、以风险管理为切入口,打造综合财富管理平台的大投行! 努力实现市场化、国际化、集团化的一流综合性期货公司!

【公司股东】

东方证券股份有限公司(以下简称“公司”)是一家经中国证券监督管理委员会批准设立的综合类证券公司。其前身是于 1998 年 3 月 9 日开业的东方证券有限责任公司。公司总部设在上海,截至 2014 年底,公司注册资本 42.82 亿元。

经过 17 年的发展,东方证券从一家仅有 586 名员工、36 家营业网点的证券公司,逐渐壮大为一家总资产超过 1000 亿,净资产超过 200 亿,员工近 3000 人、在全国 10 多个省(自治区、市)39 个城市设有 97 个分支机构,提供证券、期货、资产管理、理财、投行、投资咨询及证券研究等全方位、一站式专业综合金融服务的证券金融控股集团。公司形成了自营投资,固定收益,证券、期货研究及资产管理等优势业务的业内领先地位。

公司全资持有上海东证期货有限公司、上海东方证券资产管理有限公司、上海东方证券资本投资有限公司、东方金融控股(香港)有限公司、上海东方证券创新投资有限公司,与花旗集团合资设立并控股东方花旗证券有限公司,同时作为第一大股东参股汇添富基金管理股份有限公司。

17 年来,公司秉承“团结进取务实高效”的企业精神,“稳健经营、专业服务、以人为本、开拓创新”的经营理念,致力于创建“具有国内一流核心竞争力、为客户提供综合金融服务的现代投资银行”。

【公司大事记】

2015 年

推进衍生品研究院的筹建工作

继续推进 MOM 系统平台搭建

加强原油期货上市前的筹备工作

北京朝阳门营业部正式开业

进一步提升员工福利水平

公司经营范围完成扩增

公司继续推进营业网点建设

公司成功发行次级债

公司开展 2015 年新员工拓展训练

公司获批基金销售业务资格

公司更换 OA 办公系统

公司荣获集团公司“金融创新立功竞赛”优秀组织奖

2009

华联期货有限公司

【基本情况】

公司名称:华联期货有限公司

注册资本:1 亿元

注册地址:东莞市城区可园南路 1 号金源中心 16 层、17 层

法人代表:甘建明

办公地址:东莞市城区可园南路 1 号金源中心 16 层

邮政编码:523000

客服电话:0769 -22213338

公司网址:http://www. hlqh. com

电子邮箱:hlqhbgs@ hlqh. com

【公司概况】

华联期货有限公司,简称“华联期货”,成立于 1993 年 4 月,是国内首批取得期货业务经营许可权的期货公司之一。2007 年 10 月,公司完成股权变更和增资扩股,注册资本增加至人民币 1 亿元,并由东莞证券有限责任公司(以下简称“东莞证券”)、东莞信托有限公司控股。股权变更完成后,凭借着强大的股东实力,公司经营实现了质的飞跃。

公司是上海期货交易所、大连商品交易所、郑州商品交易所、中国金融期货交易所结算会员。2009 年 4 月,经中国证监会核准,东莞证券获准为公司提供中间介绍业务资格。2011 年 8 月 15 日,经中国证监会核准,公司获批取得期货投资咨询业务资格,是首批取得投资咨询业务资格的期货公司之一。2015 年 4 月 10 日,经中国期货业协会备案通过,公司获批取得资产管理业务资格。

公司目前在广州、揭阳、佛山、东莞东城、东莞樟木头(镇)设有 5 家营业部。按照公司长远业务发展规划,公司正以“立足珠三角,渗透区域金融中心”的经营思路稳健扩张;同时将依托控股股东东莞证券全国范围内营业网点为公司提供中间介绍业务优势大力将 IB 业务推向全国。

公司拥有一支从业经验丰富、专业能力强、爱岗敬业、亲和友善的管理团队和员工队伍,践行为客户提供更新资讯、更快服务、满足个性化需求的服务理念,一直致力和坚持为广大投资者提供专业、优质的服务,并在市场发展中不断提高研发专业水平,致力为客户创造财富、为行业创造价值。

公司一直秉承“客户至上,人才为本”的理念诚信经营,凭借十多年来的规范运作取得了良好的社会效益和经济效

益，树立了良好的品牌形象，获得了社会各界和广大投资者的认可。近几年来，公司市场占有率大幅提升，客户权益、成交量、净利润等主要业务指标保持了年均成倍以上的增长，业内排名和影响力也大幅上升，为公司未来发展奠定了良好基础。

展望未来，华联期货将在中国期货市场广阔的发展前景中奋力前行。新的征程中，我们将一如既往，愿与广大投资者携手共进，共创辉煌！

【发展历程】

1993 年 3 月，东莞市华联期货经纪有限公司注册成立。

1994 年 9 月，全面开展国内期货代理业务。

1999 年 9 月，注册资金由 1000 万元增至 3000 万元，进一步加强公司的抗风险能力。

1999 年 9 月，取得郑州交易所会员资格会员代号（0133）。

2001 年 2 月，取得大连交易所会员资格会员代号（0113）。

2002 年 1 月，取得上海交易所会员资格会员代号（0276）。

2002 年 11 月，东莞东城营业部成立。

2003 年，成为东莞首家开通网上交易系统的期货公司。

2007 年 9 月，经证监期货字[2007]188 号批复，注册资本增加到 1 亿元，股东变更为东莞证券，东莞信托等。

2007 年 11 月，经广东证监函[2007]793 号批复，住所变更为东莞市可园南路 1 号金源中心 16 层。

2007 年 12 月，中国农业银行银期转账业务正式上线

2008 年 1 月，经证监许可[2008]7 号批复，取得金融期货经纪业务资格。

2008 年 3 月，中国建设银行银期转账业务正式上线。

2008 年 3 月，客户资金账号由 5 位升级为 9 位。

2008 年 4 月，经证监期货字[2008]432 号批复，取得金融期货交易结算业务资格。

2008 年 7 月，中国工商银行银期转账业务正式上线。

2008 年 7 月，取得中国金融期货交易所交易结算会员资格，会员号 0158 号。

2009 年 5 月，中国银行银期转账业务正式上线。

2009 年 12 月，东莞樟木头营业部成立。

2010 年 6 月，更名为：华联期货有限公司，为全国布局奠定品牌基础。

2010 年 9 月，广州营业部成立。

2011 年 9 月，揭阳营业部成立。

2011 年 9 月，取得期货投资咨询业务资格，经营范围变更为：商品期货经纪、金融期货经纪、期货投资咨询。

2012 年 5 月，交通银行银期转账业务正式上线。

2012 年 11 月，佛山营业部成立。

2015 年 4 月，取得资产管理业务资格。

中国国际期货有限公司

【基本情况】

公司名称：中国国际期货有限公司

注册资本：17 亿元

注册地址：北京市朝阳区建国门外光华路 14 号 1 幢 1 层、2 层、9 层、11 层、12 层

法人代表：王兵

邮政编码：100020

客服电话：400 – 8888 – 160/95162

公司网址：http://www.cifco.net

电子邮箱：cifco – zb@cifco.net.cn

【公司概况】

中国国际期货有限公司（简称“中国国际期货”）于 1992 年 12 月 28 日在人民大会堂正式成立，主要股东为中期集团、中国中期（股票交易代码：000996）等，主营商品期货、金融期货、期货投资咨询、资产管理业务及基金销售业务，为中国证监会批准参与境外期货经纪业务试点筹备工作企业，是中国持续引领行业发展的期货龙头企业。公司注册资本金已达到 17 亿元，是目前国内注册资本金最高的期货公司，雄厚的资本实力和股东实力进一步增强了公司的竞争能力和抗风险管理能力，为业务创新及规模增长奠定了更为扎实的基础。

公司目前设置直属业务总部和北中国区、东中国一区、东中国二区、南中国一区、南中国二区六个区域分部，管理 50 家营业网点，拥有一支高端的、梯次配置优化的研究服务团队，云集大量具有海外工作和留学背景、名校毕业的高学历专业人才。

2006 年，获中国证监会批准，中国国际期货成为首批赴香港设立分支机构的期货公司之一，同年，获香港证监会批准，中国国际期货（香港）有限公司（简称“香港中期”）正式营业，在香港经营香港及国际期货业务。中期香港开业当年即实现盈利，并一直保持稳健经营。2009 年，中期香港成为实现境外交割的第一家国内期货公司分支机构。2010 年，栉风沐雨 17 年的中国国际期货成功实现“三合一”，公司进入更为稳健的阶段。2011 年，中国国际期货吸收合并珠江期货有限公司，拉开了国内期货行业强强合并的序幕。同年，作为中国曾经从事过境外期货业务代理的唯一一家获得境外三大期货交易所会员资格的期货公司，中国国际期货有限公司被中国证监会确定为参与境外期货业务试点筹备的期货公司。

作为行业的知名品牌，中国国际期货与时俱进，务实拓展，树立了良好的行业形象，多次获得行业内外的好评与表彰。公司先后获得“中国最具影响力企业”、“中国期货业特别贡献大奖”、“中国最佳期货公司”、“十大品牌期货公司”、“深圳知名品牌”、“深圳市政府金融创新奖”、“年度品牌期货公司大奖”、“北京市朝阳区优秀企业”以及期货交易所颁发的“最佳产业服务奖”等多项荣誉。

“始于梦想，止于至善”是中国国际期货一以贯之的核心价值观和行为模式，公司顺应政策导向，深刻把握市场变化和客户需求，励精图治，精耕细作，立足于期货市场基本功能的发挥，专注于期货与金融衍生品领域的广度和深度研究与服务，塑造了以市场化精神为核心的独特中期文化，铸就了享誉中外金融服务业的中期品牌。公司推出了系列化基础分析产品，并自主研发了“快枪手”交易系统、中期数据库、衍生品实时风险预警与管理系统、策略宝变频程式化策略、中期商品指数等应用型金融产品系列。通过定期举办各种精品产业会议，如“橡胶高峰论坛”、“白糖高峰论坛”、“钢材高峰论坛”、“基金高峰论坛”等，积极为企业搭建交易咨询服务平台。2011 年，中国国际期货峰会的隆重举行也开启了中国国际期货打造行业高端论坛的序幕。2012 年，公司荣聘全球金融期货之父利奥？梅拉梅德先生、中国著名经济学家夏斌先生为公司首席顾问，提升公司专业服务能力。公司还结合市场需求，发起了“中小企业期货市场成长计划”、“走进企业，带专家上门会诊”、“区域产业结构优化助力计划”等创新活动，进

一步丰富服务内容，提升服务质量。

多年来，中国国际期货与国内外各界媒体建立了长期、友好互惠的合作关系，通过视频连线、专题、评论、热点等节目制作，提升品牌建设和公众信誉度。中国国际期货不仅与新浪财经频道、和讯网、CCTV 财经网站、新华网、搜狐财经频道等网站媒体深入合作，定期发表研究院的科研成果，还通过 CCTV2、CCTV9、北京卫视、第一财经、东方卫视、深圳卫视等电视媒体机构，每日发布中期商品指数，参与制作一系列专题、评论、热点、连线等财经节目，成为商品期货类财经节目的业界知名品牌。同时公司也与《期货日报》、《证券时报》、《经济观察报》等国内一线财经报刊，进行全面合作，在期货行业内获得广泛好评。

在中国期货市场业务创新发展的新时期，中国国际期货进一步拓展战略发展空间，全新打造"柜台中期"、"网上中期"、"掌上中期"及"95162 语音中期"四位一体的立体式服务体系，竭诚为广大客户提供全方位、高水准、专业化的优质期货顾问式服务，努力实现客户资产的保值、增值，铸就期货行业的民族品牌，打造多元化、全方位的金融服务和风险管理平台。未来，我们将立足国内、面向全球，致力于建立中国最具核心竞争力的 24 小时不间断交易的中国期货及金融衍生品交易中心！

我们相信，一份辛勤、一份收获，未来的中国国际期货有限公司，通过励志图新，整合重组，与资本市场对接，形成覆盖国内外的经营服务网络，培养忠诚于中期发展的人才队伍，中国国际期货有限公司定会拥有更加辉煌的明天！

未来，我们将立足中国，放眼国际，引领期货行业发展，致力于建立最具核心竞争力的 24 小时不间断交易的全球期货及金融衍生品交易中心！

【公司荣誉】

2011－2012 年度奖项

首都文明单位

第五届最佳期货分析师评选——中国期货公司金牌管理团队

第五届最佳期货分析师评选——中国最佳期货公司

2011 年度优秀分析师团队奖

2011 年度中金所优秀会员金奖

2011 年度中金所适当性制度落实奖

国际期货荣获多项企业服务大奖

喜报：中国国际期货荣获 2011 年度朝阳区优秀企业称号

中国国际期货荣获东方财富网"2011 年度最佳期货公司"大奖

2010 年度最具影响力企业：中国国际期货

2010 年度第八届中国财经风云榜十大品牌期货公司：中国国际期货

第五届全国期货实盘大赛最佳服务奖：中国国际期货

第四届中国最佳期货经营机构评选中国最佳期货公司：中国国际期货

第四届中国最佳期货经营机构评选中国十佳期货营业部：中国国际期货上海营业部

中金所 2010 年度优秀会员金奖：中国国际期货

第四届中国最佳期货经营机构评选中国金牌期货研究院：第二名中期研究院

【公司大事记】

2015 年大事记

1 月，中国国际期货北京分公司、上海分公司、广州分公司、深圳分公司、武汉分公司、沈阳分公司、佛山分公司、南宁分公司、厦门分公司、成都分公司、大连分公司、河南分公司、江苏分公司、山东分公司隆重成立。为客户提供更优质的期货、金融衍生品、资管、风险子公司全流程服务！值此之际，推出全新"合伙人计划"，各地分公司董事总经理职位虚位以待，诚邀有识之士做事业合伙人。

1 月，中国国际期货获得"朝阳区人才工作先进单位"荣誉、新浪财经"2014 年度最佳期货综合实力奖"、大连商品交易所"2014 年度优秀会员奖""最佳产业服务奖"、上海期货交易所"优胜会员奖""产业服务优胜会员奖""品种产业服务优胜会员奖"（包含铜、铝、锌、铅、黄金、钢材、天然橡胶、白银多产业）。

1 月 6 日，中国国际期货广州分公司发起公益募捐，将爱心奶粉及婴儿衣服打包寄送山东青州驼山圆觉寺，以供寺内收养的弃婴和病婴使用。

1 月 13 日，因业务发展需要，中国国际期货新增兴业银行期货保证金账户，为客户提供了更多元化的资金存取渠道。

1 月 25 日，中国国际期货广州分公司举办"2015 年国际天然橡胶跨年研讨会"，近 40 家产业链企业共 60 余名代表参加会议并发表了对市场的看法，现场气氛活跃。

1 月 27 日，中国国际期货获得上海证券交易所股票期权交易参与人资格。

1 月 28 日，中国国际期货获得中国证券登记结算有限责任公司结算参与人期权结算业务资格。

1 月 30 日，因业务发展需要，中国国际期货天津营业部营业场所由"天津市和平区大沽北路 2 号－4202、4203"变更为"天津市和平区南京路 189 号津汇广场写字楼 2 座 14 楼 06 单元"。

2 月，中国国际期货在上海期货交易所 2014 年度颁奖中荣获"优胜会员奖"、"产业服务优胜会员奖"、"品种产业服务优胜会员奖"（包括：铜、铝、锌、铅、黄金、钢材、天然橡胶、白银多产业）

2 月，大商所表彰优秀会员，中国国际期货获多项荣誉："市场发展优秀会员"、"产业服务优秀会员"、"品种发展优秀会员"、"品种产业服务优秀会员"

2 月，上证 50ETF 期权上市，中国国际期货获上证所股票期权交易参与人资格

2 月，辞旧迎新，公司各地营业部陆续召开年度总结会、举办客户答谢会

3 月 9 日，中国国际期货荣获中金所 2014 年度优秀会员金奖

3 月 10 日，河南、江苏分公司完成变更，领取分公司期货业务经营许可证

3 月 20 日，因公司战略发展需要，中国国际期货温州、洛阳、太原、天津营业部停止运营；各项业务转由杭州营业部、河南分公司、北京分公司承接，不影响客户的正常交易。

4 月 8 日，中国国际期货广州分公司、东莞市同舟化工有限公司在广州联合举办"2015 中国橡胶论坛（广州）"。

4 月 25 日，中国国际期货广州分公司与大智慧新思维（新加坡）集团、大粤网、Oanda 安达公司共同举办"'名师面对面'之投资者教育系列活动"。邀请了澳大利亚的全职交易员及基金经理 RayBarros、中期黄超、安达赵寅等三位讲师即席分享，南方分部许来仓先生为活动总结，现场近三百名投资者参与。

4 月，公司荣获 2012－2014 年度"首都精神文明单位"称

号,这已是我公司连续第二次获此殊荣!

5 月 31 日,因公司战略发展需要,中国国际期货罗湖营业部停止运营;各项业务转由深圳分公司承接,不影响客户的正常交易。

6 月 12 日,因公司战略发展需要,中国国际期货合肥营业部停止运营;各项业务转由北京分公司承接,不影响客户的正常交易。

6 月 15 日,中国国际期货新疆分公司成立并获得期货业务经营许可证,正式营业。

6 月 30 日,因公司战略发展需要,中国国际期货上海遵义路营业部停止运营;各项业务转由上海分公司承接,不影响客户的正常交易。

7 月 6 日,中国国际期货南京营业部变更为南京分公司,经营类别新增新增期货投资咨询、资产管理业务。

7 月 31 日,因公司战略发展需要,中国国际期货长沙营业部停止运营;各项业务转由武汉分公司承接,不影响客户的正常交易。

8 月 14 日,因公司战略发展需要,中国国际期货重庆营业部停止运营;各项业务转由北京分公司承接,不影响客户的正常交易。

11 月 13 日,中国国际期货佛山分公司迁至广东省佛山市南海区桂城南海大道北 61 号第十三层。

10 月 19 日,中国国际期货广州分公司迁至广州天河黄埔大道西 76 号 1201 - 1203 房。

10 月 20 日,中国国际期货江苏分公司变更为江阴分公司。

10 月 31 日,因公司战略发展需要,中国国际期货海口营业部、南宁分公司停止运营;各项业务转由深圳分公司、广州分公司承接,不影响客户的正常交易。

11 月 13 日,中国国际期货在期货日报和证券时报联合主办的第八届中国最佳期货经营机构暨最佳期货分析师评选中获得中国最佳期货公司、最佳期货私募基金孵化奖;中国国际期货北京分公司获得最具成长性期货营业部奖。

11 月 27 日,因公司战略发展需要,中国国际期货石家庄营业部、长春营业部将停止运营;各项业务均转由广州分公司承接,不影响客户的正常交易。

西部期货有限公司

【基本情况】

法定名称:西部期货有限公司
注册资本:3 亿元
成立日期:1993 年 3 月 29 日
注册地址:西安市东新街 232 号陕西信托大厦九层
法人代表:陈杰
负　责　人:田伟
办公地址:西安市东新街 232 号陕西信托大厦九层
邮政编码:710004
公司电话:029 - 87406680
公司传真:029 - 87406644
客服电话:029 - 87406606、87406608、87406629
公司网址:www. westfutu. com
电子邮箱:xbqh@ westfutu. com

【公司概况】

西部期货有限公司(WESTERNFUTURESCO. , LTD.)是西部证券股份有限公司(002673SZ.)的全资子公司,公司注册资本 3 亿元,是中国金融期货交易所交易结算会员,上海、大连、郑州商品期货交易所会员。

公司主要从事期货投资咨询、期货资产管理以及金融期货、商品期货的经纪代理业务。公司以客户需求为导向,以技术创新为核心驱动力,致力于成为专业化资产管理以及风险管理服务提供商,为客户提供全面的资产管理服务以及极速交易的专业 IT 解决方案,不断进取、不断努力,与客户共同成长、共同进步。

经过多年的建设和积累,西部期货建立了一个基于 ITIL 最佳实践的 IT 运维和服务管理团队,有完善的 IT 运维管理、风险管理、系统开发、服务管理和项目管理等相关流程体系。完备的技术管理体系有效保障公司信息系统平稳安全运作,并通过技术创新不断提升系统性能、满足市场需求,为机构客户和程序化交易客户提供个性化专业服务。

西部期货核心交易系统采用专业化的综合交易平台(CTP),性能领先行业水平,同时不断追踪行业内先进技术,建设与全球市场同步的技术服务平台,依托交易所体系建立极速交易通道,可以满足各类专业客户全市场、全时段的交易需求,提供专业化 IT 解决方案。

公司紧跟期货行业发展趋势,结合自身定位和发展战略,致力于不断提升自身核心竞争力,目前已步入转型和创新发展新阶段。

中银国际期货有限责任公司

【基本情况】

中文全称:中银国际期货有限责任公司
注册地址:海南省海口市蓝天路 33 号京航大厦 17 楼
注册资本:3. 5 亿元
法人代表:翟增军
办公地址:上海浦东世纪大道 1589 号长泰国际金融大厦 901 室
邮政编码:200122
公司总机:021 - 61088088
公司传真:021 - 61088066
客服电话:4008208899
公司网址:www. bocifco. com
电子邮箱:futures@ bocichina. com

【公司概况】

中银国际期货有限责任公司(以下简称“中银国际期货”)由中银国际证券有限责任公司全资设立,注册资本金为 3. 5 亿元人民币。主要从事商品期货经纪、金融期货经纪业务、期货投资咨询、期货资产管理业务。中银国际期货是国内首家既有国有商业银行背景,又有创新类券商背景的期货公司,雄厚的股东实力在国内期货行业独树一帜。

中银国际期货拥有中国主要期货交易所的会员资格,专业代理客户进行期货交易、结算和交割等各项业务。公司由长期从事期货行业、经验丰富的精英组成,部门主管以上人员平均从业年近 10 年。公司专业的研究团队,汇聚了业内研究水平一流、实务操作成绩稳健的研究员作为核心力量;确保为客户提供高质量的专业咨询。同时,公司致力于为客户提供安全、快捷的网上交易系统、方便的银期转账和专业的交割服务。

中银国际期货依托中国银行打造的多业并举的金融业务

平台，借鉴中银国际控股丰富的国际资本市场运作经验，紧密携手中银国际证券，在市场营销、研究发展、风险管理等方面进行全面合作，共同打造全方位金融服务的平台，为客户提供优质、全面及个性化的期货服务。在充满发展机遇的中国期货市场，中银国际期货致力于建成一流期货公司，与客户建立起紧密协作、共同成长的长期伙伴关系，成为客户最值得信赖的期货服务伙伴。

方正中期期货有限公司

【基本情况】

公司名称：方正中期期货有限公司

注册资本：3.4 亿元

注册地址：北京市朝阳区东三环北路 38 号院 1 号楼泰康金融大厦 22 层 2201

法人代表：姜志军

邮政编码：100026

公司网址：http://www.founderfu.com/

电子邮箱：wangxin6@foundersc.com

客户服务及投诉电话：4008802277

【公司概况】

方正中期期货有限公司是由方正证券控股 90.62% 的大型期货公司，注册资本 3.4 亿元人民币，目前在全国设有北京、天津、上海、广州、深圳、南京、苏州、扬州、常州、宁波、青岛、武汉、西安、包头、保定、邯郸、唐山、长沙、株洲、郴州、岳阳、娄底、常德等 27 家营业部；同时，方正中期期货依托方正证券 200 余家营业网点逐步打造覆盖全国的业务网络。

2013 年方正证券收购北京中期期货 60% 股权，同时由北京中期期货吸收合并方正期货，合并后的公司更名为方正中期期货有限公司。原方正期货和原北京中期期货均拥有超过 20 年的发展历史，具有深厚的市场积淀和专业优势。

方正中期期货是中国期货业协会理事单位（001 号会员）、北京期货商会副会长单位，为上海期货交易所、大连商品交易所、郑州商品交易所会员及中国金融期货交易所交易结算会员；公司具有开展商品期货和金融期货经纪业务资格，并陆续取得投资咨询、风险管理、资产管理业务资格，公司综合实力及总体盈利水平得以不断提升。

随着资本规模及经营规模的扩大，合并后的方正中期期货将以传统经纪业务为根基，加快期货金融衍生品、期货资产管理等创新业务的发展步伐，持续推动公司业务转型升级，不断提高期货业务的竞争力和总体盈利水平。

【公司荣誉】

2014 年

大连商品交易所 2014 年度“优秀会员奖”

大连商品交易所 2014 年度“最佳产业拓展奖”

郑州商品交易所 2014 年度“优秀会员奖（市场发展优秀会员）”

郑州商品交易所 2014 年度“品种发展优秀会员（稻谷）”

郑州商品交易所 2014 年度“品种产业服务优秀会员（稻谷）”

上海期货交易所 2014 年度“交易优胜会员”

上海期货交易所 2014 年度“产业服务优胜会员”

上海期货交易所 2014 年度“锌、铅产业服务优胜会员”

上海期货交易所 2014 年度“白银产业服务优胜会员”

中国金融期货交易所 2014 年度“优秀会员金奖”

第十二届中国财经风云榜“投资者最满意期货公司”

第十二届中国财经风云榜“金牌产业研究奖”

2014 年“金貔貅奖”中国金牌收益力期货公司

大连商品交易所 2014 年度“优秀两板研究员”

大连商品交易所 2014 年度“优秀饲料养殖研究员”

大连商品交易所 2014 年度“优秀铁矿石研究员”

大连商品交易所 2014 年度“优秀油脂油料研究员”

大连商品交易所 2014 年度“优秀焦煤焦炭研究员”

大连商品交易所 2014 年度“优秀化工研究员”

上海期货交易所 2014 年度“优秀宏观分析师奖”

上海期货交易所 2014 年度“优秀贵金属分析师奖”

上海期货交易所 2014 年度“优秀铝分析师奖”

上海期货交易所 2014 年度“优秀分析师新人奖”

上海期货交易所 2014 年度“优秀有色金属指数讲师奖”

中国金融期货交易所股指期权仿真交易推广评比活动一等奖

上海证券报“最佳金属分析师奖”

第六编
中国优秀上市公司选介

鲁银投资集团股份有限公司
LUYIN INVESTMENT GROUP CO., LTD.

创蓝筹企业，铸百年鲁银

栏目协办

中国优秀上市公司选介

【000069】深圳华侨城股份有限公司

【基本情况】

深圳华侨城股份有限公司于1997年9月2日成立，由国务院国资委直属的华侨城集团公司独家发起募集设立。

1997年9月10日，公司5000万社会公众股在深圳证券交易所挂牌上市。上市以来，公司通过IPO、配股、发行可转换公司债券、发行认股权证和发行限制性股票，为华侨城旅游事业的发展募集了大量资金。从2007年开始，为贯彻落实国务院国资委关于支持中央企业主业整体上市的指示精神，公司开始全力推进华侨城集团主营业务整体上市相关事宜，并最终于2009年宣告完成。完成整体上市后，公司总资产约310亿，净资产约110亿，总股本达31亿。作为控股型集团公司，公司主要从事旅游及相关文化产业经营、房地产及酒店开发经营、纸包装和印刷等产业的投资经营。目前公司旗下拥有华侨城房地产有限公司、香港华侨城、欢乐谷事业部、旅游事业部和酒店物业事业部五大运营中心，投资控股和参股了深圳欢乐谷、锦绣中华、中国民俗文化村、深圳世界之窗、长沙世界之窗、深圳东部华侨城、北京华侨城、上海华侨城、成都华侨城、武汉华侨城、泰州华侨城、云南华侨城、上海天祥华侨城、招商华侨城、天津华侨城、西安华侨城、华侨城都市娱乐公司、华侨城旅行社、华侨城国际酒店管理公司及其管理的城市客栈、华侨城物业管理公司、华侨城物业租赁公司、华侨城大酒店、威尼斯酒店和海景酒店、华侨城(亚洲)及旗下的惠州华力、深圳华力、上海华励、安徽华力、中山华力和番禺华力、华侨城水电公司及华中发电公司等众多知名企业和景区，拥有国内数量最多、规模最大、效益最好的主题公园群，是品牌卓著的综合性上市公司。

整体上市后，公司的主要任务是加快与夯实各项业务的发展，推动战略实施、做强做大主业、实现良好的股东回报。2009年，公司投资的旅游景区累计接待游客已经达到1.5亿人次，房地产业务收入首度超过百亿大关，纸包装及印刷业务实现经营收入6.22亿。2010年6月，公司正式更名为深圳华侨城股份有限公司。

【主营业务】

旅游和房地产。

【经营业绩】

2015年半年报报告期内，公司认真贯彻推进创新发展、稳中求进的工作思路，公司各主营业务运行稳健，各项重点工作顺利推进。

1. 旅游综合业务继续增长

报告期内公司大力开拓文化旅游业务，共接待游客1238万人次，同比增长1.98%，共实现旅游综合业务收入42.81亿元。

2. 房地产业务稳健增长

报告期内，房地产业务积极调整经营策略，推进产品销售，实现房地产业务收入54.93亿元。

【企业荣誉】

2013年荣誉

5月，公司荣获中南大学中国文化产业品牌研究中心联合光明日报等单位评选的“中国文化品牌价值排行榜”第八位。

5月，公司入选中国上市公司市值管理研究中心和清华大学中国金融研究中心主办评选的“2013中国上市公司资本品牌价值百强”。

6月，公司入选《中国证券报》主办评选的“2012年度上市公司金牛奖百强综合榜”。

7月，公司母公司华侨城集团公司荣获国务院国资委颁发的“中央企业2012年度经营业绩考核A级企业”和“中央企业2010－2012年任期业绩优秀企业奖”。

8月，公司母公司华侨城集团公司在“中国管理·全球论坛”上获得中国管理模式杰出奖理事会颁发的“第六届中国管理模式杰出奖理事长奖”。

8月，公司入选中国企业联合会评定的“2013中国企业500强”、“2013中国服务业企业500强”、“2013中国100大跨国公司”和“2013中国企业效益200佳”。

旅游开发和景区服务

1月，东部华侨城获得深圳市劳动关系协调委员会颁发的“深圳市和谐劳动关系先进企业”称号。

2月，东部华侨城、深圳世界之窗同时获得深圳市发展和改革委员会颁发的“2011－2012年深圳市文化创意产业百强”。

3月，锦绣中华·民俗村获得广东安全生产监督管理局颁发的“广东省安全文化建设示范企业”称号。

3月，深圳欢乐谷和北京欢乐谷同时荣获中国游艺机游乐园协会评选的“2012年(度)中国优秀游乐园”称号。

3月，成都欢乐谷《天府蜀韵》荣获由中共成都市委宣传部颁发的成都市第八届精神文明建设“五个一工程”优秀作品。

3月，东部华侨城获得深圳市发展和改革委员会颁发的“2012年深圳市优秀新兴业态文化创意企业”称号。

4月，武汉欢乐谷被武汉市政府授予“武汉市和谐企业”称号。

6月，华侨城湿地获得深圳市政府建设绿色家园活动指导委员会授予的“深圳市环境教育基地”称号。

7月，深圳世界之窗获得深圳市“2012年度南山区落实安全生产主体责任先进企业”称号。

7月，武汉玛雅海滩水公园当选由《武汉晚报》评选的“2013年最受欢迎水上乐园”称号。

7月，上海欢乐谷荣获上海市总工会“上海市大学生社会实践基地”称号。

8月，深圳世界之窗获得海外华文传媒合作组织评选的“海外华人最喜爱的广东城市风貌景区”。

8月，深圳世界之窗获得《南方都市报》等媒体评选的“2013广东人最喜爱的十大省内旅游目的地”。

9月，天津欢乐谷荣获2013年中国旅游产业博览会“最佳展台奖”。

9 月，东部华侨城荣获中国地理信息产业协会颁发的“中国地理信息产业优秀工程银奖”。

9 月，天津欢乐谷在由《天津日报》、天津旅游集团联合主办的“2013 品质旅游金榜”评选活动中荣获“天津市游客最满意旅游品牌”特别大奖。

9 月，北京欢乐谷在中国人民共和国人力资源和社会保障部、国务院国有资产监督管理委员会举办的“2013 年中央企业先进集体和劳动模范评选活动”中荣获“中央企业先进集体”称号。

10 月，成都欢乐谷荣获由同程网评选的“2013 年度最受网民好评的旅游景区”、和“2013 年度最受网民欢迎的主题乐园”。

10 月，成都欢乐谷《天府蜀韵》荣获由四川省文化厅、四川省旅游局联合颁发的“游客最喜爱旅游演出剧目”称号。

11 月，欢乐海岸获得国家海洋局宣传教育中心授予的“全国海洋意识教育基地”称号。

11 月，武汉欢乐谷获得由湖北省旅游景区质量等级评定委员会颁发的“省级大型旅游娱乐场所”称号。

11 月，天津欢乐谷荣获由同程网评选的“2013 年度最受网民欢迎的主题乐园”。

12 月，泰州华侨城荣获由同程网评选的“2013 年度最受网民欢迎的温泉景区”。

12 月，泰州华侨城云海温泉获得驴妈妈旅游网评选的“最佳温泉”。

12 月，武汉欢乐谷荣获中国城市第一媒体旅游联盟评选的“年度湖北最受欢迎十大景区”。

房地产开发和社区服务

1 月，武汉华侨城获得由《中国建设报》和《湖北日报》联合评选的首届湖北地产“金邸奖”。

3 月，华侨城（上海）置地有限公司荣获上海市“诚信创建企业”称号。

3 月，武汉华侨城纯水岸 · 东湖项目获得《武汉晚报》评选的“2013 年度消费者值得信赖楼盘”。

3 月，西安华侨城荣获西安建筑业协会授予的“西安市绿色施工示范工程”称号。

4 月，华侨城（上海）置地有限公司行政人力资源部获得上海闸北区总工会颁发的“工人先锋号”称号。

4 月，华侨城物业华侨城社区文化节获得第十届深圳关爱行动“百佳市民满意项目”。

7 月，西安华侨城荣获陕西省建筑业协会授予的“2013 年度陕西省建筑业绿色施工示范工程”，以及西安市城乡建设委员会授予的“西安市建设工程文明工地”称号。

8 月，上海万锦置业发展有限公司合利坊 4#楼荣获上海市建设工程“白玉兰”奖（市优质工程）。

8 月，华侨城（上海）置地有限公司荣获由闸北区人民政府颁发的文明单位称号。

9 月，招商华侨城曦城荣获住房和城乡建设部颁发的《二星级绿色建筑设计标识证书》。

12 月，成都华侨城获得由《成都商报》、《第一财经日报》、新浪乐居等联合主办的“2013 年中国西部商业地产年会颁奖盛典”颁发的“2013 中国西部最具示范性城市综合体”。

酒店服务

3 月，深圳蓝汐精品酒店荣获第十三届中国饭店金马奖“中国最佳设计精品酒店”。

4 月，华侨城威尼斯酒店获得深圳市总工会颁发的“五一劳动奖状”。

6 月，深圳华侨城国际酒店管理有限公司获得中国饭店协会颁发的“2013 国际饭店业杰出贡献奖”。

8 月，深圳华侨城洲际大酒店获得由深圳市政府颁发代表深圳年度最高质量荣誉的“市长质量奖提名奖”。

9 月，深圳华侨城洲际大酒店荣获国家质检总局和国家旅游局颁发的首批“全国旅游服务质量标杆单位”。

12 月，深圳蓝汐精品酒店荣获第四届国际设计酒店论坛“最具人气大奖”。

纸包装业务

9 月，华侨城（亚洲）控股有限公司入选由中国印刷科学技术研究所评选的“2013 中国印刷企业 100 强”。

【000402】金融街控股股份有限公司

【基本情况】

金融街控股股份有限公司（股票代码：000402），是一家深交所上市的以商务地产为主业的大型开发运营控股公司。

截止到 2013 年末，公司总资产达到 760 多亿元，净资产约 222.82 亿元，累计开发面积超过千万平方米，其中商务地产比例超过 70%。目前，金融街控股股份有限公司为加快发展速度，提高市场竞争地位，已有超过 32 家全资及控股子公司，分别在北京、天津、上海、广州、重庆、惠州等地投资，并且成功开发超过 28 个项目，公司坚持市场为导向，积极拓展营销渠道，实现销售签约额约 225 亿元，是国内领先的商务地产开发企业。

历经十多年来，我公司通过持续深入开发建设北京市主金融中心区——北京金融街，现已成为集决策监管、资产管理、支付结算、信息交流、标准制订为一体的国家金融管理中心。2008 年，金融街中心区曾荣获“全球土地协会开发大奖”（ULI 奖）。截至 2013 年底，北京金融街已汇聚各类金融机构近 1400 家，其中法人单位 500 多家。2013 年新入驻金融机构 81 家，新入驻金融机构注册资本金为 203 亿元。金融街地区共实现三级税收 3016.6 亿元，同比增长 21.3%，占北京市三级税收的 36.5%，区域内金融机构资产规模已超过 65 万亿元，占全国比例接近一半。

从地产的开发到城市功能的完善，依托北京金融街的资源和品牌优势，金融街控股形成了独特的“金融街模式”即地产开发与产业打造并重，地产是平台，产业是核心；通过房地产开发和产业打造，促进经济发展，提升区域价值。

金融街控股立足北京面向全国，已成功对北京金融街、德胜科技园、金融街通州商务园、北京广安产业园、天津金融城、重庆江北嘴金融中心区、重庆观音桥商业区、惠州巽寮湾滨海休闲度假区开发运营，并将金融街模式扩展至上海静安和海伦区、广州荔湾区等区域。

公司在提升商务地产开发力度的同时，加大自持经营优质物业，持有运营写字楼、酒店、商业及其配套合计建筑面积约 68.2 万平方米，其中五星级酒店如北京丽思卡尔顿酒店、天津瑞吉金融街酒店、惠州金海湾喜来登度假酒店合计建筑面积超过 15 万平方米，形成了在城市运营和区域开发领域独特的竞争优势。

在我们企业发展过程中，公司始终坚持经济效益和社会效益并重，在实现企业快速发展的同时，遵循社会公认的商业伦理和准则，与客户共同成长、为股东带来良好的回报、支持社会公益，实现了企业与利益相关者的协同发展，为社会的发展做出了积极贡献。

【企业文化】

金融街文化

基业长青建筑永恒

【主营业务】

金融街区域的总体规划、土地开发、房地产项目开发和综合管理。

【经营业绩】

公司2015年净利润较去年下降，主要原因是公司部分重点开发项目结算延后。2015年度归属于上市公司股东的净利润盈利234,196万元，同比下降:20%。

【企业荣誉】

2010年，中国房地产上市公司盈利能力十强。

2010年，全国工商联房地产商会中国城市建设推动力功勋企业新开发大奖。

2010年，国际旅游协会中国旅游地产创新开发大奖。

2010年，首期“巨潮·南方报业·低碳50指数”样本股。

2010年，亚洲酒店论坛中心年度最佳酒店业主奖。

2003年-2011年，中国房地产上市公司10强。

【000513】丽珠医药集团股份有限公司

【基本情况】

丽珠医药集团股份有限公司是集医药研发、开发、生产、销售为一体的综合性医药企业集团，创建于1985年1月，注册资本约为3亿元。丽珠集团毗邻港澳，借力广深，区位优势明显。丽珠医药集团已经建立了覆盖国内市场的营销网络；随着质量体系的持续提高，随着销售的快速增长，随着产能的不断扩大，随着新厂建设步伐的加快，丽珠即将整体搬迁新厂，新厂占地42.7万平方米，建造国际一流的现代化制药生产基地，这标志着丽珠集团从此进入了一个全新的发展阶段，丽珠集团将成为国内领先、国际一流的现代化制药龙头企业。

丽珠集团已经跻身中国上市企业投资10强，最佳上市企业治理10强、广东省高新技术企业、广东省医药行业杰出贡献企业、中国制药工业(销售)百强企业第46名、广东省医药工业综合实力50强。

目前，丽珠集团正在进行战略转型，一方面继续保持既有的优势领域并做大增量，另一方面快速进入代表当今和未来国际医药发展方向的单抗和疫苗的前沿阵地，实现战略转型，朝着中国民族制药工业最卓越的目标前进，全力建设致力于人类生命常青事业的伟大公司。

【主营业务】

医药产品的生产，营销及科研领域，产品涉及化学药品、生化药品、生物工程药品、化学合成原料药、抗生素、微生态制剂、中成药、诊断试剂、生物活性材料等各个医药领域的上百个品种。

【经营业绩】

2015年，本年度集团实现营业收入人民币66.21亿元，相比上年的人民币55.44亿元，同比增长19.41%；实现净利润人民币6.60亿元，相比上年的人民币5.54亿元，同比增长19.14%；实现归属于本公司股东的净利润人民币6.23亿元，相比上年的人民币5.16亿元，同比增长20.67%；若剔除非经常性损益项目收益，本公司2015年主营业务实现的归属于本公司股东的净利润为人民币5.38亿元，同比上年的人民币4.63亿元，同比增长16.27%。

【企业文化】

丽珠使命：丽珠世界、生命常青。

丽珠精神：务实、创新、高效。

丽珠目标：以人为本、以精立业、以质取胜。

【企业荣誉】

近年来，丽珠共申请专利200多项，发明专利近50项，国际专利数十项，专利授权数70多项；“艾普拉唑系列创新药物的研发及产业化”项目获批广东省第一批战略性新兴产业发展专项资金(省财政安排)4000万元。

2009年，丽珠获得“中国制药百强第37位”；2010年参芪扶正注射液获广东科技一等奖；2010年丽珠集团荣登《福布斯》亚洲200强最佳中小企业榜。

丽珠集团是目前国内制药企业中少数几个成功实施许可证贸易的企业之一。

丽珠集团曾先后荣获：重点国家级火炬计划项目证书、广东省企业技术中心、广东省QC小组活动优秀企业、广东省技术创新优秀企业、广东省重合同守信用企业、全国100家最大医药工业企业、全国医药科技工作先进集团、最佳上市公司治理十强、2015年度广东省行业企业集团十强、2015年度广东省医药工业企业综合实力十强、2015年度广东省医药行业创新型优秀企业。

【000625】重庆长安汽车股份有限公司

【基本情况】

长安汽车拥有154年历史底蕴，33年造车积累，全球12个生产基地、32个整车及发动机工厂，年产销汽车295万辆，员工9万人，是中国汽车四大集团阵营企业、最大的中国品牌汽车企业，也是唯一一家中国品牌乘用车年产销过百万辆的车企。

长安汽车坚持科技创新，打造中国最强大且持续领先的研发能力。拥有全球研发人员1万人，高级专家400余人，15个国籍的员工一起工作，先后12人入选国家“千人计划”，居中国企业前列；在重庆、上海、北京、意大利都灵、日本横滨、英国伯明翰、美国底特律建立起全球研发格局，实现24小时不间断协同研发；建立汽车研发流程体系和试验验证体系，确保开发的每一款产品满足用户使用10年或26万公里的用户需求。长安汽车科技研发实力已连续4届8年居中国汽车行业第一。

长安汽车秉承“美誉天下、创造价值”的品牌理念，提供令消费者惊叫的产品和服务。成功推出CS系列、睿骋系列、逸动系列、悦翔系列、欧诺、欧尚等一系列经典产品，产品质量完全达到合资产品水平。现在，每天有8500余名用户选择长安汽车，37%用户由合资转移而来。长安汽车已连续9年实现中国品牌销量第一。

长安汽车坚持“节能环保、科技智能”的理念，大力发展新能源汽车和智能汽车，力争通过10年，推出34款产品，累积销量达到200万辆，成为国际先进、国内一流的新能源汽车企业。当前，长安汽车已掌握智能互联、智能个性化、智能驾驶三大类60余项智能化技术，特别是结构化道路无人驾驶技术已通过实车性技术验证。

长安汽车积极寻求全球合作伙伴，成立长安福特、长安铃木、长安马自达、长安标致雪铁龙、江铃控股等合资企业，并向合资企业输入中国品牌产品，成为中国汽车行业唯一一家向合资企业输入产品的车企，开创了合资合作的新模式。

未来,长安汽车将以“引领汽车文明造福人类生活”为使命,继续遵循“客户为尊、员工为本、诚信敬业、持续改善”的价值观,努力为客户提供高品质的产品和服务,为员工创造良好的环境和发展空间,为社会承担更多的责任,向“打造世界一流汽车企业”的宏伟愿景迈进。

【企业文化】

长安使命:引领汽车文明造福人类生活

长安愿景:打造世界一流汽车企业

长安价值观:客户为尊、员工为本、诚信敬业、持续改善

长安精神:自我批判、激情创新、科学理性、勇于奉献

长安准则:战略前瞻、市场牵引、科技驱动、成本领先、全员参与、高效执行

形象用语:长安行天下、科技·品质·畅享生活

【主营业务】

长安牌系列汽车(含长安奥拓轿车和长安羚羊轿车)的开发、制造和销售,同时制造和销售用于上述汽车系列产品的各种型号的江陵牌发动机。

【经营业绩】

2015 年报告期内合营企业长安福特新品锐界、金牛座上市,福睿斯的销量同比大增,投资收益增加。重庆长安本部 CS75、CS35 等销量同比大增,本部实现盈利。上述因素致使公司报告期业绩增长。

【000631】顺发恒业股份有限公司

【基本情况】

顺发恒业有限公司作为一家拥有国家一级房地产开发资质的专业房地产开发公司,业务涵盖住宅、办公、酒店的投资开发、经营、管理等内容,业务区域集中于中国经济最活跃、发展最具潜力的长三角地区。下属杭州吉顺房地产开发有限公司,杭州工信风雅置业有限公司,桐庐顺和置业有限公司,南通顺发置业有限公司,淮南顺发置业有限公司 5 家项目公司。

在过去 15 年时间里,公司累计开发并交付住宅面积达 200 万平方米(1.8 亿平方尺),为客户提供了 12000 余个居住单元;与此同时,目前在建住宅近 200 万平方米(1.8 亿平方尺),规划住宅 100 万平方米(900 万平方尺)。

秉承“提供物超所值的产品和服务”之公司理念,顺发恒业目标为发展成为一家在业界颇具实力与影响力的专业房地产公司。我们与包括 BMP、WATG、EDAW、BELTCOLIN 等国内外优秀设计团队建立了良好的合作关系。在 21 世纪的今天,公司将继续坚持一贯的公司理念,同时也将绿色,环保,节能技术在建筑中的运用作为一个重要的战略方向放入公司长期发展的计划中。

【主营业务】

房地产开发与经营。

【经营业绩】

2015 年,公司整体经营运行稳定,各项工作得到稳步推进。公司通过加速库存去化,大幅提升了营业收入;同时通过合作联合投资及继续实施海外发展战略,使业务规模不断扩大,为公司带来了新的利润增长点。公司还持续开展了公司治理活动,不断完善企业内控制度,为公司稳健发展奠定了良好基础。

报告期内,公司实现营业收入 199,402.67 万元,营业利润 29,126.26 万元,归属于母公司所有者的净利润 21,507.11 万元,分别同比增长了 80.12%、5.54% 和 1.88%。本报告期,公司结算项目较上年同期增加但项目毛利下降。

报告期内,公司在建项目规划总建筑面 71.93 万平方米;2015 年 1-6 月份完成合同销售金额 201,102.20 万元,合同销售面积 14.34 万平方米,分别较上年同期增长 101.20% 和 79.70%。

【企业文化】

公司理念:提供物超所值的产品和服务

【企业荣誉】

1. 搜房网授予顺发江南丽锦楼盘“2012 杭州好楼盘”称号。

2. 新浪乐居和微房产授予顺发江南丽锦“2013 年最值得期待楼盘”称号。

3. 杭州日报授予顺发江南丽锦楼盘“2013 年最值得期待十大楼盘”称号。

4. 全国房地产商会联盟和浙江日报社授予顺发江南丽锦楼盘“2012 年度浙江省住宅产业十大领军楼盘”称号。

5. 365 地产家居网授予顺发恒园楼盘“2013 年最具品质楼盘”称号。

根据中国人民银行《信贷市场和银行间债券市场信用评级规范》,经对企业基本素质、经济实力、偿债能力、经营效益及发展前景等方面的综合评价,杭州资信评估公司授予顺发恒业有限公司为“2013 年度信用等级为 AAA 级”。

【000655】山东金岭矿业股份有限公司

【基本情况】

山东金岭矿业股份有限公司目前主要生产电动铲运机、铲运机、侧卸式铲运机等机械产品,可根据客户需求对相应的铲运机系列进行生产制造。我厂是我省矿山设备主要生产厂家之一,已有五十余年的机械制造史,具有金属矿山采选机械设备及各种非标准设备的设计、制造、安装资质。是山东省机械工业生产定点企业,被淄博市产品质量监督检验所评为产品质量保证单位,是山东理工大学教学实践基地。

【主营业务】

铁矿开采、铁精粉、铜精粉、钴精粉的生产、销售、机加工,货物进出口

【经营业绩】

2015 年度公司主要产品铁精粉销售价格同比大幅下降,受其影响公司销售收入与去年同期相比大幅减少,效益大幅下滑。

【000716】南方黑芝麻集团股份有限公司

【基本情况】

南方黑芝麻集团股份有限公司(证券简称“黑芝麻”,证券代码“000716”)前身为国有上市公司——广西斯壮股份有限公司,成立于 1993 年,1997 年在深圳证券交易所上市。南方黑芝麻集团经过重组、产业战略调整,目前已发展成为广西规模较大、实力较强、具有极大发展潜力的一家投资控股型企业,公司“以黑芝麻产业为主,物流业为辅”。

南方黑芝麻集团的母公司是国家农业产业化重点龙头企业广西黑五类集团公司,南方黑芝麻集团拥有“南方”中国驰名商标,享受国家农业产业化以及民族优惠政策。2012 年落成投入使用的黑芝麻研发中心,也使得南方黑芝麻集团成为国内同行业少数拥有自己的研发团队与机构的民营企业。

“十一五”期间,以南方黑芝麻糊为主的食品业,通过实

施“精品工程”，产品不断升级，保持了国内领先、规模最大的糊类食品产业龙头，实现了“糊类第一”的目标。“十二五”集团实施“南方黑芝麻战略”，实现从“产品经营”向“产业经营”的转变以及产业升级。公司的目标是中国黑芝麻产业第一品牌、中国黑芝麻产业龙头企业、中国黑芝麻产业第一股。目前集团控股广西南方黑芝麻食品股份有限公司、江西南方黑芝麻食品有限责任公司、滁州市南方黑芝麻食品有限公司、江苏南方黑芝麻食品股份有限公司、广西南方黑芝麻食品销售有限公司、南方黑芝麻（广西）电子商务有限公司。

控股子公司广西南方黑芝麻食品股份有限公司，已有29年的糊类食品生产经营历史，目前已形成南方黑芝麻糊、南方豆粉等系列产品。其中南方黑芝麻糊在国内处于领先地位，是中国糊类第一品牌。2010年企业经过技改扩建后，成为中国目前技术水平最高、产能最大的糊类食品生产企业。

全资子公司江西南方黑芝麻食品有限责任公司坐落于江西南昌市新建县望城新区经济开发区，总投资超过5亿，具备150万件糊类产品的生产能力，是南方黑芝麻集团依据“六五”规划，发挥江西黑芝麻产地优势所成立的公司，致力于食品行业，主要从事农副产品的深加工，主营产品为南方黑芝麻乳、杯装黑芝麻糊、袋装黑芝麻糊。

全资子滁州市南方黑芝麻食品有限公司于2014年4月在安徽省滁州市新成立，注册资本1亿元。滁州市南方黑芝麻食品有限公司作为南方黑芝麻集团公司未来在安徽生产基地的运营主体，将主要承担黑芝麻乳等新产品的生产任务。

全资子公司广西黑五类物流有限公司成立于2004年3月15日，是南方黑芝麻集团物流产业、农产品贸易的经营管理平台，注册资金9000万元。该公司有铁路专线直达的专业物流仓库，是郑州商品交易所白糖指定交割仓库，建有电子管理（交易）平台及专业的物流产业园，是广西职业技术学院校企合作重点单位。物流产业现阶段以白糖的第三方物流与专业仓储为主，开展各种大宗农副产品的物流经营、储运业务及进出口贸易代理。

南方黑芝麻集团独资设立的南方黑芝麻（广西）电子商务有限公司实现了公司产品线上和线下的同步销售，拓宽了销售渠道，满足了习惯网上购物和无产品覆盖地区的消费者购买公司产品的需求。未来还将向O2O模式发展，为企业带来大规模高粘度的消费群体，争取到更多的客户资源。

2014年11月4日，南方黑芝麻集团非公开发行股票之新增65,972,222股人民币普通股（A股）在深圳证券交易所上市，募集资金净额927,034,024.58元。本次非公开发行股票募集资金将用于建设江西南方黑芝麻乳生产基地建设项目、滁州南方黑芝麻乳生产基地建设项目及补充流动资金。根据规划，上述募投项目满产满销后，将新增17亿元的营业收入，新增利润1.65亿元，公司发展将上新台阶。

【主营业务】

对食品、管道燃气、物流、房地产、物业管理、航空服务项目的投资等。

【经营业绩】

2015年报告期公司通过进一步强化销售渠道和终端管理、加大市场拓展力度等措施促进产品销售；通过新产品上市，向市场提供更丰富的产品品类适应消费需求；通过冠名浙江、北京、江苏等卫视多档名牌栏目等方式提升产品的宣传力度，由此，报告期实现的主营业务收入较上年度有较大幅度增长，利润相应增加。报告期公司通过各种有效措施控制原材料的采购价格，制造成本有所降低，产品毛利率有所提高。报告期公司财务费用减少。报告期公司营业外支出减少。2015年度归属于上市公司股东的净利润盈利15,500.00万元，同比增长149.04%。

【企业文化】

公司愿景：成为一家能不断创造新业绩、为社会勇担责任、为股东谋取良好投资回报的可持续良性发展的企业。

南方精神：自强不息艰苦奋斗超越自我竞争取胜追求卓越。

人才战略：员工与企业共成长。

【企业荣誉】

黑芝麻是国内领先、规模最大的糊类食品产业龙头。

2010年企业经过技改扩建后，成为中国目前技术水平最高、产能最大的糊类食品生产企业。

【000878】云南铜业股份有限公司

【基本情况】

云南铜业股份有限公司（股票简称：云南铜业，股票代码：000878）为云南铜业（集团）有限公司控股的上市公司。公司前身为云南冶炼厂，成立于1958年，1998年改制为股份制上市公司，更名为“云南铜业股份有限公司”。公司生产高纯阴极铜、电工用铜线坯、工业硫酸、金锭、银锭、电工用圆铜线、硫酸铜等主产品，并能综合回收金、银、铝、铋、锡、铂、钯等多种有色金属。公司主产品均采用国际标准组织生产，依靠国际ISO9002质量保证体系的有效运行，保证产品受到严格的质量控制。主产品“铁峰牌”高纯阴极铜，在上海金属交易所和伦敦金属交易所注册，并荣获“中国名牌产品”称号。

云南铜业股份公司的前身为原云南冶炼厂主体生产经营性资产部份。原云南冶炼厂是国家第一个五年计划中156项重点建设项目之一，当时国家投资1.34亿元人民币，形成了年产电铜6万吨、硫酸9万吨的生产能力。

高纯阴极铜多次被评为省优、部优、国家优质产品，2004年获国家名牌产品称号，在上海金属交易所挂牌交易和英国伦敦金属交易所注册，是云南省第一个生产资料“中国名牌”，在国际国内市场有很高的声誉。金锭多次被评为省优、部优产品和云南名牌产品，在上海黄金交易所注册交易，“滇金”在国内享有较高声誉。银锭被评为省优、部优产品和云南名牌产品，在英国伦敦金银市场协会注册交易。工业硫酸：被评为省优、部优产品和云南名牌产品。

公司现集采、选、冶及深加工为一体，生产和销售铜精矿及其他有色金属矿产品、高纯阴极铜、电工用铜线坯、工业硫酸、黄金、白银，并能综合回收硒、碲、铂、钯、铟等稀贵金属。其中主产品“铁峰”牌高纯阴极铜，为上海金属交易所和伦敦金属交易所注册的“中国名牌”产品；“铁峰”牌黄金取得上海黄金交易所会员资格；“铁峰”牌白银在伦敦金银协会注册交易；高纯阴极铜、电工用铜线坯、工业硫酸、金锭、银锭等长期蝉联“云南名牌”产品。公司采用世界先进的铜冶炼技术及ISO9001—2000、GB/T28001—2001二合一标准体系组织生产，主要经济技术指标均为全国同行业领先水平，现已发展为中国三大铜工业有色金属企业之一。

由于公司始终将承担社会责任视作一项应尽的义务和职责，持续不断地尽到绵薄之力，也得到了社会各界的好评和肯定.公司荣获“纳税信用等级A级证书”、“资源综合利用认定证书”、“云南省外贸企业前十强”、质量管理体系认证证书、职业健康安全管理体系认证证书，有色金属产品实物质量金杯奖(高纯阴极铜)、有色金属产品实物质量认定(电工用铜线坯)、国家资源综合利用奖(工业硫酸)、"云南省 AAA 级守合同重信用单位"等项奖励。主产品继续保持"中国名牌产品"称号和"云南名牌产品"称号。

在中铝公司和云南铜业(集团)有限公司的领导下,云南铜业股份有限公司广大干部员工正以科学发展观指导,坚定信心,鼓足干劲,不断推进"再造竞争新优势,科学发展上水平"工作,为成为中铝打造铜板块的主力军、领头羊、核心企业而奋斗!

【主营业务】

有色金属、贵金属的生产、加工、销售及生产工艺的设计、施工、科研;高科技产品、化工产品的生产、加工及销售等。本公司的主要产品包括:电解铜、铜杆、硫酸、铜精矿、贵金属等。

【经营业绩】

2015 年,公司坚持"固基础、强管理、提运营、控风险"的经营方针,全力推进增收节支和降本增效工作,当期生产经营情况较好。受有色金属价格下滑,以及人民币贬值影响,公司本期经营业绩同比有所下降。

【企业荣誉】

2007 年中国上市公司年度质量信用百强企业。

云南省黄金行业协会常务理事单位。

2004 中华人民共和国国家质量奖(工程建设奖)。

第十届中国上市公司金牛奖百强(第九名)。

2005 年度中国上市公司百强第 91 名。

云南外贸企业前十名。

中国质量检验协会团体会员单位。

【002002】鸿达兴业股份有限公司

【基本情况】

鸿达兴业股份有限公司是国内知名的大型化工资源产业上市公司,公司于 2004 年 6 月 25 日在深交所挂牌上市,证券简称:鸿达兴业,证券代码:002002,注册资本人民币 862263981 元,公司下设内蒙古乌海化工有限公司、内蒙古中谷矿业有限责任公司、江苏金材科技有限公司、内蒙古联丰稀土化工研究院有限公司、西部环保有限公司等子公司。

鸿达兴业股份有限公司是鸿达兴业集团并购琼花股份并注入资产之后的新上市公司,公司始终坚持循环型经济的发展理念,坚持"以化工新材料为基础,资源能源为双翼,发展循环环保事业"的发展战略,拥有塑料化工原料、塑料制品、资源能源、环保和新材料等五大产业体系,形成了国内塑料化工行业完整的一体化产业链,产业涵盖"资源、电力、PVC、烧碱、电石、塑料制品、环保和新材料"等业务,公司的氯碱、电石产能和综合经营实力在国内塑料化工行业名列前茅。

公司主营产品包括化工原料、PVC 制品、环保及化工新材料:PVC、电石、烧碱、纯碱、水泥、液氯、盐酸等各类化工原料产品,环保脱硫粉、土壤改良剂等环保产品,药品包装用 PVC 硬片、高阻隔药用 PVC/PVDC、PVC 片板材、PVC 软片、智能卡基材、塑料模板、塑料装饰材料等 PVC 制品,以及稀土助剂等化工新材料。

公司致力于"创新",坚持用"创新驱动发展"的思路指导工作,与多所知名学府、研究机构建立了良好的合作关系,与包头稀土研究院合作成立内蒙古联丰稀土化工研究院有限公司,实现"产学研"开发。公司始终贯彻以"实干创造未来"的企业精神,充分发挥上下游产业链的协同效应,通过鸿达兴业人坚持不懈的努力,实现公司效益最大化,以回报股东和社会。

【主营业务】

从事各种 PVC 片材和板材的研发、生产和销售。

【经营业绩】

2015 年度公司实现营业总收入 385,746.14 万元,较上年同期增长 16.19%。主要原因是:本年度公司生产经营状况良好,营业收入稳步增长。公司在做好氯碱业务和 PVC 制品业务的基础上,加大研发和创新力度,重点推动环保、稀土新材料等新业务发展,同时通过收购广东塑料交易所股份有限公司进一步完善产业链,形成"环保、新材料、互联网 +"的完整产业体系,增强了公司产品的市场竞争力和盈利能力。本年度公司主营产品 PVC、改性 PVC、PVC 制品的销售收入保持稳定增长;土壤调理剂、稀土热稳定剂、稀土加工等新业务销售收入明显增长。

2015 年度公司实现营业利润 70,900.56 万元,较上年同期增长 72.08%;实现利润总额 72,321.24 万元,较上年同期增长 68.61%;实现归属于上市公司股东的净利润 54,621.44 万元,较上年同期增长 57.39%;每股收益 0.5994 元/股,较上年同期增长 47.31%。主要原因是:本期电石全面实现自产自给,氯碱产品的生产成本明显降低;本期土壤调理剂业务和新增的稀土加工等业务带来利润贡献。

【企业文化】

企业精神:以实干创造未来

经营理念:以市场为导向,以客户为中心。

【企业荣誉】

2007 年 1 月,广东省流通龙头企业。

2007 年 6 月,广东省高新技术企业。

2008 年 12 月,高新技术企业。

2009 年 5 月,广州市电子商务示范企业。

2009 年 12 月,广东省直通车服务重点企业。

2011 年 8 月,高新技术企业。

2014 年 11 月,电子商务集成创新奖。

2014 年 11 月,广东互联网十大知名企业。

【002029】福建七匹狼实业股份有限公司

【基本情况】

作为中国服装业首家高科技上市公司,福建七匹狼实业股份有限公司(股票代码 002029)在行业内率先系统提出服装品牌文化经营理论,形成了以品牌为核心、以生活形态产业为主导的现代企业经营体系。

七匹狼品牌创立于 1990 年,是中国男装行业开创性品牌,恪守"用时尚传承经典,让品牌激励人生"的企业使命,在立足于对博大精深的中华传统文化积极挖掘的同时,将西方流行时尚元素融于自身设计理念,并致力于推动中国传统文化与现代时尚创意产业的契合。七匹狼不仅为人们提供丰富的产品,更提供一种文化精神与生活方式。2012 年,七匹狼男装荣获中国消费市场 20 年最具影响力品牌,茄克衫连续十二年市场综合占有率第一。22 年来,七匹狼始终致力于为消费者提供满足现代多元化生活需求的高品质服装产品。"男人不只一面",七匹狼以"品格男装"突显国际化品质和中西兼容的文化格调,以时尚传承经典,以中国面向世界。

在通路营销方面,七匹狼率行业之先导入 CIS 系统,引入特许经营。采取直营销售与特许加盟相结合的渠道管理模式,通过缜密的 ERP 营销信息管理、科学的营销培训以及适时的营销服务，与全国的合作伙伴形成良好的沟通与良性的互动，构建起互惠互济的共赢体。发展至今，七匹狼全国终端网点已达3800多家，并在全国设立福建、北京、上海三大物流与信息中心，二十多个省级物流与信息分部，通过先进的信息网络系统对销售网点进行适时的物流配送服务和信息交流服务，最终通过终端网络将产品和价值观传递给终端客户。从2007年起，七匹狼在全国开设多家大型旗舰店和生活馆。在多种不同风格的店铺中，七匹狼把传统男装、男性服饰、家庭服装、家居用品等合为一体，全方位的诠释现代男性生活的方方面面，最终展现一个拥有温柔、孤独、英雄、领袖等多种气质的男性形象，以终端渠道的建设来衬托出品牌的内涵。

在商品企划方面，七匹狼拥有大批专业的服装设计人才，最大限度地运用多年累积的技术和经验，并且充分想象顾客在何种场景穿着七匹狼服装，进行以顾客价值为中心的开发设计。目前，七匹狼已经与法国、日本、香港的前沿服装设计师开展合作，对七匹狼自创品牌进行主线和支线的开发，保证始终向消费者提供最新的时尚服装商品，经过22年的经营，在中国市场创造良好的商品价值。同时，为适应新型的"生活馆"终端营销模式，七匹狼根据产品线的多样性与定位将品牌细分为"国际设计师系列"、"经典商务/休闲系列"、"时尚商务/休闲系列"、"生活休闲系列"、"青春时尚系列"、"女装系列"、"童装系列"等多种风格，打造时尚生活家庭一站式购物的经典场所。作为中国服装品牌业务领域中的领军企业，时刻在为创造新的品牌价值而进行着挑战。而其战场，在向整个世界扩展。

在品牌传播方面，致力于营销模式的创新，七匹狼将体育与品牌相结合的模式为中国男装品牌的营销方式开启先河。2003年和2005年，七匹狼两度携手"皇马"中国行，成为国内首屈一指的成功体育营销案例。两度成为皇马队"中国之旅"的唯一指定服饰赞助商不仅与企业文化不谋而合，更因其国际化的经营战略——借助世界顶级的足球俱乐部，加快七匹狼品牌国际化的进程。此外，通过对中国杯帆船赛、马球赛、ROC世界车王争霸赛和中国女子高尔夫职业巡回赛等重大体育赛事的赞助支持，以及七匹狼名士堂的揭幕汇聚跨界名士，展现名士风采，倡导优质的生活方式、价值理念，深刻诠释"男人不只一面"的品牌价值理念。致力于文化价值的传承与推动，七匹狼与北京大学电视研究中心携手，成立七匹狼北大文化基金，举办文化论坛，与名家面对面，就当下时事、热点进行思想碰撞。至今已举行了多场论坛，主题由文化、艺术、中国、传媒等不断延伸，成为文化论坛当中的精品。七匹狼还依托中国美院的专业资源平台，成立"七匹狼文化研究中心"，对中国消费者的生活水平，生活形态，生活审美取向，购买动机，国外流行资讯样本收集，未来流行趋势等生活形态进行深入研究。与伦敦合作"伦敦.七匹狼时尚之夜"、与外交官沙龙联袂、七匹狼国际设计师系列.圣沃斯以其高雅前卫的光耀之姿跃然问世，正式宣告：中国领军服装品牌七匹狼正举步迈向国际市场等时尚活动。2011年3月，在中国国际服装博览会上，七匹狼宣布：正式收购杭州肯纳服饰有限公司，将打造国际奢侈品牌进入中国市场代理平台。体现了七匹狼不断拓展的国际视野，不仅在产品设计之中体现中外文化的融合，更致力于推动中外文化交流。致力于忠实客户群的维护与拓展，七匹狼开展了一系列别开生面的VIP活动。厦门五缘湾海浪行游艇体验活动为全国幸运VIP提供海洋文化的切身体验；ROC世界车王争霸赛邀请VIP共同欣赏赢得了良好的口碑。

在工业制造方面，七匹狼拥有占地120000平方米的福建金井工业园区，绿化面积达到50%以上，是一座规划合理、管理规范、功能齐全、宽敞洁净的现代化工业园。园区内的七匹狼生产事业部，拥有几十条生产线，可以同时生产休闲茄克，T恤、休闲裤、正装西服西裤等齐全的服饰商品。公司不仅率先实现了各种工业缝纫设备的电子化，还对包括服装以及帽子的后整理和包装做出贡献。先进科学的ERP生产管理系统，为七匹狼构筑以数字技术为基础的现代化服装企业生产体系，同时满足国内国际客户的需要。

在社会责任方面，七匹狼不但关爱每一位狼族伙伴，更热心于社会公益事业。多年来举办并赞助各种公益活动：捐助雪灾灾区、捐助地震灾区、捐助希望工程、与北京大学新闻研究中心合作创立"七匹狼文化发展基金"、在全国十所大学中设立"七匹狼奖、助学金"、捐助福建省青少年基金会等，为教育和慈善事业慷慨解囊。小到捐资助学、支持基础设施建设，大到赞助中国体育、文化等公益事业，无不体现着七匹狼对身为企业公民义务的重视与认真履行。七匹狼在创造经济价值的同时也坚持以实际行动回馈社会，并且呼吁和影响了更多企业共同投身中国公益事业，赢得了社会的广泛尊重。作为中国服装行业的领军企业，七匹狼正在形成一种有别于其他竞争品牌的特质。肩负责任与使命的七匹狼人一直坚信：要生存，就要比别人更能适应环境，要像狼一样牢牢守住目标，相信自己、相信伙伴。在企业新的发展阶段，七匹狼全新提炼出企业的核心价值观：诚信、责任、专业、创新。七匹狼希望在专业、创新与责任方面打造自身的狼性特质，并据此为顾客、股东和员工创造价值。可以预见，七匹狼将在新的企业使命激励之下实现新的飞跃，为中国服饰产业的振兴贡献智慧，为新时期中国精神的崛起贡献力量！

【主营业务】

服装、服饰产品的设计、制造及销售；产品定位为男仕休闲服装。

【经营业绩】

2015年度共实现营业总收入246,333.28万元，较上年同期239,103.48万元，上涨3.02%；利润总额25,760.32万元，较上年同期34,881.22万元，下降26.15%；实现净利润27,245.09万元，较上年同期28,870.71万元，下降5.63%。

2015年度，公司仍然处于对批发模式进行转型和改革的调整过程中，原有业务的收入和利润均受到影响。报告期公司营业总收入较上年有所增长，主要原因为公司于2014年下半年开始新增针纺业务，该业务在本报告期贡献了较多营业收入，但是针纺业务的毛利率较低，因此对本报告期利润总额贡献较小。此外，母公司享受15%的高新技术企业所得税优惠税率于本报告期末结束，根据相关会计准则的要求，母公司在本报告期末采用25%的未来适用税率计算递延所得税，致使所得税费用减少。

报告期末，公司财务状况良好，总资产741,501.81万元，总负债234,639.84万元，归属于上市公司股东的所有者权益502,072.75万元，资产负债率31.64%。总资产较上年度期末增长7.22%，归属于上市公司股东的所有者权益较上年度期末增长4.28%。

【企业文化】

企业使命：用时尚传承经典，让品牌激励人生。

企业价值观：诚信、责任、专业、创新。

【企业荣誉】

1992年，"七匹狼"荣获第一批"福建省著名商标"标号并3次获此殊荣；

1999年，被列入“影响中国服装市场的十大男装品牌”；

2002年，“七匹狼商标”被评为“中国驰名商标”。

据统计“七匹狼”品牌茄克衫市场综合占有率连续五年名列前茅，2000年公司被评为全国服装百强企业。公司的销售业绩近三年以50%左右的增长率递增。

2002年，七匹狼专卖店、厅、柜约500家，营销网络遍布全国各大中城市。1999年被福建省资信评级委员会评为“AAA”级资信企业，2000年被福建省建设银行评为“AAA”级信用企业，2001年被福建省科技厅认定为高新技术企业，公司多次被授予省、市先进企业，纳税先进单位等。

“七匹狼公司”为中国休闲装协会副主任委员单位，企业领导人曾获得省优秀青年企业家、全国乡镇企业家、“中国特许经营50人”等荣誉称号。

2001年，七匹狼夹克衫（休闲装）市场综合占有率在同类产品中们列第一名。12月，七匹狼实业股份有限公司被评为“高新技术企业”。

2002年2月，“七匹狼”商标获得了“中国驰名商标”荣誉称号；月底七匹狼休闲服饰作为“国礼”赠送美国总统布什访华团成员。同年3月齐秦正式出任七匹狼品牌的形象文化代言人。

2002年4月，“七匹狼”品牌，荣获2001年最受中国消费者欢迎的服装品牌休闲装第一名。

2002年，七匹狼名列中国服装企业百强第10。

2003年2月，七匹狼生产的“七匹狼”品牌茄克，名列休闲男装（茄克）类商品2002年度中国市场销售第一位。七匹狼T恤衫名列2002年度中国T恤衫市场销售前十名。

2003年3月28日，北京国际服装博览会，隆重推出全新七区狼都市牛仔休闲系列S/V（septwolves），并与日本顶尖设计师田山巧进行跨国战略性合作，以青春活力自我的精神与风格进入年轻人的市场。同月30日薄西山七匹狼成为首届厦门国际马拉松赛暨全国马拉松锦标赛唯一推定服饰。

2003年7月28日，七匹狼被首届中国警察汽车拉力赛指定为唯一服饰。

2003年8月2日，西班牙皇家马德里足球队挟众多国际足球巨星来中国进行竞技表演，“七匹狼”被赋以唯一指定服饰的身份演绎“相信伙伴”的品牌精神。

2003年11月，“七匹狼”衬衫被授予国家质量监督检验检疫总局免检产品。

2004年8月10日，“七匹狼”茄克衫入选国家质监总局红榜。

2005年4月3日，七匹狼生产的“七匹狼”牌茄克衫荣列同类产品市场综合占有率第一位，连续五年（2000－2004）七匹狼牌夹克衫荣获同类产品市场综合占有率第一名。

2006年4月，七匹狼荣获了2005年纳税奖（纳税额超3000万元）。

2006年9月，七匹狼品牌在香港荣获“亚洲品牌强排行榜”第303名。

2009年10月26日，七匹狼实业股份有限公司获得国家级高新技术企业认定。并获由福建省科学技术厅、福建省财政厅、福建省国家税务局和福建省地方税务局联合颁发的高新技术企业证书。

2009年11月22日，由中国商业联合会、中华全国商业信息中心主办的第二届营销中国论坛在北京举行，周少雄董事长荣获“2009年度中国营销杰出企业家”称号。

2009年11月26日，由中国纺织工业协会评出的“科学技术进步奖”颁奖仪式在北京人民大会堂隆重举行。七匹狼与厦门大学合作研发的“服装行业智能计数与自动控制集成管理系统”荣获科学技术进步奖三等奖。

2009年12月，七匹狼荣获全国服装标准化技术委员会颁发的《标准化工作先进单位》奖项，同时荣获国家服装质量监督检验中心颁发的《品质控制管理突出贡献奖》。

2009年12月16日，由福建省经济贸易委员会、福建省企业与企业家联合会举办的“第十三届福建省优秀企业家表彰大会”在福州隆重召开。周少雄董事长荣获“第十三届福建省优秀企业家”称号。

2009年12月17至18日，中国电视广告行业最具国际性、专业性和权威性的业界年度盛会——第五届中国国际电视广告艺术节在三亚隆重召开。来自世界各地的著名电视人、广告界精英人士、影视名人明星闪耀天涯，见证这一文化盛事大奖的诞生。七匹狼国际设计师系列广告荣获“广告艺术质量奖”。

2010年七匹狼获B2C优秀企业荣誉。

2010年2月27日，经首届世界泉州青年联谊会代表会议选举，七匹狼实业股份有限公司周少雄董事长荣选为首届世界泉州青年联谊会理事长。

2010年3月27日，“2009年度（第十八届）中国市场商品销售统计结果新闻发布会暨‘风云2009，谁是推动中国经济增长的中坚力量’颁奖盛典”活动在北京召开。七匹狼在两项行业排名中再拔头筹，一是七匹狼茄克衫2009年市场综合占有率第一；二是七匹狼荣获“冠军之星－推动中国经济增长的中坚力量”大奖暨七匹狼茄克衫连续十年市场综合占有率第一。另外，七匹狼T恤也连续多年市场综合占有率排名前十位。

2010年9月，福建省七匹狼实业股份有限公司积极参与2010上海世博会联合国馆低碳生活与健康产业论坛，荣获UNITAR周论坛组委会联合特别授予的“低碳中国行”品牌战略合作伙伴特别贡献奖，并同时被授予最具魅力生态服饰唯一指定品牌。

2010年12月，在由新华社新闻信息中心、新华网等联合举办的2010年度中国企业社会责任峰会上，福建七匹狼实业股份有限公司被授予2010中国企业社会责任榜杰出企业奖。

2010年3月27日，“2009年度（第十八届）中国市场商品销售统计结果新闻发布会暨‘风云2009，谁是推动中国经济增长的中坚力量’颁奖盛典”活动在北京召开。七匹狼在两项行业排名中再拔头筹，一是七匹狼茄克衫2009年市场综合占有率第一；二是七匹狼荣获“冠军之星－推动中国经济增长的中坚力量”大奖暨七匹狼茄克衫连续十年市场综合占有率第一。另外，七匹狼T恤也连续多年市场综合占有率排名前十位。

2011年3月28日，七匹狼在两项行业排名中再拔头筹：七匹狼茄克衫2010年市场综合占有率第一、七匹狼茄克衫连续11年市场综合占有率第一。

2011年3月27日，由中国商业联合会、中华全国商业信息中心举办的“2011年度（第二十届）中国市场商品销售统计结果新闻发布会”暨“消费市场华彩20周年颁奖盛典”，在北京国家会议中心如期举行。七匹狼在三项行业排名中拔头筹：七匹狼茄克衫2011年市场综合占有率第一；七匹狼茄克衫连续十二年市场综合占有率第一；七匹狼荣获中国消费市场20年最具影响力品牌。

2013 年，被评为“中国十大男装品牌”之一。

2014 年，七匹狼被授予“全国就业与社会保障先进民营企业”荣誉称号。

2015 年，入选“影响中国 · 品牌贡献榜”，并获颁“2015 品牌贡献 · 杰出品牌奖项”。

获颁 2015 年度中国数字营销 · 品牌成就奖。

【002047】深圳市宝鹰建设控股集团股份有限公司

【基本情况】

深圳市宝鹰建设控股集团股份有限公司（原名深圳成霖洁具股份有限公司，以下简称“公司”），于 1993 年 4 月经原中国对外贸易经济合作部和深圳市对外贸易经济合作局批准成立。2005 年 5 月，经中国证监会核准，公司成功发行人民币普通股 A 股并在深圳证券交易所顺利上市，成为国内首家台资控股的上市公司。2013 年 5 月，公司进行了重大资产重组，完成是次重组后，公司主营业务由“生产经营水龙头、卫浴洁具及配件”变更为“综合建筑装饰设计与施工”，公司控股股东由台资控制的 GLOBEUNIONINDUSTRIAL（BVI）CORP. 变更为古少明，公司名称由“深圳成霖洁具股份有限公司”变更为“深圳市宝鹰建设控股集团股份有限公司”。

目前，公司全资控股参股的企业包括深圳市宝鹰建设集团股份有限公司、深圳市宝鹰投资控股有限公司、深圳市宝霖投资有限公司、深圳市中建南方装饰工程有限公司、上海鸿洋电子商务有限公司（我爱我家网）等。2013 年，公司实现营业总收入 37.26 亿元，实现营业利润 2.93 亿元，归属于上市公司股东的净利润 2.19 亿元。

截止 2014 年 10 月 31 日，公司注册资本为 1,263,101,435.00 元，为深圳证券交易所中小板上市公司，股票简称：宝鹰股份，股票代码：002047。公司注册地为深圳市宝安区，日常办公地为深圳市福田区。

作为本公司最重要的下属企业深圳市宝鹰建设集团股份有限公司（以下简称“宝鹰建设”），成立于 1994 年 4 月，截止 2014 年 10 月 31 日公司注册资本 4.5 亿元人民币。作为全国领先的综合建筑装饰工程承建商，是全国建筑装饰行业中拥有最齐全专业资质的企业之一，综合实力和市场竞争力位居全国公共建筑装饰行业领先位置。业务范围涵盖：装饰装修工程、幕墙钢结构工程、集成智能化工程、建筑消防工程、机电安装工程、安防技术工程、金属门窗工程、展览展会工程和医疗设备工程，专业为客户提供设计、施工、安装的综合解决方案及承建管理服务。公司连续多年被评为“中国建筑装饰行业 100 强企业”、“中国建筑业最具成长性 100 强企业”，所属商标已被国家工商总局商标局认定为“中国驰名商标”，是全国公共建筑装饰行业为数不多拥有“中国驰名商标”的企业。

凭借着雄厚的品牌和资质竞争优势、专业工程竞争优势、人才竞争优势、管理竞争优势、营销竞争优势以及企业文化与艺术营销竞争优势，宝鹰建设先后打造出国家会议中心、武汉天河国际机场、武汉国际博览中心、深圳大运会体育场馆、云南海埂国际会议中心、深圳地铁一号线、天津医科大学总医院、三亚美高梅金殿大酒店、新疆友好集团阿克苏市天百购物中心、蛇口招商希尔顿酒店装修工程、京基大梅沙喜来登国际酒店、成都雅居乐五期酒店装修工程、深圳九州二期万科广场精装修工程、太原恒大华府住宅楼超豪华装修工程等众多经典工程。近年来，获得全国建设工程鲁班奖、全国建筑工程装饰奖、全国建筑工程幕墙奖、省市级优质工程奖（施工、设计）上百项次。

宝鹰建设于 2011、2012、2013 年连续三届入选“全国建筑业最具成长性企业 100 强”，并连续十年稳居“中国建筑装饰行业 100 强企业”，获得“改革开放 30 年全国建筑装饰行业发展突出贡献企业”、“中国守合同重信用企业”、“中国优秀诚信企业”、“中国建筑业 AAA 级信用企业”、“中国建筑装饰行业 AAA 级资信企业”、“全国建筑工程装饰奖明星企业”、“广东省优秀企业”、“广东省知名品牌企业”、“广东省守合同重信用企业”、“广东省最佳诚信企业”、“广东省优秀企业文化突出贡献单位”、“广东省建设工程质量创优特别贡献奖”、“广东省最佳雇主”、“深圳市外地来深建设者之家”、“深圳市劳动关系和谐企业”、“深圳市罗湖区重点纳税企业”、“广东省最佳责任企业”、“广东省企业文化示范基地”、“中国建设银行总行级重点客户”、“深圳市青少年发展基金会 20 周年贡献企业”等荣誉。

公司作为投资控股平台型企业，更有利于实施收购兼并及对外扩充计划。2014 年 3 月 19 日，公司战略入股上海鸿洋电子商务有限公司（我爱我家网），大手笔布局电商平台，以此利用适应移动互联时代的 O2O 商业模式跨入家装产业，丰富自身的产品结构、客户群体和产业链条，同时引入互联网思维助力公司优势产业发展，为公司拓展智能家居、建筑智能化等领域业务奠定基础。2014 年 9 月 28 日，公司全资子公司深圳市宝鹰建设集团股份有限公司与深圳市中建南方装饰工程有限公司股东共同签署《股权转让协议》，收购完成后，宝鹰建设持有中建南方 51% 股权，成为其控股股东。本次收购是公司实施内生外延式发展战略和开拓海外工程市场经营战略的重要举措，一方面有利于宝鹰建设和中建南方实现优势资源互补，优化各自业务结构，增强双方竞争力，提升市场占有率，从而整体加强公司业绩增长能力；另一方面，本次收购有助于公司对海外工程业务快速进行有效布局，缩短公司战略进军海外市场的时间，降低开拓海外市场的风险，迅速获取经营海外市场的各种重要资源，符合公司既定的经营发展战略需要，有利于为公司创造新的业务市场和业绩增长点。未来，公司一方面将积极推动宝鹰建设依靠自身实力滚动发展，进一步加强业务模式和管理理念创新，充分利用公司既有优势和市场影响力积极与第三方机构展开合作，吸引潜在优质客户，进一步扩大市场份额，并将努力学习和借鉴大数据、云计算、平台管理、移动互联网的管理理念，不断挑战自己、不断开拓创新，引领行业潮流；另一方面公司亦将积极借助资本市场，在不断发展主营业务的同时，积极寻找合适的外部资源，继续加快专业资源整合和产业链延伸步伐，构建大装饰格局，通过合作、参股、控股等多种方式不断提升产业集中度，提高业务附加值，以内源性增长促进外延式的发展，以外延式发展巩固内源性增长，进一步增强公司的整体资产质量、盈利能力和抗风险能力。

【主营业务】

综合建筑装饰设计与施工。

【经营业绩】

2015 年度，公司实现营业总收入 690,904.01 万元，较上年同期增长 28.36%；实现营业利润 53,781.76 万元，较上年同期增长 46.72%；实现利润总额 54,408.47 万元，较上年同期增长 47.64%；归属于上市公司股东的净利润 36,736.07 万元，较上年同期增长 36.67%。

【企业文化】

核心思想：智、敏、勇

经营理念:诚信为人、严谨做事、共赢经商、和谐发展

企业精神:“团结、务实、奋斗、卓越”集中体现了宝鹰集团经营管理决策和行为的价值取向,是有机的统一整体。其中团结是力量,务实是基石,奋斗是动力,远见是方向,卓越是归宿。

【企业荣誉】

2014 年,入选“广东省全国名牌”;

2014 年,被广东省企业联合会、广东省企业家协会授予了“2014 年度广东省企业文化示范基地”荣誉称号;

格兰云天大酒店荣获 2012 - 2013 年度“中国建设工程鲁班奖”(国家优质工程);

2012 年 11 月,公司承建的深圳大运中心主体育馆装饰工程荣获 2012 - 2013 年度“中国建设工程鲁班奖”(国家优质工程);

2011 年 11 月,公司承建的天津医科大学总医院神经病学中心荣获 2010 - 2011 年度“中国建设工程鲁班奖”(国家优质工程);

2009 年 11 月,公司承建的武汉天河机场航站区及配套设施扩建工程航站楼工程荣获 2009 年“中国建设工程鲁班奖”(国家优质工程);

2012 年 11 月,公司承建的温州新世纪商务大厦荣获 2011 - 2012 年度国家优质工程奖(银质奖);

2012 年 12 月,公司设计的宝鹰办公楼装饰工程荣获 2011 - 2012 年度全国建筑工程装饰奖(公共建筑装饰设计类);

2012 年 12 月,公司承建的宝鹰办公楼装饰工程荣获 2011 - 2012 年度全国建筑工程装饰奖(公共建筑装饰类);

2012 年 12 月,公司承建的深圳人民医院外科大楼幕墙工程荣获 2011 - 2012 年度“全国建筑工程装饰奖”(建筑幕墙类);

2012 年 12 月,公司承建的深圳农科绿洲办公楼幕墙工程荣获 2011 - 2012 年度“全国建筑工程装饰奖”(建筑幕墙类);

2012 年 12 月,公司承建的深圳地铁 1 号线(罗宝)续建工程安装、装修 4 标段荣获 2011 - 2012 年度“全国建筑工程装饰奖”(公共建筑装饰类);

2012 年 2 月,公司承建的深圳大运中心主体育馆装饰工程荣获 2011 - 2012 年度“全国建筑工程装饰奖”(深圳大运)。

【002200】云南云投生态环境科技股份有限公司

【基本情况】

云南云投生态环境科技股份有限公司(简称“云投生态公司”)前身为“云南绿大地生物科技股份有限公司”,是国内绿化行业第一家上市公司,具有国家园林绿化施工一级资质、风景园林工程设计专项乙级资质,是云南省最大的园林绿化企业。公司拥有“品种研发 - 种苗培育 - 苗木种植基地 - 工程设计及施工”完整产业链,致力于为绿化环境和生态建设提供服务。2012 年 2 月 14 日,云投集团成为公司第一大股东。云投集团是云南省最大的综合性投资控股集团,下属有 10 余家控股公司,涉及能源、交通、旅游、林竹浆纸、金融、房地产、燃气、医疗、文化等领域。

公司先后承建的重庆酉阳桃花源广场扩建建设工程及桃花源景区改造、昆明北京路道路绿化恢复及景观提升改造工程,充分结合地域文华和特色苗木花卉,营造出优美、舒适的景观空间,被誉为当地的“城市名片”,展现了现代生态环境建设的新高度。今后,公司将结合十八大提出“建设美丽中国”、实施“城镇化”建设等国家战略,秉承诚信、务实、一流的企业精神,围绕现有业务向生态公园建设、生态治理、生态修复方面实施业务拓展,积极在工程服务、生态建设、区域生态环境打造、苗木花卉资源培育、特色生物资源开发等方面增强能力,提升公司可持续发展能力和竞争力,创建优质品牌,实现健康、持续发展,更好地回报社会、回报投资者。

【主营业务】

绿化苗木种植及销售,绿化工程设计及施工。

【经营业绩】

2015 年半年报报告期内,公司紧紧围绕年度经营目标,细化分解,认真落实,以“业务转型、模式调整、管理升级、深化改革”为核心,推进公司经营及发展。报告期内,公司共实现营业总收入 34,061.28 万元、营业利润 1,196.39 万元、利润总额 1,088.65 万元、归属于上市公司股东的净利润 291.42 万元,分别比去年同期增长 16.69%、175.16%、112.37%、0.96%。

【002210】深圳市飞马国际供应链股份有限公司

【基本情况】

深圳市飞马国际供应链股份有限公司成立于 1998 年,总部坐落于深圳市福田区,2008 年 1 月在中国深圳证券交易所上市(证券代码:002210;证券简称:飞马国际),是国内两家供应链上市公司之一。

作为全国物流供应链龙头企业,公司一直专注于高端物流供应链服务的整合、优化与创新,通过专业化的供应链管理与运作,为广大客商提供集商流、物流、资金流、信息流于一体的供应链运营与服务。公司是国家级高新技术企业、全国最大的民营煤炭进口商、深圳市唯一提供资源能源类供应链服务的专业运营商;2011 年竞标取得第 26 届世界大学生夏季运动会独家物流运营商资格并以零差错的优异成绩圆满完成任务;在 2014 年《财富》中国企业 500 强中居 184 位,是广东省大型骨干企业。

公司自上市至今,在外部经济大环境极为严峻的情况下,通过自身的开拓与完善,不断的改革与创新,从荆棘中闯出了一条属于自己的路,公司资产规模翻倍,业绩逐年递增,向全体股东交出了一份令人骄傲的成绩单。

过去已成为历史,未来公司将继续秉承“诚信为本、技术引领、精益服务”的经营理念,坚持“尊重人、激励人、成就人”的员工管理思路,致力于客户供应链效率和效益最大的基本原则,将公司打造成为国际领先的技术型供应链服务企业。让飞马再创辉煌,腾飞世界!

【主营业务】

现代物流服务,具体业务为综合物流服务、塑胶物流园经营和贸易执行服务。

【经营业绩】

2015 年,公司继续大力拓展资源行业供应链业务,积极实施行业并购,完善资源行业供应链服务网络,持续提升行业服务竞争力,营业收入稳定增长;同时,公司不断加强内控管理、优化业务操作模式,进一步提高运营管理效率,开源节流,公司业绩稳步增长。报告期内,公司实现营业收入 1,731,424.42万元,归属于上市公司股东的净利润 10,036.87 万元,保持了良好、稳定的发展态势。

【002266】浙富控股集团股份有限公司

【基本情况】

浙富控股集团股份有限公司(简称浙富控股)是一家集团化运作、多元化布局、国际化经营的上市公司,旗下拥有多家子公司,业务领域涉及水电、核电、油气等诸多板块,目前已成为"以水电设备为核心,核电设备、特种电机为重点,国际经营与新兴产业战略投资协调发展"的大型企业集团。其核心水电业务板块,由浙江富春江水电设备有限公司(简称浙富水电)及其下属子公司构成,涵盖了大中小型成套水轮发电机组的研发、设计、制造与服务,水电工程机电总承包、抽水蓄能发电机组以及电站机电设备工程总承包项目,面向中国和世界水电设备市场,为客户提供技术先进、品质可靠的成套产品和服务。同时,浙富控股实现了核电关键设备、特种电机制造领域的重点突破,并对小微金融、石油开发及油服工程、文化传媒业务等战略新兴领域做了前瞻投资,有效优化业务组合,稳步推进浙富集团总体

战略布局。2008年,公司在深圳证券交易所中小板上市(证券简称:浙富股份;证券代码:002266);2014年1月,公司更名为浙富控股集团股份有限公司(证券简称:浙富控股)。

当前,我国正处于经济结构调整的关键时期,宏观经济增速有所放缓,社会用电量未见明显增长,下游电力设备需求不稳,行业的周期性波动对公司的影响较大。公司积极应对市场环境变化,制定了"大能源+互联网等新兴领域投资"的战略转型方向,在建立"能源装备制造、能源工程服务、能源投资开发"的"大能源"业务格局的同时,积极布局互联网、文化传媒等新兴领域,并促进文化传媒等投资与互联网的融合,以实现公司业绩的多元驱动,促进公司的可持续发展。

公司持续推进的集团化运营体系建设取得成果,为公司转型战略的实施提供了组织保障。2013年,公司完成了主要业务资产的重组和集团管控架构的搭建,公司将以股权为纽带、投资为手段实现对各业务板块的有效整合。

控股子公司浙江富安水力机械研究所有限公司的水力机械模型试验台正式投运,公司成为国内首家拥有独立水力性能开发研究能力的民营水电设备制造商;同时,控股子公司华都公司也已取得国家核安全局核发的《民用核安全设备制造许可证》,四川华都核设备制造有限公司(以下简称"华都公司")核心产品ML-B型控制棒驱动机构先后历经了冷热态性能试验、650万步寿命试验和0.3g控制棒驱动线抗震试验后,于2014年3月22日热态寿命试验突破1200万步,此后继续进行热态极限寿命试验并于近日突破了1500万步,是目前世界上可以确认的磁力提升式控制棒驱动机构最长的运行纪录,标志着公司核电业务核心产品制造取得了重大突破。报告期内,公司的国际化水平进一步提高,并积极创新海外业务模式,海外电站EPC业务市场进一步拓宽;同时,公司与中曼集团在中东地区的油田钻井工程服务项目正在稳步推进中。报告期内,全资子公司ASCENSUN油气公司成功收购了ZARGON企业和ASHTON公司在加拿大GrandForks地区的在运油气田资产,并已完成矿权、矿井和地面设施等资产的全面交收工作,公司的石油开发业务的发展平稳起步。

互联网产业在创造自身需求的同时,也在深刻改变着传统产业的形态。互联网与其他产业特别是新兴产业的融合,具有广阔的发展前景,蕴含着巨大的商机。因此,公司在新兴领域的投资将在兼顾其他新兴产业的同时,重点聚焦互联网产业,并致力于推动相关新兴产业投资与互联网的融合。报告期内,公司收购上海二三四五网络科技有限公司(以下简称"二三四五公司")的股权,是公司在互联网领域的初步布局。公司对二三四五公司的投资,实现了公司资本与互联网的首次对接,深化了公司对互联网产业的理解,并使公司接触到更多的互联网领域投资标的,使公司的互联网战略更加清晰。

国家对文化传媒产业的战略定位与大力扶持有助于行业企业的跨越式发展,整体市场空间巨大。公司对梦响强音的投资,系公司实施产业转型战略的又一重大举措,并使公司促进互联网与文化传媒的投资融合的战略构想得以实现。梦响强音的优势在于它拥有良好的内容品牌,巨大的注意力经济,利用互联网,有利于其把注意力变成流量、形成利润,而文化传媒企业为达成这一目的,需要植入互联网基因,需要良好的合作伙伴,其与扮演互联网流量入口的平台类互联网企业间存在战略合作的空间。因此公司希望通过投资,与梦响强音形成紧密的合作关系,并促成梦响强音和二三四五公司或其他互联网细分平台类企业的战略合作,推动移动娱乐社交应用或产品的开发,深化公司在互联网细分领域的战略布局。

【主营业务】

水轮发电机组、特种发电机和石油采掘等。

【经营业绩】

2015年,面对全球经济下行压力,尤其是国内经济增长乏力,国家在采取积极稳增长措施的同时,加大产业结构调整力度,着力发展清洁能源,成为加快促进经济转型的重中之重。

报告期内,公司继续努力践行"大能源+互联网等新兴领域投资"发展战略,同时持之以恒的推动转型升级。核电业务在研发、生产制造环节中取得重大进展,水电业务继续在"一带一路"沿线国家市场获得重大订单。报告期内,公司解除了与梦响强音的股权委托管理协议,计划未来对相关战略新兴产业以战略投资为主导;对外投资设立浙江浙富资本管理有限公司,加快公司在"大能源"及其"制造+服务"领域的发展整合和转型升级。

【企业文化】

水,是孕育生命之源亦是浙富公司的立业之本,水的七善正是我们企业文化最好的表述:"谦、渊、仁、信、正、能、时"。

【002271】北京东方雨虹防水技术股份有限公司

【基本情况】

北京东方雨虹防水技术股份有限公司成立于1998年3月,现已发展成为一家集防水材料研发、制造、销售及施工服务于一体的中国防水行业龙头企业,是国家高新技术企业、中国防水行业唯一的上市公司(SZ002271),拥有业内唯一国家级企业技术中心和博士后科研工作站。

北京东方雨虹防水技术股份有限公司控股上海东方雨虹防水技术有限责任公司、岳阳东方雨虹防水技术有限责任公司、广东东方雨虹防水工程有限公司、四川东方雨虹防水工程有限公司、锦州东方雨虹建筑材料有限责任公司、昆明风行防水材料有限公司、徐州卧牛山新型防水材料有限公司、山东天鼎丰非织造布有限公司,北京东方雨虹地矿安全技术有限公司等,公司在北京顺义、上海金山、湖南岳阳、辽宁锦州、广东惠州、江苏徐州新沂和山东德州临邑、河北唐山、陕西咸阳礼泉建有九大生产基地,拥有世界领先的多功能进口改性沥青防水卷材生产线、冷自粘沥青防水卷材生产线、高分子卷材生产线和世界先进的环保防水涂料、砂浆、保温、非织造布生产线。

人类所有的防水问题，东方雨虹都有责任去解决。作为系统防水解决方案的提供者，东方雨虹将各种雨虹专项防水系统成功应用于包括房屋建筑、高速公路、城市道桥、地铁及城市轨道、高速铁路、机场、水利设施等众多领域。特别是在中国人民大会堂及鸟巢、水立方等85%以上的2008年北京奥运场馆等中国标志性建筑和大量高铁、地铁等国家重大基础设施建设项目中，东方雨虹防水系统优良的应用效果，获得用户及社会各界高度评价。

随着东方雨虹国际化战略的全面实施，公司生产的优质防水产品已远销德国、巴西、委内瑞拉、波兰、土耳其、安哥拉、尼日利亚、南非、印度等七十多个国家和地区，正在实现世界东方雨虹的梦想，成就世界防水行业五强的目标，全力为构筑和谐人居贡献力量，全面践行"为人类为社会创造持久安全的环境"的企业使命。

【主营业务】

主要从事建筑防水材料的研发、生产、销售和防水工程施工业务。

【经营业绩】

2015年，公司实现营业总收入5,329,434,502.50元，较上年同期增长6.46%；营业利润705,541,313.39元，较上年同期增长13.09%，利润总额815,295,949.41元，较上年同期增长25.15%，归属于上市公司股东的净利润715,599,764.16元，较上年同期增长24.12%，基本每股收益0.88元，较上年同期增长17.33%。

报告期公司财务状况良好，截止2015年12月31日，公司总资产5,963,927,111.52元，较本报告期初增长了16.00%，归属于上市公司股东的所有者权益4,015,506,404.06元，较本报告期初增长了16.85%，股本830,693,439.00元，较本报告期初增加了99.53%，主要原因系公司利润分配10股送10股所致，归属于上市公司股东的每股净资产4.83元，较本报告期初降低了41.45%，主要原因系利润分配方案10股送10股增加股本所致。

【企业文化】

企业观念：真、善、忍

企业精神：事在人为

企业信仰：天地与我们同在；好人有好报

企业使命：为人类为社会创造持久安全的环境

企业职责：人类所有的防水问题东方雨虹都有责任解决

雨虹文化：公平、朴实、创造、宽容、奉献

【企业荣誉】

北京东方雨虹防水技术股份有限公司和北京东方雨虹防水工程有限公司双双被授予环渤海地区建材行业2014年度"诚信企业"荣誉称号，这是奖项到期复评后东方雨虹再度获得该荣誉。

2014年11月28日，"2014联盟杯"全国建筑防水行业职业技能大赛决赛于苏州完美落幕。来自全国各地的参赛队伍在改性沥青防水卷材、高分子防水卷材施工技术经过为期两日的角逐，东方雨虹最终斩获一冠、一亚、两季。

2014年12月3日，第七届中国企业社会责任报告国际研讨会在北京召开。会议期间，公开发布了"金蜜蜂2014优秀企业社会责任报告榜"，东方雨虹从数千家优秀企业中脱颖而出，荣膺"金蜜蜂2014优秀企业社会责任报告—成长型企业"，这是东方雨虹继2012年之后再次获得这一荣誉。

2015年11月，东方雨虹荣获第十五届全国质量奖入围奖（组织奖）。

【002297】湖南博云新材料股份有限公司

【基本情况】

湖南博云新材料股份有限公司是由中国工程院院士、中国科协副主席、中国材料学会理事长、原中南大学校长、博士生导师黄伯云教授创建，汇聚国内顶尖的粉末冶金复合材料专家团队组建的高科技企业。

公司位于湖南省长沙市国家高新技术产业开发区，2001年7月由中南大学粉末冶金研究所改制而成。公司注册资本398821011元人民币。现有员工657人，其中院士1人、博士10人、硕士25人，本科以上学历123人，为湖南省高新技术企业。旗下子公司湖南博云汽车制动材料有限公司、湖南博云东方粉末冶金有限公司、长沙鑫航机轮刹车有限公司。2009年9月，博云新材A股在深交所发行上市，股票代码：002297。

公司主要从事军民用飞机粉末冶金和炭/炭复合材料刹车副、航天及民用炭/炭复合材料产品、环保型高性能汽车刹车片、高性能模具材料、军民用飞机机轮及刹车系统、粉末冶金专业设备等产品的研究、开发、生产和销售。公司形成了具有完全自主知识产权的产品系列。公司建立了完整的质量管理体系，通过了ISO9001－2000质量管理体系和GJB9001A－2001质量管理体系认证。

公司产品涉及航空、航天、铁路、汽车、冶金、化工等领域。多种机型航空刹车副已广泛应用于军民用飞机上，部分产品还出口东南亚、俄罗斯等独联体国家。自主研发的多种型号炭/炭复合材料喷管，已成功应用于航天飞行器上。

【主营业务】

从事航空航天产品（军用、民用飞机刹车副＜粉末冶金飞机刹车副、炭/炭复合材料飞机刹车副＞、航天用炭/炭复合材料产品）、环保型高性能汽车刹车片、高性能模具材料等三大类具有自主知识产权的粉末冶金复合材料产品的研究、开发、生产和销售。

【经营业绩】

2015年上半年，我国经济增速持续下行，部分经济指标逐步筑底回升，经济出现回稳迹象，但制造业仍处于低迷阶段，受此影响，公司部分产品的市场竞争依然激烈。报告期内，公司董事会和管理层积极围绕年度制定的重点工作计划，充分利用在航空航天领域的技术优势，专注于主营业务，持续加大对新产品、新工艺的研发力度和产品市场的开拓速度，积极寻求公司新的利润增长点；在战略规划层面，公司拟通过非公开发行股票购买长沙伟徽高科技新材料股份有限公司100%股权并募集配套资金，实现上市公司一体化的硬质合金研发、加工生产、销售系统，加快推进公司转型升级，完善公司产业布局，提高公司抗风险能力。本报告期，公司仍因合资公司固定资产折旧、人力成本、研发等费用增加以及C919碳盘试生产的相应成本在本期费用化等因素影响，公司经营业绩出现亏损，在本期收入和净利润同比均出现回落

【企业文化】

愿景使命：成就梦想，品牌创造未来

企业作风：诚信、团结、勤奋、创新

【002304】江苏洋河酒厂股份有限公司

【基本情况】

苏酒集团（洋河股份）位于中国白酒之都——江苏省宿

迁市，坐拥“三河两湖一湿地”，是世界三大湿地名酒产区之一。公司总占地面积近10平方公里，总资产282.18亿元，下辖洋河、双沟、泗阳三大酿酒生产基地和苏酒集团贸易股份有限公司，是中国白酒行业唯一拥有洋河、双沟两大“中国名酒”，两个“中华老字号”的企业。2009年11月，公司在深圳证券交易所挂牌上市。2012年7月，公司首次跻身FT上市公司全球500强，打破了江苏上市公司全球500强零的记录。

公司拥有深厚的历史文化底蕴。洋河酿酒起源于隋唐、隆盛于明清，曾入选清皇室贡酒，素有“福泉酒海清香美，味占江淮第一家”的美誉。双沟因“下草湾人”、“醉猿化石”的发现，被誉为是中国最具天然酿酒环境与自然酒起源的地方。作为中国名酒的杰出代表，洋河、双沟多次在全国评酒会上获得殊荣，彰显了名酒风范。

2003年，公司率先突破白酒香型分类传统，首创以“味”为主的绵柔型白酒质量新风格。2008年，《地理标志产品洋河大曲酒》将“绵柔型”作为洋河白酒的特有类型写入国家标准。绵柔型白酒代表作——梦之蓝、绵柔苏酒先后荣获“最佳质量奖”、“中国白酒酒体设计奖”、“中国白酒国家评委感官质量奖”等国家级质量大奖。诸多白酒专家常用“时代新国酒、绵柔梦之蓝”等赞语，首肯洋河绵柔品质为中国白酒所做出的巨大贡献。

公司始终践行“创新创优创一流，争先领先再率先；领先领头领一行，报国报民报一方”的“狮羊文化”，通过联手央视“寻找最美乡村医生”、中国网事·梦之蓝感动2012年度人物评选及抗震救灾等社会公益活动，传递“中国梦”正能量，将“基业长青”的企业梦与“伟大复兴”的中国梦紧紧联系在一起，努力将公司打造成为一个不断超越生命周期、共筑中华民族复兴之路的伟大企业。

【主营业务】

白酒的生产、加工、销售以及预包装食品的加工与销售，国内贸易，自营和代理各类商品和技术的进出口（国家限定公司经营或禁止进出口的商品和技术除外），粮食收购

【经营业绩】

2015年，我们紧紧围绕“稳中求进，持续向好”的年度总目标。

积极推进落实“三化制胜”的总体工作举措，全年实现营业收入1,604,567.76万元，同比增长9.36%，归属于上市公司股东的净利润537,372.77万元，同比增长19.22%。

【企业荣誉】

52度“梦之蓝”产品荣获“2015年中国白酒感官质量奖”。

“5A级苏酒”和“双沟1955金标”两款产品荣获“2015年中国白酒酒体设计奖”。

江苏省创新示范企业。

2014年中国企业五百强排行榜。

转型创新卓越企业奖。

中国工业企业品牌竞争力百强。

“生态苏酒”荣获2014年中国酒业最佳新品奖。

【002330】山东得利斯食品股份有限公司

【基本情况】

得利斯，作为注册商标，是英文“DELICIOUS”的音译，意指味道鲜美、无与伦比。此译名既与“得利斯”读音相吻合，又恰切地表现出得利斯美味营养美食的特点，是音译商标的典型案例，在传播字面意义和产品品质的同时，表达了丰富的内涵。

得利斯，顾名思义：得利于斯，在这里得到利益和好处。其文化内涵在于，企业发展得利于党的农村改革和富民政策；得利于坚持农副产品深加工、贸工农一体化、农业产业化的发展方向；得利于社会各界的支持；得利于引领潮流的高品质产品和广大消费者的厚爱；得利于全体员工的拼搏进取、忠诚奉献。

企业坚持“得利于斯、回报于斯”的创业初衷，为消费者创造最安全营养的肉类食品，为参与者提供最恒久宽广的发展平台。

但愿人长久，相伴得利斯！

得利斯尊崇“品质高于一切”，恪守“制欲感恩”为生存理念，以“增强国人体魄，提高民族素质”为宗旨，以“改善大众饮食营养，攀登肉食科学高峰”为己任，以竭诚奉献于中华民族之崛起为终极目标，致力于为广大消费者提供最安全营养的肉食产品，践行企业核心价值，彰显企业社会责任。

1986年创立，89年引进欧洲先进的低温肉制品生产线，率先在国内研制成功低温肉制品并进行工业化生产，促使肉食消费发生了革命性变化。94年，在全国首次提出“双十工程”和“菜篮子百城工程”。

1999年，得利斯被认定为中国驰名商标，获得首次山东省政府质量奖。

2000年，在中国首倡冷却肉消费理念，引领中国冷却肉消费潮流。

2004年，在“莱芜黑”猪种质资源基础上培育出“欧得莱”猪新品系。

2006年，得利斯冷却肉、低温肉制品实现直供人民大会堂、钓鱼台国宾馆。之后，得利斯产品相继直供国家发改委、国务院机关事务管理局等二十六部委办局。

2007年，基本完成高档肉制品从源头到终端一体化绿色产业链条建设。

2010年1月，山东得利斯食品股份有限公司股票在深交所挂牌上市。

2010年12月，引进研制成功帕珞斯意大利火腿，并成为肉制品行业目前唯一获得省长质量奖的企业。

【企业文化】

得利斯创建起以“六个一”思想精髓为核心的企业文化体系，其核心是“树人”，灵魂是“创新”，依托是“诚信”，措施是“自律”。

生存理念：制欲感恩

企业宗旨：增强国人体魄提高民族素质

企业精神：勤奋进取团结忠诚

企业标准：凡是有利于公司建设和发展的言论和行为都是正确的；凡是不利于公司建设和发展的言论和行为都是错误的。

【主营业务】

生猪屠宰，冷却肉及冷冻肉和低温肉制品的生产与销售。

【经营业绩】

2015年是国家“十二五”规划的收官之年，国际经济复苏缓慢，中国经济进入增速换档期，经济增长压力重重，实体经济走势疲弱，消费低迷，宏观经济下行趋势明显，企业面临的外部环境复杂更加严峻。面临诸多不利局面，食品行业整体发展速度放缓，公司也受到了较大影响。2015年，实现营业收入155,099.25万元；实现净利润2,260.82万元，每股收益0.045元；总资产实现172,841,58万元。

【企业荣誉】

企业先后荣获“首批家农业产业化国家重点龙头企业”、

"中国肉类 10 强企业"、"中国食品行业 100 强"、"中国最具市场竞争力品牌"、"中国驰名商标"、"中国名牌产品""国家安全食品示范单位"、"山东省省长质量奖"等荣誉称号。

【002341】深圳市新纶科技股份有限公司

【基本情况】

深圳市新纶科技股份有限公司成立于 2002 年 12 月，2010 年 1 月 22 日，公司股票在深圳证券交易所挂牌上市(股票简称:新纶科技，股票代码:002341)，公司总部坐落于深圳市南山区。

新纶科技是一家集防静电/洁净室消耗品研发、生产、销售，净化工程及超净清洗服务于一体的防静电/洁净室行业系统解决方案提供商。公司时刻把握新的市场环境动态变化，锐意进取，积极向新材料、新工艺、新服务等科技前沿领域拓展，将新材料与新工艺的研发成果应用到环境净化、防静电/洁净室产品、功能材料、医疗产品、护理产品等领域，致力于成为国内新材料、新工艺研发与应用领域的先行者和国际领先的防静电/洁净室行业系统解决方案提供商。2013 年，公司实现营业收入 134,972.84 万元，较上年同期增长 18.19%，实现净利润 10,846.21 万元，较上年同期增长 15.33%。

公司拥有近百项专利及研究成果，自主研发的产品及服务已与 4,000 多家客户建立了良好的合作关系，其中多数为世界 500 强企业、国际国内知名企业，包括爱普生、索尼、日立、松下、三星、IBM、等。公司产品与服务广泛应用于 IT、电子、太阳能、LED、TFT、生物工程、医药卫生、食品、精密仪器、航天航空、石油、精细化工、汽车制造等行业。

公司秉承"净世界 · 美生活"的企业使命，倡导"诚信、专业、激情"的核心价值观，立足于为全世界的客户提供净化环境的综合解决方案，致力将新材料与新工艺的研发成果应用到环境净化、防静电/洁净室产品、功能材料、医疗产品、护理产品等领域，通过创造高品质的产品和提供优质服务，为全球洁净环境事业贡献力量，创造人类安全、洁净、健康、舒适的美好生活。

【主营业务】

净化产品、净化工程、超净清洗、智控设备、功能材料。

【经营业绩】

2015 年是公司实施转型升级战略的过渡之年。一方面由于传统业务盈利能力下降，转型需要过渡期，部分老业务关停大大增加了当期营业外支出;另一方面，电子功能材料项目仍处于建设期，未能立即带来新增利润，但新业务拓展增加了当期的费用开支。受此双重压力影响，公司经营业绩出现了大幅下滑，全年累计实现营业收入 102,409.86 万元，较上年同期大幅下降 24.08%;归属于母公司所有者净利润 -10,661.52万元，较上年同期大幅增亏约 1.94 亿元。

【企业文化】

新纶愿景:以创新立足全球市场，以智慧经营新纶未来

核心价值观:诚信、专业、激情。

【企业荣誉】

2010 年 11 月，获评"深圳市出口工业产品一类企业"。

2010 年 3 月，新纶科技光明产业园开工奠基，荣获"深圳市成长型中小工业企业 500 强"称号，"新纶"获广东省著名商标证书。

2010 年 2 月，"新纶科技"品牌被评为"深圳市知名品牌"。

2012 年 12 月，公司荣获第四届"中小企业诚信榜"上榜企业。

【002378】崇义章源钨业股份有限公司

【基本情况】

始创于 2000 年，2010 年 3 月 31 日在深交所上市，是全国唯一一家钨行业上市民营企业(股票简称:章源钨业，股票代码:002378)，集钨的采选、冶炼、制粉、硬质合金与钨材生产和深加工、贸易为一体，是全球少数拥有完整钨产业链的厂商。现有员工 3400 多人，拥有 7 个探矿权矿区、4 座采矿权矿山、5 个钨冶炼及精深加工厂、1 座水电站、1 家全资子公司及 2 家参股公司。产品覆盖仲钨酸铵、氧化钨、钨粉、碳化钨粉和硬质合金系列，"章源"商标系江西著名商标，"章源"牌钨粉、碳化钨粉、硬质合金系江西名牌产品。截止 2013 年底，公司总资产为 30.57 亿元，净资产为 14.23 亿元，职工人数为 3419 人，劳动生产率为 20.98 万元/人。

公司是高新技术企业、第三批创新型企业、国家技术创新示范企业，是商务部批准的"钨品国营贸易出口资格企业"，先后通过了 ISO9001:2008 质量管理体系、ISO14001:2004 环境管理体系、OHSAS18001:2007 职业健康安全管理体系和 ISO9001:2008 党建质量管理体系的认证，拥有多项专利、科技成果和高新技术产品，中国地质科学院、中南大学、江西理工大学、赣南科学院分别在公司设立了博士工作站、博士后研究基地、研究生教育创新基地和钨业研究所。开发专利专有技术 135 项，承担、参与起草国家标准 5 个，冶炼与制粉生产工艺国际领先，硬质合金生产工艺国内先进，首创白钨铵盐不变体系闭路冶炼新工艺，全球率先实现黑白钨矿高效绿色冶炼，全球首家工业化生产纳米钨粉和纳米碳化钨粉。

公司致力于向下游精深加工产业链延伸，通过引进世界一流装备、技术与工艺，在全资子公司赣州澳克泰工具技术有限公司斥资 8.3 亿元，新上了高性能高精度硬质合金涂层刀片、挤压棒材两条生产线，旨在改变我国高端硬质合金长期依赖进口的局面，从而满足国内数控加工业快速发展的需要。这两条生产线于 2013 年上半年开始试生产，目前市场开拓前景良好，有望成为公司盈利新增长点。

未来几年，公司将以持续建设"纵向专业一体化"产业链为目标，不断延伸钨产业链，促进产业转型升级:一是"做优"上游探采选，加强资源勘探力度，推进矿山兼并重组，持续建设绿色矿山，进一步提升矿产资源综合回收利用水平。二是"做特"中游冶炼制粉，差异化开发生产特色粉末产品，推广绿色冶炼、实现零排放。三是"做精"下游精深加工，继续引进消化吸收再创新世界前沿钨精深加工的工艺技术与装备，加快刀具、刀杆、刀盘等硬质合金工具的集成创新和产业化步伐，尽早建成硬质合金高端切削工具的研发、设计、生产及售后服务体系，缩短国内高端硬质合金工具与国外的差距。

【主营业务】

钨及其他金属矿产品采掘，钨制品的冶炼和深加工，钨制品销售。

【企业文化】

企业文化是企业寻求生存的竞争"原则"，是指导企业制定员工和顾客政策的宗旨，是企业获得持久发展的动力源泉。因此，公司坚持不断深化企业文化建设、建立企业发展愿景、价值观和理念、形成企业文化规范、发挥管理层的诚信模范作用、加强企业文化对员工的引导作用、建立企业文化评估制

度、加强文化和法制建设。2006年，被全国工商联民营企业文化建设委员会评为“全国民营企业文化建设先进单位”。

1. 企业文化价值理念

企业标识：简单的字母组合，简洁明了。字母开头均为黄色的方块，给人以警醒，让每个章源人深知自己所处的经济大环境，需要不断创新，稳中求发展。同时黄色的灿烂、辉煌，有着太阳般的光辉，象征着照亮黑暗的智慧之光。黄色在黑色的衬托下可以达到力量的无限扩大，寓意章源人艰苦奋斗、百折不饶、开拓进取、永攀高峰的光荣传统和意志品质。

企业发展愿景：传承百年基业，创新谋势未来。

企业发展目标：安全、和谐、高效、创新。

企业经营理念：利用资源、依靠科技、以人为本、诚信至上。

员工价值理念：今天企业因我而兴，明天我以企业为荣。

安全管理理念：安全第一，预防为主，综合治理。

企业的执行力文化：企业的严格管理更多地体现在执行力上，建立“公司——矿（子公司）——科——班组——个人”五级执行管理体系，层层负责、层层监管。

【经营业绩】

2015年以来，全球经济下行压力较大，报告期内国内经济下行的压力未见缓和，钨产业从原料到终端产品均出现低迷态势，钨产品价格持续下跌，行业供需严重失衡，企业效益大幅下降。

面对严峻的经济形势，公司管理层围绕年初制定的生产经营计划，坚持按照“保安全、优环保、稳产量、提质量、控成本、拓市场、推创新、强管理”的指导思想，扎实推进各项工作。一方面，通过优化矿山建设，全面推行生产6S管理，加强产品质量，促进产业升级，实现资源优化；另一方面通过改进并完善配套的销售服务，在维系优质老客户长期合作关系的基础上，努力发掘新领域新客户，不断进行技术创新与业务创新，尽力减少经济环境带来的不利影响。

2015半年报报告期内，公司实现营业收入72,778.99万元，较上年同期下降28.31%；营业成本65,529.78万元，较上年同期下降20.37%；归属于上市公司股东的净利润－2,830.17万元，较上年同期下降170.60%。

【企业荣誉】

近年来，章源钨业先后荣获“首届全国矿产资源合理开发利用先进矿山企业”、“国家科技进步二等奖（白黑钨矿洁净高效制取超高性能钨粉体成套技术及产业化）”、“江西省科学技术进步一等奖（球形、单晶、超细仲钨酸铵粉体的制取技术）”、“国家级高新技术企业”、“第三批国家创新型企业”、“国家技术创新示范企业”、“江西省优秀高新技术企业”、“国土资源科学技术二等奖”、“中国质量诚信企业”、“全国和谐劳动关系优秀企业”、“全国就业与社会保障先进民营企业、“全国有色金属行业先进集体”、“江西省劳动保障诚信等级AAA级单位”、“江西省守合同重信用AAA单位”、“2009－2010年度江西省实施科技创新‘六个一’工程优秀创新型企业”、“2012年度投资者保护宣传工作先进单位”等多项荣誉。

【企业责任】

作为地区龙头支柱企业，公司大力倡导“安全、和谐、高效、创新”的人文环境，先后安置了2600多名农民工及下岗职工就业与再就业；努力保持稳健经营和持续发展，维护股东和职工合法权益；致力于生态环境的保护，改善了企业周边环境，保护了职工和当地群众的身心健康；努力做好公益事业，在捐资助教、扶贫济困、农村土坯房改造等方面出钱出力，提升公司社会价值；在中南大学设立“章源钨业教育基金”，支持教育事业发展。2002年以来累计慈善捐款4295.637万元，鉴于公司及董事长长期以来对社会公益事业的支持，董事长被江西省慈善总会、江西日报评为“2012年江西慈善突出贡献楷模”。

【大事记】

2013年3月11日，公司下属淘锡坑钨矿、新安子钨锡矿两座矿山被国土资源部评为第三批国家级绿色矿山试点单位名单。

2013年3月19日，公司通过OHSAS18001:2007职业健康安全管理体系认证。

2013年4月10日，公司下属矿山淘锡坑钨矿被国土资源部评为江西省唯一“矿产资源节约与综合利用先进适用技术推广应用示范矿山”。

2013年4月18日，公司成为第一批符合钨、锡、锑行业准入条件企业。

2013年4月24日，公司被评定为《企业知识产权管理规范》国家标准基础指标达标单位。

2013年5月1日，公司本部举办庆“五·一”，见证章源钨业发展摄影书画展，矿山组织“五一”系列文体活动。

2013年5月7日，公司资产管理系统项目顺利通过验收。

2013年5月9日，省政协调研组一行到公司开展重金属污染治理工作专题调研。

2013年5月27日，公司获得中国进出口银行2亿元出口卖方信贷资金支持。

2013年5月29日，公司获得西部大开发企业所得税税收优惠政策，减按15%优惠税率征收企业所得税。

2013年6月至7月中旬，公司开展“强化安全基础、推进安全发展”安全月系列活动。

2013年7月8日，江西省委书记强卫在省委常委、赣州市委书记史文清、赣州市长冷新生陪同下莅临我公司视察指导。

2013年7月15日，公司董事长黄泽兰先生被表彰为“2012年度全市优秀董事长【厂（矿）长】、总经理”，这是黄泽兰先生连续五年获此殊荣。

2013年8月9日，公司协办“2013（第五届）钨及硬质合金市场技术论坛”。

2013年8月12日，公司2013年上半年工作总结会在本部二楼视频会议室召开。

2013年9月9日，公司无偿捐助900余万元兴建的关田镇田心小学举行“落成庆典暨捐赠移交仪式”，公司被授予“捐资助学、爱心楷模”荣誉称号。

2013年9月13日，公司被江西省安监局、省卫生厅、省人保厅、省总工会联合评为“江西省职业卫生先进企业”。

2013年10月23日，章源钨业荣获“国家工商行政管理总局2010～2011年度守合同重信用企业公示单位”称号。

2013年10月30日，公司“白（黑）钨矿洁净高效制取超高性能钨粉体成套技术产业化清洁生产示范项目”被列为国家2013年度清洁生产示范项目，获得专项补助资金950万元。

2013年11月6日，公司成功入选江西领军企业50强。

2013年11月8日，江西省人大副主任、省工会副主席一行莅临章源钨业视察党建、基层工会工作。

2013年11月10日，2013（首届）中国钨资源综合利用与产品深加工高峰论坛暨成果展示会会议嘉宾莅临章源钨业考察访问。

2013年11月13日，江西省环保厅厅长在市环保局及县领导陪同下参观公司。

2013 年 11 月 21 日，国家环保部规财司司长在省市县领导陪同下参观公司、就对口支援工作进行指导并举行调研汇报座谈会。

2013 年 12 月 4 日，公司召开 2014 年度全面预算编制说明会议。

【002382】蓝帆医疗股份有限公司

【基本情况】

蓝帆医疗股份有限公司(前身为山东蓝帆塑胶股份有限公司)成立于 2003 年，为中港合资企业。公司是全球规模最大的健康防护手套生产企业，是医疗 PVC 手套国家级标准《一次性使用聚氯乙烯医用检查手套》的起草单位；公司于 2010 年 4 月 2 日成功在深交所上市，股票代码 002382，是 PVC 手套行业唯一的上市公司；公司荣获由山东省科技厅颁发的“高新技术企业”、“山东省 PVC 手套工程技术研究中心”；是中国塑料加工工业协会副理事长单位，获得 22 项专利，“蓝帆”荣获山东省著名商标。

从 2013 年起公司开始转型，进入医疗健康领域，产业遍布山东、上海、福建、香港、美国等地，经过 10 年的经营和发展，公司已构建起了从产品制造，到零售渠道和品牌的全产业链，是拥有全产业链的产品和服务提供商。

企业经营亮点与核心竞争力：

公司从发展、经营、管理、创新、人才、文化等六大维度构建有效的体系平台，以黄金产业链整合为中心构造蓝帆外部竞争力与以“企业文化、人才支撑、战略执行”三位一体为中心构造蓝帆内部竞争力相结合的核心竞争力，构建百年品牌，实现蓝帆人的梦想。

一、发展方面：在进一步巩固和提升企业行业领导地位的同时，开启了医疗健康发展之路

公司借力资本市场，将上市融资用于健康防护手套的主业规模扩张，快速确立了公司在行业内的领先地位。从 2013 年起，通过收购、兼并、重组等多种方式，开始往医疗领域延伸。2014 年，公司先后增资参股了福州东泽医疗器械有限公司、上海透析资产管理顾问有限公司和深圳市阳和生物医药产业投资有限公司，正式开启了公司向医疗健康领域发展的道路，开始向医疗行业转型，以顺应中国未来的趋势，培植企业第二个产业，支撑企业未来的快速发展和成长。

展望未来，公司将分发挥企业资源、人才、管理、品牌优势，致力于研发和提供绿色清洁、安全健康的全球化产品及服务，立志于成为一家科技持续进步、有责任担当的百年企业。

二、经营方面：坚持转方式，调结构，创新经营模式，提升产业核心竞争力

公司生产线大多为新建生产线，生产线的设计能够充分借鉴行业内技术进步，同时又融合进了大量本企业的创新和研发，无论从工厂的精益布局，还是生产线的设计安装，均处于行业领先水平。尤其是自动化升级方面，在经过多年的技术积累后，通过走自主研发之路，已陆续突破了生产、包装、物流、原料配制、快速更换模具、工艺参数自动控制、在线品质检测等全流程自动化，研发和投用了智能化装备，提升和稳定了产品品质、提高了生产效率，降低了成本，对生产方式、生产环境的改善和优化起到重大作用，实现了由劳动密集型向技术密集型产业的转型升级。

公司产品主要销往包括美国、欧洲、日本在内的发达国家和地区，目前中东、南美、东南亚等新兴市场的需求增长较快，公司新开发的客户也在快速增长。公司的 Bluesail 商标已在美国、日本和欧盟注册，在发达国家市场拥有了自己的品牌。

今年，公司成立了电商事业部，通过经营模式的创新，加大国内市场的开发力度，为国内市场潜力的释放进行提前布局。

三、管理方面：始终追求规范、完善的管理

公司始终坚持将规范化作为管理工作重点，以制度化、标准化为目标，不断完成内部控制制度的建设，不断提升公司规范化运作水平，提高风险防控能力。

四、创新方面：加大创新投入，规范创新激励体制，极大地提升了公司的自主创新能力

公司重视产品、技术的创新投入，借助山东省 PVC 手套工程技术中心这一平台，联合中国科学院等科研院所，不断加大投入，配备了高水平的研发人才，建设了专用的中试基地，同时与多所高校、科研机构建立了合作关系，并建立了创新激励的相关制度，为新产品、新技术研发打下了良好的基础。近几年，新的产品品种、新的工艺配方不断推出，自动化生产和包装技术的采用与持续改进，保证了公司产品的差异化、生产的集约化。对增加产品品种、控制成本、稳定质量、改善环境发挥了积极的作用。

五、人才方面：突出加强构建人才要素支撑

一方面公司立足内部人才培养，以公司的发展给员工提供舞台和空间，以员工的发展来促进企业的发展，帮助每一个有理想的人成功。在培训机制上，创办了自己的企业大学——蓝帆学院。它是传承企业文化、培养核心管理人才、提高组织能力的战略性组织，优秀的人才还会被选送到国内知名高效继续深造。另一方面，用更开放的心态，积极吸引外部高端人才加盟。

【企业文化】

公司是一家具有国际化视野的企业，在与国内外客户的长期合作过程中，通过借鉴和创新，形成了独具特色的企业文化。公司有着明确的愿景、清晰的发展战略和强大的组织执行力，在“开放、包容、规范”的企业管理理念和“先有司、赦小过、举贤人”的用人理念引导下，打造了一支极富使命感、凝聚力强、朝气蓬勃的核心团队。尤其是企业内部大学蓝帆学院的规范运作，有力地推动了公司向更具活力的学习型组织迈进，为公司的发展和转型储备了大量经营、技术和管理人才。2014 年是公司的“人才价值年”，公司以规范化建设为重点，以制度化、流程化、数据化、标准化为目标，不断提升公司规范化运作水平，提高风险防控能力；同时将在公司各层面的人才发挥价值，创造公司的卓越业绩，有力地推动了公司向更具活力的学习型组织迈进。

【主营业务】

从事一次性 PVC 手套的研发、生产和销售。

【经营业绩】

2015 年，全球经济整体温和复苏，国际秩序正在发生变化。中国经济开始步入发展新常态，面临经济结构调整、发展方式转变、增长速度趋缓的新形势。面对复杂的国际形势和国内经济新常态，公司董事会严格执行股东大会的各项决策，努力构建企业可持续发展的竞争优势，在稳定提升主营业务的基础上，积极推进转型升级。

【企业荣誉】

公司荣获由山东省科技厅颁发的“高新技术企业”、“山东省 PVC 手套工程技术研究中心”；是中国塑料加工工业协会副理事长单位，获得 22 项专利，“蓝帆”荣获山东省著名商标。

【002425】凯撒(中国)股份有限公司

【基本情况】

凯撒(中国)股份有限公司为外商投资股份制企业,前身系凯撒(汕头)有限公司,1994 年在汕头特区注册成立,2002 年经原国家对外贸易经济合作部批复,凯撒(汕头)有限公司公司整体改制变更为凯撒(中国)股份有限公司。2010 年 6 月 8 日,凯撒股份在深交所 A 股中小板成功挂牌上市(股票代码 002425)。

截至 2013 年底,公司注册资本 38999 万元,资产总额 176653 万元,2013 年度实现销售收入为 50638 万元,解决劳动就业 1406 人。

"凯撒"商标被国家工商总局评为"中国驰名商标",1999 至 2011 年,凯撒股份连续 12 年被中国服装协会评为"中国服装行业百强企业"。凯撒股份是皮革行业的领先者,是中国皮革协会副理事长单位。公司是皮革服装行业的领先者,是中国皮革协会副理事长单位,中国皮革协会皮衣专业委员会副会长单位,中国皮革协会皮件专业委员会副会长单位;1996 年公司作为主要参与者,参与制定了国家轻工行业标准:QB/T1615－1997《皮革服装》,2006 年公司又作为主要起草人制定了上述标准的替代标准:国家轻工行业标准 QB/T1615－2006《皮革服装》,公司是唯一一家连续八届被中国皮革协会评为"中国真皮衣王"荣誉的企业,2009 年、2011 年两次被世界品牌实验室评为"中国品牌年度大奖 NO. 1"(皮衣行业)。2012 年 11 月 22 日在国家工信部与纺织工业联合会主办的中国服装家纺自主品牌建设成果发布会上,凯撒是汕头众多服装企业中唯一一家被列为"重点跟踪培育的服装家纺自主品牌企业"(全国共 111 家)。

目前,凯撒股份主要从事服装的设计研发、生产与销售,其庞大的销售网络覆盖全国,在各大中城市开设 400 多家专卖店柜。凯撒股份主要经营的产品包括女装、男装、皮装、皮鞋、皮具等,深受追求高品质生活的商政界成功人士的推崇。公司一直秉持着立足高端的竞争和发展战略,经过近二十年的发展,形成了包括高档男女装、皮装、配饰、皮具在内的完整的产品线,以凯撒品牌为主,多品牌运营的品牌格局,以经销商销售模式、商场销售模式和自营店销售模式有机结合的销售网络,是国内少数能在近二十年时间内一直保持旺盛品牌生命力的高端品牌服装企业之一。凯撒品牌时装一向以高贵、优雅、时尚享誉国内外,在创新中塑造永恒的经典。其象征尊贵与品位的品牌形象深入人心,深受追求高品质生活的商政界成功人士推崇。

针对目前服装行业经营形势的变化,公司紧紧围绕"服装经营为主,金融投资为辅"的发展战略,公司一方面通过价值创新不断提高企业品牌竞争力,以品牌和渠道建设提升企业各环节的价值创造能力和企业综合实力,成为在国内享有较高品牌美誉度和市场影响力、在国际具有较强品牌影响力和竞争力的高端服饰企业;另一方面公司将不断探索寻找恰当的转型升级契机及业务领域,积极利用资本市场,尽快壮大企业规模,提升盈利能力。公司拟以 7.5 亿元收购移动游戏公司酷牛互动,力图打造多元化发展的战略布局。

公司未来战略为:构建以服装与网络游戏为主业,以金融为辅业的多元化发展平台;以多轮驱动的发展方式,加速完成公司的转型升级和结构调整,实现公司前景广阔、风险较低的业务组合。

【主营业务】

从事服装的设计研发、生产与销售。

【经营业绩】

2015 年上半年,我国经济增长符合预期,结构调整稳步推进,但也面临一些突出矛盾和问题,经济下行压力依然较大,纺织服装产业仍处于深度调整中。在这样的背景下,公司按照调整后的发展战略,构建服装和网络文化产业为主,金融产业为辅的多元化发展平台,通过三轮驱动的发展方式加速完成公司的转型升级和结构调整,实现公司搭建前景广阔和风险较低的业务组合的战略目标。

2015 年报告期内,公司营业总收入为 284,746,358.56 元,去年同期为 222,946,201.74 元,同比增加了 27.72%%。销售、管理、财务三项费用共 97,827,793.27 元,去年同期为 98,912,199.17 元,减少 1,084,405.90 元,费用降低了 1.10%。

【企业文化】

企业战略:服装经营为主,金融投资为辅。

【企业荣誉】

"凯撒"商标被国家工商总局评为"中国驰名商标",1999－2010 年凯撒股份连续 12 年被中国服装协会评为"中国服装行业百强企业"。凯撒股份是皮革行业的领先者,是中国皮革协会副理事长单位;1996 年凯撒股份即作为主要参与者,参与制定了国家轻工行业标准 QB/T1615－1997《皮革服装》,2006 年凯撒股份又作为主要起草人制定了上述标准的替代标准国家轻工行业标准 QB/T1615－2006《皮革服装》。

凯撒股份是唯一一家连续七届被中国皮革协会评为"中国真皮衣王"并同时拥有"中国名牌"、"中国驰名商标"、"产品质量国家免检"荣誉的企业。2003 年凯撒品牌被服装时报社、中国百货商业协会评为"最受消费者欢迎的服装品牌"。2010 年 6 月凯撒品牌被世界品牌室授予"中国 500 强最具价值品牌"的荣誉称号。上市短短一年,凯撒股份就在 2011 年就一举获得"2010 年广东上市公司发展潜力 10 强、2010 年广东上市公司最具有盈利能力 10 强"两项大奖。

【002450】江苏康得新复合材料股份有限公司

【基本情况】

康得新复合材料股份有限公司成立于 2001 年 8 月,是深圳中小板上市公司(证券代码:002450)。公司拥有预涂膜和光学膜两大全产业链产业集群、五大生产基地、十二家子公司,是一家核心骨干员工持股的国际化企业集团,也是中国最重要的高分子复合膜材料平台公司。

公司是北京市首批认定的高新技术企业、北京市企业技术中心、中关村示范园百家创新企业,产品被国家科技部列入《中国高新技术产品出口目录》,"康得－菲尔"商标是北京市著名商标。公司入选《福布斯》"中国最具潜力公司榜",荣获 2012 中国上市公司价值评选——2012 中国中小板最具成长性上市公司十强及 2012 中国中小板上市公司五十强。公司"数字印刷用预涂膜"入选 2013 年度国家重点新产品,旗下品牌"北极光"获 2013 年度"汽车用品行业十大知名品牌",2013 年公司还荣获"中国上市公司口碑榜－最佳管理团队上市公司"。

作为中国预涂膜产业的开创者和领导者,公司构建了跨地域、全产业链经营的预涂膜产业群,覆盖了基材、预涂膜、覆膜机等产业环节,拥有基材、热熔胶、挤出、涂布、复合工艺开发、覆膜设备研制等核心技术,可为客户提供全套绿色覆膜解决方案。公司产品通过了 IS014025 环境标志国际标准Ⅱ型认证、通过欧盟 SGS/ROHSASTM、玩具类 HR4040/QSOP 重金属等多项国际检测认证，产品符合国际环保要求。公司拥有 10 条预涂膜生产线，年产能 4.4 万吨，可生产通用型、功能型两大类型，BOPP、PET、Nylon、特种膜四大系列 80 多个品种的预涂膜产品，并不断增加新产品投放，扩展应用领域，公司产品销往全球 80 多个国家和地区，成为全球预涂膜行业的领导者，"KDX"已成为预涂膜国际知名品牌。

作为中国光学膜领导企业和世界唯一全产业链、高集中度的光学膜企业，康得新 2 亿平方米光学膜产业集群占地 574 亩，拥有 24 万平方米厂房和 200 台套国外先进设备，设有挤出事业部、涂布事业部、成型事业部、模具事业部、溅射事业部、树脂事业部、窗膜事业部等七大光学膜事业部，拥有共挤出成型、精密涂布、UV 固化成型、超精密模具加工、光学设计与检测、真空溅镀、专用材料开发等核心技术。各事业部既互为上下游，又面向市场供应终端产品，罕见的技术、产品、成本和运营垂直整合能力，使康得新光学膜产品具有强大的核心竞争力。

立足两大产业集群和国内最重要的高分子复合膜材料产业平台，康得新已形成预涂膜、显示及非显示用光学膜三大系列产品，产品应用领域包括：液晶显示、电子产品外饰、建筑材料外饰、汽车建筑隔热、制程及出厂保护、照明、太阳能、广告及展示、印刷、包装行业等。目前，康得新预涂膜产品已由传统纸塑复合，进军铁塑复合、木塑复合、布塑复合、塑塑复合等更广阔领域；同时，着眼于未来更大发展空间，还在开发高性能建筑隔热窗膜、PM2.5 治理用多孔膜、挠性 OLED 显示器用功能膜、医用特殊功能膜、包装用低溶剂残留膜等多种先进高分子材料，同时布局纳米材料、智能材料等前沿新材料和高性能复合材料。

康得新高度重视研发工作，建立了包括国外独立实验室和大批美、日、韩、台专家在内的完整研发体系，已申请预涂膜专利 75 项，光学膜专利 142 项，现已授权预涂膜专利 55 项，光学膜专利 37 项。

本着追求卓越的不变信念，通过持续创新和资源整合，康得新将不断挑战和突破自我，形成更多自主知识产权，远航高分子复合材料市场蓝海，最终实现对国外标杆企业的弯道超越，打造出高分子复合材料领域的新的国际领军企业，做中国梦的努力探索者、坚定实践者和真实见证者。

【主营业务】

预涂膜及覆膜设备的开发、生产及销售。

【经营业绩】

2015 年报告期内，公司经营业绩大幅提升，市场份额不断扩大，营业利润、利润总额和归属于上市公司股东的净利润同比分别增长 42.79%、42.19%%、41.30%。

主要原因如下：

1. 报告期内，公司光学膜产能逐步释放，销售收入大幅度提高；

2. 光学膜、预涂膜新产品的销售占比提高，增强了企业盈利能力；

3. 通过强化内部管理，控制费用支出，期间费用率同比略有下降。

公司总股本较期初增长 68.92%，主要原因是报告期公司资本公积转增股本和发行新股所致。

【企业文化】

卓越　创新　包容　责任

企业精神：追求卓越、科学发展

企业愿景：国际先进高分子材料领军企业

【企业荣誉】

公司是北京市首批认定的高新技术企业、北京市企业技术中心、中关村示范园百家创新企业，产品被国家科技部列入《中国高新技术产品出口目录》，"康得－菲尔"商标是北京市著名商标。

公司入选《福布斯》"中国最具潜力公司榜"。

荣获 2012 中国上市公司价值评选——2012 中国中小板最具成长性上市公司十强及 2012 中国中小板上市公司五十强。

公司"数字印刷用预涂膜"入选 2013 年度国家重点新产品，旗下品牌"北极光"获 2013 年度"汽车用品行业十大知名品牌"。

2013 年公司荣获"中国上市公司口碑榜——最佳管理团队上市公司"。

2014 年 11 月鉴于康得新公司在预涂膜绿色印刷领域做出的杰出贡献，被授予"积极推进绿色印刷工程器材供应商"称号。

2015 年荣获"中国中小板上市公司价值 50 强"。

【002477】雏鹰农牧集团股份有限公司

【基本情况】

雏鹰农牧集团股份有限公司由董事长侯建芳于 1988 年创立，经过 20 多年的发展，已成为一家大型现代化农牧企业集团。

公司秉承"创新为魂、富民为本、扎根农村、艰苦奋斗"的经营理念，在长期发展过程中，探索出了独特的雏鹰模式，与农户"优势互补、合作共赢、风险共担、成果共享"，从而实现了带动合作农户增收的同时，企业也得到了快速发展。2010 年 9 月，公司在深圳证券交易所成功挂牌上市（股票代码：002477），被誉为"中国养猪第一股"。

公司坚持"发展生态产业、引领时尚生活"的发展愿景，致力于开展以生猪养殖全产业链为方向的战略布局，在产业链上游，公司严格把控原料收储、饲料加工等环节，以保证投入品的安全。

在养殖环节，公司不断探索生态养殖新模式，在三门峡投建全国大型标准化生态养殖基地，在西藏林芝地区投建藏香猪生态养殖基地，从而形成了高端藏香猪——生态猪——普通商品猪的产品体系，并把"六统一"的标准化管理模式落实到生产环节。

在物流服务和终端建设环节，公司以标准化和信息化为基础，以市场开发和品牌建设为手段，以完整的产业链体系为依托，构建公司的销售终端——雏牧香专卖店。公司在行业内率先构建食品安全追溯系统，将危害分析与关键控制点应用于从农场到餐桌的任何环节，实现食品安全的全环节可控。

目前，公司已形成了以畜禽养殖为基础，辐射原料生产、饲料加工、良种繁育、畜禽饲养、屠宰加工、冷链物流、熟食制作、连锁专卖以及生物有机废弃物环保综合利用、绿色蔬菜种植等相关产业的循环经济体系和全程质量管控链条。

完整产业链，追溯保安全。雏鹰集团以中国安全食品供应商为目标，立志将生态健康的食品，送上国人的厨房，世界的餐桌！

【主营业务】

家畜、家禽养殖与销售。

【经营业绩】

2015年度公司实现营业总收入361,751.26万元,同比增长105.34%;实现净利润23,100.21万元,同比增长225.43%,归属于上市公司股东的净利润21,647.95万元,同比增长214.26%;基本每股收益0.2144元,同比增长213.44%。公司2015年度经营业绩上升的主要原因:2015年,公司拓展业务及营销渠道,加大销售力度,以及养殖业务市场回暖,公司“雏鹰模式”升级,轻资产运营所致。

2015年末总资产1,019,543.28万元,较期初增长40.80%;归属于上市公司股东的所有者权益438,018.46万元,较期初增长63.91%。主要原因:(1)公司4月份完成非公开发行股票105,997,210股,募集资金净额150,140万元,使公司总资产、归属于上市公司股东的所有者权益、股本同时增加;(2)公司收购河南太平种猪繁育有限公司、苏州淘豆食品有限公司、河南杰夫电子商务有限公司,使公司资产增加。

【企业文化】

公司定位:中国安全食品供应商

发展愿景:发展生态产业引领时尚生活

经营理念:创新为魂富民为本扎根农村艰苦奋斗

合作理念:优势互补、合作共赢、风险共担、成果共享

企业价值观:让国人吃上安全肉!让合作伙伴分享成长价值!

【企业荣誉】

2014年,获“大众证券杯”中国上市公司公信力调查“最佳股东回报奖”。

2013年,获中国高成长企业及投行领导人峰会“十佳创新成长上市公司”奖项。

2013年1月,荣获“最具投资潜力上市企业10强”奖项,雏鹰农牧名列榜首。

2012年12月,荣获“2012十佳逐鹿中原品牌”称号。

2012年12月,入选“2012年50家最受尊敬上市公司”。

2012年7月,荣获“第三届中国上市公司风险管理‘金盾奖’——2012最佳投资者关系风险管理奖”称号。

2012年7月,荣获“2011中国中小板上市公司价值五十强”奖项。

2012年7月,荣获“2011中国中小板最具成长性上市公司十强”奖项。

2012年5月,荣获“2012年度中国上市公司市值管理百佳”奖项。

2012年5月,荣获“市场创新特别奖”奖项。

2012年1月,荣获“2012福布斯中国最佳潜力企业”奖项。

2012年1月,荣获“中国质量诚信企业”奖项。

2011年12月,当选“中国畜牧业协会副会长单位”。

2010年5月,荣获“畜牧业影响力品牌”称号。

2008年8月,被农业部、证监会、发改委等八部委评为“农业产业化国家重点龙头企业”称号。

被商务部认定为“中央储备肉活畜储备基地”。

【002488】浙江金固股份有限公司

【基本情况】

浙江金固股份有限公司成立于1986年(以下简称“金固股份”或“公司”),注册地及总部位于浙江省富阳市,是一家大型多元化集团企业。金固股份是深圳证券交易所中小板上市企业,股票代码为002488。公司有以下几大产业:钢轮产业、钢材贸易加工产业、O2O电子商务产业、环保设备产业、新能源产业。

公司是中国汽车工业协会车轮委员会理事单位、中国汽车工程学会会员单位、全国车轮标准化技术委员会成员单位。公司被国家科学技术部评为国家火炬计划重点高新技术企业。公司在国内首先研发了高通风孔车轮,它的外观媲美铝轮,能抢占部分铝轮市场。截至目前,公司已获得国家专利57项,其中发明专利4个。此外,公司在钢制车轮设计及生产制造方面还拥有多项重要的专有技术。

公司是我国钢制车轮行业的龙头企业,是上海大众、上汽通用、长安福特、广州本田、北京奔驰、福建戴姆勒、上海汽车、通用五菱、比亚迪、吉利汽车、江淮汽车、沈阳金杯、厦门金龙、东风柳汽、北汽集团等各大整车制造商的供应商。在国际市场上,公司已成功进入国际汽车零部件配套采购体系,是奔驰和克莱斯勒采购体系内的中国钢制车轮供应商之一。

【主营业务】

从事汽车钢制车轮的研发、制造、销售。

【经营业绩】

2015年实现营业总收入1,578,810,312.46元,比上年同期增长20.23%;营业利润43,932,161.67元,比上年同期减少30.53%;归属于上市公司股东的净利润51,230,715.69元,比上年同期减少19.41%。

【企业文化】

金固宗旨:诚信、和谐、感恩、创新

金固精神:终身学习、追求卓越

金固原则:品质第一、顾客至上

【企业荣誉】

公司是中国汽车工业协会车轮委员会理事单位、中国汽车工程学会会员单位、全国车轮标准化技术委员会成员单位。公司被国家科学技术部评为国家火炬计划重点高新技术企业。

2013年12月7日,浙江金固股份有限公司董事长孙锋峰当选为富阳市新生代企业家联谊会(青年商会)会长。

【002528】深圳英飞拓科技股份有限公司

【基本情况】

英飞拓(Infinova)是全球领先的电子安防产品制造商和行业解决方案提供商,股票代码为002528。公司秉承“以科技和敬业服务安全”的经营理念,坚持科技与应用相结合,为客户提供优质的产品和服务。

英飞拓走在市场和技术前沿,致力于为终端用户提供最新技术产品和高清系统解决方案。除了极具竞争力的IP高清系统解决方案,国内领先的全系列HD-SDI高清系统解决方案,我们还重磅推出智能视频分析系统和高清智能交通系统,在安防业同类产品中极具竞争力。公司产品涵盖全系列视频监控设备,包括摄像机、快球、高速云台、视频矩阵、IP视频系统,以及光端机和门禁控制系统。英飞拓有着优质的客户服务,是业界公认的集大成者。

英飞拓全球

公司成立于1993年,在全球30多个国家设立了10多个子公司,几十个销售分公司和办事处,有近1900名员工,业务遍及100多个国家,在美国新泽西州、加拿大渥太华、意大利米兰和中国深圳设有研发和生产基地,目前拥有Infinova和March Networks两大国际高端品牌。March Networks品牌主要销往北美、南美、欧洲等国家地区,Infinova品牌主要销往中

东、亚洲以及非洲。

英飞拓中国

深圳英飞拓成立于2000年，研发和生产位于深圳，销售网络分为华南、华北、西南、西北、华东几个大的片区，下设有10多个销售分公司和几十个办事处，已覆盖到全国各省主要城市，可为全国客户提供及时的本地化服务与支持。

公司已通过ISO9001:2008国际质量认证，产品为全球众多公共设施、交通运输、政府部门、教育机构以及其它商业和工业设施提供了至关重要的安全防护。我们倡导企业与自然的和谐发展，严格执行欧盟RoHS绿色生产，已取得ISO14001环境管理体系认证。英飞拓以“先进安防，守护全球”为使命，将持续为全球的安全和繁荣稳定做出更大的贡献。

【企业文化】

企业文化是企业的经营理念、经营制度依存于企业而存在的共同价值观念的组合。企业文化是将公司员工的思想观念、思维方式、行为方式进行统一和融合，使员工自身价值的体现和公司发展目标的实现达到有机的结合。企业内部控制制度的贯彻执行有赖于企业文化建设的支持和维护。

公司是一家从事安防产品研发、生产和销售的高新技术企业。历年来注重加强企业文化建设，经过多年的实践，公司形成了有自身特色的企业文化。公司的宗旨是：以“先进安防，守护全球”为公司使命，秉承“以科技和敬业服务安全”的经营理念，力争成为全球领先的电子安防系统供应商。

【主营业务】

视频监控系统等电子安防产品的研发、设计、生产和销售。

【经营业绩】

2015年上半年，公司紧密围绕本年度公司经营目标，努力开展各项工作。在外部宏观经济形势充满不确定性的大背景下、在全球英飞拓员工的共同努力下，通过持续不断地推进管理创新和技术创新，优化营销网络，提高生产质量，完善技术服务体系，同时也加快并购的步伐，使公司经营业绩在市场竞争日益严峻的环境下，依然取得了较好的表现，保证了公司持续、稳定的发展。

在2012年成功并购加拿大March、2014年并购澳大利亚Swann的基础上，公司在2015年上半年又推进并购杭州藏愚科技有限公司，藏愚科技是国内提供平安城市、智能交通产品的领先企业，本次并购将有助于公司抓住平安城市、智慧城市的战略发展机遇，完善产业布局，进一步提升公司在平安城市视频监控整体解决方案的能力。

【企业荣誉】

2013－2014年，第六届百家诚信品牌安防供应商。

2013年，a&s十大国际品牌。

2013年，中国市场十大安全防范产品品牌。

2013年，十大监控系统品牌。

2013年，中国安防产品市场占有率十佳品牌。

2013年，中国智慧城市建设推荐品牌。

2013年，中国安防最具影响十大品牌。

2013年，中国公共安全杂志社20周年发展贡献奖。

2012年，中国安防行业十大品牌。

2012年，“A&S全球安防50强”。

2012年，中国安防产品质量调查市场占有率十佳品牌。

2012年，A&S中国安防十大国际品牌。

2012年，北京安博会创新产品优秀奖。

2012年，华东区域安防杰出贡献企业。

2012年，年度十大安全防范产品品牌(IB)。

2012年，智能建筑电气行业安全防范系统十大优秀品牌。

2012年，中国智能建筑十大监控系统品牌。

2012年，平安城市推荐优秀产品—摄像机。

2012年，平安城市推荐优防产品—快球。

2012年，平安城市推荐优秀产品—网络摄像机。

2012年，第六届中国安防百强。

2011－2012年，年度平安城市建设推荐品牌。

2011年，A&S全球安防50强。

2011年，广东平安城市突出贡献奖。

2011年，中国智能建筑十大监控系统品牌。

2011年，中国安防最具影响力十大品牌。

2011年，年度守合同重信用企业。

2011年，中国安防市场质量调查用户信得过品牌。

2011年，30家金牌诚信安防供应商。

2011年，年度中国市场十大安全防范产品品牌。

2011年，第十三届CPSE安博会金鼎奖。

2011年，A&S中国安防十大品牌。

【002535】林州重机集团股份有限公司

【基本情况】

林州重机集团股份有限公司创建于1987年，位于举世闻名的红旗渠畔，现已发展成为国内唯一的集钢铁铸锻、能源装备、高新技术装备、矿井建设与运营、金融租赁服务于一体的能源装备综合服务商。

2011年1月11日，公司在深圳证券交易所挂牌上市（股票简称：林州重机；股票代码：002535）。

公司注册资本人民币616,679,288元，占地面积约55万平方米，现有职工1900余名。主营业务为煤矿机械、防爆电器、机器人产品制造、销售、维修及租赁服务；煤炭销售；矿建工程服务。法定代表人郭现生，现任第十二届全国人大代表。

公司在北京、郑州设有新产品研发机构，先后与中国科学院自动化研究所、中国矿业大学、中国科学院空间应用工程与技术中心等科研院所、高校建立了科研研发及战略合作关系。并与中国科学院自动化研究所共同组建了“工业机器人技术工程中心”。

公司是一家跨地区的集团公司，现有八家全资子公司（七台河重机金柱机械制造有限责任公司、林州重机林钢钢铁有限公司、林州重机矿业有限公司、林州生元提升科技有限公司、林州重机矿建工程有限公司、中智浩钏基金管理有限公司、林州重机物流贸易有限公司、北京中科林重科技有限公司）、五家控股子公司（鄂尔多斯市琅赛科技有限公司、天津三叶虫能源技术服务有限公司、中油三叶虫能源技术服务有限公司、盈信商业保理有限公司、北京天宫空间应用技术有限公司）、十二家参股子公司（鄂尔多斯市西北电缆有限公司、辽宁通用煤机装备制造股份有限公司、鸡西金顶重机制造有限公司、西安重装澄合煤矿机械有限公司、平煤神马机械装备集团河南重机有限公司、中煤国际租赁有限公司、亿通融资租赁有限公司、龙林矿山工程有限公司、西安重装信息科技有限公司、郑州三山石油技术有限公司、中融康泰融资租赁有限公司、天津锦锈圆融文化旅游资产管理有限公司）、一家分公司（林州重机集团股份有限公司郑州分公司）。

公司综合实力居全国同行业前列，2002年，公司被农业部授予“全国乡镇企业创名牌重点企业”；2003年，公司通过了ISO9001质量管理体系认证；2004年，公司被中国煤炭物资流通协会、中国煤炭物产集团公司评为“2003－2004年度中国煤炭工业支护产品十佳定点企业”；2005年，公司被评为河南省质量管理先进企业；2006年，公司被评为河南省诚信民营企业、河南省银行业信用优良客户；2007年，公司被河南省发展和改革委员会授予2007“河南之星”最佳企业；2008年，公司被河南省人民政府确定为“河南省100户重点工业企业”；2009年，公司被河南省委、省政府评为“河南省高成长型民营企业”；2010年，公司荣获安阳市首届市长质量奖；2011年，公司荣获林州市首届市长质量奖和“高新技术企业”；2012年，公司被河南省人民政府授予“河南省2012年度百强企业”，公司的图形商标被国家工商总局商标局授予“中国驰名商标”；2013年，公司的图形商标被河南省工商行政管理局授予“河南省著名商标”；2014年，公司再次被认定为“高新技术企业”。

【主营业务】

液压支架等煤炭综采支护设备的设计、研发、制造、销售及技术服务。

【经营业绩】

2015年报告期内，公司实现营业收入1,232,810,249.34元，较上年同期下降34.23%；实现营业利润－455,284,498.22元，较上年同期下降899.59%；实现利润总额－343,836,527.70元，较上年同期下降607.22%；实现归属于上市公司股东的净利润－297,130,128.15元，较上年同期下降683.35%。

报告期内，公司收入和业绩下滑的主要原因是：煤炭行业持续低迷，煤机产品及矿建工程服务收入减少，毛利率下滑，盈利能力下降；宏观经济下行，铸造生铁及铁精粉销售价格大幅下滑，综合营运成本较高；宏观经济环境低迷，计提资产减值准备增加，对当期利润有所影响，致使公司2015年度收入和利润大幅下滑。

【企业文化】

企业理念：“用户满意就是我们的成功”

企业使命：“为员工、股东创造财富，回报社会，回报国家”

发展理念：“永不满足，追求完美”

客户理念：“让客户挣钱，让客户舒服”

经营哲学：“贴心服务，捆绑经营”

【企业荣誉】

2002年，公司被农业部授予“全国乡镇企业创名牌重点企业”；2003年，公司通过了ISO9001质量管理体系认证；

2004年，公司被中国煤炭物资流通协会、中国煤炭物产集团公司评为“2003－2004年度中国煤炭工业支护产品十佳定点企业”；

2005年，公司被评为河南省质量管理先进企业；

2006年，公司被评为河南省诚信民营企业、河南省银行业信用优良客户；

2007年，公司被河南省发展和改革委员会授予2007“河南之星”最佳企业；

2008年，公司被河南省人民政府确定为“河南省100户重点工业企业”；

2009年，公司被河南省委、省政府评为“河南省高成长型民营企业”；

2010年，公司荣获安阳市首届市长质量奖；

2011年，公司荣获林州市首届市长质量奖和“高新技术企业”；

2012年，公司被河南省人民政府授予“河南省2012年度百强企业”，公司的图形商标被国家工商总局商标局授予“中国驰名商标”；

2013年，公司的图形商标被河南省工商行政管理局授予“河南省著名商标”；

2014年，公司被认定为“高新技术企业”。

【002538】安徽省司尔特肥业股份有限公司

【基本情况】

安徽省司尔特肥业股份有限公司位于国家级宁国经济技术开发区，经过二十多年的不断发展壮大，现已成为一家专业从事各类磷复肥、专用测土配方肥及生态肥料研发、生产与销售为一体的现代化高科技上市公司（股票代码：002538），拥有宣城、宁国、亳州三大化肥生产基地及宣州马尾山硫铁矿山。

公司主要产品有各类高浓度缓释复合肥、测土配方肥、全元素水溶肥、硝基肥、花卉肥、粉状磷酸一铵、颗粒磷酸一铵、磷酸二铵、硫酸钾、土壤调理剂、硫酸、磷酸、铁粉等，综合实力跻身中国化肥行业百强、中国磷复肥行业十强、安徽企业百强行列，是安徽省最大的磷复肥生产和出口基地之一，国家农业部测土配方施肥定点生产企业，被安徽省农委推荐为首批安徽省配方肥料生产单位。

公司先后荣膺“全国守合同重信用企业”、“国家火炬计划重点高新技术企业”、“安徽省创新型企业”、“安徽省产学研联合示范企业”、“安徽省质量奖企业”等殊荣。“司尔特”系列产品被评为“全国用户满意产品”、“安徽省高新技术产品”、“苏浙皖赣沪名牌产品50佳”和“安徽名牌产品”等称号。

【主营业务】

高浓度磷复肥产品研发、生产和销售。

【经营业绩】

2015年，国内经济运行总体特征稳中趋缓、稳中有忧，复合肥市场也经历了取消电价优惠、恢复征收增值税等一系列政策的洗礼，成本进一步提高。面对错综复杂的经济环境，公司董事会坚持创新发展思维，直面新常态经济发展的大趋势，以“谋长远、行大道、走正路，诚信一百年不变”统领公司发展全局，确立了“精益求精、精心管理、一丝不苟”的工作指导方针，着力实施资源整合、产能布局和产业升级等发展战略，2015年公司取得了较好的经营成绩。

2015年度，公司较好的完成了年初制定的目标。公司实现营业总收入297,385.68万元，比上年同期增长25.04%；营业成本242,116.22万元，比上年同期增长23.11%；销售费用12,679.92万元，比去年同期增长23.64%；管理费用12,173.71万元，比去年同期增长5.02%；财务费用3,840.22万元，比去年同期减少14.02%；实现营业利润25,588.62万元，比上年同期增长73.04%；实现归属于上市公司股东的净利润24,668.89万元，比上年同期增长71.23%；经营活动产生的现金流量金额为42,818.86万元，比去年同期增长1244.80%。

【企业文化】

企业理念：以不断创新振兴企业、以科技投入强大企业；

以紧密团结凝聚企业、以更新观念改造企业；

以诚实守信巩固企业、以拼搏市场稳定企业；

以规章制度规范企业、以文化理念搞活企业。

【企业荣誉】

2015全国产品和服务质量诚信标杆企业

2014中国化肥企业100强

2014 中国化肥质量稳定品牌企业
河南省配方肥推广试点企业
2013 年度安徽省诚信示范企业
高新技术企业证书
2014 中国化肥销量金口碑企业
2014 中国复合肥、复混肥料排头兵企业
2013 测土配方施肥先进企业
2013 全国质量诚信承诺优秀企业
2011 年度苏浙皖赣沪地区质量工作先进单位
2010 – 2011 年度“守合同重信用”企业公示证明
2012 年安徽省供销系统先进集体

【002539】成都市新都化工股份有限公司

【基本情况】

成都市新都化工股份有限公司成立于 1992 年，总部位于成都市新都工业开发区，下设 30 个分子公司。

2008 年 12 月 3 日，国际著名金融机构新加坡华侨银行入股加盟，新都化工成为中外合资企业。

2011 年 1 月 18 日，新都化工（股票代码：002539）在深圳证券交易所挂牌上市。

公司现有年产能复合肥 413 万吨，纯碱、氯化铵 60 万双吨，硝酸钠及亚硝酸钠 10 万吨，盐硝 90 万吨、品种盐 30 万吨，磷酸一铵 15 万吨，总资产超 55 亿元，是中国西部规模最大、销量最多的复肥制造商。公司拥有储量达 2 亿吨的盐矿，打造了中国复肥行业唯一完整的盐—碱—肥产业资源链，是中国复肥行业唯一全线产品供应商。

为了推动中国农业朝着高效环保的方向发展，新都化工在水溶肥的研发、生产、销售上取得了不菲业绩。2011 年，新都化工作为唯一生产企业，参与起草了中国《水溶性肥料行业标准》，该标准已于 2013 年 6 月 1 日起正式实施。

2005 至 2014 年，新都化工连续十年被评为“中国化工企业 500 强”；2008 年，“桂湖”牌复合肥获评西部首批“中国驰名商标”；另外，公司还被评为“中国化肥行业 100 强企业”、“中国化工最具发展潜力上市公司”、“中国化工百强上市公司”等称号。新都化工的复合肥、纯碱及盐产品不仅畅销全国，并远销日韩、东南亚、南亚及非洲。

【主营业务】

复合肥的生产和销售。

【经营业绩】

2015 年，全球整体宏观经济形势依旧错综复杂，国内经济增速放缓，企业调整与转型成为主旋律。公司紧紧围绕董事会制定的“在保证复合肥业务稳步增长的前提下，强力打造品种盐和川菜调味品业务板块，积极探索新常态下传统模式与电商模式的融合，最终实现农村市场刚需产品覆盖、农产品反向收购、农村物流整合并提供全方位服务的商业模式”战略拓展规划，推进公司复合肥、调味品及农村电商三大业务板块的稳步发展，促使公司向着稳增长的方向发展。经过公司全体员工的共同努力，报告期内，公司实现营业收入 583,772.96万元，同比增长 25.08%；营业成本 480,804.13 万元，同比增长 25.11%；期间费用 74,131.12 万元，同比增长 34.09%；经营活动产生的现金流量净额 23,691.45 万元，同比减少 5.69%；研发投入 1,254.06 万元，较上年同比增长 29.33%；实现归属于上市公司股东的净利润 20,058.60 万元，较上年同期增长 76.70%。

【企业文化】

核心价值观：诚信、务实、团结、奋进。

【企业荣誉】

2005 至 2014 年，新都化工连续十年被评为“中国化工企业 500 强”；2008 年，“桂湖”牌复合肥获评西部首批“中国驰名商标”；另外，公司还被评为“中国化肥行业 100 强企业”、“中国化工最具发展潜力上市公司”、“中国化工百强上市公司”等称号。

【002541】安徽鸿路钢结构（集团）股份有限公司

【基本情况】

安徽鸿路钢结构（集团）股份有限公司位于安徽省合肥市双凤工业区，是目前中国大型钢结构企业集团之一。公司成立于 2002 年 9 月，2011 年在深交所上市，股票代码：002541，目前总资产为 67.43 亿元，拥有员工 10000 余人，2013 年实现销售收入 55.56 亿元。

公司拥有安徽合肥、湖北武汉、江西南昌三大生产基地，厂房面积超过 120 万㎡，已具备年生产各类钢结构 120 万吨以及各类板材 800 万㎡的生产能力，产销规模居国内钢结构企业首位。

公司主营业务主要有钢结构产品加工制造、新型建材产品生产销售、钢结构工程承包三大类，先后承接各类钢结构工程超过 8000 项，客户遍布全球 27 个国家和地区。

公司先后获得国家认定企业技术中心、中国驰名商标、国家高新技术企业、安徽省优秀企业技术中心、安徽省博士后科研工作站、中国钢结构协会科学技术奖、中国钢结构金奖、全国优秀焊接工程一等奖、安徽省著名商标、安徽省名牌产品、安徽省质量奖、安徽省品牌示范企业、安徽省两化融合示范企业等荣誉，并连续几年荣获安徽省企业百强、民营企业 50 强、出口创汇 50 强企业。现已具备房屋建筑施工总承包一级资质、钢结构制作特级资质，并获得国家商务部对外承包工程经营资格证。

公司自创建以来一直致力于管理上的变革创新，致力于提高生产速度、效率和成本控制上的竞争力，推进卓越工程，倡导一流主义、优化研发、制造、营销、施工、服务的每一个环节，并通过建立学习型组织，完善管理体系，提高经营质量，不断打造钢结构强势品牌。

放眼未来，鸿路的发展目标是：通过不段提升公司核心竞争力，把公司打造成技术领先的国际化企业集团，成为全球一流总包企业最值得信赖的钢结构供应商，成为高端钢构领域最优秀的钢结构制造商，成为最优秀的钢结构绿色建筑营建商。

【主营业务】

钢结构及相关围护产品的制造和销售。

【经营业绩】

2015 年公司实现营业收入 319263.24 万元，比上年同期下降 24.44%，营业利润同比下降 55.11%、利润总额同比增长 23.57%、归属于上市公司股东的净利润同比增加 28.10%，主要原因为：1. 营业收入下降的主要原因是钢材价格的下降导致产品售价下降。2. 营业利润下降的主要原因是营业收入的下降，加上公司综合生产基地扩建项目投产期相应的管理费用较高，以及可拆式钢筋桁架楼承板、光伏支架、聚氨酯外墙保温板、可移动式房屋等新产品的研发试制费用较高，该类产品尚未形成批量销售。3. 归属股东净利润的增加主要原因是公司出售资产，营业外收入增加有关。

2015年新签合同总共约为42.09亿元，其中工程订单约为16.19亿元，制造类订单约为25.9亿元。按公司要求签单、在出厂前付全款的制造类订单比率较上年大幅增加，这与公司一年来狠抓内部管理，通过建立质量管控与快速交货优势从而对客户付款和订单选型提高了要求有关。

【企业文化】

企业目标：通过不断提升公司核心竞争力，把公司打造成技术领先的国际化企业集团，成为全球一流总包企业最值得信赖的钢结构供应商，成为高端钢构领域最优秀的钢结构制造商，成为最优秀的钢结构绿色建筑营建商。

【企业荣誉】

公司先后获得国家认定企业技术中心、中国驰名商标、国家高新技术企业、安徽省优秀企业技术中心、安徽省博士后科研工作站、中国钢结构协会科学技术奖、中国钢结构金奖、全国优秀焊接工程一等奖、安徽省著名商标、安徽省名牌产品、安徽省质量奖、安徽省品牌示范企业、安徽省两化融合示范企业等荣誉，并连续几年荣获安徽省企业百强、民营企业50强、出口创汇50强企业。现已具备房屋建筑施工总承包一级资质、钢结构制作特级资质，并获得国家商务部对外承包工程经营资格证。

【002566】吉林省集安益盛药业股份有限公司

【基本情况】

吉林省集安益盛药业股份有限公司始建于1997年6月，是一家集中成药的研发、生产、销售及中药材种植于一体的医药制造企业。2000年12月完成股份制改造，2011年3月成功登陆中小企业板，成为集安当地第一家上市公司。公司注册资本33,095.16万元，员工总数1800余人，银行信用等级为AA+，12种剂型获得国家药品GMP证书，与国内20多家大专院校和科研机构建立了紧密的技术协作关系，形成了由国内知名学者、专家为技术带头人的科技创新体系。在公司生产的12种剂型，118个品种，131个批准文号的产品中，6个品种为独家生产品种；1个品种为国家中药保护品种；53个品种列入《国家基本医疗保险药品目录》；15个品种列入《国家基本药物目录》，“益盛”商标被认定为中国驰名商标。公司在北京设立营销策划中心，已在30个省、自治区和直辖市设立省级市场部，产品行销全国。

公司成立以来，秉承“传承中华文明，服务人类健康”的宗旨，坚持“关爱众生，诚信笃实，以人为本，创新为先”的经营理念，依托“世界自然保留地”长白山当地特产的人参、西洋参、五味子等道地药材，开发出了以人参、西洋参提取物为主要原材料的系列产品，逐步在产品、研发、营销、原材料资源、质量及品牌建设等方面形成了自己的核心竞争优势。上市后，公司进一步明确了“依托长白山优质资源，依靠现代科学技术，打造完整人参产业链”的发展战略。公司先后被认定为国家火炬计划重点高新技术企业、国家火炬计划通化生物医药产业基地骨干企业、农业产业化国家重点龙头企业、全国“守合同重信用”单位和全国价格信用A级单位等称号。

2013年度，公司实现销售收入64,389万元，比上年增长7%，独家产品振源胶囊、心悦胶囊销售量稳步增长，市场前景广阔。公司首批种植的非林地人参也于2013年收获，产量符合预期，经农业部参茸产品质量监督检验测试中心检测，公司首批收获的非林地人参的重金属、农药残留和皂苷含量等11个检测项目均达到国家标准。2014年，公司的非林地人参种植基地通过了国家GAP认证。这标志着非林地种植人参模式的成功，进一步增强了公司大力发展人参产业的决心和信心。

【主营业务】

中成药研发、生产、销售。

【经营业绩】

2015年度，公司实现营业收入81,959.81万元，比上年同期增加4.02%；营业利润387.79万元，比上年同期下降96.06%；利润总额11,685.12万元，比上年同期下降84.72%；归属于上市公司股东的净利润1,223.32万元，比上年同期下降87.31%。上述指标发生变动的主要原因为：1.受招标情况影响，公司生产的清开灵注射液本期销售收入较上期下降较大；2.因加大对药品和化妆品的销售推广力度，导致销售费用较上年同期有所增加；3.因募集资金的使用和短期借款的增加，导致投资收益减少和财务费用增加；4.因人参价格下降导致公司人参存货计提的资产减值损失增加。

【企业文化】

企业宗旨：传承中华文明、服务人类健康。

企业理念：关爱众生、诚信笃实、以人为本、创新为先。

企业精神：团队、敬业、创新。

【企业荣誉】

公司先后被认定为国家火炬计划重点高新技术企业、国家火炬计划通化生物医药产业基地骨干企业、农业产业化国家重点龙头企业、全国“守合同重信用”单位和全国价格信用A级单位等称号。

2012年，获得首批“吉林省最具有责任感企业”荣誉称号。

2012年，公司董事会秘书李铁军当选为“2011年中国中小板上市公司百佳董秘”。

2013年，公司产品“振源胶囊”在卫生部药政司、《健康报》举办的“第八届百姓安全用药”调查评选活动中，荣获“放心药奖”殊荣！

2013年，公司自主研发的“人参专用有机肥及生产制备方法”获得国家知识产权局发明专利证书，证书编号为ZL201110144867.0。此项专利填补了我国人参专用有机肥的空白，是非林地人参种植的核心技术之一。

【002567】唐人神集团股份有限公司

【基本情况】

唐人神集团是首批农业产业化国家重点龙头企业。集团致力生猪产业链一体化经营，经过26年的创业发展，已经形成了“品种改良、饲料营养、健康养殖、肉品加工、价值服务”五大产业发展格局，在全国拥有几十余家子公司。集团旗下的“唐人神”、“骆驼”商标都是中国驰名商标。“美神”科技园通过美国NSR认证，获得“国家生猪核心育种场”荣誉，达到美国同步育种水平，美神种猪得到了世界级农牧企业——正大集团的高度赞誉和认同。在全国建立十几个原种猪场和扩繁场。集团位列饲料、肉类行业前十强，跨入中国制造业500强。集团董事长兼总经理陶一山先生是中国饲料工业协会常务副会长、中国肉类协会副会长、中国畜牧业协会副会长，荣获全国五一劳动奖章、全国优秀企业家、享受国务院特殊津贴专家、全国畜牧富民十大功勋人物、首届中国杰出湘商、改革开放三十年推动中国饲料工业发展功勋人物等多项殊荣。2011年3月25日，公司首次发行A股股票在深圳证券交易所中小企业板成功上市，股票简称：唐人神，证券代码：002567，为公司进一步做大做强成功搭建了资本平台。

【主营业务】

饲料、肉品、种猪等的生产与销售。

【经营业绩】

2015 年上半年,全国养殖、饲料、消费市场低迷,市场竞争异常激烈,面临数年来挑战较为严峻的发展形势;且受全球化进程加快的影响,特别是移动互联网的快速发展,传统产业面临前所未有的转型压力。上半年猪价持续低迷,散户和养殖水平差的专业户、资金链断裂的中大型规模猪场,纷纷退出养猪行业,生猪存栏持续下降,截至 6 月份生猪存栏连续 9 个月保持下降态势,使得众多饲料厂家的销量出现较大的下跌,费用加大,亏损增加,单一饲料产业、单一种猪产业的模式受到挑战。

在管理层和全体员工共同努力下,公司始终坚持“让养猪赚钱不再成为难事”、“让百姓吃上安全、美味、快捷实惠的食品不再成为难事”的梦想,以文化与梦想为牵引,强化人才力、产品力、销售力、营运力的全面打造,创新推进阿米巴经营机制,实现组织变革、量化分权、流程再造,激发全员创业激情,提升价值创造。同时大胆进行发展战略全新规划和商业模式的有效构建,为后续发展未雨绸缪做好布局,持续推动公司良性健康发展。

报告期内,公司实现营业收入 459,863.21 万元,较上年同期增长 1.75%;实现归属于上市公司股东的净利润 2,260.37万元,较上年同期增长 12.57%。

【企业文化】

唐人神使命:致力农家富裕,打造绿色食品。

唐人神经营哲学:义利相溶,养义生利。

【企业荣誉】

国家重点龙头企业

国家认定企业技术中心

高新技术企业认定证书

2010 湖南省百强企业

全国饲料行业参与社会主义新农村建设先进企业

全国饲料行业履行社会责任先进企业

湖南肉类协会副会长单位

湖南十佳农业产业化龙头企业

湖南省重信用企业协会副会长单位

【002591】江西恒大高新技术股份有限公司

【基本情况】

江西恒大高新技术股份有限公司(简称“恒大高新”)创立于 1993 年,总部设在南昌市国家高新技术开发区内,现有七家控股子公司,是国内综合性工业设备防磨抗蚀新材料研发、生产、销售及技术工程服务的龙头企业。

2011 年 6 月 21 日公司在深交所中小板成功上市,股票简称:恒大高新,证券代码:002591。公司上市后,在做大做强防磨抗蚀产业的同时,积极布局新能源、节能环保、互联金融、生态养老、快消品等多个领域,并推行品牌战略,提升品牌价值,延伸相关产业链。努力将恒大高新打造成为节能环保、循环经济为产业主体,适度多元化发展的国内一流高科技企业。

2013 年面对全球性经济滞涨、下游产业长时间低迷的经济环境,公司在挖潜老产业的同时,稳步拓展新能源产业,对外根据市场形势变化,借力资本市场,围绕恒大主业深度挖掘市场,调整产业布局,积极延伸产业领域。2014 年 8 月,恒大高新控股子公司江西恒大高新投资管理有限公司与江西省勘察设计研究院签订《股东出资协议书》,由双方共同出资设立江西恒大环境资源开发有限公司,恒大出资额占注册资本的 55%。合资设立的子公司将致力于地热、矿泉水、固体矿等项目投资和开发利用等。

公司拥有金属热喷涂行业企业从业一级资质,防腐保温工程专业承包二级资质,具有承装(修、试)电力设施许可资质,通过了 ISO9001:2000 质量管理体系认证及安全、环境管理体系认证。公司建立了国内一流的企业技术研发中心和行业内首家“博士后科研工作站”,目前有进站博士后 4 名,硕士 14 人,产品研发水平在行业内处于领先地位,拥有防磨抗蚀新材料生产和技术工程服务相关的核心技术。拥有二十多项发明专利、实用新型专利及相关专有技术。自主研发的多个产品和技术被列入国家火炬计划项目、国家重点新产品及国家优秀节能新产品。

公司目前为电力、钢铁、水泥等企业提供集防护材料、个性化防护方案设计、工程技术服务一体的综合防护解决方案。开发应用的主要产品有:HDS 防磨抗蚀喷涂丝防护、KM 高温抗蚀耐磨涂料防护、MC 高温抗蚀耐磨衬里材料防护、MT 耐磨抗蚀陶瓷片防护、MHC 高耐磨合金衬板防护、JHU 高温远红外节能涂料防护。应用的主要技术有:防磨抗蚀新材料的制造技术以及超音速电弧喷涂、超音速火焰喷涂、等离子喷涂等金属热喷涂技术,冷喷技术、抗蚀耐磨涂料扎网技术、循环流化床综合防护技术等。

公司秉承“客户的需求是我们前进的动力”的服务理念,坚持“敬业、求精、高效、创新”的企业精神,通过“产品 + 技术工程服务”的业态组合,推动了防磨抗蚀和节能环保产业在我国的快速发展。

恒大高新以“志存恒远,鼎成大业”为宗旨,坚持“诚信为本,追求卓越,和谐发展”的经营理念;坚持以高科技研发为核心,向外梯度推进、辐射延伸的发展战略。公司重视企业品牌建设、人才梯队建设、企业文化建设,全面提升企整体素质和业营运管理水平,增强企业综合实力。公司愿竭诚与社会各界一道,为建设“资源节约型、环境友好型”社会做出积极贡献。

【主营业务】

工业设备特种防护及表面工程、硬面技术服务(凭资质证经营),金属热喷涂、高温远红外、高温抗蚀耐磨等涂抹料、特种陶瓷、耐磨衬里材料、耐火材料、捣打料、高温胶泥、尼龙、超高分子量聚乙烯衬板、防腐涂料等新材料及通用机械(阀门)的生产;装饰装修工程;钢结构工程;环保工程;国内贸易、自营或代理各类商品和技术的进出口业务。(以上项目国家有关规定的凭许可证或资质证经营)。

【经营业绩】

2015 年 1 - 6 月公司实现营业收入 8,536.87 万元,比去年同期下降 26.24%;实现归属于上市公司股东的净利润 1,618.12 万元,比去年同期增长 56.88%;扣除非经常性损益后,归属于上市公司股东的净利润 - 1,918.68 万元,比去年同期下降 351.09%。

报告期公司营业收入下降的主要原因:一是报告期没有余热发电总承包业务,而去年同期有;二是防磨抗蚀业务因下游产业仍较低迷,对经营业绩造成一定影响。

实现归属于上市公司股东的净利润增长较大的原因是本报告期公司投资中润油新能源股份有限公司在新三板挂牌上市,报告期持有的公允价值变动收益增加所致。

【企业文化】

企业哲学:没有创新就没有发展

企业宗旨：以人为本、创造价值、服务社会、受益员工。

企业精神：敬业、求精、高效、创新。

企业使命：为节能减排、循环经济的发展贡献价值。

企业愿景：成为国际一流的高科技企业。

经营理念：客户的需求是我们前进的动力。

质量方针：严守标准、精益求精。

人才观：以德为先、量才适用。

员工行为准则：忠诚守信、热爱学习、团结协作、勇于担当、快速响应、立即行动。

【企业荣誉】

公司先后获得国家授予的"中国最具成长性科技型中小企业100强"、"重质量守信誉企业"、"全国双爱双评先进单位"、"全国防腐保温工程质量、安全、信誉AAA级示范企业"等荣誉称号。并多次评为"江西省特级诚信企业"、"江西省AAA级守合同、重信用单位"、"纳税重大贡献企业"、"A级纳税信用企业"、"江西省优秀高新技术企业"等，是中国表面工程协会热喷涂专业委员会理事单位。

【002604】山东龙力生物科技股份有限公司

【基本情况】

山东龙力生物科技股份有限公司(简称：龙力生物，股票代码：002604)成立于2001年6月。公司是以玉米芯、玉米为原料，采用现代生物工程技术生产功能糖、淀粉及淀粉糖等产品，并循环利用功能糖生产中产生的玉米芯废渣生产第2代燃料乙醇等新能源产品及木质素等高分子材料产品的生物质综合利用企业。

公司下设三家子公司，分别是山东龙力乙醇科技有限公司、龙力欧洲控股公司和山东鳌龙农业科技有限公司；并设有北京和济南两个销售分公司。公司现已成为全国最大、市场占有率最高的低聚木糖生产企业，全国首家非粮生产二代纤维燃料乙醇的国家定点企业。"玉米芯酶法制备低聚木糖与纤维素燃料乙醇项目"分别被列入"国家高技术产业化示范工程项目"。

龙力生物先后获得三项国家级奖项。分别是："玉米芯酶法制备低聚木糖"项目获2006年度国家技术发明二等奖，"玉米芯废渣制备纤维素乙醇"项目获2011年度国家技术发明二等奖；"嗜热真菌耐热木聚糖酶的产业化"项目获2011年度国家科学技术进步二等奖。

公司拥有了一大批科研成果和拥有自主知识产权的核心技术，已经申请专利100多项，获得授权40多项，先后承接了国家科技攻关计划、国家火炬计划、国家"863计划"、国家十一五、十二五等项目20多项。公司设有国家功能性糖类公共试验室、国家糖工程技术研究中心、博士后科研工作站，公司技术中心被认定为"国家级企业技术中心"。

公司通过了国家食品GMP及ISO系列国际管理质量体系认证，通过国际著名第三方认证公司RQA审核，低聚木糖产品通过美国FDA认证，产品技术质量水平已经达到国际先进标准。

公司治理

1. 加强上市公司规范运作。根据公司发展需要，按照《公司法》、《证券法》、《公司治理准则》及《公司章程》的有关规定，共组织召开股东大会、董事会、监事会。会议的召集、召开程序、出席人员和召集人的资格及表决程序均符合《公司法》、《股东大会议事规则》、《公司章程》及其他有关法律、法规文件的规定。会议组织及时，会议召开与各项安排得当，保证了各项会议的顺利召开，为公司决策提供了有力支持；会议资料编制规范，并按有关要求进行存档、保管。

2. 规范上市公司信息披露。按照《公司法》、《证券法》、《深圳证券交易所股票上市规则》及《深圳证券交易所中小企业板上市公司规范运作指引》等法律法规及规范性文件的要求，对各项定期报告、临时性公告及可能对公司股票价格产生较大影响的各项信息及时、准确、完整的进行了披露，确保公司信息披露的规范运作，同时保证了投资者公平、公正、公开的获取上述信息，进一步增进了广大投资者对公司的了解，提振了资本市场的投资者信心，较好的维护了公司在资本市场的良好形象。

公司积极拓展国内外市场，产品已远销世界五大洲，深受合作伙伴与消费者的青睐。建立了以箭牌、卡夫、中粮、中石化、中石油等为代表的世界500强供应体系，并与蒙牛、无限极、好丽友、新时代、金丝猴等国内外知名企业建立了稳定的客户关系，形成了高端的市场渠道和销售网络，曾荣获全球最大的糖果公司箭牌"供应商优异履行承诺奖"和"优质服务奖"，及知名健康产业公司无限极公司"2011年度最佳表现奖"，"2012年度、2013年度优秀供应商奖"。

【主营业务】

公司是以玉米芯、玉米为原料，采用现代生物工程技术生产功能糖、淀粉及淀粉糖等产品，并循环利用功能糖生产中产生的玉米芯废渣生产第2代燃料乙醇等新能源产品的生物质综合利用企业。

【经营业绩】

在2015年上半年的工作中，公司按照年初制定的"凝神聚力抓管理，坚定信心促发展"的总体思路，积极践行"增利润、促销售、提素质"的经营方针，以利润为核心，以安全生产为保障，内抓管理、外拓市场各项工作均取得较好成绩。

【企业文化】

企业使命：用"芯"改变世界。

企业理念：心存感激做事，胸怀济物做人。

企业使命：用"芯"改变世界。

企业愿景：世界级生物制造产业领导者，中国化玉米全株价值运营商。

认真履行社会责任，以感恩之心回报社会，积极参与各项社会公益事业，尊老济困、扶贫助学。

以人为本，建设百年企业。通过规范的人才机制，丰富多彩的文体活动，构建出一个以"感恩、人本、民心"为企业文化的和谐企业。

【社会责任】

在社会公益方面，公司积极履行社会责任，开展各种形式的社会救助活动，累计捐款近千万元。先后成立龙力中医学会，开展健康讲座、免费义诊、赠送药品等公益活动；积极开展捐资助学活动；每年举办"慈心一日捐"活动；每年开展慰问部队官兵、慰问孤寡老人等活动；在公司内部开展重大疾病救助和困难员工家庭帮扶活动，对职工重特大疾病发放救助金。

【企业荣誉】

公司是全国创新型试点企业、生物产业国家高技术产业基地骨干企业、全国低碳发展突出贡献企业、中国最具成长力创新型企业、中国食品添加剂和配料行业百强企业、中国轻工业食品配料行业十强企业、全国淀粉糖行业二十强企业、中国营养产业三十强企业、全国食品安全示范单位。公司被推选为中国食品添加剂和配料协会副理事长单位、中国生物发酵产业协会副理事长单位、中国新资源食品配料专业委员会主任委员单位。

【002620】深圳瑞和建筑装饰股份有限公司

【基本情况】

深圳瑞和建筑装饰股份有限公司确立了“市场唯大、经营为先、中标为本”和“大市场、大业主、大项目”的市场经营理念，确立了“上市企业的牌子，民营企业的机制，保险企业的激励，严格的科学管理”的管理指导方针，以及“员工幸福、股东满意、股民追捧、行业旗舰”的发展愿景。完成了第二届董事会、监事会以及公司经营管理层的换届工作，实现了董事会、监事会、经营管理层的顺利过渡。2013 年公司荣获鲁班奖 1 项、金鹏奖 2 项、省优 8 项、全国建筑装饰奖 8 项，获得全国科技示范工程奖 12 项、全国科技成果奖 9 项；连续第 11 年稳居行业百强企业前十，并获得行业旗舰称号；公司还荣获全国建筑装饰行业“AAA”级信用企业、广东上市公司最具竞争力十强、广东上市公司十大功勋企业家—李介平董事长、广东上市公司诚信经营十强、首届深圳质量百强企业等多项荣誉称号，公司的品牌和知名度进一步提升。

公司管理层运用科学的管理方法，加强了规范管理，形成了瑞和独有的可持续发展的经营管理模式。一是在组织架构上对原有部门进行调整和整合。调整为六个中心六个部门，增设合约预结算中心及售后服务部，进一步完善公司的管理结构，明确权责范围，细化责任体系，分解落实目标，为公司持续快速发展奠定了良好的基础；二是进一步加大区域市场开拓力度，先后在北京、安徽、苏州、上海等地设立了分公司，进一步完善了公司的市场布局，为公司经营的拓展打下了坚实的基础。公司注重对各分公司的支持、服务和管理，制定实施了《区域性公司管理办法》，先后与分公司签订了《年度经营目标责任书》，对构建公司与各分支机构之间的良性运行机制、明确各分支机构的经营责任、增强各分支机构的经营效能等方面起到了巨大的推动作用；三是公司业态结构与业主分布逐步丰富，提升了商场、酒店、医院、幕墙、地铁、金融、办公、影剧院等领域的项目承接比例。目前公司已经打造了一批稳定的客户源，进一步巩固了与恒大、万达、宝能、嘉裕、华润、大名城等长期战略伙伴的合作关系。

【主营业务】

承接酒店、写字楼、大剧院和地铁等公共装饰工程和高档住宅精装修的设计及工程施工。

【经营业绩】

2015 年上半年，我国宏观经济处于新常态阶段，增长速度有所回落，但缓中有稳、稳中有进。国内宏观经济形势对建筑装饰行业的发展虽然存在着一些不确定因素，但也应该看到，深化改革、依法治国将进一步释放改革红利，市场在资源配置中的作用将进一步提高，国家“一带一路”政策使得包括建筑装饰行业在内的建筑类配套产业率先受益。尽管前进的路上出现了障碍，但这丝毫阻止不了瑞和股份前进的步伐。5 月 25 日公司在新办公楼与信义光能（香港）有限公司签署了战略性合作伙伴意向协议，这与公司致力于绿色环保、节能低碳的理念产生了交融，进军光伏能源市场，通过资本市场的杠杆来撬动公司发展的新起点，瑞和股份这一步棋必将有利于影响未来五年的发展。此外，公司新办公大楼的落成，它塑造了深南东路的景观性地标建筑，涵盖了瑞和人竭力打造绿色环保、节能低碳的施工理念，凸显了公司在创新研发和高科技应用的水平和实力，这是公司综合实力和竞争力的缩影，也是国内旧楼改造工程的典范之作。

2015 年 1－6 月，公司实现营业总收入为 817,214,677.61 元，较去年同期上升 12.41%，归属于上市公司股东的净利润 38,090,866.18 元，同比上升 17.51%。

报告期内，公司共研发专利 2 项，授权并获取专利证书 12 项，正在受理审核中的专利 15 项。公司目前已累计获得专利授权 55 项。

【企业文化】

瑞和总方针：稳中求胜、稳中求好、稳中求优；

瑞和发展愿景：员工幸福、股东满意、股民追捧、行业旗舰

瑞和人修养：以瑞和大局为观念、以脚踏实地为风尚、以锲而不舍为情操、以坦诚宽厚为品德；

瑞和人工作准则：重在规范引导统一、重在管理持续优化、重在高效执行协调、重在规范控制风险；

瑞和经营理念：市场唯大、经营为先、中标为本。

【企业荣誉】

2002 年度－2013 年度连续 12 年荣获中国建筑装饰行业百强企业。

2002 年度－2013 年度连续 12 年名列中国建筑装饰行业百强企业前 10 名荣获行业旗舰。

2011 年度深圳知名品牌。

2013 年首届深圳质量百强企业。

荣获中国建筑工程鲁班奖 8 项。

深圳金田大厦工程荣获 1996 年中国建筑工程鲁班奖。

全国海关信息管理中心工程荣获 2003 年中国建筑工程鲁班奖。

中组部办公楼工程荣获 2004 年中国建筑工程鲁班奖。

深圳市市民中心工程荣获 2007 年中国建筑工程鲁班奖。

中国平安集团全国后援管理中心 2 号楼工程荣获 2008 年中国建筑工程鲁班奖。

特美思广场工程荣获 2009 年中国建筑工程鲁班奖。

菏泽大剧院工程荣获 2011 年中国建筑工程鲁班奖。

无锡市人民医院儿童医疗中心荣获 2013 年中国建筑工程鲁班奖。

国家级优质工程奖 34 项奖项列表。

省市级优质工程奖 300 余项。

【002651】成都利君实业股份有限公司

【基本情况】

成都利君实业股份有限公司于 2012 年 1 月 6 日在深圳证券交易所中小企业板挂牌上市，股票代码：002651。公司成立于 1999 年，注册资本 4.01 亿元，是一家专业从事水泥、矿山行业粉磨工艺及核心设备研发、制造、销售和服务的高新技术企业，国际领先的专业粉磨系统整体解决方案提供商。

公司自成立以来，坚持以“弘扬民族品牌、壮大民族工业”为已任，“以人为本、科技创新、开创市场、整合资源”的经营管理理念，“自主研发、自主创新”的方针，一直致力于研究开发高效、节能、环保的大小型辊压机及其配套设备。公司技术中心在 2006 年通过了四川省省级认定，现拥有水泥生料、熟料、矿山粉磨等 13 项发明专利、58 项实用新型专利。在提高产品产量、质量、降低电耗、能耗和低碳排放等方面取得了突破，研发了多项新产品、新工艺，现技术处于国内领先、国际先进水平。

公司汇聚行业锋锐技术团队不断创新，在水泥、矿山选矿辊压机的研发、制造及粉磨系统工艺设计方面不断超越，公司的产品和信誉在国内外水泥建材及冶金矿山行业均得到了高度认可，并起到了举足轻重的作用，是国内最大的辊压机研究开发、制造生产基地之一。

【主营业务】

以粉磨系统的关键设备辊压机为核心，面向水泥生产、原矿开采后的矿物加工等多个应用领域，为客户提供高效节能的粉磨系统装备及配套技术服务。

【经营业绩】

2015 年度，公司实现营业收入 57,358.06 万元，比上年同期下降 22.46%；营业利润 16,856.66 万元，比上年同期下降 43.46%；利润总额 17,397.62 万元，比上年同期下降 42.94%；实现归属于上市公司股东的净利润 14,936.47 万元，比上年同期下降 42.72%。

公司营业收入下降主要原因是受宏观经济及主营产品市场环境等因素的影响，致使公司主营产品销售收入下降；营业利润、利润总额及归属于上市公司股东净利润较上年同期呈现较大幅度下降的主要原因有以下几方面：(一)公司主营产品销售收入下降；(二)货币资金的利息收入及投资收益较上年同期下降；(三)依据公司会计政策计提的资产减值准备较上年同期增加。

【企业文化】

军队、家庭、学校

利君是一支军队：倡导团队精神，突出纪律性，强调战斗能力

利君是一所学校：倡导求知求真，突出创造性，强调学习能力

利君是一个家庭：倡导互助友爱，突出包容性，强调协同能力

【企业荣誉】

2005 年公司自主研发的“CLF 智能化高效节能辊压机”被国家科技部纳入“国家火炬计划项目”；2006 年公司技术中心通过了四川省省级认定；2007 年被中国建材机械工业协会授予“中国水泥机械龙头企业”称号；2007 年公司研制生产的“LEEJUN 牌辊压机”被国家质检总局授予“中国名牌产品”称号；2008 年公司研究开发“辊压机粉磨系统”被国家发改委列为“第一批国家重点节能技术推广项目”；2009 年被国家建材机械行业评为“标准化工作先进集体”。公司通过了 ISO9001 质量管理体系、ISO14001 环境管理体系和 CE 认证，先后获得了“四川省质量管理先进企业”、“四川省建设创新型企业”、“中国建材机械工业企业信用评价 AAA 级”、“四川省质量信用 AAA 用户”等多项荣誉和资质证书。

【002653】西藏海思科药业集团股份有限公司

【基本情况】

海思科药业集团(股票简称：海思科，股票代码：002653)成立于 2000 年，是一家以新药研发为核心，销售能力突出的医药类集团化上市公司，现有员工 1770 名，其中包括 50 余名博士、近百名硕士。集团由十家公司构成：销售型公司母公司西藏海思科及葫芦岛信天翁医药，研发型公司成都康信医药、沈阳海思科制药有限公司、西藏海思科生物科技有限公司、海思科成都医药科技有限公司及香港海思科药业有限公司，以及生产型公司辽宁海思科制药和四川海思科制药等。

集团于 2012 年 1 月 17 日在深圳证券交易所 A 股上市，目前市值超 230 亿人民币。在近 2600 家上市公司中排前 393 名，在 730 家中小板公司中排前 69 名；在 149 家医药类上市公司中长期排第 23 名，在 54 家化学制药上市公司中排第七名；在“2013 年度上市公司市值管理绩效百佳榜”中排第九名；在 2014 年 1 月《福布斯》中文版推出的“中国最具潜力中小企业榜单”中，公司更是入围“上市潜力企业 100 强”前三；在 2015 福布斯“中国上市潜力企业 100 强”排第 14 名。

2014 年净利润为 4.5 亿，净利润率 37%，2008 年以后年净利润复合增长率 26%，在所有上市公司中名列前茅，预计 2015 年销售将达 16 亿。在肝病领域细分市场占据重要地位，是全国排名前列的肝病用药生产销售基地，在肠外营养企业位列全国前三。公司每年的研发投入超过亿元，近两年间药品注册批件取得数量在医药公司中排名第二。

【主营业务】

化药制剂及原料药的研发、生产、销售。

【经营业绩】

2014 年，受医保控费、药品降价等因素影响医药行业发展速度继续回落，面对复杂多变的环境，公司在全体股东的支持和董事会的领导下，紧密围绕着既定目标，持续推进各项工作，取得了良好的成绩。本年度实现销售收入十二亿元，同比增长 22%，研发投入近两亿元，仿制药取得了富马酸卢帕他定平及其原料药的注册批件，化学创新药和生物药进入了临床试验阶段，2014 年 11 月公司荣获了“2014 中国化学制药行业工业企业综合实力百强”第 71 名。

【企业文化】

战略：用市场的眼光成为新药的仿创专家

核心价值观：让奋斗者分享价值

愿景：致力于成为最受信赖的国际专利药企业

使命：让患者快速分享最新医药成果

精神：务实、高效、学习、创新

战略理念：用市场的眼光成为创新型国际医疗健康专家

十年战略目标：十年内成为中国医疗健康行业排名前三的企业

【企业荣誉】

2010 年纳税先进企业

2010 年安全生产先进集体

2011 年科技创新优秀企业

2011 年优胜单位

2011 年达标单位

2014 年博士后创新基地

2012 年成都市企业技术中心

2012 年医药行业协会会员单位

2012 年度优秀工会主席

2012 年优秀单位

2013 年安全生产标准化三级企业

2013 年劳动关系和谐企业 AA 级

2013 年两新联盟先进党组织

2013 年度工会优秀单位

2013 年高新技术企业

德昆篮球赛第六名

CH－006－2011 年荣誉证书

成都市 2010 年度安全生产先进集体

2014 年 11 月公司荣获“2014 中国化学制药行业工业企业综合实力百强”第 71 名。

2014 年 1 月《福布斯》中文版推出的“中国最具潜力中小企业榜单”中，公司入围“上市潜力企业 100 强”前三；

2015 福布斯“中国上市潜力企业 100 强”排第 14 名。

【002669】上海康达化工新材料股份有限公司

【基本情况】

康达新材地处中国改革开放和现代化建设的“窗口”和“缩影”——上海浦东，坐落于上海浦东合庆工业区里，距上海浦东国际机场 16 公里，距上海市区 20 公里，交通方便。

上海康达化工新材料股份有限公司自成立以来一直致力于胶粘剂领域的研究与应用事业，是国内最大的专业胶粘剂生产、研发型企业之一。公司是中国工业胶粘剂协会常务理事单位，上海市粘接技术协会副理事长单位，上海市高新技术企业。康达新材是“胶的专家”，公司所属的“万达”牌系列工业粘合剂先后荣获上海市著名商标，上海名牌产品等荣誉，目前可为国内外广大用户提供环氧胶、聚氨酯胶、丙烯酸酯 AB 胶、α－氰基丙烯酸酯胶、光敏胶、硅橡胶、厌氧胶、丁基热熔胶、工业修补剂、喷涂聚脲系列等 200 多种规格型号的产品，并广泛应用于扬声器制造、能源电厂、交通运输、防腐耐磨、港口矿山、军用装备、机械设备、电子电器、建筑加固等诸多领域。公司上下奉行“追求真善美、力创高精尖、奋战夺效益、心诚迎客来”的企业精神，成为国内外众多品牌公司指定产品供应商。

公司拥有专业的胶粘剂技术研究所，下设十几个课题小组，立足于科技创新，以开发环保型产品和能源领域应用产品为主要目标，致力于解决用户在生产、应用和维修过程中遇到的施胶工艺、配套施胶设备及各种粘接、密封难题，提供快速专业的技术服务和售后服务。康达新材，中国工业粘合剂供应商，二十余年的专业研发生产经验，诚为国内外业务伙伴提供个性化的粘接技术解决方案。

【主营业务】

胶粘剂的研发、生产、销售和服务。

【经营业绩】

2015 年报告期内，公司实现营业总收入 726,980,466.81 元，较上年同期增长 37.90%；营业利润 130,255,683.95 元，较上年同期增长 56.51%；利润总额 132,409,853.08 元，较上年同期增长 59.37%；归属于上市公司股东的净利润 112,544,189.00 元，较上年同期增长 60.99%。主要原因是公司不断加强销售力度，销售收入持续增加，经营业绩与上年同期相比有明显提升。

报告期内，基本每股收益 0.563 元/股，较上年同期增长 60.86%。报告期末公司财务状况良好，总资产 900,489,842.33 元，较报告期初增长 16.10%；归属于上市公司股东的所有者权益 720,736,505.99 元，较报告期初增长 15.84%。

【企业文化】

企业目标：我们一直在努力，做中国胶粘剂行业第一品牌

企业价值观念：为用户创造价值、感动用户

企业精神：追求真善美、力创高精尖、奋战夺效益、心诚迎客来

企业作风：不断学习、立即行动、没有任何借口

【企业荣誉】

康达新材是国内最大的专业胶粘剂生产、研发型企业之一。公司是中国工业胶粘剂协会常务理事单位，上海市粘接技术协会副理事长单位，上海市高新技术企业，上海市合同信用 AAA 级企业。公司所属的“万达”牌系列工业粘合剂先后荣获上海市著名商标，上海名牌产品等荣誉。

康达新材产品曾获得“中国胶粘剂产品质量用户满意第一品牌”等多项荣誉，多项产品性能达到或超过了国际同类产品的水平。

【002674】兴业皮革科技股份有限公司

【基本情况】

兴业皮革科技股份有限公司（下称“公司”），是迄今为止中国天然皮革鞣制行业首家也是唯一国内上市企业（深交所中小企业板上市，代码 002674）、中国制革工业龙头企业、中国民营 500 强企业和福建省百家重点工业企业、福建省创新型企业、国家高新技术企业，是中国皮革行业纳税大户。

兴业科技专注于中高端牛头层皮产品研发、生产与销售，主导产品有纳帕、自然摔、中小全粒面革、油蜡、压花皮、印花皮、雪花皮、蜡变皮、防水皮和特殊效应革等系列，广泛应用于皮鞋、箱包、皮具、真皮家具等制造领域。凭借强大的技术研发、生产制造、人才发展、经营管理和客户服务的实力，以及在“市场导向，科技创新，环保优先，品质保证”等价值链全方位的扎实实践，公司已成为众多国内外知名品牌的重要战略合作伙伴，鞋面天然皮材料市场占有率稳居国内第一。是中国《绿色之星》产品优秀企业，“兴业皮革”品牌获得“真皮标志，生态皮革”授牌。

兴业科技采用国际标准化管理模式，具备完善的管理体系，先后通过 ISO9001 质量管理体系和 ISO14001 环境管理体系认证，并建立 GB/T28001－2001 职业健康安全管理体系；2011 年成为中国唯一的一家一次性通过并获得 BLC（英国皮革技术中心）金牌认证的皮革企业；同时，积极应用 ERP、OA 和条形码等信息化管理技术，促进公司管理水平和管理效益的全面提升。

“选对人、用对人、培训人、信任人、成就人”是公司人才管理的基本策略。公司致力于从愿景、事业、文化、情感、待遇等全方位吸纳人才、培养人才、发展人才、留住人才，公司拥有高效的管理团队、顶尖技术研发团队和稳定的生产制造团队。先后获得“晋江市企业文化最具创新案例奖”、“泉州市感动员工十佳民企”、“泉州市最佳和谐企业”、“CCTV 泉州榜十佳年度雇主”、“全国十佳诚信企业”等荣誉称号。

公司以“绿色皮革、百年兴业”为愿景，以“服务品牌，引领时尚”、“做绿色时尚引领者”为使命，以“执着、勤劳、爱拼、奉献、融合、分享”为企业核心价值精神，坚定不移地走“资源节约型、环境友好型”的新型皮革工业发展道路，励精图治抓管理、精工细作创名牌。风正一帆悬，兴业科技，正乘资本市场战略运筹和产业市场深度耕耘相结合发展的东风，向百年基业的“世界知名皮革企业”伟大目标扬帆远航。

【主营业务】

中高档牛头层鞋面革的开发、生产与销售。

【经营业绩】

2015 年，中国经济受国内外需求疲软、人口红利减少、产能过剩的影响，经济增速明显放缓。中国进入了经济转型升级和结构调整的关键时期，作为经济整体的一部分，当今的制革业也进入到了深度的煎熬期。在过去的一年里，中低端产品过剩而市场萎缩造成皮革市场整体低迷、原料皮价格的下滑、汇率的波动等种种不利因素，严重制约着制革行业的发展。

2015 年度报告期内，公司管理层积极应对，随着募投项

目的逐步投产，公司的产销量有所增长，实现营业收入235，814.86万元，同比增长5.56%。但是，由于2015年二季度开始原料皮价格急速走低并带动成品皮售价下行，而营业成本由于前期高价皮料采购成本结转至本期，营业成本及人工成本快速增长而增加，造成公司毛利率下降，导致2015年度实现的归属公司股东的净利润1，329.99万元，同比下降88.91%。同时，由于下游皮鞋市场的持续低迷，公司原计划产销量亦未能如期达成，造成库存增加。

2015年度公司实现营业收入94，725.08万元，较去年同期增长16.25%，营业利润438.6万元，较去年同期下降92.85%，利润总额1，558.97万元，较去年同期下降77.15%，归属于上市公司股东的净利润1，420.19万元，较去年同期下降76.09%。

【企业文化】

企业使命："绿色皮革，百年兴业"

企业愿景："创中国绿色皮革第一品牌、成为中国绿色皮革带头人和世界绿色皮革领先企业、为世界名牌服务"

企业精神："执着、勤劳、爱拼、奉献"

【企业荣誉】

公司获得国内外众多权威皮革认证机构或科研单位的广泛认可并与之建立了稳固的战略联盟：为世界制革技术权威组织SATRA的正式成员（2006）；先后与中国皮革协会、中国皮革和制鞋工业研究院等单位联合，成功举办"中国皮革发展论坛"（2008）；与中国皮革和制鞋工业研究院联合成立中国皮革和制鞋工业研究院晋江分院（2013）；主导起草了皮革行业首个国家标准《家具用皮革》（2008）；先后承担"清洁生产过程与绿色产业链技术的应用开发"、"中国皮革绿色生产技术应用开发"等国家科技支撑计划课题和国家级星火计划科研项目，成为福建省技术创新工程创新型试点企业、福建省科技重大专项实施单位；先后荣膺《世界皮革》"全球最佳制革企业中国区金奖"（2011）、多届全国行业"十佳企业"、"福建名牌产品企业"、"皮革行业标准化工作功勋单位"、"中国皮革和制鞋行业科技示范企业"、"产业创新先进企业"、"企业管理现代化创新成果三等奖"等荣誉；多年来，先后获得国家皮革专利技术几十项。

2011年成为中国唯一的一家一次性通过并获得BLC－LWG（英国皮革技术中心）金牌认证的皮革企业。

公司先后获得"晋江市企业文化最具创新案例奖"、"泉州市感动员工十佳民企"、"泉州市最佳和谐企业"、"CCTV泉州榜十佳年度雇主"、"全国十佳诚信企业"等荣誉称号。

兴业科技是福建省首家通过清洁生产验收的工业企业。先后获得中国皮革协会的"节能减排环保创新奖"（2008）、环境保护杂志社"环境保护优秀企业"（2013）等多项环保类奖项。

2013年5月，国家皮革和制鞋行业生产力促进中心、全国制鞋工业中心授予兴业科技"中国制革工业龙头企业"称号。

2013年11月，兴业科技自2005年和2012年两度入选"中国民营500强"后，再度成功入选"2013年中国民营500强"。

2014年3月，兴业科技被泉州市工商行政管理局授予"市级工商信用优异经营户"荣誉称号。

【002681】深圳市奋达科技股份有限公司

【基本情况】

深圳市奋达科技股份有限公司创立于1993年，总部位于宝安区石岩奋达生态科技园。园区占地面积约17万平米，是深圳市循环经济示范园区和工业旅游景点。

目前，奋达科技是中国移动音频技术、电声产品、健康电器产品领域的领先者之一。基于无线、电声、软件、精密制造四大核心能力，以及消费者和客户需求，奋达科技持续创新，致力于成为持续领先的消费电子产品垂直整合科技企业。

奋达坚持可持续发展的理念，并积极关心和关爱我们周围的人和事物。奋达的远景目标是成为一家可持续发展、稳定繁荣的全球优秀企业。在创新和研发对社会有益技术和产品的同时，始终承担起社会进步与环境保护的责任！

【主营业务】

家居及个人护理类小家电产品的研发、生产和销售，主要产品分为多媒体音箱和美发小家电两大系列。

【经营业绩】

公司主营消费电子产品的研发、生产与销售。报告期内，公司主营业务稳定增长，欧朋达科技（深圳）有限公司（以下简称"欧朋达"）自2015年2月份起纳入合并财务报表范围，公司实现营业总收入1，729，542，396.02元，同比增长60.08%；实现营业利润329，780，238.01元，同比增长103.81%；实现利润总额343，508，693.67元，同比增长104.73%；实现归属于上市公司股东的净利润295，960，803.79元，同比增长103.51%。

公司2015年末总资产3，132，816，731.86元，同比增长125.27%；归属于上市公司股东的所有者权益2，490，178，728.91元，同比增长126.88%；主要系欧朋达自2015年2月份起纳入合并财务报表范围及定向发行股票。

公司2015年末总股本为617，617，800.00股，比上年度增长103.75%，系报告期内公司购买欧朋达资产并配套募集资金而发行股份及实施2014年度利润分配方案每10股转增8股。

【企业文化】

愿景：行业的标杆，企业的楷模，人才的圣地，社会的奋达。

使命：为客户提供绿色、优质、高性价比的产品和服务，让人类享受更美好的生活。

核心价值观：尊重、诚信、创新，成就客户就是奋达企业的成功，成就企业就是奋达团队的成功。

龟文化：不一定做500强，要做500年，基业长青，永续经营。

狼精神：事无艰难，何需人杰；败则拼死相救，成则举杯相庆。

【企业荣誉】

2014年11月，荣获"深圳市自主创新百强中小企业"称号。

2014年10月，P240TWS蓝牙无线便携音频系统获国家科学技术部重点新产品证书。

2014年9月，公司发布的股权激励方案，定向发行312万股股票，占公司总股本1.1%，发行价14.37元，首次激励对象共计141人。

2014年5月，获得"2014年度中国上市公司市值管理绩效百佳"殊荣。

2014年3月，被国家质量监督检验检疫总局认定为"出入境检验检疫信用管理AA级企业"。

2013年12月，被认定为"2013广东上市公司最具投资价值10强"。

2013年9月，荣获深圳"2012年度全景最佳互动上市公司"称号。

2012年4月，被认定为广东省"清洁生产企业"。

2011年12月，被商务部认定为"加工贸易转型升级示范企业”。

2010 年 4 月，与世博生命阳关馆签约，成为音箱行业中唯一入驻上海世博生命阳光馆的爱心合作伙伴。同时被中国残疾人联合会授予“激情世博公益助残爱心企业”。

2010 年 1 月，被深圳市宝安区人民政府授予“慈善企业奖”。

2010 年 10 月，被认定为“鹏城减废先进企业”及生态深圳“绿色企业”。

2008 年 4 月，被国家质量技术监督检验检疫总局授予“出口商品免验”殊荣。

2008 年 12 月，被认定为首批“国家级高新技术企业”。

2007 年 8 月，被认定为“深圳市民营领军骨干企业”。

【002697】成都红旗连锁股份有限公司

【基本情况】

红旗连锁创建于 2000 年 6 月 22 日。2010 年 6 月 9 日，整体变更为成都红旗连锁股份有限公司。公司已发展成为中国西部地区最具规模的以连锁经营、物流配送、电子商务为一体的商业连锁企业，是中国 A 股市场首家便利连锁超市上市企业（股票代码 002697）。目前在四川省内已开设 1500 余家连锁超市，就业员工 13000 余人，仅 2013 年上缴税收及五险一金近 4 亿元；拥有三座物流配送中心；与上千家供货商建立了良好的互利双赢的商业合作关系。是四川省及成都市“重要生活必需品应急保供重点联系企业”。

公司经营业绩跨入全国商业企业百强、中国零售百强企业、中国连锁百强企业、四川企业 100 强、四川商业企业最大规模 10 强；荣获中国“最具成长性企业”、中国优秀诚信企业、中国消费者协会全国商业服务业“诚信单位”、全国商务系统先进集体、全国和谐商业企业；四川省现代流通先进企业、四川省优势商业零售企业、成都市首批大企业大集团培育企业、成都市再就业工作先进集体、成都市纳税先进企业等荣誉。红旗连锁的健康发展，为推动现代服务业腾飞及地方经济发展做出了积极贡献。

【主营业务】

便利超市的连锁经营、批发与零售业

【经营业绩】

2015 年，公司实现营业收入 548，617.98 万元，较上年同期增长 15.15%；归属于母公司所有者的净利润 17，921.86 万元，较上年同期增长 5.26%。公司全年增值业务实现收入 482，147.86 万元，比上年增长 19.01%，收取服务佣金 2，630.49 万元，比上年增长 0.78%。截至 2015 年 12 月 31 日，公司经营门店已达 2274 家，其中新开门店 606 家，正在完善互惠门店 166 家。

【企业文化】

服务宗旨：服务大众、方便人民

经营宗旨：诚信经商、便民利民

【企业荣誉】

全国商业企业百强、中国零售百强企业、中国连锁百强企业、四川企业 100 强、四川商业企业最大规模 10 强；荣获中国“最具成长性企业”、中国优秀诚信企业、中国消费者协会全国商业服务业“诚信单位”、全国商务系统先进集体、全国和谐商业企业；四川省现代流通先进企业、四川省优势商业零售企业、成都市首批大企业大集团培育企业、成都市再就业工作先进集体、成都市纳税先进企业等荣誉。

【002701】奥瑞金包装股份有限公司

【基本情况】

奥瑞金包装的产业规模从北京辐射至山东、湖北、四川、浙江、广东、云南、海南、新疆、江苏、天津等，现有多个生产制造基地，拥有多条国际领先的生产流水线和多套检验检测设备。

奥瑞金包装是一家集金属制罐、底盖生产、易拉盖制造和新产品研发为一体的大型专业化金属包装企业。长期以来，奥瑞金致力于振兴中国金属容器制造行业，打造国际品质的金属包装。主要为客户提供各类食品、饮料、罐头、啤酒、乳制品等产品的包装制品生产，同时可提供包括高科技包装设计、制造及全方位客户服务等一体的综合包装解决方案。

奥瑞金包装以绿色包装为根本，创新应用仿瓷涂料和粉末补涂工艺以保证食品安全，享誉国际市场；加快实施金属包装减量化和薄壁化，累计为国家节约钢材上万吨，单位产值对资源的消耗降低 20% 以上，成为业内最优化企业；以创造优质品取胜，成为红牛名牌饮料的最大供应商；以挑战世界前沿技术为制高点，获取 30 余项专利，并于 2012 年获得国际知名行业组织颁发的样罐类金奖以及两片食品罐银奖，五升啤酒桶的研制和生产填补了亚洲空白并获得了亚洲异型罐参展大奖。

奥瑞金包装还通过了 ISO9001：2008 国际质量管理体系和 ISO14001：2004 国际环境管理体系的认证，实现管理与国际接轨。公司两次被国际行业组织评为“年度最佳制罐公司”，连续获得高新技术企业和技术进步企业等光荣称号。

奥瑞金包装于 2012 年 10 月在深交所中小企业板成功上市。公司将一如既往，以其优良的品质、创新的技术和差异化的产品，实现客户产品价值的最大化，服务于社会。

【主营业务】

食品饮料金属包装产品的研发、设计、生产和销售。

【经营业绩】

2015 年报告期内，公司主营业务保持持续增长，商业模式创新取得良好成果。公司整体包装解决方案在产品策划、包装设计与制造、食品饮料灌装及信息化、网络化营销服务等方面得到稳步推进。另外，在投资平台的搭建方面取得进展，为公司商业模式创新和业务战略升级提供有力支撑。

2015 年报告期内，公司经营业绩良好。2015 年公司实现营业总收入 666，235.31 万元，同比增长 22.14%，主要是三片罐核心客户业务销量增长及二片罐业务规模扩大所致；实现营业利润 129，587.88 万元，同比增长 28.69%；利润总额 135，662.89 万元，同比增长 30.97%；归属于上市公司股东的净利润 101，697.68 万元，同比增长 25.71%，营业利润、利润总额、净利润增长，主要系营业收入增长及成本费用控制所致。上述数据包含了公司拟对部分逾期账款和部分资产计提减值的影响。报告期公司基本每股收益为 1.04 元，同比上升 26.83%。

报告期末，公司财务状况良好。公司报告期末总资产为 1，048，146.41 万元，较期初增长 54.94%；归属于上市公司股东的所有者权益为 436，069.09 万元，较期初增长 16.33%。公司股本为 98，134.40 万元，较期初增长 60.00%，系公司报告期内资本公积转增股本所致；归属于上市公司股东的每股净资产为 4.44 元，较期初

下降了 27.33%，主要系报告期内公司资本公积转增股本及归属于上市公司股东的所有者权益增长所致。

【企业文化】

企业精神:奋进、创新、诚实、和睦

企业宗旨:以人为本、产业报国

企业目标:优秀的人才、优异的技术、优良的产品、优质的服务

【企业荣誉】

2012 年获得国际知名行业组织颁发的样罐类金奖以及两片食品罐银奖,五升啤酒桶的研制和生产填补了亚洲空白并获得了亚洲异型罐参展大奖。

两次被国际行业组织评为"年度最佳制罐公司",连续获得高新技术企业和技术进步企业等光荣称号。

荣获"2014 年度最受投资者尊重的上市公司百强奖"。

2015 年首轮入选"中关村 50 指数"样本股之一。

【002706】上海良信电器股份有限公司

【基本情况】

上海良信电器股份有限公司创立于 1999 年,是国内低压电器行业中、高端市场的领先公司之一。公司主导产品有终端电器、配电电器和控制电器,主要应用于电信、建筑、电力、冶金、石化、工控和新能源等行业。公司以客户为中心、以市场为导向,能够以较快的速度自主研发并以较高的性价比推出行业内先进的产品,替代国际知名品牌,打造民族品牌。经过十余年发展,公司已在低压电器中高端客户群体中积累了良好的口碑。

公司是"上海市高新技术企业"、上海市"科技小巨人企业"、主导产品被认定为"上海市名牌产品"、"nader 良信"商标被认定为"上海市著名商标",公司产品小型断路器连续多年被评为"上海市电器行业协会名优产品",研发中心被认定为"上海市企业技术中心",检测中心已经通过了 CNAS 认证,并取得了中国合格评定国家认可委员会"实验室认可证书"。公司注重研发和知识产权保护,截止 2013 年底,公司累计拥有专利 159 项,其中发明专利 6 项,实用新型专利 100 项,外观设计专利 53 项。

公司以上海总部为依托,目前已在上海、北京、天津、广州、深圳等全国四十个中心城市设立了销售服务中心,在电信、建筑、电力、工控等行业与艾默生、华为技术、中兴通讯、万科集团、绿地集团、上海电力、江苏电力、唐山松下、三菱电梯、日立电梯、重钢集团、沙钢集团、振华港机、沈阳机床等企业形成了持续稳定的合作关系。

公司专注于低压电器领域,致力于人们更安全、便捷、高效地使用电能,为用户提供高性价比的产品和贴近客户的专业化服务。公司不断追求整体运营的卓越绩效,力争成为中国低压电器行业的领军者。

【主营业务】

专注于低压电器行业中、高端市场产品研发、生产和销售。

【经营业绩】

2015 年报告期内公司实现营业收入 101,304.92 万元,同比增长 18.39%;净利润 12,421.18 万元,同比增长 23.87%。营业收入增长主要是由于公司在建筑、电信及新能源等行业订单增长所致。

截至 2015 年底公司总资产 121,294.60 万元,同比增长 16.77%;所有者权益 90,969.91 万元,同比增长 15.63%;每股净资产 7.89 元,同比下降 11.25%。2015 年末公司股本增幅超过 30%,主要是由于公司 2014 年度权益分派中以资本公积金每 10 股转增 3 股及预留限制性股票授予完成所致。

【企业文化】

企业愿景:成为中国低压电器行业的领先者

经营理念:关注、创新

核心价值观:诚信、关爱、责任、进取。

【企业荣誉】

公司是"上海市高新技术企业"、上海市"科技小巨人企业"、主导产品被认定为"上海市名牌产品"、"nader 良信"商标被认定为"上海市著名商标",公司产品小型断路器连续多年被评为"上海市电器行业协会名优产品",研发中心被认定为"上海市企业技术中心",检测中心已经通过了 CNAS 认证。公司注重研发和知识产权保护,截止 2014 年 1 月,公司累计申请专利 230 项,其中发明专利 52 项,已取得专利证书 168 项,在行业内居于前列。

【002726】山东龙大肉食品股份有限公司

【基本情况】

山东龙大肉食品股份有限公司前身为山东龙大肉食品有限公司,2010 年 3 月,整体变更设立为股份有限公司。

公司于 2014 年 6 月 9 日经中国证券监督管理委员会核准,首次向中国境内社会公众公开发行人民币普通股 5,459 万股,其中新股发行数量为 5,459 万股;并于 2014 年 6 月 26 日在深圳证券交易所上市,上市后公司的股份总数为 21,824 万股,均为普通股。

公司主营业务为生猪养殖、生猪屠宰和肉制品加工,公司生猪产品主要供内部屠宰用,对外销售的主要产品为冷鲜猪肉、冷冻猪肉、熟食制品(中式卤肉制品、低温肉制品)。公司处于农副食品加工业。依靠多年积累的经验及技术,已形成集种猪繁育、饲料生产、生猪养殖、屠宰分割、熟食加工、食品检验、销售渠道建设为一体的"全产业链"发展模式。公司将不断完善"全产业链"经营模式,从源头保障肉品质量和食品安全,为消费者提供"安全、放心、健康、美味、新鲜"的猪肉食品,致力于成为全国领先的优质猪肉产品供应商。

2011 年、2012 年、2013 年,公司营业收入分别为 216,713.44万元、253,996.94 万元、315,833.41 万元;公司净利润分别为 11,633.54 万元、10,777.79 万元、11,633.49 万元。

【主营业务】

生猪养殖、生猪屠宰和肉制品加工

【经营业绩】

2015 年报告期内,公司实现营业收入 184,654.88 万元,同比增长 8.94%,实现归属于上市公司股东的净利润4,945.95万元,同比减少 4.10%。生猪价格上涨,对公司养殖板块产生积极影响。预计 2015 年度归属于上市公司股东的净利润 10,236.18 至 12,283.42 万元,同比上升 0% 至 20%。

【002727】云南鸿翔一心堂药业(集团)股份有限公司

【基本情况】

云南鸿翔一心堂药业(集团)股份有限公司(Yunnan Hongxiang Yixintang Pharmaceutical Co.,Ltd.),是由云南鸿翔药业有限公司整体变更设立的股份有限公司,自 2001 年创建了第一家一心堂药店至今,在云南、广西、四川、贵州、山西、重庆等地区拥有 2400 多家直营连锁药店,无论是直营门店数量还是销售额均位居行业前列,连续七年跻身中国十强药店,是

中国最有影响力和最具竞争力的医药连锁企业之一。

公司所处的行业为医药流通行业，主营业务为医药零售连锁和医药批发业务，其中医药零售连锁是公司的核心业务。公司主要经营范围包括中药、西药及医疗器械等产品的经营销售，主要收入来源为直营连锁门店医药销售收入。

公司业务主要由商品销售类的主营业务和其他服务类业务构成，报告期内公司主营业务产生的收入和对应的成本均达98%以上，其他业务收入和成本占比很小。商品销售又以药品零售业务为主，2014 年上半年、2013 年、2012 年、2011 年公司医药零售收入占主营业务收入的比例分别为 96.76%、93.78%、92.42%、92.22%，占主营业务收入的绝大部分，呈增长趋势。

公司上市以后，在原有信息化及电商项目建设的基础上，积极研究互联网技术在药品零售行业新的发展情况。我们预计，未来我们部分年轻的客户有可能越来越多地使用电脑、平板电脑、手机和其他设备，实现 O2O（在线上下单，在线下提货）方式购物，甚至实现部分非药品、药品在线购物。虽然，目前零售连锁药店行业仍然以线下销售为主，线上销售量占比很小，线上销售大幅增加的很多制度性基础条件尚不具备，线上销售仍然以医疗器械、保健品、计生用品等非药品商品为主。我们仍然以开放积极的心态，应对行业未来可能发生的变化，进行多渠道营销网络建设，最终形成我们互动、互补的多渠道网络体系，进一步增强我们的竞争力。

现阶段一心堂的官网（http://www.hxyxt.com）平台囊括了中西药品（儿科、肠胃、呼吸系统、五官用药、心脑血管等）、医疗器械（理疗康复、日常监测、家庭药箱等）、中药养生（参类产品、贵细滋补、中药饮片、药食煲汤等）、营养保健（维生素、瘦身养颜、免疫调节等）、母婴/个人护理（口腔护理、奶粉、母婴用品、美容护肤、家居清洁等）近三千个商品销售信息，已投入运行，开始公开销售。

云南鸿翔一心堂药业（集团）股份有限公司创始人阮鸿献先生的事业起步于 1981 年，至今已经营药品及相关产业 30 余年。在阮鸿献先生的悉心经营下，公司现已成长为以零售药店连锁经营为核心产业，集中药材加工与销售、药品批发为一体的大型医药股份制企业。一心堂本着“一心做事，以心换心”的企业精神，把“改善人类健康状况”作为己责，始终如一把消费者利益放在首位，全力以赴降低成本、提升管理水平、持续改善商品结构和服务模式，勇担中国医药零售业时代先锋重任，不懈创新进取，创造一项项业界第一，为消费者的健康生活提供强有力的保障。自 2001 年 1 月第一家一心堂药店创建至今，十余年间一心堂在云南、广西、四川、贵州、山西、重庆等地区开设了 2786 家直营连锁药店，年销售额逾 50 亿元，员工人数 16000 余人，拥有 1000 多万会员，每年拥有上亿人次的消费群体。至今，一心堂已连续 7 年问鼎中国十强药店。

【企业文化】

企业精神：一心做事以心换心

一心堂核心价值观：诚信、负责、仁爱、共赢

服务宗旨：一心为民全心服务

服务精神：爱心、关心、诚心、精心、恒心

【主营业务】

医药零售连锁和医药批发业务。

【经营业绩】

2015 年，在董事会、管理层和全体员工的共同努力下，公司发展势头良好，各项工作扎实推进，管理层围绕董事会制定的 2015 年经营计划和主要目标，坚持以市场为导向，完善绩效考核，强化运营过程管理，保证了公司持续稳健的发展态势。

截至 2015 年 12 月 31 日，公司总资产为 418,625.56 万元，比上年年末 294,143.62 万元增加 42.32%；负债为 191,327.47万元，比上年年末 85,871.39 万元增加 122.81%；股东权益 227,298.09 万元，比上年年末 208,272.23 万元增加 9.14%。

2015 年，公司继续保持良好的发展势头，实现了业绩的稳步增长。报告期内，公司实现营业总收入 532,115.23 万元，较上年同期提高 20.16%；营业利润 37,901.47 万元，较上年提高 10.04%；利润总额 39,012.72 万元，较上年提高 12.97%；归属于母公司所有者的净利润 34,643.86 万元，较上年提高 16.52%；归属于上市公司股东的扣除非经常性损益的净利润 33,015.95 万元，较上年提高 11.34%。由于高强度的新店扩张及电商投入，2015 年净利润同比增速低于营业收入同比增速。公司将采取积极措施提升利润同比增速。

【企业荣誉】

2007 年度，中国医药商业百强企业。

2008 年度，中国药品零售连锁百强企业。

2009 年度，中国药品零售连锁 10 强企业。

2010 年度，中国药品零售连锁百强企业第 8 名。

2011 年度，中国药品零售连锁百强企业第 8 名。

2012 年度，中国药品零售连锁百强企业第 7 名。

【002732】广东燕塘乳业股份有限公司

【基本情况】

广东燕塘乳业股份有限公司由广东省燕塘投资有限公司、广东省粤垦投资有限公司、广东省湛江农垦集团公司及广东中科白云创业投资有限公司等股东出资而成，是集种植、牧场、研发、加工、销售于一体，目前华南地区规模最大的乳制品生产企业之一。

一直以来，燕塘乳业秉承“市场导向，科技领先，质量第一，顾客至上”的经营理念，实现从牧场到餐桌全程质量管理，以优质的牧场、先进的生产线、完备的检测系统、严谨的食品安全管理体系、完善的配送体系、立体化的销售网络，为消费者的健康生活提供优质的产品及服务。不懈的努力和辛勤的付出，使燕塘牛奶深受消费者喜爱和信赖，先后被评为“消费者满意食品品牌”和“最受消费者推崇奖”。燕塘乳业还先后获得农业产业化国家重点龙头企业及全国农产品加工业示范单位等荣誉称号。

燕塘乳业以“精耕广东、放眼华南、迈向全国”为发展战略。自 2005 年起，燕塘乳业分别斥资在湛江市和汕头市建立乳品厂，形成了广州、湛江和汕头三大生产基地，实现了以“广州为中心，东西两翼齐飞”的区域战略布局。

在精耕广东市场的同时，燕塘乳业的业务逐步渗透福建、江西、湖南、广西和海南等省份，为公司的进一步扩张打下了牢固的基础。

目前，三大生产基地日益完善，阳江红五月奶牛场成功创建全国农垦现代化奶牛养殖示范场，湛江燕塘澳新牧业有限公司等养殖基地投入使用，燕塘乳业全产业链发展模式更进一步，同时有效带动了南方养殖业持续健康发展，实现了经济效益和社会效益的双增长。

燕塘乳业将一如既往地坚持“用心传递新鲜，品质成就未来”的质量方针，以促进消费者健康为己任，用心缔造“好

牛,好奶,高品质”,始终如一地为消费者提供新鲜、安全、营养的好牛奶。

【主营业务】

从事乳制品和含乳饮料的研发、生产和销售,属于食品制造业。

【经营业绩】

2015 年,国内乳制品行业竞争异常激烈,市场与消费整体低迷,公司经营发展充满挑战。公司紧密围绕“乘势而上,跨越发展”的经营思路,利用上市契机,扎实做好生产经营,顺利完成全年预算目标,业绩持续稳定增长。2015 年,公司实现营业收入 103,243.39 万元,同比增长 8.69%,实现营业利润 12,284.18 万元,同比增长 21.31%;其中实现归属于上市公司净利润 9,605.77 万元,同比增长 21.50%。

【企业文化】

企业理念:市场导向,科技领先,质量第一,顾客至上。

企业战略:精耕广东、放眼华南、迈向全国。

【企业荣誉】

2014 年,全国农垦现代化养殖示范场(红五月奶牛场)。

2014 年,广东老字号。

2013 年,广东省守合同重信用企业(连续 9 年)。

2013 年,农业产业化国家重点龙头企业”(连续 9 年)。

2013 年,全国轻工行业先进集体。

2013 年,学生奶奶源升级计划奶源示范基地(红五月奶牛场)。

2013 年,科技创新突出贡献奖。

2012 年,广东省清洁生产企业。

2012 年,绿色食品证书(燕塘牌鲜牛奶)。

2011 年,广东省乳制品行业领军品牌。

2011 年,2010 年度全国“安康杯”竞赛广东省优胜企业。

2011 年,2010 - 2011 年度重点乳制品加工企业信息检测工作先进单位。

2010 年,企业信用等级 AAA。

【002783】湖北凯龙化工集团股份有限公司

【基本情况】

湖北凯龙化工集团股份有限公司是原省属军工企业——国营襄沙化工厂(代号第 9615 厂)于 1994 年主体改制组建的,公司于 2015 年 12 月 9 日在深圳证券交易所挂牌上市。公司占地面积 90 余万平方米,员工 1600 余人,注册资本 8347 万元。公司拥有 7 个分公司(事业部),11 个控股子公司,8 个参股公司。

公司主要生产工业炸药、硝酸铵及硝基复合肥、纳米碳酸钙、纸塑包装四大类产品。工业炸药是公司的主导产品,生产能力 9.7 万吨/年,拥有膨化炸药、乳化炸药、改性硝铵炸药及震源药柱 4 大类产品,硝酸铵及复合肥生产能力 18.75 万吨/年,纳米碳酸钙生产能力 1.5 万吨/年,纸塑包装制品年产 1000 万平米纸箱和 5000 吨塑料制品。企业销售规模名列全国民爆行业前茅。

公司健全了质量管理体系,通过了 ISO9001:2008 质量体系认证。公司技术实力雄厚,拥有各类专业技术人员近 400 人,其中高级职称专业技术人员 21 人,建立了省级技术中心、湖北省民用爆破器材工程技术研究中心和湖北省博士后凯龙产业基地,是国家高新技术企业。近年共开发新产品、新技术 110 余项,取得有效专利技术 35 项。公司生产的“凯龙”牌炸药获“湖北省名牌产品”和“新中国 60 年湖北高科技产品优质奖”荣誉称号,“凯龙”商标获“湖北著名商标”称号,“凯龙”牌震源药柱获“全国用户满意产品”称号。

公司牢固树立“安全是企业和员工的生存之本”的安全理念,坚持以人为本抓安全,以健全制度促安全,以加大投入保安全,连续八年被湖北省政府授予湖北省安全生产红旗单位,荣获湖北省首届“十佳安全生产示范企业”等荣誉称号,被国家安监总局确认为全国安全文化建设示范企业。公司提升环境管理水平,积极承担企业的社会责任,实行了清洁文明生产,通过了 ISO14001:2004 环境体系认证。

公司紧紧围绕改革发展不断加强企业文化建设,在秉承军工人团结奉献、坚忍不拔品质基础上,弘扬主旋律,塑造新形象,孕育出“百年企业,民爆旗舰”的企业愿景,提炼出“责任、敬业、创新、进取”的核心价值观,在全体员工中打造“天天追求卓越,人人努力向上”的工作准则,凯龙文化正在成为企业超常规发展的强大精神支柱。

公司销售网络健全,覆盖全国 30 多个省(自治区、市),产品远销苏丹、尼日利亚、东南亚等国,与国内外客户建立了长期稳定的合作关系。

公司经济快速增增长,经营业绩优良,先后获得了“湖北省经济效益先进单位”、“湖北省同类产品最畅销金奖”、“湖北省企业改革开放三十年杰出贡献单位”、“先进基层党组织”、“创建四好领导班子先进集体”等荣誉;公司社会信用良好,先后被授予“湖北省优秀信贷诚信客户”、“湖北省消费者满意单位”、“湖北省优秀诚信企业”、“湖北省劳动保障诚信单位”、“全省首届诚信纳税百佳纳税人”等荣誉,公司品牌价值位列 2014 年中国品牌价值评价信息发布榜第 55 位。

公司愿同国内外朋友携手并进,共谋发展,以更好的产品和服务回报客户和社会。

【主营业务】

工业炸药及相关产品的生产、销售。

【经营业绩】

2015 年报告期末,公司总资产比期初增长 46.53%、归属于上市公司股东的所有者权益比期初增长 84.32%,主要原因系报告期内公司经营业绩积累以及首次公开发行股票融资所致。

2015 年报告期末,公司股本比期初增长 33.34%,主要原因系报告期内公司首次公开发行股票 2,087 万元所致。

报告期末,公司归属于上市公司股东的每股净资产比期初增长 38.24%,主要原因系报告期内公司因首次公开发行股票、归属于上市公司股东的净资产大幅增加所致。

【企业文化】

企业愿景:百年企业民爆旗舰

企业核心价值观:责任敬业创新进取

企业精神:和谐超越志在一流

【企业荣誉】

凯龙股份先后获得了“湖北省经济效益先进单位”、“湖北省同类产品最畅销金奖”、“湖北省企业改革开放三十年杰出贡献单位”、“先进基层党组织”、“创建四好领导班子先进集体”等荣誉;公司社会信用良好,先后被授予“湖北省优秀信贷诚信客户”、“湖北省消费者满意单位”、“湖北省优秀诚信企业”、“湖北省劳动保障诚信单位”、“全省首届诚信纳税百佳纳税人”等荣誉,公司品牌价值位列 2014 年中国品牌价值评价信息发布榜第 55 位。

【300068】浙江南都电源动力股份有限公司

【基本情况】

浙江南都电源动力股份有限公司(简称:南都电源,股票代码:300068)是国家高新技术企业,创立于1994年9月,2010年4月在A股创业板上市。公司主营业务为通信后备电源、动力电源、储能电源、系统集成及相关产品的研发、制造、销售和服务;主导产品为阀控密封蓄电池、锂离子电池、燃料电池及相关材料。产品广泛应用于通信、电力、铁路等基础性产业;太阳能、风能、智能电网、电动汽车、储能电站等战略性新兴产业;电动自行车电池、通讯终端应用电池等民生产业。经过二十余年的发展,公司已成为国内外电池行业的领先者,公司品牌"NARADA"已成为中国驰名商标和享誉全球的知名品牌。

公司拥有卓越的技术创新能力。设有南都电源研究院、国家认可实验室、博士后科研工作站和杭州市院士专家工作站,配备了国际最先进的科研试验和综合测试设备。拥有以院士为首,国内外教授、专家组成的具有丰富理论与实践经验的研发团队。公司迄今已提出百余项自主知识产权申请。在储能应用领域,拥有高性能储能电池、超级电池、锂离子储能电池、电池管理系统、热管理、系统集成等核心技术,其中铅炭电池已通过国家级能源科学技术成果鉴定;在动力应用领域,拥有纯电动汽车、混合动力汽车、低速电动车、电动自行车等车用超级电池、锂离子电池等技术;在通信应用领域,拥有高性能后备电源、高温环保电源、锂离子小型后备电源、燃料电池后备电源、高功率UPS电源等核心技术与产品,其中适用于高温环境下的高温环保电池为国际首创,具有巨大的经济及生态效益;在新型材料方面,拥有高性能锰酸锂、磷酸铁锂等锂离子电池正负极材料、阀控电池正负极材料、电解质材料等核心技术。

公司构建并形成了全球销服一体化的营销体系,拥有专业化、国际化的营销团队,是国内同行业中海外市场占有率最高的企业,高端工业电池年出口额及客户数量均远高于其他竞争对手。营销网络覆盖全国各地,在全球设立了大洲营销中心,依托各大洲的分子公司及战略合作伙伴,建立了覆盖海外100余个国家和地区销服一体网络,形成了24小时的服务响应机制。

公司秉承"严选材、精制造、高技术、诚服务"的质量方针,导入精益生产理念,建立了涵盖研发、生产、销售全过程的质量管理体系,先后通过了挪威船级社(DNV)ISO9001和TL9000质量管理体系认证,ISO14001环境管理体系认证,OHSAS18001职业健康安全管理体系认证和法国BV公司SA8000社会责任体系认证。公司坚持社会经济与环境可持续发展理念,注重全员职业健康安全,倡导"精诚团结、锐意创新、履行承诺、客户至上"的核心价值观,积极履行企业公民职责,努力成为具有高度社会责任感的优秀企业。

公司确定以"通信、动力、储能"三大领域为未来发展方向,以技术、品牌为核心,参与国际竞争,致力于成为全球通信后备电源、储能应用电源、动力电源和新能源应用领域系统解决方案的领导者,积极推动全球新能源产业的发展。

【企业文化】

公司宗旨:不断地为客户、股东、员工、社会创造价值。

公司理念:品质至上、诚信为本、客户满意、持续发展,实现社会价值。

企业精神:敬业、合作、高效、创新。

核心价值观:精诚团结、锐意创新、履行承诺、客户至上。

公司愿景:致力于成为全球的通信后备电池、储能应用电池、动力电池和新能源应用领域系统解决方案的领导者。

战略目标:致力于成为全球的通信后备电源、储能应用电源、动力电源和新能源应用领域系统解决方案的领导者。

【主营业务】

化学电源、新能源储能产品的研究、开发、制造和销售。

【经营业绩】

2015年,面对不利的内外部宏观经济条件,公司在董事会和管理层的领导下,借助通信及新能源、资源回收行业的迅速发展,强化创新与新业务拓展,整体业绩实现了快速增长并创造了历史高点。报告期内,公司战略转型得到有效推进,行业结构和产品结构更加合理,新行业和新市场拓展领域取得较好成绩;通过收购安徽华铂再生资源科技有限公司(以下简称"华铂科技")51%股权进军铅资源回收产业,华铂科技当年实现业绩贡献7021万元;公司启动再融资工作,非公开发行股票及发行公司债均获中国证监会审批通过。报告期内,公司业绩总体情况如下:

营业总收入为515,312.69万元,比去年同期增长36.10%。

实现利润总额为30,824.51万元,比去年同期增长116.80%。

实现归属于上市公司股东的净利润为20,330.29万元,比去年同期增长92.52%。

【企业荣誉】

2014年,中国电子信息百强企业。

2013年,中国电子学会科学技术奖二等奖。

2013年,度全国铅酸蓄电池行业领军人物。

2013年,度全国铅酸蓄电池行业先进集体。

中国化学与物理电源行业协会2010-2013年度优秀会员单位。

中国化学与物理电源行业协会2010-2013年度优秀出口企业。

2012年,度中国轻工业电池行业(铅蓄电池)十强企业。

2013年,中国数据中心产品应用奖。

2013年,中国通信网络运维服务商百强企业。

2012-2013年度,中国通信产业年度企业社会责任奖。

2012-2013年度,中国通信设备供应商50强。

2013年,杭州市十大产业重点企业。

2012年,度浙江省生态优秀骨干企业。

【300072】北京三聚环保新材料股份有限公司

【基本情况】

北京三聚环保新材料股份有限公司(股票简称"三聚环保"股票代码:300072)是为基础能源工业的产品清洁化、产品质量提升及生产过程的清洁化提供产品、技术、服务的高新技术企业。主要从事脱硫净化剂、脱硫催化剂、特种催化材料及催化剂、脱氯剂、脱砷剂等能源净化产品的研发、生产和销售;为油田、煤化工、石化、天然气等能源及化工工业提供成套净化装备及可循环使用的剂种等能源净化综合服务;煤化工、化工化肥等工业的落后产能及技术的改造升级、环保治理、尾气综合利用等总体解决方案及其实施;清洁能源和精细化工产品的生产、销售。

公司成立于1997年，注册资本77,822.35万元人民币。公司是国家级高新技术企业、中关村高新技术企业、中关村国家自主创新示范区“十百千工程”企业、中关村创新型试点企业，是北京中关村企业信用促进会会员、北京知识产权保护协会会员、北京市专利试点先进单位，是中石油能源一号网、物资装备网成员，是中石化“三剂”协作网成员单位，是中石油和中石化一级生产供应商。“三聚”商标于2009年被评为北京市著名商标。

2015年，公司新申请专利63件，其中发明专利58件，实用新型5件。截至2015年12月31日，公司共申请专利348件，共获专利授权175件，其中发明专利142件，实用新型33件；国内授权164件，美国授权10件，欧亚授权1件。多项专利技术达到国际先进或国际领先水平，多个产品及技术通过省部级科技成果鉴定验收，并获得省部级科技进步奖和科技创新奖。

公司现拥有沈阳三聚凯特催化剂有限公司、苏州恒升新材料有限公司、大庆三聚能源净化有限公司、内蒙古三聚家景新能源有限公司四大生产基地及北京三聚创洁科技发展有限公司、北京三聚能源净化工程公司、北京三聚裕进科技发展有限公司、福建三聚福大化肥催化剂国家工程研究中心有限公司、武汉金中石化工程有限公司等科技、工程、技术服务企业。公司主要产品有脱硫净化剂、脱硫催化剂、其他净化剂（脱氯剂、脱砷剂等）、特种催化材料及催化剂四大系列近百个品种，年生产能力近30000吨；年产600套一站式脱硫成套设备；年产3万吨的苯乙烯、2万吨的新戊二醇；年产2亿Nm3焦炉气制LNG。具有石化、煤化工、油气田等领域的脱硫成套工艺技术及服务能力。

公司坚持“以技术创新为先导，以管理创新为保障，以服务客户为宗旨，净化能源，服务环保，回报社会，为员工提供舞台，为股东创造价值”的经营理念，通过持续不断的技术、管理创新，致力于创造出更多的具有国际领先水平的技术及产品，服务于能源行业，解决能源产品的净化问题，成为国内一流国际知名的能源净化产品、技术、及服务及整体解决方案的供应商，为中国乃至全球环保事业做贡献。

【主营业务】

委托生产、加工化学产品；销售机械设备、化工产品（不含危险化学品及一类易制毒化学品）；货物进出口、技术进出口、代理进出口等。

【经营业绩】

2015年，在经济大环境不景气的情况下，公司继续加快产品性能和技术服务升级步伐，能源净化产品的市场占有率得到了进一步提升。同时，公司顺应传统石油炼化、煤化工、化工化肥等产业结构优化、节能、环保、增效的要求为下游企业实施转型升级和产业延伸，并将东北、中原等特定区域内以化石能源为原料的企业联合起来贯彻创新、协调、绿色、开放、共享的发展理念，企业间协同增效的示范效应逐步体现，带动公司业绩稳步增长。

2015年度，公司实现营业总收入569,811.52万元，较上年同期300,991.45万元增长89.31%；营业利润95,648.47万元，较上年同期48,774.82万元增长96.10%；归属于母公司所有者的净利润为82,056.48万元，较上年同期40,197.90万元增长104.13%。

【企业文化】

企业理念：天蓝、水清、人善

企业精神：团结、诚信、效率

【企业荣誉】

公司是国家级高新技术企业、中关村高新技术企业、中关村国家自主创新示范区“十百千工程”企业、中关村创新型试点企业，是北京中关村企业信用促进会会员、北京知识产权保护协会会员、北京市专利试点先进单位，是中石油能源一号网、物资装备网成员，是中石化“三剂”协作网成员单位，是中石油和中石化一级生产供应商。“三聚”商标于2009年被评为北京市著名商标。

【300100】宁波双林汽车部件股份有限公司

【基本情况】

宁波双林汽车部件股份有限公司是双林集团控股子公司，系中国A股上市公司（股票简称：双林股份，股票代码：300100），是一家致力于以自主创新、产品研发、模具开发为基础实现汽车零部件模块化、平台化供应的国家级高新技术企业。

公司位于风景秀丽的海滨城市浙江省宁海，拥有11家分、子公司；分别设在宁波宁海、荆州、武汉、柳州、重庆、天津、苏州、上海、青岛等地。公司主要从事模具设计开发与制造，汽车座椅系统、内外饰系统、空调系统、车灯照明系统、动力系统的塑料件、钣金件、机加件等零部件及总成的开发与生产。

公司建有国家级认可实验室、省级博士后科研工作站、省级高新技术企业研究开发中心，拥有多项发明及实用专利，长期与通用汽车、长安汽车、丰田汽车、福特汽车、大众汽车、佛吉亚、法雷奥、联合电子、天合、奥托立夫、李尔、博世、麦格纳等诸多国内外知名厂商建立长期合作关系，产品远销日韩欧美。

【主营业务】

汽车零部件的生产与销售。

【经营业绩】

2015年度湖北新火炬科技有限公司纳入合并报表范围，经营业绩有较大幅度增长。

2015年报告期内，公司加大产品的研发和市场拓展力度，使得产品销售增长较快，同时公司不断完善内部管理，加强技术创新与工艺改进及自动化设备的投入，有效地降低了生产成本，提高了生产效率，公司经营业绩实现了稳步增长。2015年实现营业收入247,490万元，同比增长65.30%；营业利润26,633万元，同比上升82.16%，利润总额29,188万元，同比上升90.02%；归属于上市公司股东的净利润24,621万元，同比上升85.18%。

2015年报告期末公司总资产404,815万元，同比增加11.15%，归属于上市公司股东权益210,934万元，同比增加11.45%，股本39,577万元，同比增加0.53%，归属于上市公司股东的每股净资产5.33元，同比增加10.87%，公司资金运行正常，财务状况良好。

【企业文化】

企业价值观：责任、诚信、竞合、创新。

企业愿景：行业领先、基业长青。

【企业荣誉】

2014年，武汉双林荣获2013年度“武汉市和谐企业”称号。

2011年，2011宁波市百强企业第九十九位。

2011年，宁波市制造业百强企业第五十二位。

2010年，宁波市制造业百强企业第五十九位。

2009年，荣获浙江省绿色企业。

2009年，荣获新中国成立60周年宁波最具成就企业。

2009年，荣获“县长质量奖”。

2009 年,荣获市工业创业创新创业发展示范企业。

2009 年,荣获宁波市和谐企业创建先进单位。

2008 – 2009 年,连获宁波市百强企业。

2008 年,荣获汶川“512 地震”赈灾捐赠慈善贡献奖。

2008 年,荣获国家二级安全质量标准化企业。

2008 年,荣获宁波市职业教育实习实训示范基地。

2007 年,荣获中国驰名商标。

【300148】天舟文化股份有限公司

【基本情况】

天舟文化股份有限公司 2003 年创立于湖南长沙,2010 年在深圳证券交易所创业板上市(股票简称:天舟文化;证券代码:300148),是我国出版发行业第一家民营上市公司,被誉为“中国民营出版传媒第一股”。公司创立期主营业务为青少年图书的策划发行、教育信息化产品等,2014 年上半年以 12.54 亿元成功并购重组知名手机游戏企业——北京神奇时代网络有限公司,使公司由一家传统出版发行企业华丽转身为横跨不同文化业态、致力打造“线上游戏、线下图书”新模式的综合性文化企业。截至 2014 年 6 月底,公司拥有总资产 19.20 亿元,净资产 16.71 亿元。

在今后的发展中,公司将坚持以“传播优秀文化,服务教育发展”为使命,抓住国家大力推动文化产业大发展、大繁荣的良好机遇,以内生增长与投资并购相结合方式,以构建“新媒体(移动互联网)、出版发行、教育服务、文化创意(产业园)”四大业务板块为公司发展方向,积极布局移动互联网、数字教育等新型业态,抢占文化产业发展的战略高地,努力成为我国一流的文化传媒企业集团。

【主营业务】

青少年读物的策划、设计、制作与发行业务。

【经营业绩】

2015 年,是公司上市后第一个五年发展的收官之年,也是公司从“专注于教育出版和移动互联网娱乐”向“聚焦教育、娱乐、文化三大板块打造国内一流的文化产业集团”战略调整的起航之年,是公司转型升级、整合布局之年。2015 年,公司抢抓国家大力发展文化传媒行业机遇,适时调整经营策略,积极布局教育资源与服务、移动互联网娱乐、优秀文化的传承与传播三大领域,加快推进行业整合和并购重组,加速转型步伐,推动公司跨越发展。

2015 年,公司围绕发展战略和年度经营目标,积极推进各项工作,全年实现营业总收入 54,428.25 万元,同比增加 5.53%;实现营业利润 20,673.29 万元,同比增加 52.28%;实现归属于上市公司股东利润 17,621.79 万元,同比增加 49.01%。

2015 年报告期内,公司教育出版业务稳健发展,布局心理健康教育服务,广设省外营销分公司,通过与已有子分公司整合初步实现全国营销网络的布局;移动互联网娱乐业务持续增长,子公司神奇时代经典游戏产品《忘仙》等依然保持平稳的经营状态及产品竞争力,3D 手游《卧虎藏龙》在港澳台版本和大陆安卓版基础上,发行了韩文版和东南亚版本,并开启大陆苹果版上线运营,继续保持良好发展态势,公司业绩保持持续增长。

【企业文化】

天舟使命:传播优秀文化服务教育发展

天舟目标:创建中国一流的青少年文化教育传媒集团

战略布局:做深做透湖南市场重点开拓全国市场探索开发国际市场

天舟优势:高层次研发创作团队完整产品线覆盖全方位立体推广模式

经营理念:诚信共赢回报社会

管理理念:强化执行高效和谐企业与员工共成长

天舟价值观:正直尽责合作创新

天舟精神:锐意进取追求卓越企业与员工共成长

人才发展观:天舟是学习园地创业基地发展阵地

【企业荣誉】

中国唯一民营出版传媒上市企业。

中国首批全国出版物总发资质民营企业。

中国首家享有中国政府出版奖——先进出版单位殊荣的民营企业。

ISO9001:2008 质量管理认证企业。

中国书刊发行业协会第三届非国有书业工作委员会常务理事单位。

中国书刊发行业协会第五届副会长单位。

“2012 第六届全国民营书业评选”——年度教育出版商。

“2011 第六届全国民营书业评选”——年度儿童出版商。

《我爱地球我行动》“2012 年度风云图书”——年度风云科普书。

《游走:从少年到青年》“2012 年度风云图书——年度风云传记书。

《游走:从少年到青年》“2013 年中国民营书业峰会暨 2012 年中国民营书业颁奖盛典”——年度畅销书。

“2013 年中国民营书业峰会暨 2012 年中国民营书业颁奖盛典”——年度民营书业实力品牌机构。

《超能神探帅小天》“2012 年度中国影响力图书颁奖典礼”——2012 年度中国影响力图书。

“辫子姐姐的两个故事”《苏格兰裙男生》、《我是你的拉拉队》“2012 年度桂冠童书颁奖典礼”——文学类。

《野草莓山谷里的短耳兔》“2012 年度桂冠童书颁奖典礼”——低幼类。

湖南省青少年法制教育大型公益活动爱心奉献单位。

长沙市“守合同重信用”单位称号(2011 年度)。

“长沙市文化和科技融合示范企业”。

“湖南省企业文化建设示范基地”。

2010 – 2011 年度纳税 A 级信用单位(湖南省国家税务局湖南省地方税务局)。

湖南省青少年法制教育大型公益活动爱心奉献单位。

2012 年度民营书业实力品牌机构(教育类)。

《走呀》获评“2011 年度桂冠童书评选年度精美童书”。

《魔法小公主 3 美妙的魔法平安夜》获评“2011 年度桂冠童书年度文学童书”。

《洛克王国魔法侦探》获评“2011 年度桂冠童书年度文学童书”。

《洛克王国宠物大图鉴》获评“2011 年度桂冠童书年度多媒体童书”。

《洛克王国宠物大图鉴 2》获评“2011 年度中国图书榜中榜十佳畅销图书奖”。

“湖南省企业文化建设示范基地”。

2011 年中国创业板上市公司价值 20 强。

第五届全国民营书业评选年度儿童图书出版商。

《砥柱——爱民模范宋文博》获奖中南地区人民出版社第 32 届优秀图书奖。

2010年第二届中国政府出版奖先进出版单位奖。

2010年度十大民营书业实力品牌机构(教育图书)。

2010年度儿童图书出版商。

红魔被认定为“中国驰名商标”。

《砥柱——爱民模范宋文博》获评“恒光杯”全国公安文学大奖赛报告文学类一等奖。

《冒险小王子》获评“2010年中国童书金奖儿童文学奖”。

2009年度十大民营书业实力机构(教辅类)。

《命运》获评第十一届精神文明建设“五个一工程”优秀作品奖。

《冒险小王子》获评2009年度最佳少儿读物评选“2009年度最佳创意少儿图书”。

《冒险小王子》获评2009年度最佳少儿读物评选“2009年度最佳少儿文学”。

【300176】广东鸿特精密技术股份有限公司

【基本情况】

广东鸿特精密技术股份有限公司成立于2003年7月,是一家专门生产铝合金压铸件的现代化企业,现有员工3400多人。公司以生产销售汽车发动机、变速箱等的铝合金铸件为主,产品除内销外还直接出口到欧美等国家。公司已经成功成为宝马、奔驰、福特、东本发动机、东本汽车、本田中国、长安福特马自达、康明斯、菲亚特、克莱斯勒等国内外大型整车(整机)厂商的一级供应商。公司在2005年成为福特总部认证的Q1供应商,并于2009年获得“广东省高新技术企业”称号。

公司秉承“不唯全,而唯专”的理念,将业务专注于其中技术含量最高的发动机类精密压铸件领域,依托在压铸、模具、加工和总成领域拥有的多项独创技术和工艺,公司在发动机下缸体、发动机前盖总成、发动机油底壳总成、差速器和发动机支架等系列产品上具备了很强的竞争力!

【主营业务】

开发、生产和销售用于汽车发动机、变速箱及底盘制造的铝合金精密压铸件及其总成。

【经营业绩】

2015年,中国经济运行遭遇到不少预期内和预期外的冲击与挑战,经济下行压力持续加大,经济运行呈现稳中趋缓、稳中有进、稳中有忧的特征。世界经济增长低于普遍预期,发达经济体增速继续回升,但回升势头减缓,除美国、欧元区和日本三大主要发达经济体增速有所上升外,其他发达经济体增速显著下降,全球复苏之路崎岖艰辛。但我国汽车行业总体实现了良好发展,呈现平稳增长态势,汽车产销量均超过2450万辆,创全球历史新高,连续七年蝉联全球第一。

2015年报告期内,随着台山全资子公司产能的逐步释放,公司产能紧缺问题有所缓解,但在较长一段时间内,公司仍面临产能紧缺的问题,以致产品交付紧张、品质不稳定、各项成本上升等多重不利因素依然存在,仍面临较大的困难。

2015年度,公司实现销售收入143,298.41万元,同比增长15.96%,其中,主营业务收入139,044.11万元,同比增长17.04%;实现营业利润3,539.19万元,同比增长222.38%;实现净利润3,826.51万元,比上年同期上升139.70%。

【企业文化】

企业理念:不唯全,而唯专。

【企业荣誉】

2009年获得高新技术企业认定,2012年顺利通过复审。同时,2011年荣获“广东省知识产权优势企业”和“创新型企业”称号,已获得国家级授权专利44项,其中发明专利4项,实用新型专利40项。另外,2013年新增受理发明专利2项,2014年初新增受理发明专利1项。已获得科技成果8项,高新技术产品认定11项,获得科技荣誉若干项。同时,于2014年获得广东省名牌产品认定。

【300198】福建纳川管材科技股份有限公司

【基本情况】

福建纳川管材科技股份有限公司成立于2003年,总部位于福建省泉州市泉港区,是一家专注于安全环保、新型高端埋地管材及配套产品研发、生产、销售,以产品、客户为经营导向的创新、科技、环保的综合型公司,2011年在深圳创业板成功上市(股票代码:300198)。为实现“安全、环保的给排水管网综合供应商”的企业愿景,服务于民生水安全,致力于环境保护,纳川自成立以来持续通过技术引进和创新,为城市建设提供前沿的综合性给排水管网解决方案。

秉持“诚实做人、结实做管”的企业精神,纳川人始终以“优质产品、高效服务、绿色环保、城镇安全”作为对用户的承诺,为市政工程、核电火电、石油化工、交通枢纽等领域,提供安全可靠的产品和科学系统的管网建设方案。纳川人不断开拓创新,赢得了广大客户认可和支持,业务快速走向全国,相继在福建、天津、湖北、江苏、上海、广东等地建立生产基地,拥有国内外先进设备生产线数十条。与此同时,纳川已瞄准国际市场,将世界舞台作为自己的下一个营销版图。

管纳百川,绿色未来。作为行业领军企业,纳川将始终以“促进人类生活与生态环境的可持续发展”为使命,继续进行技术创新,用更加丰富的优质产品及完善的服务体系,为国家基础建设及城镇化发展提供源源不断的产品和服务,与广大客户和合作伙伴共圆“美丽世界”梦想!

【主营业务】

塑料管道生产销售;钢管塑料防腐处理及塑料防腐钢管成品销售;塑料原料、机电设备销售;管道材料研发与销售,管道设备研发与销售;管道安装(不含特种设备);化工材料、管材及给排水产品进出口;提供工程技术咨询服务。

【经营业绩】

2015年归属上市公司股东的净利润较上年同期下降47.32%,基本每股收益较上年同期下降46.61%,主要原因是2015年度我国对新能源汽车产业推广力度加大,市场需求持续释放,公司的新能源汽车动力总成业务发展势头保持良好,规模和品牌影响力不断扩大,该业务业绩获得持续增长;管材业务由于受宏观经济等因素影响且市场竞争激烈,2015年度毛利率较上年同期有所下降,另外应收账款坏账准备金计提也对2015年度的净利润产生较大影响。

2015年报告期总资产较上年同期增长33.54%,主要原因是本报告期扩大融资规模及新增控股子公司福建万润所致。

【企业文化】

企业理念:纳百川、容万物

企业愿景:成为全球领先的管材智造商

企业使命:致力于促进人类生活与生态环境的可持续发展

企业精神:诚实做人、结实做管

【企业荣誉】

2013 年 9 月 9 日,纳川股份荣获"福建省创新型企业"称号。

2014 年 1 月 17 日,纳川股份荣获了福建省科学技术厅颁发的"福建省科技型企业"荣誉称号。

2014 年 12 月 15 日,根据福建省科学技术厅闽科计〔2014〕57 号文件通知,福建纳川管材科技股份有限公司"福建省缠绕增强管道企业工程技术研究中心"顺利通过评估,正式被授牌为省级企业工程技术研究中心。

2014 年 12 月 23 日,纳川公司的产品 HDPE 缠绕增强管、钢骨架聚乙烯(PE)塑料复合管、连续缠绕玻璃纤维增强管、树脂混凝土管、预铸聚酯树脂混凝土排水沟等产品入围泉州市经济贸易委员会、泉州市财政局联合发布的"泉州市 2015 年度名优地产品供应商名录"。

【300209】天泽信息产业股份有限公司

【基本情况】

天泽信息产业股份有限公司(简称"天泽信息")成立于 2000 年,专注于提供车联网 IT 服务,致力于打造车联网 IT 服务运营蓝海市场龙头企业。天泽信息是深交所上市企业(证券代码"300209"),公司商标为"TIZA"。公司主营业务涵盖工程机械、商用车、农用机械、公共运输、仓储及供应链、电梯等等专业应用行业,以推动我国物联网的高速发展为愿景。

公司综合利用云计算、GPU 计算加速、信息安全、数据挖掘、智能搜索等业内领先技术,面向机械管理、车辆管理、售后资源管理、仓储及供应链管理、商业智能、电梯管理等领域具有需求的用户,对机械(车辆)及相关的人、物的状态信息进行采集、传输、存储、分析和展现,帮助用户实现成本控制、管理透明、保障安全的目标。

多年来,公司业务实现了快速增长,拥有众多国际、国内知名品牌客户:如卡特彼勒、日立建机、中联重科、徐工集团、久保田、北汽福田、雨润集团、太古集团(可口可乐)等。公司将在车联网 IT 服务及其他相关业务领域进行拓展,真诚善待企业核心资源,持续创造业绩价值,成为员工忠诚、客户信赖、社会尊重、投资者受益的品牌企业。

【主营业务】

车辆远程管理信息服务及配套软硬件的研发与销售。

【经营业绩】

2015 年度,公司实现营业收入 29,458.67 万元,比去年同期增加 70.51%,主要是由于本期成功收购子公司商友集团导致收入增加;公司主营业务成本 16,682.85 万元,比上年同期增加 131.45%,成本的增长幅度大于收入的增长幅度,一方面是由于受市场等因素的影响,公司原有业务的毛利率较去年同期有所下降,另一方面是由于新收购子公司商友集团的平均毛利率较低。

2015 年度,公司期间费用比上年同期上升 3,035.11 万元。其中,管理费用 10,652.61 万元比上年同期增加 27.77%,销售费用 3,260.60 万元比上年同期增加 14.28%,主要是由于合并范围增加导致人工成本、差旅费增加以及新增研发项目导致研究费用增加;财务费 -1,582.50 万元,比上年同期增加 16.49%,主要是由于募集资金的逐步使用和利率的下降导致利息收入减少。

【300215】苏州电器科学研究院股份有限公司

【基本情况】

苏州电器科学研究院股份有限公司主要从事发电设备、输变电设备(包括电力变压器、电抗器、互感器、绝缘子、避雷器、电容器、架空线、电力金具)、高低压电器和高低压成套开关设备、机床电器、船用电器、核电电器、汽车电子电气、风力发电设备、太阳能光伏系统、节能产品、电磁兼容(EMC)、有毒有害物质检验(RoHS)、抗震等各类领域的检测、仪器设备计量校准、检测装备研制和标准情报研究服务工作。电科院实验室经中国合格评定国家认可委员会(CNAS)认可,并经国家认证认可监督管理委员会(CNCA)资质认定和计量认证,为国际电工委员会电工产品合格测试与认证组织(IEC-EE)授权的国际 CB 实验室,是国家质量监督检验检疫总局(AQSIQ)批准的全国生产许可证检测单位,国家认证认可监督管理委员会(CNCA)批准的强制性产品认证"CCC"指定检测机构,国家工业和信息化部首批认定的"工业(电器)产品质量控制和技术评价实验室",是国家工业和信息化部与国家认证认可监督管理委员会联合授权的首批 RoHS 国推污染控制认证实验室,是中国船级社(CCS)认可实验室,是中国质量认证中心(CQC)、电能(北京)产品认证中心(PCCC)、方圆标志认证集团有限公司(CQM)、北京鉴衡认证中心(CGC)、北京赛西认证有限责任公司(CESI)、美国 UL、英国 INTER-TEK、欧洲合格评定(CEM)的签约实验室。是目前我国唯一一家可同时从事高低压电器检测业务的独立第三方科研检测机构。

经过近 50 年的建设和发展,秉承"致力于提高电器质量"的理念,电科院不断发展壮大。国家电器产品质量监督检验中心、国家智能电网中高压成套设备质量监督检验中心、机械工业高低压电器及机床电器产品质量监督检测中心、机械工业汽车电子电气产品质量监督检测中心、机械工业第二十六计量测试中心站(苏州)等一些国家和行业质检中心、省市技术服务平台均设在我院。苏州高压大容量试验检测技术论坛(SHPTF)及苏州市电工技术学会秘书处也设在院内。

上市给公司提供了一条快速发展壮大的大道。上市三年来,公司业绩取得了平稳的增长。2011 年,公司实现营业收入 2.36 亿元,同比增长 32.38%;营业利润 9995.78 万元,同比增长 25.49%;净利润 8771.43 万元,同比增长 32.38%。2012 年,公司实现营业收入 3.5 亿元,比去年同期增长 48.18%;营业利润 1.61 亿元,同比增长 61.50%;实现净利润 1.42 亿元,比去年同期增长了 61.57%。2013 年,公司实现营业收入 4.77 亿元,同比增长 36.15%;营业利润 1.94 亿元,同比增长 20.29%;净利润 1.71 亿元,同比增长 20.73%。

公司现有实验面积 25 万 m^2,检测设备 5500 台(套),建有计算机数据采集和计算机管理系统及计算机现场监视系统,设有电磁兼容(EMC)实验室、有毒有害物质(RoHS)实验室、防雷电冲击实验室、抗地震实验室、短路能力实验室、可靠性实验室、低压实验室、高压实验室、高压开断实验室、电力变压器实验室、避雷器、绝缘子实验室、风力发电设备实验室、节能实验室、仪器仪表计量测试实验室等各类专业检测室 30 多个。公司在国内首次采用多组大容量冲击发电机和 220kV 高压网络试验专线的综合电源发生和调节系统,为高低压电器的试验创造了有利条件。目前,低压试验能力为三相交流 50Hz/420V/450kA/1s、直流 440V/320kA/100ms、1850V/

120kA/100ms，主要技术指标比肩国际同行；高压试验能力为直接试验40.5kV/50kA，合成试验1/2极550kV/63kA、整极363kV/63kA、三相252kV/63kA，处于国内先进水平；电力变压器的突发短路试验能力已达550kV/1000MVA，成为世界突发短路试验能力最大的实验室，解决了大型变压器国内检验困难的状况。

近十多年来，我院得到了较大的发展，检验收入从2000年的170万元到2013年的4.77亿元，人员从不到100人至今1200余名。仪器设备从原来200多台套至今5500台套。固定资产从原来1000多万元至今26亿元。涉及的产品检测领域从低压发展到了高压。土地面积从原有的15亩地发展到230亩，实验室面积从3500多平方米到至今250000平方米。

电科院按照ISO/IEC17025、ISO9001的要求，建立和健全了质量管理体系，依靠优质的服务和强大的检测能力优势，在行业内树立了良好的品牌形象。目前，公司已拥有超过5500家的庞大客户群，客户遍及大江南北及海外，这其中包括了ABB、西门子、阿海珐、施耐德、库柏、通用电气、阿尔斯通、罗克韦尔、富士电机等世界著名电器制造商以及现代重工、特锐德、西电集团、平高集团、许继电气、华鹏集团、思源电气、上海置信电气、江苏东源电器、上海华通电气、法泰电器、保定天威、正泰、德力西、常熟开关厂、人民电器等国内一流电器制造商。且已为美国UL、意大利CESI、英国INTERTEK、德国莱茵集团、国家电网公司、国家南方电网公司、环境保护部核与辐射安全中心等国内外著名企业及中心提供检测服务。

公司正逐步发展成为涵盖认证、检查、检测、环境及职业卫生领域的机构，与国际知名同行所涉领域趋同。再有两到三年的时间，相信公司将发展成为我国覆盖范围最广、技术能力最强、主要技术指标超越世界强国的电器检测、研究基地。公司将继续坚持“质量第一，用户第一，信誉第一，科学管理，测试公正，数据准确”的质量方针，在中国证监会、江苏监管局和深圳证券交易所的正确引导下，在各级政府部门的支持下，与时俱进，继续做大、做强、做优，致力于提高电器产品质量，努力为电力行业和机械制造业服务，不断增强自主创新能力和检测能力，全面提升服务和管理水平，努力将电科院建设成“中国第一，世界知名”的综合性电器检测机构。

【主营业务】

从事输配电电器、核电电器、机床电器、船用电器、汽车电子电气、太阳能及风能发电设备等各类高低压电器的技术检测服务。

【经营业绩】

2015年，我国经济增速继续放缓，面对国内外错综复杂的经济形势，在各级政府主管部门、董事会的领导，以及管理层和公司员工共同努力下，公司全年共实现营业收入417,402,157.37元，较去年同期减少1.03%；营业利润18,845,960.57元，同比减少75.82%；利润总额28,273,962.25元，同比减少68.26%；实现净利润26,758,316.83元，较去年同期减少65.51%；实现归属于上市公司股东的净利润26,205,273.48元，较去年同期减少66.23%。

【企业文化】

企业理念：致力于提高电器质量

【企业荣誉】

高新技术企业

全国机械行业文明单位

中国机械行业先进质检机构

中国机械工业企业管理进步示范企业

江苏省企业创新先进单位

江苏省机械行业创新型先进企业

苏州市服务业创新型示范企业

2014－2015年度机械行业质检机构先进集体

江苏省优秀企业

2014年度苏州市科学技术进步奖三等奖

2015年度苏州市十大公共服务平台

【300236】上海新阳半导体材料股份有限公司

【基本情况】

上海新阳半导体材料股份有限公司是以技术为主导，立足于自主创新的高新技术企业，专业从事半导体行业所需电子化学品及配套设备的研发设计、生产制造和销售服务，致力于为用户提供化学材料、配套设备、应用工艺和现场服务一体化的整体解决方案。

上海新阳创立于1999年7月，2011年6月在深圳证券交易所创业板上市。公司多年来始终坚持自主创新，拥有自主知识产权的电子电镀和电子清洗核心技术，先后开发研制出四大系列70多种电子化学品与30多种配套设备产品，形成了丰富的产品体系和技术储备。用于晶圆电镀的高纯铜电镀液和添加剂系列产品达到世界领先水平，成为中国半导体封装材料和表面处理设备供应商的知名品牌。

近年来，上海新阳用于晶圆制程的高纯电子化学品、用于以TSV为代表的先进封装电子化学品、用于晶圆划片的划片刀产品先后进入市场，公司合作投资的300mm半导体硅片项目也已经顺利启动。公司通过向半导体领域不断纵深发展，获得了更大的市场空间和更高的行业地位。

同时，公司借助资本市场平台，采取并购重组、合作投资等方式，不断拓展配方类功能性化学材料的核心技术应用领域，先后进入了高端特种工程涂料领域、汽车关键零部件表面处理领域、IC封装基板电镀化学品领域等新的市场领域。未来的上海新阳将跻身于世界一流的化学材料供应商行列，成为全球电子专用化学材料领军企业。

【主营业务】

从事半导体行业所需电子化学品的研发、生产和销售服务，同时开发配套的专用设备。

【经营业绩】

2015年，公司围绕主营业务稳定发展，继续巩固传统产品优势，不断开拓新产品市场。本报告期，公司实现营业总收入36,465.98万元，比2014年度下降3.06%，公司实现归属于上市公司股东的净利润4,245.42万元，比2014年度下降37.76%。

2015年报告期合并后营业收入比上年同期略有下降，其中母公司的成套设备产品销售下降比较明显，晶圆化学品收入增长幅度约100%。本报告期合并后净利润比去年同期有较大幅度下降，主要原因如下：（1）本报告期与去年同期相比，因销售收入下降以及人工、折旧等经营成本增加导致净利润下降；（2）本报告期与去年同期相比，因新增房产税、消费税的影响导致净利润下降；（3）本报告期与去年同期相比，因对外投资增加，流动资金减少导致财务费用上升；（4）本报告期与去年同期相比，因考普乐应收账款账龄增加等因素导致资产减值损失增加。

【企业文化】

企业理念：信任、责任、尊重、和谐。

企业宗旨：技术、质量、服务、合作。

企业使命：为用户增加利益、为行业提供动力、为员工创造生活、为社会做出贡献。

企业愿景：跻身世界一流半导体材料供应商行列，成为全球电子专用化学材料领军企业。

【企业荣誉】

高新技术企业、外商投资先进技术企业、上海市松江区科技进步二等奖

第四届中国半导体创新产品和技术

2009 年度上海市新材料协会先进会员单位

上海市专利培育企业

上海市高新技术成果转化项目

上海市重点新产品

最具自主创新能力企业

中关村集成电路产业联盟理事单位

上海市守合同重信用企业纳税荣誉证书

第八届（2013 年度）中国半导体创新产品和技术奖

诚信创建企业

中芯国际最佳供应商

【300239】包头东宝生物技术股份有限公司

【基本情况】

包头东宝生物技术股份有限公司成立于 1997 年，是一家专业的生物制品国家级高新技术企业。公司注册资本约 4.6 亿元，拥有总资产约 8 亿元，市值约 30 亿元。主营“金鹿”牌明胶、“圆素”牌胶原蛋白及“白云”牌磷酸氢钙产品。公司拥有胶囊用明胶、食品添加剂明胶、胶原蛋白、磷酸氢钙等国家级、自治区级授权的生产许可证书，在行业内占据领先优势。多年的稳健经营和科学的市场管理，形成了稳定的上下游客户，市场份额逐年扩大，树立了优良的企业形象。2011 年 7 月 6 日，公司在深圳证券交易所成功上市，股票简称“东宝生物”，股票代码“300239”，是内蒙古自治区第一家在创业板上市的民营企业，也是包头市第一家登陆国内 A 股的民营企业。

公司高度重视技术研发，采取自主研发和横向合作相结合的方式，不断推进技术进步，多年来与中科院理化所紧密合作，形成了稳定的合作关系。公司拥有自治区级企业技术中心及行业内首家产学研合作研发机构—“中科院理化所—东宝生物胶原蛋白与明胶生物工程应用研发中心”，技术力量雄厚，对拓展主营业务、提升核心竞争力产生积极推进作用。上市以来，公司主营产品技术含量不断提高，市场竞争力持续增强，主营业务产品被评为自治区名牌产品。近年来，又与美国加州大学洛杉矶分校、澳洲迪肯大学建立技术合作关系，合作研发投入在同行业处于领先水平，为公司的技术进步、工艺创新、后续产品开发积累了丰厚的技术储备。公司的技术创新以及所取得的研发成果在行业内具有明显优势。

2013 年 12 月，东宝生物与美国 Pureorg 公司签订了《服务合作协议书》，通过 pureorg 同 UCLA（加州大学洛杉矶分校）进行胶原蛋白及胶原蛋白衍生品对抑制肿瘤的研究，并研发相应复合型配方胶原蛋白产品，开启了“圆素”牌胶原蛋白大步走向国际市场的新局面。

2014 年公司紧跟市场形势，积极加码明胶主业，启动“3500 吨新工艺明胶”和“研发中心建设”再融资项目。其中“年产 3500 吨新工艺明胶项目”将大幅增加公司明胶产能，提升行业地位，“研发中心建设项目”将极大程度提升公司自主研发实力，真正实现以技术创新提升产品品质，以过硬的产品质量和市场口碑稳固并扩大市场份额。项目实施后将进一步提升工艺技术水平、扩大生产规模、降低生产成本、全面提升产品质量，形成公司新的利润增长点、进一步巩固行业地位、提升公司竞争力。

2015 年初，公司胶原蛋白新产品“圆素”骨肽上市，该产品采用国家发明专利“可溶性胶原蛋白制备方法”（专利号：ZL200910241882.X）定向酶切技术制备，最大程度保存胶原蛋白生物活性，该产品自上市以来，受到了消费者的一致认可和青睐。公司根据产品的战略定位，将充分利用互联网资源，规划执行“B2C + C”的营销模式，将中间商利益输出至用户，与用户结成一体化关系，进一步提升品牌影响力，扩大市场份额。

公司积极参加社会公益事业，公司董事长、管理层发挥模范带头作用，树立企业良好的公众形象。公司主要从节约资源、保护环境、扶危济困领域开展公益支持活动，由党委、工会牵头，保持相关部门的紧密联系，通过参加印度洋海啸、汶川地震、玉树地震灾区捐款和土右旗、固阳县扶贫、包头市同心工程、困难员工救助、包头市博爱一日捐等，获得了广泛好评及社会各界的赞誉，为社会进步做出贡献。2012 年，获中共包头市委统战部、包头市工商业联合会（总商会）颁发的“包头市同心感恩工程先进单位”荣誉。2015 年 10 月，我公司承办的“圆素骨肽 10.12 世界关节炎日徒步嘉年华活动暨关爱关节慈善爱心基金启动仪式”在城中草原赛汗塔拉拉开帷幕。公司董事长代表公司捐赠“关爱关节”慈善爱心基金 10 万元。

立足于现代胶原生物制品专业化生产的东宝生物，将借助技术创新和资本市场的强劲动力，打造稳健发展、持续增长的一流生物制品企业，为我国生物产业做出新的努力，为人类对健康和美的追求作出最大的贡献。

一、经营状况

单位：万元

项目	2015 年度	2014 年度	2013 年度	2012 年度	合计
营业总收入	29192	25105	38211	25557	118065
利润总额	739	649	5122	4184	10694
净利润	589	489	4264	3538	8880
纳税总额	2682	1327	3562	1981	9552

二、再融资情况（历次筹资、现金分红及净资产变化表）

首发前期末净资产额（万元）	12,244.06		
历次筹资情况	发行时间	发行类别	筹资总额（万元）
	2011	IPO	14,887.83
	2012	公司债	11,000.00
	2015	再融资	36405.18
	合计		62293.01
首发后累计派现金额	时间		金额（万元）
	2012 年		759.80
	2013 年		1,519.60
	2014 年		1,580.38
	2015 年		395.09
	合计		4,254.87
截至 2015 年 12 月 31 日归属于母公司所有者权益（万元）	70655		

三、发展战略

使命：专注胶原　持续创新　追求健康

愿景:世界级现代胶原生物技术企业

经营理念:员工为本、客户至尊

战略目标:利用中国北方丰富的动物骨资源,以生产骨明胶和骨胶原蛋白等生物制品主营业务,持续改进经营模式,加强研发创新力度,强化信息系统建设,依托资本市场,搭建拓展平台,积极整合产业链上下游或行业优质资源,加强外延式增长,并通过全面实施精益生产管理、持续的技术创新、立体化销售渠道开拓、长效激励措施等方式,提升内涵式增长,在"十三五末"将公司发展成为"世界级现代胶原生物技术企业"。

实施路径:公司战略目标达成的路径是打造优质的、差异化的"品牌竞争力"和可控的"资源整合力",全面提升公司核心竞争力。优质的、差异化的"品牌竞争力",重点在于站在客户的角度以及未来拓展高技术成果应用领域业务的角度,对主营业务提出全面超客户需求的质量控制标准,并以持续的技术研发、精益生产管理、严格的采购标准、流程和生产过程控制共同推动产品品质提升和成本下降,针对以明胶和胶原蛋白为基础原料的产品进行各类复配产品的研究,打造多样化、差异化的产品;可控的"资源整合力"重点在于对公司所处行业宏观环境进行充分研判,以广阔的视角掌握行业的发展趋势,对以明胶和胶原蛋白为主要基础原料的产品,围绕其进行下游延伸产品的产业化推进工作,并依托资本市场的融资渠道和资源平台,多样化整合企业发展所需的各类资源,全面提升"硬实力"和"软实力",最终实现"世界级现代胶原生物技术企业"的发展战略目标。

四、发展战略的执行情况

1、重要研发项目的产业化进度

(1)《胶原蛋白产品苦腥味的脱除/改善》、《新型胶原蛋白产品开发》项目研发工作已完成,该项技术已投入大生产使用。所制得的骨胶原蛋白肽产品口感、色泽、透明度、溶解性等关键指标均有显著提升,通过该技术制得的新产品更好地满足了消费者需求。新产品"圆素骨肽"已上市销售,市场反应良好,品牌推广和建设工作正在有序进行;

(2)《针对妇女更年期综合症复合胶原蛋白保健品的开发项目》:项目已通过结题验收。动物试验验证了此复合保健品配方的功效。从试验结果上看,此保健品能够显著提高去卵巢大鼠的骨密度,改善骨微结构,并且有提升力学强度的趋势;此保健品安全可靠,在实验过程中未出现任何实验动物异常现象;并找出最佳服用剂量。现已开始保健品批文的申报工作,并已申报专利。

(3)《不同分子量胶原蛋白促骨生长活性研究项目》:项目已通过结题验收。获得了四个不同分子量的骨胶原蛋白肽样品,相对平均分子量控制在±50%范围内。通过去卵巢动物模型实验,得出特定分子量牛骨胶原肽能够促进成骨细胞的增殖,并在成骨细胞的分化及骨基质的矿化形成中发挥积极的作用,牛骨胶原肽在治疗骨关节炎和骨质疏松症方面具有潜在作用的初步结论。项目成果已实现产业化。

(4)《600吨/年骨素酶法明胶生产中试线的工艺研究项目》:进行了多批量生产实验,进一步对工艺进行了优化,并根据实验结果同步优化设备选型,具备产业化条件。该项技术属世界领先技术,已列为中科院十三五重大部署项目。

(5)《基于静电纺丝技术明胶纳米纤维无纺布的制备及用途研究》:已完成了该项目的阶段性实验总结报告,目前着手该项目的实验室中试线建设工作。通过小型试验,完成了明胶及复合材料的电纺制备及其结构表征、力学测试、抗菌性能测试等工作。并完成了明胶电纺纤维的动物止血初步实验,实验结果显示,试验产品具有止血速度快,对大量出血部位止血能力强等优点,并发表相关论文。项目产品明胶纳米纤维应用领域十分广阔,可用于:止血材料、组织工程支架、人造角膜、伤口辅料、药物缓解、人造皮肤、手术用防粘膜等多个领域。东宝生物已联合中科院理化所、迪肯大学等科研院所深入开展这一领域的尖端研究。项目为公司进军药械领域奠定了坚实的技术基础,未来,该项目的研究成果将应用于快速止血领域,为公司产品结构的丰富和业务领域的拓展奠定了基础;

(6)《胶原肽对尾吊大鼠骨丢失抑制效应的研究》:项目主要进行了试验尾吊大鼠在发生骨代谢加强、骨密度降低时,口服胶原蛋白肽影响其骨代谢指标以及骨密度变化方面的研究与检测。该项目采用国际通行的模拟失重方法进行动物实验,通过观察各项指标判断骨胶原蛋白肽对尾吊大鼠骨丢失的抑制效果。该项目研究将对航天员在失重状态下骨丢失的改善及后续产品的研发方面具有重要意义。

(7)《胶原蛋白及胶原蛋白衍生品对抑制肿瘤的研究》:公司通过美国 pureorg 公司同 UCLA(加州大学洛杉矶分校)进行胶原蛋白及胶原蛋白衍生品对抑制肿瘤的研究,并研发相应复合型配方胶原蛋白产品,目前项目进展顺利,取得阶段性成果,已申报专利。

2. 资本运作项目进度

(1)再融资情况

公司自上市以来,共开展过公司债(12-东宝债)、非公开发行股票等项目。其中,12-东宝债已经于2015年8月10日完成兑付工作,非公开发行股票项目已经完成全部发行工作,发行价11.42元/股,共增发3288万股,融资额37559.30万元,为企业的发展增添了助力。募投项目从2014年8月以来,历经1年时间,将土地报批招拍挂、规划许可证、设计图纸审查、施工许可证等手续办理完毕。2015年9月一期项目开工建设,建筑面积4.5万平方米。截止2015年11月底,所有单体全部主体封顶。目前,我公司正在进行设备采购工作,明胶扩建项目计划在2016年12月份竣工。

(2)员工持股计划实施情况

2015年底,公司推出了"东宝生物第一期员工持股计划",并于2016年1月15日至2016年2月16日期间通过二级市场以竞价方式累计买入本公司股票3,474,882股,占本公司总股本的1.5080%,成交累计金额43,448,378.78元,成交均价为12.5036元/股。公司第一期员工持股计划已完成股票购买,该计划所购买的股票锁定期为12个月,自2016年2月17日至2017年2月16日。

员工持股计划的实施,进一步建立和完善劳动者与所有者的利益共享机制,有效调动管理者和公司员工的积极性,吸引和保留优秀管理人才和业务骨干,兼顾公司长期利益和近期利益,更灵活地吸引各种人才,从而更好地促进公司长期、持续、健康发展,为员工及广大投资者带来更多的回报。

【主营业务】

明胶系列产品及小分子量胶原蛋白的研发、生产、销售。

【经营业绩】

2015年报告期内,公司实现营业总收入291,916,097.74元,较上年同期增长16.28%;营业利润3,737,971.33元,较上年同期增长1.25%;利润总额7,385,608.05元,较上年同期增长13.77%;归属于上市公司股东的净利润为5,889,584.53元,较上年同期增长20.49%。

影响经营业绩的主要因素是：

1. 明胶市场好转，明胶销售量较上年同期增加，导致销售收入较上年同期增长 16.28%；明胶售价基本趋稳，明胶成本下降，毛利率逐渐上升，导致本期业绩较上年同期增长。

2. 2015 年度加大了胶原蛋白产品的推广力度，促销推广费用增加较多，对 2015 年度业绩产生了较大的影响。

3. 本期销售收入增加，导致应缴流转税增加，相应的营业税金及附加同比增加 133.43 万元，增长 180.39%，对 2015 年度业绩具有一定的影响。

4. 2015 年度公司非经常性损益对净利润的贡献金额为 367.29 万元，较上年同期增加 116.02 万元，增长 46.17%。

【企业文化】

东宝生物核心价值观：

1. 人是一切要素中最宝贵的财富，人的价值大于物的价值。

2. 客户是我们全体员工和投资者的衣食父母，客户至尊，永不改变。

3. 制造精细产品是我们的第一使命。

4. 创新、改进、不断满足客户需求是我们企业发展的根本。

【企业荣誉】

2010 年 3 月，公司可溶性胶原蛋白生产技术通过内蒙古自治区科技厅科技成果鉴定。

2010 年 5 月，公司获中国明胶协会颁发的“全国明胶行业先进企业”殊荣。

2011 年 12 月，公司获内蒙古自治区人民政府颁发“内蒙古自治区农牧业产业化重点龙头企业”荣誉。

2012 年 2 月，公司“可溶性胶原蛋白技术”获内蒙经信委颁发的“内蒙古自治区乌兰夫基金企业技术创新奖”荣誉。

2012 年 10 月，公司荣获第一财经中国资本力年会“年度最佳融资范例奖”、“年度最佳创业板 IPO 上市公司”殊荣。

2012 年 12 月，公司获内蒙质监局、内蒙出入境检验检疫局、内蒙药监局等 16 家单位联合颁发的内蒙古“2012 年全国质量月”产品质量用户满意度调查“用户满意单位”荣誉。并获得包头市人民政府颁发的“2011—2012 年度全市质量工作先进单位”荣誉。

2013 年 6 月，被内蒙古自治区党委、政府授予“全区科学发展先进企业”荣誉称号。

2013 年 7 月，在内蒙古自治区“欢乐草原”第五届全民健身大会上公司广播体操队获突出贡献奖。

2013 年 9 月，公司生产技术“明胶生产浸酸工艺的控制方法”获中国发明专利。

2013 年 10 月，在《21 世纪经济报道》报社主办的“第二届中国上市企业 TOP10”活动中，公司获得“中国上市企业创新精神 TOP10”荣誉。

2014 年 1 月，公司用于骨制明胶的“金鹿”商标被认定为内蒙古自治区著名商标，用于胶原蛋白的“圆素”商标被包头市政府认定为知名商标。

同月，公司董秘刘芳先生在上海证券报社主办的 2013 年度“金治理 · 上市公司优秀董秘”评选活动中，荣获“金治理 · 投资者关系公司董秘奖”荣誉，并同时获得由《信息早报》主办的“2013 年上市公司最佳投资者关系管理奖”这一殊荣。

2014 年 11 月，公司胶原蛋白生产工艺获包头市政府颁发的“包头市科学技术进步一等奖”荣誉。

2015 年 12 月，公司获内蒙古自治区“第二届全区最具社会责任感企业”荣誉。

2016 年 1 月，公司董秘刘芳先生获《信息早报社》主办的“2015 年上市公司最佳投资者关系管理奖”荣誉。

【300263】洛阳隆华传热节能股份有限公司

【基本情况】

洛阳隆华传热节能股份有限公司成立于 1995 年，是创业板上市企业、国家高新技术企业、河南省工业传热节能设备工程技术研究中心、河南省企业技术中心、北京市水处理企业技术中心。现拥有北京中电加美环保科技有限公司、隆华加美节能环保工程（北京）有限公司、重庆天科石化机械设备有限公司、滨海居善水务有限公司、上海开山隆华节能技术有限公司五家子公司。隆华节能位于洛阳空港产业集聚区，注册资本 3.8 亿元，资产总额 20 亿元，净资产 14 亿元，占地面积 30 多万平方米，现有员工 1000 多人。

隆华节能拥有专业研发人员 200 余人，其中教授级高工、高级工程师、博士、硕士近 50 人；拥有河南省院士工作站；拥有中国最大的换热设备试验检测中心；拥有环境工程总承包资质、安全生产许可证和环保运营资质、环保专项设计乙级资质、D1、D2 压力容器设计许可证、A1、A2 压力容器制造许可证等项资质；获得国家专利 60 余项；获得科研成果及软件著作权近 20 项；先后主持和参与制冷、水处理等行业的 13 个国家、行业标准的编制。

隆华节能是在传热装备、水处理领域集研发、设计、制造及工程设计、项目总承包、运行管理等服务于一身的综合性企业；是中国最具竞争力的传热装备的研发和制造基地；是水处理、凝结水处理、污水处理及自动化控制系统、设备集成、技术服务工程的总承包商。

隆华节能独有的高效复合型换热技术及水处理技术，在行业得到了广泛赞誉和充分肯定。高效复合型换热技术 2010 年被国家工信部列为 17 个重点行业清洁生产推广技术；2012 年入选国家发改委《国家重点节能技术推广目录》；2013 年被国家科技部列为国家重点新产品；2014 年公司的“蒸发式冷却（凝）器装置”入选国家鼓励的工业节水工艺、技术和装备目录（第一批）。目前已在石油、化工、电力、冶金、制冷及水处理等行业得到广泛推广和应用。

自 2011 年上市以来，公司充分利用资源节约、清洁生产这一国家政策优势，立足市场、以突出机制创新、产业升级等重点，不断强化经营管理，保证了公司经营业绩的稳步增长，2013 年度，公司实现营业收入 72,910.35 万元、营业利润 12,452.17万元、归属于上市公司股东的净利润 11,340.75 万元，分别较同期增长 76.56%、83.47%、98.33%。

隆华的发展是一个持续性的过程，特别是 2013 年成功收购中电加美后，公司的发展思路逐渐清晰，并已形成三大板块并行发展的战略规划：一是节能板块：不但要做好做精以散热为目的的冷却冷凝设备外，还要积极开发和研究余热回收利用的设备，拓展换热设备的产业链，为客户在设计、制造和安装等方面提供全方位的服务。目前一是积极推进余热利用项目；二是拓展电力市场，储备运作电力大项目；三是加快资源整合，加强与上下游的合作，实现资源的优化。

二是环保板块：以中电加美为基础，通过资产重组不断并入新的环保企业，在换热产品之外，进军污水处理、废气治理、废渣治理、烟尘处理等等环保行业，拉长隆华的产业链。

三是投资运营板块：以公司现有的传热节能、环保技术为基础，通过 BT、BOT、融资租赁、合同能源管理等形式参与大项目的投资和运营，使公司具有工程的设计、安装、建设的能力和一定的运营掌控能力，有利于企业快速扩大规模并获得持续稳定利润和现金流，实现由产品供应商向工程总承包商转变。目前投资运营板块队伍已成功组建，将积极寻找余热发电项目和电力工程项目及国内外总包项目，由单一的产品供应发展为能设计、能生产、能安装的工程承包商。

隆华节能为实现国家产业结构调整，产品换代升级，为国家节能减排目标的实现肩负起历史的责任，紧紧围绕"节能、环保、投资运营"三大板块的发展思路，勇于担当、敢于担当，在国家支柱产业传热领域、余热回收、污水处理、合同能源管理等方面有所作为，努力发展成为国内最强、国际著名的高科技节能环保企业。

【主营业务】

从事冷却（凝）设备的研发、设计、生产和销售等业务，核心产品为高效复合型冷却（凝）器，主要应用于煤化工、石油化工、冶金等工业领域和制冷行业。

【经营业绩】

2015 年报告期内，公司传热节能设备、水处理及新材料三大板块业务稳健增长，收入同比增长 10.55%。

报告期内，公司利润总额 21,481.85 万元，较上年同期增长 23.58%；净利润 18,001.64 万元，较上年同期增长 23.54%。增长较大的主要原因是：公司本年度确认子公司中电加美原有股东业绩补偿以及冲回原计提的奖励对价。

【企业文化】

企业精神：团结奋进，开拓创新

质量方针：改进再改进，顾客更满意

经营理念：创业人为本，发展靠科技，管理出效益，信誉是生命

核心价值观：以人为本、诚信经营。

企业使命：努力成为传热技术的提供者和领导者，让每一位隆华人享受到工作和生活的乐趣

企业愿景：为世界提供高效节能的传热技术与装备

【企业荣誉】

2010 年 9 月，隆华牌蒸发式冷却（凝）器被评为"河南省名牌产品"。

2010 年 10 月，成立"河南省工业传热节能设备工程技术研究中心"。

2010 年 12 月，"隆华"商标获"河南省著名商标"称号。

2011 年 5 月，荣获"2010 年度河南省质量信用 A 级企业"称号。

2011 年 6 月，被评为"河南省绿色企业"。

2011 年 9 月，在深交所创业板成功上市。

2011 年 11 月，获中国机械工程学会颁发的"国家节能及绿色工业科研成果奖"。

2012 年 4 月，取得空冷式换热器产品安全注册证。

2012 年 7 月，获得俄罗斯 GOST 和 RTN 认证。

2012 年 8 月，高效复合型蒸发式冷却（凝）器技术入选省"十二五"节能减排和循环经济重点技术推广目录（第一批）。

2012 年 8 月，技术中心被认定为省级企业技术中心。

2012 年 8 月，"高效复合型空冷乏汽凝结器"项目顺利通过河南省科学技术成果鉴定。

2012 年 8 月，高效复合型蒸发式冷却（凝）器技术被评为"石油和化工行业环境保护与清洁生产重点支撑技术"。

2012 年 9 月，顺利通过 ISO9001：2008、ISO14001：2004、GB/T28001：2011 三体系认证。

2012 年 10 月，顺利通过美国机械工程师协会（ASME）取证审查，被授予 ASMEU 证书。

2012 年 11 月，"复合型空冷凝汽器的研究及产业化"项目顺利通过河南省科技厅验收。

2012 年 12 月，"高效复合型蒸发式冷却（凝）器技术"入选国家重点节能技术推广目录（第五批）。

2012 年 12 月，"隆华"商标被国家工商总局认定为中国驰名商标。

2013 年 1 月，"BLT 系列节能型复合闭式冷却塔"项目获河南省科学技术进步三等奖。

2012 至 2013 年度，国家级"守合同重信用"企业。

2014 年，被中国化工企业管理协会、中国化工情报信息管理协会授予"2014 中国化工装备制造业 50 强企业"称号。

2014 年 10 月 16 日，在中国石化装备百强及优秀配套供应商企业发布会上，公司"高效节能复合型蒸发式冷却冷凝技术装备"入选十项《重大技术装备项目》，同时入选"2014 中国石化装备百强企业"名单。

2014 年底，公司研发的"高效复合型蒸发式冷却（凝）器技术"再次入选国家重点节能技术推广目录。

【300284】江苏省交通科学研究院股份有限公司

【基本情况】

江苏省交通科学研究院股份有限公司（以下简称"苏交科"）成立于 1978 年，2002 年成为全国交通行业省属科研设计院所中第一个由事业单位改制为员工持股的科技型民营企业，2008 年整体变更为股份有限公司，2012 年 1 月 10 日苏交科首次公开发行 A 股股票并在深圳证券交易所正式挂牌上市，上市后连续两年信息披露质量水平被深圳证券交易所评定为 A 类。

苏交科以"成为国内一流工程咨询公司"为企业愿景，以"为交通事业持续贡献新技术、新产品"为使命，秉承"关注客户、发展员工、崇尚合作、鼓励创新、重视绩效"的核心价值观，致力于为客户提供一揽子全方位的大交通领域技术解决方案。

目前，苏交科业务覆盖全国 31 个省、自治区、直辖市，业务领域涉及公路、市政、水工、城市轨道、铁路、航空和建筑、环评等行业，形成了以规划咨询、勘察设计、科研、试验检测、质量管理咨询及新材料、新技术和新产品研发为核心业务领域的企业集团。苏交科拥有工程勘察综合类甲级资质；工程设计公路行业和市政行业、水运行业、建筑行业专业甲级资质；工程咨询专业甲级资质；公路工程和市政公用工程监理甲级资质；公路工程综合、公路工程桥隧工程和交通工程专项、水运工程材料和水运工程结构甲级试验检测资质；公路工程施工总承包一级资质等。

改制以来，苏交科致力于建立科学、高效的现代企业管理体系，坚持不断创新，持续改进经营管理机制，提升综合管理水平。2004 年与国际一流的管理咨询机构合作，完成了对公司战略管理体系、人力资源管理体系和项目管理体系的系统建设工作。2006 年及 2008 年被科技部认定为"国家火炬计划重点高新技术企业"；2011 年被国家科学技术部、国务院国资委和中华全国总工会三部门联合授予"国家创新型企业"称号。2012 年度入选江苏省科技厅第一批创新型领军企业培育库入库名单。自 2005 年至 2013 年，苏交科连续 9 年入选 ENR/建筑时报"中国工程设计企业 60 强"，2013 年位列第

37 位；在 2014 年度美国 ENR“全球工程设计公司 150 强”中，苏交科位列第 131 位。

苏交科坚持“一切从人开始”，悉心打造了一支专业、高效，富于创新活力和创业精神的知识型团队。目前，公司员工人数已从改制前的 100 多人发展到近 3000 人；其中，中高级人才超过 30%，形成了一支包括“国家千人计划领军人才”、“333 高层次人才培养工程”中青年科技领军人才、享受国务院特殊津贴专家、全国百名优秀工程师、“新世纪十百千人才工程”第一层次等高层次人才在内、专业配置齐全、结构合理的科研创新队伍。2006 年成为国家人事部批准的首批设立“博士后科研工作站”的省级科研院所，2009 年被江苏省科技厅、江苏省科学技术协会列为“江苏省企业院士工作站”建设单位。

苏交科坚持自主科技创新，先后申请并获准成立了包括“新型道路材料国家工程实验室”、“长大桥健康检测与诊断技术交通行业重点实验室”在内的 14 个国家级、部省级科研平台。依托科研平台承担了大量的国家和省级重点科研攻关、试验检测和产品开发工作，获得国家和部、省级以上的成果奖励 200 余项，拥有国家授权专利 120 多项。先后组织、参与了 20 余项国家、行业以及地方标准的编制工作。一批具有国际、国内领先水平的科技成果被广泛应用于京沪高速、沪宁高速、宁杭高速、南京地铁、润扬长江大桥、江阴长江大桥、苏通长江大桥、港珠澳大桥等国家级、省级重点工程。

苏交科坚持开展国际交流与合作，拥有国家外国专家局授予的“国家引进智力示范单位”称号。10 多年来，苏交科先后引进了全套美国 SHRP、GTM 等试验设备，涉及 SMA、Superpave、OGFC、改进的 AC 等沥青混合料技术，通过对国外先进沥青路面综合技术的积极引进、消化及大胆创新、持续改进，相关技术在国内交通领域应用后形成了良好的社会效益和经济效益。苏交科还与丹麦科威、日本阪神道路公团、日本 PASCO 株式会社、德国轨道技术研究院等达成战略合作协议，实现与高端资源的对接，积极开展应用基础研究、重大关键技术研究、前瞻性技术研究及相关共性技术研究工作，为公司技术创新的持续发展与突破奠定了坚实的基础。

【主营业务】

交通工程咨询与工程承包业务，主要提供交通项目前期咨询及科研，道路、桥梁、铁路与轨道交通、岩土与隧道工程、水运工程与市政工程的勘察、设计、咨询、试验检测、监理、相关技术服务，工程总承包及其他承包业务等服务，为交通工程提供综合解决方案。

【经营业绩】

2015 年上半年，公司围绕年初既定的发展战略目标，根据董事会的战略部署，规范流程、强化管理。持续夯实和深化企业核心竞争力，努力为客户提供差异化的产品与服务，扩大行业影响力和品牌知名度。加强内控建设，建立有效的风险防范机制。上半年，公司继续保持稳定、快速的发展。

主营业务收入和利润保持良好增长态势

2015 半年报报告期内，公司实现营业收入 87,375.22 万元，同比增长 33.33%；实现营业利润 12,624.05 万元，同比增长 27.50%；归属于上市公司普通股股东的净利润为 9,977.36万元，同比增长 27.55%。

【企业文化】

企业愿景：最具活力值得信赖勾画新世界

企业使命：为客户价值和环境改善持续创新

核心价值观：关注客户、发展员工、崇尚合作、鼓励创新、重视绩效

【企业荣誉】

2013 年被中国勘察设计协会评为“中国勘察设计行业创新型优秀企业”。

入选 2015 年度美国 ENR“全球工程设计公司 150 强”，位列第 108 位。

入选 2014 年度美国 ENR“全球工程设计公司 150 强”，位列第 131 位。

2014 年被人民网评为“人民企业社会责任奖 · 年度最佳上市公司”。

2005 年至 2015 年，连续 11 年入选 ENR/建筑时报“中国工程设计企业 60 强”，2015 年位列第 18 位。

【300289】北京利德曼生化股份有限公司

【基本情况】

北京利德曼生化股份有限公司（以下简称“利德曼”、“公司”）创始于 1997 年 11 月，注册资本 15,360 万元，是一家在生物化学、体外诊断试剂和医疗器械领域拥有核心竞争力的，集研发、生产和销售于一体的高新技术企业，是我国临床体外诊断领域的领军企业，拥有北京市唯一的生化试剂行业重点实验室，是北京经济技术开发区博士后工作站企业分站点。2012 年 2 月 16 日，利德曼在深圳证券交易所创业板上市（证券简称：利德曼；证券代码：300289）。

公司自上市以来，一直努力保持业绩增长，2013 年公司实现营业收入 34,363.02 万元，比 2012 年度增长 8.31%；利润总额 12,825.85 万元，比 2012 年度增长 11.70%；总资产达 124,398.40 万元，比 2012 度增长 10.07%；主营业务收入比 2012 年增加 2,655.64 万元，增长 8.38%。2014 年公司预计实现营业收入 53,780.68 万元，实现归属于母公司股东的净利润 12,277.44 万元。公司自成立之初便将产品质量视为企业的生命，拥有达到国际先进水平的研发中心和参考实验室，并于 2008 年 5 月顺利通过北京市药品监督管理局质量体系考核。公司通过科研创新和严谨的管理，先后荣获了北京市高新技术企业和中关村高新技术企业、北京市重点实验室和北京技术开发区博士后工作站，同时通过了 YY/T0287idtISO13485 质量管理体系认证和 GB/T19001idtISO9001 质量管理体系认证。与此同时，公司还将来自国外的先进技术融入自己的产品，不断推进产品创新与技术进步。

经过多年的发展，利德曼已从一个单一的生化诊断试剂生产公司发展成为涵盖生化诊断试剂、诊断仪器、生化原料药等多个领域的具有较高市场影响力的上市公司。利德曼是国内极少数掌握诊断酶制备技术的诊断试剂生产企业之一，也是国内生化诊断试剂品种最齐全的生产厂商之一。公司现已取得 35 项专利，掌握 13 种酶制备技术，获得 116 项生化诊断试剂产品注册证书，涵盖肝功、肾功、血脂与脂蛋白、血糖、心肌酶、离子、胰腺、特殊蛋白等九大系列，能够满足终端用户的各种生化检测需求。近几年公司积极向免疫诊断试剂、诊断仪器等领域拓展，目前已获得全自动化学发光免疫分析仪注册证和 33 个化学发光诊断试剂注册证书。公司自主研发的 CI1000 全自动化学发光免疫分析仪，测试速度达到 180 测试/小时，最长离机时间 4 小时，百万级宽线性范围 10 - 19 超微量灵敏度，背景干扰值接近于零，是国内少数拥有化学发光产品生产技术的企业之一。

作为一家在生物化学、体外诊断试剂及医疗器械领域拥有核心竞争力的多元化企业，公司坚持以人为本，以理解、尊重、信任作为企业文化的基石，坚持主动、务实、创新、高效的办事原则，十几年如一日的为客户提供个性化的高效实用解决方案，帮助客户更好更快地运用利德曼产品。经过多年的努力，利德曼已成为中国诊断试剂领域不可分割的一部分，是各医院、科研院所、大学研发中心等机构忠诚可靠的合作伙伴。利德曼以关爱人类健康为己任，一直致力于生物化学与体外诊断试剂与仪器新技术的研发，同时不遗余力地开创走向健康的新途径，彰显了其致力于帮助及改善人类生活品质及实现可持续发展的坚定决心。

【主营业务】

从事体外诊断产品及生物化学原料的研发、生产和销售。

【经营业绩】

2015 年公司实现营业收入 68,167.58 万元，比上年度增长 26.95%；利润总额 20,907.25 万元，比上年度增长 24.60%；总资产达到 165,867.99 万元，比上年度增长 2.63%；归属于上市公司所有者权益合计 118,695.58 万元，比上年度增长 23.06%；归属于上市公司股东的净利润 15,721.96万元，比上年度增长 22.56%。

【企业文化】

利德曼愿景：勇于蜕变，使利德曼成为全球生物和化学领域的专业化公司；关注健康，回馈社会；关爱员工，共同构建优秀团队。

利德曼价值观：尊重人才、提供最佳服务、追求卓越表现。

利德曼精神：创新、高效、诚信、共赢

【企业荣誉】

2015 年 1 月，利德曼董事长沈广仟先生获评“中国经济新领军人物”。

2014 年 11 月，利德曼在新区“市花进我家”活动中获评“最美月季企业”

2014 年 10 月，利德曼联手 Enigma，共同投资设立英格曼诊断（中国）有限公司

2014 年 8 月，利德曼获“最具投资价值上市公司”、“最具品牌形象创业板公司”、利德曼获选中国创业板 50 强。

2014 年 1 月，利德曼成功入选福布斯 2014 中国上市潜力企业 100 强。

【300330】上海华虹计通智能系统股份有限公司

【基本情况】

上海华虹计通智能系统股份有限公司是一家国有控股的基于射频识别技术（RFID）的电子收费与支付系统解决方案供应商和设备供应商，专业从事非接触式 IC 卡自动收费系统的设计、开发、集成、销售和服务及相关终端产品的生产和销售，主要业务和产品包括轨道交通自动售检票系统（AFC）、城市通卡自动收费系统（主要包括城市公交一卡通收费系统、其他基于 RFID 的电子收费系统）、RFID 物品识别与物流管理系统，以及相关的读写机具等终端产品。

华虹计通自成立起即专注于 IC 卡及电子标签（RFID）应用系统的技术研究和产品开发，形成了基于射频识别技术（RFID）的“智能识别、电子支付、物联互通”等方面具有自主知识产权的核心技术和应用软件、读写器等产品，向用户提供以非接触式 IC 卡与电子标签应用为核心的信息系统解决方案及读写终端产品。目前，公司的业务主要集中在轨道交通自动售检票系统（AFC）、城市通卡自动收费系统等领域。公司近几年也较为注重在射频识别技术（RFID）应用领域的核心技术研发与业务开拓，特别是在 RFID 物品识别与物流管理业务领域进行了重点开拓，目前公司已为多家国内大型企业完成了基于射频识别技术（RFID）的生产、仓储及物流等管理系统的试点工程，将为公司的业务领域拓展及可持续发展奠定基础。

华虹计通是上海轨道交通自动售检票系统最主要的供应商，除此之外，还成功承接并实施了苏州、西安、昆明、宁波、大连等城市的轨道交通自动售检票系统项目。同时，华虹计通具有自主知识产权的城市通卡系统解决方案和各类终端产品，被广泛应用在公交一卡通、市民卡、自行车租赁、第三方支付等多个领域，是上海、南京、无锡等长三角区域的城市的市民卡、交通卡领域的主要供应商。另外，华虹计通的 RFID 物品识别与物流管理系统技术及解决方案也在会展、烟草、金融等领域得到广泛的应用。典型的项目有：上海世博会、西安、北京、青岛园博会的大型票务系统。

华虹计通是高新技术企业、经上海市经济和信息化委员会认定的软件企业、也是工信部电子标签标准工作组成员、具有计算机信息系统集成企业国家贰级资质、是上海市射频识别工程技术协会的理事长单位及上海电子标签与物联网产学研联盟理事单位。

【主营业务】

轨道交通自动售检票系统（AFC）、城市通卡自动收费系统（主要包括城市公交一卡通收费系统、其他基于 RFID 的电子收费系统）、RFID 物品识别与物流管理系统，以及相关的读写机具等终端产品。

【经营业绩】

2015 年公司由于市场竞争激烈及前期销售合同储备减少等因素，报告期实现营业收入 21209.12 万元，同比下降 6.59%；公司加强项目成本预算的管理力度，控制经营过程的各项成本费用，实现主营业务利润 120 万，较同比增加 116.92%，但由于报告期营业外收入较同期大幅减少，使经营业绩较同期下降幅度较大，报告期内实现利润总额 412.94 万元，同比减少 73.05%；净利润 351.1 万元，同比减少73.59%。公司基本每股收益 0.02 元，同比减少 75%；加权平均净资产收益率 0.8%，同比减少 2.21%。

【企业文化】

企业经营理念：诚信经营、精诚服务、高效管理、快速发展。

企业精神：依托科技的力量不断完善对客户的服务。

企业核心价值观：和于心、精于业、成于人。

【企业荣誉】

华虹计通目前为高新技术企业、经上海市经济和信息化委员会认定的软件企业、工信部电子标签标准工作组成员、计算机信息系统集成企业国家贰级资质企业、上海市科技小巨人培育企业、上海市射频识别工程技术协会的理事长单位及上海电子标签与物联网产学研联盟理事单位。产品获 GB/T19001 及 ISO9001 质量管理体系认证通过。

2015 年 1 月，公司的数据处理设备、自动售票机再次荣获“上海市著名商标”。

【300339】江苏润和软件股份有限公司

【基本情况】

江苏润和软件股份有限公司（以下简称“润和软件”）成立于 2006 年，是深圳证券交易所创业板上市公司，股票代码

300339。润和软件主营业务是为国际、国内客户提供专业领域的高端软件与信息技术服务。公司聚焦于"供应链管理软件"、"智能终端嵌入式软件及产品"、"智能电网信息化软件"、"金融信息化服务"等专业领域，业务内容以行业解决方案为基础，涵盖咨询、设计、开发、测试、维护等软件全生命周期作业，在零售、制造、移动应用、公用事业、金融服务、电力能源等多个行业积累了丰富的经验。

润和软件以南京为总部及研发基地，在北京、西安、上海、深圳、无锡等地设立了国内控股子公司；在日本东京、新加坡、美国波士顿、硅谷设立了海外控股子公司，拥有全球软件服务交付能力，能够为客户提供全面、即时、高效的信息技术服务。

公司自成立以来，一直坚持"国际化、专业化、高端化"的发展战略，通过国际国内市场互动累积行业技术经验，并灵活调度企业内外部资源，已在多个核心业务领域打造了具有一定市场影响力的高端软件服务品牌。凭借深厚的行业知识、丰富的实践经验以及优秀的服务团队，润和软件业已取得诸多行业标杆企业认可，与众多高端客户展开成功合作，其中包括多家世界500强企业。

润和软件是信息技术服务国家标准工作组（ITSS）全权成员单位，同时也是中国电子工业标准化技术协会信息技术服务分会理事单位；先后通过了ISO9001、ISO27001、CMMIL3、系统集成三级等多项资质认证；还获得了国家规划布局内重点软件企业、江苏省高新技术企业、江苏省服务外包重点企业、江苏省技术先进型服务企业和中国服务外包成长型企业等多项荣誉；拥有多项发明专利及省著名商标。

面向未来，润和软件将立足于计算机软件开发与咨询业，加速发展高端软件与信息技术服务业务，推动国际市场与国内市场同步、互动发展，深耕专业领域与细分市场，不断增加核心竞争力，持续提升行业地位，致力于成为中国领先的国际化高端软件服务商。

【主营业务】

为国际、国内客户提供专业领域的软件外包服务。

【经营业绩】

2015年报告期内，公司继续坚持"国际化、专业化、高端化"的发展方针，并坚持"内外并重"资本发展战略，顺利完成IPO募投项目的建设，利用公司多年积累起来的技术优势、人才优势和专业化优势，抓住软件和信息技术服务产业快速发展的市场机会，积极采取并购等资本运作加快业务规模化发展，实现了销售收入和经营业绩的稳定增长，巩固了公司的行业及市场地位，提高了公司的品牌知名度。随着云计算、大数据等新兴互联网技术的成熟应用，IT服务正向DT服务转型升级，公司积极应对产业环境发生的变革，主动部署产业转型升级的发展战略。公司投资参股了"上海云角"、"博纳讯动"等以云计算和大数据为核心技术能力的科技公司，与他们形成了战略合作关系；公司发起在上海设立金融云战略落地的全资子公司，参与发起成立互联网保险公司；公司与阿里云签署了金融云的战略合作协议。公司已经将DT、互联网作为公司转型升级的重要战略方向，将公司多年积累的线下业务的专业化优势，与云计算、大数据等互联网技术深度结合，逐步推出面向行业客户的互联网业务应用服务平台。

未来公司将坚持线上运营服务和线下信息技术服务并重的业务发展格局，向各专业领域的客户提供即时、可靠的线上线下一体化信息服务。

2015年报告期内，公司实现营业收入112,858.40万元，较去年同期增长53.92%；利润总额为22,174.51万元，较去年同期增长71.66%；归属上市公司股东净利润为19,469.01万元，较去年同期增长76.94%。其中主营业务营业收入为112,330.28万元，较去年同期增长53.84%。

【企业文化】

愿景：成为中国领先的国际化的高端软件服务商。

使命：通过我们的专业化服务让信息技术更好地服务于客户，推动中国信息产业和现代服务业的发展。

价值观：客户为中心，奋斗者为本；尚变，趋实、贵中。

企业精神：永久快乐永久奋斗

【企业荣誉】

信息技术服务国家标准工作组（ITSS）全权成员单位

中国电子工业标准化技术协会信息技术服务分会理事单位

国家规划布局内重点软件企业

中国服务外包成长型企业

福布斯中国潜力企业

福布斯中国上市潜力企业榜20强

商务部重点联系服务外包企业

工业与信息化融合示范单位

中国（南京）软件谷最具成长性软件企业

江苏省规划布局内重点软件企业

江苏省服务外包产业联盟秘书长单位

江苏省高新技术企业

江苏省首批技术先进型服务企业

江苏省软件企业技术中心

江苏省创新团队

江苏省现代服务业"十百千"行动计划重点培育企业

南京市骨干软件企业

南京市民营企业文化建设示范点

【300348】深圳市长亮科技股份有限公司

【基本情况】

深圳市长亮科技股份有限公司（股票代码：300348）是一家专业为银行提供金融IT服务的高科技软件开发企业。作为上百家商业银行的主要IT合作伙伴，长亮科技被业界誉为"最熟悉中国的银行IT专家"，其率先提出并付诸实施的一些先进理念目前已成为业界的发展方向。

公司已先后通过ISO9001质量体系认证、计算机信息系统集成二级资质及CMMI－ML3评估，并荣获"2013－2014、2010、2009国家重点软件企业"、"国家高新技术企业"、"国家火炬计划软件产业基地骨干企业"、"企业信用评价AAA级信用企业"、"2010/2009/2008德勤高科技、高成长亚太区500强"等多项殊荣。且与IBM、HP、EMC、CISCO、MICROSOFT、ORACLE、SYBASE、SAP、SUNGARD、MISYS、PRIMETON等多家跨国公司建立了战略合作伙伴关系。

自2002年成立以来，公司以自主核心技术为基础，创立并完善了一系列满足客户不同需求的解决方案，全面涵盖商业银行业务系统、管理系统、新金融系统三大类别。

公司于2012年8月成功登陆深交所创业板，证券简称：长亮科技，证券代码：300348。

目前，长亮科技拥有员工800余人，其中技术人员占比80%以上。公司总部位于深圳，在深圳、北京、上海、广州、南京、厦门、烟台设有研发中心，北京及上海设有分公司，服务网络已遍布全国，并开始迈向海外。

【主营业务】

提供商业银行IT解决方案与服务，计算机软、硬件的技术开发、技术服务及相应的系统集成。

【经营业绩】

2015年报告期内公司实现营业收入为43,655.41万元，比去年同期增长75.16%；营业利润为4,286.92万元，比去年同期增长19.20%；利润总额为4,539.74万元，比去年同期增长16.74%；净利润为4,029.25万元，比去年同期增长7.45%。上述指标变动的主要原因是：报告期内，公司加大市场营销投入，加快互联网金融相关产品研发，拓展泛金融信息化业务领域，主营业务收入大幅增长，而今年因计提商誉减值准备导致利润增长不明显。

2015年报告期公司每股收益0.2856元，比去年同期下降59.46%；加权平均值净资产收益率7.97%，比去年同期减少了0.62个百分点。

【企业文化】

诠释长亮：长于专业，亮在服务

企业宗旨：自我创新，追求卓越

经营目标：最熟悉中国的银行IT专家

价值观：通过持续创新，在为客户创造价值的同时体现我们自身的价值

【企业荣誉】

公司已先后通过ISO9001质量体系认证、计算机信息系统集成二级资质及CMMI－ML3评估，并荣获"2013－2014、2010、2009国家重点软件企业"、"国家高新技术企业"、"国家火炬计划软件产业基地骨干企业"、"企业信用评价AAA级信用企业"、"2010/2009/2008德勤高科技、高成长亚太区500强"等多项殊荣。

2013金融行业十大信息技术服务龙头企业

中国十大创新软件企业

中国软件创新潜力奖

中国最具竞争力企业500强

中国十大创新软件产品（核心业务系统V5.0）

【300382】苏州斯莱克精密设备股份有限公司

【基本情况】

苏州斯莱克精密设备股份有限公司（以下简称"公司"）成立于2004年1月，主要从事成套高速易拉盖生产设备的研发、设计、生产、装配调试及相关精密模具、零备件的研发、加工制造，主要产品包括易拉盖高速生产成套设备、易拉盖生产设备系统改造、相关精密模具、零备件等。公司通过专业化的研发、设计、生产组织体系及以客户为中心的营销服务体系，致力于为客户提供优质的定制化的高速易拉盖生产设备。2014年1月29日，公司正式在深圳证券交易所创业板挂牌上市，证券代码300382。

公司是亚洲唯一能生产高速全自动易拉盖组合盖生产设备的企业，解决了我国易拉盖生产行业长期以来依赖进口设备的问题，并是全世界仅有的四家具有高速易拉盖组合盖生产设备成熟生产技术的企业之一。公司主导产品易拉盖组合盖生产设备销量占国内新增市场的70%以上，并广泛应用于加多宝、王老吉、可口可乐、百事可乐、青岛啤酒、椰树椰汁、旺仔牛奶、露露、杏仁露、娃哈哈八宝粥、银鹭八宝粥等产品的易拉罐包装生产上，其中加多宝和王老吉饮料罐盖的绝大多数都由公司提供的生产线生产。在易拉罐组合盖生产线国内市场已逐渐占据垄断地位的基础上，公司大力拓展海外市场，目前产品已出口到美国、墨西哥、哥斯达黎加、保加利亚、波兰、俄罗斯、意大利、泰国、马来西亚、越南、印度尼西亚、日本、韩国、阿联酋、伊朗、台湾、香港特别行政区等国家和地区。公司在易拉盖高设备技术日趋成熟的情况下，正向两片易拉罐生产设备领域拓展，已取得很多重大突破。

公司凭借与客户共赢的经营理念、高质量的产品、优质的服务和产品突出的性价比优势，赢得了客户的广泛认同和信任，在业内建立了良好的口碑。老客户一般在新项目的建设中把公司作为首选的合作伙伴，公司业务也因此快速发展壮大，目前已经形成一批核心客户群，如厦门保沣实业有限公司（世界单厂产能最大的易拉盖生产企业），广东柏华容器有限公司（加多宝易拉盖的主要供应商）、太仓仲英金属制盖有限公司（国内最大的八宝粥易拉盖供应商）、中粮包装（镇江）制盖有限公司（其母公司中粮包装控股有限公司是香港上市公司，国内最大金属包装企业）、泰国的Lohakij Rung Chareon Sub Company Limited（泰国最大的铁罐、盖生产企业）、马来西亚的KjCan（Selangor2）SdnBhd（马来西亚占垄断地位的罐盖生产企业）、墨西哥的EnvasesComeca S. A.（中美洲最大的制盖企业）、韩国的Dong Won（韩国最大的罐盖生产企业）、印度尼西亚的PT United Can Company（印度尼西亚主要制罐企业）。在此基础上，公司凭借技术优势、服务和价格优势，以及不断上升的企业口碑，正在不断开拓新的市场及客户。

公司自2004年成立以来，经过不断的技术创新与工艺研发，技术填补国内空白，目前已达到国际先进水平，并建立起了国际一流的研发设计团队。2006年，易拉盖高速冲压生产设备通过了江苏省高新技术产品认证，同时公司还获得了科技部科技型中小企业技术创新基金支持项目；2008年，公司通过了高新技术企业认定；2009年，公司获得了江苏省重大科技成果转化专项资金项目支持，且包括"易拉盖刻线深度及形状激光测量仪"、"铁易拉盖刻线高速自动补涂机"、"易拉盖高速在线视觉检测系统"、"易拉盖SOT（环保）拉环省料模具系统"以及"新型卷料易拉盖基础盖高速多模生产系统"在内的五项产品被江苏省科学技术厅评定为江苏省高新技术产品；2010年，"易拉盖高速冲压生产设备"被科技部、环保部、商务部和国家质检总局联合认定为"国家重点新产品"；2011年12月，公司被苏州市人民政府确认为"苏州市创新先锋企业"；2012年4月，公司又被省科技厅评为"江苏省外资研发企业"；2013年，公司被省科技厅认定为江苏省工程技术研究中心。

上市之后，公司迎来了新的发展机遇，将继续秉承"行胜于言"的企业精神，致力于精密成形制造设备的经营，努力在三到五年内将企业打造成享誉全球的高端装备制造商。

【主营业务】

研发、生产、加工精冲模、冲压系统和农产品、食品包装的新技术、新设备及相关零配件，并提供相关服务；各种生产易拉盖、易拉罐、金属包装的设备，相关辅助设备和精冲模的再制造；销售公司自产产品。

【经营业绩】

2015年本报告期内，公司实现营业总收入35,791.87万元，较上年同期上升22.55%；实现营业利润11,475.78万元，较上年同期上升22.51%；实现利润总额11,563.28万元，较上年同期上升13.61%；实现归属于上市公司股东的净利润9,865.21万元，较上年同期上升15.05%。利润上升的主要原因是：母公司主营业务收入较上年同期增加。

【企业文化】

企业精神:行胜于言

【企业荣誉】

2006 年 7 月,"易拉盖高速冲压生产设备"通过科技成果鉴定。结论为:填补国内空白,技术性能和整体水平达到国际先进水平。

2006 年 12 月,荣获科技部"科技型中小企业技术创新基金"无偿资助。2006.12"易拉盖高速冲压设备"获江苏省"高新技术产品"称号。

2007 年 2 月,安旭被聘为"中国包装联合会金属容器委员技术专家组专家"

2008 年 1 月,与清华大学等单位合作,成立清华科技园—斯莱克昆山精密模具及机械装备工程技术中心。

2008 年 3 月,获得苏州市科学技术进步奖。

2008 年 6 月,安旭被评为"江苏省高层次创新创业人才培育计划"优秀人才培养对象。

2008 年 10 月,公司成为首批新认定的"高新技术企业"

2009 年 8 月,公司"超薄金属板精密成形高速全自动成套设备关键技术研发及产业化"获江苏省科技成果转化专项资金项目支持。

2009 年 12 月,公司"易拉盖高速在线视觉检测系统"等五项产品获得江苏省"高新技术产品"认定证书。

2010 年 5 月,公司"易拉盖高速冲压生产设备"获得"国际重点新产品"证书。

2011 年 9 月,安旭被聘为金属委员会副主任委员。

2011 年 9 月,通过了江苏省高新技术企业复审。

2011 年 12 月,公司被苏州市人民政府确认为 2011 苏州市创新先锋企业。

【300387】湖北富邦科技股份有限公司

【基本情况】

湖北富邦科技股份有限公司于 2014 年 7 月 2 日起在深圳证券交易所挂牌上市。公司注册号为 420900400001340,注册地址为湖北省应城市经济技术开发区,法定代表人王仁宗,注册资本 6,099 万元。

富邦股份系国家火炬计划重点高新技术企业,主营业务为化肥助剂的研发、生产、销售和服务。公司自成立以来,顺应国家节能环保的潮流、以客户需求为突破口、坚持市场驱动型自主创新、依托化肥的生产工艺链条、并凭借积累多年的行业应用经验,为化肥生产企业提供包括高品质的助剂产品、优良的全程技术服务及精确的助剂自动控制系统的整体解决方案。

经过多年发展,除本次募集资金投资项目外,公司现已形成年产 3.6 万吨化肥助剂的综合生产能力,拥有防结剂、多功能包裹剂、造粒改良剂、磷矿石浮选剂、缓释材料和其他节能降耗助剂等六大系列产品,广泛应用于化肥生产各环节,销售遍布全国各地和马来西亚、菲律宾等国家,客户达 260 多家,在业内积累了良好的口碑。目前,公司已发展成为我国化肥助剂行业研发实力雄厚、产品系列齐全、销售服务体系完善、综合实力领先的龙头企业之一,并跻身于全球化肥助剂供应商前列。

目前,富邦股份与湖北宜化、云天化集团、贵州西洋、鲁西化工、中化开磷、四川美丰、江苏中东、三宁化工、新都化工、兴化股份和黄麦岭等约 30 名中国化肥百强企业建立了稳定的合作关系,多次被云天化国际、黄麦岭、陕化股份等多家大型化肥生产企业评为"最佳合作伙伴"、"最佳供应商"。

【主营业务】

化肥助剂的研发、生产、销售和服务。

【经营业绩】

2015 年报告期内,公司实现营业收入 39,222.58 万元,较上年同期增加 29.26%;实现归属上市公司净利润 6,531.36 万元,较上年同期增加 41.82%;归属于上市公司股东的扣除非经常性损益后的净利润 7,240.11 万元,较上年同期增加 88.88%。净利润增加的主要原因是:公司积极开拓国内国际市场,加大产品研发力度,提高产品核心竞争力,以及原材料价格下降所致。

2015 年报告期末公司总资产 86,581.14 万元,较期初增长 39.60%。主要原因是公司在 2015 年 9 月完成对荷兰诺唯凯 55% 的股权收购;归属于上市公司股东的每股净资产 4.9781元/股,较期初降低 46.41%,主要原因是在 2015 年半年度实施权益分派,股本增加 6,099 万股所致。

【企业文化】

为客户创造价值,让员工成就未来!

【企业荣誉】

2009 年 12 月,富邦股份被湖北省科学技术厅、湖北省财政厅、湖北省国家税务局、湖北省地方税务局联合认定为高新技术企业,并于 2012 年 8 月通过复审;2010 年 12 月,被国家科学技术部火炬高技术产业开发中心认定为国家火炬计划重点高新技术企业,并于 2013 年 10 月被再次认定为国家火炬计划重点高新技术企业;此外,富邦股份还先后被相关部门授予"湖北省科技型中小企业成长路线图计划重点培育企业"、"湖北省创新型企业建设试点单位"、"湖北省劳动和社会保障诚信单位"、"全省国税百佳诚信纳税人"、"湖北省信息化与工业化融合试点示范企业"、"守合同重信用企业"、"专利产业化示范企业"、"环境保护先进集体"和"优秀外商投资(引进)企业"等称号。2013 年 8 月,湖北省科学技术协会同意成立"湖北富邦科技股份有限公司院士专家工作站"。

【300492】四川山鼎建筑工程设计股份有限公司

【基本情况】

四川山鼎建筑工程设计股份有限公司(以下简称"山鼎设计(Cendes)")是一家专业的建筑工程设计公司,具有较为全面的建筑设计能力及客户服务能力。主要提供建筑工程设计及相关咨询服务,包括项目前期咨询、方案设计、施工图设计及施工配合等,业务涵盖各类住宅、城市综合体、公共建筑、规划、景观、室内设计等。

山鼎设计(Cendes)创建于 2003 年,组建了具有国际视野的公司决策层和项目管理运营体系,在规划、建筑、专项设计等领域为包括国有企业、跨国公司等在内的政府及私人机构提供专业咨询和综合工程设计服务。部分核心管理人员及技术人员拥有美国、新加坡等发达国家建筑设计领域的工作经验,在创作理念及设计工作流程上均具有国际化的视野及标准,同时在全国创作设计了大量项目,积累了丰富的本土设计实践经验。

山鼎设计秉承"整合创意,设计未来"的设计理念,通过不断地技术创新和项目实践,为各类项目提供完整的解决方案。在业务实践中,推动绿色低碳建筑的研究及应用,持之以恒地坚持以提升城市环境、改善建筑品质和塑造可持续发展的社会生态为企业使命,为公司品牌建设带来持久的影响力。

山鼎设计于2015年12月23日登陆深圳证券交易所创业板,股票代码:300492。

【主营业务】

公司主要向客户提供建筑工程设计及相关咨询服务,包括项目前期咨询、概念设计、方案设计、初步设计、施工图设计及施工配合等服务。公司业务涵盖各类住宅、城市综合体、公共建筑、规划、景观、室内设计等设计类别。

【经营业绩】

2015年报告期,公司实现营业收入18,612.05万元,同比下降7.78%;营业利润2,944.81万元,同比下降2.23%;净利润2,624.84万元,同比上升2.48%。本公司主要向客户提供建筑设计及其相关咨询服务,业务发展与房地产行业有着密切关系。房地产行业是典型的周期性行业,与宏观经济有较强的相关性,若房地产行业受到宏观经济波动和宏观调控政策的影响,将直接影响到建筑设计行业的发展。本报告期公司受房地产市场影响,营业收入较上年略有下降。

建筑设计行业属于智力密集型行业,人力资源是公司的核心资产,尤其是持证及有经验的设计人员对企业的发展至关重要。为应对市场变化,公司积极拓展市场,优化人员结构、精简人员,进一步提升员工业务水平以及生产效率,促使公司净利润同比增长。

2015年报告期末公司总资产40,384.24万元,比期初增长51.89%,归属于上市公司股东的所有者权益28,955.76万元,比期初增加86.46%,股本8,320万元,比期初增长33.33%,每股净资产3.48元,比期初增长39.76%。公司总资产、归属于上市公司股东的所有者权益、归属于上市公司股东的每股净资产以及公司总股本均有较大幅度增长,主要原因是公司于2015年12月公开发行2,080万股新股。

【企业文化】

使命宗旨:整合创意、设计未来。

企业愿景:行业标杆设计企业、强烈的社会责任感。

山鼎核心价值观:创意为先、追求卓越;快乐和谐、以人为本;公开公平、全员参与。

【企业荣誉】

山鼎设计代表参加2015MIPIMAsia亚太地区房地产领袖高峰会。

中交国际中心BIM设计应用囊括2015年四川省各项BIM大赛一等奖。

山鼎设计荣登2014－2015年度中国民用建筑设计市场排行榜,综合实力总榜第44名,民营榜第14名。

【600017】日照港股份有限公司

日照港股份有限公司是山东省人民政府批准,由日照港集团有限公司(原日照港务局)为主发起人,联合兖矿集团有限公司、中国中煤能源集团公司(原中国煤炭工业进出口集团公司)、淄博矿业集团有限责任公司、山西潞安矿业(集团)有限责任公司、山西晋城无烟煤矿业集团有限责任公司等五家法人单位共同以发起设立方式设立,并于2002年7月15日取得山东省工商行政管理局颁发的企业法人营业执照。公司目前注册资本为3,075,653,888元。

日照港位于中国海岸线中部、山东半岛南翼,隔海与日本、韩国、朝鲜相望。港区湾阔水深,陆域宽广,不冻不淤,全年作业天数在300天以上,是我国不可多得的天然深水良港,为全国沿海20个主枢纽港之一。被国家确定为"新亚欧大陆桥东方桥头堡"。

公司目前拥有生产性泊位41个,拥有正式员工5400人,总设计吞吐能力1.27亿吨,其中拥有20万吨级、30万吨级的矿石专用泊位各1个;15万吨级、10万吨、5万吨级煤炭专用泊位各1个;木片专用泊位3个,粮食专用泊位2个,其他通用泊位31个。截止2015年末,公司资产总额约185亿元,净资产约112亿元。目前公司主要经营矿石、煤炭、水泥、镍矿、铝钒土、钢材、焦炭、粮食、木材、木片等大宗散杂货装卸、堆存业务。历经多年发展,公司已成为国内主要的铁矿石中转港之一,年中转铁矿石超过1.2亿吨;木片、大豆吞吐量居全国沿海港口首位。2015年度,公司共完成货物吞吐量2.09亿吨。日照港集团吞吐量居全国沿海港口第八位,世界港口排名第十一位。

"日照港"股票于2006年10月17日在上海证券交易所挂牌上市,发行人民币普通股2.3亿股,募集资金10.81亿元。公司是境内《证券发行与承销管理办法》实施后的首家IPO试点企业,股权分置改革以来山东登陆境内市场第一股,也是山东省首家港口上市企业。

随后于2007年10月又成功发行了8.8亿分离交易可转换公司债券。2008年认股权证部分行权,募集资金419.16万元。2009年8月公司成功采用非公开发行方式发行新股24,951万股,募集资金12.8亿元。2011年3月公司再次成功实施非公开发行股票方案,发行新股36,547.86万股,募集14.4亿元。2012年2月成功发行5亿元公司债券,发行利率为5.6%。2012年4月实施非公开发行股票,采用定向增发的方式收购了集团除原油、液体化工、集装箱等业务以外的其他所有港口主业资产,发行规模19亿元。2014年3月,成功发行10亿元公司债券,发行利率6.15%,期限三年。2014年12月,公司完成首期5亿元短期融资券的发行,发行利率4.83%。2015年5月,再次发行5亿元短期融资券。自2006年首发上市以来,九年累计完成十次资本运作,累计融资总额近90.85亿元,有效地改善了公司的资本结构,极大的推动了日照港的快速发展。

日照港继续保持了上证治理指数、上证380指数、中证500指数样本股以及沪港通标的股地位。2009年荣获上海证券交易所"信息披露奖",2010年荣获"金蜜蜂·企业社会责任奖"荣誉称号,日照港履行企业社会责任实践案例入选《2010年金蜜蜂责任竞争力案例选》,2011年荣获上交所"董事会奖提名奖",2013－2015年,连续三年荣获"金圆桌优秀董事会奖"。2014年,股份公司因企业治理、信息披露等方面突出成绩,荣获了"金盾奖信息披露奖"。公司还先后三次获得了日照市政府颁发的"企业上市融资奖"。

日照港拥有"一带一路"新亚欧大陆桥经济走廊主要节点城市国家战略定位,随着山东半岛蓝色经济区特别是以日照港为龙头的"鲁南临港产业集聚区"的战略深入实施,以日照港为出海口的国家重点工程"晋豫鲁铁路通道"的建成通车,山东省"四纵四横"铁路规划的全面开工建设以及落户日照市的山东钢铁集团日照精品钢基地的建设,必将给日照港带来难得的发展机遇,日照港将以得天独厚的竞争优势和发展潜力继续保持平稳快速发展的势头。

【600094】上海大名城企业股份有限公司

【基本情况】

名城企业集团,创建于1986年,集团通过数十年的业务积累，成为主营业务集电子、钢铁、矿业、远洋航运、酒店、旅游、综合房地产开发及城市商业综合体开发，商业运营管理的多元化企业集团，“诚信、务实、开拓、创新”是集团始终坚持的发展理念。

上海大名城企业股份有限公司（股票代码：A 股 600094、B 股 900940），隶属名城企业集团，是一家在上海证券交易所上市 A、B 股兼具的主板上市公司。注册资本人民币 15.12 亿元，拥有房地产一级开发资质。2013 年在上海成立集团总部。

公司以“布局城镇化，打造城市综合功能开发的城市运营商品牌”为战略目标，结合“一次性大规模、全过程品牌建设”的开发模式，打造了系列“名城”品牌。经过多年发展，业态布局涵盖高尚住宅、商业综合体、产业园区、旅游文化园区、5A 办公楼及酒店，覆盖全方位生活所需。

作为专业的新型城市综合运营商，新型城镇化示范项目建设的龙头房企，大名城以“一带一路”的核心区域为公司地产业务布局区域，实现公司稳健、快速发展。目前，大名城控制土地超过 40000 亩，已成功进入福建、上海、北京、河北、甘肃、江苏等省份及直辖市。并荣获沪深上市房地产公司财务稳健性 TOP10，中国房地产百强企业 50 强，中国房地产百强企业成长性 TOP10，国家优质工程奖，福建省纳税百强企业，热心公益事业大奖等荣誉。

2015 年，大名城 100 亿成立金控集团，打造产业 + 资本的双轮驱动发展模式。金控集团业务范围包括股权投资、证券投资、金融投资，并将设立 50 亿“名城大消费产业基金”，加上前期设立的 75 亿“大名城城镇化建设基金”，大名城将成为拥有两只基金的上市企业集团。

在房地产行业新常态的发展格局下，大名城将受益于“一带一路”、“福建自贸区”、“新型城镇化”等国家发展政策，依托产业 + 资本的双轮驱动发展模式，打造新的业务增长机会。为股东和客户创造更大的价值。

【企业文化】

诚信、务实、开拓、创新

【主营业务】

房地产综合开发，建造、销售商品房，物业管理，物业租赁，公共基础设施开发与建设。

【经营业绩】

2015 年上半年，在中央定调稳增长、调结构、促消费的背景下，央行连续降准降息，放松信贷门槛，调整个人住房转让营业税免征期，构建宽松的市场环境，同时积极推进长效机制完善的多重政策效应叠加影响下，楼市逐步回暖趋势基本确立。未来中央将更注重房地产长效机制建立健全，地方更具主动性适时出台进一步刺激措施，刺激需求促进库存去化，改善性需求获积极支持。

上半年从百城住宅价格指数观察，宽松政策提振供需两端，市场止跌转涨。新房价格累计上涨 0.82%，一线城市领涨全国。成交方面，市场延续去年末的回暖趋势，上半年 50 个代表城市月均成交约 2600 平方米，同比增长 25%，绝对量创历史同期新高。供应方面，10 个代表城市月均新批上市面积 566 万平方米，同比下降 14%，绝对量为 2010 年以来次高水平。全国来看，1 – 5 月全国商品房销售显著回暖，累计销售额自 2014 年以来首现同比增长；开发投资同比增速回落趋缓，新开工同比降幅收窄。

受益于前期良好的销售业绩，公司本期根据项目交付情况确认营业收入 20.64 亿元，较上年同期增长 82.31%；根据项目开发进度以及公司经营管理需要，报告期内公司未集中安排大规模项目开盘销售，受此影响，公司本期实现签约面积 25.47 万平方米，较上年同期下降 24.02%。但期末预收账款余额 29.93 亿元，较期初增长 38.47%，依然为公司全年业绩打下了坚实的基础。

报告期内，公司通过公开招拍挂方式累计获得项目用地 16.91 万平方米。其中公司位于上海浦东唐镇地块的大名城高端社区项目，建筑面积 22.06 万平方米，总投资 77.64 亿元，是近 2 年内唐镇首推的宅地，位于浦东中心地带，西临张江高科技园区，南靠迪斯尼核心区，北接上海金融信息产业服务基地，东望金桥出口加工区。建成后有望成为继浦东滨江区域后又一优质高端社区代表作。

报告期内，公司财务继续保持稳健，综合资金成本安全可控。公司唐镇项目通过设立“大名城城镇化投资基金”（第一期），产品以股权、债权等多元化方式，搭配多种投资期限，获得成功发行，使公司从项目获得、前期土地款支付方面获得了优质资金保障。未来公司将通过尝试多元化的融资手段和金融创新，加快一线城市的土地投资和项目布局，继续做大做强公司房地产业务板块。

【企业荣誉】

2013 年

名城地产（福建）有限公司荣获福建省纳税百强企业。

2014 年

名城项目荣获“国家优质工程奖”，正式荣膺品质地产“国家队”。

名城地产（福建）有限公司荣获福建省纳税百强企业。

2014 年中国房地产百强企业。

2014 年中国房地产百强企业成长性 top10。

荣获“2014 上海民营服务业企业 50 强”（第 25 名）。

荣获“上海民营企业 100 强”（第 41 名）。

2015 年

2015 年中国房地产 50 强企业。

2015 年中国房地产百强企业成长性 TOP10。

2015 沪深上市房地产公司财务稳健性 TOP10。

【600109】国金证券股份有限公司

【基本情况】

一、主要概况

国金证券股份有限公司是一家资产质量优良、专业团队精干、创新能力突出、服务特色鲜明的上市证券公司，是沪深 300 指数、上证 180 指数、上证 180 金融股指数和上证中型企业指数成份股，注册地在四川省成都市。公司目前控股国金期货有限责任公司，在北京发起设立国金通用基金管理公司。2010 年 5 月 29 日，在中国证券报、上海证券报、证券时报、证券日报联合主办的“1990 – 2010：走向资本强国——中国证券市场 20 年回顾与展望暨第四届中国上市公司市值管理高峰论坛”活动中，国金证券荣获“中国 20 家最具影响力证券公司奖”。

二、经营业绩

国金证券尊崇“责任、共赢、和谐”的企业精神，秉承“规范管理、稳健经营、深化服务、科学创新”的经营理念及“专业创造价值，诚信铸就未来”的服务理念，打造了一只专业化、高素质的职业人才团队，连续保持 20 年年终税前盈利，成为证券行业仅有的 2 家连续盈利的证券公司之一。

三、主营业务发展情况

国金证券坚持"以研究咨询为驱动,以经纪业务为基础,以投资银行业务为重点突破,以自营投资业务和创新业务为重要补充"的业务模式,通过实施差异化增值服务商的竞争战略,不断提升核心竞争力。

(一)投资银行业务

公司投资银行业务定位于为中国高速成长的中小企业创造价值,拥有一支近50位保荐代表人为骨干的投资银行专业团队,以为客户创造价值为导向,针对客户特色提供周全、有效的解决方案与贴身式服务,得到了市场的认同和好评。投行业务范围涵盖IPO、再融资、公司债、并购重组、场外业务等,近年来主承销家数和金额快速上升,2010年股票主承销家数排名行业第11位,是发展速度最快的本土投行之一,被深圳证券交易所评为"2010年度优秀保荐机构",跻身十佳行列。荣誉:

《新财富》杂志"中国最佳投行":2008年荣获"最佳配股项目—华发股份配股";2009年荣获"最具创新能力投行"、"进步最快投行";2010年荣获"本土最佳投行团队";

《上海证券报》"中国最佳投资银行":2007年荣获"最快进步团队";2008年荣获"最具潜力团队";

《证券时报》"中国区最佳投行":2008年荣获"最具潜力投行";2009年荣获"最具成长力投行";2010年荣获"最佳创新投行"、"最具投资价值保荐项目－三安光电非公开发行"。

(二)研究咨询业务

公司研究所秉承"投资型研究"的理念,汇聚行业精英人才,以市场为中心,以客户需求为导向,构建"研究业务为基础、投资分析为纽带、研究服务为导向"的三层架构体系,积极融入市场、贴近上市公司,与不同类型投资者同行,做到领先市场半步,为基金公司、保险公司、大型企业集团、财务公司、信托公司、QFII等为代表的高端专业机构客户群提供研究咨询等一站式资本服务。近几年研究服务成绩显著,连续多年"新财富"、"水晶球"、"金牛"等业内知名评选活动中荣获"最佳团队"、"进步最快团队"、"最具影响力研究机构"、"最佳分析师"等殊荣,在业内取得较高的知名度。荣誉:

2008年《新财富》最佳分析师评选:"本土最佳研究团队"评选中荣获第五名;

2009年《新财富》最佳分析师评选:"本土最佳研究团队"评选第四名;

2010年《新财富》最佳分析师评选:"本土最佳研究团队"评选第四名。

2011年,在国内最具公信力、最客观的分析师排名之一"天眼中国证券分析师评选"中我公司研究所以荣获7个奖项成为获奖人数最多的研究机构,综合实力排名第一。

(三)经纪业务

公司经纪业务以打造"本土最具特色差异化增值服务商"为目标,秉承全心全意为客户服务的宗旨,始终坚持"以客为尊"的服务理念,以客户需求为导向,针对不同客户在不同人生阶段的理财需求,分别在交易通道、资产托管、股票投资、金融理财、家庭资产配置五个方面,为客户提供专业、专属服务。同时,公司将具有良好市场品牌和雄厚研究实力的研究所与具有网点和团队优势的经纪业务进行整合,通过优势互补,形成"以研究为驱动,产品为核心,服务为纽带"的客户导向型的经纪业务营销服务模式。在成功整合研究资源、技术资源和营销服务资源的前提下,通过整合交易终端、"研究所＋投资顾问＋销售服务人员"三级咨询服务体系、标准化的服务产品,为客户建立起全方位的财富管理和综合服务平台。近年来市场份额稳步提升,差异化的经纪业务发展模式初步成型。

国金证券将牢牢把握"合规经营、风险可控"的基础不动摇,坚持"差异化增值服务商"的战略发展定位,争取实现公司业务资格的"全牌照",着力打造集证券、期货、基金管理为一体的综合业务平台,为中国资本市场的繁荣发展贡献自己的力量。

【企业文化】

专业创造价值,诚信铸就未来

【主营业务】

证券经纪投资银行证券投资资产管理

【经营业绩】

2015年,公司较好的抓住了市场机遇,坚定推进战略规划,不断优化业务布局,实现了经营业绩的快速增长。截止2015年12月31日,公司总资产563.52亿元,同比增长114.42%;归属于母公司股东的净资产164.79亿元,同比增长66.97%。报告期内,公司取得营业收入67.48亿元,同比增长147.95%;归属于母公司股东的净利润23.60亿元,同比增长182.10%。

【企业荣誉】

《新财富》杂志"中国最佳投行"

2009年荣获"最具创新能力投行"、"进步最快投行"

2010年荣获"本土最佳投行团队"

《上海证券报》"中国最佳投资银行"

《证券时报》"中国区最佳投行"

2009年荣获"最具成长力投行"

2009年《新财富》最佳分析师评选:"本土最佳研究团队"评选第四名;

2010年荣获"最佳创新投行"、"最具投资价值保荐项目－三安光电非公开发行"

2010年《新财富》最佳分析师评选:"本土最佳研究团队"评选第四名。

2011年在国内最具公信力、最客观的分析师排名之一"天眼中国证券分析师评选"中我公司研究所以荣获7个奖项成为获奖人数最多的研究机构,综合实力排名第一。

【600114】东睦新材料集团股份有限公司

【基本情况】

东睦新材料集团股份有限公司是由原宁波东睦粉末冶金有限公司改制而成的,第一家在国内A股上市的外资控股公司。公司注册资本390,765,517元,其中睦特殊金属工业株式会社持有公司25.02%的股份。

东睦新材料集团股份有限公司是目前国内最大的粉末冶金机械零件制造企业之一,是"国家重点高新企业"。公司目前拥有九家以粉末冶金产业为主业的控股子公司或全资子公司,2015年8月末公司的净资产超过15亿元人民币,总资产超过22亿元人民币,总产能超过50,000吨/年。产品广泛应用于轿车、摩托车、冰箱和空调压缩机、电动工具、家用电器等行业,其中部分产品出口到美国、日本和欧洲等国家和地区。

公司具有五十多年的粉末冶金专业生产经验,拥有包括CNC成形压机在内的一整套国际先进的粉末冶金生产设备和技术;同时,公司十分重视科技进步和新产品开发,建立了"宁波粉末冶金工程技术中心(省级)"、"宁波市区模具中心”和“浙江省东睦新材料粉末冶金研究院”，为公司研发高端粉末冶金零件提供了技术支持；公司能自制各种粉末冶金模具，生产各种粉末冶金零件。2014 年，公司的工程技术中心被国家发改委等五部委认定为“国家级企业技术中心”。

东睦（天津）粉末冶金有限公司是公司的全资子公司，注册资本为 8,162.35 万元人民币，专业生产各种高端汽车、摩托车和家用电器粉末冶金零件；连云港东睦新材料有限公司是公司的全资子公司，注册资本为 15,000 万元人民币，专业生产各种粉末冶金摩托车、汽车零件和高效制冷压缩机粉末冶金零件；山西东睦华晟粉末冶金有限公司是公司控股 75% 的子公司，注册资本为 4,000 万元人民币，专业生产各种摩托车、汽车、家用电器等粉末冶金零件；广东东睦新材料有限公司是公司控股 60% 的子公司，注册资本为 15,000 万元人民币，专业生产各种含油轴承和家用电器、汽车用粉末冶金零件；长春富奥东睦粉末冶金有限公司是公司控股 70% 的子公司，注册资本 2,800 万元人民币，主要生产各种粉末冶金汽车零件；南京东睦粉末冶金有限公司是公司的全资子公司，注册资本为 6,500 万元人民币，专业生产各种汽车、电动工具及制冷压缩机用粉末冶金零件；浙江东睦科达磁电有限公司是公司控股 60% 的子公司，注册资本为 3,000 万元人民币，专业生产软磁金属磁粉芯产品；宁波东睦贸易有限公司是公司全资子公司，注册资本 2,000 万元人民币，专业经营东睦集团产品销售；宁波东睦投资管理有限公司是公司的全资子公司，注册资本 1,000 万元人民币，专业从事投资管理、实业投资等。

公司拥有先进的技术和质量管理方法，并于 1997 年通过了 ISO9002 的质量体系认证，于 2002 年通过了 QS9000 和 VDA6.1 的质量体系认证；2004 年公司获 ISO9001 及 ISO/TS16949 质量体系认证，2010 年 5 月公司获得了 ISO14001 的环境管理体系认证和 OHSAS18001 的职业健康安全管理体系认证。

【企业文化】

诚信东睦　创新东睦　高效东睦

【主营业务】

设计、生产、销售各种粉末冶金制品。

【经营业绩】

2015 年上半年报告期内，公司实现营业收入 68,784.09 万元，同比增长 13.20%；营业利润 9,949.77 万元，同比增长 29.59%；利润总额 10,622.70 万元，同比增长 28.91%；实现净利润（归母公司）为 8,524.56 万元，同比增长 40.59%，扣除非经常性损益后的净利润为 7,412.44 万元，同比增长 31.40%；经营活动产生的现金流量净额为 10,825.81 万元，同比减少 10.94%；公司的粉末冶金制品总销量达 2.19 万吨，同比增长 3.30%。

【600115】中国东方航空股份有限公司

【基本情况】

中国东方航空集团公司总部位于上海，是我国三大国有骨干航空运输集团之一。经过持续的产业结构调整和资源优化整合，基本形成了以航空运输业为核心，通用航空、航空食品、进出口、金融期货、传媒广告、实业投资等相关产业为支撑的航空运输集成服务体系。

作为集团核心主业的中国东方航空股份有限公司，1997 年成为首家在纽约、香港、上海三地上市的中国航企。东航超过 510 架的机队构建了以上海为核心枢纽，通达世界 177 个国家和地区、1052 个目的地的航空运输网络，年服务旅客 8000 余万人，机队规模、旅客运输量等多项运营指标跨入全球航空公司十强。

近年来，东航以全新姿态迎来新的发展，相继荣膺“中国民航飞行安全五星奖”，荣登《财富》杂志（中文版）“最具创新力中国公司 25 强”、企业社会责任排行榜十强，连续多年被国际品牌机构 WPP 评为“中国最具价值品牌 50 强”，净资产回报率位列央企前列。

面对未来，东航努力实现由传统航空承运人向现代航空服务集成商的转型，致力于打造“员工热爱、顾客首选、股东满意、社会信任”的世界一流航企，以精准、精致、精细的服务为全球旅客不断创造精彩体验。

【企业文化】

致力于打造“员工热爱、顾客首选、股东满意、社会信任”的世界一流航企，以精准、精致、精细的服务为全球旅客不断创造精彩体验。

【主营业务】

经营民航业务，包括客运、货运、邮运及其他延伸的航空业务。

【经营业绩】

2015 年上半年，世界经济复苏乏力，各主要经济体分化明显；中国经济面临较大下行压力，但总体增长与预期目标相符。全球航空客货运输量持续增长，航油成本进一步降低，行业发展势头良好；中国航空运输市场受益于国内经济结构调整稳步推进、消费升级与旅游经济发展等因素，总体需求旺盛，但行业竞争日趋激烈，高铁等替代性运输方式冲击呈现常态化趋势。面对复杂多变的经营环境，公司在确保运营安全的前提下，不断加强客货运营销，持续提升服务品质，积极推进转型发展，取得了良好的经营业绩。

2015 年上半年，本公司实现营业收入人民币 443.11 亿元，同比增长 3.9%，归属于上市公司股东的净利润为人民币 35.64 亿元，同比增加人民币 35.49 亿元。

【600208】新湖中宝股份有限公司

【基本情况】

新湖中宝股份有限公司是浙江省最大的 A 股上市公司。公司主营地产、金融及其他投资。目前在全国 20 余个城市开发 30 多个房地产项目，总开发面积达 1100 万平方米，规模和实力居行业前列。新湖地产以“价值地产”为理念，深刻把握大势，合理选择时机，准确定位产品，不断提升品质，创造了“新湖地产”的良好品牌，获得了“中国地产 20 年最具影响力企业”等称号。公司还广泛涉足金融领域，形成了成规模的金融股权投资，目前是盛京银行、成都农村商业银行、吉林银行、湘财证券、新湖期货等金融机构的主要股东，隐含着巨大的增值潜力和价值。

在追求市值最大化的战略目标下，新湖中宝稳健高速成长，并入选“沪深 300 指数”、“上证 180 指数”成分股，2008 年和 2009 年被评为中证“金牛百强”。

【主营业务】

港口设施、酒店服务、教育产业和房地产业。

【经营业绩】

2015 年半年报期内，公司坚持既定战略，稳健经营，各项业务进展顺利。期内，公司实现营业收入 49.80 亿元，比去年同期增长 73.75%；归属于上市公司股东的净利润 4.39 亿元，同比增长59.37%；每股收益0.054元；加权平均净资产收益率2.16%。截至2015年6月末，公司总资产768.98亿元，较期初增长8.54%；净资产207.83亿元，较期初增长8.13%。

公司品牌形象进一步提升，获得了客户、合作伙伴、员工和股东等利益相关方的高度认可。公司投资者关系管理工作稳步提升，资本市场形象更趋稳定；地产产品研发、设计、营造、策划和销售能力持续提高，地产业务品牌得到显著提升；湘财证券、新湖期货、温州银行、盛京银行在行业内均具有良好的品牌和优良的业绩，金融品牌逐渐凸现。

【600216】浙江医药股份有限公司

【基本情况】

浙江医药股份有限公司是于1997年5月组建的大型股份制综合制药企业。1999年8月经中国证监会核准，公司向社会公开发行了人民币A股5800万股，同年10月公司股票在上海证券交易所挂牌上市。截至2014年末，注册资本9.3亿元，总资产79亿元。

浙江医药现拥有新昌制药厂、维生素厂、昌海生物分公司、浙江来益生物技术有限公司、浙江来益医药有限公司等五家主要分公司(子公司)和医药工业研究院、上海来益生物药物研究开发中心两家研发单位，为国家高新技术企业，国家创新型企业，拥有国家级企业技术中心，设有国家级博士后科研工作站。现有员工6000余名，其中各类专业技术人员2000余名，占员工总数的40%以上。

目前，浙江医药已经形成了脂溶性维生素，类维生素，喹诺酮类抗生素，抗耐药抗生素等系列产品的专业化、规模化生产。公司原料产品：维生素E产量国内最大，为全球第二大生产商；天然维生素E产量为国内最大，全球第三大生产商；β-胡萝卜素和斑蝥黄素是全国最大、全球第三大供应商；盐酸万古霉素及替考拉宁已占全球产量的40%以上；公司制剂产品：乳酸左氧氟沙星注射液(商品名"来立信")占全国销售的20%以上，注射用盐酸万古霉素(来可信)占全国销售的30%以上，注射用替考拉宁(加立信)为国内独家销售产品。

浙江医药通过认真实施"创新创业、竞争发展、科技兴企、人才强企"的发展战略，紧紧抓住产品开发这条主线，突出结构调整，整合各种资源，加强原始技术创新和优势产品技术创新，做好优势品种的DMF文件注册和FDA认证工作，大力推行清洁生产、循环经济，以全球化为立足点，构建完善的市场网络，树立良好的品牌形象，创建先进的企业文化，大力提升了企业的核心竞争力，目前，浙江医药已发展成为一家技术先进、规模庞大、实力雄厚、对全球市场具有影响力的医药企业。

【企业文化】

企业兴衰在于管理，管理优劣在于文化。卓越的企业家倡行卓越的企业文化；卓越的企业文化培育卓越的团队；卓越的团队成就卓越的企业！

二十世纪八十年代以来，浙江医药股份有限公司在大力发展企业生产的同时，不断加强企业文化建设，逐渐形成了以药业报国为己任、践行"关爱人类健康"的企业宗旨，大力弘扬"团结、拼搏、创新、奉献"的企业精神，建设"品质标准化、管理国际化、研发原创化、资本市场化"的现代化药业集团为企业目标的企业文化体系，形成了先进的管理制度和行为规范，达到内求团结、外求发展，激发员工积极进取，为实现浙江医药可持续发展提供了强大动力。企业的发展、制度的健全，同时也营造了员工忠于企业、勇于创新的良好氛围。企业文化成了创新发展的巨大动力和宝贵的精神财富。

【主营业务】

化学原料药及其制剂产品的研制、开发、生产与销售。

【经营业绩】

2015年上半年报告期内，在全球宏观经济不景气与公司主导产品价格持续处于低位的双重背景下，公司经营业绩较去年同期有所下降，上半年实现销售收入214,564.01万元，比去年同期减少15.67%，实现归属于母公司股东的净利润13,486.04万元，比去年同期减少36.26%。面对日益激烈的市场竞争，公司经营层在董事会的领导下认真落实年初制订的重点工作，化危为机，强化内部管理，推动产业结构调整，加快技术成果转化，促进公司转型升级。

【企业荣誉】

被中国化学制药工业协会等授予2014年中国化学制药行业年度峰会2014年中国化学制药行业原料药出口型优秀企业品牌。

被中国文化管理协会、中国大众音乐协会、东方文化艺术院评为首届全国企业歌曲征评活动"最美企业之声"铜奖。

成为"全国企业文化合作组织"首批成员单位。

【600292】中电投远达环保(集团)股份有限公司

【基本情况】

中电投远达环保(集团)股份有限公司是由中国电力投资集团公司控股、以环保为主业的上市公司，股票简称"中电远达"，股票代码"600292"，公司董事长刘艺，总经理田钧。

公司现已形成了以环保工程、产品制造与技术服务三大价值链为核心，以技术进步和科技创新为支撑的产业构架体系，业务范围已涉及脱硫脱硝除尘工程总承包、脱硫脱硝特许经营、脱硝催化剂制造及再生、水处理、核电站中低放核废物处理及核废物处置场建设、节能等多个领域，覆盖全国大部分地区以及印度、土耳其等国家。

公司拥有国家级企业技术中心、院士专家工作站、博士后工作站、国家地方联合工程研究中心等科技研发平台，是国家级创新型企业，并荣获"中国环保科技创新最具影响力十大品牌"。建有国内最大的原烟气综合试验基地、国内领先的脱硝催化剂生产线、国内首套万吨级的烟气二氧化碳捕集装置、国内最大的活性焦干法脱硫脱硝实验平台和国内首个燃煤电厂PM2.5控制技术中试系统，建成的催化剂检测中心是目前国内首家获得全球实验室认可的催化剂检测机构。

截至2014年底，公司资产总额86.25亿元，年销售收入约35亿元，拥有6家下属企业，完成工程装机容量超1.6亿千瓦，催化剂年产能1.2万立方米，脱硫脱硝特许经营规模超3000万千瓦。公司自上市以来，每年都保持着较好的赢利水平，资产总额稳步增长。公司多次荣获全国文明单位、全国五一劳动奖状、全国职工职业道德建设标兵单位、全国职工模范之家、重庆市企业50强等荣誉称号。

公司践行"奉献绿色能源、服务社会公众"企业精神，着力打造绿色环保家园，积极改善人类生活品质，为建设美丽中国贡献力量。

【企业文化】

奉献绿色能源　服务社会大众

【主营业务】

废气治理、废水治理、固废治理以及节能减排项目工程建设、投资、运营、改造、副产品销售及技术服务；节能环保技术的研究、开发及服务；节能环保产品制造、销售及服务；核环保工程投资、建设、运营及技术服务（以上经营范围涉及行政许可的，在许可核定的范围和期限内经营，未取得许可或超过许可核定范围和期限的不得经营）

【经营业绩】

2015 年报告期内，受脱硝催化剂业务全行业下滑影响，公司脱硝催化剂业务全年持续低迷，脱硝催化剂销量、价格大幅下跌，收入、利润同比大幅下降；公司非公开发行募投项目于 2014 年底完成交割，特许经营装机容量增加使上网电量同比增长，公司营业收入同比仍保持上涨。受益于减持部分西南证券股份，投资收益大幅增加，公司营业利润、利润总额、净利润同比保持增长。

报告期内，公司实施了 2014 年年度利润分配方案，以 2014 年 12 月末股本总数 600,628,377 股为基数，向全体股东每 10 股转增 3 股的比例实施资本公积转增股本，公司股本增加，摊薄了公司每股净资产及每股收益。

【企业荣誉】

全国文明单位

全国五一劳动奖状

全国职工职业道德建设标兵单位

中电投集团先进集体

重庆市文明单位标兵

重庆市国企贡献奖

【600317】营口港务股份有限公司

【基本情况】

营口港务股份有限公司是 2000 年 3 月 6 日经辽宁省人民政府辽政〔2000〕46 号文批复，由营口港务集团有限公司作为主发起人，联合大连吉粮海运有限公司、辽宁省五金矿产进出口公司、吉林省利达经济贸易中心、中粮辽宁粮油进出口公司四家发起人共同发起设立。公司于 2000 年 3 月 22 日在辽宁省工商行政管理局登记注册成立，注册资本为人民币 1.5 亿元。公司主要从事散杂货物的装卸、堆存和运输服务，业务主要涵盖金属矿石、非金属矿石、钢材、粮食、化肥、铝粉、固体化工、木片、毛豆油、淀粉等多个货种。

公司成立后，严格按照《公司法》和现代企业制度的要求规范运作，通过采取一系列措施避免与大股东之间的同业竞争、减少关联交易。在新的管理模式下，公司建立了高效完善的组织结构，使技术、信息、资金、人才等资源得到充分合理的利用，实现了公司的独立运作，具有了面向市场自主经营的能力，取得良好的经营业绩。2001 年 3 月末，公司顺利通过沈阳证管办的验收，同时取得辽宁省政府上市推荐函，通过省政府金融办的审核。2001 年 10 月 19 日，公司首次发行股票的申请一次全票通过中国证监会审核。2002 年 1 月 16 日，公司首次公开发行 1 亿股 A 股股票，发行价格 5.90 元/股。2002 年 1 月 31 日，公司股票在上海证券交易所挂牌上市，股票代码：600317。公司于 2002 年 3 月完成收购营口港鲅鱼圈港区二期工程、一期工程 309 米深水岸线泊位和散粮中转设施工程，并设立了一、二两个分公司。收购完成后，公司资产规模由 2001 年底的 3.86 亿扩大到 2002 年底的 12.12 亿，泊位由成立时的 6 个增加到 13 个，泊位的吞吐能力进一步提高。改造后的原 27#与 26#泊位合称为 26#泊位可接卸 15 万吨级矿粉船，2002 年度公司共接卸 13 艘开普赛型船舶，首开东北口岸接卸大型散货巨轮的先河。

为进一步扩大港口规模，增强公司的核心竞争力，在对各种融资方式进行比较后，公司最终确定以发行可转债的方式进行二次融资。2004 年 3 月 15 日，公司发行可转债的申请通过中国证监会发审委审核。2004 年 5 月 20 日，公司 7 亿元可转债顺利发行，6 月 3 日，公司可转债在上海证券交易所上市交易，转债代码：110317。可转债发行后，公司用募集资金收购了三期工程多用途泊位和成品油及液体化工品码头。为避免同业竞争和进一步减少关联交易，2004 年 6 - 7 月，公司收购了营口中远国际集装箱码头有限责任公司 50% 的股权、营口港实业发展有限责任公司 99.44% 的股权，并整体收购了营口港务集团汽车运输公司。收购完成后，公司开始介入收益良好的集装箱业务。

按照国家关于股权分置改革的要求，公司于 2005 年 9 月份制订了股权分置改革草案，开始进入申报程序，11 月末取得辽宁省及吉林省国资委的原则同意。12 月 29 日，股改方案经公司 2005 年第二次临时股东大会暨相关股东会议以 98.93% 的比例通过。1 月 17 日，公司完成股权分置改革。

公司现有生产性泊位 20 个，泊位功能齐全，最大可接卸 15 万吨级船舶。

本公司在 2002 - 2003 年度、2004 - 2005 年度、2006 - 2007 年度，连续被辽宁省工商行政管理局评为免检企业；2002 年度被营口市地方税务局评为 A 级纳税企业；2003 年公司通过 ISO9001 质量体系认证；2004 年被辽宁省人民政府评为纳税大户。

随着中国加入 WTO，及振兴东北老工业基地等国策的大力推动，营口港面临历史性的发展机遇。公司的规模将进一步扩大，效益也将进一步提高。公司将利用自有资金、银行贷款和向资本市场的融资能力，不断改造现有生产泊位的吞吐能力。同时，根据公司的发展方向和经营情况，加快鲅鱼圈港区四期工程、大型矿石码头、原油码头以及物流园区等项目的建设，进一步提高公司的吞吐能力。针对激烈的竞争形势，在充分发挥港口区位、自然条件等优势的基础上，健全港口主体功能，向专业化、大型化、集装箱化的现代化港口方向发展，生产经营泊位由通用型向专业型泊位转化，提高业务竞争力；同时，本公司将进一步规范经营管理，积极开拓，不断创新，建设更有成效的团队和优秀的企业文化；积极与国内外知名的船公司、货主、跨国集团公司开展多种形式的战略联合，努力实现港口投资经营多元化，提高公司的综合竞争力。

【企业文化】

公司奉行“以管理为基础、以资本运营为手段、以盈利为目的、建设现代化港口企业”、“立足长远、共同发展”、“团队协作、高效务实”的经营理念，同时提出“以提高服务水平为先、以尽货主最大满意为本”的企业宗旨，坚持立足长远，与大货主、船货代理公司、员工共同发展，积极推进大商务战略，寻求港口与企业、港口与港口、港口与货主、港口与其他运输方式共同发展的经营模式。

【主营业务】

码头及其他港口设施服务；货物装卸、仓储服务；船舶港口服务；港口设施、设备和港口机械的租赁、维修服务。兼营：钢结构工程；机件加工销售；港口机械、汽车配件、钢材、建材、橡胶制品销售；苫垫及劳保用品制作、销售；尼龙绳生产、销售；汽车修理，托辊生产、销售；港口起重运输机械设备制造安装销售，皮带机、斗轮机、拖车设备安装销售；起重设备维修、保养服务；供暖、物业管理。

【经营业绩】

2015年度公司实现营业收入378,776.31万元，较上年减少3.14%；实现归属于母公司所有者的净利润50,010.74万元，较上年减少7.33%。

2015年公司完成货物吞吐量24,202.71万吨，比上年减0.49%，其中集装箱557.19万TEU，散杂货11,563.39万吨。从货类来看，金属矿石、钢材和集装箱等货物的吞吐量较上年有所增长，金属矿石仍占据最大货类的地位。但由于腹地粮食临储量增加、对北方深加工的补贴政策、取消粮食运补政策、原通过散船运输的粮食逐渐转换为产地集装箱运输等影响直接导致了粮食集港量减少。

【企业荣誉】

公司在2002－2003年度、2004－2005年度、2006－2007年度，连续被辽宁省工商行政管理局评为免检企业；2002年度被营口市地方税务局评为A级纳税企业；2003年公司通过ISO9001质量体系认证；2004年被辽宁省人民政府评为纳税大户。

【600419】新疆天润乳业股份有限公司

【基本情况】

新疆天润乳业股份有限公司（简称“公司”）是国家农业产业化重点龙头企业、自治区高新技术企业，是国家经济动员办公室在西北地区设立的唯一乳制品动员中心。公司于2013年11月在上海证券交易所主板上市，注册资金8638.9415万元，净资产6个多亿，公司市值近20个亿，2015年9月9日，工商变更注册资本，变更后的注册资本为103,557,209元。

公司拥有“天润”、“盖瑞”、“佳丽”等品牌，其中“盖瑞”被评为新疆名牌产品。为加快品牌战略的实施，公司确立了以“天润”为主的创建全国知名品牌发展规划。

按照差异化的策略，公司下属子公司天润科技以传统乳品为基础，以发酵乳和功能性乳品为重点，领先新鲜、做强常温、突破乳饮。天润科技自主研发的牛初乳、液态奶、酸奶、奶粉、含乳饮料以及奶酪等乳制品达六大系列五十多个品种，形成了具有时代特征和民族特色的产品体系。

天润科技拥有丹麦超滤浓缩低温喷雾牛初乳生产线、德国GEA公司液态奶、酸奶、活性乳酸菌饮料全自动生产线、瑞典利乐公司利乐砖、利乐枕灌装生产线和日本四国屋顶盒灌装生产线等世界先进的生产设备，使世界先进的乳品工艺技术在公司集成，成为新疆乳品行业标志性企业。公司日加工能力达到350吨。

公司拥有新疆天润生物科技股份有限公司、沙湾盖瑞乳业有限责任公司和沙湾天润生物有限责任公司三家子公司。自有、控股和合作奶源基地奶牛存栏2万多头，日产鲜奶达200吨以上，使建立起以自有奶源基地和控股奶牛养殖基地为核心层、以参股和合作养殖基地为紧密层、以家庭养殖和合同化管理养殖基地为松散层的新型奶源保障体系，形成了乳畜业产业化发展模式。

公司以乌鲁木齐城市型乳业为重点，建设以沙湾盖瑞为基础、以奎屯为核心奶源基地和固态乳为主的北疆乳畜业产业园区；发挥哈密的“桥头堡”作用，创建辐射西北地区的乳畜业产业园区；整合内地优良的乳畜业资源，建立切近内地市场的乳畜业产业园区，拓展公司的发展空间。

子公司立足新疆，面向全国，加快主体市场建设。疆内市场以乌昌城市型乳品市场为核心，以北疆为基础，以南疆三地州和吐、哈乳品市场为重点，建立了疆内县级核心市场网络。疆外市场发挥奶啤、利乐砖、利乐枕等产品优势，以北京、上海、广州等市场为核心，已经在等20多个省市区建立了销售网络体系，为公司跨越式发展奠定了基础。

公司确立了明晰的发展目标：围绕一个目标：即在三年内建成疆内乃至西北地区最大的乳品企业和和最具影响力的品牌。做好两个延伸：即在保障产能和质量的前提下，向乳业的上游（饲草料和养殖业为主的奶源基地）和下游（建立完善有效的市场网络体系）延伸。实现三个扩展：即通过技改扩展产能提高质量，降低成本费用；通过增加投入扩展品牌的影响力，打造全国知名品牌；通过资本市场扩展资本功能，融集企业发展资金。做好四项建设：即固定资产投资项目建设、奶源基地建设、知名品牌建设、市场网络体系建设。实现五个转变，即：奶源保障体系的转变、产能质量的转变、营销方式的转变、产品结构的转变和员工收入水平的转变。通过调整结构，转变方式，提质增效，使公司经济发展速度保持在较高的发展水平。

【企业文化】

天山南北润康中国

【主营业务】

乳业投资及管理、畜牧业投资及管理；乳和乳制品的生产加工销售；初乳素系列生物保健品、食品、饮料的生产与销售；预包装食品、乳制品、乳饮料的生产和销售；开发、生产、销售儿童食品、营养食品。经销食品、饮料加工设备、生产销售包装材料及包装用品、本企业产的乳制品、食品，畜禽产品，饮料，饲料；乳制品及乳品原料；经营本企业自产产品及相关技术的出口业务。

【经营业绩】

2015年报告期内，公司面对市场的变化，积极调整产品策略，加大产品创新力度，优化主要产品结构，销量较上年同期有较大幅度增长，归属于上市公司股东的净利润较上年有较大幅度增长。2015年年度实现归属于上市公司股东的净利润与上年同期相比增长幅度270%。

【企业荣誉】

农业产业化国家重点龙头企业

荣获自治区名牌产品单位

新疆学生饮用奶奶源基地

2013年度安全生产先进单位

2012年度纪检监察系统宣教工作先进单位

2012年度十二师社会管理综合治理工作一等奖

【600470】安徽六国化工股份有限公司

【基本情况】

引进六国技术，荟萃天地人和，打造中国知名品牌。建成投产二十余年，两代人艰苦创业，昔日的郊野荒滩变了模样，一座绿色文明的化工城，在皖江之滨、铜官山下拔地而起。

安徽六国化工股份有限公司（下称“公司”）走“酸肥结合、矿肥结合”的发展道路，区位、交通、资源、人才、技术、品牌优势显著，是国家重点发展的大型磷复肥生产骨干企业。前身为铜陵磷铵厂，于1987年11月建成投产，是国家“七五”

计划重点项目。"六国"得名缘于公司第一套生产装置和技术分别来自意大利、奥地利、法国、原西德、罗马尼亚和中国六个国家，也是我国第一套引进的大型磷铵装置，集六国优势，故称"六国"。

2000 年 12 月 28 日，由铜陵化学工业集团公司为主发起人并控股，设立安徽六国化工股份有限公司。2004 年 3 月 5 日，公司在上海证券交易所成功上市（股票代码 600470）。2007 年 4 月、2010 年 8 月两次增发，现总股本为 5.216 亿股。现有总资产 64 亿元，年销售收入 60 亿元，拥有 350 万吨/年化肥产能。截至 2015 年 5 月，公司本部在册员工 1722 人，各类技术人员 355 人，高级专业技术人员 21 人。

公司主要从事磷矿采选，磷复肥、精细磷化工、合成氨和甲醇等生产与销售。现有 1 个本部、7 个控股子公司，分别是六国化工铜陵本部，全资子公司宿松六国矿业有限公司，控股子公司江西六国化工有限责任公司、湖北六国化工股份有限公司、安徽省颍上鑫泰化工有限公司、铜陵鑫克精细化工有限责任公司、铜陵国星化工有限责任公司（中韩合资）、安徽中元化肥有限公司。

公司持续强化产品质量管理，大力推进品牌发展战略，提供优质的"六国"牌产品，使顾客满意。公司拥有"六国"、"施大壮"、"淮海"三件中国驰名商标，品牌运营资源和市场影响力不断提升。成功注册"六瑞"、"六国之星"、"六国肥娃"等 114 件商标，"LANDGREEN"商标成功在印度、韩国、印度尼西亚、台湾等八个国家和地区注册，为公司走国际化道路打下了良好的品牌基础。主导产品"六国"牌磷酸二铵荣获中国名牌产品、全国用户满意产品等称号，"六国"牌商标入选中国最有价值商标 500 强。

公司运行卓越绩效管理模式，全面通过质量、环境、职业健康安全、测量、环保生态肥管理体系认证。倡导尊重人才、关爱员工、善待用户、激励创新、追求高效，全力推行"三讲五心"特色企业文化，精心培育"感恩·服从·奋斗"企业价值观，牢固树立视员工如客户、视客户如员工的"员工·客户"理念，大力实施数据化、表格化、模板化、规范化和职业化"五化"精细化管理，竭力打造六国化工的文化品牌。公司荣获全国文明单位、全国模范劳动关系和谐企业、全国卓越绩效模式先进企业、全国第四批企事业单位知识产权试点工作合格单位、中国农化服务先进单位、国家级守合同、重信用单位、AAAA 级标准化良好行为企业等称号。

"打造中国著名品牌，实现六国品牌国际化"是公司的核心发展战略。公司将继续加强和巩固磷复肥主业在行业内的地位，积极采用高新技术延长产业链，调整产业结构，提升产品档次；实施国际化战略，加大与国际一流企业的合作力度，全力打造以磷化工为主体，煤化工、氟化工、精细化工快速发展的产业化格局，把公司建设成国内领先、具有国际竞争力的一流化工生产企业。

【企业文化】

集六国优势创中华名牌

【主营业务】

化学肥料（含复混肥料）、磷石膏生产、加工、销售（以上范围需要许可证的一律凭许可证经营）；自产产品的出口；公司所需的机械设备、零配件、原辅材料及技术的进出口。

【经营业绩】

2015 年报告期内，公司实现扭亏为盈。全年实现营业收入 557,699.82 万元，同比增长 5.79%；实现净利润 3,887.99 万元，其中归属于母公司净利润为 14,879.32 万元。

【600495】晋西车轴股份有限公司

【基本情况】

晋西车轴股份有限公司（简称晋西车轴）是 2000 年经原国家经贸委批准发起设立的股份有限公司，全资拥有晋西铁路车辆有限责任公司、包头北方铁路产品有限责任公司。公司总资产 25 亿元，职工 1900 余名，其中中高级以上专业技术人员 220 余名。公司占地面积 28 万平方米，拥有各类主要生产设备 2700 余台（套）。2004 年 5 月，公司 A 股股票在上海证券交易所上市发行，股票代码：600495。

经国家批准，晋西车轴主要从事铁路车辆、车轴、轮对、转向架等产品的生产销售及自营进出口业务，并在精密锻造和非标制造等方面具备较强的技术和装备实力。公司及公司产品先后通过美国铁路协会（AAR）质量管理体系、ISO9000 质量管理体系、ISO14001 环境管理体系、职业健康安全管理体系、IRIS 国际铁路行业标准体系等认证，是山西省高新技术企业。

公司坚定不移地致力于发展高新技术，在铁路装备制造业已形成雄厚的技术和装备实力，经过多年的技术改造，已具备铁路车轴 18 万根、铁路货车 3000 辆、铁路轮对 3 万套、摇枕侧架 5000 辆（份）的生产能力。特别是在铁路车轴产品的专业化开发、生产中已具备同行业厂家不可替代的优势，已跻身全球铁路车轴专业化生产企业第一梯队。车轴产品涵盖国内外各型铁路机车、货车、客车、地铁、轻轨等轨道车辆。

公司坚定不移地推进国际合作与交流，铁路车轴、轮对等产品已经出口到北美、南美、欧盟、东亚、东南亚、南亚、澳大利亚等地区和国家。已经与庞巴迪、阿尔斯通、通用、西门子、SCT 等跨国公司建立了良好的合作关系，出口铁路车轴及城市轨道交通用车轴代表着我国该领域产品的国际竞争力。

晋西车轴坚持不懈地提高企业经济效益和履行社会责任，公司多次获太原国家高新技术产业开发区十佳快速成长性企业、突出贡献企业、模范纳税企业、出口鼓励企业。山西省用户满意企业、山西省"守合同、重信用"企业、山西省质量信誉 AAA 级企业、公司"晋西"品牌被评为山西省著名商标、铁路车轴产品被评为山西省名牌产品、全国用户满意产品称号。

公司拥有三条以引进奥地利卧式径向锻造机为主的世界最先进的铁路车轴锻造生产线、热处理生产线；拥有一条以两台 8MN 快锻机组为主的铁路车轴锻造、热处理生产线和五条铁路车轴机加生产线，目前已形成铁路车轴 18 万根的生产能力。公司铁路车轴产品已广泛应用于国内外各种型号铁路车辆，已与世界上十几个国家和地区的跨国公司建立了良好的合作关系。

公司拥有一条铁路货车（敞车）生产线、一条罐车生产线，具备通用敞车和专用货车（漏斗车、罐车、平车等）的互换生产能力，主要产品有 C70 型通用敞车、C70A 型运煤敞车、C70B 不锈钢通用敞车、C70C 焦炭车、C80B 型不锈钢运煤敞车、KM70 型煤炭漏斗车、KZ70 型石砟漏斗车、GQ70 型轻油罐车等车型，铁路整车年生产能力 3000 辆。

公司拥有年生产能力 3 万套轮对的全自动轮对压装生产线，拥有台湾数控立车、TG0101 全自动轮对压装机、全自动轴承压装机等先进的生产设备，并自主开发了轮对轴承仿真磨合机，生产的货车轮对、客车轮对远销英国、土耳其、南非和东南亚等国家和地区。

公司在积极开发铁路货车的同时，公司也不断开发铁路货车配件，与整车配套开发了转8A、转8G、转K2转向架，转K4和K5摆动转向架，转K6转向架，转K2摇枕侧架等。公司率先实行技术突破，首次将智能化机器人用于摇枕、侧架大型内腔复杂铸件的制芯、下芯过程，实现了该类产品自动化、智能化生产，被铁道部有关领导高度评价为“国内一流、同行业首创、国际领先”，解决了半个世纪以来被内腔存在披缝、错位、台阶、多肉、夹砂和夹渣等诸多质量缺陷所困扰的问题，为货车重载提速提供了技术基础与物质基础。

公司在非标精密零部件加工、工艺、非标精密自动化设备设计、生产制造、电气控制、设备调试方面具有较强的专业化能力和丰富的经验。公司以顾客的需求为出发点，研制生产了纺丝机、环形加热炉、熄焦车、电动平板车、有缝无缝钢管设备等专用设备。产品畅销全国，并出口到美国、韩国、南非和东南亚等多个国家和地区。

晋西车轴将坚持“战略引领、科技创新”的基本理念，围绕集团化管控、市场化运作、专业化经营、规模化发展的基本思路，全力打造全球最大的铁路车轴生产基地，成为世界铁路车辆及相关铁路产品的主要供应商。

【企业文化】

公司坚持“战略引领、科技创新”的基本理念，围绕集团化管控、市场化运作、专业化经营、规模化发展的基本思路，全力打造全球最大的铁路车轴生产基地，成为全球铁路车辆及相关铁路产品的主要供应商。

【主营业务】

各类车轴的生产及销售，合金钢等精密锻件生产、销售或委托加工。

【经营业绩】

2015年，公司实现营业收入201,026万元，较上年降低19.67%；全年实现净利润10,071万元，其中归属于母公司所有者的净利润10,081万元，较上年降低28.18%。

【企业荣誉】

山西省名牌产品－晋西车辆

山西省名牌产品－晋西车轴

山西省质量信誉等级证书－晋西车轴

山西省用户满意产品

山西省用户满意单位

【600516】方大炭素新材料科技股份有限公司

【基本情况】

方大炭素新材料科技股份有限公司(以下简称“方大炭素”)本部位于甘肃省兰州市红古区海石湾镇，东距甘肃省省会兰州市113公里，西距青海省省会西宁市120公里，地理位置十分重要，区位优势明显；公司交通运输、航空运输均十分便利；南临黄河支流大通、湟水两河，水资源丰富；厂区附近有刘家峡、龙羊峡、李家峡、盐锅峡等大型水电站，涩北——兰州输气管道从这里通过，水、电和天然气供应充沛，资源丰富，为公司的发展提供了得天独厚的条件。

方大炭素的前身——“兰州炭素厂”(行业代号205厂)始建于1965年，1996年改制为国有独资的兰州炭素有限公司，2000年3月经甘肃省批准更名为“兰州炭素集团有限责任公司”，属国家大型一类企业和国家经贸委确定的1000家重点国有企业。2001年4月由兰州炭素集团公司发起设立兰州海龙新材料科技股份有限公司，并于2002年8月在上海证券交易所上市。2006年9月28日，辽宁方大集团实业有限公司成功竞买到兰州炭素集团有限责任公司所持海龙科技公司51.62%的法人股，成为海龙科技公司的控股股东，顺利实现并完成了对海龙科技公司的并购、转制和重组。2006年12月底，经国家工商行政管理总局批准，“兰州海龙科技新材料科技股份有限公司”更名为“方大炭素新材料科技股份有限公司”。

改制重组后，方大炭素成为辽宁方大集团实业有限公司控股的大型跨地区炭素企业。现拥有抚顺炭素有限责任公司、成都蓉光炭素股份有限公司、合肥炭素有限责任公司、北京方大炭素科技有限公司、抚顺莱河矿业有限公司等子公司，形成了前所未有的产业优势，已成为中国最大的民营炭素企业，是亚洲第一、世界前列的优质炭素制品生产供应基地，国内唯一新型炭砖生产基地。

方大炭素是亚洲最大的炭素制品生产供应基地。公司炭素制品综合生产能力达到23万吨，其中石墨电极和炭素新材料20万吨，炭砖3万吨。方大炭素按照各子公司设备和技术水平，优势互补，规范生产，分工协作，可生产国内外客户所需的各品种、规格的石墨电极和炭素制品。产品分为3大系列，38个品种，126种规格，主导产品有超高功率、高功率、普通功率石墨电极；高炉用微孔炭砖、半石墨质炭砖，铝用普通阴极炭砖、大截面半石墨质阴极炭砖，石墨化阴极炭砖，各种矿热炉用内衬炭砖；高档炭糊；特种石墨制品、生物炭制品、炭毡和炭/炭复合材料等炭素新材料产品，其中多项为国内首创。产品广泛应用于冶金、化工、机械、医疗、生物等行业和高科技领域，畅销全国30个省、市、自治区，并远销日本、欧美、东南亚及非洲等国家和地区。

方大炭素拥有国际先进水平的炭素制品生产设备。先后从美国、日本、德国引进了电热混捏机、二次焙烧隧道窑、电极清理机、高压浸渍等国际先进水平的关键性设备，特别是从日本引进的全自动配料、40MN立捣卧压机设备，是当今世界最先进的大规格电极生产装备，还拥有国内先进水平的内串石墨化炉和20000KVA直流石墨化炉。公司现装备技术水平达到了国内一流、世界领先。

方大炭素基于四十多年炭素制品的研发、生产、经营历史，建立和健全了与炭素制品研发与生产特点相适宜的研发、生产、质量、设备、安全环保等管理体系。已经取得了ISO9001质量体系认证证书，产品质量达到了国际标准，公司整体工艺技术能力达到国际先进水平。

方大炭素先后获国家银质奖12项，冶金部优质产品奖22项，省优产品奖3项。高功率、超高功率石墨电极和高炉炭砖被甘肃省人民政府列为全省首批“陇货精品”。超高功率石墨电极、长寿高炉炭砖被国家五部委联合命名为国家重点新产品，核石墨、生物炭等炭素新材料的研究和生产保持国内领先地位。企业管理先后被授予“全国五一劳动奖状”等五十多个国家、省、部荣誉称号。

在今后的发展历程中，公司将继续坚持以科学发展观为指导，紧紧瞄准“产业报国，打造中国炭素航母，打造世界炭素旗舰”的企业发展目标，遵循办企业要有利于政府、有利于企业、有利于职工的企业价值观，坚持“以人为本，诚信为先”的企业精神，践行“取之于社会，回报于社会”的企业宗旨，依靠技术进步和精细管理，加快产品结构调整，优化资源配置，发挥装备优势，实施品牌战略，继续做优做强做精石墨电极、炭砖和炭素新材料三大拳头产品，形成优先发展炭素新材料，重点发展炭砖，稳定发展石墨电极的整体发展思路，走以科技创新带动企业发展的产业化、资源节约型、环境友好型可持续发展之路，努力实现公司经济又好又快发展。

我们坚信在辽宁方大集团董事局主席方威先生为核心的董事局领导下，方大炭素将乘风破浪，再接再厉，不断超越，在国际化的竞争环境中，成为世界一流炭素知名企业。

【企业文化】

以人为本诚信为先取之于社会回报于社会

【主营业务】

石墨及炭素制品的生产加工、批发零售。

【经营业绩】

2015 年受铁矿石市场价格下跌的不利因素，公司控股子公司抚顺莱河矿业有限公司(公司持股 97.99%)没有满负荷生产，利润大幅降低。2015 年 3 月，因涉及诉讼判决，公司被法院划拨款项 7500 多万元，致使公司非正常性损益项目支出金额增大。

2015 年度实现归属于上市公司股东的净利润与上年同期相比将下降 90%。

【企业荣誉】

2012 年度先进私营企业

兰州市"同步小康先锋号"

甘肃省私营企业 100 强

【600557】江苏康缘药业股份有限公司

【基本情况】

江苏康缘药业股份有限公司是集中药研发、生产、贸易为一体的大型中药企业，A 股上市公司，被评为国家创新型试点企业、国家技术创新示范企业、国家中药现代化示范企业、国家重点高新技术企业、中国制药工业百强企业，建有中药制药过程新技术国家重点实验室，国家重大新药创制企业大平台等国家级科研机构，是中国中药行业获新药证书最多、拥有发明专利最多的企业以及推进中药国际化最为深入的企业之一。

公司拥有国内第一条中药智能化提取精制生产线，13 个剂型全部通过了新版 GMP 认证。同时，公司全力推行专业化、学术化营销，建立了一支高素质、专业化、3000 余人的营销队伍，产品覆盖 28 个省市建立了 29 个销售分公司、200 多个中心办事处，与全国 800 余家医药商家建立了长期稳定的业务关系，产品覆盖近 4000 家县级以上医疗单位。

放眼未来，公司将秉承"精品国药，康缘创造"的创新中药核心理念，大力发展现代中药，推进现代中药国际化，发展大中药产业及生物制药业，全面提升企业的核心竞争力。建设创新康缘、实力康缘、幸福康缘、百年康缘。

【企业文化】

精品国药康缘创造

【主营业务】

中成药制剂、保健品制造、销售。

【经营业绩】

2015 年上半年报告期内，在国家医疗体制改革深入推进、宏观经济下行压力加大的形势下，公司坚持创新发展，深化营销改革，扎实推进各项工作，积极拓展新业务新渠道，使得公司业绩继续保持稳健增长。

报告期内，公司合并报表实现营业收入 142,733.72 万元，同比增长 15.54%，归属于上市公司股东的扣除非经常性损益的净利润 18,720.47 万元，同比增长 18.23%，经营性现金净流量 19,634.90 万元，同比增长 14.33%；其中母公司实现营业收入 121,530.17 万元，同比增长 15.55%，净利润 18,853.9万元，同比增长 18.65%，经营性现金净流量 13,303.65万元，同比下降 21.85%。

【企业荣誉】

中国驰名商标

抗震救灾先进集体

中药制药过程新技术国家重点实验室

【600637】上海东方明珠新媒体股份有限公司

【基本情况】

上海东方明珠新媒体股份有限公司(股票代码:600637.SH，以下简称"东方明珠")是上海广播电视台、上海文化广播影视集团有限公司(Shanghai Media Group，SMG)统一的产业平台和资本平台。公司拥有中国规模最大、门类最齐、特色鲜明的内容版权库以及国内最大的多渠道视频集成与分发平台(Multichannel Video Programming Distributors，MVPDs)，旗下数字营销、主机游戏、电视购物、文化娱乐旅游等传媒相关服务行业领先。公司正以强大的媒体业务为根基，以互联网电视业务为切入点，全力构建包括"内容、渠道与平台、服务"在内的互联网媒体生态系统，为用户提供影视内容、游戏、购物、娱乐旅游等全方位娱乐服务，打造最具市场价值和传播力、公信力、影响力的新型互联网媒体集团。

【主营业务】

电子、信息、网络产品的设计、研究、开发、委托加工、销售、维修、测试及服务，从事货物及技术的进出口业务，研究、开发、设计、建设、管理、维护多媒体互动网络系统及应用平台，从事计算机软硬件、系统集成、网络工程、通讯、机电工程设备、多媒体科技、文化广播影视专业领域内的技术开发、技术咨询、技术转让、技术服务，设计、制作、发布、代理各类广告，利用自有媒体发布广告，文化艺术交流策划，企业管理咨询，企业形象策划，市场营销策划，图文设计，文化广播电视工程设计与施工，机电工程承包及设计施工，信息系统集成服务，会展服务，计算机软件开发，文化用品，珠宝首饰，日用百货，工艺美术品，建筑装潢材料批发与零售，自有房产租赁，电视塔设施租赁，实业投资，投资管理，商务咨询，房地产开发经营，广播电视传播服务。

【经营业绩】

2015 年公司完成了重大资产重组，公司经营业态与上年发生重大变化，对比重组前原百视通 2014 年经营业绩，全年实现归属于母公司净利润同比增长超过 250%。2015 年度归属于上市公司股东的净利润同比上升超过 250%。

【600677】航天通信控股集团股份有限公司

【基本情况】

航天通信控股集团股份有限公司位于浙江省杭州市，前身是主管全省纺织工业的行政性公司——浙江省纺织工业公司。1987 年开始转制，1993 年经国家体改委批准进行股份制试点，同年 9 月 28 日在上海证券交易所上市，列综合类上市公司，股票代码 600677。

2000 年 8 月，浙江省人民政府与中国十大军工集团之一的中国航天科工集团公司协商签订《省部合作备忘录》，中国航天科工集团公司通过受让浙江省财政厅所持的国家股，成为公司的第一大股东。随后，中国航天科工集团公司对公司陆续注入军用通信、航天防务武器、装备制造等军工资产，使公司逐步转型为军民融合发展的国防科技型上市公司。2004年，国防科工委正式批准作为保军骨干企业的沈阳航天新乐有限责任公司进入公司，并认为“将涉及核心军品保留能力的资产上市是社会主义市场经济条件下，国防科技工业深化改革的一种新的探索”。直到目前，公司仍是沪深两市唯一一家具有导弹武器系统总体设计、总装保军企业的上市公司。

经过近几年的战略性调整、转型和创新发展，公司确定了通信、航天防务与装备制造、纺织与商贸服务为主业。主要从事有线、无线通信设备，特种车辆，大型电力和环保设备、纺织产品等的研发、生产、制造，纺织原料、纺织产品、机电产品、金属材料等的进出口贸易、国内贸易等。

按照上市公司的治理准则，公司建立起了较为完善的法人治理体制和机制，在浙江、江苏、四川、辽宁、北京、上海等省市拥有成员企业单位20余家，员工7000余人，营销网络遍及全国及世界十多个国家和地区，年营业额近百亿元。公司总部建立了完善GJB9001B－2009质量管理体系，并通过了国家二级保密资格认证，所属企业中，有11家单位获国家高新技术企业资质，拥有武器装备科研生产许可证、保密资质、国军标质量管理体系、装备承制资格等各类军工行业准入资质。

航天通信凭借航天系统产业、资源和市场渠道的优势，利用上市公司的平台和灵活、规范的资本市场投（融）资方式，积极实施资本运作和投资发展的战略，开拓进取，奋力拼搏，全力打造中国一流的专网通信领域领军企业、一流的末端防空导弹武器制造商。

【主营业务】

军工制造、通信产业投资、通信产品开发、通信工程、通信设备代维、轻纺产品及原辅材料、针纺织品的生产和销售、进出口贸易、实业投资开发、房地产开发经营、计算机网络工程等。

【经营业绩】

2015年度，公司纺织制造及商品流通产业均出现下滑，但受公司实施完成重大资产重组、出售下属子公司股权产生收益等因素的影响，经公司财务部门测算，公司2015年度业绩实现扭亏为盈。

2015年年度经营业绩与上年同期相比，实现扭亏为盈，归属于上市公司股东的净利润3000万元。

【600690】青岛海尔股份有限公司

【基本情况】

海尔集团创立于1984年，从开始单一生产冰箱起步，拓展到家电、通讯、IT数码产品、家居、物流、金融、房地产、生物制药等领域，成为全球领先的美好生活解决方案提供商。2014年，海尔全球营业额2007亿元，利润总额150亿元，利润增长3倍于收入增长，线上交易额548亿元，同比增长2391%。据消费市场权威调查机构欧睿国际（Euromonitor）的数据，2014年海尔品牌全球零售量份额为10.2%，连续六年蝉联全球大型家电第一品牌。

海尔致力于成为全球消费者喜爱的本土品牌，多年来一直践行本土化研发、制造和营销的海外市场战略并取得了很好的成绩。目前，海尔在全球有5大研发中心、21个工业园、66个贸易公司，用户遍布全球100多个国家和地区。创新是海尔的企业文化基因。海尔的创新力体现在平台化企业搭建和管理模式创新上。目前海尔正从制造产品转型为制造创客的平台，青岛海尔（股票代码SH：600690）和海尔电器（股票代码HK：01169）两大平台上聚合了海量创客及创业小微，他们在开放的平台上利用海尔的生态圈资源实现创新成长，聚集了大量的用户资源。2014年海尔注册用户已经达到3685万。

以青岛海尔为主体智能家庭平台，致力于推动从产品硬件到解决方案的转型，通过智慧家庭U＋生活平台、互联工厂构建并联交互平台和生态圈，提供互联网时代美好生活解决方案，最终实现用户的全流程最佳交互、交易和交付体验。以海尔电器为主体的价值交互平台，致力于实现从制造向服务的转型，打造虚实融合的用户价值交互平台，以物联网和物流服务为核心，把传统的物流配送环节转变为在给用户提供服务的过程中创造用户交互的价值，构建互联网时代用户体验引领的开放性平台。

海尔致力于搭建投资驱动平台和用户付薪平台，通过人单合一双赢模式创新让员工成为开放创新平台上的创业者，在为用户创造价值的同时实现自身的价值。在这一模式下，海尔将企业从管控型组织变成一个投资平台，员工从原来被动的命令执行者转变为平台上的自驱动创新者，而驱动员工创业的就是不断交互出的用户需求，企业与员工、合作方转为合作共赢的生态圈，原来串联的流程变成并联流程，所有各方并联在一起为市场共同创造价值。2014年海尔集团战略推进的主题颠覆为“企业平台化、员工创客化、用户个性化”：企业平台化对应企业的互联网思维，即企业无边界；员工创客化对应员工的价值体现，员工成为自主创业创新的创新者；用户个性化对应着企业的互联网宗旨，即创造用户全流程最佳体验。人单合一双赢模式因破解了互联网时代的管理难题而吸引了世界著名商学院、管理专家争相跟踪研究，并将海尔人单合一双赢模式收入案例库进行教学研究。

互联网时代的到来颠覆了传统经济的发展模式，为企业带来新的挑战和机遇。海尔将坚持网络化的发展战略，开拓创新，通过持续推进人单合一双赢模式，对内打造用户需求驱动的投资驱动创业平台，对外构筑并联的开放生态圈体系，创造互联网时代的世界级品牌。

【主营业务】

从事电冰箱、空调器、冰柜等产品的生产与经营。

【企业文化】

企业平台化、员工创客化、用户个性化

【经营业绩】

2015年1－6月公司实现收入419.20亿元，同比下降10.81%（章丘海尔电机有限公司、青岛海尔特种电器有限公司等两家公司不在公司本期合并报表范围以及装备部品部分业务经销模式调整影响公司收入，若扣除上述因素影响，本报告期收入同比减少约5.5%。）；实现归属于母公司股东的净利润26.29亿元，同比增长2%（章丘海尔电机有限公司、青岛海尔特种电器有限公司等两家公司不在公司本期合并报表范围以及因海尔电器股本增加使得公司对海尔电器持股比例被稀释等因素相应减少公司归属于上市公司股东的净利润，若扣除上述因素影响，本报告期本公司归属于上市公司股东的净利润同比增幅约为5%）；盈利能力持续提升，整体毛利率提升2.8个百分点，其中受益于引领新品上市优化产品结构影响，白电毛利率同比提升1.5个百分点；净利润率提升0.86个百分点至7.87%。报告期内，公司在新媒体营销、新品推广以及卡萨帝渠道建设等方面投入增加，销售费用同比支出增加；组织运营效率提升，管理费用支出同比减少。

【企业荣誉】

2014 年海尔品牌全球零售量份额为 10.2%，连续六年蝉联全球大型家电第一品牌。

【600770】江苏综艺股份有限公司

【基本情况】

综艺集团，1987 年以 21 台旧缝纫机从黄金村起步，20 多年来，在中国十大杰出青年、党的十六大代表、全国劳动模范、第十二届全国人大代表——昝圣达董事长的带领下，历经三次前瞻性的产业转型和产业升级，从传统的服装加工企业发展成为"以新能源为龙头，信息科技和股权投资为两翼"的国际性高科技投资控股集团，成为中国改革开放辉煌历程的缩影。

综艺集团的业务领域覆盖新能源、新材料、信息科技三大国家重点战略产业，集团现有子、分公司 30 多家，其中，控股上市公司 1 家，国家高新技术企业 5 家，国家创新示范企业 3 家。

综艺集团是国内领先的太阳能光伏系统集成供应商和最大的海外光伏电站建设运营商；也是信息科技领域多项前沿技术的发明者和国家标准制定者。同时，作为国内股权投资的先行者，综艺集团的股权投资已覆盖金融、消费品、医药、现代牧业、现代服务等诸多高成长行业。

君子和而不同，在昝圣达董事长的率领下，年轻的综艺集团将一如既往地秉承"团结、创新、廉洁、奉献"的企业精神，为社会创造财富，为国家担当责任，谱写一曲波澜壮阔的辉煌乐章！

【企业文化】

团结、创新、廉洁、奉献

【主营业务】

各类中高档服装、木制品和饮料的生产、销售，信息产品流通、电子商务（网络在线销售）、电脑教育培训、信息资讯服务、软件开发以及自营、代理各类商品进出口业务等。

【经营业绩】

公司于 2014 年收购了包括北京盈彩畅联网络科技有限公司、上海量彩信息科技有限公司、上海好炫信息技术有限公司和北京仙境乐网科技有限公司在内的四家从事互联网彩票业务的公司的控股权，此次并购基本实现了公司在互联网彩票产业链的整体布局。为完成上述收购，公司累计共支付股权收购款 3.43 亿元。由于被收购公司属于轻资产的互联网公司，上述收购在会计上形成商誉合计为 2.83 亿元。

2015 年年度经营业绩出现亏损，实现归属于上市公司股东的净利润为 -22,000 万元。

【企业荣誉】

2012 年度南通市通州区纳税百强企业特别贡献奖

【600784】鲁银投资集团股份有限公司

【基本情况】

鲁银投资集团股份有限公司是 1993 年 3 月经山东省人民政府批准以定向募集方式设立的股份有限公司。公司于 1996 年 12 月公开发行 A 股，并在上海证券交易所挂牌交易，注册资本 56817.7846 万元，主要经营范围：股权投资、经营与管理；投资于高新材料、生物医药、网络技术等高科技产业；高科技项目的开发、转让；机械、电子设备的销售；批准范围内的进出口业务；羊绒制品的生产、销售。目前，主要产业有粉末冶金及制品、房地产开发、羊绒纺织、铁矿开采、小额贷款、国际经贸、物业服务、文化艺术品等。

公司位于济南市经十路 10777 号，总部设 8 个部门，下辖有粉末冶金有限公司、禹城粉末冶金制品有限公司、山东省鲁邦房地产开发有限公司、禹城羊绒纺织有限公司、山东毛绒制品有限公司、青岛豪杰矿业有限公司等 20 余家全资或控股子公司。秉承"为客户创造价值，为股东创造效益，为职工创造机遇，为社会创造财富"的企业宗旨，以"创蓝筹企业，铸百年鲁银，实现股东、客户、员工、社会和谐共赢"为愿景，发扬"不畏艰难、不懈追求、不断创新"的鲁银精神，以经济效益为中心，精细经营，规范运作，通过强化内部管理、狠抓挖潜增效，优化产业结构，努力打造公司健康、快速、可持续发展之路。

【企业文化】

企业愿景：创蓝筹企业，铸百年鲁银，实现股东、客户、员工、社会和谐共赢。

企业精神：不畏艰难、不懈追求、不断创新。

【主营业务】

为股权投资，目前投资的主要产业为羊绒纺织、房地产开发、粉末冶金材料与热轧带钢生产和制药等。

【经营业绩】

2015 年 1 - 6 月，公司实现营业收入 11.76 亿元，比上年同期降低 43.27%，实现营业成本 10.39 亿元，比上年同期降低 42.87%，主要原因是本期房地产板块销售速度放缓，上半年房地产销售同去年同期相比，差距较大。本期的毛利率为 11.64%，比上年降低 0.62 个百分点，主要原因为营业收入的构成发生变化。

归属于上市公司股东的净利润 80.39 万元，比上年同期降低 97.17%；归属于上市公司股东的扣除非经常性损益的净利润 148.10 万元，比上年同期降低 94.84%，利润变动主要原因是本期房地产项目销售数量下降，与销售预期差距较大，导致公司整体利润下滑。

公司房地产业去年同期集中确认收入，实现的利润较多，本报告期房地产销售不畅，2015 年度归属于上市公司股东的净利润同比下降幅度较大。

【企业荣誉】

2012 年，公司被评为"2012 年度中国上市公司资本品牌溢价百强"企业；

2012 年，公司荣获第九届中国上市公司董事会金圆桌奖；

2013 年，公司被评为"21315 国家级征信企业"、"全国质量守信企业"；

2013 年，公司被评为"山东省优等信誉（AAA 级）企业"、"山东省企业管理优秀单位"；

2014 年，公司被评为"山东省履行社会责任示范企业"；

2015 年，公司被评为"2015 中国最受投资者尊重的百家上市公司"。

【600893】中航动力股份有限公司

【基本情况】

1958 年 8 月 1 日在西安渭水之滨奠基生根的中航工业西安航空发动机（集团）有限公司，是中国大中型军民用航空发动机研制生产重要基地、大型舰船用燃气轮机动力装置生产修理基地、新型环保能源领域研发基地、国内领先、国际一流的高技术加工制造中心。

近半个世纪以来，中航工业西航为中国航空工业实现跨越发展做出了重大贡献。先后荣获“全国五一劳动奖状”、“中国明星企业”、“国家机电产品出口先进单位”、“国家863CIMS应用示范企业”、“全国用户满意服务单位”、“中国航空工业创建四十周年重大贡献单位”、“全国企业文化建设优秀单位”、“建国五十周年国庆首都阅兵装备工作中做出突出贡献单位”、“中国最具创新力企业”、“中航工业开展深入学习实践科学发展观活动先进单位”等数十项殊荣。此外，公司“提升大型航空发动机制造水平的精益管理”获国家级企业管理现代化创新成果一等奖，“首台国产化某型机研制”获国家科技进步一等奖等200多项国家、省部级科研成果、管理成果奖的获得和博士后科研工作站、国家级企业技术中心等技术平台的建立不断提升公司的自主创新能力和管理能力。目前，中航工业西航已位列中国工业企业500强。

中航工业西航坚持以航空为本，以军品和新机科研任务完成为重点，立足高起点，大力发展外贸航空零部件转包生产，取得了突破性进展，先后与美国GE、英国RR、法国SNECMA、加拿大普惠（PWC）等世界著名航空发动机制造企业建立了长期稳固的战略合作关系，并成为数家外国发动机制造公司的近百种零件的海外唯一供应商。公司连续多年外贸转包生产创汇额位居中国航空发动机行业首位，是中国外贸出口基地企业。2009年，中航工业西航获得国际著名航空航天企业——美国联合技术公司“金牌供应商”资格，为亚洲发展中国家赢得第一块国际航空产业市场的金牌。

在国民经济建设领域，公司开发研制出一大批民用产品，已形成了高速线材轧机、烟汽轮机、石化设备及其备件、航空地面设备、精密锻铸件等产品品牌和规模。风力发电、太阳能发电等新能源开发蓄势待发。

中航工业西航始终致力于以先进知识与技术创造优质产品和服务，奉献客户永远放心的强劲动力！

【企业文化】

航空报国　强军富民

【主营业务】

航空发动机（含衍生产品）批量制造、航空发动机零部件外贸转包生产及非航空产品生产业务。

【经营业绩】

2015年半年报报告期内，公司全面推进发展战略，全面实施改革管理举措，强化批产管理和型号研制，努力建设一条符合航空发动机内在规律的科学发展道路。通过建立基于AOS的生产管控模式，持续完善IBSC绩效考核体系，深入开展制度、流程建设，进一步推动经济运行质量持续改善。

报告期内实现营业收入930,385万元，同比减少177,011万元。其中航空发动机及衍生产品收入576,214万元，同比增加36,081万元；外贸出口收入117,071万元，同比减少15,224万元；

非航空产品及其他收入226,170万元，同比减少193,261万元。报告期内实现净利润37,961万元，同比增长12,262万元。

【企业荣誉】

全国五一劳动奖

中国明星企业

国家机电产品出口先进单位

国家863CIMS应用示范企业

全国用户满意服务单位

中国航空工业创建四十周年重大贡献单位

全国企业文化建设优秀单位

建国五十周年国庆首都阅兵装备工作中做出突出贡献单位

中国最具创新力企业

中航工业开展深入学习实践科学发展观活动先进单位

【601107】四川成渝高速公路股份有限公司

【基本情况】

四川成渝高速公路股份有限公司（以下简称公司）成立于1997年，是中国西部唯一的基建类A+H股上市公司（证券代码分别为601107和00107）。

本集团的主要业务为投资、建设、经营和管理中国四川省境内公路基建项目，同时亦经营其它与收费公路相关的业务。目前，本集团主要拥有成渝高速、成雅高速、成乐高速、成仁高速、城北出口高速及在建的遂广高速及遂西高速等位于四川省境内的收费公路全部或大部分权益。截至2013年12月31日，辖下已建成高速公路里程约573公里，在建高速公路里程约165公里。总资产及净资产值分别约为人民币239.89亿元及人民币115.31亿元。拥有成雅、成仁分公司，成乐、蜀厦、蜀南、蜀海、遂广遂西等5个全资子公司，投资交投建设、蜀鸿、中路能源、成雅油料等公司，直接管理和控股子分公司11家。公司已获得全国文明单位、全国三八红旗集体、全国青年文明号、全国模范职工之家等称号。

公司深入贯彻落实省交投集团转变发展方式，实现全产业链发展的新思路、新举措，积极谋划制定公司长远发展战略。在客观分析公司自身优势及发展形势基础上，围绕“发挥优势，加快发展”总体要求，把握“稳中求进，稳中有为”的工作基调，明确了着力打造收费路桥、城市运营、工程建设、能源及文化传媒、金融投资“五大板块”，实现与主营业务高度相关的多元化转型的发展思路，积极实施人才强企战略、开放合作战略、创新驱动战略，拓展相关产业，进一步提升公司核心竞争力，形成“扩张与效益”并举，多元支撑、多点突破的发展格局。

通过“两步”走，即：“十二五”后三年做大做强，进军百亿企业，重速度，增效益，培育新的利润增长点；“十三五”期间继续做强做优，实现利润的快速增长。力争实现2015年末公司总资产规模达到400亿、年产值达到100亿、利润总额实现20亿，争取到2020年末利润总额再增长50%的奋斗目标。

【主营业务】

投资、建设、经营和管理中国四川省境内公路基建项目，同时亦经营其它与收费公路相关的业务。

【企业文化】

发挥优势、加快发展。

稳中求进、稳中有为、推动公司做优做强。

【经营业绩】

2015年半年度报告期内，集团实现营业收入约人民币2,996,475千元，其中车辆通行费收入约人民币1,377,734千元，占营业收入的45.98%；工程施工收入约人民币894,577千元，占营业收入的29.85%；油品销售收入约人民币614,999千元，占营业收入的20.52%；BT项目收入72,082千元，占营业收入的2.41%；其他收入约37,082千元，占营业收入的1.24%。截至2015年6月30日，本集团总资产约人民币 29,835,162 千元,净资产约人民币 12,782,568 千元。

【企业荣誉】

2006 年 12 月,公司创建为“省级最佳文明单位”。

2008 年 7 月,公司再次创建通过“省级最佳文明单位”验收,并获得申报“全国文明单位”资格。

2009 年 1 月,公司荣获“全国文明单位”称号。

【601313】江南嘉捷电梯股份有限公司

【基本情况】

江南嘉捷电梯股份有限公司(简称:SJEC),成立于 1992 年,现位于苏州工业园区中新生态科技城内,是一家行业涉及电、扶梯、立体停车设备、精密压铸、CNC 数控机床、节能电机等产品的跨国型集团企业。公司于 2012 年 1 月 16 日成功上市,是国内首家在上海主板上市的内资电梯企业。

公司先后引进萨瓦尼尼柔性钣金生产线、KUKA 机器人、SMT 全自动电子生产流水线等现代化生产设备,拥有专业的管理、技术团队和成熟的安装售后服务团队,不仅具备雄厚的产品研发能力,还建立完善的售后服务体系,并提供“服务第一、反应最快”的 24 小时热线服务,有效的控制售前、售中、售后服务质量。

公司从 1998 年开始实施 ISO9001 质量管理体系,2006 年实施 ISO14001 环境管理体系和 OHSAS18001 职业健康安全管理体系。2009 年本着对社会负责的态度,在全国电梯行业中率先获得 SA8000 社会责任体系认证。公司率先获得 TUV－SUD 颁发的 EN1090 钢结构焊接认证证书和 ENISO3834 焊接质量体系认证证书,电扶梯产品出口欧洲无障碍。产品按国际标准设计,同时充分兼容世界范围内的几个主要标准:欧洲标准、美国标准、澳大利亚标准、韩国标准等,因而同时能满足亚洲、欧洲、美洲的标准要求,从而最大程度上解决出口的技术障碍。

自 1993 年起,公司产品出口全球 100 多个国家和地区,拥有国外分销商 100 余家,产品赢得客户广泛赞誉。公司与沃尔玛、家乐福、欧尚、乐购、路易威登等众多世界知名企业建立了长期的战略合作伙伴关系。而在德国科隆地铁、西班牙塞维利亚地铁、韩国首尔地铁、印度德里地铁、广州地铁、沈阳地铁、北京地铁、苏州火车站、兰州西站、沈阳南站、杭长线、沪昆线、珠三角城际铁路、北京奥运媒体大厦、上海世博会、广州亚运场馆等诸多公共场所,江南嘉捷的产品也都服务其中。在教育、科技、文化、体育、商务、住宅等诸多领域,江南嘉捷的产品也广受赞誉。

公司实施多元化发展战略,先后成立了江南嘉捷机电技术研究院有限公司、苏州劳灵精密机械有限公司,涉及科研、精密数控、激光、自动化、合金压铸等多个领域,现产品覆盖 3D 打印机系列,五轴联动加工中心及高档数控系统,激光线光源系列,环保节能的稀土永磁同步曳引机系列,电梯门机系统,自动扶梯驱动系统,同步及异步电机的变频驱动控制器,电、扶梯控制系统以及梯级、踏板、铝合金压铸等机械精加工产品。

江南嘉捷,融东方智慧,创世界新高,一如既往的向世界提供“健康、环保、人文”的高性价比产品,做资源节约型、环境友好型公众性企业,创造中国电梯品牌的国际化之路!

【企业文化】

设计制造“健康、环保、人文”的产品,营造“以人为本”的社区型新型企业。

【主营业务】

电梯、自动扶梯、自动人行道等产品的研发、生产和销售及相关产品的安装、改造和维修

【经营业绩】

2015 年,国际经济复苏缓慢,国内经济的整体走势以及建筑市场的波动,很大程度上左右着中国电梯市场的发展。2015 年电梯行业受经济增长持续放缓,房地产业也迎来了“去库存,分化加重”的新常态,原材料价格波动、人工成本等因素,使电梯企业面临市场下滑,利润空间压缩的处境。面临宏观经济下行及行业竞争加剧等不利局面,在公司董事会的正确领导下,公司经营管理层紧密围绕 2015 年度经营计划和经营目标,坚持以主营业务为核心,以夯实内部管理为基础,以市场拓展和产品研发为工作重点,通过培养和引进专业人才增强自主创新能力,致力于优化、研发具有自主知识产权及市场前景的电扶梯产品,力求从技术、品质、成本、服务等方面提升公司及产品的整体竞争力,努力克服外部环境变化带来的不利因素,总体保障了经营业绩平衡发展。

2015 年报告期内公司完成营业收入 26.61 亿元,其中母公司实现营业收入 22.62 亿元,比上年略有下降;报告期内实现净利润 22,548.31 万元(报告期公司实施股权激励摊销成本,影响合并报表利润 1,112.78 万元,企业安全生产费用提取 835 万元。),比上年略有下降,其中,母公司净利润 16,631.42万元。

【企业荣誉】

2014 年

获全国政府采购电梯首选品牌牌匾

获中国节能工程建设电梯产品重点推介单位

获“三星级绿色建筑设计标识”企业

获全国用户服务奖

2015 年

获全国质量和服务诚信优秀企业

获江苏省信用管理示范企业

获江苏名牌产品

获苏州工业园区文明单位

【601333】广深铁路股份有限公司

【基本情况】

广深铁路股份有限公司(本公司)于一九九六年三月六日按照《中华人民共和国公司法》在中国深圳市注册成立。

一九九六年五月,本公司发行的 H 股(股票代码:0525)和美国存托股份(ADSs)(股票代码:GSH)分别在香港联合交易所有限公司(香港联交所)和纽约股票交易所(纽约交易所)上市;二零零六年十二月,本公司发行的 A 股(股票代码:601333)在上海证券交易所上市。本公司是目前中国唯一一家在上海、香港和纽约三地上市的铁路运输企业。

本公司主要经营深圳—广州—坪石段铁路客货运输业务及长途旅客列车运输业务,并与香港铁路有限公司合作经营直通车旅客列车运输业务。本公司亦经营铁路设施技术综合服务、商业贸易及兴办各种实业等与公司宗旨相符的其他业务。

本公司独立经营的深圳—广州—坪石段铁路,营业里程 481.2 公里,纵向贯通广东省全境。其中广坪段为中国铁路南北大动脉——京广线南段;广深段是中国内陆通往香港的唯一铁路通道,连接京广、京九、三茂、平南、平盐和香港九广

铁路，是中国铁路交通网络的重要组成部分。广深段铁路是目前中国现代化程度最高的铁路之一，是国内第一条全程封闭、四线并行的铁路，也是第一条实现客货分线运行的铁路。

客运业务是本公司最主要的运输业务。目前本公司列车运行图上每日开行旅客列车233.5对，其中广深城际高速列车105对（含备用线19对），直通车13对，长途旅客列车115.5对。本公司致力于推动高速旅客列车发展计划，广深间旅客运输主要由时速200公里的新型国产"和谐号"电动车组担当，在客流高峰期平均每10分钟就有1对"和谐号"高速列车开行，初步实现了城际铁路"公交化"运营。

货运业务是本公司重要的运输业务。公司经营的铁路线路与周边港口、物流基地、建材市场及大型厂矿连接紧密并建立业务合作。公司拥有完善配套的货运设施，能有效地进行整车、零担、集装箱、笨重货物、危险货物、鲜活货物、超限货物的运输，在中国内陆中长远距离运输方面具有竞争优势。

铁路运营业务是公司自2009年12月武广铁路开通运营以来开拓的一项客货运输延伸业务。截至目前，公司已经为武广铁路、广珠城际、广深港铁路、广珠铁路、厦深铁路及赣韶铁路等提供该项服务。今后，随着"泛珠三角"地区一系列高速铁路和城际铁路的陆续建成并投入运营，公司提供铁路运营服务的区域范围将更加广泛，铁路运营服务亦将成为公司未来一个新的业务增长点。

在二零零七年公司完成收购广坪段铁路运营资产后，公司经营范围从区域铁路进入全国重要骨干网络，客货运输服务的吸引范围、经营规模和客货运输的发展空间均显著扩大，综合竞争能力和整体经营效益得到大幅提升。随着中国经济持续稳定增长，铁路改革发展的逐步深入，"泛珠三角"区域经济合作的加强，以及内地与香港、澳门经贸往来的日益频繁，广深铁路未来发展的前景将更加广阔。

【企业文化】

以人为本、诚信经营的服务理念，为顾客提供优质高效、舒适便利的服务。

【主营业务】

提供铁路客运和货运业务，其他业务包括车站内服务；以及在列车上和车站内销售食品、饮料和货品等。

【经营业绩】

2015年，本公司积极应对市场的变化，拓展新的铁路运输服务业务，铁路运输服务收入明显增长；持续优化生产组织，提高了资产的使用效率；通过强化成本控制，公司经营质量进一步提升。

【企业荣誉】

国家"金马奖"

深圳市文明单位

2006年、2007年、2008年"深圳百强企业"

2008年度"广东纳税百强企业"

2008年度"中国最佳诚信企业"

2008年度"投资者关系管理创新奖"

2009中国资本市场最佳创富IR奖

【603021】山东华鹏玻璃股份有限公司

山东华鹏玻璃股份有限公司是国内日用玻璃行业的龙头企业之一，主营业务为研发、生产和销售多个品种系列的玻璃瓶罐和玻璃器皿产品，在山东、辽宁、安徽、山西、甘肃五省建有六大生产基地。多年来，公司秉承"德高业精、人和信诚、创新图强、与时俱进"的理念，迅速成长为中国包装行业龙头企业、中国规模最大的机制玻璃高脚杯生产厂家和中国日用玻璃行业生产规模最大的生产厂家之一，先后获得"中国轻工业日用玻璃行业十强企业"、"中国玻璃高脚杯王牌企业"、"全国日用玻璃行业功勋企业"、"中国200强先进包装企业"、"省级先进企业"等多项荣誉称号。2015年4月23日，公司在上海证券交易所A股上市。

公司是国内少数几家既能生产高附加值玻璃瓶罐，又能生产高档日用玻璃器皿的企业，完整的产品线以及产业链格局形成了明显的规模生产优势，市场辐射能力名列同行业前茅。日用玻璃制品生产能力约40万吨，产销量位居全国第四位。

玻璃瓶罐按用途主要分为酒水饮料瓶、食品调味品瓶，以及医药包装瓶三大类十几个品种，年产量约40万吨。公司现拥有国内领先的玻璃瓶罐轻量化技术和高档特型瓶制造技术，产品成品率、理化性能和节能水平居全国领先水平。公司玻璃器皿产品主要以玻璃高脚杯为主，包括采用二次成型工艺生产的无铅水晶玻璃高脚杯与采用一次成型工艺生产的玻璃高脚杯，产品行销全国并销往韩国、日本、美国、加拿大、俄罗斯等三十多个国家和地区，销售渠道包括麦德龙、沃尔玛、家乐福、好又多等国际连锁超市企业。公司拥有中国驰名商标"石岛"和高端子品牌"弗罗萨"，已跻身于Luminarc、Libbey、Rona等世界著名玻璃器皿品牌行列，成为国产高档玻璃器皿的代表，被人民大会堂和钓鱼台国宾馆选为国宴用杯，产品销量和市场占有率连续多年居全国第一位。

公司拥有行业一流的技术研发能力，建有"省级企业技术中心"和山东省日用玻璃行业唯一的"省级玻璃器皿工程技术研究中心"，与东华大学、山东轻工业学院、山东省轻工业设计院等科研院所建有技术合作，技术专业人才数量和质量在行业内名列前茅，曾先后荣获国家级、省部级科技进步奖项和质量奖项20余个，数十项产品获国家知识产权局颁发的外观设计专利证书。目前，公司在瓶罐轻量化技术、窑炉节能技术、一次和二次成型玻璃高脚杯生产技术、高难度瓶罐生产技术等领域处于全国领先水平。

【603299】江苏井神盐化股份有限公司

【基本情况】

江苏井神盐化股份有限公司是集科研、生产、配送、销售于一体的全国大型盐及盐化工企业。股票简称：井神股份，股票代码：603299。

截至2014年底，公司总资产逾44亿元，制盐生产能力在国内名列前茅，盐产品年生产能力370万吨、元明粉年生产能力40万吨、纯碱年生产能力30万吨，自营码头年吞吐量500万吨以上。

公司秉承"诚信立足、创新致远"的核心价值理念，按照现代企业管理理念和上市公司的规范运作要求，通过实施"结构调整、优化布局、科技兴企、资本扩张、管理创新"五大战略，加快推进60万吨联碱（二期）技改等重点项目建设，着力打造"盐碱钙一体化"的循环经济产业发展模式，努力提高经营质效，成为全国一流新型盐及盐化上市企业。

【经营状况】

2015年1－10月，公司经营业绩同比大幅下滑的主要原因是：工业盐及盐化工产品市场低迷，供需矛盾加大，工业盐、元明粉市场竞争加剧，价格下降。

根据两碱协会相关数据分析，2015 年以来，由于受宏观经济环境的影响，两碱下游如玻璃、建材等行业，整体开工不足，市场需求疲软，下游耗碱行业未有起色，如平板玻璃 2015 年 1－9 月份累计产量同比去年减少 7.52%。整体来看，国内纯碱市场整体仍然低迷，价格窄幅整理。烧碱下游企业没有实质好转，今年以来烧碱企业开工率水平仍没有根本性改观。

在两碱市场需求疲软的同时，周边区域市场盐产品产量不降反升，中盐镇江、实联化工新增产能均已稳定投产，其他周边井矿盐企业基本满负荷运行。特别是 2015 年山东新投产井矿盐产能迅猛增加，其中肥城海晶盐化集团及德州实华于 2015 年初分别投产 100 万吨/年产能，肥城精制盐厂于 6 月份投产 120 万吨/年产能，制盐产能已严重过剩。

【市场成就】

（一）主营业务突出，盈利能力强

公司主营业务包括盐、元明粉、纯碱等，主要为盐及盐化工产品，2012 年度、2013 年度、2014 年度及 2015 年 1－6 月三类产品营业收入合计占主营业务收入的比重分别为 93.36%、93.48%、92.25% 及 91.43%，主营业务突出。报告期内主营收入占比近 60% 的盐产品，其毛利率稳定在 30% 以上，显示了较强的盈利能力。报告期内主营收入占比逐年上升的纯碱产品，采用“盐碱钙联合循环生产”工艺，避免制盐蒸发能耗，成本优势明显，在行业普遍出现毛利下滑甚至亏损的情况下，公司纯碱产品 2012 年度、2013 年度、2014 年度及 2015 年 1－6 月的毛利率分别达到 11.2%、20.56%、29.82% 及 24.29%，高于行业平均水平。

（二）规模优势显著，议价能力强，上下游整合效果明显

公司盐及盐化工产品总量达 500 万吨以上，规模优势显著，日常生产经营中议价能力较强。截至 2015 年 6 月 30 日，本公司应收账款中一年账龄内的达 95% 以上，周转速度合理，应收账款管理能力高。由于公司在区域上明显的优势，对客户有较强的议价能力和优越的向下整合能力，2011 年投产的纯碱项目迅速达到设计产能、盐化工产业链上下游整合效果明显。

（三）财务结构稳健，融资能力强

公司报告期内的母公司资产负债率处于 58.94% ~ 63.13% 之间，合并资产负债率处于 61.37% ~ 64.01% 之间，流动比率和速动比率较稳定，总体处于行业适中水平，按期偿债能力强。公司近年来银行信用等级较高，获得多家银行信用贷款授信，信誉良好，融资能力较强。本次募股成功后，资产负债率将进一步下降，股权融资和债务融资的能力将进一步增强。

（四）财务制度完善，管控能力强

公司建立了一整套较为完善的财务管理制度和内部控制制度，对规范财务管理、控制经营风险以及公司的长远发展发挥了积极有效的作用。其次，公司多年来实行全面预算管理，并与公司绩效管理挂钩，对经营目标的实现具有不可忽视的促进作用。另外，公司运用用友管理软件实现了财务的集中管控，对各分支机构实现集中记账与资金调配，同时实现了采购、销售、库存等业务协同，建立了财务业务一体化的信息处理流程，实时反映经济活动，快速获取共享信息，对企业经营进行事中控制，使工作效率和管理水平得到快速提高。

【企业文化】

江苏井神盐化股份有限公司成立于 2009 年 12 月，下辖 12 个（分）子公司，公司本部及主要二级单位位于敬爱的周恩来总理的故乡——淮安，是集科研、生产、配送、销售于一体的全国大型盐及盐化工企业。“十二五”以来，井神股份坚持将企业文化建设作为凝魂聚气、固本强基的战略工程来抓，注重企业文化的积累和建设，切实做到企业文化建设同改革发展中心任务紧密结合、有机融合。通过实施企业文化建设“355 工程”，使企业文化成为推动井神股份可持续发展的重要精神支柱和力量源泉。“十二五”期间，公司资产规模从 20 亿元上升至目前的 40 余亿元，年均实现营业收入 20 余亿元，实现利税达 4 亿元，盐及盐化产品年产量 560 余万吨。公司连续三年被评为“中国制盐行业十强企业”，先后获得“中国诚信与质量管理杰出企业”、“江苏省文明单位”、“江苏省质量诚信企业”、“江苏省诚信经营示范企业”、“江苏省高新技术企业”及“淮安市和谐劳动关系履行社会责任星级企业”等称号，公司党委先后受到江苏省委组织部和江苏省国资委党委的表彰，公司领导班子被江苏省委组织部表彰为“四好”领导班子。2015 年 7 月，井神股份 IPO 顺利通过国家证券会发审会的审核，企业上市取得重大突破，未来将迎来新一轮的发展机遇。

【公司荣誉】

2013 年 3 月 20 日，江苏省工商行政管理局授予“井神牌”为江苏省著名商标。

2013 年 6 月，中国轻工业联合会授予 2012 年度中国轻工业百强企业。

2013 年 11 月，江苏省精神文明建设指导委员会授予 2010－2012 年江苏省文明单位。

2013 年 8 月 5 日，省科技厅、财政厅、国税、地税局授予高新技术企业。

2014 年 8 月，江苏省经济和信息化委员会授予 2014 年江苏省信息化与工业化融合转型升级示范企业。

2014 年 12 月，中国轻工业联合会授予“基于岩盐溶腔地下装置化利用的盐碱钙联合循环生产新技术”获 2014 年度中国轻工业联合会科学技术奖。

2015 年 2 月 18 日，中国轻工业联合会授予轻工业联合会科技进步奖。

2015 年 6 月，中国轻工业联合会、中国盐业协会授予中国轻工业制盐行业十强企业。

【2015 年大事记】

3 月 5 日，公司召开了二届一次职代会暨 2014 年度总结表彰大会。

3 月 6 日，公司召开 2015 年党委工作会议。

3 月 21 日，公司与南京工业大学举行在职工程硕士毕业典礼暨研究生工作站、化工技能鉴定实训基地揭牌仪式。

3 月 26 日，公司召开“对标争先”活动动员大会。

3 月，由公司主导并联合中国科学院武汉岩土力学研究所、天津科技大学、江苏省制盐工业研究所共同完成的项目《基于岩盐溶腔地下装置化利用的盐碱钙联合循环生产新技术》荣获 2014 年度中国轻工业联合会科学技术进步奖一等奖。

5 月 21 日，江苏省制盐工业研究所与中科院武汉岩土力学研究所、淮安市地质勘察院三方就“盐腔测量装备进院”签订框架合作协议。

6 月 10 日，公司顺利通过中国证监会发审会 2015 年第 123 次会议审核。

6 月 24 日，公司获得中国证监会的发行批文（证监许可[2015]1364 号）。

9 月份，公司荣获 2014 年度中国轻工业制盐行业十强企业，这是我公司连续 3 年获此殊荣。

10 月 11 日，公司承办"国家石油储备淮安储油项目推进会"。

11 月，公司荣获"'十二五'企业文化建设优秀单位"称号。

12 月 11 日，公司召开了 2015 年第一次临时股东大会、第三届董事会第一次会议暨第三届监事会第一次会议。

12 月 29 日，上海证券交易所以(2015)442 号"关于江苏井神盐化股份有限公司人民币普通股股票上市易的通知"文件同意我公司股票在上交所上市交易，A 股股本为 55944 万股，其中 9000 万股于 12 月 31 日上市交易，证券简称为"井神股份"，证券代码为 603299。

12 月 31 日，我公司在上海证券交易所举行首次公开发行 A 股股票上市仪式。

【603567】黑龙江珍宝岛药业股份有限公司

黑龙江珍宝岛药业股份有限公司是以高端中药制剂为主的，多剂型、多品种的中药研发、生产和销售企业，主导产品为国家驰名商标"珍宝岛"系列产品。为确保公众用药安全，不断满足人民群众日益增长的健康需求，企业在药品生产和质量管理全过程中，坚持"以质量争生存，以品牌促发展，以标准上档次，以团队创效益"的战略方针。为加快传统医药与现代科学技术的完美结合，现已形成了从品种研发、中药材种植、提取、制剂生产、药品检验及销售配送等完整的医药产业链。确立了企业在我国医药产业的中药生产技术优势，医药市场的竞争战略优势正在加强。

经过近二十年的快速发展，珍宝岛药业目前已基本形成"以中药为主、西药为辅；以注射剂为主、其它剂型为辅；以心脑血管类为主、其它类为辅"的产品格局。目前公司拥有 4 大生产基地，22 个车间，31 条生产线，可生产冻干粉针剂、粉针剂、大容量注射剂、小容量注射剂、合剂、片剂、胶囊剂、颗粒剂、糖浆剂、口服溶液剂、煎膏剂、原料药等 12 个剂型，产品涉及心脑血管类、感冒类、骨折及骨质疏松类、免疫力增强剂类、护肝类等多个类别，拥有 67 个品种、102 个药品生产批准文号。其中 43 个品种被列入《国家医保目录》，20 个品种被列入《国家基本药物目录》，35 个品种被黑龙江省科技厅评为高新技术产品。

其中，注射用血塞通、舒血宁注射液、注射用骨肽被授予"国家火炬计划重点项目证书"，血栓通胶囊、复方芩兰口服液、灵芪加口服液、乌杞调脂口服液、桂龙益肾通络口服液等五个品种为独家生产品种。目前公司拥有专利 92 项，其中发明专利 47 项。公司生产工艺应用了连续热回流提取技术、大孔树脂吸附技术、提取过程自动化控制技术、微波真空干燥技术、高效液相色谱法检测有效成分含量技术、中药指纹图谱技术等 10 余项先进技术。

珍宝岛药业在实现稳步发展的同时，更致力于中医药核心价值的传承与创新。在"一切为了人民健康"的经营宗旨的指导下，积极实施"建设大市场、培育大品种"的营销战略，形成了从原料采购质量控制、生产质量监控、销售服务，到基础临床研究的完整医药产业链，极大地提升了企业的核心竞争能力，确立了企业在我国高端中药制剂市场上的优势地位。

在产品营销环节，珍宝岛药业成立了专业的医药贸易公司，并下设三个销售事业部，分别负责不同品种和渠道的销售，通过专业化分工，各事业部通过不同的营销模式有针对性的对细分市场开拓具体的销售渠道，迅速占领多层次的终端市场，形成了完善的销售网络。珍宝岛药业现已在全国主要省份设立了 72 个省级办事处，设立了 211 个地市级办事处，与 2,000 多家医药商业公司建立了直接的业务往来，公司营销网络覆盖了全国除港澳台和西藏之外的所有区域。

而随着企业的发展，珍宝岛药业更逐步完善了企业的发展理念，通过深刻理解行业规律、发展方向和技术演进特点，成为了具有品牌优势的细分行业领先企业。企业被国家工商总局列为全国重合同守信用企业，并于 2007 年 9 月、2010 年 12 月和 2013 年 10 月三次被科技部火炬高技术产业开发中心认定为"高新技术企业"，2011 年公司荣获中华总工会颁发的五一劳动奖状企业。"珍宝岛"商标被认定为驰名商标。主打产品注射用血塞通、血栓通胶囊、舒血宁注射液、复方芩兰口服液等药物已成为适应症患者普遍用药，深受广大用户的信赖。

在确立了良好的品牌优势之余，珍宝岛药业也建立了完善的企业文化体系。企业将"富强、和谐、法治、诚信、敬业、团队、科技、品牌、市场、创新"作为珍宝岛新时期发展的核心价值观。将"务实创新，追求卓越，共建和谐珍宝岛"作为企业文化的核心理念，把以人为本、确保公众用药安全，作为企业和每一个员工行为准则和光荣的历史使命。在奉行"严、高、细、实"的四字管理方针的同时，始终坚持"专心、专注、专业"、"专业、敬业、事业"的人才理念。"以人为本、构建和谐珍宝岛家园"，成为了珍宝岛全员共同追求的宏伟目标。

多年来，企业不仅注重提高员工薪资福利，更致力于丰富员工精神文化生活。珍宝岛药业拥有星级标准的员工公寓，并设置了健身房、咖啡厅、网吧、KTV、电影院等丰富员工业余生活的设施，更通过丰富多彩的文化娱乐活动如各种运动赛事、拓展训练、文艺联欢晚会等形式将企业文化逐步渗透到其中，在员工精神境界获得提升之余，更增进了企业凝聚力。在珍宝岛药业企业文化建设不断拓展和深入的过程中，不仅将提高企业与员工整体素质，打造优越的办公、生活环境，使员工精神和物质获得双丰收作为工作和发展的目标，更致力于将为人民提供健康，提升至"加快民生建设，推动社会和谐发展，全面助力民众幸福"的崭新高度。在企业发展历程中，不断向各慈善事业、社会公益活动、希望工程、新农村医疗合作事业、灾区捐款、捐药。充分拓展了珍宝岛药业企业文化的深度与内涵。

珍宝岛药业还始终致力于将企业充分构建成为学习型组织，并要求各级领导高度重视团队建设，加快后备人才梯队建设，依靠机制、体制、合理的薪酬和较好的福利去留人，用和谐的企业文化去凝聚人心，注重提高员工的生活和工作需求；更不断改进企业招聘模式，注重优秀生源的优选工作，通过企业的培训，成长成为适应企业发展所需要的人才。更要搭建信息交流平台，要组织召开季度民主生活会议，要在真正民主、平等的基础上，认真开展批评和自我批评，求得更好的团结，提高我领导能力和执行力，使各项工作更加顺利的开展。

君子当德行至善，用心以诚；精于己业，屡责重诺。未来，珍宝岛药业将在持续确保产品质量及服务的同时，完善和推进产业化格局建设，诚实铸信，大道兴业，为不断推动我国中医药事业的发展以及中华民族的健康事业而奉献出每一名珍宝岛人的全部力量。

【603589】安徽口子酒业股份有限公司

安徽口子酒业股份有限公司是以生产国优名酒而著称的国家酿酒重点骨干企业。企业营业执照核准的经营范围：生产、制造和销售白酒及玻璃制品。

1949 年 5 月 18 日，人民政府赎买了私人酿酒作坊“小同聚”等酒坊，创立了“国营濉溪人民酒厂”。1951 年，国营濉溪人民酒厂在老濉河东岸“祥兴泰”、“协源公”、“协顺”、“协昌”等古酒坊基础上征地扩建，此即现在的安徽口子酒业股份有限公司东关分厂。1997 年由淮北市口子酒厂、濉溪县口子酒厂合并成立安徽口子集团公司(以下简称“口子集团”)。2002 年 12 月，口子集团联合其他发起人股东发起成立安徽口子酒业股份有限公司(以下简称“口子酒业”或“公司”)。公司目前拥有首届中国酿酒大师等在内的技术创新队伍及一批国家级、省级的酿造、品评、酒体设计专家和一个现代化的省级技术中心，2013 年 4 月，公司被中国酒业协会授予中国白酒“169 计划”科研中心，5 月获省级博士后科研工作站落户。2015 年 6 月在上交所正式挂牌上市，成为 A 股白酒板块第 17 家、兼香型白酒第一家白酒上市公司。

公司先后荣获国家和省市多项殊荣。2003 年通过了 ISO9001 和 ISO14001 质量环境兼容管理体系认证，五年口子窖酒通过了国家级产品质量认证；2005 年通过了 HACCP 管理体系认证，“口子”商标被国家工商行政管理总局评定为中国驰名商标，荣膺“中国白酒经济效益十佳企业”；2006 年被国家商务部首批认定为中华老字号，副总经理张国强被评定为首届中国酿酒大师；2009 年被国家标准化管理委员会批准为中国白酒标准化技术委员会兼香型白酒分技术委员会秘书处承担单位，董事长徐进任全国白酒标准化技术委员会兼香型白酒分技术委员会主任委员。

公司拥有口子窖、老口子、口子坊、口子美酒等系列品牌产品，在安徽、江苏、河南、河北、山东、辽宁、北京、上海等地区有较高的产品知名度并保持一定的市场占有率。近几年，在东北和西北地区也表现出较快的市场拓展，口子窖等高档产品在销售收入中的比重逐年增大。公司主导产品口子窖酒以其独特的风格和卓越的品质得到了社会各界的高度赞同。2002 年被认定为国家地理标志保护产品；2003 年荣获中国白酒典型风格金杯奖；2005 年被国家商务部等联合评定为全国首届三绿工程畅销白酒品牌；2006 年通过纯粮固态发酵白酒标志认定。

经营管理方面，公司秉承“理智、敬业、规范、创新”的企业精神，按照国际惯例和规范的公司模式运作，构建了“产权明晰，权责分明，政企分开，管理科学”的法人治理结构。实施名牌战略，加大技术改造步伐，推进企业信息化建设，不断探索加强企业管理的各种有效举措。市场开拓方面倡导“执信有恒，成功有道”的诚信营销理念，整合营销管理体系，创新白酒营销模式。持续开展的营销、管理和技术创新，提升了中国兼香型白酒的品牌价值和核心竞争力，满足了广大消费者的需求，进一步做大做强了“口子”品牌。近几年，公司销售收入、利润等主要经济技术指标逐年保持良性增长，在全国白酒行业重点骨干企业中的位次不断攀升，创造了良好的经济效益和社会效益。

社会责任方面，口子酒业在企业发展的同时一直严格履行社会责任，致力于社会公益事业的发展：捐助特殊教育学校，为残疾人就业提供帮助，为身患绝症的社会青年捐赠医疗款，优先提供退伍军人就业，先后资助多名“春蕾女童”，连续多年为淮北地区学校、基层单位订阅安徽日报等党政刊物，在 2008 年四川汶川大地震与 2009 年青海地震期间，更是第一时间筹集善款，奉献爱心。连续四年、每年赞助“口子酒业助学基金”200 万元资助贫困学子圆梦大学，冠名安徽省第十二届运动会、安徽省首届红色运动会，鼎力支持徽商奥斯卡评选，赞助口子窖杯全球华人书画名家作品联展等……

唯进步、不止步。口子窖立足更高起点，继续坚持以满足消费需求为核心，以领航兼香发展为己任，秉承“理智、敬业、规范、创新”的企业理念，坚守“真藏实窖诚待天下”经营理念，回报社会各界的关爱和广大投资者的支持，并努力为社会发展做出新的贡献！

【603918】上海金桥信息股份有限公司

上海金桥信息股份有限公司，于 1994 年 8 月成立。本公司主营业务为向客户提供各类多媒体信息系统行业应用解决方案及服务，主要是利用计算机对音视频、文本、图形、图像、动画等多种信息进行综合处理，结合网络通信技术、智能控制技术、传感技术，建立多种信息间的逻辑关系和人机交互作用，为客户提供完整的、适合其业务需求的多媒体信息系统的设计、工程实施、应用软件开发、软硬件平台系统整合、运行维护保障，并不断提升其应用价值。

公司主要产品为各类多媒体信息系统，主要包括多媒体会议系统、应急指挥中心系统、科技法庭系统及其他行业的多媒体信息系统。这些产品已得到广泛应用，处于行业领先水平。

公司是国家火炬计划高新技术企业、高新技术企业、上海市科技小巨人企业、上海市明星软件企业、上海名牌企业、上海市智能建筑设计施工优秀企业。公司具有国家建筑智能化工程设计与施工壹级、计算机信息系统集成企业资质贰级、上海市公共安全防范工程设计施工单位壹级等资质。公司曾获中国建筑工程“鲁班奖”、上海建设工程“白玉兰”奖、上海市智能建筑“申慧奖”等荣誉。

公司在国内多媒体信息系统应用行业中技术实力较为雄厚，公司是中国数字音视频编解码技术标准工作组会员单位，并作为中国专家代表参与 ISO 及 ITU 国际音视频技术标准化制定工作。公司获得了多项国家级及省市级的科研项目立项和科技成果，其中部分研究成果被认定为上海市高新技术成果转化项目。

公司成功实施了千余项信息系统工程项目，其中包括在业内具有较大影响力的典型项目，这些典型项目的成功实施形成了公司的品牌优势，并带动了公司业务的持续增长。

公司注重信息系统项目的维护、升级与改造服务，实现持续增值。公司采取运维外包的模式为客户提供后续维护，保证信息系统的稳定运行，并不断提升服务价值。公司与多家国际一流企业建立了长期战略合作关系，成为多家国际顶级品牌的中国区授权维修中心，能够为客户提供便捷的技术支持和维修服务。

公司在华北、西南、华南、华中、华东等区域均设有分公司，市场覆盖大部分省市。通过各区域分公司的建设和发展，公司增强了整体抗风险能力。

二十多年来，公司从大批信息系统项目中积累了丰富的技术经验，在系统设计、工程实施和运行维护等方面，都具有完整的解决方案和实施规范，能够确保项目的先进性、可靠性、实用性，取得了良好的社会经济效益和品牌信誉。

【603989】湖南艾华集团股份有限公司

湖南艾华集团股份有限公司（以下简称“艾华集团”）创建于1985年，是一家以设计、制造及销售铝电解电容器为核心，集电极箔与设备制造为一体的科技型企业。公司总部位于湖南益阳，并在四川、江苏、新疆等地设有制造基地，有员工近3000人。2015年5月15日，艾华集团在上海证券交易所挂牌上市，股票代码603989。

艾华集团深谙现代企业的竞争即科技力量的较量，不断强化科研创新和自主品牌建设。公司是国家技术创新示范企业、湖南省高新技术企业，汇聚了全球电容器行业精英，组建了博士后工作站、湖南省特种电容器工程技术研发中心，自主研发的铝电解电容器在耐高温、耐高纹波、长寿命、高频低阻、阻燃、缩体等技术上达到国际领先水平。目前，公司拥有专利60余项，产品广泛应用于照明、消费电子、LED、主板、电源、变频器、新能源、汽车电子等领域。

经过近30年的发展，艾华集团逐步建立了以电极箔腐蚀及化成箔技术、电解液技术、液态铝电解电容器技术、高分子固态铝电解电容器技术、铝电解电容器生产设备制造技术以及品质专业管理软件开发技术等基于铝电解电容器全产业链的六大核心技术模块，形成了公司独特的核心竞争能力。公司以先进的技术、稳定的产品质量和大规模生产能力，服务于德国Osram、荷兰Philips、美国GE、日本Panasonic、台达、康舒、全汉、冠捷、长虹、海尔、海信等国内外五百余家知名企业。公司是中国第一、全球第八大铝电解电容器制造商，2006年至2015年连续十届入选中国电子元件百强企业。

“艾华电子，科技有爱”，在科技兴企的同时，艾华集团时刻不忘根本，在敬老、教育、扶贫救灾、环境保护等方面努力奉献才智和爱心。公司通过了ISO14001国际环境管理体系认证，设立了“李运仙爱心基金”，先后获得全国双爱双评先进企业、全国五一劳动奖状、全国就业先进企业、全国模范职工之家、湖南省企业文化建设示范基地等殊荣。

【603999】读者出版传媒股份有限公司

读者出版传媒股份有限公司成立于2009年12月，是由读者出版集团有限公司作为主发起人，联合国内4家知名企业共同发起设立的。读者出版集团有限公司成立于2006年，是由成立于1951年的甘肃人民出版社整体转制而来的。

读者出版传媒股份有限公司于2015年12月10日上市，首次公开发行新股6000万股，发行价9.77元每股，募集资金5.86亿元，发行市盈率19.85倍。公司上市实现了甘肃省文化企业上市零的突破，成为西北地区首家在国内主板市场上市的出版传媒类企业，也是目前A股中唯一拥有行业品牌的概念股。

读者出版传媒股份有限公司目前拥有读者杂志社、期刊出版中心、教材出版中心等出版单位，12个全资子公司（含8家出版社子公司）、5家控股子公司、参股2家公司，员工500余人。

公司年出版图书、音像出版物2000余种，出版期刊（报）13种、发行几千万册。公司主营产品《读者》杂志创刊于1981年，是全国最具影响力的期刊之一，单刊期销量位列全国同类期刊出版物市场首位，被誉为“中国人的心灵读本”。1999年、2003年、2005年《读者》连获三届“国家期刊奖”，2010年获中国出版政府奖。2011年1月，《读者》正式在台湾地区发行，成为大陆第一本进入台湾地区公开发行的杂志；2012年9月又在香港发行。2013年《读者》入选“2013中国百强报刊”、“2013中国邮政发行报刊百强排行榜”、“2013年度全国最受读者欢迎的50种期刊”。目前，传统出版主业板块初步形成了包涵综合类、青年类、少儿类、老年类，文学类、科普类、财经类、生活类、动漫类等十种错位发展的期刊（报）集群，以敦煌文化、丝绸之路等8条板块较为清晰、结构相对合理的特色产品生产线。2010年以来，公司10种图书获国家级大奖及提名奖，其中1种获“五个一工程”奖；31种图书和电子音像制品入选各类国家级重点出版规划或项目；90种图书获省优秀图书奖。

近年来，公司加快出版结构和产业结构调整步伐，开始进军网络传媒、数字出版、动漫影视等新媒体、新业态发展领域，同时在资本运作和大力开展对外合作方面，进行了前所未有的大胆探索和有益尝试，开始了从单一的传统出版企业向综合的现代出版传媒企业的跨越：相继参股泰山出版社、新星出版社等省内外知名出版企业；先后与中国建设银行甘肃分行、中国联通总公司、《华夏时报》、华龙证券、唐德影视等多家名企开展战略合作；以《读者》手机杂志为代表的多种手机阅读产品，相继上线运营，同时建成公司门户网站平台，探索网络和手机出版；相继推出了“读者电纸书”、平板电脑、智能手机等系列终端产品，搭建云图书馆平台，获得了首批电子书产品出版、复制和发行的牌照，成为制定电子书内容标准的发起单位之一；第一批入驻天津国家动漫产业园设立天津新媒体公司、建设新媒体大厦，又在兰州控股成立读者动漫公司（获得甘肃省发改委“甘肃省动漫工程实验室”授牌），两地联动进军动漫产业；首次投资拍摄《射天狼》，在央视1套和8套播出反响较好，又参与投资《恋恋不忘》《武媚娘传奇》等多部电视连续剧，并参与出品儿童舞台剧《警犬汉克历险记》，布局影视产业；公司涉足网游领域的第一款游戏《开心牛肉面》2013年正式上线；2013年以来，又积极承建中宣部“图说我们的价值观”户外广告项目，借机向户外广告领域发展。

随着发展步伐的加快和发展空间的拓展，公司的经营业绩不断攀升：2012年末，公司总资产、净资产，比2009年成立时分别增长285.71%和428.97%，基本实现了“再造一个读者集团”的目标。截至2015年9月30日，公司总资产14.25亿元、净资产11.02亿元，分别比2010年增长301.9%、333.9%；从2010年到2015年9月30日，累计实现收入40.11亿元、利润7.79亿元。

在未来的发展中，公司秉持“开放、发展、合作、共赢”的理念，以打造国内一流的期刊出版、全媒体运营的出版传媒企业为目标，以“读者”品牌为依托，依靠机制创新和技术革新，运用资本运作手段，加强对外合作，大力调整出版结构，努力完善产业布局，在巩固壮大以《读者》为核心的传统期刊图书出版，强化核心竞争力的基础上，加速发展数字出版、网络传媒、动漫、影视等文化业态，探索加快发展户外广告等其他产业、不断扩大发展空间，积极塑造立体化、跨媒体、跨地区、跨行业、跨所有制的产业格局，为甘肃省乃至全国文化产业发展做出新的更大的贡献。

【公司大事记】

一、公司设立

2009年12月28日，读者出版传媒股份有限公司成立。

二、上市与深化改制

2011年2月，公司增资2000万股，募集资金2.2亿元，优化股权结构，夯实资本实力。

2011 年 3 月，整合甘肃教材出版中心、甘肃教育出版社、甘肃少年儿童出版社，组建成立甘肃教育出版中心（读者教育出版中心）。整合《读者·原创版》编辑部、《读者欣赏》编辑部、《读者海外版》编辑部，组建成立读者原创期刊中心。两个中心先后成立，内部资源有效整合、运行机制高效顺畅。

2012 年 7 月，全资子公司甘肃人民出版社有限责任公司成立。该公司的成立，拉开了读者传媒成立后继续深化体制机制改革的序幕。

2013 年 3 月 28 日，公司申报上市材料报送证监会，4 月 2 日获受理通知书。

2013 年 6 月，在原创期刊中心基础上，将《老年博览》、《飞碟探索》、《故事作文》、《读者乡土人文版》等编辑部再次整合，成立期刊出版中心。

2013 年 9 月，甘肃民族出版社、甘肃科学技术出版社、甘肃人民美术出版社、甘肃少年儿童出版社、敦煌文艺出版社、甘肃教育出版社从"副牌社"改制为全资子公司。标志着读者传媒继续深化体制机制改革又迈出坚实、重要的一步。

2014 年 4 月 30 日，公司申报上市招股说明书预披露。

2015 年 6 月 24 日，公司取得证监会核准公开发行股票并上市交易的批文。

2015 年 12 月 10 日，读者出版传媒股份有限公司 A 股首次公开发行新股 6000 万股并上市，募集资金 5.86 亿元。

三、产业发展

2010 年 11 月，获得国家新闻出版总署首批颁发的电子出版物出版、复制、经营证照。2010 年 12 月 24 日，公司门户网站"读者网"上线运行。

2010 年 12 月 31 日，《读者》杂志在台湾正式发行启动仪式在台北市举行，成为大陆第一本获台湾地区新闻主管部门批准的、公开发行的杂志，开创了两岸文化交流的新篇章。

2011 年 1 月，获甘肃省发改委"甘肃省数字出版工程研究中心"授牌。

2011 年 8 月，公司参与投资拍摄的电视剧《射天狼》开机，公司第一次涉足影视投资和拍摄。2013 年 5 月，《射天狼》先后在央视一套和八套黄金时段播出。2012 年以后先后投资《武媚娘传奇》《恋恋不忘》等多部电视剧。

2011 年 9 月，《读者》杂志 iPhone 版、iTouch 版入驻 App-Store，在苹果商城图书类长时间位列畅销软件前列。

2012 年 9 月 25 日，《读者》杂志香港版创刊号首发式在香港举行。

2013 年 1 月，公司获得互联网出版资质。

2013 年 4 月 27 日，读者云图书馆正式上线运营，"内容＋平台＋终端"三位一体的数字出版产业结构的战略设想取得初步进展。

2013 年 8 月，获得甘肃省发改委"甘肃省动漫工程实验室"授牌。

2013 年 12 月起，公司承建中宣部"图说我们的价值观"项目，涉足户外媒体业务。

2014 年 7 月，获得甘肃省科技厅"甘肃动漫工程技术研究中心"授牌。

2015 年 3 月，"读者爱听"客户端安卓版全面上线。

2015 年 4 月 20 日，公司与合一影业等三家共同签署了独家战略合作协议，尝试期刊内容资源的视频化改编，做好版权的二次开发。

2015 年 5 月底，参与投资出品儿童舞台剧《警犬汉克历险记》在兰州首演，陆续在全国 30 余个城市展演。

四、投资布局

2009 年 10 月，济南，投资参股泰山传媒股份有限公司，进入外省教辅业务领域，2012 年 2 月该笔投资整合进入读者传媒。

2010 年 3 月，天津，投资设立全资子公司读者新媒体发展有限公司，是首批入驻天津中新生态城国家动漫产业园的出版企业之一，目前 5 万平米读者新媒体大厦已经竣工投入使用。

2010 年 5 月，兰州，投资设立控股子公司读者甘肃数码科技有限公司，数字出版业务起步。

2011 年 6 月，兰州，投资设立控股子公司甘肃读者动漫科技有限公司，探索发展动漫业务。

2011 年 8 月，北京，投资参股国家外文局旗下新星出版社，在社科、文学出版领域增强话语权。

2012 年 5 月，广州，投资设立控股子公司广东读者文化发展有限公司。

2012 年 10 月，北京，投资设立控股子公司北京旺财传媒广告有限公司。

2013 年 5 月，兰州，投资设立全资子公司甘肃华夏理财报社有限责任公司。

2014 年 10 月，北京，投资设立全资子公司北京读者天元文化传播有限公司，专门从事《读者》杂志新媒体业务和文化衍生产品业务。

2015 年 1 月，兰州，投资设立控股子公司读者文化传播有限责任公司，专门从事户外媒体业务运营。

五、获奖及履行社会责任

2010 年 8 月 11 日，向甘肃舟曲捐款 200 万元。

2010 年 12 月，《读者》杂志荣获第二届中国出版政府奖期刊奖；《西藏地方经济史》荣获第三届中华优秀出版物图书奖，《北魏政治史（5 册）》《中国文学原型论》荣获第三届中华优秀出版物奖图书提名奖。

2011 年 11 月，获国家发改委颁发的"第十三届高交会发展新一代信息技术加快经济社会信息化主题展览优秀展示奖"。

2012 年 9 月，《莫高窟的精灵——一千年的敦煌梦》获得第十二届精神文明建设"五个一工程"优秀作品奖。

2012 年 12 月，《法国汉学研究丛书（10 册）》《敦煌石窟寺研究》《甘肃石窟志》《西部地区民族经济发展问题研究》荣获第四届中华优秀出版物奖图书提名奖。

2013 年 6 月 5 日，牵头共同发起的"《读者》光明行动"正式在北京启动，活动免费救助贫困家庭的先天弱视儿童。截至 2015 年 12 月 2 日，共收到捐款 750 万元，义诊 18484 人，实际救助 947 名弱视儿童，救助范围涵盖全国 17 个省份。

2014 年 7 月 12 日，向甘肃环县习仲勋红军小学、环县八珠红军小学捐赠价值 30 万元图书。

2015 年 2 月，《敦煌讲座书系（21 册）》《河西走廊沙尘源区生态环境治理》荣获第五届中华优秀出版物奖图书奖。

2015 年 5 月，公司入选第七届"文化企业 30 强"提名名单。

第七编
中国证券业人物纪实与访谈

德恒律师事务所
Deheng Law Offices

德行天下，恒信自然

栏目协办

2015 年中国证券业人物纪实与访谈

加快发展金融衍生品市场
满足新常态下风险管理需求

——访中国金融期货交易所董事长张慎峰先生

3 月 5 日上午，国务院总理李克强在第十二届全国人民代表大会三次会议上作政府工作报告，提出“加强多层次资本市场体系建设，实施股票发行注册制改革，发展服务中小企业的区域性股权市场，推进信贷资产证券化，扩大企业债券发行规模，发展金融衍生品市场”。其中，“发展金融衍生品市场”的提法首次写入了政府工作报告，引发了市场的极大关注。

中国金融期货交易所作为我国金融期货市场的组织者，承担着发展金融衍生品市场的重要责任。为此，记者专访了中金所董事长张慎峰，请他谈谈对建设发展金融衍生品市场的看法。

记者：“发展金融衍生品市场”首次出现在了政府工作报告中，您觉得现阶段为什么要重点提出发展金融衍生品市场？

张慎峰：当前我国发展金融衍生品市场之所以很迫切，主要是实体经济体量迅速增大，新常态下隐性风险逐步显性化，市场潜在风险管理需求更加强烈。去年年底，中央经济工作会议对新常态进行了阐释，从历史高度对我国经济发展进行了系统论述。新常态下经济转向中高速增长，利率市场化、人民币国际化及资本市场对外开放等重大金融改革逐步深化；去杠杆，房地产泡沫、地方政府性巨额债务、影子银行等金融风险隐患增加；要素价格波动、内外市场联动等诸多不确定因素集聚共振，风险管理需求十分迫切，“防风险”成为新常态理论的重要内容。

金融衍生品市场通过风险转移、分散等功能的发挥，将空间和时间两个维度的风险分散到金融市场中那些愿意承担的人手中，从而起到管理风险的作用。尤其是场内期货交易，是可靠、成熟、高效的风险管理工具，在全球范围内都发挥着管理市场风险、服务实体经济发展的重要作用。

任何一个大国的崛起都需要有一个发达的资本市场作为支撑，而一个发达的资本市场离不开种类丰富的金融风险管理工具。要顺利完成经济的创新驱动和转型升级，就必须加快完善金融风险管理工具，搭建一个功能完备、安全高效的金融风险管理平台，这是历史的必然选择。

记者：中金所是我国金融期货市场的组织者，能否介绍一下现阶段我国金融期货市场的运行和作用？

张慎峰：中金所分别于 2010 年 4 月 16 日和 2013 年 9 月 6 日上市了沪深 300 股指期货和 5 年期国债期货。沪深 300 股指期货上市接近 5 年，市场整体运行平稳，交易秩序良好。截至目前，市场开户数 21.8 万户。2014 年，沪深 300 股指期货总成交金额 163 万亿元。5 年期国债期货上市一年多以来，市场整体运行平稳，交易理性，成交量、持仓量稳步增长，2014 年年底已突破万手大关，机构投资者参与程度不断提高。

从实际运行来看，股指期货和国债期货的市场功能逐步发挥，服务金融市场和实体经济的能力不断增强，有效降低了市场风险。主要体现在以下几个方面：

一是金融期货有利于促进现货市场发展，切实增强市场稳定性。沪深 300 股指期货的上市为市场成功引入了做空机制，从而改变了市场单边运行的历史，为市场稳定运行注入了双向均衡的力量。对于提升我国股市的内在稳定性、优化市场结构起到了积极作用。从股指期货上市前后 4 年对比来看，沪深 300 指数涨跌超过 2% 的天数分别下降了 58.9% 和 58.7%，股市波动极值范围大幅缩小，系统风险明显下降，单边市特征显著改善。

二是金融期货提高了现货市场的定价效率和流动性。金融期货的价格能够反映市场对标的资产未来价格的预期。例如国债期货上市后，对应的国债现货的成交量明显提高，国债询价频率提高，买卖价差明显缩小，有利于健全反映市场供求关系的国债收益率曲线。

三是金融期货有利于居民资产性收入的提高，使得资本市场和国民经济的发展更好地惠及民生。金融期货上市前，由于缺乏投资工具和缺少专业财富管理机构，居民理财方式较为单一。金融期货上市后，财富管理机构通过参与金融期货市场，实施更为灵活和丰富的投资策略，加速了产品创新和业务创新，显著提高了理财产品绩效，吸引和推动各种机构和长期资金入市，显著增加了居民资产性收入。

记者：相对比于国际市场而言，我国金融衍生品市场存在哪些差距？

张慎峰：与国际金融衍生品市场相比，我国场内金融期货市场起步晚、品种少，金融衍生品市场国际竞争力不足。主要体现在以下几个方面：

一是品种数量少，保险范围小，避险服务“留白”较多。截至 2014 年 8 月份，美国金融期货品种已超过 100 个，巴西、南非、印度、俄罗斯等金砖国家分别达到 70、62、49 个和 45 个，中国香港、中国台湾和韩国的产品数量也分别为 26、20 和 18 个，既有期货还有期权，完整覆盖了股权类、利率类、外汇类等主要资产系列。与之相比，我国目前仅有两个金融期货品种，覆盖面十分狭窄。

二是市场规模小，现货覆盖低，功能发挥空间很大。2013 年，我国股票市值占全球的 6.15%，金融期货交易量仅占全球金融期货期权交易量的 1.6%，股指期货持仓规模仅占全球交易所权益衍生品持仓额的 2%，我国股指期货持仓规模仅占我国股票总市值的 3.5%。我国金融期货市场的发展，未来还有很大空间。

三是不但起步晚，而且发展慢，“后发”没能形成优势。新兴市场大多抓住时机，紧跟欧美成熟市场，快速建立起与本国金融市场相适应的体系健全的金融期货市场。我国金融期货市场推进缓慢，难以跟上国际平均发展速度，面临较大的国际竞争压力。

四是本土金融衍生品市场的国际竞争力有待提高。我国经济体量庞大,金融风险管理市场的潜在需求较高,为金融市场的发展提供了良好的基础。但随着金融衍生品市场全球化趋势日益显著,仅仅依赖本土市场的发展路径则无法提高交易所的国际竞争力。目前,新加坡交易所几年前已上市以中国股票为标的的新华富时 A50 股指期货,芝加哥商业交易所等几个境外交易所也早已推出了人民币期货和期权,给我国在岸市场带来了竞争压力。

记者:下一步,中金所将如何加快创新,为我国金融衍生品市场发展做出贡献?

张慎峰:下一步,中金所将按照李克强总理在政府工作报告中讲到的"发展金融衍生品市场"的战略部署,重点从以下三个方面推动金融市场的发展:

一是加快推进金融期货产品创新,丰富我国金融风险管理工具。在权益类产品方面,积极推进后续权益类衍生品的上市工作,为经济转型升级提供方向性和波动性风险管理工具。在利率类产品方面,配合利率市场化和"健全反映市场供求关系的国债收益率曲线"等改革目标,逐步上市其他关键期限国债期货、期权合约,适时推出短期利率期货品种。在汇率类产品方面,抓住人民币汇率市场化改革、人民币资本项目可自由兑换进程加快以及上海自贸区建设的机遇,适时推出交叉汇率期货和人民币外汇期货、期权。

二是努力提升金融期货市场服务水平,提高服务实体经济能力。进一步丰富和完善金融期货交易清算服务,不断优化现有业务规则,完善担保品管理,积极推动银行保险等各类机构投资者平稳有序入市。推动机构利用金融期货开发产品,提高财富管理水平,将市场闲散资金有效分配到实体经济各个领域,提高资源配置效率,促进实体经济平稳、健康、有序发展。

三是稳步推动市场对外开放,提高金融衍生品市场国际竞争力。适应经济新常态,配合资本市场双向开放和上海自贸区发展战略,稳步推动金融期货市场对外开放。坚持"下好先手棋,打好主场赛",加快在岸金融衍生品市场建设,牢牢掌握金融资源配置主动权,积极应对市场开放和国际竞争压力,在制度、规则、内部治理和经营管理等方面吸收借鉴国际先进经验,全面提升中国金融衍生品市场的国际竞争力。

服务"新常态"经济加快期市改革创新

——访上海期货交易所理事长杨迈军先生

2014 年中国经济进入了重要战略发展期,经济发展进入"新常态"为资本市场提供了宝贵的发展机遇。随着国务院《关于进一步促进资本市场健康发展的若干意见》、证监会《关于进一步推进期货经营机构创新发展的意见》等多个影响期货市场的重要政策的出台,我国期货市场在规模、产品创新、法规制度和国际影响力等方面取得了巨大成就。展望 2015 年,期货市场机遇与挑战并存。值此辞旧迎新之际,本报专访了上期所理事长杨迈军,回顾 2014 年历程,畅谈新年的发展思路。

期货日报:2014 年是期货市场发展的重要一年,多项重要政策陆续推出,创新成为期货市场发展的关键词。在此背景下,上期所在 2014 年的工作中秉承了怎样的发展思路?

杨迈军:回首 2014 年,国内外经济形势严峻复杂,地缘政治及地区局势对市场产生扰动影响。面对复杂多变的市场形势,上期所按照证监会推进监管转型,切实履行"两维护,一促进"职能的要求,采取一系列针对性措施,守住不发生系统性风险的底线,为期货市场稳健运行、改革创新、发挥服务实体经济功能奠定了坚实基础。全所上下齐心协力,紧紧围绕建设成为规范、高效、透明、综合性、国际化衍生品交易所的目标,扎实推进各项工作,取得长足进步。

期货日报:针对目前中国经济发展的形势,中央提出了"新常态"的重要判断。您怎么理解经济发展的"新常态"以及期货市场所面临的全新发展格局?

杨迈军:2015 年是国家全面完成"十二五"规划的关键之年,对于完成全面深化改革的目标至关重要,同时也是我所"二五"战略规划开展的第三个年头。中央政治局会议要求主动适应增速减缓、结构升级、创新驱动的"新常态"。进入"新常态",也就进入了转型升级的关键时期,要打造中国经济升级版,要从粗放到集约,从低端到高端。

习近平总书记指出,"我国发展仍处于重要战略机遇期,我们要增强信心,从当前我国经济发展的阶段性特征出发,适应'新常态',保持战略上的平常心态"。

在中央经济工作会议"要坚持稳中求进、改革创新"的精神指导下,中国证监会主席肖钢进一步强调,"经济发展进入'新常态',将极大地改善资本市场发展的基础和环境,为资本市场发展提供难得的历史机遇"。

形势明则信心足。深刻领会和准确把握我国经济发展"新常态",有助于更好地发挥包括期货市场在内的金融市场服务实体经济的作用,全面深化经济体制改革、推动经济持续健康发展。与此相适应,我国期货市场也正处于一个变革过程当中。未来的期货及衍生品市场,将进入一个"商品类和金融类期货衍生品协调发展,期货现货紧密融合,场内场外良性互动,国内国际一体联动"的"新常态"。在"新常态"下,加快开放创新将是我国期货市场未来发展的主旋律,将为期货市场的发展带来巨大的潜力和空间。

期货日报:经济"新常态"下,加快推进经济结构战略性调整成了大势所趋、刻不容缓的要求,而期货行业也面临新的机会和挑战,交易所在新的一年中有何考虑和打算?

杨迈军:2015 年,我所将在证监会的领导下,全面贯彻党的十八大和十八届三中、四中全会精神,在积极领会和消化国务院新"国九条"文件和中央经济工作会议精神的基础上,结合证监会相关重点任务及三次期货市场联席会议的要求,紧紧围绕创新驱动、转型发展的主线,扎实推进"产品转型、市场转型和管理转型",下一阶段交易所将以服务"新常态"经济作为工作重点,不断加强改革创新力度。促进期货和现货、场内和场外、国内和国际的结合,努力建设多层次资本市场,提供广泛、全面的价格发现功能,助力规模驱动向结构调整、产能调整、效益增长的转变;以原油期货的推出为突破口,逐步加速国际化进程,以国际化为抓手,将自身的市场建设与对外开放纳入我国"一带一路"的国家整体战略框架内,依靠上海国际金融中心建设和自贸区先发优势,做精做深现有品种,加快产品创新,优化各类市场基础制度,拓展与国外市场的互联互通、竞争融合,不断增强"上海价格"在国际市场的影响力;同时高度重视以互联网信息技术为代表的创新对金融行业的变革推动作用,用先进的技术系统将交易所与市场参与者紧密连接,加快提升我所技术领先的核心竞争力。

期货日报:期货市场正在向现代衍生品综合市场和国际化市场转型发展,现阶段上期所在产品和服务的创新发展方

面有何规划？在交易机制方面会有哪些完善和创新？

杨迈军：针对目前期货市场创新发展的态势，我们将加快创新步伐、完善交易机制、丰富基础衍生品工具，为各类投资者提供符合其风险管理、财富管理需求的产品和服务，进一步提升期货市场服务实体经济的能力。

扩展基础产品方面，推进锡、镍、纸浆等重要品种的上市准备工作；继续开展不锈钢、氧化铝、水泥、电力、稀土、航运指数等10余个储备品种的研发工作；在成功推出贵金属、有色金属、黑色金属、能源化工系列品种连续交易的基础上，继续推动延长连续交易时间和长假连续交易。

完善交易机制方面，要科学评估现有品种合约、规则、交割情况，研究落实相关改进完善措施，跟踪实施效果；适时推出市价指令等新型交易指令，强化市场信息反馈机制；推进风控机制创新发展，完善限仓、强平等制度；完善套保制度，放宽套保头寸的使用规定，构建套保审批风险预警体系；推进SPAN本土化研究，提出可操作方案。

提升市场运行效率、降低交易成本方面，进一步挖掘单向大边保证金制度潜力；扩展作为保证金资产的使用，对现有仓单冲抵折扣率、货币资金配比乘数进行动态化管理的可行性研究，推动国债作为保证金资产的实施；推进平今仓免手续费制度在相关品种上的应用，研究手续费分类管理制度。

期货日报：近年来，在证监会的指导和推动下，多层次资本市场建设取得了积极成效。新的一年上期所将如何促进场内市场和场外市场的协调发展？除此之外，上期所在推进原油期货和国际化发展进程方面有何打算？

杨迈军：首先，上期所将积极拓展场内衍生品业务，探索并大力支持场外衍生品业务的发展，加快国际化进程，提升跨境服务能力，建立能与国际接轨的规则体系，构建多中心、多层次的国际化交易平台。拓展衍生品业务方面，推动上期有色金属指数期货上市交易，积极、稳妥开展期权业务各项准备工作，支持机构开发有色金属指数ETF、白银期货ETF等指数相关投资产品与风险管理工具，吸引不同类型投资者参与商品期货市场。

其次，根据证监会《关于进一步推进期货经营机构创新发展的意见》中提出的“支持交易所为场外衍生品提供交易转让、集中清算等服务”的要求，我们将全力支持场外衍生品创新业务，包括完成仓单合约和价差合约交易方案的设计，建立新一代仓单串换系统，引入非标仓单使交割品牌和地点多样化，为期转现交易提供撮合服务，引入现货市场企业客户和做市商制度活跃串换市场，借鉴现货市场经验为交易商提供质押融资服务，通过仓单平台连通场内外市场，积极参与场外衍生品市场的相关模式与规则设计，增强交易所在现货市场的影响力和服务能力。

再次，将全力以赴推进期货市场对外开放，以原油期货为抓手先行先试，积极探索在其他成熟品种上引入境外投资者。同时还要深化沪港交易所合作的研究准备工作。大力推动深化期货保税交割业务试点，推动境外品牌注册，全面深化全球市场推广。

期货日报：期货市场功能发挥离不开产业客户的参与和期货公司的配合，发展好、利用好期货及衍生品市场，对于促进企业稳健经营，保障我国经济平稳较快增长具有重要意义。为了更好地服务实体经济，上期所会推出哪些新举措？

杨迈军：以市场和投资者的需求为导向，努力提升期货市场价格在实体企业经营运作和现货贸易中的影响力，不断拓展市场服务的广度和深度，提升期货服务业竞争力是上期所长期以来的工作重点。下一步，在提升市场服务能力方面，交易所将通过构筑完善的市场沟通渠道，强化市场服务中心和投资者教育平台功能，树立全心全意为市场服务的理念，优化现有制度、构建流程体系并强化服务机制；鼓励实体企业利用期货及衍生品进行风险管理，持续深化与各类产业客户及机构投资者的合作，做好配套服务，改善市场参与者结构，为市场的专业化发展奠定基础。

在推动行业创新方面，将支持期货公司做优做强，密切关注和大力支持期货行业的创新变革和转型发展，通过实施创新激励项目鼓励和推动行业创新发展，发掘优秀创新项目，支持期货经营机构的特色化、专业化和差异化发展。“支持期货公司利用互联网技术创新产品、业务和交易方式”，解决期货市场专业性强、风险程度高，一般投资者有需求、难参与的现状，拓展功能发挥的广度和深度。

期货日报：互联网金融为期货行业的创新发展提供了新思路和新机遇，在这方面上期所有何打算？

杨迈军：2013年互联网金融异军突起，激发了信息时代金融服务业技术手段的革新。交易所作为市场的组织者，需要利用互联网带来的新技术和新思维模式，助推市场发展。交易所应积极利用互联网的技术，推进业务创新，以技术创新发展引领期货市场的创新发展。2015年，交易所在后台建设方面，将继续加强IT软硬件设施建设，为交易所各项业务的开展提供保障和支持；在中台建设方面，积极推进以互联网为代表的现代信息技术在期货市场的运用，抓住“大数据”和“云计算”等未来信息技术发展趋势，加强数据开发、集成和利用，建立高性能的信息平台；在前台建设方面，适应交易所业务发展的需要，打造能提供全方位、多层次服务，各功能模块相对独立又有机联系的业务平台。

登陆新三板囤积充足资金

——访北京华清飞扬网络股份有限公司CEO王斌先生

2015年11月17日华清飞扬正式登陆新三板挂牌上市，记者对华清飞扬CEO王斌就为何选择近日上市原因及发展历程和未来发展方向等问题进行专访。

华清飞扬CEO王斌表示，目前在RPG为主流的中国手游市场的竞争格局，明显偏向大厂和头部游戏，中小CP越来越难以与大厂在榜单上争抢位置。所以寻找你的核心竞争力，挖掘你的优势所在至关重要。

华清飞扬经过不断尝试和反复积累，确定了我们最擅长的领域是战争题材，所以我们确定了把战争题材的细分市场作为我们的主要目标，并向全球化拓展。现在《红警大战》《战舰帝国》《坦克帝国》等游戏的持续成功也证明了我们的实力和能力。

我们选择在这个时间在新三板上市，这样可以获得更多的资金，来巩固我们的发展，把公司做大做强。

最后王斌对目前中国市场和海外市场发表自己的看法，他认为中国游戏公司现在面临一个非常好的海外拓展时机。大家有钱、有人、擅长做系统、做养成和付费设计。对于手机游戏市场的全球化竞争，中国公司将越来越有优势。

记者：目前手游企业上市的多数是发行商，但华清飞扬作为研发性质的公司为什么要选择上市呢？

王斌：发行商或CP是否上市，这个还是要从各自的角度出发去判断。国内发行商现在相对比较难做，要么是对同质化产品的大量砸钱，过度营销，要么就囤积 IP。但这两种做法都需要大量资金砸成功率。如果发行商没有上市没有足够资金的话就玩不转了。

从 CP 的角度来看，国内手游市场各个排行榜榜单越来越固化，国内中小型 CP 很难与霸榜大厂竞争；放眼海外市场，海外的主流市场不全是 RPG，更多是策略游戏或 RTS 等细分市场。如果中国公司定位准确，聚焦优势的话，完全可以开辟一个更广阔的蓝海市场从而弯道超越。同时，未来手游大型企业最终都必然会向着集发行与研发为一体的方向发展，充足的资金和深度资本化运作，将是持续做大做强的支持和保证。

记者：华清飞扬上新三板后续是否会考虑登陆主板？

王斌：华清飞扬对于能上新三板感到非常自豪。当然能上主板会更好，但是上主板有好处也有坏处。首先上了主板后，资本市场会对公司业绩提升有个预期，然后股价就开始拼命上涨，借壳上市的公司同时还伴随着更高的业绩对赌压力，这样的高股值单靠公司自研的积累很难承载，于是就逼着你不断要并购。

而新三板是以机构为主，机构投资者主要是看这个企业到底有没有核心价值，有没有长期发展的机会。如果你不是着急套现，也不想进行大规模的并购，新三板的机制更有助你慢慢做实，稳定增长。现在越来越多的优质公司都开始重视和登陆新三板了，希望大家一起努力把这个健康的资本市场壮大起来。目前还没有考虑过转板的事情。

记者：上市后华清飞扬会不会加强 IP 储备？

王斌：在中国市场，渠道看一款产品，首先就是看是否有 IP，吸不吸量。如果没有好的 IP，渠道是不会把你当成好的游戏去推的。而着眼于全球化战争题材细分游戏市场，对于华清飞扬来说，我们先重点把我们的游戏用户群画像好，用高水平的游戏品质和产品变现能力，让公司生存并逐渐壮大起来。当然同时也要去寻找跟游戏匹配的跟目标用户群匹配的合适的 IP，这种 IP 一定是国际化的大 IP。反过来说要想从 IP 版权方拿到这个 IP，也不是随随便便就能拿到的，他们会拿着放大镜检查你的公司实力，产品能力和成功案例。这就是积累和门槛。

记者：从社交游戏到页游再到手游重点是锁定目标用户从页游转到手游经过哪些历程？

王斌：做手游和页游，表面进入的门槛很低，几个人就可以干，但做大的门槛非常高，市场份额越来越集中于精品大作。想持续做大，就要求你对市场的理解、产品的定位、研发控制力、推广力和资金，每一样都不差。当初掌中米格年代，我们和 Glu 对赌 5000 万，我做到 7000 万，那时一年 7000 万的利润已经非常高了，但现在却还不如一家中型的游戏公司。后来做社交游戏，积累了海量用户和持续运营游戏的经验，现金流方面这部分现在我们每月也有将近 2000 万的流水，有现金流就能保证一个团队项目不断进行试错迭代。在页游这个市场上，我们有几个很重要的合作伙伴跟腾讯一起，在不断尝试 3D 插件页游这个市场玩家是怎样玩和花钱的，是喜欢策略类或战斗类的什么地方。华清飞扬一路积累走过来，当年手游行业做到过第一，社交游戏也做到过第一，希望手游市场也能突破，而且是国际化大家的风范。

记者：从社交游戏到现在的军事题材游戏有着怎样的沉淀积累？

王斌：很多公司的游戏生命周期短，是因为团队缺乏线上产品的持续运营经验，尤其是数值游戏。社交游戏时代积累的多种题材的游戏开发和运营经验，以及跟海量玩家的直接交流，使我们区别于大部分游戏工作室。游戏类型上，除主流 MMORPG 以外，我们实际研发和运营过如模拟经营、休闲竞技、格斗、策略 SLG、第三人称 TPS、FPS、动作 ARPG、以及实时战略 RTS 等多种类型，这些实战经验对于我们进入玩法多样化的手游市场有着驾轻就熟的感觉。现在公司主要把方向聚焦在战争题材这个全球最大的游戏细分市场，就是希望聚焦在看得明白，利润丰厚的市场上，集中优势，重点突破，取得领先后再多点进攻。现在这个行业没把细分市场做到数一数二就很难有利润，类型越分散竞争力就越差。

记者：华清飞扬之后是否要死磕战争题材，是否有考虑二次元题材或其他领域？

王斌：手游市场有两个细分领域，用户群特征非常明确：一个是战争题材，一个就是二次元。战争题材的玩家多是 25 岁以上的男性用户，有钱，热衷。二次元的用户正相反，多是 90 后，是游戏市场的未来主力消费群体。我们也在关注这个领域。

记者：最后，能否简单介绍一下中国游戏公司的全球化发展思路吗？

王斌：中国公司现在正值出海好时机，但前提是产品必须对路。中国公司有很多优势，可以居高临下往外打。以前日韩觉得中国游戏产品不行，但现在发现产品质量又好吸金能力又强，现在他们以拿到中国公司产品代理权而自豪。国内市场增长很快就会到达一个瓶颈期，大公司要出去创收，小公司要出去求活。这会是一个大趋势。华清飞扬公司专注游戏研运一体化经营方向，以开发出全球化精品游戏大作为使命，面向国际化市场，立志成为中国游戏行业扬帆出海的领导者之一。

重庆旅游资源独一无二

——访春秋航空股份有限公司董事长王正华先生

弃政从商做航空公司　外界一致不看好

记者：提到春秋航空，就不得不提到王总一段非常传奇的经历。我们都知道王总是 40 岁开始弃政从商；50 岁的时候开始做包机；60 岁的时候开始了做春秋航空；70 多岁的时候，也就是前段时间，春秋航空在上海上市了。这个故事被媒体报道得很多，但我还是想请王总给腾讯·大渝网简单介绍一下这段传奇。

王正华：我对腾讯有深深的敬意，因此即使时间安排得很满，我也来报个到。

我的经历也谈不上什么传奇，实际上我的经历也很平凡，这是大实话。要说我有什么优点，我就比较肯吃苦，做什么事情都愿意花很多精力。刚刚提到的做旅行、做包机、做航空公司、公司上市，我都花了很多时间研究。与年轻一代人相比，我做事比较谨慎，或者说比较胆小。做到今天这样子，可以说功夫不负有心人。

至于为什么要做低成本航空，这和我做旅游是密切相关的。我 1994 年就做到了中国国内的第一，然后一直保持着第一，直到现在都是。在这么一个情况下，从 1994 年就开始在考虑："已经取得了第一下一步该怎么办？"于是我就研究了世界上大型的旅行社、航空公司的情况，最后选择了经营低成本航空公司。媒体经常说我"十年磨一剑"，这是真的，我花了十年时间来研究怎么做。开始做的时候，很多人都不看好我，包括家人、朋友、领导……他们说全世界的航空亏多盈少、美国航空年年亏，当时股神巴菲特也有句话："我什么行业都投资过，都是有赢有亏，只有航空，所有投资都是亏的。"实际上，经过十年的准备后，春秋航空截至去年，基本上年年都能够盈利。

低成本航空机票为什么低？安全吗？

记者：在王总创办春秋航空的过程中，一直受到外界的质疑和阻力，能坚持到现在，与王总自身性格中的坚持密不可分。1月11号，春秋航空在上海成功上市了，成为第一家登陆资本市场的民营航空公司。网友一直很好奇，作为低成本航空公司，是不是意味着低安全？虽然这个问题并不专业，但希望王总能给网友们解释一下。

王正华：低成本航空公司除了安全和员工的工资不搞低成本，其他的一切都不搞低成本。安全是所有航空公司都放在第一位的，不管哪个航空公司都不能搞低成本，该花的钱必须得花。在这点上，我们从来不省一分钱。根据民航局的数据，我们在安全上的投入，是名列前茅的。员工的工资也不能省，不然人家很容易跳槽到其他航空公司去。

记者：那么春秋航空的超低机票，是怎么省出来的呢？

王正华：春秋航空从2005年开航至今，平均票价比同行低30%。这些钱是哪里省来的呢？从全世界的范围看，大家明确地认识到航空是一个运载工具，不是一个享受的运输行为。因为我们会把一些非必要的成本剔除，比如我们把头等舱拆掉，变成经济舱，这样会多出20多个座位。这也是全世界低成本航空的通用做法，因为两三小时的航班，大多数人是不太需要这么舒适的沙发。再比如，飞机上的用餐啊这些成本我们都剔除了。另外我们也借鉴其他低成本航空公司的经验，在各个地方都精打细算。这样能省下的20～30%的成本，我们都回馈给了消费者。

当然，安全和成本是有矛盾的。当两者产生矛盾的时候，毫无疑问，给安全让路。不仅仅是成本，当安全和其他任何问题产生矛盾，我们都无条件给安全让路。这样的做法，可以说获得了不错的结果，从市场上看，我们也获得了消费者的欢迎。我们的市场一直都是平稳的增长，因为我们没做过任何的炒作。我们的股票走势也很平稳，什么股灾发生，我们股票也没有太多影响和波动。其实在亚洲，我们是起步比较晚、规模也不大的航空公司，只有50多架飞机，但我们的市值却比其他低成本航空公司都高。

记者：从春秋航空起步到如今的这十多年，是低成本航空发展非常迅猛的时期。有种说法认为最近这两年，低成本航空公司将会进入一个新的拐点。请问王总是怎么看的呢？

王正华：我们做了十年低成本航空，其他公司很多都是做做停停，我们是认准了这个方向，不管未来有什么困难，都会往前走。一直到现在，我们的发展还是比较平稳。这两年，有越来越多的低成本航空公司出现，这说明中国到了一个低成本航空大发展的时代。我个人觉得这是好事，这可以使旅客有更多的比较、选择。但对我们来说，竞争压力肯定会更大，对我们的团队要求会更高。我始终认为，竞争是公司成长的沃土，只有真正面对竞争、面对压力，才是发展的好机会。

如何看待几大航空公司抵制OTA

记者：是的，太过于舒适的环境，就无法迸发出人的斗志。接下来的问题有点尖锐，前段时间，9家航空公司联合抵制"去哪儿"网站。对此事，王总怎么看？

王正华：我们从一开始，就采取直销的方式，没有采取代理、代销的方式。一直到2010年，我们的机票有80%的机票都是通过直销渠道销售的，这样也是为了节省很多成本。然后我们发现，这块的渠道还是太单一了，于是开始研究各种渠道，也包括"去哪儿"这种OTA。我们发现网站确实很多弊病，例如你搜索"春秋航空"，出来的好多结果根本不是我们。还有很多第三方的小代理，素质也参差不齐，体验并不好。这样的长期下去，不仅毁了春秋航空的名声，大平台的信誉也会受损，对整个航空业、互联网都不是好事。因此，我非常理解那九家航空公司，我自己也有深切体会。我们目前没有和OTA"断交"，但我们成立了专门的队伍，对付那些不守规则的第三方代理公司。

记者：春秋航空的官网也运营了很长的一段时间了，那么现在从官网订票的和从OTA渠道来的比例是怎么样的？

王正华：我们自己的渠道一直保持着80%上下的比例，其他所有渠道，包括OTA、B2B等一共占20%左右。我们的机票比其他航空公司便宜，这就是最好的宣传，从某种意义上讲，我们有点"酒香不怕巷子深"。在2016年，我们希望在其他渠道能有所突破，把低票价送到旅客手里。

预判日本游会火　开通重庆大阪航班

记者：下面来聊聊重庆网友比较感兴趣的话题。2104年，春秋航空开通了重庆直飞大阪的航线。请问为什么会选择大阪呢？

王正华：首先是国家旅游局要求我们走出去。我们的目标就是东北亚、东南亚，航程4、5个小时以内的地方。经过我们研究发现，约20年前，港澳游是高峰；约10年前，东南亚游是高峰；4、5年前，台湾游是高峰。我们认为，下一个热点应该就是日韩航线了，各方面的条件也成熟了。2012年，我们就开始准备进入大阪，那时候大阪机场条件还很差，国航、东航等航空公司都飞过大阪，但都停了。2014年3月，首先开通的上海－大阪航线，接下来就是重庆。

一开始，重庆－大阪航线的上座率达到95%，出现了一个日本游的高峰，完全符合了我们的预先判断。然后新的问题出来了，很多人都不满意"大阪进、大阪出"的线路，现在开通了重庆—东京的航线，可以"大阪进、东京出"或者"东京进、大阪出"，形成环线，不走回头路，重庆游客赴日更方便，也欢迎大家体验我们的产品。

记者：数据也能直观印证王总几年前对赴日旅游的判断，2015年赴日游客499万人次，比2014年翻了两番。我想再问下王总，日本旅游还会有怎样的发展？春秋航空会在东南亚或者欧洲拓展新的目的地吗？

王正华：日本人希望中国游客能达到1000万。但2015年日本游火爆后，所有旅行社一窝蜂都开始做日本的产品，质量参差不齐，导致日本游的美誉度下降，因此我觉得2016年日本游不可能像2015年那样高速增长了。

重庆旅游独一无二　会带更多人来玩

欧洲我们的飞机飞不到，目前也没有计划。日本目前有19个城市在飞，共有27条航线。因为政策的原因，我们进入东南亚很晚，现在有约15个城市飞曼谷。除了把客人往国外送，我们也会引导客人在国内旅行。重庆就是我们考虑的下一个新兴的增长点。我个人认为重庆的旅游资源独一无二，非常漂亮。例如"天上的街市"——在长江南岸隔江相望渝中区就很符合郭沫若的那首诗。

记者：没想到王总对重庆居然这么了解。最近春秋航空的IT创新园落户重庆；微信朋友圈抢机票；在澎湃网上和网友积极互动……王总对互联网产品运用自如。那么，在互联网+的大潮里，春秋航空有什么规划呢？

王正华：在重庆会有比较大的动作的。我们把总部的 IT 创新研究院移到重庆了，他们在上海做得非常成功。我们自行研发了销售系统、抵港离岗系统、飞行管理系统等，不但自己在用，还销售给了其他好多家航空公司。

记者：2 月 13 日，重庆 - 东京的航线就将开通了，请王总透露下有没有什么优惠措施？

王正华：这个时间正好是情人节，我们早就开始预热和特惠机票的预售。我们希望让更多的年轻人，体验我们的产品，提出意见。最后感谢腾讯 · 大渝网。

访电讯盈科企业方案董事总经理于礼安先生

电讯盈科有限公司旗下的信息科技服务旗舰电讯盈科企业方案，日前在北京举行的"2015 电讯盈科企业方案论坛"上公布一系列专为国内企业及行业而设的新技术应用方案及服务。本届论坛一方面庆祝电讯盈科企业方案进驻内地迈向 15 周年，同时展示其创新的数字化能力，协助客户转型业务，创造新机遇及实现"以客为尊"。

电讯盈科企业方案董事总经理于礼安先生在论坛上致词时表示："电讯盈科企业方案已建立一个基于，并联系全球的数码服务提供平台，将人、装置及机械连在一起，同时确保企业进行数字转型。数字企业将透过超卓的客户体验及以具成本效益的方法加快其产品进入市场的时间，于市场上突显自己优势。"会上，记者专访了于礼安先生，请他就业界关注的焦点问题做出回答。

记者：本次会议的主题叫做"迎接下一个十年"，实际上中国政府也出台了一个大的战略，和未来十年有关系，叫做"中国制造 2025"，就是对未来十年制造业的智能化和数字化提出了目标和方向，电讯盈科对制造业领域的解决方案有什么设想？

于礼安：首先有一点您也了解，我们在香港在这个领域一直是排名第一的，只可惜香港有点小，但是在香港我们所发挥作用很大，扮演重要的角色。香港一直都是中国与亚洲及世界其他地方的一个桥梁，正是由于这种得天独厚的优势，我们相信未来自己是那几家幸运的公司之一，可以更好地吻合中国政府所提出的"中国制造 2025"战略，更好地支持制造业，支持中国企业和产品走出去。

我们和内地很多制造业企业有着多年的合作，尤其是南方诸多制造业企业。我们最常见的运用模式，就是把他们的后台办公室或者是平台或者是流程以一种打包的软件方式提供给他们，这往往是一个制造型企业走出去不可或缺的第一步。

实际上，制造业的数字化包括众多的领域，从车间这个层面上来看，就有机器诊断、维修，机器与机器之间互动，人与机器互动，比如，是否只有这个操作员才有这个机器的访问权限等等。所有这些方面的数字化都是为了能够进一步地提高产品的质量，降低残次品的比例，同时减少浪费。

其实制造业在过去 10 到 20 年里，大部分都是在走自动化的一条路，所以很多时候大家都关注在生产型的自动化上。其实国家推出的"中国制造 2025"，就是希望这些制造业的企业能够走出来，好好利用他们自身的能力，创造一个新的环境，减少各种问题，比如库存过多，出口减少等等。这些恰恰是我们数字化转型要考虑的事情，如果你要更好地利用这些数据，就需要一个智慧的工厂，我们叫 Smart Factory，要一个智慧的仓库，我们叫 Smart Warehouse，你要一个智慧的物流网，即 Smart Logistic。这几样东西都是我们自身的一些核心能力，就是我们今天大会上介绍的，我们在 10 年前就已经把一些 IOT(物联网)的技术放到了自己的第三方物流中心，后来也把仓库管理员用的这些技术，推广到制造业企业。

下一步就是把我们所谓的线下做到线上，这也是我们在零售业中做得比较多的事情，怎么去把 O2O 和电子商务利用上，以后，制造业将围绕跨界来运作。对传统的制造业来说，跨界是大家不熟悉的，我们要去填补这个空缺，让他们在走出去的时候比较舒服。在中国虽然也有走出去的制造业企业，但是还有 95% 的企业其业务还局限在国内，我们已经听到过很多客户的声音了，他们希望通过我们把香港作为一个桥梁走到海外。

为此，他们需要各种基础架构、网络搭建或者是云应用，之后就是他们本身的电商应用，而这些东西恰恰我们比较擅长的地方，因为我们有一个跨境的数据中心，有一个全球的网络，也有在应用方面的经验。怎么去搭建这种应用平台，我们就可以利用自己经验和能力帮他们走出去。

记者：今天的大会上，我们看到，很多解数字化决方案都是提供给金融行业的。当前，中国政府对金融行业加大了改革的力度，有消息称，银行、保险、证券这三个方面的监管部门将来要统一，这对于你们来说，与以往相比，今后金融服务将会有哪些不同的地方？

于礼安：其实，我们本身的应用是有监管的一些模块的。当然，如果有需要，我们也配合一些合作伙伴把一些大数据的理念加进来。但是，我们已有解决方案本身的应用已经能满足一些监管的需求了。至于你刚才说的不同金融行业，银行、保险和证券的合并监管，我们的方案已经包含这种整合的功能。不知你注意到没有，实际上，我们这套应用方案已经不止用在传统的银行用户，在财务公司、金融公司都有应用了，同时，配合数字化，我们也在跟一些保险公司谈怎么把这一块做得更好。

记者：今年以来，中国的经济出现了下滑的迹象，上半年 GDP 的增长已经到了 7% 以下，有的企业经营出现困难，他们对 IT 的投入肯定会减少，你们如何来应对这种局面？

于礼安：经济发展的历史告诉我们，当增长放缓的时候，IT 的投资反而会增加，因为持续高速增长的时候，人类往往变得麻木、变得很懒惰，人物不需要再投资，也能惯性增长。但是当增长放缓，竞争加剧的时候，却不得不去寻找投资，加强在 IT 方面、在技术方面的投资，同时这种投资不会再满足于只是做简单的自动化的工作，而是更多地看哪些 IT 方面的投资可以带来需求的增长，客户的增加。所以，我们非常有信心，在云端服务和应用方面，需求会增加，可以在降低总拥有成本的情况下，帮助客户实现创新，带来收入的增长。

举个例子，几年前某大零售企业在 IT 方面投资很大，以改善他们自身的管理能力，包括物流管理等等，在零售行业，物流管理可能占了成本的 5% - 10%，你可以想象，如果用 IT 技术降低物流管理费，可以节约多少成本。比如投入 0.2%，让物流管理费可以降低 20%，他干不干？但现在中国很多企业 IT 投入不到 1%，你会看到 IT 的成长还会有机会增长，因为它让其他部分的成本降低，更有效率。

而且，就算 IT 投入减少，其实对我们来说也是一个机遇，因为我们可以用更有效的办法帮他们做一些 IT 的工作，就是所谓的 IT 外包，我们可以帮他们省掉 15% - 20% 的时间来帮他们运营 IT 环境，让他们有时间更加专注于自己的业务。所以，从我的角度来看，我不觉得这是一个问题，反而两方面来看都是一个机遇。

记者：刚刚提到零售业，现在电商快速发展，特别是淘宝的兴起，传统零售业的形态发生了改变，刚刚过去的“双十一”又创了一个淘宝交易的新高，那天是900多亿元的交易额，但是现在问题来了，电商的兴起对实体企业，包括对传统的零售业冲击很大，下一步你们的应用方案要在哪些方面进行创新？

于礼安：您的问题很好，但是您讲到900亿元人民币的交易额，它当时让我们大跌眼镜，直到今天跌的眼镜还没有推回去，相信这样的交易量不仅在中国，在世界各地，目前还在消化中，但是让我们看到了一点，就是消费者的消费能力很强，大家的口袋真鼓，只不过是消费者不想按照旧有的方式去买东西了，当他们相信一个品牌，看到价值的时候，他们才会愿意买单。

第二点，从“双十一”中我们可以感知到的，当增长放缓的时候，就业的机会在减少，于是会有很多劳动力出来做他们自己的企业，他们需要IT，才能在这样的电商平台上建制好自己的企业，而我们所提供的云就是一种低成本的应用，即使小企业也能负担得起的成本，可以让更多的成长型小企业建设他们的IT环境，改变自己的企业。

第三点，就是“双十一”卖出去的东西好像很多都是情侣之间互相买，中国的光棍和剩女好像挺多的。

记者：今天的会上，你们多次谈到云和大数据，现在很多企业面对销售，面对客户的时候，如何来利用大数据的优势挖掘潜在市场，你们的解决方案提供了哪些独特的卖点？

于礼安：大部分现在做大数据的，做大数据分析的，他们提供的产品和服务是基于历史性的数据，比如可以绘制消费者的购买曲线、行为曲线，但是这种历史性的数据的读取和判断并没有带来立竿见影的收入。

所以，历史性的数据只是一种诊断和分析，我们在此基础上加进的是预测型的分析，而且我们所提供的不仅是一堆消费者的数据，而是每一个消费者的数据。

所以，我们为客户所提供的不是这个客户的客户什么时候会来买你这个产品，下一次什么时候再来买你这个产品，而是提供了三个东西：

第一步是告诉我们的客户，你的这个消费者历史上和你互动的数据，它的行为习惯、趋势是什么样的。

第二步是在诊断和分析的基础上提供一个预测，也就是下一次他可能会来你这里买这个产品大概是什么时候。

第三步是实时地提供信息，帮助我们的客户提供信息给他的消费者。当然这个消费者离我们的客户所提供的产品更近了，等他即将发生购买行为的时候，把相关的信息推送到消费者的手机或者是在线的移动终端上，来切实地促成这个交易。

所以，把这种统计上的大数据实际地转变成了其客户，他们和消费者之间的互动，使双方都受益，消费者的体验得到了提升，忠诚度也提高了。

另外，现在的数据不仅仅是结构化的，还包括消费者在某个地方停留的时间，各种喜好甚至他们的声音等等，我们都有办法在这种所谓非结构化的数据上做很多的分析。假如，如果你在一家店的门口对一件东西看了十秒钟，通过分析，会知道你对这个东西有兴趣。又比如，你在哪里看到了一个化妆品，然后把它放下来没买，这些都可以经过分析来了解你的行为和心态，可以做更加详细的计划，精准营销就是这样出来的。

【记者手札】

“赢”在数字转型时代

电讯盈科有限公司是一家以香港为总部的环球公司，在电讯、媒体、信息科技服务方案、物业发展及投资等业务上都有涉猎。电讯盈科企业方案是电讯盈科有限公司旗下的信息科技及业务流程外包服务旗舰，承办公营及私营机构与日俱增的大型信息科技项目，并凭着丰富的经验及专业技术，获业界公认为大中华区的主要信息科技服务商之一。

本次的采访，除了于礼安先生，在座还有电讯盈科企业方案执行副总裁和中国区总经理潘家驰、电讯盈科企业方案中国区金融行业总经理严宜扬，他们都对公司未来如何“赢”数字转型时代发表了精彩的观点。

电讯盈科企业方案于论坛上公布，继于香港运营覆盖全面的数据中心网络后，最近亦在广东省成立新的合资公司，提供可靠的跨境数据中心服务。通过这项发展，电讯盈科企业方案已在广东省通过合资公司同时持有因特网数据中心业务许可证及因特网接入服务业务许可证。这将有助带来新发展潜力以推动寄存服务、为全球软件供应商的知识产权中心提供托管服务，以及作为云端服务方案的平台。这个平台在不久将来可成为另一股增长动力。

电讯盈科企业方案会以“PCCWCDC”品牌在内地开展数据中心业务。PCCWCDC结合国际最佳实践及充裕的本地支持，使用香港本地设施并结合上述合资公司位于广州的GD1数据中心提供跨境端对端数据中心服务及应用方案，并已计划在2016年于广东省建立第二个数据中心GD2。

此外，电讯盈科企业方案于论坛上宣布推出Infinitum云端应用方案。Infinitum提供全方位的商业应用、数字化及分析应用方案，支持香港、内地及东南亚国家的企业，能快速及以具成本效益的方法，采用具扩充性的商业自动化应用方案促进业务创新。中国联通将为其广大的客户网络，提供一系列基于Infinitum的云方案。

Infinitum旗下的企业商业应用包括能够以“即服务”模式提供的后台办公室应用程序、前台办公室应用程序及业务流程应用程序。这些应用程序减低企业客户的整体拥有成本之余，所需的安装时间对比到办公室安装显著缩短。

于礼安先生表示：“电讯盈科企业方案致力为香港、内地及东南亚国家联盟的企业提供支援。今天，我们推出一个具扩充性及具成本效益的云端应用方案。这个平台确保我们的客户可将他们的后台办公室应用转移至云端平台上，然后集中资源开拓崭新的产品及服务，同时采用我们专为特定行业而设的数码应用方案，以提升客户体验，从而带动服务需求。”

记者了解到，Infinitum的数码方案包括专为特定行业预制及泛领域的云端应用方案，为企业提供综合的客户体验。

Infinitum亦支持以“即服务”模式向客户提供商业数据分析。电讯盈科企业方案透过提供咨询及综合服务，可快速整合不同的数据来源至云端分析平台上。这些经分析的数据会成为企业制订商业决策的重要工具。

记者注意到，“2015电讯盈科企业方案论坛”汇聚信息科技总监、市场总监、商业领袖与信息及通讯科技专才，对最新技术趋势及发展，及如何在数字化转型的新时代中迎接挑战分享他们的见解及交换意见。

电讯盈科企业方案执行副总裁和中国区总经理潘家驰表示，电讯盈科企业方案会继续致力服务及拓展在内地的业务，同时于其他市场物色发展机会及加强由客户需求带动的业务模式。

访河南赊店老酒股份有限公司董事长单森林先生

在8月8日河南赊店老酒股份有限公司举行的全国核心经销商大会上，记者就白酒行业面临的新形势、新机遇，谋划厂商合作应对挑战的新策略、新举措，开辟赊店老酒的新未来、新前景等问题，采访了该公司董事长单森林。

形势严峻　沉着应对

记者：当前，白酒行业陷入低谷，不少酒企经营困难，而赊店老酒公司近年来不仅没有出现大的滑坡，而且呈现向稳向好态势，品牌坚挺，市场稳固，增长明显。请谈谈您是如何认识当前白酒行业形势，如何应对挑战，化解风险的。

单森林：近年来，全国经济在经过10年高速增长后，进入了由高速向中高速转变的新常态，经济结构战略性调整任务艰巨，经济下行的压力较大，特别是传统产业和中小企业都不同程度出现下滑，企业经营困难。在经济结构转型升级的大趋势下，白酒行业也受到影响，大家从近几年的体验中都能感受到白酒行业"冰封期"的寒冷。我在今年公司员工大会上曾用三个"前所未有"来形容当前白酒行业面临的困难，即遇到的困难和压力前所未有，困难持续的时间前所未有，市场竞争的严酷程度前所未有。主要表现在，从消费层面来看，酒驾入刑、机关事业单位严控"三公"消费、工作日严禁饮酒等禁令出台，导致白酒政务消费严重萎缩，日常消费下降；从竞争环境来看，行业内的盲目扩张、无序竞争，不少酒企在销售持续走低情况下各显其能，各出奇招，通过增加投入，甚至不计成本降价销售，加剧了行业竞争程度。逆水行舟，不进则退。我们对白酒行业面临的危机和压力不能懈怠，不能乐观，但也不用悲观过度。要充分认识当前白酒行业的变化，是一次行业的深度调整，是产品结构和市场布局的进一步优化，是一次优胜劣汰的重新"洗牌"。在这样的冰封期中，谁的规模大、实力强、体制活谁做出差异化、做出优势，谁就能从困境中胜出，迎来雨后彩虹。

赊店老酒在过去6年发展中，经过成功改制，体制健康，机制灵活，根基牢固，基础坚实，已经具备了抵御行业周期性风险、应对各种挑战的能力和条件。一是市场稳固。我们致力做精做细根据地市场，南阳根据地做得扎实，已经占据市场约25%份额；郑州市场"制高点"、"桥头堡"作用日益凸显，势头强劲，辐射带动能力增强，其他市场都呈现健康发展态势。二是品牌坚挺。通过实施品牌带动，致力做质量、做品牌，特别是对青花瓷和红檀系列的持续品牌化建设，既带动了青花瓷、红檀品牌在消费者层面上品牌认知的成长，又实现了赊店品牌的形象提升和影响扩大，成了河南省内外经销商关注的成长性品牌。三是团队务实。无论是管理团队、员工团队、技术团队，人心思进，共同追求把企业做大、把事业做强，具有逢山开路遇水架桥的高效战斗力，具有持续发展的管理能力和带动能力。更值得自信的是，我们有一支重诚守信、友谊亲密、合作牢固、风雨同舟、能征善战的经销商队伍，大家与企业一起既品尝过丰收的甘甜，又体会过困境中的艰辛，已与企业形成了兴衰与共的命运共同体。近年来，部分酒企、酒商陷入经营困境，但是赊店依旧保持了高出行业平均水平的成长，赊店的经销商依旧保持了持续的盈利能力。实践证明，大家选择赊店是理性睿智的，是眼光远大的。我相信，在企业进入二次创业的征程中，大家一定能够在这个平台上与企业共克时艰，大有作为，在重新"洗牌"中抢占先机，实现厂商"双赢"。

扶持重点　板块带动

记者：从近年来企业发展中，我们感到企业的市场布局一直在调整优化，对经销商的扶持也在加强，说明企业对营销工作的重视程度很高。下一步在这方面有什么新的打算？

单森林：营销工作在企业经营活动中处于龙头地位、关键地位，企业发展速度、企业效益取决于营销工作，企业的生存和希望也取决于营销工作。经销商朋友是在营销一线冲锋陷阵的先锋，是企业巩固扩大市场的重要力量，特别在白酒市场疲软、竞争激烈的情况下，经销商的作用事关企业兴衰。经销商遇到的困难、经历的艰辛、付出的努力是其他行业经销商所不能比的，对大家的酸甜苦辣我们感同身受，充分理解。因此，我们始终把经销商朋友既作为企业的一员一视同仁，又作为企业的朋友高看一格，对他们充分相信，充分尊重，充分依靠，充分支持，做大做强企业，让经销商在合作的平台上赚大钱、快发财作为感恩经销商、回报经销商的责任担当，支持经销商与企业共同成长、共同壮大。在这方面，下步我们要做好以下几点：

一是优化市场布局，实施重点扶持。要实行划分板块，因地制宜，扶优扶强。省内市场要以南阳为根据地板块，郑汴洛为制高点板块，地级市场实现区块轮动。在科学分析评估的基础上，视经销商团队的能力、经营业绩、发展潜力等情况给予扶持。省外市场实行一地一策、一商一策、扶优扶大，谁做得好，谁有团队和融资渠道，谁有创业创新精神，具有成长潜力，谁就会在合作平台上获得较快发展。

二是精耕细作南阳市场，让南阳市场持续成长。把南阳市场做精做优做大做强，是我们实施开发家门口市场的重要举措，更是板块驱动战略的重要实践，也是其他市场的发展方向和成长方向。在做南阳市场方面，一要扩大影响，营造氛围。要通过媒体推介、户外广告、公益活动宣传、赠酒、线下的门头建设等多种形式，形成铺天盖地的宣传声势，让赊店老酒品牌家喻户晓、深入人心，增加社会影响力。二要优化团队，提升素质。要适应做大做强南阳市场的需要，提升营销团队的质量和素质，充分发挥"大照"协会、联合会、团购、烟酒店等渠道和战术战法的作用，扩大消费群体，通过团队作战能力的提升以及发挥经销商的深度协助作用，加强对市场的控制能力。三要建立样板，以四个亿元县建设为模板，落实精细化管理措施，落实轻罚重奖鼓励措施，只要经销商在当地有团队、业绩有增长、价格坚挺都要给予奖励。通过亿元市场工程的建设，通过亿元市场的团队优化、经销商优化，逐步实现对经销商和市场的销售管理有序化、规范化，并通过销售有序化的建设，在经销商自愿和获得发展的前提下，与经销商进行目标成长对赌。在样板市场建设过程中，要针对经销商进行细致的沟通和培训，使经销商的思想观念、发展理念、经营水平迅速得到提升。通过亿元县示范样板逐步积累经验，一旦成熟向全省推广。四要加快南阳产品升级换代。8月底，南阳区域的青花瓷产品将再次升级换代，除了防伪及包装的改进外，主要是通过产品导入，实现产品价格体系在南阳区域的再恢复和价格提升，并成为全省的价格标杆，推动青花瓷及赊店品牌全省化战略的实施。

三是强化郑汴洛制高点，逐步扩大市场辐射。以郑州为"桥头堡"，发挥郑州市场作用。一要依托现有团队，抓好市场基础建设和推进，培育发展烟酒店消费者。二要依托赊店男篮的独家资源，进行男篮和品牌建设一体化，实现体育营销、品牌拉动。三要扎实投入，狠抓烟酒店和酒店的基础氛围提升，强化门头建设，强化终端陈列达标率，强化终端生动化比例，提升产品在消费者、在渠道中的见面率，增强消费者好感度。

四是加强经销商服务和管理体系建设。要树立厂商一家人、一家亲理念，把经销商的事情当做企业的事情来办，经销商的困难当做企业的困难来解决，切实帮助排难解忧，使厂商真正融为一体，共同发展。一要加强经销商队伍培训，帮助他们掌握接受新常态、新形势下白酒营销的新模式，增强他们对赊店老酒公司理念、思路、战略和措施的认同感，使大家在接受、实施的过程中成为受益者。要引导经销商克服小富即安、小进即喜的小经济意识，勇于创业创新，敢想善干，追求量的扩大、质的提升、效的增长。二要切实帮助经销商解决发展中的各种困难，帮助经销商搞好市场策划，协助、帮助经销商更便捷、更有效解决资金问题。我们设立企划部，作为企业营销的总参谋部，结合企业实际制定市场规划，加强区域队伍建设，跟踪督导检查市场规划的执行。三要深化同经销商的合作，通过区域联合会，增进同经销商和区域渠道终端的联系，实现对区域内核心终端的销量、客情、收益、氛围捆绑，实现真正意义上的厂商一家亲。要鼓励经销商为了企业发展和市场开发积极建言献策，凡是经销商提出的真知灼见，我们都会认真听取、及时采纳、切实改进。当前不少酒企为了促销使出浑身解数，甚至乱出招，不计成本低价、低质销售，高返点、乱销、滥销，这是一种孤注一掷、不计后果的自杀性办法，是对企业、对经销商长远发展不负责任、急功近利的表现，也是不可持续、不可持久的短命行为，赊店老酒经销商要立足于事业的长远发展，在选择上要有自信和定力，坚信品牌的力量，坚持正确的选择，同时也要相信赊店一定会成为大家坚强的后盾，提供长期发展的、持续盈利的平台，给大家创造美好的未来。

五是提升品牌竞争力，为经销商做大市场提供有力支撑。在白酒市场竞争激烈情况下，能否在市场上占有一席之地，拥有一片蓝天，关键靠品牌，靠品牌文化影响力和市场竞争力。因此，我们要把做品牌作为头等大事，用品牌制胜市场。一要打企业上市品牌。要按照上市要求，依法规范各项管理，提升企业整体素质。二要打旅游品牌。要适应旅游消费的趋势，围绕社旗5A级景区建设，着力建设以酒文化产业园为主的文化旅游、工业旅游景点，以有机原料种植基地为重点的生态旅游、观光旅游景点，吸引游客前来度假休闲观光，体验酒文化魅力。三要打有机品牌。要把有机酒作为差异化发展的重要切入点做好“有机文章”。这三个品牌具有很高的含金量和影响力，也是在全省白酒行业中率先打造的。目前我们已进入快速实施阶段，将为广大经销商朋友赢得更广阔的发展商机。

厂商合力　共创未来

记者：当前，赊店老酒处于重要战略转折期，随着企业一系列发展思路、发展举措的落实，未来几年赊店老酒将出现大发展、快发展的势头。据了解，今后3年，赊店老酒公司要在质量效益不断提高基础上，保持发展速度每年不低于20%的增长。请您谈谈如何实现这一目标？

单森林：实现上述目标和赊店老酒的持续发展，需要厂商的共同努力。作为企业方，赊店有目标、有战略、有行动、有实力，更有一腔创业、创新、争创一流的激情。赊店老酒的未来是清晰可期的，成长路径是理性的。作为赊店老酒的经销商，正站在一艘乘风破浪驶向胜利彼岸的航母之上，需要和我们保持一致的心态、一致的目标、一致的追求、一致的行动、一致的速度。

在企业的上市考评期内，赊店老酒内部需要不断根据上市的要求和标准，进行内部管理流程、运营流程以及相关标准的调整规范，内部运行机制的创新和提升，这些最终将会使经销商持久受益以及市场的更规范、更健康，这是厂商的共同利益和期待。我们要用创业创新的心态来改变现状，我们的经销商也要和我们一样用创新的心态、开放的心态来理解、适应、配合。

在赊店老酒的发展过程中，过去、现在、未来，我们都更看重发展的质量。希望大家能够和我们一样，放弃急功近利的思想，扎扎实实和企业一起做好区域内渠道基础建设、品牌氛围建设、消费者公关体系建设，让品牌和经销商一起在市场上真正扎下根、扎牢根。面对当前各种不正当竞争的诱惑，经销商要把维护企业形象，维护品牌声誉与自身发展结合起来，混乱的市场环境，无序的竞争，受害的是大多数经销商。市场不是一个经销商的，也不单纯是企业的，是企业和所有经销商共有的事业平台，希望所有朋友都能共同爱护、共同珍惜、共同呵护，让市场在合理、有序、健康的轨道上运营。

赊店老酒会持续坚持品牌建设之路，持续通过硬性的、软性的、公益的等多种形式，进行赊店品牌、青花瓷品牌的持续投资和建设。务实的品牌建设举措，必将使赊店品牌之花，绚丽多彩，必将使所有经销商分享到成果的甘甜。

每个人都有梦想和未来，每个企业都有梦想和未来，我们希望能够和所有的经销商一起成长、创新、创业，一起创造更加美好的未来。

访湖北回天新材料股份有限公司
董事长章锋先生

【导读】汽车、高铁；风电、光伏；建筑建材，机械制造；电子器件、航空航天。这些看起来毫不相干的事物之所以能够正常运转，其实都离不开一种材料的存在，那就是胶。作为能够把各种同质或异质的物件连接在一起，从而使其具有足够强度的材料，胶的应用行业极广，并对高新科学技术进步和人民日常生活改善有重大影响。因此，研究、开发和生产各类胶粘剂十分重要。

伴随着中国经济的快速发展，中国胶粘剂行业从小变大、由弱变强，已经成为中国精细化工行业的一支发展迅速、朝气蓬勃的生力军。本期《金融界走进上市公司》栏目专访我国工程胶粘剂行业中规模最大的内资企业——回天新材董事长、全国人大代表章锋先生，请他为我们详解回天新材2015年在高铁、环保、资本运作、外贸等业务领域的增长潜力。

【人物简介】章锋先生，中国国籍，无境外居留权，硕士学位，高级经济师，中共党员。1998年7月至2004年9月，任公司董事长兼总经理；2004年9月至2006年9月，任公司副董事长兼总经理；2006年9月至今任公司董事长兼总经理，中国胶粘剂协会副会长，《粘接》杂志总编，湖北省企业家协会副会长、上海市企业家协会副会长。

最新的业绩快报显示，回天新材2014年营业收入同比增长为42.56%，归属于上市公司的净利润同比增长23.45%。那么这中间近一半的收入去哪儿了？回天新材董事长章锋表示，这其中的一大部分被用于公司新材料技术研发以及人才储备。“这其实就是‘买鸡生蛋’的关系。这些投入在短期内不会有回报，但长期内对企业的发展肯定是有好处的，2015年就是’下蛋’的好机会。”

高铁车身用胶已完成跑车实验

随着我国高铁走出去战略的推进以及国内高铁基建投入的加大，与高铁有关的投资机会得到了市场的热切关注。国家《中长期铁路网规划》指出到 2020 年，我国将建设客运专线 1.6 万公里以上，未来 10 年内该行业聚氨酯胶用量将达到 12 万吨，且未来维修和更换用量更大。由此可见，高铁市场胶粘剂市场潜力巨大。

回天新材在高铁业务领域，主要生产高铁轨道建设用胶，目前在南车、北车已经有几十个项目使用回天产品。此外，章峰透露，回天目前研制的高铁车身制造用胶已经完成了跑车实验，并获得了来自中国北车某公司的订单。

数据显示，2013 年，回天在高铁轨道用胶领域累计订单达 1044 万元。截至 2014 年半年报，正在履约中的合同总额为 2,416.16 万元；2014 年回天新材仅下半年高铁用胶出货量就达 2800 万元，目前待执行或即将向签订的合同约 1000 万元。按此预测，2015 年销售额预计可能会有更大快速增长。

进入食品包装市场

两会前的“柴雾霾”事件，让市场再一次把投资的热情给了环保板块，相关概念股纷纷涨停。随着人们环保意识的增强，对环境保护领域的关注将成为常态。

作为新材料企业，回天新材在新能源、水处理、包装等领域都研制出含金量较高的产品，章锋着重介绍了关系大气污染和食品安全的食品包装用胶。

VOCs 是四大空气污染物之一，其中 20% 来自于包装印刷业的排放，目前我国包装印刷所使用的溶剂型聚氨酯胶又是重要的污染源。值得一提的是，尽管用于替代的无溶剂型胶在欧美等国家已经占据 70%—80% 的市场份额，但在我国由于技术门槛问题，市场发展非常缓慢。

回天新材 2014 年研制出一种用于食品包装的无溶剂型耐蒸煮胶。这种胶由于没有使用溶剂，可以解决溶剂残留造成的污染问题；并且耐高温，在高温蒸煮清理下，对食品安全也不会造成伤害。更重要的是，无溶剂型胶的综合成本可以节约 20%—30%。章峰透露，这种无溶剂型耐蒸煮胶将在今年推向市场。

根据 2014 年三季报显示，2014 装胶、水处理胶均实现批量销售，不过目前占比不大；随着新产品面市，2015 年回天新材在环保板块的市场表现值得期待。

资本运作接入软银

2014 年 11 月，回天新材与宁波软银回天创业投资管理合伙企业（有限合伙）签署协议，共同出资设立宁波软银回天创业投资合伙企业（有限合伙），注册资本为 2.02 亿元。其中，回天新材出资 2 亿元，出资比例 99.01%，宁波软银出资 200 万元。由此，回天新材走上了资本运作之路。

“我们是希望有一个具有国际视野的、在资本主义高手来帮回天选合作标的进行投股、收购、兼并、重组。利用开放的心态，要利用资本运作的手段加快企业发展。”采访中，章锋表示。他说，选择的标的还是以新材料领域为主。

对于资本运作情况，章锋表示，相关并购工作在今年就会付出水面。

用外贸再造回天

2015 年，“一带一路”战略将从顶层设计和规划走向逐步落实，蓝图将徐徐展开，这对于企业走出去的意义重大。

回天新材也希望抓住这种战略机会，让公司的产品登上国际舞台。对于走出去的战略，章锋介绍说，一个是与宁波软银合作，在国外寻找适合投资的标的对象；另外一个是成立国外分公司。“外贸的价格高、利润好，而且同外贸倒逼我们管理，使我们国际化视野来在看市场。回天可以利用互联网，加大力度在国际会上展览展示交流；并全力引进人才做外贸。

数据显示，2012 年，回天新材境外地区营业收入为 82.13 万元，同比增长 37.86%；毛利润为 29.34 万元，同比增长 9.89%。2013 年，回天新材境外地区营业收入为 98.49 万元，同比增长 20.00%；毛利润为 36.01 万元，同比增长 22.30%。

“我们准备利用外贸再造一个回天。”章锋说。

记者手记：

两会期间，作为全国人大代表的回天新材董事长章锋来京参会，因此促成了这次采访的完成。出于种种比较戏剧性的原因，原定于记者到全国人大会议中心采访的计划未能成功，最后章锋自己打车来到金融界网站接受专访，他说：“我既然答应了你们，就一定要做到，这是诚信问题。”

交流过程中，章锋也比较坦诚，对每一个投资者关心的问题作出回答。除了介绍高铁等新业务板块，他还指出，去年公司在传统业务汽车用胶领域还新成交大客户如宇通、神龙、海马、江淮汽车等，对公司的业绩增长也起到较大贡献。

他还主动谈及了去年闹得沸沸扬扬的上市公司状告离职高管的事件，并表示这样做不是为了钱，也不是跟这些离职的人过不去，而只是想教育回天新材的团队“时刻不要忘记诚信和奋斗”。

他表面看起来温和，但内心里却比较推崇华为的狼性文化，并且用这种文化塑造公司团队。尽管各种 PK 和淘汰制度听起来有些残酷，但他希望不管是是刚创业，还是已经小有成就时，回天新材的团队都能够长期保持艰苦奋斗、不骄不躁、创新的精神，这也是他向投资人强调的回天的“魂”。

（来源：金融界网站）

让法律成为我们社会的常态

——访江苏东晟律师事务所主任周旭东律师

编者：

他曾经是一位法学教师，他也曾几近为官，人生仕途充满无限的前景，但他最终选择了成为一名执业律师，至今已执业 20 余载，而法律已成为了他的一种信仰，一种责任，20 年来，一路走来，他兢兢业业，勤勉尽责。他为弱势群体力辩呐喊；为国家经济建设保驾护航；为政府机构依法施政建言献策；为企业发展排忧解难；绞尽脑汁、殚尽竭虑……他就是江苏东晟律师事务所主任周旭东律师。

周旭东　律师

江苏东晟律师事务所合伙人，先后就读于南京师范大学和天津大学，获硕士学位，1994 年开始从事律师工作。先后获得过常州市十佳律师、江苏省知名律师、江苏省优秀律师等荣誉。

周旭东律师现担任六十余家政府、企事业单位的法律顾问，先后办理各类案件三百余件，为当事人挽回经济损失十多亿元，并形成了房地产、公司实务、企业并购重组等专业特色。

周旭东还担任众多社会职务，现任常州市钟楼区政协副主席、常州市政府法律顾问团成员、常州仲裁委员会仲裁员。

周旭东律师不仅有着丰富的实践经验，还积极参与学术研讨、论证研究，在国家、省级刊物上发表各类学术著作及论文二十余篇。

我也要当律师

如果没有这个梦，江苏东晟律师事务所主任周旭东也许不会当律师；如果不是身处这个火红的年代也许他不会干得如此风生水起。

周旭东永远不会忘记那一幕：随着电影放映机轻轻转动，银幕上出现了施洋大律师慷慨激昂，仗义执言，舌战群小的生动画面，这部描写惊涛拍岸的"二七"大罢工的电影，给还在读小学的周旭东留下了深刻印象，特别是施洋大律师的形象深深地印在了他的脑海里，让年少的他非常崇拜。

"我也要当个律师！"周旭东走出影院，一颗种子也种进了他的心灵深处，不久的将来，这颗种子就要破土而出，萌芽生长。但是，还在"文革"尾声的年月里，他的这颗种子还要蛰伏一段很长的时间，才会萌发，这也许还是一种无声的磨砺。

虽然周旭东不相信命，但显然他还是很幸运的，他没有像他的往届一样，在渴望学习的时候，却要"滚一身泥巴，炼一颗红心"上山下乡。他跨进了南京师范大学，成了政教专业的一名大学生。

这时，当律师的梦想又在他的心底里萌动了。虽然政教与法律还有些距离，但同属社会科学范畴，彼此并无天然鸿沟，他觉得梦想与现实已经近了一步。

大学毕业后，本来他被分配到某高校搞行政工作，但这与他的兴趣相去甚远。那天，他骑车经过常州电大，便鬼使神差地进去转一转，没想到这一转竟让他成了常州电大一名法学教师。然而，他当了老师后更觉得自己需要充电，他的方式是考上了天津大学合同管理专业的硕士研究生。也就在这一年他还参加了全国律师资格考试，当时正值依法兴国的热潮中，参加律师资格考试的人比后来考公务员的还要多。走出考场，周旭东一身轻松，成绩优异顺利通过。两年后，他又拿到了天津大学硕士学位。周旭东兢兢业业地耕耘在法律教育的田野上，让他自豪的是，他所教的课程学生成绩在全国电大统考中总是在全省名列前茅。

学校里环境很好，领导欣赏他，同事支持他，他也上着自己喜欢的课，一切都很好，日子不紧不慢地悠悠逝去。在舒适与平淡中，一个声音一直默默地提醒着他：你的律师梦呢？

一件常州历史上前所未有的大事促成了周旭东把梦变成现实：1997 年，常州第一次打破了选拔领导干部的樊篱，在全国范围内公推公选引进副处级干部，让优秀的青年才俊服务常州，共创这座历史名城的美好明天。

周旭东热血沸腾，他觉得实现自己人生价值的这一天终于来到了。他兴冲冲地递上相关材料，加入到竞聘法制局副局长职位的行列中来。竞聘中他以总成绩第一的佳绩冲入第一方阵，5 人进入面试，3 人进入考察，周旭东走到了这一步，大家都对他印象颇佳。然而，因各种原因，他却止步于副局长的职位前，许多人为他遗憾，周旭东倒不觉得什么，只是想："如果竞聘成功应该能为人民和社会多做一些事。"

这时候，施洋大律师的形象又一次站到了他的面前，心灵深处的那个声音这一刻再次响起，再说，当一名律师是他长久以来的理想。此时钟楼区司法局正在发展第六律师事务所，局长礼贤下士，他很感动，总想着要投去局长麾下，这一回，他成了常州市第六律师事务所的一名专职律师，他也把这当作了自己人生旅程的又一次出发。

那时，第六律师事务所名气不大，律师人数仅三人，且都是年轻律师，虽有理想、有激情、有活力，但缺人脉，缺经验，步履维艰。律师是要靠打官司吃饭的，周旭东常常骑着自行车满城转，寻找为人打一场官司的机会。

第一件官司就让他轰动"龙城"律师界：武进一家集体性质的棉织厂，当初工人们是自带织机入股办厂的。后来厂里要改制，当地政府召开协调会，违法确权一纸会议纪要就把这些工人们的织机变成了集体财产。工人们当然不服，再加上职工待遇、企业性质等关系到切身利益的大问题，1155 名员工不服会议纪要，集体上访。周旭东从城北骑到湖塘碰到的就是这样一件棘手的民告官的案件。没有人敢接。周旭东"初生牛犊不怕虎"，虽然额头冒汗，喉咙冒烟，心头却在狂喜，他终于有了"零的突破"！他努力收集多方证据，庭审针锋相对，积极为工人维护权益。常州市中级人民法院审理后，认为这个会议纪要认定事实不清，证据不足，缺乏法律依据，依法撤销协调会议纪要。后此案还被收录进"常州中院建院 50 周年精品案件集锦"中（该书内收入合计了 9 个案件）。

周旭东也在实践的探索与理论的研究和经验积累的历练中成熟起来。而另一件刑事案件的无罪改判更让他声名大振。1997 年 10 月新刑法实施。那年，金坛发生了一起交通肇事案，因为驾驶员按照路政部门标示的错误交通标识行驶，撞死了人，一审法院判决被告人驾驶员三年有期徒刑，被告人不服提起上诉，聘请周旭东担任辩护律师。他接受案件委托后，立即与当事人交流，赶赴现场勘验，调查取证。掌握了事实真相后，他又根据相关法律条款仔细研究，确认在这起交通肇事案中被告人是没有责任的，完全是因为路政部门错误的交通标识引起的。周旭东成竹在胸。

在法庭上，他舌战群英，据理力争。20 世纪 90 年代末，中国虽然已经走过了 20 年的改革开放之路，但是一些陈旧理念在人们的头脑里还是根深蒂固的，特别是以维护社会安定为己任的公检法司法系统更是如此。"司法机关怎么能改判被告人无罪呢？"正是这种理念的外在反映。

事实、法律和周旭东的雄辩折服了法官，可是要一下改判无罪却还是颇费踌躇，法律是救济的最后手段，法官也明白这个道理，毕竟改革开放的潮流和观念也在改变着我们这个社会，确立着以法治国的理念。当二审法官宣判被告人无罪时，这位司机和他的家人流下了激动的眼泪。周旭东也如释重负，他觉得自己工作的意义就在于和公检法的同志一起共同为构筑依法治国的大厦添砖加瓦。此案是实施新刑法后常州市第一件改判无罪的刑事案，也因为周旭东的成功辩护而轰动一时。

墙内开花墙外香。张家港市法院曾经审理了这样一件案件：有一位大学毕业生到张家港市与另外一人一起开公司，公司欠了他的钱后，他就自己扣下了公司的钱，那人就告他职务侵占，一审法院判处他有期徒刑 5 年。他不服上诉到二审法院，并且请了周旭东为辩护律师。周旭东和同伴往张家港来回往返了 30 多趟，会见被告人，询问法警，向证人取证，他仔细比对后发现证人前后供认都不一致，最终找出了致命的破绽。在法庭上公诉人哑口无言。二审法院发回重审。最后此案被告人获无罪释放。被告人事后到律师事务所激动得跪在周旭东面前，他赶紧扶他起来："你不要感谢我，而要感谢法律，今天是法律的胜利，并不是我个人的胜利。"

周旭东觉得自己生正逢时，许多有影响的案件都让他碰上了、拿下了、胜诉了：他打赢了常州一起标的最大的知识产权案件；他为西夏墅镇被错误行政拘留的兄弟俩讨回了公道，而当地主政首脑曾经当着全镇干部的面大声宣布，"不把他们抓起来，我沿着西夏墅大街爬三圈！"；他也为氧中毒而失明的早产儿，与南京著名大医院对簿公堂，通过司法鉴定硬是让霸道的医院给多灾多难的婴儿予以赔偿。

渐渐地，周旭东在常州律师界声名鹊起，业务也应接不暇。2003 年底，他担任了江苏东晟律师事务所主任。

运用法律，为改革开放保驾护航

周旭东热爱律师这一行，并不仅仅只是为了当一个好律师，对于他来讲"铁肩担道义"的社会责任是他心头更加沉甸甸的一杆秤。改革开放越来越往深水区走，各种难题也接踵而至。如何用法律来助顺利改革一臂之力，就时刻萦绕在了周旭东心头。

前几年，常州与全国大多数地区一样，不少国有企业面临改制、重组，这对企业员工甚至他们后半生的人生之路都是一种巨大的改变，本来可以平平稳稳走完的事业之旅，却被拦腰截断，投入到跌荡起伏的不确定之中。许多员工徬徨、惆怅进而激烈。这也不能怪他们，谁在这种处境中都会拍案而起。但是，不少烂摊子又不能不通过改制、重组来注入新活力。周旭东参与了一家常州著名国有企业的改制，他仔细研究后发现，这家企业主要是因为大量资金投入一个项目，而项目失败后损失了数千万元，最后企业负债数亿元，一个趔趄跌了个大跟头，企业再也爬不起来了。职工要饭吃，企业要活命，各种矛盾纠缠在一起，犹如一团乱麻，剪不断理还乱。市里主持改制的相关部门，绞尽脑汁也无法摆平各种矛盾。但是，这家企业有一个大亮点：产品质量好，市场认可度大，市场销售一直很好。

周旭东大胆提出建议：可以重新成立一家公司，由它借钱给企业，用于处理职工工资等问题，因为工厂还不出钱，再由公司起诉工厂，把工厂的有效资产执行过来。这样新公司完全是一个活力四射的企业，市场前景极好。他这种做法概括为"活一块、死一块"。市里同志眼睛一亮：这真是一个绝招，解开了困境。后来，他的这种办法就在全市类似国有企业的改制重组中推广开来，效果极佳。现在，那家公司还在，而且活得很好，职工也十分开心。

在市场经济的大潮中，也有一些企业不注重法律风险的防范，一旦纠纷发生，陷入困境，如何维护企业的合法权益使企业起死回生正是一个案件代理律师业务水平的体现。有一家房地产开发商要建造一个楼盘，他们在与建筑方签订合同时，特意把基础、结顶等各种时间节点和最终交付日期及违约责任都写进了合同，但建筑公司没有注意到合同的风险。在建设过程中建筑方确实有拖延各节点的情况，尽管没有超过楼盘最后交付时间，但按合同约定仍应支付违约金。这个房地产开发商起诉对方违约。可怜建筑公司不仅拿不到一分钱工程款，还要赔偿5000 万元违约金。而数百建筑工人兄弟还眼巴巴地等着发工资回家给孩子买块肉煞煞馋呢。建筑公司经理急得两眼发红，声音嘶哑，嘴上冒泡。万般无奈之下，他找到了周旭东，"你一定要接下这个案件，救救我们工人兄弟！"看着建筑公司经理眼里的泪花，看着陪经理一起来的工作服上全是汗渍、泥巴的工人，周旭东双眼发涩，鼻子发酸。他紧紧握着那位经理的手，"我一定尽我最大的努力来打这场官司。大家要相信法律、相信事实。"周旭东仔细研究材料后，写出了 10 多万字的答辩文书。他采用了另一种计算方法，即以楼盘交付为最后节点，倒过来计算。虽然，在工程建设过程中，存在阶段性节点的拖延，但对于最后按时交付并没有损失发生，且双方的合同存在诸多法律问题。他从事实和法理上据理力争。最终，法院判处房地产开发商败诉，这样建筑公司不仅不需要付违约金，建设方一分不少地付清了 3000 万元工程款。那位经理终于松了口气。但房地产老板有的是钱，不肯轻易服输，专门请了全国著名大律师来应诉，官司一直打到省高级人民院和最高人民法院。然而，事实终究是事实，法律依然是法律。省高级人民院和最高人民法院都支持了周旭东的代理意见。最高人民法院还因此案专门作出相关答复。那名房地产商只能付清工程款了，而建筑工人兄弟也能够给家里带回维系身家性命的粮食和菜蔬。也有了妻子的笑脸、老人的安康和孩子的读书费了。

市场经济的发展既给人们带来了机遇，但大浪淘沙，鱼龙混杂，也产生了不少困惑。一个时期，一些歹徒利用合同进行违法犯罪活动增多，而一些企业一方面疏于防范，另一方面对合同法也不熟悉，而上当受骗，蒙受重大损失。周旭东牵头一些法律界人士及时为企业服务。他以自己丰富的办案经验写出了针对性十分强的"合同主要条款及企业常见的合同问题"一文，并开展讲座 20 余次，指导企业规避合同风险。2013 年底国务院发布决定推进"新三板"发展，这是一个重大的机遇，也是未来资本市场上最大的热点。不少地方已经捷足先登，摩拳擦掌进军新三板了。但是，钟楼区的企业家稍逊一筹，还未嗅出其中的先机，动作迟缓。周旭东看在眼里急在心里，他立即向钟楼区政协提交了"关于进一步推进我区新三板挂牌上市的几点建议"的议案，呼吁区内企业家积极抢抓新三板政策机遇，加快上市，促进企业转型升级。

他还经常给企业领导上课，内容切合实际，针对性很强。一次他刚刚讲完，公司董事长就说，"周律师是来给我们送钱的。"现在他成了这家公司的法律顾问，每到决策重大项目时，董事长都要他提供决策建议后，才下定决心。每年的公司年会也一定要他坐上主席台。他还前瞻性地提出要研究金融、证券、非诉案件，开拓了新的业务领域。他很得意是助力"卡特新能源"的发展壮大，从 1000 多万元年销售，他引入6000 万元资金后，飞速发展至2014 年已销售10 亿元；做成了全国最大的中小企业私募债，资金达 3 亿元；在全市 6 家新三板上市的企业中，他所在的律师事务所承办了三家；担任了30 余家企事业单位的法律顾问和多家上市公司的独董。

两种角色齐驰骋

2007 年，周旭东当选常州市政协委员，2012 年他又当选为钟楼区政协副主席。律师与政协副主席两种身份，但对周旭东来说目的却只有一个：都是为了让法律成为我们社会的常态，都是为了履行自己的社会责任。他深知使命光荣，更感到责任重大，潜心钻研大量政协理论知识及相关政策法规，通过听报告、参加政协活动、请教老委员等多种途径，不断增强履行政协职能的能力素质。针对当时地沟油泛滥，加上常州市没有规范餐厨废弃物管理文件的情况，他调查了许多大型餐饮企业和数家餐厨废弃物处理企业，还与相关政府部门官员一起到苏州、西宁等调研，并与市政府法制办、市经信委、市城管局等部门进行协调沟通，提交了《关于规范餐厨废弃物管理并实现其资源化利用的建议》的提案。他还利用自己律师的身份，积极推动了专门把地沟油处理成生物柴油的"江苏卡特"的发展，成为全国最大的地沟油处理企业，通过提案推动地方产业进步，此提案还被评为市政协优秀提案。此外，他还推动并提交了公交车上不吸烟、历史街区保护等提案。

周旭东精湛的法律知识，也让他成了政府部门的法律智囊。市里出台规范性文件他进行风险评估，像历史文化名村名镇、物业管理条例都采纳了他的意见。区里招商引资他提供法律帮助。在市政协会议上，周旭东作了多次主题发言，就解决社会矛盾、廉政建设、调解机制等发表了诸多建设性意见。

特别值得称道的是区统战部牵头成立了民主党派律师志愿团，周旭东积极参与，还担任了团长，他带领成员们深入街道社区、企业为他们提供免费法律服务。他还与政府有关部门一起策划了“法律知识进万家”方案，在钟楼区为政府行政执法人员举办了执法培训讲座等。

后记

现在，周旭东身上有许多头衔：省民事诉讼法研究会常务理事、市政府法律顾问团成员、市政府行政复议委员会委员、市仲裁委员会仲裁员、区政协副主席、区民主党派律师志愿团团长、常州大学兼职教授……

然而，他最看重还是“律师”这两个字，他说，医生是为病人看病的，而某种意义上律师却是为社会看病的。“我不入地狱，谁入地狱？”他从负能量里看出了冉冉上升的正能量。当“面朝大海，春暖花开”充满整个社会时，他觉得当一个律师就是最幸福的人。

牢记职责　勇于担当

——记山东华鹏玻璃股份有限公司董事长张德华先生

张德华，现任山东华鹏玻璃股份有限公司董事长、党委书记。多年来，他团结带领全体干部职工，牢记自己的企业责任、行业责任和社会责任，以敢为人先的气魄和锐意进取的担当，带领企业在逆境中实现了裂变式扩张发展，直至把企业打造成为中国日用玻璃行业的十强企业，“中国玻璃高脚杯王牌企业”，并于2015年4月在上海证券交易所成功上市，书写了企业发展的辉煌篇章。他先后荣获全国五一劳动奖章、中国日用玻璃行业“功勋企业家”、山东省“富民兴鲁”劳动奖章、山东省十大优秀创业者、威海市劳动模范、荣成市“创业明星”等多项荣誉称号。

长远布局有序扩张化解地域瓶颈制约

张德华是胆大心细、善于捕捉机遇成就发展大业的人。为克服公司地处偏远、运输成本居高不下的地域劣势，进入新世纪，在获悉东北一家玻璃企业濒临停产后，立刻带领有关人员前去考察论证兼并事宜，并大胆做出了瓶罐产品由“产地销”向“销地产”转移的战略决策。按照这一思路，本着“科学定位、量力而行”的原则，充分发挥自身内力和优势，大力实施“异地扩张”战略，借助当地的优惠政策，先后在菏泽、沈阳、安庆、山西、甘肃等地建设了多个制瓶子公司，实现了“扩张一个，成功一个”的目标，相当于建设了多个新华鹏，创造出令业界惊叹的“华鹏速度”，使公司一跃成为中国日用玻璃行业的领军企业。2014年，公司实现销售收入7.05亿元，利税1.41亿元，出口创汇701万美元，主要经济指标连续多年居全国同行业前茅。

研高做精进占高端倾力打造器皿行业旗舰

对地处半岛东端的华鹏来讲，拼资源、拼成本，毫无优势可言，要想做强做大，必须扬长避短，研高做精，走出自己的特色之路。正是基于这种考虑，张德华在加快瓶罐产品“产地销”向“销地产”转移的同时，加快了本部高档玻璃器皿产品的研发步伐。围绕做强做精玻璃器皿产业，张德华以2005年企业“退城入园、整体搬迁”为契机，加大技改投入，连续引进上新，经过多年的消化、吸收、引进和创新，公司已由当初的一条机制一次成型高脚杯生产线，发展成为拥有多条机制一次成型高脚杯生产线和高档玻璃器皿生产线的规模，形成了高中低档种类齐全、造型功能相得益彰的产品格局，成为同行业的佼佼者。2006年，北京人民大会堂和钓鱼台国宾馆将两款“石岛”牌无铅水晶杯选为国宴用杯。2009年，公司被中国日用玻璃协会授予“中国玻璃高脚杯王牌企业”的美誉。2013年，张德华瞄准前沿和高端，组织科研人员研发推出了高端产品“佛罗萨”封焊拉伸系列无铅水晶杯，标志着国产玻璃器皿机械化制造水平已经能与世界同行业领先水平相媲美，在业界产生了深刻影响。凭借高品质的产品，华鹏公司的产品畅销国内并远销韩国、日本、美国、加拿大、俄罗斯等数十个国家和地区，成为麦德龙、沃尔玛、家乐福、好又多等国际知名连锁超市的主要供应厂家。

牢记责任心系社会始终不忘履行代表职责

张德华担任着中国日用玻璃协会副理事长、中国日用玻璃协会瓶罐玻璃委员会副主任委员等一系列职务，并先后当选荣成、威海两级人大代表。他牢记自己的社会责任，时刻把职工利益挂在心上，始终关注社会公益事业。华鹏公司先后建起了职工文体活动室、职工活动之家、妇女之家等，极大地丰富了职工的业余文化生活。围绕提高职工的收入水平，公司实行了年度增资制度，职工工资实现了连年提高和翻番增长，并先后出台了“技术津贴补助”、“车间主任奖励基金”、“技术创新奖”、“职工合理化建议奖”等一系列措施，在全公司形成了“以人为本，有为才有位，能者多劳多得”的良好用人机制，大大增强了企业的凝聚力和向心力。

多年来，在张德华的领导下，华鹏公司始终坚持“发展企业、奉献社会”的理念，一直热心于社会公益事业和慈善事业，多次在支援灾区、助残助教、新农村建设等活动中捐款捐物。近几年来，公司已累计向社会捐款捐物价值千万元以上。公司先后被评为“山东省文明诚信单位”、威海慈善奖“最具爱心慈善企业”、“抗震救灾先进集体”、“新农村建设先进单位”等多项荣誉称号。

作为一名人大代表，张德华在搞好企业生产经营的同时，始终不忘履行代表职责，充分发挥好代表的带头和模范作用。每年人代会议前，不论公司的事再多、工作再忙，他都要挤时间深入到企业、职工中开展调查研究，倾听群众的意见和呼声。几年来，他围绕企业改革、整顿市场经济秩序、维护职工合法权益、环境保护、有关费用缴纳等问题，在人代会上坦诚谏言，对促进有关问题的解决发挥了积极作用。

雄关漫道真如铁，而今迈步从头越。所有的成绩和荣誉，并未让张德华这位不倦的开拓者固步自封，他依然保持着谦虚谨慎和执着的进取精神。为进一步把企业做大做强，张德华已为公司今后的发展制定了新的规划，相信借助资本市场的动力，力推华鹏实现裂变式、跨越式大发展。

安徽省优秀民营企业家

——记安徽迎驾集团股份有限公司
总裁倪永培先生

倪永培，男，1952年1月出生，汉族，安徽省长丰县人，1968年10月参加工作，1986年4月入党，中专文化程度，高级经济师，中国酿酒大师，第十一届、十二届全国人大代表。

主要工作简历和所获荣誉：

1968年10月至1970年10月，下放知青；1970年10月至1986年5月，招工进国营霍山县佛子岭酒厂，历任工人、班长、车间主任、生产调度员、副厂长；1986年5月至1991年4月，任国营霍山县佛子岭酒厂厂长、党支部书记；1991年4月至1994年1月，任霍山县经委主任、党委书记；1994年1月至1998年3月，任霍山县经委党委书记兼佛子岭酒厂厂长；

1998 年 3 月至 2000 年 8 月，任霍山县经委党委第一书记和安徽迎驾集团董事长、总经理；2000 年 8 月起至今，任安徽迎驾集团总裁兼集团党委书记。现任安徽迎驾集团股份有限公司董事局主席、总裁。先后荣获“中国酿酒大师”、“全国轻工行业劳动模范”“福布斯中国慈善榜单人物”、“中华百名优秀徽商”、“十大徽商领袖”、“安徽省劳动模范”等荣誉称号。迎驾集团先后荣获“全国文明单位”、“全国守合同重信用企业”、“全国工业旅游示范点”、“全国群众体育工作先进单位”、“全国五一劳动奖状”、“全国模范劳动关系和谐企业”、“全国非公有制企业双强百佳党组织”等荣誉称号。集团建有博士后科研工作站和省级企业技术中心。

多年来，迎驾集团坚持“以酒为主，多元发展”的思路，依托白酒主业，发展相关配套产业和其他产业，在“十一五”期间取得了快速发展，至今已连续 16 年蝉联六安市第一纳税大户。2011 年，实现销售收入位居全省第一位、全国前十位，入库税金位居全省民营企业第一位。“迎驾”商标是中国驰名商标，迎驾贡酒是国家地理标志保护产品、“中华老字号”产品，“迎驾酒传统酿造技艺”被省政府列入省级非物质文化遗产。2012 年，全集团实现销售收入 47.3 亿元，比去年同期增长 18%，入库税金 11.3 亿元，比去年同期增长 12.64%，圆满完成了 2012 年各项主要目标任务。

多年来，在科学发展观的指导下，倪永培同志把发展环保生态低碳循环经济作为企业健康快速发展的重要举措来抓，他坚持高起点、高标准、高品位，对集团各公司生产、生活区及周边环境进行净化、绿化和美化，大力维护和改善提升生产生活环境，建设生态工厂，与自然环境实现和谐统一。如今，依山傍水的集团总部已成为国内一流的“生态工厂”，每年接待慕名而来参观考察的社会各界人士达 10 多万人次。在做好环境美化的同时，注重节水、节能，节约各种资源，减少排放，发展环保低碳经济和循环经济。

多年来，迎驾集团作为县内大型骨干企业，在自身发展的同时，更多地承担起社会责任，坚持积极投身社会公益事业，带动一方社会经济发展。一是不断捐资支持教育、卫生、扶贫、救灾等慈善和社会公益事业。二是捐资支持地方修路、筑桥、城镇改造、水利等基础设施建设。三是尊师重教，设立“迎驾教育基石工程”，重奖全县优秀教师和品学兼优的学生，至今已连续开展 13 年，共发放奖金 300 余万元。四是实施“争先创优基石工程”，支持农村基层党组织建设。从 2000 年开始，在倪永培同志的倡导下，在霍山县实施“迎驾先锋基石工程”，集团每年出资 20 万元，奖励农村先进基层党组织和优秀村干部。集团每年支持 220 万元，在全市设立“创先争优基石工程”奖励资金，表彰农村先进基层党组织和优秀村干部，取得了很好的社会反响。近十年来，迎驾集团向慈善和公益事业捐款 6000 多万元，倪永培同志个人捐款 500 多万元。基于在社会公益事业方面的强烈意识和贡献，倪永培同志先后荣获“中华首届百名慈善人物”和“爱心慈善行为楷模”等称号，迎驾集团荣获 2009 年度“中华慈善奖”提名奖。

访秦川机床工具集团股份公司董事长龙兴元先生

【导读】从去年年底开始，有关秦川机床进军机器人关节减速器的消息就备受关注。彼时，秦川机床对外喊出在 2015 年实现月产 5000 台的目标。时隔半年，月产 5000 台仍然只是个目标。是什么拖住了秦川机床机器人关节减速器产业化的脚步？在机床行业仍然面临困境的时期，秦川机床还将采取哪些措施突围？处在丝绸之路上的秦川机床，又将如何借“一带一路”的东风走出国门？本期金融界《走进上市公司》栏目专访秦川机床董事长龙兴元，请他来讲一讲这家老装备企业的新思路。

【人物简介】龙兴元，男，中共党员，西安交大工学硕士，长江商学院 EMBA，高级工程师。陕西省十二届人大常委会委员，陕西省十二届人大常委会代表资格审查委员会委员，中共宝鸡市委第九、十、十一届委员，中共十七大代表，2002－08 年度陕西上市公司协会会长，中国机床工具协会轮值理事长，全国劳动模范，陕西工业经济联合会副会长，享受国务院津贴专家，全国优秀企业家。曾任陕西秦川机床工具集团有限公司党委书记、董事长。现任本公司董事长、公司子公司上海秦隆投资管理有限公司董事长、公司子公司陕西秦川机械进出口有限公司董事长、公司子公司联合美国工业公司董事长、公司子公司秦川美国工业公司董事长。

龙兴元：秦川机床机器人关节减速器大批量生产的难与不难

【背景资料】从去年年底开始，有关秦川机床进军机器人关节减速器的消息就备受关注。彼时，秦川机床对外喊出在 2015 年实现月产 5000 台的目标。由于国内机器人关节减速器几乎全部依赖进口，而且成本昂贵，因此，秦川机床如果成功实现减速器的量产，将打开一片市场蓝海。但遗憾的是，时隔半年，“月产 5000 台”仍然只是个目标。那么，是什么拖住了秦川机床进军机器人减速器的脚步？该项目目前进展情况究竟如何？

记者：秦川机床此前计划对机器人关节减速器项目投入 3.14 亿元，2014 年实际投入只有 1722 万元，进度缓慢的原因是什么？

龙兴元：由于我们对机器人关节减速器技术和工艺面临的困难和问题估计不足，也受到关键设备研制改造周期、个别设备采购周期以及专用工装研制等环节的影响，致使项目前期进展较缓。但目前公司机器人减速器的生产已进入系列型谱拓展与中等批量生产准备阶段。

目前，我国机器人关节减速器市场基本依赖进口，而秦川机床所生产的机器人关节减速器虽然在品质上已经达到国际水平，但由于品种、规格不全，生产未进入大规模量化阶段，无法马上满足现阶段产业发展、客户生产的需求，在市场的拓展上也存在许多问题。

此外，据我们的合作伙伴透露，他们的供货商表示，如果他们继续使用秦川机床生产的减速器，该供货商就不再给他们提供成套的设备，价格也会提高。预计这种恶性竞争随着秦川机器人关节减速器业务的不断进展会表现的更加激烈，在一定程度上给秦川机器人减速器项目的推进造成影响。

记者：今年年初，秦川机床对外宣布称机器人减速器今年可以实现月产 5000 套的目标，目前实际产量和订单情况如何？

龙兴元：目前公司每月生产机器人关节减速器产能已在 500 台左右。在现有设备条件下制造机器人减速器的中小批量工艺问题已经基本解决，针对市场最先投入的 3 个型号减速器已开始小批量生产，另外多个个型号减速器样机试制已完成，很快将进入小批量生产。我们有信心到年底、或者明年 1 季度实现月产 5000 台的目标。

目前公司正集中力量做三方面的工作，一是推进在现有设备条件下关节减速器的批量化生产，二是尽快完成机器人减速器的系列化设计；三是抓紧用于机器人关节减速器批量化生产的“5+1”生产线项目的实施。“5+1”生产线全部投产后，机器人减速器的产量可以达到月产6000—10000台，那时我们将摆脱困局。

记者：当前众多上市公司宣布进入机器人行业，并频频并购国外公司，秦川机床在外延式发展方面有怎样的规划？

龙兴元：目前及以后的一段时间，公司的主要目标是集中力量做好机器人关节减速器，这不仅是因为关节减速器是制约国内机器人产业发展的瓶颈，也因为做齿轮传动、尤其是精密齿轮传动装置是秦川最擅长的业务。

公司会考虑在条件成熟的时候实施外延式的发展，包括整合机器人关键零部件业务，比如机器人伺服驱动系统、运动控制系统，在这方面陕西有一些可利用的资源，我们也与国内外一些相关机构保持着密切关系。

龙兴元：关键零部件将成为秦川机床未来营收的主要业务

【背景资料】由于市场和其他外部环境的变化，机床行业已经连续很长一段时间处于低迷状态。秦川机床一季度财报显示，其主营业务同比出现34.13%的负增长。2014年年报显示，秦川机床所涉及行业中，机床类产品销量和收入均出现明显下滑。面对这种行业不景气的现状，秦川机床如何“自救”？

记者：目前金属切削机床行业整体仍然比较低迷，秦川机床一季度各板块业务表现如何？至今为止，秦川采取了哪些措施来应对这种低迷的市场环境？

龙兴元：一季度中，秦川传统的金属切削机床业务销售收入和盈利下降比较严重，而关键零部件业务虽有一定的增长，但增长的幅度也不是很大，可能要到三四季度才能体现出来，这也是这部分合同订单的特点。一季度出现亏损，跟整个机械装备行业的普遍低迷有关系。另外我们推出的一些新品有三至六个月的试用期，所以到款的时间会推后。

其实，从2012年以来机床行业开始持续低迷，公司就着手对产品结构进行调整，就是我们所说的转型升级吧。在机床主机方面，我们依然坚持走中高端路线，具体说就是要拿出更优质的产品挡住进口，替代进口，比如新开发的YKZ7230、YKS7225等，要与国外竞争对手抢订单，抢市场。要瞄准大产业、大客户，如一汽、二汽、上汽，国内汽车行业，深耕该产业，从提供产品到提供服务，进行全方位合作。在关键零部件方面，我们把重点放在国家战略性产业上，如海洋工程、核能、三航两机和军工配套，当然也抓住与国外战略型客户的合作，扩大业务领域，如我们与美国某大公司的在石油采钻设备齿轮箱业务上的合作。

在做好国内市场的同时加大国外市场的开拓，参与国际市场竞争，扩大出口。宝鸡机床在去年驻点哥伦比亚成功打开产品销售局面后，又先后进入智利、墨西哥、俄罗斯、马来西亚、美国等市场，进行实地营销推广，去年全年实现出口1761万美元，进一步考虑走出去合作办厂。

记者：秦川机床提出了3个1/3的战略，包括三大工艺装备链、关键零部件制造以及现代服务业。目前三者在公司经营中的占比如何？未来如何平衡三者的发展？

龙兴元：在目前的收入占比中，工艺装备产业链业务占比较高，挡住进口，替代进口是发展的方向；关键零部件业务涉及面广，在现收入结构中占到1/3，未来是主要的增长点，；现代服务业是整个秦川产业的延伸，完善，目前占比很小，未来将大力发展这个板块业务。争取未来公司收入结构三个板块各占1/3，实现平衡发展。

为配合现代服务业即机床后市场业务的发展，公司成立了融资租赁公司，对销售系统也进行了调整。今年秦川机床与国内某企业开展合作，帮助他们把从国外淘回来几十台机床改造成专用数字化机床（鉴于保密，不能公开）。另外，上海汇众是秦川机床的老客户，我们对其闲置的几台进口机床进行改造，现在不仅恢复了功能，且具备了年产几十万套产品的生产能力，公司也从该机床改造项目中获利。在后市场板块，今年预期收入可以增长20—30%。

龙兴元：继续推进秦川机床混合所有制改革和员工激励计划

【背景资料】目前国企改革依然是大热的话题。作为陕西省国企改革的先行者，2013年秦川集团率先启动整体上市程序，并与2014年9月完成整体上市。龙兴元表示，整体上市增厚了公司业绩，完善了产业链，同时减少了关联交易。但对秦川机床来讲，改革的路还将继续，改革依然大有空间。

记者：作为一家老牌国企，秦川机床完成整体上市后，还将在哪些方面来推进国企改革？

龙兴元：首先是要加快子公司层面的混合所有制改革。要在不丧失第一大股东位置的前提下加快推进子公司的混合所有制改革，通过引进新的投资人从资本层面解决子公司进一步发展的资金问题和机制问题。也可以考虑拿出一两家优良的企业或业务通过两到三年的打点，实现在中小板或三板上市。

其次，要积极探索集团层面的管理层或员工持股，探索在二、三级子公司层面开展员工持股的试点工作。对秦川而言，人是最重要的资源。我们新近组建的深圳秦川国际融资租赁有限公司在省国资委的支持下已经实现了管理层持股，作为一个尝试，我们将尽量让这种激励机制发挥出应有的效能。在条件允许的情况下，我们希望成为省国资委推进集团层面管理层持股和员工持股的试点单位。

记者：员工持股计划什么时候能落实到位？

龙兴元：我们今年就想动起来，但具体还要看各方面的条件，不仅包括国企推行员工持股的政策进展，也包括股东、尤其是大股东的支持力度。当然公司股票二级市场的表现也是重要的影响因素之一。

记者：公司的市值只有沈阳机床的三分之二，在市值管理上有没有什么规划？在资本运作方面有哪些想法？

龙兴元：许多投资者认为与沈阳机床相比，秦川的股价偏低，这或许是我们最近涨劲十足的原因之一吧。秦川地处西北，企业也就有了西北人的性格，是一个踏踏实实干实事的企业。我们倡导“老老实实做人，踏踏实实干事”，我们坚持技术立厂，我们坚持自己的价值取向，并坚信这种价值取向与股东对公司的期望是一致的，虽然目前遇到困难，但随着我们契而不舍的坚持董事会提出的“3个1/3”的发展战略、坚持转型升级，终将会使企业走出低谷，给投资者带来丰厚的回报。这是我们对市值管理的基本认识。

另外，公司会充分利用上市公司平台进行资本运作，最大限度的实现资源整合。

龙兴元：秦川机床将坚持“走出去”，开展海外并购与投资建厂

【背景资料】秦川机床2014年年报显示，从主营业务收入的地区分布上来看，2014年公司主营业务构成中，国外地区增速最快，为39.89%。在一带一路的战略引领下，秦川机床“走出去”的步伐还在加快。

记者：在一带一路的战略背景下，秦川机床如何更好地实

现"走出去"的目标?

龙兴元:秦川就处在一带一路沿线上。今年公司"请进来走出去"的多个项目正在进行中,其中仅俄罗斯一个国家今年就已经进行了四五次的往来交流。。我们正在想方设法搭上"一带一路"的顺风车,按照"技术领先、模式取胜"的发展思路,以打造机床装备制造产业链和产业生态系统为目标,通过"走出去"方式,稳健推进国际并购和海外投资,转移前些年所形成的产能和影响力。

目前我们正在推进与美国某公司和瑞典某公司合作的前期工作;我们也在推进在海外的投资设厂工作,比如在俄罗斯、土耳其等地筹划投资建厂工作。此前,秦川已经在美国建立了研发机构,并实现了与英国 ROMAX 传动研究机构的密切合作。

记者手记:

秦川机床位于陕西宝鸡,秦岭脚下。走进秦川机床的厂房,与在其中工作的人交流沟通,会发现这家公司上至董事长,下至基层员工,都流露出一种西北人的朴实和踏实。

作为最基础的装备制造业,机床行业在市场持续低迷的情况下备受打击。然而,董事长龙兴元仍在强调"坚守"。在他看来,这是一种无法逃脱的责任,机床是所有制造业的基础,如果中国想成为制造强国,一定要坚守机床行业,走向中高端。

但也得"求变"。毕竟,股东还要回报,企业还要生存。因此,秦川机床选择在非常细分的顶尖领域做一些努力,比如进入机器人减速器行业。坚持自己解决工艺和技术难题、自主制造生产线,秦川的机器人减速器进展没有预期那么快。但从市场空间来看,方向是对了。

"制造强国是买不来的,只能自己一步步修炼而来。工艺、技术、装备一定要走在世界前列。"在采访中,龙兴元一直如此强调。

期待秦川机床破茧成蝶的时刻早日到来。

(来源:金融界网站　作者:崔成媛)

为人类身心健康
提供天然解决之道的现代藏药产业集团

——访西藏奇正藏药股份有限公司董事长雷菊芳女士

【人物介绍】雷菊芳,女,1953 年 1 月生于甘肃临洮,1977 年毕业于西安交通大学,高级工程师,第十二届全国政协委员、全国工商联常委、中国光彩事业促进会副会长、中国中药协会副会长。先后荣获"全国关爱员工的优秀民营企业家"、"全国十大扶贫状元"、"优秀巾帼发明者"、"西部时代人物"、"全国十大光彩人物"等荣誉。

记者:雷总,其实我们都习惯了喊您雷工,在您的企业也是这样的。很开心再次请您来到和讯的镜头里面,跟我们广大的网友交流。是这样的,我注意到咱们的半年报里面,出现了一个这样的情况。其实净利润增长了,但是公司的营收反而是同比降低的。我自己的感受可能是说,是不是产品的价值提高了,想请您跟大伙儿谈一谈,支撑咱们这么不错的净利润的支撑点在哪里?

雷菊芳:第一个就是,作为奇正藏药来说,把创新作为公司永久的一个发展动力和目标。因此,在今年以来,应该说我们上市以后,在创新方面的投入开始显现它的利润和利好,产品的推广要更加多一些。特别是在学术营销方面做的工作,能够为更多的医生和消费者所接受。因此,实际上是我们的主导产品的营收增加了。因此净利润会跟着有体现的。

记者:是,但同时,其实我也注意到,药材业务可能受大的市场环境的影响,可能跟去年相比来说,整个药材市场是有所降低的。您能跟大伙儿分享一下药材市场的环境,为什么会有这样的一个趋势?

雷菊芳:药材市场分两个大类,第一个我们称之为普药市场,比如当归,党参,近几年有一种规律性的,周期性的一些变化。这个变化怎么产生的呢?比如说有几年丰收了,丰收以后市场需求进一步扩大,价格上涨了。特别是 2012 年的时候上涨得比较多。后来种植的农户发现药材的行情上涨了,于是种植增加了。增加了以后,在一定程度上产需出现了一定程度的不平衡,就是供大于求了。

记者:其实还是供求关系产生了矛盾。

雷菊芳:对,然后价格会下跌。下跌了以后,包括一些需求方就有点待价而沽吧,就会再等一等,这样对去年的营销是有一些影响的。

那么,第二个是我们称之为贵重的药材,贵稀品种,比如虫草。虫草的终端需求是一样的,但是我觉得跟我们高端消费大市场的变化是有关系的。因此,在这块营收的变动大一些。但是对于利润的变化,影响不大。是因为在药材行当里头,实际上作为奇正来说,有新的业务。那奇正为什么要进入到药材的板块和业务呢?其实作为任何一个药业,不论是中药还是藏药,其实作为战略的资源把控,在我们的战略中间是非常重要的。可能今天未必对利润能够贡献多少,但是从长远而言,形成一个上下联动的,我们叫做全产业链的大形势,大模样,还是非常重要的。因此,我们这些年在药材板块上的投入,还处在一个投入阶段。所以,我们今年可能从营业收入方面看到一些变化,跟大趋势也是基本上一致的。

记者:是,其实从您的言辞当中,我得到两点。一个是说这种波动实际上是一个正常的市场行为。

雷菊芳:是的,是个大变化。

记者:大的变化。另外一个,其实因为奇正本身在药材市场的投入比较多,可能跟营收波动有一定的关系。既然您讲到这个,我就想问一下,因为咱们齐正藏药的主业是藏药,但是对于普通的,尤其是内陆的消费者来说可能不大了解,我们顶多是百度一下。就是想请您跟和讯的网友们补一下这个知识,藏药的优势到底在哪里?能总结一下吗?

雷菊芳:好的,西药被我们称之为民族药。所谓的民族药就是在我们大中华的这样一个范围,除了我们中医中药之外,各个民族都有自己的医药文化和医药传承以及他的产业。在这些各民族的文化中间,应该说藏药,藏、蒙、维、傣都是非常优秀的民族医药的板块。而藏药在这其中显得突出一些。

第一个,它的理论非常完整,体系是非常完整的。

第二个,它的传承非常的独到和完整。因为我们说传统医学也好,传统文化的传承而言。其实第一个是它从每一个时代的领军人物,或者是它的学科带头人。我觉得在传承方面,藏药独具一格,为什么呢?就是它每个时代的领军和学术带头人都非常的突出。因为这种文化跟它的传统的佛教文化几乎是在一个体系中间。比方说我们到藏区去,过去看不到很多的学校,以为他们的教育是欠缺的。但是你再深入地看的话,几乎每个寺院都是一所学校,乃至于大学。像医学,包括药学就包括在它的医学院曼巴扎仓这样的一个体系中间。正因为有这样的一个传承体系,它没有中断过。我觉得这是它非常独到的优势,到目前为止,每二三十年出现一个非常有影响力的医学的，药学大师，都还是人才辈出，都是没有中断过的。那么这种传承的优势确定了他的根基，确定了他未来的发展。我觉得是能够起非常好的，对社会的保健起非常好的作用的。

第三个，是它用药比较独特。一说起民族药来，很多人会认为，民族药是不是我们中药的一个细分的枝干，其实还不能完全这样说。它是一个平行发展的传统医学的学科。特别是藏医学用药方面，有它完全是比较独立，而且有特色的。它用的70%的药物是高原植物药为主，还有一些矿物药，还有一些动物药。和中药的用药差别差不多也在百分之五六十吧，因此它是非常独到的。另外一个，药材的鲜活的个性，到目前为止依然非常的鲜明。到现在大部分的药材还处于自然状态，因为没有大规模的人工种植，所以每一个药材里的生物活性，还有药材的主要的成分都和几百年前还差不多，没有因为大规模的人工参与，药效降低了。这些问题在藏药里没有出现。所以它的药材独到性也很鲜明。

第四个，是它的临床治疗的手法，以及诊断，也是非常的鲜明鲜活。而且在疗效方面的积累非常好。比方说关于骨科的，消化骨的，心脑血管的，这些方面的治疗是有它自己的非常鲜明的特点的。在心脑血管病方面，比方中风，现在老年人的发病面还是比较广的。中风以后的康复就变成了一个非常大的问题，以后是医院，还是一个家庭。在藏药特别是在中风后遗症的康复方面，我觉得是非常独到的。有一些药甚至可以和安宫牛黄相提并论，但到目前为止，人们知道得还比较少。在风湿和类风湿的治疗方面，第一个，它用的药物几乎是完全没有毒性的，有些还是牛羊的饲料。但是在风湿和类风湿的治疗方面，竟然能够有90%的有效率，我也感觉到非常惊讶。但是二十多年这样追踪过来，它的疗效是确切的。所以它有它自己非常重要的价值。

过去有人问过我，说你们齐正做藏药做了将近二十个年头了，是否现在已经做到极致了呢？以后还有没有发展前景呢？我觉得我要回答这个问题的话，是刚刚开始。可以说二十年我们是奠定了一个基础，一个在探索方面的，一个在创新的方向的探讨方面。另外一个，在如何和我们现代社会相适应方面，我觉得是把这种基础的底子刚刚奠定完毕。要说能够发掘出它的潜力来，要说它能够更多地跟我们现代人生活的切合方面，才刚刚开始，我觉得未来的空间非常大。举个例子说，咱们现在大家都关心的是关于慢性病的治疗问题，三高，老年病，还有慢性病，这是我们这个社会医疗负担最大的一个板块。恰恰在这些方面，我觉得藏医学早在1300年前就似乎在准备着我们这个时代会出现，给它制订了一个特别好的诊疗方案。它说人的身体如果出现了我们说的亚健康，还有我们现在说的是慢性病，包括一些难治的病，有四个治疗方案，第一个是首先从饮食上开始调解，就是食物疗法。第二个是关于环境疗法。环境疗法的提出非常的了不起，他讲了人处的环境是两大环境，第一是内环境，指的人的内心，比方说我们现在感觉到的压力，我们感觉到焦躁，还有我们感觉到烦恼，这些是我们的内环境，如果这些内环境没有理顺，还有一些不协调，会影响人体的疾病的变化的。因此，第二个是把心态。西方医学讲的心理治疗，就是指内环境的治疗。第二个是外环境，比如我们的环境出了变化了，空气污染了，水的污染，包括现在土壤的污染，这些统统可以称之为外环境，还有气侯变暖，还有一些地方可能过于潮湿，并不适合一些体质的人去很湿热的地方待着。所以它把身体的调解分为内环境和外环境的调解。如果这两个因素要综合考虑和告诉人们，这也是你有可能致病的主要的原因之一，要去调整它了。第三个才是药物，前两者我觉得中医也讲了，治未病。前两者还在治未病的状态。第三个就是药物治疗。药物治疗不是说所有的病通过精神，理念就可以好了，有些人还是要用到不同方面的药物的。比方说我们说调解免疫功能，有时候要调解代谢。这些在藏医的分类里头都非常的完整。第四个是关于外治，我们现在有手术治疗的方法。其实在古代，藏医在外治方面，就是通过外加的器械，包括一些物理手段，对人体的治疗称之为外治。这四个组合了一个完整的关于疾病的预防和治疗的体系。

记者：是，雷工，你讲得比较详细了。我还是想追问一下，刚刚您说藏药特征的时候，讲到其中一个，说药的鲜活性，这么多年以来都没有因为时间的原因改变了。

雷菊芳：对。

记者：我发现现在咱们很多中药材的生产，有一个规模化的生产，您觉得这个规模化的生产，会不会对药的鲜活性有着一定的影响，这两者之间有着逻辑关系吗？

雷菊芳：我倒觉得规模化本身并不会影响药物的效果。比方说，其实在中药也好，民族药也好，近十几年来在创新方面，付出了非常大的努力。过去比如大量的药物的蒸煮提取，现在很多的中药行业已经采取的是亚沸提取，就是温度降得比较低。刚刚我去了台湾，我发现台湾的中药企业在这方面做得是非常之好，他是低温提取。这种情况下，无论你规模更大一点，对药物的活性成分的损失并不带来大的变化。我个人认为带来变化的其实是作为植物药来说，也是相当于农产品种在地上，让人种出来的。而这个品质跟种的过程中，包括土壤的变化的影响要素，还是比较大的。

记者：明白了。和规模化生产并没有直接的关系。

雷菊芳：对对，但是规模化的种植却有直接影响的。

记者：对，咱们中国老话说得好，叫萝卜快了不洗泥。所以我就在想，不管是咱们说的中医的中药材，以及藏药的这些药材，应该说人工成分非常的多，对吧？不管是药理临床还是种植过程中，人工都比较多。我就担心这些机械化，对这些原来传统的东西，是不是造成一定的影响。

雷菊芳：我觉得，如果说粗放的，比较不去追求每个工艺的创新，你的担忧是存在的。比如本来藏医就在自己的一个小的范围内，温度也不高，就是砸碎了，而且用的药材大部分是鲜活的，原有的成分保存得很好。现在，我们一下子上到了量产很大以后，就用了粉碎机，粉碎的时候你去摸设备，表面都会发烫，温度就会高了。这些呢，老藏医对此很担心，而且确实提出来了一些，你们可不要搞得安全无效了，这个药呢，本来是安全有效，你要是量产以后，有可能有这个问题。其实在十多年前，作为藏药企业，在规模化过程中，你担心的这个问题，用一种创新的科学的手段去解决。比方说粉碎的时候，我们能把它的温度控制在五十度以下。就是一边粉碎，一边底下的冷却是跟着的。这样的话，这种问题就不会出现。

记者：像您刚才说的亚沸这种，低温的。

雷菊芳：对。

记者：那这样挺好的。其实刚才讲的都是业界的问题，回到我们齐正藏药本身。我注意到一个消息，说咱们奇正藏药拟投资五千万参与药材现货交易，不知道这个行为，在商业模式上的一种经营的改变吗？是出于一种什么样的考虑？

雷菊芳：我觉得在这个时代，可能这种变化是一定出现的。因为我们确实在前些年的时候，就是像你刚才提到的，大家都担心的，这么大批量，无论是中药还是藏药，我们希望在种植过程中能够实现绿色化，或者是无害化，就跟我们吃的蔬菜一样，你怎么想办法，不要为了多得到产量，过量地使用肥料、化肥，过量地使用农药，农药多了会引起农残。其实关于品质，包括我们称之为地道药材，你是在那个地方种，那么你能不能种得还和之前一样的，它的品质和之前一样。我觉得这是我们产业界近几年一个非常重要的问题。但是我们发现，当我们自己，像在甘肃，我们也成立了陇药产业协会，希望从地道药材的源头做起，一开始在种植的时候，从种子，田间管护，最后到采收，采收完了以后仓储，仓储完了以后加工，这一系列链条上，怎么样能够实现，尽可能多地采用比较天然的手段，尽可能少地采用现代的化学制品。比方说为了增产，甚至像根类的中药材，前些年有人用壮根宁，种出来显得胖胖的，大大的，白白的，很好看，但是实际上这个药效肯定受影响。因此我们的使命和职责就是想把它从源头上规范起来做好。你碰到的是什么问题呢？碰到的是终端，在药店里头，老百姓其实并不了解，看上去胖胖大大的东西，其实里头的残留肯定是多的。你看上去显得黄黄的，而且还有点皱褶，就是不好看吧，其实可能是你把那些多余的东西去掉，恰恰就是那些不太漂亮的，看上去切得不那么工工整整的，可是呢，消费者不那么了解。因此在终端上你把绿色做到了，反而销售有问题。这么十几年二十年来已经习惯了，要求片子切得长长的，那个丁切出来要跟模子里压出来的一样，个个都很漂亮。你要把这个困局打开是非常不容易的。当鲜货贸易电商出现的时候，我们当时听了以后，还是为之一震，为什么呢？它的宗旨是说，一定要让生产者多得，让消费者少拿，少掏钱，为什么呢？中间有非常大的中间环节。而现货交易的平台如果能够做得好的话，是可以把中间环节挤压了。相当于种药的农户自己把自己种的药材放到这个平台上，需要货的这些商家也好，消费者也好，都可以直接到这个平台上去采购。无论是淘宝还是天猫，都是商家进去，然后消费者才进来。而现在是在一个区域来说，是一些大的企业进入了。所以，我觉得这对产业来说，在贸易方面是一个新的平台和新的升级。那种说法，我觉得是很能打动我们这些从源头上做药材的人。因为第二个，他是有标准的。比如我在店里买了一个东西，比如买了一盒枸杞，看上去漂漂亮亮的，可是你到专家那儿一看，专家说这么红的东西，可能是熏过硫的，你拿了这个东西你给谁去配呢？药店说，当时你已经买走了，我也找不到供货的人了。就是没办法追踪到源头去了。在这种贸易平台上，拿到的货是公布了标准的，如果你请人测一下，和标准不符，你完全可以通过这个平台退回去，还可以得到 20% 的补偿。所以，这个在公平贸易方面，在双方用一种商业手段，把诚信的东西抵押到上面了。我订货的时候是需要拿 20% 定金的。我是一个生产商，我把产品放到平台上的时候，我也要交定金的。为什么呢？当你质量不合格的时候，人家去投诉，你要把定金返还回去的。

记者：这个门槛定得很严格。

雷菊芳：对，这个门槛定出来以后，我觉得是有益于用一种商业手段把我们的交易诚信，用这种手段实现了。这是第一个。而且提升了标准，这个标准是公布于众的，而且指定了第三方的质量监督和检测的机构。我觉得是非常好的。就把过去多年来我们很困惑的问题放在一个交易平台上了。过去你的好东西拿到人家终端去，老百姓不认识，还是觉得外面的衣服穿得漂亮，就觉得比较好，他对里头的东西不了解。现在放到这个平台上，你不断地在公布，你的标准是怎么怎么样的。

记者：而且有几方把关。

雷菊芳：慢慢慢慢地，我觉得通过三五年的努力，消费者总有一天会知道的。有个人给我讲了一个例子，比方说以苹果为例，这个苹果呢，果农交的时候一斤五块钱，实际上到了零售的商超市场，可能就是十几块钱了，这是我们平常碰到的。可是在这个平台说是八块钱，那就是这个果农多拿了三块钱。你拿了这三块钱干什么呢？他以后可能就愿意按照人家的标准去做绿色的产品，而那个消费者少掏了差不多五六块钱，因为到商超得十块钱以上，他以八块钱交易的话，而且一旦交易完，我还可以不马上拿，我可以分阶段，我这个月需要一箱，就送过来一箱了，下个月再需要再拿，价格还可以选择。发现昨天是八块，今天是七块，那我就要今天的，类似这样的，他还设置了一定的浮动。还有一些投资功能。当时以我自己比较理想化的心态来看的话，我觉得提供了生产者和消费者之间的一个直接交易的平台，打破了很多中间环节。过去过多地把环节拉大拉长了。所以，这是我们积极地参与这个平台的一个初衷吧。因为它特别能够实现我们提升标准的诉求。

记者：雷工，这个交易平台，咱们只是参与吗？还是主要的供资方？

雷菊芳：我们是作为供货商参与的。但是，这个平台上有各种各样的交易规则。

记者：什么时候开始上线，现在还是组建阶段吗？还是什么阶段？

雷菊芳：像虫草已经上线了。

记者：您谈到虫草，咱就接着先说这个。其实刚才您说的那个我也特别的认同，因为我们都是普通的消费者，不可能知识面广到对什么都可以鉴别。

雷菊芳：对，还有什么都会自己测一下。

记者：是，就像您讲到虫草的时候。因为咱们奇正也有一个那曲的品牌。我注意到，可能是环境的影响吧，从去年的五月份，价格都有所下调，可能也跟国家的大的政策有点关系。您是怎么理解现在眼下这个环境以及这个趋势的？我们那曲本身有调整吗？

雷菊芳：我觉得这个虫草本身是有它自己独到的价值的。这么多年来，刚开始，我们大陆人是不吃虫草的，西藏的也好，青海的也好，都基本卖到东南亚地区，除非是一些重病的人。其实虫草在藏医，在它的医典中间，认为对肺、肾这些功能，特别是一些体弱的人是有很好的帮助的。迄今为止，可能中医的专家，也都非常认同，在我们大家追求的诸多的保健品中间，虫草还是相对非常好的。但是它在过去的时候，在终端上价格有点偏离了它本来应该有的地位和价值了，就是人为地炒得太高。其实真正有一些需要的人，自己掏钱去买虫草，也真的是太贵了。现在呢，把它回归到它价值本源的话，这是我们要做的工作之一。在这种回归的情况下，第一个，没有影响到农牧区。就是采挖虫草在山上那些人的收入都还没有影响到，可能中间环节影响比较大。我们也特别希望把过多的中间环节，本来在农民这个地方，一根几十块钱，上百块钱，到了终端，我也没有了解过大到多少程度，但是总体来说，让它回归到它的价值本源，发挥更好的作用，这是我们乐意看到的。

记者：其实也跟刚才您之前讲的交易平台，现在已经很明明白白的价格了。

雷菊芳：对，就明白地放在那个地方，它可能有一些波动，但是不会偏差太大。

记者：咱们那曲本身也会有调整，是吧？也会跟着这个大的形势。

雷菊芳:是的,我觉得这种调整在产业来说,还是正常的。

记者:未来您看这个价格趋势呢?还是说它会成为一个普通家庭的正常消费,还是会成为一个植物草药的一种奢侈品?

雷菊芳:我觉得任何一个东西,只要它对人有价值的,我都反对把它称之为奢侈品。有一些人呢,比方说。

记者:我看他们送礼都要拿这个来去攀比。

雷菊芳:我认为是错误的。实际上怎么说呢,这是扭曲和变形的。一个健康的人其实用不着说通过吃一根虫草就提升他的身价,或者说身体很健康的人,吃了它更健康,其实也不是的。只是在需要的时候。因为我们周围的朋友也很多,过去有香港的朋友,有深圳的朋友,有一位有肺空洞出现了,他很沮丧,说怎么办啊?我说藏医说,你用一些虫草可能会比较好。然后我们帮他在藏区收购那种第一手的,帮他加工成一个胶囊,一箱一箱寄给他,后来他说好了。

记者:我以为直接熬了给他喝了呢。

雷菊芳:没有,就是为了吸收好。但是不要去过分地炒作,还有一是肾上有一些问题的。实际上就是劲道,或者我们说的能量不够了,如果对症吃的话,真的还是有非常好的帮助的。

记者:谢谢您的回答。咱们在谈到第一个话题的时候,讲到民族药,因为咱们公司好像目前有12个品种,包括比较有名的,消痛贴膏,进入医保目录,您对于民族药进入医保的意义怎么看?因为这个能第一时间进到各大医院,到我们消费者的身上使用,对我们企业的意义是什么呢?

雷菊芳:我觉得医保目录也好,基本药目录也好,对于我们国家来说,都是宝贵的医疗资源。其实各个民族自己的药品,在某个方面一定是有它独到之处的,如果选择出它特别优秀,特别独到的品种进入到医保,我觉得是我们这个大家庭必须要做的事情。我们在唱歌的时候,我们在节庆的时候,我们都非常愿意说我们是一个大家庭。但是实际上在作为医药资源的应用和提供产业发展的机遇和土壤的时候,一视同仁也是非常重要的,也体现了这样一个政策的连续性和一贯性。也同时能够使得消费者有更好的选择。

记者:是不是对企业来说,还有另外一个意义。比如奇正藏药,大家都会说他的镇店之宝可能就是这个贴膏剂,会不会起到一些提升品牌的作用?

雷菊芳:是的,一定是有这样的作用的。其实作为藏药外治的一个体系来说,远不止于我们现在用的消痛贴。最近,像我们推出来的一个叫白脉软膏,也是非常独到的。它能干什么呢,比方说。

记者:白脉软膏?

雷菊芳:对,白脉在藏医的术语中间,称之为神经系统。神经系统受到挫伤会引起不同部位的疼痛,包括麻木的感觉。所以像这类的病,你对症的话,如果说哪里疼了贴哪里,其实并不是非常奏效的。一定要找到源头,是末梢神经受损伤了,或者哪里不通了,去对症治疗的话,效果比较好。特别像一些骨折的病人,做了手术,上了石膏,上了夹板,做完之后胳膊伸不直,走路也颤巍巍的。也包括一些中风后遗症的病人,这类病人,我们把他都称之为白脉系统不顺畅的问题。我们出了一个药叫白脉软膏,就对这类问题,有比较好的解决之道。在临床上非常受欢迎,乃至于一些西医的专家也说,这是在神经疼痛的领域里第一个外用药,中药还没有。所以也是它的独到之处。

记者:如果说白脉是治神经的一些针对性的药来说,那青鹏是什么意思?

雷菊芳:青鹏是在受伤、肿痛,像关节这些的。

记者:消肿的一种外用药。

雷菊芳:对,消肿外用的,效果也非常明显。包括一些皮肤病,湿疹也是很管用的。

记者:对,因为这些药在我的了解范围之内,都是奇正比较拿得出手的品牌,就是代表着奇正身份的品牌药。

雷菊芳:对。

记者:我知道2013年咱们上半年净利润还是很不错的,因为刚刚发布了半年报,还有后半年的时间,您对于全年,2014年的预期有没有一些提前的规划?因为作为上市公司来说,肯定有自己的前瞻性的。

雷菊芳:我们半年报披露的时候,对这些问题都是有阐述的。我现在说的,就是跟我们阐述的内容也是一样的。就是力争在10%以上吧。

记者:我其实上次跟您约的时候,已经是咱俩约了一个半月了。我当天再次看奇正信息的时候,在百度的官网上看到,8月21号,咱们也在招一些国际化的人才,是说咱们有一些这样的布置吗?

雷菊芳:关于国际化呢,我们要了解传统、天然药目前在全球范围内的走向,我们觉得我们现在是有一些机会的。比如中医的针灸在美国已经被他的医保,他的FDI所认可了,就是作为治疗手段之一。这么多年,我听说美军的一些训练受伤,现在也开始用到针灸了。而我们现在的外治的手法跟中医的针灸手法是完全可以配合使用的。我们想在这方面能够有所行动吧。

记者:所以也是提前开始布置了。

雷菊芳:是。

记者:现在有没有想去哪些市场?是欧洲还是美国,还是什么样的目标性的市场?

雷菊芳:首先还是美国吧,因为他的市场相对要大。

记者:是,而且像我跟一些药企,当然不是藏药和传统药,可能是一些西药,他们也都把自己的主场,尤其是海外的,放在美国。

雷菊芳:对。

记者:我想问一下,像我们现在的这些90后的孩子们都开始出来工作了,我想请问一下,您有没有对他们说的一些话,就是作为一个长者也好,作为一个工作这么多年的有经验的前辈也好。

雷菊芳:我觉得90后呢,面临着中国在这么多年一路走过来的历史时期,可能是最好的时期。无论他们现在进入工作,无论他们所受的教育,还是他们自己对于世界的看法。有人说他们都没有经历过苦难,其实可能并不是对人类的馈赠。而在这个时期,他们那种没有约束,能够广泛地接受各方面的知识,接受各方面的思想,和人类人文的成果,我觉得他们比其他时候都要显得更加的多一些,好一点。我觉得,在中国现在,在文明,这种民主,包括走向科技的广阔的舞台的时候,他们应运而生,我觉得是一个非常好的时代。

记者:有没有一些告诫的话?

雷菊芳:现在如何努力,将来就如何收获。但是这个努力的收获可能是有些快,有些慢,在慢的时候不要太急了,不要频繁地改变自己。

记者:不要频繁地跳槽是吗?

雷菊芳:认准了就好好地做下去。

记者:雷工,您的气质,我感觉给我特别踏实的感觉。我不

知道在您小时候的成长过程中，像您的这一代的父母们，因为可能不像现在我们的父母们，因为受的教育，接受的层面不一样，他那种比较传统的教育下，有没有给您讲过一些什么样的告诫也好，教训也好，让你们收益终身的话或者是小例子。

雷菊芳：我的父母都是甘肃农村的，最地道的农民。他们可能告诫我们比较多的，就是要读书。自己把自己的事一定要做好。

记者：在责任感和担当上，是不是和现在的年轻人不太一样。因为像我小时候，我爸会打我，觉得女孩子也应该打，你错了就应该为自己的错负责。以至于我现在觉得责任感是很重的，你小时候有没有挨过打？

雷菊芳：好像还没有。

记者：你可能比较乖。其实整个教育还是比较传统的，因为父母可能不太会说太多的言辞。

雷菊芳：我觉得当时是那个时代和社会教育了你。因为那个时代，五十年代很快就是一个饥荒的年代，在甘肃那个饥荒的年代，可能伴随我们的童年是吃不饱。外国在发愁，明年这个家庭的粮食在哪里？

记者：那时候的担心第一个就是要吃饱？

雷菊芳：对。

记者：所以您才这么努力嘛，让更多的人吃上饭。

雷菊芳：那个时代我不愿意跟现在的年轻人讲。对我影响比较大的，还是后来在藏区碰到那样一些非常崇高的精神导师，可能影响比较大。在我们农村，我们可能尽可能地不要去浪费时间，不要去浪费粮食。

（来源：和讯网）

未来十年将发力工控领域

——访正泰集团股份有限公司董事长南存辉先生

【人物介绍】南存辉，男，汉族，1963 年 7 月生，浙江省温州乐清市人。现任正泰集团股份有限公司董事长，高级经济师，全国政协常委，全国工商联常委，十届全国青联常委、浙江省工商联主席。

企业简介：

正泰集团创建于 1984 年，是我国工业电器龙头企业和新能源领军企业，总资产达 300 多亿元，在册员工近 3 万人。产业涵盖低压电器、输配电设备、仪器仪表、建筑电器、汽车电器、工业自动化、光伏发电和高端装备制造等。产品畅销世界 100 多个国家和地区，并已进入欧洲、亚洲、中东和非洲等国际主配套市场。

记者：南总您好，欢迎您再次进入和讯的镜头跟网友们进行交流。我注意到近几年以来的低压电器应该说是低位，但是近期大宗商品，也就是咱们公司所需要的原材料价格有所降低。想请您结合这个宏观背景谈一谈，咱们产品结构的优化以及成本的控制问题。

南存辉：低压电器应该说是一个非常基础的消费品，各行各业都要用的，特别是它的特征：经济发展越快用得越多，发展得慢也要用，他不能不用，因为它跟大家的生活生产都是分不开的。都要用电，用电就要用电器。电器特别密切的就是跟广大的用户、消费群体，虽然没有更直接，但是它是间接地大量地用，所以低压电器这个行业表现得不会涨得很高下得很快，它有个过程。这个当中能够推动它持续发展的，还是靠科技。我们的政策也是一样，在这几年的转型升级，推动它的发展方面靠创新。在产品结构到最后的产业结构不断地在升级，不断地在创新。特别是现在像信息化、互联网的技术，将来这种融合会比较明显，所以这里面有很多的一些产品结构，包括一些消费方式带来的一些产品创新，所以这几年正泰不懈在努力。

记者：因为毕竟原材料它有所降低，咱们的成本应当也是对于咱们来说是一个利好的消息

南存辉：是的。现在是这样的，因为我们的规模是最大的，所以在原材料下降的时候，一定是个利好的消息。但是这一块，我们会随着它的起起落落，会有一些调整，所以这个过程当中，我们要保持一个不断往上走的一个稳定态势那是靠创新的。比如：如何减少原材料的用量提高科技含量、转变结构，所以要跟创新结合起来，所以“规模”和“创新”这两个要结合，就会产生好的效果。

记者：我知道工控领域市场的潜力也比较大，咱们正泰可能也是在做工控自动化领域的进军，之前也收购了新华控制，我想问一下在这个领域上咱们有一些什么样的规划吗？

南存辉：对，现在国家正好也在制定《十三五规划》，行业里面、我们的系统里面也正在做这个事，我们现在也正在代表低压电器行业在做《十三五规划》，也在做“行业 2025 未来十年发展纲要”。这样我们正好通过总结、回顾、学习，然后再来碰撞，我们现在也正在积极地推动、推进这项工作。特别是要瞄着软件，我们以前做硬的嘛，向软的结合，通过控制自动化的，如何信息化、自动化“两化融合”跟我们工业化结合起来，这样的话将来应该说会有蛮多的工控的技术产品。我们一方面通过自己创新，一方面通过并购合作这样来抓住这些机会。

应该说将来通过高科技的创新发展，这一定是一个方向，一定是一个路径。将来的创新发展所展现的一定是这一类的，通过信息化、自动化的整合之后，应该是全面的智能化、智慧制造往前提升、往前推动。所以我们在自动化的这个领域，信息化的这个领域，特别是对于工控产品这一块的创新投入和并购这一块，我们想应该会有蛮多的动作要跟上去的。

记者：是。其实因为低压电器这一块作为龙头来说是比较稳固的了，你们也在提出“做外延”。我想问一下，您刚刚说可能未来会有一些并购的动作。不谈具体的，就是说什么样的一些标的能入得了您的眼？就是您在考量的时候。

南存辉：有些东西我们现在有具体的工作小组在负责，我们只是讲这么一个方向，具体的有工作小组根据不同的项目条件是否具备或者有一些并购是否符合我们的一些方向要求等等。这个可能会有分阶段的，不同的项目来实施，但是具体不是我在操作。可能到我这边董事会来拍板的时候，我们假如定了以后，肯定要第一时间告诉、先向你们汇报，通过你们帮我们公告出去，肯定有这个程序，现在还没有到这个来，但是有蛮多的东西都在推进。

记者：刚开始最初的时候您也说，低压电器它其实还是一个最基本的产品，所以其实在做未来规划的时候，还是要在调节产品，比如：高端上。并购的目的，还是在这个里面。对吧？

南存辉：对，这些也有。我们现在并购分几类：1. 自己产品线的完善。比如：刚才讲的，选择一些供货产品，自动化领域等等。就是说我们产品系还不够的，要完善。2. 高技术。有一些高科技的项目，可能还有未来可能三年、五年甚至十年要提升的大方向吻合的这一类提升的项目并购，或者投入研发。3. 走出去扩大规模，占领市场。这个也是技术整合的需要，所以国内国外行业内的或者是高技术的，我们有蛮多的一些方面。但是围绕着我们的主业在推进。

记者:听您这么一讲,我觉得这个结构感觉很丰满,前端、后端都有,还有战略上。通过这些调整之后,您预期给我们獐子岛带来一种什么样的状况,有没有想象过?

南存辉:现在这个应该说是比较清楚的。企业首先盈利能力要提升,因为由食材到食品,附加值提升和消费者需求满足就会增加。总是减少了很多中间环节,或者中间环节的能力提升了,它附加值能提升。第二,为企业的发展壮大带来了机会,过去生产什么,销售什么,现在消费者需求什么我们来服务什么,这样就使消费者服务的面要远远超过我们自己生产的产品。

记者:最后一个问题,南总。我注意到咱们的"半年报"里面海外市场表现还是不错的,您刚才也讲可能会有一些外延的发展。如果说在海外像贸易保护主义,您会不会觉得会有一些;因为之前施耐德那是很久以前的事情。未来在做外延的时候,会不会畏惧或者说受到他们这些的威胁?

南存辉:那倒不会,因为我们在发展的过程当中,这种国际化步伐一定是需要加快的,力度要加大的,因为经济全球化嘛,你是避不开的。我说:即使不走出去,家门口就是国际化市场,一样的,他们也会过来跟你竞争。所以我想企业发展的过程也是一个逐步学习,逐步成长的过程,而且你必须要遵守这种游戏规则。

像加入世贸组织,你加入就要遵守 WTO 的游戏规则。我们正泰将来在全球化全面融进去的时候,走向国际的时候,一定是必须面对的,你怕也没用。所以我们既是向对手,向这些优秀的跨国公司学习,同时我们也在分析他们哪些地方可能有空档,我们有机会,我们发挥自己的一些特长,发挥我们的一些优势。这个时候我相信只要我们勤于学习,擅于创新,我想把我们的平台搭好、机制用好,不管是国内的,我们自己的同胞还是走向海外、走向全球的时候其他的外国人,不分肤色、不分语言,不分国籍,只要到正泰平台上来共同创业,我相信我们只要有这种想法整合大家的力量,我相信在这种国际化的步伐加大、加快的当中,一定能够勇敢面对,我们不会畏惧的。

记者:是。南总,谢谢您的时间和观点。

南存辉:好。

（来源:和讯网）

水性树脂抢占环保市场

——记北京高盟新材料股份有限公司水性树脂项目总监闫磊先生

闫磊,一位扎根水性树脂领域的年轻人,以执著的精神,和对水性树脂行业的热爱,孜孜不倦的一直奋斗在水性树脂前沿。

年轻有为、精力充沛、思维敏捷,这就是闫磊给人的印象。作为北京高盟新材料股份有限公司(以下简称高盟)水性树脂部门的骨干——闫磊,2006 年大学毕业来到高盟,至今已有九个年头,正是因为这份坚持,使得闫磊的人生更加完美。闫磊怀揣空杯心态去学习新鲜事物,在工作过程中,闫磊能够积极主动地完成任务,在压力面前,不退却、不逃避,这种坚韧不拔的精神是闫磊取得成功的重要因素,也获得了企业的认可。闫磊在高盟工作的第四年,2009 年的一次机缘巧合,闫磊与水性树脂团队结缘,闫磊表示:"通过多年的工作发现树脂的水性化是一件功在千秋的事业,并且从内心中喜欢并坚持下来。"

水性树脂在逆境中生长

2015 世界经济整体仍是缓慢弱势复苏,其影响我国涂料产量。据国家统计局统计,2014 年我国涂料总产量达到 1648.19 万吨,同比增长 7.9%。而 2015 年 1－5 月,我国涂料总产量为623.84 万吨,同比增幅降低至0.94%。涂料产量下滑的主要因素是房地产市场复苏缓慢、涂料消费税出台、环保法规趋严等。在涂料产量下滑的影响下,原材料市场需求随之下行。高盟在此背景下也受到影响,但是相对来说有所增长。闫磊说:"高盟加入水性树脂行业较早,拥有 5 年以上的大批量产品实际应用数据和经验,这是很多国内厂家难以达到的。尽管整体环境不乐观,我们有信心将水性树脂产品稳定增长。"据慧聪化工网了解,2014 年高盟销售额大约在 8 亿,其中水性树脂产能大约在 3 万吨。高盟取得可喜成绩背后的重要因素是水性树脂技术的兴起,以水代替有机溶剂,减少挥发性有机化合物,从而更加环保。水性树脂产品标志着高盟正式进入新兴涂料产业。

水性树脂具有一系列独特的无可替代的功能,随着科研生产的不断发展,产品的工业化,现已形成一个独立的行业。据慧聪化工网了解,水性树脂具有极其广泛的用途,从使用的角度上来说水性树脂单双组分均有,从产品类型上来说丙烯酸、环氧、聚酯等,从产品形态上来说乳液型和树脂型产品均有,水性树脂产品主要用于铁路、汽车、机械、钢结构行业,同时高端烤漆树脂也在自行车、电动车等行业得到应用。因此,由于水性树脂自身的优势,今年 8 月,高盟已成功将水性树脂部门独立运营,这意味着未来水性树脂将面临全新的机遇与挑战,而闫磊已任命为水性树脂项目总监,这表明闫磊向当初的理想又跨了一大步。

苛刻环保法为水性树脂带来新机会

2015 年,对于中国涂料行业来说,意义颇深。这既是中国现代涂料工业走过百年历史的重大时刻,也是涂料行业首次面临史上最严格的环保法《环境保护法》,新法规的出台和实施给涂料行业带来了深刻的影响,2 月 1 日起,对施工状态下 VOC 含量高于 420 克/升的涂料被征收 4% 消费税,该项政策在行业内反响巨大。

在生产环节降低能耗,减少污染,研发环保涂料产品,对于涂料企业来说都是需要深思的问题。因此,很多大型涂料企业,已经在积极转型,主打绿色涂料。在涂料市场全面实现环保化的今天,涂料企业能不能实现自身产品绿色化,就成为企业抢占市场份额的关键。不少涂料企业已经意识到了环保的紧迫性,而高盟早在几年前就已有了这种意识。因此,水性树脂高盟一直坚持在做,而且做得有声有色。

国家政策倒逼工业漆企业向水性化转型,对高盟来说是个利好消息。闫磊说道:"水性化的产业升级符合大趋势要求,我们也得到了政府的大力支持,公司也不断倾斜大量资源支持水性树脂事业部的前行。这几年水性工业漆的应用领域有了长足的进步,特别是从 2014 年开始,有很多行业开始试探性的采用水性产品进行换代,例如重型机械设备、自行车、公共交通等。高盟进入行业的时机相对较好,也拥有几支大批量使用的成熟产品,同时拥有成熟的行业使用经验,可以说经验是我们最大的先机和财富。"

试水电商　刻不容缓

互联网的发展,带动了行业间跨界融合步伐的加速。在传统工业领域,以互联网为抓手的电商销售逐渐从概念走向现实,迈入高速发展期。涂料企业的销售和推广模式,潜移默化的发生了变化。闫磊表示："我们也在不断尝试新型的销售思路，电商平台是一定要做的。"

电商平台的多样化为中小型涂料企业提供了更多的机会，为涂料营销开辟了一条重要的营销渠道。在将来很长的一段时间里，综合电商平台都将占据主流地位，涂料行业的垂直电商平台将快速崛起。随着市场的发展，各大电商平台间会发生激烈的竞争，给涂料市场带来重要影响。

除了水性树脂新兴产品外，高盟旗下拥有多种新材料，业务覆盖面较为广泛，早在2010年3月，高盟在华东地区成立了全资子公司——南通高盟新材料有限公司，该公司从事胶粘剂、涂料等产品的研发、生产和销售的高新技术企业。高盟这样的布局为整体业绩的增长起到了至关重要的作用，据闫磊透露："南通高盟是高盟目前最大的生产基地，目前胶粘剂年生产能力为1.2万吨，到2014年年底，公司年产能达到2.2万吨，为公司在华东周边地区的发展提供了可靠的产品保障。"

未来随着我国水性树脂企业的发展，我国水性树脂产品的竞争力逐步提高。闫磊表示："目前对水性树脂而言，机遇与挑战并存，水性树脂行业需要政策的引导，才能站稳在环保领域，同时坚持开展针对性、创新性、基础性的技术研发，才能从根本上改变这个行业。"

记湖北金洋冶金股份有限公司董事长李富元先生

聚焦鄂、豫、川、陕交汇处，一个闪耀着现代都市风采的千年古镇——鄂西北山区的谷城县石花镇，正以高度的工业化进程崛起在内陆腹地。在这片人杰地灵的土地上，国家循环经济试点单位、国家"城市矿产"示范基地龙头企业——湖北金洋冶金股份有限公司绽放出耀眼的光芒。

6月末的谷城，已经骄阳似火。记者迎着扑面而来的热浪，感受着金洋人热火朝天的干劲。两天的采访，记者从多个侧面了解到：在国家把发展循环经济作为调整经济结构和布局、实现经济增长方式转变的重大举措的指引下，以董事长李富元为首的金洋人，捷足先登，因地制宜，开拓创新，在再生资源回收利用和循环经济领域交出了满意的答卷。

湖北金洋冶金股份有限公司成立于1985年，是一家专业从事废铅酸蓄电池综合利用、废铝回收利用、铅基合金及铝合金研制与生产的高新技术企业，已发展成为国内最大的再生铅及铅基合金生产企业之一。目前，该公司在湖北和江西拥有两个再生铅合金和一个再生铝合金生产基地，已形成年处理废铅酸蓄电池10万吨、年产铅合金10万吨、铝合金15万吨的生产能力，是国内再生铅行业骨干企业。

坚持绿色低碳，致力循环发展

金洋公司董事长李富元对记者说，他从1985年就开始从事铅酸蓄电池的回收利用，至今已二十多年。他和全体金洋人共同见证了中国再生铅工业的发展历程，饱尝其中的艰辛。当全国上下形成了贯彻落实科学发展观，发展循环经济、构建资源节约和环境友好型社会的热潮时，李富元深为自己多年来的坚持感到骄傲。去年3月，金洋公司投资4.7亿元，在"城市矿产"示范基地园区开始了废铅酸蓄电池低温连续熔炼项目，将形成年处理废铅酸蓄电池20万吨、年产铅及铅合金15万吨的生产能力。记者看到，这个项目已经进入了试生产。与此同时，李富元累计投入1亿多元，用于新增和完善环保设备，建设了废气处理系统11套、废水循环处理系统6套，在线自动监控系统一套，生产工序全部采用国际国内领先工艺及技术。在金洋公司的原有厂区，已经形成了一定的生产规模和处理能力，每年在那里都吞进2500万只废旧蓄电池，吐出12万吨合金铅，相当于节约130万吨原生铅矿，这些废旧铅酸蓄电池又重新回到了电池生产的大循环过程中，真正实现了"资源——产品——废物——再生资源"的大循环。在新的生产线建设中，金洋公司不仅将生产规模进一步扩大，而且对生产用水和生活用水都予以循环利用，实现零排放。

谷城县经济开发区副主任、循环经济园区主任万永明对记者说，谷城县正在建立全国最有特色的循环经济园区。入驻园区的每一个企业都建有自己的污水、废气处理系统，企业内部实现了小循环。园区投入1000多万元加强基础设施建设，帮助企业与企业之间实现大循环。万永明说，金洋公司是循环经济园区内最有代表性的企业之一，县委、县政府还提出了打造包括金洋公司在内的四个百亿企业。

重视科研合作，积极引进人才

高新技术和人才储备是发展循环经济的智力保障。李富元十分清醒地认识到，新的形势需要有一个知识积累与更新的理念形成。这就需要企业管理者不断地学习，不断地更新自己的知识和理念。尽管作为一个企业管理者不可能有更多的精力去从事科研开发，但是企业管理者的理念和创新的意识必须时刻地走在行业发展的前沿，否则犹如逆水行舟，不进则退。正是基于这样的理念，金洋公司与华中科技大学合作建立废铅酸蓄电池资源化研究中心，并通过了省级技术中心认定，其中两项研究已取得突破性进展；与中南大学、武汉科技大学签订产学研合作协议，进行铅膏连续熔炼新技术的研究；与中国恩菲工程技术有限公司合作，进行废铅酸蓄电池低温连续熔炼技术研究；2010年金洋公司建立了湖北省博士后产业基地，通过高端人才在这里的研究与推广，带动了企业在创新的路上不断前行。目前，金洋公司还拥有了"铅精炼烟气预处理装置"等多项实用新型专利技术。

近年来，金洋公司每年都会引进一些科班出生的优秀大学生，并给他们足够的成长和发展空间。周毅毕业于湖北工业大学电气自动化专业，2008年毕业后进入金洋公司，目前已成为品控技术部的业务骨干。他对记者说，大学毕业生在金洋公司有很大的平台。以他为例，从改造项目、完成项目的整个过程中，公司会尊重他按照自己的思路去执行，机会很难的。他清楚记得2009年在再生铝厂负责设备选型时，由于细节上没考虑周全，导致项目执行过程中走了一些弯路，但厂领导并没责备，而是耐心辅导并予以鼓励。最后项目完成了，他很有成就感。成品合金车间主任晏伟毕业于机电一体化专业，他与周毅有同样的感受。他体会最深的是金洋公司赏罚分明，绩效考核与岗位升迁相结合，让每一位认真工作的员工感到工作有奔头。技术经理周锋见证了金洋公司近年来从扩大到发展再到壮大的过程。他最大的体会是总觉得自身能力很难适应企业的发展。"企业发展步伐太快了"，他毫不掩饰地对记者说。

立足长远目标　确保跨越发展

李富元和他的团队凭着坚韧、进取的精神，审时度势、抓住机遇，把一个从事废旧铅酸蓄电池回收处理的小企业发展成为了管理规范、拥有国内一流甚至世界领先工艺技术的环保综合利用的大型现代化企业，金洋公司从此步入了资源再生利用的循环发展之路，并不断壮大，成为业界翘楚。

面对激烈的市场竞争，李富元似乎成竹在胸。他很庄重地邀请记者欣赏了金洋公司会议室显著位置悬挂的一幅特大尺寸的书法作品，内容是襄阳市著名书法家用正楷书写的《金洋之魂》，清晰地描绘了金洋公司的企业文化和未来发展蓝图。对于未来的发展，李富元概括为“一个目标、三个跨越、四个翻番、五个上台阶”。李富元的目标是，未来五年之内要把金洋公司打造成为国内再生资源领域的一流企业。实现由传统再生企业向创新型企业跨越、由襄阳100强企业向中国民营企业500强跨越、由单一企业向综合性再生金属回收利用集团跨越。做到资产翻番、产量翻番、营业收入翻番、利润翻番，确保资源整合上台阶、管理水平上台阶、科技创新上台阶、节能减排上台阶、员工收入上台阶。

万永明说，近年来，随着我国经济的不断发展中，高消耗、高污染等问题日益显现，中国正在寻求经济增长模式的全面转变，走节约型发展道路。循环经济是一种以资源的高度节约和循环利用为核心，以低消耗、低排放、高效率为基本特征，符合可持续发展理念的经济增长模式，是对高消耗、高污染的传统增长模式的根本变革。国家已经把大力发展循环经济，建设资源节约型和环境友好型社会列为基本方略。全国上下形成了贯彻落实科学发展观，发展循环经济，构建资源节约和环境友好型社会的热潮。湖北省每年废钢铁、废铝、废铅、废塑料的回收利用数量巨大，已经形成了武汉——襄阳——十堰横贯东西、绵延千里的汽车零部件产业带，为谷城再生资源回收利用和企业发展循环经济提供了广阔的空间。但企业要成为这一行业的翘楚，首先必须具备高度的社会责任感，具有长远的发展目标。记者从他的介绍中可以感觉到，金洋公司做到了这一点。

好风凭借力。我们有理由相信，在国家把发展循环经济作为调整经济结构和布局、实现经济增长方式转变的重大举措的指引下，以李富元为首的金洋人，在再生资源回收利用、发展循环经济的广阔领域，将追逐心中的梦想，创造更加灿烂的辉煌！

“格致”以觉“知”，人皆得以成才 鲁万鑫重新发明“格物致知”解决人才难题

——记宁夏赛文节能股份有限公司董事长鲁万鑫先生

鲁万鑫，赛文节能股份公司董事长，重新发明了儒家“格物致知”的方法；他希望以自己的所见所得，去帮助更多需要解决人才管理问题的企业家们！

第一章：我的困扰

——“人”的问题为什么如此复杂？

“人才”凤毛麟角，“人”的问题却千奇百怪

我从2000年开始创业起，像几乎所有创业者一样，一直在寻找“人才”，却一直为找不到合适的“人才”而苦恼。这究竟是我的问题，还是人的普遍问题？于是，我留心观察我自己、公司同事和其他各种遇到的人。经过多年观察、思索、自我验证，我发现了以下六个有关“人”的现象：

一、人与人看似一张纸的差别，实则却是一座山的差别

现在，企业工作人员普遍都是专科以上的学历，都经历了十二年的基础教育和三年以上的专业教育。就其受教育的程度而言，是区别不大的。但是，当这些人走进社会，他们的表现却是千差万别的。同样一件事，这个人去了，就能把事情做好，把钱挣到腰包；另一个人去了，就能给你办砸，还能让你赔个精光。

写同个主题的文章，同个专业毕业的人，有的人写得好，有的人连话也写不通顺，为什么人与人之间的差距，如此巨大，但是看起来又如此微妙？这种大同之中的大异，其本质原因是什么？

二、人总是一再犯同样的错误

很多人经常在同一个问题上栽无数的跟头。第一次犯错，你训了TA，TA接受了，也表示要改；第二次，同样的事，TA依然犯错……而且，这种情况还非常普遍。从旁观者的角度去看，就好像在看精神病人跳舞一般，总是在相同的情况下犯相同的错误。

三、每个人都奔着“好”去了，结果却变成了“害”

在企业管理中，我们发现有这样一类人，TA也很用心，TA也很努力，TA奔着为企业“好”为自己“好”的目的去了，结果却导致企业和自身都受到损失。

类似这样“不由自主”改变方向的人，就好比是企业的不定时炸弹。看似在努力地工作，其实稍不留神就损人害己。这种隐患，有的是当下就见效的，有的现在发现不了，在未来会变成更大的隐患。

四、“人”存在很多不足，这种情况非常复杂

十多年来，我发现“人”存在各种各样的不足，而且情况非常复杂。在赛文公司，我遇到过的同事，到现在为止，两百余人。这些人里，我用很长时间去观察，去培养、去指导，针对有些人，我甚至花几年的时间来培养，但在2014年以前，我几乎没有成功地培养出一个“人才”来。

在人才培养困难的原因当中，有一个原因显露得尤为突出。那就是，人似乎是一个很复杂的生物。就像有句话：正确的结果是一样的，可是错误的路径各种各样、千奇百怪。人的缺点分下去可能包括：品德方面的、思想方面的、知识方面的、能力方面的、为人方面的等等，好像有很多方面，很多约点。所以人的缺点并不单单体现在性格上或其他方面上。好比有一些人，要么是不专心，要么是不努力，要么似乎是胆小，要么是责任心不够……你会发现，好像每个人的毛病都比较独特。

但是，在实践当中，我发现，我刚刚纠正完某人的一个毛病，TA的另一个毛病就又冒了出来。好像这些毛病，你堵完一个，又出来一个。你以为是某人性格上有毛病，后来发现又可能不止是性格上的，是观念上也有毛病，后来发现可能知识上还有缺陷，再后来你发现TA可能生理上还有毛病……反正就是不行，改正一个，另一个就来了。这种缺陷从数量上来讲是无穷无尽的，你堵住了一个，另一个就会冒出来。终于，我得出了结论：“人”之所以存在这么多的不足，正是因为人的这种复杂性。如果要用所谓的纠正改错的办法，一个一个缺点地去纠正，即便花上我一生的时间去纠正某个人的错误，也有可能纠正不完。

五、“人”的问题是一个普遍问题，不只赛文有，其他公司也有

在观察过程中，我发现“人”的问题不止是赛文一家公司存在，其他公司也普遍存在这样的问题。比如，公司销售部门接到一个项目，需求分析部门发现客户的需求永远是在变的。好不容易确定了一个，然后实现了给TA看，甚至效果图都出来了，TA又觉着不好。无法确认，是我们没有真正实现，还是客户看了我们出的效果之后需要优化？

类似这种提需求的沟通工作，我们一直以为，问题可能在我们。但实际上，原因不仅是在我们，也在客户。我们和他们的脑子都是糊涂的。对方从头到尾，来来回回在变，脑子就没有清晰过，TA也意识不到自己不清晰。所以做（客户）需求分析的（工作），简直是一场噩梦。很快TA就反对你了，TA自己说的也很快就推翻了。这当中既包含说不明白的问题，

也包含听不明白的问题。

再以我公司“新三板”挂牌前遇到的一些问题为例。在我们忙着办一些有关挂牌前的具体事宜时，某机构中，一直与我们对接的工作人员、专门做业务的主管、甚至是对方的老总，就某一相同问题，给我们提供的信息都不一样。甚至是我公司投融资部的经理与我本人分别亲自给同一个人打电话，问出的信息都不一样。很小的一点事情就反反复复地办！

通过这些事情，我发现，出现问题了，不是我赛文公司的人不靠谱，是整个社会的人都不靠谱。当我们原来不以一种深刻的眼光去看待这样的问题时，我们只是生气，觉得某一个人蠢。当我们发现，人的缺陷是普遍存在的时候，我们觉得这不是某一个人蠢的问题。

六、“人才在外面”的伪命题

原本，我一直努力在市面上招一些“厉害”的人才。但是，所谓“厉害”的人，我几乎没招到过。这是因为“人才在外面”，本身就是个伪命题！

首先，我们要给“人才”下一个准确的定义。我们把是否拥有职业素质作为“人才”的一个基本标志。那么一个人的职业素质究竟指的是什么呢？现代社会中，大多数人往往把职业素质等同于一个人所谓的专业知识和职业经历，或者说，是两者的混合。但是，这两者分别都有问题。

关于专业：两个错误前提下的“外表鲜艳的果”

在孔子时代的儒家，通常是在一个“笼统”的学习或受教育之后才有所谓的“专”，虽然这个“统”里有很多很多的知识，但它背后的目的是，要人具备认知和掌握事物普遍规律的能力。以此为起始点，才有更进一步的专业划分，去把专业搞得更深入。能力并不能以记住多少知识点为标志，但在后来，却逐渐退化成以记住多少知识点为标志。记住一定的知识点是手段，不是目的，也并不是能力的标志，和能力之间没有必然的关系。

再往后，在设置专业时，先把前提条件搞混、搞错了。用手段代替了目的，学习的目的变成了记住很多的知识点，知识变成了能力的“标签”，用现象代替了本质。现代所谓专业的划分，背后还有另外一个原则在支撑它。这个原则是，专业有一种独立性，是和非专业有明显的区隔的。这是一种典型的机械论的做法。设置专业之前的基础就偏了，后来又采取了机械论的分类法，问题更加严重了。

这种划分来自最初的工业化，就是想把人当机器用，人当机器使用，就可以进行这种更细的专业划分。

随着工业化的进步，技术、产品的多样性，这种专业的划分失效了。而且，如果把人当做一个机械，希望 TA 按照设定好的程序严格执行，根本行不通。换句话说，这种情况下，人比机械差多了！你给机械设定一个程序，它会一直往前走了。但是，人除了会听取命令，还会产生情绪。因此，即使有设定的程序在，人也不会一直往前走，TA 经常会不由自主地改变方向，从旁边走了。

我发现，在一个企业里，几乎没有所谓用某一个专业能干成事的人。

关于职业经历：所谓的经验丰富，不过是“人才”的烟雾弹

关于职业经历，我说两点。其一，很多具有丰富职业经历的人，TA 的经验、经历很大程度上受限于 TA 所供职的企业的具体情况，企业销售的具体产品、具体的组织架构、所谓的企业文化（包括企业制度、企业潜规则、企业工作流程等）、企业人员的知识结构，具体人员的性格、能力等等，综合起来，才构成了一个企业的特定的样子。这个人处在这个企业种种要素的综合体中，TA 得到了关于这些具体要素综合体的经验。这种经验，放到另一个这几样因素有变化的环境中，尤其是人不同、产品不同的地方，就不能用了。也就是说，不管什么样的职业经验，TA 都局限于 TA 曾经的企业的具体情况，这种限制性很强。

其二，大多数人的经验，其实是在执行层次上的经验，不是最初设计层次上的经验。以人力资源管理为例，最初的人力资源设计框架、制度、流程，不但与当时这个企业的产品、人员的具体情况有关，也暗含了设计者对“人”的看法、对“人”是怎么样的、什么叫管理等哲学思想或观念，是非常具体而且有针对性的，这个设计“好与不好”是在这种环境下，在这种具体的要素下显示的“好与不好”。很多人是半道去的，只是在执行最初思路里的一些细节，就算是修改也是做一些细节上的改动，TA 只是在执行，并不是在设计，并不知其来源，这些执行者，对于制度设计的来龙去脉并不清楚，表面上看，好像 TA 执行得挺“好”；实际上 TA 执行的“好”是源于那些要素以及最初设计者设计的好。经常我们把这样的执行者请来，让 TA 当设计者，TA 却设计不了。要么，不让 TA 当设计者，让 TA 来执行我们的制度。但 TA 会觉得你这里不对，你那里有毛病，因为这里和 TA 曾经执行的东西不一样。这就是所谓的经验经历，它只是我们判断“人才”的烟雾弹，直接把我们引向“人才”的误区。

因此，所谓的专业知识和职业经验都不是我们判断“人才”的标准。我们得不到人才，或者我们说人才难找，以上就是根本原因。社会上，用“专业知识”和“职业经验”贴上标签的“人才”很多，但是真正能成事的人才（实质的人才）太少太少了。我们想在外面找到真正的人才几乎是不可能的。

所以，我说“外面有人才”是个伪命题！原因有二：第一，人才原本就稀缺；第二，因为第一条，实质上是人才的，都在当老板或者在重要的岗位从事重要的工作。一个人才很难流落到某个地方，你很难找到 TA。市场上的人才太稀缺了。怎么办呢？企业唯一的一条路就是培养人才，而且还要找到方法去培养人才，一个能从根本上高效、快速培养人才的方法。

“移本性”难于“改江山”，原因何在？

当我发现“外面的人才不可求”时，我开始着手培养自己公司的人才。在培养过程中，我发现，人的这种改变，或者说进步，我们期望的那种进步，难度之大，实在是想象不到的。

好像人人都出了问题，但是为什么改变一个人那么困难？我开始了读书、实践、总结，再读书、再实践、再总结的工作。经过我们一再地验证总结，最终我们发现：人之所以难以改变，其根本原因是：就客观而言，个人得分是负值，自己却主观地打到正的 80 分以上，也就是说每个人其实（客观上）很差，但是自己（主观上）只是觉得“不够好”。或者说，每个人都不愿意接受自己是“废品”，觉得自己“应该”最差是非优品（这句话有多重解释，建议调整下，有一层意思可以把“最差”和“非优品”是并列关系，实际通过仔细阅读，作者想表达“充其量”、“最不济”的意思）。困住每个人的，是 TA 的“自我”！

没有人愿意承认自己“很差劲”

首先，对自己的这种不完善，或者说这种差劲，几乎没有人愿意去承认它，不愿意去接受——我们原来经过了这么多年的学习工作，我们其实是这么差劲。经过了这么多年的教育和学习，于情于理也应该是“好”的，进而自我膨胀，从各个层面上偷偷自我表扬，都觉得我们不是很好，只是不够好而已，没有那么完美而已，怎么可能是差劲？但是，一旦进入社会，开始做事，尤其是对外打交道的时候，才发现完全不是这么回事。

反过来讲，不识字或者识字不多的人，在思维上，想问题上，就一定没有我们想得明白透彻吗？事实上，学识的多少与做事的能力大小完全没有多大关系！识字多一点的人，在思维方面不见得会好到哪里去。比如，一些学历不高的企业家，TA能够创立一个企业并领导几万人。就说明了这一问题。

“灌输式”的说教效果很不好

我发现“灌输式”的培训方法，对于让“人”改变、进步，实际上是无效的。。在这里，我所说的无效是指——听进去和转化成行动是两个概念。就算我们记在脑子里，也很可能无法转变为行动。

举个简单的例子，我们每个人从小到大，关于诚实、尊老爱幼这种美德，以及人应该要自制等等这些，我们从小就听过。可是多少人真的都能做到呢？是大家都没有记住这些吗？可是我们的脑子里存在这些概念，为什么无法转换成行动？因为，“灌输式”的说教，对人的进步、人的改观，在绝大程度上，是一种表面的改变，是一定程度上的“知”，但我们往往都是在“行”了之后，才会回忆起“知”。

再比如，我们每个人从小学开始学习背课文、造句、写作文。到上大学之前，我们学了12年的语文。但是，我们当中有几个人，能真正把文章写明白？不出任何语病？十二年的语文教学都培养不了一个会写文章的人，纠正不了一个人说话写字的错误，训练不出来一个人的文学素养！可见，改变和进步，对一个人来说，有多难！这其中的不易与艰辛，只有做教育的人才知道。或者说，只有企业或部门领导，知道这其中有多难。人的一丁点的改正，一丁点的进步，往往都比登天还难。

第二章：我的探索

——我是如何找到儒家“格物”方法的？

企业在发展中，想要的人才内部没有，外部也找不到！那么，我该怎么办？

目标——我要摆脱“人才”带来的困境

2013年，我的公司在天交所挂牌后，公司进一步暴露出非常严重的问题，这些问题都能对应到“人”的身上。这是一种非常可怕的现状！当时，我就想，天交所挂牌之后，我的公司还要再上一个台阶。如果真的需要走，我和我的团队能走到吗？以这样的现状，能走到吗？在这样的现状下，走不到！怎么办？我想出了两套方法。

第一，我不把大家当机器使用，即发挥每个人的能动性。但是，那时候的我，想不到如何发挥人的能动性，我的各种培养的尝试都失败了。

第二，我不指望大家是人才了，我把大家当机器使用。那么我就需要写出一个操作手册来。因为大家都不会干，我会干，所以我要把我们需要做的事情一一列出来，把它理得清清楚楚。我把它一针一线分解开，把整个流程的所有东西，拆分仔细。用岗位职责、工作职责等办法，把人当机器来使用。这样，大家就不需要动脑子，所有人都按照这个操作手册来干，最终也能出现我想要的结果。

于是，我决定写两个材料。一个是到底怎么管理公司；一个是大家为了赚钱都要干些什么？怎么干？

困境——我自己也是“被困的人”

从2013年10月开始，整整一年的时间，我连公司都很少去。我把工作和生活70%的时间都用在了学习和写这两个材料上面。我想在教材编纂完成之后，让公司人事部去制定相应的工作职责，然后把人当机器使用。

但是，在写的过程中，我发现自己陷入了“困境”。我的教材编了一版又一版，不断被我自己否定。因为，我要想写或这两个东西，我就必须弄懂很多问题。比如，为了写第一个材料——怎么管理公司，我就要弄懂什么叫管理？为了写第二个——怎么能赚钱，我就要弄懂什么叫营销？什么叫产品？什么叫宣传推广？什么叫销售？什么叫研发？什么叫发明？

在写第一个材料时，我要先弄懂什么叫管理？进一步，我发现，我还要弄懂人是怎么回事？因为管的是人。人究竟是怎么回事？想到这一步，我发现，没有哪一方面的知识是我不需要看的。于是，我就开始看大量的书籍，其中有解剖学、心理学、人工智能的、研究思维的，还有佛学、灵修学、道家、儒家等方面的，有自然科学最新进展的、最新物理学、化学、数学进展的，系统论、控制论等，还有所谓创造发明的创新学以及西方哲学、东方宋明理学等等的。这些书籍中，对我启发比较大的有：孔子的书、朱熹的书、邵雍的书、王阳明的书、德博诺的书、柏拉图的书、德鲁克的书、埃克哈特的书等等。看完这些书，我发现我提出的一些问题很难解答，因为它们都是跨学科的问题，看似好像提了几个简单的问题，但统统都是跨学科的问题。

在参照了各种书籍，涉猎了各个学科的知识后，我综合所有的东西，发现自己写的教材没法使用，我百思不得其解。

“自觉”（“自我觉醒”）——灵光乍现！原来是这么回事！

在写材料的过程中，我学到了很多关于如何思考问题的方法，但从没有整理过。有一天傍晚，我对着烟灰缸，脑袋里突然蹦出了几个问题。我对着烟灰缸发问：它究竟是什么？究竟这“烟灰缸”是什么？它的本质是什么？……我发现这样自问自答的过程非常有意思，我很快就被自己问住了。我完全不知道怎么回答……突然，我豁然开朗，发现——哦！原来是这样！原来，它是这么回事；原来，它是这样一个东西！

回味——我的变化适用于他人吗？

在“烟灰缸”问答之后，我马上发现和解决了两个问题。第一，我一直以“团队”作为概念的核心来处理问题。比如公司的凝聚力是什么？就拿公司来说事，怎么都想不明白。什么是公司的凝聚力？提出这个命题后，我一直在“公司”这两个字上较真，其实是不可解的。公司的凝聚力并不能用“公司”来体现，是要用到一个人一个人的身上，是每一个人的一个关系，最后组成了公司凝聚力。公司凝聚力是一个表现，是一个宏观的表现。它不是具体的操作方法，操作方法要针对每一个人。

第二，以前我的公司出台任何一项制度或者一些新的要求时，尤其是涉及面比较多、比较大的制度或规定，比如涉及全公司的，涉及薪水调整的、涉及奖罚制度的……我和我的领导团队总是很忐忑。因为，每当新规则、新制度出台，公司各个部门的负责人肯定会来找我或者其他领导。他们对我说，这样会不会出现问题？下面的人会不会反对？会不会造成人心不稳等等。后来，发现这些问题根本不用去在乎。因为人心根本就不会稳，或者说从来就没稳过。所以你根本不用害怕。也许新规则、新制度的出台，会对企业内部产生一个小动荡，但是人很快就能产生一个新的平衡。以处罚为例，刚一开始，大家都会吵吵嚷嚷，说这个不公平那个不合理。运行一个礼拜后，没人吭声了。大家都开始考虑，这个处罚在细节上怎么执行更加合理化？经过一周左右的时间，大家对处罚本身的质疑，就会变成对处罚本身具体操作方法的关注。因此，我们完全没必要为一些自己臆想出来的事件而操心烦恼。

“自觉”之后，我发现自己从内到外都有了明显的变化。

主要有：1. 思维的灵活性，在本质上有了突变；2. 对问题实质的把握更加准确，即我的意识主动就不关注那些非实质东西了。因此我的烦恼就少了，进而变得心思安宁、头脑冷静！更神奇的是，我的恐高症奇迹般地消失了。

当我发现自身发生了如此之多的变化，我意识到关于"烟灰缸问答"的那种灵光一现的状态，可以说是非常神奇的。我想，如果能让我公司里的所有人都达到这种状态，那他们就都会做事了，我也省心了，我的目标也能实现了。那么，我该如何让大家达到这种状态呢？

实践——我摆脱了"困境"，我还要拉出"困境"中的更多人

当我在一问一答中"顿悟"之后，我再去看那些之前看过的书籍，发现原来我没懂的部分已经可以看懂了。关于自己要写的材料，我也对它们有了重新的认识。一方面，我完成了"关于公司如何赚钱"的材料撰写，即什么是营销？在综合我所学到的各种有关知识后，我把有关企业营销最初的构思，一直到最后价值实现，整个这个过程，我把它理了出来，命名为《营销哲学》。

一方面，我开始着手去做"如何调动人的能动性"方面的试验。我开始反思自己一步步"自觉"的过程，到底哪些方法对我是真正有用的？在自己之前看过的书籍中寻找理论依据，在孔圣人、朱子等先哲的书中，我找到了根源。我发现，我对"烟灰缸"的自问自答过程，就是儒家"格物致知"的过程，更进一步，我发现儒家的书籍和柏拉图的书籍，包括佛学、道家、西方哲学、灵修、基督教等等这类学问中，最后统统都指向一点，这一点就是"格物致知"的"知"，也就是我们现在用的"智慧"这个词。但是，这个"智慧"决不是我们平时理解的那样。

"智慧"不可言说。人，看似是由各种各样复杂的东西组成的，实质上核心是一个东西，这个东西也可以给它起个名字，就叫"智慧"。"智慧"不是个抽象的词，它被用在了很多地方，它既是名词又是形容词，既是表达这个东西，又是表达那个东西。可以说它是实在的东西。我们平时理解的那种不实在的，其实并没有把握住它，把握住它发现它几乎是实在的。所以说，人最后统统都是一个东西。

第一次实践和实验

在新疆，我把我之前的经验方法进行实践。我就把烟灰缸的问题思考方法，让大家来回答。问了 4 个小时，从 8 点到 12 点。没有达到那个效果。我当时感觉没戏了。这时候最后一个人，L。L 是公司最老的同事之一，跟了我很多年，一直在想把事情做成，但一直做不成。前些年，我让 L 去做测试，他说结果 OK，结果给公司造成了很大损失，他压力很大。那天第一次实践到最后，L 突然说这个是什么什么的。我问他，我之前是不是和你聊过。他说没有。我心里就在暗自高兴，我想这个可能实验成功了。

L 这时已经改做销售了。在头一天，我和他一起到某个部门办事，看到他那种非常努力，但是非常生硬的销售，我当时想，又完蛋了。经过"启发"后的第二天，L 看起来还是那样地稀里糊涂，早上出门还把手机忘记了，害得我们担心了一天。晚上回来以后，他说去干了什么什么，结果一听，比我自己出马的效果还要好，我非常兴奋，搞定了！

重新发明"格致"的方法

第一次成功后，我试着把"格物致知"的这个方法应用到我公司的同事身上，让大家也能"自觉"。基于此，我就需要再次看我原来看过的各个方面的书。我发现，儒家的书列明了所有原则但是缺少操作方法。我进一步综合了心理学、生理学、人工智能等各类学科目前最新的研究成果或研究方法，一步步去总结应用，以此归纳实践"格物致知"的方法。

在"赛文格致学堂"的大量实践证明，我的方法是可行的，并且效率很高。我兴奋地意识到，我重新发明（发现、显明）了"格物致知"的方法！

古人为什么没有记录下格物致知的方法？

为什么这个格物致知的方法没有用文字记录下来，传给后人？儒家圣贤对"格物致知"的原则，规定的是十分精准的。但是原则不能取代过程，甚至这二者之间的差别非常大，原则能写成书，方法用文字几乎无法描述。

因为，过程要比原则琐碎。原则是大的，过程是针对每一个人都不一样的，是因人因时随时要改变的东西。过程是对原则的应用，但这个应用还有很多很多的学问知识点。也就是说，我们在大原则底下，用现代的、我们能够理解的知识、能够解释的这些话，去重新理解这些大原则以外，还得再归纳出一些小的原则。在大原则底下归纳出这些小原则，去指导我实践"格物致知"的这个实践过程。

第三章：我的发现

——"智慧"究竟是什么？

"自觉"的表象千变万化，但万变不离其宗

从"摆脱困境"到"自觉"，从"个人觉"到"大家觉"，在这一过程中，我逐渐发现，"智慧"同真理、自性、佛性、道等等词汇殊途同归。它是人人具足的，是完美的，是所有人外在的表现，是人的本质。每个人都有无限深无限广的智慧。

再从儒家的书籍里面去找，再去一一对应，我就特别地兴奋。因为按照儒家圣贤的意思，得了智慧以后，人的仁义礼智信（这里的"智"包含之前我们说的"智力"）都会逐渐地显露出来。并且一旦"智慧"显露，每个人的表现是多种多样的。

我会询问每一个人，"自觉"得"智慧"后的感受和变化（得，开启复得）。我发现，它证明了我所领悟到的，人本身所有的东西其实就是最后那一个，就是那个叫"智慧"的东西。因为每个人的变化，准确地说是自己认为自己变化最突出的地方都不一样。有的人觉得自己变聪明了，有的人觉得自己身体好了，有的人觉得自己烦恼少了，有的人觉得自己性格变了，不爱吵架了，还有的人甚至觉得自己运气好了。这种感受和变化似乎多种多样、千变万化，但其实真正的原因是它背后的本质东西只有一个。

经过对公司同事的"启发"，有很多人"自觉"了，并且不断进步。整个公司发生了明显的变化。比如，原来公司开会，我要布置一项工作，或者我把自己的一个想法布置给大家，让他们去实现。如果是包括四五个部门的会议，恐怕需要两三个小时，或者是我说明白了他们可能听不明白，或者是我自己就说不明白。"自觉"之后，我发现，同样的会议同样的布置工作，大概十几分钟，我就可以布置完，而且对方是真明白了。

比如之前我们发现总有一些事没人干，需要协调，再精细严密的制度总是存在漏洞，甚至我们把管理的条条框框写得再多，弄得再细，它还是有缝隙。通过集中"格物"启发后，这种需要协调的事情大大减少了。因为大家自觉地就变得主动了，这种主动性把制度的"缝隙"填充了起来。

再比如，当一个人能够看到事物的本质时，TA 就会对生活、工作中各种事物的本质产生无穷的好奇心。这种好奇心一旦被激发起来，那么 TA 在工作中的好奇心也被激发起来了。因此，我公司的研发人员，变得更有兴趣往更底层去研发，并且更有信心把它做出成就。事实证明，我公司的研发人员，目前他们已经做出了一些成绩。

正如儒家圣贤所说，人“自觉”之后，仁义礼智信自然的显露出来，大家内心的关爱、认同，真正地迸发出来了，我真实地感受到了凝聚力。

智慧无限深无限广，需要“开启”而不是“获取”

正因为“智慧”是人人本身具足的，我才把自己的“格物”方法说成是一种“启发”。这个过程不进行灌输和讲道理。最后的这个“智慧”是人人具足的，人人本身就有的。所以，“格物”过程，只是让每个人得到自己本身有的那个智慧。每个人都有无限深无限广的智慧。

“智慧”只可意会不可言传

在“格物”方法的实践应有中，我发现得“智慧”的奥妙无法言说、无法形容。

首先“格物致知”的“知”，是指心领而神会。这个意思很深，深在“心”与“神”上，我们好像知道，并没有达到“心领而神会”的程度。从“知”的本义上，心领而神会的状态比我们平常理解的要深刻得多，这种深刻不可言说。

其次虽然“智慧”人人具足，可是“智慧”也同时是完美的，一体万用。每个人的每个体会都是它的一个点，而它本身可以表现为无穷个点，张三的体会和李四的体会每次都会不同，就是一个人每次的体会也不同。

再有，对这种个人化的体验，文字本身的缺陷非常严重。举个例子，我小时候地里头有一种植物的小小的果实，黑色的，吃起来有点甜味，那个东西也没有正式名字，我们就随便叫它“甜果果”，它的甜实在是很清凉又不是很甜……即使我再写五千万字，您心里能知道“甜果果”是个什么东西吗？

还有，语言只是个指示牌，语言永远是指向语言背后被指的那个东西，它并不是那个东西本身。所以那个“本身”，你用语言怎么描述，都是指向它都是模糊的。怎么样才能不模糊呢？心领而神会。因此说“自觉”后的智慧只可意会不可言传。

因此，得“智慧”后的变化，只有个人自己能够体会。

“自觉”需要外力的帮助

我回顾自己的“觉醒”的过程，我发现自己用了十多年的努力，非常非常努力，而且这个力非常猛。我自己感觉，“自觉”如果没有外力帮助，是非常非常难的。

这个力，对于个人而言，是很大的“力”，这个力是脑力、心力，最主要的力是自己用的。这个力非常大，还要持续一定的时间，一个人很难舍得对自己下那么大的力气。并且，还有个用力的方向问题，人的思维四处游走，若用力方向不断变动，也会前功尽弃！

所以，当我能够把这个效果很好的方法拿出来的时候，所谓这个方法，是我找到了让大家集中用力的方法。在我的启发和帮助下，受启发的人，在持续用力，而且这个力比较大，且方向是对的。我可以保证他的力度对，方向对。我最终发现，归根结底，力是自己的。自己心里用力，才能自觉。如果自己不用力，我们帮也是白帮。自己用力，我们帮他把方向指引对，同时再给它添一把力。这样才能达到启发的最佳效果。重点是要自己用力。我们这个方法并不是培训。之所以叫启发，是因为这个方法的关键是自己要用力，而智慧不是传授、不是讲给别人的，智慧是人人都有的。

对“启蒙师”的要求

“启发”这件事必须是面对面的交流加引导。“启蒙师”（引导人，柏拉图时代叫“智师”）也必须是从已经“自觉”的人中选出，只有已经得“智慧”的人才叫“启蒙师”，因为只有得到“智慧”的人才能判断其他人是否得了“智慧”，非觉醒的人不能当“启蒙师”。同时“智师”必须是有爱心的，这种“爱心”在“启发”的过程中有非常重要的作用。

什么人对“格物”启发最敏感

在实践“格物”方法的过程中，我发现有些人“自觉”的速度特别快。他们通过一次“格物”（时间为三至四小时），就可以跨过“觉醒”，或者说瞥见“智慧”的光。另一些人可能需要进行三至四次。这些入门快的人大多是年轻的，没有过多生活经历的人，例如刚毕业的大学生或是工作没几年的人。这些人比较容易突破自己。同时，我们发现，年龄越大的人越难突破。

什么人我“搞不定”

有的人抱着获取的心态来找我，乘兴而来败兴而归。在我接触的人当中，有以下几类人，是无法获得“智慧”的。

第一类人，把这个过程当成是一种教、授的过程，好像这是一种知识，要教给TA。这类的人，会在这个过程当中做这样的期待，就想通过听，把智慧听到自己的身上。但是，慧是每个人本身有的，我怎么能“教”给TA呢？怎么能从我这里拿走呢？另外，这样的人还有一个特点，就是不太想参与，这个事情是TA自己的事，要TA自己参与、要听、要自己去感受。但是TA打定注意要“听到”智慧，所以不愿意去介入这样的过程。

第二类人，尤其在公司内部启发过程中，我们发现有一类人，他们不认为这个过程有必要。某种程度上说，就是很自满的人。这类人不以自己工作干得好与不好、不以自己外形长得漂亮不漂亮、不以自己智力高与不高、不以自己家境贫寒还是富有……不以这些为原因。他们完全锁死在自我里面，进而认为自己是完美的。或者，TA嘴上不承认自己是完美的，但实际上TA在心里面觉得自己几乎是完美的。我发现，当我们试图用别的办法让TA意识到自己的局限性，比如，我们采取巡视的办法，巡视TA的工作，我们把TA的工作放到桌面上一条一条地进行核对，有的人连自己的工作职责都没看过，有的人对着自己的工作职责一条一条审核，几乎没有一条是干好的。但这些人依然不觉得自己是在一个狭小的、有缺陷的意识里，还只认为自己只是缺一点完美。TA所说的“我不对”，这个“不对”也只是在最后的那个九十九分与一百分之间的“不对”。这种人也启发不动，花费了很大的精力，他们甚至都没有自我怀疑过。

第三类人，我要看看你这个有没有我的高明，或者你到底有多高明？这种看戏和“比武”的心态，他们嘴上应付着你，并且心里还有一点期待。但最后得到结论后，TA好像挺失望的。因为TA发现，你做的事TA都知道。但是，正因为TA抱着那样的心态，自己没有参与其中，TA就无法“自觉”，无法初得“智慧”。换句话说，仅仅想从一个旁观者的姿态，尝到自己“智慧”的美味，是不可能的。

第四类人，他们的问题在于脑子里面的知识点太多，尤其是一些平时工作比较有成就的这些人。这些人之所以对“格物”感兴趣，是因为他们发现自己有比较强的自我，就好像有一个壳把他们给限制住了，他们想冲破这种限制。但是在参与的过程中，他们对过程中发生的事情，马上给其下一个定义，用自己心里头已有的东西给它套上，这种人预设结果，似乎好像结果TA都知道了一样。最后永远还是在自己的那点东西里面。比如，在格物的过程中，我刚问TA一个问题，TA得到结论后，用以为自己心里头知道的，那些自然科学等等的理论去往上套，立刻觉得后面的问题答案肯定都是这样的。

如果有个问题TA没有回答上,后面的环节,TA就不再参与,死磕在这个问题中,出不来。实际上,“格物致知”的过程是一个持续的过程,大概持续三、四小时的过程。我们每个人,在这持续的过程中,始终都在缓慢地进展。当TA沉浸在某个问题中时,TA就没法跟上引导者的节奏,进而得不到应有的效果。

第五类人,是叶公好龙型的。自己非常想得智慧,但是,当TA最后发现事情原来是这样的时候,就有点想躲避或者想回到之前的样子。这种人在启发过程中,得“智慧”的效果也会因其心态而有一定的影响。

变化后的每个人与其他人不可比,也不可能马上变成圣人

当一个人的“智慧”被开启,重新获得了“智慧”后,他对事物的看法与之前的看法完全不同。可以说,这种变化对这个人而言都非常可喜的。但是,因为人和人之间存在巨大的差异,即使发生这样的变化之后,还是有巨大的差异存在。不能说,“自觉”了以后马上会变成圣人;也不能说,得到“智慧”后的人都会拥有同样的能力和水平。

通过“格物致知”方法,有的人重新开启了本身具有的“智慧”,这对他们而言,是一次本质的飞跃。但掀开“智慧”的面纱,并不代表他就获得了全部的“智慧”。因此,儒家说:“今日格一物,明日格一物”。意思就是通过这种办法,你的“智慧”可以更加地广大深远。人的这种突破自我的改变是不可逆的,并不是说你今天格了以后,算是得了智慧了,到明天可能又忘掉了,但是,突破自我之后,如果你不再继续进行“格物”方法的启发,那你也不会再进步。

“格物致知”的过程是挖掘更深更广“智慧”的过程。这个过程需要我们持续不断地做下去,并且每个阶段有各自不同的方法。只有这样不断地格下去,人的“智慧”才会不断的增加,不断地往深处探索。

番外:在“格物”实践过程中,我的其他一些发现与体会

“格物”过程中,主观的“小我”会进行反扑,改变“人”固有习气的困难比想象中的巨大

在“格物”应用实践过程中,有一些人会因为命运中那个“小我”与“本我”之间的抗争,进而产生质疑和反弹。从表象上来看,表现为有的人无法接受“自己固有的一些观念是错误的”这一现实观点,会选择逃避、否认等消极态度来对抗。

发生这样的情况,我是非常理解的。因为“人”固有的习气实在是太重了,想改变“它”,是很困难的。我的建议有两条:第一,当你发现自己的内心有这些想法或观点时,尽自己最大的努力去面对现实,接受现实;第二,继续采用“格物”的方法,锻炼自己的思维,开启本身自有的“智慧”。只要你足够专注,并且专注的时间周期够长,那么你就一定能够开启你的“智慧”之门。

记启明维创投资咨询(上海)有限公司
董事总经理甘剑平先生

在今冬最冷的北京,初次见到甘剑平。他身着深咖色暗格西服,搭配一条浅灰格羊绒围巾,睿智干练又不失精致体面。作为启明创投的主管合伙人,甘剑平在风投领域已深耕15年,几乎算得上是中国最早从事投资的一批人。他有着声名赫赫的投资履历,也有众多给他带来丰硕汇报的明星公司案例,无论是同行还是媒体评价,冷静、理性几乎成为他投资风格的标签,而对甘剑平自己而言,他希望给自己及所在的启明创投贴上另一个标签,即“做一个睿士”。

找能飞的鹰

所谓睿士,无疑要有明察、通达明智的辨别力,而这些能力对于一个投资人来说,又显得格外重要,可以更快速精确地找到最有价值的项目标的。一直以来,“特种兵作战方式”被视为启明创投的基因,“用狙击手方法,希望能够一枪一个准”,这种风格一直延续至今。

2015,启明创投交出了不错的成绩单,投资了十几个项目,包括河狸家、Bilibili(下称B站)等,金额达两三亿美元。“这也是启明创投成立十年来,投资速度最快的一年。”甘剑平向投资中国网记者表示,“主要原因在于,第一,移动互联网机会很多;其次,曾经工作在大互联网公司的优秀员工纷纷自立门户,诞生了一批优秀项目。”

B站,被甘剑平认为是最能体现现阶段特色的项目。该项目的用户群主要为90后,ACG(animation comic game)机用户。甘剑平介绍,这个群体的用户非常有创意,经常自己改编一些动漫、视频,或者跳舞、唱歌,然后上传,有点像早期YouTube的感觉。最著名的案例就是,成龙的广告和“Duang”的视频就是B站的一个用户上传后风靡的。

“最近我团队招的投资经理都是90年前后的,他们成长在互联网时代。”甘剑平说,这也让启明创投能够更便捷地获得新潮的项目信息。不仅如此,启明创投还在上海、北京寻找许多高校大学生,给他们提供费用,请他们定期将校园里盛行的APP反馈到公司。当公司需要了解某个项目时,也会询问一部分大学生,看看在这类人群中,需求和使用的范围有多广泛。“虽然这不是一个大的样本量,但在一些关键的知名高校中,很受学生欢迎的项目,我们会重视。在最终投入项目时会再进行大样本采集,以确保产品知名度的真实性。”甘剑平表示。

相较于“广撒网”投资风格的机构,启明创投专注于医疗健康、清洁能源、传统IT、互联网四大领域。在选择项目时,则表现得更为“专一”——一个领域只投一家。

甘剑平表示,启明创投选择一家公司时,自然认为这家公司是行业里最好的,在行业格局不产生大变化的前提下,再选投另一家的必要性不大;其次,他认为投资者与企业之间也存在一种互相尊重的默契,“同类型企业选择两家时,两家企业管理者对你的态度和心理防范上,都会产生微妙的变化,所以,没必要做这样的事。”

甘剑平愿意更多地从行业角度去审视项目。“风来了猪都能飞起来,首先应该去寻找风在哪里。例如,智能手机替代PC,现在看是很明显的一个潮流。五年前我们提出并开始投资移动互联网,投资小米、大众点评,都是四五年前的事情。所以,这个潮流我们非常精准地把握到了。包括投资美图等,都是我们在细分领域寻找的一些行业,然后再去这个行业里寻找最先启动的人,或者已经是细分行业中的第一名、第二名,然后再去看这个团队,是不是符合我们的要求。这样不光是在风口中能够投到猪,更能够投到老鹰。也就是说,找到好的行业,有风起来了,投到猪会飞起来,投到老鹰会飞得更高。”

目前,启明创投的基金管理规模为17亿美元,其投资团队只有20多人。能够把控投资速度做到“快”和“准”,这在很大程度上取决于甘剑平信奉的精英文化。

甘剑平介绍,启明创投的合伙人和投资经理,皆出自国内外的名校,这其中包括哈佛大学、芝加哥大学、复旦大学等,不仅如此,这些人中还有很多在如凯雷投资、思科、Intel、百度等知名的企业中工作过。甘剑平认为,“在好的企业中受过一个比较正规的培训,会有一个比较好的思考问题的方法和方式,也知道该怎么去按规矩做事。”

ILoVS 投资逻辑

从2007年担任启明创投主管合伙人至今,甘剑平负责了不少明星项目,这其中包括世纪佳缘、PPSTV、开心网、大众点评、蘑菇街、台湾VIPABC等十多个知名项目。

这些经历也让甘剑平形成了自己的“ILoVS”投资逻辑。相较于早前“LoVIS”的提法,最近,甘剑平做了一些顺序的微调,他笑称是为了“保持变化”。

具体而言,ILoVS是基于Image图像、Location位置、Voice声音、Sensor传感这几个维度的互联网+移动互联网+相关项目。其中,S即传感器,是甘剑平现在最感兴趣的。在他看来,未来会是工业4.0、机器人的时代,对于智能硬件来说,非常核心的部件就是传感器,“一个机器人能跟你交流,或者说无人驾驶,全靠传感器。未来传感器会是一个非常值得投资的一个领域。”甘剑平透露,最近他也在看一些跟传感器有关的项目。

究其根本,这套投资逻辑的形成依据,正是与人们生活方式的变革息息相关。甘剑平向投资中国网记者解释道,字母所指代的单词,都是智能手机具备,而PC端不具备的一些功能。“进入到智能手机时代,我们专注于投资能够利用智能手机特点的项目,实现弯道超车。”

启明创投的明星项目大众点评就是很好的案例。起初,大众点评就是网站上搜索餐厅信息,有了智能手机后,通过用户所在的位置,可以准确快速地搜出“方圆一公里有没有什么可口的川菜”,最终得以迅速发展。

不过,基于智能手机的变化不仅仅只有这些。甘剑平认为,未来工业化的大型设备会随着技术的发展,转换成一个很小的传感器,例如现在测甲醛的大设备,未来可能会变成一个可以直接插在iPhone上使用的小设备,可以随时随地在任何地方测试。这些都是他比较看好的未来方向。

创业潮“热的有点过”

除了遵循自己的投资逻辑外,甘剑平在投资过程中,还发现一个变化——移动互联网正在发生阶段性的变化,类似大众点评、美团等一系列的行业领头企业,出现大规模的合并现象。对此,甘剑平认为,“这个行业,起初是飞速增长期,不需要整合合并,用户量依然增长飞快,但进入用户量增长的平缓期后,企业就要开始考虑怎么样去整合、占有市场,怎么样去做一些1+1大于2的事情,这是整合潮发生的重要原因。”

一个数据也印证了甘剑平的判断。2015年,智能手机在中国的出货量首次出现下滑,智能手机占有率达饱和。“这说明该有智能手机的都有了,更多的是开始更换手机,这些用户并非是新增用户,面对这样的市场,如果作为一个创业公司,你的APP还没有深入到人们的手机中,别人更换手机时,不能记住去下载你的APP,并且看到了你的品牌还没有记忆的情况下,那你的存活概率相对就不高了。因此,未来的一年非常关键。”甘剑平认为,如何为过去积累的用户提供更好的产品和服务,把这些用户真正转换为收入,正是未来每一家公司都需要面临的挑战。

此外,从投资人的角度,甘剑平还建议创业者,“不应该只在所谓的TMT、医疗这些很火行业,开一个专车、餐馆、小面馆也是很好的方法。”甘剑平认为,现在创业潮“热得有点过”,他不觉得应该鼓励大学生毕业就去创业,启明创投至今还没投过大学毕业就创业的创业者。“我们通常投资还是选择一些已经在大型企业里有过工作经历的创业者。”

对于所投团队,甘剑平也有自己的要求。例如,会考察这个团队过去的工作经验、领导能力,团队的组合情况。“企业需要不是靠一个创始人,而是几个创始人有一种合伙打事业的感觉。而且最好他们之前曾经一起工作过一段时间。”甘剑平说。

除了对每个项目做投前的充分功课外,在投资后对项目的管理上,启明创投也几乎“面面俱到”。甘剑平笑称,启明创投现在有一个口号,“你需要什么我们就有什么”。

这个口号的底气来自与启明创投合伙人背景的多样性。“我们的合伙人,是具备所有企业功能部门的专长的,例如,有管理过上千人经验的合伙人、思科销售团队的合伙人、做市场和研究的合伙人、有资本市场经验的合伙人,我们还有非常大的财务部门、法律部门。所以任何一个企业在这些方面有疑问,我们都可以提供帮助。”

对于2016年,甘剑平预判“非常乐观”,依然有很多机会。“会有很多公司在第一轮资本的筛选和企业角逐之间跑出来,成为相对领先的独角兽。”

甘剑平乐观预判还源于启明创投背后投资人对中国市场的看好。2015年10月,启明创投召开了投资人大会。甘剑平介绍,尽管国外LP看到中国市场的增速在放缓,但他们对中国市场还是充满热情。

“他们开玩笑说,中国现在GDP增长从10%变成7%,但放眼世界没有几个国家能够达到这个增长速度。作为全球投资人,放眼世界,其实可投资的国家或是标的,并不是那么多,也只有中国才能为投资人带来相对超出平均水平的回报。”甘剑平表示。

产业园转型:“股权投资+园区经营”双轮驱动

——记上海市北高新股份有限公司董事长周群女士

随着上海市静安区、闸北区合并引发地价上涨,坐拥闸北区约1/10土地的市北高新(600604.SH)股价迎来一轮上涨,期间最高涨幅一度高达90%。

“对于两区合并能带来多大的土地增值效应,其实不是我最关注的重点。”上海市北高新股份有限公司董事长周群接受本报记者采访时表示。对市北高新来说,如何让新兴产业高度集聚并持续保持行业竞争力最具关键。

在周群看来,一个大数据、云计算园区从诞生走向成熟,除了政策扶持,更需要形成一整套完善的大数据获取、分析研发、云计算存储、交易的产业链。

为此,市北高新正在努力争取酝酿筹建中的上海数据交易所落户园区,让各家大数据、云计算企业能整合、利用各方数据资源,通过交易转化成实际营收,创造新的利润源。

周群认为,这也是市北高新在大数据衍生金融服务领域的一次探索。毕竟,园区开发租售的土地资源终究是有限的,市北高新必须在加大办公楼宇持有量的同时,借助大数据、云计算产业寻找更多可持续发展路径——其中包括对园区内优质企业的股权投资。

布局大数据、云计算产业“生态圈”

截至2014年底,市北高新园区内纳税企业的服务业总营收高达1368亿元,占比超过97%。

而在2003年市北高新转型建设高新技术产业园区前,这里云集了大批以纺织业为代表的传统制造业企业,随着这些企业的搬迁，当年为这些工业厂房所配套建设的供电设施，以及对他们遗留下来的老厂房进行的一系列改造和重建，恰恰奠定了市北高新向新一代信息技术产业转型的基石。

“目前，这里集聚了中国电信、中国联通、中国移动等知名通讯运营商，腾讯、阿里巴巴等互联网大型企业也建立了数据中心。”周群告诉记者。但她发现，市北高新仅仅依赖信息数据存储处理产业，未必能换来更长远的发展。

在她看来，大数据、云计算技术的更大价值，不在于掌握庞大的数据信息，而是对数据进行种种专业化处理，尽快开发数据在应用层面的价值，从而创造新的商业模式。

“换言之，如果将大数据看成一种产业，它能够迅猛发展的关键，是提升数据的加工能力，实现数据的应用增值。”她直言。

经过与政府部门多次沟通协调，2010 年 8 月上海市发布《上海市推进云计算产业发展行动方案（2010 - 2012 年）》，市北高新园区成为上海首个“云计算产业基地”。

不过，在云计算产业基地运营初期，如何吸引云计算企业落户，是市北高新最伤脑筋的事。

“我个人感觉，大数据企业都有自己的个性，要吸引他们落户，就必须与他们志同道合，就是让园区本身也有大数据、云计算的气息。”她表示，从 2012 年起，市北高新园区开始尝试以“管理云”平台为基础，增加楼宇能源分项计量管理、工地扬尘在线监测监控等内容，让整个园区的建设与服务功能融入大数据的基因。

但她发现，自己的努力，仅仅完成了一半。要吸引企业落户大数据、云计算产业园区，另一个关键卖点就是有足够多的产业龙头企业入驻，由此形成周边各类外包服务的中小企业集群，最终演变为从云基础架构层（IaaS）、应用层（SaaS）、中间件层（PaaS）的完整产业链与生态圈。

不过，要吸引行业龙头企业，绝非易事。这些大型企业对入驻的载体相当挑剔，比如有些数据中心对载体承重、层高都要求特别严格，这就需要园区开发方按照企业个性要求，定制化地修建部分云计算办公场所。其次，企业落户的竞争环境日益激烈，不少地方政府在投资建设大数据、云计算产业园区的同时，还拿出特别丰厚的税收优惠措施吸引企业落户。

“时时都能感受到竞争压力。”周群告诉记者。企业希望自己落户的园区，能云集大批产业链上下游客户，最大限度盘活、延伸各方的大量数据资源。为此，市北高新积极争取上海大数据交易所的落户事宜。

一位知情人士透露，有 40 - 50 家相关企业都有意参与大数据交易所的筹备设立，最终市北高新打算选择 6 - 7 家参与进来，目前正在敲定最终的入股协议以及数据交易的合规操作架构。

“在不少参与者看来，这似乎是一块尚未充分挖掘的金矿。”他表示，比如有家企业通过大数据分析得出一个结论，上海出租车生意最好的地方并不是机场，而是在新天地周边，但这家企业基于自身业务差异，一时无法将这些数据结论转变成产品，就可以通过数据交易所转让给其他互联网企业，创造新的商业模式。

“更重要的是，通过数据交易，可以找出一大批优质企业，为市北高新拓展股权投资业务做铺垫。”一位接近市北高新的人士指出。

探路股权投资

其实，市北高新已经在股权投资领域小试牛刀。

21 世纪经济报道记者了解到，目前市北高新已动用逾 1 亿元资金开展股权投资，还计划在未来更进一步加强股权投资力度，重点投向信息技术、智能技术等高科技企业。

去年 4 月，市北高新出资 4671.8 万元投资新三板挂牌企业——主营 ATM 形象创新及安全防护产品的北京维珍创意科技股份有限公司，占其股本总额的 19.11%。

3 个月后，它又投资 937.5 万元，获得新三板挂牌企业——腾龙电子技术（上海）股份有限公司 75 万股股权。

“整体而言，我们还是一个 PE 新兵。”周群表示。但市北高新其实一直尝试贯穿企业生命全周期的投资理念，搭建一个从天使投资，到 VC，再到 PE 的完整的股权投资体系。

为了进一步提升公司股权投资业务的专业化能力，市北高新开始积极寻求与一些知名风险投资机构合作，利用公司多年深耕园区运营积攒下的企业资源，逐步扩大股权投资版图。

“作为投后管理方面的新增值服务，我们还打算将园区功能升级，与投资企业业务创新连接起来。”周群说，在她看来，产业园区类公司参与股权投资能带来额外的协同效应，一方面可以提升企业利润，另一方能够有效地反哺园区运营。

“我们的目标是，未来市北高新股权投资业务所产生的利润比重，能与园区租赁经营业务各占半壁江山。”周群说。

“十二五”人物事迹

——记新疆天羚绒业科技股份有限公司董事长杜安民先生

1. 进入羊绒羊毛行业的契机

进入绒毛行业并非出于自愿和兴趣，而是完全出于被迫无奈。1997 年 5 月，曾经风光无限的新疆维吾尔自治区茶叶畜产公司被 3.6 亿元的政策性亏损已经拖累得一蹶不振，在此时又雪上加霜，企业领导人因挪用拆借巨额资金无法收回，将企业推向资不抵债的深渊。

上级成立企业整顿工作组，身在机关政策研究室工作的我，应招成为工作组的一员。经过半年的工作，原企业领导人行为触犯刑律锒铛入狱，公司班子因软弱涣散也被就地免职。上级决定公司重组班子。谁都知道在这样企业工作，经济上低收益，政治上无前途。工作组的其他成员纷纷施展闪展腾挪的绝技，逃离困境。当组织找到我谈话的时候，党性和责任感，让我没有理由推脱。找我谈话的人明确表态：拿出方案，整出头绪，就回机关。没想到一干就是十九年。其间我也找过组织，由于上级领导人的变更，同时也没人愿意往困难企业的火坑里跳，组织部门认真地翻阅当时的党委会记录，没有找到让我回机关的承诺有关记录。我像《集结号》中的谷子地一样，被牢牢钉在茶畜这个阵地上，和绒毛行业结下了不解之缘。

既来之则安之，干一行爱一行，是我们这一代人的本色。1998 年经过认真调查研究，我在茶畜公司贡献的第一个方案，就是破产方案。这在新疆供销系统是第一遭。经过不懈的努力，破产方案得到自治区人民政府的同意。但是就在方案进入实施阶段，真是命运多舛，上级领导班子调整。由于企业停产两年，职工没有正常收入，基本的生活都成了问题，各种各样的矛盾交织一起，上访、静坐、群众聚集事件接连不断，稳定形势压力很大。新任领导说：茶畜公司问题由来已久，解决也不在乎这一朝一夕。况且新班子刚上任，还没做出任何成绩，先出个破产企业，造成不稳定因素，时机不合适。第一个方案就这样无疾而终，大半年耗费的心机打了水漂。牢骚太盛防肠断，牢骚埋怨无济于事，只能向改革要出路，用发展开新路重新构思方案。

解决困难企业的方案无非两件事，一是钱从哪来，一是人往哪去？但对我来说只有一件事，人往哪去。因为钱更本没有来源。

创建新的实体分流人员成了第一选择。我动脑筋想办法1998年用公司的库存做资本，引进湖南益阳茶厂做合作伙伴，创建了新疆天岳茶叶公司。2001年采取出让厂区土地厂房的方式，筹建了家佳乐超市，采取职工集资方式筹建了新疆天羚畜产有限责任公司。以及与新疆通汇集团合作创建新疆畜产品批发交易市场。实体的分流稳定了人心，在短短两年里，通过建立经济实体方式，重新竖起绒毛经营的大旗。一个濒临破产的企业，通过艰辛地努力，终于走出困境、云开日出，步入发展的进程！

2009年中央新疆工作座谈会和国务院40号文件下发之后，我认识到：企业只有迎难而上，迅速甩掉历史包袱，才有可能加入到新疆跨越式发展的行列中，否则会坐失良机。为此亲自起草并向区社上报了《关于联合发展破解难题实现振兴的报告》和《天羚公司发展规划》，明确提出公司实现跨越式发展的总体思路和发展目标是：围绕自治区保粮、调棉、兴果、促畜的经济发展战略，以联合发展为手段，破解历史遗留难题，甩掉历史包袱，依托国家扶持政策和供销社网络两大优势，加大畜产品流通设施的投资力度，搭建新疆区域的畜产品营销平台、提高畜产品深购远销的能力。迅速扩张资本和经营规模，五年内成为新疆畜产经营行业中重要龙头企业，十年内成为国内行业中有影响的企业。天羚公司连续10年盈利、在全国畜产行业内影响力迅速扩大；自2003年起，成为中国畜产流通协会的副会长单位，我本人2010年获得“中国国产羊毛流通行业领军人物”称号，连续十年获得自治区供销社优秀领导干部、公司先进工作者、优秀共产党员称号。

2014年为寻求更快发展，我抢抓机遇，向资本市场借力，在新疆供销系统率先提出“新三板”挂牌的设想并于2015年5月12日正式在全国中小企业股份转让系统（即“新三板”）挂牌，成为新疆供销第一股。这不仅是公司发展史上一个极其重要的里程碑，也是新疆供销社改革发展具有开创意义的一次新的实践。为此我被推选为中华全国总社第六次社员代表大会的代表，并被推荐新疆自治区劳动模范。

2. 科技进步和技术创新在行业以及企业的发展过程中起着关键的作用

日新月异的互联网时代，你指望用又老又破的网抓大鱼，无异于守株待兔。我清醒的认识到，随着产能过剩的普遍性，商业的经营逻辑已经由“物以稀为贵”迅速演进为“物以需为贵”。同质化的竞争的本质是行业内企业多在满足相同客户的需求，要走出同质化竞争，价格战怪圈必须精确定位核心客户群，力争做到与其他企业的大有不同。在同质化需求被过多满足的情况下，真正差异化的，高品质的产品和服务在中国仍然稀缺。小米的雷军说，站对了风口，母猪都能飞上天，但是风停之后呢？结局不外乎两个：一是跌下来摔死，一是通过转型升级新生。升级就是自己长出翅膀来，转型就是变作会飞翔的鸟。而差异化必须借助科技创新和技术创新来实现。我们公司就是选择了实业科技的转型升级路径，以20项专利技术为基础，打造高端原料制造业。

3. 在十二五期间取得的成果

做大做强是每个企业的梦，但是传统的路径是异常艰难的。一个是靠企业自身的积累，另一个是靠银行借贷。天羚公司一直延续的是“一买一卖”的传统商业模式，在市场无话语权，在业务上依附他人。经营策略上基本上是靠价格竞争，盈利空间很小，靠积累发展可能性非常小。靠银行扶持也不现实。

为了寻求更快发展，公司向资本市场借力，在新疆供销系统率先提出“新三板”挂牌的设想并付诸行动、积极推进。为保证能顺利挂牌，我带头牺牲休息时间，亲力亲为，率领相关科室加班加点准备申报材料，对企业存在的不规范问题按上市要求进行整改、规范。公司于2014年9月30日顺利完成了股份制改造，更名为新疆天羚绒业科技股份有限公司。并于2015年5月12日正式在全国中小企业股份转让系统（即“新三板”）挂牌，“天羚绒业”（股票代码：832427）成为新疆供销第一股！天羚绒业的挂牌实现了从传统企业向现代企业的华丽转身，意味着新疆供销系统第一次实现和资本市场的对接，为企业在资本市场的发展搭建了宽广的平台。通过三家服务机构的督导服务，现在的天羚绒业公司在完善法人治理结构、制度建设、产业发展目标、经营流程规范方面都发生了质的飞跃。

公司登陆新三板，经营方式从产品经营转向资本经营。要让自己从容掌握企业，不但要熟悉市场环境，更要掌握资本市场的规则和交易技术。这对我来说是一个严峻的考验，这是思维、战术和战法的转型，资本市场相关知识的持续学习、知识接收、能力提升、工具应用、思维转化和实战技巧的练成，是进入资本市场后的第一个战役，必须打赢。为此我参加了相关知识学习班，在我们这个年龄和年轻人一样参加高强度的培训班，每天近十个小时灌输，对体力和脑力都是一个严重的考验。这不光是学习的问题，还是一个适应和转化的问题。

新三板挂牌只是开始，融资和资本运营才是目的所在。公司结合新疆畜牧业市场营销能力弱和加工转化能力差的实际，首先完成从初级畜产品贸易经营向初加工和精深加工为主的较高层次经营业态的转型。2014年公司与河北清河县嘉乐绒毛制品有限公司共同合作建设了绵羊毛加工项目，2015年项目全负荷运转，加工质量完全达到设计要求，项目实现尽产尽销。该项目已经成为新疆绵羊毛最大重要的外销平台。

2015年根据新疆洗毛加工业效率低，技术设备比较落后的现实，筹建建设新疆金天羚洗毛厂，预计年产洗净毛8000吨。项目运营后优势明显，由于加工数量巨大，极有可能发展成为新疆羊毛的集散地。公司计划五年内通过金天羚洗毛厂业务的逐步开展，最终提升对新疆的羊毛市场掌控权和话语权。

另一个项目是特微特梳绒厂项目。该项目采用国内最新工艺设备，引进先进技术，立足新疆资源优势，实现山羊绒的精梳，产品质量完全可以达到国际市场的精品要求，项目年产值将超亿元。该项目是天羚绒业完成实体型经济转型、延展产业链并形成核心竞争力的重中之重。项目的建成天羚绒业在产业链建设道路上至少领先同行五年，将大大提升公司的综合竞争力，公司成为名副其实高新技术企业。为企业后续融资、产业整合奠定坚实的基础。

三个项目三足鼎立，将会成为支撑天羚绒业未来经营业务的基石。项目的建成将完全改变公司原有的“一买一卖”的传统商业模式，完全改变企业市场权利上的空白，在业务上依附他人的被动局面，使天羚公司在市场竞争中立于不败之地。

我的最深体会是：没有所谓的传统行业，只有传统思维，借助资本化、互联网化交织在一起并发的能量，对传统产业实施改造就是创新，就是朝阳行业。

4. 人才是推动企业健康发展的力量源泉

当今企业的核心竞争力越来越表现为对作为第一资本的人才的培育、拥有和运用能力。人才是推动企业健康发展的力量源泉，无论从宏观角度，还是从微观角度来看，人才是企业发展的决定性因素。但是我们传统企业不论是经营规模、资产拥有量以及影响力都小。难以用高薪、高职位、高福利来吸引人才。上市公司为我们提供了股权激励这一核武器，为我们选择人才，善用人才，留住人才和我们同舟共济共同艰苦创业，提供了可能。我坚持一个用人理念：自己熟悉的事，自己干。自己不熟悉的事，请专业人士干。

5. 团队是有者共同目标一起为梦想奋斗的队伍

我认为团队就是指一群有着共同目标的人走在一起组合成一个队伍，为了共同的梦想。他们互相帮助，共同进步，个人利益服从于集体利益，不管组员做什么事都考虑到团队的利益，也就是说，每个成员心中都有一个信念，我不只是一个人，我们是一个集体。和你有共同的梦想的人一同奋斗是我组建团队最主要的选择。我认为我是一个理想主义者，有着中国知识分子特有的家国情怀，任何艰难困苦都浇灭不了我的工作热情。

6. 脚踏实地二次创业，齐心协力再造辉煌

虽然是半路出家，很快就情感不能自拔。每年不到牧民的毡房过一个不醉不休的夜晚，不在活羊身上看一下绒毛的质量，不在羊圈里亲手抓一抓膘情，这一年就没法踏实地过下去。我曾经写道：洁白的毛纱从手头到心头，好像触摸她及腰的长发。“脚踏实地二次创业，齐心协力再造辉煌”是天羚公司企业文化的核心，是我创建企业时写入企业章程的话。要求我们每个员工必须保持务实、拼搏的工作作风，尽心尽力、尽职尽责地完成本职工作。

7. 作为优秀的企业家也要对社会富有责任感

国营体制的企业最不缺乏的就是社会责任感。十二五期间我公司每年向贫困地区捐款 20 万元，累计 100 万元。为政府老旧小区改造资助 300 万元。为农民工子女捐助校服、文具、书籍，为乌鲁木齐 SOS 儿童村捐款，与米东区培智教育学校签订了《关注未成年人弱势群体帮扶协议书》。为那里辛勤工作的老师和智障儿童送去慰问和祝福。

2009 年在羊毛收购旺季，新疆发生了“7·5”事件。纷至沓来的客户瞬间蒸发。我公司以高度的社会责任感，积极应对事件对收购工作的不利影响，全力做好羊毛收购工作，确保农牧民增收，用有效的业务工作实实在在地维护了新疆社会稳定的大局。

8. 新发展蓝图

根据未来市场竞争已进入创新、差异化推动的新时代的特征。公司新的发展蓝图是：以高新技术为推动力，将新疆优质资源转化为高端的、充满竞争力的优势产品，成为国内唯一山羊绒高端原料制造商，羊绒毛细分市场运作的领导者。使素有钻石纤维、软黄金美誉真正体现高贵奢华的价值。并以此为平台向高档织物的精深加工方向发展。为此，公司提出了公司发展的“七大步骤”，即：在新三板挂牌——转型升级（科技实业）——利用资本杠杆（融资）——实现横向并购——扩大规模、提升盈利——纵向产业链并购（再融资）——最终成为国际知名的高端原料制造商。公司必须在今后一个很长的阶段完成商业模式落地的运行体系设计、优化和调整，根据所处行业的变化，不同的成长阶段、团队素质，解决可操作的问题。

9. 公司的“十三五”规划

我为公司制定的“十三五”规划的指导思想是：以助农增收奔小康为核心，全面深化企业综合改革，着力推进传统畜牧业向现代畜牧业的转化，通过创新体制机制转型升级，提升公司对新疆绒毛市场的掌控力，打造便捷通畅的外销平台，把企业建设成为国际知名的高端原料制造商，为实现新疆社会稳定和长治久安做出贡献。

公司经营目标任务是：

围绕自治区畜牧业和纺织业发展战略，紧紧抓住国家扶持新疆发展的各项政策优势，以项目建设为突破口，以资本市场为加速器，以并购合作为手段，重构企业发展基础，促使传统产业转型升级，迅速扩张资本和经营规模，五年内销售额达到 3 亿元以上，年均增长 25%，公司市值达到 20 亿，职工收入与经济发展同步增长。

公司在资本市场的任务是：

企业挂牌只是万里长征的第一步，为了实现挂牌目的，公司在服务机构的帮助下，已经制定了“引进做市商”、“股权激励”、“1000 万股票发行”等重要方案。券商和投资商通过尽职调查，认同天羚绒业的经营理念，认可天羚绒业的商业模式，看好天羚绒业未来成长空间，拟对天羚绒业开展做市业务和新股发行的认购业务。为公司股票输送流动性，促进公司价值的发现，对公司价值进行管理，为公司成长提供必要的资金支持。随着这些方案的落地运行，天羚绒业一定会续写更加出色的篇章！

“新三板”具有对接主板和创业板市场的功能，是我公司通往更高层次资本市场的便捷通道。公司新三板挂牌成功，将借助资本市场的杠杆，迅速扩张企业的经营规模，拓展更加宽广的市场，使企业成为新疆畜牧业的最有影响力的龙头企业，快速实现公司做大做强的奋斗目标，向更大的资本平台迈进。我们的选择是通过创新体制机制转型升级，提升公司对新疆绒毛市场的掌控力，打造便捷通畅的外销平台，把企业建设成为国际知名的高端原料制造商，以公司在“新三板”上市为新起点，全面提升科学化管理水平，充分利用融资平台，整合优势资源，发展企业实体，以提高公司科技含量为驱动力，推动传统产业的转型升级，以创新经营体制机制为核心，提高驾驭市场的能力，天羚绒业腾飞的梦想终将实现。

10. 把危机转化为机遇

我个人已经临近退休，没有更多的打算。2009 年我出差期间不幸遭遇车祸，腰腿均骨折，时隔多年，仍未彻底恢复，坐久了，腰部都会隐隐作痛。2014 年申请新三板挂牌，所有的文件必须过手过目，大多数文件必须自己亲自操刀，致使用眼过度，玻璃体脱离。但我从未借机休养生息。坐着不行，就在办公室支张床。眼睛不行，就让办公室放大字体。也有人善意提醒，都这个年龄了，不要太拼了。我认为：人们常说人在江湖、身不由己。其实做企业也一样，人在企业，唯有奉献而已。在新三板挂牌总结时：我进入这个企业贡献的第一个方案是破产方案，临近退休时我贡献的方案是上市方案，算得上圆满，一生干成了一件事。在企业最后的时间，我一定要让绘就的蓝图变为现实，为把企业建成国际知名高度原料的供应商再努一把力。

“路漫漫其修远兮，吾将上下而求索”。

文化、包装、印刷产业链运营

打造领先的

互联网运营平台

公司前台

挂牌仪式

办公室内景

印刷领域。基于文化用纸和印刷业务丰富的运营经验，中浩根据市场需求特性以及行业未来发展趋势，率先开发和完善了符合市场需求的网络印刷平台——紫云网。紫云网包含个性定制模块、商务印刷模块、会员中心系统和云储存系统，能将生产流程与业务流程完美对接，系统同时集成会员消费行为研究及数据营销策划模块。在线订印平台简单、易用，客户可以在网络上轻松完成在线精准设计、自动报价、下单、付款，点击之间解决印刷难题，足不出户享用优质低廉的印刷品服务；后台系统智能匹配，在线订单就近分配、集中印刷。为了进一步发挥中浩云印刷的优势，增进客户消费体验，公司计划在武汉、北京、上海、广州等地建立线下旗舰店，并与传统线下图文印刷店开展深度合作，力争在2015年实现200家线下图文店的整合，实现平台业务规模、流量和品牌的大幅提升。

展望中浩未来，公司将继续依托资本市场，通过并购、重组等方式整合教育、文化传媒、出版发行等行业资源，实现跨越式多元化发展，为社会作出更大的贡献！

2011年落户阳逻港产业园
打造自主仓储加工物流系统

厂房占地20000平米，拥有多台高速滚筒精密分切机及卷筒复印机，完善的物流系统，集纸张加工、仓储、物流为一体。

专业服务于纸张贸易运输
品种齐全，满足市场需求

通过十几年的不断创新和完善品种来满足市场需求，目前已是大河纸业、金光纸业、亚太纸业、龙丰纸业、白云纸业、新亚纸业等品牌主要代理商纸张生产种类达上百种。

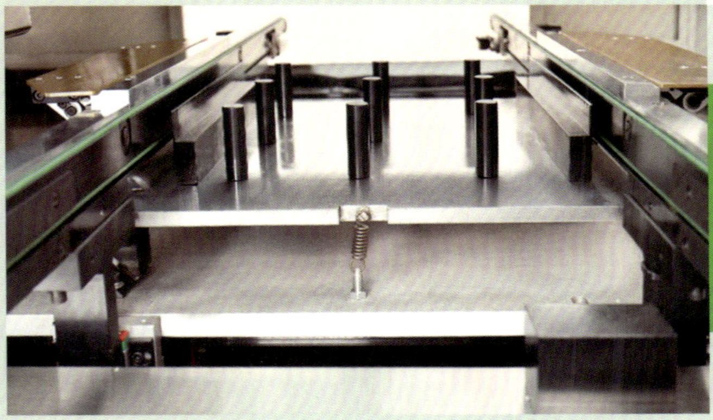

强大的后期加工设备
和严格的质检团队

除各生产环节工作人员，根据内部质量管理规定进行质量自我督促外，公司专门设立了品控部，对生产环节进行质量监控。

铜版纸

白卡纸

双胶纸

复印纸

《全国中小企业股份转让系统专辑》

协办单位

中科招商投资管理集团股份有限公司

北京国环莱茵环保科技股份有限公司

浙江思考投资管理股份有限公司

武汉中浩科技发展股份有限公司

昆山鹿城村镇银行股份有限公司

中山证券有限责任公司

地址：北京市西城区金融大街丁26号
金阳大厦全国股份转让系统
邮编：100033

业务咨询电话：
接收服务窗口：010-63889512
市 场 发 展 部：010-63889551
挂 牌 业 务 部：010-63889583

公司业务部：010-63889549
机构业务部：010-63889557
交易监察部：010-63889700
信息研究部：010-63889548

监督服务电话：010-63889775
信访服务电话：010-63889513
业务咨询邮箱：info@neeq.org.cn

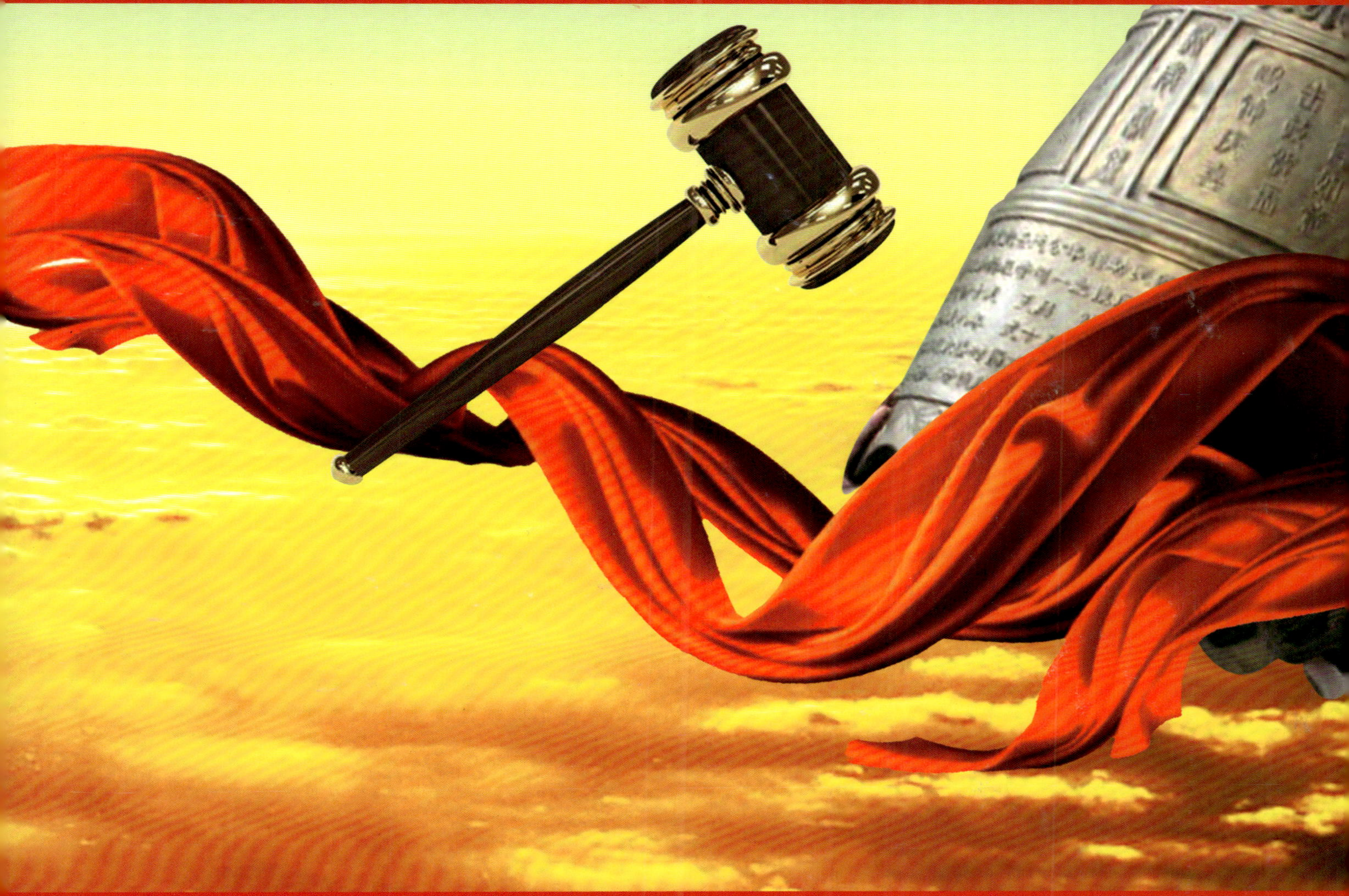

董事长杨晓嘉女士

全国中小企业股份转让系统领导合影

全国股转系统领导参加中科招商挂牌仪式

董事长兼总裁单祥双先生简介

中科招商董事长兼总裁单祥双先生

单祥双：中国著名投资家、企业家、创业家，现任中科招商集团董事长兼总裁。1967年生，祖籍山东，中共党员。先后就学于厦门大学、哈尔滨工业大学、清华大学（五道口金融学院）等。曾先后任职于国家教委系统、国家交通部系统、招商局集团（北京公司）、招商证券。2000年12月至今创办中科招商并出任总裁；2006年至今任中科招商董事长。现同时兼任中国证券投资基金业协会创投委副主席、中国发明创新创业中心主任、中国投资协会股权和创业投资专业委员会联席会长、北京股权投资基金协会轮值主席、创新中国智库执行理事长等社会职务。

庆祝中科招商投资管理集团股份有限公司隆重挂牌合影

董事长兼总裁单祥双先生在“2014中国金融论坛”发表主题演讲

董事长兼总裁单祥双先生担任北京股权投资基金协会轮值主席

鹿城银行

挂牌敲钟仪式

股东大会

银行简介

昆山鹿城村镇银行于2009年12月由上市公司南京银行作为主发起控股人，联合昆山市的3家企业股东及6位自然人股东共同投资组建，前身为“昆山鹿城村镇银行有限责任公司”，是苏州市首家村镇银行。目前注册资本25,922.90万元，南京银行持股49.58%。

目前，该行拥有董事会办公室、授信审批部、风险合规部、计划财务部、业务管理部、审计稽核部、科技信息部、营运管理部、综合管理部9个管理部门与营业部、张浦支行、城北支行、花桥支行、陆家支行、周市支行6家营业网点，以及1个专门从事无抵押、无担保个人小额信用贷款的专职营销部门。

在人员构成上，该行拥有员工160余人，本科学历员工占比近80%，硕士研究生以上学历占比12%，员工平均年龄不到30岁。职能结构、学历结构、年龄结构不断优化，人员素质不断提高。

截至2015年12月底，该行资产规模突破50亿元，资产规模连续多年在江苏省村镇银行中名列第一。同时，在经济金融环境日趋复杂的形势下，该行严把资产质量关，合规审慎经营，经营风格更趋稳健，抗风险能力进一步增强。

成立六年来，该行以“打造全国一流社区银行”为愿景，以“服务三农、服务小微、服务社区”为立行之本，发挥村镇银行“支农支小”、“普惠金融”社会责任理念，积极探索解决小微客户融资难的有效途径，持续加大对目标客户的扶持力度，不断加大金融产品与服务创新，为支持昆山“三农”事业以及小微企业的发展进行了有益探索。2013年，该行产品“蟹贷通”和“农户亲情贷”分别荣膺“江苏省银行业服务小微企业和三农双十佳金融产品”和“江苏省十大惠民好事”称号。2015年，该行荣膺“中国地方金融2014十佳成长性银行”称号。

业务范围

经营范围：吸收公众存款；发放短期、中期和长期贷款；办理国内结算；办理票据承兑与贴现；从事同业拆借；从事银行卡业务；代理发行、代理兑付、承销政府债券；代理收付款项及代理保险业务；经银行业监督管理机构批准的其他业务。（依法须经批准的项目，经相关部门批准后方可开展经营活动）

主营业务：吸收公众存款；发放短期、中期和长期贷款。具体表现为以吸收存款为主要负债，以发放贷款为主要资产，直接参与存款货币的创造过程，在该过程中通过利差盈利。

产品与服务创新

（一）特色产品

昆山鹿城村镇银行以“支农支小”为经营理念，深入市场调研，深挖昆山市场，积极开发契合昆山“三农”、市民和小微企业需求的金融产品，先后开发出村级经济的好伙伴——“村贷通”，蟹户的好帮手——“蟹贷通”，昆山市民的好口袋——“鹿诚贷”，小微企业的成长伴侣——“农户贷”、“随心贷”、“助业贷”、“兴业贷”、“宏业贷”系列产品。

（二）特色服务

作为立足昆山本土的银行，该行不断加大服务创新，全面提升金融服务能力，积极发挥“社区银行”的特色和优势，突出“用情服务、用心服务”，比客户多想一步，为客户多做一步，提倡零距离服务、一站式服务。

实施战略人才“雏鹰计划”并开展系列培训

举行社区银行管理培训

举行体验式培训

- 投资银行业务
- 资产管理业务
- 固定收益业务
- 债券交易业务
- 经纪业务
- 信用交易业务
- 创新金融产品业务
- 证券投资业务
- 研究业务
- 期货业务
- 直投业务

做市优质企业

普滤得 微污染控制专家
天力锂能
万企达 Win Standard
UNITED WINNERS 联赢激光
华阳密封 HUAYANG SEALS
MEIJIA Professional Satisfying
品尚红酒 www.wine9.com
品尚汇
HONSUN Aim for Health
BUYDEEM 北鼎 CRASTAL
骑士乳业 CHEVALESE DAIRY
金钱猫
卓华信息 ACCELLENCE TECH
szmaster
汇智光华 BRIGHTPOWER
KCD
丰电科技 FENDY S&T
N·U
GUOLIN
天意股份 TIANYI SHARE
益盟操盘手
frontop 凡拓
众智软件 ZHONGZHISOFTWARE
TENIO
宁夏上陵牧业股份有限公司
EMI 翼迈
鑫融基

百年桥梁 百年天元

唐明董事长挂牌致辞

挂牌仪式

2015年公司承办并参加《桥梁》杂志年会

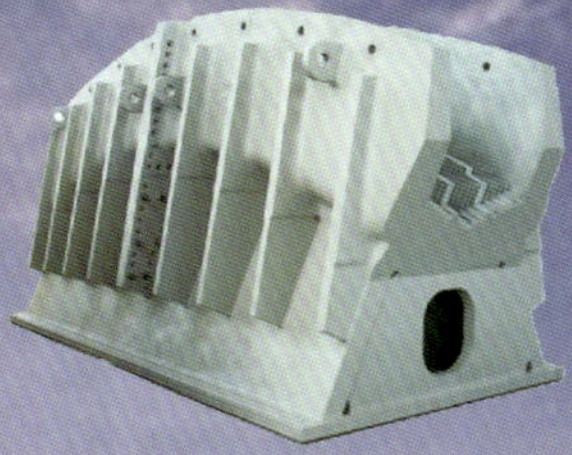

主索鞍

索夹

散索套

散索鞍

明滩大桥

湖南湘西矮寨特大桥

贵瓮清水河大桥

重庆驸马长江大桥

烟台海颐软件股份有限公司

地址：山东省烟台市芝罘区机场路2号
电话：0535-5520388
邮箱：832327@haiyisoft.com
网址：www.haiyisoft.com

电力科学院专家领导白晓民一行视察公司

海颐软件顺利通过CMMI L5评估

2015年海颐软件PCMM L3评估顺利通过

烟台海颐软件股份有限公司（以下简称“海颐软件”）是一家总部位于烟台的高科技软件企业，公司专注于行业信息化的咨询、设计、开发和实施服务，在电力、电子政务、企业咨询等领域享有盛誉。公司于2003年成立，注册资本4350万元，2015年在全国中小企业股份转让系统（新三板）挂牌上市，股票代码832327。目前海颐软件拥有员工1500余人，其中本科生1200余人，硕士生及以上130余人，并在北京、广州、济南、广西设有子公司。

海颐软件2003年通过双软认定，2007年通过ISO9001认证和CMMI L3认证，2008年获得计算机信息系统集成三级资质并通过高新技术企业认定，2010年经国家密码管理局批准成为商用密码产品生产定点单位，2011年获得商用密码产品销售许可证，并获得涉及国家秘密的计算机信息系统集成资质，2013年通过CMMI L 5认证，并获得计算机信息系统集成二级资质，2015年通过PCMM L 3认证。公司至今共获得九十余项软件著作权和软件产品登记，多年被评为山东省优秀软件企业。

海颐软件建立了标准的软件开发流程和质量管理体系，多年来坚持不断地为客户带来创新的技术和自主知识产权的软件产品，为全国三百多家客户提供并实施了个性化的应用解决方案，公司已经成长为国内领先的应用软件产品和服务供应商。

涉密资质证书授权仪式

广东电网发布会

海颐与CyberArk公司战略合作发布会

海颐软件致力于成为行业信息化领域的佼佼者

盛全物业服务股份有限公司起步于 2004 年，注册资金 5080 万元，是经国家工商行政管理总局核准成立的大型综合服务运营集团，成员企业包括：

◎浙江盛洁环境工程有限公司　　◎浙江盛全保安服务有限公司
◎浙江盛全健康管理有限公司　　◎浙江盛全教育科技有限公司

盛全物业为中国物业管理协会常务理事单位，具备国家物业服务一级资质。近年来蝉联入选中国物业服务企业百强（最新排名第 36 位），2015 年成功挂牌新三板。

公司管理总部设于杭州，管理类员工逾 3000 人，业务网络覆盖全国 30 余个地市，设立了浙江、安徽、上海、江苏、福建、西北区和东三省区域公司，以及湖南、江西、山东等多个分支机构，签约管理项目面积逾 4000 万平方米，并与绿地、万达、中国铁建等知名开发商建立了战略合作伙伴关系。

标杆服务项目包括：
“省优”物业管理项目：山水名城、溪山美墅
“市优”物业管理项目：银树湾、早城、仲外公寓、泊林公馆、金泊林、绿地中央广场、玫瑰庄园、锦绣豪园、众毅名城、国际丽晶城
中国星级物业服务小区：绿地内森庄园★★★★★　　德信早城★★★★

盛全物业针对不同的物业类型和物业阶段，提供多元化的服务资源，构建全方位物管服务生态圈。

1、【各类业态的基础物业服务】
专业从事中高端住宅、城市综合体、商务办公楼、商场、城市配套设施、学校、创业科技园、医疗机构等物业的运营管理及咨询。

2、【环境工程——专业市政养护服务】
专注于城市配套公建、场馆类物业、市场类物业、酒店类物业服务，开展市政环卫、开荒保洁、地毯清洗、石材养护、地板打蜡、外墙清洗等服务项目。

3、【盛全管家——高端定制服务】
与英国管家协会（UKBG）合作，为地产案场、会所、沙龙、影院、商务办公区等高端场所客户提供专案定制的一站式全案运营服务方案。

4、【房屋查验——项目零风险交付协助】
主要提供房屋查验服务，严格实行一房一验，对房源跟踪、落实，以实现交付时的零缺陷，并对已建成交付的建筑项目提供维修养护改造等服务。

5、【私人保安——高端安保服务】
致力于打造国内领先的安全服务供应商，以及集高端私人安全顾问培训与输出为一体的安保公司，从而为全球高端客户提供安保服务，以忠诚和专业让客户享受国际品质的专业保护。

科技温暖生活

▲ 全时“天眼”智能网络安防系统

+ 全时“天眼”智能网络安防系统

全时“天眼”智能网络安防系统，为物业全面打造立体纵深的园区安防体系，实现业主的安全覆盖和服务覆盖最大化。

可应用场景：住宅、写字楼、银行金融、公共场景等。

人脸检测分析	具备白名单、黑名单和陌生人提醒报警功能，并能分析出年龄和性别。
人员跟踪定位	人员进出即时记录，比人工登记更为有效和准确，从而形成隐形的安全天网。
人员行为分析	精确检测社区主要场景中多个目标的行为动作：对园区特殊人群（老人、小孩）进行重点关注，减少意外突发情况发生；同时提供园区边界防护，通过设立警戒线、摄像头、警示灯与边界报警联动。
关键场景定点视频分析	可设定园区内的垃圾房、消防通道、路面停车位等场景为重要监控布点。场景内若出现异常即可启动物业工作流自动派单功能。

+ 物管行业“人脸识别 +”解决方案

盛全物业全面拥抱移动互联时代，专注于“现代服务+智能科技”的跨界尝试，通过科技手段的嫁接打造无人化智能服务，深入贯彻“科技温暖生活”的全新服务理念，引领传统物业服务方式和服务内容的转型升级。

这种全新概念的物管行业解决方案是移动互联时代社区服务整合模式的一次跃升。围绕智慧社区建设和社区商业模式创新主题，盛全物业开创的“全流程、一站式、无痕化”园区生活服务体系，在业界和社会公众面前树立了良好的品牌形象。

联系我们

地址：杭州市祥园路28号乐富智汇园12-201

电话：0571-88994853 杨炜煌（董秘）

传真：0571-88315313

邮箱：public@shengquanwuye.com

网址：www.shengquanwuye.com

ZXPEC
TECHNOLOGY

www.zxpec.com

EVERYDAY
WE'RE DEDICATED TO SAVE LIMITED
OIL RESOURCES

COMPANY PROFILE 企业简介

辽宁中旭石化科技股份有限公司成立于2011年7月，总股本4550万，净资产6000余万。其前身为沈阳市中旭石油化工有限公司，创立于1990年，专业从事润滑油类产品的研发，生产和销售。

公司厂区位于辽宁省循环经济产业园，总占地面积9万平方米，现有建筑面积2万平方米，原料存储能力3万吨，具备变压器油年生产能力10万吨、年基础油生产能力3万吨、年润滑油调和生产能力2万吨。目前公司共有员工95人，其中53%为研发、技术和管理人员。

COMPETITIVE ADVANTAGE

竞争优势 »

公司是电力用油行业的高新技术龙头企业，主变变压器油市场占有率约为8%，排名全国第三，仅次于中石油、中石化。其变压器油产品得到中国电力企业联合会鉴定认证，是目前国内少有的拥有超高压变压器油研发和制造能力的企业。

公司拥有较强自主研发能力，拥有变压器油产品制造，废油加氢再生基础油、废轮胎炼制高清洁柴油等多项专利。其中废油再生技术是我国唯一能够使产品达到三类基础油标准的废油再生技术，其再生回收率超过90%，远高出行业平均水平。公司自主研发的橡胶杂胶炼制高清洁柴油技术，也已进入中试阶段。公司还自主设计建立了气动脉冲自动化控制生产线，使所需操作人员数量大幅减少，仅为同类传统制造厂的1/3。

公司所属行业符合国家节能环保生态文明的发展方向，前景广阔并享受国家优惠政策。变压器油产品享受免征消费税的政策；再生基础油产品享受增值税50%即征即退和不缴纳消费税的政策。

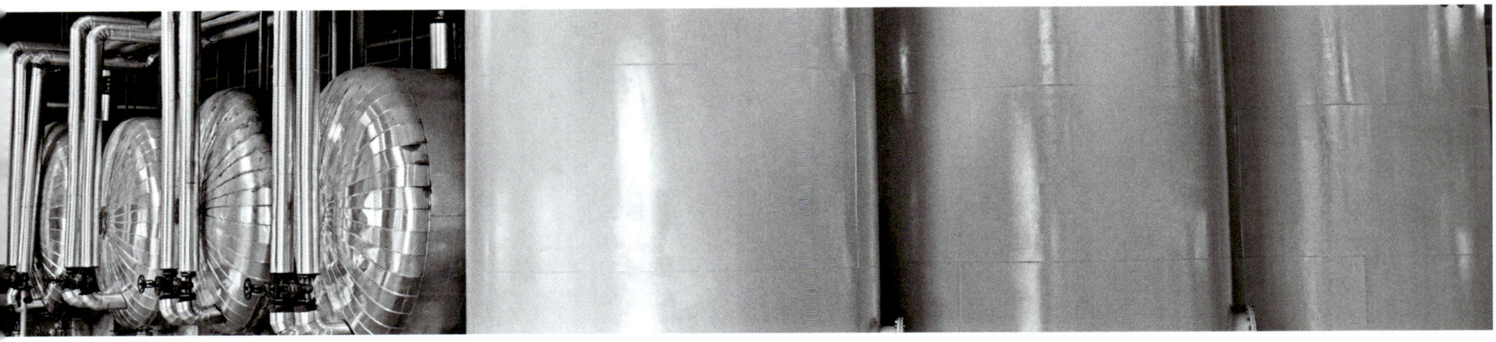

DEVELOPMENT DIRECTION

发展方向 »

为谋求企业长远发展，激发企业新的发展动力，公司已经制定了未来发展战略。在稳定和适度扩大变压器油销量，巩固市场地位的同时，重点开发废润滑油再生循环利用项目。使基础油产品在未来2年内将成为公司的主导产品。进一步加大研发力度，把公司建成一流的再生能源科技企业。

公司拟于近期启动废油再生循环项目二期工程建设，本项目是将已经废弃的润滑油，通过蒸馏加氢精制工艺，重新获得优质基础油的环保再生项目。该项目不但解决了废油污染造成的环保及社会问题，还蕴藏着巨大的经济价值。产品销售渠道稳定。随着二期项目投产，公司产能进一步升级，计划到2017年变压器油销量将达到5万吨，基础油销量达到6万吨，各类润滑油销量达到1万吨。同时，公司将在西南地区和江浙地区建设新厂，进行全国产业布局，将公司生产能力提升到40万吨。

公司正积极推动资本化运作，优化股权结构。9月14日在北京股权交易中心正式挂牌上市，成为国内第一家在新三板挂牌上市的变压器油和基础油制造企业。

扫一扫了解更多信息

财达证券有限责任公司

地址：河北省石家庄市自强路35号庄家金融大厦24层
电话：0311-66006223（总部） 66006346（投资银行部）
传真：0311-66006200（总部） 66006204（投资银行部）
网址：www.s10000.com

石裕西营业部举办
新三板业务深度研讨会

保定分公司与燕赵都市报
冀中版签署战略合作协议

保定分公司与诚安达保险销售
服务公司签订“新三板”

石裕西营业部承揽首单
新三板做市项目成功签约

财达证券投资银行部

财达证券投资银行部正式成立于2012年，拥有保荐机构，财务顾问业务、新三板主办券商推荐、做市等业务资格，具备为企业提供上市融资、债券融资、并购重组、财务顾问等全方位的投融资服务能力。

投资银行总部设在河北省省会石家庄，同时在石家庄、北京、上海、深圳四地开展投行业务，秉着“广纳人才、努力创新”的发展理念，投资银行部不断提高团队素质，通过引进高端专业人才，形成了一支由金融学、法学、会计学、管理学等多学科硕士、博士组成的具有丰富投行实战经验的专业化、多层次的阶梯型业务团队，为业务的开展提供了坚实的基础。

投资银行部成立以来，以上市公司独立财务顾问业务和新三板业务为两大抓手，以河北省上市公司再融资排查为传统保荐业务的切入点，以推荐新三板公司挂牌为利润的着眼点，积极努力开展工作，并于2014年进入发展的黄金期。2014年，财达证券推荐企业融资额达10.7亿元，居行业第二，新三板业务的推荐业务、做市业务均跻身全国第一梯队。2015年公司投资银行精准发力，在IPO、新三板、再融资等不同层面的股权融资领域相继取得突破，其中，承销完成上市公司非公开发行股份融资额2亿元；新三板全年新增挂牌30家，已挂牌新三板项目实现融资和再融资总额42亿元，树立起公司在新三板市场的品牌形象，凭借着新三板业务的良好业绩，公司做市业务发展迅速，业内声誉不断上升。

作为河北省资本市场的新军，财达证券投资银行部将继续践行“专业创造价值，财富点亮梦想”的经营方针，运用结构化融资、债权融资、并购重组等手段为客户量身定做适合自身状况及发展需要的融资方案，协助企业完成登陆资本市场，实现快速发展。

一切只为客户

All For You

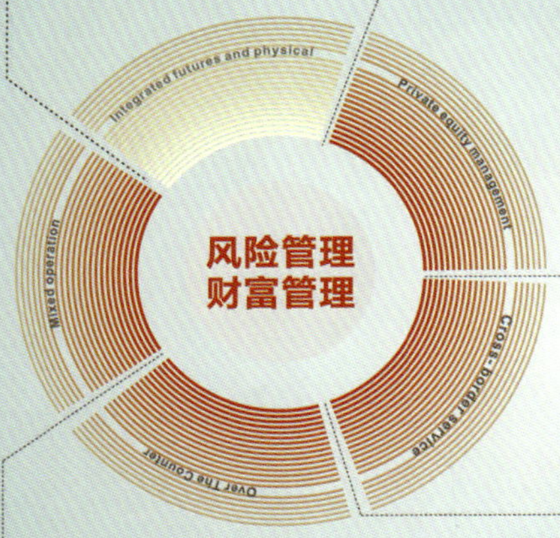

构建期现结合平台，打造风险管理品牌

做强期现结合业务，提升产业金融服务能力，打造中国衍生品风险管理第一品牌。

构建私募资管平台，做强对冲基金产业链服务

组建私募（对冲）基金投资平台，提升财富管理综合服务能力，打造中国衍生品领域第一对冲基金服务品牌。

构建跨境服务平台，打通境内外资本对接通道

推进渠道建设、模式创新，打通境内外资本对接通道，提升公司服务全球化资源配置的能力。

构建场外交易平台、探路衍生品场外市场

打通期货和现货市场，对接公司传统业务和客观，打造具有全球影响力的大宗商品互联网交易平台。

构建混业经营平台，打造跨市场混业优势

运用互联网、移动互联网和大数据手段，拓展股票、债券、基金市场产品服务、构建多品种、跨市场的混业优势。

财富管理业务

为机构、企业、高净值客户提供全方位资产管理服务、私募产品服务、基金销售服务。

风险管理业务

立足大宗商品领域的基差交易、合作套保、仓单服务、定价服务等基础业务，为实体企业量身定制场外风险管理产品和服务。

跨境业务

致力于打造集交易、资金、资管、贸易功能为一体的多元跨境服务平台，为国内外投资者全球资产配置提供服务。

广信担保
Guangxin Guarantee

证券简称：广信担保　证券代码：832228

广元市广信农业融资担保股份有限公司

地址：四川省广元市利州区兴安路147号国资大楼
电话：0839-3272199　传真：0839-3271299
网址：www.gygxdb.com

公司概况

2007年2月，由广元市政府牵头出资成立广元市广信融资担保有限公司，2012年公司名称变更为广元市广信农业融资担保有限公司，2014年10月经股改，广元市广信农业融资担保股份有限公司诞生。公司成立8年来，充分发挥融资担保的桥梁和杠杆作用，促进了地方经济又好又快发展，并于2015年4月13日在全国股份转让系统成功挂牌，成为西南地区首家登陆境内资本市场的担保机构。

公司注册资本成立之初仅5000万元，通过三次增资扩股，达到2.06亿元，获评AA资信等级，并与17家银行开展了合作。截至目前，公司净资产2.4亿元，资产总额3.4亿元，累计收入1.04亿元；累计实现经营利润总额3876万元；上缴税费1936万元。

法定代表人、总经理：张绍海先生

创立大会

挂牌敲钟

社会责任奖

经营宗旨

- 支持服务广元中小微企业
- 促进广元经济又好又快发展
- 推进社会诚信建设

经营理念

助力企业　创新经营
防控风险　稳健发展

主要绩效成果

中小微企业融资担保额
占全市的 51%

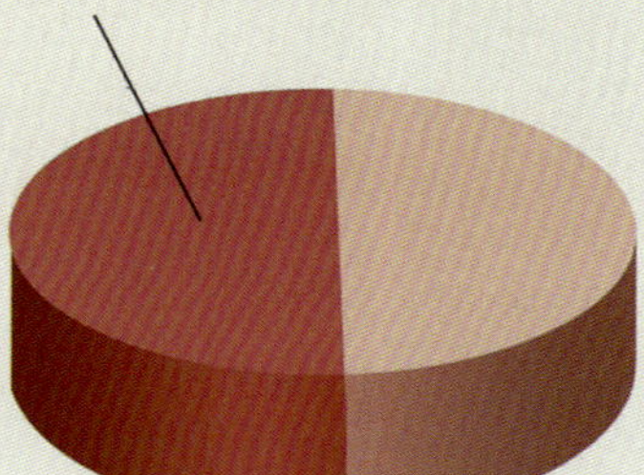

自2008年1月发放第一笔担保贷款至2015年6月，公司累计为广元市366户中小微企业及个体工商户提供了1047笔42.5亿元贷款担保，累计担保户数年均增长率47　%，累计担保笔数年均增长率73.2%，累计贷款担保额年均增长率49.4%；目前在保企业249户，在保责任余额10.65亿元。2014年公司净资产占广元市10家融资性担保机构净资产总额的37%，完成了全市中小微企业融资担保额的51%，行业"领头羊"地位突显。公司风险管控能力、担保放大倍数远超全省平均水平，成为川东北乃至四川省极具影响力的担保机构。

在公司持续的支持下，广元市一批中小微企业，由小做大，由弱做强，部分企业逐渐发展成为国家、省市工业和农业产业化龙头企业，成为银行优质客户和广元市优秀企业"名片"。公司服务支持的企业累计增加总产值达到128.5亿元，累计上交税费增加额达到4.2亿元，增加就业岗位近9000个。

对国家、政府负责

积极履职，响应国家、政府号召

2008年“5.12”地震发生后，公司紧紧围绕广元市政府开展灾后重建工作，积极为受灾企业提供贷款担保。公司先后为市政府抗震救灾紧急专项贷款在中国进出口银行贷款25000万元提供了无偿担保；以信用保证方式为剑阁剑州投资公司、市园区建设投资公司、旺苍县农村公路建设管理办等企业筹集道路、市政等基础建设资金提供担保贷款1425万元；为各县区86户受灾企业提供了95606.11万元的灾后重建贷款担保。

2009年7月16日，清江河宝轮段突发50年一遇洪水，致使广元市以种猪养殖为主的两家养殖业龙头企业经营陷入停顿。利州区政府很快出台了龙潭种猪繁育基地规划方案并实施，公司积极响应政府号召，加大对企业的支持力度，分别累计向两个企业提供了6200万元和2990万元的贷款担保，有力地支持了受灾企业恢复生产。

对客户负责

助推企业信用，培育发展地方名优企业

通过公司的持续担保支持，当地的海天实业、金贝儿食品、申达实业、森宇装饰、苍溪猕猴桃、米仓山茶业等企业，逐步由小到大发展。目前，海天实业正积极筹备上市相关工作，金贝儿食品成为当地人们的送礼佳品，申达实业成为广元市首家国家级龙头企业之一，森宇装饰的实木门是家俱行业的精品，苍溪猕猴桃更成为“广元七绝”的领头羊，米仓山茶叶代表了广元市的旅游形象。公司还将继续以培育发展地方名牌为己任，打造广元更好更亮更有吸引力的企业“名片”。

对社会负责

公司发展壮大为服务“三农”夯实基础

广元市是一个典型的农业市，各类特色农产品品质优良，极具市场竞争力，但普遍加工不足，产业链条短，综合效益低，贷款融资难。为改善这一状况，公司创新思维，灵活采用股权质押、存货抵押、信用保证、林权抵押、车辆抵押、设备抵押等银行基本不采用的多种方式，增大企业的抵押范围，为企业筹集生产和建设资金。解决了国家粮食储备库、河西省粮库、广元市粮库等粮食储备企业收购资金不足的难题，支持了森宇装饰、柏吉木业、和森木业等林产品加工企业壮大发展，培育了经纬药业等药品加工企业。截止到2015年5月末，公司累计为49户涉农企业提供12亿元担保贷款。

获奖

帮扶成效

迎春联谊

对员工负责

尊重员工，搭建员工发展平台

公司的发展离不开员工的努力与支持，公司一直倡导“员工与公司共成长”，尊重每位员工，为员工提供成长平台。公司采用工效挂钩工资，极大地尊重了员工的劳动价值，激发了公司与员工的工作积极性；采用“传、帮、带”、“送出去、走进来”、专题知识培训学习等多种方式不断提升员工的整体素质和专业技术水平；党团组织开展丰富多彩的员工活动，加强员工的廉洁教育，同时，也缓解员工工作压力，增强团队凝聚力。打造了一支作风过硬、业务水平高、综合能力强的优秀、专业团队，为公司的健康发展提供了人力资源。

荣誉

- 2008年、2009年公司连续两年被广元市政府评选为“融资工作先进集体”。
- 2010年被市国资委党委评为“四好领导班子”，公司担保业务部被市总工会授予“工人先锋号”荣誉称号。
- 2011年被省企业联合会、企业家协会评选为“2011四川优秀诚信企业”。
- 2012年荣获四川省融资性担保业协会颁发的“四川省2012年度突出主业服务实体奖”。
- 2013年荣获四川省融资性担保业协会颁发的“四川省2013年度风险防控奖”。
- 2014年被广元市企业家协会、企业家联合会评为“广元市企业创新发展优秀单位”。
- 2015年获企业家日报“中国杰出企业社会责任奖”。

公司愿景

未来，广元市广信农业融资担保股份有限公司将继续创新、不断超越，力争通过三年的努力，实现业务市场跨区域拓展，将公司建成川东北担保行业龙头企业，并早日争取转板上市，为中小微企业、个体工商户及“三农”融资排忧解难，支持地方经济健康、快速发展作出应有的贡献。

贵州黑碳节能减排股份有限公司

证券代码：832001
证券简称：黑碳节能

地址：贵州省贵阳市金阳知识经济产业园科技大厦A座8楼
电话：0851-87990160-6828
传真：0851-85518715
邮箱：believe1012@163.com

公司简介

贵州黑碳节能减排股份有限公司系一家专业为客户提供低碳咨询综合服务与节能项目管理等，集低碳设计、投资、实施、评价、管理于一体的综合服务商。公司主营业务包括以下三类：一是提供低碳咨询综合服务，为客户提供碳风险管理、低碳工程设计、低碳社区示范项目设计及建设等综合服务；二是节能项目管理，公司挑选符合一定要求的节能项目，由公司直接投资进行低碳改造并从低碳服务改造后获得的节能减排效益中，收回投资和取得利润；三是碳排放权出售，公司作为碳排放权交易主管部门管理办法规定下的项目业主，通过碳排放额度的销售获得销售收益。公司抓住国家节能减排的重大历史机遇，依托公司原控股股东在碳排放权开发方面所掌握的低碳经验和技术，积极为客户开展碳足迹调查、碳中和服务、低碳设计与建设等服务，目前已经成为一家具有一定影响力的低碳咨询综合服务商。

2011年12月德班气候大会中国角发言

2011年解振华参观低碳社区

2012年8月我市李再勇市长亲临公司指导工作

参加14届中国国际花卉园艺展览会

教育部考试中心命题业务基地园林景观项目
获“优秀园林绿化工程”金奖

西山华府园林景观工程
获“优秀园林绿化工程”金奖

材；进出口代理服务、技术培训与咨询服务等。

北林科技在园林规划设计、园林工程施工、绿化养护管理等方面已经积累了近二十年经验，获得多项荣誉，参与设计施工的单位包括中央国家机关、大型事业单位、军事保密单位、知名房地产企业等。其中，我公司承接的园林工程项目获“中国风景园林学会优秀园林工程奖”金奖5项；获北京市“优质工程”11项、获北京市“精品工程”3项；承接的“北京林业大学校园景观工程”和“中共中央组织部绿化工程”分别被评为“全国绿化先进集体”和 “工程建设优秀施工单位”荣誉称号。

北林科技实行董事会领导下的总经理负责制，遵循“改善人居环境、建设绿色家园”的理念，坚持“以科技为灵魂，以市场为导向，以管理为纽带”的原则，根据现代化企业制度进行运作，建立起符合市场经济规律的内部管理制度，形成了产品经营和技术服务并举的管理结构，并且不断深化在管理、市场、技术、企业文化等方面的建设，使企业沿着更加规范、更加科学的轨道高速、稳健发展。

GUQI

古麒羽绒

证券代码：831908

古 麒 羽 绒 · 专 注 纯 正 羽 绒

董事长：谢玉成先生

古麒羽绒新三板挂牌敲钟仪式

古麒羽绒新三板挂牌仪式

服务兵团现代农业发展

产品。其中，2BMJ系列精量铺膜播种机，获得国家科技进步二等奖，中华神农科技一等奖等多个奖项。公司产品先后获得“新疆名牌产品”和“兵团知名品牌”称号，获得国家创新专利59项。先后被认定为国家级产学研示范基地、国家火炬计划重点高新技术企业、国家级创新型试点企业、国家地方联合工程研究中心、自治区级企业工程研究中心、新疆工业创新百强企业，同时科神股份拥有中国工程院院士陈学庚带领的院士专家工作站，以及与新疆农垦科学院机械装备研究所形成紧密的研发合作机制，为公司的快速发展提供了强有力的科技支撑。

兵团现代农业的发展走在全国的前列，与兵团现代农艺配套的新型农机具市场潜力广阔，农机装备制造业大有可为。科神股份作为现代农业发展配套的新型农机具研发制造企业，符合国家产业政策，是国家大力扶持的行业。科神股份将牢牢把握 “一带一路”战略机遇和新疆及兵团农机具需求的市场机遇，勇于担当打造兵团农机装备制造业领军企业的重任，进一步规范管理、加快发展，为兵团及新疆农业现代化和农机装备制造业的发展做出新的更大贡献！

新疆西部农机科技园鸟瞰图

产品展示区

售后服务

BIOLAND
蓝德环保

董事长：施军营先生

南宁餐厨项目

蓝德环保科技集团股份有限公司（简称“蓝德环保集团”证券简称：蓝德环保　证券代码：834141）成立于2004年，注册资本1.2368亿元，现有3个分公司，18个子公司，员工近600人。是一家以提供城乡垃圾综合处理解决方案和装备制造为主的高新技术企业。经过十一年的发展，公司已经成为餐厨垃圾处理、渗滤液处理及环保设备制造的领军企业及综合服务提供商，于2015年11月13日完成新三板挂牌。

公司拥有环保工程专业承包贰级资质，建筑机电安装工程专业承包叁级资质，是固废行业资质较高的专业环保公司，并通过了ISO9001质量体系认证、ISO14001环境管理体系认证高新技术企业认证。在固废处理领域拥有发明专利12项、实用新型专利77项、外观设计专利1项，涵盖生活垃圾综合处理、餐厨垃圾处理、厨余垃圾处理、渗滤液处理、畜禽粪污处理等领域。

公司为客户提供城乡垃圾综合处理和垃圾渗滤液处理工程的设计、设备研发生产及供应、安装调试和投资运营管理等一系列专业化服务，是国内渗滤液处理领域的龙头企业及餐厨垃圾处理领域领军企业，研发并设计建成全国第一个200t厨余垃圾处理无害化处理项目，是有机垃圾综合处理技术运用的开拓者。

股票简称：蓝德环保　股票代码：834141

www.biolandgroup.com

公众号：LanDeHuanBao

杭州厨余项目

渗滤液处理项目

设备制造

收运车

凭着公司技术实力、资金实力及丰富的项目经验，公司以 BOT、BT、BOO 等 PPP 模式和 EPC 模式灵活地为各地区项目提供服务，在全国成功建设了 50 多个相关项目。

公司成立十余年以来，始终致力于环保领域的研发，同时进行国际先进技术引进消化，使得在固废领域技术保持在行业领先。公司积极探索有机垃圾、工业垃圾、建筑垃圾、汽车电子垃圾、畜禽粪污等无害化、资源化的处理技术，凭借多年的技术储备、强大的整合经验、资金统筹能力，不断开拓环保服务理念，率先提出垃圾协同处理的循环经济产业园、静脉产业园、垃圾及综合处理园区的处理方案，针对不同城市规模和实施条件提供专业的解决方案。

服务热线：

400 001 3788

地址：北京经济技术开发区荣华南路荣华国际大厦3栋17层 / 郑州市经济技术开发区航海东路1319号天明国际

电话：010—53269798　传真：010—53269761

网址：www.biolandgroup.com

2015

中國證券業年鑒

CHINA SECURITIES YEAR BOOK

全国中小企业股份转让系统专辑

下

总第二十三期

图书在版编目(CIP)数据

中国证券业年鉴. 2015/ 中国证券业年鉴编辑委员会 编.
上海:复旦大学出版社, 2016.5
ISBN 978-7-309-12261-9

Ⅰ. 中… Ⅱ. 中… Ⅲ. 证券业—中国—2015—年鉴 Ⅳ. F832.91-54

中国版本图书馆 CIP 数据核字(2016)第 093173 号

中国证券业年鉴(2015 · 总第二十三期)
中国证券业年鉴编辑委员会 编

责任编辑　岑品杰　姜作达　方毅超　戚雅斯　谢同君
封面设计　上海众证文化传播有限公司
出版发行　复旦大学出版社有限公司出版发行
　　　　　上海市国权路 579 号　　邮编 200433
经　　销　新华书店
印　　刷　上海汉迪彩色印刷有限公司
开　　本　850mm×1168mm　1/16
印　　张　176
插　　页　230
字　　数　5006 千字
版　　次　2016 年 5 月第 1 版　2016 年 5 月第 1 次印刷

定　　价　人民币 1980 元　港币 2680 元　美元 400 元

编辑说明

《中国证券业年鉴》秉承客观、公正、全面的原则，忠实记录我国证券市场的发展轨迹，向海内外各界人士宣传、展现我国证券市场的发展成就，并给后人查阅、研究我国证券市场历史年度的动态，提供权威资料。做好中国证券业历史的编辑整理工作，保证中国证券业历史记录的有序延续，是我们的历史使命。自1993年创刊以来，《中国证券业年鉴》已经逐渐成长为一个展示公司业绩、总结市场成就、记录中国证券业历史、向海内外各界人士展现和推介中国证券市场形象的权威窗口。《中国证券业年鉴》每年出版一次，分上、中、下三册向国内外公开发行。

《中国证券业年鉴》(2015·总第二十三期)主要反映本年度中国金融、证券、基金、期货市场及企业制度建设和发展方面的情况和最新动态，供海内外有关机关、社团、学校、研究部门、企事业单位及社会各界人士做进一步研究参考使用，为推动中国证券业的规范化和国际化、建设中国特色社会主义市场经济服务。

《中国证券业年鉴(2015)》内容设置专论、中国金融市场、中国证券市场、中国基金市场、中国期货市场、中国证券业人物纪实与访谈、中国证券业年度人物、优秀企业选介等部分，另有彩色图片1500幅。

《中国证券业年鉴(2015)》的资料直接来源于公司的公告和报告，国务院有关部委及各省、市相关单位提供的材料，保证了年鉴的权威性和准确性。《中国证券业年鉴(2015)》基本保持上一期的内容和体例，同时新增了全国性场外交易市场的详细资料，进一步展现了我国构建多层次资本体系的阶段性成果。但由于中国证券业仍处于快速发展阶段，加上各地区的发展不平衡以及我们的水平有限，难免出现一些疏漏，敬请读者谅解和指正。

《中国证券业年鉴》由上海、深圳证券交易所、全国中小企业股份转让系统和中国证券业年鉴编辑委员会共同主办，总编辑由黄红元、宋丽萍、杨晓嘉担任。在编辑出版过程中得到了国务院有关部门，中国证券监督管理委员会及各省、自治区、直辖市证监局，上海证券交易所，深圳证券交易所，香港交易所，中国证券报社，全国中小企业股份转让系统及证券界有关领导、专家的指导和支持，在此我们表示最诚挚的感谢。

中国证券业年鉴编辑部

中国证券业年鉴理事会

（以下排名不分先后）

杨　超	证通股份有限公司综合管理部	总经理
杨光裕	长城基金管理有限公司	董事长
朱治理	万和证券有限责任公司	董事长
徐建平	东吴基金管理有限公司	董事长
余　政	民生证券股份有限公司	董事长
谢永林	平安证券有限责任公司	董事长
余维佳	西南证券股份有限公司	总裁
秦斯朝	鹏元资信评估有限公司	副总裁
王文京	用友网络科技股份有限公司	董事长、总裁
张近东	苏宁云商集团股份有限公司	董事长
袁　泽	新疆新鑫矿业股份有限公司	董事局主席
陈　平	马应龙药业集团股份有限公司	董事长
李春宏	江苏连云港港口股份有限公司	董事长
徐　进	安徽口子酒业股份有限公司	董事长、总裁
方同华	黑龙江珍宝岛药业股份有限公司	董事长
倪永培	安徽迎驾贡酒股份有限公司	董事长
高　庆	南方产权联合交易中心有限责任公司	董事长
刘世春	金融街控股股份有限公司	董事长
张增光	唐山冀东水泥股份有限公司	董事长
锁炳勋	安徽金种子酒业股份有限公司	董事长
王龙雏	福建省厦门象屿股份有限公司	董事长
谢长军	龙源电力股份有限公司	总经理
张永年	四川成渝高速公路股份有限公司	董事会秘书
刘　建	泰达宏利基金管理有限公司	总经理
吴晓东	华泰联合证券有限责任公司	董事长

中国证券业年鉴编辑委员会

地　　址： 上海浦东桃林路 18 号环球广场 B 座 2809 室
邮　　编： 200135
电　　话： 021 －61990079
传　　真： 021 －38820916
邮　　箱： shcwq@ vip. 163. com

目　录

第一编　专　论

第二编 中国金融市场

第三编　中国证券市场

第四编 中国基金市场

第六编　中国优秀上市公司选介

第七编　中国证券业人物纪实与访谈

第八编　全国中小企业股份转让系统专辑

插页目录

上　册

中 册

扉页

下 册

扉页

综合类

2015 中国证券业年度人物

JBINFO

证券代码：831718　证券简称：青鸟软通

山东青鸟软通信息技术股份有限公司

地址：山东省青岛市延安三路67号
湛山创意工厂B07
电话：（+86）532-89615268
传真：（+86）532-66995809
电邮：sales@jbinfo.cn
网址：http://www.jbinfo.cn/

挂牌仪式

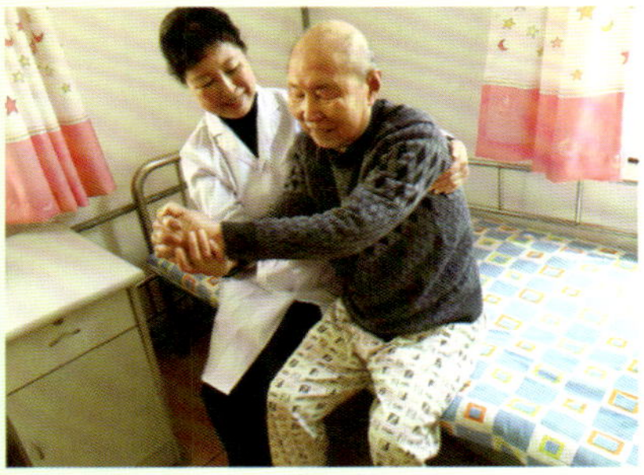
康复护理

居家护理服务

山东青鸟软通信息技术股份有限公司（以下简称“青鸟软通”）成立于2010年，是一家以软件开发、养老服务为主营业务的国家级高新技术企业。

公司软件开发业务围绕健康中国、美丽中国、智慧中国三大板块，提供咨询规划、建设、服务、运营四位一体的解决方案，是政府、企业、民生服务等行业重要的IT综合服务提供商和战略合作伙伴。

公司养老服务业务将嵌入式社区养老机构、虚拟养老院有效契合，以社区养老为基石，承载康复护理、生活照料、短托临托等功能。同时为虚拟养老提供支撑，开展居家护理、居家养老，通过标准化、规范化的运营管理，借助信息化服务管理系统的支持，充分整合线上、线下的养老服务资源，打造“没有围墙的养老院”。

青鸟软通秉承“成为领先的解决方案提供商，成为领先的养老服务运营商”的愿景，坚持客户至上的原则，提供最优质的服务体验，寻求传统与创新之间的美妙平衡。随着公司业务的增长和管理能力的提升，公司相继通过了ISO9001质量体系认证、ISO27001信息安全与管理体系认证、CMMI3软件成熟度国际认证、国家级高新技术企业认定，是工业与信息化部计算机系统集成二级资质认证企业，成立了山东省第一家护理站，被民政部批准成为养老护理员职业技能鉴定培训基地。

智慧旅游

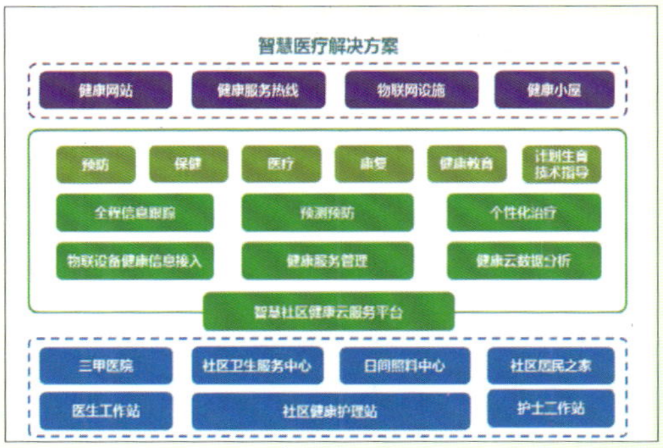

智慧医疗

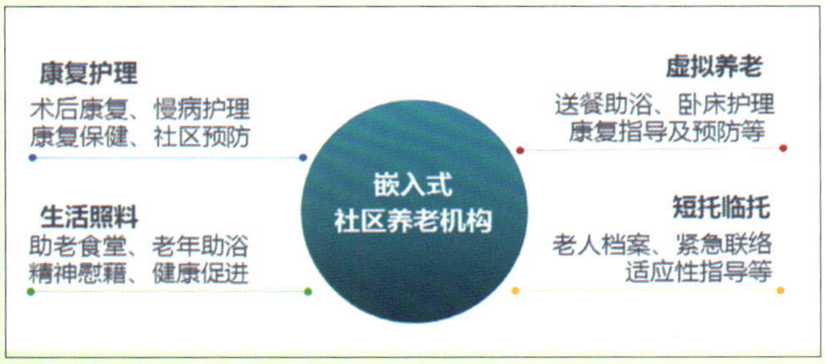

嵌入式社区养老机构

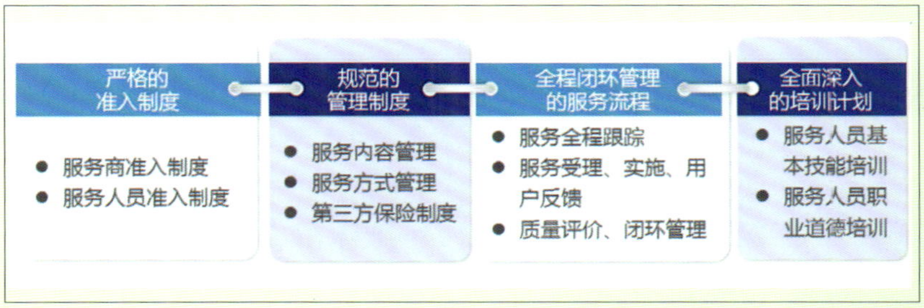

虚拟养老院

三高股份

证券代码：831691

证券简称：三高股份

上海三高计算机中心股份有限公司

地址：上海市杨浦区控江路1555号A座1201室

网址：www.shanghai3h.com

邮箱：chenzongliang@shanghai3h.com

三高股份与您携手

走向信息化的明天！

上海三高计算机中心股份有限公司成立于1995年，于2015年1月挂牌新三板（简称：三高股份、股票代码：831691），公司注册资本4950万元，员工200余人。公司秉承“持续地为客户提供高科技、高质量、高效率的产品和服务”的宗旨，专注于供水、排水、燃气、城市管理等公用事业行业的信息化建设，为公用事业行业的信息化建设提供物联网、客户服务、生产运维、基础架构、移动互联、综合分析应用方面的咨询、产品和服务。

上海三高计算机中心股份有限公司是上海市信息化管理部门认证的软件企业，在长期的软件开发实践中积累了丰富的软件设计经验，培养了多支技术水平高、责任心强的软件开发团队。公司具备信息系统集成二级资质，拥有多名多年从事信息系统集成工作的高级项目经理、项目经理及技术支持人员。在信息系统架构设计、网络设计、信息安全、网络安全、硬件采购、硬件监造、安装维护以及软件开发方面有丰富的集成经验。

公司参与了2008年北京奥运会、2010年上海世博会、广州亚运会以及2011年博鳌亚洲论坛的服务保障工作，业务范畴涵盖中国十几个省、100多家市级以上单位。

公司近年推出的包括智慧城市、智慧水务和智慧燃气的敏捷平台全方位解决方案，全部拥有自主知识产权。在智慧水务领域，上海三高计算机中心股份有限公司已成为国内最全面的解决方案提供商。

作为公用事业信息化领域的龙头企业，上海三高计算机中心股份有限公司将以创新的信息技术和商业模式推进传统公用事业与信息化的深度融合，帮助传统公用事业企业向互联网转型。

DLA系列压力监测智能终端　DLB系列多用途数据监控终端　DLC系列流量监测智能终端　DLE系列水位监测智能终端　DLF系列压力数据记录仪

敏捷平台

敏捷平台（UAP，Utility Agile Platform）是上海三高计算机中心有限公司汇集多位业内专家专业知识、多年的现场实践经验和对行业信息化的深入理解，引入“互联网+”信息技术而形成的智慧城市、智慧水务和智慧燃气综合解决方案。敏捷平台以云计算、物联网、大数据、移动互联信息技术为依托，对资源、系统、数据、流程和信息进行无缝融合，打破企业信息孤岛，构建平台级的业务应用，提供综合应用场景，提升企业管控和决策能力，真正实现智慧应用和决策。

掌上纵横

快乐改变世界

证券代码：833416

www.gamedo.com.cn

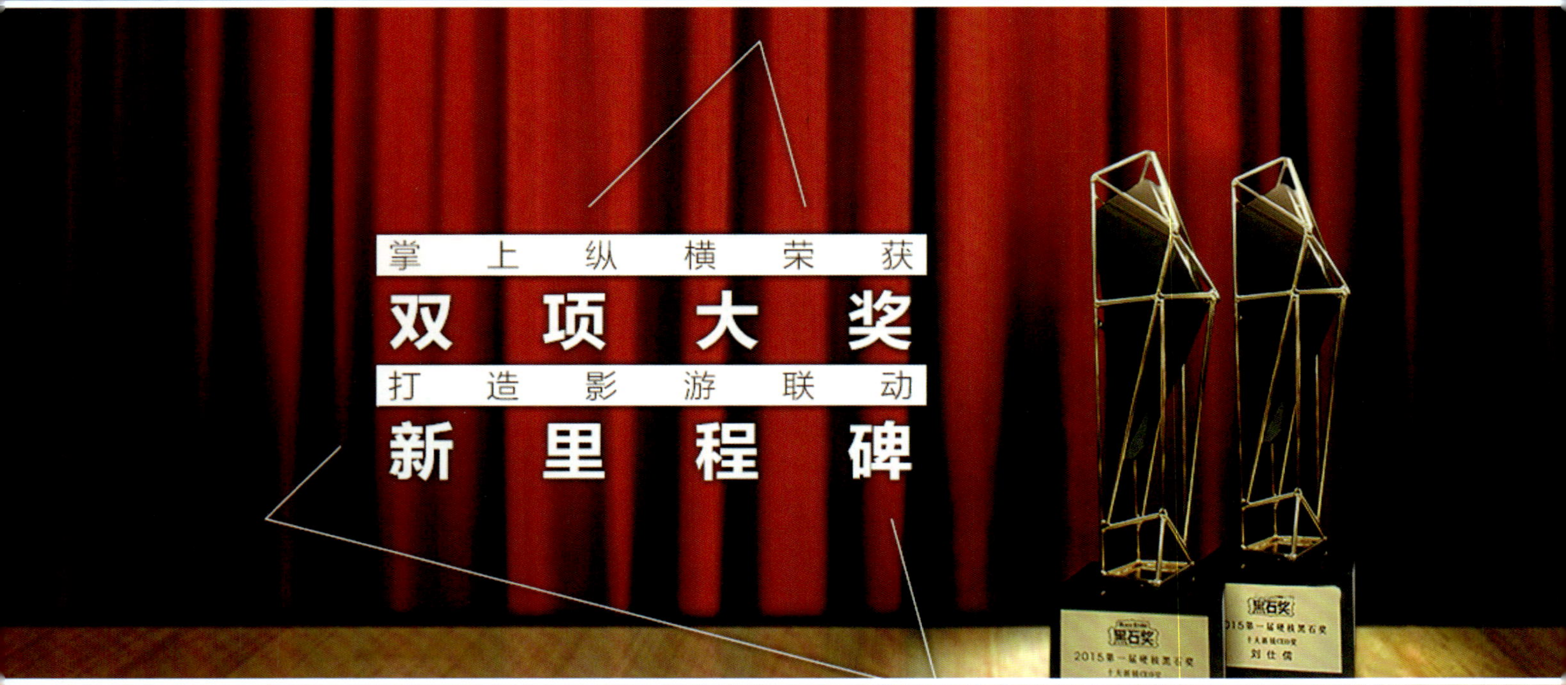

掌上纵横信息技术（北京）股份有限公司创立于 2010 年 5 月，主营业务为影视、明星版权运营、明星游戏研发和发行。2016 年建立“纵横游戏、娱乐合伙人、纵横影业”为核心的整合发展战略。

经过 6 年的行业创新和深耕，公司保持快速成长，目前已签约的版权达 90 多部，涉及电影、电视剧、小说、动漫、PC 游戏等众多领域，已发展成为国内最大的影视游戏版权运营商。其中有票房过亿的《大闹天宫》、《一代宗师》、《黄金大劫案》，备受关注的 2015 春节档《天将雄师》、《钟馗伏魔：雪妖魔灵》；还有大型古装热播电视剧《琅琊榜》、大型玄幻神话偶像剧《山海经之赤影传说》；更有首款明星专属定制手游《范冰冰魔范学院》，以及范冰冰、陈坤、韩庚、TFBOYS、大张伟、贾玲、沈凌等明星签约资源。同时，公司也将加强与海外公司的 IP 合作力度，比如好莱坞的六大制片公司、CAA 经纪公司的国际巨星等，以实现文化出海布局。

快乐改变世界

2015 年 10 月 9 日，掌上纵横正式在新三板挂牌（证券代码：833416）。截至目前，已与 41 家影视公司建立了版权合作关系，其中与中影股份、上影股份等影视巨头建立了独家战略合作伙伴关系。2016 年 1 月，掌趣科技、体育之窗、陈坤宣布投资掌上纵横；3 月掌上纵横受让漫画 IP 公司炫果壳股权，进一步激发产业价值、提升娱乐体验。

通过一系列战略合作伙伴和优质资本的引入，掌上纵横不断完善其泛娱乐生态布局，强化多领域娱乐基因，加深在影视、明星、体育、动漫等方面资源的储备和开发。打造一个以 IP 为核心，以娱乐合伙人为标配，集娱乐内容生产、传播、消费为一体的新型泛娱乐综合体。

森瑞新材

SENRUI NEW MATERIAL

证券代码：831456

服务电话：400-602-7000

地址：贵阳市贵州乌当经济技术开发区
邮编：550022
电话：86-0851-88237983
传真：86-0851-88237989
网址：http://gzsr.chinapipe.net
http://www.gzsenrui.com

向社会提供

环保·节能·安全·经济

的塑料管道系统

贵州森瑞新材料股份有限公司成立于2003年，位于贵阳市乌当区经济技术开发区，占地面积400000余平方米，公司注册资金20750万元。是贵州省规模最大的专业从事新型塑料管道研发、制造、销售的新型环保科技企业，拥有位于贵阳乌当、武汉黄陂生产基地。

公司坚持科技兴企、坚持规模化、专业化发展战略，通过不断进行技术改造提升技术装备水平，扩大传统市政、建筑用塑料管道市场规模；通过不断创新开发工业用特种塑料管道新产品，提升专业化水平，推进技术进步。经过多年发展，公司拥有100余条国际、国内最先进的塑料管道生产线，先进完善的检测手段，具备了年产10万吨市政、建筑用给水、排水、燃气、穿线等塑料管生产能力，产品覆盖了国家标准或行业标准所列全部规格。被广泛应用于给水、排水、排污、燃气、农业、水利、电力、矿山和通信等领域。已成为贵州省规模最大、品种最齐全的塑料管道龙头企业。

公司先后通过了“ISO9001:2008质量管理体系认证”、“ISO14001:2004环境管理体系认证”、“ISO10012:2003测量管理体系认证”、“OHSAS18001职业健康安全管理体系认证”、“压力管道元件认证”、“矿用产品安全标志认证”和“中国环境标志产品认证”等。被国家科技部批准为“国家火炬计划项目”、“国家高新技术企业”、国家级“守合同重信用企业”、“省级企业技术中心”、“技术改进先进单位”。从成立至今一直被省工商局评定为“守合同、重信用”单位及荣获“先进纳税企业”、“财政贡献突出企业”、“贵州质量诚信5A级品牌企业”、“管理体系认证优秀企业”。同时是“国家质检总局授权的‘聚乙烯（PE）管道焊工考试委员会’单位、“中国质量诚信企业协会副会长单位和理事单位”，“住房和城乡建设部科技发展促进中心《建设科技》理事单位”，“贵州省名牌产品”、创新型领军企业等诸多荣誉。

贵州森瑞新材料股份有限公司，股票简称：森瑞新材，股票代码：831456。在全国中小企业股份转让系统挂牌时间：2014年12月10日。为进一步提高公司的资金实力，加快公司发展，公司2015年进行了二次股票定向发行，共增加股份50,000,000股，共募集资金155,000,000元。公司也于2015年5月29日，将公司股票由协议转让方式变更为做市转让方式，为我公司股票提供初始报做市报价服务的做市商为：招商证券股份有限公司、恒泰证券股份有限公司、太平洋证券股份有限公司、东莞证券股份有限公司等4家券商。

公司坚持“以质量求生存、以服务求发展、以诚信求双赢”的经营理念，发扬“诚信、务实、学习、创新”的企业文化，及“让城市更美丽，让生活更美好”、“保护家乡环境，共建美好家园”的环保理念，立足于科技研发，为广大用户提供快捷、优质的管道工程系统。真诚感谢广大用户和社会各界对公司一如既往的支持和信赖，我们将竭诚为用户提供更优质的产品和更满意的服务，欢迎社会各界莅临指导。

公司新三版挂牌敲钟仪式

陈刚书记参观公司

PE燃气管生产线

实壁螺旋消音管生产线

阻燃绝缘管生产线

证券代码：430092

北京金刚游戏科技股份有限公司
地　址：北京市东城区板桥南巷7号院北配楼
联系人：杨婷
电　话：010-84195234

金刚游戏

WWW.JGYOU.COM

北京金刚游戏科技股份有限公司是新三板挂牌的第一家游戏公司。注册地北京市东城区。2011年6月21日正式在全国中小企业股份转让系统挂牌，成为新三板挂牌公司。公司主营业务为网络游戏和移动游戏的研发、发行和运营。公司拥有自主知识产权的游戏引擎和多款自主研发的游戏产品。

公司凝聚了一批富有创新游戏设计理念的研发团队和营销经验丰富的发行运营团队，目前拥有员工400余人，核心团队具有十年以上游戏产品制作经验，透彻了解中国游戏用户的需求，追求卓越的产品体验，秉持着“精益求金，百炼成刚”的研发理念，立志制作国人引以为傲的民族网游。

金刚3D国产引擎目前已经达到世界领先水平，代表了国产引擎的最高水平，填补了国内这个领域多项技术空白。

公司未来3-5年的游戏产业发展新思路：以金刚游戏的核心技术聚集产业。通过核心技术来建立游戏公用开发平台，利用游戏公用开发平台来打造一个以文化内容创新设计开发为主导的游戏产业孵化基地，从而推动中国游戏产业的升级并抓住产业升级的机会，让游戏的高端产业落地北京，带动地方经济的发展。

金刚游戏拥有成熟的引擎核心技术，以引擎技术为核心，以美术、创意策划设计指导、程序模块、测试等为支撑，打造高端技术共享平台，从而推动和实现游戏开发的产业化分工与资源共享。让有限的资金投入于游戏产品的设计与创意。游戏公用开发平台将服务于国内几千家中小游戏开发团队，对其中优秀的项目及团队，东城区政府再辅以办公场地物理平台、政策、资金等方面的支持进行孵化，必将带动一大批中小企业的成功，从而推动了中国游戏产业链的升级与竞争力。

目前公司产品有：

3D页游/微端：剑曲、魔兽王座、剑踪、九鼎记OL、传奇3D、叶问等；

2D页游：烈焰水浒、二战前线；

3D手游：罪恶之城、叶问3D、热血传奇、乱舞神姬；

2D手游：我在西游当房东、龙珠炫斗、二战世界、叶问2D；

单机手游：天天洗衣、钢铁防线、皇牌空战、数字迷X、茶犬的小伙伴；

贵州黔驰信息股份有限公司

CHAINS 黔驰

IT解决方案与信息化服务供应商

贵州-法拉克福
电子信息产业推荐会

贵州黔驰信息股份有限公司创立于2005年，原名贵州黔驰电力信息技术有限公司，我们是一家专注于一体化、专业化IT解决方案与信息化服务的高科技企业。注册资本3365万元，证券简称：黔驰信息，证券代码：831694。

公司具备国家级高新技术企业、双软认证企业、计算机信息系统集成三级、CMMI5国际认证（贵州省第一家通过该认证的企业）、质量管理体系ISO9001：2008认证、信息安全服务资质（安全工程类一级）、省级企业技术中心、省、市创新型企业等资质。

公司以软件技术、信息安全和IT服务为核心，提供技术研发、咨询、集成与服务以及相关产品，面向电力、政务、传媒等行业提供优质的整体解决方案。

公司在湖北武汉、四川成都设立有分公司，2015年筹备在云南昆明设立子公司，凭借承东启西、连南望北的华中腹地的人才、市场优势，真正形成覆盖西南地区的业务网络，同时，为下一步打开东、北向业务奠定基础。

以黔驰信息企业技术中心为引领，依托贵阳、武汉两大研发中心，以及自有成熟的核心技术平台体系，重点围绕能源互联网、云计算以及大数据技术进行创新研发，为创新技术链条的完整性及技术发展的可持续性提供保障。

挂牌仪式

地址：贵阳市南明区南厂路35号都市国际10栋4层
电话：0851-85168599　传真：0851-85815662
网址：www.qianchi.net　微信公众号：CHAINSINFO

互联网+智慧能源

基于大数据挖掘与分析，促进能源企业的智能化生产与管理

- 智能调度操作票管理及网络指令下发系统
- 基于电力微气象大数据平台的智能融冰及检修决策分析系统
- 新一代智慧型配网自动化系统
- 智能电网需求侧管理系列软件
- 喀斯特地貌电网工程管理综合信息平台

大数据时代专项技术产品

- 多行业微气象大数据预测建模服务
- 可视化集中智能管理平台
- 大数据资产建设技术服务

SaaS企业级应用云服务

- Mywork+基层业务实用化工具云
- 中小企业移动综合门户服务（手机APP/公众微信号）

智能快速开发中间件

- 黔驰智能开发平台QAI
- 黔驰中间件平台QCENTER v2.0

Sinolion®

证券简称：深蓝机器　证券代码：833475

山东深蓝机器股份有限公司

地址：山东省济南市高新技术开发区孙村新区科航路2010号
电话：+86-531-88672007
传真：+86-531-88766889
网址：www.sinolion.net
邮箱：hr@sinolion.net

挂牌仪式

第一次临时股东大会

企业简介

山东深蓝机器股份有限公司创建于2006年8月15日，现注册资金1300万元人民币，总部位于济南市高新区孙村新区。深蓝机器是工业机器人系统集成应用、后端智能包装物流输送系统解决方案的优质提供商。深蓝机器为顾客提供项目研发、设计、制造、销售、售后服务五位一体的系统性服务。

深蓝机器始终将“科技创新”放在首位，先后研制成功高速悬臂式缠绕包装机、机器人码垛机、穿剑式捆扎机、机器人行李包装机，以及系列移载搬运设备等，完成完善了食品饮料、造纸及纸制品、化纤玻纤、建材板材、化工涂料、粮食饲料等六大行业的产品和物料包装及物流解决方案，含输送、分拣、装箱、码垛、捆扎、缠绕、搬运移载以及到输送至立体仓储等的全部后端包装环节。

深蓝机器秉承“为客户创造价值”的企业理念，依靠卓越的产品质量和营销团队的奋力开拓，市场空间逐步扩大，在广州、上海、成都等城市设立了服务机构，并率先在欧洲、澳洲建立了稳定的销售和服务网络，形成了覆盖全国，辐射全球的网络化管理运营模式。

深蓝机器一直致力于智能自动化包装及物流输送系统解决方案，2012年，公司被认定为山东省高新技术企业；2015年，深蓝机器及“深蓝机器sinolion”商标被评为山东省著名商标。领先的技术优势，知名的企业品牌，周到的售后服务及良好的企业形象，使深蓝机器多年位居业内领航者的地位。

企业上市

2015年9月14日，山东深蓝机器股份有限公司成功挂牌“新三板”（简称：深蓝机器，股票代码：833475。），这标志着深蓝机器在资本市场上获得了新突破，踏上了更高的台阶。

此次成功挂牌“新三板”，不仅是主管部门对深蓝机器产品和品牌的肯定，也是市场对深蓝机器管理规范、稳健发展的认可，这对于深蓝机器借助资本市场，激发创新活力和加快技术升级有着重要而深远的意义。

未来深蓝机器将充分利用资本市场优势，继续发挥在缠绕包装和智能设备领域的优势，与国际领先企业深入合作，研发更多智能高端的包装设备，为各行业的客户提供先进的包装解决方案，并为中国制造2025规划做出更大的贡献！

企业理念

为社会创造效益，为企业创造利润；
为客户创造价值，为员工创造财富。

发展历程

2006年08月　山东深蓝机器有限公司正式成立。
2006年11月　公司获得外贸进出口权。
2007年06月　公司购置土地，开始新厂区规划建设。
2010年08月　搬迁至济南市高新区孙村新区科航路2010号。
2012年11月　被认定为山东省高新技术企业。
2013年12月　“深蓝机器及sinolion”被评定为济南市著名商标。
2014年12月　“深蓝机器及sinolion”商标 被认定为山东省著名商标。
2015年04月　山东深蓝机器有限公司更名为“山东深蓝机器股份有限公司”。
2015年09月　山东深蓝机器股份有限公司在股转系统正式挂牌。

玻纤行业应用案例

食品、饮料行业应用案例

造纸行业应用案例

天维尔

TELEWAVE

证券代码：832296

天维尔信息科技股份有限公司

地址：深圳市高新区科技中二路软件园7号楼、8号楼

邮编：518057

电话：0755-26743081 / 26743082 / 26743083

传真：0755-26743084

网址：www.telewave.com.cn

天维尔信息科技股份有限公司成立于1997年，国内领先的智慧城市公共安全应急管理领域信息化和软件服务提供商，致力于各级公安机关、消防部队、安全生产监督管理部门、人防部门等城市公共安全管理机构的应急管理信息化建设，提高城市公共管理部门应对各类突发事件的能力，提升城市灾害抵抗能力和公共安全水平，为城市公共安全保驾护航，促进社会和谐、稳定和发展。

公司是国家首批高新技术企业、国家规划布局内的重点软件企业、广东省“守合同、重信用”企业、深圳市重点软件企业。现为中国软件行业协会会员、深圳软件行业协会副会长和常务理事单位、深圳市现代服务外包企业联盟副会长单位。具备工信部计算机信息系统集成一级等多项权威资质。通过CMMI5软件成熟度认证、（ITSS）信息技术服务运行维护标准符合性证书、ISO9001质量管理体系、ISO14001环境质量体系等多认证。

2009年5月，获深圳市批准组建了“深圳市公共安全应急平台工程技术研究开发中心”，2015年，获批成立“广东省安全生产应急平台工程技术研究中心”，标志着公司在公共安全应急行业中具有领先的技术水平和实力。

公司长期立足公共安全应急指挥领域，产品广泛用于政府应急、公安、消防、安监、环保、卫生、人防等领域，在各类突发事件中均有成功建设案例，产品遍布全国各省市。多个项目为国家重点工程，如奥运安保应急指挥、公安部消防局应急指挥、辽宁省公安一体化、新疆自治区消防一体化、河南省环境数据中心平台等项目。项目规模不断扩大，受到行业主管部门的推广、行业专家的赞誉和用户的广泛好评。

公司产品具有完全独立自主的知识产权，拥有130余项专利和软件著作权，参与起草、讨论多项国家及行业标准。公司消防应急系统通过了国家消防电子产品质量检测中心的全项检测。公司产品获得国家火炬计划项目立项，多次荣获国家级、省市级的各种奖项，如中国优秀软件产品奖、省市科技进步奖、广东省高新技术产品奖、深圳市科技创新奖、深圳市自主创新产品认定、软博会金奖和创新奖、高交会优秀产品奖等。

公司拥有高素质的精英团队和多层次的研发梯队，有行业带头人组成的专家顾问团，注重产学研结合，与中国科技大学、国家安科院等高校及科研院所组成了开发团队，企业内训为产品研发提供了有力的保障。

公司在全国成立五个营销服务大区，并在二十几个城市设立分支机构和网点，形成覆盖全国的二级服务支持体系和营销网络，零距离为客户提供超越其期望价值的全程服务，成就客户卓越。秉承“成就客户、创新进取、诚信务实、合作共赢”的核心价值观，天维尔为内外部客户创造价值、实现卓越，为推动中国和谐、效益与发展做出不懈的努力！

挂牌敲钟仪式

路演

并购大会

TYEP 天源环保

天源还您一个清新的世界！

证券简称：天源环保

证券代码：831713

董事长：黄开明先生

新三板北京敲钟挂牌

住建部《生活垃圾渗滤液处理膜生物反应系统技术规程》标准审查会在我司召开

黄董事长在MBR膜标准会上发言

基本情况

武汉天源环保股份有限公司位于九省通衢的武汉市，成立于2009年10月，注册资金为5517万元人民币，注册地址：武汉市汉南区纱帽街薇湖西路392号， 2015年在新三板上市，股票简称：天源环保，股票代码：831713，成为新三板唯一一个以垃圾渗滤液处理为题材的上市环保企业，亦是湖北省首个以此题材登陆新三板的上市企业。天源环保现有员工200多人，其中专业技术人员140余人，高级工程师15名、壹级建造师8名，建成60000m²生产基地（占地100亩），实现装备资产投入6000万元，具备年产能10亿的能力，拥有环保工程专业承包和机电设备安装工程专业承包资质、污染治理设施运行服务能力（工业废水）证书、生活垃圾环境污染治理设施运营资质证书。公司自主创新研发垃圾渗滤液处理领域并获得国家专利的核心技术10项，参与多项国家垃圾渗滤液领域行业技术标准编写。

主营范围

可承接垃圾焚烧厂、垃圾填埋场、垃圾中转站的垃圾渗滤液及餐厨垃圾沼液的处理工程项目投资与建设，浓缩液，工业废水的处理工程项目。

经营业绩

公司凭借良好的品牌和信誉，先后在北京、上海、郑州、乌鲁木齐、昆明等地建立多个分公司，业务范围覆盖20多个省市，具备承建国内特大型垃圾渗滤液项目和工业废水项目的实力。

企业文化

天源环保开拓创新的始终秉承“以信为本，以和为贵”主流文化 。 信心，立业之源；信用，立业之本；人和，立业之魂。武汉天源追求三者的完美结合与统一。我们将以责任、诚信、务实的行业精神和工作态度为客户提供垃圾渗滤液治理行业最完善的解决方案、最成熟优良的工艺技术、最竞争力的产品、最全面的售后服务，每一位客户做好每一项工作，把每一个工程质量和信誉视为生命，确保所承接的工程100%成功，达到国家标准。

未来天源环保将充分利用自身雄厚的技术实力、丰富的人才储备和资本市场的金融支持，努力营造新形势，谋求新发展，愿与各界同仁共同改善人类赖以生存的地球环境，为还您一个清新的世界做出更大的努力。

黄董事长参加住房和城乡建设部、环境保护部生活垃圾污染治理调会

天源环保董事长黄开明春节向汉南区养老院亲自送温暖

天源环保给白血病患者家庭提供救助资金

天源环保2014年金秋关爱青少年募捐活动

TYEP 天源环保

武汉天源环保股份有限公司

公司地址：武汉市汉南区薇湖西路585号　经营地址：武汉市新长江国际A座8楼

联系方式：（027）82863611　（027）82863911

网址：http://www.tianyuanhuanbao.com　邮箱：wuhantianyuan@163.com

SAVERN
赛　文　节　能

证券简称：赛文节能
证券代码：832002

地址：宁夏银川市金凤区宝湖中路402号
电话：0951-5671525　400-887-3927
传真：0951-5673297
网址：www.nxemc.com
邮箱：nxemc@163.com
微信公众账号：saiwenjieneng

宁夏赛文节能股份有限公司（以下简称赛文节能，股票代码“832002”）是西北唯一一家在全国中小企业股份转让系统上市的节能企业，成立于2007年2月。目前，赛文节能在宁夏、北京两地共设有4个子公司，并在新疆设立了分公司。现有员工150余人，中、高级职称和各类执业资格的员工占公司员工总数近半，还拥有一个由多名资深高级工程师组成的强有力的专家团队。

赛文节能研发团队于2009年成立，现拥有专业研发人才达30余人，在北京、宁夏两地分别设有研发中心。该团队在全国范围内独具创意提出的“替技术”高效节能理念，并进行“智慧化”、“物联网化”产品研发，获得28项国家专利和9项软件著作权登记。在此基础上，赛文节能自主研发的普慧社区、普慧泊车等关键技术已达到国内同领域领先水平。

董事长鲁万鑫先生在挂牌仪式上

第11届国际绿色建筑节能大会上
宁夏建设厅领导参观我公司展位

董事长鲁万鑫向国家住建部韩司长
介绍我公司热计量改造项目

2015年黄河公园春游

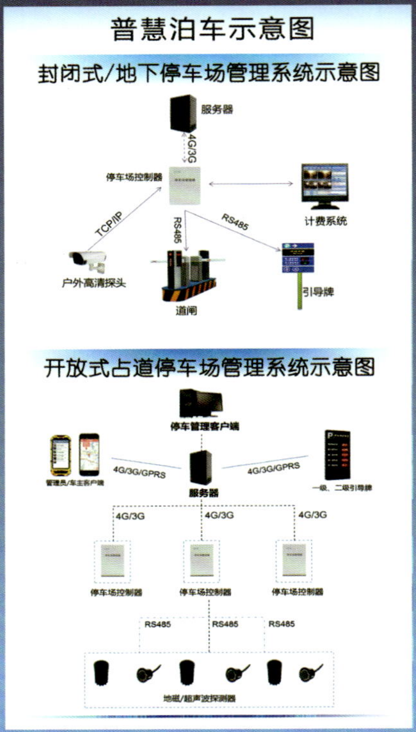

普慧泊车

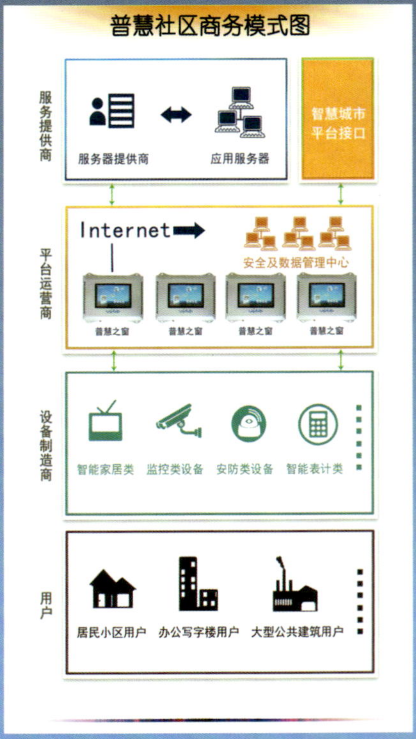

普慧社区

主要荣誉

- 西北唯一一家在全国中小企业股份转让系统上市的节能企业
- 国家发改委及财政部第一批备案的节能服务公司；
- 国家工信部全国工业领域电力需求侧管理第一批服务机构；
- 国家智慧城市2014年度专项试点单位；
- 宁夏能源审计咨询甲级资质备案服务企业；
- 中国石油长庆油田分公司技术咨询服务认证企业；
- 国家高新技术企业；
- 三体系认证企业；
- 全国节能服务公司100强；
- 宁夏科技型中小企业；
- 宁夏专精特新中小企业；
- 宁夏中小企业50强等。

主要业务

- “替技术”的节能产品系列；
- 节能技术咨询；
- 公共机构节能；
- 能耗监测系统；
- 电力需求侧管理；
- 节能项目工程实施；
- 普慧网络；
- PPP 节能项目等。

汇群股份

匯群堂

证券简称：汇群股份

证券代码：832513

董事长：陈少群先生

揭牌仪式

挂牌仪式

致力于振兴民族中药产业

广东汇群中药饮片股份有限公司，成立于2007年5月，坐落于广东汕头，是一家以品牌为依托，以技术为支撑，集中药饮片生产、研发、销售、药品分销、物流配送和中药材贸易于一体的现代化中药饮片品牌企业。坚持“厚德育品牌，道成通四海”的企业精神，率先在中药饮片行业实现生产规模化、检测现代化、工艺规范化,具备行业领先的常规检验、理化检验和仪器分析能力，生产经营中药饮片等健康产品上千个品规。目前，公司获得13项国家专利，高新技术企业、中国中药协会中药饮片专业委员会副理事长单位等多项荣誉，已成为中药行业知名品牌之一。

目前公司销售网络覆盖粤东多个地区，并辐射到珠三角和闽南地区，主要销售客户包括连锁药店、制药厂、医院以及诊所等，现有卫生院、诊所、终端药店、药厂原料供应等合作客户上千家。拥有专业的配送车辆和优秀的业务营销服务团队，采用现代化的医药物流管理系统，为客户提供专业、高效、便捷的物流配送服务。

公司坚持走研发创新之路发展中药事业，先后与广东药学院、广州中医药大学、汕头大学医学院等中医药科研机构和学校建立多种形式的合作协同关系，有效地组织和运用社会资源为企业技术创新服务，加强与同行企业的交流与合作，组建了强大的外围技术支撑团队，推动公司的技术进步。

公司始终秉承“汇天地正气，还群众健康“的核心价值观，继续以中药饮片为核心，构建一带一路，即横向打造汇群大健康产品服务带，纵向构筑汇群中药全产业链通路，以品质为本，品种为器，品牌为魂，最终形成汇群养生大健康服务体系。致力于“弘扬传统中医药文化，振兴民族中医药产业”，为中药饮片行业的规范化，为人民群众的健康安全，为成为中国最专注、最专业、最受尊重、最受信赖的中药企业而执着且坚定地不懈努力。

与和君集团签订战略合作

广东药学院汇群班开班仪式

展厅

广东汇群中药饮片股份有限公司

GUANGDONG HUIQUN CHINESE TRADITIONAL MEDICNE CO.,LTD.

地址：汕头市潮汕路金园工业城七片区A2-A3

电话：0754-88117571

传真：0754-88117571

热线：4001099778

网址：www.gd-hqzy.com

公众微信：汇群股份

董事长：张宝堂先生

2015年09月15日融资交流会议

绿蔓生物销售团队

绿蔓生物科研生产基地

华奥科技
HUAAO TECHNOLOGY

证券代码：831331

综合安防运营服务商

公司简介

湖北华奥安防科技运营股份有限公司成立于1996年，国家高新技术企业，总部位于武汉光谷东湖高新技术开发区，注册资本4110万元，自有办公面积8200平米，是基于智慧城市基础，面向平安中国建设，为全社会提供综合安防运营服务的企业。

华奥公司对安防运营综合服务研究已有12年，是国内首家提出综合安防运营服务的企业，在湖北平安城市建设具有先发优势，所创立的“平安城市综合管理运营服务平台”获得政府高度认可，成为国内唯一通过科技部评审的现代服务业示范项目。公司已成为中国安防运营服务与智慧城市建设等应用领域具有自主研发能力、自主知识产权和一体化先进解决方案的领军企业。

公司资质

公司属湖北省安防协会常务理事单位，拥有安防企业一级资质；湖北省公安厅安防工程设计施工A级备案；湖北省安防行业十强工程商；计算机系统集成三级资质；建筑智能化三级资质；通过了ISO9001:2008质量管理体系认证；

公司荣誉

连续两年被评为武汉市东湖高新技术开发区“瞪羚企业”重点扶持企业、多次被评为安防行业AAA诚信企业、“平安城市”推荐优秀安防企业，十大民生贡献企业，中国十大自主创新企业；武汉市守合同重信用企业；国家现代服务业综合试点项目承担单位；CCTV《影响力对话》栏目组·赞助单位等。

公司董事长白云先后获得“中国经济百名杰出人物”、“中国改革杰出人物”、“武汉市第八届十大杰出创业家”、“湖北省民营经济年度杰出人物”、“CCTV《影响力对话》栏目特约嘉宾”及“2015年度中国智慧城市安防运营科技创新先锋”等荣誉称号。

主营业务

湖北华奥科技安防运营股份有限公司，从公司名称即可看出其综合定位：立足于安防产业，运用先进科技手段，实现综合运营服务，定位为一家大型的综合安防科技运营服务公司。

主营业务包括平安城市建设、智慧交通建设、城市网格化管理建设、智慧城管建设、智慧民政建设、智慧社区建设，系统集成、安防软件研发、音视频同步在线传输、安防大数据建设与应用、安保服务与外包等。

为响应公安“互联网+”的需求，2015年公司开发了社区微警务平台，并成功完成了试点工作。

运营模式

公司总部包括运营管理中心、管理培训中心，技术支持中心、技术研发中心，物流配送中心等，以综合运营、分类服务的模式为全社会提供安防运营一揽子服务；在各大、中、小城市建立有自上而下、独立运行的，集安防科技运营与人技防综合运营，本地化与一体化相融合的城市安防运营服务体系。

目前已形成以城市综合安防运营中心为依托，拓展以公安城市监控运营服务、社会安全视频监控运营服务、城市视频联网报警运营服务、企业安防外包运营服务、社区及家居安全运营服务的经营服务种类，形成报警、视频联动，人、技防联动，音、视频联动、综合安保运营为主要业务内容的商业运作模式。

业务模式的领先，将是根本的领先，创新的业务模式将助推华奥科技率先成为国内第一家完整意义上的品牌安防科技运营服务商，实现由单一的安防工程商、集成商、产品商向综合安防科技运营服务商的重大战略转型。

董事长：白云先生

公司董事长白云先生应邀参加CCTV《影响力对话》栏目

2015中国(武汉)公共安全产品暨警用装备展览会

华奥科技出席博鳌亚洲论坛金融合作会议2015伦敦

湖北华奥安防科技运营股份有限公司
24h全国服务热线400-6633-582

地址：武汉市东湖开发区珞瑜东路8号慧谷时空八楼
电话：027-59835388　传真：027-59835388转8011
网址：www.huaao24.com.cn　邮编：430074

大连凯洋世界海鲜股份有限公司
DALIAN KAIYANG WORLD SEAFOOD CO.,LTD.

证券简称：凯洋海鲜　证券代码：831324

凯洋世界海鲜

中国海鲜领军品牌

『世界海珍基地－凯洋保税冷库』

大连凯洋世界海鲜股份有限公司位于亚洲最大的渔港所在地大连市的大连湾地区，厂区占地面积6万多平方米，注册资金4500万元。是一家集水产品加工、研发、销售、保税仓储、进出口贸易及转口贸易为一体的大型综合性企业。公司始终秉承“责任与使命同在，荣誉与价值共生”的核心价值观，并以“质量第一、真诚第一、客户利益第一”的服务理念赢得了市场的广泛认可，先后获得ISO9001、ISO22000、HACCP质量体系认证，连续3年被评为AAA级诚信企业。

2011年1月，大连凯洋世界海鲜股份有限公司荣膺中国企业联合会、中国企业家协会、中国企业十大新闻评选委员会主办的“2010年度中国最具成长性企业”称号。2011年荣膺中国最具成长性企业荣誉称号，同年公司董事长魏洋同志获得全国致富榜样称号，2012年荣膺中国最具竞争力品牌荣誉称号，2013-2015年荣膺辽宁省名牌产品荣誉称号。

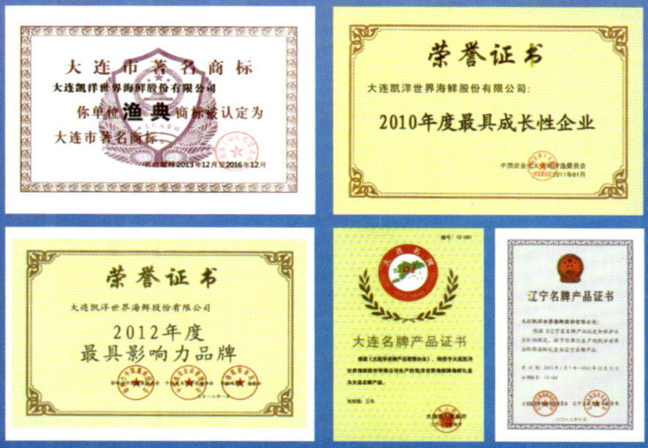

企业以向广大消费者提供源于深海、天然营养、健康安全的海洋食品为己任，秉承“感恩大海，回馈社会、和谐共赢、永续发展”的企业经营宗旨，为将大连凯洋世界海鲜股份有限公司打造成为受人尊敬，享誉国际的一流海洋食品企业而奋斗。

在东北、华北、西北以及华东市场，凯洋世界海鲜的专卖店已经遍地开花，同时向西南、华南、华中市场进军。

公司主营冷冻海鲜系列、世界海鲜礼盒系列、海参鲍鱼系列、海洋珍品系列、海洋休闲食品系列等几大系列产品，涵盖了智利帝王蟹、波士顿龙虾、俄罗斯帝王蟹、智利三文鱼、大连鲍鱼、大连海参、阿根廷红虾、太平洋银鳕鱼等近百种世界各大海域出产的美味海鲜，这些精挑细选的海鲜产品通过全程冷链运输漂洋过海从四洋五洲汇聚到凯洋，由凯洋世界海鲜通过专业、细致的服务将完美的海鲜产品呈现给全国的美味爱好者。

在凯洋世界海鲜的众多精品中，凯洋世界海鲜礼盒更是企业着力打造的精品中的精品，它是企业通过营养搭配、消费者偏好、性价组合以及市场细分等因素对海鲜单品的优化组合，集合亲民、商务、尊享为一身，价位从一百多元到几千元不等，能满足您对海鲜产品的多种需求。凯洋世界海鲜礼盒是海鲜礼品市场的领军品牌，无论是消费者反响，还是市场占有率，凯洋世界海鲜都是当之无愧的领导者。

品世界鲜　传凯洋情

加盟热线 400 700 0077

地址：大连市甘井子区大连湾北街627号
电话：0411-87603333
传真：0411-87120648
邮箱：4007000077@kysjhx.com
网址：www.kysjhx.com

QYP 全宇制药 QUAN YU PHARMACEUTICAL

证券代码：832205

2015年4月1日，全宇制药正式在全国中小企业股份转让系统挂牌

县领导与企业高管合影

河南全宇制药股份有限公司系上海全宇生物科技内乡制药有限公司整体改制而来，始建于2002年1月，位于内乡工业园区，原名南阳全宇制药有限公司，2005年更名为上海全宇生物科技内乡制药有限公司。2014年5月份改制为股份有限公司，并更名为河南全宇制药股份有限公司。

公司注册资本5000万元，注册地址和生产地址位于内乡县工业园区，北邻312国道，西临湍河，东、南均为农田，厂区周围无污染源，环境优美，空气新鲜，厂区植草绿化，道路平整。水、电、汽供应充足，具备药品生产的良好环境。

公司现有厂址占地面积五十余亩，建有甘露聚糖肽原料药车间、化学合成原料药车间、口服液制剂车间、中药前处理及提取车间、软膏剂车间和片剂车间。新厂区占地240亩，计划于2015年底建成投产，规划新建自动化生产车间八个，综合办公楼一栋，研发、化验楼一栋，员工宿舍楼二栋，仓库四个，以及锅炉房等辅助建筑。总建筑面积98433.5m^2。计划产能：年产原料药300吨、片剂30亿片、口服液1亿支、软膏剂300万支，中药前处理165吨。产品达产后，可实现年产值10亿，利税1.5亿元。

2004年8月首次通过了药品GMP认证（不含甘露聚糖肽），取得了片剂、口服液、软膏剂、原料药(磺胺嘧啶锌、磺胺嘧啶银)、口服溶液剂型的认证证书；2009年9月又通过了药品GMP复认证，证书编号：豫K0079。

2007年3月首次通过了甘露聚糖肽原料药认证（证书编号：豫I0023）。公司拥有药品批准文号39个，其中原料药3个：甘露聚糖肽、磺胺嘧啶锌、磺胺嘧啶银，软膏剂品种1个，口服液品种2个，口服溶液剂1个，片剂品种32个。常年在线生产品种24个。

中心化验室和车间化验室都配备有先进的检测仪器，具有与生产相适应的检验能力。

公司拥有符合要求的原辅材料库、原辅材料阴凉库、标签库、包装材料库、成品库、成品阴凉库，以及中药材库、危险品库等仓库，公司药品生产的废气、排污经处理符合国家有关环保排放要求，已通过当地环保部门验收。

自通过2005年换发《药品生产许可证》以来，我公司严格按照《药品管理法》、《药品生产质量管理规范》等国家法律法规组织药品生产和质量管理，严格按照药品注册批准的生产工艺进行生产。我们坚持“以质量求生存，质量第一”的理念，几年以来，我公司没有出现过药品质量事故，没有发生过被药监部门抽检不合格的情况，确保药品质量，保证了人民群众用药安全，达到了良好的社会效益和经济效益。

“厚道河南人，地道全宇药”全宇制药在董事长王峰的带领下，将遵循“质量第一、客户第一、信誉第一”的企业宗旨，秉承“稳健、理性、进取、共赢”的企业理念，努力打造河南全宇制药新品牌！

“兑现做一个有责任的企业，对企业负责、对员工负责、对社会负责！”的社会承诺！

QYP 全宇制药
河南全宇制药股份有限公司

地址：南阳市内乡县龙源路285号
邮编：474350
电话：0377-65317002

电话：0377-65317005
邮箱：quanyuzhiyao2014@163.com
网址：www.nyqyzy.com

ROXZ 雷博司

上海雷博司电气股份有限公司

地址：上海市嘉定区霜竹公路4899号
电话：021-69019000
网址：www.rox-electric.com

证券简称：雷博司　证券代码：831584

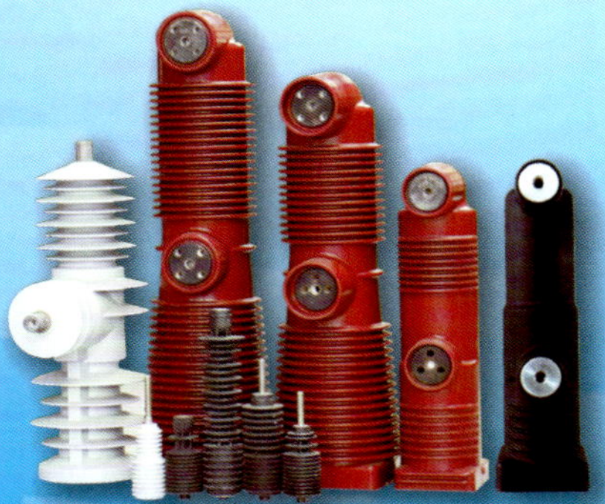
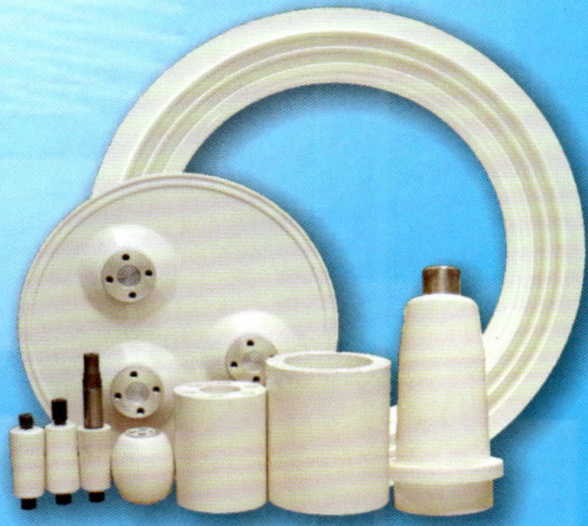
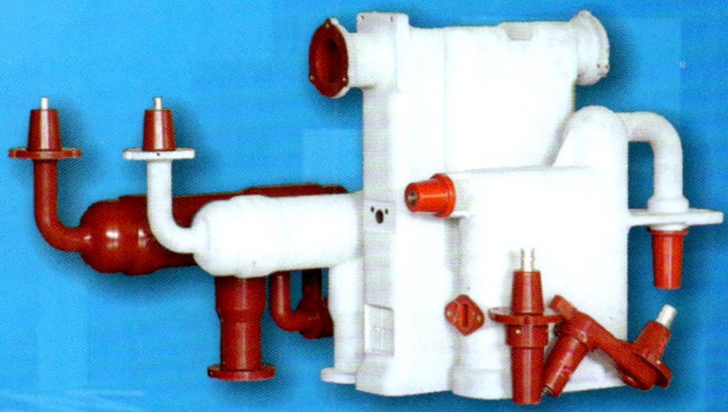

董事长：郑增定先生

业务范围

公司致力于推进输配电及控制设备绝缘系统向环保型、智能化方向发展，为各行业提供成熟可靠的电气绝缘系统解决方案、技术支持和产品服务，产品线涵盖12-1100kV中压至特高压各等级绝缘产品，并为环网柜、高压成套开关柜、箱式变电站及GIS等电气设备量身定制绝缘核心模块，以满足各种应用环境的需求。公司重点投入以信息化带动制造业、服务业升级融合的新产品与新服务项目，开发内嵌传感器的新一代智能化产品用以实现产品服务的远程监测，进一步提升新服务效率及产品可靠性的实时监控能力。旗下智能配电网安装运维服务广泛适用于新能源、交通运输、市政建设、石油化工、钢铁冶金、厂矿企业等电力用户工程项目。

荣誉与认证

公司系国家高新技术企业、上海市专精特新中小企业、上海市科技小巨人培育企业、上海市专利试点示范企业；公司系中国电器工业协会理事单位，参与多项开关行业绝缘材料和绝缘产品标准的制定；公司先后通过ISO9001质量管理体系认证、ISO14001环境管理体系认证和OHSAS18001职业健康安全管理体系认证，是联合国全球契约组织成员企业。

研发成果

公司坚持卓越创新，建立了具有自主知识产权的研发体系，拥有多项国家发明专利、实用新型专利和外观设计专利，涉及绝缘结构设计、材料研究、生产工艺等各技术领域；公司与上海交大、西安交大、华东理工、西高院等高校及科研院所密切合作，并与上海交大、华东理工建立了校企联合研究中心。在电气绝缘系统的理论研究、材料配方、生产加工和产业应用上取得丰硕成果。

固体绝缘产业化项目开工仪式

挂牌仪式

智能配电网安装运维服务

积极参与社会公益活动

第八编

全国中小企业股份转让系统专辑

全国中小企业股份转让系统
NATIONAL EQUITIES EXCHANGE AND QUOTATIONS

自律　高效　包容　创新

栏目协办

第一章 重要文献

资本市场最大的创新是新三板

全国中小企业股份转让系统董事长 杨晓嘉

（2015年5月24日）

5月23日到24日，2015清华五道口全球金融论坛“新常态新金融”在清华大学新清华学堂举行。“一行三会”主要负责人、国内外知名学者、业界领袖齐聚一堂，共议“新常态”下全球和中国金融业面临的挑战和机遇。

全国中小企业股份转让系统董事长杨晓嘉在发言中表示，资本市场最大的创新是新三板，没有创新就没有新三板。新三板使中小企业融资难和社会资本投资难的问题得以破题。

以下为文字实录：

杨晓嘉：我觉得资本市场是滋生和培育创新的最好温床，那么资本市场最大的创新是新三板。为什么这么说呢？我觉得没有创新就没有今天的新三板，所以我非常高兴利用这个机会和大家就新三板做一个交流。

具体谈三点看法：

第一，新三板是资本市场创新的产物。大家可以看到，在2013年初，也就是全国中小企业股份转让系统，这是大名，俗称新三板。当时初创的时候，主板上市公司是1439家，中小板是701家，创业板是355家，当时的新三板也就是两年前是191家，资本市场呈现出的是一种倒金字塔的格局。中小企业进入资本市场除了申请IPO，就没有更好的别的办法，事实上最后真正进入主板IPO的基本是一些成熟性企业、大企业，所谓高大上的企业。中小企业一直存在融资难、融资贵的问题，为了更好使金融服务中小企业，国务院和证监会在2013年启动全国中小企业股份转让系统的建设，而且力度非常大。国务院2013年12月底发了49号文，也就是“国六条”，《关于全国中小企业股份转让系统有关问题的决定》，“国六条”里面不仅明确全国股份转让系统的法律地位，也指明全国中小企业股份转让系统主要是为中小微企业，为创新型、创业型和成长型中小微企业提供服务这样的一种市场定位。使中小企业融资难和社会资本投资难的问题，这两难问题得以破题。

这个文件发出20天以后，新三板于2014年1月初扩大到全国。之前大家知道只在北京、上海、天津、湖北四个地方进行试点，49号文发出以后，一步扩大到了全国。可以说“国六条”对今天新三板的快速发展起到了至关重要的作用。说一个简单的数据，这个文件发出前，新三板的挂牌公司仅仅是356家，全年融资是10亿，扩大试点到全国的当年，也就是去年挂牌公司是1572家，融资是132亿，这是去年年底。今年以来新三板出现了三个明显的拐点，一是投资和融资同步出现增长拐点。今年截止本周五，融资总量已经达到211.54亿元，比去年132亿净增将近100亿，融资量最大的是50多个亿，最小的只有几百万，融资次数最多的是4次。融资的用途，融资外部性增强，改变了新三板股权高度集中的格局，市场覆盖业态不管加宽加厚，有十个金融细分领域的挂牌公司45家，覆盖小贷公司、担保公司、租赁公司、农信社、资产管理公司和保险代理公司、证券公司、期货公司、私募基金等等金融机构，增强了小微金融的供给。十个医药细分行业共计130家挂牌公司，2014年净利润同比增长38.84%，有6个文化传媒细分行业37家挂牌公司，涵盖体育赛事、电影制作发行等领域，应该说新三板代表的新业态已经充分反映了中国信息时代的特征。因为我们的信息技术和生物、医药市值分别占到市场市值的26%和11%，这个特征与早已迈入信息经济时代美国资本市场市值结构非常相似，这是第一个拐点。

第二个拐点是市场交易由冷变热，而且这个过程比我们预想的来的快，来的猛，交易上有一个很重要的变化就是有交易行为的已经占到了2/3以上，而去年的这个数据是反的，是没有交易的占到了2/3以上。去年我们平均每天交易大约六千万到八千万左右，今年每天交易量是十个亿以上，最高的有一天撑到56个亿，4月7号，三板一度由一千点到两千一百点，三板做市指数由一千到到两千六百多点。交易另外一个很重要的特点就是做市商制度开始发挥作用，目前新三板做市企业346家，约占15%左右，虽然比重不是很大，但是对交易格局改变很大，而且做市交易基本形成一个连续的价格曲线，做市板块备受市场关注，但是我们知道做市商的核心功能并不是撮合交易，而是估值和定价，这个作用开始显现，做市企业的融资行为和融资比重都要高于我们之前的协议转让方式。做市企业股价已经成为发行融资、并购重组和股权质押的重要依据，截止到本周五，全市场累计成交金额811.79亿元，很快就要破千亿了，这差不多是去年全年交易量的七倍。

第三个拐点是市场参与主体和合格投资者的增长速度超过我们的预判。投资者帐户总数达到12.58万户，其中合格投资者，拥有500万的金融资产，已经达到了7.6万多户，占比是60%。这三个拐点如果说更多是反映市场量的变化，那么市场主体，观念和理念的变化，我觉得对市场质的变化产生了重要的作用。一种看法是新三板快速发展使券商真正有了客户的概念，以前大家都是围绕通道做业务，所谓通道做业务就是说证监会注重的标准和条件是什么我就怎么做，只认标准条件、不认人。现在大家的业务模式都在改变，通过推荐、做市，将券商的投行业务、经济业务、资产业务等业务链全部打通，形成协同效应。有一个证监会董事长跟我们说，这是我们多年来致力于想做的事情，没有想到在新三板做成了，而且券商的盈利模式，而是在挂牌后的持续发展的整个全链条中获得收益。这是一个非常大的改变。

新三板为普惠金融找到了一种实现方式，小额快速按需的融资方式可以在更大范围、更深领域恢复金融的本质和朝跟性。应该说新三板支持创新创业有两个优势，一个是规模效应已经出来了，截止本周五挂牌公司总数达到2452家，比去年净增900家，总市值到了12545亿，而且实现了对31个省市自治区，包括新疆生产建设兵团全覆盖。二是制度优势开始显现，我们刚刚出了年报，2000多家挂牌公司盈利占比是86%，营业收入同比增长10.86%，平均净利润增长24%，尤其是挂牌公司经营活动产生现金流同比增长了134.6%多。以现代服务业为代表的新型业态公司，利润增长61%，因此挂牌公司已经形成了两个非常重要的特征，一个是成长性，二是草根性，他们代表着中国经济的未来，这也是新三板创新的动力和源泉。我记得祁斌主任说过培育中国经济的未来，这确实是新三板正在做的，真的是服务中国经济的未来。这是第一个看法。

二、第二个看法新三板创新的最大特点是为企业创造梦想变为现实可能的条件。我一直认为中小企业融资难主要难在两点上，一个是信息不对称，就是投融资需求没有一个全国性的公开信息了解平台，二是价格谈不拢，因为股权融资难点在于定价，而且公司的股份价值理论上是等于公司未来盈利的贴现值，但是这个贴现值未来很难预期，这是企业与投资方对价很难谈拢。目前主要办法就是签对赌协议，这个协议对融资方有很大风险，就是有可能丧失你的控制权。新三板恰恰具备这两个本质的功能，通过源源不断挂牌公司信息披露，让投资者了解中小微企业的信息，同时通过公开转让和交易实现对中小企业的估值和定价。我们用了差不多一年时间来探索制度设计，到目前为止我们已经形成66个制度规则和指引，都在试行，其中包括大家熟悉的不设财务标准，允许小额快速按需融资，不对股权激励和股权锁定做出时间规定，发行人可以自主选择交易方式，交易方式之间可以自由的转化，这就达到一个目的就是最有效实现投融资的对接。

三、最后谈一点新常态下的新三板，我觉得创新仍然是我们的新常态。我们正在做的是加快制度创新，使我们的创新尽可能跟市场创新同步，我认为未来真正的竞争绝对不是企业资源的竞争，而是制度创新的竞争，是差异化和多元化的比拼。

我们的生活已被新三板包围

全国中小企业股份转让系统总经理　谢　庚

只用了短短不到三年的时间，从最初的“深闺人未识”到如今的“有女初长成”，新三板大踏步地发展，像一块闪闪发光的宝石，吸引着人们的关注。

“最近微信上有一个段子被大家广为流传，大意是说，现在年轻白领们的生活被新三板公司包围啦，你们去吃个饭，K个歌，逛个街、旅个游，包括叫个家政阿姨，很可能接触到的都是新三板挂牌公司。可以说，新三板公司无处不在，这说明市场发展的速度很快。”

身材高大俊朗，讲话儒雅利落的新三板“掌门人”谢庚，用地道的老北京人自带的幽默感成功吸引到了全场的目光。

谈发展：

两年间从356到4695家

全国中小企业股份转让系统有限责任公司成立于2013年1月16日，和上海、深圳交易所一样，但是市场定位不同，新三板的使命就是服务于创新型创业型成长型的小微企业。

“2013年底是356家，2014年底是1572家，截止今年的12月14日，新三板挂牌企业已达4695家。今年8－11月，每月新受理的企业都在七八百家，后续的量是很高的。”谢庚认为，这一年新三板发展确实非常迅猛。

全国中小企业股份转让系统有限责任公司总经理谢庚介绍，所有已挂牌公司已覆盖了全国所有的省区市，其中中小微企业占95%，小微企业占比69%，民营企业在这个当中占比是最高的，是96%；按产业类型来说，高新技术企业的占比达到65%，大概公司平均研发强度在4%以上。如果按照企业研发强度10%这个标准，新制造业占比40%，现代服务业占比30%，战略新产业的占比24%。可以看出，市场的业态高度包容。

谈现状：

切实解决了中小企业融资难题

“截至12月11日，今年以来一共有1766家公司完成了381次股票发行，融资总额已经达到1142亿。”

这个数据什么概念？谢庚解释，2013年市场建立的第一年融资总额是10亿，2014年扩大到全国的第一年融资总额是132亿，今年到现在已经达到了1142亿。当然有人说还没有覆盖到所有的公司，不是每家公司都有融资。这也是市场具有高度包容性特点的一种发展，要看企业的发展阶段，看企业的需求，在融资这项功能逐渐释放的同时，并购市场也开始趋于活跃，今年已经是有83家挂牌公司披露84次重大资产重组的报告数，合计交易金额268.68亿。并购重组概念在2014年还是凤毛麟角，基本上没有。现在，这个市场功能也开始在逐步释放。

谈交易：

做市制成主流交易方式

谢庚说，这个市场比较有共识的是，机制很好，效率很高，但是流动性不好。但是大家可以看到的是，现在已经上线两种交易方式，一种是协议交易方式，一种是做市商交易方式。到目前为止选择做市商交易方式的公司已经超过1000多家，而这一项业务是在2014年8月才刚刚呈现，现在做市商已经成为市场交易主体，1000多家以做市商方式进行交易的公司，所形成的市场交易量占市场的6成，形成市场的主流交易方式。

谈未来：

新三板未来怎么走？

对于大家普遍关心的“门槛是否会降低”、“如何增加流动性”等热门问题，以及“明年是否会控制企业数量”等传闻，来看看谢掌门是怎么一一解答的。

标准是否会修改？标准是底线标准，没有财务指标的要求，做了一些非常底线的基础规范，包括股份公司治理两年，包括有明确的业务要可持续经营，包括经营要依法合规，股份权属要清晰等等，形成了资金找好企业，投资人推着好企业到新三板挂牌的良好局面，同时为天使投资、创业投资、风险投资提供了便捷的退出通道。

门槛很低，怎么保证公司的质量？今年的中报披露了3400家挂牌企业，平均销售收入增幅超过13%，净利润平均增幅达到了79.63%，这个指标还包含亏损公司，应该说经过市场化的选择公司的成长性还是很好。门槛是一个形如管制的概念，不一定门槛高公司一定好。券商要以提升企业价值为目的进行持续的服务和主导。

怎么增加流动性？对于投资而言，大家很关注流动性，流动性并不是交易量，流动性本质是金融资产的变现效率，我们目前采取协议交易和做市商交易，下一步会对交易制度做一些调整，使它们更合适市场股权分布的状况。

牢牢守住不发生系统性风险的底线

全国中小企业股份转让系统副总经理　隋　强

2015年金融街论坛《对话股转系统——新三板》效应于10月28日晚在金融街中国人寿中心举行。国务院发展研究发展研究中心金融研究所所长张承惠主持论坛，全国中小企业股份转染系统副总经理隋强、北京致生联发信息技术股份有限公司董事长卜巩岸、中信建投证券股份有限公司董事总经理刘乃生、北京信中利投资股份有限公司董事长出席了会议并进行了精彩演讲。

全国中小企业股份转让系统有限责任公司党委委员、副总经理隋强在演讲中表示，新三板下一步发展就是要加强市场监管，牢牢守住不发生系统性风险的底线。应该讲新三板海量市场的特性给我们市场的发展和监管带来了很多的挑战，传统的对公司的监管已经不适应新三板的发展需要。因此，我们将坚持创新发展与风险控制相匹配，强化风险融资能力，探索研究运用大数据等技术提高我们的监管效能，同时为了进一步发挥市场的优胜劣汰的功能，在分层的同时，我们也将推出和完善市场的载排制度。

演讲实录：

尊敬的苏东常务副区长，陈宁副区长，尊敬的张所长，各位来宾，晚上好，今天非常荣幸在这里交流，遇到了很多老朋友，俗话见老朋友相见分外喜悦。北京临近深秋，秋天往往是收获的季节，所以我们大家欢聚一堂，共同盘点新三板扩大到全国近两年以来的市场成效，我个人觉得也十分有意义。今天的主题表明大家对新三板的认可，尽管它是一个新生的市场，同时也表明大家对新三板的未来发展还是抱有深深的期待。所以我想借今天这个机会，就围绕着新三板效应这个话题和在座的各位嘉宾分享五个方面的体会，不当之处也请各位专家、各位学者予以批评指正。

第一，新三板包容性的制度设计和覆盖面广的特点，有助于引导要素向创新创业企业集聚。大家知道，我国中小微企业量大、面广，有着中小微企业系统重要性与个体弱势地位并存这么一个特点。一方面大家也知道，中小微企业是我们国家发展的生力军，就业的主渠道和创新的重要源泉。

另一个方面社会资本还是很难进入中小微企业，工信部的数据表明，只有20%左右的社会资本能够进入到中小微企业，我们观察制约中小微企业融资难的原因，既有企业主体自身方面的原因，也有市场体系自身的因素，换句话说，我们传统的资本市场并不包容中小微企业，天然地就把中小微企业排斥在资本市场扶持的对象之外。

从某种意义上讲，新三板的设立就弥补了多层次资本市场断层和券商业务断层的先天不足，既完善了与中小微特性相适应的风险投资体系和综合的金融服务体系，因此我本人认为新三板是我国多层次资本市场最大的改革增量，也是最新的创新变量。新三板已经突破了以往的行业属性、业态模式、规模体量、盈利亏损等因素，对企业而言，对接资本市场的制约，缓解了中小微企业上市难、交易定价难的问题，实现了对企业投资的选择和价值判断的权利交由市场决定的一个重要目标。实践也证明，新三板这种注册制的探索的路子走对了。

截止到昨天，我们全市场的公司合计是3837家，总市值是1.66万亿，覆盖84个大的行业，在这些庞大的中小微企业过程中间，我们中小微企业的占比是95%，高新技术企业的占比是65%，先进制造业和现代服务业的占比合计达到70%。今年我们共有1446家公司完成了将近2000次的股票发行，融资总额达到了813亿元，这个数据比2014年全年增长了525%，新三板的平均企业单次融资规模是多少呢？是4236万元，据我们目标统计，尚有将近1000亿左右的融资计划还在程序里，因此全年突破1000亿的发行融资应该是没有多大的悬念的。

市场支持的成效也是比较明显，据我们2015年上半年末的市场统计，全市场有80%的公司实现盈利，平均营收同北增长将近14%，平均净利润同比增长将近80%。除了资金以外，新三板还支持了人才、技术等创新要素，在中小微企业的集聚，我们累计有249家挂牌公司开展了325次带有股权激励性质的股票发行，激励的核心员工达到了6220多人，累计有122家挂牌公司通过重大资产重组和社会兼并，交易金额达到了247亿元。

第二，是新三板改变了和改善了私募股权投资的生态环境和运作模式，有助于引导早期资本的形成。我个人体会，中小微企业融资难的另一面是广大的社会资本投资难、定价难，投了以后退出难。因此，看待中小微企业融资难的问题，既要从融资方看，也要从投资方看。我们观察到新三板为引导社会资本进入到中小微企业创造了条件，特别是对于创投基金为代表的私募股权基金的完善募、投、管、退等方面具有重要的意义。

新三板市场包容的市场准入体制，明确的挂牌预期和市场化的运行机制，一方面为私募股权投资提供了退出通道和投资估值的参考，推动改变了过去大家都做IDO项目的状况，引导股权资本迁移，另一方面新三板海量挂牌企业的特性，及新三板公众公示对信息披露的持续规范的要求，有助于改进投资的信息收益条件，完善投部管理，为私募股权提供了丰富多彩的投资标的，也带动了社会资金的募集。据我们统计，今年我们所有的发行中，共有47%的私募股权参与了我们的发行，我们的挂牌公司中将近50%的公司，前十大股东有7个VC的影子。

今年上半年设立的新三板创投基金公有735支发生募资行为，募集的资金总额达到了1187亿元，其中上了新募的基金有456支，占比超过了62%。同时新三板的平台也为私募投资基金本身的发展创造了条件，目前共有 14 家私募基金公司完成挂牌，共计募集资金达到了 293.5 亿元。14 家私募基金挂牌公司中，2014 年的平均资产 19.09 亿元，同比增加了 273%，平均营收为 1.58 亿元，同比增加了 47%，平均净利润为 7782 万元，同比增加了 227%。

第三，新三板积极打通直接融资和间接融资的鸿沟，助力提升金融协同效应。我们观察到，中小微企业不单是类型多元，而且需求也非常多元。目前为支持双创，各金融机构纷纷开展和探索针对中小微企业，化解中小微企业融资难的情况，总的看各类金融机构信息相对独立，服务也相对独立，服务的分割化、碎片化的现象较为突出，整体上金融体系的协同效应还不是很强，目前围绕着新三板各类金融机构、金融产品已经探索深度开展合作，我们已经与 29 家商业银行及 1 家资本机构签订了战略合作协议，合作银行研发推出了数 10 款针对挂牌公司的专属金融产品或者是投资方案。据不完全统计，截止到今年 6 月底，合作银行为挂牌公司提供的贷款合计是将近 850 亿元，主要是以股权质押和信用贷款为主。另外，商业银行、证券公司、投资机构等围绕新三板也探索发展出了比如投资先行、投贷联动、银政联动的新的服务模式，应该看到中小金融机构是金融服务实体经济的一个毛细血管，分布十分广泛，渗透力很强，精准度也比较高。与中小微金融机构的有效对接，使得新三板对接实体经济的能力有了明显提升，我们也支持小微金融机构挂牌。目前共有 56 家金融行业挂牌公司覆盖了哪些类型呢？比如说小贷公司、担保公司、租赁公司、农经社、保险代理公司、证券公司、期货公司、私募基金、投资咨询等 10 个细分行业，这些小的机构挂牌新三板以后，募集到资金以后，必将有力地改善和改进针对小微金融的金融供给。

第四，新三板引导证券公司等市场中介机构创新和完善了对中小微企业的服务链条和服务模式。大家可能都知道，中国的证券市场从服务成熟企业、大型企业、规模企业，从这个地方起步，逐步完善到对中小微企业的金融服务，以新三板为代表。但是同时我们应该观察到，前期的多年的实践使得我们的证券公司等市场中介主要以 IPO 为目标，偏好规模以上企业和成熟企业，因此对小微企业的服务体系表现为，服务体系不健全，服务链条不完整。大家也知道，围绕着如何服务于中小微企业，新三板创设了主办券商制度，主办券商制度理解起来可能比较专业，其实如果说我们调整一下角度，也特别好理解。主办券商倒过来说就是券商主办，券商主办的概念是什么呢？就是一方面要求券商以销售为目的，在前端遴选企业，回归投行的本质。另一方面，要求券商以提升企业价值为目的，进行持续督导和服务，引导证券公司等中介机构同辅导企业改制，规范公司治理，完善资产定价和销售能力等方面加快业务整合，更好更广地甚至更早地服务于中小微企业。

因此，在主办券商这个业务链条中，券商通过推荐挂牌和做市业务，将投行经济业务、资管业务等业务链条全部打通，并形成了协同效应。券商的盈利模式也不仅仅体现在推荐环节上，而是与挂牌公司的持续发展，挂牌后的股票发行、做市等持续业务密切联系，同时主办券商在展业的过程中，他也需要积极协调组合各类的市场资源，包括股权投资机构、银行、律师、会计师等等，组团对企业进行筛选，提供综合性的金融服务。目前新三板的主办券商公有 93 家，在做市上商 84 家，会计师事务所 40 家，律所是 482 家，据我们调研，企业挂牌新三板以后，90% 企业认为挂牌以后融资环境得到了改善，2/3 的公司认为挂牌以后达到了挂牌的初始目的，可以说以新三板为龙头，以 PVC、政府引导基金、银行、担保等力量支持中小微企业的资金链和政策链已经初步形成，新三板已经朝着国营决定的方向在发展，它的效应正在逐步释放，而且必将在更大的范围内进行充分的释放。

第五，我想给大家分享的是，创新是新三板的永恒基调，创新是新三板的生命力所在，新三板的未来发展前景值得我们期待。

总的来看，新三板目前还处于初创期，它十分年轻，扩大到全国以后，因此新三板市场规则制度的建设、制度效应的充分释放、市场监管的完善，将是一个持续的过程。市场存在的问题我个人认为处于成长的烦恼，既不能掉以轻心，但也不能过分担忧。这一段时间以来，围绕着新三板有各种各样的议论，我个人认为有合理的成分，当然也有很多传统的老眼光、老思维。一位诺贝尔经济学奖的获得者在评价中国的改革的时候说过一句话，他说回头看，制约我国改革发展前行的核心的因素多半来源于我们既有的成功经验，这也就是我们常规说的要走出路径依赖，因此我个人认为看待新三板需要新眼光，需要新思维，不能掉进传统的思维里，更不能用传统的交易所的发展成效和发展成果来评价对标新三板。新三板将坚持走自己的路，建成自己的特色。

说到这，大家十分关心，新三板要走自己的路，你对未来市场的发展前景十分乐观，下一步你们的工作着力点在哪呢？主要包括以下几个方面：

第一是进一步地强化市场融资功能，市场如果没有融资的功能，必将背离市场的初衷，新三板就是为中小微企业服务的，我们将在优化挂牌审查、股票发行和并购审查工作机制的前提下，完善股票发行制度，鼓励挂牌同时发行，发展适合中小微企业的债券品种，推出资产支持证券，开展挂牌式回购业务试点。这是一个方面。

第二是完善市场体系，总的来看，目前新三板海量市场规模已经形成，内部的结构性分化也开始产生，因此新三板内部已具备分层的条件，我在这里想告诉各位的是，这项工作今年年底一定推出，大家不必担忧。围绕着市场体系建设，我们还将推出新三板向创业板的转板试点，推出和建立确性市场的合作对接机制。

第三是改善市场的流动性。大家可能也知道，新三板目前的流动性不足是市场面临的主要矛盾之一，分析这些矛盾，除了企业自身股权集中度比较高，可流通部分不足之外，还有其他两个方面的原因，一是我们市场合格投资的数量不足、结构比较单一，导致市场的风险偏好系统、交易的需求不足。换句话，就是说市场的活水不足。第二个方面的原因，我们新三板创新推出的做市商制度，现行的制度规则下，由于我们的证券公司没有前期经验的积淀，加之我们监管体系的不成熟，导致了我们很多证券公司整体上在做市的业务中以自营方式运作和监管，它的券商组织交易的功能没有充分地发挥出来，因此解决新三板的流动性问题，必须基于新三板市场的特点，基于服务中小微企业的特点提供一整套行之有效的解决方案。

优化我们的协议转让制度，大力发展做市业务，完善市场效益机制，引导做市商加大做市投入，提升做市能力和水平，充分发挥做市商的作用，发展多元化的投资机构和队伍，扩大市场长期资金的市场供给。这一段话说得十分专业，但是理解起来也不难，就是大力发展做市，优化交易，改善市场的资金工艺。

第四个是，新三板下一步发展就是要加强市场监管，牢牢守住不发生系统性风险的底线。应该讲新三板海量市场的特性给我们市场的发展和监管带来了很多的挑战，传统的对公司的监管已经不适应新三板的发展需要。因此，我们将坚持创新发展与风险控制相匹配，强化风险融资能力，探索研究运用大数据等技术提高我们的监管效能，同时为了进一步发挥市场的优胜劣汰的功能，在分层的同时，我们也将推出和完善市场的载排制度。

总之，新三板还十分年轻，今天的场合十分难得。我期待在后续的环节中能和各位嘉宾就如何发展和完善新三板做深度的交流。感谢会议主办方提供场合，谢谢大家！

全国股转副总高振营在研讨会上的讲话

2015 年 2 月 5 日“2015 新三板业务交流高级研讨会”在北京举办。行业监管部门领导、基金管理公司、基金子公司、商业银行、证券公司、私募基金等相关机构业务负责人与会，就新三板业务发展的热点、难点、焦点问题进行研讨与交流。全国股份转让系统公司党委委员、副总经理高振营在论坛上进行了发言。

高振营表示，为了更好的服务中小微企业，2015 年我们要进一步深化市场的能力，提升服务实体经济的能力。推进市场的分层，我们作为今年的核心工作在紧锣密鼓的推动，这也是证券会明确要求我们加快推动和落实的，这样的话我们才能服务众多差异性的中小微企业。

以下为嘉宾发言实录：

很高兴今天能够参加中国证券投资基金年鉴主办的 2015 年新三板业务交流高级研讨会，主办方给我的题目是《新三板市场发展和有关政策的解析》，我看今天在座的很多都是行家和投资大家，因为很多都是老朋友。所以解析就不敢说了，我就是想借这个机会向大家简要汇报一下全国股份转让系统市场发展的现状，还有下一步的政策安排和思考，希望我上午的介绍能够对大家了解新三板，包括大家有兴趣投资新三板的企业能有所帮助。

1 月 30 号我应邀参加了联询证券做市商签约的仪式，是在惠州搞的，中央电视台在朝闻天下和下午新闻频道的新闻直播间都做了报道，也对我们全国股转系统一年来的发展给予了充分的肯定，包括市场取得的成绩。前天我接到了陕西开源证券，他们已经向我们公司报送了挂牌的申请，也是跟我们沟通。大家知道联询证券在市场创造了到目前为止的五个第一，它是第一家采用做市交易方式的证券公司，这在上市证券公司和挂牌证券公司里面都是第一家，我觉得它可以写入中国证券市场的史册。因为做市商制度实施以后他是采取第一家采取做市的公司。再一个它是第一家全员持股的股权激励的证券公司，方案刚刚报，因为市场有比较好的政策环境。当然它也是第一家在新三板进行融资的证券公司，但是知道湘财什么都没有做，现在被大智慧收了，这是到目前为止我能够看到的做市商最多的一家，他现在签约的有 14 家，它的做市商的数量应该到目前为止也是最多的。同时它也是我们这个市场里面到目前为止现金融资最多的挂牌公司，它在 8 月份挂牌以后 10 月份、12 月份融过一次资，融了 40 亿的资金，融资的效率，并且它实现了梦寐以求的员工的股权激励计划。并且它同排名将近 100 名，现在跳到了 20 多名。并且它的运气比较好，第一批融资赶上市场比较好，那 10 亿做融资融券了也赚不了不少钱。

我为什么要说这件事情呢？新三板市场在过去一年取得了令人瞩目的变化。大家回想一下在 2014 年初的时候，大家对于市场的看法，以及市场的反应以及到年底的反应是有区别的，联讯在融资的时候得到了市场热烈的反应。并且这个市场促使帮助联讯证券实现了华丽的转身，也说明这个市场对于促进企业的发展，当然它是金融机构。但是它在证券公司里面同样算中小金融机构，因为它排名在一百位左右实现了华丽的转身，所以市场效应从这个点上也是能够得到一定程度的体现。

大家知道券商是资本市场的中介机构，券商的嗅觉是最灵敏的，市场机会他们捕捉是最快的。2013 年和 2014 年比券商的态度发生了根本性的变化，无论是自身从事市场的业务，还是怎么样利用市场来发展自己都有了很大的变化，除了我说的开源以外，陆续还有其他的证券公司都准备在市场上挂牌，这也是证券会支持的，利用它来补充资本。这说明市场确实有吸引人之处，我们这个市场它的特点，如果大家说的比较多，就是包容和创新，包容主要体现对企业不设财务门槛，对风险的包容。但是我觉得这个市场从一开始它就有创新的基因在里面，从这几个方面可以看。

首先我们服务的对象就是创新创业型中小微企业，我相信其中有很多是中国的未来之星。因为大家知道这些企业都是券商从 1500 万家企业里面精挑细选里面出来的，从这里面筛出来的企业，这叫掐尖，我相信这里面有相当一部分企业一定是中国企业的未来。同时，我觉得我们市场从一开始的时候就有非常好的创新环境和条件。因为大家知道全国股份转让系统作为一个全新的全国性的证券交易场所，它的法律性质和地位和沪深交易所是相同的，它也是经国务院批准是以《证券法》设立的，但是在相关的法规里面对于全国股份转让系统这些挂牌公司和公众公司的监管限制是比较少的，这样从政策的天花板上给市场发展预留了非常大的空间。不像主板干一件什么事情，只要市场是需要的都可以很快的调整。很重要的一点，它还没有历史的包袱，主板在改革当中有很多历史的包袱在里面，这些都构成了它创新的阻碍。

同时，从一开始证券会把全国股份转让系统定位为改革创新的试验田，我们一开始也是秉承这个理念，做了很多制度上的探索和创新。比如说大家现在耳熟能详的主板券商制度，这些都是我们市场首先提出来的，也是在我们这里面践行的，创业板也提出了小额快速、按需融资的理念。现在主板已经在学我们所有的审核信息全公开，最近主板开始做了，这也是我们一直做的。并且我们做到了电子化报送、视频化沟通，所有的东西从一申报来全部上网阳光化、公开化、标准化。

我们建立市场的时候内部有一个口号，我们不要权力，我们不要自由裁量空间，我们要把它尽可能把所有的标准、所有的要求都标准化、公开化、透明化，这样让市场能够明白作为市场组织者他的要求是什么，是市场的预期非常清楚，这些方面的探索都为我们市场发展创造了非常好的条件，也形成很好的市场示范效应。我们作为一个自律监管为主的市场，做出这些探索，为促进市场健康发展发挥了非常重要的作用。

所以基于这些判断，我认为我们市场没有那么多主板条条框框的约束，我们的目标是建立不同主板市场全新的市场，所以我觉得这里面从一开始就流淌着创新的基因，它也有条件能够做到这点，这是我想讲的观点，这也是我个人的观点，也想使大家能够有一个视角去认识市场。

对于我们市场的政策制度适应了市场的需要，大家知道市场成立以来发生了积极的变化，市场也取得了重要的进展。按照媒体的说法，去年我们的市场实现了爆发式的增长，挂牌公司的家数达到了 1881 家，市值突破 5000 亿，特别是我们去年的市场交易渐趋活跃，大家都看到了数字，我们在 2013 年的时候交易额只有 8 亿，去年我们超过了 130 亿。我们的融资额在 2013 年只有 10 亿，去年我们到了 132 亿。这种变化其实在今年年初有了更大的变化，大家知道我们到今年 1 月份，我们市场交易额已经超过了 36 亿，其中一半左右大概是做市商股票交易量。我们的融资额现在没有算联讯的，现在也快将近 20 亿了。因为我们知道他们现在有很多公司的融资额是很大的，所以我相信今年的融资额也会出现很大的突破和增长，交易额也会有很大的增长。

同时，我觉得市场非常大的变化就是投资者的数量快速的增长，在我们的市场里面，说到这些主要的市场指标翻的有的都不是一倍，有的是三倍、四倍、五倍。在构成上大家都看到了去年特别是下半年专业投资机构入场的速度明显加快，包括跟我们在场相似的机构，基金公司子公司、信托公司现在都进入市场，并且他发专户的产品速度非常快，效益也非常好。大家在网上流传保利的子公司成立半年收益 50%，在这里面收获确实是不错的。

我觉得特别值得重视的是，现在我们做市商采用做市股票质量也在快速的增长。2014 年 8 月 25 号做市商制度上线的时候，截止到今天已经有 115 家挂牌公司采用做市方式，据我了解很多公司看到了做市商制度给企业发展带来的好处，正在准备采用做市制度来做，我相信今年的做市商制度会得到更进一步的深化，这个对于市场交易活跃和定价会起到非常好的作用。

市场在建立的时候，不是仅仅把自己定义为中小企业提供融资的场所，我们定位综合的融资服务平台。所以我们在搭建综合金融服务平台的时候做了一件很重要的事情，就是加强和银行的合作。因为我们到去年为止我们已经和 27 家商业银行，包括国有的各个层次的银行都有了，我们签署了战略合作协议，并且还和长城资产公司签署了战略合作协议，希望跟我们一起来推进中小企业的发展。我们通过去年一年的努力和银行的合作，我们做了不完全的统计，大概 22 家商业银行去年为 960 多家挂牌公司和 800 多家拟挂牌公司提供超过了 430 亿的贷款，为这些挂牌公司和拟挂牌公司授信的超过五百多亿。所以这个对银行的态度在去年发生了根本性的转变，所以这说明市场里的企业确确实实在得到各方的共同认可，有很多不错的企业，我主要想说明这一点。并且特别可喜的变化，就是说我们中证检测去年八月底做过一个分析，凡是在我这里挂牌的公司，它挂牌以后融资的余额比挂牌前一年平均增长 70% 以上，这是他们做的统计。其中在我这里面销售收入占比比较靠前的那些公司，平均的贷款是它挂牌前的三倍，这些挂牌公司融资的成本得到大幅度的降低，融资成本平均只有 7.2%，这个是有数据支撑的。前一段时间我们看到地方金融办，特别是四川金融办专门做过统计，它的挂牌公司融资的成本平均降低 50% 以上，这是四川金融办给我们提供的数据。这点都说明银行对客户是很挑剔的，现在银行也愿意为这些挂牌公司，除了提供传统的质押贷款以外，愿意提供信用贷款，这说明很多企业他确确实实认为是不错的，说明两个问题，一是说明银行对市场很多企业是看好的，特别是对做市的企业更看好。再一点说明，在我这里挂牌的企业，它的成长环境确确实实得到了改善，这些企业发展的基础更牢了，这也是投资人所关注的，他成长的环境更好了。

当然我们前天还接待了交通银行的董事长专门来我们这里，带来他的一帮干将跟我们谈，交通银行怎么样加深跟我们公司的战略合作推动中小企业的发展，我也参加了向牛行长的汇报，确定了我们进一步加深合作的领域，怎么样促进投贷联动、股贷联动和信息共享，怎么样更好的促进中小企业的发展，我们在机制上进一步创新，更进一步提供这企业成长环境好的条件。

其实企业利用市场，不管它融不融资来了以后都得到了很大的发展，这一点来说我要给大家讲，为什么要说这个问题呢？因为实际上来说，我的企业是很有意思的，有的企业不是来为融资的，它不像主板去了以后第一渴望就是融资。我这里面的企业有几种情况，一个是我现在不缺钱，我就是来出个名，有的人想债权融资，不想股权融资，非常分明。但是只要来了以后对企业成长发展都起了非常重要的作用。

我举一个例子，去年我参加一个论坛，我们选择了一家中关村企业，他挂牌只有六个月，他说挂牌六个月以后当时几个愿望都实现了，他没有在我这里股权融资。他说第一个想从银行融钱，挂牌以后银行就给他信用贷款了，银行主动上门找他。第二个是他挂牌以后股东对我的要求变了，股东过去只考核我今年利润多少，明年利润多少，股东告诉我你要注重长远发展，要构建企业的核心竞争力，注重企业长期的价值，他说这点可以对管理层静下心来好好思考公司的发展，对我们来说是非常重要的。大家搞经营都知道，如果今年增长 50%，明年还是 50%，你可能很难考虑长期的发展战略，都是短期化的行为，所以我听了以后非常受启发。他还讲到一点，中小企业在中国数量众多，但是政府也好、社会投资机构也好，很想对这些好的企业给予支持，但是大家都在水下面。我通过挂牌以后就站出来了，政府知道还有这么不错的企业，他是搞清洁能源的，政府给它各种政策环境。还有一点就是说挂牌公司特别是民营企业在竞争中很大的问题受到困扰，特别是跟大的企业合作的时候，这是大的企业不愿意跟它合作的重要原因。这些企业对价格往往不是最敏感的，它是担心我的合作伙伴过两天跑了会影响我的品牌声誉，所以挂牌以后作为公众公司，它的治理更规范了，信息更透明了，它在竞争的时候不会再怀疑它的持续竞争能力。并且告诉我这是公众公司，是上市公司，这也是有品牌和信誉的。他还讲到一点员工，其实到我这里挂牌，这是很多挂牌公司没有意识到的，股权激励怎么让员工和企业的利益挂钩，通过这几个方面，其实融不融资给企业的发展，通过在我这里挂牌都发挥了作用。所以多为企业的成长提供了更好的环境，所以也是给大家一个新的视角来看企业。因为它的要求和诉求，因为成长阶段不一样跟主板上市公司有很大区别。

我们为了更好的服务中小微企业，2015 年作为市场来说，我们想持续推进下面几项工作，很多都是大家耳熟能详的。第一是我们要进一步深化市场的能力，提升服务实体经济的能力。一是推进市场的分层，我们作为今年的核心工作在紧锣密鼓的推动，这也是证券会明确要求我们加快推动和落实的，这样的话我们才能服务众多差异性的中小微企业。二是我们要增加市场的品种，私募债和其他的品种今年会陆续推出来，再一个是加深和银行的合作，进一步支持中小微企业的发展。第二是改善市场的流动性，提升市场的估值和定价能力，国务院的决定里面说它不是以交易为目的的市场，交易的目的是估值和定价，没有市场的流动性，市场的功能是难以发挥的。所以我们的着眼点是提升市场的估值和定价能力，这点我们也要做几项工作。一是推出我们的竞价交易制度，这也是我们系统正在开发的，估计春节以后有可能相应的测试工作就开始了。二是深化我们的做市商制度，因为对于中小微企业来说有独特的优势，在组织交易方面有重要的作用。在企业里面已经明显的得到了体现，这些公司基本上都形成连续的曲线，并且凡是采用做市服务的公司，融资的时候特别容易，并且银行也愿意跟这样的企业服务。券商现在可以主动提供服务，原来都是公司追着券商，现在采用做市的股票，券商天天嘘寒问暖主动提供服务，所以对挂牌公司来说服务的水平也得到了大大的提高。再一个是我们要完善投资者的适当性，今年我们要对投资者适当性进行标准，因为一个市场的发展它的投资者的数量和基础一定要和公司的数量和发展相匹配，我们也实现风险的分层管理，也解决大家所关心的问题。

我们还要认真落实去年12月26号证监会发布的118号文，这个是证件局对我们股转系统发展的，大家知道内容第一个是扩大和推荐做市业务的主体，将来券商分公司，包括咨询机构和仅仅公司子公司符合条件的都可以到市场来做推荐和做市业务，我们想目的就是在市场引入新风和竞争，使得市场能够打破原来固有的思维，使市场能够更适应中小企业发展的需要。

我们还要推出做市股票的借贷业务，这也是国外惯常的做法。同时我们要为公募、资管进入市场创造条件，去年118号文已经把政策的障碍取消了，所以明确允许公募资管产品投资新三板的股票，我们下一步就是要推动证监会进一步细化相关的要求。同时我们也在测试托管系统，我们争取春节前把它测通，因为有的已经开始想买股票，我们把路打好，这点我们还是有信心的，我们和登记公司抓紧跟托管银行测，我们把路铺通。我们还要推出券商的质押式回购，这个也是给企业更好的融资渠道。

其实我觉得118号文的落实，它可能给市场带来的影响，大家回去可以好好琢磨一下。这其实有很多政策的突破，它对市场的影响很深远，大家可以看这个文是最近几年来证监会突破尺度最大的文件。从机构监管来说，我们也是亲自参与了相关的工作，所以大家不要小看这个文件，它可能对市场带来的影响，也是证监会为了更进一步推动证券中介机构利用市场。在那个里面写的很清楚，就是鼓励证券期货经营机构到全国股份转让系统挂牌融资，并且实施股权激励，不用事前的备案这都是比主板更优惠的条件，这些都有可能成为我们在座投资的标的。

我们今年还要构建多层次资本之间有机联系，也就是大家说的转板，其实这块主动权不在我们这里，我们只是做好配合，其实更多的是在证监会和相关的证券交易所。但是我们的态度，从我们来说企业到哪里去挂牌是它自由的选择权，但是作为我们来说就是做好服务，让企业能够觉得在这里得到他该得的服务，至于说他去哪儿，人各有志。但是我们这个市场要做好我们的服务，所以这块，我们会里面今年要推动。还有一点我们要加强监管，完善推出制度和机制。因为对于市场来说一定有进有出，市场是健康的，去年我们已经做了探索，有的企业其实已经主动提出摘牌。其实我们已经做出了探索，今年我们在这方面要整个进出体制上更进一步的完善机制，明确相关的要求。因为很多人说，我们这个市场是包容的市场，但是我们有一个明确的原则，包容不是对违规的包容和纵容。所以我们对违规是没有包容这个概念的，只要违反相关的规定，违反《证券法》我们一定要严厉的查处确保市场的净化，这一点我们的态度是非常明确的。所以我们要加强对中介机构的监管，挂牌公司加强市场的检查，同时通过培训使得市场更多的了解我们的规则，因为现在很多挂牌公司是无知犯错，所以我们要加强这方面的培训，这是市场今年的考虑。

咱们在座的都是投资行业的专家，对大家我想提几点建议。

第一，我们是一个全新的市场，所以大家在创新产品的设计和投资理念上，因为它的标的不同，投入者构成不同。因此我觉得一定要摒弃主板的思维，来设计针对市场的产品。通过这种机制的设计，你才能够看到市场的价值，才能够设计出符合投资者需要新的产品，如果你还是主板流动性的要求来完全比对的话，我觉得你看不到市场的机会。首先这一点一定要把主板的思维格式化，要重新的构建一套我们这个市场投资于全新的市场，一定是全新的理念，你才能够超过别人，才能取胜。

第二，在座的很多将来投资以后都会成为挂牌的股东，我们一定要做资本市场普及的支持者和宣传者。我们挂牌公司很多对资本市场的了解非常初级，我跟他们接触的时候，我问他们挂牌以后做了什么，什么都没有做。那你发行了吗，也没有，几个股东，三个，为什么来挂牌呢？他说不太清楚，我说交易跟你有什么关系，他说不知道，他说交易都是股东之间的事跟我没有什么关系，其实他不明白，你这个市场没有交易，没有定价，你的融资的便捷性从何而来，我们之所以资本市场就是解决信息不对称，你没有交易何来公允的价格，你怎么利用资本市场。所以普及的任务非常重，大家在投资企业的时候，我希望大家要把这些投资的基本理念，资本市场的基本知识，怎么样利用好资本市场做好宣传员跟他们宣传，这样作为投资者本身也有好处，这点大家不要仅仅谈价格。我们首先要把思想做通，这样你才能拿到更好的价格，理念的认同很重要。我对挂牌公司也经常讲一个观念，挂牌公司要做资本市场主动的参与者和建设者，主板你挂牌的时候逼着你做IPO，我这里面很多是自选的，你挂牌可以融资，可以不融资，可以挂牌以后随时融资。所以对于主板来说，其实交易的问题不用它去操心，因为你必须得去发行，自然有那么多投资者形成这种定价，如果挂牌公司不主动做一些动作的话基本上没有交易，因为它没有可释放的股份出来，其实主要是理念的问题没有解决。

第三，新三板市场作为全新的市场，我觉得现在挂牌公司的质量，从去年来看越来越好，也希望大家能够充分的动员，我们也在推动证券公司的研究机构和我们市场的研究机构加大对市场的研究，这是有变化的。去年我们有三十多家证券公司推出了几百期关于新三板的研究报告，虽然是初期，但是已经开始有了。大家可以看到去年年底的时候，我们受邀参加很多公司的年会，其中一个专题就是关于新三板投资机会，但是我觉得这方面还远远不够，希望大家共同推动营造一个环境来使得对市场的研究专家们，能够对这个市场加大研究，这样的话有利于投资者创造更好的环境。

因为时间关系我就给大家简单汇报这么多，在座的专业机构是我们特别看重专业投资者，你们的参与会使市场发展更理性、更健康，我们特别愿意为大家做好服务，能够使大家在分享市场的成果的同时，我们支持中小微企业发展，支持创新型国家建设结构的转型做出贡献，我就讲这么多，谢谢大家。

第二章　统计数据

2015年度中国场外市场分析报告

新三板专题

摘要

截至2015年12月31日，全国中小企业股份转让系统（以下简称“新三板”）总计挂牌公司5,129家，当月新增744家挂牌公司。本月挂牌数量出现“井喷”，仅一个月时间，新三板挂牌数量从上月4,300家左右突破至5,000家。平均单日挂牌速度为32家左右，挂牌速度创全年之最。

本月成交额和成交量较上月有所上升，单日成交额有所回落。本月成交额和成交量分别较上月上升了4.50%和6.88%，单日成交额较上月下降了4.59%。回顾2015年新三板交易情况，全年成交额为1,897.34亿元，是历史累计的12.09倍；成交量277.48亿股，是历史累计的9.68倍。2015年新三板交易情况再创新高。

本月数库对新三板市场在挂牌情况、市场交易情况、定向增发情况及企业估值情况进行年终小结，以供投资者对2015年新三板市场情况进行了解。

一、场外市场企业概览

据数库统计，截至2015年12月31日，新三板挂牌公司为5,129家，12月新增744家，远远超过前两个高峰期挂牌数量，与2014年相比，全年新增挂牌公司为3,557家。回顾2015年新三板挂牌情况，从下半年开始新三板挂牌速度显著提升，尤其是12月，挂牌数量出现“井喷”，仅一个月时间，新三板挂牌数量从上月4,300左右突破至5,000家。平均单日挂牌速度为32家左右，挂牌速度创全年之最。

新三板挂牌情况一览见下图：

交易所	2015.12挂牌数	2014.12挂牌数	全年新增	2015.11挂牌数	12月新增	数库覆盖	行业比重
新三板	5129	1572	3557	4385	744	5457	
行业分布							
--信息技术	1505	564		1277		1596	★★★★★
--工业	1520	487		1331		1600	★★★★★
--原材料	574	169		504		615	★★★★
--非日常生活消费品	514	114		417		550	★★★★
--医疗保健	278	68		237		290	★★★
--日常消费品	275	73		236		293	★★★
--商贸	181	37		136		202	★★
--金融	128	16		106		140	★★
--能源	62	26		57		64	★★
--公用事业	44	7		42		50	★
--房地产	32	4		26		41	★
--电信业务	16	7		16		16	★

数据来源：Chinascope Financial 数库财务　　截止日期：2016.1.4

数库覆盖量与挂牌量的差异主要系由于预披露的公司尚未正式公开转让。

2015 年新三板月度新增挂牌情况见下表：

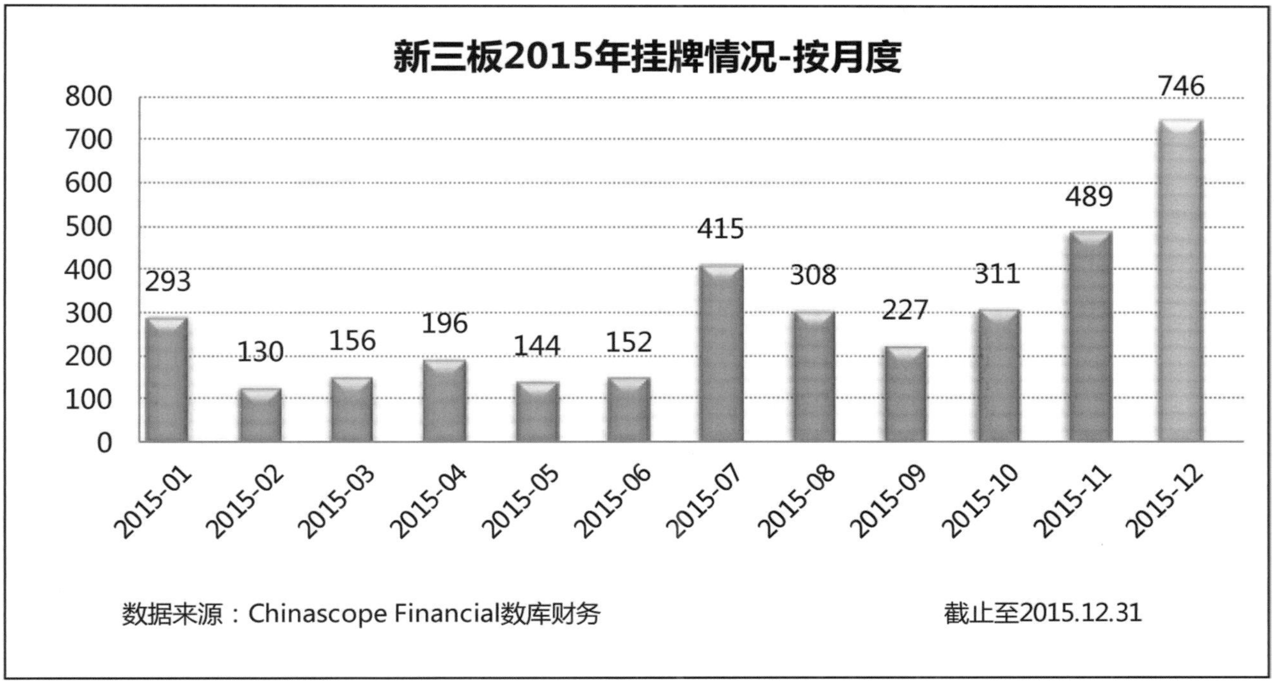

二、新三板市场挂牌公司概况

从挂牌情况来看，2015 年是新三板挂牌数量高速增长的一年。从 2006 年至 2014 年，新三板挂牌公司数量突破 1,500 家花费了 9 年时间，而时隔一年，新三板挂牌数量已突破 5,000 家，全年新增公司数量超过 3,500 家。新三板市场已成为目前我国最大的证券市场。

历年新三板市场挂牌公司数量，见下图：

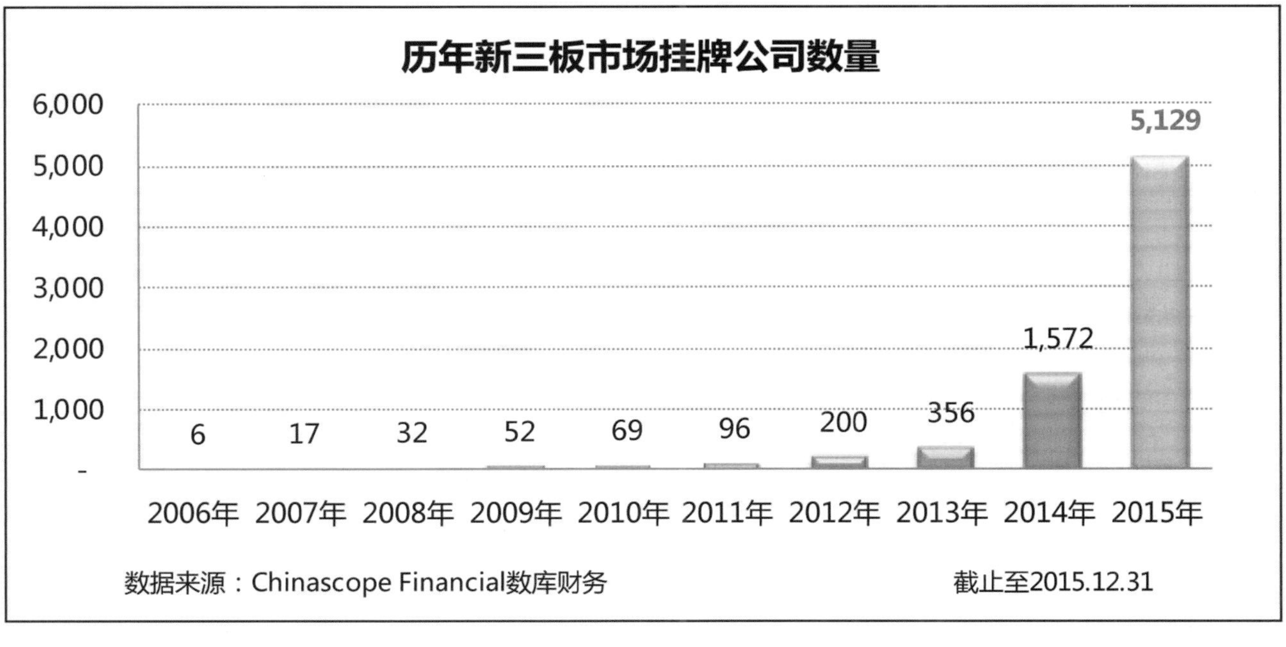

结合新三板挂牌公司的行业分布和地区覆盖来看,2014 年行业分布主要集中在信息技术和工业,其中信息技术处于领先位置,2014 年挂牌公司主要集中在北京、长江三角、珠江三角。(见下图)

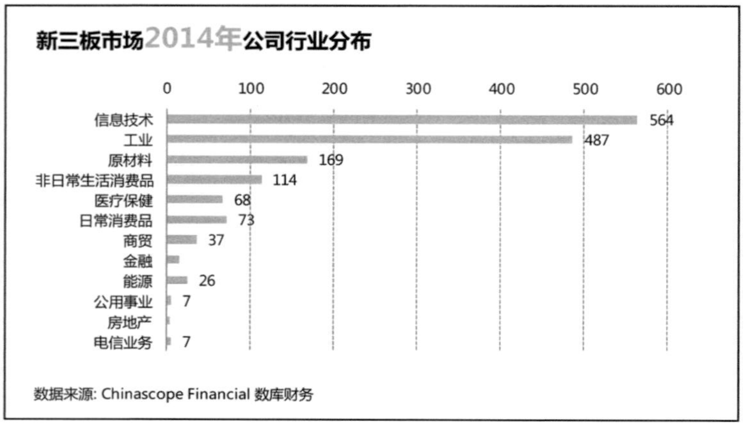

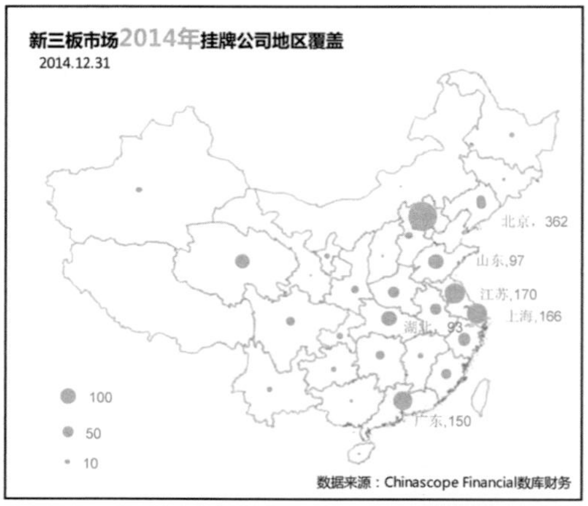

2015 年行业分布情况依然由信息技术和工业占据主导地位,其中工业行业已经反超信息技术,成为挂牌公司数量最多的行业。2015 年挂牌公司地区覆盖集中程度于 2014 年基本一致。随着新三板挂牌公司的不断增加,无论从行业分布还是区域覆盖来看,新三板市场整体覆盖行业越来越细,地域分布越来越广,这也表明未来新三板市场将倍受中小企业的青睐。(见下图)

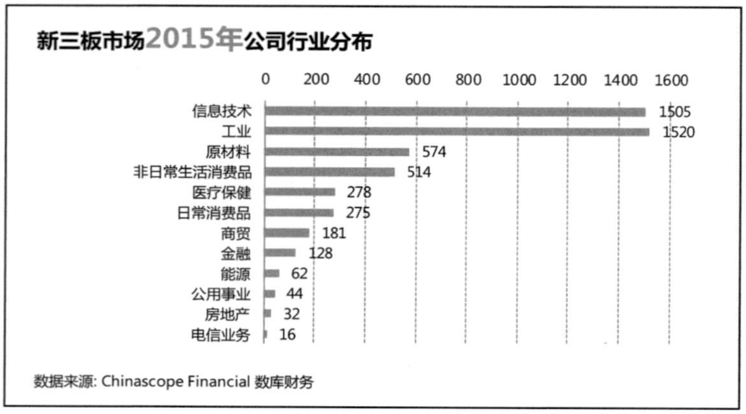

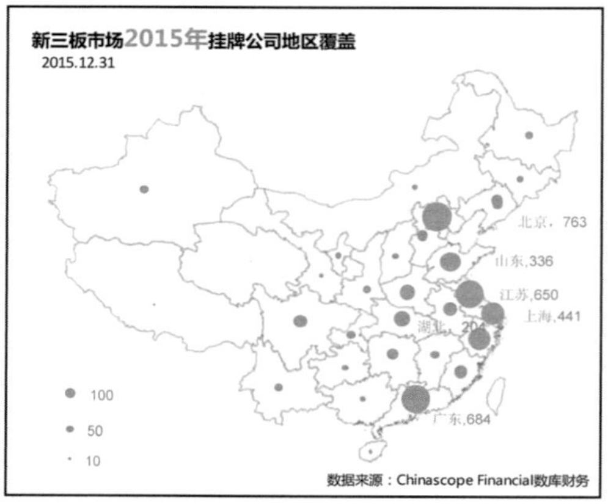

2015 新增挂牌公司行业分布情况来看,工业行业新增公司数量最多,其次为信息技术行业,其他行业都有不同程度的增长。从区域分布来看,广东、江苏、北京地区新增挂牌公司增速较快,上海地区增速略缓,这或与上海股权中心推出的“科创板”有关。(见下图)

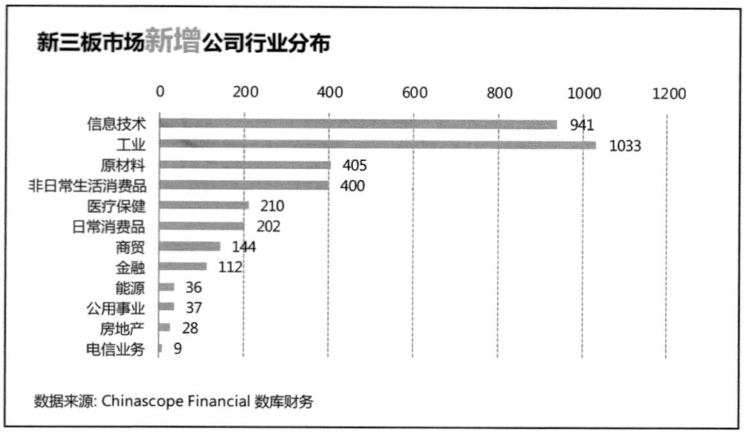

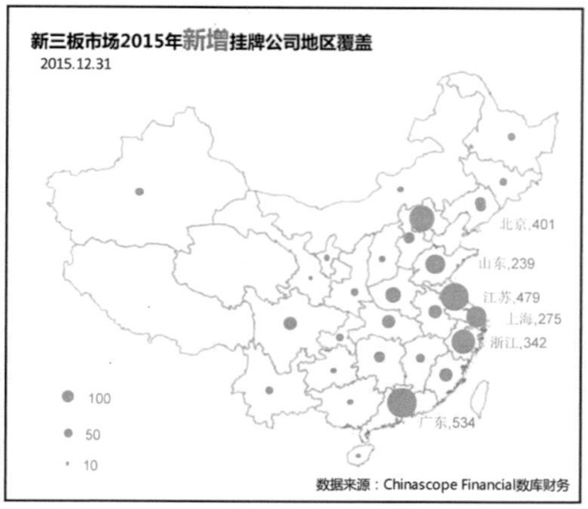

从摘牌情况来看,目前新三板累计摘牌数量达34家,2015年摘牌公司数量为11家,与去年基本持平。但从摘牌原因来看,2015年摘牌原因为并购整合、A股上市、主动摘牌的“三足鼎立”的形势,与去年并购整合占主导位置的情况截然不同。

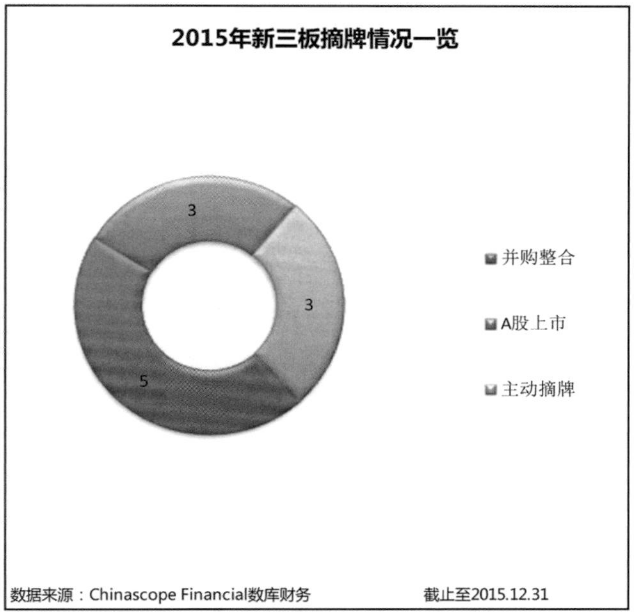

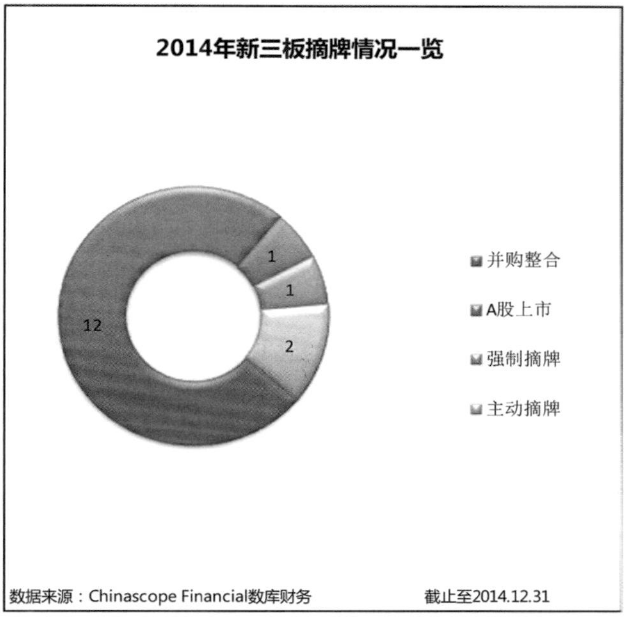

新三板2015年度摘牌情况一览,见下图。

新三板2015年度摘牌情况一览

代码	公司简称	数库行业	摘牌日期	摘牌原因
430760_QS_EQ	奥新科技	信息技术	2015/1/16	根据公司发展需要，主动摘牌
430628_QS_EQ	易事达	信息技术	2015/2/17	引进战略投资者，并购整合
430050_QS_EQ	博朗环境	工业	2015/3/27	根据公司发展需要，主动摘牌
430049_QS_EQ	双杰电气	工业	2015/4/20	A股上市
430040_QS_EQ	康斯特	信息技术	2015/4/24	A股上市
430018_QS_EQ	合纵科技	工业	2015/6/1	A股上市
831976_QS_EQ	祥辉电缆	工业	2015/6/10	根据公司发展需要，主动摘牌
833097_QS_EQ	众益制药	医疗保健	2015/8/27	引进战略投资者，并购整合
831966_QS_EQ	业际光电	信息技术	2015/9/30	引进战略投资者，并购整合
831812_QS_EQ	宇寿医疗	医疗保健	2015/12/2	引进战略投资者，并购整合
430598_QS_EQ	众合医药	医疗保健	2015/12/7	引进战略投资者，并购整合

数据来源：Chinascope Financial数库财务

被并购整合的新三板公司情况一览:

被收购方			收购方		收购金额	收购标的
数库代码	公司简称	数库行业	数库代码	公司简称	（亿元）	
430628_QS_EQ	易事达	信息技术	300269_SZ_EQ	联建光电	4.6	收购100%股权
833097_QS_EQ	众益制药	医疗保健	000999_SZ_EQ	华润九新	13	收购100%股权
831966_QS_EQ	业际光电	信息技术	002217_SZ_EQ	合力泰	9.6	收购100%股权
831812_QS_EQ	宇寿医疗	医疗保健	300390_SZ_EQ	天华超净	4	收购100%股权
430598_QS_EQ	众合医药	医疗保健	833330_QS_EQ	君实生物	1.9	收购100%股权

数据来源：Chinascope Financial数库财务

三、新三板市场交易情况统计

2015年新三板交易情况再创历史新高。全年成交额为1,897.34亿元,是历史累计的12.09倍;成交量277.48亿股,是历史累计的9.68倍。

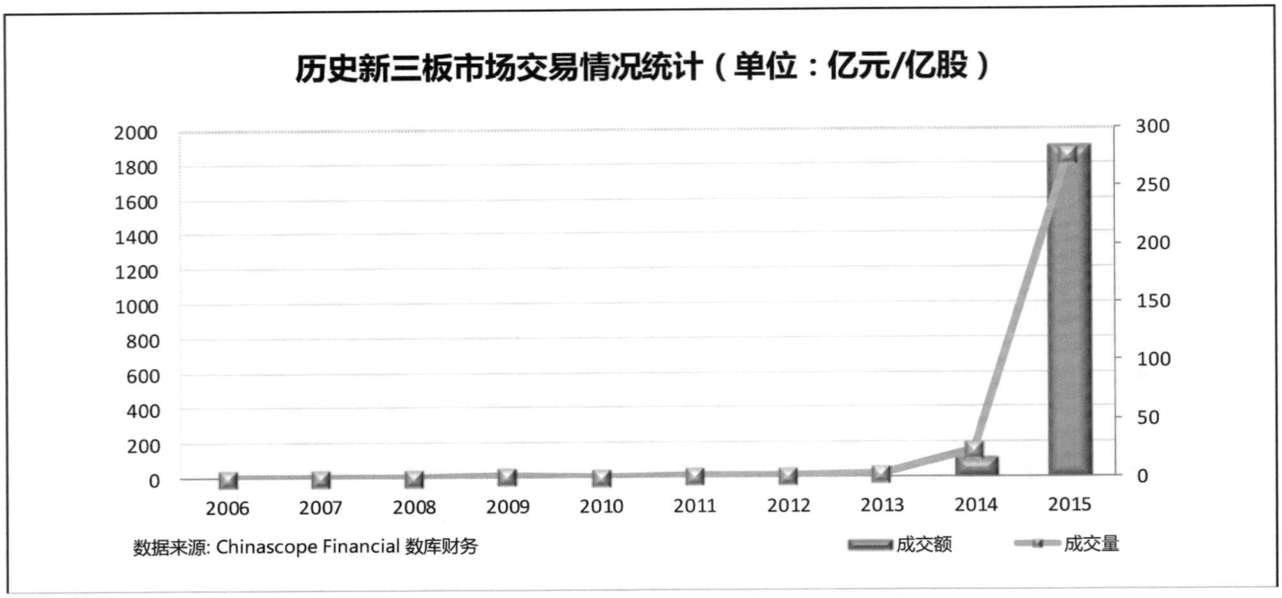

回顾2015年新三板交易情况，上半年在流动性宽松的大环境以及A股大牛市的影响下，从2月份开始交易额和交易量迅速上升，其中在4月份成交额为362.1亿元，占全年成交额19.08%，达到全年高峰。但在5月份A股大幅“跳水”情形下，新三板交易情况也大幅缩水，在之后的六个内市场一直处于低迷状态。直至11月20日在证监会制定进一步推进新三板发展的若干意见的支持下，24日《全国股转系统挂牌公司分层方案（征求意见稿）》（以下简称“分层方案”）终于出台。市场政策红利的落地，使得新三板市场在年末终于迎来了一波小高峰。

新三板2015年度成交额月度汇总统计情况见下图：

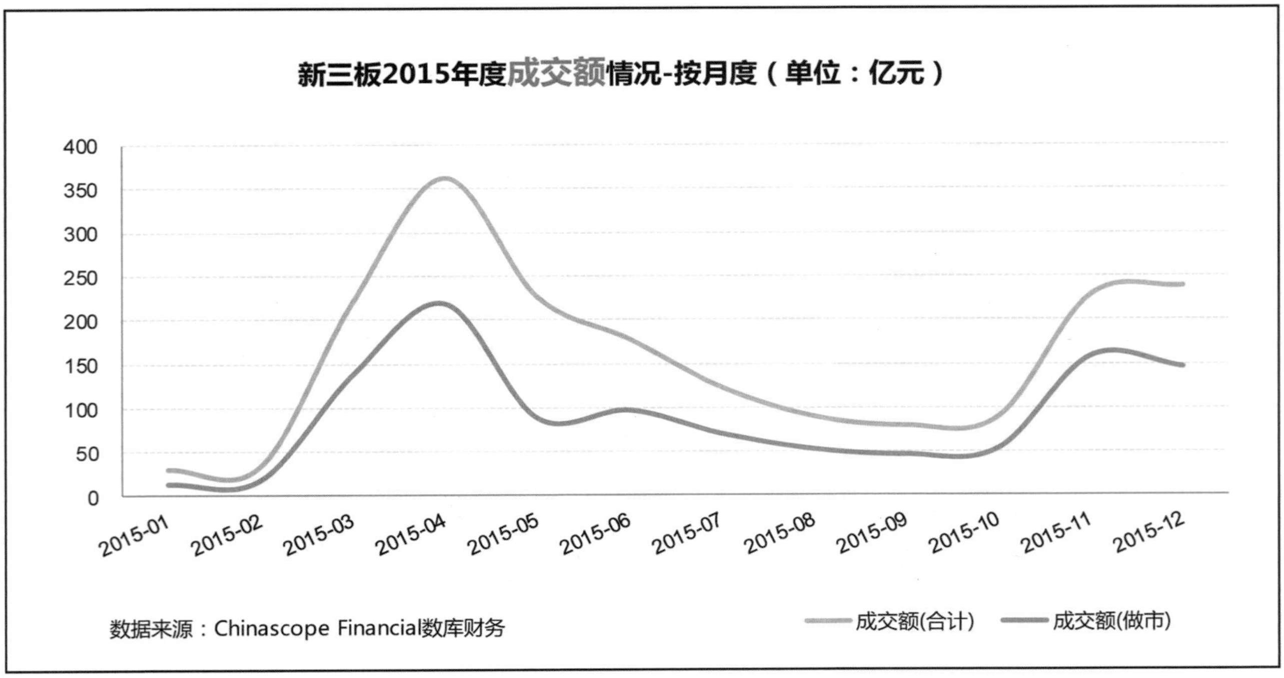

新三板 2015 年度成交量月度汇总统计情况见下图：

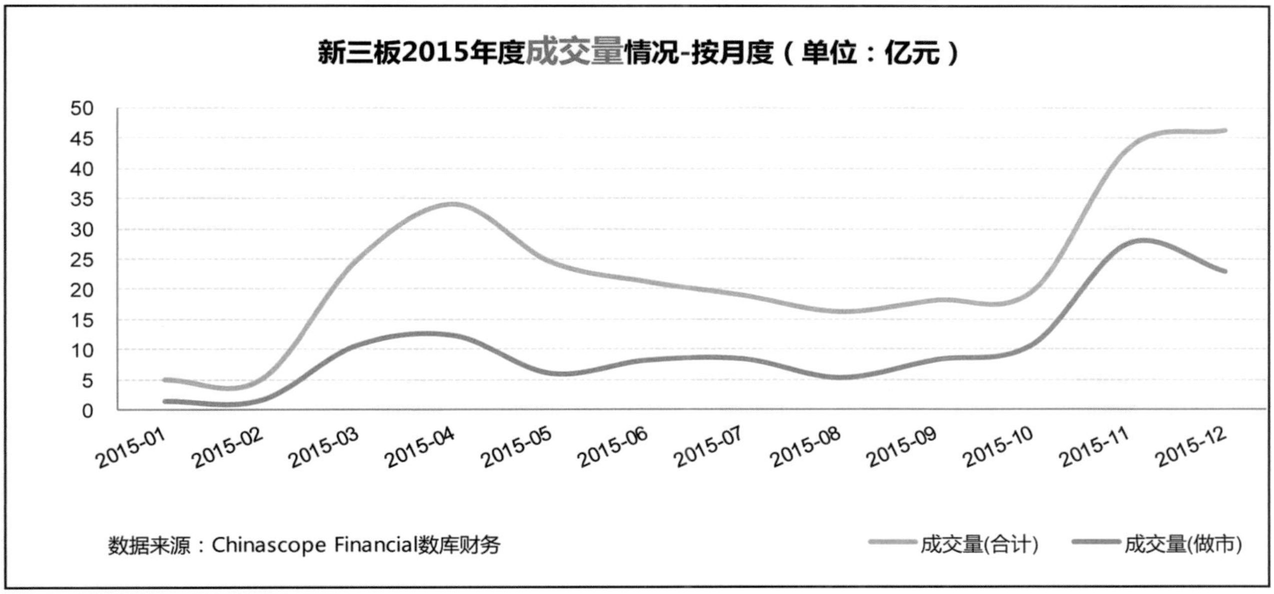

市场活跃度一直是新三板市场的关注点。全年新三板交易公司为 2249 家，占挂牌公司数量的 44%，而 2014 年交易公司占比为 36%，在市场活跃度上新三板市场有一定的上升。但是从市场整体来说，整个市场的活跃度还有待提升。

不过，在最近分层方案中的共同标准中对交易情况做出了硬性规定，即"最近 3 个月内，实际成交天数占可成交天数的比例不低于 50%，或者挂牌以来（包括挂牌同时）完成过融资。"由于该方案将于明年 5 月份实施，这也促使那些想进入创新层公司需要通过交易来增加进入创新层的筹码。

新三板 2015 年交易活跃度汇总统计情况见下图：

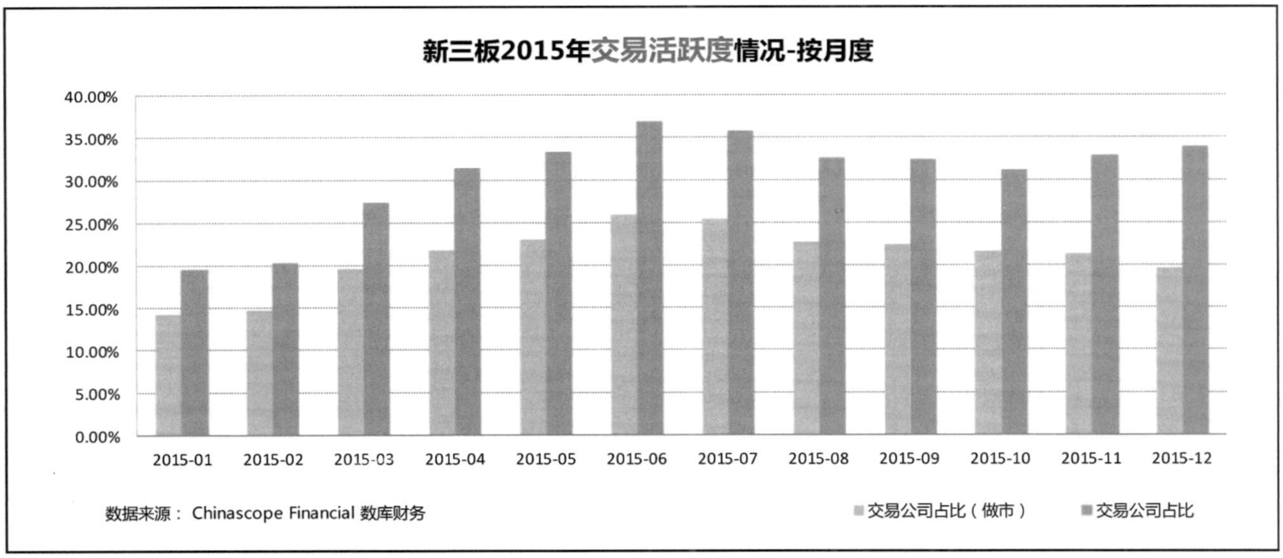

新三板 2015 年做市交易活跃度汇总统计情况见下图：

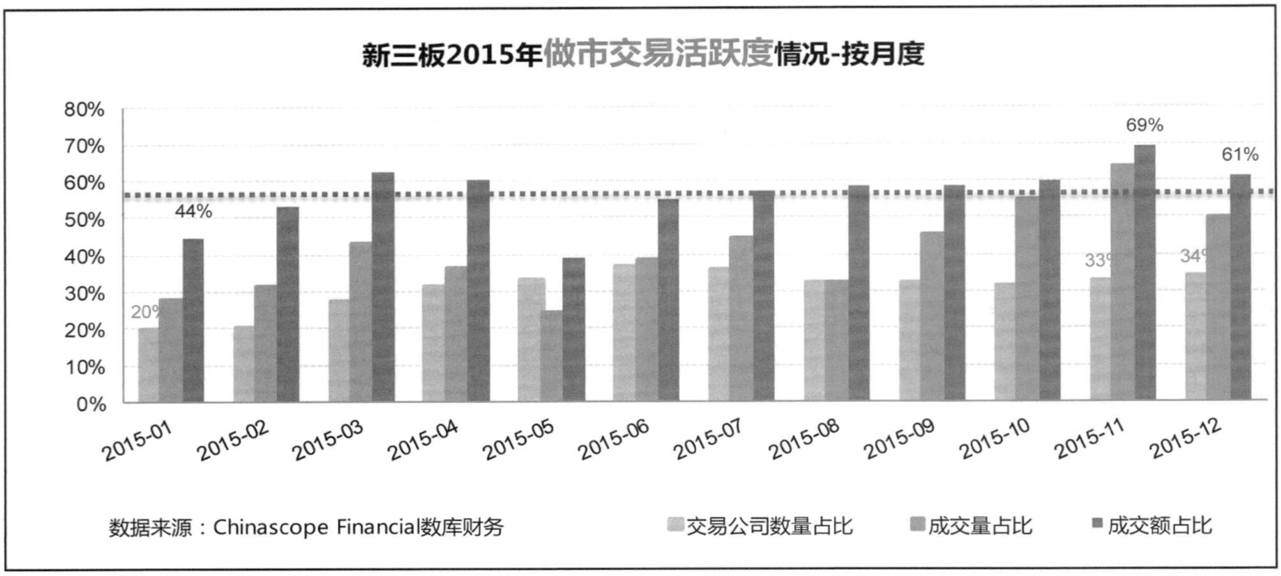

如上图所示，以做市方式交易的公司一直是三板市场交易的主力军。从 2014 年 8 月推出做市交易以来，目前以做市方式交易的公司已经破千。截止至 2015 年 12 月 31 日，新三板做市公司数量已达 1,115 家。结合量价分析，2015 年做市成交额累计为 1,009.73 亿元，占整体成交额 61%，做市成交量为 123.33 亿股，占整体 49.51%。虽然做市公司整体数量仅占总体挂牌公司的二成左右，却占全交易市场的半壁江山。而最近推出分层方案来看，标准三就是针对做市公司推出的制度，可见其对做市公司的重视。

新三板 2015 年个股排名附表：

新三板2015年度累计成交额TOP 20

	数库代码	公司简称	数库行业	转让方式	市盈率	成交量（万股）	成交价（元/股）	成交额（万元）
1	430719_QS_EQ	九鼎集团	金融	做市	0.31x	124,937.14	0.09	1,345,619.52
2	830899_QS_EQ	联讯证券	金融	做市	44.89x	14,032,771.41	10.81	1,298,704.15
3	832970_QS_EQ	东海证券	金融	协议	0.54x	89,476.10	0.23	383,685.75
4	430065_QS_EQ	中海阳	工业	做市	2.02x	41,848.67	0.11	383,488.52
5	831963_QS_EQ	明利仓储	工业	做市	1.98x	72,352.30	0.19	382,491.82
6	832168_QS_EQ	中科招商	金融	协议	0.12x	22,205.88	0.06	352,896.49
7	831379_QS_EQ	融信租赁	金融	做市	55.28x	2,625,950.15	8.11	323,823.10
8	830978_QS_EQ	先临三维	信息技术	做市	0.76x	11,133.74	0.04	252,206.55
9	830881_QS_EQ	圣泉集团	原材料	做市	0.31x	20,101.37	0.08	239,116.76
10	830931_QS_EQ	仁会生物	医疗保健	做市	0.6x	6,527.80	0.03	206,457.31
11	430305_QS_EQ	维珍创意	信息技术	做市	1.09x	8,508.40	0.05	177,070.90
12	830777_QS_EQ	金达莱	工业	做市	0.23x	4,614.20	0.03	176,677.07
13	430208_QS_EQ	优炫软件	信息技术	做市	1.05x	7,477.81	0.04	175,384.59
14	430323_QS_EQ	天阶生物	医疗保健	做市	0.89x	8,797.16	0.05	162,797.92
15	430223_QS_EQ	亿童文教	非日常生活消费品	做市	0.34x	3,253.13	0.02	149,609.61
16	430618_QS_EQ	凯立德	信息技术	做市	0.26x	8,806.97	0.06	141,578.27
17	831550_QS_EQ	成大生物	医疗保健	协议	0.27x	9,612.89	0.07	138,189.66
18	831850_QS_EQ	分豆教育	信息技术	做市	0.38x	4,711.30	0.03	137,239.98
19	430051_QS_EQ	九恒星	信息技术	做市	0.92x	10,913.96	0.08	135,426.90
20	430339_QS_EQ	中搜网络	信息技术	做市	0.43x	4,862.34	0.04	129,879.57

数据来源：Chinascope Financial数库财务　　截止至2015.12.31

新三板2015年度累计成交量TOP 20

	数库代码	公司简称	数库行业	转让方式	市盈率	成交量（万股）	成交价（元/股）	成交额（万元）
1	830899_QS_EQ	联讯证券	金融	做市	26.46x	14,032,771.41	10.81	1,298,704.15
2	831379_QS_EQ	融信租赁	金融	做市	70.41x	2,625,950.15	8.11	323,823.10
3	830958_QS_EQ	鑫庄农贷	金融	做市	17.01x	2,399,582.73	41.94	57,217.93
4	831873_QS_EQ	环宇建工	工业	做市	11.69x	1,285,786.88	64.84	19,830.62
5	430357_QS_EQ	行悦信息	信息技术	做市	62.77x	1,148,003.33	9.60	119,635.61
6	831890_QS_EQ	中润油	能源	做市	33.66x	603,913.33	13.13	45,996.33
7	830815_QS_EQ	蓝山科技	信息技术	做市	21.24x	476,444.50	4.86	97,970.52
8	430225_QS_EQ	伊禾农品	日常消费品	做市	22.38x	459,666.80	6.82	67,441.48
9	830879_QS_EQ	基康仪器	信息技术	做市	38.7x	347,080.54	4.53	76,573.35
10	831335_QS_EQ	时空客	非日常生活消费品	协议	NA	255,068.80	18.11	14,085.00
11	830866_QS_EQ	凌志软件	信息技术	做市	36.04x	227,961.40	3.19	71,474.82
12	831496_QS_EQ	华燕房盟	信息技术	做市	98.18x	183,470.00	5.36	34,254.35
13	831566_QS_EQ	盛世大联	金融	做市	103.89x	162,980.00	9.30	17,530.09
14	430174_QS_EQ	沃捷传媒	非日常生活消费品	做市	41.41x	154,930.50	2.61	59,470.13
15	430488_QS_EQ	东创科技	信息技术	做市	19.9x	149,394.19	10.48	14,253.43
16	430362_QS_EQ	东电创新	信息技术	做市	80.73x	140,712.31	6.69	21,024.57
17	430719_QS_EQ	九鼎集团	金融	做市	209.31x	124,937.14	0.09	1,345,619.52
18	831455_QS_EQ	粤林股份	信息技术	做市	29.56x	120,964.20	8.21	14,728.49
19	430662_QS_EQ	罗曼股份	工业	做市	22.65x	116,079.40	12.69	9,147.40
20	832136_QS_EQ	蓝天园林	日常消费品	做市	20.63x	103,550.00	11.76	8,806.53

数据来源：Chinascope Financial数库财务　　截止至2015.12.31

新三板2015年度平均成交价TOP 20

	数库代码	公司简称	数库行业	转让方式	市盈率	成交量（万股）	成交价（元/股）	成交额（万元）
1	834206_QS_EQ	傲基电商	商贸	协议	NA	0.60	156.67	94.00
2	832793_QS_EQ	同创伟业	金融	协议	137.56x	5.10	130.51	665.61
3	834368_QS_EQ	华新能源	工业	协议	61.57x	0.60	113.33	68.00
4	830858_QS_EQ	华图教育	非日常生活消费品	做市	33.19x	787.46	89.97	70,843.66
5	832705_QS_EQ	达瑞生物	医疗保健	协议	156.54x	175.60	79.11	13,891.72
6	834401_QS_EQ	激创投资	金融	协议	533.43x	30.50	77.84	2,374.04
7	833897_QS_EQ	心动网络	信息技术	做市	NA	12.00	70.39	844.68
8	833173_QS_EQ	赢鼎教育	非日常生活消费品	协议	0.17x	101.90	64.09	6,530.32
9	832900_QS_EQ	紫荆股份	信息技术	协议	161.89x	3.30	63.64	210.01
10	831226_QS_EQ	聚宝网络	非日常生活消费品	做市	68.69x	190.10	62.55	11,890.16
11	831399_QS_EQ	参仙源	日常消费品	协议	107.05x	320.60	62.00	19,877.20
12	430671_QS_EQ	一卡易	信息技术	协议	27.39x	228.30	60.00	13,698.00
13	430701_QS_EQ	立德股份	非日常生活消费品	协议	103.4x	0.60	59.33	35.60
14	831611_QS_EQ	圣才教育	非日常生活消费品	协议	NA	0.20	57.50	11.50
15	831922_QS_EQ	长宝科技	信息技术	协议	416.3x	55.80	53.74	2,998.48
16	430224_QS_EQ	网动科技	信息技术	协议	2077.24x	2.80	53.57	150.00
17	430633_QS_EQ	卡姆医疗	医疗保健	做市	83.63x	74.10	53.56	3,969.14
18	834559_QS_EQ	河马动画	非日常生活消费品	协议	NA	0.60	52.17	31.30
19	833882_QS_EQ	汉印股份	工业	协议	NA	0.30	50.50	15.15
20	834299_QS_EQ	汇量科技	信息技术	协议	333371.1x	24.20	47.62	1,152.41

数据来源：Chinascope Financial数库财务　　截止至2015.12.31

新三板2015年度做市累计成交额TOP 20

	数库代码	公司简称	数库行业	转让方式	市盈率	成交量（万股）	成交价（元/股）	成交额（万元）
1	430719_QS_EQ	九鼎集团	金融	做市	209.31x	124,937.14	10.77	1,345,619.52
2	830899_QS_EQ	联讯证券	金融	做市	26.46x	14,032,771.41	0.09	1,298,704.15
3	430065_QS_EQ	中海阳	工业	做市	24.14x	41,848.67	9.16	383,488.52
4	831963_QS_EQ	明利仓储	工业	做市	95.1x	72,352.30	5.29	382,491.82
5	831379_QS_EQ	融信租赁	金融	做市	70.41x	2,625,950.15	0.12	323,823.10
6	830978_QS_EQ	先临三维	信息技术	做市	NAx	11,133.74	22.65	252,206.55
7	830881_QS_EQ	圣泉集团	原材料	做市	45.06x	20,101.37	11.90	239,116.76
8	830931_QS_EQ	仁会生物	医疗保健	做市	49.32x	6,527.80	31.63	206,457.31
9	430305_QS_EQ	维珍创意	信息技术	做市	43.79x	8,508.40	20.81	177,070.90
10	830777_QS_EQ	金达莱	工业	做市	49.11x	4,614.20	38.29	176,677.07
11	430208_QS_EQ	优炫软件	信息技术	做市	42.3x	7,477.81	23.45	175,384.59
12	430323_QS_EQ	天阶生物	医疗保健	做市	770.48x	8,797.16	18.51	162,797.92
13	430223_QS_EQ	亿童文教	非日常生活消费品	做市	36.59x	3,253.13	45.99	149,609.61
14	430618_QS_EQ	凯立德	信息技术	做市	68.86x	8,806.97	16.08	141,578.27
15	831850_QS_EQ	分豆教育	信息技术	做市	30.95x	4,711.30	29.13	137,239.98
16	430051_QS_EQ	九恒星	信息技术	做市	139.11x	10,913.96	12.41	135,426.90
17	430339_QS_EQ	中搜网络	信息技术	做市	NAx	4,862.34	26.71	129,879.57
18	430037_QS_EQ	联飞翔	非日常生活消费品	做市	23.91x	15,390.92	8.09	124,542.93
19	430357_QS_EQ	行悦信息	信息技术	做市	62.77x	1,148,003.33	0.10	119,635.61
20	830999_QS_EQ	银橙传媒	信息技术	做市	54.11x	4,283.71	26.24	112,425.25

数据来源：Chinascope Financial数库财务　　截止至2015.12.31

新三板2015年度做市累计成交量TOP 20

	数库代码	公司简称	数库行业	转让方式	市盈率	成交量（万股）	成交价（元/股）	成交额（万元）
1	830899_QS_EQ	联讯证券	金融	做市	26.46x	14,032,771.41	0.09	1,298,704.15
2	831379_QS_EQ	融信租赁	金融	做市	70.41x	2,625,950.15	0.12	323,823.10
3	830958_QS_EQ	鑫庄农贷	金融	做市	17.01x	2,399,582.73	0.02	57,217.93
4	831873_QS_EQ	环宇建工	工业	做市	11.69x	1,285,786.88	0.02	19,830.62
5	430357_QS_EQ	行悦信息	信息技术	做市	62.77x	1,148,003.33	0.10	119,635.61
6	831890_QS_EQ	中润油	能源	做市	33.66x	603,913.33	0.08	45,996.33
7	830815_QS_EQ	蓝山科技	信息技术	做市	21.24x	476,444.50	0.21	97,970.52
8	430225_QS_EQ	伊禾农品	日常消费品	做市	22.38x	459,666.80	0.15	67,441.48
9	830879_QS_EQ	基康仪器	信息技术	做市	38.7x	347,080.54	0.22	76,573.35
10	830866_QS_EQ	凌志软件	信息技术	做市	36.04x	227,961.40	0.31	71,474.82
11	831496_QS_EQ	华燕房盟	信息技术	做市	98.18x	183,470.00	0.19	34,254.35
12	831566_QS_EQ	盛世大联	金融	做市	103.89x	162,980.00	0.11	17,530.09
13	430174_QS_EQ	沃捷传媒	非日常生活消费品	做市	41.41x	154,930.50	0.38	59,470.13
14	430488_QS_EQ	东创科技	信息技术	做市	19.9x	149,394.19	0.10	14,253.43
15	430362_QS_EQ	东电创新	信息技术	做市	80.73x	140,712.31	0.15	21,024.57
16	430719_QS_EQ	九鼎集团	金融	做市	209.31x	124,937.14	10.77	1,345,619.52
17	831455_QS_EQ	粤林股份	信息技术	做市	29.56x	120,964.20	0.12	14,728.49
18	430662_QS_EQ	罗曼股份	工业	做市	22.65x	116,079.40	0.08	9,147.40
19	832136_QS_EQ	蓝天园林	日常消费品	做市	20.63x	103,550.00	0.09	8,806.53
20	430484_QS_EQ	求实智能	信息技术	做市	138.48x	83,854.00	0.16	13,272.52

数据来源：Chinascope Financial数库财务　　截止至2015.12.31

新三板2015年度做市平均成交价TOP 20

	数库代码	公司简称	数库行业	转让方式	市盈率	成交量（万股）	成交价（元/股）	成交额（万元）
1	830858_QS_EQ	华图教育	非日常生活消费品	做市	33.19x	787.46	89.97	70,843.66
2	833897_QS_EQ	心动网络	信息技术	做市	NA	12.00	70.39	844.68
3	831226_QS_EQ	聚宝网络	非日常生活消费品	做市	68.69x	190.10	62.55	11,890.16
4	430633_QS_EQ	卡姆医疗	医疗保健	做市	83.63x	74.10	53.56	3,969.14
5	430223_QS_EQ	亿童文教	非日常生活消费品	做市	36.59x	3,253.13	45.99	149,609.61
6	832036_QS_EQ	康复得	医疗保健	做市	112.89x	58.98	43.48	2,564.68
7	834156_QS_EQ	优蜜移动	信息技术	做市	NA	110.50	41.71	4,609.23
8	833529_QS_EQ	视纪印象	信息技术	做市	NA	199.40	41.04	8,183.11
9	830777_QS_EQ	金达莱	工业	做市	49.11x	4,614.20	38.29	176,677.07
10	430515_QS_EQ	麟龙股份	信息技术	做市	29.53x	2,442.70	38.04	92,919.61
11	830933_QS_EQ	纳晶科技	信息技术	做市	NA	975.07	32.87	32,052.95
12	430240_QS_EQ	随视传媒	信息技术	做市	NA	3,186.66	32.82	104,587.45
13	831114_QS_EQ	易销科技	商贸	做市	72.39x	1,656.44	32.62	54,040.32
14	831822_QS_EQ	米奥会展	非日常生活消费品	做市	51.56x	461.90	32.12	14,836.19
15	832638_QS_EQ	瓦力科技	信息技术	做市	72.24x	62.20	32.01	1,991.16
16	830931_QS_EQ	仁会生物	医疗保健	做市	49.32x	6,527.80	31.63	206,457.31
17	430346_QS_EQ	哇棒传媒	信息技术	做市	89.17x	2,414.99	31.55	76,192.49
18	831961_QS_EQ	创远仪器	信息技术	做市	34.4x	794.10	31.29	24,846.24
19	830793_QS_EQ	阿拉丁	原材料	做市	49.84x	687.10	30.91	21,236.83
20	831891_QS_EQ	行动教育	工业	做市	32.35x	20.10	30.70	617.12

数据来源：Chinascope Financial数库财务　　　　截止至2015.12.31

四、新三板市场定向增发情况统计

2015年新三板定向增发需求规模迅速扩大，全年1,885家公司完成定向增发。其中，全年发生定向增发2,566次，融资总额达1,232亿元，平均每月融资总额为103亿，与2014年一年融资总额基本持平。

从融资需求来看，2015年下半年发生融资需求的公司数量明显增多。据统计，下半年每月平均近300家公司完成定向增发相当于上半年的2.7倍左右。同时，下半年每月平均融资总额为153亿元，为上半年每月平均融资总额的2.9倍左右。从下半年定向增发情况来看，融资规模正在逐步扩大，随着11月份各个政策红利“落地”，融资总额达到最大。虽然12月份的融资总额有所回落，但是从公司数量来看，市场整体对于定向增发的需求处于上升趋势，相信明年融资规模进一步扩大。

新三板2015年定向增发汇总统计情况，见下图：

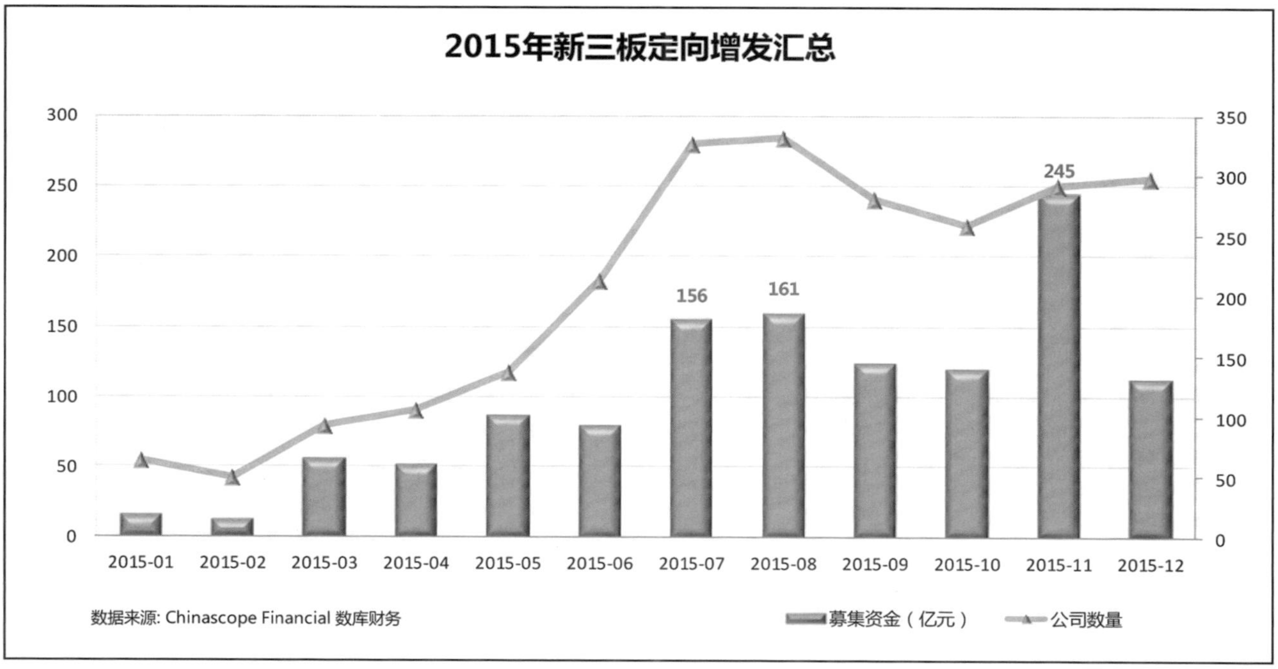

从行业分布情况来看，目前新三板市场募集金额占比最大的还是金融行业，其次为信息技术、工业行业，金融行业，尤其是私募公司，已成为新三板市场资金“抽水机”。例如：中科招商（832168_QS_EQ）和九鼎集团（430719_QS_EQ）全年募集资金总额占比为 8.83% 和 8.12%。由于金融行业处于募集资金的食物链顶端，从三板市场上大量抽取资金或对其他行业形成不利影响。

新三板 2015 年定向增发行业分布情况，见下图：

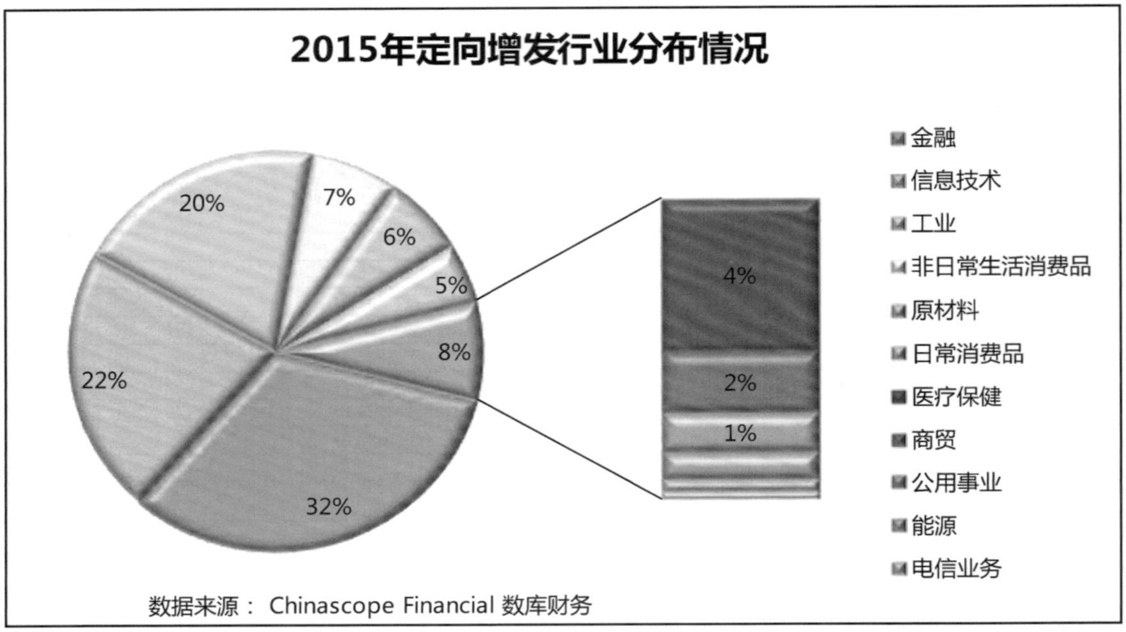

2015 年全年定向增发募集金额最大的前 20 名排名情况：

2015年全年定向增发募集资金最大TOP 20

	公司代码	公司简称	数库行业	挂牌日期	发行数量（万股）	发行均价（元）	募集总额（万元）
1	832168_QS_EQ	中科招商	金融	2015-03-20	62,289.22	17.47	1,088,434.57
2	430719_QS_EQ	九鼎集团	金融	2014-04-29	50,000.00	20.00	1,000,000.00
3	833979_QS_EQ	天图投资	金融	2015-11-16	16,977.31	22.86	388,052.10
4	833868_QS_EQ	南京证券	金融	2015-10-30	57,399.95	6.00	344,399.70
5	833044_QS_EQ	硅谷天堂	金融	2015-7-30	10,238.00	30.00	307,140.00
6	830899_QS_EQ	联讯证券	金融	2014-08-01	191,189.45	1.46	279,136.60
7	833499_QS_EQ	中国康富	工业	2015-09-09	150,000.00	1.25	187,500.00
8	831900_QS_EQ	海航华日	工业	2015-01-29	115,298.40	1.48	170,641.63
9	832666_QS_EQ	齐鲁银行	金融	2015-6-29	47,200.00	3.18	150,096.00
10	831963_QS_EQ	明利仓储	工业	2015-2-16	31,500.00	4.76	150,000.00
11	832950_QS_EQ	益盟股份	信息技术	2015-7-29	8,750.00	14.29	125,037.50
12	831639_QS_EQ	达仁资管	金融	2015-01-12	22,618.50	4.84	109,545.00
13	430358_QS_EQ	基美影业	非日常生活消费品	2013-12-10	9,017.42	11.31	101,989.23
14	832924_QS_EQ	明石创新	金融	2015-7-22	23,803.92	3.88	92,359.20
15	831930_QS_EQ	和君商学	非日常生活消费品	2015-02-05	2,265.00	38.19	86,500.00
16	830881_QS_EQ	圣泉集团	原材料	2014-07-28	6,437.00	12.00	77,244.00
17	831099_QS_EQ	维泰股份	工业	2014-08-29	7,697.13	7.32	56,313.58
18	430021_QS_EQ	海鑫科金	信息技术	2007-09-28	3,200.00	17.18	54,976.00
19	832159_QS_EQ	合全药业	医疗保健	2015-04-03	927.01	55.02	51,004.63
20	430463_QS_EQ	春茂股份	日常消费品	2014-01-24	40,768.94	1.20	48,922.73

数据来源： Chinascope Financial 数库财务　　截止至2015.12.31

2015 年全年定向增发发行股份数量最大的前 20 名排名情况：

2015年全年定向增发发行股份数量最大TOP 20

	公司代码	公司简称	数库行业	挂牌日期	发行数量（万股）	发行均价（元）	募集总额（万元）
1	830899_QS_EQ	联讯证券	金融	2014-08-01	191,189.45	1.46	279,136.60
2	833499_QS_EQ	中国康富	工业	2015-09-09	150,000.00	1.25	187,500.00
3	831900_QS_EQ	海航华日	工业	2015-01-29	115,298.40	1.48	170,641.63
4	832168_QS_EQ	中科招商	金融	2015-03-20	62,289.22	17.47	1,088,434.57
5	833868_QS_EQ	南京证券	金融	2015-10-30	57,399.95	6.00	344,399.70
6	430719_QS_EQ	九鼎集团	金融	2014-04-29	50,000.00	20.00	1,000,000.00
7	832666_QS_EQ	齐鲁银行	金融	2015-6-29	47,200.00	3.18	150,096.00
8	430463_QS_EQ	春茂股份	日常消费品	2014-01-24	40,768.94	1.20	48,922.73
9	831963_QS_EQ	明利仓储	工业	2015-2-16	31,500.00	4.76	150,000.00
10	832924_QS_EQ	明石创新	金融	2015-7-22	23,803.92	3.88	92,359.20
11	831639_QS_EQ	达仁资管	金融	2015-01-12	22,618.50	4.84	109,545.00
12	833979_QS_EQ	天图投资	金融	2015-11-16	16,977.31	22.86	388,052.10
13	430705_QS_EQ	天锐科技	信息技术	2014-04-23	15,750.00	1.20	18,900.00
14	832379_QS_EQ	鑫融基	金融	2015-04-30	13,900.00	1.89	26,240.00
15	833042_QS_EQ	天汇能源	公用事业	2015-8-18	12,405.06	1.58	19,600.00
16	430558_QS_EQ	均信担保	金融	2014-01-24	12,171.00	2.58	31,401.18
17	430181_QS_EQ	盖娅互娱	工业	2012-12-28	12,050.00	1.25	15,062.50
18	831419_QS_EQ	鸿铭科技	能源	2014-12-05	11,800.00	1.00	11,800.00
19	831472_QS_EQ	ST复娱	信息技术	2014-12-08	10,900.00	2.87	31,300.00
20	430087_QS_EQ	威力恒	医疗保健	2011-05-31	10,831.00	1.20	12,943.98

数据来源： Chinascope Financial 数库财务　　截止至2015.12.31

从发行对象来看，2015 年机构投资者在定向增发中所占比重近七成左右，成为定向增发的主力军。虽然这一比重在 12 月份有所回落，但是在市场流动性宽松大环境下，各个利好消息频频出现，机构投资者对于新三板市场的热情并不会减退。随着机构投资者持股数量不断增加，新三板挂牌公司以个人投资者为主的股权结构格局将会被打破。2015 年机构持股数与新三板定增总数对比，见下图：

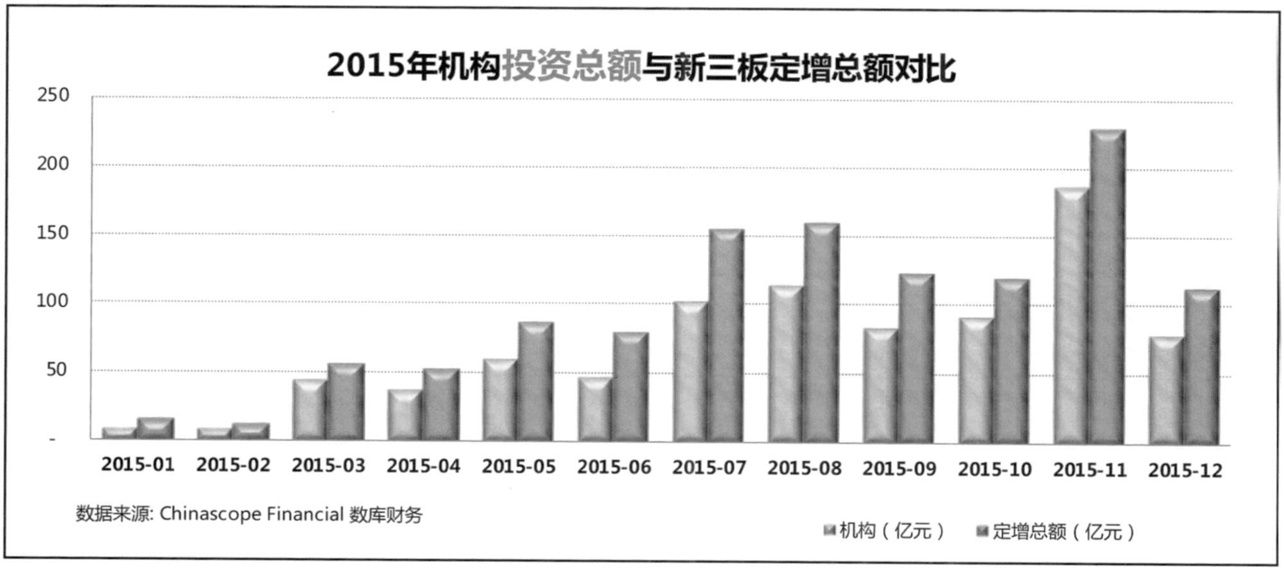

2015 年机构投资金额与新三板定增总额对比，见下图：

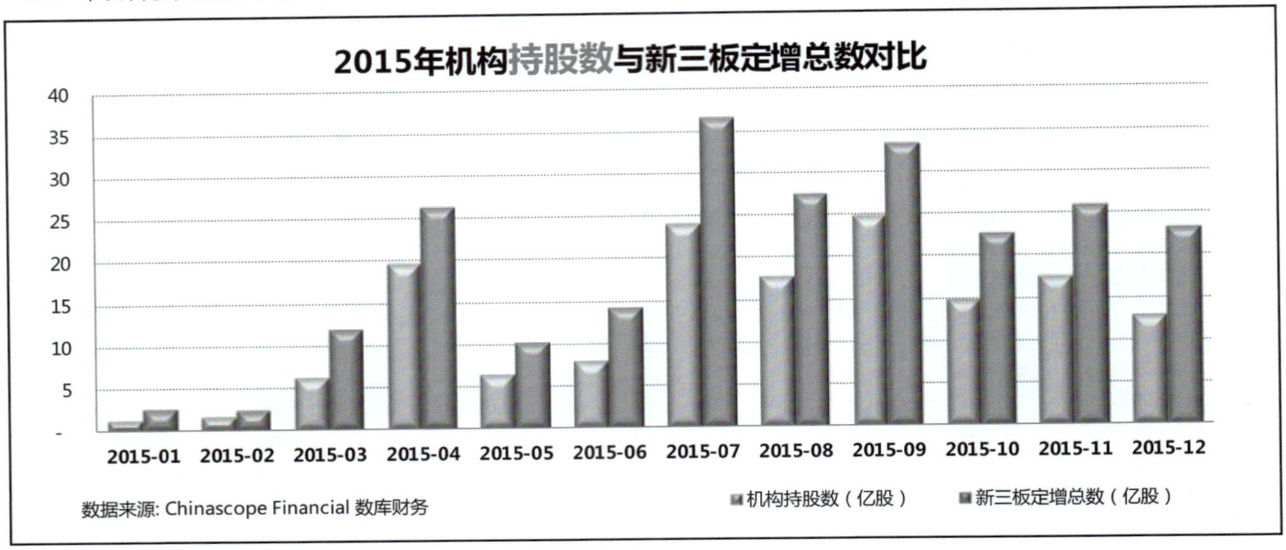

2015 年定向增发机构参与数量最多的前 20 排名情况：

2015年定向增发机构参与数量最多的项目TOP 20

	公司代码	公司简称	数库行业	挂牌日期	机构参与数量	发行数量（万股）	发行均价（元）	募集总额（万元）
1	832168_QS_EQ	中科招商	金融	2015-03-20	48	62,289.22	17.47	1,088,434.57
2	833499_QS_EQ	中国康富	工业	2015/9/9	45	150,000.00	1.25	187,500.00
3	830771_QS_EQ	华灿电讯	信息技术	2014-06-03	44	836.10	20.31	16,982.50
4	830899_QS_EQ	联讯证券	金融	2014/8/1	44	191,189.45	1.46	279,136.60
5	430358_QS_EQ	基美影业	非日常生活消费品	2013-12-10	36	9,017.42	11.31	101,989.23
6	831085_QS_EQ	博冠股份	信息技术	2014/8/19	36	460.00	18.52	8,520.00
7	430051_QS_EQ	九恒星	信息技术	2009-02-18	34	4,710.70	9.79	46,097.67
8	830970_QS_EQ	艾录股份	原材料	2014/8/13	34	2,683.73	10.86	29,153.65
9	430222_QS_EQ	璟泓科技	医疗保健	2013/7/2	33	1,983.33	12.63	25,053.33
10	832159_QS_EQ	合全药业	医疗保健	2015/4/3	33	927.01	55.02	51,004.63
11	833979_QS_EQ	天图投资	金融	2015/11/16	33	16,977.31	22.86	388,052.10
12	831378_QS_EQ	富耐克	工业	2014/11/28	31	910.00	19.00	17,290.00
13	833868_QS_EQ	南京证券	金融	2015/10/30	31	57,399.95	6.00	344,399.70
14	430130_QS_EQ	卡联科技	信息技术	2012/7/12	30	1,492.43	24.14	36,030.12
15	430505_QS_EQ	上陵牧业	日常消费品	2014/1/24	30	3,500.00	9.36	32,750.00
16	831239_QS_EQ	云南文化	非日常生活消费品	2014/11/3	30	710.00	10.93	7,760.80
17	430555_QS_EQ	英派瑞	原材料	2014/1/24	28	3,674.74	5.36	19,704.00
18	830819_QS_EQ	致生联发	信息技术	2014/6/24	28	2,584.59	14.26	36,849.59
19	830964_QS_EQ	润农节水	原材料	2014-08-08	26	2,800.00	6.02	16,860.00
20	831900_QS_EQ	海航华日	工业	2015/1/29	26	115,298.40	1.48	170,641.63
21	832136_QS_EQ	蓝天园林	日常消费品	2015/3/24	26	2,450.00	11.50	28,170.00

数据来源： Chinascope Financial 数库财务　　截止至2015.12.31

五、新三板市场企业估值统计

目前三板市场的市盈率相比中小板和创业板来说明显偏低，原因有二，一方面是因为市场活跃度不高，另一方面目前采取的交易方式为做市方式和协议方式，交易价格的波动远不及竞价交易方式。但就目前新三板市场市盈率来看，整体为上升趋势，投资者对新三板市场热情还是高涨的。

2015 年新三板市盈率情况，见下图：

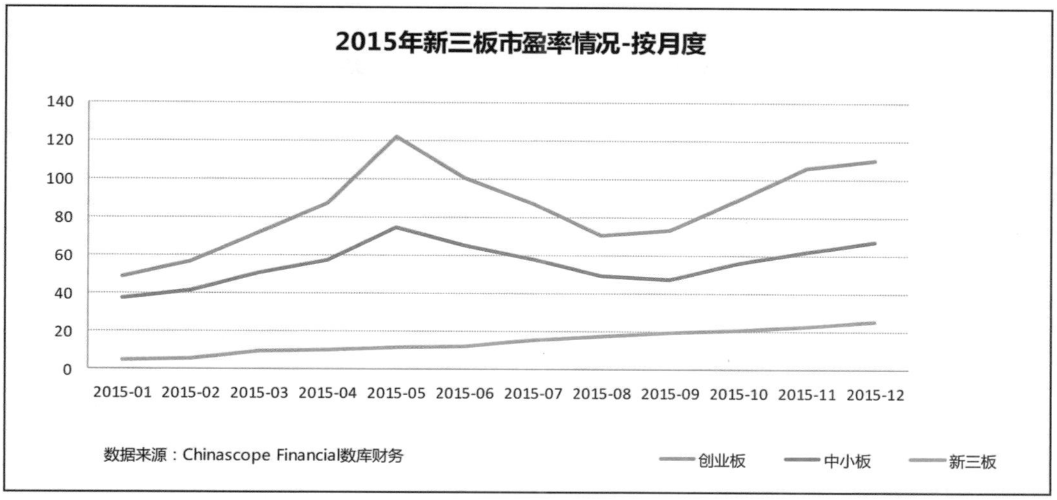

从目前新三板市场市盈率分布情况来看，市盈率超过 500 倍，为 42 家；小于 10 倍，为 160 家；大部分公司的市盈率集中在 10 倍 –50 倍左右。另外，新三板市场的市盈率两极分化严重，有的公司市盈率最高可达几十万倍，例如：汇量科技（834299_QS_EQ）；而有的公司市盈率不足 1 倍，例如：海林节能（832004_QS_EQ）。而这些市盈率极大或极小的公司大部分交易方式都是协议方式。

2015 年新三板市盈率分布情况：

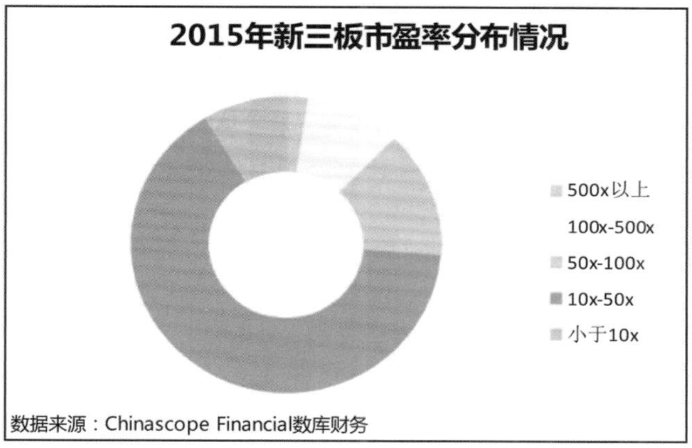

新三板 2015 年度市盈率前 20 排名情况：

新三板2015年度累计市盈率TOP 20

	数库代码	公司简称	数库行业	挂牌日期	转让方式	市盈率	企业价值（万元）	发行在外股数（万股）
1	834299_QS_EQ	汇量科技	信息技术	2015/11/25	协议	333371.1x	629,109.60	8,014.14
2	430107_QS_EQ	朗铭科技	信息技术	2012/3/9	协议	22698.4x	193,800.00	760.00
3	834904_QS_EQ	银纪资产	金融	2015/12/14	协议	6326.26x	80,261.00	4,835.00
4	833451_QS_EQ	璧合科技	信息技术	2015/8/31	做市	4159.64x	225,494.73	5,623.31
5	834134_QS_EQ	中业科技	信息技术	2015/11/4	协议	4138.67x	60,220.00	2,000.00
6	831746_QS_EQ	弘奥生物	原材料	2015/1/15	协议	3728.83x	36,750.00	3,000.00
7	430705_QS_EQ	天锐科技	信息技术	2014/4/23	协议	3678.17x	23,464.00	16,760.00
8	831731_QS_EQ	硅海电子	信息技术	2015/1/22	协议	3628.16x	32,200.00	2,800.00
9	832015_QS_EQ	基调网络	信息技术	2015/2/11	协议	3283.65x	137,700.00	5,100.00
10	430230_QS_EQ	银都传媒	非日常生活消费品	2013/7/5	协议	2441.79x	22,247.34	5,399.84
11	834426_QS_EQ	发现者	工业	2015/12/10	协议	2327.12x	22,870.00	1,143.50
12	831249_QS_EQ	朗源科技	信息技术	2014/10/30	协议	2323.73x	900.00	600.00
13	831420_QS_EQ	北信得实	信息技术	2014/12/22	协议	2184.34x	6,500.00	2,600.00
14	430224_QS_EQ	网动科技	信息技术	2013/7/3	协议	2077.24x	29,596.68	552.49
15	832144_QS_EQ	软智科技	信息技术	2015/3/13	协议	2036.7x	150,000.00	2,500.00
16	834415_QS_EQ	恒拓开源	信息技术	2015/12/7	协议	1852.61x	98,505.06	3,177.58
17	832040_QS_EQ	神木药业	商贸	2015/3/9	协议	1617.51x	71,685.60	4,267.00
18	831022_QS_EQ	三和视讯	信息技术	2014/8/21	协议	1614.99x	14,625.12	1,388.90
19	832334_QS_EQ	金昵股份	非日常生活消费品	2015/4/20	协议	1443.3x	64,771.57	8,946.35
20	832456_QS_EQ	恒坤股份	信息技术	2015/5/25	协议	1352.16x	52,656.00	3,510.40

数据来源：Chinascope Financial数库财务　　截止至2015.12.31

新三板 2015 年度企业价值前 20 排名情况：

新三板2015年度企业价值TOP 20

	数库代码	公司简称	数库行业	挂牌日期	转让方式	市盈率	企业价值（万元）	发行在外股数（万股）
1	430719_QS_EQ	九鼎集团	金融	2015/11/25	协议	209.31x	10,246,500.37	550,000.02
2	832168_QS_EQ	中科招商	金融	2012/3/9	协议	82.64x	4,322,367.50	180,474.63
3	833044_QS_EQ	硅谷天堂	金融	2015/12/14	协议	52.09x	4,284,402.00	147,738.00
4	832970_QS_EQ	东海证券	金融	2015/8/31	做市	8.26x	1,847,020.00	167,000.00
5	833858_QS_EQ	信中利	金融	2015/11/4	协议	198.63x	1,805,352.76	64,499.92
6	834089_QS_EQ	浙商创投	金融	2015/1/15	协议	316.2x	1,697,147.00	65,300.00
7	830838_QS_EQ	新产业	医疗保健	2014/4/23	协议	53.02x	1,481,600.00	37,040.00
8	833979_QS_EQ	天图投资	金融	2015/1/22	协议	186.33x	1,448,607.66	51,977.31
9	832898_QS_EQ	天地壹号	日常消费品	2015/2/11	协议	34.13x	1,271,000.00	41,000.00
10	834793_QS_EQ	华强文化	非日常生活消费品	2013/7/5	协议	NA	1,160,000.00	40,000.00
11	832950_QS_EQ	益盟股份	信息技术	2015/12/10	协议	37.82x	1,137,500.00	43,750.00
12	832793_QS_EQ	同创伟业	金融	2014/10/30	协议	137.56x	1,136,841.99	42,105.26
13	832397_QS_EQ	恒神股份	原材料	2014/12/22	协议	NA	1,100,850.00	123,000.00
14	833868_QS_EQ	南京证券	金融	2013/7/3	协议	19.41x	1,076,189.78	247,399.95
15	832666_QS_EQ	齐鲁银行	金融	2015/3/13	协议	9.82x	920,403.00	284,075.00
16	830819_QS_EQ	致生联发	信息技术	2015/12/7	协议	471.66x	919,312.43	33,922.97
17	830899_QS_EQ	联讯证券	金融	2015/3/9	协议	26.46x	890,959.74	312,617.45
18	831550_QS_EQ	成大生物	医疗保健	2014/8/21	协议	17.48x	830,520.00	36,000.00
19	834368_QS_EQ	华新能源	工业	2015/4/20	协议	61.57x	803,000.00	5,500.00
20	831628_QS_EQ	西部超导	原材料	2015/5/25	协议	60.17x	735,792.64	34,707.20

数据来源：Chinascope Financial数库财务　　截止至2015.12.31

关于数库

数库信息科技有限公司（简称“数库”）是中国金融大数据的领导服务企业，率先以大数据技术对中国的金融数据进行疏理及解析，实现数据高标准、高对比及多维度串联，达到传统金融数据商无法提供的分析深度及速度，帮助所有专注中国的国内外投资者、金融服务机构、企业及学术研究单位更精准、深入且有效率地分析中国市场。

大数据金融 X 互联网带领全民金融数据分析新时代

随著互联网的发展持续深入金融领域，金融服务本质产生巨大变化，专业化特性明显的金融分析领域也不例外。数库带领业界，将云计算应用及互联网“开放、分享、低门槛”的精神融合金融大数据分析技术，彻底颠覆传统金融数据行业高门槛、高成本及低功能的特性，让广大的中国投资人可以随时、随地透过数库云端平台获取数据、分析市场进而有效、精准地作出重要决策。

从长期远景来看，数库通过数年努力与沉淀，打造出市场第一个真正意义上的金融大数据平台，并结合互联网金融思维与技术优势，便是期许能促进资本与实体经济的衔接，改进金融行业的效率，降低进入门槛，从而刺激互联网金融及资本市场进一步有序健康的发展，促进经济结构健康转型。

全球客户认可

数库由华尔街专业金融人士组建，因在使用传统数据平台时屡屡遇到数据来源杂乱、标准不一导致的分析难题，多年来致力研究如何将大数据技术应用至庞杂而海量的金融数据上，期许帮助全球关注中国的投资人更深入地了解中国市场、更精确地作出投资分析，进而增加投资信心，为中国资本市场带来活力。

自 2009 年以来，数库透过位于上海的研发及运营总部、位于南京的数据处理中心以及在香港和纽约的常驻办事处为中国及全球客户提供专业金融大数据服务。在不懈的努力下，数库成功以专业化的服务和对数据的深度研究，获得高盛、凯雷、KKR、哈佛等知名的投行、PE 和学院机构的青睐。

2015年1月挂牌公司股票发行相关情况
（按主办券商统计）

主办券商	发行次数	发行金额（万元）
齐鲁证券	8	21,307
中信建投	8	13,856
安信证券	4	4,589
中银万国	4	3,939
东方花旗	3	13,473
东吴证券	3	8,341
国信证券	2	12,580
首创证券	2	11,278
国金证券	2	10,210
广发证券	2	5,590
中信证券	2	3,767
大通证券	2	3,372
东北证券	2	2,107
长江证券	2	983
中山证券	2	773
兴业证券	2	482
南京证券	1	12,750
海通证券	1	3,726
民生证券	1	3,000
国海证券	1	2,400
中投证券	1	2,280
中原证券	1	2,000
渤海证券	1	1,300
国都证券	1	1,005
财达证券	1	988
财富证券	1	900
长城软件	1	728
湘财证券	1	400
平安证券	1	360
长城证券	1	239
东兴证券	1	158
光大证券	1	134
天风证券	1	33
总计	67	149,045

注：上述统计包括50次已挂牌公司股票发行和17次挂牌同时股票发行。以上数据仅供参考。

2015年1月挂牌公司股票发行相关情况
（按地区统计）

省、自治区及直辖市	发行次数	发行金额（万元）
北京	14	46,318
上海	12	19,694
广东	7	13,074
山东	6	12,314
江苏	5	6,569
浙江	4	10,453
四川	3	9,500
福建	3	4,524
湖北	2	3,334
河北	2	2,913
辽宁	2	2,305
湖南	2	2,076
宁夏	1	12,750
河南	1	2,000
云南	1	750
贵州	1	400
安徽	1	70
总计	67	149,045

注：上述统计包括50次已挂牌公司股票发行和17次挂牌同时股票发行。以上数据仅供参考。

2015年2月挂牌公司股票发行相关情况
（按主办券商统计）

主办券商	发行次数	发行金额（万元）
齐鲁证券	5	4,240
申银万国	4	9,534
方正证券	4	8,642
中信建投	3	31,963
宏源证券	3	2,080
安信证券	2	6,562
国信证券	2	6,344
广发证券	2	6,038
光大证券	2	4,941
招商证券	2	2,534
广州证券	2	2,486
东海证券	2	2,430
浙商证券	2	1,021
太平洋证券	1	7,782
山西证券	1	7,000
财达证券	1	6,925
爱建证券	1	6,000
国泰君安	1	5,100
东北证券	1	4,880
长江证券	1	2,523
华龙证券	1	2,300
财富证券	1	1,800
国金证券	1	1,020
国元证券	1	1,000
华西证券	1	992
华泰证券	1	548
中原证券	1	480
长城证券	1	450
国盛证券	1	272
兴业证券	1	270
总计	52	138,156

注：上述统计包括46次已挂牌公司股票发行和6次挂牌同时股票发行。以上数据仅供参考。

2015年2月挂牌公司股票发行相关情况
（按地区统计）

省、自治区及直辖市	发行次数	发行金额（万元）
北京	13	24,517
江苏	7	5,653
上海	5	34,132
广东	5	20,695
湖南	4	9,672
河北	3	14,253
浙江	3	8,179
天津	2	4,694
宁夏	1	6,000
安徽	1	2,610

省、自治区及直辖市	发行次数	发行金额(万元)
湖北	1	2,523
甘肃	1	2,300
福建	1	1,020
重庆	1	500
四川	1	500
河南	1	480
广西	1	230
山东	1	200
总计	52	138,156

注:上述统计包括46次已挂牌公司股票发行和6次挂牌同时股票发行。以上数据仅供参考。

2015年3月挂牌公司股票发行相关情况
(按主办券商统计)

主办券商	发行次数	发行金额(万元)
申万宏源	9	15,855
广发证券	8	11,865
东莞证券	6	4,572
齐鲁证券	5	24,979
中信建投	5	15,464
长江证券	5	11,747
华龙证券	5	4,606
光大证券	4	245,418
海通证券	4	6,500
招商证券	4	5,868
东吴证券	4	5,551
国信证券	3	18,275
东方花旗	2	49,477
国泰君安	2	19,086
信达证券	2	3,400
安信证券	2	2,544
金元证券	2	1,920
银河证券	2	1,576
西部证券	2	1,496
山西证券	2	564
兴业证券	1	10,000
财富证券	1	5,000
国金证券	1	5,000
首创证券	1	4,500
大通证券	1	4,000
国联证券	1	3,080
华安证券	1	3,000
浙商证券	1	1,400
民生证券	1	1,316
江海证券	1	1,125
东北证券	1	1,100
中投证券	1	910
华泰证券	1	900
国盛证券	1	660
财达证券	1	500
国都证券	1	500
华西证券	1	250
国海证券	1	142
天风证券	1	100
总计	97	494,246

注:上述统计包括85次已挂牌公司股票发行和12次挂牌同时股票发行。以上数据仅供参考。

2015年3月挂牌公司股票发行相关情况
(按地区统计)

省、自治区及直辖市	发行次数	发行金额(万元)
上海	18	60,219
广东	17	262,882
北京	14	26,711
山东	9	19,797
江苏	8	14,588
湖南	6	9,320
湖北	4	10,137
河南	3	3,576
浙江	2	17,192
四川	2	5,920
安徽	2	4,635
福建	2	2,853
黑龙江	2	1,500
江西	2	1,029
新疆	1	48,377
广西	1	2,015
西安	1	1,316
吉林	1	1,100
海南	1	1,000
辽宁	1	80
总计	97	494,246

注:上述统计包括85次已挂牌公司股票发行和12次挂牌同时股票发行。以上数据仅供参考。

2015年4月挂牌公司股票发行相关情况
(按主办券商统计)

主办券商	发行次数	发行金额(万元)
广发证券	9	21,160
齐鲁证券	8	17,113
光大证券	7	5,942
申万宏源	7	28,863
国信证券	6	7,098
长江证券	6	12,889
东北证券	5	3,322
银河证券	5	25,834
东兴证券	4	4,266
西南证券	4	2,073
中原证券	4	4,209
安信证券	3	3,550
东吴证券	3	7,625
国元证券	3	4,196
上海证券	3	3,489
中信建投	3	6,000
中信证券	3	4,020
广州证券	2	3,770
国海证券	2	6,605
国金证券	2	650
海通证券	2	10,400
平安证券	2	10,168
信达证券	2	3,930
兴业证券	2	1,952
财达证券	1	279,137
财通证券	1	403
东莞证券	1	600
国泰君安	1	6,488

主办券商	发行次数	发行金额(万元)
华福证券	1	700
华林证券	1	30,000
华泰证券	1	4,600
华西证券	1	1,073
江海证券	1	1,000
山西证券	1	2,000
首创证券	1	180
天风证券	1	500
西部证券	1	89
湘财证券	1	408
新时代证券	1	8,250
长城证券	1	5,950
招商证券	1	1,920
中投证券	1	1,000
总计	115	543,420

注:上述统计包括100次已挂牌公司股票发行和15次挂牌同时股票发行。以上数据仅供参考。

2015年4月挂牌公司股票发行相关情况
(按地区统计)

省、自治区及直辖市	发行次数	发行金额(万元)
北京	25	42,953
广东	18	313,790
江苏	10	26,857
上海	10	17,214
山东	9	8,399
安徽	6	11,833
湖北	6	19,345
浙江	5	10,575
福建	4	8,321
河南	4	16,864
辽宁	4	5,042
江西	3	3,550
广西	2	32,655
天津	2	3,923
甘肃	1	2,530
贵州	1	1,020
海南	1	10,000
宁夏	1	5,525
陕西	1	500
四川	1	1,524
云南	1	1,000
总计	115	543,420

注:上述统计包括100次已挂牌公司股票发行和15次挂牌同时股票发行。以上数据仅供参考。

2015年5月挂牌公司股票发行相关情况
(按主办券商统计)

主办券商	发行次数	发行金额(万元)
齐鲁证券	10	32919
中原证券	9	12159
申万宏源	8	20655
国信证券	7	17712
中信证券	7	6106
安信证券	6	10385
广发证券	6	7140
长江证券	6	6409
中信建投	6	45920
国泰君安	5	11293
国元证券	5	12447
海通证券	5	17249
华融证券	5	9590
东北证券	3	9322
方正证券	3	6438
广州证券	3	9325
首创证券	3	12692
招商证券	3	7480
财达证券	2	5010
财通证券	2	8980
东吴证券	2	3532
东兴证券	2	1442
光大证券	2	505187
国金证券	2	16237
华林证券	2	1665
华西证券	2	6452
南京证券	2	1140
平安证券	2	5226
万联证券	2	5520
西部证券	2	7275
湘财证券	2	11714
爱建证券	1	14400
渤海证券	1	1730
财富证券	1	1992
大通证券	1	9000
德邦证券	1	2625
东方花旗	1	1440
东莞证券	1	1250
东海证券	1	1469
国海证券	1	743
国联证券	1	640
恒泰证券	1	1280
华龙证券	1	5000
华鑫证券	1	294
金元证券	1	1680
民生证券	1	500
山西证券	1	650
上海证券	1	3039
西南证券	1	82
信达证券	1	350
兴业证券	1	1000
浙商证券	1	360
中金公司	1	1579
中山证券	1	1200
中投证券	1	5766
中银国际	1	795
总计	151	893,484

注:上述统计包括139次已挂牌公司股票发行和12次挂牌同时股票发行。以上数据仅供参考。

2015年5月挂牌公司股票发行相关情况
(按地区统计)

省、自治区及直辖市	发行次数	发行金额(万元)
北京	21	54,319
广东	19	530,084
山东	17	38,044
上海	17	33,251

省、自治区及直辖市	发行次数	发行金额（万元）
江苏	14	66,401
河南	10	37,489
浙江	9	33,279
福建	6	6,174
天津	6	16,463
安徽	5	15,687
湖北	4	15,850
河北	3	5,595
湖南	3	8,242
辽宁	3	449
宁夏	3	7,586
新疆	3	7,199
四川	2	2,293
甘肃	1	1,200
贵州	1	5,000
海南	1	1,680
陕西	1	1,000
云南	1	1,200
重庆	1	5,000
总计	151	893,484

注：上述统计包括 139 次已挂牌公司股票发行和 12 次挂牌同时股票发行。以上数据仅供参考。

2015 年 6 月挂牌公司股票发行相关情况
（按主办券商统计）

主办券商	发行次数	发行金额（万元）
齐鲁证券	14	62,744
申万宏源	14	28,124
长江证券	14	17,162
广发证券	11	19,042
国信证券	11	50,421
兴业证券	10	12,753
中信建投	10	32,092
安信证券	8	20,110
光大证券	7	44,431
财达证券	6	11,980
东莞证券	6	13,282
国金证券	6	24,422
国泰君安	6	133,531
中原证券	6	46,835
大通证券	5	7,478
国都证券	5	9,343
国元证券	5	6,295
西部证券	5	15,054
中山证券	5	13,577
中投证券	5	12,505
东北证券	4	13,343
东兴证券	4	6,050
广州证券	4	6,352
海通证券	4	46,250
金元证券	4	3,625
首创证券	4	6,765
信达证券	4	7,919
浙商证券	4	5,240
东吴证券	3	5,440
方正证券	3	12,077
国海证券	3	14,693
华创证券	3	1,751
民生证券	3	1,246
南京证券	3	7,985
湘财证券	3	6,168
中银国际	3	3,981
新时代证券	3	13,218
爱建证券	2	5,281
东方花旗	2	4,400
东海证券	2	4,819
国联证券	2	5,050
恒泰证券	2	5,059
华林证券	2	121,350
华泰证券	2	2,696
华西证券	2	12,920
江海证券	2	6,825
平安证券	2	3,790
上海证券	2	8,500
银河证券	2	1,361
招商证券	2	3,185
中信证券	2	3,204
渤海证券	1	3,073
财富证券	1	1,965
华安证券	1	600
华福证券	1	840
华龙证券	1	3,367
日信证券	1	1,118
山西证券	1	1,680
太平洋证券	1	1,960
天风证券	1	2,000
万联证券	1	360
五矿证券	1	1,530
西南证券	1	2,280
长城证券	1	3,360
浙江证券	1	500
总计	260	956,358

注：上述统计包括 238 次已挂牌公司股票发行和 22 次挂牌同时股票发行。以上数据仅供参考。

2015 年 6 月挂牌公司股票发行相关情况
（按地区统计）

省、自治区及直辖市	发行次数	发行金额（万元）
广东	42	122,448
北京	33	143,080
江苏	32	76,901
上海	30	119,515
河南	17	57,029
山东	16	121,207
湖北	14	20,218
浙江	13	26,273
安徽	9	15,057
福建	7	13,329
湖南	6	11,767
辽宁	5	20,892
宁夏	5	18,100
河北	4	7,080
江西	4	15,076
四川	4	5,615
黑龙江	3	4,600
天津	3	9,277

省、自治区及直辖市	发行次数	发行金额(万元)
重庆	3	3,440
贵州	2	2,355
陕西	2	12,808
广西	1	120,000
吉林	1	1,750
内蒙古	1	1,759
山西	1	1,680
新疆	1	2,160
云南	1	2,946
总计	260	956,358

注:上述统计包括238次已挂牌公司股票发行和22次挂牌同时股票发行。以上数据仅供参考。

2015年7月挂牌公司股票发行相关情况
(按主办券商统计)

主办券商	发行次数	发行金额(万元)
申万宏源	32	287,218
广发证券	24	99,741
齐鲁证券	18	45,762
安信证券	16	34,784
国信证券	14	46,675
长江证券	14	26,251
光大证券	9	16,953
广州证券	9	17,890
中信建投	9	41,482
东吴证券	8	17,596
东兴证券	8	167,850
西南证券	8	41,105
财通证券	7	25,740
东北证券	7	9,430
东方花旗	7	15,251
东莞证券	6	5,011
国金证券	6	11,445
海通证券	6	14,412
国泰君安	5	9,749
长城证券	4	131,386
财达证券	4	15,222
民生证券	4	47,560
平安证券	4	4,570
首创证券	4	19,009
太平洋证券	4	18,228
西部证券	4	15,640
兴业证券	4	4,911
银河证券	4	9,275
中原证券	4	3,272
华龙证券	3	17,178
金元证券	3	8,637
民族证券	3	1,396
招商证券	3	2,600
中银国际	3	30,409
天风证券	3	3,075
财富证券	2	3,294
大通证券	2	2,283
国海证券	2	6,750
国联证券	2	2,540
国盛证券	2	1,500
国元证券	2	3,492
华安证券	2	2,793
华创证券	2	31,010
华林证券	2	2,754
华鑫证券	2	4,440
南京证券	2	2,041
万联证券	2	1,187
湘财证券	2	17,323
信达证券	2	2,388
中航证券	2	34,250
中金公司	2	2,007
中山证券	2	2,200
爱建证券	1	85
德邦证券	1	8,965
国开证券	1	8,586
红塔证券	1	12,000
华融证券	1	1,625
华泰证券	1	1,430
华西证券	1	6,250
日信证券	1	672
山西证券	1	4,800
上海证券	1	623
世纪证券	1	960
同信证券	1	840
西藏同信	1	780
新时代	1	53
浙商证券	1	2,000
中信证券	1	1,500
总计	321	1,440,134

注:上述统计包括269次已挂牌公司股票发行和52次挂牌同时股票发行。以上数据仅供参考。

2015年7月挂牌公司股票发行相关情况
(按地区统计)

省、自治区及直辖市	发行次数	发行金额(万元)
广东	57	211,303
北京	49	418,749
江苏	33	122,195
山东	28	81,639
上海	27	181,139
浙江	25	74,621
湖北	14	25,378
河南	12	31,985
福建	11	44,104
安徽	10	37,824
四川	8	16,272
辽宁	6	13,656
湖南	5	6,922
云南	5	6,469
广西	4	43,466
山西	4	20,720
贵州	3	35,333
江西	3	2,978
海南	3	10,728
重庆	3	24,780
河北	2	7,650
黑龙江	2	6,000
吉林	2	9,440
天津	2	553
甘肃	1	4,031

省、自治区及直辖市	发行次数	发行金额(万元)
宁夏	1	1,499
陕西	1	700
总计	321	1,440,134

注:上述统计包括269次已挂牌公司股票发行和52次挂牌同时股票发行。以上数据仅供参考。

2015年8月挂牌公司股票发行相关情况
(按主办券商统计)

主办券商	发行次数	发行金额(万元)
申万宏源	28	125,986
广发证券	20	66,225
齐鲁证券	18	35,479
安信证券	17	27,947
招商证券	16	180,802
国信证券	16	42,132
长江证券	15	41,427
国泰君安	11	43,902
中信建投	11	31,145
中原证券	11	23,950
光大证券	9	376,846
天风证券	9	53,699
中信证券	9	30,832
国金证券	9	27,681
东北证券	9	26,431
国海证券	7	22,480
山西证券	7	16,112
西南证券	7	9,905
海通证券	6	69,267
兴业证券	6	9,618
方正证券	6	6,130
东吴证券	5	43,995
财通证券	5	37,987
广州证券	5	26,218
西部证券	5	23,234
大通证券	5	21,551
华创证券	5	11,360
中山证券	5	4,504
国盛证券	4	38,492
华泰证券	4	14,138
中银国际	4	6,880
平安证券	3	14,827
浙商证券	3	11,730
东海证券	3	11,724
国元证券	3	10,685
首创证券	3	10,460
爱建证券	3	7,729
民族证券	3	6,100
中投证券	3	5,770
金元证券	3	5,483
南京证券	3	5,404
湘财证券	3	4,988
财达证券	3	4,256
日信证券	3	3,945
华龙证券	3	3,426
长城证券	2	12,140
华福证券	2	8,300
新时代证券	2	5,403
华林证券	2	4,335
世纪证券	2	3,775
江海证券	2	3,462
民生证券	2	2,212
信达证券	2	1,599
东兴证券	2	1,530
华鑫证券	2	878
财富证券	1	8,000
中金公司	1	6,251
中航证券	1	3,923
太平洋证券	1	3,243
华安证券	1	3,000
东莞证券	1	2,700
东方花旗	1	2,300
德邦证券	1	2,210
银河证券	1	1,800
同信证券	1	1,306
万联证券	1	1,200
英大证券	1	1,200
华西证券	1	903
华融证券	1	750
总计	370	1,685,301

注:上述统计包括321次已挂牌公司股票发行和49次挂牌同时股票发行。以上数据仅供参考。

2015年8月挂牌公司股票发行相关情况
(按地区统计)

省、自治区及直辖市	发行次数	发行金额(万元)
北京	63	248,114
广东	51	494,764
江苏	34	150,219
上海	33	65,548
山东	27	225,816
浙江	27	80,742
河南	21	93,754
湖北	17	67,021
福建	16	42,933
陕西	10	27,956
安徽	9	37,858
湖南	9	23,668
四川	9	12,602
辽宁	5	9,378
云南	5	13,723
河北	4	6,590
山西	4	8,940
重庆	4	10,375
江西	3	5,330
宁夏	3	11,153
天津	3	19,515
新疆	3	3,035
甘肃	2	2,682
广西	2	2,025
贵州	2	7,756
黑龙江	2	7,306
海南	1	3,999
吉林	1	2,500
总计	370	1,685,301

注:上述统计包括321次已挂牌公司股票发行和49次挂牌同时股票发行。以上数据仅供参考。

2015年9月挂牌公司股票发行相关情况
(按主办券商统计)

主办券商	发行次数	发行金额(万元)
申万宏源	30	150,383
中信建投	16	103,912
齐鲁证券	15	33,642
广发证券	13	21,853
长江证券	13	61,254
安信证券	11	13,001
东北证券	11	48,811
招商证券	11	21,952
国信证券	10	25,648
财通证券	9	14,550
东莞证券	7	5,128
东吴证券	7	21,826
方正证券	7	13,948
海通证券	7	39,841
光大证券	6	203,850
广州证券	6	16,961
国元证券	6	7,359
兴业证券	6	109,410
华融证券	5	12,346
首创证券	5	23,095
西南证券	5	10,477
平安证券	4	21,322
太平洋证券	4	5,608
中银国际	4	7,263
大通证券	3	6,908
国金证券	3	7,784
国盛证券	3	1,335
华泰证券	3	10,264
信达证券	3	4,384
浙商证券	3	25,231
中山证券	3	8,275
中投证券	3	11,294
财达证券	2	4,774
东方花旗	2	1,948
东兴证券	2	1,580
国都证券	2	2,000
国海证券	2	7,161
国泰君安	2	1,086
红塔证券	2	7,500
华创证券	2	2,358
华龙证券	2	4,199
民生证券	2	768
南京证券	2	1,660
山西证券	2	3,000
上海证券	2	14,256
西部证券	2	7,147
湘财证券	2	3,396
中信证券	2	3,201
财富证券	1	1,200
德邦证券	1	2,038
东海证券	1	1,520
国联证券	1	800
宏源证券	1	6,248
华安证券	1	5,600
华西证券	1	2,930
江海证券	1	1,771
世纪证券	1	287
万联证券	1	1,700
新时代证券	1	3,827
银河证券	1	5,432
中原证券	1	1,269
合计	287	1,169,570

注:上述统计包括267次已挂牌公司股票发行和20次挂牌同时股票发行。以上数据仅供参考。

2015年9月挂牌公司股票发行相关情况
(按地区统计)

省、自治区及直辖市	发行次数	发行金额(万元)
广东	45	218,346
北京	41	347,679
江苏	31	80,516
上海	22	90,095
安徽	17	22,289
山东	16	35,726
浙江	16	64,759
湖北	15	54,673
福建	11	26,857
河北	10	39,943
四川	9	19,456
江西	8	18,509
河南	7	27,449
湖南	4	3,770
辽宁	4	23,843
宁夏	4	9,500
新疆	4	15,261
云南	4	4,703
黑龙江	3	4,694
陕西	3	25,949
天津	3	6,371
重庆	3	11,075
广西	2	3,560
吉林	2	4,553
甘肃	1	1,650
内蒙古	1	610
山西	1	7,733
总计	287	1,169,570

注:上述统计包括267次已挂牌公司股票发行和20次挂牌同时股票发行。以上数据仅供参考。

2015年10月挂牌公司股票发行相关情况
(按主办券商统计)

主办券商	发行次数	发行金额(万元)
申万宏源	16	53,096.42
国信证券	13	26,837.18
东吴证券	12	11,401.31
广发证券	11	72,636.59
中信建投	11	342,927.08
安信证券	10	34,671.51
兴业证券	10	12,646.40
中泰证券	9	21,675.00
山西证券	9	13,117.65
长江证券	9	20,153.00
招商证券	9	38,115.21
东北证券	8	38,619.98

主办券商	发行次数	发行金额(万元)
东兴证券	8	17,308.77
国金证券	7	40,494.70
中原证券	7	17,076.37
金元证券	6	8,317.58
西部证券	6	14,213.65
银河证券	6	50,041.18
方正证券	5	8,182.54
华泰证券	5	15,402.00
东方花旗	4	24,109.35
光大证券	4	13,487.00
国泰君安	4	7,248.00
海通证券	4	22,095.66
上海证券	4	6,555.00
中信证券	4	348,643.15
华融证券	3	7,014.00
南京证券	3	5,683.00
湘财证券	3	1,769.00
信达证券	3	9,330.00
中金公司	3	54,004.63
中山证券	3	13,643.21
财通证券	2	1,440.00
大通证券	2	4,308.38
广州证券	2	12,404.00
国海证券	2	3,460.24
国盛证券	2	2,410.00
国元证券	2	4,170.00
华西证券	2	9,010.00
华鑫证券	2	1,858.00
民生证券	2	3,650.00
平安证券	2	4,629.75
首创证券	2	3,799.00
太平洋证券	2	2,438.00
天风证券	2	1,976.25
西南证券	2	21,550.00
东莞证券	1	3,180.00
国都证券	1	3,500.00
恒泰证券	1	750.00
红塔证券	1	990.00
华安证券	1	1,656.00
华创证券	1	5,649.99
华福证券	1	5,250.00
江海证券	1	4,500.00
民族证券	1	667.50
日信证券	1	5,760.00
同信证券	1	1,000.00
万联证券	1	418.54
五矿证券	1	720.00
西藏同信	1	3,000.00
浙商证券	1	2,380.00
总计	264	1,493,297.14

注:上述统计包括236次已挂牌公司股票发行和28次挂牌同时股票发行。以上数据仅供参考。

2015年10月挂牌公司股票发行相关情况
(按地区统计)

省、自治区及直辖市	发行次数	发行金额(万元)
北京	52	525,840.12
广东	30	108,785.62
江苏	30	392,329.08
上海	25	123,798.07
浙江	14	30,818.43
山东	13	21,945.70
河南	11	28,551.79
福建	10	16,759.48
湖南	9	19,048.75
辽宁	9	23,088.35
陕西	8	9,523.74
四川	8	17,016.72
湖北	7	9,737.50
安徽	4	6,168.00
山西	4	5,653.00
天津	4	22,432.00
广西	3	3,049.60
贵州	3	14,850.00
黑龙江	3	38,331.17
江西	3	26,254.75
新疆	3	1,370.00
吉林	2	10,650.00
云南	2	2,447.71
重庆	2	10,794.98
甘肃	1	11,000.00
海南	1	3,000.00
河北	1	5,120.50
宁夏	1	1,932.08
西藏	1	3,000.00
总计	264	1,493,297.14

注:上述统计包括236次已挂牌公司股票发行和28次挂牌同时股票发行。以上数据仅供参考。

2015年11月挂牌公司股票发行相关情况
(按主办券商统计)

主办券商	发行次数	发行金额(万元)	发行次数/督导公司家数
申万宏源	22	73,646.37	5.76%
中泰证券	14	42,325.75	6.48%
广发证券	13	49,858.50	7.43%
中信建投	12	31,486.84	7.19%
国信证券	11	350,419.41	6.63%
安信证券	10	17,497.35	5.92%
东兴证券	10	17,974.24	14.29%
国泰君安	10	9,659.40	7.94%
东方花旗	8	44,267.01	18.18%
大通证券	7	16,179.51	13.46%
东北证券	7	6,658.00	6.14%
东莞证券	6	9,551.95	11.76%
光大证券	6	21,043.92	5.88%
金元证券	6	17,744.00	13.64%
天风证券	6	7,110.00	9.52%
兴业证券	6	30,794.32	7.50%
长江证券	6	25,567.97	4.29%
东吴证券	5	8,658.20	4.03%
方正证券	5	14,500.00	7.58%
国金证券	5	5,162.92	6.25%
华西证券	5	23,101.50	29.41%

主办券商	发行次数	发行金额(万元)	发行次数/督导公司家数
平安证券	5	8,063.00	12.82%
西部证券	5	1,012,042.00	6.85%
银河证券	5	8,096.63	10.42%
招商证券	5	25,296.28	3.82%
浙商证券	5	29,839.00	10.64%
中投证券	5	22,670.00	12.20%
德邦证券	4	15,608.10	23.53%
南京证券	4	24,230.00	8.70%
山西证券	4	6,709.10	10.26%
新时代证券	4	14,969.50	10.53%
国元证券	3	9,964.95	6.67%
海通证券	3	4,914.00	3.45%
华融证券	3	19,030.00	9.09%
江海证券	3	9,941.51	15.00%
首创证券	3	5,124.40	8.11%
太平洋证券	3	6,561.00	6.67%
中信证券	3	7,980.16	3.57%
中原证券	3	7,515.00	4.76%
财达证券	2	961.00	5.88%
财富证券	2	5,852.80	10.53%
东海证券	2	1,730.33	6.06%
广州证券	2	996.00	5.13%
国海证券	2	4,672.56	4.08%
国盛证券	2	1,420.00	8.33%
民生证券	2	11,000.00	5.71%
西南证券	2	5,242.50	2.53%
中山证券	2	2,132.00	4.17%
财通证券	1	3,098.08	1.30%
国都证券	1	315.00	4.35%
华安证券	1	1,641.20	4.55%
华创证券	1	550.20	3.70%
华林证券	1	7,000.00	4.00%
华泰证券	1	143.00	2.13%
联讯证券	1	1,715.00	33.33%
万联证券	1	1,319.05	6.67%
信达证券	1	2,102.00	3.33%
长城证券	1	1,590.00	2.78%
中银国际	1	700.00	2.94%
总计	279	2,115,942.50	-

注:上述统计包括241次已挂牌公司股票发行和38次挂牌同时股票发行。以上数据仅供参考。

2015年11月挂牌公司股票发行相关情况
(按地区统计)

省、自治区及直辖市	发行次数	发行金额(万元)	发行次数/地区公司家数
北京	55	1,196,121.62	8.44%
广东	43	395,304.76	7.68%
浙江	27	77,764.10	7.92%
江苏	26	54,311.39	4.63%
上海	24	113,312.79	6.50%
山东	11	17,194.85	3.67%
安徽	10	24,673.43	7.46%
河南	10	32,281.91	5.95%
湖北	8	17,841.03	4.26%
四川	8	13,148.90	6.90%
福建	7	32,652.01	5.74%
河北	7	15,977.40	7.95%
天津	7	5,694.80	8.97%
黑龙江	5	8,340.00	11.63%
辽宁	4	12,372.00	3.92%
广西	3	17,260.00	12.50%
海南	3	7,592.21	20.00%
陕西	3	12,756.78	5.26%
云南	3	4,317.00	6.82%
重庆	3	5,985.50	5.56%
甘肃	2	5,134.50	11.76%
湖南	2	10,000.00	2.04%
吉林	2	2,552.90	6.06%
内蒙古	2	6,758.50	10.53%
宁夏	2	22,185.00	6.67%
江西	1	1,800.00	2.04%
山西	1	2,609.10	3.45%
总计	279	2,115,942.50	-

注:上述统计包括241次已挂牌公司股票发行和38次挂牌同时股票发行。以上数据仅供参考。

2015年12月挂牌公司股票发行相关情况
(按主办券商统计)

主办券商	发行次数	发行金额(万元)	发行次数占比
申万宏源	20	35,013.29	4.71%
中泰证券	18	25,885.62	7.20%
国信证券	13	157,364.11	6.81%
国泰君安	13	107,926.89	8.50%
招商证券	12	50,794.10	7.59%
广发证券	11	51,988.97	5.56%
中信建投	10	31,136.00	5.08%
安信证券	9	25,762.20	4.37%
光大证券	9	22,448.78	7.03%
长江证券	9	9,780.22	5.49%
国金证券	8	36,880.79	8.25%
兴业证券	8	22,424.40	8.60%
方正证券	8	19,744.20	10.81%
太平洋证券	8	15,843.40	14.29%
东吴证券	8	12,229.00	5.41%
东方花旗	7	37,775.17	14.29%
中信证券	7	23,670.20	7.22%
广州证券	7	19,784.09	14.89%
东北证券	7	16,550.79	5.07%
海通证券	6	89,527.17	6.59%
西部证券	6	21,300.00	6.12%
华泰证券	6	14,862.77	10.71%
财通证券	6	13,399.00	6.59%
华融证券	5	19,872.00	12.20%
西南证券	5	7,925.00	5.49%
中山证券	5	5,343.10	9.43%
中原证券	5	2,761.00	7.25%
浙商证券	4	14,421.00	7.27%
财达证券	4	6,926.80	9.30%
金元证券	4	5,293.00	8.00%
万联证券	4	3,523.50	16.00%

主办券商	发行次数	发行金额(万元)	发行次数占比
上海证券	4	3,410.07	8.70%
国都证券	3	33,100.00	13.04%
国元证券	3	11,523.27	5.66%
信达证券	3	5,457.84	9.09%
银河证券	3	5,083.30	6.12%
中银国际	3	4,100.00	5.88%
山西证券	2	14,800.00	4.55%
华创证券	2	7,895.00	5.56%
财富证券	2	4,040.00	8.70%
东兴证券	2	3,500.00	2.56%
东莞证券	2	1,828.96	3.33%
国联证券	2	1,080.12	5.13%
中投证券	2	669.00	4.65%
爱建证券	1	19,200.00	20.00%
民族证券	1	5,694.00	5.26%
华信证券	1	4,800.00	25.00%
中金公司	1	4,500.00	11.11%
天风证券	1	3,350.00	1.37%
新时代证券	1	2,700.00	2.33%
长城证券	1	2,646.00	2.38%
大通证券	1	2,600.00	1.67%
平安证券	1	2,449.22	2.22%
华林证券	1	2,000.00	3.57%
五矿证券	1	2,000.00	11.11%
华福证券	1	1,620.00	5.00%
江海证券	1	1,232.00	4.76%
联讯证券	1	1,148.84	20.00%
首创证券	1	1,104.00	2.22%
东海证券	1	787.80	2.27%
国海证券	1	300.00	1.85%
总计	302	1,082,775.99	5.89%

注:上述统计包括236次已挂牌公司股票发行和66次挂牌同时股票发行。以上数据仅供参考。

2015年12月挂牌公司股票发行相关情况

(按地区统计)

省、自治区及直辖市	发行次数	发行金额(万元)	发行次数占比
北京	55	237,444.72	7.21%
广东	49	245,767.78	7.16%
上海	37	178,223.90	8.41%
江苏	29	56,856.75	4.45%
山东	17	29,666.01	5.06%
河南	15	51,701.69	7.69%
浙江	15	49,732.02	3.65%
安徽	12	28,223.27	7.41%
湖南	9	29,512.60	8.18%
湖北	9	18,146.62	4.41%
福建	9	11,908.60	6.47%
四川	8	19,503.67	5.84%
河北	7	24,673.00	7.14%
黑龙江	5	14,922.88	9.80%
新疆	4	18,496.50	6.35%
天津	4	6,519.55	4.35%
江西	3	11,021.00	4.84%
辽宁	3	5,339.08	2.63%
陕西	3	4,972.70	4.69%
重庆	2	6,100.00	3.39%
海南	1	19,600.00	6.25%
贵州	1	5,735.00	2.78%
甘肃	1	3,765.60	5.88%
云南	1	2,060.00	1.85%
吉林	1	1,215.00	2.44%
广西	1	951.05	3.23%
宁夏	1	717.00	2.78%
总计	302	1,082,775.99	5.89%

注:上述统计包括236次已挂牌公司股票发行和66次挂牌同时股票发行。以上数据仅供参考。

北京泰利思诺信息技术股份有限公司

公司概况	公司名称	北京泰利思诺信息技术股份有限公司			证券简称	泰利思诺
	法人代表	张培林	董秘	张培模	证券代码	832100
	公司网址	www.telesino.com.cn	电子信箱	liangli@telesino.com.cn		
	电　　话	010-84488088	传　　真	010-64398008		
	办公地址	北京市朝阳区利泽中一路1号办公A1001				
	经营范围	技术开发、技术服务、技术转让、技术咨询、技术推广、技术培训				

	指标\报告期	2015.06.30	2014.12.31	2013.12.31	2012.12.31
主要财务指标	净利润(万元)	59.71	23.18	30.89	7.31
	净利润增长率(%)	10.4331	-24.9625	322.3195	-
	加权净资产收益率(%)	4.9300	1.9800	2.7000	0.6500
	资产负债比率(%)	8.1525	17.0748	12.3207	5.1606
	净利润现金含量(%)	-62.8871	652.8204	549.2034	-2173.1874
	基本每股收益(元)	0.0500	0.0200	0.0300	0.0100
	每股收益-扣除(元)	0.0100	0.0200	-	-
	每股收益-摊薄(元)	0.0498	0.0193	0.0309	0.0073
	每股资本公积金(元)	0.0040	0.0040	0.0000	0.0008
	每股未分配利润(元)	0.0283	-0.0214	0.0838	0.0560
	每股净资产(元)	1.0300	0.9800	1.1600	1.1300
	每股经营现金流量(元)	-0.0313	0.1261	0.1697	-0.1600
	经营活动现金净流量增长(%)	-126.2131	-10.8053	206.8	-

上海浩亚机电股份有限公司

公司概况	公司名称	上海浩亚机电股份有限公司			证券简称	浩亚股份
	法人代表	陈洪	董秘	钟颖	证券代码	832101
	公司网址	www.shhigher.com	电子信箱	higher_public@shhigher.com		
	电　　话	021-59568575	传　　真	021-59568578		
	办公地址	上海市青浦区华纺路99弄99号第五幢8层B区888室				
	经营范围	自动化智能物料系统销售及安装服务				

	指标\报告期	2015.06.30	2014.12.31	2013.12.31	2012.12.31
主要财务指标	净利润(万元)	129.94	234.77	30.26	89.53
	净利润增长率(%)	66.2288	675.8890	-66.2023	-
	加权净资产收益率(%)	4.9100	12.7800	2.8500	12.1500
	资产负债比率(%)	36.8959	29.0760	81.9114	46.7536
	净利润现金含量(%)	-145.8177	18.8702	-7332.2974	-725.7378
	基本每股收益(元)	0.0600	0.1400	0.1300	0.1203
	每股收益-扣除(元)	0.0600	0.1300	-	0.1167
	每股收益-摊薄(元)	0.0500	0.1118	0.0303	0.0895
	每股资本公积金(元)	0.2563	0.0792	-	-
	每股未分配利润(元)	0.0928	0.0592	0.0435	0.0172
	每股净资产(元)	1.3600	1.1500	1.0800	1.0500
	每股经营现金流量(元)	-0.0729	0.0211	-2.2187	-0.6500
	经营活动现金净流量增长(%)	-183.8118	102.0	-241.5	-

烟台宏田汽车零部件股份有限公司

公司概况	公司名称	烟台宏田汽车零部件股份有限公司			证券简称	宏田股份
	法人代表	马惠泽	董秘	鞠玲	证券代码	832102
	公司网址	www.ytmasterparts.com	电子信箱	master@ytmasterparts.com		
	电　　话	0535-6756008	传　　真	0535-6756008		
	办公地址	山东省烟台市牟平区姜格庄东海底国防路东				
	经营范围	设计、生产、加工汽车用铸锻毛坯件及其他汽车零部件、机械零部件				

	指标\报告期	2015.06.30	2014.12.31	2013.12.31	2012.12.31
主要财务指标	净利润(万元)	247.24	724.64	544.57	-113.18
	净利润增长率(%)	-41.2603	33.0660	581.2	-
	加权净资产收益率(%)	9.4300	23.9600	25.1200	-5.8000
	资产负债比率(%)	71.6687	68.1958	67.7160	71.1815
	净利润现金含量(%)	79.9612	162.3598	-48.9946	460.5142
	基本每股收益(元)	0.1200	0.3300	0.2800	-0.0500
	每股收益-扣除(元)	0.1200	0.3000	-	-
	每股收益-摊薄(元)	0.1236	0.3623	0.6974	-0.1449
	每股资本公积金(元)	0.1809	0.1809	0.3538	0.3538
	每股未分配利润(元)	0.1896	0.0660	1.6994	1.0717
	每股净资产(元)	1.3700	1.2500	1.2200	0.9500
	每股经营现金流量(元)	0.0988	0.5883	-0.3417	-0.6675
	经营活动现金净流量增长(%)	-87.2056	541.0	48.8	-

山东齐畅冷链物流股份有限公司

公司概况	公司名称	山东齐畅冷链物流股份有限公司			证券简称	齐畅物流
	法人代表	王成江	董秘	于爱丽	证券代码	832103
	公司网址	www.qichang56.com	电子信箱	ytqc56@163.com		
	电　　话	00535-6817939	传　　真	00535-6827940		
	办公地址	山东省烟台市芝罘区汇宾路5号				
	经营范围	普通货运、货物专用运输等				

	指标\报告期	2015.06.30	2014.12.31	2013.12.31	2012.12.31
主要财务指标	净利润(万元)	121.04	-78.12	23.31	-31.88
	净利润增长率(%)	250.8617	-435.1802	173.1	-
	加权净资产收益率(%)	26.9600	-32.1600	17.3000	-22.9400
	资产负债比率(%)	85.1155	85.5073	96.6059	95.6537
	净利润现金含量(%)	-1355.4277	-466.5334	-1923.5100	2516.1357
	基本每股收益(元)	0.2400	-0.1560	0.0500	-0.0600
	每股收益-扣除(元)	-	-0.1920	-	-
	每股收益-摊薄(元)	0.2421	-0.1562	0.0466	-0.0638
	每股资本公积金(元)	0.0779	0.0779	-	-
	每股未分配利润(元)	-0.0993	-0.3414	-0.1073	-0.1539
	每股净资产(元)	1.0300	0.7800	0.3100	0.2600
	每股经营现金流量(元)	-3.2812	0.7289	-0.9000	-1.6000
	经营活动现金净流量增长(%)	-4220.5172	181.3	44.1	-

杭州诺晟信息技术股份有限公司

公司概况					
公司名称	杭州诺晟信息技术股份有限公司			证券简称	诺晟股份
法人代表	肖运勇	董秘	张文军	证券代码	832104
公司网址	nuoshenggufen.com		电子信箱	zhangwj@limahao.com	
电　　话	0571-56662899		传　　真	0571-89839590	
办公地址	杭州市西湖区西斗门路3号天堂软件园D幢10层B座				
经营范围	公司专业从事便民综合服务电子商务平台				

指标\报告期	2015.06.30	2014.12.31	2013.12.31	2012.12.31
净利润(万元)	-226.51	19.19	26.70	-25.57
净利润增长率(%)	-5434.8	-28.1083	204.4	-
加权净资产收益率(%)	-24.8500	3.1200	13.8900	-13.3400
资产负债比率(%)	17.8074	18.8042	46.5505	60.4658
净利润现金含量(%)	117.6362	448.4173	-106.4578	-394.8768
基本每股收益(元)	-0.2300	0.0295	0.0900	-0.0852
每股收益-扣除(元)	-0.2300	0.0327	-	-0.0019
每股收益-摊薄(元)	-0.2265	0.0192	0.0890	-0.0852
每股资本公积金(元)	0.0143	0.0143	-	-
每股未分配利润(元)	-0.2161	0.0104	-0.3150	-0.4040
每股净资产(元)	0.8000	1.0200	0.6900	0.6000
每股经营现金流量(元)	-0.2665	0.0861	-0.0947	0.3400
经营活动现金净流量增长(%)	-1988.4	402.8	-128.1475	-

陕西宇宏新能源科技股份有限公司

公司概况					
公司名称	陕西宇宏新能源科技股份有限公司			证券简称	宇宏新科
法人代表	傅小军	董秘	史小荣	证券代码	832105
公司网址	www.yuhongicm.com		电子信箱	404214875@qq.com	
电　　话	029-8831-707		传　　真	029-8835-533	
办公地址	西安市高新区丈八一路一号汇鑫IBC2幢2单元2108室				
经营范围	起重设备安装工程承包;特种专业工程专业承包				

指标\报告期	2015.06.30	2014.12.31	2013.12.31	2012.12.31
净利润(万元)	201415.33	208.57	-20.86	74.34
净利润增长率(%)	283205.534	1245.2	-128.0585	-
加权净资产收益率(%)	5.7200	6.5400	-0.6200	2.2300
资产负债比率(%)	50.0535	53.3085	59.7858	53.5500
净利润现金含量(%)	140.2028	427.7501	-1023.8174	574.1996
基本每股收益(元)	0.0800	0.0800	-0.0100	0.0300
每股收益-扣除(元)	0.0500	0.0600	-	-
每股收益-摊薄(元)	0.0775	0.0802	-0.0080	0.0286
每股资本公积金(元)	0.0003	0.2646	0.0807	0.0963
每股未分配利润(元)	0.0001	0.0462	0.1504	0.1574
每股净资产(元)	1.3900	1.3200	1.2300	1.2600
每股经营现金流量(元)	0.1086	0.3431	0.0821	0.1600
经营活动现金净流量增长(%)(%)	78.5482	317.7450	-49.9685	-

广东中设正泰科技股份有限公司

公司概况					
公司名称	广东中设正泰科技股份有限公司			证券简称	中设正泰
法人代表	曹鑫	董秘	杜书升	证券代码	832106
公司网址	www.kingtangdata.com		电子信箱	board_secretary@kingtangdata.com	
电　　话	020-38289972		传　　真	020-38289675	
办公地址	广州市经济技术开发区科学城科珠路232号1栋三层301房				
经营范围	技术进出口、信息技术咨询服务、计算机技术开发、技术服务等				

指标\报告期	2015.06.30	2014.12.31	2013.12.31	2012.12.31
净利润(万元)	-348.96	175.05	514.09	311.35
净利润增长率(%)	-1027.9066	-65.9491	65.1163	-
加权净资产收益率(%)	-16.5000	10.9300	40.9100	36.9000
资产负债比率(%)	47.0246	73.1612	76.8142	74.3346
净利润现金含量(%)	220.6772	-109.1408	-207.3456	-450.5951
基本每股收益(元)	-0.2200	0.1200	-	-
每股收益-扣除(元)	-0.2400	0.1000	-	-
每股收益-摊薄(元)	-0.1662	0.1167	0.4617	0.2796
每股资本公积金(元)	1.4607	0.0586	0.3102	0.3102
每股未分配利润(元)	-0.1264	0.0557	0.0443	-0.4125
每股净资产(元)	2.3400	1.1300	1.3600	0.9000
每股经营现金流量(元)	-0.3667	-0.1274	-0.9574	-1.2600
经营活动现金净流量增长(%)(%)	-73.5	82.1	24.0	-

辽宁达能电气股份有限公司

公司概况					
公司名称	辽宁达能电气股份有限公司			证券简称	达能电气
法人代表	高艺	董秘	韩丽	证券代码	832107
公司网址	www.danengos.com		电子信箱	danengos@163.com	
电　　话	024-23926825		传　　真	024-22849008	
办公地址	沈阳市浑南新区世纪路18号3楼				
经营范围	智能安防监控系统的研究、开发和销售、工程安装施工,电缆销售				

指标\报告期	2015.06.30	2014.12.31	2013.12.31	2012.12.31
净利润(万元)	315.76	932.03	791.74	371.74
净利润增长率(%)	15.9844	17.7188	112.9825	-
加权净资产收益率(%)	5.8500	20.0000	21.6400	15.8500
资产负债比率(%)	18.0480	26.0793	43.7688	65.2383
净利润现金含量(%)	-176.0484	42.6561	-28.5263	-241.0377
基本每股收益(元)	0.0830	0.2500	0.2700	0.2348
每股收益-扣除(元)	0.0360	0.2490	-	0.2358
每股收益-摊薄(元)	0.0831	0.2453	0.2639	0.1859
每股资本公积金(元)	0.2219	0.2219	0.0027	0.0040
每股未分配利润(元)	0.2292	0.1388	0.3388	0.1519
每股净资产(元)	1.4700	1.6300	1.3800	1.1700
每股经营现金流量(元)	-0.1463	0.1046	-0.0753	-0.4500
经营活动现金净流量增长(%)	-277.5	276.0	74.8	-

亨达科技集团股份有限公司

公司概况	公司名称	亨达科技集团股份有限公司		证券简称	亨达科技
	法人代表	连灶华	董秘 罗雨	证券代码	832108
	公司网址	www.hdagroup.com.cn		电子信箱	309813644@qq.com
	电　话	0851-86907225		传　真	0851-86907336
	办公地址	贵州省贵阳市云岩区延安中路1号振华科技大厦A栋24层B号			
	经营范围	通信网络工程设计、施工与维护和网络信息安全技术 开发、产品销售与技术服务			

主要财务指标	指标\报告期	2015.06.30	2014.12.31	2013.12.31	2012.12.31
	净利润(万元)	372.32	322.86	246.15	-24.48
	净利润增长率(%)	258.6501	31.1666	761.0860	-
	加权净资产收益率(%)	6.7300	6.2400	8.6600	-0.8800
	资产负债比率(%)	46.2146	46.6313	25.5340	34.7966
	净利润现金含量(%)	-90.9255	-506.7087	-694.0469	-2688.4395
	基本每股收益(元)	0.0700	0.0600	0.0800	-0.0100
	每股收益-扣除(元)	-	0.0600	-	-0.0200
	每股收益-摊薄(元)	0.0745	0.0646	0.0492	-0.0082
	每股资本公积金(元)	0.0373	0.0373	-	-
	每股未分配利润(元)	0.0999	0.0255	-0.0087	-0.0928
	每股净资产(元)	1.1400	1.0700	0.9900	0.9100
	每股经营现金流量(元)	-0.0677	-0.3272	-0.3417	0.2200
	经营活动现金净流量增长(%)	80.2	4.2	-359.5806	-

山东新港模板工程技术股份有限公司

公司概况	公司名称	山东新港模板工程技术股份有限公司		证券简称	新港模板
	法人代表	魏明	董秘 相磊	证券代码	832109
	公司网址	www.xgformwork.com		电子信箱	xingangmuban@163.com
	电　话	0539-7050127		传　真	0539-7050160
	办公地址	山东省临沂市兰山区南坊洪家店村			
	经营范围	建筑模板体系的设计、生产、销售及租赁业务			

主要财务指标	指标\报告期	2015.06.30	2014.12.31	2013.12.31	2012.12.31
	净利润(万元)	13.84	49.47	38.94	166.36
	净利润增长率(%)	-82.3980	27.0505	-76.5935	-
	加权净资产收益率(%)	1.2400	4.5700	3.7500	17.8000
	资产负债比率(%)	52.4241	36.2583	53.4425	50.6982
	净利润现金含量(%)	-470.7052	241.0481	471.1219	124.8137
	基本每股收益(元)	0.0100	0.0500	0.0400	0.1700
	每股收益-扣除(元)	-	0.0300	-0.0100	0.1200
	每股收益-摊薄(元)	0.0138	0.0495	0.0389	0.1664
	每股资本公积金(元)	0.1193	0.1193	-	-
	每股未分配利润(元)	0.0007	-0.0131	0.0510	0.0160
	每股净资产(元)	1.1200	1.1100	1.0600	1.0200
	每股经营现金流量(元)	-0.0651	0.1193	0.1835	0.2100
	经营活动现金净流量增长(%)	48.7	-34.9950	-11.6507	-

珠海雷特科技股份有限公司

公司概况	公司名称	珠海雷特科技股份有限公司		证券简称	雷特科技
	法人代表	雷建文	董秘 王华荣	证券代码	832110
	公司网址	www.ltech.cn		电子信箱	lt@ltech.cn
	电　话	0756-6208811		传　真	0756-6208833
	办公地址	珠海市南屏科技工业园屏东六路3号15栋二层			
	经营范围	电子产品、照明产品、计算机软硬件的研发、生产及销售			

主要财务指标	指标\报告期	2015.06.30	2014.12.31	2013.12.31	2012.12.31
	净利润(万元)	611.41	994.45	312.97	90.40
	净利润增长率(%)	42.0012	217.7509	246.1901	-
	加权净资产收益率(%)	31.9600	86.8400	59.8900	24.0100
	资产负债比率(%)	16.8302	21.6925	35.8302	38.6005
	净利润现金含量(%)	93.0055	114.3547	113.8292	179.8223
	基本每股收益(元)	0.6100	0.9900	0.5700	0.4500
	每股收益-扣除(元)	-	0.9900	-	-
	每股收益-摊薄(元)	0.6114	0.9945	0.6259	0.4520
	每股资本公积金(元)	0.0152	0.0152	-	-
	每股未分配利润(元)	0.9990	0.5331	0.2584	0.9975
	每股净资产(元)	2.1200	1.6100	1.3700	2.1100
	每股经营现金流量(元)	0.5686	1.1372	0.7125	0.8100
	经营活动现金净流量增长(%)	56.9150	219.2178	119.1415	-

浙江双林机械股份有限公司

公司概况	公司名称	浙江双林机械股份有限公司		证券简称	双林机械
	法人代表	施经东	董秘 李滨	证券代码	832111
	公司网址	www.slpm.net		电子信箱	sjd@slpm.net
	电　话	0571-89188366		传　真	0571-89188533
	办公地址	浙江杭州市余杭经济开发区天荷路111号			
	经营范围	塑料管道成套装备及相关配件的研发、生产和销售			

主要财务指标	指标\报告期	2015.06.30	2014.12.31	2013.12.31	2012.12.31
	净利润(万元)	1052.04	1267.38	-279.35	242.78
	净利润增长率(%)	408.0694	553.7	-215.0637	-
	加权净资产收益率(%)	8.8600	10.6600	-2.6900	2.3300
	资产负债比率(%)	64.6888	54.9192	67.2327	67.7726
	净利润现金含量(%)	19.1090	136.3454	838.8391	-667.6681
	基本每股收益(元)	0.2100	0.2500	0.0000	0.0000
	每股收益-扣除(元)	-	-	-	-
	每股收益-摊薄(元)	0.2104	0.2535	-0.0726	0.0631
	每股资本公积金(元)	1.0687	1.0687	1.4091	0.8895
	每股未分配利润(元)	0.3743	0.2364	0.5889	0.6637
	每股净资产(元)	2.4400	2.3100	0.0000	0.0000
	每股经营现金流量(元)	0.0402	0.3456	-0.6089	-0.4212
	经营活动现金净流量增长(%)	-95.3361	173.7	-44.6	-

北京网智天元科技股份有限公司

公司概况	公司名称	北京网智天元科技股份有限公司			证券简称	网智天元
	法人代表	蔡锦森	董秘	张传文	证券代码	832112
	公司网址	www.wiseweb.com.cn		电子信箱	office@wiseweb.com.cn	
	电　话	010-68104278		传　真	010-68104279	
	办公地址	北京市海淀区西三环北路87号14层1-1401-171				
	经营范围	互联网大数据信息智能处理应用软件的开发、运营、销售以及相关技术服务				

	指标\报告期	2015.06.30	2014.12.31	2013.12.31	2012.12.31
主要财务指标	净利润(万元)	363.85	357.32	109.98	-112.19
	净利润增长率(%)	1338.0725	224.8969	198.0	-
	加权净资产收益率(%)	0.2500	31.7800	11.6300	-13.4300
	资产负债比率(%)	9.6691	25.0877	42.5565	19.0215
	净利润现金含量(%)	-311.6494	148.0356	83.8506	-37.3910
	基本每股收益(元)	0.1200	0.3600	0.1100	-0.1100
	每股收益-扣除(元)	-	0.0400	-	-
	每股收益-摊薄(元)	0.1213	0.3573	0.1100	-0.1122
	每股资本公积金(元)	0.0922	0.2766	-	-
	每股未分配利润(元)	0.1253	0.0237	-0.0545	-0.1644
	每股净资产(元)	1.2200	1.3000	0.9500	0.8400
	每股经营现金流量(元)	-0.3780	0.5290	0.0922	0.0400
	经营活动现金净流量增长(%)	-271.3440	473.5952	119.8371	-

青岛中康国际医疗健康产业股份有限公司

公司概况	公司名称	青岛中康国际医疗健康产业股份有限公司			证券简称	中康国际
	法人代表	潘彩红	董秘	孙迎军	证券代码	832113
	公司网址	www.chihm.com		电子信箱	903110078@qq.com	
	电　话	0532-86899999		传　真	0532-86898662	
	办公地址	山东省青岛经济技术开发区井冈山路596号1-3				
	经营范围	医院、健康、养老管理咨询服务等				

	指标\报告期	2015.06.30	2014.12.31	2013.12.31	2012.12.31
主要财务指标	净利润(万元)	-111.06	459.87	227.97	180.28
	净利润增长率(%)	-220.1534	101.7254	26.4561	-
	加权净资产收益率(%)	-3.7300	23.6600	17.4800	15.6800
	资产负债比率(%)	5.0750	9.6504	39.9876	42.1338
	净利润现金含量(%)	166.3014	62.6369	149.4539	259.1580
	基本每股收益(元)	-0.0400	0.1900	0.0900	0.0800
	每股收益-扣除(元)	-0.0400	0.1935	-	-
	每股收益-摊薄(元)	-0.0285	0.1916	0.0950	0.0751
	每股资本公积金(元)	0.1925	0.0004	-	-
	每股未分配利润(元)	0.0276	0.0911	0.1235	0.0845
	每股净资产(元)	1.2300	1.1100	0.5700	0.5200
	每股经营现金流量(元)	-0.0474	0.1200	0.1400	0.1900
	经营活动现金净流量增长(%)	-883.8	-15.4564	-27.0754	-

广州中爆数字信息科技股份有限公司

公司概况	公司名称	广州中爆数字信息科技股份有限公司			证券简称	中爆数字
	法人代表	曲广建	董秘	梅比	证券代码	832114
	公司网址	www.cbsd.com.cn		电子信箱	13924219070@139.com	
	电　话	020-32290516-808		传　真	020-32290516-822	
	办公地址	广州高新技术产业开发区科学大道111号609、610房				
	经营范围	软件开发、信息系统集成服务、信息技术咨询服务、、数据处理和存储服务等				

	指标\报告期	2015.06.30	2014.12.31	2013.12.31	2012.12.31
主要财务指标	净利润(万元)	38.11	303.80	302.51	-105.63
	净利润增长率(%)	124.8936	0.4260	386.4	-
	加权净资产收益率(%)	1.8300	26.9400	42.2500	-31.6000
	资产负债比率(%)	6.7136	4.2342	24.8331	44.4601
	净利润现金含量(%)	7.4750	162.9847	-42.8095	-143.9783
	基本每股收益(元)	0.0200	0.4100	0.5000	-0.1800
	每股收益-扣除(元)	0.0200	0.3300	-	-
	每股收益-摊薄(元)	0.0127	0.1688	0.5042	-0.1761
	每股资本公积金(元)	0.1805	0.2075	0.9276	0.9138
	每股未分配利润(元)	-0.0250	-0.0628	-0.4746	-0.9748
	每股净资产(元)	1.1600	1.1400	1.4600	0.9500
	每股经营现金流量(元)	0.0009	0.2751	-0.2158	0.2500
	经营活动现金净流量增长(%)	-98.6557	482.3	-185.1524	-

北京喜宝动力网络技术股份有限公司

公司概况	公司名称	北京喜宝动力网络技术股份有限公司			证券简称	喜宝动力
	法人代表	王新华	董秘	屠海飞	证券代码	832115
	公司网址	www.xibao100.com		电子信箱	haifei.tu@xibao100.com	
	电　话	010-84030877-8028		传　真	010-84031243	
	办公地址	北京市东城区东四北大街107号D座二层201室				
	经营范围	向网商提供基于云计算和数据挖掘技术的电子商务流量平台等				

	指标\报告期	2015.06.30	2014.12.31	2013.12.31	2012.12.31
主要财务指标	净利润(万元)	70.95	288.43	162.77	16.01
	净利润增长率(%)	176.0	77.1997	916.8805	-
	加权净资产收益率(%)	6.5500	44.1700	91.7300	66.9800
	资产负债比率(%)	24.1925	41.3002	52.7412	60.8915
	净利润现金含量(%)	-365.4120	-6.6905	77.7817	433.6208
	基本每股收益(元)	0.1200	0.8200	1.3700	0.4700
	每股收益-扣除(元)	0.0800	0.7900	-	-
	每股收益-摊薄(元)	0.1183	0.4807	1.6277	0.1601
	每股资本公积金(元)	0.1470	0.1470	-	-
	每股未分配利润(元)	0.6686	0.5504	1.4296	-0.0393
	每股净资产(元)	1.8600	1.7500	2.5900	0.9600
	每股经营现金流量(元)	-0.4321	-0.0322	1.2661	0.6900
	经营活动现金净流量增长(%)	-60.2	-115.2420	82.3924	-

珠海天岳科技股份有限公司

公司概况						
	公司名称	珠海天岳科技股份有限公司			证券简称	天岳科技
	法人代表	宋学刚	董秘	李秀琴	证券代码	832116
	公司网址	www.zhty.net		电子信箱	zhtykj@163.com	
	电　　话	0756-2232035		传　　真	0756-2239688	
	办公地址	珠海市金湾区联港工业区双林片区创业东路1号1#厂房第一、二层				
	经营范围	航标、浮体、船舶器材、橡塑产品的研发、生产、销售				

主要财务指标	指标\报告期	2015.06.30	2014.12.31	2013.12.31	2012.12.31
	净利润(万元)	28.73	51.04	198.33	86.48
	净利润增长率(%)	-41.7921	-74.2669	129.3304	-
	加权净资产收益率(%)	2.5200	5.3000	34.3500	16.4800
	资产负债比率(%)	20.4466	24.2797	47.6356	51.1092
	净利润现金含量(%)	33.6906	-368.7271	-24.7070	136.6906
	基本每股收益(元)	0.0575	0.1094	0.6611	0.2883
	每股收益-扣除(元)	-0.1216	0.0225	-	0.2832
	每股收益-摊薄(元)	0.0575	0.1021	0.6611	0.2883
	每股资本公积金(元)	1.1379	1.1379	0.0137	0.0137
	每股未分配利润(元)	0.1675	0.1046	1.4115	0.8165
	每股净资产(元)	2.3156	2.2500	2.5700	1.9100
	每股经营现金流量(元)	0.0194	-0.3764	-0.1633	0.3940
	经营活动现金净流量增长(%)	103.3	-284.0	-141.4521	-

苏州腾冉电气设备股份有限公司

公司概况						
	公司名称	苏州腾冉电气设备股份有限公司			证券简称	腾冉电气
	法人代表	赵浩	董秘	王迎春	证券代码	832117
	公司网址	www.etoprun.com		电子信箱	etoprun@etoprun.com	
	电　　话	0512-66520778		传　　真	0512-66520779	
	办公地址	江苏苏州市吴中区临湖镇浦庄和安路				
	经营范围	设计、生产、销售:变压器、电抗器,并提供售后服务				

主要财务指标	指标\报告期	2015.06.30	2014.12.31	2013.12.31	2012.12.31
	净利润(万元)	192.19	534.94	524.67	99.74
	净利润增长率(%)	1412.5196	1.9582	426.0180	-
	加权净资产收益率(%)	12.2600	44.4500	56.0500	-
	资产负债比率(%)	58.6462	80.0565	85.5308	91.3589
	净利润现金含量(%)	-260.1460	-253.6879	4.0432	241.7869
	基本每股收益(元)	0.1000	0.5300	0.5200	0.1000
	每股收益-扣除(元)	0.0200	0.4900	-	-
	每股收益-摊薄(元)	0.0961	0.5349	0.5247	0.0997
	每股资本公积金(元)	0.2970	0.0940	-	-
	每股未分配利润(元)	0.2626	0.3330	-0.0639	-0.5886
	每股净资产(元)	1.5800	1.4700	0.9400	0.4100
	每股经营现金流量(元)	-0.2500	-1.3571	0.0212	0.2400
	经营活动现金净流量增长(%)	23.8	-6497.2591	-91.2038	-

山东华网智能科技股份有限公司

公司概况						
	公司名称	山东华网智能科技股份有限公司			证券简称	华网智能
	法人代表	杨国栋	董秘	王艳涛	证券代码	832118
	公司网址	www.hwzn.com		电子信箱	hwzn110@163.com	
	电　　话	0546-7768110		传　　真	0546-8203110	
	办公地址	东营经济开发区南一路228号				
	经营范围	公司专业从事安防和应急产业的产品研发、生产销售等				

主要财务指标	指标\报告期	2015.06.30	2014.12.31	2013.12.31	2012.12.31
	净利润(万元)	264.79	219.21	52.64	45.92
	净利润增长率(%)	90.7947	316.4558	14.6211	-
	加权净资产收益率(%)	12.2100	12.9000	3.5600	3.2200
	资产负债比率(%)	54.8311	51.4085	53.7830	51.2084
	净利润现金含量(%)	-536.8466	46.7573	-447.3118	189.8838
	基本每股收益(元)	0.1300	0.1500	0.0500	0.0500
	每股收益-扣除(元)	0.1300	0.1480	-	0.0200
	每股收益-摊薄(元)	0.1324	0.1096	0.0526	0.0459
	每股资本公积金(元)	0.0169	0.0169	-	-
	每股未分配利润(元)	0.1317	-0.0007	0.4837	0.4389
	每股净资产(元)	1.1500	1.0200	1.5000	1.4500
	每股经营现金流量(元)	-0.7107	0.0512	-0.2355	0.0900
	经营活动现金净流量增长(%)	-881.5	143.5	-370.0145	-

烟台路通精密科技股份有限公司

公司概况						
	公司名称	烟台路通精密科技股份有限公司			证券简称	路通精密
	法人代表	陈国诗	董秘	刘民正	证券代码	832119
	公司网址	www.lutonggroup.com		电子信箱	minzheng.liu@lutonggroup.com	
	电　　话	0535-6100720		传　　真	0535-6399620	
	办公地址	山东省烟台经济技术开发区嘉陵江路1号				
	经营范围	航空、航天、汽车发动机精密合金铸件及零部件总成、模具、夹具的设计、制造、销售				

主要财务指标	指标\报告期	2015.06.30	2014.12.31	2013.12.31	2012.12.31
	净利润(万元)	695.54	79.34	401.93	-38.10
	净利润增长率(%)	2327.1615	-80.2605	1154.9	-
	加权净资产收益率(%)	5.8400	0.9100	3.8500	-0.3500
	资产负债比率(%)	31.4489	40.7590	38.1014	27.6259
	净利润现金含量(%)	245.9101	1521.0275	173.3900	-7494.7887
	基本每股收益(元)	0.1200	0.0200	0.1100	-0.0100
	每股收益-扣除(元)	0.1000	-0.0200	0.0600	-2.3700
	每股收益-摊薄(元)	0.1159	0.0132	0.1133	-0.0107
	每股资本公积金(元)	0.9118	0.9118	1.2510	1.2510
	每股未分配利润(元)	-0.0101	-0.1260	0.5635	0.4720
	每股净资产(元)	1.9100	1.7900	3.0000	2.8900
	每股经营现金流量(元)	0.2851	0.2011	0.1964	0.8000
	经营活动现金净流量增长(%)	271.1	73.1610	-75.5946	-

中山永辉化工股份有限公司

公司概况	公司名称	中山永辉化工股份有限公司			证券简称	永辉股份
	法人代表	陈建东	董秘	汤柳	证券代码	832120
	公司网址	www.forever1997.com		电子信箱	aster@forever1997.com	
	电　　话	0760-88559363		传　　真	0760-88559030	
	办公地址	广东省中山市西区隆昌贴边社				
	经营范围	生产经营丙烯酸清漆、丙烯酸漆稀释剂、塑料薄膜油墨、硝基木器清漆等				

主要财务指标	指标\报告期	2015.06.30	2014.12.31	2013.12.31	2012.12.31
	净利润(万元)	645.02	1571.66	1514.14	200.55
	净利润增长率(%)	-1.5619	3.7994	654.9864	-
	加权净资产收益率(%)	9.3200	26.2800	32.3300	5.2900
	资产负债比率(%)	31.5941	22.0906	31.0415	40.6967
	净利润现金含量(%)	13.7416	52.3287	54.0973	261.3662
	基本每股收益(元)	0.2200	0.5200	0.5000	0.0700
	每股收益-扣除(元)	0.2200	0.5200	0.5100	0.0700
	每股收益-摊薄(元)	0.2150	0.5239	0.9745	0.1324
	每股资本公积金(元)	0.3890	0.3890	0.5294	0.5432
	每股未分配利润(元)	0.5863	0.3890	1.4553	0.7049
	每股净资产(元)	2.4500	2.1600	1.8200	1.3100
	每股经营现金流量(元)	0.0295	0.2741	0.5272	0.3462
	经营活动现金净流量增长(%)	112.8	0.4060	56.2683	-

上海六晶科技股份有限公司

公司概况	公司名称	上海六晶科技股份有限公司			证券简称	六晶科技
	法人代表	朱玉斌	董秘	印中伟	证券代码	832121
	公司网址	www.leadingmetal.com		电子信箱	yinzw@leadingmetal.com	
	电　　话	021-54260308		传　　真	021-39978635	
	办公地址	上海市嘉定工业区汇通路258号2幢一层				
	经营范围	高性能、超精度特种稀有合金新材料及制品的研发、生产、销售				

主要财务指标	指标\报告期	2015.06.30	2014.12.31	2013.12.31	2012.12.31
	净利润(万元)	3.03	75.84	-250.33	-9.58
	净利润增长率(%)	-98.4143	130.6	-2514.0	-
	加权净资产收益率(%)	0.1900	4.9100	-16.6100	-0.8300
	资产负债比率(%)	40.6844	36.3913	28.4406	43.7164
	净利润现金含量(%)	8159.7949	276.8667	241.1287	-3654.5929
	基本每股收益(元)	0.0000	0.0800	-0.2500	-0.0100
	每股收益-扣除(元)	0.0000	-0.0400	-	-
	每股收益-摊薄(元)	0.0030	0.0758	-0.2503	-0.0120
	每股资本公积金(元)	0.6373	0.6373	0.6373	-
	每股未分配利润(元)	-0.0607	-0.0637	-0.1375	0.3838
	每股净资产(元)	1.5800	1.5700	1.5000	1.4300
	每股经营现金流量(元)	0.2469	0.2100	-0.6036	0.4376
	经营活动现金净流量增长(%)	-41.3906	134.8	-272.4063	-

山东泽辉新材料股份有限公司

公司概况	公司名称	山东泽辉新材料股份有限公司			证券简称	泽辉股份
	法人代表	王彦波	董秘	李玉霞	证券代码	832122
	公司网址	www.zehuigufen.com		电子信箱	zehuigufen@163.com	
	电　　话	0539-3718999		传　　真	0539-3718111	
	办公地址	山东沂南经济开发区				
	经营范围	生产高档涂层面料产品、PU/PVC人造革、合成革及其制品				

主要财务指标	指标\报告期	2015.06.30	2014.12.31	2013.12.31	2012.12.31
	净利润(万元)	142.79	252.53	204.25	176.20
	净利润增长率(%)	68.6317	23.6403	15.9183	-
	加权净资产收益率(%)	3.7900	6.3600	6.6600	7.0200
	资产负债比率(%)	71.8494	74.7125	70.7309	70.7746
	净利润现金含量(%)	249.0675	1987.9346	306.6263	963.7337
	基本每股收益(元)	0.1000	0.0800	0.0700	0.0700
	每股收益-扣除(元)	0.0900	0.0700	-	0.0600
	每股收益-摊薄(元)	0.0352	0.0764	0.0618	0.0661
	每股资本公积金(元)	0.2086	0.0298	0.0298	-
	每股未分配利润(元)	0.1000	0.0794	0.0107	-0.0250
	每股净资产(元)	1.3200	1.1200	1.0400	0.9800
	每股经营现金流量(元)	0.0877	1.5179	0.1894	0.6400
	经营活动现金净流量增长(%)	234.5092	701.5910	-63.1189	-

环球石材(东莞)股份有限公司

公司概况	公司名称	环球石材(东莞)股份有限公司			证券简称	环球石材
	法人代表	朱新胜	董秘	何有光	证券代码	832123
	公司网址	www.umgg.biz		电子信箱	cfo@umgg.com.cn	
	电　　话	0769-8542 9850		传　　真	0769-8542 9850	
	办公地址	广东省东莞市长安镇厦岗村				
	经营范围	生产和销售石材,并从事石材的仓储业务				

主要财务指标	指标\报告期	2015.06.30	2014.12.31	2013.12.31	2012.12.31
	净利润(万元)	-3305.79	5444.41	12351.53	10939.19
	净利润增长率(%)	-268.7363	-55.9211	12.9108	-
	加权净资产收益率(%)	-3.3800	5.5700	15.0300	20.8300
	资产负债比率(%)	54.0460	52.4545	52.9005	63.6658
	净利润现金含量(%)	-2918.5680	-253.9524	-133.7773	62.1000
	基本每股收益(元)	-0.1100	0.1800	0.4200	0.3800
	每股收益-扣除(元)	-0.1200	0.0900	-	-
	每股收益-摊薄(元)	-0.1113	0.1833	0.4159	0.3787
	每股资本公积金(元)	1.3387	1.3387	1.3387	-
	每股未分配利润(元)	0.7994	0.9107	0.7511	0.8954
	每股净资产(元)	3.2500	3.3600	3.1800	2.0100
	每股经营现金流量(元)	3.2485	-0.4655	-0.5563	0.2400
	经营活动现金净流量增长(%)	182.0	16.3	-343.2350	-

南京东南工业装备股份有限公司

公司概况	公司名称	南京东南工业装备股份有限公司			证券简称	东南股份
	法人代表	姜煜	董秘	王鑫	证券代码	832124
	公司网址	www.dncs.cn		电子信箱	wx@dncs.cn	
	电　话	025-57700077		传　真	025-58848466	
	办公地址	江苏省南京市六合区中山科技园旺鑫路 398 号				
	经营范围	柴油机配套设备和船舶配套设备研发、生产、销售				

	指标＼报告期	2015.06.30	2014.12.31	2013.12.31	2012.12.31
主要财务指标	净利润(万元)	132.08	44.05	-141.13	38.27
	净利润增长率(%)	166499.669	131.2	-468.82255	-
	加权净资产收益率(%)	12.3000	4.4700	-14.6500	-
	资产负债比率(%)	72.9712	72.3282	62.9702	52.6259
	净利润现金含量(%)	105.8076	395.9016	191.9814	2010.1615
	基本每股收益(元)	0.1900	0.0600	-0.2000	0.0500
	每股收益-扣除(元)	0.1900	0.0600	-	0.0500
	每股收益-摊薄(元)	0.1887	0.0629	-0.2016	0.0547
	每股资本公积金(元)	0.0534	0.0534	0.0534	-
	每股未分配利润(元)	0.5523	0.3636	0.3090	0.5786
	每股净资产(元)	1.6286	1.4400	1.3800	1.5800
	每股经营现金流量(元)	0.1996	0.2491	-0.3871	1.1000
	经营活动现金净流量增长(%)	659.1270	164.4	-136.7666	-

青岛乐克玻璃科技股份有限公司

公司概况	公司名称	青岛乐克玻璃科技股份有限公司			证券简称	乐克科技
	法人代表	魏杰	董秘	皮自力	证券代码	832125
	公司网址	www.rockyglass.com		电子信箱	rocky-pzl@163.com	
	电　话	0532-86893160-902		传　真	0532-86882740	
	办公地址	青岛黄岛区临港路 2498 号				
	经营范围	技术玻璃制品的设计、制造与销售				

	指标＼报告期	2015.06.30	2014.12.31	2013.12.31	2012.12.31
主要财务指标	净利润(万元)	32.93	92.79	23.17	41.83
	净利润增长率(%)	7.9121	300.4142	-44.5974	-
	加权净资产收益率(%)	1.1500	3.5400	1.0400	1.9000
	资产负债比率(%)	22.3236	38.4684	44.3748	36.6374
	净利润现金含量(%)	-4357.9159	-739.9488	418.4967	1267.0225
	基本每股收益(元)	0.0100	0.0400	0.0100	0.0200
	每股收益-扣除(元)	0.0100	0.0400	-	0.0200
	每股收益-摊薄(元)	0.0093	0.0353	0.0108	0.0194
	每股资本公积金(元)	0.2954	0.1519	0.0001	0.0001
	每股未分配利润(元)	0.0188	0.0127	0.0391	0.0294
	每股净资产(元)	1.3200	1.1400	1.0400	1.0300
	每股经营现金流量(元)	-0.4068	-0.2613	0.0450	0.2500
	经营活动现金净流量增长(%)	-91.2	-807.9769	-81.7006	-

浙江康乐药业股份有限公司

公司概况	公司名称	浙江康乐药业股份有限公司			证券简称	康乐药业
	法人代表	白植平	董秘	胡圣荣	证券代码	832126
	公司网址	www.conlerpharm.com		电子信箱	zj@conlerpharm.com	
	电　话	0577-88514502 885		传　真	0577-88514502	
	办公地址	温州市经济技术开发区衢江路 208 号				
	经营范围	医药原料及制剂、包装材料、五金装潢材料的制造				

	指标＼报告期	2015.06.30	2014.12.31	2013.12.31	2012.12.31
主要财务指标	净利润(万元)	492.39	1077.92	1943.35	897.16
	净利润增长率(%)	-55.5445	-44.5326	116.6112	-
	加权净资产收益率(%)	2.4900	5.1600	8.6900	3.1500
	资产负债比率(%)	63.5742	61.1502	57.5205	50.4278
	净利润现金含量(%)	600.4493	311.7823	253.5631	435.3138
	基本每股收益(元)	0.0800	0.1800	0.3200	0.1500
	每股收益-扣除(元)	0.0800	0.1000	0.2900	-
	每股收益-摊薄(元)	0.0821	0.1797	0.3239	0.1495
	每股资本公积金(元)	0.4684	0.4684	0.4684	0.4684
	每股未分配利润(元)	1.3823	1.5503	1.6471	1.8653
	每股净资产(元)	3.2900	3.4500	3.5100	3.9400
	每股经营现金流量(元)	0.4928	0.5601	0.8213	0.6500
	经营活动现金净流量增长(%)	-47.9327	-31.7971	26.1725	-

上海谊熙加品牌管理股份有限公司

公司概况	公司名称	上海谊熙加品牌管理股份有限公司			证券简称	谊熙加
	法人代表	朱烨	董秘	张岚	证券代码	832127
	公司网址	www.ecomplus.cn		电子信箱	vigny.zhang@ecomplus.cn	
	电　话	021-63029655		传　真	021-63025811	
	办公地址	上海市嘉定区真新街道金沙江路 3131 号 4 幢东区 2161 室				
	经营范围	市场营销策划，文化艺术交流策划，设计、制作、代理各类广告等				

	指标＼报告期	2015.06.30	2014.12.31	2013.12.31	2012.12.31
主要财务指标	净利润(万元)	556.21	836.76	259.42	461.20
	净利润增长率(%)	133.9156	222.5462	-43.7502	-
	加权净资产收益率(%)	30.4400	74.0000	36.4200	83.4100
	资产负债比率(%)	57.3880	70.2054	59.9524	52.0339
	净利润现金含量(%)	113.6189	-29.0954	-138.5370	0.4792
	基本每股收益(元)	0.5600	0.8400	0.2600	3.8400
	每股收益-扣除(元)	-	0.7811	-	-
	每股收益-摊薄(元)	0.5562	0.8368	2.1618	3.8433
	每股资本公积金(元)	0.0376	0.0376	-	0.8333
	每股未分配利润(元)	1.0177	0.4615	4.4118	2.3575
	每股净资产(元)	2.1100	1.5500	5.9400	4.6100
	每股经营现金流量(元)	0.6320	-0.2435	-2.9950	0.0200
	经营活动现金净流量增长(%)	321.2	32.3	-16377.5089	-

苏州喜之家母婴护理服务股份有限公司

公司概况					
公司名称	苏州喜之家母婴护理服务股份有限公司			证券简称	喜之家
法人代表	徐志宏	董秘	郑朝群	证券代码	832128
公司网址	www.herunxizhijia.com		电子信箱	suzhouxizhijia@163.com	
电话	0512-65498888		传真	0512-69223766	
办公地址	苏州相城区元和街道生态农业示范园区园中路				
经营范围	产妇、婴儿护理服务，营养膳食咨询服务				

主要财务指标 指标\报告期	2015.06.30	2014.12.31	2013.12.31	2012.12.31
净利润(万元)	-141.37	-647.51	-604.00	-
净利润增长率(%)	77.0	-7.2	-	-
加权净资产收益率(%)	-8.7100	-48.6500	-63.5100	-
资产负债比率(%)	24.6960	25.9819	70.9545	-
净利润现金含量(%)	-54.0880	164.0119	-3.5060	-
基本每股收益(元)	-0.0900	-0.4600	-0.4700	-
每股收益-扣除(元)	-0.0900	-0.0800	-0.0800	-
每股收益-摊薄(元)	-0.0942	-0.4317	-0.4693	-
每股资本公积金(元)	0.7787	0.7787	1.1655	-
每股未分配利润(元)	-0.7433	-0.6490	-1.6332	-
每股净资产(元)	1.0400	1.1300	0.5300	-
每股经营现金流量(元)	0.0510	-0.7100	0.0200	-
经营活动现金净流量增长(%)	106.7	-5115.1235	-	-

新兴(铁岭)药业股份有限公司

公司概况					
公司名称	新兴(铁岭)药业股份有限公司			证券简称	新兴药业
法人代表	文风	董秘	张巍	证券代码	832129
公司网址	www.avicpharm.com		电子信箱	xinghuacpa2010@163.com	
电话	024-72600188		传真	024-72600047	
办公地址	辽宁省铁岭市银州区柴河街南段 227 号				
经营范围	药用油的研发、生产与销售				

主要财务指标 指标\报告期	2015.06.30	2014.12.31	2013.12.31	2012.12.31
净利润(万元)	716.37	1110.06	1425.55	909.42
净利润增长率(%)	64.4004	-22.1310	56.7545	-
加权净资产收益率(%)	7.0400	12.4900	21.9900	17.1100
资产负债比率(%)	3.8924	5.8021	11.5643	10.4167
净利润现金含量(%)	59.0891	201.0831	23.5785	-33.9524
基本每股收益(元)	0.1100	0.1800	0.3000	0.1900
每股收益-扣除(元)	0.1000	0.1500	-	-
每股收益-摊薄(元)	0.1130	0.1752	0.2970	0.1895
每股资本公积金(元)	0.4109	0.4109	0.0104	-
每股未分配利润(元)	0.1256	0.1238	0.2789	0.1711
每股净资产(元)	1.5600	1.5500	1.3400	1.2000
每股经营现金流量(元)	0.0668	0.3522	0.0700	-0.0643
经营活动现金净流量增长(%)	-67.6742	564.0848	208.9	-

四川圣迪乐村生态食品股份有限公司

公司概况					
公司名称	四川圣迪乐村生态食品股份有限公司			证券简称	圣迪乐村
法人代表	冯光德	董秘	任智勇	证券代码	832130
公司网址	www.sundaily.cn		电子信箱	sundailyfarm@sundaily.cn	
电话	0816-8321198		传真	0816-8321188	
办公地址	四川省绵阳市梓潼县经济技术产业园区圣迪乐村				
经营范围	饲养家禽、淡水养殖、家禽、蛋品及其制品的批发及零售				

主要财务指标 指标\报告期	2015.06.30	2014.12.31	2013.12.31	2012.12.31
净利润(万元)	2097.90	3125.19	1991.46	1397.22
净利润增长率(%)	357.2816	56.9294	36.9602	-
加权净资产收益率(%)	9.3100	15.6500	10.8200	8.8600
资产负债比率(%)	52.7496	56.3683	59.9572	53.4787
净利润现金含量(%)	215.0484	204.0982	144.6561	80.1733
基本每股收益(元)	0.4500	0.6700	0.4300	0.3100
每股收益-扣除(元)	-	0.5100	-	0.1800
每股收益-摊薄(元)	0.4496	0.6697	0.4267	0.2994
每股资本公积金(元)	2.1551	2.1551	2.1551	2.1551
每股未分配利润(元)	1.8638	1.4143	0.7554	0.3440
每股净资产(元)	5.0500	4.6100	3.9500	3.5519
每股经营现金流量(元)	0.9668	1.3668	0.6173	0.2400
经营活动现金净流量增长(%)	59.6412	121.4149	157.1670	-

深圳市斯盛能源股份有限公司

公司概况					
公司名称	深圳市斯盛能源股份有限公司			证券简称	斯盛能源
法人代表	于湘勇	董秘	曾寿星	证券代码	832131
公司网址	www.szseason.com		电子信箱	zengshouxingf@163.com	
电话	0755-89334881		传真	0755-89334880	
办公地址	深圳市龙岗区龙岗街道同乐社区坑尾村同乐科技园 B 栋 101				
经营范围	锂离子电池的研发、生产、销售				

主要财务指标 指标\报告期	2015.06.30	2014.12.31	2013.12.31	2012.12.31
净利润(万元)	226.12	376.24	333.18	433.21
净利润增长率(%)	10.2606	12.9248	-23.0903	-
加权净资产收益率(%)	10.9800	21.3900	22.0900	35.2300
资产负债比率(%)	71.2824	74.6543	79.6689	67.1000
净利润现金含量(%)	-155.2075	219.9661	-51.7503	67.8968
基本每股收益(元)	0.2300	0.3800	0.3300	0.4330
每股收益-扣除(元)	-	-	-	-
每股收益-摊薄(元)	0.2261	0.3762	0.3332	0.4332
每股资本公积金(元)	0.0215	0.0215	0.0215	0.0500
每股未分配利润(元)	1.0975	0.8714	0.5236	0.3778
每股净资产(元)	2.1700	1.9500	1.9500	1.4500
每股经营现金流量(元)	-0.3510	0.8276	-0.1724	0.2900
经营活动现金净流量增长(%)	-2.1	580.0	-158.6199	-

河南民正农牧股份有限公司

公司概况					
公司名称	河南民正农牧股份有限公司			证券简称	民正农牧
法人代表	张现伟	董秘	孙祥旗	证券代码	832132
公司网址	www.hnmzmy.com		电子信箱	henanminzheng@sina.com	
电　话	015716738809		传　真	0379-63059586	
办公地址	河南省洛阳市宜阳县莲庄乡马回村				
经营范围	生猪(含种猪)的繁养及销售				

主要财务指标 指标\报告期	2015.06.30	2014.12.31	2013.12.31	2012.12.31
净利润(万元)	909.28	1915.83	1588.62	2121.19
净利润增长率(%)	22.4858	20.5972	-25.1071	-
加权净资产收益率(%)	19.6300	17.4600	18.9600	52.8600
资产负债比率(%)	35.2359	45.7794	28.7855	47.9370
净利润现金含量(%)	-98.3519	-72.1854	32.7301	45.9016
基本每股收益(元)	0.1800	0.3800	0.5300	4.2400
每股收益-扣除(元)	-	0.3755	-	-
每股收益-摊薄(元)	0.1609	0.3832	0.4126	4.2424
每股资本公积金(元)	0.8421	0.3016	-	-
每股未分配利润(元)	0.2964	0.1530	1.4405	8.2326
每股净资产(元)	2.1500	1.4700	2.6000	10.1500
每股经营现金流量(元)	-0.1583	-0.2766	0.1351	1.9500
经营活动现金净流量增长(%)	-249.3145	-365.9738	-46.5977	-

上海天涌影视传媒股份有限公司

公司概况					
公司名称	上海天涌影视传媒股份有限公司			证券简称	天涌影视
法人代表	白建忠	董秘	钱兰兰	证券代码	832133
公司网址	www.teeyoung.cn		电子信箱	qianshiyu@teeyoung.com.cn	
电　话	021-6427-0015		传　真	021-6441-1395	
办公地址	上海市闵行区紫东路58号第6幢101室				
经营范围	电视剧投资、制作、发行以及衍生业务				

主要财务指标 指标\报告期	2015.06.30	2014.12.31	2013.12.31	2012.12.31
净利润(万元)	205.40	210.66	152.91	-4.34
净利润增长率(%)	209.2571	37.7645	3627.0	-
加权净资产收益率(%)	9.1100	10.3000	18.8700	-0.9300
资产负债比率(%)	62.6823	57.7634	23.2581	36.6080
净利润现金含量(%)	106.3172	-942.9799	-338.7370	-6259.6774
基本每股收益(元)	0.1400	0.1400	-	-0.0100
每股收益-扣除(元)	0.1400	0.1300	-	-
每股收益-摊薄(元)	0.1369	0.1404	0.1019	-0.0145
每股资本公积金(元)	0.2931	0.2931	0.0824	0.2320
每股未分配利润(元)	0.2676	0.1306	0.2013	0.5478
每股净资产(元)	1.5700	1.4300	1.2900	1.7800
每股经营现金流量(元)	0.1456	-1.3243	-0.3453	0.9100
经营活动现金净流量增长(%)	112.3	-283.5	-290.6591	-

宇都供应链(山东)股份有限公司

公司概况					
公司名称	宇都供应链(山东)股份有限公司			证券简称	宇都股份
法人代表	李波	董秘	李红慧	证券代码	832134
公司网址	www.qdyudu.com		电子信箱	LIHONGHUI@QDYUDU.COM	
电　话	0532-85789315		传　真	0532-85789126	
办公地址	青岛市市南区澳门路7号2号楼1单元201户				
经营范围	为客户提供国际货物运输代理服务以及供应链整体解决方案				

主要财务指标 指标\报告期	2015.06.30	2014.12.31	2013.12.31	2012.12.31
净利润(万元)	202.26	146.95	35.37	2.70
净利润增长率(%)	419.1114	315.5079	1209.2374	-
加权净资产收益率(%)	18.5400	25.2000	7.1900	0.5700
资产负债比率(%)	49.4389	34.0035	24.8273	26.6388
净利润现金含量(%)	118.4262	103.5762	-29.8642	2797.4537
基本每股收益(元)	0.3600	0.2900	0.0700	0.0100
每股收益-扣除(元)	-	0.3100	0.0700	0.0960
每股收益-摊薄(元)	0.3371	0.2939	0.0707	0.0054
每股资本公积金(元)	0.6847	0.0216	-	-
每股未分配利润(元)	0.5557	0.2623	0.0173	-0.0515
每股净资产(元)	2.2600	1.3100	1.0200	0.9500
每股经营现金流量(元)	0.3992	0.3044	-0.0211	0.1500
经营活动现金净流量增长(%)	38.3240	1541.1	-113.9768	-

广州云宏信息科技股份有限公司

公司概况					
公司名称	广州云宏信息科技股份有限公司			证券简称	云宏信息
法人代表	涂华奇	董秘	成方	证券代码	832135
公司网址	www.winhong.com		电子信箱	PR@winhong.com	
电　话	020-28260063		传　真	020-28260051	
办公地址	广州市天河区中山大道西89号A栋4层南20房				
经营范围	软件开发、信息系统集成服务、信息技术咨询服务等				

主要财务指标 指标\报告期	2015.06.30	2014.12.31	2013.12.31	2012.12.31
净利润(万元)	140.38	3550.26	1141.33	919.00
净利润增长率(%)	182.0318	211.0632	23.1759	-
加权净资产收益率(%)	1.4400	49.8900	29.4900	145.5500
资产负债比率(%)	7.0002	35.3638	35.6609	11.0984
净利润现金含量(%)	-274.0676	-18.7662	229.3370	-3.8085
基本每股收益(元)	0.0400	0.9900	0.3200	0.2600
每股收益-扣除(元)	-0.1100	0.9700	-	0.2200
每股收益-摊薄(元)	0.0369	0.9862	0.5526	0.4595
每股资本公积金(元)	1.1713	0.0330	0.7429	0.3500
每股未分配利润(元)	1.3754	1.4128	0.8430	0.2999
每股净资产(元)	3.8800	2.4700	1.4800	0.9200
每股经营现金流量(元)	-0.1012	-0.1851	1.2672	-0.0175
经营活动现金净流量增长(%)	78.5	-125.4538	829.8	-

杭州蓝天园林生态科技股份有限公司

公司概况	公司名称	杭州蓝天园林生态科技股份有限公司			证券简称	蓝天园林
	法人代表	王振宇	董秘	何锋	证券代码	832136
	公司网址	www.blue-skylandscape.com		电子信箱	securities@blue-skylandscape.com	
	电　话	0571-88812756		传　真	0571-88812755	
	办公地址	浙江省杭州市江干区景芳六区 19 幢 A 座				
	经营范围	从事生态园林工程的设计、施工、苗木种植和销售、园林养护等主营业务				

	指标\报告期	2015.06.30	2014.12.31	2013.12.31	2012.12.31
主要财务指标	净利润(万元)	4344.71	7794.13	6204.07	4794.14
	净利润增长率(%)	45.9015	25.6293	29.4096	-
	加权净资产收益率(%)	9.3400	17.2500	22.4300	22.7600
	资产负债比率(%)	48.1081	58.0770	65.5342	69.2633
	净利润现金含量(%)	-112.0260	41.0161	-31.1214	83.6013
	基本每股收益(元)	0.4100	0.7500	0.6100	0.4800
	每股收益-扣除(元)	0.3900	0.7200	-	-
	每股收益-摊薄(元)	0.3835	0.7545	0.6006	0.4794
	每股资本公积金(元)	1.5684	1.1393	1.1393	0.7888
	每股未分配利润(元)	2.0357	1.8121	1.0950	0.6372
	每股净资产(元)	4.9400	4.0000	3.2400	2.4400
	每股经营现金流量(元)	-0.4296	0.3095	-0.1869	0.4000
	经营活动现金净流量增长(%)	-147.1	265.6	-148.1739	-

安徽罗伯特科技股份有限公司

公司概况	公司名称	安徽罗伯特科技股份有限公司			证券简称	罗伯特
	法人代表	黄云闻	董秘	方维巍	证券代码	832137
	公司网址	www.rbtek.cn		电子信箱	Office@rbtek.cn	
	电　话	0553-2938716		传　真	0553-2938713	
	办公地址	芜湖市高新技术开发区漳河路 17 号(罗伯特大厦)				
	经营范围	成套开关设备、核心元器件、在线监测类产品、系统集成类产品的研发、生产和销售				

	指标\报告期	2015.06.30	2014.12.31	2013.12.31	2012.12.31
主要财务指标	净利润(万元)	14.89	-1759.84	-668.53	-454.25
	净利润增长率(%)	102.1	-163.2	-47.2	-
	加权净资产收益率(%)	0.6100	-53.1700	-14.7800	-
	资产负债比率(%)	79.0843	80.2484	63.2609	56.5111
	净利润现金含量(%)	-3187.0603	-86.6321	-48.2590	527.0116
	基本每股收益(元)	0.0030	-0.3500	-0.1300	-0.1328
	每股收益-扣除(元)	-	-0.4124	-	-0.1978
	每股收益-摊薄(元)	0.0030	-0.3520	-0.1337	-0.0908
	每股资本公积金(元)	0.0779	0.0779	0.0779	0.0779
	每股未分配利润(元)	-0.5891	-0.5919	-0.2400	-0.1062
	每股净资产(元)	0.4900	0.4900	0.8400	0.9700
	每股经营现金流量(元)	-0.0949	0.3049	0.0645	-0.4800
	经营活动现金净流量增长(%)	-143.5406	372.5531	113.5	-

安徽中衡保险公估股份有限公司

公司概况	公司名称	安徽中衡保险公估股份有限公司			证券简称	中衡股份
	法人代表	杜佐岭	董秘	周婷婷	证券代码	832138
	公司网址	www.zhbx.net		电子信箱	zhoutingting@zhbx.net	
	电　话	0551-63662610		传　真	0551-62918990	
	办公地址	安徽省合肥市高新区创新大道 2800 号创新产业园 G4 楼 A 区 701 室				
	经营范围	从事保险标的出险后的查勘、检验和估损理算等保险中介服务				

	指标\报告期	2015.06.30	2014.12.31	2013.12.31	2012.12.31
主要财务指标	净利润(万元)	729.41	1292.14	520.15	123.69
	净利润增长率(%)	44.2122	148.4168	320.5333	-
	加权净资产收益率(%)	23.4100	51.0800	34.1400	-
	资产负债比率(%)	35.5921	42.2440	35.0052	19.7056
	净利润现金含量(%)	-41.4656	72.7877	72.1952	118.8564
	基本每股收益(元)	0.7300	1.2900	0.5200	0.1200
	每股收益-扣除(元)	0.7300	-	-	-
	每股收益-摊薄(元)	0.3052	1.2921	0.5201	0.1237
	每股资本公积金(元)	0.1123	1.0584	0.4000	-
	每股未分配利润(元)	0.4190	0.6496	0.4202	-0.0615
	每股净资产(元)	1.5492	2.7500	1.8800	0.9600
	每股经营现金流量(元)	-0.1265	0.9405	0.3755	0.1500
	经营活动现金净流量增长(%)	-488.2854	150.4556	155.4384	-

江苏沃田农业股份有限公司

公司概况	公司名称	江苏沃田农业股份有限公司			证券简称	沃田农业
	法人代表	徐烨	董秘	李宁	证券代码	832139
	公司网址	www.richlandsfarm.com		电子信箱	ln@richlandsfarm.com	
	电　话	0518-86983333		传　真	0518-86301772	
	办公地址	江苏省连云港市赣榆青口镇黄海东路 407 号农林大厦 14 层				
	经营范围	蓝莓育苗、种植、研发、加工、销售和贸易				

	指标\报告期	2015.06.30	2014.12.31	2013.12.31	2012.12.31
主要财务指标	净利润(万元)	716.63	844.09	-512.16	-577.66
	净利润增长率(%)	1217.1	264.8	11.3	-
	加权净资产收益率(%)	11.3800	16.2900	-10.2100	-
	资产负债比率(%)	32.2861	56.0873	54.7766	27.3838
	净利润现金含量(%)	50.6066	506.6749	3.1629	182.3187
	基本每股收益(元)	0.1300	0.1700	-0.1000	-0.1300
	每股收益-扣除(元)	-	-	-	-
	每股收益-摊薄(元)	0.1191	0.1682	-0.1021	-0.1151
	每股资本公积金(元)	0.7482	0.1001	0.2428	0.2428
	每股未分配利润(元)	0.1317	0.0151	-0.2941	-0.1920
	每股净资产(元)	1.8812	1.1200	0.9500	1.0500
	每股经营现金流量(元)	0.0603	0.8523	-0.0032	-0.2100
	经营活动现金净流量增长(%)	-65.7621	26501.3	98.5	-

广州戈兰迪时尚家居制品股份有限公司

公司概况					
公司名称	广州戈兰迪时尚家居制品股份有限公司			证券简称	戈兰迪
法人代表	田雨	董秘	黄颖	证券代码	832140
公司网址	www.gzgelandi.com			电子信箱	Hy-8016@163.com
电　话	020-66850608			传　真	020-36861875-8102
办公地址	广州市花都区新华工业区新都大道旁				
经营范围	石墨及碳素制品制造等				

主要财务指标：指标\报告期	2015.06.30	2014.12.31	2013.12.31	2012.12.31
净利润(万元)	-448.96	-162.33	-383.68	195.53
净利润增长率(%)	-132.1	49.2	-296.2204	-
加权净资产收益率(%)	-27.2500	-6.2800	-7.1300	-
资产负债比率(%)	80.4072	74.3089	55.6662	39.6104
净利润现金含量(%)	200.7814	-494.8762	270.4177	507.9668
基本每股收益(元)	-0.3000	-0.1000	-0.2100	0.1300
每股收益-扣除(元)	-	-0.0300	-	-
每股收益-摊薄(元)	-0.2993	-0.1082	-0.7674	0.3911
每股资本公积金(元)	0.5653	0.6010	0.5700	0.0900
每股未分配利润(元)	-0.6114	-0.3830	2.7843	3.4279
每股净资产(元)	0.9700	1.5500	1.6400	1.6300
每股经营现金流量(元)	-0.6010	0.5356	-2.0751	1.9865
经营活动现金净流量增长(%)	-91.2	177.4	-204.4585	-

江苏燎原环保科技股份有限公司

公司概况					
公司名称	江苏燎原环保科技股份有限公司			证券简称	燎原环保
法人代表	冯启明	董秘	储正相	证券代码	832141
公司网址	www.liaoyuanchem.com			电子信箱	chuzx999@liaoyuanchem.com
电　话	0510-87509006			传　真	0510-87503371
办公地址	宜兴市周铁镇水母村				
经营范围	焦化脱硫脱氰废水资源化利用技术服务等				

主要财务指标：指标\报告期	2015.06.30	2014.12.31	2013.12.31	2012.12.31
净利润(万元)	644.53	1744.90	602.67	-
净利润增长率(%)	-4.2126	189.5274	412.3	-
加权净资产收益率(%)	7.1300	26.9500	14.8100	-
资产负债比率(%)	47.5840	51.5428	62.2143	-
净利润现金含量(%)	237.4523	232.3871	157.7091	-
基本每股收益(元)	0.1700	0.5700	0.2700	-
每股收益-扣除(元)	-	0.5600	0.4000	-
每股收益-摊薄(元)	0.1842	0.4985	0.1722	-
每股资本公积金(元)	0.9045	0.9045	0.0004	-
每股未分配利润(元)	0.3247	0.1405	0.2968	-
每股净资产(元)	2.5000	2.3100	1.4100	-
每股经营现金流量(元)	0.4373	1.1585	0.2716	-
经营活动现金净流量增长(%)	19.7375	326.6236	-34.9837	-

深圳新为软件股份有限公司

公司概况					
公司名称	深圳新为软件股份有限公司			证券简称	新为股份
法人代表	袁红兵	董秘	李云水	证券代码	832142
公司网址	www.newv.com.cn			电子信箱	hyde@new.com.cn
电　话	0755-26532079-702			传　真	0755-26532030-832
办公地址	深圳市南山区科发路8号金融服务技术创新地2栋9AB单元				
经营范围	计算机的软硬件的设计、技术开发、销售				

主要财务指标：指标\报告期	2015.06.30	2014.12.31	2013.12.31	2012.12.31
净利润(万元)	-179.67	117.36	401.08	101.33
净利润增长率(%)	-157.5	-70.7396	295.8201	-
加权净资产收益率(%)	-12.1400	12.8900	61.5700	25.3200
资产负债比率(%)	20.3573	28.1897	37.8291	56.2202
净利润现金含量(%)	140.4035	16.4305	37.4435	-61.2158
基本每股收益(元)	-0.2100	0.1500	4.0100	1.0100
每股收益-扣除(元)	-0.2400	0.1100	-	-
每股收益-摊薄(元)	-0.2139	0.1397	4.0108	1.0133
每股资本公积金(元)	0.7780	0.7780	-	-
每股未分配利润(元)	-0.1358	0.0762	6.7677	3.1580
每股净资产(元)	1.6600	1.8700	8.5200	4.5100
每股经营现金流量(元)	-0.3003	0.0230	1.5018	-0.6200
经营活动现金净流量增长(%)	-121.6	-87.1603	342.1	-

深圳市海昌华海运股份有限公司

公司概况					
公司名称	深圳市海昌华海运股份有限公司			证券简称	海昌华
法人代表	梁栋	董秘	王炯	证券代码	832143
公司网址	www.haifa88.com			电子信箱	haifa_zw@163.com
电　话	0755-26823989			传　真	0755-26823173
办公地址	深圳市南山区蛇口太子南路蛇口工业区金融中心1栋5层1号				
经营范围	公司专业从事国内沿海及内河的成品油、化学品运输业务				

主要财务指标：指标\报告期	2015.06.30	2014.12.31	2013.12.31	2012.12.31
净利润(万元)	539.78	1056.50	3184.75	2858.97
净利润增长率(%)	14.7157	-66.8264	11.3952	-
加权净资产收益率(%)	1.8700	3.9700	12.8900	12.9900
资产负债比率(%)	22.6146	33.3756	28.3033	30.2491
净利润现金含量(%)	590.5283	185.4281	68.7283	106.4503
基本每股收益(元)	0.0500	0.1100	0.6800	0.6100
每股收益-扣除(元)	-	0.0600	-	-
每股收益-摊薄(元)	0.0469	0.1056	0.6777	0.6084
每股资本公积金(元)	2.2551	1.6634	1.6010	1.6010
每股未分配利润(元)	0.0574	0.0122	2.6272	2.0792
每股净资产(元)	3.3200	2.6800	5.5500	4.9300
每股经营现金流量(元)	0.2772	0.1959	0.4700	0.6500
经营活动现金净流量增长(%)	44.4647	-10.4982	-28.0791	-

南京软智科技股份有限公司

公司概况	公司名称	南京软智科技股份有限公司		证券简称	软智科技
	法人代表	胡昌书	董秘 唐一明	证券代码	832144
	公司网址	www.inforich.com.cn		电子信箱	hcsrich@sina.com
	电　话	025-83461838		传　真	025-83431510
	办公地址	南京高新区新科二路 18 号 15 号楼 704 室			
	经营范围	计算机软硬件开发、销售、技术服务等			

主要财务指标	指标＼报告期	2015.06.30	2014.12.31	2013.12.31	2012.12.31
	净利润(万元)	-5.28	133.91	-53.23	-33.07
	净利润增长率(%)	-109.6057	351.6	-61.0	-
	加权净资产收益率(%)	-0.3100	34.0100	-16.2900	-8.7000
	资产负债比率(%)	12.9708	14.0682	42.6374	16.7010
	净利润现金含量(%)	1579.2339	-7.2963	-15.2802	-3.4185
	基本每股收益(元)	-0.0021	0.2678	-0.1065	-0.0700
	每股收益-扣除(元)	-0.0021	0.2684	-0.1065	-0.1900
	每股收益-摊薄(元)	-0.0021	0.2678	-0.1065	-0.0661
	每股资本公积金(元)	0.0130	0.0648	-	-
	每股未分配利润(元)	-0.0308	-0.1435	-0.3465	-0.2401
	每股净资产(元)	0.9800	0.9200	0.6500	0.7600
	每股经营现金流量(元)	-0.0334	-0.0195	0.0163	0.0000
	经营活动现金净流量增长(%)	-215.6	-220.1277	619.5163	-

北京恒合信业技术股份有限公司

公司概况	公司名称	北京恒合信业技术股份有限公司		证券简称	恒合股份
	法人代表	李玉健	董秘	证券代码	832145
	公司网址	www.bjhenghe.com		电子信箱	liyujian@bjhenghe.com
	电　话	010-68235091		传　真	010-68235102
	办公地址	北京市门头沟区石龙南路 6 号 1 幢 5A-121			
	经营范围	技术开发、转让；网络技术咨询、服务；计算机软硬件开发等			

主要财务指标	指标＼报告期	2015.06.30	2014.12.31	2013.12.31	2012.12.31
	净利润(万元)	219.35	397.84	375.30	10.17
	净利润增长率(%)	98.0094	6.0036	3589.1652	-
	加权净资产收益率(%)	12.4800	27.4600	35.3300	1.1700
	资产负债比率(%)	36.1753	47.9213	60.4174	60.7221
	净利润现金含量(%)	240.8340	-14.6223	12.3770	-0.0007
	基本每股收益(元)	0.4400	0.8000	0.7500	0.0200
	每股收益-扣除(元)	-	0.8000	-	0.0200
	每股收益-摊薄(元)	0.4387	0.7957	0.7506	0.0203
	每股资本公积金(元)	1.7970	1.7970	-	-
	每股未分配利润(元)	0.8575	0.4188	1.3497	0.6741
	每股净资产(元)	3.7300	3.3000	2.5000	1.7500
	每股经营现金流量(元)	1.0565	-0.1163	0.0929	0.0000
	经营活动现金净流量增长(%)	969.5	-225.2330	112.5	-

洛阳德平科技股份有限公司

公司概况	公司名称	洛阳德平科技股份有限公司		证券简称	德平科技
	法人代表	王光临	董秘 王瑞峰	证券代码	832146
	公司网址	www.lydpjx.com		电子信箱	lydpjx@163.com
	电　话	0379-64280768		传　真	0379-64281526
	办公地址	洛阳高新开发区孙辛路土桥沟村			
	经营范围	主要从事管道施工设备的研发、生产与销售，并提供相关技术服务			

主要财务指标	指标＼报告期	2015.06.30	2014.12.31	2013.12.31	2012.12.31
	净利润(万元)	106.75	179.89	268.59	122.50
	净利润增长率(%)	-67.6520	-33.0255	119.2472	-
	加权净资产收益率(%)	3.9700	10.0800	28.2000	21.9900
	资产负债比率(%)	7.0708	9.5163	37.1171	55.7832
	净利润现金含量(%)	-54.9486	-353.9557	156.3153	-574.5270
	基本每股收益(元)	0.0500	0.1400	0.4200	0.2800
	每股收益-扣除(元)	0.0300	0.1200	-	-
	每股收益-摊薄(元)	0.0534	0.0899	0.3837	0.2450
	每股资本公积金(元)	0.3265	0.3265	-	-
	每股未分配利润(元)	0.0436	-0.0098	0.5831	0.3329
	每股净资产(元)	1.3700	1.3200	1.6500	1.3700
	每股经营现金流量(元)	-0.0293	-0.3184	0.5998	-1.4076
	经营活动现金净流量增长(%)	14.7	-251.6550	159.7	-

浙江斯菱汽车轴承股份有限公司

公司概况	公司名称	浙江斯菱汽车轴承股份有限公司		证券简称	斯菱股份
	法人代表	姜岭	董秘 安娜	证券代码	832147
	公司网址	www.bbsbearing.com		电子信箱	sling@bbsbearing.com
	电　话	0575-86766248		传　真	0575-86177002
	办公地址	浙江省绍兴市新昌县七星街道后溪村			
	经营范围	汽车轴承、汽车零部件及其他工业轴承的设计、研发、生产及销售			

主要财务指标	指标＼报告期	2015.06.30	2014.12.31	2013.12.31	2012.12.31
	净利润(万元)	150.15	336.66	183.92	300.15
	净利润增长率(%)	-55.9477	83.0528	-38.7259	-
	加权净资产收益率(%)	4.3100	10.5200	6.0100	10.6400
	资产负债比率(%)	81.0790	83.0043	79.9717	75.0500
	净利润现金含量(%)	-333.9382	468.9829	425.8835	558.4641
	基本每股收益(元)	0.0900	0.2000	0.1000	0.1800
	每股收益-扣除(元)	-	0.1600	-	-
	每股收益-摊薄(元)	0.0873	0.1957	0.1069	0.1745
	每股资本公积金(元)	1.0659	0.9704	0.0311	0.0311
	每股未分配利润(元)	0.0250	-0.0464	0.7432	0.6498
	每股净资产(元)	2.2000	1.9300	1.8300	1.7300
	每股经营现金流量(元)	-0.2915	0.9180	0.4554	0.9700
	经营活动现金净流量增长(%)	-216.2963	101.5778	-53.2719	-

山东云媒软件股份有限公司

公司概况	公司名称	山东云媒软件股份有限公司			证券简称	云媒股份
	法人代表	王静	董秘	王静	证券代码	832148
	公司网址	www.xunmall.net		电子信箱	1337566317@qq.com	
	电　话	400-152-0877		传　真		
	办公地址	济南市历下区和平路36号				
	经营范围	以智能化商业系统为核心的软、硬件产品及服务				

主要财务指标	指标\报告期	2015.06.30	2014.12.31	2013.12.31	2012.12.31
	净利润(万元)	120.45	553.39	357.39	-95.57
	净利润增长率(%)	870.5	54.8419	0.0000	-
	加权净资产收益率(%)	7.1000	53.7300	62.8500	-41.6500
	资产负债比率(%)	9.1342	24.0559	64.8049	65.7158
	净利润现金含量(%)	-429.5233	265.0058	-20.4636	656.2498
	基本每股收益(元)	0.1200	0.5500	0.3600	-0.1200
	每股收益-扣除(元)	0.1200	0.5600	-	-
	每股收益-摊薄(元)	0.1085	0.5479	0.3574	-0.0956
	每股资本公积金(元)	0.9258	0.1532	-	-
	每股未分配利润(元)	0.2161	0.1302	-0.2526	-0.6100
	每股净资产(元)	2.1700	1.3000	0.7500	0.3900
	每股经营现金流量(元)	-0.4660	1.4518	-0.0731	-0.6300
	经营活动现金净流量增长(%)	-591.5439	2105.2	88.3	-

利尔达科技集团股份有限公司

公司概况	公司名称	利尔达科技集团股份有限公司			证券简称	利尔达
	法人代表	叶文光	董秘	张小艳	证券代码	832149
	公司网址	www.lierda.com		电子信箱	zxy@lierda.com	
	电　话	0571-88800000		传　真	0571-89908595	
	办公地址	杭州市拱墅区和睦院18幢A区1201室				
	经营范围	物联网嵌入式产品的研发、生产和销售以及电子元器件的销售				

主要财务指标	指标\报告期	2015.06.30	2014.12.31	2013.12.31	2012.12.31
	净利润(万元)	1712.23	4039.25	3235.73	4258.97
	净利润增长率(%)	30.0104	24.8326	-24.0255	-
	加权净资产收益率(%)	5.6900	15.0400	18.4700	25.1900
	资产负债比率(%)	63.5993	65.2437	65.2263	70.7789
	净利润现金含量(%)	-60.0181	3.1456	122.4794	31.7198
	基本每股收益(元)	0.2300	0.5400	0.4600	0.7500
	每股收益-扣除(元)	-	0.4500	-	-
	每股收益-摊薄(元)	0.2232	0.5386	0.4314	0.7107
	每股资本公积金(元)	1.7026	1.5054	1.5054	0.3751
	每股未分配利润(元)	1.5328	1.3458	0.8163	1.1163
	每股净资产(元)	4.2500	3.8500	3.3100	2.6600
	每股经营现金流量(元)	-0.1340	0.0169	0.5284	0.2300
	经营活动现金净流量增长(%)	66.6	-96.7940	193.3595	-

晋华和佐(厦门)食品股份有限公司

公司概况	公司名称	晋华和佐(厦门)食品股份有限公司			证券简称	和佐股份
	法人代表	陈再和	董秘	王碧琼	证券代码	832150
	公司网址	www.zuozuo.com		电子信箱	export@zuozuo.com	
	电　话	0592-7208893		传　真	0592-6105700	
	办公地址	厦门市同安区轻工食品工业园美禾三路179-181号				
	经营范围	果冻、奶优、水晶糖、面包糠的生产及销售				

主要财务指标	指标\报告期	2015.06.30	2014.12.31	2013.12.31	2012.12.31
	净利润(万元)	271.15	-191.99	209.03	-52.37
	净利润增长率(%)	544.7729	-191.8500	499.1	-
	加权净资产收益率(%)	6.3800	-5.4500	4.8200	-4.7500
	资产负债比率(%)	53.8996	53.6664	56.0861	69.5274
	净利润现金含量(%)	325.9030	1023.8311	-34.0352	2441.0521
	基本每股收益(元)	0.0600	-0.0500	0.0700	-0.0436
	每股收益-扣除(元)	0.0600	-0.0641	-	-0.0781
	每股收益-摊薄(元)	0.0646	-0.0457	0.1742	-0.0436
	每股资本公积金(元)	0.0299	0.0299	1.3500	-
	每股未分配利润(元)	0.0141	-0.0505	0.0813	-0.0817
	每股净资产(元)	1.0400	0.9800	2.4400	0.9200
	每股经营现金流量(元)	0.2104	-0.4680	-0.0593	-1.0654
	经营活动现金净流量增长(%)	201.5	-2663.0	94.4	-

云南海潮集团听牧肉牛产业股份有限公司

公司概况	公司名称	云南海潮集团听牧肉牛产业股份有限公司			证券简称	听牧肉牛
	法人代表	梁应海	董秘	尹春林	证券代码	832151
	公司网址	www.tingmubeef.com		电子信箱	tingmubeef@ynhaichao.com	
	电　话	0871-68214402		传　真	0871-68214622	
	办公地址	云南省昆明市寻甸县羊街镇龙池村				
	经营范围	家畜繁育、养殖、屠宰加工销售等				

主要财务指标	指标\报告期	2015.06.30	2014.12.31	2013.12.31	2012.12.31
	净利润(万元)	604.91	923.19	224.33	480.09
	净利润增长率(%)	16.9195	311.5303	-53.2729	-
	加权净资产收益率(%)	11.5000	32.6100	24.2700	33.8300
	资产负债比率(%)	53.7613	59.0520	87.6209	83.7037
	净利润现金含量(%)	395.5595	-68.3314	70.5163	5.2124
	基本每股收益(元)	0.1700	0.5000	0.4500	0.9600
	每股收益-扣除(元)	-	0.3000	-	-0.5800
	每股收益-摊薄(元)	0.1728	0.2638	0.4487	0.9602
	每股资本公积金(元)	0.3189	0.3189	-	-
	每股未分配利润(元)	0.2628	0.0899	0.9569	0.5618
	每股净资产(元)	1.5900	1.4200	2.0700	1.6200
	每股经营现金流量(元)	0.6837	-0.1802	0.3164	0.0500
	经营活动现金净流量增长(%)	275.5	-498.7789	532.1528	-

昆山华富新材料股份有限公司

公司概况	公司名称	昆山华富新材料股份有限公司		证券简称	华富股份
	法人代表	夏汉忠	董秘	吴萍萍	证券代码	832152
	公司网址	www.huarich.com		电子信箱	hf@huarich.com
	电　话	0512-57668927		传　真	0512-57668368
	办公地址	江苏省昆山市周市镇横长泾路 588 号			
	经营范围	中高档服装用聚氨酯合成革的研发、生产和销售			

主要财务指标	指标\报告期	2015.06.30	2014.12.31	2013.12.31	2012.12.31
	净利润(万元)	264.76	436.81	634.54	462.18
	净利润增长率(%)	-21.1726	-31.1610	37.2928	-
	加权净资产收益率(%)	5.8100	14.6800	14.6700	12.2400
	资产负债比率(%)	57.1416	57.4711	76.8061	73.3227
	净利润现金含量(%)	160.7139	220.1272	182.5259	206.4758
	基本每股收益(元)	0.0700	0.2900	0.6400	0.4700
	每股收益-扣除(元)	0.0200	0.2700	0.2800	0.0400
	每股收益-摊薄(元)	0.0609	0.1092	0.6389	0.4653
	每股资本公积金(元)	0.0633	0.0251	0.3054	1.4096
	每股未分配利润(元)	0.1314	0.0767	1.4963	1.3310
	每股净资产(元)	1.2000	1.1100	3.1100	4.0300
	每股经营现金流量(元)	0.0978	0.2404	1.1700	0.9600
	经营活动现金净流量增长(%)	-42.3081	-16.9800	21.3679	-

浙江新邦建设股份有限公司

公司概况	公司名称	浙江新邦建设股份有限公司			证券简称	新邦股份
	法人代表	陈建新	董秘	李龙跃	证券代码	832153
	公司网址	www.zjxbjs.cn		电子信箱	zjxbjs@163.com	
	电　话	0577-88854422		传　真	0577-88801228	
	办公地址	浙江省温州市双屿街道鹿翔商务中心 4 幢				
	经营范围	建筑工程施工、工程劳务服务及污水处理整体解决方案				

主要财务指标	指标\报告期	2015.06.30	2014.12.31	2013.12.31	2012.12.31
	净利润(万元)	1320.71	1222.21	348.52	-825.66
	净利润增长率(%)	746.5	250.6833	142.2	-
	加权净资产收益率(%)	6.7000	6.4000	2.2200	-6.1300
	资产负债比率(%)	71.1474	73.5608	67.5484	76.1508
	净利润现金含量(%)	-197.8459	78.8348	2213.2942	-789.7713
	基本每股收益(元)	0.0800	0.0800	0.0200	-0.1000
	每股收益-扣除(元)	-	0.0800	-	-
	每股收益-摊薄(元)	0.0842	0.0779	0.0222	-0.0795
	每股资本公积金(元)	0.0244	0.0244	-	-
	每股未分配利润(元)	0.0960	0.0118	0.0066	-0.0235
	每股净资产(元)	1.3000	1.2200	1.1400	1.3000
	每股经营现金流量(元)	-0.1666	0.0614	0.4920	0.6300
	经营活动现金净流量增长(%)	-248.3367	-87.5091	18.2948	-

广东文灿压铸股份有限公司

公司概况	公司名称	广东文灿压铸股份有限公司			证券简称	文灿股份
	法人代表	唐杰雄	董秘	张璟	证券代码	832154
	公司网址	www.wencan.com		电子信箱	securities@wencan.com	
	电　话	0757-85119488		传　真	0757-85102488	
	办公地址	广东省佛山市南海区里水镇和顺里和公路东侧(白蒙桥)地段				
	经营范围	铝合金精密压铸件的研发、生产和销售				

主要财务指标	指标\报告期	2015.06.30	2014.12.31	2013.12.31	2012.12.31
	净利润(万元)	6308.57	7884.21	6777.22	3069.40
	净利润增长率(%)	150.0067	16.3340	120.7995	-
	加权净资产收益率(%)	13.7000	20.7600	22.5200	-
	资产负债比率(%)	64.7301	61.8403	64.2613	68.7503
	净利润现金含量(%)	161.8045	175.2576	182.7224	303.2817
	基本每股收益(元)	0.4200	0.5300	0.5500	0.2200
	每股收益-扣除(元)	0.4200	0.4800	-	-
	每股收益-摊薄(元)	0.4206	0.5256	1.2787	0.5791
	每股资本公积金(元)	1.3135	1.3135	-	-
	每股未分配利润(元)	0.9401	0.5305	4.6863	3.4640
	每股净资产(元)	3.2800	2.8600	7.3900	5.0400
	每股经营现金流量(元)	0.6805	0.9212	2.3365	1.7564
	经营活动现金净流量增长(%)	1937.2661	11.5813	33.0282	-

湖北卫东化工股份有限公司

公司概况	公司名称	湖北卫东化工股份有限公司			证券简称	卫东化工
	法人代表	刘辉松	董秘	周彪	证券代码	832155
	公司网址			电子信箱	hbwdhg2012@163.com	
	电　话	0710-3564981		传　真	0710-3564027	
	办公地址	襄阳市襄城区环山路孙家冲一号				
	经营范围	民用爆炸物品生产、销售等				

主要财务指标	指标\报告期	2015.06.30	2014.12.31	2013.12.31	2012.12.31
	净利润(万元)	-411.43	373.43	2359.36	1827.05
	净利润增长率(%)	-227.9	-84.2573	29.1350	-
	加权净资产收益率(%)	-6.9500	0.0600	-	-
	资产负债比率(%)	74.8162	71.8547	62.5024	60.3577
	净利润现金含量(%)	-73.8176	1972.9962	229.0711	181.2983
	基本每股收益(元)	-0.1100	0.1200	0.6600	0.5100
	每股收益-扣除(元)	-	0.1000	-	0.4600
	每股收益-摊薄(元)	-0.1143	0.1037	0.6554	0.5075
	每股资本公积金(元)	-	-	-	0.0137
	每股未分配利润(元)	0.2808	0.3951	0.7237	0.6562
	每股净资产(元)	1.5800	1.7100	1.9700	1.8700
	每股经营现金流量(元)	0.0844	2.0466	1.5013	0.9200
	经营活动现金净流量增长(%)	-95.4027	36.3222	63.1620	-

上海强田液压股份有限公司

公司概况	公司名称	上海强田液压股份有限公司			证券简称	强田液压
	法人代表	田云涛	董秘	陈洁	证券代码	832156
	公司网址	www.qtfluid.cn			电子信箱	qtfluid@qtfluid.cn
	电　　话	021-69151393			传　　真	021-69151393
	办公地址	上海市嘉定工业区宝钱公路3816号1幢C区				
	经营范围	液压元件和液压系统的研发、生产和销售				

	指标\报告期	2015.06.30	2014.12.31	2013.12.31	2012.12.31
主要财务指标	净利润(万元)	424.36	1501.22	941.40	1140.85
	净利润增长率(%)	-13.1640	59.4665	-17.4825	-
	加权净资产收益率(%)	5.4900	22.1700	18.5600	38.4800
	资产负债比率(%)	12.3984	15.8956	27.6589	43.0746
	净利润现金含量(%)	29.3793	-9.0569	-77.3295	-20.3515
	基本每股收益(元)	0.1100	0.4000	3.7800	5.7500
	每股收益-扣除(元)	0.1100	0.3700	-	-
	每股收益-摊薄(元)	0.1117	0.3951	3.7809	5.7043
	每股资本公积金(元)	0.5716	0.5716	6.6694	1.5680
	每股未分配利润(元)	0.4660	0.3692	16.0140	15.3519
	每股净资产(元)	2.0900	1.9800	24.1800	18.4200
	每股经营现金流量(元)	0.0328	-0.0358	-2.9200	-1.1600
	经营活动现金净流量增长(%)	118.2	81.3	-213.5	-

四川龙华光电薄膜股份有限公司

公司概况	公司名称	四川龙华光电薄膜股份有限公司			证券简称	龙华薄膜
	法人代表	张定芩	董秘	唐涵杨	证券代码	832157
	公司网址	www.longhuafilm.com			电子信箱	tiu@longhuafilm.com
	电　　话	00816-2560899			传　　真	00816-2566860
	办公地址	绵阳市飞云大道中段363号				
	经营范围	聚碳酸酯薄膜与片材、聚甲基丙烯酸甲酯薄膜与片材的研发、生产与销售				

	指标\报告期	2015.06.30	2014.12.31	2013.12.31	2012.12.31
主要财务指标	净利润(万元)	502.74	1007.90	742.94	235.38
	净利润增长率(%)	162.4980	35.6636	215.6312	-
	加权净资产收益率(%)	5.0400	10.9200	-	-
	资产负债比率(%)	66.0576	64.7722	65.7775	66.3588
	净利润现金含量(%)	258.3665	113.6707	92.2968	1093.5354
	基本每股收益(元)	0.0800	0.1700	0.1400	0.0500
	每股收益-扣除(元)	0.0800	0.1500	0.1200	0.0400
	每股收益-摊薄(元)	0.0838	0.1680	0.1449	0.0459
	每股资本公积金(元)	0.4760	0.4760	0.0285	0.0285
	每股未分配利润(元)	0.2043	0.1289	0.5263	0.3959
	每股净资产(元)	1.7000	1.6200	1.7100	1.5700
	每股经营现金流量(元)	0.2165	0.1909	0.1300	0.5000
	经营活动现金净流量增长(%)	43.2975	67.0802	-73.3600	-

汕头市金森源化工股份有限公司

公司概况	公司名称	汕头市金森源化工股份有限公司			证券简称	金森源
	法人代表	王笃生	董秘	吴欣阳	证券代码	832158
	公司网址	www.exc-resin.com			电子信箱	wuxinyang@exc-resin.com
	电　　话	0754-85604090			传　　真	0754-85893001
	办公地址	广东省汕头市澄海区上华陇美工业区				
	经营范围	涂料用树脂及相关产品的研发、生产、销售				

	指标\报告期	2015.06.30	2014.12.31	2013.12.31	2012.12.31
主要财务指标	净利润(万元)	-13.21	47.30	75.43	28.57
	净利润增长率(%)	-29.6	-37.2886	164.0229	-
	加权净资产收益率(%)	-1.3000	6.1500	28.2700	13.3000
	资产负债比率(%)	80.0824	81.1309	93.7357	94.4152
	净利润现金含量(%)	-4350.4806	3581.0122	442.7843	1108.1044
	基本每股收益(元)	-0.0200	0.0900	0.2500	0.1000
	每股收益-扣除(元)	-	0.0900	-	0.1000
	每股收益-摊薄(元)	-0.0217	0.0776	0.2514	0.0952
	每股资本公积金(元)	0.5736	0.5736	-	-
	每股未分配利润(元)	0.0595	0.0812	-0.2581	-0.5096
	每股净资产(元)	1.6400	1.6600	1.0100	0.7600
	每股经营现金流量(元)	0.9433	2.7800	1.1133	1.0600
	经营活动现金净流量增长(%)	-7.5492	407.1775	5.5002	-

上海合全药业股份有限公司

公司概况	公司名称	上海合全药业股份有限公司			证券简称	合全药业
	法人代表	李革	董秘	邱根永	证券代码	832159
	公司网址	www.STApharma.com.cn			电子信箱	STAinfo@wuxiapptec.com
	电　　话	021-67256966			传　　真	021-67256005
	办公地址	上海化学工业区金山分区(西部)月工路9号				
	经营范围	新型化合物药的活性成分药及硝酸咪康唑原料药				

	指标\报告期	2015.06.30	2014.12.31	2013.12.31	2012.12.31
主要财务指标	净利润(万元)	12978.54	23877.70	53061.21	9072.84
	净利润增长率(%)	25.1642	35.4386	484.8357	-
	加权净资产收益率(%)	15.4700	37.0000	40.0000	25.9100
	资产负债比率(%)	33.8857	39.0821	41.7692	57.4429
	净利润现金含量(%)	145.1038	113.7463	70.3317	235.4406
	基本每股收益(元)	1.0800	1.9900	1.4700	0.7600
	每股收益-扣除(元)	1.0800	-	-	-
	每股收益-摊薄(元)	1.0815	1.9898	4.4218	0.7561
	每股资本公积金(元)	1.2184	1.2137	1.1554	1.1169
	每股未分配利润(元)	4.9332	3.8517	1.9946	0.7378
	每股净资产(元)	7.5300	6.4500	4.4200	2.9200
	每股经营现金流量(元)	1.5694	2.2633	3.1099	1.7800
	经营活动现金净流量增长(%)	45.9237	-27.2217	74.7043	-

广州红鹰能源科技股份有限公司

公司概况	公司名称	广州红鹰能源科技股份有限公司			证券简称	红鹰能源
	法人代表	俞红鹰	董秘	王伟	证券代码	832160
	公司网址	www.hyenergy.com.cn		电子信箱	victor.wang@hyenergy.com.cn	
	电　话	0020-36888000		传　真	0020-38743710	
	办公地址	广东省广州市花都区新华街永发大道10号				
	经营范围	中小型风力发电机等风能系列产品的研制、开发、生产和销售				

	指标\报告期	2015.06.30	2014.12.31	2013.12.31	2012.12.31
主要财务指标	净利润(万元)	-394.90	-810.21	68.79	295.56
	净利润增长率(%)	-83.3	-1277.7296	-76.7243	-
	加权净资产收益率(%)	-11.2100	-26.6900	2.4100	11.0500
	资产负债比率(%)	38.7223	49.8261	68.1121	44.0827
	净利润现金含量(%)	38.1624	62.0430	-1851.7864	360.1196
	基本每股收益(元)	-0.1159	-0.2946	0.1073	0.4609
	每股收益-扣除(元)	-0.1186	-0.3229	0.0367	-
	每股收益-摊薄(元)	-0.1161	-0.2455	0.1073	0.4609
	每股资本公积金(元)	0.3717	0.1103	2.7159	2.7159
	每股未分配利润(元)	-0.2411	-0.1464	0.7032	0.6163
	每股净资产(元)	1.1352	0.9600	0.8800	4.4000
	每股经营现金流量(元)	-0.0443	-0.1523	-1.9865	1.6600
	经营活动现金净流量增长(%)	80.7	60.5	-219.6870	-

河北金力新能源科技股份有限公司

公司概况	公司名称	河北金力新能源科技股份有限公司			证券简称	金力股份
	法人代表	封志强	董秘	李志坤	证券代码	832161
	公司网址	www.gellec.com		电子信箱	hbjinli@gellec.com	
	电　话	0310-6709999		传　真	0310-6700000	
	办公地址	河北省邯郸市永年县工业园区装备制造区建设路6号				
	经营范围	锂离子电池隔膜及正极材料的研发、生产和销售				

	指标\报告期	2015.06.30	2014.12.31	2013.12.31	2012.12.31
主要财务指标	净利润(万元)	1286.24	-2500.66	-2004.11	-750.65
	净利润增长率(%)	281.3	-24.8	-167.0	-
	加权净资产收益率(%)	28.5900	-226.2800	-	-102.1400
	资产负债比率(%)	60.1600	68.7626	113.7251	96.4959
	净利润现金含量(%)	41.5207	34.2640	60.9268	56.5661
	基本每股收益(元)	0.2500	-0.5900	-1.0000	-0.3800
	每股收益-扣除(元)	-	-0.6300	-	-0.4000
	每股收益-摊薄(元)	0.2572	-0.5001	-1.0021	-0.3753
	每股资本公积金(元)	0.1560	0.1560	-	-
	每股未分配利润(元)	-0.1278	-0.3850	-1.8223	-0.8202
	每股净资产(元)	1.0300	0.7700	-0.8200	0.1800
	每股经营现金流量(元)	0.1068	-0.1714	-0.6105	-0.2100
	经营活动现金净流量增长(%)	169.9	29.8	-187.6	-

深圳市超思维电子股份有限公司

公司概况	公司名称	深圳市超思维电子股份有限公司			证券简称	超思维
	法人代表	张家斌	董秘	戴美华	证券代码	832162
	公司网址	www.szcsw.cn		电子信箱	chaosiwei@szcsw.cn	
	电　话	0755-61130106		传　真	0755-61189790	
	办公地址	广东省深圳市龙华新区大浪街道龙胜社区腾龙路淘金地电子商务孵化基地展				
	经营范围	主要从事锂离子电池管理系统的研发、生产和销售业务				

	指标\报告期	2015.06.30	2014.12.31	2013.12.31	2012.12.31
主要财务指标	净利润(万元)	203.46	313.86	414.08	124.68
	净利润增长率(%)	18.0054	-24.2030	232.1068	-
	加权净资产收益率(%)	4.8600	8.6500	-	-
	资产负债比率(%)	57.3660	55.8677	70.5710	86.1642
	净利润现金含量(%)	165.3945	-588.2721	-96.9644	419.6102
	基本每股收益(元)	0.0680	0.1046	0.3000	0.2500
	每股收益-扣除(元)	-	0.0806	-	-
	每股收益-摊薄(元)	0.0678	0.1046	0.0000	0.0000
	每股资本公积金(元)	0.2883	0.2883	-	-
	每股未分配利润(元)	0.1307	0.0629	0.3305	0.4590
	每股净资产(元)	1.4300	1.3600	1.3700	2.1100
	每股经营现金流量(元)	0.1122	-0.6154	0.0000	0.7474
	经营活动现金净流量增长(%)	127.5	-359.9	-176.7457	-

深圳市巨潮科技股份有限公司

公司概况	公司名称	深圳市巨潮科技股份有限公司			证券简称	巨潮科技
	法人代表	刘刚	董秘	梁蓓	证券代码	832163
	公司网址	www.bigtide.com		电子信箱	liangbei@bigtide.com	
	电　话	0755-33502105		传　真	0755-33502108	
	办公地址	广东省深圳市龙华新区华荣路397号龙富工业区8栋				
	经营范围	工业显示器的研发、生产和销售				

	指标\报告期	2015.06.30	2014.12.31	2013.12.31	2012.12.31
主要财务指标	净利润(万元)	1189.31	1502.93	429.39	353.16
	净利润增长率(%)	202.0118	250.0194	21.5845	-
	加权净资产收益率(%)	16.0700	22.6900	7.5900	6.1300
	资产负债比率(%)	15.5916	21.7131	10.6246	17.1670
	净利润现金含量(%)	76.5716	-0.2148	-105.0492	582.6028
	基本每股收益(元)	0.7900	1.0000	0.2900	0.2400
	每股收益-扣除(元)	-	0.9800	-	0.2300
	每股收益-摊薄(元)	0.7929	1.0020	0.2863	0.2354
	每股资本公积金(元)	3.3325	3.3325	-	-
	每股未分配利润(元)	1.3013	0.5254	2.3585	2.1009
	每股净资产(元)	5.6200	4.9200	3.9100	3.6300
	每股经营现金流量(元)	0.6071	-0.0022	-0.3007	1.3700
	经营活动现金净流量增长(%)	1029.0	99.3	-121.9228	-

洛阳尚柳园林绿化股份有限公司

公司概况	公司名称	洛阳尚柳园林绿化股份有限公司			证券简称	尚柳园林
	法人代表	孙先芳	董秘	邢博栋	证券代码	832164
	公司网址	www.slylcn.com		电子信箱	1176478003@qq.com	
	电话	0379-60687177		传真	0379-65112212	
	办公地址	河南省洛阳高新技术产业开发区西宏嘉时代行宫 2007 室				
	经营范围	园林绿化工程设计、设施、施工及养护管理				

主要财务指标	指标\报告期	2015.06.30	2014.12.31	2013.12.31	2012.12.31
	净利润(万元)	56.18	95.98	0.99	-16.97
	净利润增长率(%)	73.2691	9619.1861	105.8	-
	加权净资产收益率(%)	5.1400	11.7600	0.5900	-9.6600
	资产负债比率(%)	19.1070	20.7544	73.3867	2.9962
	净利润现金含量(%)	-131.3531	-519.9495	754.0047	769.8291
	基本每股收益(元)	0.0600	0.1185	0.0047	-0.0808
	每股收益-扣除(元)	0.0600	0.1185	-	-0.0808
	每股收益-摊薄(元)	0.0556	0.0950	0.0047	0.0000
	每股资本公积金(元)	0.0327	0.0327	-	-
	每股未分配利润(元)	0.0745	0.0188	-0.1992	-0.2039
	每股净资产(元)	1.1100	1.0500	0.8000	0.7961
	每股经营现金流量(元)	-0.0731	-0.4941	0.0355	-0.6221
	经营活动现金净流量增长(%)	89.9	-6802.1943	105.7	-

江苏九州传动股份有限公司

公司概况	公司名称	江苏九州传动股份有限公司			证券简称	九州传动
	法人代表	孟祥林	董秘	程晓东	证券代码	832165
	公司网址	www.jzlwd.com		电子信箱	493420121@qq.com	
	电话	0515-86868516		传真	0515-86868902	
	办公地址	江苏省盐城市响水县经济开发区开源工业园二支路				
	经营范围	轴承、轴承座、齿轮、传动设备及配件制造、销售				

主要财务指标	指标\报告期	2015.06.30	2014.12.31	2013.12.31	2012.12.31
	净利润(万元)	20.52	44.53	45.95	10.32
	净利润增长率(%)	19.9557	-3.0969	345.3570	-
	加权净资产收益率(%)	0.5200	2.1400	2.2500	-
	资产负债比率(%)	47.2659	45.7159	45.4064	51.5710
	净利润现金含量(%)	1804.6731	1137.9819	1597.9246	-3477.8681
	基本每股收益(元)	0.0100	0.0218	0.0200	0.0050
	每股收益-扣除(元)	-	0.0108	-	-
	每股收益-摊薄(元)	0.0098	0.0213	0.0230	0.0052
	每股资本公积金(元)	0.0036	0.0036	0.0069	-
	每股未分配利润(元)	0.0143	0.0044	0.0276	0.0069
	每股净资产(元)	1.0200	1.0100	1.0300	1.0100
	每股经营现金流量(元)	0.1774	0.2427	0.3671	-0.1700
	经营活动现金净流量增长(%)	10.7073	-30.9893	304.6	-

连云港市东海县水晶之都农村小额贷款股份有限公司

公司概况	公司名称	连云港市东海县水晶之都农村小额贷款股份有限公司			证券简称	晶都农贷
	法人代表	徐旨文	董秘	王绪义	证券代码	832166
	公司网址			电子信箱	wxy601002@sina.com	
	电话	0518-87321777		传真	0518-87329777	
	办公地址	江苏省连云港市东海县驼峰乡驻地				
	经营范围	面向"三农"发放小额贷款、以及经省主管部门审批的其他业务				

主要财务指标	指标\报告期	2015.06.30	2014.12.31	2013.12.31	2012.12.31
	净利润(万元)	255.94	730.42	598.76	389.54
	净利润增长率(%)	-36.1672	21.9874	53.7109	-
	加权净资产收益率(%)	-	10.0100	8.8300	5.9900
	资产负债比率(%)	26.2335	31.3550	32.2208	33.1673
	净利润现金含量(%)	448.8308	55.6855	16.4889	60.9682
	基本每股收益(元)	0.0400	0.1200	0.1000	0.0600
	每股收益-扣除(元)	-	0.1200	0.1000	0.0600
	每股收益-摊薄(元)	0.0427	0.1217	0.0998	0.0649
	每股资本公积金(元)	0.1714	0.1714	0.0002	0.0002
	每股未分配利润(元)	0.0652	0.0225	0.0952	0.0306
	每股净资产(元)	1.2700	1.2300	1.1600	1.0800
	每股经营现金流量(元)	0.1915	0.0678	0.0165	0.0400
	经营活动现金净流量增长(%)	306.3931	311.9701	-58.4287	-

福建宝中海洋工程股份有限公司

公司概况	公司名称	福建宝中海洋工程股份有限公司			证券简称	宝中海洋
	法人代表	李振恩	董秘	徐丽华	证券代码	832167
	公司网址	www.bzcb.net		电子信箱	fzbz008@126.com	
	电话	00591-86210792		传真	00591-86293872	
	办公地址	福建省福州市马尾区快安路 8 号 5-41 房				
	经营范围	船舶维修、船舶建造施工				

主要财务指标	指标\报告期	2015.06.30	2014.12.31	2013.12.31	2012.12.31
	净利润(万元)	204.52	239.18	-111.18	45.92
	净利润增长率(%)	259.6126	315.1	-342.1119	-
	加权净资产收益率(%)	8.9700	11.6100	-5.5700	-
	资产负债比率(%)	20.5902	8.1216	4.0236	3.8280
	净利润现金含量(%)	-223.3642	263.7870	-33.7767	-3650.0627
	基本每股收益(元)	0.0900	0.1200	-0.0600	0.0200
	每股收益-扣除(元)	0.0900	0.1000	-	-
	每股收益-摊薄(元)	0.1023	0.1196	-0.0556	0.0230
	每股资本公积金(元)	0.0612	0.0612	-	-
	每股未分配利润(元)	0.1277	0.0255	-0.0326	0.0229
	每股净资产(元)	1.1900	1.0900	0.9700	1.0300
	每股经营现金流量(元)	-0.2284	0.3155	0.0188	-0.8400
	经营活动现金净流量增长(%)	-221.0804	1580.0435	102.2	-

中科招商投资管理集团股份有限公司

公司概况	公司名称	中科招商投资管理集团股份有限公司		证券简称	中科招商
	法人代表	单祥双	董秘 彭卫	证券代码	832168
	公司网址	www.csm-inv.com		电子信箱	ir@csm-inv.com
	电　话	010-57652211		传　真	010-57652335
	办公地址	广东省深圳市福田中心区深南大道 4009 号投资大厦 13 层 D2-1 区			
	经营范围	公司主营业务已从直接股权投资逐渐转变为私募基金管理			

主要财务指标	指标\报告期	2015.06.30	2014.12.31	2013.12.31	2012.12.31
	净利润(万元)	35150.34	36139.86	10630.55	17695.31
	净利润增长率(%)	85.1335	38.9992	-39.9245	-
	加权净资产收益率(%)	16.7600	19.7900	7.1200	12.2400
	资产负债比率(%)	18.2372	53.1289	30.8831	17.7928
	净利润现金含量(%)	-22.0008	-5.6460	2.5103	-330.6075
	基本每股收益(元)	0.1900	0.3100	0.0900	0.1600
	每股收益-扣除(元)	-	-	-	-
	每股收益-摊薄(元)	0.1948	0.3058	0.0899	0.1570
	每股资本公积金(元)	5.7525	0.3030	0.1795	0.1346
	每股未分配利润(元)	0.3938	0.3154	0.1847	0.1547
	每股净资产(元)	7.3100	1.6300	1.3900	1.4900
	每股经营现金流量(元)	-0.0429	-0.0173	0.0023	-0.5200
	经营活动现金净流量增长(%)	-113.4578	-105.3359	100.5	-

山东世阳德尔冶金科技股份有限公司

公司概况	公司名称	山东世阳德尔冶金科技股份有限公司		证券简称	世阳德尔
	法人代表	李向阳	董秘 邱芳	证券代码	832169
	公司网址	www.lwjyfm.com		电子信箱	fengxin_9999@163.com
	电　话	0634-6470636		传　真	0634-6471858
	办公地址	钢城区里辛民营经济园			
	经营范围	粉末冶金制品加工、销售等			

主要财务指标	指标\报告期	2015.06.30	2014.12.31	2013.12.31	2012.12.31
	净利润(万元)	78.92	24.55	101.51	-19.59
	净利润增长率(%)	39.1920	-75.8109	618.1	-
	加权净资产收益率(%)	6.5700	2.1400	9.3000	-3.0300
	资产负债比率(%)	69.6185	70.9577	62.4622	58.3300
	净利润现金含量(%)	179.7124	2154.8520	417.1105	4.9317
	基本每股收益(元)	0.0700	0.0200	0.1000	-0.0300
	每股收益-扣除(元)	0.0700	0.0200	0.0900	-0.0300
	每股收益-摊薄(元)	0.0745	0.0232	0.0958	-0.0185
	每股资本公积金(元)	0.1229	0.1229	-	-
	每股未分配利润(元)	0.0478	-0.0266	0.0658	-0.0227
	每股净资产(元)	1.1700	1.1000	1.0700	0.9800
	每股经营现金流量(元)	0.1338	0.4992	0.3994	-0.0010
	经营活动现金净流量增长(%)	-48.8607	24.9644	43921.8	-

武汉珞珈德毅科技股份有限公司

公司概况	公司名称	武汉珞珈德毅科技股份有限公司		证券简称	德毅科技
	法人代表	杨治国	董秘 邵建勇	证券代码	832170
	公司网址	www.luojiadeyi.com		电子信箱	sjy@luojiadeyi.com
	电　话	027-59908961		传　真	027-59908962
	办公地址	武汉市东湖开发区武汉大学科技园内创业楼 3 楼			
	经营范围	地理信息系统(GIS)软件产品的研发、销售，以及提供相应技术开发服务			

主要财务指标	指标\报告期	2015.06.30	2014.12.31	2013.12.31	2012.12.31
	净利润(万元)	-970.18	1573.38	667.32	519.20
	净利润增长率(%)	-191.2	-	28.5287	-
	加权净资产收益率(%)	-35.1200	58.4600	50.2300	70.6000
	资产负债比率(%)	47.0209	37.8526	58.7297	30.6684
	净利润现金含量(%)	29.9428	5.3476	67.5883	5.3236
	基本每股收益(元)	-0.6500	1.0489	0.4449	0.3461
	每股收益-扣除(元)	-	1.0200	0.4216	0.3380
	每股收益-摊薄(元)	-0.6468	1.0489	0.4449	0.3461
	每股资本公积金(元)	0.2362	0.2362	0.0102	0.0102
	每股未分配利润(元)	0.5004	1.1392	0.6882	0.2878
	每股净资产(元)	1.8400	2.4803	1.1082	0.6633
	每股经营现金流量(元)	-0.1937	0.0561	0.3007	0.0184
	经营活动现金净流量增长(%)	53.7	-81.3453	1532.0959	-

河北志晟信息技术股份有限公司

公司概况	公司名称	河北志晟信息技术股份有限公司		证券简称	志晟信息
	法人代表	穆志刚	董秘 成灵灵	证券代码	832171
	公司网址	www.lfzchy.net		电子信箱	hrzhicheng@126.com
	电　话	0316-7106699		传　真	0316-2091692
	办公地址	廊坊市新世纪步行街第三大街 A 座 124 号			
	经营范围	公司的主营业务为行业系统集成以及配套电子产品销售			

主要财务指标	指标\报告期	2015.06.30	2014.12.31	2013.12.31	2012.12.31
	净利润(万元)	100.54	16.20	16.20	-
	净利润增长率(%)	520.5664	0.6087	-	-
	加权净资产收益率(%)	9.0200	2.0500	3.0700	-
	资产负债比率(%)	43.8852	69.8535	82.7649	-
	净利润现金含量(%)	-606.3421	3708.1750	-3666.9136	-
	基本每股收益(元)	0.0988	0.0200	0.0311	-
	每股收益-扣除(元)	0.0988	-	-	-
	每股收益-摊薄(元)	0.0503	0.0159	0.0313	-
	每股资本公积金(元)	0.0902	-	-	-
	每股未分配利润(元)	0.0378	0.0279	0.0266	-
	每股净资产(元)	1.1300	1.0300	1.0300	-
	每股经营现金流量(元)	-0.3048	0.5902	-1.1500	-
	经营活动现金净流量增长(%)	-201.4719	201.1	-	-

深圳市倍通检测股份有限公司

公司概况	公司名称	深圳市倍通检测股份有限公司		证券简称	倍通股份
	法人代表	赵兴茂	董秘 胡雪平	证券代码	832172
	公司网址	www.bst-lab.com		电子信箱	christina@bst-lab.com
	电话	0755-26747756		传真	0755-26504032
	办公地址	深圳市南山区南头关口二路智恒战略性新兴产业园23栋一至五楼			
	经营范围	新能源、新材料产品、电子电器产品、日用消费品等领域的技术检测服务			

主要财务指标 指标\报告期	2015.06.30	2014.12.31	2013.12.31	2012.12.31
净利润(万元)	342.35	71.15	79.24	-160.09
净利润增长率(%)	381.1740	5.5836	149.5	-
加权净资产收益率(%)	21.1400	8.4800	17.5100	-32.4700
资产负债比率(%)	33.4561	51.8333	68.3682	71.1621
净利润现金含量(%)	74.2889	338.0561	136.7010	-502.5680
基本每股收益(元)	0.3300	0.1200	0.2600	-0.5300
每股收益-扣除(元)	0.2600	-	-	-0.3000
每股收益-摊薄(元)	0.3188	0.0711	0.2641	-0.5336
每股资本公积金(元)	0.8644	0.1144	0.7987	0.7987
每股未分配利润(元)	0.2583	-0.0649	-0.1745	-0.4242
每股净资产(元)	2.1300	1.0500	1.6400	1.3700
每股经营现金流量(元)	0.2368	0.2405	0.3611	2.6800
经营活动现金净流量增长(%)	5.7394	122.0506	-86.5374	-

广东凯林科技股份有限公司

公司概况	公司名称	广东凯林科技股份有限公司		证券简称	凯林科技
	法人代表	朱年喜	董秘 叶庆欢	证券代码	832173
	公司网址	www.cnqcc.com		电子信箱	quickly@cnqcc.com
	电话	0757-85117211		传真	0757-85117373
	办公地址	广东省佛山市南海区里水镇和桂工业园一期和桂中路2号			
	经营范围	环保型热熔胶的研发、生产和销售			

主要财务指标 指标\报告期	2015.06.30	2014.12.31	2013.12.31	2012.12.31
净利润(万元)	60.03	392.69	229.56	389.50
净利润增长率(%)	-76.2131	71.0569	-41.0620	-
加权净资产收益率(%)	4.4200	34.7000	-	34.7900
资产负债比率(%)	62.8410	65.8978	70.8510	50.1254
净利润现金含量(%)	420.8642	-43.5168	-105.0356	44.1425
基本每股收益(元)	0.0500	0.7900	0.4600	0.7790
每股收益-扣除(元)	0.0500	0.7865	0.4591	0.4547
每股收益-摊薄(元)	0.0462	0.7854	0.4591	0.7790
每股资本公积金(元)	0.0160	1.6416	0.0004	0.0004
每股未分配利润(元)	0.0512	0.0131	0.7339	1.8384
每股净资产(元)	1.0700	2.6600	1.8700	2.9300
每股经营现金流量(元)	0.1943	-0.3418	-0.4822	0.3400
经营活动现金净流量增长(%)	242.4	29.1	-240.2409	-

浙江益立胶囊股份有限公司

公司概况	公司名称	浙江益立胶囊股份有限公司		证券简称	益立胶囊
	法人代表	朱军伟	董秘 潘银奇	证券代码	832174
	公司网址	www.yilicapsule.com		电子信箱	yilicapsule@163.com
	电话	0575-86938650		传真	0575-86065868
	办公地址	新昌县儒岙镇横渡桥			
	经营范围	药用空心胶囊的生产与销售			

主要财务指标 指标\报告期	2015.06.30	2014.12.31	2013.12.31	2012.12.31
净利润(万元)	751.64	1359.10	463.26	-18.65
净利润增长率(%)	-39.1147	165.4126	2584.2	-
加权净资产收益率(%)	36.0000	123.2900	222.3700	-
资产负债比率(%)	57.8710	82.6058	96.0346	100.1834
净利润现金含量(%)	258.0611	54.9880	384.1065	3193.1903
基本每股收益(元)	0.4600	1.1700	0.4300	-0.0200
每股收益-扣除(元)	-	0.1100	-	-
每股收益-摊薄(元)	0.1978	1.1326	0.4633	-0.0187
每股资本公积金(元)	0.0374	0.2776	0.0775	0.0775
每股未分配利润(元)	0.2031	0.1168	-0.6227	-1.1111
每股净资产(元)	3.9400	1.4100	0.4900	-0.0200
每股经营现金流量(元)	0.5104	0.6228	1.7794	-0.5955
经营活动现金净流量增长(%)	1212.3	-58.0007	398.8	-

平顶山东方碳素股份有限公司

公司概况	公司名称	平顶山东方碳素股份有限公司		证券简称	东方碳素
	法人代表	杨遂运	董秘 裴广义	证券代码	832175
	公司网址	www.dongfangtansu.cn		电子信箱	dfts001@163.com
	电话	0375-2526789		传真	0375-2535399
	办公地址	平顶山市石龙区兴龙路19号			
	经营范围	石墨电极、碳砖生产销售;出口贸易			

主要财务指标 指标\报告期	2015.06.30	2014.12.31	2013.12.31	2012.12.31
净利润(万元)	603.01	307.96	157.78	-
净利润增长率(%)	432.2	95.1802	-	-
加权净资产收益率(%)	7.0600	7.5200	-	-
资产负债比率(%)	40.7737	41.1048	100.4355	-
净利润现金含量(%)	62.9103	21.4718	807.7853	-
基本每股收益(元)	0.0914	0.0472	0.8765	-
每股收益-扣除(元)	0.0844	0.0472	-	-
每股收益-摊薄(元)	0.0914	0.0467	0.0877	-
每股资本公积金(元)	0.2128	0.2128	0.0007	-
每股未分配利润(元)	0.1272	0.0358	-1.0286	-
每股净资产(元)	1.3400	1.2500	-0.0300	-
每股经营现金流量(元)	0.0575	0.0100	0.7081	-
经营活动现金净流量增长(%)	-20.7975	-94.8119	-	-

广东顺德三扬科技股份有限公司

公司概况	公司名称	广东顺德三扬科技股份有限公司			证券简称	三扬股份
	法人代表	杨志舜	董秘	翁国腾	证券代码	832176
	公司网址	www.samyang.cc		电子信箱	weng@kingsunny.com	
	电　话	00757-25669908		传　真	00757-25632308	
	办公地址	佛山市顺德区勒流街道富安工业区 30-3 号				
	经营范围	自动化、信息化与智能化相结合的机电一体化产品的研发、生产和销售				

	指标\报告期	2015.06.30	2014.12.31	2013.12.31	2012.12.31
主要财务指标	净利润(万元)	113.52	289.94	366.82	11.55
	净利润增长率(%)	-59.8768	-20.9583	3074.6741	-
	加权净资产收益率(%)	2.8000	10.2100	29.8900	2.6400
	资产负债比率(%)	27.1436	26.0885	63.6036	10.2413
	净利润现金含量(%)	-22.8194	-312.3636	-166.5463	95.8442
	基本每股收益(元)	0.0300	0.2300	0.3400	0.0289
	每股收益-扣除(元)	-	0.2413	-	-
	每股收益-摊薄(元)	0.0345	0.2116	0.3335	0.0289
	每股资本公积金(元)	0.0182	1.4436	0.2025	-
	每股未分配利润(元)	0.2123	0.4266	0.2940	0.1133
	每股净资产(元)	1.2500	2.3000	1.1300	1.1100
	每股经营现金流量(元)	-0.0079	-0.6611	-0.5554	0.0300
	经营活动现金净流量增长(%)	97.3	-48.2	-5618.0245	-

江苏晶鑫新材料股份有限公司

公司概况	公司名称	江苏晶鑫新材料股份有限公司			证券简称	晶鑫股份
	法人代表	李正坤	董秘	李莉	证券代码	832177
	公司网址	www.Jsjinghui.com		电子信箱	jsjh@vip.sina.com	
	电　话	00514-86278052		传　真	0514-86278079	
	办公地址	扬州市江都区真武镇杨庄工业园区				
	经营范围	高温合成耐火原料的生产、销售				

	指标\报告期	2015.06.30	2014.12.31	2013.12.31	2012.12.31
主要财务指标	净利润(万元)	824.85	1680.44	1897.08	1489.67
	净利润增长率(%)	22.1317	-11.4198	27.3495	-
	加权净资产收益率(%)	5.9500	11.0900	14.2200	12.7900
	资产负债比率(%)	45.3204	41.6935	31.2084	38.9947
	净利润现金含量(%)	139.7622	130.1881	36.8152	-32.1776
	基本每股收益(元)	0.1800	0.5400	0.6200	0.4800
	每股收益-扣除(元)	0.1500	0.5600	-	-
	每股收益-摊薄(元)	0.1763	0.5386	0.6159	0.4837
	每股资本公积金(元)	1.7894	3.1841	0.2409	0.2409
	每股未分配利润(元)	0.1686	0.1135	3.0790	2.5247
	每股净资产(元)	2.9700	4.3100	4.6400	4.0200
	每股经营现金流量(元)	0.2463	0.7012	0.2268	-0.1600
	经营活动现金净流量增长(%)	234.7	213.2429	245.7	-

沈阳递家物流股份有限公司

公司概况	公司名称	沈阳递家物流股份有限公司			证券简称	递家物流
	法人代表	张玉喜	董秘	李天一	证券代码	832178
	公司网址	www.sinodh.com		电子信箱	litianyi@sinodh.com	
	电　话	024-31218336		传　真	024-31218466	
	办公地址	辽宁省沈阳市经济技术开发区沈辽西路 126 号				
	经营范围	本公司为综合物流服务提供商				

	指标\报告期	2015.06.30	2014.12.31	2013.12.31	2012.12.31
主要财务指标	净利润(万元)	316.32	199.90	17.78	462.58
	净利润增长率(%)	363.3000	1024.4907	-96.1570	-
	加权净资产收益率(%)	3.9200	3.3800	0.3200	9.6100
	资产负债比率(%)	43.8652	58.5656	45.3509	37.3564
	净利润现金含量(%)	-156.4143	-542.0649	-1369.7787	0.0000
	基本每股收益(元)	0.1000	0.0700	0.0100	0.1700
	每股收益-扣除(元)	0.0600	0.0200	-	0.0300
	每股收益-摊薄(元)	0.0998	0.0701	0.0062	0.1652
	每股资本公积金(元)	1.7729	0.7368	0.7368	0.6607
	每股未分配利润(元)	0.3878	0.3203	0.2599	0.2619
	每股净资产(元)	3.2000	2.1000	2.0300	1.9500
	每股经营现金流量(元)	-0.1561	-0.3802	-0.0854	0.0000
	经营活动现金净流量增长(%)	-164.5333	-345.0	-116.1812	-

江苏达胜高聚物股份有限公司

公司概况	公司名称	江苏达胜高聚物股份有限公司			证券简称	达胜股份
	法人代表	肖峰	董秘	张徐文	证券代码	832179
	公司网址	www.polymerdasheng.com		电子信箱	gjwdmb@dasheng.com	
	电　话	00512-80673385		传　真	00512-80673386	
	办公地址	苏州吴江区黎里镇北厍社区厍西路 1288 号				
	经营范围	电线电缆用高聚物材料生产、销售				

	指标\报告期	2015.06.30	2014.12.31	2013.12.31	2012.12.31
主要财务指标	净利润(万元)	162.20	24.32	345.09	233.71
	净利润增长率(%)	-10.3740	-92.9525	47.6549	-
	加权净资产收益率(%)	1.0700	1.0900	18.1200	20.9300
	资产负债比率(%)	58.1791	61.0494	51.3719	70.2752
	净利润现金含量(%)	70.1887	725.6330	-163.9630	192.6105
	基本每股收益(元)	0.0810	0.0100	0.1700	0.1200
	每股收益-扣除(元)	-0.0130	-0.0020	0.1700	0.1000
	每股收益-摊薄(元)	0.0811	0.0122	0.1725	0.1169
	每股资本公积金(元)	0.1842	0.1842	0.3120	-
	每股未分配利润(元)	0.0985	-0.0633	0.1772	-0.0431
	每股净资产(元)	1.2828	1.1200	1.1100	0.4800
	每股经营现金流量(元)	0.0569	0.0882	-0.2800	0.2300
	经营活动现金净流量增长(%)	265.5	131.2	-225.6949	-

绿洲森工股份有限公司

公司概况

公司名称	绿洲森工股份有限公司			证券简称	绿洲森工
法人代表	袁长金	董秘	王胜清	证券代码	832180
公司网址	www.oasistry.com		电子信箱	ahlvzhousengong@163.com	
电　　话	00557-2760950		传　　真	00557-2761000	
办公地址	安徽省宿州市朱仙庄二铺				
经营范围	中高密度纤维板的研发、生产与销售				

主要财务指标

指标\报告期	2015.06.30	2014.12.31	2013.12.31	2012.12.31
净利润(万元)	404.00	1109.43	-999.47	706.47
净利润增长率(%)	-3.6943	211.0	-241.4731	-
加权净资产收益率(%)	2.3400	7.4400	-6.7300	4.7100
资产负债比率(%)	44.6706	50.5511	55.9207	40.3787
净利润现金含量(%)	-108.8628	215.0999	356.0006	336.9655
基本每股收益(元)	0.0300	0.1000	-0.0900	0.0700
每股收益-扣除(元)	0.0400	0.0700	-	0.0600
每股收益-摊薄(元)	0.0337	0.1037	-0.0934	0.0660
每股资本公积金(元)	0.3973	0.2634	0.2636	0.2636
每股未分配利润(元)	0.1591	0.1407	0.0451	0.1431
每股净资产(元)	1.5900	1.4400	1.3400	1.4300
每股经营现金流量(元)	-0.0367	0.2230	-0.3325	0.2200
经营活动现金净流量增长(%)	-16912.583	167.1	-249.4655	-

宁波永成双海汽车部件股份有限公司

公司概况

公司名称	宁波永成双海汽车部件股份有限公司			证券简称	永成双海
法人代表	王小龙	董秘	葛支佐	证券代码	832181
公司网址	www.yosun.net.cn		电子信箱	gezhizuo@yosun.net.cn	
电　　话	0574-65178782		传　　真	0574-65178880	
办公地址	宁海县西店镇蔡家村				
经营范围	从事汽车零部件及配件的研发、生产和销售				

主要财务指标

指标\报告期	2015.06.30	2014.12.31	2013.12.31	2012.12.31
净利润(万元)	540.21	-	-	-
净利润增长率(%)	-13.4361	-	-	-
加权净资产收益率(%)	17.0000	-	-	-
资产负债比率(%)	75.9090	-	-	-
净利润现金含量(%)	78.6304	-	-	-
基本每股收益(元)	0.2900	-	-	-
每股收益-扣除(元)	0.2800	-	-	-
每股收益-摊薄(元)	0.2046	-	-	-
每股资本公积金(元)	0.0499	-	-	-
每股未分配利润(元)	0.1914	-	-	-
每股净资产(元)	1.5300	-	-	-
每股经营现金流量(元)	0.1609	-	-	-
经营活动现金净流量增长(%)	261.7	-	-	-

欧好光电控制技术(上海)股份有限公司

公司概况

公司名称	欧好光电控制技术(上海)股份有限公司			证券简称	欧好光电
法人代表	廖原	董秘	张勇	证券代码	832182
公司网址	www.oako.com.cn		电子信箱	ouhaokefu@163.com	
电　　话	021-57781137		传　　真	021-57781136	
办公地址	上海市嘉定区叶城路1288号				
经营范围	专业电磁式燃气紧急切断阀的研发、生产和销售				

主要财务指标

指标\报告期	2015.06.30	2014.12.31	2013.12.31	2012.12.31
净利润(万元)	97.97	1091.21	873.15	839.08
净利润增长率(%)	-66.2782	24.9736	4.0604	-
加权净资产收益率(%)	2.9400	42.4300	31.8500	44.6900
资产负债比率(%)	15.0043	33.8846	27.0455	29.0305
净利润现金含量(%)	-994.8296	146.2414	20.6957	20.5828
基本每股收益(元)	0.0500	0.8200	2.1900	2.1000
每股收益-扣除(元)	0.0300	0.7700	-	-
每股收益-摊薄(元)	0.0467	0.5456	2.1902	2.1047
每股资本公积金(元)	0.3062	0.3215	0.0000	0.0000
每股未分配利润(元)	0.3012	0.2673	6.4711	4.2809
每股净资产(元)	1.6400	1.6200	7.9700	5.7800
每股经营现金流量(元)	-0.4641	0.7979	0.4533	0.4332
经营活动现金净流量增长(%)	-172.2356	783.0969	4.6312	-

郑州远见安全装备股份有限公司

公司概况

公司名称	郑州远见安全装备股份有限公司			证券简称	郑州远见
法人代表	孙红州	董秘	孙宏超	证券代码	832183
公司网址	www.zzyuanjian.cn		电子信箱	1480090061@qq.com	
电　　话	0371-56593987		传　　真	0371-56593987	
办公地址	郑州市新密市米村镇柿树湾村				
经营范围	瓦斯(煤层气)柚采与治理系列产品和装备研发、生产、销售				

主要财务指标

指标\报告期	2015.06.30	2014.12.31	2013.12.31	2012.12.31
净利润(万元)	91.50	15.41	41.85	-10.81
净利润增长率(%)	15.6290	-63.1859	487.4	-
加权净资产收益率(%)	2.9700	0.5100	1.8000	-1.1000
资产负债比率(%)	45.2067	43.2298	58.2048	73.1595
净利润现金含量(%)	-40.7203	-1911.2113	-320.5498	978.7410
基本每股收益(元)	0.0300	0.0100	0.0200	-0.0110
每股收益-扣除(元)	0.0300	0.0000	-	-
每股收益-摊薄(元)	0.0305	0.0051	0.0140	-0.0108
每股资本公积金(元)	0.0220	0.0220	-	-
每股未分配利润(元)	0.0195	-0.0110	0.0052	-0.0244
每股净资产(元)	1.0400	1.0100	1.0100	0.9800
每股经营现金流量(元)	-0.0124	-0.0982	-0.0447	-0.1100
经营活动现金净流量增长(%)	-442.5082	-119.5	-26.9	-

浙江陆特能源科技股份有限公司

公司概况						
	公司名称	浙江陆特能源科技股份有限公司			证券简称	陆特能源
	法人代表	夏惊涛	董秘	钟红燕	证券代码	832184
	公司网址	www.luter.cn		电子信箱	www.luter.cn	
	电　　话	0571-85832315		传　　真	0571-88059063	
	办公地址	杭州市滨江区江南大道288号康恩贝大厦1幢1202-1室				
	经营范围	地源热泵中央空调系统、太阳能技术、工业热回收系统的技术开发、技术服务等				

主要财务指标	指标\报告期	2015.06.30	2014.12.31	2013.12.31	2012.12.31
	净利润(万元)	763.68	3231.85	2735.62	426.60
	净利润增长率(%)	230.2017	18.1397	541.2602	–
	加权净资产收益率(%)	4.2800	21.0300	27.6900	7.3600
	资产负债比率(%)	44.5472	46.5289	41.8519	64.8161
	净利润现金含量(%)	–239.8155	–60.4741	–222.8345	–215.6464
	基本每股收益(元)	0.1200	0.5400	0.4600	0.1800
	每股收益-扣除(元)	0.0800	0.5200	–	–
	每股收益-摊薄(元)	0.1212	0.5386	0.4559	0.1792
	每股资本公积金(元)	1.6761	1.3099	0.8315	1.5153
	每股未分配利润(元)	0.5631	0.4640	0.4121	0.0048
	每股净资产(元)	3.2900	2.8300	2.2900	2.5300
	每股经营现金流量(元)	–0.2907	–0.3257	–1.0160	–0.3900
	经营活动现金净流量增长(%)	–11.7	67.9	–562.6	–

河南双建管桩股份有限公司

公司概况						
	公司名称	河南双建管桩股份有限公司			证券简称	双建管桩
	法人代表	张建国	董秘	张毅	证券代码	832185
	公司网址	www.shuangjianphc.com		电子信箱	shuangjiangz@163.com	
	电　　话	00395-3727111		传　　真	00395-3726609	
	办公地址	漯河经济技术开发区纬二路东段				
	经营范围	预应力管桩生产、销售及相关技术服务				

主要财务指标	指标\报告期	2015.06.30	2014.12.31	2013.12.31	2012.12.31
	净利润(万元)	809.15	46.80	16.36	–
	净利润增长率(%)	1367.5	186.0338	–	–
	加权净资产收益率(%)	10.5200	0.9400	0.6000	–
	资产负债比率(%)	57.2711	53.4116	78.2653	–
	净利润现金含量(%)	275.9438	–600.4281	7224.9815	–
	基本每股收益(元)	0.1160	0.0100	0.0500	–
	每股收益-扣除(元)	0.1000	0.0040	–	–
	每股收益-摊薄(元)	0.1156	0.0067	0.0055	–
	每股资本公积金(元)	0.0457	0.0457	–	–
	每股未分配利润(元)	0.1105	–0.0051	–0.0875	–
	每股净资产(元)	1.1600	1.0400	0.9100	–
	每股经营现金流量(元)	0.3190	–0.0401	0.3940	–
	经营活动现金净流量增长(%)	582.2	–123.7707	–	–

宁波惠尔顿婴童安全科技股份有限公司

公司概况						
	公司名称	宁波惠尔顿婴童安全科技股份有限公司			证券简称	惠尔顿
	法人代表	林江娟	董秘	林江娟	证券代码	832186
	公司网址	www.nbwelldon.com		电子信箱	zhengcq@nbwelldon.com	
	电　　话	0574-27722828		传　　真	0574-27722727	
	办公地址	浙江省宁波市江北区农贸路92号				
	经营范围	儿童安全座椅的研发、生产与销售				

主要财务指标	指标\报告期	2015.06.30	2014.12.31	2013.12.31	2012.12.31
	净利润(万元)	422.46	1228.60	773.23	425.23
	净利润增长率(%)	6.6888	58.8926	81.8384	–
	加权净资产收益率(%)	14.1400	54.0300	29.6200	21.7200
	资产负债比率(%)	74.5327	70.5362	73.3272	39.2218
	净利润现金含量(%)	–55.7790	164.6647	103.3817	133.0362
	基本每股收益(元)	0.2300	0.7800	–	0.2900
	每股收益-扣除(元)	0.2300	0.6990	–	0.2500
	每股收益-摊薄(元)	0.2347	0.6826	1.5465	0.8505
	每股资本公积金(元)	0.2178	0.2178	1.8335	0.0000
	每股未分配利润(元)	0.3970	0.1623	0.2603	2.8764
	每股净资产(元)	1.6800	1.4500	1.0400	1.2100
	每股经营现金流量(元)	–0.1309	1.1239	1.5988	1.1314
	经营活动现金净流量增长(%)	–306.1912	153.0814	41.3062	–

常州市运控电子股份有限公司

公司概况						
	公司名称	常州市运控电子股份有限公司			证券简称	运控电子
	法人代表	许国大	董秘	方敏	证券代码	832187
	公司网址	www.czyunkong.com		电子信箱	fangmin@czyunkong.com	
	电　　话	0519-88700355		传　　真	0519-88700229	
	办公地址	江苏省常州市武进区遥观镇建农村				
	经营范围	控制器、微电机制造;机械零配件加工;工业生产资料销售				

主要财务指标	指标\报告期	2015.06.30	2014.12.31	2013.12.31	2012.12.31
	净利润(万元)	849.03	675.62	1115.17	–
	净利润增长率(%)	233.3332	–39.4156	–	–
	加权净资产收益率(%)	21.5700	19.1700	–	–
	资产负债比率(%)	43.3792	50.7369	45.0397	–
	净利润现金含量(%)	82.4256	157.5179	96.3450	–
	基本每股收益(元)	0.4200	0.5800	–	–
	每股收益-扣除(元)	0.3400	0.4797	–	–
	每股收益-摊薄(元)	0.4245	0.3378	1.1152	–
	每股资本公积金(元)	0.4014	0.4014	0.0500	–
	每股未分配利润(元)	0.7601	0.3356	2.4699	–
	每股净资产(元)	2.1800	1.7600	3.6900	–
	每股经营现金流量(元)	0.3499	0.5321	1.0744	–
	经营活动现金净流量增长(%)	34.9372	–0.9484	–	–

深圳科安达电子科技股份有限公司

公司概况

公司名称	深圳科安达电子科技股份有限公司			证券简称	科安达
法人代表	郭丰明	董秘	黄瑶	证券代码	832188
公司网址	www.keanda.com.cn			电子信箱	huangyao@keanda.com.cn
电　话	0755-83056349			传　真	0755-83056346
办公地址	深圳市福田区景田路擎天华庭华庭阁 25G				
经营范围	轨道交通信号控制系统的研发、设计、生产与销售				

主要财务指标

指标\报告期	2015.06.30	2014.12.31	2013.12.31	2012.12.31
净利润(万元)	1214.89	2669.83	2083.30	293.87
净利润增长率(%)	101.4102	28.1540	608.9248	-
加权净资产收益率(%)	7.0400	17.9500	16.9100	2.6400
资产负债比率(%)	34.6405	24.3477	28.8774	23.5431
净利润现金含量(%)	86.0398	125.4033	-13.8944	42.3062
基本每股收益(元)	0.2000	0.4400	0.3500	0.0500
每股收益-扣除(元)	0.2000	0.4100	-	-
每股收益-摊薄(元)	0.2025	0.4450	0.3472	0.0490
每股资本公积金(元)	0.1528	0.1528	0.1528	0.1528
每股未分配利润(元)	1.5984	1.3959	0.9954	0.6851
每股净资产(元)	2.8700	2.6700	2.2300	1.8800
每股经营现金流量(元)	0.1742	0.5580	-0.0482	0.0200
经营活动现金净流量增长(%)	1188.1475	1256.7	-332.8279	-

河北科瑞达仪器科技股份有限公司

公司概况

公司名称	河北科瑞达仪器科技股份有限公司			证券简称	科瑞达
法人代表	郝拴菊	董秘	刘敏哲	证券代码	832189
公司网址	www.createc.cn			电子信箱	455743186@qq.com
电　话	0311-83056195			传　真	0311-83056196-811
办公地址	河北省石家庄市新石北路 368 号 2 号楼 1 层东区				
经营范围	水质净化领域的在线监测、研发、生产及销售				

主要财务指标

指标\报告期	2015.06.30	2014.12.31	2013.12.31	2012.12.31
净利润(万元)	-	1012.52	630.55	694.96
净利润增长率(%)	-	60.5758	-9.2680	-
加权净资产收益率(%)	-	30.0200	24.7200	33.6800
资产负债比率(%)	-	20.3065	19.9194	23.1991
净利润现金含量(%)	-	98.3885	127.3693	116.6182
基本每股收益(元)	-	1.0100	0.6300	0.6900
每股收益-扣除(元)	-	0.9700	-	-
每股收益-摊薄(元)	-	1.0125	0.6306	0.6950
每股资本公积金(元)	-	0.1323	0.1803	0.1303
每股未分配利润(元)	-	2.3750	1.4644	0.8992
每股净资产(元)	-	3.8600	2.8900	2.2100
每股经营现金流量(元)	-	0.9962	0.8031	0.8100
经营活动现金净流量增长(%)	-	24.0394	-0.9034	-

洛阳市河之阳高分子材料股份有限公司

公司概况

公司名称	洛阳市河之阳高分子材料股份有限公司			证券简称	河之阳
法人代表	周春怀	董秘	姚宏	证券代码	832190
公司网址	www.hezhiyang.com			电子信箱	lyshylj@vip.sina.com
电　话	0379-66959661			传　真	0379-66959661
办公地址	洛阳市吉利区科技园				
经营范围	生产销售塑料制品、化纤产品、橡胶制品				

主要财务指标

指标\报告期	2015.06.30	2014.12.31	2013.12.31	2012.12.31
净利润(万元)	9.29	15.12	54.50	16.25
净利润增长率(%)	-2.9786	-72.2522	235.4604	-
加权净资产收益率(%)	1.4200	2.3500	-	11.5100
资产负债比率(%)	53.2006	75.0971	71.3795	91.6229
净利润现金含量(%)	884.9799	343.4700	-247.5140	-94.0308
基本每股收益(元)	0.0200	0.0300	0.2200	0.1600
每股收益-扣除(元)	-0.0030	-0.0800	-	-
每股收益-摊薄(元)	0.0103	0.0285	0.1028	0.1641
每股资本公积金(元)	937.2423	195.3171	-	-
每股未分配利润(元)	26.6782	27.7725	0.1553	0.3360
每股净资产(元)	3.3400	1.2300	2.5600	1.5100
每股经营现金流量(元)	0.0914	0.0980	-0.2545	-0.1500
经营活动现金净流量增长(%)	-21.7836	138.5	-783.0	-

云南欣绿茶花股份有限公司

公司概况

公司名称	云南欣绿茶花股份有限公司			证券简称	欣绿茶花
法人代表	汤勇俊	董秘	汤灵洁	证券代码	832191
公司网址	www.yncxxl.com			电子信箱	xinlv_tanglinjie@163.com
电　话	0878-3165123			传　真	0878-3165123
办公地址	楚雄市尹家嘴灵秀湖林木种苗工作站内				
经营范围	茶花盆景、盆花与苗木的培植、扩繁与销售				

主要财务指标

指标\报告期	2015.06.30	2014.12.31	2013.12.31	2012.12.31
净利润(万元)	159.31	100.39	302.16	272.15
净利润增长率(%)	85.7633	-66.7755	11.0284	-
加权净资产收益率(%)	5.0000	0.0500	43.4800	69.5600
资产负债比率(%)	1.0707	3.0123	66.9529	80.7454
净利润现金含量(%)	13.9754	-1604.4795	13.5057	2.9116
基本每股收益(元)	0.0700	0.1000	0.4300	-
每股收益-扣除(元)	0.0700	0.0700	0.2800	-
每股收益-摊薄(元)	0.0797	0.0502	8.3933	7.5596
每股资本公积金(元)	0.6580	0.6580	-	-
每股未分配利润(元)	0.1248	0.0452	20.2488	12.6948
每股净资产(元)	1.7900	1.7100	23.5000	15.1100
每股经营现金流量(元)	0.0111	-0.8054	1.1336	0.2200
经营活动现金净流量增长(%)	-31.2556	-4047.0675	415.0215	-

武汉博晟安全技术股份有限公司

公司概况	公司名称	武汉博晟安全技术股份有限公司			证券简称	博晟安全
	法人代表	贺小明	董秘	贺蕊	证券代码	832192
	公司网址	www.bsh-safety.com			电子信箱	bham1018@126.com
	电　　话	027-87611376			传　　真	027-87611376
	办公地址	武汉市关山大道特一号光谷软件园 A8 栋 4 楼				
	经营范围	安全技术咨询、安全生产信息化系统软件开发				

主要财务指标	指标\报告期	2015.06.30	2014.12.31	2013.12.31	2012.12.31
	净利润(万元)	336.49	64.83	133.45	-106.19
	净利润增长率(%)	84.3582	-51.4177	225.7	-
	加权净资产收益率(%)	27.5900	14.7500	-	226.2100
	资产负债比率(%)	30.3753	29.1748	86.8606	115.2494
	净利润现金含量(%)	64.1559	-1119.7283	50.6257	-190.4954
	基本每股收益(元)	0.3400	0.6500	1.3300	-1.0600
	每股收益-扣除(元)	0.3100	0.4600	-	-
	每股收益-摊薄(元)	0.3365	0.0648	1.3345	-1.0619
	每股资本公积金(元)	0.0620	0.0620	-	-
	每股未分配利润(元)	0.3258	-0.0107	-0.1349	-1.4694
	每股净资产(元)	1.3900	1.0500	0.8700	-0.4700
	每股经营现金流量(元)	0.2159	-0.7259	0.6756	2.0200
	经营活动现金净流量增长(%)	115.7	-1174.5325	-66.6011	-

合肥宏晶微电子科技股份有限公司

公司概况	公司名称	合肥宏晶微电子科技股份有限公司			证券简称	宏晶科技
	法人代表	刘伟	董秘	崔莹莹	证券代码	832193
	公司网址	www.macrosilicon.com			电子信箱	yingying.cui@macrosilicon.com
	电　　话	0551-65317870			传　　真	0551-65314133
	办公地址	安徽省合肥市高新区望江西路 800 号动漫基地 B1 楼 9 层北				
	经营范围	芯片设计、开发、销售及相关技术服务				

主要财务指标	指标\报告期	2015.06.30	2014.12.31	2013.12.31	2012.12.31
	净利润(万元)	45.10	236.64	131.74	209.79
	净利润增长率(%)	114.1	79.6244	-37.2024	-
	加权净资产收益率(%)	9.7900	23.4300	29.7800	80.1800
	资产负债比率(%)	35.8867	19.3728	37.2352	41.7835
	净利润现金含量(%)	-27.7497	-271.6359	63.7998	37.9761
	基本每股收益(元)	0.0500	0.4100	0.4300	0.7000
	每股收益-扣除(元)	-0.0857	-0.1600	-	-
	每股收益-摊薄(元)	0.0451	0.2366	0.3921	0.6993
	每股资本公积金(元)	0.0577	0.0577	0.0714	-
	每股未分配利润(元)	0.4417	0.3966	0.5311	0.1996
	每股净资产(元)	1.5400	1.5000	1.6600	1.2200
	每股经营现金流量(元)	-0.0125	-0.6428	0.2502	0.2700
	经营活动现金净流量增长(%)	96.3	-864.7745	5.4956	-

江苏蔚联机械股份有限公司

公司概况	公司名称	江苏蔚联机械股份有限公司			证券简称	蔚联股份
	法人代表	胡拥军	董秘	杭天楠	证券代码	832194
	公司网址	www.jiangsuwljx.com			电子信箱	amy@jiangsuwljx.com
	电　　话	0515-89895966			传　　真	0515-88266759
	办公地址	盐城市盐都区盐龙街道龙乘路 88 号				
	经营范围	水工金属结构制造与安装工程施工；精密铝合金结构件的研发、生产和销售				

主要财务指标	指标\报告期	2015.06.30	2014.12.31	2013.12.31	2012.12.31
	净利润(万元)	42.39	-1206.04	-343.84	-94.78
	净利润增长率(%)	149.7	-250.8	-262.8	-
	加权净资产收益率(%)	2.2000	-102.3100	-29.2200	-6.7900
	资产负债比率(%)	77.0325	69.9229	84.1575	75.6301
	净利润现金含量(%)	-3370.7202	-9.1327	73.6914	-401.9202
	基本每股收益(元)	0.0106	-0.4400	-0.1700	-0.0500
	每股收益-扣除(元)	-0.0419	-0.0556	-	-0.0400
	每股收益-摊薄(元)	0.0106	-0.3015	-0.1719	-0.0474
	每股资本公积金(元)	0.0269	0.0269	-	-
	每股未分配利润(元)	-0.5397	-0.5503	-0.4975	-0.3256
	每股净资产(元)	0.4900	0.4800	0.5000	0.6700
	每股经营现金流量(元)	-0.3572	0.0275	-0.1267	0.1900
	经营活动现金净流量增长(%)	-202.3027	143.5	-166.5136	-

云南名家智能设备股份有限公司

公司概况	公司名称	云南名家智能设备股份有限公司			证券简称	名家智能
	法人代表	袁华	董秘	余信	证券代码	832195
	公司网址	www.mjtcsb.com			电子信箱	ynmingjia@163.com
	电　　话	0871-63352680			传　　真	0871-63114220
	办公地址	云南省昆明市高新区二环西路 398 号高新科技广场办公室				
	经营范围	立体停车设备的研究、开发、制造、安装及租赁				

主要财务指标	指标\报告期	2015.06.30	2014.12.31	2013.12.31	2012.12.31
	净利润(万元)	130.12	41.34	27.91	27.91
	净利润增长率(%)	65.5815	48.1373	-11.7749	-
	加权净资产收益率(%)	8.3000	2.8200	2.1400	1.9500
	资产负债比率(%)	35.9696	32.7057	29.3981	19.7296
	净利润现金含量(%)	40.9535	-43.6788	16.4075	1047221.42
	基本每股收益(元)	0.0900	0.0300	0.0200	0.0200
	每股收益-扣除(元)	0.0900	0.0200	-	-
	每股收益-摊薄(元)	0.0867	0.0276	0.0186	0.0186
	每股资本公积金(元)	0.0143	0.0143	-	-
	每股未分配利润(元)	0.0619	-0.0248	-0.0380	-0.0567
	每股净资产(元)	1.0800	0.9900	0.9600	0.9600
	每股经营现金流量(元)	0.0355	-0.0120	0.0031	194.8298
	经营活动现金净流量增长(%)	2155.1	-494.3599	-84.3324	-

上海秦森园林股份有限公司

公司概况	公司名称	上海秦森园林股份有限公司		证券简称	秦森园林
	法人代表	秦同千	董秘 张庆	证券代码	832196
	公司网址	www.qinsen-la.com		电子信箱	qinsen-pb@qinsen-la.com
	电　话	021-66838766		传　真	021-66833001
	办公地址	上海市闸北区闻喜路589号102室			
	经营范围	园林工程施工、园林景观设计、园林养护及苗木种植			

主要财务指标	指标\报告期	2015.06.30	2014.12.31	2013.12.31	2012.12.31
	净利润(万元)	2977.36	4250.18	2323.27	1382.90
	净利润增长率(%)	487.2560	82.9391	68.0004	–
	加权净资产收益率(%)	13.7700	32.3600	30.0600	36.3500
	资产负债比率(%)	64.3227	70.4672	72.3864	78.8552
	净利润现金含量(%)	–29.0965	–171.1556	–9.7481	6.2709
	基本每股收益(元)	0.3300	0.7400	0.4302	0.4300
	每股收益–扣除(元)	0.3300	0.7100	–	–
	每股收益–摊薄(元)	0.2969	0.6297	0.4302	0.4322
	每股资本公积金(元)	1.0666	1.3296	0.1073	0.0480
	每股未分配利润(元)	0.5261	0.4847	0.6320	0.4891
	每股净资产(元)	2.6600	2.8600	1.8700	1.6900
	每股经营现金流量(元)	–0.0864	–1.0777	–0.0419	0.0300
	经营活动现金净流量增长(%)	83.3	–3112.0	–361.1593	–

湖北丹江电力股份有限公司

公司概况	公司名称	湖北丹江电力股份有限公司		证券简称	丹江电力
	法人代表	程志龙	董秘 张劲松	证券代码	832197
	公司网址	www.djkdl.com		电子信箱	hbdjdl@163.com
	电　话	0719-5215102		传　真	0719-5215108
	办公地址	湖北省十堰市丹江口市沙陀营路9号			
	经营范围	主营业务为供电			

主要财务指标	指标\报告期	2015.06.30	2014.12.31	2013.12.31	2012.12.31
	净利润(万元)	2826.97	303.45	5711.22	5201.91
	净利润增长率(%)	155.8141	–94.6868	9.7909	–14.5791
	加权净资产收益率(%)	9.5400	1.3400	21.4300	21.1400
	资产负债比率(%)	63.9169	62.1229	59.7971	61.3311
	净利润现金含量(%)	211.0993	729.0913	85.0715	255.9723
	基本每股收益(元)	0.3769	0.0400	0.7900	0.6936
	每股收益–扣除(元)	0.3231	–0.0440	–	0.7203
	每股收益–摊薄(元)	0.3769	0.0405	0.7615	0.6936
	每股资本公积金(元)	0.5269	0.5269	0.5269	0.5269
	每股未分配利润(元)	2.0048	1.8779	2.0915	1.6061
	每股净资产(元)	3.9700	3.8500	4.0600	3.5000
	每股经营现金流量(元)	0.7957	0.2950	0.6478	1.7800
	经营活动现金净流量增长(%)	238.8	–54.4638	–63.5114	83.3195

安徽中晶光技术股份有限公司

公司概况	公司名称	安徽中晶光技术股份有限公司		证券简称	中晶技术
	法人代表	吴雁	董秘 杨爱玲	证券代码	832198
	公司网址	www.ahzhongjing.com		电子信箱	bbzjgf@163.com
	电　话	0552-4092572		传　真	0552-4088533
	办公地址	安徽省蚌埠市长征路220号			
	经营范围	人工晶体材料的生产、销售及精细加工			

主要财务指标	指标\报告期	2015.06.30	2014.12.31	2013.12.31	2012.12.31
	净利润(万元)	29.42	139.09	45.50	54.87
	净利润增长率(%)	–	205.7090	–17.0792	–
	加权净资产收益率(%)	3.4300	17.2400	8.3200	–
	资产负债比率(%)	9.5625	11.4529	9.5513	6.4973
	净利润现金含量(%)	495.3607	59.7620	301.7558	244.2669
	基本每股收益(元)	0.0400	0.2100	0.0700	0.0800
	每股收益–扣除(元)	0.0500	0.2100	–	–
	每股收益–摊薄(元)	0.0448	0.2120	0.0694	0.1097
	每股资本公积金(元)	0.1870	0.1870	0.0654	–
	每股未分配利润(元)	0.0677	0.1143	0.0656	0.0042
	每股净资产(元)	1.2700	1.3100	1.1500	1.0857
	每股经营现金流量(元)	0.2221	0.1267	0.2093	0.2681
	经营活动现金净流量增长(%)	–	–39.4551	2.4364	–

北京九方天和新能源技术股份有限公司

公司概况	公司名称	北京九方天和新能源技术股份有限公司		证券简称	九方天和
	法人代表	李元涛	董秘 宋宏明	证券代码	832199
	公司网址	www.jfth.net		电子信箱	jfdm@jfth.com.cn
	电　话	010-82326968		传　真	010-82319107
	办公地址	北京市海淀区知春路1号10层1004室			
	经营范围	施工总承包、专业承包、劳务分包等			

主要财务指标	指标\报告期	2015.06.30	2014.12.31	2013.12.31	2012.12.31
	净利润(万元)	4.51	42.54	13.64	–44.40
	净利润增长率(%)	123.7	211.7971	130.7	–
	加权净资产收益率(%)	4.3100	5.7400	1.4000	–8.4700
	资产负债比率(%)	36.0993	34.3711	37.6355	27.4062
	净利润现金含量(%)	7455.6400	–7.4641	–954.7153	598.3631
	基本每股收益(元)	0.0045	0.0400	0.0100	–0.0400
	每股收益–扣除(元)	–	0.0400	–	–
	每股收益–摊薄(元)	0.0045	0.0425	0.0136	–0.0444
	每股资本公积金(元)	0.0069	0.0069	–	–
	每股未分配利润(元)	0.0055	0.0010	–0.0346	–0.0482
	每股净资产(元)	1.0100	1.0100	0.9700	0.9518
	每股经营现金流量(元)	0.3365	–0.0032	–0.1303	–0.2700
	经营活动现金净流量增长(%)	13142.8829	97.6	51.0	–

浙江宝威纺织股份有限公司

公司概况

公司名称	浙江宝威纺织股份有限公司		证券简称	宝威纺织
法人代表	杨海华	董秘 杨秋月	证券代码	832200
公司网址			电子信箱	837574327@qq.com
电　话	0576-88986356		传　真	0676-85503091
办公地址	临海市杜桥镇汾西工业园			
经营范围	家用及商用地毯的研发、生产及销售			

主要财务指标

指标＼报告期	2015.06.30	2014.12.31	2013.12.31	2012.12.31
净利润(万元)	-98.18	86.62	9.24	36.48
净利润增长率(%)	-339.6069	837.2839	-	-
加权净资产收益率(%)	-8.9300	8.2000	0.9700	6.1700
资产负债比率(%)	84.9205	80.8122	77.1402	70.4793
净利润现金含量(%)	-1422.5760	1735.2117	2126.4850	1108.0579
基本每股收益(元)	-0.1000	0.0900	0.0100	0.0400
每股收益-扣除(元)	-0.1000	0.0600	0.0100	-
每股收益-摊薄(元)	-0.0885	0.0858	0.0102	0.0401
每股资本公积金(元)	0.0632	0.0695	-	-
每股未分配利润(元)	-0.1414	0.0555	0.0453	0.0361
每股净资产(元)	1.0100	1.1300	1.0500	1.0400
每股经营现金流量(元)	1.2594	1.4896	0.2162	0.4400
经营活动现金净流量增长(%)	1665.4	664.8236	-	-

广东澄星航模科技股份有限公司

公司概况

公司名称	广东澄星航模科技股份有限公司		证券简称	澄星航模
法人代表	陈加华	董秘 方奕松	证券代码	832201
公司网址	www.cxhobby.com		电子信箱	info@cxhobby.com
电　话	0754-89866888		传　真	0754-89866999
办公地址	广东省汕头市澄海区凤新工业区			
经营范围	航模的开发、生产与销售			

主要财务指标

指标＼报告期	2015.06.30	2014.12.31	2013.12.31	2012.12.31
净利润(万元)	1022.57	780.23	165.78	-
净利润增长率(%)	878.9747	370.6538	-	-
加权净资产收益率(%)	30.3300	37.9900	15.3400	-
资产负债比率(%)	51.9839	68.3844	54.0210	-
净利润现金含量(%)	31.2072	-95.1470	-476.1895	-
基本每股收益(元)	0.5300	0.5200	0.1100	-
每股收益-扣除(元)	0.5300	0.5100	-	-
每股收益-摊薄(元)	0.3409	0.5202	0.1105	-
每股资本公积金(元)	0.3545	0.1091	-	-
每股未分配利润(元)	0.5749	0.4681	0.0982	-
每股净资产(元)	1.9600	1.6300	1.1100	-
每股经营现金流量(元)	0.1064	-0.4949	-0.5263	-
经营活动现金净流量增长(%)	619.4	6.0	-	-

山东沪鸽口腔材料股份有限公司

公司概况

公司名称	山东沪鸽口腔材料股份有限公司		证券简称	沪鸽口腔
法人代表	宋欣	董秘 谢玥	证券代码	832202
公司网址	www.hugedental.cn		电子信箱	hugestock@hugedental.com
电　话	0633-2277285		传　真	0633-2277286
办公地址	山东省日照市东港区山海路68号			
经营范围	口腔科技工类产品及临床类产品的研发、生产和销售			

主要财务指标

指标＼报告期	2015.06.30	2014.12.31	2013.12.31	2012.12.31
净利润(万元)	326.53	355.72	389.21	379.07
净利润增长率(%)	98.5590	-8.6052	2.6738	-
加权净资产收益率(%)	12.1200	18.4000	30.3100	47.1100
资产负债比率(%)	60.5067	54.7076	70.1332	73.5333
净利润现金含量(%)	93.9453	57.0040	87.9306	187.1231
基本每股收益(元)	0.1500	0.1900	0.3600	0.3900
每股收益-扣除(元)	-	0.2600	0.3600	0.3700
每股收益-摊薄(元)	0.1484	0.1617	0.3644	0.3549
每股资本公积金(元)	0.3914	0.3914	0.0538	0.0538
每股未分配利润(元)	-0.0940	-0.2425	0.2249	-0.1207
每股净资产(元)	1.3000	1.3600	1.3800	1.0200
每股经营现金流量(元)	0.1394	0.0922	0.3200	0.6600
经营活动现金净流量增长(%)	-26.6997	-40.7503	-51.7528	-

江苏华燃油气科技股份有限公司

公司概况

公司名称	江苏华燃油气科技股份有限公司		证券简称	华燃油气
法人代表	刘官平	董秘 梁同琴	证券代码	832203
公司网址			电子信箱	2511649299@qq.com
电　话	0514-82261168		传　真	0514-82261168
办公地址	江苏省扬州市广陵区李典镇新坝船舶工业园区			
经营范围	瓶装压缩天然气销售			

主要财务指标

指标＼报告期	2015.06.30	2014.12.31	2013.12.31	2012.12.31
净利润(万元)	103.30	173.89	65.91	-13.94
净利润增长率(%)	752.9929	163.8437	572.9	-
加权净资产收益率(%)	5.5600	16.5000	12.5500	-5.0800
资产负债比率(%)	18.4821	10.1818	19.9061	35.6440
净利润现金含量(%)	811.8554	-10.9844	348.9089	-1081.6197
基本每股收益(元)	0.0600	0.1900	0.1300	-0.0500
每股收益-扣除(元)	0.0100	-	-	-
每股收益-摊薄(元)	0.0646	0.1087	0.1098	-0.0465
每股资本公积金(元)	0.0860	0.0860	-	-
每股未分配利润(元)	0.0973	0.0392	0.0499	-0.1087
每股净资产(元)	1.1900	1.9400	1.2100	0.8913
每股经营现金流量(元)	0.5242	-0.0119	0.3833	0.5000
经营活动现金净流量增长(%)	448.8	-108.3063	52.5592	-

北京易科势腾科技股份有限公司

公司概况					
公司名称	北京易科势腾科技股份有限公司			证券简称	易科势腾
法人代表	陈波	董秘	张樟	证券代码	832204
公司网址	www.iecosystem.com.cn			电子信箱	vip@iecosystem.com.cn
电　话	8610-84720586			传　真	8610-84720608011
办公地址	北京市朝阳区望京中环南路甲2号B1506				
经营范围	为大型企业提供数字营销自媒体				

主要财务指标

指标\报告期	2015.06.30	2014.12.31	2013.12.31	2012.12.31
净利润(万元)	295.18	277.84	58.39	10.78
净利润增长率(%)	169.1828	375.8635	441.7359	–
加权净资产收益率(%)	20.6600	53.2600	18.7200	3.8900
资产负债比率(%)	14.2420	39.5690	54.0064	41.7069
净利润现金含量(%)	–65.5656	3.7580	349.8026	1153.7308
基本每股收益(元)	0.3200	0.6500	0.2900	0.0500
每股收益–扣除(元)	0.3200	–	–	0.0500
每股收益–摊薄(元)	0.2952	0.5557	0.2919	0.0539
每股资本公积金(元)	0.2412	0.1324	–	–
每股未分配利润(元)	0.4177	0.2450	0.6709	0.4082
每股净资产(元)	1.6900	1.4400	1.7100	1.4100
每股经营现金流量(元)	–0.1935	0.0209	1.0212	0.6200
经营活动现金净流量增长(%)	–653.1454	–94.8877	64.2503	–

河南全宇制药股份有限公司

公司概况					
公司名称	河南全宇制药股份有限公司			证券简称	全宇制药
法人代表	王峰	董秘	李伦	证券代码	832205
公司网址	www.nyqyzy.com			电子信箱	quanyuzhiyao@163.com
电　话	0377-65317008			传　真	0377-65317008
办公地址	河南省南阳市内乡县工业园				
经营范围	化学药品制剂、中成药、化学药品原料药的研发、生产、销售				

主要财务指标

指标\报告期	2015.06.30	2014.12.31	2013.12.31	2012.12.31
净利润(万元)	269.92	–95.00	12.71	2.15
净利润增长率(%)	693.6	–847.5277	489.8426	–
加权净资产收益率(%)	4.1600	–2.3800	1.2300	0.2100
资产负债比率(%)	34.1191	33.8362	64.2563	57.6037
净利润现金含量(%)	364.5225	1672.8623	1032.7066	–34557.6744
基本每股收益(元)	0.0500	–0.0190	–	0.0021
每股收益–扣除(元)	0.0360	–0.0200	–	–
每股收益–摊薄(元)	0.0540	–0.0190	0.0127	0.0022
每股资本公积金(元)	0.0123	0.0123	–	–
每股未分配利润(元)	0.0310	–0.0230	0.0374	0.0260
每股净资产(元)	1.0400	0.9900	1.0400	1.0300
每股经营现金流量(元)	0.1968	–0.3178	0.1312	–0.7400
经营活动现金净流量增长(%)	303.5372	–1310.9064	117.7	–

北京华科飞扬科技股份公司

公司概况					
公司名称	北京华科飞扬科技股份公司			证券简称	华科飞扬
法人代表	王庆	董秘	黄世记	证券代码	832206
公司网址	www.hkfy.cn			电子信箱	huangshiji@hkfy.com.cn
电　话	010-51313057			传　真	010-64811725
办公地址	北京市朝阳区小营路13号1号楼5006室				
经营范围	数字化音视频解决平台及广电系统辅助性产品销售、演播室服务				

主要财务指标

指标\报告期	2015.06.30	2014.12.31	2013.12.31	2012.12.31
净利润(万元)	–131.52	10.50	425.69	30.10
净利润增长率(%)	31.7	–97.5342	1314.2664	–
加权净资产收益率(%)	–9.3000	0.8400	57.5200	6.8900
资产负债比率(%)	23.4667	15.0900	39.9563	26.6257
净利润现金含量(%)	123.8176	–6294.5072	114.7791	134.2248
基本每股收益(元)	–0.2000	0.0200	0.8500	0.0700
每股收益–扣除(元)	–	0.0200	–	0.0700
每股收益–摊薄(元)	–0.1852	0.0163	0.8514	0.0602
每股资本公积金(元)	1.3870	1.3959	0.0040	0.0040
每股未分配利润(元)	–0.2862	–0.1113	0.8050	0.0422
每股净资产(元)	2.1100	2.3000	1.9100	1.1200
每股经营现金流量(元)	–0.2294	–1.0259	0.9772	0.0800
经营活动现金净流量增长(%)	67.9	–235.2258	1109.3753	–

北京永拓工程咨询股份有限公司

公司概况					
公司名称	北京永拓工程咨询股份有限公司			证券简称	永拓咨询
法人代表	吕江	董秘	吕唯实	证券代码	832207
公司网址	www.ytcec.cn			电子信箱	liliting@ytcec.cn
电　话	010-65958856			传　真	010-65950822
办公地址	北京市朝阳区东大桥关东店北街1号2号楼(国安大厦)11层				
经营范围	工程造价咨询服务				

主要财务指标

指标\报告期	2015.06.30	2014.12.31	2013.12.31	2012.12.31
净利润(万元)	469.99	367.24	177.20	–
净利润增长率(%)	290.1578	107.2411	–	–
加权净资产收益率(%)	13.1900	15.0100	–	–
资产负债比率(%)	45.6362	51.0276	52.9378	–
净利润现金含量(%)	–186.6054	454.1759	391.3205	–
基本每股收益(元)	0.3100	0.3200	–	–
每股收益–扣除(元)	0.3100	0.3200	–	–
每股收益–摊薄(元)	0.3133	0.2448	0.1181	–
每股资本公积金(元)	1.1016	1.1016	–	–
每股未分配利润(元)	0.4084	0.0951	0.8919	–
每股净资产(元)	2.5300	2.2200	5.9600	–
每股经营现金流量(元)	–0.5847	1.1119	0.4623	–
经营活动现金净流量增长(%)	–406.8940	140.5290	–	–

浙江尔格科技股份有限公司

公司概况	公司名称	浙江尔格科技股份有限公司			证券简称	尔格科技
	法人代表	黎贤钛	董秘	祁捷	证券代码	832208
	公司网址	www.zjerg.com		电子信箱	qijie@erg.cn	
	电　话	0576-83200032		传　真	0576-82300188	
	办公地址	台州市三门县沙柳经济开发区				
	经营范围	电气机械和器材、通用设备研究、开发、制造、销售				

	指标\报告期	2015.06.30	2014.12.31	2013.12.31	2012.12.31
主要财务指标	净利润(万元)	392.16	949.18	197.72	32.94
	净利润增长率(%)	-3.3458	380.0640	500.3171	-
	加权净资产收益率(%)	3.4400	5.5400	2.3800	0.5600
	资产负债比率(%)	48.9800	46.2269	49.7221	65.0705
	净利润现金含量(%)	-53.6360	467.7559	-426.3357	-8843.3002
	基本每股收益(元)	0.0700	0.1600	0.0400	0.0100
	每股收益-扣除(元)	-	0.1500	-	-0.0500
	每股收益-摊薄(元)	0.0667	0.1613	0.0336	0.0066
	每股资本公积金(元)	0.7786	0.7786	0.6836	0.3800
	每股未分配利润(元)	0.1225	0.0600	-0.0150	-0.0572
	每股净资产(元)	1.9200	1.8500	1.6900	1.3500
	每股经营现金流量(元)	-0.0358	0.7547	-0.1433	-0.5825
	经营活动现金净流量增长(%)	-167.4707	626.7	71.1	-

广东新比克斯实业股份有限公司

公司概况	公司名称	广东新比克斯实业股份有限公司			证券简称	新比克斯
	法人代表	曾亦华	董秘	骆颖琦	证券代码	832209
	公司网址	www.newbakers.com		电子信箱	market@dgyftools.com	
	电　话	0769-81821326		传　真	0769-86119026	
	办公地址	广东省东莞市茶山镇京山村工业园				
	经营范围	电动工具、气动工具、手动工具及机械小五金配件等产品的批发及贴牌销售				

	指标\报告期	2015.06.30	2014.12.31	2013.12.31	2012.12.31
主要财务指标	净利润(万元)	22.96	17.88	6.23	21.75
	净利润增长率(%)	129.0039	186.9125	-71.3552	-
	加权净资产收益率(%)	1.0400	1.7300	1.7600	6.3900
	资产负债比率(%)	8.9846	16.9711	77.0560	76.2758
	净利润现金含量(%)	-1873.8166	-3401.7632	-1459.4199	748.2858
	基本每股收益(元)	0.0100	0.0200	0.0200	0.0800
	每股收益-扣除(元)	-	-0.0300	0.0400	-
	每股收益-摊薄(元)	0.0083	0.0085	0.0216	0.0755
	每股资本公积金(元)	0.4251	-	-	-
	每股未分配利润(元)	0.0368	0.0371	0.2166	0.1971
	每股净资产(元)	1.4700	1.0400	1.2400	1.2200
	每股经营现金流量(元)	-0.1563	-0.2877	-0.3158	0.5700
	经营活动现金净流量增长(%)	-184.6	-568.8	-155.8674	-

宁波科诺铝业股份有限公司

公司概况	公司名称	宁波科诺铝业股份有限公司			证券简称	科诺铝业
	法人代表	邱建平	董秘	徐惠亮	证券代码	832210
	公司网址	www.keno.com.cn		电子信箱	keno@keno.com.cn	
	电　话	021-0574-27905131		传　真	021-0574-27905578	
	办公地址	宁波市江北区洪塘工业A区洪兴路6号				
	经营范围	铝合金棒生产，铝合金材料的加工；铝合金材料、金属制品的批发、零售				

	指标\报告期	2015.06.30	2014.12.31	2013.12.31	2012.12.31
主要财务指标	净利润(万元)	301.08	624.62	142.51	132.23
	净利润增长率(%)	285.8525	325.9065	7.7739	-
	加权净资产收益率(%)	16.8700	61.8600	56.5700	-
	资产负债比率(%)	56.0494	78.6454	96.6906	99.2440
	净利润现金含量(%)	42.9230	-43.5876	-398.4931	-49.5695
	基本每股收益(元)	0.2100	0.6000	0.4900	0.4400
	每股收益-扣除(元)	0.1700	0.5900	-	-
	每股收益-摊薄(元)	0.1691	0.5678	0.4750	0.4408
	每股资本公积金(元)	1.1563	0.0215	-	-
	每股未分配利润(元)	0.2353	0.4165	-0.3546	-0.8435
	每股净资产(元)	2.4200	1.4900	0.8400	0.1600
	每股经营现金流量(元)	0.0726	-0.2475	-1.8930	-0.2200
	经营活动现金净流量增长(%)	127.6	52.1	-766.4	-

山东鸿源金属容器科技股份有限公司

公司概况	公司名称	山东鸿源金属容器科技股份有限公司			证券简称	鸿源科技
	法人代表	薛超旭	董秘	李高峰	证券代码	832211
	公司网址	www.sdhybz.com		电子信箱	sdhybz@126.com	
	电　话	0635-6100188		传　真	0635-6100061	
	办公地址	山东省聊城经济开发区东城高科园内(张庄村西)				
	经营范围	印铁制罐加工、销售；马口铁销售				

	指标\报告期	2015.06.30	2014.12.31	2013.12.31	2012.12.31
主要财务指标	净利润(万元)	81.44	106.74	10.06	-
	净利润增长率(%)	73.0017	961.0606	-80.8611	-
	加权净资产收益率(%)	3.0000	6.3300	0.9500	-
	资产负债比率(%)	65.4010	68.9305	81.2202	-
	净利润现金含量(%)	-1801.3384	103.0769	12395.9580	-
	基本每股收益(元)	0.0300	0.0800	0.0100	-
	每股收益-扣除(元)	0.0100	0.0500	-	-
	每股收益-摊薄(元)	0.0313	0.0411	0.0125	-
	每股资本公积金(元)	0.0157	0.0103	-	-
	每股未分配利润(元)	0.0439	0.0126	0.3121	-
	每股净资产(元)	1.0600	1.0200	1.3200	-
	每股经营现金流量(元)	-0.5642	0.0423	1.5548	-
	经营活动现金净流量增长(%)	-473.7	-91.1769	9.2646	-

深圳市汇茂科技股份有限公司

公司概况	公司名称	深圳市汇茂科技股份有限公司			证券简称	汇茂科技
	法人代表	JIANG YONG	董秘	卢建军	证券代码	832212
	公司网址	www.sinocan.com.cn		电子信箱	info@sinocan.com.cn	
	电　　话	0755-26915588		传　　真	0755-86612352	
	办公地址	深圳市南山区侨城北路香年广场[南区]附楼(B座)404				
	经营范围	触控显示设备、触控收银系统的研发、生产和销售				

	指标\报告期	2015.06.30	2014.12.31	2013.12.31	2012.12.31
主要财务指标	净利润(万元)	311.92	358.24	-11.08	-
	净利润增长率(%)	130.4647	3334.0	-	-
	加权净资产收益率(%)	28.3800	46.9000	-1.8800	-
	资产负债比率(%)	82.4469	64.1470	67.5481	-
	净利润现金含量(%)	41.7737	91.7844	1965.2157	-
	基本每股收益(元)	0.4200	0.4800	-0.0200	-
	每股收益-扣除(元)	-	-	-	-
	每股收益-摊薄(元)	0.4159	0.4776	-0.0185	-
	每股资本公积金(元)	0.0113	0.0113	-	-
	每股未分配利润(元)	0.6141	0.1982	-0.0255	-
	每股净资产(元)	1.6700	1.2600	0.9700	-
	每股经营现金流量(元)	0.1737	0.4384	-0.3628	-
	经营活动现金净流量增长(%)	660.8	251.0	-	-

浙江双森金属科技股份有限公司

公司概况	公司名称	浙江双森金属科技股份有限公司			证券简称	双森股份
	法人代表	林清松	董秘	胡勤军	证券代码	832213
	公司网址	www.shuang-sen.com		电子信箱	lin-gb@163.com	
	电　　话	0576-86409911		传　　真	0576-86409312	
	办公地址	浙江省温岭市泽国镇水仓工业区腾蛟路10号				
	经营范围	生产和销售不锈钢管				

	指标\报告期	2015.06.30	2014.12.31	2013.12.31	2012.12.31
主要财务指标	净利润(万元)	84.87	117.15	54.50	-2.36
	净利润增长率(%)	54.8320	114.9581	2409.8	-
	加权净资产收益率(%)	6.7600	20.2900	60.6700	-5.3900
	资产负债比率(%)	72.1581	69.5993	90.0887	89.5766
	净利润现金含量(%)	-41.0652	-619.8125	487.2315	3321.2828
	基本每股收益(元)	0.0800	0.3100	0.9400	-0.0400
	每股收益-扣除(元)	-	-	-	-
	每股收益-摊薄(元)	0.0849	0.1171	0.9396	-0.0407
	每股资本公积金(元)	0.0499	0.0499	0.8621	0.8621
	每股未分配利润(元)	0.0734	-0.0115	-0.0689	-0.7133
	每股净资产(元)	1.1300	1.0400	1.9300	1.1700
	每股经营现金流量(元)	-0.0349	-0.7261	4.5781	-1.3500
	经营活动现金净流量增长(%)	78.4	-373.4505	438.8	-

珠海太川云社区技术股份有限公司

公司概况	公司名称	珠海太川云社区技术股份有限公司			证券简称	太川股份
	法人代表	黄伟雄	董秘	马惠林	证券代码	832214
	公司网址	www.taichuan.com		电子信箱	taichuan@taichuan.com	
	电　　话	021-0756-8665566		传　　真	021-0756-8665830	
	办公地址	珠海市前山工业园区华威路611号1号楼三、四层				
	经营范围	楼宇可视对讲产品和智能家居产品的研发、生产和销售				

	指标\报告期	2015.06.30	2014.12.31	2013.12.31	2012.12.31
主要财务指标	净利润(万元)	518.90	812.07	1002.32	283.57
	净利润增长率(%)	206.4049	-18.9806	253.4651	-
	加权净资产收益率(%)	10.6500	22.0600	33.9900	12.2900
	资产负债比率(%)	39.6783	54.3337	44.6374	47.1491
	净利润现金含量(%)	-273.5506	243.9638	76.3120	-197.3543
	基本每股收益(元)	0.2300	0.4100	0.5000	0.1400
	每股收益-扣除(元)	-	0.4000	-	-
	每股收益-摊薄(元)	0.2348	0.4060	10.0232	2.8357
	每股资本公积金(元)	1.4078	0.6106	-	-
	每股未分配利润(元)	0.3736	0.1534	33.5000	23.4768
	每股净资产(元)	2.8000	1.7800	34.5000	1.2200
	每股经营现金流量(元)	-0.6423	0.9906	7.6489	-5.5964
	经营活动现金净流量增长(%)	-448.2	159.0129	236.7	-

新疆瀚盛建设工程股份有限公司

公司概况	公司名称	新疆瀚盛建设工程股份有限公司			证券简称	瀚盛建工
	法人代表	王椏葶	董秘	杨廷慧	证券代码	832215
	公司网址	www.xjhsjg.com		电子信箱	18699448996@163.com	
	电　　话	0994-2349801		传　　真	0994-2351577	
	办公地址	新疆昌吉州昌吉市乌伊东路89号				
	经营范围	公路工程施工、房屋建筑工程施工,市政公用工程施工				

	指标\报告期	2015.06.30	2014.12.31	2013.12.31	2012.12.31
主要财务指标	净利润(万元)	-175.56	-164.61	78.24	-55.83
	净利润增长率(%)	32.1	-310.3949	240.1	-
	加权净资产收益率(%)	-4.3500	-4.6400	2.5900	-1.7900
	资产负债比率(%)	58.3942	59.2514	68.3462	66.5526
	净利润现金含量(%)	691.9898	-410.3501	-253.3463	3965.7890
	基本每股收益(元)	-0.0400	-0.0400	0.0200	-0.0200
	每股收益-扣除(元)	-	-	-	-
	每股收益-摊薄(元)	-0.0439	-0.0412	0.0224	-0.0160
	每股资本公积金(元)	0.1250	0.1250	-	-
	每股未分配利润(元)	-0.1675	-0.1236	-0.0942	-0.1165
	每股净资产(元)	1.0300	1.0700	0.9500	0.9000
	每股经营现金流量(元)	-0.3037	0.1689	-0.0566	-0.6300
	经营活动现金净流量增长(%)	-865.3	440.8	91.0	-

深圳市善营自动化股份有限公司

公司概况					
公司名称	深圳市善营自动化股份有限公司			证券简称	善营股份
法人代表	关敬党	董秘	张静	证券代码	832216
公司网址	www.shining-automation.com		电子信箱	michellezhang@shining-automation.com	
电　　话	0755-29776669		传　　真	0755-29609363	
办公地址	深圳市宝安区福永街道新和同富裕工业区 12 号第一层 A				
经营范围	精密涂布机的研发、生产和销售				

主要财务指标 指标＼报告期	2015.06.30	2014.12.31	2013.12.31	2012.12.31
净利润(万元)	8.60	296.63	234.09	116.49
净利润增长率(%)	107.3	26.7171	100.9439	–
加权净资产收益率(%)	0.2800	10.2600	8.9200	–
资产负债比率(%)	56.4584	45.4611	54.0306	44.1401
净利润现金含量(%)	2749.4020	–90.0081	322.5520	–427.1096
基本每股收益(元)	0.0100	0.3000	0.2300	0.1200
每股收益–扣除(元)	–	0.2800	–	–
每股收益–摊薄(元)	0.0086	0.2966	0.2341	0.1165
每股资本公积金(元)	1.6245	1.6245	1.1000	1.1000
每股未分配利润(元)	0.3812	0.3726	0.5780	0.3673
每股净资产(元)	3.0500	3.0400	2.7400	2.5100
每股经营现金流量(元)	0.2364	–0.2670	0.7551	–0.5000
经营活动现金净流量增长(%)	144.6	–135.3604	251.8	–

徐州丰禾回转支承制造股份有限公司

公司概况					
公司名称	徐州丰禾回转支承制造股份有限公司			证券简称	丰禾支承
法人代表	刘成林	董秘	刘永峰	证券代码	832217
公司网址	www.xzfenghe.com		电子信箱	fhzc@xzfenghe.com	
电　　话	0516-89238888		传　　真	0516-89232222	
办公地址	江苏省徐州高新技术产业开发区第三工业园盛宝路				
经营范围	回转支承的设计、制造及销售、维修				

主要财务指标 指标＼报告期	2015.06.30	2014.12.31	2013.12.31	2012.12.31
净利润(万元)	158.99	413.25	407.18	331.38
净利润增长率(%)	–10.2447	1.4909	22.8713	–
加权净资产收益率(%)	3.0800	13.3800	9.5800	–
资产负债比率(%)	34.5508	35.6358	48.1968	53.0423
净利润现金含量(%)	260.1975	–51.3725	–29.9327	95.6702
基本每股收益(元)	0.0700	0.2700	0.1800	0.1700
每股收益–扣除(元)	0.0600	0.1600	0.1700	0.1700
每股收益–摊薄(元)	0.0656	0.1704	0.1797	0.1657
每股资本公积金(元)	0.7794	0.7794	0.6834	0.5085
每股未分配利润(元)	0.3462	0.2806	0.1725	0.0120
每股净资产(元)	2.1600	2.1000	1.8800	1.5200
每股经营现金流量(元)	0.1706	–0.0876	–0.0538	0.1600
经营活动现金净流量增长(%)	150.9	–74.2	–138.4432	–

德长环保股份有限公司

公司概况					
公司名称	德长环保股份有限公司			证券简称	德长环保
法人代表	施中旦	董秘	万建利	证券代码	832218
公司网址	www.dcepchina.com		电子信箱	832218@dcepchina.com	
电　　话	0577-61896156		传　　真	0577-61896182	
办公地址	乐清市柳市镇蟾河工业区				
经营范围	对环保的投资、环境工程咨询等				

主要财务指标 指标＼报告期	2015.06.30	2014.12.31	2013.12.31	2012.12.31
净利润(万元)	3091.30	2964.61	1121.13	–218.54
净利润增长率(%)	1932.6	164.4301	613.0	–
加权净资产收益率(%)	14.3500	13.2800	–1.3400	–1.3600
资产负债比率(%)	75.5173	78.4319	81.2001	80.9694
净利润现金含量(%)	173.2199	239.5945	617.8787	–0.1187
基本每股收益(元)	0.2400	0.1900	–	–0.0200
每股收益–扣除(元)	0.2100	–	–	–
每股收益–摊薄(元)	0.2378	0.2280	0.0862	–0.0181
每股资本公积金(元)	0.5880	0.5880	0.4688	0.5780
每股未分配利润(元)	0.1883	–0.0495	–0.1583	–0.2627
每股净资产(元)	1.7800	1.5400	1.3100	1.3200
每股经营现金流量(元)	0.4119	0.5464	0.5329	0.0000
经营活动现金净流量增长(%)	401.0859	2.5379	167.1358	–

深圳市建装业集团股份有限公司

公司概况					
公司名称	深圳市建装业集团股份有限公司			证券简称	建装业
法人代表	管纪忠	董秘	赵静	证券代码	832219
公司网址	www.jzy.cn		电子信箱	1918858816@qq.com	
电　　话	0755-26500008		传　　真	0755-26631238	
办公地址	深圳市南山区深南大道北侧艺园路佳嘉豪商务大厦 05 层 5A、5C、5D				
经营范围	主要提供建筑装饰的施工和设计服务				

主要财务指标 指标＼报告期	2015.06.30	2014.12.31	2013.12.31	2012.12.31
净利润(万元)	2658.81	5175.04	4502.50	–
净利润增长率(%)	49.9218	14.9371	–	–
加权净资产收益率(%)	6.6600	15.2800	27.6100	–
资产负债比率(%)	61.5639	69.9415	79.7973	–
净利润现金含量(%)	–620.8574	111.7819	–79.6369	–
基本每股收益(元)	0.4100	0.8200	0.8700	–
每股收益–扣除(元)	0.4100	0.8400	–	–
每股收益–摊薄(元)	0.3193	0.7935	0.8285	–
每股资本公积金(元)	4.6970	2.2450	1.0540	–
每股未分配利润(元)	1.8875	2.0412	1.5941	–
每股净资产(元)	8.1500	5.9200	4.1300	–
每股经营现金流量(元)	–1.9821	0.8870	–0.6600	–
经营活动现金净流量增长(%)	–263.2262	261.3	–	–

海德尔节能技术股份有限公司

公司概况					
公司名称	海德尔节能技术股份有限公司			证券简称	海德尔
法人代表	冯元士	董秘	马保安	证券代码	832220
公司网址	www.sdhider.com		电子信箱	sdhider@163.com	
电　话	021-0535-5618081		传　真	021-0535-5835299	
办公地址	山东省蓬莱市南关路198号沙河大李家村南				
经营范围	节能技术设计、技术选择、改造、运行维护、安装调试、节能跟踪、咨询服务等				

主要财务指标：指标\报告期	2015.06.30	2014.12.31	2013.12.31	2012.12.31
净利润(万元)	3667.47	6851.66	688.22	-288.53
净利润增长率(%)	0.7058	305.8512	338.5	-
加权净资产收益率(%)	30.0000	102.0000	69.0000	-38.6200
资产负债比率(%)	14.1517	35.1253	67.9955	85.9239
净利润现金含量(%)	150.7649	75.2729	185.5483	1098.1496
基本每股收益(元)	1.0000	1.9000	0.4700	-0.0800
每股收益-扣除(元)	-	1.6500	-	-
每股收益-摊薄(元)	0.8732	1.9032	0.1912	-0.0801
每股资本公积金(元)	2.2793	0.7258	0.2778	0.2778
每股未分配利润(元)	1.4987	0.7297	-0.3636	-0.8326
每股净资产(元)	4.8500	2.5400	0.9100	0.4500
每股经营现金流量(元)	1.3165	1.4326	0.3547	-0.8800
经营活动现金净流量增长(%)	3252.3	303.8780	140.3	-

福建省聚元食品股份有限公司

公司概况					
公司名称	福建省聚元食品股份有限公司			证券简称	聚元食品
法人代表	李孙宝	董秘	黄海龙	证券代码	832221
公司网址	www.fzjyfood.com		电子信箱	fjsjuyuan@163.com	
电　话	0591-22918661		传　真	0591-22918662	
办公地址	福建闽侯县铁岭一期工业区甘洪路2号				
经营范围	生产销售速冻食品、速冻其他食品(速冻肉制品)				

主要财务指标：指标\报告期	2015.06.30	2014.12.31	2013.12.31	2012.12.31
净利润(万元)	61.26	107.27	50.73	41.80
净利润增长率(%)	21.0475	111.4408	21.3875	-
加权净资产收益率(%)	4.4000	11.9700	8.9500	-
资产负债比率(%)	31.7274	45.2729	62.8808	44.8591
净利润现金含量(%)	1169.6288	-943.6160	373.9196	-852.3445
基本每股收益(元)	0.0600	0.1400	0.1000	0.1100
每股收益-扣除(元)	0.0600	0.1200	0.0800	-
每股收益-摊薄(元)	0.0557	0.0975	0.1015	0.0836
每股资本公积金(元)	0.1531	0.1531	-	-
每股未分配利润(元)	0.0745	0.0188	0.1665	0.0752
每股净资产(元)	1.2400	1.1800	1.1800	1.0800
每股经营现金流量(元)	0.6514	-0.9202	0.3794	-0.7100
经营活动现金净流量增长(%)	431.0	-633.5877	153.2	-

北京鼎实创新科技股份有限公司

公司概况					
公司名称	北京鼎实创新科技股份有限公司			证券简称	鼎实科技
法人代表	唐济扬	董秘	李文	证券代码	832222
公司网址	www.c-profibus.com.cn		电子信箱	dskj@c-profibus.com.cn	
电　话	010-82078031		传　真	010-82285084	
办公地址	北京市西城区教场口街1号9号楼201室				
经营范围	工业生产过程控制系统、现场总线及工业以太网技术的产品开发、生产、销售				

主要财务指标：指标\报告期	2015.06.30	2014.12.31	2013.12.31	2012.12.31
净利润(万元)	16.55	4.24	150.47	34.99
净利润增长率(%)	-55.3322	-97.1816	330.0316	-
加权净资产收益率(%)	2.2800	0.5300	-	-
资产负债比率(%)	17.6311	12.9614	15.4616	12.4712
净利润现金含量(%)	-6.6879	-1456.0623	74.2208	165.3330
基本每股收益(元)	0.0200	0.0100	0.5000	0.1200
每股收益-扣除(元)	0.0100	0.0200	-	-
每股收益-摊薄(元)	0.0221	0.0057	0.5016	0.1166
每股资本公积金(元)	0.0116	0.0116	-	-
每股未分配利润(元)	-0.0324	-0.0544	-	-
每股净资产(元)	0.9800	0.9600	2.7700	2.2600
每股经营现金流量(元)	-0.0015	-0.0823	0.3700	0.1900
经营活动现金净流量增长(%)	98.5	-155.2931	93.0571	-

深圳市配天智造装备股份有限公司

公司概况					
公司名称	深圳市配天智造装备股份有限公司			证券简称	配天智造
法人代表	孙尚传	董秘		证券代码	832223
公司网址	www.aecnc.com.cn		电子信箱	stock@scbd.com.cn	
电　话	0755-81489860		传　真	0755-81489863	
办公地址	深圳市宝安区沙井街道蚝乡路沙井工业公司第三工业区A3的102C				
经营范围	数控机床及其配套产品的研发、设计、生产及销售				

主要财务指标：指标\报告期	2015.06.30	2014.12.31	2013.12.31	2012.12.31
净利润(万元)	1656.93	2564.14	959.03	-293.95
净利润增长率(%)	45.1334	167.3669	426.3	-
加权净资产收益率(%)	28.0200	67.4100	458.9100	-
资产负债比率(%)	5.9892	34.3268	44.5457	158.0633
净利润现金含量(%)	-27.6677	72.4195	-190.2112	-35.8768
基本每股收益(元)	0.7200	1.1100	2.0600	-0.9800
每股收益-扣除(元)	0.7100	-	-	-
每股收益-摊薄(元)	0.5072	1.1148	0.4170	-0.9798
每股资本公积金(元)	9.5391	1.0700	-	-
每股未分配利润(元)	0.5967	0.1272	0.0868	-2.4573
每股净资产(元)	11.1500	2.2100	1.1000	-1.4600
每股经营现金流量(元)	-0.1403	0.8074	-0.7931	0.3500
经营活动现金净流量增长(%)	-242.5298	201.8	-1829.6822	-

厦门积硕科技股份有限公司

公司概况	公司名称	厦门积硕科技股份有限公司			证券简称	积硕科技
	法人代表	陈向东	董秘	骆娜莉	证券代码	832224
	公司网址	www.jesoo.net		电子信箱	lnl@jesoo.net	
	电　　话	0592-3698817		传　　真	0592-3698817	
	办公地址	福建省厦门市软件园望海路 19 号 704 单元				
	经营范围	从事自助金融设备及其他机电一体化设备的研发、生产、销售、维护、咨询				

	指标\报告期	2015.06.30	2014.12.31	2013.12.31	2012.12.31
主要财务指标	净利润(万元)	-61.67	-405.37	201.54	196.34
	净利润增长率(%)	75.1	-301.1331	2.6463	-
	加权净资产收益率(%)	-5.2200	-15.8100	-	-
	资产负债比率(%)	59.8454	48.6168	39.4286	37.3726
	净利润现金含量(%)	450.1206	-78.1615	-77.7215	-67.0164
	基本每股收益(元)	-0.0400	-0.2700	0.1300	0.1300
	每股收益-扣除(元)	-0.0900	-0.3100	-	-
	每股收益-摊薄(元)	-0.0409	-0.2688	0.1336	0.1302
	每股资本公积金(元)	0.4446	0.5560	-	-
	每股未分配利润(元)	-0.2378	-0.1969	-	-
	每股净资产(元)	2.0800	1.3600	2.0400	1.9100
	每股经营现金流量(元)	-0.1841	0.2101	-0.1000	-0.0900
	经营活动现金净流量增长(%)	-214.6900	302.3	-19.0	-

漯河利通液压科技股份有限公司

公司概况	公司名称	漯河利通液压科技股份有限公司			证券简称	利通液压
	法人代表	赵洪亮	董秘	马英梅	证券代码	832225
	公司网址	www.letone.cn		电子信箱	dm@letone.cn	
	电　　话	0395-2610008		传　　真	0395-2610009	
	办公地址	河南省漯河经济开发区民营工业园				
	经营范围	橡胶液压软管的研发、生产和销售				

	指标\报告期	2015.06.30	2014.12.31	2013.12.31	2012.12.31
主要财务指标	净利润(万元)	869.36	1606.90	1482.47	657.96
	净利润增长率(%)	39.9568	8.3934	125.3131	-
	加权净资产收益率(%)	7.3600	15.2100	17.0500	8.6300
	资产负债比率(%)	51.0890	53.3864	63.1715	69.0098
	净利润现金含量(%)	37.4494	104.3032	-77.3418	334.7942
	基本每股收益(元)	0.2000	0.3600	0.3300	0.1500
	每股收益-扣除(元)	0.1700	0.2900	-	0.1400
	每股收益-摊薄(元)	0.1954	0.3611	0.3331	0.1479
	每股资本公积金(元)	1.1938	1.1938	0.4583	0.3846
	每股未分配利润(元)	0.5204	0.3250	0.6589	0.3591
	每股净资产(元)	2.7500	2.5500	2.1900	1.7900
	每股经营现金流量(元)	0.0732	0.3766	-0.2577	0.5000
	经营活动现金净流量增长(%)	24.9207	246.2	-152.0504	-

苏州新阳升科技股份有限公司

公司概况	公司名称	苏州新阳升科技股份有限公司			证券简称	新阳升
	法人代表	徐建德	董秘	钱红兰	证券代码	832226
	公司网址	www.nsrmarine.com		电子信箱	sales@nsrmarine.com	
	电　　话	0512-66733733		传　　真	0512-66730261	
	办公地址	苏州市相城区黄埭镇潘阳工业园区春旺路 11 号				
	经营范围	主要从事船用无线电通信设备和船用导航设备的设计、制造和销售				

	指标\报告期	2015.06.30	2014.12.31	2013.12.31	2012.12.31
主要财务指标	净利润(万元)	121.20	-108.42	-200.09	55.32
	净利润增长率(%)	270.0	45.8	-461.6905	-
	加权净资产收益率(%)	19.0000	-39.8500	-53.7000	-
	资产负债比率(%)	61.4852	61.0664	79.2545	68.2925
	净利润现金含量(%)	105.9293	76.9020	36.8103	-85.7008
	基本每股收益(元)	0.2200	-0.1903	-0.4000	0.1100
	每股收益-扣除(元)	-	-0.2515	-	-
	每股收益-摊薄(元)	0.2182	-0.1952	-0.4002	0.1106
	每股资本公积金(元)	0.1589	0.1589	-	-
	每股未分配利润(元)	0.0746	-0.1435	-0.4549	-0.0547
	每股净资产(元)	1.2300	1.0200	0.5500	0.9500
	每股经营现金流量(元)	0.2311	-0.1501	-0.1473	0.0900
	经营活动现金净流量增长(%)	575.7912	-13.2	-255.3678	-

宁波付世光电科技股份有限公司

公司概况	公司名称	宁波付世光电科技股份有限公司			证券简称	付世光电
	法人代表	付德才	董秘	邵娟	证券代码	832227
	公司网址	www.foreseeinds.com		电子信箱	info@foreseeinds.com	
	电　　话	0574-62830803		传　　真	0574-62830823	
	办公地址	余姚市阳明西路 818 号				
	经营范围	LED 商业照明产品的研发、生产和销售				

	指标\报告期	2015.06.30	2014.12.31	2013.12.31	2012.12.31
主要财务指标	净利润(万元)	13.37	170.66	111.09	-34.65
	净利润增长率(%)	-65.8640	53.6255	420.6	-
	加权净资产收益率(%)	2.1100	90.9600	-	-
	资产负债比率(%)	81.5868	77.6297	98.9520	121.0543
	净利润现金含量(%)	1132.8558	-314.4373	-29.7417	-102.4242
	基本每股收益(元)	0.0200	1.2000	0.2200	-0.0700
	每股收益-扣除(元)	-	-	-	-
	每股收益-摊薄(元)	0.0191	0.3413	2.2218	-0.6930
	每股资本公积金(元)	0.0256	0.4359	-	-
	每股未分配利润(元)	-0.1047	-0.1733	-0.7877	-3.0095
	每股净资产(元)	0.9200	1.2600	0.0200	-0.2000
	每股经营现金流量(元)	0.2165	-1.0732	-0.6608	0.7098
	经营活动现金净流量增长(%)	225.9	-1524.1	-193.1106	-

广元市广信农业融资担保股份有限公司

公司概况						
	公司名称	广元市广信农业融资担保股份有限公司			证券简称	广信担保
	法人代表	张绍海	董秘	刘蓉	证券代码	832228
	公司网址	www.gygxdb.com		电子信箱	gxrzdb@sina.com	
	电　　话	021-0839-3271399		传　　真	021-0839-3271299	
	办公地址	四川省广元市利州区兴安路147号				
	经营范围	融资行担保业务，包括贷款担保、农民工工资担保、银行承兑担保及其他融资性担保业务				

主要财务指标	指标\报告期	2015.06.30	2014.12.31	2013.12.31	2012.12.31
	净利润(万元)	585.84	1263.39	1240.05	536.63
	净利润增长率(%)	25.1658	1.8822	131.0805	–
	加权净资产收益率(%)	2.4500	4.4400	3.8200	–
	资产负债比率(%)	31.6200	30.1640	21.6351	15.9545
	净利润现金含量(%)	–349.7653	–34.8101	138.7065	122.0375
	基本每股收益(元)	0.0300	0.0600	0.0600	0.0300
	每股收益–扣除(元)	0.0300	0.0600	–	–
	每股收益–摊薄(元)	0.0284	0.0613	0.0601	0.0260
	每股资本公积金(元)	0.1317	0.1317	0.5127	0.5127
	每股未分配利润(元)	0.0312	0.0228	0.0712	0.0235
	每股净资产(元)	1.1600	1.1600	1.6000	1.5500
	每股经营现金流量(元)	–0.0994	–0.0213	0.0834	0.0300
	经营活动现金净流量增长(%)	–109.2	–125.5686	162.6432	–

江苏孚尔姆焊业股份有限公司

公司概况						
	公司名称	江苏孚尔姆焊业股份有限公司			证券简称	孚尔姆
	法人代表	张建忠	董秘	李烨	证券代码	832229
	公司网址	www.fuermu.com		电子信箱	liye0621@163.com	
	电　　话	0510-86688135		传　　真	0510-86688139	
	办公地址	江阴市临港街道申泰路11号				
	经营范围	焊条、焊丝的研发、生产、销售				

主要财务指标	指标\报告期	2015.06.30	2014.12.31	2013.12.31	2012.12.31
	净利润(万元)	1094.37	694.01	115.80	713.50
	净利润增长率(%)	106.0179	499.2967	–83.7696	–
	加权净资产收益率(%)	23.8100	24.1200	3.4200	–
	资产负债比率(%)	68.8451	75.7064	81.3635	67.7774
	净利润现金含量(%)	181.2966	319.6112	–901.5183	33.6214
	基本每股收益(元)	0.5500	0.4400	0.0800	0.4800
	每股收益–扣除(元)	0.5200	0.4300	0.1400	–
	每股收益–摊薄(元)	0.5472	0.3470	0.0965	0.5946
	每股资本公积金(元)	0.9815	0.9815	–	0.8333
	每股未分配利润(元)	0.5721	0.0249	0.9102	0.9271
	每股净资产(元)	2.5700	2.0200	2.0500	2.8800
	每股经营现金流量(元)	0.9920	1.1091	–0.8700	0.2000
	经营活动现金净流量增长(%)	422.2950	312.5	–535.2016	–

开封市新伟电子科技股份有限公司

公司概况						
	公司名称	开封市新伟电子科技股份有限公司			证券简称	新伟科技
	法人代表	翟怡蒙	董秘	倪辉	证券代码	832230
	公司网址	www.kfxwdz.com		电子信箱	hnxinweikeji@163.com	
	电　　话	0371-23799110		传　　真	0371-23799110	
	办公地址	开封市开发区南正门16号				
	经营范围	通过公司的建筑工程远程监控系统，为建筑工程提供远程安全监控服务				

主要财务指标	指标\报告期	2015.06.30	2014.12.31	2013.12.31	2012.12.31
	净利润(万元)	–47.21	53.12	–10.85	11.32
	净利润增长率(%)	–209.8517	589.4	–195.8512	–
	加权净资产收益率(%)	–8.1300	4.5400	–0.9900	15.7800
	资产负债比率(%)	46.4555	47.2889	74.4575	83.1820
	净利润现金含量(%)	207.2713	338.5576	–4042.1110	330.4770
	基本每股收益(元)	–0.0900	0.0500	–0.0100	0.2300
	每股收益–扣除(元)	–0.0900	0.0500	–	0.2300
	每股收益–摊薄(元)	–0.0944	0.1062	–0.0054	0.2264
	每股资本公积金(元)	0.1690	0.1690	–	–
	每股未分配利润(元)	–0.0593	0.0351	0.0069	0.4933
	每股净资产(元)	1.1100	1.2100	1.0100	1.5500
	每股经营现金流量(元)	–0.1957	0.3597	0.2193	0.7500
	经营活动现金净流量增长(%)	–155.9149	–59.0057	1072.5567	–

河北恒华盛世环保科技股份有限公司

公司概况						
	公司名称	河北恒华盛世环保科技股份有限公司			证券简称	恒盛环保
	法人代表	王宏	董秘	王和平	证券代码	832231
	公司网址			电子信箱	henghuashengshi@126.com	
	电　　话	013810297327		传　　真	0316-8933066	
	办公地址	河北省廊坊市大厂回族自治县潮白河工业区				
	经营范围	水处理设备、除尘设备等				

主要财务指标	指标\报告期	2015.06.30	2014.12.31	2013.12.31	2012.12.31
	净利润(万元)	–3.17	–320.62	100.86	–223.53
	净利润增长率(%)	98.1	–417.8771	145.1	–
	加权净资产收益率(%)	–0.0700	–13.7000	13.0200	–26.7400
	资产负债比率(%)	18.1063	13.0679	82.0205	79.7509
	净利润现金含量(%)	31502.0884	–45.9434	–1117.5621	88.2359
	基本每股收益(元)	–0.0008	–0.1400	0.1000	–0.2200
	每股收益–扣除(元)	–0.0008	–0.1400	–	–
	每股收益–摊薄(元)	–0.0008	–0.0802	0.1009	–0.2235
	每股资本公积金(元)	0.3036	0.3036	–	–
	每股未分配利润(元)	–0.0534	–0.0526	–0.1751	–0.2759
	每股净资产(元)	1.2600	1.2500	0.8200	0.7200
	每股经营现金流量(元)	–0.2493	0.0368	–1.1272	–0.2000
	经营活动现金净流量增长(%)	–173.4	113.1	–471.5	–

广东正全科技股份有限公司

公司概况	公司名称	广东正全科技股份有限公司			证券简称	正全股份
	法人代表	郑宇晖	董秘	黄茵子	证券代码	832232
	公司网址	www.yqlzq.com			电子信箱	
	电　　话	0754-88998318 808			传　　真	0754-88998318 841
	办公地址	汕头市长平路丹阳庄西三区17幢韩江大厦1801号房之02、04、06室				
	经营范围	电子计算网络开发、电子计算机软硬件开发、生产及技术服务等				

主要财务指标	指标\报告期	2015.06.30	2014.12.31	2013.12.31	2012.12.31
	净利润(万元)	-202.16	-151.46	-107.56	100.63
	净利润增长率(%)	-702.3	-40.8	-206.8886	-
	加权净资产收益率(%)	-23.5200	-17.0200	-16.8800	44.6200
	资产负债比率(%)	9.6888	31.5574	24.7965	4.5446
	净利润现金含量(%)	249.1240	-259.6271	396.7013	-18.8910
	基本每股收益(元)	-0.2000	-0.1500	-0.1400	0.4000
	每股收益-扣除(元)	-0.2100	-0.2500	-	-
	每股收益-摊薄(元)	-0.1857	-0.1477	-0.1070	0.4025
	每股资本公积金(元)	0.4182	0.0052	-	-
	每股未分配利润(元)	-0.2595	-0.0784	-0.0503	0.2281
	每股净资产(元)	1.1600	0.9300	0.9600	1.2500
	每股经营现金流量(元)	-0.4627	0.3836	-0.4246	-0.0800
	经营活动现金净流量增长(%)	-412.2471	192.2	-2144.6	-

南京阿法贝文化创意股份有限公司

公司概况	公司名称	南京阿法贝文化创意股份有限公司			证券简称	阿法贝
	法人代表	何春美	董秘	何春兰	证券代码	832233
	公司网址	www.njafb.com			电子信箱	alphabetcc@hotmail.com
	电　　话	025-68193418			传　　真	025-68192963
	办公地址	南京高新技术产业开发区南京软件园一号楼三层C座				
	经营范围	公司专业从事原创动漫创作、编剧、导演、动漫形象设计				

主要财务指标	指标\报告期	2015.06.30	2014.12.31	2013.12.31	2012.12.31
	净利润(万元)	-291.41	136.10	424.16	-125.35
	净利润增长率(%)	-148.3530	-67.9121	438.4	-
	加权净资产收益率(%)	-0.2500	17.1800	274.7000	-
	资产负债比率(%)	36.6463	31.2386	80.4233	216.6781
	净利润现金含量(%)	107.9477	437.2670	9.3357	38.5766
	基本每股收益(元)	-0.0800	0.1600	1.4100	-0.4200
	每股收益-扣除(元)	-	-0.1400	-	-
	每股收益-摊薄(元)	-0.2242	0.1047	1.4139	-0.4178
	每股资本公积金(元)	0.0088	0.0088	-	-
	每股未分配利润(元)	-0.3147	-0.0905	-0.8078	-2.2216
	每股净资产(元)	0.6900	0.9200	0.1900	-1.2200
	每股经营现金流量(元)	-0.2420	0.4578	0.1320	-0.1612
	经营活动现金净流量增长(%)	-134.3003	1402.9362	181.9	-

威海鸿通管材股份有限公司

公司概况	公司名称	威海鸿通管材股份有限公司			证券简称	鸿通管材
	法人代表	吴新章	董秘	毕春光	证券代码	832234
	公司网址	www.hongtongtube.com			电子信箱	bcg1130@163.com
	电　　话	0631-8084645			传　　真	0631-8451253
	办公地址	山东省威海市文登区广州路87号				
	经营范围	生产、销售非金属复合管、管材、管件及安装施工				

主要财务指标	指标\报告期	2015.06.30	2014.12.31	2013.12.31	2012.12.31
	净利润(万元)	82.21	5268.10	854.39	707.06
	净利润增长率(%)	-97.4493	516.5927	20.8372	-
	加权净资产收益率(%)	0.5400	35.7700	15.1900	10.0200
	资产负债比率(%)	52.2887	48.3770	65.3737	59.1743
	净利润现金含量(%)	3918.7314	19.5546	19.5372	393.8315
	基本每股收益(元)	0.0300	1.7600	0.2800	0.2400
	每股收益-扣除(元)	0.0200	1.7600	0.2800	0.2300
	每股收益-摊薄(元)	0.0274	1.7560	0.2848	0.2357
	每股资本公积金(元)	1.5025	1.4498	0.0001	-
	每股未分配利润(元)	1.6897	2.0884	1.5981	1.3485
	每股净资产(元)	4.3600	4.7000	2.7200	2.4600
	每股经营现金流量(元)	1.0739	0.3434	0.0556	0.9300
	经营活动现金净流量增长(%)	299.0709	517.1407	-94.0055	-

中环辽宁工程技术股份有限公司

公司概况	公司名称	中环辽宁工程技术股份有限公司			证券简称	中环技术
	法人代表	钟学军	董秘	刘路平	证券代码	832235
	公司网址	www.zhln.com.cn			电子信箱	zhonghuan8904@163.com
	电　　话	0412-5928145			传　　真	0412-5929418
	办公地址	鞍山市铁西区达旗街16号				
	经营范围	污水处理、除尘、脱硫环保工程设计				

主要财务指标	指标\报告期	2015.06.30	2014.12.31	2013.12.31	2012.12.31
	净利润(万元)	-340.55	148.23	387.54	-96.59
	净利润增长率(%)	-896.9	-61.7496	501.2	-
	加权净资产收益率(%)	-11.0200	7.3700	28.6900	-8.1700
	资产负债比率(%)	53.2865	64.6425	79.0622	76.2295
	净利润现金含量(%)	239.4152	592.4804	-92.1694	-633.1562
	基本每股收益(元)	-0.1500	0.1100	0.3900	-0.1000
	每股收益-扣除(元)	-0.1500	-0.0600	-	-
	每股收益-摊薄(元)	-0.1135	0.0674	0.3875	-0.0966
	每股资本公积金(元)	0.4219	0.2199	0.1168	0.1168
	每股未分配利润(元)	0.0616	0.2387	0.3926	0.0344
	每股净资产(元)	1.5000	1.4800	1.5400	1.1600
	每股经营现金流量(元)	-0.2718	0.3992	-0.3572	0.6100
	经营活动现金净流量增长(%)	-506.9921	345.9	-158.4067	-

山东丰源生物质发电股份公司

公司概况					
公司名称	山东丰源生物质发电股份公司			证券简称	丰源股份
法人代表	张井峰	董秘		证券代码	832236
公司网址	www.fengyuangufen.com		电子信箱	zyf76.sd@163.com	
电　　话	021-0632-3032007		传　　真	021-0632-3032088	
办公地址	山东省枣庄市峄城区榴园镇王庄村丰源路2号-5-1号				
经营范围	生物质发电				

主要财务指标：指标\报告期	2015.06.30	2014.12.31	2013.12.31	2012.12.31
净利润(万元)	1476.21	3256.15	1619.33	853.99
净利润增长率(%)	225.2822	101.0802	89.6185	–
加权净资产收益率(%)	15.7200	49.2100	44.9000	36.0400
资产负债比率(%)	43.1259	51.3938	75.1543	85.8733
净利润现金含量(%)	–29.6010	198.5923	260.9423	28.6596
基本每股收益(元)	0.6400	1.5000	0.8100	0.4300
每股收益-扣除(元)	0.6400	1.4400	0.8100	–
每股收益-摊薄(元)	0.6442	1.4210	0.8097	0.4270
每股资本公积金(元)	1.7586	1.7586	–	–
每股未分配利润(元)	1.5205	0.8762	1.0873	0.3586
每股净资产(元)	4.4200	3.7800	2.2100	1.4000
每股经营现金流量(元)	–0.1907	2.8221	2.1128	0.1200
经营活动现金净流量增长(%)	–135.5843	53.0338	1626.4463	–

无锡美好世界科技股份有限公司

公司概况					
公司名称	无锡美好世界科技股份有限公司			证券简称	美好世界
法人代表	朱刘斌	董秘	马海幔	证券代码	832237
公司网址	www.jyyhkj.com		电子信箱	jsjyyuhao@yahoo.cn	
电　　话	0510-68828102		传　　真	0510-68828100	
办公地址	江阴市云亭街道沈巷路7号				
经营范围	纸塑复合材料的研究、开发；加工纸、纸制品、金属制品的制造、加工、销售				

主要财务指标：指标\报告期	2015.06.30	2014.12.31	2013.12.31	2012.12.31
净利润(万元)	–150.84	–118.56	–144.72	–299.61
净利润增长率(%)	–1247.6	18.1	51.7	–
加权净资产收益率(%)	–18.2500	–58.8900	–198.3800	–101.5200
资产负债比率(%)	72.6574	70.4070	99.9819	93.4105
净利润现金含量(%)	39.7410	158.9285	231.4332	388.8956
基本每股收益(元)	–0.1500	–0.1700	–0.2900	–0.6000
每股收益-扣除(元)	–	–0.1800	–	–
每股收益-摊薄(元)	–0.1508	–0.1186	–0.2894	–0.5992
每股资本公积金(元)	0.0174	0.0174	–	–
每股未分配利润(元)	–0.2662	–0.1154	–0.9988	–0.7094
每股净资产(元)	0.7000	0.9000	0.0100	0.2900
每股经营现金流量(元)	–0.0599	–0.1884	–0.6699	–2.3303
经营活动现金净流量增长(%)	–168.2743	43.7	71.3	–

锦州康泰润滑油添加剂股份有限公司

公司概况					
公司名称	锦州康泰润滑油添加剂股份有限公司			证券简称	康泰股份
法人代表	禹培根	董秘	甘森	证券代码	832238
公司网址	www.cnlubadd.com		电子信箱	ganmiao@jzkangtai.com	
电　　话	0416-7983133		传　　真	0416-7983123	
办公地址	辽宁省锦州市太和区福州街25号				
经营范围	润滑油添加剂的研发、生产及销售				

主要财务指标：指标\报告期	2015.06.30	2014.12.31	2013.12.31	2012.12.31
净利润(万元)	2352.94	4511.06	3639.65	3060.31
净利润增长率(%)	–18.5226	23.9421	18.9309	–
加权净资产收益率(%)	9.5600	20.0700	18.7200	17.7200
资产负债比率(%)	37.0079	40.0416	40.0480	40.8520
净利润现金含量(%)	–34.5721	41.9543	–55.1874	147.4798
基本每股收益(元)	0.4300	0.8200	0.6700	0.5600
每股收益-扣除(元)	0.4229	0.8083	0.6379	–
每股收益-摊薄(元)	0.4302	0.8248	0.6655	0.5596
每股资本公积金(元)	1.4250	1.4250	1.4250	0.8036
每股未分配利润(元)	2.0296	1.8993	1.3196	1.4280
每股净资产(元)	4.5900	4.4600	3.8200	3.4300
每股经营现金流量(元)	–0.1487	0.3461	–0.3673	0.8300
经营活动现金净流量增长(%)	45.0	194.2	–144.5043	–

广东恒鑫智能装备股份有限公司

公司概况					
公司名称	广东恒鑫智能装备股份有限公司			证券简称	恒鑫智能
法人代表	罗躜	董秘	梁晓媚	证券代码	832239
公司网址	www.zshandsome.com		电子信箱	info@zshandsome.com	
电　　话	0760-87898899		传　　真	0760-87893800	
办公地址	广东省中山市火炬开发区江尾头牛肚环星达嘉湖工业园2号厂房首层及二层				
经营范围	生产、加工、销售：五金塑料制品、机电设备				

主要财务指标：指标\报告期	2015.06.30	2014.12.31	2013.12.31	2012.12.31
净利润(万元)	275.40	125.31	24.96	40.52
净利润增长率(%)	422.0	401.9423	–38.3854	–
加权净资产收益率(%)	20.9600	11.2500	2.4000	5.4800
资产负债比率(%)	49.2613	59.7603	47.6980	48.9913
净利润现金含量(%)	–86.5930	139.9339	–506.9595	–294.1324
基本每股收益(元)	0.2800	0.1300	0.0200	0.0400
每股收益-扣除(元)	–	0.1400	–	–
每股收益-摊薄(元)	0.2754	0.1253	0.0260	0.0405
每股资本公积金(元)	0.0950	0.0950	–	–
每股未分配利润(元)	0.3443	0.0689	0.0457	0.0232
每股净资产(元)	1.4500	1.1800	1.0500	1.0300
每股经营现金流量(元)	–0.2385	0.1753	–0.1320	–0.1200
经营活动现金净流量增长(%)	30.8	238.5	–6.2	–

山西亚森实业股份有限公司

公司概况	公司名称	山西亚森实业股份有限公司		证券简称	亚森实业
	法人代表	师晓斌	董秘 王海红	证券代码	832240
	公司网址	www.sxyasen.com		电子信箱	525931695@qq.com
	电　　话	0351-2166003		传　　真	0351-2166004
	办公地址	太原高新区技术路 20 号			
	经营范围	医疗器械的研发、生产、销售等			

主要财务指标	指标\报告期	2015.06.30	2014.12.31	2013.12.31	2012.12.31
	净利润(万元)	-58.28	-20.71	133.99	-41.34
	净利润增长率(%)	-208.2100	-115.4528	424.1	-
	加权净资产收益率(%)	-5.8600	-1.9300	15.1100	-4.9200
	资产负债比率(%)	28.9970	25.5650	45.4535	47.6534
	净利润现金含量(%)	63.4262	40.2560	-0.5806	-87.5812
	基本每股收益(元)	-0.0600	-0.0200	0.1300	-0.0400
	每股收益-扣除(元)	-0.0600	-0.0200	-	-0.0400
	每股收益-摊薄(元)	-0.0582	-0.0207	0.1339	-0.0413
	每股资本公积金(元)	0.2804	0.2804	0.0015	0.0015
	每股未分配利润(元)	-0.3152	-0.2570	-0.0676	-0.1849
	每股净资产(元)	0.9700	1.0200	0.9500	0.8200
	每股经营现金流量(元)	-0.0369	-0.0083	-0.0008	0.0400
	经营活动现金净流量增长(%)	56.7	-971.5	-102.1486	-

大连亚泰科技新材料股份有限公司

公司概况	公司名称	大连亚泰科技新材料股份有限公司		证券简称	亚泰科技
	法人代表	孙忠祥	董秘 刘雅楠	证券代码	832241
	公司网址	www.yataifr.com		电子信箱	yatai@dlyatai.cn
	电　　话	0411-82659500		传　　真	0411-82537866
	办公地址	大连市高新技术产业园区火炬路 32 号 A 座 11 层 1106-1 号			
	经营范围	矿粉加工、矿粉产品深加工(加工限分公司)及销售			

主要财务指标	指标\报告期	2015.06.30	2014.12.31	2013.12.31	2012.12.31
	净利润(万元)	3.42	-141.72	-1.46	-79.01
	净利润增长率(%)	18.0584	-9591.7	98.1	-
	加权净资产收益率(%)	0.4600	-17.3200	-16.0000	-8.4500
	资产负债比率(%)	68.0059	68.5671	63.4713	54.6259
	净利润现金含量(%)	1094.3178	-197.5714	8440.1427	179.1639
	基本每股收益(元)	0.0000	-0.1800	0.0000	-0.1000
	每股收益-扣除(元)	-0.0700	-0.3200	-	-0.3900
	每股收益-摊薄(元)	0.0044	-0.1842	-0.0019	-0.1027
	每股资本公积金(元)	0.2601	0.2601	0.2601	0.2601
	每股未分配利润(元)	-0.2843	-0.2888	-0.1046	-0.1027
	每股净资产(元)	0.9800	0.9700	1.1500	1.1600
	每股经营现金流量(元)	0.0486	0.3639	-0.1604	-0.1800
	经营活动现金净流量增长(%)	1428.4444	326.9	12.8	-

武汉现代精工机械股份有限公司

公司概况	公司名称	武汉现代精工机械股份有限公司		证券简称	现代精工
	法人代表	詹智勇	董秘 祁首娅	证券代码	832242
	公司网址	www.handern.com		电子信箱	whxd@handern.com
	电　　话	027-83233390		传　　真	027-83232771
	办公地址	湖北武汉市东西湖区径河街银柏路 61 号			
	经营范围	各类机械设备、塑料模具、专用机械设备的开发、生产、销售和提供相关技术服务			

主要财务指标	指标\报告期	2015.06.30	2014.12.31	2013.12.31	2012.12.31
	净利润(万元)	315.70	44.64	243.34	205.22
	净利润增长率(%)	897.7655	-81.6565	18.5745	-
	加权净资产收益率(%)	7.3900	1.2200	7.2200	6.5000
	资产负债比率(%)	28.6839	27.8603	34.7540	49.5167
	净利润现金含量(%)	32.5185	387.2979	-18.4639	300.2875
	基本每股收益(元)	0.4200	0.0500	0.2100	0.1800
	每股收益-扣除(元)	0.4200	0.0200	-	-
	每股收益-摊薄(元)	0.2748	0.0388	0.3387	0.2857
	每股资本公积金(元)	2.4405	2.4405	0.0015	0.0015
	每股未分配利润(元)	0.2717	-0.0031	3.2344	2.9634
	每股净资产(元)	3.7200	3.4400	3.0300	2.8300
	每股经营现金流量(元)	0.0893	0.1505	-0.0625	0.8578
	经营活动现金净流量增长(%)	331.2	484.8	-107.2901	-

焦作力合节能装备股份有限公司

公司概况	公司名称	焦作力合节能装备股份有限公司		证券简称	力合节能
	法人代表	武川	董秘 张玉萍	证券代码	832243
	公司网址	www.lihehr.com		电子信箱	jzlhjn@163.com
	电　　话	0391-2105896		传　　真	0391-2105896
	办公地址	焦作市山阳区循环经济产业集聚区规划二路			
	经营范围	余热回收装置及一、二、三类压力容器等的研发、设计、生产与销售			

主要财务指标	指标\报告期	2015.06.30	2014.12.31	2013.12.31	2012.12.31
	净利润(万元)	124.89	99.40	1.33	-85.35
	净利润增长率(%)	2460.4606	7395.8056	101.6	-
	加权净资产收益率(%)	2.2400	2.1200	0.0500	-7.2800
	资产负债比率(%)	23.6998	30.9517	81.1860	76.7814
	净利润现金含量(%)	251.3834	-307.0579	-5774.0527	126.9767
	基本每股收益(元)	0.0200	0.0200	0.0005	-0.0600
	每股收益-扣除(元)	0.0100	0.0124	-0.0154	-
	每股收益-摊薄(元)	0.0186	0.0184	0.0004	-0.0569
	每股资本公积金(元)	0.2090	0.0186	-	-
	每股未分配利润(元)	0.0218	0.0039	-0.1085	-0.2179
	每股净资产(元)	1.2300	1.0200	0.8900	0.7800
	每股经营现金流量(元)	0.0469	-0.0565	-0.0255	-0.0700
	经营活动现金净流量增长(%)	210.8	-298.6	29.3	-

平顶山佳瑞高科实业股份有限公司

公司概况	公司名称	平顶山佳瑞高科实业股份有限公司			证券简称	佳瑞高科
	法人代表	谢秋欣	董秘	杜林	证券代码	832244
	公司网址	www.jrtchem.com		电子信箱	dulin567@163.com	
	电　话	0375-5335566		传　真	0375-5335566	
	办公地址	河南省平顶山市郏县李口乡王辛庄村				
	经营范围	亚胺培南母核用原料、亚胺培南母核、亚胺培南粗品等系列产品的生产和销售				

主要财务指标	指标\报告期	2015.06.30	2014.12.31	2013.12.31	2012.12.31
	净利润(万元)	523.47	663.42	265.83	235.15
	净利润增长率(%)	22.3789	149.5626	–	–
	加权净资产收益率(%)	5.5800	7.6300	3.2300	–
	资产负债比率(%)	14.9095	25.9615	26.8324	16.5164
	净利润现金含量(%)	–441.7193	–13.0251	42.8998	532.7280
	基本每股收益(元)	0.0600	0.0800	0.0300	0.0300
	每股收益–扣除(元)	0.0500	0.0800	–	–
	每股收益–摊薄(元)	0.0534	0.0829	0.0332	0.0294
	每股资本公积金(元)	0.5693	0.1049	–	–
	每股未分配利润(元)	0.0659	0.0153	0.0410	0.0111
	每股净资产(元)	1.6400	1.1300	1.0500	1.0100
	每股经营现金流量(元)	–0.2359	–0.0108	0.0143	0.1600
	经营活动现金净流量增长(%)	–17274.467	–175.7715	–	–

福建慧翰微电子股份有限公司

公司概况	公司名称	福建慧翰微电子股份有限公司			证券简称	慧翰股份
	法人代表	施林	董秘	彭方银	证券代码	832245
	公司网址	www.flairmicro.com		电子信箱	hr@flairmicro.com	
	电　话	0591-88833388		传　真	0591-83700535	
	办公地址	福建省福州市马尾区快安延伸区14号地6G房				
	经营范围	微电子器件的开发与生产；微电子产品的开发、设计与销售				

主要财务指标	指标\报告期	2015.06.30	2014.12.31	2013.12.31	2012.12.31
	净利润(万元)	473.00	500.68	815.77	991.19
	净利润增长率(%)	111.6632	–38.6244	–17.6984	–
	加权净资产收益率(%)	7.0700	9.6200	19.0200	27.5800
	资产负债比率(%)	23.6445	34.6836	27.4063	13.9659
	净利润现金含量(%)	–595.7424	121.2985	–25.8166	112.7725
	基本每股收益(元)	0.1000	0.1200	0.2300	0.3300
	每股收益–扣除(元)	0.0400	0.0500	–	–
	每股收益–摊薄(元)	0.0946	0.1113	0.2039	0.3304
	每股资本公积金(元)	0.3778	0.0865	–	–
	每股未分配利润(元)	0.1932	0.1096	0.2038	0.3429
	每股净资产(元)	1.5900	1.2100	1.2400	1.3600
	每股经营现金流量(元)	–0.5636	0.1350	–0.0527	0.3700
	经营活动现金净流量增长(%)	–307.0	388.4	–118.8411	–

深圳市润天智数字设备股份有限公司

公司概况	公司名称	深圳市润天智数字设备股份有限公司			证券简称	润天智
	法人代表	江洪	董秘	张清亮	证券代码	832246
	公司网址	www.floradigital.com.cn		电子信箱	rtz@floradigital.com.cn	
	电　话	0755-27521666		传　真	0755-27521866	
	办公地址	广东省深圳市宝安区观澜街道环观南路高新产业园区				
	经营范围	彩色数字喷绘印刷机的研发、生产及销售				

主要财务指标	指标\报告期	2015.06.30	2014.12.31	2013.12.31	2012.12.31
	净利润(万元)	1818.01	3354.21	3209.34	3088.94
	净利润增长率(%)	25.9201	4.5142	3.8977	–
	加权净资产收益率(%)	6.8000	14.4400	16.1000	–
	资产负债比率(%)	23.8479	24.5901	30.1877	29.6767
	净利润现金含量(%)	–55.5169	29.9206	11.2813	70.3809
	基本每股收益(元)	0.3600	0.6700	0.6400	0.6200
	每股收益–扣除(元)	–	0.6300	–	–
	每股收益–摊薄(元)	0.3636	0.6708	0.6419	0.6178
	每股资本公积金(元)	1549.6110	1549.6110	1.5496	1.5496
	每股未分配利润(元)	2556.4878	2192.8861	1.5931	1.0158
	每股净资产(元)	5.3400	4.9800	4.3100	3.6700
	每股经营现金流量(元)	–0.2019	0.2007	0.0724	0.4300
	经营活动现金净流量增长(%)	35.7	177.1963	–83.3464	–

苏州晶品新材料股份有限公司

公司概况	公司名称	苏州晶品新材料股份有限公司			证券简称	晶品新材
	法人代表	高鞠	董秘	申方	证券代码	832247
	公司网址	www.jing-pin.cn		电子信箱	fs.jingpin@foxmail.com	
	电　话	0512-86876760		传　真	0512-86876760	
	办公地址	吴江区黎里镇汾湖大道558号				
	经营范围	高功率LED材料、LED灯的研发、销售				

主要财务指标	指标\报告期	2015.06.30	2014.12.31	2013.12.31	2012.12.31
	净利润(万元)	–103.88	5.01	–136.23	–82.62
	净利润增长率(%)	6.0	103.7	–64.9	–
	加权净资产收益率(%)	–27.5000	1.7300	–42.8700	–158.1900
	资产负债比率(%)	72.4362	31.5074	47.5528	37.0277
	净利润现金含量(%)	133.0907	465.6119	92.1105	181.4129
	基本每股收益(元)	–0.2000	0.0128	–0.5200	–0.8300
	每股收益–扣除(元)	–0.7500	–0.3153	–	–0.9218
	每股收益–摊薄(元)	–0.1960	0.0095	–0.5109	–0.4131
	每股资本公积金(元)	0.0126	0.0126	0.8750	–
	每股未分配利润(元)	–0.3978	–0.2018	–0.8449	–0.4454
	每股净资产(元)	0.6100	0.8100	0.8100	0.5500
	每股经营现金流量(元)	–0.2608	0.0440	–0.4706	–0.7500
	经营活动现金净流量增长(%)	–405.0479	118.6	16.3	–

浙江安正科技股份有限公司

公司概况	公司名称	浙江安正科技股份有限公司			证券简称	安正科技
	法人代表	刘五义	董秘	何飞	证券代码	832248
	公司网址	www.angelcomm.cn		电子信箱	hefei@angelcomm.cn	
	电　话	0571-87245751		传　真	0571-87582853	
	办公地址	浙江省杭州市上城区白云路 17 号 102 室				
	经营范围	计算机软件及通讯设备的技术开发、系统集成、经济信息咨询				

主要财务指标	指标＼报告期	2015.06.30	2014.12.31	2013.12.31	2012.12.31
	净利润(万元)	108.24	991.16	505.41	26.43
	净利润增长率(%)	-9.4649	96.1111	1812.3099	-
	加权净资产收益率(%)	4.2400	49.5200	40.3300	2.6800
	资产负债比率(%)	24.5575	45.6941	72.4187	54.8784
	净利润现金含量(%)	-738.0423	81.0774	290.9726	1478.2024
	基本每股收益(元)	0.0500	0.9900	0.5100	0.0300
	每股收益-扣除(元)	0.0500	0.4600	-	0.0200
	每股收益-摊薄(元)	0.0471	0.9912	0.5054	0.0264
	每股资本公积金(元)	0.0000	0.5661	-	-
	每股未分配利润(元)	0.0942	0.8423	0.4553	0.0004
	每股净资产(元)	1.1300	2.5000	1.5100	1.0000
	每股经营现金流量(元)	-0.3473	0.8036	1.4706	0.3900
	经营活动现金净流量增长(%)	-205.4483	-45.3551	276.4233	-

深圳普点信息科技股份有限公司

公司概况	公司名称	深圳普点信息科技股份有限公司			证券简称	普点科技
	法人代表	聂福华	董秘	李巍	证券代码	832249
	公司网址	www.pud.net.cn		电子信箱	IR@leyuanbao.com	
	电　话	0755-86523960		传　真	0755-86523959	
	办公地址	深圳市南山区粤海街道科园路 1003 号 1204-Ⅱ				
	经营范围	计算机网络软、硬件开发;计算机系统集成的研究与开发				

主要财务指标	指标＼报告期	2015.06.30	2014.12.31	2013.12.31	2012.12.31
	净利润(万元)	-207.12	0.78	-41.19	-
	净利润增长率(%)	-253.7	101.9	-	-
	加权净资产收益率(%)	-40.9200	0.2200	-18.0000	-
	资产负债比率(%)	66.4400	50.0844	45.4511	-
	净利润现金含量(%)	-139.5376	30415.6647	550.8736	-
	基本每股收益(元)	-0.4142	0.0016	-0.2000	-
	每股收益-扣除(元)	-0.7741	-0.4500	-	-
	每股收益-摊薄(元)	-0.4142	0.0016	-0.2049	-
	每股资本公积金(元)	0.0177	0.0177	0.2711	-
	每股未分配利润(元)	-0.1643	0.2017	-0.1468	-
	每股净资产(元)	0.8500	1.2200	1.1600	-
	每股经营现金流量(元)	0.5780	0.4751	-1.1288	-
	经营活动现金净流量增长(%)	681.1	204.7	-	-

安徽铜都流体科技股份有限公司

公司概况	公司名称	安徽铜都流体科技股份有限公司			证券简称	铜都流体
	法人代表	杨成	董秘	张胜春	证券代码	832250
	公司网址	www.ah-td.com		电子信箱	tdvalve@126.com	
	电　话	0562-6863666		传　真	0562-6861909	
	办公地址	安徽省铜陵市铜都大道北段 188 号				
	经营范围	给排水阀门和环保水工设备的研发、制造、销售				

主要财务指标	指标＼报告期	2015.06.30	2014.12.31	2013.12.31	2012.12.31
	净利润(万元)	738.45	2434.72	2699.31	3708.52
	净利润增长率(%)	160.3868	-9.8022	-27.2132	-
	加权净资产收益率(%)	2.5700	8.8000	10.1800	15.4300
	资产负债比率(%)	36.9379	39.4017	36.6335	40.9156
	净利润现金含量(%)	-402.1485	87.6313	-131.7515	50.0917
	基本每股收益(元)	0.1300	0.4300	0.4700	0.6500
	每股收益-扣除(元)	0.0700	0.3200	-	-
	每股收益-摊薄(元)	0.1296	0.4271	0.4736	0.6506
	每股资本公积金(元)	1.1064	1.1064	1.1061	1.1061
	每股未分配利润(元)	2.6573	2.5277	2.3443	2.0669
	每股净资产(元)	5.1000	4.9700	4.7400	4.4200
	每股经营现金流量(元)	-0.5210	0.3743	-0.6239	0.3300
	经营活动现金净流量增长(%)	-17.1	160.0	-291.4443	-

上海众深科技股份有限公司

公司概况	公司名称	上海众深科技股份有限公司			证券简称	众深股份
	法人代表	邵树伟	董秘	时晓峰	证券代码	832251
	公司网址	www.chinajorson.net		电子信箱	shixiaofeng@chinajorson.com	
	电　话	021-58553378		传　真	021-58552296	
	办公地址	上海市闸北区灵石路 721 号 6 幢 101 室				
	经营范围	第三方设备监造/检验技术服务及工程项目管理等其他技术服务				

主要财务指标	指标＼报告期	2015.06.30	2014.12.31	2013.12.31	2012.12.31
	净利润(万元)	278.49	1366.55	1136.05	152.69
	净利润增长率(%)	-38.5323	20.2893	644.0366	-
	加权净资产收益率(%)	4.5400	36.8900	42.8300	7.8800
	资产负债比率(%)	24.1216	48.6228	34.5696	38.6057
	净利润现金含量(%)	-80.9870	191.6091	-1.0965	78.1624
	基本每股收益(元)	0.1900	1.2300	2.2700	0.3100
	每股收益-扣除(元)	0.1900	-	-	-
	每股收益-摊薄(元)	0.1526	1.2334	2.2721	0.3054
	每股资本公积金(元)	2.6466	2.5467	-	0.2000
	每股未分配利润(元)	0.5736	0.7935	4.4406	2.7258
	每股净资产(元)	4.2900	4.4600	5.9400	4.2300
	每股经营现金流量(元)	-0.1236	2.3632	-0.0249	0.2400
	经营活动现金净流量增长(%)	-149.0641	21120.1	-110.4377	-

天津荣进睿达物流股份有限公司

公司概况	公司名称	天津荣进睿达物流股份有限公司			证券简称	荣进睿达
	法人代表	马震	董秘	陈洁	证券代码	832252
	公司网址	www.tuexpress.com		电子信箱	tracychen@tuexpress.com	
	电　话	022-58581388		传　真	022-58581388	
	办公地址	天津港保税区通达广场1号A353室				
	经营范围	国际货物运输代理服务				

主要财务指标	指标\报告期	2015.06.30	2014.12.31	2013.12.31	2012.12.31
	净利润(万元)	282.90	163.52	64.59	-60.78
	净利润增长率(%)	10239.8323	153.1719	206.3	-
	加权净资产收益率(%)	18.4300	12.4600	5.3800	-5.0800
	资产负债比率(%)	52.1881	66.3856	68.7452	68.6500
	净利润现金含量(%)	-155.1990	247.5642	-131.4608	81.9324
	基本每股收益(元)	0.4400	0.2500	0.1000	-0.0900
	每股收益-扣除(元)	0.4300	0.2600	-	-
	每股收益-摊薄(元)	0.4352	0.2516	0.0994	-0.0935
	每股资本公积金(元)	0.9478	0.9478	-	-
	每股未分配利润(元)	0.6067	0.1714	0.8829	0.7935
	每股净资产(元)	2.5800	2.1400	1.8900	1.7900
	每股经营现金流量(元)	-0.6755	0.6228	-0.1306	-0.0800
	经营活动现金净流量增长(%)	-445.9707	576.8	-70.5	-

苏州万琦威电子股份有限公司

公司概况	公司名称	苏州万琦威电子股份有限公司			证券简称	万琦威
	法人代表	李志豪	董秘	张瑒	证券代码	832253
	公司网址	www.szwinway.com.cn		电子信箱	wendy.zhou@szwinway.com.cn	
	电　话	0512-82259548		传　真	0512-82259552	
	办公地址	苏州工业园区娄葑镇宏业路158号				
	经营范围	连接器系统、束线装配器及电缆装配器				

主要财务指标	指标\报告期	2015.06.30	2014.12.31	2013.12.31	2012.12.31
	净利润(万元)	-73.45	27.27	198.88	-206.08
	净利润增长率(%)	-223.7317	-86.2862	196.5	-
	加权净资产收益率(%)	-6.8200	3.1200	2.7400	-42.0200
	资产负债比率(%)	17.6116	17.9252	28.0387	19.8213
	净利润现金含量(%)	167.0299	171.2608	18.0915	164.4022
	基本每股收益(元)	-0.0700	0.0300	0.2100	-0.2600
	每股收益-扣除(元)	-	0.0200	-	-
	每股收益-摊薄(元)	-0.0653	0.0242	0.1989	-0.2061
	每股资本公积金(元)	0.0415	0.0415	-	-
	每股未分配利润(元)	-0.1030	-0.0523	-0.2138	-0.4126
	每股净资产(元)	0.9400	0.9900	0.7900	0.5400
	每股经营现金流量(元)	-0.1090	0.0415	0.0360	-0.3388
	经营活动现金净流量增长(%)	-284.2090	29.8194	110.6	-

安徽万安环境科技股份有限公司

公司概况	公司名称	安徽万安环境科技股份有限公司			证券简称	万安环境
	法人代表	陈江	董秘	张薇	证券代码	832254
	公司网址	www.wahj.com.cn		电子信箱	wahj@vie.com.cn	
	电　话	0551-66772088		传　真	0551-66779468	
	办公地址	安徽省合肥市长丰县岗集镇				
	经营范围	新型塑料管道、管件及塑料检查井的研发、制造和销售				

主要财务指标	指标\报告期	2015.06.30	2014.12.31	2013.12.31	2012.12.31
	净利润(万元)	265.99	-52.02	-587.45	-377.10
	净利润增长率(%)	251.1777	91.1	-55.8	-
	加权净资产收益率(%)	1.7100	-0.3600	-4.1700	-2.5900
	资产负债比率(%)	25.0027	27.7714	23.3574	43.4265
	净利润现金含量(%)	157.2051	4571.4111	-1060.2008	2664.3941
	基本每股收益(元)	0.0200	-0.0030	-0.0400	-0.0251
	每股收益-扣除(元)	0.0100	-0.0130	-	-0.0351
	每股收益-摊薄(元)	0.0177	-0.0035	-0.0392	-0.0251
	每股资本公积金(元)	0.0146	0.0146	-	-
	每股未分配利润(元)	0.0201	-0.0015	-0.0800	-0.0409
	每股净资产(元)	1.0300	1.0100	0.9200	0.9600
	每股经营现金流量(元)	0.0278	-0.1580	0.4152	-0.6698
	经营活动现金净流量增长(%)	5.2741	-138.1850	162.0	-

广州建通测绘地理信息技术股份有限公司

公司概况	公司名称	广州建通测绘地理信息技术股份有限公司			证券简称	建通测绘
	法人代表	刘志洪	董秘	高凌	证券代码	832255
	公司网址	www.gzjtch.com		电子信箱	YCTCLJW@163.COM	
	电　话	020-87032860		传　真	020-37278917	
	办公地址	广东省广州市天河区高普路1027号D栋第6层				
	经营范围	高精度空间地理信息数据采集、处理及应用系统开发的激光雷达测绘服务				

主要财务指标	指标\报告期	2015.06.30	2014.12.31	2013.12.31	2012.12.31
	净利润(万元)	813.42	78.87	738.14	177.03
	净利润增长率(%)	363.4	-89.3147	-	-
	加权净资产收益率(%)	12.5700	1.3300	13.6600	3.9400
	资产负债比率(%)	34.4739	40.2317	38.6999	25.8674
	净利润现金含量(%)	-28.3227	-585.2752	62.6900	-501.9997
	基本每股收益(元)	0.2700	0.0300	0.2500	0.0600
	每股收益-扣除(元)	-	0.0100	-	-
	每股收益-摊薄(元)	0.2542	0.0263	0.2871	0.0688
	每股资本公积金(元)	1.3247	0.9502	0.7937	0.7889
	每股未分配利润(元)	0.3179	0.0680	0.3279	0.0695
	每股净资产(元)	2.7900	2.0200	1.9300	1.6800
	每股经营现金流量(元)	-0.0720	-0.1539	0.1800	-0.3456
	经营活动现金净流量增长(%)	66.5	-199.7571	-	-

深圳市大乘科技股份有限公司

公司概况	公司名称	深圳市大乘科技股份有限公司			证券简称	大乘科技
	法人代表	贺磊	董秘	陈海兵	证券代码	832256
	公司网址	www.ssk.cn			电子信箱	aibing_chen@ssk.cn
	电　话	0755-33225525			传　真	0755-86028287
	办公地址	广东省深圳市南山区高新技术产业园区中区(M-10)3 号厂房三楼				
	经营范围	智能移动周边产品及智能生活周边产品等消费类电子产品的研发、生产和销售				

	指标＼报告期	2015.06.30	2014.12.31	2013.12.31	2012.12.31
主要财务指标	净利润(万元)	-181.66	-233.94	527.27	242.88
	净利润增长率(%)	-4902.5817	-144.3627	117.0860	-
	加权净资产收益率(%)	-6.1500	-6.9964	15.6100	8.7000
	资产负债比率(%)	59.6322	56.7529	64.0228	79.0745
	净利润现金含量(%)	-80.6853	288.6115	509.7323	285.8037
	基本每股收益(元)	-0.0910	-0.1170	1.0500	0.4900
	每股收益-扣除(元)	-	-0.1347	-	-
	每股收益-摊薄(元)	-0.0908	-0.1170	1.0545	0.4858
	每股资本公积金(元)	0.2657	0.2657	0.4256	0.4256
	每股未分配利润(元)	0.1668	0.2576	5.3905	4.4012
	每股净资产(元)	1.4300	1.5200	7.2800	6.2300
	每股经营现金流量(元)	0.0733	-0.3376	5.3753	1.3900
	经营活动现金净流量增长(%)	-48.2864	-125.1213	287.1793	-

吉林省正和药业集团股份有限公司

公司概况	公司名称	吉林省正和药业集团股份有限公司			证券简称	正和药业
	法人代表	姜华	董秘	姜珂	证券代码	832257
	公司网址	www.zhengheyaoye.com			电子信箱	zhengheyaoye@163.com
	电　话	0435-3927178			传　真	0435-3927798
	办公地址	吉林省通化市正和路 888 号				
	经营范围	中、西药的研发、生产和销售				

	指标＼报告期	2015.06.30	2014.12.31	2013.12.31	2012.12.31
主要财务指标	净利润(万元)	1350.97	1955.21	2968.51	1430.88
	净利润增长率(%)	66.6073	-34.1348	107.4607	-
	加权净资产收益率(%)	7.9300	16.0200	48.0000	20.8600
	资产负债比率(%)	23.1471	28.3789	38.0922	60.0193
	净利润现金含量(%)	-47.5569	26.2958	104.1757	110.2325
	基本每股收益(元)	0.1700	0.2900	0.6300	0.3700
	每股收益-扣除(元)	0.1600	0.3100	-	-
	每股收益-摊薄(元)	0.1668	0.2414	0.7878	0.5962
	每股资本公积金(元)	0.6933	0.6933	0.2485	0.3901
	每股未分配利润(元)	0.4749	0.3081	1.3070	0.4775
	每股净资产(元)	2.1900	2.0200	2.8600	2.2700
	每股经营现金流量(元)	-0.0793	0.0635	0.8200	0.6600
	经营活动现金净流量增长(%)	27.6	-83.3744	96.0615	-

广东红太阳传媒股份有限公司

公司概况	公司名称	广东红太阳传媒股份有限公司			证券简称	太阳传媒
	法人代表	陈亦文	董秘	陈景	证券代码	832258
	公司网址	www.redsungd.com			电子信箱	jm-11111@163.com
	电　话	0750-3396693			传　真	0750-3396662
	办公地址	广东省江门市蓬江区白石大道 13 号 105 室之二				
	经营范围	策划、设计、制作、代理、发布国内外各类广告等				

	指标＼报告期	2015.06.30	2014.12.31	2013.12.31	2012.12.31
主要财务指标	净利润(万元)	261.32	115.15	40.27	108.30
	净利润增长率(%)	460.0665	185.9209	-62.8123	-
	加权净资产收益率(%)	12.6600	10.3500	14.8100	47.5800
	资产负债比率(%)	44.4262	29.4807	90.5619	86.1743
	净利润现金含量(%)	412.9736	1574.3996	-854.7291	-225.6805
	基本每股收益(元)	0.1600	0.1100	0.7900	2.1300
	每股收益-扣除(元)	0.1600	0.1100	-	2.1300
	每股收益-摊薄(元)	0.1633	0.0720	0.8055	2.1660
	每股资本公积金(元)	0.1658	0.1658	-	-
	每股未分配利润(元)	0.2019	0.0385	4.5433	3.8183
	每股净资产(元)	1.3700	1.2100	5.8400	5.0300
	每股经营现金流量(元)	0.6745	1.1331	-6.8846	-4.8881
	经营活动现金净流量增长(%)	-19.9433	626.7	-40.8	-

南京鸿发有色金属制造股份有限公司

公司概况	公司名称	南京鸿发有色金属制造股份有限公司			证券简称	鸿发有色
	法人代表	徐荣	董秘	王爱娣	证券代码	832259
	公司网址	www.njhongfa.com			电子信箱	hf@njhongfa.com
	电　话	025-58001010			传　真	025-56607178
	办公地址	南京市溧水区柘塘镇柘宁东路 305 号				
	经营范围	铝型材及制品、装饰材料生产、销售；钢结构制作、安装				

	指标＼报告期	2015.06.30	2014.12.31	2013.12.31	2012.12.31
主要财务指标	净利润(万元)	283.91	-25.12	-83.50	-344.06
	净利润增长率(%)	1627.1	69.9	75.7	-
	加权净资产收益率(%)	6.2800	-0.7800	-3.3000	-12.4600
	资产负债比率(%)	49.1183	53.6042	69.2047	65.5030
	净利润现金含量(%)	-185.5143	1861.6992	-454.3462	-195.0250
	基本每股收益(元)	0.0700	-0.0100	-0.0200	-0.0910
	每股收益-扣除(元)	0.0500	-0.0088	-	-
	每股收益-摊薄(元)	0.0710	-0.0063	-0.0220	-0.0905
	每股资本公积金(元)	0.0495	0.0495	0.0307	0.0210
	每股未分配利润(元)	0.0752	0.0042	-0.3697	-0.3472
	每股净资产(元)	1.1300	1.0600	0.6700	0.6800
	每股经营现金流量(元)	-0.1317	-0.1169	0.0998	0.1800
	经营活动现金净流量增长(%)	-243.1474	-223.2615	-43.4638	-

内蒙古瑞特优化科技股份有限公司

公司概况	公司名称	内蒙古瑞特优化科技股份有限公司			证券简称	瑞特科技
	法人代表	尹金和	董秘	王建萍	证券代码	832260
	公司网址	www.ruite-tec.com		电子信箱	ruitekeji@ruite-tec.com	
	电　话	0471-2885656		传　真	0471-2335333	
	办公地址	内蒙古自治区呼和浩特回民区锡林南路9号银都大厦A座1010室				
	经营范围	计算机系统集成整体解决方案的设计实施和节能优化控制系统的开发、销售等				

主要财务指标	指标\报告期	2015.06.30	2014.12.31	2013.12.31	2012.12.31
	净利润(万元)	520.65	268.52	139.22	-17.09
	净利润增长率(%)	765.8	92.8659	914.7	-
	加权净资产收益率(%)	13.8500	19.0600	13.3500	-3.6100
	资产负债比率(%)	24.3685	11.3015	29.7371	2.0696
	净利润现金含量(%)	-140.9282	26.0468	-70.1068	792.6762
	基本每股收益(元)	0.1700	0.1800	0.1300	-0.0300
	每股收益-扣除(元)	0.1700	0.1800	0.1300	-0.0300
	每股收益-摊薄(元)	0.1735	0.0895	0.1326	-0.0163
	每股资本公积金(元)	0.1122	0.1122	0.0308	0.0308
	每股未分配利润(元)	0.2183	0.0447	0.0256	-0.1041
	每股净资产(元)	1.3400	1.1700	1.0600	0.9300
	每股经营现金流量(元)	-0.2446	0.0233	-0.0930	-0.1290
	经营活动现金净流量增长(%)	-62.4	171.7	27.9	-

湖北鑫鹰环保科技股份有限公司

公司概况	公司名称	湖北鑫鹰环保科技股份有限公司			证券简称	鑫鹰科技
	法人代表	方同华	董秘	吴小杰	证券代码	832261
	公司网址	www.xinyingtec.com		电子信箱	565888942@qq.com	
	电　话	0714-3268810		传　真	0714-3268800	
	办公地址	湖北省黄石市黄金山开发区有色工业园大棋路281号				
	经营范围	生产、研发、销售环保设备、冶金矿山设备				

主要财务指标	指标\报告期	2015.06.30	2014.12.31	2013.12.31	2012.12.31
	净利润(万元)	-411.97	442.42	602.87	418.39
	净利润增长率(%)	-89.8	-26.6145	44.0914	-
	加权净资产收益率(%)	-5.6200	6.0500	8.8700	-
	资产负债比率(%)	60.2606	57.8589	46.8668	44.6625
	净利润现金含量(%)	53.3583	-179.1111	180.8399	-661.1535
	基本每股收益(元)	-0.0700	0.0700	0.1000	0.0700
	每股收益-扣除(元)	-	-	-	-
	每股收益-摊薄(元)	-0.0687	0.0737	0.1005	0.0697
	每股资本公积金(元)	0.1540	0.1540	-	-
	每股未分配利润(元)	0.0258	0.0945	0.1639	0.0741
	每股净资产(元)	1.1900	1.2600	1.1800	1.0800
	每股经营现金流量(元)	-0.0366	-0.1321	0.1817	-0.4600
	经营活动现金净流量增长(%)	74.5	-172.6840	139.4	-

四川德惠商业股份有限公司

公司概况	公司名称	四川德惠商业股份有限公司			证券简称	德惠商业
	法人代表	张晓彬	董秘	张子君	证券代码	832262
	公司网址	www.dehuichaoshi.com		电子信箱		
	电　话	028-65028372		传　真	028-87893339	
	办公地址	四川省成都市郫县红光镇港通北一路199号				
	经营范围	经营连锁超市及便利店				

主要财务指标	指标\报告期	2015.06.30	2014.12.31	2013.12.31	2012.12.31
	净利润(万元)	2437.16	1961.10	2166.07	1940.87
	净利润增长率(%)	18.2046	-9.4626	11.6029	-
	加权净资产收益率(%)	15.8100	16.2800	19.5700	20.1100
	资产负债比率(%)	41.3172	55.3408	65.2728	67.3244
	净利润现金含量(%)	168.8365	150.0329	66.2410	152.2823
	基本每股收益(元)	0.4513	0.3922	0.4332	0.3579
	每股收益-扣除(元)	0.3705	0.3350	-	0.2153
	每股收益-摊薄(元)	0.4352	0.3922	0.4332	0.3882
	每股资本公积金(元)	0.1650	-	-	-
	每股未分配利润(元)	1.6867	1.4017	1.1329	0.7148
	每股净资产(元)	2.9443	2.5053	2.2131	1.8500
	每股经营现金流量(元)	0.7348	0.5885	0.2870	0.5911
	经营活动现金净流量增长(%)	3.6465	105.0631	-51.4541	-

安徽淮河化工股份有限公司

公司概况	公司名称	安徽淮河化工股份有限公司			证券简称	淮河化工
	法人代表	张晓玲	董秘	孙先德	证券代码	832263
	公司网址	www.hhgx.net		电子信箱	hhhgdmb@163.com	
	电　话	0554-5812568		传　真	0554-5811186	
	办公地址	安徽省淮南市望峰岗镇				
	经营范围	锚固剂、锚杆等矿用支护材料以及减水剂的研发、生产和销售				

主要财务指标	指标\报告期	2015.06.30	2014.12.31	2013.12.31	2012.12.31
	净利润(万元)	1247.89	3285.00	3718.87	2941.05
	净利润增长率(%)	-18.6267	-11.6669	26.4470	-
	加权净资产收益率(%)	9.0900	27.9000	35.7800	34.0600
	资产负债比率(%)	45.5971	47.8653	52.2909	38.3647
	净利润现金含量(%)	169.2218	18.8659	-42.5564	93.5685
	基本每股收益(元)	0.3800	1.0000	1.1300	0.9000
	每股收益-扣除(元)	0.3500	0.8600	1.0100	0.7900
	每股收益-摊薄(元)	0.3800	1.0004	1.1325	0.8957
	每股资本公积金(元)	-	-	-	-
	每股未分配利润(元)	2.4195	2.0395	1.9391	1.5458
	每股净资产(元)	4.4200	3.9900	3.6800	3.0700
	每股经营现金流量(元)	0.6431	0.1887	-0.4820	0.8400
	经营活动现金净流量增长(%)	350.6	139.2	-157.5101	-

普克科技(苏州)股份有限公司

公司概况	公司名称	普克科技(苏州)股份有限公司		证券简称	普克科技
	法人代表	赵雄文	董秘	沈国良	证券代码	832264
	公司网址	pooketools.com		电子信箱	info@pooketools.com
	电　　话	0512-52688658		传　　真	0512-52579509
	办公地址	江苏省常熟市董浜镇华烨大道35号			
	经营范围	钢制工具箱柜、钢制办公家具及其他薄板制品的生产、研发及销售			

主要财务指标	指标\报告期	2015.06.30	2014.12.31	2013.12.31	2012.12.31
	净利润(万元)	385.87	261.29	102.94	-194.52
	净利润增长率(%)	266.8038	153.8377	152.9	-
	加权净资产收益率(%)	13.5200	10.3300	4.3900	-8.1300
	资产负债比率(%)	50.1529	53.3426	63.4145	60.8777
	净利润现金含量(%)	178.6267	1164.7755	29.3218	344.4544
	基本每股收益(元)	0.1500	0.1000	0.0400	-0.0800
	每股收益-扣除(元)	0.1500	0.1100	-	-
	每股收益-摊薄(元)	0.1543	0.1045	0.0412	-0.0778
	每股资本公积金(元)	0.0211	0.0211	-	-
	每股未分配利润(元)	0.1908	0.0365	-0.0405	-0.0816
	每股净资产(元)	1.2200	1.0600	0.9600	0.9200
	每股经营现金流量(元)	0.2757	1.2174	0.0121	-0.2700
	经营活动现金净流量增长(%)	-68.1535	9983.4022	104.5	-

芍花堂国药股份有限公司

公司概况	公司名称	芍花堂国药股份有限公司		证券简称	芍花堂
	法人代表	李明辉	董秘	李明超	证券代码	832265
	公司网址	www.shaohuatang.com		电子信箱	ahhflmc@163.com
	电　　话	0558-5190151		传　　真	0558-5855010
	办公地址	安徽省亳州市谯城区十九里工业区			
	经营范围	中药饮片的生产与销售			

主要财务指标	指标\报告期	2015.06.30	2014.12.31	2013.12.31	2012.12.31
	净利润(万元)	2636.81	3446.81	3439.88	3330.77
	净利润增长率(%)	308.2732	0.2016	3.2757	-
	加权净资产收益率(%)	12.1900	25.2200	40.2600	64.5600
	资产负债比率(%)	22.8782	21.1940	58.1538	70.5636
	净利润现金含量(%)	41.7469	-150.4446	19.4981	105.1862
	基本每股收益(元)	0.3878	0.5069	-	0.6500
	每股收益-扣除(元)	0.0381	0.5197	-	-
	每股收益-摊薄(元)	0.3878	0.5069	1.7199	1.6654
	每股资本公积金(元)	1.6613	1.6613	0.7608	0.8289
	每股未分配利润(元)	0.6842	0.2964	3.0344	1.4272
	每股净资产(元)	3.3700	2.9900	1.5100	3.4123
	每股经营现金流量(元)	0.1619	-0.7626	0.3354	1.7500
	经营活动现金净流量增长(%)	263.0	-873.1428	-80.8561	-

首帆动力科技股份有限公司

公司概况	公司名称	首帆动力科技股份有限公司		证券简称	首帆动力
	法人代表	杜剑峰	董秘	张勤	证券代码	832266
	公司网址	www.mpmc-china.com		电子信箱	zhangqin@mpmc-china.com
	电　　话	021-60970158		传　　真	021-60970155
	办公地址	上海市浦东新区川沙新镇鹿达路111号9、10、12幢			
	经营范围	在动力科技领域内的技术咨询、技术开发、技术转让、技术服等			

主要财务指标	指标\报告期	2015.06.30	2014.12.31	2013.12.31	2012.12.31
	净利润(万元)	505.40	890.00	270.60	0.02
	净利润增长率(%)	27.1336	228.9007	78.4003	-
	加权净资产收益率(%)	8.0000	17.6400	8.8900	-
	资产负债比率(%)	47.7950	42.9842	54.9718	39.1882
	净利润现金含量(%)	183.4730	214.2718	-55.3752	591244.7257
	基本每股收益(元)	0.1000	0.1800	0.1400	0.0300
	每股收益-扣除(元)	-	-	-	-
	每股收益-摊薄(元)	0.1011	0.1780	0.1360	0.0000
	每股资本公积金(元)	0.1007	0.1007	0.5026	0.5026
	每股未分配利润(元)	0.1914	0.1016	0.0850	-0.0415
	每股净资产(元)	1.3200	1.2200	1.6000	1.4600
	每股经营现金流量(元)	0.1855	0.3814	-0.0753	0.0451
	经营活动现金净流量增长(%)	492.2	1372.7	-267.0877	-

北京诺君安信息技术股份有限公司

公司概况	公司名称	北京诺君安信息技术股份有限公司		证券简称	诺君安
	法人代表	韩小西	董秘	陈杨	证券代码	832267
	公司网址	www.bjnja.com		电子信箱	nuojunan@bjnja.com
	电　　话	010-62969991		传　　真	010-88570610
	办公地址	北京市海淀区中关村南大街17号3号楼1012室			
	经营范围	生产、销售商用密码产品等			

主要财务指标	指标\报告期	2015.06.30	2014.12.31	2013.12.31	2012.12.31
	净利润(万元)	-754.26	710.33	222.35	395.69
	净利润增长率(%)	-267.2117	219.4598	-43.8054	-
	加权净资产收益率(%)	-33.1900	35.0100	14.2300	31.5600
	资产负债比率(%)	22.2019	29.7380	39.9042	43.1549
	净利润现金含量(%)	115.6124	90.8027	79.5329	-16.4481
	基本每股收益(元)	-0.4300	0.4200	0.1300	0.2300
	每股收益-扣除(元)	-0.4300	0.4177	-	-
	每股收益-摊薄(元)	-0.3838	0.4178	0.1308	0.2328
	每股资本公积金(元)	0.9520	0.3210	0.0485	0.0485
	每股未分配利润(元)	-0.3203	0.0734	-0.0730	-0.2038
	每股净资产(元)	1.6400	1.4000	0.9800	0.8500
	每股经营现金流量(元)	-0.4438	0.3794	0.1040	-0.0383
	经营活动现金净流量增长(%)	-171.6	264.7272	371.7	-

山东鑫秋农业科技股份有限公司

公司概况					
公司名称	山东鑫秋农业科技股份有限公司			证券简称	鑫秋农业
法人代表	张友秋	董秘	宋洪胜	证券代码	832268
公司网址	www.sdxqny.com		电子信箱	howard_shs@163.com	
电　话	0534-3886281		传　真	0534-3886280	
办公地址	山东省德州市夏津经济技术开发区永乐路中段				
经营范围	公司是集农作物良种“育、繁、推”一体化				

主要财务指标：指标\报告期	2015.06.30	2014.12.31	2013.12.31	2012.12.31
净利润(万元)	1030.75	832.63	4349.51	3410.52
净利润增长率(%)	176.1188	-80.8571	19.4873	-
加权净资产收益率(%)	3.6900	3.2900	19.1200	26.4900
资产负债比率(%)	38.7458	53.4340	48.4695	42.3569
净利润现金含量(%)	-674.7657	1162.8544	-164.6360	-162.6293
基本每股收益(元)	0.0900	0.0800	0.4000	0.3600
每股收益-扣除(元)	0.0600	0.0300	-	0.2400
每股收益-摊薄(元)	0.0773	0.0768	0.4014	0.3147
每股资本公积金(元)	1.4777	1.0073	1.0073	0.1507
每股未分配利润(元)	0.3387	0.3218	0.2532	0.6160
每股净资产(元)	2.8600	2.3800	2.3000	1.9000
每股经营现金流量(元)	-0.5215	0.8935	-0.6608	-0.5100
经营活动现金净流量增长(%)	-174.1834	235.2	-29.1	-

广东耶萨智能科技股份有限公司

公司概况					
公司名称	广东耶萨智能科技股份有限公司			证券简称	耶萨智能
法人代表	程伟祥	董秘	陈植辉	证券代码	832269
公司网址	www.essa.cn		电子信箱	affairs@essa.cn	
电　话	020-38033641		传　真	020-38033643	
办公地址	广东省广州市天河区黄埔大道西 100 号之一 1006 房				
经营范围	智能、益智类玩具的研发设计、生产加工及出口销售				

主要财务指标：指标\报告期	2015.06.30	2014.12.31	2013.12.31	2012.12.31
净利润(万元)	-5.88	126.22	-139.09	-73.13
净利润增长率(%)	92.0	190.7	-90.2	-
加权净资产收益率(%)	-0.2600	9.1500	-18.1600	-22.4000
资产负债比率(%)	50.1780	44.2342	59.4966	23.2884
净利润现金含量(%)	-6337.8685	-1695.5025	203.8929	538.3974
基本每股收益(元)	-0.0030	0.0800	-0.1600	-0.2000
每股收益-扣除(元)	-0.0030	0.0800	-0.1600	-
每股收益-摊薄(元)	-0.0029	0.0631	-0.1391	-0.1330
每股资本公积金(元)	0.0574	0.0574	0.0300	-
每股未分配利润(元)	0.1109	0.1139	-0.2135	-0.1353
每股净资产(元)	1.1700	1.1700	0.8200	0.8600
每股经营现金流量(元)	0.1863	-1.0700	-0.2836	-0.7200
经营活动现金净流量增长(%)	180.5	-654.6	28.0	-

广东骏驰科技股份有限公司

公司概况					
公司名称	广东骏驰科技股份有限公司			证券简称	骏驰科技
法人代表	刘前锋	董秘	何盟盟	证券代码	832270
公司网址	www.junchi-china.com		电子信箱	hmm.dsh@junchi-china.com	
电　话	0758-2718555		传　真	0758-2721222	
办公地址	广东省肇庆市端州区桂园路 13 号				
经营范围	新能源汽车、智能汽车、摩托车的研究开发、设计、生产和销售等				

主要财务指标：指标\报告期	2015.06.30	2014.12.31	2013.12.31	2012.12.31
净利润(万元)	239.26	1021.74	432.28	330.74
净利润增长率(%)	-67.2374	136.3604	30.7015	-
加权净资产收益率(%)	3.2600	16.2100	18.8500	22.8800
资产负债比率(%)	46.3396	45.5489	60.8093	74.4719
净利润现金含量(%)	164.9728	10.1232	27.5008	317.3880
基本每股收益(元)	0.0600	0.3700	0.4100	0.5500
每股收益-扣除(元)	0.0200	0.2900	-	0.3600
每股收益-摊薄(元)	0.0551	0.2567	0.2161	0.5512
每股资本公积金(元)	0.3470	0.1975	0.6463	-
每股未分配利润(元)	0.5655	0.5565	0.6494	1.5161
每股净资产(元)	1.9700	1.8200	2.3700	2.6800
每股经营现金流量(元)	0.0909	0.0260	0.0594	1.7500
经营活动现金净流量增长(%)	-64.0440	-12.9939	-88.6751	-

苏州威纶精密机械股份有限公司

公司概况					
公司名称	苏州威纶精密机械股份有限公司			证券简称	威纶股份
法人代表	夏峰	董秘	吕新荣	证券代码	832271
公司网址			电子信箱	xiafeng_7216@163.com	
电　话	0512-57818372		传　真	0512-57818371	
办公地址	江苏省苏州市昆山开发区蓬朗昆嘉路 187 号 3 号房				
经营范围	五金机械制品、汽车配件及电子产品的生产和销售				

主要财务指标：指标\报告期	2015.06.30	2014.12.31	2013.12.31	2012.12.31
净利润(万元)	-56.04	-56.84	-9.70	3.73
净利润增长率(%)	-94.8	-486.0	-360.0349	-
加权净资产收益率(%)	-6.2200	-11.4100	561.0700	296.9900
资产负债比率(%)	31.7573	32.5867	100.4740	99.7541
净利润现金含量(%)	-81.0398	63.2725	3390.0295	2607.8333
基本每股收益(元)	-0.0900	-0.1050	-0.1900	0.0700
每股收益-扣除(元)	-	-0.0840	-	-
每股收益-摊薄(元)	-0.0623	-0.0632	-0.1940	0.0746
每股资本公积金(元)	0.0318	0.0318	-	-
每股未分配利润(元)	-0.1090	-0.0467	-1.1316	-0.9376
每股净资产(元)	0.9200	0.9900	-0.1300	0.0624
每股经营现金流量(元)	0.0505	-0.0400	-6.5763	1.9500
经营活动现金净流量增长(%)	2204.2	89.1	-438.0301	-

大连龙图信息技术股份有限公司

公司概况				
公司名称	大连龙图信息技术股份有限公司		证券简称	龙图信息
法人代表	赵昕国	董秘 赵岩	证券代码	832272
公司网址	www.taxrefund.com.cn		电子信箱	zhaoy@taxrefund.com.cn
电话	0411-84755986		传真	0411-8475590800
办公地址	辽东省大连高新技术产业园区黄浦路 541 号 12 楼 01、02 室			
经营范围	计算机软件的技术开发、技术咨询、技术服务			

主要财务指标 指标\报告期	2015.06.30	2014.12.31	2013.12.31	2012.12.31
净利润(万元)	-519.79	142.68	74.44	111.95
净利润增长率(%)	-223.2	91.6738	-33.5093	-
加权净资产收益率(%)	-36.8100	8.8600	4.9900	7.3700
资产负债比率(%)	32.1059	20.5030	22.5353	11.7073
净利润现金含量(%)	109.7288	373.2235	157.1586	-200.0515
基本每股收益(元)	-0.5900	0.1600	0.0800	0.1300
每股收益-扣除(元)	-0.5900	0.1600	-0.0600	0.1200
每股收益-摊薄(元)	-0.5907	0.1621	0.0846	0.1272
每股资本公积金(元)	0.5464	0.5464	0.5464	0.0206
每股未分配利润(元)	-0.5899	0.3278	0.1814	0.5418
每股净资产(元)	0.9800	1.9000	1.7400	1.6500
每股经营现金流量(元)	-0.6481	0.6051	0.1329	-0.2500
经营活动现金净流量增长(%)	15.0	355.1910	152.2	-

大连华鹰玻璃股份有限公司

公司概况				
公司名称	大连华鹰玻璃股份有限公司		证券简称	华鹰玻璃
法人代表	赵勇	董秘 王丽莉	证券代码	832273
公司网址	www.huayingglass.com		电子信箱	wll@huayingglass.com
电话	0411-66777233		传真	0411-66777233
办公地址	辽宁省大连经济技术开发区先进装备制造业园区西金路 10 号			
经营范围	玻璃深加工制品的生产、销售等			

主要财务指标 指标\报告期	2015.06.30	2014.12.31	2013.12.31	2012.12.31
净利润(万元)	-0.31	49.14	294.17	218.28
净利润增长率(%)	-100.1967	-83.2957	34.7661	-
加权净资产收益率(%)	-0.0100	1.9600	12.5800	9.7000
资产负债比率(%)	85.7475	85.1985	86.5142	80.8965
净利润现金含量(%)	-46276.797	1031.5472	355.9059	375.6780
基本每股收益(元)	0.0000	0.0500	0.2700	0.2000
每股收益-扣除(元)	-0.0200	-	-	0.1800
每股收益-摊薄(元)	-0.0001	0.0197	0.1177	0.2040
每股资本公积金(元)	0.0964	0.0964	0.0685	0.0685
每股未分配利润(元)	-0.0833	-0.0832	1.0915	0.8441
每股净资产(元)	1.0100	1.0100	2.3200	2.0500
每股经营现金流量(元)	0.0574	0.2028	0.4188	0.7700
经营活动现金净流量增长(%)	164.9	-51.5849	27.6756	-

广州佳时达软件股份有限公司

公司概况				
公司名称	广州佳时达软件股份有限公司		证券简称	佳时达
法人代表	彭俊	董秘 黄秋娜	证券代码	832274
公司网址	www.just-tech.com.cn		电子信箱	justech@just-tech.com.cn
电话	0020-38259093		传真	0020-38259672
办公地址	广东省广州市天河区天河北路 906 号 1104-05 房			
经营范围	应用软件产品和系统集成产品的研发、销售等			

主要财务指标 指标\报告期	2015.06.30	2014.12.31	2013.12.31	2012.12.31
净利润(万元)	-116.28	494.71	997.03	925.90
净利润增长率(%)	36.2	-50.3824	7.6795	-
加权净资产收益率(%)	-2.9900	17.0000	46.0000	76.9600
资产负债比率(%)	12.4365	4.6737	6.7575	33.5073
净利润现金含量(%)	104.1053	246.3195	18.1532	-10.0659
基本每股收益(元)	-0.0400	0.2000	4.9900	4.6000
每股收益-扣除(元)	-0.0500	0.1900	-	-
每股收益-摊薄(元)	-0.0419	0.1781	4.9852	4.6295
每股资本公积金(元)	0.3187	0.3187	-	-
每股未分配利润(元)	-0.0316	0.1603	11.8156	6.8304
每股净资产(元)	1.3000	1.5000	13.3200	8.3300
每股经营现金流量(元)	-0.0436	0.4387	0.9050	-0.4660
经营活动现金净流量增长(%)	-111.6329	573.2591	294.2	-

新疆敦华石油技术股份有限公司

公司概况				
公司名称	新疆敦华石油技术股份有限公司		证券简称	敦华石油
法人代表	姚树欣	董秘 黄江荣	证券代码	832275
公司网址	www.xjdunhua-oil.com		电子信箱	wangdan@dunhua-oil.com
电话	0990-6385556		传真	00990-6385558
办公地址	新疆克拉玛依市迎宾大道 69-13-11 号			
经营范围	石油化工产品的技术推广和应用服务、软件和信息技术服务			

主要财务指标 指标\报告期	2015.06.30	2014.12.31	2013.12.31	2012.12.31
净利润(万元)	-289.64	1077.79	266.04	147.65
净利润增长率(%)	-194.5	305.1268	80.1825	-
加权净资产收益率(%)	-19.6200	77.9800	36.1200	27.8800
资产负债比率(%)	69.8614	51.3095	71.9534	32.3879
净利润现金含量(%)	-497.2608	0.8547	139.8150	-214.8756
基本每股收益(元)	-0.2900	2.1600	0.5300	0.3000
每股收益-扣除(元)	-	-	-	-
每股收益-摊薄(元)	-0.2896	2.1556	0.5321	0.2953
每股资本公积金(元)	0.0103	1.0206	-	-
每股未分配利润(元)	-0.0866	1.6061	0.6128	0.1860
每股净资产(元)	1.0300	3.8400	1.6900	1.2100
每股经营现金流量(元)	1.4403	0.0184	0.7439	-0.6300
经营活动现金净流量增长(%)	115.0958	-97.5234	217.2	-

翔宇药业股份有限公司

公司概况						
	公司名称	翔宇药业股份有限公司			证券简称	翔宇药业
	法人代表	林凡儒	董秘	谢有策	证券代码	832276
	公司网址	www.xiangyuyaoye.com		电子信箱	584057270@qq.com	
	电　　话	0539-7253858		传　　真	0539-7253867	
	办公地址	山东省临沂市经济技术开发区杭州路30号				
	经营范围	中、西药的研发、生产和销售				

主要财务指标	指标\报告期	2015.06.30	2014.12.31	2013.12.31	2012.12.31
	净利润(万元)	2268.40	2778.33	2097.02	1062.52
	净利润增长率(%)	259.2056	32.4890	97.3633	-
	加权净资产收益率(%)	13.1500	22.5100	30.3900	27.8200
	资产负债比率(%)	75.8415	73.3659	88.8602	79.2539
	净利润现金含量(%)	106.3728	57.0676	289.5838	119.8409
	基本每股收益(元)	0.2800	0.4000	0.5200	0.2700
	每股收益-扣除(元)	0.2800	0.2300	-	-
	每股收益-摊薄(元)	0.2836	0.3473	0.5243	0.2656
	每股资本公积金(元)	0.6560	0.6560	0.0355	0.9913
	每股未分配利润(元)	0.5952	0.3128	-0.0409	-0.5651
	每股净资产(元)	2.2835	2.0000	1.0300	1.4600
	每股经营现金流量(元)	0.3016	0.1982	1.5182	0.3200
	经营活动现金净流量增长(%)	62.2583	-73.8907	376.9093	-

苏州金泉新材料股份有限公司

公司概况						
	公司名称	苏州金泉新材料股份有限公司			证券简称	金泉股份
	法人代表	樊海彬	董秘	李嘉薇	证券代码	832277
	公司网址	www.cs-jqhx.com		电子信箱	65343042@qq.com	
	电　　话	0512-52553835		传　　真	0512-52511033	
	办公地址	常熟市支塘镇八字桥村				
	经营范围	从事环保再生型彩色PET(涤纶)短纤维系列和原生型纳米复合PPS纤维系列的生产及销售				

主要财务指标	指标\报告期	2015.06.30	2014.12.31	2013.12.31	2012.12.31
	净利润(万元)	615.30	818.74	626.09	768.40
	净利润增长率(%)	216.8237	30.7704	-18.5196	-
	加权净资产收益率(%)	10.1700	15.3500	13.5800	19.6400
	资产负债比率(%)	41.0072	43.1575	48.8368	34.1825
	净利润现金含量(%)	79.2750	57.7021	-40.6006	59.1609
	基本每股收益(元)	0.4800	0.6400	0.4900	0.6000
	每股收益-扣除(元)	0.4800	0.5900	-	-
	每股收益-摊薄(元)	0.4807	0.6396	0.4891	0.6003
	每股资本公积金(元)	3.1731	3.1731	-	-
	每股未分配利润(元)	0.7621	0.2814	2.5617	2.1215
	每股净资产(元)	4.9700	4.4900	3.8500	3.3600
	每股经营现金流量(元)	0.3811	0.3691	-0.1986	0.3600
	经营活动现金净流量增长(%)	256.8842	285.9	-155.9178	-

江苏鹿得医疗电子股份有限公司

公司概况						
	公司名称	江苏鹿得医疗电子股份有限公司			证券简称	鹿得医疗
	法人代表	项友亮	董秘	张玉军	证券代码	832278
	公司网址	www.asian-medical.com		电子信箱	ir@lordmed.com	
	电　　话	0513-80580008		传　　真	0513-80580080	
	办公地址	江苏省南通市经济技术开发区同兴路8号				
	经营范围	机械血压表、电子血压计、雾化器、听诊器等家庭医疗器械与相关零配件的研发等				

主要财务指标	指标\报告期	2015.06.30	2014.12.31	2013.12.31	2012.12.31
	净利润(万元)	601.97	866.31	1389.21	839.18
	净利润增长率(%)	71.1951	-37.6397	65.5434	-
	加权净资产收益率(%)	6.5600	9.5900	16.3800	10.7300
	资产负债比率(%)	46.1760	44.2095	42.0147	50.7073
	净利润现金含量(%)	79.2323	-111.0924	110.9344	-48.8899
	基本每股收益(元)	0.0800	0.1100	0.1800	0.1000
	每股收益-扣除(元)	0.0700	0.1000	-	-
	每股收益-摊薄(元)	0.0752	0.1083	0.1929	0.1165
	每股资本公积金(元)	0.1112	0.1185	-	-
	每股未分配利润(元)	0.0651	-0.0101	0.2492	0.0765
	每股净资产(元)	1.1800	1.1100	1.1500	0.9800
	每股经营现金流量(元)	0.0596	-0.1203	0.2139	-0.0500
	经营活动现金净流量增长(%)	2174.8770	-162.4491	475.6	-

北京三川世纪能源科技股份公司

公司概况						
	公司名称	北京三川世纪能源科技股份公司			证券简称	三川能源
	法人代表	郭海波	董秘	郭海龙	证券代码	832279
	公司网址	www.bjscsj.cn		电子信箱	bjguoxiao@163.com	
	电　　话	010-82809635		传　　真	010-82809630	
	办公地址	北京市海淀区志新路27号1号楼367				
	经营范围	公司的主营业务是油气田工程设备与技术服务				

主要财务指标	指标\报告期	2015.06.30	2014.12.31	2013.12.31	2012.12.31
	净利润(万元)	-380.79	647.72	483.17	-
	净利润增长率(%)	-297.2132	34.0553	-16.7608	-
	加权净资产收益率(%)	-13.8800	9.8700	12.5700	-
	资产负债比率(%)	60.4945	58.0483	60.5580	-
	净利润现金含量(%)	301.2906	-148.6274	94.8808	-
	基本每股收益(元)	-0.1600	0.2600	0.0800	-
	每股收益-扣除(元)	-0.1700	0.0300	-	-
	每股收益-摊薄(元)	-0.1265	0.2699	0.1611	-
	每股资本公积金(元)	0.0134	0.0092	0.0004	-
	每股未分配利润(元)	-0.1276	0.1917	0.3225	-
	每股净资产(元)	0.9000	1.2200	1.3600	-
	每股经营现金流量(元)	-0.3812	-0.4011	0.1528	-
	经营活动现金净流量增长(%)	-111.9	-309.9928	20.7260	-

创元期货股份有限公司

公司概况	公司名称	创元期货股份有限公司		证券简称	创元期货
	法人代表	吴文胜	董秘 杨世璧	证券代码	832280
	公司网址	www.cyqh.com.cn		电子信箱	zhb@cyqh.com.cn
	电　话	0512-68278744		传　真	0512-68278711
	办公地址	江苏省苏州市三香路120号万盛大厦2楼、3楼			
	经营范围	商品期货经纪、金融期货经纪			

	指标\报告期	2015.06.30	2014.12.31	2013.12.31	2012.12.31
主要财务指标	净利润(万元)	242.70	474.20	456.06	391.03
	净利润增长率(%)	266.0	3.9789	16.6308	–
	加权净资产收益率(%)	1.6000	3.1300	3.0400	3.2300
	资产负债比率(%)	82.1906	79.3817	76.2804	76.2985
	净利润现金含量(%)	1903.7339	1636.2635	1590.3720	–479.3142
	基本每股收益(元)	0.0200	0.0400	0.0400	0.0300
	每股收益–扣除(元)	0.0100	–	–	–
	每股收益–摊薄(元)	0.0202	0.0395	0.0380	0.0326
	每股资本公积金(元)	0.1965	0.1965	0.1649	0.1649
	每股未分配利润(元)	0.0518	0.0316	0.0565	0.0261
	每股净资产(元)	1.2700	1.2500	1.2600	1.2300
	每股经营现金流量(元)	0.3850	0.6466	0.6044	–0.1600
	经营活动现金净流量增长(%)	672.1	6.9793	487.0	–

广东和氏自动化技术股份有限公司

公司概况	公司名称	广东和氏自动化技术股份有限公司		证券简称	和氏技术
	法人代表	王丽萍	董秘 朱小龙	证券代码	832281
	公司网址	www.zh-heshi.com		电子信箱	hesh@zh-heshi.com
	电　话	0756-3986131		传　真	0756-3878330
	办公地址	广东省珠海市金湾区联港工业区双林片区虹晖五路十二号1#厂房1层、2层B			
	经营范围	非标自动化设备的研发、生产和销售与服务			

	指标\报告期	2015.06.30	2014.12.31	2013.12.31	2012.12.31
主要财务指标	净利润(万元)	734.60	10.26	143.22	0.15
	净利润增长率(%)	11773.7	–92.9794	–6.4151	–
	加权净资产收益率(%)	35.3900	0.8400	–	18.8600
	资产负债比率(%)	63.6258	62.2847	54.9632	66.9280
	净利润现金含量(%)	–73.8135	–2839.5468	–122.1470	–337.2906
	基本每股收益(元)	0.4500	0.0100	0.1200	0.1600
	每股收益–扣除(元)	0.4100	0.0050	–	–
	每股收益–摊薄(元)	0.3907	0.0087	0.1214	0.0001
	每股资本公积金(元)	0.0456	0.0549	0.0114	0.0016
	每股未分配利润(元)	0.3774	–0.0212	0.0186	–0.1037
	每股净资产(元)	1.4300	1.0400	1.0300	0.9200
	每股经营现金流量(元)	–0.2884	–0.2469	–0.1483	–0.0004
	经营活动现金净流量增长(%)	–890.8569	–66.5	65.0	–

江苏智途科技股份有限公司

公司概况	公司名称	江苏智途科技股份有限公司		证券简称	智途科技
	法人代表	何小军	董秘 陈偲	证券代码	832282
	公司网址	www.ztemap.com		电子信箱	si.chen@ztemap.com
	电　话	0514-87990456		传　真	0514-87972300
	办公地址	江苏信息服务产业基地(扬州)11号楼B栋1层			
	经营范围	计算机系统服务、数据处理、基础软件服务、应用软件服务等			

	指标\报告期	2015.06.30	2014.12.31	2013.12.31	2012.12.31
主要财务指标	净利润(万元)	247.28	603.49	134.81	3.87
	净利润增长率(%)	830.7288	347.6571	3381.8208	–
	加权净资产收益率(%)	10.5000	50.1200	36.7300	3.0700
	资产负债比率(%)	46.4205	34.0417	48.9507	56.5982
	净利润现金含量(%)	34.3042	7.1904	–69.0355	–1898.8325
	基本每股收益(元)	0.1300	0.3200	0.2696	0.0100
	每股收益–扣除(元)	48.8000	0.3090	–	–
	每股收益–摊薄(元)	0.1301	0.3176	0.2696	0.0114
	每股资本公积金(元)	0.0250	0.0250	–	–
	每股未分配利润(元)	0.1287	0.1160	0.0500	–0.3147
	每股净资产(元)	1.1900	1.1700	0.2800	0.1200
	每股经营现金流量(元)	0.0446	0.0228	–0.1861	–0.2162
	经营活动现金净流量增长(%)	138.8	146.6	–26.6	–

杭州天丰电源股份有限公司

公司概况	公司名称	杭州天丰电源股份有限公司		证券简称	天丰电源
	法人代表	陈刚	董秘 郑赛维	证券代码	832283
	公司网址	www.skyrichpower.com		电子信箱	zhengsaiwei@wanmabattery.com
	电　话	0571-88368930		传　真	0571-88258911
	办公地址	浙江省杭州市拱墅区临半路118号			
	经营范围	生产、销售高性能聚合物锂离子电池			

	指标\报告期	2015.06.30	2014.12.31	2013.12.31	2012.12.31
主要财务指标	净利润(万元)	1846.77	1828.00	301.27	249.99
	净利润增长率(%)	98.2125	506.7724	20.5139	–
	加权净资产收益率(%)	22.7900	25.4800	4.9300	4.3700
	资产负债比率(%)	47.5537	39.4517	42.3942	35.7031
	净利润现金含量(%)	16.6148	84.7205	628.8212	305.4743
	基本每股收益(元)	0.3696	0.3700	0.0600	0.0500
	每股收益–扣除(元)	–	0.3268	–	–0.0163
	每股收益–摊薄(元)	0.3694	0.3656	0.0603	0.0500
	每股资本公积金(元)	0.2468	0.2468	0.2309	0.2309
	每股未分配利润(元)	0.5196	0.1500	0.0157	–0.0409
	每股净资产(元)	1.8100	1.4400	1.2500	1.1900
	每股经营现金流量(元)	0.0614	0.3097	0.3789	0.1500
	经营活动现金净流量增长(%)	–77.9167	–18.2501	148.0787	–

北京贝达化工股份有限公司

公司概况	公司名称	北京贝达化工股份有限公司			证券简称	贝达化工
	法人代表	鲁杰	董秘	伊燕帝	证券代码	832284
	公司网址	www.betachem-china.com		电子信箱	info@betachem-china.com	
	电　话	010-51709001		传　真	010-51709008	
	办公地址	北京市海淀区紫竹院路 116 号 A 座 707 室				
	经营范围	公司主要从事农药的国际出口登记、销售业务				

主要财务指标 指标\报告期	2015.06.30	2014.12.31	2013.12.31	2012.12.31
净利润(万元)	49.79	51.15	-42.00	1243.74
净利润增长率(%)	-54.4432	221.8	-103.3772	-
加权净资产收益率(%)	1.0800	1.1200	-0.9500	42.3100
资产负债比率(%)	50.6812	49.0874	57.5614	77.4395
净利润现金含量(%)	236.7879	1599.6161	16067.6528	519.8883
基本每股收益(元)	0.0200	0.0200	-0.0200	1.2437
每股收益-扣除(元)	-	0.0034	-	-
每股收益-摊薄(元)	0.0237	0.0244	-0.0200	1.2437
每股资本公积金(元)	0.1463	0.1463	0.0001	0.0011
每股未分配利润(元)	1.1126	1.0970	1.2063	2.5847
每股净资产(元)	2.2000	2.1800	2.1600	3.5527
每股经营现金流量(元)	0.0561	0.3896	-3.2138	6.4661
经营活动现金净流量增长(%)	-94.5465	112.1	-204.3754	-

江苏瑞恩电气股份有限公司

公司概况	公司名称	江苏瑞恩电气股份有限公司			证券简称	瑞恩电气
	法人代表	王良明	董秘	张磊	证券代码	832285
	公司网址	www.redq.cc		电子信箱	ryanjs@126.com	
	电　话	0513-88782613		传　真	0513-88837088	
	办公地址	江苏省海安县海安镇长江西路 88-9 号				
	经营范围	调压器、电力变压器、干式电力变压器、特种变压器、箱式变电站的生产等				

主要财务指标 指标\报告期	2015.06.30	2014.12.31	2013.12.31	2012.12.31
净利润(万元)	177.61	-30.64	58.94	-1.00
净利润增长率(%)	1160.7705	-148.0043	5986.2	-
加权净资产收益率(%)	0.0300	-0.6100	1.2600	-0.0200
资产负债比率(%)	50.9859	48.6322	44.8530	41.8210
净利润现金含量(%)	173.5353	2.6318	-2750.7874	57082.8007
基本每股收益(元)	0.0400	-0.0100	0.0100	-0.0002
每股收益-扣除(元)	0.0300	-	-	-
每股收益-摊薄(元)	0.0296	-0.0051	0.0098	-0.0002
每股资本公积金(元)	0.0024	0.0024	-	-
每股未分配利润(元)	0.0277	-0.0033	0.0049	-0.0064
每股净资产(元)	1.0300	1.0000	1.0100	0.9936
每股经营现金流量(元)	0.0514	-0.0001	-0.2702	-0.1100
经营活动现金净流量增长(%)	-73.8913	100.0	-183.7	-

山东凯翔生物化工股份有限公司

公司概况	公司名称	山东凯翔生物化工股份有限公司			证券简称	凯翔生物
	法人代表	凯翔生物	董秘	王燕	证券代码	832286
	公司网址	www.itaconicacid.com		电子信箱	sdkxcw@163.com	
	电　话	0633-2258709		传　真	0633-2258707	
	办公地址	山东省日照市五莲县城沿河路 52 号				
	经营范围	食品添加剂“葡萄糖酸-δ-内酯”的生产销售				

主要财务指标 指标\报告期	2015.06.30	2014.12.31	2013.12.31	2012.12.31
净利润(万元)	-54.37	46.53	911.50	-446.19
净利润增长率(%)	-119.4409	-94.8953	304.3	-
加权净资产收益率(%)	-2.1000	1.7900	43.0800	-23.7000
资产负债比率(%)	88.0336	85.4015	85.0412	89.7419
净利润现金含量(%)	499.3094	3364.8925	-142.8601	-41.3148
基本每股收益(元)	-0.0200	0.0200	0.3500	-0.1700
每股收益-扣除(元)	-0.0600	0.0000	0.3400	-0.1700
每股收益-摊薄(元)	-0.0209	0.0179	0.3506	-0.1716
每股资本公积金(元)	0.0758	0.0758	-	-
每股未分配利润(元)	-0.0898	-0.0689	-0.0110	-0.3616
每股净资产(元)	0.9900	1.0100	0.9900	0.6400
每股经营现金流量(元)	-0.1044	0.6022	-0.5008	0.0709
经营活动现金净流量增长(%)	65.1	220.2	-806.3857	-

深圳市金凯新瑞光电股份有限公司

公司概况	公司名称	深圳市金凯新瑞光电股份有限公司			证券简称	金凯光电
	法人代表	何志良	董秘	王小静	证券代码	832287
	公司网址	www.goldenken.com		电子信箱	jinkai@goldenken.com	
	电　话	0755-61539888		传　真	0755-61539899	
	办公地址	广东省深圳市光明新区公明办事处薯田埔社区金海润工业园第 1 栋、第 4 栋、第 10 栋				
	经营范围	电子材料的研发与销售等				

主要财务指标 指标\报告期	2015.06.30	2014.12.31	2013.12.31	2012.12.31
净利润(万元)	1047.38	2598.92	2177.26	2094.60
净利润增长率(%)	-8.3554	19.3665	3.9464	-
加权净资产收益率(%)	6.3300	21.0600	21.9200	23.3600
资产负债比率(%)	29.7478	33.4788	50.9548	50.7815
净利润现金含量(%)	98.6951	-17.0016	76.3329	49.4514
基本每股收益(元)	0.1600	0.4800	0.4500	0.4200
每股收益-扣除(元)	0.1600	0.4650	-	-
每股收益-摊薄(元)	0.1561	0.4054	0.4355	0.4189
每股资本公积金(元)	1.4872	1.3381	-	-
每股未分配利润(元)	0.2940	0.1444	0.9789	0.5882
每股净资产(元)	2.8213	2.5000	2.0800	1.6500
每股经营现金流量(元)	0.1541	-0.0689	0.3324	0.2100
经营活动现金净流量增长(%)	236.4	-126.5864	60.4511	-

西安三人行传媒网络科技股份有限公司

公司概况	公司名称	西安三人行传媒网络科技股份有限公司			证券简称	三人行
	法人代表	钱俊冬	董秘	陈胜	证券代码	832288
	公司网址	www.topsrx.com		电子信箱	chensheng@topsrx.com	
	电　话	029-85510881		传　真	029-85515407	
	办公地址	陕西省西安市高新区科技四路 195 号				
	经营范围	主要从事校园全媒体广告业务、校园公关活动服务业务和移动互联网服务				

主要财务指标	指标\报告期	2015.06.30	2014.12.31	2013.12.31	2012.12.31
	净利润(万元)	284.18	1259.06	589.73	473.07
	净利润增长率(%)	21.8632	113.4994	24.6598	–
	加权净资产收益率(%)	6.3300	33.8600	27.0300	49.8200
	资产负债比率(%)	59.8036	46.1177	61.7536	68.7609
	净利润现金含量(%)	–113.6862	96.2529	275.8708	37.2653
	基本每股收益(元)	0.0800	0.3600	0.5600	0.4700
	每股收益–扣除(元)	0.0800	0.3603	–	–
	每股收益–摊薄(元)	0.0812	0.3597	0.5632	0.4731
	每股资本公积金(元)	0.0115	0.0115	0.8973	0.0688
	每股未分配利润(元)	0.3002	0.2190	1.0521	0.5119
	每股净资产(元)	1.3200	1.2400	2.9500	1.5800
	每股经营现金流量(元)	–0.0923	0.3463	1.5500	0.1800
	经营活动现金净流量增长(%)	79.5	–25.5089	822.8417	–

沧州运输集团股份公司

公司概况	公司名称	沧州运输集团股份公司			证券简称	沧运集团
	法人代表	曹永堂	董秘	王春英	证券代码	832289
	公司网址	www.cangyun.cn		电子信箱	cangyunjituan@126.com	
	电　话	0317-2156601		传　真	0317-2156602	
	办公地址	沧州市新华西路 85 号				
	经营范围	道路客运、汽车客运站、物流服务及与之相关的汽车销售与售后服务业务				

主要财务指标	指标\报告期	2015.06.30	2014.12.31	2013.12.31	2012.12.31
	净利润(万元)	1269.88	2131.60	4231.99	4369.59
	净利润增长率(%)	–16.8752	–49.6312	–3.1489	–
	加权净资产收益率(%)	3.6400	5.5100	13.7300	16.1000
	资产负债比率(%)	71.6772	72.0365	70.7962	71.2746
	净利润现金含量(%)	41.7874	146.1953	58.2471	192.6124
	基本每股收益(元)	0.3200	0.5300	1.0600	1.0924
	每股收益–扣除(元)	0.2838	0.4887	–	1.0360
	每股收益–摊薄(元)	0.1587	0.5329	1.0580	1.0924
	每股资本公积金(元)	2.2027	4.4055	4.4055	4.4055
	每股未分配利润(元)	0.7987	2.3999	2.1627	1.3484
	每股净资产(元)	4.3800	8.5500	8.2100	7.3200
	每股经营现金流量(元)	0.0663	0.7791	0.6163	2.1000
	经营活动现金净流量增长(%)	–91.0173	26.4215	–70.7117	–

新疆金双猫化工股份有限公司

公司概况	公司名称	新疆金双猫化工股份有限公司			证券简称	双猫股份
	法人代表	袁春敏	董秘	徐辉	证券代码	832290
	公司网址			电子信箱	1966407761@qq.com	
	电　话	0902-2371558		传　真	0902-2371555	
	办公地址	新疆哈密地区哈密市石油基地南开发区兴业路 15 号				
	经营范围	胶粘剂的生产和销售				

主要财务指标	指标\报告期	2015.06.30	2014.12.31	2013.12.31	2012.12.31
	净利润(万元)	41.16	184.32	81.79	–4.27
	净利润增长率(%)	–61.5063	125.3497	2017.1	–
	加权净资产收益率(%)	3.3100	18.0000	12.8000	–0.7100
	资产负债比率(%)	39.5259	35.7430	43.4842	58.0196
	净利润现金含量(%)	658.3454	–90.1549	437.0714	1450.0287
	基本每股收益(元)	0.0500	0.2300	0.1500	–0.0100
	每股收益–扣除(元)	0.0500	0.2400	–	–
	每股收益–摊薄(元)	0.0452	0.2026	0.1487	–0.0078
	每股资本公积金(元)	0.2456	0.2034	0.0036	0.0036
	每股未分配利润(元)	0.1782	0.1330	0.2021	0.0675
	每股净资产(元)	1.4300	1.3400	1.2400	1.0900
	每股经营现金流量(元)	0.2977	–0.1826	0.6500	–0.1100
	经营活动现金净流量增长(%)	154.6	–146.4830	677.9	–

河北中泊防爆工具集团股份有限公司

公司概况	公司名称	河北中泊防爆工具集团股份有限公司			证券简称	中泊防爆
	法人代表	杨庆来	董秘	张金萍	证券代码	832291
	公司网址	www.safetytools.com.cn		电子信箱	admin@safetytools.com.cn	
	电　话	0317-8319008		传　真	0317-8319008	
	办公地址	河北省沧州市泊头市工业区武港路 2 号				
	经营范围	铍青铜防爆工具、铝青铜防爆工具、特种钢制工具的研发、生产与销售				

主要财务指标	指标\报告期	2015.06.30	2014.12.31	2013.12.31	2012.12.31
	净利润(万元)	706.25	1726.97	984.37	1112.32
	净利润增长率(%)	2.7410	75.4389	–10.4034	–
	加权净资产收益率(%)	4.2200	10.6300	7.0200	9.2800
	资产负债比率(%)	9.3408	10.7180	8.0833	10.7085
	净利润现金含量(%)	–51.4160	98.9756	105.8521	108.9448
	基本每股收益(元)	0.0900	0.3100	0.2300	0.3400
	每股收益–扣除(元)	0.0870	0.3000	–	–
	每股收益–摊薄(元)	0.0883	0.2159	0.1898	0.3491
	每股资本公积金(元)	0.7741	0.7741	0.1459	0.2376
	每股未分配利润(元)	0.3516	0.2633	1.6297	2.3720
	每股净资产(元)	2.1400	2.0469	3.0200	2.4300
	每股经营现金流量(元)	–0.0454	0.2137	0.2009	0.3800
	经营活动现金净流量增长(%)	–133.0365	64.0417	–14.0149	–

扬州曙光电缆股份有限公司

公司概况	公司名称	扬州曙光电缆股份有限公司			证券简称	曙光电缆
	法人代表	郑连元	董秘	齐宏文	证券代码	832292
	公司网址	www.shuguangcable.com		电子信箱	qhongwen@shuguangcable.com	
	电　　话	0514-87591502　875		传　　真	0514-87591508	
	办公地址	江苏省扬州市高邮市菱塘镇				
	经营范围	电力、装备、特种电缆的制造、销售				

	指标\报告期	2015.06.30	2014.12.31	2013.12.31	2012.12.31
主要财务指标	净利润(万元)	2517.61	4926.89	6778.65	7065.99
	净利润增长率(%)	28.4453	-27.3175	-4.0664	-
	加权净资产收益率(%)	3.3000	6.7300	9.9700	12.1800
	资产负债比率(%)	47.6244	41.2747	45.1508	50.1466
	净利润现金含量(%)	580.8484	4.9499	-27.7315	-122.5422
	基本每股收益(元)	0.1120	0.2192	0.3015	0.3143
	每股收益-扣除(元)	-	0.1967	-	0.3500
	每股收益-摊薄(元)	0.1120	0.2192	0.3015	0.3143
	每股资本公积金(元)	1.7836	1.7836	1.7836	1.7836
	每股未分配利润(元)	0.5882	0.5042	0.3514	0.0801
	每股净资产(元)	3.4300	3.3500	3.1700	2.8700
	每股经营现金流量(元)	0.6505	0.0108	-0.0836	-0.3852
	经营活动现金净流量增长(%)	484.1401	113.0	78.3	-

浙江日高智能机械股份有限公司

公司概况	公司名称	浙江日高智能机械股份有限公司			证券简称	日高股份
	法人代表	吴朝武	董秘	徐登懂	证券代码	832293
	公司网址	www.rigao.com.cn		电子信箱	270915072@qq.com	
	电　　话	0577-56965688		传　　真	0577-88821168	
	办公地址	浙江省温州市鹿城区轻工产业园区沈湾路26号3幢4楼				
	经营范围	自动化包装机械的研发、生产和销售				

	指标\报告期	2015.06.30	2014.12.31	2013.12.31	2012.12.31
主要财务指标	净利润(万元)	49.29	110.90	230.85	177.44
	净利润增长率(%)	730.1	-51.9608	30.1038	-
	加权净资产收益率(%)	1.6400	3.8000	8.4100	-
	资产负债比率(%)	31.4368	30.9287	26.9065	32.4719
	净利润现金含量(%)	775.5393	473.7671	57.7908	258.2990
	基本每股收益(元)	0.0300	0.0800	0.1520	0.1170
	每股收益-扣除(元)	0.0300	0.0700	-	-
	每股收益-摊薄(元)	0.0324	0.0730	0.1519	0.1167
	每股资本公积金(元)	0.9144	0.9181	-	-
	每股未分配利润(元)	0.0682	0.0357	0.7932	0.6565
	每股净资产(元)	1.9900	1.9600	1.8800	1.7300
	每股经营现金流量(元)	0.2515	0.3457	0.0878	0.3000
	经营活动现金净流量增长(%)	326.4702	293.8241	-70.8911	-

河北鑫乐医疗器械科技股份有限公司

公司概况	公司名称	河北鑫乐医疗器械科技股份有限公司			证券简称	鑫乐医疗
	法人代表	苗利勇	董秘	默玉杰	证券代码	832294
	公司网址	www.hbxinle.com		电子信箱	hbxinle008@hbxinle.net	
	电　　话	0311-88585776		传　　真	0311-88585776	
	办公地址	河北省石家庄市新乐市南环路189号				
	经营范围	临床检验标本采集产品真空采血系统的研发、生产和销售等				

	指标\报告期	2015.06.30	2014.12.31	2013.12.31	2012.12.31
主要财务指标	净利润(万元)	407.92	338.42	213.19	218.37
	净利润增长率(%)	413.9966	58.7424	-2.3722	-
	加权净资产收益率(%)	21.6400	40.5400	-	118.8000
	资产负债比率(%)	30.9619	75.2651	89.4702	92.2567
	净利润现金含量(%)	-208.7727	222.4788	336.6817	43.8220
	基本每股收益(元)	0.2400	0.4500	1.9600	2.0100
	每股收益-扣除(元)	0.2500	0.4400	-	-
	每股收益-摊薄(元)	0.1569	0.2820	1.9595	2.0071
	每股资本公积金(元)	0.2658	0.2262	-	-
	每股未分配利润(元)	0.1626	-0.0269	3.3706	1.6189
	每股净资产(元)	1.4300	1.2100	4.7600	2.8000
	每股经营现金流量(元)	-0.3275	0.6274	6.5972	0.8800
	经营活动现金净流量增长(%)	-300.4458	4.8967	650.0677	-

安徽富泰发饰文化股份有限公司

公司概况	公司名称	安徽富泰发饰文化股份有限公司			证券简称	富泰股份
	法人代表	刘献	董秘	杨彬	证券代码	832295
	公司网址	www.fortunehair.com		电子信箱	futai@fortunehair.com	
	电　　话	0558-8661369		传　　真	0558-8661212	
	办公地址	安徽省阜阳市太和县城关镇工业园区				
	经营范围	假发系列产品研发、生产、销售；进出口贸易				

	指标\报告期	2015.06.30	2014.12.31	2013.12.31	2012.12.31
主要财务指标	净利润(万元)	751.34	2608.44	3567.23	2260.81
	净利润增长率(%)	39.4805	-26.8778	57.7853	-
	加权净资产收益率(%)	2.8500	11.4000	19.7800	44.8900
	资产负债比率(%)	38.7564	41.8285	54.1959	51.9606
	净利润现金含量(%)	241.2453	22.1670	-5.2891	-844.0607
	基本每股收益(元)	0.0800	0.3100	0.4500	0.5800
	每股收益-扣除(元)	0.0500	0.2200	-	-
	每股收益-摊薄(元)	0.0835	0.2898	0.4459	0.2826
	每股资本公积金(元)	1.4311	1.4311	0.7500	0.7500
	每股未分配利润(元)	0.5197	0.4362	0.6812	0.2629
	每股净资产(元)	2.9700	2.8800	2.4800	2.0300
	每股经营现金流量(元)	0.2014	0.0642	-0.0236	-2.3853
	经营活动现金净流量增长(%)	5.8721	406.5	99.0	-

天维尔信息科技股份有限公司

公司概况

公司名称	天维尔信息科技股份有限公司			证券简称	天维尔
法人代表	高文军	董秘	王晓连	证券代码	832296
公司网址	www.telewave.com.cn			电子信箱	tianwe@telewave.com.cn
电　　话	0755-26743081			传　　真	0755-26743084
办公地址	广东省深圳市南山区高新区科技中二路软件园7号楼6层				
经营范围	计算机软硬件、指挥控制系统、数字调度交换系统、卫星定位系统的开发、生产与销售				

主要财务指标

指标\报告期	2015.06.30	2014.12.31	2013.12.31	2012.12.31
净利润(万元)	767.41	3672.56	2624.26	1026.43
净利润增长率(%)	-78.5651	39.9463	155.6677	-
加权净资产收益率(%)	7.0800	42.4300	44.1600	34.4200
资产负债比率(%)	35.1930	54.6778	69.6881	77.0110
净利润现金含量(%)	-121.4800	-41.8540	150.9853	-161.2888
基本每股收益(元)	0.1300	0.6100	0.4800	0.1900
每股收益-扣除(元)	0.1000	0.5100	-	-
每股收益-摊薄(元)	0.1279	0.6121	0.4390	0.1945
每股资本公积金(元)	1.0612	0.2812	-	-
每股未分配利润(元)	0.4942	0.4063	0.1267	-0.3378
每股净资产(元)	1.8100	1.7500	1.1400	0.6600
每股经营现金流量(元)	-0.1554	-0.2562	0.6628	-0.3137
经营活动现金净流量增长(%)	56.2	-138.7939	339.3	-

海南新生飞翔文化传媒股份有限公司

公司概况

公司名称	海南新生飞翔文化传媒股份有限公司			证券简称	新生飞翔
法人代表	高娣	董秘	杨希海	证券代码	832297
公司网址	www.airshop.com.cn			电子信箱	xsfxsyb@hnair.com
电　　话	0898-68875473			传　　真	0898-65319852
办公地址	海南省海口市国贸大道45号银通国际中心14层				
经营范围	以航空企业航机资源为平台开展媒体广告及商品零售业务的综合性服务商				

主要财务指标

指标\报告期	2015.06.30	2014.12.31	2013.12.31	2012.12.31
净利润(万元)	1042.70	1053.94	305.80	-339.27
净利润增长率(%)	19.1076	244.6517	190.1	-
加权净资产收益率(%)	3.0200	4.4500	8.0100	-33.8800
资产负债比率(%)	7.7161	13.3646	16.5927	86.7189
净利润现金含量(%)	142.6797	76.6965	-66.5278	28.5836
基本每股收益(元)	0.0318	0.0500	0.0800	-0.3400
每股收益-扣除(元)	-	0.0500	0.0800	-
每股收益-摊薄(元)	0.0316	0.0333	0.0133	-0.3393
每股资本公积金(元)	0.0170	0.0177	-	-
每股未分配利润(元)	0.0488	0.0180	0.0054	-0.1681
每股净资产(元)	1.0700	1.0400	1.0100	0.8300
每股经营现金流量(元)	0.0451	0.0256	-0.0088	-0.0970
经营活动现金净流量增长(%)	-92.7505	497.3	-109.8	-

山东菲达电力电缆股份有限公司

公司概况

公司名称	山东菲达电力电缆股份有限公司			证券简称	菲缆股份
法人代表	张敏	董秘	张勇	证券代码	832298
公司网址	www.sdfeid.com			电子信箱	sdfeida2008@163.com
电　　话	0536-2788527			传　　真	0536-2869398
办公地址	山东省潍坊市高密市夏庄工业园A区87号				
经营范围	电线、电缆的生产和销售				

主要财务指标

指标\报告期	2015.06.30	2014.12.31	2013.12.31	2012.12.31
净利润(万元)	121.60	209.02	-53.76	8.82
净利润增长率(%)	163.2542	488.8	-709.5094	-
加权净资产收益率(%)	3.0600	0.0375	-1.0600	0.1500
资产负债比率(%)	73.1330	66.7508	67.7631	65.6088
净利润现金含量(%)	-143.7505	990.9704	779.5414	-26992.414
基本每股收益(元)	0.0400	0.0444	-0.0100	0.0018
每股收益-扣除(元)	0.0400	0.0465	-	0.0019
每股收益-摊薄(元)	0.0404	0.0694	-0.0108	0.0018
每股资本公积金(元)	0.3128	0.3128	0.0081	0.0081
每股未分配利润(元)	0.0272	-0.0132	-0.0230	-0.0123
每股净资产(元)	1.3400	1.3000	1.1400	1.1500
每股经营现金流量(元)	-0.0581	0.6882	-0.0838	-0.4800
经营活动现金净流量增长(%)	-126.0232	594.3	82.4	-

新疆石大科技股份有限公司

公司概况

公司名称	新疆石大科技股份有限公司			证券简称	石大科技
法人代表	刘勇杰	董秘	樊爱萍	证券代码	832299
公司网址	www.starseed365.com			电子信箱	1494213085@qq.com
电　　话	0996-2707901			传　　真	0996-2161605
办公地址	新疆库尔勒经济技术开发区乐悟路6583				
经营范围	农作物种子与肥料的研发、生产和销售				

主要财务指标

指标\报告期	2015.06.30	2014.12.31	2013.12.31	2012.12.31
净利润(万元)	-748.55	-362.95	168.43	1240.15
净利润增长率(%)	-245.4	-293.4042	-86.3077	-
加权净资产收益率(%)	-8.6900	-3.3000	-1.7600	27.5800
资产负债比率(%)	36.4407	34.6106	34.6220	46.0371
净利润现金含量(%)	41.0054	111.6009	-382.9622	5.7719
基本每股收益(元)	-0.2100	-0.0800	-	0.9900
每股收益-扣除(元)	-0.2100	-0.1100	-	-
每股收益-摊薄(元)	-0.2091	-0.1014	0.0481	0.5637
每股资本公积金(元)	1.5686	1.5686	0.8574	0.3686
每股未分配利润(元)	-0.2719	-0.0583	0.5771	0.8439
每股净资产(元)	2.3000	2.5100	2.5000	2.3100
每股经营现金流量(元)	-0.0857	-0.1131	-0.1843	0.0300
经营活动现金净流量增长(%)	-606.5892	37.2	-1001.1304	-

河南宏源车轮股份有限公司

公司概况	公司名称	河南宏源车轮股份有限公司			证券简称	宏源车轮
	法人代表	黄洪亮	董秘	冯瑞杰	证券代码	832300
	公司网址	www.ayhyxg.com		电子信箱	zqb@hywg.cc	
	电　话	0372-3382693		传　真	0372-3382679	
	办公地址	河南省安阳市高新区光明路南段路西(北小庄)				
	经营范围	汽车、工程机械车轮型钢、总成及配件制造等				

	指标\报告期	2015.06.30	2014.12.31	2013.12.31	2012.12.31
主要财务指标	净利润(万元)	156.28	347.05	1048.93	78.72
	净利润增长率(%)	-24.8561	-66.9141	1232.5087	-
	加权净资产收益率(%)	0.9300	3.4800	12.0600	-0.2700
	资产负债比率(%)	44.5762	36.2877	77.5921	65.6589
	净利润现金含量(%)	2951.9223	-1385.3749	385.9020	2626.0690
	基本每股收益(元)	0.0100	0.0600	0.3300	-0.0100
	每股收益-扣除(元)	-	-	-	-
	每股收益-摊薄(元)	0.0121	0.0268	0.3496	0.0262
	每股资本公积金(元)	0.2937	0.2937	-	1.4167
	每股未分配利润(元)	-0.0468	-0.0589	0.8093	0.5182
	每股净资产(元)	1.6100	1.2500	1.9500	3.2500
	每股经营现金流量(元)	0.3567	-0.3718	1.3493	0.6900
	经营活动现金净流量增长(%)	151.9291	-218.7771	95.8128	-

南通三信塑胶装备科技股份有限公司

公司概况	公司名称	南通三信塑胶装备科技股份有限公司			证券简称	三信科技
	法人代表	陈伟	董秘	陆雪丽	证券代码	832301
	公司网址	www.ntsanxin.com		电子信箱	Bsx2000@163.com	
	电　话	0513-68202936		传　真	0513-83214154	
	办公地址	江苏省启东市汇龙镇台角工业园区				
	经营范围	电晕处理机、流延薄膜机的研发、生产、销售及机械设备的安装、调试、技术服务				

	指标\报告期	2015.06.30	2014.12.31	2013.12.31	2012.12.31
主要财务指标	净利润(万元)	39.93	50.52	-222.97	-135.72
	净利润增长率(%)	-38.9580	122.7	-64.3	-
	加权净资产收益率(%)	2.6200	4.2900	-18.7600	-9.6800
	资产负债比率(%)	72.2223	75.8296	83.9018	76.6261
	净利润现金含量(%)	247.9598	-567.9711	102.8953	-1198.2235
	基本每股收益(元)	0.0400	0.0500	-0.2200	-0.1400
	每股收益-扣除(元)	-	-	-	-
	每股收益-摊薄(元)	0.0368	0.0466	-0.2230	-0.1357
	每股资本公积金(元)	0.4773	0.2928	0.0000	0.1500
	每股未分配利润(元)	-0.0099	-0.0468	-0.1806	0.1423
	每股净资产(元)	1.5100	1.2900	0.9500	1.4300
	每股经营现金流量(元)	0.0913	-0.2646	-0.2294	1.6263
	经营活动现金净流量增长(%)	134.6	-25.1	-113.7988	-

江苏世昌农牧股份有限公司

公司概况	公司名称	江苏世昌农牧股份有限公司			证券简称	世昌股份
	法人代表	袁珍虎	董秘	黄晓晨	证券代码	832302
	公司网址	www.zcfeed.com		电子信箱	757414361@qq.com	
	电　话	0517-83739569		传　真	0517-83739569	
	办公地址	江苏省淮安经济技术开发区飞耀路5号				
	经营范围	饲料、饲料添加剂、饲料原材料销售等				

	指标\报告期	2015.06.30	2014.12.31	2013.12.31	2012.12.31
主要财务指标	净利润(万元)	-9.17	328.16	-88.40	564.36
	净利润增长率(%)	-104.6497	471.2	-115.6645	-
	加权净资产收益率(%)	-0.3500	13.2400	-4.4800	27.0500
	资产负债比率(%)	80.2985	77.7712	79.6815	76.8066
	净利润现金含量(%)	-13365.326	267.3723	-750.8849	144.2845
	基本每股收益(元)	-0.0040	0.1500	-0.0400	0.2400
	每股收益-扣除(元)	-0.0150	0.1280	-	-
	每股收益-摊薄(元)	-0.0040	0.1446	-0.5894	3.7624
	每股资本公积金(元)	0.2800	0.2800	-	-
	每股未分配利润(元)	-0.1303	-0.1263	11.3473	11.9366
	每股净资产(元)	1.1500	1.1500	12.8473	16.7600
	每股经营现金流量(元)	0.5401	0.3865	4.4254	5.4286
	经营活动现金净流量增长(%)	314.2	32.1782	-18.4789	-

山东广安车联科技股份有限公司

公司概况	公司名称	山东广安车联科技股份有限公司			证券简称	广安车联
	法人代表	孔艳红	董秘	杜清英	证券代码	832303
	公司网址	www.sdgakj.com		电子信箱	sdgakj@163.com	
	电　话	4007080022		传　真	4007080022-8002	
	办公地址	山东省济宁市高新区创业园(三期)1层东跨第4C101-4C108号房				
	经营范围	卫星定位终端的生产、销售及相关运营服务及驾校培训系统的运营服务				

	指标\报告期	2015.06.30	2014.12.31	2013.12.31	2012.12.31
主要财务指标	净利润(万元)	31.64	84.63	66.24	-84.15
	净利润增长率(%)	29.6759	27.7532	178.7	-
	加权净资产收益率(%)	1.4600	6.2600	5.8800	-7.4100
	资产负债比率(%)	12.0326	3.9595	13.1975	2.4053
	净利润现金含量(%)	-36.6805	-177.5831	80.6852	274.7676
	基本每股收益(元)	0.0160	0.0700	0.0600	-0.0760
	每股收益-扣除(元)	0.0100	0.0400	-0.0700	-
	每股收益-摊薄(元)	0.0158	0.0423	0.0602	-0.0765
	每股资本公积金(元)	0.0386	0.0386	0.0703	0.0703
	每股未分配利润(元)	0.0446	0.0287	-0.0168	-0.0765
	每股净资产(元)	1.0900	1.0700	1.0500	1.0100
	每股经营现金流量(元)	-0.0058	-0.0751	0.0486	-0.2100
	经营活动现金净流量增长(%)	73.3	-381.1769	123.1	-

武汉纽威晨创科技发展股份有限公司

公司概况	公司名称	武汉纽威晨创科技发展股份有限公司		证券简称	纽威科技	
	法人代表	胡汉华	董秘	吴刚	证券代码	832304
	公司网址	www.newwaywuhan.com		电子信箱	435390266@qq.com	
	电　话	027-88165556		传　真	027-88165556	
	办公地址	湖北省武汉市东湖新技术开发区高科园二路99号				
	经营范围	中药制药装备研发、生产、销售以及技术服务				

主要财务指标	指标\报告期	2015.06.30	2014.12.31	2013.12.31	2012.12.31
	净利润(万元)	226.20	0.88	11.58	-28.45
	净利润增长率(%)	638.9961	-92.3711	-93.2377	-
	加权净资产收益率(%)	9.5100	0.0100	-	7.5100
	资产负债比率(%)	64.8239	81.1410	78.2748	77.0855
	净利润现金含量(%)	71.7145	115642.263	-1440.0391	4681.1844
	基本每股收益(元)	0.0900	0.0006	0.0100	0.1300
	每股收益-扣除(元)	-	-	-	-
	每股收益-摊薄(元)	0.0929	0.0006	0.0084	-0.0222
	每股资本公积金(元)	0.1433	0.0771	0.0771	-
	每股未分配利润(元)	0.1076	0.0260	0.0253	0.0525
	每股净资产(元)	1.2600	1.1200	1.1200	1.0700
	每股经营现金流量(元)	0.0666	0.7404	-0.1208	-1.0400
	经营活动现金净流量增长(%)	127.9822	712.6	87.5	-

保定市东利机械制造股份有限公司

公司概况	公司名称	保定市东利机械制造股份有限公司		证券简称	东利机械	
	法人代表	王征	董秘	邵建	证券代码	832305
	公司网址	www.bddlm.com/cn		电子信箱	dljxxzb@163.com	
	电　话	0312-5802998		传　真	0312-5802989	
	办公地址	河北省保定市清苑县第四工业园区(前进东街29号)				
	经营范围	汽车发动机曲轴减震皮带轮加工制造、铸件制造、模具制造、精密数控机床加工				

主要财务指标	指标\报告期	2015.06.30	2014.12.31	2013.12.31	2012.12.31
	净利润(万元)	793.84	1027.16	357.47	381.80
	净利润增长率(%)	33.7461	187.3440	-6.3732	-
	加权净资产收益率(%)	7.2000	10.4800	5.8500	7.3800
	资产负债比率(%)	76.1192	60.8040	64.6108	72.9370
	净利润现金含量(%)	80.5949	154.3976	-546.4092	315.9106
	基本每股收益(元)	0.1000	0.1300	0.0700	0.0900
	每股收益-扣除(元)	0.1000	0.1200	0.0800	-
	每股收益-摊薄(元)	0.0992	0.1284	0.0447	0.0764
	每股资本公积金(元)	0.2546	0.2546	-	-
	每股未分配利润(元)	0.1223	0.0300	0.1449	0.1675
	每股净资产(元)	1.3800	1.2900	1.1600	1.1862
	每股经营现金流量(元)	0.0800	0.1982	-0.2442	0.2412
	经营活动现金净流量增长(%)	-59.6574	181.2	-261.9400	-

山东崇峻房地产经纪股份有限公司

公司概况	公司名称	山东崇峻房地产经纪股份有限公司		证券简称	崇峻股份	
	法人代表	吴志权	董秘	李春风	证券代码	832306
	公司网址	www.cojoneshare.com		电子信箱	shcjdc@163.com	
	电　话	0531-88980188		传　真	0531-88980177	
	办公地址	山东省济南市历下区经十路9777号鲁商·国奥城3号楼1703室				
	经营范围	楼盘代理销售、房地产顾问策划及国内广告业务				

主要财务指标	指标\报告期	2015.06.30	2014.12.31	2013.12.31	2012.12.31
	净利润(万元)	70.54	602.08	324.16	274.62
	净利润增长率(%)	-53.6361	85.7337	18.0408	-
	加权净资产收益率(%)	9.4000	72.2700	72.0400	153.1500
	资产负债比率(%)	39.7183	46.7583	49.6574	60.5582
	净利润现金含量(%)	-543.6549	-37.4405	135.9474	165.9849
	基本每股收益(元)	0.1800	1.2900	6.3600	5.3800
	每股收益-扣除(元)	-	1.1900	-	-
	每股收益-摊薄(元)	0.1280	1.0927	6.3561	5.3847
	每股资本公积金(元)	0.1093	0.1093	1.0000	1.0000
	每股未分配利润(元)	0.7153	0.5873	9.3683	3.0123
	每股净资产(元)	1.8400	1.7100	12.0000	5.6400
	每股经营现金流量(元)	-0.6960	-0.4091	8.6409	8.9400
	经营活动现金净流量增长(%)	-364.7289	-151.1518	-3.3204	-

常州中航蜂窝新材料股份有限公司

公司概况	公司名称	常州中航蜂窝新材料股份有限公司		证券简称	中航蜂窝	
	法人代表	卢红伟	董秘	糜娜	证券代码	832307
	公司网址	www.cnzhonghang.cn		电子信箱	czhs@cnzhonghang.cn	
	电　话	0519-85502928		传　真	0519-85507952	
	办公地址	江苏省常州市天宁区青龙街道桐家工业园19号				
	经营范围	蜂窝结构复合材料的技术研发、生产与销售				

主要财务指标	指标\报告期	2015.06.30	2014.12.31	2013.12.31	2012.12.31
	净利润(万元)	11.49	130.76	-33.04	-93.35
	净利润增长率(%)	14.1727	495.8	64.6	-
	加权净资产收益率(%)	2.1900	28.9100	-8.5400	-93.3800
	资产负债比率(%)	61.7982	67.1671	71.9634	64.1670
	净利润现金含量(%)	855.7214	106.9327	978.9015	21.9622
	基本每股收益(元)	0.0200	0.2600	-0.0700	-0.7000
	每股收益-扣除(元)	-	-	-	-
	每股收益-摊薄(元)	0.0230	0.2615	-0.0661	-0.1867
	每股资本公积金(元)	0.0165	0.0165	-	-
	每股未分配利润(元)	0.0399	0.0170	-0.2262	-0.1601
	每股净资产(元)	1.0600	1.0400	0.7700	0.8400
	每股经营现金流量(元)	0.1966	0.2797	-0.6468	-0.0410
	经营活动现金净流量增长(%)	-31.3961	143.2	-1477.5	-

山东旺盛园林股份有限公司

公司概况	公司名称	山东旺盛园林股份有限公司		证券简称	旺盛园林
	法人代表	付聿国	董秘 孟霞	证券代码	832308
	公司网址	www.wsyuanlin.com		电子信箱	sdws365@163.com
	电　话	0531-66591057		传　真	0531-66591052
	办公地址	山东省济南市历城区花园路24号林业局			
	经营范围	园林绿化工程施工、苗木种植和绿化养护业务			

主要财务指标	指标\报告期	2015.06.30	2014.12.31	2013.12.31	2012.12.31
	净利润(万元)	159.59	-124.41	-	-
	净利润增长率(%)	228.3	-	-	-
	加权净资产收益率(%)	4.5700	-3.5800	-	-
	资产负债比率(%)	61.9606	41.3611	-	-
	净利润现金含量(%)	-711.8985	-627.4124	-	-
	基本每股收益(元)	0.0800	-0.0600	-	-
	每股收益-扣除(元)	-	-	-	-
	每股收益-摊薄(元)	0.0795	-0.0620	-	-
	每股资本公积金(元)	0.0699	0.0699	-	-
	每股未分配利润(元)	0.6396	0.5619	-	-
	每股净资产(元)	1.7800	1.7000	-	-
	每股经营现金流量(元)	-0.5658	0.3900	-	-
	经营活动现金净流量增长(%)	-245.5429	-	-	-

河北凯翔电气科技股份有限公司

公司概况	公司名称	河北凯翔电气科技股份有限公司		证券简称	凯翔科技
	法人代表	李世平	董秘 钟寰	证券代码	832309
	公司网址	www.itaconicacid.com		电子信箱	sdkxcw@163.com
	电　话	0311-86132885		传　真	0311-86125381
	办公地址	山东省日照市五莲县城沿河路52号			
	经营范围	机电一体化产品等			

主要财务指标	指标\报告期	2015.06.30	2014.12.31	2013.12.31	2012.12.31
	净利润(万元)	438.57	1238.70	117.59	-
	净利润增长率(%)	20.0508	953.4425	-	-
	加权净资产收益率(%)	7.6800	27.2700	6.9700	-
	资产负债比率(%)	43.8225	48.3648	49.2758	-
	净利润现金含量(%)	41.2314	-46.3119	357.8839	-
	基本每股收益(元)	0.1500	0.4600	0.0600	-
	每股收益-扣除(元)	0.1300	0.4200	-	-
	每股收益-摊薄(元)	0.1462	0.4129	0.0588	-
	每股资本公积金(元)	0.0005	0.0005	0.0007	-
	每股未分配利润(元)	0.9133	0.7671	0.5617	-
	每股净资产(元)	1.9800	1.8300	1.6300	-
	每股经营现金流量(元)	0.0603	-0.1912	0.2104	-
	经营活动现金净流量增长(%)	192.2	-236.3207	-	-

新疆威奥科技股份有限公司

公司概况	公司名称	新疆威奥科技股份有限公司		证券简称	威奥科技
	法人代表	薛瑞雷	董秘 赵淑珍	证券代码	832310
	公司网址	www.weld-auto.cn		电子信箱	weld-auto@sohu.com
	电　话	0990-6831393		传　真	0990-6831393
	办公地址	新疆克拉玛依市石化园区西一街			
	经营范围	自动化焊接装备研发制造			

主要财务指标	指标\报告期	2015.06.30	2014.12.31	2013.12.31	2012.12.31
	净利润(万元)	602.19	515.42	528.25	427.50
	净利润增长率(%)	799.8953	-2.4283	23.5686	-
	加权净资产收益率(%)	9.5800	9.0000	12.2000	19.6900
	资产负债比率(%)	61.1690	67.6452	64.5118	51.4412
	净利润现金含量(%)	-66.5420	-442.6223	-31.6231	154.6398
	基本每股收益(元)	0.1500	0.1289	0.2000	0.2800
	每股收益-扣除(元)	-0.0540	0.1200	0.1900	0.1700
	每股收益-摊薄(元)	0.1505	0.1289	0.1321	0.2137
	每股资本公积金(元)	-	-	-	-
	每股未分配利润(元)	0.5757	0.4252	0.3092	0.5057
	每股净资产(元)	1.6500	1.4962	1.3673	1.6000
	每股经营现金流量(元)	-0.1002	-0.5703	-0.0418	0.3300
	经营活动现金净流量增长(%)	-517.6	-1265.7	-125.2692	-

苏州兆科电子股份有限公司

公司概况	公司名称	苏州兆科电子股份有限公司		证券简称	兆科电子
	法人代表	赵奇	董秘 江惠兴	证券代码	832311
	公司网址	zeeteq.com.cn		电子信箱	Jeson.Jiang@zeeteq.com
	电　话	0512-68078808		传　真	0512-68078818
	办公地址	江苏省苏州高新区火炬路51号科技工业园三号厂房			
	经营范围	电连接器、线束等连接系统产品的研发、生产及销售			

主要财务指标	指标\报告期	2015.06.30	2014.12.31	2013.12.31	2012.12.31
	净利润(万元)	103.82	-631.82	-92.69	-
	净利润增长率(%)	-62.9517	-581.7	-	-
	加权净资产收益率(%)	13.5600	-114.1700	-7.8200	-
	资产负债比率(%)	84.8485	80.2618	76.0578	-
	净利润现金含量(%)	168.9181	110.0167	-1399.5879	-
	基本每股收益(元)	0.2100	-0.5000	-0.0700	-
	每股收益-扣除(元)	-	-	-	-
	每股收益-摊薄(元)	0.2076	-0.4957	-0.0727	-
	每股资本公积金(元)	0.1280	-	-	-
	每股未分配利润(元)	0.4991	-0.6098	-0.1141	-
	每股净资产(元)	1.6600	0.4300	0.9300	-
	每股经营现金流量(元)	0.3508	-0.5500	1.0200	-
	经营活动现金净流量增长(%)	37.6597	-153.5826	-	-

深圳市领耀东方科技股份有限公司

公司概况	公司名称	深圳市领耀东方科技股份有限公司			证券简称	领耀科技
	法人代表	周撼宇	董秘	黄一山	证券代码	832312
	公司网址	www.topeastic.com		电子信箱	huangyishan@topeastic.com	
	电　话	00755-84857655		传　真	00755-84859855	
	办公地址	广东深圳市南山区科技园中区科苑路 15 号科兴科学园 A 栋 4 单元 1205 室				
	经营范围	各类半导体电子器件的销售、调试、安装等				

	指标\报告期	2015.06.30	2014.12.31	2013.12.31	2012.12.31
主要财务指标	净利润(万元)	297.09	201.67	185.68	30.43
	净利润增长率(%)	-23.6260	8.6081	510.1275	-
	加权净资产收益率(%)	16.0700	18.3400	23.5600	4.6400
	资产负债比率(%)	75.8283	73.7681	49.8406	42.1448
	净利润现金含量(%)	-744.8441	-236.0638	-359.3088	465.6895
	基本每股收益(元)	0.2800	0.2200	0.2100	0.0300
	每股收益-扣除(元)	-	0.2200	0.2100	0.0300
	每股收益-摊薄(元)	0.2701	0.2241	0.2571	0.0468
	每股资本公积金(元)	0.3792	0.0191	0.0960	-
	每股未分配利润(元)	0.4924	0.2718	0.2583	0.0299
	每股净资产(元)	1.9100	1.3300	1.3800	1.0300
	每股经营现金流量(元)	-2.0117	-0.5290	-0.9238	0.2200
	经营活动现金净流量增长(%)	-337.8	28.6	-570.7517	-

北京汉能华科技股份有限公司

公司概况	公司名称	北京汉能华科技股份有限公司			证券简称	汉能华
	法人代表	刘晓枫	董秘	卫文娟	证券代码	832313
	公司网址	www.han-energy.cn		电子信箱	info@han-energy.cn	
	电　话	0010-63805657		传　真	0010-63805657	
	办公地址	北京市丰台区西四环南路 101 号 6023 室(园区)				
	经营范围	研发、生产、销售风电机组状态监测产品及其他风电配套产品				

	指标\报告期	2015.06.30	2014.12.31	2013.12.31	2012.12.31
主要财务指标	净利润(万元)	42.09	470.27	233.58	5.40
	净利润增长率(%)	-68.2825	101.3319	4224.9081	-
	加权净资产收益率(%)	4.5800	70.9900	75.2300	2.8300
	资产负债比率(%)	42.8471	48.8461	43.8469	52.2581
	净利润现金含量(%)	543.7185	28.9642	-28.2696	774.2329
	基本每股收益(元)	0.0800	0.9400	0.4700	0.0100
	每股收益-扣除(元)	0.0800	0.9300	0.4700	-
	每股收益-摊薄(元)	0.0842	0.9405	0.4672	0.0108
	每股资本公积金(元)	0.6094	0.6094	-	-
	每股未分配利润(元)	0.2040	0.1671	-0.1455	-0.6126
	每股净资产(元)	1.8300	1.8000	0.8500	0.3900
	每股经营现金流量(元)	0.4577	0.2724	-0.1321	0.0836
	经营活动现金净流量增长(%)	4.5462	306.3	-257.9156	-

青岛四砂泰益超硬研磨股份有限公司

公司概况	公司名称	青岛四砂泰益超硬研磨股份有限公司			证券简称	四砂泰益
	法人代表	翟纯锌	董秘	董志磊	证券代码	832314
	公司网址	www.cnsisa.cn		电子信箱	ssdongzl@sina.com	
	电　话	0532-86815299		传　真	0532-86815288	
	办公地址	山东省青岛经济技术开发区松花江西路				
	经营范围	普通磨具和超硬磨具的研发、生产和销售				

	指标\报告期	2015.06.30	2014.12.31	2013.12.31	2012.12.31
主要财务指标	净利润(万元)	301.33	540.83	309.64	-159.61
	净利润增长率(%)	67.8818	74.6662	294.0	-
	加权净资产收益率(%)	10.9100	21.6300	15.7500	-8.4400
	资产负债比率(%)	53.7169	67.7166	73.5632	78.3849
	净利润现金含量(%)	59.2136	82.2900	406.5934	-696.8232
	基本每股收益(元)	0.1100	0.2000	0.1300	-0.0800
	每股收益-扣除(元)	-	0.2100	-	-
	每股收益-摊薄(元)	0.0997	0.2041	0.1274	-0.0657
	每股资本公积金(元)	0.3505	0.1184	-	-
	每股未分配利润(元)	-0.0121	-0.1500	-0.1274	-0.2549
	每股净资产(元)	1.3600	0.9900	0.8200	0.6900
	每股经营现金流量(元)	0.0590	0.1679	0.5200	0.4600
	经营活动现金净流量增长(%)	62.6815	-64.6495	13.1973	-

四川君和环保股份有限公司

公司概况	公司名称	四川君和环保股份有限公司			证券简称	君和环保
	法人代表	李乐军	董秘	蒋雨辰	证券代码	832315
	公司网址	www.scjhhb.com		电子信箱	lifan73@126.com	
	电　话	0833-2431498		传　真	0833-2431498	
	办公地址	四川省乐山高新区南新路 12 号				
	经营范围	环保工程工艺设计与治理				

	指标\报告期	2015.06.30	2014.12.31	2013.12.31	2012.12.31
主要财务指标	净利润(万元)	39.50	1061.47	235.11	-
	净利润增长率(%)	-80.3102	351.1830	-	-
	加权净资产收益率(%)	1.2700	46.0000	13.6300	-
	资产负债比率(%)	40.9788	56.1896	62.0344	-
	净利润现金含量(%)	-799.9355	44.7847	-72.4170	-
	基本每股收益(元)	0.0200	0.5300	0.1200	-
	每股收益-扣除(元)	0.0100	0.5100	-	-
	每股收益-摊薄(元)	0.0198	0.5307	0.1176	-
	每股资本公积金(元)	0.2297	0.2297	-	-
	每股未分配利润(元)	0.3012	0.2815	-0.1220	-
	每股净资产(元)	1.5700	1.5500	0.9000	-
	每股经营现金流量(元)	-0.1580	0.2377	-0.0851	-
	经营活动现金净流量增长(%)	-438.8597	379.2	-	-

吉林省添正医药股份有限公司

公司概况					
公司名称	吉林省添正医药股份有限公司			证券简称	添正医药
法人代表	蔡体元	董秘	张殿有	证券代码	832316
公司网址	www.jltzyy.com		电子信箱	zhencheng7000@163.com	
电　　话	0432-67185299		传　　真	0432-67182499	
办公地址	吉林省蛟河市河北街长白山大街167号办公楼				
经营范围	从事药品、医疗器械的批发业务				

主要财务指标

指标\报告期	2015.06.30	2014.12.31	2013.12.31	2012.12.31
净利润(万元)	784.68	379.20	24.68	-23.81
净利润增长率(%)	482.2127	1432.7736	203.6	-
加权净资产收益率(%)	10.3900	9.7200	1.1200	-
资产负债比率(%)	28.2445	38.1144	71.1550	71.0115
净利润现金含量(%)	199.1748	-693.0371	4280.5842	-634.8351
基本每股收益(元)	0.1200	0.1100	0.0100	-0.0100
每股收益-扣除(元)	0.1200	0.1100	-	-0.0100
每股收益-摊薄(元)	0.1121	0.0599	0.0123	-0.0119
每股资本公积金(元)	0.1518	0.0620	0.0200	-
每股未分配利润(元)	0.1398	0.0306	0.1016	0.0905
每股净资产(元)	1.2900	1.1000	1.1300	0.3500
每股经营现金流量(元)	0.2233	-0.4152	0.5283	0.0800
经营活动现金净流量增长(%)	660.9618	-348.7393	598.8879	-

北京观典航空科技股份有限公司

公司概况					
公司名称	北京观典航空科技股份有限公司			证券简称	观典航空
法人代表	高明	董秘	李振冰	证券代码	832317
公司网址			电子信箱	li@skycam.com.cn	
电　　话	010-67156688		传　　真	010-84628462	
办公地址	北京市东城区长青园7号1栋3507-058				
经营范围	航空技术推广服务;维修机械设备;销售机械设备				

主要财务指标

指标\报告期	2015.06.30	2014.12.31	2013.12.31	2012.12.31
净利润(万元)	1969.92	1038.31	-56.86	112.78
净利润增长率(%)	154.8244	1926.2	-150.4124	-
加权净资产收益率(%)	24.3400	78.5200	-	-
资产负债比率(%)	2.0902	25.0861	111.0954	108.4521
净利润现金含量(%)	-4.0936	97.9131	625.3014	151.0265
基本每股收益(元)	0.5200	0.8300	-0.5700	1.1300
每股收益-扣除(元)	-	0.7000	-	-
每股收益-摊薄(元)	0.4147	0.2967	-0.5686	1.1278
每股资本公积金(元)	2.8532	0.0310	-	-
每股未分配利润(元)	0.4404	0.0349	-2.6476	-2.0790
每股净资产(元)	4.3000	3.0300	-1.4100	-1.0800
每股经营现金流量(元)	-0.0170	0.2905	-3.5553	1.7000
经营活动现金净流量增长(%)	75.1	386.0	-308.7243	-

天津市广通信息技术工程股份有限公司

公司概况					
公司名称	天津市广通信息技术工程股份有限公司			证券简称	广通股份
法人代表	赵超	董秘	孙剑	证券代码	832318
公司网址			电子信箱	aqcgps@126.com	
电　　话	022-23390863		传　　真	022-23390863	
办公地址	天津市华苑产业区榕苑路4号天发科技园1-2-202				
经营范围	电子信息、光机电一体化的技术开发、咨询、服务、转让				

主要财务指标

指标\报告期	2015.06.30	2014.12.31	2013.12.31	2012.12.31
净利润(万元)	49.04	197.95	141.51	8.16
净利润增长率(%)	10.7090	39.8804	1635.2455	-
加权净资产收益率(%)	6.4600	31.0900	23.2600	2.7300
资产负债比率(%)	80.4128	70.8011	83.2420	4.4391
净利润现金含量(%)	-80.7328	-792.5707	1379.4456	-204.6569
基本每股收益(元)	0.1000	0.4000	0.2800	0.0200
每股收益-扣除(元)	0.1000	0.1900	-	-
每股收益-摊薄(元)	0.0981	0.3959	0.2830	0.0163
每股资本公积金(元)	0.1877	0.1877	0.1877	-
每股未分配利润(元)	0.3512	0.2552	-0.1123	-0.3954
每股净资产(元)	1.5700	1.4700	1.0754	0.6000
每股经营现金流量(元)	-0.0792	-3.1377	3.9041	-0.0300
经营活动现金净流量增长(%)	95.4	-180.3693	11787.8	-

青岛华仁物业股份有限公司

公司概况					
公司名称	青岛华仁物业股份有限公司			证券简称	华仁物业
法人代表	解艳燕	董秘	李珍	证券代码	832319
公司网址	www.hrwuye.com		电子信箱	huarenwuye@126.com	
电　　话	0532-85728377		传　　真	0532-85728377	
办公地址	山东省青岛市市南区东海西路37号3137户及3136-2户				
经营范围	提供物业管理服务				

主要财务指标

指标\报告期	2015.06.30	2014.12.31	2013.12.31	2012.12.31
净利润(万元)	159.41	309.75	363.87	290.43
净利润增长率(%)	37.6660	-14.8737	25.2895	-
加权净资产收益率(%)	9.6900	23.6400	41.6600	53.1600
资产负债比率(%)	44.9096	53.1044	70.7874	72.3974
净利润现金含量(%)	856.1901	-74.9446	-49.1561	202.1751
基本每股收益(元)	0.1600	0.4800	0.7300	0.5800
每股收益-扣除(元)	-	-	-	-
每股收益-摊薄(元)	0.1594	0.3098	0.7277	0.5809
每股资本公积金(元)	0.5359	0.5359	-	-
每股未分配利润(元)	0.1854	0.0260	0.9997	0.3447
每股净资产(元)	1.7200	1.5600	2.1100	1.3800
每股经营现金流量(元)	1.3649	-0.2321	-0.3577	1.1700
经营活动现金净流量增长(%)	1112.9	-29.8	-130.4625	-

安徽大富装饰股份有限公司

公司概况					
公司名称	安徽大富装饰股份有限公司			证券简称	大富装饰
法人代表	孙运峰	董秘	梁淑琼	证券代码	832320
公司网址	www.ahdfjt.com		电子信箱	jyb@ahdfjt.com	
电　话	0551-63413028		传　真	0551-63413522	
办公地址	安徽省合肥市太湖路太宁花园紫云阁506室				
经营范围	建筑装饰设计及施工				

主要财务指标：指标\报告期	2015.06.30	2014.12.31	2013.12.31	2012.12.31
净利润(万元)	550.35	363.32	104.09	47.42
净利润增长率(%)	335.6418	249.0586	119.4867	–
加权净资产收益率(%)	9.2400	7.0200	2.1100	1.6600
资产负债比率(%)	54.6794	53.0280	43.9673	27.5863
净利润现金含量(%)	9.6034	67.2625	–994.7935	–9500.4218
基本每股收益(元)	0.1000	0.0700	0.0200	0.0100
每股收益–扣除(元)	0.1000	0.0700	0.0200	–
每股收益–摊薄(元)	0.1001	0.0695	0.0207	0.0094
每股资本公积金(元)	0.0372	0.0339	–	–
每股未分配利润(元)	0.1294	0.0309	–0.0054	–0.0262
每股净资产(元)	1.1700	1.0700	0.9900	0.9700
每股经营现金流量(元)	0.0096	0.0468	–0.2063	–0.9000
经营活动现金净流量增长(%)	–88.6593	123.6	77.0	–

东莞市福华健康管理股份有限公司

公司概况					
公司名称	东莞市福华健康管理股份有限公司			证券简称	福华股份
法人代表	霍卫堂	董秘	霍玉敏	证券代码	832321
公司网址	www.fhtj.com.cn		电子信箱	fhtjhr@126.com	
电　话	00769-88666888		传　真	00769-28827557	
办公地址	广东省东莞市东城区东莞大道19号鼎峰国际广场1栋401-412				
经营范围	医疗机构投资，体检中心投资，医院投资，体检信息系统咨询、软件开发等				

主要财务指标：指标\报告期	2015.06.30	2014.12.31	2013.12.31	2012.12.31
净利润(万元)	–122.43	134.24	–136.84	–342.44
净利润增长率(%)	41.8	198.1	60.0	–
加权净资产收益率(%)	–19.9400	–37.0000	31.9500	–
资产负债比率(%)	14.9406	19.5160	150.9984	136.4269
净利润现金含量(%)	111.5204	236.7216	33.4238	70.6816
基本每股收益(元)	–0.2500	0.3700	–0.4600	–1.1400
每股收益–扣除(元)	–	–	–	–
每股收益–摊薄(元)	–0.2449	0.2685	–0.4561	–1.1415
每股资本公积金(元)	0.1141	0.1141	–	–
每股未分配利润(元)	–0.0263	0.2186	–2.6555	–2.1994
每股净资产(元)	1.1100	1.3500	–1.6600	–1.2000
每股经营现金流量(元)	–0.2731	0.6356	–0.1525	–0.8100
经营活动现金净流量增长(%)	–409.0928	794.8	81.1	–

东台市凯润精密机械股份有限公司

公司概况					
公司名称	东台市凯润精密机械股份有限公司			证券简称	凯润精密
法人代表	肖斌	董秘	林影	证券代码	832322
公司网址	www.kairunwj.com		电子信箱	info@kairunwj.com	
电　话	00515-69969666		传　真	0515-69969668	
办公地址	江苏省东台市富安工业园				
经营范围	研发、生产和销售紧固件及精密机械加工件				

主要财务指标：指标\报告期	2015.06.30	2014.12.31	2013.12.31	2012.12.31
净利润(万元)	–86.17	31.96	119.08	110.51
净利润增长率(%)	–817.0217	–73.1585	7.7610	–
加权净资产收益率(%)	–7.0900	2.6300	19.3300	75.8500
资产负债比率(%)	66.0608	62.0692	79.7023	81.8047
净利润现金含量(%)	–180.6241	–1124.1137	102.7583	–61.6324
基本每股收益(元)	–0.0900	0.0400	0.4000	0.3684
每股收益–扣除(元)	–0.0863	0.0374	–	–
每股收益–摊薄(元)	–0.0862	0.0320	0.3969	0.3684
每股资本公积金(元)	0.0065	0.0065	0.5000	0.5000
每股未分配利润(元)	0.1648	0.2510	0.7505	0.3552
每股净资产(元)	1.1700	1.2600	0.6800	1.8600
每股经营现金流量(元)	0.1556	–0.3593	0.4079	–0.2300
经营活动现金净流量增长(%)	127.1	–393.6299	279.7	–

无锡聚丰数控金属制品股份有限公司

公司概况					
公司名称	无锡聚丰数控金属制品股份有限公司			证券简称	聚丰股份
法人代表	姚惠明	董秘	刘敏	证券代码	832323
公司网址			电子信箱	Liumin868@163.com	
电　话	00510-88702863		传　真	0510-88206208	
办公地址	江苏省无锡市锡山区羊尖镇机械装备产业园B区宝园路25号				
经营范围	钣金件的生产、加工、销售				

主要财务指标：指标\报告期	2015.06.30	2014.12.31	2013.12.31	2012.12.31
净利润(万元)	371.67	526.49	630.70	673.13
净利润增长率(%)	46.8120	–16.5230	–6.3039	–
加权净资产收益率(%)	15.5800	32.6300	47.8100	67.0500
资产负债比率(%)	21.2213	33.1505	35.2265	49.0007
净利润现金含量(%)	26.7782	134.1505	98.4267	28.6557
基本每股收益(元)	0.4600	1.7500	12.6100	13.4600
每股收益–扣除(元)	0.4200	1.8600	–	–
每股收益–摊薄(元)	0.4646	1.0530	12.6140	13.4626
每股资本公积金(元)	1.6243	3.1989	4.7274	4.7274
每股未分配利润(元)	0.4686	0.1731	17.0443	13.8504
每股净资产(元)	3.1100	4.4000	23.2700	20.0800
每股经营现金流量(元)	0.1244	1.4126	12.4155	3.8600
经营活动现金净流量增长(%)	–83.5824	13.7749	221.8261	–

岳阳金瀚高新技术股份有限公司

公司概况

公司名称	岳阳金瀚高新技术股份有限公司			证券简称	金瀚高新
法人代表	杨钦	董秘	吴佳	证券代码	832324
公司网址	www.0730jh.com		电子信箱	jiaren1115@126.co	
电　话	0730-2988912		传　真	0730-2988288	
办公地址	湖南省岳阳市云溪区工业园				
经营范围	烃烷类化工产品的生产、销售				

主要财务指标

指标＼报告期	2015.06.30	2014.12.31	2013.12.31	2012.12.31
净利润(万元)	63.98	–15.83	6.94	–34.16
净利润增长率(%)	31.5599	–327.9825	120.3	–
加权净资产收益率(%)	5.9300	–1.7800	0.8100	–3.9200
资产负债比率(%)	79.2538	80.2375	73.2995	71.1572
净利润现金含量(%)	1138.7925	–4938.6380	16084.7989	–147.6049
基本每股收益(元)	0.0600	–0.0200	0.0100	–0.0300
每股收益–扣除(元)	–0.1100	–0.0700	–	–
每股收益–摊薄(元)	0.0582	–0.0144	0.0069	–0.0342
每股资本公积金(元)	0.0099	0.0099	–	–
每股未分配利润(元)	–0.0004	–0.0586	–0.1377	–0.1446
每股净资产(元)	1.0100	0.9500	0.8600	0.8500
每股经营现金流量(元)	0.6624	0.7106	1.1167	0.0500
经营活动现金净流量增长(%)	38.0244	–30.0008	2114.9153	–

浙江捷尚视觉科技股份有限公司

公司概况

公司名称	浙江捷尚视觉科技股份有限公司			证券简称	捷尚股份
法人代表	尚凌辉	董秘	徐颖颖	证券代码	832325
公司网址	www.icarevision.cn		电子信箱	xuyingying@icarevision.cn	
电　话	0571-28137006		传　真	0571-28009268	
办公地址	浙江省杭州市余杭区五常街道文一西路998号7幢东楼				
经营范围	技术开发、技术服务、成果转让等				

主要财务指标

指标＼报告期	2015.06.30	2014.12.31	2013.12.31	2012.12.31
净利润(万元)	–327.47	2430.60	267.03	–1240.24
净利润增长率(%)	–154.7921	810.2524	121.5	–
加权净资产收益率(%)	–4.7300	67.6700	71.1900	–1558.7300
资产负债比率(%)	31.9031	38.0377	67.8566	106.8477
净利润现金含量(%)	519.2450	5.9366	–490.1197	213.1765
基本每股收益(元)	–0.1000	0.8500	0.1200	–0.5900
每股收益–扣除(元)	–0.1100	0.6300	–	–0.5900
每股收益–摊薄(元)	–0.0891	0.7904	0.0962	–0.5769
每股资本公积金(元)	1.4494	0.4639	1.1459	0.8605
每股未分配利润(元)	0.3614	0.5385	–1.4516	–1.9978
每股净资产(元)	2.8600	2.0600	0.6900	–0.1400
每股经营现金流量(元)	–0.4627	0.0469	–0.4716	–1.2300
经营活动现金净流量增长(%)	–3649.2	111.0	50.5	–

华清安泰(北京)科技股份有限公司

公司概况

公司名称	华清安泰(北京)科技股份有限公司			证券简称	华清安泰
法人代表	陈燕民	董秘	韩彩云	证券代码	832326
公司网址	www.hqyuantai.com		电子信箱	hqantai@126.com	
电　话	010-62434187		传　真	010-62434182	
办公地址	北京市海淀区北清路68号22号楼2层206室				
经营范围	技术开发、技术转让、技术服务、技术咨询等				

主要财务指标

指标＼报告期	2015.06.30	2014.12.31	2013.12.31	2012.12.31
净利润(万元)	–62.00	48.83	63.38	–78.37
净利润增长率(%)	–82.5	–22.9509	180.9	–
加权净资产收益率(%)	–7.0200	7.0800	25.5200	–35.6300
资产负债比率(%)	60.4162	58.1655	67.3209	62.2023
净利润现金含量(%)	263.5068	–1399.7770	265.2643	127.7310
基本每股收益(元)	–0.0700	0.1300	0.6300	–0.7800
每股收益–扣除(元)	–0.0700	–0.1200	–	–
每股收益–摊薄(元)	–0.0689	0.0543	0.6338	–0.7837
每股资本公积金(元)	0.0462	0.0462	2.1500	2.1500
每股未分配利润(元)	–0.1044	–0.0355	–0.3916	–0.9837
每股净资产(元)	0.9500	1.0200	2.8000	2.1700
每股经营现金流量(元)	–0.1815	–0.7595	1.6811	–1.0000
经营活动现金净流量增长(%)	65.1	–506.5816	267.9	–

烟台海颐软件股份有限公司

公司概况

公司名称	烟台海颐软件股份有限公司			证券简称	海颐软件
法人代表	王林	董秘	张洪杰	证券代码	832327
公司网址	www.haiyisoft.com		电子信箱	zhanghj@haiyisoft.com	
电　话	00535-5520288		传　真	0535-5520301	
办公地址	山东省烟台市开发区珠江路32号(III-5小区)				
经营范围	软件开发、信息系统集成服务				

主要财务指标

指标＼报告期	2015.06.30	2014.12.31	2013.12.31	2012.12.31
净利润(万元)	537.49	2008.08	1062.54	998.74
净利润增长率(%)	21.1982	88.9899	6.3871	–
加权净资产收益率(%)	4.9100	23.3600	16.0000	17.3800
资产负债比率(%)	54.8793	36.0308	50.7024	57.6875
净利润现金含量(%)	–1426.0527	–48.4570	–127.0875	44.7574
基本每股收益(元)	0.1500	0.6200	0.3500	0.3515
每股收益–扣除(元)	–	0.5400	–	–
每股收益–摊薄(元)	0.1453	0.5427	0.3542	0.3329
每股资本公积金(元)	0.3716	0.3716	0.1083	0.1083
每股未分配利润(元)	1.4575	1.3122	1.1178	0.9011
每股净资产(元)	3.0300	2.8800	2.4000	2.1500
每股经营现金流量(元)	–2.0716	–0.2630	–0.4501	0.1500
经营活动现金净流量增长(%)	–98.8	27.9	–402.0868	–

安泰生物工程股份有限公司

公司概况	公司名称	安泰生物工程股份有限公司			证券简称	安泰生物
	法人代表	张钦革	董秘	廖凯	证券代码	832328
	公司网址	www.amtechbio.com		电子信箱	amtech@126.com	
	电　话	0452-6332180		传　真	0452-6325551	
	办公地址	黑龙江省齐齐哈尔市昂昂溪区水文委				
	经营范围	动物血蛋白粉、乳酸链球菌素制造				

	指标\报告期	2015.06.30	2014.12.31	2013.12.31	2012.12.31
主要财务指标	净利润(万元)	1599.37	2706.52	4099.49	4738.32
	净利润增长率(%)	61.6498	-33.9790	-13.4822	-
	加权净资产收益率(%)	5.0400	9.1600	15.6700	21.3200
	资产负债比率(%)	42.9165	44.2915	41.2982	27.8789
	净利润现金含量(%)	92.9550	302.8535	116.8308	138.3307
	基本每股收益(元)	0.2400	0.4101	0.6200	0.7300
	每股收益-扣除(元)	-	0.4083	-	-
	每股收益-摊薄(元)	0.2423	0.4101	0.6211	0.7179
	每股资本公积金(元)	0.8279	0.8279	0.8279	0.8279
	每股未分配利润(元)	2.7810	2.5387	2.1671	1.6081
	每股净资产(元)	4.9300	4.6800	4.2700	3.6500
	每股经营现金流量(元)	0.2253	1.2419	0.7257	0.9900
	经营活动现金净流量增长(%)	-26.6601	71.1423	-26.9292	-

云南吉成园林科技股份有限公司

公司概况	公司名称	云南吉成园林科技股份有限公司			证券简称	吉成园林
	法人代表	傅迎春	董秘	王云川	证券代码	832329
	公司网址	www.jichenghh.com		电子信箱	JCHHYY0423@yeah.net	
	电　话	0873-6229921		传　真	0873-6229921	
	办公地址	云南省红河州弥勒市弥阳镇湖泉小区商住楼				
	经营范围	绿化工程、绿化养护和苗木销售				

	指标\报告期	2015.06.30	2014.12.31	2013.12.31	2012.12.31
主要财务指标	净利润(万元)	1075.44	1467.92	575.20	262.37
	净利润增长率(%)	157.8195	155.2010	119.2330	-
	加权净资产收益率(%)	13.7500	22.4100	14.2800	12.3900
	资产负债比率(%)	60.5324	56.8654	54.3036	62.9520
	净利润现金含量(%)	-115.3503	121.5841	-1070.0144	-121.9194
	基本每股收益(元)	0.2200	0.2900	0.2700	0.1300
	每股收益-扣除(元)	0.2200	0.2800	-	-
	每股收益-摊薄(元)	0.2151	0.2936	0.1150	0.1312
	每股资本公积金(元)	0.2968	0.2968	-	-
	每股未分配利润(元)	0.3459	0.1308	0.1383	0.1012
	每股净资产(元)	1.6700	1.4600	1.1600	1.1200
	每股经营现金流量(元)	-0.2481	0.3570	-1.2310	-0.1600
	经营活动现金净流量增长(%)	-138.0	129.0	-1824.1	-

芜湖市中天管桩股份有限公司

公司概况	公司名称	芜湖市中天管桩股份有限公司			证券简称	中天管桩
	法人代表	卢韬	董秘	程文琴	证券代码	832330
	公司网址	www.zhongtian-phc.com		电子信箱	chengwenqin201@126.com	
	电　话	00553-3918756		传　真	0553-3918761	
	办公地址	安徽省芜湖市三山区芜湖绿色食品经济开发区				
	经营范围	公司的主营业务为生产预应力混凝土管桩等				

	指标\报告期	2015.06.30	2014.12.31	2013.12.31	2012.12.31
主要财务指标	净利润(万元)	-544.34	-2624.25	-1977.45	-1731.55
	净利润增长率(%)	33.3	-32.7	-14.2	-
	加权净资产收益率(%)	-9.0200	-36.8600	-22.1700	-50.3000
	资产负债比率(%)	84.8075	84.0861	73.3463	48.1140
	净利润现金含量(%)	694.3859	-318.5801	345.7427	560.0398
	基本每股收益(元)	-0.0600	-0.3100	-0.2400	-0.5000
	每股收益-扣除(元)	-	-0.3200	-0.2600	-0.5400
	每股收益-摊薄(元)	-0.0640	-0.3087	-0.2373	-0.2078
	每股资本公积金(元)	0.0301	0.0301	0.4400	0.4400
	每股未分配利润(元)	-0.3520	-0.2880	-0.4881	-0.2508
	每股净资产(元)	0.6800	0.7400	0.9500	1.1900
	每股经营现金流量(元)	-0.4447	0.9836	-0.8200	-1.1600
	经营活动现金净流量增长(%)	-217.9237	222.3	29.5	-

厦门高士达科技股份有限公司

公司概况	公司名称	厦门高士达科技股份有限公司			证券简称	高士达
	法人代表	包敏华	董秘	薛昌永	证券代码	832331
	公司网址	www.xmgsd.com		电子信箱	cyxue@xmgsd.com	
	电　话	0592-2969968		传　真	0592-2958001	
	办公地址	福建省厦门市思明区软件园二期观日路58号901单元				
	经营范围	信息安全系统集成服务和业务流程管理相关软件的开发与销售				

	指标\报告期	2015.06.30	2014.12.31	2013.12.31	2012.12.31
主要财务指标	净利润(万元)	69.26	433.48	110.96	47.57
	净利润增长率(%)	-51.4684	290.6590	133.2658	-
	加权净资产收益率(%)	4.6100	32.8100	10.8000	4.5200
	资产负债比率(%)	41.1018	52.9686	61.8047	58.5940
	净利润现金含量(%)	-389.9936	73.4344	316.0735	161.3202
	基本每股收益(元)	0.0670	0.4200	0.1100	0.0400
	每股收益-扣除(元)	0.0190	0.3600	-	0.0400
	每股收益-摊薄(元)	0.0641	0.4229	0.1083	0.0464
	每股资本公积金(元)	0.4510	0.1801	0.0018	0.0018
	每股未分配利润(元)	0.3378	0.2852	0.0357	-0.0683
	每股净资产(元)	1.8200	1.5000	1.0800	0.9700
	每股经营现金流量(元)	-0.2501	0.3106	0.3422	0.0700
	经营活动现金净流量增长(%)	-338.7638	-9.2369	356.9940	-

甘肃巨鹏清真食品股份有限公司

公司概况	公司名称	甘肃巨鹏清真食品股份有限公司			证券简称	巨鹏食品
	法人代表	张琇灵	董秘	方凡梅	证券代码	832332
	公司网址			电子信箱	gsjp699@163.com	
	电　话	0932-8809699		传　真	0932-8211868	
	办公地址	甘肃定西市循环经济园区城北二路3号				
	经营范围	蔬菜粮食类农产品及可食用水产品的收购、加工、销售及出口				

	指标\报告期	2015.06.30	2014.12.31	2013.12.31	2012.12.31
主要财务指标	净利润(万元)	2633.71	3221.35	2386.86	1440.56
	净利润增长率(%)	73.8179	34.9616	65.6903	–
	加权净资产收益率(%)	15.8500	28.8700	28.8900	24.0700
	资产负债比率(%)	41.2356	43.6282	51.8052	57.7812
	净利润现金含量(%)	342.4173	–123.0655	40.5547	118.3047
	基本每股收益(元)	0.3600	0.5200	0.4000	0.5500
	每股收益–扣除(元)	0.3600	0.5000	0.3800	–
	每股收益–摊薄(元)	0.3630	0.4440	0.3878	0.5541
	每股资本公积金(元)	0.5133	0.5133	0.3727	0.0562
	每股未分配利润(元)	0.8810	0.5180	0.1395	1.4007
	每股净资产(元)	2.4700	2.1100	1.5500	2.5800
	每股经营现金流量(元)	1.2430	–0.5464	0.1573	0.6600
	经营活动现金净流量增长(%)	268.4383	–509.5486	–43.2016	–

天津渤商大百商贸股份有限公司

公司概况	公司名称	天津渤商大百商贸股份有限公司			证券简称	渤商大百
	法人代表	李杰	董秘	赵秋月	证券代码	832333
	公司网址	www.tjkydbh.com		电子信箱	kyd_ssb@163.com	
	电　话	022-27720988		传　真	022-27720259	
	办公地址	天津市和平区长春道7号6层				
	经营范围	快速消费品批发				

	指标\报告期	2015.06.30	2014.12.31	2013.12.31	2012.12.31
主要财务指标	净利润(万元)	98.27	247.61	148.08	99.13
	净利润增长率(%)	11.6819	52.3964	76.0825	–
	加权净资产收益率(%)	6.3900	25.7800	24.4300	–
	资产负债比率(%)	85.6625	88.5855	94.4287	95.5648
	净利润现金含量(%)	872.6761	–1556.6815	1294.5031	–2109.0386
	基本每股收益(元)	0.0800	0.2800	0.2700	0.0900
	每股收益–扣除(元)	0.0800	–	–	–
	每股收益–摊薄(元)	0.0756	0.1905	0.2468	0.1652
	每股资本公积金(元)	0.0681	0.0681	0.0425	0.0425
	每股未分配利润(元)	0.1410	0.0654	0.0287	0.0231
	每股净资产(元)	1.2200	1.0800	1.1400	1.1000
	每股经营现金流量(元)	0.6597	–2.9650	3.1949	–3.4800
	经营活动现金净流量增长(%)	179.2	–301.0743	191.7	–

江苏金呢工程织物股份有限公司

公司概况	公司名称	江苏金呢工程织物股份有限公司			证券简称	金呢股份
	法人代表	陆平	董秘	叶平	证券代码	832334
	公司网址	www.jsjinni.cn		电子信箱	yp7906@vip.163.com	
	电　话	0513-82181811		传　真	0513-82182619	
	办公地址	江苏省海门市六匡镇三条桥				
	经营范围	经营本企业自产产品及技术的出口业务和本企业所需的机械设备、零配件等				

	指标\报告期	2015.06.30	2014.12.31	2013.12.31	2012.12.31
主要财务指标	净利润(万元)	278.52	146.73	658.17	–
	净利润增长率(%)	–26.7778	–77.7060	55.3075	–
	加权净资产收益率(%)	1.4400	0.7700	3.5200	–
	资产负债比率(%)	44.6203	45.7309	48.0458	–
	净利润现金含量(%)	339.1110	1134.6878	228.2315	–
	基本每股收益(元)	0.0311	0.0200	0.0700	–
	每股收益–扣除(元)	0.0116	0.0010	–	–
	每股收益–摊薄(元)	0.0311	0.0164	0.0736	–
	每股资本公积金(元)	0.2925	0.2925	0.2925	–
	每股未分配利润(元)	0.8177	0.7866	0.7718	–
	每股净资产(元)	2.1700	2.1452	2.1288	–
	每股经营现金流量(元)	0.1056	0.1861	0.1679	–
	经营活动现金净流量增长(%)	16.5920	10.8380	222.8	–

山东科立森生物股份有限公司

公司概况	公司名称	山东科立森生物股份有限公司			证券简称	科立森
	法人代表	金见睿	董秘	邓双胜	证券代码	832335
	公司网址	www.clinisciences.cn		电子信箱	liugdong@126.com	
	电　话	0539-7109269		传　真	0539-7109268	
	办公地址	山东临沂高新区双月园路科技创业园C座101				
	经营范围	体外诊断产品及生物化学原料的研发、生产和销售				

	指标\报告期	2015.06.30	2014.12.31	2013.12.31	2012.12.31
主要财务指标	净利润(万元)	22.60	92.15	35.31	–
	净利润增长率(%)	14.8795	160.9649	–	–
	加权净资产收益率(%)	3.4900	19.3400	11.8700	–
	资产负债比率(%)	22.2209	19.0153	11.4471	–
	净利润现金含量(%)	337.3784	140.1407	26.6860	–
	基本每股收益(元)	0.0500	0.2200	0.1200	–
	每股收益–扣除(元)	0.0400	0.1100	–	–
	每股收益–摊薄(元)	0.0452	0.1843	0.1177	–
	每股资本公积金(元)	0.1557	0.1557	–	–
	每股未分配利润(元)	0.1503	0.1051	0.0451	–
	每股净资产(元)	1.3200	1.2700	1.0500	–
	每股经营现金流量(元)	0.1525	0.2583	0.0314	–
	经营活动现金净流量增长(%)	546.8	1270.4511	–	–

哈尔滨广顺小额贷款股份有限公司

公司概况	公司名称	哈尔滨广顺小额贷款股份有限公司			证券简称	广顺小贷
	法人代表	王洪力	董秘	时晨光	证券代码	832336
	公司网址	guangshunvip@163.com		电子信箱	guangshunvip@163.com	
	电　　话	0451-51663910		传　　真	0451-82303075	
	办公地址	黑龙江省哈尔滨市南岗区华山路 41 号金马大厦 20 层 4 号				
	经营范围	小额贷款业务、票据贴现业务、资产转让业务和代理业务				

主要财务指标	指标\报告期	2015.06.30	2014.12.31	2013.12.31	2012.12.31
	净利润(万元)	1445.32	2212.98	1214.48	1588.44
	净利润增长率(%)	127.1344	82.2163	-23.5425	-
	加权净资产收益率(%)	5.6500	10.8800	7.3500	9.2000
	资产负债比率(%)	9.5794	10.0128	26.0997	24.4898
	净利润现金含量(%)	46.0871	-186.4758	269.7572	74.5895
	基本每股收益(元)	0.0800	0.1300	0.0900	0.1100
	每股收益-扣除(元)	0.0800	-	-	0.1100
	每股收益-摊薄(元)	0.0723	0.1106	0.0867	0.1135
	每股资本公积金(元)	0.0450	0.0450	-	-
	每股未分配利润(元)	0.2102	0.1379	0.0647	0.1864
	每股净资产(元)	1.3200	1.2400	1.1300	1.2300
	每股经营现金流量(元)	0.0333	-0.2063	0.2340	0.0800
	经营活动现金净流量增长(%)	109.5	-225.9612	176.5119	-

环渤海金岸(天津)集团股份有限公司

公司概况	公司名称	环渤海金岸(天津)集团股份有限公司			证券简称	环渤海
	法人代表	王铁华	董秘	高巍	证券代码	832337
	公司网址	www.china-jck.com		电子信箱	hbhzjb@163.com	
	电　　话	022-88230883		传　　真	022-88230883	
	办公地址	天津市河西区解放南路 473 号				
	经营范围	建筑材料、装饰装修材料的批发、零售				

主要财务指标	指标\报告期	2015.06.30	2014.12.31	2013.12.31	2012.12.31
	净利润(万元)	1411.67	-79.29	3262.88	-
	净利润增长率(%)	37.2635	-102.4300	-	-
	加权净资产收益率(%)	1.0900	-0.3300	9.8600	-
	资产负债比率(%)	70.0852	74.8183	66.0579	-
	净利润现金含量(%)	333.5656	-8931.6617	107.7748	-
	基本每股收益(元)	0.0700	-0.0040	0.1660	-
	每股收益-扣除(元)	-	-0.0110	-0.0330	-
	每股收益-摊薄(元)	0.0719	-0.0040	0.1662	-
	每股资本公积金(元)	0.2369	0.2369	0.0457	-
	每股未分配利润(元)	0.0873	-0.1407	0.5793	-
	每股净资产(元)	1.4100	1.1700	1.7700	-
	每股经营现金流量(元)	0.2398	0.3600	0.1800	-
	经营活动现金净流量增长(%)	27.1714	101.3815	-	-

北京博克森传媒科技股份有限公司

公司概况	公司名称	北京博克森传媒科技股份有限公司			证券简称	博克森
	法人代表	刘小红	董秘	程志明	证券代码	832338
	公司网址	www.bkscc.com		电子信箱	bks@wcsbks.com	
	电　　话	010-84982522		传　　真	010-84982522	
	办公地址	北京市海淀区农大南路 88 号 1 号楼一层 136 室				
	经营范围	技术开发、技术服务、技术推广				

主要财务指标	指标\报告期	2015.06.30	2014.12.31	2013.12.31	2012.12.31
	净利润(万元)	72.12	225.03	-9.67	-24.10
	净利润增长率(%)	247.4659	2428.1	59.9	-
	加权净资产收益率(%)	5.7800	20.4600	-2.3300	-70.7200
	资产负债比率(%)	91.4742	77.1247	62.2045	71.8083
	净利润现金含量(%)	3106.2595	180.0398	5014.0750	-249.6328
	基本每股收益(元)	0.0700	0.2300	-0.0200	-0.4800
	每股收益-扣除(元)	0.0300	0.2000	-	-0.4800
	每股收益-摊薄(元)	0.0721	0.2250	-0.0097	-0.4820
	每股资本公积金(元)	0.0284	0.0284	0.0284	-
	每股未分配利润(元)	0.2377	0.1656	-0.0410	-0.5242
	每股净资产(元)	1.2800	1.2100	0.9800	0.4800
	每股经营现金流量(元)	2.2402	0.4051	-0.4847	1.2000
	经营活动现金净流量增长(%)	660.7171	183.6	-905.5870	-

北京远大宏略科技股份有限公司

公司概况	公司名称	北京远大宏略科技股份有限公司			证券简称	远大宏略
	法人代表	杨倩鋆	董秘	杨倩鋆	证券代码	832339
	公司网址	www.dzlems.net		电子信箱	morning_0821@163.com	
	电　　话	010-51650891		传　　真	010-51650891-803	
	办公地址	北京市昌平区霍营小辛庄嘉荷达院 1 号楼 108 室				
	经营范围	代收货款管理、仓储信息管理以及信息技术咨询服务				

主要财务指标	指标\报告期	2015.06.30	2014.12.31	2013.12.31	2012.12.31
	净利润(万元)	88.85	104.42	22.26	5.51
	净利润增长率(%)	43.5810	369.1043	303.7025	-
	加权净资产收益率(%)	12.8300	24.5100	35.4900	11.2900
	资产负债比率(%)	5.2137	11.3215	88.4978	73.7445
	净利润现金含量(%)	-3.9869	3.6131	-232.0472	873.7532
	基本每股收益(元)	0.1700	0.3000	0.4500	0.1100
	每股收益-扣除(元)	0.1300	0.3000	0.4500	0.1100
	每股收益-摊薄(元)	0.1587	0.2088	0.4452	0.1103
	每股资本公积金(元)	-	-	-	-
	每股未分配利润(元)	0.3490	0.2309	0.4295	0.0288
	每股净资产(元)	1.3900	1.2600	1.4800	1.0300
	每股经营现金流量(元)	-0.0063	0.0075	-1.0300	0.9600
	经营活动现金净流量增长(%)	98.5	107.3	-207.2134	-

北京国联视讯信息技术股份有限公司

公司概况	公司名称	北京国联视讯信息技术股份有限公司			证券简称	国联股份
	法人代表	刘泉	董秘	刘源	证券代码	832340
	公司网址	www.ueiibi.com		电子信箱	ueiibi@ueiibi.com	
	电　话	010-51544266		传　真	010-51544926	
	办公地址	北京市海淀区上地信息路1号1号楼703				
	经营范围	互联网信息服务业务				

主要财务指标	指标\报告期	2015.06.30	2014.12.31	2013.12.31	2012.12.31
	净利润(万元)	517.67	578.20	1445.54	1140.56
	净利润增长率(%)	54.6493	-60.0014	26.7393	-
	加权净资产收益率(%)	8.9800	9.3300	19.5700	20.1000
	资产负债比率(%)	29.5713	29.7313	37.2261	38.0340
	净利润现金含量(%)	-48.7301	-167.3347	122.1439	134.4217
	基本每股收益(元)	0.1800	0.1900	0.4400	0.3800
	每股收益-扣除(元)	0.1700	0.1700	-	0.3800
	每股收益-摊薄(元)	0.1801	0.2011	0.4387	0.3461
	每股资本公积金(元)	0.2277	0.2277	0.5811	0.5811
	每股未分配利润(元)	0.7253	0.5452	0.3100	0.3520
	每股净资产(元)	2.1000	1.9200	2.0100	2.0200
	每股经营现金流量(元)	-0.0877	-0.3365	0.5359	0.4700
	经营活动现金净流量增长(%)	84.2	-154.7973	15.1632	-

南京常荣声学股份有限公司

公司概况	公司名称	南京常荣声学股份有限公司			证券简称	常荣声学
	法人代表	张荣初	董秘	张震	证券代码	832341
	公司网址	www.cn-cr.com		电子信箱	admin@cn-cr.com	
	电　话	025-83364004		传　真	025-83372126	
	办公地址	江苏省南京市玄武区中山路268号1309室				
	经营范围	声学、振动产品与工程的研究、开发、生产、销售、安装等				

主要财务指标	指标\报告期	2015.06.30	2014.12.31	2013.12.31	2012.12.31
	净利润(万元)	109.88	725.15	88.22	138.58
	净利润增长率(%)	163.6	722.0135	-36.3418	-
	加权净资产收益率(%)	2.8500	28.0600	6.6400	1385774.51
	资产负债比率(%)	20.3860	28.8147	47.3253	49.8371
	净利润现金含量(%)	-534.3344	16.6625	95.5111	-43.7709
	基本每股收益(元)	0.0400	0.3600	0.1100	0.1700
	每股收益-扣除(元)	-	0.3600	-	0.1000
	每股收益-摊薄(元)	0.0440	0.2901	0.1103	0.1732
	每股资本公积金(元)	0.1079	0.1079	-	-
	每股未分配利润(元)	0.4259	0.3820	0.6867	0.5874
	每股净资产(元)	1.5600	1.5200	1.7200	1.6000
	每股经营现金流量(元)	-0.2348	0.0483	0.1053	-0.0800
	经营活动现金净流量增长(%)	14.7	43.4050	238.9	-

青岛思普润水处理股份有限公司

公司概况	公司名称	青岛思普润水处理股份有限公司			证券简称	思普润
	法人代表	于振滨	董秘	薛铭	证券代码	832342
	公司网址	www.qdspr.com		电子信箱	xueming@qdspr.com	
	电　话	0532-86702266		传　真	0532-68972328	
	办公地址	山东省青岛经济技术开发区长江中路467-2号803室				
	经营范围	向客户提供以MBBR技术为核心的污水处理整体技术解决方案				

主要财务指标	指标\报告期	2015.06.30	2014.12.31	2013.12.31	2012.12.31
	净利润(万元)	-110.01	37.97	355.90	1702.95
	净利润增长率(%)	41.1	-89.3326	-79.1010	-
	加权净资产收益率(%)	-1.1100	0.3800	3.6400	17.7400
	资产负债比率(%)	36.7024	39.6558	17.1503	8.6904
	净利润现金含量(%)	-184.1329	-6070.8174	166.1689	-37.3481
	基本每股收益(元)	-0.0186	0.0100	0.0600	0.3300
	每股收益-扣除(元)	-0.0187	-0.0121	0.0372	0.2981
	每股收益-摊薄(元)	-0.0186	0.0064	0.0603	0.2886
	每股资本公积金(元)	0.4336	0.4336	0.0763	0.0763
	每股未分配利润(元)	0.2154	0.2341	0.5516	0.4973
	每股净资产(元)	1.6800	1.6930	1.6870	1.6300
	每股经营现金流量(元)	0.0343	-0.3906	0.1002	-0.1100
	经营活动现金净流量增长(%)	124.1	-489.7227	193.0	-

天长市秦栏小额贷款股份有限公司

公司概况	公司名称	天长市秦栏小额贷款股份有限公司			证券简称	云秦小贷
	法人代表	张敏	董秘	杨晨	证券代码	832343
	公司网址	23a734943.atobo.com.cn		电子信箱	sara45yc@126.com	
	电　话	0550-7811598		传　真	0550-7811598	
	办公地址	安徽省天长市永福东路南侧恒地永福家园金桂苑1号广场101-1、101-2				
	经营范围	发放小额贷款				

主要财务指标	指标\报告期	2015.06.30	2014.12.31	2013.12.31	2012.12.31
	净利润(万元)	617.77	1848.08	1458.57	941.88
	净利润增长率(%)	-34.5445	26.7051	54.8567	-
	加权净资产收益率(%)	4.7100	14.7900	12.0600	-
	资产负债比率(%)	2.1381	4.4726	3.6550	2.6440
	净利润现金含量(%)	-43.1304	92.8674	66.5045	-512.4942
	基本每股收益(元)	0.0600	0.1848	0.1459	0.0900
	每股收益-扣除(元)	-	-	-	-
	每股收益-摊薄(元)	0.0618	0.1848	0.1459	0.0942
	每股资本公积金(元)	-	-	-	-
	每股未分配利润(元)	0.2104	0.1486	0.1539	0.0758
	每股净资产(元)	1.3100	1.2500	1.2100	1.1000
	每股经营现金流量(元)	-0.0266	0.1716	0.0970	-0.4800
	经营活动现金净流量增长(%)	42.2	76.9318	120.1	-

罗美特(上海)自动化仪表股份有限公司

公司概况						
	公司名称	罗美特(上海)自动化仪表股份有限公司			证券简称	罗美特
	法人代表	叶鹏程	董秘	韩冬	证券代码	832344
	公司网址	www.flowmetek.com.cn		电子信箱	rometek@126.com	
	电　　话	021-54980133		传　　真	021-62319751	
	办公地址	上海市奉贤区金汇镇金大公路 7939 号 3 幢 1 车间				
	经营范围	仪器仪表、燃气设备、自动化成套设备的、制造、加工、批发等				

主要财务指标	指标\报告期	2015.06.30	2014.12.31	2013.12.31	2012.12.31
	净利润(万元)	151.05	336.35	34.94	-119.96
	净利润增长率(%)	299.4960	862.6067	129.1	-
	加权净资产收益率(%)	6.6800	16.6700	1.9100	-
	资产负债比率(%)	35.9573	39.7082	25.6559	1.9789
	净利润现金含量(%)	-4.3040	-124.3574	-2313.9572	242.5153
	基本每股收益(元)	0.0800	0.1700	0.0200	-0.0600
	每股收益-扣除(元)	0.0758	0.1681	-	-0.0600
	每股收益-摊薄(元)	0.0755	0.1682	0.0175	-0.0600
	每股资本公积金(元)	0.0031	0.0031	-	-
	每股未分配利润(元)	0.1566	0.0811	-0.0750	-0.0924
	每股净资产(元)	1.1700	1.0900	0.9300	0.9100
	每股经营现金流量(元)	-0.0033	-0.2091	-0.4043	-0.1500
	经营活动现金净流量增长(%)	98.5	48.3	-177.9	-

北京海泰斯工程设备股份有限公司

公司概况						
	公司名称	北京海泰斯工程设备股份有限公司			证券简称	海泰斯
	法人代表	谭昌春	董秘	陈萍	证券代码	832345
	公司网址	www.htschina.com		电子信箱	rain@htschina.com	
	电　　话	010-83607808		传　　真	010-63752886	
	办公地址	北京市丰台区富丰路 2 号星火科技大厦 2109 室				
	经营范围	销售自产产品、机械设备、润滑油、五金交电等				

主要财务指标	指标\报告期	2015.06.30	2014.12.31	2013.12.31	2012.12.31
	净利润(万元)	67.25	736.93	524.92	-
	净利润增长率(%)	-43.9092	40.3897	1177.3397	-
	加权净资产收益率(%)	2.1200	42.8100	32.4900	-
	资产负债比率(%)	14.0744	10.3782	50.2728	-
	净利润现金含量(%)	-520.8385	-105.6313	44.8938	-
	基本每股收益(元)	0.0400	1.4700	0.4400	-
	每股收益-扣除(元)	0.0200	1.2400	-	-
	每股收益-摊薄(元)	0.0374	0.4094	0.4374	-
	每股资本公积金(元)	0.6605	0.6605	0.0417	-
	每股未分配利润(元)	0.1132	0.0759	0.4723	-
	每股净资产(元)	1.7800	1.7400	1.5600	-
	每股经营现金流量(元)	-0.1946	-0.4325	0.1964	-
	经营活动现金净流量增长(%)	-1296.1	-430.3249	1995.5	-

山西汾西电子科技股份有限公司

公司概况						
	公司名称	山西汾西电子科技股份有限公司			证券简称	汾西电子
	法人代表	张志刚	董秘	王轶荣	证券代码	832346
	公司网址	www.sxfxdz.com		电子信箱	fxdb_884@163.com	
	电　　话	0351-6529323		传　　真	0351-6529848	
	办公地址	山西省太原市万柏林区和平北路 131 号				
	经营范围	仪器、仪表的销售及技术研发与服务				

主要财务指标	指标\报告期	2015.06.30	2014.12.31	2013.12.31	2012.12.31
	净利润(万元)	19.02	113.11	213.20	114.09
	净利润增长率(%)	-62.4608	-46.9460	86.8652	-
	加权净资产收益率(%)	1.3200	8.2500	16.9500	9.7600
	资产负债比率(%)	38.1985	47.8063	56.0992	65.7406
	净利润现金含量(%)	-242.8164	-166.9507	-18.7988	334.4640
	基本每股收益(元)	0.0100	0.0800	0.2100	0.1000
	每股收益-扣除(元)	0.0100	0.0800	-	-
	每股收益-摊薄(元)	0.0136	0.0808	0.2132	0.1141
	每股资本公积金(元)	0.0114	0.0114	-	-
	每股未分配利润(元)	0.0218	0.0082	0.2610	0.1691
	每股净资产(元)	1.0300	1.0200	1.3100	1.2000
	每股经营现金流量(元)	-0.0330	-0.1349	-0.0401	0.3800
	经营活动现金净流量增长(%)	65.7	-371.2	-110.5030	-

太原矿机电气股份有限公司

公司概况						
	公司名称	太原矿机电气股份有限公司			证券简称	太矿电气
	法人代表	宁维泉	董秘	石树君	证券代码	832347
	公司网址	www.tykjdq.cn		电子信箱	tkdq2000@163.com	
	电　　话	0351-7867121		传　　真	0351-3100581	
	办公地址	山西省太原经济技术开发区电子街 25 号				
	经营范围	煤矿辅助运输设备及电气设备等煤矿机电设备的研发、生产、销售与服务				

主要财务指标	指标\报告期	2015.06.30	2014.12.31	2013.12.31	2012.12.31
	净利润(万元)	900.38	1651.20	4242.38	-
	净利润增长率(%)	204.6933	-61.0785	-	-
	加权净资产收益率(%)	4.1800	8.2500	24.3900	-
	资产负债比率(%)	33.0026	29.1733	25.6089	-
	净利润现金含量(%)	92.5375	73.8109	104.1989	-
	基本每股收益(元)	0.3001	1.6512	4.2424	-
	每股收益-扣除(元)	0.3019	0.9760	2.4870	-
	每股收益-摊薄(元)	0.2251	1.6512	4.2424	-
	每股资本公积金(元)	6.0434	0.0171	0.0171	-
	每股未分配利润(元)	0.2171	19.3115	17.6603	-
	每股净资产(元)	7.2600	20.8300	19.1800	-
	每股经营现金流量(元)	0.2083	1.2200	4.4200	-
	经营活动现金净流量增长(%)	-47.2378	-72.4293	-	-

新疆双色港农业投资股份有限公司

公司概况	公司名称	新疆双色港农业投资股份有限公司			证券简称	双色港
	法人代表	王艳	董秘	周建波	证券代码	832348
	公司网址	www.dualports.com		电子信箱	wangyan@dualports.com	
	电　　话	0991-3817852		传　　真	0991-8897887	
	办公地址	新疆乌鲁木齐经济技术开发区厦门路8号				
	经营范围	有机农作物的种植及加工				

	指标\报告期	2015.06.30	2014.12.31	2013.12.31	2012.12.31
主要财务指标	净利润(万元)	-361.92	764.94	827.48	-34.45
	净利润增长率(%)	-147.3136	-7.5585	2501.9	-
	加权净资产收益率(%)	-11.1100	25.0300	-	-1.8500
	资产负债比率(%)	34.4912	4.7558	28.8805	47.0584
	净利润现金含量(%)	299.1260	125.8465	69.2668	1128.9840
	基本每股收益(元)	-0.1400	0.3100	0.3300	-0.0100
	每股收益-扣除(元)	-0.1400	0.3100	-	-
	每股收益-摊薄(元)	-0.1448	0.3060	0.3310	-0.0138
	每股资本公积金(元)	-	-	-	-
	每股未分配利润(元)	0.2306	0.3754	0.0694	-0.2616
	每股净资产(元)	1.2300	1.3800	1.0700	0.7400
	每股经营现金流量(元)	-0.4330	0.3851	0.2293	-0.1600
	经营活动现金净流量增长(%)	-212.4602	67.9512	247.4	-

武汉武新电气科技股份有限公司

公司概况	公司名称	武汉武新电气科技股份有限公司			证券简称	武新电气
	法人代表	杜小刚	董秘	谭梦芸	证券代码	832349
	公司网址	www.wx9000.com		电子信箱	mengyun90@outlook.com	
	电　　话	027-61818263		传　　真	027-82341251	
	办公地址	湖北省武汉市黄陂区武湖工业园立山路				
	经营范围	从事高低压配电设备及电能质量提升设备的研发、生产、销售等				

	指标\报告期	2015.06.30	2014.12.31	2013.12.31	2012.12.31
主要财务指标	净利润(万元)	463.06	628.49	254.47	-
	净利润增长率(%)	88.4035	146.9803	-	-
	加权净资产收益率(%)	5.8800	10.7100	5.0400	-
	资产负债比率(%)	41.8333	47.4781	49.3209	-
	净利润现金含量(%)	308.6310	243.6380	98.9973	-
	基本每股收益(元)	0.0800	0.1200	0.0500	-
	每股收益-扣除(元)	0.0500	-	0.0900	-
	每股收益-摊薄(元)	0.0772	0.1237	0.0501	-
	每股资本公积金(元)	0.0432	0.0001	0.0001	-
	每股未分配利润(元)	0.2018	0.1379	0.0142	-
	每股净资产(元)	1.3200	1.1600	1.0200	-
	每股经营现金流量(元)	0.2382	0.3014	0.0500	-
	经营活动现金净流量增长(%)	357.6	507.8325	-	-

河南曙光汇知康生物科技股份有限公司

公司概况	公司名称	河南曙光汇知康生物科技股份有限公司			证券简称	汇知康
	法人代表	万智勇	董秘	蔡彬	证券代码	832350
	公司网址	www.lhhzk.com		电子信箱	lhhzkbio@163.com	
	电　　话	0395-2538989		传　　真	0395-2538988	
	办公地址	河南省漯河市源汇区滨河新城湘江西路				
	经营范围	医疗检验仪器及配套试剂的研发、生产与销售				

	指标\报告期	2015.06.30	2014.12.31	2013.12.31	2012.12.31
主要财务指标	净利润(万元)	-77.33	-44.30	-98.23	-48.15
	净利润增长率(%)	-133.1	54.9	-104.0	-
	加权净资产收益率(%)	-11.5600	-10.3000	-48.8000	-17.5400
	资产负债比率(%)	13.4604	3.8618	46.1636	2.2550
	净利润现金含量(%)	273.6613	486.2031	145.8333	284.3641
	基本每股收益(元)	-0.1300	-0.0700	-0.3300	-0.1600
	每股收益-扣除(元)	-	-	-	-
	每股收益-摊薄(元)	-0.1289	-0.0738	-0.3274	-0.1605
	每股资本公积金(元)	0.2630	0.2630	-	0.0000
	每股未分配利润(元)	-0.2121	-0.0832	-0.4927	-0.1653
	每股净资产(元)	1.0500	1.1800	0.5100	0.8300
	每股经营现金流量(元)	-0.3527	-0.3590	-0.4775	-0.4600
	经营活动现金净流量增长(%)	-2539.0	-50.4	-4.6	-

上海美力新建筑装饰股份有限公司

公司概况	公司名称	上海美力新建筑装饰股份有限公司			证券简称	美力新
	法人代表	丁雄勇	董秘	陈飞龙	证券代码	832351
	公司网址	www.meilx.cn		电子信箱	chen.fl@meilx.cn	
	电　　话	021-63526018		传　　真	021-63528736 822	
	办公地址	上海市黄浦区东街48号208室G座				
	经营范围	建筑装饰装修等				

	指标\报告期	2015.06.30	2014.12.31	2013.12.31	2012.12.31
主要财务指标	净利润(万元)	-182.88	85.02	103.20	70.12
	净利润增长率(%)	-15998.599	-	47.1761	-
	加权净资产收益率(%)	-15.1100	8.8700	16.7900	12.9600
	资产负债比率(%)	26.3019	12.0289	79.7102	73.6258
	净利润现金含量(%)	293.2518	-990.1621	356.2219	849.3572
	基本每股收益(元)	-0.1600	0.1000	0.1700	0.1140
	每股收益-扣除(元)	-0.2000	0.0600	-	-
	每股收益-摊薄(元)	-0.1663	0.0773	0.1720	0.1169
	每股资本公积金(元)	0.1068	0.1068	-	-
	每股未分配利润(元)	-0.0977	0.0685	0.0996	-0.0614
	每股净资产(元)	1.3800	1.1831	1.1100	0.9400
	每股经营现金流量(元)	-0.4876	-0.7653	0.6127	0.9900
	经营活动现金净流量增长(%)	39.2	-	-38.2741	-

安徽瑞格电梯服务股份有限公司

公司概况	公司名称	安徽瑞格电梯服务股份有限公司			证券简称	瑞格股份
	法人代表	周翔	董秘	周楠	证券代码	832352
	公司网址	www.regon-elevator.com		电子信箱	Regon.elevator@gmail.com	
	电　话	0552-3168891		传　真	0552-3168892	
	办公地址	安徽省蚌埠市大庆路356号19号楼				
	经营范围	电梯设备的安装、改造、维修等				

主要财务指标	指标\报告期	2015.06.30	2014.12.31	2013.12.31	2012.12.31
	净利润(万元)	196.80	14.60	146.01	-65.75
	净利润增长率(%)	872.5701	-90.0026	322.1	-
	加权净资产收益率(%)	15.6600	1.4000	15.2200	-11.4800
	资产负债比率(%)	57.0933	76.7081	85.3936	61.8052
	净利润现金含量(%)	-557.6684	16442.0859	-803.2916	841.7338
	基本每股收益(元)	0.0700	0.0100	0.1500	-0.1000
	每股收益-扣除(元)	-	0.0100	0.1500	-0.1000
	每股收益-摊薄(元)	0.1240	0.0131	0.1460	-0.0658
	每股资本公积金(元)	0.3587	0.0409	-	-
	每股未分配利润(元)	0.1249	0.0012	0.0291	-0.1137
	每股净资产(元)	1.4800	1.0400	1.0300	0.8900
	每股经营现金流量(元)	-0.6915	2.1603	-1.1729	-0.5500
	经营活动现金净流量增长(%)	-146.7294	304.6	-111.9	-

湖北益泰药业股份有限公司

公司概况	公司名称	湖北益泰药业股份有限公司			证券简称	益泰药业
	法人代表	陈建旺	董秘	袁福生	证券代码	832353
	公司网址	www.hbyitai.com.cn		电子信箱	market@yitaipharmacy.com	
	电　话	0728-5331701		传　真	0728-5335936	
	办公地址	湖北省天门市市郊丰城垸				
	经营范围	葡醛内酯、抗病毒类化学原料药、三氯蔗糖和草酸的研发、生产和销售				

主要财务指标	指标\报告期	2015.06.30	2014.12.31	2013.12.31	2012.12.31
	净利润(万元)	484.20	-959.40	-979.32	1161.51
	净利润增长率(%)	188.4	2.0	-184.3147	-
	加权净资产收益率(%)	5.6900	-0.0752	-6.9500	13.7200
	资产负债比率(%)	65.7261	68.9645	70.4568	68.5702
	净利润现金含量(%)	271.8320	-134.5576	-242.8314	144.8324
	基本每股收益(元)	0.0600	-0.1200	-0.1500	0.5800
	每股收益-扣除(元)	-0.0700	-0.1930	-	0.4550
	每股收益-摊薄(元)	0.0570	-0.1199	-0.2798	0.5808
	每股资本公积金(元)	0.1196	0.0021	0.0047	-
	每股未分配利润(元)	0.0089	-0.0511	1.2574	3.1900
	每股净资产(元)	1.1400	0.9700	2.4500	4.5200
	每股经营现金流量(元)	0.1548	0.1614	0.6795	0.8400
	经营活动现金净流量增长(%)	26.9559	-45.7153	41.3651	-

益阳湘运集团股份有限公司

公司概况	公司名称	益阳湘运集团股份有限公司			证券简称	益运股份
	法人代表	郭跃明	董秘	王锡龙	证券代码	832354
	公司网址	www.yyxyjt.com		电子信箱	yyxyjt@yyxyjt.com	
	电　话	0737-4219221		传　真	0737-4219503	
	办公地址	湖南省益阳市桃花仑西路823号				
	经营范围	从事汽车客运、货运、客运站经营及与之相关的旅游、汽车检测等业务				

主要财务指标	指标\报告期	2015.06.30	2014.12.31	2013.12.31	2012.12.31
	净利润(万元)	1897.15	1803.57	3147.45	3509.59
	净利润增长率(%)	139.5825	-42.6976	-10.3185	-
	加权净资产收益率(%)	18.6300	11.7900	19.5700	26.9000
	资产负债比率(%)	73.7980	77.3045	64.5128	73.0528
	净利润现金含量(%)	275.4885	227.7793	145.3848	36.3276
	基本每股收益(元)	0.3800	0.3600	0.7900	0.8800
	每股收益-扣除(元)	0.2400	0.2600	-	0.8400
	每股收益-摊薄(元)	0.3794	0.3607	0.7869	0.8774
	每股资本公积金(元)	0.7281	0.7252	0.0675	0.0841
	每股未分配利润(元)	0.3842	0.1048	2.8927	2.1773
	每股净资产(元)	2.1800	1.8900	4.4100	3.6500
	每股经营现金流量(元)	1.0453	0.8216	1.1440	0.3200
	经营活动现金净流量增长(%)	214.2190	-10.2223	258.9093	-

山东动脉智能科技股份有限公司

公司概况	公司名称	山东动脉智能科技股份有限公司			证券简称	动脉智能
	法人代表	李风文	董秘	李红	证券代码	832355
	公司网址	www.domor.net		电子信箱		
	电　话	0537-3206777		传　真	0537-3152010	
	办公地址	山东省济宁市高新区科技新城产学研基地C1楼				
	经营范围	济宁市、济南市、莱芜市、枣庄市范围内网络托管业务				

主要财务指标	指标\报告期	2015.06.30	2014.12.31	2013.12.31	2012.12.31
	净利润(万元)	0.46	54.27	17.69	-
	净利润增长率(%)	102.3	206.7946	-	-
	加权净资产收益率(%)	0.0400	6.3200	3.3900	-
	资产负债比率(%)	73.4027	70.4709	71.6192	-
	净利润现金含量(%)	-67378.006	-1509.0755	306.2590	-
	基本每股收益(元)	0.0000	0.0700	0.0400	-
	每股收益-扣除(元)	-	0.0500	0.0300	-
	每股收益-摊薄(元)	0.0004	0.0493	0.0354	-
	每股资本公积金(元)	-	-	-	-
	每股未分配利润(元)	0.1126	0.0699	0.0560	-
	每股净资产(元)	1.1300	1.0800	1.0600	-
	每股经营现金流量(元)	-0.2637	-0.7445	0.1100	-
	经营活动现金净流量增长(%)	-228.4417	-1611.7147	-	-

常熟市金华机械股份有限公司

公司概况

公司名称	常熟市金华机械股份有限公司			证券简称	金华机械
法人代表	蒋浩	董秘	蒋怡	证券代码	832356
公司网址	www.jinhua-mach.com			电子信箱	jh@jinhua-mach.com
电　　话	0512-52645208-801			传　　真	0512-52646873
办公地址	江苏省常熟市碧溪新区东张东吴路25号				
经营范围	机动车零部件、机械设备的研发、制造、销售				

主要财务指标

指标\报告期	2015.06.30	2014.12.31	2013.12.31	2012.12.31
净利润(万元)	708.80	640.92	384.09	402.43
净利润增长率(%)	173.4787	66.8695	-4.5580	-
加权净资产收益率(%)	20.4500	22.9600	16.8500	21.8000
资产负债比率(%)	42.1700	48.6292	49.5253	51.5571
净利润现金含量(%)	11.0890	0.6056	-48.0210	154.9691
基本每股收益(元)	0.7100	0.8600	0.5300	0.6100
每股收益-扣除(元)	0.7000	0.8700	-	-
每股收益-摊薄(元)	0.7088	0.6409	0.5349	0.5605
每股资本公积金(元)	1.8839	1.8839	-	-
每股未分配利润(元)	0.9139	0.2051	2.3451	1.8637
每股净资产(元)	3.8200	3.1100	3.4400	2.9100
每股经营现金流量(元)	0.0786	0.0039	-0.2569	0.8700
经营活动现金净流量增长(%)	159.7	102.1	-129.5751	-

临汾益通天然气股份有限公司

公司概况

公司名称	临汾益通天然气股份有限公司			证券简称	益通股份
法人代表	裴本成	董秘	贺艳丽	证券代码	832357
公司网址				电子信箱	81343982@qq.com
电　　话	0357-4078302			传　　真	0357-4078303
办公地址	山西省侯马市文明路319号				
经营范围	燃气管网设计及技术资讯服务等				

主要财务指标

指标\报告期	2015.06.30	2014.12.31	2013.12.31	2012.12.31
净利润(万元)	1167.62	1087.32	599.91	20.64
净利润增长率(%)	151.9319	81.2458	2806.8638	-
加权净资产收益率(%)	14.0600	24.2300	14.6900	0.5500
资产负债比率(%)	36.7997	87.0571	77.1952	74.5451
净利润现金含量(%)	191.3093	666.2813	693.5741	14782.9597
基本每股收益(元)	0.1500	0.3100	0.1700	0.0100
每股收益-扣除(元)	-	-	-	-
每股收益-摊薄(元)	0.1521	0.1553	0.1714	0.0059
每股资本公积金(元)	2.2706	0.0156	-	-
每股未分配利润(元)	0.2295	0.0796	0.1351	-0.0213
每股净资产(元)	3.5600	1.3100	1.2500	1.0800
每股经营现金流量(元)	0.2909	1.0349	1.1888	0.8700
经营活动现金净流量增长(%)	-48.6073	74.1137	36.3817	-

江西省一保通信息科技股份有限公司

公司概况

公司名称	江西省一保通信息科技股份有限公司			证券简称	一保通
法人代表	马伟伟	董秘	黄小英	证券代码	832358
公司网址	www.cnegood.com			电子信箱	370868875@qq.com
电　　话	0791-82078666			传　　真	0791-82078666
办公地址	江西省南昌高新区火炬大街188号丰源国际中心9楼				
经营范围	医疗卫生领域应用软件开发、销售与技术服务				

主要财务指标

指标\报告期	2015.06.30	2014.12.31	2013.12.31	2012.12.31
净利润(万元)	-85.43	98.78	-69.41	-294.30
净利润增长率(%)	-234.7282	-	76.4	-
加权净资产收益率(%)	-10.6600	12.4100	-17.4100	-50.6800
资产负债比率(%)	78.5926	52.2050	46.3047	61.8364
净利润现金含量(%)	326.9625	-211.4456	9.2959	48.2098
基本每股收益(元)	-0.1300	0.1500	-0.0800	-0.2900
每股收益-扣除(元)	-	-	-	-
每股收益-摊薄(元)	-0.1287	0.1488	-0.1045	-0.2943
每股资本公积金(元)	0.1183	0.1183	0.1183	-
每股未分配利润(元)	0.0104	0.1390	0.0054	-0.5665
每股净资产(元)	1.1400	1.2700	1.1300	0.4300
每股经营现金流量(元)	-0.4207	-0.3146	-0.0100	-0.1400
经营活动现金净流量增长(%)	16.3	-	95.5	-

浙江益森科技股份有限公司

公司概况

公司名称	浙江益森科技股份有限公司			证券简称	益森科技
法人代表	陈建国	董秘	黄利琴	证券代码	832359
公司网址	www.zjyssj.com			电子信箱	yssj8866@163.com
电　　话	0575-88375313			传　　真	0575-88057100
办公地址	浙江省绍兴市越城区鉴湖镇坡塘村				
经营范围	预拌砂浆技术咨询、服务及科技成果转让				

主要财务指标

指标\报告期	2015.06.30	2014.12.31	2013.12.31	2012.12.31
净利润(万元)	1.71	481.61	212.51	10.15
净利润增长率(%)	-96.9982	126.6236	1992.8158	-
加权净资产收益率(%)	0.0400	13.2900	12.8800	0.9800
资产负债比率(%)	48.3468	43.0702	24.3010	21.8036
净利润现金含量(%)	-12897.880	139.5371	-477.3274	404.5190
基本每股收益(元)	-	0.1600	0.1300	0.0100
每股收益-扣除(元)	-	0.1400	-	-
每股收益-摊薄(元)	0.0006	0.1605	0.0708	0.0102
每股资本公积金(元)	0.1375	0.1375	0.0000	-
每股未分配利润(元)	0.1408	0.1413	0.0767	0.0393
每股净资产(元)	1.3000	1.3000	1.0900	1.0400
每股经营现金流量(元)	-0.0737	0.2240	-0.3381	0.0400
经营活动现金净流量增长(%)	-338.5	166.2	-2569.4965	-

河北智达光电科技股份有限公司

公司概况

公司名称	河北智达光电科技股份有限公司			证券简称	智达光电
法人代表	王国梁	董秘	周艳云	证券代码	832360
公司网址	www.hebzd.com			电子信箱	dupengfei@hebzd.com
电　　话	0311-83611316			传　　真	0311-87884057
办公地址	河北省石家庄市新石北路368号软件大厦C区610室				
经营范围	电子产品、太阳能产品、照明产品、计算机软硬件、节能技术的技术开发等				

主要财务指标

指标\报告期	2015.06.30	2014.12.31	2013.12.31	2012.12.31
净利润(万元)	266.30	575.82	129.97	–
净利润增长率(%)	–35.4796	343.0234	–	–
加权净资产收益率(%)	8.7400	25.3700	6.7800	–
资产负债比率(%)	45.3126	44.6418	47.5700	–
净利润现金含量(%)	–35.9714	–20.5024	–417.3653	–
基本每股收益(元)	0.1000	0.2900	0.0600	–
每股收益-扣除(元)	0.0700	0.3400	0.0500	–
每股收益-摊薄(元)	0.0951	0.2865	0.0647	–
每股资本公积金(元)	0.0744	–	–	–
每股未分配利润(元)	0.0254	0.2426	–0.0140	–
每股净资产(元)	1.1000	1.2700	0.9900	–
每股经营现金流量(元)	–0.0342	–0.0600	–0.2700	–
经营活动现金净流量增长(%)	–124.2612	78.2	–	–

北京众智同辉科技股份有限公司

公司概况

公司名称	北京众智同辉科技股份有限公司			证券简称	众智同辉
法人代表	赵勤	董秘	陈荣	证券代码	832361
公司网址	www.abtglass.com			电子信箱	zzth@ abtglass.com
电　　话	010-51668992			传　　真	010-83681009
办公地址	北京市丰台区中核路1号院1号楼102室(园区)				
经营范围	公司专业从事调光玻璃(STG)和调光膜(STF)的研究、生产和销售				

主要财务指标

指标\报告期	2015.06.30	2014.12.31	2013.12.31	2012.12.31
净利润(万元)	70.97	0.00	0.00	587.22
净利润增长率(%)	22.2399	–99.9994	–99.9999	–
加权净资产收益率(%)	1.6200	15.5800	0.0400	30.2000
资产负债比率(%)	6.3604	14.3120	42.4229	38.4018
净利润现金含量(%)	–695.6484	51092973.4375	–11672183.6590	187.2489
基本每股收益(元)	0.0700	0.8400	0.1400	1.0100
每股收益-扣除(元)	–	–	–	–
每股收益-摊薄(元)	0.0710	0.0000	0.0000	1.0124
每股资本公积金(元)	3.0082	3.0082	–	–
每股未分配利润(元)	0.4925	0.4215	3.9987	3.8590
每股净资产(元)	4.5500	4.4800	5.6300	5.4900
每股经营现金流量(元)	–0.4937	0.2289	–0.1133	1.9000
经营活动现金净流量增长(%)	–1665.5	448.3	–105.9764	–

佩蒂动物营养科技股份有限公司

公司概况

公司名称	佩蒂动物营养科技股份有限公司			证券简称	佩蒂股份
法人代表	陈振标	董秘	唐照波	证券代码	832362
公司网址	www.peidibrand.com			电子信箱	cpet@peidibrand.com
电　　话	0577-58189955			传　　真	0577-58189966
办公地址	浙江省温州平阳县水头镇工业园区宠乐路2号				
经营范围	宠物营养品及其他宠物健康产品的研发				

主要财务指标

指标\报告期	2015.06.30	2014.12.31	2013.12.31	2012.12.31
净利润(万元)	1925.80	2815.30	2599.28	2525.92
净利润增长率(%)	72.7185	8.3108	2.9044	–
加权净资产收益率(%)	–	10.7100	10.5400	11.4200
资产负债比率(%)	15.5105	27.5027	31.4185	37.5492
净利润现金含量(%)	199.5223	29.6588	236.3358	230.8863
基本每股收益(元)	0.3300	0.4900	–	0.4400
每股收益-扣除(元)	–	–	–	–
每股收益-摊薄(元)	0.3320	0.4854	0.4482	0.4355
每股资本公积金(元)	3.1337	3.1337	1.2366	1.2366
每股未分配利润(元)	1.0727	0.5601	1.8376	1.5979
每股净资产(元)	5.2200	4.7000	4.3000	4.0300
每股经营现金流量(元)	0.6625	0.1440	1.0591	1.0100
经营活动现金净流量增长(%)	483.7	–86.4076	5.3332	–

宁波索科纺织股份有限公司

公司概况

公司名称	宁波索科纺织股份有限公司			证券简称	索科股份
法人代表	李启涵	董秘	顾君	证券代码	832363
公司网址	www.nbsoco.com			电子信箱	soco@nbsoco.com
电　　话	0574-87269558			传　　真	0574-87261528
办公地址	浙江省宁波开发区联合区域东区1幢H401A室				
经营范围	纺织品、服装及辅料的销售				

主要财务指标

指标\报告期	2015.06.30	2014.12.31	2013.12.31	2012.12.31
净利润(万元)	142.36	220.76	142.91	73.96
净利润增长率(%)	–17.5055	54.4761	93.2334	–
加权净资产收益率(%)	10.9000	25.1100	31.8600	21.7500
资产负债比率(%)	48.6633	52.6322	64.7086	63.3299
净利润现金含量(%)	254.0058	–201.5061	371.4131	127.2447
基本每股收益(元)	0.1400	0.2565	2.8600	1.4800
每股收益-扣除(元)	0.0965	0.2318	–	1.2800
每股收益-摊薄(元)	0.1365	0.2117	2.8581	1.4791
每股资本公积金(元)	0.0986	0.0986	–	–
每股未分配利润(元)	0.2003	0.0638	8.8994	6.0413
每股净资产(元)	1.3200	1.1800	10.4000	7.5400
每股经营现金流量(元)	0.3467	–0.4265	10.6155	1.8800
经营活动现金净流量增长(%)	205.2	–183.8093	464.0269	–

太仓兴宇印刷包装股份有限公司

公司概况	公司名称	太仓兴宇印刷包装股份有限公司			证券简称	兴宇包装
	法人代表	陶建良	董秘	杜李芳	证券代码	832364
	公司网址	www.xingyutc.com		电子信箱	22221760@qq.com	
	电　话	0512-53458571		传　真	0512-53456775	
	办公地址	江苏省太仓市陆渡镇东新路12号				
	经营范围	纸制品包装装潢印刷品印刷和其他印刷品印刷				

主要财务指标	指标\报告期	2015.06.30	2014.12.31	2013.12.31	2012.12.31
	净利润(万元)	263.34	161.91	278.28	257.27
	净利润增长率(%)	23.8684	-41.8188	8.1671	-
	加权净资产收益率(%)	12.6500	-	16.8800	18.6300
	资产负债比率(%)	67.4300	73.0486	75.5366	77.0465
	净利润现金含量(%)	153.0012	403.0928	175.5874	-376.9386
	基本每股收益(元)	0.5300	0.3200	0.5600	0.5100
	每股收益-扣除(元)	0.0700	-0.2300	-	-
	每股收益-摊薄(元)	0.5267	0.3238	0.5566	0.5145
	每股资本公积金(元)	3.0002	3.0002	-	-
	每股未分配利润(元)	0.4253	-0.1014	2.4604	1.9595
	每股净资产(元)	4.4300	3.9000	3.5800	3.0200
	每股经营现金流量(元)	0.8058	1.3053	0.9772	-1.9400
	经营活动现金净流量增长(%)	-29.2342	33.5655	150.4	-

开勒环境科技(上海)股份有限公司

公司概况	公司名称	开勒环境科技(上海)股份有限公司			证券简称	开勒环境
	法人代表	于清梵	董秘	金媛	证券代码	832365
	公司网址	www.kalefans.com		电子信箱	jinyuan@kalefans.com	
	电　话	021-57685107		传　真	021-57685025	
	办公地址	上海市松江区闵申路688弄8号				
	经营范围	大型工业风扇的研发、生产销售安装 相关技术服务				

主要财务指标	指标\报告期	2015.06.30	2014.12.31	2013.12.31	2012 12.31
	净利润(万元)	276.16	1548.87	504.68	84.66
	净利润增长率(%)	-33.6554	206.8987	496.1416	-
	加权净资产收益率(%)	10.1500	83.7500	62.2400	30.1000
	资产负债比率(%)	37.4604	19.8248	35.8825	34.8829
	净利润现金含量(%)	-75.0308	47.5975	50.0897	-218.8286
	基本每股收益(元)	0.1400	3.1200	1.0100	0.1700
	每股收益-扣除(元)	-	3.0700	-	-
	每股收益-摊薄(元)	0.1381	3.0977	1.0094	0.1693
	每股资本公积金(元)	0.1246	1.4986	-	-
	每股未分配利润(元)	0.2446	2.4260	1.0043	0.1002
	每股净资产(元)	1.4400	5.2200	2.1300	1.1200
	每股经营现金流量(元)	-0.1036	1.4744	0.5056	-0.3700
	经营活动现金净流量增长(%)	19.2	191.6289	236.5	-

广西英伦信息技术股份有限公司

公司概况	公司名称	广西英伦信息技术股份有限公司			证券简称	英伦信息
	法人代表	黎英征	董秘	赵英杰	证券代码	832366
	公司网址	www.gxyinglun.com		电子信箱	support@gxyinlun.com	
	电　话	0771-5845499		传　真	0771-2845499	
	办公地址	广西省南宁市科园大道68号4号楼五层523-08号				
	经营范围	电信工程专业承包				

主要财务指标	指标\报告期	2015.06.30	2014.12.31	2013.12.31	2012.12.31
	净利润(万元)	31.79	89.85	95.82	44.19
	净利润增长率(%)	52.3144	-7.1713	116.8570	-
	加权净资产收益率(%)	3.3100	10.6800	13.7100	6.9500
	资产负债比率(%)	45.8734	47.8823	45.0316	38.3094
	净利润现金含量(%)	-669.6392	-122.1730	-41.2583	-73.4836
	基本每股收益(元)	0.0500	0.1400	0.1600	0.0700
	每股收益-扣除(元)	-	0.0700	-	0.0200
	每股收益-摊薄(元)	0.0530	0.1497	0.1597	0.0736
	每股资本公积金(元)	0.4140	0.4140	0.0000	-
	每股未分配利润(元)	0.0385	-0.0145	0.2308	0.0857
	每股净资产(元)	1.4500	1.4000	1.2600	1.1000
	每股经营现金流量(元)	-0.3548	-0.1830	-0.0659	-0.0500
	经营活动现金净流量增长(%)	-299.7463	-177.7	-21.8	-

北京慧图科技股份有限公司

公司概况	公司名称	北京慧图科技股份有限公司			证券简称	慧图科技
	法人代表	廖华轩	董秘	唐珊	证券代码	832367
	公司网址	www.huitu.com.cn		电子信箱	ts@huitu.com.cn	
	电　话	010-51655008		传　真	010-51552309	
	办公地址	北京市海淀区西三环北路91号7号楼国图文化大厦位于2层E01室				
	经营范围	生产水文仪器及岩土工程仪器				

主要财务指标	指标\报告期	2015.06.30	2014.12.31	2013.12.31	2012.12.31
	净利润(万元)	414.95	65.39	332.08	204.36
	净利润增长率(%)	11528.6	-80.3074	62.4974	-
	加权净资产收益率(%)	12.7200	1.9000	9.0500	8.4586
	资产负债比率(%)	48.5735	55.7245	44.4826	47.9477
	净利润现金含量(%)	-487.4988	316.4086	-390.6771	-165.5641
	基本每股收益(元)	0.1431	0.0225	0.1100	0.0960
	每股收益-扣除(元)	0.1417	0.0337	-	-
	每股收益-摊薄(元)	0.0892	0.0225	0.1495	0.0920
	每股资本公积金(元)	0.1127	0.0298	0.2887	0.2887
	每股未分配利润(元)	0.1026	0.0214	0.3947	0.2602
	每股净资产(元)	1.2200	1.0500	1.7300	1.5800
	每股经营现金流量(元)	-0.4350	0.0713	-0.5842	-0.1500
	经营活动现金净流量增长(%)	-1514.4	115.9	-283.4	-

厦门佳创科技股份有限公司

公司概况	公司名称	厦门佳创科技股份有限公司			证券简称	佳创科技
	法人代表	岱朝晖	董秘	林金波	证券代码	832368
	公司网址	www.gachn.com			电子信箱	gachn@gachn.com
	电　话	0592-7770518			传　真	0592-7770538
	办公地址	福建省厦门火炬高新区(翔安)产业区同龙二路898号1楼				
	经营范围	从事一次性卫生用品和生活用纸智能化包装机械的研发、制造和销售				

	指标\报告期	2015.06.30	2014.12.31	2013.12.31	2012.12.31
主要财务指标	净利润(万元)	180.53	507.46	176.01	-120.59
	净利润增长率(%)	-0.0874	188.3076	246.0	-
	加权净资产收益率(%)	9.8300	36.7600	20.0900	-18.1800
	资产负债比率(%)	22.0353	23.5345	34.3756	40.2242
	净利润现金含量(%)	-56.4937	51.0461	60.9602	577.5898
	基本每股收益(元)	0.1500	0.4500	0.1700	-0.2700
	每股收益-扣除(元)	-	0.4600	-	-
	每股收益-摊薄(元)	0.1504	0.4229	0.1676	-0.1507
	每股资本公积金(元)	0.3176	0.3176	-	-
	每股未分配利润(元)	0.2739	0.1235	0.0338	-0.1708
	每股净资产(元)	1.6100	1.4600	1.0400	0.8300
	每股经营现金流量(元)	-0.0850	0.2159	0.1022	-0.8700
	经营活动现金净流量增长(%)	-10.5	141.4196	115.4	-

江苏神农灭菌设备股份有限公司

公司概况	公司名称	江苏神农灭菌设备股份有限公司			证券简称	江苏神农
	法人代表	陈远华	董秘	蒋忠伟	证券代码	832369
	公司网址	www.china-autoclave.com			电子信箱	steven1211@aliyun.com
	电　话	0512-58783598			传　真	0512-58783598
	办公地址	江苏省张家港市金港镇后塍封庄村				
	经营范围	消毒灭菌设备产品的研发、生产及销售				

	指标\报告期	2015.06.30	2014.12.31	2013.12.31	2012.12.31
主要财务指标	净利润(万元)	44.26	74.76	515.77	67.11
	净利润增长率(%)	6.6960	-85.5059	668.5586	-
	加权净资产收益率(%)	-1.3000	2.2600	16.2100	2.6600
	资产负债比率(%)	36.7376	51.8637	56.0661	65.2277
	净利润现金含量(%)	-679.4270	-649.1644	112.8238	1233.5310
	基本每股收益(元)	0.0400	0.0700	0.5200	0.0700
	每股收益-扣除(元)	-	-	-	-
	每股收益-摊薄(元)	0.0424	0.0715	0.5158	0.0671
	每股资本公积金(元)	2.0666	0.0431	-	-
	每股未分配利润(元)	0.0705	1.8212	1.8658	1.4016
	每股净资产(元)	3.3353	3.2900	3.1800	2.6200
	每股经营现金流量(元)	-0.2878	-0.4644	0.5819	0.8300
	经营活动现金净流量增长(%)	35.6	-183.3958	-29.7045	-

河北博柯莱智能装备科技股份有限公司

公司概况	公司名称	河北博柯莱智能装备科技股份有限公司			证券简称	博柯莱
	法人代表	杜宏图	董秘	李泳	证券代码	832370
	公司网址	www.boxline.net.cn			电子信箱	boxline@126.com
	电　话	0310-4659818			传　真	0310-4569800
	办公地址	河北省永年县工业园区				
	经营范围	工厂自动化整体方案设计及制造				

	指标\报告期	2015.06.30	2014.12.31	2013.12.31	2012.12.31
主要财务指标	净利润(万元)	292.12	412.91	358.70	51.21
	净利润增长率(%)	40.0923	15.1140	600.5041	-
	加权净资产收益率(%)	8.0500	13.4200	13.2200	2.0100
	资产负债比率(%)	57.9531	58.0511	68.4343	55.4275
	净利润现金含量(%)	261.3073	228.6617	6.2866	492.9708
	基本每股收益(元)	0.1040	0.1500	0.1300	0.0200
	每股收益-扣除(元)	0.0900	0.1500	-	-
	每股收益-摊薄(元)	0.1043	0.1475	0.1560	0.0223
	每股资本公积金(元)	0.1608	0.1608	0.1856	0.1856
	每股未分配利润(元)	0.1203	0.0193	0.0457	-0.0839
	每股净资产(元)	1.3000	1.1900	1.2400	1.1000
	每股经营现金流量(元)	0.2726	0.3372	0.0098	0.1100
	经营活动现金净流量增长(%)	1299.3934	4087.0096	-91.0668	-

北京国环莱茵环保科技股份有限公司

公司概况	公司名称	北京国环莱茵环保科技股份有限公司			证券简称	莱茵环保
	法人代表	骆建明	董秘	王岩	证券代码	832371
	公司网址	www.chinaguohuan.com			电子信箱	rhein_guohuan@sina.com
	电　话	010-84885600			传　真	010-84885616
	办公地址	北京市海淀区八里庄路61号5号楼3门202室				
	经营范围	水污染治理、固体废物污染治理				

	指标\报告期	2015.06.30	2014.12.31	2013.12.31	2012.12.31
主要财务指标	净利润(万元)	275.82	-	-	-6.92
	净利润增长率(%)	856.7021	-	-	-
	加权净资产收益率(%)	21.0500	-	-	-0.6400
	资产负债比率(%)	32.8379	-	-	28.5851
	净利润现金含量(%)	-164.7999	-	-	4035.6397
	基本每股收益(元)	0.2300	-	-	-0.0100
	每股收益-扣除(元)	0.2100	-	-	-
	每股收益-摊薄(元)	0.2298	-	-	-0.0068
	每股资本公积金(元)	0.0433	-	-	-
	每股未分配利润(元)	0.1470	-	-	0.0632
	每股净资产(元)	1.2100	-	-	0.9100
	每股经营现金流量(元)	-0.3788	-	-	-0.2745
	经营活动现金净流量增长(%)	-314.4	-	-	-

西藏金凯新能源股份有限公司

公司概况	公司名称	西藏金凯新能源股份有限公司			证券简称	西藏能源
	法人代表	吴承胜	董秘	张剑	证券代码	832372
	公司网址	www.xzjkxny.com		电子信箱	jakey188@163.com	
	电　话	0891-6158765		传　真	0891-6158900	
	办公地址	拉萨市经济技术开发区A区苏州路金凯新能源大厦				
	经营范围	光伏电站工程EPC总承包、光伏电站投资运营等				

	指标\报告期	2015.06.30	2014.12.31	2013.12.31	2012.12.31
主要财务指标	净利润(万元)	-331.85	1.06	398.31	-
	净利润增长率(%)	-12.6	-99.7327	-	-
	加权净资产收益率(%)	-15.2600	0.0300	12.0400	-
	资产负债比率(%)	64.7323	61.6795	50.9466	-
	净利润现金含量(%)	-229.4452	72444.4143	-333.1128	-
	基本每股收益(元)	-0.1700	0.0004	0.2124	-
	每股收益-扣除(元)	-0.2223	-0.0953	0.1335	-
	每股收益-摊薄(元)	-0.1659	0.0005	0.1328	-
	每股资本公积金(元)	0.2632	0.2632	-	-
	每股未分配利润(元)	-0.1761	-0.0361	0.4060	-
	每股净资产(元)	1.0900	1.2300	1.4500	-
	每股经营现金流量(元)	0.3807	0.3900	-0.4400	-
	经营活动现金净流量增长(%)	-1.1592	158.1	-	-

许昌美特桥架股份有限公司

公司概况	公司名称	许昌美特桥架股份有限公司			证券简称	美特桥架
	法人代表	尚新春	董秘	傅恩荣	证券代码	832373
	公司网址	www.xjpnmt.com		电子信箱	qinl@xjgc.com	
	电　话	0374-2788838		传　真	0374-2788839	
	办公地址	河南省许昌市经济技术开发区阳光大道西段				
	经营范围	电缆桥架的研发、生产和销售				

	指标\报告期	2015.06.30	2014.12.31	2013.12.31	2012.12.31
主要财务指标	净利润(万元)	364.78	-	412.26	197.46
	净利润增长率(%)	222.8	-	108.7856	-
	加权净资产收益率(%)	3.9700	-	4.7600	2.3000
	资产负债比率(%)	72.9910	-	65.6187	67.2019
	净利润现金含量(%)	-4.6121	-	229.5831	-297.2075
	基本每股收益(元)	0.0700	-	0.1000	0.0500
	每股收益-扣除(元)	0.0700	-	0.1000	0.0400
	每股收益-摊薄(元)	0.0730	-	0.0982	0.0470
	每股资本公积金(元)	0.3170	-	0.5679	0.5679
	每股未分配利润(元)	0.5039	-	0.4823	0.3940
	每股净资产(元)	1.8800	-	2.1100	2.0100
	每股经营现金流量(元)	-0.0034	-	0.2300	-0.1400
	经营活动现金净流量增长(%)	98.7	-	261.3	-

江苏丽岛新材料股份有限公司

公司概况	公司名称	江苏丽岛新材料股份有限公司			证券简称	丽岛新材
	法人代表	蔡征国	董秘	陈波	证券代码	832374
	公司网址	www.jsldxcl.com		电子信箱	webmaster@jsldxcl.com	
	电　话	89-519-68881358		传　真	89-519-86669525	
	办公地址	江苏省常州市龙城大道1959号				
	经营范围	新型建筑装饰材料、金属材料的加工制造				

	指标\报告期	2015.06.30	2014.12.31	2013.12.31	2012.12.31
主要财务指标	净利润(万元)	2763.12	-	6561.64	6601.53
	净利润增长率(%)	1.4341	-	-0.6042	-
	加权净资产收益率(%)	4.8600	-	14.2300	16.7000
	资产负债比率(%)	23.0049	-	23.6051	33.4621
	净利润现金含量(%)	-34.5699	-	61.3120	82.9878
	基本每股收益(元)	0.1800	-	0.4200	0.4200
	每股收益-扣除(元)	0.1700	-	0.4100	0.4200
	每股收益-摊薄(元)	0.1764	-	0.4188	0.4214
	每股资本公积金(元)	1.1749	-	1.1749	1.1749
	每股未分配利润(元)	1.4001	-	0.8697	0.4912
	每股净资产(元)	3.7200	-	3.1500	2.7300
	每股经营现金流量(元)	-0.0610	-	0.2600	0.3500
	经营活动现金净流量增长(%)	-743.8612	-	-26.5657	-

江苏宝达汽车股份有限公司

公司概况	公司名称	江苏宝达汽车股份有限公司			证券简称	宝达股份
	法人代表	沈胜利	董秘	吕彩平	证券代码	832375
	公司网址	www.baodaqiche.com		电子信箱	baodaqiche@126.com	
	电　话	0512-63988520		传　真	0512-63635759	
	办公地址	江苏省苏州市吴江市松陵镇开发区庞北路东侧				
	经营范围	汽车销售、汽车维修、汽车配件销售以及其他售后服务业务				

	指标\报告期	2015.06.30	2014.12.31	2013.12.31	2012 12.31
主要财务指标	净利润(万元)	-104.65	-341.52	-210.83	-92.53
	净利润增长率(%)	-154.5	-88.6	-127.8	-
	加权净资产收益率(%)	-6.6200	-5.2600	-7.1000	-3.4400
	资产负债比率(%)	78.9774	82.1478	68.1172	71.1706
	净利润现金含量(%)	752.3732	-258.6320	-79.0585	-1171.4363
	基本每股收益(元)	-0.0400	-0.1100	-0.1200	-0.0600
	每股收益-扣除(元)	-0.0700	-	-	-
	每股收益-摊薄(元)	-0.0415	-0.1355	-0.1406	-0.0617
	每股资本公积金(元)	-	-	1.9936	1.1336
	每股未分配利润(元)	-0.3616	-0.3200	-0.5151	-0.3821
	每股净资产(元)	0.6400	0.6800	2.5000	1.7600
	每股经营现金流量(元)	-0.3125	0.3505	0.1111	0.7200
	经营活动现金净流量增长(%)	-326.2597	429.9411	-84.6230	-

承德天原药业股份有限公司

公司概况

公司名称	承德天原药业股份有限公司			证券简称	天原药业
法人代表	周印军	董秘	于海霞	证券代码	832376
公司网址	www.ty1970.com		电子信箱	cdty1970@sina.com	
电　　话	0314-7526185		传　　真	0314-7526277	
办公地址	河北省承德市围场满族蒙古族自治县四合永镇(工业园区)				
经营范围	涵盖抗感冒类、消化类及其他中成药产品的研发、生产、销售				

主要财务指标

指标\报告期	2015.06.30	2014.12.31	2013.12.31	2012.12.31
净利润(万元)	282.18	251.27	196.31	24.70
净利润增长率(%)	228.6081	27.9952	694.8742	–
加权净资产收益率(%)	4.9600	8.6900	10.7700	2.4200
资产负债比率(%)	64.3492	67.0857	85.2296	78.2039
净利润现金含量(%)	236.7413	118.4051	585.9733	1124.4733
基本每股收益(元)	0.0600	0.1000	0.2000	0.0400
每股收益-扣除(元)	–	0.0300	0.1200	-0.0500
每股收益-摊薄(元)	0.0588	0.0523	0.1963	0.0338
每股资本公积金(元)	0.1237	0.1237	0.8512	1.5350
每股未分配利润(元)	0.0884	0.0284	0.0627	-0.1735
每股净资产(元)	1.2200	1.1600	1.9200	2.3600
每股经营现金流量(元)	0.1392	0.0620	1.1503	0.3800
经营活动现金净流量增长(%)	428.0323	-74.1366	314.2162	–

江苏创一佳照明股份有限公司

公司概况

公司名称	江苏创一佳照明股份有限公司			证券简称	创一佳
法人代表	邹荣	董秘	黄则霞	证券代码	832377
公司网址	www.cyjlighting.com		电子信箱	jiangsuchuangyijia@126.com	
电　　话	0025-68571335		传　　真	0025-68571660	
办公地址	江苏省南京市建邺区江东中路311号512室				
经营范围	照明电器产品的研发、设计、安装施工及售后服务				

主要财务指标

指标\报告期	2015.06.30	2014.12.31	2013.12.31	2012.12.31
净利润(万元)	199.28	491.10	21.75	–
净利润增长率(%)	0.9494	2157.8334	–	–
加权净资产收益率(%)	2.7000	21.6400	1.5200	–
资产负债比率(%)	32.7763	71.2580	49.7731	–
净利润现金含量(%)	-308.0141	-82.2556	-5116.5767	–
基本每股收益(元)	0.0300	0.2400	0.0108	–
每股收益-扣除(元)	0.0300	–	–	–
每股收益-摊薄(元)	0.0338	0.2443	0.0108	–
每股资本公积金(元)	0.0487	0.1426	–	–
每股未分配利润(元)	0.2036	0.0978	0.0062	–
每股净资产(元)	1.2700	1.2500	1.0100	–
每股经营现金流量(元)	-0.1042	-0.2000	-0.5500	–
经营活动现金净流量增长(%)	8.6	63.7	–	–

广州利昂建筑设计股份有限公司

公司概况

公司名称	广州利昂建筑设计股份有限公司			证券简称	利昂设计
法人代表	周涛	董秘	羽祖翔	证券代码	832378
公司网址	www.leodg.com		电子信箱	info@leogd.com	
电　　话	020-84101925		传　　真	020-84101126-616	
办公地址	广州市海珠区滨江中路308号6楼自编A、B、C、K室				
经营范围	房屋建筑工程设计服务				

主要财务指标

指标\报告期	2015.06.30	2014.12.31	2013.12.31	2012.12.31
净利润(万元)	461.79	413.48	286.23	-23.44
净利润增长率(%)	79.1240	44.4558	1321.1	–
加权净资产收益率(%)	36.7200	50.4200	60.8800	-60.4600
资产负债比率(%)	40.8759	34.4676	32.2589	62.1670
净利润现金含量(%)	94.9098	-37.2311	98.2849	2471.9557
基本每股收益(元)	0.9200	0.8300	0.5700	-0.1200
每股收益-扣除(元)	0.9200	0.8300	–	-0.1200
每股收益-摊薄(元)	0.9236	0.8270	0.5725	-0.0469
每股资本公积金(元)	0.1472	0.1472	–	–
每股未分配利润(元)	1.7393	0.8157	0.2039	-0.3459
每股净资产(元)	2.9800	2.0500	1.2300	0.6500
每股经营现金流量(元)	0.8766	-0.3079	0.5626	-1.1600
经营活动现金净流量增长(%)	2433.0335	-154.7210	148.6	–

河南鑫融基金控股股份有限公司

公司概况

公司名称	河南鑫融基金控股股份有限公司			证券简称	鑫融基
法人代表	年永安	董秘	张锐	证券代码	832379
公司网址	www.xrjjk.com		电子信箱	horstry@163.com	
电　　话	0379-64958726		传　　真	0379-64958716	
办公地址	河南省洛阳市涧西区中州西路52号院1幢5楼西侧				
经营范围	股权投资、债权投资、项目投资、资产管理等				

主要财务指标

指标\报告期	2015.06.30	2014.12.31	2013.12.31	2012.12.31
净利润(万元)	8402.48	10322.51	3127.75	–
净利润增长率(%)	156.6537	230.0295	–	–
加权净资产收益率(%)	4.8700	10.0200	6.7700	–
资产负债比率(%)	12.1307	13.8778	29.4340	–
净利润现金含量(%)	-507.8144	-794.5833	-762.6566	–
基本每股收益(元)	0.0600	0.1100	0.4300	–
每股收益-扣除(元)	–	0.0838	0.0574	–
每股收益-摊薄(元)	0.0525	0.0688	0.4332	–
每股资本公积金(元)	0.0697	0.0077	5.4866	–
每股未分配利润(元)	0.0955	0.0459	0.0930	–
每股净资产(元)	1.1700	1.0500	6.6000	–
每股经营现金流量(元)	-0.2667	-0.5468	-3.3039	–
经营活动现金净流量增长(%)	49.8	-243.8	–	–

黑龙江鲁冀管业股份有限公司

公司概况	公司名称	黑龙江鲁冀管业股份有限公司			证券简称	鲁冀股份
	法人代表	石大林	董秘	王军雨	证券代码	832380
	公司网址	www.dqpu.com		电子信箱	13836791198@163.com	
	电　　话	0459-6324678		传　　真	0459-6862678	
	办公地址	黑龙江省大庆市红岗区铁人园区兴隆产业园				
	经营范围	双面埋弧焊螺旋钢管、保温钢管的生产和销售				

主要财务指标	指标\报告期	2015.06.30	2014.12.31	2013.12.31	2012.12.31
	净利润(万元)	313.04	182.99	59.59	–
	净利润增长率(%)	273.6	207.0848	–	–
	加权净资产收益率(%)	5.6500	3.4600	2.6200	–
	资产负债比率(%)	63.9907	60.8223	44.9752	–
	净利润现金含量(%)	–150.4921	1024.1004	–2267.7921	–
	基本每股收益(元)	0.0600	0.0400	0.0100	–
	每股收益–扣除(元)	–	0.0300	–	–
	每股收益–摊薄(元)	0.0614	0.0359	0.0117	–
	每股资本公积金(元)	0.0524	0.0524	–	–
	每股未分配利润(元)	0.0615	0.0001	0.0183	–
	每股净资产(元)	1.1200	1.0600	1.0200	–
	每股经营现金流量(元)	–0.0924	0.3700	–0.2600	–
	经营活动现金净流量增长(%)	–202.8130	238.7	–	–

大连旅顺国汇小额贷款股份有限公司

公司概况	公司名称	大连旅顺国汇小额贷款股份有限公司			证券简称	国汇小贷
	法人代表	王茂凯	董秘	孙文厦	证券代码	832381
	公司网址	www.0411gh.com		电子信箱	guohuidaikuan@126.com	
	电　　话	0411-82803596		传　　真	0411-82802219	
	办公地址	辽宁省大连市旅顺口区龙头街道东北山村				
	经营范围	办理各项小额贷款和银行资金融入业务				

主要财务指标	指标\报告期	2015.06.30	2014.12.31	2013.12.31	2012.12.31
	净利润(万元)	1004.77	–	1989.32	2332.84
	净利润增长率(%)	–7.3068	–	–14.7258	–
	加权净资产收益率(%)	5.4700	–	11.3900	13.7400
	资产负债比率(%)	31.2417	–	18.6952	4.3803
	净利润现金含量(%)	274.8718	–	53.6457	114.6341
	基本每股收益(元)	0.0700	–	0.1300	0.1600
	每股收益–扣除(元)	–	–	–	0.1600
	每股收益–摊薄(元)	0.0670	–	0.1326	0.1555
	每股资本公积金(元)	–	–	–	–
	每股未分配利润(元)	0.0704	–	0.1160	0.1322
	每股净资产(元)	1.1500	–	1.1700	1.1800
	每股经营现金流量(元)	0.1841	–	0.0711	0.1783
	经营活动现金净流量增长(%)	378.1	–	–60.0939	–

大同开发区阳光小额贷款股份有限公司

公司概况	公司名称	大同开发区阳光小额贷款股份有限公司			证券简称	阳光小贷
	法人代表	张明元	董秘	毕龙	证券代码	832382
	公司网址	www.dtygxd.com		电子信箱		
	电　　话	0352-533833		传　　真	0352-5338333 转 806	
	办公地址	山西省大同市魏都大道芙蓉苑外围 2 号				
	经营范围	小额贷款的发放、管理和咨询服务				

主要财务指标	指标\报告期	2015.06.30	2014.12.31	2013.12.31	2012.12.31
	净利润(万元)	1319.96	1512.24	444.84	–
	净利润增长率(%)	26.2235	239.9519	–	–
	加权净资产收益率(%)	5.7000	6.8100	4.5300	–
	资产负债比率(%)	28.2062	6.7956	9.9469	–
	净利润现金含量(%)	131.8714	–98.1677	–2620.8995	–
	基本每股收益(元)	0.0700	0.0800	0.0500	–
	每股收益–扣除(元)	–	–	–	–
	每股收益–摊薄(元)	0.0660	0.0756	0.0222	–
	每股资本公积金(元)	0.0831	0.0560	0.0560	–
	每股未分配利润(元)	0.0878	0.0315	0.0040	–
	每股净资产(元)	1.1900	1.1100	1.0700	–
	每股经营现金流量(元)	0.0870	–0.0700	–0.5800	–
	经营活动现金净流量增长(%)	113.9	87.3	–	–

湖北大通互联物流股份有限公司

公司概况	公司名称	湖北大通互联物流股份有限公司			证券简称	大通物流
	法人代表	江明建	董秘	吴秀丽	证券代码	832383
	公司网址	www.hbdt.com.cn		电子信箱	hbdt@hbdt.com.cn	
	电　　话	027-85481899		传　　真	027-85481890	
	办公地址	湖北省鄂州市武昌大道 309 号				
	经营范围	普通货物运输、大型物件运输(一类)、货物专用运输等				

主要财务指标	指标\报告期	2015.06.30	2014.12.31	2013.12.31	2012.12.31
	净利润(万元)	323.49	2536.48	3253.95	4343.46
	净利润增长率(%)	–80.6083	–22.0491	–25.0841	–
	加权净资产收益率(%)	1.0400	8.4400	11.8000	16.7500
	资产负债比率(%)	36.9813	37.6019	36.4052	34.0448
	净利润现金含量(%)	–72.7870	129.9253	163.4720	95.8352
	基本每股收益(元)	0.0500	0.4200	0.5400	0.7200
	每股收益–扣除(元)	0.0400	0.4000	0.5100	0.6500
	每股收益–摊薄(元)	0.0539	0.4227	0.5423	0.7239
	每股资本公积金(元)	0.0650	0.0695	0.0695	0.0695
	每股未分配利润(元)	3.5134	3.5042	3.2159	2.7439
	每股净资产(元)	5.1800	5.1600	4.8500	5.1391
	每股经营现金流量(元)	–0.0392	0.5500	0.8900	0.6900
	经营活动现金净流量增长(%)	95.7	–38.0457	27.7888	–

南阳格瑞光电科技股份有限公司

公司概况	公司名称	南阳格瑞光电科技股份有限公司		证券简称	格瑞光电
	法人代表	肖鹏飞	董秘 肖向	证券代码	832384
	公司网址	www.great-oe.com		电子信箱	lixpf@aliyun.com
	电　话	0377-62223856		传　真	0377-62223726
	办公地址	河南省南阳市高新区光电孵化园			
	经营范围	光学元组件的生产、销售			

主要财务指标	指标\报告期	2015.06.30	2014.12.31	2013.12.31	2012.12.31
	净利润(万元)	11.75	37.70	-15.50	-6.83
	净利润增长率(%)	-3.9524	343.2	-127.0	-
	加权净资产收益率(%)	1.4300	6.9200	-9.1700	-9.0800
	资产负债比率(%)	51.9976	33.8384	30.3641	75.3824
	净利润现金含量(%)	-1333.7949	305.0819	1452.7436	-284.4283
	基本每股收益(元)	0.0100	0.0700	-0.0800	-0.0900
	每股收益-扣除(元)	0.0100	0.0522	-	-
	每股收益-摊薄(元)	0.0147	0.0471	-0.0310	-0.0854
	每股资本公积金(元)	0.0208	0.0208	-	-
	每股未分配利润(元)	0.0113	-0.0033	-0.0474	-0.1026
	每股净资产(元)	1.0300	1.0200	0.9500	0.9000
	每股经营现金流量(元)	-0.1959	0.1438	-0.4504	0.2400
	经营活动现金净流量增长(%)	-722.5359	151.1	-1259.6174	-

湖南快乐文化传媒股份有限公司

公司概况	公司名称	湖南快乐文化传媒股份有限公司		证券简称	快乐传媒
	法人代表	张赤心	董秘 李雄	证券代码	832385
	公司网址	www.59happy.com.cn		电子信箱	383100@qq.com
	电　话	0731-85114118		传　真	0731-85114118
	办公地址	湖南省长沙市高新开发区文轩路27号麓谷钰园C2栋1001-1008号			
	经营范围	媒体代理、媒体自营和品牌推广服务			

主要财务指标	指标\报告期	2015.06.30	2014.12.31	2013.12.31	2012.12.31
	净利润(万元)	21.97	-	14.90	-0.76
	净利润增长率(%)	281.6	-	2066.7	-
	加权净资产收益率(%)	0.4400	-	10.3100	-0.5500
	资产负债比率(%)	0.3556	-	19.1952	55.2934
	净利润现金含量(%)	515.0545	-	175.7248	21025.3485
	基本每股收益(元)	0.0100	-	0.0700	0.0000
	每股收益-扣除(元)	0.0100	-	0.0700	0.0000
	每股收益-摊薄(元)	0.0069	-	0.0745	-0.0038
	每股资本公积金(元)	0.9815	-	-	-
	每股未分配利润(元)	-0.0147	-	-0.2474	-0.3145
	每股净资产(元)	1.9700	-	0.7600	0.6900
	每股经营现金流量(元)	0.0353	-	0.1300	-0.8000
	经营活动现金净流量增长(%)	540.9	-	116.4	-

深圳市凯瑞德电子股份有限公司

公司概况	公司名称	深圳市凯瑞德电子股份有限公司		证券简称	深凯瑞德
	法人代表	张琪	董秘 范莉	证券代码	832386
	公司网址	www.szkrd.com		电子信箱	fl0112@szkrd.com
	电　话	0755-61568000		传　真	00755-61568488
	办公地址	广东省深圳市龙华新区大浪办事处龙观快速路102号			
	经营范围	消费类电子产品及其配件			

主要财务指标	指标\报告期	2015.06.30	2014.12.31	2013.12.31	2012.12.31
	净利润(万元)	-761.47	-	130.88	95.07
	净利润增长率(%)	-483.6198	-	37.6647	-
	加权净资产收益率(%)	-	-	24.4800	22.5400
	资产负债比率(%)	86.4458	-	89.4259	85.8920
	净利润现金含量(%)	-278.5098	-	-377.5367	-70.3587
	基本每股收益(元)	-0.4800	-	1.2407	0.9013
	每股收益-扣除(元)	-	-	1.1216	0.7732
	每股收益-摊薄(元)	-0.4759	-	1.2407	0.9012
	每股资本公积金(元)	0.1513	-	-	-
	每股未分配利润(元)	-0.5702	-	4.2459	3.1293
	每股净资产(元)	0.5800	-	5.6893	4.4486
	每股经营现金流量(元)	1.3255	-	-4.6842	-0.6341
	经营活动现金净流量增长(%)	185.9146	-	-638.7	-

武汉大众口腔门诊部股份有限公司

公司概况	公司名称	武汉大众口腔门诊部股份有限公司		证券简称	大众口腔
	法人代表	姚雪	董秘 刘红婵	证券代码	832387
	公司网址	www.chinadzyl.com		电子信箱	dazhongkouqiang@126.com
	电　话	0027-50704827		传　真	0027-50704827
	办公地址	湖北省武汉东湖开发区关山一路东侧保利花园17幢1层S13、S14、S15号			
	经营范围	各类口腔疾病及健康问题等			

主要财务指标	指标\报告期	2015.06.30	2014.12.31	2013.12.31	2012.12.31
	净利润(万元)	305.72	-	104.35	114.00
	净利润增长率(%)	210.4	-	-8.4689	-
	加权净资产收益率(%)	12.0000	-	-25.5400	-22.0200
	资产负债比率(%)	38.3267	-	127.2163	179.2461
	净利润现金含量(%)	203.1630	-	399.9617	33.8509
	基本每股收益(元)	0.1500	-	0.4312	0.4711
	每股收益-扣除(元)	-	-	0.4300	0.4700
	每股收益-摊薄(元)	0.1529	-	0.4312	0.4711
	每股资本公积金(元)	0.1601	-	-	-
	每股未分配利润(元)	0.1800	-	-2.4727	-2.9039
	每股净资产(元)	1.3500	-	-1.4700	-1.9000
	每股经营现金流量(元)	0.3106	-	1.7200	0.1600
	经营活动现金净流量增长(%)	910.5420	-	981.4734	-

安徽龙磁科技股份有限公司

公司概况	公司名称	安徽龙磁科技股份有限公司			证券简称	龙磁科技
	法人代表	熊永宏	董秘	何林	证券代码	832388
	公司网址	www.sinomagtech.com		电子信箱	bbwu555@sina.com	
	电　话	0551-62865265		传　真	0551-62865200	
	办公地址	安徽省合肥市庐江县郭河镇工业区				
	经营范围	磁性材料系列产品、直流电机及部件系列产品的研发、生产、销售等				

	指标\报告期	2015.06.30	2014.12.31	2013.12.31	2012.12.31
主要财务指标	净利润(万元)	1786.86	1502.69	1254.23	–
	净利润增长率(%)	99.4301	19.8102	–	–
	加权净资产收益率(%)	8.2800	7.8000	7.0200	–
	资产负债比率(%)	54.8969	56.8530	55.2616	–
	净利润现金含量(%)	103.7500	306.2814	60.4020	–
	基本每股收益(元)	0.3400	0.2800	0.2400	–
	每股收益-扣除(元)	0.2300	–	–	–
	每股收益-摊薄(元)	0.3371	0.2835	0.2366	–
	每股资本公积金(元)	0.6750	0.6750	0.6750	–
	每股未分配利润(元)	2.3866	1.7477	1.6833	–
	每股净资产(元)	4.2400	3.5700	3.4900	–
	每股经营现金流量(元)	0.3498	0.8700	0.1400	–
	经营活动现金净流量增长(%)	-67.0245	507.5172	–	–

无锡睿思凯科技股份有限公司

公司概况	公司名称	无锡睿思凯科技股份有限公司			证券简称	睿思凯
	法人代表	邵波	董秘	吴骏	证券代码	832389
	公司网址	www.frsky-rc.com		电子信箱	0510-85187728	
	电　话	0510-85187718		传　真	0510-85187728	
	办公地址	江苏省无锡市滨湖区缘溪道3号				
	经营范围	电子元器件、电子设备、工业自动化控制系统的研发、生产和销售等				

	指标\报告期	2015.06.30	2014.12.31	2013.12.31	2012.12.31
主要财务指标	净利润(万元)	1202.69	–	–	–
	净利润增长率(%)	6.7262	–	–	–
	加权净资产收益率(%)	20.6400	–	–	–
	资产负债比率(%)	12.0651	–	–	–
	净利润现金含量(%)	92.8740	–	–	–
	基本每股收益(元)	0.5000	–	–	–
	每股收益-扣除(元)	–	–	–	–
	每股收益-摊薄(元)	0.5011	–	–	–
	每股资本公积金(元)	0.9463	–	–	–
	每股未分配利润(元)	0.6349	–	–	–
	每股净资产(元)	2.6800	–	–	–
	每股经营现金流量(元)	0.4654	–	–	–
	经营活动现金净流量增长(%)	-13.4456	–	–	–

内蒙古金海新能源科技股份有限公司

公司概况	公司名称	内蒙古金海新能源科技股份有限公司			证券简称	金海股份
	法人代表	王敦春	董秘	王海刚	证券代码	832390
	公司网址	www.goldenocean.cc		电子信箱	jhgf0515@163.com	
	电　话	0472-5960010		传　真	0472-5960028	
	办公地址	内蒙古包头市稀土高新区幸福南路85号				
	经营范围	风电、太阳能设备及结构产品、机电产品的研发、设计、咨询、制造与安装				

	指标\报告期	2015.06.30	2014.12.31	2013.12.31	2012.12.31
主要财务指标	净利润(万元)	5123.80	–	4913.44	4418.40
	净利润增长率(%)	266.4478	–	11.2041	–
	加权净资产收益率(%)	14.1900	–	16.8200	17.3000
	资产负债比率(%)	42.4589	–	38.0913	33.8186
	净利润现金含量(%)	34.0623	–	3.1538	192.8047
	基本每股收益(元)	0.5400	–	0.5200	0.4700
	每股收益-扣除(元)	0.5100	–	0.4700	0.4500
	每股收益-摊薄(元)	0.5393	–	0.5172	0.4651
	每股资本公积金(元)	1.3803	–	1.3803	1.3803
	每股未分配利润(元)	1.3018	–	0.7880	0.5107
	每股净资产(元)	3.8400	–	3.2500	2.9300
	每股经营现金流量(元)	0.1837	–	0.0200	0.9000
	经营活动现金净流量增长(%)	149.4	–	-98.1810	–

江苏润达光伏股份有限公司

公司概况	公司名称	江苏润达光伏股份有限公司			证券简称	润达光伏
	法人代表	陈俊律	董秘	史迎	证券代码	832391
	公司网址	www.rundapv.com		电子信箱	yshi@rundapv.com	
	电　话	0510-86926600		传　真	0510-86926601	
	办公地址	江苏省江阴市顾山镇工业集中区东区北山路9号				
	经营范围	太阳能电池、组件及相关配件的研发、生产、销售				

	指标\报告期	2015.06.30	2014.12.31	2013.12.31	2012.12.31
主要财务指标	净利润(万元)	507.88	–	1091.03	1064.42
	净利润增长率(%)	-50.4017	–	2.5001	–
	加权净资产收益率(%)	9.3400	–	19.9900	20.5100
	资产负债比率(%)	61.9852	–	42.2415	57.0985
	净利润现金含量(%)	391.6686	–	181.8410	47.4042
	基本每股收益(元)	0.1000	–	0.3600	0.3500
	每股收益-扣除(元)	0.0900	–	0.3201	0.3109
	每股收益-摊薄(元)	0.1016	–	0.3637	0.3548
	每股资本公积金(元)	0.1404	–	–	–
	每股未分配利润(元)	-0.0025	–	0.5054	0.3508
	每股净资产(元)	1.1400	–	1.9000	1.6400
	每股经营现金流量(元)	0.3978	–	0.6600	0.1700
	经营活动现金净流量增长(%)	-29.7543	–	293.1872	–

天津百控安全科技股份有限公司

公司概况	公司名称	天津百控安全科技股份有限公司		证券简称	百控股份
	法人代表	徐文翠	董秘 李悦	证券代码	832392
	公司网址			电子信箱	tjsaxf@126.com
	电　话	0022-23927160		传　真	0022-23927150
	办公地址	天津市河北区桂江道 30 号-189			
	经营范围	消防安全技术、消防技术、建筑工程技术、能源综合利用技术开发、转让等			

主要财务指标 指标\报告期	2015.06.30	2014.12.31	2013.12.31	2012.12.31
净利润(万元)	-249.41	184.71	46.38	-44.68
净利润增长率(%)	-739.1100	298.2547	203.8	-
加权净资产收益率(%)	-6.4300	13.5700	32.7600	-60.3200
资产负债比率(%)	3.4410	8.5414	46.5390	59.2481
净利润现金含量(%)	210.0485	-196.4048	-150.3679	-12.3428
基本每股收益(元)	-0.0900	0.1900	0.2800	-0.4500
每股收益-扣除(元)	-0.0900	-	-	-0.4500
每股收益-摊薄(元)	-0.0932	0.0690	0.1546	-0.4468
每股资本公积金(元)	0.4786	0.4786	-	-
每股未分配利润(元)	-0.0758	0.0175	-0.0063	-0.4826
每股净资产(元)	1.4000	1.5000	0.9900	0.5200
每股经营现金流量(元)	-0.1958	-0.1356	-0.2325	0.0600
经营活动现金净流量增长(%)	-115.2	-420.2	-1364.5751	-

江苏舒茨测控设备股份有限公司

公司概况	公司名称	江苏舒茨测控设备股份有限公司		证券简称	舒茨股份
	法人代表	陈默	董秘 张爱爱	证券代码	832393
	公司网址	www.schutz-asia.com		电子信箱	elsa.zhang@schutz-group.com
	电　话	0512-52265350		传　真	0512-52265360
	办公地址	江苏省常熟市碧溪新区万和路 39 号万和工业坊七号楼三楼			
	经营范围	环境监测及工业过程分析领域的发、生产和销售等			

主要财务指标 指标\报告期	2015.06.30	2014.12.31	2013.12.31	2012.12.31
净利润(万元)	-87.09	-	-62.40	52.42
净利润增长率(%)	-24.8	-	-219.0306	-
加权净资产收益率(%)	-7.8600	-	-10.5200	8.8400
资产负债比率(%)	18.9280	-	48.3382	22.4191
净利润现金含量(%)	285.1214	-	249.3109	-154.9981
基本每股收益(元)	-0.1300	-	-0.1200	0.1000
每股收益-扣除(元)	-0.1600	-	-	-
每股收益-摊薄(元)	-0.1271	-	-0.0998	0.0839
每股资本公积金(元)	0.9158	-	-	-
每股未分配利润(元)	-0.1898	-	0.0605	0.1604
每股净资产(元)	1.7700	-	0.9100	1.0000
每股经营现金流量(元)	-0.3625	-	-0.2500	-0.1300
经营活动现金净流量增长(%)	-347.6	-	-91.5	-

漳州佳龙科技股份有限公司

公司概况	公司名称	漳州佳龙科技股份有限公司		证券简称	佳龙科技
	法人代表	蔡松华	董秘 游水香	证券代码	832394
	公司网址	www.jialong.cn		电子信箱	youshuixiang@jialong.cn
	电　话	0596-2678833		传　真	0596-2678855
	办公地址	福建省漳州市金峰开发区北斗工业园			
	经营范围	安防监控系统工程建设及技术服务			

主要财务指标 指标\报告期	2015.06.30	2014.12.31	2013.12.31	2012.12.31
净利润(万元)	-154.35	-	135.36	-36.91
净利润增长率(%)	-173.1	-	466.7	-
加权净资产收益率(%)	-5.9400	-	10.5100	-2.9800
资产负债比率(%)	56.8925	-	78.8303	77.4398
净利润现金含量(%)	47.6845	-	-154.4906	1147.4061
基本每股收益(元)	-0.0800	-	0.1400	-0.0400
每股收益-扣除(元)	-	-	0.0700	-0.0300
每股收益-摊薄(元)	-0.0837	-	0.1354	-0.0369
每股资本公积金(元)	0.4303	-	0.0577	0.0577
每股未分配利润(元)	-0.0655	-	0.2259	0.1041
每股净资产(元)	1.3700	-	1.3600	1.2200
每股经营现金流量(元)	-0.0399	-	-0.2100	-0.4200
经营活动现金净流量增长(%)	-556.8	-	50.6	-

福建闽东电机股份有限公司

公司概况	公司名称	福建闽东电机股份有限公司		证券简称	闽东电机
	法人代表	陈韩	董秘 简少煌	证券代码	832395
	公司网址	www.mddj.com		电子信箱	mddj@mddj.com
	电　话	0593-6566793		传　真	0593-6566795
	办公地址	福建省宁德市福安市甘棠镇北部 104 国道东侧 B1 地块			
	经营范围	生产和销售中小型发电机、电动机、电泵、发电成套设备、电器控制装备			

主要财务指标 指标\报告期	2015.06.30	2014.12.31	2013.12.31	2012.12.31
净利润(万元)	543.55	-	126.50	318.35
净利润增长率(%)	100.2075	-	-60.2641	-
加权净资产收益率(%)	54.4000	-	1.1600	3.0700
资产负债比率(%)	44.7480	-	49.7545	48.8857
净利润现金含量(%)	330.8408	-	1351.3758	615.6828
基本每股收益(元)	0.0500	-	0.0126	0.0318
每股收益-扣除(元)	-	-	-0.0018	0.0083
每股收益-摊薄(元)	0.0544	-	0.0127	0.0318
每股资本公积金(元)	0.0432	-	0.0425	0.0010
每股未分配利润(元)	0.1408	-	0.0658	0.0532
每股净资产(元)	1.1800	-	1.1100	1.0500
每股经营现金流量(元)	0.1798	-	0.1700	0.2000
经营活动现金净流量增长(%)	175.9739	-	-12.7823	-

开源证券股份有限公司

公司概况	公司名称	开源证券股份有限公司		证券简称	开源证券
	法人代表	李刚	董秘 陈晓	证券代码	832396
	公司网址	www.kysec.cn	电子信箱	chenxiao@kysec.cn	
	电话	029-88365850	传真	029-88365835	
	办公地址	陕西省西安市高新区锦业路1号都市之门B座5层			
	经营范围	证券经纪;证券投资咨询;与证券交易、证券投资活动有关的财务顾问			

主要财务指标	指标\报告期	2015.06.30	2014.12.31	2013.12.31	2012.12.31
	净利润(万元)	29970.97	10166.15	261.12	247.40
	净利润增长率(%)	1111.8888	3793.3470	5.5421	–
	加权净资产收益率(%)	15.3200	6.4800	0.1800	0.2500
	资产负债比率(%)	79.0756	58.1058	52.0429	27.2442
	净利润现金含量(%)	547.5748	450.1110	-21850.610	-3071.4649
	基本每股收益(元)	0.2300	0.0780	0.0020	0.0030
	每股收益-扣除(元)	0.2300	0.0780	0.0010	–
	每股收益-摊薄(元)	0.2305	0.0782	0.0020	0.0019
	每股资本公积金(元)	0.1530	0.1530	0.0899	0.0899
	每股未分配利润(元)	0.2513	0.0210	0.0171	0.0153
	每股净资产(元)	1.5100	1.2800	1.1300	1.1200
	每股经营现金流量(元)	1.2624	0.3520	-0.4389	-0.0600
	经营活动现金净流量增长(%)	1414.1741	180.2	-650.8	–

江苏恒神股份有限公司

公司概况	公司名称	江苏恒神股份有限公司		证券简称	恒神股份
	法人代表	钱云宝	董秘 汤晓琴	证券代码	832397
	公司网址	www.hscarbonfibre.com	电子信箱	xiaoqin.tang@hscarbonfibre.com	
	电话	0511-86939528	传真	0511-86939333	
	办公地址	江苏省丹阳市通港路北侧			
	经营范围	纤维材料、复合材料及其制品的研发、制造、销售及其检测等			

主要财务指标	指标\报告期	2015.06.30	2014.12.31	2013.12.31	2012.12.31
	净利润(万元)	-5623.19	-25127.38	528.17	–
	净利润增长率(%)	45.9	-4857.4861	–	–
	加权净资产收益率(%)	-3.6700	-20.7100	0.6200	–
	资产负债比率(%)	58.5340	58.5054	70.0668	–
	净利润现金含量(%)	126.8595	59.1673	183.3671	–
	基本每股收益(元)	-0.0500	-0.2600	0.0100	–
	每股收益-扣除(元)	-0.0500	–	–	–
	每股收益-摊薄(元)	-0.0457	-0.2094	0.0066	–
	每股资本公积金(元)	0.5300	0.4458	0.2000	–
	每股未分配利润(元)	-0.2276	-0.1864	0.0345	–
	每股净资产(元)	1.3000	1.2600	1.2400	–
	每股经营现金流量(元)	-0.0580	-0.1200	0.0100	–
	经营活动现金净流量增长(%)	11.6	-1635.0885	–	–

山东索力得焊材股份有限公司

公司概况	公司名称	山东索力得焊材股份有限公司		证券简称	索力得
	法人代表	柴月华	董秘 焉兆军	证券代码	832398
	公司网址	www.sldhc.com	电子信箱	bywllxh@sldhc.com	
	电话	0538-3148802	传真	0538-3148802	
	办公地址	山东省肥城市石横镇驻地			
	经营范围	焊接材料生产、销售;木器加工、销售等			

主要财务指标	指标\报告期	2015.06.30	2014.12.31	2013.12.31	2012.12.31
	净利润(万元)	41.04	–	1108.48	229.55
	净利润增长率(%)	-96.0437	–	382.8978	–
	加权净资产收益率(%)	0.6400	–	26.2900	5.9800
	资产负债比率(%)	86.7010	–	88.4274	92.5479
	净利润现金含量(%)	12384.3786	–	540.2179	1332.7664
	基本每股收益(元)	0.0100	–	0.3695	0.0765
	每股收益-扣除(元)	-0.0100	–	0.3091	0.0770
	每股收益-摊薄(元)	0.0137	–	0.3695	0.0765
	每股资本公积金(元)	0.9183	–	0.0083	0.0083
	每股未分配利润(元)	0.1994	–	0.4954	0.1629
	每股净资产(元)	2.1400	–	1.5900	1.2200
	每股经营现金流量(元)	1.6942	–	2.0000	1.0200
	经营活动现金净流量增长(%)	22.4168	–	95.7357	–

宁波公运集团股份有限公司

公司概况	公司名称	宁波公运集团股份有限公司		证券简称	宁波公运
	法人代表	赖兴祥	董秘 邱国强	证券代码	832399
	公司网址	www.nbgy.com	电子信箱	nbgydsh@nbgy.com	
	电话	0574-87190101	传真	0574-87190138	
	办公地址	浙江省宁波市江北区北岸财富中心6幢			
	经营范围	汽车客货运输及联运,货、客运车出租,汽车租赁等			

主要财务指标	指标\报告期	2015.06.30	2014.12.31	2013.12.31	2012.12.31
	净利润(万元)	6498.01	–	15237.32	14878.78
	净利润增长率(%)	63.2310	–	2.4097	–
	加权净资产收益率(%)	5.8900	–	15.5900	16.8900
	资产负债比率(%)	49.6468	–	51.8583	54.2478
	净利润现金含量(%)	90.0639	–	53.1559	186.4396
	基本每股收益(元)	0.3800	–	0.9300	0.9100
	每股收益-扣除(元)	-0.1563	–	0.5500	0.6400
	每股收益-摊薄(元)	0.3978	–	1.0261	1.0019
	每股资本公积金(元)	0.2211	–	0.1945	0.1945
	每股未分配利润(元)	4.5977	–	4.8256	4.2297
	每股净资产(元)	6.4800	–	7.2600	6.6000
	每股经营现金流量(元)	0.3583	–	0.5500	1.8700
	经营活动现金净流量增长(%)	191.5807	–	-70.8019	–

苏州微缔软件股份有限公司

公司概况	公司名称	苏州微缔软件股份有限公司		证券简称	微缔软件
	法人代表	郑立新	董秘 王霞	证券代码	832400
	公司网址	www.videasoft.com		电子信箱	wx@videasoft.com
	电　话	00512-66980601		传　真	00512-66980602
	办公地址	江苏省苏州吴中经济开发区越溪街道塔韵路188号塔韵大厦14层1401室			
	经营范围	设计开发、销售制造执行管理系统软件，并提供技术服务支持			

主要财务指标	指标\报告期	2015.06.30	2014.12.31	2013.12.31	2012.12.31
	净利润(万元)	243.12	118.84	214.60	15.83
	净利润增长率(%)	112.6122	553677.362	1255.9284	–
	加权净资产收益率(%)	25.8800	16.0000	31.0000	18.7900
	资产负债比率(%)	15.8101	25.9903	16.9191	53.6322
	净利润现金含量(%)	–20.4100	76.0570	–142.0619	149.3332
	基本每股收益(元)	0.4900	0.1500	0.3000	0.1600
	每股收益–扣除(元)	0.2200	–	–	–
	每股收益–摊薄(元)	0.4862	0.2377	0.4292	0.1583
	每股资本公积金(元)	0.3544	0.3544	0.3544	–
	每股未分配利润(元)	0.7442	0.2529	0.3579	–0.1575
	每股净资产(元)	2.1300	1.6400	1.4000	0.8400
	每股经营现金流量(元)	–0.0992	0.1808	–0.6097	0.2400
	经营活动现金净流量增长(%)	–130.4524	129.6	–1389.9058	–

深圳市奥宇节能技术股份有限公司

公司概况	公司名称	深圳市奥宇节能技术股份有限公司		证券简称	奥宇节能
	法人代表	张红宇	董秘 李云	证券代码	832401
	公司网址	www.auto-union.net		电子信箱	liyun@auto-union.net
	电　话	0755-86168036		传　真	0755-86168933
	办公地址	广东省深圳市南山区高新技术产业园区深圳软件园7栋201、202			
	经营范围	工业与建筑节能设备、高低压配电设备等			

主要财务指标	指标\报告期	2015.06.30	2014.12.31	2013.12.31	2012.12.31
	净利润(万元)	–151.96	–331.10	–230.54	–172.02
	净利润增长率(%)	35.7	–43.6	–34.0	–
	加权净资产收益率(%)	–5.9900	–11.9100	–11.0700	–5.2700
	资产负债比率(%)	55.6636	51.0145	58.3491	58.0360
	净利润现金含量(%)	397.2720	–491.7942	570.1017	–415.3883
	基本每股收益(元)	–0.0800	–0.1700	–0.2000	–0.1500
	每股收益–扣除(元)	–0.1400	–0.1800	–	–0.2200
	每股收益–摊薄(元)	–0.0760	–0.1655	–0.1960	–0.1463
	每股资本公积金(元)	0.0967	0.0967	0.6343	0.6343
	每股未分配利润(元)	0.1227	0.1987	0.7418	0.9379
	每股净资产(元)	1.2300	1.3100	2.5100	2.7000
	每股经营现金流量(元)	–0.3018	0.8142	–1.1176	0.6100
	经营活动现金净流量增长(%)	–252.9045	223.9	–283.9307	–

上海辉文生物技术股份有限公司

公司概况	公司名称	上海辉文生物技术股份有限公司		证券简称	辉文生物
	法人代表	骆峰	董秘 熊霞	证券代码	832402
	公司网址			电子信箱	
	电　话			传　真	
	办公地址	上海市浦东新区洒北路185号			
	经营范围	生物多糖体、生物化合物、生物蛋白质等生物技术产品及中间体的研究、开发、生产			

主要财务指标	指标\报告期	2015.06.30	2014.12.31	2013.12.31	2012.12.31
	净利润(万元)	229.86	410.21	–78.73	569.37
	净利润增长率(%)	5584.9	621.0	–113.8274	–
	加权净资产收益率(%)	–	15.8200	–3.6500	29.7500
	资产负债比率(%)	50.0604	46.9406	63.5538	43.3011
	净利润现金含量(%)	314.6435	359.0111	–683.1462	78.9574
	基本每股收益(元)	0.1100	0.2600	–0.0600	0.4100
	每股收益–扣除(元)	–	0.2200	–0.0600	–
	每股收益–摊薄(元)	0.1149	0.2051	–0.0564	0.4079
	每股资本公积金(元)	0.5245	0.5245	–	–
	每股未分配利润(元)	0.2413	0.1264	0.4602	0.5170
	每股净资产(元)	1.7800	1.6700	1.5200	1.5700
	每股经营现金流量(元)	0.3616	0.7363	0.3853	0.3200
	经营活动现金净流量增长(%)	11.8601	173.8167	19.6354	–

山东德尔智能数码股份有限公司

公司概况	公司名称	山东德尔智能数码股份有限公司		证券简称	德尔智能
	法人代表	张文心	董秘 吕传红	证券代码	832403
	公司网址	www.dellac.com.cn		电子信箱	lh_deer@163.com
	电　话	0535-3975681		传　真	0535-6373598
	办公地址	山东省烟台开发区珠江路32号			
	经营范围	智能抄表产品开发、掌上电脑抄表产品开发、条形码资产管理系统开发等			

主要财务指标	指标\报告期	2015.06.30	2014.12.31	2013.12.31	2012.12.31
	净利润(万元)	250.30	369.31	355.99	–
	净利润增长率(%)	555.4918	3.7402	–	–
	加权净资产收益率(%)	11.1300	19.3100	22.9600	–
	资产负债比率(%)	28.1657	79.4667	74.3490	–
	净利润现金含量(%)	–58.8374	–18.2738	19.7940	–
	基本每股收益(元)	0.4200	2.6400	2.5400	–
	每股收益–扣除(元)	–	1.1200	2.5600	–
	每股收益–摊薄(元)	0.5006	2.6379	2.5428	–
	每股资本公积金(元)	1.8121	0.1406	7.2834	–
	每股未分配利润(元)	1.2207	6.1276	3.6012	–
	每股净资产(元)	4.0300	7.8400	12.3400	–
	每股经营现金流量(元)	–0.2945	–0.4800	0.5000	–
	经营活动现金净流量增长(%)	–472.4826	–195.7729	–	–

江西兴邦光电股份有限公司

公司概况	公司名称	江西兴邦光电股份有限公司			证券简称	兴邦光电
	法人代表	孙邦祥	董秘	李梅	证券代码	832404
	公司网址	www.china-xb.com		电子信箱	xbzq@xb-china.net	
	电　　话	0797-3396097		传　　真	0797-3396059	
	办公地址	江西省赣州市信丰县工业园区诚信大道西侧				
	经营范围	塑胶光学镜头的设计、开发、生产和销售				

	指标\报告期	2015.06.30	2014.12.31	2013.12.31	2012.12.31
主要财务指标	净利润(万元)	299.62	194.92	-177.24	-92.78
	净利润增长率(%)	144.5524	210.0	-91.0	-
	加权净资产收益率(%)	10.3000	11.0000	-26.0000	-0.3400
	资产负债比率(%)	65.4319	62.5716	87.3728	93.7638
	净利润现金含量(%)	-83.1260	-630.0574	140.3684	331.1075
	基本每股收益(元)	0.1500	0.1300	-0.1900	-0.2300
	每股收益-扣除(元)	0.0800	0.1100	-	-
	每股收益-摊薄(元)	0.1498	0.0975	-0.1772	-0.2320
	每股资本公积金(元)	0.2858	0.3233	-	-
	每股未分配利润(元)	0.2157	0.0673	-0.3488	-0.4288
	每股净资产(元)	1.5100	1.4000	0.6500	0.5700
	每股经营现金流量(元)	-0.1245	-0.6141	-0.2488	-0.7700
	经营活动现金净流量增长(%)	83.1	-393.6	19.0	-

大连圣锋物联科技股份有限公司

公司概况	公司名称	大连圣锋物联科技股份有限公司			证券简称	圣锋物联
	法人代表	刘岩	董秘	董芳	证券代码	832405
	公司网址	www.sfwl.co		电子信箱	sfdongfang@sfjn.cn	
	电　　话	00411-87536800		传　　真	00411-87517060	
	办公地址	辽宁省大连经济技术开发区红星工业园7栋-2号				
	经营范围	电子元器件、其他电子设备、胶粘制品的研发、加工、制作及销售				

	指标\报告期	2015.06.30	2014.12.31	2013.12.31	2012.12.31
主要财务指标	净利润(万元)	10.95	269.20	51.16	305.48
	净利润增长率(%)	-91.0811	426.1701	-83.2516	-
	加权净资产收益率(%)	0.5600	14.8300	3.0900	20.6900
	资产负债比率(%)	6.8064	11.6665	24.1904	26.9250
	净利润现金含量(%)	-292.4796	119.4776	169.8074	9.6588
	基本每股收益(元)	0.0100	1.3500	0.2600	1.5300
	每股收益-扣除(元)	0.0100	0.7600	-	1.3600
	每股收益-摊薄(元)	0.0101	0.2493	0.2558	1.5274
	每股资本公积金(元)	0.7750	0.7750	-	-
	每股未分配利润(元)	0.0372	0.0271	6.7628	6.5070
	每股净资产(元)	1.8200	1.8100	8.4000	8.1500
	每股经营现金流量(元)	-0.0297	0.2978	0.4344	0.1500
	经营活动现金净流量增长(%)	-122.9352	270.2167	194.4471	-

北京众力德邦科技股份有限公司

公司概况	公司名称	北京众力德邦科技股份有限公司			证券简称	众力德邦
	法人代表	俞光	董秘	杨光	证券代码	832406
	公司网址	www.zldebang.com.cn		电子信箱	bjzldb@163.com	
	电　　话	010-63792240		传　　真	010-63789844	
	办公地址	北京市丰台区航丰路9号三层306室(园区)				
	经营范围	供热计量产品的研发、生产、销售及相关配套工程的实施服务				

	指标\报告期	2015.06.30	2014.12.31	2013.12.31	2012.12.31
主要财务指标	净利润(万元)	-138.53	-	337.36	27.62
	净利润增长率(%)	-319.4770	-	1121.4465	-
	加权净资产收益率(%)	-5.5000	-	26.0700	3.0800
	资产负债比率(%)	23.1334	-	46.3489	50.3499
	净利润现金含量(%)	24.1090	-	70.2428	-2791.1258
	基本每股收益(元)	-0.0700	-	0.1700	0.0100
	每股收益-扣除(元)	-	-	-	-
	每股收益-摊薄(元)	-0.0693	-	0.1687	0.0138
	每股资本公积金(元)	0.2629	-	-	-
	每股未分配利润(元)	-0.0182	-	0.2082	0.0564
	每股净资产(元)	1.2500	-	0.7300	0.5600
	每股经营现金流量(元)	-0.0167	-	0.1200	-0.3900
	经营活动现金净流量增长(%)	87.6	-	130.7	-

山东华翼微电子技术股份有限公司

公司概况	公司名称	山东华翼微电子技术股份有限公司			证券简称	华翼微
	法人代表	于伟	董秘	杨艳黎	证券代码	832407
	公司网址	www.holichip.com		电子信箱	yangyanli@holichip.com	
	电　　话	0531-66680170		传　　真	0531-66680163	
	办公地址	山东省济南市高新区新泺大街1768号齐鲁软件园大厦B座B-302室				
	经营范围	经国家密码管理机构批准的商业密码产品的销售、开发、生产				

	指标\报告期	2015.06.30	2014.12.31	2013.12.31	2012.12.31
主要财务指标	净利润(万元)	-856.01	-	-984.46	-685.23
	净利润增长率(%)	-64.4	-	-43.7	-
	加权净资产收益率(%)	-14.1200	-	-28.0300	-22.6700
	资产负债比率(%)	47.1094	-	38.8924	11.2992
	净利润现金含量(%)	97.9116	-	25.1254	84.8109
	基本每股收益(元)	-0.1600	-	-0.2000	-0.1900
	每股收益-扣除(元)	-0.1800	-	-0.2300	-0.1900
	每股收益-摊薄(元)	-0.1585	-	-0.1969	-0.1370
	每股资本公积金(元)	0.0482	-	0.0005	0.0005
	每股未分配利润(元)	-0.2487	-	-0.3965	-0.1996
	每股净资产(元)	0.8000	-	0.6000	0.8000
	每股经营现金流量(元)	-0.1552	-	-0.0500	-0.1200
	经营活动现金净流量增长(%)	-130.8	-	57.4	-

深圳市科瑞普光电股份有限公司

公司概况	公司名称	深圳市科瑞普光电股份有限公司			证券简称	科瑞普光
	法人代表	崔剑	董秘	袁鸿云	证券代码	832408
	公司网址	www.crep-led.com		电子信箱	cuij@crep-led.com	
	电　　话	00755-29816191		传　　真	00755-29816211	
	办公地址	广东省深圳市宝安区石岩街道石龙社区工业二路5号海天蓝宇科技工业园1栋4至9楼				
	经营范围	LED 照明产品、光源电源模组的销售				

主要财务指标	指标\报告期	2015.06.30	2014.12.31	2013.12.31	2012.12.31
	净利润(万元)	105.90	128.63	-30.71	-122.15
	净利润增长率(%)	9.9743	518.8	74.9	-
	加权净资产收益率(%)	8.1200	15.9200	-4.8600	-25.4900
	资产负债比率(%)	44.2654	47.5373	60.9362	38.0022
	净利润现金含量(%)	-31.7286	-200.3467	-364.2327	304.3129
	基本每股收益(元)	0.0900	0.1200	-0.0300	-0.1000
	每股收益-扣除(元)	0.0900	0.0900	-0.0400	-0.1100
	每股收益-摊薄(元)	0.0882	0.1072	-0.0256	-0.1018
	每股资本公积金(元)	0.0527	0.0527	0.0000	-
	每股未分配利润(元)	0.0778	-0.0105	-0.3190	-0.2934
	每股净资产(元)	1.1300	1.0400	0.5100	0.5400
	每股经营现金流量(元)	-0.0280	-0.2147	0.0900	-0.3100
	经营活动现金净流量增长(%)	-130.3431	-330.3526	130.1	-

希雅图(上海)新材料科技股份有限公司

公司概况	公司名称	希雅图(上海)新材料科技股份有限公司			证券简称	希雅图
	法人代表	张永生	董秘	许德跃	证券代码	832409
	公司网址	www.xytwfb.com		电子信箱	xdy@xytwfb.com	
	电　　话	021-39511666		传　　真	021-39552555	
	办公地址	上海市嘉定区江桥镇沙河路337号1-203室-241				
	经营范围	无纺布、服装辅料的生产、加工及销售				

主要财务指标	指标\报告期	2015.06.30	2014.12.31	2013.12.31	2012.12.31
	净利润(万元)	231.48	-	98.59	7.66
	净利润增长率(%)	155.7669	-	1186.4721	-
	加权净资产收益率(%)	11.5800	-	16.6300	1.4200
	资产负债比率(%)	33.0793	-	75.8056	79.3225
	净利润现金含量(%)	356.7360	-	442.4000	-6913.9702
	基本每股收益(元)	0.1500	-	0.0700	0.0100
	每股收益-扣除(元)	0.1400	-	-	-
	每股收益-摊薄(元)	0.1543	-	0.0891	0.0069
	每股资本公积金(元)	0.2633	-	0.2229	0.2229
	每股未分配利润(元)	0.1606	-	0.1592	0.0789
	每股净资产(元)	1.4300	-	0.4300	0.3600
	每股经营现金流量(元)	0.5505	-	0.3944	-0.4791
	经营活动现金净流量增长(%)	207.6	-	182.3	-

新疆科神农业装备科技开发股份有限公司

公司概况	公司名称	新疆科神农业装备科技开发股份有限公司			证券简称	科神股份
	法人代表	李海山	董秘	孙辉	证券代码	832410
	公司网址	www.xjksnj.cn		电子信箱	thinkpadxp@163.com	
	电　　话	0993-6609866		传　　真	0993-6609860	
	办公地址	新疆石河子市北泉镇北泉路366-16号				
	经营范围	农业机械的研究开发、技术服务、制造销售及进出口业务				

主要财务指标	指标\报告期	2015.06.30	2014.12.31	2013.12.31	2012.12.31
	净利润(万元)	503.15	-	758.52	649.32
	净利润增长率(%)	-18.4286	-	16.8174	-
	加权净资产收益率(%)	7.9600	-	12.8400	45.7200
	资产负债比率(%)	71.2889	-	53.7346	38.8758
	净利润现金含量(%)	-3.4116	-	237.0274	3.2773
	基本每股收益(元)	0.1000	-	0.4200	0.7300
	每股收益-扣除(元)	0.0500	-	0.1100	0.3900
	每股收益-摊薄(元)	0.1006	-	0.4241	0.3631
	每股资本公积金(元)	0.1950	-	1.9996	1.9996
	每股未分配利润(元)	0.0826	-	0.1374	-0.2715
	每股净资产(元)	1.3200	-	3.5500	3.0900
	每股经营现金流量(元)	-0.0034	-	1.0100	0.0100
	经营活动现金净流量增长(%)	98.9	-	8349.3128	-

湖南海龙国际智能科技股份有限公司

公司概况	公司名称	湖南海龙国际智能科技股份有限公司			证券简称	海龙国际
	法人代表	李波	董秘	王岸嘉	证券代码	832411
	公司网址	www.hlgjwl.com		电子信箱	hailongguoji@163.com	
	电　　话	0731-84144108		传　　真	0731-84495088	
	办公地址	湖南省长沙高新开发区麓谷大道662号软件中心大楼专业楼、孵化楼294号				
	经营范围	建筑智能化、机电一体化系统工程设计和施工				

主要财务指标	指标\报告期	2015.06.30	2014.12.31	2013.12.31	2012.12.31
	净利润(万元)	313.79	-	30.00	-4.90
	净利润增长率(%)	1306.1030	-	711.8	-
	加权净资产收益率(%)	24.9000	-	8.7300	-1.4800
	资产负债比率(%)	59.6482	-	20.2203	5.4440
	净利润现金含量(%)	166.6272	-	569.9333	5038.7755
	基本每股收益(元)	0.2900	-	0.0800	-0.0100
	每股收益-扣除(元)	-	-	-	-
	每股收益-摊薄(元)	0.2905	-	0.0798	-0.0130
	每股资本公积金(元)	0.0046	-	-	-
	每股未分配利润(元)	0.3054	-	-0.0460	-0.1258
	每股净资产(元)	1.3100	-	0.9500	0.8700
	每股经营现金流量(元)	0.4841	-	0.4500	-0.6600
	经营活动现金净流量增长(%)	159.2	-	169.2	-

江苏同益国际物流股份有限公司

公司概况					
公司名称	江苏同益国际物流股份有限公司			证券简称	同益物流
法人代表	陈德光	董秘	李静	证券代码	832412
公司网址	www.jstywl.com		电子信箱	lijing@jstywl.com	
电　话	0518-82318296		传　真	0518-82318005	
办公地址	江苏省连云港连云区墟沟镇海滨大道2号阳光国际中心A1708室				
经营范围	货运代理、货物运输、仓储等				

主要财务指标：指标\报告期	2015.06.30	2014.12.31	2013.12.31	2012.12.31
净利润(万元)	611.56	–	23.97	52.85
净利润增长率(%)	26.0475	–	-54.6441	–
加权净资产收益率(%)	24.8700	–	3.8700	11.5300
资产负债比率(%)	38.6236	–	66.2787	61.8841
净利润现金含量(%)	35.7706	–	-807.0505	-0.8515
基本每股收益(元)	0.4704	–	0.0314	0.0826
每股收益-扣除(元)	0.4704	–	0.0532	0.0821
每股收益-摊薄(元)	0.4353	–	0.0479	0.1057
每股资本公积金(元)	0.6221	–	1.0200	0.4800
每股未分配利润(元)	0.9670	–	-0.2625	-0.3105
每股净资产(元)	2.6100	–	1.7600	1.1700
每股经营现金流量(元)	0.1557	–	-0.3869	-0.0007
经营活动现金净流量增长(%)	323.0595	–	-42977.2	–

山东亿盛融资担保股份有限公司

公司概况					
公司名称	山东亿盛融资担保股份有限公司			证券简称	亿盛担保
法人代表	王劲椋	董秘	邓相龙	证券代码	832413
公司网址	www.ysrzdb.com		电子信箱	ysdbdm@163.com	
电　话	0539-8307900		传　真	0539-8305500	
办公地址	山东省临沂高新区双月园路科技创业园A座224-1				
经营范围	贷款担保,票据承兑担保,贸易融资担保,项目融资担保,信用证担保等				

主要财务指标：指标\报告期	2015.06.30	2014.12.31	2013.12.31	2012.12.31
净利润(万元)	–	–	1218.61	711.70
净利润增长率(%)	–	–	71.2099	–
加权净资产收益率(%)	–	–	10.7600	6.8200
资产负债比率(%)	–	–	42.0925	47.9368
净利润现金含量(%)	–	–	460.7077	412.6823
基本每股收益(元)	–	–	0.1200	0.0700
每股收益-扣除(元)	–	–	0.1200	0.0700
每股收益-摊薄(元)	–	–	0.1218	0.0712
每股资本公积金(元)	–	–	–	–
每股未分配利润(元)	–	–	0.1516	0.0541
每股净资产(元)	–	–	1.1900	1.0700
每股经营现金流量(元)	–	–	0.5600	0.2900
经营活动现金净流量增长(%)	–	–	91.1516	–

江苏精湛光电仪器股份有限公司

公司概况					
公司名称	江苏精湛光电仪器股份有限公司			证券简称	精湛光电
法人代表	瞿世鲲	董秘	李志琴	证券代码	832414
公司网址	www.chinakinzo.com		电子信箱	jiangsukinzo@chinakinzo.com	
电　话	0514-85119576		传　真	0514-87774220	
办公地址	江苏省扬州市邗江经济开发区南园(华钢路12号)				
经营范围	光电子产品、新型电子元器件、光电仪器仪表、测量仪器等				

主要财务指标：指标\报告期	2015.06.30	2014.12.31	2013.12.31	2012.12.31
净利润(万元)	10.56	–	607.44	814.95
净利润增长率(%)	100.9	–	-25.4631	–
加权净资产收益率(%)	0.1200	–	18.6300	37.9300
资产负债比率(%)	49.6700	–	66.0664	68.7377
净利润现金含量(%)	-5716.6061	–	-73.2599	-1.5375
基本每股收益(元)	0.0000	–	0.2100	0.3400
每股收益-扣除(元)	–	–	0.0100	0.2900
每股收益-摊薄(元)	0.0027	–	0.2025	0.2717
每股资本公积金(元)	1.2510	–	0.0559	0.0000
每股未分配利润(元)	0.5885	–	0.3198	0.2628
每股净资产(元)	2.9200	–	1.4200	0.9600
每股经营现金流量(元)	-0.1545	–	-0.1500	-0.0100
经营活动现金净流量增长(%)	49.0	–	-3450.6	–

北京联合普肯工程技术股份有限公司

公司概况					
公司名称	北京联合普肯工程技术股份有限公司			证券简称	联合普肯
法人代表	王玉梅	董秘	陈广平	证券代码	832415
公司网址	www.pkchem.com		电子信箱	gpcchen@pkchem.com	
电　话	010-56298953		传　真	010-56298953	
办公地址	北京市昌平区科技园区超前路甲1号13号楼403室				
经营范围	工程技术咨询;石油化工安全环保节能的技术服务、技术转让、技术咨询等				

主要财务指标：指标\报告期	2015.06.30	2014.12.31	2013.12.31	2012.12.31
净利润(万元)	-117.87	–	-39.24	1.33
净利润增长率(%)	29.6	–	-3040.6346	–
加权净资产收益率(%)	-12.7500	–	-8.5200	0.5800
资产负债比率(%)	4.6365	–	30.0430	41.8106
净利润现金含量(%)	132.9832	–	-56.9150	-7365.2790
基本每股收益(元)	-0.1200	–	-0.0800	0.0100
每股收益-扣除(元)	–	–	–	–
每股收益-摊薄(元)	-0.1179	–	-0.0785	0.0067
每股资本公积金(元)	0.0332	–	–	–
每股未分配利润(元)	-0.1809	–	0.1559	0.5859
每股净资产(元)	0.8700	–	1.1800	1.6500
每股经营现金流量(元)	-0.1567	–	0.0400	-0.4900
经营活动现金净流量增长(%)	28.8	–	122.7	–

潍坊华美精细技术陶瓷股份有限公司

公司概况	公司名称	潍坊华美精细技术陶瓷股份有限公司		证券简称	华美精陶
	法人代表	王明峰	董秘 祁丰才	证券代码	832416
	公司网址	www.cn.wf-hm.com		电子信箱	xfjtqfc@126.com
	电　话	0536-7656501		传　真	0536-7656501
	办公地址	山东省潍坊市坊子区北大营街 3 号院内			
	经营范围	生产反应烧结碳化硅制品,销售本公司产品;货物进出口;技术进出口			

主要财务指标	指标\报告期	2015.06.30	2014.12.31	2013.12.31	2012.12.31
	净利润(万元)	206.06	–	144.61	194.43
	净利润增长率(%)	41.5471	–	–25.6235	–
	加权净资产收益率(%)	2.4000	–	2.4300	3.3600
	资产负债比率(%)	21.9865	–	37.8049	34.1008
	净利润现金含量(%)	99.6132	–	726.4643	841.0739
	基本每股收益(元)	0.0300	–	0.0300	0.0400
	每股收益–扣除(元)	0.0300	–	0.0300	0.0400
	每股收益–摊薄(元)	0.0276	–	0.0297	0.0400
	每股资本公积金(元)	0.1415	–	0.0279	0.0279
	每股未分配利润(元)	0.0258	–	0.1897	0.1630
	每股净资产(元)	1.1700	–	1.2400	1.2100
	每股经营现金流量(元)	0.0275	–	0.2200	0.3400
	经营活动现金净流量增长(%)	113.7	–	–35.7587	–

无锡报业延嘉创意快印股份有限公司

公司概况	公司名称	无锡报业延嘉创意快印股份有限公司		证券简称	报业延嘉
	法人代表	祁国华	董秘 陈亚	证券代码	832417
	公司网址	www.yjtw.com		电子信箱	yjtw@vip.163.com
	电　话	0510-82820045		传　真	0510-82820045
	办公地址	江苏省无锡国家高新技术产业开发区 52 号地块 26-B 号厂房			
	经营范围	包装装潢印刷品印刷;其他印刷品印刷;数码彩扩、文件装裱等			

主要财务指标	指标\报告期	2015.06.30	2014.12.31	2013.12.31	2012.12.31
	净利润(万元)	61.18	–	181.97	–48.99
	净利润增长率(%)	93.1242	–	471.5	–
	加权净资产收益率(%)	8.4100	–	32.2000	–9.8200
	资产负债比率(%)	22.5022	–	26.5884	46.0580
	净利润现金含量(%)	–38.5829	–	151.3436	–372.1984
	基本每股收益(元)	0.1020	–	0.3033	–0.0816
	每股收益–扣除(元)	0.1037	–	0.3034	–0.0813
	每股收益–摊薄(元)	0.1020	–	0.3033	–0.0817
	每股资本公积金(元)	0.0295	–	–	–
	每股未分配利润(元)	0.2104	–	0.0842	–0.2098
	每股净资产(元)	1.2600	–	1.0900	0.7900
	每股经营现金流量(元)	–0.0393	–	0.4600	0.3000
	经营活动现金净流量增长(%)	–116.9176	–	51.0333	–

吉林旭海科技股份有限公司

公司概况	公司名称	吉林旭海科技股份有限公司		证券简称	旭海科技
	法人代表	雷鹏宇	董秘 王硕	证券代码	832418
	公司网址	www.xuhaisoft.com		电子信箱	xuhai@xuhaisoft.com
	电　话	0431-88607618		传　真	0431-88607618
	办公地址	吉林省长春市高新区卫星路副 16 号 418 室			
	经营范围	计算机与电子技术开发及咨询			

主要财务指标	指标\报告期	2015.06.30	2014.12.31	2013.12.31	2012.12.31
	利润(万元)	–120.32	–	–39.29	–27.27
	净利润增长率(%)	–1211.3894	–	–44.1	–
	加权净资产收益率(%)	–29.0000	–	–21.6300	–12.6900
	资产负债比率(%)	13.5429	–	62.5021	50.9174
	净利润现金含量(%)	171.7523	–	176.3174	–257.3322
	基本每股收益(元)	–0.3000	–	–0.2000	–0.1400
	每股收益–扣除(元)	–	–	–0.2000	–0.1400
	每股收益–摊薄(元)	–0.2406	–	–0.1965	–0.1364
	每股资本公积金(元)	0.1350	–	–	–
	每股未分配利润(元)	–0.2347	–	–0.2043	–0.0078
	每股净资产(元)	0.9000	–	0.8100	1.0100
	每股经营现金流量(元)	–0.4133	–	–0.3500	0.3500
	经营活动现金净流量增长(%)	–312.3325	–	–198.7080	–

山东路斯宠物食品股份有限公司

公司概况	公司名称	山东路斯宠物食品股份有限公司		证券简称	路斯股份
	法人代表	郭洪谦	董秘 寇兴刚	证券代码	832419
	公司网址	www.luspet.com		电子信箱	lsdsh@tianchengfood.com
	电　话	0536-5213351		传　真	0536-5201249
	办公地址	山东省潍坊市寿光市羊口先进制造园区			
	经营范围	宠物食品的生产和销售			

主要财务指标	指标\报告期	2015.06.30	2014.12.31	2013.12.31	2012.12.31
	净利润(万元)	408.92	–	690.53	879.07
	净利润增长率(%)	–37.5217	–	–21.4480	–
	加权净资产收益率(%)	5.9500	–	7.1800	16.0000
	资产负债比率(%)	80.2518	–	80.9947	60.1683
	净利润现金含量(%)	333.3455	–	–8.5818	899.8032
	基本每股收益(元)	0.0700	–	0.1381	0.5274
	每股收益–扣除(元)	–	–	–0.0513	–0.0473
	每股收益–摊薄(元)	0.0511	–	0.1381	0.1758
	每股资本公积金(元)	0.0375	–	0.0400	0.0400
	每股未分配利润(元)	0.1217	–	–0.0387	0.7936
	每股净资产(元)	1.1600	–	1.0213	1.8536
	每股经营现金流量(元)	0.1704	–	–0.0100	1.5800
	经营活动现金净流量增长(%)	212.5	–	–100.7492	–

江苏优生活传媒科技股份有限公司

公司概况	公司名称	江苏优生活传媒科技股份有限公司			证券简称	优生活
	法人代表	袁华翔	董秘	陆俭娥	证券代码	832420
	公司网址	www.ylife.cn		电子信箱	ksly@12580u.com	
	电　话	0512-83639028		传　真	0512-82625222	
	办公地址	江苏省昆山市巴城镇学院路828号1号房11层				
	经营范围	手机、计算机软件的应用、开发、服务等				

	指标\报告期	2015.06.30	2014.12.31	2013.12.31	2012.12.31
主要财务指标	净利润(万元)	-355.22	–	455.39	10.58
	净利润增长率(%)	-286.0101	–	4205.6875	–
	加权净资产收益率(%)	-30.7000	–	59.9300	13.7500
	资产负债比率(%)	33.3488	–	36.7326	80.4953
	净利润现金含量(%)	45.1961	–	-76.1699	482.3251
	基本每股收益(元)	-0.3600	–	0.8300	0.1100
	每股收益-扣除(元)	-0.3600	–	–	–
	每股收益-摊薄(元)	-0.3552	–	0.4554	0.1058
	每股资本公积金(元)	0.5924	–	0.0200	–
	每股未分配利润(元)	-0.4371	–	0.3943	-0.1779
	每股净资产(元)	1.1600	–	1.4600	0.8200
	每股经营现金流量(元)	-0.1605	–	-0.3500	0.5100
	经营活动现金净流量增长(%)	-159.0199	–	-779.7807	–

云南世界恐龙谷旅游股份有限公司

公司概况	公司名称	云南世界恐龙谷旅游股份有限公司			证券简称	恐龙谷
	法人代表	卢亚群	董秘	江训彦	证券代码	832421
	公司网址	www.konglonggu.com		电子信箱	282449876@qq.com0878-8985858	
	电　话	0878-8985555		传　真	0878-8985858	
	办公地址	云南省禄丰县金山镇龙城路邮政大楼				
	经营范围	公园经营;旅游纪念品开发、销售;大型游乐设施的运营使用				

	指标\报告期	2015.06.30	2014.12.31	2013.12.31	2012.12.31
主要财务指标	净利润(万元)	259.60	–	587.06	1679.57
	净利润增长率(%)	-49.8225	–	-65.0470	–
	加权净资产收益率(%)	1.9700	–	4.5900	13.2900
	资产负债比率(%)	56.9188	–	64.2293	64.9640
	净利润现金含量(%)	407.6272	–	1717.8227	195.0374
	基本每股收益(元)	0.0200	–	0.0834	0.2545
	每股收益-扣除(元)	0.0200	–	0.1259	0.2266
	每股收益-摊薄(元)	0.0236	–	0.0534	0.2545
	每股资本公积金(元)	0.1876	–	–	0.3030
	每股未分配利润(元)	0.0240	–	0.0462	0.6648
	每股净资产(元)	1.2100	–	1.1000	2.0400
	每股经营现金流量(元)	0.0962	–	0.9200	0.5000
	经营活动现金净流量增长(%)	-66.5064	–	207.8545	–

福建福昕软件开发股份有限公司

公司概况	公司名称	福建福昕软件开发股份有限公司			证券简称	福昕软件
	法人代表	熊雨前	董秘	李有铭	证券代码	832422
	公司网址	www.foxitsoftware.cn		电子信箱	IR-ML@foxitsoftware.cn	
	电　话	0591-38509866		传　真	0591-38509854	
	办公地址	福建省福州市鼓楼区软件大道89号福州软件园G区5号楼				
	经营范围	电子产品及计算机软、硬件的开发、销售				

	指标\报告期	2015.06.30	2014.12.31	2013.12.31	2012.12.31
主要财务指标	净利润(万元)	1531.37	–	–	–
	净利润增长率(%)	26.3647	–	–	–
	加权净资产收益率(%)	14.2000	–	–	–
	资产负债比率(%)	49.6189	–	–	–
	净利润现金含量(%)	-44.7216	–	–	–
	基本每股收益(元)	0.4940	–	–	–
	每股收益-扣除(元)	0.1235	–	–	–
	每股收益-摊薄(元)	0.4861	–	–	–
	每股资本公积金(元)	1.4338	–	–	–
	每股未分配利润(元)	0.7381	–	–	–
	每股净资产(元)	3.2600	–	–	–
	每股经营现金流量(元)	-0.2174	–	–	–
	经营活动现金净流量增长(%)	-109.8482	–	–	–

深圳市德卡科技股份有限公司

公司概况	公司名称	深圳市德卡科技股份有限公司			证券简称	德卡科技
	法人代表	孙永战	董秘	刘刚	证券代码	832423
	公司网址	www.decard.com		电子信箱	lsg@decard.com	
	电　话	0755-86675660		传　真	0755-26629399	
	办公地址	广东省深圳市南山区茶光路文光工业区17栋四楼				
	经营范围	智能卡读写机具设备及相关软件平台的研发、生产、销售和技术服务				

	指标\报告期	2015.06.30	2014.12.31	2013.12.31	2012.12.31
主要财务指标	净利润(万元)	179.27	–	264.77	565.07
	净利润增长率(%)	55.2642	–	-53.1434	–
	加权净资产收益率(%)	5.0500	–	10.8800	29.1700
	资产负债比率(%)	24.2933	–	36.5976	38.4903
	净利润现金含量(%)	-43.1827	–	166.6589	123.3837
	基本每股收益(元)	0.0900	–	0.1200	0.3100
	每股收益-扣除(元)	0.0800	–	–	–
	每股收益-摊薄(元)	0.0896	–	0.1324	0.3767
	每股资本公积金(元)	0.4366	–	0.0032	0.0042
	每股未分配利润(元)	0.3374	–	0.2155	0.3946
	每股净资产(元)	1.8200	–	1.2900	1.4800
	每股经营现金流量(元)	-0.0387	–	0.2200	0.4600
	经营活动现金净流量增长(%)	87.3	–	-36.7090	–

广东科海信息科技股份有限公司

公司概况	公司名称	广东科海信息科技股份有限公司		证券简称	科海股份
	法人代表	罗跃兵	董秘 赵婷	证券代码	832424
	公司网址	www.gdkehai.com		电子信箱	rz68@163.com
	电　话	0758-2221003		传　真	0758-2221003
	办公地址	广东省肇庆市太和北路12号B1区6幢701、801			
	经营范围	计算机软件开发;信息系统集成服务;信息系统咨询服务			

主要财务指标 指标\报告期	2015.06.30	2014.12.31	2013.12.31	2012.12.31
净利润(万元)	746.28	-	139.55	160.00
净利润增长率(%)	107.1741	-	-12.7787	-
加权净资产收益率(%)	20.5500	-	10.4000	13.4200
资产负债比率(%)	74.1397	-	84.5526	56.6538
净利润现金含量(%)	321.1530	-	-9.3945	-1.6750
基本每股收益(元)	0.3200	-	-	-
每股收益-扣除(元)	0.2800	-	-	-
每股收益-摊薄(元)	0.3176	-	0.2791	0.1595
每股资本公积金(元)	0.1735	-	0.2096	-
每股未分配利润(元)	0.5075	-	0.6831	0.2153
每股净资产(元)	1.7000	-	2.0300	1.2700
每股经营现金流量(元)	1.0199	-	-0.0300	0.0000
经营活动现金净流量增长(%)	2400.1	-	-389.6	-

北京国农基业科技发展股份有限公司

公司概况	公司名称	北京国农基业科技发展股份有限公司		证券简称	国农基业
	法人代表	周俊生	董秘 付渊	证券代码	832425
	公司网址	www.golongcau.com		电子信箱	golongmail@163.com
	电　话	010-62720583		传　真	010-82556317
	办公地址	北京市海淀区天秀路10号中国农大国际创业园3号楼3009室			
	经营范围	技术开发、技术服务、技术咨询等			

主要财务指标 指标\报告期	2015.06.30	2014.12.31	2013.12.31	2012.12.31
净利润(万元)	-108.18	-	58.13	6.10
净利润增长率(%)	-599.2	-	853.1968	-
加权净资产收益率(%)	-22.4000	-	29.9900	3.7700
资产负债比率(%)	25.4992	-	42.7901	70.4120
净利润现金含量(%)	62.7258	-	283.2100	-479.8361
基本每股收益(元)	-0.2200	-	0.5813	0.0610
每股收益-扣除(元)	-0.2800	-	0.5813	0.0610
每股收益-摊薄(元)	-0.2164	-	0.5813	0.0610
每股资本公积金(元)	0.0283	-	-	-
每股未分配利润(元)	-0.2626	-	1.1012	0.5780
每股净资产(元)	0.7700	-	2.2300	1.6500
每股经营现金流量(元)	-0.1357	-	1.6500	-0.2900
经营活动现金净流量增长(%)	-40.6	-	662.5	-

河南灵佑药业股份有限公司

公司概况	公司名称	河南灵佑药业股份有限公司		证券简称	灵佑药业
	法人代表	钱洁	董秘 高春强	证券代码	832426
	公司网址	www.livu.com		电子信箱	gcqgwd@163.com
	电　话	0371-65797245		传　真	0371-65797245
	办公地址	河南省郑州市金水区黄河路129号天一大厦B座1808室			
	经营范围	主营业务为药品的生产和销售			

主要财务指标 指标\报告期	2015.06.30	2014.12.31	2013.12.31	2012.12.31
净利润(万元)	192.68	-	186.86	-64.57
净利润增长率(%)	217.9014	-	389.4	-
加权净资产收益率(%)	6.4000	-	9.2100	-3.2800
资产负债比率(%)	5.9041	-	47.0875	47.3224
净利润现金含量(%)	105.1675	-	304.5464	847.9679
基本每股收益(元)	0.0700	-	0.0900	-0.0300
每股收益-扣除(元)	-	-	-	-0.0300
每股收益-摊薄(元)	0.0714	-	0.0934	-0.0323
每股资本公积金(元)	0.0454	-	-	-
每股未分配利润(元)	0.1018	-	0.0547	-0.0326
每股净资产(元)	1.1500	-	1.0600	0.9700
每股经营现金流量(元)	0.0750	-	0.2800	-0.2700
经营活动现金净流量增长(%)	203.9	-	203.9	-

新疆天羚绒业科技股份有限公司

公司概况	公司名称	新疆天羚绒业科技股份有限公司		证券简称	天羚绒业
	法人代表	杜安民	董秘 陈小玲	证券代码	832427
	公司网址	www.xjtlwool.com		电子信箱	xjtl888@126.com
	电　话	0991-4830276		传　真	0991-4830276
	办公地址	新疆维吾尔自治区乌鲁木齐市高新区(新市区)银藤街30号			
	经营范围	羊毛、羊绒的购销、加工和加工品的销售			

主要财务指标 指标\报告期	2015.06.30	2014.12.31	2013.12.31	2012.12.31
净利润(万元)	-368.29	-	549.76	378.76
净利润增长率(%)	-149.0142	-	45.1466	-
加权净资产收益率(%)	-11.6600	-	20.8100	18.3000
资产负债比率(%)	45.2126	-	54.7955	42.2205
净利润现金含量(%)	577.4626	-	-53.6234	-97.4786
基本每股收益(元)	-0.1200	-	0.5500	0.3800
每股收益-扣除(元)	-0.1100	-	-	-
每股收益-摊薄(元)	-0.1228	-	0.5498	0.3788
每股资本公积金(元)	0.2228	-	-	-
每股未分配利润(元)	-0.2317	-	1.8142	1.3194
每股净资产(元)	0.9900	-	2.9200	2.3700
每股经营现金流量(元)	-0.7089	-	-0.2900	-0.3700
经营活动现金净流量增长(%)	-2643.0005	-	20.2	-

武汉刻度信息科技股份有限公司

公司概况	公司名称	武汉刻度信息科技股份有限公司			证券简称	刻度信息
	法人代表	张舟	董秘	李玲	证券代码	832428
	公司网址	www.keduxinxi.com		电子信箱	ll@keduxinxi.com	
	电　话	027-65608608		传　真	027-65608608	
	办公地址	武汉市东湖新技术开发区武大园一路7号国家地球空间信息产业基地五期武大慧园1栋3层10号				
	经营范围	软件开发、应用、销售。计算机服务业				

主要财务指标	指标\报告期	2015.06.30	2014.12.31	2013.12.31	2012.12.31
	净利润(万元)	-8.83	114.24	-52.45	-
	净利润增长率(%)	79.7	317.8	-	-
	加权净资产收益率(%)	-1.3300	83.2100	-65.7700	-
	资产负债比率(%)	1.6254	5.1839	77.4178	-
	净利润现金含量(%)	1961.3210	-81.4163	118.0553	-
	基本每股收益(元)	-0.0100	0.2100	-0.1000	-
	每股收益-扣除(元)	-	0.2100	-0.1200	-
	每股收益-摊薄(元)	-0.0145	0.1878	-0.0999	-
	每股资本公积金(元)	0.0339	0.0339	-	-
	每股未分配利润(元)	0.0034	0.0179	-0.9490	-
	每股净资产(元)	1.0400	1.0500	0.0500	-
	每股经营现金流量(元)	-0.2848	-0.1500	-0.1200	-
	经营活动现金净流量增长(%)	-239.4	-50.2	-	-

江苏朗恩斯科技股份有限公司

公司概况	公司名称	江苏朗恩斯科技股份有限公司			证券简称	朗恩斯
	法人代表	孙辉	董秘	吕敏	证券代码	832429
	公司网址	www.lancevehicle.com		电子信箱	Lance_lv@126.com	
	电　话	0519-88163758		传　真	0519-81085111	
	办公地址	江苏省常州市武进区常武中路801号常州科教城创研港1号楼A座9楼				
	经营范围	车辆专用照明灯具、车灯调光电机等汽车车身件、底盘件、发动机件等汽车零部件的销售				

主要财务指标	指标\报告期	2015.06.30	2014.12.31	2013.12.31	2012 12.31
	净利润(万元)	138.50	277.53	41.98	-
	净利润增长率(%)	48.0128	561.0915	-	-
	加权净资产收益率(%)	7.6700	22.4900	6.3100	-
	资产负债比率(%)	62.5199	60.5680	79.3089	-
	净利润现金含量(%)	-30.6618	-163.5580	1592.4610	-
	基本每股收益(元)	0.1100	0.2700	0.0800	-
	每股收益-扣除(元)	0.0900	0.2600	-	-
	每股收益-摊薄(元)	0.0923	0.1850	0.0840	-
	每股资本公积金(元)	0.0162	0.0162	0.4500	-
	每股未分配利润(元)	0.2330	0.1406	-0.0773	-
	每股净资产(元)	1.2500	1.1600	1.3700	-
	每股经营现金流量(元)	-0.0283	-0.3026	1.3400	-
	经营活动现金净流量增长(%)	93.6	-167.8992	-	-

浙江中凯科技股份有限公司

公司概况	公司名称	浙江中凯科技股份有限公司			证券简称	中凯股份
	法人代表	屠瑜权	董秘	朱辉才	证券代码	832430
	公司网址	www.kb0.cn		电子信箱	zhongkai@kb0.cn	
	电　话	0577-62780892		传　真	0577-62765289	
	办公地址	浙江省乐清市柳市东风工业区奋进路9号				
	经营范围	生产、销售KB0系列产品				

主要财务指标	指标\报告期	2015.06.30	2014.12.31	2013.12.31	2012.12.31
	净利润(万元)	78.70	628.97	835.70	-
	净利润增长率(%)	145.1226	-24.7412	-	-
	加权净资产收益率(%)	1.9000	15.5200	20.5900	-
	资产负债比率(%)	31.2662	23.3729	18.5553	-
	净利润现金含量(%)	35.6967	91.9201	86.5143	-
	基本每股收益(元)	0.0300	0.2100	0.2800	-
	每股收益-扣除(元)	-	0.1600	0.2800	-
	每股收益-摊薄(元)	0.0262	0.2097	0.2786	-
	每股资本公积金(元)	-	-	-	-
	每股未分配利润(元)	0.2141	0.1878	0.2074	-
	每股净资产(元)	1.4000	1.3700	1.3700	-
	每股经营现金流量(元)	0.0094	0.1900	0.2400	-
	经营活动现金净流量增长(%)	-71.4530	-20.0352	-	-

广东兴亿海洋生物工程股份有限公司

公司概况	公司名称	广东兴亿海洋生物工程股份有限公司			证券简称	兴亿海洋
	法人代表	潘建文	董秘	潘建文	证券代码	832431
	公司网址	www.xingyihaiyang.com		电子信箱	xingyihy@163.com	
	电　话	020-82258525		传　真	020-87447227	
	办公地址	广东省广州高新技术产业开发区科学城揽月路3号广州国际企业孵化器G102、G1				
	经营范围	复合调味品中海鲜调味品的研发、生产和销售				

主要财务指标	指标\报告期	2015.06.30	2014.12.31	2013.12.31	2012.12.31
	净利润(万元)	90.49	366.05	523.39	-
	净利润增长率(%)	1263.3410	-30.0614	-	-
	加权净资产收益率(%)	0.2200	8.5400	24.7300	-
	资产负债比率(%)	35.2263	28.6191	18.0073	-
	净利润现金含量(%)	-105.8064	169.3730	39.0684	-
	基本每股收益(元)	0.0300	0.1230	0.5230	-
	每股收益-扣除(元)	-	0.0840	0.2640	-
	每股收益-摊薄(元)	0.0259	0.1046	0.3739	-
	每股资本公积金(元)	0.0223	0.0223	1.1499	-
	每股未分配利润(元)	0.1189	0.0931	0.3653	-
	每股净资产(元)	1.1527	1.1300	2.5600	-
	每股经营现金流量(元)	-0.0274	0.1800	0.1500	-
	经营活动现金净流量增长(%)	32.0	203.2107	-	-

深圳市科列技术股份有限公司

公司概况	公司名称	深圳市科列技术股份有限公司		证券简称	科列技术
	法人代表	张泱渊	董秘 仝瑞军	证券代码	832432
	公司网址	13828833014@139.com		电子信箱	13828833014@139.com
	电　话	0755-26654525		传　真	0755-26165199
	办公地址	广东省深圳市南山区松坪山齐民道1号贝特尔大厦3楼			
	经营范围	电动汽车锂电池管理系统(BMS)研发和销售			

主要财务指标	指标\报告期	2015.06.30	2014.12.31	2013.12.31	2012.12.31
	净利润(万元)	1250.82	–	–287.28	–317.04
	净利润增长率(%)	947.4	–	9.4	–
	加权净资产收益率(%)	36.0400	–	–97.7900	–53.2000
	资产负债比率(%)	20.9572	–	70.7886	14.6411
	净利润现金含量(%)	–8.4493	–	30.2378	–52.3584
	基本每股收益(元)	0.8200	–	–0.5700	–0.6300
	每股收益-扣除(元)	–	–	–	–
	每股收益-摊薄(元)	0.7445	–	–0.5746	–0.6341
	每股资本公积金(元)	3.5750	–	–	–
	每股未分配利润(元)	0.8237	–	–0.6997	–0.1252
	每股净资产(元)	5.4200	–	0.3000	0.8700
	每股经营现金流量(元)	–0.0629	–	–0.1700	0.3300
	经营活动现金净流量增长(%)	59.9	–	–152.3302	–

亚克医用制品(北京)股份有限公司

公司概况	公司名称	亚克医用制品(北京)股份有限公司		证券简称	亚克股份
	法人代表	王宏章	董秘 李红霞	证券代码	832433
	公司网址			电子信箱	LLL20090909@163.com
	电　话	010-81095080		传　真	010-81095335
	办公地址	北京市密云县兴源街11号			
	经营范围	可吸收性外科缝线和非吸收性外科缝线研发、生产、销售			

主要财务指标	指标\报告期	2015.06.30	2014.12.31	2013.12.31	2012.12.31
	净利润(万元)	–25.82	–	16.46	39.40
	净利润增长率(%)	–465.6	–	–58.2206	–
	加权净资产收益率(%)	–2.2000	–	1.8000	4.5700
	资产负债比率(%)	46.0967	–	53.2654	46.3248
	净利润现金含量(%)	262.9366	–	704.4957	54.7208
	基本每股收益(元)	–0.0300	–	0.0200	0.0400
	每股收益-扣除(元)	–0.0400	–	0.0300	0.0400
	每股收益-摊薄(元)	–0.0258	–	0.0198	0.0475
	每股资本公积金(元)	0.1660	–	0.0556	0.0362
	每股未分配利润(元)	–0.0108	–	0.0568	0.0389
	每股净资产(元)	1.1600	–	1.1186	1.0795
	每股经营现金流量(元)	–0.0679	–	0.1397	0.0260
	经营活动现金净流量增长(%)	–364.5633	–	437.7301	–

浙江三星特种纺织股份有限公司

公司概况	公司名称	浙江三星特种纺织股份有限公司		证券简称	三星股份
	法人代表	庞广洪	董秘 刘海芳	证券代码	832434
	公司网址	www.ttsx.com		电子信箱	sx@ttsx.com
	电　话	0576-83730901		传　真	0576-83730930
	办公地址	浙江省天台县始丰街道济公大道1088号			
	经营范围	产业用布、家用纺织制成品制造、销售;货物和技术进出口			

主要财务指标	指标\报告期	2015.06.30	2014.12.31	2013.12.31	2012.12.31
	净利润(万元)	293.26	–	190.09	–355.83
	净利润增长率(%)	683.3246	–	153.4	–
	加权净资产收益率(%)	5.2400	–	3.7100	–6.8300
	资产负债比率(%)	61.1096	–	70.7962	70.1246
	净利润现金含量(%)	–69.0448	–	198.4902	83.2560
	基本每股收益(元)	0.0600	–	0.0400	–0.0700
	每股收益-扣除(元)	0.0500	–	0.0300	–0.0800
	每股收益-摊薄(元)	0.0587	–	0.0380	–0.0712
	每股资本公积金(元)	0.0594	–	–	–
	每股未分配利润(元)	0.0855	–	0.0403	0.0061
	每股净资产(元)	1.1500	–	1.0400	1.0100
	每股经营现金流量(元)	–0.0405	–	0.0800	–0.0600
	经营活动现金净流量增长(%)	–78.7	–	227.4	–

上海俪德照明科技股份有限公司

公司概况	公司名称	上海俪德照明科技股份有限公司		证券简称	俪德照明
	法人代表	陈卫平	董秘 李旭君	证券代码	832435
	公司网址			电子信箱	leadesco@leadesco.com.cn
	电　话	021-67763136		传　真	021-67763135
	办公地址	上海漕河泾开发区松江高科技园莘砖公路518号42幢202室			
	经营范围	公司的主营业务为LED交流直接驱动技术研发及相关应用照明产品生产和销售			

主要财务指标	指标\报告期	2015.06.30	2014.12.31	2013.12.31	2012.12.31
	净利润(万元)	–53.30	403.02	361.58	–
	净利润增长率(%)	0.9	11.4607	–	–
	加权净资产收益率(%)	–2.8800	21.8800	26.6000	–
	资产负债比率(%)	35.8287	37.9972	38.0943	–
	净利润现金含量(%)	1040.6922	90.0328	84.7973	–
	基本每股收益(元)	–0.0500	0.3800	0.3600	–
	每股收益-扣除(元)	–0.0500	0.3600	0.3300	–
	每股收益-摊薄(元)	–0.0426	0.3838	0.3444	–
	每股资本公积金(元)	0.4607	0.1866	0.0827	–
	每股未分配利润(元)	0.3179	0.4275	0.4439	–
	每股净资产(元)	1.8406	1.6900	1.5600	–
	每股经营现金流量(元)	–0.4437	0.3500	0.2900	–
	经营活动现金净流量增长(%)	–86.2	18.3424	–	–

苏州弗克技术股份有限公司

公司概况	公司名称	苏州弗克技术股份有限公司			证券简称	弗克股份
	法人代表	傅雁	董秘	吕雯	证券代码	832436
	公司网址	www.fuclear.com		电子信箱	fuclear@fuclear.com	
	电话	0512-65580057		传真	0512-65580025	
	办公地址	江苏省苏州市吴中区胥口镇浦庄路东长安路南				
	经营范围	混凝土外加剂、水泥和砂浆添加剂、防水工程材料的研发、生产等				

主要财务指标	指标\报告期	2015.06.30	2014.12.31	2013.12.31	2012.12.31
	净利润(万元)	22.02	–	87.41	73.61
	净利润增长率(%)	–69.9045	–	18.7415	–
	加权净资产收益率(%)	0.6600	–	4.2200	2.8300
	资产负债比率(%)	58.8269	–	55.0002	71.6709
	净利润现金含量(%)	3938.8782	–	–75.6092	211.9277
	基本每股收益(元)	0.0073	–	0.0300	0.0500
	每股收益–扣除(元)	0.0110	–	–	–
	每股收益–摊薄(元)	0.0073	–	0.0291	0.0533
	每股资本公积金(元)	0.2174	–	0.1108	0.2409
	每股未分配利润(元)	–0.1138	–	0.1793	0.3258
	每股净资产(元)	1.1100	–	1.1200	1.6200
	每股经营现金流量(元)	0.2891	–	–0.0200	0.1100
	经营活动现金净流量增长(%)	1659.5260	–	–142.3669	–

湖南三泰新材料股份有限公司

公司概况	公司名称	湖南三泰新材料股份有限公司			证券简称	三泰新材
	法人代表	李聚良	董秘	贺辉	证券代码	832437
	公司网址	www.st-rolls.com		电子信箱	st@st-rolls.com	
	电话	0738-8592708		传真	0738-8630258	
	办公地址	湖南省娄底市经济技术开发区群乐街1号				
	经营范围	轧辊的研发、生产和销售				

主要财务指标	指标\报告期	2015.06.30	2014.12.31	2013.12.31	2012.12.31
	净利润(万元)	516.75	–	848.64	1457.33
	净利润增长率(%)	–43.1523	–	–41.7674	–
	加权净资产收益率(%)	4.5100	–	8.1100	14.7200
	资产负债比率(%)	48.0409	–	46.6446	34.4935
	净利润现金含量(%)	281.7462	–	218.7689	2.4140
	基本每股收益(元)	0.1100	–	0.1700	0.3000
	每股收益–扣除(元)	0.0700	–	0.1700	0.2600
	每股收益–摊薄(元)	0.1055	–	0.1732	0.2974
	每股资本公积金(元)	0.4039	–	0.4039	0.4039
	每股未分配利润(元)	0.8684	–	0.7243	0.5684
	每股净资产(元)	2.3900	–	2.2200	2.0500
	每股经营现金流量(元)	0.2971	–	0.3800	0.0100
	经营活动现金净流量增长(%)	94.2048	–	5177.0744	–

广西钦州润港林业股份有限公司

公司概况	公司名称	广西钦州润港林业股份有限公司			证券简称	润港林业
	法人代表	张立新	董秘	殷姿	证券代码	832438
	公司网址	www.gxrgly.com		电子信箱	runganglinye@163.com	
	电话	0777-3666777		传真	0777-3608681	
	办公地址	广西壮族自治区钦州市大番坡镇沙坡村				
	经营范围	木片生产与销售				

主要财务指标	指标\报告期	2015.06.30	2014.12.31	2013.12.31	2012.12.31
	净利润(万元)	27.23	13.00	235.12	–
	净利润增长率(%)	–50.1388	–94.4708	–	–
	加权净资产收益率(%)	0.7600	1.1700	22.0500	–
	资产负债比率(%)	51.7203	60.7712	65.4348	–
	净利润现金含量(%)	–2704.1691	–23386.377	237.7012	–
	基本每股收益(元)	0.0082	0.0080	0.2350	–
	每股收益–扣除(元)	0.0089	–	–	–
	每股收益–摊薄(元)	0.0082	0.0043	0.2351	–
	每股资本公积金(元)	0.0540	–	–	–
	每股未分配利润(元)	0.0195	0.0353	0.0942	–
	每股净资产(元)	1.0700	1.0400	1.1000	–
	每股经营现金流量(元)	–0.2211	–1.0134	0.5600	–
	经营活动现金净流量增长(%)	–97.5	–643.9966	–	–

北京马可正嘉汽车运动股份有限公司

公司概况	公司名称	北京马可正嘉汽车运动股份有限公司			证券简称	马可正嘉
	法人代表	庄茅	董秘	杨巍	证券代码	832439
	公司网址	www.marcomz.cn		电子信箱		
	电话	010-85323608		传真	010-85323878	
	办公地址	北京市延庆县八达岭工业开发区康西路165号(中关村延庆园)				
	经营范围	汽车运动;承办展览展示;组织文化艺术交流活动;经济信息咨询				

主要财务指标	指标\报告期	2015.06.30	2014.12.31	2013.12.31	2012.12.31
	净利润(万元)	116.46	320.76	37.38	–
	净利润增长率(%)	23.5882	758.1680	–	–
	加权净资产收益率(%)	5.1800	45.9400	9.9000	–
	资产负债比率(%)	60.0960	85.1059	81.5290	–
	净利润现金含量(%)	–891.7948	185.9833	–458.3467	–
	基本每股收益(元)	0.0800	0.2100	0.0200	–
	每股收益–扣除(元)	0.0500	–	–	–
	每股收益–摊薄(元)	0.0776	0.2138	0.0249	–
	每股资本公积金(元)	0.0799	–	–	–
	每股未分配利润(元)	0.4194	0.4154	0.2016	–
	每股净资产(元)	1.5400	0.4700	0.2500	–
	每股经营现金流量(元)	–0.6924	0.4000	–0.1100	–
	经营活动现金净流量增长(%)	–212.2752	448.2	–	–

江苏九天高科技股份有限公司

公司概况					
公司名称	江苏九天高科技股份有限公司			证券简称	九天高科
法人代表	庆祖森	董秘	庆祖荣	证券代码	832440
公司网址	www.9t-tech.com			电子信箱	qzr@9t-tech.com
电　话	025-68717779			传　真	025-68717755
办公地址	江苏省南京浦口经济开发区步月路6号				
经营范围	醇类和其它有机溶剂的脱水、分子筛膜制备和应用技术、组件、成套装备的研发、生产				

主要财务指标：指标\报告期	2015.06.30	2014.12.31	2013.12.31	2012.12.31
净利润(万元)	101.32	–	312.45	–229.83
净利润增长率(%)	73.6328	–	236.0	–
加权净资产收益率(%)	1.7300	–	5.3600	–6.0700
资产负债比率(%)	57.7825	–	40.4973	4.4232
净利润现金含量(%)	65.4991	–	214.8326	830.7958
基本每股收益(元)	0.0300	–	0.1000	–0.1000
每股收益–扣除(元)	0.0300	–	–	–
每股收益–摊薄(元)	0.0338	–	0.1042	–0.0766
每股资本公积金(元)	0.9667	–	0.9667	0.9667
每股未分配利润(元)	0.0047	–	0.0248	–0.0766
每股净资产(元)	1.9700	–	1.9900	1.8900
每股经营现金流量(元)	0.0221	–	0.2200	–0.6400
经营活动现金净流量增长(%)	106.6	–	135.2	–

南通合兴铁链股份有限公司

公司概况					
公司名称	南通合兴铁链股份有限公司			证券简称	合兴铁链
法人代表	顾扣林	董秘	朱顾亮	证券代码	832441
公司网址	www.chain.cc			电子信箱	chinachain@139.com
电　话	0513-84399999			传　真	0513-84386666
办公地址	江苏省南通市如东县新店镇工业集中区				
经营范围	铁链、不锈钢链、热搪锌、不锈钢钢丝绳加工、销售				

主要财务指标：指标\报告期	2015.06.30	2014.12.31	2013.12.31	2012.12.31
净利润(万元)	–	132.70	–44.80	74.45
净利润增长率(%)	–	396.2	–160.1758	–
加权净资产收益率(%)	–	6.4300	–2.2600	3.9100
资产负债比率(%)	–	63.6173	59.2353	58.9326
净利润现金含量(%)	–	401.0157	–1016.3864	–130.1802
基本每股收益(元)	–	0.0800	–0.0300	0.0500
每股收益–扣除(元)	–	–	–	0.0500
每股收益–摊薄(元)	–	0.0836	–0.0282	0.0469
每股资本公积金(元)	–	–	–	–
每股未分配利润(元)	–	0.2580	0.1822	0.2104
每股净资产(元)	–	1.2900	1.2100	1.2300
每股经营现金流量(元)	–	0.3351	0.2867	–0.0600
经营活动现金净流量增长(%)	–	16.8644	569.8	–

北京思必拓科技股份有限公司

公司概况					
公司名称	北京思必拓科技股份有限公司			证券简称	思必拓
法人代表	邵九洲	董秘	刘义	证券代码	832442
公司网址	www.speedata.cn			电子信箱	yi.liu@speedatagroup.com
电　话	010-82346858			传　真	010-82346858-808
办公地址	北京市海淀区上地六街28号院2号楼101室				
经营范围	技术开发、技术推广、技术咨询、技术服务				

主要财务指标：指标\报告期	2015.06.30	2014.12.31	2013.12.31	2012.12.31
净利润(万元)	45.99	–	108.27	–125.35
净利润增长率(%)	15.1025	–	186.4	–
加权净资产收益率(%)	5.7200	–	–	–
资产负债比率(%)	55.2213	–	107.8063	130.6818
净利润现金含量(%)	415.3831	–	27.0817	–29.0628
基本每股收益(元)	0.0600	–	1.0800	–1.2500
每股收益–扣除(元)	0.0300	–	1.5900	–0.7200
每股收益–摊薄(元)	0.0575	–	1.0827	–1.2535
每股资本公积金(元)	0.1773	–	0.1384	0.1384
每股未分配利润(元)	–0.1442	–	–1.7645	–2.8472
每股净资产(元)	1.0300	–	–0.6300	–1.7100
每股经营现金流量(元)	0.2388	–	0.2900	0.3600
经营活动现金净流量增长(%)	141.3	–	–19.5120	–

景德镇江隆汽车消声器股份有限公司

公司概况					
公司名称	景德镇江隆汽车消声器股份有限公司			证券简称	江隆股份
法人代表	李喆	董秘	刘耀武	证券代码	832443
公司网址				电子信箱	jianglong0798gw@163.com
电　话	0798-8432066			传　真	0798-8432066
办公地址	江西省景德镇市珠山区湖田画眉楼				
经营范围	公司的主营业务是汽车消声器与安全带的研发、生产和销售				

主要财务指标：指标\报告期	2015.06.30	2014.12.31	2013.12.31	2012.12.31
净利润(万元)	67.73	–	–310.75	–272.45
净利润增长率(%)	36.5613	–	–14.1	–
加权净资产收益率(%)	2.5000	–	–14.5400	–16.1000
资产负债比率(%)	30.0577	–	38.4952	53.7972
净利润现金含量(%)	190.3884	–	143.2180	–85.5276
基本每股收益(元)	0.0300	–	–0.2000	–0.3400
每股收益–扣除(元)	0.0300	–	–0.2200	–
每股收益–摊薄(元)	0.0330	–	–0.1516	–0.3406
每股资本公积金(元)	0.4770	–	0.4770	–
每股未分配利润(元)	–0.1431	–	–0.2208	0.8120
每股净资产(元)	1.3400	–	1.2600	1.9500
每股经营现金流量(元)	0.0629	–	–0.2200	0.2900
经营活动现金净流量增长(%)	–61.0924	–	–290.9908	–

深圳市蓝海骆驼网络股份有限公司

公司概况	公司名称	深圳市蓝海骆驼网络股份有限公司			证券简称	蓝海骆驼
	法人代表	蔡周伟	董秘	蒋青松	证券代码	832444
	公司网址	www.seacamels.com		电子信箱	jqs485696@163.com	
	电话	0755-82345629		传真	0755-82320658	
	办公地址	广东省深圳市罗湖区春风路庐山大厦B座13B				
	经营范围	牛仔裤出口业务和国内牛仔布销售业务				

	指标\报告期	2015.06.30	2014.12.31	2013.12.31	2012.12.31
主要财务指标	净利润(万元)	140.25	–	–31.62	10.77
	净利润增长率(%)	98.9156	–	–393.6292	–
	加权净资产收益率(%)	12.7100	–	–3.2600	1.0900
	资产负债比率(%)	94.0245	–	83.4886	65.2404
	净利润现金含量(%)	3588.5230	–	3298.7978	–1773.8561
	基本每股收益(元)	0.1400	–	–0.0300	0.0100
	每股收益–扣除(元)	0.1200	–	–0.0400	0.0100
	每股收益–摊薄(元)	0.1403	–	–0.0316	0.0108
	每股资本公积金(元)	0.0333	–	–	–
	每股未分配利润(元)	0.1400	–	–0.0466	–0.0150
	每股净资产(元)	1.1700	–	0.9500	0.9800
	每股经营现金流量(元)	5.0330	–	–1.0400	–0.1900
	经营活动现金净流量增长(%)	1813.3	–	–446.1	–

浙江世博新材料股份有限公司

公司概况	公司名称	浙江世博新材料股份有限公司			证券简称	世博新材
	法人代表	陈思汕	董秘	林李银	证券代码	832445
	公司网址	www.zj-shibo.com		电子信箱	www.zj-shibo@163.com	
	电话	0577-68067888		传真	0577-64305580	
	办公地址	浙江省温州市苍南县龙港新城时代大道1076-1122号				
	经营范围	改性塑料、高分子材料、电子电器专用材料及其制品、弹性体材料及其制品生产、加工、销售				

	指标\报告期	2015.06.30	2014.12.31	2013.12.31	2012.12.31
主要财务指标	净利润(万元)	166.74	–	161.83	29.59
	净利润增长率(%)	–15.2318	–	447.0062	–
	加权净资产收益率(%)	–	–	8.0000	1.5000
	资产负债比率(%)	65.0887	–	64.7182	70.4250
	净利润现金含量(%)	–21.7305	–	–1338.5517	3762.6378
	基本每股收益(元)	0.0800	–	0.0800	0.0100
	每股收益–扣除(元)	–	–	0.0300	0.0100
	每股收益–摊薄(元)	0.0834	–	0.0809	0.0148
	每股资本公积金(元)	0.2228	–	–	–
	每股未分配利润(元)	0.0905	–	0.0532	–0.0144
	每股净资产(元)	1.3200	–	1.0800	0.9900
	每股经营现金流量(元)	–0.0181	–	–1.0800	0.5600
	经营活动现金净流量增长(%)	–105.0209	–	–294.5965	–

上海三瑞高分子材料有限公司

公司概况	公司名称	上海三瑞高分子材料有限公司			证券简称	三瑞高材
	法人代表	郑柏存	董秘	张艳	证券代码	832446
	公司网址	www.sunrisechem.com.cn		电子信箱	zhangy@sunrisechem.com.cn	
	电话	021-54098789		传真	021-54096111	
	办公地址	上海市徐汇区虹漕路421号67幢9层915室				
	经营范围	化工产品的生产、加工、销售,从事货物进出口业务等				

	指标\报告期	2015.06.30	2014.12.31	2013.12.31	2012.12.31
主要财务指标	净利润(万元)	253.30	–	670.36	475.88
	净利润增长率(%)	18.6778	–	40.8661	–
	加权净资产收益率(%)	–	–	21.2500	19.1600
	资产负债比率(%)	62.7131	–	60.8843	68.2336
	净利润现金含量(%)	52.6946	–	90.9702	179.1588
	基本每股收益(元)	0.0800	–	0.3400	0.2400
	每股收益–扣除(元)	–	–	–	–
	每股收益–摊薄(元)	0.0768	–	0.3352	0.2379
	每股资本公积金(元)	0.2943	–	–	–
	每股未分配利润(元)	0.1231	–	0.4974	0.1957
	每股净资产(元)	1.4200	–	1.5800	1.2400
	每股经营现金流量(元)	0.0404	–	0.3000	0.4300
	经营活动现金净流量增长(%)	–77.6869	–	–28.4735	–

北京森馥科技股份有限公司

公司概况	公司名称	北京森馥科技股份有限公司			证券简称	森馥科技
	法人代表	朱琨	董秘	董巧霞	证券代码	832447
	公司网址	www.safetytech.cn		电子信箱	stt@safetytech.cn	
	电话	010-84926050-806		传真	010-84925485-818	
	办公地址	北京市朝阳区利泽中二路1号517室				
	经营范围	代理销售电磁辐射检测等仪器仪表,自主研发、生产、销售电磁辐射检测产品及系统				

	指标\报告期	2015.06.30	2014.12.31	2013.12.31	2012.12.31
主要财务指标	净利润(万元)	210.76	–	470.85	242.72
	净利润增长率(%)	3.7881	–	93.9916	–
	加权净资产收益率(%)	4.8700	–	21.8600	13.4700
	资产负债比率(%)	7.7950	–	47.1309	46.0218
	净利润现金含量(%)	–530.6342	–	106.7495	40.8083
	基本每股收益(元)	0.0600	–	0.3100	0.1600
	每股收益–扣除(元)	0.0300	–	0.4200	–
	每股收益–摊薄(元)	0.0635	–	0.3139	0.8091
	每股资本公积金(元)	0.0372	–	0.2911	–
	每股未分配利润(元)	0.1973	–	0.2702	4.8945
	每股净资产(元)	1.2800	–	1.5900	6.3900
	每股经营现金流量(元)	–0.3369	–	0.3400	0.3300
	经营活动现金净流量增长(%)	–13.6	–	407.4502	–

广东佳业食品股份有限公司

公司概况	公司名称	广东佳业食品股份有限公司			证券简称	佳业股份
	法人代表	陈利泉	董秘	孙素文	证券代码	832448
	公司网址			电子信箱	275073911@qq.com	
	电　话	0768-6738668		传　真	0768-6738598	
	办公地址	广东省潮州市湘桥区铁铺镇西陇管理区南行园				
	经营范围	货物进出口、技术进出口；农副产品收购等				

主要财务指标	指标\报告期	2015.06.30	2014.12.31	2013.12.31	2012.12.31
	净利润(万元)	534.23	–	165.27	394.72
	净利润增长率(%)	–5.5925	–	–58.1303	–
	加权净资产收益率(%)	10.2700	–	12.5500	32.0200
	资产负债比率(%)	39.2872	–	86.0871	82.3116
	净利润现金含量(%)	93.1806	–	–1040.0134	–836.0335
	基本每股收益(元)	0.5200	–	0.3200	0.7600
	每股收益–扣除(元)	0.4900	–	–	–
	每股收益–摊薄(元)	0.5238	–	0.3178	0.7591
	每股资本公积金(元)	3.6373	–	–	–
	每股未分配利润(元)	0.7033	–	1.4159	1.3823
	每股净资产(元)	5.3600	–	2.6300	2.5600
	每股经营现金流量(元)	0.4880	–	–3.3100	–6.3500
	经营活动现金净流量增长(%)	–58.7499	–	47.9	–

深圳市恒宝通光电子股份有限公司

公司概况	公司名称	深圳市恒宝通光电子股份有限公司			证券简称	恒宝通
	法人代表	林新利	董秘	魏雄志	证券代码	832449
	公司网址	www.hioptel.com		电子信箱	xiongzhi_wei@hioptel.com	
	电　话	0755-83408866		传　真	0755-26753099	
	办公地址	广东省深圳市南山区北环路猫头山高发工业区高发2号厂房3楼东、4楼、5楼、6楼				
	经营范围	光通信模块及组件产品的研发、生产及销售				

主要财务指标	指标\报告期	2015.06.30	2014.12.31	2013.12.31	2012.12.31
	净利润(万元)	445.44	–	20.19	527.11
	净利润增长率(%)	–23.5087	–	–96.1688	–
	加权净资产收益率(%)	3.1900	–	0.1600	4.2300
	资产负债比率(%)	13.8050	–	12.4757	14.1804
	净利润现金含量(%)	533.1693	–	–9386.4834	159.8603
	基本每股收益(元)	0.0557	–	0.0025	0.0700
	每股收益–扣除(元)	–	–	–0.0175	0.0488
	每股收益–摊薄(元)	0.0557	–	0.0025	0.0659
	每股资本公积金(元)	0.4277	–	0.4277	0.4277
	每股未分配利润(元)	0.1939	–	0.1503	0.1481
	每股净资产(元)	1.6509	–	1.5900	1.5900
	每股经营现金流量(元)	0.2969	–	–0.2400	0.1100
	经营活动现金净流量增长(%)	716.3	–	–324.9584	–

连云港市赣榆县中兴农村小额贷款股份有限公司

公司概况	公司名称	连云港市赣榆县中兴农村小额贷款股份有限公司			证券简称	中兴农贷
	法人代表	徐明根	董秘	孙克法	证券代码	832450
	公司网址			电子信箱	lygzhongxing@163.com	
	电　话	0518-87181993		传　真	0518-87181998	
	办公地址	江苏省赣榆县沙河镇政府驻地东兴路1号				
	经营范围	在赣榆县范围内面向农户及农村企业发放小额贷款业务、应付款保函业务等				

主要财务指标	指标\报告期	2015.06.30	2014.12.31	2013.12.31	2012.12.31
	净利润(万元)	958.61	2275.40	750.27	–
	净利润增长率(%)	75.8837	203.2780	–	–
	加权净资产收益率(%)	5.8100	15.3500	5.6900	–
	资产负债比率(%)	1.7342	1.0836	0.7491	–
	净利润现金含量(%)	–2.7359	–3.6688	32.9321	–
	基本每股收益(元)	0.0900	0.2167	0.0715	–
	每股收益–扣除(元)	0.0900	–	–	–
	每股收益–摊薄(元)	0.0913	0.2167	0.0715	–
	每股资本公积金(元)	0.2868	0.2868	–	–
	每股未分配利润(元)	0.2610	0.1697	0.2354	–
	每股净资产(元)	1.6200	1.5256	1.2980	–
	每股经营现金流量(元)	–0.0025	–0.0080	0.0235	–
	经营活动现金净流量增长(%)	89.1	–133.7850	–	–

福建神州电子股份有限公司

公司概况	公司名称	福建神州电子股份有限公司			证券简称	神州电子
	法人代表	王竟雄	董秘	方守卫	证券代码	832451
	公司网址	www.shenzhousatv.com		电子信箱	fsw@shenzhou-satv.com	
	电　话	0595-28292999		传　真	0595-28766888	
	办公地址	福建省泉州经济技术开发区二期标准厂房区				
	经营范围	数字电视终端接收设备的研发、设计、生产及销售				

主要财务指标	指标\报告期	2015.06.30	2014.12.31	2013.12.31	2012.12.31
	净利润(万元)	1515.56	1759.91	1831.79	–
	净利润增长率(%)	–36.3392	–3.9240	–	–
	加权净资产收益率(%)	8.4600	10.8100	12.2100	–
	资产负债比率(%)	69.4277	68.8733	76.5005	–
	净利润现金含量(%)	53.7604	–25.3700	–246.1117	–
	基本每股收益(元)	0.2500	0.2800	0.3000	–
	每股收益–扣除(元)	–	0.1700	0.2400	–
	每股收益–摊薄(元)	0.2450	0.2845	0.2962	–
	每股资本公积金(元)	1.3032	1.3032	1.3032	–
	每股未分配利润(元)	0.6472	0.4021	0.1429	–
	每股净资产(元)	3.0200	2.7800	2.4900	–
	每股经营现金流量(元)	0.1317	–0.0700	–0.7300	–
	经营活动现金净流量增长(%)	–36.6997	90.1	–	–

安吉兴华电力管道股份有限公司

公司概况					
公司名称	安吉兴华电力管道股份有限公司			证券简称	兴华股份
法人代表	章乔华	董秘	章慧	证券代码	832452
公司网址	www.xhfrp.1688.com		电子信箱	xhfrp11@163.com	
电话	0572-5508888		传真	0572-5066333	
办公地址	浙江省安吉县孝源街道孝源村				
经营范围	公司主要从事塑料管道的研发、生产和销售				

主要财务指标 指标\报告期	2015.06.30	2014.12.31	2013.12.31	2012.12.31
净利润(万元)	1176.14	2422.88	771.52	263.59
净利润增长率(%)	105.4495	214.0394	192.6966	–
加权净资产收益率(%)	13.8300	35.6800	14.8600	5.6100
资产负债比率(%)	30.3382	36.4205	48.3886	53.1244
净利润现金含量(%)	–14.4978	25.7519	352.8265	451.7345
基本每股收益(元)	0.3100	0.6300	0.2000	0.0700
每股收益–扣除(元)	–	0.2000	0.2100	0.0700
每股收益–摊薄(元)	0.3055	0.6293	0.2004	0.0685
每股资本公积金(元)	0.8290	0.8290	–	–
每股未分配利润(元)	0.5570	0.2245	0.4042	0.2238
每股净资产(元)	2.4110	2.0800	1.4500	1.2500
每股经营现金流量(元)	–0.0443	0.1621	0.7070	0.3100
经营活动现金净流量增长(%)	59.9	–77.0791	128.6102	–

广州恒福茶文化股份有限公司

公司概况					
公司名称	广州恒福茶文化股份有限公司			证券简称	恒福股份
法人代表	徐结根	董秘	刘云生	证券代码	832453
公司网址	www.teamill.net		电子信箱	lys@gzhengfli.com	
电话	020-38392075		传真	020-62619258-666	
办公地址	广东省广州市天河区黄埔大道西76号盈隆广场2301、2303房				
经营范围	茶具的研发设计、销售及茶叶的销售				

主要财务指标 指标\报告期	2015.06.30	2014.12.31	2013.12.31	2012.12.31
净利润(万元)	855.55	–	250.52	277.63
净利润增长率(%)	240.9443	–	–9.7645	–
加权净资产收益率(%)	15.5400	–	5.8300	22.4600
资产负债比率(%)	22.5845	–	19.7558	17.5367
净利润现金含量(%)	–52.8496	–	–321.9455	–82.2416
基本每股收益(元)	0.1900	–	0.0600	0.0600
每股收益–扣除(元)	0.1900	–	–	–
每股收益–摊薄(元)	0.1873	–	0.0566	0.0627
每股资本公积金(元)	0.1494	–	–	–
每股未分配利润(元)	0.2158	–	–0.0009	–0.0572
每股净资产(元)	1.3800	–	1.0000	0.9400
每股经营现金流量(元)	–0.0990	–	–0.1800	–0.0500
经营活动现金净流量增长(%)	–244.3057	–	–253.2	–

浙江新涛电子科技股份有限公司

公司概况					
公司名称	浙江新涛电子科技股份有限公司			证券简称	新涛科技
法人代表	俞进	董秘	陈燕	证券代码	832454
公司网址	www.xthyjt.com		电子信箱	chenyan@xintao.net	
电话	0575-86938838		传真	0575-86288287	
办公地址	浙江省绍兴市新昌县七星街道新涛路68号				
经营范围	生产销售;家用电子产品;家用电子产品技术开发、技术服务				

主要财务指标 指标\报告期	2015.06.30	2014.12.31	2013.12.31	2012.12.31
净利润(万元)	174.03	–	131.51	39.74
净利润增长率(%)	84.2601	–	230.9021	–
加权净资产收益率(%)	6.1800	–	26.4500	9.6600
资产负债比率(%)	51.2839	–	75.0346	72.9773
净利润现金含量(%)	–49.4451	–	–32.6135	200.5284
基本每股收益(元)	0.1700	–	0.2600	0.0800
每股收益–扣除(元)	0.1700	–	0.2600	0.0700
每股收益–摊薄(元)	0.1740	–	0.2630	0.0795
每股资本公积金(元)	0.1730	–	–	–
每股未分配利润(元)	0.2707	–	0.0917	–0.1450
每股净资产(元)	1.4500	–	1.1300	0.8600
每股经营现金流量(元)	–0.0860	–	–0.0900	0.1600
经营活动现金净流量增长(%)	–264.6762	–	–153.8220	–

苏州传视影视传媒股份有限公司

公司概况					
公司名称	苏州传视影视传媒股份有限公司			证券简称	传视影视
法人代表	王欣	董秘	徐丹丹	证券代码	832455
公司网址	www.tracevision.tv		电子信箱	trace_hr@163.com	
电话	0512-69566315		传真	0512-69569770	
办公地址	江苏省苏州工业园区星湖街328号国际科技园8-101(1)单元				
经营范围	公司主要从事纪录片、企业宣传片、城市形象宣传片、电影等影视制作				

主要财务指标 指标\报告期	2015.06.30	2014.12.31	2013.12.31	2012.12.31
净利润(万元)	258.88	479.83	155.93	–154.27
净利润增长率(%)	92.2465	198.0038	201.1	–
加权净资产收益率(%)	5.4000	23.6300	5.8200	–10.4500
资产负债比率(%)	41.4336	62.9538	46.4114	27.0327
净利润现金含量(%)	–1465.2665	308.0298	–92.7972	731.5900
基本每股收益(元)	0.2200	0.4900	0.1600	–0.1500
每股收益–扣除(元)	0.1670	0.3791	–	–0.1679
每股收益–摊薄(元)	0.2126	0.4798	0.1559	–0.1543
每股资本公积金(元)	3.2010	0.4320	1.0000	1.2600
每股未分配利润(元)	0.5035	0.3542	0.3167	0.1732
每股净资产(元)	4.7400	1.8300	2.3700	2.4700
每股经营现金流量(元)	–3.1152	1.4780	–0.1447	–1.1300
经营活动现金净流量增长(%)	–291.6530	1121.4	87.2	–

厦门恒坤新材料科技股份有限公司

公司概况						
公司名称	厦门恒坤新材料科技股份有限公司			证券简称	恒坤股份
法人代表	易荣坤	董秘	陈志明	证券代码	832456
公司网址	www.hengkun.com		电子信箱	czm@hengkun.com	
电　　话	0592-6208211		传　　真	0592-6208280	
办公地址	福建省厦门市海沧区东孚镇山边路 389 号				
经营范围	电视机制造;光电子器件及其他电子器件制造				

主要财务指标：指标\报告期	2015.06.30	2014.12.31	2013.12.31	2012.12.31
净利润(万元)	-112.21	-	184.38	55.23
净利润增长率(%)	-163.3140	-	233.8616	-
加权净资产收益率(%)	-2.2800	-	7.2500	2.2800
资产负债比率(%)	64.4176	-	77.2580	77.8004
净利润现金含量(%)	-508.9323	-	534.4723	121.3109
基本每股收益(元)	-0.0400	-	0.1700	0.0500
每股收益-扣除(元)	-0.0500	-	-	-
每股收益-摊薄(元)	-0.0369	-	0.1676	0.0502
每股资本公积金(元)	0.4583	-	0.0609	0.0134
每股未分配利润(元)	0.1382	-	0.8920	0.7529
每股净资产(元)	1.6000	-	2.1700	1.9600
每股经营现金流量(元)	0.1879	-	0.9000	0.0600
经营活动现金净流量增长(%)	368.0	-	1370.7817	-

宁波技冠智能科技发展股份有限公司

公司概况					
公司名称	宁波技冠智能科技发展股份有限公司			证券简称	技冠智能
法人代表	王思路	董秘	陆长洲	证券代码	832457
公司网址	www.nbtoptec.com		电子信箱	lucz@nbtoptec.com	
电　　话	0574-27682017		传　　真	0574-27839287	
办公地址	浙江省宁波市高新区光华路 299 弄 14 幢 33、34、35 号 6-1				
经营范围	发电、输电、变电、配电、供电控制系统和设备等				

主要财务指标：指标\报告期	2015.06.30	2014.12.31	2013.12.31	2012.12.31
净利润(万元)	-485.68	11.75	668.19	299.99
净利润增长率(%)	-2.3	-98.2411	122.7383	-
加权净资产收益率(%)	-25.4400	0.5500	39.1700	44.6400
资产负债比率(%)	48.1943	41.4326	30.4255	19.7269
净利润现金含量(%)	-7.4084	567.2764	-33.4533	50.0717
基本每股收益(元)	-0.2400	0.0100	0.5600	0.3000
每股收益-扣除(元)	-0.2900	-	-	-
每股收益-摊薄(元)	-0.2428	0.0059	0.5568	0.3000
每股资本公积金(元)	0.0426	0.0426	-	-
每股未分配利润(元)	-0.2100	0.0328	0.7051	0.2447
每股净资产(元)	0.8300	1.0800	1.7800	1.2700
每股经营现金流量(元)	0.0180	0.0333	-0.1863	0.1500
经营活动现金净流量增长(%)	123.8	129.8	-248.8138	-

河南红枫种苗股份有限公司

公司概况					
公司名称	河南红枫种苗股份有限公司			证券简称	红枫种苗
法人代表	张丹	董秘	张劼	证券代码	832458
公司网址	www.hnzzhf.com		电子信箱		
电　　话	0371-60681017		传　　真	0371-65826312	
办公地址	河南省郑州市金水区农科路 38 号 5 号楼 1 单元 301				
经营范围	苗木、特种植物新品种等的研究、种植、销售及技术服务				

主要财务指标：指标\报告期	2015.06.30	2014.12.31	2013.12.31	2012.12.31
净利润(万元)	1505.12	2609.32	3098.87	-
净利润增长率(%)	4596.6	-15.7975	20.4015	-
加权净资产收益率(%)	8.3400	16.6300	38.2300	-
资产负债比率(%)	12.4915	12.6423	31.1654	-
净利润现金含量(%)	40.7927	-23.0403	20.4961	-
基本每股收益(元)	0.2600	0.6700	2.9900	-
每股收益-扣除(元)	0.2600	0.7200	2.9500	-
每股收益-摊薄(元)	0.2641	0.4578	2.5073	-
每股资本公积金(元)	1.5519	1.5519	1.9127	-
每股未分配利润(元)	0.6087	0.3446	5.9591	-
每股净资产(元)	3.2000	3.9400	9.5700	-
每股经营现金流量(元)	0.1077	-0.1100	0.5100	-
经营活动现金净流量增长(%)	175.2	-194.6545	356.6	-

新疆华澳能源化工股份有限公司

公司概况					
公司名称	新疆华澳能源化工股份有限公司			证券简称	华澳能源
法人代表	郭世清	董秘	罗俊平	证券代码	832459
公司网址	www.xjhuaao.com		电子信箱	ljp139101@163.com	
电　　话	0990-6890755		传　　真	0990-6232676	
办公地址	新疆克拉玛依市红旗路 42 号				
经营范围	石油醚、溶剂油、石脑油、液化石油气系列产品开发、生产、销售				

主要财务指标：指标\报告期	2015.06.30	2014.12.31	2013.12.31	2012.12.31
净利润(万元)	-	3244.83	6847.07	11390.51
净利润增长率(%)	-	-52.6100	-39.8880	-
加权净资产收益率(%)	-	5.5600	12.6300	25.3600
资产负债比率(%)	-	24.6036	13.3259	21.1177
净利润现金含量(%)	-	-160.8502	63.3928	133.8146
基本每股收益(元)	-	0.1800	0.3800	0.6300
每股收益-扣除(元)	-	-	0.3600	0.6200
每股收益-摊薄(元)	-	0.1803	0.3804	0.8762
每股资本公积金(元)	-	1.5315	1.5274	2.4552
每股未分配利润(元)	-	0.4600	0.4607	0.1638
每股净资产(元)	-	3.2800	3.2700	3.9200
每股经营现金流量(元)	-	-0.2900	0.2400	1.1700
经营活动现金净流量增长	-	-220.2454	-71.5228	-

深圳成光兴光电技术股份有限公司

公司概况				
公司名称	深圳成光兴光电技术股份有限公司		证券简称	成光兴
法人代表	彭红村	董秘 赵丽萍	证券代码	832460
公司网址	www.szcgx.com		电子信箱	cgx@szcgx.com
电　话	0755-28134868		传　真	0755-28134968
办公地址	广东省深圳市宝安区龙华油松水斗新村工业区2号三、四层			
经营范围	LED红外发射管及其应用产品的研发、生产与销售			

主要财务指标 指标\报告期	2015.06.30	2014.12.31	2013.12.31	2012.12.31
净利润(万元)	338.70	785.17	1548.81	–
净利润增长率(%)	–31.4584	–49.3050	–	–
加权净资产收益率(%)	3.1000	12.6100	50.2300	–
资产负债比率(%)	20.4692	16.3019	50.1401	–
净利润现金含量(%)	–171.6207	–30.4427	33.5600	–
基本每股收益(元)	0.0800	0.2200	0.6300	–
每股收益–扣除(元)	–	0.2500	–	–
每股收益–摊薄(元)	0.0836	0.1939	1.5488	–
每股资本公积金(元)	1.6667	1.6667	–	–
每股未分配利润(元)	0.0704	–0.0132	2.5723	–
每股净资产(元)	2.7300	2.6500	1.5700	–
每股经营现金流量(元)	–0.1435	–0.0600	0.5198	–
经营活动现金净流量增长(%)	–264.5	–145.9864	–	–

西域旅游开发股份有限公司

公司概况				
公司名称	西域旅游开发股份有限公司		证券简称	西域旅游
法人代表	吴科年	董秘 唐越强	证券代码	832461
公司网址	www.xylygf.com		电子信箱	xjxylygs@163.com
电　话	0994-8850669		传　真	0994-3233356
办公地址	新疆昌吉州阜康市准噶尔路229号			
经营范围	旅游资源的开发经营，通过对景区景点的开发，为游客提供旅游服务			

主要财务指标 指标\报告期	2015.06.30	2014.12.31	2013.12.31	2012.12.31
净利润(万元)	–1116.92	–	880.03	1250.49
净利润增长率(%)	26.4	–	–29.6249	–
加权净资产收益率(%)	–10.1500	–	8.0100	12.6100
资产负债比率(%)	75.1645	–	76.2855	71.9989
净利润现金含量(%)	–46.4059	–	522.9005	360.3828
基本每股收益(元)	–0.1200	–	0.1000	0.1400
每股收益–扣除(元)	–0.1600	–	0.0600	0.1400
每股收益–摊薄(元)	–0.1224	–	0.0964	0.1370
每股资本公积金(元)	0.3808	–	0.3808	0.3808
每股未分配利润(元)	–0.3042	–	–0.1964	–0.2928
每股净资产(元)	1.1400	–	1.2500	1.1600
每股经营现金流量(元)	0.0568	–	0.5000	0.4900
经营活动现金净流量增长(%)	171.1952	–	2.1114	–

广州广电计量检测股份有限公司

公司概况				
公司名称	广州广电计量检测股份有限公司		证券简称	广电计量
法人代表	王俊	董秘 欧楚勤	证券代码	832462
公司网址	www.grgtest.com		电子信箱	grgtestzqb@grgtest.com
电　话	020-38696988		传　真	020-38695185
办公地址	广东省广州市天河区黄埔大道西平云路163号			
经营范围	计量服务、检测服务及检测装备研发			

主要财务指标 指标\报告期	2015.06.30	2014.12.31	2013.12.31	2012.12.31
净利润(万元)	1053.96	–	874.65	1184.56
净利润增长率(%)	152.8936	–	–26.1626	–
加权净资产收益率(%)	5.4300	–	10.6100	5.4700
资产负债比率(%)	52.6533	–	64.7893	51.5137
净利润现金含量(%)	–184.7851	–	474.7728	118.9294
基本每股收益(元)	0.1100	–	0.1300	0.1800
每股收益–扣除(元)	–	–	–	–
每股收益–摊薄(元)	0.1054	–	0.1346	0.2369
每股资本公积金(元)	0.3850	–	–	0.1670
每股未分配利润(元)	0.5223	–	0.2879	0.3627
每股净资产(元)	1.9600	–	1.3400	1.5600
每股经营现金流量(元)	–0.1948	–	0.6400	0.2800
经营活动现金净流量增长(%)	–475.6927	–	194.7626	–

月旭科技(上海)股份有限公司

公司概况				
公司名称	月旭科技(上海)股份有限公司		证券简称	月旭科技
法人代表	赵岳星	董秘 周韶红	证券代码	832463
公司网址	www.welchmat.com		电子信箱	shaohongzhou@welchmat.com
电　话	021-50276760		传　真	021-50276069
办公地址	上海市张江高科技园区爱迪生路326号B102室			
经营范围	色谱分离材料的研发、生产和销售			

主要财务指标 指标\报告期	2015.06.30	2014.12.31	2013.12.31	2012.12.31
净利润(万元)	171.28	–	124.56	60.26
净利润增长率(%)	54.8155	–	106.6890	–
加权净资产收益率(%)	9.9600	–	9.7700	5.0300
资产负债比率(%)	34.6190	–	34.0355	24.4435
净利润现金含量(%)	–108.8648	–	56.7277	91.9349
基本每股收益(元)	0.1500	–	0.1300	–
每股收益–扣除(元)	0.1100	–	–	–
每股收益–摊薄(元)	0.1231	–	0.1214	0.0587
每股资本公积金(元)	0.4595	–	0.0678	0.0007
每股未分配利润(元)	0.4000	–	0.2996	0.1778
每股净资产(元)	1.8700	–	1.3828	1.1931
每股经营现金流量(元)	–0.1340	–	0.0700	0.0540
经营活动现金净流量增长(%)	–206.4666	–	27.5495	–

山东科大机电科技股份有限公司

公司概况	公司名称	山东科大机电科技股份有限公司			证券简称	科大科技
	法人代表	包继华	董秘	王婷	证券代码	832464
	公司网址	www.kd-tech.com.cn			电子信箱	kd-tech@kd-tech.com.cn
	电　话	0537-3766827			传　真	0537-3766820
	办公地址	山东省济宁高新区王因工业园				
	经营范围	机电产品、物料搬运及输送关键设备、控制及智能化系统的研发、生产和销售				

主要财务指标	指标\报告期	2015.06.30	2014.12.31	2013.12.31	2012.12.31
	净利润(万元)	398.45	-	1149.40	811.03
	净利润增长率(%)	-49.1913	-	41.7213	-
	加权净资产收益率(%)	5.0700	-	28.1300	28.9300
	资产负债比率(%)	23.2877	-	41.9903	65.6159
	净利润现金含量(%)	73.2640	-	26.7482	-2.1517
	基本每股收益(元)	0.1260	-	0.8800	0.8100
	每股收益-扣除(元)	-	-	0.8400	0.8100
	每股收益-摊薄(元)	0.1260	-	0.7073	0.8110
	每股资本公积金(元)	1.1818	-	-	-
	每股未分配利润(元)	0.3158	-	1.6692	1.8015
	每股净资产(元)	2.5459	-	3.0700	3.2100
	每股经营现金流量(元)	0.0923	-	0.1900	-0.0200
	经营活动现金净流量增长(%)	127.7	-	1861.8	-

福建众益太阳能科技股份公司

公司概况	公司名称	福建众益太阳能科技股份公司			证券简称	众益科技
	法人代表	陈光炎	董秘	陈春照	证券代码	832465
	公司网址	www.jeeyee.com			电子信箱	JOYSOLAR@JEEYEE.NET
	电　话	0595-68258777			传　真	0595-68253339
	办公地址	福建省泉州市鲤城区后坑工业区500号				
	经营范围	太阳能灯具产品的研发、生产及销售				

主要财务指标	指标\报告期	2015.06.30	2014.12.31	2013.12.31	2012.12.31
	净利润(万元)	1061.29	-	266.02	603.36
	净利润增长率(%)	238.3476	-	-55.9104	-
	加权净资产收益率(%)	16.0500	-	3.8900	9.2600
	资产负债比率(%)	28.8288	-	36.1225	22.4522
	净利润现金含量(%)	137.4321	-	77.6896	48.6426
	基本每股收益(元)	0.1800	-	0.0400	0.1000
	每股收益-扣除(元)	0.1700	-	-	-
	每股收益-摊薄(元)	0.1628	-	0.1570	0.3562
	每股资本公积金(元)	0.3293	-	2.0156	2.0156
	每股未分配利润(元)	0.1443	-	0.2272	0.9038
	每股净资产(元)	1.4900	-	3.3600	4.0200
	每股经营现金流量(元)	0.2237	-	0.1200	0.1700
	经营活动现金净流量增长(%)	-18.1385	-	-29.5822	-

山东众和植保机械股份有限公司

公司概况	公司名称	山东众和植保机械股份有限公司			证券简称	山东众和
	法人代表	武德林	董秘	王文祥	证券代码	832466
	公司网址	www.joinhere.cn			电子信箱	sShandong_joinhere@163.com
	电　话	0535-5570779			传　真	0535-557077
	办公地址	山东省栖霞经济开发区安徽路				
	经营范围	农用植保机械、再制造挖掘机、工程机械油箱的研发、生产、销售				

主要财务指标	指标\报告期	2015.06.30	2014.12.31	2013.12.31	2012.12.31
	净利润(万元)	134.87	-	34.44	-133.45
	净利润增长率(%)	1187.4005	-	125.8	-
	加权净资产收益率(%)	-	-	3.1500	-11.7700
	资产负债比率(%)	52.5007	-	57.0623	48.3038
	净利润现金含量(%)	97.2823	-	-5115.8210	391.2055
	基本每股收益(元)	0.0500	-	0.0300	-0.1300
	每股收益-扣除(元)	-	-	-	-
	每股收益-摊薄(元)	0.0539	-	0.0344	-0.1334
	每股资本公积金(元)	0.0429	-	1.0000	0.2000
	每股未分配利润(元)	0.0161	-	-0.0988	-0.1332
	每股净资产(元)	1.0600	-	1.9000	1.0700
	每股经营现金流量(元)	0.0525	-	-1.7600	-0.5200
	经营活动现金净流量增长(%)	0.0000	-	-237.5	-

郑州帝益肥业生态保护工程股份有限公司

公司概况	公司名称	郑州帝益肥业生态保护工程股份有限公司			证券简称	帝益生态
	法人代表	刘新领	董秘	程一鸣	证券代码	832467
	公司网址	www.diyifei.com			电子信箱	zzdyfy@163.com
	电　话	0371-55693398			传　真	0371-55693399
	办公地址	河南省郑州市二七区马寨产业聚集区东方路12号				
	经营范围	复混肥料的生产、销售				

主要财务指标	指标\报告期	2015.06.30	2014.12.31	2013.12.31	2012.12.31
	净利润(万元)	-231.15	-	360.11	167.25
	净利润增长率(%)	-224.6432	-	115.3109	-
	加权净资产收益率(%)	-8.7700	-	9.1400	16.5700
	资产负债比率(%)	32.9491	-	13.5773	40.9258
	净利润现金含量(%)	317.1588	-	-1168.5846	248.0419
	基本每股收益(元)	-0.1005	-	0.1000	0.1700
	每股收益-扣除(元)	-0.1265	-	0.0982	0.1673
	每股收益-摊薄(元)	-0.1005	-	0.0720	0.1673
	每股资本公积金(元)	0.0393	-	-	-
	每股未分配利润(元)	0.0330	-	0.0816	0.0839
	每股净资产(元)	1.1000	-	1.0900	1.0900
	每股经营现金流量(元)	-0.3187	-	-0.8400	0.4100
	经营活动现金净流量增长(%)	-119.2794	-	-1114.3949	-

上海向明轴承股份有限公司

公司概况	公司名称	上海向明轴承股份有限公司			证券简称	向明轴承
	法人代表	蔡明清	董秘	何剑华	证券代码	832468
	公司网址	www.xiangmingbearing.com		电子信箱	hjhlucky@163.com	
	电　　话	021-69611081		传　　真	021-69611081	
	办公地址	上海市崇明县城桥镇东门路156号22幢				
	经营范围	汽车发动机冷却系统用轴承、汽车风扇支架轴承及精密机床主轴轴承的研发、生产和销售				

主要财务指标	指标\报告期	2015.06.30	2014.12.31	2013.12.31	2012.12.31
	净利润(万元)	413.00	–	1017.74	854.01
	净利润增长率(%)	-3.3894	–	19.1720	–
	加权净资产收益率(%)	11.9500	–	27.4000	22.6000
	资产负债比率(%)	51.2422	–	49.8119	50.7025
	净利润现金含量(%)	157.5632	–	139.9935	97.9403
	基本每股收益(元)	0.3000	–	0.7300	0.6100
	每股收益-扣除(元)	0.2500	–	–	–
	每股收益-摊薄(元)	0.2950	–	0.7270	0.6100
	每股资本公积金(元)	0.0606	–	–	–
	每股未分配利润(元)	1.5097	–	1.9098	1.7543
	每股净资产(元)	2.6200	–	2.4500	2.2900
	每股经营现金流量(元)	0.4648	–	1.0200	0.6000
	经营活动现金净流量增长(%)	17.3004	–	70.3412	–

深圳市富恒新材料股份有限公司

公司概况	公司名称	深圳市富恒新材料股份有限公司			证券简称	富恒新材
	法人代表	姚秀珠	董秘	涂井强	证券代码	832469
	公司网址	www.szfh.com		电子信箱	fuhengsz@sohu.com	
	电　　话	0755-29724488		传　　真	0755-29724494	
	办公地址	广东省深圳市宝安区松岗街道罗田村象山工业区一号厂房				
	经营范围	塑胶料造粒的生产和销售;塑胶五金制品、塑胶颜料的销售				

主要财务指标	指标\报告期	2015.06.30	2014.12.31	2013.12.31	2012.12.31
	净利润(万元)	409.44	–	-2915.15	2013.07
	净利润增长率(%)	625.7	–	-244.8108	–
	加权净资产收益率(%)	3.1600	–	-21.3300	14.2600
	资产负债比率(%)	50.8536	–	54.8414	56.5844
	净利润现金含量(%)	-26.2303	–	237.1956	76.9041
	基本每股收益(元)	0.0600	–	-0.4164	0.2876
	每股收益-扣除(元)	–	–	-0.4699	0.2656
	每股收益-摊薄(元)	0.0585	–	-0.4164	0.2876
	每股资本公积金(元)	1.0338	–	1.0338	1.0338
	每股未分配利润(元)	-0.1720	–	-0.3055	0.1109
	每股净资产(元)	1.8768	–	1.7400	2.1600
	每股经营现金流量(元)	-0.0153	–	-0.9900	0.2200
	经营活动现金净流量增长(%)	-102.8550	–	-546.6407	–

万里运业股份有限公司

公司概况	公司名称	万里运业股份有限公司			证券简称	万里运业
	法人代表	陈立干	董秘	李留华	证券代码	832470
	公司网址	www.chinawanlitrans.com		电子信箱	hnwlky@126.com	
	电　　话	0374-7388899		传　　真	0371-7388988	
	办公地址	河南省许昌市南外环东路万里物流园				
	经营范围	汽车客运、汽车客运站经营、汽车货运、物流园经营及相关配套服务				

主要财务指标	指标\报告期	2015.06.30	2014.12.31	2013.12.31	2012.12.31
	净利润(万元)	2330.55	–	3741.69	4021.48
	净利润增长率(%)	7.6387	–	-6.9572	–
	加权净资产收益率(%)	5.9600	–	10.6900	12.4600
	资产负债比率(%)	33.7104	–	47.2388	33.7216
	净利润现金含量(%)	199.5863	–	345.5583	208.6913
	基本每股收益(元)	0.3900	–	0.7307	0.8512
	每股收益-扣除(元)	0.3400	–	0.6992	0.8784
	每股收益-摊薄(元)	0.3884	–	0.6236	0.8512
	每股资本公积金(元)	3.8127	–	3.8127	1.7632
	每股未分配利润(元)	1.7595	–	0.9706	4.0517
	每股净资产(元)	6.7200	–	5.8500	7.2500
	每股经营现金流量(元)	0.7752	–	2.1500	1.7800
	经营活动现金净流量增长(%)	183.6	–	54.0635	–

河北美邦工程科技股份有限公司

公司概况	公司名称	河北美邦工程科技股份有限公司			证券简称	美邦科技
	法人代表	张玉新	董秘	王晓丽	证券代码	832471
	公司网址	www.hbmbet.com		电子信箱	hbmbet@163.com	
	电　　话	0311-85832570		传　　真	0311-85283369	
	办公地址	河北省石家庄市高新区黄河大道98号澳怡大厦1-1201				
	经营范围	清洁技术、节能环保技术、膜分离技术、化工技术、生物技术的开发、咨询、服务及转让				

主要财务指标	指标\报告期	2015.06.30	2014.12.31	2013.12.31	2012.12.31
	净利润(万元)	950.37	–	529.74	387.78
	净利润增长率(%)	134.6209	–	36.6077	–
	加权净资产收益率(%)	12.1800	–	14.1200	17.1800
	资产负债比率(%)	61.3443	–	69.2691	55.9453
	净利润现金含量(%)	163.3980	–	-442.9701	71.8681
	基本每股收益(元)	0.1600	–	0.1500	0.1100
	每股收益-扣除(元)	0.1700	–	–	–
	每股收益-摊薄(元)	0.1633	–	0.1655	0.1212
	每股资本公积金(元)	0.4548	–	0.0007	–
	每股未分配利润(元)	0.2050	–	0.2184	0.0724
	每股净资产(元)	1.6700	–	1.6900	1.1900
	每股经营现金流量(元)	0.2668	–	-0.7300	0.0900
	经营活动现金净流量增长(%)	55.4644	–	-942.0075	–

广东裕丰食品股份有限公司

公司概况

公司名称	广东裕丰食品股份有限公司			证券简称	裕丰食品
法人代表	李淦基	董秘	曾繁东	证券代码	832472
公司网址	www.mzyf.cn		电子信箱	gdyuefung@163.com	
电　　话	0753-2389883		传　　真	0753-2389198	
办公地址	广东省梅州市梅江区城北镇干光村				
经营范围	糕点、肉制品、速冻食品加工、销售				

主要财务指标

指标\报告期	2015.06.30	2014.12.31	2013.12.31	2012.12.31
净利润(万元)	164.45	-	193.80	337.86
净利润增长率(%)	447.6431	-	-42.6394	-
加权净资产收益率(%)	4.0700	-	9.3300	18.6600
资产负债比率(%)	15.8894	-	34.3617	38.4729
净利润现金含量(%)	35.1782	-	-44.7007	118.3153
基本每股收益(元)	0.0800	-	0.1500	0.2700
每股收益-扣除(元)	-	-	-	-
每股收益-摊薄(元)	0.0822	-	0.1438	0.2667
每股资本公积金(元)	0.4343	-	0.2287	0.2433
每股未分配利润(元)	0.5846	-	0.4440	0.3195
每股净资产(元)	2.0200	-	1.6700	1.5600
每股经营现金流量(元)	0.0289	-	-0.0600	0.3200
经营活动现金净流量增长(%)	116.4	-	-121.6722	-

上海欧泰科智能科技股份有限公司

公司概况

公司名称	上海欧泰科智能科技股份有限公司			证券简称	欧泰科
法人代表	刘瑞	董秘	张方	证券代码	832473
公司网址	www.euratex.com		电子信箱	cs@yingroup.com	
电　　话	021-61183708		传　　真	021-61183607	
办公地址	上海市浦东新区秀浦路 2388 号 3 幢 1701 室				
经营范围	计算机软件、数控设备及相关元器件、机电设备、仪表仪器的研发、销售				

主要财务指标

指标\报告期	2015.06.30	2014.12.31	2013.12.31	2012.12.31
净利润(万元)	753.38	-	290.55	132.37
净利润增长率(%)	92.5819	-	119.5020	-
加权净资产收益率(%)	27.9600	-	34.8800	14.8400
资产负债比率(%)	60.6962	-	55.7886	2.4111
净利润现金含量(%)	-1.4968	-	104.0888	213.1827
基本每股收益(元)	0.5000	-	0.1900	0.0900
每股收益-扣除(元)	0.5000	-	-	-
每股收益-摊薄(元)	0.5023	-	0.3874	0.4412
每股资本公积金(元)	0.0259	-	-	-
每股未分配利润(元)	1.0216	-	0.3738	0.5043
每股净资产(元)	2.0500	-	0.7300	0.3300
每股经营现金流量(元)	-0.0075	-	0.4032	0.9406
经营活动现金净流量增长(%)	56.3	-	7.1694	-

福建卓越鸿昌环保智能装备股份有限公司

公司概况

公司名称	福建卓越鸿昌环保智能装备股份有限公司			证券简称	卓越鸿昌
法人代表	傅志昌	董秘	隋新生	证券代码	832474
公司网址	www.honcha.com		电子信箱	honcha@hcm.cn	
电　　话	0595-86535555		传　　真	0595-26888019	
办公地址	福建省南安市雪峰华侨经济开发区				
经营范围	混凝土砌块成型装备、沥青搅拌装备、破碎装备、楼板机装备、生活垃圾再生装备等				

主要财务指标

指标\报告期	2015.06.30	2014.12.31	2013.12.31	2012.12.31
净利润(万元)	3621.26	-	2419.81	1499.42
净利润增长率(%)	49.6504	-	61.3829	-
加权净资产收益率(%)	24.9800	-	18.9400	9.8300
资产负债比率(%)	60.5412	-	48.4556	48.1773
净利润现金含量(%)	213.1089	-	34.8252	2.1477
基本每股收益(元)	0.6000	-	0.4000	0.2500
每股收益-扣除(元)	0.5900	-	0.3900	0.2600
每股收益-摊薄(元)	0.6035	-	0.4033	0.2499
每股资本公积金(元)	0.1816	-	0.1816	0.1816
每股未分配利润(元)	0.4830	-	0.8723	0.5087
每股净资产(元)	2.0000	-	2.3300	1.9300
每股经营现金流量(元)	1.2862	-	0.1400	0.0100
经营活动现金净流量增长(%)	815.7679	-	2516.8705	-

浙江欣欣饲料股份有限公司

公司概况

公司名称	浙江欣欣饲料股份有限公司			证券简称	欣欣饲料
法人代表	陈国良	董秘	沈杰	证券代码	832475
公司网址	www.zjxinxin.com.cn		电子信箱	zj-xinxin@sohu.com	
电　　话	0573-83022118		传　　真	0573-83022084	
办公地址	浙江省嘉兴市新丰镇双龙路 1532 号				
经营范围	饲料的研发、生产和销售				

主要财务指标

指标\报告期	2015.06.30	2014.12.31	2013.12.31	2012.12.31
净利润(万元)	669.20	-	2387.83	2650.45
净利润增长率(%)	55.9709	-	-9.9083	-
加权净资产收益率(%)	3.8400	-	13.0900	15.8800
资产负债比率(%)	56.4248	-	51.8564	50.9362
净利润现金含量(%)	351.0698	-	-15.7838	301.9891
基本每股收益(元)	0.5900	-	1.9200	2.1400
每股收益-扣除(元)	0.4300	-	1.8200	2.0300
每股收益-摊薄(元)	0.5393	-	1.9242	2.1359
每股资本公积金(元)	0.2749	-	0.3934	0.0677
每股未分配利润(元)	8.7141	-	11.8641	10.9399
每股净资产(元)	11.4300	-	14.7000	13.4500
每股经营现金流量(元)	1.8932	-	-0.3000	6.4500
经营活动现金净流量增长(%)	-60.6191	-	-104.7087	-

山西柯立沃特环保科技股份有限公司

公司概况	公司名称	山西柯立沃特环保科技股份有限公司			证券简称	柯立沃特
	法人代表	杨定础	董秘	赵凤瑞	证券代码	832476
	公司网址	www.klwt.net			电子信箱	klwtzfr@163.com
	电　　话	0351-3818128			传　　真	0351-3818128
	办公地址	山西省太原不锈钢产业园区C区1号2号厂房A区				
	经营范围	环保工程的设计、施工、咨询				

主要财务指标	指标\报告期	2015.06.30	2014.12.31	2013.12.31	2012.12.31
	净利润(万元)	-137.76	-	138.53	-264.22
	净利润增长率(%)	-559.7672	-	152.4	-
	加权净资产收益率(%)	-14.8500	-	20.0800	-35.1000
	资产负债比率(%)	56.4811	-	71.7138	77.8715
	净利润现金含量(%)	-42.5165	-	224.1409	264.3428
	基本每股收益(元)	-0.1400	-	0.1400	-0.2000
	每股收益-扣除(元)	-0.1410	-	-	-
	每股收益-摊薄(元)	-0.1378	-	0.1385	-0.2642
	每股资本公积金(元)	0.0619	-	-	-
	每股未分配利润(元)	-0.1993	-	-0.2407	-0.3793
	每股净资产(元)	0.8600	-	0.7600	0.6200
	每股经营现金流量(元)	0.0586	-	0.3100	-0.7000
	经营活动现金净流量增长(%)	416.7648	-	144.5	-

北京世纪航凯电力科技股份有限公司

公司概况	公司名称	北京世纪航凯电力科技股份有限公司			证券简称	航凯电力
	法人代表	赵保平	董秘	赵媛媛	证券代码	832477
	公司网址				电子信箱	zyy@bjsjhk.com.cn
	电　　话	010-88463121			传　　真	010-88463121
	办公地址	北京市海淀区远大路远大居住区二期住宅商务中心第C区北端12C				
	经营范围	防污闪涂料的生产、销售和喷涂施工				

主要财务指标	指标\报告期	2015.06.30	2014.12.31	2013.12.31	2012.12.31
	净利润(万元)	15.91	-	14.70	-296.08
	净利润增长率(%)	120.9	-	105.0	-
	加权净资产收益率(%)	0.4500	-	2.4800	-86.8000
	资产负债比率(%)	26.7040	-	80.5312	92.0520
	净利润现金含量(%)	-2582.6163	-	-2312.1769	269.8831
	基本每股收益(元)	0.0100	-	0.0200	-0.5700
	每股收益-扣除(元)	0.0100	-	0.0200	-0.4700
	每股收益-摊薄(元)	0.0058	-	0.0147	-0.5213
	每股资本公积金(元)	0.0011	-	0.4346	0.2370
	每股未分配利润(元)	0.2848	-	-0.2458	-0.4587
	每股净资产(元)	1.3000	-	1.1888	0.7783
	每股经营现金流量(元)	-0.1495	-	-0.3399	-1.4068
	经营活动现金净流量增长(%)	40.1	-	57.5	-

郑州建东科技股份有限公司

公司概况	公司名称	郑州建东科技股份有限公司			证券简称	建东科技
	法人代表	张楸枫	董秘	王彦	证券代码	832478
	公司网址	www.jandon.com.cn			电子信箱	zhengzhoujiandong@126.com
	电　　话	0371-56589369			传　　真	0371-56589369
	办公地址	河南省郑州高新区红松路52号1幢1单元3层301号				
	经营范围	消防工程及相关设备的施工、安装与维护				

主要财务指标	指标\报告期	2015.06.30	2014.12.31	2013.12.31	2012.12.31
	净利润(万元)	141.93	-	29.51	-145.54
	净利润增长率(%)	291.1	-	120.3	-
	加权净资产收益率(%)	3.1900	-	0.8900	-5.9900
	资产负债比率(%)	31.9684	-	65.3766	64.2691
	净利润现金含量(%)	-480.6092	-	-8621.2584	623.4652
	基本每股收益(元)	0.0400	-	0.0100	-0.1400
	每股收益-扣除(元)	0.0300	-	-	-
	每股收益-摊薄(元)	0.0355	-	0.0142	-0.1386
	每股资本公积金(元)	0.0328	-	-	-
	每股未分配利润(元)	0.0925	-	0.5707	1.1052
	每股净资产(元)	1.1300	-	1.6400	2.2400
	每股经营现金流量(元)	-0.1705	-	-1.2233	-0.8642
	经营活动现金净流量增长(%)	-175.5967	-	-180.4	-

山西长荣农业科技股份有限公司

公司概况	公司名称	山西长荣农业科技股份有限公司			证券简称	长荣农科
	法人代表	姚军	董秘	贾志杰(代)	证券代码	832479
	公司网址	www.sxcrnk.com			电子信箱	sxcr04@163.com
	电　　话	0359-2251195			传　　真	0359-2251588
	办公地址	山西运城市红旗东街金兆大厦1506室				
	经营范围	农业技术开发、咨询服务、农作物种植、农副产品收购、销售				

主要财务指标	指标\报告期	2015.06.30	2014.12.31	2013.12.31	2012.12.31
	净利润(万元)	104.64	-	518.43	873.66
	净利润增长率(%)	-13.5389	-	-40.6601	-
	加权净资产收益率(%)	2.6100	-	14.2800	29.7800
	资产负债比率(%)	33.4731	-	17.0282	8.6859
	净利润现金含量(%)	998.0833	-	35.7618	35.9911
	基本每股收益(元)	0.0900	-	0.4300	0.7300
	每股收益-扣除(元)	-	-	-	-
	每股收益-摊薄(元)	0.0872	-	0.4320	0.7281
	每股资本公积金(元)	-	-	-	-
	每股未分配利润(元)	2.1471	-	2.0191	1.6309
	每股净资产(元)	3.3800	-	3.2400	2.8100
	每股经营现金流量(元)	0.8704	-	0.1500	0.2600
	经营活动现金净流量增长(%)	-14.3351	-	-41.0378	-

上海商会网网络集团股份有限公司

公司概况	公司名称	上海商会网网络集团股份有限公司			证券简称	商会网络
	法人代表	何振明	董秘	沈璇	证券代码	832480
	公司网址	www.netcoc.com			电子信箱	stellashen@netcoc.com
	电　话	021-33602515			传　真	021-33602529
	办公地址	上海市嘉定工业区汇源路55号8幢3层A区3200室				
	经营范围	互联网商务社交新媒体服务及O2O社交电商服务				

主要财务指标	指标\报告期	2015.06.30	2014.12.31	2013.12.31	2012.12.31
	净利润(万元)	-455.54	-	-621.27	-1169.76
	净利润增长率(%)	-1557.6265	-	46.9	-
	加权净资产收益率(%)	-20.6800	-	-29.0800	-97.6000
	资产负债比率(%)	7.1448	-	18.1259	11.6690
	净利润现金含量(%)	253.9449	-	86.5582	114.2328
	基本每股收益(元)	-0.1500	-	-0.1600	-0.3300
	每股收益-扣除(元)	-0.1600	-	-	-
	每股收益-摊薄(元)	-0.1467	-	-0.1598	-0.3008
	每股资本公积金(元)	0.4631	-	0.4143	0.4143
	每股未分配利润(元)	-0.6950	-	-0.9448	-0.7851
	每股净资产(元)	0.7800	-	0.4700	0.6300
	每股经营现金流量(元)	-0.3726	-	-0.1400	-0.3400
	经营活动现金净流量增长(%)	-1211.5958	-	59.8	-

张家港鸿盛电子科技股份有限公司

公司概况	公司名称	张家港鸿盛电子科技股份有限公司			证券简称	鸿盛科技
	法人代表	钱忠怡	董秘	高利丰	证券代码	832481
	公司网址	www.china-hs.cn			电子信箱	glfeng0118@163.com
	电　话	0512-56927503			传　真	0512-58435776
	办公地址	塘桥镇鹿苑巨桥村				
	经营范围	WIFI-RFID定时定位系统、电子产品、智能开关插座等				

主要财务指标	指标\报告期	2015.06.30	2014.12.31	2013.12.31	2012.12.31
	净利润(万元)	723.26	-	805.39	337.42
	净利润增长率(%)	-2.1608	-	138.6879	-
	加权净资产收益率(%)	21.5500	-	34.7400	21.9000
	资产负债比率(%)	41.1259	-	59.8976	64.9617
	净利润现金含量(%)	87.5844	-	23.9920	170.7133
	基本每股收益(元)	0.7200	-	16.1100	6.7500
	每股收益-扣除(元)	0.2500	-	-	-
	每股收益-摊薄(元)	0.7233	-	16.1078	6.7485
	每股资本公积金(元)	2.3643	-	-	-
	每股未分配利润(元)	0.3017	-	44.8670	29.3203
	每股净资产(元)	3.6700	-	46.3700	30.8200
	每股经营现金流量(元)	0.6335	-	3.8600	11.5200
	经营活动现金净流量增长(%)	-46.0992	-	-66.4549	-

甘肃菁茂生态农业科技股份有限公司

公司概况	公司名称	甘肃菁茂生态农业科技股份有限公司			证券简称	菁茂农业
	法人代表	舒芳	董秘	张世雄	证券代码	832482
	公司网址	www.gsshm.com.cn			电子信箱	gsjmny@163.com
	电　话	0943-5537258			传　真	0943-5537258
	办公地址	甘肃省白银市景泰县一条山镇黄河路				
	经营范围	中药材种植、储存、加工与销售				

主要财务指标	指标\报告期	2015.06.30	2014.12.31	2013.12.31	2012.12.31
	净利润(万元)	241.03	-	1364.59	1564.61
	净利润增长率(%)	131.2165	-	-12.7840	-
	加权净资产收益率(%)	1.9700	-	17.7000	28.2100
	资产负债比率(%)	46.0222	-	25.7278	35.4545
	净利润现金含量(%)	-2.7124	-	52.2203	69.1444
	基本每股收益(元)	0.0500	-	0.3400	0.4300
	每股收益-扣除(元)	-	-	0.3400	0.3900
	每股收益-摊薄(元)	0.0502	-	0.2841	0.4113
	每股资本公积金(元)	0.6399	-	0.6399	0.3086
	每股未分配利润(元)	0.8412	-	0.5487	0.3702
	每股净资产(元)	2.5700	-	2.2500	1.7200
	每股经营现金流量(元)	-0.0014	-	0.1500	0.2800
	经营活动现金净流量增长(%)	97.9	-	-34.1314	-

成都普罗米新科技股份有限公司

公司概况	公司名称	成都普罗米新科技股份有限公司			证券简称	普罗米新
	法人代表	陈心一	董秘	赖远华	证券代码	832483
	公司网址	www.plmx.net			电子信箱	plmx@plmx.net
	电　话	028-61550300			传　真	028-85335408
	办公地址	四川省成都高新区府城大道西段399号天府新谷9号楼901-902室				
	经营范围	计算机软件的设计和制作				

主要财务指标	指标\报告期	2015.06.30	2014.12.31	2013.12.31	2012.12.31
	净利润(万元)	-92.50	-	-44.04	-284.67
	净利润增长率(%)	-885.2	-	84.5	-
	加权净资产收益率(%)	-6.5800	-	-3.2600	-24.0300
	资产负债比率(%)	9.3528	-	21.8307	7.5496
	净利润现金含量(%)	254.0062	-	-843.1603	53.2324
	基本每股收益(元)	-0.0900	-	-0.0400	-0.2800
	每股收益-扣除(元)	-0.1592	-	-0.0794	-0.4032
	每股收益-摊薄(元)	-0.0925	-	-0.0440	-0.2847
	每股资本公积金(元)	0.5599	-	0.1000	0.1000
	每股未分配利润(元)	-0.1994	-	0.1505	0.1945
	每股净资产(元)	1.3600	-	1.3100	1.3600
	每股经营现金流量(元)	-0.2350	-	0.3700	-0.1500
	经营活动现金净流量增长(%)	-53.9	-	345.1	-

郴州金晋农牧股份有限公司

公司概况					
公司名称	郴州金晋农牧股份有限公司			证券简称	金晋农牧
法人代表	陈细全	董秘	陈细全	证券代码	832484
公司网址	www.czjjnm.com		电子信箱	RCJFGS@163.com	
电　话	0735-8222688		传　真	0735-8222688	
办公地址	湖南省郴州市汝城县外沙乡荷塘村富处组				
经营范围	牲畜、家禽的养殖、屠宰、加工、销售				

主要财务指标				
指标\报告期	2015.06.30	2014.12.31	2013.12.31	2012.12.31
净利润(万元)	0.67	–	134.82	-36.95
净利润增长率(%)	-99.5083	–	464.9	–
加权净资产收益率(%)	0.0200	–	-580.0900	51.1900
资产负债比率(%)	16.8106	–	97.9907	105.5652
净利润现金含量(%)	4999.7589	–	333.5410	-256.9418
基本每股收益(元)	0.0002	–	1.1200	-0.3100
每股收益-扣除(元)	-0.0045	–	–	–
每股收益-摊薄(元)	0.0002	–	1.1235	-0.3079
每股资本公积金(元)	0.0295	–	–	–
每股未分配利润(元)	0.0068	–	-0.6319	-1.7554
每股净资产(元)	1.0400	–	0.3700	-0.7600
每股经营现金流量(元)	0.0098	–	3.7500	0.7900
经营活动现金净流量增长(%)	173.5	–	373.6578	–

广东中钰科技股份有限公司

公司概况					
公司名称	广东中钰科技股份有限公司			证券简称	中钰科技
法人代表	吴明玉	董秘	高义锋	证券代码	832485
公司网址	www.zhong-yu.com.cn		电子信箱	gyf@zhong-yu.com.cn	
电　话	020-39902808		传　真	020-39902866	
办公地址	广东省广州市番禺区钟村镇屏山二村(2号办公楼)				
经营范围	电能表、用电信息采集系统产品及电力自动化系统产品的研发、生产和销售				

主要财务指标				
指标\报告期	2015.06.30	2014.12.31	2013.12.31	2012.12.31
净利润(万元)	1089.13	–	1507.28	1420.25
净利润增长率(%)	4034.8355	–	6.1276	–
加权净资产收益率(%)	11.0900	–	21.3000	29.8900
资产负债比率(%)	68.4480	–	76.0282	77.8055
净利润现金含量(%)	-15.9543	–	-214.2561	176.5062
基本每股收益(元)	0.1200	–	0.2500	0.2800
每股收益-扣除(元)	0.1100	–	–	–
每股收益-摊薄(元)	0.1167	–	0.2512	0.2367
每股资本公积金(元)	0.4585	–	0.0092	0.0092
每股未分配利润(元)	0.1816	–	0.2456	0.0197
每股净资产(元)	1.6500	–	1.3000	1.0500
每股经营现金流量(元)	-0.0186	–	-0.5400	0.4200
经营活动现金净流量增长(%)	82.8	–	-228.8254	–

苏州久美玻璃钢股份有限公司

公司概况					
公司名称	苏州久美玻璃钢股份有限公司			证券简称	久美股份
法人代表	陈和龙	董秘	田自强	证券代码	832486
公司网址	www.jiumei168.com		电子信箱	0512-65375182	
电　话	0512-65375182		传　真	0512-65375182	
办公地址	江苏省苏州市相城区黄埭镇康阳路366号				
经营范围	船用玻璃钢管道、管件的研发、生产和销售				

主要财务指标				
指标\报告期	2015.06.30	2014.12.31	2013.12.31	2012.12.31
净利润(万元)	1572.24	–	670.33	449.25
净利润增长率(%)	163.9212	–	49.2115	–
加权净资产收益率(%)	19.9500	–	13.5700	23.2600
资产负债比率(%)	24.0895	–	13.3411	42.4571
净利润现金含量(%)	8.1723	–	32.4213	-124.2337
基本每股收益(元)	0.3500	–	0.1510	0.2430
每股收益-扣除(元)	0.3500	–	0.1510	0.2430
每股收益-摊薄(元)	0.3494	–	0.1490	0.2139
每股资本公积金(元)	0.0257	–	0.0257	0.0552
每股未分配利润(元)	0.8208	–	0.1695	0.0759
每股净资产(元)	1.9100	–	1.2200	1.1500
每股经营现金流量(元)	0.0286	–	0.0500	-0.2700
经营活动现金净流量增长(%)	-56.5882	–	138.9	–

汉得利(常州)电子股份有限公司

公司概况					
公司名称	汉得利(常州)电子股份有限公司			证券简称	汉得利
法人代表	吴逸飞	董秘	黄富强	证券代码	832487
公司网址	www.bestargroups.com		电子信箱	finance@be-star.com	
电　话	0519-67896215		传　真	0519-88222555	
办公地址	江苏常州市新北区黄河西路199号				
经营范围	电声产品的研发、生产与销售				

主要财务指标				
指标\报告期	2015.06.30	2014.12.31	2013.12.31	2012.12.31
净利润(万元)	140.47	–	146.93	467.19
净利润增长率(%)	40.0059	–	-68.5504	–
加权净资产收益率(%)	3.5600	–	4.1400	14.4200
资产负债比率(%)	76.0048	–	69.3271	67.4932
净利润现金含量(%)	-542.8164	–	421.4932	75.6566
基本每股收益(元)	0.0500	–	0.0500	0.1600
每股收益-扣除(元)	0.0220	–	-0.0500	0.1400
每股收益-摊薄(元)	0.0468	–	0.0490	0.1932
每股资本公积金(元)	0.0718	–	0.0813	0.0120
每股未分配利润(元)	0.2369	–	0.1076	0.3379
每股净资产(元)	1.3400	–	1.2100	1.4400
每股经营现金流量(元)	-0.2542	–	0.2064	0.1462
经营活动现金净流量增长(%)	-810.5858	–	75.2103	–

山东奔腾漆业股份有限公司

公司概况	公司名称	山东奔腾漆业股份有限公司			证券简称	奔腾股份
	法人代表	孟祥开	董秘	来媛媛	证券代码	832488
	公司网址	www.puntium.com.cn		电子信箱	laiyuan-@163.com	
	电　话	0537-3137098		传　真	0537-3137111	
	办公地址	山东省济宁市邹城市西外环路 3268 号				
	经营范围	各种涂料及合成树脂产品的研发、生产与销售				

主要财务指标	指标\报告期	2015.06.30	2014.12.31	2013.12.31	2012.12.31
	净利润(万元)	403.14	–	1901.97	1917.62
	净利润增长率(%)	-9.7240	–	-0.8161	–
	加权净资产收益率(%)	3.6400	–	26.2100	35.3400
	资产负债比率(%)	52.7996	–	51.1851	57.3700
	净利润现金含量(%)	-15.5203	–	82.4303	13.6894
	基本每股收益(元)	0.0800	–	0.7600	0.7700
	每股收益-扣除(元)	0.0800	–	–	–
	每股收益-摊薄(元)	0.0806	–	0.7608	0.7670
	每股资本公积金(元)	0.3662	–	0.0159	0.0159
	每股未分配利润(元)	0.5087	–	1.4356	0.7850
	每股净资产(元)	2.2500	–	3.2800	2.5500
	每股经营现金流量(元)	-0.0125	–	0.6300	0.1100
	经营活动现金净流量增长(%)	-104.1166	–	497.2351	–

西安济邦生态科技股份有限公司

公司概况	公司名称	西安济邦生态科技股份有限公司			证券简称	济邦生态
	法人代表	王增让	董秘	高刚	证券代码	832489
	公司网址	www.gibon.cn		电子信箱	gibon1@163.com	
	电　话	029-88235005		传　真	029-88235005	
	办公地址	陕西省西安经济技术开发区草滩生态产业园草滩八路 2888 号				
	经营范围	复混(合)肥料、生态肥料、有机肥、生长调节剂、土壤调理剂的研发、生产和销售				

主要财务指标	指标\报告期	2015.06.30	2014.12.31	2013.12.31	2012.12.31
	净利润(万元)	42.01	–	50.98	0.11
	净利润增长率(%)	136.1055	–	46740.4372	–
	加权净资产收益率(%)	2.0800	–	2.6700	0.0100
	资产负债比率(%)	45.6320	–	49.1297	46.5477
	净利润现金含量(%)	-174.8939	–	-479.7176	-860272.63
	基本每股收益(元)	0.0200	–	0.0300	0.0000
	每股收益-扣除(元)	–	–	-0.0100	0.0000
	每股收益-摊薄(元)	0.0233	–	0.0340	0.0001
	每股资本公积金(元)	0.0837	–	0.2825	0.2825
	每股未分配利润(元)	0.0323	–	0.0054	-0.0280
	每股净资产(元)	1.1200	–	1.2900	1.2500
	每股经营现金流量(元)	-0.0408	–	-0.1600	-0.6200
	经营活动现金净流量增长(%)	-126.5130	–	73.9	–

宜春金洋新材料股份有限公司

公司概况	公司名称	宜春金洋新材料股份有限公司			证券简称	金洋新材
	法人代表	彭华	董秘	谢瑶玲	证券代码	832490
	公司网址	www.ycjinyang.cn		电子信箱	18170510119@163.com	
	电　话	0795-2990070		传　真	0795-2990070	
	办公地址	江西省宜春市宜丰县良岗工业园				
	经营范围	钽铌制品的研发、生产和销售				

主要财务指标	指标\报告期	2015.06.30	2014.12.31	2013.12.31	2012.12.31
	净利润(万元)	-565.48	-546.16	-243.38	-16.58
	净利润增长率(%)	-22.6	-124.4	-1368.1	–
	加权净资产收益率(%)	-12.7500	-11.5400	-4.8800	-0.3300
	资产负债比率(%)	53.5093	48.6364	64.6952	53.8935
	净利润现金含量(%)	-83.4318	-513.9910	-328.1162	3301.3872
	基本每股收益(元)	-0.1200	-0.1100	–	0.0000
	每股收益-扣除(元)	–	–	–	-0.0100
	每股收益-摊薄(元)	-0.1178	-0.1138	-0.0507	-0.0035
	每股资本公积金(元)	0.0921	0.0921	–	–
	每股未分配利润(元)	-0.2586	-0.1408	-0.0103	0.0404
	每股净资产(元)	0.8900	1.0100	1.0400	1.0600
	每股经营现金流量(元)	0.0983	0.5848	0.1664	-0.1140
	经营活动现金净流量增长(%)	-22.1875	251.5313	245.9	–

广东奥迪威传感科技股份有限公司

公司概况	公司名称	广东奥迪威传感科技股份有限公司			证券简称	奥迪威
	法人代表	张曙光	董秘	梁美怡	证券代码	832491
	公司网址	www.audiowell.com		电子信箱	liangmeiyi@audiowell.com	
	电　话	020-84802041		传　真	020-84665207	
	办公地址	广东省广州市番禺区沙头街银平路 3 街 4 号				
	经营范围	敏感元器件和传感器及相应模组的研发、设计、生产和销售				

主要财务指标	指标\报告期	2015.06.30	2014.12.31	2013.12.31	2012.12.31
	净利润(万元)	2391.24	–	2459.99	1816.86
	净利润增长率(%)	53.4338	–	35.3981	–
	加权净资产收益率(%)	12.4500	–	17.6800	14.8900
	资产负债比率(%)	27.9744	–	18.4788	15.0093
	净利润现金含量(%)	41.4779	–	84.9686	92.5922
	基本每股收益(元)	0.2500	–	0.6500	0.4800
	每股收益-扣除(元)	–	–	–	–
	每股收益-摊薄(元)	0.2530	–	0.6508	0.4807
	每股资本公积金(元)	0.6141	–	2936.5079	2936.5079
	每股未分配利润(元)	0.4310	–	23832.8730	19122.5745
	每股净资产(元)	2.0800	–	3.9500	3.4100
	每股经营现金流量(元)	0.1050	–	0.5500	0.4500
	经营活动现金净流量增长(%)	-44.1470	–	24.2497	–

上海金蓝络科技信息系统股份有限公司

公司概况					
公司名称	上海金蓝络科技信息系统股份有限公司			证券简称	金蓝络
法人代表	邓斌	董秘	徐玮	证券代码	832492
公司网址	www.itcare.com.cn		电子信箱	xuwei@itcare.com.cn	
电　　话	021-64072266-898		传　　真	02164480688	
办公地址	上海市虹口区曲阳路158号北楼区308室				
经营范围	以建筑工程为核心领域的智能化综合解决方案服务				

主要财务指标

指标＼报告期	2015.06.30	2014.12.31	2013.12.31	2012.12.31
净利润(万元)	68.71	–	–84.43	4.15
净利润增长率(%)	–29.7596	–	–2136.0293	–
加权净资产收益率(%)	6.0000	–	–16.8800	3.1400
资产负债比率(%)	63.1411	–	66.5627	91.8611
净利润现金含量(%)	–163.0664	–	897.9983	1208.4337
基本每股收益(元)	0.0700	–	–0.0800	0.0100
每股收益–扣除(元)	0.0700	–	–	–
每股收益–摊薄(元)	0.0687	–	–0.0844	0.0138
每股资本公积金(元)	0.0320	–	–	–
每股未分配利润(元)	0.1403	–	–0.2503	–0.5530
每股净资产(元)	1.1800	–	0.7500	0.4500
每股经营现金流量(元)	–0.1120	–	–0.7600	0.1700
经营活动现金净流量增长(%)	–117.6153	–	–1611.8709	–

珠海港信息技术股份有限公司

公司概况					
公司名称	珠海港信息技术股份有限公司			证券简称	珠海港信
法人代表	钟振洋	董秘	宋锴林	证券代码	832493
公司网址	www.zphit.com		电子信箱	info@zphit.com	
电　　话	0756-8131883		传　　真	0756-8131883	
办公地址	广东省珠海市高栏港经济区榕树湾8号22楼2201-2号				
经营范围	计算机信息技术服务;系统集成、网络工程				

主要财务指标

指标＼报告期	2015.06.30	2014.12.31	2013.12.31	2012.12.31
净利润(万元)	–189.58	–	–41.38	69.89
净利润增长率(%)	–30.3	–	–159.2054	–
加权净资产收益率(%)	–3.7000	–	–0.8800	1.4800
资产负债比率(%)	12.5565	–	14.3091	4.8400
净利润现金含量(%)	290.3542	–	–8611.0414	255.6031
基本每股收益(元)	–0.0400	–	–0.0100	0.0100
每股收益–扣除(元)	–0.0441	–	–	–
每股收益–摊薄(元)	–0.0372	–	–0.0083	0.0140
每股资本公积金(元)	0.0059	–	–	–
每股未分配利润(元)	–0.0187	–	–0.0587	–0.0505
每股净资产(元)	0.9900	–	0.9400	0.9500
每股经营现金流量(元)	–0.1079	–	0.7100	0.0400
经营活动现金净流量增长(%)	–82.3	–	1894.5755	–

北京首航直升机股份有限公司

公司概况					
公司名称	北京首航直升机股份有限公司			证券简称	首航直升
法人代表	徐立冬	董秘	刁宇锋	证券代码	832494
公司网址	www.capitalcopter.com		电子信箱	helicopter@hnair.com	
电　　话	010-57478172		传　　真	010-59472353	
办公地址	北京市顺义区天竺镇政府前一街17号1号楼102-105				
经营范围	公务飞行、出租飞行、航空器代管业务、通用航空包机飞行等				

主要财务指标

指标＼报告期	2015.06.30	2014.12.31	2013.12.31	2012.12.31
净利润(万元)	220.93	–	23.60	–370.83
净利润增长率(%)	116.8	–	106.4	–
加权净资产收益率(%)	0.5000	–	0.0600	–2.4000
资产负债比率(%)	26.7890	–	57.9801	24.4710
净利润现金含量(%)	–1240.4650	–	10842.5730	–653.4866
基本每股收益(元)	0.0100	–	0.0010	–0.0090
每股收益–扣除(元)	–0.0100	–	–	–
每股收益–摊薄(元)	0.0053	–	0.0006	–0.0088
每股资本公积金(元)	0.0171	–	–	–
每股未分配利润(元)	0.0263	–	–0.0163	–0.0169
每股净资产(元)	1.0400	–	0.9800	0.9800
每股经营现金流量(元)	–0.0653	–	0.0600	0.0600
经营活动现金净流量增长(%)	–243.0	–	5.6108	–

广东精铟海洋工程股份有限公司

公司概况					
公司名称	广东精铟海洋工程股份有限公司			证券简称	精铟海工
法人代表	李光远	董秘	朱海霞	证券代码	832495
公司网址	www.gdjingyin.com		电子信箱	gdjy@gdjingyin.com	
电　　话	0757-81185534		传　　真	0757-81183420	
办公地址	广东省佛山市南海区里水镇逢涌村金逢公路南侧				
经营范围	海洋工程装备、石油工程装备、船用设备的研发设计、制造等				

主要财务指标

指标＼报告期	2015.06.30	2014.12.31	2013.12.31	2012.12.31
净利润(万元)	–901.47	–	4116.53	129.96
净利润增长率(%)	–6.9	–	3067.4221	–
加权净资产收益率(%)	–7.2700	–	78.3900	10.0400
资产负债比率(%)	60.1658	–	39.3326	85.6980
净利润现金含量(%)	179.5491	–	–82.2251	–65.8818
基本每股收益(元)	–0.1800	–	3.7000	0.1300
每股收益–扣除(元)	–	–	–	–
每股收益–摊薄(元)	–0.1803	–	3.7049	0.1300
每股资本公积金(元)	0.6911	–	3.5000	0.0000
每股未分配利润(元)	0.6459	–	3.6256	0.3235
每股净资产(元)	2.3900	–	8.5300	1.3600
每股经营现金流量(元)	–0.3237	–	–3.0500	–0.0900
经营活动现金净流量增长(%)	–131.2	–	–3853.3	–

北京首创博桑环境科技股份有限公司

公司概况	公司名称	北京首创博桑环境科技股份有限公司			证券简称	首创博桑
	法人代表	邵国保	董秘	程兴军	证券代码	832496
	公司网址	www.bosang.com.cn		电子信箱	boom_sound@126.com	
	电　　话	010-68732566		传　　真	010-68732569	
	办公地址	北京海淀区西三环北路 27 号 1 区 15 楼 12105 室				
	经营范围	技术开发、技术转让、技术咨询、技术服务、技术推广等				

	指标＼报告期	2015.06.30	2014.12.31	2013.12.31	2012.12.31
主要财务指标	净利润(万元)	572.94	–	1494.44	1474.92
	净利润增长率(%)	20.2281	–	1.3236	–
	加权净资产收益率(%)	5.4900	–	33.3100	36.9400
	资产负债比率(%)	57.7511	–	72.5181	74.1250
	净利润现金含量(%)	–128.6076	–	–22.7249	46.3379
	基本每股收益(元)	0.0800	–	0.5000	0.4900
	每股收益–扣除(元)	–	–	0.4500	0.4800
	每股收益–摊薄(元)	0.0818	–	0.4981	0.4916
	每股资本公积金(元)	0.1428	–	–	–
	每股未分配利润(元)	0.2838	–	0.4681	0.4287
	每股净资产(元)	1.4500	–	1.6400	1.5500
	每股经营现金流量(元)	–0.1053	–	–0.1100	0.2300
	经营活动现金净流量增长(%)	–440.3516	–	–149.6908	–

上海安技智能科技股份有限公司

公司概况	公司名称	上海安技智能科技股份有限公司			证券简称	安技智能
	法人代表	张月明	董秘	李青奎	证券代码	832497
	公司网址	www.anjismart.com		电子信箱	liqingkui@anjismart.com	
	电　　话	021-62490972		传　　真	021-62490970	
	办公地址	上海市青浦区工业园区郏一工业区 7 号 3 幢 1 层 E 区 160 室				
	经营范围	计算机领域内的技术开发、技术服务、技术转让、技术咨询等				

	指标＼报告期	2015.06.30	2014.12.31	2013.12.31	2012.12.31
主要财务指标	净利润(万元)	–157.03	–	18.85	53.56
	净利润增长率(%)	–1531.5570	–	–64.8088	–
	加权净资产收益率(%)	–16.2500	–	6.0300	16.2500
	资产负债比率(%)	22.9222	–	52.6627	58.9077
	净利润现金含量(%)	83.1453	–	439.0715	–362.1344
	基本每股收益(元)	–0.1600	–	0.0900	0.2700
	每股收益–扣除(元)	–0.1700	–	–	–
	每股收益–摊薄(元)	–0.1569	–	0.0943	0.2678
	每股资本公积金(元)	0.0937	–	–	–
	每股未分配利润(元)	–0.2069	–	0.0893	0.3417
	每股净资产(元)	0.8900	–	1.5500	1.7000
	每股经营现金流量(元)	–0.1304	–	0.4100	–0.9700
	经营活动现金净流量增长(%)	17.0	–	142.7	–

深圳市明源软件股份有限公司

公司概况	公司名称	深圳市明源软件股份有限公司			证券简称	明源软件
	法人代表	高宇	董秘	蒋科阳	证券代码	832498
	公司网址	www.mysoft.com.cn		电子信箱	mysoft@mysoft.com.cn	
	电　　话	0755-86309788		传　　真	0755-86309201	
	办公地址	深圳市南山区高新南一道中国科技开发院中科研发园三号楼塔楼 24 楼				
	经营范围	计算机软、硬件的设计、开发和购销等				

	指标＼报告期	2015.06.30	2014.12.31	2013.12.31	2012.12.31
主要财务指标	净利润(万元)	602.42	–	5853.29	5750.34
	净利润增长率(%)	59.0057	–	1.7903	–
	加权净资产收益率(%)	2.3200	–	30.3400	37.3300
	资产负债比率(%)	21.1674	–	21.6861	21.6398
	净利润现金含量(%)	–643.6024	–	116.0529	78.7766
	基本每股收益(元)	0.1500	–	1.4600	1.4400
	每股收益–扣除(元)	0.0600	–	–	–
	每股收益–摊薄(元)	0.1506	–	1.4633	1.4376
	每股资本公积金(元)	0.3870	–	0.1383	0.1383
	每股未分配利润(元)	4.8882	–	3.6659	2.8013
	每股净资产(元)	6.7800	–	5.3000	4.3400
	每股经营现金流量(元)	–0.9693	–	1.7000	1.1300
	经营活动现金净流量增长(%)	–149.4	–	49.9565	–

铜陵天海流体控制股份有限公司

公司概况	公司名称	铜陵天海流体控制股份有限公司			证券简称	天海流体
	法人代表	王胜原	董秘	崔霞	证券代码	832499
	公司网址	www.sinopipevalve.com		电子信箱	cuixia@sinopipevalve.com	
	电　　话	0562-6820029		传　　真	0562-6820005	
	办公地址	安徽省铜陵市开发区泰山大道北段 951 号				
	经营范围	公司主要从事给排水阀门的研发、生产与销售				

	指标＼报告期	2015.06.30	2014.12.31	2013.12.31	2012.12.31
主要财务指标	净利润(万元)	502.28	462.11	135.28	–
	净利润增长率(%)	205.2330	241.5929	–	–
	加权净资产收益率(%)	38.2100	49.5700	18.4400	–
	资产负债比率(%)	48.3829	52.7466	56.4029	–
	净利润现金含量(%)	81.2260	183.0478	419.5911	–
	基本每股收益(元)	0.5600	0.4800	0.1900	–
	每股收益–扣除(元)	–	0.4100	0.1700	–
	每股收益–摊薄(元)	0.5581	0.5135	0.1933	–
	每股资本公积金(元)	0.0417	0.0417	–	–
	每股未分配利润(元)	0.6850	0.1269	0.1301	–
	每股净资产(元)	1.7400	1.1800	1.1400	–
	每股经营现金流量(元)	0.4533	0.9400	0.8100	–
	经营活动现金净流量增长(%)	–29.3709	49.0209	–	–

宁波祥路汽车部件股份有限公司

公司概况					
公司名称	宁波祥路汽车部件股份有限公司			证券简称	祥路股份
法人代表	葛珍荣	董秘	冯宗金	证券代码	832500
公司网址	www.froad.net		电子信箱	838350287@qq.com	
电　话	0574-65330756		传　真	0574-65330758	
办公地址	浙江省宁海县桃源街道金桥八路2号				
经营范围	汽车零部件、电子产品、塑料件、橡胶件、五金件、模具制造、加工				

主要财务指标：指标\报告期	2015.06.30	2014.12.31	2013.12.31	2012.12.31
净利润(万元)	104.52	–	242.04	23.29
净利润增长率(%)	106.2939	–	939.3039	–
加权净资产收益率(%)	9.7000	–	86.0300	15.6600
资产负债比率(%)	76.8354	–	89.8652	84.9579
净利润现金含量(%)	–211.9073	–	153.3313	1091.8366
基本每股收益(元)	0.1000	–	0.2400	0.0200
每股收益–扣除(元)	–	–	–	–
每股收益–摊薄(元)	0.1045	–	1.6136	0.1553
每股资本公积金(元)	0.0968	–	–	–
每股未分配利润(元)	0.0850	–	–	–
每股净资产(元)	1.1800	–	1.3500	1.0700
每股经营现金流量(元)	–0.2215	–	2.4741	1.6951
经营活动现金净流量增长(%)	–383.1	–	45.9539	–

广东中星科技股份有限公司

公司概况					
公司名称	广东中星科技股份有限公司			证券简称	中星科技
法人代表	张全章	董秘	徐文祥	证券代码	832501
公司网址	www.zx92.com		电子信箱	sgzx@zx92.com	
电　话	0751-8615559		传　真	0751-8617655	
办公地址	广东省韶关市武江区工业东路17号综合旅业楼三层				
经营范围	防腐蚀工程和机械设备防腐安装工程等的设计与施工				

主要财务指标：指标\报告期	2015.06.30	2014.12.31	2013.12.31	2012.12.31
净利润(万元)	–82.03	–	111.54	–18.44
净利润增长率(%)	–64.9	–	704.9	–
加权净资产收益率(%)	–6.2400	–	22.3800	–4.0800
资产负债比率(%)	56.9779	–	67.3669	55.4751
净利润现金含量(%)	267.3698	–	–460.3550	869.5228
基本每股收益(元)	–0.0780	–	0.1700	–0.0400
每股收益–扣除(元)	–	–	–	–
每股收益–摊薄(元)	–0.0816	–	0.1844	–0.0305
每股资本公积金(元)	0.3735	–	–	–
每股未分配利润(元)	–0.1068	–	–0.0849	–0.2685
每股净资产(元)	1.2667	–	0.9200	0.7300
每股经营现金流量(元)	–0.2182	–	–0.8500	–0.2700
经营活动现金净流量增长(%)	–749.9289	–	–220.2	–

圆融光电科技股份有限公司

公司概况					
公司名称	圆融光电科技股份有限公司			证券简称	圆融科技
法人代表	梁旭东	董秘	丛巍	证券代码	832502
公司网址	www.epitop.com.cn		电子信箱	stock@epitop.com.cn	
电　话	0555-7182299		传　真	0555-7182266	
办公地址	安徽省马鞍山经济技术开发区宝庆路399号1栋				
经营范围	全色系发光二极管外延片、芯片的研发、生产和销售				

主要财务指标：指标\报告期	2015.06.30	2014.12.31	2013.12.31	2012.12.31
净利润(万元)	2307.94	–	1081.20	149.76
净利润增长率(%)	21.2419	–	621.9696	–
加权净资产收益率(%)	5.2900	–	4.4300	0.7800
资产负债比率(%)	46.3132	–	59.8029	51.4190
净利润现金含量(%)	50.7247	–	81.9703	-3091.3598
基本每股收益(元)	0.1000	–	0.0500	0.0100
每股收益–扣除(元)	0.0500	–	–	–
每股收益–摊薄(元)	0.0955	–	0.0583	0.0085
每股资本公积金(元)	0.8931	–	0.3848	0.3240
每股未分配利润(元)	0.1039	–	0.0086	–0.0483
每股净资产(元)	2.0200	–	1.1300	0.9800
每股经营现金流量(元)	0.0485	–	0.0400	–0.2630
经营活动现金净流量增长(%)	3346.1	–	119.1	–

辽宁华鼎科技股份有限公司

公司概况					
公司名称	辽宁华鼎科技股份有限公司			证券简称	华鼎科技
法人代表	黄威	董秘	陈曦	证券代码	832503
公司网址	www.lnhd.cn		电子信箱	zhb@lnhd.cn	
电　话	024-31320212		传　真	02431320773	
办公地址	辽宁省沈阳市沈河区悦宾街1号(方圆大厦406室)				
经营范围	计算机软硬件开发及系统集成等				

主要财务指标：指标\报告期	2015.06.30	2014.12.31	2013.12.31	2012.12.31
净利润(万元)	27.20	–	73.50	114.29
净利润增长率(%)	–78.1542	–	–35.6857	–
加权净资产收益率(%)	0.7600	–	7.2100	11.8700
资产负债比率(%)	52.2329	–	86.1626	56.2819
净利润现金含量(%)	342.4345	–	72.8063	13.1972
基本每股收益(元)	0.0122	–	0.0700	0.1100
每股收益–扣除(元)	0.0070	–	0.0833	0.1200
每股收益–摊薄(元)	0.0122	–	0.0735	0.1143
每股资本公积金(元)	0.1594	–	–	–
每股未分配利润(元)	0.0621	–	0.0094	–0.0033
每股净资产(元)	1.2400	–	1.0200	1.0200
每股经营现金流量(元)	0.0419	–	0.0535	0.0151
经营活动现金净流量增长(%)	–83.7622	–	254.8084	–

深圳市科威特斯特科技股份有限公司

公司概况	公司名称	深圳市科威特斯特科技股份有限公司			证券简称	科威股份
	法人代表	吴玉芹	董秘	匡五寿	证券代码	832504
	公司网址	www.kovitest.com		电子信箱	hr@kovitest.com	
	电　话	0755-86102897		传　真	0755-26039029	
	办公地址	广东省深圳市龙岗区布吉街道甘李科技园甘李6路7号吓围工业区4号厂房401A				
	经营范围	电涌保护器检测设备、防雷环境在线监测系统的研发、生产、销售等				

主要财务指标	指标\报告期	2015.06.30	2014.12.31	2013.12.31	2012.12.31
	净利润(万元)	29.01	–	–36.85	–87.80
	净利润增长率(%)	–63.8691	–	58.0	–
	加权净资产收益率(%)	3.4900	–	–33.5100	–175.9400
	资产负债比率(%)	50.0860	–	83.6495	53.3870
	净利润现金含量(%)	567.2127	–	143.9957	169.3023
	基本每股收益(元)	0.0400	–	–0.1200	–0.4800
	每股收益-扣除(元)	–	–	–0.1200	–0.4800
	每股收益-摊薄(元)	0.0363	–	–0.1228	–0.2927
	每股资本公积金(元)	0.0131	–	–	–
	每股未分配利润(元)	0.0423	–	–0.6948	–0.5720
	每股净资产(元)	1.0600	–	0.3100	0.4300
	每股经营现金流量(元)	0.2057	–	–0.1800	–0.4955
	经营活动现金净流量增长(%)	65.1117	–	64.3	–

陕西运维电力股份有限公司

公司概况	公司名称	陕西运维电力股份有限公司			证券简称	运维电力
	法人代表	屈晋春	董秘	孙红	证券代码	832505
	公司网址	www.nwpower.cn		电子信箱	sunhong921@126.com	
	电　话	029-82481888		传　真	029-82493596	
	办公地址	陕西省西安市航天基地神舟四路航创国际广场标准厂房三楼				
	经营范围	新能源发电技术、节能降耗技术研究、开发				

主要财务指标	指标\报告期	2015.06.30	2014.12.31	2013.12.31	2012.12.31
	净利润(万元)	813.57	906.85	620.47	–
	净利润增长率(%)	365.0522	46.1548	–	–
	加权净资产收益率(%)	6.9300	10.1000	7.5400	–
	资产负债比率(%)	30.1662	16.3366	20.8085	–
	净利润现金含量(%)	28.3490	210.4442	38.1921	–
	基本每股收益(元)	0.2700	0.3000	0.2000	–
	每股收益-扣除(元)	0.2272	0.2750	–	–
	每股收益-摊薄(元)	0.2712	0.3023	0.2068	–
	每股资本公积金(元)	1.5749	1.5749	1.5749	–
	每股未分配利润(元)	0.7364	0.4652	0.1923	–
	每股净资产(元)	3.4100	3.1400	2.8400	–
	每股经营现金流量(元)	0.0769	0.6400	0.0800	–
	经营活动现金净流量增长(%)	–54.5979	705.3338	–	–

浙江美通筑路机械股份有限公司

公司概况	公司名称	浙江美通筑路机械股份有限公司			证券简称	美通筑机
	法人代表	仇德胜	董秘	马慧红	证券代码	832506
	公司网址	www.metong.com		电子信箱	mahuihong@metong.com	
	电　话	0571-86905752		传　真	0571-86905752	
	办公地址	浙江省海宁市盐仓新兴路西				
	经营范围	筑养路机械、环保设备、普通机械、制造、加工等				

主要财务指标	指标\报告期	2015.06.30	2014.12.31	2013.12.31	2012.12.31
	净利润(万元)	653.86	–	451.90	146.45
	净利润增长率(%)	366.6	–	208.5778	–
	加权净资产收益率(%)	9.2600	–	4.3500	1.4600
	资产负债比率(%)	58.9924	–	49.1148	45.8597
	净利润现金含量(%)	133.7760	–	108.9268	–135.5753
	基本每股收益(元)	0.1300	–	0.0900	0.0300
	每股收益-扣除(元)	–	–	0.0600	0.0100
	每股收益-摊薄(元)	0.1299	–	0.0877	0.0284
	每股资本公积金(元)	0.3288	–	0.9605	0.9799
	每股未分配利润(元)	0.2277	–	0.0678	–0.0039
	每股净资产(元)	1.5800	–	2.0500	1.9800
	每股经营现金流量(元)	0.1737	–	0.1000	–0.0400
	经营活动现金净流量增长(%)	381.0	–	347.9	–

上海晶宇环境工程股份有限公司

公司概况	公司名称	上海晶宇环境工程股份有限公司			证券简称	晶宇环境
	法人代表	肖龙博	董秘	崔岩	证券代码	832507
	公司网址	www.jing-yu.cn		电子信箱	cuiyan@ge-we.cn	
	电　话	021-65930816		传　真	021-65930766	
	办公地址	上海市虹口区松花江路2601号1幢A区401室				
	经营范围	环境工程设计,环保工程专业承包等				

主要财务指标	指标\报告期	2015.06.30	2014.12.31	2013.12.31	2012.12.31
	净利润(万元)	55.22	–	251.78	99.06
	净利润增长率(%)	–61.9657	–	154.1689	–
	加权净资产收益率(%)	3.1500	–	19.2400	8.7400
	资产负债比率(%)	62.1753	–	52.6773	56.7167
	净利润现金含量(%)	450.3716	–	–147.5614	114.5165
	基本每股收益(元)	0.0600	–	0.2500	0.1000
	每股收益-扣除(元)	0.0500	–	–	–
	每股收益-摊薄(元)	0.0345	–	0.2518	0.0991
	每股资本公积金(元)	0.0000	–	–	–
	每股未分配利润(元)	0.0951	–	0.3912	0.1646
	每股净资产(元)	1.1100	–	1.4300	1.1800
	每股经营现金流量(元)	0.1554	–	–0.3700	0.1100
	经营活动现金净流量增长(%)	151.1	–	–427.5171	–

山东白马永诚数控机床股份有限公司

公司概况	公司名称	山东白马永诚数控机床股份有限公司			证券简称	白马数控
	法人代表	刘萍	董秘	王亦楠	证券代码	832508
	公司网址	www.sdbmyc.cn		电子信箱	bmyc@qq.com	
	电　　话	0531-85718297		传　　真	0531-87116284	
	办公地址	山东省济南市济阳县液压升降平台工业园				
	经营范围	公司的主营业务为数控金属切削机床的设计、研发、制造与销售				

	指标\报告期	2015.06.30	2014.12.31	2013.12.31	2012.12.31
主要财务指标	净利润(万元)	-76.91	-	-	-
	净利润增长率(%)	-887.9556	-	-	-
	加权净资产收益率(%)	-9.4700	-	-	-
	资产负债比率(%)	77.2645	-	-	-
	净利润现金含量(%)	77.3135	-	-	-
	基本每股收益(元)	-0.1000	-	-	-
	每股收益-扣除(元)	-0.1000	-	-	-
	每股收益-摊薄(元)	-0.0961	-	-	-
	每股资本公积金(元)	0.0911	-	-	-
	每股未分配利润(元)	-0.1238	-	-	-
	每股净资产(元)	0.9600	-	-	-
	每股经营现金流量(元)	-0.0743	-	-	-
	经营活动现金净流量增长(%)	85.3	-	-	-

浙江华光胶囊股份有限公司

公司概况	公司名称	浙江华光胶囊股份有限公司			证券简称	华光胶囊
	法人代表	王杏桃	董秘	朱帅辉	证券代码	832509
	公司网址	www.hgcapsule.com		电子信箱	zshfjl@163.com	
	电　　话	0575-86336776		传　　真	0575-86282096	
	办公地址	浙江省新昌省级高新技术产业园区(南岩区)				
	经营范围	药用辅料、药品包装材料、胶囊机械等				

	指标\报告期	2015.06.30	2014.12.31	2013.12.31	2012.12.31
主要财务指标	净利润(万元)	334.36	-	519.42	184.91
	净利润增长率(%)	30.1568	-	180.9070	-
	加权净资产收益率(%)	-	-	23.3000	9.8500
	资产负债比率(%)	69.6363	-	75.1452	76.5646
	净利润现金含量(%)	42.0140	-	-208.8062	661.3476
	基本每股收益(元)	0.3300	-	0.5200	0.1800
	每股收益-扣除(元)	-	-	-	-
	每股收益-摊薄(元)	0.3317	-	0.5153	0.1834
	每股资本公积金(元)	1.7251	-	0.0377	0.0377
	每股未分配利润(元)	0.2778	-	1.2888	0.8250
	每股净资产(元)	3.0100	-	2.4700	1.9500
	每股经营现金流量(元)	0.1394	-	-1.0800	1.2100
	经营活动现金净流量增长(%)	-19.6954	-	-188.6903	-

江苏星月测绘科技股份有限公司

公司概况	公司名称	江苏星月测绘科技股份有限公司			证券简称	星月科技
	法人代表	季顺海	董秘	蒋龄莉	证券代码	832510
	公司网址	www.jsxych.com		电子信箱	jsxych@jsxych.com	
	电　　话	0515-85502268		传　　真	0515-85502238	
	办公地址	江苏省盐城经济技术开发区希望大道南路5号1幢1202室				
	经营范围	地理信息数据获取、数据处理及地理信息系统开发				

	指标\报告期	2015.06.30	2014.12.31	2013.12.31	2012.12.31
主要财务指标	净利润(万元)	209.75	-	-70.02	-99.74
	净利润增长率(%)	327.0659	-	29.8	-
	加权净资产收益率(%)	7.9200	-	-4.0500	-8.9500
	资产负债比率(%)	58.7533	-	48.8565	43.8947
	净利润现金含量(%)	-109.2457	-	-105.1842	256.4869
	基本每股收益(元)	0.1000	-	-0.0420	-0.0997
	每股收益-扣除(元)	0.0800	-	-	-
	每股收益-摊薄(元)	0.0999	-	-0.0350	-0.0997
	每股资本公积金(元)	0.2292	-	0.0500	-
	每股未分配利润(元)	0.0425	-	-0.0272	0.0157
	每股净资产(元)	1.2700	-	1.0300	1.0400
	每股经营现金流量(元)	-0.1091	-	0.0400	-0.2600
	经营活动现金净流量增长(%)	7.1	-	128.8	-

河南科益气体股份有限公司

公司概况	公司名称	河南科益气体股份有限公司			证券简称	科益气体
	法人代表	许红波	董秘	马振伟	证券代码	832511
	公司网址	www.hnkygas.com		电子信箱	henankeyi2013@126.com	
	电　　话	0371-55156999		传　　真	0371-55136996	
	办公地址	河南省郑州市高新区红楠路与青杨街交叉口西北角电子电气产业园				
	经营范围	化工机械设备、化工产品的生产、分装、销售				

	指标\报告期	2015.06.30	2014.12.31	2013.12.31	2012.12.31
主要财务指标	净利润(万元)	195.20	208.92	82.84	-
	净利润增长率(%)	39.4722	152.2089	-	-
	加权净资产收益率(%)	2.9600	4.5700	2.6200	-
	资产负债比率(%)	15.7097	21.2027	62.4268	-
	净利润现金含量(%)	515.6982	617.8263	396.9376	-
	基本每股收益(元)	0.0300	0.0500	0.0300	-
	每股收益-扣除(元)	-	0.0400	-	-
	每股收益-摊薄(元)	0.0325	0.0348	0.0276	-
	每股资本公积金(元)	0.0090	0.0090	0.0181	-
	每股未分配利润(元)	0.0837	0.0512	0.0397	-
	每股净资产(元)	1.1200	1.0700	1.0700	-
	每股经营现金流量(元)	0.1678	0.2200	0.1100	-
	经营活动现金净流量增长(%)	56.2570	292.5586	-	-

江苏万舜保险代理股份有限公司

公司概况	公司名称	江苏万舜保险代理股份有限公司			证券简称	万舜股份
	法人代表	许振芳	董秘	李思聪	证券代码	832512
	公司网址	www.wshbd.com		电子信箱	xuzhfwx@163.com	
	电　　话	0510-86276198		传　　真	0510-86830130	
	办公地址	江苏省无锡市惠山区惠山大道 88 号明都大厦 9 号门 1915-1				
	经营范围	从事保险产品的代理销售及开展相关保险损失勘查业务				

	指标\报告期	2015.06.30	2014.12.31	2013.12.31	2012.12.31
主要财务指标	净利润(万元)	324.13	–	51.12	–62.43
	净利润增长率(%)	1142.8771	–	181.9	–
	加权净资产收益率(%)	25.3700	–	14.3700	–27.3800
	资产负债比率(%)	17.1622	–	11.0707	61.4013
	净利润现金含量(%)	87.1334	–	–1576.0530	–36.5916
	基本每股收益(元)	0.3200	–	0.1500	–0.3100
	每股收益–扣除(元)	0.1400	–	–	–
	每股收益–摊薄(元)	0.3241	–	0.0511	–0.3122
	每股资本公积金(元)	0.1054	–	–	–
	每股未分配利润(元)	0.3289	–	0.0349	–0.0619
	每股净资产(元)	1.4400	–	1.0500	0.9800
	每股经营现金流量(元)	0.2824	–	–0.8100	0.1100
	经营活动现金净流量增长(%)	119.8381	–	–3626.8535	–

广东汇群中药饮片股份有限公司

公司概况	公司名称	广东汇群中药饮片股份有限公司			证券简称	汇群股份
	法人代表	陈少群	董秘	陈桂萍	证券代码	832513
	公司网址	www.gd-hqzy.com		电子信箱	316794776@qq.com	
	电　　话	0754-88117571		传　　真	0754-88117571	
	办公地址	广东省汕头市潮汕路金园工业城七片区 A2-A3				
	经营范围	中药饮片的生产与销售				

	指标\报告期	2015.06.30	2014.12.31	2013.12.31	2012.12.31
主要财务指标	净利润(万元)	1194.56	1743.68	510.88	–
	净利润增长率(%)	145.0836	241.3067	–	–
	加权净资产收益率(%)	19.8100	55.1400	31.5700	–
	资产负债比率(%)	59.6317	59.7960	85.0262	–
	净利润现金含量(%)	115.2512	–6.1809	–225.9385	–
	基本每股收益(元)	0.4000	0.5800	0.3930	–
	每股收益–扣除(元)	–	0.4900	–	–
	每股收益–摊薄(元)	0.3982	0.5812	0.3930	–
	每股资本公积金(元)	0.3556	0.3556	0.2308	–
	每股未分配利润(元)	0.7903	0.4161	0.4741	–
	每股净资产(元)	2.2100	1.8100	1.7619	–
	每股经营现金流量(元)	0.4589	–0.0359	–0.8879	–
	经营活动现金净流量增长(%)	1099.2	90.7	–	–

杭州华旺新材料科技股份有限公司

公司概况	公司名称	杭州华旺新材料科技股份有限公司			证券简称	华旺股份
	法人代表	张延成	董秘	黄亚芬	证券代码	832514
	公司网址	www.hwpaper.cn		电子信箱	hwpaper@126.com	
	电　　话	0571-63757081		传　　真	0571-61077680	
	办公地址	浙江省临安市青山湖街道滨河北路 18 号				
	经营范围	装饰原纸的研发、生产和销售				

	指标\报告期	2015.06.30	2014.12.31	2013.12.31	2012.12.31
主要财务指标	净利润(万元)	3025.57	4592.26	2045.25	–
	净利润增长率(%)	84.5557	124.5333	–	–
	加权净资产收益率(%)	17.6900	34.5400	20.5000	–
	资产负债比率(%)	71.3793	69.9885	75.4369	–
	净利润现金含量(%)	–145.7746	212.4022	–108.4063	–
	基本每股收益(元)	0.4600	0.7000	0.3100	–
	每股收益–扣除(元)	0.4200	0.6500	–	–
	每股收益–摊薄(元)	0.4584	0.6958	0.3099	–
	每股资本公积金(元)	1.2260	1.2260	–	–
	每股未分配利润(元)	0.5254	0.0670	0.6002	–
	每股净资产(元)	2.8200	2.3600	1.6700	–
	每股经营现金流量(元)	–0.6683	1.4800	–0.3400	–
	经营活动现金净流量增长(%)	–312.3946	539.9	–	–

深圳市易瑞来科技股份有限公司

公司概况	公司名称	深圳市易瑞来科技股份有限公司			证券简称	易瑞来
	法人代表	殷志文	董秘	郭金海	证券代码	832515
	公司网址	www.erelcn.com		电子信箱	gjh@erelcn.com	
	电　　话	0755-86217963		传　　真	0755-86212434	
	办公地址	广东省深圳市南山区创业路中兴工业城 14 栋(C 栋)8 楼 809 室				
	经营范围	可靠性工程技术服务				

	指标\报告期	2015.06.30	2014.12.31	2013.12.31	2012.12.31
主要财务指标	净利润(万元)	–142.61	–	33.68	39.57
	净利润增长率(%)	–151.4	–	–14.8790	–
	加权净资产收益率(%)	–27.9600	–	33.9900	396.7200
	资产负债比率(%)	56.9517	–	74.6537	88.3693
	净利润现金含量(%)	316.3504	–	12.5708	172.7640
	基本每股收益(元)	–0.4800	–	0.5400	3.9600
	每股收益–扣除(元)	–	–	0.7100	–1.0400
	每股收益–摊薄(元)	–0.4754	–	0.3368	3.9571
	每股资本公积金(元)	0.3608	–	0.1000	1.0000
	每股未分配利润(元)	–0.0054	–	0.3884	0.8551
	每股净资产(元)	1.4600	–	2.4600	2.9800
	每股经营现金流量(元)	–1.5038	–	0.0423	6.8400
	经营活动现金净流量增长(%)	–286.9	–	–93.8063	–

重庆罗曼耐磨新材料股份有限公司

公司概况						
公司名称	重庆罗曼耐磨新材料股份有限公司			证券简称	罗曼新材
法人代表	牟元全	董秘	梁钊选	证券代码	832516
公司网址	www.erelcn.com		电子信箱	www.luomanxincai.com	
电　话	023-66233088		传　真	023-66215607	
办公地址	重庆市巴南区鱼洞巴县大道102号2栋2-15				
经营范围	耐磨陶瓷板、耐磨管道、复合耐磨材料、复合耐磨钢板的生产、销售、安装等				

主要财务指标

指标＼报告期	2015.06.30	2014.12.31	2013.12.31	2012.12.31
净利润(万元)	272.97	–	735.84	113.86
净利润增长率(%)	−36.4793	–	546.2530	–
加权净资产收益率(%)	9.1000	–	67.3400	30.9500
资产负债比率(%)	33.5082	–	70.9232	84.7149
净利润现金含量(%)	79.8891	–	−69.8386	277.3406
基本每股收益(元)	0.2138	–	0.6100	0.0900
每股收益–扣除(元)	0.2071	–	–	–
每股收益–摊薄(元)	0.2138	–	1.2264	0.1898
每股资本公积金(元)	1.1804	–	–	–
每股未分配利润(元)	0.2645	–	1.2910	0.1872
每股净资产(元)	2.4567	–	2.4345	1.2081
每股经营现金流量(元)	0.1708	–	−0.8565	0.5263
经营活动现金净流量增长(%)	130.3	–	−262.7386	–

常熟联邦化工股份有限公司

公司概况					
公司名称	常熟联邦化工股份有限公司			证券简称	联邦化工
法人代表	苏仁球	董秘	陈丽萍	证券代码	832517
公司网址	www.lb88.com		电子信箱	lb88@hi2000.com	
电　话	0512-52548166		传　真	0512-52541166	
办公地址	江苏省常熟市支塘镇何市西				
经营范围	危险化学品生产				

主要财务指标

指标＼报告期	2015.06.30	2014.12.31	2013.12.31	2012.12.31
净利润(万元)	1824.59	–	3367.98	1624.22
净利润增长率(%)	−3.9362	–	107.3597	–
加权净资产收益率(%)	13.7000	–	23.5300	13.0200
资产负债比率(%)	8.6124	–	9.9465	17.9987
净利润现金含量(%)	248.5935	–	88.3652	265.3591
基本每股收益(元)	1.6200	–	2.9900	1.4400
每股收益–扣除(元)	1.6024	–	3.0200	1.4400
每股收益–摊薄(元)	1.6175	–	2.9858	1.4399
每股资本公积金(元)	8.4256	–	–	–
每股未分配利润(元)	1.9054	–	6.5982	6.1273
每股净资产(元)	12.7300	–	12.1000	11.0600
每股经营现金流量(元)	4.0211	–	2.6400	3.8200
经营活动现金净流量增长(%)	77.1449	–	−30.9488	–

浙江佳汇建筑设计股份有限公司

公司概况					
公司名称	浙江佳汇建筑设计股份有限公司			证券简称	佳汇设计
法人代表	陶锷	董秘	陶佳越	证券代码	832518
公司网址	www.zjjiahui.com		电子信箱	1103636365@qq.com	
电　话	0575-88090851		传　真	0575-88090851	
办公地址	浙江省绍兴市舜江路80号C楼3楼				
经营范围	建筑设计及咨询				

主要财务指标

指标＼报告期	2015.06.30	2014.12.31	2013.12.31	2012.12.31
净利润(万元)	−105.38	–	2.95	0.97
净利润增长率(%)	−549.5223	–	203.7974	–
加权净资产收益率(%)	−15.4100	–	1.3900	0.4700
资产负债比率(%)	74.5678	–	87.8161	76.5255
净利润现金含量(%)	21.5081	–	1249.5870	26536.6904
基本每股收益(元)	−0.1500	–	0.0100	0.0000
每股收益–扣除(元)	–	–	−0.0100	−0.0100
每股收益–摊薄(元)	−0.1505	–	0.0059	0.0019
每股资本公积金(元)	0.1534	–	–	–
每股未分配利润(元)	−0.2349	–	−0.5763	−0.5822
每股净资产(元)	0.9200	–	0.4200	0.4200
每股经营现金流量(元)	−0.0324	–	0.0700	0.5200
经营活动现金净流量增长(%)	−126.4606	–	−85.6945	–

湖南中通电气股份有限公司

公司概况					
公司名称	湖南中通电气股份有限公司			证券简称	中通电气
法人代表	程日兴	董秘	肖洪源	证券代码	832519
公司网址	www.hnztdq.com		电子信箱	xhy993@163.com	
电　话	0731-58580788		传　真	0731-58581288	
办公地址	湖南省湘潭市高新区双拥路27号创新创业园A3栋				
经营范围	轨道交通车辆受流器的研发、生产及销售；轨道交通车辆电机的维修服务				

主要财务指标

指标＼报告期	2015.06.30	2014.12.31	2013.12.31	2012.12.31
净利润(万元)	524.04	576.22	144.84	–
净利润增长率(%)	122.7529	297.8344	–	–
加权净资产收益率(%)	17.9000	38.7400	12.2900	–
资产负债比率(%)	19.9504	29.1815	55.2833	–
净利润现金含量(%)	−199.0413	−40.7306	−243.4834	–
基本每股收益(元)	0.3800	0.4600	–	–
每股收益–扣除(元)	–	0.4500	–	–
每股收益–摊薄(元)	0.3565	0.4610	0.1448	–
每股资本公积金(元)	0.8710	0.4083	–	–
每股未分配利润(元)	0.4930	0.1495	0.1635	–
每股净资产(元)	2.4000	1.6000	1.1800	–
每股经营现金流量(元)	−0.7096	−0.1900	−0.3500	–
经营活动现金净流量增长(%)	−1882.6	33.4	–	–

杭州环申包装新材料股份有限公司

公司概况	公司名称	杭州环申包装新材料股份有限公司			证券简称	环申包装
	法人代表	严月华	董秘	王彪	证券代码	832520
	公司网址	www.hansinpacking.com		电子信箱	info@hansinpacking.com	
	电　话	0571-61077888		传　真	0571-61077303	
	办公地址	浙江省临安市青山湖街道大康路98号				
	经营范围	从事液态软包装复合袋的研发、生产与销售				

主要财务指标	指标\报告期	2015.06.30	2014.12.31	2013.12.31	2012.12.31
	净利润(万元)	140.29	–	47.13	64.03
	净利润增长率(%)	211.7	–	-26.3883	–
	加权净资产收益率(%)	10.7800	–	4.5800	8.1000
	资产负债比率(%)	82.8778	–	72.4786	68.8609
	净利润现金含量(%)	-580.2181	–	-1555.6970	-757.3325
	基本每股收益(元)	0.1400	–	0.0500	0.0600
	每股收益-扣除(元)	0.1400	–	0.0700	0.0800
	每股收益-摊薄(元)	0.1375	–	0.0471	0.0800
	每股资本公积金(元)	0.2255	–	–	–
	每股未分配利润(元)	0.1029	–	0.1526	0.1377
	每股净资产(元)	1.3400	–	1.1500	0.9000
	每股经营现金流量(元)	-0.7981	–	-0.7332	-0.6062
	经营活动现金净流量增长(%)	-279.4550	–	-51.2	–

深圳市合一康生物科技股份有限公司

公司概况	公司名称	深圳市合一康生物科技股份有限公司			证券简称	合一康
	法人代表	罗晓玲	董秘	张正涵	证券代码	832521
	公司网址	www.hornetcorn.com		电子信箱	hornetcorn@hornetcorn.com	
	电　话	0755-21672023		传　真	0755-21672020	
	办公地址	广东省深圳市福田区福保街道福田保税区盈福高科技厂房七层B厂房				
	经营范围	生物技术开发与转让;生物科技产品的研发、生产、销售				

主要财务指标	指标\报告期	2015.06.30	2014.12.31	2013.12.31	2012.12.31
	净利润(万元)	-189.91	–	504.30	41.62
	净利润增长率(%)	-435.3451	–	1111.5934	–
	加权净资产收益率(%)	-3.8600	–	13.3200	3.6400
	资产负债比率(%)	19.5231	–	10.8561	24.1903
	净利润现金含量(%)	333.2440	–	131.8921	552.7952
	基本每股收益(元)	-0.0500	–	0.3100	0.0300
	每股收益-扣除(元)	-0.0900	–	0.2900	0.0200
	每股收益-摊薄(元)	-0.0475	–	0.2792	0.0260
	每股资本公积金(元)	0.1224	–	1.0705	–
	每股未分配利润(元)	0.0598	–	0.0236	-0.2856
	每股净资产(元)	1.1900	–	2.1000	0.7100
	每股经营现金流量(元)	-0.1582	–	0.3700	0.1400
	经营活动现金净流量增长(%)	34.6	–	189.0756	–

邢台纳科诺尔精轧科技股份有限公司

公司概况	公司名称	邢台纳科诺尔精轧科技股份有限公司			证券简称	纳科诺尔
	法人代表	付建新	董秘	张进修	证券代码	832522
	公司网址	www.naknor.com		电子信箱	zjx@naknor.com	
	电　话	85-319-3928019		传　真	0319-3966777	
	办公地址	河北省邢台市开发区二十河大街				
	经营范围	生产经营电池设备、化学电源机械设备、自动化控制设备及设备维修				

主要财务指标	指标\报告期	2015.06.30	2014.12.31	2013.12.31	2012.12.31
	净利润(万元)	421.40	–	300.01	57.74
	净利润增长率(%)	22.8137	–	419.5763	–
	加权净资产收益率(%)	4.8400	–	5.2600	1.0700
	资产负债比率(%)	61.4243	–	67.8877	66.7577
	净利润现金含量(%)	6.2703	–	253.7482	846.2937
	基本每股收益(元)	0.0800	–	0.0800	0.0100
	每股收益-扣除(元)	–	–	–	–
	每股收益-摊薄(元)	0.1053	–	0.0750	0.0144
	每股资本公积金(元)	0.5396	–	–	–
	每股未分配利润(元)	0.1659	–	0.3865	0.3266
	每股净资产(元)	1.7100	–	1.4300	1.3500
	每股经营现金流量(元)	0.0066	–	0.1900	0.1200
	经营活动现金净流量增长(%)	105.2	–	55.7921	–

新疆天山黑蜂产业股份有限公司

公司概况	公司名称	新疆天山黑蜂产业股份有限公司			证券简称	天山黑蜂
	法人代表	冯钢	董秘	周丽娟	证券代码	832523
	公司网址	www.xjtshf.com		电子信箱	Zhlj168899@sina.com	
	电　话	0999-4880063		传　真	0999-4880062	
	办公地址	新疆伊犁州尼勒克县种蜂场				
	经营范围	蜂产品的收购、加工与销售,向蜂业项目的投资				

主要财务指标	指标\报告期	2015.06.30	2014.12.31	2013.12.31	2012.12.31
	净利润(万元)	45.26	–	1012.58	1038.70
	净利润增长率(%)	-65.4364	–	510.1760	–
	加权净资产收益率(%)	1.7700	–	3.9300	24.6500
	资产负债比率(%)	64.4171	–	77.9445	58.9215
	净利润现金含量(%)	300.1520	–	41.0032	-64.3805
	基本每股收益(元)	0.0200	–	0.0500	0.2800
	每股收益-扣除(元)	–	–	–	–
	每股收益-摊薄(元)	0.0175	–	1.0126	1.0387
	每股资本公积金(元)	0.0162	–	–	–
	每股未分配利润(元)	-0.0098	–	0.1882	0.1462
	每股净资产(元)	1.0100	–	1.2100	1.1600
	每股经营现金流量(元)	0.0525	–	0.4200	-0.6687
	经营活动现金净流量增长(%)	-16.6473	–	162.1	–

北京尚洋易捷信息技术股份有限公司

公司概况	公司名称	北京尚洋易捷信息技术股份有限公司			证券简称	尚洋信息
	法人代表	陈建芳	董秘	陈志斌	证券代码	832524
	公司网址	www.ej-info.com		电子信箱	66475@qq.com	
	电　　话	010-82609786		传　　真	010-8260970608	
	办公地址	北京市海淀区海淀苏州街18号院-4楼12A10				
	经营范围	医疗保险、社会保险、商业保险、医疗健康的软件开发、互联网运营及软硬件销售				

	指标\报告期	2015.06.30	2014.12.31	2013.12.31	2012.12.31
主要财务指标	净利润(万元)	166.23	–	344.50	378.74
	净利润增长率(%)	97.2299	–	-9.0409	–
	加权净资产收益率(%)	10.7000	–	55.6300	222.5600
	资产负债比率(%)	25.2716	–	7.9981	29.6838
	净利润现金含量(%)	18.8742	–	124.4691	-52.6764
	基本每股收益(元)	0.1500	–	0.3100	1.2200
	每股收益-扣除(元)	–	–	–	–
	每股收益-摊薄(元)	0.1511	–	0.3132	0.3443
	每股资本公积金(元)	0.0948	–	–	–
	每股未分配利润(元)	0.3688	–	0.4840	0.2021
	每股净资产(元)	1.4900	–	0.7200	0.4100
	每股经营现金流量(元)	0.0285	–	0.3900	-0.1800
	经营活动现金净流量增长(%)	-91.7213	–	314.9	–

宁波德业变频技术股份有限公司

公司概况	公司名称	宁波德业变频技术股份有限公司			证券简称	德业变频
	法人代表	张和君	董秘	谈最	证券代码	832525
	公司网址	www.deye.com.cn		电子信箱	it@deye.com.cn	
	电　　话	0574-86222335		传　　真	0574-86222338	
	办公地址	浙江省宁波市北仑区大碶甬江南路26号				
	经营范围	研发、生产、销售变频控制芯片及变频控制器				

	指标\报告期	2015.06.30	2014.12.31	2013.12.31	2012.12.31
主要财务指标	净利润(万元)	1389.30	–	1560.34	601.50
	净利润增长率(%)	7.1042	–	159.4071	–
	加权净资产收益率(%)	19.4600	–	–	–
	资产负债比率(%)	38.1084	–	25.5859	42.4768
	净利润现金含量(%)	299.4710	–	44.1968	182.7681
	基本每股收益(元)	0.2300	–	0.2600	0.1000
	每股收益-扣除(元)	0.2100	–	–	–
	每股收益-摊薄(元)	0.2315	–	0.2601	0.1003
	每股资本公积金(元)	0.0694	–	–	–
	每股未分配利润(元)	0.2359	–	0.2041	-0.0333
	每股净资产(元)	1.3100	–	1.2300	0.9700
	每股经营现金流量(元)	0.6934	–	0.1100	0.1800
	经营活动现金净流量增长(%)	182.3803	–	-37.2699	–

深圳市鸿普森科技股份有限公司

公司概况	公司名称	深圳市鸿普森科技股份有限公司			证券简称	鸿普森
	法人代表	张发胜	董秘	张虹	证券代码	832526
	公司网址	www.hopesen.com.cn		电子信箱	zhangh@hopesen.com.cn	
	电　　话	0755-82469128		传　　真	0755-82469109	
	办公地址	广东省深圳市福田区福田保税区深福保科技工业园B座二楼2B04、2B05				
	经营范围	计算机系统集成及计算机软硬件的技术开发				

	指标\报告期	2015.06.30	2014.12.31	2013.12.31	2012.12.31
主要财务指标	净利润(万元)	167.82	–	131.99	-88.57
	净利润增长率(%)	18.8081	–	249.0	–
	加权净资产收益率(%)	7.6800	–	9.6000	-23.9700
	资产负债比率(%)	51.6514	–	64.4769	88.9672
	净利润现金含量(%)	105.6220	–	-731.1236	607.1808
	基本每股收益(元)	0.0800	–	0.0700	-0.0900
	每股收益-扣除(元)	0.0800	–	–	–
	每股收益-摊薄(元)	0.0770	–	0.0605	-0.0886
	每股资本公积金(元)	0.0311	–	–	–
	每股未分配利润(元)	0.0019	–	-0.2490	-0.6747
	每股净资产(元)	1.0400	–	0.7500	0.3300
	每股经营现金流量(元)	0.0813	–	-0.4400	-0.5400
	经营活动现金净流量增长(%)	282.9	–	-79.4	–

深圳市恒康达国际食品股份有限公司

公司概况	公司名称	深圳市恒康达国际食品股份有限公司			证券简称	恒康达
	法人代表	李钢	董秘	马纯	证券代码	832527
	公司网址	www.hengkangda.cn		电子信箱	hkdmelisa@163.com	
	电　　话	0755-82216088		传　　真	0755-82216868	
	办公地址	广东省深圳市福田区益田路与福华三路交界东北深圳国际商会中心0501				
	经营范围	进口食品的贸易代理服务和食品贸易销售				

	指标\报告期	2015.06.30	2014.12.31	2013.12.31	2012.12.31
主要财务指标	净利润(万元)	215.56	362.42	127.37	143.72
	净利润增长率(%)	4929.4738	184.5290	-11.3720	–
	加权净资产收益率(%)	21.3200	74.1600	58.9500	132.7700
	资产负债比率(%)	76.5385	82.4500	87.2109	87.4486
	净利润现金含量(%)	116.2935	85.6098	60.6173	-19.5102
	基本每股收益(元)	0.4300	3.6200	1.2700	1.4400
	每股收益-扣除(元)	–	–	–	–
	每股收益-摊薄(元)	0.8623	3.6242	1.2737	1.4372
	每股资本公积金(元)	–	–	–	–
	每股未分配利润(元)	2.9139	5.1291	1.8673	0.7210
	每股净资产(元)	2.0700	6.7000	3.0700	1.8000
	每股经营现金流量(元)	1.0027	3.1026	0.7721	-0.2800
	经营活动现金净流量增长(%)	-301.9937	301.8402	375.3	–

南京斯迈柯特种金属装备股份有限公司

公司概况	公司名称	南京斯迈柯特种金属装备股份有限公司		证券简称	斯迈柯
	法人代表	陈灏康	董秘 黄秋梅	证券代码	832528
	公司网址	www.nsme.cn		电子信箱	sme@nsme.cn
	电话	025-52729100		传真	025-52726200
	办公地址	江苏省南京市江宁经济技术开发区吉印大道 3088 号			
	经营范围	特种金属压力容器的研发、设计、制造与销售			

主要财务指标	指标\报告期	2015.06.30	2014.12.31	2013.12.31	2012.12.31
	净利润(万元)	–	–	1418.27	3689.15
	净利润增长率(%)	–	–	–61.5557	–
	加权净资产收益率(%)	–	–	6.4000	18.8000
	资产负债比率(%)	–	–	56.9113	56.7384
	净利润现金含量(%)	–	–	–124.0822	63.6512
	基本每股收益(元)	–	–	0.1920	0.4990
	每股收益-扣除(元)	–	–	0.1890	–
	每股收益-摊薄(元)	–	–	0.1918	0.4989
	每股资本公积金(元)	–	–	0.6053	0.6053
	每股未分配利润(元)	–	–	1.3404	1.1678
	每股净资产(元)	–	–	3.0900	2.9000
	每股经营现金流量(元)	–	–	–0.2400	0.3200
	经营活动现金净流量增长(%)	–	–	–174.9437	–

深圳市裕农科技股份有限公司

公司概况	公司名称	深圳市裕农科技股份有限公司		证券简称	裕农科技
	法人代表	申光荣	董秘 申雪娇	证券代码	832529
	公司网址	www.szyunong.com		电子信箱	yunongkejihr@163.com
	电话	0755-29046819		传真	0755-29046290
	办公地址	广东省深圳市龙华新区观澜章阁社区老村东区 73 号 10 栋、9 栋 B 面			
	经营范围	饲料产品的研发、生产和销售			

主要财务指标	指标\报告期	2015.06.30	2014.12.31	2013.12.31	2012.12.31
	净利润(万元)	77.63	–	–3.50	163.87
	净利润增长率(%)	916.3500	–	–102.1378	–
	加权净资产收益率(%)	11.3700	–	–8.8100	32.2300
	资产负债比率(%)	70.1755	–	66.4110	72.4262
	净利润现金含量(%)	424.1137	–	–10863.034	127.5418
	基本每股收益(元)	0.1300	–	–0.1100	0.2700
	每股收益-扣除(元)	–	–	–	–
	每股收益-摊薄(元)	0.1294	–	–0.0058	0.2731
	每股资本公积金(元)	0.0338	–	–	–
	每股未分配利润(元)	0.0338	–	0.5832	0.6126
	每股净资产(元)	1.1000	–	0.8400	0.8500
	每股经营现金流量(元)	0.5487	–	0.6300	0.3500
	经营活动现金净流量增长(%)	18449.9967	–	82.0829	–

长沙麦融高科股份有限公司

公司概况	公司名称	长沙麦融高科股份有限公司		证券简称	麦融高科
	法人代表	廖曙光	董秘 文琴	证券代码	832530
	公司网址	www.maxxom.com.cn		电子信箱	maxxom022@163.com
	电话	0731-88720242		传真	0731-88720234
	办公地址	湖南省长沙高新开发区谷苑路 186 号湖南大学科技园创业大厦 401A24 室			
	经营范围	温控节能产品的研发、生产和销售			

主要财务指标	指标\报告期	2015.06.30	2014.12.31	2013.12.31	2012.12.31
	净利润(万元)	94.70	–	–65.31	–32.38
	净利润增长率(%)	71.4790	–	–101.7	–
	加权净资产收益率(%)	5.0200	–	–6.6900	–4.1800
	资产负债比率(%)	18.2537	–	27.0529	21.5073
	净利润现金含量(%)	–631.3401	–	–105.1600	189.1291
	基本每股收益(元)	0.0500	–	–0.0700	–0.0400
	每股收益-扣除(元)	0.0300	–	–	–
	每股收益-摊薄(元)	0.0507	–	–0.0652	–0.0323
	每股资本公积金(元)	0.0140	–	0.0200	0.0200
	每股未分配利润(元)	0.0209	–	–0.0781	–0.0129
	每股净资产(元)	1.0300	–	0.9400	1.0100
	每股经营现金流量(元)	–0.3201	–	0.0700	–0.0600
	经营活动现金净流量增长(%)	–1616.9	–	212.2	–

河南元丰科技网络股份有限公司

公司概况	公司名称	河南元丰科技网络股份有限公司		证券简称	元丰科技
	法人代表	闫小波	董秘 常利娟	证券代码	832531
	公司网址	www.hnyfkj.com		电子信箱	yfkj@hnyfkj.com
	电话	0391-2062001		传真	0391-2062001
	办公地址	河南省济源高新技术产业开发区沁园工业园标准化厂房 6 号楼 3 楼			
	经营范围	承担通信业务网络系统集成、电信支撑网络系统集成等			

主要财务指标	指标\报告期	2015.06.30	2014.12.31	2013.12.31	2012.12.31
	净利润(万元)	251.20	–	133.34	33.87
	净利润增长率(%)	75.9756	–	293.6840	–
	加权净资产收益率(%)	14.5500	–	15.6100	10.2400
	资产负债比率(%)	27.2878	–	25.9934	18.7474
	净利润现金含量(%)	–263.5599	–	–282.6679	–1516.6204
	基本每股收益(元)	0.1700	–	0.1300	0.0700
	每股收益-扣除(元)	0.1600	–	–	–
	每股收益-摊薄(元)	0.1741	–	0.1212	0.0403
	每股资本公积金(元)	0.0922	–	0.0652	0.0854
	每股未分配利润(元)	0.2578	–	0.0059	–0.1476
	每股净资产(元)	1.3700	–	1.0700	0.9400
	每股经营现金流量(元)	–0.4589	–	–0.3427	–0.6115
	经营活动现金净流量增长(%)	–237.9899	–	26.6	–

淄博大亚金属科技股份有限公司

公司概况

公司名称	淄博大亚金属科技股份有限公司			证券简称	大亚股份
法人代表	韩庆吉	董秘	蒋振峰	证券代码	832532
公司网址	www.taa.net.cn		电子信箱	info@taa.net.cn	
电　话	0533-6880419		传　真	0533-6888897	
办公地址	山东省淄博市周村区萌水镇中心大街288号				
经营范围	金属磨料的研发、生产和销售				

主要财务指标

指标\报告期	2015.06.30	2014.12.31	2013.12.31	2012.12.31
净利润(万元)	1005.57	–	792.74	134.08
净利润增长率(%)	91.6450	–	491.2384	–
加权净资产收益率(%)	7.1600	–	6.7400	1.1600
资产负债比率(%)	76.5206	–	75.4216	74.5865
净利润现金含量(%)	-533.8725	–	383.9645	497.7998
基本每股收益(元)	0.1400	–	0.1100	0.0200
每股收益-扣除(元)	–	–	0.0800	0.0100
每股收益-摊薄(元)	0.1397	–	0.1101	0.0186
每股资本公积金(元)	0.2628	–	0.2628	0.2628
每股未分配利润(元)	0.6520	–	0.3782	0.2782
每股净资产(元)	1.9700	–	1.6900	1.5800
每股经营现金流量(元)	-0.7456	–	0.4200	0.0900
经营活动现金净流量增长(%)	-335.9181	–	356.0367	–

贵州利美康外科医院股份有限公司

公司概况

公司名称	贵州利美康外科医院股份有限公司			证券简称	利美康
法人代表	骆刚	董秘	陈思敏	证券代码	832533
公司网址	www.lmkzx.com		电子信箱	635578612@qq.com	
电　话	0851-86823657		传　真	0851-86859960	
办公地址	贵州省贵阳市中华北路101号				
经营范围	医疗、医院投资、;医疗、美容培训等				

主要财务指标

指标\报告期	2015.06.30	2014.12.31	2013.12.31	2012.12.31
净利润(万元)	748.04	377.37	168.72	–
净利润增长率(%)	2152.2684	123.6705	–	–
加权净资产收益率(%)	17.9200	20.6300	11.5900	–
资产负债比率(%)	45.0964	48.7752	68.1998	–
净利润现金含量(%)	139.0146	134.2449	840.8606	–
基本每股收益(元)	0.2200	0.1400	0.0600	–
每股收益-扣除(元)	0.2600	0.1100	0.1000	–
每股收益-摊薄(元)	0.2222	0.1121	0.0610	–
每股资本公积金(元)	0.3806	0.3806	0.0003	–
每股未分配利润(元)	-0.0297	-0.2520	-0.4432	–
每股净资产(元)	1.3500	1.1300	0.5100	–
每股经营现金流量(元)	0.3089	0.1505	0.5131	–
经营活动现金净流量增长(%)	380.1	-64.2909	–	–

江苏东宝农化股份有限公司

公司概况

公司名称	江苏东宝农化股份有限公司			证券简称	东宝股份
法人代表	宋国庆	董秘	孙红军	证券代码	832534
公司网址	www.jsdbny.net		电子信箱	joeychou628@163.com	
电　话	0514-86731510		传　真	0514-86738114	
办公地址	江苏省扬州市江都区宜陵镇				
经营范围	农药制剂的研发、生产、销售				

主要财务指标

指标\报告期	2015.06.30	2014.12.31	2013.12.31	2012.12.31
净利润(万元)	359.01	889.26	170.64	-10.60
净利润增长率(%)	-29.1671	421.1406	1710.3	–
加权净资产收益率(%)	6.6900	19.6800	4.4900	-0.3500
资产负债比率(%)	49.1307	36.2197	67.3268	73.4501
净利润现金含量(%)	-197.1331	279.5944	-1275.5496	10164.2744
基本每股收益(元)	0.1200	0.2900	0.0600	-0.0100
每股收益-扣除(元)	0.0900	0.1600	–	–
每股收益-摊薄(元)	0.1173	0.2906	0.0558	-0.0035
每股资本公积金(元)	0.3647	0.3647	–	–
每股未分配利润(元)	0.2413	0.1240	0.1837	0.1335
每股净资产(元)	1.8400	1.6900	1.3300	1.2100
每股经营现金流量(元)	-0.2313	0.8125	-0.7113	-0.3500
经营活动现金净流量增长(%)	-145.1722	214.2	-102.1	–

宁夏润龙包装新材料股份有限公司

公司概况

公司名称	宁夏润龙包装新材料股份有限公司			证券简称	润龙包装
法人代表	段海英	董秘	张玉秋	证券代码	832535
公司网址	www.nxrunlong.com		电子信箱	nxrlbz@163.com	
电　话	0952-3928832		传　真	0952-3928855	
办公地址	宁夏回族自治区石嘴山市河滨工业园区正义路南侧				
经营范围	塑料编织袋(复合)、纸塑复合袋、吨袋的生产、销售				

主要财务指标

指标\报告期	2015.06.30	2014.12.31	2013.12.31	2012.12.31
净利润(万元)	60.30	43.15	96.25	–
净利润增长率(%)	18.4779	-55.1711	–	–
加权净资产收益率(%)	3.7800	4.1100	19.9100	–
资产负债比率(%)	72.5178	57.6197	89.5303	–
净利润现金含量(%)	-290.6131	-4006.1877	-142.6701	–
基本每股收益(元)	0.0400	0.0300	0.0600	–
每股收益-扣除(元)	–	-0.0200	–	–
每股收益-摊薄(元)	0.0402	0.0288	0.1203	–
每股资本公积金(元)	0.0217	0.0217	–	–
每股未分配利润(元)	0.0623	0.0221	-0.3355	–
每股净资产(元)	1.0800	1.0400	0.3500	–
每股经营现金流量(元)	-0.1168	-1.1500	-0.1717	–
经营活动现金净流量增长(%)	82.8	-1158.9	–	–

北京科创京成科技股份有限公司

公司概况	公司名称	北京科创京成科技股份有限公司			证券简称	京成科技
	法人代表	张术兰	董秘	王也凡	证券代码	832536
	公司网址	www.jctm.com.cn			电子信箱	jctm@jctm.com.cn
	电　　话	010-51905460			传　　真	010-51901405
	办公地址	北京市海淀区西三环北路21号1号楼716A室				
	经营范围	技术开发、技术咨询、技术服务等				

	指标\报告期	2015.06.30	2014.12.31	2013.12.31	2012.12.31
主要财务指标	净利润(万元)	-68.86	-	-38.25	-14.16
	净利润增长率(%)	-50.3	-	-170.1	-
	加权净资产收益率(%)	-5.7500	-	-4.5400	-1.7100
	资产负债比率(%)	19.7116	-	35.8828	38.2210
	净利润现金含量(%)	-67.3959	-	601.5825	633.5978
	基本每股收益(元)	-0.0400	-	-0.0500	-0.0400
	每股收益-扣除(元)	-	-	-	-
	每股收益-摊薄(元)	-0.0574	-	-0.0383	-0.0283
	每股资本公积金(元)	0.0098	-	-	-
	每股未分配利润(元)	-0.0410	-	0.1556	0.3878
	每股净资产(元)	0.9700	-	1.2800	1.6400
	每股经营现金流量(元)	0.0387	-	-0.2300	-0.1800
	经营活动现金净流量增长(%)	111.2	-	-156.4	-

洁华控股股份有限公司

公司概况	公司名称	洁华控股股份有限公司			证券简称	洁华控股
	法人代表	钱怡松	董秘	钱烨	证券代码	832537
	公司网址	www.jiehua.com			电子信箱	office@jiehua.com
	电　　话	0573-87856388			传　　真	0573-87855268
	办公地址	浙江省海宁市马桥镇(湖塘)金鸡路3号				
	经营范围	压力容器制造、设计、安装				

	指标\报告期	2015.06.30	2014.12.31	2013.12.31	2012.12.31
主要财务指标	净利润(万元)	570.22	1563.17	4493.84	5448.62
	净利润增长率(%)	12.2512	-65.2153	-17.5233	45.0789
	加权净资产收益率(%)	2.1900	6.2700	20.5200	31.9900
	资产负债比率(%)	58.8140	63.3176	63.1011	67.2187
	净利润现金含量(%)	134.7356	98.2702	-79.4801	59.1281
	基本每股收益(元)	0.1100	0.3100	0.9000	1.0900
	每股收益-扣除(元)	0.1000	0.2700	0.6800	0.9700
	每股收益-摊薄(元)	0.1140	0.3126	0.8988	1.0897
	每股资本公积金(元)	0.0959	0.0959	0.0959	0.0959
	每股未分配利润(元)	3.6619	3.5333	3.2207	2.3219
	每股净资产(元)	5.2700	5.1423	4.8296	3.9309
	每股经营现金流量(元)	0.1537	0.3100	-0.7100	0.6400
	经营活动现金净流量增长(%)	124.7	143.0	-210.8653	794.3059

四川远方高新装备零部件股份有限公司

公司概况	公司名称	四川远方高新装备零部件股份有限公司			证券简称	远方装备
	法人代表	张超杰	董秘	周枳岍	证券代码	832538
	公司网址				电子信箱	info@china-yuanfang.com
	电　　话	0816-3364458			传　　真	0816-3362498
	办公地址	四川省江油市工业开发区会昌北路				
	经营范围	工业、民用机械设备、机械配件、铸锻件、金属结构件的制造、销售				

	指标\报告期	2015.06.30	2014.12.31	2013.12.31	2012.12.31
主要财务指标	净利润(万元)	40.55	-	-	-
	净利润增长率(%)	183.1114	-	-	-
	加权净资产收益率(%)	1.1578	-	-	-
	资产负债比率(%)	63.5260	-	-	-
	净利润现金含量(%)	-2384.4599	-	-	-
	基本每股收益(元)	0.0200	-	-	-
	每股收益-扣除(元)	-	-	-	-
	每股收益-摊薄(元)	0.0161	-	-	-
	每股资本公积金(元)	0.2001	-	-	-
	每股未分配利润(元)	-0.0202	-	-	-
	每股净资产(元)	1.1800	-	-	-
	每股经营现金流量(元)	-0.3843	-	-	-
	经营活动现金净流量增长(%)	-1413.0509	-	-	-

江苏新广联光电股份有限公司

公司概况	公司名称	江苏新广联光电股份有限公司			证券简称	新广联
	法人代表	谢志坚	董秘	宋晓君	证券代码	832539
	公司网址	www.xglopto.com			电子信箱	amysong@jsxgl.com
	电　　话	0510-88701888-8699			传　　真	0510-88700742
	办公地址	江苏省无锡市锡山经济开发区团结北路18号				
	经营范围	城市照明工程、钢结构工程、装饰工程的施工				

	指标\报告期	2015.06.30	2014.12.31	2013.12.31	2012.12.31
主要财务指标	净利润(万元)	119.93	175.71	54.42	-
	净利润增长率(%)	137.5866	222.8633	-	-
	加权净资产收益率(%)	3.6500	6.9100	4.6300	-
	资产负债比率(%)	22.4172	16.8138	21.8918	-
	净利润现金含量(%)	-559.1582	-794.0720	-746.2276	-
	基本每股收益(元)	0.0400	0.1000	0.1100	-
	每股收益-扣除(元)	-	-	-	-
	每股收益-摊薄(元)	0.0400	0.0586	0.0302	-
	每股资本公积金(元)	0.0180	0.0180	-	-
	每股未分配利润(元)	0.0927	0.0527	0.0270	-
	每股净资产(元)	1.1200	1.0800	3.7100	-
	每股经营现金流量(元)	-0.2235	-0.4700	-0.2256	-
	经营活动现金净流量增长(%)	36.8	-243.6	-	-

江苏康沃动力科技股份有限公司

公司概况	公司名称	江苏康沃动力科技股份有限公司		证券简称	康沃动力
	法人代表	刘言刚	董秘 程宏海	证券代码	832540
	公司网址	www.kangwopower.com		电子信箱	www.kangwopower.com
	电　话	0512-50136685		传　真	0512-50136687
	办公地址	江苏省苏州市昆山市花桥镇横塘路			
	经营范围	柴油发动机及发电机组的研发设计、生产、组装和销售			

	指标\报告期	2015.06.30	2014.12.31	2013.12.31	2012.12.31
主要财务指标	净利润(万元)	116.06	–	65.91	–1.06
	净利润增长率(%)	1030.6377	–	6338.2	–
	加权净资产收益率(%)	1.4100	–	1.7200	–0.5100
	资产负债比率(%)	49.6670	–	37.3727	89.4930
	净利润现金含量(%)	593.7536	–	3818.4213	9480.9882
	基本每股收益(元)	0.0200	–	0.0200	–0.0050
	每股收益-扣除(元)	–	–	–	–
	每股收益-摊薄(元)	0.0163	–	0.0132	–0.0053
	每股资本公积金(元)	0.3630	–	–	–
	每股未分配利润(元)	0.0018	–	0.0128	0.0234
	每股净资产(元)	1.3649	–	1.0100	1.0300
	每股经营现金流量(元)	0.0971	–	0.5000	–0.5000
	经营活动现金净流量增长(%)	609.6	–	2612.4	–

镇江新区固废处置股份有限公司

公司概况	公司名称	镇江新区固废处置股份有限公司		证券简称	镇江固废
	法人代表	吴晓坚	董秘 王雪梅	证券代码	832541
	公司网址			电子信箱	
	电　话	0511-80865876		传　真	0511-80865878
	办公地址	江苏省镇江新区大港荞麦山路6号			
	经营范围	工业固体废弃物的处置技术咨询服务			

	指标\报告期	2015.06.30	2014.12.31	2013.12.31	2012.12.31
主要财务指标	净利润(万元)	922.48	1338.05	194.03	–
	净利润增长率(%)	80.1543	589.5941	–	–
	加权净资产收益率(%)	19.7800	36.4200	8.1300	–
	资产负债比率(%)	33.9048	35.9506	53.5541	–
	净利润现金含量(%)	185.2535	108.5584	413.1577	–
	基本每股收益(元)	0.3100	0.4500	0.0600	–
	每股收益-扣除(元)	0.3000	–	–	–
	每股收益-摊薄(元)	0.3100	0.4460	0.0647	–
	每股资本公积金(元)	0.2412	0.2412	–	–
	每股未分配利润(元)	0.2774	0.1740	–0.0115	–
	每股净资产(元)	1.5900	1.4600	1.0000	–
	每股经营现金流量(元)	0.5696	0.4800	0.2700	–
	经营活动现金净流量增长(%)	216.2230	81.1929	–	–

山东金软科技股份有限公司

公司概况	公司名称	山东金软科技股份有限公司		证券简称	金软科技
	法人代表	王晓杰	董秘 王迷军	证券代码	832542
	公司网址	www.goldsoft.cn		电子信箱	info@goldsoft.cn
	电　话	0535-8250678		传　真	0535-8250673
	办公地址	山东省招远市招金路298号			
	经营范围	安全技术防范工程设计及施工			

	指标\报告期	2015.06.30	2014.12.31	2013.12.31	2012.12.31
主要财务指标	净利润(万元)	60.83	–	608.01	255.45
	净利润增长率(%)	–2.8582	–	138.0184	–
	加权净资产收益率(%)	1.1500	–	26.1800	13.5100
	资产负债比率(%)	16.7704	–	22.0507	36.8296
	净利润现金含量(%)	–916.9126	–	12.1248	–261.5541
	基本每股收益(元)	0.0203	–	0.8700	0.3700
	每股收益-扣除(元)	0.0120	–	0.8700	0.3200
	每股收益-摊薄(元)	0.0203	–	0.4791	0.3660
	每股资本公积金(元)	0.6961	–	0.8738	–
	每股未分配利润(元)	0.0663	–	1.3521	1.6764
	每股净资产(元)	1.7800	–	3.3900	2.8900
	每股经营现金流量(元)	–0.1859	–	0.0581	–0.9600
	经营活动现金净流量增长(%)	14.9	–	111.0	–

衡阳鸿大特种钢管股份有限公司

公司概况	公司名称	衡阳鸿大特种钢管股份有限公司		证券简称	鸿大股份
	法人代表	罗强	董秘 唐晓军	证券代码	832543
	公司网址	www.hyhdtg.com		电子信箱	hyhdtg@163.com
	电　话	0734-8871616		传　真	0734-8871516
	办公地址	湖南省衡阳市蒸湘区大栗新村18号3号厂房			
	经营范围	公司主营业务为钢管研发、加工、销售及金属制品的进出口贸易			

	指标\报告期	2015.06.30	2014.12.31	2013.12.31	2012.12.31
主要财务指标	净利润(万元)	–251.86	170.37	125.15	–
	净利润增长率(%)	–52.6	36.1361	–	–
	加权净资产收益率(%)	–6.1200	3.9000	3.1800	–
	资产负债比率(%)	41.4999	23.5847	32.6767	–
	净利润现金含量(%)	–617.5613	–75.1365	–1239.0971	–
	基本每股收益(元)	–0.1600	0.1100	0.0800	–
	每股收益-扣除(元)	–0.1600	–	–	–
	每股收益-摊薄(元)	–0.1608	0.1087	0.0834	–
	每股资本公积金(元)	1.7813	1.7813	–	–
	每股未分配利润(元)	–0.1538	0.0070	1.4504	–
	每股净资产(元)	2.6200	2.7900	2.6200	–
	每股经营现金流量(元)	0.9927	–0.0800	–1.0300	–
	经营活动现金净流量增长(%)	436.0639	91.7	–	–

湖北怡莲蚕桑科技股份有限公司

公司概况

公司名称	湖北怡莲蚕桑科技股份有限公司			证券简称	怡莲蚕桑
法人代表	彭善超	董秘	田友元	证券代码	832544
公司网址	www.hbepsun.com		电子信箱	465439366@qq.com	
电　话	0713-7069688		传　真	0713-7069688	
办公地址	湖北省英山县温泉镇一里沙路 38 号				
经营范围	桑、蚕、茧、丝、绸系列产品研发、技术推广和咨询服务				

主要财务指标

指标\报告期	2015.06.30	2014.12.31	2013.12.31	2012.12.31
净利润(万元)	182.75	246.31	106.22	–
净利润增长率(%)	31.8379	131.8937	–	–
加权净资产收益率(%)	13.6800	29.6500	23.4300	–
资产负债比率(%)	50.8797	17.6875	49.1095	–
净利润现金含量(%)	-104.2644	-42.6495	133.5530	–
基本每股收益(元)	0.1800	0.5800	0.3500	–
每股收益-扣除(元)	–	0.4800	0.3300	–
每股收益-摊薄(元)	0.1828	0.2463	0.3541	–
每股资本公积金(元)	0.1764	0.1764	–	–
每股未分配利润(元)	0.1590	-0.0237	0.6187	–
每股净资产(元)	1.3400	1.1500	1.0200	–
每股经营现金流量(元)	-0.1905	-0.1100	0.4700	–
经营活动现金净流量增长(%)	62.2	-174.0506	–	–

广州市三川田文化科技股份有限公司

公司概况

公司名称	广州市三川田文化科技股份有限公司			证券简称	三川田
法人代表	刘捷	董秘	蒙宓	证券代码	832545
公司网址	www.333f.com		电子信箱	trf8888@163.com	
电　话	0400-889-1113		传　真	020-38482516	
办公地址	广东省广州市萝岗区科学城科汇四街 5 号 301-B 号				
经营范围	室内装饰、设计;美术图案设计服务				

主要财务指标

指标\报告期	2015.06.30	2014.12.31	2013.12.31	2012.12.31
净利润(万元)	41.78	–	398.00	552.69
净利润增长率(%)	115.9	–	-27.9886	–
加权净资产收益率(%)	2.0100	–	20.4600	37.6100
资产负债比率(%)	47.7387	–	40.2107	48.3394
净利润现金含量(%)	-1413.7541	–	-203.5603	7.8326
基本每股收益(元)	0.0200	–	0.8000	1.1100
每股收益-扣除(元)	0.0200	–	–	–
每股收益-摊薄(元)	0.0247	–	0.7960	1.1054
每股资本公积金(元)	0.1362	–	2.0000	0.4000
每股未分配利润(元)	0.0919	–	2.6522	1.9462
每股净资产(元)	1.2400	–	5.8900	3.4900
每股经营现金流量(元)	-0.3499	–	-1.6200	0.0900
经营活动现金净流量增长(%)	-172.5555	–	-1971.3807	–

广东科富科技股份有限公司

公司概况

公司名称	广东科富科技股份有限公司			证券简称	科富股份
法人代表	袁兴	董秘	王燕春	证券代码	832546
公司网址	www.kefoo.com		电子信箱	foshanyx@126.com	
电　话	0757-81068308		传　真	020-81068307	
办公地址	广东省佛山市南海区桂城街道深海路 17 号瀚天科技城 A 区 7 号楼六楼 602 单元				
经营范围	涂装化学品研销及涂装工程建设运营与加工				

主要财务指标

指标\报告期	2015.06.30	2014.12.31	2013.12.31	2012.12.31
净利润(万元)	205.71	–	344.09	58.95
净利润增长率(%)	485.1799	–	1640.7542	–
加权净资产收益率(%)	9.4300	–	24.9800	4.9900
资产负债比率(%)	56.6174	–	71.3480	72.3652
净利润现金含量(%)	146.9254	–	145.1626	-1451.7388
基本每股收益(元)	0.1700	–	0.3441	0.0590
每股收益-扣除(元)	–	–	0.0751	-0.0400
每股收益-摊薄(元)	0.1659	–	0.3441	0.0590
每股资本公积金(元)	0.3582	–	0.1842	0.1842
每股未分配利润(元)	0.4919	–	0.3377	0.0152
每股净资产(元)	1.9200	–	1.5500	1.2100
每股经营现金流量(元)	0.2437	–	0.5000	-0.8600
经营活动现金净流量增长(%)	315.2188	–	158.4	–

上海利策科技股份有限公司

公司概况

公司名称	上海利策科技股份有限公司			证券简称	利策科技
法人代表	戚涛	董秘	严驷	证券代码	832547
公司网址	www.richtechcn.com		电子信箱	ir@richtechcn.com	
电　话	021-64850066		传　真	021-64850016	
办公地址	上海市桂平路 680 号 33 幢 303-14 室				
经营范围	提供能源工程、船舶工程、海洋工程、机电工程、建筑工程等				

主要财务指标

指标\报告期	2015.06.30	2014.12.31	2013.12.31	2012.12.31
净利润(万元)	665.77	–	2327.95	1030.97
净利润增长率(%)	7.9592	–	125.8011	–
加权净资产收益率(%)	8.2000	–	33.8000	18.6400
资产负债比率(%)	43.9836	–	44.2955	38.2401
净利润现金含量(%)	-168.0795	–	309.3557	-26.2026
基本每股收益(元)	0.1500	–	0.5200	0.2300
每股收益-扣除(元)	0.0900	–	0.4200	0.1700
每股收益-摊薄(元)	0.1479	–	0.5173	0.2291
每股资本公积金(元)	0.0306	–	0.0306	0.0306
每股未分配利润(元)	0.2643	–	0.4672	0.2886
每股净资产(元)	1.4100	–	1.5700	1.3400
每股经营现金流量(元)	-0.2487	–	1.6000	-0.0600
经营活动现金净流量增长(%)	-43.4	–	2765.9	–

安徽金泉生物科技股份有限公司

公司概况	公司名称	安徽金泉生物科技股份有限公司			证券简称	金泉科技
	法人代表	何广泉	董秘	何广泉	证券代码	832548
	公司网址	www.jinquanpharm.com		电子信箱	sales@jinquanpharm.com	
	电话	0556-7231508		传真	0556-7231500	
	办公地址	安徽省安庆市望江县雷池乡雷港村				
	经营范围	生物医药中间体、精细化工产品研发、生产和销售				

主要财务指标	指标\报告期	2015.06.30	2014.12.31	2013.12.31	2012.12.31
	净利润(万元)	78.89	–	54.14	123.96
	净利润增长率(%)	16.2981	–	-56.3257	–
	加权净资产收益率(%)	4.0400	–	4.1100	10.1000
	资产负债比率(%)	60.1675	–	64.3616	67.2568
	净利润现金含量(%)	76.3089	–	-154.1744	326.6699
	基本每股收益(元)	0.0500	–	0.0500	0.1200
	每股收益-扣除(元)	0.0400	–	–	–
	每股收益-摊薄(元)	0.0493	–	0.0541	0.1240
	每股资本公积金(元)	0.1936	–	0.5000	–
	每股未分配利润(元)	0.0523	–	0.3429	0.2887
	每股净资产(元)	1.2500	–	1.8400	1.2900
	每股经营现金流量(元)	0.0376	–	-0.0800	0.4000
	经营活动现金净流量增长(%)	-529.9651	–	-120.6142	–

苏州船用动力系统股份有限公司

公司概况	公司名称	苏州船用动力系统股份有限公司			证券简称	苏船动力
	法人代表	浦建康	董秘	吴成明	证券代码	832549
	公司网址	www.szsxmm.com		电子信箱	wcm@szsxmm.com	
	电话	00512-65334498		传真	00512-65349206	
	办公地址	江苏省苏州工业园区胜浦镇润胜路16号				
	经营范围	船用主推进螺旋桨、船用侧向推进器、全回转舵桨、海洋工程设备的设计、制造、销售等				

主要财务指标	指标\报告期	2015.06.30	2014.12.31	2013.12.31	2012.12.31
	净利润(万元)	1456.42	1919.38	2386.57	–
	净利润增长率(%)	19.4786	-19.5757	–	–
	加权净资产收益率(%)	13.0300	19.3700	29.1300	–
	资产负债比率(%)	60.1531	60.0597	51.9666	–
	净利润现金含量(%)	-64.3844	133.7675	22.5735	–
	基本每股收益(元)	0.3200	0.4300	0.5300	–
	每股收益-扣除(元)	–	0.3900	0.5000	–
	每股收益-摊薄(元)	0.3236	0.4265	0.5303	–
	每股资本公积金(元)	0.4828	0.4828	0.4828	–
	每股未分配利润(元)	1.0102	0.6783	0.4944	–
	每股净资产(元)	2.6500	2.3200	2.0800	–
	每股经营现金流量(元)	-0.2084	0.5700	0.1200	–
	经营活动现金净流量增长(%)	15.4	376.5824	–	–

江苏双盛锌业股份有限公司

公司概况	公司名称	江苏双盛锌业股份有限公司			证券简称	双盛锌业
	法人代表	张月凤	董秘	徐桂森	证券代码	832550
	公司网址	www.yzsfxy.com		电子信箱	yzsfxy@sohu.com	
	电话	0514-87396988		传真	0514-87396819	
	办公地址	江苏省扬州市邗江区公道镇工业集中区南苑北路				
	经营范围	锌粉、氧化锌生产及销售				

主要财务指标	指标\报告期	2015.06.30	2014.12.31	2013.12.31	2012.12.31
	净利润(万元)	54.75	45.11	76.96	–
	净利润增长率(%)	115.8510	-41.3858	–	–
	加权净资产收益率(%)	2.7900	4.1600	15.9400	–
	资产负债比率(%)	59.1762	54.0540	86.3946	–
	净利润现金含量(%)	-351.1795	-2075.1275	-97.8820	–
	基本每股收益(元)	0.0300	0.0400	0.1500	–
	每股收益-扣除(元)	–	0.0700	0.1100	–
	每股收益-摊薄(元)	0.0274	0.0251	0.1539	–
	每股资本公积金(元)	0.0940	0.0522	–	–
	每股未分配利润(元)	0.0136	-0.0153	0.0400	–
	每股净资产(元)	1.1100	1.0400	1.0400	–
	每股经营现金流量(元)	-0.0961	-0.5200	-0.1500	–
	经营活动现金净流量增长(%)	-148.3319	-1142.7	–	–

江苏中诚印染股份有限公司

公司概况	公司名称	江苏中诚印染股份有限公司			证券简称	中诚印染
	法人代表	赵洪超	董秘	刘红	证券代码	832551
	公司网址			电子信箱	wucan88@163.com	
	电话	0510-83213831-8501		传真	0510-83208740	
	办公地址	江苏省无锡市钱胡路568号				
	经营范围	针棉、化纤织品的印染、服装及其辅料的制造、加工				

主要财务指标	指标\报告期	2015.06.30	2014.12.31	2013.12.31	2012.12.31
	净利润(万元)	326.29	246.56	220.68	–
	净利润增长率(%)	264.6694	11.7285	–	–
	加权净资产收益率(%)	6.0000	4.9000	15.0200	–
	资产负债比率(%)	59.1860	60.6250	59.0534	–
	净利润现金含量(%)	52.9495	-350.7909	-1128.5345	–
	基本每股收益(元)	0.0700	0.0500	0.1300	–
	每股收益-扣除(元)	0.0700	0.0500	0.1300	–
	每股收益-摊薄(元)	0.0653	0.0493	0.0441	–
	每股资本公积金(元)	0.0092	0.0092	–	–
	每股未分配利润(元)	0.0847	0.0194	-0.0175	–
	每股净资产(元)	1.1000	1.0300	0.9800	–
	每股经营现金流量(元)	0.0346	-0.1700	-0.5000	–
	经营活动现金净流量增长(%)	110.2	65.3	–	–

辽宁华隆电力科技股份有限公司

公司概况	公司名称	辽宁华隆电力科技股份有限公司			证券简称	华隆电力
	法人代表	刘晓强	董秘	宋雅男	证券代码	832552
	公司网址	www.ya-dq.com			电子信箱	yongan@ya-dq.com
	电　　话	0415-6150666			传　　真	0415-6150666
	办公地址	辽宁省丹东市振兴区集环路 88 号				
	经营范围	防污闪涂料、防锈防腐材料、电力金具、断路器的销售等				

	指标\报告期	2015.06.30	2014.12.31	2013.12.31	2012.12.31
主要财务指标	净利润(万元)	120.65	493.77	–	135.11
	净利润增长率(%)	127.3	265.4675	–	–
	加权净资产收益率(%)	1.0000	5.4700	–	0.0600
	资产负债比率(%)	49.3343	36.1563	–	47.0470
	净利润现金含量(%)	–34.5288	–844.0186	–	–1812.1907
	基本每股收益(元)	0.0200	0.1200	–	0.2000
	每股收益–扣除(元)	–	0.1600	–	0.2800
	每股收益–摊薄(元)	0.0207	0.0988	–	0.0540
	每股资本公积金(元)	0.5883	0.8509	–	0.3827
	每股未分配利润(元)	0.0713	0.2442	–	0.3208
	每股净资产(元)	1.6700	2.1100	–	1.7100
	每股经营现金流量(元)	–0.0071	–0.8300	–	–0.9800
	经营活动现金净流量增长(%)	–98.6600	–70.2	–	–

湖南新财智文化传媒股份有限公司

公司概况	公司名称	湖南新财智文化传媒股份有限公司			证券简称	新财智
	法人代表	李亚军	董秘	任金星	证券代码	832553
	公司网址	www.newcz.cn			电子信箱	info@new.cn
	电　　话	0731-85819488			传　　真	0731-85819488
	办公地址	湖南省长沙市天心区芙蓉南路 368 号 BOBO 天下城 1 栋 20009 房				
	经营范围	设计、制作、代理、发布国内广告等				

	指标\报告期	2015.06.30	2014.12.31	2013.12.31	2012.12.31
主要财务指标	净利润(万元)	2.06	–	–71.26	–79.96
	净利润增长率(%)	1.1527	–	10.9	–
	加权净资产收益率(%)	0.1600	–	–84.5300	–50.0000
	资产负债比率(%)	46.8827	–	83.5915	12.7039
	净利润现金含量(%)	–16641.678	–	–11.4837	230.2888
	基本每股收益(元)	0.0020	–	–0.3600	–0.4000
	每股收益–扣除(元)	0.0020	–	–	–
	每股收益–摊薄(元)	0.0021	–	–0.3563	–0.3998
	每股资本公积金(元)	0.1727	–	–	–
	每股未分配利润(元)	0.1345	–	–0.7566	–0.4003
	每股净资产(元)	1.3100	–	0.2400	0.6000
	每股经营现金流量(元)	–0.3421	–	0.0400	–0.9200
	经营活动现金净流量增长(%)	–1014.0909	–	104.4	–

安徽宁国晨光精工股份有限公司

公司概况	公司名称	安徽宁国晨光精工股份有限公司			证券简称	晨光精工
	法人代表	顾中权	董秘	王志刚	证券代码	832554
	公司网址	www.ngchenguang.com			电子信箱	zhigang.wang@ngchenguang.com
	电　　话	0563-4310415			传　　真	0563-4183381
	办公地址	安徽省宁国市经济开发区千秋南路				
	经营范围	金属加工及表面处理、塑料制品、电子电器销售				

	指标\报告期	2015.06.30	2014.12.31	2013.12.31	2012.12.31
主要财务指标	净利润(万元)	1142.08	1344.13	802.98	–
	净利润增长率(%)	112.2080	67.3923	–	–
	加权净资产收益率(%)	15.4400	24.5200	18.7100	–
	资产负债比率(%)	64.1452	66.5771	71.9510	–
	净利润现金含量(%)	–13.3169	145.8587	216.3802	–
	基本每股收益(元)	0.4420	0.5800	0.3800	–
	每股收益–扣除(元)	0.4440	–	–	–
	每股收益–摊薄(元)	0.4403	0.5182	0.3522	–
	每股资本公积金(元)	1.2218	1.2218	0.1240	–
	每股未分配利润(元)	0.8094	0.3691	0.8830	–
	每股净资产(元)	3.0700	2.6300	2.0800	–
	每股经营现金流量(元)	–0.0586	0.7558	0.7621	–
	经营活动现金净流量增长(%)	–109.6736	12.8365	–	–

宁夏金宇浩兴农牧业股份有限公司

公司概况	公司名称	宁夏金宇浩兴农牧业股份有限公司			证券简称	金宇农牧
	法人代表	金志华	董秘	郑振华	证券代码	832555
	公司网址				电子信箱	749934328@qq.com
	电　　话	0953-2127587			传　　真	0953-2127587
	办公地址	宁夏回族自治区吴忠市利通区裕民东街裕金综合办公楼 1 号				
	经营范围	奶牛的养殖及生鲜乳的销售				

	指标\报告期	2015.06.30	2014.12.31	2013.12.31	2012.12.31
主要财务指标	净利润(万元)	–397.82	468.59	–66.12	–
	净利润增长率(%)	–213.8286	808.7	–	–
	加权净资产收益率(%)	–4.0800	5.2600	–0.9900	–
	资产负债比率(%)	41.5015	54.3123	65.0039	–
	净利润现金含量(%)	271.2642	683.0831	6591.6265	–
	基本每股收益(元)	–0.0300	0.0500	–0.0100	–
	每股收益–扣除(元)	–	–	–	–
	每股收益–摊薄(元)	–0.0332	0.0521	–0.0073	–
	每股资本公积金(元)	0.1988	–	–	–
	每股未分配利润(元)	–0.0211	0.0138	–0.0363	–
	每股净资产(元)	1.1700	1.0200	0.9600	–
	每股经营现金流量(元)	–0.0899	0.3600	–0.4800	–
	经营活动现金净流量增长(%)	–228.1	173.4	–	–

山东宏力热泵能源股份有限公司

公司概况

公司名称	山东宏力热泵能源股份有限公司			证券简称	宏力能源
法人代表	于奎明	董秘	于倩	证券代码	832556
公司网址	www.hongligroup.com		电子信箱	hlbangongshi@163.com	
电　话	0536-8889548		传　真	0536-8825806	
办公地址	山东省潍坊高新技术开发区惠贤路 2751 号				
经营范围	地热能热泵、污水能热泵、海水能热泵的供暖制冷技术研发				

主要财务指标

指标\报告期	2015.06.30	2014.12.31	2013.12.31	2012.12.31
净利润(万元)	-564.03	-	2954.75	3504.60
净利润增长率(%)	62.6	-	-15.6893	-
加权净资产收益率(%)	-1.7100	-	9.8400	13.1400
资产负债比率(%)	52.0033	-	52.5557	46.0858
净利润现金含量(%)	13.3590	-	-6.0415	-92.9855
基本每股收益(元)	-0.0900	-	0.5300	0.6700
每股收益-扣除(元)	-0.1100	-	0.4290	0.4250
每股收益-摊薄(元)	-0.0940	-	0.5158	0.6740
每股资本公积金(元)	4.2623	-	2.7782	3.1724
每股未分配利润(元)	0.0850	-	1.3086	1.1524
每股净资产(元)	5.4600	-	5.3100	5.4800
每股经营现金流量(元)	-0.0126	-	-0.0300	-0.6300
经营活动现金净流量增长(%)	-112.9790	-	94.5	-

湖南智多星软件股份有限公司

公司概况

公司名称	湖南智多星软件股份有限公司			证券简称	智多星
法人代表	何刚强	董秘	胡敏	证券代码	832557
公司网址	www.wisestar.cn		电子信箱	70545457@qq.com	
电　话	0731-82258306		传　真	0731-84417311	
办公地址	湖南省长沙市高新开发区谷苑路 186 号湖南大学科技园创业大厦 612 房				
经营范围	计算机软、硬件开发,销售及技术服务、计算机系统集成及网络布线等				

主要财务指标

指标\报告期	2015.06.30	2014.12.31	2013.12.31	2012.12.31
净利润(万元)	14.04	188.84	59.32	-
净利润增长率(%)	592.6979	218.3298	-	-
加权净资产收益率(%)	1.0700	19.6100	10.0700	-
资产负债比率(%)	2.5588	4.0365	75.5753	-
净利润现金含量(%)	969.6480	101.3881	24.4731	-
基本每股收益(元)	0.0100	0.2500	0.1200	-
每股收益-扣除(元)	-	0.2500	-	-
每股收益-摊薄(元)	0.0140	0.1888	0.1186	-
每股资本公积金(元)	0.1208	0.1208	-	-
每股未分配利润(元)	0.1822	0.1681	0.2155	-
每股净资产(元)	1.3200	1.3100	1.2400	-
每股经营现金流量(元)	0.1361	0.1900	0.0300	-
经营活动现金净流量增长(%)	127.4	1218.7890	-	-

甘肃爽口源生态科技股份有限公司

公司概况

公司名称	甘肃爽口源生态科技股份有限公司			证券简称	爽口源
法人代表	吕斐斌	董秘	拓俐	证券代码	832558
公司网址	www.huattrun.com		电子信箱	huattrun@163.com	
电　话	0931-8497688		传　真	0931-8278286	
办公地址	甘肃省兰州市城关区嘉峪关南路 6 号				
经营范围	初级农产品的批发零售				

主要财务指标

指标\报告期	2015.06.30	2014.12.31	2013.12.31	2012.12.31
净利润(万元)	1267.83	-	42.01	-69.54
净利润增长率(%)	514.5657	-	160.4	-
加权净资产收益率(%)	35.7300	-	13.2100	-20.9600
资产负债比率(%)	48.4536	-	85.1975	53.3364
净利润现金含量(%)	14.0726	-	1462.5706	-77.1132
基本每股收益(元)	0.4600	-	0.1000	-0.1700
每股收益-扣除(元)	-	-	0.0400	-0.1700
每股收益-摊薄(元)	0.6339	-	0.1007	-0.1668
每股资本公积金(元)	0.0636	-	-	-
每股未分配利润(元)	0.3991	-	-0.1871	-0.2878
每股净资产(元)	1.5100	-	0.8100	0.7100
每股经营现金流量(元)	0.0892	-	1.4700	0.1300
经营活动现金净流量增长(%)	150.1	-	1045.6327	-

浙江熊猫乳业集团股份有限公司

公司概况

公司名称	浙江熊猫乳业集团股份有限公司			证券简称	熊猫乳业
法人代表	李作恭	董秘	徐笑宇	证券代码	832559
公司网址	www.pandadairy.com		电子信箱	dairy@pandadairy.com	
电　话	0577-59889666		传　真	0577-59883100	
办公地址	浙江省苍南县灵溪镇建兴东路 650-668 号				
经营范围	浓缩乳品的生产及销售				

主要财务指标

指标\报告期	2015.06.30	2014.12.31	2013.12.31	2012.12.31
净利润(万元)	2489.08	-	513.88	-9.24
净利润增长率(%)	1771.4966	-	5660.5	-
加权净资产收益率(%)	28.3800	-	7.7300	-0.3400
资产负债比率(%)	56.1704	-	64.4756	86.0339
净利润现金含量(%)	78.5802	-	-858.0095	1018.2127
基本每股收益(元)	0.4500	-	0.1100	-0.0100
每股收益-扣除(元)	0.4500	-	-	-
每股收益-摊薄(元)	0.4526	-	0.1028	-0.0092
每股资本公积金(元)	0.4556	-	0.0098	0.0496
每股未分配利润(元)	0.4112	-	0.4003	1.5723
每股净资产(元)	1.9500	-	1.4500	2.7300
每股经营现金流量(元)	0.3556	-	-0.8800	-0.0900
经营活动现金净流量增长(%)	17.9768	-	-4585.6	-

浙江立泰复合材料股份有限公司

公司概况	公司名称	浙江立泰复合材料股份有限公司			证券简称	浙江立泰
	法人代表	方宁象	董秘	邱淑贞	证券代码	832560
	公司网址	www.ltcm.com.cn			电子信箱	qsz@ltcm.com
	电　话	0572-8379671			传　真	0572-8671375
	办公地址	浙江省德清县雷甸镇振兴路7号				
	经营范围	碳化硼复合材料研发,特种陶瓷制品、防护板、电工制品的研发、生产、销售等				

	指标\报告期	2015.06.30	2014.12.31	2013.12.31	2012.12.31
主要财务指标	净利润(万元)	-74.84	-	214.57	521.91
	净利润增长率(%)	-156.9807	-	-58.8882	-
	加权净资产收益率(%)	-4.3400	-	16.2600	49.4600
	资产负债比率(%)	53.1703	-	53.0571	52.6233
	净利润现金含量(%)	390.0729	-	64.7385	20.6347
	基本每股收益(元)	-0.0600	-	0.3100	0.4900
	每股收益-扣除(元)	-	-	-	-
	每股收益-摊薄(元)	-0.0530	-	0.3576	0.8699
	每股资本公积金(元)	0.2318	-	-	-
	每股未分配利润(元)	0.0479	-	1.1879	1.0744
	每股净资产(元)	1.6300	-	1.3300	1.3300
	每股经营现金流量(元)	-0.2068	-	0.2315	0.1795
	经营活动现金净流量增长(%)	-182.8146	-	28.9828	-

甘肃天奇植物科技股份有限公司

公司概况	公司名称	甘肃天奇植物科技股份有限公司			证券简称	天奇科技
	法人代表	魏立	董秘	方磊	证券代码	832561
	公司网址	www.starch-tiptop.com			电子信箱	tianqikeji@vip.163.com
	电　话	0931-2564900			传　真	0931-2564900
	办公地址	甘肃省兰州市七里河区西津西路1168号				
	经营范围	植物类新材料系列产品的研发、生产和销售				

	指标\报告期	2015.06.30	2014.12.31	2013.12.31	2012.12.31
主要财务指标	净利润(万元)	149.61	-	42.83	-256.79
	净利润增长率(%)	33.1454	-	116.7	-
	加权净资产收益率(%)	3.3900	-	4.2000	-22.8000
	资产负债比率(%)	4.4333	-	48.4405	38.0850
	净利润现金含量(%)	30.5184	-	349.2412	-21.7220
	基本每股收益(元)	0.0360	-	0.0400	-0.2500
	每股收益-扣除(元)	0.0270	-	0.0400	-0.2600
	每股收益-摊薄(元)	0.0362	-	0.0428	-0.2568
	每股资本公积金(元)	0.1224	-	0.3591	0.3591
	每股未分配利润(元)	0.0508	-	-0.3183	-0.3611
	每股净资产(元)	1.1700	-	1.0400	0.9900
	每股经营现金流量(元)	0.0111	-	0.1500	0.0600
	经营活动现金净流量增长(%)	104.8	-	168.1815	-

广东盈嘉科技工程发展股份有限公司

公司概况	公司名称	广东盈嘉科技工程发展股份有限公司			证券简称	盈嘉科技
	法人代表	孙滔	董秘	陈克胜	证券代码	832562
	公司网址	www.wincomtek.com			电子信箱	chenkesheng@wincomtek.com
	电　话	020-87047218			传　真	020-87048802
	办公地址	广东省广州市越秀区先烈中路102号华盛大厦南塔701-05室				
	经营范围	通信、电子高新技术产品及设备的开发、研究、销售				

	指标\报告期	2015.06.30	2014.12.31	2013.12.31	2012.12.31
主要财务指标	净利润(万元)	-177.06	-	270.59	-56.38
	净利润增长率(%)	42.6	-	579.9	-
	加权净资产收益率(%)	-6.3900	-	11.9800	-2.9700
	资产负债比率(%)	35.7669	-	49.8558	49.7616
	净利润现金含量(%)	102.7737	-	114.2245	-2021.0536
	基本每股收益(元)	-0.0900	-	0.1400	-0.0300
	每股收益-扣除(元)	-	-	0.0502	-0.0336
	每股收益-摊薄(元)	-0.0809	-	0.1353	-0.0282
	每股资本公积金(元)	0.0557	-	-	0.0036
	每股未分配利润(元)	0.0297	-	0.0328	-0.0828
	每股净资产(元)	1.1200	-	1.0600	0.9600
	每股经营现金流量(元)	-0.0832	-	0.1500	0.5700
	经营活动现金净流量增长(%)	53.9	-	-72.8751	-

重庆帮豪种业股份有限公司

公司概况	公司名称	重庆帮豪种业股份有限公司			证券简称	帮豪种业
	法人代表	叶祥富	董秘	李明明	证券代码	832563
	公司网址	www.bhseed.com			电子信箱	liming200310@163.com
	电　话	023-55351976			传　真	023-89879129
	办公地址	重庆市云阳县凤鸣工业小区B区政通路3号				
	经营范围	农作物种子生产、经营				

	指标\报告期	2015.06.30	2014.12.31	2013.12.31	2012.12.31
主要财务指标	净利润(万元)	-94.96	-	199.65	59.27
	净利润增长率(%)	-351.4	-	-74.0667	-
	加权净资产收益率(%)	-0.6800	-	21.9600	19.9300
	资产负债比率(%)	22.9283	-	43.3836	49.8487
	净利润现金含量(%)	1537.1010	-	-355.2995	-903.4187
	基本每股收益(元)	-0.0100	-	-	-
	每股收益-扣除(元)	-	-	-	-
	每股收益-摊薄(元)	-0.0099	-	0.0407	0.0129
	每股资本公积金(元)	0.3671	-	0.3398	0.2152
	每股未分配利润(元)	0.2623	-	0.2415	-0.0104
	每股净资产(元)	1.6500	-	1.6232	1.2099
	每股经营现金流量(元)	-0.1526	-	-0.1448	-0.1164
	经营活动现金净流量增长(%)	-1623.0187	-	-32.5	-

山东富特能源管理股份有限公司

公司概况	公司名称	山东富特能源管理股份有限公司		证券简称	富特股份
	法人代表	李松	董秘 姜术红	证券代码	832564
	公司网址	www.fute.net.cn		电子信箱	ftny77@126.com
	电　话	0532-55670816		传　真	0532-55670816
	办公地址	山东省青岛市李沧区北峪路1022号D2座407室			
	经营范围	太阳能开发及综合利用;建筑节能产品的开发、改造工程施工			

主要财务指标	指标\报告期	2015.06.30	2014.12.31	2013.12.31	2012.12.31
	净利润(万元)	-95.36	-326.36	72.99	-
	净利润增长率(%)	49.9	-547.1487	-	-
	加权净资产收益率(%)	-4.2700	-15.9170	7.1200	-
	资产负债比率(%)	58.3793	47.5684	64.2036	-
	净利润现金含量(%)	-109.6200	232.6940	-514.9062	-
	基本每股收益(元)	-0.0400	-0.1670	0.0700	-
	每股收益-扣除(元)	-0.0450	-0.1610	-	-
	每股收益-摊薄(元)	-0.0420	-0.1431	0.0730	-
	每股资本公积金(元)	0.1137	0.1140	-	-
	每股未分配利润(元)	-0.1570	-0.1146	0.0562	-
	每股净资产(元)	0.9700	1.0000	1.0600	-
	每股经营现金流量(元)	0.0460	-0.3300	-0.3800	-
	经营活动现金净流量增长(%)	112.0	-102.1	-	-

重庆松德再生资源股份有限公司

公司概况	公司名称	重庆松德再生资源股份有限公司		证券简称	松德资源
	法人代表	蔡松声	董秘 徐陵	证券代码	832565
	公司网址			电子信箱	cqsdzszy@163.com
	电　话	023-85645838		传　真	023-85646191
	办公地址	重庆市垫江县工业园区内A06-A07号			
	经营范围	废旧金属回收利用;制造、销售铜制品、铝制品、电线电缆、电气设备			

主要财务指标	指标\报告期	2015.06.30	2014.12.31	2013.12.31	2012.12.31
	净利润(万元)	781.63	-	305.92	-40.18
	净利润增长率(%)	1077.2106	-	861.3	-
	加权净资产收益率(%)	22.8800	-	27.6200	-4.2100
	资产负债比率(%)	83.4561	-	91.3672	91.6731
	净利润现金含量(%)	-83.7872	-	203.8964	6042.0358
	基本每股收益(元)	0.2600	-	0.3100	-0.0400
	每股收益-扣除(元)	-	-	-	-
	每股收益-摊薄(元)	0.2605	-	0.3059	-0.0402
	每股资本公积金(元)	-	-	-	-
	每股未分配利润(元)	0.4528	-	0.2345	-0.0453
	每股净资产(元)	1.4700	-	1.2600	0.9500
	每股经营现金流量(元)	-0.2183	-	0.6200	-2.4300
	经营活动现金净流量增长(%)	-394.2290	-	125.7	-

四川梓橦宫药业股份有限公司

公司概况	公司名称	四川梓橦宫药业股份有限公司		证券简称	梓橦宫
	法人代表	唐铣	董秘 曾培玉	证券代码	832566
	公司网址	www.zitonggong.com		电子信箱	zitonggong_office@126.com
	电　话	0832-2190956		传　真	0832-2190956
	办公地址	四川省内江市市中区乐贤镇黄荆坝			
	经营范围	公司主要从事药品的研发、生产和销售			

主要财务指标	指标\报告期	2015.06.30	2014.12.31	2013.12.31	2012.12.31
	净利润(万元)	920.30	-	-	-
	净利润增长率(%)	-28.1699	-	-	-
	加权净资产收益率(%)	4.7300	-	-	-
	资产负债比率(%)	31.1512	-	-	-
	净利润现金含量(%)	6.6548	-	-	-
	基本每股收益(元)	0.1700	-	-	-
	每股收益-扣除(元)	0.1200	-	-	-
	每股收益-摊薄(元)	0.1681	-	-	-
	每股资本公积金(元)	2.4611	-	-	-
	每股未分配利润(元)	0.2741	-	-	-
	每股净资产(元)	3.7500	-	-	-
	每股经营现金流量(元)	0.0112	-	-	-
	经营活动现金净流量增长(%)	-65.6065	-	-	-

泉州伟志工程勘测股份有限公司

公司概况	公司名称	泉州伟志工程勘测股份有限公司		证券简称	伟志股份
	法人代表	陈志谋	董秘 罗楚楚	证券代码	832567
	公司网址			电子信箱	H8615@126.com
	电　话	0595-85629793		传　真	0595-82088877
	办公地址	福建省晋江市青阳街道陈村			
	经营范围	工程测量、地形测量、房产测量、地籍测量			

主要财务指标	指标\报告期	2015.06.30	2014.12.31	2013.12.31	2012.12.31
	净利润(万元)	549.21	275.53	243.87	-
	净利润增长率(%)	221.0549	12.9811	-	-
	加权净资产收益率(%)	36.9700	30.9600	38.7000	-
	资产负债比率(%)	27.3677	26.7197	25.9306	-
	净利润现金含量(%)	49.6040	41.3204	9.8536	-
	基本每股收益(元)	0.8000	1.3800	1.2200	-
	每股收益-扣除(元)	0.7900	1.3500	-	-
	每股收益-摊薄(元)	0.7628	0.5511	1.2194	-
	每股资本公积金(元)	0.6025	0.8675	-	-
	每股未分配利润(元)	0.8038	0.1689	2.6386	-
	每股净资产(元)	2.5000	2.0600	3.7600	-
	每股经营现金流量(元)	0.3784	0.2200	0.1200	-
	经营活动现金净流量增长(%)	67.0458	1195.8821	-	-

上海阿波罗机械股份有限公司

公司概况

公司名称	上海阿波罗机械股份有限公司			证券简称	阿波罗
法人代表	陆金琪	董秘	邵军	证券代码	832568
公司网址	www.apollopump.com			电子信箱	chenchao@apollopump.com
电　　话	021-67159999			传　　真	021-67158001
办公地址	上海市奉贤区南桥镇亿松路 555 号				
经营范围	工业泵、空气净化设备、除尘器、环境工程设备、照明设备批发、零售等				

主要财务指标

指标\报告期	2015.06.30	2014.12.31	2013.12.31	2012.12.31
净利润(万元)	2566.86	969.25	1220.47	–
净利润增长率(%)	2550.2072	–20.5839	–	–
加权净资产收益率(%)	17.2400	8.1600	11.3300	–
资产负债比率(%)	65.7524	77.5842	74.2812	–
净利润现金含量(%)	–472.9844	26.2512	1265.9629	–
基本每股收益(元)	0.2500	0.1000	0.1200	–
每股收益–扣除(元)	0.2500	0.0600	0.0800	–
每股收益–摊薄(元)	0.2325	0.0969	0.1220	–
每股资本公积金(元)	0.3743	0.0175	0.0175	–
每股未分配利润(元)	0.3870	0.1963	0.1090	–
每股净资产(元)	1.8000	1.2400	1.1300	–
每股经营现金流量(元)	–1.0996	0.0250	1.5400	–
经营活动现金净流量增长(%)	–1041.5	–98.3532	–	–

郑州腾升装饰股份有限公司

公司概况

公司名称	郑州腾升装饰股份有限公司			证券简称	腾升装饰
法人代表	杨少波	董秘	张飞	证券代码	832569
公司网址	www.tone-sun.com			电子信箱	zhengzhoutengsheng@126.com
电　　话	0371-86121017			传　　真	0371-66366735
办公地址	河南省郑州市管城区二里岗街 11 号院 2 号楼 3 单元 7 号				
经营范围	室内外装饰装修工程设计、施工				

主要财务指标

指标\报告期	2015.06.30	2014.12.31	2013.12.31	2012.12.31
净利润(万元)	100.14	–	188.21	193.95
净利润增长率(%)	–60.0717	–	–2.9578	–
加权净资产收益率(%)	1.9600	–	6.5600	16.5100
资产负债比率(%)	65.4371	–	69.1969	65.3656
净利润现金含量(%)	–2171.5674	–	–234.2171	–1006.4604
基本每股收益(元)	0.0200	–	0.0600	0.1100
每股收益–扣除(元)	–	–	–	–
每股收益–摊薄(元)	0.0200	–	0.0588	0.0606
每股资本公积金(元)	0.0011	–	–	–
每股未分配利润(元)	0.0234	–	–0.0746	–0.1334
每股净资产(元)	1.0300	–	0.9300	0.8700
每股经营现金流量(元)	–0.4349	–	–0.1400	–0.6100
经营活动现金净流量增长(%)	–569.6	–	77.4	–

北京蓝海华业科技股份有限公司

公司概况

公司名称	北京蓝海华业科技股份有限公司			证券简称	蓝海科技
法人代表	逯金重	董秘	金娜	证券代码	832570
公司网址	www.bluevision.cn			电子信箱	lhkj@bluevision.cn
电　　话	010-64810318			传　　真	010-82600705
办公地址	北京市海淀区中关村东路 8 号东升大厦 C 座 322 单元				
经营范围	技术开发、技术服务、技术咨询				

主要财务指标

指标\报告期	2015.06.30	2014.12.31	2013.12.31	2012.12.31
净利润(万元)	605.72	1502.83	408.08	–
净利润增长率(%)	145.9855	268.2700	–	–
加权净资产收益率(%)	16.1800	65.7400	33.9300	–
资产负债比率(%)	43.2031	44.3776	60.7744	–
净利润现金含量(%)	–85.7045	79.9631	102.4799	–
基本每股收益(元)	0.4900	1.4400	0.4100	–
每股收益–扣除(元)	–	1.2100	0.4100	–
每股收益–摊薄(元)	0.4891	1.2135	0.4081	–
每股资本公积金(元)	0.7663	0.7663	0.0071	–
每股未分配利润(元)	1.4070	0.9243	0.3597	–
每股净资产(元)	3.2600	2.7800	1.4100	–
每股经营现金流量(元)	–0.4192	0.9700	0.4200	–
经营活动现金净流量增长(%)	–211.4493	187.3548	–	–

厦门鑫点击网络科技股份有限公司

公司概况

公司名称	厦门鑫点击网络科技股份有限公司			证券简称	点击网络
法人代表	蔡立文	董秘	陈毅斌	证券代码	832571
公司网址	www.xmclicknet.cn			电子信箱	web@3366.com.cn
电　　话	0592-5177308			传　　真	83-592-5178222
办公地址	福建省厦门火炬高新区软件园华讯楼 A 区 B1F-046				
经营范围	移动电信服务、互联网接入及相关服务等				

主要财务指标

指标\报告期	2015.06.30	2014.12.31	2013.12.31	2012.12.31
净利润(万元)	1027.01	61.98	–30.96	–
净利润增长率(%)	871.3	300.2	–	–
加权净资产收益率(%)	39.0500	5.1700	–2.6100	–
资产负债比率(%)	14.2790	15.9446	4.3425	–
净利润现金含量(%)	–55.3978	1113.2139	–231.2016	–
基本每股收益(元)	0.8100	0.0600	–0.0300	–
每股收益–扣除(元)	0.8100	0.0600	–	–
每股收益–摊薄(元)	0.6847	0.0563	–0.0281	–
每股资本公积金(元)	1.5639	0.0054	0.0918	–
每股未分配利润(元)	0.6991	0.0197	–0.0295	–
每股净资产(元)	3.2600	1.0300	1.0600	–
每股经营现金流量(元)	–0.3793	0.6300	0.0700	–
经营活动现金净流量增长(%)	–2779.6	863.9757	–	–

上海青禾服装股份有限公司

公司概况	公司名称	上海青禾服装股份有限公司			证券简称	上海青禾
	法人代表	王正芳	董秘	范培雄	证券代码	832572
	公司网址	www.qh1851.com		电子信箱	qh1851@qh1851.com	
	电　　话	021-31167388		传　　真	021-31167258	
	办公地址	上海市杨浦区军工路1436号64幢一层G125室				
	经营范围	职业装的研发、设计及销售				

主要财务指标	指标\报告期	2015.06.30	2014.12.31	2013.12.31	2012.12.31
	净利润(万元)	-136.93	35.74	41.03	-
	净利润增长率(%)	-84.5	-12.9017	-	-
	加权净资产收益率(%)	-14.0500	9.8100	47.2900	-
	资产负债比率(%)	29.8315	27.8318	88.4718	-
	净利润现金含量(%)	28.3333	-2282.2048	-534.2189	-
	基本每股收益(元)	-0.1400	0.0400	0.4100	-
	每股收益-扣除(元)	-0.1400	0.0300	-	-
	每股收益-摊薄(元)	-0.1369	0.0357	0.4103	-
	每股资本公积金(元)	0.0356	0.0356	-	-
	每股未分配利润(元)	-0.1302	0.0067	0.0656	-
	每股净资产(元)	0.9100	1.0400	1.0700	-
	每股经营现金流量(元)	-0.0388	-0.8200	-2.1900	-
	经营活动现金净流量增长(%)	-262.7408	-272.1	-	-

山东地瑞科森能源技术股份有限公司

公司概况	公司名称	山东地瑞科森能源技术股份有限公司			证券简称	地瑞科森
	法人代表	闫新庆	董秘	岳贵宾	证券代码	832573
	公司网址	www.diruiks.com		电子信箱	diruiks@163.com	
	电　　话	0546-8098218		传　　真	0546-8098213	
	办公地址	山东省东营开发区东八路与黄河路交汇处六区E型3号东户				
	经营范围	定向井、开窗井、水平井、从式井等油田钻井工程技术服务				

主要财务指标	指标\报告期	2015.06.30	2014.12.31	2013.12.31	2012.12.31
	净利润(万元)	-98.76	59.77	99.51	-
	净利润增长率(%)	-377.2	-39.9419	-	-
	加权净资产收益率(%)	-8.8800	5.2800	11.3500	-
	资产负债比率(%)	20.2987	16.0804	12.2375	-
	净利润现金含量(%)	-144.5240	392.4549	-426.6586	-
	基本每股收益(元)	-0.1000	0.0600	0.1200	-
	每股收益-扣除(元)	-0.1000	0.0600	0.1200	-
	每股收益-摊薄(元)	-0.0988	0.0598	0.0995	-
	每股资本公积金(元)	0.2109	0.2109	-	-
	每股未分配利润(元)	-0.1427	-0.0500	0.0907	-
	每股净资产(元)	1.0700	1.1600	1.1000	-
	每股经营现金流量(元)	0.1427	0.2300	-0.4246	-
	经营活动现金净流量增长(%)	244.3775	155.2	-	-

浙江亨戈机械股份有限公司

公司概况	公司名称	浙江亨戈机械股份有限公司			证券简称	亨戈股份
	法人代表	吴悦君	董秘	邵益毅	证券代码	832574
	公司网址	www.zjzjhg.com		电子信箱	zjzjhg@163.com	
	电　　话	0575-87387501		传　　真	0575-87387501	
	办公地址	浙江省诸暨市陶朱街道城西开发区协和路77号				
	经营范围	加工、制造、销售				

主要财务指标	指标\报告期	2015.06.30	2014.12.31	2013.12.31	2012.12.31
	净利润(万元)	-	63.86	120.32	-
	净利润增长率(%)	-	-46.9210	-	-
	加权净资产收益率(%)	-	1.5900	3.0600	-
	资产负债比率(%)	-	20.7290	10.2463	-
	净利润现金含量(%)	-	-2201.9613	1708.9896	-
	基本每股收益(元)	-	0.0200	0.0300	-
	每股收益-扣除(元)	-	-	-	-
	每股收益-摊薄(元)	-	0.0158	0.0297	-
	每股资本公积金(元)	-	-	-	-
	每股未分配利润(元)	-	0.0006	-0.0151	-
	每股净资产(元)	-	1.0000	0.9800	-
	每股经营现金流量(元)	-	-0.3500	0.5100	-
	经营活动现金净流量增长(%)	-	-168.3843	-	-

深圳市云迅通科技股份有限公司

公司概况	公司名称	深圳市云迅通科技股份有限公司			证券简称	云迅通
	法人代表	龙策景	董秘	潘登	证券代码	832575
	公司网址	www.myccit.net		电子信箱	pan.deng@myccit.net	
	电　　话	0755-89312188		传　　真	0755-89890062	
	办公地址	广东省深圳市龙岗区龙城街道黄阁路441号龙岗天安数码创业园1号厂房A-102单				
	经营范围	计算机软硬件的技术开发、技术咨询及销售				

主要财务指标	指标\报告期	2015.06.30	2014.12.31	2013.12.31	2012.12.31
	净利润(万元)	-117.64	124.35	99.97	-
	净利润增长率(%)	-367.3808	24.3837	-	-
	加权净资产收益率(%)	-10.3400	14.0600	19.1400	-
	资产负债比率(%)	13.0468	18.4259	47.6827	-
	净利润现金含量(%)	241.4537	150.3981	27.1181	-
	基本每股收益(元)	-0.1200	0.2300	0.2000	-
	每股收益-扣除(元)	-	-	-	-
	每股收益-摊薄(元)	-0.1176	0.1244	0.1999	-
	每股资本公积金(元)	0.2230	0.2230	-	-
	每股未分配利润(元)	-0.1439	-0.0262	0.1248	-
	每股净资产(元)	1.0800	1.2000	1.1400	-
	每股经营现金流量(元)	-0.2840	0.1870	0.0500	-
	经营活动现金净流量增长(%)	-207.2252	589.9452	-	-

河南振新生物技术股份有限公司

公司概况	公司名称	河南振新生物技术股份有限公司			证券简称	振新生物
	法人代表	岳新建	董秘	岳新建	证券代码	832576
	公司网址	www.hyhdtg.com		电子信箱	zhenxinpeiyangji@126.com	
	电话	0391-7751858		传真	0391-7751858	
	办公地址	河南省焦作市高新区秦屯村东地				
	经营范围	农副产品粗加工、生产、销售;生物技术研究、开发、销售				

主要财务指标	指标\报告期	2015.06.30	2014.12.31	2013.12.31	2012.12.31
	净利润(万元)	54.89	119.37	-61.32	-
	净利润增长率(%)	97.8622	294.7	-	-
	加权净资产收益率(%)	3.5300	18.8000	-13.9600	-
	资产负债比率(%)	51.8561	50.0706	73.4140	-
	净利润现金含量(%)	607.8802	-232.4070	41.4337	-
	基本每股收益(元)	0.0400	0.1800	-0.1200	-
	每股收益-扣除(元)	-	-	-	-
	每股收益-摊薄(元)	0.0366	0.0796	-0.1226	-
	每股资本公积金(元)	0.0186	-	-	-
	每股未分配利润(元)	0.0366	0.0168	-0.1828	-
	每股净资产(元)	1.0600	1.0200	0.8200	-
	每股经营现金流量(元)	0.2224	-0.1800	-0.0500	-
	经营活动现金净流量增长(%)	280.7138	-991.9	-	-

优美特(北京)环境材料科技股份公司

公司概况	公司名称	优美特(北京)环境材料科技股份公司			证券简称	优美特
	法人代表	张建森	董秘	钱光磊	证券代码	832577
	公司网址	www.newmater.cn		电子信箱	coffer888@163.com	
	电话	010-61457013		传真	010-61457011	
	办公地址	北京市顺义区杨镇地区纵二路5-3号				
	经营范围	生产涂料。技术推广、技术开发、技术服务、技术咨询				

主要财务指标	指标\报告期	2015.06.30	2014.12.31	2013.12.31	2012.12.31
	净利润(万元)	157.72	700.27	444.36	-
	净利润增长率(%)	-47.8278	57.5908	-	-
	加权净资产收益率(%)	3.9000	24.3200	25.7200	-
	资产负债比率(%)	12.9475	13.9703	26.7777	-
	净利润现金含量(%)	-182.4218	55.4715	-10.2822	-
	基本每股收益(元)	0.0600	0.2801	0.4232	-
	每股收益-扣除(元)	0.0600	0.2805	-	-
	每股收益-摊薄(元)	0.0631	0.2801	0.4232	-
	每股资本公积金(元)	0.5340	0.5340	0.2381	-
	每股未分配利润(元)	0.1091	0.0460	0.6508	-
	每股净资产(元)	1.6500	1.5900	1.9600	-
	每股经营现金流量(元)	-0.1151	0.1600	-0.0400	-
	经营活动现金净流量增长(%)	-268.1684	950.1	-	-

建科机械(天津)股份有限公司

公司概况	公司名称	建科机械(天津)股份有限公司			证券简称	建科机械
	法人代表	陈振东	董秘	林琳	证券代码	832578
	公司网址	www.tjkmachinery.com		电子信箱	info@tjkmachinery.com	
	电话	022-26993711		传真	022-26997888	
	办公地址	天津市北辰区陆路港物流装备产业园陆港五纬路7号				
	经营范围	数控钢筋工程机械成套装备及配件、数控混凝土构件成套装备及配件制造、销售				

主要财务指标	指标\报告期	2015.06.30	2014.12.31	2013.12.31	2012.12.31
	净利润(万元)	-721.85	-	1074.44	6469.46
	净利润增长率(%)	-394.5482	-	-83.3921	-
	加权净资产收益率(%)	-3.3300	-	5.2600	38.2800
	资产负债比率(%)	64.0978	-	67.9540	64.0854
	净利润现金含量(%)	-308.7655	-	384.3909	51.9867
	基本每股收益(元)	-0.1100	-	0.1600	0.9800
	每股收益-扣除(元)	-	-	0.1000	0.7700
	每股收益-摊薄(元)	-0.1094	-	0.1628	0.9802
	每股资本公积金(元)	0.5209	-	0.5209	0.5209
	每股未分配利润(元)	1.4285	-	1.3718	1.3768
	每股净资产(元)	3.2000	-	3.0800	3.0500
	每股经营现金流量(元)	0.3377	-	0.6300	0.5100
	经营活动现金净流量增长(%)	59.6666	-	22.7989	-

浙江同兴技术股份有限公司

公司概况	公司名称	浙江同兴技术股份有限公司			证券简称	同兴股份
	法人代表	孙军文	董秘	姚燕	证券代码	832579
	公司网址			电子信箱	zjtxgf@163.com	
	电话	0571-23218888		传真	0571-23218987	
	办公地址	浙江省富阳市银湖街道银湖科创园创新中心11号楼第8层				
	经营范围	计算机及网络系统、移动互联网、系统集成与电子工程的技术开发、技术咨询等				

主要财务指标	指标\报告期	2015.06.30	2014.12.31	2013.12.31	2012.12.31
	净利润(万元)	428.47	231.12	168.01	-
	净利润增长率(%)	227.0727	37.5658	-	-
	加权净资产收益率(%)	16.4300	10.1400	8.0800	-
	资产负债比率(%)	39.3506	30.7854	37.4603	-
	净利润现金含量(%)	-79.9447	-500.1947	94.0718	-
	基本每股收益(元)	0.2000	0.1100	0.0800	-
	每股收益-扣除(元)	-	0.1000	-	-
	每股收益-摊薄(元)	0.2040	0.1101	0.0800	-
	每股资本公积金(元)	0.0269	0.0269	-	-
	每股未分配利润(元)	0.3051	0.1018	0.0299	-
	每股净资产(元)	1.3400	1.1400	1.0300	-
	每股经营现金流量(元)	-0.1631	-0.5500	0.0800	-
	经营活动现金净流量增长(%)	-381.8	-831.4680	-	-

中绿环保科技股份有限公司

公司概况	公司名称	中绿环保科技股份有限公司			证券简称	中绿环保
	法人代表	白惠峰	董秘	闫兴钰	证券代码	832580
	公司网址	www.zlhb.net		电子信箱	zlhbipo@163.com	
	电　话	0351-7998011-806		传　真	0351-7998020	
	办公地址	山西省太原市高新区中心北街以南山西环保科技园				
	经营范围	环境污染防治设备仪器的研究、开发、生产、销售及技术服务				

主要财务指标	指标\报告期	2015.06.30	2014.12.31	2013.12.31	2012.12.31
	净利润(万元)	290.61	2670.06	2309.10	–
	净利润增长率(%)	1690.8409	15.6321	–	–
	加权净资产收益率(%)	2.7000	27.5700	28.7200	–
	资产负债比率(%)	37.6254	30.8220	37.2877	–
	净利润现金含量(%)	–254.7218	89.5953	8.7403	–
	基本每股收益(元)	0.0582	0.5300	0.4600	–
	每股收益–扣除(元)	0.0534	0.5200	0.3900	–
	每股收益–摊薄(元)	0.0581	0.5340	0.4618	–
	每股资本公积金(元)	0.0210	0.0210	0.0210	–
	每股未分配利润(元)	0.7040	0.9226	0.5912	–
	每股净资产(元)	1.9100	2.1300	1.7400	–
	每股经营现金流量(元)	–0.1480	0.4800	0.0400	–
	经营活动现金净流量增长(%)	–374.1	1085.3213	–	–

浙江安道设计股份有限公司

公司概况	公司名称	浙江安道设计股份有限公司			证券简称	安道设计
	法人代表	曹宇英	董秘	罗琼	证券代码	832581
	公司网址	www.aandi.net		电子信箱	luo@antao.hk	
	电　话	0571-88359416		传　真	0571-88377871	
	办公地址	浙江省杭州市拱墅区湖墅南路271号中环大厦1507室				
	经营范围	建筑工程设计、景观工程设计、城市规划的咨询				

主要财务指标	指标\报告期	2015.06.30	2014.12.31	2013.12.31	2012.12.31
	净利润(万元)	286.77	462.80	316.97	–
	净利润增长率(%)	11.0890	46.0091	–	–
	加权净资产收益率(%)	14.4500	50.8900	61.0100	–
	资产负债比率(%)	33.4504	45.6054	66.5354	–
	净利润现金含量(%)	–438.8121	106.9895	307.9152	–
	基本每股收益(元)	0.2900	1.2900	1.0600	–
	每股收益–扣除(元)	–	–	–	–
	每股收益–摊薄(元)	0.2868	0.4628	1.0566	–
	每股资本公积金(元)	0.8408	–	–	–
	每股未分配利润(元)	0.2868	0.7567	1.1340	–
	每股净资产(元)	2.1300	1.8408	2.2600	–
	每股经营现金流量(元)	–1.2584	0.5000	3.2500	–
	经营活动现金净流量增长(%)	–587.1	–49.2671	–	–

安徽众源新材料股份有限公司

公司概况	公司名称	安徽众源新材料股份有限公司			证券简称	众源新材
	法人代表	封全虎	董秘	奚海波	证券代码	832582
	公司网址	www.zyxcl.cn		电子信箱	xixihai@126.com	
	电　话	0553-5317535		传　真	0553-5315738	
	办公地址	安徽省芜湖市经济技术开发区凤鸣湖北路48号				
	经营范围	有色金属带箔生产、加工、销售				

主要财务指标	指标\报告期	2015.06.30	2014.12.31	2013.12.31	2012.12.31
	净利润(万元)	2815.91	3716.72	1809.73	–
	净利润增长率(%)	52.9666	105.3748	–	–
	加权净资产收益率(%)	11.2400	16.6100	7.8000	–
	资产负债比率(%)	54.9103	58.1748	68.6488	–
	净利润现金含量(%)	102.7856	214.7888	–222.2486	–
	基本每股收益(元)	0.3100	0.4100	0.2000	–
	每股收益–扣除(元)	0.2500	0.3300	0.1500	–
	每股收益–摊薄(元)	0.3129	0.4130	0.2011	–
	每股资本公积金(元)	0.7214	0.7214	0.7214	–
	每股未分配利润(元)	0.7824	0.4695	0.9158	–
	每股净资产(元)	2.9400	2.6300	2.8900	–
	每股经营现金流量(元)	0.3216	0.8900	–0.4500	–
	经营活动现金净流量增长(%)	300.0	298.5	–	–

浙江至信新材料股份有限公司

公司概况	公司名称	浙江至信新材料股份有限公司			证券简称	浙江至信
	法人代表	楼文浪	董秘	楼文浪	证券代码	832583
	公司网址	www.jpm.com.cn		电子信箱	haijia8988@163.com	
	电　话	0575-89075580		传　真	0575-89099757	
	办公地址	浙江省诸暨市陶朱街道西二环路8号				
	经营范围	异型复合电接触材料的生产;货物进出口业务;设备租赁				

主要财务指标	指标\报告期	2015.06.30	2014.12.31	2013.12.31	2012.12.31
	净利润(万元)	357.61	647.76	685.52	–
	净利润增长率(%)	129.4609	–5.5079	–	–
	加权净资产收益率(%)	11.1500	15.2700	16.7800	–
	资产负债比率(%)	45.6970	58.7208	38.7182	–
	净利润现金含量(%)	92.0757	293.5369	65.9428	–
	基本每股收益(元)	0.2400	0.5400	0.5700	–
	每股收益–扣除(元)	0.2400	0.5300	–	–
	每股收益–摊薄(元)	0.2384	0.4318	0.5713	–
	每股资本公积金(元)	0.3440	0.3440	0.5917	–
	每股未分配利润(元)	0.9061	0.6677	2.0771	–
	每股净资产(元)	2.2600	2.5200	3.6900	–
	每股经营现金流量(元)	0.2195	1.2676	0.3800	–
	经营活动现金净流量增长(%)	13.9386	320.6207	–	–

四川观想科技股份有限公司

公司概况	公司名称	四川观想科技股份有限公司			证券简称	观想科技
	法人代表	魏强	董秘	王礼节	证券代码	832584
	公司网址				电子信箱	gxkj832584@foxmail.com
	电　话	028-85590401			传　真	028-85590400
	办公地址	四川省成都市新区繁雄大道西段 399 号				
	经营范围	研发、销售软件、电子产品并提供技术服务				

主要财务指标	指标\报告期	2015.06.30	2014.12.31	2013.12.31	2012.12.31
	净利润(万元)	-613.76	289.26	263.01	-
	净利润增长率(%)	-266.8057	9.9817	-	-
	加权净资产收益率(%)	-215.7600	64.7500	154.1800	-
	资产负债比率(%)	103.9619	57.6323	75.7222	-
	净利润现金含量(%)	57.1725	109.5900	-176.1074	-
	基本每股收益(元)	-1.2300	0.5800	0.8800	-
	每股收益-扣除(元)	-1.2500	0.3400	0.6100	-
	每股收益-摊薄(元)	-1.2275	0.5785	0.8767	-
	每股资本公积金(元)	0.2336	0.2336	-	-
	每股未分配利润(元)	-1.2785	-0.0509	-0.0065	-
	每股净资产(元)	-0.0400	1.1800	1.0100	-
	每股经营现金流量(元)	-0.7018	0.6300	-1.5400	-
	经营活动现金净流量增长(%)	-165.5810	168.4	-	-

山西精英科技股份有限公司

公司概况	公司名称	山西精英科技股份有限公司			证券简称	精英科技
	法人代表	龚大立	董秘	赵存会	证券代码	832585
	公司网址	www.jylink.com			电子信箱	jykj@jylink.com
	电　话	0351-7882291			传　真	0351-7882411
	办公地址	山西省太原市小店区长治路 103 号阳光国际商务中心 A 座 7 层				
	经营范围	软件及电子产品的设计、开发、生产和销售				

主要财务指标	指标\报告期	2015.06.30	2014.12.31	2013.12.31	2012.12.31
	净利润(万元)	112.02	927.82	992.41	-
	净利润增长率(%)	120.2	-6.5084	-	-
	加权净资产收益率(%)	1.3300	14.2200	17.8300	-
	资产负债比率(%)	17.0101	24.4582	21.8831	-
	净利润现金含量(%)	-848.7430	-54.2077	-20.1761	-
	基本每股收益(元)	0.0200	0.1856	0.1985	-
	每股收益-扣除(元)	0.0200	0.1840	0.1958	-
	每股收益-摊薄(元)	0.0174	0.1856	0.1985	-
	每股资本公积金(元)	0.2288	-	-	-
	每股未分配利润(元)	0.2951	0.3583	0.1913	-
	每股净资产(元)	1.5500	1.4000	1.2100	-
	每股经营现金流量(元)	-0.1474	-0.1000	-0.0400	-
	经营活动现金净流量增长(%)	-27.3	-151.2	-	-

浙江圣兆药物科技股份有限公司

公司概况	公司名称	浙江圣兆药物科技股份有限公司			证券简称	圣兆药物
	法人代表	陈赟华	董秘	吴健	证券代码	832586
	公司网址	www.sundoc.com.cn			电子信箱	service@sundoc.com.cn
	电　话	00571-81998555			传　真	00571-81998533
	办公地址	浙江省杭州市滨江区西兴街道江陵路 88 号 9 幢南座 11 楼				
	经营范围	生物医药、药物中间体、化学产品的技术开发、技术咨询等				

主要财务指标	指标\报告期	2015.06.30	2014.12.31	2013.12.31	2012.12.31
	净利润(万元)	-684.49	93.98	-342.64	-
	净利润增长率(%)	-789.8	122.2	-	-
	加权净资产收益率(%)	-11.1100	1.1300	-121.8100	-
	资产负债比率(%)	25.7334	42.9182	54.3991	-
	净利润现金含量(%)	269.4943	-0.2303	301.3192	-
	基本每股收益(元)	-0.1576	0.0119	-0.5968	-
	每股收益-扣除(元)	-0.1571	0.0197	-	-
	每股收益-摊薄(元)	-0.1307	0.0235	-0.1142	-
	每股资本公积金(元)	0.9496	0.0055	0.1337	-
	每股未分配利润(元)	-0.0282	0.1342	-0.1674	-
	每股净资产(元)	1.9200	1.2000	1.0500	-
	每股经营现金流量(元)	-0.3522	-0.0001	0.0000	-
	经营活动现金净流量增长(%)	-95.5	-109.6	-	-

上海金杉粮油食品股份有限公司

公司概况	公司名称	上海金杉粮油食品股份有限公司			证券简称	金杉粮油
	法人代表	顾国荣	董秘	潘绿春	证券代码	832587
	公司网址	www.jslysp.com			电子信箱	panlvchun@jslysp.com
	电　话	021-57270103			传　真	021-57274384
	办公地址	上海市金山工业区九工路 815 号 5 幢 2 层，3 层，4 层 1 区				
	经营范围	其他粮食加工品生产等				

主要财务指标	指标\报告期	2015.06.30	2014.12.31	2013.12.31	2012.12.31
	净利润(万元)	-35.12	-	55.66	44.34
	净利润增长率(%)	-238.4875	-	25.5372	-
	加权净资产收益率(%)	-0.9900	-	7.5100	6.4400
	资产负债比率(%)	67.5513	-	74.4842	64.8147
	净利润现金含量(%)	252.1962	-	217.0320	1127.5147
	基本每股收益(元)	-0.0500	-	0.0900	0.0700
	每股收益-扣除(元)	-	-	0.0514	0.0547
	每股收益-摊薄(元)	-0.0281	-	0.1113	0.0887
	每股资本公积金(元)	0.1378	-	-	-
	每股未分配利润(元)	-0.0884	-	0.5125	0.4128
	每股净资产(元)	1.1900	-	1.5300	1.4200
	每股经营现金流量(元)	-0.0709	-	0.2400	1.0000
	经营活动现金净流量增长(%)	-112.4039	-	-75.8376	-

广东葫芦堡文化科技股份有限公司

公司概况	公司名称	广东葫芦堡文化科技股份有限公司			证券简称	葫芦堡
	法人代表	徐丽	董秘	刘鼎泉	证券代码	832588
	公司网址	www.hulubao.cn		电子信箱	liudingquan@hulubao.com	
	电　话	0769-22684050		传　真	0769-23079694	
	办公地址	广东省东莞市松山湖高新技术产业开发区新竹路4号新竹苑15座101				
	经营范围	研发、生产和销售舞台灯光设备等				

	指标\报告期	2015.06.30	2014.12.31	2013.12.31	2012.12.31
主要财务指标	净利润(万元)	248.88	–	56.92	–38.37
	净利润增长率(%)	12.2416	–	248.4	–
	加权净资产收益率(%)	8.9000	–	58.7400	–43.7900
	资产负债比率(%)	70.7846	–	77.8060	96.7896
	净利润现金含量(%)	–290.4946	–	–2732.5083	664.1406
	基本每股收益(元)	0.1200	–	0.4400	–0.3000
	每股收益–扣除(元)	0.1200	–	–	–
	每股收益–摊薄(元)	0.1202	–	0.0504	–0.2951
	每股资本公积金(元)	0.1187	–	0.4618	–
	每股未分配利润(元)	0.2634	–	0.0016	–0.4736
	每股净资产(元)	1.4100	–	1.4600	0.5300
	每股经营现金流量(元)	–0.3493	–	–1.3800	–1.9600
	经营活动现金净流量增长(%)	17.2	–	–510.4	–

西安比特利光电股份有限公司

公司概况	公司名称	西安比特利光电股份有限公司			证券简称	比特利
	法人代表	许东海	董秘	陈军奇	证券代码	832589
	公司网址	www.xabtl.com		电子信箱	369@xabtl.com	
	电　话	029-86536502		传　真	029-86536501	
	办公地址	陕西省西安市未央路113号雅荷花园中环大厦B座21F-A				
	经营范围	半导体照明器件、模块、灯具、光伏太阳能照明的开发、生产、销售及安装				

	指标\报告期	2015.06.30	2014.12.31	2013.12.31	2012.12.31
主要财务指标	净利润(万元)	–277.08	–	52.16	–45.44
	净利润增长率(%)	–102.7	–	214.8	–
	加权净资产收益率(%)	–19.7300	–	4.1200	–3.6000
	资产负债比率(%)	13.2139	–	40.0367	41.1311
	净利润现金含量(%)	196.0750	–	60.6020	64.1725
	基本每股收益(元)	–0.1800	–	0.0300	–0.0300
	每股收益–扣除(元)	–	–	0.0150	–0.0340
	每股收益–摊薄(元)	–0.1847	–	0.0348	–0.0303
	每股资本公积金(元)	0.0062	–	–	–
	每股未分配利润(元)	–0.1622	–	–0.1388	–0.1736
	每股净资产(元)	0.8400	–	0.8600	0.8300
	每股经营现金流量(元)	–0.3622	–	0.0200	–0.0200
	经营活动现金净流量增长(%)	–339.1566	–	208.4	–

深圳市恒德生物技术股份有限公司

公司概况	公司名称	深圳市恒德生物技术股份有限公司			证券简称	恒德股份
	法人代表	邓志刚	董秘	崔莹	证券代码	832590
	公司网址	www.fineheads.com		电子信箱	jiaxinsl@vip.163.com	
	电　话	0755-86069578		传　真	0755-86069390	
	办公地址	广东省深圳市南山区南头街道桃园路1号南西海明珠大厦F座1509室				
	经营范围	饲料的技术开发、国内商业、物资供销业等				

	指标\报告期	2015.06.30	2014.12.31	2013.12.31	2012.12.31
主要财务指标	净利润(万元)	76.00	8.45	–155.12	–
	净利润增长率(%)	45.6362	105.4	–	–
	加权净资产收益率(%)	11.7400	16.9600	–45.7600	–
	资产负债比率(%)	38.2419	44.4354	57.7797	–
	净利润现金含量(%)	–54.5947	–3912.8372	–41.2606	–
	基本每股收益(元)	0.1500	0.4800	–1.5500	–
	每股收益–扣除(元)	–	–	–	–
	每股收益–摊薄(元)	0.1520	0.0169	–1.5512	–
	每股资本公积金(元)	–	–	1.0000	–
	每股未分配利润(元)	0.2994	0.1474	0.2527	–
	每股净资产(元)	1.3700	1.2200	0.5200	–
	每股经营现金流量(元)	–0.0830	–0.6600	0.6400	–
	经营活动现金净流量增长(%)	28.0	–616.5380	–	–

威海翔宇环保科技股份有限公司

公司概况	公司名称	威海翔宇环保科技股份有限公司			证券简称	翔宇科技
	法人代表	李洪社	董秘	许亚君	证券代码	832591
	公司网址	www.xiangyutec.cn		电子信箱	xiangyu@whxiangyutech.com	
	电　话	0631-5376887		传　真	0631-5982165	
	办公地址	山东省威海市经济技术开发区豹山路199号				
	经营范围	反渗透、循环水、锅炉水、石化造纸、污水处理用阻垢剂的生产及销售等				

	指标\报告期	2015.06.30	2014.12.31	2013.12.31	2012.12.31
主要财务指标	净利润(万元)	93.71	166.49	37.97	–
	净利润增长率(%)	228.9160	338.4525	–	–
	加权净资产收益率(%)	4.3200	12.9100	5.1400	–
	资产负债比率(%)	10.3953	13.4027	43.4668	–
	净利润现金含量(%)	–204.8237	–177.7464	–451.6724	–
	基本每股收益(元)	0.0500	0.1600	0.0600	–
	每股收益–扣除(元)	–	0.1400	–0.0500	–
	每股收益–摊薄(元)	0.0521	0.0925	0.0475	–
	每股资本公积金(元)	0.1800	–	–	–
	每股未分配利润(元)	0.0521	0.1620	0.1773	–
	每股净资产(元)	1.2300	1.1800	1.2000	–
	每股经营现金流量(元)	–0.1066	–0.1644	–0.2144	–
	经营活动现金净流量增长(%)	–51.3	–72.6	–	–

襄阳群龙汽车部件股份有限公司

公司概况	公司名称	襄阳群龙汽车部件股份有限公司			证券简称	群龙股份
	法人代表	黄晓燕	董秘	张云才	证券代码	832592
	公司网址	www.xyqlqc.com			电子信箱	qlqich@126.com
	电　话	0710-3390526			传　真	0710-3311195
	办公地址	湖北省襄阳市高新技术产业开发区新风路7号				
	经营范围	汽车零部件及配件的设计、制造、销售等				

主要财务指标	指标\报告期	2015.06.30	2014.12.31	2013.12.31	2012.12.31
	净利润(万元)	271.54	–	545.14	836.70
	净利润增长率(%)	59.1731	–	-34.8461	–
	加权净资产收益率(%)	1.2300	–	6.8700	11.5500
	资产负债比率(%)	59.5620	–	61.4226	65.6139
	净利润现金含量(%)	302.9176	–	-98.3202	363.1321
	基本每股收益(元)	0.0500	–	0.1800	0.2800
	每股收益-扣除(元)	0.0500	–	–	–
	每股收益-摊薄(元)	0.0543	–	0.1817	0.2789
	每股资本公积金(元)	0.1962	–	0.3269	0.3269
	每股未分配利润(元)	0.8697	–	1.2385	1.0881
	每股净资产(元)	2.1900	–	2.7400	2.5500
	每股经营现金流量(元)	0.1645	–	-0.1800	1.0100
	经营活动现金净流量增长(%)	184.0	–	-117.6408	–

广州森宝电器股份有限公司

公司概况	公司名称	广州森宝电器股份有限公司			证券简称	森宝电器
	法人代表	巨小平	董秘	邓莹荧	证券代码	832593
	公司网址	www.gzsbdq.com			电子信箱	senbao@gzsbdq.com
	电　话	020-86780028			传　真	020-86780013
	办公地址	广东省广州市花都区花山镇东湖安置区东华一路2号				
	经营范围	电容器及其配套设备制造等				

主要财务指标	指标\报告期	2015.06.30	2014.12.31	2013.12.31	2012.12.31
	净利润(万元)	720.66	–	416.89	430.45
	净利润增长率(%)	19.9333	–	-3.1508	–
	加权净资产收益率(%)	13.5200	–	10.9800	12.7600
	资产负债比率(%)	48.3678	–	58.8825	20.8893
	净利润现金含量(%)	6.9774	–	104.6463	-123.4615
	基本每股收益(元)	0.2400	–	0.1400	0.1400
	每股收益-扣除(元)	0.2400	–	–	–
	每股收益-摊薄(元)	0.2402	–	0.1390	0.1435
	每股资本公积金(元)	0.0509	–	0.0518	0.0518
	每股未分配利润(元)	0.7598	–	0.2552	0.1302
	每股净资产(元)	1.8900	–	1.3400	1.2000
	每股经营现金流量(元)	0.0168	–	0.1500	-0.1800
	经营活动现金净流量增长(%)	-84.5557	–	182.1	–

江苏联海通信股份有限公司

公司概况	公司名称	江苏联海通信股份有限公司			证券简称	联海通信
	法人代表	包家裕	董秘	杨倩	证券代码	832594
	公司网址	www.uniworld.org.cn			电子信箱	sales@uniworld.org.cn
	电　话	0511-85935984			传　真	0511-85935002
	办公地址	江苏省镇江市丹徒新城瑞山路7号				
	经营范围	通信器件、射频同轴连接器、避雷器、微波器件的研发、生产				

主要财务指标	指标\报告期	2015.06.30	2014.12.31	2013.12.31	2012.12.31
	净利润(万元)	271.36	–	24.28	71.55
	净利润增长率(%)	172.5087	–	-66.0643	–
	加权净资产收益率(%)	16.6200	–	2.1900	11.1100
	资产负债比率(%)	63.5862	–	59.5277	60.5816
	净利润现金含量(%)	124.7982	–	-466.3509	-914.8847
	基本每股收益(元)	0.2700	–	0.0200	0.1200
	每股收益-扣除(元)	–	–	–	–
	每股收益-摊薄(元)	0.2714	–	0.0243	0.0716
	每股资本公积金(元)	0.2889	–	–	–
	每股未分配利润(元)	0.4421	–	0.1085	0.0866
	每股净资产(元)	1.7700	–	1.1200	1.1000
	每股经营现金流量(元)	0.3386	–	-0.1100	-0.6500
	经营活动现金净流量增长(%)	23.4133	–	82.7	–

大连海宝生物科技股份有限公司

公司概况	公司名称	大连海宝生物科技股份有限公司			证券简称	海宝生物
	法人代表	许淑芬	董秘	薄晓东	证券代码	832595
	公司网址	www.dlhaibaobio.com			电子信箱	boxd_1974@sohu.com
	电　话	0411-86216899			传　真	0411-86216966
	办公地址	辽宁省大连市旅顺口区铁山街道柏岚子村				
	经营范围	鲜活水产品收购、销售,货物、技术进出口、新食品资源研发、生产和销售				

主要财务指标	指标\报告期	2015.06.30	2014.12.31	2013.12.31	2012.12.31
	净利润(万元)	-218.69	–	-306.87	47.23
	净利润增长率(%)	24.5	–	-749.7991	–
	加权净资产收益率(%)	-14.0400	–	-247.3300	18.6000
	资产负债比率(%)	5.9837	–	108.4768	29.9366
	净利润现金含量(%)	172.8381	–	16.3033	322.6339
	基本每股收益(元)	-0.1700	–	-0.2400	0.0400
	每股收益-扣除(元)	-0.1800	–	-0.2600	-0.1600
	每股收益-摊薄(元)	-0.1502	–	-0.2361	0.0363
	每股资本公积金(元)	0.0858	–	0.0064	0.0064
	每股未分配利润(元)	0.0429	–	-1.0290	-0.7930
	每股净资产(元)	1.1300	–	-0.0200	0.2100
	每股经营现金流量(元)	-0.2596	–	-0.0400	0.1200
	经营活动现金净流量增长(%)	-14.6	–	-132.8322	–

吉林省迈达医疗器械股份有限公司

公司概况	公司名称	吉林省迈达医疗器械股份有限公司		证券简称	迈达医疗
	法人代表	王泽义	董秘 王龙姣	证券代码	832596
	公司网址	www.morestep.com		电子信箱	sales@morestep.com
	电　话	0431-81699897		传　真	0431-85188455
	办公地址	吉林省长春市高新区火炬路1239号			
	经营范围	医疗器械设备的研发、制造及销售			

主要财务指标	指标\报告期	2015.06.30	2014.12.31	2013.12.31	2012.12.31
	净利润(万元)	30.77	–	18.60	128.10
	净利润增长率(%)	136.2	–	-85.4795	–
	加权净资产收益率(%)	2.1500	–	2.8200	260.5700
	资产负债比率(%)	43.4905	–	38.0260	83.5706
	净利润现金含量(%)	-96.7677	–	-897.3118	57.2834
	基本每股收益(元)	0.0300	–	0.0300	1.4600
	每股收益-扣除(元)	-0.1400	–	–	–
	每股收益-摊薄(元)	0.0288	–	0.0186	1.2810
	每股资本公积金(元)	0.3647	–	0.0013	–
	每股未分配利润(元)	0.0465	–	0.0399	0.2314
	每股净资产(元)	1.4100	–	1.0500	1.2600
	每股经营现金流量(元)	-0.0279	–	-0.1700	0.7300
	经营活动现金净流量增长(%)	-21.4	–	-327.4476	–

山东中移能节能环保科技股份有限公司

公司概况	公司名称	山东中移能节能环保科技股份有限公司		证券简称	中移能
	法人代表	于静	董秘 林梁挺	证券代码	832597
	公司网址	www.yidongreyuan.com		电子信箱	cyheat@163.com
	电　话	0531-81252788		传　真	0531-81252788
	办公地址	山东省济南市槐荫区美里湖办事处美里湖南路1号			
	经营范围	干熄焦技术开发、技术咨询、技术推广服务等			

主要财务指标	指标\报告期	2015.06.30	2014.12.31	2013.12.31	2012.12.31
	净利润(万元)	-328.08	229.33	96.50	–
	净利润增长率(%)	-142.2	137.6363	–	–
	加权净资产收益率(%)	-3.2800	3.6500	2.4200	–
	资产负债比率(%)	55.7015	30.9027	10.2572	–
	净利润现金含量(%)	-38.3932	252.1257	726.3179	–
	基本每股收益(元)	-0.0300	0.0400	0.0200	–
	每股收益-扣除(元)	-0.0300	–	–	–
	每股收益-摊薄(元)	-0.0328	0.0229	0.0161	–
	每股资本公积金(元)	0.0200	0.0200	–	–
	每股未分配利润(元)	-0.0360	-0.0032	-0.0436	–
	每股净资产(元)	0.9800	1.0200	0.9600	–
	每股经营现金流量(元)	0.0126	0.0578	0.1168	–
	经营活动现金净流量增长(%)	-56.2592	-17.5097	–	–

重庆大野景观创意设计股份有限公司

公司概况	公司名称	重庆大野景观创意设计股份有限公司		证券简称	大野创意
	法人代表	张离可	董秘 梁钢	证券代码	832598
	公司网址	www.plantworld.com.cn		电子信箱	gotodo@vip.sina.com
	电　话	023-67887799		传　真	023-67889680
	办公地址	重庆市北部新区高新园黄山大道中段5号水星大厦B座14楼			
	经营范围	城市景观及风景园林规划、设计等			

主要财务指标	指标\报告期	2015.06.30	2014.12.31	2013.12.31	2012.12.31
	净利润(万元)	185.64	182.94	268.51	–
	净利润增长率(%)	163.2	-31.8687	–	–
	加权净资产收益率(%)	10.3500	11.4600	19.5900	–
	资产负债比率(%)	16.3847	15.1180	31.3060	–
	净利润现金含量(%)	-191.9880	269.4444	195.3778	–
	基本每股收益(元)	0.1400	0.1400	0.2200	–
	每股收益-扣除(元)	0.1300	–	–	–
	每股收益-摊薄(元)	0.1445	0.1424	0.2090	–
	每股资本公积金(元)	0.0204	0.0204	0.0204	–
	每股未分配利润(元)	0.3893	0.2448	0.1278	–
	每股净资产(元)	1.4400	1.3100	1.1700	–
	每股经营现金流量(元)	-0.2774	0.3800	0.4100	–
	经营活动现金净流量增长(%)	-354.9	-6.0405	–	–

广东皓业青花彩瓷股份有限公司

公司概况	公司名称	广东皓业青花彩瓷股份有限公司		证券简称	皓业彩瓷
	法人代表	郑秋荣	董秘 梁钢	证券代码	832599
	公司网址	www.widescape.cn		电子信箱	gotodo@vip.sina.com
	电　话	023-67887799		传　真	023-67889680
	办公地址	广东省汕头市金平区金砂路99号君悦华庭1幢813-815号房			
	经营范围	陶瓷制品、不锈钢制品、玻璃制品、塑料制品、工艺美术品等			

主要财务指标	指标\报告期	2015.06.30	2014.12.31	2013.12.31	2012.12.31
	净利润(万元)	428.75	294.04	140.92	–
	净利润增长率(%)	263.2192	108.6532	–	–
	加权净资产收益率(%)	10.2300	39.5500	31.8400	–
	资产负债比率(%)	49.8584	53.6557	83.8738	–
	净利润现金含量(%)	106.2259	146.9902	405.4854	–
	基本每股收益(元)	0.1100	0.0800	0.0400	–
	每股收益-扣除(元)	0.1100	–	–	–
	每股收益-摊薄(元)	0.1099	0.0754	2.8184	–
	每股资本公积金(元)	–	–	2.4000	–
	每股未分配利润(元)	0.1295	0.0196	6.8613	–
	每股净资产(元)	1.1300	1.0200	10.2600	–
	每股经营现金流量(元)	0.1168	0.1100	11.4282	–
	经营活动现金净流量增长(%)	134.6053	-24.3616	–	–

山东金鸿新材料股份有限公司

公司概况	公司名称	山东金鸿新材料股份有限公司		证券简称	金鸿新材
	法人代表	王汝江	董秘 张媛媛	证券代码	832600
	公司网址	www.sd-jinhong.com		电子信箱	master@sd-jinhong.com
	电　话	0536-4981538		传　真	0536-4981538
	办公地址	山东省安丘经济开发区黄山东街北侧			
	经营范围	高技术陶瓷制品、碳化硅微粉、金属硅粉的生产、销售等			

主要财务指标	指标\报告期	2015.06.30	2014.12.31	2013.12.31	2012.12.31
	净利润(万元)	225.11	100.90	35.13	–
	净利润增长率(%)	217.9191	187.1845	–	–
	加权净资产收益率(%)	2.5100	1.1500	3.4600	–
	资产负债比率(%)	25.2969	29.8879	5.3834	–
	净利润现金含量(%)	346.6779	–737.1358	139.8235	–
	基本每股收益(元)	0.0800	0.0300	0.0400	–
	每股收益–扣除(元)	0.0800	0.0300	–0.0100	–
	每股收益–摊薄(元)	0.0750	0.0336	0.0117	–
	每股资本公积金(元)	1.9069	1.9069	1.9069	–
	每股未分配利润(元)	0.1148	0.0398	0.0095	–
	每股净资产(元)	3.0300	2.9500	2.9200	–
	每股经营现金流量(元)	0.2601	–0.2500	0.0200	–
	经营活动现金净流量增长(%)	171.7	–1614.3082	–	–

界首市天鸿新材料股份有限公司

公司概况	公司名称	界首市天鸿新材料股份有限公司		证券简称	天鸿新材
	法人代表	张德顺	董秘 王若愚	证券代码	832601
	公司网址	www.chinaahth.com		电子信箱	895752999@qq.com
	电　话	0558-2852695		传　真	0558-2852697
	办公地址	安徽省界首市工业园区胜利路3号			
	经营范围	包装装潢印刷、其他印刷品印制等			

主要财务指标	指标\报告期	2015.06.30	2014.12.31	2013.12.31	2012.12.31
	净利润(万元)	126.34	–	128.49	15.70
	净利润增长率(%)	281.6815	–	718.6060	–
	加权净资产收益率(%)	6.7100	–	8.3700	1.1000
	资产负债比率(%)	46.5669	–	64.4674	62.4482
	净利润现金含量(%)	326.1503	–	–69.4140	3854.2038
	基本每股收益(元)	0.1000	–	0.1100	0.0100
	每股收益–扣除(元)	–	–	–	–
	每股收益–摊薄(元)	0.0890	–	0.1071	0.0131
	每股资本公积金(元)	0.4418	–	0.1228	0.1228
	每股未分配利润(元)	0.2099	–	–0.0104	–0.1172
	每股净资产(元)	1.6500	–	1.1100	1.0100
	每股经营现金流量(元)	0.2902	–	–0.0700	0.5000
	经营活动现金净流量增长(%)	457.6	–	–114.7387	–

南京泰通科技股份有限公司

公司概况	公司名称	南京泰通科技股份有限公司		证券简称	泰通科技
	法人代表	吉荣新	董秘 许艮罗	证券代码	832602
	公司网址	www.ticom.com.cn		电子信箱	cw@ticom.com.cn
	电　话	025-68502051		传　真	025-68502028
	办公地址	江苏省南京市雨花台区凤汇大道35号			
	经营范围	通信设备及器材、电源设备、仪器仪表、机电产品的设计、制造、销售			

主要财务指标	指标\报告期	2015.06.30	2014.12.31	2013.12.31	2012.12.31
	净利润(万元)	1322.45	2307.09	1430.66	–
	净利润增长率(%)	156.4515	61.2605	–	–
	加权净资产收益率(%)	2.3100	25.4100	19.8300	–
	资产负债比率(%)	47.0900	51.2643	54.8512	–
	净利润现金含量(%)	–117.2599	26.6648	94.7556	–
	基本每股收益(元)	0.1700	0.3100	0.2900	–
	每股收益–扣除(元)	–	0.2200	0.2700	–
	每股收益–摊薄(元)	0.1653	0.3118	0.2861	–
	每股资本公积金(元)	0.0542	0.0586	–	–
	每股未分配利润(元)	0.4501	0.3077	0.5463	–
	每股净资产(元)	1.5200	1.2800	0.9900	–
	每股经营现金流量(元)	–0.1938	0.0800	0.2711	–
	经营活动现金净流量增长(%)	–61.7	–54.6201	–	–

青岛懿姿饰品股份有限公司

公司概况	公司名称	青岛懿姿饰品股份有限公司		证券简称	懿姿股份
	法人代表	王宏林	董秘 王艳红	证券代码	832603
	公司网址	www.easternpose.com		电子信箱	finance@easternpose.com
	电　话	0532-66910777		传　真	0532-66730165
	办公地址	山东省青岛市城阳区兴阳路778号世纪贸易中心北楼6层			
	经营范围	流行饰品、时尚配饰、服饰、工艺品、珠宝首饰的研发、批发零售、制造加工等			

主要财务指标	指标\报告期	2015.06.30	2014.12.31	2013.12.31	2012.12.31
	净利润(万元)	–39.60	82.36	–2.25	–
	净利润增长率(%)	–317.8203	3756.1	–	–
	加权净资产收益率(%)	–7.0700	59.0000	–2.2800	–
	资产负债比率(%)	44.2377	36.1522	60.0629	–
	净利润现金含量(%)	128.5554	–130.0490	–4815.7862	–
	基本每股收益(元)	–0.0800	0.3500	–0.0200	–
	每股收益–扣除(元)	–0.0800	0.3200	–0.0200	–
	每股收益–摊薄(元)	–0.0792	0.1647	–0.0225	–
	每股资本公积金(元)	0.0277	0.0277	–	–
	每股未分配利润(元)	0.0373	0.1165	–0.0225	–
	每股净资产(元)	1.0800	1.1600	0.9800	–
	每股经营现金流量(元)	–0.1018	–0.2142	1.0800	–
	经营活动现金净流量增长(%)	–3.5	–200.1116	–	–

宁波中源欧佳渔具股份有限公司

公司概况	公司名称	宁波中源欧佳渔具股份有限公司			证券简称	中源欧佳
	法人代表	张国军	董秘	梁克迪	证券代码	832604
	公司网址	www.cnrainbow.com		电子信箱	rbyj@cnrainbow.com	
	电　话	0574-23618267		传　真	0574-23618266	
	办公地址	浙江省宁波杭州湾新区滨海大道416号				
	经营范围	渔轮、鱼杆、碳素布、其他钓鱼用具、帐篷、箱包的进出口等				

主要财务指标	指标\报告期	2015.06.30	2014.12.31	2013.12.31	2012.12.31
	净利润(万元)	1328.42	1782.97	1966.37	–
	净利润增长率(%)	8.1998	–9.3267	–	–
	加权净资产收益率(%)	4.6000	6.4600	7.6400	–
	资产负债比率(%)	34.9998	38.0635	40.1836	–
	净利润现金含量(%)	267.6565	2.7538	181.6657	–
	基本每股收益(元)	0.1600	0.2100	0.2300	–
	每股收益–扣除(元)	–	–	–	–
	每股收益–摊薄(元)	0.1563	0.2098	0.2313	–
	每股资本公积金(元)	1.5294	1.5294	1.5294	–
	每股未分配利润(元)	0.6378	0.6910	0.5021	–
	每股净资产(元)	3.3000	3.3500	3.1400	–
	每股经营现金流量(元)	0.4183	0.0100	0.4200	–
	经营活动现金净流量增长(%)	112.1503	–98.6254	–	–

江苏腾达缸泵机械股份有限公司

公司概况	公司名称	江苏腾达缸泵机械股份有限公司			证券简称	江苏腾达
	法人代表	陈寿猛	董秘	王娟	证券代码	832605
	公司网址	www.js-tengda.com		电子信箱	jdtengda@163.com	
	电　话	0514-86272637		传　真	0514-86271392	
	办公地址	江苏省扬州市江都区真武镇滨东村(工业园区)2-3幢				
	经营范围	缸泵机械、压缩机配件制造、加工,五金加工				

主要财务指标	指标\报告期	2015.06.30	2014.12.31	2013.12.31	2012.12.31
	净利润(万元)	281.92	643.28	131.25	–
	净利润增长率(%)	–25.8451	390.1364	–	–
	加权净资产收益率(%)	6.0800	15.4000	3.4600	–
	资产负债比率(%)	55.3402	59.9973	55.5161	–
	净利润现金含量(%)	–175.4762	115.6386	2952.2514	–
	基本每股收益(元)	0.0700	0.1700	0.0300	–
	每股收益–扣除(元)	0.0400	–	–	–
	每股收益–摊薄(元)	0.0705	0.1693	0.0345	–
	每股资本公积金(元)	0.2995	0.0001	0.0001	–
	每股未分配利润(元)	0.0634	0.1653	0.0129	–
	每股净资产(元)	1.3700	1.1800	1.0100	–
	每股经营现金流量(元)	–0.1237	0.2000	1.0200	–
	经营活动现金净流量增长(%)	–4.1	–80.8023	–	–

河南省日立信股份有限公司

公司概况	公司名称	河南省日立信股份有限公司			证券简称	日立信
	法人代表	李建国	董秘	赵芳	证券代码	832606
	公司网址	www.relations.com.cn		电子信箱	relations@yeah.net	
	电　话	0371-56980170		传　真	0371-56980197	
	办公地址	河南省郑州高新区翠竹街1号				
	经营范围	机械电子产品的开发、生产、销售				

主要财务指标	指标\报告期	2015.06.30	2014.12.31	2013.12.31	2012.12.31
	净利润(万元)	1040.29	–	1247.90	973.34
	净利润增长率(%)	23.2177	–	28.2078	–
	加权净资产收益率(%)	2.5300	–	7.4700	6.1400
	资产负债比率(%)	25.3386	–	27.7106	31.8158
	净利润现金含量(%)	74.6845	–	71.7818	–21.8594
	基本每股收益(元)	0.2100	–	0.2500	0.2000
	每股收益–扣除(元)	–	–	0.1800	0.1300
	每股收益–摊薄(元)	0.2123	–	0.2547	0.1986
	每股资本公积金(元)	0.6612	–	0.6612	0.6612
	每股未分配利润(元)	1.7581	–	1.7306	1.4939
	每股净资产(元)	3.6500	–	3.5400	3.2800
	每股经营现金流量(元)	0.1586	–	0.1800	–0.0400
	经营活动现金净流量增长(%)	235.9	–	521.0	–

山东安华生物医药股份有限公司

公司概况	公司名称	山东安华生物医药股份有限公司			证券简称	安华生物
	法人代表	韩秀云	董秘	赵艳辉	证券代码	832607
	公司网址	www.awa-biotech.com		电子信箱	info@awabiopharm.com	
	电　话	0543-3088807		传　真	0543-3080099	
	办公地址	山东省滨州市黄河12路488号				
	经营范围	透明质酸钠的生产销售				

主要财务指标	指标\报告期	2015.06.30	2014.12.31	2013.12.31	2012.12.31
	净利润(万元)	34.26	107.58	132.94	–
	净利润增长率(%)	1816.8	–19.0731	–	–
	加权净资产收益率(%)	1.1000	19.3900	30.6000	–
	资产负债比率(%)	22.8680	9.1761	73.6684	–
	净利润现金含量(%)	1124.8997	–1471.0101	54.7402	–
	基本每股收益(元)	0.0100	0.2200	0.2700	–
	每股收益–扣除(元)	–	–	–	–
	每股收益–摊薄(元)	0.0111	0.0359	0.2659	–
	每股资本公积金(元)	0.0028	–	–	–
	每股未分配利润(元)	0.0111	0.0326	0.0017	–
	每股净资产(元)	1.0100	1.0400	1.0000	–
	每股经营现金流量(元)	0.1243	–0.5300	0.1500	–
	经营活动现金净流量增长(%)	14.6476	–2274.7116	–	–

辽宁天禹星科技股份有限公司

公司概况					
公司名称	辽宁天禹星科技股份有限公司			证券简称	天禹星
法人代表	孙兴杰	董秘	张凯	证券代码	832608
公司网址	www.tyxmedia.com		电子信箱	tyxmedia@163.com	
电　话	024-86202041		传　真	024-86202202	
办公地址	辽宁省沈阳市和平区三好街76号				
经营范围	销售推广出租车智能化管理信息系统				

主要财务指标 指标\报告期	2015.06.30	2014.12.31	2013.12.31	2012.12.31
净利润(万元)	37.88	−1108.20	1308.77	–
净利润增长率(%)	114.6	−184.6749	–	–
加权净资产收益率(%)	0.2200	−6.0800	6.8900	–
资产负债比率(%)	17.4344	16.4700	15.7990	–
净利润现金含量(%)	363.4343	−251.4581	−13.3964	–
基本每股收益(元)	0.0100	−0.2500	0.2900	–
每股收益–扣除(元)	−0.0400	−0.2300	–	–
每股收益–摊薄(元)	0.0092	−0.2690	0.2908	–
每股资本公积金(元)	1.9506	1.9506	2.0815	–
每股未分配利润(元)	1.0530	1.0438	1.2019	–
每股净资产(元)	4.0900	4.0900	4.3700	–
每股经营现金流量(元)	0.0334	0.6800	−0.0400	–
经营活动现金净流量增长(%)	−90.7370	1689.4	–	–

福建意昂机电股份公司

公司概况					
公司名称	福建意昂机电股份公司			证券简称	意昂股份
法人代表	庄佟伟	董秘	郭秋榕	证券代码	832609
公司网址	www.china-yiang.com		电子信箱	yiang@china-yiang.com	
电　话	0595-22155994		传　真	0595-22155884	
办公地址	福建省泉州市丰泽区刺桐西路市工商局大楼西侧润华商厦29层2903房				
经营范围	公司主要从事电梯、空调的销售、安装、维修、保养业务				

主要财务指标 指标\报告期	2015.06.30	2014.12.31	2013.12.31	2012.12.31
净利润(万元)	561.60	–	301.86	54.80
净利润增长率(%)	187.5857	–	450.8650	–
加权净资产收益率(%)	18.6300	–	13.3000	2.6200
资产负债比率(%)	73.5634	–	83.0579	85.4332
净利润现金含量(%)	136.4380	–	599.2782	−10239.699
基本每股收益(元)	0.2800	–	0.1500	0.0300
每股收益–扣除(元)	–	–	–	–
每股收益–摊薄(元)	0.2808	–	0.1509	0.0274
每股资本公积金(元)	0.0824	–	0.0824	–
每股未分配利润(元)	0.5352	–	0.1132	0.0117
每股净资产(元)	1.6500	–	1.2100	1.0600
每股经营现金流量(元)	0.3831	–	0.9000	−2.8100
经营活动现金净流量增长(%)	17.2021	–	132.2	–

江苏合海集团股份有限公司

公司概况					
公司名称	江苏合海集团股份有限公司			证券简称	合海股份
法人代表	陈井平	董秘	王旭林	证券代码	832610
公司网址	www.hehai.com.cn		电子信箱	449152294@qq.com	
电　话	0513-88400019		传　真	0513-88402045	
办公地址	江苏省海安县白甸镇刘季村幸福四组				
经营范围	压力容器、涂装设备、建材机械				

主要财务指标 指标\报告期	2015.06.30	2014.12.31	2013.12.31	2012.12.31
净利润(万元)	50.47	–	316.69	927.76
净利润增长率(%)	−42.7176	–	−65.8647	–
加权净资产收益率(%)	1.2400	–	7.5000	27.3400
资产负债比率(%)	43.5096	–	57.8718	55.9344
净利润现金含量(%)	206.9122	–	99.2532	143.4933
基本每股收益(元)	0.0200	–	0.1100	0.3200
每股收益–扣除(元)	0.0200	–	0.1000	0.2600
每股收益–摊薄(元)	0.0168	–	0.1056	0.3093
每股资本公积金(元)	0.0818	–	0.0818	0.0818
每股未分配利润(元)	0.4222	–	0.3428	0.2425
每股净资产(元)	1.5500	–	1.4600	1.3600
每股经营现金流量(元)	0.0348	–	0.1000	0.4400
经营活动现金净流量增长(%)	135.1	–	−76.3888	–

海南凯迪网络资讯股份有限公司

公司概况					
公司名称	海南凯迪网络资讯股份有限公司			证券简称	凯迪网络
法人代表	肖增建	董秘	刘娅	证券代码	832611
公司网址	www.kdnet.net		电子信箱	kdnet@kdnet.net	
电　话	0898-66287770		传　真	0898-66287770	
办公地址	海南省海口市和平大道一横路毕弗利别墅20栋				
经营范围	论坛类网络社区运营、大数据分析服务				

主要财务指标 指标\报告期	2015.06.30	2014.12.31	2013.12.31	2012.12.31
净利润(万元)	−469.24	–	−117.21	−210.65
净利润增长率(%)	−223.7	–	44.4	–
加权净资产收益率(%)	−79.2200	–	−22.8800	−31.1500
资产负债比率(%)	56.2471	–	48.7408	41.9490
净利润现金含量(%)	113.4347	–	226.2862	198.1771
基本每股收益(元)	−0.4700	–	−0.0600	−0.1000
每股收益–扣除(元)	−0.4700	–	–	–
每股收益–摊薄(元)	−0.4692	–	−0.0573	−0.1030
每股资本公积金(元)	0.0198	–	–	–
每股未分配利润(元)	−0.6621	–	−0.7783	−0.7210
每股净资产(元)	0.3600	–	0.2200	0.2800
每股经营现金流量(元)	−0.5323	–	−0.1300	−0.2000
经营活动现金净流量增长(%)	−639468.3(	–	36.5	–

女娲珠宝(北京)股份有限公司

公司概况	公司名称	女娲珠宝(北京)股份有限公司			证券简称	女娲珠宝
	法人代表	胡小丛	董秘	王丽萍	证券代码	832612
	公司网址	www.nwbj.com.cn		电子信箱	nwzb@vip.163.com	
	电　话	010-65258630-888		传　真	010-65258630-817	
	办公地址	北京市东城区王府井大街200号工美大厦706房间				
	经营范围	销售珠宝首饰、金银制品、工艺品;货物进出口等				

	指标\报告期	2015.06.30	2014.12.31	2013.12.31	2012.12.31
主要财务指标	净利润(万元)	450.75	–	243.61	–72.80
	净利润增长率(%)	1182.2850	–	434.6	–
	加权净资产收益率(%)	29.2000	–	225.6300	–322.6200
	资产负债比率(%)	65.4172	–	85.9444	101.9244
	净利润现金含量(%)	–56.6447	–	–9.6219	1.9231
	基本每股收益(元)	0.4500	–	0.8120	–0.2430
	每股收益–扣除(元)	0.4500	–	0.8100	–0.2430
	每股收益–摊薄(元)	0.4507	–	0.8120	–0.2427
	每股资本公积金(元)	0.1034	–	–	–
	每股未分配利润(元)	0.5993	–	–0.2341	–1.0461
	每股净资产(元)	1.7700	–	0.7700	–0.0500
	每股经营现金流量(元)	–0.2553	–	–0.0800	–0.0050
	经营活动现金净流量增长(%)	73.8	–	–1569.2	–

四川资博农副产品股份有限公司

公司概况	公司名称	四川资博农副产品股份有限公司			证券简称	资博股份
	法人代表	何江朝	董秘	侯雄	证券代码	832613
	公司网址			电子信箱	419564335@qq.com	
	电　话	0839-3510745		传　真	0839-3510960	
	办公地址	四川省广元市利州区南河办事处蜀门南路205号				
	经营范围	农副产品交易市场的经营管理				

	指标\报告期	2015.06.30	2014.12.31	2013.12.31	2012.12.31
主要财务指标	净利润(万元)	92.12	–	285.67	126.30
	净利润增长率(%)	–49.8197	–	126.1771	–
	加权净资产收益率(%)	6.1200	–	31.7200	18.1800
	资产负债比率(%)	44.7768	–	59.5360	68.8150
	净利润现金含量(%)	216.3814	–	–67.7565	122.4861
	基本每股收益(元)	0.1200	–	0.4400	0.1900
	每股收益–扣除(元)	–	–	–	–
	每股收益–摊薄(元)	0.1228	–	0.4395	0.1943
	每股资本公积金(元)	0.9454	–	–	–
	每股未分配利润(元)	0.1240	–	0.4843	0.1327
	每股净资产(元)	2.0700	–	1.6100	1.1700
	每股经营现金流量(元)	0.2658	–	–0.3000	0.2400
	经营活动现金净流量增长(%)	–74.4883	–	–225.1190	–

广东旺大集团股份有限公司

公司概况	公司名称	广东旺大集团股份有限公司			证券简称	旺大集团
	法人代表	钟世强	董秘	杨楚	证券代码	832614
	公司网址	www.wangdafeed.com		电子信箱	wangdafeed@21cn.com	
	电　话	020-32031918		传　真	020-32031918	
	办公地址	广东省广州市萝岗区开发区科学城彩频路9号1002房				
	经营范围	猪饲料的研发、生产和销售				

	指标\报告期	2015.06.30	2014.12.31	2013.12.31	2012.12.31
主要财务指标	净利润(万元)	532.89	–	1311.24	700.66
	净利润增长率(%)	–15.7334	–	87.1418	–
	加权净资产收益率(%)	4.1000	–	19.8700	13.6400
	资产负债比率(%)	47.7692	–	65.8372	73.3122
	净利润现金含量(%)	–189.4287	–	165.3353	348.7037
	基本每股收益(元)	0.0700	–	0.3800	0.3400
	每股收益–扣除(元)	0.0200	–	0.2000	–
	每股收益–摊薄(元)	0.0722	–	0.2622	0.2190
	每股资本公积金(元)	0.5746	–	0.2621	0.0843
	每股未分配利润(元)	0.2199	–	0.4117	0.2392
	每股净资产(元)	1.8000	–	1.7100	1.3700
	每股经营现金流量(元)	–0.1368	–	0.4300	0.7600
	经营活动现金净流量增长(%)	–107.4	–	–11.2681	–

河南双发石油装备制造股份有限公司

公司概况	公司名称	河南双发石油装备制造股份有限公司			证券简称	双发股份
	法人代表	刘忠林	董秘	齐霞	证券代码	832615
	公司网址	www.hnsfsy.com		电子信箱	henanshuangfa@126.com	
	电　话	0393-4710125		传　真	0393-4710604	
	办公地址	河南省濮阳市高新区黄河路西段皇甫工业园区				
	经营范围	钻采设备及配件、石油三抽设备及配件、石油专用油套管的生产、销售、修理				

	指标\报告期	2015.06.30	2014.12.31	2013.12.31	2012.12.31
主要财务指标	净利润(万元)	210.50	–	181.75	629.25
	净利润增长率(%)	–26.7703	–	–71.1162	–
	加权净资产收益率(%)	3.0100	–	3.6400	14.5100
	资产负债比率(%)	50.7466	–	69.2616	65.5932
	净利润现金含量(%)	50.6195	–	1107.6149	225.3365
	基本每股收益(元)	0.0400	–	0.0700	0.2700
	每股收益–扣除(元)	0.0300	–	0.0000	0.2000
	每股收益–摊薄(元)	0.0414	–	0.0707	0.2747
	每股资本公积金(元)	0.4630	–	0.7444	–
	每股未分配利润(元)	0.1833	–	0.1894	0.7340
	每股净资产(元)	1.6700	–	1.9500	1.9400
	每股经营现金流量(元)	0.0209	–	0.7800	0.6200
	经营活动现金净流量增长(%)	–81.6400	–	41.9732	–

城光(湖南)节能环保服务股份有限公司

公司概况	公司名称	城光(湖南)节能环保服务股份有限公司			证券简称	城光节能
	法人代表	黄少和	董秘	王源园	证券代码	832616
	公司网址	www.cgjng.com			电子信箱	wangyuanyuan@zgcgjn.com
	电　话	0731-82878101			传　真	0731-82878109
	办公地址	长沙市芙蓉区张公岭隆平高科技园内湖南金丹科技创业大厦A栋第七层A区				
	经营范围	节能环保产品、照明设备、照明器材、电力设备、电力器材及相关智能系统的研发、生产、销售				

主要财务指标	指标\报告期	2015.06.30	2014.12.31	2013.12.31	2012.12.31
	净利润(万元)	424.67	–	304.35	86.36
	净利润增长率(%)	1919.1	–	252.4179	–
	加权净资产收益率(%)	7.7800	–	10.6700	13.1400
	资产负债比率(%)	39.2079	–	33.2953	87.2810
	净利润现金含量(%)	140.0378	–	-1329.9359	3101.1232
	基本每股收益(元)	0.0900	–	0.1000	0.1000
	每股收益-扣除(元)	–	–	0.1000	0.1000
	每股收益-摊薄(元)	0.0849	–	0.0625	0.0989
	每股资本公积金(元)	0.0209	–	0.0010	0.0056
	每股未分配利润(元)	0.1106	–	0.0235	-0.2031
	每股净资产(元)	1.1300	–	1.0300	0.8000
	每股经营现金流量(元)	0.1189	–	-0.8300	3.0700
	经营活动现金净流量增长(%)	-80.7180	–	-251.1375	–

北京数码大方科技股份有限公司

公司概况	公司名称	北京数码大方科技股份有限公司			证券简称	数码大方
	法人代表	雷毅	董秘	杨丽波	证券代码	832617
	公司网址	www.caxa.com			电子信箱	caxa_ir@caxa.com
	电　话	0010-62490300			传　真	010-62490301
	办公地址	北京市海淀区丰秀中路3号院9号楼				
	经营范围	软件开发、技术开发、技术服务、技术咨询、技术转让等				

主要财务指标	指标\报告期	2015.06.30	2014.12.31	2013.12.31	2012.12.31
	净利润(万元)	-2307.77	1788.11	985.94	–
	净利润增长率(%)	-553.1844	81.3605	–	–
	加权净资产收益率(%)	-19.4300	14.7400	9.1600	–
	资产负债比率(%)	44.1285	42.0058	50.5027	–
	净利润现金含量(%)	122.9043	184.7420	184.4747	–
	基本每股收益(元)	-0.5100	0.4000	0.2200	–
	每股收益-扣除(元)	–	0.2200	0.0600	–
	每股收益-摊薄(元)	-0.5128	0.3974	0.2191	–
	每股资本公积金(元)	0.8902	0.8902	0.8902	–
	每股未分配利润(元)	0.4128	0.9330	0.5717	–
	每股净资产(元)	2.3800	2.9000	2.5000	–
	每股经营现金流量(元)	-0.6303	0.7300	0.4000	–
	经营活动现金净流量增长(%)	-599.5	81.6233	–	–

中能兴科(北京)节能科技股份有限公司

公司概况	公司名称	中能兴科(北京)节能科技股份有限公司			证券简称	中能兴科
	法人代表	王英俊	董秘	张毓珊	证券代码	832618
	公司网址	www.znxk.net			电子信箱	znxk@163.com
	电　话	010-52088895			传　真	010-52088893
	办公地址	北京市朝阳区东四环中路82号金长安大厦3座1810				
	经营范围	节能技术及产品、能源监测系统集成的技术开发等				

主要财务指标	指标\报告期	2015.06.30	2014.12.31	2013.12.31	2012.12.31
	净利润(万元)	46.52	423.03	-156.44	–
	净利润增长率(%)	129.8	370.4	–	–
	加权净资产收益率(%)	0.6800	28.2700	-15.5200	–
	资产负债比率(%)	23.2314	27.5157	26.2789	–
	净利润现金含量(%)	-58.1579	-51.7977	-114.5551	–
	基本每股收益(元)	0.0200	0.1900	-0.0800	–
	每股收益-扣除(元)	0.0100	–	–	–
	每股收益-摊薄(元)	0.0193	0.1755	-0.0782	–
	每股资本公积金(元)	–	–	–	–
	每股未分配利润(元)	-0.2492	-0.2685	-0.5350	–
	每股净资产(元)	0.7500	0.7300	0.4600	–
	每股经营现金流量(元)	-0.0112	-0.0900	0.0900	–
	经营活动现金净流量增长(%)	83.9	-222.2703	–	–

杭州天创环境科技股份有限公司

公司概况	公司名称	杭州天创环境科技股份有限公司			证券简称	天创环境
	法人代表	丁国良	董秘	王慧霞	证券代码	832619
	公司网址	www.hztianchuang.com			电子信箱	tczq@hztchj.com
	电　话	0571-88620850			传　真	0571-88620850
	办公地址	浙江省杭州市余杭区仓前街道海曙路16号				
	经营范围	提供工业、医疗水处理设备及整体解决方案，膜产品的研发、生产和销售				

主要财务指标	指标\报告期	2015.06.30	2014.12.31	2013.12.31	2012.12.31
	净利润(万元)	320.30	557.01	1912.11	–
	净利润增长率(%)	195.3132	-70.8693	–	–
	加权净资产收益率(%)	1.1100	3.9500	18.9300	–
	资产负债比率(%)	48.5422	51.1257	46.8283	–
	净利润现金含量(%)	-146.6872	-421.2276	139.2457	–
	基本每股收益(元)	0.0600	0.1100	0.4000	–
	每股收益-扣除(元)	–	0.0800	0.4100	–
	每股收益-摊薄(元)	0.0641	0.1114	0.3824	–
	每股资本公积金(元)	1.2145	1.2145	1.2145	–
	每股未分配利润(元)	0.6163	0.5523	0.6177	–
	每股净资产(元)	2.9300	2.8600	2.9100	–
	每股经营现金流量(元)	-0.0940	-0.4700	0.5325	–
	经营活动现金净流量增长(%)	68.9	-188.1221	–	–

山东中安科技股份有限公司

公司概况	公司名称	山东中安科技股份有限公司			证券简称	中安股份
	法人代表	张景伟	董秘	张景伟	证券代码	832620
	公司网址	www.zazn.net		电子信箱	zakj@zazn.net	
	电　话	0531-88870688		传　真	0531-88875908-6053	
	办公地址	山东省济南市高新区新泺大街2008号银荷大厦1-901				
	经营范围	计算机软硬件的研发销售等				

	指标\报告期	2015.06.30	2014.12.31	2013.12.31	2012.12.31
主要财务指标	净利润(万元)	467.69	812.72	90.27	–
	净利润增长率(%)	242.1611	800.3103	–	–
	加权净资产收益率(%)	9.6100	35.8400	9.9600	–
	资产负债比率(%)	42.1589	61.9852	87.5679	–
	净利润现金含量(%)	–398.5327	89.7074	992.1901	–
	基本每股收益(元)	0.1500	0.4300	0.0900	–
	每股收益-扣除(元)	0.1200	0.4200	0.1000	–
	每股收益-摊薄(元)	0.1443	0.2673	0.0903	–
	每股资本公积金(元)	0.6627	0.1142	–	–
	每股未分配利润(元)	0.2990	0.1648	–0.0482	–
	每股净资产(元)	1.9900	1.3000	0.9500	–
	每股经营现金流量(元)	–0.5753	0.2400	0.9000	–
	经营活动现金净流量增长(%)	–717.0981	–18.5990	–	–

山东三维钢结构股份有限公司

公司概况	公司名称	山东三维钢结构股份有限公司			证券简称	三维钢构
	法人代表	杨维生	董秘	刘振华	证券代码	832621
	公司网址	www.svbuilding.com		电子信箱	svsv@sohu.com	
	电　话	0632-5818202		传　真	0632-5666288	
	办公地址	山东省滕州市善国南路益康大道北首858号				
	经营范围	钢结构工程的设计、生产和安装				

	指标\报告期	2015.06.30	2014.12.31	2013.12.31	2012.12.31
主要财务指标	净利润(万元)	248.02	69.06	114.29	–
	净利润增长率(%)	370.5365	–39.5793	–	–
	加权净资产收益率(%)	4.7300	1.2300	2.2400	–
	资产负债比率(%)	53.9393	53.7689	55.2244	–
	净利润现金含量(%)	–4.1900	–389.5068	–1154.2605	–
	基本每股收益(元)	0.0600	0.0400	0.0700	–
	每股收益-扣除(元)	0.0400	0.0900	0.1500	–
	每股收益-摊薄(元)	0.0620	0.0173	0.0733	–
	每股资本公积金(元)	–	–	1.6718	–
	每股未分配利润(元)	0.3068	0.2448	0.5649	–
	每股净资产(元)	1.3400	1.2800	3.3100	–
	每股经营现金流量(元)	–0.0026	–0.0672	–0.8500	–
	经营活动现金净流量增长(%)	96.1	79.6	–	–

安徽天鹅家纺股份有限公司

公司概况	公司名称	安徽天鹅家纺股份有限公司			证券简称	天鹅家纺
	法人代表	储荣生	董秘	储小飞	证券代码	832622
	公司网址			电子信箱	chuxf@ahswan.com	
	电　话	0556-2185167		传　真	0556-2185167	
	办公地址	安徽省岳西县天堂镇回龙社区(天鹅工业园)				
	经营范围	纺织工艺制品的生产和销售				

	指标\报告期	2015.06.30	2014.12.31	2013.12.31	2012.12.31
主要财务指标	净利润(万元)	293.95	220.25	379.02	–
	净利润增长率(%)	–13.8195	–41.8899	–	–
	加权净资产收益率(%)	8.1300	6.9800	14.2600	–
	资产负债比率(%)	53.0753	44.7866	59.1418	–
	净利润现金含量(%)	–463.5721	–468.8263	19.5293	–
	基本每股收益(元)	0.0900	0.0700	0.1300	–
	每股收益-扣除(元)	–	0.0400	0.1100	–
	每股收益-摊薄(元)	0.0919	0.0688	0.1263	–
	每股资本公积金(元)	0.0625	0.0625	–	–
	每股未分配利润(元)	0.1064	0.0146	–0.0511	–
	每股净资产(元)	1.1800	1.0800	0.9500	–
	每股经营现金流量(元)	–0.4258	–0.3200	0.0200	–
	经营活动现金净流量增长(%)	–51.4	–1494.9795	–	–

南京铱迅信息技术股份有限公司

公司概况	公司名称	南京铱迅信息技术股份有限公司			证券简称	铱迅信息
	法人代表	杨谦	董秘	张小玲	证券代码	832623
	公司网址	www.yxlink.com		电子信箱	xiaolingzhang@yxlink.com	
	电　话	025-58722055-614		传　真	025-58722055-601	
	办公地址	江苏省南京市雨花台区宁双路18号D幢4层				
	经营范围	计算机软硬件的技术开发、转让、咨询、技术服务等				

	指标\报告期	2015.06.30	2014.12.31	2013.12.31	2012.12.31
主要财务指标	净利润(万元)	–338.18	130.39	97.50	–
	净利润增长率(%)	–108.7	33.7271	–	–
	加权净资产收益率(%)	–67.3900	18.3200	24.0400	–
	资产负债比率(%)	72.0438	53.9020	43.8496	–
	净利润现金含量(%)	115.5925	47.8258	120.4205	–
	基本每股收益(元)	–0.5600	0.2400	0.2400	–
	每股收益-扣除(元)	–	–	–	–
	每股收益-摊薄(元)	–0.5636	0.2173	0.2438	–
	每股资本公积金(元)	0.1475	0.1475	–	–
	每股未分配利润(元)	–0.3127	0.2510	0.1223	–
	每股净资产(元)	0.8800	1.4400	1.1400	–
	每股经营现金流量(元)	–0.6515	0.1000	0.2900	–
	经营活动现金净流量增长(%)	–2592.1	–46.8835	–	–

江苏金智教育信息股份有限公司

公司概况	公司名称	江苏金智教育信息股份有限公司			证券简称	金智教育
	法人代表	郭超	董秘	尹海林	证券代码	832624
	公司网址	www.wisedu.com		电子信箱	hlyin@wisedu.com	
	电　　话	025-68755016		传　　真	025-68755066	
	办公地址	江苏省南京市江宁开发区将军大道100号				
	经营范围	教育软件的开发、销售，计算机软硬件的开发、销售				

	指标\报告期	2015.06.30	2014.12.31	2013.12.31	2012.12.31
主要财务指标	净利润(万元)	-211.02	784.89	555.16	-
	净利润增长率(%)	-209.6561	41.3807	-	-
	加权净资产收益率(%)	-6.3800	27.3700	25.2600	-
	资产负债比率(%)	84.3567	83.5781	82.4469	-
	净利润现金含量(%)	-576.9493	193.3618	118.8837	-
	基本每股收益(元)	-0.0800	0.2800	0.2000	-
	每股收益-扣除(元)	-0.1300	0.1975	0.1643	-
	每股收益-摊薄(元)	-0.0754	0.2803	0.1983	-
	每股资本公积金(元)	0.0639	0.0639	0.1129	-
	每股未分配利润(元)	0.0190	0.0944	-0.2289	-
	每股净资产(元)	1.0900	1.1600	0.8800	-
	每股经营现金流量(元)	0.4348	0.5400	0.2400	-
	经营活动现金净流量增长(%)	205.2	129.9527	-	-

新疆巴口香农业投资发展股份有限公司

公司概况	公司名称	新疆巴口香农业投资发展股份有限公司			证券简称	巴口香
	法人代表	邹劲松	董秘	张萍	证券代码	832625
	公司网址			电子信箱	bkxny@163.com	
	电　　话	0999-6523333		传　　真	0999-6523000	
	办公地址	新疆伊犁州察布查尔县固尔扎路				
	经营范围	小麦、玉米、青贮玉米、苜蓿等农产品的种植和销售				

	指标\报告期	2015.06.30	2014.12.31	2013.12.31	2012.12.31
主要财务指标	净利润(万元)	-128.87	394.57	361.11	-
	净利润增长率(%)	-81.5	9.2659	-	-
	加权净资产收益率(%)	-9.4400	33.4200	46.4700	-
	资产负债比率(%)	76.5380	77.1393	84.7756	-
	净利润现金含量(%)	-1508.8877	-302.7372	10.3763	-
	基本每股收益(元)	-0.1200	0.3900	0.3600	-
	每股收益-扣除(元)	-0.1700	-	-	-
	每股收益-摊薄(元)	-0.1289	0.3946	0.3611	-
	每股资本公积金(元)	0.2296	0.2296	-	-
	每股未分配利润(元)	-0.0192	0.1102	-0.0424	-
	每股净资产(元)	1.2200	1.3500	0.9600	-
	每股经营现金流量(元)	1.9444	-1.1900	0.0400	-
	经营活动现金净流量增长(%)	207.3	-3287.6224	-	-

上海预言软件股份有限公司

公司概况	公司名称	上海预言软件股份有限公司			证券简称	预言软件
	法人代表	潘伟敏	董秘	水修义	证券代码	832626
	公司网址	www.art-coding.com		电子信箱	xyshui@ART-CODING.com	
	电　　话	021-52540081		传　　真	021-52540081	
	办公地址	上海市张江高科技园区郭守敬路498号浦东软件园14幢22301-513室				
	经营范围	计算机软硬件、图文设计制作的技术开发、技术咨询的进出口业务				

	指标\报告期	2015.06.30	2014.12.31	2013.12.31	2012.12.31
主要财务指标	净利润(万元)	206.74	-16.02	335.46	-
	净利润增长率(%)	247.9	-104.7755	-	-
	加权净资产收益率(%)	3.0000	-0.9400	21.8400	-
	资产负债比率(%)	14.7085	15.4409	12.7050	-
	净利润现金含量(%)	38.5110	910.4245	95.4421	-
	基本每股收益(元)	0.2400	-0.0200	0.3900	-
	每股收益-扣除(元)	0.2100	-0.0900	-	-
	每股收益-摊薄(元)	0.2376	-0.0184	0.3856	-
	每股资本公积金(元)	0.7927	0.7927	1847.7011	-
	每股未分配利润(元)	0.3848	0.1472	7272.7451	-
	每股净资产(元)	2.5500	1.9400	1.9600	-
	每股经营现金流量(元)	0.0915	-0.1700	0.3700	-
	经营活动现金净流量增长(%)	159.2	-145.5552	-	-

江苏锦达保税仓储股份有限公司

公司概况	公司名称	江苏锦达保税仓储股份有限公司			证券简称	锦达保税
	法人代表	王国瑞	董秘	许宝宁	证券代码	832627
	公司网址	www.vinsen.com.cn		电子信箱	xubaoning@vinsen.com.cn	
	电　　话	0518-80868968		传　　真	0518-80868969	
	办公地址	江苏省连云港经济技术开发区云杉路9号				
	经营范围	货物仓储及装卸服务，集装箱拼装拆箱、堆放				

	指标\报告期	2015.06.30	2014.12.31	2013.12.31	2012.12.31
主要财务指标	净利润(万元)	304.16	923.90	-305.80	-
	净利润增长率(%)	1704.0	402.1	-	-
	加权净资产收益率(%)	8.5300	34.9000	-13.2300	-
	资产负债比率(%)	43.5108	52.1194	68.5596	-
	净利润现金含量(%)	34.5742	62.3054	39.0484	-
	基本每股收益(元)	0.0900	0.2800	-0.0900	-
	每股收益-扣除(元)	-	0.0500	-0.0900	-
	每股收益-摊薄(元)	0.0908	0.2758	-0.1019	-
	每股资本公积金(元)	0.0052	0.0052	-	-
	每股未分配利润(元)	0.1032	0.0124	-0.2807	-
	每股净资产(元)	1.1100	1.0200	0.6400	-
	每股经营现金流量(元)	0.0314	0.1700	-0.0400	-
	经营活动现金净流量增长(%)	-83.2548	582.1	-	-

江苏爱源医疗科技股份有限公司

公司概况	公司名称	江苏爱源医疗科技股份有限公司			证券简称	爱源股份
	法人代表	戴新春	董秘	陈娟	证券代码	832628
	公司网址	www.taimed.net		电子信箱	2658151167@qq.com	
	电话	0523-82181419		传真	0523-82181419	
	办公地址	江苏省泰州市药城大道一号中试一期G11二层西半部				
	经营范围	公司专业从事一次性医疗耗材的研发、生产和销售				

	指标\报告期	2015.06.30	2014.12.31	2013.12.31	2012.12.31
主要财务指标	净利润(万元)	-117.29	185.19	-71.43	-
	净利润增长率(%)	-331.9	359.3	-	-
	加权净资产收益率(%)	-11.7700	19.2300	-12.4700	-
	资产负债比率(%)	64.8978	57.1136	83.2718	-
	净利润现金含量(%)	-91.3910	2068.8104	5947.8090	-
	基本每股收益(元)	-0.1200	0.1900	-0.1100	-
	每股收益-扣除(元)	-	0.1500	-0.1100	-
	每股收益-摊薄(元)	-0.1173	0.1852	-0.0714	-
	每股资本公积金(元)	0.0199	0.0199	-	-
	每股未分配利润(元)	-0.0854	0.0319	-0.1298	-
	每股净资产(元)	0.9400	1.0600	0.8700	-
	每股经营现金流量(元)	0.1072	3.8300	-4.2500	-
	经营活动现金净流量增长(%)	-97.4443	190.2	-	-

成都易信达科技股份有限公司

公司概况	公司名称	成都易信达科技股份有限公司			证券简称	易信达
	法人代表	彭国宾	董秘	邹雨生	证券代码	832629
	公司网址	www.yixinda.com		电子信箱	webmaster@yixinda.com	
	电话	028-82552728		传真	028-82550721	
	办公地址	四川省成都市新津县工业园区A区兴园路359号				
	经营范围	管材系列产品、复合材料系列产品、智能仪表的研发、生产和销售				

	指标\报告期	2015.06.30	2014.12.31	2013.12.31	2012.12.31
主要财务指标	净利润(万元)	-392.32	-	94.71	-218.56
	净利润增长率(%)	-448.2175	-	143.3	-
	加权净资产收益率(%)	-8.1500	-	2.7400	-10.6300
	资产负债比率(%)	45.8328	-	71.7347	80.0468
	净利润现金含量(%)	105.1267	-	-1143.1948	-70.6980
	基本每股收益(元)	-0.0800	-	0.0300	-0.1000
	每股收益-扣除(元)	-	-	0.0300	-0.1000
	每股收益-摊薄(元)	-0.0785	-	0.0268	-0.0982
	每股资本公积金(元)	0.0083	-	-	-
	每股未分配利润(元)	-0.0865	-	-0.0217	-0.0770
	每股净资产(元)	0.9200	-	0.9783	0.9230
	每股经营现金流量(元)	-0.0825	-	-0.3100	0.0700
	经营活动现金净流量增长(%)	-2748.0726	-	-800.7386	-

浙江诺之股份有限公司

公司概况	公司名称	浙江诺之股份有限公司			证券简称	诺之股份
	法人代表	吴陆明	董秘	周夏敏	证券代码	832630
	公司网址	www.nuozhi.com		电子信箱	nuozhifashion@163.com	
	电话	0573-87218878		传真	0573-87268955	
	办公地址	浙江省海宁市洛隆路623号				
	经营范围	皮革服装、其他皮革制品、皮毛制品、裘皮服装、纺织服装等				

	指标\报告期	2015.06.30	2014.12.31	2013.12.31	2012.12.31
主要财务指标	净利润(万元)	-772.63	248.14	355.89	-
	净利润增长率(%)	18.0	-30.2776	-	-
	加权净资产收益率(%)	-15.7700	4.4900	6.9500	-
	资产负债比率(%)	72.5206	69.8204	72.2540	-
	净利润现金含量(%)	-58.8342	1704.6815	-499.7162	-
	基本每股收益(元)	-0.1900	0.0700	0.1200	-
	每股收益-扣除(元)	-0.1400	0.0400	0.1100	-
	每股收益-摊薄(元)	-0.1932	0.0620	0.1186	-
	每股资本公积金(元)	0.1140	0.1140	0.3333	-
	每股未分配利润(元)	0.0143	0.2074	0.3843	-
	每股净资产(元)	1.1300	1.3200	1.7700	-
	每股经营现金流量(元)	0.1136	1.0600	-0.5900	-
	经营活动现金净流量增长(%)	-64.9051	337.8	-	-

河北安泰可耐特冶金科技股份有限公司

公司概况	公司名称	河北安泰可耐特冶金科技股份有限公司			证券简称	安特科技
	法人代表	郜东河	董秘	孙连蔚	证券代码	832631
	公司网址	www.atknt.com		电子信箱	kntlga@163.com	
	电话	0318-7972229		传真	0318-7972229	
	办公地址	河北省冀州市兴华南大街1198号				
	经营范围	生产、设计、开发、推广电解槽,销售本公司产品				

	指标\报告期	2015.06.30	2014.12.31	2013.12.31	2012.12.31
主要财务指标	净利润(万元)	-312.76	-	608.17	201.54
	净利润增长率(%)	-254.8247	-	201.7602	-
	加权净资产收益率(%)	-40.8200	-	95.5700	78.5600
	资产负债比率(%)	89.1980	-	86.4523	92.3968
	净利润现金含量(%)	-36.0742	-	-127.8508	-204.3019
	基本每股收益(元)	-0.3100	-	2.9800	0.9900
	每股收益-扣除(元)	-0.4100	-	2.9900	1.0100
	每股收益-摊薄(元)	-0.3128	-	2.9773	0.9867
	每股资本公积金(元)	0.0502	-	-	-
	每股未分配利润(元)	-0.4403	-	1.6582	0.5961
	每股净资产(元)	0.6100	-	3.2600	1.7500
	每股经营现金流量(元)	0.1128	-	-3.8100	-2.0200
	经营活动现金净流量增长(%)	118.0	-	-88.8	-

三门峡德安饲料股份有限公司

公司概况	公司名称	三门峡德安饲料股份有限公司			证券简称	德安股份
	法人代表	赵发平	董秘	冯海玲	证券代码	832632
	公司网址	www.deangufen.com		电子信箱	deangufen@163.com	
	电　话	0398-6190777-8028		传　真	0398-6190190	
	办公地址	河南省三门峡市灵宝市北区振兴路中段				
	经营范围	从事货物和技术进出口业务				

	指标\报告期	2015.06.30	2014.12.31	2013.12.31	2012.12.31
主要财务指标	净利润(万元)	17.31	30.42	76.00	–
	净利润增长率(%)	179.9	-59.9739	–	–
	加权净资产收益率(%)	0.7900	1.4100	3.6100	–
	资产负债比率(%)	25.2480	28.2905	8.6404	–
	净利润现金含量(%)	-4015.1597	-1305.8185	671.6447	–
	基本每股收益(元)	0.0100	0.0200	0.0400	–
	每股收益-扣除(元)	–	0.0100	0.0400	–
	每股收益-摊薄(元)	0.0087	0.0152	0.0380	–
	每股资本公积金(元)	0.0703	0.0703	–	–
	每股未分配利润(元)	0.0232	0.0154	0.0672	–
	每股净资产(元)	1.1000	1.0900	1.0700	–
	每股经营现金流量(元)	-0.3475	-0.2000	0.2600	–
	经营活动现金净流量增长(%)	-681.1	-177.8202	–	–

苏州市伏泰信息科技股份有限公司

公司概况	公司名称	苏州市伏泰信息科技股份有限公司			证券简称	伏泰科技
	法人代表	沈刚	董秘	范延军	证券代码	832633
	公司网址	www.vortexinfo.cn		电子信箱	fanyanjun@vortexinfo.cn	
	电　话	0512-62928535		传　真	0512-66730261	
	办公地址	江苏省苏州市工业园区金鸡湖大道 1355 号国际科技园 A1505				
	经营范围	计算机软硬件及系统集成开发、销售等				

	指标\报告期	2015.06.30	2014.12.31	2013.12.31	2012.12.31
主要财务指标	净利润(万元)	69.86	1007.91	611.43	–
	净利润增长率(%)	129.4	64.8435	–	–
	加权净资产收益率(%)	3.5300	92.8900	222.0000	–
	资产负债比率(%)	32.0579	44.2460	59.0875	–
	净利润现金含量(%)	-960.2366	-17.9457	80.2151	–
	基本每股收益(元)	0.0600	1.0100	0.6100	–
	每股收益-扣除(元)	0.0600	–	–	–
	每股收益-摊薄(元)	0.0635	2.2398	1.3587	–
	每股资本公积金(元)	1.4064	–	–	–
	每股未分配利润(元)	0.0635	2.2781	0.2623	–
	每股净资产(元)	2.4700	1.5900	0.5800	–
	每股经营现金流量(元)	-0.6099	-0.4019	1.0899	–
	经营活动现金净流量增长(%)	-290.6	-136.8790	–	–

山东赛特电工股份有限公司

公司概况	公司名称	山东赛特电工股份有限公司			证券简称	赛特电工
	法人代表	李希存	董秘	和尚国	证券代码	832634
	公司网址	www.e-saite.com		电子信箱	heshangguo8@163.com	
	电　话	0538-7059419		传　真	0538-7059400	
	办公地址	山东省新泰经济开发区双山路 9 号				
	经营范围	各类电磁线的研发、生产和销售				

	指标\报告期	2015.06.30	2014.12.31	2013.12.31	2012.12.31
主要财务指标	净利润(万元)	631.14	–	1745.39	1499.55
	净利润增长率(%)	-24.5558	–	16.3939	–
	加权净资产收益率(%)	3.7100	–	11.5000	10.4500
	资产负债比率(%)	28.4302	–	36.6599	41.9461
	净利润现金含量(%)	464.8437	–	122.2201	286.3930
	基本每股收益(元)	0.1500	–	0.4100	0.3500
	每股收益-扣除(元)	0.1500	–	0.4000	0.2300
	每股收益-摊薄(元)	0.1475	–	0.4078	0.3504
	每股资本公积金(元)	0.8077	–	0.8077	0.8077
	每股未分配利润(元)	1.9260	–	1.6070	1.4900
	每股净资产(元)	4.0500	–	3.6900	3.5300
	每股经营现金流量(元)	0.6855	–	0.5000	1.0000
	经营活动现金净流量增长(%)	250.0161	–	-50.3282	–

北京中捷四方生物科技股份有限公司

公司概况	公司名称	北京中捷四方生物科技股份有限公司			证券简称	中捷四方
	法人代表	崔良中	董秘	邹杰	证券代码	832635
	公司网址	www.bio-lure.com		电子信箱	zoujie@zhongjiesifang.com	
	电　话	010-56495612		传　真	010-56495617	
	办公地址	北京市通州区中关村科技园通州金桥科技产业基地科环中路 17 号 59A				
	经营范围	生产昆虫信息素、粘胶体及色板产品等				

	指标\报告期	2015.06.30	2014.12.31	2013.12.31	2012.12.31
主要财务指标	净利润(万元)	362.12	553.29	745.91	–
	净利润增长率(%)	-12.2927	-25.8236	–	–
	加权净资产收益率(%)	9.4100	14.4000	17.9500	–
	资产负债比率(%)	50.1643	48.3118	50.2893	–
	净利润现金含量(%)	-52.1470	94.5502	272.6272	–
	基本每股收益(元)	0.1100	0.1800	0.2600	–
	每股收益-扣除(元)	0.0900	0.1700	–	–
	每股收益-摊薄(元)	0.1127	0.1721	0.3730	–
	每股资本公积金(元)	0.0607	0.0607	0.1500	–
	每股未分配利润(元)	0.1726	0.0599	0.3107	–
	每股净资产(元)	1.2500	1.1400	1.5300	–
	每股经营现金流量(元)	-0.0587	0.1600	1.0200	–
	经营活动现金净流量增长(%)	-148.8357	-74.2748	–	–

江苏大运信息科技股份有限公司

公司概况	公司名称	江苏大运信息科技股份有限公司			证券简称	大运科技
	法人代表	华豪	董秘	张刚社	证券代码	832636
	公司网址	www.jsdayun.com		电子信箱	dy@jsdayun.com	
	电话	0510-85807810		传真	0510-85807810	
	办公地址	江苏省无锡市新区清源路18号A401室				
	经营范围	智能交通信息化软件的技术开发、技术咨询、技术服务、销售、安装				

主要财务指标	指标\报告期	2015.06.30	2014.12.31	2013.12.31	2012.12.31
	净利润(万元)	39.78	31.11	-39.94	-
	净利润增长率(%)	109.4444	177.9	-	-
	加权净资产收益率(%)	3.9700	5.0300	-6.4100	-
	资产负债比率(%)	13.1564	14.3083	7.3086	-
	净利润现金含量(%)	-794.0908	-117.2935	186.4046	-
	基本每股收益(元)	0.0400	0.0346	-0.0499	-
	每股收益-扣除(元)	-	0.0352	-0.0446	-
	每股收益-摊薄(元)	0.0442	0.0346	-0.0499	-
	每股资本公积金(元)	0.0614	0.0614	-	-
	每股未分配利润(元)	0.0731	0.0289	-0.2459	-
	每股净资产(元)	1.3100	1.0900	0.7500	-
	每股经营现金流量(元)	-0.3510	-0.0400	-0.0900	-
	经营活动现金净流量增长(%)	-342.4901	51.0	-	-

上海华源磁业股份有限公司

公司概况	公司名称	上海华源磁业股份有限公司			证券简称	华源磁业
	法人代表	方华	董秘	何慧萍	证券代码	832637
	公司网址	www.magway.com.cn		电子信箱	jenna@magway.com.cn	
	电话	021-55971295		传真	021-55971292	
	办公地址	上海市杨浦区翔殷路1128号沪东金融大厦15楼D座				
	经营范围	各类磁性材料,电子元器件的生产、加工、销售				

主要财务指标	指标\报告期	2015.06.30	2014.12.31	2013.12.31	2012.12.31
	净利润(万元)	126.07	-	-95.86	-113.73
	净利润增长率(%)	242.2	-	15.7	-
	加权净资产收益率(%)	3.5000	-	-7.3100	-9.8200
	资产负债比率(%)	30.8703	-	69.6185	59.9343
	净利润现金含量(%)	281.4821	-	148.2266	479.4689
	基本每股收益(元)	0.0400	-	-0.0800	-0.1300
	每股收益-扣除(元)	0.0300	-	-0.0800	-0.1500
	每股收益-摊薄(元)	0.0334	-	-0.0834	-0.0989
	每股资本公积金(元)	0.0561	-	-	-
	每股未分配利润(元)	0.0057	-	0.0818	0.1652
	每股净资产(元)	1.0600	-	1.1000	1.1800
	每股经营现金流量(元)	0.0941	-	-0.1200	-0.4700
	经营活动现金净流量增长(%)	163.9	-	73.9	-

广东瓦力网络科技股份有限公司

公司概况	公司名称	广东瓦力网络科技股份有限公司			证券简称	瓦力科技
	法人代表	罗文	董秘	罗燕瑜	证券代码	832638
	公司网址	www.ivali.com		电子信箱	ivali@ivali.com	
	电话	0769-26622111		传真	0769-23226555	
	办公地址	广东省东莞松山湖高新技术产业开发区工业南路8号创投大厦6层601-604室				
	经营范围	网络设备的研究、开发;计算机软硬件开发、网上销售、技术服务				

主要财务指标	指标\报告期	2015.06.30	2014.12.31	2013.12.31	2012.12.31
	净利润(万元)	712.33	487.90	-21.92	-
	净利润增长率(%)	264039.887	2325.6	-	-
	加权净资产收益率(%)	31.2100	41.2700	-4.5400	-
	资产负债比率(%)	24.6535	41.3266	21.7032	-
	净利润现金含量(%)	-87.2880	91.7073	1040.5109	-
	基本每股收益(元)	0.4700	0.4900	-0.0400	-
	每股收益-扣除(元)	-	-	-	-
	每股收益-摊薄(元)	0.4749	0.3253	-0.0219	-
	每股资本公积金(元)	0.2841	-	-	-
	每股未分配利润(元)	0.4749	0.2557	-0.0618	-
	每股净资产(元)	1.7600	1.2800	0.9400	-
	每股经营现金流量(元)	-0.4145	0.3000	-0.2300	-
	经营活动现金净流量增长(%)	-181.5087	296.2	-	-

北京正和恒基滨水生态环境治理股份有限公司

公司概况	公司名称	北京正和恒基滨水生态环境治理股份有限公司			证券简称	正和生态
	法人代表	张熠君	董秘	冯艳丽	证券代码	832639
	公司网址	www.zeho.com.cn		电子信箱	fengyanli@zeho.com.cn	
	电话	010-59847999		传真	010-82601974	
	办公地址	北京市海淀区中关村东路1号清华科技园科技大厦B座21层				
	经营范围	滨水区域生态环境治理前沿技术研发、滨水区域商业策划运营				

主要财务指标	指标\报告期	2015.06.30	2014.12.31	2013.12.31	2012.12.31
	净利润(万元)	262.00	-	7983.37	7800.75
	净利润增长率(%)	-92.5401	-	2.3411	-
	加权净资产收益率(%)	0.4700	-	22.4100	28.1300
	资产负债比率(%)	58.9194	-	65.1132	64.3453
	净利润现金含量(%)	536.6016	-	-13.8396	-116.7024
	基本每股收益(元)	0.0200	-	0.8900	0.8700
	每股收益-扣除(元)	0.0100	-	0.8800	0.8600
	每股收益-摊薄(元)	0.0243	-	0.8870	0.8668
	每股资本公积金(元)	1.8375	-	1.4098	1.4098
	每股未分配利润(元)	2.0815	-	1.7974	1.0041
	每股净资产(元)	5.1500	-	4.4000	3.5100
	每股经营现金流量(元)	0.1304	-	-0.1200	-1.0100
	经营活动现金净流量增长(%)	172.9	-	87.9	-

荣成青木高新材料股份有限公司

公司概况	公司名称	荣成青木高新材料股份有限公司			证券简称	青木高新
	法人代表	孙朋波	董秘	高德力	证券代码	832640
	公司网址	www.qm-chem.com		电子信箱	ebosstowm@126.com	
	电　话	0631-7697889		传　真	0631-7697888	
	办公地址	山东省荣成市荣昌路南侧				
	经营范围	从事碳酸亚乙烯酯、邻苯基苯酚生产销售等				

主要财务指标	指标\报告期	2015.06.30	2014.12.31	2013.12.31	2012.12.31
	净利润(万元)	-1368.47	-1854.51	-1798.53	-
	净利润增长率(%)	-57.4	-3.1	-	-
	加权净资产收益率(%)	-	123.2100	230.9900	-
	资产负债比率(%)	95.3777	79.1249	125.2653	-
	净利润现金含量(%)	42.0271	50.8236	52.0170	-
	基本每股收益(元)	-0.6800	-1.7900	-3.0000	-
	每股收益-扣除(元)	-0.6800	-1.8000	-3.0200	-
	每股收益-摊薄(元)	-0.6842	-0.9273	-2.9975	-
	每股资本公积金(元)	0.1226	0.1226	-	-
	每股未分配利润(元)	-0.8727	-0.1885	-3.7965	-
	每股净资产(元)	0.2500	0.9300	-2.8000	-
	每股经营现金流量(元)	-0.2876	-0.4700	-1.5600	-
	经营活动现金净流量增长(%)	-110.1	-0.7	-	-

湖北天蓝地绿生态科技股份有限公司

公司概况	公司名称	湖北天蓝地绿生态科技股份有限公司			证券简称	天蓝地绿
	法人代表	高文兵	董秘	王震	证券代码	832641
	公司网址	www.tldlyl.com		电子信箱	Wanggch651027@126.com	
	电　话	0728-8283588		传　真	0728-3259169	
	办公地址	仙桃市龙华山办事处大新路 56 号城市广场第 29 层				
	经营范围	研究、开发、种植、销售园林植物等				

主要财务指标	指标\报告期	2015.06.30	2014.12.31	2013.12.31	2012.12.31
	净利润(万元)	131.73	94.66	-0.50	-
	净利润增长率(%)	2090.5	19086.4	-	-
	加权净资产收益率(%)	6.1900	8.4800	-0.0500	-
	资产负债比率(%)	60.2813	54.8873	65.4179	-
	净利润现金含量(%)	-48.6255	-519.6493	83026.0000	-
	基本每股收益(元)	0.0700	0.0861	-0.0005	-
	每股收益-扣除(元)	0.0200	0.0898	-0.0005	-
	每股收益-摊薄(元)	0.6587	0.0473	-0.0005	-
	每股资本公积金(元)	0.3146	-	-	-
	每股未分配利润(元)	0.6587	0.0283	-0.0317	-
	每股净资产(元)	10.9733	1.0300	0.9700	-
	每股经营现金流量(元)	-0.3203	-0.2500	-0.4200	-
	经营活动现金净流量增长(%)	89.5	-18.5	-	-

山东确信信息产业股份有限公司

公司概况	公司名称	山东确信信息产业股份有限公司			证券简称	确信信息
	法人代表	刘建军	董秘	冯军涛	证券代码	832642
	公司网址	www.suresec.net		电子信箱	zhanghf@suresec.net	
	电　话	0531-66590481		传　真	0531-88113370	
	办公地址	山东省济南市高新区舜华路 2000 号舜泰广场 11 号楼 203 号				
	经营范围	商用密码产品的销售				

主要财务指标	指标\报告期	2015.06.30	2014.12.31	2013.12.31	2012.12.31
	净利润(万元)	-183.85	-4.34	213.43	-
	净利润增长率(%)	55.1	-102.0335	-	-
	加权净资产收益率(%)	-15.1700	-0.3500	18.9500	-
	资产负债比率(%)	50.2685	46.8015	42.5651	-
	净利润现金含量(%)	290.5168	576.9585	20.4985	-
	基本每股收益(元)	-0.3343	-0.0079	0.3881	-
	每股收益-扣除(元)	-0.3334	0.0481	0.0128	-
	每股收益-摊薄(元)	-0.3343	-0.0079	0.3881	-
	每股资本公积金(元)	0.1435	0.1435	0.0067	-
	每股未分配利润(元)	0.7876	1.1219	1.1517	-
	每股净资产(元)	2.0400	2.3700	2.2400	-
	每股经营现金流量(元)	-0.9711	-0.0500	0.0800	-
	经营活动现金净流量增长(%)	-271.6	-157.2328	-	-

广东华联建设投资管理股份有限公司

公司概况	公司名称	广东华联建设投资管理股份有限公司			证券简称	广东华联
	法人代表	查世伟	董秘	程凉	证券代码	832643
	公司网址	www.gdhlzj.com		电子信箱	gdhl@gdhlzj.com	
	电　话	020-37063303		传　真	020-83643125	
	办公地址	广东省广州市越秀区盘福路医国后街 1 号大院自编 1 号 6-9 层				
	经营范围	建设项目建议书及可行性研究投资估算				

主要财务指标	指标\报告期	2015.06.30	2014.12.31	2013.12.31	2012.12.31
	净利润(万元)	268.10	1196.46	513.13	-
	净利润增长率(%)	-37.9624	133.1691	-	-
	加权净资产收益率(%)	5.8000	32.5300	23.5300	-
	资产负债比率(%)	30.6322	42.5564	65.7539	-
	净利润现金含量(%)	-228.6342	38.7183	157.4167	-
	基本每股收益(元)	0.1000	0.4300	0.3200	-
	每股收益-扣除(元)	0.1000	0.4300	-	-
	每股收益-摊薄(元)	0.0958	0.4273	0.3421	-
	每股资本公积金(元)	0.2757	0.2757	-	-
	每股未分配利润(元)	0.3830	0.2873	0.7936	-
	每股净资产(元)	1.7000	1.6000	1.9100	-
	每股经营现金流量(元)	-0.2189	0.1700	0.5400	-
	经营活动现金净流量增长(%)	67.5	-42.6495	-	-

苏州固泰新材股份有限公司

公司概况	公司名称	苏州固泰新材股份有限公司			证券简称	固泰新材
	法人代表	唐超	董秘	李玲	证券代码	832644
	公司网址			电子信箱	scdctchao@hotmail.com	
	电　话	0512-63263898		传　真	0512-63263268	
	办公地址	江苏省吴江区黎里镇汾湖大道558号汾湖科技园3号研发楼一、二层				
	经营范围	新能源产业用薄膜及复合材料与设备的研发、生产和销售				

主要财务指标	指标\报告期	2015.06.30	2014.12.31	2013.12.31	2012.12.31
	净利润(万元)	-175.50	-16.12	-168.89	-
	净利润增长率(%)	-49.8	90.5	-	-
	加权净资产收益率(%)	-24.6200	-2.2800	-22.0300	-
	资产负债比率(%)	44.6471	50.4620	13.4655	-
	净利润现金含量(%)	-20.3922	1613.9708	223.4789	-
	基本每股收益(元)	-0.2400	-0.0200	-0.2100	-
	每股收益-扣除(元)	-	-	-	-
	每股收益-摊薄(元)	-0.2303	-0.0248	-0.1987	-
	每股资本公积金(元)	0.3220	0.3077	-	-
	每股未分配利润(元)	-0.2380	-0.2306	-0.1573	-
	每股净资产(元)	1.0800	1.0800	0.8400	-
	每股经营现金流量(元)	0.0470	-0.4000	-0.4400	-
	经营活动现金净流量增长(%)	117.1	31.1	-	-

深圳市高德信通信股份有限公司

公司概况	公司名称	深圳市高德信通信股份有限公司			证券简称	高德信
	法人代表	黄永权	董秘	黄永翔	证券代码	832645
	公司网址	www.gdxte.com		电子信箱	gdxte@gdxte.com	
	电　话	0755-33381850		传　真	0755-82388334	
	办公地址	广东省深圳市罗湖区东门南路3002号华都园9楼A.B座				
	经营范围	电子通信网络软件、计算机网络的技术开发				

主要财务指标	指标\报告期	2015.06.30	2014.12.31	2013.12.31	2012.12.31
	净利润(万元)	864.03	1036.75	584.71	-
	净利润增长率(%)	68.7625	77.3085	-	-
	加权净资产收益率(%)	16.3500	21.2500	18.5000	-
	资产负债比率(%)	7.6220	4.8414	8.2645	-
	净利润现金含量(%)	64.3419	168.4292	156.6877	-
	基本每股收益(元)	0.3500	0.4600	0.2800	-
	每股收益-扣除(元)	0.3400	0.4500	0.2800	-
	每股收益-摊薄(元)	0.3456	0.4147	0.2811	-
	每股资本公积金(元)	0.8161	0.8252	0.2115	-
	每股未分配利润(元)	0.4524	0.1068	0.2418	-
	每股净资产(元)	2.2800	1.9400	1.4800	-
	每股经营现金流量(元)	0.2224	0.6984	0.4400	-
	经营活动现金净流量增长(%)	-54.8771	90.5952	-	-

北京讯众通信技术股份有限公司

公司概况	公司名称	北京讯众通信技术股份有限公司			证券简称	讯众股份
	法人代表	朴圣根	董秘	胡军	证券代码	832646
	公司网址	www.commchina.net		电子信箱	hujun@commchina.net	
	电　话	010-88589900-8034		传　真	010-88589900-8029	
	办公地址	北京市海淀区中关村南大街甲6号6层605				
	经营范围	技术推广、技术开发、技术转让、技术咨询、技术服务等				

主要财务指标	指标\报告期	2015.06.30	2014.12.31	2013.12.31	2012.12.31
	净利润(万元)	371.59	33.83	16.70	-
	净利润增长率(%)	11943.4611	102.5208	-	-
	加权净资产收益率(%)	29.6900	3.2200	1.6300	-
	资产负债比率(%)	30.0123	37.4579	33.8389	-
	净利润现金含量(%)	211.2358	-1028.0385	2898.2747	-
	基本每股收益(元)	0.3700	0.0300	0.0200	-
	每股收益-扣除(元)	0.3700	0.0300	0.0100	-
	每股收益-摊薄(元)	0.3716	0.0338	0.0167	-
	每股资本公积金(元)	0.0384	0.0384	-	-
	每股未分配利润(元)	0.3957	0.0241	0.0282	-
	每股净资产(元)	1.4400	1.0700	1.0300	-
	每股经营现金流量(元)	0.7849	-0.3500	0.4800	-
	经营活动现金净流量增长(%)	1435.2	-171.8355	-	-

辽宁北国传媒网络科技股份有限公司

公司概况	公司名称	辽宁北国传媒网络科技股份有限公司			证券简称	北国传媒
	法人代表	丁宗皓	董秘	高宏	证券代码	832647
	公司网址			电子信箱	gaohong3399@163.com	
	电　话	024-22698196		传　真	024-22699248	
	办公地址	辽宁省沈阳市沈河区中山路339号				
	经营范围	提供新闻资讯服务、互联网广告服务、户外广告服务、移动增值服务等				

主要财务指标	指标\报告期	2015.06.30	2014.12.31	2013.12.31	2012.12.31
	净利润(万元)	974.02	-522.44	-249.70	-
	净利润增长率(%)	433.9	-109.2	-	-
	加权净资产收益率(%)	14.8900	-27.1700	-10.8200	-
	资产负债比率(%)	21.5711	4.1019	14.7997	-
	净利润现金含量(%)	132.9028	63.9308	-8.4461	-
	基本每股收益(元)	0.1900	-5.2200	-2.5000	-
	每股收益-扣除(元)	-0.0400	-1.6600	-0.8100	-
	每股收益-摊薄(元)	0.1948	-0.9313	-2.4970	-
	每股资本公积金(元)	0.2853	8.7904	10.0000	-
	每股未分配利润(元)	0.1173	0.7483	9.4221	-
	每股净资产(元)	1.4100	10.7900	21.8400	-
	每股经营现金流量(元)	0.2589	-0.6000	0.2100	-
	经营活动现金净流量增长(%)	953.8	-2082.9387	-	-

贵州万峰电力股份有限公司

公司概况	公司名称	贵州万峰电力股份有限公司		证券简称	万峰电力
	法人代表	韦延宏	董秘 张耀鸿	证券代码	832648
	公司网址			电子信箱	gzxydlgs@126.com
	电　　话	0859-3916969		传　　真	0859-3916969
	办公地址	贵州省兴义市黄草办富民路 14 号			
	经营范围	法律、法规、国务院决定规定禁止的不得经营			

主要财务指标	指标\报告期	2015.06.30	2014.12.31	2013.12.31	2012.12.31
	净利润(万元)	–7126.03	488.07	597.99	–
	净利润增长率(%)	–302.5	–18.3818	–	–
	加权净资产收益率(%)	–13.4800	0.9800	1.8500	–
	资产负债比率(%)	91.5108	89.3066	46.1501	–
	净利润现金含量(%)	56.9145	2330.7398	–1093.9463	–
	基本每股收益(元)	–0.1430	0.0100	0.3000	–
	每股收益-扣除(元)	–0.1460	0.0300	–	–
	每股收益-摊薄(元)	–0.1425	0.0098	0.2990	–
	每股资本公积金(元)	0.1746	0.1746	28.4581	–
	每股未分配利润(元)	–0.1895	–0.0470	1.3925	–
	每股净资产(元)	0.9900	1.1300	31.2900	–
	每股经营现金流量(元)	–0.0811	0.2300	–3.2700	–
	经营活动现金净流量增长(%)	–136.4	273.9	–	–

北京医模科技股份有限公司

公司概况	公司名称	北京医模科技股份有限公司		证券简称	医模科技
	法人代表	梁天颢	董秘 梁绍仲	证券代码	832649
	公司网址	www.bjyimo.com		电子信箱	ymsales@bjyimo.com
	电　　话	8610-61502555		传　　真	8610-61569890
	办公地址	北京市通州区张家湾镇光华路 16 号			
	经营范围	生产医用模型、实验室设备等			

主要财务指标	指标\报告期	2015.06.30	2014.12.31	2013.12.31	2012.12.31
	净利润(万元)	50.62	418.99	77.03	–
	净利润增长率(%)	–46.9213	443.9421	–	–
	加权净资产收益率(%)	1.6500	16.3400	4.2000	–
	资产负债比率(%)	24.6682	17.3529	29.1269	–
	净利润现金含量(%)	–942.4410	88.9823	155.9746	–
	基本每股收益(元)	0.0300	0.2400	0.0500	–
	每股收益-扣除(元)	0.0600	0.2600	0.0300	–
	每股收益-摊薄(元)	0.0270	0.2235	0.0514	–
	每股资本公积金(元)	0.4247	0.4247	–	–
	每股未分配利润(元)	0.2019	0.1749	0.2200	–
	每股净资产(元)	1.6500	1.7400	1.2500	–
	每股经营现金流量(元)	–0.2544	0.2000	0.0800	–
	经营活动现金净流量增长(%)	–263.1	210.3148	–	–

内蒙古赤峰奔腾实业(集团)股份有限公司

公司概况	公司名称	内蒙古赤峰奔腾实业(集团)股份有限公司		证券简称	奔腾集团
	法人代表	张郁达	董秘 田永林	证券代码	832650
	公司网址	www.chinabest.net.cn		电子信箱	tyl@chinabest.net.cn
	电　　话	0476-8255706		传　　真	0476-8233334
	办公地址	内蒙古自治区赤峰市红山区新华路东四段			
	经营范围	五金、交电、化工、农机汽车配件、计算机软件开发、批发、零售等			

主要财务指标	指标\报告期	2015.06.30	2014.12.31	2013.12.31	2012.12.31
	净利润(万元)	4794.89	–	5538.90	4727.46
	净利润增长率(%)	38.3489	–	17.1644	–
	加权净资产收益率(%)	–	–	25.0700	32.8800
	资产负债比率(%)	47.6176	–	49.5753	50.7840
	净利润现金含量(%)	–1.8313	–	89.2373	–203.9580
	基本每股收益(元)	0.4700	–	0.5400	0.4600
	每股收益-扣除(元)	–	–	0.5400	0.4600
	每股收益-摊薄(元)	0.4693	–	0.5421	0.4627
	每股资本公积金(元)	0.7222	–	0.7232	0.7232
	每股未分配利润(元)	1.4890	–	0.5042	0.0498
	每股净资产(元)	3.4500	–	2.4100	1.8700
	每股经营现金流量(元)	–0.0086	–	0.4800	–0.9400
	经营活动现金净流量增长(%)	–103.2041	–	151.3	–

威海市天罡仪表股份有限公司

公司概况	公司名称	威海市天罡仪表股份有限公司		证券简称	天罡股份
	法人代表	付涛	董秘 王军	证券代码	832651
	公司网址	www.plou.cn		电子信箱	wangjun@plou.cn
	电　　话	0631-5788567		传　　真	0631-5788565
	办公地址	山东省威海高技术产业开发区恒瑞街 28-1 号			
	经营范围	超声热量表、智能温控系统、数据传输管理系统的研发、生产和销售			

主要财务指标	指标\报告期	2015.06.30	2014.12.31	2013.12.31	2012.12.31
	净利润(万元)	355.74	4782.29	3976.19	–
	净利润增长率(%)	–71.9080	20.2733	–	–
	加权净资产收益率(%)	2.0400	27.2700	27.9100	–
	资产负债比率(%)	35.4806	27.9638	27.8954	–
	净利润现金含量(%)	208.8272	95.6801	51.0360	–
	基本每股收益(元)	0.0800	1.0900	0.9000	–
	每股收益-扣除(元)	0.0700	1.0700	0.8900	–
	每股收益-摊薄(元)	0.0808	1.0869	0.9037	–
	每股资本公积金(元)	0.6321	0.6321	0.6321	–
	每股未分配利润(元)	1.5741	1.9981	1.5189	–
	每股净资产(元)	3.6700	4.0800	3.4700	–
	每股经营现金流量(元)	0.1688	1.0400	0.4600	–
	经营活动现金净流量增长(%)	–49.5583	–44.3793	–	–

杭州目乐医疗科技股份有限公司

公司概况						
	公司名称	杭州目乐医疗科技股份有限公司			证券简称	杭州目乐
	法人代表	程得集	董秘	程香云	证券代码	832652
	公司网址	www.mulekeji.com.cn		电子信箱	13777433118@163.com	
	电　话	0571-81875029		传　真	0571-88834991	
	办公地址	浙江省杭州市西湖区西溪路525号A楼西区116室				
	经营范围	公司主营业务为眼科医疗器械硬件设备及软件的商品销售、技术服务				

主要财务指标	指标\报告期	2015.06.30	2014.12.31	2013.12.31	2012.12.31
	净利润(万元)	44.01	246.24	55.85	–
	净利润增长率(%)	-80.5947	340.8300	–	–
	加权净资产收益率(%)	55.9700	38.4300	33.0700	–
	资产负债比率(%)	19.5929	11.2848	14.3260	–
	净利润现金含量(%)	-430.7251	-86.7690	104.6016	–
	基本每股收益(元)	0.0900	0.4900	0.1100	–
	每股收益-扣除(元)	–	–	–	–
	每股收益-摊薄(元)	0.0880	0.4925	0.1117	–
	每股资本公积金(元)	0.0007	0.0007	–	–
	每股未分配利润(元)	0.5413	0.4533	0.0242	–
	每股净资产(元)	1.6200	1.5300	1.0400	–
	每股经营现金流量(元)	-0.3792	-0.4300	0.1200	–
	经营活动现金净流量增长(%)	-2561.1700	-465.7344	–	–

北京长城金点物联网科技股份有限公司

公司概况						
	公司名称	北京长城金点物联网科技股份有限公司			证券简称	金点物联
	法人代表	胡旭升	董秘	赵虹	证券代码	832653
	公司网址	www.ccgoldenet.com		电子信箱	ccgd@ccgoldenet.com	
	电　话	0010-82051866		传　真	0010-82051862	
	办公地址	北京市朝阳区利泽中园106号楼办公区079号				
	经营范围	基于物联网技术为客户提供整体解决方案和运维服务				

主要财务指标	指标\报告期	2015.06.30	2014.12.31	2013.12.31	2012.12.31
	净利润(万元)	1110.61	1555.76	142.13	–
	净利润增长率(%)	240.0765	994.5963	–	–
	加权净资产收益率(%)	9.8900	13.9300	1.5000	–
	资产负债比率(%)	58.2954	63.9616	64.9819	–
	净利润现金含量(%)	25.2632	20.8843	248.6034	–
	基本每股收益(元)	0.1100	0.1500	0.0100	–
	每股收益-扣除(元)	–	–	–	–
	每股收益-摊薄(元)	0.1111	0.1556	0.0219	–
	每股资本公积金(元)	0.0839	–	0.0185	–
	每股未分配利润(元)	0.0728	0.0691	-0.1107	–
	每股净资产(元)	1.1700	1.0800	0.5900	–
	每股经营现金流量(元)	0.0281	0.0300	0.0544	–
	经营活动现金净流量增长(%)	106.7	-8.0473	–	–

湖北天宜机械股份有限公司

公司概况						
	公司名称	湖北天宜机械股份有限公司			证券简称	天宜机械
	法人代表	黄俊杰	董秘	曹玲	证券代码	832654
	公司网址	www.hbydty.net		电子信箱	hbydty@163.com	
	电　话	0717-4826633		传　真	0717-4826611	
	办公地址	湖北省宜昌市宜都市陆城十里铺工业园区				
	经营范围	输送机械设备的研发、生产和销售				

主要财务指标	指标\报告期	2015.06.30	2014.12.31	2013.12.31	2012.12.31
	净利润(万元)	146.48	604.30	131.66	–
	净利润增长率(%)	112.6103	358.9906	–	–
	加权净资产收益率(%)	5.4200	28.4500	12.1900	–
	资产负债比率(%)	55.2385	56.9098	60.9887	–
	净利润现金含量(%)	-463.0821	50.2217	-337.0196	–
	基本每股收益(元)	0.0600	0.2300	0.0500	–
	每股收益-扣除(元)	–	–	–	–
	每股收益-摊薄(元)	0.0568	0.2342	0.0774	–
	每股资本公积金(元)	0.0081	0.0081	–	–
	每股未分配利润(元)	0.0665	0.0102	0.0139	–
	每股净资产(元)	1.0800	1.0200	1.0200	–
	每股经营现金流量(元)	-0.2629	0.1200	-0.2610	–
	经营活动现金净流量增长(%)	-642.1060	168.4	–	–

台州市涌艺清洁设备股份有限公司

公司概况						
	公司名称	台州市涌艺清洁设备股份有限公司			证券简称	涌艺股份
	法人代表	杨才德	董秘	项静君	证券代码	832655
	公司网址	www.dercer.com		电子信箱	dercer@dercer.com	
	电　话	0576-86225558		传　真	0576-86225556	
	办公地址	浙江省温岭经济开发区百丈南路338号				
	经营范围	冲洗机械装置及配件、陶瓷制品设计、研发、制造				

主要财务指标	指标\报告期	2015.06.30	2014.12.31	2013.12.31	2012.12.31
	净利润(万元)	-25.64	3.89	9.09	–
	净利润增长率(%)	-689.3058	-57.1474	–	–
	加权净资产收益率(%)	-5.2200	1.4200	21.2800	–
	资产负债比率(%)	44.3695	43.5229	55.7588	–
	净利润现金含量(%)	15.6598	-1299.7275	-102.0127	–
	基本每股收益(元)	-0.0500	0.0100	0.0200	–
	每股收益-扣除(元)	–	0.0000	0.0000	–
	每股收益-摊薄(元)	-0.0513	0.0078	0.1818	–
	每股资本公积金(元)	0.0101	0.0101	–	–
	每股未分配利润(元)	-0.0591	-0.0078	-0.0550	–
	每股净资产(元)	0.9500	1.0000	0.9400	–
	每股经营现金流量(元)	-0.0080	-0.1000	-0.1854	–
	经营活动现金净流量增长(%)	-112.5193	-446.0	–	–

武汉优力克自动化系统工程股份有限公司

公司概况	公司名称	武汉优力克自动化系统工程股份有限公司			证券简称	优力克
	法人代表	郭晟	董秘	张婵	证券代码	832656
	公司网址	www.uni-auto.com.cn		电子信箱	uni-auto@uni-auto.com.cn	
	电　话	027-84222281		传　真	027-84222251	
	办公地址	湖北省武汉市东湖开发区华师园北路 7 号				
	经营范围	开发、生产、销售中低压电器及自动控制系统高新技术产品				

主要财务指标	指标\报告期	2015.06.30	2014.12.31	2013.12.31	2012.12.31
	净利润(万元)	-130.83	185.49	89.91	-
	净利润增长率(%)	-1297.2	106.3104	-	-
	加权净资产收益率(%)	-15.6100	18.1400	8.7900	-
	资产负债比率(%)	67.8364	65.8490	59.5911	-
	净利润现金含量(%)	49.0834	-40.9204	54.1430	-
	基本每股收益(元)	-0.1500	0.6000	0.2900	-
	每股收益-扣除(元)	-0.1500	0.6200	0.3200	-
	每股收益-摊薄(元)	-0.1454	0.6022	0.2919	-
	每股资本公积金(元)	0.0399	-	-	-
	每股未分配利润(元)	-0.1454	1.6653	2.1773	-
	每股净资产(元)	0.8900	2.7300	3.4700	-
	每股经营现金流量(元)	-0.0714	-0.2500	0.1600	-
	经营活动现金净流量增长(%)	51.7	-255.9259	-	-

光合文旅控股股份有限公司

公司概况	公司名称	光合文旅控股股份有限公司			证券简称	光合文旅
	法人代表	王明荣	董秘	宋国防	证券代码	832657
	公司网址	www.guanghe.com.cn		电子信箱	ghylzqb@163.com	
	电　话	0531-88519852		传　真	0531-88920546	
	办公地址	山东省济南市历城区山大南路 29 号				
	经营范围	旅游规划设计，旅游营销策划，旅游景区及主题公园投资、开发、建设运营等				

主要财务指标	指标\报告期	2015.06.30	2014.12.31	2013.12.31	2012.12.31
	净利润(万元)	3317.80	3523.22	5068.67	-
	净利润增长率(%)	155.3098	-30.4903	-	-
	加权净资产收益率(%)	9.9600	11.7900	23.4900	-
	资产负债比率(%)	72.2123	69.1725	66.8820	-
	净利润现金含量(%)	-49.8226	-105.7751	-70.8837	-
	基本每股收益(元)	0.5300	0.5600	0.8400	-
	每股收益-扣除(元)	0.5200	0.5200	0.7900	-
	每股收益-摊薄(元)	0.5269	0.5596	0.8050	-
	每股资本公积金(元)	0.9429	0.9429	0.9429	-
	每股未分配利润(元)	3.3957	2.9075	2.3962	-
	每股净资产(元)	5.5500	5.0300	4.4700	-
	每股经营现金流量(元)	-0.2625	-0.5900	-0.5700	-
	经营活动现金净流量增长(%)	46.4	-3.7	-	-

湖北特别关注传媒股份有限公司

公司概况	公司名称	湖北特别关注传媒股份有限公司			证券简称	特别传媒
	法人代表	胡思勇	董秘	孙玉娟	证券代码	832658
	公司网址	www.hbtbcm.com		电子信箱	4865964@qq.com	
	电　话	027-88568048		传　真	027-88568058	
	办公地址	湖北省武汉市武昌区东湖路 181 号(老黄鹂路 65 号)				
	经营范围	广告设计、制作、代理、发布;箱包、纸制品、预包装食品批发兼零售				

主要财务指标	指标\报告期	2015.06.30	2014.12.31	2013.12.31	2012.12.31
	净利润(万元)	534.18	2260.52	2118.71	-
	净利润增长率(%)	-51.9306	6.6930	-	-
	加权净资产收益率(%)	15.7700	29.1600	49.9000	-
	资产负债比率(%)	40.5876	56.4438	17.5805	-
	净利润现金含量(%)	45.3119	242.5115	-75.5962	-
	基本每股收益(元)	0.1800	1.1200	1.6400	-
	每股收益-扣除(元)	0.1800	-	-	-
	每股收益-摊薄(元)	0.1781	1.1303	1.0594	-
	每股资本公积金(元)	0.0620	0.0400	0.0400	-
	每股未分配利润(元)	0.1603	0.1962	2.0250	-
	每股净资产(元)	1.2400	1.5596	3.2766	-
	每股经营现金流量(元)	0.0807	2.7410	-0.8008	-
	经营活动现金净流量增长(%)	-82.1495	442.3	-	-

南京盛航海运股份有限公司

公司概况	公司名称	南京盛航海运股份有限公司			证券简称	盛航海运
	法人代表	李桃元	董秘	陈书筛	证券代码	832659
	公司网址	www.njshsh.com		电子信箱	chenss@njshshipping.com	
	电　话	025-58980706		传　真	025-58988403	
	办公地址	江苏南京市栖霞区栖霞街道甘家巷街 388 号				
	经营范围	散装液体化学品的水上运输				

主要财务指标	指标\报告期	2015.06.30	2014.12.31	2013.12.31	2012.12.31
	净利润(万元)	1350.05	2239.88	1412.71	-
	净利润增长率(%)	21.0055	58.5515	-	-
	加权净资产收益率(%)	13.0300	27.4800	23.4300	-
	资产负债比率(%)	63.2669	66.7753	78.0513	-
	净利润现金含量(%)	172.3617	289.9066	220.5024	-
	基本每股收益(元)	0.2700	0.4500	0.2800	-
	每股收益-扣除(元)	-	0.4400	0.2800	-
	每股收益-摊薄(元)	0.2696	0.4473	0.2821	-
	每股资本公积金(元)	0.8044	0.8044	0.0215	-
	每股未分配利润(元)	0.3860	0.1165	0.2400	-
	每股净资产(元)	2.2000	1.9300	1.3500	-
	每股经营现金流量(元)	0.4647	1.3000	0.6200	-
	经营活动现金净流量增长(%)	-22.0732	108.4571	-	-

广东恒成科技股份有限公司

公司概况	公司名称	广东恒成科技股份有限公司			证券简称	恒成股份
	法人代表	李华萍	董秘	陈迁	证券代码	832660
	公司网址	www.gdhengcheng.com		电子信箱	1406046968@qq.com	
	电　　话	0760-23600685		传　　真	0760-23600660	
	办公地址	广东省中山市神湾镇神湾港工业园北区				
	经营范围	球墨铸件的研发、生产与销售				

主要财务指标	指标\报告期	2015.06.30	2014.12.31	2013.12.31	2012.12.31
	净利润(万元)	-0.14	204.40	130.83	-
	净利润增长率(%)	-100.2898	56.2387	-	-
	加权净资产收益率(%)	-0.0100	29.7300	98.0700	-
	资产负债比率(%)	61.6123	69.0456	95.0830	-
	净利润现金含量(%)	324589.205	-575.8270	215.4805	-
	基本每股收益(元)	-0.0001	2.0400	1.3100	-
	每股收益-扣除(元)	-0.0014	-	-	-
	每股收益-摊薄(元)	-0.0001	0.2044	1.3083	-
	每股资本公积金(元)	0.0374	0.0014	0.0144	-
	每股未分配利润(元)	-0.0093	0.2033	0.2750	-
	每股净资产(元)	1.0300	1.2400	1.4000	-
	每股经营现金流量(元)	-0.3557	-1.1770	2.8200	-
	经营活动现金净流量增长(%)	44.2	-517.5158	-	-

北京蓝太平洋科技股份有限公司

公司概况	公司名称	北京蓝太平洋科技股份有限公司			证券简称	蓝太平洋
	法人代表	曹帆	董秘	马彬	证券代码	832661
	公司网址	www.bluepacific.com.cn		电子信箱	mabin@ bluepacific.com.cn	
	电　　话	010-62978955-814		传　　真	010-62914062	
	办公地址	北京市海淀区上地六街17号康得大厦6212A房间				
	经营范围	技术开发、技术服务;计算机系统集成等				

主要财务指标	指标\报告期	2015.06.30	2014.12.31	2013.12.31	2012.12.31
	净利润(万元)	-175.04	246.11	-46.25	-
	净利润增长率(%)	-104.7	632.2	-	-
	加权净资产收益率(%)	-21.1600	27.4300	-9.2600	-
	资产负债比率(%)	22.1001	17.0084	21.0656	-
	净利润现金含量(%)	108.3961	20.0073	680.2378	-
	基本每股收益(元)	-0.1800	0.2900	-0.0800	-
	每股收益-扣除(元)	-0.1800	0.3200	-0.0800	-
	每股收益-摊薄(元)	-0.1750	0.2895	-0.0544	-
	每股资本公积金(元)	0.0013	-	-	-
	每股未分配利润(元)	-0.1772	0.1744	-0.0954	-
	每股净资产(元)	0.8500	1.2000	0.9100	-
	每股经营现金流量(元)	-0.1897	0.0600	-0.3700	-
	经营活动现金净流量增长(%)	15.9	115.7	-	-

无锡方盛换热器股份有限公司

公司概况	公司名称	无锡方盛换热器股份有限公司			证券简称	方盛股份
	法人代表	丁振芳	董秘	张卫锋	证券代码	832662
	公司网址	www.wuxifs.com.cn		电子信箱	info@wuxifs.com.cn	
	电　　话	0510-68751950		传　　真	0510-85996878	
	办公地址	江苏省无锡市滨湖区马山五号桥				
	经营范围	铝制板翅式换热器及相关产品的研发、生产和销售				

主要财务指标	指标\报告期	2015.06.30	2014.12.31	2013.12.31	2012.12.31
	净利润(万元)	264.03	605.73	582.79	-
	净利润增长率(%)	-20.7403	3.9376	-	-
	加权净资产收益率(%)	8.7100	19.6200	20.6200	-
	资产负债比率(%)	58.7172	57.1965	54.3305	-
	净利润现金含量(%)	14.4443	153.8121	99.8642	-
	基本每股收益(元)	0.2515	0.5769	0.5550	-
	每股收益-扣除(元)	0.2079	0.5825	0.5356	-
	每股收益-摊薄(元)	0.2515	0.5769	0.5550	-
	每股资本公积金(元)	1.7504	1.7504	-	-
	每股未分配利润(元)	0.2603	0.0088	1.7133	-
	每股净资产(元)	3.0100	2.7602	2.9691	-
	每股经营现金流量(元)	0.0363	0.8873	0.5543	-
	经营活动现金净流量增长(%)	-71.0525	60.0859	-	-

武威金苹果农业股份有限公司

公司概况	公司名称	武威金苹果农业股份有限公司			证券简称	金苹果
	法人代表	陈荣贤	董秘	于燕	证券代码	832663
	公司网址	www.wwjpg.com		电子信箱	gswwipg@163.com	
	电　　话	0935-6151306		传　　真	0935-6151306	
	办公地址	甘肃省武威市凉州区荣华西路21号				
	经营范围	主要农作物种子;农作物种子批发零售				

主要财务指标	指标\报告期	2015.06.30	2014.12.31	2013.12.31	2012.12.31
	净利润(万元)	1056.42	-	296.19	-
	净利润增长率(%)	297.5	-	-	-
	加权净资产收益率(%)	6.8800	-	2.4000	-
	资产负债比率(%)	54.1536	-	69.3922	-
	净利润现金含量(%)	422.0928	-	-1423.9278	-
	基本每股收益(元)	0.0757	-	0.0234	-
	每股收益-扣除(元)	0.0739	-	0.0072	-
	每股收益-摊薄(元)	0.0867	-	0.0267	-
	每股资本公积金(元)	0.3480	-	0.2897	-
	每股未分配利润(元)	0.0596	-	0.3455	-
	每股净资产(元)	1.4200	-	1.3100	-
	每股经营现金流量(元)	0.3661	-	-0.3800	-
	经营活动现金净流量增长(%)	284.7	-	-	-

福建未名信息技术股份有限公司

公司概况	公司名称	福建未名信息技术股份有限公司		证券简称	未名信息
	法人代表	陈翔	董秘	林蔓山	证券代码	832664
	公司网址	www.weimingfj.com		电子信箱	wmzq@weimingfj.com
	电　　话	0591-88076608		传　　真	0591-88076609
	办公地址	福建省福州市鼓楼区铜盘路软件大道89号福州软件园区D区22号楼			
	经营范围	智慧物流软件开发和技术服务			

主要财务指标	指标\报告期	2015.06.30	2014.12.31	2013.12.31	2012.12.31
	净利润(万元)	266.16	431.16	25.65	–
	净利润增长率(%)	575.4772	1580.6065	–	–
	加权净资产收益率(%)	17.0300	48.9700	3.9400	–
	资产负债比率(%)	15.4378	29.7478	28.9362	–
	净利润现金含量(%)	21.2029	91.8039	-1266.9059	–
	基本每股收益(元)	0.2700	0.4300	0.0300	–
	每股收益-扣除(元)	–	–	–	–
	每股收益-摊薄(元)	0.2662	0.4312	0.0257	–
	每股资本公积金(元)	0.0959	–	–	–
	每股未分配利润(元)	0.2662	0.0864	-0.3352	–
	每股净资产(元)	1.3600	1.1000	0.6600	–
	每股经营现金流量(元)	0.0564	0.4000	-0.3300	–
	经营活动现金净流量增长(%)	110.8	221.8	–	–

新疆德安环保科技股份有限公司

公司概况	公司名称	新疆德安环保科技股份有限公司			证券简称	德安环保
	法人代表	徐志宗	董秘	陈方	证券代码	832665
	公司网址	www.xjdean.com		电子信箱	xjdean@126.com	
	电　　话	0991-3773260		传　　真	0991-3773221	
	办公地址	新疆乌鲁木齐市经济技术开发区嵩山街369号				
	经营范围	节水排水装置、消烟除尘脱硫装置、环保设备、水处理设备及配套设备				

主要财务指标	指标\报告期	2015.06.30	2014.12.31	2013.12.31	2012.12.31
	净利润(万元)	1099.22	1972.59	191.13	–
	净利润增长率(%)	427.8352	932.0406	–	–
	加权净资产收益率(%)	13.4000	33.5200	–	–
	资产负债比率(%)	40.9920	46.3793	62.3197	–
	净利润现金含量(%)	-67.3074	55.5964	1031.6120	–
	基本每股收益(元)	0.2400	0.3700	0.0400	–
	每股收益-扣除(元)	–	0.0400	-0.0200	–
	每股收益-摊薄(元)	0.1935	0.5978	0.0597	–
	每股资本公积金(元)	0.3723	0.3061	0.2375	–
	每股未分配利润(元)	0.2379	0.7271	0.1950	–
	每股净资产(元)	1.6400	2.1400	1.4700	–
	每股经营现金流量(元)	-0.1303	0.3400	0.6200	–
	经营活动现金净流量增长(%)	-17.8	-44.3793	–	–

齐鲁银行股份有限公司

公司概况	公司名称	齐鲁银行股份有限公司			证券简称	齐鲁银行
	法人代表	王晓春	董秘	赵学金	证券代码	832666
	公司网址	www.qlbchina.com		电子信箱	boardoffice@qlbchina.com	
	电　　话	0531-86075850		传　　真	0531-86923511	
	办公地址	山东省济南市市中区顺河街176号				
	经营范围	公司银行业务、个人银行业务及资金业务等				

主要财务指标	指标\报告期	2015.06.30	2014.12.31	2013.12.31	2012.12.31
	净利润(万元)	52215.14	109500.87	100337.97	–
	净利润增长率(%)	-22.5824	9.3593	16.4736	–
	加权净资产收益率(%)	6.9600	16.6600	17.9800	–
	资产负债比率(%)	92.9227	94.1213	93.6156	–
	净利润现金含量(%)	416.6125	1639.6766	184.9524	–
	基本每股收益(元)	0.2200	0.4600	0.4200	–
	每股收益-扣除(元)	0.2200	0.4800	0.4200	–
	每股收益-摊薄(元)	0.1838	0.4623	0.4236	–
	每股资本公积金(元)	0.9356	0.6876	0.6846	–
	每股未分配利润(元)	0.6811	0.5964	0.4354	–
	每股净资产(元)	3.2800	3.0500	2.5300	–
	每股经营现金流量(元)	0.7658	7.5800	0.7800	–
	经营活动现金净流量增长(%)	-69.6236	867.4989	120.6092	–

郑州竹林松大科技股份有限公司

公司概况	公司名称	郑州竹林松大科技股份有限公司			证券简称	竹林松大
	法人代表	张咏辉	董秘	陈静宜	证券代码	832667
	公司网址	www.songdacn.com		电子信箱	zlsd888@sina.com	
	电　　话	0371-69127000		传　　真	0371-69127111	
	办公地址	河南省郑州市经开区经开第十九大街东、经南七路北				
	经营范围	销售车载电视、音响、计算机网络工程、系统集成、计算机配件等				

主要财务指标	指标\报告期	2015.06.30	2014.12.31	2013.12.31	2012.12.31
	净利润(万元)	251.29	240.59	-50.98	–
	净利润增长率(%)	2642.5595	571.9	–	–
	加权净资产收益率(%)	4.1300	8.1500	-1.7800	–
	资产负债比率(%)	34.5690	72.0869	64.4088	–
	净利润现金含量(%)	-83.4213	630.2299	4740.0353	–
	基本每股收益(元)	0.0500	0.0800	-0.0200	–
	每股收益-扣除(元)	0.0500	–	–	–
	每股收益-摊薄(元)	0.0503	0.0802	-0.0170	–
	每股资本公积金(元)	0.7520	–	–	–
	每股未分配利润(元)	0.0636	0.0222	-0.0555	–
	每股净资产(元)	1.8200	1.0200	0.9400	–
	每股经营现金流量(元)	-0.0419	0.5100	-0.8100	–
	经营活动现金净流量增长(%)	-48.3	162.7	–	–

无锡市环境卫生服务股份有限公司

公司概况						
	公司名称	无锡市环境卫生服务股份有限公司			证券简称	无锡环卫
	法人代表	卞巧凤	董秘	王进	证券代码	832668
	公司网址	www.wxhuanwei.com			电子信箱	wxhuanwei@163.com
	电　　话	0510-83070311			传　　真	051083070311
	办公地址	江苏省无锡市滨湖区青龙山对安咀 188-1 号				
	经营范围	从事城市生活垃圾经营性清扫、收集、运输服务				

主要财务指标	指标\报告期	2015.06.30	2014.12.31	2013.12.31	2012.12.31
	净利润(万元)	150.21	–	73.14	109.91
	净利润增长率(%)	2257.6287	–	–	–
	加权净资产收益率(%)	9.0200	–	5.3500	7.5300
	资产负债比率(%)	16.0880	–	23.2740	19.7903
	净利润现金含量(%)	108.4538	–	218.4241	43.4625
	基本每股收益(元)	0.3000	–	0.1500	0.2200
	每股收益-扣除(元)	–	–	–	–
	每股收益-摊薄(元)	0.3004	–	0.1463	0.2198
	每股资本公积金(元)	–	–	0.0000	0.0000
	每股未分配利润(元)	0.3575	–	1.4953	1.7636
	每股净资产(元)	3.3300	–	2.7700	3.0300
	每股经营现金流量(元)	0.3258	–	0.3200	0.1000
	经营活动现金净流量增长(%)	-150.1	–	234.4381	–

陕西华电树脂股份有限公司

公司概况						
	公司名称	陕西华电树脂股份有限公司			证券简称	华电股份
	法人代表	童海	董秘	任狞	证券代码	832669
	公司网址	www.newresin.com			电子信箱	renzhu@newresin.com
	电　　话	029-86964910			传　　真	029-86964912
	办公地址	西安经济技术开发区泾渭新城渭阳路北段 6 号				
	经营范围	公司主要从事大孔螯合树脂的生产和销售				

主要财务指标	指标\报告期	2015.06.30	2014.12.31	2013.12.31	2012.12.31
	净利润(万元)	527.58	1126.99	1201.88	–
	净利润增长率(%)	-16.2784	-6.2311	–	–
	加权净资产收益率(%)	17.1600	50.1500	57.7100	–
	资产负债比率(%)	10.3456	18.1828	45.2524	–
	净利润现金含量(%)	55.5558	67.0998	76.0123	–
	基本每股收益(元)	0.3500	0.7500	0.8000	–
	每股收益-扣除(元)	0.3500	0.7500	0.8000	–
	每股收益-摊薄(元)	0.3517	0.7513	1.0660	–
	每股资本公积金(元)	0.1224	0.1224	–	–
	每股未分配利润(元)	1.0279	0.6762	0.1727	–
	每股净资产(元)	2.2300	1.8700	1.4900	–
	每股经营现金流量(元)	0.1954	0.5000	0.8103	–
	经营活动现金净流量增长(%)	166.2516	-17.2256	–	–

杭州数亮科技股份有限公司

公司概况						
	公司名称	杭州数亮科技股份有限公司			证券简称	数亮科技
	法人代表	戴子君	董秘	张央青	证券代码	832670
	公司网址	www.idx365.com			电子信箱	184604404@qq.com
	电　　话	0571-88933435			传　　真	0571-88933435
	办公地址	杭州市滨江区六和路 368 号海创基地北 3 楼 3088 室				
	经营范围	各类指数信息系统的开发、应用与推广				

主要财务指标	指标\报告期	2015.06.30	2014.12.31	2013.12.31	2012.12.31
	净利润(万元)	22.98	211.55	3.84	–
	净利润增长率(%)	186.6	5408.7515	–	–
	加权净资产收益率(%)	2.4000	76.4700	3.7500	–
	资产负债比率(%)	33.3558	44.1118	2.9215	–
	净利润现金含量(%)	601.5756	-2.3713	-461.4718	–
	基本每股收益(元)	0.0400	1.2700	0.0400	–
	每股收益-扣除(元)	–	1.2700	-0.0900	–
	每股收益-摊薄(元)	0.0418	0.4231	0.0384	–
	每股资本公积金(元)	0.6918	0.1610	–	–
	每股未分配利润(元)	0.2630	0.2433	0.0382	–
	每股净资产(元)	2.1300	1.4300	1.0400	–
	每股经营现金流量(元)	0.2514	-0.0100	-0.1800	–
	经营活动现金净流量增长(%)	2462.1	73.7	–	–

厦门冠宇科技股份有限公司

公司概况						
	公司名称	厦门冠宇科技股份有限公司			证券简称	冠宇科技
	法人代表	魏毅	董秘	黄仕玉	证券代码	832671
	公司网址	www.topunive.com			电子信箱	topunive@topunive.com
	电　　话	0592-6010222			传　　真	0592-5890331
	办公地址	福建省厦门市海沧区惠佐路 168 号				
	经营范围	通信产品研发、生产、销售				

主要财务指标	指标\报告期	2015.06.30	2014.12.31	2013.12.31	2012.12.31
	净利润(万元)	-52.75	863.27	256.26	–
	净利润增长率(%)	-395.8686	236.8688	–	–
	加权净资产收益率(%)	-0.9200	17.1600	6.0300	–
	资产负债比率(%)	31.1464	41.2868	48.6008	–
	净利润现金含量(%)	510.9453	92.2054	-269.6013	–
	基本每股收益(元)	-0.0200	0.2700	0.0900	–
	每股收益-扣除(元)	-0.0300	–	–	–
	每股收益-摊薄(元)	-0.0154	0.2520	0.0854	–
	每股资本公积金(元)	0.5065	0.5065	–	–
	每股未分配利润(元)	0.1355	0.1509	0.3259	–
	每股净资产(元)	1.6700	1.6800	1.4300	–
	每股经营现金流量(元)	-0.0787	0.2323	-0.2300	–
	经营活动现金净流量增长(%)	74.2	215.2	–	–

浏阳河农业产业集团股份有限公司

公司概况	公司名称	浏阳河农业产业集团股份有限公司		证券简称	浏阳河
	法人代表	罗可大	董秘 杨娜	证券代码	832672
	公司网址	www.lyhnyjt.com		电子信箱	liuyanghejituan@sina.cn
	电　　话	0731-84650088		传　　真	0731-84658666
	办公地址	湖南长沙经济技术开发区开元路17号湘商·世纪鑫城四楼			
	经营范围	有机、绿色、标准化杂粮类产品的种植、研发、仓储、深加工等			

主要财务指标	指标\报告期	2015.06.30	2014.12.31	2013.12.31	2012.12.31
	净利润(万元)	927.54	1201.58	1176.82	–
	净利润增长率(%)	39.9211	2.1036	–	–
	加权净资产收益率(%)	5.4200	7.4900	7.9100	–
	资产负债比率(%)	23.6168	23.5047	24.3296	–
	净利润现金含量(%)	5.7458	111.1254	30.2017	–
	基本每股收益(元)	0.1600	0.2100	0.2100	–
	每股收益-扣除(元)	0.1200	0.1600	0.2200	–
	每股收益-摊薄(元)	0.1627	0.2108	0.2147	–
	每股资本公积金(元)	1.6682	1.6682	0.2284	–
	每股未分配利润(元)	0.3985	0.2358	1.4405	–
	每股净资产(元)	3.0800	2.9200	2.8200	–
	每股经营现金流量(元)	0.0093	0.2300	0.0600	–
	经营活动现金净流量增长(%)	-96.0326	275.6855	–	–

湖北中香农业科技股份有限公司

公司概况	公司名称	湖北中香农业科技股份有限公司		证券简称	中香农科
	法人代表	曹庆云	董秘 朱彩章	证券代码	832673
	公司网址	www.hbzxat.com		电子信箱	hbzxmy@163.com
	电　　话	0027-87310402		传　　真	0027-87832091
	办公地址	湖北省武汉市武昌区丁字桥49-75号			
	经营范围	农作物种子加工、包装及批零兼营			

主要财务指标	指标\报告期	2015.06.30	2014.12.31	2013.12.31	2012.12.31
	净利润(万元)	-96.64	703.59	690.04	–
	净利润增长率(%)	6.2	1.9632	–	–
	加权净资产收益率(%)	-2.3800	19.1600	18.7900	–
	资产负债比率(%)	48.1489	46.3413	54.7168	–
	净利润现金含量(%)	282.8945	116.4566	76.3678	–
	基本每股收益(元)	-0.0300	0.2300	0.2300	–
	每股收益-扣除(元)	-0.0400	0.2200	0.2100	–
	每股收益-摊薄(元)	-0.0322	0.2345	0.2300	–
	每股资本公积金(元)	0.2897	0.2897	0.0267	–
	每股未分配利润(元)	-0.0261	0.1062	0.2476	–
	每股净资产(元)	1.2900	1.4200	1.3200	–
	每股经营现金流量(元)	-0.0911	0.2700	0.1800	–
	经营活动现金净流量增长(%)	-218.4323	55.4881	–	–

珠海泓利服饰股份有限公司

公司概况	公司名称	珠海泓利服饰股份有限公司		证券简称	泓利股份
	法人代表	马进兴	董秘 李道勇	证券代码	832674
	公司网址	www.zhsundust.com.cn		电子信箱	sundust@zhsundust.com.cn
	电　　话	0756-6256888 833		传　　真	0756-6256868
	办公地址	广东省珠海市斗门区乾务镇珠峰大道富山工业区			
	经营范围	生产和销售自产的高档织物面料			

主要财务指标	指标\报告期	2015.06.30	2014.12.31	2013.12.31	2012.12.31
	净利润(万元)	19.37	132.21	238.66	–
	净利润增长率(%)	124.0	-44.6023	–	–
	加权净资产收益率(%)	0.2500	1.7400	3.2200	–
	资产负债比率(%)	26.7669	25.6288	9.6263	–
	净利润现金含量(%)	-3953.2585	508.8496	401.0810	–
	基本每股收益(元)	0.0028	0.0200	0.0300	–
	每股收益-扣除(元)	0.0028	0.0099	0.0322	–
	每股收益-摊薄(元)	0.0028	0.0189	0.0341	–
	每股资本公积金(元)	0.0041	0.0041	0.0041	–
	每股未分配利润(元)	0.0860	0.0832	0.0664	–
	每股净资产(元)	1.1000	1.0900	1.0700	–
	每股经营现金流量(元)	-0.1094	0.1000	0.1400	–
	经营活动现金净流量增长(%)	-908.7	-29.7181	–	–

福达合金材料股份有限公司

公司概况	公司名称	福达合金材料股份有限公司		证券简称	福达合金
	法人代表	王达武	董秘 陈松扬	证券代码	832675
	公司网址	www.china-fuda.com		电子信箱	csy@china-fuda.com
	电　　话	0577-55888712		传　　真	0577-55888712
	办公地址	浙江省温州经济技术开发区滨海四道518号			
	经营范围	电工材料、含银合金电工材料的制造、加工、科研开发、销售等			

主要财务指标	指标\报告期	2015.06.30	2014.12.31	2013.12.31	2012.12.31
	净利润(万元)	1718.82	4463.81	1264.52	–
	净利润增长率(%)	-10.3669	253.8407	–	–
	加权净资产收益率(%)	4.3400	11.0600	3.5100	–
	资产负债比率(%)	42.9654	42.6990	47.4973	–
	净利润现金含量(%)	-302.8568	16.1333	573.8818	–
	基本每股收益(元)	0.2300	0.6100	0.1700	–
	每股收益-扣除(元)	0.2300	0.5400	0.1300	–
	每股收益-摊薄(元)	0.2332	0.6055	0.1715	–
	每股资本公积金(元)	1.3681	1.3681	1.3681	–
	每股未分配利润(元)	2.5570	2.5838	2.0389	–
	每股净资产(元)	5.4472	5.4700	4.8700	–
	每股经营现金流量(元)	-0.7061	0.1000	0.9800	–
	经营活动现金净流量增长(%)	-3.7	-90.0761	–	–

武汉先路医药科技股份有限公司

公司概况	公司名称	武汉先路医药科技股份有限公司			证券简称	先路医药
	法人代表	陈蔚江	董秘	陈洁	证券代码	832676
	公司网址	www.leadpharm.cn		电子信箱	jiechen@leadpharm.cn	
	电　　话	027-81770061		传　　真	027-81770069	
	办公地址	湖北省武汉市东湖高新技术开发区高新大道858号生物医药园A7展示中心				
	经营范围	生物医药的研发、技术咨询、技术转让				

主要财务指标	指标\报告期	2015.06.30	2014.12.31	2013.12.31	2012.12.31
	净利润(万元)	19.58	115.06	63.24	–
	净利润增长率(%)	194.0187	81.9537	–	–
	加权净资产收益率(%)	1.4100	8.7100	6.8800	–
	资产负债比率(%)	10.7608	11.9466	24.3465	–
	净利润现金含量(%)	703.8195	–71.7104	115.9709	–
	基本每股收益(元)	0.0200	0.2630	0.1636	–
	每股收益–扣除(元)	0.0180	0.2476	0.1264	–
	每股收益–摊薄(元)	0.0196	0.2630	0.1445	–
	每股资本公积金(元)	0.3783	1.7600	1.7600	–
	每股未分配利润(元)	0.0196	0.3634	0.1236	–
	每股净资产(元)	1.4000	3.1500	2.8900	–
	每股经营现金流量(元)	0.1378	–0.1900	0.1700	–
	经营活动现金净流量增长(%)	202.8	–212.4903	–	–

浙江贵仁信息科技股份有限公司

公司概况	公司名称	浙江贵仁信息科技股份有限公司			证券简称	贵仁科技
	法人代表	桂发二	董秘	陈燕萍	证券代码	832677
	公司网址	www.keepsoft.net		电子信箱	faer.gui@keepsoft.net	
	电　　话	0571-86616007		传　　真	0571-86690911	
	办公地址	浙江省杭州市滨江区浦沿街道伟业路1号三号楼一楼106室				
	经营范围	计算机软硬件、电子产品、网络技术的技术开发、技术服务				

主要财务指标	指标\报告期	2015.06.30	2014.12.31	2013.12.31	2012.12.31
	净利润(万元)	–187.38	359.38	162.92	–
	净利润增长率(%)	11.7	120.5964	–	–
	加权净资产收益率(%)	–12.3700	48.4800	39.4600	–
	资产负债比率(%)	30.4895	13.9937	34.3523	–
	净利润现金含量(%)	75.2803	9.9744	214.8137	–
	基本每股收益(元)	–0.1400	0.7500	0.6517	–
	每股收益–扣除(元)	–0.1400	–	–	–
	每股收益–摊薄(元)	–0.1874	0.3594	0.6517	–
	每股资本公积金(元)	0.2567	0.2567	–	–
	每股未分配利润(元)	–0.1874	–0.0467	0.8797	–
	每股净资产(元)	1.0700	1.2100	1.9800	–
	每股经营现金流量(元)	–0.1411	0.0400	1.4000	–
	经营活动现金净流量增长(%)	18.0	–89.7571	–	–

湖南众鑫新材料科技股份有限公司

公司概况	公司名称	湖南众鑫新材料科技股份有限公司			证券简称	众鑫科技
	法人代表	张春雨	董秘	易建沙	证券代码	832678
	公司网址	www.hnzxtec.com		电子信箱	chunyu.lucky@163.com	
	电　　话	00743-4222585		传　　真	00743-4224585	
	办公地址	湖南省湘西自治州泸溪县武溪镇工业园区内				
	经营范围	凭本企业有效许可证从事五氧化二钒生产及销售				

主要财务指标	指标\报告期	2015.06.30	2014.12.31	2013.12.31	2012.12.31
	净利润(万元)	104.04	226.10	97.26	–
	净利润增长率(%)	330.3	132.4682	–	–
	加权净资产收益率(%)	3.3700	23.2600	16.0500	–
	资产负债比率(%)	60.3488	62.8675	89.1197	–
	净利润现金含量(%)	835.3166	–515.5475	1641.8264	–
	基本每股收益(元)	0.0300	0.1940	0.0970	–
	每股收益–扣除(元)	0.0034	0.0250	0.0640	–
	每股收益–摊薄(元)	0.0347	0.0754	0.0973	–
	每股资本公积金(元)	0.0500	0.0500	–	–
	每股未分配利润(元)	–0.0050	–0.0397	–0.3452	–
	每股净资产(元)	1.0400	1.0100	0.6500	–
	每股经营现金流量(元)	0.2897	–0.3900	1.6000	–
	经营活动现金净流量增长(%)	517.3	–172.9970	–	–

广州市尚洋文化股份有限公司

公司概况	公司名称	广州市尚洋文化股份有限公司			证券简称	尚洋文化
	法人代表	黄剑艇	董秘		证券代码	832679
	公司网址	www.sonyon.cn		电子信箱		
	电　　话	020-84228411		传　　真	020-84228177	
	办公地址	广东省广州市海珠区滨江东路554-1号202房				
	经营范围	主要从事文化工程整体解决方案及专业技术服务两大板块业务				

主要财务指标	指标\报告期	2015.06.30	2014.12.31	2013.12.31	2012.12.31
	净利润(万元)	53.42	122.21	248.72	–
	净利润增长率(%)	68.3044	–50.8641	–	–
	加权净资产收益率(%)	7.8300	19.2100	48.8600	–
	资产负债比率(%)	51.5100	48.9159	40.4053	–
	净利润现金含量(%)	65.6584	169.1842	45.1391	–
	基本每股收益(元)	0.1100	0.2400	–	–
	每股收益–扣除(元)	0.1100	0.2400	–	–
	每股收益–摊薄(元)	0.1068	0.2444	4.9744	–
	每股资本公积金(元)	–	–	2.0000	–
	每股未分配利润(元)	0.4181	0.3112	8.9729	–
	每股净资产(元)	1.4200	1.3100	12.6680	–
	每股经营现金流量(元)	0.0702	0.4100	2.2454	–
	经营活动现金净流量增长(%)	300.0562	84.1733	–	–

张家口长城乳业股份有限公司

公司概况	公司名称	张家口长城乳业股份有限公司			证券简称	长城乳业
	法人代表	苟秉兴	董秘	李迎一	证券代码	832680
	公司网址	www.zjkccry.com			电子信箱	ccry_xsb@163.com
	电　　话	0313-4881267			传　　真	0313-4881267
	办公地址	河北省张家口市产业集聚区金凤街 2 号				
	经营范围	液态奶、全脂奶粉的加工与销售及原奶生产与销售				

主要财务指标	指标\报告期	2015.06.30	2014.12.31	2013.12.31	2012.12.31
	净利润(万元)	399.27	–	113.24	10.59
	净利润增长率(%)	10.6074	–	969.2184	–
	加权净资产收益率(%)	6.5700	–	2.1000	0.2000
	资产负债比率(%)	29.4905	–	30.0462	27.7281
	净利润现金含量(%)	90.3993	–	627.3250	5825.5065
	基本每股收益(元)	–	–	0.1100	0.0100
	每股收益-扣除(元)	0.3600	–	0.0900	0.0100
	每股收益-摊薄(元)	0.3847	–	0.1091	0.0102
	每股资本公积金(元)	4.6492	–	0.2520	0.2520
	每股未分配利润(元)	0.3927	–	3.5056	3.3965
	每股净资产(元)	6.0400	–	5.2600	5.1500
	每股经营现金流量(元)	0.3477	–	0.6800	0.5900
	经营活动现金净流量增长(%)	392.5021	–	15.1398	–

苏州宇邦新型材料股份有限公司

公司概况	公司名称	苏州宇邦新型材料股份有限公司			证券简称	宇邦新材
	法人代表	肖锋	董秘	林敏	证券代码	832681
	公司网址	www.yourbest.com.cn			电子信箱	ybdshbgs@yourbest.com.cn
	电　　话	00512-67680177			传　　真	00512-67680177
	办公地址	江苏省苏州吴中经济开发区越溪街道友翔路 22 号				
	经营范围	光伏电子产品配件等				

主要财务指标	指标\报告期	2015.06.30	2014.12.31	2013.12.31	2012.12.31
	净利润(万元)	3867.45	10721.79	9960.58	–
	净利润增长率(%)	-31.0669	7.6422	–	–
	加权净资产收益率(%)	11.9400	29.9300	29.7900	–
	资产负债比率(%)	15.7700	22.5346	27.4063	–
	净利润现金含量(%)	142.1763	105.3061	47.1560	–
	基本每股收益(元)	0.6700	5.3600	4.9800	–
	每股收益-扣除(元)	0.6300	5.0900	4.7400	–
	每股收益-摊薄(元)	0.6726	5.3609	4.9803	–
	每股资本公积金(元)	2.9551	–	–	–
	每股未分配利润(元)	2.2554	13.7290	12.7275	–
	每股净资产(元)	6.2100	15.2300	14.6400	–
	每股经营现金流量(元)	0.9563	5.6500	2.3500	–
	经营活动现金净流量增长(%)	34.3671	140.3803	–	–

广州像素数据技术股份有限公司

公司概况	公司名称	广州像素数据技术股份有限公司			证券简称	像素数据
	法人代表	姚若光	董秘	范志鸿	证券代码	832682
	公司网址	www.pixelall.com			电子信箱	digipix@163.com
	电　　话	020-34285818			传　　真	020-34285898
	办公地址	广东省广州市海珠区海联路 25 号二楼 208 房				
	经营范围	计算机、软件及辅助设备零售等				

主要财务指标	指标\报告期	2015.06.30	2014.12.31	2013.12.31	2012.12.31
	净利润(万元)	-84.23	59.26	67.86	–
	净利润增长率(%)	-6.0	-12.6675	–	–
	加权净资产收益率(%)	-10.4300	14.3600	25.3400	–
	资产负债比率(%)	8.0722	13.8522	41.1547	–
	净利润现金含量(%)	186.0432	-130.2565	214.3089	–
	基本每股收益(元)	-0.1200	0.0800	0.1100	–
	每股收益-扣除(元)	–	0.0600	–	–
	每股收益-摊薄(元)	-0.1154	0.0812	0.1131	–
	每股资本公积金(元)	0.1173	0.1173	–	–
	每股未分配利润(元)	-0.0728	0.0419	-0.4972	–
	每股净资产(元)	1.0500	1.1600	0.5000	–
	每股经营现金流量(元)	-0.2147	-0.1100	0.2400	–
	经营活动现金净流量增长(%)	-71.1	-153.0760	–	–

湖北祥锦汽车转向系统股份有限公司

公司概况	公司名称	湖北祥锦汽车转向系统股份有限公司			证券简称	湖北祥锦
	法人代表	郑卫锦	董秘	王立军	证券代码	832683
	公司网址	www.hbxiangjin.com			电子信箱	ssxjqcpj@163.com
	电　　话	0716-7890801			传　　真	0716-7283918
	办公地址	湖北省荆州市石首市绣林办事处金平工业园区开发大道东侧				
	经营范围	汽车转向系统零部件研发、制造和销售				

主要财务指标	指标\报告期	2015.06.30	2014.12.31	2013.12.31	2012.12.31
	净利润(万元)	-73.09	196.14	296.27	–
	净利润增长率(%)	-138.7945	-33.7969	–	–
	加权净资产收益率(%)	-5.3400	12.7400	58.0600	–
	资产负债比率(%)	75.1773	71.6932	79.7109	–
	净利润现金含量(%)	316.0408	206.9035	40.0942	–
	基本每股收益(元)	-0.0600	0.1600	5.9300	–
	每股收益-扣除(元)	-0.0700	0.0900	5.7200	–
	每股收益-摊薄(元)	-0.0609	0.1634	5.9253	–
	每股资本公积金(元)	0.1560	0.1560	–	–
	每股未分配利润(元)	-0.0479	0.0130	10.9627	–
	每股净资产(元)	1.1100	1.1700	13.1700	–
	每股经营现金流量(元)	-0.1925	0.3400	2.3800	–
	经营活动现金净流量增长(%)	69.9	241.6369	–	–

广德天运新技术股份有限公司

公司概况					
公司名称	广德天运新技术股份有限公司			证券简称	天运股份
法人代表	潘建新	董秘	张陆贤	证券代码	832684
公司网址	www.gdtywf.com			电子信箱	tianyunwufang@163.com
电　　话	0563-2259825			传　　真	0563-2259827
办公地址	安徽省宣城市广德经济技术开发区				
经营范围	旧棉、旧布、废旧塑料收购、销售				

主要财务指标

指标\报告期	2015.06.30	2014.12.31	2013.12.31	2012.12.31
净利润(万元)	929.93	2143.83	2886.29	–
净利润增长率(%)	3.1131	–25.7237	–	–
加权净资产收益率(%)	3.9300	9.7000	14.7400	–
资产负债比率(%)	38.5565	35.8175	39.2278	–
净利润现金含量(%)	89.5881	104.6785	–70.7756	–
基本每股收益(元)	0.1000	0.2200	0.3000	–
每股收益-扣除(元)	–	–	–	–
每股收益-摊薄(元)	0.0969	0.2233	0.3152	–
每股资本公积金(元)	1.3125	1.3099	0.6954	–
每股未分配利润(元)	0.1688	0.0815	0.5370	–
每股净资产(元)	2.5100	2.4100	2.3000	–
每股经营现金流量(元)	0.0868	0.2300	–0.2200	–
经营活动现金净流量增长(%)	–3.3827	209.9	–	–

山西华洋吉禄科技股份有限公司

公司概况					
公司名称	山西华洋吉禄科技股份有限公司			证券简称	华洋科技
法人代表	李贵生	董秘	王桂芬	证券代码	832685
公司网址				电子信箱	hykjw2015@163.com
电　　话	00351-3633505			传　　真	00351-6581453
办公地址	山西省太原市不锈钢产业园区加工C区矩园1号厂房				
经营范围	计算机、通讯设备、电子设备软硬件的研发、组装、生产、维修等				

主要财务指标

指标\报告期	2015.06.30	2014.12.31	2013.12.31	2012.12.31
净利润(万元)	49.47	1062.07	592.08	–
净利润增长率(%)	–44.0136	79.3802	–	–
加权净资产收益率(%)	1.6600	53.8500	85.1700	–
资产负债比率(%)	58.4528	66.4921	71.4380	–
净利润现金含量(%)	–363.3963	43.8868	173.7758	–
基本每股收益(元)	0.0200	0.4600	0.2600	–
每股收益-扣除(元)	–	–	–	–
每股收益-摊薄(元)	0.0198	0.4618	1.1842	–
每股资本公积金(元)	0.1260	0.0500	–	–
每股未分配利润(元)	0.1455	0.1323	1.2370	–
每股净资产(元)	1.2900	1.2000	2.3800	–
每股经营现金流量(元)	–0.0719	0.2000	2.0578	–
经营活动现金净流量增长(%)	53.2	–54.6978	–	–

银川育星达科技股份有限公司

公司概况					
公司名称	银川育星达科技股份有限公司			证券简称	育星达
法人代表	李虎彬	董秘	王雪琴	证券代码	832686
公司网址	www.yuxingda.net			电子信箱	wangxueqin@yuxingda.cn
电　　话	0951-6014150			传　　真	0951-6014150
办公地址	宁夏回族自治区银川市金凤区宁安大街490号育成中心14号楼5层509室				
经营范围	信息服务业务;计算机软件及电子产品的开发、维护和销售				

主要财务指标

指标\报告期	2015.06.30	2014.12.31	2013.12.31	2012.12.31
净利润(万元)	–	–	43.25	4.52
净利润增长率(%)	–	–	857.6771	–
加权净资产收益率(%)	–	–	9.1700	10.5300
资产负债比率(%)	–	–	47.0377	60.2746
净利润现金含量(%)	–	–	413.5735	–3054.1741
基本每股收益(元)	–	–	0.0900	0.0100
每股收益-扣除(元)	–	–	–	–
每股收益-摊薄(元)	–	–	0.0865	0.0090
每股资本公积金(元)	–	–	–	–
每股未分配利润(元)	–	–	–0.0562	–0.1427
每股净资产(元)	–	–	0.9400	0.8600
每股经营现金流量(元)	–	–	0.3600	–0.2800
经营活动现金净流量增长(%)	–	–	229.7	–

江苏京东农业股份有限公司

公司概况					
公司名称	江苏京东农业股份有限公司			证券简称	京东农业
法人代表	周泽清	董秘	顾澄	证券代码	832687
公司网址	www.cnjdny.com			电子信箱	service@cnjdny.com
电　　话	00519-82111128			传　　真	00519-82111128
办公地址	江苏省金坛市薛埠镇东进村委上水村				
经营范围	生态农业项目的开发、利用				

主要财务指标

指标\报告期	2015.06.30	2014.12.31	2013.12.31	2012.12.31
净利润(万元)	41.48	4.31	–13.07	–
净利润增长率(%)	109.7	133.0	–	–
加权净资产收益率(%)	0.8200	0.1400	–1.2500	–
资产负债比率(%)	50.8987	48.8174	70.4243	–
净利润现金含量(%)	8514.9991	–14640.606	–5042.3564	–
基本每股收益(元)	0.0080	0.0040	–0.0110	–
每股收益-扣除(元)	0.0080	–	–	–
每股收益-摊薄(元)	0.0075	0.0013	–0.0114	–
每股资本公积金(元)	0.0067	–	–	–
每股未分配利润(元)	0.0042	0.0058	–0.0918	–
每股净资产(元)	1.0100	0.9700	0.9100	–
每股经营现金流量(元)	0.6422	–0.2000	0.5700	–
经营活动现金净流量增长(%)	1136.8542	–195.7983	–	–

云南福慧科技股份有限公司

公司概况	公司名称	云南福慧科技股份有限公司			证券简称	福慧科技
	法人代表	詹武	董秘	肖懿	证券代码	832688
	公司网址	www.yngtg.net		电子信箱	ynfhkj@163.com	
	电　话	00877-3666905		传　真	00877-3026559	
	办公地址	云南省玉溪市通海县五金机电特色园区里山片区(落水洞)				
	经营范围	农业废弃物利用技术研发、销售				

主要财务指标	指标\报告期	2015.06.30	2014.12.31	2013.12.31	2012.12.31
	净利润(万元)	433.13	–	−269.35	–
	净利润增长率(%)	445.5	–	–	–
	加权净资产收益率(%)	7.1900	–	−25.2800	–
	资产负债比率(%)	34.3013	–	67.0278	–
	净利润现金含量(%)	70.6694	–	182.5951	–
	基本每股收益(元)	0.1200	–	−0.0800	–
	每股收益-扣除(元)	0.1200	–	–	–
	每股收益-摊薄(元)	0.1238	–	−0.2245	–
	每股资本公积金(元)	0.6243	–	–	–
	每股未分配利润(元)	0.1548	–	−0.2245	–
	每股净资产(元)	1.7800	–	0.7800	–
	每股经营现金流量(元)	0.0875	–	−0.4099	–
	经营活动现金净流量增长(%)	159.5	–	–	–

东莞市德尔能新能源股份有限公司

公司概况	公司名称	东莞市德尔能新能源股份有限公司			证券简称	德尔能
	法人代表	刘厚德	董秘	刘庆丰	证券代码	832689
	公司网址	www.dgdrn.com		电子信箱	lhd@dgdrn.com	
	电　话	0769-82976661		传　真	0769-82976663	
	办公地址	广东省东莞市大朗镇巷头社区金朗北路 243 号				
	经营范围	锂离子电池模组的研发、设计、生产及销售				

主要财务指标	指标\报告期	2015.06.30	2014.12.31	2013.12.31	2012.12.31
	净利润(万元)	41.14	193.33	−68.39	–
	净利润增长率(%)	−78.7205	382.7	–	–
	加权净资产收益率(%)	0.7900	29.5900	−14.6800	–
	资产负债比率(%)	64.7139	87.0305	95.0262	–
	净利润现金含量(%)	−13798.682	−247.7419	−2586.7114	–
	基本每股收益(元)	0.0300	0.1900	−0.0700	–
	每股收益-扣除(元)	–	–	–	–
	每股收益-摊薄(元)	0.0265	0.1933	−0.0684	–
	每股资本公积金(元)	2.3197	0.1058	–	–
	每股未分配利润(元)	0.0345	0.0172	−0.0684	–
	每股净资产(元)	3.3600	1.1200	0.4300	–
	每股经营现金流量(元)	−3.6623	−0.4800	1.7700	–
	经营活动现金净流量增长(%)	−1085.2	−127.0734	–	–

浙江百固电气科技股份有限公司

公司概况	公司名称	浙江百固电气科技股份有限公司			证券简称	百固科技
	法人代表	黄颖博	董秘	皮小刚	证券代码	832690
	公司网址	www.baigu.net.cn		电子信箱	sell@baigu.net.cn	
	电　话	0577-57127333		传　真	0577-57122866	
	办公地址	浙江省乐清经济开发区纬 20 路 271 号				
	经营范围	专业从事电表计量箱的研发、设计、生产销售与配套技术服务				

主要财务指标	指标\报告期	2015.06.30	2014.12.31	2013.12.31	2012.12.31
	净利润(万元)	162.43	136.18	−12.83	–
	净利润增长率(%)	6253.2261	1161.7	–	–
	加权净资产收益率(%)	6.0100	5.2000	−0.3700	–
	资产负债比率(%)	43.9729	49.1624	28.6017	–
	净利润现金含量(%)	−608.8990	138.1334	−6379.2673	–
	基本每股收益(元)	0.0700	0.0400	0.0000	–
	每股收益-扣除(元)	–	0.0400	0.0000	–
	每股收益-摊薄(元)	0.0650	0.0545	−0.0037	–
	每股资本公积金(元)	0.0479	–	–	–
	每股未分配利润(元)	0.0650	0.0425	−0.0047	–
	每股净资产(元)	1.1100	1.0500	1.0000	–
	每股经营现金流量(元)	−0.3956	0.0752	0.2300	–
	经营活动现金净流量增长(%)	−537.8034	−77.0161	–	–

南通路博石英材料股份有限公司

公司概况	公司名称	南通路博石英材料股份有限公司			证券简称	路博石英
	法人代表	司继成	董秘	沈凯峰	证券代码	832691
	公司网址	www.rbquartz.com		电子信箱	shenkaifeng@rbquartz.com	
	电　话	0513-68186031		传　真	0513-68186233	
	办公地址	江苏省南通市海门市天补镇彦英村六组				
	经营范围	石英坩埚等石英制品的生产、销售和研发				

主要财务指标	指标\报告期	2015.06.30	2014.12.31	2013.12.31	2012.12.31
	净利润(万元)	−94.97	152.15	−453.64	–
	净利润增长率(%)	−179.5830	133.5	–	–
	加权净资产收益率(%)	−2.1300	3.4400	−9.9200	–
	资产负债比率(%)	29.3807	34.1965	38.8443	–
	净利润现金含量(%)	117.5259	27.5149	−71.9967	–
	基本每股收益(元)	−0.0400	0.0900	−0.2600	–
	每股收益-扣除(元)	–	–	–	–
	每股收益-摊薄(元)	−0.0352	0.0864	−0.2577	–
	每股资本公积金(元)	0.6536	0.5455	0.5455	–
	每股未分配利润(元)	−0.0226	0.8923	0.8059	–
	每股净资产(元)	1.6300	2.5600	2.4700	–
	每股经营现金流量(元)	−0.0413	0.0200	0.1900	–
	经营活动现金净流量增长(%)	−178.7135	−87.1820	–	–

福建文鑫莲业股份有限公司

公司概况	公司名称	福建文鑫莲业股份有限公司		证券简称	文鑫莲业
	法人代表	帅金高	董秘 帅文	证券代码	832692
	公司网址	www.wenxincn.com		电子信箱	wenxindm@163.com
	电　话	0598-3285888		传　真	0598-3286088
	办公地址	福建省三明市建宁县濉溪镇将屯河东路42号			
	经营范围	莲子种植及莲系列产品的加工、销售、研发			

主要财务指标	指标\报告期	2015.06.30	2014.12.31	2013.12.31	2012.12.31
	净利润(万元)	402.38	337.34	841.82	–
	净利润增长率(%)	90.2191	-59.9273	–	–
	加权净资产收益率(%)	5.2000	7.8000	17.2000	–
	资产负债比率(%)	51.9476	49.4335	54.4558	–
	净利润现金含量(%)	148.6964	-221.6055	-237.7567	–
	基本每股收益(元)	0.0800	0.1000	0.2400	–
	每股收益-扣除(元)	–	–	–	–
	每股收益-摊薄(元)	0.0805	0.1115	0.2388	–
	每股资本公积金(元)	0.0152	0.6782	0.6676	–
	每股未分配利润(元)	0.5531	0.7783	1.2260	–
	每股净资产(元)	1.5900	2.4900	3.0700	–
	每股经营现金流量(元)	0.1197	-0.2500	-0.5700	–
	经营活动现金净流量增长(%)	299.8	62.6	–	–

浙江东鼎电子股份有限公司

公司概况	公司名称	浙江东鼎电子股份有限公司		证券简称	东鼎股份
	法人代表	郑书礼	董秘 陈小琴	证券代码	832693
	公司网址	www.dodindz.com		电子信箱	dodindz@163.com
	电　话	0571-56882966		传　真	0571-56761881
	办公地址	浙江省杭州市西湖区文三路408号5幢四楼402室			
	经营范围	数据中心机房系统集成、智能化系统集成业务			

主要财务指标	指标\报告期	2015.06.30	2014.12.31	2013.12.31	2012.12.31
	净利润(万元)	172.00	115.92	-39.08	–
	净利润增长率(%)	241.4688	396.6	–	–
	加权净资产收益率(%)	15.4100	20.9700	-8.0800	–
	资产负债比率(%)	45.0652	49.0313	64.2919	–
	净利润现金含量(%)	-22.0214	-360.4469	53.5056	–
	基本每股收益(元)	0.1700	0.2000	-0.0700	–
	每股收益-扣除(元)	–	–	–	–
	每股收益-摊薄(元)	0.1720	0.1159	-0.0711	–
	每股资本公积金(元)	0.0300	–	–	–
	每股未分配利润(元)	0.1720	0.0270	-0.1562	–
	每股净资产(元)	1.2000	1.0300	0.8400	–
	每股经营现金流量(元)	-0.0379	-0.4200	-0.0400	–
	经营活动现金净流量增长(%)	-118.1148	-1898.7	–	–

北京维冠机电股份有限公司

公司概况	公司名称	北京维冠机电股份有限公司		证券简称	维冠机电
	法人代表	冯广维	董秘 许云秀	证券代码	832694
	公司网址	www.bjwingain.com		电子信箱	yunxiu.xu@bjwingain.com
	电　话	010-80278166		传　真	010-80278056
	办公地址	北京市大兴区采育镇北京采育经济开发区采伟路6号			
	经营范围	生产机箱机柜、整机组装、机加工配件			

主要财务指标	指标\报告期	2015.06.30	2014.12.31	2013.12.31	2012.12.31
	净利润(万元)	1037.10	1745.86	269.58	–
	净利润增长率(%)	53.0265	547.6275	–	–
	加权净资产收益率(%)	11.5600	56.2700	12.8500	–
	资产负债比率(%)	54.2405	53.3369	76.8409	–
	净利润现金含量(%)	294.7438	-0.0190	0.0085	–
	基本每股收益(元)	0.3000	0.7800	0.1300	–
	每股收益-扣除(元)	0.3000	0.7800	0.1400	–
	每股收益-摊薄(元)	0.2963	0.4988	0.1348	–
	每股资本公积金(元)	0.8497	0.8497	–	–
	每股未分配利润(元)	0.7447	0.4483	0.0893	–
	每股净资产(元)	2.7100	2.4100	1.1100	–
	每股经营现金流量(元)	0.8734	-0.0001	0.0000	–
	经营活动现金净流量增长(%)	919.6234	-1540.3683	–	–

郑州华航科技股份有限公司

公司概况	公司名称	郑州华航科技股份有限公司		证券简称	华航科技
	法人代表	高清政	董秘 李雅琴	证券代码	832695
	公司网址	www.zzhhkj.cn		电子信箱	kfleeyq@126.com
	电　话	0371-67896385		传　真	0371-67897092
	办公地址	郑州市高新区国槐街8号火炬大厦B1702			
	经营范围	电子产品研制、开发、生产、销售及服务			

主要财务指标	指标\报告期	2015.06.30	2014.12.31	2013.12.31	2012.12.31
	净利润(万元)	231.00	225.28	-0.29	–
	净利润增长率(%)	99.2846	77556.5	–	–
	加权净资产收益率(%)	14.5200	15.1300	-0.0600	–
	资产负债比率(%)	20.1908	26.3006	38.0382	–
	净利润现金含量(%)	-174.1604	182.2621	27655.1724	–
	基本每股收益(元)	0.2800	0.2800	0.0000	–
	每股收益-扣除(元)	–	0.2800	-0.0100	–
	每股收益-摊薄(元)	0.2646	0.2816	-0.0004	–
	每股资本公积金(元)	0.7574	0.7352	–	–
	每股未分配利润(元)	0.3212	0.0569	0.4642	–
	每股净资产(元)	2.0800	1.8000	1.5900	–
	每股经营现金流量(元)	-0.4608	0.5100	-0.1000	–
	经营活动现金净流量增长(%)	-311.8815	611.8	–	–

上海铂宝集团股份有限公司

公司概况	公司名称	上海铂宝集团股份有限公司		证券简称	铂宝集团
	法人代表	周新春	董秘 韩帛言	证券代码	832696
	公司网址	www.bobaocn.com		电子信箱	hanby@bobaocn.com
	电　　话	0021-55093620		传　　真	0021-55093612
	办公地址	上海市杨浦区国定东路 275—8 号 808 室-01			
	经营范围	机电设备、建筑材料、焊接材料、金属材料、不锈钢制品等			

	指标\报告期	2015.06.30	2014.12.31	2013.12.31	2012.12.31
主要财务指标	净利润(万元)	105.84	56.34	20.83	–
	净利润增长率(%)	445.8399	170.4509	–	–
	加权净资产收益率(%)	3.2400	1.2100	0.4100	–
	资产负债比率(%)	7.8718	7.5708	22.0086	–
	净利润现金含量(%)	–603.4147	3549.0078	–270.4084	–
	基本每股收益(元)	0.0400	0.0125	0.0042	–
	每股收益-扣除(元)	0.0350	0.0114	0.0430	–
	每股收益-摊薄(元)	0.0353	0.0188	0.0042	–
	每股资本公积金(元)	0.0407	0.0407	0.0174	–
	每股未分配利润(元)	0.0571	0.0218	0.0035	–
	每股净资产(元)	1.1100	1.0700	1.0200	–
	每股经营现金流量(元)	–0.2129	0.6700	–0.0100	–
	经营活动现金净流量增长(%)	–620.6	3649.6	–	–

新乡市振源电器股份有限公司

公司概况	公司名称	新乡市振源电器股份有限公司		证券简称	振源电器
	法人代表	牛光生	董秘 葛红霞	证券代码	832697
	公司网址	www.zhenyuandq.com		电子信箱	www.zhenyuandq@126.com
	电　　话	0373-3395060		传　　真	0373-3520602
	办公地址	河南省新乡市开发区创业园火炬园			
	经营范围	隔爆型交流高、低压软起动控制器制造、销售及技术服务等			

	指标\报告期	2015.06.30	2014.12.31	2013.12.31	2012.12.31
主要财务指标	净利润(万元)	41.73	38.98	–469.34	–
	净利润增长率(%)	226.8	108.3	–	–
	加权净资产收益率(%)	0.8000	0.8900	–11.1000	–
	资产负债比率(%)	11.1548	13.0826	32.0618	–
	净利润现金含量(%)	449.0767	1113.0559	1.5082	–
	基本每股收益(元)	0.0100	0.0100	–0.0900	–
	每股收益-扣除(元)	0.0100	–0.0700	–	–
	每股收益-摊薄(元)	0.0081	0.0076	–0.0939	–
	每股资本公积金(元)	0.0050	0.0050	–	–
	每股未分配利润(元)	0.0121	0.0038	–0.2013	–
	每股净资产(元)	1.0200	1.0100	0.8000	–
	每股经营现金流量(元)	0.0363	0.0800	0.0000	–
	经营活动现金净流量增长(%)	302.3	6229.3	–	–

东阳青雨传媒股份有限公司

公司概况	公司名称	东阳青雨传媒股份有限公司		证券简称	青雨传媒
	法人代表	张静	董秘 杨柳	证券代码	832698
	公司网址	www.kingrain.cn		电子信箱	kingrain2012@sina.com
	电　　话	010-84782300		传　　真	010-84782301
	办公地址	浙江省金华市横店影视产业实验区 C1-011-B			
	经营范围	青雨传媒专注于精品电视剧的投资、制作及发行业务			

	指标\报告期	2015.06.30	2014.12.31	2013.12.31	2012.12.31
主要财务指标	净利润(万元)	2114.05	4068.45	2284.00	–
	净利润增长率(%)	438.7	78.1284	–	–
	加权净资产收益率(%)	11.6500	–	–	–
	资产负债比率(%)	39.6724	58.9225	67.7689	–
	净利润现金含量(%)	217.5858	66.3137	–31.4443	–
	基本每股收益(元)	0.4300	0.8300	0.4700	–
	每股收益-扣除(元)	–	0.6900	0.1200	–
	每股收益-摊薄(元)	0.4065	0.8320	0.4671	–
	每股资本公积金(元)	2.0711	1.2286	1.2286	–
	每股未分配利润(元)	1.2002	0.8440	0.0955	–
	每股净资产(元)	4.5100	3.3200	2.4900	–
	每股经营现金流量(元)	0.8846	0.5500	–0.1500	–
	经营活动现金净流量增长(%)	189.0830	475.7	–	–

武汉南华工业设备工程股份有限公司

公司概况	公司名称	武汉南华工业设备工程股份有限公司		证券简称	南华工业
	法人代表	苗凤林	董秘 卜京红	证券代码	832699
	公司网址	www.whnhi.com		电子信箱	bujh@whnhi.com
	电　　话	027-87926947		传　　真	027-87926957
	办公地址	湖北省武汉市东湖开发区武汉理工大学科技园			
	经营范围	船舶电气自动控制产品、港口机械电气自动控制设备的设计、制造等			

	指标\报告期	2015.06.30	2014.12.31	2013.12.31	2012.12.31
主要财务指标	净利润(万元)	–768.13	1225.42	1920.05	–
	净利润增长率(%)	–199.5	–36.1777	–	–
	加权净资产收益率(%)	–7.8600	13.3900	23.6500	–
	资产负债比率(%)	36.3065	53.2746	48.9654	–
	净利润现金含量(%)	–15.5261	5.0562	–94.1869	–
	基本每股收益(元)	–0.2500	0.4200	0.6700	–
	每股收益-扣除(元)	–	–	–	–
	每股收益-摊薄(元)	–0.2112	0.4211	0.6599	–
	每股资本公积金(元)	1.4312	0.3676	0.3611	–
	每股未分配利润(元)	0.9508	1.5524	1.4220	–
	每股净资产(元)	3.6200	3.2100	3.0300	–
	每股经营现金流量(元)	0.0328	0.0200	–0.6200	–
	经营活动现金净流量增长(%)	109.8	103.4	–	–

卡松科技股份有限公司

公司概况	公司名称	卡松科技股份有限公司			证券简称	卡松科技
	法人代表	赵之玉	董秘	王凤玲	证券代码	832700
	公司网址	www.chinakasong.com		电子信箱	wangfengling@chinakasong.com	
	电　　话	0537-2116734		传　　真	0537-2116734	
	办公地址	山东省济宁市327国道与105国道交汇处向西500米				
	经营范围	各类中高端工业润滑油、特种润滑油的研发、生产与销售				

主要财务指标	指标\报告期	2015.06.30	2014.12.31	2013.12.31	2012.12.31
	净利润(万元)	198.80	420.39	474.24	–
	净利润增长率(%)	24.1438	–11.3547	–	–
	加权净资产收益率(%)	1.9800	4.3600	5.1400	–
	资产负债比率(%)	61.4746	65.7857	65.4750	–
	净利润现金含量(%)	4151.2141	304.1010	448.1760	–
	基本每股收益(元)	0.0400	0.0800	0.0900	–
	每股收益–扣除(元)	–	–	–	–
	每股收益–摊薄(元)	0.0361	0.0764	0.0931	–
	每股资本公积金(元)	0.7996	0.7996	0.7907	–
	每股未分配利润(元)	0.0444	0.0083	0.0473	–
	每股净资产(元)	1.8400	1.8100	1.8500	–
	每股经营现金流量(元)	1.5005	0.2300	0.4200	–
	经营活动现金净流量增长(%)	513.4	–39.8516	–	–

武汉银采天纸业股份有限公司

公司概况	公司名称	武汉银采天纸业股份有限公司			证券简称	银采天
	法人代表	杨永峰	董秘	王晓慧	证券代码	832701
	公司网址			电子信箱	yuebannvziwan@foxmail.com	
	电　　话	027-83233723		传　　真	027-83232966	
	办公地址	湖北省武汉市东西湖区金银湖街田园东路1号				
	经营范围	环保生态型纸制品印刷材料的研发、生产和销售				

主要财务指标	指标\报告期	2015.06.30	2014.12.31	2013.12.31	2012.12.31
	净利润(万元)	369.80	485.25	204.04	–
	净利润增长率(%)	69.4784	137.8261	–	–
	加权净资产收益率(%)	9.6200	30.6300	19.0100	–
	资产负债比率(%)	55.6125	62.5290	87.5746	–
	净利润现金含量(%)	–234.9099	249.1650	–461.0169	–
	基本每股收益(元)	0.1200	0.4200	0.2000	–
	每股收益–扣除(元)	0.1200	0.4200	0.2000	–
	每股收益–摊薄(元)	0.1233	0.1618	0.2040	–
	每股资本公积金(元)	–	–	–	–
	每股未分配利润(元)	0.3214	0.1981	0.1576	–
	每股净资产(元)	1.3400	3.1400	1.1800	–
	每股经营现金流量(元)	–0.2896	0.4030	–0.9400	–
	经营活动现金净流量增长(%)	–252.5478	228.5	–	–

珠海九通水务股份有限公司

公司概况	公司名称	珠海九通水务股份有限公司			证券简称	九通水务
	法人代表	张良纯	董秘	李欣欣	证券代码	832702
	公司网址	www.9tone.com		电子信箱	9t@9tone.com	
	电　　话	0756-2269199		传　　真	0756-2269255	
	办公地址	广东省珠海市香洲梅华东路338号水务集团办公楼北侧第五层办公楼				
	经营范围	水处理科技的研发、推广和应用等				

主要财务指标	指标\报告期	2015.06.30	2014.12.31	2013.12.31	2012.12.31
	净利润(万元)	12.18	168.89	111.47	–
	净利润增长率(%)	–71.7429	51.5114	–	–
	加权净资产收益率(%)	1.1000	20.1100	14.4600	–
	资产负债比率(%)	39.8372	39.7408	53.9907	–
	净利润现金含量(%)	–353.0146	–50.3109	73.5803	–
	基本每股收益(元)	0.0100	0.2300	0.2100	–
	每股收益–扣除(元)	–0.0100	–	–	–
	每股收益–摊薄(元)	0.0122	0.1689	0.1486	–
	每股资本公积金(元)	0.0587	0.0587	–	–
	每股未分配利润(元)	0.0292	0.0170	0.3608	–
	每股净资产(元)	1.1100	1.0900	1.4100	–
	每股经营现金流量(元)	–0.0430	–0.0850	0.1094	–
	经营活动现金净流量增长(%)	81.7	–203.5998	–	–

沈阳佳德联益能源科技股份有限公司

公司概况	公司名称	沈阳佳德联益能源科技股份有限公司			证券简称	佳德联益
	法人代表	王魁林	董秘	杨丽波	证券代码	832703
	公司网址	www.syjdly.com		电子信箱	70991130@163.com	
	电　　话	024-23782088		传　　真	024-23781088	
	办公地址	辽宁省沈阳市苏家屯区清州街66–1号苏南工业园区内C9–12号				
	经营范围	从事热计量表、热计量系统安装及相关热计量收费系统平台的研发、生产和销售				

主要财务指标	指标\报告期	2015.06.30	2014.12.31	2013.12.31	2012.12.31
	净利润(万元)	68.29	131.34	174.06	–
	净利润增长率(%)	144.2	–24.5439	–	–
	加权净资产收益率(%)	2.3800	5.4900	9.4600	–
	资产负债比率(%)	25.6306	33.9787	27.0734	–
	净利润现金含量(%)	–434.1811	–203.0151	–845.6107	–
	基本每股收益(元)	0.0300	0.0500	0.0800	–
	每股收益–扣除(元)	–	0.0578	–	–
	每股收益–摊薄(元)	0.0272	0.0523	0.0829	–
	每股资本公积金(元)	0.0566	0.0566	–	–
	每股未分配利润(元)	0.0935	0.0661	0.0433	–
	每股净资产(元)	1.1600	1.1300	1.0500	–
	每股经营现金流量(元)	–0.1181	–0.1100	–0.7000	–
	经营活动现金净流量增长(%)	–136.0	81.9	–	–

成都安美科燃气技术股份有限公司

公司概况				
公司名称	成都安美科燃气技术股份有限公司		证券简称	安美科
法人代表	姜尔加	董秘 苏拥军	证券代码	832704
公司网址	www.cnamico.com		电子信箱	suyj@cnamico.com
电　　话	028-66118718-818		传　　真	028-66118737
办公地址	四川成都市郫县成都现代工业港北片区			
经营范围	燃气发电机及发电机的研发、生产、销售及相关技术咨询服务等			

主要财务指标 指标\报告期	2015.06.30	2014.12.31	2013.12.31	2012.12.31
净利润(万元)	-265.54	556.52	273.49	-
净利润增长率(%)	-224.5445	103.4913	-	-
加权净资产收益率(%)	-10.5400	55.4100	143.1400	-
资产负债比率(%)	52.7150	65.1787	88.3222	-
净利润现金含量(%)	236.1683	13.4640	-44.6525	-
基本每股收益(元)	-0.1400	1.1200	2.7300	-
每股收益-扣除(元)	-0.1400	-	-	-
每股收益-摊薄(元)	-0.1328	0.4638	2.7349	-
每股资本公积金(元)	0.3853	-	-	-
每股未分配利润(元)	-0.1259	0.5766	1.9606	-
每股净资产(元)	1.2600	1.6500	3.2800	-
每股经营现金流量(元)	-0.3136	0.0600	-1.2200	-
经营活动现金净流量增长(%)	-212.4079	161.4	-	-

广州市达瑞生物技术股份有限公司

公司概况				
公司名称	广州市达瑞生物技术股份有限公司		证券简称	达瑞生物
法人代表	李明	董秘 金芳	证券代码	832705
公司网址	www.daruiantibody.com		电子信箱	626717472@qq.com
电　　话	020-32299700		传　　真	020-32290070
办公地址	广东广州市高新技术产业开发区荔枝山路6号自编2号404			
经营范围	体外诊断试剂及仪器的研发、生产和销售			

主要财务指标 指标\报告期	2015.06.30	2014.12.31	2013.12.31	2012.12.31
净利润(万元)	1230.19	1204.37	1207.34	-
净利润增长率(%)	86.3386	-	-	-
加权净资产收益率(%)	23.0200	29.1800	41.3300	-
资产负债比率(%)	87.4922	63.0204	58.7507	-
净利润现金含量(%)	89.7743	161.6945	95.1985	-
基本每股收益(元)	0.3900	0.3800	-	-
每股收益-扣除(元)	0.3200	-	-	-
每股收益-摊薄(元)	0.3893	0.3811	1.4546	-
每股资本公积金(元)	0.1156	0.1156	0.1678	-
每股未分配利润(元)	0.7322	0.3429	2.7715	-
每股净资产(元)	1.8900	1.5000	4.2500	-
每股经营现金流量(元)	0.3495	0.6200	1.3800	-
经营活动现金净流量增长(%)	526.9347	69.4325	-	-

北京时代凌宇科技股份有限公司

公司概况				
公司名称	北京时代凌宇科技股份有限公司		证券简称	时代凌宇
法人代表	黄孝斌	董秘 王金国	证券代码	832706
公司网址	www.timeloit.com		电子信箱	stock@timeloit.com
电　　话	0010-82933988		传　　真	0010-82937988
办公地址	北京市朝阳区酒仙桥路甲12号1510室			
经营范围	为智慧城市、智能建筑提供解决方案和系统集成服务			

主要财务指标 指标\报告期	2015.06.30	2014.12.31	2013.12.31	2012.12.31
净利润(万元)	-222.41	1905.27	2244.63	-
净利润增长率(%)	74.0	-15.1189	-	-
加权净资产收益率(%)	-1.1200	13.3600	19.1100	-
资产负债比率(%)	65.7408	63.9168	61.6958	-
净利润现金含量(%)	577.0578	6.5581	-98.1943	-
基本每股收益(元)	-0.0400	0.4900	0.6000	-
每股收益-扣除(元)	-0.0900	0.1700	0.3500	-
每股收益-摊薄(元)	-0.0428	0.3664	0.5986	-
每股资本公积金(元)	1.8051	1.8051	1.4977	-
每股未分配利润(元)	0.9175	0.9603	0.8743	-
每股净资产(元)	3.8000	3.8500	3.4300	-
每股经营现金流量(元)	-0.2468	0.0200	-0.5900	-
经营活动现金净流量增长(%)	65.8	105.7	-	-

南京国豪装饰安装工程股份有限公司

公司概况				
公司名称	南京国豪装饰安装工程股份有限公司		证券简称	国豪股份
法人代表	顾兵	董秘 孙志坚	证券代码	832707
公司网址	www.njghzs.com		电子信箱	zhijiansuns@126.com
电　　话	025-89634599		传　　真	025-84498652
办公地址	江苏省南京市雨花经济开发区凤汇大道10号			
经营范围	室内外装饰装潢工程、建筑幕墙工程、机电安装工程、多媒体等			

主要财务指标 指标\报告期	2015.06.30	2014.12.31	2013.12.31	2012.12.31
净利润(万元)	2043.21	2874.81	2971.06	-
净利润增长率(%)	18.9043	-3.2397	-	-
加权净资产收益率(%)	12.3600	24.3000	26.6100	-
资产负债比率(%)	69.7467	73.3181	79.8799	-
净利润现金含量(%)	-67.2148	-144.8736	-126.4299	-
基本每股收益(元)	0.3000	0.4200	0.5900	-
每股收益-扣除(元)	-	-	-	-
每股收益-摊薄(元)	0.2958	0.4162	0.5933	-
每股资本公积金(元)	1.0780	1.0780	-	-
每股未分配利润(元)	0.4482	0.1524	0.8929	-
每股净资产(元)	2.5400	2.2500	1.9900	-
每股经营现金流量(元)	-0.1988	-0.6000	-0.7500	-
经营活动现金净流量增长(%)	22.8	-10.9	-	-

贵州三力制药股份有限公司

公司概况	公司名称	贵州三力制药股份有限公司			证券简称	三力制药
	法人代表	张海	董秘	张千帆	证券代码	832708
	公司网址	www.assun.com.cn		电子信箱	12411689@QQ.com	
	电　话	0851-84730747		传　真	0851-84730747	
	办公地址	贵州省贵阳市贵工路104号				
	经营范围	软胶囊剂、硬胶囊剂、喷雾剂生产、销售等				
主要财务指标	指标\报告期	2015.06.30	2014.12.31	2013.12.31	2012.12.31	
	净利润(万元)	232.04	2899.42	1937.30	–	
	净利润增长率(%)	–82.0472	49.6632	–	–	
	加权净资产收益率(%)	21.3600	34.3200	32.6100	–	
	资产负债比率(%)	41.0474	56.1856	65.3877	–	
	净利润现金含量(%)	818.6251	1.9435	155.2971	–	
	基本每股收益(元)	0.4300	0.6000	0.4000	–	
	每股收益–扣除(元)	–	–	–	–	
	每股收益–摊薄(元)	0.0416	0.5781	4843.2500	–	
	每股资本公积金(元)	1.9417	0.1850	–	–	
	每股未分配利润(元)	0.4293	0.8790	–	–	
	每股净资产(元)	3.3700	2.1700	1.4200	–	
	每股经营现金流量(元)	0.3409	0.0112	–	–	
	经营活动现金净流量增长(%)	634.3	–98.1272	–	–	

深圳市达特照明股份有限公司

公司概况	公司名称	深圳市达特照明股份有限公司			证券简称	达特照明
	法人代表	杨永丹	董秘	文乐涛	证券代码	832709
	公司网址	www.dartled.com		电子信箱	dart@dartled.com	
	电　话	0755-83895759		传　真	0755-83300022	
	办公地址	广东省深圳市福田区车公庙天安数码城天吉大厦F5.8栋B1座三楼西				
	经营范围	照明工程的设计、安装和施工等				
主要财务指标	指标\报告期	2015.06.30	2014.12.31	2013.12.31	2012.12.31	
	净利润(万元)	–1093.53	6215.66	5961.90	–	
	净利润增长率(%)	–160.0473	4.2564	–	–	
	加权净资产收益率(%)	–4.0200	26.8800	49.6500	–	
	资产负债比率(%)	29.6340	38.6242	40.6118	–	
	净利润现金含量(%)	271.9013	–129.1113	–44.3748	–	
	基本每股收益(元)	–0.1200	0.6700	0.6400	–	
	每股收益–扣除(元)	–0.1200	0.6600	–	–	
	每股收益–摊薄(元)	–0.1117	0.6684	0.6411	–	
	每股资本公积金(元)	0.9246	0.5420	0.5420	–	
	每股未分配利润(元)	0.9931	1.1630	0.5594	–	
	每股净资产(元)	3.0300	2.8200	2.2800	–	
	每股经营现金流量(元)	–0.3037	–0.8600	–0.2800	–	
	经营活动现金净流量增长(%)	29.8	–203.3	–	–	

北京志能祥赢节能环保科技股份有限公司

公司概况	公司名称	北京志能祥赢节能环保科技股份有限公司			证券简称	志能祥赢
	法人代表	李占国	董秘	胡荣	证券代码	832710
	公司网址	www.znxyee.com		电子信箱	hurong@ejianlong.com	
	电　话	010-63707707-8037		传　真	010-63707707-8049	
	办公地址	北京市丰台区南四环西路186号汉威国际广场四区6号楼2层				
	经营范围	节能环保领域规划、诊断、咨询、设计、采购、施工、设备制造等				
主要财务指标	指标\报告期	2015.06.30	2014.12.31	2013.12.31	2012.12.31	
	净利润(万元)	3658.81	6656.27	3152.82	–	
	净利润增长率(%)	20.9256	111.1214	–	–	
	加权净资产收益率(%)	14.1800	24.9500	14.4800	–	
	资产负债比率(%)	55.2427	70.0789	61.6307	–	
	净利润现金含量(%)	–1.5304	11.9563	156.2386	–	
	基本每股收益(元)	0.1800	0.3300	0.1600	–	
	每股收益–扣除(元)	0.1700	–	–	–	
	每股收益–摊薄(元)	0.1567	0.0000	0.1576	–	
	每股资本公积金(元)	0.5656	–	–	–	
	每股未分配利润(元)	0.1664	0.0113	0.1506	–	
	每股净资产(元)	1.7700	1.0600	1.1700	–	
	每股经营现金流量(元)	–0.0024	0.0398	0.2463	–	
	经营活动现金净流量增长(%)	–107.1810	–83.8438	–	–	

浙江迪恩生物科技股份有限公司

公司概况	公司名称	浙江迪恩生物科技股份有限公司			证券简称	迪恩生物
	法人代表	王旻子	董秘	谭芬	证券代码	832711
	公司网址	www.dnalab.com.cn		电子信箱	DN@dnalab.com.cn	
	电　话	0571-87859901-2001		传　真	0571-87852646	
	办公地址	浙江省杭州市西湖区留和路16号1幢A401—403室				
	经营范围	公司主要从事食品、饲料、动物疫病等快速检测试剂等				
主要财务指标	指标\报告期	2015.06.30	2014.12.31	2013.12.31	2012.12.31	
	净利润(万元)	–209.44	192.79	183.29	–	
	净利润增长率(%)	–54.3	5.1835	–	–	
	加权净资产收益率(%)	–7.3900	6.7800	7.9400	–	
	资产负债比率(%)	13.7812	11.7710	28.5907	–	
	净利润现金含量(%)	400.7265	–359.4377	166.4793	–	
	基本每股收益(元)	–0.1000	0.1000	0.1000	–	
	每股收益–扣除(元)	–0.1200	0.0700	0.0900	–	
	每股收益–摊薄(元)	–0.1047	0.0963	0.0916	–	
	每股资本公积金(元)	0.5375	–	0.0400	–	
	每股未分配利润(元)	–0.1743	0.4146	0.3348	–	
	每股净资产(元)	1.3600	1.4700	1.4100	–	
	每股经营现金流量(元)	–0.4194	–0.3500	0.1500	–	
	经营活动现金净流量增长(%)(%)	8.5	–327.0958	–	–	

山东创泽信息技术股份有限公司

公司概况	公司名称	山东创泽信息技术股份有限公司			证券简称	创泽信息
	法人代表	李庆民	董秘	李建	证券代码	832712
	公司网址	www.chuangze.cn		电子信箱	haoyan6677@163.com	
	电　话	0633-8856028		传　真	0633-8856000	
	办公地址	山东省日照市经济开发区温州路 1 号科技孵化楼 4 楼				
	经营范围	计算机软、硬件设计、开发与销售等				

主要财务指标	指标 \ 报告期	2015.06.30	2014.12.31	2013.12.31	2012.12.31
	净利润(万元)	54.82	-329.79	-1823.62	-
	净利润增长率(%)	-34.9523	81.9	-	-
	加权净资产收益率(%)	1.2700	-7.0700	-31.7700	-
	资产负债比率(%)	60.0900	61.3023	56.5889	-
	净利润现金含量(%)	2370.2123	-83.8170	-37.3866	-
	基本每股收益(元)	0.0500	-0.2700	-1.5200	-
	每股收益-扣除(元)	-	-0.3000	-	-
	每股收益-摊薄(元)	0.0457	-0.2748	-1.5197	-
	每股资本公积金(元)	4.2120	4.2120	-	-
	每股未分配利润(元)	-1.6181	-1.6638	2.1918	-
	每股净资产(元)	3.6200	3.5700	4.0200	-
	每股经营现金流量(元)	1.0827	0.2300	0.5700	-
	经营活动现金净流量增长(%)	27.9400	-59.4559	-	-

武汉华莱士工程项目管理股份有限公司

公司概况	公司名称	武汉华莱士工程项目管理股份有限公司			证券简称	华莱士
	法人代表	李红玲	董秘	刘燕	证券代码	832713
	公司网址	www.whhualaishi.com		电子信箱	413556262@qq.com	
	电　话	027-83668280-604		传　真	027-83668280-604	
	办公地址	湖北省汉南区纱帽正街 219 号				
	经营范围	工程造价、市政基础设施建设项目代建				

主要财务指标	指标 \ 报告期	2015.06.30	2014.12.31	2013.12.31	2012.12.31
	净利润(万元)	16.56	46.61	74.57	-
	净利润增长率(%)	-50.0628	-37.4910	-	-
	加权净资产收益率(%)	5.8400	27.3800	39.3300	-
	资产负债比率(%)	56.7694	55.8654	56.3727	-
	净利润现金含量(%)	89.4964	356.0048	345.8138	-
	基本每股收益(元)	0.0800	0.4700	0.7500	-
	每股收益-扣除(元)	0.0600	0.4000	0.6900	-
	每股收益-摊薄(元)	0.0828	0.2331	0.7457	-
	每股资本公积金(元)	0.4177	-	-	-
	每股未分配利润(元)	0.0828	0.2079	1.1942	-
	每股净资产(元)	1.5000	1.4200	2.5700	-
	每股经营现金流量(元)	0.0741	0.8300	2.5800	-
	经营活动现金净流量增长(%)	-73.9183	-35.6530	-	-

成都思晗科技股份有限公司

公司概况	公司名称	成都思晗科技股份有限公司			证券简称	思晗科技
	法人代表	周小佳	董秘	余跃	证券代码	832714
	公司网址	www.cdsihan.com		电子信箱	irm@cdsihan.com	
	电　话	028-85571838		传　真	028-85576228	
	办公地址	四川省成都高新区天府二街 138 号 1 栋 30 层 3003 号				
	经营范围	计算机软硬件产品的开发、销售、系统集成等				

主要财务指标	指标 \ 报告期	2015.06.30	2014.12.31	2013.12.31	2012.12.31
	净利润(万元)	-147.97	266.37	70.73	-
	净利润增长率(%)	4.0	276.5870	-	-
	加权净资产收益率(%)	-7.3800	141.2700	351.8500	-
	资产负债比率(%)	15.4452	41.6337	94.4906	-
	净利润现金含量(%)	483.8900	-59.6238	-45.5111	-
	基本每股收益(元)	-0.1500	0.3600	0.0900	-
	每股收益-扣除(元)	-0.2300	-	-	-
	每股收益-摊薄(元)	-0.1065	-	0.1415	-
	每股资本公积金(元)	1.4378	-	-	-
	每股未分配利润(元)	-0.1065	-	-0.8893	-
	每股净资产(元)	2.3300	1.0300	0.0700	-
	每股经营现金流量(元)	-0.5154	-	-0.0644	-
	经营活动现金净流量增长(%)	-534.5	-393.4	-	-

大连华信计算机技术股份有限公司

公司概况	公司名称	大连华信计算机技术股份有限公司			证券简称	华信股份
	法人代表	刘军	董秘	赵庆顺	证券代码	832715
	公司网址	www.dhc.com.cn		电子信箱	zhaoqs@dhc.com.cn	
	电　话	0411-85996038		传　真	0411-85996000	
	办公地址	辽宁省大连高新技术产业园区黄浦路 977 号				
	经营范围	计算机软件开发;计算机信息系统集成服务等				

主要财务指标	指标 \ 报告期	2015.06.30	2014.12.31	2013.12.31	2012.12.31
	净利润(万元)	5040.15	9933.27	9320.50	-
	净利润增长率(%)	26.5693	6.5744	-	-
	加权净资产收益率(%)	4.8000	9.9700	9.9700	-
	资产负债比率(%)	48.9346	50.2886	49.2555	-
	净利润现金含量(%)	-156.9951	148.6599	146.1363	-
	基本每股收益(元)	0.3700	0.7400	0.6900	-
	每股收益-扣除(元)	-	0.2500	0.0200	-
	每股收益-摊薄(元)	0.3742	0.7374	0.6919	-
	每股资本公积金(元)	0.0195	0.0195	0.0048	-
	每股未分配利润(元)	6.1981	5.9739	5.5058	-
	每股净资产(元)	7.9100	7.6800	7.1600	-
	每股经营现金流量(元)	-0.5874	1.1000	1.0111	-
	经营活动现金净流量增长(%)	-66.1	8.4148	-	-

南通跃机械科技股份有限公司

公司概况						
	公司名称	南通跃机械科技股份有限公司			证券简称	跃通科技
	法人代表	姚永和	董秘	孙子评	证券代码	832716
	公司网址	www.yuetong.com.cn		电子信箱	shfgmj@126.com	
	电　话	0513-80812388		传　真	0513-80812399	
	办公地址	江苏省南通市海安开发区东海大道(中)2号				
	经营范围	从事木门自动化加工机械设备的研发、生产和销售				

主要财务指标	指标\报告期	2015.06.30	2014.12.31	2013.12.31	2012.12.31
	净利润(万元)	178.30	-68.35	146.02	-
	净利润增长率(%)	440.1098	-146.8089	-	-
	加权净资产收益率(%)	3.0900	-2.3100	5.3600	-
	资产负债比率(%)	44.5744	43.6716	72.3123	-
	净利润现金含量(%)	543.0629	2759.6489	38.6933	-
	基本每股收益(元)	0.0400	-0.0400	0.1000	-
	每股收益-扣除(元)	0.0400	-	-	-
	每股收益-摊薄(元)	0.0424	-0.0163	0.0973	-
	每股资本公积金(元)	0.1927	0.1927	0.1990	-
	每股未分配利润(元)	0.1623	0.1199	0.5444	-
	每股净资产(元)	1.3900	1.3500	1.8700	-
	每股经营现金流量(元)	0.2304	-0.4500	0.0400	-
	经营活动现金净流量增长(%)	210.8787	-3438.2930	-	-

浙江斯泰新材料科技股份有限公司

公司概况						
	公司名称	浙江斯泰新材料科技股份有限公司			证券简称	斯泰科技
	法人代表	徐洁媛	董秘	陈丽娟	证券代码	832717
	公司网址	www.cn-stan.com		电子信箱	zjhzstan@163.com	
	电　话	0571-88813699		传　真	0571-88813693	
	办公地址	浙江省德清县武康镇伟业路80号				
	经营范围	纳米硅酮胶、石材用纳米胶、定型防火环氧树脂新材料的研发				

主要财务指标	指标\报告期	2015.06.30	2014.12.31	2013.12.31	2012.12.31
	净利润(万元)	-18.11	70.52	215.66	-
	净利润增长率(%)	77.5	-67.3023	-	-
	加权净资产收益率(%)	-0.5300	2.2200	7.1100	-
	资产负债比率(%)	46.2844	45.6684	46.8359	-
	净利润现金含量(%)	63.3510	895.4941	146.0544	-
	基本每股收益(元)	-0.0100	0.0200	0.0700	-
	每股收益-扣除(元)	-0.0100	0.0100	-	-
	每股收益-摊薄(元)	-0.0057	0.0222	0.0719	-
	每股资本公积金(元)	0.0004	0.0004	-	-
	每股未分配利润(元)	0.0025	0.0082	0.0418	-
	每股净资产(元)	1.0600	1.0700	1.0500	-
	每股经营现金流量(元)	-0.0036	0.2000	0.1000	-
	经营活动现金净流量增长(%)	63.4	100.4775	-	-

苏州玖隆再生科技股份有限公司

公司概况						
	公司名称	苏州玖隆再生科技股份有限公司			证券简称	玖隆再生
	法人代表	唐国明	董秘	邵燕	证券代码	832718
	公司网址	www.jiulong-tech.com		电子信箱	tlm1232@163.com	
	电　话	00512-52420790		传　真	00512-52687335-889	
	办公地址	江苏省常熟市尚湖镇常兴村工业园区				
	经营范围	再生塑料瓶片的生产和销售				

主要财务指标	指标\报告期	2015.06.30	2014.12.31	2013.12.31	2012.12.31
	净利润(万元)	106.67	210.67	171.05	-
	净利润增长率(%)	253.1	23.1604	-	-
	加权净资产收益率(%)	4.5300	14.1800	17.7900	-
	资产负债比率(%)	71.6374	73.9386	82.1305	-
	净利润现金含量(%)	-1582.5818	-1240.3902	1157.7609	-
	基本每股收益(元)	0.0900	0.1900	0.1600	-
	每股收益-扣除(元)	0.0800	-	-	-
	每股收益-摊薄(元)	0.0889	0.1756	0.1584	-
	每股资本公积金(元)	0.7961	0.7961	-	-
	每股未分配利润(元)	0.1680	0.0852	-0.0307	-
	每股净资产(元)	1.9600	1.8800	0.9700	-
	每股经营现金流量(元)	-1.4068	-2.1800	1.8300	-
	经营活动现金净流量增长(%)	-19.3	-231.9528	-	-

泉州市诺伊曼信息科技股份公司

公司概况						
	公司名称	泉州市诺伊曼信息科技股份公司			证券简称	诺伊曼
	法人代表	林锦标	董秘	王永华	证券代码	832719
	公司网址	www.roemsoft.com		电子信箱	nym@roemsoft.com	
	电　话	0595-85605767		传　真	0595-85607757	
	办公地址	福建省泉州市晋江市梅岭街道梅山世纪大道君悦湾小区1号				
	经营范围	系统集成设备、计算机软硬件产品技术的开发、批发、零售等				

主要财务指标	指标\报告期	2015.06.30	2014.12.31	2013.12.31	2012.12.31
	净利润(万元)	-13.96	104.69	83.32	-
	净利润增长率(%)	34.6	25.6504	-	-
	加权净资产收益率(%)	-2.1500	18.2900	17.7100	-
	资产负债比率(%)	33.8238	27.5162	67.5591	-
	净利润现金含量(%)	-1106.8425	-11.7299	-1130.4009	-
	基本每股收益(元)	-0.0300	0.2100	0.1700	-
	每股收益-扣除(元)	-0.0400	0.1500	0.1600	-
	每股收益-摊薄(元)	-0.0279	0.2094	0.1666	-
	每股资本公积金(元)	0.1866	0.1866	0.0158	-
	每股未分配利润(元)	0.0871	0.1130	0.0216	-
	每股净资产(元)	1.2900	1.3100	1.0400	-
	每股经营现金流量(元)	0.3090	-0.0200	-1.8800	-
	经营活动现金净流量增长(%)	389.9	98.7	-	-

重庆兴渝涂料股份有限公司

公司概况	公司名称	重庆兴渝涂料股份有限公司			证券简称	兴渝股份
	法人代表	谢方奎	董秘	庞世平	证券代码	832720
	公司网址	www.cqxingyu.com		电子信箱	373849973@qq.com	
	电　话	023-8688-2805		传　真	023-6546-4309	
	办公地址	重庆市九龙坡区含谷镇宝洪四社				
	经营范围	专业从事水性涂料系列产品的研发、生产和销售				

主要财务指标	指标\报告期	2015.06.30	2014.12.31	2013.12.31	2012.12.31
	净利润(万元)	14.65	121.33	74.78	–
	净利润增长率(%)	–54.8456	62.2448	–	–
	加权净资产收益率(%)	2.2000	18.5000	19.8000	–
	资产负债比率(%)	85.5780	84.8069	88.2634	–
	净利润现金含量(%)	1079.3980	848.9904	–824.8730	–
	基本每股收益(元)	0.0400	0.3000	0.3700	–
	每股收益–扣除(元)	0.0400	0.2500	0.3300	–
	每股收益–摊薄(元)	0.0366	0.3033	0.3739	–
	每股资本公积金(元)	0.6222	0.0000	–	–
	每股未分配利润(元)	0.0366	0.5692	0.8006	–
	每股净资产(元)	1.6600	1.6400	1.8900	–
	每股经营现金流量(元)	0.3955	2.5800	–3.0800	–
	经营活动现金净流量增长(%)	–89.8961	267.0	–	–

大连思达新能源股份有限公司

公司概况	公司名称	大连思达新能源股份有限公司			证券简称	思达新能
	法人代表	魏明春	董秘	尹昭丽	证券代码	832721
	公司网址	www.dlsdxny.cn.biz72.com		电子信箱	dlsida@163.com	
	电　话	0411-84396633		传　真	0411-84396777	
	办公地址	辽宁省大连市甘井子区国贸街8号115号楼C座				
	经营范围	节能产品技术开发、技术转让及相关技术咨询服务等				

主要财务指标	指标\报告期	2015.06.30	2014.12.31	2013.12.31	2012.12.31
	净利润(万元)	–84.80	89.26	100.72	–
	净利润增长率(%)	–190.2	–11.3820	–	–
	加权净资产收益率(%)	–8.0500	11.1700	18.3600	–
	资产负债比率(%)	9.3952	8.7306	22.2772	–
	净利润现金含量(%)	13.5769	–502.2631	25.7347	–
	基本每股收益(元)	–0.0800	0.0900	0.2000	–
	每股收益–扣除(元)	–	–	–	–
	每股收益–摊薄(元)	–0.0848	0.0893	0.2014	–
	每股资本公积金(元)	0.0294	0.0294	–	–
	每股未分配利润(元)	0.0147	0.0995	0.0771	–
	每股净资产(元)	1.0500	1.1400	1.1000	–
	每股经营现金流量(元)	–0.0115	–0.4500	0.0500	–
	经营活动现金净流量增长(%)	–131.3922	–1829.7766	–	–

上海百胜软件股份有限公司

公司概况	公司名称	上海百胜软件股份有限公司			证券简称	百胜软件
	法人代表	黄飞	董秘	赵美玲	证券代码	832722
	公司网址	www.baison.com.cn		电子信箱	baison@baisonmail.com	
	电　话	021-50184188		传　真	021-50184100	
	办公地址	上海市浦东新区上丰路700号9幢121室				
	经营范围	在计算机软件及网络领域范围内从事技术开发、技术转让等				

主要财务指标	指标\报告期	2015.06.30	2014.12.31	2013.12.31	2012.12.31
	净利润(万元)	–869.41	1030.37	794.42	–
	净利润增长率(%)	–69.9	29.7010	–	–
	加权净资产收益率(%)	–15.5500	18.1500	16.8200	–
	资产负债比率(%)	25.2334	24.4765	32.9623	–
	净利润现金含量(%)	145.7665	98.2298	96.1494	–
	基本每股收益(元)	–0.1700	0.3400	0.2600	–
	每股收益–扣除(元)	–	–	–	–
	每股收益–摊薄(元)	–0.1739	0.3435	0.2648	–
	每股资本公积金(元)	0.1692	0.8349	0.8349	–
	每股未分配利润(元)	–0.1710	0.1154	–0.2158	–
	每股净资产(元)	1.0000	2.0600	1.7200	–
	每股经营现金流量(元)	–0.2535	0.3400	0.2500	–
	经营活动现金净流量增长(%)	–5.1	32.5083	–	–

宁波市五角阻尼股份有限公司

公司概况	公司名称	宁波市五角阻尼股份有限公司			证券简称	五角阻尼
	法人代表	汤雄杰	董秘	王丽君	证券代码	832723
	公司网址	www.cnwjzn.com		电子信箱	yl@cnwjzn.com	
	电　话	00574-87224757		传　真	00574-87223717	
	办公地址	浙江省宁波市高新区凌云路1177号9栋1层1区				
	经营范围	液压阻尼器产品研发、生产及销售				

主要财务指标	指标\报告期	2015.06.30	2014.12.31	2013.12.31	2012.12.31
	净利润(万元)	11.34	14.38	–0.13	–
	净利润增长率(%)	–60.5880	11583.1	–	–
	加权净资产收益率(%)	1.9700	2.8700	–0.0300	–
	资产负债比率(%)	33.8238	49.0590	37.6627	–
	净利润现金含量(%)	4.7620	–569.7497	43400.0000	–
	基本每股收益(元)	0.0200	0.0300	–	–
	每股收益–扣除(元)	–0.0300	–0.0900	–	–
	每股收益–摊薄(元)	0.0214	0.0271	–0.0003	–
	每股资本公积金(元)	0.1196	0.1196	–	–
	每股未分配利润(元)	–0.0229	–0.0443	–0.2017	–
	每股净资产(元)	1.1000	1.0800	0.8000	–
	每股经营现金流量(元)	0.0010	–0.1500	–0.1100	–
	经营活动现金净流量增长(%)	1029.0	–45.2	–	–

江苏三鑫特殊金属材料股份有限公司

公司概况	公司名称	江苏三鑫特殊金属材料股份有限公司			证券简称	江苏三鑫
	法人代表	杨希尧	董秘	章文	证券代码	832724
	公司网址	www.chinasanxin.com		电子信箱	zhangwentrim@sina.com	
	电　话	025-83471730		传　真	025-83407646	
	办公地址	江苏省南京市浦口区沿江工业区浦洲路35号				
	经营范围	高精度研磨易切削合金棒及线材的生产、销售等				

	指标\报告期	2015.06.30	2014.12.31	2013.12.31	2012.12.31
主要财务指标	净利润(万元)	652.23	1454.17	1198.36	–
	净利润增长率(%)	–4.7767	21.3464	–	–
	加权净资产收益率(%)	4.3900	0.1100	0.1100	–
	资产负债比率(%)	36.3146	39.5971	46.6524	–
	净利润现金含量(%)	230.5856	127.7349	155.7982	–
	基本每股收益(元)	0.1200	0.2900	0.2400	–
	每股收益–扣除(元)	0.1200	0.2900	–	–
	每股收益–摊薄(元)	0.1165	0.2597	0.2400	–
	每股资本公积金(元)	0.1516	0.1516	–	–
	每股未分配利润(元)	1.4069	1.2905	–	–
	每股净资产(元)	2.7200	2.5943	2.3300	–
	每股经营现金流量(元)	0.2686	0.3317	–	–
	经营活动现金净流量增长(%)	945.5682	–0.5111	–	–

宁波时代铝箔科技股份有限公司

公司概况	公司名称	宁波时代铝箔科技股份有限公司			证券简称	时代铝箔
	法人代表	孙忠杰	董秘	王永平	证券代码	832725
	公司网址	www.times-al.com		电子信箱	info@times-al.com	
	电　话	0574-88175588		传　真	0574-87171897	
	办公地址	浙江省宁波市鄞州区横街镇梅梁桥村				
	经营范围	铝箔及铝箔制品的研发、制造、加工、批发、零售等				

	指标\报告期	2015.06.30	2014.12.31	2013.12.31	2012.12.31
主要财务指标	净利润(万元)	176.59	267.62	165.89	–
	净利润增长率(%)	11.1985	61.3224	–	–
	加权净资产收益率(%)	21.2000	52.4800	74.6100	–
	资产负债比率(%)	87.0036	87.0851	94.3421	–
	净利润现金含量(%)	168.7776	182.9406	254.6343	–
	基本每股收益(元)	0.2500	0.7200	0.4700	–
	每股收益–扣除(元)	–	–	–	–
	每股收益–摊薄(元)	0.2943	0.4460	0.4740	–
	每股资本公积金(元)	0.3038	0.2167	0.7143	–
	每股未分配利润(元)	0.2313	0.0156	–0.7230	–
	每股净资产(元)	1.5400	1.2400	0.9900	–
	每股经营现金流量(元)	0.4967	0.8200	1.2100	–
	经营活动现金净流量增长(%)	–46.2498	15.9022	–	–

艾瑞斯股份有限公司

公司概况	公司名称	艾瑞斯股份有限公司			证券简称	艾瑞斯
	法人代表	刘永远	董秘	王永杰	证券代码	832726
	公司网址	www.orac.cn		电子信箱	yongjie.wang@orac.cn	
	电　话	022-24991118		传　真	022-24991118	
	办公地址	天津市东丽开发区三纬路				
	经营范围	电梯及电梯配件、汽车配件、机械设备、汽车停放设备制造、加工、批发兼零售				

	指标\报告期	2015.06.30	2014.12.31	2013.12.31	2012.12.31
主要财务指标	净利润(万元)	321.50	768.49	1262.01	–
	净利润增长率(%)	18.4505	–39.1060	–	–
	加权净资产收益率(%)	1.2600	3.0000	5.1300	–
	资产负债比率(%)	48.4554	53.4714	40.2420	–
	净利润现金含量(%)	588.2291	–920.7094	–34.2406	–
	基本每股收益(元)	0.0200	0.0400	0.0700	–
	每股收益–扣除(元)	0.0200	0.0200	–	–
	每股收益–摊薄(元)	0.0179	0.0427	0.0701	–
	每股资本公积金(元)	0.6408	0.6408	0.0406	–
	每股未分配利润(元)	–0.2203	–0.2381	0.2767	–
	每股净资产(元)	1.4200	1.4000	1.4000	–
	每股经营现金流量(元)	0.1051	–0.3900	–0.0200	–
	经营活动现金净流量增长(%)	–42.5808	–1537.4	–	–

广州市景心科技股份有限公司

公司概况	公司名称	广州市景心科技股份有限公司			证券简称	景心科技
	法人代表	周兆全	董秘	曾勇	证券代码	832727
	公司网址	www.joysim.cn		电子信箱	13922185522@139.com	
	电　话	020-61301300		传　真	020-61301300	
	办公地址	广州市天河区天府路309号301房自编之一				
	经营范围	企业管理咨询服务;通信设备零售;信息技术咨询服务				

	指标\报告期	2015.06.30	2014.12.31	2013.12.31	2012.12.31
主要财务指标	净利润(万元)	60.04	941.23	1201.34	–
	净利润增长率(%)	–84.3842	–21.6517	–	–
	加权净资产收益率(%)	1.1500	20.0000	33.2300	–
	资产负债比率(%)	4.5906	1.5092	7.5573	–
	净利润现金含量(%)	–517.5320	117.1078	17.3045	–
	基本每股收益(元)	0.0600	0.9400	1.2000	–
	每股收益–扣除(元)	–	0.9600	1.0700	–
	每股收益–摊薄(元)	0.0600	0.9412	1.2013	–
	每股资本公积金(元)	3.6383	3.6383	0.0400	–
	每股未分配利润(元)	0.5385	0.4784	2.8781	–
	每股净资产(元)	5.4888	5.1800	4.2400	–
	每股经营现金流量(元)	–0.3107	1.1000	0.2100	–
	经营活动现金净流量增长(%)	–121.2806	430.2208	–	–

广东全宝科技股份有限公司

公司概况					
公司名称	广东全宝科技股份有限公司			证券简称	全宝科技
法人代表	徐建华	董秘	梁绍平	证券代码	832728
公司网址	www.totking.com			电子信箱	dms@totking.com
电　　话	0756-6290607			传　　真	0756-6290607
办公地址	广东省珠海市斗门区白蕉镇科技工业园新科一路 23 号				
经营范围	铝基板、铁基板的加工、生产、销售等				

主要财务指标：指标 \ 报告期	2015.06.30	2014.12.31	2013.12.31	2012.12.31
净利润(万元)	849.92	1784.01	1795.17	–
净利润增长率(%)	26.1816	–0.6216	–	–
加权净资产收益率(%)	11.6600	25.5900	34.6500	–
资产负债比率(%)	12.3578	28.5628	35.9289	–
净利润现金含量(%)	75.4451	206.9035	86.1094	–
基本每股收益(元)	0.2800	3.5700	3.5900	–
每股收益–扣除(元)	–	–	–	–
每股收益–摊薄(元)	0.2833	3.5680	3.5903	–
每股资本公积金(元)	0.3914	–	–	–
每股未分配利润(元)	1.1792	12.2263	10.6583	–
每股净资产(元)	2.5700	13.7300	12.1600	–
每股经营现金流量(元)	0.2137	7.3800	3.0916	–
经营活动现金净流量增长(%)	–62.9521	138.7863	–	–

江苏图南合金股份有限公司

公司概况					
公司名称	江苏图南合金股份有限公司			证券简称	图南股份
法人代表	万柏方	董秘	万捷	证券代码	832729
公司网址	www.toland-alloy.com			电子信箱	toland@toland-alloy.com
电　　话	0511-86165566			传　　真	0511-86165938
办公地址	江苏省丹阳市吕城镇运河军民西路 1 号				
经营范围	高温合金、精密合金、特种不锈等高性能合金材料及其制品的研发、生产和销售				

主要财务指标：指标 \ 报告期	2015.06.30	2014.12.31	2013.12.31	2012.12.31
净利润(万元)	416.47	622.97	1089.41	–
净利润增长率(%)	7.2033	–42.8159	–	–
加权净资产收益率(%)	1.9500	3.0700	5.6600	–
资产负债比率(%)	59.9501	63.7361	65.0566	–
净利润现金含量(%)	1330.4591	647.3891	42.1715	–
基本每股收益(元)	0.0300	0.0500	0.0900	–
每股收益–扣除(元)	0.0200	0.0300	–0.1800	–
每股收益–摊薄(元)	0.0313	0.0469	0.0872	–
每股资本公积金(元)	0.6420	0.1400	0.0984	–
每股未分配利润(元)	0.0313	0.4383	0.4210	–
每股净资产(元)	1.6700	1.6400	1.5800	–
每股经营现金流量(元)	0.4170	0.3000	0.0400	–
经营活动现金净流量增长(%)	21.7213	777.8566	–	–

山东蓝贝思特教装科技股份有限公司

公司概况					
公司名称	山东蓝贝思特教装科技股份有限公司			证券简称	蓝贝股份
法人代表	李清波	董秘	李鹏	证券代码	832730
公司网址	www.sdlbst.com			电子信箱	lanbeisite@163.com
电　　话	0531-88012468			传　　真	0531-83530523
办公地址	山东济南市历城区二环东路 3966 号东环国际广场 1-2201 号				
经营范围	电教设备、教学仪器、黑板、多媒体讲桌、家具的生产、安装、维修等				

主要财务指标：指标 \ 报告期	2015.06.30	2014.12.31	2013.12.31	2012.12.31
净利润(万元)	399.96	441.52	203.92	–
净利润增长率(%)	854.6313	116.5142	–	–
加权净资产收益率(%)	9.0600	15.4900	8.4600	–
资产负债比率(%)	34.1800	56.0358	62.1012	–
净利润现金含量(%)	–595.0581	383.4028	348.5288	–
基本每股收益(元)	0.1600	0.2100	0.1000	–
每股收益–扣除(元)	0.1600	0.2600	0.1000	–
每股收益–摊薄(元)	0.0976	0.2102	0.0971	–
每股资本公积金(元)	0.3237	0.2892	–	–
每股未分配利润(元)	0.1318	0.0668	0.1343	–
每股净资产(元)	1.4600	1.3600	1.1500	–
每股经营现金流量(元)	–0.5805	0.8100	0.3400	–
经营活动现金净流量增长(%)	–1860.9152	138.1803	–	–

浙江精通科技股份有限公司

公司概况					
公司名称	浙江精通科技股份有限公司			证券简称	精通科技
法人代表	何建伟	董秘	何隽	证券代码	832731
公司网址	www.jmicrons.com			电子信箱	xz1@jcolor.com
电　　话	0571-89905586			传　　真	0571-89905587
办公地址	浙江省湖州市安吉县皈山乡孝源村				
经营范围	高分子荧光着色材料、高分子有机微球研发、生产、销售				

主要财务指标：指标 \ 报告期	2015.06.30	2014.12.31	2013.12.31	2012.12.31
净利润(万元)	410.21	580.74	286.51	–
净利润增长率(%)	485.7362	102.6915	–	–
加权净资产收益率(%)	10.3600	30.8900	18.7200	–
资产负债比率(%)	32.5123	33.4747	57.5743	–
净利润现金含量(%)	106.0964	–134.4008	76.3499	–
基本每股收益(元)	0.1400	0.5000	0.2900	–
每股收益–扣除(元)	0.1005	0.4300	0.2600	–
每股收益–摊薄(元)	0.1367	0.1936	0.2865	–
每股资本公积金(元)	0.3175	0.3175	0.5010	–
每股未分配利润(元)	0.0684	–0.0683	0.1358	–
每股净资产(元)	1.3900	1.2500	1.6700	–
每股经营现金流量(元)	0.1451	–0.2602	0.2200	–
经营活动现金净流量增长(%)	4.6321	–456.8093	–	–

无锡亚夫农业科技股份有限公司

公司概况	公司名称	无锡亚夫农业科技股份有限公司			证券简称	亚夫农业
	法人代表	刘新	董秘	方焰	证券代码	832732
	公司网址			电子信箱		
	电　　话	0510-85381620		传　　真	0510-85381629	
	办公地址	江苏省无锡新区鸿山街道锡协路 208-1 号				
	经营范围	稻谷、小麦、蔬菜瓜果的种植、初加工及销售				

主要财务指标	指标\报告期	2015.06.30	2014.12.31	2013.12.31	2012.12.31
	净利润(万元)	-356.99	211.07	253.50	-
	净利润增长率(%)	-4928.5003	-16.7372	-	-
	加权净资产收益率(%)	-42.4500	28.8400	52.3400	-
	资产负债比率(%)	53.1346	38.4178	72.6081	-
	净利润现金含量(%)	89.2467	90.9319	36.3905	-
	基本每股收益(元)	-0.6200	0.9000	1.2700	-
	每股收益-扣除(元)	-	0.7700	-	-
	每股收益-摊薄(元)	-0.5950	0.3518	1.2675	-
	每股资本公积金(元)	0.7054	-	1.0000	-
	每股未分配利润(元)	-0.6014	0.6245	0.9483	-
	每股净资产(元)	1.1000	1.7000	3.0600	-
	每股经营现金流量(元)	-0.5310	0.3200	0.4600	-
	经营活动现金净流量增长(%)	-137.6218	108.0439	-	-

威格气体纯化科技(苏州)股份有限公司

公司概况	公司名称	威格气体纯化科技(苏州)股份有限公司			证券简称	威格科技
	法人代表	张德龙	董秘	胡春燕	证券代码	832733
	公司网址	www.vigorgb.com		电子信箱	info@vigorgb.com	
	电　　话	0512-82276096		传　　真	0512-82276089	
	办公地址	江苏省苏州市工业园区杏林街 78 号新兴产业工业坊 2 号厂房				
	经营范围	研发、组装加工生产手套箱、手套箱零部件及手套箱气体纯化器				

主要财务指标	指标\报告期	2015.06.30	2014.12.31	2013.12.31	2012.12.31
	净利润(万元)	216.77	370.41	313.76	-
	净利润增长率(%)	27.2736	18.0558	-	-
	加权净资产收益率(%)	12.3800	23.0600	24.8100	-
	资产负债比率(%)	41.4862	42.8993	43.3211	-
	净利润现金含量(%)	-65.2821	44.0161	141.5509	-
	基本每股收益(元)	0.1700	2.3367	1.9789	-
	每股收益-扣除(元)	0.1342	2.2219	1.9779	-
	每股收益-摊薄(元)	0.1683	0.2876	0.2436	-
	每股资本公积金(元)	0.1958	0.1958	-	-
	每股未分配利润(元)	0.2394	0.0711	0.8778	-
	每股净资产(元)	1.4400	1.2700	1.1000	-
	每股经营现金流量(元)	-0.1099	0.1300	0.3400	-
	经营活动现金净流量增长(%)	-1385.1	-63.2891	-	-

福建洁利来智能厨卫股份有限公司

公司概况	公司名称	福建洁利来智能厨卫股份有限公司			证券简称	洁利来
	法人代表	黄印章	董秘	傅晨熙	证券代码	832734
	公司网址	www.gllo.com.cn		电子信箱	gllo@gllo.com.cn	
	电　　话	0591-83650227		传　　真	0591-87931725	
	办公地址	福建省福州市晋安区福兴投资区后屿路 9 号 B 座一、二层				
	经营范围	生产智能卫浴、卫生洁具、浴室柜、厨柜、厨房电器、净水器、电子感应设备等				

主要财务指标	指标\报告期	2015.06.30	2014.12.31	2013.12.31	2012.12.31
	净利润(万元)	126.20	420.26	18.92	-
	净利润增长率(%)	33.5540	2121.7340	-	-
	加权净资产收益率(%)	11.4500	50.6800	3.1000	-
	资产负债比率(%)	44.3498	47.1481	70.6469	-
	净利润现金含量(%)	-519.0185	126.8929	-895.8774	-
	基本每股收益(元)	0.1400	0.4800	0.0300	-
	每股收益-扣除(元)	-	0.2000	-	-
	每股收益-摊薄(元)	0.1434	0.4776	0.0315	-
	每股资本公积金(元)	0.0128	0.0128	-	-
	每股未分配利润(元)	0.2945	0.1511	-0.0354	-
	每股净资产(元)	1.3200	1.1800	1.0300	-
	每股经营现金流量(元)	-0.7443	0.6100	-0.2800	-
	经营活动现金净流量增长(%)	-337.4498	414.6	-	-

江苏德源药业股份有限公司

公司概况	公司名称	江苏德源药业股份有限公司			证券简称	德源药业
	法人代表	李永安	董秘	王齐兵	证券代码	832735
	公司网址	www.pharmdy.com		电子信箱	wangqb2000@pharmdy.com	
	电　　话	0518-82342975		传　　真	0518-82340788	
	办公地址	江苏省连云港经济技术开发区长江路 29 号				
	经营范围	片剂、硬胶囊剂以及原料药的研发、生产、销售				

主要财务指标	指标\报告期	2015.06.30	2014.12.31	2013.12.31	2012.12.31
	净利润(万元)	1349.23	2276.55	1782.36	-
	净利润增长率(%)	12.5348	27.7267	-	-
	加权净资产收益率(%)	10.6800	21.6900	20.5700	-
	资产负债比率(%)	41.1027	45.5456	49.7229	-
	净利润现金含量(%)	58.7687	80.2693	137.2618	-
	基本每股收益(元)	0.4400	1.0900	0.8900	-
	每股收益-扣除(元)	0.3649	-	-	-
	每股收益-摊薄(元)	0.4311	0.7589	0.8912	-
	每股资本公积金(元)	2.5993	2.2786	-	-
	每股未分配利润(元)	0.7671	0.4050	3.3443	-
	每股净资产(元)	4.4300	3.6900	4.6800	-
	每股经营现金流量(元)	0.2533	0.6100	1.2200	-
	经营活动现金净流量增长(%)	-49.6024	-26.0418	-	-

山东华鼎伟业能源科技股份有限公司

公司概况	公司名称	山东华鼎伟业能源科技股份有限公司			证券简称	华鼎股份
	法人代表	刘尚伟	董秘	林立	证券代码	832736
	公司网址	www.huadingweiye.com		电子信箱	hdwychina@163.com	
	电　　话	0536-6762607		传　　真	0536-6762111	
	办公地址	山东省烟台市高新区创业路 55 号				
	经营范围	LED、HID 灯检测、生产、组装;节能、节电产品的开发及产品销售				

	指标\报告期	2015.06.30	2014.12.31	2013.12.31	2012.12.31
主要财务指标	净利润(万元)	309.33	119.27	78.84	–
	净利润增长率(%)	179.5	51.2693	–	–
	加权净资产收益率(%)	6.6200	7.8800	6.7000	–
	资产负债比率(%)	49.1875	56.0916	79.6803	–
	净利润现金含量(%)	–256.5875	142.2728	–508.4975	–
	基本每股收益(元)	0.0800	0.1100	0.0800	–
	每股收益-扣除(元)	–	0.0400	0.0300	–
	每股收益-摊薄(元)	0.0773	0.0557	0.0788	–
	每股资本公积金(元)	0.1286	0.9602	–	–
	每股未分配利润(元)	0.0829	0.1204	0.1636	–
	每股净资产(元)	1.2100	2.1000	1.1900	–
	每股经营现金流量(元)	–0.1984	0.0792	–0.4009	–
	经营活动现金净流量增长(%)	–21.4	142.3	–	–

恒信玺利实业股份有限公司

公司概况	公司名称	恒信玺利实业股份有限公司			证券简称	恒信玺利
	法人代表	李厚霖	董秘	李晓东	证券代码	832737
	公司网址	www.hiersun.com		电子信箱	irm@hiersun.com	
	电　　话	010-58792171		传　　真	010-58792160	
	办公地址	北京市平谷区林荫北街 13 号信息大厦 903 室				
	经营范围	销售珠宝首饰、工艺美术品、日用品、鲜花、服装服饰、电子设备等				

	指标\报告期	2015.06.30	2014.12.31	2013.12.31	2012.12.31
主要财务指标	净利润(万元)	9501.50	19131.82	15332.48	–
	净利润增长率(%)	22.6496	24.7797	–	–
	加权净资产收益率(%)	8.6000	19.8900	19.4200	–
	资产负债比率(%)	47.1035	46.6356	35.9092	–
	净利润现金含量(%)	236.2697	–104.2667	65.0425	–
	基本每股收益(元)	0.9500	1.9100	1.5300	–
	每股收益-扣除(元)	–	1.8600	1.5000	–
	每股收益-摊薄(元)	0.9502	1.9132	1.5332	–
	每股资本公积金(元)	3.3012	3.3012	3.3012	–
	每股未分配利润(元)	6.6565	5.7064	3.9778	–
	每股净资产(元)	11.5200	10.5700	8.6600	–
	每股经营现金流量(元)	2.2449	–1.9900	1.0000	–
	经营活动现金净流量增长(%)	1812.0	–300.0288	–	–

北京天润基业科技发展股份有限公司

公司概况	公司名称	北京天润基业科技发展股份有限公司			证券简称	天润基业
	法人代表	俞海清	董秘	兰娜	证券代码	832738
	公司网址	www.webterren.com		电子信箱	lan@webterren.com	
	电　　话	010-88820644		传　　真	010-88820462	
	办公地址	北京市海淀区西三环北路 89 号中国外文大厦 B 座七层 703A				
	经营范围	技术开发、技术推广、技术转让、技术咨询、技术服务等				

	指标\报告期	2015.06.30	2014.12.31	2013.12.31	2012.12.31
主要财务指标	净利润(万元)	–157.18	18.41	3.85	–
	净利润增长率(%)	–975.8880	378.4740	–	–
	加权净资产收益率(%)	–16.1900	1.7200	0.3700	–
	资产负债比率(%)	27.2857	30.6303	26.3613	–
	净利润现金含量(%)	99.0388	156.3200	7534.7181	–
	基本每股收益(元)	–0.1600	0.0180	0.0000	–
	每股收益-扣除(元)	–0.1570	0.0180	–0.0110	–
	每股收益-摊薄(元)	–0.1572	0.0184	0.0038	–
	每股资本公积金(元)	–	–	–	–
	每股未分配利润(元)	–0.1257	0.0315	0.0154	–
	每股净资产(元)	0.8900	1.0500	1.0300	–
	每股经营现金流量(元)	–0.1557	0.0300	0.2900	–
	经营活动现金净流量增长(%)	–640.8834	–90.0733	–	–

江苏辰午节能科技股份有限公司

公司概况	公司名称	江苏辰午节能科技股份有限公司			证券简称	辰午节能
	法人代表	张文景	董秘	林资博	证券代码	832739
	公司网址	www.jschenwu.com		电子信箱	linzibo@jschenwu.com	
	电　　话	0523-89153601		传　　真	0523-89153601	
	办公地址	江苏省靖江市国贸商务中心 17-B				
	经营范围	节能材料的研究、开发、设计、制造、销售				

	指标\报告期	2015.06.30	2014.12.31	2013.12.31	2012.12.31
主要财务指标	净利润(万元)	231.81	1599.03	556.55	–
	净利润增长率(%)	–60.4763	187.3128	–	–
	加权净资产收益率(%)	2.3500	35.9900	17.4000	–
	资产负债比率(%)	28.1275	39.0704	51.1830	–
	净利润现金含量(%)	–22.3796	96.9494	–210.9101	–
	基本每股收益(元)	0.0600	0.5300	0.2000	–
	每股收益-扣除(元)	–	0.5300	0.2000	–
	每股收益-摊薄(元)	0.0594	0.4100	0.1855	–
	每股资本公积金(元)	1.4981	0.9231	–	–
	每股未分配利润(元)	0.0594	0.5175	0.1931	–
	每股净资产(元)	2.5600	2.5000	0.9300	–
	每股经营现金流量(元)	–0.0133	0.4000	–0.3913	–
	经营活动现金净流量增长(%)	–119.8725	232.1	–	–

福建省芝星炭业股份有限公司

公司概况	公司名称	福建省芝星炭业股份有限公司		证券简称	芝星炭业
	法人代表	魏安国	董秘 魏雨龙	证券代码	832740
	公司网址	www.acticarbon.com		电子信箱	zxb@cntjzx.com
	电　话	0599-3821066		传　真	0599-3838328
	办公地址	福建省建瓯市城关木西林			
	经营范围	专业从事木质活性炭产品的研发、生产和销售			

主要财务指标	指标＼报告期	2015.06.30	2014.12.31	2013.12.31	2012.12.31
	净利润(万元)	416.47	1329.56	1350.22	–
	净利润增长率(%)	–7.3371	–1.5301	–	–
	加权净资产收益率(%)	2.8300	10.0300	10.9200	–
	资产负债比率(%)	34.7424	45.7940	44.3578	–
	净利润现金含量(%)	–78.1299	43.3745	8.5364	–
	基本每股收益(元)	0.0902	0.3000	0.3000	–
	每股收益–扣除(元)	0.0827	0.2700	0.2700	–
	每股收益–摊薄(元)	0.0801	0.2955	0.3000	–
	每股资本公积金(元)	1.7018	1.3513	1.3513	–
	每股未分配利润(元)	0.6487	0.6571	0.3911	–
	每股净资产(元)	3.4200	3.0900	2.8000	–
	每股经营现金流量(元)	–0.0626	0.1300	0.0300	–
	经营活动现金净流量增长(%)	–87.0	400.3217	–	–

上海禾泰特种润滑科技股份有限公司

公司概况	公司名称	上海禾泰特种润滑科技股份有限公司		证券简称	禾泰股份
	法人代表	王瑞兴	董秘 卫旻	证券代码	832741
	公司网址	www.hitecrun.com		电子信箱	ricky.wang @hitecrun.com
	电　话	021-36521325		传　真	021-36521327
	办公地址	上海市普陀区敦煌路358号2号楼底楼B区			
	经营范围	润滑油的生产加工,润滑脂的分包装			

主要财务指标	指标＼报告期	2015.06.30	2014.12.31	2013.12.31	2012.12.31
	净利润(万元)	–238.98	35.69	–38.27	–
	净利润增长率(%)	–1923.8	193.3	–	–
	加权净资产收益率(%)	–32.4700	6.9600	–7.9900	–
	资产负债比率(%)	82.6394	72.9212	80.3412	–
	净利润现金含量(%)	294.5508	–336.9533	–54.4111	–
	基本每股收益(元)	–0.2800	0.0700	–0.0800	–
	每股收益–扣除(元)	–0.2800	0.0400	–0.0200	–
	每股收益–摊薄(元)	–0.2655	0.0446	–0.0765	–
	每股资本公积金(元)	0.0242	0.0273	0.0207	–
	每股未分配利润(元)	–0.2968	–0.0344	–0.0865	–
	每股净资产(元)	0.7400	1.0100	0.9400	–
	每股经营现金流量(元)	–0.7821	–0.1503	0.0400	–
	经营活动现金净流量增长(%)	–289.7554	–677.5862	–	–

常州市博聪儿童用品股份有限公司

公司概况	公司名称	常州市博聪儿童用品股份有限公司		证券简称	博聪股份
	法人代表	张先平	董秘 毛晓凯	证券代码	832742
	公司网址	www.bcarechina.com		电子信箱	bcare@bcarechina.com
	电　话	0519-85780801		传　真	0519-86538222
	办公地址	江苏省常州市武进高新技术产业开发区龙惠路7号			
	经营范围	儿童汽车安全座椅、童车、童床、高餐椅、推车及相关配件的制造、加工、销售			

主要财务指标	指标＼报告期	2015.06.30	2014.12.31	2013.12.31	2012.12.31
	净利润(万元)	347.85	1010.96	27.83	–
	净利润增长率(%)	298.6006	3532.9076	–	–
	加权净资产收益率(%)	19.0500	156.3500	21.8800	–
	资产负债比率(%)	58.0854	77.4059	86.3975	–
	净利润现金含量(%)	–30.0102	15.4495	–3078.3438	–
	基本每股收益(元)	0.3500	2.5800	0.3600	–
	每股收益–扣除(元)	–	–	–	–
	每股收益–摊薄(元)	0.3478	1.6849	0.2783	–
	每股资本公积金(元)	–	–	–	–
	每股未分配利润(元)	0.8947	1.5781	0.3701	–
	每股净资产(元)	2.0000	2.7500	1.4100	–
	每股经营现金流量(元)	–0.1044	0.2600	–8.5700	–
	经营活动现金净流量增长(%)	–218.0906	118.2	–	–

福能(平潭)融资租赁股份有限公司

公司概况	公司名称	福能(平潭)融资租赁股份有限公司		证券简称	福能租赁
	法人代表	卢范经	董秘 钟继章	证券代码	832743
	公司网址	www.fjfnre.com		电子信箱	648156528@qq.com
	电　话	0591-87517189		传　真	0591-87517536
	办公地址	福建省福州市鼓楼区八一七北路81号五洲大厦16层			
	经营范围	融资租赁业务;租赁业务;向国内外购买租赁财产等			

主要财务指标	指标＼报告期	2015.06.30	2014.12.31	2013.12.31	2012.12.31
	净利润(万元)	638.73	6912.05	5686.23	–
	净利润增长率(%)	–76.4442	21.5576	–	–
	加权净资产收益率(%)	0.8200	18.8500	16.6800	–
	资产负债比率(%)	84.0209	76.6794	73.2055	–
	净利润现金含量(%)	344.0849	98.8313	147.2169	–
	基本每股收益(元)	0.0200	0.2300	0.1900	–
	每股收益–扣除(元)	–	–	–	–
	每股收益–摊薄(元)	0.0213	0.2304	0.1895	–
	每股资本公积金(元)	0.0001	0.0001	0.0001	–
	每股未分配利润(元)	0.0364	0.2150	0.2077	–
	每股净资产(元)	1.0800	1.2600	1.2300	–
	每股经营现金流量(元)	0.0733	0.2300	0.2800	–
	经营活动现金净流量增长(%)	–39.0896	–18.3945	–	–

北京瑞风协同科技股份有限公司

公司概况	公司名称	北京瑞风协同科技股份有限公司			证券简称	瑞风协同
	法人代表	赵旷	董秘	刘静宜	证券代码	832744
	公司网址	www.rainfe.com		电子信箱	rainfe@rainfe.com	
	电　话	010-67082450		传　真	010-67082449	
	办公地址	北京市海淀区知春路 56 号西区(中海实业大厦 8 层)				
	经营范围	技术推广、技术开发、技术转让、技术咨询、技术服务等				

主要财务指标	指标\报告期	2015.06.30	2014.12.31	2013.12.31	2012.12.31
	净利润(万元)	332.35	283.11	184.72	–
	净利润增长率(%)	256.9	53.2606	–	–
	加权净资产收益率(%)	4.2500	3.3000	2.5000	–
	资产负债比率(%)	22.6976	27.0841	29.0159	–
	净利润现金含量(%)	–82.9722	323.6591	849.7615	–
	基本每股收益(元)	0.0700	0.0490	0.0370	–
	每股收益-扣除(元)	0.0600	–	–	–
	每股收益-摊薄(元)	0.0654	0.0486	0.0369	–
	每股资本公积金(元)	0.2072	0.1682	0.1682	–
	每股未分配利润(元)	0.3903	0.3442	0.2984	–
	每股净资产(元)	1.6000	1.5000	1.4500	–
	每股经营现金流量(元)	–0.0542	0.1800	0.3100	–
	经营活动现金净流量增长(%)	57.1	–41.6258	–	–

广东奥飞数据科技股份有限公司

公司概况	公司名称	广东奥飞数据科技股份有限公司			证券简称	奥飞数据
	法人代表	冯康	董秘	何宇亮	证券代码	832745
	公司网址	www.ofidc.com		电子信箱	heyl@ofidc.com	
	电　话	020-28630359		传　真	020-28682828	
	办公地址	广东省广州市南沙区环市大道南 25 号 A4 栋 610 房				
	经营范围	为客户提供互联网数据中心(IDC)业务及其增值服务				

主要财务指标	指标\报告期	2015.06.30	2014.12.31	2013.12.31	2012.12.31
	净利润(万元)	1024.99	243.98	–5.17	–
	净利润增长率(%)	847.8131	4822.1	–	–
	加权净资产收益率(%)	77.3600	26.7300	–6.0700	–
	资产负债比率(%)	59.4552	57.1676	91.9914	–
	净利润现金含量(%)	146.1500	–159.4450	–3175.5204	–
	基本每股收益(元)	1.0200	0.3000	–0.0500	–
	每股收益-扣除(元)	1.0200	–	–	–
	每股收益-摊薄(元)	1.0250	0.2440	–0.0517	–
	每股资本公积金(元)	0.0868	0.0868	–	–
	每股未分配利润(元)	1.1460	0.1213	–0.1753	–
	每股净资产(元)	2.2500	1.2700	0.8200	–
	每股经营现金流量(元)	1.4980	–0.3900	1.6400	–
	经营活动现金净流量增长(%)	57729.1698	–337.0986	–	–

内蒙古长明机械股份有限公司

公司概况	公司名称	内蒙古长明机械股份有限公司			证券简称	长明机械
	法人代表	张明	董秘	潘燕	证券代码	832746
	公司网址	www.nccmjx.com		电子信箱	nccmjx@163.com	
	电　话	0476-4255999		传　真	0476-4255777	
	办公地址	内蒙古自治区赤峰市宁城县农业机械制造园区(天义镇)				
	经营范围	农业机械的研发、生产和销售等				

主要财务指标	指标\报告期	2015.06.30	2014.12.31	2013.12.31	2012.12.31
	净利润(万元)	41.17	300.42	440.31	–
	净利润增长率(%)	–63.8369	–31.7707	–	–
	加权净资产收益率(%)	1.4700	11.8400	26.1500	–
	资产负债比率(%)	73.7941	72.9706	75.2849	–
	净利润现金含量(%)	519.5503	466.1985	0.0153	–
	基本每股收益(元)	0.0300	0.2200	0.4000	–
	每股收益-扣除(元)	–	–	–	–
	每股收益-摊薄(元)	0.0274	0.2003	0.0000	–
	每股资本公积金(元)	0.6076	0.6076	0.4354	–
	每股未分配利润(元)	0.2463	0.2188	0.6422	–
	每股净资产(元)	1.8700	1.8500	2.1500	–
	每股经营现金流量(元)	0.1426	0.9300	0.0001	–
	经营活动现金净流量增长(%)	116.2	108.1094	–	–

福建吉诺车辆服务股份有限公司

公司概况	公司名称	福建吉诺车辆服务股份有限公司			证券简称	吉诺股份
	法人代表	邓庆龙	董秘	赖道菊	证券代码	832747
	公司网址	www.fjjinuo.com		电子信箱	dongmi@jn9595.com	
	电　话	0591-83479595		传　真	0591-83479595	
	办公地址	福建省福州市仓山区则徐大道 625 号四号楼二、三层				
	经营范围	车辆道路拖车施救服务(不含维修)、网络技术研发等				

主要财务指标	指标\报告期	2015.06.30	2014.12.31	2013.12.31	2012.12.31
	净利润(万元)	300.13	182.41	81.31	–
	净利润增长率(%)	428.8605	124.3478	–	–
	加权净资产收益率(%)	14.7500	38.0400	23.3900	–
	资产负债比率(%)	28.1991	37.0889	53.3442	–
	净利润现金含量(%)	51.0797	268.0007	440.9175	–
	基本每股收益(元)	0.3000	0.3300	0.1500	–
	每股收益-扣除(元)	–	0.3900	0.1500	–
	每股收益-摊薄(元)	0.3001	0.1824	0.2710	–
	每股资本公积金(元)	0.1047	0.1047	–	–
	每股未分配利润(元)	0.3165	0.0164	0.2598	–
	每股净资产(元)	1.4200	1.1200	1.2900	–
	每股经营现金流量(元)	0.1533	0.4800	1.2000	–
	经营活动现金净流量增长(%)	–26.5858	35.0698	–	–

洛阳豫新工程技术股份有限公司

公司概况	公司名称	洛阳豫新工程技术股份有限公司			证券简称	豫新股份
	法人代表	叶锐	董秘	韦丽丽	证券代码	832748
	公司网址	www.lyyuxin.com		电子信箱	530858984@qq.com	
	电　　话	0379-63939171		传　　真	0379-63939171	
	办公地址	河南省洛阳市高新开发区天中南路与兴业路交叉口西北角				
	经营范围	散状物料输送设备、电站锅炉微油点火燃烧装置的研发、设计、生产、销售				

	指标\报告期	2015.06.30	2014.12.31	2013.12.31	2012.12.31
主要财务指标	净利润(万元)	-215.42	133.85	-223.46	-
	净利润增长率(%)	-6793.1	159.9	-	-
	加权净资产收益率(%)	-15.0500	9.0900	-14.7300	-
	资产负债比率(%)	55.7922	53.4933	61.6795	-
	净利润现金含量(%)	17.0702	0.0001	25.7423	-
	基本每股收益(元)	-0.1400	0.0900	-0.1500	-
	每股收益-扣除(元)	-0.1400	-	-	-
	每股收益-摊薄(元)	-0.1436	0.0000	0.0000	-
	每股资本公积金(元)	0.0070	0.0070	0.2000	-
	每股未分配利润(元)	-0.1246	0.0190	-0.2645	-
	每股净资产(元)	0.8800	1.0300	0.9400	-
	每股经营现金流量(元)	-0.0245	0.0009	0.0000	-
	经营活动现金净流量增长(%)	-2054.2	102.2	-	-

奎屯市德信燃气股份有限公司

公司概况	公司名称	奎屯市德信燃气股份有限公司			证券简称	德信股份
	法人代表	班泳	董秘	岑红勇	证券代码	832749
	公司网址	www.dexinrq.com		电子信箱	dxrq@dexinrq.com	
	电　　话	0992-3240586		传　　真	0992-3256398	
	办公地址	新疆伊犁州奎屯市苏瓦特-喀什东路37幢8号				
	经营范围	压缩天然气(车用瓶)的气瓶充装、批发、零售				

	指标\报告期	2015.06.30	2014.12.31	2013.12.31	2012.12.31
主要财务指标	净利润(万元)	1035.65	2992.59	514.53	-
	净利润增长率(%)	96.5276	481.6158	-	-
	加权净资产收益率(%)	12.7100	54.4900	16.8600	-
	资产负债比率(%)	54.3659	61.3566	76.5717	-
	净利润现金含量(%)	75.3622	199.9645	645.2160	-
	基本每股收益(元)	0.4000	1.2700	0.2400	-
	每股收益-扣除(元)	-	-	-	-
	每股收益-摊薄(元)	0.3983	4.9876	1.0291	-
	每股资本公积金(元)	1.8534	9.5909	8.9091	-
	每股未分配利润(元)	0.4407	1.9545	-3.4269	-
	每股净资产(元)	3.4500	13.1300	6.6800	-
	每股经营现金流量(元)	0.3002	9.9700	6.6400	-
	经营活动现金净流量增长(%)	-40.6214	80.2536	-	-

佛山市合璟节能环保科技股份有限公司

公司概况	公司名称	佛山市合璟节能环保科技股份有限公司			证券简称	合璟环保
	法人代表	吴荣标	董秘	杨伟辉	证券代码	832750
	公司网址	www.happyking.com.cn		电子信箱	hejing@happyking.com.cn	
	电　　话	0757-83938629		传　　真	0757-83920693	
	办公地址	广东省佛山市禅城区魁奇二路2号内4号楼六层自编660房				
	经营范围	环境保护专用设备、生物能源、有机肥料及微生物肥料等				

	指标\报告期	2015.06.30	2014.12.31	2013.12.31	2012.12.31
主要财务指标	净利润(万元)	54.99	279.56	-6.84	-
	净利润增长率(%)	165.9	4186.3	-	-
	加权净资产收益率(%)	5.8600	36.2100	-1.7700	-
	资产负债比率(%)	66.7125	61.1072	36.0527	-
	净利润现金含量(%)	102.1499	8.1842	9858.6070	-
	基本每股收益(元)	0.0900	0.4700	-0.0200	-
	每股收益-扣除(元)	0.0401	-	-	-
	每股收益-摊薄(元)	0.0915	0.4652	-0.0114	-
	每股资本公积金(元)	0.0315	0.0315	-	-
	每股未分配利润(元)	0.5188	0.4364	0.0520	-
	每股净资产(元)	1.6100	1.5100	0.1100	-
	每股经营现金流量(元)	0.0935	0.0400	-1.1200	-
	经营活动现金净流量增长(%)	65.7586	103.4	-	-

安顺新金秋科技股份有限公司

公司概况	公司名称	安顺新金秋科技股份有限公司			证券简称	金秋科技
	法人代表	刘鹏	董秘	龚正越	证券代码	832751
	公司网址			电子信箱	asjq3348848@163.com	
	电　　话	0851-33348900		传　　真	0851-33348900	
	办公地址	贵州省安顺市西秀区太平小区西段右侧439号				
	经营范围	农作物种子的选育、繁殖 、种植、推广和销售				

	指标\报告期	2015.06.30	2014.12.31	2013.12.31	2012.12.31
主要财务指标	净利润(万元)	518.02	724.08	1022.31	-
	净利润增长率(%)	-25.9077	-29.1717	-	-
	加权净资产收益率(%)	13.4300	21.3300	33.1100	-
	资产负债比率(%)	51.9110	49.8166	55.1929	-
	净利润现金含量(%)	577.2720	-5.6036	63.2186	-
	基本每股收益(元)	0.1730	0.3000	0.4300	-
	每股收益-扣除(元)	-	0.2200	0.3800	-
	每股收益-摊薄(元)	0.1727	0.2414	0.4301	-
	每股资本公积金(元)	-	-	-	-
	每股未分配利润(元)	0.1727	0.3491	0.3306	-
	每股净资产(元)	1.2600	1.4300	1.4000	-
	每股经营现金流量(元)	0.9968	-0.0200	0.2700	-
	经营活动现金净流量增长(%)	6.5259	-106.2781	-	-

广州环峰能源科技股份有限公司

公司概况					
公司名称	广州环峰能源科技股份有限公司			证券简称	环峰能源
法人代表	张博	董秘	伍思斌	证券代码	832752
公司网址	www.huanfeng580.com		电子信箱	huangfeng580@163.com	
电　　话	020-34767882		传　　真	020-39218560	
办公地址	广东省广州市番禺区东环街番禺大道北555号番禺节能科技园内天安科技园产业大厦1				
经营范围	利用生物质成型颗粒等新型清洁能源为客户提供热能服务				

主要财务指标

指标\报告期	2015.06.30	2014.12.31	2013.12.31	2012.12.31
净利润(万元)	283.22	322.17	-173.08	-
净利润增长率(%)	246.9739	286.1	-	-
加权净资产收益率(%)	11.9200	15.5300	-23.0900	-
资产负债比率(%)	22.5104	30.8751	53.2446	-
净利润现金含量(%)	90.2570	77.2609	21.9927	-
基本每股收益(元)	0.1300	0.2000	-0.2000	-
每股收益-扣除(元)	-	-	-	-
每股收益-摊薄(元)	0.1349	0.1534	-0.1573	-
每股资本公积金(元)	-	-	0.4545	-
每股未分配利润(元)	0.1951	0.0578	-0.1705	-
每股净资产(元)	1.2000	1.0600	1.2800	-
每股经营现金流量(元)	0.1217	0.1200	-0.0300	-
经营活动现金净流量增长(%)	510.0900	753.9	-	-

上海杰易森股份有限公司

公司概况					
公司名称	上海杰易森股份有限公司			证券简称	杰易森
法人代表	王健	董秘	罗珺	证券代码	832753
公司网址	www.jyfprinting.com		电子信箱		
电　　话	021-63606911		传　　真	021-63522665	
办公地址	上海市浦东新区川沙镇鹿吉路308号				
经营范围	油墨的生产和销售				

主要财务指标

指标\报告期	2015.06.30	2014.12.31	2013.12.31	2012.12.31
净利润(万元)	458.54	-	130.04	-134.10
净利润增长率(%)	1280.6941	-	197.0	-
加权净资产收益率(%)	6.4800	-	2.4400	-2.0000
资产负债比率(%)	38.3298	-	50.2138	56.2421
净利润现金含量(%)	-184.8735	-	2154.1330	741.3240
基本每股收益(元)	0.1300	-	0.0700	-0.0700
每股收益-扣除(元)	-	-	0.0900	0.0200
每股收益-摊薄(元)	0.1523	-	0.0650	-0.0671
每股资本公积金(元)	-	-	0.6500	0.6500
每股未分配利润(元)	0.7118	-	0.5427	0.4777
每股净资产(元)	2.3100	-	2.6900	2.6300
每股经营现金流量(元)	-0.2816	-	1.4000	-0.5000
经营活动现金净流量增长(%)	-158.1858	-	381.8	-

商安信(上海)企业管理咨询股份有限公司

公司概况					
公司名称	商安信(上海)企业管理咨询股份有限公司			证券简称	商安信
法人代表	陈晓东	董秘	姚翔	证券代码	832754
公司网址	www.3acredit.com		电子信箱	steven.yao@creditreform.cn	
电　　话	021-55136738		传　　真	021-55136738	
办公地址	上海市普陀区宁夏路201号5楼C座				
经营范围	商业资信调查与评估、商账综合管理等信用风险管理服务				

主要财务指标

指标\报告期	2015.06.30	2014.12.31	2013.12.31	2012.12.31
净利润(万元)	413.91	-	11.20	-43.31
净利润增长率(%)	254.6963	-	125.9	-
加权净资产收益率(%)	23.3200	-	5.0000	-30.1100
资产负债比率(%)	12.3963	-	24.1254	18.5276
净利润现金含量(%)	-84.8805	-	-845.7143	158.0466
基本每股收益(元)	0.2900	-	0.0100	-0.0300
每股收益-扣除(元)	-	-	-	-
每股收益-摊薄(元)	0.2759	-	0.0167	-0.0646
每股资本公积金(元)	0.0453	-	0.0028	0.0028
每股未分配利润(元)	0.2754	-	-0.6602	-0.6770
每股净资产(元)	1.3200	-	0.3400	0.3300
每股经营现金流量(元)	-0.2342	-	-0.1414	-0.1022
经营活动现金净流量增长(%)	-491.4797	-	-38.4	-

吉林省施泰信息技术股份有限公司

公司概况					
公司名称	吉林省施泰信息技术股份有限公司			证券简称	施泰信息
法人代表	王晓源	董秘	王凯	证券代码	832755
公司网址	www.staginfo.com		电子信箱	peter.wangkai@staginfo.com	
电　　话	0431-81907979		传　　真	0431-85855222	
办公地址	吉林省长春市绿园区绿园经济开发区先进机械制造业园区				
经营范围	智能电子产品的研发、生产、销售、咨询、工程服务和技术服务等				

主要财务指标

指标\报告期	2015.06.30	2014.12.31	2013.12.31	2012.12.31
净利润(万元)	-112.83	62.37	-2.85	-
净利润增长率(%)	-505.8	2288.1	-	-
加权净资产收益率(%)	-9.0000	8.5600	-5.8200	-
资产负债比率(%)	11.6381	6.9900	0.7831	-
净利润现金含量(%)	-88.9930	-1425.1423	-183.5886	-
基本每股收益(元)	-0.0903	0.0900	-0.0600	-
每股收益-扣除(元)	-	-	-	-
每股收益-摊薄(元)	-0.0903	0.0499	-0.0570	-
每股资本公积金(元)	0.0069	0.0069	-	-
每股未分配利润(元)	-0.0550	0.0353	-0.0490	-
每股净资产(元)	0.9600	1.0500	0.9500	-
每股经营现金流量(元)	0.0803	-0.7100	0.1000	-
经营活动现金净流量增长(%)	275.3	-17085.832	-	-

深圳中科君浩科技股份有限公司

公司概况	公司名称	深圳中科君浩科技股份有限公司			证券简称	中科君浩
	法人代表	高艳明	董秘	丰波	证券代码	832756
	公司网址	www.junho.com.cn		电子信箱	fb@junho.com.cn	
	电　话	0755-86316520		传　真	0755-86316520	
	办公地址	广东省深圳市南山区科技路1号桑达科技大厦8层东侧房屋				
	经营范围	电子产品、机电产品、半导体的技术开发、销售及技术咨询等				

主要财务指标	指标\报告期	2015.06.30	2014.12.31	2013.12.31	2012.12.31
	净利润(万元)	-55.01	114.97	-33.74	-
	净利润增长率(%)	-415.7399	440.7	-	-
	加权净资产收益率(%)	-11.5000	237.8200	-436.6000	-
	资产负债比率(%)	43.2013	53.9257	103.5232	-
	净利润现金含量(%)	428.8418	52.5493	-0.0225	-
	基本每股收益(元)	-0.1100	1.1500	-0.3400	-
	每股收益-扣除(元)	-0.1100	-	-	-
	每股收益-摊薄(元)	-0.1100	0.2299	-0.3374	-
	每股资本公积金(元)	-	-	-	-
	每股未分配利润(元)	-0.0984	0.0117	-1.0914	-
	每股净资产(元)	0.9000	1.0100	-0.0900	-
	每股经营现金流量(元)	-0.4718	0.1200	0.0001	-
	经营活动现金净流量增长(%)	-308.0857	-20.5668	-	-

郑州市景安网络科技股份有限公司

公司概况	公司名称	郑州市景安网络科技股份有限公司			证券简称	景安网络
	法人代表	杨小龙	董秘	姬社林	证券代码	832757
	公司网址	www.gainet.cn		电子信箱	jsl@gainet.net	
	电　话	0371-63335506		传　真	0371-63335504	
	办公地址	河南省郑州市经济技术开发区经北三路二号楼2层				
	经营范围	IDC数据中心、云计算业务				

主要财务指标	指标\报告期	2015.06.30	2014.12.31	2013.12.31	2012.12.31
	净利润(万元)	184.62	355.39	-558.00	-
	净利润增长率(%)	2696.7457	163.7	-	-
	加权净资产收益率(%)	7.8600	-14.9500	23.4600	-
	资产负债比率(%)	61.1881	69.3803	141.8536	-
	净利润现金含量(%)	3.5882	78.0039	289.8223	-
	基本每股收益(元)	0.0900	0.3300	-0.5600	-
	每股收益-扣除(元)	0.0700	-	-	-
	每股收益-摊薄(元)	0.0923	0.1777	-0.5580	-
	每股资本公积金(元)	0.1565	1.8217	0.1510	-
	每股未分配利润(元)	0.0642	-1.6933	-3.7421	-
	每股净资产(元)	1.2200	1.1300	-2.5900	-
	每股经营现金流量(元)	0.0033	0.1386	-1.6200	-
	经营活动现金净流量增长(%)	109.4	117.1	-	-

浙江鑫甬生物化工股份有限公司

公司概况	公司名称	浙江鑫甬生物化工股份有限公司			证券简称	鑫甬生物
	法人代表	林波平	董秘	张文宇	证券代码	832758
	公司网址	www.xy-biochem.com		电子信箱	Zhwy1223@163.com	
	电　话	0574-86505522		传　真	0574-86502228	
	办公地址	浙江宁波化学工业区(镇海区蟹浦)				
	经营范围	丙烯酰胺、聚丙烯酰胺的制造、加工、储存、销售				

主要财务指标	指标\报告期	2015.06.30	2014.12.31	2013.12.31	2012.12.31
	净利润(万元)	231.53	118.54	81.54	-
	净利润增长率(%)	549.3862	45.3691	-	-
	加权净资产收益率(%)	2.7200	1.7900	1.4000	-
	资产负债比率(%)	46.6393	53.9918	62.1175	-
	净利润现金含量(%)	192.1479	-1443.5431	-3.9366	-
	基本每股收益(元)	0.0400	0.0200	0.0200	-
	每股收益-扣除(元)	-	0.0100	0.0100	-
	每股收益-摊薄(元)	0.0373	0.0191	0.0163	-
	每股资本公积金(元)	0.3013	0.3013	0.1929	-
	每股未分配利润(元)	0.0148	-0.0225	-0.0493	-
	每股净资产(元)	1.3900	1.3500	1.2000	-
	每股经营现金流量(元)	0.0717	-0.2800	-0.0010	-
	经营活动现金净流量增长(%)	157.4	-53130.9(L	-	-

福建古甜食品科技股份有限公司

公司概况	公司名称	福建古甜食品科技股份有限公司			证券简称	古甜食品
	法人代表	元萍	董秘	冯定智	证券代码	832759
	公司网址	www.gutianfood.com		电子信箱	gutian_food@163.com	
	电　话	0593-3750545		传　真	0593-3750547	
	办公地址	福建省宁德市古田县黄田经济开发区				
	经营范围	初级农产品的生产和销售，果蔬罐头、蔬菜制品和方便食品的研制、生产和销售				

主要财务指标	指标\报告期	2015.06.30	2014.12.31	2013.12.31	2012.12.31
	净利润(万元)	192.83	289.30	204.39	-
	净利润增长率(%)	34.2475	41.5459	-	-
	加权净资产收益率(%)	9.1100	30.4800	92.7000	-
	资产负债比率(%)	43.3862	54.9712	86.3660	-
	净利润现金含量(%)	-296.2573	-162.8655	-15.0497	-
	基本每股收益(元)	0.1300	0.2200	0.2500	-
	每股收益-扣除(元)	-	-	-	-
	每股收益-摊薄(元)	0.1205	0.2314	0.2555	-
	每股资本公积金(元)	0.0192	0.0246	0.1250	-
	每股未分配利润(元)	0.1920	0.0881	-0.7728	-
	每股净资产(元)	1.2700	1.1400	0.3500	-
	每股经营现金流量(元)	-0.3570	-0.3800	-0.0400	-
	经营活动现金净流量增长(%)	-77.2	-1431.7	-	-

上海君屹工业自动化股份有限公司

公司概况	公司名称	上海君屹工业自动化股份有限公司			证券简称	上海君屹
	法人代表	马翌鑫	董秘	徐薇	证券代码	832760
	公司网址	www.junyi-auto.com		电子信箱	jy2009@junyi-auto.com	
	电　话	021-50327975		传　真	021-50326678	
	办公地址	上海市嘉定工业区汇源路55号6幢2层A区2025室				
	经营范围	工业自动化科技专业领域内的技术开发、技术咨询、技术服务等				

	指标＼报告期	2015.06.30	2014.12.31	2013.12.31	2012.12.31
主要财务指标	净利润(万元)	472.57	471.17	-244.94	-
	净利润增长率(%)	300.6382	292.4	-	-
	加权净资产收益率(%)	15.2700	20.2000	-43.0100	-
	资产负债比率(%)	84.7761	81.2945	94.3358	-
	净利润现金含量(%)	-246.7014	-244.2876	-238.6584	-
	基本每股收益(元)	0.3000	0.3100	-0.2000	-
	每股收益-扣除(元)	-	-	-	-
	每股收益-摊薄(元)	0.2954	0.3003	-0.2041	-
	每股资本公积金(元)	1.0000	1.0391	-	-
	每股未分配利润(元)	0.0825	-0.2170	-0.6764	-
	每股净资产(元)	2.0800	1.8200	0.3200	-
	每股经营现金流量(元)	-0.7286	-0.7300	0.4900	-
	经营活动现金净流量增长(%)	-142.8	-296.8982	-	-

上海煜鹏通讯电子股份有限公司

公司概况	公司名称	上海煜鹏通讯电子股份有限公司			证券简称	煜鹏通讯
	法人代表	朱建华	董秘	戚鹏	证券代码	832761
	公司网址	www.radiate-electronics.com		电子信箱	huge.qi@radiatee.com	
	电　话	021-33587678		传　真	021-24209850	
	办公地址	上海市闵行区都会路1835号第7幢				
	经营范围	开发、设计、生产塑料件				

	指标＼报告期	2015.06.30	2014.12.31	2013.12.31	2012.12.31
主要财务指标	净利润(万元)	-940.47	312.82	1210.56	-
	净利润增长率(%)	-1953.3	-74.1590	-	-
	加权净资产收益率(%)	-14.8200	5.4100	23.5900	-
	资产负债比率(%)	31.6998	33.2906	44.2645	-
	净利润现金含量(%)	-25.0343	195.7292	142.1243	-
	基本每股收益(元)	-0.4300	0.2500	1.0000	-
	每股收益-扣除(元)	-0.4200	0.2000	1.1600	-
	每股收益-摊薄(元)	-0.3135	0.2328	0.9999	-
	每股资本公积金(元)	1.3132	1.0175	-	-
	每股未分配利润(元)	-0.3400	2.5586	2.6336	-
	每股净资产(元)	1.9800	5.0700	4.1300	-
	每股经营现金流量(元)	0.0785	0.4600	1.4200	-
	经营活动现金净流量增长(%)	-36.3396	-64.4129	-	-

广州市大洋信息技术股份有限公司

公司概况	公司名称	广州市大洋信息技术股份有限公司			证券简称	大洋信息
	法人代表	罗宏甫	董秘	马小婷	证券代码	832762
	公司网址	www.itdayang.com		电子信箱	dy@itdayang.com	
	电　话	020-38258775		传　真	020-38258775	
	办公地址	广东省广州市天河区天河北路898号3109-3113房				
	经营范围	图书、报刊零售;软件开发;软件批发;软件零售等				

	指标＼报告期	2015.06.30	2014.12.31	2013.12.31	2012.12.31
主要财务指标	净利润(万元)	-29.11	352.67	54.47	-
	净利润增长率(%)	72.6	547.4017	-	-
	加权净资产收益率(%)	-0.8700	11.1400	1.9600	-
	资产负债比率(%)	46.5056	66.1204	58.6637	-
	净利润现金含量(%)	-1302.9049	-227.9771	-608.3361	-
	基本每股收益(元)	-0.0100	0.1100	0.0200	-
	每股收益-扣除(元)	-	-	-	-
	每股收益-摊薄(元)	-0.0090	0.1138	0.0176	-
	每股资本公积金(元)	0.1088	-	-	-
	每股未分配利润(元)	0.0173	0.0705	-0.0354	-
	每股净资产(元)	1.1290	1.0800	0.9600	-
	每股经营现金流量(元)	0.1178	-0.2600	-0.1100	-
	经营活动现金净流量增长(%)	123.2	-142.6	-	-

中天科盛(上海)企业发展股份有限公司

公司概况	公司名称	中天科盛(上海)企业发展股份有限公司			证券简称	中天科盛
	法人代表	陈盛	董秘	高磊	证券代码	832763
	公司网址	www.ztkosen.com		电子信箱	ray@ztkosen.com	
	电　话	021-57265408		传　真	021-57265402	
	办公地址	上海市金山区金山卫镇新卫公路789号				
	经营范围	合成树脂、精细化工产品的研发、生产及销售				

	指标＼报告期	2015.06.30	2014.12.31	2013.12.31	2012.12.31
主要财务指标	净利润(万元)	854.11	220.78	549.32	-
	净利润增长率(%)	816.3821	-59.8083	-	-
	加权净资产收益率(%)	15.2000	4.3700	11.8200	-
	资产负债比率(%)	47.9733	55.7698	55.3233	-
	净利润现金含量(%)	138.0213	322.5926	360.6331	-
	基本每股收益(元)	0.1800	0.0500	0.1700	-
	每股收益-扣除(元)	0.1800	-	-	-
	每股收益-摊薄(元)	0.1779	0.0460	0.1717	-
	每股资本公积金(元)	0.0127	0.0027	-	-
	每股未分配利润(元)	0.2255	0.0654	0.4957	-
	每股净资产(元)	1.2700	1.0700	1.5400	-
	每股经营现金流量(元)	0.2456	0.1500	0.6200	-
	经营活动现金净流量增长(%)	-27.9722	-64.0478	-	-

洛阳德胜生物科技股份有限公司

公司概况						
公司概况	公司名称	洛阳德胜生物科技股份有限公司			证券简称	德胜科技
	法人代表	王育才	董秘	黄晓峰	证券代码	832764
	公司网址	www.adeninechem.cn		电子信箱	huangxiaofeng99@hotmail.com	
	电　话	0379-65120589		传　真	0379-65120588	
	办公地址	河南省洛阳市新安县产业集聚区				
	经营范围	腺嘌呤系列产品和化学试剂的生产、销售				

主要财务指标	指标＼报告期	2015.06.30	2014.12.31	2013.12.31	2012.12.31
	净利润(万元)	-110.83	10.78	-88.66	-
	净利润增长率(%)	-389.8535	112.2	-	-
	加权净资产收益率(%)	-8.0600	2.0100	-25.2900	-
	资产负债比率(%)	43.9733	43.6198	85.1047	-
	净利润现金含量(%)	130.4624	-4976.4938	-542.0829	-
	基本每股收益(元)	-0.0900	0.0200	-0.3000	-
	每股收益-扣除(元)	-	-0.4500	-	-
	每股收益-摊薄(元)	-0.0861	0.0090	-0.2955	-
	每股资本公积金(元)	0.2165	0.0364	-	-
	每股未分配利润(元)	-0.1078	-0.0233	-0.1374	-
	每股净资产(元)	1.1100	1.0100	1.0200	-
	每股经营现金流量(元)	-0.1123	-0.4500	1.6000	-
	经营活动现金净流量增长(%)	89.2	-211.6272	-	-

天津唐邦科技股份有限公司

公司概况						
公司概况	公司名称	天津唐邦科技股份有限公司			证券简称	唐邦科技
	法人代表	黄继承	董秘	巨海	证券代码	832765
	公司网址	www.tangbang.cn		电子信箱	med@tangbang.cn	
	电　话	022-85689201		传　真	022-85689210	
	办公地址	天津市华苑产业区海泰绿色产业基地 M3 一层				
	经营范围	物理康复医疗设备、残疾人辅助器具、多媒体康复系统的研发、生产、销售				

主要财务指标	指标＼报告期	2015.06.30	2014.12.31	2013.12.31	2012.12.31
	净利润(万元)	30.51	157.08	-24.23	-
	净利润增长率(%)	116.5	748.3	-	-
	加权净资产收益率(%)	2.4200	13.4400	-2.2000	-
	资产负债比率(%)	65.1687	63.2936	65.7696	-
	净利润现金含量(%)	617.4408	684.7339	-2052.3318	-
	基本每股收益(元)	0.0300	0.1300	-0.0200	-
	每股收益-扣除(元)	-	-	-	-
	每股收益-摊薄(元)	0.0251	0.1292	-0.0199	-
	每股资本公积金(元)	-	-	-	-
	每股未分配利润(元)	0.0472	0.0221	-0.1046	-
	每股净资产(元)	1.0500	1.0300	0.9000	-
	每股经营现金流量(元)	0.1549	0.8800	0.4100	-
	经营活动现金净流量增长(%)	-83.8931	116.2944	-	-

江西沃格光电股份有限公司

公司概况						
公司概况	公司名称	江西沃格光电股份有限公司			证券简称	沃格光电
	法人代表	易伟华	董秘	张捷	证券代码	832766
	公司网址	www.wgtechjx.com		电子信箱		
	电　话	0790-7109982		传　真	0790-7087774	
	办公地址	江西省新余高新技术产业开发区西城大道沃格工业园				
	经营范围	研发、生产、销售各种规格的超薄电子玻璃、触摸屏玻璃等				

主要财务指标	指标＼报告期	2015.06.30	2014.12.31	2013.12.31	2012.12.31
	净利润(万元)	1844.99	7469.95	4628.11	-
	净利润增长率(%)	-55.3916	61.4037	-	-
	加权净资产收益率(%)	9.2000	48.5300	52.9300	-
	资产负债比率(%)	54.4153	49.7805	52.1025	-
	净利润现金含量(%)	117.8086	118.7384	91.2433	-
	基本每股收益(元)	0.3200	1.3100	0.8100	-
	每股收益-扣除(元)	-	-	-	-
	每股收益-摊薄(元)	0.3237	1.3105	0.8119	-
	每股资本公积金(元)	0.6675	0.6675	0.6675	-
	每股未分配利润(元)	1.8430	1.5194	0.3399	-
	每股净资产(元)	3.6800	3.3600	2.0500	-
	每股经营现金流量(元)	0.3813	1.5600	0.7400	-
	经营活动现金净流量增长(%)	-42.0262	110.0408	-	-

安徽墨药制药股份有限公司

公司概况						
公司概况	公司名称	安徽墨药制药股份有限公司			证券简称	墨药股份
	法人代表	张礼春	董秘	窦维平	证券代码	832767
	公司网址	www.babaowudan.cn		电子信箱	dwpcwb@163.com	
	电　话	05638021111		传　真	05638021111	
	办公地址	安徽省宣城市旌德县张家牌路 131 号				
	经营范围	传统中药“八宝五胆药墨”锭剂的生产和销售				

主要财务指标	指标＼报告期	2015.06.30	2014.12.31	2013.12.31	2012.12.31
	净利润(万元)	1844.99	7469.95	4628.11	-
	净利润增长率(%)	-55.3916	61.4037	-	-
	加权净资产收益率(%)	9.2000	48.5300	52.9300	-
	资产负债比率(%)	54.4153	49.7805	52.1025	-
	净利润现金含量(%)	117.8086	118.7384	91.2433	-
	基本每股收益(元)	0.3200	1.3100	0.8100	-
	每股收益-扣除(元)	-	-	-	-
	每股收益-摊薄(元)	0.3237	1.3105	0.8119	-
	每股资本公积金(元)	0.6675	0.6675	0.6675	-
	每股未分配利润(元)	1.8430	1.5194	0.3399	-
	每股净资产(元)	3.6800	3.3600	2.0500	-
	每股经营现金流量(元)	0.3813	1.5600	0.7400	-
	经营活动现金净流量增长(%)	-42.0262	110.0408	-	-

上海爱可生信息技术技股份有限公司

公司概况	公司名称	上海爱可生信息技术技股份有限公司		证券简称	爱可生	
	法人代表	马强	董秘	李道广	证券代码	832768
	公司网址	www.actionsky.com		电子信箱	ldg@actionsky.com	
	电话	021-64016827		传真	ldg@actionsky.com	
	办公地址	上海市张江高科技园区郭守敬路 498 号浦东软件园 14 幢 22301-190 室				
	经营范围	计算机软硬件的研发、设计、制作、销售				

主要财务指标 指标\报告期	2015.06.30	2014.12.31	2013.12.31	2012.12.31
净利润(万元)	514.62	926.34	666.45	–
净利润增长率(%)	265.3657	38.9965	–	–
加权净资产收益率(%)	15.2400	23.7800	30.4900	–
资产负债比率(%)	26.5493	21.7433	15.9946	–
净利润现金含量(%)	4.0006	182.2072	–62.1116	–
基本每股收益(元)	0.2100	0.3700	0.2700	–
每股收益–扣除(元)	–	–	–	–
每股收益–摊薄(元)	0.2058	0.7411	0.3702	–
每股资本公积金(元)	0.2481	–	–	–
每股未分配利润(元)	0.2058	1.2701	0.8355	–
每股净资产(元)	1.4500	1.2500	1.4000	–
每股经营现金流量(元)	0.0082	1.3503	–0.2300	–
经营活动现金净流量增长(%)	–92.5702	507.8	–	–

广东汕樟轻工机械股份有限公司

公司概况	公司名称	广东汕樟轻工机械股份有限公司		证券简称	汕樟轻工	
	法人代表	李丽辉	董秘	方若丹	证券代码	832769
	公司网址	www.szind.com		电子信箱	sales@szind.com	
	电话	0754-88226286		传真	0754-82909998	
	办公地址	广东省汕头市潮汕路金园工业城六片区				
	经营范围	软包装凹版印刷机及其成套设备的研发、生产及销售				

主要财务指标 指标\报告期	2015.06.30	2014.12.31	2013.12.31	2012.12.31
净利润(万元)	160.93	303.96	458.52	–
净利润增长率(%)	0.4182	–33.7075	–	–
加权净资产收益率(%)	2.0100	3.9100	6.2000	–
资产负债比率(%)	49.9369	43.7842	46.6976	–
净利润现金含量(%)	367.3010	83.7963	–488.5348	–
基本每股收益(元)	0.0500	0.0900	0.1400	–
每股收益–扣除(元)	0.0500	0.0900	0.1300	–
每股收益–摊薄(元)	0.0488	0.0921	0.1389	–
每股资本公积金(元)	1.2366	1.2366	1.2366	–
每股未分配利润(元)	0.1968	0.1480	0.0651	–
每股净资产(元)	2.4400	2.4000	2.3100	–
每股经营现金流量(元)	0.1791	0.0800	–0.6800	–
经营活动现金净流量增长(%)	3145.0	111.4	–	–

深圳市赛格导航科技股份有限公司

公司概况	公司名称	深圳市赛格导航科技股份有限公司		证券简称	赛格导航	
	法人代表	张家同	董秘	李辉	证券代码	832770
	公司网址	www.chinagps.cc		电子信箱	lihui@chinagps.cc.com	
	电话	0755-26719578		传真	0755-26719578	
	办公地址	广东省深圳市南山高新区南区市高新技术工业村 T2 栋 B6 厂				
	经营范围	车联网终端的研发、生产、销售和车联网在线信息服务				

主要财务指标 指标\报告期	2015.06.30	2014.12.31	2013.12.31	2012.12.31
净利润(万元)	223.94	211.30	1465.33	–
净利润增长率(%)	203.9	–85.5801	–	–
加权净资产收益率(%)	1.4800	1.4000	9.9700	–
资产负债比率(%)	56.7013	58.4221	62.1883	–
净利润现金含量(%)	–98.2096	243.5968	–28.2660	–
基本每股收益(元)	0.0373	0.0400	0.2400	–
每股收益–扣除(元)	–0.1190	–	–	–
每股收益–摊薄(元)	0.0373	0.0352	0.2442	–
每股资本公积金(元)	0.1846	0.1846	0.1858	–
每股未分配利润(元)	0.9805	0.9237	0.9885	–
每股净资产(元)	2.5500	2.4900	2.5600	–
每股经营现金流量(元)	–0.0367	0.0900	–0.0700	–
经营活动现金净流量增长(%)	–185.4570	224.3	–	–

扬州佳境环境科技股份有限公司

公司概况	公司名称	扬州佳境环境科技股份有限公司		证券简称	佳境科技	
	法人代表	张临苏	董秘	丁文彬	证券代码	832771
	公司网址	www.ingreentree.com		电子信箱	jiajing@ingreentree.com	
	电话	0514-80822077		传真	0514-80820778	
	办公地址	江苏省扬州市维扬经济开发区平山路 218 号				
	经营范围	主要从事工业废水处理系统设备的研发、制造和销售以及设备的运营管理				

主要财务指标 指标\报告期	2015.06.30	2014.12.31	2013.12.31	2012.12.31
净利润(万元)	13.49	194.04	–103.14	–
净利润增长率(%)	122.9	288.1	–	–
加权净资产收益率(%)	0.6600	10.0500	–2.3000	–
资产负债比率(%)	42.4336	46.3555	39.9271	–
净利润现金含量(%)	2256.1762	161.2554	368.7803	–
基本每股收益(元)	0.0100	0.0970	–0.0224	–
每股收益–扣除(元)	–	–	–	–
每股收益–摊薄(元)	0.0067	0.0970	–0.0516	–
每股资本公积金(元)	0.0136	–	–	–
每股未分配利润(元)	0.0067	0.0123	–0.0834	–
每股净资产(元)	1.0200	1.0136	0.3988	–
每股经营现金流量(元)	0.1522	0.1565	–0.1902	–
经营活动现金净流量增长(%)	324.9815	182.3	–	–

银都餐饮设备股份有限公司

公司概况						
	公司名称	银都餐饮设备股份有限公司			证券简称	银都股份
	法人代表	周俊杰	董秘	鲁灵鹏	证券代码	832772
	公司网址	www.yinduchina.com		电子信箱	yd@yinduchina.com	
	电　话	0571-86265988		传　真	0571-86260718	
	办公地址	浙江省杭州余杭区星桥街道星星路 1 号				
	经营范围	商用餐饮设备的研发、生产和销售				

主要财务指标	指标\报告期	2015.06.30	2014.12.31	2013.12.31	2012.12.31
	净利润(万元)	5243.37	12093.30	8540.21	–
	净利润增长率(%)	8.3129	41.6042	–	–
	加权净资产收益率(%)	14.8100	45.4200	46.3600	–
	资产负债比率(%)	40.9635	38.8603	45.1621	–
	净利润现金含量(%)	61.5215	78.1965	121.4799	–
	基本每股收益(元)	0.7000	1.6100	1.1400	–
	每股收益-扣除(元)	0.6700	1.5500	1.1000	–
	每股收益-摊薄(元)	0.6991	1.6124	1.1387	–
	每股资本公积金(元)	0.1733	0.1733	0.1733	–
	每股未分配利润(元)	3.4563	2.7571	1.3221	–
	每股净资产(元)	5.0800	4.3700	2.7500	–
	每股经营现金流量(元)	0.4301	1.2600	1.3800	–
	经营活动现金净流量增长(%)	24654.1	-8.8494	–	–

山西寰烁电子科技股份有限公司

公司概况						
	公司名称	山西寰烁电子科技股份有限公司			证券简称	寰烁股份
	法人代表	袁红生	董秘	蒋志杰	证券代码	832773
	公司网址	www.huanshuo.net		电子信箱	zhengquanban@huanshuo.net	
	电　话	0359-6366008		传　真	0359-6366111	
	办公地址	山西省运城市盐湖区工业园南风大道 9 号				
	经营范围	移动多媒体设备装配及销售				

主要财务指标	指标\报告期	2015.06.30	2014.12.31	2013.12.31	2012.12.31
	净利润(万元)	888.16	–	3570.25	4232.38
	净利润增长率(%)	386.2	–	-15.6443	–
	加权净资产收益率(%)	4.7200	–	39.5800	135.7100
	资产负债比率(%)	33.0097	–	52.1105	36.2929
	净利润现金含量(%)	-239.5681	–	-252.5551	-0.0002
	基本每股收益(元)	0.1400	–	1.1900	4.2300
	每股收益-扣除(元)	0.1400	–	–	–
	每股收益-摊薄(元)	0.1370	–	0.7141	4.2324
	每股资本公积金(元)	2.1059	–	–	–
	每股未分配利润(元)	0.2278	–	1.4021	3.8088
	每股净资产(元)	3.3400	–	2.5600	5.2300
	每股经营现金流量(元)	-0.3283	–	-1.8000	0.0000
	经营活动现金净流量增长(%)	-895.6905	–	-10328.2(L	–

武汉森泰环保股份有限公司

公司概况						
	公司名称	武汉森泰环保股份有限公司			证券简称	森泰环保
	法人代表	叶庆华	董秘	易铭中	证券代码	832774
	公司网址	www.sentaihb.com		电子信箱	1006790003@qq.com	
	电　话	027-59836769		传　真	027-87597577	
	办公地址	湖北省武汉市洪山区鲁磨路 118 号国光大厦 B 座 1801 室				
	经营范围	环保工程设计、施工;电子产品、化工产品、环保产品等				

主要财务指标	指标\报告期	2015.06.30	2014.12.31	2013.12.31	2012.12.31
	净利润(万元)	319.30	332.75	219.99	–
	净利润增长率(%)	4040.6	51.2551	–	–
	加权净资产收益率(%)	11.2900	17.5900	13.6200	–
	资产负债比率(%)	68.1825	72.9742	75.6195	–
	净利润现金含量(%)	63.7478	46.3140	-83.5402	–
	基本每股收益(元)	0.2600	0.3300	0.2200	–
	每股收益-扣除(元)	–	–	–	–
	每股收益-摊薄(元)	0.2590	0.2699	0.2200	–
	每股资本公积金(元)	1.1646	0.3060	0.0045	–
	每股未分配利润(元)	0.2638	0.7696	0.6415	–
	每股净资产(元)	2.4300	2.1600	1.7300	–
	每股经营现金流量(元)	0.1651	0.1250	-0.1838	–
	经营活动现金净流量增长(%)	-23.4112	183.9	–	–

新疆永升嘉轩食品股份有限公司

公司概况						
	公司名称	新疆永升嘉轩食品股份有限公司			证券简称	永升嘉轩
	法人代表	张元清	董秘	宋福娟	证券代码	832775
	公司网址			电子信箱	1976399087@qq.com	
	电　话	0990-6280586		传　真	0990-6620022	
	办公地址	新疆克拉玛依市东郊路甲 18-6 号				
	经营范围	烘焙类、酱卤肉类清真食品的研制、生产和销售以及餐饮服务				

主要财务指标	指标\报告期	2015.06.30	2014.12.31	2013.12.31	2012.12.31
	净利润(万元)	40.63	–	136.04	47.73
	净利润增长率(%)	93.3802	–	185.0518	–
	加权净资产收益率(%)	3.0300	–	18.9800	7.5500
	资产负债比率(%)	46.9737	–	66.5958	64.3870
	净利润现金含量(%)	-1021.9061	–	289.4444	1336.2054
	基本每股收益(元)	0.0400	–	0.2300	0.0800
	每股收益-扣除(元)	0.0400	–	–	–
	每股收益-摊薄(元)	0.0406	–	0.2267	0.0795
	每股资本公积金(元)	0.3960	–	–	–
	每股未分配利润(元)	0.0665	–	0.1658	0.0718
	每股净资产(元)	1.4654	–	1.2000	1.0800
	每股经营现金流量(元)	-0.4152	–	0.6600	1.0600
	经营活动现金净流量增长(%)	-59.0	–	-38.2530	–

雨来智能科技服务(苏州)股份有限公司

公司概况	公司名称	雨来智能科技服务(苏州)股份有限公司		证券简称	雨来科技
	法人代表	宋善德	董秘 刘晓芸	证券代码	832776
	公司网址	www.rainwii.com		电子信箱	songsd@rainwii.com
	电　　话	0512-67903389		传　　真	0512-67903392
	办公地址	苏州工业园区星湖街218号生物纳米园A4楼502室			
	经营范围	计算机和嵌入式软硬件的研发、设计、销售等			

	指标\报告期	2015.06.30	2014.12.31	2013.12.31	2012.12.31
主要财务指标	净利润(万元)	79.52	203.77	-106.88	-
	净利润增长率(%)	-60.5754	290.6	-	-
	加权净资产收益率(%)	7.3800	46.7200	-27.5700	-
	资产负债比率(%)	5.9398	11.2194	21.7011	-
	净利润现金含量(%)	-349.9248	-6.1982	-222.0715	-
	基本每股收益(元)	0.0795	0.4100	-0.2100	-
	每股收益-扣除(元)	-	-	-	-
	每股收益-摊薄(元)	0.0795	0.2038	-0.2138	-
	每股资本公积金(元)	0.0381	-	-	-
	每股未分配利润(元)	0.0795	0.0343	-0.3314	-
	每股净资产(元)	1.1176	1.0400	0.6700	-
	每股经营现金流量(元)	-0.2783	-0.0100	0.4700	-
	经营活动现金净流量增长(%)	-2181.5358	-105.3220	-	-

兰州华冶技术工程股份有限公司

公司概况	公司名称	兰州华冶技术工程股份有限公司		证券简称	兰州华冶
	法人代表	葛遵利	董秘 郎殿全	证券代码	832777
	公司网址			电子信箱	Lzhy716@163.com
	电　　话	09312356223		传　　真	09312356223
	办公地址	甘肃省兰州市城关区张苏滩800号高新大厦3楼南B			
	经营范围	化工机械设备、冶金设备、通用机械设备、水泥设备等			

	指标\报告期	2015.06.30	2014.12.31	2013.12.31	2012.12.31
主要财务指标	净利润(万元)	-171.35	346.80	248.37	-
	净利润增长率(%)	-3196.4299	39.6304	-	-
	加权净资产收益率(%)	-9.0000	16.8400	12.0400	-
	资产负债比率(%)	55.2418	55.0293	53.0188	-
	净利润现金含量(%)	90.3191	498.3052	-22.1257	-
	基本每股收益(元)	-0.1700	0.3500	0.2500	-
	每股收益-扣除(元)	-	0.3100	0.2300	-
	每股收益-摊薄(元)	-0.1714	0.3468	0.2484	-
	每股资本公积金(元)	1.0141	-	-	-
	每股未分配利润(元)	-0.1714	0.8427	0.9676	-
	每股净资产(元)	1.8400	2.0100	2.1000	-
	每股经营现金流量(元)	-0.1548	1.7300	-0.0500	-
	经营活动现金净流量增长(%)	-131.1512	3244.7	-	-

重庆多邦科技股份有限公司

公司概况	公司名称	重庆多邦科技股份有限公司		证券简称	多邦科技
	法人代表	王永平	董秘 夏福	证券代码	832778
	公司网址	www.topgprs.com		电子信箱	killerbug@163.com
	电　　话	023-65512304		传　　真	023-65512304-805
	办公地址	重庆市沙坪坝区西园二路98号			
	经营范围	远程在线测控系统的研发、制造、销售和相关技术服务			

	指标\报告期	2015.06.30	2014.12.31	2013.12.31	2012.12.31
主要财务指标	净利润(万元)	8.74	-	300.92	217.27
	净利润增长率(%)	18.2207	-	38.5003	-
	加权净资产收益率(%)	0.6800	-	27.9800	19.8000
	资产负债比率(%)	29.5097	-	26.2184	11.9515
	净利润现金含量(%)	-5554.5298	-	113.2527	-108.7035
	基本每股收益(元)	0.0200	-	0.6000	0.4900
	每股收益-扣除(元)	-0.1000	-	-	-
	每股收益-摊薄(元)	0.0175	-	0.6018	0.4345
	每股资本公积金(元)	1.0722	-	0.2000	0.2000
	每股未分配利润(元)	0.4595	-	1.1486	0.6069
	每股净资产(元)	2.5800	-	2.4500	1.8500
	每股经营现金流量(元)	-0.9711	-	0.6800	-0.4700
	经营活动现金净流量增长(%)	-114.8	-	244.3	-

北京东方明康医用设备股份有限公司

公司概况	公司名称	北京东方明康医用设备股份有限公司		证券简称	东方明康
	法人代表	张进	董秘 倪军	证券代码	832779
	公司网址			电子信箱	
	电　　话			传　　真	
	办公地址	北京市东城区朝阳门内大街199号华富商贸大楼501A			
	经营范围	小儿脑瘫疾病的康复治疗仪器、术中神经检测仪器等的研发、生产和销售			

	指标\报告期	2015.06.30	2014.12.31	2013.12.31	2012.12.31
主要财务指标	净利润(万元)	-115.33	-	19.63	15.76
	净利润增长率(%)	-919.6379	-	24.5876	-
	加权净资产收益率(%)	-12.1600	-	34.7900	71.3900
	资产负债比率(%)	5.1639	-	21.0066	62.7166
	净利润现金含量(%)	113.7900	-	-1045.3388	27.5381
	基本每股收益(元)	-0.1200	-	0.2900	0.3200
	每股收益-扣除(元)	-	-	-	-
	每股收益-摊薄(元)	-0.1153	-	0.0785	0.3152
	每股资本公积金(元)	0.0114	-	-	-
	每股未分配利润(元)	-0.1212	-	-0.0017	-0.4010
	每股净资产(元)	0.8900	-	1.0000	0.6000
	每股经营现金流量(元)	-0.1312	-	-0.8200	0.0900
	经营活动现金净流量增长(%)	-1613.0196	-	-4833.0464	-

湖南科瑞生物科技股份有限公司

公司概况						
	公司名称	湖南科瑞生物科技股份有限公司			证券简称	科瑞生物
	法人代表	甘红星	董秘	王月姣	证券代码	832780
	公司网址	www.kery-pharm.com		电子信箱	kereyinfo@126.com	
	电　　话	0739-3669978		传　　真	0739-3188126	
	办公地址	湖南省新邵县酿溪镇大坪经济开发区财兴路				
	经营范围	甾体激素类医药中间体的研发、生产和销售				

主要财务指标	指标\报告期	2015.06.30	2014.12.31	2013.12.31	2012.12.31
	净利润(万元)	45.75	182.68	49.51	–
	净利润增长率(%)	157.5	268.9748	–	–
	加权净资产收益率(%)	0.8700	34.5900	–	–
	资产负债比率(%)	32.4209	51.8893	99.8074	–
	净利润现金含量(%)	2133.9791	734.3914	–561.7078	–
	基本每股收益(元)	0.0090	0.0400	0.0495	–
	每股收益–扣除(元)	0.0070	0.0300	–	–
	每股收益–摊薄(元)	0.0091	0.0365	0.0495	–
	每股资本公积金(元)	0.0275	0.0275	–	–
	每股未分配利润(元)	0.0220	0.0118	–0.9799	–
	每股净资产(元)	1.0500	1.0400	0.0200	–
	每股经营现金流量(元)	0.1952	0.2700	–0.2800	–
	经营活动现金净流量增长(%)	1164.2354	582.4	–	–

惠州市伟乐科技股份有限公司

公司概况						
	公司名称	惠州市伟乐科技股份有限公司			证券简称	伟乐科技
	法人代表	邹伟华	董秘	王毅	证券代码	832781
	公司网址	www.wellav.com		电子信箱	yi.wang@wellav.com	
	电　　话	0752-2062999		传　　真	0752-2086168	
	办公地址	广东省惠州市惠城区惠台工业区63号小区				
	经营范围	电子产品的开发、生产、销售;进出口贸易				

主要财务指标	指标\报告期	2015.06.30	2014.12.31	2013.12.31	2012.12.31
	净利润(万元)	502.34	1233.18	2394.52	–
	净利润增长率(%)	73.4322	–48.5000	–	–
	加权净资产收益率(%)	2.5900	9.4600	24.3400	–
	资产负债比率(%)	47.6226	45.5237	15.4939	–
	净利润现金含量(%)	–259.8197	–112.0599	41.2191	–
	基本每股收益(元)	0.0800	0.2400	0.4900	–
	每股收益–扣除(元)	0.0700	0.2100	0.4300	–
	每股收益–摊薄(元)	0.0837	0.2055	0.4789	–
	每股资本公积金(元)	1.6605	1.6605	0.9925	–
	每股未分配利润(元)	0.5784	0.4947	0.3487	–
	每股净资产(元)	3.2800	3.1900	2.3800	–
	每股经营现金流量(元)	–0.2175	–0.2300	0.2000	–
	经营活动现金净流量增长(%)	–60.1	–240.0097	–	–

北京依科曼生物技术股份有限公司

公司概况						
	公司名称	北京依科曼生物技术股份有限公司			证券简称	依科曼
	法人代表	杜进平	董秘	王秀英	证券代码	832782
	公司网址	www.ecomanbiotech.com		电子信箱	wangxy@ecomanbiotech.com	
	电　　话	010-82790391		传　　真	082790391-888	
	办公地址	北京市海淀区上地信息路26号5层518室				
	经营范围	技术开发、技术转让、技术咨询、技术服务				

主要财务指标	指标\报告期	2015.06.30	2014.12.31	2013.12.31	2012.12.31
	净利润(万元)	–104.53	166.70	–18.05	–
	净利润增长率(%)	68.1	1023.5	–	–
	加权净资产收益率(%)	–2.3000	3.6900	–0.4000	–
	资产负债比率(%)	15.4021	16.4316	15.3727	–
	净利润现金含量(%)	488.7822	–254.9670	260.8864	–
	基本每股收益(元)	–0.0281	0.0449	–0.0049	–
	每股收益–扣除(元)	–0.0503	0.0208	–0.0223	–
	每股收益–摊薄(元)	–0.0281	0.0449	–0.0049	–
	每股资本公积金(元)	0.2268	0.2268	0.3655	–
	每股未分配利润(元)	–0.0179	0.0102	–0.1733	–
	每股净资产(元)	1.2100	1.2400	1.1900	–
	每股经营现金流量(元)	–0.1375	–0.1100	–0.0100	–
	经营活动现金净流量增长(%)	9.9	–802.6	–	–

黑龙江省恒源食品股份有限公司

公司概况						
	公司名称	黑龙江省恒源食品股份有限公司			证券简称	恒源食品
	法人代表	王朝旭	董秘	曹宇	证券代码	832783
	公司网址	www.kernelfood.com		电子信箱	hywzx@vip.sina.com	
	电　　话	0454-6243789		传　　真	0454-6241222	
	办公地址	黑龙江省佳木斯市桦南县桦南镇东风村				
	经营范围	坚果、炒货类食品的初加工与销售业务				

主要财务指标	指标\报告期	2015.06.30	2014.12.31	2013.12.31	2012.12.31
	净利润(万元)	754.98	142.95	59.93	–
	净利润增长率(%)	18108.7783	138.5312	–	–
	加权净资产收益率(%)	10.8800	2.6000	1.1600	–
	资产负债比率(%)	47.0857	51.9865	58.2706	–
	净利润现金含量(%)	768.2423	–107.8243	801.5886	–
	基本每股收益(元)	0.1218	0.0275	0.0120	–
	每股收益–扣除(元)	0.1218	–	–	–
	每股收益–摊薄(元)	0.1218	0.0000	0.0000	–
	每股资本公积金(元)	0.0494	0.0494	–	–
	每股未分配利润(元)	0.1297	0.0079	0.0394	–
	每股净资产(元)	1.1800	1.0600	1.0400	–
	每股经营现金流量(元)	0.9355	–0.0300	0.1000	–
	经营活动现金净流量增长(%)	4361.9237	–132.0856	–	–

好样传媒(湖南)股份有限公司

公司概况					
公司名称	好样传媒(湖南)股份有限公司			证券简称	好样传媒
法人代表	丁乐谦	董秘	郑蕾	证券代码	832784
公司网址	www.hiyoung.in		电子信箱	hycm@hiyoungmedia.com	
电　话	0731-89713777		传　真	0731-89671456	
办公地址	湖南省长沙市天心区芙蓉中路二段 200 号体育公寓 4 栋 301 房				
经营范围	广播电视节目制作;电影和影视节目制作;电影和影视节目发行等				

主要财务指标：指标\报告期	2015.06.30	2014.12.31	2013.12.31	2012.12.31
净利润(万元)	-14.73	206.02	0.35	-
净利润增长率(%)	-121.6398	59269.3626	-	-
加权净资产收益率(%)	-1.6900	57.7100	0.2000	-
资产负债比率(%)	74.9455	10.2033	1.5229	-
净利润现金含量(%)	16.5327	-155.2568	20222.8571	-
基本每股收益(元)	-0.0200	0.2900	0.0017	-
每股收益-扣除(元)	-0.0200	0.2800	-	-
每股收益-摊薄(元)	-0.0210	0.2943	0.0018	-
每股资本公积金(元)	0.1166	0.1166	-	-
每股未分配利润(元)	0.1012	0.1222	-0.1469	-
每股净资产(元)	1.2300	1.2500	0.8500	-
每股经营现金流量(元)	-0.0035	-0.4600	0.3500	-
经营活动现金净流量增长(%)	-101.8367	-551.9086	-	-

安徽国通亿创科技股份有限公司

公司概况					
公司名称	安徽国通亿创科技股份有限公司			证券简称	国通亿创
法人代表	柳世祥	董秘	汪言华	证券代码	832785
公司网址	www.ahgtyc.com		电子信箱	ahgtyc@guotongcn.cn	
电　话	00551-65397272		传　真	00551-65397275	
办公地址	安徽省合肥市高新区潜水东路 5 号				
经营范围	电子信息产品的研发、生产、销售等				

主要财务指标：指标\报告期	2015.06.30	2014.12.31	2013.12.31	2012.12.31
净利润(万元)	72.04	175.46	178.93	-
净利润增长率(%)	155.0	-1.9389	-	-
加权净资产收益率(%)	5.4800	-	-	-
资产负债比率(%)	65.1098	69.3069	23.4089	-
净利润现金含量(%)	-727.6097	198.1477	-701.2910	-
基本每股收益(元)	0.0600	0.0700	0.0700	-
每股收益-扣除(元)	-	-	-	-
每股收益-摊薄(元)	0.0600	0.1462	0.0577	-
每股资本公积金(元)	0.0648	0.0091	-	-
每股未分配利润(元)	0.0600	0.0410	0.9880	-
每股净资产(元)	1.1200	1.0600	2.1900	-
每股经营现金流量(元)	-0.4368	0.2897	-0.4048	-
经营活动现金净流量增长(%)	-587.3122	127.7	-	-

内蒙古骑士乳业股份有限公司

公司概况					
公司名称	内蒙古骑士乳业股份有限公司			证券简称	骑士乳业
法人代表	乔世荣	董秘	陈勇	证券代码	832786
公司网址	www.qishiruye.com		电子信箱	2816899591@qq.com	
电　话	0472-4601379		传　真	0472-4601385	
办公地址	内蒙古自治区包头市东河区机场路				
经营范围	乳粉、酸奶、巴氏奶、冰淇淋、奶酪等				

主要财务指标：指标\报告期	2015.06.30	2014.12.31	2013.12.31	2012.12.31
净利润(万元)	2420.32	3520.43	1593.16	-
净利润增长率(%)	17.9124	120.9715	-	-
加权净资产收益率(%)	15.9400	26.8800	37.9100	-
资产负债比率(%)	32.2396	33.5696	57.9827	-
净利润现金含量(%)	233.4417	36.0701	139.4534	-
基本每股收益(元)	0.3500	0.7200	3.1900	-
每股收益-扣除(元)	0.3500	0.4300	-0.1200	-
每股收益-摊薄(元)	0.3293	0.5116	3.1863	-
每股资本公积金(元)	0.5362	0.2217	8.8750	-
每股未分配利润(元)	1.0862	0.8085	4.0856	-
每股净资产(元)	2.6200	2.0300	13.9600	-
每股经营现金流量(元)	0.7687	0.1800	4.4400	-
经营活动现金净流量增长(%)	375.5	-42.8450	-	-

江苏银科金典信息技术股份有限公司

公司概况					
公司名称	江苏银科金典信息技术股份有限公司			证券简称	银科金典
法人代表	殷文宇	董秘	王建强	证券代码	832787
公司网址	www.3wyk.com		电子信箱	wangjianqiang@3wyk.com	
电　话	00519-81886522		传　真	00519-86665114	
办公地址	江苏省常州市新北区太湖东路 9-1 号 21 楼				
经营范围	计算机应用技术服务;计算机软硬件开发、销售等				

主要财务指标：指标\报告期	2015.06.30	2014.12.31	2013.12.31	2012.12.31
净利润(万元)	280.40	594.20	593.51	-
净利润增长率(%)	59.7747	0.1160	-	-
加权净资产收益率(%)	7.9200	22.0300	27.5300	-
资产负债比率(%)	33.3028	32.4277	46.1469	-
净利润现金含量(%)	41.8297	224.8839	15.4201	-
基本每股收益(元)	0.1869	0.5500	0.5900	-
每股收益-扣除(元)	0.1615	-	-	-
每股收益-摊薄(元)	0.1869	0.3961	0.5935	-
每股资本公积金(元)	1.0971	1.0971	-	-
每股未分配利润(元)	0.3022	0.1305	1.1055	-
每股净资产(元)	2.4500	2.2700	2.3200	-
每股经营现金流量(元)	0.0782	0.8908	0.0900	-
经营活动现金净流量增长(%)	290.1	1360.0815	-	-

浙江环球渔场股份有限公司

公司概况	公司名称	浙江环球渔场股份有限公司			证券简称	环球渔场
	法人代表	陈波	董秘	邵俊杰	证券代码	832788
	公司网址	www.globalfisheries.com		电子信箱	derek@seafoodcombo.com	
	电　　话	0580-4489999		传　　真	0580-4472256	
	办公地址	浙江省舟山市岱山经济开发区徐福大道 326 号				
	经营范围	水产品的捕捞、贸易、加工和销售				

	指标\报告期	2015.06.30	2014.12.31	2013.12.31	2012.12.31
主要财务指标	净利润(万元)	343.13	197.73	449.82	–
	净利润增长率(%)	344.5	–56.0429	–	–
	加权净资产收益率(%)	17.0800	169.3300	–	–
	资产负债比率(%)	73.9714	76.3707	100.2920	–
	净利润现金含量(%)	482.6032	–513.0324	246.6885	–
	基本每股收益(元)	0.1700	0.4000	0.9000	–
	每股收益–扣除(元)	–	–	–	–
	每股收益–摊薄(元)	0.1716	0.0989	0.8996	–
	每股资本公积金(元)	0.2500	0.2500	–	–
	每股未分配利润(元)	–0.0506	–0.2222	–0.8427	–
	每股净资产(元)	1.0500	1.0400	0.0400	–
	每股经营现金流量(元)	0.8280	–0.5072	2.2200	–
	经营活动现金净流量增长(%)	56.8783	–191.4165	–	–

北京诚栋国际营地集成房屋股份有限公司

公司概况	公司名称	北京诚栋国际营地集成房屋股份有限公司			证券简称	诚栋营地
	法人代表	赵军勇	董秘	张国勇	证券代码	832789
	公司网址	www.cdph.com.cn		电子信箱	qgb@cdph.com.cn	
	电　　话	0010-69597356		传　　真	0010-69590955	
	办公地址	北京市通州区宋庄镇南街 6 号				
	经营范围	生产加工活动房屋及配件、金属构件及制品				

	指标\报告期	2015.06.30	2014.12.31	2013.12.31	2012.12.31
主要财务指标	净利润(万元)	556.70	–36.38	1350.82	–
	净利润增长率(%)	274.6	–102.6928	–	–
	加权净资产收益率(%)	5.5500	–0.4100	15.6900	–
	资产负债比率(%)	44.7550	59.6439	48.2621	–
	净利润现金含量(%)	–299.2621	–3816.5188	–23.8879	–
	基本每股收益(元)	0.0800	–0.0100	0.2000	–
	每股收益–扣除(元)	–	–0.0100	0.2000	–
	每股收益–摊薄(元)	0.0745	–0.0054	0.2010	–
	每股资本公积金(元)	0.4426	0.0006	–	–
	每股未分配利润(元)	0.0614	0.2661	0.2720	–
	每股净资产(元)	1.5000	1.3100	1.3200	–
	每股经营现金流量(元)	–0.2228	0.2100	–0.0500	–
	经营活动现金净流量增长(%)	–219.8733	530.2	–	–

深圳世能科泰能源技术股份有限公司

公司概况	公司名称	深圳世能科泰能源技术股份有限公司			证券简称	世能科泰
	法人代表	沈忠东	董秘	沈忠德	证券代码	832790
	公司网址	www.sinaemc.com		电子信箱	13423757544@139.com	
	电　　话	0755-29512885		传　　真	0755-29512881	
	办公地址	广东省深圳市南山区花样年美年广场 4 栋 1201				
	经营范围	能源技术咨询、技术开发;节能环保技术研发等				

	指标\报告期	2015.06.30	2014.12.31	2013.12.31	2012.12.31
主要财务指标	净利润(万元)	–15.51	–568.20	–660.89	–
	净利润增长率(%)	88.5	14.0	–	–
	加权净资产收益率(%)	–0.4700	–26.9500	–29.4700	–
	资产负债比率(%)	43.2056	43.1599	50.5121	–
	净利润现金含量(%)	–4380.3208	7.9344	298.1161	–
	基本每股收益(元)	–0.0100	–0.3000	–0.3600	–
	每股收益–扣除(元)	–0.0100	–	–	–
	每股收益–摊薄(元)	–0.0077	–0.2814	–0.3468	–
	每股资本公积金(元)	1.5829	1.5829	0.9414	–
	每股未分配利润(元)	–0.9566	–0.9489	–0.7072	–
	每股净资产(元)	1.6300	1.6300	1.2300	–
	每股经营现金流量(元)	0.3364	–0.0200	–1.0300	–
	经营活动现金净流量增长(%)	276.3	97.7	–	–

成都普思生物科技股份有限公司

公司概况	公司名称	成都普思生物科技股份有限公司			证券简称	普思生物
	法人代表	刘丁	董秘	钟钰	证券代码	832791
	公司网址	www.push-herbchem.com		电子信箱	2355868294@qq.com	
	电　　话	028-85370565		传　　真	028-85370565-777	
	办公地址	成都市武侯区武侯新城管委会武科西二路 8 号				
	经营范围	植物天然产物(不含危险品)的研究与开发、分析测试、技术咨询等				

	指标\报告期	2015.06.30	2014.12.31	2013.12.31	2012.12.31
主要财务指标	净利润(万元)	26.46	133.87	–60.42	–
	净利润增长率(%)	139.1	321.6	–	–
	加权净资产收益率(%)	2.8900	21.7300	–10.4300	–
	资产负债比率(%)	16.2299	26.7913	49.9644	–
	净利润现金含量(%)	–64.4141	71.3663	84.2134	–
	基本每股收益(元)	0.0300	0.2700	–0.1200	–
	每股收益–扣除(元)	–	–	–	–
	每股收益–摊薄(元)	0.0262	0.1859	–0.1208	–
	每股资本公积金(元)	0.2990	–	–	–
	每股未分配利润(元)	0.1917	0.2355	0.0981	–
	每股净资产(元)	1.4900	1.2500	1.1000	–
	每股经营现金流量(元)	–0.0169	0.1300	–0.1000	–
	经营活动现金净流量增长(%)	70.9	287.8	–	–

昆山鹿城村镇银行股份有限公司

公司概况	公司名称	昆山鹿城村镇银行股份有限公司			证券简称	鹿城银行
	法人代表	杨懋劼	董秘	张霞萍	证券代码	832792
	公司网址	www.kslccb.com		电子信箱	lcyh2010@126.com	
	电　　话	0512-50112020		传　　真	0512-50112020	
	办公地址	江苏省苏州市昆山开发区长江中路 181-183 号				
	经营范围	吸收公众存款;发放短期、中期和长期贷款;办理国内结算				

主要财务指标	指标\报告期	2015.06.30	2014.12.31	2013.12.31	2012.12.31
	净利润(万元)	3401.63	5451.44	4277.69	–
	净利润增长率(%)	19.6685	27.4390	–	–
	加权净资产收益率(%)	9.2000	17.7400	17.5200	–
	资产负债比率(%)	92.0259	91.7134	93.1369	–
	净利润现金含量(%)	552.2976	–444.0142	412.1676	–
	基本每股收益(元)	0.1300	0.2300	–	–
	每股收益–扣除(元)	0.1100	0.1600	–	–
	每股收益–摊薄(元)	0.1300	0.2103	0.2037	–
	每股资本公积金(元)	0.0378	0.0378	–	–
	每股未分配利润(元)	0.1667	0.1355	0.0877	–
	每股净资产(元)	1.4200	1.3900	1.2600	–
	每股经营现金流量(元)	0.7200	–0.9300	0.8400	–
	经营活动现金净流量增长(%)	302.1	–237.2856	–	–

深圳同创伟业资产管理股份有限公司

公司概况	公司名称	深圳同创伟业资产管理股份有限公司			证券简称	同创伟业
	法人代表	郑伟鹤	董秘	马卫国	证券代码	832793
	公司网址	www.cowincapital.com.cn		电子信箱	cowin@cowincapital.com	
	电　　话	0755-82027811		传　　真	0755-82879025	
	办公地址	广东省深圳市福田区益田路 6001 号太平金融大厦 24 层				
	经营范围	资产管理、受托资产管理、股权投资、企业管理咨询等				

主要财务指标	指标\报告期	2015.06.30	2014.12.31	2013.12.31	2012.12.31
	净利润(万元)	5896.52	3846.42	2192.56	–
	净利润增长率(%)	298.7326	75.4310	–	–
	加权净资产收益率(%)	30.1900	28.9100	21.3200	–
	资产负债比率(%)	8.1637	25.4674	21.6883	–
	净利润现金含量(%)	100.6296	340.8215	–15.4545	–
	基本每股收益(元)	1.7700	1.2800	0.7300	–
	每股收益–扣除(元)	1.5200	–	–	–
	每股收益–摊薄(元)	1.4004	1.2821	0.7309	–
	每股资本公积金(元)	11.7697	–	0.2000	–
	每股未分配利润(元)	1.6703	3.6162	2.4324	–
	每股净资产(元)	14.4400	4.9800	3.8900	–
	每股经营现金流量(元)	1.4092	4.3700	–0.1100	–
	经营活动现金净流量增长(%)	1367.5	3968.8	–	–

山东万斯达建筑科技股份有限公司

公司概况	公司名称	山东万斯达建筑科技股份有限公司			证券简称	万斯达
	法人代表	张波	董秘	宋晓东	证券代码	832794
	公司网址	www.onestar.cn		电子信箱	zhengquan@onestar.cn	
	电　　话	0531-82315306		传　　真	0531-82315312	
	办公地址	山东省济南市章丘市龙山工业园五号路北、潘王路西				
	经营范围	建筑新材料、新技术开发和转让				

主要财务指标	指标\报告期	2015.06.30	2014.12.31	2013.12.31	2012.12.31
	净利润(万元)	598.42	304.17	–423.60	–
	净利润增长率(%)	751.2	171.8	–	–
	加权净资产收益率(%)	13.7700	10.0500	–15.3900	–
	资产负债比率(%)	56.1510	66.0074	82.1111	–
	净利润现金含量(%)	165.8777	–559.8251	169.6294	–
	基本每股收益(元)	0.1500	0.1000	–0.2100	–
	每股收益–扣除(元)	0.1400	–	–	–
	每股收益–摊薄(元)	0.1287	0.0760	–0.2118	–
	每股资本公积金(元)	0.6921	0.2500	0.9000	–
	每股未分配利润(元)	–0.1343	–0.2387	–0.6294	–
	每股净资产(元)	1.5578	1.0100	1.2700	–
	每股经营现金流量(元)	0.2135	–0.4300	–0.3600	–
	经营活动现金净流量增长(%)	605.7138	–137.0	–	–

南京欣网通信科技股份有限公司

公司概况	公司名称	南京欣网通信科技股份有限公司			证券简称	南京欣网
	法人代表	马运山	董秘	葛瑞斌	证券代码	832795
	公司网址	www.xwtele.com		电子信箱	dongmi@xwtele.com	
	电　　话	0025-52368268		传　　真	0025-52368269	
	办公地址	江苏省南京高新技术产业开发区南京软件园二号楼 A 座				
	经营范围	因特网信息服务业务;计算机软件、硬件及外围设备、网络设备的设计、开发、销售				

主要财务指标	指标\报告期	2015.06.30	2014.12.31	2013.12.31	2012.12.31
	净利润(万元)	599.69	1403.51	1243.34	–
	净利润增长率(%)	503.0244	12.8818	–	–
	加权净资产收益率(%)	9.1100	22.3400	21.1500	–
	资产负债比率(%)	62.6763	66.4354	66.3524	–
	净利润现金含量(%)	–284.9028	130.0033	330.4470	–
	基本每股收益(元)	0.1100	0.2800	0.3100	–
	每股收益–扣除(元)	–	0.2400	0.2200	–
	每股收益–摊薄(元)	0.0999	0.2779	0.3108	–
	每股资本公积金(元)	0.0153	–	–	–
	每股未分配利润(元)	0.1318	0.0859	0.3059	–
	每股净资产(元)	1.1500	1.2400	1.4700	–
	每股经营现金流量(元)	–0.2848	0.3600	1.0300	–
	经营活动现金净流量增长(%)	–1203.1	–55.5902	–	–

广东逸舒制药股份有限公司

公司概况						
公司概况	公司名称	广东逸舒制药股份有限公司			证券简称	逸舒制药
	法人代表	黄庆文	董秘	黄庆雄	证券代码	832796
	公司网址	www.eashu.com		电子信箱	eashu@126.com	
	电　话	0758-2685888		传　真	0758-2685666	
	办公地址	广东省肇庆市鼎湖区城区工业区				
	经营范围	片剂,硬胶囊剂,颗粒剂,原料药,中药前处理及提取车间				

主要财务指标	指标\报告期	2015.06.30	2014.12.31	2013.12.31	2012.12.31
	净利润(万元)	1341.22	3279.58	1268.05	–
	净利润增长率(%)	85.7913	158.6318	–	–
	加权净资产收益率(%)	18.0700	48.7500	27.4500	–
	资产负债比率(%)	24.4268	44.3519	38.8285	–
	净利润现金含量(%)	99.0388	50.1668	151.3190	–
	基本每股收益(元)	0.3700	0.9400	0.3600	–
	每股收益-扣除(元)	–	–	–	–
	每股收益-摊薄(元)	0.3625	0.9370	0.3623	–
	每股资本公积金(元)	0.7664	0.0032	–	–
	每股未分配利润(元)	0.4210	0.7246	0.4253	–
	每股净资产(元)	2.3100	1.8700	1.5000	–
	每股经营现金流量(元)	0.3590	0.4700	0.5500	–
	经营活动现金净流量增长(%)	641.1915	-14.2558	–	–

深圳市泰士特科技股份有限公司

公司概况						
公司概况	公司名称	深圳市泰士特科技股份有限公司			证券简称	泰士特
	法人代表	潘常青	董秘	安东辉	证券代码	832797
	公司网址	www.testeck.com		电子信箱	testeck_sz@163.com	
	电　话	0755-26633766		传　真	0755-26635866	
	办公地址	广东省深圳市南山区马家龙工业区 78 幢二层				
	经营范围	电力设备、电子产品、仪器仪表及机电一体化产品的技术开发与销售				

主要财务指标	指标\报告期	2015.06.30	2014.12.31	2013.12.31	2012.12.31
	净利润(万元)	-103.01	872.92	334.64	–
	净利润增长率(%)	-127.5871	160.8508	–	–
	加权净资产收益率(%)	-4.4100	63.7200	53.9500	–
	资产负债比率(%)	9.8730	26.5376	64.6578	–
	净利润现金含量(%)	90.2112	-6.1884	57.1390	–
	基本每股收益(元)	-0.1000	1.8700	1.0400	–
	每股收益-扣除(元)	-0.1000	–	–	–
	每股收益-摊薄(元)	-0.0981	0.8314	0.9561	–
	每股资本公积金(元)	1.2762	–	–	–
	每股未分配利润(元)	-0.0984	1.1483	1.1964	–
	每股净资产(元)	2.1800	2.2800	2.3300	–
	每股经营现金流量(元)	-0.0885	-0.0500	0.5500	–
	经营活动现金净流量增长(%)	-162.3123	-128.2525	–	–

宁波吉星吉达电子股份有限公司

公司概况						
公司概况	公司名称	宁波吉星吉达电子股份有限公司			证券简称	吉星吉达
	法人代表	周建荣	董秘	张小翠	证券代码	832798
	公司网址	www.geostargroup.cn		电子信箱	cathy@geostargroup.cn	
	电　话	0574-83887609		传　真	0574-83887610	
	办公地址	浙江省宁波市宁波高新区光华路 317 号 2 号楼 203 室				
	经营范围	自动变光焊接面罩、个人和工业安全防护产品、汽车电子产品等				

主要财务指标	指标\报告期	2015.06.30	2014.12.31	2013.12.31	2012.12.31
	净利润(万元)	52.55	149.76	-82.53	–
	净利润增长率(%)	477.5	281.5	–	–
	加权净资产收益率(%)	8.0200	31.3700	-77.0200	–
	资产负债比率(%)	81.2364	85.7175	91.1257	–
	净利润现金含量(%)	-402.4730	881.5238	-5.2829	–
	基本每股收益(元)	0.1100	0.3600	-0.8300	–
	每股收益-扣除(元)	–	0.3400	-0.8300	–
	每股收益-摊薄(元)	0.1051	0.2995	-0.8253	–
	每股资本公积金(元)	0.0657	0.0657	1.0000	–
	每股未分配利润(元)	0.2946	0.1895	-1.0078	–
	每股净资产(元)	1.3600	1.2600	0.9900	–
	每股经营现金流量(元)	-0.4230	2.6400	0.0400	–
	经营活动现金净流量增长(%)	-160.5288	30198.9320	–	–

山东陆海石油技术股份有限公司

公司概况						
公司概况	公司名称	山东陆海石油技术股份有限公司			证券简称	陆海石油
	法人代表	刘洪晓	董秘	杨芳	证券代码	832799
	公司网址	www.luhaioil.com		电子信箱	portfolio@luhaioil.com	
	电　话	0534-6120113		传　真	0534-6120113	
	办公地址	山东省德州市陵县经济开发区北辰路中段路北				
	经营范围	石油钻井工程专用工具的研发、生产与销售等				

主要财务指标	指标\报告期	2015.06.30	2014.12.31	2013.12.31	2012.12.31
	净利润(万元)	619.59	2122.11	2053.52	–
	净利润增长率(%)	0.1991	3.3402	–	–
	加权净资产收益率(%)	7.1200	33.7400	45.2400	–
	资产负债比率(%)	60.5733	76.5552	80.3480	–
	净利润现金含量(%)	94.4134	-18.1084	-78.2276	–
	基本每股收益(元)	0.2800	1.0400	1.0300	–
	每股收益-扣除(元)	–	–	–	–
	每股收益-摊薄(元)	0.2766	1.0611	1.0268	–
	每股资本公积金(元)	3.5542	0.0505	0.0505	–
	每股未分配利润(元)	0.1278	2.1080	1.4701	–
	每股净资产(元)	4.6800	3.4500	2.7000	–
	每股经营现金流量(元)	0.2612	-0.1900	-0.8000	–
	经营活动现金净流量增长(%)	29.7916	76.1	–	–

赛特斯信息科技股份有限公司

公司概况	公司名称	赛特斯信息科技股份有限公司			证券简称	赛特斯
	法人代表	逯利军	董秘	查文毅	证券代码	832800
	公司网址	www.certusnet.com.cn		电子信箱	certusnet@certusnet.com.cn	
	电　话	025-68202266		传　真	025-85582279	
	办公地址	江苏南京市玄武区玄武大道 699 号-22 号 18 幢				
	经营范围	软件产品研究、设计、开发、制造和相关配套服务				

主要财务指标	指标\报告期	2015.06.30	2014.12.31	2013.12.31	2012.12.31
	净利润(万元)	2945.17	7612.33	3199.39	–
	净利润增长率(%)	30.3953	137.9308	–	–
	加权净资产收益率(%)	10.0000	57.0800	40.3500	–
	资产负债比率(%)	35.1821	49.1636	62.8596	–
	净利润现金含量(%)	–117.6774	38.7094	107.1195	–
	基本每股收益(元)	0.2900	1.0100	0.4300	–
	每股收益-扣除(元)	–	0.8600	0.3800	–
	每股收益-摊薄(元)	0.2887	1.0150	0.4266	–
	每股资本公积金(元)	3.4115	0.0206	0.0206	–
	每股未分配利润(元)	1.0149	1.1671	0.2138	–
	每股净资产(元)	5.5000	2.2900	1.2700	–
	每股经营现金流量(元)	–0.3398	0.3900	0.4600	–
	经营活动现金净流量增长(%)	–202.1608	–14.0198	–	–

西安思坦仪器股份有限公司

公司概况	公司名称	西安思坦仪器股份有限公司			证券简称	思坦仪器
	法人代表	刘洪亮	董秘	丁晓强	证券代码	832801
	公司网址	www.xasitan.com		电子信箱	zongjingban@xasitan.com	
	电　话	029-88451773		传　真	029-88453189	
	办公地址	陕西省西安市高新区科技五路 22 号				
	经营范围	公司的主营业务为油气增产工程专用仪器的研发、生产销售				

主要财务指标	指标\报告期	2015.06.30	2014.12.31	2013.12.31	2012.12.31
	净利润(万元)	–1426.49	2298.23	9512.68	–
	净利润增长率(%)	45.9	–75.8404	–	–
	加权净资产收益率(%)	–3.6400	5.8600	28.5400	–
	资产负债比率(%)	24.1680	27.4756	29.7392	–
	净利润现金含量(%)	136.5044	234.5405	17.4898	–
	基本每股收益(元)	–0.1300	0.2100	0.8800	–
	每股收益-扣除(元)	–0.1600	0.2100	0.8700	–
	每股收益-摊薄(元)	–0.1323	0.2131	0.8822	–
	每股资本公积金(元)	0.0747	0.0747	0.0747	–
	每股未分配利润(元)	2.1447	2.3770	2.1852	–
	每股净资产(元)	3.5100	3.7500	3.5300	–
	每股经营现金流量(元)	–0.1806	0.5000	0.1500	–
	经营活动现金净流量增长(%)	–133.5205	223.9847	–	–

江苏保丽洁环境科技股份有限公司

公司概况	公司名称	江苏保丽洁环境科技股份有限公司			证券简称	保丽洁
	法人代表	钱振清	董秘	宋李兵	证券代码	832802
	公司网址	www.jsblj.com		电子信箱	ludong0901@163.com	
	电　话	0512-58649558		传　真	0512-58611369	
	办公地址	张家港市锦丰镇				
	经营范围	静电式空气净化设备的研发、生产和销售				

主要财务指标	指标\报告期	2015.06.30	2014.12.31	2013.12.31	2012.12.31
	净利润(万元)	1186.65	2517.84	1625.99	–
	净利润增长率(%)	0.4324	54.8493	–	–
	加权净资产收益率(%)	13.6600	40.8300	45.2300	–
	资产负债比率(%)	27.6865	43.1505	64.4205	–
	净利润现金含量(%)	116.4252	67.9102	77.8320	–
	基本每股收益(元)	0.3900	0.8400	1.6300	–
	每股收益-扣除(元)	–	0.8390	–	–
	每股收益-摊薄(元)	0.3532	0.8393	1.4634	–
	每股资本公积金(元)	1.7543	0.7553	0.3582	–
	每股未分配利润(元)	0.9325	0.6488	2.7450	–
	每股净资产(元)	3.7500	2.4800	4.4200	–
	每股经营现金流量(元)	0.4112	0.5700	1.1400	–
	经营活动现金净流量增长(%)	1982.2	35.1094	–	–

江苏皓月汽车锁股份有限公司

公司概况	公司名称	江苏皓月汽车锁股份有限公司			证券简称	皓月股份
	法人代表	姚明成	董秘	曹荣林	证券代码	832803
	公司网址	www.haoyue.com		电子信箱	haoyue@haoyue.tm	
	电　话	00523-80501002		传　真	00523-84680015	
	办公地址	江苏省靖江市东兴镇南路 14 号				
	经营范围	生产销售汽车门锁、汽车拉索、汽车门铰链、汽车零部件等				

主要财务指标	指标\报告期	2015.06.30	2014.12.31	2013.12.31	2012.12.31
	净利润(万元)	1579.48	–	2778.28	–
	净利润增长率(%)	21.2313	–	–	–
	加权净资产收益率(%)	9.0500	–	20.4800	–
	资产负债比率(%)	67.7919	–	78.5079	–
	净利润现金含量(%)	65.0236	–	94.4811	–
	基本每股收益(元)	0.4400	–	0.7800	–
	每股收益-扣除(元)	0.4300	–	0.6100	–
	每股收益-摊薄(元)	0.4449	–	0.7826	–
	每股资本公积金(元)	0.3470	–	0.3470	–
	每股未分配利润(元)	3.2723	–	2.1104	–
	每股净资产(元)	5.1400	–	3.8700	–
	每股经营现金流量(元)	0.2893	–	0.7400	–
	经营活动现金净流量增长(%)	13.7748	–	–	–

惠州市浩明科技股份有限公司

公司概况	公司名称	惠州市浩明科技股份有限公司			证券简称	浩明科技
	法人代表	陈灏渠	董秘	虞勇洋	证券代码	832804
	公司网址	www.hz-hmkj.com		电子信箱	yuyongyangz@163.com	
	电　话	0752-3277636		传　真	0752-3277639	
	办公地址	广东省惠州市惠阳区平潭镇怡发工业区				
	经营范围	各种不干胶标签材料的研发、生产和销售				

主要财务指标	指标\报告期	2015.06.30	2014.12.31	2013.12.31	2012.12.31
	净利润(万元)	633.50	592.88	392.91	–
	净利润增长率(%)	6.8515	50.8938	–	–
	加权净资产收益率(%)	26.0700	28.0600	25.8500	–
	资产负债比率(%)	76.3620	80.4682	84.7342	–
	净利润现金含量(%)	94.4758	79.6172	284.2352	–
	基本每股收益(元)	0.5200	0.4900	0.3900	–
	每股收益-扣除(元)	–	–	–	–
	每股收益-摊薄(元)	0.5279	0.4941	0.3929	–
	每股资本公积金(元)	–	–	0.3806	–
	每股未分配利润(元)	1.2314	0.7035	0.1292	–
	每股净资产(元)	2.2800	1.7600	1.5200	–
	每股经营现金流量(元)	0.4988	0.3900	1.1200	–
	经营活动现金净流量增长(%)	26.7927	-57.7331	–	–

易兰(北京)规划设计股份有限公司

公司概况	公司名称	易兰(北京)规划设计股份有限公司			证券简称	易兰设计
	法人代表	陈跃中	董秘	张宾	证券代码	832806
	公司网址	www.ecoland-plan.com		电子信箱	Bod@ecoland-plan.com	
	电　话	0010-82815588		传　真	0010-82815567	
	办公地址	北京市海淀区西二旗大街39号新硅谷D座				
	经营范围	风景园林工程设计、房屋建设勘察设计、住宅小区规划设计				

主要财务指标	指标\报告期	2015.06.30	2014.12.31	2013.12.31	2012.12.31
	净利润(万元)	171.24	918.45	1455.16	–
	净利润增长率(%)	20.7534	-36.8834	–	–
	加权净资产收益率(%)	1.4400	8.2500	14.6300	–
	资产负债比率(%)	41.8652	44.2396	48.6845	–
	净利润现金含量(%)	90.7963	28.3099	132.9830	–
	基本每股收益(元)	0.0300	0.1800	0.2900	–
	每股收益-扣除(元)	–	–	–	–
	每股收益-摊薄(元)	0.0337	3.0615	4.8505	–
	每股资本公积金(元)	1.1798	0.3337	0.3337	–
	每股未分配利润(元)	0.0958	33.5896	31.1138	–
	每股净资产(元)	2.2800	2.2900	2.1400	–
	每股经营现金流量(元)	0.0306	0.8667	6.4504	–
	经营活动现金净流量增长(%)	211.6	-86.5635	–	–

深圳市云高信息技术股份有限公司

公司概况	公司名称	深圳市云高信息技术股份有限公司			证券简称	云高信息
	法人代表	张曜晖	董秘	郭婷	证券代码	832807
	公司网址	www.cgit.com.cn		电子信箱	support@cgit.com.cn	
	电　话	0755-83565506		传　真	0755-86309983	
	办公地址	广东省深圳市南山区西丽大学城笃学路9号				
	经营范围	计算机软件、信息系统软件及网络软件的技术开发、销售				

主要财务指标	指标\报告期	2015.06.30	2014.12.31	2013.12.31	2012.12.31
	净利润(万元)	-672.58	-449.82	-310.87	–
	净利润增长率(%)	-295.0	-110.5156	–	–
	加权净资产收益率(%)	-32.5200	-104.7600	-75.8700	–
	资产负债比率(%)	15.9855	12.4387	42.5666	–
	净利润现金含量(%)	99.6689	57.0082	84.6690	–
	基本每股收益(元)	-0.3400	-0.3041	-0.2700	–
	每股收益-扣除(元)	-0.1100	-0.3043	-0.2658	–
	每股收益-摊薄(元)	-0.3363	-0.2249	-0.3109	–
	每股资本公积金(元)	0.8000	0.8000	–	–
	每股未分配利润(元)	-0.9341	-0.5978	-0.7457	–
	每股净资产(元)	0.8700	1.2000	0.2500	–
	每股经营现金流量(元)	-0.3352	-0.1282	-0.2632	–
	经营活动现金净流量增长(%)	-350.5	2.6	–	–

河南中帅医药科技股份有限公司

公司概况	公司名称	河南中帅医药科技股份有限公司			证券简称	中帅医药
	法人代表	孙卫东	董秘	孙永平	证券代码	832808
	公司网址	www.pharmzs.com		电子信箱	chinasyp@sina.com	
	电　话	0371-65750783-829		传　真	0371-65750783-802	
	办公地址	河南省郑州高新区冬青街7号A座18楼				
	经营范围	医药科学研究;新药、保健品技术开发、转让、咨询、服务				

主要财务指标	指标\报告期	2015.06.30	2014.12.31	2013.12.31	2012.12.31
	净利润(万元)	34.44	13.89	187.38	–
	净利润增长率(%)	129.2	-92.5874	–	–
	加权净资产收益率(%)	1.0200	–	–	–
	资产负债比率(%)	19.5147	14.8695	22.7986	–
	净利润现金含量(%)	263.3515	-1651.3319	-29.0639	–
	基本每股收益(元)	0.0100	0.0000	1.1200	–
	每股收益-扣除(元)	0.0000	-0.0100	0.2800	–
	每股收益-摊薄(元)	0.0112	0.0045	0.2082	–
	每股资本公积金(元)	0.0844	0.0844	0.0596	–
	每股未分配利润(元)	0.0195	0.0083	0.0154	–
	每股净资产(元)	1.1100	1.0900	1.0800	–
	每股经营现金流量(元)	0.0294	-0.0700	-0.0600	–
	经营活动现金净流量增长(%)	168.2	-321.2	–	–

湖北九森林业股份有限公司

公司概况					
公司名称	湖北九森林业股份有限公司			证券简称	九森林业
法人代表	漆荣	董秘	耿杰	证券代码	832809
公司网址	www.9sen.cn		电子信箱	hb_jsly@163.com	
电　话	027-87208320 8330		传　真	027-87690498	
办公地址	湖北省武汉市洪山区白沙洲四坦路 8 号				
经营范围	销售木材、林产品、建筑材料;木材加工				

主要财务指标 指标\报告期	2015.06.30	2014.12.31	2013.12.31	2012.12.31
净利润(万元)	681.86	–	733.06	–1361.84
净利润增长率(%)	22.5096	–	153.8	–
加权净资产收益率(%)	3.8700	–	16.3800	–45.4500
资产负债比率(%)	10.7527	–	38.8045	39.3847
净利润现金含量(%)	–42.6615	–	–337.3980	103.5592
基本每股收益(元)	0.0700	–	0.1500	–0.3400
每股收益-扣除(元)	–	–	–	–
每股收益-摊薄(元)	0.0721	–	0.1309	–0.2986
每股资本公积金(元)	1.2065	–	0.2122	0.1597
每股未分配利润(元)	0.1369	–	–0.1107	–0.2757
每股净资产(元)	2.4400	–	1.1300	0.9000
每股经营现金流量(元)	–0.0308	–	–0.4400	–0.3100
经营活动现金净流量增长(%)	4.9	–	–75.4	–

上海思明堂生物科技股份有限公司

公司概况					
公司名称	上海思明堂生物科技股份有限公司			证券简称	思明堂
法人代表	杨凯瑜	董秘	施丽娜	证券代码	832811
公司网址	www.simingtang.com		电子信箱	398155095@qq.com	
电　话	021-50713829		传　真	021-50120029	
办公地址	上海市张江高科技园区祖冲之路 1077 号 2 幢 3324 室				
经营范围	生物科技、视力健康、教育科技、仪器设备技术领域内的技术开发等				

主要财务指标 指标\报告期	2015.06.30	2014.12.31	2013.12.31	2012.12.31
净利润(万元)	–368.20	223.84	–41.80	–
净利润增长率(%)	–138.3	635.5	–	–
加权净资产收益率(%)	–112.2900	56.2000	–13.6000	–
资产负债比率(%)	82.5323	41.6611	44.6552	–
净利润现金含量(%)	18.5689	271.3635	–92.7990	–
基本每股收益(元)	–0.7400	0.4500	–0.0800	–
每股收益-扣除(元)	–0.7300	0.3100	–0.1000	–
每股收益-摊薄(元)	–0.7364	0.4477	–0.0836	–
每股资本公积金(元)	–	–	–	–
每股未分配利润(元)	–0.7181	0.0183	–0.4273	–
每股净资产(元)	0.2800	1.0200	0.5700	–
每股经营现金流量(元)	–0.1367	1.2100	0.0800	–
经营活动现金净流量增长(%)	–493.5581	1465.9955	–	–

华文包装股份有限公司

公司概况					
公司名称	华文包装股份有限公司			证券简称	华文包装
法人代表	张华芬	董秘	李建争	证券代码	832812
公司网址	www.hwbz.net		电子信箱	lijz5568@163.com	
电　话	027-81886966		传　真	02781888966	
办公地址	湖北省武汉市东西湖区五环大道 31 号一号楼 506 室				
经营范围	商标设计(含烟草、药品商标);各种包装箱(盒)、包装制品的加工等				

主要财务指标 指标\报告期	2015.06.30	2014.12.31	2013.12.31	2012.12.31
净利润(万元)	–1040.24	–1852.46	443.67	–
净利润增长率(%)	–45.6	–1213.0427	–	–
加权净资产收益率(%)	–7.0800	–11.4800	2.1200	–
资产负债比率(%)	58.8923	57.1588	56.7551	–
净利润现金含量(%)	–107.1248	–137.9863	996.5535	–
基本每股收益(元)	–0.1300	–0.2300	0.0600	–
每股收益-扣除(元)	–	–	–	–
每股收益-摊薄(元)	–0.1297	–0.2310	0.0553	–
每股资本公积金(元)	0.1710	0.1710	0.1710	–
每股未分配利润(元)	0.2639	0.3936	0.6793	–
每股净资产(元)	1.7700	1.9000	2.1300	–
每股经营现金流量(元)	0.1390	0.3188	0.5514	–
经营活动现金净流量增长(%)	–45.3008	–42.1872	–	–

云南瑞博检测技术股份有限公司

公司概况					
公司名称	云南瑞博检测技术股份有限公司			证券简称	瑞博检测
法人代表	高俊	董秘	张小艳	证券代码	832813
公司网址	www.rttc.com.cn		电子信箱	rttc@rttc.com.cn	
电　话	0400-017-1895		传　真	0400-017-1895	
办公地址	云南省昆明市高新技术开发区 M2-8-1 号地块傲云峰小区综合楼 9 层 912 号				
经营范围	检测服务(凭资质证经营)及咨询				

主要财务指标 指标\报告期	2015.06.30	2014.12.31	2013.12.31	2012.12.31
净利润(万元)	–123.35	47.08	56.14	–
净利润增长率(%)	–373.1897	–16.1412	–	–
加权净资产收益率(%)	–22.6700	8.0800	10.9900	–
资产负债比率(%)	70.8588	69.1810	43.0407	–
净利润现金含量(%)	–113.2008	63.5726	579.8005	–
基本每股收益(元)	–0.2600	0.0900	0.2800	–
每股收益-扣除(元)	–0.2600	0.0400	–	–
每股收益-摊薄(元)	–0.2467	0.0942	0.2552	–
每股资本公积金(元)	0.1493	0.1493	–	–
每股未分配利润(元)	–0.1939	0.0528	1.3562	–
每股净资产(元)	0.9600	1.2100	2.5400	–
每股经营现金流量(元)	0.2793	0.0600	1.4795	–
经营活动现金净流量增长(%)	384.1	–90.8060	–	–

湖北昌耀新材料股份有限公司

公司概况	公司名称	湖北昌耀新材料股份有限公司			证券简称	昌耀新材
	法人代表	吴赤球	董秘	刘钢玲	证券代码	832814
	公司网址	www.yccysnzp.com		电子信箱	yccygg@163.com	
	电　　话	0717-7780146		传　　真	0717-7781289	
	办公地址	湖北省宜昌市夷陵区龙泉镇钟家畈村11组				
	经营范围	环形混凝土电杆及相关配套器材,钢筋混凝土排水管及其他水泥制品等				

主要财务指标	指标\报告期	2015.06.30	2014.12.31	2013.12.31	2012.12.31
	净利润(万元)	1604.08	849.05	1218.59	–
	净利润增长率(%)	1446.1	–30.3246	–	–
	加权净资产收益率(%)	24.2500	18.2600	55.9400	–
	资产负债比率(%)	52.6632	88.9987	75.1056	–
	净利润现金含量(%)	123.2137	28.7765	–43.4183	–
	基本每股收益(元)	0.2600	0.3500	0.5000	–
	每股收益–扣除(元)	–	–	–	–
	每股收益–摊薄(元)	0.2587	0.8243	1.1831	–
	每股资本公积金(元)	0.5350	–	2.1359	–
	每股未分配利润(元)	0.2529	0.8875	0.1594	–
	每股净资产(元)	1.7900	2.0500	3.3600	–
	每股经营现金流量(元)	0.3188	0.2372	–0.5137	–
	经营活动现金净流量增长(%)	138.9606	146.2	–	–

江苏金瀚科技股份有限公司

公司概况	公司名称	江苏金瀚科技股份有限公司			证券简称	金瀚科技
	法人代表	张志敏	董秘	李长江	证券代码	832815
	公司网址	www.jinhanet.com		电子信箱	fa@jsjh-china.com	
	电　　话	0515-69988333		传　　真	0515-69988600	
	办公地址	江苏省东台市溱东镇不锈钢产业园区				
	经营范围	电子新材料研发,电子元器件、电子产品用材料				

主要财务指标	指标\报告期	2015.06.30	2014.12.31	2013.12.31	2012.12.31
	净利润(万元)	–5.34	95.78	63.96	–
	净利润增长率(%)	95.1	49.7463	–	–
	加权净资产收益率(%)	–0.2600	4.7100	3.2800	–
	资产负债比率(%)	61.3506	58.3227	53.3031	–
	净利润现金含量(%)	–18.7655	688.5153	–1182.7655	–
	基本每股收益(元)	–0.0027	0.0479	0.0320	–
	每股收益–扣除(元)	–0.0128	0.0386	0.0330	–
	每股收益–摊薄(元)	–0.0027	0.0479	0.0330	–
	每股资本公积金(元)	0.0402	–	–	–
	每股未分配利润(元)	–0.0027	0.0361	–0.0077	–
	每股净资产(元)	1.0400	1.0400	0.9900	–
	每股经营现金流量(元)	0.0005	0.3300	–0.3800	–
	经营活动现金净流量增长(%)	–99.6625	187.2	–	–

河南索克物业发展股份有限公司

公司概况	公司名称	河南索克物业发展股份有限公司			证券简称	索克物业
	法人代表	姜芳	董秘	柴彦华	证券代码	832816
	公司网址	www.soke.com.cn		电子信箱	sokewy@163.com	
	电　　话	0371-60906807		传　　真	0371-55682463	
	办公地址	河南省郑州市东明路218号				
	经营范围	物业管理的咨询服务,房地产营销咨询服务,物业管理				

主要财务指标	指标\报告期	2015.06.30	2014.12.31	2013.12.31	2012.12.31
	净利润(万元)	89.01	176.03	26.81	–
	净利润增长率(%)	6.2605	556.5803	–	–
	加权净资产收益率(%)	7.8700	26.3300	5.8600	–
	资产负债比率(%)	20.3363	39.7664	49.1652	–
	净利润现金含量(%)	–77.4268	775.0270	–1888.3253	–
	基本每股收益(元)	0.0990	0.2900	0.0500	–
	每股收益–扣除(元)	0.0990	0.2900	0.0500	–
	每股收益–摊薄(元)	0.0989	0.1956	0.0536	–
	每股资本公积金(元)	0.0553	0.0553	–	–
	每股未分配利润(元)	0.2385	0.1396	–0.0587	–
	每股净资产(元)	1.3100	1.2100	0.9400	–
	每股经营现金流量(元)	–0.0766	1.5200	–1.0100	–
	经营活动现金净流量增长(%)	–153.7878	369.5	–	–

北京身临其境文化股份有限公司

公司概况	公司名称	北京身临其境文化股份有限公司			证券简称	身临其境
	法人代表	刘宣付	董秘	刘雅思	证券代码	832817
	公司网址	www.taiyangguangying.com		电子信箱	liuyasi@shenlinqijing.cn	
	电　　话	010-53241404		传　　真	010-82609852	
	办公地址	北京市海淀区中关村大街18号数字物流港B区6层				
	经营范围	专业从事虚拟现实娱乐技术开发等				

主要财务指标	指标\报告期	2015.06.30	2014.12.31	2013.12.31	2012.12.31
	净利润(万元)	684.55	894.63	581.07	–
	净利润增长率(%)	5.8423	53.9631	–	–
	加权净资产收益率(%)	39.2700	76.0000	90.0000	–
	资产负债比率(%)	43.5086	62.5687	39.7562	–
	净利润现金含量(%)	–55.1135	249.5121	134.2506	–
	基本每股收益(元)	3.4200	4.4700	1.4500	–
	每股收益–扣除(元)	–	–	–	–
	每股收益–摊薄(元)	3.4228	4.4732	2.9054	–
	每股资本公积金(元)	–	–	–	–
	每股未分配利润(元)	9.7776	6.3588	2.3906	–
	每股净资产(元)	11.5600	8.1400	3.6700	–
	每股经营现金流量(元)	–1.8864	11.1600	3.9005	–
	经营活动现金净流量增长(%)	–122.5024	186.1454	–	–

烟台正海合泰科技股份有限公司

公司概况	公司名称	烟台正海合泰科技股份有限公司			证券简称	正海合泰
	法人代表	秘波海	董秘	刘涛	证券代码	832818
	公司网址	www.zh-ai.com		电子信箱	liutao@zhenghai.com	
	电　话	0535-6368331		传　真	0535-6303579	
	办公地址	山东省烟台福山高新区祥福街57号				
	经营范围	生产、销售汽车内饰件、工程塑料及制品、聚氨酯材料及制品等				

	指标\报告期	2015.06.30	2014.12.31	2013.12.31	2012.12.31
主要财务指标	净利润(万元)	1600.99	2896.41	2875.14	–
	净利润增长率(%)	69.1648	0.7398	–	–
	加权净资产收益率(%)	5.8600	18.4800	24.4600	–
	资产负债比率(%)	63.5567	62.4024	74.8319	–
	净利润现金含量(%)	21.8751	34.9049	58.7582	–
	基本每股收益(元)	0.2300	0.7600	0.8100	–
	每股收益-扣除(元)	0.2000	–	–	–
	每股收益-摊薄(元)	0.2714	0.0000	0.6537	–
	每股资本公积金(元)	1.2577	0.9866	0.2999	–
	每股未分配利润(元)	1.7319	1.6774	1.6184	–
	每股净资产(元)	3.9900	3.7500	3.0100	–
	每股经营现金流量(元)	0.0594	0.0000	0.0000	–
	经营活动现金净流量增长(%)	–39.8427	–40.1561	–	–

山东啸创实业股份有限公司

公司概况	公司名称	山东啸创实业股份有限公司			证券简称	啸创股份
	法人代表	朱俊锋	董秘	严丹	证券代码	832819
	公司网址	www.sdxcsteel.com		电子信箱	xcsteel@sdxcsteel.com	
	电　话	0531-83172099		传　真	0531-83172099	
	办公地址	山东省济南市历城区机场路小徐家村南、江家村西北之间				
	经营范围	建材、金属材料、矿产品、化工原料及产品的销售				

	指标\报告期	2015.06.30	2014.12.31	2013.12.31	2012.12.31
主要财务指标	净利润(万元)	70.29	484.99	195.16	–
	净利润增长率(%)	–73.8852	148.5125	–	–
	加权净资产收益率(%)	1.0800	9.2700	6.7500	–
	资产负债比率(%)	60.2964	59.1611	83.6207	–
	净利润现金含量(%)	2426.6733	429.2068	278.4741	–
	基本每股收益(元)	0.0100	0.1000	0.0700	–
	每股收益-扣除(元)	0.0100	0.1000	0.0700	–
	每股收益-摊薄(元)	0.0117	0.0808	0.0651	–
	每股资本公积金(元)	0.0428	0.0428	–	–
	每股未分配利润(元)	0.0441	0.0324	–0.0040	–
	每股净资产(元)	1.0900	1.0800	1.0000	–
	每股经营现金流量(元)	0.2843	0.3469	0.1800	–
	经营活动现金净流量增长(%)	164.1	283.0256	–	–

江苏慧通管道设备股份有限公司

公司概况	公司名称	江苏慧通管道设备股份有限公司			证券简称	慧通股份
	法人代表	李化	董秘	张文轩	证券代码	832820
	公司网址	www.jsyzht.com		电子信箱	chinajsyzht@vip.163.com	
	电　话	0514-83268212		传　真	0514-83212933	
	办公地址	江苏省扬州市仪征市真州镇万年经济开发区城河北路18号				
	经营范围	A2级第III类低、中压容器及非标设备、金属结构件制造、销售				

	指标\报告期	2015.06.30	2014.12.31	2013.12.31	2012.12.31
主要财务指标	净利润(万元)	204.24	177.45	–564.10	–
	净利润增长率(%)	241.4	131.5	–	–
	加权净资产收益率(%)	4.1200	4.3900	–14.0500	–
	资产负债比率(%)	46.1666	48.0139	59.5347	–
	净利润现金含量(%)	–203.6333	275.1761	–173.3221	–
	基本每股收益(元)	0.0400	0.0400	–0.1100	–
	每股收益-扣除(元)	0.0400	–0.0017	–0.1100	–
	每股收益-摊薄(元)	0.0408	0.0354	–0.1128	–
	每股资本公积金(元)	0.0004	0.2101	–	–
	每股未分配利润(元)	0.0329	–0.2176	–0.2534	–
	每股净资产(元)	1.0300	0.9900	0.7500	–
	每股经营现金流量(元)	–0.0830	0.1000	0.2000	–
	经营活动现金净流量增长(%)	–513.8986	–50.0569	–	–

河南金丹乳酸科技股份有限公司

公司概况	公司名称	河南金丹乳酸科技股份有限公司			证券简称	金丹科技
	法人代表	张鹏	董秘	崔耀军	证券代码	832821
	公司网址	www.jindanlactic.com		电子信箱	zqb@jindanlactic.com	
	电　话	0394-3196886		传　真	0394-3195838	
	办公地址	河南省郸城县金丹大道08号				
	经营范围	生产乳酸(DL-乳酸、L-乳酸、D-乳酸)				

	指标\报告期	2015.06.30	2014.12.31	2013.12.31	2012.12.31
主要财务指标	净利润(万元)	2975.79	3510.84	2782.14	–
	净利润增长率(%)	19.3061	26.1923	–	–
	加权净资产收益率(%)	8.9900	11.7400	10.4000	–
	资产负债比率(%)	53.8736	54.8305	60.7312	–
	净利润现金含量(%)	197.5318	302.7848	302.5967	–
	基本每股收益(元)	0.3500	0.4100	0.3300	–
	每股收益-扣除(元)	–	0.3900	0.3100	–
	每股收益-摊薄(元)	0.3517	0.4149	0.3288	–
	每股资本公积金(元)	1.8816	1.8816	1.8816	–
	每股未分配利润(元)	1.1243	0.7726	0.3997	–
	每股净资产(元)	4.0900	3.7400	3.3300	–
	每股经营现金流量(元)	0.6947	1.2600	0.9950	–
	经营活动现金净流量增长(%)	37.2533	26.2708	–	–

上海保正国际物流股份有限公司

公司概况	公司名称	上海保正国际物流股份有限公司			证券简称	保正物流
	法人代表	曹灿	董秘	程澍	证券代码	832822
	公司网址	www.safelogistics.com.cn			电子信箱	chengshu@safelogistics.com.cn
	电　　话	021-50120000-6003			传　　真	021-36686960
	办公地址	中国(上海)自由贸易试验区美桂南路338号2幢一层103A17部位				
	经营范围	海上、陆路、航空国际货运代理业务;区内仓储业务等				

	指标\报告期	2015.06.30	2014.12.31	2013.12.31	2012.12.31
主要财务指标	净利润(万元)	34.83	498.90	197.64	–
	净利润增长率(%)	–75.9308	152.4223	–	–
	加权净资产收益率(%)	2.1400	38.8500	32.3400	–
	资产负债比率(%)	75.4571	77.7134	80.2499	–
	净利润现金含量(%)	1031.4036	123.8004	–80.3936	–
	基本每股收益(元)	0.0300	0.5300	0.4000	–
	每股收益–扣除(元)	–	0.4100	0.3600	–
	每股收益–摊薄(元)	0.0348	0.4989	0.2471	–
	每股资本公积金(元)	0.0423	0.0423	–	–
	每股未分配利润(元)	0.5461	0.5112	0.1148	–
	每股净资产(元)	1.6400	1.6100	1.0600	–
	每股经营现金流量(元)	0.3593	0.6200	–0.1986	–
	经营活动现金净流量增长(%)	–57.4942	488.7	–	–

柳州佳力电机股份有限公司

公司概况	公司名称	柳州佳力电机股份有限公司			证券简称	柳州电机
	法人代表	王志丰	董秘	刘翌	证券代码	832823
	公司网址	www.lzjlxdj.com			电子信箱	jldjgs@163.com
	电　　话	0772-3161038 3162135			传　　真	0772-3162338
	办公地址	广西省柳州市洛维工业集中区维兴路8号				
	经营范围	发电机、电动机的研发、制造、销售和服务				

	指标\报告期	2015.06.30	2014.12.31	2013.12.31	2012.12.31
主要财务指标	净利润(万元)	29.99	46.02	642.66	–
	净利润增长率(%)	–58.2736	–92.8392	–	–
	加权净资产收益率(%)	1.2000	1.7100	18.1400	–
	资产负债比率(%)	71.7510	71.6535	61.5137	–
	净利润现金含量(%)	–241.4105	592.5250	–98.1016	–
	基本每股收益(元)	0.0300	0.0500	0.6400	–
	每股收益–扣除(元)	0.0300	0.0400	0.6600	–
	每股收益–摊薄(元)	0.0300	0.0460	0.6427	–
	每股资本公积金(元)	1.4084	1.4084	–	–
	每股未分配利润(元)	0.0931	0.0631	2.5209	–
	每股净资产(元)	2.5100	2.4800	3.8700	–
	每股经营现金流量(元)	–0.0724	0.2700	–0.6300	–
	经营活动现金净流量增长(%)	–190.4697	143.3	–	–

浙江华龙巨水科技股份有限公司

公司概况	公司名称	浙江华龙巨水科技股份有限公司			证券简称	华龙巨水
	法人代表	郑正叶	董秘	贺仁奇	证券代码	832824
	公司网址	www.valogin.com			电子信箱	herenqi@126.com
	电　　话	0576-87413778			传　　真	0576-81731062
	办公地址	浙江省台州市玉环县清港镇科技工业园区				
	经营范围	建筑用金属配件研发、制造、销售、技术服务等				

	指标\报告期	2015.06.30	2014.12.31	2013.12.31	2012.12.31
主要财务指标	净利润(万元)	1092.50	472.00	908.76	–
	净利润增长率(%)	116.9768	–48.0612	–	–
	加权净资产收益率(%)	14.3200	6.8900	14.7600	–
	资产负债比率(%)	75.0884	77.7151	77.1016	–
	净利润现金含量(%)	–362.9445	434.9661	511.5036	–
	基本每股收益(元)	0.2200	0.0900	0.1800	–
	每股收益–扣除(元)	0.1300	0.2900	–0.1200	–
	每股收益–摊薄(元)	0.2185	0.0944	0.1818	–
	每股资本公积金(元)	–	–	–	–
	每股未分配利润(元)	0.5913	0.3728	0.2890	–
	每股净资产(元)	1.6300	1.4200	1.3200	–
	每股经营现金流量(元)	–0.7930	0.4100	0.9300	–
	经营活动现金净流量增长(%)	–175.8	–55.8328	–	–

合肥海明科技股份有限公司

公司概况	公司名称	合肥海明科技股份有限公司			证券简称	海明科技
	法人代表	王青松	董秘		证券代码	832825
	公司网址	www.hmkjeng.com			电子信箱	hf_hmkj@163.com
	电　　话	0551-65365132			传　　真	0551-65365137
	办公地址	安徽省合肥市高新区望江西路539号鲲鹏产业园4幢501室				
	经营范围	工业现场动态计量与控制系统的研发、生产、销售和技术服务				

	指标\报告期	2015.06.30	2014.12.31	2013.12.31	2012.12.31
主要财务指标	净利润(万元)	–111.22	–13.80	34.39	–
	净利润增长率(%)	–40.0	–140.1226	–	–
	加权净资产收益率(%)	–11.0100	–1.3600	3.4300	–
	资产负债比率(%)	10.6784	14.4056	15.9144	–
	净利润现金含量(%)	102.3913	402.3188	–559.0579	–
	基本每股收益(元)	–0.1100	–0.0100	0.0300	–
	每股收益–扣除(元)	–0.1600	–0.0700	0.0300	–
	每股收益–摊薄(元)	–0.1112	–0.0138	0.0344	–
	每股资本公积金(元)	0.0919	0.0184	0.0184	–
	每股未分配利润(元)	–0.1254	–0.0142	–0.0004	–
	每股净资产(元)	0.9700	1.0000	1.0200	–
	每股经营现金流量(元)	–0.1139	–0.0600	–0.1900	–
	经营活动现金净流量增长(%)	6.3	71.1	–	–

上海东方磁卡信息股份有限公司

公司概况	公司名称	上海东方磁卡信息股份有限公司			证券简称	东方信息
	法人代表	李晓东	董秘	徐敏	证券代码	832826
	公司网址	www.omec.com.cn		电子信箱	omec@omec.com.cn	
	电　话	021-69212216		传　真	021-69212468	
	办公地址	上海市青浦区工业园区新高路 98 号				
	经营范围	接触式、非接触式、双界面等智能卡的研制、生产及销售				

主要财务指标	指标\报告期	2015.06.30	2014.12.31	2013.12.31	2012.12.31
	净利润(万元)	608.75	883.13	416.86	–
	净利润增长率(%)	142.7891	111.8530	–	–
	加权净资产收益率(%)	9.2100	16.8900	7.7800	–
	资产负债比率(%)	12.7865	14.5332	16.7448	–
	净利润现金含量(%)	39.0693	130.1492	125.6851	–
	基本每股收益(元)	0.2400	0.3500	0.1600	–
	每股收益-扣除(元)	–	0.3100	0.1500	–
	每股收益-摊薄(元)	0.2387	0.3463	0.1635	–
	每股资本公积金(元)	1.2389	1.1997	0.2976	–
	每股未分配利润(元)	0.4619	0.2232	0.7092	–
	每股净资产(元)	2.7300	2.4500	2.1000	–
	每股经营现金流量(元)	0.0933	0.4500	0.2100	–
	经营活动现金净流量增长(%)	–30.9962	119.3777	–	–

河南百逸达实业股份有限公司

公司概况	公司名称	河南百逸达实业股份有限公司			证券简称	百逸达
	法人代表	杨光明	董秘	杨月珍	证券代码	832827
	公司网址	www.pride.net.cn		电子信箱	BYD18837435189@163.COM	
	电　话	0374-8660888		传　真	0374-8660999	
	办公地址	河南省禹州市褚河乡提灌站				
	经营范围	人发和化纤发系列产品的生产和销售				

主要财务指标	指标\报告期	2015.06.30	2014.12.31	2013.12.31	2012.12.31
	净利润(万元)	407.62	120.71	136.77	–
	净利润增长率(%)	177.1759	–11.7426	–	–
	加权净资产收益率(%)	4.9500	1.4800	7.2300	–
	资产负债比率(%)	59.2242	59.4869	77.8171	–
	净利润现金含量(%)	–226.1233	-7439.7399	–472.9034	–
	基本每股收益(元)	0.0500	0.0200	0.0500	–
	每股收益-扣除(元)	–	–	–	–
	每股收益-摊薄(元)	0.0510	0.0151	0.0456	–
	每股资本公积金(元)	0.0238	0.0238	0.3967	–
	每股未分配利润(元)	0.0310	–0.0199	–0.0934	–
	每股净资产(元)	1.0600	1.1200	1.4800	–
	每股经营现金流量(元)	–0.1152	–1.1226	–0.2156	–
	经营活动现金净流量增长(%)	45.0	–1288.5	–	–

广州凡科互联网科技股份有限公司

公司概况	公司名称	广州凡科互联网科技股份有限公司			证券简称	凡科股份
	法人代表	刘晓聪	董秘	江杰	证券代码	832828
	公司网址	www.faisco.com		电子信箱	jeff@faisco.com	
	电　话	020020-37892700		传　真	020020-37892700	
	办公地址	广东省广州市海珠区工业大道北路 67 号五号楼首层				
	经营范围	提供一站式自助建产品和服务				

主要财务指标	指标\报告期	2015.06.30	2014.12.31	2013.12.31	2012.12.31
	净利润(万元)	196.86	187.82	–6.90	–
	净利润增长率(%)	273.2883	2820.6	–	–
	加权净资产收益率(%)	28.0400	131.2000	–13.1000	–
	资产负债比率(%)	16.0159	34.1589	73.8156	–
	净利润现金含量(%)	144.1631	92.0509	–876.0870	–
	基本每股收益(元)	0.4800	1.8800	–0.0700	–
	每股收益-扣除(元)	0.4900	–	–	–
	每股收益-摊薄(元)	0.4429	1.2521	–0.0690	–
	每股资本公积金(元)	2.2401	1.0000	–	–
	每股未分配利润(元)	0.4362	0.8203	–0.5076	–
	每股净资产(元)	3.6800	2.9100	0.4900	–
	每股经营现金流量(元)	0.6386	1.1500	0.6000	–
	经营活动现金净流量增长(%)	866.3	185.9825	–	–

西安汉术化学工程股份有限公司

公司概况	公司名称	西安汉术化学工程股份有限公司			证券简称	汉术化学
	法人代表	韩刚	董秘	吴昊	证券代码	832829
	公司网址	www.hanshoweng.com		电子信箱	hg9010@vip.163.com	
	电　话	0029-88445060		传　真	0029-82224311	
	办公地址	陕西省西安市高新区丈八一路 1 号汇鑫 IBC-A 座 0402 室				
	经营范围	化工石化医药行业工程设计、总承包、项目管理等				

主要财务指标	指标\报告期	2015.06.30	2014.12.31	2013.12.31	2012.12.31
	净利润(万元)	–408.79	26.46	11.43	–
	净利润增长率(%)	–77.8	–76.8513	–	–
	加权净资产收益率(%)	–22.9100	14.6200	7.1000	–
	资产负债比率(%)	67.9529	64.2905	66.6407	–
	净利润现金含量(%)	101.3234	69.9751	690.2625	–
	基本每股收益(元)	–0.3100	0.2000	0.1000	–
	每股收益-扣除(元)	–0.3200	–	–	–
	每股收益-摊薄(元)	–0.3062	0.0198	0.0095	–
	每股资本公积金(元)	0.0162	0.0162	0.0838	–
	每股未分配利润(元)	0.1271	0.4333	0.2837	–
	每股净资产(元)	1.1800	1.4900	1.3900	–
	每股经营现金流量(元)	–0.3103	0.0139	0.0657	–
	经营活动现金净流量增长(%)	7.9	–76.5342	–	–

汉哲管理咨询(北京)股份有限公司

公司概况					
公司名称	汉哲管理咨询(北京)股份有限公司			证券简称	汉哲咨询
法人代表	段磊	董秘	马丽丽	证券代码	832830
公司网址	www.han-consulting.com.cn		电子信箱	IR@han-consulting.com.cn	
电　话	010-62669138		传　真	010-62669138-601	
办公地址	北京市海淀区农大南路1号院5号楼3层302				
经营范围	管理咨询服务及配套信息化产品				

主要财务指标

指标\报告期	2015.06.30	2014.12.31	2013.12.31	2012.12.31
净利润(万元)	44.93	23.09	3.38	–
净利润增长率(%)	300.7	584.1475	–	–
加权净资产收益率(%)	8.3400	6.9300	2.8200	–
资产负债比率(%)	4.9367	8.8351	56.9675	–
净利润现金含量(%)	21.2034	–603.2482	–783.7278	–
基本每股收益(元)	0.0900	0.0800	0.0300	–
每股收益–扣除(元)	–	0.1000	–0.1600	–
每股收益–摊薄(元)	0.0899	0.0462	0.0338	–
每股资本公积金(元)	0.0018	0.0018	0.7000	–
每股未分配利润(元)	0.1200	0.0302	–0.3209	–
每股净资产(元)	1.1200	1.0300	0.8100	–
每股经营现金流量(元)	0.0191	–0.2786	–0.2600	–
经营活动现金净流量增长(%)	–76.4375	–425.8	–	–

浙江邦得利环保科技股份有限公司

公司概况					
公司名称	浙江邦得利环保科技股份有限公司			证券简称	邦得利
法人代表	陈法献	董秘	谢吴一	证券代码	832831
公司网址	www.bondlye.cn		电子信箱	xiewuyi@bondlye.cn	
电　话	00576-85939801		传　真	00576-85939524	
办公地址	浙江省临海市江南街道金岭路、义城路交叉口				
经营范围	汽车零部件研发、制造;汽车配件批发、零售				

主要财务指标

指标\报告期	2015.06.30	2014.12.31	2013.12.31	2012.12.31
净利润(万元)	35.40	364.57	999.30	–
净利润增长率(%)	–92.3979	–63.5176	–	–
加权净资产收益率(%)	0.3700	–	–	–
资产负债比率(%)	41.4306	46.3935	45.3135	–
净利润现金含量(%)	2675.4396	719.2089	13.1982	–
基本每股收益(元)	0.0100	0.5100	1.0000	–
每股收益–扣除(元)	–0.0010	–	–	–
每股收益–摊薄(元)	0.0084	0.3646	0.9993	–
每股资本公积金(元)	1.3692	0.0148	–	–
每股未分配利润(元)	0.0493	8.1075	9.7430	–
每股净资产(元)	2.4200	9.6200	11.2400	–
每股经营现金流量(元)	0.2255	2.6200	0.1300	–
经营活动现金净流量增长(%)	–30.4966	1888.0332	–	–

河南禹鼎电子股份有限公司

公司概况					
公司名称	河南禹鼎电子股份有限公司			证券简称	禹鼎电子
法人代表	魏秀文	董秘	张永娟	证券代码	832832
公司网址	www.zzyuding.com		电子信箱	287954248@qq.com	
电　话	0371-56972267		传　真	0371-56972274	
办公地址	河南省郑州市高新区长椿路11号13幢2单元5层30号				
经营范围	工业无线遥控器的研发、生产和销售,以及印刷电路板的代工业务				

主要财务指标

指标\报告期	2015.06.30	2014.12.31	2013.12.31	2012.12.31
净利润(万元)	93.85	108.63	4.47	–
净利润增长率(%)	34.5685	2330.3715	–	–
加权净资产收益率(%)	13.1600	24.4700	8.2800	–
资产负债比率(%)	60.2297	56.4425	88.7236	–
净利润现金含量(%)	–22.1584	–74.7884	1312.4474	–
基本每股收益(元)	0.1700	0.2834	0.0894	–
每股收益–扣除(元)	–	0.2761	0.0894	–
每股收益–摊薄(元)	0.1706	0.1975	0.0894	–
每股资本公积金(元)	0.0902	0.0902	–	–
每股未分配利润(元)	0.2851	0.1093	0.1116	–
每股净资产(元)	1.3800	1.2100	1.1200	–
每股经营现金流量(元)	–0.0378	–0.1500	1.1700	–
经营活动现金净流量增长(%)	–489.7416	–238.4922	–	–

易霸科技(威海)股份有限公司

公司概况					
公司名称	易霸科技(威海)股份有限公司			证券简称	易霸科技
法人代表	李支柱	董秘	王锋	证券代码	832833
公司网址	www.eabar.cn		电子信箱	wf@eabar.cn	
电　话	0631-5668687		传　真	0631-5669577	
办公地址	山东省威海市火炬路213-1号创新创业基地C座1楼				
经营范围	智慧EcoIT变电室、高低压成套电器、工业自动化装置的研究、开发、设计等				

主要财务指标

指标\报告期	2015.06.30	2014.12.31	2013.12.31	2012.12.31
净利润(万元)	13.37	127.24	5.04	–
净利润增长率(%)	118.2	2425.9544	–	–
加权净资产收益率(%)	0.3100	12.3500	0.5600	–
资产负债比率(%)	72.7247	75.5963	67.8318	–
净利润现金含量(%)	–741.7264	201.9412	–9586.5079	–
基本每股收益(元)	0.3100	0.1300	–0.0054	–
每股收益–扣除(元)	0.3000	0.0100	–	–
每股收益–摊薄(元)	0.0133	0.1262	0.0050	–
每股资本公积金(元)	–	–	–	–
每股未分配利润(元)	0.0922	0.0790	–0.0465	–
每股净资产(元)	1.1000	1.0900	0.9600	–
每股经营现金流量(元)	–0.0984	0.2500	–0.4800	–
经营活动现金净流量增长(%)	31.9	153.2	–	–

浙江林江化工股份有限公司

公司概况					
公司名称	浙江林江化工股份有限公司		证券简称	林江股份	
法人代表	易克炎	董秘	杨江宇	证券代码	832834
公司网址	www.linjiangchem.com.cn		电子信箱	13858582347@126.com	
电　　话	0575-82731728		传　　真	0575-82739410	
办公地址	浙江省杭州湾上虞经济技术开发区纬三路8号				
经营范围	生产硫酸(70%80%)911.2吨(副产)、其他化工产品				

指标\报告期	2015.06.30	2014.12.31	2013.12.31	2012.12.31
净利润(万元)	1699.97	2489.29	1595.47	–
净利润增长率(%)	121.4418	56.0223	–	–
加权净资产收益率(%)	21.1400	39.8100	37.2200	–
资产负债比率(%)	45.1357	51.6169	46.1166	–
净利润现金含量(%)	124.8516	115.9441	124.2942	–
基本每股收益(元)	2.5800	3.7800	2.4200	–
每股收益-扣除(元)	2.5300	3.7600	–	–
每股收益-摊薄(元)	2.5835	3.7831	2.4247	–
每股资本公积金(元)	8.0270	8.0307	0.7036	–
每股未分配利润(元)	4.1250	1.5430	5.2404	–
每股净资产(元)	13.3200	10.7400	7.7300	–
每股经营现金流量(元)	3.2256	4.3900	3.0100	–
经营活动现金净流量增长(%)	43.5525	45.5407	–	–

浙江三禾竹木科技股份有限公司

公司概况					
公司名称	浙江三禾竹木科技股份有限公司		证券简称	三禾科技	
法人代表	黄环武	董秘	陶晓红	证券代码	832835
公司网址	www.cnshzm.com		电子信箱	839332933@qq.com	
电　　话	0578-6138858		传　　真	0578-6139817	
办公地址	浙江省浙江庆元县工业园区2号				
经营范围	公司主要从事竹制品的研发、加工及销售				

指标\报告期	2015.06.30	2014.12.31	2013.12.31	2012.12.31
净利润(万元)	651.37	654.08	362.83	–
净利润增长率(%)	477.8993	80.2695	–	–
加权净资产收益率(%)	25.0000	42.6800	32.4100	–
资产负债比率(%)	63.8318	75.4883	81.1197	–
净利润现金含量(%)	152.3380	-7.3538	473.3567	–
基本每股收益(元)	0.4200	0.6500	0.3600	–
每股收益-扣除(元)	–	–	–	–
每股收益-摊薄(元)	0.4006	0.4361	0.3628	–
每股资本公积金(元)	0.1951	0.0434	–	–
每股未分配利润(元)	0.6837	0.3070	0.3773	–
每股净资产(元)	1.9200	1.3900	1.4300	–
每股经营现金流量(元)	0.6103	-0.0300	1.7200	–
经营活动现金净流量增长(%)	136.4589	-102.8006	–	–

四川银钢一通凸轮科技股份有限公司

公司概况					
公司名称	四川银钢一通凸轮科技股份有限公司		证券简称	银钢一通	
法人代表	伍良前	董秘	刘德钦	证券代码	832836
公司网址	www.ygtl.com		电子信箱	ldq@ygtl.com	
电　　话	0826-6822472		传　　真	0826-6822472	
办公地址	四川省广安市武胜县工业集中区街子工业园				
经营范围	摩托车配件、汽车配件、通机的研发、制造与销售等				

指标\报告期	2015.06.30	2014.12.31	2013.12.31	2012.12.31
净利润(万元)	229.03	441.87	271.21	–
净利润增长率(%)	409.6	62.9272	–	–
加权净资产收益率(%)	2.1700	6.2300	4.0300	–
资产负债比率(%)	70.0482	71.0122	71.0780	–
净利润现金含量(%)	906.4225	217.1498	1478.4116	–
基本每股收益(元)	0.0600	0.1100	0.0700	–
每股收益-扣除(元)	–	0.0300	-0.0100	–
每股收益-摊薄(元)	0.0573	0.1105	0.0678	–
每股资本公积金(元)	0.6056	0.6056	0.6056	–
每股未分配利润(元)	0.2729	0.2181	0.1076	–
每股净资产(元)	1.8800	1.8300	1.7200	–
每股经营现金流量(元)	0.5190	0.2400	1.0000	–
经营活动现金净流量增长(%)	2985.7	-76.0695	–	–

安徽莱姆佳生物科技股份有限公司

公司概况					
公司名称	安徽莱姆佳生物科技股份有限公司		证券简称	莱姆佳	
法人代表	张从军	董秘	吴月娥	证券代码	832837
公司网址	www.lmjfy.com		电子信箱	lmjlaimujia@163.com	
电　　话	0552-2220885		传　　真	0552-8502818	
办公地址	安徽省蚌埠市怀远县工业园区(合徐高速蚌埠西出口处)				
经营范围	复合肥、复混肥、有机肥及其他新型肥料的研发、生产和销售				

指标\报告期	2015.06.30	2014.12.31	2013.12.31	2012.12.31
净利润(万元)	248.90	625.79	19.11	–
净利润增长率(%)	219.3415	3175.4895	–	–
加权净资产收益率(%)	7.3800	28.2900	1.0100	–
资产负债比率(%)	75.1938	75.7441	82.9152	–
净利润现金含量(%)	37.6487	-367.7123	3984.4051	–
基本每股收益(元)	0.0800	0.3900	0.0100	–
每股收益-扣除(元)	–	–	–	–
每股收益-摊薄(元)	0.0830	0.2086	0.0119	–
每股资本公积金(元)	0.0536	0.0014	0.4375	–
每股未分配利润(元)	0.1058	0.0698	-0.2505	–
每股净资产(元)	1.1600	1.0800	1.1900	–
每股经营现金流量(元)	0.0312	-0.7670	0.4800	–
经营活动现金净流量增长(%)	110.7	-402.2879	–	–

江苏华绿生物科技股份有限公司

公司概况	公司名称	江苏华绿生物科技股份有限公司		证券简称	华绿生物
	法人代表	余养朝	董秘 钱韬	证券代码	832838
	公司网址	www.chinagreenbio.com		电子信箱	hualv@chinagreenbio.com
	电　话	0527-85302330		传　真	0527-85308101
	办公地址	江苏省宿迁市泗阳县绿都大道88号			
	经营范围	公司主要从事鲜品食用菌的研发、生产和销售			

主要财务指标	指标\报告期	2015.06.30	2014.12.31	2013.12.31	2012.12.31
	净利润(万元)	2130.48	3764.06	2003.18	–
	净利润增长率(%)	72.2443	87.9041	–	–
	加权净资产收益率(%)	15.4800	38.6100	33.4300	–
	资产负债比率(%)	53.9936	59.8810	67.9412	–
	净利润现金含量(%)	29.1559	189.5820	181.2783	–
	基本每股收益(元)	1.3400	2.3700	1.3200	–
	每股收益-扣除(元)	–	2.3800	1.2800	–
	每股收益-摊薄(元)	1.3400	2.3675	1.2600	–
	每股资本公积金(元)	0.6967	0.6967	0.6967	–
	每股未分配利润(元)	6.7861	5.4463	3.1038	–
	每股净资产(元)	8.6600	7.3200	4.9500	–
	每股经营现金流量(元)	0.3907	4.4900	2.2800	–
	经营活动现金净流量增长(%)	-68.7894	96.5117	–	–

成都共同管业集团股份有限公司

公司概况	公司名称	成都共同管业集团股份有限公司		证券简称	共同管业
	法人代表	陈模	董秘 段涌	证券代码	832839
	公司网址	www.commc.cn		电子信箱	gongtongguanye@163.com
	电　话	028-82782399		传　真	028-82782399
	办公地址	四川省成都市温江区成都海峡两岸科技产业开发园海科路西段498号			
	经营范围	研究开发、生产新型建筑材料、销售本公司产品			

主要财务指标	指标\报告期	2015.06.30	2014.12.31	2013.12.31	2012.12.31
	净利润(万元)	569.03	1054.31	1080.26	–
	净利润增长率(%)	22.2440	-2.4027	–	–
	加权净资产收益率(%)	5.6600	14.1100	17.2200	–
	资产负债比率(%)	14.4921	33.2863	29.6623	–
	净利润现金含量(%)	31.0098	140.2681	85.5184	–
	基本每股收益(元)	0.2200	0.5200	2.1600	–
	每股收益-扣除(元)	0.1700	0.4400	2.0500	–
	每股收益-摊薄(元)	0.2189	0.4055	2.1605	–
	每股资本公积金(元)	2.8176	0.7532	0.2655	–
	每股未分配利润(元)	0.1606	1.8688	12.1235	–
	每股净资产(元)	3.9800	3.7600	13.8900	–
	每股经营现金流量(元)	0.0679	0.5700	1.8500	–
	经营活动现金净流量增长(%)	-86.1433	60.0800	–	–

亚世光电股份有限公司

公司概况	公司名称	亚世光电股份有限公司		证券简称	亚世光电
	法人代表	贾继涛	董秘 边瑞群	证券代码	832840
	公司网址	www.yes-lcd.com		电子信箱	bianrq@188.com
	电　话	0412-5212151		传　真	0412-5211729
	办公地址	辽宁省鞍山市立山区越岭路288号			
	经营范围	液晶显示屏及模组的研发、生产和销售			

主要财务指标	指标\报告期	2015.06.30	2014.12.31	2013.12.31	2012.12.31
	净利润(万元)	2612.05	3535.82	1724.79	–
	净利润增长率(%)	175.7975	105.0001	–	–
	加权净资产收益率(%)	21.4700	39.9700	44.0600	–
	资产负债比率(%)	42.3320	47.1557	54.2786	–
	净利润现金含量(%)	102.5016	100.6776	-38.2632	–
	基本每股收益(元)	0.4600	0.6600	0.5300	–
	每股收益-扣除(元)	–	0.6200	0.5300	–
	每股收益-摊薄(元)	0.4648	0.6291	0.3448	–
	每股资本公积金(元)	0.0009	0.0008	0.0009	–
	每股未分配利润(元)	1.3028	0.8380	0.3054	–
	每股净资产(元)	2.0300	1.9300	1.3400	–
	每股经营现金流量(元)	0.4764	0.6300	-0.1300	–
	经营活动现金净流量增长(%)	-3.9464	639.4	–	–

无锡市天语和声文化传媒股份有限公司

公司概况	公司名称	无锡市天语和声文化传媒股份有限公司		证券简称	天语和声
	法人代表	徐国伟	董秘 熊娟	证券代码	832841
	公司网址	www.t-unison.com		电子信箱	wxtyhs@163.com
	电　话	86510-88570069		传　真	0510-88570073
	办公地址	江苏省无锡市建筑西路599号-1七楼708室			
	经营范围	公司主营业务为文化内容产品的制作、输出及销售			

主要财务指标	指标\报告期	2015.06.30	2014.12.31	2013.12.31	2012.12.31
	净利润(万元)	-332.26	106.51	45.41	–
	净利润增长率(%)	-549.3	134.5503	–	–
	加权净资产收益率(%)	-87.2900	19.6500	8.4700	–
	资产负债比率(%)	83.3809	38.0579	46.5822	–
	净利润现金含量(%)	116.0627	-131.5745	249.1301	–
	基本每股收益(元)	-0.6600	0.7600	2.2700	–
	每股收益-扣除(元)	-0.7400	0.5700	2.4000	–
	每股收益-摊薄(元)	-0.6645	0.2130	2.2705	–
	每股资本公积金(元)	0.0353	0.0353	28.5276	–
	每股未分配利润(元)	-0.6062	0.0583	-1.5731	–
	每股净资产(元)	0.4300	1.0900	27.9500	–
	每股经营现金流量(元)	-0.7713	-0.2800	5.6500	–
	经营活动现金净流量增长(%)	-448.7934	-223.8870	–	–

江苏柯瑞机电工程股份有限公司

公司概况

公司名称	江苏柯瑞机电工程股份有限公司			证券简称	柯瑞工程
法人代表	程剑新	董秘	裴英俊	证券代码	832842
公司网址	www.career-js.com		电子信箱	pei.yingjun@career-js.com	
电　话	0512-57376900		传　真	0512-57376901	
办公地址	江苏省苏州市张浦镇民营二区				
经营范围	建筑安装综合服务、机电消防设备销售以及技术咨询服务				

主要财务指标

指标\报告期	2015.06.30	2014.12.31	2013.12.31	2012.12.31
净利润(万元)	37.84	347.75	86.82	–
净利润增长率(%)	4.2167	300.5531	–	–
加权净资产收益率(%)	0.8100	12.3600	3.3500	–
资产负债比率(%)	45.7986	71.1341	71.5719	–
净利润现金含量(%)	–8228.7536	92.6528	–111.2301	–
基本每股收益(元)	0.0100	0.1300	0.0300	–
每股收益–扣除(元)	0.0100	0.1600	0.0300	–
每股收益–摊薄(元)	0.0089	0.1338	0.0334	–
每股资本公积金(元)	0.4463	–	0.0419	–
每股未分配利润(元)	0.0316	0.1025	–0.0270	–
每股净资产(元)	1.4800	1.1000	1.0100	–
每股经营现金流量(元)	–0.7293	0.1239	–0.0371	–
经营活动现金净流量增长(%)	–2794.5709	433.6	–	–

南京惠通创意展示股份有限公司

公司概况

公司名称	南京惠通创意展示股份有限公司			证券简称	惠通创意
法人代表	姚国松	董秘	周德鸿	证券代码	832843
公司网址	www.hts-cn.net		电子信箱		
电　话	025-58694812		传　真	025-58841735	
办公地址	江苏省南京高新技术开发区新锦湖路 16 号				
经营范围	展览用品开发、生产;展览设备、办公家具及隔板				

主要财务指标

指标\报告期	2015.06.30	2014.12.31	2013.12.31	2012.12.31
净利润(万元)	404.13	803.67	645.09	–
净利润增长率(%)	425.4637	24.5828	–	–
加权净资产收益率(%)	4.7200	10.1100	8.9200	–
资产负债比率(%)	53.9398	54.3977	56.4433	–
净利润现金含量(%)	–98.7086	–29.0069	621.1676	–
基本每股收益(元)	0.0800	0.1600	0.2900	–
每股收益–扣除(元)	0.0700	0.1000	–	–
每股收益–摊薄(元)	0.0808	0.1607	0.2948	–
每股资本公积金(元)	0.5963	0.6012	2.3099	–
每股未分配利润(元)	0.1380	0.0572	–0.0184	–
每股净资产(元)	1.7500	1.6700	3.4500	–
每股经营现金流量(元)	–0.0798	–0.0500	1.8300	–
经营活动现金净流量增长(%)	85.2	–105.8177	–	–

赛浪汽车科技(北京)股份有限公司

公司概况

公司名称	赛浪汽车科技(北京)股份有限公司			证券简称	赛浪股份
法人代表	刘顺钊	董秘	范敏	证券代码	832844
公司网址	www.supwave.cn		电子信箱	357469267@qq.com	
电　话	010-88852960		传　真	010-88856072	
办公地址	北京市海淀区闵庄路 3 号清华科技园玉泉慧谷 12 号楼 B 栋 1 层				
经营范围	技术开发、技术推广、技术转让、技术服务、技术咨询等				

主要财务指标

指标\报告期	2015.06.30	2014.12.31	2013.12.31	2012.12.31
净利润(万元)	5.69	105.49	89.89	–
净利润增长率(%)	–91.8764	17.3584	–	–
加权净资产收益率(%)	0.8700	16.2100	–366.2800	–
资产负债比率(%)	16.8734	30.8713	105.8703	–
净利润现金含量(%)	–5625.5746	–187.3486	15.4771	–
基本每股收益(元)	0.0100	0.2100	1.8000	–
每股收益–扣除(元)	0.0200	–	–	–
每股收益–摊薄(元)	0.0114	0.2110	1.7978	–
每股资本公积金(元)	0.3019	0.2400	–	–
每股未分配利润(元)	0.0114	0.0557	–1.4908	–
每股净资产(元)	1.3100	1.3000	–0.4900	–
每股经营现金流量(元)	–0.6399	–0.4000	0.2800	–
经营活动现金净流量增长(%)	–1905.9	–1520.6090	–	–

宁波木村树鞋业股份有限公司

公司概况

公司名称	宁波木村树鞋业股份有限公司			证券简称	木村树
法人代表	吴伟群	董秘	黄晶晶	证券代码	832845
公司网址	www.mucunshu.com		电子信箱	mucunshu@mucunshu.com	
电　话	0571-87673777		传　真	0571-87173895	
办公地址	浙江省宁波市海曙区柳汀街 251 弄 11 号 909 室				
经营范围	“木村树”品牌休闲鞋的运营与销售				

主要财务指标

指标\报告期	2015.06.30	2014.12.31	2013.12.31	2012.12.31
净利润(万元)	44.44	–28.46	110.35	–
净利润增长率(%)	1267.8	–125.7898	–	–
加权净资产收益率(%)	3.5500	–4.3000	18.7200	–
资产负债比率(%)	58.2206	60.8344	78.5824	–
净利润现金含量(%)	41.3979	3391.3212	–31.0014	–
基本每股收益(元)	0.0400	–0.0500	0.2000	–
每股收益–扣除(元)	–	–	–	–
每股收益–摊薄(元)	0.0444	–0.0285	2.2070	–
每股资本公积金(元)	–	–	10.0200	–
每股未分配利润(元)	0.0732	0.0287	1.7500	–
每股净资产(元)	1.0700	1.7500	1.0900	–
每股经营现金流量(元)	0.0184	–0.9652	–0.6842	–
经营活动现金净流量增长(%)	–64.0244	–2721.4	–	–

山东开泰抛丸机械股份有限公司

公司概况	公司名称	山东开泰抛丸机械股份有限公司			证券简称	山东开泰
	法人代表	王瑞国	董秘	吴成民	证券代码	832846
	公司网址	www.kaitaishotblasting.com		电子信箱	hr@kai-tai.com.cn	
	电　话	0543-4570329		传　真	0543-4579169	
	办公地址	山东省滨州市邹平县青阳镇				
	经营范围	研发、制造和销售抛丸清理机、喷丸机、喷砂房等				

主要财务指标	指标\报告期	2015.06.30	2014.12.31	2013.12.31	2012.12.31
	净利润(万元)	-197.33	309.37	570.04	-
	净利润增长率(%)	-105.6	-45.7281	-	-
	加权净资产收益率(%)	-3.0200	6.9900	29.6400	-
	资产负债比率(%)	54.0222	62.7618	86.8235	-
	净利润现金含量(%)	-97.0599	179.4175	20.3053	-
	基本每股收益(元)	-0.0300	0.1500	0.2800	-
	每股收益-扣除(元)	-0.0300	0.1100	0.1700	-
	每股收益-摊薄(元)	-0.0329	0.0516	0.2850	-
	每股资本公积金(元)	0.0904	-	-	-
	每股未分配利润(元)	-0.0416	0.0719	0.0773	-
	每股净资产(元)	1.0800	1.1000	1.1100	-
	每股经营现金流量(元)	0.0319	0.0900	0.0600	-
	经营活动现金净流量增长(%)	-63.4261	379.5464	-	-

山西三水能源股份有限公司

公司概况	公司名称	山西三水能源股份有限公司			证券简称	三水能源
	法人代表	张俊发	董秘	张少华	证券代码	832847
	公司网址	www.3sny.cn		电子信箱	sslrny@163.com	
	电　话	0357-2157110		传　真	0357-2157110	
	办公地址	山西省临汾经济技术开发区河汾路中段				
	经营范围	集中供热业、冷热暖三联供；节能技术研发、咨询等				

主要财务指标	指标\报告期	2015.06.30	2014.12.31	2013.12.31	2012.12.31
	净利润(万元)	-409.17	1925.85	1975.55	-
	净利润增长率(%)	-28.8	-2.5153	-	-
	加权净资产收益率(%)	-1.1300	23.3800	31.4300	-
	资产负债比率(%)	19.3288	20.4986	22.8469	-
	净利润现金含量(%)	240.3314	17.8982	-41.2541	-
	基本每股收益(元)	-0.1600	0.7400	0.8400	-
	每股收益-扣除(元)	-0.1600	0.7392	0.8554	-
	每股收益-摊薄(元)	-0.1574	0.7407	0.8359	-
	每股资本公积金(元)	1.5828	1.5828	-	-
	每股未分配利润(元)	0.7007	0.8581	1.7664	-
	每股净资产(元)	3.4000	3.5500	3.0800	-
	每股经营现金流量(元)	-0.3782	0.1300	-0.3400	-
	经营活动现金净流量增长(%)	-621.3574	142.3	-	-

昆明自动化成套集团股份有限公司

公司概况	公司名称	昆明自动化成套集团股份有限公司			证券简称	昆自股份
	法人代表	陈俭民	董秘	李斌	证券代码	832848
	公司网址	www.kmatm.com		电子信箱	676816441@qq.com	
	电　话	0871-65630349		传　真	0871-65634216	
	办公地址	云南省昆明市盘龙区白塔路131号汇都国际B座七楼732号				
	经营范围	电力工程施工和电力工程设计				

主要财务指标	指标\报告期	2015.06.30	2014.12.31	2013.12.31	2012.12.31
	净利润(万元)	223.05	502.31	55.67	-
	净利润增长率(%)	119.6694	802.2780	-	-
	加权净资产收益率(%)	7.2200	18.8400	2.6800	-
	资产负债比率(%)	51.5234	57.6873	59.7964	-
	净利润现金含量(%)	39.8219	-135.3905	-998.8504	-
	基本每股收益(元)	0.0900	0.2100	0.0300	-
	每股收益-扣除(元)	-	0.1270	0.0290	-
	每股收益-摊薄(元)	0.0929	0.2093	0.0232	-
	每股资本公积金(元)	0.1104	0.0321	0.0442	-
	每股未分配利润(元)	0.2426	0.1497	-0.0479	-
	每股净资产(元)	1.3700	1.2000	1.0000	-
	每股经营现金流量(元)	0.0370	-0.2800	-0.2300	-
	经营活动现金净流量增长(%)	-23.8267	-22.3	-	-

湖南华宽通科技股份有限公司

公司概况	公司名称	湖南华宽通科技股份有限公司			证券简称	华宽通
	法人代表	欧阳伟	董秘	邹璐	证券代码	832849
	公司网址	www.hkt111.cn		电子信箱	hkt111@163.com	
	电　话	0731-85229780		传　真	0731-85229783	
	办公地址	湖南省长沙市高新开发区麓泉路与麓松路交汇处延农综合大楼四楼				
	经营范围	电子产品、通信设备、监控设备、网络系统、计算机软硬件的研发等				

主要财务指标	指标\报告期	2015.06.30	2014.12.31	2013.12.31	2012.12.31
	净利润(万元)	440.42	1183.25	677.22	-
	净利润增长率(%)	-1.3079	74.7211	-	-
	加权净资产收益率(%)	7.0700	21.8500	15.1000	-
	资产负债比率(%)	15.7341	13.9935	29.2456	-
	净利润现金含量(%)	583.3152	-10.0539	118.1257	-
	基本每股收益(元)	0.2100	0.5600	0.3200	-
	每股收益-扣除(元)	0.1900	0.5100	-	-
	每股收益-摊薄(元)	0.2066	0.5550	0.3176	-
	每股资本公积金(元)	0.1096	0.1096	0.1096	-
	每股未分配利润(元)	1.7351	1.5285	1.0320	-
	每股净资产(元)	3.0200	2.8200	2.2600	-
	每股经营现金流量(元)	1.2050	-0.0600	0.3800	-
	经营活动现金净流量增长(%)	1212.8	-114.8708	-	-

云南大泽电极科技股份有限公司

公司概况	公司名称	云南大泽电极科技股份有限公司			证券简称	大泽电极
	法人代表	张国义	董秘	李超	证券代码	832850
	公司网址	www.yndzdj.com			电子信箱	15877982190@139.com
	电　话	0871-67433888-6909			传　真	00871-67324178
	办公地址	云南省昆明新城高新技术产业基地 B-5-10-1 号地块				
	经营范围	连铸、连轧节能铜铝排、长寿命多元合金阴阳极板生产及销售				

	指标\报告期	2015.06.30	2014.12.31	2013.12.31	2012.12.31
主要财务指标	净利润(万元)	188.62	695.72	-261.97	-
	净利润增长率(%)	-20.7141	365.6	-	-
	加权净资产收益率(%)	3.6100	14.5600	-5.7400	-
	资产负债比率(%)	70.6704	68.8347	79.5272	-
	净利润现金含量(%)	-507.7810	-233.4231	-1567.2952	-
	基本每股收益(元)	0.0400	0.1400	-0.0500	-
	每股收益-扣除(元)	-	-	-	-
	每股收益-摊薄(元)	0.0377	0.1391	-0.0524	-
	每股资本公积金(元)	0.0251	0.0592	-	-
	每股未分配利润(元)	0.0377	-0.0609	-0.1408	-
	每股净资产(元)	1.0600	1.0300	0.8900	-
	每股经营现金流量(元)	-0.1916	-0.3200	0.8200	-
	经营活动现金净流量增长(%)	46.4	-139.5527	-	-

浙江天杭生物科技股份有限公司

公司概况	公司名称	浙江天杭生物科技股份有限公司			证券简称	天杭生物
	法人代表	金如松	董秘	杨洁	证券代码	832851
	公司网址	www.hzsjq.com			电子信箱	hzsjq@163.com
	电　话	0572-8406715			传　真	0572-8406715
	办公地址	浙江省湖州市德清县洛舍镇宏业南路 81 号				
	经营范围	牛血清原料的加工生产、销售				

	指标\报告期	2015.06.30	2014.12.31	2013.12.31	2012.12.31
主要财务指标	净利润(万元)	164.27	287.16	63.33	-
	净利润增长率(%)	-1.1329	353.4378	-	-
	加权净资产收益率(%)	7.3300	14.2400	3.4300	-
	资产负债比率(%)	55.5328	53.1658	51.8796	-
	净利润现金含量(%)	5.3082	-196.6256	414.3692	-
	基本每股收益(元)	0.0800	0.2900	0.0600	-
	每股收益-扣除(元)	0.0800	-	-	-
	每股收益-摊薄(元)	0.0821	0.2872	0.0633	-
	每股资本公积金(元)	0.0798	0.0065	0.0065	-
	每股未分配利润(元)	0.0821	1.0326	0.7741	-
	每股净资产(元)	1.1700	2.1597	1.8725	-
	每股经营现金流量(元)	0.0044	-0.5600	0.2600	-
	经营活动现金净流量增长(%)	104.4	-315.1599	-	-

浙江百川导体技术股份有限公司

公司概况	公司名称	浙江百川导体技术股份有限公司			证券简称	百川导体
	法人代表	张荣良	董秘	张凤君	证券代码	832852
	公司网址	www.baichuanchina.com			电子信箱	baichuandaoti@baichuanchina.com
	电　话	0579-84312814			传　真	0579-84150272
	办公地址	浙江省金华市浦江县仙华街道百川路 6 号				
	经营范围	同轴电缆内芯线及其他同轴电导线的生产、销售等				

	指标\报告期	2015.06.30	2014.12.31	2013.12.31	2012.12.31
主要财务指标	净利润(万元)	1938.13	3967.68	3715.47	-
	净利润增长率(%)	21.0254	6.7881	-	-
	加权净资产收益率(%)	9.2400	23.3900	23.8200	-
	资产负债比率(%)	38.7245	42.7929	47.2784	-
	净利润现金含量(%)	90.1658	57.7012	91.8850	-
	基本每股收益(元)	0.3200	0.6600	0.6200	-
	每股收益-扣除(元)	0.2600	0.6000	0.5300	-
	每股收益-摊薄(元)	0.3230	0.6613	0.6192	-
	每股资本公积金(元)	1.0500	1.0570	1.0570	-
	每股未分配利润(元)	1.4083	1.1523	0.7104	-
	每股净资产(元)	3.6200	3.3700	2.8700	-
	每股经营现金流量(元)	0.2913	0.3800	0.5700	-
	经营活动现金净流量增长(%)	241338.3(P	-32.9402	-	-

北京电旗通讯技术股份有限公司

公司概况	公司名称	北京电旗通讯技术股份有限公司			证券简称	电旗股份
	法人代表	孔强	董秘	陈华	证券代码	832853
	公司网址	www.eflagcomm.com			电子信箱	eflag@eflagcomm.com
	电　话	010-84170789			传　真	010-84170768
	办公地址	北京市朝阳区望京利泽中园 101 号 B 座 106 室				
	经营范围	提供移动通信网络优化及规划服务				

	指标\报告期	2015.06.30	2014.12.31	2013.12.31	2012.12.31
主要财务指标	净利润(万元)	1724.86	3504.18	1876.08	-
	净利润增长率(%)	-18.8910	86.7824	-	-
	加权净资产收益率(%)	7.8200	17.9000	10.8300	-
	资产负债比率(%)	25.4738	28.4885	24.9338	-
	净利润现金含量(%)	-123.8641	-67.1432	225.1594	-
	基本每股收益(元)	0.2900	0.5800	0.3100	-
	每股收益-扣除(元)	0.2800	0.5700	-	-
	每股收益-摊薄(元)	0.2875	0.5840	0.3127	-
	每股资本公积金(元)	1.3347	1.3347	1.3347	-
	每股未分配利润(元)	1.2905	1.0630	0.6140	-
	每股净资产(元)	3.7600	3.5300	3.0000	-
	每股经营现金流量(元)	-0.3561	-0.3900	0.7000	-
	经营活动现金净流量增长(%)	-18.6	-155.6990	-	-

陕西紫光新能科技股份有限公司

公司概况	公司名称	陕西紫光新能科技股份有限公司			证券简称	紫光新能
	法人代表	卞新	董秘	张磊	证券代码	832854
	公司网址	www.sinoheli.cn			电子信箱	zhanglei@sinoheli.cn
	电　　话	029-85396742			传　　真	029-87819802
	办公地址	陕西省西安市碑林区友谊东路81号天伦盛世大厦13层				
	经营范围	仪器仪表、电子产品、计算机及外部设备、电器设备、电线电缆等				

主要财务指标	指标\报告期	2015.06.30	2014.12.31	2013.12.31	2012.12.31
	净利润(万元)	115.96	110.88	53.88	–
	净利润增长率(%)	210.0128	105.7936	–	–
	加权净资产收益率(%)	3.0100	2.4100	1.9100	–
	资产负债比率(%)	56.1440	57.0376	56.9981	–
	净利润现金含量(%)	222.6869	–256.2139	–2985.0408	–
	基本每股收益(元)	0.0400	0.0400	0.0300	–
	每股收益–扣除(元)	0.0260	–	–	–
	每股收益–摊薄(元)	0.0374	0.0362	0.0180	–
	每股资本公积金(元)	0.2243	0.0178	0.3333	–
	每股未分配利润(元)	0.0356	0.2066	0.1782	–
	每股净资产(元)	1.2600	1.2300	1.5200	–
	每股经营现金流量(元)	0.0833	–0.0900	–0.5400	–
	经营活动现金净流量增长(%)	–27.6012	82.3	–	–

北京博远欣绿科技股份有限公司

公司概况	公司名称	北京博远欣绿科技股份有限公司			证券简称	博远欣绿
	法人代表	张新建	董秘	董国新	证券代码	832855
	公司网址	www.byxlchina.com			电子信箱	dongguoxin67@163.com
	电　　话	010-63704096			传　　真	010-63780080
	办公地址	北京市丰台区南四环西路128号院4号楼909				
	经营范围	公司主要从事营养保健产品的研发、生产、销售及代理业务				

主要财务指标	指标\报告期	2015.06.30	2014.12.31	2013.12.31	2012.12.31
	净利润(万元)	7.96	395.91	5.74	–
	净利润增长率(%)	–88.7079	6798.0195	–	–
	加权净资产收益率(%)	0.0100	44.5400	986.2900	–
	资产负债比率(%)	0.7475	29.6822	17.6781	–
	净利润现金含量(%)	–3230.2408	52.0349	–5580.2500	–
	基本每股收益(元)	0.0100	0.6400	0.0100	–
	每股收益–扣除(元)	–	0.6300	0.0100	–
	每股收益–摊薄(元)	–0.0310	0.6434	0.0093	–
	每股资本公积金(元)	–0.2940	0.1228	1.0313	–
	每股未分配利润(元)	–1.5713	0.6434	–0.9085	–
	每股净资产(元)	1.7800	1.7700	1.1200	–
	每股经营现金流量(元)	1.0000	0.3300	–0.5200	–
	经营活动现金净流量增长(%)	–2533.8295	164.3	–	–

山东一滕新材料股份有限公司

公司概况	公司名称	山东一滕新材料股份有限公司			证券简称	一滕股份
	法人代表	滕鸿儒	董秘	滕鲲	证券代码	832856
	公司网址	www.yitengchem.cn			电子信箱	yitengnmzq@163.com
	电　　话	0538-3667999			传　　真	0538-3666379
	办公地址	山东省肥城市石横镇八号路西				
	经营范围	纤维素醚的研发、生产及销售				

主要财务指标	指标\报告期	2015.06.30	2014.12.31	2013.12.31	2012.12.31
	净利润(万元)	851.50	695.87	3387.27	3641.43
	净利润增长率(%)	3.8951	–79.4564	–6.9795	25.1031
	加权净资产收益率(%)	3.8000	3.2200	17.7500	25.0400
	资产负债比率(%)	48.2041	51.2758	43.6581	42.9626
	净利润现金含量(%)	22.6194	–160.4123	–119.4174	40.7678
	基本每股收益(元)	0.1600	0.1300	0.6500	0.6900
	每股收益–扣除(元)	–	0.0400	0.5900	0.6200
	每股收益–摊薄(元)	0.1622	0.1325	0.6452	0.6936
	每股资本公积金(元)	1.8101	1.8101	1.8101	1.7194
	每股未分配利润(元)	1.3961	1.2339	1.1146	0.5339
	每股净资产(元)	4.3400	4.1800	4.0500	3.3100
	每股经营现金流量(元)	0.0367	–0.2100	–0.7700	0.2800
	经营活动现金净流量增长(%)	129.2	72.4	–372.4756	–48.7080

芜湖宏景电子股份有限公司

公司概况	公司名称	芜湖宏景电子股份有限公司			证券简称	宏景电子
	法人代表	蔡斯瀛	董秘	付聪	证券代码	832857
	公司网址	www.hongjing-wh.com			电子信箱	service-support@hongjing-wh.com
	电　　话	0553-5847733			传　　真	0553-5847733
	办公地址	安徽省芜湖市经济技术开发区银湖北路26号				
	经营范围	研发、生产、销售各类汽车电子产品等				

主要财务指标	指标\报告期	2015.06.30	2014.12.31	2013.12.31	2012.12.31
	净利润(万元)	705.07	1013.25	1863.48	–
	净利润增长率(%)	198.9160	–45.6259	–	–
	加权净资产收益率(%)	4.2800	9.3500	47.9500	–
	资产负债比率(%)	47.5692	42.6401	54.2157	–
	净利润现金含量(%)	–50.1230	–126.8147	–0.3563	–
	基本每股收益(元)	0.0800	0.1600	0.4900	–
	每股收益–扣除(元)	0.0600	0.1400	0.3800	–
	每股收益–摊薄(元)	0.0804	0.1226	0.4220	–
	每股资本公积金(元)	0.9500	0.5699	0.3761	–
	每股未分配利润(元)	0.0706	0.2759	0.3854	–
	每股净资产(元)	2.0200	1.9100	1.8600	–
	每股经营现金流量(元)	–0.0403	–0.1600	0.0000	–
	经营活动现金净流量增长(%)	62.0	–19256.6(L	–	–

苏州中信科技股份有限公司

公司概况	公司名称	苏州中信科技股份有限公司			证券简称	中信科技
	法人代表	邱九根	董秘	邱佳音	证券代码	832858
	公司网址	www.zhongxinkeji.com		电子信箱	zxkj@163.com	
	电话	0512-63817999		传真	0512-63817888	
	办公地址	江苏省苏州市吴江市七都镇太湖高新技术开发区				
	经营范围	铜包铝线、铜包钢线、铜包、铝排、铜杆、铜带、铜丝、铝杆、铝丝生产、销售				

	指标\报告期	2015.06.30	2014.12.31	2013.12.31	2012.12.31
主要财务指标	净利润(万元)	199.85	332.92	357.64	–
	净利润增长率(%)	25.1893	–6.9119	–	–
	加权净资产收益率(%)	5.2400	9.3900	11.1700	–
	资产负债比率(%)	66.0212	64.9903	73.5020	–
	净利润现金含量(%)	189.5862	–122.1164	–6.8533	–
	基本每股收益(元)	0.1500	0.2500	0.2700	–
	每股收益–扣除(元)	–	–	–	–
	每股收益–摊薄(元)	0.1499	0.2497	0.2682	–
	每股资本公积金(元)	0.8750	0.8750	–	–
	每股未分配利润(元)	0.9682	0.8184	0.5936	–
	每股净资产(元)	2.9300	2.7800	2.5300	–
	每股经营现金流量(元)	0.2842	–0.3000	–0.0200	–
	经营活动现金净流量增长(%)	432.3016	–1558.8	–	–

成都晨越建设项目管理股份有限公司

公司概况	公司名称	成都晨越建设项目管理股份有限公司			证券简称	晨越建管
	法人代表	王宏毅	董秘	黎明浚	证券代码	832859
	公司网址	www.cdcy.cn		电子信箱	limingjun@cdcy.cn	
	电话	028-85336287		传真	028-85336487	
	办公地址	四川省成都高新区天府大道科技孵化园科技财富中心一楼八号				
	经营范围	工程管理服务;计算机软件开发与销售;建设工程设计及技术服务等				

	指标\报告期	2015.06.30	2014.12.31	2013.12.31	2012.12.31
主要财务指标	净利润(万元)	698.77	1245.44	741.16	–
	净利润增长率(%)	2671.7371	68.0392	–	–
	加权净资产收益率(%)	14.1800	31.1800	24.6900	–
	资产负债比率(%)	35.9874	38.0184	25.2159	–
	净利润现金含量(%)	–98.1807	149.1036	18.8352	–
	基本每股收益(元)	0.2349	0.6227	0.3706	–
	每股收益–扣除(元)	0.2349	0.6237	0.3715	–
	每股收益–摊薄(元)	0.2329	0.6227	0.3706	–
	每股资本公积金(元)	0.5639	–	–	–
	每股未分配利润(元)	0.2081	1.1613	0.6031	–
	每股净资产(元)	1.7884	2.3100	1.6900	–
	每股经营现金流量(元)	–0.2287	0.9285	0.0698	–
	经营活动现金净流量增长(%)	–105.5	1230.2352	–	–

深圳海龙精密股份有限公司

公司概况	公司名称	深圳海龙精密股份有限公司			证券简称	海龙精密
	法人代表	张陈松娜	董秘	罗雪娥	证券代码	832860
	公司网址	www.hoilung.com.hk/index.asp		电子信箱	luo_hoilung@163.com	
	电话	0755-27455128		传真	0755-29770203	
	办公地址	广东深圳市宝安区西乡街道前进路东南侧海龙工业区一栋一层、二栋一至				
	经营范围	生产经营小型家用电器五金配件				

	指标\报告期	2015.06.30	2014.12.31	2013.12.31	2012.12.31
主要财务指标	净利润(万元)	608.59	495.64	323.13	–
	净利润增长率(%)	477.2678	53.3848	–	–
	加权净资产收益率(%)	39.3000	39.6700	43.5400	–
	资产负债比率(%)	62.8366	67.5801	80.3060	–
	净利润现金含量(%)	89.1643	346.5484	–16.3575	–
	基本每股收益(元)	0.6800	0.6600	1.1200	–
	每股收益–扣除(元)	–	–	–	–
	每股收益–摊薄(元)	0.6762	0.6265	1.0302	–
	每股资本公积金(元)	0.0207	0.0201	0.0120	–
	每股未分配利润(元)	0.6961	0.1455	0.3051	–
	每股净资产(元)	2.0600	1.5800	2.3700	–
	每股经营现金流量(元)	0.6029	2.1700	–0.1700	–
	经营活动现金净流量增长(%)	23.8824	3349.6	–	–

武汉奇致激光技术股份有限公司

公司概况	公司名称	武汉奇致激光技术股份有限公司			证券简称	奇致激光
	法人代表	彭国红	董秘	谈艳	证券代码	832861
	公司网址	www.miraclelaser.com		电子信箱	tyan@miraclelaser.com	
	电话	027-87801367		传真	027-87561701	
	办公地址	湖北省武汉市东湖新技术开发区光谷大道16号				
	经营范围	激光设备、医疗器械等相关技术的开发、研制、技术服务				

	指标\报告期	2015.06.30	2014.12.31	2013.12.31	2012.12.31
主要财务指标	净利润(万元)	1327.54	1846.61	1233.67	–
	净利润增长率(%)	39.3201	49.6840	–	–
	加权净资产收益率(%)	20.6000	31.9500	20.7900	–
	资产负债比率(%)	41.3047	53.7498	46.6464	–
	净利润现金含量(%)	26.6471	209.2597	–64.4402	–
	基本每股收益(元)	0.2700	0.3700	0.2500	–
	每股收益–扣除(元)	–	0.3500	–	–
	每股收益–摊薄(元)	0.1868	0.3693	1.2337	–
	每股资本公积金(元)	0.0095	0.0135	–	–
	每股未分配利润(元)	0.2770	0.1283	3.2794	–
	每股净资产(元)	1.4200	1.1600	1.1900	–
	每股经营现金流量(元)	0.0498	0.7700	–0.7950	–
	经营活动现金净流量增长(%)	17.2745	586.1	–	–

惠柏新材料科技(上海)股份有限公司

公司概况						
公司概况	公司名称	惠柏新材料科技(上海)股份有限公司			证券简称	惠柏新材
公司概况	法人代表	杨裕镜	董秘	郭菊涵	证券代码	832862
公司概况	公司网址	www.wellsepoxy.com		电子信箱	guojuhan@wellsepoxy.com	
公司概况	电　　话	0021-59970621		传　　真	0021-39551870	
公司概况	办公地址	上海市嘉定区江桥镇博园路558号第2幢				
公司概况	经营范围	从事各类树脂(除危险品)的二次加工及研发				

主要财务指标	指标\报告期	2015.06.30	2014.12.31	2013.12.31	2012.12.31
	净利润(万元)	2347.87	2655.56	2961.16	–
	净利润增长率(%)	283.2645	–10.3202	–	–
	加权净资产收益率(%)	14.8300	–	–	–
	资产负债比率(%)	59.3622	66.7522	56.0402	–
	净利润现金含量(%)	42.4485	482.0211	–24.8899	–
	基本每股收益(元)	0.4300	0.4800	0.5400	–
	每股收益–扣除(元)	0.4200	–	–	–
	每股收益–摊薄(元)	0.4178	0.4828	0.9161	–
	每股资本公积金(元)	1.3748	0.7752	1.5363	–
	每股未分配利润(元)	0.4436	0.4275	2.9378	–
	每股净资产(元)	3.1500	2.6400	3.6000	–
	每股经营现金流量(元)	0.1773	2.3300	–0.2280	–
	经营活动现金净流量增长(%)	–76.0696	1836.7	–	–

湖南军芃科技股份有限公司

公司概况						
公司概况	公司名称	湖南军芃科技股份有限公司			证券简称	军芃科技
公司概况	法人代表	曾军兰	董秘	曾会云	证券代码	832863
公司概况	公司网址	www.hnjumper.com		电子信箱	hnjumper@163.com	
公司概况	电　　话	0731-88152456		传　　真	0731-88152457	
公司概况	办公地址	湖南省长沙市高新开发区岳麓西大道588号芯城科技园8栋903、904房				
公司概况	经营范围	软件开发、系统维护和技术咨询服务及相关信息化产品的销售				

主要财务指标	指标\报告期	2015.06.30	2014.12.31	2013.12.31	2012.12.31
	净利润(万元)	107.43	193.57	–105.38	–
	净利润增长率(%)	86.3780	283.7	–	–
	加权净资产收益率(%)	10.8000	47.1400	–28.9100	–
	资产负债比率(%)	33.8282	42.7727	64.8224	–
	净利润现金含量(%)	61.5952	–80.2331	203.4117	–
	基本每股收益(元)	0.1200	0.3500	–0.2100	–
	每股收益–扣除(元)	0.0100	0.3462	–	–
	每股收益–摊薄(元)	0.1074	0.2420	–0.2108	–
	每股资本公积金(元)	0.0077	0.0096	–	–
	每股未分配利润(元)	0.1072	–0.0003	–0.3723	–
	每股净资产(元)	1.1100	1.0100	0.6300	–
	每股经营现金流量(元)	0.0662	–0.1900	–0.4300	–
	经营活动现金净流量增长(%)	–35.4255	27.5	–	–

合肥协力仪表控制技术股份有限公司

公司概况						
公司概况	公司名称	合肥协力仪表控制技术股份有限公司			证券简称	协力仪控
公司概况	法人代表	魏玉龙	董秘	郑晨	证券代码	832864
公司概况	公司网址	www.hfxlyb.com.cn		电子信箱	hfxlyb@mail.hf.ah.cn	
公司概况	电　　话	0551-5317060		传　　真	0551-5316977	
公司概况	办公地址	安徽省合肥市高新区柏堰科技园石楠路9号				
公司概况	经营范围	汽车工程机械仪表、电子控制器、电磁阀、电器系统的研发、生产、销售				

主要财务指标	指标\报告期	2015.06.30	2014.12.31	2013.12.31	2012.12.31
	净利润(万元)	41.47	1172.63	–462.32	–
	净利润增长率(%)	–81.2025	353.6	–	–
	加权净资产收益率(%)	0.8900	28.8500	–12.4600	–
	资产负债比率(%)	48.8739	49.3516	56.9764	–
	净利润现金含量(%)	3.3898	–21.6215	56.8935	–
	基本每股收益(元)	0.0200	0.5100	–0.2000	–
	每股收益–扣除(元)	–0.0800	–0.1100	–0.2400	–
	每股收益–摊薄(元)	0.0180	0.5098	–0.2010	–
	每股资本公积金(元)	0.4237	0.4237	0.1716	–
	每股未分配利润(元)	0.4855	0.4674	0.2808	–
	每股净资产(元)	2.0400	2.0200	1.5100	–
	每股经营现金流量(元)	0.0006	–0.1100	–0.1100	–
	经营活动现金净流量增长(%)	–99.8613	3.6	–	–

南京天膜科技股份有限公司

公司概况						
公司概况	公司名称	南京天膜科技股份有限公司			证券简称	天膜科技
公司概况	法人代表	赵新	董秘	韩良云	证券代码	832865
公司概况	公司网址	www.njtmt.cn		电子信箱	larry-han@hotmail.com	
公司概况	电　　话	025-83202455-8011		传　　真	025-57717486	
公司概况	办公地址	江苏省南京市高新区裕西路9号				
公司概况	经营范围	流体分离技术研究、技术开发、技术转让;环保设备制造、安装、销售等				

主要财务指标	指标\报告期	2015.06.30	2014.12.31	2013.12.31	2012.12.31
	净利润(万元)	261.35	377.98	238.74	–
	净利润增长率(%)	43.0389	58.3231	–	–
	加权净资产收益率(%)	4.6700	7.1700	4.8100	–
	资产负债比率(%)	49.1159	50.1753	37.6676	–
	净利润现金含量(%)	–10.4327	–9.4793	–342.1840	–
	基本每股收益(元)	0.0500	0.0700	0.0500	–
	每股收益–扣除(元)	–	0.0500	0.0500	–
	每股收益–摊薄(元)	0.0512	0.0741	0.0468	–
	每股资本公积金(元)	0.1125	0.1125	0.1125	–
	每股未分配利润(元)	0.0098	–0.0414	–0.1155	–
	每股净资产(元)	1.1200	1.0700	1.0000	–
	每股经营现金流量(元)	–0.0053	–0.0100	–0.1600	–
	经营活动现金净流量增长(%)	–110.4622	95.6	–	–

上海博杰科技股份有限公司

公司概况	公司名称	上海博杰科技股份有限公司			证券简称	博杰科技
	法人代表	钱文明	董秘	唐晓彤	证券代码	832866
	公司网址	www.brotek.com.cn			电子信箱	tangxiaotong@brotek.com.cn
	电　　话	00021-68009518			传　　真	0866-21-68009562
	办公地址	上海市浦东新区南汇工业园区园中路451号8号楼				
	经营范围	轨道交通用逆变电源及电梯用应急救援装置的生产				

主要财务指标	指标\报告期	2015.06.30	2014.12.31	2013.12.31	2012.12.31
	净利润(万元)	-155.20	16.72	-178.48	-
	净利润增长率(%)	-1007.6429	109.4	-	-
	加权净资产收益率(%)	-7.2100	0.8100	-8.4300	-
	资产负债比率(%)	59.7813	62.2814	26.1541	-
	净利润现金含量(%)	-100.4277	2331.8182	14.6795	-
	基本每股收益(元)	-0.0700	0.0100	-0.1400	-
	每股收益-扣除(元)	-	-0.0100	-	-
	每股收益-摊薄(元)	-0.0729	0.0084	-0.1347	-
	每股资本公积金(元)	0.6351	0.5789	0.1668	-
	每股未分配利润(元)	-0.6274	-0.5472	0.2626	-
	每股净资产(元)	1.0100	1.0300	1.5500	-
	每股经营现金流量(元)	0.0732	0.1900	-0.0200	-
	经营活动现金净流量增长(%)	135.3	1588.2	-	-

长沙瑞捷机械科技股份有限公司

公司概况	公司名称	长沙瑞捷机械科技股份有限公司			证券简称	瑞捷股份
	法人代表	郭胜强	董秘	朱新民	证券代码	832867
	公司网址	www.csrjjx.com			电子信箱	Changsharuijiejiqi@163.com
	电　　话	0731-87873639			传　　真	0731-87110999
	办公地址	宁乡县金洲新区48号(金洲开发区)				
	经营范围	混凝土机械和环卫的零部件生产及总成				

主要财务指标	指标\报告期	2015.06.30	2014.12.31	2013.12.31	2012.12.31
	净利润(万元)	60.52	107.33	84.72	-
	净利润增长率(%)	22.3485	26.6878	-	-
	加权净资产收益率(%)	2.1500	3.8600	24.8500	-
	资产负债比率(%)	49.8829	51.4424	94.5268	-
	净利润现金含量(%)	-56.7602	-771.8859	-875.9968	-
	基本每股收益(元)	0.0200	0.0400	0.5000	-
	每股收益-扣除(元)	-	-	-	-
	每股收益-摊薄(元)	0.0242	0.0429	0.5043	-
	每股资本公积金(元)	-	-	-	-
	每股未分配利润(元)	0.1254	0.1012	0.9313	-
	每股净资产(元)	1.1400	1.1100	2.0300	-
	每股经营现金流量(元)	-0.0137	-0.3300	-4.4200	-
	经营活动现金净流量增长(%)	97.9	-11.6	-	-

深圳金亿帝医疗设备股份有限公司

公司概况	公司名称	深圳金亿帝医疗设备股份有限公司			证券简称	金亿帝
	法人代表	章年平	董秘	万卫良	证券代码	832868
	公司网址	www.kingyield.com			电子信箱	wwlking@163.com
	电　　话	0755-27371353			传　　真	0755-27331856
	办公地址	广东省深圳市宝安区福永街道福海大道福海工业园C区C1栋第一层、C2栋				
	经营范围	医疗诊断器械和医疗仪器设备的研发、生产和销售				

主要财务指标	指标\报告期	2015.06.30	2014.12.31	2013.12.31	2012.12.31
	净利润(万元)	-10.44	323.51	448.01	-
	净利润增长率(%)	-135.8538	-27.7899	-	-
	加权净资产收益率(%)	-0.2900	9.4800	-	-
	资产负债比率(%)	40.0054	37.5792	38.7574	-
	净利润现金含量(%)	390.6022	329.9094	343.4678	-
	基本每股收益(元)	-0.0100	0.3200	0.4500	-
	每股收益-扣除(元)	-0.0100	-	0.4500	-
	每股收益-摊薄(元)	-0.0104	0.3235	0.4480	-
	每股资本公积金(元)	-	-	-	-
	每股未分配利润(元)	2.3030	2.3183	2.0271	-
	每股净资产(元)	3.5700	3.5800	3.2500	-
	每股经营现金流量(元)	-0.0408	1.0600	1.5400	-
	经营活动现金净流量增长(%)	-118.5613	-30.8348	-	-

安徽达尔智能控制系统股份有限公司

公司概况	公司名称	安徽达尔智能控制系统股份有限公司			证券简称	达尔智能
	法人代表	杨潘	董秘	李军	证券代码	832869
	公司网址	www.ahdaer.com			电子信箱	2289436887@qq.com
	电　　话	0553-4834700-8005			传　　真	0553-4834700-8002
	办公地址	安徽省芜湖市弋江区高新技术产业开发区西山路30号软件大楼				
	经营范围	楼宇智能化系统工程、交通工程、信息化管理系统工程、市政建设工程等				

主要财务指标	指标\报告期	2015.06.30	2014.12.31	2013.12.31	2012.12.31
	净利润(万元)	147.60	248.99	321.80	-
	净利润增长率(%)	3198.5	-22.6256	-	-
	加权净资产收益率(%)	9.1700	16.1100	24.8200	-
	资产负债比率(%)	25.3784	20.1625	29.0253	-
	净利润现金含量(%)	62.7190	-20.3261	47.0758	-
	基本每股收益(元)	0.1500	0.2500	0.3200	-
	每股收益-扣除(元)	0.1000	0.1400	0.2200	-
	每股收益-摊薄(元)	0.1476	0.2490	0.3218	-
	每股资本公积金(元)	-	-	-	-
	每股未分配利润(元)	0.5927	0.4637	0.2521	-
	每股净资产(元)	1.6100	1.5500	1.3000	-
	每股经营现金流量(元)	0.0926	-0.0500	0.1500	-
	经营活动现金净流量增长(%)	197.2	-133.4069	-	-

重庆博浪塑胶股份有限公司

公司概况	公司名称	重庆博浪塑胶股份有限公司			证券简称	博浪股份
	法人代表	陈光玲	董秘	何微	证券代码	832870
	公司网址	www.blvci.com		电子信箱	hewei@blvci.com	
	电　　话	023-68885790		传　　真	023-68657956	
	办公地址	重庆市九龙坡区科园一路73号附5-4号				
	经营范围	塑料膜及塑料膜制品的研发、生产及销售				

主要财务指标	指标\报告期	2015.06.30	2014.12.31	2013.12.31	2012.12.31
	净利润(万元)	202.15	160.72	115.08	–
	净利润增长率(%)	410.0	39.6612	–	–
	加权净资产收益率(%)	7.1700	6.1000	5.3000	–
	资产负债比率(%)	79.8364	78.7009	75.2698	–
	净利润现金含量(%)	837.6505	879.7349	540.9889	–
	基本每股收益(元)	0.1100	0.0800	0.1100	–
	每股收益-扣除(元)	0.1100	0.0800	0.1100	–
	每股收益-摊薄(元)	0.1064	0.0846	0.0606	–
	每股资本公积金(元)	0.1642	0.1642	0.1642	–
	每股未分配利润(元)	0.3663	0.2599	0.1753	–
	每股净资产(元)	1.5400	1.4300	1.3500	–
	每股经营现金流量(元)	0.8912	0.7400	0.3277	–
	经营活动现金净流量增长(%)	100.3418	127.1095	–	–

内蒙古宏源农牧业科技股份有限公司

公司概况	公司名称	内蒙古宏源农牧业科技股份有限公司			证券简称	宏源农牧
	法人代表	李洪禄	董秘	赵海波	证券代码	832893
	公司网址	www.nmhynm.com		电子信箱	postmaster@nmhynm.com	
	电　　话	0479-8205891		传　　真	0479-8205891	
	办公地址	内蒙古锡林浩特市白音锡勒牧场桃林塔拉分场				
	经营范围	马铃薯种植、销售以及薯条、薯片的生产、销售				

主要财务指标	指标\报告期	2015.06.30	2014.12.31	2013.12.31	2012.12.31
	净利润(万元)	-191.07	2031.56	1814.05	–
	净利润增长率(%)	-256.8	11.9901	–	–
	加权净资产收益率(%)	-3.4400	46.2700	50.2000	–
	资产负债比率(%)	45.2912	45.1733	58.6655	–
	净利润现金含量(%)	442.0611	28.1360	130.1690	–
	基本每股收益(元)	-0.0500	4.0600	3.6300	–
	每股收益-扣除(元)	-0.0500	1.9000	–	–
	每股收益-摊薄(元)	-0.0478	2.0316	3.6281	–
	每股资本公积金(元)	0.6306	4.0000	0.5100	–
	每股未分配利润(元)	-0.2656	0.0995	4.7171	–
	每股净资产(元)	1.3700	5.6500	6.7500	–
	每股经营现金流量(元)	-0.2112	0.5700	4.7200	–
	经营活动现金净流量增长(%)	37.3	-75.7932	–	–

杭州紫光通信技术股份有限公司

公司概况	公司名称	杭州紫光通信技术股份有限公司			证券简称	紫光通信
	法人代表	钱海	董秘	祝青	证券代码	832894
	公司网址	www.jointcom.cn		电子信箱	zq@jointcom.cn	
	电　　话	0571-88480488		传　　真	0571-88480488	
	办公地址	浙江省杭州市西湖区文二路391号节能环保科技园E楼南区二层东区				
	经营范围	计算机及通信软、硬件的技术开发、技术服务等				

主要财务指标	指标\报告期	2015.06.30	2014.12.31	2013.12.31	2012.12.31
	净利润(万元)	-124.06	255.17	94.75	–
	净利润增长率(%)	20.5	169.3035	–	–
	加权净资产收益率(%)	-6.0000	14.6900	11.6700	–
	资产负债比率(%)	22.7017	15.6936	58.8196	–
	净利润现金含量(%)	864.0922	-145.5813	249.6758	–
	基本每股收益(元)	-0.0600	0.1300	0.0900	–
	每股收益-扣除(元)	-0.0600	0.1100	–	–
	每股收益-摊薄(元)	-0.0620	0.1276	0.0948	–
	每股资本公积金(元)	0.0444	0.0444	–	–
	每股未分配利润(元)	-0.0582	0.0038	-0.2787	–
	每股净资产(元)	1.0000	1.0600	0.8600	–
	每股经营现金流量(元)	-0.5360	-0.1900	0.2400	–
	经营活动现金净流量增长(%)	-2.7	-257.0258	–	–

南昌浩瀚数字科技股份有限公司

公司概况	公司名称	南昌浩瀚数字科技股份有限公司			证券简称	浩瀚股份
	法人代表	柯天水	董秘	廖燕勤	证券代码	832895
	公司网址	www.hhcg.com.cn		电子信箱	haohan@hhcg.com.cn	
	电　　话	0791-86261986		传　　真	0791-86261986	
	办公地址	江西省南昌市东湖区省政府大院北二路68号附二号楼				
	经营范围	动漫设计;基础软件服务、应用软件服务、其他软件服务等				

主要财务指标	指标\报告期	2015.06.30	2014.12.31	2013.12.31	2012.12.31
	净利润(万元)	69.48	141.82	148.91	–
	净利润增长率(%)	363.6	-4.7638	–	–
	加权净资产收益率(%)	9.5100	54.4700	182.1900	–
	资产负债比率(%)	15.9636	14.4341	69.1088	–
	净利润现金含量(%)	-10.9328	-309.6883	8.4481	–
	基本每股收益(元)	0.1400	1.0600	1.4700	–
	每股收益-扣除(元)	–	–	–	–
	每股收益-摊薄(元)	0.1390	0.2836	0.2978	–
	每股资本公积金(元)	0.3940	–	–	–
	每股未分配利润(元)	0.1390	0.3546	0.0993	–
	每股净资产(元)	1.5300	1.3900	1.5500	–
	每股经营现金流量(元)	-0.0152	-0.8800	0.0252	–
	经营活动现金净流量增长(%)	90.9	-3590.1504	–	–

道有道(北京)科技股份有限公司

公司概况

公司名称	道有道(北京)科技股份有限公司			证券简称	道有道
法人代表	周建修	董秘	郝素花	证券代码	832896
公司网址	www.daoyoudao.com		电子信箱	dylan@daoyoudao.com	
电　话	010-62219901-8821		传　真	010-62217981	
办公地址	北京市海淀区西直门北大街 32 号 1 号楼 505 室				
经营范围	公司专注于移动互联网数据营销领域				

主要财务指标

指标\报告期	2015.06.30	2014.12.31	2013.12.31	2012.12.31
净利润(万元)	2223.97	4181.33	836.63	–
净利润增长率(%)	93.2083	399.7853	–	–
加权净资产收益率(%)	13.8400	40.8800	21.0500	–
资产负债比率(%)	15.0808	17.5752	33.9124	–
净利润现金含量(%)	8.4954	86.2788	241.6504	–
基本每股收益(元)	0.6600	2.7900	0.7200	–
每股收益-扣除(元)	0.5900	2.6800	0.7300	–
每股收益-摊薄(元)	0.3177	2.6439	0.6936	–
每股资本公积金(元)	0.7094	3.6828	1.6531	–
每股未分配利润(元)	0.4547	3.3539	1.2205	–
每股净资产(元)	2.2000	8.3200	3.9500	–
每股经营现金流量(元)	0.0270	2.2800	1.6800	–
经营活动现金净流量增长(%)	-72.8466	78.4423	–	–

回头客食品集团股份有限公司

公司概况

公司名称	回头客食品集团股份有限公司			证券简称	回头客
法人代表	黄福阳	董秘	欧阳英博	证券代码	832897
公司网址	www.huitoukefood.com		电子信箱	ouyangyingbo@htkfood.com	
电　话	0595-87231588		传　真	0595-87234488	
办公地址	福建省泉州市惠安县惠东工业园区(涂寨)				
经营范围	主要从事烘焙类健康休闲食品的研发、生产和销售				

主要财务指标

指标\报告期	2015.06.30	2014.12.31	2013.12.31	2012.12.31
净利润(万元)	2815.25	3569.94	2193.11	–
净利润增长率(%)	129.8415	62.7799	–	–
加权净资产收益率(%)	9.0600	13.8200	10.9500	–
资产负债比率(%)	36.2791	33.4679	35.6800	–
净利润现金含量(%)	289.2270	255.0868	260.6211	–
基本每股收益(元)	0.1400	0.1700	0.1500	–
每股收益-扣除(元)	0.1300	0.1600	0.1500	–
每股收益-摊薄(元)	0.1362	0.1727	0.1097	–
每股资本公积金(元)	0.2205	0.2205	–	–
每股未分配利润(元)	0.3512	0.2150	0.1786	–
每股净资产(元)	1.5700	1.4400	1.1900	–
每股经营现金流量(元)	0.3939	0.4400	0.2900	–
经营活动现金净流量增长(%)	229.4827	59.3232	–	–

天地壹号饮料股份有限公司

公司概况

公司名称	天地壹号饮料股份有限公司			证券简称	天地壹号
法人代表	陈生	董秘	蔡术良	证券代码	832898
公司网址	www.tdyh.com.cn		电子信箱	caisl@tdyh.com.cn	
电　话	0750-3680398		传　真	0750-3856366	
办公地址	广东省江门市蓬江区棠下江盛二路 21 号				
经营范围	醋饮料和其他饮料的研发、生产和销售				

主要财务指标

指标\报告期	2015.06.30	2014.12.31	2013.12.31	2012.12.31
净利润(万元)	14815.35	2547.44	25262.89	31444.57
净利润增长率(%)	421.2879	-89.9163	-19.6590	–
加权净资产收益率(%)	14.3600	10.5000	29.8400	46.1800
资产负债比率(%)	38.2086	36.0388	36.0388	29.3012
净利润现金含量(%)	79.8394	-213.4382	208.0502	130.0321
基本每股收益(元)	0.3704	0.0600	0.6300	0.7900
每股收益-扣除(元)	0.3400	0.0496	0.6036	0.7677
每股收益-摊薄(元)	0.3704	0.0637	0.6316	0.7861
每股资本公积金(元)	–	–	–	–
每股未分配利润(元)	1.5043	1.1766	1.1766	0.7614
每股净资产(元)	2.7700	2.4600	2.3900	1.9100
每股经营现金流量(元)	0.2957	-0.1400	1.3100	1.0200
经营活动现金净流量增长(%)	697.8784	-110.3449	28.5449	–

景津环保股份有限公司

公司概况

公司名称	景津环保股份有限公司			证券简称	景津环保
法人代表	姜桂廷	董秘	张大伟	证券代码	832899
公司网址	www.jingjin.org		电子信箱	jjylj010@163.com	
电　话	0534-2752711		传　真	0534-2752711	
办公地址	山东省德州经济开发区晶华路北首				
经营范围	公司主要从事各式压滤机整机及配套设备、配件的生产和销售				

主要财务指标

指标\报告期	2015.06.30	2014.12.31	2013.12.31	2012.12.31
净利润(万元)	9996.04	16236.28	11324.77	–
净利润增长率(%)	5.0155	43.3696	–	–
加权净资产收益率(%)	8.7700	16.1400	14.3900	–
资产负债比率(%)	49.2174	53.1657	57.1379	–
净利润现金含量(%)	30.2175	89.1257	95.2334	–
基本每股收益(元)	0.3300	0.5400	0.3900	–
每股收益-扣除(元)	0.3200	0.5600	0.4000	–
每股收益-摊薄(元)	0.3332	0.5412	0.3775	–
每股资本公积金(元)	1.8426	1.8426	1.8426	–
每股未分配利润(元)	1.0164	0.6832	0.1915	–
每股净资产(元)	3.9700	3.6300	3.0800	–
每股经营现金流量(元)	0.1007	0.4800	0.3600	–
经营活动现金净流量增长(%)	141.2142	34.1748	–	–

福州紫荆动漫游戏股份有限公司

公司概况					
公司名称	福州紫荆动漫游戏股份有限公司			证券简称	紫荆股份
法人代表	张岩岩	董秘	胡晓艳	证券代码	832900
公司网址			电子信箱	70335506@qq.com	
电　　话	0591-88206670		传　　真	0591-88206670	
办公地址	福建省福州市马尾区马尾图书馆第四层				
经营范围	动漫、游戏产品的研发及制作服务				

主要财务指标

指标\报告期	2015.06.30	2014.12.31	2013.12.31	2012.12.31
净利润(万元)	433.67	41.81	29.85	–
净利润增长率(%)	138.4162	40.0600	–	–
加权净资产收益率(%)	51.1300	11.3200	5.8000	–
资产负债比率(%)	25.3706	39.7067	14.9264	–
净利润现金含量(%)	21.2453	732.0015	–93.5979	–
基本每股收益(元)	0.8100	0.1400	0.0600	–
每股收益–扣除(元)	–	–	–	–
每股收益–摊薄(元)	0.8673	0.0836	0.0597	–
每股资本公积金(元)	0.2040	0.2040	0.1040	–
每股未分配利润(元)	0.7262	–0.0859	–0.0313	–
每股净资产(元)	1.9300	1.1200	1.0800	–
每股经营现金流量(元)	0.1843	0.6100	–0.0600	–
经营活动现金净流量增长(%)	–11.7167	1195.4	–	–

山东孔圣电缆股份有限公司

公司概况					
公司名称	山东孔圣电缆股份有限公司			证券简称	山东孔圣
法人代表	高居祥	董秘	高飞	证券代码	832901
公司网址			电子信箱	qfksdljt@163.com	
电　　话	0537-4411328		传　　真	0537-4427509	
办公地址	山东省济宁市曲阜市校场路西首				
经营范围	电线、电缆制造销售				

主要财务指标

指标\报告期	2015.06.30	2014.12.31	2013.12.31	2012.12.31
净利润(万元)	73.50	–769.52	267.65	–
净利润增长率(%)	107.5	–387.5135	–	–
加权净资产收益率(%)	1.6700	–13.6400	4.7800	–
资产负债比率(%)	28.7833	31.4664	32.0138	–
净利润现金含量(%)	–754.4908	–121.0226	243.9941	–
基本每股收益(元)	0.0200	–0.1399	0.0515	–
每股收益–扣除(元)	0.0200	0.0792	0.0513	–
每股收益–摊薄(元)	0.0184	–0.1399	0.0515	–
每股资本公积金(元)	0.1500	–	–	–
每股未分配利润(元)	–0.0968	–	–	–
每股净资产(元)	1.1100	1.0900	1.1000	–
每股经营现金流量(元)	–0.1386	–	–	–
经营活动现金净流量增长(%)	–356.3824	42.6085	–	–

福建画龙点睛园林集团股份有限公司

公司概况					
公司名称	福建画龙点睛园林集团股份有限公司			证券简称	画龙点睛
法人代表	刘景迁	董秘	罗小华	证券代码	832902
公司网址	www.hldj.com.cn		电子信箱	nq@hldj.com.cn	
电　　话	0592-6736588		传　　真	0592-6126588	
办公地址	福建省厦门市海沧区东孚商业街天竺一里114号107室				
经营范围	园林景观和绿化工程设计;园林景观和绿化工程施工				

主要财务指标

指标\报告期	2015.06.30	2014.12.31	2013.12.31	2012.12.31
净利润(万元)	82.47	29.85	57.41	–
净利润增长率(%)	59.0777	–48.0012	–	–
加权净资产收益率(%)	2.6200	1.1600	3.7200	–
资产负债比率(%)	38.6256	28.9849	21.2988	–
净利润现金含量(%)	–1076.5812	–2168.5092	–1933.5656	–
基本每股收益(元)	0.0300	0.0100	0.0200	–
每股收益–扣除(元)	–	–	–	–
每股收益–摊薄(元)	0.0286	0.0103	0.0286	–
每股资本公积金(元)	0.0764	0.0764	–	–
每股未分配利润(元)	0.0264	–0.0021	0.0586	–
每股净资产(元)	1.1000	1.0800	0.7600	–
每股经营现金流量(元)	–0.3074	–0.2200	–0.3800	–
经营活动现金净流量增长(%)	–548.1424	41.7	–	–

安庆永强农业科技股份有限公司

公司概况					
公司名称	安庆永强农业科技股份有限公司			证券简称	永强农业
法人代表	黄永强	董秘	汪敏	证券代码	832903
公司网址	www.aqyqqy.com		电子信箱	aqyq668@163.com	
电　　话	0556-5323993		传　　真	0556-5323993	
办公地址	安徽省安庆市腈纶北路14号				
经营范围	家禽育种,肉禽、蛋禽饲养,苗禽孵化,成禽、苗禽及蛋品销售				

主要财务指标

指标\报告期	2015.06.30	2014.12.31	2013.12.31	2012.12.31
净利润(万元)	–25.94	–190.83	–48.98	–
净利润增长率(%)	90.5	–289.6	–	–
加权净资产收益率(%)	–1.3900	–16.6500	–4.8200	–
资产负债比率(%)	53.6893	50.8866	65.4642	–
净利润现金含量(%)	–483.1924	–117.2679	–891.0825	–
基本每股收益(元)	–0.0200	–0.2200	–0.0600	–
每股收益–扣除(元)	–	–0.2400	–0.3000	–
每股收益–摊薄(元)	–0.0243	–0.1785	–0.0612	–
每股资本公积金(元)	0.7423	0.7423	0.0518	–
每股未分配利润(元)	0.0043	0.0286	0.0848	–
每股净资产(元)	1.7600	1.7700	1.2400	–
每股经营现金流量(元)	0.1172	0.2093	0.5500	–
经营活动现金净流量增长(%)	267.0	–48.7252	–	–

苏州高登威科技股份有限公司

公司概况	公司名称	苏州高登威科技股份有限公司		证券简称	高登威
	法人代表	沈皓然	董秘	沈皓然	证券代码	832904
	公司网址	www.goldwaytech.com		电子信箱	
	电话	0512-67618615		传真	0512-67618619
	办公地址	江苏省苏州工业园区展业路8号中新科技工业坊2-2F-A单元			
	经营范围	工业自动化设备的设计、生产和销售			

主要财务指标	指标\报告期	2015.06.30	2014.12.31	2013.12.31	2012.12.31
	净利润(万元)	199.82	280.69	188.34	–
	净利润增长率(%)	47.9195	49.0305	–	–
	加权净资产收益率(%)	16.4500	32.1000	29.4400	–
	资产负债比率(%)	58.8883	60.3088	53.7081	–
	净利润现金含量(%)	–175.7516	124.8554	–51.9434	–
	基本每股收益(元)	0.2700	0.3742	0.2511	–
	每股收益–扣除(元)	0.1984	0.3353	0.2174	–
	每股收益–摊薄(元)	0.2664	0.3743	3.7668	–
	每股资本公积金(元)	0.0038	0.0038	–	–
	每股未分配利润(元)	0.5781	0.3117	13.3028	–
	每股净资产(元)	1.6200	1.3500	0.9800	–
	每股经营现金流量(元)	–0.4682	0.4673	–1.9566	–
	经营活动现金净流量增长(%)	–300.7	458.2	–	–

海南信源小额贷款股份有限公司

公司概况	公司名称	海南信源小额贷款股份有限公司		证券简称	信源小贷
	法人代表	黄召华	董秘	KA-MAN CHENG	证券代码	832905
	公司网址	www.hkxydk.com		电子信箱	
	电话	0898-66676286		传真	0898-68572770
	办公地址	海南省海口市金贸西路3-8号汇泰大厦3层			
	经营范围	发放小额贷款			

主要财务指标	指标\报告期	2015.06.30	2014.12.31	2013.12.31	2012.12.31
	净利润(万元)	812.72	1883.84	1623.05	–
	净利润增长率(%)	0.7961	16.0676	–	–
	加权净资产收益率(%)	6.8200	16.8700	14.9300	–
	资产负债比率(%)	16.8805	31.4740	27.8530	–
	净利润现金含量(%)	–17.6767	133.8113	41.4590	–
	基本每股收益(元)	0.0800	0.1900	0.1600	–
	每股收益–扣除(元)	–	–	–	–
	每股收益–摊薄(元)	0.0689	0.1884	0.1623	–
	每股资本公积金(元)	0.0980	0.0922	–	–
	每股未分配利润(元)	0.0689	0.0344	0.0849	–
	每股净资产(元)	1.1923	1.1600	1.1300	–
	每股经营现金流量(元)	–0.0122	0.2500	0.0700	–
	经营活动现金净流量增长(%)	–117.6704	274.6179	–	–

杭州指安科技股份有限公司

公司概况	公司名称	杭州指安科技股份有限公司		证券简称	指安科技
	法人代表	田新广	董秘	周灵秀	证券代码	832906
	公司网址	www.zhiantec.1688.com		电子信箱	zat@zhiantec.com
	电话	0571-88210122		传真	0571-88210122-818
	办公地址	浙江省杭州市西湖区西园二路9号1幢6层			
	经营范围	制造、加工:电子器件、计算机及配件			

主要财务指标	指标\报告期	2015.06.30	2014.12.31	2013.12.31	2012.12.31
	净利润(万元)	137.74	65.87	61.72	–
	净利润增长率(%)	480.1907	6.7167	–	–
	加权净资产收益率(%)	18.6300	12.6900	74.7200	–
	资产负债比率(%)	19.0517	35.0552	16.0832	–
	净利润现金含量(%)	–43.6528	–119.3563	–5.3953	–
	基本每股收益(元)	0.2100	0.1100	0.1000	–
	每股收益–扣除(元)	0.2100	0.1100	0.1000	–
	每股收益–摊薄(元)	0.2068	0.0989	0.1470	–
	每股资本公积金(元)	0.0025	0.0025	–	–
	每股未分配利润(元)	0.2104	0.0036	0.0289	–
	每股净资产(元)	1.2100	1.0100	1.0300	–
	每股经营现金流量(元)	–0.0903	–0.1200	–0.0100	–
	经营活动现金净流量增长(%)	–12.0	–2263.0	–	–

广西宏华生物实业股份有限公司

公司概况	公司名称	广西宏华生物实业股份有限公司		证券简称	宏华股份
	法人代表	李宁华	董秘	秦丽华	证券代码	832907
	公司网址	www.gxhh.com		电子信箱	gxhhrsb@gxhh.com
	电话	0772-3716463		传真	0772-3712102
	办公地址	广西省西省柳州市潭中西路7号			
	经营范围	禽蛋生产、饲料加工、禽类养殖以及多种农作物的种植			

主要财务指标	指标\报告期	2015.06.30	2014.12.31	2013.12.31	2012.12.31
	净利润(万元)	–748.80	525.28	378.83	–
	净利润增长率(%)	–288.3	38.6587	–	–
	加权净资产收益率(%)	–10.0800	19.7500	12.5200	–
	资产负债比率(%)	40.1750	43.6205	76.2639	–
	净利润现金含量(%)	28.0960	–82.6055	515.7089	–
	基本每股收益(元)	–0.2000	0.4400	0.3500	–
	每股收益–扣除(元)	–	–0.0900	0.2700	–
	每股收益–摊薄(元)	–0.2474	0.1735	0.3541	–
	每股资本公积金(元)	0.8974	0.8941	0.0268	–
	每股未分配利润(元)	0.3090	0.5042	1.9782	–
	每股净资产(元)	2.3900	2.4800	1.0600	–
	每股经营现金流量(元)	–0.0695	–0.1400	1.8259	–
	经营活动现金净流量增长(%)	66.0	–122.2103	–	–

上海西恩科技股份有限公司

公司概况	公司名称	上海西恩科技股份有限公司		证券简称	西恩科技
	法人代表	赵志安	董秘 邵捷	证券代码	832908
	公司网址	www.cnntech.cn		电子信箱	cnwater@163.com
	电　话	02135080222		传　真	02155807112
	办公地址	上海市金山区枫泾工业园区环东二路165号			
	经营范围	过滤器生产,环保设备,化工机械设备,机电设备等			

主要财务指标	指标\报告期	2015.06.30	2014.12.31	2013.12.31	2012.12.31
	净利润(万元)	109.94	1017.61	-166.41	-
	净利润增长率(%)	-67.9048	711.5	-	-
	加权净资产收益率(%)	0.5200	7.6200	-1.5800	-
	资产负债比率(%)	38.4920	40.8781	56.6116	-
	净利润现金含量(%)	-1135.5907	-1.5330	-224.6800	-
	基本每股收益(元)	0.0200	0.2600	-0.1000	-
	每股收益-扣除(元)	-0.0020	0.1500	-	-
	每股收益-摊薄(元)	0.0204	0.1892	-0.0835	-
	每股资本公积金(元)	3.0680	3.0680	4.5179	-
	每股未分配利润(元)	-0.0976	-0.1181	0.8740	-
	每股净资产(元)	3.9700	3.9500	6.4500	-
	每股经营现金流量(元)	-0.2321	-0.0030	0.1900	-
	经营活动现金净流量增长(%)	-219.7	-104.1726	-	-

昆明兴海绿化股份有限公司

公司概况	公司名称	昆明兴海绿化股份有限公司		证券简称	兴海绿化
	法人代表	赵雷	董秘 胡季晔	证券代码	832909
	公司网址	www.kmxhlh.net		电子信箱	421493039@qq.com
	电　话	0871-64311094		传　真	0871-64311094
	办公地址	云南省昆明市红塔东路21号香樟十六坊6幢3-4号			
	经营范围	园林园艺的设计和施工;生态、环境治理工程			

主要财务指标	指标\报告期	2015.06.30	2014.12.31	2013.12.31	2012.12.31
	净利润(万元)	402.10	1327.15	600.78	-
	净利润增长率(%)	261.8295	120.9041	-	-
	加权净资产收益率(%)	7.0100	27.8000	17.5100	-
	资产负债比率(%)	76.8069	79.3532	80.3046	-
	净利润现金含量(%)	-890.5854	-128.2319	-277.8072	-
	基本每股收益(元)	0.1800	0.6000	0.2700	-
	每股收益-扣除(元)	-	0.4900	0.3500	-
	每股收益-摊薄(元)	0.1813	0.5984	0.2709	-
	每股资本公积金(元)	1.1426	1.1426	0.1726	-
	每股未分配利润(元)	0.2978	0.1165	0.5487	-
	每股净资产(元)	2.7300	2.2800	1.8500	-
	每股经营现金流量(元)	-1.6146	-0.7700	-0.7500	-
	经营活动现金净流量增长(%)	-1120.5	-2.0	-	-

河南伊赛牛肉股份有限公司

公司概况	公司名称	河南伊赛牛肉股份有限公司		证券简称	伊赛牛肉
	法人代表	买银胖	董秘 皇甫幼宇	证券代码	832910
	公司网址	www.hnyisai.com		电子信箱	yisairouye@126.com
	电　话	0391-8688777		传　真	0391-8688777
	办公地址	河南省焦作市博爱县鸿昌路西段			
	经营范围	肉牛养殖、饲料加工、屠宰分割、肉制品加工与销售			

主要财务指标	指标\报告期	2015.06.30	2014.12.31	2013.12.31	2012.12.31
	净利润(万元)	3227.08	4272.79	2561.90	-
	净利润增长率(%)	174.9633	66.7823	-	-
	加权净资产收益率(%)	8.1400	18.1900	13.6300	-
	资产负债比率(%)	39.6594	57.9659	64.6286	-
	净利润现金含量(%)	75.2604	-110.2028	400.2927	-
	基本每股收益(元)	0.3100	0.5300	0.3300	-
	每股收益-扣除(元)	0.3000	0.4800	0.2700	-
	每股收益-摊薄(元)	0.2560	0.4691	0.5690	-
	每股资本公积金(元)	2.2118	1.1866	2.1888	-
	每股未分配利润(元)	1.1042	1.1741	1.4369	-
	每股净资产(元)	4.3600	3.4200	4.7400	-
	每股经营现金流量(元)	0.1926	-0.5200	2.2800	-
	经营活动现金净流量增长(%)	-56.8621	-145.9161	-	-

大庆正方软件科技股份有限公司

公司概况	公司名称	大庆正方软件科技股份有限公司		证券简称	正方股份
	法人代表	田青	董秘 魏媛媛	证券代码	832911
	公司网址	www.dqacctsoft.com		电子信箱	dqwyy2006@126.com
	电　话	0459-5915276		传　真	0459-5915276
	办公地址	黑龙江省大庆市高新区科技孵化器一期工程2号孵化器2-10层328室			
	经营范围	软件开发、推广、技术服务,油田勘探开发数据处理,网络方案设计、施工			

主要财务指标	指标\报告期	2015.06.30	2014.12.31	2013.12.31	2012.12.31
	净利润(万元)	15.05	81.26	-18.08	-
	净利润增长率(%)	148.6	549.5	-	-
	加权净资产收益率(%)	2.6600	14.5400	-3.7900	-
	资产负债比率(%)	11.9852	14.1721	39.0915	-
	净利润现金含量(%)	285.8921	156.6168	618.6717	-
	基本每股收益(元)	0.0300	0.1540	-0.0340	-
	每股收益-扣除(元)	-	0.1231	-0.0715	-
	每股收益-摊薄(元)	0.0286	0.1542	-0.0343	-
	每股资本公积金(元)	0.0604	0.0012	0.0012	-
	每股未分配利润(元)	0.0286	0.0533	-0.0950	-
	每股净资产(元)	1.0900	1.0600	0.9100	-
	每股经营现金流量(元)	0.0817	0.2400	-0.2100	-
	经营活动现金净流量增长(%)	173.5	213.8	-	-

四川西科种业股份有限公司

公司概况	公司名称	四川西科种业股份有限公司			证券简称	西科种业	
	法人代表	周小东	董秘	黄波	证券代码	832912	
	公司网址	www.scxike.com			电子信箱	xike100@scxike.com	
	电　　话	0816-6355515			传　　真	0816-6355518	
	办公地址	四川省绵阳市科创园区八角路西段					
	经营范围	农作物种子的研发、生产、销售和服务					
主要财务指标	指标\报告期	2015.06.30	2014.12.31	2013.12.31	2012.12.31		
	净利润(万元)	-704.49	2902.28	361.63	-		
	净利润增长率(%)	-64.1	702.5465	-	-		
	加权净资产收益率(%)	-3.8300	16.8100	2.3100	-		
	资产负债比率(%)	35.0328	34.5983	35.8120	-		
	净利润现金含量(%)	447.0791	0.0008	-0.1297	-		
	基本每股收益(元)	-0.0600	0.2900	0.0400	-		
	每股收益-扣除(元)	-0.0600	-0.0200	0.0200	-		
	每股收益-摊薄(元)	-0.0700	0.2885	0.0360	-		
	每股资本公积金(元)	0.2068	0.2068	0.2068	-		
	每股未分配利润(元)	0.5204	0.5905	0.3332	-		
	每股净资产(元)	1.7900	1.8600	1.5700	-		
	每股经营现金流量(元)	-0.3131	0.0000	0.0000	-		
	经营活动现金净流量增长(%)	30.7	105.1	-	-		

广东西奥物联网科技股份有限公司

公司概况	公司名称	广东西奥物联网科技股份有限公司			证券简称	西奥科技	
	法人代表	林星	董秘	李健	证券代码	832913	
	公司网址	www.e-icco.com			电子信箱	icco118@126.com	
	电　　话	0769-22883991			传　　真	0769-22887817	
	办公地址	广东省东莞市万江区简沙洲社区龙通码头办公大楼的五层					
	经营范围	网络技术研发;研发、生产、销售					
主要财务指标	指标\报告期	2015.06.30	2014.12.31	2013.12.31	2012.12.31		
	净利润(万元)	-258.16	56.27	-64.80	-		
	净利润增长率(%)	-676.1	186.8	-	-		
	加权净资产收益率(%)	-32.4900	24.4100	-27.6000	-		
	资产负债比率(%)	55.7879	33.3563	77.5776	-		
	净利润现金含量(%)	-38.9300	-400.9952	-9.2593	-		
	基本每股收益(元)	-0.3000	0.1900	-0.2200	-		
	每股收益-扣除(元)	-	-	-	-		
	每股收益-摊薄(元)	-0.2967	0.0647	-0.2160	-		
	每股资本公积金(元)	0.1092	0.1092	-	-		
	每股未分配利润(元)	-0.3632	-0.0475	-0.3253	-		
	每股净资产(元)	0.7500	1.0600	0.6700	-		
	每股经营现金流量(元)	0.1155	-0.2600	0.0200	-		
	经营活动现金净流量增长(%)	157.2569	-3862.4525	-	-		

广州锐嘉工业股份有限公司

公司概况	公司名称	广州锐嘉工业股份有限公司			证券简称	锐嘉工业	
	法人代表	丁维扬	董秘	姬玉红	证券代码	832914	
	公司网址	www.v-pack.cn			电子信箱	vpackhr@v-pack.cn	
	电　　话	020-61013390			传　　真	020-82022925	
	办公地址	广东省广州市黄埔区埔南路63号之中3号					
	经营范围	机械配件零售;包装材料的销售;货物进出口等					
主要财务指标	指标\报告期	2015.06.30	2014.12.31	2013.12.31	2012.12.31		
	净利润(万元)	154.45	19.85	4.33	-		
	净利润增长率(%)	2845.4003	358.8912	-	-		
	加权净资产收益率(%)	9.8100	1.3300	1.3700	-		
	资产负债比率(%)	36.8463	40.0190	73.9349	-		
	净利润现金含量(%)	71.7172	567.3893	-2007.5103	-		
	基本每股收益(元)	0.1500	0.0200	0.0200	-		
	每股收益-扣除(元)	-	-	-	-		
	每股收益-摊薄(元)	0.1514	0.0195	0.0197	-		
	每股资本公积金(元)	0.4679	0.3666	0.0575	-		
	每股未分配利润(元)	0.1590	0.1013	0.3999	-		
	每股净资产(元)	1.6300	1.4700	1.4600	-		
	每股经营现金流量(元)	0.1086	0.1100	-0.3900	-		
	经营活动现金净流量增长(%)	138.1492	229.7	-	-		

河北汉尧环保科技股份有限公司

公司概况	公司名称	河北汉尧环保科技股份有限公司			证券简称	汉尧环保	
	法人代表	张新朝	董秘	王润泽	证券代码	832915	
	公司网址	www.hyhuanbao.com			电子信箱	runze_w@126.com	
	电　　话	0311-67507880-816			传　　真	0311-67507880-800	
	办公地址	河北省石家庄桥西区中山东路158号滨江商务大厦1-1-2315					
	经营范围	软件开发及销售、工业自动化系统集成、集成电路设计、软件信息技术咨询					
主要财务指标	指标\报告期	2015.06.30	2014.12.31	2013.12.31	2012.12.31		
	净利润(万元)	407.09	325.82	-17.82	-		
	净利润增长率(%)	1989.4	1928.5	-	-		
	加权净资产收益率(%)	14.6200	12.6200	-1.4400	-		
	资产负债比率(%)	9.4496	28.1902	3.3586	-		
	净利润现金含量(%)	-57.5726	164.5213	-301.1096	-		
	基本每股收益(元)	0.1800	0.2400	-0.0100	-		
	每股收益-扣除(元)	-	0.2400	-	-		
	每股收益-摊薄(元)	0.1795	0.1437	-0.0143	-		
	每股资本公积金(元)	-	-	-	-		
	每股未分配利润(元)	0.3038	0.1244	-0.0100	-		
	每股净资产(元)	1.3200	1.1400	0.9900	-		
	每股经营现金流量(元)	-0.1033	0.2400	0.0400	-		
	经营活动现金净流量增长(%)	-353.3896	899.0497	-	-		

唐山京东大健康股份有限公司

公司概况						
	公司名称	唐山京东大健康股份有限公司			证券简称	京东健康
	法人代表	徐耀东	董秘	刘通生	证券代码	832916
	公司网址				电子信箱	514528350@qq.com
	电　话	0315-4120751			传　真	0315-4127758
	办公地址	河北省唐山市滦南县奔城镇南环路北侧				
	经营范围	机动车检测服务，营运车辆检测服务				

主要财务指标	指标\报告期	2015.06.30	2014.12.31	2013.12.31	2012.12.31
	净利润(万元)	658.08	988.09	-296.29	-
	净利润增长率(%)	654.1	433.5	-	-
	加权净资产收益率(%)	24.1700	662.8000	80.0000	-
	资产负债比率(%)	5.4192	86.4258	107.1383	-
	净利润现金含量(%)	115.9470	11.2235	-49.5921	-
	基本每股收益(元)	0.1600	0.2500	-0.0700	-
	每股收益-扣除(元)	-	-	-	-
	每股收益-摊薄(元)	0.1645	1.9762	-0.5926	-
	每股资本公积金(元)	0.0871	-	-	-
	每股未分配利润(元)	0.1132	0.2576	-1.6899	-
	每股净资产(元)	1.2000	0.1600	-0.0900	-
	每股经营现金流量(元)	0.1908	0.2218	0.2939	-
	经营活动现金净流量增长(%)	12372.7995	-24.5258	-	-

安徽惠洲地质安全研究院股份有限公司

公司概况						
	公司名称	安徽惠洲地质安全研究院股份有限公司			证券简称	惠洲院
	法人代表	周官群	董秘	刘亭亭	证券代码	832917
	公司网址	www.ahhzi.com			电子信箱	13856975780@163.com
	电　话	0551-65392602			传　真	0551-65360991
	办公地址	安徽省合肥市经济开发区桃花工业园汤口路41号				
	经营范围	水文地质、工程地质、环境地质调查;地球物理勘查				

主要财务指标	指标\报告期	2015.06.30	2014.12.31	2013.12.31	2012.12.31
	净利润(万元)	-136.63	822.90	1165.03	-
	净利润增长率(%)	-174.4	-29.3663	-	-
	加权净资产收益率(%)	-1.5800	11.1200	28.4800	-
	资产负债比率(%)	15.8019	19.8357	48.9882	-
	净利润现金含量(%)	338.1039	-118.5931	4.9319	-
	基本每股收益(元)	-0.0700	0.4300	0.6800	-
	每股收益-扣除(元)	-0.0900	0.3900	-	-
	每股收益-摊薄(元)	-0.0662	0.4331	0.6773	-
	每股资本公积金(元)	3.2792	3.2166	-	-
	每股未分配利润(元)	0.1822	0.2699	1.5414	-
	每股净资产(元)	4.4900	4.5200	2.7200	-
	每股经营现金流量(元)	-0.2237	-0.5100	0.0300	-
	经营活动现金净流量增长(%)	14.6	-1798.4700	-	-

山东鼎讯智能交通股份有限公司

公司概况						
	公司名称	山东鼎讯智能交通股份有限公司			证券简称	鼎讯股份
	法人代表	张宗席	董秘	于国亮	证券代码	832918
	公司网址	www.dsfits.com			电子信箱	dingxunits@163.com
	电　话	0531-80983858			传　真	0531-80983857
	办公地址	山东省济南市高新区颖秀路608号3号楼9层905室				
	经营范围	计算机软硬件、智能交通设备、电子产品的研发、销售				

主要财务指标	指标\报告期	2015.06.30	2014.12.31	2013.12.31	2012.12.31
	净利润(万元)	132.36	540.80	87.32	-
	净利润增长率(%)	-22.8281	519.3476	-	-
	加权净资产收益率(%)	5.1000	23.8100	4.2100	-
	资产负债比率(%)	35.2467	32.4913	26.6610	-
	净利润现金含量(%)	1131.9133	-260.4789	40.9872	-
	基本每股收益(元)	0.0700	0.2700	0.0400	-
	每股收益-扣除(元)	0.0700	-	-	-
	每股收益-摊薄(元)	0.0662	0.2704	0.0416	-
	每股资本公积金(元)	0.0372	0.0372	0.0159	-
	每股未分配利润(元)	0.2661	0.1999	-0.0066	-
	每股净资产(元)	1.3300	1.2600	1.0100	-
	每股经营现金流量(元)	0.7491	-0.7000	0.0200	-
	经营活动现金净流量增长(%)	318.1	-4036.4456	-	-

北京世纪龙文品牌管理股份有限公司

公司概况						
	公司名称	北京世纪龙文品牌管理股份有限公司			证券简称	世纪龙文
	法人代表	夏春喜	董秘	韩思淼	证券代码	832919
	公司网址	www.lwgroup.com.cn			电子信箱	hansm@lwpr.com.cn
	电　话	010-64401612			传　真	010-64401906
	办公地址	北京市东城区安定门外大街185号京宝大厦509室				
	经营范围	组织文化艺术交流活动;承办展览展示;企业形象策划				

主要财务指标	指标\报告期	2015.06.30	2014.12.31	2013.12.31	2012.12.31
	净利润(万元)	50.71	167.23	2034.27	-
	净利润增长率(%)	-91.3477	-91.7795	-	-
	加权净资产收益率(%)	0.8400	2.8100	35.3300	-
	资产负债比率(%)	13.5659	8.4495	20.8682	-
	净利润现金含量(%)	144.5686	-0.1661	0.0186	-
	基本每股收益(元)	0.0300	0.1000	1.1600	-
	每股收益-扣除(元)	0.0300	0.1000	1.1600	-
	每股收益-摊薄(元)	0.0290	0.0956	1.1624	-
	每股资本公积金(元)	1.4723	1.4723	-	-
	每股未分配利润(元)	0.9020	0.8730	2.0678	-
	每股净资产(元)	3.4700	3.4400	3.3500	-
	每股经营现金流量(元)	0.0419	-0.0002	0.0002	-
	经营活动现金净流量增长(%)	103.7	-173.4260	-	-

河南去吧看看网络科技股份有限公司

公司概况	公司名称	河南去吧看看网络科技股份有限公司			证券简称	去吧看看
	法人代表	邓钢	董秘	汪春霞	证券代码	832920
	公司网址	www.78kankan.cn			电子信箱	qubakankan@163.com
	电　　话	0371-68887833			传　　真	0371-56767833
	办公地址	河南省郑州高新区翠竹街6号11幢1单元14层1404号				
	经营范围	食用农产品的批发零售;设计、制作代理、发布国内广告				

	指标\报告期	2015.06.30	2014.12.31	2013.12.31	2012.12.31
主要财务指标	净利润(万元)	-81.74	17.94	-7.11	-
	净利润增长率(%)	-314.6875	352.4	-	-
	加权净资产收益率(%)	-8.3700	2.6300	-7.2400	-
	资产负债比率(%)	24.6340	12.9399	2.1392	-
	净利润现金含量(%)	183.5130	-1173.5229	3304.6414	-
	基本每股收益(元)	-0.1200	0.0300	-0.0666	-
	每股收益-扣除(元)	-0.1200	-0.0077	-0.0666	-
	每股收益-摊薄(元)	-0.1146	0.0269	-0.0142	-
	每股资本公积金(元)	0.7440	0.1878	0.0828	-
	每股未分配利润(元)	-0.1017	0.0139	-0.0153	-
	每股净资产(元)	1.6400	1.2000	1.0700	-
	每股经营现金流量(元)	-0.2104	-0.3200	-0.4700	-
	经营活动现金净流量增长(%)	-1082.8	10.4	-	-

北京博电新力电气股份有限公司

公司概况	公司名称	北京博电新力电气股份有限公司			证券简称	博电电气
	法人代表	陈卫	董秘	梁靖	证券代码	832921
	公司网址	www.ponovo.cn			电子信箱	xldq@ponovo.cn
	电　　话	010-58731010			传　　真	010-58731816
	办公地址	北京市海淀区知春路甲48号3号楼4单元2B				
	经营范围	制造电力电子元器件、高压电力电子设备、电气机械设备等				

	指标\报告期	2015.06.30	2014.12.31	2013.12.31	2012.12.31
主要财务指标	净利润(万元)	253.24	3080.67	5151.09	-
	净利润增长率(%)	-77.0116	-40.1939	-	-
	加权净资产收益率(%)	0.6600	8.0000	16.0000	-
	资产负债比率(%)	19.4192	24.7106	34.0617	-
	净利润现金含量(%)	-932.7740	197.9453	81.1770	-
	基本每股收益(元)	0.0300	0.3600	0.6400	-
	每股收益-扣除(元)	0.0300	0.3600	0.5300	-
	每股收益-摊薄(元)	0.0298	0.3624	0.6060	-
	每股资本公积金(元)	2.0408	2.0408	2.0408	-
	每股未分配利润(元)	1.3881	1.3583	1.3069	-
	每股净资产(元)	4.5400	4.5100	4.4500	-
	每股经营现金流量(元)	-0.2779	0.7200	0.4900	-
	经营活动现金净流量增长(%)	-201.4334	45.8337	-	-

安徽亳州浙皖中药饮片股份有限公司

公司概况	公司名称	安徽亳州浙皖中药饮片股份有限公司			证券简称	浙皖中药
	法人代表	周军	董秘	魏必芝	证券代码	832922
	公司网址	www.bzzwyp.com			电子信箱	zhewandsh@163.com
	电　　话	0558-8127779			传　　真	0558-8127778
	办公地址	安徽省亳州市谯城区光明西路北侧				
	经营范围	中药饮片;中药材;中药科技开发;农副产品收购、销售等				

	指标\报告期	2015.06.30	2014.12.31	2013.12.31	2012.12.31
主要财务指标	净利润(万元)	18.09	0.02	-0.01	-
	净利润增长率(%)	-5.7493	100.0	-	-
	加权净资产收益率(%)	1.5500	12.5100	-	-
	资产负债比率(%)	93.0212	87.8172	82.5585	-
	净利润现金含量(%)	-6239.7179	-625242.51	15966610.6	-
	基本每股收益(元)	0.0200	0.1400	-0.0600	-
	每股收益-扣除(元)	-	-	-	-
	每股收益-摊薄(元)	0.0181	0.1400	-0.0600	-
	每股资本公积金(元)	0.4569	-	-	-
	每股未分配利润(元)	-0.2937	-	-	-
	每股净资产(元)	1.1700	1.1600	0.9700	-
	每股经营现金流量(元)	-1.1286	-	-	-
	经营活动现金净流量增长(%)	-424.1200	0.0	-	-

山东视观察信息科技股份有限公司

公司概况	公司名称	山东视观察信息科技股份有限公司			证券简称	视观察
	法人代表	崔洪涛	董秘	李莉莉	证券代码	832923
	公司网址	www.sdjrgis.com			电子信箱	sdshiguancha@126.com
	电　　话	0531-88808617			传　　真	0531-88808618
	办公地址	山东省济南市高新区新泺大街1166号奥盛大厦2号楼27层				
	经营范围	工程测量;地籍测绘;地理信息系统工程;摄影测量与遥感等				

	指标\报告期	2015.06.30	2014.12.31	2013.12.31	2012.12.31
主要财务指标	净利润(万元)	23.35	96.79	-	-
	净利润增长率(%)	13.9620	609.0078	-	-
	加权净资产收益率(%)	1.4100	9.3700	-	-
	资产负债比率(%)	19.6314	21.5907	-	-
	净利润现金含量(%)	-1371.6827	-481.3618	-	-
	基本每股收益(元)	0.0100	0.0900	-	-
	每股收益-扣除(元)	-	0.0200	-	-
	每股收益-摊薄(元)	0.0146	0.0605	-	-
	每股资本公积金(元)	0.0241	-	-	-
	每股未分配利润(元)	0.0146	0.0217	-	-
	每股净资产(元)	1.0400	1.0200	-	-
	每股经营现金流量(元)	-0.2002	-0.2912	-	-
	经营活动现金净流量增长(%)	1.1	-216.7906	-	-

明石创新投资集团股份有限公司

公司概况	公司名称	明石创新投资集团股份有限公司		证券简称	明石创新
	法人代表	唐焕新	董秘 宋金贺	证券代码	832924
	公司网址	www.chinabrightstone.com		电子信箱	songjinhe@chinabrightstone.com
	电　话	010-60190799		传　真	10-60190322
	办公地址	北京市海淀区海淀北二街10号9层0916			
	经营范围	投资管理;资产管理;项目投资;企业管理咨询;技术开发等			

主要财务指标	指标\报告期	2015.06.30	2014.12.31	2013.12.31	2012.12.31
	净利润(万元)	21128.94	13091.15	128.30	–
	净利润增长率(%)	5427.4	10103.8064	–	–
	加权净资产收益率(%)	4.7400	10.4200	6.7300	–
	资产负债比率(%)	0.5846	0.0234	40.9548	–
	净利润现金含量(%)	-7.1046	-54.9957	-931.2732	–
	基本每股收益(元)	0.0600	0.1500	0.0600	–
	每股收益-扣除(元)	–	0.1500	0.0600	–
	每股收益-摊薄(元)	0.0561	0.0371	0.0428	–
	每股资本公积金(元)	0.2754	0.1012	0.0634	–
	每股未分配利润(元)	0.0577	0.0018	-0.1888	–
	每股净资产(元)	1.3300	1.1000	0.8700	–
	每股经营现金流量(元)	-0.0040	-0.0200	-0.4000	–
	经营活动现金净流量增长(%)	-2938.1580	-502.6	–	–

克拉玛依市城投鹏基物业股份有限公司

公司概况	公司名称	克拉玛依市城投鹏基物业股份有限公司		证券简称	城投鹏基
	法人代表	徐永明	董秘 王晓霞	证券代码	832925
	公司网址			电子信箱	610016186@qq.com
	电　话	0990-6969830		传　真	0990-6969830
	办公地址	新疆维吾尔自治区克拉玛依市友谊路36号			
	经营范围	房屋设备租赁、物业管理、物业服务咨询、顾问、清洁、房地产经纪等			

主要财务指标	指标\报告期	2015.06.30	2014.12.31	2013.12.31	2012.12.31
	净利润(万元)	87.53	280.84	238.40	–
	净利润增长率(%)	13.1467	17.8029	–	–
	加权净资产收益率(%)	6.9300	24.2200	22.8400	–
	资产负债比率(%)	36.3051	44.3209	44.7765	–
	净利润现金含量(%)	-640.6787	74.9430	244.8658	–
	基本每股收益(元)	0.1600	0.5100	0.4300	–
	每股收益-扣除(元)	–	–	–	–
	每股收益-摊薄(元)	0.1584	0.5081	0.4313	–
	每股资本公积金(元)	0.3906	0.3906	0.3906	–
	每股未分配利润(元)	0.6786	0.6702	0.5329	–
	每股净资产(元)	2.2500	2.2500	2.0600	–
	每股经营现金流量(元)	-1.0146	0.3800	1.0600	–
	经营活动现金净流量增长(%)	-32.2	-63.9454	–	–

呼伦贝尔恒屹农牧业股份有限公司

公司概况	公司名称	呼伦贝尔恒屹农牧业股份有限公司		证券简称	恒屹农牧
	法人代表	汲恩民	董秘 郑海峰	证券代码	832926
	公司网址	www.chinahynm.com		电子信箱	hlbehynm@163.com
	电　话	0470-8348811		传　真	0470-8348811
	办公地址	内蒙古自治区呼伦贝尔市海拉尔区巴彦托海路1号中天大厦20楼			
	经营范围	有机杂粮、农作物及经济作物、药用植物、农业领域的科研等			

主要财务指标	指标\报告期	2015.06.30	2014.12.31	2013.12.31	2012.12.31
	净利润(万元)	-175.70	587.79	232.38	–
	净利润增长率(%)	-202.7	152.9469	–	–
	加权净资产收益率(%)	-6.6600	32.0300	27.9900	–
	资产负债比率(%)	55.2815	33.9109	40.0930	–
	净利润现金含量(%)	-145.7166	187.7065	93.3342	–
	基本每股收益(元)	-0.1600	0.8800	0.3900	–
	每股收益-扣除(元)	–	0.8800	0.3900	–
	每股收益-摊薄(元)	-0.1599	0.5348	0.3873	–
	每股资本公积金(元)	0.9463	0.9463	–	–
	每股未分配利润(元)	0.2927	0.4526	0.4895	–
	每股净资产(元)	2.3200	4.0900	1.5800	–
	每股经营现金流量(元)	0.2330	1.0039	0.3600	–
	经营活动现金净流量增长(%)	460.6	408.7049	–	–

浙江顶峰影业股份有限公司

公司概况	公司名称	浙江顶峰影业股份有限公司		证券简称	顶峰影业
	法人代表	刘春丽	董秘 王大拯	证券代码	832927
	公司网址	www.climaxpictures.cn		电子信箱	dzhwang@163.com
	电　话	010-85597768		传　真	010-85597767
	办公地址	浙江横店影视产业实验区C1-012商务楼			
	经营范围	影视产品的策划、投资、制作、发行和运营			

主要财务指标	指标\报告期	2015.06.30	2014.12.31	2013.12.31	2012.12.31
	净利润(万元)	194.48	953.05	242.97	–
	净利润增长率(%)	251.6	292.2467	–	–
	加权净资产收益率(%)	8.3800	59.4400	24.1700	–
	资产负债比率(%)	60.3852	64.3825	84.8365	–
	净利润现金含量(%)	-278.0931	196.5709	-376.2089	–
	基本每股收益(元)	0.1700	0.9500	0.2400	–
	每股收益-扣除(元)	–	–	–	–
	每股收益-摊薄(元)	0.1700	0.9530	0.2430	–
	每股资本公积金(元)	0.6900	–	–	–
	每股未分配利润(元)	0.6042	1.0741	0.1247	–
	每股净资产(元)	2.3000	2.0800	1.1300	–
	每股经营现金流量(元)	-0.4850	1.8700	-0.9100	–
	经营活动现金净流量增长(%)	-214.9098	305.0	–	–

江苏曼氏生物科技股份有限公司

公司概况	公司名称	江苏曼氏生物科技股份有限公司			证券简称	曼氏生物
	法人代表	张海燕	董秘	李亚明	证券代码	832928
	公司网址	www.manshikeji.com		电子信箱	manshikeji@163.com	
	电　　话	0512-57055288		传　　真	0512-57472843	
	办公地址	江苏省昆山市千灯镇致威支路				
	经营范围	药用辅料(大豆磷脂)制造、销售自产产品				

主要财务指标	指标\报告期	2015.06.30	2014.12.31	2013.12.31	2012.12.31
	净利润(万元)	174.92	263.58	263.58	–
	净利润增长率(%)	56.7416	108.0557	–	–
	加权净资产收益率(%)	12.7500	34.2700	42.3700	–
	资产负债比率(%)	35.2421	40.1861	77.0010	–
	净利润现金含量(%)	18.6768	171.1526	24.0046	–
	基本每股收益(元)	0.1700	0.2600	0.1300	–
	每股收益-扣除(元)	–	0.2723	0.1264	–
	每股收益-摊薄(元)	0.1749	0.2636	0.2636	–
	每股资本公积金(元)	0.0239	0.0239	–	–
	每股未分配利润(元)	0.3113	0.1368	-0.6377	–
	每股净资产(元)	1.3500	1.1800	0.3600	–
	每股经营现金流量(元)	0.0327	0.4500	0.0600	–
	经营活动现金净流量增长(%)	104.7	612.9992	–	–

北京原点互动科技股份有限公司

公司概况	公司名称	北京原点互动科技股份有限公司			证券简称	原点股份
	法人代表	王宇	董秘	叶历娟	证券代码	832929
	公司网址	www.yuandianhudong.com		电子信箱	master@yuandianhudong.com	
	电　　话	010-84463495		传　　真	010-84463495-808	
	办公地址	北京市石景山区实兴大街30号院3号楼2层A-0108号				
	经营范围	手机游戏的研发与销售及相关服务				

主要财务指标	指标\报告期	2015.06.30	2014.12.31	2013.12.31	2012.12.31
	净利润(万元)	90.36	-69.31	-23.22	–
	净利润增长率(%)	280.2	-198.5	–	–
	加权净资产收益率(%)	18.4500	-14.4900	-6.8900	–
	资产负债比率(%)	27.2910	27.4935	1.1735	–
	净利润现金含量(%)	41.9669	-71.5235	-232.6153	–
	基本每股收益(元)	0.1800	-0.1400	-0.0700	–
	每股收益-扣除(元)	–	–	–	–
	每股收益-摊薄(元)	0.1807	-0.1386	-0.0464	–
	每股资本公积金(元)	0.0261	0.0261	0.1000	–
	每股未分配利润(元)	0.0421	-0.1386	-0.0739	–
	每股净资产(元)	1.0700	0.8900	1.0300	–
	每股经营现金流量(元)	0.0758	0.1000	0.1100	–
	经营活动现金净流量增长(%)	169.8	-8.2085	–	–

江苏徕兹光电科技股份有限公司

公司概况	公司名称	江苏徕兹光电科技股份有限公司			证券简称	徕兹科技
	法人代表	乔佰文	董秘	查晓怡	证券代码	832930
	公司网址	www.laitz.com		电子信箱	xiaoyi.zha@laitz.com	
	电　　话	0519-68688168		传　　真	0519-68688169	
	办公地址	江苏省常州市龙城大道2188号新闸科技工业园11号楼				
	经营范围	光电技术研发、技术咨询、技术服务、技术转让等				

主要财务指标	指标\报告期	2015.06.30	2014.12.31	2013.12.31	2012.12.31
	净利润(万元)	-167.76	10.78	-310.36	–
	净利润增长率(%)	-906.3	103.5	–	–
	加权净资产收益率(%)	-25.9600	1.4600	-34.8500	–
	资产负债比率(%)	66.0058	60.6665	57.3357	–
	净利润现金含量(%)	-4.3550	-534.4119	53.0540	–
	基本每股收益(元)	-0.2900	0.0200	-0.5300	–
	每股收益-扣除(元)	-0.2900	-0.2200	-0.5900	–
	每股收益-摊薄(元)	-0.2869	0.0184	-0.5307	–
	每股资本公积金(元)	0.1106	0.1106	1.4795	–
	每股未分配利润(元)	0.0870	0.3739	-1.2220	–
	每股净资产(元)	1.2000	1.2800	1.2600	–
	每股经营现金流量(元)	0.0125	-0.1000	-0.2800	–
	经营活动现金净流量增长(%)	117.0	65.0	–	–

武汉维特科思教育股份有限公司

公司概况	公司名称	武汉维特科思教育股份有限公司			证券简称	维特科思
	法人代表	易新胜	董秘	郭晟	证券代码	832931
	公司网址	www.m-ch.cn		电子信箱	whwtks@126.com	
	电　　话	027-86888588		传　　真	027-86888588	
	办公地址	武汉市硚口区航空路7号(湖北省医药公司办公大厦2楼)				
	经营范围	婴幼儿早期教育				

主要财务指标	指标\报告期	2015.06.30	2014.12.31	2013.12.31	2012.12.31
	净利润(万元)	-464.36	256.60	-145.92	–
	净利润增长率(%)	-115.0	275.9	–	–
	加权净资产收益率(%)	-48.6200	99.0900	-100.4400	–
	资产负债比率(%)	26.5255	16.8866	70.2493	–
	净利润现金含量(%)	0.0631	48.1917	-48.6020	–
	基本每股收益(元)	-0.3300	0.7200	-0.4900	–
	每股收益-扣除(元)	–	0.7200	-0.4900	–
	每股收益-摊薄(元)	-0.3322	0.2566	-0.4864	–
	每股资本公积金(元)	0.4088	0.0193	–	–
	每股未分配利润(元)	-0.3260	0.0087	-0.7589	–
	每股净资产(元)	1.0800	1.0300	0.2400	–
	每股经营现金流量(元)	-0.0002	0.1200	0.2400	–
	经营活动现金净流量增长(%)	-100.2823	74.3684	–	–

辽宁永恒实业股份有限公司

公司概况	公司名称	辽宁永恒实业股份有限公司			证券简称	永恒股份
	法人代表	刘权烈	董秘	陈英楠	证券代码	832932
	公司网址	www.lnei.cn		电子信箱	irlnei@126.com	
	电　话	0417-3188313		传　真	0417-3188315	
	办公地址	辽宁省大石桥市有色金属(化工)园区				
	经营范围	沥青(不含危险种类)生产、销售、仓储等				

主要财务指标	指标\报告期	2015.06.30	2014.12.31	2013.12.31	2012.12.31
	净利润(万元)	-340.28	-314.87	-948.63	-
	净利润增长率(%)	23.5	66.8	-	-
	加权净资产收益率(%)	-4.9800	-4.4700	-21.8400	-
	资产负债比率(%)	40.6349	36.1282	35.6113	-
	净利润现金含量(%)	31.2319	-267.6709	96.1686	-
	基本每股收益(元)	-0.0700	-0.0600	-0.5700	-
	每股收益-扣除(元)	-0.0700	-0.0600	-0.5700	-
	每股收益-摊薄(元)	-0.0681	-0.0630	-0.1897	-
	每股资本公积金(元)	0.7028	0.7028	0.7028	-
	每股未分配利润(元)	-0.3932	-0.3251	-0.2621	-
	每股净资产(元)	1.3600	1.4000	1.4400	-
	每股经营现金流量(元)	-0.0213	0.1700	-0.1825	-
	经营活动现金净流量增长(%)	-131.6132	192.4	-	-

湖南九典制药股份有限公司

公司概况	公司名称	湖南九典制药股份有限公司			证券简称	九典制药
	法人代表	朱志宏	董秘	李敏	证券代码	832933
	公司网址	www.hnjiudian.com		电子信箱	jiudianzhiyao@163.com	
	电　话	0731-82831002		传　真	0731-88220260	
	办公地址	湖南省长沙市浏阳经济技术开发区健康大道1号				
	经营范围	医药产品的研发、生产和销售及技术转让				

主要财务指标	指标\报告期	2015.06.30	2014.12.31	2013.12.31	2012.12.31
	净利润(万元)	2443.07	26648.94	24141.32	-
	净利润增长率(%)	1.1561	635.0204	-	-
	加权净资产收益率(%)	8.9100	18.5400	26.7800	-
	资产负债比率(%)	15.8000	20.1915	27.9806	-
	净利润现金含量(%)	-6.1243	15.4742	15.0183	-
	基本每股收益(元)	0.3000	0.5100	0.4900	-
	每股收益-扣除(元)	0.2800	-	-	-
	每股收益-摊薄(元)	0.3032	5.6221	5.0931	-
	每股资本公积金(元)	2.0682	0.8186	0.8186	-
	每股未分配利润(元)	0.1482	2.8441	2.1500	-
	每股净资产(元)	3.2700	2.9700	2.5000	-
	每股经营现金流量(元)	-0.0186	0.8700	0.7649	-
	经营活动现金净流量增长(%)	-114.4394	28.7451	-	-

辽宁普天数码股份有限公司

公司概况	公司名称	辽宁普天数码股份有限公司			证券简称	普天数码
	法人代表	刘恩宇	董秘	曲艺	证券代码	832934
	公司网址	www.lnptsm.com		电子信箱	quyi0131@163.com	
	电　话	0412-8232999		传　真	0412-8235999	
	办公地址	辽宁鞍山市铁西区双功路31号				
	经营范围	无线广播电视发射机和天线的研发、生产、销售和维修				

主要财务指标	指标\报告期	2015.06.30	2014.12.31	2013.12.31	2012.12.31
	净利润(万元)	-174.23	338.89	18.86	-
	净利润增长率(%)	-1124.2287	1696.7868	-	-
	加权净资产收益率(%)	-11.1800	-	-	-
	资产负债比率(%)	42.8058	55.0006	64.7908	-
	净利润现金含量(%)	131.0182	64.7703	-292.8420	-
	基本每股收益(元)	1.3500	0.3400	0.0200	-
	每股收益-扣除(元)	-	-	-	-
	每股收益-摊薄(元)	-0.1452	0.3389	0.0189	-
	每股资本公积金(元)	0.1860	0.1232	0.1232	-
	每股未分配利润(元)	0.1348	0.3359	0.0309	-
	每股净资产(元)	1.3500	1.4900	1.1600	-
	每股经营现金流量(元)	-0.1902	0.2200	-0.0600	-
	经营活动现金净流量增长(%)	-152.2	497.4	-	-

河南省黄泛区天鹰缸套股份有限公司

公司概况	公司名称	河南省黄泛区天鹰缸套股份有限公司			证券简称	天鹰缸套
	法人代表	于保生	董秘	宋卫华	证券代码	832935
	公司网址	www.hntygt.com		电子信箱	382513108@qq.com	
	电　话	0394-2579287		传　真	0394-2579399	
	办公地址	河南省周口市黄泛区建设路西段				
	经营范围	压缩机缸套、缸体制造、缸体修复、船用缸套及农机产品的生产销售和服务				

主要财务指标	指标\报告期	2015.06.30	2014.12.31	2013.12.31	2012.12.31
	净利润(万元)	-76.84	53.90	49.68	-
	净利润增长率(%)	-771.1708	8.4860	-	-
	加权净资产收益率(%)	-0.8100	1.2900	1.1900	-
	资产负债比率(%)	48.7451	49.3128	47.1451	-
	净利润现金含量(%)	-27.2899	698.4601	693.1763	-
	基本每股收益(元)	-0.0200	0.0100	0.0100	-
	每股收益-扣除(元)	-	-0.0100	-0.1300	-
	每股收益-摊薄(元)	-0.0194	0.0136	0.0125	-
	每股资本公积金(元)	-	-	-	-
	每股未分配利润(元)	0.0473	0.0667	0.0544	-
	每股净资产(元)	1.0500	1.0700	1.0600	-
	每股经营现金流量(元)	0.0053	0.1000	0.0900	-
	经营活动现金净流量增长(%)	58.5127	9.3208	-	-

郑州万达重工股份有限公司

公司概况	公司名称	郑州万达重工股份有限公司		证券简称	万达重工
	法人代表	何清	董秘 马晓延	证券代码	832936
	公司网址	www.zzwanda.com		电子信箱	zhengzhouwanda@163.com
	电　话	0371-62538208		传　真	0371-62538178
	办公地址	河南省郑州新郑机场新港大道			
	经营范围	从事管件研究、制造和销售			

主要财务指标	指标\报告期	2015.06.30	2014.12.31	2013.12.31	2012.12.31
	净利润(万元)	299.72	279.96	140.52	–
	净利润增长率(%)	9.5388	99.2369	–	–
	加权净资产收益率(%)	4.1400	–	–	–
	资产负债比率(%)	55.0221	54.6746	59.3373	–
	净利润现金含量(%)	-104.1572	-200.1965	34.2229	–
	基本每股收益(元)	0.0600	0.0500	0.0300	–
	每股收益-扣除(元)	–	–	–	–
	每股收益-摊薄(元)	0.0571	0.0533	0.0281	–
	每股资本公积金(元)	0.3064	0.3064	0.1965	–
	每股未分配利润(元)	0.0966	0.0395	0.0788	–
	每股净资产(元)	1.4100	1.3500	1.2900	–
	每股经营现金流量(元)	-0.0595	-0.1100	0.0100	–
	经营活动现金净流量增长(%)	56.9	-1265.5456	–	–

广东宏达印业股份有限公司

公司概况	公司名称	广东宏达印业股份有限公司		证券简称	宏达印业
	法人代表	陈炯坻	董秘 黄文克	证券代码	832937
	公司网址	www.hongda.cn		电子信箱	dghongda@vip.163.com
	电　话	0754-85161852		传　真	0754-85162576
	办公地址	广东省汕头市澄海区莲下镇鸿利工业区			
	经营范围	热转印膜产品的研发、生产、销售和服务			

主要财务指标	指标\报告期	2015.06.30	2014.12.31	2013.12.31	2012.12.31
	净利润(万元)	24.75	59.69	29.66	–
	净利润增长率(%)	24.8032	101.2686	–	–
	加权净资产收益率(%)	2.0100	4.9000	2.5600	–
	资产负债比率(%)	48.2100	46.5553	44.2255	–
	净利润现金含量(%)	-507.9430	95.9661	702.0340	–
	基本每股收益(元)	0.0247	0.0600	0.0300	–
	每股收益-扣除(元)	–	–	–	–
	每股收益-摊薄(元)	0.0247	0.0595	0.0296	–
	每股资本公积金(元)	–	–	–	–
	每股未分配利润(元)	0.1498	0.1290	0.0755	–
	每股净资产(元)	1.2300	1.2100	1.1500	–
	每股经营现金流量(元)	-0.1253	0.0600	0.2100	–
	经营活动现金净流量增长(%)	-199.4321	-72.4871	–	–

青岛国林环保科技股份有限公司

公司概况	公司名称	青岛国林环保科技股份有限公司		证券简称	国林环保
	法人代表	丁香鹏	董秘 胡文佳	证券代码	832938
	公司网址	www.china-guolin.com		电子信箱	0532-84992167
	电　话	0532-84992387		传　真	0532-84992167
	办公地址	山东省青岛市市北区瑞昌路168号			
	经营范围	臭氧产生机理研究、臭氧设备设计与制造、臭氧应用工程方案设计			

主要财务指标	指标\报告期	2015.06.30	2014.12.31	2013.12.31	2012.12.31
	净利润(万元)	1222.88	1890.18	1627.28	–
	净利润增长率(%)	190.6877	16.1559	–	–
	加权净资产收益率(%)	6.0300	10.0700	9.3700	–
	资产负债比率(%)	39.8050	40.8567	36.7813	–
	净利润现金含量(%)	-15.7934	91.2241	11.8271	–
	基本每股收益(元)	0.3400	0.5300	0.4500	–
	每股收益-扣除(元)	–	0.5000	0.3200	–
	每股收益-摊薄(元)	0.3397	0.5251	0.4520	–
	每股资本公积金(元)	1.8846	1.8846	1.8846	–
	每股未分配利润(元)	2.6390	2.2993	1.8809	–
	每股净资产(元)	5.8000	5.4600	4.9900	–
	每股经营现金流量(元)	-0.0536	0.4800	0.0500	–
	经营活动现金净流量增长(%)	88.5	795.9203	–	–

杭州杨利石化股份有限公司

公司概况	公司名称	杭州杨利石化股份有限公司		证券简称	杨利石化
	法人代表	鲍利云	董秘 朱洁群	证券代码	832939
	公司网址	www.youngly.com		电子信箱	service@youngly.com
	电　话	0571-82697875		传　真	0571-82697875
	办公地址	浙江省杭州市萧山区钱江农场			
	经营范围	公司主营业务为精制双环戊二烯、四氢双环戊二烯和金刚烷的生产、销售			

主要财务指标	指标\报告期	2015.06.30	2014.12.31	2013.12.31	2012.12.31
	净利润(万元)	108.47	193.63	-99.12	–
	净利润增长率(%)	269.1430	295.4	–	–
	加权净资产收益率(%)	9.2100	18.4100	-9.9300	–
	资产负债比率(%)	65.1532	67.8871	71.8326	–
	净利润现金含量(%)	131.4843	0.8883	-227.3204	–
	基本每股收益(元)	0.1200	0.2200	-0.2000	–
	每股收益-扣除(元)	0.1100	0.1600	–	–
	每股收益-摊薄(元)	0.1205	0.2151	-0.1982	–
	每股资本公积金(元)	0.0655	0.0655	–	–
	每股未分配利润(元)	0.2817	0.1668	0.7018	–
	每股净资产(元)	1.3700	1.2500	1.8000	–
	每股经营现金流量(元)	0.1585	0.0020	0.4500	–
	经营活动现金净流量增长(%)	132.6	-99.2359	–	–

河南红东方化工股份有限公司

公司概况						
公司名称	河南红东方化工股份有限公司			证券简称	东方化工	
法人代表	于红霞	董秘	徐建生	证券代码	832940	
公司网址	www.xcdfchem.com		电子信箱	info@xcdfchem.com		
电话	0374-5699568		传真	0374-5699566		
办公地址	河南省许昌县精细化工园区					
经营范围	研发、生产和销售草甘膦及其他精细化工产品					

主要财务指标 指标\报告期	2015.06.30	2014.12.31	2013.12.31	2012.12.31
净利润(万元)	325.47	3697.30	2904.51	–
净利润增长率(%)	-78.6538	27.2950	–	–
加权净资产收益率(%)	2.9000	40.0300	50.6600	–
资产负债比率(%)	68.2751	54.5890	70.0809	–
净利润现金含量(%)	1382.9232	3.2361	135.2331	–
基本每股收益(元)	0.0700	0.7400	0.5800	–
每股收益-扣除(元)	–	–	–	–
每股收益-摊薄(元)	0.0651	0.7395	0.5809	–
每股资本公积金(元)	1.0580	–	–	–
每股未分配利润(元)	0.0808	0.9522	0.2866	–
每股净资产(元)	2.2600	2.2100	1.4800	–
每股经营现金流量(元)	0.9002	0.0200	0.7900	–
经营活动现金净流量增长(%)	-46.7391	-96.9537	–	–

天津信鸿医疗科技股份有限公司

公司概况						
公司名称	天津信鸿医疗科技股份有限公司			证券简称	信鸿医疗	
法人代表	陈小雷	董秘	赵玉杰	证券代码	832941	
公司网址			电子信箱	zhaoyujie@joinscience.net		
电话	022-24672358		传真	022-24672308		
办公地址	天津市东丽区金地企业总部港B区2号楼101室					
经营范围	医疗技术开发、咨询、服务等					

主要财务指标 指标\报告期	2015.06.30	2014.12.31	2013.12.31	2012.12.31
净利润(万元)	188.31	264.06	270.68	–
净利润增长率(%)	23.0365	-2.4451	–	–
加权净资产收益率(%)	4.6600	8.1200	15.6600	–
资产负债比率(%)	73.9916	71.3092	68.1265	–
净利润现金含量(%)	-588.6617	-154.8966	-237.3504	–
基本每股收益(元)	0.0600	0.0880	0.1400	–
每股收益-扣除(元)	0.0500	0.0827	–	–
每股收益-摊薄(元)	0.0628	0.0880	0.1353	–
每股资本公积金(元)	0.2145	0.2145	0.1050	–
每股未分配利润(元)	0.0978	0.0377	0.2277	–
每股净资产(元)	1.3100	1.2500	1.3500	–
每股经营现金流量(元)	-0.3695	-0.1400	-0.3212	–
经营活动现金净流量增长(%)	19.7	36.3	–	–

河南名品彩叶苗木股份有限公司

公司概况						
公司名称	河南名品彩叶苗木股份有限公司			证券简称	名品彩叶	
法人代表	王华明	董秘	阮敏	证券代码	832942	
公司网址	www.hn-tree.com		电子信箱	kiky5227@126.com		
电话	0396-4922068		传真	0396-4922068		
办公地址	河南省遂平县灈阳镇南海路368号					
经营范围	彩叶苗木的研发、培育、种植、销售及园林绿化工程施工					

主要财务指标 指标\报告期	2015.06.30	2014.12.31	2013.12.31	2012.12.31
净利润(万元)	–	666.04	305.37	–
净利润增长率(%)	–	118.1130	–	–
加权净资产收益率(%)	–	14.4600	13.5300	–
资产负债比率(%)	–	48.7909	36.2407	–
净利润现金含量(%)	–	-67.7931	-699.8044	–
基本每股收益(元)	–	0.6700	0.5600	–
每股收益-扣除(元)	–	–	–	–
每股收益-摊薄(元)	–	0.6375	0.3054	–
每股资本公积金(元)	–	0.9458	2.6000	–
每股未分配利润(元)	–	0.7033	0.1414	–
每股净资产(元)	–	2.7700	3.8200	–
每股经营现金流量(元)	–	-0.4300	-2.1400	–
经营活动现金净流量增长(%)	–	78.9	–	–

安徽徽远成电气科技股份有限公司

公司概况						
公司名称	安徽徽远成电气科技股份有限公司			证券简称	徽远成	
法人代表	邓军	董秘	姜磊	证券代码	832943	
公司网址	www.hycdq.com		电子信箱	hycdq@hycdq.com		
电话	0551-65325646		传真	0551-63637384		
办公地址	安徽省合肥市高新区创新大道2800号创新产业园二期21层2101、2102、2103、2104					
经营范围	高低压电气成套产品组装生产及销售、电气元件、放电磁环等					

主要财务指标 指标\报告期	2015.06.30	2014.12.31	2013.12.31	2012.12.31
净利润(万元)	-5.42	127.42	60.03	–
净利润增长率(%)	87.7	112.2570	–	–
加权净资产收益率(%)	-0.8500	22.1700	12.4800	–
资产负债比率(%)	42.2847	28.6181	42.3692	–
净利润现金含量(%)	936.8013	168.2624	-205.8637	–
基本每股收益(元)	-0.0100	0.2500	0.1200	–
每股收益-扣除(元)	–	–	–	–
每股收益-摊薄(元)	-0.0108	0.2548	0.1201	–
每股资本公积金(元)	–	–	–	–
每股未分配利润(元)	0.2385	0.2494	0.0200	–
每股净资产(元)	1.2700	1.2800	1.0200	–
每股经营现金流量(元)	-0.1016	0.4300	-0.2500	–
经营活动现金净流量增长(%)	-603.3	273.5	–	–

南京市雨花台区银信农村小额贷款股份有限公司

公司概况	公司名称	南京市雨花台区银信农村小额贷款股份有限公司			证券简称	银信农贷
	法人代表	徐君银	董秘	杨正芳	证券代码	832944
	公司网址	www.njyxxd.com		电子信箱	njyxxdyzf@163.com	
	电　　话	025-86772620		传　　真	025-86772610	
	办公地址	江苏省南京市雨花台区西善桥北路 32 号西特区 5 幢				
	经营范围	面向“三农”发放贷款；提供融资性担保业务				

主要财务指标	指标\报告期	2015.06.30	2014.12.31	2013.12.31	2012.12.31
	净利润(万元)	602.20	1340.95	967.75	–
	净利润增长率(%)	39.5239	38.5644	–	–
	加权净资产收益率(%)	4.4700	10.1700	8.1700	–
	资产负债比率(%)	9.5772	2.6449	8.6118	–
	净利润现金含量(%)	13.5738	3.9975	–20.5785	–
	基本每股收益(元)	0.0600	0.1300	0.1000	–
	每股收益–扣除(元)	–	0.1300	0.0800	–
	每股收益–摊薄(元)	0.0602	0.1341	0.0968	–
	每股资本公积金(元)	–	–	–	–
	每股未分配利润(元)	0.3011	0.2409	0.1274	–
	每股净资产(元)	1.3800	1.3200	1.1800	–
	每股经营现金流量(元)	0.0082	0.0100	–0.0200	–
	经营活动现金净流量增长(%)	–71.8170	126.9	–	–

淮安市清浦区金长城农村小额贷款股份有限公司

公司概况	公司名称	淮安市清浦区金长城农村小额贷款股份有限公司			证券简称	金长城
	法人代表	黄跃	董秘	杨蘅	证券代码	832945
	公司网址	www.hajccdk.com		电子信箱	35532068@qq.com	
	电　　话	0517-83100058		传　　真	0517-83100598	
	办公地址	江苏省淮安市清浦区石桥路 3 号新淮中花园西大门南侧				
	经营范围	面向三农发放贷款；提供融资性担保				

主要财务指标	指标\报告期	2015.06.30	2014.12.31	2013.12.31	2012.12.31
	净利润(万元)	444.76	594.27	457.82	–
	净利润增长率(%)	91.3039	29.8043	–	–
	加权净资产收益率(%)	3.5800	5.1000	5.6700	–
	资产负债比率(%)	1.6547	2.1909	5.4625	–
	净利润现金含量(%)	–42.9953	113.0142	–966.2105	–
	基本每股收益(元)	0.0400	0.0540	0.0577	–
	每股收益–扣除(元)	–	0.0539	0.0577	–
	每股收益–摊薄(元)	0.0404	0.0540	0.0416	–
	每股资本公积金(元)	–	–	–	–
	每股未分配利润(元)	0.0995	0.0591	0.0113	–
	每股净资产(元)	1.1300	1.0900	1.0300	–
	每股经营现金流量(元)	–0.0174	0.0600	–0.4000	–
	经营活动现金净流量增长(%)	–130.8573	115.2	–	–

福鼎白茶股份有限公司

公司概况	公司名称	福鼎白茶股份有限公司			证券简称	白茶股份
	法人代表	朱丽燕	董秘	江锦聪	证券代码	832946
	公司网址	www.fdbcgf.com		电子信箱	fdbcgf888@163.com	
	电　　话	0593-2200888		传　　真	0593-2200888	
	办公地址	福建省宁德市福鼎市香里工业园区 B 栋 2 层				
	经营范围	茶叶种植、加工和销售				

主要财务指标	指标\报告期	2015.06.30	2014.12.31	2013.12.31	2012.12.31
	净利润(万元)	183.27	544.33	115.59	–
	净利润增长率(%)	44.2126	370.9109	–	–
	加权净资产收益率(%)	6.0000	19.8500	4.6900	–
	资产负债比率(%)	68.5270	67.3666	75.8253	–
	净利润现金含量(%)	89.7612	203.1617	52.9631	–
	基本每股收益(元)	0.0600	0.1900	0.0400	–
	每股收益–扣除(元)	–	–	–	–
	每股收益–摊薄(元)	0.0632	0.1877	0.0399	–
	每股资本公积金(元)	0.0013	–	0.0110	–
	每股未分配利润(元)	0.0867	0.0191	–0.1406	–
	每股净资产(元)	1.0900	1.0200	0.8700	–
	每股经营现金流量(元)	0.0567	0.3800	0.0200	–
	经营活动现金净流量增长(%)	–21.5824	1706.2985	–	–

北京意畅科技股份有限公司

公司概况	公司名称	北京意畅科技股份有限公司			证券简称	意畅科技
	法人代表	侯东民	董秘	侯东民	证券代码	832947
	公司网址	www.echance.cn		电子信箱	dm.hou@echance.cn	
	电　　话	010-88820518		传　　真	010-88820596	
	办公地址	北京市海淀区西三环北路 72 号 B 座 11-06、07 室				
	经营范围	信息安全集成、信息安全服务、隐身侠数据加密产品				

主要财务指标	指标\报告期	2015.06.30	2014.12.31	2013.12.31	2012.12.31
	净利润(万元)	–164.84	87.96	5.18	–
	净利润增长率(%)	–459.4	1599.3334	–	–
	加权净资产收益率(%)	–26.3500	–	–	–
	资产负债比率(%)	31.3828	51.1131	46.9814	–
	净利润现金含量(%)	262.4313	241.0977	–7061.5421	–
	基本每股收益(元)	–0.3100	0.2900	0.0200	–
	每股收益–扣除(元)	–	–	–	–
	每股收益–摊薄(元)	–0.3050	0.2932	0.0173	–
	每股资本公积金(元)	0.9753	0.5679	0.8867	–
	每股未分配利润(元)	–0.6708	0.1547	–0.1059	–
	每股净资产(元)	1.3000	1.8200	1.8500	–
	每股经营现金流量(元)	–0.8003	0.7100	–1.2200	–
	经营活动现金净流量增长(%)	–694.7537	158.0	–	–

武汉金牌电工股份有限公司

公司名称	武汉金牌电工股份有限公司		证券简称	金牌电工
法人代表	但海	董秘 廖先华	证券代码	832948
公司网址	www.jinpaidlc88.com		电子信箱	361080892@qq.com
电　话	0715-5250255		传　真	0715-5250256
办公地址	湖北省赤壁市经济开发区发展大道			
经营范围	电线、电缆、电器及塑料制品的加工、生产、销售			

主要财务指标

指标\报告期	2015.06.30	2014.12.31	2013.12.31	2012.12.31
净利润(万元)	-238.90	–	–	–
净利润增长率(%)	-2672.8	–	–	–
加权净资产收益率(%)	-4.6200	–	–	–
资产负债比率(%)	48.7868	–	–	–
净利润现金含量(%)	-290.2308	–	–	–
基本每股收益(元)	-0.0500	–	–	–
每股收益-扣除(元)	–	–	–	–
每股收益-摊薄(元)	-0.0457	–	–	–
每股资本公积金(元)	0.3997	–	–	–
每股未分配利润(元)	-0.4329	–	–	–
每股净资产(元)	0.9700	–	–	–
每股经营现金流量(元)	0.1326	–	–	–
经营活动现金净流量增长(%)	-7.9707	–	–	–

成都皇家壹号家居艺术股份有限公司

公司名称	成都皇家壹号家居艺术股份有限公司		证券简称	皇家壹号
法人代表	袁玉苹	董秘 傅晓瑜	证券代码	832949
公司网址			电子信箱	FuXiaoYu@royalecasa.com
电　话	028-85881178		传　真	028-85881168
办公地址	四川省成都市双流县西航港开发区顺风村			
经营范围	从事家具及其他家居软装饰品零售			

主要财务指标

指标\报告期	2015.06.30	2014.12.31	2013.12.31	2012.12.31
净利润(万元)	12.58	92.34	-142.25	–
净利润增长率(%)	111.0	164.9	–	–
加权净资产收益率(%)	0.5900	–	–	–
资产负债比率(%)	45.4791	65.7416	83.5026	–
净利润现金含量(%)	-7996.1889	0.0016	0.0027	–
基本每股收益(元)	0.0100	0.1200	-0.8600	–
每股收益-扣除(元)	–	–	–	–
每股收益-摊薄(元)	0.0063	0.1154	-0.8569	–
每股资本公积金(元)	–	–	0.3976	–
每股未分配利润(元)	0.0709	0.1605	0.2671	–
每股净资产(元)	1.0800	1.1700	1.6600	–
每股经营现金流量(元)	-0.5030	0.0000	0.0000	–
经营活动现金净流量增长(%)	-1321.9335	138.4	–	–

上海益盟软件技术股份有限公司

公司名称	上海益盟软件技术股份有限公司		证券简称	益盟股份
法人代表	曾山	董秘 高小华	证券代码	832950
公司网址	www.emoney.cn		电子信箱	IR@emoney.cn
电　话	021-61958888		传　真	021-61958668
办公地址	上海宜山路926号第16层			
经营范围	计算机软件的开发、设计、制作			

主要财务指标

指标\报告期	2015.06.30	2014.12.31	2013.12.31	2012.12.31
净利润(万元)	21331.54	6424.04	-2882.18	–
净利润增长率(%)	1017.6	322.9	–	–
加权净资产收益率(%)	19.3300	8.4900	-3.9000	–
资产负债比率(%)	14.7528	16.3719	15.2394	–
净利润现金含量(%)	88.5321	39.9993	53.9061	–
基本每股收益(元)	0.5900	0.1800	-0.0800	–
每股收益-扣除(元)	0.1300	–	–	–
每股收益-摊薄(元)	0.4876	0.1835	-0.0823	–
每股资本公积金(元)	3.0808	0.5285	0.5285	–
每股未分配利润(元)	1.0285	0.6761	0.4995	–
每股净资产(元)	5.1500	2.2500	2.0700	–
每股经营现金流量(元)	0.4317	0.0700	-0.0400	–
经营活动现金净流量增长(%)	960.9	265.4	–	–

湘潭华进科技股份有限公司

公司名称	湘潭华进科技股份有限公司		证券简称	华进科技
法人代表	李书华	董秘 李学进	证券代码	832951
公司网址	www.huajinkeji.com		电子信箱	huajinkj@163.com
电　话	0731-55673786		传　真	0731-55673796
办公地址	湖南省湘潭市韶山市高新技术产业开发区			
经营范围	从事冶金、环保、机电方面的技术开发、转让、咨询、服务等			

主要财务指标

指标\报告期	2015.06.30	2014.12.31	2013.12.31	2012.12.31
净利润(万元)	70.34	47.82	219.90	–
净利润增长率(%)	-50.3284	-78.2540	–	–
加权净资产收益率(%)	5.8700	4.1900	21.9200	–
资产负债比率(%)	58.4895	65.1814	55.8087	–
净利润现金含量(%)	246.3654	-558.6156	97.3897	–
基本每股收益(元)	0.0700	0.0500	0.2200	–
每股收益-扣除(元)	–	0.0600	0.1800	–
每股收益-摊薄(元)	0.0703	0.0478	0.2199	–
每股资本公积金(元)	0.2410	0.2410	0.2109	–
每股未分配利润(元)	-0.0084	-0.0787	-0.0977	–
每股净资产(元)	1.2300	1.1600	1.1100	–
每股经营现金流量(元)	0.1733	-0.2700	0.2100	–
经营活动现金净流量增长(%)	106.5673	-224.7329	–	–

云南文山坤七药业股份有限公司

公司概况	公司名称	云南文山坤七药业股份有限公司			证券简称	坤七药业
	法人代表	沈耀安	董秘	李艳宁	证券代码	832952
	公司网址	www.kq37.com		电子信箱	ynwskq37@aliyun.com	
	电　话	0876-3138976		传　真	0876-3138976	
	办公地址	云南省文山州砚山县盘龙乡砚西公路4公里处				
	经营范围	中药饮片生产销售及代加工				

主要财务指标	指标\报告期	2015.06.30	2014.12.31	2013.12.31	2012.12.31
	净利润(万元)	0.20	34.45	-173.43	-
	净利润增长率(%)	100.4	119.9	-	-
	加权净资产收益率(%)	0.0200	6.5900	-188.9200	-
	资产负债比率(%)	38.3816	29.1075	36.5773	-
	净利润现金含量(%)	-1440.6875	-889.7533	66.4591	-
	基本每股收益(元)	0.0002	0.0100	-0.3700	-
	每股收益-扣除(元)	0.0081	-	-	-
	每股收益-摊薄(元)	0.0002	0.0424	-0.1734	-
	每股资本公积金(元)	0.6012	0.6150	-	-
	每股未分配利润(元)	-0.5613	-0.5664	-0.4949	-
	每股净资产(元)	1.0400	1.0400	0.6200	-
	每股经营现金流量(元)	-0.0034	-0.3700	-0.1153	-
	经营活动现金净流量增长(%)	98.2	-165.9	-	-

福建创识科技股份有限公司

公司概况	公司名称	福建创识科技股份有限公司			证券简称	创识科技
	法人代表	张更生	董秘	林岚	证券代码	832953
	公司网址	www.echase.cn		电子信箱	zhengquanban@echase.cn	
	电　话	010-58830188		传　真	010-58830166	
	办公地址	福建省福州开发区科技园区快安大道创新楼二层				
	经营范围	提供电子支付业务IT系统解决方案				

主要财务指标	指标\报告期	2015.06.30	2014.12.31	2013.12.31	2012.12.31
	净利润(万元)	-39.47	2355.58	1573.14	-
	净利润增长率(%)	78.4	49.7377	-	-
	加权净资产收益率(%)	-0.4400	29.1300	25.5800	-
	资产负债比率(%)	10.3291	24.6474	44.5307	-
	净利润现金含量(%)	4984.9158	22.8330	81.0322	-
	基本每股收益(元)	-0.0100	0.7800	0.5200	-
	每股收益-扣除(元)	-	0.7700	0.4900	-
	每股收益-摊薄(元)	-0.0125	0.7478	0.5244	-
	每股资本公积金(元)	0.0568	0.0568	0.0016	-
	每股未分配利润(元)	1.6621	1.6746	1.1880	-
	每股净资产(元)	2.8800	2.8900	2.3100	-
	每股经营现金流量(元)	-0.6247	0.1700	0.4200	-
	经营活动现金净流量增长(%)	43.7	-57.8070	-	-

上海龙创汽车设计股份有限公司

公司概况	公司名称	上海龙创汽车设计股份有限公司			证券简称	龙创设计
	法人代表	王珣	董秘	杨虹	证券代码	832954
	公司网址	www.launchdesign.com.cn		电子信箱	webmaster@launchdesign.com.cn	
	电　话	021-67649080		传　真	021-67649079	
	办公地址	上海市金山区张堰镇松金公路2072号6704室				
	经营范围	汽车概念设计、造型设计和汽车整车工程设计				

主要财务指标	指标\报告期	2015.06.30	2014.12.31	2013.12.31	2012.12.31
	净利润(万元)	492.16	1446.75	354.26	-
	净利润增长率(%)	61.0189	308.3882	-	-
	加权净资产收益率(%)	16.1400	17.8200	-	-
	资产负债比率(%)	32.1390	57.4804	68.8393	-
	净利润现金含量(%)	142.8015	-15.8542	204.8411	-
	基本每股收益(元)	0.2500	0.7200	0.1800	-
	每股收益-扣除(元)	0.2300	-	-	-
	每股收益-摊薄(元)	0.2120	0.7234	1.0122	-
	每股资本公积金(元)	2.2006	0.3068	-	-
	每股未分配利润(元)	0.2333	0.0647	3.0819	-
	每股净资产(元)	3.4900	1.4000	4.5400	-
	每股经营现金流量(元)	0.3028	-0.1100	2.0733	-
	经营活动现金净流量增长(%)	552.5	-131.6085	-	-

云南七丹药业股份有限公司

公司概况	公司名称	云南七丹药业股份有限公司			证券简称	七丹药业
	法人代表	杨朝文	董秘	郑泽帅	证券代码	832955
	公司网址	www.wsqidan.com		电子信箱	office@wsqidan.com	
	电　话	0876-8883037		传　真	0876-8896637	
	办公地址	云南省文山州文山市三七药物产业园区				
	经营范围	原料药(含中药前处理及提取)、中药饮片的生产等				

主要财务指标	指标\报告期	2015.06.30	2014.12.31	2013.12.31	2012.12.31
	净利润(万元)	61.09	413.03	56.74	-
	净利润增长率(%)	110.5	599.4718	-	-
	加权净资产收益率(%)	0.7500	6.3900	0.9500	-
	资产负债比率(%)	44.7680	48.2348	57.6593	-
	净利润现金含量(%)	903.1983	478.8393	3964.4166	-
	基本每股收益(元)	0.0100	0.0800	0.0100	-
	每股收益-扣除(元)	0.0000	-	-	-
	每股收益-摊薄(元)	0.0093	0.0628	0.0106	-
	每股资本公积金(元)	0.0456	0.0456	-	-
	每股未分配利润(元)	0.1500	0.1407	0.1026	-
	每股净资产(元)	1.2400	1.2000	1.1500	-
	每股经营现金流量(元)	0.0839	0.3007	0.4200	-
	经营活动现金净流量增长(%)	182.6	-12.0768	-	-

中山市光阳游乐科技股份有限公司

公司概况	公司名称	中山市光阳游乐科技股份有限公司		证券简称	光阳游乐
	法人代表	刘松钦	董秘 马敏	证券代码	832956
	公司网址	www.gooyooo.com		电子信箱	gy@gooyooo.com
	电　话	0760-88706688		传　真	0760-88706688
	办公地址	广东省中山市石岐区海景工业区 2 号捷源大厦二楼			
	经营范围	室内游艺机的研发、制造和销售			

主要财务指标	指标\报告期	2015.06.30	2014.12.31	2013.12.31	2012.12.31
	净利润(万元)	108.30	97.29	1.35	–
	净利润增长率(%)	495.4130	7104.2973	–	–
	加权净资产收益率(%)	12.4900	45.3300	1.1700	–
	资产负债比率(%)	45.9408	51.6451	89.9414	–
	净利润现金含量(%)	13.6642	4.6048	13428.1481	–
	基本每股收益(元)	0.1400	0.9700	0.0300	–
	每股收益–扣除(元)	–	–	–	–
	每股收益–摊薄(元)	0.1354	0.1497	0.0270	–
	每股资本公积金(元)	–	–	–	–
	每股未分配利润(元)	0.1354	0.2260	1.1873	–
	每股净资产(元)	1.1500	1.2500	2.3200	–
	每股经营现金流量(元)	0.0185	0.0100	3.6300	–
	经营活动现金净流量增长(%)	114.9	–97.5308	–	–

无锡矽瑞微电子股份有限公司

公司概况	公司名称	无锡矽瑞微电子股份有限公司		证券简称	矽瑞股份
	法人代表	喻明凡	董秘 朱峰	证券代码	832957
	公司网址	www.sirisecn.com		电子信箱	zhuf@sirisecn.com
	电　话	0510-85167135		传　真	0510-85167135-8002
	办公地址	无锡新区菱湖大道 111 号无锡软件园鲸鱼座 C 栋 301 室			
	经营范围	集成电路、电子器件设计、开发、制造、销售等			

主要财务指标	指标\报告期	2015.06.30	2014.12.31	2013.12.31	2012.12.31
	净利润(万元)	11.72	677.47	637.46	–
	净利润增长率(%)	–97.9796	6.2763	–	–
	加权净资产收益率(%)	0.6500	45.8200	111.7400	–
	资产负债比率(%)	37.3947	55.2402	60.8122	–
	净利润现金含量(%)	–1451.2428	–35.9824	–34.4696	–
	基本每股收益(元)	0.0100	3.8200	4.0600	–
	每股收益–扣除(元)	–	3.8200	4.0600	–
	每股收益–摊薄(元)	0.0117	3.8164	3.5910	–
	每股资本公积金(元)	0.7866	2.6391	2.6391	–
	每股未分配利润(元)	0.0117	5.6970	2.4354	–
	每股净资产(元)	1.8000	10.0600	6.4200	–
	每股经营现金流量(元)	–0.1701	–1.3700	–1.2400	–
	经营活动现金净流量增长(%)	80.5	–10.9	–	–

江西艾芬达暖通科技股份有限公司

公司概况	公司名称	江西艾芬达暖通科技股份有限公司		证券简称	艾芬达
	法人代表	吴剑斌	董秘 鲍正军	证券代码	832958
	公司网址	www.avonflow.com.cn		电子信箱	013@avonflow.com.cn
	电　话	0793-8461309		传　真	0793-8461358
	办公地址	江西省上饶经济开发旭日片区			
	经营范围	卫浴烘干架、烘干器、毛巾架、散热器、阀门的生产、研发、电镀及销售			

主要财务指标	指标\报告期	2015.06.30	2014.12.31	2013.12.31	2012.12.31
	净利润(万元)	1372.37	1192.50	86.93	–
	净利润增长率(%)	343.4111	1271.7612	–	–
	加权净资产收益率(%)	25.6800	45.9800	4.4300	–
	资产负债比率(%)	83.0222	87.6101	92.6360	–
	净利润现金含量(%)	838.3320	–1066.8235	–8036.5006	–
	基本每股收益(元)	0.3100	0.4600	0.0300	–
	每股收益–扣除(元)	–	0.3600	0.0000	–
	每股收益–摊薄(元)	0.3050	0.2650	0.0000	–
	每股资本公积金(元)	0.2507	0.1949	–	–
	每股未分配利润(元)	0.0778	0.1012	–0.1299	–
	每股净资产(元)	1.3300	1.0500	0.4400	–
	每股经营现金流量(元)	2.5567	–2.8300	–1.5500	–
	经营活动现金净流量增长(%)	299.1	–82.1	–	–

上海立昌环境工程股份有限公司

公司概况	公司名称	上海立昌环境工程股份有限公司		证券简称	立昌环境
	法人代表	常立	董秘 张克祥	证券代码	832959
	公司网址	www.china-lichang.com		电子信箱	zjb2@china-lichang.com
	电　话	02158526777 转 103		传　真	068532187
	办公地址	上海市浦东大道 2000 号 9F			
	经营范围	环境保护、生物化工、水处理产品专业技术及产品的技术开发			

主要财务指标	指标\报告期	2015.06.30	2014.12.31	2013.12.31	2012.12.31
	净利润(万元)	91.81	416.04	237.76	–
	净利润增长率(%)	3801.7915	74.9857	–	–
	加权净资产收益率(%)	1.3900	10.4500	6.3600	–
	资产负债比率(%)	10.0318	13.6854	58.6565	–
	净利润现金含量(%)	412.8473	480.1197	–121.3408	–
	基本每股收益(元)	0.0200	0.0700	0.1200	–
	每股收益–扣除(元)	0.0200	–	–	–
	每股收益–摊薄(元)	0.0164	0.0743	0.1189	–
	每股资本公积金(元)	0.1682	–	–	–
	每股未分配利润(元)	0.0160	0.1510	0.2340	–
	每股净资产(元)	1.1800	1.1700	1.2600	–
	每股经营现金流量(元)	0.0677	0.3600	–0.1400	–
	经营活动现金净流量增长(%)	–77.4828	792.4	–	–

重庆望变电气(集团)股份有限公司

公司概况	公司名称	重庆望变电气(集团)股份有限公司			证券简称	望变电气
	法人代表	杨泽民	董秘	何小军	证券代码	832960
	公司网址	www.cqwjbyq.com		电子信箱	2213730493@qq.com	
	电　话	023-67538503		传　真	023-67538517	
	办公地址	重庆市晏家工业园区齐心东路				
	经营范围	110kV级及以下油浸式、干式电力变压器、预装式变电站等高低压成套开关设备等产品的研发				

主要财务指标	指标\报告期	2015.06.30	2014.12.31	2013.12.31	2012.12.31
	净利润(万元)	1152.64	2083.60	2036.20	–
	净利润增长率(%)	26.7051	2.3277	–	–
	加权净资产收益率(%)	4.7700	8.1000	10.9000	–
	资产负债比率(%)	51.2961	50.9935	47.3731	–
	净利润现金含量(%)	–51.9394	187.5490	–177.3568	–
	基本每股收益(元)	0.0700	0.1200	0.1300	–
	每股收益–扣除(元)	–	–	–	–
	每股收益–摊薄(元)	0.0640	0.1158	0.1131	–
	每股资本公积金(元)	0.1976	0.1976	0.1672	–
	每股未分配利润(元)	0.1321	0.0860	0.1713	–
	每股净资产(元)	1.3300	1.2900	1.3500	–
	每股经营现金流量(元)	–0.0333	0.2200	–0.2000	–
	经营活动现金净流量增长(%)	54.2	208.2	–	–

铜陵铜官府文化创意股份公司

公司概况	公司名称	铜陵铜官府文化创意股份公司			证券简称	铜官府
	法人代表	赵敏	董秘	乔柳凤	证券代码	832961
	公司网址	www.tongguanfu.net		电子信箱	liufeng.qiao@tongguanfu.net	
	电　话	0562-6820009		传　真	0562-6820015	
	办公地址	安徽省铜陵市铜都大道北段400号				
	经营范围	文化创意、设计,铜工艺品及其他金属和非金属工艺品、铜门、的研发、设计、生产等				

主要财务指标	指标\报告期	2015.06.30	2014.12.31	2013.12.31	2012.12.31
	净利润(万元)	91.76	466.25	–267.23	–
	净利润增长率(%)	234.7	274.5	–	–
	加权净资产收益率(%)	8.5500	58.6600	–38.4300	–
	资产负债比率(%)	51.5427	61.4926	62.0578	–
	净利润现金含量(%)	129.6796	37.6686	139.2546	–
	基本每股收益(元)	0.0900	0.4600	–0.2600	–
	每股收益–扣除(元)	–	0.3200	–0.3200	–
	每股收益–摊薄(元)	0.0909	0.4616	–0.2646	–
	每股资本公积金(元)	–	–	–	–
	每股未分配利润(元)	0.1068	0.0160	–0.4439	–
	每股净资产(元)	1.1100	1.0200	0.5600	–
	每股经营现金流量(元)	0.1178	0.1700	–0.3700	–
	经营活动现金净流量增长(%)	172.4	147.2	–	–

浙江悦居智能科技股份有限公司

公司概况	公司名称	浙江悦居智能科技股份有限公司			证券简称	悦居智能
	法人代表	吴丕华	董秘	陈孟春	证券代码	832962
	公司网址	www.ology.com.cn		电子信箱	hangzhoub@163.com	
	电　话	0571-88994377		传　真	0571-88994366-8138	
	办公地址	浙江杭州市西湖区留转路工业园区8号				
	经营范围	基于物联网技术的智能家居整体解决方案的研发和销售				

主要财务指标	指标\报告期	2015.06.30	2014.12.31	2013.12.31	2012.12.31
	净利润(万元)	7.03	686.03	436.83	–
	净利润增长率(%)	–92.4027	57.0487	–	–
	加权净资产收益率(%)	0.3300	38.4300	35.6900	–
	资产负债比率(%)	6.4829	5.7651	17.9621	–
	净利润现金含量(%)	3391.0281	128.4873	–22.3015	–
	基本每股收益(元)	–0.0100	0.6900	0.4400	–
	每股收益–扣除(元)	–	–	–	–
	每股收益–摊薄(元)	0.0070	0.6900	0.4368	–
	每股资本公积金(元)	–	–	–	–
	每股未分配利润(元)	1.0224	1.0154	0.3980	–
	每股净资产(元)	2.1400	2.1300	1.4400	–
	每股经营现金流量(元)	0.2384	0.8800	–0.1000	–
	经营活动现金净流量增长(%)	–66.3977	1004.8	–	–

河北海鹰环境安全科技股份有限公司

公司概况	公司名称	河北海鹰环境安全科技股份有限公司			证券简称	海鹰环境
	法人代表	董跃勇	董秘	荆文	证券代码	832963
	公司网址	www.hb-hy.com		电子信箱	Hyjtzyb@163.com	
	电　话	0311-89295135		传　真	0311-83806119	
	办公地址	河北省石家庄市高新区黄河大道136号				
	经营范围	环保工程设计、施工和运营服务;消防工程设计、施工和维保服务				

主要财务指标	指标\报告期	2015.06.30	2014.12.31	2013.12.31	2012.12.31
	净利润(万元)	553.84	1047.88	625.32	–
	净利润增长率(%)	2.3442	67.5744	–	–
	加权净资产收益率(%)	10.6700	36.9700	31.3000	–
	资产负债比率(%)	62.3937	74.7083	80.6964	–
	净利润现金含量(%)	–203.7681	–117.7673	137.6271	–
	基本每股收益(元)	0.1400	0.3300	0.2000	–
	每股收益–扣除(元)	0.1400	–	–	–
	每股收益–摊薄(元)	0.1362	0.2776	0.1954	–
	每股资本公积金(元)	0.3279	0.0183	–	–
	每股未分配利润(元)	0.1362	0.0378	–0.2779	–
	每股净资产(元)	1.4600	1.0600	0.7200	–
	每股经营现金流量(元)	–0.2776	–0.3300	0.2700	–
	经营活动现金净流量增长(%)	–118.6	–243.3933	–	–

凯瑞环保科技股份有限公司

公司概况	公司名称	凯瑞环保科技股份有限公司		证券简称	凯瑞环保
	法人代表	高永林	董秘 杨全想	证券代码	832964
	公司网址	www.krhg.cn		电子信箱	krhgyqx@163.com
	电　话	0317-3870009		传　真	0317-3872111
	办公地址	河北省河间市故仙乡西留庄			
	经营范围	节能环保工艺技术开发及转让;石油化工工艺技术开发及转让			

主要财务指标	指标\报告期	2015.06.30	2014.12.31	2013.12.31	2012.12.31
	净利润(万元)	1317.12	2925.05	2547.68	–
	净利润增长率(%)	42.0728	14.8123	–	–
	加权净资产收益率(%)	5.5300	13.4700	12.5200	–
	资产负债比率(%)	30.6201	29.6905	29.2987	–
	净利润现金含量(%)	–60.3719	100.3868	38.0213	–
	基本每股收益(元)	0.2200	0.4900	0.4200	–
	每股收益–扣除(元)	0.2200	0.4800	0.4100	–
	每股收益–摊薄(元)	0.2195	0.4875	0.4246	–
	每股资本公积金(元)	1.4593	1.4593	1.4593	–
	每股未分配利润(元)	1.4314	1.2119	0.7731	–
	每股净资产(元)	4.0800	3.8600	3.3800	–
	每股经营现金流量(元)	–0.1325	0.4900	0.1600	–
	经营活动现金净流量增长(%)	–323.4932	203.1365	–	–

上海金易久大酒业股份有限公司

公司概况	公司名称	上海金易久大酒业股份有限公司		证券简称	金易久大
	法人代表	傅钟	董秘 王晓鹏	证券代码	832965
	公司网址	www.geel.com.cn		电子信箱	jyjd_wangxiaopeng@163.com
	电　话	021-6546-8051		传　真	021-6546-0835
	办公地址	上海市杨浦区国定路323号901-1室			
	经营范围	葡萄酒、白酒及其他酒类批发			

主要财务指标	指标\报告期	2015.06.30	2014.12.31	2013.12.31	2012.12.31
	净利润(万元)	–170.03	–104.52	291.48	–
	净利润增长率(%)	–19.7	–135.8585	–	–
	加权净资产收益率(%)	–29.0800	–21.2300	106.4600	–
	资产负债比率(%)	93.3714	90.2199	92.5639	–
	净利润现金含量(%)	–290.5859	–241.5519	–68.9070	–
	基本每股收益(元)	–0.2700	–0.1700	0.5800	–
	每股收益–扣除(元)	–	–	–	–
	每股收益–摊薄(元)	–0.2721	–0.1672	0.5830	–
	每股资本公积金(元)	0.0132	0.0132	–	–
	每股未分配利润(元)	–0.2136	0.0585	–0.1610	–
	每股净资产(元)	0.8000	1.0700	0.8400	–
	每股经营现金流量(元)	0.7905	0.4000	–0.4000	–
	经营活动现金净流量增长(%)	–16.4661	225.7	–	–

深圳市道尔智控科技股份有限公司

公司概况	公司名称	深圳市道尔智控科技股份有限公司		证券简称	道尔智控
	法人代表	王志刚	董秘 蒋建梅	证券代码	832966
	公司网址	www.drzk.cn		电子信箱	1628539683@qq.com
	电　话	0755-27620066		传　真	0755-27620099
	办公地址	广东省深圳市宝安区大浪街道浪口社区华荣路德泰科技工业园4#厂房第二层			
	经营范围	智能计费终端设备、IC卡读写器、智能卡产品及相关读写机具等			

主要财务指标	指标\报告期	2015.06.30	2014.12.31	2013.12.31	2012.12.31
	净利润(万元)	98.65	453.82	–90.04	–
	净利润增长率(%)	–14.4302	604.0	–	–
	加权净资产收益率(%)	2.6300	21.3400	–4.3000	–
	资产负债比率(%)	8.8658	13.6911	21.0036	–
	净利润现金含量(%)	–427.2752	–179.7299	800.0419	–
	基本每股收益(元)	0.0300	0.3700	–0.0900	–
	每股收益–扣除(元)	0.0200	0.3000	–0.1100	–
	每股收益–摊薄(元)	0.0266	0.1225	–0.0900	–
	每股资本公积金(元)	–	–	1.5000	–
	每股未分配利润(元)	0.0275	0.0009	–0.4507	–
	每股净资产(元)	1.0300	1.0000	2.0500	–
	每股经营现金流量(元)	–0.1138	–0.2200	–0.7200	–
	经营活动现金净流量增长(%)	–995.9292	–13.2	–	–

山东利达产业发展股份有限公司

公司概况	公司名称	山东利达产业发展股份有限公司		证券简称	利达发展
	法人代表	于大伟	董秘 陈博丰	证券代码	832967
	公司网址	www.sdlida.cn		电子信箱	panda90666@126.com
	电　话	0535-6373543		传　真	0535-6397399
	办公地址	山东省烟台市开发区秦淮河路52号			
	经营范围	建筑幕墙、室内外装饰装修;加工铝合金、塑钢门窗			

主要财务指标	指标\报告期	2015.06.30	2014.12.31	2013.12.31	2012.12.31
	净利润(万元)	287.58	307.81	109.12	–
	净利润增长率(%)	208.8451	182.0788	–	–
	加权净资产收益率(%)	5.9000	7.3800	2.9700	–
	资产负债比率(%)	24.2273	58.1335	46.7251	–
	净利润现金含量(%)	–306.4202	283.4443	–66.9905	–
	基本每股收益(元)	0.0700	0.0900	0.0400	–
	每股收益–扣除(元)	–	0.0700	0.0400	–
	每股收益–摊薄(元)	0.0719	0.0770	0.0546	–
	每股资本公积金(元)	0.1283	0.1283	–	–
	每股未分配利润(元)	0.1187	0.0469	0.7756	–
	每股净资产(元)	1.2500	1.1800	1.8600	–
	每股经营现金流量(元)	–0.2203	0.2200	–0.0400	–
	经营活动现金净流量增长(%)	–832.0309	1293.5	–	–

杭州东部软件园股份有限公司

公司概况	公司名称	杭州东部软件园股份有限公司			证券简称	东软股份
	法人代表	方晓龙	董秘	宋述东	证券代码	832968
	公司网址	www.espark.net		电子信箱	ssd@espark.com	
	电　　话	0571-88473263		传　　真	00571-88473203	
	办公地址	浙江省杭州市西湖区文三路90号27幢				
	经营范围	技术开发、技术服务、成果转让;高新技术项目及产品				

主要财务指标	指标\报告期	2015.06.30	2014.12.31	2013.12.31	2012.12.31
	净利润(万元)	1804.54	3646.07	3624.86	–
	净利润增长率(%)	–1.1565	0.5850	–	–
	加权净资产收益率(%)	17.5100	18.9100	19.4600	–
	资产负债比率(%)	62.5133	67.6749	57.8578	–
	净利润现金含量(%)	97.2233	77.4546	150.3909	–
	基本每股收益(元)	0.3200	0.6500	0.6400	–
	每股收益–扣除(元)	–	–	–	–
	每股收益–摊薄(元)	0.3208	0.6481	0.6443	–
	每股资本公积金(元)	0.5212	0.0668	0.0668	–
	每股未分配利润(元)	0.4332	0.2332	2.2346	–
	每股净资产(元)	1.9900	1.6700	3.5800	–
	每股经营现金流量(元)	0.3118	0.5020	0.9700	–
	经营活动现金净流量增长(%)	369.0847	–48.1965	–	–

重庆龙者高新材料股份有限公司

公司概况	公司名称	重庆龙者高新材料股份有限公司			证券简称	龙者新材
	法人代表	周癸豆	董秘	张志玲	证券代码	832969
	公司网址	www.67838888.com		电子信箱	lzgf@67838888.com	
	电　　话	0023-67838888		传　　真	0023-67835888	
	办公地址	重庆市江津区双福工业园				
	经营范围	建筑节能设备、建筑节能保温材料、水性材料、涂料助剂的研发、生产、销售				

主要财务指标	指标\报告期	2015.06.30	2014.12.31	2013.12.31	2012.12.31
	净利润(万元)	–484.28	228.99	193.63	–
	净利润增长率(%)	16.8	18.2635	–	–
	加权净资产收益率(%)	–6.5400	2.9700	2.5700	–
	资产负债比率(%)	68.3849	71.0846	67.9219	–
	净利润现金含量(%)	–621.6167	–376.9117	–261.8034	–
	基本每股收益(元)	–0.1200	0.0600	0.0500	–
	每股收益–扣除(元)	–	0.0200	0.0100	–
	每股收益–摊薄(元)	–0.1196	0.0565	0.0478	–
	每股资本公积金(元)	0.7273	0.7273	0.7273	–
	每股未分配利润(元)	–0.0194	0.1799	0.1290	–
	每股净资产(元)	1.7300	1.9300	1.8800	–
	每股经营现金流量(元)	0.7433	–0.2100	–0.1300	–
	经营活动现金净流量增长(%)	225.1	–70.1	–	–

东海证券股份有限公司

公司概况	公司名称	东海证券股份有限公司			证券简称	东海证券
	法人代表	朱科敏	董秘	杨茂智	证券代码	832970
	公司网址	www.longone.com.cn		电子信箱	dhzqdmb@longone.com.cn	
	电　　话	0519-81595100		传　　真	021-50498876	
	办公地址	江苏省常州市延陵西路23号投资广场18层				
	经营范围	证券经纪;证券投资咨询;与证券交易、证券投资活动有关的财务顾问				

主要财务指标	指标\报告期	2015.06.30	2014.12.31	2013.12.31	2012.12.31
	净利润(万元)	170993.85	92017.29	21216.83	–
	净利润增长率(%)	334.5093	333.6996	90.5099	–
	加权净资产收益率(%)	23.2400	16.1900	4.1900	–
	资产负债比率(%)	80.8210	76.8831	64.4320	–
	净利润现金含量(%)	727.7512	438.7838	–1355.1347	–
	基本每股收益(元)	1.0240	0.5510	0.1270	–
	每股收益–扣除(元)	1.0190	0.5400	0.1200	–
	每股收益–摊薄(元)	1.0239	0.5510	0.1270	–
	每股资本公积金(元)	1.5658	1.5658	1.5658	–
	每股未分配利润(元)	1.3686	0.4047	0.0453	–
	每股净资产(元)	5.1200	3.6900	3.1300	–
	每股经营现金流量(元)	7.4516	2.4200	–1.7200	–
	经营活动现金净流量增长(%)	471.5644	240.4	–825.7	–

深圳市卡司通展览股份有限公司

公司概况	公司名称	深圳市卡司通展览股份有限公司			证券简称	卡司通
	法人代表	屈慧平	董秘	田传东	证券代码	832971
	公司网址	www.szcolorstone.com		电子信箱	tcd@kintocn.com	
	电　　话	0755-82970508		传　　真	0755-82970598	
	办公地址	广东省深圳市南山区深圳市软件产业基地第5栋裙楼5层25室				
	经营范围	展览、展示设计与策划;会展业会议、展览、展销业务代理等				

主要财务指标	指标\报告期	2015.06.30	2014.12.31	2013.12.31	2012.12.31
	净利润(万元)	594.35	1468.82	1242.37	–
	净利润增长率(%)	173.2058	0.0001	–	–
	加权净资产收益率(%)	7.7200	41.0300	29.9200	–
	资产负债比率(%)	34.5735	77.5505	77.5505	–
	净利润现金含量(%)	–412.1495	–76.0216	–33.8192	–
	基本每股收益(元)	0.1600	0.6100	0.5200	–
	每股收益–扣除(元)	–	–	–	–
	每股收益–摊薄(元)	0.1189	1.4688	1.2424	–
	每股资本公积金(元)	2.2497	2.8651	2.8651	–
	每股未分配利润(元)	0.1367	0.0893	0.0893	–
	每股净资产(元)	3.3900	3.9800	2.6300	–
	每股经营现金流量(元)	–0.4899	–1.1200	–0.4200	–
	经营活动现金净流量增长(%)	–259.9	–165.8	–	–

黑龙江省中能控制工程股份有限公司

公司概况

公司名称	黑龙江省中能控制工程股份有限公司				证券简称	中能股份
法人代表	吕松海	董秘	秦岚		证券代码	832972
公司网址	www.znchina.cn			电子信箱	znsw@znchina.cn	
电　　话	0451-88006777			传　　真	0451-86811680	
办公地址	黑龙江哈尔滨经开区哈平路集中区哈平西路 17 号					
经营范围	节能环保设备的设计、加工、制造、销售					

主要财务指标

指标\报告期	2015.06.30	2014.12.31	2013.12.31	2012.12.31
净利润(万元)	-476.57	845.03	501.37	-
净利润增长率(%)	-189.5	68.5452	-	-
加权净资产收益率(%)	-5.9800	10.6800	6.8600	-
资产负债比率(%)	28.6763	41.6642	54.1577	-
净利润现金含量(%)	104.4199	37.3076	-88.1146	-
基本每股收益(元)	-0.0600	0.1000	0.0600	-
每股收益-扣除(元)	-	-	-	-
每股收益-摊薄(元)	-0.0581	0.1571	0.0932	-
每股资本公积金(元)	0.0002	0.0313	0.0313	-
每股未分配利润(元)	-0.0559	0.4329	0.3149	-
每股净资产(元)	0.9400	1.0000	0.9100	-
每股经营现金流量(元)	-0.0607	0.0586	-0.0821	-
经营活动现金净流量增长(%)	-28.4	171.4	-	-

上海思亮信息技术股份有限公司

公司概况

公司名称	上海思亮信息技术股份有限公司				证券简称	思亮信息
法人代表	康正宁	董秘	吴茜		证券代码	832973
公司网址	www.thinklight.com.cn			电子信箱	wuq@viewlight.com.cn	
电　　话	0021-52135651			传　　真	0021-52135653	
办公地址	上海市嘉定区嘉罗公路 1661 弄 8 号 601-26					
经营范围	从事视联网、物联网、计算机技术、建筑智能化工程、通信技术领域内的技术开发等					

主要财务指标

指标\报告期	2015.06.30	2014.12.31	2013.12.31	2012.12.31
净利润(万元)	84.71	195.44	140.02	-
净利润增长率(%)	135.5	39.5807	-	-
加权净资产收益率(%)	5.6600	-	-	-
资产负债比率(%)	66.1169	48.4268	45.6011	-
净利润现金含量(%)	277.6289	128.1672	197.7003	-
基本每股收益(元)	0.1400	0.3100	0.2500	-
每股收益-扣除(元)	0.1000	-	-	-
每股收益-摊薄(元)	0.1355	0.3127	0.2240	-
每股资本公积金(元)	1.0689	1.0689	-	-
每股未分配利润(元)	0.3681	0.2237	0.9040	-
每股净资产(元)	2.4700	2.3300	2.0100	-
每股经营现金流量(元)	0.3763	0.4000	0.4400	-
经营活动现金净流量增长(%)	2199.2201	-9.5098	-	-

广东鲜美种苗股份有限公司

公司概况

公司名称	广东鲜美种苗股份有限公司				证券简称	鲜美种苗
法人代表	罗哲喜	董秘	宁伟		证券代码	832974
公司网址	www.gdxmzm.com			电子信箱	gdxmzm@163.com	
电　　话	0750-2788370			传　　真	0750-2788300	
办公地址	广东省江门市篁庄大道西 10 号 8 幢场地编号 1-317C					
经营范围	农作物种子的研发、生产和销售					

主要财务指标

指标\报告期	2015.06.30	2014.12.31	2013.12.31	2012.12.31
净利润(万元)	96.11	467.67	441.04	-
净利润增长率(%)	87.2013	6.0368	-	-
加权净资产收益率(%)	2.5500	14.2200	39.4900	-
资产负债比率(%)	28.9791	7.5775	7.2445	-
净利润现金含量(%)	-1438.8067	-0.0009	0.0002	-
基本每股收益(元)	0.0300	0.1600	0.1500	-
每股收益-扣除(元)	0.0200	-	-	-
每股收益-摊薄(元)	0.0253	0.1559	0.1470	-
每股资本公积金(元)	0.3358	-	-	-
每股未分配利润(元)	0.0176	0.1281	0.0365	-
每股净资产(元)	1.3500	1.1500	1.0400	-
每股经营现金流量(元)	-0.3639	0.0000	0.0030	-
经营活动现金净流量增长(%)	-221.3	-658.9396	-	-

广东新凌嘉新能源股份有限公司

公司概况

公司名称	广东新凌嘉新能源股份有限公司				证券简称	新凌嘉
法人代表	丁波	董秘	丁安莉		证券代码	832975
公司网址	www.battery-nlj.com			电子信箱	1020152937@qq.com	
电　　话	0762-3600196			传　　真	0762-3600268	
办公地址	广东省河源市高新技术开发区科七路南面、滨江大道西边					
经营范围	锂电池系列产品的研发、生产及销售					

主要财务指标

指标\报告期	2015.06.30	2014.12.31	2013.12.31	2012.12.31
净利润(万元)	887.74	729.77	200.82	-
净利润增长率(%)	151.5871	263.4024	-	-
加权净资产收益率(%)	23.3500	26.1300	8.1000	-
资产负债比率(%)	53.9580	67.8664	74.7940	-
净利润现金含量(%)	-124.4549	193.8090	705.4128	-
基本每股收益(元)	0.2800	0.2400	0.0700	-
每股收益-扣除(元)	0.2300	-	-	-
每股收益-摊薄(元)	0.0240	0.2433	0.0669	-
每股资本公积金(元)	0.0157	0.0292	0.0001	-
每股未分配利润(元)	0.0254	0.0182	-0.1907	-
每股净资产(元)	0.2800	1.0500	0.8100	-
每股经营现金流量(元)	-0.0298	0.4700	0.4700	-
经营活动现金净流量增长(%)	-282.1378	-0.1585	-	-

北京富雷实业股份有限公司

公司概况	公司名称	北京富雷实业股份有限公司			证券简称	富雷实业
	法人代表	薄志刚	董秘	高明	证券代码	832976
	公司网址	www.bjfulei.com.cn		电子信箱	bjfl@bjfulei.com.cn	
	电　话	010-80727898		传　真	010-80705983	
	办公地址	北京市昌平区沙河镇松兰堡村西				
	经营范围	公司的主营业务为覆膜设备、自助设备及新风设备的研发、生产销售及服务				

	指标\报告期	2015.06.30	2014.12.31	2013.12.31	2012.12.31
主要财务指标	净利润(万元)	-229.50	49.75	363.79	-
	净利润增长率(%)	-632.1759	-86.3254	-	-
	加权净资产收益率(%)	-10.0500	2.1000	16.8000	-
	资产负债比率(%)	57.2033	52.5878	59.4343	-
	净利润现金含量(%)	318.7055	-1243.8191	21.3601	-
	基本每股收益(元)	-0.1100	0.0200	0.1800	-
	每股收益-扣除(元)	-	-	-	-
	每股收益-摊薄(元)	-0.1148	0.0249	0.1819	-
	每股资本公积金(元)	-	-	-	-
	每股未分配利润(元)	0.0329	0.1477	0.1256	-
	每股净资产(元)	1.0800	1.2000	1.1700	-
	每股经营现金流量(元)	-0.3657	-0.3100	0.0400	-
	经营活动现金净流量增长(%)	-1075.1	-896.2853	-	-

上海伊斯曼电气股份有限公司

公司概况	公司名称	上海伊斯曼电气股份有限公司			证券简称	伊斯曼
	法人代表	张鸿云	董秘	朱洁	证券代码	832977
	公司网址	www.easement.cn		电子信箱	cws@easement.cn	
	电　话	021-57863551		传　真	021-57863281	
	办公地址	上海市松江区新波路518弄1号1幢				
	经营范围	分析检测用电子设备与仪器及其他				

	指标\报告期	2015.06.30	2014.12.31	2013.12.31	2012.12.31
主要财务指标	净利润(万元)	166.21	707.83	328.69	-
	净利润增长率(%)	-43.6718	115.3461	-	-
	加权净资产收益率(%)	5.6200	28.1000	16.4300	-
	资产负债比率(%)	9.4080	17.5951	22.6190	-
	净利润现金含量(%)	133.5886	124.3250	-273.1084	-
	基本每股收益(元)	0.1700	0.7100	0.3300	-
	每股收益-扣除(元)	-	-	-	-
	每股收益-摊薄(元)	0.1662	0.7078	0.3287	-
	每股资本公积金(元)	1.3715	-	0.6000	-
	每股未分配利润(元)	0.5852	1.7017	1.0492	-
	每股净资产(元)	3.0400	2.8700	2.7700	-
	每股经营现金流量(元)	0.2220	0.8800	-0.9000	-
	经营活动现金净流量增长(%)	187.6683	198.0	-	-

湖北开特汽车电子电器系统股份有限公司

公司概况	公司名称	湖北开特汽车电子电器系统股份有限公司			证券简称	开特股份
	法人代表	郑海法	董秘	段连员	证券代码	832978
	公司网址	www.kait.com.cn		电子信箱	kait@kait.com.cn	
	电　话	027-88139600		传　真	027-88139715	
	办公地址	湖北省武汉市武昌区白沙洲堤后街52号				
	经营范围	汽车相关的温度、光电、位置、压力传感器、电子控制单元等				

	指标\报告期	2015.06.30	2014.12.31	2013.12.31	2012.12.31
主要财务指标	净利润(万元)	1746.71	2658.77	2532.24	-
	净利润增长率(%)	14.4788	4.9968	-	-
	加权净资产收益率(%)	10.7400	18.4900	22.8600	-
	资产负债比率(%)	50.8576	50.6992	55.9549	-
	净利润现金含量(%)	20.0349	115.3940	88.6962	-
	基本每股收益(元)	0.3600	0.5500	0.5700	-
	每股收益-扣除(元)	0.3600	-	-	-
	每股收益-摊薄(元)	0.3595	1.5137	1.4416	-
	每股资本公积金(元)	0.3615	1.0000	1.0000	-
	每股未分配利润(元)	1.9201	4.5931	3.4615	-
	每股净资产(元)	3.4300	8.7600	2.7200	-
	每股经营现金流量(元)	0.0720	1.7467	1.2787	-
	经营活动现金净流量增长(%)	-65.4848	36.6010	-	-

北京弘润天源生物技术股份有限公司

公司概况	公司名称	北京弘润天源生物技术股份有限公司			证券简称	弘天生物
	法人代表	王安祥	董秘	秦亮	证券代码	832979
	公司网址	www.cellonis.com		电子信箱	Info@cellonis.com	
	电　话	010-62962795-8515		传　真	010-62962795-8001	
	办公地址	北京市海淀区开拓路5号一层B110室				
	经营范围	为客户提供细胞委托培养、研发CRO以及细胞免疫分析等服务				

	指标\报告期	2015.06.30	2014.12.31	2013.12.31	2012.12.31
主要财务指标	净利润(万元)	711.80	1401.39	-287.91	-
	净利润增长率(%)	222.2	586.8	-	-
	加权净资产收益率(%)	16.7000	52.0000	-33.3300	-
	资产负债比率(%)	33.9609	40.4602	18.1808	-
	净利润现金含量(%)	271.8629	172.7795	279.6890	-
	基本每股收益(元)	0.2400	0.4700	-0.1000	-
	每股收益-扣除(元)	0.2400	-	-	-
	每股收益-摊薄(元)	0.2373	0.4671	-0.1440	-
	每股资本公积金(元)	0.1092	-	-	-
	每股未分配利润(元)	0.3917	0.2636	-0.2471	-
	每股净资产(元)	1.5400	1.3000	0.5000	-
	每股经营现金流量(元)	0.6450	0.8100	-0.4026	-
	经营活动现金净流量增长(%)	389.3	400.7	-	-

新疆怡林实业股份有限公司

公司概况	公司名称	新疆怡林实业股份有限公司		证券简称	怡林实业
	法人代表	陈志义	董秘 曹林霞	证券代码	832980
	公司网址	www.yilin.com.cn		电子信箱	www.yilings@126.com
	电话	0991-4632403		传真	0991-4626170
	办公地址	新疆维吾尔自治区乌鲁木齐经济技术开发区校园路107号北大科技楼2楼218室			
	经营范围	有线电视工程设计安装;安全技术防范工程设计、施工、维修			

主要财务指标	指标\报告期	2015.06.30	2014.12.31	2013.12.31	2012.12.31
	净利润(万元)	34.32	172.18	689.46	–
	净利润增长率(%)	120.9	–75.0267	–	–
	加权净资产收益率(%)	1.2400	11.1400	61.1600	–
	资产负债比率(%)	19.5293	46.1457	63.6621	–
	净利润现金含量(%)	–2715.0615	–206.4003	80.5935	–
	基本每股收益(元)	0.0200	0.1700	0.6900	–
	每股收益–扣除(元)	0.0100	–	–	–
	每股收益–摊薄(元)	0.0215	0.1700	0.6895	–
	每股资本公积金(元)	0.6878	0.0205	0.0150	–
	每股未分配利润(元)	0.4254	0.5703	0.4150	–
	每股净资产(元)	2.1600	1.6600	1.4800	–
	每股经营现金流量(元)	–0.5824	–0.3600	0.5600	–
	经营活动现金净流量增长(%)	26.8	–163.9567	–	–

浙江忠信新型建材股份有限公司

公司概况	公司名称	浙江忠信新型建材股份有限公司		证券简称	忠信新材
	法人代表	吴忠方	董秘 王艳微	证券代码	832981
	公司网址	www.zxxxjc.com		电子信箱	313984192@qq.com
	电话	0567-85133673		传真	0567-85133673
	办公地址	浙江省临海市大洋办事处五孔岙村			
	经营范围	预拌砂浆、隔热和隔音材料制造			

主要财务指标	指标\报告期	2015.06.30	2014.12.31	2013.12.31	2012.12.31
	净利润(万元)	–172.51	134.29	–72.41	–
	净利润增长率(%)	–4727.1894	285.5	–	–
	加权净资产收益率(%)	–13.1300	18.3200	–10.3200	–
	资产负债比率(%)	55.6315	55.5453	51.5729	–
	净利润现金含量(%)	141.1835	0.0204	–0.0523	–
	基本每股收益(元)	–0.1200	0.1200	–0.0700	–
	每股收益–扣除(元)	–	–	–	–
	每股收益–摊薄(元)	–0.1243	0.0968	–0.0666	–
	每股资本公积金(元)	0.0087	0.2161	–	–
	每股未分配利润(元)	–0.1243	–0.2075	–0.3881	–
	每股净资产(元)	0.8800	1.0100	0.6100	–
	每股经营现金流量(元)	–0.1755	0.0000	0.0000	–
	经营活动现金净流量增长(%)	–365.6471	–27.7769	–	–

山西锦波生物医药股份有限公司

公司概况	公司名称	山西锦波生物医药股份有限公司		证券简称	锦波生物
	法人代表	李万程	董秘 陆晨阳	证券代码	832982
	公司网址	www.sxjbswyy.com		电子信箱	sxjbsw001@163.com
	电话	0351-7778501		传真	0351-7779881
	办公地址	山西省太原市经济技术开发区经北街18号			
	经营范围	二类卫材敷料的生产等			

主要财务指标	指标\报告期	2015.06.30	2014.12.31	2013.12.31	2012.12.31
	净利润(万元)	1630.30	762.84	–382.67	–
	净利润增长率(%)	113.7139	299.3	–	–
	加权净资产收益率(%)	41.6000	111.2200	–77.0000	–
	资产负债比率(%)	40.2432	65.2560	92.5819	–
	净利润现金含量(%)	50.9420	–9.8546	11.0879	–
	基本每股收益(元)	0.7900	0.6900	–0.3500	–
	每股收益–扣除(元)	–	–	–0.3800	–
	每股收益–摊薄(元)	0.7461	0.6103	–0.3479	–
	每股资本公积金(元)	1.1869	0.8400	–	–
	每股未分配利润(元)	0.6715	–0.0262	–0.7232	–
	每股净资产(元)	2.9300	1.8100	0.2800	–
	每股经营现金流量(元)	0.3801	–0.0601	–0.0400	–
	经营活动现金净流量增长(%)	1204.8	–77.2	–	–

山东泡宝网络科技股份有限公司

公司概况	公司名称	山东泡宝网络科技股份有限公司		证券简称	泡宝网
	法人代表	方春秀	董秘 李敏	证券代码	832983
	公司网址	www.pobom.com		电子信箱	812261416@qq.com
	电话	0537-2106396		传真	0537-2201146
	办公地址	山东省济宁市环城北路(济宁模具厂院内)			
	经营范围	依托旗下“泡宝网”网络,以网络购物、积分换礼和礼品服务等			

主要财务指标	指标\报告期	2015.06.30	2014.12.31	2013.12.31	2012.12.31
	净利润(万元)	–54.60	–151.97	–126.00	–
	净利润增长率(%)	33.7	–20.6	–	–
	加权净资产收益率(%)	–14.6900	–41.9400	90.3000	–
	资产负债比率(%)	12.3858	7.9960	43.5799	–
	净利润现金含量(%)	–152.9556	57.9774	227.8398	–
	基本每股收益(元)	–0.1100	–0.3900	–1.6000	–
	每股收益–扣除(元)	–0.1100	–	–	–
	每股收益–摊薄(元)	–0.1092	–0.3039	–0.2423	–
	每股资本公积金(元)	0.0021	0.0021	0.3846	–
	每股未分配利润(元)	–0.3136	–0.2044	–0.6138	–
	每股净资产(元)	0.6900	0.8000	1.1500	–
	每股经营现金流量(元)	0.1670	–0.1762	–0.5521	–
	经营活动现金净流量增长(%)	149.1	121.6	–	–

成都埃森普特科技股份有限公司

公司概况	公司名称	成都埃森普特科技股份有限公司		证券简称	埃森普特
	法人代表	苏琳	董秘 刘莉	证券代码	832984
	公司网址	www.aspthj.com		电子信箱	853235901@qq.com
	电　话	028-85737636		传　真	028-85737636
	办公地址	四川成都高新区天府三街 69 号 1 栋 6 层 603 号			
	经营范围	焊割设备的研发、生产和销售			

主要财务指标 指标\报告期	2015.06.30	2014.12.31	2013.12.31	2012.12.31
净利润(万元)	45.22	250.27	18.84	–
净利润增长率(%)	26.9866	1228.3865	–	–
加权净资产收益率(%)	6.8200	79.9700	–79.9600	–
资产负债比率(%)	66.6189	70.7005	100.8360	–
净利润现金含量(%)	–751.5944	–134.7824	872.7707	–
基本每股收益(元)	0.1800	1.2500	0.1900	–
每股收益-扣除(元)	–	–	–	–
每股收益-摊薄(元)	0.0904	0.5005	0.1884	–
每股资本公积金(元)	0.1834	0.1834	–	–
每股未分配利润(元)	0.1775	0.0870	–1.1414	–
每股净资产(元)	2.7400	1.2800	–0.1400	–
每股经营现金流量(元)	–0.6797	–0.6700	1.6400	–
经营活动现金净流量增长(%)	–35.5	–305.1516	–	–

重庆必然传媒股份有限公司

公司概况	公司名称	重庆必然传媒股份有限公司		证券简称	必然传媒
	法人代表	蒋理	董秘 朱丽娟	证券代码	832985
	公司网址	www.brmedia.cn		电子信箱	zhulijuan@brmedia.cn
	电　话	023-63118175		传　真	023-63118175
	办公地址	重庆市北部新区财富大道 19 号财富中心科技创业园 C1 区 10 层 2#			
	经营范围	广告代理服务，动画片及影视剧的投资、制作与发行			

主要财务指标 指标\报告期	2015.06.30	2014.12.31	2013.12.31	2012.12.31
净利润(万元)	103.19	498.01	194.28	–
净利润增长率(%)	–55.0350	156.3417	–	–
加权净资产收益率(%)	9.3700	68.4300	51.8200	–
资产负债比率(%)	11.9448	3.2100	31.0857	–
净利润现金含量(%)	147.9191	79.5928	0.6280	–
基本每股收益(元)	0.1000	0.6200	0.6500	–
每股收益-扣除(元)	–	0.5900	–	–
每股收益-摊薄(元)	0.1032	0.5915	0.6476	–
每股资本公积金(元)	0.3066	145.2572	–	–
每股未分配利润(元)	144.3877	91.6868	0.5162	–
每股净资产(元)	1.1500	1.2500	1.5700	–
每股经营现金流量(元)	0.1526	0.4700	0.0031	–
经营活动现金净流量增长(%)	21.2294	32519.3066	–	–

河北瑞诺医疗器械股份有限公司

公司概况	公司名称	河北瑞诺医疗器械股份有限公司		证券简称	瑞诺医疗
	法人代表	石春霞	董秘 张轲	证券代码	832986
	公司网址	www.ruinuo.com.cn		电子信箱	ruinuoshengwu@163.com
	电　话	0311-89916756		传　真	0311-89916758
	办公地址	河北省石家庄高新区昆仑大街 55 号			
	经营范围	PLA(聚乳酸)防粘连凝胶、III 类:6864-1 可吸收止血、防粘连材料等			

主要财务指标 指标\报告期	2015.06.30	2014.12.31	2013.12.31	2012.12.31
净利润(万元)	143.56	393.25	100.74	–
净利润增长率(%)	400.5599	290.3596	–	–
加权净资产收益率(%)	8.7100	28.4800	8.8900	–
资产负债比率(%)	46.6743	47.2973	55.1556	–
净利润现金含量(%)	–12.2829	68.8697	411.0733	–
基本每股收益(元)	0.1400	0.3932	0.1000	–
每股收益-扣除(元)	–	–	–	–
每股收益-摊薄(元)	0.1436	0.3933	0.1007	–
每股资本公积金(元)	–	–	–	–
每股未分配利润(元)	0.6782	0.5195	0.1656	–
每股净资产(元)	1.7400	1.5800	1.1800	–
每股经营现金流量(元)	–0.0176	0.2700	0.4100	–
经营活动现金净流量增长(%)	–112.1196	–34.6010	–	–

北京牡丹联友环保科技股份有限公司

公司概况	公司名称	北京牡丹联友环保科技股份有限公司		证券简称	牡丹联友
	法人代表	杨森	董秘 王东民	证券代码	832987
	公司网址	www.pafer.com.cn		电子信箱	xushiwang@pafer.com.cn
	电　话	010-51262896		传　真	010-59390185
	办公地址	北京市北京经济技术开发区科创 14 街 99 号 17 栋			
	经营范围	烟尘烟气连续自动监测设备和专用检测设备的研发、生产、销售和运营服务			

主要财务指标 指标\报告期	2015.06.30	2014.12.31	2013.12.31	2012.12.31
净利润(万元)	392.98	1419.69	891.56	–
净利润增长率(%)	629.2	97.7960	–	–
加权净资产收益率(%)	4.0100	16.4000	–	–
资产负债比率(%)	37.4086	40.7104	41.2474	–
净利润现金含量(%)	9.6993	17.8107	41.6400	–
基本每股收益(元)	0.0600	0.2300	0.1100	–
每股收益-扣除(元)	–	–	–	–
每股收益-摊薄(元)	0.0605	0.2184	0.1372	–
每股资本公积金(元)	0.2444	0.2444	0.2444	–
每股未分配利润(元)	0.2204	0.1755	0.0175	–
每股净资产(元)	1.5000	1.4500	1.2700	–
每股经营现金流量(元)	0.0059	0.0400	0.0600	–
经营活动现金净流量增长(%)	–94.4091	–31.8900	–	–

力软科技(大连)股份有限公司

公司概况	公司名称	力软科技(大连)股份有限公司			证券简称	力软科技
	法人代表	杨菊英	董秘	王存	证券代码	832988
	公司网址	www.mechsoft.cn		电子信箱	rfpa@mechsoft.cn	
	电　话	0411-87315655		传　真	0411-87315655	
	办公地址	辽宁省大连市经济技术开发区图强街321-1软件大厦202房间				
	经营范围	计算机软件开发、技术咨询、技术服务、技术转让、销售				

主要财务指标	指标\报告期	2015.06.30	2014.12.31	2013.12.31	2012.12.31
	净利润(万元)	-218.15	37.83	3.93	-
	净利润增长率(%)	-452.7	863.5158	-	-
	加权净资产收益率(%)	-30.2600	15.3600	1.7400	-
	资产负债比率(%)	12.0481	50.7382	75.3646	-
	净利润现金含量(%)	94.6639	-642.0566	2476.8448	-
	基本每股收益(元)	-0.4400	0.0946	0.0098	-
	每股收益-扣除(元)	-0.4900	-	-	-
	每股收益-摊薄(元)	-0.4363	0.3593	0.0393	-
	每股资本公积金(元)	2.4290	1.2526	-	-
	每股未分配利润(元)	-0.4955	1.3995	1.1030	-
	每股净资产(元)	2.9300	3.8217	2.2740	-
	每股经营现金流量(元)	-0.4130	-2.3066	0.9734	-
	经营活动现金净流量增长(%)	-52.9	-349.5202	-	-

沈阳鑫博工业技术股份有限公司

公司概况	公司名称	沈阳鑫博工业技术股份有限公司			证券简称	鑫博技术
	法人代表	刘鹤群	董秘	康帅	证券代码	832989
	公司网址			电子信箱	syxbgy@163.com	
	电　话	024-83995322		传　真	024-83995324	
	办公地址	辽宁省沈阳市和平区南五马路183甲(17层写字间1-9号)				
	经营范围	矿产品加工技术开发、设计、技术咨询、技术转让,选矿、冶金等				

主要财务指标	指标\报告期	2015.06.30	2014.12.31	2013.12.31	2012.12.31
	净利润(万元)	-726.62	2399.73	673.85	-
	净利润增长率(%)	-40.6	256.1235	-	-
	加权净资产收益率(%)	-13.2000	40.9000	14.0400	-
	资产负债比率(%)	63.9554	55.5117	44.6334	-
	净利润现金含量(%)	-166.7610	54.5309	-227.2463	-
	基本每股收益(元)	-0.1600	0.5200	0.2700	-
	每股收益-扣除(元)	-0.1900	0.5100	-	-
	每股收益-摊薄(元)	-0.1580	0.5217	0.2695	-
	每股资本公积金(元)	0.0079	0.0079	-	-
	每股未分配利润(元)	0.1000	0.2407	0.8284	-
	每股净资产(元)	1.1300	1.2800	1.9200	-
	每股经营现金流量(元)	0.2634	0.2800	-0.6100	-
	经营活动现金净流量增长(%)	-48.5390	185.5	-	-

无锡创达新材料股份有限公司

公司概况	公司名称	无锡创达新材料股份有限公司			证券简称	创达新材
	法人代表	张俊	董秘	黄威	证券代码	832990
	公司网址	www.chuangda-e.com.cn		电子信箱	Chuangda@chuangda-e.com.cn	
	电　话	0510-85360688		传　真	0510-85360688	
	办公地址	江苏省无锡市城南路201-1				
	经营范围	高性能热固性复合材料的研发、生产、销售和技术服务				

主要财务指标	指标\报告期	2015.06.30	2014.12.31	2013.12.31	2012.12.31
	净利润(万元)	1043.13	3494.47	2039.65	-
	净利润增长率(%)	6.8652	71.3272	-	-
	加权净资产收益率(%)	4.9100	35.3100	28.1900	-
	资产负债比率(%)	12.0577	22.0690	42.5093	-
	净利润现金含量(%)	-55.9488	31.0797	56.5249	-
	基本每股收益(元)	0.3500	1.1600	0.6800	-
	每股收益-扣除(元)	-	-	-	-
	每股收益-摊薄(元)	0.3477	1.1648	0.6799	-
	每股资本公积金(元)	4.5202	2.0571	-	-
	每股未分配利润(元)	1.0074	3.0028	1.9267	-
	每股净资产(元)	6.5300	6.2000	2.7400	-
	每股经营现金流量(元)	-0.1945	0.3600	0.3800	-
	经营活动现金净流量增长(%)	-605.7071	-5.7967	-	-

吉林亚融科技股份有限公司

公司概况	公司名称	吉林亚融科技股份有限公司			证券简称	亚融科技
	法人代表	张宝剑	董秘	刘超	证券代码	832991
	公司网址	www.jnyrkj.com		电子信箱	136007655@qq.com	
	电　话	0432-65610038		传　真	0432-65614441	
	办公地址	吉林省磐石市红旗岭镇红旗街				
	经营范围	电池材料及副产品加工、经销				

主要财务指标	指标\报告期	2015.06.30	2014.12.31	2013.12.31	2012.12.31
	净利润(万元)	-722.25	106.09	89.12	-
	净利润增长率(%)	-672.2792	19.0416	-	-
	加权净资产收益率(%)	-8.2300	6.9200	6.2100	-
	资产负债比率(%)	28.4812	93.5058	84.3955	-
	净利润现金含量(%)	1259.7415	-2376.5472	1201.9377	-
	基本每股收益(元)	-0.1300	0.1100	0.0900	-
	每股收益-扣除(元)	-	-	-	-
	每股收益-摊薄(元)	-0.0531	0.1061	0.0891	-
	每股资本公积金(元)	0.5445	0.0345	0.0345	-
	每股未分配利润(元)	-0.0239	0.3971	0.3017	-
	每股净资产(元)	1.5300	1.5900	1.4800	-
	每股经营现金流量(元)	-0.6690	-2.5200	1.0700	-
	经营活动现金净流量增长(%)	-815.0	-335.3766	-	-

山东神戎电子股份有限公司

公司概况						
公司名称	山东神戎电子股份有限公司			证券简称	神戎电子
法人代表	邹海涛	董秘	于飞	证券代码	832992
公司网址	www.sheenrun.com		电子信箱	sheenrunmail@sheenrun.com	
电　话	0531-89706263		传　真	0531-89706299	
办公地址	山东省济南市高新开发区舜华路 1 号齐鲁软件园 F 座 A312				
经营范围	激光夜视仪、红外热成像仪、加固计算机等产品的研发、生产和销售				

主要财务指标 指标\报告期	2015.06.30	2014.12.31	2013.12.31	2012.12.31
净利润(万元)	–	423.74	87.21	–
净利润增长率(%)	–	385.8704	–	–
加权净资产收益率(%)	–	8.8600	2.6600	–
资产负债比率(%)	–	35.2905	44.5225	–
净利润现金含量(%)	–	–397.9610	378.8786	–
基本每股收益(元)	–	0.1700	0.0400	–
每股收益–扣除(元)	–	0.1300	–0.2600	–
每股收益–摊薄(元)	–	0.1367	0.0415	–
每股资本公积金(元)	–	0.7764	0.1937	–
每股未分配利润(元)	–	0.3727	0.3583	–
每股净资产(元)	–	2.1800	1.5800	–
每股经营现金流量(元)	–	–0.5400	0.1600	–
经营活动现金净流量增长(%)	–	–610.3617	–	–

深圳市高飞创新技术集团股份有限公司

公司概况					
公司名称	深圳市高飞创新技术集团股份有限公司			证券简称	高飞集团
法人代表	朱晓青	董秘	朱薇	证券代码	832993
公司网址			电子信箱		
电　话	0755-29513920		传　真	0755-29513921	
办公地址	广东省深圳市宝安区松岗街道潭头第四工业园 A18 栋办公楼 1-2 层				
经营范围	集装箱标志的设计、生产和销售				

主要财务指标 指标\报告期	2015.06.30	2014.12.31	2013.12.31	2012.12.31
净利润(万元)	–233.77	0.02	0.01	–
净利润增长率(%)	–572.3583	–99.9818	–	–
加权净资产收益率(%)	–12.7600	–	8.1900	–
资产负债比率(%)	42.9783	43.1937	58.0030	–
净利润现金含量(%)	179.0436	–114.7396	–1053.6911	–
基本每股收益(元)	–0.1600	0.1600	0.0900	–
每股收益–扣除(元)	–0.1600	–	–	–
每股收益–摊薄(元)	–0.1558	0.1600	0.0900	–
每股资本公积金(元)	–	–	–	–
每股未分配利润(元)	0.0394	–	–	–
每股净资产(元)	1.0552	1.3000	1.1400	–
每股经营现金流量(元)	–0.2790	–	–	–
经营活动现金净流量增长(%)	–0.6	80.2	–	–

新疆德康慈惠健康服务集团股份有限公司

公司概况					
公司名称	新疆德康慈惠健康服务集团股份有限公司			证券简称	慈惠健康
法人代表	肖齐	董秘	唐永健	证券代码	832994
公司网址	www.xjchtj.com		电子信箱	dkch@xjchjk.com	
电　话	0991-4813601		传　真	0991-4813601	
办公地址	新疆乌鲁木齐市新市区阿勒泰路 2626 号德海高层 502 室				
经营范围	健康产业项目投资、策划、管理,健康企业管理咨询、服务				

主要财务指标 指标\报告期	2015.06.30	2014.12.31	2013.12.31	2012.12.31
净利润(万元)	–637.27	511.10	–260.88	–
净利润增长率(%)	–243.5	295.9	–	–
加权净资产收益率(%)	–18.7200	31.7200	–23.8400	–
资产负债比率(%)	39.0023	35.5797	82.7427	–
净利润现金含量(%)	73.6443	–25.5586	–293.0926	–
基本每股收益(元)	–0.1900	0.2700	–0.1700	–
每股收益–扣除(元)	–0.1900	–	–	–
每股收益–摊薄(元)	–0.1931	0.1549	–0.1449	–
每股资本公积金(元)	–	–	–	–
每股未分配利润(元)	–0.1998	–0.0177	–0.3163	–
每股净资产(元)	0.8000	0.9800	0.6800	–
每股经营现金流量(元)	–0.1422	–0.0400	0.4200	–
经营活动现金净流量增长(%)	–68.9	–117.0842	–	–

广东杰创智能科技股份有限公司

公司概况					
公司名称	广东杰创智能科技股份有限公司			证券简称	杰创智能
法人代表	孙超	董秘	王强	证券代码	832995
公司网址	www.nexwise.cn		电子信箱	gdjc@nexwise.cn	
电　话	020-83982000		传　真	020-83982123	
办公地址	广东省广州市高新技术产业开发区科学大道 162 号 B3 栋 301 单元				
经营范围	智能系统集成服务、云计算服务及其他技术服务				

主要财务指标 指标\报告期	2015.06.30	2014.12.31	2013.12.31	2012.12.31
净利润(万元)	664.46	271.33	4.97	–
净利润增长率(%)	1660.0468	5356.8141	–	–
加权净资产收益率(%)	18.5700	15.5900	0.1800	–
资产负债比率(%)	31.5425	36.8119	20.5498	–
净利润现金含量(%)	–116.8748	573.7621	–45491.327	–
基本每股收益(元)	0.2100	0.0900	0.0020	–
每股收益–扣除(元)	0.0900	–	–	–
每股收益–摊薄(元)	0.2131	0.0870	0.0016	–
每股资本公积金(元)	–	–	–	–
每股未分配利润(元)	0.2287	0.0369	–0.0460	–
每股净资产(元)	1.2541	1.0400	0.9500	–
每股经营现金流量(元)	–0.2491	0.5000	–0.7300	–
经营活动现金净流量增长(%)	–3845.0503	168.8	–	–

苏州开元民生科技股份有限公司

公司概况	公司名称	苏州开元民生科技股份有限公司			证券简称	民生科技
	法人代表	胡卫林	董秘	丁亭玉	证券代码	832996
	公司网址	www.minshengpharm.com		电子信箱	dty@minshengpharm.com	
	电　　话	0512-62887188		传　　真	0512-62889728	
	办公地址	江苏省苏州工业园区娄葑镇群星二路68号				
	经营范围	生产加工销售医药中间体、高分子材料、太阳能导电材料				

	指标\报告期	2015.06.30	2014.12.31	2013.12.31	2012.12.31
主要财务指标	净利润(万元)	1312.28	1342.18	955.53	–
	净利润增长率(%)	167.2964	40.4635	–	–
	加权净资产收益率(%)	12.7700	15.0000	13.8800	–
	资产负债比率(%)	45.9276	45.3684	37.3624	–
	净利润现金含量(%)	47.2253	86.0554	-181.8828	–
	基本每股收益(元)	0.4000	0.4100	0.3300	–
	每股收益-扣除(元)	0.3800	–	–	–
	每股收益-摊薄(元)	0.3977	0.4067	0.2896	–
	每股资本公积金(元)	0.5432	0.5432	0.5432	–
	每股未分配利润(元)	1.6511	1.2535	0.8780	–
	每股净资产(元)	3.3100	2.9100	2.5100	–
	每股经营现金流量(元)	0.1878	0.3500	-0.5300	–
	经营活动现金净流量增长(%)	11.9514	166.5	–	–

苏州宝丽洁纳米材料科技股份有限公司

公司概况	公司名称	苏州宝丽洁纳米材料科技股份有限公司			证券简称	宝丽洁
	法人代表	虞胜椿	董秘	邱邦胜	证券代码	832997
	公司网址	www.cnbaoli.com.cn		电子信箱	xcx@cnbaoli.com.cn	
	电　　话	0512-57808888		传　　真	0512-57801777	
	办公地址	江苏省苏州昆山市巴城镇正仪通澄南路2号2、3号房				
	经营范围	公司主要生产高端功能性无纺布系列产品				

	指标\报告期	2015.06.30	2014.12.31	2013.12.31	2012.12.31
主要财务指标	净利润(万元)	1007.42	556.77	314.69	–
	净利润增长率(%)	499.1941	76.9279	–	–
	加权净资产收益率(%)	19.2900	14.6900	15.3200	–
	资产负债比率(%)	42.0518	50.9748	75.2210	–
	净利润现金含量(%)	103.6701	-33.0172	128.1896	–
	基本每股收益(元)	0.2500	0.1600	0.0600	–
	每股收益-扣除(元)	0.2300	–	–	–
	每股收益-摊薄(元)	0.2478	0.1370	0.1488	–
	每股资本公积金(元)	–	–	–	–
	每股未分配利润(元)	0.3926	0.1447	0.0412	–
	每股净资产(元)	1.4100	1.1600	1.0500	–
	每股经营现金流量(元)	0.2569	-0.0500	0.1900	–
	经营活动现金净流量增长(%)	150.6	-145.5690	–	–

深圳市雅昌管业股份有限公司

公司概况	公司名称	深圳市雅昌管业股份有限公司			证券简称	雅昌股份
	法人代表	史援朝	董秘	冯琳	证券代码	832998
	公司网址	www.chinaycnu.com		电子信箱	yachang@chinaycnu.com	
	电　　话	0755-84193851		传　　真	0755-84196839	
	办公地址	广东省深圳市龙岗区坂田街道龙璧工业区龙璧工业城17#4F				
	经营范围	不锈钢输水管材、管件的研发、生产和销售				

	指标\报告期	2015.06.30	2014.12.31	2013.12.31	2012.12.31
主要财务指标	净利润(万元)	543.61	0.14	0.13	–
	净利润增长率(%)	-27.8257	-99.9891	–	–
	加权净资产收益率(%)	5.3500	–	–	–
	资产负债比率(%)	40.8095	43.2734	45.8402	–
	净利润现金含量(%)	71.6449	-8.0755	-25.2340	–
	基本每股收益(元)	0.1700	0.4500	0.4400	–
	每股收益-扣除(元)	0.1500	–	–	–
	每股收益-摊薄(元)	0.1703	0.4500	0.4400	–
	每股资本公积金(元)	2.0069	–	–	–
	每股未分配利润(元)	0.2461	–	–	–
	每股净资产(元)	3.2700	3.1000	2.6400	–
	每股经营现金流量(元)	0.1220	–	–	–
	经营活动现金净流量增长(%)	764.3	65.1	–	–

深圳市法本信息技术股份有限公司

公司概况	公司名称	深圳市法本信息技术股份有限公司			证券简称	法本信息
	法人代表	严华	董秘	黄照程	证券代码	832999
	公司网址	www.farben.com.cn		电子信箱	IR@farben.com.cn	
	电　　话	0755-33225800		传　　真	0755-33225778	
	办公地址	广东省深圳市南山区科技园高新中一道2号长园新材料港10栋5楼0502号				
	经营范围	IT资源服务、定制化服务和产品及解决方案服务				

	指标\报告期	2015.06.30	2014.12.31	2013.12.31	2012.12.31
主要财务指标	净利润(万元)	406.11	0.06	–	–
	净利润增长率(%)	729.1495	-99.9614	–	–
	加权净资产收益率(%)	12.2600	35.2500	–	–
	资产负债比率(%)	52.1683	48.7004	–	–
	净利润现金含量(%)	-19.0185	-24.6183	–	–
	基本每股收益(元)	0.2000	0.4900	–	–
	每股收益-扣除(元)	–	–	–	–
	每股收益-摊薄(元)	0.2031	0.4900	–	–
	每股资本公积金(元)	0.1621	–	–	–
	每股未分配利润(元)	0.1919	–	–	–
	每股净资产(元)	1.3500	2.3200	–	–
	每股经营现金流量(元)	-0.0386	–	–	–
	经营活动现金净流量增长(%)	67.1	65.2	–	–

杭州海皇科技股份有限公司

公司概况	公司名称	杭州海皇科技股份有限公司			证券简称	海皇科技
	法人代表	万浩元	董秘	叶晓君	证券代码	833000
	公司网址	www.haihuang.net.cn		电子信箱	haihuangfeed@126.com	
	电话	0571-86204538		传真	0571-86204520	
	办公地址	浙江省杭州市余杭区余杭经济开发区望梅路 619 号				
	经营范围	研发、生产和销售水产饲料以及健康养殖咨询				

	指标\报告期	2015.06.30	2014.12.31	2013.12.31	2012.12.31
主要财务指标	净利润(万元)	944.72	2044.98	2245.80	–
	净利润增长率(%)	20.8840	-8.9421	–	–
	加权净资产收益率(%)	8.3900	22.0700	29.7400	–
	资产负债比率(%)	58.1011	61.9900	50.2874	–
	净利润现金含量(%)	232.0754	135.2874	11.2864	–
	基本每股收益(元)	0.3200	0.8200	0.9600	–
	每股收益-扣除(元)	0.2600	0.8100	–	–
	每股收益-摊薄(元)	0.3149	0.8180	0.8983	–
	每股资本公积金(元)	2.3135	1.9762	0.5143	–
	每股未分配利润(元)	0.6928	0.4535	2.4049	–
	每股净资产(元)	4.0500	3.4800	4.1800	–
	每股经营现金流量(元)	0.7308	1.1100	0.1000	–
	经营活动现金净流量增长(%)	279.5	991.5092	–	–

新疆三江实业股份有限公司

公司概况	公司名称	新疆三江实业股份有限公司			证券简称	三江股份
	法人代表	陈洁	董秘	严辉	证券代码	833001
	公司网址			电子信箱	xjsjsy@126.com	
	电话	0997-2512609		传真	0997-2512168	
	办公地址	新疆阿克苏地区阿克苏实验林场八队				
	经营范围	生猪养殖、屠宰、销售及其技术开发				

	指标\报告期	2015.06.30	2014.12.31	2013.12.31	2012.12.31
主要财务指标	净利润(万元)	-974.06	-4148.42	569.98	–
	净利润增长率(%)	-5.8	-827.8153	–	–
	加权净资产收益率(%)	-5.9100	-29.4300	6.0800	–
	资产负债比率(%)	53.1408	47.9078	26.1422	–
	净利润现金含量(%)	177.0573	26.1230	92.8601	–
	基本每股收益(元)	-0.0616	-0.2800	0.0700	–
	每股收益-扣除(元)	-0.0616	–	–	–
	每股收益-摊薄(元)	-0.0616	-0.2626	0.0464	–
	每股资本公积金(元)	0.0589	0.0589	0.0315	–
	每股未分配利润(元)	-0.2656	-0.2039	0.0754	–
	每股净资产(元)	0.8100	0.8700	1.1300	–
	每股经营现金流量(元)	-0.1092	-0.0700	0.0400	–
	经营活动现金净流量增长(%)	-9.4	-304.7461	–	–

珠海保税区星汉智能卡股份有限公司

公司概况	公司名称	珠海保税区星汉智能卡股份有限公司			证券简称	星汉股份
	法人代表	何叔军	董秘	熊浩华	证券代码	833002
	公司网址	www.china-xinghan.com		电子信箱	info@china-xinghan.com	
	电话	0756-3887003		传真	0756-8817100	
	办公地址	广东省珠海市保税区 5 号地恒利工业园 6# 厂				
	经营范围	智能卡、智能系统、RFID(电子标签)的生产、加工和销售				

	指标\报告期	2015.06.30	2014.12.31	2013.12.31	2012.12.31
主要财务指标	净利润(万元)	662.50	1407.11	-39.26	–
	净利润增长率(%)	11.1458	3683.7	–	–
	加权净资产收益率(%)	18.9000	77.2800	-10.1400	–
	资产负债比率(%)	56.4989	36.0138	85.5548	–
	净利润现金含量(%)	179.8969	26.3320	-1602.1651	–
	基本每股收益(元)	0.3300	0.7036	-0.0785	–
	每股收益-扣除(元)	0.3100	0.6961	–	–
	每股收益-摊薄(元)	0.3312	0.7036	-0.0785	–
	每股资本公积金(元)	0.4896	0.4896	0.0011	–
	每股未分配利润(元)	0.3790	0.1478	-0.2661	–
	每股净资产(元)	1.8700	1.6400	0.7300	–
	每股经营现金流量(元)	0.5959	0.1900	1.2600	–
	经营活动现金净流量增长(%)	351.3	-41.0938	–	–

东莞缔奇智能股份有限公司

公司概况	公司名称	东莞缔奇智能股份有限公司			证券简称	缔奇智能
	法人代表	尚海芝	董秘	黄璜	证券代码	833003
	公司网址	www.sv-world.com		电子信箱	sv@sv-world.com	
	电话	0769-85300330		传真	0769-81760172	
	办公地址	广东省东莞市虎门镇沙角社区台城路南厂房				
	经营范围	智能扫地机的研发、生产及销售				

	指标\报告期	2015.06.30	2014.12.31	2013.12.31	2012.12.31
主要财务指标	净利润(万元)	-95.07	38.71	27.31	–
	净利润增长率(%)	-276.2817	41.7316	–	–
	加权净资产收益率(%)	-15.4600	8.3700	42.9100	–
	资产负债比率(%)	45.3546	29.5164	86.2132	–
	净利润现金含量(%)	12.7436	186.1534	-15.7451	–
	基本每股收益(元)	-0.1600	0.0900	0.5500	–
	每股收益-扣除(元)	–	–	–	–
	每股收益-摊薄(元)	-0.1585	0.0645	0.5462	–
	每股资本公积金(元)	0.1045	–	–	–
	每股未分配利润(元)	-0.1585	0.0940	0.4314	–
	每股净资产(元)	0.9500	1.1000	1.4800	–
	每股经营现金流量(元)	-0.0202	0.1200	-0.0900	–
	经营活动现金净流量增长(%)	-125.7575	1777.3	–	–

深圳市博阅科技股份有限公司

公司概况	公司名称	深圳市博阅科技股份有限公司			证券简称	博阅科技
	法人代表	林伟群	董秘	张颖奇	证券代码	833004
	公司网址	www.boyue.com		电子信箱	ir@bouyue.com	
	电　话	0755-86358666		传　真	0755-86079111	
	办公地址	广东省深圳市南山区科技园中区科苑路15号科兴科学园C栋3单元401室				
	经营范围	电子书、电子书包和多媒体数字阅读及教育内容订阅服务				

	指标\报告期	2015.06.30	2014.12.31	2013.12.31	2012.12.31
主要财务指标	净利润(万元)	341.01	–	–	–
	净利润增长率(%)	7532.9334	–	–	–
	加权净资产收益率(%)	15.7000	–	–	–
	资产负债比率(%)	61.4365	–	–	–
	净利润现金含量(%)	63.7586	–	–	–
	基本每股收益(元)	0.1700	–	–	–
	每股收益-扣除(元)	0.1500	–	–	–
	每股收益-摊薄(元)	0.1705	–	–	–
	每股资本公积金(元)	–	–	–	–
	每股未分配利润(元)	0.1711	–	–	–
	每股净资产(元)	1.1700	–	–	–
	每股经营现金流量(元)	0.1087	–	–	–
	经营活动现金净流量增长(%)	148.9	–	–	–

上海仁众实业股份有限公司

公司概况	公司名称	上海仁众实业股份有限公司			证券简称	仁众实业
	法人代表	强全林	董秘	杨敏	证券代码	833005
	公司网址	www.shrenzhong.com		电子信箱	zhongsen_66@126.com	
	电　话	021-37566916		传　真	021-37566919	
	办公地址	上海市奉贤区奉城镇洪南村1036号6幢				
	经营范围	防水材料、机电产品制造、加工,防水材料、环保材料、建筑材料的批发、零售				

	指标\报告期	2015.06.30	2014.12.31	2013.12.31	2012.12.31
主要财务指标	净利润(万元)	-82.28	154.98	43.73	–
	净利润增长率(%)	-295.4699	254.3684	–	–
	加权净资产收益率(%)	7.5200	14.6600	4.5700	–
	资产负债比率(%)	67.0372	62.3967	63.1744	–
	净利润现金含量(%)	-100.5245	193.1411	-530.5740	–
	基本每股收益(元)	-0.0800	0.1500	0.0400	–
	每股收益-扣除(元)	-0.0800	–	–	–
	每股收益-摊薄(元)	-0.0784	0.1476	0.0416	–
	每股资本公积金(元)	0.0511	0.0005	–	–
	每股未分配利润(元)	-0.0486	0.0752	-0.0673	–
	每股净资产(元)	1.0000	1.0800	0.9300	–
	每股经营现金流量(元)	0.0788	0.2900	-0.2200	–
	经营活动现金净流量增长(%)	6649.7	229.0	–	–

东莞市银联通莞电子收款租赁服务股份有限公司

公司概况	公司名称	东莞市银联通莞电子收款租赁服务股份有限公司			证券简称	通莞股份
	法人代表	颜肖珂	董秘	黄小芬	证券代码	833006
	公司网址	www.yltg.com.cn		电子信箱	79731120@qq.com	
	电　话	00769-89182555转846		传　真	00769-22452643	
	办公地址	广东省东莞市南城区黄金路1号东莞天安数码城C区1号厂房703号房				
	经营范围	公司主营业务是电子收款机(POS机)租赁、安装与维护服务				

	指标\报告期	2015.06.30	2014.12.31	2013.12.31	2012.12.31
主要财务指标	净利润(万元)	99.90	441.57	77.49	–
	净利润增长率(%)	128.7657	469.8493	–	–
	加权净资产收益率(%)	3.0000	17.4400	3.4800	–
	资产负债比率(%)	46.2683	47.3596	61.8721	–
	净利润现金含量(%)	862.4675	497.3824	2395.8649	–
	基本每股收益(元)	0.0806	0.4300	0.0800	–
	每股收益-扣除(元)	0.0432	0.3600	0.0400	–
	每股收益-摊薄(元)	0.0806	0.3561	0.0775	–
	每股资本公积金(元)	1.4044	1.4044	–	–
	每股未分配利润(元)	0.2686	0.1881	1.0581	–
	每股净资产(元)	2.7300	3.2200	2.2600	–
	每股经营现金流量(元)	0.6948	1.7712	1.8600	–
	经营活动现金净流量增长(%)	77.4371	18.2984	–	–

北京东华宏泰科技股份有限公司

公司概况	公司名称	北京东华宏泰科技股份有限公司			证券简称	东华宏泰
	法人代表	邵芳	董秘	邵芳	证券代码	833007
	公司网址	www.donghuahongtai.com		电子信箱	752395136@qq.com	
	电　话	010-82237515		传　真	010-82237515	
	办公地址	北京市海淀区花园路2号牡丹创业楼一层126室				
	经营范围	技术开发;销售安全技术防范产品、智能生物识别枪柜				

	指标\报告期	2015.06.30	2014.12.31	2013.12.31	2012.12.31
主要财务指标	净利润(万元)	79.35	123.96	-301.78	–
	净利润增长率(%)	187.4	141.1	–	–
	加权净资产收益率(%)	3.7000	–	–	–
	资产负债比率(%)	74.9981	69.5598	88.0711	–
	净利润现金含量(%)	36.5670	194.5449	184.3944	–
	基本每股收益(元)	0.0400	0.1200	-0.2100	–
	每股收益-扣除(元)	–	–	–	–
	每股收益-摊薄(元)	0.0397	0.0620	-0.3018	–
	每股资本公积金(元)	0.5151	0.5151	–	–
	每股未分配利润(元)	-0.4641	-0.5037	-1.1314	–
	每股净资产(元)	1.0500	1.0100	-0.0700	–
	每股经营现金流量(元)	0.0145	0.1200	-0.5565	–
	经营活动现金净流量增长(%)	111.6	143.3	–	–

上海舜富压铸股份有限公司

公司概况	公司名称	上海舜富压铸股份有限公司			证券简称	舜富压铸
	法人代表	肖明海	董秘	高连春	证券代码	833008
	公司网址	www.shunfu.cc		电子信箱	heip@shunfu.cn	
	电　　话	021-57577333		传　　真	021-57570222	
	办公地址	上海市奉贤区金大公路 7955 号 1 幢				
	经营范围	铝合金、锌合金压铸件的生产和销售				

	指标\报告期	2015.06.30	2014.12.31	2013.12.31	2012.12.31
主要财务指标	净利润(万元)	239.55	372.37	224.09	–
	净利润增长率(%)	153.3704	66.1720	–	–
	加权净资产收益率(%)	9.0900	15.9800	11.0300	–
	资产负债比率(%)	66.2855	75.0717	78.7899	–
	净利润现金含量(%)	-65.8672	234.8564	418.9949	–
	基本每股收益(元)	0.1000	0.1700	0.1900	–
	每股收益-扣除(元)	–	–	–	–
	每股收益-摊薄(元)	0.0958	0.1862	0.0700	–
	每股资本公积金(元)	0.2154	0.0193	–	–
	每股未分配利润(元)	0.2776	0.2272	-0.3302	–
	每股净资产(元)	1.5000	1.2600	0.6700	–
	每股经营现金流量(元)	-0.0631	0.4400	0.2900	–
	经营活动现金净流量增长(%)	-113.8836	-6.8567	–	–

北京开拓明天科技股份有限公司

公司概况	公司名称	北京开拓明天科技股份有限公司			证券简称	开拓明天
	法人代表	张可一	董秘	贾颂	证券代码	833009
	公司网址	www.up72.com		电子信箱	Future@up72.com	
	电　　话	010-82444833		传　　真	010-62129518	
	办公地址	北京市海淀区天秀路 10 号中国农大国际创业园 3 号楼 2023				
	经营范围	技术开发、技术咨询、技术服务、技术推广、技术转让				

	指标\报告期	2015.06.30	2014.12.31	2013.12.31	2012.12.31
主要财务指标	净利润(万元)	-139.42	34.20	26.98	–
	净利润增长率(%)	-20.9	26.7478	–	–
	加权净资产收益率(%)	-27.7900	14.4100	13.0600	–
	资产负债比率(%)	49.0536	6.8512	46.3600	–
	净利润现金含量(%)	174.4894	-204.3275	603.0764	–
	基本每股收益(元)	-0.2800	0.3400	0.2700	–
	每股收益-扣除(元)	–	–	–	–
	每股收益-摊薄(元)	-0.2788	0.2705	0.2698	–
	每股资本公积金(元)	0.0967	3.0668	1.0000	–
	每股未分配利润(元)	-0.2475	0.4005	0.1857	–
	每股净资产(元)	0.8500	4.5000	2.2000	–
	每股经营现金流量(元)	-0.4866	-0.5500	1.6300	–
	经营活动现金净流量增长(%)	-263.4	-142.9480	–	–

盛景网联科技股份有限公司

公司概况	公司名称	盛景网联科技股份有限公司			证券简称	盛景网联
	法人代表	彭志强	董秘	曹志勇	证券代码	833010
	公司网址	www.shengjing360.com		电子信箱	sjzq@shengjing360.com	
	电　　话	010-53205055		传　　真	010-53205071	
	办公地址	北京市海淀区清华科技园科技大厦 B 座 11 层				
	经营范围	互联网信息服务				

	指标\报告期	2015.06.30	2014.12.31	2013.12.31	2012.12.31
主要财务指标	净利润(万元)	5146.77	7370.03	4890.62	–
	净利润增长率(%)	76.6102	50.6974	–	–
	加权净资产收益率(%)	19.5700	42.2100	34.5300	–
	资产负债比率(%)	45.7857	39.6033	44.2211	–
	净利润现金含量(%)	148.6439	125.6496	160.6888	–
	基本每股收益(元)	0.7200	1.1700	0.8000	–
	每股收益-扣除(元)	–	–	–	–
	每股收益-摊薄(元)	0.7003	1.0413	0.7965	–
	每股资本公积金(元)	1.4790	1.1671	0.7866	–
	每股未分配利润(元)	1.0029	0.8085	0.4040	–
	每股净资产(元)	3.7100	3.2200	2.3600	–
	每股经营现金流量(元)	1.0410	1.3084	1.2800	–
	经营活动现金净流量增长(%)	96.1712	17.8367	–	–

江苏奥斯汀光电科技股份有限公司

公司概况	公司名称	江苏奥斯汀光电科技股份有限公司			证券简称	江奥光电
	法人代表	凌涛	董秘	于敏	证券代码	833011
	公司网址	www.austinelec.com		电子信箱	yumin@austinelec.com	
	电　　话	025-58595234		传　　真	025-84819618	
	办公地址	江苏省南京市栖霞区甘家边东 108 号				
	经营范围	中小尺寸液晶显示屏的研发、生产和销售				

	指标\报告期	2015.06.30	2014.12.31	2013.12.31	2012.12.31
主要财务指标	净利润(万元)	-26.46	-27.00	40.93	–
	净利润增长率(%)	86.6	-165.9635	–	–
	加权净资产收益率(%)	-1.1200	-2.2000	4.1900	–
	资产负债比率(%)	74.3843	77.6625	84.1905	–
	净利润现金含量(%)	-2638.4109	7342.3333	2475.2016	–
	基本每股收益(元)	-0.0100	-0.0201	0.0372	–
	每股收益-扣除(元)	–	–	–	–
	每股收益-摊薄(元)	-0.0106	-0.0108	0.0372	–
	每股资本公积金(元)	0.0175	–	–	–
	每股未分配利润(元)	-0.0799	-0.0517	-0.0931	–
	每股净资产(元)	0.9400	0.9500	0.9100	–
	每股经营现金流量(元)	0.2792	-0.7900	0.9200	–
	经营活动现金净流量增长(%)	151.8	-295.6800	–	–

珠海和凡医药股份有限公司

公司概况	公司名称	珠海和凡医药股份有限公司			证券简称	和凡医药
	法人代表	和光学	董秘	贾志刚	证券代码	833012
	公司网址	www.zhhf.net			电子信箱	hefanyiyao888@126.com
	电　话	0756-3889201			传　真	0756-3232858
	办公地址	广东省珠海市香洲区梅华西路香洲科技工业区警民路1号A栋三层整层				
	经营范围	中成药、化学药制剂、抗生素、生化药品、诊断药品的批发				

	指标\报告期	2015.06.30	2014.12.31	2013.12.31	2012.12.31
主要财务指标	净利润(万元)	555.73	1153.16	1013.33	–
	净利润增长率(%)	12.0146	13.7994	–	–
	加权净资产收益率(%)	9.9300	23.3400	26.2600	–
	资产负债比率(%)	20.3246	12.3120	33.0708	–
	净利润现金含量(%)	280.9343	24.4892	123.6902	–
	基本每股收益(元)	0.4600	3.8400	3.3800	–
	每股收益-扣除(元)	0.4700	–	–	–
	每股收益-摊薄(元)	0.4631	3.8439	3.3778	–
	每股资本公积金(元)	3.5191	–	–	–
	每股未分配利润(元)	0.3758	16.2259	13.0487	–
	每股净资产(元)	4.8900	17.7300	14.5500	–
	每股经营现金流量(元)	1.3010	0.9413	4.1780	–
	经营活动现金净流量增长(%)	12142.4	-77.4691	–	–

泛湾物流股份有限公司

公司概况	公司名称	泛湾物流股份有限公司			证券简称	泛湾物流
	法人代表	邓剑江	董秘	周鑫	证券代码	833013
	公司网址				电子信箱	zx8128@263.net
	电　话	0771-5590901			传　真	0771-5590903
	办公地址	广西省南宁市良庆区银海大道1219号综合楼2010-2102室				
	经营范围	道路普通货物运输;铁路危险货物托运				

	指标\报告期	2015.06.30	2014.12.31	2013.12.31	2012.12.31
主要财务指标	净利润(万元)	904.03	1414.74	1382.02	–
	净利润增长率(%)	27.4090	2.3676	–	–
	加权净资产收益率(%)	8.1000	13.0500	14.6500	–
	资产负债比率(%)	17.1163	11.4366	12.9293	–
	净利润现金含量(%)	346.5062	-66.6115	-80.4142	–
	基本每股收益(元)	0.1800	0.2800	0.2800	–
	每股收益-扣除(元)	0.1800	0.2800	0.2600	–
	每股收益-摊薄(元)	0.1808	0.0000	0.0000	–
	每股资本公积金(元)	–	–	–	–
	每股未分配利润(元)	0.8623	1.1814	0.9250	–
	每股净资产(元)	1.9900	2.3100	2.0300	–
	每股经营现金流量(元)	0.6265	0.0000	0.0000	–
	经营活动现金净流量增长(%)	529.8	15.2	–	–

中标建设集团股份有限公司

公司概况	公司名称	中标建设集团股份有限公司			证券简称	中标集团
	法人代表	陈晓东	董秘	徐毅	证券代码	833014
	公司网址	www.bwcg.cn			电子信箱	920262814@qq.com
	电　话	010-53257058			传　真	010-53257068
	办公地址	福建省泉州市惠安县黄塘中标集团产业园				
	经营范围	建筑装饰工程与设计;建筑幕墙工程施工与设计				

	指标\报告期	2015.06.30	2014.12.31	2013.12.31	2012.12.31
主要财务指标	净利润(万元)	5962.49	13544.33	12491.53	–
	净利润增长率(%)	27.8352	8.4281	–	–
	加权净资产收益率(%)	5.7200	17.5500	23.5100	–
	资产负债比率(%)	54.3223	63.2596	62.8670	–
	净利润现金含量(%)	-276.5922	17.1696	12.4831	–
	基本每股收益(元)	0.1900	0.4800	0.7800	–
	每股收益-扣除(元)	–	0.4500	0.7400	–
	每股收益-摊薄(元)	0.1866	0.4786	0.7764	–
	每股资本公积金(元)	1.3106	0.7471	1.4007	–
	每股未分配利润(元)	1.3038	1.2617	1.4809	–
	每股净资产(元)	3.7300	3.1600	4.0400	–
	每股经营现金流量(元)	-0.5160	0.0800	0.1000	–
	经营活动现金净流量增长(%)	-16.8	49.1351	–	–

北京瑞朗创新净化技术股份有限公司

公司概况	公司名称	北京瑞朗创新净化技术股份有限公司			证券简称	瑞朗净化
	法人代表	蔡训祥	董秘	王怀忠	证券代码	833015
	公司网址	www.relane.com.cn			电子信箱	supremo@relane.com.cn
	电　话	010-51515757-806			传　真	010-51515757
	办公地址	北京市海淀区上地信息路10号南天大厦五层508				
	经营范围	以医院净化工程为主、其他净化工程为辅的净化工程服务				

	指标\报告期	2015.06.30	2014.12.31	2013.12.31	2012.12.31
主要财务指标	净利润(万元)	101.92	303.11	394.72	–
	净利润增长率(%)	-17.0103	-23.2080	–	–
	加权净资产收益率(%)	4.7800	18.4200	30.9400	–
	资产负债比率(%)	34.3777	30.8323	45.2665	–
	净利润现金含量(%)	-509.9876	118.5675	392176.732	–
	基本每股收益(元)	0.0500	0.1900	0.2500	–
	每股收益-扣除(元)	0.0600	0.1900	0.2500	–
	每股收益-摊薄(元)	0.0510	0.0000	0.0000	–
	每股资本公积金(元)	0.0345	0.0438	–	–
	每股未分配利润(元)	0.1123	0.0779	0.3805	–
	每股净资产(元)	1.1600	1.1400	1.4200	–
	每股经营现金流量(元)	-0.2599	0.0000	0.0000	–
	经营活动现金净流量增长(%)	-171.9088	132.1642	–	–

广东希尔文化传媒投资股份有限公司

公司概况	公司名称	广东希尔文化传媒投资股份有限公司			证券简称	希尔传媒
	法人代表	黄宇海	董秘	姚琴	证券代码	833016
	公司网址	www.sharemedia.biz		电子信箱	yaopeiyi@sharemedia.biz	
	电话	0756-3366699		传真	86756-3229320	
	办公地址	广东省珠海市香洲区南湾北路32号V12文化创意产业园四栋六楼				
	经营范围	以优质媒介为载体,为客户提供广告发布、广告制作、网络服务				

	指标\报告期	2015.06.30	2014.12.31	2013.12.31	2012.12.31
主要财务指标	净利润(万元)	675.17	755.36	300.54	–
	净利润增长率(%)	122.6908	151.3374	–	–
	加权净资产收益率(%)	31.0600	91.0000	363.7200	–
	资产负债比率(%)	56.1275	66.1887	95.1846	–
	净利润现金含量(%)	104.6595	43.6348	–13.8850	–
	基本每股收益(元)	0.5400	2.2200	3.0100	–
	每股收益–扣除(元)	0.5000	–	–	–
	每股收益–摊薄(元)	0.5401	0.6043	3.0054	–
	每股资本公积金(元)	0.1326	0.1326	–	–
	每股未分配利润(元)	0.8532	0.3131	0.7000	–
	每股净资产(元)	2.0100	1.4700	1.7000	–
	每股经营现金流量(元)	0.5653	0.2600	–0.4200	–
	经营活动现金净流量增长(%)	3.5399	889.9	–	–

山东力诺特种玻璃股份有限公司

公司概况	公司名称	山东力诺特种玻璃股份有限公司			证券简称	力诺特玻
	法人代表	杨中辰	董秘	詹从彬	证券代码	833017
	公司网址	www.linuo-glass.com		电子信箱	linuotebo@163.com	
	电话	0531-84759599		传真	0531-84759999	
	办公地址	山东省济南市商河县玉皇庙镇驻地				
	经营范围	电光源硬料玻璃、耐热玻璃、药用玻璃的研发、生产、销售				

	指标\报告期	2015.06.30	2014.12.31	2013.12.31	2012.12.31
主要财务指标	净利润(万元)	2478.66	4370.96	1406.28	–
	净利润增长率(%)	98.8889	210.8180	–	–
	加权净资产收益率(%)	11.6900	23.3800	6.1500	–
	资产负债比率(%)	67.2144	76.3166	73.9139	–
	净利润现金含量(%)	65.1631	181.9971	340.6989	–
	基本每股收益(元)	0.1634	0.2900	0.0900	–
	每股收益–扣除(元)	0.1610	0.2932	0.0767	–
	每股收益–摊薄(元)	0.1634	0.2882	0.0927	–
	每股资本公积金(元)	0.2424	0.2424	0.2622	–
	每股未分配利润(元)	0.1774	0.0140	0.2625	–
	每股净资产(元)	1.4800	1.3200	1.5500	–
	每股经营现金流量(元)	0.1065	0.5200	0.3200	–
	经营活动现金净流量增长(%)	52.0858	66.0347	–	–

唐山海清源科技股份有限公司

公司概况	公司名称	唐山海清源科技股份有限公司			证券简称	海清源
	法人代表	胡志军	董秘	张志新	证券代码	833018
	公司网址	www.seaps.cn		电子信箱	zhangzhixin0419@163.com	
	电话	0315-8827088		传真	0315-8827006	
	办公地址	河北省唐山市曹妃甸工业区装备制造产业园区				
	经营范围	反渗透膜与超滤膜及其配件的开发、生产、销售				

	指标\报告期	2015.06.30	2014.12.31	2013.12.31	2012.12.31
主要财务指标	净利润(万元)	74.58	–304.73	–434.89	–
	净利润增长率(%)	133.7	29.9	–	–
	加权净资产收益率(%)	–	–3.4100	–14.8400	–
	资产负债比率(%)	30.8008	17.0266	65.5912	–
	净利润现金含量(%)	911.8380	1601.2250	–348.4568	–
	基本每股收益(元)	0.0100	–0.0500	–0.1700	–
	每股收益–扣除(元)	–	–	–	–
	每股收益–摊薄(元)	0.0075	–0.0305	–0.1705	–
	每股资本公积金(元)	0.4157	0.4157	0.3137	–
	每股未分配利润(元)	–0.0868	–0.0942	–0.2500	–
	每股净资产(元)	1.3300	1.3200	1.0600	–
	每股经营现金流量(元)	0.0680	–0.4900	0.5900	–
	经营活动现金净流量增长(%)	110.2	–421.9870	–	–

北京天下书盟文化传媒股份有限公司

公司概况	公司名称	北京天下书盟文化传媒股份有限公司			证券简称	天下书盟
	法人代表	蔡雷平	董秘	杨霞	证券代码	833019
	公司网址	www.fbook.net		电子信箱	txsm111@126.com	
	电话	010-85510600		传真	010-85510600	
	办公地址	北京市朝阳区来广营中路甲一号朝来高科技产业园9号写字楼四层406室				
	经营范围	批发图书;组织文化艺术交流活动;工艺美术设计;广告策划				

	指标\报告期	2015.06.30	2014.12.31	2013.12.31	2012.12.31
主要财务指标	净利润(万元)	134.97	213.95	429.19	–
	净利润增长率(%)	190.6413	–50.1507	–	–
	加权净资产收益率(%)	12.5400	23.7300	74.0100	–
	资产负债比率(%)	49.5832	45.8801	42.9918	–
	净利润现金含量(%)	–184.8843	13.8210	49.9219	–
	基本每股收益(元)	0.1300	1.0697	2.1460	–
	每股收益–扣除(元)	0.1300	1.0803	2.1460	–
	每股收益–摊薄(元)	0.1350	0.2140	0.4292	–
	每股资本公积金(元)	0.0085	–	–	–
	每股未分配利润(元)	0.1350	0.7276	0.5351	–
	每股净资产(元)	1.1400	1.0085	0.7945	–
	每股经营现金流量(元)	–0.2495	0.0296	0.2142	–
	经营活动现金净流量增长(%)	–104.7	–86.2004	–	–

深圳宁冠鸿科技股份有限公司

公司概况	公司名称	深圳宁冠鸿科技股份有限公司			证券简称	宁冠鸿
	法人代表	冯威成	董秘	梁秀萍	证券代码	833020
	公司网址	www.szngh.com		电子信箱	zqb@szngh.com	
	电话	00755-29411020		传真	00755-29374359	
	办公地址	广东省深圳市龙华新区龙华办事处梅龙大道878号第二层				
	经营范围	建筑智能化工程的设计与施工				

主要财务指标	指标\报告期	2015.06.30	2014.12.31	2013.12.31	2012.12.31
	净利润(万元)	-50.04	336.47	129.46	-
	净利润增长率(%)	-159.8892	159.8902	-	-
	加权净资产收益率(%)	-0.0300	-	-	-
	资产负债比率(%)	66.4532	58.9664	38.3251	-
	净利润现金含量(%)	547.4031	-803.6203	182.4483	-
	基本每股收益(元)	-0.0800	0.1700	0.0600	-
	每股收益-扣除(元)	-0.0800	0.1700	-	-
	每股收益-摊薄(元)	-0.0250	0.1682	0.0647	-
	每股资本公积金(元)	0.1647	0.1647	-	-
	每股未分配利润(元)	0.1217	0.1468	0.1498	-
	每股净资产(元)	3.0300	1.3300	1.1600	-
	每股经营现金流量(元)	-0.1370	-1.3500	0.1200	-
	经营活动现金净流量增长(%)	82.2	-1244.7242	-	-

西双版纳新高深橡胶股份有限公司

公司概况	公司名称	西双版纳新高深橡胶股份有限公司			证券简称	高深橡胶
	法人代表	王珍兴	董秘	倪凌云	证券代码	833021
	公司网址			电子信箱	1223922079@qq.com	
	电话	871-63100888-8393		传真	00871-63107555	
	办公地址	云南省西双版纳新高深橡胶股份有限公司				
	经营范围	天然橡胶的种植、加工与销售				

主要财务指标	指标\报告期	2015.06.30	2014.12.31	2013.12.31	2012.12.31
	净利润(万元)	-	1827.63	389.50	-
	净利润增长率(%)	-	369.2269	-	-
	加权净资产收益率(%)	-	7.8900	2.5000	-
	资产负债比率(%)	-	76.6084	82.3084	-
	净利润现金含量(%)	-	129.9600	-2300.3466	-
	基本每股收益(元)	-	0.2400	0.0400	-
	每股收益-扣除(元)	-	-	-	-
	每股收益-摊薄(元)	-	0.1828	0.0779	-
	每股资本公积金(元)	-	1.0855	2.9400	-
	每股未分配利润(元)	-	-0.1969	-0.7898	-
	每股净资产(元)	-	1.8900	1.5800	-
	每股经营现金流量(元)	-	0.2400	-1.7920	-
	经营活动现金净流量增长(%)	-	126.5	-	-

山东欧迈机械股份有限公司

公司概况	公司名称	山东欧迈机械股份有限公司			证券简称	欧迈机械
	法人代表	解忠诚	董秘	徐艳艳	证券代码	833022
	公司网址	www.omijx.com		电子信箱	xzc89@126.com	
	电话	0534-8823886		传真	0534-8823889	
	办公地址	山东省德州市陵县经济开发区扶丰街北首				
	经营范围	机械设备(不含特种设备)制造、销售				

主要财务指标	指标\报告期	2015.06.30	2014.12.31	2013.12.31	2012.12.31
	净利润(万元)	39.19	183.08	85.43	-
	净利润增长率(%)	7.1199	114.2941	-	-
	加权净资产收益率(%)	2.0000	10.3100	5.2200	-
	资产负债比率(%)	70.6050	68.8915	77.5726	-
	净利润现金含量(%)	-438.5724	487.7570	384.2068	-
	基本每股收益(元)	0.0400	0.1800	0.0900	-
	每股收益-扣除(元)	-	0.1700	0.0800	-
	每股收益-摊薄(元)	0.0392	0.1831	0.0854	-
	每股资本公积金(元)	0.8901	-	-	-
	每股未分配利润(元)	0.1467	0.8068	0.6421	-
	每股净资产(元)	2.0400	1.8900	1.7100	-
	每股经营现金流量(元)	-0.1719	0.8900	0.3300	-
	经营活动现金净流量增长(%)	-167.2997	172.0499	-	-

东莞市速普得电子科技股份有限公司

公司概况	公司名称	东莞市速普得电子科技股份有限公司			证券简称	速普得
	法人代表	汤学军	董秘	廖术珍	证券代码	833023
	公司网址	www.superdupergroup.com		电子信箱	tomtang@superdupergroup.com	
	电话	00769-82032069		传真	00769-82996966	
	办公地址	广东省东莞市塘厦镇石潭埔大径1路8号A栋1F-1				
	经营范围	电子产品、手机配件、电脑通讯设备、移动无线控制产品、软件开发				

主要财务指标	指标\报告期	2015.06.30	2014.12.31	2013.12.31	2012.12.31
	净利润(万元)	74.94	62.51	-28.73	-
	净利润增长率(%)	79.1046	317.6	-	-
	加权净资产收益率(%)	13.7700	-	-	-
	资产负债比率(%)	57.6003	51.6079	11.3747	-
	净利润现金含量(%)	28.0894	293.6840	976.1718	-
	基本每股收益(元)	0.1500	0.1300	-0.1000	-
	每股收益-扣除(元)	0.1500	-	-	-
	每股收益-摊薄(元)	0.1499	0.1250	-0.0575	-
	每股资本公积金(元)	0.0531	0.0531	-	-
	每股未分配利润(元)	0.1104	-0.0395	-0.1114	-
	每股净资产(元)	1.1600	1.0100	0.8900	-
	每股经营现金流量(元)	0.0421	0.3700	-0.5600	-
	经营活动现金净流量增长(%)	158.8	165.5	-	-

北京欣智恒科技股份有限公司

公司概况	公司名称	北京欣智恒科技股份有限公司		证券简称	欣智恒
	法人代表	白玉昆	董秘 王成林	证券代码	833024
	公司网址	www.iet.com.cn		电子信箱	kingvee520@126.com
	电　　话	010-82872655 转 8899		传　　真	010-82872655 转 8858
	办公地址	北京市海淀区海淀南路 19 号时代网络大厦 9001 室			
	经营范围	安防监控系统集成，为客户提供安防产品及安防监控解决方案			

主要财务指标	指标＼报告期	2015.06.30	2014.12.31	2013.12.31	2012.12.31
	净利润(万元)	103.79	23.20	-6.00	-
	净利润增长率(%)	406.9	486.7	-	-
	加权净资产收益率(%)	18.0200	1.9500	-0.5300	-
	资产负债比率(%)	81.5384	86.4331	28.5991	-
	净利润现金含量(%)	-1140.7467	2556.5517	1432.1667	-
	基本每股收益(元)	0.2100	0.0200	-0.0100	-
	每股收益-扣除(元)	0.2100	0.0200	-0.0100	-
	每股收益-摊薄(元)	0.2076	0.0464	-0.0030	-
	每股资本公积金(元)	0.0479	0.0000	0.0000	-
	每股未分配利润(元)	0.2076	0.0429	0.0000	-
	每股净资产(元)	1.2600	1.0500	1.0000	-
	每股经营现金流量(元)	-2.3679	1.1900	-0.0400	-
	经营活动现金净流量增长(%)	-225.9290	790.3	-	-

江西天佳生物工程股份有限公司

公司概况	公司名称	江西天佳生物工程股份有限公司		证券简称	天佳生物
	法人代表	肖世平	董秘 黄远勇	证券代码	833025
	公司网址	www.jxtj.cc		电子信箱	tianjia888@126.com
	电　　话	0791-85736425		传　　真	0791-85710095
	办公地址	江西省南昌市南昌县莲塘镇银良北路 001 号			
	经营范围	混合型饲料添加剂、添加剂预混合饲料生产与原料销售			

主要财务指标	指标＼报告期	2015.06.30	2014.12.31	2013.12.31	2012.12.31
	净利润(万元)	-17.82	226.22	160.88	-
	净利润增长率(%)	-114.7412	40.6111	-	-
	加权净资产收益率(%)	-0.5900	19.2200	29.1800	-
	资产负债比率(%)	28.8027	38.2219	80.9394	-
	净利润现金含量(%)	-890.3842	219.9003	-21.6141	-
	基本每股收益(元)	-0.0100	0.1414	0.2681	-
	每股收益-扣除(元)	-0.0200	0.0182	0.2039	-
	每股收益-摊薄(元)	-0.0069	0.0870	0.2681	-
	每股资本公积金(元)	0.0570	0.0570	-	-
	每股未分配利润(元)	0.0908	0.0985	0.3113	-
	每股净资产(元)	1.1600	1.2000	2.4200	-
	每股经营现金流量(元)	0.0610	0.1913	-0.0580	-
	经营活动现金净流量增长(%)	-49.1542	1530.6	-	-

中邦园林股份有限公司

公司概况	公司名称	中邦园林股份有限公司		证券简称	中邦园林
	法人代表	刘海涛	董秘 陈盛昱	证券代码	833026
	公司网址	www.zonbong.com		电子信箱	ZBYL@zonbong.com
	电　　话	81-431-89699717		传　　真	81-431-89689717
	办公地址	吉林省长春市高新区锦河街 155 号环艺楼 502、504、506、507 室			
	经营范围	园林绿化工程施工、风景园林设计			

主要财务指标	指标＼报告期	2015.06.30	2014.12.31	2013.12.31	2012.12.31
	净利润(万元)	1295.07	2509.51	1804.98	-
	净利润增长率(%)	225.0294	39.0330	-	-
	加权净资产收益率(%)	12.2800	37.7700	40.2300	-
	资产负债比率(%)	75.4371	71.3746	85.5233	-
	净利润现金含量(%)	-540.0069	130.4923	-447.7424	-
	基本每股收益(元)	0.2590	0.7400	0.5300	-
	每股收益-扣除(元)	0.2593	0.8400	0.5100	-
	每股收益-摊薄(元)	0.2590	0.5019	0.5316	-
	每股资本公积金(元)	0.0790	0.0790	-	-
	每股未分配利润(元)	1.0696	0.8106	0.5445	-
	每股净资产(元)	2.2400	2.9155	1.5873	-
	每股经营现金流量(元)	-1.3987	0.6549	-2.3803	-
	经营活动现金净流量增长(%)	-914.6384	140.5	-	-

阳光恒美金融信息技术服务(上海)股份有限公司

公司概况	公司名称	阳光恒美金融信息技术服务(上海)股份有限公司		证券简称	阳光金服
	法人代表	石义强	董秘 周峰	证券代码	833027
	公司网址	www.sunnyhanmy.com		电子信箱	info@sunnyhanmy.com
	电　　话	021-64820806		传　　真	021-64829929
	办公地址	上海市虹口区汶水东路 937 号 1 幢 4 楼 C 区 415 室			
	经营范围	从事金融媒介代理、创意设计、社会化媒体营销			

主要财务指标	指标＼报告期	2015.06.30	2014.12.31	2013.12.31	2012.12.31
	净利润(万元)	-324.15	167.75	-105.54	-
	净利润增长率(%)	-756.1234	258.9	-	-
	加权净资产收益率(%)	-27.3100	63.9100	3744.1600	-
	资产负债比率(%)	48.3679	61.7351	96.9844	-
	净利润现金含量(%)	47.0075	-405.1386	-273.3940	-
	基本每股收益(元)	-0.4000	0.2400	-1.2700	-
	每股收益-扣除(元)	-0.4000	0.2000	-	-
	每股收益-摊薄(元)	-0.3953	0.2396	-1.0554	-
	每股资本公积金(元)	2.4962	0.0237	1.0028	-
	每股未分配利润(元)	-0.3469	0.1068	-1.6534	-
	每股净资产(元)	3.1600	1.1500	0.3500	-
	每股经营现金流量(元)	-0.1858	-0.9700	2.8900	-
	经营活动现金净流量增长(%)	69.9	-335.5370	-	-

贵州精英天成科技股份有限公司

公司概况	公司名称	贵州精英天成科技股份有限公司		证券简称	精英天成
	法人代表	舒孝忠	董秘 陈旭	证券代码	833028
	公司网址	www.gzjyqy.com		电子信箱	888@gzjytc.com
	电话	0851-85977743		传真	0851-86907111 转 111
	办公地址	贵州省贵阳市南明区花果园大街 107 号贵阳国际中心 2 号 15 楼 1524 号			
	经营范围	电子产品软硬件开发及计算机相关的系统集成开发、应用及销售			

主要财务指标	指标\报告期	2015.06.30	2014.12.31	2013.12.31	2012.12.31
	净利润(万元)	-24.91	500.16	191.87	–
	净利润增长率(%)	-337.1109	160.6729	–	–
	加权净资产收益率(%)	-2.1200	82.4900	99.0700	–
	资产负债比率(%)	12.3931	18.5817	55.6329	–
	净利润现金含量(%)	11.1374	-77.4032	125.1889	–
	基本每股收益(元)	-0.0500	3.0000	1.9200	–
	每股收益-扣除(元)	-0.1800	–	–	–
	每股收益-摊薄(元)	-0.0498	1.0003	1.9187	–
	每股资本公积金(元)	–	–	–	–
	每股未分配利润(元)	1.1918	1.2416	1.7065	–
	每股净资产(元)	2.3300	2.3800	2.9000	–
	每股经营现金流量(元)	-0.0055	-0.7700	2.4000	–
	经营活动现金净流量增长(%)	-116.1818	-261.1771	–	–

浙江鹏信信息科技股份有限公司

公司概况	公司名称	浙江鹏信信息科技股份有限公司		证券简称	鹏信科技
	法人代表	陈晓莉	董秘 徐云华	证券代码	833029
	公司网址	www.ponshine.com		电子信箱	xuyunhua@ponshine.com
	电话	0571-56260608		传真	0571-87396117
	办公地址	浙江省杭州市西湖区万塘路 317 号华星世纪大楼 1005 室			
	经营范围	提供信息安全产品与服务以及互联网运营支撑整体解决方案			

主要财务指标	指标\报告期	2015.06.30	2014.12.31	2013.12.31	2012.12.31
	净利润(万元)	834.46	1307.23	328.85	–
	净利润增长率(%)	250.8098	297.5135	–	–
	加权净资产收益率(%)	39.0400	63.2500	28.8000	–
	资产负债比率(%)	44.0045	55.5936	64.3155	–
	净利润现金含量(%)	115.9094	92.4153	216.3114	–
	基本每股收益(元)	0.7000	1.0900	0.3000	–
	每股收益-扣除(元)	0.6800	–	–	–
	每股收益-摊薄(元)	0.6954	1.0894	0.2740	–
	每股资本公积金(元)	0.0058	0.0058	0.0058	–
	每股未分配利润(元)	0.6389	0.3017	0.1546	–
	每股净资产(元)	1.7700	1.4300	1.1800	–
	每股经营现金流量(元)	0.8060	1.0100	0.5900	–
	经营活动现金净流量增长(%)	799.4	69.8326	–	–

杭州立方控股股份有限公司

公司概况	公司名称	杭州立方控股股份有限公司		证券简称	立方控股
	法人代表	周林健	董秘 成黎青	证券代码	833030
	公司网址	www.reformer.com.cn		电子信箱	clq@reformer.com.cn
	电话	0571-56030800		传真	0571-88862118
	办公地址	浙江省杭州市西湖区文一西路 59 号 5 楼			
	经营范围	公司主要从事各种出入口控制与管理产品的研发、生产、销售及持续服务			

主要财务指标	指标\报告期	2015.06.30	2014.12.31	2013.12.31	2012.12.31
	净利润(万元)	1108.67	2721.68	1060.27	–
	净利润增长率(%)	48.1279	156.6973	–	–
	加权净资产收益率(%)	14.1400	66.2800	74.4600	–
	资产负债比率(%)	21.8940	47.6701	43.3970	–
	净利润现金含量(%)	-126.1196	27.9004	32.3607	–
	基本每股收益(元)	0.3600	1.3900	1.5100	–
	每股收益-扣除(元)	0.3600	–	–	–
	每股收益-摊薄(元)	0.3141	0.9072	1.5147	–
	每股资本公积金(元)	2.0885	0.3835	–	–
	每股未分配利润(元)	0.7842	0.6111	1.8480	–
	每股净资产(元)	3.9200	2.0500	3.0500	–
	每股经营现金流量(元)	-0.3962	0.2500	0.4900	–
	经营活动现金净流量增长(%)	-132.1	121.3169	–	–

江苏嗨购网络科技股份有限公司

公司概况	公司名称	江苏嗨购网络科技股份有限公司		证券简称	嗨购科技
	法人代表	裴建芳	董秘 刘磊磊	证券代码	833031
	公司网址	www.higou360.com		电子信箱	lanbo@higou360.com
	电话	0519-69699630		传真	0519-69699631
	办公地址	江苏省常州市西太湖科技产业园祥云路 6 号			
	经营范围	电子商务、网络科技、计算机领域内的技术开发、技术转让等			

主要财务指标	指标\报告期	2015.06.30	2014.12.31	2013.12.31	2012.12.31
	净利润(万元)	-31.45	113.49	9.69	–
	净利润增长率(%)	-3018.6	1070.8309	–	–
	加权净资产收益率(%)	-2.4800	15.9800	7.6400	–
	资产负债比率(%)	7.8278	9.8344	23.3724	–
	净利润现金含量(%)	-57.3396	-32.6668	-1414.5723	–
	基本每股收益(元)	-0.0300	0.0974	0.0081	–
	每股收益-扣除(元)	–	–	–	–
	每股收益-摊薄(元)	-0.0262	0.0946	0.0969	–
	每股资本公积金(元)	–	–	–	–
	每股未分配利润(元)	0.0372	0.0634	0.2559	–
	每股净资产(元)	1.0400	1.0700	0.1100	–
	每股经营现金流量(元)	0.0150	-0.0300	-1.3712	–
	经营活动现金净流量增长(%)	128.9	73.0	–	–

河南特耐工程材料股份有限公司

公司概况	公司名称	河南特耐工程材料股份有限公司		证券简称	特耐股份		
	法人代表	张长喜	董秘	张军营	证券代码	833032	
	公司网址	www.kftn.com		电子信箱	qihuabu@kftn.com		
	电　话	0371-23181196		传　真	0371-23923383		
	办公地址	河南省开封市精细化工产业集聚区					
	经营范围	耐火材料生产销售、技术服务、技术信息咨询					

	指标＼报告期	2015.06.30	2014.12.31	2013.12.31	2012.12.31
主要财务指标	净利润(万元)	1037.66	1056.72	104.02	–
	净利润增长率(%)	124.0352	915.9064	–	–
	加权净资产收益率(%)	21.6700	28.7800	3.3700	–
	资产负债比率(%)	64.6765	59.5509	43.3463	–
	净利润现金含量(%)	–180.4898	97.9416	616.1165	–
	基本每股收益(元)	0.3300	0.3500	0.0300	–
	每股收益–扣除(元)	0.3400	0.3500	–	–
	每股收益–摊薄(元)	0.3347	0.3522	0.0347	–
	每股资本公积金(元)	0.3782	0.3784	–	–
	每股未分配利润(元)	0.3536	0.0195	0.0442	–
	每股净资产(元)	1.7300	1.4000	1.0500	–
	每股经营现金流量(元)	–0.6042	0.3400	0.2136	–
	经营活动现金净流量增长(%)	–344.6586	61.4946	–	–

上海誉德动力技术集团股份有限公司

公司概况	公司名称	上海誉德动力技术集团股份有限公司		证券简称	誉德股份		
	法人代表	邢舫	董秘	邢舫	证券代码	833033	
	公司网址	www.idea-tek.com		电子信箱	jue.gu@idea-tek.com		
	电　话	021-54048395		传　真	021-64710061		
	办公地址	上海市浦东新区周祝公路337号9幢290室					
	经营范围	动力技术及节能领域的技术开发,建筑工程设计					

	指标＼报告期	2015.06.30	2014.12.31	2013.12.31	2012.12.31
主要财务指标	净利润(万元)	105.27	1047.43	1174.63	–
	净利润增长率(%)	0.3320	–10.8290	–	–
	加权净资产收益率(%)	1.7600	18.6300	26.0900	–
	资产负债比率(%)	40.0969	42.3853	49.7959	–
	净利润现金含量(%)	–74.8200	62.4070	–7.9514	–
	基本每股收益(元)	0.0200	0.1900	0.2100	–
	每股收益–扣除(元)	–	–	–	–
	每股收益–摊薄(元)	0.0191	0.1904	0.2447	–
	每股资本公积金(元)	0.0062	0.0062	–	–
	每股未分配利润(元)	0.0966	0.0775	0.0164	–
	每股净资产(元)	1.1100	1.0900	1.0300	–
	每股经营现金流量(元)	–0.0143	0.1200	–0.0200	–
	经营活动现金净流量增长(%)	–118.5041	799.9	–	–

上海兰庆新材料技术股份有限公司

公司概况	公司名称	上海兰庆新材料技术股份有限公司		证券简称	兰庆新材		
	法人代表	罗文跃	董秘	季捷	证券代码	833034	
	公司网址	www.lan-qing.com		电子信箱	jijie@lan-qing.com		
	电　话	0021-37787680		传　真	0021-37787689		
	办公地址	上海市松江区新桥镇新格路555号1幢					
	经营范围	光电、注塑、电镀和其他行业中高端保护膜的研发、生产及销售					

	指标＼报告期	2015.06.30	2014.12.31	2013.12.31	2012.12.31
主要财务指标	净利润(万元)	24.78	141.54	151.65	–
	净利润增长率(%)	–41.8985	–6.6688	–	–
	加权净资产收益率(%)	1.0400	–	–	–
	资产负债比率(%)	59.5944	59.8389	62.9677	–
	净利润现金含量(%)	3340.4581	–136.9802	–70.1214	–
	基本每股收益(元)	0.0200	0.1400	0.1500	–
	每股收益–扣除(元)	–	–	–	–
	每股收益–摊薄(元)	0.0248	0.1415	0.1516	–
	每股资本公积金(元)	–	–	–	–
	每股未分配利润(元)	1.2596	1.2348	1.1074	–
	每股净资产(元)	2.3900	2.3700	2.2300	–
	每股经营现金流量(元)	0.8279	–0.1900	–0.1100	–
	经营活动现金净流量增长(%)	724.8	–82.3	–	–

大唐融合通信股份有限公司

公司概况	公司名称	大唐融合通信股份有限公司		证券简称	大唐融合		
	法人代表	侯玉成	董秘	阮頔	证券代码	833035	
	公司网址	www.bjdv.com		电子信箱	di_ruan@bjdv.com		
	电　话	010-64431168		传　真	010-64432168		
	办公地址	北京市海淀区学院路40号26幢十层1004房间					
	经营范围	第二类增值电信业务中的呼叫中心业务					

	指标＼报告期	2015.06.30	2014.12.31	2013.12.31	2012.12.31
主要财务指标	净利润(万元)	376.51	876.93	977.60	–
	净利润增长率(%)	24.8050	–10.2973	–	–
	加权净资产收益率(%)	5.5200	18.1000	27.2700	–
	资产负债比率(%)	52.2776	51.3193	59.2630	–
	净利润现金含量(%)	–637.0217	–839.8356	54.3540	–
	基本每股收益(元)	0.0700	0.2100	0.2700	–
	每股收益–扣除(元)	–	–	–	–
	每股收益–摊薄(元)	0.0546	0.1754	0.2444	–
	每股资本公积金(元)	0.0905	0.0300	0.0319	–
	每股未分配利润(元)	0.0594	0.1616	0.0036	–
	每股净资产(元)	1.1500	1.2300	1.0600	–
	每股经营现金流量(元)	–0.3476	–1.4700	0.1300	–
	经营活动现金净流量增长(%)	62.8	–1486.0167	–	–

安吉山屿海旅游发展股份有限公司

公司概况	公司名称	安吉山屿海旅游发展股份有限公司		证券简称	山屿海
	法人代表	熊雄	董秘 葛辉	证券代码	833036
	公司网址	www.syhzg.com		电子信箱	syh@syhzg.com
	电话	021-60937806		传真	021-60937801
	办公地址	浙江省安吉县鄣吴镇鄣吴村			
	经营范围	向中老年人提供候鸟式旅居度假服务			

主要财务指标	指标\报告期	2015.06.30	2014.12.31	2013.12.31	2012.12.31
	净利润(万元)	94.63	195.47	−40.66	−
	净利润增长率(%)	2183.0	580.8	−	−
	加权净资产收益率(%)	1.0700	9.8900	−4.0000	−
	资产负债比率(%)	36.3106	32.8934	27.6870	−
	净利润现金含量(%)	1113.8654	0.2039	−0.0686	−
	基本每股收益(元)	0.0100	0.1000	−0.0400	−
	每股收益−扣除(元)	0.0080	−	−	−
	每股收益−摊薄(元)	0.0142	0.0292	−0.0374	−
	每股资本公积金(元)	0.3115	0.3115	−	−
	每股未分配利润(元)	0.0118	0.0022	−0.0854	−
	每股净资产(元)	1.3200	1.3100	9100.0000	−
	每股经营现金流量(元)	0.1577	0.0001	0.0000	−
	经营活动现金净流量增长(%)	58.7761	1329.1843	−	−

湖南中技环保能源股份有限公司

公司概况	公司名称	湖南中技环保能源股份有限公司		证券简称	中技能源
	法人代表	熊炯	董秘 卢浩	证券代码	833037
	公司网址	www.zjhb.hn-zj.com		电子信箱	zjhb_cs@163.com
	电话	0731-84315268		传真	0731-84169656
	办公地址	湖南省长沙市高新开发区尖山路39号长沙中电软件园总部大楼A510房			
	经营范围	收集并利用垃圾填埋气等富含甲烷的气体进行发电			

主要财务指标	指标\报告期	2015.06.30	2014.12.31	2013.12.31	2012.12.31
	净利润(万元)	−49.01	194.48	−149.69	−
	净利润增长率(%)	79.1	229.9	−	−
	加权净资产收益率(%)	−3.0000	15.5600	−12.1900	−
	资产负债比率(%)	58.6277	54.0667	47.5053	−
	净利润现金含量(%)	1916.2264	348.5952	258.6517	−
	基本每股收益(元)	−0.0300	0.1500	−0.1100	−
	每股收益−扣除(元)	−	0.1473	−0.1449	−
	每股收益−摊薄(元)	−0.0371	0.1473	−0.1134	−
	每股资本公积金(元)	0.0212	0.0212	−	−
	每股未分配利润(元)	−0.0377	−0.0006	−0.1267	−
	每股净资产(元)	0.9800	1.0200	0.8700	−
	每股经营现金流量(元)	−0.7115	0.5100	−0.2900	−
	经营活动现金净流量增长(%)	−394.2252	275.1	−	−

上海欧开建筑装饰股份有限公司

公司概况	公司名称	上海欧开建筑装饰股份有限公司		证券简称	欧开股份
	法人代表	厉海欣	董秘 倪桂平	证券代码	833038
	公司网址	www.okkuaixiu.com		电子信箱	okkuaixiu@okkuaixiu.com
	电话	021-62310177		传真	021-62315978
	办公地址	上海市青浦区公园路99号舜浦大厦二层B区270室			
	经营范围	建筑装饰设计与施工、住宅与商办建筑室内装饰维修			

主要财务指标	指标\报告期	2015.06.30	2014.12.31	2013.12.31	2012.12.31
	净利润(万元)	600.20	1039.37	965.00	−
	净利润增长率(%)	72.5574	7.7070	−	−
	加权净资产收益率(%)	−	55.1700	112.0700	−
	资产负债比率(%)	76.9954	71.0311	83.6467	−
	净利润现金含量(%)	78.6074	−38.0518	129.1615	−
	基本每股收益(元)	0.2600	0.4600	0.9600	−
	每股收益−扣除(元)	0.2400	0.2900	0.0400	−
	每股收益−摊薄(元)	1.6518	0.4619	0.9650	−
	每股资本公积金(元)	1.2797	0.0542	1.0000	−
	每股未分配利润(元)	2.3504	0.1128	−0.6565	−
	每股净资产(元)	10.1097	1.1700	1.3400	−
	每股经营现金流量(元)	1.2984	−0.1800	1.2464	−
	经营活动现金净流量增长(%)	−46.9469	−131.7311	−	−

上海昶昱黄金制品股份有限公司

公司概况	公司名称	上海昶昱黄金制品股份有限公司		证券简称	昶昱黄金
	法人代表	俞新年	董秘 凌峰	证券代码	833039
	公司网址			电子信箱	changyu@cygroup.cc
	电话	021-63130290		传真	021-63130297
	办公地址	上海市黄浦区中山南路1877号四楼			
	经营范围	贵金属工艺品的设计和销售			

主要财务指标	指标\报告期	2015.06.30	2014.12.31	2013.12.31	2012.12.31
	净利润(万元)	270.50	176.32	180.42	−
	净利润增长率(%)	1047.3704	−2.2731	−	−
	加权净资产收益率(%)	0.1800	14.0500	16.7600	−
	资产负债比率(%)	52.4357	53.9474	61.2087	−
	净利润现金含量(%)	−143.6894	483.2917	502.2946	−
	基本每股收益(元)	0.2200	0.1400	0.1400	−
	每股收益−扣除(元)	0.2400	−	−	−
	每股收益−摊薄(元)	0.2164	0.1411	0.1443	−
	每股资本公积金(元)	0.0215	0.0215	−	−
	每股未分配利润(元)	0.2622	0.0458	−0.0675	−
	每股净资产(元)	1.2900	1.0700	0.9300	−
	每股经营现金流量(元)	−0.3109	0.6800	0.7200	−
	经营活动现金净流量增长(%)	4.8	−5.9697	−	−

江苏中凌高科技股份有限公司

公司概况	公司名称	江苏中凌高科技股份有限公司		证券简称	中凌高科	
	法人代表	纪刚	董秘	李学江	证券代码	833040
	公司网址	www.zhongling.com.cn		电子信箱	zl@zhongling.com.cn	
	电　　话	00514-87852555		传　　真	00514-87853555	
	办公地址	江苏省扬州市蜀岗东路 168 号				
	经营范围	电力及通信设备、高频开关电源产品、监控产品、电能质量监测与治理设备等				

主要财务指标	指标\报告期	2015.06.30	2014.12.31	2013.12.31	2012.12.31
	净利润(万元)	552.52	1426.45	1126.76	–
	净利润增长率(%)	65.1430	26.5977	–	–
	加权净资产收益率(%)	5.2400	–	–	–
	资产负债比率(%)	37.4739	33.6052	36.2362	–
	净利润现金含量(%)	–93.4762	154.5583	15.5788	–
	基本每股收益(元)	0.0700	0.1800	0.1800	–
	每股收益-扣除(元)	–	–	–	–
	每股收益-摊薄(元)	0.0691	0.1783	0.1629	–
	每股资本公积金(元)	0.1077	0.1143	–	–
	每股未分配利润(元)	0.2324	0.1633	0.1581	–
	每股净资产(元)	1.3500	1.2900	1.2200	–
	每股经营现金流量(元)	–0.0646	0.2800	0.0300	–
	经营活动现金净流量增长(%)	–200.7850	1155.9814	–	–

武汉网信机电工程股份有限公司

公司概况	公司名称	武汉网信机电工程股份有限公司		证券简称	网信机电	
	法人代表	朱武振	董秘	朱伟荣	证券代码	833041
	公司网址	www.winsse.com		电子信箱	winsse@winsse.com	
	电　　话	0027-87650009		传　　真	0027-87655886	
	办公地址	湖北省武汉市洪山区珞瑜路 208 号				
	经营范围	建筑智能化工程、机电安装工程、消防设施工程、安全防范工程的设计等				

主要财务指标	指标\报告期	2015.06.30	2014.12.31	2013.12.31	2012.12.31
	净利润(万元)	651.30	274.03	246.63	–
	净利润增长率(%)	7989.0824	11.1103	–	–
	加权净资产收益率(%)	24.2000	21.2700	26.1100	–
	资产负债比率(%)	43.4111	33.0617	64.8793	–
	净利润现金含量(%)	–24.6273	–359.6181	–7.9428	–
	基本每股收益(元)	0.3200	0.2500	0.2500	–
	每股收益-扣除(元)	0.3200	0.2500	0.2500	–
	每股收益-摊薄(元)	0.3043	0.1370	0.2466	–
	每股资本公积金(元)	0.2251	–	–	–
	每股未分配利润(元)	0.2721	0.1445	0.0424	–
	每股净资产(元)	1.5200	1.1709	1.0678	–
	每股经营现金流量(元)	–0.0750	–0.4927	–0.0196	–
	经营活动现金净流量增长(%)	–1605.2275	–4930.7	–	–

海南天汇能源股份有限公司

公司概况	公司名称	海南天汇能源股份有限公司		证券简称	天汇能源	
	法人代表	王尤魁	董秘	陈启华	证券代码	833042
	公司网址	www.tihierg.com		电子信箱	hainanth@126.com	
	电　　话	0898-68567990		传　　真	0898-68567991	
	办公地址	海南省海口市龙华区金龙路 19 号兴业银行大厦 18 楼 1809 室				
	经营范围	水力发电，太阳能发电，水利、电力工程机电安装与工程施工等				

主要财务指标	指标\报告期	2015.06.30	2014.12.31	2013.12.31	2012.12.31
	净利润(万元)	–476.23	1279.11	3584.22	–
	净利润增长率(%)	–241.0871	–2.3706	–	–
	加权净资产收益率(%)	–1.5300	3.3700	9.0500	–
	资产负债比率(%)	76.7379	77.4256	37.4265	–
	净利润现金含量(%)	–358.2287	965.3157	208.8658	–
	基本每股收益(元)	–0.0200	0.0700	0.1800	–
	每股收益-扣除(元)	–0.0614	–	–	–
	每股收益-摊薄(元)	–0.0239	0.0643	0.1801	–
	每股资本公积金(元)	0.4137	0.4137	0.4126	–
	每股未分配利润(元)	0.0870	0.1109	0.3538	–
	每股净资产(元)	1.5500	2.0000	1.8100	–
	每股经营现金流量(元)	0.0857	0.6200	0.3800	–
	经营活动现金净流量增长(%)	313.3	64.9362	–	–

江苏新光镭射包装材料股份有限公司

公司概况	公司名称	江苏新光镭射包装材料股份有限公司		证券简称	新光镭射	
	法人代表	张学斌	董秘	张巍	证券代码	833043
	公司网址	www.sunderray.com		电子信箱	zhangwei@sunderray.com	
	电　　话	00510-86025823		传　　真	00510-86025823	
	办公地址	江苏省江阴市锡澄路 285 号				
	经营范围	涂布膜的研发、生产及销售				

主要财务指标	指标\报告期	2015.06.30	2014.12.31	2013.12.31	2012.12.31
	净利润(万元)	552.52	1426.45	1126.76	–
	净利润增长率(%)	65.1430	26.5977	–	–
	加权净资产收益率(%)	5.2400	–	–	–
	资产负债比率(%)	37.4739	33.6052	36.2362	–
	净利润现金含量(%)	–93.4762	154.5583	15.5788	–
	基本每股收益(元)	0.0700	0.1800	0.1800	–
	每股收益-扣除(元)	–	–	–	–
	每股收益-摊薄(元)	0.0691	0.1783	0.1629	–
	每股资本公积金(元)	0.1077	0.1143	–	–
	每股未分配利润(元)	0.2324	0.1633	0.1581	–
	每股净资产(元)	1.3500	1.2900	1.2200	–
	每股经营现金流量(元)	–0.0646	0.2800	0.0300	–
	经营活动现金净流量增长(%)	–200.7850	1155.9814	–	–

硅谷天堂资产管理集团股份有限公司

公司概况

公司名称	硅谷天堂资产管理集团股份有限公司			证券简称	硅谷天堂
法人代表	王林江	董秘	鲍钺	证券代码	833044
公司网址	www.ggttvc.com		电子信箱	Businesscontact@ggttvc.com	
电　　话	010-62125588		传　　真	010-62109699	
办公地址	北京市海淀区中关村南大街甲 12 号 17 层 1708				
经营范围	投资咨询;投资管理;资产管理				

主要财务指标

指标\报告期	2015.06.30	2014.12.31	2013.12.31	2012.12.31
净利润(万元)	68103.10	14466.17	12196.04	–
净利润增长率(%)	21046.8282	18.6137	–	–
加权净资产收益率(%)	25.7500	8.1700	8.8700	–
资产负债比率(%)	30.3590	25.4318	18.3318	–
净利润现金含量(%)	134.7295	–181.8042	268.4763	–
基本每股收益(元)	0.5000	0.3035	0.2595	–
每股收益-扣除(元)	–	0.2600	0.2297	–
每股收益-摊薄(元)	0.4953	0.2630	0.2595	–
每股资本公积金(元)	0.1233	1.8068	1.0910	–
每股未分配利润(元)	0.7761	0.7020	0.1537	–
每股净资产(元)	2.4500	4.1900	3.5100	–
每股经营现金流量(元)	0.6673	–0.4782	0.7000	–
经营活动现金净流量增长(%)	14402.2517	–180.3217	–	–

上海禾健营养食品股份有限公司

公司概况

公司名称	上海禾健营养食品股份有限公司			证券简称	禾健投份
法人代表	周丽	董秘	周苗	证券代码	833045
公司网址	www.hejian.com		电子信箱	zhoumiao@hejian.com	
电　　话	021-61859999		传　　真	021-61859900	
办公地址	上海市万荣一路 2 号 501 室				
经营范围	膳食营养补充剂的销售				

主要财务指标

指标\报告期	2015.06.30	2014.12.31	2013.12.31	2012.12.31
净利润(万元)	103.97	503.24	414.68	–
净利润增长率(%)	–61.4143	21.3562	–	–
加权净资产收益率(%)	11.2100	80.6800	–26.1600	–
资产负债比率(%)	80.5218	84.8818	94.4900	–
净利润现金含量(%)	–495.4039	–310.0191	–217.0999	–
基本每股收益(元)	0.1700	0.8400	0.7800	–
每股收益-扣除(元)	–0.0800	–	–	–
每股收益-摊薄(元)	0.1733	0.8387	0.1382	–
每股资本公积金(元)	0.3556	0.1667	0.0333	–
每股未分配利润(元)	0.2766	0.2734	–0.9093	–
每股净资产(元)	1.6300	1.4600	0.7000	–
每股经营现金流量(元)	–0.8585	–2.6000	–0.3001	–
经营活动现金净流量增长(%)	55.1	–73.3	–	–

湖北上层广告传媒股份有限公司

公司概况

公司名称	湖北上层广告传媒股份有限公司			证券简称	上层传媒
法人代表	徐兰芳	董秘	杨静	证券代码	833046
公司网址			电子信箱	775376057@qq.com	
电　　话	027-83731966		传　　真	027-83731966	
办公地址	湖北武汉市江汉区青年路 277 号湖北教育出版社二楼				
经营范围	设计、制作、发布、代理国内广告业务				

主要财务指标

指标\报告期	2015.06.30	2014.12.31	2013.12.31	2012.12.31
净利润(万元)	19.88	149.25	135.54	–
净利润增长率(%)	62.0818	10.1207	–	–
加权净资产收益率(%)	3.1300	42.4900	64.7100	–
资产负债比率(%)	11.6357	36.7508	44.4913	–
净利润现金含量(%)	–1469.3699	55.9823	152.4482	–
基本每股收益(元)	0.0400	1.4900	1.3600	–
每股收益-扣除(元)	–	0.8200	1.3600	–
每股收益-摊薄(元)	0.0398	1.4925	1.3554	–
每股资本公积金(元)	–	–	–	–
每股未分配利润(元)	0.6263	2.9328	1.5895	–
每股净资产(元)	1.6900	4.2600	2.7700	–
每股经营现金流量(元)	–0.5841	0.8400	2.0700	–
经营活动现金净流量增长(%)	–78.7	–59.5613	–	–

天津天堰科技股份有限公司

公司概况

公司名称	天津天堰科技股份有限公司			证券简称	天堰科技
法人代表	刘霄飞	董秘	刘雁飞	证券代码	833047
公司网址	www.cn.tellyes.com		电子信箱	yanfei@tellyes.com	
电　　话	022-83711066		传　　真	022-83711065	
办公地址	天津市华苑产业区海泰西路 18 号西 6-301、302 工业孵化				
经营范围	医学影像的研究、开发,计算机辅助教学系统的研制、开发				

主要财务指标

指标\报告期	2015.06.30	2014.12.31	2013.12.31	2012.12.31
净利润(万元)	572.77	5113.14	1777.75	–
净利润增长率(%)	2236.8	187.6185	–	–
加权净资产收益率(%)	2.2400	27.1100	12.6700	–
资产负债比率(%)	33.6160	41.3153	45.9127	–
净利润现金含量(%)	–143.5854	122.3911	–152.4129	–
基本每股收益(元)	0.1300	1.3600	0.5100	–
每股收益-扣除(元)	–	–	–	–
每股收益-摊薄(元)	0.1314	1.2232	0.5051	–
每股资本公积金(元)	3.8208	3.7994	2.1286	–
每股未分配利润(元)	1.0316	1.2308	0.9530	–
每股净资产(元)	5.9600	6.1400	4.2800	–
每股经营现金流量(元)	–0.1887	1.5000	–0.7700	–
经营活动现金净流量增长(%)	–1283.3219	331.0	–	–

成都米米乐电子商务股份有限公司

公司概况	公司名称	成都米米乐电子商务股份有限公司			证券简称	米米乐
	法人代表	刘学胜	董秘	曹雅丽	证券代码	833048
	公司网址	www.mmloo.com			电子信箱	gufen@mmloo.com
	电　　话	028-85437051			传　　真	028-85052347
	办公地址	四川成都市武侯区新南路 93 号				
	经营范围	日用百货、五金交电、办公用品、电子产品、机电设备、制冷设备等				

	指标\报告期	2015.06.30	2014.12.31	2013.12.31	2012.12.31
主要财务指标	净利润(万元)	99.54	-503.94	-370.66	-
	净利润增长率(%)	5354.7378	-36.0	-	-
	加权净资产收益率(%)	4.9300	-169.9100	-65.1600	-
	资产负债比率(%)	73.5426	50.4952	69.0407	-
	净利润现金含量(%)	-121.8162	380.3270	5.1530	-
	基本每股收益(元)	0.0900	-0.5000	-0.3700	-
	每股收益-扣除(元)	-	-	-	-
	每股收益-摊薄(元)	0.0905	-0.4636	-0.3707	-
	每股资本公积金(元)	0.8906	1.7415	-	-
	每股未分配利润(元)	0.0905	-1.0307	-0.6164	-
	每股净资产(元)	1.9900	1.8500	0.3800	-
	每股经营现金流量(元)	-0.1102	-1.7632	-0.0200	-
	经营活动现金净流量增长(%)	-408.7894	-13116.4(L	-	-

大连绿洲园林绿化工程股份有限公司

公司概况	公司名称	大连绿洲园林绿化工程股份有限公司			证券简称	绿洲园林
	法人代表	孟祥宇	董秘	李晓林	证券代码	833049
	公司网址	www.dllzyl.com			电子信箱	13504111238@163.com
	电　　话	0411-82712115			传　　真	0411-82712115
	办公地址	辽宁省大连市沙河口区高尔基路 259-8 号 1-2 层公建				
	经营范围	园林绿化设计、施工;花草树木种植销售;路面铺装;墙体粉刷				

	指标\报告期	2015.06.30	2014.12.31	2013.12.31	2012.12.31
主要财务指标	净利润(万元)	-350.15	288.03	450.72	-
	净利润增长率(%)	-54.0	-36.0954	-	-
	加权净资产收益率(%)	-2.2400	1.8200	1.8200	-
	资产负债比率(%)	38.7490	43.8961	36.9516	-
	净利润现金含量(%)	-97.4093	-29.2789	-637.5091	-
	基本每股收益(元)	-0.0200	0.0500	0.0800	-
	每股收益-扣除(元)	-	0.0500	0.0800	-
	每股收益-摊薄(元)	-0.0233	0.0192	0.0300	-
	每股资本公积金(元)	0.0439	-	-	-
	每股未分配利润(元)	-0.0138	0.0491	0.0318	-
	每股净资产(元)	1.0300	1.0500	1.0300	-
	每股经营现金流量(元)	0.0227	-0.0100	-0.1900	-
	经营活动现金净流量增长(%)	426.0	97.1	-	-

南京欣威视通信息科技股份有限公司

公司概况	公司名称	南京欣威视通信息科技股份有限公司			证券简称	欣威视通
	法人代表	杨勇舸	董秘	马宇	证券代码	833050
	公司网址	www.njxwst.com			电子信箱	yg.yang@signway.cn
	电　　话	025-83317121			传　　真	025-83317701
	办公地址	江苏省南京市雨花台区宁双路 28 号 10 层 1001 室				
	经营范围	计算机软硬件、电子产品、嵌入式软件、网络软件、多媒体软件的开发、销售				

	指标\报告期	2015.06.30	2014.12.31	2013.12.31	2012.12.31
主要财务指标	净利润(万元)	57.85	-190.37	678.29	-
	净利润增长率(%)	227.5	-128.0662	-	-
	加权净资产收益率(%)	9.3000	-20.0300	38.9100	-
	资产负债比率(%)	25.2419	34.8676	5.3652	-
	净利润现金含量(%)	-164.1932	-314.8658	188.4577	-
	基本每股收益(元)	0.1200	-0.3800	1.3600	-
	每股收益-扣除(元)	-	-	-	-
	每股收益-摊薄(元)	0.1157	-0.3807	1.3566	-
	每股资本公积金(元)	0.1861	-	-	-
	每股未分配利润(元)	0.1157	-0.3139	2.1648	-
	每股净资产(元)	1.3000	1.1900	3.6600	-
	每股经营现金流量(元)	-0.1900	1.2000	2.5600	-
	经营活动现金净流量增长(%)	-109.5166	-53.1086	-	-

杭州澳沙科技股份有限公司

公司概况	公司名称	杭州澳沙科技股份有限公司			证券简称	澳沙科技
	法人代表	周超	董秘	方鑫	证券代码	833051
	公司网址				电子信箱	hzaosha@163.com
	电　　话	0571-81380068			传　　真	0571-81380068
	办公地址	浙江省杭州经济技术开发区白杨街道 6 号大街 452 号 2 幢 D2301				
	经营范围	技术开发、技术服务;电子产品、工业用添加剂				

	指标\报告期	2015.06.30	2014.12.31	2013.12.31	2012.12.31
主要财务指标	净利润(万元)	19.14	23.00	14.00	-
	净利润增长率(%)	499.2	64.2726	-	-
	加权净资产收益率(%)	2.4500	10.5400	15.3200	-
	资产负债比率(%)	36.2511	13.7650	56.1097	-
	净利润现金含量(%)	0.0005	-1528.8261	-672.1429	-
	基本每股收益(元)	0.0255	0.1314	0.1200	-
	每股收益-扣除(元)	-	0.1206	0.0626	-
	每股收益-摊薄(元)	0.0319	0.0767	0.0933	-
	每股资本公积金(元)	0.0079	1.0000	-	-
	每股未分配利润(元)	0.0282	0.0142	-0.1219	-
	每股净资产(元)	1.0400	2.0200	0.8800	-
	每股经营现金流量(元)	0.0000	-1.1700	-0.6300	-
	经营活动现金净流量增长(%)	-1070.8180	-273.7	-	-

中山迪玛卫浴股份有限公司

公司概况	公司名称	中山迪玛卫浴股份有限公司			证券简称	迪玛卫浴
	法人代表	林秋芬	董秘	黄尚碧	证券代码	833052
	公司网址	www.dima-china.com		电子信箱	dima006@163.com	
	电　　话	0760-23404586		传　　真	0760-23404588	
	办公地址	广东省中山市阜沙镇阜沙工业园C幢				
	经营范围	淋浴柜、淋浴设备、卫浴感应产品、水龙头的生产、加工、销售等				

主要财务指标	指标\报告期	2015.06.30	2014.12.31	2013.12.31	2012.12.31
	净利润(万元)	34.17	69.92	75.23	–
	净利润增长率(%)	-17.3378	-7.0534	–	–
	加权净资产收益率(%)	6.4300	16.3000	70.6600	–
	资产负债比率(%)	38.4313	29.6945	85.2981	–
	净利润现金含量(%)	-18.6830	119.2187	-55.6483	–
	基本每股收益(元)	0.0700	0.1600	0.3800	–
	每股收益-扣除(元)	0.0700	–	–	–
	每股收益-摊薄(元)	0.0683	0.1398	0.3761	–
	每股资本公积金(元)	0.0357	0.0072	0.0100	–
	每股未分配利润(元)	0.0867	0.0184	-0.2896	–
	每股净资产(元)	1.1200	1.0300	0.7200	–
	每股经营现金流量(元)	-0.0128	0.1700	-0.2100	–
	经营活动现金净流量增长(%)	-107.6579	299.1	–	–

西安创典全程地产顾问股份有限公司

公司概况	公司名称	西安创典全程地产顾问股份有限公司			证券简称	创典全程
	法人代表	杜荷军	董秘	刘俊欣	证券代码	833053
	公司网址	www.trenda.cn		电子信箱	cdqc@trenda.cn	
	电　　话	029-88450100-818		传　　真	029-88450100-806	
	办公地址	陕西省西安市高新区唐延路东旺座现代城1幢2单元19层21901号房				
	经营范围	新房营销代理业务、综合顾问业务				

主要财务指标	指标\报告期	2015.06.30	2014.12.31	2013.12.31	2012.12.31
	净利润(万元)	419.86	1080.99	858.15	–
	净利润增长率(%)	-24.2142	25.9673	–	–
	加权净资产收益率(%)	13.7500	39.8400	47.9700	–
	资产负债比率(%)	9.6126	34.8063	30.9590	–
	净利润现金含量(%)	-235.3485	127.5914	71.5353	–
	基本每股收益(元)	0.1700	0.4300	0.3400	–
	每股收益-扣除(元)	0.1700	0.4300	0.3500	–
	每股收益-摊薄(元)	0.1679	0.4324	17.1630	–
	每股资本公积金(元)	0.1377	–	–	–
	每股未分配利润(元)	0.1679	0.0601	41.6467	–
	每股净资产(元)	1.3100	1.1377	44.3600	–
	每股经营现金流量(元)	-0.3953	0.5500	12.2800	–
	经营活动现金净流量增长(%)	-131.1	124.6792	–	–

苏州未来电器股份有限公司

公司概况	公司名称	苏州未来电器股份有限公司			证券简称	未来电器
	法人代表	莫建平	董秘	金增林	证券代码	833054
	公司网址	www.szfuture.com		电子信箱	Zljin@szfuture.com	
	电　　话	0512-61110000-6800		传　　真	0512-65412420	
	办公地址	江苏省苏州市相城区北桥街道庄基村				
	经营范围	高低压电器设备、元件、附件、弹簧五金件、开关附件的生产、销售				

主要财务指标	指标\报告期	2015.06.30	2014.12.31	2013.12.31	2012.12.31
	净利润(万元)	566.53	1842.53	1283.01	–
	净利润增长率(%)	-13.4019	43.6107	–	–
	加权净资产收益率(%)	4.5400	14.2500	9.8100	–
	资产负债比率(%)	12.2744	31.1612	20.6241	–
	净利润现金含量(%)	401.2440	72.5312	6.8979	–
	基本每股收益(元)	0.1500	0.5800	0.4100	–
	每股收益-扣除(元)	–	0.6500	0.3500	–
	每股收益-摊薄(元)	0.1378	0.5048	0.4073	–
	每股资本公积金(元)	2.2082	0.0239	0.1195	–
	每股未分配利润(元)	0.1241	1.8256	3.0175	–
	每股净资产(元)	3.3460	3.2081	4.4900	–
	每股经营现金流量(元)	0.5531	0.3661	0.0300	–
	经营活动现金净流量增长(%)	769.8809	1410.0628	–	–

青岛旭域土工材料股份有限公司

公司概况	公司名称	青岛旭域土工材料股份有限公司			证券简称	旭域股份
	法人代表	杨宝和	董秘	杨建	证券代码	833055
	公司网址	www.bostd.com		电子信箱	yangjian@bostd.com	
	电　　话	0532-87901126		传　　真	0532-87806789	
	办公地址	山东省青岛市城阳区青大工业园				
	经营范围	土工合成材料制造及销售;建筑材料、塑料原料的销售				

主要财务指标	指标\报告期	2015.06.30	2014.12.31	2013.12.31	2012.12.31
	净利润(万元)	314.14	580.36	320.32	–
	净利润增长率(%)	49.0089	81.1819	–	–
	加权净资产收益率(%)	3.3600	6.5300	3.8000	–
	资产负债比率(%)	49.2104	49.9208	57.9170	–
	净利润现金含量(%)	215.0728	339.1378	434.9446	–
	基本每股收益(元)	0.0600	0.1100	0.0600	–
	每股收益-扣除(元)	0.0500	0.0900	0.0400	–
	每股收益-摊薄(元)	0.0604	0.1116	0.0616	–
	每股资本公积金(元)	0.2465	0.2465	0.2465	–
	每股未分配利润(元)	0.5261	0.4657	0.3653	–
	每股净资产(元)	1.8200	1.7600	1.6500	–
	每股经营现金流量(元)	0.1299	0.3800	0.2700	–
	经营活动现金净流量增长(%)	28.5772	41.2725	–	–

天津南大通用数据技术股份有限公司

公司概况	公司名称	天津南大通用数据技术股份有限公司			证券简称	通用数据
	法人代表	崔维力	董秘	尹丽娜	证券代码	833056
	公司网址	www.gbase.cn			电子信箱	zqb@gbase.cn
	电　话	022-58815678			传　真	022-58815679
	办公地址	天津华苑产业区海泰发展六道6号海泰绿色产业基地J518				
	经营范围	电子信息、软件技术开发、咨询、服务、转让、培训				

主要财务指标	指标\报告期	2015.06.30	2014.12.31	2013.12.31	2012.12.31
	净利润(万元)	128.79	3143.69	2421.45	-
	净利润增长率(%)	86.0726	29.8268	-	-
	加权净资产收益率(%)	0.4600	14.3400	18.2500	-
	资产负债比率(%)	29.8360	33.1072	32.9155	-
	净利润现金含量(%)	-3688.8445	0.0103	-0.0235	-
	基本每股收益(元)	0.0129	0.3400	0.3000	-
	每股收益-扣除(元)	-0.0363	0.0200	0.1800	-
	每股收益-摊薄(元)	0.0129	0.3144	0.0000	-
	每股资本公积金(元)	1.2593	1.2593	-	-
	每股未分配利润(元)	0.4985	0.4856	-	-
	每股净资产(元)	2.8100	2.8000	2.1000	-
	每股经营现金流量(元)	-0.4751	0.0000	-	-
	经营活动现金净流量增长(%)	-14.0	276.1	-	-

上海新世傲文化传播股份有限公司

公司概况	公司名称	上海新世傲文化传播股份有限公司			证券简称	新世傲
	法人代表	朱政平	董秘	王漪	证券代码	833057
	公司网址	www.xsawh.com			电子信箱	wyi@sinnsa.com
	电　话	021-34698066			传　真	021-34698065
	办公地址	上海市宝山区富联路888号3幢一楼				
	经营范围	会议及展览服务;电脑图文设计制作;企业形象策划等				

主要财务指标	指标\报告期	2015.06.30	2014.12.31	2013.12.31	2012.12.31
	净利润(万元)	220.33	182.89	166.05	-
	净利润增长率(%)	2244.7074	10.1445	-	-
	加权净资产收益率(%)	12.9900	12.7400	17.8700	-
	资产负债比率(%)	27.3734	24.5890	46.2322	-
	净利润现金含量(%)	241.8438	-672.2183	389.5273	-
	基本每股收益(元)	0.2200	0.1800	0.1700	-
	每股收益-扣除(元)	-	-	-	-
	每股收益-摊薄(元)	0.2203	0.1829	0.1661	-
	每股资本公积金(元)	0.1487	0.1487	-	-
	每股未分配利润(元)	0.6112	0.3908	0.0045	-
	每股净资产(元)	1.8100	1.5800	1.0100	-
	每股经营现金流量(元)	0.5328	-1.2300	0.6500	-
	经营活动现金净流量增长(%)	161.8	-290.0742	-	-

北京触动时代国际文化传播股份有限公司

公司概况	公司名称	北京触动时代国际文化传播股份有限公司			证券简称	触动时代
	法人代表	程滢	董秘	程巍	证券代码	833058
	公司网址	www.touchtimes.net			电子信箱	touchtimes@qq.com
	电　话	010-52323077			传　真	010-52323072
	办公地址	北京市石景山区实兴大街30号院3号楼2层B-0095房间				
	经营范围	组织文化艺术交流活动(演出除外);承办展览展示活动等				

主要财务指标	指标\报告期	2015.06.30	2014.12.31	2013.12.31	2012.12.31
	净利润(万元)	6.93	74.16	54.89	-
	净利润增长率(%)	298.7331	35.0977	-	-
	加权净资产收益率(%)	1.0200	11.5700	9.0900	-
	资产负债比率(%)	5.8199	7.9811	22.8949	-
	净利润现金含量(%)	181.8290	115.7632	16.9248	-
	基本每股收益(元)	0.0100	0.1200	0.0900	-
	每股收益-扣除(元)	-	-	-	-
	每股收益-摊薄(元)	0.0115	0.1236	0.0915	-
	每股资本公积金(元)	0.0069	0.0069	-	-
	每股未分配利润(元)	0.1434	0.1113	0.0070	-
	每股净资产(元)	1.1600	1.1300	1.0100	-
	每股经营现金流量(元)	0.0210	0.1400	0.0200	-
	经营活动现金净流量增长(%)	148.7	823.6671	-	-

杭州超腾碳资产管理股份有限公司

公司概况	公司名称	杭州超腾碳资产管理股份有限公司			证券简称	超腾碳
	法人代表	王敏娜	董秘	周姣姣	证券代码	833059
	公司网址	www.ct-cdm.com/home			电子信箱	hzct@ct-cdm.com
	电　话	0571-88156846			传　真	0571-88156845
	办公地址	浙江省杭州市滨江区江虹路1750号信雅达国际创意中心1幢3306室				
	经营范围	碳减排项目申报、碳咨询、碳资产管理				

主要财务指标	指标\报告期	2015.06.30	2014.12.31	2013.12.31	2012.12.31
	净利润(万元)	117.96	96.87	15.63	-
	净利润增长率(%)	968.3071	519.7994	-	-
	加权净资产收益率(%)	14.6500	11.2700	7.4300	-
	资产负债比率(%)	6.7637	7.8979	3.9822	-
	净利润现金含量(%)	90.2764	210.4305	-1734.7877	-
	基本每股收益(元)	0.2500	0.3200	0.1300	-
	每股收益-扣除(元)	0.2500	-	-	-
	每股收益-摊薄(元)	0.1966	0.2870	0.0521	-
	每股资本公积金(元)	0.2598	0.7773	0.7000	-
	每股未分配利润(元)	0.1805	0.3875	0.1469	-
	每股净资产(元)	1.4403	2.2100	1.8700	-
	每股经营现金流量(元)	0.1775	0.6040	-0.9038	-
	经营活动现金净流量增长(%)	75.4256	175.2	-	-

杭州顺治科技股份有限公司

公司概况	公司名称	杭州顺治科技股份有限公司			证券简称	顺治科技
	法人代表	杨建军	董秘	殷芳芳	证券代码	833060
	公司网址	www.shunzhi.net		电子信箱	hzshunzhi2013@163.com	
	电　话	0571-89921156		传　真	0571-89921157	
	办公地址	浙江省杭州市上城区钱江路639号1112室				
	经营范围	家校互动业务、技术服务业务、通信代理业务和微平台服务业务				

主要财务指标	指标\报告期	2015.06.30	2014.12.31	2013.12.31	2012.12.31
	净利润(万元)	142.86	191.13	104.22	–
	净利润增长率(%)	506.9	83.3951	–	–
	加权净资产收益率(%)	8.3900	48.2700	52.5500	–
	资产负债比率(%)	16.0960	39.5522	58.6465	–
	净利润现金含量(%)	24.1372	154.0078	–181.9750	–
	基本每股收益(元)	0.2800	0.5500	0.3500	–
	每股收益–扣除(元)	–	0.5500	–	–
	每股收益–摊薄(元)	0.1191	0.3823	0.3474	–
	每股资本公积金(元)	0.2319	0.1366	–	–
	每股未分配利润(元)	0.1750	0.1344	–0.1653	–
	每股净资产(元)	1.4100	1.2800	0.8300	–
	每股经营现金流量(元)	0.0287	0.5900	–0.6300	–
	经营活动现金净流量增长(%)	–84.4729	255.2	–	–

美轲(广州)化学股份有限公司

公司概况	公司名称	美轲(广州)化学股份有限公司			证券简称	美轲股份
	法人代表	ANG SEE KENG	董秘	肖飞	证券代码	833061
	公司网址	matrix-chem.com		电子信箱	Austin.xiao@matrix-chem.com	
	电　话	020-32222602		传　真	020-32222660	
	办公地址	广东省广州经济技术开发区永和经济区新安路四号				
	经营范围	特种化学制品				

主要财务指标	指标\报告期	2015.06.30	2014.12.31	2013.12.31	2012.12.31
	净利润(万元)	295.67	390.46	102.41	–
	净利润增长率(%)	6228.8323	281.2654	–	–
	加权净资产收益率(%)	2.0300	2.7100	0.7300	–
	资产负债比率(%)	54.0285	47.4291	41.5755	–
	净利润现金含量(%)	722.0809	585.8114	–1860.6468	–
	基本每股收益(元)	0.0300	0.0313	0.0082	–
	每股收益–扣除(元)	–	0.0235	–0.0011	–
	每股收益–摊薄(元)	0.0237	0.0313	0.0082	–
	每股资本公积金(元)	0.1312	0.0274	0.0274	–
	每股未分配利润(元)	0.0412	0.0617	0.0335	–
	每股净资产(元)	1.1800	1.1539	1.1354	–
	每股经营现金流量(元)	0.1708	0.1833	–0.1527	–
	经营活动现金净流量增长(%)	1.7028	220.0	–	–

云南立翔科技股份有限公司

公司概况	公司名称	云南立翔科技股份有限公司			证券简称	立翔科技
	法人代表	罗健	董秘	李丽霞	证券代码	833062
	公司网址	www.ynswet.com		电子信箱	ynlxkj668@163.com	
	电　话	0871-68230019		传　真	0871-68230019-809	
	办公地址	云南省昆明市海源中路经典名居4栋一层				
	经营范围	计算机软件、硬件的开发应用;计算机及配件、电子产品、通讯设备的销售				

主要财务指标	指标\报告期	2015.06.30	2014.12.31	2013.12.31	2012.12.31
	净利润(万元)	1.91	80.83	107.74	–
	净利润增长率(%)	107.6	–24.9740	–	–
	加权净资产收益率(%)	0.2600	24.4100	45.4900	–
	资产负债比率(%)	52.7005	51.8237	70.9158	–
	净利润现金含量(%)	–16201.879	–580.7250	–231.7524	–
	基本每股收益(元)	0.0029	0.1347	0.3591	–
	每股收益–扣除(元)	0.0033	–	–	–
	每股收益–摊薄(元)	0.0025	0.1347	0.3591	–
	每股资本公积金(元)	0.0244	–	–	–
	每股未分配利润(元)	0.0868	0.1057	–0.0311	–
	每股净资产(元)	1.1200	1.1192	0.9689	–
	每股经营现金流量(元)	–0.4104	–0.7800	–0.8300	–
	经营活动现金净流量增长(%)	–74.1	–88.0	–	–

蚌埠高华电子股份有限公司

公司概况	公司名称	蚌埠高华电子股份有限公司			证券简称	高华股份
	法人代表	肖宪书	董秘	朱珍珍	证券代码	833063
	公司网址	www.gh-lcd.com		电子信箱	ghzzz1990@163.com	
	电　话	0552-7191826		传　真	0552-7191986	
	办公地址	安徽省蚌埠市高新技术开发区兴旺路717号				
	经营范围	生产和销售自产的STN-LCD液晶显示屏				

主要财务指标	指标\报告期	2015.06.30	2014.12.31	2013.12.31	2012.12.31
	净利润(万元)	6.46	510.29	112.13	–
	净利润增长率(%)	104.0	355.0856	–	–
	加权净资产收益率(%)	0.1000	7.2000	3.0300	–
	资产负债比率(%)	40.2753	31.5172	24.7794	–
	净利润现金含量(%)	–7218.0836	0.0074	0.0188	–
	基本每股收益(元)	0.0010	0.0900	0.0300	–
	每股收益–扣除(元)	–0.0041	0.0900	0.0300	–
	每股收益–摊薄(元)	0.0010	0.0818	0.0284	–
	每股资本公积金(元)	–	–	–	–
	每股未分配利润(元)	0.0284	0.0274	–0.0765	–
	每股净资产(元)	1.0300	1.0300	0.9200	–
	每股经营现金流量(元)	–0.0747	0.0000	0.0000	–
	经营活动现金净流量增长(%)	–329.3014	78.1192	–	–

北京绿色空间生物科技股份有限公司

公司概况	公司名称	北京绿色空间生物科技股份有限公司			证券简称	绿色空间
	法人代表	张志强	董秘	张瀚奇	证券代码	833064
	公司网址	www.bjgreenspace.cn			电子信箱	
	电　话	010-88458500			传　真	010-80115555
	办公地址	北京市海淀区远大路39号1号楼409A室				
	经营范围	技术推广;接受委托提供劳务服务;设备维修;销售机械设备、电气设备				

主要财务指标	指标\报告期	2015.06.30	2014.12.31	2013.12.31	2012.12.31
	净利润(万元)	3.47	17.53	-58.49	-
	净利润增长率(%)	-80.1890	130.0	-	-
	加权净资产收益率(%)	0.6500	3.6500	-139.2800	-
	资产负债比率(%)	53.0581	45.7870	98.8443	-
	净利润现金含量(%)	-100.6782	-2424.1271	98.2174	-
	基本每股收益(元)	0.0069	0.1591	-0.5800	-
	每股收益-扣除(元)	-0.0039	0.1548	-0.4985	-
	每股收益-摊薄(元)	0.0069	0.1577	-0.5849	-
	每股资本公积金(元)	0.0606	4.4000	-	-
	每股未分配利润(元)	0.0069	-0.6275	-0.8725	-
	每股净资产(元)	1.0700	1.0600	0.1300	-
	每股经营现金流量(元)	-0.0070	-3.8200	-0.5700	-
	经营活动现金净流量增长(%)	99.2	-639.6	-	-

四川川油天然气科技股份有限公司

公司概况	公司名称	四川川油天然气科技股份有限公司			证券简称	川油科技
	法人代表	陈立峰	董秘	张晓松	证券代码	833065
	公司网址	www.cycqj.com			电子信箱	sichuanchuanyou-999@sina.com
	电　话	0813-5511207			传　真	0813-8108348
	办公地址	四川省自贡市高新技术产业园区板仓工业集中区龙乡大道8号				
	经营范围	CNG加气站储气井研发、生产、销售和安装施工				

主要财务指标	指标\报告期	2015.06.30	2014.12.31	2013.12.31	2012.12.31
	净利润(万元)	-	155.69	272.85	-
	净利润增长率(%)	-	-42.9381	-	-
	加权净资产收益率(%)	-	1.8200	3.2600	-
	资产负债比率(%)	-	45.2657	47.1227	-
	净利润现金含量(%)	-	48.4454	265.1081	-
	基本每股收益(元)	-	0.0500	-	-
	每股收益-扣除(元)	-	0.0020	-	-
	每股收益-摊薄(元)	-	0.0519	0.1641	-
	每股资本公积金(元)	-	2.0103	2.4009	-
	每股未分配利润(元)	-	-0.1664	1.4535	-
	每股净资产(元)	-	2.8900	5.0900	-
	每股经营现金流量(元)	-	0.0300	0.4400	-
	经营活动现金净流量增长(%)	-	-89.5726	-	-

青岛亿联信息科技股份有限公司

公司概况	公司名称	青岛亿联信息科技股份有限公司			证券简称	亿联科技
	法人代表	华清波	董秘	伦秀华	证券代码	833066
	公司网址	www.elinkit.com.cn			电子信箱	elink-tech@elink-cn.com
	电　话	0532-86100206			传　真	0532-86100208
	办公地址	山东省青岛市四方区山东路177号鲁邦广场B座415-10室				
	经营范围	建筑智能化系统集成业务				

主要财务指标	指标\报告期	2015.06.30	2014.12.31	2013.12.31	2012.12.31
	净利润(万元)	393.12	529.63	-83.08	-
	净利润增长率(%)	19.9533	737.5	-	-
	加权净资产收益率(%)	9.0300	16.4100	-2.7700	-
	资产负债比率(%)	76.0189	84.8422	81.8400	-
	净利润现金含量(%)	-800.2003	113.7021	677.1825	-
	基本每股收益(元)	0.0800	0.1300	-0.0200	-
	每股收益-扣除(元)	-	-	-	-
	每股收益-摊薄(元)	0.0655	0.1324	-0.0208	-
	每股资本公积金(元)	-	-	-	-
	每股未分配利润(元)	-0.0417	-0.1510	-0.2678	-
	每股净资产(元)	0.9800	0.8700	0.7400	-
	每股经营现金流量(元)	-0.5243	0.1500	-0.1400	-
	经营活动现金净流量增长(%)	-700.4372	207.0	-	-

苏州中德宏泰电子科技股份有限公司

公司概况	公司名称	苏州中德宏泰电子科技股份有限公司			证券简称	中德宏泰
	法人代表	宁皓	董秘	武静	证券代码	833067
	公司网址	www.vdin.com.cn			电子信箱	jing.wu@vdin.net
	电　话	0512-36833666			传　真	0512-36851166
	办公地址	江苏省昆山市花桥镇兆丰路8号				
	经营范围	电子电器专业领域设备及软件的技术开发、技术咨询、技术服务				

主要财务指标	指标\报告期	2015.06.30	2014.12.31	2013.12.31	2012.12.31
	净利润(万元)	173.16	1146.98	268.25	-
	净利润增长率(%)	1244.8491	293.8159	-	-
	加权净资产收益率(%)	3.5200	63.7300	25.3300	-
	资产负债比率(%)	21.6134	46.0427	66.4720	-
	净利润现金含量(%)	-676.8358	-17.9171	-628.9083	-
	基本每股收益(元)	0.0500	0.6000	0.1700	-
	每股收益-扣除(元)	-	-	-	-
	每股收益-摊薄(元)	0.0519	0.3823	0.1490	-
	每股资本公积金(元)	0.5206	-	-	-
	每股未分配利润(元)	0.2207	0.3280	-0.0738	-
	每股净资产(元)	58080790.7	2.1100	1.0600	-
	每股经营现金流量(元)	-0.3516	-0.0685	-0.9372	-
	经营活动现金净流量增长(%)	-119.2	87.8	-	-

云南山河园林股份有限公司

公司概况

公司名称	云南山河园林股份有限公司			证券简称	山河园林
法人代表	黄静	董秘	张瑞华	证券代码	833068
公司网址			电子信箱	shyl63618386@163.com	
电　　话	0871-63618386		传　　真	0871-63643677	
办公地址	云南省昆明市五华区东风西路123号三合商利写字楼15楼A1单元				
经营范围	绿化工程、绿化养护和苗木销售				

主要财务指标

指标\报告期	2015.06.30	2014.12.31	2013.12.31	2012.12.31
净利润(万元)	44.91	37.10	33.10	–
净利润增长率(%)	–44.5639	12.0978	–	–
加权净资产收益率(%)	1.6500	7.4200	16.5500	–
资产负债比率(%)	13.6550	29.3410	77.3370	–
净利润现金含量(%)	–641.8116	–453.6927	110.6344	–
基本每股收益(元)	0.0200	0.0700	0.1700	–
每股收益–扣除(元)	–	–	–	–
每股收益–摊薄(元)	0.0178	0.0147	0.1655	–
每股资本公积金(元)	0.0707	0.0217	–	–
每股未分配利润(元)	0.0178	0.0442	0.3891	–
每股净资产(元)	1.0900	1.0700	1.4300	–
每股经营现金流量(元)	–0.1145	–0.0668	0.1800	–
经营活动现金净流量增长(%)	–109.2	–559.6710	–	–

深圳市石金科技股份有限公司

公司概况

公司名称	深圳市石金科技股份有限公司			证券简称	石金科技
法人代表	李文红	董秘	高晗	证券代码	833069
公司网址	www.goldstonelee.com		电子信箱	gh@goldstonelee.net	
电　　话	0755-27565656		传　　真	0755-81737007	
办公地址	广东省深圳市宝安区松岗街道同富裕工业区安润路2号				
经营范围	从事炭素产品的研发、生产及销售				

主要财务指标

指标\报告期	2015.06.30	2014.12.31	2013.12.31	2012.12.31
净利润(万元)	655.33	1290.32	–731.53	–
净利润增长率(%)	12.3628	276.4	–	–
加权净资产收益率(%)	10.9700	20.7300	–10.2900	–
资产负债比率(%)	44.5200	53.4608	43.9124	–
净利润现金含量(%)	–2.9196	78.7650	–56.9450	–
基本每股收益(元)	0.5500	1.2900	–0.7300	–
每股收益–扣除(元)	–	–	–	–
每股收益–摊薄(元)	0.5507	1.2903	–0.7315	–
每股资本公积金(元)	3.5768	0.4500	0.4500	–
每股未分配利润(元)	1.1226	3.7952	4.8874	–
每股净资产(元)	5.7900	5.7000	6.7400	–
每股经营现金流量(元)	–0.0161	1.0200	0.4200	–
经营活动现金净流量增长(%)	–104.3696	143.9719	–	–

杭州三耐环保科技股份有限公司

公司概况

公司名称	杭州三耐环保科技股份有限公司			证券简称	三耐环保
法人代表	林建平	董秘	姜玉玲	证券代码	833070
公司网址	www.3nff.com		电子信箱	jyl@3nff.com	
电　　话	0571-87707581		传　　真	0571-8770722	
办公地址	浙江省建德市洋溪街道新华村				
经营范围	聚丙烯耐腐设备及配件、电解槽				

主要财务指标

指标\报告期	2015.06.30	2014.12.31	2013.12.31	2012.12.31
净利润(万元)	234.54	156.49	214.72	–
净利润增长率(%)	77.0173	–27.1199	–	–
加权净资产收益率(%)	8.2200	6.3100	9.6000	–
资产负债比率(%)	51.3210	57.9102	76.6654	–
净利润现金含量(%)	–70.8133	–810.8314	276.7465	–
基本每股收益(元)	0.2100	0.1600	0.2400	–
每股收益–扣除(元)	–	–	–	–
每股收益–摊薄(元)	0.2132	0.1423	0.0000	–
每股资本公积金(元)	1.4870	0.1012	0.0834	–
每股未分配利润(元)	0.2132	1.2472	1.3679	–
每股净资产(元)	2.7000	2.4900	2.6000	–
每股经营现金流量(元)	–0.1510	–1.1535	0.6603	–
经营活动现金净流量增长(%)	69.9	–313.5325	–	–

青岛科恩锐通信息技术股份有限公司

公司概况

公司名称	青岛科恩锐通信息技术股份有限公司			证券简称	科恩锐通
法人代表	万滨	董秘	宋强	证券代码	833071
公司网址	www.keeninfo.com.cn		电子信箱	info@keeninfo.com.cn	
电　　话	0532-80793756		传　　真	0532-80793755	
办公地址	山东省青岛市市南区宁夏路288号3号楼106C室				
经营范围	通信产品、机械产品、新型金属材料、工业自动化产品、视频监控				

主要财务指标

指标\报告期	2015.06.30	2014.12.31	2013.12.31	2012.12.31
净利润(万元)	107.52	394.28	62.02	–
净利润增长率(%)	–8.3851	535.7705	–	–
加权净资产收益率(%)	6.2500	22.2600	6.1800	–
资产负债比率(%)	14.4932	41.8781	33.5377	–
净利润现金含量(%)	–1044.9831	0.0145	0.0264	–
基本每股收益(元)	0.0700	0.3100	0.0500	–
每股收益–扣除(元)	–	–	–	–
每股收益–摊薄(元)	0.0717	0.2899	0.0517	–
每股资本公积金(元)	0.1115	0.1029	–	–
每股未分配利润(元)	0.0717	0.1107	–0.1892	–
每股净资产(元)	1.1800	1.2300	0.8100	–
每股经营现金流量(元)	–0.7490	0.0000	0.0000	–
经营活动现金净流量增长(%)	–1357.0338	247.5869	–	–

江西大江传媒网络股份有限公司

公司概况					
公司名称	江西大江传媒网络股份有限公司			证券简称	大江传媒
法人代表	王少君	董秘	何文云	证券代码	833072
公司网址	www.jxnews.com.cn		电子信箱	156029302@qq.com	
电　话	0791-86847809		传　真	0791-86849348	
办公地址	江西省南昌经济技术开发区麦庐大道 11 号				
经营范围	主要提供互联网广告、信息技术服务、舆情服务、移动增值服务等				

主要财务指标　指标\报告期	2015.06.30	2014.12.31	2013.12.31	2012.12.31
净利润(万元)	913.74	615.63	–145.84	–
净利润增长率(%)	144.8105	522.1	–	–
加权净资产收益率(%)	26.8700	24.3600	–8.5600	–
资产负债比率(%)	41.0733	54.6285	58.8235	–
净利润现金含量(%)	–21.4926	277.8007	-1525.9258	–
基本每股收益(元)	0.6100	0.4100	–0.1500	–
每股收益–扣除(元)	0.2900	0.2800	–0.2700	–
每股收益–摊薄(元)	0.6092	0.4104	–0.1215	–
每股资本公积金(元)	0.0094	0.0094	0.0088	–
每股未分配利润(元)	1.1571	0.5480	0.2372	–
每股净资产(元)	2.5700	1.9600	1.6900	–
每股经营现金流量(元)	–0.1309	1.1400	1.8500	–
经营活动现金净流量增长(%)	–253.2	–23.1504	–	–

西安威盛电子科技股份有限公司

公司概况					
公司名称	西安威盛电子科技股份有限公司			证券简称	威盛电子
法人代表	詹保平	董秘	张勤	证券代码	833073
公司网址	www.well-sun.com.cn		电子信箱	zq@well-sun.com.cn	
电　话	029-88455602		传　真	029-88455605	
办公地址	陕西省西安市高新区科技五路 20 号和发智能大厦三层				
经营范围	石油测井套管井仪器研发、生产、销售及相关软件的开发和服务				

主要财务指标　指标\报告期	2015.06.30	2014.12.31	2013.12.31	2012.12.31
净利润(万元)	531.55	3555.47	2213.43	–
净利润增长率(%)	–46.4598	60.6318	–	–
加权净资产收益率(%)	3.9500	29.3800	33.1300	–
资产负债比率(%)	30.5763	35.0790	41.3018	–
净利润现金含量(%)	–66.3665	20.0455	73.1232	–
基本每股收益(元)	0.0900	0.5900	0.3700	–
每股收益–扣除(元)	–	–	–	–
每股收益–摊薄(元)	0.0805	0.5926	1.5324	–
每股资本公积金(元)	0.9697	0.6667	2.3377	–
每股未分配利润(元)	0.3918	0.4757	3.3021	–
每股净资产(元)	2.4100	2.2000	7.0500	–
每股经营现金流量(元)	–0.0534	0.1200	1.1205	–
经营活动现金净流量增长(%)	–305.7799	–55.9657	–	–

优万科技(北京)股份有限公司

公司概况					
公司名称	优万科技(北京)股份有限公司			证券简称	优万科技
法人代表	叶蓬	董秘	刘文兰	证券代码	833074
公司网址	www.uworld3d.com		电子信箱	BD@uonenet.com	
电　话	010-82608539		传　真	010-82608620	
办公地址	北京市海淀区中关村大街 1 号 902B				
经营范围	互联网实时互动软件的开发与销售				

主要财务指标　指标\报告期	2015.06.30	2014.12.31	2013.12.31	2012.12.31
净利润(万元)	–174.48	8.13	149.00	–
净利润增长率(%)	-1357.4162	–94.5466	–	–
加权净资产收益率(%)	–14.1400	0.7300	27.6800	–
资产负债比率(%)	6.0746	6.9050	30.9609	–
净利润现金含量(%)	141.1988	-5780.4348	–67.9479	–
基本每股收益(元)	–0.1700	0.0070	0.1490	–
每股收益–扣除(元)	–	0.0030	0.0270	–
每股收益–摊薄(元)	–0.1658	0.0077	0.0993	–
每股资本公积金(元)	0.2605	0.2605	–	–
每股未分配利润(元)	–0.1712	–0.0055	–0.2581	–
每股净资产(元)	1.0900	1.2600	0.7400	–
每股经营现金流量(元)	–0.2341	–0.4500	–0.0700	–
经营活动现金净流量增长(%)	39.0	–363.9	–	–

深圳市柏星龙创意包装股份有限公司

公司概况					
公司名称	深圳市柏星龙创意包装股份有限公司			证券简称	柏星龙
法人代表	赵国义	董秘	苏凤英	证券代码	833075
公司网址	www.szbxl.com		电子信箱	sufengying@szbxl.com	
电　话	0755-82309556		传　真	0755-25180164	
办公地址	广东省深圳市罗湖区迎春路海外联谊大厦 2702、2703、2705—2712				
经营范围	产品外型包装设计;工艺礼品设计;美术设计				

主要财务指标　指标\报告期	2015.06.30	2014.12.31	2013.12.31	2012.12.31
净利润(万元)	209.32	15.25	328.53	–
净利润增长率(%)	308.1	–95.3580	–	–
加权净资产收益率(%)	1.5800	0.1200	2.5300	–
资产负债比率(%)	32.8879	37.7606	42.8486	–
净利润现金含量(%)	325.1680	–11051.016	449.1827	–
基本每股收益(元)	0.0400	0.0030	0.0660	–
每股收益–扣除(元)	0.0400	–0.0100	0.0100	–
每股收益–摊薄(元)	0.0419	0.0031	0.0657	–
每股资本公积金(元)	0.0464	0.0464	0.0464	–
每股未分配利润(元)	1.4064	1.3645	1.3819	–
每股净资产(元)	2.6700	2.6300	2.6300	–
每股经营现金流量(元)	0.1361	–0.3400	0.3000	–
经营活动现金净流量增长(%)	126.8	–214.2022	–	–

西安方元明科技股份有限公司

公司概况	公司名称	西安方元明科技股份有限公司		证券简称	方元明
	法人代表	宋方	董秘 樊佳琦	证券代码	833076
	公司网址	www.fy-ic.com		电子信箱	fanjiaqi@fy-ic.com
	电　话	029-88271501		传　真	029-88275633
	办公地址	陕西省西安市高新区科技一路59号赢园雅筑4号楼10401室			
	经营范围	军工武器装备机械自动化产品以及信息化产品的研发、生产和销售			

主要财务指标	指标\报告期	2015.06.30	2014.12.31	2013.12.31	2012.12.31
	净利润(万元)	44.15	398.49	379.82	–
	净利润增长率(%)	21.7107	4.9160	–	–
	加权净资产收益率(%)	3.0000	35.9900	52.8900	–
	资产负债比率(%)	70.6385	71.9173	68.7813	–
	净利润现金含量(%)	–582.6912	121.6161	24.9701	–
	基本每股收益(元)	0.0400	0.4000	0.3800	–
	每股收益–扣除(元)	–	0.4000	–	–
	每股收益–摊薄(元)	0.0442	0.3985	0.3798	–
	每股资本公积金(元)	–	–	–	–
	每股未分配利润(元)	0.3200	0.2759	–0.0920	–
	每股净资产(元)	1.3500	1.3100	0.9100	–
	每股经营现金流量(元)	–0.2573	0.4800	0.0900	–
	经营活动现金净流量增长(%)	–189.5685	410.9895	–	–

北京伯肯节能科技股份有限公司

公司概况	公司名称	北京伯肯节能科技股份有限公司		证券简称	伯肯节能
	法人代表	徐焕恩	董秘 贾新建	证券代码	833077
	公司网址	www.bolken.com		电子信箱	jiaxinjian@bolken.com
	电　话	0010-58816081		传　真	0010-58816086
	办公地址	北京市海淀区长春桥路11号万柳亿城大厦C2座1207室			
	经营范围	技术开发、技术服务、技术咨询、技术推广			

主要财务指标	指标\报告期	2015.06.30	2014.12.31	2013.12.31	2012.12.31
	净利润(万元)	1043.50	1903.45	1727.51	–
	净利润增长率(%)	6.1603	10.1846	–	–
	加权净资产收益率(%)	8.5500	17.0600	19.2200	–
	资产负债比率(%)	46.8825	44.5945	57.1588	–
	净利润现金含量(%)	–11.1180	–38.0943	168.1322	–
	基本每股收益(元)	0.1700	0.3200	0.2900	–
	每股收益–扣除(元)	–	–	–	–
	每股收益–摊薄(元)	0.1739	0.3172	0.2879	–
	每股资本公积金(元)	0.3472	0.3472	0.0000	–
	每股未分配利润(元)	0.6639	0.4900	0.7945	–
	每股净资产(元)	2.0300	1.8600	1.5000	–
	每股经营现金流量(元)	–0.0193	–0.1200	0.4800	–
	经营活动现金净流量增长(%)	90.7	–124.9649	–	–

捷玛计算机信息技术(上海)股份有限公司

公司概况	公司名称	捷玛计算机信息技术(上海)股份有限公司		证券简称	捷玛信息
	法人代表	王开疆	董秘 朱巍磊	证券代码	833078
	公司网址	www.jmars.com		电子信箱	webmaster@jmars.com
	电　话	021-53964615		传　真	021-53964616
	办公地址	上海市张江高科园区郭守敬路498号浦东软件园14幢22301-736座			
	经营范围	研究、开发、销售计算机软件，提供相关技术服务			

主要财务指标	指标\报告期	2015.06.30	2014.12.31	2013.12.31	2012.12.31
	净利润(万元)	–153.83	21.30	–7.43	–
	净利润增长率(%)	–60.3	386.5	–	–
	加权净资产收益率(%)	–14.4000	–	–	–
	资产负债比率(%)	9.6330	6.3237	33.7634	–
	净利润现金含量(%)	–15.8289	–1332.3836	1568.3660	–
	基本每股收益(元)	–0.1500	0.0300	–0.0100	–
	每股收益–扣除(元)	–0.1600	–0.0400	–0.0500	–
	每股收益–摊薄(元)	–0.1538	0.0213	–0.0294	–
	每股资本公积金(元)	0.0277	0.0277	0.0439	–
	每股未分配利润(元)	–0.0387	0.1151	1.0266	–
	每股净资产(元)	0.9900	1.1400	2.4700	–
	每股经营现金流量(元)	0.0244	–0.2800	–0.4615	–
	经营活动现金净流量增长(%)	110.1	–143.4	–	–

甘肃金桥水科技(集团)股份有限公司

公司概况	公司名称	甘肃金桥水科技(集团)股份有限公司		证券简称	金桥水科
	法人代表	王刚	董秘 张东涛	证券代码	833079
	公司网址	www.gsgbwater.com		电子信箱	zhangdtdz@126.com
	电　话	0931-8445636		传　真	0931-8445636
	办公地址	甘肃省兰州市城关区酒泉路279号			
	经营范围	地表水净化、城市污水处理、工业废水治理及资源化研究、设计			

主要财务指标	指标\报告期	2015.06.30	2014.12.31	2013.12.31	2012.12.31
	净利润(万元)	466.75	1118.57	2061.57	–
	净利润增长率(%)	–13.4535	–45.7419	–	–
	加权净资产收益率(%)	6.5700	17.1400	35.4800	–
	资产负债比率(%)	30.5040	57.0533	38.6754	–
	净利润现金含量(%)	–121.8497	–2.5664	28.2900	–
	基本每股收益(元)	0.0900	0.2400	0.4100	–
	每股收益–扣除(元)	0.0800	0.2900	0.4100	–
	每股收益–摊薄(元)	0.0846	0.2432	0.4123	–
	每股资本公积金(元)	0.5884	0.0780	–	–
	每股未分配利润(元)	0.0796	0.0165	0.2626	–
	每股净资产(元)	1.6700	1.1000	1.3700	–
	每股经营现金流量(元)	–0.1031	–0.0100	0.1200	–
	经营活动现金净流量增长(%)	–319.4	–104.9222	–	–

杭州百事特实业股份有限公司

公司概况						
	公司名称	杭州百事特实业股份有限公司			证券简称	百事特
	法人代表	王彩霞	董秘	赵瑾	证券代码	833080
	公司网址	www.china-baistchem.com		电子信箱	hzbaist@163.com	
	电　　话	0571-23258815		传　　真	0571-23258867	
	办公地址	浙江省杭州市富阳区春江街道元书路 12 号				
	经营范围	硫酸铝、施胶剂、聚丙烯酰胺等产品的研发、生产和销售				

主要财务指标	指标\报告期	2015.06.30	2014.12.31	2013.12.31	2012.12.31
	净利润(万元)	-35.98	187.55	-128.34	-
	净利润增长率(%)	-156.4073	246.1	-	-
	加权净资产收益率(%)	-3.3200	7.0100	-5.1800	-
	资产负债比率(%)	75.9803	75.5469	66.7209	-
	净利润现金含量(%)	103.4890	-29.6365	1140.7286	-
	基本每股收益(元)	-0.0400	0.1000	-0.0600	-
	每股收益-扣除(元)	-	-	-	-
	每股收益-摊薄(元)	-0.0360	0.1876	-0.0642	-
	每股资本公积金(元)	0.1643	-	0.2500	-
	每股未分配利润(元)	-0.0979	0.0860	-0.0426	-
	每股净资产(元)	1.0700	1.1000	1.2100	-
	每股经营现金流量(元)	-0.0372	-0.0556	-0.7300	-
	经营活动现金净流量增长(%)	-115.6764	96.2	-	-

重庆顺博铝合金股份有限公司

公司概况						
	公司名称	重庆顺博铝合金股份有限公司			证券简称	顺博合金
	法人代表	王真见	董秘	王珲	证券代码	833081
	公司网址	www.soonbest.com		电子信箱	ir@soonbest.com	
	电　　话	023-41418787		传　　真	023-41420908	
	办公地址	重庆市合川区草街拓展园区				
	经营范围	加工、销售铝合金锭,汽车配件、摩托车配件;批发、零售金属材料				

主要财务指标	指标\报告期	2015.06.30	2014.12.31	2013.12.31	2012.12.31
	净利润(万元)	4101.74	7438.68	5267.84	-
	净利润增长率(%)	-0.5902	41.2094	-	-
	加权净资产收益率(%)	7.3200	14.1700	11.6800	-
	资产负债比率(%)	58.0402	60.6241	65.7956	-
	净利润现金含量(%)	105.7073	0.0065	0.0168	-
	基本每股收益(元)	0.1800	0.3300	0.2400	-
	每股收益-扣除(元)	0.1700	0.3000	0.2100	-
	每股收益-摊薄(元)	0.1811	0.3284	0.2326	-
	每股资本公积金(元)	0.9397	0.9397	0.9397	-
	每股未分配利润(元)	0.5737	0.3926	0.1890	-
	每股净资产(元)	2.5700	2.3800	2.1500	-
	每股经营现金流量(元)	0.1914	0.0000	0.0000	-
	经营活动现金净流量增长(%)	-25.1155	-45.6424	-	-

河南龙凤山农牧股份有限公司

公司概况						
	公司名称	河南龙凤山农牧股份有限公司			证券简称	龙凤山
	法人代表	胡俊华	董秘	胡晨辉	证券代码	833082
	公司网址			电子信箱		
	电　　话			传　　真		
	办公地址	河南省驻马店市确山县李新店镇夏湾村龙凤山大道 1 号				
	经营范围	生猪的养殖与销售				

主要财务指标	指标\报告期	2015.06.30	2014.12.31	2013.12.31	2012.12.31
	净利润(万元)	-	513.09	820.08	-
	净利润增长率(%)	-	-37.4335	-	-
	加权净资产收益率(%)	-	7.5400	14.9600	-
	资产负债比率(%)	-	51.8051	72.1436	-
	净利润现金含量(%)	-	0.0434	-0.0061	-
	基本每股收益(元)	-	0.1026	0.2139	-
	每股收益-扣除(元)	-	-	-	-
	每股收益-摊薄(元)	-	0.0733	0.1172	-
	每股资本公积金(元)	-	1.2061	0.1414	-
	每股未分配利润(元)	-	0.1232	0.0615	-
	每股净资产(元)	-	2.0700	0.9400	-
	每股经营现金流量(元)	-	0.0000	0.0000	-
	经营活动现金净流量增长(%)	-	543.3	-	-

成都爱林至善贸易股份有限公司

公司概况						
	公司名称	成都爱林至善贸易股份有限公司			证券简称	爱林至善
	法人代表	唐红琳	董秘	林虹	证券代码	833083
	公司网址	www.ailin-china.com		电子信箱	ailin0504@126.com	
	电　　话	028-86756086		传　　真	028-86789549	
	办公地址	四川省成都市锦江区锦华馆街 16 号				
	经营范围	代理销售精品时尚品牌				

主要财务指标	指标\报告期	2015.06.30	2014.12.31	2013.12.31	2012.12.31
	净利润(万元)	383.22	-4856.06	1403.78	-
	净利润增长率(%)	462.6871	-445.9265	-	-
	加权净资产收益率(%)	7.3500	-67.9900	15.8300	-
	资产负债比率(%)	72.3679	75.7467	69.5301	-
	净利润现金含量(%)	739.2336	-173.9616	35.5326	-
	基本每股收益(元)	0.0744	-0.9712	0.2808	-
	每股收益-扣除(元)	0.0741	-0.9741	0.2730	-
	每股收益-摊薄(元)	0.0744	-0.9423	0.2808	-
	每股资本公积金(元)	0.2035	0.2035	0.1790	-
	每股未分配利润(元)	-0.2262	-0.3006	0.6614	-
	每股净资产(元)	1.0487	0.9700	1.9100	-
	每股经营现金流量(元)	0.5497	1.6400	0.1000	-
	经营活动现金净流量增长(%)	-37.5593	1593.5981	-	-

杭州赛奇机械股份有限公司

公司概况					
公司名称	杭州赛奇机械股份有限公司			证券简称	赛奇股份
法人代表	陈建平	董秘	陈勇	证券代码	833084
公司网址	www.sivge.com		电子信箱	info@sivge.com	
电　话	0571-88043737		传　真	0571-88043715	
办公地址	浙江省杭州市拱墅区康贤路15号				
经营范围	升降工作平台等专用机械设备的设计、生产和销售				

主要财务指标：指标\报告期	2015.06.30	2014.12.31	2013.12.31	2012.12.31
净利润(万元)	-18.24	67.80	83.09	-
净利润增长率(%)	-131.4967	-18.4063	-	-
加权净资产收益率(%)	-1.0200	3.7500	4.6600	-
资产负债比率(%)	6.9038	8.5413	6.8462	-
净利润现金含量(%)	-643.8092	493.6283	49.2478	-
基本每股收益(元)	-0.0200	0.0700	0.0800	-
每股收益-扣除(元)	-0.0400	-	-	-
每股收益-摊薄(元)	-0.0182	0.0678	0.0831	-
每股资本公积金(元)	0.0096	0.0096	0.0096	-
每股未分配利润(元)	0.6956	0.7061	0.7450	-
每股净资产(元)	1.7900	1.7900	1.8300	-
每股经营现金流量(元)	0.1174	0.3300	0.0400	-
经营活动现金净流量增长(%)	75.0412	717.9768	-	-

昆山腾飞内衣科技股份有限公司

公司概况					
公司名称	昆山腾飞内衣科技股份有限公司			证券简称	腾飞科技
法人代表	梅先明	董秘	钱铧	证券代码	833085
公司网址	www.tengfeineiyi.com		电子信箱	tfboard@e-tengfei.com	
电　话	0512-55153699		传　真	0512-57109599	
办公地址	江苏昆山市张浦镇垌丘路南侧				
经营范围	高级无缝内衣、中高级半有缝内衣、高级罩杯的主设计、生产、销售				

主要财务指标：指标\报告期	2015.06.30	2014.12.31	2013.12.31	2012.12.31
净利润(万元)	740.49	1321.63	-10.95	-
净利润增长率(%)	28.0659	12170.3	-	-
加权净资产收益率(%)	12.4200	26.8000	-0.2600	-
资产负债比率(%)	59.3590	58.8871	61.0759	-
净利润现金含量(%)	268.7669	-182.8114	-966.4840	-
基本每股收益(元)	0.1500	0.2600	-	-
每股收益-扣除(元)	0.1500	0.2500	-	-
每股收益-摊薄(元)	0.1452	0.2591	-0.0021	-
每股资本公积金(元)	0.1493	0.1493	-	-
每股未分配利润(元)	0.0955	-0.0536	-0.1628	-
每股净资产(元)	1.2500	1.1000	0.8400	-
每股经营现金流量(元)	0.3902	-0.4700	0.0208	-
经营活动现金净流量增长(%)	913.2767	-328.3075	-	-

青岛明药堂医疗股份有限公司

公司概况					
公司名称	青岛明药堂医疗股份有限公司			证券简称	明药堂
法人代表	李育强	董秘	李育强	证券代码	833086
公司网址	www.miuton.com		电子信箱	liyuqiang160@163.com	
电　话	0532-85717217		传　真	0532-85717217	
办公地址	山东省青岛高新技术产业开发区锦业路1号A1座二、三、四层				
经营范围	一类医疗器械、二类医疗器械、卫生材料、卫生用品,货物进出口、技术进出口				

主要财务指标：指标\报告期	2015.06.30	2014.12.31	2013.12.31	2012.12.31
净利润(万元)	4.17	66.83	103.63	-
净利润增长率(%)	-76.9985	-35.5111	-	-
加权净资产收益率(%)	0.1600	3.4600	11.4800	-
资产负债比率(%)	29.5037	31.1662	50.6880	-
净利润现金含量(%)	4936.8866	-249.9313	246.8678	-
基本每股收益(元)	0.0000	0.0300	0.1100	-
每股收益-扣除(元)	-0.0100	-	-	-
每股收益-摊薄(元)	0.0017	0.0296	0.1042	-
每股资本公积金(元)	0.3945	0.0340	-	-
每股未分配利润(元)	0.0193	0.0194	0.0531	-
每股净资产(元)	1.4200	1.0600	1.0600	-
每股经营现金流量(元)	0.0829	-0.0700	0.2600	-
经营活动现金净流量增长(%)	957.5128	-165.2892	-	-

绵阳市勇辉生态农业股份有限公司

公司概况					
公司名称	绵阳市勇辉生态农业股份有限公司			证券简称	勇辉生态
法人代表	邓勇	董秘	刘福东	证券代码	833087
公司网址			电子信箱	heiliubao@ysstny.com	
电　话	0816-3872778		传　真	0816-3873338	
办公地址	四川省绵阳市江油市武都镇接官厅村四组				
经营范围	农业生态养殖、种植、销售等				

主要财务指标：指标\报告期	2015.06.30	2014.12.31	2013.12.31	2012.12.31
净利润(万元)	171.65	1072.70	795.67	-
净利润增长率(%)	-74.8874	34.8180	-	-
加权净资产收益率(%)	2.4400	-	-	-
资产负债比率(%)	33.3501	38.8941	61.4330	-
净利润现金含量(%)	126.3577	162.4201	159.2205	-
基本每股收益(元)	0.0600	0.8900	0.6600	-
每股收益-扣除(元)	-	0.4800	0.6500	-
每股收益-摊薄(元)	0.0541	0.4144	0.6631	-
每股资本公积金(元)	1.3008	1.2559	-	-
每股未分配利润(元)	0.2653	0.2587	1.5101	-
每股净资产(元)	2.5800	2.5300	2.6800	-
每股经营现金流量(元)	0.0684	0.6731	1.0600	-
经营活动现金净流量增长(%)	-92.1740	37.5269	-	-

山东泰金精锻股份有限公司

公司概况	公司名称	山东泰金精锻股份有限公司			证券简称	泰金精锻
	法人代表	于涛	董秘	吴希增	证券代码	833088
	公司网址	www.cnxiehengzha.com		电子信箱	sdtjjd2014@126.com	
	电　话	0634-8671123		传　真	0634-8671123	
	办公地址	山东省莱芜高新区汇源大街以南、博莱高速以西				
	经营范围	楔横轧技术生产乘用车变速箱轴轧锻件的研发、生产、销售企业				

主要财务指标	指标\报告期	2015.06.30	2014.12.31	2013.12.31	2012.12.31
	净利润(万元)	500.84	320.12	120.95	–
	净利润增长率(%)	106.1690	164.6695	–	–
	加权净资产收益率(%)	0.1500	10.5500	5.6300	–
	资产负债比率(%)	70.7629	67.7939	57.4447	–
	净利润现金含量(%)	–299.9322	346.8994	73.1735	–
	基本每股收益(元)	0.2000	0.1300	0.0700	–
	每股收益–扣除(元)	0.1900	0.1200	0.0400	–
	每股收益–摊薄(元)	0.2003	0.1280	0.0484	–
	每股资本公积金(元)	0.1781	0.1781	–	–
	每股未分配利润(元)	0.2899	0.0618	0.1295	–
	每股净资产(元)	1.4780	1.2800	1.1500	–
	每股经营现金流量(元)	–0.6009	0.4442	0.0400	–
	经营活动现金净流量增长(%)	–241.4310	1154.7399	–	–

北京索福特安全设备股份公司

公司概况	公司名称	北京索福特安全设备股份公司			证券简称	索福特
	法人代表	王跃兰	董秘	苏萍	证券代码	833089
	公司网址	www.safetak.com		电子信箱	market@safetak.com	
	电　话	010-85861122		传　真	010-85863688	
	办公地址	北京市朝阳区广渠东路唐家村5号西区2号				
	经营范围	从事安全防护产品及配套服务的企业				

主要财务指标	指标\报告期	2015.06.30	2014.12.31	2013.12.31	2012.12.31
	净利润(万元)	–55.01	20.38	27.78	–
	净利润增长率(%)	71.5	–26.6191	–	–
	加权净资产收益率(%)	–2.8000	0.9700	1.3300	–
	资产负债比率(%)	17.5280	15.5775	24.2237	–
	净利润现金含量(%)	558.0894	–464.5736	–128.6834	–
	基本每股收益(元)	–0.0300	0.0100	0.0200	–
	每股收益–扣除(元)	–	–	–	–
	每股收益–摊薄(元)	–0.0306	0.0115	0.0174	–
	每股资本公积金(元)	0.0316	–	0.1875	–
	每股未分配利润(元)	0.0361	0.1118	0.1152	–
	每股净资产(元)	1.0800	1.1200	1.3100	–
	每股经营现金流量(元)	–0.1706	–0.0500	–0.0200	–
	经营活动现金净流量增长(%)	–1649.4	–164.9	–	–

深圳市杰曼科技股份有限公司

公司概况	公司名称	深圳市杰曼科技股份有限公司			证券简称	杰曼科技
	法人代表	刘旭光	董秘	许江	证券代码	833090
	公司网址	www.szgmt.com		电子信箱	gmir@szgmt.com	
	电　话	0755-86313593		传　真	0755-26632060	
	办公地址	广东省深圳市南山区西丽平山民企科技园6栋3-4楼、7栋1楼				
	经营范围	智能称重控制仪表及智能机电设备研发、销售				

主要财务指标	指标\报告期	2015.06.30	2014.12.31	2013.12.31	2012.12.31
	净利润(万元)	116.30	305.40	14.77	–
	净利润增长率(%)	–8.6737	1967.8560	–	–
	加权净资产收益率(%)	8.8800	27.8100	1.5700	–
	资产负债比率(%)	19.8868	28.0496	37.9557	–
	净利润现金含量(%)	–148.1742	117.7374	790.7244	–
	基本每股收益(元)	0.1800	0.4800	0.0200	–
	每股收益–扣除(元)	0.1800	–	–	–
	每股收益–摊薄(元)	0.1817	0.4772	0.0231	–
	每股资本公积金(元)	0.6763	0.6763	–	–
	每股未分配利润(元)	0.4321	0.2504	0.4750	–
	每股净资产(元)	2.1400	1.9500	1.4800	–
	每股经营现金流量(元)	–0.2693	0.5600	0.1800	–
	经营活动现金净流量增长(%)	–369.9756	207.8695	–	–

浙江恒达仪器仪表股份有限公司

公司概况	公司名称	浙江恒达仪器仪表股份有限公司			证券简称	恒达股份
	法人代表	尹辉	董秘	顾剑莲	证券代码	833091
	公司网址	www.ihenda.com		电子信箱	office@ihenda.com	
	电　话	0571-56077299		传　真	0571-56077870	
	办公地址	浙江省杭州市西湖区古荡湾华星路92号三楼				
	经营范围	专业从事研制、生产、销售环境监测采样仪器				

主要财务指标	指标\报告期	2015.06.30	2014.12.31	2013.12.31	2012.12.31
	净利润(万元)	129.44	320.66	127.09	–
	净利润增长率(%)	68.4546	152.3058	–	–
	加权净资产收益率(%)	11.4400	35.3600	18.6100	–
	资产负债比率(%)	13.8937	32.7707	28.7067	–
	净利润现金含量(%)	39.9108	34.4040	159.2966	–
	基本每股收益(元)	0.2600	0.6400	0.2500	–
	每股收益–扣除(元)	0.2600	–	–	–
	每股收益–摊薄(元)	0.2589	0.6413	0.2542	–
	每股资本公积金(元)	–	–	–	–
	每股未分配利润(元)	1.2920	1.0285	0.4513	–
	每股净资产(元)	2.3900	2.1300	1.4900	–
	每股经营现金流量(元)	0.1033	0.2200	0.4000	–
	经营活动现金净流量增长(%)	355.4	–45.5087	–	–

上海健耕医药科技股份有限公司

公司概况	公司名称	上海健耕医药科技股份有限公司			证券简称	健耕医药
	法人代表	吴云林	董秘	傅琳	证券代码	833092
	公司网址	www.genext.com.cn		电子信箱	info@genext.com.cn	
	电　话	021-51873629		传　真	021-52370879	
	办公地址	上海市闵行区三鲁公路 3279 号 1 幢 2 号楼 201-203 室				
	经营范围	医药及生物制品专业技术领域内技术开发、技术咨询、技术服务				

主要财务指标	指标＼报告期	2015.06.30	2014.12.31	2013.12.31	2012.12.31
	净利润(万元)	400.85	481.01	-174.19	–
	净利润增长率(%)	1772.1	376.1	–	–
	加权净资产收益率(%)	11.1000	17.1700	-8.8300	–
	资产负债比率(%)	52.2585	51.6259	71.1891	–
	净利润现金含量(%)	67.5783	-336.2344	-203.5668	–
	基本每股收益(元)	0.3500	0.4100	-0.1600	–
	每股收益-扣除(元)	–	0.3500	–	–
	每股收益-摊薄(元)	0.3504	0.4205	-1.6239	–
	每股资本公积金(元)	1.9804	1.9804	8.9051	–
	每股未分配利润(元)	0.2800	0.0257	6.5492	–
	每股净资产(元)	3.2700	3.0200	1.5900	–
	每股经营现金流量(元)	0.2368	-1.4100	3.3057	–
	经营活动现金净流量增长(%)	160.4	-556.0977	–	–

深圳市希科普股份有限公司

公司概况	公司名称	深圳市希科普股份有限公司			证券简称	希科普
	法人代表	刘军	董秘	程群峰	证券代码	833093
	公司网址	www.scope.com.cn		电子信箱	scope@scope.com.cn	
	电　话	00755-2741 3333		传　真	00755-2741 3959	
	办公地址	广东深圳市宝安区沙井镇蚝四西部工业区第一、四栋				
	经营范围	智能终端及系统、智能显示设备、智能通讯设备的设计、研发、生产及销售				

主要财务指标	指标＼报告期	2015.06.30	2014.12.31	2013.12.31	2012.12.31
	净利润(万元)	-858.80	705.71	153.08	–
	净利润增长率(%)	-42172.3(L	361.0146	–	–
	加权净资产收益率(%)	-33.4700	29.7700	9.1900	–
	资产负债比率(%)	63.4968	86.5831	86.1766	–
	净利润现金含量(%)	-416.3361	-45.1205	-1323.9077	–
	基本每股收益(元)	-0.1700	0.3500	0.0800	–
	每股收益-扣除(元)	–	–	–	–
	每股收益-摊薄(元)	-0.1718	0.3529	0.0765	–
	每股资本公积金(元)	0.2756	–	0.0005	–
	每股未分配利润(元)	-0.2593	0.1448	-0.1677	–
	每股净资产(元)	1.0200	1.1900	0.8300	–
	每股经营现金流量(元)	0.7151	-0.1600	-1.0100	–
	经营活动现金净流量增长(%)	711.0	84.3	–	–

湖南耐普泵业股份有限公司

公司概况	公司名称	湖南耐普泵业股份有限公司			证券简称	耐普泵业
	法人代表	耿纪中	董秘	田灵芝	证券代码	833094
	公司网址	www.csnep.com		电子信箱	neppump@163.com	
	电　话	0731-82957128		传　真	0731-82957128	
	办公地址	湖南省长沙经济技术开发区盼盼路 26 号				
	经营范围	泵类、电气控制设备、机电产品及配套设备的生产、销售和进出口				

主要财务指标	指标＼报告期	2015.06.30	2014.12.31	2013.12.31	2012.12.31
	净利润(万元)	70.06	986.48	447.85	–
	净利润增长率(%)	-89.6648	120.2687	–	–
	加权净资产收益率(%)	0.8800	15.8300	10.4700	–
	资产负债比率(%)	51.0865	56.9721	72.6700	–
	净利润现金含量(%)	-1135.0415	-0.0044	0.0110	–
	基本每股收益(元)	0.0100	0.2400	0.1100	–
	每股收益-扣除(元)	–	–	–	–
	每股收益-摊薄(元)	0.0137	0.1934	0.1120	–
	每股资本公积金(元)	0.4559	0.4559	0.2375	–
	每股未分配利润(元)	0.0585	0.0447	-0.1833	–
	每股净资产(元)	1.5800	1.5600	1.1300	–
	每股经营现金流量(元)	-0.1559	0.0000	0.0000	–
	经营活动现金净流量增长(%)	-397.0175	-189.3761	–	–

福建邮通技术股份有限公司

公司概况	公司名称	福建邮通技术股份有限公司			证券简称	福建邮通
	法人代表	叶孔兴	董秘	滕用星	证券代码	833095
	公司网址	www.youtongtec.com		电子信箱	sales@youtongtec.com	
	电　话	0591-83951762		传　真	0591-87951760	
	办公地址	福建省福州市晋安区王庄街道福新中路 75 号永同昌花园 1# 楼 16 层 03 室				
	经营范围	通信网络工程设计、建设、优化等技术服务				

主要财务指标	指标＼报告期	2015.06.30	2014.12.31	2013.12.31	2012.12.31
	净利润(万元)	190.80	537.07	113.23	–
	净利润增长率(%)	42.7740	374.3324	–	–
	加权净资产收益率(%)	7.0900	23.3800	6.4300	–
	资产负债比率(%)	62.2601	72.3842	76.0756	–
	净利润现金含量(%)	-356.2312	26.8009	-59.4933	–
	基本每股收益(元)	0.1600	0.5400	0.1100	–
	每股收益-扣除(元)	–	–	–	–
	每股收益-摊薄(元)	0.1192	0.5371	0.1132	–
	每股资本公积金(元)	0.8107	–	–	–
	每股未分配利润(元)	0.1192	1.1670	0.6836	–
	每股净资产(元)	1.9300	2.3000	1.7600	–
	每股经营现金流量(元)	-0.4248	0.1400	-0.0700	–
	经营活动现金净流量增长(%)	-464.0416	313.7	–	–

上海仰邦科技股份有限公司

公司概况	公司名称	上海仰邦科技股份有限公司		证券简称	仰邦科技
	法人代表	高庆伟	董秘 王有乾	证券代码	833096
	公司网址	www.onbonbx.com		电子信箱	wangyq@onbonbx.com
	电　话	021-64955136		传　真	021-64955136
	办公地址	上海市徐汇区钦州北路 1199 号 88 幢 701 部位-02 室			
	经营范围	LED 控制系统及整体照明方案研发、加工及销售			

主要财务指标	指标\报告期	2015.06.30	2014.12.31	2013.12.31	2012.12.31
	净利润(万元)	–	1526.43	1807.15	–
	净利润增长率(%)	–	-15.5340	–	–
	加权净资产收益率(%)	–	21.5700	33.7600	–
	资产负债比率(%)	–	10.6232	18.8683	–
	净利润现金含量(%)	–	115.0849	131.8258	–
	基本每股收益(元)	–	1.1200	1.3200	–
	每股收益-扣除(元)	–	–	–	–
	每股收益-摊薄(元)	–	1.1167	1.3220	–
	每股资本公积金(元)	–	–	–	–
	每股未分配利润(元)	–	4.2682	3.2670	–
	每股净资产(元)	–	5.7400	4.6200	–
	每股经营现金流量(元)	–	1.2900	1.7400	–
	经营活动现金净流量增长(%)	–	-26.2606	–	–

江西新龙生物科技股份有限公司

公司概况	公司名称	江西新龙生物科技股份有限公司		证券简称	新龙股份
	法人代表	胡秀筠	董秘 易莉	证券代码	833098
	公司网址	www.jxsxinlongshengwu.com		电子信箱	jxsxinlongshengwu@163.com
	电　话	0795-3240588		传　真	0795-3669598
	办公地址	江西省宜春市袁州区医药工业园			
	经营范围	生物农药、生物有机肥,生物物理防治技术			

主要财务指标	指标\报告期	2015.06.30	2014.12.31	2013.12.31	2012.12.31
	净利润(万元)	270.25	382.16	-433.67	–
	净利润增长率(%)	217.6	188.1	–	–
	加权净资产收益率(%)	4.5300	8.6500	-11.7700	–
	资产负债比率(%)	30.5602	34.5752	55.0864	–
	净利润现金含量(%)	30.1535	-405.9975	-247.2940	–
	基本每股收益(元)	0.0500	0.0800	-0.0900	–
	每股收益-扣除(元)	–	0.0500	–	–
	每股收益-摊薄(元)	0.0541	0.0764	-0.1011	–
	每股资本公积金(元)	0.1312	0.1312	0.0026	–
	每股未分配利润(元)	0.0614	0.0073	-0.1641	–
	每股净资产(元)	1.1900	1.1400	0.7200	–
	每股经营现金流量(元)	0.0163	-0.3100	0.2500	–
	经营活动现金净流量增长(%)	111.5	-244.6766	–	–

上海乐骋国际旅行社股份有限公司

公司概况	公司名称	上海乐骋国际旅行社股份有限公司		证券简称	乐旅股份
	法人代表	杜松	董秘 褚新益	证券代码	833099
	公司网址	www.2limi.com		电子信箱	bottlechu@aliyun.com
	电　话	021-54177800		传　真	021-54177860
	办公地址	上海市闵行区金都路 4299 号 6 幢 1 楼 C20 室			
	经营范围	在线国际游学业务、商务会奖旅游业务以及票务代理业务			

主要财务指标	指标\报告期	2015.06.30	2014.12.31	2013.12.31	2012.12.31
	净利润(万元)	20.13	-275.25	54.57	–
	净利润增长率(%)	131.7	-604.3589	–	–
	加权净资产收益率(%)	0.0140	-32.8700	75.0200	–
	资产负债比率(%)	7.7533	2.6199	79.7046	–
	净利润现金含量(%)	-2279.0362	373.2017	-45.0520	–
	基本每股收益(元)	0.0100	-0.3101	1.8192	–
	每股收益-扣除(元)	0.0134	-0.3355	1.8192	–
	每股收益-摊薄(元)	0.0134	-0.1835	1.8192	–
	每股资本公积金(元)	0.0408	0.0408	–	–
	每股未分配利润(元)	-0.1442	-0.1576	2.1012	–
	每股净资产(元)	0.9000	0.8800	3.3300	–
	每股经营现金流量(元)	-0.3059	-0.6800	-0.8200	–
	经营活动现金净流量增长(%)	-252.6	-4078.0	–	–

商丘爱己爱牧生物科技股份有限公司

公司概况	公司名称	商丘爱己爱牧生物科技股份有限公司		证券简称	爱己爱牧
	法人代表	陈五常	董秘 种正楷	证券代码	833100
	公司网址	www.chinaigm.net		电子信箱	chongzhengkai@126.com
	电　话	0370-4539888		传　真	0370-4539888
	办公地址	河南省虞城县木兰大道西段南侧			
	经营范围	粉剂、散剂、预混剂、颗粒剂、最终灭菌小容量注射剂等			

主要财务指标	指标\报告期	2015.06.30	2014.12.31	2013.12.31	2012.12.31
	净利润(万元)	-53.79	64.93	-29.61	–
	净利润增长率(%)	-5.1	319.3	–	–
	加权净资产收益率(%)	-2.6500	3.2200	-1.6900	–
	资产负债比率(%)	32.6721	47.9876	53.7352	–
	净利润现金含量(%)	389.4443	910.2129	1409.3080	–
	基本每股收益(元)	-0.0300	0.0300	-0.0200	–
	每股收益-扣除(元)	–	–	-0.0300	–
	每股收益-摊薄(元)	-0.0269	0.0325	-0.0148	–
	每股资本公积金(元)	0.0399	0.0474	0.0474	–
	每股未分配利润(元)	-0.0383	-0.0226	-0.0551	–
	每股净资产(元)	1.0000	1.0200	0.9900	–
	每股经营现金流量(元)	-0.1047	0.3000	-0.2100	–
	经营活动现金净流量增长(%)	-112.0776	241.6	–	–

武汉禾元生物科技股份有限公司

公司概况	公司名称	武汉禾元生物科技股份有限公司		证券简称	禾元生物
	法人代表	杨代常	董秘 李雪	证券代码	833101
	公司网址	www.oryzogen.com		电子信箱	healthgen@oryzogen.com
	电　话	027-59403931		传　真	027-59403931-8007
	办公地址	湖北省武汉市东湖开发区高新大道666号			
	经营范围	运用水稻胚乳细胞重组蛋白表达技术平台进行植物源人血清白蛋白			

主要财务指标	指标\报告期	2015.06.30	2014.12.31	2013.12.31	2012.12.31
	净利润(万元)	-420.41	-791.65	39.68	-
	净利润增长率(%)	-66.0	-2094.9606	-	-
	加权净资产收益率(%)	-5.3900	-9.5100	0.4600	-
	资产负债比率(%)	35.9701	23.8963	17.8046	-
	净利润现金含量(%)	-16.1833	30.5963	-800.4567	-
	基本每股收益(元)	-0.1100	-0.2100	0.0100	-
	每股收益-扣除(元)	-0.1400	-0.3100	-0.0100	-
	每股收益-摊薄(元)	-0.1106	-0.2083	0.0104	-
	每股资本公积金(元)	1.1458	1.1458	1.4264	-
	每股未分配利润(元)	-0.1468	-0.0361	-0.1349	-
	每股净资产(元)	2.0000	2.1097	2.2915	-
	每股经营现金流量(元)	0.0179	-0.0600	-0.0800	-
	经营活动现金净流量增长(%)	155.0	23.7	-	-

杭州融都科技股份有限公司

公司概况	公司名称	杭州融都科技股份有限公司		证券简称	融都科技
	法人代表	冯科	董秘 刘耀耀	证券代码	833102
	公司网址	www.erongdu.com		电子信箱	infor@erongdu.com
	电　话	0571-28889718		传　真	0571-85132616
	办公地址	浙江省杭州市江干区凤起东路203号中豪五福天地商业中心2幢2105室			
	经营范围	网络工程、计算机软硬件、计算机系统集成的技术开发、技术咨询			

主要财务指标	指标\报告期	2015.06.30	2014.12.31	2013.12.31	2012.12.31
	净利润(万元)	-330.76	87.87	-25.25	-
	净利润增长率(%)	-98.5	447.9	-	-
	加权净资产收益率(%)	-7.5300	253.3700	-748.4600	-
	资产负债比率(%)	14.8178	51.5100	101.7165	-
	净利润现金含量(%)	14.2664	233.0259	-1765.7698	-
	基本每股收益(元)	-0.2900	1.7600	-0.5100	-
	每股收益-扣除(元)	-	1.7500	-0.5100	-
	每股收益-摊薄(元)	-0.2927	0.1757	-0.5051	-
	每股资本公积金(元)	6.4912	0.1800	-	-
	每股未分配利润(元)	-0.2699	0.0515	-1.1851	-
	每股净资产(元)	7.2200	1.2400	-0.1900	-
	每股经营现金流量(元)	-0.0418	0.4100	8.9200	-
	经营活动现金净流量增长(%)	-210.2069	-54.0844	-	-

东莞兆舜有机硅科技股份有限公司

公司概况	公司名称	东莞兆舜有机硅科技股份有限公司		证券简称	兆舜科技
	法人代表	陈芳	董秘 桂玉琴	证券代码	833103
	公司网址	www.megasun-tech.com		电子信箱	zs@megasun-tech.com
	电　话	0769-88416888		传　真	0769-88891019
	办公地址	广东东莞市中堂镇东泊村大新围路大新路二街1号			
	经营范围	硅橡胶及硅橡胶制品;货物进出口、技术进出口、进出口代理			

主要财务指标	指标\报告期	2015.06.30	2014.12.31	2013.12.31	2012.12.31
	净利润(万元)	137.01	375.38	16.77	-
	净利润增长率(%)	-41.5402	2139.0556	-	-
	加权净资产收益率(%)	11.9500	42.1800	2.4200	-
	资产负债比率(%)	60.9248	54.5344	70.3968	-
	净利润现金含量(%)	-89.0523	271.9031	1254.0847	-
	基本每股收益(元)	0.1700	0.4700	0.0200	-
	每股收益-扣除(元)	0.1600	-	-	-
	每股收益-摊薄(元)	0.1713	0.4692	0.0210	-
	每股资本公积金(元)	0.3470	-	-	-
	每股未分配利润(元)	0.1713	0.3123	-0.1222	-
	每股净资产(元)	1.5200	1.3500	0.8800	-
	每股经营现金流量(元)	-0.1525	1.2800	0.2600	-
	经营活动现金净流量增长(%)	-232.0243	385.3077	-	-

山东融汇管通股份有限公司

公司概况	公司名称	山东融汇管通股份有限公司		证券简称	融汇管通
	法人代表	张传强	董秘 范雪源	证券代码	833104
	公司网址	www.ronghuiguantong.com		电子信箱	rhgt2010@163.com
	电　话	0531-66576458		传　真	0531-66576458
	办公地址	山东济南市高新区世纪大道15612号2号楼1704室			
	经营范围	塑料管道的研发、生产和销售			

主要财务指标	指标\报告期	2015.06.30	2014.12.31	2013.12.31	2012.12.31
	净利润(万元)	306.59	1030.20	447.62	-
	净利润增长率(%)	85.1386	130.1529	-	-
	加权净资产收益率(%)	2.3500	11.7600	7.7500	-
	资产负债比率(%)	42.5080	42.6725	56.6501	-
	净利润现金含量(%)	-112.1187	-294.1265	-323.0708	-
	基本每股收益(元)	0.0400	0.1477	0.0695	-
	每股收益-扣除(元)	-	0.1440	0.0680	-
	每股收益-摊薄(元)	0.0409	0.1381	0.0675	-
	每股资本公积金(元)	0.4761	0.3581	-	-
	每股未分配利润(元)	0.0989	0.1771	0.0550	-
	每股净资产(元)	1.5800	1.5372	1.0556	-
	每股经营现金流量(元)	-0.0458	-0.4062	-0.2181	-
	经营活动现金净流量增长(%)	75.5	-109.5	-	-

河北华通科技股份有限公司

公司概况	公司名称	河北华通科技股份有限公司		证券简称	华通科技
	法人代表	蔡志强	董秘 任晓静	证券代码	833105
	公司网址	www.htemc.com		电子信箱	htemc@htemc.com
	电　话	0311-68058018		传　真	0311-68058018
	办公地址	河北省石家庄市高新区湘江道 319 号 B 座 1-1705			
	经营范围	计算机软硬件开发、销售;工业余热余气余压回收系统、可再生能源应用技术开发			

主要财务指标	指标＼报告期	2015.06.30	2014.12.31	2013.12.31	2012.12.31
	净利润(万元)	2706.20	216.34	410.08	–
	净利润增长率(%)	1150.9214	–47.2459	–	–
	加权净资产收益率(%)	79.0500	11.0300	31.1200	–
	资产负债比率(%)	39.0936	66.3900	57.1741	–
	净利润现金含量(%)	10.6207	–110.9933	–188.3579	–
	基本每股收益(元)	1.1200	0.1400	0.2700	–
	每股收益–扣除(元)	0.9300	–	–	–
	每股收益–摊薄(元)	1.1201	0.1433	0.2716	–
	每股资本公积金(元)	0.0010	0.3017	–	–
	每股未分配利润(元)	0.8596	0.0624	0.2049	–
	每股净资产(元)	1.9800	1.3700	1.2300	–
	每股经营现金流量(元)	0.1190	–0.1590	–0.5100	–
	经营活动现金净流量增长(%)	219.7	68.9	–	–

瑞奥电气(北京)股份有限公司

公司概况	公司名称	瑞奥电气(北京)股份有限公司		证券简称	瑞奥电气
	法人代表	张明浩	董秘 华里	证券代码	833106
	公司网址	www.reallopp.com		电子信箱	li.hua@reallopp.com
	电　话	0010-69661088		传　真	010-69667079
	办公地址	北京市怀柔区雁栖经济开发区雁东二路 68 号			
	经营范围	生产、制造电气设备。销售电子产品、通讯器材、计算机辅助设备、软件			

主要财务指标	指标＼报告期	2015.06.30	2014.12.31	2013.12.31	2012.12.31
	净利润(万元)	298.82	884.30	561.67	–
	净利润增长率(%)	18.3852	57.4420	–	–
	加权净资产收益率(%)	5.1800	–	–	–
	资产负债比率(%)	37.5726	37.8588	58.5030	–
	净利润现金含量(%)	63.6879	61.1274	–209.9971	–
	基本每股收益(元)	0.0800	0.2872	0.2966	–
	每股收益–扣除(元)	0.0800	–	–	–
	每股收益–摊薄(元)	0.0808	0.2527	0.1937	–
	每股资本公积金(元)	0.1991	–	–	–
	每股未分配利润(元)	0.5263	0.5317	0.3388	–
	每股净资产(元)	1.7300	1.5400	1.3400	–
	每股经营现金流量(元)	0.0514	0.1500	–0.4100	–
	经营活动现金净流量增长(%)	11.5834	145.8	–	–

湖北鸣利来冶金机械股份有限公司

公司概况	公司名称	湖北鸣利来冶金机械股份有限公司		证券简称	鸣利来
	法人代表	汪学军	董秘 汪亮	证券代码	833107
	公司网址	www.milalion.com		电子信箱	
	电　话	0713-8343588		传　真	0713-8343588
	办公地址	湖北省黄冈市黄州南湖路 188 号			
	经营范围	冶金矿用、汕用牙轮钻头、水井轮钻头、冲击器、潜孔钻头研发			

主要财务指标	指标＼报告期	2015.06.30	2014.12.31	2013.12.31	2012.12.31
	净利润(万元)	–128.06	58.27	192.45	–
	净利润增长率(%)	–19.0	–69.7212	–	–
	加权净资产收益率(%)	–11.0600	2.5800	9.0300	–
	资产负债比率(%)	64.7421	61.6012	56.9354	–
	净利润现金含量(%)	766.7372	433.3593	–286.3887	–
	基本每股收益(元)	–0.0600	0.0300	0.1000	–
	每股收益–扣除(元)	–0.0600	–0.0300	0.0400	–
	每股收益–摊薄(元)	–0.0611	0.0278	0.0962	–
	每股资本公积金(元)	–	–	–	–
	每股未分配利润(元)	0.0614	0.1225	0.1021	–
	每股净资产(元)	1.0800	1.1361	1.1100	–
	每股经营现金流量(元)	–0.4687	0.1300	–0.2800	–
	经营活动现金净流量增长(%)	–1168.9	145.8	–	–

西安博冠信息科技股份有限公司

公司概况	公司名称	西安博冠信息科技股份有限公司		证券简称	博冠科技
	法人代表	强顺利	董秘 王超望	证券代码	833108
	公司网址	www.firstelite.net		电子信箱	wangchaowang@firstelite.net
	电　话	029-88447768		传　真	029-88447768
	办公地址	陕西省西安市高新区唐延路 25 号 2 幢 1 单元 10905 室			
	经营范围	教育信息化的软件研发和服务			

主要财务指标	指标＼报告期	2015.06.30	2014.12.31	2013.12.31	2012.12.31
	净利润(万元)	–108.17	59.33	36.56	–
	净利润增长率(%)	–447.3258	62.2866	–	–
	加权净资产收益率(%)	–21.7600	17.7200	23.8000	–
	资产负债比率(%)	43.6570	6.1052	25.7762	–
	净利润现金含量(%)	290.3658	–115.2444	7.6494	–
	基本每股收益(元)	–0.2200	0.1700	0.2000	–
	每股收益–扣除(元)	–	0.1000	0.1400	–
	每股收益–摊薄(元)	–0.2163	0.1187	0.2031	–
	每股资本公积金(元)	0.0315	0.0315	–	–
	每股未分配利润(元)	–0.1524	0.0639	–0.0449	–
	每股净资产(元)	0.9900	1.1000	0.9600	–
	每股经营现金流量(元)	–0.6282	–0.1400	0.0200	–
	经营活动现金净流量增长(%)	–262.0	–3009.8227	–	–

杭州心有灵犀互联网金融股份有限公司

公司概况

公司名称	杭州心有灵犀互联网金融股份有限公司		证券简称	灵犀金融
法人代表	孔强	董秘 祝勤	证券代码	833109
公司网址	www.eceyes.cn		电子信箱	zhuqin@eceyes.cn
电　　话	0571-89715501		传　　真	0571-87014381
办公地址	浙江省杭州市余杭区仓前街道绿汀路1号1幢184室			
经营范围	互联网金融领域代运营服务及第三方保险网络销售平台服务			

主要财务指标

指标\报告期	2015.06.30	2014.12.31	2013.12.31	2012.12.31
净利润(万元)	-146.28	14.76	-17.72	-
净利润增长率(%)	-807.1349	183.3	-	-
加权净资产收益率(%)	-22.9700	14.8900	-21.1200	-
资产负债比率(%)	0.1670	5.3718	55.7216	-
净利润现金含量(%)	280.0955	-220.1040	-272.6991	-
基本每股收益(元)	-0.2100	0.1300	-0.1800	-
每股收益-扣除(元)	-0.2200	0.1200	-0.1800	-
每股收益-摊薄(元)	-0.0348	0.0211	-0.1772	-
每股资本公积金(元)	0.0068	0.0287	-	-
每股未分配利润(元)	-0.0392	-0.0158	-0.2520	-
每股净资产(元)	0.9700	1.0100	0.7500	-
每股经营现金流量(元)	-0.0976	-0.0500	0.4800	-
经营活动现金净流量增长(%)	-453.8	-167.1992	-	-

山东中教产业发展股份有限公司

公司概况

公司名称	山东中教产业发展股份有限公司		证券简称	中教产业
法人代表	魏立文	董秘 郭锦芳	证券代码	833110
公司网址	www.book1993.com		电子信箱	747821852@QQ.com
电　　话	0531-83532276		传　　真	0531-83532285
办公地址	济南市二环东路3966号东环国际广场A-23层			
经营范围	图书期刊报纸批发零售、网络发行等			

主要财务指标

指标\报告期	2015.06.30	2014.12.31	2013.12.31	2012.12.31
净利润(万元)	11.32	126.47	6.44	-
净利润增长率(%)	-52.7433	1863.1542	-	-
加权净资产收益率(%)	1.0200	-	-	-
资产负债比率(%)	67.3332	69.8129	68.2261	-
净利润现金含量(%)	-1703.5124	237.7871	2017.8964	-
基本每股收益(元)	0.0100	0.1200	0.0100	-
每股收益-扣除(元)	-	-	-	-
每股收益-摊薄(元)	0.0105	0.1171	0.0060	-
每股资本公积金(元)	0.0702	0.0593	0.0593	-
每股未分配利润(元)	-0.0343	-0.0350	-0.1510	-
每股净资产(元)	1.0400	1.0300	0.9100	-
每股经营现金流量(元)	-0.1786	0.2800	0.1200	-
经营活动现金净流量增长(%)	-196.0	131.3364	-	-

青岛国泰药业股份有限公司

公司概况

公司名称	青岛国泰药业股份有限公司		证券简称	国泰股份
法人代表	宗杰	董秘 刘青松	证券代码	833111
公司网址	www.guotaigufen.com		电子信箱	guotaigufen@163.com
电　　话	0532-88092222		传　　真	0532-80600600
办公地址	山东省青岛平度市三城路777号			
经营范围	中药饮片、中成药、化学药制剂、抗生素、生化药品、生物制品等			

主要财务指标

指标\报告期	2015.06.30	2014.12.31	2013.12.31	2012.12.31
净利润(万元)	242.67	203.63	109.14	-
净利润增长率(%)	125.1476	86.5787	-	-
加权净资产收益率(%)	8.4700	7.7100	5.0700	-
资产负债比率(%)	73.9780	72.0730	64.3476	-
净利润现金含量(%)	331.0208	-51.6427	-213.4231	-
基本每股收益(元)	0.1200	0.1000	0.0700	-
每股收益-扣除(元)	0.1200	0.1000	0.0700	-
每股收益-摊薄(元)	0.1213	0.1018	0.0546	-
每股资本公积金(元)	-	-	-	-
每股未分配利润(元)	0.4725	0.3512	0.2596	-
每股净资产(元)	1.4900	1.3700	1.2700	-
每股经营现金流量(元)	0.4016	-0.0500	-0.1200	-
经营活动现金净流量增长(%)	3101.4	54.9	-	-

江苏海宏电力工程顾问股份有限公司

公司概况

公司名称	江苏海宏电力工程顾问股份有限公司		证券简称	海宏电力
法人代表	周道忠	董秘 刘艳婷	证券代码	833112
公司网址	www.jshhdl.com		电子信箱	zhoudaozhong@vip.sina.com
电　　话	0510-68925800		传　　真	0510-68925811
办公地址	江苏省无锡市新区龙山路旺庄科技创业中心B栋8楼			
经营范围	电力工程的勘察、设计及咨询			

主要财务指标

指标\报告期	2015.06.30	2014.12.31	2013.12.31	2012.12.31
净利润(万元)	1479.18	803.61	435.40	-
净利润增长率(%)	486.2904	84.5666	-	-
加权净资产收益率(%)	26.9600	18.0200	9.5600	-
资产负债比率(%)	6.5426	22.5005	34.8345	-
净利润现金含量(%)	119.3731	239.8308	214.6579	-
基本每股收益(元)	0.5900	0.3800	0.2100	-
每股收益-扣除(元)	0.5900	-	-	-
每股收益-摊薄(元)	0.5917	0.3348	0.2114	-
每股资本公积金(元)	0.8987	-	-	-
每股未分配利润(元)	0.5917	0.7540	0.9643	-
每股净资产(元)	2.4900	1.9800	2.1900	-
每股经营现金流量(元)	0.7063	0.8030	0.4500	-
经营活动现金净流量增长(%)	336.4	106.2107	-	-

天津正大珍吾堂食品股份有限公司

公司概况					
公司名称	天津正大珍吾堂食品股份有限公司			证券简称	珍吾堂
法人代表	沈晓光	董秘	康桂芬	证券代码	833113
公司网址	www.tj-zwt.com			电子信箱	zwt@tj-zwt.com
电　话	022-66351979 转 8216			传　真	022-66351983
办公地址	天津市滨海新区塘沽新北路 4668 号				
经营范围	糕点、调味料、饼干、方便食品生产				

主要财务指标 指标\报告期	2015.06.30	2014.12.31	2013.12.31	2012.12.31
净利润(万元)	-107.65	-285.86	-190.20	-
净利润增长率(%)	-28.9	-50.3	-	-
加权净资产收益率(%)	-6.8000	-16.0500	-19.3400	-
资产负债比率(%)	48.2913	44.1752	33.9135	-
净利润现金含量(%)	300.4461	101.9625	528.2229	-
基本每股收益(元)	-0.0600	-0.1500	-0.1600	-
每股收益-扣除(元)	-0.0600	-	-	-
每股收益-摊薄(元)	-0.0567	-0.1505	-0.1075	-
每股资本公积金(元)	0.0200	0.0200	0.3623	-
每股未分配利润(元)	-0.2147	-0.1581	-0.2581	-
每股净资产(元)	0.8100	0.8600	1.1100	-
每股经营现金流量(元)	-0.1702	-0.1500	-0.5679	-
经营活动现金净流量增长(%)	-1422.9816	71.0	-	-

重庆商汇小额贷款股份有限公司

公司概况					
公司名称	重庆商汇小额贷款股份有限公司			证券简称	商汇小贷
法人代表	刘亚林	董秘	王建	证券代码	833114
公司网址	www.cqshdk.com			电子信箱	jakarta023@aliyun.com
电　话	0623-72213333			传　真	023-63052380
办公地址	重庆市涪陵区稻香路 39 号				
经营范围	在涪陵区域内办理各项贷款、票据贴现、资产转让				

主要财务指标 指标\报告期	2015.06.30	2014.12.31	2013.12.31	2012.12.31
净利润(万元)	-	16264.21	10333.94	-
净利润增长率(%)	-	57.3864	-	-
加权净资产收益率(%)	-	14.6700	9.6500	-
资产负债比率(%)	-	33.6518	21.7767	-
净利润现金含量(%)	-	-62.1117	-0.2149	-
基本每股收益(元)	-	0.1620	0.1000	-
每股收益-扣除(元)	-	-	-	-
每股收益-摊薄(元)	-	0.1618	0.1028	-
每股资本公积金(元)	-	-	-	-
每股未分配利润(元)	-	0.1144	0.0914	-
每股净资产(元)	-	1.1800	1.1100	-
每股经营现金流量(元)	-	-0.1005	0.0000	-
经营活动现金净流量增长(%)	-	-45390.5(L	-	-

浙江畅尔智能装备股份有限公司

公司概况					
公司名称	浙江畅尔智能装备股份有限公司			证券简称	畅尔装备
法人代表	林绿高	董秘	胡春美	证券代码	833115
公司网址	www.chrmachine.cn			电子信箱	chr.xz@chrmachine.cn
电　话	0578-3559312			传　真	0578-3559200
办公地址	浙江缙云县壶镇镇西山路 209 号				
经营范围	自动化智能装备、智能化成套生产线、工业机器人及机械手、智能集成系统				

主要财务指标 指标\报告期	2015.06.30	2014.12.31	2013.12.31	2012.12.31
净利润(万元)	173.45	530.09	86.70	-
净利润增长率(%)	44.0212	511.3775	-	-
加权净资产收益率(%)	3.8600	26.0900	5.2200	-
资产负债比率(%)	57.3825	57.5061	77.8670	-
净利润现金含量(%)	106.9442	13.3109	437.2895	-
基本每股收益(元)	0.1200	0.5200	0.0900	-
每股收益-扣除(元)	0.0900	0.3500	-	-
每股收益-摊薄(元)	0.1217	0.3720	0.0860	-
每股资本公积金(元)	1.8629	1.8629	0.0496	-
每股未分配利润(元)	0.2378	0.1862	0.5559	-
每股净资产(元)	3.1700	3.1200	1.6900	-
每股经营现金流量(元)	0.1302	0.0500	0.3800	-
经营活动现金净流量增长(%)	-75.9008	-81.3885	-	-

深圳市施美乐科技股份有限公司

公司概况					
公司名称	深圳市施美乐科技股份有限公司			证券简称	施美乐
法人代表	伍杨洋	董秘	高东	证券代码	833116
公司网址	www.shimeile.net			电子信箱	connie@smaco-cigarette.com
电　话	0755-36800506-8012			传　真	0755-29199073
办公地址	广东省深圳市光明新区公明办事处薯田埔社区内衣集聚基地 5 号第 1 栋				
经营范围	电子烟和雾化器等配套产品的研发、生产及销售				

主要财务指标 指标\报告期	2015.06.30	2014.12.31	2013.12.31	2012.12.31
净利润(万元)	-262.62	627.19	558.91	-
净利润增长率(%)	-140.2704	12.2173	-	-
加权净资产收益率(%)	-4.0000	16.9500	99.8200	-
资产负债比率(%)	17.9136	17.2639	51.6216	-
净利润现金含量(%)	121.5992	71.4488	14.1776	-
基本每股收益(元)	-0.0500	0.2300	1.7400	-
每股收益-扣除(元)	-	-	-	-
每股收益-摊薄(元)	-0.0480	0.1147	0.7984	-
每股资本公积金(元)	0.1968	0.1968	-	-
每股未分配利润(元)	-0.0372	0.0108	0.6667	-
每股净资产(元)	1.1600	1.2100	1.7400	-
每股经营现金流量(元)	-0.0584	0.0800	0.1100	-
经营活动现金净流量增长(%)	54.2	465.5505	-	-

润泰化学股份有限公司

公司概况	公司名称	润泰化学股份有限公司		证券简称	润泰股份
	法人代表	宋文娟	董秘	薛和太	证券代码	833117
	公司网址	www.runtaichem.com		电子信箱	sales@runtaichem.com
	电　话	0523-82580010		传　真	0523-82580008
	办公地址	江苏省姜堰经济开发区扬州路 900 号			
	经营范围	公司专业从事环保型涂料助剂的研发、生产和销售			

	指标\报告期	2015.06.30	2014.12.31	2013.12.31	2012.12.31
主要财务指标	净利润(万元)	2575.50	1900.26	304.15	–
	净利润增长率(%)	634.3185	524.7804	–	–
	加权净资产收益率(%)	31.7100	41.9700	8.8800	–
	资产负债比率(%)	53.4982	61.5247	82.3898	–
	净利润现金含量(%)	–3.2971	–19.0879	–1331.6850	–
	基本每股收益(元)	0.5150	0.6300	0.1000	–
	每股收益–扣除(元)	0.5120	–	–	–
	每股收益–摊薄(元)	0.5151	0.3801	0.1014	–
	每股资本公积金(元)	–	–	–	–
	每股未分配利润(元)	0.9608	0.4461	0.1734	–
	每股净资产(元)	2.0100	1.5000	1.1900	–
	每股经营现金流量(元)	–0.0170	–0.0700	–1.3500	–
	经营活动现金净流量增长(%)	–148.0988	91.0	–	–

义乌市棒杰小额贷款股份有限公司

公司概况	公司名称	义乌市棒杰小额贷款股份有限公司			证券简称	棒杰小贷
	法人代表	陶建锋	董秘	金兆钢	证券代码	833118
	公司网址	www.ywbjxd.com		电子信箱	107710161@qq.com	
	电　话	057985080888		传　真	057985080888	
	办公地址	浙江省义乌市雪峰西路 417 号、419 号				
	经营范围	在义乌市范围内办理各项小额贷款、办理小企业发展、管理、财务等咨询业务				

	指标\报告期	2015.06.30	2014.12.31	2013.12.31	2012.12.31
主要财务指标	净利润(万元)	691.52	2563.69	2799.24	–
	净利润增长率(%)	–62.0231	–8.4147	–	–
	加权净资产收益率(%)	2.0700	7.8100	9.1700	–
	资产负债比率(%)	0.5283	0.2109	1.5495	–
	净利润现金含量(%)	563.8454	2.1561	–448.4374	–
	基本每股收益(元)	0.0200	0.0900	0.1000	–
	每股收益–扣除(元)	0.0200	–	–	–
	每股收益–摊薄(元)	0.0231	0.0855	0.0933	–
	每股资本公积金(元)	–	–	–	–
	每股未分配利润(元)	0.0193	0.0750	0.0833	–
	每股净资产(元)	1.0500	1.1000	1.1000	–
	每股经营现金流量(元)	0.1300	0.0000	–0.4200	–
	经营活动现金净流量增长(%)	216.2	100.4	–	–

山东得普达电机股份有限公司

公司概况	公司名称	山东得普达电机股份有限公司			证券简称	得普达
	法人代表	王福杰	董秘	张嫣秀	证券代码	833119
	公司网址	www.zbdepuda.cn		电子信箱	depuda@163.com	
	电　话	0533-6287984		传　真	0533-6287983	
	办公地址	山东省淄博开发区北路 52 号先进制造产业创新园 3 号				
	经营范围	微电机、微型减速器生产、销售;电机、减速电机、电子产品销售				

	指标\报告期	2015.06.30	2014.12.31	2013.12.31	2012.12.31
主要财务指标	净利润(万元)	89.79	33.65	80.20	–
	净利润增长率(%)	214.4756	–58.0465	–	–
	加权净资产收益率(%)	9.8800	–	–	–
	资产负债比率(%)	47.2781	68.0912	63.4700	–
	净利润现金含量(%)	–384.8201	–133.2041	–415.8351	–
	基本每股收益(元)	0.1400	0.0800	0.3700	–
	每股收益–扣除(元)	–	–	–	–
	每股收益–摊薄(元)	0.0809	0.0673	0.2673	–
	每股资本公积金(元)	0.2523	–	–	–
	每股未分配利润(元)	0.2654	0.4097	0.5818	–
	每股净资产(元)	1.5400	1.4600	1.6500	–
	每股经营现金流量(元)	–0.3113	–0.0896	–1.1117	–
	经营活动现金净流量增长(%)	–58.9	86.6	–	–

江苏瑞铁轨道装备股份有限公司

公司概况	公司名称	江苏瑞铁轨道装备股份有限公司			证券简称	瑞铁股份
	法人代表	文生	董秘	罗滨	证券代码	833120
	公司网址	www.railteco.com		电子信箱	luobin@railteco.com	
	电　话	0512-82509867		传　真	0512-82509835	
	办公地址	江苏省张家港经济开发区(塘市镇中西路)				
	经营范围	铁路轨道产品及装备的设计、制造、加工、销售和售后服务				

	指标\报告期	2015.06.30	2014.12.31	2013.12.31	2012.12.31
主要财务指标	净利润(万元)	–29.08	667.65	–265.33	–
	净利润增长率(%)	–117.3407	351.6	–	–
	加权净资产收益率(%)	0.2700	20.5100	–9.0000	–
	资产负债比率(%)	54.9068	39.5249	65.5188	–
	净利润现金含量(%)	1743.7328	–136.5548	–289.9718	–
	基本每股收益(元)	–0.0100	0.2000	–0.0800	–
	每股收益–扣除(元)	–	–	–	–
	每股收益–摊薄(元)	–0.0061	0.1451	–0.0829	–
	每股资本公积金(元)	0.5375	0.3870	–	–
	每股未分配利润(元)	0.0333	0.0466	–0.1197	–
	每股净资产(元)	1.6000	1.4500	0.8800	–
	每股经营现金流量(元)	–0.1056	–0.2000	0.2400	–
	经营活动现金净流量增长(%)	–47.6	–218.4992	–	–

上海伊索热能技术股份有限公司

公司概况	公司名称	上海伊索热能技术股份有限公司			证券简称	伊索股份
	法人代表	王明权	董秘	朱宗春	证券代码	833121
	公司网址	www.yeso.net		电子信箱	sales@yeso.net	
	电　话	021-62315001		传　真	021-62315009	
	办公地址	上海市青浦区华新镇华益村				
	经营范围	热能工程技术专业领域内开展四技服务及相关经营活动				

	指标\报告期	2015.06.30	2014.12.31	2013.12.31	2012.12.31
主要财务指标	净利润(万元)	-0.84	-178.30	287.93	-
	净利润增长率(%)	99.2	-161.6478	-	-
	加权净资产收益率(%)	-0.0009	-8.8400	14.9600	-
	资产负债比率(%)	31.6278	34.0535	39.1197	-
	净利润现金含量(%)	14377.2847	-188.2714	119.6337	-
	基本每股收益(元)	0.0008	-0.1800	0.2900	-
	每股收益-扣除(元)	-	-0.1900	0.1900	-
	每股收益-摊薄(元)	-0.0008	-0.1783	0.2879	-
	每股资本公积金(元)	1.1518	1.1518	-	-
	每股未分配利润(元)	-0.2504	-0.2496	0.9630	-
	每股净资产(元)	1.9100	1.9000	2.0800	-
	每股经营现金流量(元)	-0.1210	0.3400	0.3400	-
	经营活动现金净流量增长(%)	-860.6439	-2.5461	-	-

武汉中仪物联技术股份有限公司

公司概况	公司名称	武汉中仪物联技术股份有限公司			证券简称	中仪股份
	法人代表	郑洪标	董秘	张婉珈	证券代码	833122
	公司网址	www.zy-cam.com		电子信箱	EasySight@163.com	
	电　话	027-59376719		传　真	027-59880849	
	办公地址	湖北省武汉东湖新技术开发区武大科技园武大园一路11号豪迈大厦B栋8层				
	经营范围	排水管道检测设备的研发、生产和销售				

	指标\报告期	2015.06.30	2014.12.31	2013.12.31	2012.12.31
主要财务指标	净利润(万元)	66.84	131.67	97.41	-
	净利润增长率(%)	661.7814	35.1721	-	-
	加权净资产收益率(%)	8.2700	36.6800	41.5200	-
	资产负债比率(%)	49.8531	46.4466	56.7488	-
	净利润现金含量(%)	11.8591	-81.3501	98.3316	-
	基本每股收益(元)	0.1200	0.6400	0.4800	-
	每股收益-扣除(元)	-	0.6300	0.3900	-
	每股收益-摊薄(元)	0.1204	0.2372	0.4751	-
	每股资本公积金(元)	-	-	-	-
	每股未分配利润(元)	0.4768	0.3564	0.3869	-
	每股净资产(元)	1.5200	1.4000	1.4300	-
	每股经营现金流量(元)	0.0143	-0.1900	0.4700	-
	经营活动现金净流量增长(%)	108.5	-211.8283	-	-

重庆瑞丰包装股份有限公司

公司概况	公司名称	重庆瑞丰包装股份有限公司			证券简称	瑞丰股份
	法人代表	肖明凯	董秘	冯学正	证券代码	833123
	公司网址	www.rfpk-group.com		电子信箱		
	电　话	023-61522977		传　真	023-61522999	
	办公地址	重庆市北碚区同兴工业园区一路				
	经营范围	瓦楞纸箱(板)的研发与设计、生产、销售及服务				

	指标\报告期	2015.06.30	2014.12.31	2013.12.31	2012.12.31
主要财务指标	净利润(万元)	647.81	1241.25	1227.66	-
	净利润增长率(%)	4.7966	1.1066	-	-
	加权净资产收益率(%)	6.4900	14.6900	17.0400	-
	资产负债比率(%)	62.1831	70.8632	76.7502	-
	净利润现金含量(%)	5.4084	298.0955	23.4975	-
	基本每股收益(元)	0.1200	0.2400	0.2400	-
	每股收益-扣除(元)	0.1200	0.2200	0.2200	-
	每股收益-摊薄(元)	0.1159	0.2434	0.2407	-
	每股资本公积金(元)	0.2867	0.0645	0.0614	-
	每股未分配利润(元)	0.7267	0.6695	0.4430	-
	每股净资产(元)	2.0500	1.7800	1.7794	-
	每股经营现金流量(元)	0.0063	0.7300	0.0600	-
	经营活动现金净流量增长(%)	127.9	1182.6654	-	-

大连中盈科技股份有限公司

公司概况	公司名称	大连中盈科技股份有限公司			证券简称	中盈科技
	法人代表	刘勇	董秘	刘勇	证券代码	833124
	公司网址	www.zonewin.net.cn		电子信箱	Pinzhi1@zonewin.net.cn	
	电　话	0411-87847388		传　真	0411-87847300	
	办公地址	辽宁省大连市甘井子区大连湾街道苏家村				
	经营范围	针式打印机研发、生产及销售				

	指标\报告期	2015.06.30	2014.12.31	2013.12.31	2012.12.31
主要财务指标	净利润(万元)	96.66	259.03	150.93	-
	净利润增长率(%)	157.5	71.6252	-	-
	加权净资产收益率(%)	1.9300	5.3700	2.4100	-
	资产负债比率(%)	54.4922	51.1654	45.1510	-
	净利润现金含量(%)	364.3833	-85.0809	-959.5366	-
	基本每股收益(元)	0.0200	0.0500	0.0300	-
	每股收益-扣除(元)	0.0200	0.0021	0.0007	-
	每股收益-摊薄(元)	0.0193	0.0518	0.0302	-
	每股资本公积金(元)	0.0153	-	0.4000	-
	每股未分配利润(元)	-0.0045	-0.0100	-0.0603	-
	每股净资产(元)	1.0100	0.9900	1.3400	-
	每股经营现金流量(元)	0.0704	-0.0400	-0.2896	-
	经营活动现金净流量增长(%)	152.4	84.8	-	-

浙江华益精密机械股份有限公司

公司概况	公司名称	浙江华益精密机械股份有限公司		证券简称	华益精机
	法人代表	赵智勇	董秘 陈宇艳	证券代码	833125
	公司网址	www.dunanhy.com		电子信箱	chenyy2@dunan.cn
	电　话	0575-89003513		传　真	0575-89003513
	办公地址	浙江省绍兴市诸暨市店口镇工业区			
	经营范围	阀门与驱动装置、焊枪及焊接焊割零部件、液压的研发、设计、生产			

主要财务指标	指标\报告期	2015.06.30	2014.12.31	2013.12.31	2012.12.31
	净利润(万元)	–	1419.11	1042.41	–
	净利润增长率(%)	–	36.1372	–	–
	加权净资产收益率(%)	–	–	–	–
	资产负债比率(%)	–	42.4858	41.9992	–
	净利润现金含量(%)	–	203.1605	37.7305	–
	基本每股收益(元)	–	0.8870	0.6520	–
	每股收益-扣除(元)	–	–	–	–
	每股收益-摊薄(元)	–	0.8869	0.6515	–
	每股资本公积金(元)	–	–	–	–
	每股未分配利润(元)	–	0.7202	1.2220	–
	每股净资产(元)	–	2.2600	2.6700	–
	每股经营现金流量(元)	–	1.8000	0.2500	–
	经营活动现金净流量增长(%)	–	633.0341	–	–

通化耐博新材料股份有限公司

公司概况	公司名称	通化耐博新材料股份有限公司		证券简称	通化耐博
	法人代表	邵建秋	董秘 杨丽娜	证券代码	833126
	公司网址			电子信箱	1052615639@qq.com
	电　话	0435-3712277		传　真	0435-3700060
	办公地址	吉林省通化市二道江区二道江乡二道江村(大龙山)			
	经营范围	耐火材料和耐磨产品的生产、销售及售后服务			

主要财务指标	指标\报告期	2015.06.30	2014.12.31	2013.12.31	2012.12.31
	净利润(万元)	567.03	1105.10	1495.75	–
	净利润增长率(%)	33.6518	-26.1173	–	–
	加权净资产收益率(%)	3.3300	10.7900	16.3600	–
	资产负债比率(%)	35.9971	38.8377	31.3665	–
	净利润现金含量(%)	232.5789	-196.0726	300.7795	–
	基本每股收益(元)	0.1300	0.2500	0.3300	–
	每股收益-扣除(元)	–	0.2300	0.3000	–
	每股收益-摊薄(元)	0.1260	0.2456	0.3324	–
	每股资本公积金(元)	0.0288	0.0288	0.0288	–
	每股未分配利润(元)	1.2486	1.1226	0.9016	–
	每股净资产(元)	2.4000	2.2800	2.0300	–
	每股经营现金流量(元)	0.2931	-0.4800	1.0000	–
	经营活动现金净流量增长(%)	153.4	-148.1627	–	–

广州晶品智能压塑科技股份有限公司

公司概况	公司名称	广州晶品智能压塑科技股份有限公司		证券简称	晶品压塑
	法人代表	周信祥	董秘 杨海东	证券代码	833127
	公司网址	www.jeepine.com		电子信箱	13926495041@126.com
	电　话	020-32988666		传　真	020-32988886
	办公地址	广东省广州高新技术产业开发区开源大道11号C4栋第一层			
	经营范围	压塑成型制盖设备及其他塑料加工专用设备的研发、生产与销售			

主要财务指标	指标\报告期	2015.06.30	2014.12.31	2013.12.31	2012.12.31
	净利润(万元)	3.75	102.30	17.18	–
	净利润增长率(%)	138.1	495.3018	–	–
	加权净资产收益率(%)	0.2500	12.1200	-558.5600	–
	资产负债比率(%)	29.2065	47.2209	99.4550	–
	净利润现金含量(%)	-12354.501	-692.0430	709.3132	–
	基本每股收益(元)	–	0.1500	0.0300	–
	每股收益-扣除(元)	–	–	–	–
	每股收益-摊薄(元)	0.0030	0.1432	0.0344	–
	每股资本公积金(元)	0.6948	1.1700	–	–
	每股未分配利润(元)	0.0030	-0.5491	-0.9890	–
	每股净资产(元)	1.7000	1.6200	0.0100	–
	每股经营现金流量(元)	-0.3744	-0.9900	0.2400	–
	经营活动现金净流量增长(%)	26.9	-680.9398	–	–

山东金正印务股份有限公司

公司概况	公司名称	山东金正印务股份有限公司		证券简称	金正印务
	法人代表	武继滨	董秘 赵奉亮	证券代码	833128
	公司网址			电子信箱	zfengliang_521@163.com
	电　话	0635-8877717		传　真	0635-8877717
	办公地址	山东省聊城经济技术开发区蒋官屯工业园规划路北			
	经营范围	印制各类电脑票据、电脑表格、定额发票、经营印刷品广告等			

主要财务指标	指标\报告期	2015.06.30	2014.12.31	2013.12.31	2012.12.31
	净利润(万元)	2.80	-109.69	114.03	–
	净利润增长率(%)	104.0	-195.3146	–	–
	加权净资产收益率(%)	0.1600	–	–	–
	资产负债比率(%)	35.3831	19.5733	49.2670	–
	净利润现金含量(%)	-16818.571	8.2518	20.0740	–
	基本每股收益(元)	0.0014	-0.0500	0.0600	–
	每股收益-扣除(元)	0.0014	–	–	–
	每股收益-摊薄(元)	0.0014	-0.0548	0.0570	–
	每股资本公积金(元)	0.0805	0.1467	–	–
	每股未分配利润(元)	-0.1854	-0.2531	-0.2033	–
	每股净资产(元)	0.9000	0.8900	0.7800	–
	每股经营现金流量(元)	-0.2355	-0.0045	0.0100	–
	经营活动现金净流量增长(%)	-350.9111	-139.5405	–	–

江苏苏美材料股份有限公司

公司概况						
	公司名称	江苏苏美材料股份有限公司			证券简称	苏美材料
	法人代表	冷炎	董秘	周永富	证券代码	833129
	公司网址	www.jssmei.com		电子信箱	sumei@jssmei.com	
	电　话	冷炎		传　真	周永富	
	办公地址	江苏省宿迁市宿城经济开发区南片区南二路 8 号				
	经营范围	建筑装饰保温材料的生产与销售				

主要财务指标	指标＼报告期	2015.06.30	2014.12.31	2013.12.31	2012.12.31
	净利润(万元)	-126.25	169.95	-95.47	-
	净利润增长率(%)	-315.6	278.0	-	-
	加权净资产收益率(%)	-6.3900	17.7900	-22.8500	-
	资产负债比率(%)	56.7905	44.9807	74.9327	-
	净利润现金含量(%)	-251.1658	-382.6420	-422.1850	-
	基本每股收益(元)	-0.0600	0.1700	-0.1900	-
	每股收益-扣除(元)	-0.0700	-	-	-
	每股收益-摊薄(元)	-0.0631	0.0850	-0.1909	-
	每股资本公积金(元)	0.0200	-	-	-
	每股未分配利润(元)	-0.0631	0.0180	-0.2598	-
	每股净资产(元)	0.9600	1.0200	0.7402	-
	每股经营现金流量(元)	0.1586	-0.3300	0.8100	-
	经营活动现金净流量增长(%)	346.6	-261.3392	-	-

云南司珈尔木业股份有限公司

公司概况						
	公司名称	云南司珈尔木业股份有限公司			证券简称	司珈尔
	法人代表	聂宏伟	董秘	雷刚	证券代码	833130
	公司网址	www.ynsje.com		电子信箱	sijiaerlta@163.com	
	电　话	0874-5056286		传　真	0874-5056277	
	办公地址	曲靖市师宗县工业园区木材交易片区				
	经营范围	林地综合开发利用,成套实木门、民用家具、办公家具生产销售				

主要财务指标	指标＼报告期	2015.06.30	2014.12.31	2013.12.31	2012.12.31
	净利润(万元)	-308.45	-2.37	-219.59	-
	净利润增长率(%)	-1377.1731	98.9	-	-
	加权净资产收益率(%)	-0.0600	-	-	-
	资产负债比率(%)	74.8050	87.9845	88.9214	-
	净利润现金含量(%)	89.9975	35345.2804	420.2438	-
	基本每股收益(元)	-0.0600	0.0000	-0.0800	-
	每股收益-扣除(元)	-0.0600	-	-	-
	每股收益-摊薄(元)	-0.0617	-0.0008	-0.0839	-
	每股资本公积金(元)	-	-	-	-
	每股未分配利润(元)	-0.3323	-0.4510	-0.5158	-
	每股净资产(元)	0.6700	0.5500	0.4800	-
	每股经营现金流量(元)	-0.0555	-0.2793	-0.3500	-
	经营活动现金净流量增长(%)	346.6	9.2	-	-

久盛电气股份有限公司

公司概况						
	公司名称	久盛电气股份有限公司			证券简称	久盛电气
	法人代表	张建华	董秘	徐铭	证券代码	833131
	公司网址	www.teccable.com		电子信箱	xm@teccable.com	
	电　话	0572-2228188		传　真	0572-2228177	
	办公地址	浙江省湖州市经济技术开发区西凤路 1000 号				
	经营范围	电线电缆、矿物绝缘(MI)电缆、伴热电缆(HTC)的研发、生产、销售				

主要财务指标	指标＼报告期	2015.06.30	2014.12.31	2013.12.31	2012.12.31
	净利润(万元)	1482.78	2575.42	3316.21	-
	净利润增长率(%)	47.8959	-22.3385	-	-
	加权净资产收益率(%)	12.2700	24.7900	39.8200	-
	资产负债比率(%)	84.7196	86.6784	86.4489	-
	净利润现金含量(%)	61.2990	92.1259	8.8390	-
	基本每股收益(元)	0.2200	0.3900	0.5000	-
	每股收益-扣除(元)	0.2100	-	-	-
	每股收益-摊薄(元)	0.2236	0.3884	0.5002	-
	每股资本公积金(元)	0.0003	0.0003	0.0003	-
	每股未分配利润(元)	0.7085	0.5421	0.3486	-
	每股净资产(元)	1.8800	1.7100	1.4700	-
	每股经营现金流量(元)	0.1371	0.3600	0.0400	-
	经营活动现金净流量增长(%)	174.7404	709.4426	-	-

上海企源科技股份有限公司

公司概况						
	公司名称	上海企源科技股份有限公司			证券简称	企源科技
	法人代表	孔祥云	董秘	韩秀慧	证券代码	833132
	公司网址	www.amt.com.cn		电子信箱	sukiee.han@amt.com.cn	
	电　话	021-80160622		传　真	021-80160628	
	办公地址	上海市杨浦区国定路 323 号 1001-1、1001-2 室				
	经营范围	计算机软、硬件的研发、销售等				

主要财务指标	指标＼报告期	2015.06.30	2014.12.31	2013.12.31	2012.12.31
	净利润(万元)	1166.83	93.50	564.92	-
	净利润增长率(%)	192.6	-83.4495	-	-
	加权净资产收益率(%)	18.0700	-	-	-
	资产负债比率(%)	25.7417	26.7163	32.9543	-
	净利润现金含量(%)	20.4839	1348.3686	-111.4567	-
	基本每股收益(元)	0.1900	0.0200	0.0900	-
	每股收益-扣除(元)	0.1300	-	-	-
	每股收益-摊薄(元)	0.1945	0.0156	0.0942	-
	每股资本公积金(元)	0.4386	0.4386	0.4386	-
	每股未分配利润(元)	0.6569	0.4624	0.4511	-
	每股净资产(元)	2.1500	1.9600	1.9400	-
	每股经营现金流量(元)	0.0398	0.2100	-0.1000	-
	经营活动现金净流量增长(%)	113.1	300.2	-	-

中红普林医疗用品股份有限公司

公司概况					
公司名称	中红普林医疗用品股份有限公司			证券简称	中红医疗
法人代表	桑树军	董秘	白彦明	证券代码	833133
公司网址	www.zhonghongpulin.cn		电子信箱	zcb@zhonghongpulin.cn	
电　　话	00315-4167077		传　　真	00315-4167664	
办公地址	河北省唐山市滦南县扒齿港工业园区				
经营范围	生产 PVC 手套、PE、乳胶系列制品、塑料杯、塑料袋及其它塑料制品、包装制品				

主要财务指标：指标\报告期	2015.06.30	2014.12.31	2013.12.31	2012.12.31
净利润(万元)	2623.85	2544.63	303.58	–
净利润增长率(%)	187.5595	738.2054	–	–
加权净资产收益率(%)	15.9400	0.1900	0.1700	–
资产负债比率(%)	65.3699	69.1231	74.6355	–
净利润现金含量(%)	299.7718	523.9779	440.2760	–
基本每股收益(元)	0.5200	0.5100	0.0600	–
每股收益-扣除(元)	–	–	–	–
每股收益-摊薄(元)	0.5248	0.5089	0.0607	–
每股资本公积金(元)	1.6879	1.0000	1.0000	–
每股未分配利润(元)	0.7965	0.9126	0.4465	–
每股净资产(元)	3.5300	3.0000	2.4900	–
每股经营现金流量(元)	1.5731	2.6700	0.2700	–
经营活动现金净流量增长(%)	94.7033	897.5592	–	–

黑龙江省正赫新型材料科技股份有限公司

公司概况					
公司名称	黑龙江省正赫新型材料科技股份有限公司			证券简称	正赫新材
法人代表	李军	董秘	周立娟	证券代码	833134
公司网址	www.hljzhxc.com		电子信箱	hljzhxc@126.com	
电　　话	00452-3060444		传　　真	00452-3060444	
办公地址	黑龙江省齐齐哈尔市富裕县富裕镇一街(纸浆道口西)				
经营范围	新型复合材料技术研发，检查井盖、雨水箅子、农田机井盖、水表箱、保湿板制造销售				

主要财务指标：指标\报告期	2015.06.30	2014.12.31	2013.12.31	2012.12.31
净利润(万元)	293.94	269.18	-106.14	–
净利润增长率(%)	229.4594	353.6	–	–
加权净资产收益率(%)	24.7300	66.1500	-32.6200	–
资产负债比率(%)	51.3661	56.4461	85.4157	–
净利润现金含量(%)	-29.6959	-36.7821	61.5031	–
基本每股收益(元)	0.3100	0.5400	-0.2100	–
每股收益-扣除(元)	0.3000	0.4800	-0.2700	–
每股收益-摊薄(元)	0.2939	0.3094	-0.2123	–
每股资本公积金(元)	0.0415	0.1494	–	–
每股未分配利润(元)	0.2939	0.0430	-0.4553	–
每股净资产(元)	1.3400	1.1972	0.5447	–
每股经营现金流量(元)	-0.0873	-0.1138	-0.1306	–
经营活动现金净流量增长(%)	63.5	-51.7	–	–

中源智人科技(深圳)股份有限公司

公司概况					
公司名称	中源智人科技(深圳)股份有限公司			证券简称	中源智人
法人代表	黄道权	董秘	冯充芬	证券代码	833135
公司网址	www.3t-cn.com		电子信箱	david@3t-cn.com	
电　　话	0075527568700		传　　真	0755-27568700	
办公地址	广东省深圳市宝安区沙井街道垦岗路泰丰工业区				
经营范围	生产、加工、经营特殊电子胶带，电磁屏蔽材料，防静电海绵				

主要财务指标：指标\报告期	2015.06.30	2014.12.31	2013.12.31	2012.12.31
净利润(万元)	–	840.94	410.10	–
净利润增长率(%)	–	105.0550	–	–
加权净资产收益率(%)	–	20.0200	17.1800	–
资产负债比率(%)	–	16.7821	33.7079	–
净利润现金含量(%)	–	-16.6635	-147.8688	–
基本每股收益(元)	–	0.2800	0.2200	–
每股收益-扣除(元)	–	0.2700	0.2500	–
每股收益-摊薄(元)	–	0.2782	0.2162	–
每股资本公积金(元)	–	0.2124	0.0001	–
每股未分配利润(元)	–	0.1259	0.3300	–
每股净资产(元)	–	1.3500	1.3700	–
每股经营现金流量(元)	–	-0.0500	-0.3200	–
经营活动现金净流量增长(%)	–	76.9	–	–

广东世创金属科技股份有限公司

公司概况					
公司名称	广东世创金属科技股份有限公司			证券简称	世创科技
法人代表	卢汉明	董秘	董小虹	证券代码	833136
公司网址	www.strongmetal.cn		电子信箱	dxh@strongmetal.com.cn	
电　　话	00757-23319988		传　　真	00757-23328828	
办公地址	广东省佛山市顺德区陈村镇石洲工业区 32 号				
经营范围	热处理设备的研发、生产和销售及金属热处理加工服务				

主要财务指标：指标\报告期	2015.06.30	2014.12.31	2013.12.31	2012.12.31
利润(万元)	408.83	225.11	388.67	–
净利润增长率(%)	2723.1164	-42.0821	–	–
加权净资产收益率(%)	15.6700	9.8200	19.5700	–
资产负债比率(%)	75.5062	80.4081	79.9083	–
净利润现金含量(%)	-13.0418	-579.5655	89.8963	–
基本每股收益(元)	0.2044	0.1126	0.1943	–
每股收益-扣除(元)	0.1559	0.1101	0.1904	–
每股收益-摊薄(元)	0.2044	0.1126	0.1943	–
每股资本公积金(元)	0.2683	0.1593	0.1593	–
每股未分配利润(元)	0.1183	-0.0422	-0.1521	–
每股净资产(元)	1.4100	1.2000	1.0900	–
每股经营现金流量(元)	-0.0267	-0.6500	0.1700	–
经营活动现金净流量增长(%)	-124.7328	-473.3998	–	–

常州通宝光电股份有限公司

公司概况						
	公司名称	常州通宝光电股份有限公司			证券简称	通宝光电
	法人代表	刘国学	董秘	孙建晋	证券代码	833137
	公司网址	www.cztbgd.com		电子信箱	sunjj@cztbgd.com	
	电　话	13016877133		传　真	0519-85863986	
	办公地址	江苏省常州市新北区春江镇桃花港路 1-1 号				
	经营范围	LED 发光管、车用 LED 模组及配件、灯具、电子元器件的制造、加工				

主要财务指标	指标\报告期	2015.06.30	2014.12.31	2013.12.31	2012.12.31
	净利润(万元)	284.03	587.57	519.74	–
	净利润增长率(%)	32.1606	13.0523	–	–
	加权净资产收益率(%)	5.6300	–	–	–
	资产负债比率(%)	57.1729	50.5847	49.3321	–
	净利润现金含量(%)	–174.9480	39.4095	–224.6263	–
	基本每股收益(元)	0.1600	1.7600	2.6000	–
	每股收益–扣除(元)	0.1400	–	–	–
	每股收益–摊薄(元)	0.1578	0.3264	2.5987	–
	每股资本公积金(元)	0.3500	0.3500	7.5000	–
	每股未分配利润(元)	1.4316	1.2738	8.8846	–
	每股净资产(元)	2.8800	2.7300	2.0000	–
	每股经营现金流量(元)	–0.2761	0.1300	–5.8400	–
	经营活动现金净流量增长(%)	–175.7068	119.8	–	–

重庆长江造型材料(集团)股份有限公司

公司概况						
	公司名称	重庆长江造型材料(集团)股份有限公司			证券简称	长江材料
	法人代表	熊鹰	董秘	周立峰	证券代码	833138
	公司网址	www.ccrmm.com.cn		电子信箱	zhou.lifeng@ccrmm.com.cn	
	电　话	023-68365125		传　真	023-6825-7631	
	办公地址	重庆市北碚区童家溪镇五星中路 6 号				
	经营范围	覆膜砂、压裂支撑剂生产及废旧砂再生；中小功率柴油机生产				

主要财务指标	指标\报告期	2015.06.30	2014.12.31	2013.12.31	2012.12.31
	净利润(万元)	–	7184.80	7375.86	–
	净利润增长率(%)	–	–2.5904	–	–
	加权净资产收益率(%)	–	17.2700	23.5600	–
	资产负债比率(%)	–	30.0417	43.9697	–
	净利润现金含量(%)	–	82.6047	44.3636	–
	基本每股收益(元)	–	1.2400	1.2700	–
	每股收益–扣除(元)	–	1.1400	1.2400	–
	每股收益–摊薄(元)	–	1.2368	1.2697	–
	每股资本公积金(元)	–	2.2381	1.7244	–
	每股未分配利润(元)	–	4.6467	3.5038	–
	每股净资产(元)	–	8.0500	6.3000	–
	每股经营现金流量(元)	–	1.0200	0.5600	–
	经营活动现金净流量增长(%)	–	81.3758	–	–

哈尔滨正德科技开发股份有限公司

公司概况						
	公司名称	哈尔滨正德科技开发股份有限公司			证券简称	正德科技
	法人代表	陈良勇	董秘	张鹏	证券代码	833139
	公司网址	www.hi-tek.net.cn		电子信箱	dapengidm@163.com	
	电　话	0451-88003018		传　真	0451-86810358	
	办公地址	黑龙江省哈尔滨开发区哈平路集中区潍坊路 6 号				
	经营范围	生产、销售硬质合金长刨刀系列产品等				

主要财务指标	指标\报告期	2015.06.30	2014.12.31	2013.12.31	2012.12.31
	净利润(万元)	4.32	310.29	94.70	–
	净利润增长率(%)	–92.8250	227.6543	–	–
	加权净资产收益率(%)	0.1300	8.9600	2.3400	–
	资产负债比率(%)	54.5128	58.2461	48.1579	–
	净利润现金含量(%)	107.7875	148.2484	–877.3390	–
	基本每股收益(元)	0.0010	0.1000	0.0700	–
	每股收益–扣除(元)	–	0.0000	–0.2500	–
	每股收益–摊薄(元)	0.0013	0.1034	0.0683	–
	每股资本公积金(元)	0.0230	0.0197	0.0437	–
	每股未分配利润(元)	0.0820	0.0913	1.7368	–
	每股净资产(元)	1.1500	1.1200	2.9600	–
	每股经营现金流量(元)	0.0014	0.1500	–0.6000	–
	经营活动现金净流量增长(%)	101.0	155.4	–	–

中博农畜牧科技股份有限公司

公司概况						
	公司名称	中博农畜牧科技股份有限公司			证券简称	中博农
	法人代表	张定宏	董秘	郭珊珊	证券代码	833140
	公司网址	www.bjzbn.com		电子信箱	info@bjzbn.com	
	电　话	010-82894453		传　真	010-82893129	
	办公地址	北京市海淀区上地信息路 1 号 7 层 A 栋				
	经营范围	畜禽养殖的技术开发、技术咨询、技术转让、技术培训、技术服务				

主要财务指标	指标\报告期	2015.06.30	2014.12.31	2013.12.31	2012.12.31
	净利润(万元)	178.95	2646.11	2893.03	–
	净利润增长率(%)	106.3	–8.5351	–	–
	加权净资产收益率(%)	0.6700	10.5400	12.9400	–
	资产负债比率(%)	45.9290	43.6761	45.8622	–
	净利润现金含量(%)	–7.7563	–156.5993	–52.2225	–
	基本每股收益(元)	0.0300	0.3800	0.4100	–
	每股收益–扣除(元)	–	0.3500	0.4100	–
	每股收益–摊薄(元)	0.0256	0.3780	0.4133	–
	每股资本公积金(元)	0.5498	0.5498	0.5498	–
	每股未分配利润(元)	2.0131	1.9875	1.6469	–
	每股净资产(元)	3.8100	3.7800	3.4000	–
	每股经营现金流量(元)	–0.0020	–0.5900	–0.2200	–
	经营活动现金净流量增长(%)	99.7	–174.3	–	–

山东耀华医疗器械股份有限公司

公司概况					
公司名称	山东耀华医疗器械股份有限公司			证券简称	耀华医疗
法人代表	李耀华	董秘	李院华	证券代码	833141
公司网址	www.yaohua123.com		电子信箱	yaohuayiliao@yaohua123.com	
电　　话	0634-5660809		传　　真	0634-5660809	
办公地址	山东莱芜市高新区珠江大街中段				
经营范围	临床检验分析仪器(6840)、医用化验和基础设备器具				

主要财务指标

指标\报告期	2015.06.30	2014.12.31	2013.12.31	2012.12.31
净利润(万元)	–	–729.40	–706.82	–
净利润增长率(%)	–	–3.2	–	–
加权净资产收益率(%)	–	–	–	–
资产负债比率(%)	–	76.8416	81.8156	–
净利润现金含量(%)	–	–52.4775	20.5639	–
基本每股收益(元)	–	–0.3600	–0.3500	–
每股收益–扣除(元)	–	–0.6200	–0.4000	–
每股收益–摊薄(元)	–	–0.3541	–0.3534	–
每股资本公积金(元)	–	0.0332	–	–
每股未分配利润(元)	–	–0.1790	–0.3554	–
每股净资产(元)	–	0.8542	0.6446	–
每股经营现金流量(元)	–	0.1900	–0.0700	–
经营活动现金净流量增长(%)	–	363.3	–	–

江苏佳一教育科技股份有限公司

公司概况					
公司名称	江苏佳一教育科技股份有限公司			证券简称	佳一教育
法人代表	王晓兵	董秘	金芳	证券代码	833142
公司网址	www.ijiayi.org		电子信箱	jsjiayiedu@163.com	
电　　话	0517-89863896		传　　真	0517-89863896	
办公地址	江苏省淮安经济技术开发区承德南路266号				
经营范围	教育软件开发、教育软件服务;教育信息咨询;非学历短期培训				

主要财务指标

指标\报告期	2015.06.30	2014.12.31	2013.12.31	2012.12.31
净利润(万元)	633.78	1004.45	647.14	–
净利润增长率(%)	123.0385	48.6326	–	–
加权净资产收益率(%)	18.8900	92.3600	–	–
资产负债比率(%)	40.7112	35.1286	48.5665	–
净利润现金含量(%)	166.6054	138.2995	115.6985	–
基本每股收益(元)	0.3500	0.5700	67.5800	–
每股收益–扣除(元)	–	0.3700	67.3000	–
每股收益–摊薄(元)	0.3521	0.5580	64.7141	–
每股资本公积金(元)	0.0526	0.0526	10.0000	–
每股未分配利润(元)	0.4331	0.0847	55.6521	–
每股净资产(元)	1.4900	1.1400	74.0900	–
每股经营现金流量(元)	0.5866	0.7700	74.8700	–
经营活动现金净流量增长(%)	–0.0276	85.5332	–	–

江苏贝特创意环境设计股份有限公司

公司概况					
公司名称	江苏贝特创意环境设计股份有限公司			证券简称	贝特创意
法人代表	尤东明	董秘	台秋梅	证券代码	833143
公司网址	www.dmbetter.com		电子信箱	stai98@126.com	
电　　话	0512-68418851		传　　真	0512-68418851	
办公地址	江苏省苏州高新区金山东路233号				
经营范围	木质家具和装饰材料生产、研发、设计、销售				

主要财务指标

指标\报告期	2015.06.30	2014.12.31	2013.12.31	2012.12.31
净利润(万元)	2.29	30.68	–221.09	–
净利润增长率(%)	101.9	113.9	–	–
加权净资产收益率(%)	0.0900	–	–	–
资产负债比率(%)	61.3284	63.4459	67.3224	–
净利润现金含量(%)	–22279.092	980.0522	–103.0983	–
基本每股收益(元)	0.0010	0.0100	–0.0700	–
每股收益–扣除(元)	–	0.0000	–0.0800	–
每股收益–摊薄(元)	0.0008	0.0102	–0.0737	–
每股资本公积金(元)	0.0073	0.0073	–	–
每股未分配利润(元)	–0.1257	–0.1265	–0.1298	–
每股净资产(元)	0.8816	0.8800	0.8700	–
每股经营现金流量(元)	–0.1703	0.1000	0.0800	–
经营活动现金净流量增长(%)	–77.4	31.9118	–	–

山东毅康科技股份有限公司

公司概况					
公司名称	山东毅康科技股份有限公司			证券简称	毅康股份
法人代表	曲毅	董秘	丁宇	证券代码	833144
公司网址	www.iecon.cn		电子信箱	dingyu_econ@126.com	
电　　话	0535-3459899		传　　真	0535-6931757	
办公地址	山东省烟台开发区留学生创业园区				
经营范围	电子产品、工业自动化产品的研发、销售				

主要财务指标

指标\报告期	2015.06.30	2014.12.31	2013.12.31	2012.12.31
净利润(万元)	935.45	146.25	6.65	–
净利润增长率(%)	12842.4451	2098.2435	–	–
加权净资产收益率(%)	37.3500	48.7600	1.9900	–
资产负债比率(%)	37.0183	58.3199	58.8316	–
净利润现金含量(%)	–173.8587	–284.2393	–1786.6165	–
基本每股收益(元)	0.4700	0.7300	0.0500	–
每股收益–扣除(元)	0.4700	–	–	–
每股收益–摊薄(元)	0.3226	0.1463	0.0333	–
每股资本公积金(元)	0.0000	–	–	–
每股未分配利润(元)	0.3316	0.1558	0.1207	–
每股净资产(元)	1.3300	1.1700	1.1300	–
每股经营现金流量(元)	–0.5608	–0.4200	–0.5900	–
经营活动现金净流量增长(%)	–449.4	–249.9	–	–

安徽天智信息科技集团股份有限公司

公司概况	公司名称	安徽天智信息科技集团股份有限公司			证券简称	天智科技
	法人代表	赵宁	董秘	张亮	证券代码	833145
	公司网址	www.tint.com.cn			电子信箱	zhangliang@tint.com.cn
	电　话	0551-65331368			传　真	0551-65318368
	办公地址	安徽省合肥市高新区天智路 27 号				
	经营范围	智能锁系列产品的软硬件研发、生产及销售、服务及转让				

	指标\报告期	2015.06.30	2014.12.31	2013.12.31	2012.12.31
主要财务指标	净利润(万元)	358.73	707.99	-190.40	-
	净利润增长率(%)	328.2	471.7	-	-
	加权净资产收益率(%)	16.5100	59.9300	-33.5000	-
	资产负债比率(%)	43.3616	62.4926	74.5511	-
	净利润现金含量(%)	-388.1342	30.9976	1032.1429	-
	基本每股收益(元)	0.1700	0.4558	-0.1780	-
	每股收益-扣除(元)	-	-0.2071	-0.3875	-
	每股收益-摊薄(元)	0.1543	0.3726	-0.1783	-
	每股资本公积金(元)	0.9497	0.3207	-	-
	每股未分配利润(元)	-0.0620	-0.3835	-0.5910	-
	每股净资产(元)	1.8900	0.9400	0.4400	-
	每股经营现金流量(元)	-0.5988	0.1200	-1.8400	-
	经营活动现金净流量增长(%)	-181.6223	111.2	-	-

珠海双喜电器股份有限公司

公司概况	公司名称	珠海双喜电器股份有限公司			证券简称	双喜电器
	法人代表	姜天恩	董秘	宫丹丹	证券代码	833146
	公司网址	www.dhcooker.com			电子信箱	gongdd@dhcooker.com.cn
	电　话	0756-3385000			传　真	0756-3385000
	办公地址	广东省珠海市国家高新区金环东路 39 号				
	经营范围	家用电器、厨房用具、建筑材料、装饰材料、五金的加工、制造、销售				

	指标\报告期	2015.06.30	2014.12.31	2013.12.31	2012.12.31
主要财务指标	净利润(万元)	665.57	727.81	736.78	-
	净利润增长率(%)	44.3651	-1.2175	-	-
	加权净资产收益率(%)	6.5700	7.8100	8.8300	-
	资产负债比率(%)	56.6485	58.3826	57.3269	-
	净利润现金含量(%)	396.3048	37.9234	90.1640	-
	基本每股收益(元)	0.1600	0.1700	0.1800	-
	每股收益-扣除(元)	0.1500	-	-	-
	每股收益-摊薄(元)	0.1585	0.1733	0.1754	-
	每股资本公积金(元)	0.0051	0.0051	0.0051	-
	每股未分配利润(元)	1.2917	1.0897	0.9325	-
	每股净资产(元)	2.5100	2.3100	2.1300	-
	每股经营现金流量(元)	0.6280	0.0700	0.1600	-
	经营活动现金净流量增长(%)	323.3	-58.4509	-	-

西安华江环保科技股份有限公司

公司概况	公司名称	西安华江环保科技股份有限公司			证券简称	华江环保
	法人代表	姜乃斌	董秘	吴彤	证券代码	833147
	公司网址	www.xahjhb.com			电子信箱	xahjhb@163.com
	电　话	029-86286083			传　真	029-84623941
	办公地址	陕西省西安市未央区徐家湾秦川路 38 号				
	经营范围	冶金设备、除尘设备、化工产品、热交换器设备、非标设备的制造和销售				

	指标\报告期	2015.06.30	2014.12.31	2013.12.31	2012.12.31
主要财务指标	净利润(万元)	2608.62	3602.84	3362.93	-
	净利润增长率(%)	1598.5	7.1340	-	-
	加权净资产收益率(%)	11.7700	18.9000	21.5800	-
	资产负债比率(%)	73.3020	54.2048	50.4749	-
	净利润现金含量(%)	163.9805	179.1894	-139.3504	-
	基本每股收益(元)	0.5217	0.7200	0.6700	-
	每股收益-扣除(元)	0.5217	-	-	-
	每股收益-摊薄(元)	0.5217	0.7206	0.6726	-
	每股资本公积金(元)	1.2862	1.2862	1.2862	-
	每股未分配利润(元)	2.2202	1.6985	1.0499	-
	每股净资产(元)	4.7000	4.1700	3.4500	-
	每股经营现金流量(元)	0.8555	1.2900	-0.9400	-
	经营活动现金净流量增长(%)	14764.5	237.8	-	-

乐卓网络科技(上海)股份有限公司

公司概况	公司名称	乐卓网络科技(上海)股份有限公司			证券简称	乐卓网络
	法人代表	李澄澄	董秘	徐凡婷	证券代码	833148
	公司网址	ir@lezhuogame.com			电子信箱	ir@lezhuogame.com
	电　话	0021-50611377			传　真	0021-50611300
	办公地址	上海市嘉定区南翔镇科福路 358-368 号 4 幢 1 层 B 区 1002 室				
	经营范围	从事网络、计算机软硬件技术领域内的技术开发、技术转让、技术咨询等				

	指标\报告期	2015.06.30	2014.12.31	2013.12.31	2012.12.31
主要财务指标	净利润(万元)	-810.51	-337.84	-517.40	-
	净利润增长率(%)	-82.9	34.7	-	-
	加权净资产收益率(%)	-47.0000	-159.4000	-232.1200	-
	资产负债比率(%)	0.5808	4.6183	113.3477	-
	净利润现金含量(%)	184.7688	175.2758	41.2895	-
	基本每股收益(元)	-0.6800	-0.4505	-0.6899	-
	每股收益-扣除(元)	-0.6791	-0.4505	-0.6899	-
	每股收益-摊薄(元)	-0.6791	-0.3378	-4.1392	-
	每股资本公积金(元)	6.6243	2.1000	3.8000	-
	每股未分配利润(元)	-1.4948	-0.9736	-5.0864	-
	每股净资产(元)	6.1300	2.1300	-0.2900	-
	每股经营现金流量(元)	-1.2547	-0.5900	-1.7100	-
	经营活动现金净流量增长(%)	-1108.2665	-177.2	-	-

浙江卓锦环保科技股份有限公司

公司概况	公司名称	浙江卓锦环保科技股份有限公司			证券简称	卓锦环保
	法人代表	卓未龙	董秘	田平	证券代码	833149
	公司网址	www.zone-king.com		电子信箱	ejonathan@163.com	
	电　话	0571-85800833-806		传　真	0571-85800855	
	办公地址	浙江省杭州市下城区绍兴路536号浙江三立时代广场701室				
	经营范围	污染源治理和环境修复技术的技术开发,市政工程、建筑工程等				

	指标\报告期	2015.06.30	2014.12.31	2013.12.31	2012.12.31
主要财务指标	净利润(万元)	217.94	-855.11	724.92	-
	净利润增长率(%)	32.3471	-217.9585	-	-
	加权净资产收益率(%)	13.0800	-85.7000	572.1900	-
	资产负债比率(%)	68.2075	68.8889	88.6045	-
	净利润现金含量(%)	-327.5001	-13.7643	28.3135	-
	基本每股收益(元)	0.1500	-0.5800	0.6900	-
	每股收益-扣除(元)	0.1400	0.4400	0.6800	-
	每股收益-摊薄(元)	0.1453	-0.5701	0.6904	-
	每股资本公积金(元)	0.0385	0.0385	-	-
	每股未分配利润(元)	0.1453	0.0000	-0.5341	-
	每股净资产(元)	1.1800	1.0400	0.4700	-
	每股经营现金流量(元)	-0.4758	0.0800	0.2000	-
	经营活动现金净流量增长(%)	-240.8883	-42.6563	-	-

北京安宁创新网络科技股份有限公司

公司概况	公司名称	北京安宁创新网络科技股份有限公司			证券简称	安宁创新
	法人代表	王世腾	董秘	杨娜	证券代码	833150
	公司网址	www.anymacro.com		电子信箱	13511033358@sohu.com	
	电　话	0010-88216961		传　真	0010-88216962	
	办公地址	北京市海淀区复兴路65号北京电信实业大厦1306室				
	经营范围	技术开发;软件开发、软件咨询;销售计算机、软件及辅助设备				

	指标\报告期	2015.06.30	2014.12.31	2013.12.31	2012.12.31
主要财务指标	净利润(万元)	155.44	468.42	39.34	-
	净利润增长率(%)	261.5898	1090.7069	-	-
	加权净资产收益率(%)	7.3100	23.6800	5.4300	-
	资产负债比率(%)	14.7595	18.7975	40.8804	-
	净利润现金含量(%)	3.5033	86.2808	700.9999	-
	基本每股收益(元)	0.0800	3.7800	0.7900	-
	每股收益-扣除(元)	0.0900	-	-	-
	每股收益-摊薄(元)	0.0777	0.4684	0.7868	-
	每股资本公积金(元)	0.0151	0.0026	2.0528	-
	每股未分配利润(元)	0.0820	0.8714	8.9968	-
	每股净资产(元)	1.1000	1.0200	0.3600	-
	每股经营现金流量(元)	0.0027	0.4000	5.5154	-
	经营活动现金净流量增长(%)	-93.7222	46.5552	-	-

同方健康科技(北京)股份有限公司

公司概况	公司名称	同方健康科技(北京)股份有限公司			证券简称	同方健康
	法人代表	陆致成	董秘	舒劲松	证券代码	833151
	公司网址	www.tfht.com.cn		电子信箱	public@tfht.com.cn	
	电　话	0010-82781783		传　真	0010-82784717	
	办公地址	北京市海淀区北清路68号院24号楼五层501				
	经营范围	生产体育健康仪器设备等				

	指标\报告期	2015.06.30	2014.12.31	2013.12.31	2012.12.31
主要财务指标	净利润(万元)	81.71	304.84	258.78	-
	净利润增长率(%)	-37.5326	17.7996	-	-
	加权净资产收益率(%)	1.4400	5.5800	6.2400	-
	资产负债比率(%)	17.9859	24.0884	25.7778	-
	净利润现金含量(%)	67.6841	135.9008	831.7374	-
	基本每股收益(元)	0.0200	0.0588	0.0600	-
	每股收益-扣除(元)	0.0100	0.0675	-	-
	每股收益-摊薄(元)	0.0158	0.0588	0.0500	-
	每股资本公积金(元)	0.0784	0.0784	0.0073	-
	每股未分配利润(元)	0.0215	0.0058	-0.0043	-
	每股净资产(元)	1.1000	1.0800	1.0300	-
	每股经营现金流量(元)	0.0107	0.0800	0.4155	-
	经营活动现金净流量增长(%)	114.6	-80.7522	-	-

新风光电子科技股份有限公司

公司概况	公司名称	新风光电子科技股份有限公司			证券简称	新风光
	法人代表	何洪臣	董秘	路则胜	证券代码	833152
	公司网址	www.fengguang.com		电子信箱	info@fengguang.com	
	电　话	0537-7237256		传　真	0537-7212091	
	办公地址	山东省济宁市汶上县经济开发区金成路中段路北				
	经营范围	研发、生产销售自动化控制装置、高压变频器、高压动态无功补偿装置等				

	指标\报告期	2015.06.30	2014.12.31	2013.12.31	2012.12.31
主要财务指标	净利润(万元)	739.39	1569.99	780.41	-
	净利润增长率(%)	24.4737	101.1749	-	-
	加权净资产收益率(%)	2.8900	6.4200	3.3500	-
	资产负债比率(%)	31.8805	41.3615	43.6727	-
	净利润现金含量(%)	125.5500	-70.4720	-63.8602	-
	基本每股收益(元)	0.0900	0.1900	0.1000	-
	每股收益-扣除(元)	0.0800	0.0800	-	-
	每股收益-摊薄(元)	0.0902	0.1923	0.0956	-
	每股资本公积金(元)	2.2452	2.2598	2.2598	-
	每股未分配利润(元)	-0.1422	-0.2334	-0.4257	-
	每股净资产(元)	3.2500	3.0900	2.9000	-
	每股经营现金流量(元)	0.1132	-0.1355	-0.0611	-
	经营活动现金净流量增长(%)	151.0	-122.0	-	-

上海剧星传媒股份有限公司

公司概况	公司名称	上海剧星传媒股份有限公司		证券简称	剧星传媒
	法人代表	查道存	董秘 周敏	证券代码	833153
	公司网址	www.visionstar.cn		电子信箱	zm_visionstar@126.com
	电　话	021-61397858		传　真	021-61397861
	办公地址	上海市普陀区甘泉路40号2022室			
	经营范围	广播电视节目制作、发行,文化艺术交流策划,会展服务等			

	指标\报告期	2015.06.30	2014.12.31	2013.12.31	2012.12.31
主要财务指标	净利润(万元)	1356.85	3505.52	1685.43	–
	净利润增长率(%)	-4.4428	107.9898	–	–
	加权净资产收益率(%)	26.0400	90.8300	85.9800	–
	资产负债比率(%)	65.9750	74.3830	56.4521	–
	净利润现金含量(%)	2.4686	5.3171	69.8342	–
	基本每股收益(元)	0.4500	7.0100	8.4300	–
	每股收益-扣除(元)	–	–	–	–
	每股收益-摊薄(元)	0.4523	7.0110	8.4272	–
	每股资本公积金(元)	0.4125	–	–	–
	每股未分配利润(元)	0.4966	7.0198	12.0220	–
	每股净资产(元)	1.9100	8.5200	13.5200	–
	每股经营现金流量(元)	0.0112	0.3728	5.8850	–
	经营活动现金净流量增长(%)	-92.9065	-84.1638	–	–

上海希尔企业管理咨询股份有限公司

公司概况	公司名称	上海希尔企业管理咨询股份有限公司		证券简称	希尔股份
	法人代表	黄家才	董秘 黄家才	证券代码	833154
	公司网址	www.hill.org.cn		电子信箱	400@hill.org.cn
	电　话	021-54814474		传　真	021-54814474转8008
	办公地址	上海市张江高科技园区芳春路400号1幢3层301-496室			
	经营范围	提供企业管理咨询专业服务和管理软件开发服务			

	指标\报告期	2015.06.30	2014.12.31	2013.12.31	2012.12.31
主要财务指标	净利润(万元)	32.69	191.23	335.55	–
	净利润增长率(%)	349.4	-43.0110	–	–
	加权净资产收益率(%)	2.3700	24.8500	24.7000	–
	资产负债比率(%)	22.2170	25.8139	69.6450	–
	净利润现金含量(%)	-1237.3540	-186.6926	67.9501	–
	基本每股收益(元)	0.0300	0.3800	0.8600	–
	每股收益-扣除(元)	0.0200	0.3600	0.7900	–
	每股收益-摊薄(元)	0.0327	0.1912	0.6711	–
	每股资本公积金(元)	0.3652	–	–	–
	每股未分配利润(元)	0.0327	0.3287	0.3132	–
	每股净资产(元)	1.4000	1.3700	1.3500	–
	每股经营现金流量(元)	-0.4044	-0.3570	0.4560	–
	经营活动现金净流量增长(%)	43.4	-256.5772	–	–

内江东工设备制造股份有限公司

公司概况	公司名称	内江东工设备制造股份有限公司		证券简称	东工股份
	法人代表	龚润清	董秘 范灏兰	证券代码	833155
	公司网址	www.njdgsd.com		电子信箱	njdgsd@163.com
	电　话	0832-8191180		传　真	0832-8191180
	办公地址	四川省内江市威远县向义镇小古村七组66号			
	经营范围	水利水电用闸门、启闭机、门机、压力管道及清污机等系列产品			

	指标\报告期	2015.06.30	2014.12.31	2013.12.31	2012.12.31
主要财务指标	净利润(万元)	248.09	-162.55	-669.85	–
	净利润增长率(%)	191.8	75.7	–	–
	加权净资产收益率(%)	6.5900	-7.2600	-25.0200	–
	资产负债比率(%)	74.9890	76.5939	83.5218	–
	净利润现金含量(%)	269.7336	-383.9166	-122.1758	–
	基本每股收益(元)	0.0827	-0.0500	-0.2200	–
	每股收益-扣除(元)	0.0827	–	–	–
	每股收益-摊薄(元)	0.0827	-0.0542	-0.2233	–
	每股资本公积金(元)	0.2149	0.4974	0.0017	–
	每股未分配利润(元)	0.0827	-0.2825	-0.2283	–
	每股净资产(元)	1.2976	1.2100	0.7800	–
	每股经营现金流量(元)	0.2231	0.2100	0.2700	–
	经营活动现金净流量增长(%)	621.5	-23.7459	–	–

浙江中南卡通股份有限公司

公司概况	公司名称	浙江中南卡通股份有限公司		证券简称	中南卡通
	法人代表	吴佳	董秘 石君安	证券代码	833156
	公司网址	www.znanimation.com		电子信箱	zoland@znanimation.com
	电　话	0571-89892446		传　真	0571-89892501
	办公地址	浙江省杭州市滨江区长河街道滨康路245号六楼			
	经营范围	制作、复制、发行:专题、专栏、综艺、动画片、广播剧、电视剧			

	指标\报告期	2015.06.30	2014.12.31	2013.12.31	2012.12.31
主要财务指标	净利润(万元)	203.22	1846.54	1842.52	–
	净利润增长率(%)	-64.1901	0.2179	–	–
	加权净资产收益率(%)	0.7000	6.2400	6.7300	–
	资产负债比率(%)	32.9759	31.5809	11.1105	–
	净利润现金含量(%)	-2580.9650	-309.8103	66.4155	–
	基本每股收益(元)	0.0200	0.1800	0.1800	–
	每股收益-扣除(元)	–	–	–	–
	每股收益-摊薄(元)	0.0199	0.1810	0.1806	–
	每股资本公积金(元)	1.2794	1.2741	1.2741	–
	每股未分配利润(元)	0.4441	0.4242	0.3668	–
	每股净资产(元)	2.8800	2.8600	2.7700	–
	每股经营现金流量(元)	-0.5142	-0.5600	0.1200	–
	经营活动现金净流量增长(%)	-4.3	-567.4891	–	–

北京京冶轴承股份有限公司

公司概况					
公司名称	北京京冶轴承股份有限公司			证券简称	京冶轴承
法人代表	罗虹	董秘	柯林	证券代码	833157
公司网址	www.jyb-bearing.com			电子信箱	kemr@163.com
电　　话	010-61240010-310			传　　真	010-61240023
办公地址	北京市大兴区黄村镇盛豫街5号				
经营范围	风电轴承、通用轴承的研发、生产和销售				

主要财务指标

指标\报告期	2015.06.30	2014.12.31	2013.12.31	2012.12.31
利润(万元)	371.39	572.93	809.97	–
净利润增长率(%)	128.5	–29.2655	–	–
加权净资产收益率(%)	1.1800	1.8500	2.6800	–
资产负债比率(%)	53.8548	50.5727	45.2435	–
净利润现金含量(%)	629.7037	–770.5657	–233.1438	–
基本每股收益(元)	0.0400	0.0700	0.1000	–
每股收益–扣除(元)	0.0300	0.0600	0.1000	–
每股收益–摊薄(元)	0.0447	0.0690	0.0976	–
每股资本公积金(元)	2.5484	2.5484	2.5484	–
每股未分配利润(元)	0.2355	0.1908	0.1346	–
每股净资产(元)	3.8100	3.7600	3.7000	–
每股经营现金流量(元)	0.2818	–0.5300	–0.2300	–
经营活动现金净流量增长(%)	261.2	–133.8	–	–

江苏马上游科技股份有限公司

公司概况					
公司名称	江苏马上游科技股份有限公司			证券简称	马上游
法人代表	陈勇	董秘	孙坚	证券代码	833158
公司网址	www.msy.cn			电子信箱	sjcj082@wootide.com
电　　话	0511-85576088			传　　真	0511-88698019
办公地址	江苏省镇江新区丁卯经十二路468号双子楼A座05-2300室				
经营范围	信息技术、软件业务的研发、咨询、服务和销售				

主要财务指标

指标\报告期	2015.06.30	2014.12.31	2013.12.31	2012.12.31
净利润(万元)	–751.60	–99.25	260.55	–
净利润增长率(%)	–245.4730	–138.0929	–	–
加权净资产收益率(%)	–7.3500	–2.5900	8.0300	–
资产负债比率(%)	4.6073	3.3467	23.7097	–
净利润现金含量(%)	43.4209	2545.2934	374.5783	–
基本每股收益(元)	–0.0800	–0.0100	0.0700	–
每股收益–扣除(元)	–	–0.0100	0.0200	–
每股收益–摊薄(元)	–0.0752	–0.0099	0.0651	–
每股资本公积金(元)	0.1811	0.1811	0.1332	–
每股未分配利润(元)	–0.1625	–0.0874	–0.1733	–
每股净资产(元)	1.0200	1.0800	0.9600	–
每股经营现金流量(元)	–0.0326	–0.2526	0.2440	–
经营活动现金净流量增长(%)	71.4	–358.8444	–	–

广东力好科技股份有限公司

公司概况					
公司名称	广东力好科技股份有限公司			证券简称	力好科技
法人代表	蔡桓	董秘	王旭丹	证券代码	833159
公司网址	www.lihao.net.cn			电子信箱	983100140@qq.com
电　　话	0754-85500326			传　　真	0754-85508326
办公地址	广东省汕头市澄海区盐鸿镇国道324线中社路段建材第一幢第一层、第二幢				
经营范围	微电机和伺服电机的研发、生产和销售				

主要财务指标

指标\报告期	2015.06.30	2014.12.31	2013.12.31	2012.12.31
净利润(万元)	352.96	77.65	122.53	–
净利润增长率(%)	141.2415	–36.6270	–	–
加权净资产收益率(%)	6.9400	1.7700	3.2300	–
资产负债比率(%)	14.2480	29.0267	38.5914	–
净利润现金含量(%)	–155.1887	1242.7524	253.1018	–
基本每股收益(元)	0.0700	0.0200	0.0300	–
每股收益–扣除(元)	–	–	–	–
每股收益–摊薄(元)	0.0671	0.0148	0.0266	–
每股资本公积金(元)	0.0608	0.0608	–	–
每股未分配利润(元)	–0.0600	–0.1271	–0.1622	–
每股净资产(元)	1.0000	0.9300	0.8400	–
每股经营现金流量(元)	–0.1041	0.1800	0.0700	–
经营活动现金净流量增长(%)	51.7	211.1669	–	–

黄冈鲁班药业股份有限公司

公司概况					
公司名称	黄冈鲁班药业股份有限公司			证券简称	鲁班药业
法人代表	杨小龙	董秘	杨铁波	证券代码	833160
公司网址	www.yeschem.com			电子信箱	yxl@yeschem.com
电　　话	0713-3976908			传　　真	0713-3976905
办公地址	湖北省黄冈市龙感湖工业园医药化工小区				
经营范围	公司专注于特色医药中间体等精细化学品的研发、生产和销售				

主要财务指标

指标\报告期	2015.06.30	2014.12.31	2013.12.31	2012.12.31
净利润(万元)	460.68	881.97	840.67	–
净利润增长率(%)	–33.3272	4.9126	–	–
加权净资产收益率(%)	11.1100	48.7600	88.7100	–
资产负债比率(%)	42.0258	65.1551	74.3936	–
净利润现金含量(%)	5.1347	53.6968	5.2199	–
基本每股收益(元)	0.2200	2.2000	2.1000	–
每股收益–扣除(元)	–	–	–	–
每股收益–摊薄(元)	0.1920	2.2049	2.1017	–
每股资本公积金(元)	0.8322	–	–	–
每股未分配利润(元)	0.1305	4.1624	2.1780	–
每股净资产(元)	1.9600	5.6200	3.4200	–
每股经营现金流量(元)	0.0099	1.1800	0.1100	–
经营活动现金净流量增长(%)	–95.8669	979.2342	–	–

神州英才企业管理顾问(北京)股份有限公司

公司概况	公司名称	神州英才企业管理顾问(北京)股份有限公司		证券简称	神州英才
	法人代表	姜汝洪	董秘 范亚峻	证券代码	833161
	公司网址	www.99809.com		电子信箱	devin@yczion.com
	电　　话	010-87191519		传　　真	010-87191500
	办公地址	北京市东城区藏经馆胡同17号1幢1242室			
	经营范围	企业管理咨询;投资咨询;计算机技术推广服务;企业策划等			

主要财务指标 指标\报告期	2015.06.30	2014.12.31	2013.12.31	2012.12.31
净利润(万元)	-562.95	223.38	-72.62	-
净利润增长率(%)	-373.8	407.6	-	-
加权净资产收益率(%)	-58.7100	27.1500	-33.6500	-
资产负债比率(%)	38.3785	18.5812	76.4575	-
净利润现金含量(%)	94.7088	123.6936	264.9780	-
基本每股收益(元)	-0.7600	0.3200	-0.1500	-
每股收益-扣除(元)	-	0.2600	-0.1700	-
每股收益-摊薄(元)	-0.7607	0.3019	-0.1452	-
每股资本公积金(元)	0.4032	0.4032	0.0650	-
每股未分配利润(元)	-0.5052	0.2730	-0.7060	-
每股净资产(元)	0.9000	1.6800	0.3600	-
每股经营现金流量(元)	-0.7205	0.3734	-0.3849	-
经营活动现金净流量增长(%)	-382.1406	243.6	-	-

重庆港力环保股份有限公司

公司概况	公司名称	重庆港力环保股份有限公司		证券简称	港力环保
	法人代表	张军	董秘 杨开秀	证券代码	833162
	公司网址	www.ccqgl.com		电子信箱	394212936@qq.com
	电　　话	023-68645011		传　　真	023-68645011
	办公地址	重庆市九龙坡区陶家镇友爱村工业园			
	经营范围	环保产品、节能产品、非标设备、钢结构、通用机械、工业自动控制的设计、制造、销售			

主要财务指标 指标\报告期	2015.06.30	2014.12.31	2013.12.31	2012.12.31
净利润(万元)	107.14	200.87	130.62	-
净利润增长率(%)	21.2981	53.7833	-	-
加权净资产收益率(%)	8.3000	18.9100	25.8700	-
资产负债比率(%)	22.6417	19.0044	41.1134	-
净利润现金含量(%)	-78.6631	-118.1001	-99.7083	-
基本每股收益(元)	0.1100	0.2200	0.2400	-
每股收益-扣除(元)	0.1100	0.2200	0.2400	-
每股收益-摊薄(元)	0.1071	0.2009	0.1866	-
每股资本公积金(元)	0.1947	-	-	-
每股未分配利润(元)	0.1458	-	-	-
每股净资产(元)	1.3400	1.2400	1.0500	-
每股经营现金流量(元)	-0.0843	-0.2400	-0.1861	-
经营活动现金净流量增长(%)	78.7	-82.1	-	-

苏州齐顺信息科技股份有限公司

公司概况	公司名称	苏州齐顺信息科技股份有限公司		证券简称	齐顺科技
	法人代表	许彬	董秘 陈振东	证券代码	833163
	公司网址	www.qshun.com		电子信箱	chenzhendong@1876.cn
	电　　话	0512-66355661		传　　真	0512-66355661
	办公地址	江苏省苏州工业园区星湖街328号创意产业园8幢702室			
	经营范围	移动话费小额支付业务			

主要财务指标 指标\报告期	2015.06.30	2014.12.31	2013.12.31	2012.12.31
净利润(万元)	483.21	407.55	-26.02	-
净利润增长率(%)	369.3430	1666.2	-	-
加权净资产收益率(%)	16.8400	14.5200	-1.7400	-
资产负债比率(%)	51.6290	56.1394	39.6737	-
净利润现金含量(%)	248.7343	-444.8681	593.1431	-
基本每股收益(元)	0.2400	0.4100	-0.1500	-
每股收益-扣除(元)	0.2300	0.3800	-0.2100	-
每股收益-摊薄(元)	0.2416	0.2038	-0.0260	-
每股资本公积金(元)	-	-	1.7650	-
每股未分配利润(元)	0.5529	0.3112	0.2211	-
每股净资产(元)	1.5600	1.3100	1.4900	-
每股经营现金流量(元)	0.6010	-0.9100	-0.1543	-
经营活动现金净流量增长(%)	480.4	-1074.7	-	-

厦门琥珀日化科技股份有限公司

公司概况	公司名称	厦门琥珀日化科技股份有限公司		证券简称	琥珀股份
	法人代表	陈虎	董秘 杨照辉	证券代码	833164
	公司网址	www.xmhupo.com		电子信箱	yangzhaohui@hbglobal.com
	电　　话	0592-7398966		传　　真	0592-7398966
	办公地址	厦门市同安工业集中区同安园308号			
	经营范围	研发、生产和销售日用香料香精产品			

主要财务指标 指标\报告期	2015.06.30	2014.12.31	2013.12.31	2012.12.31
净利润(万元)	411.80	-	-	-
净利润增长率(%)	-20.3045	-	-	-
加权净资产收益率(%)	6.7700	-	-	-
资产负债比率(%)	21.5236	-	-	-
净利润现金含量(%)	65.1380	-	-	-
基本每股收益(元)	0.1400	-	-	-
每股收益-扣除(元)	-	-	-	-
每股收益-摊薄(元)	0.1373	-	-	-
每股资本公积金(元)	0.9599	-	-	-
每股未分配利润(元)	0.1373	-	-	-
每股净资产(元)	2.1000	-	-	-
每股经营现金流量(元)	0.0894	-	-	-
经营活动现金净流量增长(%)	-60.1076	-	-	-

广东智科电子股份有限公司

公司概况	公司名称	广东智科电子股份有限公司			证券简称	智科股份
	法人代表	李百尧	董秘	李薇	证券代码	833165
	公司网址	www.fschico.com		电子信箱	chico@fschico.com	
	电　话	0757-86399122		传　真	0757-22804727	
	办公地址	广东省佛山市南海区桂城盐平路东侧B6街区桂城电子城A区五楼一区之二及二				
	经营范围	智能控制器及开关电源的研发、生产和销售				

主要财务指标	指标\报告期	2015.06.30	2014.12.31	2013.12.31	2012.12.31
	净利润(万元)	90.56	363.47	141.56	–
	净利润增长率(%)	–26.5954	156.7664	–	–
	加权净资产收益率(%)	5.3200	38.5900	31.0300	–
	资产负债比率(%)	46.9159	36.1415	68.1102	–
	净利润现金含量(%)	543.1529	–180.2816	39.1076	–
	基本每股收益(元)	0.0900	0.3600	0.4700	–
	每股收益–扣除(元)	0.0700	–	–	–
	每股收益–摊薄(元)	0.0886	0.3556	0.4719	–
	每股资本公积金(元)	0.4422	0.4422	–	–
	每股未分配利润(元)	0.2316	0.1429	0.6807	–
	每股净资产(元)	1.7100	1.6200	1.7600	–
	每股经营现金流量(元)	0.4813	–0.6400	0.1800	–
	经营活动现金净流量增长(%)	946.2102	–1283.6654	–	–

上海华证联检测技术股份有限公司

公司概况	公司名称	上海华证联检测技术股份有限公司			证券简称	华证联
	法人代表	陈坚	董秘	杨洁	证券代码	833166
	公司网址	www.utctesting.com		电子信箱	Yangj_utc@163.com	
	电　话	021-58992935-106		传　真	0021-58992935-122	
	办公地址	上海市浦东新区张江路665号305-15室				
	经营范围	轻工产品、公共安全检测服务，二级生物安全柜的检测				

主要财务指标	指标\报告期	2015.06.30	2014.12.31	2013.12.31	2012.12.31
	净利润(万元)	–65.36	178.17	–20.46	–
	净利润增长率(%)	–316.1288	970.6	–	–
	加权净资产收益率(%)	–10.4400	10.0900	–8.5100	–
	资产负债比率(%)	8.5884	17.8423	50.2393	–
	净利润现金含量(%)	45.1894	122.0021	–253.5269	–
	基本每股收益(元)	–0.1200	0.3200	–0.0400	–
	每股收益–扣除(元)	–0.1300	–	–	–
	每股收益–摊薄(元)	–0.1188	0.3239	–0.0682	–
	每股资本公积金(元)	0.1099	0.1099	–	–
	每股未分配利润(元)	–0.0403	0.0786	–0.2323	–
	每股净资产(元)	1.0800	1.2000	0.4200	–
	每股经营现金流量(元)	–0.0537	0.4000	0.1729	–
	经营活动现金净流量增长(%)	84.7	318.9577	–	–

重庆乐邦科技股份有限公司

公司概况	公司名称	重庆乐邦科技股份有限公司			证券简称	乐邦科技
	法人代表	罗茂蜀	董秘	刘刚	证券代码	833167
	公司网址			电子信箱	cqlbhb@163.com	
	电　话	023-68886157		传　真	023-61600336	
	办公地址	重庆市九龙坡区科园一路6号14-6号				
	经营范围	计算机软件开发，工业自动控制系统装置、电机拖动系统、照明系统等				

主要财务指标	指标\报告期	2015.06.30	2014.12.31	2013.12.31	2012.12.31
	净利润(万元)	13.61	103.62	35.35	–
	净利润增长率(%)	–83.1574	193.1357	–	–
	加权净资产收益率(%)	1.0200	6.5500	2.3800	–
	资产负债比率(%)	46.5132	41.5228	18.0667	–
	净利润现金含量(%)	617.3884	224.2552	–203.0853	–
	基本每股收益(元)	0.0100	0.1000	0.0400	–
	每股收益–扣除(元)	–	–	–	–
	每股收益–摊薄(元)	0.0105	0.0797	0.0353	–
	每股资本公积金(元)	–	–	1.5000	–
	每股未分配利润(元)	0.0161	0.0056	–0.0955	–
	每股净资产(元)	1.0200	1.0100	1.5000	–
	每股经营现金流量(元)	0.0646	0.1787	–0.0700	–
	经营活动现金净流量增长(%)	292.8	423.7	–	–

哈尔滨海润国际文化传播股份有限公司

公司概况	公司名称	哈尔滨海润国际文化传播股份有限公司			证券简称	海润传播
	法人代表	潘洋	董秘	韩谨之	证券代码	833168
	公司网址	www.hrbhairun.com		电子信箱	hr@hrbhairun.com	
	电　话	0451-82335867		传　真	0451-82342013	
	办公地址	黑龙江省哈尔滨市南岗区昆仑商城天顺街22号				
	经营范围	提供整合营销传播服务，包括品牌管理、活动承办、媒体发布				

主要财务指标	指标\报告期	2015.06.30	2014.12.31	2013.12.31	2012.12.31
	净利润(万元)	103.93	138.36	41.70	–
	净利润增长率(%)	17.0850	231.8149	–	–
	加权净资产收益率(%)	9.7600	13.6600	4.7700	–
	资产负债比率(%)	10.6499	9.1238	9.0580	–
	净利润现金含量(%)	–195.2451	132.8346	8.9448	–
	基本每股收益(元)	0.1000	0.1400	0.0400	–
	每股收益–扣除(元)	0.1000	0.1400	0.0400	–
	每股收益–摊薄(元)	0.1039	0.1384	0.0417	–
	每股资本公积金(元)	0.0129	–	–	–
	每股未分配利润(元)	0.1039	0.0116	–0.1254	–
	每股净资产(元)	1.1200	1.0100	0.8700	–
	每股经营现金流量(元)	–0.2029	0.1840	0.0040	–
	经营活动现金净流量增长(%)	–11976.638	4831.0922	–	–

山东鼎泰盛食品工业装备股份有限公司

公司概况	公司名称	山东鼎泰盛食品工业装备股份有限公司		证券简称	鼎泰盛
	法人代表	姜伟	董秘 丁辉	证券代码	833169
	公司网址	www.dingtaishengzb.com		电子信箱	zongjingbandts@163.com
	电　话	0536-6549383		传　真	0536-6549229
	办公地址	山东省潍坊市诸城市林家村镇林家村二村			
	经营范围	加工、销售食品机械、第一类压力容器、第二类低、中压容器			

主要财务指标	指标\报告期	2015.06.30	2014.12.31	2013.12.31	2012.12.31
	净利润(万元)	1544.54	1267.20	594.24	–
	净利润增长率(%)	25.7535	113.2472	–	–
	加权净资产收益率(%)	34.7600	41.7200	59.0500	–
	资产负债比率(%)	74.5190	80.3737	88.4213	–
	净利润现金含量(%)	5.4388	241.1869	250.1397	–
	基本每股收益(元)	0.7700	0.6300	0.6600	–
	每股收益-扣除(元)	0.7600	0.6100	0.6600	–
	每股收益-摊薄(元)	0.7723	0.6336	0.2971	–
	每股资本公积金(元)	0.7591	0.7591	–	–
	每股未分配利润(元)	0.7715	–0.0008	0.1813	–
	每股净资产(元)	2.6100	1.8400	0.8300	–
	每股经营现金流量(元)	0.0420	1.5300	0.7400	–
	经营活动现金净流量增长(%)	–94.3232	105.6144	–	–

福建亿能达信息技术股份有限公司

公司概况	公司名称	福建亿能达信息技术股份有限公司		证券简称	亿能达
	法人代表	黄家昌	董秘 詹先威	证券代码	833170
	公司网址	www.strongsoft.com.cn		电子信箱	fjecansoft@126.com
	电　话	0591-87882516		传　真	0591-87382722
	办公地址	福建省福州市鼓楼区软件大道 89 号福州软件园 A 区 28 号楼一层			
	经营范围	公司主要从事医疗软件研究开发、销售与技术服务业务			

主要财务指标	指标\报告期	2015.06.30	2014.12.31	2013.12.31	2012.12.31
	净利润(万元)	–66.02	292.67	22.52	–
	净利润增长率(%)	23.0	1199.4677	–	–
	加权净资产收益率(%)	–3.1000	15.8800	1.9100	–
	资产负债比率(%)	9.0416	15.2484	17.8600	–
	净利润现金含量(%)	485.3655	–3.4052	–1213.1179	–
	基本每股收益(元)	–0.0500	0.2500	0.0400	–
	每股收益-扣除(元)	–0.0600	–	–	–
	每股收益-摊薄(元)	–0.0472	0.2091	0.0205	–
	每股资本公积金(元)	0.5444	0.0643	–	–
	每股未分配利润(元)	–0.0472	0.4258	0.3817	–
	每股净资产(元)	1.5000	1.5400	1.4200	–
	每股经营现金流量(元)	–0.2289	–0.0100	–0.2484	–
	经营活动现金净流量增长(%)	–50.0	96.4	–	–

福建国航远洋运输(集团)股份有限公司

公司概况	公司名称	福建国航远洋运输(集团)股份有限公司		证券简称	福建国航
	法人代表	王炎平	董秘 薛勇	证券代码	833171
	公司网址	www.gh-shipping.com		电子信箱	info@gh-shipping.com
	电　话	0591-87823890		传　真	0591-87844965
	办公地址	福建省福州开发区快安科技园创新楼 501 室			
	经营范围	从事国际船舶普通货物运输;国内沿海及长江中下游普通货船运输			

主要财务指标	指标\报告期	2015.06.30	2014.12.31	2013.12.31	2012.12.31
	净利润(万元)	–13410.42	–21982.57	2395.73	–
	净利润增长率(%)	–88.8	–1017.5715	203.8438	–
	加权净资产收益率(%)	–26.6400	–33.8100	3.2100	–
	资产负债比率(%)	83.2155	81.2469	76.9718	–
	净利润现金含量(%)	–17.4414	–97.0815	1244.8135	–
	基本每股收益(元)	–0.3100	–0.5180	0.0564	–
	每股收益-扣除(元)	–	–0.4863	–0.1562	–
	每股收益-摊薄(元)	–0.3018	–0.5180	0.0564	–
	每股资本公积金(元)	0.1907	0.1526	0.1526	–
	每股未分配利润(元)	–0.1986	0.1027	0.6207	–
	每股净资产(元)	1.0100	1.2700	1.7900	–
	每股经营现金流量(元)	0.0526	0.5000	0.7000	–
	经营活动现金净流量增长(%)	–83.2871	–28.4396	108.9220	–

玉溪明珠花卉股份有限公司

公司概况	公司名称	玉溪明珠花卉股份有限公司		证券简称	明珠股份
	法人代表	陈朋从	董秘 何建国	证券代码	833172
	公司网址	www.mingzhu-lily.com		电子信箱	yxmz6278@vip.163.com
	电　话	0877-8888711		传　真	0877-8888700
	办公地址	云南省玉溪市高新区腾霄路 11 号			
	经营范围	百合种球、百合鲜切花的生产及经营			

主要财务指标	指标\报告期	2015.06.30	2014.12.31	2013.12.31	2012.12.31
	净利润(万元)	205.61	159.62	196.34	–
	净利润增长率(%)	74.6748	–18.7035	–	–
	加权净资产收益率(%)	2.6100	2.0800	2.6200	–
	资产负债比率(%)	30.6558	26.1557	23.1207	–
	净利润现金含量(%)	–186.0468	–62.2320	–195.8303	–
	基本每股收益(元)	0.0500	0.0400	0.0500	–
	每股收益-扣除(元)	–	0.0400	0.0300	–
	每股收益-摊薄(元)	0.0490	0.0380	0.0467	–
	每股资本公积金(元)	1.0197	1.0197	1.0197	–
	每股未分配利润(元)	–0.1859	–0.2353	–0.2733	–
	每股净资产(元)	1.8900	1.8500	1.8100	–
	每股经营现金流量(元)	–0.0911	–0.0200	–0.0900	–
	经营活动现金净流量增长(%)	–19.2	74.2	–	–

北京赢鼎教育科技股份有限公司

公司概况						
公司名称	北京赢鼎教育科技股份有限公司			证券简称	赢鼎教育	
法人代表	王海涛	董秘	姚永清	证券代码	833173	
公司网址	www.yingding.org	电子信箱		brent@yingding.org		
电　话	0400-0419-888	传　真		010-52725347		
办公地址	北京市海淀区中关村东路1号院3号楼3层309室					
经营范围	技术咨询、技术服务;教育咨询;组织文化艺术交流活动					

主要财务指标：指标\报告期	2015.06.30	2014.12.31	2013.12.31	2012.12.31
净利润(万元)	11051.55	29.94	13.18	–
净利润增长率(%)	36806.8381	127.2564	–	–
加权净资产收益率(%)	156.9800	2.7300	–4.7100	–
资产负债比率(%)	17.1189	23.6137	29.5103	–
净利润现金含量(%)	43.4403	205.2304	–3610.3945	–
基本每股收益(元)	19.3622	0.0542	0.0200	–
每股收益–扣除(元)	16.2445	–0.0261	–0.0261	–
每股收益–摊薄(元)	19.3622	0.0525	0.0239	–
每股资本公积金(元)	2.0042	2.0042	2.3754	–
每股未分配利润(元)	17.0632	–0.3510	–1.4175	–
每股净资产(元)	22.0200	2.6500	1.8900	–
每股经营现金流量(元)	8.4110	0.1077	–0.8618	–
经营活动现金净流量增长(%)	7711.9316	112.9	–	–

沃德传动(天津)股份有限公司

公司概况						
公司名称	沃德传动(天津)股份有限公司			证券简称	沃德传动	
法人代表	胡炜	董秘	李爽	证券代码	833174	
公司网址	www.world-transmission.com	电子信箱		worldtech@world-transmission.com		
电　话	022-86979888	传　真		022-86979666		
办公地址	天津北辰科技园区高新大道与景明路交口					
经营范围	齿轮传动及驱动部件、直线和平面电机及其驱动系统、变频器的制造					

主要财务指标：指标\报告期	2015.06.30	2014.12.31	2013.12.31	2012.12.31
净利润(万元)	178.80	77.57	–1519.64	–
净利润增长率(%)	–33.5755	105.1	–	–
加权净资产收益率(%)	1.9100	–0.7800	–29.0100	–
资产负债比率(%)	53.4804	50.2215	64.4035	–
净利润现金含量(%)	–807.1227	654.1189	112.8359	–
基本每股收益(元)	0.0200	0.0100	–0.2100	–
每股收益–扣除(元)	–	–	–	–
每股收益–摊薄(元)	0.0212	0.0092	–0.2026	–
每股资本公积金(元)	0.0692	0.3155	0.1067	–
每股未分配利润(元)	0.0508	–0.2180	–0.2553	–
每股净资产(元)	1.1200	1.1000	0.8500	–
每股经营现金流量(元)	–0.1710	0.0600	–0.2300	–
经营活动现金净流量增长(%)	–389.8924	129.6	–	–

北京浩瀚深度信息技术股份有限公司

公司概况						
公司名称	北京浩瀚深度信息技术股份有限公司			证券简称	浩瀚深度	
法人代表	张跃	董秘	冯彦军	证券代码	833175	
公司网址		电子信箱				
电　话		传　真				
办公地址	北京市海淀区北洼路45号14号楼102					
经营范围	电信级互联网流量管理系统的研发、生产、销售及升级维护					

主要财务指标：指标\报告期	2015.06.30	2014.12.31	2013.12.31	2012.12.31
净利润(万元)	–	2793.50	3105.25	–
净利润增长率(%)	–	–10.0395	–	–
加权净资产收益率(%)	–	19.9500	44.6000	–
资产负债比率(%)	–	30.2904	20.0178	–
净利润现金含量(%)	–	–84.9325	–59.0383	–
基本每股收益(元)	–	0.2800	0.3100	–
每股收益–扣除(元)	–	–	–	–
每股收益–摊薄(元)	–	0.2793	0.3105	–
每股资本公积金(元)	–	0.1845	0.1845	–
每股未分配利润(元)	–	0.2872	0.1358	–
每股净资产(元)	–	1.5200	1.3400	–
每股经营现金流量(元)	–	–0.2400	–0.1800	–
经营活动现金净流量增长(%)	–	–29.4	–	–

桂林五洲旅游股份有限公司

公司概况						
公司名称	桂林五洲旅游股份有限公司			证券简称	桂林五洲	
法人代表	阳伟中	董秘	王桂兴	证券代码	833176	
公司网址	www.glwzgs.com	电子信箱		gxglwz@163.com		
电　话	0773-5810976	传　真		0773-5813306		
办公地址	广西省桂林市七星区花桥食街2号					
经营范围	投资旅游车船客运,车船配件、机电产品的销售					

主要财务指标：指标\报告期	2015.06.30	2014.12.31	2013.12.31	2012.12.31
净利润(万元)	448.25	–	–	–
净利润增长率(%)	238.7	–	–	–
加权净资产收益率(%)	1.0200	–	–	–
资产负债比率(%)	30.6354	–	–	–
净利润现金含量(%)	–25.8175	–	–	–
基本每股收益(元)	0.0473	–	–	–
每股收益–扣除(元)	–0.0210	–	–	–
每股收益–摊薄(元)	0.0473	–	–	–
每股资本公积金(元)	0.0723	–	–	–
每股未分配利润(元)	0.0788	–	–	–
每股净资产(元)	5.5100	–	–	–
每股经营现金流量(元)	–0.0122	–	–	–
经营活动现金净流量增长(%)	32.3	–	–	–

张家口时代橡胶制品股份有限公司

公司概况	公司名称	张家口时代橡胶制品股份有限公司			证券简称	时代股份
	法人代表	张阁	董秘	姚灵军	证券代码	833177
	公司网址	www.zjksdxj.com			电子信箱	zjksdgf@163.com
	电　　话	0313-5805850			传　　真	0313-5805700
	办公地址	河北省张家口市产业集聚区沈孔路 11 号				
	经营范围	铁路货车滚动轴承橡胶油封、铁路货车滚动轴承密封罩组件				

	指标\报告期	2015.06.30	2014.12.31	2013.12.31	2012.12.31
主要财务指标	净利润(万元)	215.57	2223.03	1639.66	–
	净利润增长率(%)	–67.9420	35.5792	–	–
	加权净资产收益率(%)	3.7400	29.3300	30.6100	–
	资产负债比率(%)	55.2820	57.1109	67.0303	–
	净利润现金含量(%)	245.6097	62.9721	30.7111	–
	基本每股收益(元)	0.0359	0.5964	0.6327	–
	每股收益–扣除(元)	–	0.6108	0.6140	–
	每股收益–摊薄(元)	0.0359	0.3705	0.6327	–
	每股资本公积金(元)	0.2085	0.2085	–	–
	每股未分配利润(元)	0.0853	0.0494	0.9345	–
	每股净资产(元)	1.3000	1.2600	2.0700	–
	每股经营现金流量(元)	0.0882	0.2333	0.1900	–
	经营活动现金净流量增长(%)	–76.0692	178.0011	–	–

中美福源生物技术(北京)股份有限公司

公司概况	公司名称	中美福源生物技术(北京)股份有限公司			证券简称	中美福源
	法人代表	于在林	董秘	周莉莉	证券代码	833178
	公司网址	www.fortunerock-china.com			电子信箱	lilizhou_312@163.com
	电　　话	010-62760812			传　　真	010-62760812
	办公地址	北京市海淀区高粱桥斜街 59 号院 5 号楼 104-21 室				
	经营范围	医药科技产品、技术的开发;转让自有技术				

	指标\报告期	2015.06.30	2014.12.31	2013.12.31	2012.12.31
主要财务指标	净利润(万元)	–534.43	–174.10	–153.10	–
	净利润增长率(%)	–289.9423	–13.7	–	–
	加权净资产收益率(%)	–28.2900	–6.3400	–26.6400	–
	资产负债比率(%)	10.5208	11.8626	110.3626	–
	净利润现金含量(%)	92.5583	462.1700	35.2641	–
	基本每股收益(元)	–0.2700	–0.0900	–0.0800	–
	每股收益–扣除(元)	–0.3600	–	–	–
	每股收益–摊薄(元)	–0.2672	–0.2116	–0.2492	–
	每股资本公积金(元)	0.3944	2.7573	0.0790	–
	每股未分配利润(元)	–0.5835	–1.1359	–1.2376	–
	每股净资产(元)	0.8100	2.6214	–0.1586	–
	每股经营现金流量(元)	–0.2473	–0.9782	–0.0879	–
	经营活动现金净流量增长(%)	–599.2872	–1390.3	–	–

南京化学试剂股份有限公司

公司概况	公司名称	南京化学试剂股份有限公司			证券简称	南京试剂
	法人代表	张宪伟	董秘	王雄	证券代码	833179
	公司网址	www.nj-reagent.com			电子信箱	admin@nj-reagent.com
	电　　话	025-85316066			传　　真	025-85316982
	办公地址	江苏省南京化学工业园区赵桥河南路 109 号				
	经营范围	各类化学试剂及专用化学品研发、生产、销售和技术服务				

	指标\报告期	2015.06.30	2014.12.31	2013.12.31	2012.12.31
主要财务指标	净利润(万元)	1923.11	1247.71	511.61	–
	净利润增长率(%)	54.1308	143.8809	–	–
	加权净资产收益率(%)	10.2400	6.3800	0.2800	–
	资产负债比率(%)	9.0864	24.4251	9.6043	–
	净利润现金含量(%)	53.9312	134.6984	105.3526	–
	基本每股收益(元)	0.6340	0.6200	0.3700	–
	每股收益–扣除(元)	0.3734	–	–	–
	每股收益–摊薄(元)	0.6010	0.6077	0.2558	–
	每股资本公积金(元)	4.8748	5.9250	6.1104	–
	每股未分配利润(元)	0.5111	0.9342	1.9626	–
	每股净资产(元)	6.4700	8.5800	9.7300	–
	每股经营现金流量(元)	0.3241	0.8186	0.2700	–
	经营活动现金净流量增长(%)	–38.2884	211.8134	–	–

吉林瀚丰矿业科技股份有限公司

公司概况	公司名称	吉林瀚丰矿业科技股份有限公司			证券简称	瀚丰矿业
	法人代表	www.jlhanfeng.com	董秘	张波	证券代码	833180
	公司网址	www.jlhanfeng.com			电子信箱	hanfengkuangye@163.com
	电　　话	0433-3528688			传　　真	0433-3528688
	办公地址	吉林省延边朝鲜族自治州龙井市老头沟镇天宝山社区				
	经营范围	公司主要从事锌矿石、铜矿石、铅矿石和钼矿石的开采				

	指标\报告期	2015.06.30	2014.12.31	2013.12.31	2012.12.31
主要财务指标	净利润(万元)	243.95	96.97	–1284.72	–
	净利润增长率(%)	162.5	107.5	–	–
	加权净资产收益率(%)	2.4300	–	–	–
	资产负债比率(%)	36.6532	38.9026	67.5644	–
	净利润现金含量(%)	–27.3369	16190.5435	924.5236	–
	基本每股收益(元)	0.2400	0.1000	–1.2800	–
	每股收益–扣除(元)	0.1400	–0.0500	–1.4800	–
	每股收益–摊薄(元)	0.2440	0.0970	–1.2847	–
	每股资本公积金(元)	9.0935	9.0935	–	–
	每股未分配利润(元)	0.0160	–0.2280	7.5667	–
	每股净资产(元)	10.2000	9.8700	9.6300	–
	每股经营现金流量(元)	–0.0667	15.7000	–11.8800	–
	经营活动现金净流量增长(%)	–100.3615	232.2	–	–

深圳市泰久信息系统股份有限公司

公司概况	公司名称	深圳市泰久信息系统股份有限公司			证券简称	泰久信息
	法人代表	陈龙军	董秘	史彦萍	证券代码	833181
	公司网址	www.mopon.cn		电子信箱	shiyanping.sz@mopon.cn	
	电　话	0755-86001888		传　真	0755-86001888	
	办公地址	广东省深圳市福田区保税区市花路8号和合大厦T8旅游创意园2楼201				
	经营范围	计算机软硬件、网络通信产品开发与销售				
主要财务指标	指标\报告期	2015.06.30	2014.12.31	2013.12.31	2012.12.31	
	净利润(万元)	-1152.72	-1385.46	76.14	-	
	净利润增长率(%)	-127.1	-1919.6152	-	-	
	加权净资产收益率(%)	-21.6700	-33.6600	3.8000	-	
	资产负债比率(%)	17.8549	41.6223	61.1368	-	
	净利润现金含量(%)	257.7136	131.1363	68.2027	-	
	基本每股收益(元)	-0.2200	-0.2900	-	-	
	每股收益-扣除(元)	-	-	-	-	
	每股收益-摊薄(元)	-0.1976	-0.2771	0.0556	-	
	每股资本公积金(元)	1.8959	0.3785	2.4860	-	
	每股未分配利润(元)	-0.3887	-0.2272	-1.1912	-	
	每股净资产(元)	2.5072	1.1500	0.6300	-	
	每股经营现金流量(元)	-0.5093	-0.3634	0.0379	-	
	经营活动现金净流量增长(%)	-57.1	-3598.6561	-	-	

湖北万星面业股份有限公司

公司概况	公司名称	湖北万星面业股份有限公司			证券简称	万星面业
	法人代表	孙焕青	董秘	但恒夫	证券代码	833182
	公司网址	www.hbwxmy.com		电子信箱	wanxingmianye@163.com	
	电　话	0713-6253959		传　真	0713-6253088	
	办公地址	湖北省黄冈市武穴市工业园(蕲孔路北)				
	经营范围	挂面的研发、生产和销售				
主要财务指标	指标\报告期	2015.06.30	2014.12.31	2013.12.31	2012.12.31	
	净利润(万元)	285.88	134.44	-245.17	-	
	净利润增长率(%)	120.5486	154.8	-	-	
	加权净资产收益率(%)	11.4900	6.4200	-12.5900	-	
	资产负债比率(%)	75.9443	71.4400	72.0100	-	
	净利润现金含量(%)	175.8263	1059.0639	192.6618	-	
	基本每股收益(元)	0.1429	0.0700	-0.1200	-	
	每股收益-扣除(元)	0.1087	-	-	-	
	每股收益-摊薄(元)	0.1429	0.0672	-0.1226	-	
	每股资本公积金(元)	0.2389	0.1940	0.1050	-	
	每股未分配利润(元)	0.0730	-0.0416	-0.0982	-	
	每股净资产(元)	1.3000	1.1700	1.0100	-	
	每股经营现金流量(元)	0.2513	0.7100	-0.2362	-	
	经营活动现金净流量增长(%)	-64.6976	401.4	-	-	

四川超凡知识产权服务股份有限公司

公司概况	公司名称	四川超凡知识产权服务股份有限公司			证券简称	超凡股份
	法人代表	母洪	董秘	韩瑾	证券代码	833183
	公司网址	www.chofn.com		电子信箱	lawrance.han@chofn.com	
	电　话	028-86922296		传　真	028-86922291	
	办公地址	四川省成都市青羊区草市街123号时代锋尚16楼				
	经营范围	知识产权代理、咨询、信息和商用化等服务				
主要财务指标	指标\报告期	2015.06.30	2014.12.31	2013.12.31	2012.12.31	
	净利润(万元)	1143.53	883.89	426.58	-	
	净利润增长率(%)	651.0631	107.2033	-	-	
	加权净资产收益率(%)	37.5900	45.9900	31.5900	-	
	资产负债比率(%)	40.5000	41.7314	41.1147	-	
	净利润现金含量(%)	16.2241	171.5550	128.3380	-	
	基本每股收益(元)	1.1400	4.4200	2.1300	-	
	每股收益-扣除(元)	-	-	-	-	
	每股收益-摊薄(元)	1.1435	2.4553	2.1329	-	
	每股资本公积金(元)	0.3369	0.4359	0.7448	-	
	每股未分配利润(元)	1.4691	4.2883	5.5379	-	
	每股净资产(元)	3.0200	5.9200	7.4000	-	
	每股经营现金流量(元)	0.1855	4.2100	2.7400	-	
	经营活动现金净流量增长(%)	-42.6160	176.9778	-	-	

洛阳润环轴承科技股份有限公司

公司概况	公司名称	洛阳润环轴承科技股份有限公司			证券简称	润环科技
	法人代表	李德亮	董秘	张建华	证券代码	833184
	公司网址	www.rhdbearing.com		电子信箱	rhdbearing@163.com	
	电　话	86379-64183678		传　真	0379-64327675	
	办公地址	河南省洛阳市高新开发区滨河路22号付1号				
	经营范围	轴承、轴承仪器及设备、轴承原辅材料、机械配件的生产、销售				
主要财务指标	指标\报告期	2015.06.30	2014.12.31	2013.12.31	2012.12.31	
	净利润(万元)	18.08	22.62	7.34	-	
	净利润增长率(%)	-50.2484	208.1386	-	-	
	加权净资产收益率(%)	2.5500	3.8800	1.5900	-	
	资产负债比率(%)	79.2359	77.0383	69.9088	-	
	净利润现金含量(%)	-1380.3532	-431.2926	-8891.2941	-	
	基本每股收益(元)	0.0300	0.0377	0.0122	-	
	每股收益-扣除(元)	-	-	-	-	
	每股收益-摊薄(元)	0.0301	0.0377	0.0122	-	
	每股资本公积金(元)	0.1887	0.1887	-	-	
	每股未分配利润(元)	0.0073	-0.0229	-0.2218	-	
	每股净资产(元)	1.2000	1.1700	0.7800	-	
	每股经营现金流量(元)	-0.4160	-0.1600	-1.0900	-	
	经营活动现金净流量增长(%)	-364.1	85.1	-	-	

安徽富煌和利时科技股份有限公司

公司概况	公司名称	安徽富煌和利时科技股份有限公司			证券简称	富煌科技
	法人代表	杨俊斌	董秘	叶小勇	证券代码	833185
	公司网址	www.fhh.com.cn		电子信箱	fuhuanghls@163.com	
	电　话	0551-65316038-8012		传　真	0551-65316018	
	办公地址	安徽省合肥市长江西路 669 号科创投资大厦 9 楼				
	经营范围	智能公交软硬件系统的研发、设计和销售				

	指标\报告期	2015.06.30	2014.12.31	2013.12.31	2012.12.31
主要财务指标	净利润(万元)	33.96	283.24	87.33	–
	净利润增长率(%)	63.4591	224.3417	–	–
	加权净资产收益率(%)	2.5700	34.1900	18.3300	–
	资产负债比率(%)	62.6140	63.1882	77.7373	–
	净利润现金含量(%)	164.0331	–87.7313	378.0373	–
	基本每股收益(元)	0.0300	0.2800	–	–
	每股收益–扣除(元)	0.0100	0.2500	–	–
	每股收益–摊薄(元)	0.0340	0.2832	0.1747	–
	每股资本公积金(元)	0.4915	0.4915	–	–
	每股未分配利润(元)	–0.1686	–0.2026	–0.1295	–
	每股净资产(元)	1.3400	1.3000	1.0400	–
	每股经营现金流量(元)	0.0557	–0.2500	0.6600	–
	经营活动现金净流量增长(%)	147.9	–175.2669	–	–

内蒙古一机集团宏远电器股份有限公司

公司概况	公司名称	内蒙古一机集团宏远电器股份有限公司			证券简称	宏远电器
	法人代表	张耀	董秘	苗关胜	证券代码	833186
	公司网址	www.yjhydq.net		电子信箱	nmyjhy@126.com	
	电　话	0472-5913009		传　真	0472-5913010	
	办公地址	内蒙古自治区包头市稀土高新区青工南路 5 号				
	经营范围	各种电子电控装置、电器、电机、车辆成套电器等				

	指标\报告期	2015.06.30	2014.12.31	2013.12.31	2012.12.31
主要财务指标	净利润(万元)	1695.64	3004.48	2202.02	–
	净利润增长率(%)	41.9557	36.4420	–	–
	加权净资产收益率(%)	17.2500	35.8400	28.2000	–
	资产负债比率(%)	56.9234	54.5901	51.6528	–
	净利润现金含量(%)	–190.6360	78.8096	104.3757	–
	基本每股收益(元)	0.5632	1.0600	0.7900	–
	每股收益–扣除(元)	0.5632	–	–	–
	每股收益–摊薄(元)	0.5652	1.0015	2.1781	–
	每股资本公积金(元)	1.6336	1.6336	–	–
	每股未分配利润(元)	0.6382	0.5430	6.6766	–
	每股净资产(元)	3.4300	3.3100	2.9500	–
	每股经营现金流量(元)	–1.0775	0.7900	2.2734	–
	经营活动现金净流量增长(%)	–3692.1	3.0215	–	–

浙江九川竹木股份有限公司

公司概况	公司名称	浙江九川竹木股份有限公司			证券简称	九川竹木
	法人代表	周松珍	董秘	周宜聪	证券代码	833187
	公司网址	www.jczm.com.cn		电子信箱	a6137111@163.com	
	电　话	0578-6137111		传　真	0578-6137702	
	办公地址	浙江省丽水市庆元工业园区				
	经营范围	环保型竹家具、竹制厨房用品和竹制日用品等的生产、加工、销售				

	指标\报告期	2015.06.30	2014.12.31	2013.12.31	2012.12.31
主要财务指标	净利润(万元)	764.21	581.03	364.97	–
	净利润增长率(%)	169.7604	59.1984	–	–
	加权净资产收益率(%)	12.3000	10.5400	17.8900	–
	资产负债比率(%)	65.4812	68.8836	61.5180	–
	净利润现金含量(%)	115.9834	598.4441	79.8751	–
	基本每股收益(元)	0.1500	0.1100	0.1800	–
	每股收益–扣除(元)	–	0.0500	0.0400	–
	每股收益–摊薄(元)	0.1504	0.1144	0.0718	–
	每股资本公积金(元)	0.1372	0.1372	–	–
	每股未分配利润(元)	0.1541	0.0038	0.0248	–
	每股净资产(元)	1.2900	1.1400	1.0300	–
	每股经营现金流量(元)	0.1745	0.6800	0.0574	–
	经营活动现金净流量增长(%)	328.0	1092.7561	–	–

江西画店文化产业股份有限公司

公司概况	公司名称	江西画店文化产业股份有限公司			证券简称	画店文化
	法人代表	雷泽海	董秘	王亚爽	证券代码	833188
	公司网址	www.jxhdart.com		电子信箱	jiangxihd@163.com	
	电　话	0791-86702089		传　真	0791-86702089	
	办公地址	江西省南昌市东湖区榕门路 367 号				
	经营范围	工艺美术品销售;会展服务;文化艺术信息咨询服务				

	指标\报告期	2015.06.30	2014.12.31	2013.12.31	2012.12.31
主要财务指标	净利润(万元)	73.78	109.83	0.32	–
	净利润增长率(%)	241.9	34765.4752	–	–
	加权净资产收益率(%)	11.4100	19.8100	0.0600	–
	资产负债比率(%)	4.3227	25.1501	29.3326	–
	净利润现金含量(%)	12.5387	42.4926	–346.4556	–
	基本每股收益(元)	0.1500	0.2200	0.0005	–
	每股收益–扣除(元)	0.0700	0.2200	0.0000	–
	每股收益–摊薄(元)	0.1476	0.2197	0.0006	–
	每股资本公积金(元)	0.2189	–	–	–
	每股未分配利润(元)	0.1476	0.1970	–0.0008	–
	每股净资产(元)	1.3700	1.2200	1.0000	–
	每股经营现金流量(元)	0.0185	0.0933	–0.0022	–
	经营活动现金净流量增长(%)	–69.8951	108.3	–	–

江苏达诺尔科技股份有限公司

公司概况	公司名称	江苏达诺尔科技股份有限公司			证券简称	达诺尔
	法人代表	张文巨	董秘	毕亚群	证券代码	833189
	公司网址	www.denoirup.com		电子信箱	denoir@denoirup.com	
	电　话	0512-52322868		传　真	0512-52322868	
	办公地址	江苏省常熟经济开发区氟化学工业园				
	经营范围	研发、生产电子用高科技化学品				

主要财务指标	指标\报告期	2015.06.30	2014.12.31	2013.12.31	2012.12.31
	净利润(万元)	422.36	568.19	725.29	–
	净利润增长率(%)	147.5887	–21.6605	–	–
	加权净资产收益率(%)	–	11.2900	13.8300	–
	资产负债比率(%)	8.9023	9.6123	9.0641	–
	净利润现金含量(%)	81.1887	171.5148	335.1280	–
	基本每股收益(元)	0.1400	0.2300	0.3000	–
	每股收益–扣除(元)	–	–	–	–
	每股收益–摊薄(元)	0.1408	0.2324	0.2967	–
	每股资本公积金(元)	0.7535	0.6511	0.6511	–
	每股未分配利润(元)	0.1408	0.3227	0.1484	–
	每股净资产(元)	1.8900	2.1500	1.9400	–
	每股经营现金流量(元)	0.1143	0.4000	0.9900	–
	经营活动现金净流量增长(%)	129.9	–59.9065	–	–

江苏华生恒业科技股份有限公司

公司概况	公司名称	江苏华生恒业科技股份有限公司			证券简称	华生科技
	法人代表	饶江	董秘	王光辉	证券代码	833190
	公司网址	www.js.todaysoft.com.cn		电子信箱	sales@todaysoft.com.cn	
	电　话	0515-66692222		传　真	0515-66692222	
	办公地址	江苏省盐城经济技术开发区希望大道南路5号4幢14、15层				
	经营范围	基因测序业务；软件开发、制作、销售及外包服务				

主要财务指标	指标\报告期	2015.06.30	2014.12.31	2013.12.31	2012.12.31
	净利润(万元)	20.58	612.77	488.00	–
	净利润增长率(%)	106.7	25.5677	–	–
	加权净资产收益率(%)	0.5800	18.9900	20.5400	–
	资产负债比率(%)	37.7525	39.4248	40.4897	–
	净利润现金含量(%)	1617.8439	316.1696	184.2996	–
	基本每股收益(元)	0.0100	0.5800	0.4800	–
	每股收益–扣除(元)	0.0100	0.4800	0.3100	–
	每股收益–摊薄(元)	0.0082	0.2451	0.4587	–
	每股资本公积金(元)	0.0445	0.0445	0.2220	–
	每股未分配利润(元)	0.3522	0.3439	1.3702	–
	每股净资产(元)	1.4200	1.4100	2.7400	–
	每股经营现金流量(元)	0.1332	0.7750	0.8454	–
	经营活动现金净流量增长(%)	282.2	115.4138	–	–

成都博世德能源科技股份有限公司

公司概况	公司名称	成都博世德能源科技股份有限公司			证券简称	龚学钰
	法人代表	龚学钰	董秘	谢朝廷	证券代码	833191
	公司网址	www.boost-m2s.com		电子信箱	m2s@boost-m2s.com	
	电　话	028-86633571		传　真	028-86633572	
	办公地址	四川省成都市高新区天府大道北段1700号4栋1单元12层1201号				
	经营范围	新能源技术开发等				

主要财务指标	指标\报告期	2015.06.30	2014.12.31	2013.12.31	2012.12.31
	净利润(万元)	90.36	270.84	61.96	–
	净利润增长率(%)	159.4	337.1529	–	–
	加权净资产收益率(%)	8.2300	26.5600	17.7600	–
	资产负债比率(%)	63.2476	67.4799	64.3065	–
	净利润现金含量(%)	–726.0566	–58.4330	–902.3564	–
	基本每股收益(元)	0.1100	0.5000	0.5300	–
	每股收益–扣除(元)	0.0060	–	–	–
	每股收益–摊薄(元)	0.0801	0.3720	0.2065	–
	每股资本公积金(元)	0.1782	0.0014	–	–
	每股未分配利润(元)	0.3426	0.4068	0.1464	–
	每股净资产(元)	1.7500	1.4000	1.1600	–
	每股经营现金流量(元)	–0.5816	–0.2200	–1.8600	–
	经营活动现金净流量增长(%)	–303.1	71.7	–	–

深圳市佑康健康管理股份有限公司

公司概况	公司名称	深圳市佑康健康管理股份有限公司			证券简称	佑康股份
	法人代表	张秀平	董秘	赵森	证券代码	833192
	公司网址	www.youkang120.com		电子信箱	yky@youkang120.com	
	电　话	0755-86582639		传　真	0755-82952739	
	办公地址	广东省深圳市南山区北环大道9116号富华科技大厦B栋2层205-208				
	经营范围	公司主要从事健康管理平台的研究开发与技术服务				

主要财务指标	指标\报告期	2015.06.30	2014.12.31	2013.12.31	2012.12.31
	净利润(万元)	–512.73	89.32	19.91	–
	净利润增长率(%)	–342.6	348.6440	–	–
	加权净资产收益率(%)	–10.2700	9.3100	2.2000	–
	资产负债比率(%)	61.2782	6.3610	33.2749	–
	净利润现金含量(%)	129.6563	55.5550	2135.3196	–
	基本每股收益(元)	–0.3400	0.0900	0.0200	–
	每股收益–扣除(元)	–	0.1000	0.0200	–
	每股收益–摊薄(元)	–0.3418	0.0595	0.0199	–
	每股资本公积金(元)	–	–	–	–
	每股未分配利润(元)	–0.3392	0.0026	–0.0849	–
	每股净资产(元)	0.6600	1.0000	0.9200	–
	每股经营现金流量(元)	–0.4432	0.0300	0.4300	–
	经营活动现金净流量增长(%)	–125.1	–88.3275	–	–

北京盈和科技股份有限公司

公司概况	公司名称	北京盈和科技股份有限公司			证券简称	盈和科技
	法人代表	刘卫华	董秘	黄来秀	证券代码	833193
	公司网址	www.yinghoo.com		电子信箱	fa@yinghoo.com	
	电　话	010-59795818		传　真	010-80704605	
	办公地址	北京市海淀区苏州街 1 号 323				
	经营范围	自动化生产设备的研发、生产、销售				

主要财务指标	指标＼报告期	2015.06.30	2014.12.31	2013.12.31	2012.12.31
	净利润(万元)	-273.45	-271.37	66.49	-
	净利润增长率(%)	-31.2	-508.1290	-	-
	加权净资产收益率(%)	-	-20.9900	2.3800	-
	资产负债比率(%)	28.5766	20.9580	72.8905	-
	净利润现金含量(%)	63.1475	782.0526	-617.6613	-
	基本每股收益(元)	-0.1100	-0.1771	0.0037	-
	每股收益-扣除(元)	-	-	-	-
	每股收益-摊薄(元)	-0.0882	-0.2626	0.0760	-
	每股资本公积金(元)	0.6129	3.8381	1.6000	-
	每股未分配利润(元)	-0.7222	-1.9021	-1.9365	-
	每股净资产(元)	0.8900	1.1559	0.2028	-
	每股经营现金流量(元)	-0.0557	-2.0536	-0.4694	-
	经营活动现金净流量增长(%)	83.4	-416.8	-	-

秦皇岛市碧螺塔旅游开发股份有限公司

公司概况	公司名称	秦皇岛市碧螺塔旅游开发股份有限公司			证券简称	碧螺塔
	法人代表	王有奇	董秘	谢惠群	证券代码	833194
	公司网址	www.biluota.com		电子信箱	qihuabu@biluota.com	
	电　话	0335-4034566		传　真	0335-4034566	
	办公地址	秦皇岛市北戴河区海滩路中段碧螺塔酒吧公园				
	经营范围	旅游项目开发;餐饮服务;零售预包装食品				

主要财务指标	指标＼报告期	2015.06.30	2014.12.31	2013.12.31	2012.12.31
	净利润(万元)	-243.55	184.91	-168.37	-
	净利润增长率(%)	38.6	209.8	-	-
	加权净资产收益率(%)	-6.4700	15.6000	-9.2700	-
	资产负债比率(%)	54.6064	46.7415	76.3106	-
	净利润现金含量(%)	-328.2489	222.9644	-74.2543	-
	基本每股收益(元)	-0.1300	0.1000	-0.0900	-
	每股收益-扣除(元)	-	-	-	-
	每股收益-摊薄(元)	-0.1275	0.0968	-0.0886	-
	每股资本公积金(元)	0.3613	0.3613	-	-
	每股未分配利润(元)	-0.4534	-0.3259	-0.4250	-
	每股净资产(元)	0.9100	1.0400	0.5800	-
	每股经营现金流量(元)	0.4186	0.2200	0.0700	-
	经营活动现金净流量增长(%)	2882.6752	709.7002	-	-

钓鱼台医药集团吉林天强制药股份有限公司

公司概况	公司名称	钓鱼台医药集团吉林天强制药股份有限公司			证券简称	天强制药
	法人代表	颜忠辉	董秘	刘娟	证券代码	833195
	公司网址	www.jltq.com		电子信箱	tqzy1999@163.com	
	电　话	0435-7321066		传　真	0435-7333322	
	办公地址	吉林省通化市柳河县柳河镇人民大街 309 号				
	经营范围	中西药制剂、保健食品制剂制造;原料药、金银花抑菌洗液制造、进出口贸易				

主要财务指标	指标＼报告期	2015.06.30	2014.12.31	2013.12.31	2012.12.31
	净利润(万元)	66.40	258.46	474.25	-
	净利润增长率(%)	-4.6788	-45.5008	-	-
	加权净资产收益率(%)	1.7800	7.2400	18.1700	-
	资产负债比率(%)	54.8328	57.3073	51.7116	-
	净利润现金含量(%)	221.9221	518.4286	154.0729	-
	基本每股收益(元)	0.0200	0.0900	0.2000	-
	每股收益-扣除(元)	0.0220	-0.0700	0.1000	-
	每股收益-摊薄(元)	0.0221	0.0862	0.1581	-
	每股资本公积金(元)	0.0650	0.0650	0.0650	-
	每股未分配利润(元)	0.1313	0.1114	0.0338	-
	每股净资产(元)	1.2600	1.2300	1.1500	-
	每股经营现金流量(元)	0.0491	0.4500	0.2400	-
	经营活动现金净流量增长(%)	-47.4249	83.3804	-	-

大连荣邦医疗卫生用品股份有限公司

公司概况	公司名称	大连荣邦医疗卫生用品股份有限公司			证券简称	荣邦医疗
	法人代表	刘志刚	董秘	刘月学	证券代码	833196
	公司网址	www.rb-medical.com		电子信箱	rongbangx@rb-medical.com	
	电　话	0411-87113418		传　真	0411-87113173	
	办公地址	辽宁省大连市甘井子区大连湾镇毛茔子村				
	经营范围	Ⅱ类医用卫生材料加工;货物进出口、技术进出口				

主要财务指标	指标＼报告期	2015.06.30	2014.12.31	2013.12.31	2012.12.31
	净利润(万元)	102.49	93.55	69.69	-
	净利润增长率(%)	63.0379	34.2269	-	-
	加权净资产收益率(%)	3.4000	8.4500	43.3200	-
	资产负债比率(%)	66.8962	71.2792	94.1394	-
	净利润现金含量(%)	343.3918	1174.0987	165.7682	-
	基本每股收益(元)	0.0500	0.0700	0.2500	-
	每股收益-扣除(元)	-	0.0016	0.1600	-
	每股收益-摊薄(元)	0.0488	0.0492	0.3007	-
	每股资本公积金(元)	0.0753	0.0201	0.0020	-
	每股未分配利润(元)	0.0838	0.0387	-0.1576	-
	每股净资产(元)	1.1600	1.0600	0.8400	-
	每股经营现金流量(元)	0.1676	0.5800	0.4985	-
	经营活动现金净流量增长(%)	127.0	850.6986	-	-

浙江天晟建材股份有限公司

公司概况

公司名称	浙江天晟建材股份有限公司			证券简称	天晟股份
法人代表	刘世伟	董秘	吴红梅	证券代码	833197
公司网址	www.tsjt.cc		电子信箱	415904045@qq.com	
电　话	0579-82365816		传　真	0579-82365816	
办公地址	浙江省金华市金东区塘雅工业园区天晟路				
经营范围	预制桥梁梁板(混凝土预制构件)及模板的生产和销售				

主要财务指标

指标\报告期	2015.06.30	2014.12.31	2013.12.31	2012.12.31
净利润(万元)	-68.68	391.55	-234.00	-
净利润增长率(%)	71.0	267.3	-	-
加权净资产收益率(%)	-1.0800	7.6700	-4.7100	-
资产负债比率(%)	61.8919	61.7261	66.7168	-
净利润现金含量(%)	867.0451	382.8913	-199.0579	-
基本每股收益(元)	-0.0100	0.0600	-0.0400	-
每股收益-扣除(元)	-	-	-	-
每股收益-摊薄(元)	-0.0107	0.0612	-0.0449	-
每股资本公积金(元)	0.0198	0.0086	0.0105	-
每股未分配利润(元)	-0.0323	-0.0125	-0.0891	-
每股净资产(元)	0.9900	1.0000	0.9200	-
每股经营现金流量(元)	-0.0930	0.2300	0.0900	-
经营活动现金净流量增长(%)	-415.9	221.8585	-	-

北京奋斗致远文化传媒股份有限公司

公司概况

公司名称	北京奋斗致远文化传媒股份有限公司			证券简称	奋斗传媒
法人代表	刘英男	董秘	张文君	证券代码	833198
公司网址	www.cctvfendou.com		电子信箱	fendouzhiyuan@126.com	
电　话	010-85804851		传　真	010-85804851	
办公地址	北京市石景山区石景山路22号长城大厦A座520室				
经营范围	影视节目制作和发行、活动策划制作以及广告运营等业务				

主要财务指标

指标\报告期	2015.06.30	2014.12.31	2013.12.31	2012.12.31
净利润(万元)	13.51	53.71	9.92	-
净利润增长率(%)	115.2	-92.5949	-	-
加权净资产收益率(%)	2.4900	10.3700	3.5900	-
资产负债比率(%)	49.4866	42.4497	30.8303	-
净利润现金含量(%)	235.4233	275.3742	1817.1273	-
基本每股收益(元)	0.0300	0.1074	0.0331	-
每股收益-扣除(元)	-	0.0500	0.0400	-
每股收益-摊薄(元)	0.0270	0.1074	0.0198	-
每股资本公积金(元)	0.0151	-	0.0200	-
每股未分配利润(元)	0.0651	0.0697	-0.0377	-
每股净资产(元)	1.0800	1.0700	0.9800	-
每股经营现金流量(元)	0.0636	0.3000	0.3600	-
经营活动现金净流量增长(%)	-75.2906	-17.9235	-	-

苏州灵岩医疗科技股份有限公司

公司概况

公司名称	苏州灵岩医疗科技股份有限公司			证券简称	灵岩医疗
法人代表	龚凯彬	董秘	隋卓芸	证券代码	833199
公司网址	www.szlingyan.com		电子信箱	info@szlingyan.com	
电　话	0512-66261236		传　真	0512-66261236	
办公地址	江苏省苏州市吴中区胥口胥江工业园茅蓬路99号				
经营范围	一次性使用医疗耗材的研发、生产和销售				

主要财务指标

指标\报告期	2015.06.30	2014.12.31	2013.12.31	2012.12.31
净利润(万元)	7.79	88.82	-16.69	-
净利润增长率(%)	246.9	632.3	-	-
加权净资产收益率(%)	0.4700	18.2500	-4.1800	-
资产负债比率(%)	18.7313	18.4720	58.8074	-
净利润现金含量(%)	-2440.7943	-110.1666	-122.7082	-
基本每股收益(元)	0.0100	0.2500	-0.0600	-
每股收益-扣除(元)	0.0040	-	-	-
每股收益-摊薄(元)	0.0065	0.0740	-0.0556	-
每股资本公积金(元)	0.3860	0.3860	-	-
每股未分配利润(元)	0.0065	-	0.2671	-
每股净资产(元)	1.3900	1.3900	1.3000	-
每股经营现金流量(元)	-0.1584	-0.0800	0.0700	-
经营活动现金净流量增长(%)	-1892.7328	-577.7191	-	-

浙江宏业农装科技股份有限公司

公司概况

公司名称	浙江宏业农装科技股份有限公司			证券简称	宏业农装
法人代表	莫丹君	董秘	柯丹红	证券代码	833200
公司网址	www.cngtm.com		电子信箱	coco.ke@hongyemfg.com	
电　话	0576-86187799		传　真	0576-86187021	
办公地址	浙江省温岭市经济开发区二期工业园区长江路				
经营范围	机械化农业及园艺机具、物料搬运设备、齿轮箱、通用零部件研发、制造、销售等				

主要财务指标

指标\报告期	2015.06.30	2014.12.31	2013.12.31	2012.12.31
净利润(万元)	592.37	477.59	249.03	-
净利润增长率(%)	343.0224	91.7802	-	-
加权净资产收益率(%)	27.1700	40.0300	29.3600	-
资产负债比率(%)	66.0018	75.0369	87.3009	-
净利润现金含量(%)	78.6290	97.2277	-1.6705	-
基本每股收益(元)	0.5900	0.4800	0.4500	-
每股收益-扣除(元)	0.5900	-	-	-
每股收益-摊薄(元)	0.5924	0.4776	0.4544	-
每股资本公积金(元)	0.8839	0.0358	0.0653	-
每股未分配利润(元)	0.5924	0.7604	0.6033	-
每股净资产(元)	2.4800	1.8800	1.7400	-
每股经营现金流量(元)	0.4658	0.4600	-0.0100	-
经营活动现金净流量增长(%)	-18.4075	11272.7	-	-

杭州仁盈科技股份有限公司

公司概况						
公司名称	杭州仁盈科技股份有限公司				证券简称	仁盈科技
法人代表	陈骧	董秘	刘小琴		证券代码	833201
公司网址	www.wewins.cn		电子信箱		liuxq@wewins.cn	
电话	0571-88029911		传真		0571-88029911	
办公地址	浙江省杭州市江干区新塘路58号广新商务大厦606室					
经营范围	网络技术、计算机软硬件的技术开发、技术咨询					

主要财务指标

指标\报告期	2015.06.30	2014.12.31	2013.12.31	2012.12.31
净利润(万元)	-131.46	579.82	409.02	-
净利润增长率(%)	-151.0424	41.7572	-	-
加权净资产收益率(%)	-	51.1700	64.0400	-
资产负债比率(%)	21.4217	28.6326	56.6429	-
净利润现金含量(%)	-481.3000	-97.0922	107.9629	-
基本每股收益(元)	-0.1300	0.5800	0.4100	-
每股收益-扣除(元)	-	0.5900	-	-
每股收益-摊薄(元)	-0.1315	0.5798	0.4090	-
每股资本公积金(元)	0.2159	0.2159	-	-
每股未分配利润(元)	0.0550	0.1864	-0.1568	-
每股净资产(元)	1.2900	1.4200	0.8400	-
每股经营现金流量(元)	0.6327	-0.5600	0.4400	-
经营活动现金净流量增长(%)	175.2	-227.4843	-	-

广东佳科风机股份有限公司

公司概况						
公司名称	广东佳科风机股份有限公司				证券简称	佳科股份
法人代表	林振邦	董秘	谭秀欢		证券代码	833202
公司网址	www.jiakefan.com		电子信箱		1053969640@qq.com	
电话	0757-86910345		传真		0757-86916250	
办公地址	广东省佛山市南海区九江镇沙头英明工业区					
经营范围	轨道交通、电动巴士和民用工业等各类空调风机的研发、生产与销售					

主要财务指标

指标\报告期	2015.06.30	2014.12.31	2013.12.31	2012.12.31
净利润(万元)	74.57	156.26	394.43	-
净利润增长率(%)	333.8	-60.3838	-	-
加权净资产收益率(%)	2.0300	4.8300	54.1600	-
资产负债比率(%)	37.0282	29.1831	60.3893	-
净利润现金含量(%)	-216.6192	-284.4106	-51.8723	-
基本每股收益(元)	0.0200	0.0700	0.7900	-
每股收益-扣除(元)	-	0.0600	-	-
每股收益-摊薄(元)	0.0249	0.0521	0.7889	-
每股资本公积金(元)	0.1585	0.1585	-	-
每股未分配利润(元)	0.0721	0.0473	0.7212	-
每股净资产(元)	1.2400	1.2100	1.8500	-
每股经营现金流量(元)	-0.0538	-0.1500	-0.4100	-
经营活动现金净流量增长(%)	62.0	-117.2	-	-

郑州威尔克科技股份有限公司

公司概况						
公司名称	郑州威尔克科技股份有限公司				证券简称	威尔克
法人代表	钟霖	董秘	薛娜		证券代码	833203
公司网址	www.zzwek.com		电子信箱		xnzvt66@163.com	
电话	0371-67977527		传真		0371-67716850	
办公地址	河南省郑州市中原区桐柏路206号院2号楼3层0301号					
经营范围	北斗全球卫星定位应用系统、智能车载终端产品的研发、生产、销售、运营与服务					

主要财务指标

指标\报告期	2015.06.30	2014.12.31	2013.12.31	2012.12.31
净利润(万元)	-87.13	-117.52	-109.99	-
净利润增长率(%)	-23.6	-6.8	-	-
加权净资产收益率(%)	-4.0200	-14.2000	-11.6800	-
资产负债比率(%)	0.3834	1.7131	-0.4292	-
净利润现金含量(%)	244.5766	-55.9309	252.6139	-
基本每股收益(元)	-0.0400	-0.1100	-0.1000	-
每股收益-扣除(元)	-0.0600	-	-	-
每股收益-摊薄(元)	-0.0436	-0.0588	-0.1048	-
每股资本公积金(元)	0.2518	0.2518	-	-
每股未分配利润(元)	-0.1902	-0.1405	-0.1556	-
每股净资产(元)	1.0600	1.1100	0.8400	-
每股经营现金流量(元)	-0.1066	0.0300	-0.2600	-
经营活动现金净流量增长(%)	-289.2	123.7	-	-

深圳市百事达卓越科技股份有限公司

公司概况						
公司名称	深圳市百事达卓越科技股份有限公司				证券简称	百事达
法人代表	魏东金	董秘	田弟丹		证券代码	833204
公司网址	www.szbest.com		电子信箱		theone.0610@163.com	
电话	0755-27240022-830		传真		0755-27253666	
办公地址	广东省深圳市宝安区沙井街道新桥第三工业区四排七栋三楼					
经营范围	塑胶原料、塑胶制品、电子产品、机械、五金材料的科技开发、销售					

主要财务指标

指标\报告期	2015.06.30	2014.12.31	2013.12.31	2012.12.31
净利润(万元)	312.10	148.76	189.68	-
净利润增长率(%)	-32.2631	-21.5692	-	-
加权净资产收益率(%)	16.8800	10.9100	18.3600	-
资产负债比率(%)	54.6922	59.1965	68.4591	-
净利润现金含量(%)	144.5207	-24.6680	-112.0664	-
基本每股收益(元)	0.2400	0.1500	0.2000	-
每股收益-扣除(元)	-	-	-	-
每股收益-摊薄(元)	0.1643	0.1488	0.1897	-
每股资本公积金(元)	0.0335	0.0081	0.1281	-
每股未分配利润(元)	0.0572	0.2566	0.1343	-
每股净资产(元)	1.0900	1.3200	1.2900	-
每股经营现金流量(元)	0.2374	-0.0400	-0.2200	-
经营活动现金净流量增长(%)	530.0	82.7	-	-

杭州博采网络科技股份有限公司

公司概况	公司名称	杭州博采网络科技股份有限公司		证券简称	博采网络
	法人代表	叶栋栋	董秘 祝珍来	证券代码	833205
	公司网址	www.bocweb.cn		电子信箱	alai@bocweb.cn
	电　话	0571-87169184		传　真	0571-87169144
	办公地址	浙江省杭州市西湖区文一西路460号文娱中心456室			
	经营范围	集策略咨询、创意创新、视觉设计、技术研发、内容制造等			

	指标\报告期	2015.06.30	2014.12.31	2013.12.31	2012.12.31
主要财务指标	净利润(万元)	312.12	346.47	167.85	–
	净利润增长率(%)	36.0114	106.4159	–	–
	加权净资产收益率(%)	47.4100	77.6848	88.8891	–
	资产负债比率(%)	11.9903	29.5368	45.4087	–
	净利润现金含量(%)	114.8275	37.7089	23.2946	–
	基本每股收益(元)	0.3000	0.3465	0.1679	–
	每股收益-扣除(元)	0.3016	0.3465	0.1679	–
	每股收益-摊薄(元)	0.2580	0.3465	0.1679	–
	每股资本公积金(元)	0.3630	–	–	–
	每股未分配利润(元)	0.2502	0.4678	0.1560	–
	每股净资产(元)	1.6200	1.0200	0.2700	–
	每股经营现金流量(元)	0.2962	0.1307	0.0391	–
	经营活动现金净流量增长(%)	0.5795	234.1782	–	–

上海影达文化传媒股份有限公司

公司概况	公司名称	上海影达文化传媒股份有限公司		证券简称	影达传媒
	法人代表	叶进锋	董秘 朱坚	证券代码	833206
	公司网址	www.adm-cn.com		电子信箱	adm@adm-cn.com
	电　话	021-62108605		传　真	021-62558089
	办公地址	上海松江区永丰街道玉树路269号5号楼2108室			
	经营范围	广播电视节目制作、发行;影视文化艺术活动交流、策划等			

	指标\报告期	2015.06.30	2014.12.31	2013.12.31	2012.12.31
主要财务指标	净利润(万元)	-47.64	-98.89	-20.29	–
	净利润增长率(%)	51.8	-387.4	–	–
	加权净资产收益率(%)	-13.8900	-5.9300	-2.9700	–
	资产负债比率(%)	29.7856	46.4406	38.4738	–
	净利润现金含量(%)	1470.9212	-9.3538	4420.8581	–
	基本每股收益(元)	-0.0300	-0.0600	-0.0297	–
	每股收益-扣除(元)	–	-0.0651	-0.0327	–
	每股收益-摊薄(元)	-0.0195	-0.0582	-0.0119	–
	每股资本公积金(元)	0.2382	0.0091	0.0197	–
	每股未分配利润(元)	-0.0589	-0.0565	-0.0092	–
	每股净资产(元)	1.1800	0.9500	1.0100	–
	每股经营现金流量(元)	-0.2872	0.0100	-0.5300	–
	经营活动现金净流量增长(%)	-7676.4123	101.0	–	–

北京中科灵瑞生物技术股份有限公司

公司概况	公司名称	北京中科灵瑞生物技术股份有限公司		证券简称	中科生物
	法人代表	方伟贞	董秘 刘延河	证券代码	833207
	公司网址	www.primasbio.com		电子信箱	fangwz@xexbio.com
	电　话	010-66707562		传　真	010-51410229
	办公地址	北京市海淀区复兴路83号东11楼203房			
	经营范围	技术开发、技术推广、技术转让、技术咨询、技术服务			

	指标\报告期	2015.06.30	2014.12.31	2013.12.31	2012.12.31
主要财务指标	净利润(万元)	152.31	243.54	52.52	–
	净利润增长率(%)	263.4742	363.6778	–	–
	加权净资产收益率(%)	6.6900	18.6900	22.8600	–
	资产负债比率(%)	20.1897	25.5860	79.1904	–
	净利润现金含量(%)	-65.3559	-241.0143	406.4188	–
	基本每股收益(元)	0.0800	0.2200	0.2600	–
	每股收益-扣除(元)	–	0.1300	-0.1200	–
	每股收益-摊薄(元)	0.0762	0.1218	0.1050	–
	每股资本公积金(元)	0.0160	0.0160	0.2000	–
	每股未分配利润(元)	0.1599	0.0837	-0.0880	–
	每股净资产(元)	1.1800	1.2200	1.0700	–
	每股经营现金流量(元)	-0.0498	-0.2935	0.4269	–
	经营活动现金净流量增长(%)	93.2	-374.9701	–	–

青岛世纪良品电子商务股份有限公司

公司概况	公司名称	青岛世纪良品电子商务股份有限公司		证券简称	良品电商
	法人代表	景奉平	董秘 吕欣	证券代码	833208
	公司网址	www.qlec.cn		电子信箱	qlec@qlec.cn
	电　话	0532-85641060		传　真	0532-85641059
	办公地址	山东省青岛市四方区台柳路124-11号			
	经营范围	公司为一站式电子商务服务提供商			

	指标\报告期	2015.06.30	2014.12.31	2013.12.31	2012.12.31
主要财务指标	净利润(万元)	–	8.08	-88.11	–
	净利润增长率(%)	–	109.2	–	–
	加权净资产收益率(%)	–	72.3200	-172.1500	–
	资产负债比率(%)	–	29.2253	95.1337	–
	净利润现金含量(%)	–	915.2228	39.9274	–
	基本每股收益(元)	–	0.0800	-0.8800	–
	每股收益-扣除(元)	–	–	–	–
	每股收益-摊薄(元)	–	0.0808	-0.8811	–
	每股资本公积金(元)	–	5.6295	–	–
	每股未分配利润(元)	–	-0.8480	-0.9287	–
	每股净资产(元)	–	5.7800	0.0700	–
	每股经营现金流量(元)	–	0.7400	-0.3500	–
	经营活动现金净流量增长(%)	–	310.2	–	–

苏州园林营造产业股份有限公司

公司概况					
公司名称	苏州园林营造产业股份有限公司			证券简称	苏州园林
法人代表	金萍萍	董秘	金萍萍	证券代码	833209
公司网址	www.szgardens.com		电子信箱	admin@szgardens.com	
电　　话	0512-33333000		传　　真	0512-65852111	
办公地址	江苏省苏州市吴中区吴中大道 1368 号综合楼 5 楼				
经营范围	文化生态风景旅游目的地的策划、设计、营建及管理等业务				

主要财务指标：指标\报告期	2015.06.30	2014.12.31	2013.12.31	2012.12.31
净利润(万元)	4322.92	6148.60	4054.15	–
净利润增长率(%)	–8.8659	51.6619	–	–
加权净资产收益率(%)	12.2700	25.4800	25.2900	–
资产负债比率(%)	61.0977	66.1343	71.6752	–
净利润现金含量(%)	–109.8680	57.1606	–120.2077	–
基本每股收益(元)	0.4200	0.6100	0.4100	–
每股收益–扣除(元)	–	–	–	–
每股收益–摊薄(元)	0.3821	0.9725	0.7085	–
每股资本公积金(元)	2.4181	1.6066	0.8314	–
每股未分配利润(元)	0.3674	1.9557	1.1948	–
每股净资产(元)	3.7900	3.0200	1.1800	–
每股经营现金流量(元)	–0.4198	0.5559	–0.8516	–
经营活动现金净流量增长(%)	–1.2	172.1	–	–

临安市兆丰小额贷款股份有限公司

公司概况					
公司名称	临安市兆丰小额贷款股份有限公司			证券简称	兆丰小贷
法人代表	陈方华	董秘	方素瑾	证券代码	833210
公司网址			电子信箱	fsj6881@126.com	
电　　话	0571-61107002		传　　真	0571-61107009	
办公地址	浙江省杭州市临安市锦城街道横潭路 28 号				
经营范围	主要从事本辖区范围内各项小额贷款及小企业发展、管理、财务等咨询业务				

主要财务指标：指标\报告期	2015.06.30	2014.12.31	2013.12.31	2012.12.31
净利润(万元)	1686.02	2910.99	3977.22	–
净利润增长率(%)	10.0017	–26.8084	–	–
加权净资产收益率(%)	4.8600	8.3400	11.4000	–
资产负债比率(%)	4.7551	4.2658	9.0930	–
净利润现金含量(%)	–142.4062	197.4463	20.0060	–
基本每股收益(元)	0.0600	0.1000	0.1300	–
每股收益–扣除(元)	0.0600	–	–	–
每股收益–摊薄(元)	0.0562	0.0970	0.1326	–
每股资本公积金(元)	–	–	–	–
每股未分配利润(元)	0.0638	0.0076	0.0205	–
每股净资产(元)	1.1800	1.1300	1.1300	–
每股经营现金流量(元)	–0.0800	0.1900	0.0300	–
经营活动现金净流量增长(%)	–2590.3344	622.3519	–	–

江西赣南海欣药业股份有限公司

公司概况					
公司名称	江西赣南海欣药业股份有限公司			证券简称	海欣药业
法人代表	陈谋亮	董秘	杨晓明	证券代码	833211
公司网址	www.gnhxyy.com		电子信箱	yxmgnhx@126.co	
电　　话	0797-8223384		传　　真	0797-8223384	
办公地址	江西省赣州市章贡区健康路 61 号				
经营范围	为大容量注射剂、小容量注射剂、冻干粉针剂、颗粒剂、干混悬剂等				

主要财务指标：指标\报告期	2015.06.30	2014.12.31	2013.12.31	2012.12.31
净利润(万元)	422.55	1130.85	805.65	–
净利润增长率(%)	2.2639	40.3655	–	–
加权净资产收益率(%)	5.0000	14.7300	12.0100	–
资产负债比率(%)	39.5985	43.6526	46.8558	–
净利润现金含量(%)	–433.0049	282.3413	260.3234	–
基本每股收益(元)	0.0500	0.1300	0.0900	–
每股收益–扣除(元)	0.0470	0.1250	0.0901	–
每股收益–摊薄(元)	0.0470	0.1257	0.0895	–
每股资本公积金(元)	0.1667	0.1667	0.1667	–
每股未分配利润(元)	–0.2037	–0.3281	–0.4538	–
每股净资产(元)	0.9600	0.9200	0.7900	–
每股经营现金流量(元)	–0.2033	0.3548	0.2330	–
经营活动现金净流量增长(%)	–718.4	52.2375	–	–

大连捷瑞流体控制股份有限公司

公司概况					
公司名称	大连捷瑞流体控制股份有限公司			证券简称	捷瑞流体
法人代表	肖惠杰	董秘	高建辉	证券代码	833212
公司网址	www.dljierui.com		电子信箱	jieruiliuti@dljierui.com	
电　　话	0411-66007987		传　　真	0411-86301511	
办公地址	辽宁省大连市甘井子区辛萍街 51 号				
经营范围	公司的主营业务为液压系统元件的设计、生产、销售及其他配套服务				

主要财务指标：指标\报告期	2015.06.30	2014.12.31	2013.12.31	2012.12.31
净利润(万元)	243.57	376.53	–21.98	–
净利润增长率(%)	355.8283	1812.8	–	–
加权净资产收益率(%)	11.8000	24.2400	–1.6100	–
资产负债比率(%)	66.7972	74.2145	74.3560	–
净利润现金含量(%)	–70.5447	10.9339	357.5751	–
基本每股收益(元)	0.1700	0.2700	–0.0200	–
每股收益–扣除(元)	0.1700	–	–	–
每股收益–摊薄(元)	0.1522	0.2690	–0.0244	–
每股资本公积金(元)	0.1832	0.0665	–	–
每股未分配利润(元)	0.2921	0.1598	0.4627	–
每股净资产(元)	1.4900	1.2400	1.5200	–
每股经营现金流量(元)	–0.1074	0.0300	–0.0900	–
经营活动现金净流量增长(%)	–274.2885	152.4	–	–

安徽翼迈科技股份有限公司

公司概况	公司名称	安徽翼迈科技股份有限公司			证券简称	翼迈科技
	法人代表	郭春松	董秘	余鑫	证券代码	833213
	公司网址	www.ahemi.com		电子信箱	8368396@qq.com	
	电　话	0551-65363888-801		传　真	0551-65773300	
	办公地址	安徽省合肥市高新区柏堰科技园香樟大道168号科技实业园C3号厂房				
	经营范围	仪表、电子通讯产品、计算机软件的研发、生产、销售				

主要财务指标	指标\报告期	2015.06.30	2014.12.31	2013.12.31	2012.12.31
	净利润(万元)	521.64	476.02	352.17	–
	净利润增长率(%)	64.9477	35.1694	–	–
	加权净资产收益率(%)	16.9600	24.0700	25.2100	–
	资产负债比率(%)	23.4419	28.5338	29.2152	–
	净利润现金含量(%)	–52.9311	120.6189	–252.7274	–
	基本每股收益(元)	0.2500	0.2400	0.1900	–
	每股收益–扣除(元)	–	–	–	–
	每股收益–摊薄(元)	0.2268	0.2380	0.1761	–
	每股资本公积金(元)	0.6521	–	–	–
	每股未分配利润(元)	0.3111	0.0969	–0.1303	–
	每股净资产(元)	1.9700	1.1100	0.8700	–
	每股经营现金流量(元)	–0.1200	0.2900	–0.4400	–
	经营活动现金净流量增长(%)	–354.1	164.5	–	–

东莞汇乐环保股份有限公司

公司概况	公司名称	东莞汇乐环保股份有限公司			证券简称	汇乐环保
	法人代表	林卫波	董秘	罗志勇	证券代码	833214
	公司网址	www.xhclean.cn		电子信箱		
	电　话	0769-87095678		传　真	0769-89043456	
	办公地址	广东省东莞市长安镇乌沙步步高大道204号				
	经营范围	环保清洁设备生产、销售				

主要财务指标	指标\报告期	2015.06.30	2014.12.31	2013.12.31	2012.12.31
	净利润(万元)	–91.67	39.62	–27.38	–
	净利润增长率(%)	–241.0765	244.7	–	–
	加权净资产收益率(%)	–22.3600	8.5100	–17.0700	–
	资产负债比率(%)	68.8154	48.2260	64.3067	–
	净利润现金含量(%)	128.2429	–137.8654	487.0411	–
	基本每股收益(元)	–0.1800	0.0800	–0.1400	–
	每股收益–扣除(元)	–	–	–	–
	每股收益–摊薄(元)	–0.1833	0.0792	–0.1369	–
	每股资本公积金(元)	0.0651	0.0651	–	–
	每股未分配利润(元)	–0.2920	–0.1087	–0.3322	–
	每股净资产(元)	0.7370	0.9600	0.6700	–
	每股经营现金流量(元)	–0.2351	–0.1100	–0.6700	–
	经营活动现金净流量增长(%)	–424.1781	59.0	–	–

陕西红星美羚乳业股份有限公司

公司概况	公司名称	陕西红星美羚乳业股份有限公司			证券简称	红星美羚
	法人代表	王宝印	董秘	陈若愚	证券代码	833215
	公司网址	www.china-hxry.com.cn		电子信箱	hxry@163.com	
	电　话	0913-8260066		传　真	0913-8207559	
	办公地址	陕西省渭南市富平县城关镇望湖路52号				
	经营范围	羊奶制品的生产与加工				

主要财务指标	指标\报告期	2015.06.30	2014.12.31	2013.12.31	2012.12.31
	净利润(万元)	1309.19	1892.56	929.52	–
	净利润增长率(%)	6.5888	103.6069	–	–
	加权净资产收益率(%)	12.3500	21.0200	12.2500	–
	资产负债比率(%)	59.5962	65.5850	68.3554	–
	净利润现金含量(%)	–163.3265	214.2349	–33.3847	–
	基本每股收益(元)	0.5100	0.7400	0.3600	–
	每股收益–扣除(元)	–	–	–	–
	每股收益–摊薄(元)	0.5134	0.7422	0.3645	–
	每股资本公积金(元)	0.3694	0.3694	0.3694	–
	每股未分配利润(元)	2.9344	2.4210	1.7531	–
	每股净资产(元)	4.4100	3.9000	3.1600	–
	每股经营现金流量(元)	–0.8385	1.5900	–0.1200	–
	经营活动现金净流量增长(%)	–254.2734	1406.6	–	–

北京海涛国际旅行社股份有限公司

公司概况	公司名称	北京海涛国际旅行社股份有限公司			证券简称	海涛股份
	法人代表	崔丹平	董秘	陈琛	证券代码	833216
	公司网址	www.haitaolvyou.com		电子信箱	haitaolvyou@haitaolvyou.com	
	电　话	0400-6569579		传　真	010-62395866-8240	
	办公地址	北京市海淀区成府路28号2-1007、1008				
	经营范围	出境旅游的批发与零售				

主要财务指标	指标\报告期	2015.06.30	2014.12.31	2013.12.31	2012.12.31
	净利润(万元)	–447.43	455.93	61.56	–
	净利润增长率(%)	–629.8	640.6394	–	–
	加权净资产收益率(%)	–19.6900	18.2700	3.0200	–
	资产负债比率(%)	90.4141	78.9578	42.8207	–
	净利润现金含量(%)	323.0286	–395.9457	–163.5174	–
	基本每股收益(元)	–0.2200	0.2300	0.3200	–
	每股收益–扣除(元)	–	0.0100	0.2800	–
	每股收益–摊薄(元)	–0.2237	0.2280	0.0308	–
	每股资本公积金(元)	0.2542	–	–	–
	每股未分配利润(元)	–0.2237	0.2233	0.0181	–
	每股净资产(元)	1.0300	1.2500	1.0200	–
	每股经营现金流量(元)	–0.7227	–0.9000	–0.0500	–
	经营活动现金净流量增长(%)	–20.9	–1693.4	–	–

深圳市九叶科技股份有限公司

公司概况						
公司概况	公司名称	深圳市九叶科技股份有限公司			证券简称	九叶科技
	法人代表	许届雄	董秘	李丹鸿	证券代码	833217
	公司网址	www.hbwxmy.com		电子信箱	wanxingmianye@163.com	
	电　话	0755-86360660		传　真	0755-86367378	
	办公地址	广东省深圳市福田区红荔路银盛大厦 809 室				
	经营范围	网络、计算机软硬件及通信设备的技术开发、技术转让、技术咨询				

主要财务指标	指标\报告期	2015.06.30	2014.12.31	2013.12.31	2012.12.31
	净利润(万元)	-91.60	-84.58	-16.43	-
	净利润增长率(%)	-6449.5465	-414.8	-	-
	加权净资产收益率(%)	-21.8500	-	-	-
	资产负债比率(%)	5.8563	18.0545	867.2006	-
	净利润现金含量(%)	136.5029	368.6075	3.5704	-
	基本每股收益(元)	-0.0600	-0.0794	-0.0171	-
	每股收益-扣除(元)	-0.0640	-	-	-
	每股收益-摊薄(元)	-0.0582	-0.0663	-0.0171	-
	每股资本公积金(元)	0.3297	0.1720	0.0643	-
	每股未分配利润(元)	-0.9022	-1.0426	-1.2965	-
	每股净资产(元)	0.4300	0.1300	-0.2300	-
	每股经营现金流量(元)	-0.0794	-0.2445	-0.0006	-
	经营活动现金净流量增长(%)	-4940.5056	-53046.2(L	-	-

浙江优森软件股份有限公司

公司概况						
公司概况	公司名称	浙江优森软件股份有限公司			证券简称	优森股份
	法人代表	张国栋	董秘	张国栋	证券代码	833218
	公司网址	www.usesion.cn		电子信箱	it575@163.com	
	电　话	0575-83128003		传　真	0575-83220989	
	办公地址	浙江省绍兴市嵊州市经济开发区浦南大道 338 号				
	经营范围	综合性第三方县域农村电商 O2O 电子商务平台运营				

主要财务指标	指标\报告期	2015.06.30	2014.12.31	2013.12.31	2012.12.31
	净利润(万元)	-258.48	-338.61	21.41	-
	净利润增长率(%)	-811.1	-1681.3967	-	-
	加权净资产收益率(%)	-16.2300	-190.6300	8.3500	-
	资产负债比率(%)	12.1180	42.8638	62.9118	-
	净利润现金含量(%)	110.1562	74.4626	-480.1696	-
	基本每股收益(元)	-0.1200	-0.3900	0.0200	-
	每股收益-扣除(元)	-	-	-	-
	每股收益-摊薄(元)	-0.1610	-0.3884	0.0428	-
	每股资本公积金(元)	0.1568	1.0226	-	-
	每股未分配利润(元)	-0.1653	-0.6553	-0.4654	-
	每股净资产(元)	0.9900	1.3700	0.3100	-
	每股经营现金流量(元)	-0.1773	-0.2900	-0.2056	-
	经营活动现金净流量增长(%)	-435.6	-145.2	-	-

重庆软汇科技股份有限公司

公司概况						
公司概况	公司名称	重庆软汇科技股份有限公司			证券简称	软汇科技
	法人代表	童俊平	董秘	吴静	证券代码	833219
	公司网址	www.egean.cn		电子信箱	info@egean.cn	
	电　话	023-86790810		传　真	023-68636170	
	办公地址	重庆市九龙坡区科园一路 73 号附 14-7 号				
	经营范围	从事医疗与养老健康产业相关软硬件、外部设备技术开发与销售				

主要财务指标	指标\报告期	2015.06.30	2014.12.31	2013.12.31	2012.12.31
	净利润(万元)	-27.96	443.56	-96.43	-
	净利润增长率(%)	67.7	560.0	-	-
	加权净资产收益率(%)	-2.5600	50.2000	-13.5800	-
	资产负债比率(%)	0.7061	12.3805	11.2609	-
	净利润现金含量(%)	2261.8260	193.4086	132.7372	-
	基本每股收益(元)	-0.0300	0.8900	-0.1900	-
	每股收益-扣除(元)	-	-	-	-
	每股收益-摊薄(元)	-0.0280	0.8871	-0.1929	-
	每股资本公积金(元)	0.1610	-	-	-
	每股未分配利润(元)	-0.0280	1.1452	0.3185	-
	每股净资产(元)	1.1300	2.2100	1.3200	-
	每股经营现金流量(元)	-0.6324	1.7200	-0.2600	-
	经营活动现金净流量增长(%)	-446.2	770.2	-	-

北京思比科微电子技术股份有限公司

公司概况						
公司概况	公司名称	北京思比科微电子技术股份有限公司			证券简称	思比科
	法人代表	陈杰	董秘	冯军	证券代码	833220
	公司网址	www.superpix.com.cn		电子信箱	marketing@superpix.com.cn	
	电　话	010-82784282		传　真	010-82784851	
	办公地址	北京市海淀区上地五街 7 号昊海大厦二层 201 室				
	经营范围	CMOS 图像传感器芯片及相关产品的研发和销售				

主要财务指标	指标\报告期	2015.06.30	2014.12.31	2013.12.31	2012.12.31
	净利润(万元)	-1392.59	495.86	1672.46	-
	净利润增长率(%)	-118.3	-70.3516	-	-
	加权净资产收益率(%)	-13.7800	5.0600	19.0200	-
	资产负债比率(%)	53.6370	58.8804	58.3853	-
	净利润现金含量(%)	-50.2223	-287.5348	-105.2965	-
	基本每股收益(元)	-0.2700	0.1000	0.3300	-
	每股收益-扣除(元)	-0.2900	-	-	-
	每股收益-摊薄(元)	-0.2653	0.0992	0.3345	-
	每股资本公积金(元)	0.7821	0.4066	0.4066	-
	每股未分配利润(元)	0.2229	0.5126	0.4239	-
	每股净资产(元)	2.0900	2.0100	1.9100	-
	每股经营现金流量(元)	0.1332	-0.2900	-0.3500	-
	经营活动现金净流量增长(%)	134.8	19.0	-	-

上海艾为电子技术股份有限公司

公司概况					
公司名称	上海艾为电子技术股份有限公司			证券简称	艾为电子
法人代表	孙洪军	董秘	杨婷	证券代码	833221
公司网址	www.awinic.com.cn		电子信箱	yangting@awinic.com.cn	
电　话	021-54271166		传　真	021-64952766	
办公地址	上海市徐汇区桂平路418号15层				
经营范围	模拟、射频和数模混合IC产品的设计、研发、生产外包管理和销售				

主要财务指标：指标\报告期	2015.06.30	2014.12.31	2013.12.31	2012.12.31
净利润(万元)	471.98	116.51	109.07	–
净利润增长率(%)	211.1	6.8200	–	–
加权净资产收益率(%)	12.4200	3.7200	2.5300	–
资产负债比率(%)	59.1653	30.4866	37.4479	–
净利润现金含量(%)	–227.1960	835.6285	20.3493	–
基本每股收益(元)	0.2400	0.0600	0.0500	–
每股收益–扣除(元)	0.2003	0.0058	–0.0017	–
每股收益–摊薄(元)	0.2360	0.0583	0.0545	–
每股资本公积金(元)	0.7797	0.7797	–	–
每股未分配利润(元)	0.2425	0.0065	0.6559	–
每股净资产(元)	2.0100	1.7900	1.7300	–
每股经营现金流量(元)	–0.5362	0.4900	0.0100	–
经营活动现金净流量增长(%)	–493.7027	4286.4722	–	–

苏州基业生态园林股份有限公司

公司概况					
公司名称	苏州基业生态园林股份有限公司			证券简称	基业园林
法人代表	朱宏	董秘	周国	证券代码	833222
公司网址	www.szjiye.com.cn		电子信箱	zhouguo@szjiye.com.cn	
电　话	0512-67623187-8007		传　真	0512-67622360	
办公地址	江苏省苏州市姑苏区书院巷111号				
经营范围	园林景观工程的设计与施工				

主要财务指标：指标\报告期	2015.06.30	2014.12.31	2013.12.31	2012.12.31
净利润(万元)	1261.29	1914.56	853.92	–
净利润增长率(%)	86.9656	124.2091	–	–
加权净资产收益率(%)	18.9300	37.7200	23.1300	–
资产负债比率(%)	82.7921	83.5518	85.4740	–
净利润现金含量(%)	50.6238	11.3335	–213.6135	–
基本每股收益(元)	0.6300	0.9600	0.4300	–
每股收益–扣除(元)	0.6300	0.9800	–	–
每股收益–摊薄(元)	0.6306	0.9573	0.4270	–
每股资本公积金(元)	1.3964	1.3964	0.0377	–
每股未分配利润(元)	1.1886	0.5580	0.9458	–
每股净资产(元)	3.6500	3.0200	2.0600	–
每股经营现金流量(元)	0.3193	0.1100	–0.9100	–
经营活动现金净流量增长(%)	469.6774	100.6	–	–

深圳市杰尔斯展示股份有限公司

公司概况					
公司名称	深圳市杰尔斯展示股份有限公司			证券简称	杰尔斯
法人代表	权磊	董秘	云卉	证券代码	833223
公司网址	www.gies.com.cn		电子信箱	gies_mtk@gies.com.cn	
电　话	0755-8244		传　真	0755-8244	
办公地址	广东省深圳市福田区福田保税园槟榔道2-1号创意保税园2栋B座6楼				
经营范围	展览展示的设计、实施与服务				

主要财务指标：指标\报告期	2015.06.30	2014.12.31	2013.12.31	2012.12.31
净利润(万元)	27.30	1336.46	527.22	–
净利润增长率(%)	141.1	153.4897	–	–
加权净资产收益率(%)	0.7400	53.1500	48.7000	–
资产负债比率(%)	70.3334	73.4842	87.4641	–
净利润现金含量(%)	–52.9551	13.8373	41.8649	–
基本每股收益(元)	0.0100	0.5700	0.3400	–
每股收益–扣除(元)	–	–	–	–
每股收益–摊薄(元)	0.0088	0.6679	0.5267	–
每股资本公积金(元)	0.1880	–	–	–
每股未分配利润(元)	0.0088	0.7473	0.2922	–
每股净资产(元)	1.2000	1.8400	1.3400	–
每股经营现金流量(元)	–0.0047	0.0924	0.2205	–
经营活动现金净流量增长(%)	96.6	–16.2150	–	–

保定唐北电瓷电器股份有限公司

公司概况					
公司名称	保定唐北电瓷电器股份有限公司			证券简称	唐北电瓷
法人代表	苑飞龙	董秘	刘冬梅	证券代码	833224
公司网址			电子信箱	tangbeidianci@sina.com	
电　话	0312-8917031		传　真	0312-8919199	
办公地址	河北省保定市百花路南侧、阳光南大街东侧财富广场15-1-924				
经营范围	瓷绝缘子和复合绝缘子的研发、设计、生产及销售				

主要财务指标：指标\报告期	2015.06.30	2014.12.31	2013.12.31	2012.12.31
净利润(万元)	34.71	41.66	26.55	–
净利润增长率(%)	228.2	56.9400	–	–
加权净资产收益率(%)	1.1200	2.4200	1.7500	–
资产负债比率(%)	32.8530	46.2848	52.0966	–
净利润现金含量(%)	–1267.3235	1039.5708	1615.6408	–
基本每股收益(元)	0.0100	0.0300	0.0200	–
每股收益–扣除(元)	–	–	–	–
每股收益–摊薄(元)	0.0147	0.0208	0.0177	–
每股资本公积金(元)	0.2794	0.0004	0.0025	–
每股未分配利润(元)	0.0439	0.0345	0.0171	–
每股净资产(元)	1.3250	1.0400	0.7700	–
每股经营现金流量(元)	–0.1865	0.2200	0.2858	–
经营活动现金净流量增长(%)	–1525.4758	0.9818	–	–

山东赛特新材料股份有限公司

公司概况	公司名称	山东赛特新材料股份有限公司			证券简称	赛特股份
	法人代表	贾莉	董秘	吴琛	证券代码	833225
	公司网址	www.saitenm.com		电子信箱	dm@saitenm.com	
	电话	0533-7975596		传真	0533-7979598	
	办公地址	山东省淄博市桓台县果里镇侯庄路 60 号				
	经营范围	卫生用品、家纺产品的研发和销售				

主要财务指标	指标\报告期	2015.06.30	2014.12.31	2013.12.31	2012.12.31
	净利润(万元)	621.72	740.38	210.57	–
	净利润增长率(%)	20.5889	251.6064	–	–
	加权净资产收益率(%)	6.8800	14.3300	5.2200	–
	资产负债比率(%)	17.2935	25.2631	45.3494	–
	净利润现金含量(%)	197.9714	125.9417	301.2140	–
	基本每股收益(元)	0.1400	0.2300	0.0700	–
	每股收益-扣除(元)	0.1400	–	–	–
	每股收益-摊薄(元)	0.1368	0.2582	0.0734	–
	每股资本公积金(元)	0.7226	0.6763	0.3550	–
	每股未分配利润(元)	0.3229	0.2950	0.0627	–
	每股净资产(元)	2.0800	1.8000	1.4400	–
	每股经营现金流量(元)	0.2707	0.3251	0.2200	–
	经营活动现金净流量增长(%)	81.3955	47.0115	–	–

湖南达美程智能科技股份有限公司

公司概况	公司名称	湖南达美程智能科技股份有限公司			证券简称	达美程
	法人代表	戴盛	董秘	邱会兵	证券代码	833226
	公司网址	www.3ddms.com		电子信箱	517000278@qq.com	
	电话	0731-83280269		传真	0731-83282899	
	办公地址	湖南省长沙市浏阳经济技术开发区康鹏路 11 号				
	经营范围	出版物印刷、包装装潢印刷品印刷、其他印刷品印刷				

主要财务指标	指标\报告期	2015.06.30	2014.12.31	2013.12.31	2012.12.31
	净利润(万元)	239.08	137.66	18.29	–
	净利润增长率(%)	636.2	652.5104	–	–
	加权净资产收益率(%)	4.5400	3.3400	0.4800	–
	资产负债比率(%)	64.3474	67.6466	79.3903	–
	净利润现金含量(%)	222.9042	2238.5878	-765.1722	–
	基本每股收益(元)	0.0600	0.0623	0.0091	–
	每股收益-扣除(元)	0.0200	-0.0357	-0.1958	–
	每股收益-摊薄(元)	0.0598	0.0344	0.0091	–
	每股资本公积金(元)	0.8138	0.8138	2.0458	–
	每股未分配利润(元)	-0.4688	-0.5285	-1.1259	–
	每股净资产(元)	1.3500	1.2900	1.9200	–
	每股经营现金流量(元)	0.1332	0.7700	-0.0700	–
	经营活动现金净流量增长(%)	-81.6425	2301.9	–	–

河南博元电力科技股份有限公司

公司概况	公司名称	河南博元电力科技股份有限公司			证券简称	博元电力
	法人代表	孙军伟	董秘	殷鑫	证券代码	833227
	公司网址	www.boyuandl.com		电子信箱	boyuandianli@126.com	
	电话	0371-67999992		传真	0371-67999990	
	办公地址	河南郑州高新技术产业开发区翠竹街 6 号 11 幢 1 单元 9 层 901 号				
	经营范围	送变电工程施工;土石方工程施工;城市及道路照明工程施工				

主要财务指标	指标\报告期	2015.06.30	2014.12.31	2013.12.31	2012.12.31
	净利润(万元)	300.41	30.37	410.08	–
	净利润增长率(%)	1682.0	-92.5936	–	–
	加权净资产收益率(%)	3.8700	0.3800	5.3400	–
	资产负债比率(%)	56.2169	54.1651	46.1025	–
	净利润现金含量(%)	156.5222	6978.7899	-131.0864	–
	基本每股收益(元)	0.0501	0.0051	0.0683	–
	每股收益-扣除(元)	0.0509	0.0057	0.0684	–
	每股收益-摊薄(元)	0.0501	0.0051	0.0683	–
	每股资本公积金(元)	0.3806	0.3806	0.0133	–
	每股未分配利润(元)	-0.0764	-0.0865	0.2665	–
	每股净资产(元)	1.3100	1.3000	1.3800	–
	每股经营现金流量(元)	0.0784	0.3500	-0.0900	–
	经营活动现金净流量增长(%)	-70.2951	494.3	–	–

中国电子进出口国际电子服务股份有限公司

公司概况	公司名称	中国电子进出口国际电子服务股份有限公司			证券简称	中电国服
	法人代表	戴松悦	董秘	刘玉珍	证券代码	833228
	公司网址	www.cies.com.cn		电子信箱	yangyl@cies.com.cn	
	电话	010-68296420		传真	010-68222585	
	办公地址	北京市海淀区复兴路甲 23 号 13 层 1319-1323 号				
	经营范围	保税物流服务、进出口贸易				

主要财务指标	指标\报告期	2015.06.30	2014.12.31	2013.12.31	2012.12.31
	净利润(万元)	254.16	414.71	319.16	–
	净利润增长率(%)	53.1884	29.9377	–	–
	加权净资产收益率(%)	–	12.9000	11.2100	–
	资产负债比率(%)	44.6995	47.9410	43.2352	–
	净利润现金含量(%)	-33.5306	-67.9939	278.7922	–
	基本每股收益(元)	0.0900	0.1500	0.1200	–
	每股收益-扣除(元)	–	0.1200	–	–
	每股收益-摊薄(元)	0.0941	0.1536	0.1182	–
	每股资本公积金(元)	0.0006	0.0006	0.0006	–
	每股未分配利润(元)	0.2597	0.1655	0.8155	–
	每股净资产(元)	1.2700	1.1800	1.1100	–
	每股经营现金流量(元)	-0.0316	-0.1000	0.3300	–
	经营活动现金净流量增长(%)	69.7	-131.6902	–	–

龙利得包装印刷股份有限公司

公司概况	公司名称	龙利得包装印刷股份有限公司			证券简称	龙利得
	法人代表	徐龙平	董秘	尹雪峰	证券代码	833229
	公司网址	www.llddl.com		电子信箱	cw@ah-ld.com	
	电　　话	0550-8139689		传　　真	021-57459227	
	办公地址	安徽省滁州市明光市工业园区体育路150号				
	经营范围	中高档瓦楞纸箱、纸板的研发、设计、生产、印刷和销售				

主要财务指标	指标\报告期	2015.06.30	2014.12.31	2013.12.31	2012.12.31
	净利润(万元)	1701.67	3530.34	3241.83	–
	净利润增长率(%)	–2.1004	8.8996	–	–
	加权净资产收益率(%)	5.0400	13.4800	16.9100	–
	资产负债比率(%)	46.4594	56.7805	56.8090	–
	净利润现金含量(%)	–136.1038	109.0356	–201.1717	–
	基本每股收益(元)	0.0900	0.2300	0.2200	–
	每股收益–扣除(元)	–	–	0.2000	–
	每股收益–摊薄(元)	0.0889	0.2208	0.2154	–
	每股资本公积金(元)	0.5451	0.3565	0.3083	–
	每股未分配利润(元)	0.4403	0.4209	0.2288	–
	每股净资产(元)	2.0100	1.8100	1.5600	–
	每股经营现金流量(元)	–0.1209	0.2400	–0.4300	–
	经营活动现金净流量增长(%)	–51.9	159.0	–	–

成都欧康医药股份有限公司

公司概况	公司名称	成都欧康医药股份有限公司			证券简称	欧康医药
	法人代表	赵卓君	董秘	吴成家	证券代码	833230
	公司网址	www.okaypharm.com		电子信箱	office@okaypharm.com	
	电　　话	13408436951		传　　真	028-87712315	
	办公地址	四川省成都市邛崃市临邛工业园区创业路15号				
	经营范围	植物提取物的纯化、合成及纵深开发				

主要财务指标	指标\报告期	2015.06.30	2014.12.31	2013.12.31	2012.12.31
	净利润(万元)	386.10	268.19	–71.16	–
	净利润增长率(%)	171.6939	476.9	–	–
	加权净资产收益率(%)	9.4600	12.9700	–7.3500	–
	资产负债比率(%)	42.5265	39.3348	70.0388	–
	净利润现金含量(%)	230.1047	–59.9053	–602.9933	–
	基本每股收益(元)	0.1000	0.1300	–0.0700	–
	每股收益–扣除(元)	–	–	–	–
	每股收益–摊薄(元)	0.1016	0.0706	–0.0445	–
	每股资本公积金(元)	0.0348	0.0000	–	–
	每股未分配利润(元)	0.1061	0.0393	–0.0730	–
	每股净资产(元)	1.1400	1.0400	0.9300	–
	每股经营现金流量(元)	0.2338	–0.0400	0.2700	–
	经营活动现金净流量增长(%)	373.6	–137.4435	–	–

苏州天准科技股份有限公司

公司概况	公司名称	苏州天准科技股份有限公司			证券简称	天准科技
	法人代表	徐一华	董秘	杨聪	证券代码	833231
	公司网址	www.tztek.com		电子信箱	ir@tztek.com	
	电　　话	0512-62399021		传　　真	4008266163-68199	
	办公地址	苏州高新区培源路5号				
	经营范围	研发、生产、销售:测量设备、检测设备、计算机软硬件产品				

主要财务指标	指标\报告期	2015.06.30	2014.12.31	2013.12.31	2012.12.31
	净利润(万元)	434.42	5175.94	2095.80	–
	净利润增长率(%)	13.6852	146.9670	–	–
	加权净资产收益率(%)	7.5200	61.3600	35.1200	–
	资产负债比率(%)	28.1386	32.9769	34.0994	–
	净利润现金含量(%)	86.8831	82.7571	88.2805	–
	基本每股收益(元)	0.0700	1.6200	0.6500	–
	每股收益–扣除(元)	0.0300	1.2400	0.5200	–
	每股收益–摊薄(元)	0.0663	0.8087	0.3275	–
	每股资本公积金(元)	0.2916	–	–	–
	每股未分配利润(元)	0.5486	1.1109	0.3962	–
	每股净资产(元)	1.8600	1.6700	0.9400	–
	每股经营现金流量(元)	0.0576	0.6700	0.2900	–
	经营活动现金净流量增长(%)	–89.6233	131.5149	–	–

江苏城中园林股份有限公司

公司概况	公司名称	江苏城中园林股份有限公司			证券简称	城中园林
	法人代表	冒洪波	董秘	张旭	证券代码	833232
	公司网址	www.ntczyl.com		电子信箱	jsczyl@126.com	
	电　　话	0513-87776168		传　　真	0513-87776168	
	办公地址	江苏省如皋市如城街道益寿南路9号				
	经营范围	园林绿化综合工程设计、施工、养护				

主要财务指标	指标\报告期	2015.06.30	2014.12.31	2013.12.31	2012.12.31
	净利润(万元)	75.97	123.05	127.58	–
	净利润增长率(%)	–49.1337	–3.5521	–	–
	加权净资产收益率(%)	2.0000	2.6500	2.9000	–
	资产负债比率(%)	76.0559	77.4948	82.0157	–
	净利润现金含量(%)	–3821.0552	–5118.9009	–29.9400	–
	基本每股收益(元)	0.0200	0.0300	–	–
	每股收益–扣除(元)	–	–	–	–
	每股收益–摊薄(元)	0.0200	0.0324	0.0354	–
	每股资本公积金(元)	0.2572	0.2572	–	–
	每股未分配利润(元)	0.0226	0.0026	0.2098	–
	每股净资产(元)	1.2800	1.2600	1.2415	–
	每股经营现金流量(元)	–0.7639	–1.6600	–0.0106	–
	经营活动现金净流量增长(%)	22.5	–16389.9(L	–	–

海宁鸿丰小额贷款股份有限公司

公司概况					
公司名称	海宁鸿丰小额贷款股份有限公司			证券简称	鸿丰小贷
法人代表	姚岳良	董秘	顾晓兰	证券代码	833233
公司网址	www.hnhfxd.com		电子信箱	jiazhe0202@163.com	
电　话	0573-87983909		传　真	0573-87983555	
办公地址	浙江海宁经编产业园区经都二路2号经编大厦09层				
经营范围	办理各项小额贷款业务;办理小企业发展、管理、财务咨询业务				

主要财务指标

指标\报告期	2015.06.30	2014.12.31	2013.12.31	2012.12.31
净利润(万元)	2283.79	4600.02	1961.66	–
净利润增长率(%)	61.9362	134.4959	–	–
加权净资产收益率(%)	6.3300	13.7900	9.0800	–
资产负债比率(%)	1.4281	2.3640	2.5056	–
净利润现金含量(%)	49.5012	5.3469	–628.5987	–
基本每股收益(元)	0.0800	0.1500	0.0900	–
每股收益–扣除(元)	0.0600	–	–	–
每股收益–摊薄(元)	0.0761	0.1533	0.0654	–
每股资本公积金(元)	–	–	–	–
每股未分配利润(元)	0.2028	0.1266	0.0377	–
每股净资产(元)	1.2400	1.1600	1.0600	–
每股经营现金流量(元)	0.0377	0.0100	–0.4100	–
经营活动现金净流量增长(%)	198.5	102.0	–	–

成都美创医疗科技股份有限公司

公司概况					
公司名称	成都美创医疗科技股份有限公司			证券简称	美创医疗
法人代表	王帝钧	董秘	王帝钧	证券代码	833234
公司网址	www.mechan.com.cn		电子信箱	wangdijun@mechan.com.cn	
电　话	028-83268380		传　真	028-83257018	
办公地址	四川省成都市温江区成都海峡两岸科技产业开发园科林路西段618号华银工业				
经营范围	医疗器械研究;生产;医疗器械第三类				

主要财务指标

指标\报告期	2015.06.30	2014.12.31	2013.12.31	2012.12.31
净利润(万元)	–14.73	319.51	2.71	–
净利润增长率(%)	–108.4716	11680.5609	–	–
加权净资产收益率(%)	–1.0600	22.8000	0.5600	–
资产负债比率(%)	8.5395	16.6980	49.7924	–
净利润现金含量(%)	957.4600	25.3384	9547.6721	–
基本每股收益(元)	–0.0100	0.4600	–	–
每股收益–扣除(元)	–0.0100	0.4500	0.0000	–
每股收益–摊薄(元)	–0.0117	0.4389	0.0041	–
每股资本公积金(元)	0.1165	0.7239	–	–
每股未分配利润(元)	–0.0117	0.1807	–0.2646	–
每股净资产(元)	1.1000	1.9200	0.7400	–
每股经营现金流量(元)	–0.1124	0.1100	0.4000	–
经营活动现金净流量增长(%)	–341.4433	–68.7358	–	–

山东瑞泽生物科技股份有限公司

公司概况					
公司名称	山东瑞泽生物科技股份有限公司			证券简称	瑞泽股份
法人代表	刘珍华	董秘	张维桐	证券代码	833235
公司网址			电子信箱		
电　话	18553531705		传　真	0535-6086519	
办公地址	烟台芝罘区翡翠路28号				
经营范围	水产品初级加工,批发兼零售预包装食品、散装食品				

主要财务指标

指标\报告期	2015.06.30	2014.12.31	2013.12.31	2012.12.31
净利润(万元)	35.17	194.06	–220.96	–
净利润增长率(%)	129.6	187.8	–	–
加权净资产收益率(%)	3.4200	98.8100	–	–
资产负债比率(%)	75.4893	76.9700	113.9290	–
净利润现金含量(%)	2149.0607	–1179.1010	–234.0846	–
基本每股收益(元)	0.3700	0.4900	–1.1000	–
每股收益–扣除(元)	–	–	–	–
每股收益–摊薄(元)	0.0352	0.1941	–1.1048	–
每股资本公积金(元)	0.1563	0.1563	–	–
每股未分配利润(元)	–0.1105	–0.1457	–1.6986	–
每股净资产(元)	1.0500	1.0100	–0.7000	–
每股经营现金流量(元)	0.7558	–2.2900	2.5900	–
经营活动现金净流量增长(%)	1025.7	–542.3752	–	–

扬州江亚消防药剂股份有限公司

公司概况					
公司名称	扬州江亚消防药剂股份有限公司			证券简称	江亚消防
法人代表	刘伟	董秘	童祥友	证券代码	833236
公司网址			电子信箱	jiangya@jiangya.com	
电　话	0514-86843999		传　真	0514-86084005	
办公地址	江苏省扬州市江都区仙女镇砖桥向阳路9号				
经营范围	消防泡沫药剂的研发、生产、销售				

主要财务指标

指标\报告期	2015.06.30	2014.12.31	2013.12.31	2012.12.31
净利润(万元)	–	70.80	58.45	–
净利润增长率(%)	–	21.1306	–	–
加权净资产收益率(%)	–	5.6000	4.8700	–
资产负债比率(%)	–	40.6256	63.6308	–
净利润现金含量(%)	–	481.5436	395.0314	–
基本每股收益(元)	–	0.0700	0.0600	–
每股收益–扣除(元)	–	–	–	–
每股收益–摊薄(元)	–	0.0674	0.0557	–
每股资本公积金(元)	–	0.1993	0.0291	–
每股未分配利润(元)	–	0.0354	0.1288	–
每股净资产(元)	–	1.2400	1.1700	–
每股经营现金流量(元)	–	0.3200	0.2200	–
经营活动现金净流量增长(%)	–	47.6583	–	–

北京市国路安信息技术股份有限公司

公司概况						
	公司名称	北京市国路安信息技术股份有限公司			证券简称	国路安
	法人代表	孙绍钢	董秘	汪玉婷	证券代码	833237
	公司网址	www.gla.net.cn		电子信箱	wangyuting@gla.net.cn	
	电　话	010-62278100		传　真	010-62251200	
	办公地址	北京市海淀区中关村南大街32号2号楼B座六层608房				
	经营范围	面向云安全领域，提供产品研发、一体化解决方案和咨询服务				

主要财务指标

指标\报告期	2015.06.30	2014.12.31	2013.12.31	2012.12.31
净利润(万元)	-53.43	950.72	115.21	-
净利润增长率(%)	82.1	725.2212	-	-
加权净资产收益率(%)	-	-	-	-
资产负债比率(%)	14.7385	37.6384	82.7172	-
净利润现金含量(%)	494.9113	-25.2202	-176.5698	-
基本每股收益(元)	-0.0500	0.9500	0.2300	-
每股收益-扣除(元)	-	-	-	-
每股收益-摊薄(元)	-0.0534	0.9507	0.2304	-
每股资本公积金(元)	0.0140	0.0140	0.0033	-
每股未分配利润(元)	1.2109	1.2643	-0.5271	-
每股净资产(元)	2.3700	2.4200	0.4800	-
每股经营现金流量(元)	-0.2644	-0.2400	-0.4100	-
经营活动现金净流量增长(%)	-255.7	-17.9	-	-

广东森维园林股份有限公司

公司概况						
	公司名称	广东森维园林股份有限公司			证券简称	森维园林
	法人代表	胡刚	董秘	汪惠琳	证券代码	833238
	公司网址	www.sunrace-landscape.com		电子信箱	sldgroup@126.com	
	电　话	020-87600930		传　真	020-87603363	
	办公地址	广东省广州市越秀区竹丝岗二马路39号之一1号楼701室				
	经营范围	园林绿化工程施工				

主要财务指标

指标\报告期	2015.06.30	2014.12.31	2013.12.31	2012.12.31
净利润(万元)	-290.34	488.52	-184.50	-
净利润增长率(%)	-536.3762	364.8	-	-
加权净资产收益率(%)	-8.5200	15.3800	-6.5000	-
资产负债比率(%)	65.0498	58.6530	47.7845	-
净利润现金含量(%)	227.9166	-182.5122	416.8704	-
基本每股收益(元)	-0.0900	0.1600	-0.0600	-
每股收益-扣除(元)	-	0.1400	-	-
每股收益-摊薄(元)	-0.0904	0.1522	-0.0639	-
每股资本公积金(元)	0.0014	0.0014	-	-
每股未分配利润(元)	0.0042	0.0947	-0.0504	-
每股净资产(元)	1.0200	1.1100	0.9500	-
每股经营现金流量(元)	-0.2061	-0.2800	-0.2700	-
经营活动现金净流量增长(%)	-201.2	-15.9	-	-

湖北晨科农牧集团股份有限公司

公司概况						
	公司名称	湖北晨科农牧集团股份有限公司			证券简称	晨科农牧
	法人代表	戴小方	董秘	陈小林	证券代码	833239
	公司网址	www.hbckjt.com		电子信箱	408265205@qq.com	
	电　话	0713-4229938		传　真	0713-4229927	
	办公地址	湖北省黄冈市浠水县清泉镇月山村十三组				
	经营范围	蛋鸡饲料、猪饲料、鱼饲料、鸭饲料等畜禽饲料的生产与销售				

主要财务指标

指标\报告期	2015.06.30	2014.12.31	2013.12.31	2012.12.31
净利润(万元)	720.18	79.59	205.35	-
净利润增长率(%)	1557.1	-61.2433	-	-
加权净资产收益率(%)	15.4600	1.7300	5.1500	-
资产负债比率(%)	71.4853	75.4192	62.4508	-
净利润现金含量(%)	492.6607	3649.6911	-358.3406	-
基本每股收益(元)	0.1800	0.0200	0.0600	-
每股收益-扣除(元)	0.1800	0.0200	-	-
每股收益-摊薄(元)	0.1787	0.0197	0.0570	-
每股资本公积金(元)	0.0170	0.0170	0.1667	-
每股未分配利润(元)	0.2142	0.0492	0.0522	-
每股净资产(元)	1.2500	1.0700	1.2200	-
每股经营现金流量(元)	0.8804	0.7200	-0.2000	-
经营活动现金净流量增长(%)	-36.1795	494.7	-	-

浙江弛达信息科技股份有限公司

公司概况						
	公司名称	浙江弛达信息科技股份有限公司			证券简称	弛达科技
	法人代表	张弛	董秘	程艳	证券代码	833240
	公司网址	www.chidazj.com		电子信箱	chidazj@163.com	
	电　话	0571-87965122		传　真	0571-88944788	
	办公地址	浙江省杭州市滨江区滨安路1180号华业科技园1幢1号楼第5楼				
	经营范围	公司专业从事智能物流柜的研发、生产和销售				

主要财务指标

指标\报告期	2015.06.30	2014.12.31	2013.12.31	2012.12.31
净利润(万元)	105.31	42.91	1.78	-
净利润增长率(%)	7349.1821	2305.9596	-	-
加权净资产收益率(%)	7.1300	7.8000	0.3400	-
资产负债比率(%)	43.8270	43.5253	27.4155	-
净利润现金含量(%)	-477.8525	-1003.7054	3435.3933	-
基本每股收益(元)	0.0800	0.0857	0.0036	-
每股收益-扣除(元)	0.0582	0.0748	-0.0415	-
每股收益-摊薄(元)	0.0658	0.0397	0.0036	-
每股资本公积金(元)	0.0326	0.0243	0.0524	-
每股未分配利润(元)	0.0910	0.0372	0.0032	-
每股净资产(元)	1.1300	1.0700	1.0600	-
每股经营现金流量(元)	-0.3145	-0.4000	0.1200	-
经营活动现金净流量增长(%)	-4706.2	-804.3548	-	-

江苏和成显示科技股份有限公司

公司概况	公司名称	江苏和成显示科技股份有限公司		证券简称	和成显示
	法人代表	孙健	董秘 于建安	证券代码	833241
	公司网址	www.hcch.net.cn		电子信箱	ir@hcch.net.cn
	电　话	025-58815588		传　真	025-84372983
	办公地址	江苏省扬中市长江大桥东侧			
	经营范围	从事与显示材料有关的电子化学品的研制开发生产			

主要财务指标	指标\报告期	2015.06.30	2014.12.31	2013.12.31	2012.12.31
	净利润(万元)	636.11	1707.78	191.15	–
	净利润增长率(%)	6261.3	793.4094	–	–
	加权净资产收益率(%)	3.5800	11.5200	1.4700	–
	资产负债比率(%)	41.7345	40.9888	48.2193	–
	净利润现金含量(%)	237.0134	114.0305	271.7296	–
	基本每股收益(元)	0.1500	0.4200	0.0500	–
	每股收益-扣除(元)	0.0900	0.1800	-0.1600	–
	每股收益-摊薄(元)	0.1468	0.3941	0.0490	–
	每股资本公积金(元)	1.7249	1.7249	1.3098	–
	每股未分配利润(元)	0.6920	1.0290	0.8161	–
	每股净资产(元)	3.7100	4.0200	3.3400	–
	每股经营现金流量(元)	0.3479	0.4500	0.1300	–
	经营活动现金净流量增长(%)	72.9020	274.9166	–	–

北京鲁视领航文化传媒股份有限公司

公司概况	公司名称	北京鲁视领航文化传媒股份有限公司		证券简称	领航传媒
	法人代表	高立民	董秘 桂霞	证券代码	833242
	公司网址	www.piloteducation.cn		电子信箱	linghang_ir@126.com
	电　话	010-56452887		传　真	010-56452808
	办公地址	北京市朝阳区北辰东路8号7号楼(N)座13层1301室			
	经营范围	制作、发行动画片、专题片、电视综艺等			

主要财务指标	指标\报告期	2015.06.30	2014.12.31	2013.12.31	2012.12.31
	净利润(万元)	204.91	788.75	908.53	–
	净利润增长率(%)	-17.0211	-13.1841	–	–
	加权净资产收益率(%)	2.9400	13.5600	23.1700	–
	资产负债比率(%)	8.2362	11.0454	17.0545	–
	净利润现金含量(%)	-285.5636	207.8959	89.5045	–
	基本每股收益(元)	0.0300	0.6200	0.8700	–
	每股收益-扣除(元)	–	–	–	–
	每股收益-摊薄(元)	0.0342	0.5258	0.6057	–
	每股资本公积金(元)	0.2128	0.9510	–	–
	每股未分配利润(元)	-0.0056	2.4779	2.0106	–
	每股净资产(元)	1.2100	1.1700	0.7300	–
	每股经营现金流量(元)	-0.0975	1.0932	0.5421	–
	经营活动现金净流量增长(%)	-894.6	101.6509	–	–

湖北龙辰科技股份有限公司

公司概况	公司名称	湖北龙辰科技股份有限公司		证券简称	龙辰科技
	法人代表	潘旭祥	董秘 陈文建	证券代码	833243
	公司网址	www.hblongchen.com		电子信箱	495285474@qq.com
	电　话	0713-8813710		传　真	0713-8105121
	办公地址	湖北省黄冈市高新技术开发区			
	经营范围	生产和经营特种电子薄膜和其它包装制品			

主要财务指标	指标\报告期	2015.06.30	2014.12.31	2013.12.31	2012.12.31
	净利润(万元)	254.84	1335.32	2317.24	–
	净利润增长率(%)	-67.0348	-42.3747	–	–
	加权净资产收益率(%)	1.5600	7.8500	14.5100	–
	资产负债比率(%)	31.5085	29.3767	36.2174	–
	净利润现金含量(%)	-55.3407	-135.5382	-144.1850	–
	基本每股收益(元)	0.0410	0.2000	0.3200	–
	每股收益-扣除(元)	0.0409	0.2000	0.2700	–
	每股收益-摊薄(元)	0.0374	0.1962	0.3405	–
	每股资本公积金(元)	0.1580	0.1580	0.1580	–
	每股未分配利润(元)	1.3287	1.2913	1.1050	–
	每股净资产(元)	2.6400	2.6000	2.2200	–
	每股经营现金流量(元)	-0.0207	-0.2700	-0.4909	–
	经营活动现金净流量增长(%)	88.9	45.8	–	–

江苏骏环昇旺科技产业股份有限公司

公司概况	公司名称	江苏骏环昇旺科技产业股份有限公司		证券简称	骏环昇旺
	法人代表	王龙俊	董秘 戴海燕	证券代码	833244
	公司网址	www.allsvs.com		电子信箱	www.smtsvs.com
	电　话	025-52267166		传　真	025-52263078
	办公地址	江苏省南京市玄武区玄武大道699-27号徐庄软件产业基地研发三区D栋3层			
	经营范围	第二类增值电信业务中的呼叫中心业务、信息服务业务			

主要财务指标	指标\报告期	2015.06.30	2014.12.31	2013.12.31	2012.12.31
	净利润(万元)	-67.32	-67.36	-106.17	–
	净利润增长率(%)	78.5	36.6	–	–
	加权净资产收益率(%)	-1.5600	-1.5800	-2.5200	–
	资产负债比率(%)	8.7174	5.9200	13.9094	–
	净利润现金含量(%)	734.9322	160.5352	-479.7326	–
	基本每股收益(元)	-0.0200	-0.0300	-0.0400	–
	每股收益-扣除(元)	-0.0200	-0.0400	-0.0600	–
	每股收益-摊薄(元)	-0.0247	-0.0259	-0.0419	–
	每股资本公积金(元)	0.6758	0.7096	0.7017	–
	每股未分配利润(元)	-0.0762	-0.0541	-0.0289	–
	每股净资产(元)	1.6000	1.6600	1.6700	–
	每股经营现金流量(元)	-0.1813	-0.0400	0.2100	–
	经营活动现金净流量增长(%)	-66.3	-121.2323	–	–

湖南华望科技股份有限公司

公司概况	公司名称	湖南华望科技股份有限公司			证券简称	华望科技
	法人代表	刘胜祥	董秘	杨佳琳	证券代码	833245
	公司网址	www.hnfengwo.cn			电子信箱	hwkj1999@163.com
	电　　话	0731-82767933			传　　真	0731-88361923
	办公地址	湖南省长沙市望城区望城经济开发区同心路1号				
	经营范围	蜂窝纸板及制品的研发、生产和销售				

主要财务指标	指标\报告期	2015.06.30	2014.12.31	2013.12.31	2012.12.31
	净利润(万元)	27.92	4.48	139.20	–
	净利润增长率(%)	38.8256	–96.7817	–	–
	加权净资产收益率(%)	1.1300	0.1800	11.8200	–
	资产负债比率(%)	25.2809	16.5730	28.9361	–
	净利润现金含量(%)	334.0677	–5235.9375	40.4167	–
	基本每股收益(元)	0.0100	0.0020	0.1390	–
	每股收益–扣除(元)	–0.0100	–	–	–
	每股收益–摊薄(元)	0.0127	0.0020	0.0633	–
	每股资本公积金(元)	0.1603	0.1285	–	–
	每股未分配利润(元)	–0.0015	–0.0142	0.1013	–
	每股净资产(元)	1.1600	1.1100	1.1100	–
	每股经营现金流量(元)	0.0424	–0.1100	0.0300	–
	经营活动现金净流量增长(%)	147.4	–516.9167	–	–

北京澳佳生态农业股份有限公司

公司概况	公司名称	北京澳佳生态农业股份有限公司			证券简称	澳佳生态
	法人代表	冯广祥	董秘	郑福庆	证券代码	833246
	公司网址				电子信箱	ajst@aojia.com.cn
	电　　话	010-61502258			传　　真	010-61502790
	办公地址	北京市通州区中关村科技园区通州园国际种业科技园区聚和七街1号-569				
	经营范围	农业技术开发;技术咨询;技术服务;土壤测试;施肥建议咨询				

主要财务指标	指标\报告期	2015.06.30	2014.12.31	2013.12.31	2012.12.31
	净利润(万元)	204.68	374.18	154.88	
	净利润增长率(%)	80.0382	141.5857	–	
	加权净资产收益率(%)	3.5000	37.7200	22.5400	
	资产负债比率(%)	63.6447	66.2641	94.3715	
	净利润现金含量(%)	295.6799	–84.5492	–350.9995	
	基本每股收益(元)	0.0400	0.1100	0.1300	
	每股收益–扣除(元)	0.0300	–	–	
	每股收益–摊薄(元)	0.0352	0.1065	0.1267	
	每股资本公积金(元)	0.0212	0.6523	–	
	每股未分配利润(元)	0.0032	–0.0239	–0.3491	
	每股净资产(元)	1.0600	1.6300	0.6700	
	每股经营现金流量(元)	0.1042	–0.0900	–0.4400	
	经营活动现金净流量增长(%)	–21.0820	41.8	–	

江苏军一物联网股份有限公司

公司概况	公司名称	江苏军一物联网股份有限公司			证券简称	军一物联
	法人代表	张君	董秘	袁钰慧	证券代码	833247
	公司网址	www.jsjunyi.com			电子信箱	yunyuhui@126.com
	电　　话	025-84351866			传　　真	025-84365725
	办公地址	江苏省南京市栖霞区马群科技园仙林大道18号				
	经营范围	物联网应用系统集成、物联网产品设计、销售、物联网相关技术服务				

主要财务指标	指标\报告期	2015.06.30	2014.12.31	2013.12.31	2012.12.31
	净利润(万元)	0.04	13.76	21.59	–
	净利润增长率(%)	100.3	–36.2702	–	–
	加权净资产收益率(%)	3.1100	1.3400	2.1300	–
	资产负债比率(%)	18.9236	21.6537	31.0656	–
	净利润现金含量(%)	–690113.19	5310.1019	63.8362	–
	基本每股收益(元)	0.0400	0.0100	0.0200	–
	每股收益–扣除(元)	–	–	–	–
	每股收益–摊薄(元)	0.0000	0.0138	0.0216	–
	每股资本公积金(元)	–	–	–	–
	每股未分配利润(元)	0.0707	0.0325	0.0201	–
	每股净资产(元)	1.0500	1.0400	1.0200	–
	每股经营现金流量(元)	–0.2871	0.7300	0.0100	–
	经营活动现金净流量增长(%)	–885.1	5201.2484	–	–

北京中景橙石生态艺术地面科技股份有限公司

公司概况	公司名称	北京中景橙石生态艺术地面科技股份有限公司			证券简称	中景橙石
	法人代表	王理忠	董秘	赵锡峰	证券代码	833248
	公司网址	www.orangestone2008.com			电子信箱	orangestone-MD@163.com
	电　　话	010-63701916-806			传　　真	010-63702915
	办公地址	北京市丰台区南四环西路188号二区5号楼6层				
	经营范围	产品研发、设计创意、专业施工和技术服务				

主要财务指标	指标\报告期	2015.06.30	2014.12.31	2013.12.31	2012.12.31
	净利润(万元)	264.07	202.09	1325.84	–
	净利润增长率(%)	–50.7384	–84.7572	–	–
	加权净资产收益率(%)	–	1.8800	13.3700	–
	资产负债比率(%)	39.4550	28.1705	26.6773	–
	净利润现金含量(%)	903.2976	–596.8096	78.9797	–
	基本每股收益(元)	0.0900	0.0700	0.4400	–
	每股收益–扣除(元)	–	0.0500	0.3800	–
	每股收益–摊薄(元)	0.0880	0.0674	0.4419	–
	每股资本公积金(元)	2.3917	2.3917	2.3917	–
	每股未分配利润(元)	0.2533	0.1653	0.1057	–
	每股净资产(元)	3.7300	3.6300	3.5300	–
	每股经营现金流量(元)	0.7951	–0.4000	0.3500	–
	经营活动现金净流量增长(%)	2961.6	–215.1822	–	–

浙江国祥空调股份有限公司

公司概况						
	公司名称	浙江国祥空调股份有限公司			证券简称	浙江国祥
	法人代表	陈根伟	董秘	陈舒	证券代码	833249
	公司网址	www.ekingair.com		电子信箱	chenshu@ekingair.com	
	电　话	0575-82058808		传　真	0575-82058778	
	办公地址	浙江省绍兴市上虞区曹娥街道高新路 18 号				
	经营范围	从事中央空调和冷冻设备的科研、生产、销售、售后服务				

主要财务指标	指标\报告期	2015.06.30	2014.12.31	2013.12.31	2012.12.31
	净利润(万元)	2040.11	4546.94	2911.23	–
	净利润增长率(%)	99.0900	56.1866	–	–
	加权净资产收益率(%)	16.0300	34.0600	25.4200	–
	资产负债比率(%)	62.2440	69.7242	57.3141	–
	净利润现金含量(%)	91.3504	191.2980	221.0858	–
	基本每股收益(元)	0.2300	0.5700	0.3600	–
	每股收益-扣除(元)	0.2300	0.4900	0.3400	–
	每股收益-摊薄(元)	0.2318	0.5167	0.3639	–
	每股资本公积金(元)	0.1364	0.1364	–	–
	每股未分配利润(元)	0.3084	0.0765	0.5106	–
	每股净资产(元)	1.5600	1.3300	1.5800	–
	每股经营现金流量(元)	0.2118	0.9900	0.8000	–
	经营活动现金净流量增长(%)	–32.6152	35.1430	–	–

瑞科际再生能源股份有限公司

公司概况						
	公司名称	瑞科际再生能源股份有限公司			证券简称	瑞科际
	法人代表	邹桂金	董秘		证券代码	833250
	公司网址	www.reculture.cn		电子信箱	jerry.li @reculture.cn	
	电　话	0592-6301373		传　真	0592-6301380	
	办公地址	福建省厦门市思明区塔埔东路 166 号 3401 室				
	经营范围	垃圾的处理和发电、供热				

主要财务指标	指标\报告期	2015.06.30	2014.12.31	2013.12.31	2012.12.31
	净利润(万元)	–419.15	–210.80	–425.43	–
	净利润增长率(%)	–342.7989	50.4	–	–
	加权净资产收益率(%)	–1.3700	–0.6800	–1.3600	–
	资产负债比率(%)	51.4779	26.3312	1.7267	–
	净利润现金含量(%)	75.8168	242.2159	91.2752	–
	基本每股收益(元)	–0.0200	–0.0100	–0.0200	–
	每股收益-扣除(元)	–0.0200	–0.0100	–0.0200	–
	每股收益-摊薄(元)	–0.0168	–0.0084	–0.0170	–
	每股资本公积金(元)	0.3300	0.3300	0.3300	–
	每股未分配利润(元)	–0.1153	–0.0986	–0.0901	–
	每股净资产(元)	1.2100	1.2300	1.2400	–
	每股经营现金流量(元)	–0.0127	–0.0200	–0.0160	–
	经营活动现金净流量增长(%)	–108.9	–31.5	–	–

杭州东忠科技股份有限公司

公司概况						
	公司名称	杭州东忠科技股份有限公司			证券简称	东忠科技
	法人代表	丁伟儒	董秘	黄炜	证券代码	833251
	公司网址	www.totyu.com		电子信箱	huangw@hz.totyu.com	
	电　话	0571-28997700		传　真	0571-28997676	
	办公地址	浙江省杭州市滨江区长河路 590 号 1 号楼 101				
	经营范围	主要从事软件外包服务业务				

主要财务指标	指标\报告期	2015.06.30	2014.12.31	2013.12.31	2012.12.31
	净利润(万元)	639.19	–921.35	641.51	–
	净利润增长率(%)	163.6	–243.6213	–	–
	加权净资产收益率(%)	4.0200	–5.9700	3.5500	–
	资产负债比率(%)	48.1990	49.9483	55.9066	–
	净利润现金含量(%)	4.7837	474.5752	223.0100	–
	基本每股收益(元)	0.0492	–0.0700	0.0500	–
	每股收益-扣除(元)	0.0386	–	–	–
	每股收益-摊薄(元)	0.0492	–0.0709	0.0517	–
	每股资本公积金(元)	0.4040	0.4040	–	–
	每股未分配利润(元)	–0.1558	–0.2050	0.1891	–
	每股净资产(元)	1.2500	1.2000	1.2800	–
	每股经营现金流量(元)	0.0024	–0.3400	0.1200	–
	经营活动现金净流量增长(%)	101.2	–405.6326	–	–

上海帜讯信息技术股份有限公司

公司概况						
	公司名称	上海帜讯信息技术股份有限公司			证券简称	帜讯信息
	法人代表	沈浩	董秘	张丽君	证券代码	833252
	公司网址	www.flaginfo.com.cn		电子信箱	admin@flaginfo.com.cn	
	电　话	021-50806677		传　真	021-50806767	
	办公地址	上海市张江高科技园区博霞路 50 号 402 室				
	经营范围	计算机软件的开发、设计、制作、销售				

主要财务指标	指标\报告期	2015.06.30	2014.12.31	2013.12.31	2012.12.31
	净利润(万元)	269.35	–401.31	–52.56	–
	净利润增长率(%)	209.0	–663.5	–	–
	加权净资产收益率(%)	23.4800	–118.9800	–13.5100	–
	资产负债比率(%)	70.9254	72.3634	83.3576	–
	净利润现金含量(%)	–233.3348	190.2624	1669.9480	–
	基本每股收益(元)	0.2700	–0.5300	–0.0400	–
	每股收益-扣除(元)	0.2700	–0.5280	–0.0400	–
	每股收益-摊薄(元)	0.2694	–0.4013	–0.0263	–
	每股资本公积金(元)	0.0344	0.0344	–	–
	每股未分配利润(元)	0.2476	–0.0218	–0.8186	–
	每股净资产(元)	1.2800	1.0100	0.1800	–
	每股经营现金流量(元)	–0.6285	–0.7600	–0.4400	–
	经营活动现金净流量增长(%)	–2852.5	13.0	–	–

河南大建桥梁钢构股份有限公司

公司概况	公司名称	河南大建桥梁钢构股份有限公司			证券简称	大建桥梁
	法人代表	田丰	董秘	李利	证券代码	833253
	公司网址	www.dajiancn.com		电子信箱	lili@dajiancn.com	
	电话	0371-87094588		传真	0371-87094488	
	办公地址	河南省平顶山舞钢市建设路东段路北				
	经营范围	公司主要从事桥梁钢结构的设计、制造、安装等业务				

	指标\报告期	2015.06.30	2014.12.31	2013.12.31	2012.12.31
主要财务指标	净利润(万元)	-289.54	28.31	-837.05	-
	净利润增长率(%)	-57.6	103.4	-	-
	加权净资产收益率(%)	-15.7900	1.4500	-43.1800	-
	资产负债比率(%)	80.3682	72.2222	69.6818	-
	净利润现金含量(%)	152.8142	2255.8376	66.5073	-
	基本每股收益(元)	-0.0800	0.0100	-0.2200	-
	每股收益-扣除(元)	-	-	-	-
	每股收益-摊薄(元)	-0.0772	0.0075	-0.2232	-
	每股资本公积金(元)	0.0200	0.0200	0.0200	-
	每股未分配利润(元)	-0.5759	-0.4987	-0.5063	-
	每股净资产(元)	0.4500	0.5200	0.5100	-
	每股经营现金流量(元)	-0.1180	0.1700	-0.1500	-
	经营活动现金净流量增长(%)	-114.8629	214.7	-	-

山东中惠生物科技股份有限公司

公司概况	公司名称	山东中惠生物科技股份有限公司			证券简称	中惠生物
	法人代表	赵吉兴	董秘	赵娜	证券代码	833254
	公司网址	www.zhonghuibio.com		电子信箱	zhonghuizhaona@163.com	
	电话	0543-5640022		传真	0543-5640022	
	办公地址	山东省滨州市惠民县高效经济区中惠大道8号				
	经营范围	红曲系列、焦糖色素、酸水解植物蛋白的研发、制造和销售				

	指标\报告期	2015.06.30	2014.12.31	2013.12.31	2012.12.31
主要财务指标	净利润(万元)	-139.24	50.74	-439.25	-
	净利润增长率(%)	73.0	111.6	-	-
	加权净资产收益率(%)	-4.3500	2.1300	-25.6500	-
	资产负债比率(%)	72.8771	80.5987	89.8019	-
	净利润现金含量(%)	-151.6254	6882.7135	421.5062	-
	基本每股收益(元)	-0.0400	0.0200	-0.2200	-
	每股收益-扣除(元)	-0.0400	-	-	-
	每股收益-摊薄(元)	-0.0442	0.0161	-0.2196	-
	每股资本公积金(元)	0.1825	0.1825	-	-
	每股未分配利润(元)	-0.1890	-0.1448	-0.2535	-
	每股净资产(元)	0.9900	1.0400	0.7500	-
	每股经营现金流量(元)	0.0670	1.1100	-0.9300	-
	经营活动现金净流量增长(%)	14.2767	288.6	-	-

西部电缆股份有限公司

公司概况	公司名称	西部电缆股份有限公司			证券简称	西部股份
	法人代表	周进景	董秘	李新峰	证券代码	833255
	公司网址	www.xbdl.com.cn		电子信箱	18909289088@189.cn	
	电话	029-86190099		传真	029-86190696	
	办公地址	陕西省西安经济技术开发区草滩生态产业园尚苑路4699号				
	经营范围	电线电缆的研发、生产和销售				

	指标\报告期	2015.06.30	2014.12.31	2013.12.31	2012.12.31
主要财务指标	净利润(万元)	455.42	65.61	1.91	-
	净利润增长率(%)	319.9	3342.1268	-	-
	加权净资产收益率(%)	3.5100	1.2700	0.0500	-
	资产负债比率(%)	24.9909	23.3922	55.5810	-
	净利润现金含量(%)	-345.3397	-6986.4350	27591.0995	-
	基本每股收益(元)	0.0400	0.0100	0.0000	-
	每股收益-扣除(元)	-	-	-	-
	每股收益-摊薄(元)	0.0344	0.0060	0.0004	-
	每股资本公积金(元)	0.0011	0.1727	0.0000	-
	每股未分配利润(元)	0.0344	-0.1168	-0.2598	-
	每股净资产(元)	1.0400	1.0600	0.7400	-
	每股经营现金流量(元)	-0.1188	-0.4167	0.1000	-
	经营活动现金净流量增长(%)	-66.5	-969.8010	-	-

厦门永华光电科技股份有限公司

公司概况	公司名称	厦门永华光电科技股份有限公司			证券简称	永华光电
	法人代表	夏庆国	董秘	康丽金	证券代码	833256
	公司网址	www.dfcnyh.com		电子信箱	dfcnyh@vip.163.com	
	电话	0592-5615860		传真	0592-5636310	
	办公地址	福建省厦门火炬高新区火炬园火炬路56-58号火炬广场南楼203-9				
	经营范围	节能技术服务、节能技术合同能源管理				

	指标\报告期	2015.06.30	2014.12.31	2013.12.31	2012.12.31
主要财务指标	净利润(万元)	-	218.64	77.22	-
	净利润增长率(%)	-	183.1347	-	-
	加权净资产收益率(%)	-	11.8500	0.9300	-
	资产负债比率(%)	-	38.6886	32.4055	-
	净利润现金含量(%)	-	405.0489	-1294.4605	-
	基本每股收益(元)	-	0.2000	0.0200	-
	每股收益-扣除(元)	-	0.2300	-	-
	每股收益-摊薄(元)	-	0.1988	0.0702	-
	每股资本公积金(元)	-	0.0154	0.6285	-
	每股未分配利润(元)	-	0.1437	-0.0627	-
	每股净资产(元)	-	1.1700	1.5700	-
	每股经营现金流量(元)	-	0.8100	-0.9100	-
	经营活动现金净流量增长(%)	-	188.6	-	-

克拉玛依市鑫盛小额贷款股份有限公司

公司概况					
公司名称	克拉玛依市鑫盛小额贷款股份有限公司			证券简称	鑫盛小贷
法人代表	许新平	董秘	刘其彪	证券代码	833257
公司网址		电子信箱	1483600073@qq.com		
电　话	0990-6968717	传　真	0990-6968717		
办公地址	新疆维吾尔自治区克拉玛依市友谊路 36 号				
经营范围	办理各种小额贷款				

指标\报告期	2015.06.30	2014.12.31	2013.12.31	2012.12.31
净利润(万元)	278.38	519.41	503.05	–
净利润增长率(%)	14.0507	3.2523	–	–
加权净资产收益率(%)	3.4800	6.0600	5.8900	–
资产负债比率(%)	19.0908	19.2334	32.1313	–
净利润现金含量(%)	229.0430	270.1648	–499.8739	–
基本每股收益(元)	0.0300	0.0600	0.0600	–
每股收益–扣除(元)	0.0300	–	–	–
每股收益–摊薄(元)	0.0348	0.0649	0.0629	–
每股资本公积金(元)	–	–	–	–
每股未分配利润(元)	0.0393	0.0645	0.0561	–
每股净资产(元)	1.0700	1.0900	1.0800	–
每股经营现金流量(元)	0.0797	0.1800	–0.3100	–
经营活动现金净流量增长(%)	147.8608	155.8	–	–

中山尚洋科技股份有限公司

公司概况					
公司名称	中山尚洋科技股份有限公司			证券简称	尚洋科技
法人代表	陈经尚	董秘	王姬	证券代码	833258
公司网址	www.sy-beauty.com	电子信箱	yl@zhenshungroup.com		
电　话	0760-86382803	传　真	0760-86382806		
办公地址	广东省中山市三乡镇白石环村兴塘路 28 号厂房				
经营范围	从事化妆刷及其他相关产品的研发、生产和销售				

指标\报告期	2015.06.30	2014.12.31	2013.12.31	2012.12.31
净利润(万元)	196.86	143.53	–62.40	–
净利润增长率(%)	791.8	330.0	–	–
加权净资产收益率(%)	6.2800	34.9100	–29.6900	–
资产负债比率(%)	76.3266	82.6117	93.3536	–
净利润现金含量(%)	145.4004	400.8460	1249.6775	–
基本每股收益(元)	0.3300	0.3300	–0.6200	–
每股收益–扣除(元)	–	–	–	–
每股收益–摊薄(元)	0.3281	0.2871	–0.6240	–
每股资本公积金(元)	0.1523	–	0.5000	–
每股未分配利润(元)	0.2079	0.2548	0.2795	–
每股净资产(元)	1.3900	1.2800	1.7800	–
每股经营现金流量(元)	0.4771	1.1500	–7.8000	–
经营活动现金净流量增长(%)	351.2	173.8	–	–

江苏新泰材料科技股份有限公司

公司概况					
公司名称	江苏新泰材料科技股份有限公司			证券简称	新泰材料
法人代表	陶惠平	董秘	刘文秀	证券代码	833259
公司网址	www.xtcl.com.cn	电子信箱	Lwx79@126.com		
电　话	0512-51919161	传　真	00512-51919167		
办公地址	江苏省苏州市常熟高科技氟化学工业园				
经营范围	六氟磷酸锂产品的研发、生产和销售				

指标\报告期	2015.06.30	2014.12.31	2013.12.31	2012.12.31
净利润(万元)	–464.42	–1210.38	–1156.55	–
净利润增长率(%)	34.7	–4.7	–	–
加权净资产收益率(%)	–8.7900	–51.0200	–32.4700	–
资产负债比率(%)	59.6776	79.1165	66.3866	–
净利润现金含量(%)	420.6548	14.0857	0.4545	–
基本每股收益(元)	–0.0800	–0.2400	–0.2300	–
每股收益–扣除(元)	–	–0.2500	–0.2300	–
每股收益–摊薄(元)	–0.0844	–0.2201	–0.2103	–
每股资本公积金(元)	0.0534	0.0038	–	–
每股未分配利润(元)	–0.0686	–0.4815	–0.2615	–
每股净资产(元)	0.9800	0.4700	0.7100	–
每股经营现金流量(元)	–0.3552	–0.0300	–0.0010	–
经营活动现金净流量增长(%)	–374.5	–3143.4	–	–

福建万辰生物科技股份有限公司

公司概况					
公司名称	福建万辰生物科技股份有限公司			证券简称	万辰生物
法人代表	王健坤	董秘	蔡冬娜	证券代码	833260
公司网址	www.hkoig.com	电子信箱	fjwcsw@163.com		
电　话	0596-6312866	传　真	0596-6312860		
办公地址	福建省漳州市漳浦台湾农民创业园				
经营范围	农业生物基因工程技术开发、转让、咨询及服务				

指标\报告期	2015.06.30	2014.12.31	2013.12.31	2012.12.31
净利润(万元)	1286.73	3527.38	1493.24	–
净利润增长率(%)	94.8433	136.2225	–	–
加权净资产收益率(%)	0.1800	35.5400	20.3700	–
资产负债比率(%)	47.6026	64.4638	66.6034	–
净利润现金含量(%)	109.3550	228.3672	295.4767	–
基本每股收益(元)	0.1800	0.5100	0.2200	–
每股收益–扣除(元)	–	0.4400	0.2000	–
每股收益–摊薄(元)	0.1686	0.5112	0.2235	–
每股资本公积金(元)	1.9265	0.3593	0.0127	–
每股未分配利润(元)	0.4398	0.2999	0.1866	–
每股净资产(元)	3.4000	1.6900	1.2200	–
每股经营现金流量(元)	0.1844	1.1700	0.6600	–
经营活动现金净流量增长(%)	–35.9443	82.5711	–	–

福建中瑞国际影视股份有限公司

公司概况	公司名称	福建中瑞国际影视股份有限公司			证券简称	中瑞影视
	法人代表	王东平	董秘	傅美霞	证券代码	833261
	公司网址	www.zrfilm.com		电子信箱	fumeixia@zrfilm.com	
	电　话	0591-87880610		传　真	0591-87801061	
	办公地址	福建省福州市马尾区建设路12号3号办公楼				
	经营范围	电影放映、卖品销售、广告服务				

主要财务指标	指标＼报告期	2015.06.30	2014.12.31	2013.12.31	2012.12.31
	净利润(万元)	230.62	-220.78	-212.05	-
	净利润增长率(%)	265.2	-4.1	-	-
	加权净资产收益率(%)	9.7000	-16.0700	-13.3400	-
	资产负债比率(%)	64.7899	83.4392	74.9661	-
	净利润现金含量(%)	575.2094	-819.9007	-2175.3514	-
	基本每股收益(元)	0.1100	-0.1100	-0.1100	-
	每股收益-扣除(元)	-	-	-	-
	每股收益-摊薄(元)	0.1098	-0.1104	-0.1060	-
	每股资本公积金(元)	0.5238	-	-	-
	每股未分配利润(元)	-0.2410	-0.3684	-0.2580	-
	每股净资产(元)	1.2800	0.6300	0.7400	-
	每股经营现金流量(元)	0.6317	0.9100	2.3100	-
	经营活动现金净流量增长(%)	23.0683	-60.7585	-	-

江苏奥神新材料股份有限公司

公司概况	公司名称	江苏奥神新材料股份有限公司			证券简称	奥神新材
	法人代表	王士华	董秘	严成	证券代码	833262
	公司网址	www.asxc.com.cn		电子信箱	info@asxc.com.cn	
	电　话	0518-81089677		传　真	0518-81089577	
	办公地址	江苏省连云港经济技术开发区大浦工业区大浦路20号				
	经营范围	高性能聚酰亚胺纤维及其后道制品的研发、生产和销售				

主要财务指标	指标＼报告期	2015.06.30	2014.12.31	2013.12.31	2012.12.31
	净利润(万元)	-874.45	-1859.12	-587.26	-
	净利润增长率(%)	-	-216.6	-	-
	加权净资产收益率(%)	-16.0500	-165.4600	-25.0200	-
	资产负债比率(%)	73.3495	68.8272	84.8733	-
	净利润现金含量(%)	187.7819	107.4059	23.4062	-
	基本每股收益(元)	-0.1700	-0.5300	-0.1700	-
	每股收益-扣除(元)	-	-0.5600	-0.2200	-
	每股收益-摊薄(元)	-0.1685	-0.3718	-0.1678	-
	每股资本公积金(元)	0.7798	0.7960	-	-
	每股未分配利润(元)	-0.8056	-0.6612	-0.4134	-
	每股净资产(元)	0.9700	1.1300	0.5900	-
	每股经营现金流量(元)	-0.3164	-0.4000	-0.0400	-
	经营活动现金净流量增长(%)	-	-1352.7	-	-

大承医疗投资股份有限公司

公司概况	公司名称	大承医疗投资股份有限公司			证券简称	大承医疗
	法人代表	杨罕闻	董秘	孙忠富	证券代码	833263
	公司网址	www.wczt.cn		电子信箱	dcyiliao@163.com	
	电　话	0571-87065130		传　真	0571-87087323	
	办公地址	浙江省杭州市上城区高银街103号				
	经营范围	公司主要从事医疗健康服务				

主要财务指标	指标＼报告期	2015.06.30	2014.12.31	2013.12.31	2012.12.31
	净利润(万元)	1496.01	2052.33	1689.63	-
	净利润增长率(%)	51.4634	21.4658	-	-
	加权净资产收益率(%)	14.2400	23.7400	30.8200	-
	资产负债比率(%)	21.2673	31.2930	36.7628	-
	净利润现金含量(%)	228.8286	63.7825	-111.8507	-
	基本每股收益(元)	0.3000	0.4100	0.3400	-
	每股收益-扣除(元)	0.3000	0.4000	0.3500	-
	每股收益-摊薄(元)	0.2992	0.4105	0.3379	-
	每股资本公积金(元)	0.0784	0.0784	0.0784	-
	每股未分配利润(元)	1.1552	0.8560	0.4455	-
	每股净资产(元)	2.2300	1.9300	1.5200	-
	每股经营现金流量(元)	0.6847	0.2600	-0.3800	-
	经营活动现金净流量增长(%)	2188.3975	169.3	-	-

浙江鹤群机械股份有限公司

公司概况	公司名称	浙江鹤群机械股份有限公司			证券简称	鹤群机械
	法人代表	石全广	董秘	杨菊明	证券代码	833264
	公司网址	www.hequn.com		电子信箱	hequn@hequn.com	
	电　话	81-575-86686100		传　真	81-575-86054833	
	办公地址	浙江省新昌县澄潭镇澄蛟路32号				
	经营范围	织机开口装置的研发、生产与销售				

主要财务指标	指标＼报告期	2015.06.30	2014.12.31	2013.12.31	2012.12.31
	净利润(万元)	-300.29	-1031.01	-1528.05	-
	净利润增长率(%)	39.6	32.5	-	-
	加权净资产收益率(%)	-4.9000	-64.9400	-63.4700	-
	资产负债比率(%)	63.8540	69.0956	89.9142	-
	净利润现金含量(%)	939.0557	-93.1262	1.6471	-
	基本每股收益(元)	-0.0500	-0.1800	-0.2700	-
	每股收益-扣除(元)	-	-0.1800	-	-
	每股收益-摊薄(元)	-0.0538	-0.1848	-0.2739	-
	每股资本公积金(元)	0.8196	0.8196	0.0778	-
	每股未分配利润(元)	-0.9859	-0.9816	-0.7969	-
	每股净资产(元)	1.1000	1.1000	0.3000	-
	每股经营现金流量(元)	-0.5054	0.1700	0.0000	-
	经营活动现金净流量增长(%)	-430.3	3914.8	-	-

云南润杰农业科技股份有限公司

公司概况	公司名称	云南润杰农业科技股份有限公司			证券简称	润杰农科
	法人代表	张子刚	董秘	雷惠芬	证券代码	833265
	公司网址	ynrjnk@163.com			电子信箱	ynrjnk@163.com
	电　话	81-871-67150959			传　真	81-871-67150959
	办公地址	云南省昆明市晋宁县工业园区二街片区				
	经营范围	水溶肥料的应用技术研究、生产和销售				

主要财务指标	指标\报告期	2015.06.30	2014.12.31	2013.12.31	2012.12.31
	净利润(万元)	51.40	149.58	68.37	–
	净利润增长率(%)	–0.8544	118.7862	–	–
	加权净资产收益率(%)	3.5900	16.2400	13.1300	–
	资产负债比率(%)	57.3637	51.6880	76.1371	–
	净利润现金含量(%)	322.5359	–94.4007	–724.0192	–
	基本每股收益(元)	0.0500	0.1500	0.2300	–
	每股收益–扣除(元)	–	0.0500	–	–
	每股收益–摊薄(元)	0.0514	0.1496	0.2279	–
	每股资本公积金(元)	0.5673	0.5673	–	–
	每股未分配利润(元)	–0.1116	–0.1630	0.7084	–
	每股净资产(元)	1.4600	1.4000	1.8500	–
	每股经营现金流量(元)	0.1658	–0.1400	–1.6500	–
	经营活动现金净流量增长(%)	–119.4719	71.5	–	–

云南生物谷药业股份有限公司

公司概况	公司名称	云南生物谷药业股份有限公司			证券简称	生物谷
	法人代表	林艳和	董秘	贺元	证券代码	833266
	公司网址	www.biovalley.cn			电子信箱	biovalley@biovalley.cn
	电　话	0871-65016111			传　真	0871-65010555
	办公地址	云南省昆明市高新技术产业开发区大学科技园				
	经营范围	以植物药为主的药品、保健的研发、生产及市场营销				

主要财务指标	指标\报告期	2015.06.30	2014.12.31	2013.12.31	2012.12.31
	净利润(万元)	1578.30	1510.28	7662.87	–
	净利润增长率(%)	–7.8629	–80.2910	–	–
	加权净资产收益率(%)	5.7900	5.8800	36.3000	–
	资产负债比率(%)	67.8473	66.7623	62.0453	–
	净利润现金含量(%)	253.5629	93.4300	33.9418	–
	基本每股收益(元)	0.1600	0.1500	0.7700	–
	每股收益–扣除(元)	–	0.1000	0.5300	–
	每股收益–摊薄(元)	0.1578	0.1510	0.7663	–
	每股资本公积金(元)	0.5194	0.5194	0.5194	–
	每股未分配利润(元)	1.1702	1.0124	0.8773	–
	每股净资产(元)	2.8000	2.6500	2.4900	–
	每股经营现金流量(元)	0.4002	0.1400	0.2600	–
	经营活动现金净流量增长(%)	247.1	–45.7479	–	–

保定津海服装股份有限公司

公司概况	公司名称	保定津海服装股份有限公司			证券简称	津海股份
	法人代表	薛振海	董秘	薛永旺	证券代码	833267
	公司网址	www.jinhaifushi.com			电子信箱	jinhaifushi@163.com
	电　话	0312-5602888			传　真	0312-5690830
	办公地址	河北省保定市容城县奥威路 8 号				
	经营范围	男士正装服饰产品的设计、生产和销售				

主要财务指标	指标\报告期	2015.06.30	2014.12.31	2013.12.31	2012.12.31
	净利润(万元)	98.57	448.03	313.79	–
	净利润增长率(%)	–51.5196	42.7805	–	–
	加权净资产收益率(%)	6.7700	31.8400	32.7100	–
	资产负债比率(%)	82.0228	88.3730	91.5763	–
	净利润现金含量(%)	454.5498	–117.3031	28.0976	–
	基本每股收益(元)	0.0800	1.1200	0.7800	–
	每股收益–扣除(元)	–	0.6500	0.1500	–
	每股收益–摊薄(元)	0.0821	1.1201	0.7845	–
	每股资本公积金(元)	0.1728	0.8873	0.8873	–
	每股未分配利润(元)	0.0821	1.3738	0.3657	–
	每股净资产(元)	1.2500	1.1700	0.8000	–
	每股经营现金流量(元)	0.3734	–1.3139	0.2204	–
	经营活动现金净流量增长(%)	166.8	–696.0859	–	–

北京北亚时代科技股份有限公司

公司概况	公司名称	北京北亚时代科技股份有限公司			证券简称	北亚时代
	法人代表	张宇	董秘	关伟捷	证券代码	833268
	公司网址	www.datahf.net			电子信箱	ycf@frombyte.com
	电　话	010-82488636-901			传　真	010-82488636-809
	办公地址	北京市海淀区中关村大街 11 号 8 层 879				
	经营范围	技术开发、技术咨询、技术服务;数据处理;软件开发				

主要财务指标	指标\报告期	2015.06.30	2014.12.31	2013.12.31	2012.12.31
	净利润(万元)	–75.86	–2.71	12.79	–
	净利润增长率(%)	–1581.8	–121.1856	–	–
	加权净资产收益率(%)	–13.8400	–0.3900	2.9700	–
	资产负债比率(%)	7.2988	10.4065	2.5673	–
	净利润现金含量(%)	99.4178	1550.1845	394.9961	–
	基本每股收益(元)	–0.1500	–0.0040	0.0310	–
	每股收益–扣除(元)	–0.1500	–0.0210	–	–
	每股收益–摊薄(元)	–0.1517	–0.0054	0.0128	–
	每股资本公积金(元)	0.1788	0.1788	0.0100	–
	每股未分配利润(元)	–0.1645	–0.0121	0.0115	–
	每股净资产(元)	1.0100	1.1700	1.0200	–
	每股经营现金流量(元)	–0.1508	–0.0800	0.0500	–
	经营活动现金净流量增长(%)	74.9	–183.1517	–	–

成都华美牙科连锁管理股份有限公司

公司概况	公司名称	成都华美牙科连锁管理股份有限公司			证券简称	华美牙科
	法人代表	荣长根	董秘		证券代码	833269
	公司网址			电子信箱		
	电　话	028-87901014		传　真	028-87901014	
	办公地址	四川省成都高新区(西区)西芯大道5号3栋5层501号				
	经营范围	口腔医疗服务、义齿加工生产和口腔医疗器械销售				

主要财务指标	指标\报告期	2015.06.30	2014.12.31	2013.12.31	2012.12.31
	净利润(万元)	–	–392.14	10.73	–
	净利润增长率(%)	–	–3755.6138	–	–
	加权净资产收益率(%)	–	–40.0700	1.0500	–
	资产负债比率(%)	–	49.8982	22.0028	–
	净利润现金含量(%)	–	106.3064	168.3131	–
	基本每股收益(元)	–	–0.3900	0.0100	–
	每股收益–扣除(元)	–	–0.3200	0.0200	–
	每股收益–摊薄(元)	–	–0.3921	0.0107	–
	每股资本公积金(元)	–	1.1049	0.5535	–
	每股未分配利润(元)	–	–0.9223	–0.5301	–
	每股净资产(元)	–	1.1800	1.0200	–
	每股经营现金流量(元)	–	–0.4200	0.0200	–
	经营活动现金净流量增长(%)	–	–2407.7253	–	–

宁夏沃福百瑞枸杞产业股份有限公司

公司概况	公司名称	宁夏沃福百瑞枸杞产业股份有限公司			证券简称	沃福百瑞
	法人代表	潘泰安	董秘	潘嘉钰	证券代码	833270
	公司网址	www.wolfberry.cn		电子信箱		
	电　话	0951-5177298		传　真	0951-5177166	
	办公地址	宁夏银川市金凤区五里台路68号				
	经营范围	主要从事食品、食品添加剂、饮料、糖果、枸杞食品的研究、开发				

主要财务指标	指标\报告期	2015.06.30	2014.12.31	2013.12.31	2012.12.31
	净利润(万元)	1410.74	1107.56	376.73	–
	净利润增长率(%)	2319.6018	193.9941	–	–
	加权净资产收益率(%)	15.8600	23.8300	19.6600	–
	资产负债比率(%)	30.3129	44.2095	79.8637	–
	净利润现金含量(%)	29.6441	6.2583	–345.8245	–
	基本每股收益(元)	0.3000	0.3200	0.2200	–
	每股收益–扣除(元)	–	0.2700	–0.0900	–
	每股收益–摊薄(元)	0.3013	0.2365	0.2242	–
	每股资本公积金(元)	0.2767	0.2652	0.0018	–
	每股未分配利润(元)	0.5527	0.2669	0.1507	–
	每股净资产(元)	1.8681	2.1300	1.1900	–
	每股经营现金流量(元)	0.0893	0.0200	–0.7800	–
	经营活动现金净流量增长(%)	–12.4383	105.3	–	–

广东永畅兴精密制造股份有限公司

公司概况	公司名称	广东永畅兴精密制造股份有限公司			证券简称	永畅兴
	法人代表	魏文山	董秘	张琳	证券代码	833271
	公司网址	www.ycx.cn		电子信箱	zhanglin@ycx.cn	
	电　话	0769-87086858		传　真	0769-85342838	
	办公地址	广东省东莞市长安镇沙头南区中坊工业园				
	经营范围	塑胶制品和模具产品的研发、生产和销售				

主要财务指标	指标\报告期	2015.06.30	2014.12.31	2013.12.31	2012.12.31
	净利润(万元)	9.50	91.66	15.02	–
	净利润增长率(%)	–73.8306	510.3816	–	–
	加权净资产收益率(%)	0.8600	4.3100	1.5500	–
	资产负债比率(%)	10.6113	13.6556	69.3644	–
	净利润现金含量(%)	–9464.8604	–123.3332	–3892.6996	–
	基本每股收益(元)	0.0030	0.0800	0.0200	–
	每股收益–扣除(元)	–	–	–	–
	每股收益–摊薄(元)	0.0032	0.0306	0.0188	–
	每股资本公积金(元)	–	–	–	–
	每股未分配利润(元)	0.0986	0.0867	0.2221	–
	每股净资产(元)	1.1000	1.0900	1.2200	–
	每股经营现金流量(元)	–0.2997	–0.0377	–0.7300	–
	经营活动现金净流量增长(%)	–151.2	80.7	–	–

吉林省金塔实业(集团)股份有限公司

公司概况	公司名称	吉林省金塔实业(集团)股份有限公司			证券简称	金塔股份
	法人代表	杨茂义	董秘	张鸿滨	证券代码	833272
	公司网址	www.jintajituan.com		电子信箱	taonanjinta@jintajituan.com	
	电　话	0436-6267801		传　真	0436-6267808	
	办公地址	吉林省白城市洮南经济开发区兴业路1969号				
	经营范围	辣椒购销及其深加工,杂粮杂豆购销及其深加工				

主要财务指标	指标\报告期	2015.06.30	2014.12.31	2013.12.31	2012.12.31
	净利润(万元)	3021.47	5849.16	4542.23	–
	净利润增长率(%)	6.8636	28.7729	–	–
	加权净资产收益率(%)	5.3400	10.8900	12.3800	–
	资产负债比率(%)	56.3857	54.4195	54.3633	–
	净利润现金含量(%)	35.3823	–310.6480	81.3691	–
	基本每股收益(元)	0.2000	0.3830	0.3300	–
	每股收益–扣除(元)	0.1600	0.2790	0.2660	–
	每股收益–摊薄(元)	0.1979	0.3831	0.2975	–
	每股资本公积金(元)	1.6172	1.6172	1.6172	–
	每股未分配利润(元)	1.0614	0.8635	0.6180	–
	每股净资产(元)	3.8100	3.6100	3.3300	–
	每股经营现金流量(元)	0.0700	–1.1900	0.2400	–
	经营活动现金净流量增长(%)	106.0	–591.6244	–	–

山东蓝思种业股份有限公司

公司概况	公司名称	山东蓝思种业股份有限公司			证券简称	蓝思种业
	法人代表	葛长利	董秘	王龙	证券代码	833273
	公司网址	www.cnswine.com		电子信箱	cnswine@163.com	
	电　话	0633-8226188		传　真	0633-8211862	
	办公地址	山东省日照市海曲中路63号(建行三楼)				
	经营范围	原种约克夏(大白)、长白猪、杜洛克的繁育、饲养、销售				

	指标\报告期	2015.06.30	2014.12.31	2013.12.31	2012.12.31
主要财务指标	净利润(万元)	710.69	700.35	62.11	–
	净利润增长率(%)	104.7595	1027.6633	–	–
	加权净资产收益率(%)	6.0000	5.2100	0.4800	–
	资产负债比率(%)	55.4991	56.1891	19.2426	–
	净利润现金含量(%)	1040.7110	–283.1998	3476.7670	–
	基本每股收益(元)	0.0700	0.0700	0.0500	–
	每股收益–扣除(元)	–	–	–	–
	每股收益–摊薄(元)	0.0733	0.0722	0.0528	–
	每股资本公积金(元)	0.1720	0.0348	7.5322	–
	每股未分配利润(元)	0.0451	0.0389	2.0982	–
	每股净资产(元)	1.2200	1.1400	11.1300	–
	每股经营现金流量(元)	0.7625	–0.2000	1.8400	–
	经营活动现金净流量增长(%)	273.3	–191.8486	–	–

南京臣功制药股份有限公司

公司概况	公司名称	南京臣功制药股份有限公司			证券简称	臣功制药
	法人代表	肖宝民	董秘	郭昭	证券代码	833274
	公司网址	www.cuccess.com		电子信箱	njguoj@163.com	
	电　话	025-85802689		传　真	025-85801309	
	办公地址	江苏省南京经济技术开发区新港大道20号				
	经营范围	药品生产、医疗保健咨询与服务				

	指标\报告期	2015.06.30	2014.12.31	2013.12.31	2012.12.31
主要财务指标	净利润(万元)	3167.41	5481.89	4502.50	–
	净利润增长率(%)	7.5185	21.7522	–	–
	加权净资产收益率(%)	13.6400	29.0200	31.8200	–
	资产负债比率(%)	28.7206	32.8302	41.4699	–
	净利润现金含量(%)	135.2907	105.5151	106.2607	–
	基本每股收益(元)	0.5300	0.9140	0.7500	–
	每股收益–扣除(元)	0.5300	0.9110	0.7490	–
	每股收益–摊薄(元)	0.5279	0.9136	0.7504	–
	每股资本公积金(元)	0.2878	0.2878	0.2878	–
	每股未分配利润(元)	2.5768	2.0489	1.2226	–
	每股净资产(元)	4.1300	3.6100	2.6900	–
	每股经营现金流量(元)	0.7142	0.9600	0.8000	–
	经营活动现金净流量增长(%)	7.6616	20.8977	–	–

深圳市神拓机电股份有限公司

公司概况	公司名称	深圳市神拓机电股份有限公司			证券简称	神拓机电
	法人代表	徐凤芹	董秘	徐凤芹	证券代码	833275
	公司网址	www.cemcn.org		电子信箱	accountone@cemcn.org	
	电　话	0755-84040449		传　真	0755-82122468	
	办公地址	广东省深圳市龙岗区横岗街道横坪公路138号101				
	经营范围	液压类产品和电子电控类产品的研发、生产、销售				

	指标\报告期	2015.06.30	2014.12.31	2013.12.31	2012.12.31
主要财务指标	净利润(万元)	1207.07	1398.09	211.31	–
	净利润增长率(%)	187.5408	561.6322	–	–
	加权净资产收益率(%)	25.4900	40.7100	8.3500	–
	资产负债比率(%)	24.6569	27.5831	63.9239	–
	净利润现金含量(%)	175.6030	89.0880	–312.6071	–
	基本每股收益(元)	0.4800	0.5600	0.0800	–
	每股收益–扣除(元)	–	–	–	–
	每股收益–摊薄(元)	0.4504	0.5590	0.0845	–
	每股资本公积金(元)	0.2692	0.0002	0.0000	–
	每股未分配利润(元)	0.4763	0.5856	0.0942	–
	每股净资产(元)	1.8100	1.6522	1.1047	–
	每股经营现金流量(元)	0.7909	0.5000	–0.2600	–
	经营活动现金净流量增长(%)	–57.0584	288.6	–	–

浙江竹林居科技股份有限公司

公司概况	公司名称	浙江竹林居科技股份有限公司			证券简称	竹林居
	法人代表	夏支龙	董秘	吴望来	证券代码	833276
	公司网址	www.zjanty.com		电子信箱	wuwanglai@zjanty.com	
	电　话	0578-6127399		传　真	0578-6126348	
	办公地址	浙江庆元县工业园区东山垟区块				
	经营范围	竹炭系列产品开发、加工、销售				

	指标\报告期	2015.06.30	2014.12.31	2013.12.31	2012.12.31
主要财务指标	净利润(万元)	32.37	45.90	16.61	–
	净利润增长率(%)	149.1	176.4011	–	–
	加权净资产收益率(%)	5.2000	9.8400	8.2300	–
	资产负债比率(%)	79.0836	80.1343	90.9562	–
	净利润现金含量(%)	–1386.5853	–77.2985	3310.3552	–
	基本每股收益(元)	0.0600	0.1000	0.0500	–
	每股收益–扣除(元)	0.0600	–0.0011	–0.1425	–
	每股收益–摊薄(元)	0.0647	0.0918	0.0475	–
	每股资本公积金(元)	0.0133	0.0133	–	–
	每股未分配利润(元)	0.2435	0.1787	–0.3998	–
	每股净资产(元)	1.2800	1.2100	0.6000	–
	每股经营现金流量(元)	–0.8977	–0.0700	1.5710	–
	经营活动现金净流量增长(%)	25.1	–106.4526	–	–

广州丽晶软件科技股份有限公司

公司概况

公司名称	广州丽晶软件科技股份有限公司			证券简称	丽晶软件
法人代表	史青	董秘	温铁云	证券代码	833277
公司网址	www.regentsoft.com		电子信箱	wty@regentsoft.com	
电　　话	020-31127391		传　　真	020-31127358-8138	
办公地址	广东省广州市天河区中山大道科韵路 33-49 号 C 栋五层 D 房				
经营范围	企业信息化系统和解决方案的规划、设计、开发与销售、维护等				

主要财务指标

指标\报告期	2015.06.30	2014.12.31	2013.12.31	2012.12.31
净利润(万元)	196.17	429.07	170.89	–
净利润增长率(%)	53.1362	151.0785	–	–
加权净资产收益率(%)	16.1900	50.7800	20.1200	–
资产负债比率(%)	28.8628	24.8151	34.7182	–
净利润现金含量(%)	77.9226	247.4209	-356.2932	–
基本每股收益(元)	0.2000	4.9000	3.4200	–
每股收益-扣除(元)	–	–	–	–
每股收益-摊薄(元)	0.1962	0.8581	3.4178	–
每股资本公积金(元)	0.0322	–	–	–
每股未分配利润(元)	0.2347	1.0819	17.0955	–
每股净资产(元)	1.3100	2.2300	18.6900	–
每股经营现金流量(元)	0.1529	2.1200	-12.1800	–
经营活动现金净流量增长(%)	-77.4944	274.4	–	–

辽宁北旺农牧股份公司

公司概况

公司名称	辽宁北旺农牧股份公司			证券简称	北旺农牧
法人代表	竺悦	董秘	姚雪斌	证券代码	833278
公司网址	www.beiwangfood.com		电子信箱	ahyaoxuebin@126.com	
电　　话	010-57389010		传　　真	010-57389070	
办公地址	北京市朝阳区望京阜通西大街合生麒麟社 6 号楼 807 室				
经营范围	生猪养殖、屠宰分割和肉制品加工及销售				

主要财务指标

指标\报告期	2015.06.30	2014.12.31	2013.12.31	2012.12.31
净利润(万元)	805.62	1010.67	702.77	–
净利润增长率(%)	90.0592	17.5445	–	–
加权净资产收益率(%)	5.2200	9.8900	10.9200	–
资产负债比率(%)	17.6000	7.3740	34.3341	–
净利润现金含量(%)	-76.9784	-61.3064	-55.9463	–
基本每股收益(元)	0.0700	0.1100	0.1100	–
每股收益-扣除(元)	0.0700	–	–	–
每股收益-摊薄(元)	0.0697	0.0874	0.0821	–
每股资本公积金(元)	0.1665	0.1837	–	–
每股未分配利润(元)	0.1857	0.1160	0.0336	–
每股净资产(元)	1.3500	1.2800	1.0200	–
每股经营现金流量(元)	-0.0536	-0.0500	-0.0500	–
经营活动现金净流量增长(%)	-1247.4	-57.6	–	–

佛山市三求光固材料股份有限公司

公司概况

公司名称	佛山市三求光固材料股份有限公司			证券简称	三求光固
法人代表	刘继强	董秘	梁福江	证券代码	833279
公司网址	www.sq.com.cn		电子信箱	3qiu_kf@163.com	
电　　话	0757-82266033		传　　真	0757-82266083	
办公地址	广东省佛山市禅城区佛罗路 26 号自编 11 号				
经营范围	公司的主营业务是紫外光固化材料、感光材料、热固化材料等				

主要财务指标

指标\报告期	2015.06.30	2014.12.31	2013.12.31	2012.12.31
净利润(万元)	82.91	252.88	139.12	–
净利润增长率(%)	3.1623	81.7691	–	–
加权净资产收益率(%)	5.3800	62.6700	146.0700	–
资产负债比率(%)	38.4547	52.1219	89.8871	–
净利润现金含量(%)	-343.0458	-391.0392	45.8525	–
基本每股收益(元)	0.0700	0.5100	2.7300	–
每股收益-扣除(元)	0.0500	–	–	–
每股收益-摊薄(元)	0.0691	0.3161	2.7278	–
每股资本公积金(元)	0.2020	0.3031	–	–
每股未分配利润(元)	0.1623	0.1398	2.0083	–
每股净资产(元)	1.3700	1.4600	3.2300	–
每股经营现金流量(元)	-0.2370	-1.2400	1.2500	–
经营活动现金净流量增长(%)	-199.8996	-1650.1804	–	–

浙江万享科技股份有限公司

公司概况

公司名称	浙江万享科技股份有限公司			证券简称	万享科技
法人代表	彭鹏	董秘	黄强	证券代码	833280
公司网址	www.wanxiang.cc		电子信箱	info@wanxiang.cc	
电　　话	0572-6557009		传　　真	0572-6556555	
办公地址	浙江省长兴县太湖街道长兴大道 799 号				
经营范围	主要从事蒸发式冷凝器、闭式冷却塔以及压力容器的制造与销售				

主要财务指标

指标\报告期	2015.06.30	2014.12.31	2013.12.31	2012.12.31
净利润(万元)	124.76	455.34	514.48	–
净利润增长率(%)	-2.0207	-11.4954	–	–
加权净资产收益率(%)	289.0000	10.9500	12.4400	–
资产负债比率(%)	56.4647	57.2551	60.5889	–
净利润现金含量(%)	-490.0362	263.1535	79.2385	–
基本每股收益(元)	0.0400	0.1500	0.1700	–
每股收益-扣除(元)	–	–	–	–
每股收益-摊薄(元)	0.0416	0.1518	0.1715	–
每股资本公积金(元)	0.3396	–	–	–
每股未分配利润(元)	0.0944	0.2743	0.2710	–
每股净资产(元)	1.4300	1.3400	1.3200	–
每股经营现金流量(元)	-0.2038	0.4000	0.1400	–
经营活动现金净流量增长(%)	-300.4615	193.9263	–	–

吉林派诺生物技术股份有限公司

公司概况	公司名称	吉林派诺生物技术股份有限公司		证券简称	派诺生物
	法人代表	赵尔哲	董秘 王坚	证券代码	833281
	公司网址	www.hsbao.com		电子信箱	Vip4307@21cn.com
	电 话	0431-81902116		传 真	0431-81902116
	办公地址	吉林省长春市高新区硅谷大街超达创业园17栋404室			
	经营范围	红松子系列产品研发、生产、销售			

主要财务指标	指标\报告期	2015.06.30	2014.12.31	2013.12.31	2012.12.31
	净利润(万元)	201.33	201.86	-240.27	-
	净利润增长率(%)	192.0	184.0	-	-
	加权净资产收益率(%)	2.5000	3.9000	-4.5100	-
	资产负债比率(%)	18.3394	23.8835	29.6910	-
	净利润现金含量(%)	-402.1000	234.8280	88.8262	-
	基本每股收益(元)	0.0300	0.0400	-0.0500	-
	每股收益-扣除(元)	0.0270	0.0200	-0.1100	-
	每股收益-摊薄(元)	0.0329	0.0394	-0.0520	-
	每股资本公积金(元)	0.4372	0.1514	0.1461	-
	每股未分配利润(元)	0.0222	-0.0134	-0.0585	-
	每股净资产(元)	1.4700	1.1500	1.1000	-
	每股经营现金流量(元)	-0.1322	0.0900	-0.0500	-
	经营活动现金净流量增长(%)	-394.9308	322.1	-	-

康达新能源设备股份有限公司

公司概况	公司名称	康达新能源设备股份有限公司		证券简称	康达新能
	法人代表	沈剑山	董秘 戴予民	证券代码	833282
	公司网址	www.camdapower.com		电子信箱	kds@camda.cc
	电 话	0769-88989999		传 真	0769-88996211
	办公地址	广东省东莞市寮步镇塘唇青年路			
	经营范围	新能源燃气发电机组、燃油发电机组、零配件产品的研发、生产、销售			

主要财务指标	指标\报告期	2015.06.30	2014.12.31	2013.12.31	2012.12.31
	净利润(万元)	905.73	1515.78	2759.34	-
	净利润增长率(%)	444.9533	-45.0674	-	-
	加权净资产收益率(%)	3.6800	6.4800	12.9700	-
	资产负债比率(%)	52.9172	53.9153	49.0862	-
	净利润现金含量(%)	-169.5745	242.4230	-195.9229	-
	基本每股收益(元)	0.1600	0.2700	0.4900	-
	每股收益-扣除(元)	-	0.1400	0.3000	-
	每股收益-摊薄(元)	0.1610	0.2695	0.4905	-
	每股资本公积金(元)	2.2061	2.2061	2.2061	-
	每股未分配利润(元)	1.1709	1.0099	0.7610	-
	每股净资产(元)	4.4600	4.3000	4.0200	-
	每股经营现金流量(元)	-0.2730	0.6500	-0.9600	-
	经营活动现金净流量增长(%)	-213.5788	168.0	-	-

盛瑞传动股份有限公司

公司概况	公司名称	盛瑞传动股份有限公司		证券简称	盛瑞传动
	法人代表	刘祥伍	董秘 孙晓光	证券代码	833283
	公司网址	www.shengrui.cn		电子信箱	srzhengquan@163.com
	电 话	0536-5605088		传 真	0536-5605000
	办公地址	山东省潍坊市高新技术产业开发区盛瑞街518号			
	经营范围	柴油机零部件及汽车变速器的研发、生产和销售			

主要财务指标	指标\报告期	2015.06.30	2014.12.31	2013.12.31	2012.12.31
	净利润(万元)	-3532.52	-324.42	1726.22	-
	净利润增长率(%)	-371.7887	-118.7936	-	-
	加权净资产收益率(%)	-4.5800	-	-	-
	资产负债比率(%)	61.9718	61.2531	59.8920	-
	净利润现金含量(%)	-111.7312	-4243.7951	-575.8582	-
	基本每股收益(元)	-0.2100	-0.0200	0.1000	-
	每股收益-扣除(元)	-0.2600	-0.0800	0.0700	-
	每股收益-摊薄(元)	-0.2141	-0.0197	0.1046	-
	每股资本公积金(元)	2347.3741	2284.5377	2.2845	-
	每股未分配利润(元)	987.1633	1201.2554	1.2352	-
	每股净资产(元)	4.4279	4.7656	4.7852	-
	每股经营现金流量(元)	0.2392	0.8300	-0.6000	-
	经营活动现金净流量增长(%)	430.0	238.5	-	-

无锡灵鸽机械科技股份有限公司

公司概况	公司名称	无锡灵鸽机械科技股份有限公司		证券简称	灵鸽科技
	法人代表	杭一	董秘 杭一	证券代码	833284
	公司网址	www.lingood.com.cn		电子信箱	lgzq@lingood.cn
	电 话	0510-83550909		传 真	0510-83550101
	办公地址	江苏省无锡市惠山区洛社镇新雅路80号			
	经营范围	动态秤重物料处理设备的研发、制造和销售			

主要财务指标	指标\报告期	2015.06.30	2014.12.31	2013.12.31	2012.12.31
	净利润(万元)	540.00	384.29	291.05	-
	净利润增长率(%)	110.6158	32.0357	-	-
	加权净资产收益率(%)	34.6500	30.2500	53.9800	-
	资产负债比率(%)	34.5788	59.2575	66.0481	-
	净利润现金含量(%)	-7.2943	82.3247	5.4452	-
	基本每股收益(元)	0.4200	0.3500	0.9700	-
	每股收益-扣除(元)	-	-	-	-
	每股收益-摊薄(元)	0.3645	0.2935	0.9702	-
	每股资本公积金(元)	0.2353	0.0030	-	-
	每股未分配利润(元)	0.3029	-0.0696	0.7175	-
	每股净资产(元)	1.5900	0.9600	1.8000	-
	每股经营现金流量(元)	-0.0266	0.2400	0.0500	-
	经营活动现金净流量增长(%)	-108.2286	1896.2264	-	-

大连环球矿产股份有限公司

公司概况	公司名称	大连环球矿产股份有限公司			证券简称	环球矿产
	法人代表	吴祯来	董秘	张昕	证券代码	833285
	公司网址	www.hq-minerals.com		电子信箱	zhangxin328@hotmail.com	
	电　话	0411-87894111		传　真	0411-87790718	
	办公地址	辽宁省大连市金州区大魏家镇连丰村				
	经营范围	非金属矿制品的研发、生产和销售				

	指标\报告期	2015.06.30	2014.12.31	2013.12.31	2012.12.31
主要财务指标	净利润(万元)	96.58	153.87	27.15	–
	净利润增长率(%)	258.5449	144.4043	–	–
	加权净资产收益率(%)	3.3100	10.4500	1.6600	–
	资产负债比率(%)	66.2980	67.9789	65.9809	–
	净利润现金含量(%)	261.9814	467.3727	2147.7200	–
	基本每股收益(元)	0.0320	0.0884	0.0210	–
	每股收益-扣除(元)	0.0030	–0.0235	–0.0108	–
	每股收益-摊薄(元)	0.0322	0.0513	0.0505	–
	每股资本公积金(元)	0.0262	0.0262	0.7694	–
	每股未分配利润(元)	–0.0351	–0.0674	2.7195	–
	每股净资产(元)	1.1903	1.1600	6.9100	–
	每股经营现金流量(元)	0.0843	0.2400	1.0800	–
	经营活动现金净流量增长(%)	2.0752	23.3234	–	–

深圳市海斯比船艇科技股份有限公司

公司概况	公司名称	深圳市海斯比船艇科技股份有限公司			证券简称	海斯比
	法人代表	施军	董秘	黄泽慧	证券代码	833286
	公司网址	www.hisibi.com.cn		电子信箱	hsbgfhzh@163.com	
	电　话	0755-26862272		传　真	0755-26894296	
	办公地址	广东深圳市南山区蛇口渔港渔船修造基地3号厂房				
	经营范围	船用机器及设备的销伟与维修等				

	指标\报告期	2015.06.30	2014.12.31	2013.12.31	2012.12.31
主要财务指标	净利润(万元)	157.62	2496.93	2375.37	–
	净利润增长率(%)	340.9	5.1176	–	–
	加权净资产收益率(%)	0.5800	10.8000	12.1200	–
	资产负债比率(%)	52.1980	54.7407	64.1828	–
	净利润现金含量(%)	–219.6688	–71.5688	–389.7696	–
	基本每股收益(元)	0.0300	0.4400	0.4300	–
	每股收益-扣除(元)	–	0.4300	0.4000	–
	每股收益-摊薄(元)	0.0269	0.4268	0.4319	–
	每股资本公积金(元)	2.0813	1.9351	1.5440	–
	每股未分配利润(元)	1.4046	1.3790	1.0716	–
	每股净资产(元)	4.6900	4.5600	4.1400	–
	每股经营现金流量(元)	–0.0592	–0.3100	–1.6800	–
	经营活动现金净流量增长(%)	26.6	80.1	–	–

江苏银珠集团海拜科技股份有限公司

公司概况	公司名称	江苏银珠集团海拜科技股份有限公司			证券简称	海拜科技
	法人代表	郑学文	董秘	陈太华	证券代码	833287
	公司网址			电子信箱	1179164344@qq.com	
	电　话	0517-87216323		传　真	0517-87216331	
	办公地址	江苏省淮安市洪泽县人民北路20号				
	经营范围	公司自成立以来专业从事氯乙烷的研发、生产与销售				

	指标\报告期	2015.06.30	2014.12.31	2013.12.31	2012.12.31
主要财务指标	净利润(万元)	100.88	1155.61	639.66	–
	净利润增长率(%)	–79.1596	80.6583	–	–
	加权净资产收益率(%)	2.8600	41.1800	33.6200	–
	资产负债比率(%)	61.7211	65.7935	67.4242	–
	净利润现金含量(%)	1734.8078	238.6978	–185.4816	–
	基本每股收益(元)	0.0400	0.7700	1.2800	–
	每股收益-扣除(元)	–	0.8200	1.2800	–
	每股收益-摊薄(元)	0.0391	0.7704	1.2793	–
	每股资本公积金(元)	0.1852	0.0000	–	–
	每股未分配利润(元)	0.0309	0.6853	2.0914	–
	每股净资产(元)	1.4200	2.2600	4.4400	–
	每股经营现金流量(元)	0.6783	1.8400	–2.3700	–
	经营活动现金净流量增长(%)	13.2399	332.5	–	–

德阳天元重工股份有限公司

公司概况	公司名称	德阳天元重工股份有限公司			证券简称	天元重工
	法人代表	唐明	董秘	马梅	证券代码	833288
	公司网址	www.tengenhi.com		电子信箱	tengenhi@163.com	
	电　话	0838-2904713		传　真	0838-2904108	
	办公地址	四川省德阳市庐山南路三段20号				
	经营范围	金属桥梁结构及桥梁零部件的设计制造与销售				

	指标\报告期	2015.06.30	2014.12.31	2013.12.31	2012.12.31
主要财务指标	净利润(万元)	519.42	226.85	534.45	–
	净利润增长率(%)	191.2519	–49.4662	–	–
	加权净资产收益率(%)	6.3400	2.9900	7.8800	–
	资产负债比率(%)	26.3991	39.9408	23.0751	–
	净利润现金含量(%)	–510.7032	–567.4763	630.6483	–
	基本每股收益(元)	0.0800	0.0300	0.1100	–
	每股收益-扣除(元)	0.0700	–	–	–
	每股收益-摊薄(元)	0.0775	0.0338	0.1069	–
	每股资本公积金(元)	0.3945	–	–	–
	每股未分配利润(元)	0.0455	0.0756	0.4911	–
	每股净资产(元)	1.4400	1.3900	1.1700	–
	每股经营现金流量(元)	–0.3957	–0.1900	0.6700	–
	经营活动现金净流量增长(%)	–842.6308	671.4	–	–

安徽超洋装饰工程股份有限公司

公司概况	公司名称	安徽超洋装饰工程股份有限公司			证券简称	超洋股份
	法人代表	张璇	董秘	范玛丽	证券代码	833289
	公司网址	www.cyzs988.com		电子信箱	cyzs688@foxmail.com	
	电　话	0551-63716970		传　真	0551-63716970	
	办公地址	安徽省合肥市庐阳区工业园红河路与金池路交叉口大海产业园 3,4 号厂房				
	经营范围	室内外装饰,营销策划,计算机网络工程施工,计算机、建材、装饰材料销售				

	指标＼报告期	2015.06.30	2014.12.31	2013.12.31	2012.12.31
主要财务指标	净利润(万元)	393.09	470.63	-19.09	-
	净利润增长率(%)	94.1253	2423.4	-	-
	加权净资产收益率(%)	9.4800	5.4700	-0.2500	-
	资产负债比率(%)	70.7417	73.4331	40.1974	-
	净利润现金含量(%)	133.1328	-524.7530	23104.4436	-
	基本每股收益(元)	0.1100	0.0549	-0.0025	-
	每股收益-扣除(元)	0.1100	0.0550	-0.0025	-
	每股收益-摊薄(元)	0.1058	0.1307	-0.0022	-
	每股资本公积金(元)	0.0542	0.0003	0.0001	-
	每股未分配利润(元)	0.1255	0.0682	-0.0230	-
	每股净资产(元)	1.2000	0.4500	1.1200	-
	每股经营现金流量(元)	0.1409	-0.6860	-0.5150	-
	经营活动现金净流量增长(%)	129.9	44.0	-	-

东莞市瑞必达科技股份有限公司

公司概况	公司名称	东莞市瑞必达科技股份有限公司			证券简称	瑞必达
	法人代表	胡家达	董秘	李郁	证券代码	833290
	公司网址	www.rbdtechnology.com		电子信箱	BRD-HR@rbdtechnology.com	
	电　话	0769-86977299		传　真	0769-83239333	
	办公地址	广东东莞市寮步镇牛杨村金钗路 17 号				
	经营范围	视窗防护玻璃的设计、开发、生产和销售,主要产品是视窗防护玻璃				

	指标＼报告期	2015.06.30	2014.12.31	2013.12.31	2012.12.31
主要财务指标	净利润(万元)	-	1903.93	259.28	-
	净利润增长率(%)	-	634.3089	-	-
	加权净资产收益率(%)	-	21.8200	12.1000	-
	资产负债比率(%)	-	58.7391	91.2901	-
	净利润现金含量(%)	-	-257.0399	-220.5762	-
	基本每股收益(元)	-	0.3500	0.0900	-
	每股收益-扣除(元)	-	-	-	-
	每股收益-摊薄(元)	-	0.1360	0.0864	-
	每股资本公积金(元)	-	-	-	-
	每股未分配利润(元)	-	0.0756	-0.2426	-
	每股净资产(元)	-	1.0800	0.7600	-
	每股经营现金流量(元)	-	-0.3496	-0.1900	-
	经营活动现金净流量增长(%)	-	-755.7	-	-

广西森合高新科技股份有限公司

公司概况	公司名称	广西森合高新科技股份有限公司			证券简称	森合高科
	法人代表	阙山东	董秘	马瑶	证券代码	833291
	公司网址	www.gxshgk.com		电子信箱	shgk@gxshgk.com	
	电　话	0771-5645629		传　真	0771-5645629	
	办公地址	广西南宁市明阳工业区明阳四路 B-3-1 西面				
	经营范围	环保型黄金选矿剂的研发、生产和销售				

	指标＼报告期	2015.06.30	2014.12.31	2013.12.31	2012.12.31
主要财务指标	净利润(万元)	93.50	30.37	-3.01	-
	净利润增长率(%)	17.2385	1108.2	-	-
	加权净资产收益率(%)	5.0800	3.3300	-0.3300	-
	资产负债比率(%)	22.1474	63.7939	16.8974	-
	净利润现金含量(%)	45.5939	69.2924	-1545.1673	-
	基本每股收益(元)	0.0500	0.0300	-0.0030	-
	每股收益-扣除(元)	0.0400	-	-	-
	每股收益-摊薄(元)	0.0407	0.0304	-0.0030	-
	每股资本公积金(元)	0.0035	-	-	-
	每股未分配利润(元)	0.0060	-0.0716	-0.1019	-
	每股净资产(元)	1.0100	0.9300	0.9000	-
	每股经营现金流量(元)	0.0185	0.0200	0.0500	-
	经营活动现金净流量增长(%)	-58.0228	-54.7531	-	-

东营泰然材料科技股份有限公司

公司概况	公司名称	东营泰然材料科技股份有限公司			证券简称	泰然科技
	法人代表	刘保卫	董秘	张同彬	证券代码	833292
	公司网址	www.dytrsy.cn		电子信箱	dytrsy@163.com	
	电　话	0546-7729299		传　真	0546-6922501	
	办公地址	山东省东营市广饶县广饶经济开发区广达路 11 号				
	经营范围	PVC 型材、贴面板、中密度 MDF 装饰线条、铝塑成品窗的生产、销售				

	指标＼报告期	2015.06.30	2014.12.31	2013.12.31	2012.12.31
主要财务指标	净利润(万元)	97.99	53.83	69.56	-
	净利润增长率(%)	544.6	-22.6164	-	-
	加权净资产收益率(%)	4.4800	2.5500	3.3900	-
	资产负债比率(%)	66.4421	61.5190	45.4257	-
	净利润现金含量(%)	-400.8998	-487.2970	193.7126	-
	基本每股收益(元)	0.0700	0.0400	0.0500	-
	每股收益-扣除(元)	0.0700	0.0000	0.0000	-
	每股收益-摊薄(元)	0.0653	0.0359	0.0464	-
	每股资本公积金(元)	0.3694	0.3694	0.3694	-
	每股未分配利润(元)	0.1169	0.0516	0.0193	-
	每股净资产(元)	1.4900	1.4300	1.3900	-
	每股经营现金流量(元)	-0.2619	-0.1700	0.0900	-
	经营活动现金净流量增长(%)	9.0	-294.6637	-	-

郑州速达煤炭机械服务股份有限公司

公司概况	公司名称	郑州速达煤炭机械服务股份有限公司			证券简称	速达股份
	法人代表	李锡元	董秘	谢立智	证券代码	833293
	公司网址	0371-67891941		电子信箱	071-67891947	
	电　　话	0371-67891941		传　　真	0371-67891947	
	办公地址	河南省郑州经济技术开发区经南三路168号5号厂房一层				
	经营范围	煤矿机械配件销售，煤矿机械维修与维护，煤矿成套设备使用培训及咨询服务				

主要财务指标	指标＼报告期	2015.06.30	2014.12.31	2013.12.31	2012.12.31
	净利润(万元)	1513.37	3540.62	2782.74	–
	净利润增长率(%)	0.9951	27.2351	–	–
	加权净资产收益率(%)	9.6800	23.8400	21.5100	–
	资产负债比率(%)	55.2395	59.2110	42.2572	–
	净利润现金含量(%)	12.5571	–91.9836	131.6325	–
	基本每股收益(元)	0.3000	0.7100	0.5600	–
	每股收益–扣除(元)	–	0.6800	0.5500	–
	每股收益–摊薄(元)	0.3027	0.7081	2.3653	–
	每股资本公积金(元)	1.6229	1.6229	0.7255	–
	每股未分配利润(元)	0.6186	0.3160	9.7197	–
	每股净资产(元)	3.2800	2.9700	2.8700	–
	每股经营现金流量(元)	0.0380	–0.6500	3.1135	–
	经营活动现金净流量增长(%)	110.9	–188.9107	–	–

浙江亿邦通信科技股份有限公司

公司概况	公司名称	浙江亿邦通信科技股份有限公司			证券简称	亿邦股份
	法人代表	胡东	董秘	王素峰	证券代码	833294
	公司网址	www.ebang.com.cn		电子信箱	dsh@ebang.com.cn	
	电　　话	0571-88179033		传　　真	0571-88179089	
	办公地址	浙江省杭州市莫干山路1418-36号2幢				
	经营范围	数据通信、光纤传输、微波通信设备				

主要财务指标	指标＼报告期	2015.06.30	2014.12.31	2013.12.31	2012.12.31
	净利润(万元)	252.81	448.57	597.77	–
	净利润增长率(%)	166.6	–24.9599	–	–
	加权净资产收益率(%)	3.7900	7.1900	12.4500	–
	资产负债比率(%)	12.7400	18.4916	18.1446	–
	净利润现金含量(%)	–72.8311	–151.1782	–58.6664	–
	基本每股收益(元)	0.0500	0.0900	0.1500	–
	每股收益–扣除(元)	0.0410	0.0800	0.1100	–
	每股收益–摊薄(元)	0.0407	0.0880	0.1458	–
	每股资本公积金(元)	0.0535	–	–	–
	每股未分配利润(元)	0.2476	0.2518	0.2155	–
	每股净资产(元)	1.3275	1.2800	1.2400	–
	每股经营现金流量(元)	–0.0297	–0.1300	–0.0900	–
	经营活动现金净流量增长(%)	80.8	–93.4	–	–

珠海国佳新材股份有限公司

公司概况	公司名称	珠海国佳新材股份有限公司			证券简称	国佳新材
	法人代表	王海波	董秘	周志辉	证券代码	833295
	公司网址	www.chinagel.com.cn		电子信箱	gjxczqb@163.com	
	电　　话	0756-3988981		传　　真	0756-3988908	
	办公地址	广东省珠海市三灶科技工业园机场西路697号				
	经营范围	从事高分子凝胶材料及凝胶芯制品的研发、生产与销售				

主要财务指标	指标＼报告期	2015.06.30	2014.12.31	2013.12.31	2012.12.31
	净利润(万元)	615.55	2708.77	957.47	–
	净利润增长率(%)	–45.3843	182.9080	–	–
	加权净资产收益率(%)	4.9400	24.9400	13.7600	–
	资产负债比率(%)	45.2300	28.3882	30.5829	–
	净利润现金含量(%)	–70.9268	51.8826	187.3719	–
	基本每股收益(元)	0.1000	0.4500	0.1600	–
	每股收益–扣除(元)	0.1000	–	–	–
	每股收益–摊薄(元)	0.1026	0.4515	0.5311	–
	每股资本公积金(元)	0.7954	0.7954	2.4869	–
	每股未分配利润(元)	0.2810	0.1784	1.5080	–
	每股净资产(元)	2.1300	2.0200	1.5900	–
	每股经营现金流量(元)	–0.0728	0.2342	0.9951	–
	经营活动现金净流量增长(%)	–334.7804	–21.6632	–	–

江苏三希科技股份有限公司

公司概况	公司名称	江苏三希科技股份有限公司			证券简称	三希科技
	法人代表	郑益公	董秘	王忆松	证券代码	833296
	公司网址	www.3ctech.com.cn		电子信箱	3c@3ctech.com.cn	
	电　　话	025-84525638-1003		传　　真	025-84525638-1008	
	办公地址	江苏省南京市秦淮区太平南路333号御景园商务大厦1幢19HI座				
	经营范围	环境监测监控系统、自动化系统、信息管理系统、计算机、通讯等				

主要财务指标	指标＼报告期	2015.06.30	2014.12.31	2013.12.31	2012.12.31
	净利润(万元)	190.28	837.35	349.03	–
	净利润增长率(%)	–37.8797	139.9093	–	–
	加权净资产收益率(%)	5.7900	29.5100	14.7800	–
	资产负债比率(%)	59.8618	58.2146	54.1892	–
	净利润现金含量(%)	–706.6049	335.6688	267.4088	–
	基本每股收益(元)	0.0600	0.7800	0.3300	–
	每股收益–扣除(元)	0.0500	0.7100	0.3000	–
	每股收益–摊薄(元)	0.0607	0.7798	0.3250	–
	每股资本公积金(元)	0.0757	0.1262	0.0275	–
	每股未分配利润(元)	0.0538	1.4744	1.2001	–
	每股净资产(元)	1.1500	2.8100	2.3600	–
	每股经营现金流量(元)	–0.4287	2.6200	0.8700	–
	经营活动现金净流量增长(%)	–2706.2	201.1492	–	–

河南德宏种业股份有限公司

公司概况	公司名称	河南德宏种业股份有限公司			证券简称	德宏种业
	法人代表	高树进	董秘	石艳	证券代码	833297
	公司网址	www.hndehong.com		电子信箱	dehongzhongye@163.com	
	电　话	0373-5648222		传　真	0373-5648222	
	办公地址	河南省新乡市高新开发西区青龙路中段2号				
	经营范围	农作物种子的研发、生产、推广和销售				
主要财务指标	指标\报告期	2015.06.30	2014.12.31	2013.12.31	2012.12.31	
	净利润(万元)	-103.99	-365.00	-306.29	–	
	净利润增长率(%)	30.2	-19.2	–	–	
	加权净资产收益率(%)	-1.4300	-5.7500	-5.3600	–	
	资产负债比率(%)	9.7491	7.1223	24.8628	–	
	净利润现金含量(%)	165.9689	89.7397	27.5360	–	
	基本每股收益(元)	-0.0200	-0.0500	-0.0500	–	
	每股收益-扣除(元)	–	–	–	–	
	每股收益-摊薄(元)	-0.0207	-0.0725	-0.0306	–	
	每股资本公积金(元)	–	–	–	–	
	每股未分配利润(元)	-0.2892	-0.2685	-0.0986	–	
	每股净资产(元)	0.7100	0.7300	0.9000	–	
	每股经营现金流量(元)	-0.0343	-0.0700	-0.0100	–	
	经营活动现金净流量增长(%)	37.9	-288.4	–	–	

上海悦高软件股份有限公司

公司概况	公司名称	上海悦高软件股份有限公司			证券简称	悦高软件
	法人代表	林继繁	董秘	陆卓	证券代码	833298
	公司网址	www.yogoo.net		电子信箱	yogoo@yogoo.net	
	电　话	021-33197355		传　真	021-33197355-8	
	办公地址	上海市黄浦区制造局路787号203、205、207、209室				
	经营范围	计算机软件及网络科技的技术开发、技术咨询、技术服务、技术转让				
主要财务指标	指标\报告期	2015.06.30	2014.12.31	2013.12.31	2012.12.31	
	净利润(万元)	9.43	131.79	-13.36	–	
	净利润增长率(%)	158.3	1086.4	–	–	
	加权净资产收益率(%)	0.8500	12.6300	-1.4200	–	
	资产负债比率(%)	14.7500	15.3593	0.2873	–	
	净利润现金含量(%)	898.1040	347.9709	-965.3282	–	
	基本每股收益(元)	0.0100	0.1320	-0.1340	–	
	每股收益-扣除(元)	0.0100	0.1170	-0.1340	–	
	每股收益-摊薄(元)	0.0094	0.1318	-0.0134	–	
	每股资本公积金(元)	–	–	–	–	
	每股未分配利润(元)	0.1076	0.0982	-0.0227	–	
	每股净资产(元)	1.1200	1.1100	0.9800	–	
	每股经营现金流量(元)	0.0847	0.4600	0.1300	–	
	经营活动现金净流量增长(%)	-26.1816	255.5681	–	–	

久康云健康科技股份有限公司

公司概况	公司名称	久康云健康科技股份有限公司			证券简称	久康云
	法人代表	朱亚东	董秘	梁顺	证券代码	833299
	公司网址	www.16099.com		电子信箱	jk16099@163.com	
	电　话	025-84752619		传　真	025-84752619	
	办公地址	江苏省南京市秦淮区永智路6号南京白下高新技术产业园区4号楼B栋2253室				
	经营范围	移动医疗设备的研发、生产、销售;健康保健咨询;医疗信息咨询				
主要财务指标	指标\报告期	2015.06.30	2014.12.31	2013.12.31	2012.12.31	
	净利润(万元)	518.62	892.07	557.78	–	
	净利润增长率(%)	27.4664	59.9332	–	–	
	加权净资产收益率(%)	2.4500	28.8500	25.4000	–	
	资产负债比率(%)	28.6062	26.1457	39.9594	–	
	净利润现金含量(%)	-215.0715	18.3014	187.8639	–	
	基本每股收益(元)	0.1000	0.8900	0.5600	–	
	每股收益-扣除(元)	0.0900	–	–	–	
	每股收益-摊薄(元)	0.1037	0.8921	0.5578	–	
	每股资本公积金(元)	0.4890	–	–	–	
	每股未分配利润(元)	0.0105	1.7986	0.9960	–	
	每股净资产(元)	1.5000	3.0000	2.1100	–	
	每股经营现金流量(元)	-0.2231	0.1600	1.0500	–	
	经营活动现金净流量增长(%)	-80.9	-84.4196	–	–	

福建利树股份有限公司

公司概况	公司名称	福建利树股份有限公司			证券简称	利树股份
	法人代表	诸建华	董秘	诸时茂	证券代码	833300
	公司网址			电子信箱	fjlsgfyxgs@163.com	
	电　话	0599-3699925		传　真	0599-3699920	
	办公地址	福建省南平市建瓯市中国笋竹城D区				
	经营范围	公司目前主要从事纸制品的研究、开发、生产和销售				
主要财务指标	指标\报告期	2015.06.30	2014.12.31	2013.12.31	2012.12.31	
	净利润(万元)	1157.42	623.14	-101.86	–	
	净利润增长率(%)	265.2416	711.7	–	–	
	加权净资产收益率(%)	4.8500	3.2600	-3.0400	–	
	资产负债比率(%)	56.6738	60.3149	61.4892	–	
	净利润现金含量(%)	112.8390	-86.6022	1493.0488	–	
	基本每股收益(元)	0.0600	0.0330	-0.0074	–	
	每股收益-扣除(元)	0.0600	0.0267	-0.0081	–	
	每股收益-摊薄(元)	0.0521	0.0330	-0.0074	–	
	每股资本公积金(元)	0.0739	0.0021	–	–	
	每股未分配利润(元)	0.0486	–	-0.0307	–	
	每股净资产(元)	1.1300	1.0000	0.9700	–	
	每股经营现金流量(元)	0.0588	-0.0300	-0.0800	–	
	经营活动现金净流量增长(%)	-50.6692	64.5	–	–	

浙江亚迪纳新材料科技股份有限公司

公司概况	公司名称	浙江亚迪纳新材料科技股份有限公司			证券简称	亚迪纳
	法人代表	蒋红卫	董秘	陈雪锋	证券代码	833301
	公司网址	www.yadina.cc			电子信箱	jxhxhg@263.net
	电　话	0573-85961978			传　真	0573-85978356
	办公地址	浙江省嘉兴市平湖市景兴工业园(九里亭)				
	经营范围	改性三聚氰胺树脂 HX 系列产品，三聚氰胺泡沫塑料的研发、生产和销售				

主要财务指标	指标＼报告期	2015.06.30	2014.12.31	2013.12.31	2012.12.31
	净利润(万元)	148.40	151.38	39.77	–
	净利润增长率(%)	1634.8960	280.6247	–	–
	加权净资产收益率(%)	–	16.9100	4.7400	–
	资产负债比率(%)	23.7837	71.5578	72.2452	–
	净利润现金含量(%)	489.4902	–4.2803	516.7180	–
	基本每股收益(元)	–	0.4400	0.1100	–
	每股收益–扣除(元)	–	0.4500	0.1100	–
	每股收益–摊薄(元)	0.0742	0.4363	0.1146	–
	每股资本公积金(元)	0.4188	0.1441	0.1441	–
	每股未分配利润(元)	0.0230	1.7509	1.3635	–
	每股净资产(元)	1.4418	2.5800	2.4200	–
	每股经营现金流量(元)	0.3632	–0.0200	0.5900	–
	经营活动现金净流量增长(%)	2382.8	–103.1530	–	–

北川羌山农牧科技股份有限公司

公司概况	公司名称	北川羌山农牧科技股份有限公司			证券简称	羌山农牧
	法人代表	张鑫燚	董秘	刘斌	证券代码	833302
	公司网址	www.bcdyqs.com			电子信箱	bcqsnm@sina.com
	电　话	0816-2575020			传　真	0816-2575030
	办公地址	四川省绵阳市北川羌族自治县永昌镇云盘中路白云巷				
	经营范围	种猪、仔猪、商品猪的饲养和销售				

主要财务指标	指标＼报告期	2015.06.30	2014.12.31	2013.12.31	2012.12.31
	净利润(万元)	–	–1907.49	–236.54	–
	净利润增长率(%)	–	–706.4	–	–
	加权净资产收益率(%)	–	–12.8800	–1.4100	–
	资产负债比率(%)	–	55.6096	47.5883	–
	净利润现金含量(%)	–	57.4280	23.6244	–
	基本每股收益(元)	–	–0.2980	–0.0370	–
	每股收益–扣除(元)	–	–	–	–
	每股收益–摊薄(元)	–	–0.2980	–0.0370	–
	每股资本公积金(元)	–	1.5276	1.5276	–
	每股未分配利润(元)	–	–0.2274	0.0706	–
	每股净资产(元)	–	2.3100	2.6100	–
	每股经营现金流量(元)	–	–0.1712	–0.0087	–
	经营活动现金净流量增长(%)	–	–1860.3	–	–

云南恒光科技股份有限公司

公司概况	公司名称	云南恒光科技股份有限公司			证券简称	恒光科技
	法人代表	张茂涛	董秘	张薇	证券代码	833303
	公司网址	www.ynhgtech.cn			电子信箱	ynhg@ynhgtech.cn
	电　话	0871-67159204			传　真	0871-67184222
	办公地址	云南省昆明市西山区滇池路 1395 号滇池名古屋 23 幢 1 号				
	经营范围	计算机软件的开发;阀门及气动原件、水泵、液压件、机电产品等				

主要财务指标	指标＼报告期	2015.06.30	2014.12.31	2013.12.31	2012.12.31
	净利润(万元)	–36.55	7.35	53.35	–
	净利润增长率(%)	4.4	–86.2332	–	–
	加权净资产收益率(%)	–3.5100	0.8900	–	–
	资产负债比率(%)	25.8444	35.8468	75.1114	–
	净利润现金含量(%)	99.1837	-3520.7917	–905.8408	–
	基本每股收益(元)	–0.0400	0.0100	0.1800	–
	每股收益–扣除(元)	–0.0400	–	–	–
	每股收益–摊薄(元)	–0.0366	0.0073	0.1778	–
	每股资本公积金(元)	–	–	–	–
	每股未分配利润(元)	0.0078	0.0444	0.1259	–
	每股净资产(元)	1.0200	1.0600	1.1700	–
	每股经营现金流量(元)	–0.0363	–0.2600	–1.6100	–
	经营活动现金净流量增长(%)	90.7	46.5	–	–

杭州申昊科技股份有限公司

公司概况	公司名称	杭州申昊科技股份有限公司			证券简称	申昊科技
	法人代表	陈如申	董秘	蔡禄	证券代码	833304
	公司网址	www.shenhaoinfo.com			电子信箱	cailu@shenhaoinfo.com
	电　话	0571-88720409			传　真	0571-88720407
	办公地址	浙江杭州余杭区仓前街道龙潭路 21 号				
	经营范围	计算机软件、系统集成、机电设备				

主要财务指标	指标＼报告期	2015.06.30	2014.12.31	2013.12.31	2012.12.31
	净利润(万元)	–315.52	1119.40	1496.65	–
	净利润增长率(%)	16.3	–25.2068	–	–
	加权净资产收益率(%)	–3.6900	15.0600	31.9800	–
	资产负债比率(%)	31.7985	41.4442	40.5080	–
	净利润现金含量(%)	362.2640	–142.7252	211.9861	–
	基本每股收益(元)	–0.0600	0.2100	0.3000	–
	每股收益–扣除(元)	–0.0600	0.2100	0.3000	–
	每股收益–摊薄(元)	–0.0569	0.2017	0.2993	–
	每股资本公积金(元)	0.2989	0.2989	–	–
	每股未分配利润(元)	0.1926	0.2495	0.0794	–
	每股净资产(元)	1.5100	1.5700	1.0900	–
	每股经营现金流量(元)	–0.2060	–0.2900	0.6300	–
	经营活动现金净流量增长(%)	50.3	–150.3565	–	–

宁夏万仕隆冷冻科技股份有限公司

公司概况

公司名称	宁夏万仕隆冷冻科技股份有限公司			证券简称	万仕隆
法人代表	孙胜军	董秘	孔德媛	证券代码	833305
公司网址	www.sxwsl.com		电子信箱	kongdeyuan@wsljt.com	
电　话	0951-5096886		传　真	0951-5096886	
办公地址	宁夏银川市西夏区经天东路 76 号				
经营范围	专业设计、安装大型冷藏库、冷冻库、气调库				

主要财务指标

指标\报告期	2015.06.30	2014.12.31	2013.12.31	2012.12.31
净利润(万元)	189.58	-15.45	46.06	-
净利润增长率(%)	209.8	-133.5346	-	-
加权净资产收益率(%)	3.5300	-0.2100	0.7000	-
资产负债比率(%)	32.3531	71.1668	73.4395	-
净利润现金含量(%)	-679.8696	1948.4330	-51.3906	-
基本每股收益(元)	0.0600	0.0700	0.0600	-
每股收益-扣除(元)	0.0600	0.0130	-0.1910	-
每股收益-摊薄(元)	0.0632	-0.0154	0.0461	-
每股资本公积金(元)	0.1141	0.3423	0.3000	-
每股未分配利润(元)	-0.0610	0.3298	0.2945	-
每股净资产(元)	1.0700	1.7200	1.6100	-
每股经营现金流量(元)	-0.4296	-0.3000	-0.0200	-
经营活动现金净流量增长(%)	-328.2	-1171.4	-	-

北京六行君通信息科技股份有限公司

公司概况

公司名称	北京六行君通信息科技股份有限公司			证券简称	六行君通
法人代表	赵复军	董秘	赵睿智	证券代码	833306
公司网址	www.liuhangwantong.com		电子信箱	jingye_zfl@163.com	
电　话	0010-82251105		传　真	010-82253725	
办公地址	北京市西城区裕民路 18 号北环中心 A 座 1603 室				
经营范围	贷款咨询服务				

主要财务指标

指标\报告期	2015.06.30	2014.12.31	2013.12.31	2012.12.31
净利润(万元)	199.87	144.36	19.13	-
净利润增长率(%)	308667.1(P	654.7753	-	-
加权净资产收益率(%)	15.8100	13.2200	1.8800	-
资产负债比率(%)	8.7357	5.0327	7.6548	-
净利润现金含量(%)	41.4263	212.9807	-555.0542	-
基本每股收益(元)	0.2000	0.1400	0.0200	-
每股收益-扣除(元)	0.2000	-	-	-
每股收益-摊薄(元)	0.1999	0.1444	0.0191	-
每股资本公积金(元)	-	-	-	-
每股未分配利润(元)	0.3474	0.1476	0.0176	-
每股净资产(元)	1.3600	1.1600	1.0200	-
每股经营现金流量(元)	0.0828	0.3100	-0.1100	-
经营活动现金净流量增长(%)	3830.5246	389.6	-	-

青岛优格花园餐饮管理股份有限公司

公司概况

公司名称	青岛优格花园餐饮管理股份有限公司			证券简称	优格花园
法人代表	高世勇	董秘		证券代码	833307
公司网址	www.yogurtchina.net		电子信箱	yogurtgarden@yogurtchina.net	
电　话	0532-85806350		传　真	0532-85806107	
办公地址	山东省青岛市市南区山东路 10 号				
经营范围	品牌创业整体解决方案服务、酸奶冰淇淋原料和设备设施销售、酸奶冰淇淋零售				

主要财务指标

指标\报告期	2015.06.30	2014.12.31	2013.12.31	2012.12.31
净利润(万元)	-34.16	61.82	2.11	-
净利润增长率(%)	-127.6	2829.0854	-	-
加权净资产收益率(%)	-9.5300	7.9100	-	-
资产负债比率(%)	11.3560	17.9525	107.0129	-
净利润现金含量(%)	977.4627	127.1031	1053.0706	-
基本每股收益(元)	-0.0500	1.2400	0.0400	-
每股收益-扣除(元)	-0.0500	-	-	-
每股收益-摊薄(元)	-0.0455	0.0824	0.0422	-
每股资本公积金(元)	-	-	-	-
每股未分配利润(元)	-0.0442	0.0013	-1.2147	-
每股净资产(元)	0.9600	1.0000	-0.2100	-
每股经营现金流量(元)	-0.4452	0.1000	0.4400	-
经营活动现金净流量增长(%)	-1241.3337	253.5336	-	-

河南德威科技股份有限公司

公司概况

公司名称	河南德威科技股份有限公司			证券简称	德威股份
法人代表	孙秋建	董秘	李广志	证券代码	833308
公司网址	www.dowellst.com		电子信箱	sunqiujian2010@sina.com	
电　话	0374-6867577		传　真	0374-6867199	
办公地址	河南省许昌市长葛市大周镇金阳大道北侧				
经营范围	镁合金制造、加工与销售，辅以铝型材及铝镁型材生产、加工与销售				

主要财务指标

指标\报告期	2015.06.30	2014.12.31	2013.12.31	2012.12.31
净利润(万元)	175.09	125.29	-129.06	-
净利润增长率(%)	202.5	197.1	-	-
加权净资产收益率(%)	4.0300	2.9600	-3.9000	-
资产负债比率(%)	60.8504	62.8790	73.5610	-
净利润现金含量(%)	-17.7245	271.6260	-878.6815	-
基本每股收益(元)	4.8400	0.0300	-0.0400	-
每股收益-扣除(元)	-	-	-	-
每股收益-摊薄(元)	0.0484	0.0346	-0.0403	-
每股资本公积金(元)	0.1715	0.0018	0.0020	-
每股未分配利润(元)	0.0484	0.1423	0.1256	-
每股净资产(元)	1.2200	1.1700	1.1500	-
每股经营现金流量(元)	-0.0086	0.0900	0.3500	-
经营活动现金净流量增长(%)	99.0	-69.9900	-	-

北京慧辰资道资讯股份有限公司

公司概况	公司名称	北京慧辰资道资讯股份有限公司			证券简称	慧辰资讯
	法人代表	赵龙	董秘	徐景武	证券代码	833309
	公司网址	www.hcr.com.cn		电子信箱	Jingwu.xu@hcr.com.cn	
	电话	010-53263036		传真	010-53263666	
	办公地址	北京市海淀区大钟寺东路9号京仪科技大厦B座1层115室				
	经营范围	市场调查研究服务、资讯服务				

	指标\报告期	2015.06.30	2014.12.31	2013.12.31	2012.12.31
主要财务指标	净利润(万元)	1306.09	1734.50	1406.71	–
	净利润增长率(%)	1811.0270	23.3018	–	–
	加权净资产收益率(%)	10.8900	16.5600	16.4200	–
	资产负债比率(%)	30.9430	26.2119	31.2065	–
	净利润现金含量(%)	–86.8760	–48.4302	–20.0021	–
	基本每股收益(元)	0.3500	0.4400	0.3800	–
	每股收益–扣除(元)	0.3400	0.4300	0.3300	–
	每股收益–摊薄(元)	0.3483	0.4625	0.3751	–
	每股资本公积金(元)	1.2530	1.2530	1.5436	–
	每股未分配利润(元)	0.9836	0.6418	0.7629	–
	每股净资产(元)	3.3700	3.0200	2.5600	–
	每股经营现金流量(元)	–0.3026	–0.2200	–0.0800	–
	经营活动现金净流量增长(%)	–37.8	–198.5	–	–

成都仁新科技股份有限公司

公司概况	公司名称	成都仁新科技股份有限公司			证券简称	仁新科技
	法人代表	胡亚春	董秘	韩玉彬	证券代码	833310
	公司网址	www.lemaking.cn		电子信箱	20204577@qq.com	
	电话	028-83886652		传真	028-83883078	
	办公地址	四川省成都市彭州市天彭镇光明村				
	经营范围	再生资源的回收、储存与综合循环利用				

	指标\报告期	2015.06.30	2014.12.31	2013.12.31	2012.12.31
主要财务指标	净利润(万元)	1417.95	3758.41	2933.08	–
	净利润增长率(%)	–2.5326	28.1388	–	–
	加权净资产收益率(%)	16.2900	47.7700	62.6700	–
	资产负债比率(%)	35.0380	49.2705	51.7613	–
	净利润现金含量(%)	–105.9014	81.1303	–83.5640	–
	基本每股收益(元)	0.4200	3.3517	4.1901	–
	每股收益–扣除(元)	–	3.3513	–	–
	每股收益–摊薄(元)	0.3804	1.1643	4.1901	–
	每股资本公积金(元)	2.0019	0.0404	3.8040	–
	每股未分配利润(元)	0.3338	–	3.1575	–
	每股净资产(元)	3.3400	2.7700	8.7800	–
	每股经营现金流量(元)	–0.4028	0.9400	–3.5000	–
	经营活动现金净流量增长(%)	–171.1656	224.4	–	–

湖南万容科技股份有限公司

公司概况	公司名称	湖南万容科技股份有限公司			证券简称	万容科技
	法人代表	明果英	董秘	明聪	证券代码	833311
	公司网址	www.vary.net.cn		电子信箱	mingcong@vary.net.cn	
	电话	0731-82791010		传真	0731-82791100	
	办公地址	湖南省长沙经济技术开发区盼盼路11号				
	经营范围	废弃电器电子产品的回收、处理与资源再生利用				

	指标\报告期	2015.06.30	2014.12.31	2013.12.31	2012.12.31
主要财务指标	净利润(万元)	688.28	2449.17	870.16	–
	净利润增长率(%)	–65.9968	181.4634	–	–
	加权净资产收益率(%)	1.9700	9.3000	3.7700	–
	资产负债比率(%)	51.0789	54.6404	55.7277	–
	净利润现金含量(%)	332.5725	–70.3453	22.0308	–
	基本每股收益(元)	0.0900	0.4100	0.1500	–
	每股收益–扣除(元)	–	0.4100	0.1500	–
	每股收益–摊薄(元)	0.1059	0.4082	0.1450	–
	每股资本公积金(元)	2.1141	1.7586	1.7570	–
	每股未分配利润(元)	1.3241	1.3379	0.9297	–
	每股净资产(元)	4.6262	4.1900	3.7800	–
	每股经营现金流量(元)	0.3522	–0.2900	0.0300	–
	经营活动现金净流量增长(%)	209.6	–998.7244	–	–

上海行动者企业管理股份有限公司

公司概况	公司名称	上海行动者企业管理股份有限公司			证券简称	行动者
	法人代表	杨林	董秘	张彦	证券代码	833312
	公司网址	www.experience.com.cn		电子信箱	kiki.zhang@experience.com.cn	
	电话	02168550500		传真	02168550298	
	办公地址	上海市张江高科技园区芳春路400号1幢301-208室				
	经营范围	企业管理,商务信息咨询,会务服务、文体用品、针纺织品的销售				

	指标\报告期	2015.06.30	2014.12.31	2013.12.31	2012.12.31
主要财务指标	净利润(万元)	–65.18	15.21	–4.86	–
	净利润增长率(%)	–229.7781	412.6	–	–
	加权净资产收益率(%)	–	2.3600	–3.3300	–
	资产负债比率(%)	11.6234	14.3521	56.1736	–
	净利润现金含量(%)	629.7300	217.6598	–460.8984	–
	基本每股收益(元)	–0.0500	0.0200	–0.0300	–
	每股收益–扣除(元)	–	0.0300	–0.0600	–
	每股收益–摊薄(元)	–0.0534	0.0190	–0.0973	–
	每股资本公积金(元)	0.0328	–	1.1424	–
	每股未分配利润(元)	–0.0448	0.0633	1.0599	–
	每股净资产(元)	0.9896	1.5600	3.2500	–
	每股经营现金流量(元)	–0.3364	0.0400	0.4500	–
	经营活动现金净流量增长(%)	–726.3843	47.6151	–	–

北京方胜有成科技股份有限公司

公司概况	公司名称	北京方胜有成科技股份有限公司			证券简称	方胜有成
	法人代表	孟宪成	董秘	左子凯	证券代码	833313
	公司网址	www.forsaven.com		电子信箱	zuo@forsaven.com	
	电　　话	010-82827680		传　　真	010-82828690	
	办公地址	北京市海淀区东北旺西路 8 号中关村软件园 8 号楼 127				
	经营范围	专业承包;施工总承包;工程勘察设计;技术开发、技术推广、技术转让等				

主要财务指标	指标\报告期	2015.06.30	2014.12.31	2013.12.31	2012.12.31
	净利润(万元)	242.82	–	–	–
	净利润增长率(%)	111.8491	–	–	–
	加权净资产收益率(%)	10.2300	–	–	–
	资产负债比率(%)	49.0096	–	–	–
	净利润现金含量(%)	–67.8822	–	–	–
	基本每股收益(元)	0.1200	–	–	–
	每股收益–扣除(元)	–	–	–	–
	每股收益–摊薄(元)	0.1214	–	–	–
	每股资本公积金(元)	–	–	–	–
	每股未分配利润(元)	0.1389	–	–	–
	每股净资产(元)	1.1900	–	–	–
	每股经营现金流量(元)	–0.0824	–	–	–
	经营活动现金净流量增长(%)	–3684.8139	–	–	–

北京中诚昊天科技股份有限公司

公司概况	公司名称	北京中诚昊天科技股份有限公司			证券简称	中诚股份
	法人代表	王永刚	董秘	路婷	证券代码	833314
	公司网址	www.hotynet.com		电子信箱	13810490276@163.com	
	电　　话	010-51268720		传　　真	010-62655836	
	办公地址	北京市海淀区苏州街 55 号名商大厦 1006 室				
	经营范围	开发、销售信息化产品及提供信息系统集成服务				

主要财务指标	指标\报告期	2015.06.30	2014.12.31	2013.12.31	2012.12.31
	净利润(万元)	–166.37	202.47	–30.24	–
	净利润增长率(%)	–831.6593	769.5	–	–
	加权净资产收益率(%)	–28.2300	42.4300	–7.7300	–
	资产负债比率(%)	69.0438	52.2596	72.7965	–
	净利润现金含量(%)	20.8826	17.9039	227.7116	–
	基本每股收益(元)	–0.2900	0.4000	–0.0600	–
	每股收益–扣除(元)	–	–	–	–
	每股收益–摊薄(元)	–0.3327	0.4049	–0.0605	–
	每股资本公积金(元)	0.1568	–	–	–
	每股未分配利润(元)	–0.3327	0.1412	–0.2481	–
	每股净资产(元)	0.8200	1.1600	0.7500	–
	每股经营现金流量(元)	–0.0695	0.0700	–0.1400	–
	经营活动现金净流量增长(%)	–192.7651	152.6	–	–

广州石头造环保科技股份有限公司

公司概况	公司名称	广州石头造环保科技股份有限公司			证券简称	石头造
	法人代表	曾聪	董秘	刘智均	证券代码	833315
	公司网址	www.mbschina.com		电子信箱		
	电　　话	020-89899589		传　　真	020-31133228	
	办公地址	广东省广州市番禺区沙湾镇西村细岗工业区二排 4 号之三				
	经营范围	新材料技术推广服务;新材料技术咨询、交流服务;新材料技术开发服务				

主要财务指标	指标\报告期	2015.06.30	2014.12.31	2013.12.31	2012.12.31
	净利润(万元)	–	–606.39	–289.25	–
	净利润增长率(%)	–	–109.6	–	–
	加权净资产收益率(%)	–	–64.9500	–163.9400	–
	资产负债比率(%)	–	29.0265	4.8005	–
	净利润现金含量(%)	–	115.8128	182.2565	–
	基本每股收益(元)	–	–0.6000	–1.0200	–
	每股收益–扣除(元)	–	–0.6000	–	–
	每股收益–摊薄(元)	–	–0.5819	–0.2893	–
	每股资本公积金(元)	–	0.2190	0.5500	–
	每股未分配利润(元)	–	–0.2301	–0.3932	–
	每股净资产(元)	–	0.9900	1.1600	–
	每股经营现金流量(元)	–	–0.6700	–0.5300	–
	经营活动现金净流量增长(%)	–	–33.2	–	–

深圳市宏商材料科技股份有限公司

公司概况	公司名称	深圳市宏商材料科技股份有限公司			证券简称	宏商科技
	法人代表	周云	董秘	华冰	证券代码	833316
	公司网址	www.hongshang.com		电子信箱	huabing@hongshang.com	
	电　　话	0755-28482434		传　　真	0755-85225239	
	办公地址	广东省深圳市龙岗区坂田街道南坑麒麟路 9 号 7 栋 2-3 楼				
	经营范围	国内商业、物资供销业等				

主要财务指标	指标\报告期	2015.06.30	2014.12.31	2013.12.31	2012.12.31
	净利润(万元)	916.83	2172.29	1934.08	–
	净利润增长率(%)	–29.5273	12.3161	–	–
	加权净资产收益率(%)	3.8800	9.8200	9.6500	–
	资产负债比率(%)	17.7374	32.3896	24.2949	–
	净利润现金含量(%)	247.5573	103.8294	106.5923	–
	基本每股收益(元)	0.1222	0.2900	0.2600	–
	每股收益–扣除(元)	0.1305	0.2896	0.2579	–
	每股收益–摊薄(元)	0.1222	0.2896	0.2579	–
	每股资本公积金(元)	0.3101	0.3101	0.3101	–
	每股未分配利润(元)	1.7326	1.6104	1.3472	–
	每股净资产(元)	3.2200	3.0900	2.8000	–
	每股经营现金流量(元)	0.3026	0.3000	0.2700	–
	经营活动现金净流量增长(%)	–10.8692	9.4048	–	–

上海粤珍小厨餐饮管理股份有限公司

公司概况	公司名称	上海粤珍小厨餐饮管理股份有限公司			证券简称	粤珍小厨
	法人代表	陆海峰	董秘	张晓丹	证券代码	833317
	公司网址	www.yzxc.com.cn		电子信箱	yzxc@yzxc.com.cn	
	电　　话	021-54251355		传　　真	021-64152975	
	办公地址	上海市嘉定区金沙江西路1555弄390号6层648室				
	经营范围	团膳、连锁餐饮				

	指标\报告期	2015.06.30	2014.12.31	2013.12.31	2012.12.31
主要财务指标	净利润(万元)	65.90	319.80	403.97	–
	净利润增长率(%)	1363.6898	–20.8346	–	–
	加权净资产收益率(%)	3.3800	7.7200	33.9500	–
	资产负债比率(%)	50.7191	48.2065	82.6316	–
	净利润现金含量(%)	486.8966	–270.0434	–14.9082	–
	基本每股收益(元)	0.0330	0.3030	0.4350	–
	每股收益–扣除(元)	0.0330	0.1570	0.0240	–
	每股收益–摊薄(元)	0.0330	0.1599	0.4040	–
	每股资本公积金(元)	–	–	–	–
	每股未分配利润(元)	–0.0054	–0.0415	–0.4028	–
	每股净资产(元)	0.9900	0.9600	0.6000	–
	每股经营现金流量(元)	0.1604	–0.4300	–0.0600	–
	经营活动现金净流量增长(%)	–60.9713	–1334.0	–	–

深圳市图敏智能视频股份有限公司

公司概况	公司名称	深圳市图敏智能视频股份有限公司			证券简称	图敏视频
	法人代表	张少锋	董秘	刘平	证券代码	833318
	公司网址	www.tmvideo.cn		电子信箱	tmvideo@tmvideo.cn	
	电　　话	0755-26839500		传　　真	0755-26839545	
	办公地址	广东省深圳市龙华新区大浪街道大浪社区华宁路嘉义源科技园3栋4楼				
	经营范围	研发、生产、销售计算机软、硬件产品；兴办实业				

	指标\报告期	2015.06.30	2014.12.31	2013.12.31	2012.12.31
主要财务指标	净利润(万元)	–	283.89	323.77	–
	净利润增长率(%)	–	131.7408	349.9658	–
	加权净资产收益率(%)	–	22.2000	36.6700	–
	资产负债比率(%)	–	31.5745	38.9855	–
	净利润现金含量(%)	–	–97.0029	44.0481	–
	基本每股收益(元)	–	0.2800	0.3238	–
	每股收益–扣除(元)	–	–	0.1495	–
	每股收益–摊薄(元)	–	0.2447	0.3238	–
	每股资本公积金(元)	–	0.0069	–	–
	每股未分配利润(元)	–	0.2863	0.0482	–
	每股净资产(元)	–	1.3000	1.0449	–
	每股经营现金流量(元)	–	–0.2374	0.1426	–
	经营活动现金净流量增长(%)	–	–4260.2261	162.4	–

北京比酷天地文化股份有限公司

公司概况	公司名称	北京比酷天地文化股份有限公司			证券简称	比酷股份
	法人代表	齐刚	董秘	戴礼宁	证券代码	833319
	公司网址			电子信箱	dailining@beeku.com	
	电　　话	010-83288031		传　　真	010-83288031	
	办公地址	北京市昌平区科技园区振兴路28号2号楼218房间				
	经营范围	组织文化艺术交流活动；计算机系统服务				

	指标\报告期	2015.06.30	2014.12.31	2013.12.31	2012.12.31
主要财务指标	净利润(万元)	97.34	319.77	45.97	–
	净利润增长率(%)	64.2274	595.5788	–	–
	加权净资产收益率(%)	7.2800	28.3300	24.3300	–
	资产负债比率(%)	14.4026	26.5660	7.0058	–
	净利润现金含量(%)	78.4010	119.8674	–214.1507	–
	基本每股收益(元)	0.0900	0.3100	0.2300	–
	每股收益–扣除(元)	0.0900	–	–	–
	每股收益–摊薄(元)	0.0811	0.3135	0.0451	–
	每股资本公积金(元)	0.1669	–	–	–
	每股未分配利润(元)	–0.0119	0.2370	–0.0501	–
	每股净资产(元)	1.1500	1.2600	0.9500	–
	每股经营现金流量(元)	0.0636	0.3800	–0.1000	–
	经营活动现金净流量增长(%)	152.2	489.3	–	–

广州图卫科技股份有限公司

公司概况	公司名称	广州图卫科技股份有限公司			证券简称	图卫科技
	法人代表	王庆安	董秘	徐志峰	证券代码	833320
	公司网址	www.vnet8.net		电子信箱	tuwei@vnet8.net	
	电　　话	020-83502336		传　　真	020-83502227	
	办公地址	广东省广州市番禺区番禺大道北555号番禺节能科技园天安科技创新大厦416单位				
	经营范围	网络技术的研究、开发；通信终端设备制造				

	指标\报告期	2015.06.30	2014.12.31	2013.12.31	2012.12.31
主要财务指标	净利润(万元)	–	166.56	–16.05	–
	净利润增长率(%)	–	1137.8	–	–
	加权净资产收益率(%)	–	38.9200	–4.6600	–
	资产负债比率(%)	–	51.5742	47.8925	–
	净利润现金含量(%)	–	–0.6484	1051.4019	–
	基本每股收益(元)	–	0.3300	–0.0300	–
	每股收益–扣除(元)	–	–	–	–
	每股收益–摊薄(元)	–	0.4164	–0.0401	–
	每股资本公积金(元)	–	0.2425	–	–
	每股未分配利润(元)	–	0.2321	–0.1585	–
	每股净资产(元)	–	1.2000	0.6700	–
	每股经营现金流量(元)	–	–0.0020	–0.4219	–
	经营活动现金净流量增长(%)	–	99.4	–	–

广州科密汽车电子控制技术股份有限公司

公司概况	公司名称	广州科密汽车电子控制技术股份有限公司			证券简称	科密汽电
	法人代表	陶保健	董秘	章辉明	证券代码	833321
	公司网址	www.kormee.com		电子信箱	kormee@kormee.com	
	电　话	020-32057001		传　真	020-32057002	
	办公地址	广东省广州经济技术开发区科学城南翔支路1号				
	经营范围	汽车零部件及配件制造等				

	指标\报告期	2015.06.30	2014.12.31	2013.12.31	2012.12.31
主要财务指标	净利润(万元)	2861.91	3176.02	2280.95	–
	净利润增长率(%)	142.3303	39.2409	–	–
	加权净资产收益率(%)	11.2500	15.3800	12.7200	–
	资产负债比率(%)	24.2827	25.1786	28.8443	–
	净利润现金含量(%)	38.1935	36.3292	57.5201	–
	基本每股收益(元)	0.2900	0.3231	0.2320	–
	每股收益-扣除(元)	–	0.2466	0.2270	–
	每股收益-摊薄(元)	0.2911	0.3231	0.2320	–
	每股资本公积金(元)	0.6123	0.6123	0.6123	–
	每股未分配利润(元)	0.9114	0.6181	0.3198	–
	每股净资产(元)	2.5700	2.2600	1.9400	–
	每股经营现金流量(元)	0.1112	0.1200	0.1300	–
	经营活动现金净流量增长(%)	516.2	-12.0566	–	–

北京广通信达软件股份有限公司

公司概况	公司名称	北京广通信达软件股份有限公司			证券简称	广通软件
	法人代表	徐育毅	董秘	刘玉环	证券代码	833322
	公司网址	www.broada.com		电子信箱	Liuyh@broada.com	
	电　话	010-59798977		传　真	010-58830072	
	办公地址	北京市海淀区紫竹院路69号中国兵器大厦901室				
	经营范围	计算机系统集成、计算机软件开发				

	指标\报告期	2015.06.30	2014.12.31	2013.12.31	2012.12.31
主要财务指标	净利润(万元)	1072.54	1721.53	335.60	–
	净利润增长率(%)	45.6679	412.9767	–	–
	加权净资产收益率(%)	29.7700	83.7300	32.6600	–
	资产负债比率(%)	52.3879	58.0666	75.8736	–
	净利润现金含量(%)	52.4034	10.3926	263.7509	–
	基本每股收益(元)	0.3400	0.5800	0.1100	–
	每股收益-扣除(元)	–	–	–	–
	每股收益-摊薄(元)	0.3405	0.5796	0.1130	–
	每股资本公积金(元)	0.1072	–	–	–
	每股未分配利润(元)	0.2164	-0.1167	-0.6963	–
	每股净资产(元)	1.3300	0.9800	0.4000	–
	每股经营现金流量(元)	0.1784	0.0600	0.3000	–
	经营活动现金净流量增长(%)	154.6	-79.7872	–	–

广东好帮手电子科技股份有限公司

公司概况	公司名称	广东好帮手电子科技股份有限公司			证券简称	好帮手
	法人代表	卢婉红	董秘	王伟	证券代码	833323
	公司网址	www.coagent.cn		电子信箱	law@caska.cn	
	电　话	0757-86166888		传　真	0757-87821585	
	办公地址	广东省佛山市三水区西南工业园C区				
	经营范围	汽车电子产品及其配套软件的研制、生产、加工、销售、维修				

	指标\报告期	2015.06.30	2014.12.31	2013.12.31	2012.12.31
主要财务指标	净利润(万元)	1061.37	1401.03	395.44	–
	净利润增长率(%)	-38.9338	254.2988	–	–
	加权净资产收益率(%)	1.5100	2.0300	0.5800	–
	资产负债比率(%)	49.4218	46.9907	48.8785	–
	净利润现金含量(%)	-60.3453	-319.0660	2585.9650	–
	基本每股收益(元)	0.1100	0.1503	0.0424	–
	每股收益-扣除(元)	0.0300	-0.0616	-0.1477	–
	每股收益-摊薄(元)	0.1138	0.1503	0.0424	–
	每股资本公积金(元)	2.6588	2.6588	2.6588	–
	每股未分配利润(元)	3.5410	3.4271	3.2844	–
	每股净资产(元)	7.5700	7.4600	7.3100	–
	每股经营现金流量(元)	-0.0687	-0.4800	1.1000	–
	经营活动现金净流量增长(%)	84.4	-143.7144	–	–

武汉迪赛环保新材料股份有限公司

公司概况	公司名称	武汉迪赛环保新材料股份有限公司			证券简称	迪赛环保
	法人代表	陆飚	董秘	张辉	证券代码	833324
	公司网址	www.desytek.com		电子信箱	desy@desytek.com	
	电　话	027-65272068-8039		传　真	027-65272068-8039	
	办公地址	湖北省武汉经济技术开发区高科技产业园2号楼2楼				
	经营范围	水性环保表面处理新材料的研发、生产和销售				

	指标\报告期	2015.06.30	2014.12.31	2013.12.31	2012.12.31
主要财务指标	净利润(万元)	386.69	804.01	743.06	–
	净利润增长率(%)	124.9331	8.2032	–	–
	加权净资产收益率(%)	4.8700	15.6400	16.9500	–
	资产负债比率(%)	16.4369	32.4439	44.5637	–
	净利润现金含量(%)	367.7048	22.5202	36.2104	–
	基本每股收益(元)	0.1300	0.5400	0.5000	–
	每股收益-扣除(元)	0.0300	0.4200	0.4700	–
	每股收益-摊薄(元)	0.1298	0.5396	0.4987	–
	每股资本公积金(元)	0.9292	1.0426	1.0426	–
	每股未分配利润(元)	0.0610	1.4962	1.0230	–
	每股净资产(元)	1.9900	3.7200	3.1800	–
	每股经营现金流量(元)	0.4771	0.1200	0.1800	–
	经营活动现金净流量增长(%)	244.6271	-32.7056	–	–

德迈斯文化创意(北京)股份有限公司

公司概况					
公司名称	德迈斯文化创意(北京)股份有限公司			证券简称	德迈斯
法人代表	陈思	董秘	罗阳	证券代码	833325
公司网址	www.dms-sg.com		电子信箱	dms-sg@dms-sg.com	
电　　话	86-10-58211470		传　　真	86-10-58211471-812	
办公地址	北京市朝阳区通惠家园惠润园7、8号楼8-2				
经营范围	商业地产的美陈设计、制作及组织现场施工,商业活动的策划、组织及实施				

主要财务指标

指标\报告期	2015.06.30	2014.12.31	2013.12.31	2012.12.31
净利润(万元)	4.43	67.81	–	–
净利润增长率(%)	213.3	–	–	–
加权净资产收益率(%)	0.5000	–	–	–
资产负债比率(%)	7.0708	5.5923	–	–
净利润现金含量(%)	–54.7568	–1011.2880	–	–
基本每股收益(元)	0.0100	0.0848	–	–
每股收益-扣除(元)	0.0100	–	–	–
每股收益-摊薄(元)	0.0055	0.0848	–	–
每股资本公积金(元)	0.1002	0.1002	–	–
每股未分配利润(元)	0.0136	0.0080	–	–
每股净资产(元)	1.1100	1.1100	–	–
每股经营现金流量(元)	–0.0030	–0.8572	–	–
经营活动现金净流量增长(%)	–110.2062	–	–	–

山东华软金盾软件股份有限公司

公司概况					
公司名称	山东华软金盾软件股份有限公司			证券简称	金盾软件
法人代表	郑玉蒙	董秘	朱敏	证券代码	833326
公司网址	www.neiwang.cn		电子信箱	zhum@neiwang.cn	
电　　话	86-531-66897095		传　　真	86-531-66897021	
办公地址	山东省济南市高新区舜华路1号齐鲁软件园5号楼				
经营范围	信息安全软硬件产品的研发、生产、销售及提供技术服务				

主要财务指标

指标\报告期	2015.06.30	2014.12.31	2013.12.31	2012.12.31
净利润(万元)	–706.69	668.24	64.91	–
净利润增长率(%)	–2705.2393	929.4537	–	–
加权净资产收益率(%)	–28.5300	52.2800	8.0300	–
资产负债比率(%)	20.4028	24.9192	24.9192	–
净利润现金含量(%)	91.2878	1.4224	–307.5714	–
基本每股收益(元)	–0.4700	0.6600	0.0700	–
每股收益-扣除(元)	–0.4800	0.7100	0.0600	–
每股收益-摊薄(元)	–0.4655	0.4402	0.0643	–
每股资本公积金(元)	0.4677	0.4677	0.7029	–
每股未分配利润(元)	–0.1084	0.3571	0.5368	–
每股净资产(元)	1.4000	1.8600	0.9300	–
每股经营现金流量(元)	–0.4250	0.0100	–0.2000	–
经营活动现金净流量增长(%)	–17173.5	104.8	–	–

浙江泰林生物技术股份有限公司

公司概况					
公司名称	浙江泰林生物技术股份有限公司			证券简称	泰林生物
法人代表	叶大林	董秘	叶星月	证券代码	833327
公司网址	www.tailingood.com		电子信箱	tailin@tailingood.com	
电　　话	86-571-86589008		传　　真	86-571-86589100	
办公地址	浙江杭州市滨江区南环路2930号				
经营范围	公司主营业务涉及生命科学、生物技术、分析仪器三大类				

主要财务指标

指标\报告期	2015.06.30	2014.12.31	2013.12.31	2012.12.31
净利润(万元)	456.90	1012.21	2145.66	–
净利润增长率(%)	54.5800	–52.8252	–	–
加权净资产收益率(%)	6.6000	14.8200	39.6000	–
资产负债比率(%)	15.8487	29.7898	20.8095	–
净利润现金含量(%)	31.3684	172.9730	53.6542	–
基本每股收益(元)	0.4200	1.0000	2.1200	–
每股收益-扣除(元)	–	0.7800	2.0800	–
每股收益-摊薄(元)	0.3748	1.0022	2.1244	–
每股资本公积金(元)	4.4946	–	–	–
每股未分配利润(元)	0.3748	3.8981	4.8761	–
每股净资产(元)	5.8700	5.4500	6.4300	–
每股经营现金流量(元)	0.1176	1.7300	1.1400	–
经营活动现金净流量增长(%)	18.0708	52.0843	–	–

上海霍普建筑设计事务所股份有限公司

公司概况					
公司名称	上海霍普建筑设计事务所股份有限公司			证券简称	霍普股份
法人代表	龚俊	董秘	成立	证券代码	833328
公司网址	www.hyp-archi.com		电子信箱	hypbd@hyp-arch.com	
电　　话	86-21-58783137		传　　真	86-21-58782763	
办公地址	中国(上海)自由贸易区世纪大道1589号9楼8-11室				
经营范围	建筑工程设计、装饰设计、环境景观设计、建筑专业领域内的技术咨询、技术服务				

主要财务指标

指标\报告期	2015.06.30	2014.12.31	2013.12.31	2012.12.31
净利润(万元)	–952.08	1749.30	2536.82	–
净利润增长率(%)	–293.1	–31.0438	–	–
加权净资产收益率(%)	–14.2700	32.8300	72.9000	–
资产负债比率(%)	4.5324	7.9383	40.7940	–
净利润现金含量(%)	197.8607	–91.1254	139.2584	–
基本每股收益(元)	–0.5800	5.8300	8.4600	–
每股收益-扣除(元)	–	4.8400	7.7700	–
每股收益-摊薄(元)	–0.3174	5.8310	8.4561	–
每股资本公积金(元)	1.8671	–	–	–
每股未分配利润(元)	–0.3514	17.8333	14.3023	–
每股净资产(元)	2.5200	19.3300	15.8000	–
每股经营现金流量(元)	–0.6279	–5.3100	11.7800	–
经营活动现金净流量增长(%)	–42.9	–145.1224	–	–

漳州三利达环保科技股份有限公司

公司概况	公司名称	漳州三利达环保科技股份有限公司			证券简称	利达股份
	法人代表	刘松鱼	董秘	邱雪茹	证券代码	833329
	公司网址				电子信箱	446574391@qq.com
	电　　话	86-596-8317001			传　　真	86-596-8317009
	办公地址	福建省长泰县兴泰工业区				
	经营范围	废纸、废塑料再生综合利用、处理等				

主要财务指标	指标\报告期	2015.06.30	2014.12.31	2013.12.31	2012.12.31
	净利润(万元)	–	110.27	96.84	–
	净利润增长率(%)	–	13.8645	–	–
	加权净资产收益率(%)	–	8.2300	7.5400	–
	资产负债比率(%)	–	65.2842	75.8809	–
	净利润现金含量(%)	–	–33.3161	–569.7417	–
	基本每股收益(元)	–	0.0700	0.0600	–
	每股收益–扣除(元)	–	0.0600	0.0587	–
	每股收益–摊薄(元)	–	0.0630	0.0587	–
	每股资本公积金(元)	–	0.1714	–	–
	每股未分配利润(元)	–	–0.1458	–0.2215	–
	每股净资产(元)	–	1.0300	0.7800	–
	每股经营现金流量(元)	–	–0.0200	–0.3300	–
	经营活动现金净流量增长(%)	–	93.3	–	–

上海君实生物医药科技股份有限公司

公司概况	公司名称	上海君实生物医药科技股份有限公司			证券简称	君实生物
	法人代表	熊俊	董秘	杜雅励	证券代码	833330
	公司网址				电子信箱	info@topalliancebio.com
	电　　话	86-512-86876925			传　　真	86-512-86876920
	办公地址	江苏省苏州市吴江经济技术开发区长安路东侧				
	经营范围	新药的研发及相关技术的转让和服务，新药的生产和销售				

主要财务指标	指标\报告期	2015.06.30	2014.12.31	2013.12.31	2012.12.31
	净利润(万元)	–818.75	–2525.40	–120.29	–
	净利润增长率(%)	29.3	–1999.4	–	–
	加权净资产收益率(%)	–7.1700	–10.8300	–2.8500	–
	资产负债比率(%)	16.6885	5.3181	2.1987	–
	净利润现金含量(%)	–94.2051	155.1818	176.1162	–
	基本每股收益(元)	–0.5600	–1.8800	–0.1400	–
	每股收益–扣除(元)	–	–	–0.3300	–
	每股收益–摊薄(元)	–0.5570	–1.7180	–0.0894	–
	每股资本公积金(元)	7.4564	22.5967	5.4669	–
	每股未分配利润(元)	–0.6731	–2.1363	–0.0894	–
	每股净资产(元)	7.7700	14.3000	6.3800	–
	每股经营现金流量(元)	0.5247	–2.6660	–0.1600	–
	经营活动现金净流量增长(%)	–10.5	–1749.9	–	–

深圳市爱夫卡科技股份有限公司

公司概况	公司名称	深圳市爱夫卡科技股份有限公司			证券简称	爱夫卡
	法人代表	姚勇	董秘	孔艳惠	证券代码	833331
	公司网址	www.szfcar.com			电子信箱	
	电　　话	86-755-82904729			传　　真	86-755-83147605
	办公地址	广东省深圳市南山区高新区科技中二路 39 号万基产业园 N401-N406				
	经营范围	汽车检测设备、其他电子产品及其软件的开发、批发、进出口及相关配套业务				

主要财务指标	指标\报告期	2015.06.30	2014.12.31	2013.12.31	2012.12.31
	净利润(万元)	79.26	147.83	161.86	–
	净利润增长率(%)	84.9440	–8.6706	–	–
	加权净资产收益率(%)	10.7600	24.0900	34.7500	–
	资产负债比率(%)	43.1692	50.6012	59.6268	–
	净利润现金含量(%)	–517.4319	222.2129	–37.7955	–
	基本每股收益(元)	0.1500	0.3000	0.3200	–
	每股收益–扣除(元)	–	–	–	–
	每股收益–摊薄(元)	0.1428	0.2957	0.3237	–
	每股资本公积金(元)	0.0811	–	–	–
	每股未分配利润(元)	0.3270	0.2045	–0.0685	–
	每股净资产(元)	1.4300	1.2300	0.9300	–
	每股经营现金流量(元)	–0.7389	0.6600	–0.1200	–
	经营活动现金净流量增长(%)	–3502.8794	637.0	–	–

山西多尔晋泽煤机股份有限公司

公司概况	公司名称	山西多尔晋泽煤机股份有限公司			证券简称	多尔晋泽
	法人代表	杨定础	董秘		证券代码	833332
	公司网址				电子信箱	drjzmj@163.com
	电　　话	86-351-4371929			传　　真	86-351-4371929
	办公地址	山西省太原不锈钢产业园区 C 区 1 号 2 号厂房				
	经营范围	生产和销售各类刮板输送机、转载机、破碎机及各类煤机配件等				

主要财务指标	指标\报告期	2015.06.30	2014.12.31	2013.12.31	2012.12.31
	净利润(万元)	136.33	129.03	–27.22	–
	净利润增长率(%)	60.7655	574.0	–	–
	加权净资产收益率(%)	11.7400	12.5400	–3.7400	–
	资产负债比率(%)	70.6800	76.4190	58.4141	–
	净利润现金含量(%)	–37.5067	239.0358	840.1706	–
	基本每股收益(元)	0.1400	0.1300	–0.0400	–
	每股收益–扣除(元)	–	–	–0.0900	–
	每股收益–摊薄(元)	0.1363	0.1290	–0.0272	–
	每股资本公积金(元)	0.1844	–	–	–
	每股未分配利润(元)	0.0452	0.0840	–0.0357	–
	每股净资产(元)	1.2300	1.0900	0.9600	–
	每股经营现金流量(元)	–0.0511	0.3084	–0.2300	–
	经营活动现金净流量增长(%)	93.2	234.8	–	–

无锡和晶科技股份有限公司

公司概况						
	公司名称	无锡和晶科技股份有限公司			证券简称	和晶科技
	法人代表	陈柏林	董秘	徐宏斌	证券代码	300279
	公司网址	www.hodgen-china.com		电子信箱	stock@hodgen-china.com	
	电话	0510-85259761		传真	0510-85258772	
	办公地址	无锡新区长江东路177号				
	经营范围	大型白色家电智能控制器的研发、生产和销售等				

主要财务指标	指标\报告期	2015.06.30	2014.12.31	2014.06.30	2013.12.31
	基本每股收益(元)	0.1388	0.1955	0.1245	0.1500
	基本每股收益(扣除后)(元)	0.1366	0.1756	0.1167	0.1300
	稀释每股收益(元)	0.1388	0.1955	0.1245	0.1500
	每股净资产(元)	4.4204	4.3831	3.0488	2.9595
	每股经营现金净流量(元)	−0.2190	0.3237	0.0200	0.1194
	每股现金流量(元)	−0.2635	−0.2684	0.0340	−0.6792
	每股资本公积金(元)	2.6175	2.6175	1.2597	1.2597
	每股盈余公积金(元)	0.0935	0.0935	0.0805	0.0805
	每股未分配利润(元)	0.7488	0.7100	0.7382	0.6637
	净资产收益率(%)	3.1397	4.0570	4.0826	4.9820
	加权净资产收益率(%)	3.1300	6.2000	4.1100	5.0200
	净资产收益率(扣除)(%)	3.0911	3.6442	3.8278	4.4887
	总资产(万元)	111914.74	106286.65	60640.87	57247.80
	归属母公司股东权益(万元)	58858.60	58362.04	36585.92	35513.45
	营业收入(万元)	36908.74	68175.47	31774.49	49281.53
	营业支出(万元)	30587.03	58855.93	27332.49	42229.33
	投资收益(万元)	−454.23	−116.60	−	−
	净利润(万元)	1848.00	2367.75	1493.66	1769.28
	营业利润(万元)	2373.20	2537.79	1648.94	1740.92
	利润总额(万元)	2467.15	2945.74	1817.10	2063.89

南通锻压设备股份有限公司

公司概况						
	公司名称	南通锻压设备股份有限公司			证券简称	南通锻压
	法人代表	郭凡	董秘	张剑峰	证券代码	300280
	公司网址	www.ntdy.com.cn		电子信箱	ntdygs@163.com	
	电话	0513-82153885		传真	0513-82153885	
	办公地址	江苏省南通市如皋市经济开发区锻压产业园区内				
	经营范围	锻压设备(液压机床、机械压力机)及配件的制造、销售、维修等				

主要财务指标	指标\报告期	2015.06.30	2014.12.31	2014.06.30	2013.12.31
	基本每股收益(元)	0.0170	0.0237	0.0160	0.0132
	基本每股收益(扣除后)(元)	0.0133	−0.0318	0.0055	−0.0441
	稀释每股收益(元)	0.0170	0.0237	0.0160	0.0132
	每股净资产(元)	4.9085	4.9095	4.8987	4.8897
	每股经营现金净流量(元)	0.2370	0.3127	0.1695	0.1794
	每股现金流量(元)	−0.0940	−0.6023	0.0338	−0.2779
	每股资本公积金(元)	3.2991	3.2991	3.2991	3.2991
	每股盈余公积金(元)	0.0745	0.0745	0.0717	0.0717
	每股未分配利润(元)	0.5127	0.5157	0.5108	0.5048
	净资产收益率(%)	0.3463	0.4818	0.3267	0.2690
	加权净资产收益率(%)	0.3500	0.4800	0.3300	0.2700
	净资产收益率(扣除)(%)	0.2712	−0.6477	0.1127	−0.9009
	总资产(万元)	80993.24	78749.03	73767.03	73757.94
	归属母公司股东权益(万元)	62828.23	62841.83	62703.20	62587.76
	营业收入(万元)	12002.46	33179.60	17446.84	30407.26
	营业支出(万元)	9233.85	26813.24	14717.17	25194.58
	投资收益(万元)	768.34	792.03	10.00	50.00
	净利润(万元)	174.42	270.54	204.88	168.37
	营业利润(万元)	177.97	113.66	81.99	−621.35
	利润总额(万元)	232.90	327.89	240.40	241.91

广东金明精机股份有限公司

公司概况						
	公司名称	广东金明精机股份有限公司			证券简称	金明精机
	法人代表	马镇鑫	董秘	林尧鑫	证券代码	300281
	公司网址	www.jmjj.com		电子信箱	stock@jmjj.com	
	电话	0754-89811399		传真	0754-89811303	
	办公地址	广东省汕头市濠江区纺织工业园				
	经营范围	货物进出口、技术进出口(法律、行政法规禁止的项目除外)等				

主要财务指标	指标\报告期	2015.06.30	2014.12.31	2014.06.30	2013.12.31
	基本每股收益(元)	0.1022	0.5000	0.2094	0.4600
	基本每股收益(扣除后)(元)	0.0981	0.4500	0.1900	0.3500
	稀释每股收益(元)	0.1009	0.5000	0.2066	0.4600
	每股净资产(元)	2.8872	2.8048	5.3070	5.1430
	每股经营现金净流量(元)	−0.1202	0.5595	−0.3348	−0.3662
	每股现金流量(元)	−0.2532	0.2782	−0.3668	−1.1427
	每股资本公积金(元)	0.9542	2.8996	2.8284	2.8095
	每股盈余公积金(元)	0.0959	0.1919	0.1427	0.1441
	每股未分配利润(元)	0.8646	1.5755	1.3359	1.1894
	净资产收益率(%)	3.5390	8.8460	3.9130	8.9247
	加权净资产收益率(%)	3.6200	9.3400	4.0000	9.2600
	净资产收益率(扣除)(%)	3.3990	8.0137	3.6428	6.8619
	总资产(万元)	98493.56	100171.70	95335.80	92213.20
	归属母公司股东权益(万元)	70011.14	68010.87	64313.34	61716.56
	营业收入(万元)	17282.49	36146.83	13826.32	27608.44
	营业支出(万元)	11007.51	22705.89	8630.91	17474.38
	投资收益(万元)	−	−	−	−
	净利润(万元)	2487.42	6029.24	2516.59	5508.01
	营业利润(万元)	2807.73	6373.87	2588.38	5088.74
	利润总额(万元)	2923.06	7040.01	2792.85	6588.48

北京汇冠新技术股份有限公司

公司概况						
	公司名称	北京汇冠新技术股份有限公司			证券简称	汇冠股份
	法人代表	解浩然	董秘	张辉	证券代码	300282
	公司网址	www.irtouch.com		电子信箱	dm@irtouch.com	
	电话	010-84573455		传真	010-84574981	
	办公地址	北京市海淀区东北旺西路10号院21号楼汇冠大厦五层				
	经营范围	触摸屏的研发、设计、生产和销售等				

主要财务指标	指标\报告期	2015.06.30	2014.12.31	2014.06.30	2013.12.31
	基本每股收益(元)	0.2024	0.1200	−0.0542	−0.1200
	基本每股收益(扣除后)(元)	0.1907	0.1500	−0.0707	−0.2300
	稀释每股收益(元)	0.2024	0.1200	−0.0542	−0.1200
	每股净资产(元)	10.7725	3.9300	3.8777	3.9300
	每股经营现金净流量(元)	0.1323	0.1514	−0.0543	−0.1773
	每股现金流量(元)	−0.0153	0.1229	−0.5584	−0.7772
	每股资本公积金(元)	9.0722	9.0722	2.1662	2.1662
	每股盈余公积金(元)	0.0641	0.0641	0.1136	0.1136
	每股未分配利润(元)	0.6367	0.4563	0.5989	0.6531
	净资产收益率(%)	1.8789	0.8282	−1.3975	−3.1342
	加权净资产收益率(%)	1.8500	3.8800	−1.3900	−3.0600
	净资产收益率(扣除)(%)	1.7707	1.0144	−1.8250	−5.8195
	总资产(万元)	221719.86	207071.35	34188.20	32302.37
	归属母公司股东权益(万元)	137051.76	134752.44	27844.31	28237.26
	营业收入(万元)	70599.62	82377.28	10533.31	12111.25
	营业支出(万元)	58457.35	67790.04	7585.98	8520.04
	投资收益(万元)	−	−	−	−
	净利润(万元)	3458.26	2185.40	−389.13	−885.01
	营业利润(万元)	4242.08	3289.19	−119.71	−1497.20
	利润总额(万元)	4419.97	3241.63	−0.69	−705.88

温州宏丰电工合金股份有限公司

公司概况	公司名称	温州宏丰电工合金股份有限公司		证券简称	温州宏丰
	法人代表	陈晓	董秘	陈晓(代)	证券代码	300283
	公司网址	www.wzhf.com	电子信箱	zqb@wzhf.com	
	电　　话	0577-62876828	传　　真	0577-62876808	
	办公地址	浙江省乐清市北白象镇大桥工业区塘下片区			
	经营范围	电接触功能复合材料、元件及组件的研发、生产和销售等			

主要财务指标 指标\报告期	2015.06.30	2014.12.31	2014.06.30	2013.12.31
基本每股收益(元)	0.0300	0.1700	0.1000	0.0400
基本每股收益(扣除后)(元)	0.0300	0.1200	0.0900	0.0300
稀释每股收益(元)	0.0300	0.1700	0.1000	0.0400
每股净资产(元)	1.9761	4.0486	3.9835	5.8302
每股经营现金净流量(元)	0.0359	0.3198	–0.3419	0.3410
每股现金流量(元)	–0.2976	0.2668	–0.0964	–0.9603
每股资本公积金(元)	0.5500	2.1000	2.1000	3.6500
每股盈余公积金(元)	0.0659	0.1319	0.1179	0.1768
每股未分配利润(元)	0.3602	0.8167	0.7656	1.0034
净资产收益率(%)	1.3553	4.1602	2.5933	0.7586
加权净资产收益率(%)	1.3300	4.2500	2.6200	0.7600
净资产收益率(扣除)(%)	1.2662	2.9253	2.2606	0.4977
总资产(万元)	86386.25	88943.63	74814.06	68692.78
归属母公司股东权益(万元)	54587.39	55919.36	55019.86	53685.10
营业收入(万元)	31664.02	66849.64	31475.34	66275.88
营业支出(万元)	27279.16	56732.94	26132.71	57663.48
投资收益(万元)	250.98	237.60	0.75	23.23
净利润(万元)	579.08	2307.32	1426.85	407.27
营业利润(万元)	548.37	2115.58	1615.19	224.03
利润总额(万元)	533.14	2519.20	1784.57	335.39

苏交科集团股份有限公司

公司概况	公司名称	苏交科集团股份有限公司		证券简称	苏交科
	法人代表	王军华	董秘	潘岭松	证券代码	300284
	公司网址	www.jsti.com	电子信箱	sjkdmb@jsti.com	
	电　　话	025-86576542	传　　真	025-86576666	
	办公地址	江苏省南京市江宁科学园诚信大道 2200 号			
	经营范围	工程勘察、设计、施工、试验、监理及相关技术服务、地质勘察等			

主要财务指标 指标\报告期	2015.06.30	2014.12.31	2014.06.30	2013.12.31
基本每股收益(元)	0.1946	0.5173	0.1630	0.7731
基本每股收益(扣除后)(元)	0.1884	0.4994	0.1587	0.7502
稀释每股收益(元)	0.1946	0.5173	0.1630	0.7731
每股净资产(元)	4.3569	3.9214	3.3138	3.2355
每股经营现金净流量(元)	–0.6884	0.5019	–0.2485	1.1870
每股现金流量(元)	–0.1408	–0.1469	–0.9920	–0.3885
每股资本公积金(元)	1.9060	1.4276	1.1098	3.1820
每股盈余公积金(元)	0.1392	0.1527	0.1260	0.2522
每股未分配利润(元)	1.3111	1.3405	1.0774	2.0354
净资产收益率(%)	4.1367	12.7607	4.9131	11.9480
加权净资产收益率(%)	4.7900	14.6400	4.9100	12.6200
净资产收益率(扣除)(%)	4.0048	12.3204	4.7842	11.5935
总资产(万元)	450716.47	429507.61	309672.83	312091.99
归属母公司股东权益(万元)	241190.32	197899.21	159213.09	155301.67
营业收入(万元)	87375.22	216279.27	65531.14	162760.50
营业支出(万元)	57379.95	144349.78	45838.87	115567.52
投资收益(万元)	–30.61	571.53	308.09	159.30
净利润(万元)	10322.23	26916.72	7822.32	18555.41
营业利润(万元)	12624.05	32130.35	9901.18	22948.50
利润总额(万元)	13198.77	33270.83	10179.48	23499.56

山东国瓷功能材料股份有限公司

公司概况	公司名称	山东国瓷功能材料股份有限公司		证券简称	国瓷材料
	法人代表	张曦	董秘	许少梅	证券代码	300285
	公司网址	www.sinocera.com.cn	电子信箱	sinocera@sinocera.com.cn	
	电　　话	0546-8073768	传　　真	0546-8073610	
	办公地址	山东省东营市东营区辽河路 24 号			
	经营范围	生产、销售电子陶瓷粉体材料(不含危险品)、对销售后的产品进行技术服务等			

主要财务指标 指标\报告期	2015.06.30	2014.12.31	2014.06.30	2013.12.31
基本每股收益(元)	0.1566	0.5000	0.2100	0.6300
基本每股收益(扣除后)(元)	0.1300	0.4500	0.1900	0.5300
稀释每股收益(元)	0.1561	0.5000	0.2100	0.6200
每股净资产(元)	2.9362	2.8412	5.2821	5.1519
每股经营现金净流量(元)	–0.0603	–0.0723	–0.0391	0.3827
每股现金流量(元)	–0.2066	–1.0194	–0.6357	–0.4355
每股资本公积金(元)	0.8847	2.7693	2.6719	2.5944
每股盈余公积金(元)	0.1341	0.2682	0.2301	0.2312
每股未分配利润(元)	0.9174	1.6217	1.3801	1.3264
净资产收益率(%)	5.3341	8.7913	3.9587	12.1199
加权净资产收益率(%)	5.3900	9.3900	3.9800	13.2400
净资产收益率(扣除)(%)	4.5843	7.9138	3.5313	10.1877
总资产(万元)	102400.72	91810.84	84779.52	72976.95
归属母公司股东权益(万元)	74719.35	72006.15	66786.86	64844.14
营业收入(万元)	24215.91	37488.44	14801.50	26641.86
营业支出(万元)	14217.13	22986.62	9299.43	14667.65
投资收益(万元)	–	–	–	–
净利润(万元)	4614.39	7238.38	2643.89	7859.03
营业利润(万元)	4946.52	7842.60	2993.93	7685.12
利润总额(万元)	5613.73	8734.96	3329.72	9159.13

安科瑞电气股份有限公司

公司概况	公司名称	安科瑞电气股份有限公司		证券简称	安科瑞
	法人代表	周中	董秘	罗叶兰	证券代码	300286
	公司网址	www.acrel.cn	电子信箱	acrel@acrel.cn	
	电　　话	021-69158331	传　　真	021-69158330	
	办公地址	上海市嘉定区育绿路 253 号			
	经营范围	用户端智能电力仪表的研发、生产和销售等			

主要财务指标 指标\报告期	2015.06.30	2014.12.31	2014.06.30	2013.12.31
基本每股收益(元)	0.2300	0.5100	0.2500	0.9000
基本每股收益(扣除后)(元)	0.2200	0.4800	0.2400	0.8600
稀释每股收益(元)	0.2300	0.5100	0.2500	0.9000
每股净资产(元)	3.4963	3.4290	3.2681	6.4204
每股经营现金净流量(元)	0.1686	0.6854	0.2013	0.9312
每股现金流量(元)	–0.2309	–0.0205	–0.1333	0.3209
每股资本公积金(元)	1.2306	1.2249	1.2123	3.3991
每股盈余公积金(元)	0.1800	0.1798	0.1285	0.2571
每股未分配利润(元)	1.1612	1.1300	0.9273	1.7642
净资产收益率(%)	6.5736	14.5568	7.5035	13.8791
加权净资产收益率(%)	6.7200	15.6300	7.6500	14.6800
净资产收益率(扣除)(%)	6.1766	13.7127	7.2149	13.2301
总资产(万元)	61523.63	62129.65	55627.88	50927.51
归属母公司股东权益(万元)	49944.14	49035.15	46733.99	45905.74
营业收入(万元)	13719.78	28347.85	13586.04	21134.98
营业支出(万元)	5751.58	11828.32	5566.48	7762.05
投资收益(万元)	–	–	–	–
净利润(万元)	3200.93	7146.81	3506.70	6371.30
营业利润(万元)	2835.62	6398.37	3373.99	5849.80
利润总额(万元)	3810.76	8351.99	4194.98	7381.21

北京飞利信科技股份有限公司

公司概况	公司名称	北京飞利信科技股份有限公司			证券简称	飞利信
	法人代表	杨振华	董秘	许莉	证券代码	300287
	公司网址	www.philisense.com		电子信箱	phls@philisense.com	
	电　话	010-62053775 62058123		传　真	010-60958100	
	办公地址	北京市海淀区塔院志新村2号飞利信大厦				
	经营范围	国务院决定未规定许可的自主选择经营项目开展经营活动				

	指标＼报告期	2015.06.30	2014.12.31	2014.06.30	2013.12.31
主要财务指标	基本每股收益(元)	0.0700	0.3700	0.0900	0.5200
	基本每股收益(扣除后)(元)	0.0700	0.3600	0.0800	0.5200
	稀释每股收益(元)	0.0700	0.3700	0.0900	0.5200
	每股净资产(元)	2.6152	4.4023	2.1802	4.2903
	每股经营现金净流量(元)	–0.2689	–0.4870	–0.5801	–0.9104
	每股现金流量(元)	–0.2375	0.7685	–0.1178	0.1865
	每股资本公积金(元)	1.1036	2.4062	0.3757	1.7514
	每股盈余公积金(元)	0.0183	0.0381	0.0367	0.0565
	每股未分配利润(元)	0.4931	0.9577	0.7678	1.4824
	净资产收益率(%)	2.5183	7.6641	4.0153	12.2161
	加权净资产收益率(%)	2.9600	15.9600	4.0000	12.8800
	净资产收益率(扣除)(%)	2.4505	7.4945	3.8234	12.0763
	总资产(万元)	255719.24	259542.80	105024.11	95015.95
	归属母公司股东权益(万元)	149119.47	120802.77	54940.94	54057.91
	营业收入(万元)	49329.21	68089.86	26486.60	54010.84
	营业支出(万元)	29913.27	42668.21	16900.83	35273.87
	投资收益(万元)	755.65	–	–	–
	净利润(万元)	3689.92	9260.35	2206.04	6603.77
	营业利润(万元)	3909.28	10585.45	2392.26	7569.46
	利润总额(万元)	4430.02	10826.56	2516.10	7737.20

贵阳朗玛信息技术股份有限公司

公司概况	公司名称	贵阳朗玛信息技术股份有限公司			证券简称	朗玛信息
	法人代表	王伟	董秘	余周军	证券代码	300288
	公司网址	www.longmaster.com.cn		电子信箱	zhengquanbu@longmaster com.cn	
	电　话	0851-3842119		传　真	0851-3835538	
	办公地址	贵州省贵阳市观山湖区长岭南路31号国家数字内容产业园二楼				
	经营范围	计算机技术及软件开发、销售、计算机硬件及耗材销售、计算机网络互联设备销售等				

	指标＼报告期	2015.06.30	2014.12.31	2014.06.30	2013.12.31
主要财务指标	基本每股收益(元)	0.1000	0.3300	0.1400	0.5300
	基本每股收益(扣除后)(元)	0.0800	0.1300	0.1100	0.4500
	稀释每股收益(元)	0.1000	0.3300	0.1400	0.5300
	每股净资产(元)	2.7062	7.8099	5.0630	4.9202
	每股经营现金净流量(元)	0.1039	0.4081	0.0457	0.5761
	每股现金流量(元)	–0.1154	–0.6260	–0.1160	0.3003
	每股资本公积金(元)	0.9216	4.7649	2.0887	2.0887
	每股盈余公积金(元)	0.0794	0.2393	0.2149	0.2149
	每股未分配利润(元)	0.7051	1.8056	1.7595	1.6167
	净资产收益率(%)	3.8164	3.9499	2.8209	10.7148
	加权净资产收益率(%)	3.8900	6.4100	2.8600	11.1700
	净资产收益率(扣除)(%)	3.0163	1.6017	2.2117	9.1990
	总资产(万元)	112623.00	117599.57	58571.81	57011.69
	归属母公司股东权益(万元)	91454.93	87975.94	54072.81	52547.47
	营业收入(万元)	15745.10	12134.10	6276.25	15161.18
	营业支出(万元)	4566.52	1253.51	609.40	1662.07
	投资收益(万元)	508.83	3.76	41.45	–13.48
	净利润(万元)	3290.36	2972.11	1525.34	5630.36
	营业利润(万元)	4063.94	1252.08	1204.78	5204.98
	利润总额(万元)	4406.24	3544.56	1570.87	6095.55

北京利德曼生化股份有限公司

公司概况	公司名称	北京利德曼生化股份有限公司			证券简称	利德曼
	法人代表	沈广仟	董秘	牛巨辉	证券代码	300289
	公司网址	www.leadmanbio.com		电子信箱	leadman@leadmanbio.com	
	电　话	010-84923554		传　真	010-67856540*8881	
	办公地址	北京市北京经济技术开发区宏达南路5号				
	经营范围	主要从事体外诊断产品及生物化学原料的研发、生产和销售等				

	指标＼报告期	2015.06.30	2014.12.31	2014.06.30	2013.12.31
主要财务指标	基本每股收益(元)	0.3200	0.8400	0.2900	0.7200
	基本每股收益(扣除后)(元)	0.2800	0.8100	0.2700	0.7000
	稀释每股收益(元)	0.3200	0.8400	0.2900	0.7200
	每股净资产(元)	6.4000	6.1300	5.6900	5.5400
	每股经营现金净流量(元)	0.5680	–0.0840	–0.1518	0.5888
	每股现金流量(元)	0.2779	–1.4147	–0.4055	–0.6730
	每股资本公积金(元)	3.0320	2.9756	2.7429	2.7429
	每股盈余公积金(元)	0.3152	0.3160	0.2436	0.2436
	每股未分配利润(元)	2.2740	2.1193	1.7015	1.5547
	净资产收益率(%)	4.8457	13.3001	5.0423	12.9326
	加权净资产收益率(%)	4.9500	14.1600	5.0500	13.6600
	净资产收益率(扣除)(%)	4.2606	12.8982	4.8345	12.6336
	总资产(万元)	160846.26	161616.86	126758.30	124398.40
	归属母公司股东权益(万元)	100867.09	96451.11	87367.27	85112.36
	营业收入(万元)	29942.60	53697.08	19492.06	34363.02
	营业支出(万元)	13801.91	20495.66	7727.79	12660.63
	投资收益(万元)	–	–	–	–
	净利润(万元)	6702.58	14372.01	4405.31	11007.20
	营业利润(万元)	7233.05	16174.36	5101.62	12526.55
	利润总额(万元)	7967.35	16779.53	5315.22	12825.85

荣科科技股份有限公司

公司概况	公司名称	荣科科技股份有限公司			证券简称	荣科科技
	法人代表	付永全	董秘	冯丽	证券代码	300290
	公司网址	www.bringspring.com		电子信箱	zqtz@bringspring.com	
	电　话	024-22851050 86901698		传　真	024-22851050	
	办公地址	辽宁省沈阳市和平区和平北大街62号				
	经营范围	计算机软硬件技术、电控工程技术开发、计算机系统集成及咨询服务等				

	指标＼报告期	2015.06.30	2014.12.31	2014.06.30	2013.12.31
主要财务指标	基本每股收益(元)	0.1300	0.4187	0.1379	0.3913
	基本每股收益(扣除后)(元)	0.1091	0.3981	0.1280	0.3468
	稀释每股收益(元)	0.1300	0.4187	0.1379	0.3913
	每股净资产(元)	5.1139	3.1808	2.9004	2.8419
	每股经营现金净流量(元)	–0.5954	–0.1986	–0.4004	–0.8382
	每股现金流量(元)	1.7132	–0.2458	–0.5842	–0.3308
	每股资本公积金(元)	2.8381	0.7131	0.7131	0.7131
	每股盈余公积金(元)	0.1470	0.1737	0.1336	0.1336
	每股未分配利润(元)	1.1290	1.2942	1.0535	0.9956
	净资产收益率(%)	2.1512	13.1641	4.7562	13.7673
	加权净资产收益率(%)	4.0100	13.8700	4.7400	14.5800
	净资产收益率(扣除)(%)	1.8052	12.5159	4.4141	12.2039
	总资产(万元)	101851.35	65434.09	53093.11	56551.58
	归属母公司股东权益(万元)	82188.49	43259.30	39445.37	38650.40
	营业收入(万元)	19541.72	41191.95	15031.42	37558.60
	营业支出(万元)	12932.31	26906.76	9935.74	24754.11
	投资收益(万元)	–	–	–	–
	净利润(万元)	1706.10	5825.23	1876.09	5321.13
	营业利润(万元)	1546.36	5609.59	1466.94	5385.30
	利润总额(万元)	2094.99	6316.48	2008.07	6084.86

北京华录百纳影视股份有限公司

公司概况	公司名称	北京华录百纳影视股份有限公司			证券简称	华录百纳
	法人代表	陈润生	董秘	陈永倬	证券代码	300291
	公司网址	www.hlbn-ent.com		电子信箱	hbndsh@163.com	
	电　　话	010-52281866		传　　真	010-52281853	
	办公地址	北京市石景山区阜石路 165 号中国华录大厦 13 层				
	经营范围	电视剧、电影的投资制作发行及衍生业务等				

	指标\报告期	2015.06.30	2014.12.31	2014.06.30	2013.12.31
主要财务指标	基本每股收益(元)	0.0880	0.5230	0.1720	0.9350
	基本每股收益(扣除后)(元)	0.0800	0.4450	0.1140	0.8450
	稀释每股收益(元)	0.0880	0.5230	0.1720	0.9350
	每股净资产(元)	5.1803	9.2560	4.0140	7.8550
	每股经营现金净流量(元)	–0.3926	–0.1464	–0.4259	–0.5505
	每股现金流量(元)	–0.2087	–0.1130	–0.4927	–0.9452
	每股资本公积金(元)	3.4601	7.0281	1.5778	4.1557
	每股盈余公积金(元)	0.0474	0.0841	0.1103	0.1988
	每股未分配利润(元)	0.6727	1.1438	1.3261	2.5009
	净资产收益率(%)	1.6993	4.1005	4.2727	11.8974
	加权净资产收益率(%)	1.7000	9.8800	4.2700	12.4600
	净资产收益率(扣除)(%)	1.5441	3.4848	2.8341	10.7542
	总资产(万元)	437850.06	404940.30	115913.44	114564.78
	归属母公司股东权益(万元)	367041.44	364347.05	105975.51	103691.48
	营业收入(万元)	87604.76	75957.46	21889.37	37788.33
	营业支出(万元)	69755.70	52297.33	14424.69	20202.13
	投资收益(万元)	4.31	58.55	1.59	0.60
	净利润(万元)	6839.20	15012.71	4528.03	12336.58
	营业利润(万元)	6588.98	14708.55	4128.30	14988.03
	利润总额(万元)	7617.74	17596.32	6129.80	16570.56

吴通控股集团股份有限公司

公司概况	公司名称	吴通控股集团股份有限公司			证券简称	吴通控股
	法人代表	万卫方	董秘	姜红	证券代码	300292
	公司网址	www.jswutong.com		电子信箱	wutong@jswutong.com	
	电　　话	0512-82285059		传　　真	0512-65461778	
	办公地址	江苏省苏州市相城区黄桥街道永方路 32 号				
	经营范围	专业从事无线通信射频连接系统、光纤连接产品的研发、生产及销售等				

	指标\报告期	2015.06.30	2014.12.31	2014.06.30	2013.12.31
主要财务指标	基本每股收益(元)	0.2500	0.2900	0.0700	0.1800
	基本每股收益(扣除后)(元)	0.2200	0.2700	0.0700	0.1300
	稀释每股收益(元)	0.2500	0.2900	0.0700	0.1800
	每股净资产(元)	6.6081	4.2437	2.6760	4.0016
	每股经营现金净流量(元)	–0.1524	0.5392	–0.1595	0.0595
	每股现金流量(元)	–0.4402	0.7970	–0.1979	–0.2650
	每股资本公积金(元)	5.0782	2.7145	1.2195	2.3293
	每股盈余公积金(元)	0.0338	0.0433	0.0440	0.0660
	每股未分配利润(元)	0.4965	0.4865	0.4128	0.6070
	净资产收益率(%)	2.9480	5.6672	2.7953	4.0838
	加权净资产收益率(%)	5.7300	9.1800	2.7800	5.0700
	净资产收益率(扣除)(%)	2.5917	5.1820	2.4448	2.9151
	总资产(万元)	249741.10	145551.22	70748.60	68345.90
	归属母公司股东权益(万元)	196084.27	98306.14	46948.00	46803.03
	营业收入(万元)	60391.90	78419.31	27341.41	32136.64
	营业支出(万元)	45437.13	62303.76	22079.10	25762.42
	投资收益(万元)	–	–	–	–
	净利润(万元)	5780.58	5571.24	1312.34	1911.35
	营业利润(万元)	6610.13	5922.50	1366.19	1559.16
	利润总额(万元)	7534.13	6441.72	1516.61	2203.30

沈阳蓝英工业自动化装备股份有限公司

公司概况	公司名称	沈阳蓝英工业自动化装备股份有限公司			证券简称	蓝英装备
	法人代表	郭洪生	董秘	马缨	证券代码	300293
	公司网址	www.chnsbs.net		电子信箱	sbs@blue-silver.net	
	电　　话	024-23810393		传　　真	024-23825186	
	办公地址	辽宁省沈阳市浑南产业区东区飞云路 3 号				
	经营范围	专业机械和自动化电气控制系统的设计、生产、安装、调试、销售等				

	指标\报告期	2015.06.30	2014.12.31	2014.06.30	2013.12.31
主要财务指标	基本每股收益(元)	0.1170	0.2738	0.2393	0.5600
	基本每股收益(扣除后)(元)	0.1086	0.2300	0.2251	0.5300
	稀释每股收益(元)	0.1170	0.2738	0.2393	0.5600
	每股净资产(元)	2.5682	2.8007	4.0299	3.8906
	每股经营现金净流量(元)	0.2900	0.3643	0.2466	–1.5463
	每股现金流量(元)	–0.2967	–0.4544	–0.5641	–0.1011
	每股资本公积金(元)	0.5892	0.5888	1.3832	1.3832
	每股盈余公积金(元)	0.0789	0.0789	0.0990	0.0990
	每股未分配利润(元)	0.9001	1.1330	1.5476	1.4084
	净资产收益率(%)	4.5605	9.7695	5.9376	14.4757
	加权净资产收益率(%)	4.1000	10.1400	5.7900	15.4300
	净资产收益率(扣除)(%)	4.2313	8.0931	5.5852	13.5201
	总资产(万元)	209945.26	216138.55	180467.01	169852.55
	归属母公司股东权益(万元)	69340.74	75618.82	72538.28	70031.22
	营业收入(万元)	23081.35	60935.65	32168.14	82877.97
	营业支出(万元)	14321.65	41096.12	21472.37	61090.87
	投资收益(万元)	1.91	2.41	0.09	7.89
	净利润(万元)	3159.84	7390.07	4307.06	10137.49
	营业利润(万元)	2713.50	7162.16	4957.34	11768.09
	利润总额(万元)	3801.05	9042.24	5261.00	13092.87

江西博雅生物制药股份有限公司

公司概况	公司名称	江西博雅生物制药股份有限公司			证券简称	博雅生物
	法人代表	徐建新	董秘	范一沁	证券代码	300294
	公司网址	www.china-boya.com		电子信箱	dongmi@china-boya.com	
	电　　话	0794-8264398		传　　真	0794-8237323	
	办公地址	江西省抚州市金巢经济开发区惠泉路 333 号				
	经营范围	血液制品的研发、生产和销售等				

	指标\报告期	2015.06.30	2014.12.31	2014.06.30	2013.12.31
主要财务指标	基本每股收益(元)	0.6200	1.3700	0.5900	1.0900
	基本每股收益(扣除后)(元)	0.4100	1.3100	0.5400	1.0400
	稀释每股收益(元)	0.6200	1.3700	0.5900	1.0900
	每股净资产(元)	7.7700	3.7700	10.5400	10.4500
	每股经营现金净流量(元)	0.3896	1.6080	0.9397	1.1755
	每股现金流量(元)	–0.8045	–0.6659	–1.1171	–1.6492
	每股资本公积金(元)	3.8104	6.2155	6.2155	6.2155
	每股盈余公积金(元)	0.3355	0.5032	0.5032	0.5032
	每股未分配利润(元)	2.6253	3.6056	2.8177	2.7312
	净资产收益率(%)	7.9986	12.1367	5.5670	10.4030
	加权净资产收益率(%)	8.1100	12.7700	5.5900	10.8300
	净资产收益率(扣除)(%)	5.3235	11.5497	5.1264	9.9788
	总资产(万元)	109549.92	101783.17	92939.61	100446.98
	归属母公司股东权益(万元)	88358.02	85838.65	79866.55	79210.68
	营业收入(万元)	22517.50	43779.30	19081.92	24527.81
	营业支出(万元)	8304.39	16759.19	7625.22	10627.44
	投资收益(万元)	2546.94	–424.15	–181.31	7.39
	净利润(万元)	7672.89	11520.41	4445.87	8240.31
	营业利润(万元)	8994.93	12939.29	5299.51	9383.12
	利润总额(万元)	9154.38	13590.92	5752.79	9775.93

江苏三六五网络股份有限公司

公司概况					
公司名称	江苏三六五网络股份有限公司			证券简称	三六五网
法人代表	章海林	董秘	凌云	证券代码	300295
公司网址	www.house365.com		电子信箱	dshbgs@house365.com	
电　话	025-83201657 83203503		传　真	025-83202471	
办公地址	江苏省南京市建邺区新城科技园云龙山路99号省建大厦B座				
经营范围	新房网络营销服务、二手房网络营销服务、家居网络营销服务以及研究咨询业务等				

主要财务指标　指标\报告期	2015.06.30	2014.12.31	2014.06.30	2013.12.31
基本每股收益(元)	0.5900	1.8800	1.6200	2.1400
基本每股收益(扣除后)(元)	0.5400	1.6300	1.4900	1.9400
稀释每股收益(元)	0.5900	1.8800	1.6200	2.1400
每股净资产(元)	8.8059	9.8670	14.4035	13.7790
每股经营现金净流量(元)	0.2406	1.7367	1.1252	2.8790
每股现金流量(元)	0.5052	0.1072	0.2087	0.3154
每股资本公积金(元)	3.8315	4.8026	7.7039	7.7039
每股盈余公积金(元)	0.4167	0.5000	0.5000	0.5000
每股未分配利润(元)	3.5577	3.5644	5.1995	4.5755
净资产收益率(%)	6.6708	19.0606	11.2754	15.5597
加权净资产收益率(%)	6.9000	19.4900	11.2600	16.3400
净资产收益率(扣除)(%)	6.1290	16.5536	10.3643	14.0549
总资产(万元)	97577.75	92397.02	86131.00	83817.09
归属母公司股东权益(万元)	84563.32	78960.58	76842.54	73513.21
营业收入(万元)	27914.14	47618.20	22004.22	37659.83
营业支出(万元)	1580.14	3020.24	950.68	2142.73
投资收益(万元)	332.75	524.94	192.62	22.77
净利润(万元)	5216.29	14711.94	8664.33	11438.40
营业利润(万元)	7101.36	16424.65	9825.56	12286.18
利润总额(万元)	7410.21	18171.93	10455.90	13582.73

利亚德光电股份有限公司

公司概况					
公司名称	利亚德光电股份有限公司			证券简称	利亚德
法人代表	李军	董秘	李楠楠	证券代码	300296
公司网址	www.leyard.com		电子信箱	leyard2010@leyard.com	
电　话	010-62864532 62888888		传　真	010-62877624	
办公地址	北京市海淀区颐和园北正红旗西街9号				
经营范围	专业从事LED应用产品研发、设计、生产、销售和服务等				

主要财务指标　指标\报告期	2015.06.30	2014.12.31	2014.06.30	2013.12.31
基本每股收益(元)	0.1300	0.5200	0.1800	0.5300
基本每股收益(扣除后)(元)	0.0800	0.4000	0.1400	0.4800
稀释每股收益(元)	0.1300	0.5200	0.1800	0.5300
每股净资产(元)	1.7893	3.4126	3.0818	4.9067
每股经营现金净流量(元)	-0.1041	0.2604	-0.1098	0.0398
每股现金流量(元)	0.0255	-0.0270	0.3054	-0.2686
每股资本公积金(元)	0.2185	1.4107	1.3991	2.6669
每股盈余公积金(元)	0.0266	0.0538	0.0439	0.0944
每股未分配利润(元)	0.5466	0.9524	0.6390	1.1454
净资产收益率(%)	6.9759	14.6448	5.4318	10.9001
加权净资产收益率(%)	7.1400	17.4200	7.1500	11.4700
净资产收益率(扣除)(%)	4.5229	11.3939	4.2628	9.8102
总资产(万元)	222076.51	195584.02	166446.06	124119.86
归属母公司股东权益(万元)	116612.79	110155.89	99401.55	73600.46
营业收入(万元)	60040.57	117992.36	41180.07	77812.46
营业支出(万元)	36786.25	71502.39	25587.34	50132.81
投资收益(万元)	608.58	1039.82	-	-
净利润(万元)	8255.39	16379.42	5399.28	8022.52
营业利润(万元)	5621.32	16200.49	4040.89	7139.24
利润总额(万元)	10021.38	19478.07	5876.76	9259.16

蓝盾信息安全技术股份有限公司

公司概况					
公司名称	蓝盾信息安全技术股份有限公司			证券简称	蓝盾股份
法人代表	柯宗贵	董秘	李德桂	证券代码	300297
公司网址	www.bluedon.com		电子信箱	stock@chinabluedon.cn	
电　话	020-85639340		传　真	020-85639340	
办公地址	广东省广州市天河区科韵路16号自编1栋2101				
经营范围	计算机软、硬件开发、计算机信息集成、布线、承接网络工程建设项目等				

主要财务指标　指标\报告期	2015.06.30	2014.12.31	2014.06.30	2013.12.31
基本每股收益(元)	0.0700	0.1800	0.0200	0.1600
基本每股收益(扣除后)(元)	0.0500	0.1700	0.0100	0.0700
稀释每股收益(元)	0.0700	0.1800	0.0200	0.1600
每股净资产(元)	2.4022	3.6389	3.4892	3.4738
每股经营现金净流量(元)	-0.3604	0.1814	-0.3520	0.2548
每股现金流量(元)	-0.0500	-0.3247	-0.7845	-0.2230
每股资本公积金(元)	0.9209	1.5931	1.5931	1.5931
每股盈余公积金(元)	0.0473	0.1115	0.1003	0.1003
每股未分配利润(元)	0.4339	0.9344	0.7959	0.7804
净资产收益率(%)	2.6410	4.9497	0.4420	4.6945
加权净资产收益率(%)	3.8500	5.0600	0.4400	4.7800
净资产收益率(扣除)(%)	1.8850	4.5499	-	1.8716
总资产(万元)	206399.83	131464.85	113481.04	108870.39
归属母公司股东权益(万元)	116588.03	71322.85	68388.81	68086.57
营业收入(万元)	33017.97	52490.45	20057.15	39536.64
营业支出(万元)	18711.10	30670.25	11516.32	24965.64
投资收益(万元)	-12.53	0.07	-27.14	-
净利润(万元)	3092.01	3692.36	302.24	3196.33
营业利润(万元)	2560.48	3218.42	40.98	1144.76
利润总额(万元)	3780.51	4118.93	391.06	3621.56

三诺生物传感股份有限公司

公司概况					
公司名称	三诺生物传感股份有限公司			证券简称	三诺生物
法人代表	李少波	董秘	黄安国	证券代码	300298
公司网址	www.sinocare.com.cn		电子信箱	investor@sinocare.com.cn	
电　话	0731-89935529		传　真	0731--89935530	
办公地址	湖南省长沙市国家高新技术开发区谷苑路265号				
经营范围	利用生物传感技术研发、生产、销售即时检测产品等				

主要财务指标　指标\报告期	2015.06.30	2014.12.31	2014.06.30	2013.12.31
基本每股收益(元)	0.2884	0.9900	0.4060	1.2500
基本每股收益(扣除后)(元)	0.2576	0.9200	0.3659	1.1600
稀释每股收益(元)	0.2884	0.9800	0.4060	1.2500
每股净资产(元)	4.4041	5.5547	4.9775	7.3029
每股经营现金净流量(元)	0.2002	0.7655	0.1749	0.8604
每股现金流量(元)	-0.4789	0.4193	-0.0873	-0.7480
每股资本公积金(元)	1.9129	2.6255	2.4778	4.1624
每股盈余公积金(元)	0.3407	0.4442	0.2968	0.4452
每股未分配利润(元)	1.2637	1.6326	1.2029	1.6953
净资产收益率(%)	6.5323	17.7579	7.0436	17.0223
加权净资产收益率(%)	6.4900	19.3500	8.0900	18.7000
净资产收益率(扣除)(%)	5.8349	16.4417	6.4794	15.8054
总资产(万元)	128469.32	121178.06	108318.27	104871.92
归属母公司股东权益(万元)	114885.90	111127.32	99283.63	97111.45
营业收入(万元)	31585.71	54492.32	25000.64	44905.34
营业支出(万元)	11028.07	16945.40	8627.70	14731.37
投资收益(万元)	738.28	1000.93	734.70	1062.38
净利润(万元)	7473.78	19733.92	8098.77	16530.63
营业利润(万元)	8758.11	19803.15	9161.81	16929.77
利润总额(万元)	8962.54	23019.73	9562.48	19079.42

富春通信股份有限公司

公司概况					
公司名称	富春通信股份有限公司			证券简称	富春通信
法人代表	缪品章	董秘	陈宏伟	证券代码	300299
公司网址	www.forcom.com.cn		电子信箱	fuchungroup@163.com	
电　　话	0591-83992010		传　　真	0591-83920667	
办公地址	福建省福州市鼓楼区铜盘路软件大道 89 号 C 区 25 号楼				
经营范围	通信网络建设前期的规划咨询、可行性研究、勘察设计等				

主要财务指标 指标\报告期	2015.06.30	2014.12.31	2014.06.30	2013.12.31
基本每股收益(元)	0.0800	0.0800	0.0400	0.0900
基本每股收益(扣除后)(元)	0.0700	0.0800	0.0300	0.0900
稀释每股收益(元)	0.0800	0.0800	0.0300	0.0900
每股净资产(元)	3.3582	2.2406	2.2153	3.2570
每股经营现金净流量(元)	0.0684	–0.0740	–0.0610	–0.2443
每股现金流量(元)	–0.0423	–0.1774	–0.1007	–0.2527
每股资本公积金(元)	2.1103	0.7463	0.7667	1.6274
每股盈余公积金(元)	0.0252	0.0530	0.0519	0.0778
每股未分配利润(元)	0.2227	0.4412	0.3967	0.5518
净资产收益率(%)	1.7943	3.6233	1.6040	2.9143
加权净资产收益率(%)	5.1400	3.6800	1.6200	2.9400
净资产收益率(扣除)(%)	1.6382	3.4477	–	2.8517
总资产(万元)	153853.18	55510.76	52370.05	46207.05
归属母公司股东权益(万元)	127612.02	40532.37	40075.11	39279.52
营业收入(万元)	13794.66	22287.23	8609.83	18255.18
营业支出(万元)	7686.93	14649.40	5679.01	12416.25
投资收益(万元)	–22.08	35.58	–2.35	–
净利润(万元)	2468.67	1873.92	642.69	1144.72
营业利润(万元)	2556.92	2449.12	866.04	1824.90
利润总额(万元)	2764.03	2506.33	925.34	1856.47

汉鼎信息科技股份有限公司

公司概况					
公司名称	汉鼎信息科技股份有限公司			证券简称	汉鼎股份
法人代表	吴艳	董秘	丁国卿	证券代码	300300
公司网址	www.hakim.com.cn		电子信箱	hakim@hakim.com.cn	
电　　话	0571-89938397		传　　真	0571-88303333	
办公地址	浙江省杭州市天目山路 181 号天际大厦 6 楼				
经营范围	建筑智能化、公共安全管理智能化等				

主要财务指标 指标\报告期	2015.06.30	2014.12.31	2014.06.30	2013.12.31
基本每股收益(元)	0.1188	0.4457	0.2356	0.3000
基本每股收益(扣除后)(元)	0.0771	0.3704	0.2247	0.2800
稀释每股收益(元)	0.1183	0.4383	0.2356	0.3000
每股净资产(元)	1.9747	1.8960	3.5365	3.1792
每股经营现金净流量(元)	–0.1771	–0.6886	–0.6344	0.1054
每股现金流量(元)	–0.1101	–0.3898	–0.4159	–0.0360
每股资本公积金(元)	0.1906	1.3613	1.3152	1.2935
每股盈余公积金(元)	0.0748	0.1496	0.1092	0.1092
每股未分配利润(元)	0.7094	1.2811	1.1121	0.9065
净资产收益率(%)	6.0177	11.7545	6.6620	9.0013
加权净资产收益率(%)	6.0800	12.6100	6.8900	9.3700
净资产收益率(扣除)(%)	3.9047	9.7677	–	8.4865
总资产(万元)	130807.99	124693.47	107413.28	96772.18
归属母公司股东权益(万元)	75592.20	72577.88	67688.87	63338.16
营业收入(万元)	36944.04	74611.21	38021.41	48494.04
营业支出(万元)	26711.20	52904.93	27044.08	35697.44
投资收益(万元)	1415.83	121.10	–10.43	0.41
净利润(万元)	4662.96	9047.54	4509.50	5701.25
营业利润(万元)	5153.19	8598.37	4895.49	6069.50
利润总额(万元)	5553.27	9890.12	5108.67	6411.27

深圳市长方半导体照明股份有限公司

公司概况					
公司名称	深圳市长方半导体照明股份有限公司			证券简称	长方照明
法人代表	邓子长	董秘	李海俭	证券代码	300301
公司网址	www.cfled.com		电子信箱	ir@cfled.com	
电　　话	86-755-82828966		传　　真	0755-83981999	
办公地址	广东省深圳市坪山新区大工业区聚龙山 3 号路				
经营范围	主要从事 LED 照明光源器件和 LED 照明产品的研发、设计、生产和销售等				

主要财务指标 指标\报告期	2015.06.30	2014.12.31	2014.06.30	2013.12.31
基本每股收益(元)	0.0594	0.1877	0.1194	0.1015
基本每股收益(扣除后)(元)	0.0550	0.1876	0.1112	0.0804
稀释每股收益(元)	0.0592	0.1863	0.1194	0.1015
每股净资产(元)	1.9416	1.3139	2.8721	2.7737
每股经营现金净流量(元)	0.1396	0.1173	0.1890	0.4494
每股现金流量(元)	0.1255	–0.2473	–0.0867	–0.4931
每股资本公积金(元)	0.6513	1.2708	1.3065	1.3016
每股盈余公积金(元)	0.0296	0.0752	0.0557	0.0557
每股未分配利润(元)	0.2634	0.5588	0.5100	0.4205
净资产收益率(%)	2.6391	6.4330	4.1590	3.6288
加权净资产收益率(%)	4.3200	6.6200	4.2300	3.7500
净资产收益率(扣除)(%)	2.4443	6.4317	3.8731	2.8748
总资产(万元)	293007.72	174032.41	152746.52	131046.46
归属母公司股东权益(万元)	134039.31	78771.06	78316.58	75745.08
营业收入(万元)	60994.05	92119.16	45607.71	81290.83
营业支出(万元)	46674.60	73140.04	34979.45	66320.95
投资收益(万元)	2.79	–	–	–
净利润(万元)	4620.19	5067.31	3257.19	2748.65
营业利润(万元)	4785.90	5733.12	3583.84	2329.51
利润总额(万元)	5114.96	5734.32	3847.25	3001.31

北京同有飞骥科技股份有限公司

公司概况					
公司名称	北京同有飞骥科技股份有限公司			证券简称	同有科技
法人代表	周泽湘	董秘	沈晶	证券代码	300302
公司网址	www.toyou.com.cn		电子信箱	zqtz@toyou.com.cn	
电　　话	010-62491977		传　　真	010-62491977	
办公地址	北京市海淀区地锦路 9 号院 2 号楼-1 至 4 层 101				
经营范围	数据存储、数据保护、容灾等技术的研究、开发和应用等				

主要财务指标 指标\报告期	2015.06.30	2014.12.31	2014.06.30	2013.12.31
基本每股收益(元)	0.0700	0.2400	0.0700	0.3300
基本每股收益(扣除后)(元)	0.0600	0.2100	0.0500	0.2800
稀释每股收益(元)	0.0700	0.2400	0.0700	0.3300
每股净资产(元)	2.6543	4.6770	8.1061	4.4647
每股经营现金净流量(元)	–0.1400	0.2773	–0.3214	–0.6060
每股现金流量(元)	–0.1990	0.0827	–0.5124	–1.1983
每股资本公积金(元)	0.9930	2.5787	5.4417	5.4417
每股盈余公积金(元)	0.0671	0.1207	0.1742	0.1742
每股未分配利润(元)	0.5942	0.9776	1.4903	1.4206
净资产收益率(%)	2.6790	5.1338	1.4760	4.0693
加权净资产收益率(%)	2.7000	5.2500	1.4800	4.1400
净资产收益率(扣除)(%)	2.4089	4.5684	1.1466	3.5382
总资产(万元)	57697.33	59534.92	55328.35	54487.86
归属母公司股东权益(万元)	51599.19	50512.01	48636.71	48218.84
营业收入(万元)	11639.78	24653.29	10413.40	22114.80
营业支出(万元)	6818.16	15150.82	6474.39	14597.08
投资收益(万元)	–	–	–	–
净利润(万元)	1382.33	2593.16	717.87	1962.17
营业利润(万元)	1371.29	2619.14	601.62	1930.83
利润总额(万元)	1569.37	2955.08	790.07	2232.15

深圳市聚飞光电股份有限公司

公司概况					
公司名称	深圳市聚飞光电股份有限公司			证券简称	聚飞光电
法人代表	邢其彬	董秘	殷敬煌	证券代码	300303
公司网址	www.jfled.com.cn		电子信箱	jfzq@jfled.com.cn	
电　　话	0755-29646311		传　　真	0755-29646312	
办公地址	广东省深圳市龙岗区平湖街道鹅公岭社区鹅岭工业区4号C栋1-3楼、E栋				
经营范围	专业从事SMD LED器件的研发、生产与销售等				

主要财务指标

指标\报告期	2015.06.30	2014.12.31	2014.06.30	2013.12.31
基本每股收益(元)	0.1100	0.6300	0.3000	0.6000
基本每股收益(扣除后)(元)	0.0800	0.5800	0.2900	0.5700
稀释每股收益(元)	0.1100	0.6300	0.3000	0.6000
每股净资产(元)	1.7303	3.7166	3.3796	4.2091
每股经营现金净流量(元)	0.0925	0.5476	0.3048	0.7241
每股现金流量(元)	-0.5265	0.2730	-0.3348	-0.6003
每股资本公积金(元)	0.0290	0.9639	0.9636	1.5527
每股盈余公积金(元)	0.1077	0.2123	0.1780	0.1921
每股未分配利润(元)	0.5936	1.5404	1.2380	1.4643
净资产收益率(%)	6.3103	17.0169	8.7499	14.2959
加权净资产收益率(%)	6.3400	18.2600	8.8000	15.3000
净资产收益率(扣除)(%)	4.5612	15.6443	8.6989	13.4936
总资产(万元)	144637.08	143546.76	133616.88	125912.95
归属母公司股东权益(万元)	107684.50	105135.13	95602.51	91589.39
营业收入(万元)	41632.20	99050.89	48125.25	75362.86
营业支出(万元)	31140.23	70525.00	34092.30	53056.90
投资收益(万元)	1814.37	1931.48	257.09	-
净利润(万元)	6689.33	17683.73	8365.12	13093.57
营业利润(万元)	7211.88	20231.10	9445.95	14381.05
利润总额(万元)	7628.22	20583.05	9503.35	15245.60

江苏云意电气股份有限公司

公司概况					
公司名称	江苏云意电气股份有限公司			证券简称	云意电气
法人代表	付红玲	董秘	李成忠	证券代码	300304
公司网址	www.yunyi-china.com		电子信箱	dsh@yunyi-china.com	
电　　话	0516-83306666		传　　真	0516-83306669	
办公地址	江苏省徐州市铜山经济开发区黄山路26号				
经营范围	车用整流器和调节器等汽车电子产品的研发、生产和销售等				

主要财务指标

指标\报告期	2015.06.30	2014.12.31	2014.06.30	2013.12.31
基本每股收益(元)	0.2300	0.4100	0.4600	0.9400
基本每股收益(扣除后)(元)	0.2000	0.3400	0.4100	0.8800
稀释每股收益(元)	0.2300	0.4100	0.4600	0.9400
每股净资产(元)	4.7901	4.7554	9.2502	8.9800
每股经营现金净流量(元)	0.2471	0.3307	0.1634	0.3539
每股现金流量(元)	0.7152	-0.7652	-0.7837	-1.7150
每股资本公积金(元)	2.2391	2.2391	5.4782	5.4726
每股盈余公积金(元)	0.1930	0.1930	0.3027	0.3027
每股未分配利润(元)	1.3580	1.3234	2.4694	2.2078
净资产收益率(%)	4.8988	8.6445	4.9893	10.4557
加权净资产收益率(%)	4.8800	8.9000	5.0400	10.9000
净资产收益率(扣除)(%)	4.1927	7.2304	4.3786	9.7575
总资产(万元)	120788.45	120599.36	117224.80	112164.65
归属母公司股东权益(万元)	95801.78	95108.62	92502.17	89831.20
营业收入(万元)	22884.58	43069.89	21603.61	43407.16
营业支出(万元)	15675.12	29819.20	14487.13	28646.51
投资收益(万元)	450.03	1082.77	301.57	81.96
净利润(万元)	4709.66	8116.71	4615.21	9392.51
营业利润(万元)	5041.41	8777.05	5037.24	10426.45
利润总额(万元)	5437.87	9334.15	5425.16	11089.38

江苏裕兴薄膜科技股份有限公司

公司概况					
公司名称	江苏裕兴薄膜科技股份有限公司			证券简称	裕兴股份
法人代表	王建新	董秘	陈琼	证券代码	300305
公司网址	www.czyuxing.com		电子信箱	info@czyuxing.com	
电　　话	0519-83905129		传　　真	0519-83971008	
办公地址	江苏省常州市钟楼经济开发区童子河西路8-8号				
经营范围	中厚型特种功能性聚酯薄膜的研发、生产和销售等				

主要财务指标

指标\报告期	2015.06.30	2014.12.31	2014.06.30	2013.12.31
基本每股收益(元)	0.3007	0.4646	0.2402	0.4100
基本每股收益(扣除后)(元)	0.2835	0.4386	0.2279	0.3800
稀释每股收益(元)	0.3007	0.4646	0.2402	0.4100
每股净资产(元)	8.9249	8.6727	8.4484	8.3061
每股经营现金净流量(元)	0.4465	0.0381	0.0830	0.5434
每股现金流量(元)	-0.4352	-0.0471	-0.0126	0.3133
每股资本公积金(元)	4.9599	4.8715	4.8715	4.8715
每股盈余公积金(元)	0.6734	0.6793	0.5863	0.5863
每股未分配利润(元)	2.2915	2.1220	1.9906	1.8483
净资产收益率(%)	3.3495	5.3565	2.8435	4.8889
加权净资产收益率(%)	3.4100	5.4800	2.8600	4.9500
净资产收益率(扣除)(%)	3.1586	5.0573	2.6979	4.5990
总资产(万元)	134812.04	130066.29	127562.45	125967.41
归属母公司股东权益(万元)	129637.98	124886.67	121656.46	119608.34
营业收入(万元)	24644.50	58277.30	27887.00	56983.93
营业支出(万元)	18516.57	47031.99	22694.37	47799.05
投资收益(万元)	474.91	578.19	261.75	449.87
净利润(万元)	4342.20	6689.53	3459.32	5847.54
营业利润(万元)	4849.94	7293.82	3885.75	6358.84
利润总额(万元)	5058.76	7601.55	4023.60	6662.42

杭州远方光电信息股份有限公司

公司概况					
公司名称	杭州远方光电信息股份有限公司			证券简称	远方光电
法人代表	潘建根	董秘	张杰	证券代码	300306
公司网址	www.everfine.cn		电子信箱	board@everfine.cn	
电　　话	0571-88990665		传　　真	0571-86673318	
办公地址	浙江省杭州市滨江区滨康路669号				
经营范围	计算机软件、电流表、电压表、电功率表、功率因素表、光学标准灯等				

主要财务指标

指标\报告期	2015.06.30	2014.12.31	2014.06.30	2013.12.31
基本每股收益(元)	0.1200	0.7500	0.3700	0.7500
基本每股收益(扣除后)(元)	0.0900	0.6500	0.3300	0.6900
稀释每股收益(元)	0.1100	0.7500	0.3700	0.7500
每股净资产(元)	4.3757	8.1330	8.2919	8.1330
每股经营现金净流量(元)	0.0654	0.7644	0.0734	0.8614
每股现金流量(元)	0.1144	-0.0147	-0.2587	-0.0927
每股资本公积金(元)	1.9346	4.8489	4.8319	4.8131
每股盈余公积金(元)	0.1683	0.3366	0.2602	0.2602
每股未分配利润(元)	1.2736	2.5163	2.2002	2.0598
净资产收益率(%)	2.6373	8.6539	4.4335	9.2214
加权净资产收益率(%)	2.6300	8.9700	4.4700	9.6800
净资产收益率(扣除)(%)	2.0544	7.4541	3.9859	8.5217
总资产(万元)	110825.71	111213.19	105723.10	103938.65
归属母公司股东权益(万元)	105015.75	104406.11	99502.83	97596.37
营业收入(万元)	8413.67	20897.50	9270.58	19688.06
营业支出(万元)	2712.65	7078.89	2999.82	6333.07
投资收益(万元)	686.41	563.75	437.30	202.90
净利润(万元)	2769.55	9035.17	4411.41	8999.78
营业利润(万元)	2674.88	8382.32	4317.96	8602.70
利润总额(万元)	3180.48	10090.80	4813.22	9982.91

宁波慈星股份有限公司

公司概况	公司名称	宁波慈星股份有限公司			证券简称	慈星股份
	法人代表	孙平范	董秘	傅桂平	证券代码	300307
	公司网址	www.ci-xing.com		电子信箱	stock@ci-xing.com	
	电　　话	0574-63932279		传　　真	0574-63932266	
	办公地址	浙江省慈溪市庵东工业区纬三路西				
	经营范围	纺织机械制造、纺织制成品设计及制造、机械用电脑集成电路开发等				

主要财务指标	指标\报告期	2015.06.30	2014.12.31	2014.06.30	2013.12.31
	基本每股收益(元)	0.1100	–0.4300	–0.0900	0.3500
	基本每股收益(扣除后)(元)	0.0810	–0.4500	–0.1000	0.3200
	稀释每股收益(元)	0.1100	–0.4300	–0.0900	0.3500
	每股净资产(元)	4.7792	4.6710	5.0209	5.2072
	每股经营现金净流量(元)	0.0106	–0.2088	–0.2446	0.4119
	每股现金流量(元)	0.5048	–0.3102	–0.2949	–0.0088
	每股资本公积金(元)	2.4038	2.4038	2.4038	2.4038
	每股盈余公积金(元)	0.2328	0.2328	0.2215	0.2215
	每股未分配利润(元)	1.1376	1.0324	1.3883	1.5778
	净资产收益率(%)	2.2022	–9.2927	–1.7820	6.6775
	加权净资产收益率(%)	2.2300	–8.8000	–1.7400	6.8500
	净资产收益率(扣除)(%)	1.6469	–9.6299	–	6.0887
	总资产(万元)	433044.34	430946.51	471230.93	483214.85
	归属母公司股东权益(万元)	383288.99	374631.02	402673.20	417617.49
	营业收入(万元)	40885.29	76353.46	50717.09	200018.86
	营业支出(万元)	24758.01	48684.13	31922.06	118639.78
	投资收益(万元)	225.00	198.56	–53.44	548.29
	净利润(万元)	8392.73	–34839.66	–7175.97	27886.59
	营业利润(万元)	2438.76	–40417.88	–10612.03	38433.42
	利润总额(万元)	9004.96	–31917.48	–2862.23	35692.89

山东中际电工装备股份有限公司

公司概况	公司名称	山东中际电工装备股份有限公司			证券简称	中际装备
	法人代表	王伟修	董秘	邓扬锋	证券代码	300308
	公司网址	www.zhongji.cc		电子信箱	info@zhongji.cc	
	电　　话	0535-8573360 018753555179		传　　真	0535-8573360	
	办公地址	山东省龙口市诸由观镇驻地				
	经营范围	电机绕组制造装备的研发、设计、生产和销售等				

主要财务指标	指标\报告期	2015.06.30	2014.12.31	2014.06.30	2013.12.31
	基本每股收益(元)	–0.0200	0.0400	–0.0200	0.1200
	基本每股收益(扣除后)(元)	–0.0200	0.0100	–0.0500	0.0200
	稀释每股收益(元)	–0.0200	0.0400	–0.0200	0.1200
	每股净资产(元)	2.4985	2.5228	4.3651	4.4109
	每股经营现金净流量(元)	0.0853	0.0422	0.1793	0.3011
	每股现金流量(元)	0.1069	–0.2427	–0.4720	0.3844
	每股资本公积金(元)	1.0756	1.0756	2.6512	2.6512
	每股盈余公积金(元)	0.0544	0.0544	0.0912	0.0912
	每股未分配利润(元)	0.3614	0.3851	0.6069	0.6539
	净资产收益率(%)	–0.9459	1.4984	–0.5715	2.6903
	加权净资产收益率(%)	–0.9400	1.5400	–0.5700	2.7200
	净资产收益率(扣除)(%)	–1.0272	0.4812	–1.0919	0.3852
	总资产(万元)	65413.21	65575.75	69052.23	74000.19
	归属母公司股东权益(万元)	53971.01	54495.74	52383.36	52933.76
	营业收入(万元)	4307.67	11874.62	5818.53	9052.62
	营业支出(万元)	3093.76	8020.00	3912.55	5385.31
	投资收益(万元)	–185.89	212.24	–	–
	净利润(万元)	–510.49	816.55	–299.36	1424.09
	营业利润(万元)	–562.16	215.09	–631.28	185.69
	利润总额(万元)	–510.49	867.25	–307.64	1621.21

吉艾科技(北京)股份公司

公司概况	公司名称	吉艾科技(北京)股份公司			证券简称	吉艾科技
	法人代表	高怀雪	董秘	赵正启	证券代码	300309
	公司网址	www.gi-tech.cn		电子信箱	investor@gi-tech.cn	
	电　　话	010-83612293		传　　真	010-83612366	
	办公地址	北京市朝阳区中汇广场 A 座 801				
	经营范围	石油测井仪器的研发、生产、销售和现场技术服务等				

主要财务指标	指标\报告期	2015.06.30	2014.12.31	2014.06.30	2013.12.31
	基本每股收益(元)	0.0500	0.3900	0.0900	0.3400
	基本每股收益(扣除后)(元)	0.0500	0.3700	0.0900	0.3400
	稀释每股收益(元)	0.0500	0.3900	0.0900	0.3400
	每股净资产(元)	2.9948	6.0036	5.7000	5.7100
	每股经营现金净流量(元)	0.4315	–0.4197	–0.4026	0.2495
	每股现金流量(元)	–0.1428	–1.0868	–0.5702	–0.5585
	每股资本公积金(元)	1.1175	3.2349	3.2340	3.2433
	每股盈余公积金(元)	0.0945	0.1890	0.1582	0.1582
	每股未分配利润(元)	0.7842	1.5742	1.3055	1.3017
	净资产收益率(%)	1.6973	6.5692	1.6619	5.9145
	加权净资产收益率(%)	1.6800	6.7400	1.6500	6.0500
	净资产收益率(扣除)(%)	1.6898	6.2378	1.5226	5.9079
	总资产(万元)	232646.11	142026.99	139743.26	144191.85
	归属母公司股东权益(万元)	130140.48	130443.12	123884.42	124064.57
	营业收入(万元)	8505.71	25396.28	8788.80	23537.37
	营业支出(万元)	3666.94	12300.43	4303.55	10266.52
	投资收益(万元)	21.85	3004.23	307.63	631.64
	净利润(万元)	1770.24	9486.42	2058.84	7337.80
	营业利润(万元)	2200.14	10055.52	2448.78	9605.60
	利润总额(万元)	2213.12	10583.24	2652.03	9616.36

广东宜通世纪科技股份有限公司

公司概况	公司名称	广东宜通世纪科技股份有限公司			证券简称	宜通世纪
	法人代表	童文伟	董秘	吴伟生	证券代码	300310
	公司网址	www.etonetech.com		电子信箱	etonetech@etonetech.com	
	电　　话	020-66819698		传　　真	020-85566235	
	办公地址	广州市天河区科韵路 16 号广州信息港 A 栋 12 楼				
	经营范围	通信网络技术服务和系统解决方案等				

主要财务指标	指标\报告期	2015.06.30	2014.12.31	2014.06.30	2013.12.31
	基本每股收益(元)	0.1400	0.2100	0.1100	0.2200
	基本每股收益(扣除后)(元)	0.1400	0.2000	0.1100	0.2100
	稀释每股收益(元)	0.1400	0.2100	0.1100	0.2200
	每股净资产(元)	3.0400	2.9500	2.8500	3.6200
	每股经营现金净流量(元)	–0.3445	0.1666	–0.1674	–0.3967
	每股现金流量(元)	–0.4722	–0.1315	–0.4207	–0.8309
	每股资本公积金(元)	0.9141	0.9141	0.9141	1.4884
	每股盈余公积金(元)	0.0938	0.0938	0.0783	0.1018
	每股未分配利润(元)	1.0354	0.9456	0.8620	1.0295
	净资产收益率(%)	4.5927	7.0318	3.8033	6.0485
	加权净资产收益率(%)	4.6500	7.2500	3.8200	6.2400
	净资产收益率(扣除)(%)	4.5975	6.9158	3.7344	5.7909
	总资产(万元)	93589.21	96515.26	80902.56	82121.64
	归属母公司股东权益(万元)	69631.48	67577.52	65309.52	63705.63
	营业收入(万元)	47693.66	91059.90	31223.06	70523.98
	营业支出(万元)	36320.43	69421.48	22633.68	52630.78
	投资收益(万元)	–193.91	331.41	26.86	–
	净利润(万元)	3148.78	4714.39	2483.89	3853.21
	营业利润(万元)	3685.89	5366.68	2961.62	4207.89
	利润总额(万元)	3703.25	5487.96	3016.12	4413.93

证券简称：正全股份　证券代码：832232

广东正全科技股份有限公司，2007 年 7 月成立，2015 年 4 月登陆新三板，公司主要从事行业互联网整体方案设计与开发业务，定位于“传统企业＋互联网转型升级服务商”，是拥有《增值电信业务经营许可证》、《短消息类服务接入代码使用证书》、《网络文化经营许可证》等经营资质的高新技术企业。近年来公司先后获得“高新技术企业”、“广东省民营科技企业”等荣誉。

互联网＋餐饮　互联网＋大数据＋智能服务　互联网＋汽车　互联网＋民生　互联网＋健康

公司一直专注于移动互联网应用与服务，通过与众多优秀企业合作，逐步实现互联网＋、移动互联网、行业互联网、工业 4.0、跨境电商、物联网、车联网、可穿戴设备等功能。针对不同地区、行业的企业、单位，公司为其量身定做符合其商业模式的互联网和移动互联网运营管理系统。公司现已研发出以移动互联网为主的线上线下行业服务平台《正全易推》、移动游戏《食潮》、移动客户端《食潮汇》、车友出行必备客户端《汽车大姨妈》、个人用户服务中心《woshare》等。公司已与多家传统行业的细分龙头企业进行“互联网＋”合作：为中共汕头市委宣传部、中国联通汕头公司和广东航宇等企业、单位开发综合移动应用《精致汕头》；为汕头市卫计局、汕头市健康教育所、卫生信息中心开发出行业个性化移动应用《健康汕头》；为广州邦逸皮具开发箱包皮具供应链“互联网＋”平台项目《天兆箱包》等。

正全股份® ZHENGQUAN

地址：汕头市长平路丹阳庄西三区 17 幢韩江大厦 1801 号房之 02、04、06 室及 1/1901 室
电话：0754-88998318　传真：0754-88998318 转 841
邮箱：zhengquan@yqlzq.com

HS 恒神股份
HENGSHEN CO.,LTD

证券简称：恒神股份
证券代码：832397

江苏恒神股份有限公司
地址：江苏省丹阳市开发区通港路北侧
电话：0511-86939000
传真：0511-86939333
邮箱：hstz@hscarbonfibre.com
网址：www.hscarbonfibre.com

制造中国好材料

公司外景

公2015年5月挂牌

公2015年5月挂牌敲钟仪式

江苏恒神股份有限公司是集碳纤维及其复合材料研发、生产、销售、设计应用服务为一体的高新技术企业，成立于2007年8月，注册资本12.3亿元，拥有覆盖原丝、碳纤维、织物、树脂、预浸料、复合材料制品及设计与产品开发服务的完整产业链和设计研发、制订规范、工艺保障、材料认证、售后服务的完整服务链，为客户提供从碳纤维材料到复合材料应用设计开发一体化解决方案。拥有国家级 “博士后科研工作站”、省级“PAN基碳纤维工程技术研究中心”、“企业技术中心”研发平台，凭借雄厚的技术实力，承担了高性能纤维复合材料示范工程、战略性新兴产业专项、产业转型升级等多个国家级和省级重大项目，拥有发明和实用新型专利28项。恒神股份已成为国内碳纤维行业规模最大、设备最先进、产业链最完整、设计开发能力最强的碳纤维企业。

恒神股份秉持“集成融合，跨越赶超、创造卓越”的发展理念，产业报国、克难奋进、开拓进取，打破传统模式，形成以碳纤维研发生产为保证，复合材料应用设计开发为引擎的发展模式，集合了一批高级专家、博士、博士后为核心的工程技术团队，引领着中国碳纤维及其复合材料产业化的发展方向，为航空航天、轨道交通、海洋工程、新能源汽车、工程机械等装备行业提供新型材料，让蓝天雄鹰飞得更高更远，让客户价值得到提升。

航空

航天

汽车

轨道交通

海洋工程

高压电缆

风力发电

工程机械

浙江中林勘察研究股份有限公司

股份简称：中林股份　证券代码：831216

地址：嵊州市三江街道兴旺街 288-20 号
电话：0575-83006806　传真：0575-83357566
邮箱：692976205@qq.com

团结和谐，科学创新，热情服务

www.zjzhonglin.com/cn

浙江中林勘察研究股份有限公司坐落于美丽的浙江嵊州市，是浙江省首批民营勘察企业之一，于 2005 年 1 月经省建设厅批准成立。是嵊州和新昌区域唯一一家具有岩土工程勘察甲级资质的企业，具备岩土工程设计、岩土工程物探监测检测、建设地基基础检测、岩土工程治理等资质。集岩土工程研究、开发、设计、应用技术于一体。

公司现有各类专业人员 80 多名，其中包括国家级注册岩土工程师 4 名、高级岩土工程师 9 名，岩土工程师 20 名，地球物理工程师 2 名，水文地质工程师 2 名，大地测量工程师 2 名，检测监测工程师 2 名。公司拥有各种精良的岩土工程仪器及设备，能同时承担房屋建筑、市政道路、桥梁、交通、水利水电等岩土工程任务，并利用计算机技术实现数据采集、存储、处理、成图自动化。公司装备精良、人才优秀、作风务实、队伍团结，能高效、优质地为建设单位提供各类岩土工程技术服务。

公司在做强做大本专业的同时，积极拓展相关行业和业务市场。公司先后在衢州、温州、绍兴、上海、义乌等地成立了分公司，公司业务立足于浙江，辐射上海，拓展全国市场。

2014 年 10 月公司在北京“新三板”成功挂牌上市，股票简称：中林股份，股票代码：831216。成功挂牌上市将更有利于公司健康、持续、稳定发展。

经营范围

岩土工程勘察、岩土工程设计、岩土工程物探检测监测、岩土工程咨询、地基基础检测、岩土工程治理、地基与基础处理、深基坑支护、地基基础施工、地质灾害防治工程施工、岩土工程劳务分包。

资质荣誉

工程勘察专业类岩土工程（勘察）甲级、工程勘察专业类（岩土工程（物探测试检测监测））乙级、地基与基础工程专业承包叁级和建设工程地基基础检测资质。

获得质量管理体系认证证书、职业健康安全管理体系认证证书、环境管理体系认证证书。

2013 年获得绍兴市兰花杯优秀勘察设计奖。

2015 年成为浙江工业大学建筑工程学院创新科研基地。

北京精英智通科技股份有限公司

证券简称：精英智通　证券代码：430325

董事长：曾文先生

办公楼

展会

一、基本概况

北京精英智通科技股份有限公司（Beijing JAYA Technology Co.,Ltd），成立于2005年，原名：北京精英智通交通系统科技有限公司，注册资金1650万元，是立足于中关村高科技园区，面向全国交通管理产品市场的创新型高新技术企业。公司集研发、系统集成、销售、工程、售后服务于一身，拥有数百人的高素质团队，服务网点遍布全国二十多个省，是信誉卓著的智能交通、智能驾考与综合业务监管产品与服务提供商。凭借不断创新的产品和优质的服务，公司得以快速发展和不断壮大，并成为行业领导者。

北京精英智通公司创立于中关村高科技园区，是国内领先的专业提供智能交通、智能驾考与综合业务监管产品与服务的创新型高新技术企业。公司经过多年的创新、发展和实践，取得了骄人业绩，成为行业领导者，并有效推动了交通管理行业监管与考试标准的确定和执行，对提高智能交通自动化和综合监管水平作出了突出贡献。

北京精英智通科技股份有限公司自成立之日起至今，共发明了17项专利，获得了24项软件著作权等相关资质及荣誉证书。连续2年被评为北京诚信经营承诺企业，并获得国家高新技术企业证书、中关村高新技术企业证书、（2014 ITS CHINA 年度盛典）2013年度最佳成长企业证书、第六届中国国际道路交通厅安全产品博览会优秀企业证书、中国智能交通协会第二届理事会理事单位等22项荣誉证书。

二、业务范围

公司致力于为社会提供先进的智能监管系统及机动车驾驶员培训和考试系统。产品包括：业务监管平台系统；科目二智能桩考系统；科目二智能场地驾驶技能考试系统；科目三智能化实际道路驾驶技能考试系统；计时培训与监管系统，机动车驾驶员指纹登记信息系统；车驾管业务综合管理信息系统；视频分析技术；业务人员行为监管技术等。

三、经营业绩

精英智通公司的“业务智能监管”系统，率先在智能交通行业的驾驶人考试领域进行了多年的成功实践，各项技术均处于国内外领先水平。公司秉承“服务领先，品质制胜”的理念，在全国20多个省市、自治区、直辖市建立并正常运行了两百余套驾驶人科目二场内道路考试系统、三百多套驾驶人科目二桩考考试系统、多套驾驶人科目三实际道路考试系统及驾驶人考试综合业务监管平台系统（包括科目1、科目2、科目3的考试监管）。

2014年度，公司实现营业收入14,401.1万元，比去年同期增长1.45%；利润总额和净利润分别为3,357.03万元、2852.74万元，比去年同期增长9.59%、11.83%　。本报告期末，公司总资产为24067.97万元，归属于挂牌公司股东的净资产为15468.78万元。

四、企业文化

核心价值观：成就客户，超越自我，团队进取，面向未来。

使命：“更好的产品，更好的服务，持续为客户创造最大价值”。

战略：服务领先，品质致胜 。

愿景：“以优秀的团队打造核心竞争力，以用户的满意成就可持续辉煌”

地址：北京市海淀区清河小营西小口路27号海升C座　电话：010-88864122　传真：010-88864177　网址：www.jaya.cc

金呢股份

JINNI 证券代码：832334

江苏金呢工程织物股份有限公司

地址：江苏省海门悦来三条桥路153号 网址：www.jsjinni.cn

电话：0513-82181600 传真：0513-82181100

与您携手，共创美好未来

董事长：陆平先生

2015年4月在京举行挂牌仪式

江苏金呢工程织物股份有限公司是目前在国内唯一集造纸成形网、造纸毛毯及造纸干网为一体的国家级高新技术企业、是行业-标准的主要起草者、拥有国家级博士后科研工作站、获得中国专利优秀企业和国际发明展览会金奖的企业。从1986年创立至今一直致力于造纸成形网、造纸干网、造纸毛毯的研发和制造。高速造纸网毯的关键生产设备和应用技术在行业中位列领先水平。金呢股份凭借其扎实的研发、优质的产品、先进的管理及全面的服务在同行业内成为标志性品牌。

江苏金呢工程织物股份有限公司2015年04月在全国中小企业股份转让系统成功挂牌新三板。公司以"团结拼搏、仁爱奉献、开拓创新、敢为天下"的精神让客户满意，让股东放心、让员工开心。金呢股份专业化发展模式，始终坚持以市场为导向，以技术创新为主导，坚持不懈的建立自主品牌的品牌战略方针，市场机遇催生了企业，企业引领市场的发展，随着公司产品技术的领先，欧美日等国家的制造商已把我们视为在中国市场的主要标准化技术制造商。

金呢股份始终坚持自主知识产权作为企业发展的战略目标之一，目前已取得国家授权专利52项、拥有江苏省著名商标，先后成立了省级工程研究中心、省级企业技术中心，该研究/技术中心是国内目前造纸用脱水器材行业唯一的省级研究/技术中心，该中心的成立对推动国内造纸用脱水器材行业的发展具有重要的意义。金呢股份凭着先进的技术理念共主导和参与制定了5项国家标准和4项行业标准，目前应用的国际标准是造纸用聚酯成型网（TAMFELT OY CFFD-84029 CIB），同时还承担了多项国家级、省市级科研项目的研制任务，如：科技部-科技型中小企业技术创新项目、国家级纺织行业加快结构调整转变增长项目、江苏省科技成果转化专项资金项目等，这些项目的实施都为提高创新能力搭建了强而有力的平台，使得研究人员高起点、高视角、高水准地开展科研工作，同时也能大大缩短研究和人才培养周期。金呢股份多次荣获国家重点新产品、火炬及星火计划项目、中国纺织工业协会科学技术奖、江苏省科学技术进步奖、江苏省高新技术产品等等，每年研发经费的投入均超出销售收入的5%以上。

金呢股份拥有先进的信息化质量管理平台，视质量为企业的生命，在产品制造过程中坚持注重品质管理，先后导入全面质量管理体系、知识产权管理体系、卓越绩效管理体系、4A标准化良好行为管理等，并建立了ERP物料管理系统和生产流程管理系统。公司拥有严格和规范的质量检验体系，每个工序都设有专职检验员，上道工序的半成品要在下道工序检查合格后才算真正完成生产任务，公司每一位员工都以制造优质的产品为使命，确保每一个出厂产品的合格率达100%。

金呢股份以"创新、开拓、发展"的经营理念，不断创新，为促进中国造纸工业用脱水器材行业的全面发展提供最优质的造纸用网毯和技术支持！

金呢股份始终以"服务、务实、双赢"为宗旨。公司聘用了具有多年纸厂工作经验的服务人员对产品进行售前、售中、售后服务，客户一旦订购了我们的产品，我们将根据需要派服务工程师提供技术支持；如在使用过程中遇到问题，我们将会在24小时之内派驻所在地区的售后服务工程师到场协助分析解决问题。对我们的常规用户，我们的销售、技术服务人员会定期拜访，与客户交流网毯的使用经验，了解客户的需求和意见。力求给用户提供优质的服务，积极倡导工业4.0标准。

公司为更好的服务客户专门引进一批先进的生产检测仪器，如德国DTMB手持张力仪、Zwick强力机、3015SR频闪仪、J40厚度仪、意大利FiberScan纸机在线测试仪、瑞典-平整仪等等二十余种进口检测设备。

金呢股份售前、售中、售后全方位一体化的技术营销服务模式和定制化的研发、生产、营销管理模式积极配合客户进行产品现场装配和调试，并定期进行客户拜访不断提升售后服务质量。

金呢股份将一如既往坚持改良与创新，在今后的研发过程中不断丰富经验，力争把每个高端品质的产品交到客户手中。目前金呢股份服务的主要客户有：玖龙纸业（分布在六个省市）、理文纸业（分布在五个省市）、吉安集团（山鹰纸业）、UPM-芬欧汇川纸业、太阳纸业、荣成纸业、南平纸业、岳阳纸业、金华盛纸业、仙鹤特种纸业、泉林纸业、劲达兴纸业、晨鸣纸业、景兴纸业、江河纸业、华泰纸业、泰山纸业、银鸽纸业等五十余家大中型造纸企业。

感谢大家多年来对金呢股份的支持与厚爱！

定型车间图片

车间

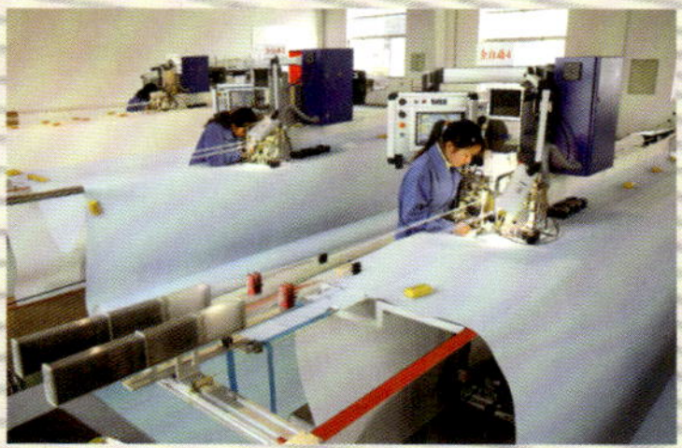

半自动车间

BIOVALLEY 生物谷

证券代码：833266

云南生物谷药业股份有限公司
地址：云南省昆明高新区马金铺新区生物谷街999号
电话：0871-65016111（总机） 传真：0871-65010555
邮箱：biovalley@biovalley.cn 网址：www.biovalley.cn

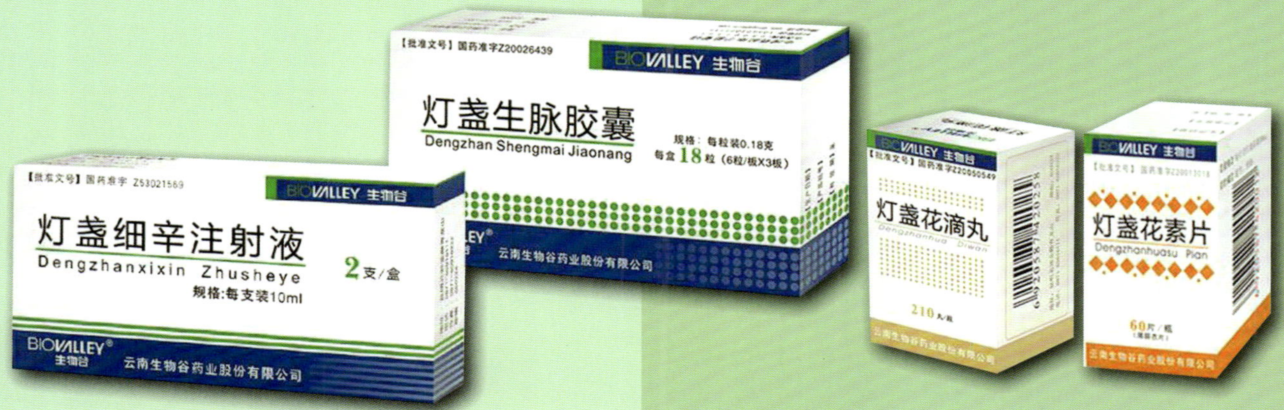

云南生物谷药业股份有限公司前身为云南生物谷灯盏花药业有限公司，成立于1999年6月，于2012年11月完成股份制改造与更名。是集灯盏花系列药品的研究、开发、生产、销售为一体的专业化高科技制药企业，是目前国内从事灯盏花系列药品生产的企业中产销规模最大、品种最多、专业化程度最高、自主知识产权最多的制药企业。自2003年以来销售收入、上缴税金、销售利润三项指标连续多年名列云南省医药工业企业前列。

公司被授予国家重点高新技术企业，云南省重点制药企业，云南省首批、国家第二批创新型试点企业，云南省知识产权试点企业，云南省农业产业化龙头企业，云南名牌产品30强企业，云南省优强企业，云南省重合同守信誉先进单位等多项荣誉称号。公司的“生物谷”商标2003～2012年连续四届被认定为“云南省著名商标”，2014年被评为“中国驰名商标”。

公司拥有很强的技术研发和创新能力。经国家认定和批准，公司设立了企业博士后科研工作站，国家认定企业技术中心，云南省特色植物药工程技术研究中心。研究中心拥有多台高精密检测设备，如数字化核磁共振谱仪、液相色谱/飞行时间质谱联用仪、制备液相仪等，建成了国内一流的“天然产物高效分离和鉴定系统”。是国家“863”计划和“国家十一五科技支撑计划”等国家重点科技计划项目承担单位。公司每年平均申请发明专利2—3件，到目前为止公司已拥有发明专利40件。

公司建构了从源头到生产各个环节直至最终产品的全程跟踪式质量控制体系。种植基地实施药材GAP规范化种植，保障原料质量。生产过程以物料管理为主线索，严格按照GMP要求，对原辅料、包装材料、工艺用水、生产环境、产品中间体、待包品直至最终成品建立完善的全方位、多项目质量监测网络。采用多指标含量测定、中药指纹图谱、高精度杂质限度测定等技术手段，高效、准确进行质量全面控制。以完善的生产、质量管理体系和现代化科学检测手段为坚实后盾，完全实现药品质量规范化全程、全方位、高效、精准控制。

公司目前已拥有灯盏花系列产品8个，已上市的灯盏生脉胶囊、灯盏细辛注射液、灯盏花滴丸、灯盏细辛软胶囊4个品种是拥有自主知识产权的独家专利品种，并参与了灯盏生脉胶囊、灯盏细辛注射液、灯盏花滴丸3个药品的国家标准制定工作。公司主导产品灯盏细辛注射液为《中国药典》2005版、2010版、2015版的收录品种，2001年参与了国家火炬计划项目，2007年参与了国家“863”计划研究课题，2012年–2015年参与了“重大新药创制”国家科技重大专项“中药上市后再评价关键技术研究”之临床安全性评价研究课题，是全国中医医院急诊必备中成药、国家中药保护品种、国家医保目录药物。公司主导产品灯盏生脉胶囊为《中国药典》2010版、2015版的收录品种。2007年参与了国家“863”计划和国家“十一五”科技支撑计划重大疾病中医防治研究课题，是目前唯一具有循证医学证据的脑卒中二级预防用中成药，也是目前唯一一个在产品说明书中记载可用于预防脑卒中复发的口服中成药。

为满足市场需求，保障产品质量，经过持续地经营和发展，公司已建成集原料种植、开发研究、加工生产、市场营销为一体的完整的产业平台，包括红河州弥勒产业基地及马金铺生产基地，总投资已逾6亿元。弥勒产业基地占地362亩，已建成大型的现代中药提取中心，提取能力位于云南前列。昆明高新区马金铺生产基地占地162亩，其生产线严格按照2010年版GMP要求设计和建设，具有小容量注射剂、硬胶囊剂、片剂、软胶囊剂、滴丸剂5条生产线，是目前剂型最全、生产线最全的灯盏花药品生产基地。目前全部药品生产线均通过了国家药品GMP认证，已全面投入使用。

企业规模正不断扩大，经济效益稳步增长。生物谷制药将继续秉持“胜己善行、感恩共赢”的核心价值观，“经营健康、健康经营”的经营理念，立足云南基地，围绕灯盏花及其他药用植物进行深度开发，形成整合种植、研发、生产、营销等环节完整产业链的心脑血管疾病防治领域主流产品制造商，并逐步扩展至慢性病领域。提供客户需要的产品与服务，为发展民族医药产业，服务人类健康事业做出贡献。

威海市正大环保设备股份有限公司是集设计、开发、生产通风机、除尘器、消声器、输排灰装置及电气自动化产品集一体的环保系统工程总承包的国家高新技术企业，位于山东省威海市文登区，公司成立于2002年，注册资本金为2422万元。公司主导产品为冶金烟气净化系列产品、热电配套除尘系列产品、脱硫脱硝烟气净化系列产品，广泛应用于铝冶金、电厂、钢厂等行业的烟气处理，国内市场占有率30%以上，银行信用等级AAA级。

公司建有省级院士工作站、山东省冶金除尘工程技术示范研究中心、省级企业技术中心，始终以创新发展环保技术为核心，以发展环保产业为重点，拥有碳素焙烧烟气净化、ZDAL型电解铝烟气脱氟净化、电解铝熔炼炉与保温炉烟气净化等核心技术。获发明专利2项、实用新型专利7项、外观设计专利1项、科技成果12项、企业标准2项。获ISO9001：2008质量管理体系、ISO14001环境管理体系、GB/T28001–2001职业健康安全管理体系认证。

公司始终以“生产一流的产品，提供一流的服务，交付一流的工程”为宗旨，对外承揽大型烟气净化除尘系统工程。为山东南山铝业股份有限公司、新疆农六师铝业有限公司、青铜峡铝业股份有限公司、山东怡力电业有限公司、山东泰山钢铁集团有限公司等各大知名铝厂、电厂、钢厂等行业生产各种通风、除尘及输送设备，周到的售后服务赢得了广大用户的信赖，创造了良好的企业形象。在北京、新疆、西安、潍坊、烟台等地建立办事处，在非洲、南亚、美洲等地区建立了营销网络，产品出口越南、哈萨克斯坦、赞比亚、加拿大、埃及、印度、非洲刚果等国家和地区。企业逐步发展成国内环保行业的领跑者，具有与国际同行业竞争的实力。

新疆农六师电解铝烟气净化系统

山东怡力电业电解铝烟气净化系统

南山铝业54室焙烧炉烟气净化

东海铝业36室炭素焙烧炉烟气净化

山西华圣铝业36室焙烧炉烟气净化

南山铝业15万吨熔铝炉烟气净化

XLODM锅炉布袋除尘器

烟气脱硫脱硝系统

地址：山东省威海市文登区环山工业园环兴路6号
电话：0631–8473460　传真：0631–8265231
邮箱：whzhengdahb@126.com
网址：www.zhengdahb.com

苏州神元生物科技股份有限公司

证券简称：神元生物　证券代码：831808

地址：江苏 苏州市吴江经济开发区 庞金路1998号
邮编：215222
电话：86 0512 63469860
传真：86 0512 63368777
网址：www.szsysw.com
http://shop1354555097492.1688.com

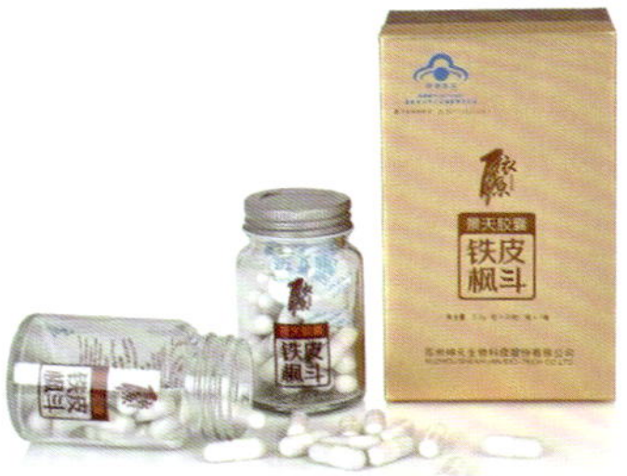

苏州神元生物科技股份有限公司成立于2005年1月31日，注册资本5000万元，是一家专业从事珍稀濒危药用植物——铁皮石斛种苗生产、生态栽培、中药材保健品研发和销售的综合型科技企业。主要经营两大品牌：“绿乐”牌铁皮石斛组培苗、驯化苗、盆栽等新品种种苗产品，“依源”牌铁皮石斛鲜品、铁皮枫斗、铁皮石斛花、铁皮枫斗景天胶囊和铁皮石斛洋参颗粒等保健食品。

公司致力于“开发传统中草药材品种，弘扬中华本草养生文化”，以“推广生态铁皮石斛，发展国民健康事业”为企业使命，依托“江苏省企业院士工作站”、“江苏省特色林木种苗工程技术研究中心”、“苏州市铁皮石斛研究院”三大研发平台，加强科研攻关，掌握了铁皮石斛的良种选育、生物组培、有机栽培、精深加工等核心技术，先后获国家专利12项；公司培育的神元一号铁皮石斛新品种获江苏省高新技术产品认证，生态栽培基地获得国家良好农业规范（GAP）认证、产品获得国家有机产品认证，依源牌铁皮枫斗系列产品获第二届中国国际林业产业博览会金奖和江苏名牌产品称号。

2015年1月16日，公司成功在全国中小企业股份转让系统（新三板）挂牌上市，股票简称神元生物，股票代码831808。未来企业将不断延伸铁皮石斛研发、生物组培、生态栽培与深加工产业链，推进产业转型升级，争创铁皮石斛多层次、全方位、全产业链的品牌运营模式，打造中国最具规模的有机本草铁皮石斛产业基地与品牌文化，努力成为全国铁皮石斛产业中的高端品牌产业。

2013年9月，苏州副市长莅临指导

苏州市铁皮石斛科技文化产业园项目签约仪式

神元生物新三板挂牌仪式特邀嘉宾合影

环太湖自行车大赛滕士元董事长颁奖

Samyang

三扬股份

锐意创新　精益求精

证券简称：三扬股份　证券代码：832176

公司挂牌仪式

公司外景

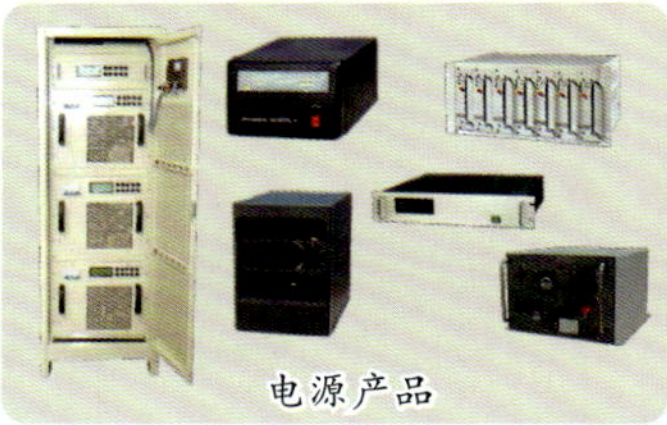

电源产品

全自动龙门五金电镀生产线

Y型牙拉链机

加工中心

检测中心

研发中心

广东顺德三扬科技股份有限公司（以下简称“公司”）是一家以生产自动化、信息化与智能化结合的机电一体化产品的机械制造企业，注重产品信息化与工业化的融合，可直接对接ERP系统，实现数控化与自动化的技术提升。公司在微电子技术与精密机械制造领域具有多年行业经验，公司拥有核心技术与研发团队，设立有工程技术中心，并获得多项国家发明专利与实用新型专利。公司生产的核心产品电源设备、拉链机械与全自动电镀生产线，在设计之初便以信息化与工业化融合为方向，在精密机械制造的基础上广泛应用微电子技术；同时，公司不断优化产品设计、提升产品运行效率，以期更好的体现产品智能化、数控化与自动化的设计理念。公司产品大多具有检测、记忆、运算、比较判断、反馈控制及显示等一系列功能，产品技术水平处于业内领先地位。公司产品代表了现代工业机械由人工向自动化改进的升级换代趋势。我省在《广东省国民经济和社会发展第十二个五年规划纲要》和《广东省现代产业体系建设总体规划（2010-2015年）》均提出采用高新技术改造提升优势传统产业，促进产业结构优化升级的要求。我司所处行业符合国家及地方的产业政策导向。

2014年，公司分别与华融证券股份有限公司、北京市中伦（深圳）律师事务所和大华会计师事务所（特殊普通合伙）签订上市服务协议；2014年11月，我司报送的在全国中小企业股份转让系统挂牌的申请材料，经审查，符合《全国中小企业股份转让系统挂牌申请文件内容与格式指引（试行）》的相关要求；2014年12月1日，全国中小企业股份转让系统有限责任公司对我司下发《受理通知书》。2015年3月30日，公司在“新三板”正式挂牌上市。

2015年8月11日，公司董事会召开了临时股东大会，会议通过了《关于公司股票发行方案的议案》，发行股票600万股，价格为3.65元/股，募集资金为人民币2190万元。所有投资者于8月17日已全部足额缴纳认购资金，8月31日主管机关全国中小企业股份转让系统有限责任公司正式受理我司定向发行股票挂牌申请。

广东顺德三扬科技股份有限公司

地址：广东省佛山市顺德区勒流街道富安工业区30-3号
电话：0757-25563570
传真：0757-25566961
网址：www.samyang.cc

KEEN 可恩口腔®

International Dental Clinic 您贴心的家庭牙医

证券代码：830938 | 证券简称：可恩口腔

德州可恩口腔医院股份有限公司

可恩口腔是全国第一家新三板挂牌上市的口腔医院，创建于2006年，从口腔诊所起步，随着社会的需要和门诊自身的发展而逐渐壮大。目前可恩口腔在济南、德州、潍坊已有六家连锁机构，分别是济南可恩口腔花园路医院、济南可恩口腔和谐广场医院、山东国际种植牙中心、济南可恩口腔高新区分院、德州可恩口腔医院以及潍坊可恩口腔医院。十年来可恩口腔凭借精湛的医疗技术，良好的口腔服务，获得了社会各界的广泛认可和关注。

科室细分 设施完备

可恩口腔科室分类齐全细致，医院严格按照国际化口腔专科发展模式，将口腔疾病细分，率先成立了口外科、修复科、正畸科、口内科、牙周科、儿童齿科六大特色科室。

同时，医院斥资引进PLANMECA大视野全景CT、KaVo全景CT、Leica显微镜根管治疗仪、A-DEC综合治疗椅、PLANMECA综合治疗椅、KaVo综合治疗椅等国内外高精尖医疗设备，牙椅总数达146台，不仅为各类牙科治疗提供了先进硬件基础，也为医疗技术全面实施提供了保障。

中外博士专家团 技术精湛

可恩口腔医院以国际先进口腔理念为指导，融汇中外医学文化精髓，历经十年的运行，形成了独特的运营管理模式，成功吸引了一批中外口腔名医鼎力加盟。2013年，国际牙科协会会员、德国种植委员会常务理事弗兰克·里鲍格博士加盟可恩，成为可恩口腔特聘医疗总监。之后，德国格哈德·考汉博士、日本筱田博士、于淼博士、韩国安吉祐博士等也先后加入可恩，与中华口腔医学会牙体牙髓委员会常委亓庆国教授、原山东省口腔医院留日博士赵宁组成一支近十人的中外精尖博士专家团。

医院将西方较为完善的医疗体系、先进的口腔专业技术以及德国严谨的医疗理念带入山东，与国内优良的传统口腔医疗形成良好的技术合力。并与德国ELLEN口腔教育学院合办国际口腔教育交流中心，搭建人才和技术跨国交流平台，不断提升可恩口腔专业技术水平。

荣誉满堂 践行公益

凭借其雄厚的技术力量，热忱周到的服务，可恩口腔先后荣获“全省优秀民营医院”、“2014年度山东省行业品牌奖”、“百姓信赖十佳品牌”、省级“青年文明号”、“消费者满意单位”、“守合同重信用企业”、“德州之星”等称号，2015年5月可恩董事长万少华荣膺“2014山东十大财经风云人物”称号。

可恩口腔一直以行医者之大道为己任，在不断追求医疗质量、连获殊荣的同时，积极践行公益事业，举办口腔义诊、口腔健康公益讲座数千场；走进敬老院、老年大学、残疾人士服务中心提供免费的口腔检查及牙周护理；慰问帮扶社区困难群众，举行新年送温暖活动。并成功入选“济南市儿童免费牙齿窝沟封闭防龋项目”定点医疗机构，承接“济南市政府民生工程——适龄儿童免费窝沟封闭”，为10000多名适龄儿童进行免费的窝沟封闭。

可恩口腔秉承“您贴心的家庭牙医”服务理念，以“可恩，让生活更美好”为宗旨，把优质的口腔服务送到老百姓的身边，让人们都能感受到家庭牙医贴心的关怀。她的愿景是让全中国80%的家庭拥有自己的家庭牙医，让更多的家庭拥有自信的笑容；她以高品质的口腔服务为和谐社会做出贡献，以期实现“百年可恩”的梦想。

2015年可恩口腔荣誉一览

2015.1 德州可恩口腔医院荣膺首届“德州之星”

2015.1 济南可恩口腔医院荣膺“2014年度山东省行业品牌奖”

2015.5 可恩口腔董事长万少华荣膺“2014山东十大财经风云人物”称号

2015.6 德州可恩口腔医院荣获“青年文明号”称号

2015.6 可恩口腔医院通过ISO9001质量管理体系认证

2015.8 可恩口腔成为林俊杰演唱会官方指定美牙机构

2015.8 王小贝签约成为可恩口腔种植牙形象推广大使

2015.8 可恩口腔成为江苏卫视《非诚勿扰》爱情地图济南站总冠名

2015.12 山东首家卡瓦培训示范中心落户可恩

2015.12 可恩口腔与博恩登特达成战略合作

国际品牌连锁机构

可恩口腔医院(和谐广场医院)：济南槐荫区经七纬十二路424号　可恩口腔医院(花园路医院)：济南历城区花园路80-1号

山东国际种植牙中心：济南历下区省府前街红尚坊商业广场6号楼　可恩德州口腔医院：德州德城区德兴中大道987号

可恩口腔医院(高新区医院)：济南市高新区康虹路976号(康虹路与舜华北路交叉口东南角)

爱牙热线：400-058-0531

SUIYUAN
为生活／为健康

证券代码：834235 证券简称：穗源科技

地址：广东省清远市清新区太和镇107国道北396号
邮编：511800
电话：0763-5851836　传真：0763-5851826
网址：www.qysyny.cn

大米生产线

稻谷烘干中心

公司办公楼

公司简介

广东穗源农业科技股份有限公司（以下简称“公司”）于2010年开始筹建，2011年正式注册成立，注册资本3160.2万元，2015年11月23日正式挂牌新三板，是一家集农产品种植、加工、销售、技术服务为一体的新兴现代化农业科技企业。穗源科技已成长为当地具有一定影响力的农业产业化龙头企业，并得到各级政府的认可和褒奖。

公司拥有多个大型的优质水稻种植基地，采取“公司+公司+专业合作社+技术服务”的经营模式，以华南农业大学和中山大学雄厚的研发实力为后盾，与多名生态农业专家建立长期技术合作关系，是华南农业大学和中山大学高科技项目服务于“三农”的龙头与窗口。穗源科技在现代农业技术与示范推广方面实力雄厚。同时，穗源科技积极与科研机构协同合作，共创集科研、生产、加工、销售、示范推广于一体的专业化科技企业，形成以农产品市场平台为核心，由农产品生产、加工、贸易、基地建设四套车拉动，辅之以自然景观农业观光（结合基地及旅游开发）的农业发展格局，使穗源科技成为引领清远农业实现产业化格局的企业，成为广东省农业产业化的明星企业。在未来的时间里，建成集农业生产、工业加工、商业贸易、休闲服务于一体的农科工贸大型生态环保企业。

公司荣誉

粮食应急储运企业
粮食应急加工企业
粮食应急配送中心
农业产业化经营专业大户
热心农业事业发展贡献单位
cctv.com年度推荐品牌
清新县重点农业龙头企业
清远市重点农业龙头企业
广东省重合同守信用企业
有机产品认证
广东省名牌产品
……

公司与电商联欢晚会

公司挂牌暨与电商合作签约仪式

道尔®智控
DOOR INTELLIGENT CONTROL

证券简称：道尔智控　股票代码：832966

深圳市道尔智控科技股份有限公司
地址：深圳市龙华新区大浪街道华荣路德泰科技园四栋
电话：0755-27620066　传真：0755-27620099
热线：400-100-6810　网址：http://www.drzk.cn

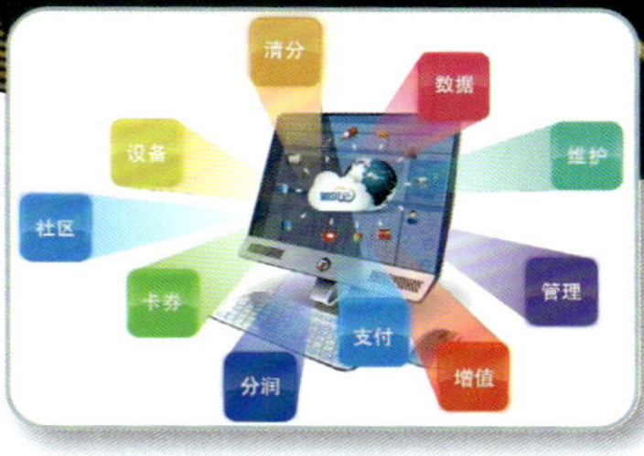

智慧停车云平台

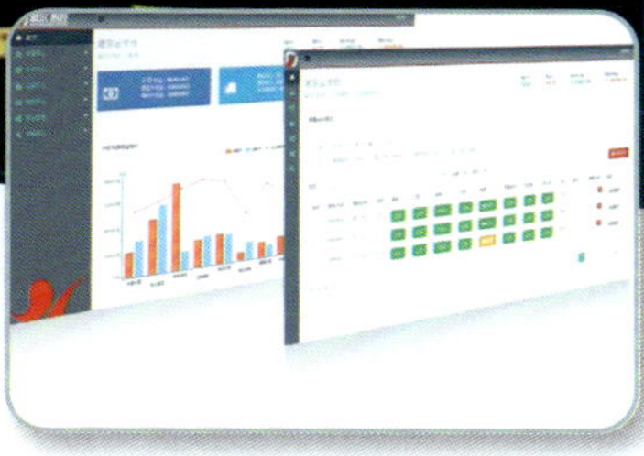
云平台软件界面

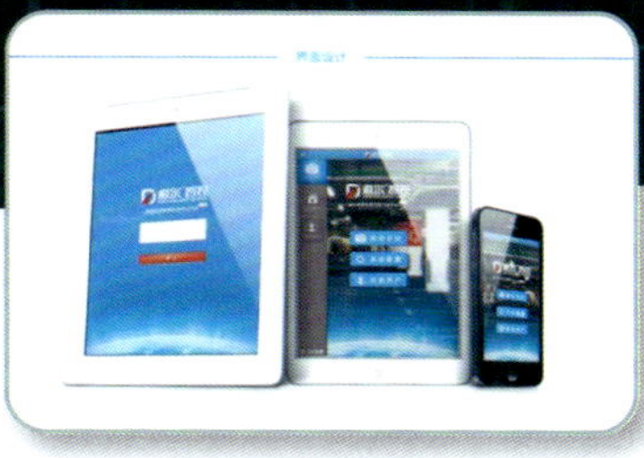
智慧停车APP

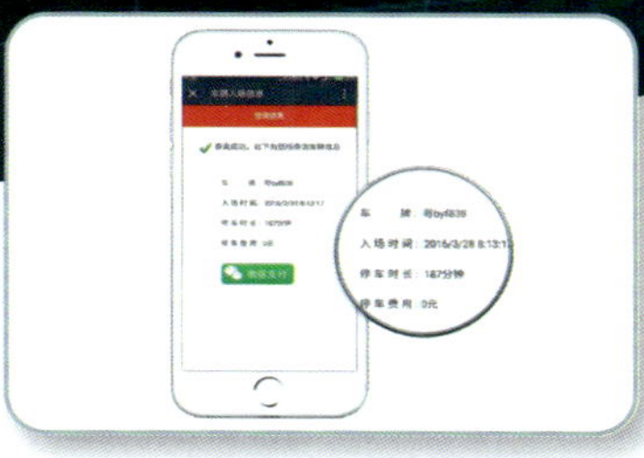
微信公众服务

作为国内领先的基于云计算服务平台的高端智能一卡通产品制造商及解决方案供应商，深圳市道尔智控科技股份有限公司（股票代码：832966）自成立伊始，始终以高品质产品为核心，坚持自主研发和规范化的管理与生产，先后取得全国工业产品生产许可证、国家高新技术企业认证、双软企业认证、ISO9000国际质量体系认证、CE（欧盟）认证、3A信用认证、安全技术防范产品生产登记批准书、安全技术防范系统的（设计、施工、维护）资格证、多项发明和实用新型专利，以及多项国家软件著作权；荣膺“中国安防最具影响力十大品牌”、“中国安防百强企业”、“2013年安博会金鼎奖”、“第三届中国智慧城市建设推荐品牌”、“广东省守合同重信用企业”等称号。

停车场云平台，道尔首开先河！道尔智控拥有业内强大的研发团队，多年来，道尔智控在坚持自主研发、与行业伙伴开放合作的基础上不断创新，陆续推出基于安防一卡通、消费一卡通及物联网综合平台的大型一卡通平台；为各行业用户提供了一卡通云服务运营平台、智能停车场管理系统、智能通道闸系统、门禁系统、电梯管理系统、考勤访客系统、消费系统等大型平台和应用模块。2013年，道尔智控在深圳安博会上首家推出的停车场云平台，成为客户瞩目的焦点。基于移动互联网基因的道尔停车场云平台开辟了停车场行业的新思路，引领了行业发展趋势。

服务与产品质量同行。道尔智控相继在北京、上海、广州、成都、郑州、南京、西安、杭州、重庆、沈阳、太原、南宁、济南、长沙等20余座城市成立了分支机构，并在全国范围内建立了完善的销售服务机构。截至目前，在全国数十座城市的万达广场、顺丰速运、恒大地产、招商地产、中国高速铁路等数以千计的项目上，道尔智控的产品和服务发挥了重要作用。

开路拓疆，作为中国智慧停车云平台第一股，道尔人一直秉承“人为本、上进、感恩、追求卓越”的企业价值观以及“让人们的工作和生活品质更安全、更便捷、更满足”的发展使命，依托于“专业、负责、换位思考”的服务理念，用睿哲专注之心为客户传递着价值。

正如道尔人所言：“道”并非玄之又玄的哲人之思，而是我们每个人的生活方式和价值准则；亦正如“道尔”这个名字所蕴含的：“道”在“你”的行动中，在我们每个人的行动中。道尔人愿做这样的思考者与行动者。

君子务本，本立而道生。在前行之路上，让道与你我同行！

大庆正方软件科技股份有限公司

Daqing Direction SoftwareTechnology Co.,Ltd

证券简称：正方股份　证券代码：832911

董事长：田青女士

2015年9月8日北京新三板敲钟仪式

与长庆油田数据与信息管理部交流

与长安大学数字化研究院高院长交流

与中机高科工业4.0战略合作

捐赠师范学院20余万网络实验室

大庆正方软件科技股份有限公司坐落于素有“天然百湖之城，绿色油化之都”之称的黑龙江省大庆市，地处于大庆市国家级高新技术产业区。公司成立于2002年，2003年通过双软企业认证，2009年被评为国家级高新技术企业及技术先进型服务企业，2015年7月27日成功登陆新三板，证券代码：832911。

公司主营：油田应用开发、系统应用集成平台、大数据分析、智慧油田、智能管理，工业4.0解决方案。

公司拥有一支专门从事油田软件开发的优秀团队，市场开拓团队，技术服务团队。公司在北京设有全资子公司，负责软件研发和技术支持。

正方科技始终专注于智能信息化平台的研发和应用，目前有独立知识产权的国家级软件著作权30项，软件产品登记证书10项。目前正方科技已成为东北地区石油行业的主要应用软件供应商。公司经过十多年的发展形成了三条主要产品线：一、综合门户系统、决策支持系统、业务管理系统、应用集成系统的智慧管理；二、以射(补)孔方案编制专家系统、剩余油分析系统、地质数据处理系统等为代表的油田专用软件，三、智能制造等平台。

正方科技秉承“做正直的人，做正确的事，始终坚持创新的方向”的价值观，技术不断创新进取，获得省、市重点科技型企业的荣誉称号，得到了当地政府和石油行业的高度认可。作为大庆高新区首家，在国家提出工业4.0战略以来，公司抓住机遇实现技术创新与转型。通过多年积累的行业经验，应用领域的拓展和业务模式的创新，未来将打造石油行业首家将应用、开发、部署实施集为一体化的企业服务总线平台，力争成为石油行业云数据服务平台的优秀开发商和运维商。

公司总部地址：大庆市让胡路区远望大街112号
电话：0459-5977330 5915270
网址：www.dqzfkj.com

大庆研发部地址：大庆市高新区科技孵化器2-10-328
北京研究院地址：北京市朝阳区北辰绿色家园天朗园A座2403室
重庆开发部地址：重庆市沙坪坝区西永科技三路创新生产力服务大厦西层

Richtek

东莞瑞柯电子科技股份有限公司

Dong Guan Richtek Electronics Co.,Ltd

证券简称：瑞柯科技

证券代码：831914

地址：中国 广东 东莞市 清溪镇葵青路11号
邮编：523660
电话：86 0769 87899858
传真：86 0769 87899868
网址：http://cnrichtek.1688.com

董事长：杨琪先生

公司挂牌敲钟仪式

公司内景

公司简介

东莞瑞柯电子科技股份有限公司成立于2004年，注册地址：东莞松山湖国家高新技术开发区创新科技园，注册资本3300万元人民币，是专业从事汽车轮胎充气机与无线电能监控产品研发、生产及销售的国家级高新技术企业，公司综合实力规模在国内同行业名列前茅，于2015年1月29日在全国中小企业股份转让系统挂牌，证券简称：瑞柯科技，证券代码：831914.

公司通过ISO9001:2008、ISO/TS16949:2009质量管理体系认证和ISO14001:2004环保认证，被认定为东莞市专利优势企业、东莞市创新型龙头企业、东莞市上市后备企业、东莞市市级企业技术中心，广东省著名商标企业；系列产品被认定为广东省名牌产品、广东省重点新产品、广东省自主创新产品、广东省高新技术产品等；现有授权国家专利170余项，独家起草制定了《乘用车用便携式轮胎充气机》广东省地方标准，并已颁布施行，目前正与广汽研究院联合起草制订国家标准。

生产基地设于清溪镇葵青路11号，现有员工250余人，下设研发中心和机电、电子、注塑三大制造部门，拥有研发、生产、检验、可靠性测试等先进的整套工艺装备和技术。长期与中科院、华东理工、上海交大等多所知名院校（所）开展产学研合作，始终占领行业技术的制高点，承担并完成了多项省市科技计划项目。公司产品远销欧美、日本、韩国等20多个国家，并与国内雪铁龙、广本、福特、大众等10余家车厂建立了合作伙伴关系，获得了国内外市场一致认可和好评。

公司坚持以市场需求为导向、以技术创新为保障，秉持“诚信、创新、共赢”的经营理念，全力打造世界一流的机电产品研发制造企业！

业绩

公司从 2004 年成立以来，不断加大科技投入，以市场为导向，通过技术创新和营销模式的创新使业绩不断提升。

公司创新能力极强，随着公司营销力度的加大和部分超大客户订单的签订供货，以及同行业强强联手和上下游优势资源的整合，公司从 2016 年开始，其业绩将会出现爆发式增长。

山东开泰石化股份有限公司
Shandong Kaitai Petrochemical Co., Ltd

证券简称：开泰石化　证券代码：831928

地址：山东省淄博市张店区中心路202号
编码：255040
电话：0533-3576579
传真：0533-3576579
邮箱：ktsh@vip.163.com
网址：www.sdkt.com.cn

董事长：赵世香先生

新三板挂牌敲钟仪式

企业文化

· 开泰精神：奋斗决定命运
· 开泰宗旨：追求企业科学发展，回报股东，不断提高员工生活水平，走共同富裕之路
· 开泰形象：开泰石化 责任文化
· 开泰理念：天道酬勤 厚德载物
· 开泰作风：亮剑精神
· 开泰愿景：实现共同富裕的开泰梦

经营范围

发电；氮（液化的）、氮（压缩的）、丙烯酸、丙烯酸甲酯生产、销售（有效期限以许可证为准）；水处理；蒸汽、新鲜水、冷冻水、循环水（以上三项不含饮用水）、除盐水、工业风、滤清器生产、销售；货物进出口（依法需经批准的项目，经相关部门批准后方可开展经营活动）。

经营业绩

公司主营化工产品类业务，主要是丙烯酸、丙烯酸酯产品的研发、生产和销售；同时，公司还有部分公用工程类业务，即热电联产业务的生产和供应。

截至2014年12月31日，公司及全资子公司山东开泰石化丙烯酸有限公司已形成年产丙烯酸13万吨（酯化级丙烯酸11万吨、冰晶级丙烯酸2万吨）、丙烯酸酯8.5万吨（丙烯酸甲酯5000吨、丙烯酸丁酯8万吨）的设计生产能力。公司丙烯酸及酯产能跻身全国前十大生产商行列。

公司具有432万吨/年的蒸汽生产能力，拥有130t/h锅炉2台，75t/h锅炉1台，35t/h锅炉6台；6MW机组3台，25MW机组1台，以热电联产的形式生产高、中、低压蒸汽和电力，是淄博市高新区主要的热源企业。多年来，公司的蒸汽供热业务以产品质量稳定，服务优质可靠受到了高新区工业和民用用户的一致好评，连续多年被淄博市公用事业局授予“供热先进单位”、“全市供热工作十佳热源企业”等荣誉称号。

公司专注于主营业务，业务稳定发展。公司凭借国内领先的生产技术和产业链优势，充分发挥管理优势和地域优势，做到单位产品物耗和能耗低，综合盈利能力始终居行业前列。

泰利模具

证券代码：832078

烟台泰利汽车模具股份有限公司

地址：山东省烟台高新区创业路42号
邮编：264670
电话：0535-5521008
传真：0535-5521017
邮箱：info@yt-taili.com
网站：www.yt-taili.com

董事长：孙军强先生

公司技术部

冲压线

五轴数控铣

领导共同敲响开市宝钟

模具装配车间

机器人焊接线

数控车间一角

公司简介

烟台泰利汽车模具股份有限公司，坐落于美丽富饶的山东半岛—烟台高新技术产业开发区。公司投资了青岛泰利汽车零部件制造有限公司、烟台泰利机械工艺研究所有限公司等两个子公司。公司秉承了原烟台机械工艺研究所的技术、人才优势，形成了以汽车车身开发快速试制、汽车覆盖件模具开发制造、汽车冲焊件开发制造以及汽车模具3D打印柔性制造技术及装备等高端智能装备技术研发与制造多领域发展的高新技术企业。

公司注重技术创新，始终致力于汽车模具和汽车车身快速试制技术研发。公司拥有10项行业相关的专利，公司汽车车身快速试制技术处于国内领先地位。公司凭借着一流的技术和服务赢得了客户的信赖，客户覆盖了国内大部分汽车主机厂。成为了一汽轿车、一汽解放青岛汽车、东风越野、华泰汽车冲焊件一级配套供应商；成为了上汽通用汽车车身开发快速试制配套供应商。公司通过了ISO/TS 16949:2009质量管理体系认证。

公司采取政、产、学、研相结合的方式，与机械科学研究总院先进制造技术研究中心、清华大学CIMS工程技术研究中心，烟台生产力促进中心、烟台高新区科技创业服务中心共同创建了面向汽车产业发展的现代制造业创新服务平台——“胶东汽车技术现代服务平台”。围绕汽车轻量化、节能减排、快速制造、虚拟实现等方面技术展开系统研究、开发和集成，形成新的创新成果，服务于汽车行业。

公司以领先的技术、精益的制造、严谨的服务向客户提供高品质、高技术含量、高满意度的产品，肩负起推动汽车工业发展的社会责任。

企业文化

泰利宗旨：用科技、质量、诚信推动汽车产业的发展。
泰利精神：创新、拼搏、信誉、求实。
泰利信条：顾客是企业的生命，市场是企业的主宰。
泰利口号：优质快速、精益求精！
发展战略：以市场需求为导向，以技术创新为依托，以管理创新为动力，以客户满意为目标。

公司荣誉

公司是山东省高新技术企业，是“中国汽车零部件冲压模具重点骨干企业”、“国家火炬计划烟台汽车零部件产业基地首批骨干企业”，“山东省快速模具工程技术研究中心”、“山东省制造业信息化示范企业”、“山东省企业技术中心”、“山东省机械工业品牌建设典范企业”。

泰利模具

深川
股份
SHENCHUAN

山东深川变频科技股份有限公司
Shandong Shenchuan Drive Technology Co., Ltd.

证券简称：深川股份
证券代码：832084

深川股份——专业电气传动、变频器制造商

节能环保 · 绿色科技 · 和谐发展 · 造福人类

地址：山东省淄博市高新区金晶大道190号 邮编：255000
电话：0533-6285682 传真：0533-6285687
邮箱：chinsc@chinsc.com 网址：www.chinsc.com

公司基本概况

山东深川变频科技股份有限公司（证券代码832084，以下简称深川股份），是一家集研发、生产、销售于一体的专业电气传动、变频器制造商。公司拥有丰富的研发生产队伍、先进成熟的专业生产线，凭借先进的技术、卓越的品质、科学的管理和完善的服务，已经逐步打造成为国内一流的电气传动、变频器制造企业。

公司企业文化

深川股份始终贯彻“以技术创新为灵魂，以品质为保障”的价值观念，严格按照国际标准，在产品设计、技术研发、安全生产、产品安装和售后服务过程中实施精细化、标准化、科学化管理和程序化控制。发展是唯一不变的真理。深川股份深知身上所背负的责任和义务，我们将着眼于创立名族知名品牌，充分利用的品牌和技术资源优势，实施全球化经营战略。立足国内放眼世界，在人才、市场、管理、研发、资本等方面与国际接轨，不断扩大规模，加速发展，在电子科技行业不断做专做强，成为屹立于国内的知名变频器产业先锋，以诚信和创新树立百年深川。

企业使命：以技术创新为灵魂，以品质为保障，以服务客户为根本。
企业愿景：专业电气传动、变频器制造商。
企业精神：敬业、进取、诚信、和谐。
经营理念：至诚至信，业精志远
深川司训：注重科技、以质求胜；诚信经营、平等互利；卓越品质、真诚服务。
核心价值观：为社会创造价值，为伙伴创造效益，为员工创造福利。
团队精神：团结、敬业、创新、卓越。
深川人才观：德才兼备，以德为先；助德者成才，励优者成事。
深川竞争观：坦诚相待，优势互补；严明公正，有序竞争。

业务范围

低压变频器、中压变频器、高压变频器、防爆变频器、电机软起动器、变频节能控制系统、变频恒压供水设备、智能软起动柜、工业自动化系统生产、销售；仪表电器、电子显示器、电线电缆、机电产品（不含九座以下乘用车）销售；电气工程设计、安装、调试；变频器维修；系统集成；软件开发及技术转让；货物及技术进出口(依法须经批准的项目，经相关部门批准后方可开展经营活动)。

董事长：叶益强先生

创立大会照片

挂牌仪式

淄博市领导视察深川20万台变频器项目

四川宏洲新型材料股份有限公司

证券简称：宏洲新材　证券代码：833691

董事长：张宏伟先生

董事长及股东挂牌敲钟仪式

公司一隅

创新创造空间、质量夯实基础、资本助推发展

四川宏洲新型材料股份有限公司诞生于2008年6月16日，其前身为四川宏洲管桩有限公司，是四川金堂工业园区在汶川大地震后第一个开工建设，并建成投产的企业。宏洲新材是四川省内最具影响力的管桩企业之一。公司四名创始股东全部来自河北唐山，因为曾经唐山大地震的经历，所以，本着最朴素的质量意识，宏洲新材立志要生产最好的管桩！又因为汶川地震的警示与亲历，宏洲新材立志要成为建筑工程最稳固、最安全的根！宏洲新材立志要成为四川质量最优、服务最好、竞争力最强的管桩企业！

质量意识与标准从宏洲新材诞生起就深深地植入了企业精神之中！

2013年被授予成都市著名商标。2014年及2015年连续入选《成都市地方名优产品推荐目录》。2015年入选《四川省地方名优产品推荐目录》。2014年宏洲管桩在同时通过GB/T9001-2008/ISO9001和GB/T50430-2007双认证。

创新是公司未来发展与壮大的核心宗旨。

公司与中铁二院、西南交通大学共同研发了“拼装式新型可绿化生态挡土墙”项目，利用整体结构体系进行挡土，来替代国内铁路与公路两侧传统的重力式挡土墙，颠覆了传统的设计理念，该研发项目在国内属于空白，已经申请了发明专利与实用新型专利，科技成果鉴定也将于近期完成。

同时，拼装式新型可绿化生态挡土墙项目，不仅是产品的创新，也是商业模式的全新设计，保证企业远离市场的恶性竞争，可以实现：有门槛、用量大、好销售、好收款、利润高的商业目标和良好的现金流，助推企业快速发展和壮大。

未来，公司将借助资本市场的力量，利用创新的产品与商业模式，助推企业走上良性发展的快车道。

公司主营：

生产、销售、施工先张法预应力高强度混凝土管桩
生产、销售、施工新型拼装式绿色挡土墙
兼营各种配套五金配件

地址：四川省成都市金堂县赵镇同乐路116号（四川金堂工业园内）
电话：028-67919666 传真：028-67919326 网址：http://schzjt.com

吉林亚融科技股份有限公司

证券代码：832991　证券简称：亚融科技

地址：吉林省磐石市红旗岭镇红旗街
电话：0432-65610881
网址：www.jlyrkj.com

包覆钴球形氢氧化镍　球型氢氧化镍系列　球型β羟基氧化镍系列

吉林亚融科技股份有限公司成立于2007年9月24日，2015年3月18日完成了股份制改造，2015年7月在全国中小企业股份转让系统成功挂牌。证券代码：832991，证券简称：亚融科技，注册资本13600万元。

亚融科技总部位于吉林省磐石市红旗岭镇，从事二次电池正极材料的研发、生产和销售，主要产品为镍氢电池的正极材料球形氢氧化镍、覆钴球形氢氧化镍。目前公司主要生产7种球形氢氧化镍产品，如球镍YRM3、YRM4、YRC3、YR、YRM3-2及覆钴球镍YRF3、YRF4，在研的球形氢氧化镍产品达十余种，分别适用于高容量、高温度及长寿命的镍氢电池。公司在深圳、河南设有销售部门，产品辐射珠江三角洲、中原、华北及东北地区。

通过多年的技术积累，公司已拥有丰富的技术经验，目前使用的核心设备第六代反应釜等均为自行设计研发，能够生产不同性能氢氧化镍，以满足客户的不同需求。近年来，公司与国内多家研究机构进行技术交流与合作，不断进行新产品的改良与研发，同时与下游厂商保持密切的合作关系，努力提高产品质量，改进产品性能，研发具有市场竞争力的优质产品。

公司新建“电池材料及动力电池研发生产基地项目”占地面积6,000平方米，建筑面积1.2万平方米，拥有15条独立的生产线、三个生产车间，可独立生产不同型号的产品，新厂房大多为升级版设备、生产设备性能优异、投产后生产能力在5,000吨以上。

在二次电池技术不断更新的趋势下，为规避锂电对镍氢电池市场的冲击，公司在研发性能更为优越的镍氢电池材料的同时，积极探索其它二次电池的核心技术，尤其关注三元锂电池材料的发展动态并正在进行研发、试验，进而提高公司综合实力及产品竞争力。

发展中的亚融科技将审时度势，与时俱进，开创企业美好未来！

GREhar 光合文旅

证券代码：832657
证券简称：光合文旅

地址：济南市历城区二环东路2277号
金桥国际大厦1号楼6层
电话：0531-88554427
邮箱：ghylzqb@163.com
网站：http://www.guanghe.com.cn

公司挂牌仪式

传统园林

恐龙乐园

帕兰王国

少年足球

光合文旅控股股份有限公司（简称：光合文旅，股票代码：832657）。公司成立于1997年10月27日，1997年至2011年，公司主要致力于传统园林产业的发展，是全国最早拥有（风景园林工程设计专项甲级、城市园林绿化施工壹级）资质的“双甲”园林企业之一，也是全国最早的从事种苗科研、种苗繁育、园林设计、园林施工全产业链园林企业。专注园林产业发展，尤其是种苗种群的研究及应用、园林景观规划设计处于领先地位。公司从2011年开始加速转型，研发与园林行业相关的延伸产品，从单一业态的传统园林企业转身为具有无限发展空间的多元化文旅企业，产业涉及传统园林；景区投资、建设、托管及运营；生态修复的投资、开发、运营；从事与园林旅游相关联的互联网平台业务--园林景观设计师平台、帕兰王国儿童生态主题公园区域O2O平台，此外公司还携手光大资本投资有限公司、五道口投资基金管理有限公司等具备强大的资金背景及专业实力的金融企业，共同在私募基金、投行与并购、互联网金融等业务领域紧密合作，拟成立自然景区并购基金和帕兰王国儿童生态主题公园产业基金。

光合文旅既有专业化又有多元化，既有阳光化又有集团化。颠覆了公司原有的商业模式，从B2B转变成B2C。实现了盈利稳步并快速增长、提升了公司的商业价值。打造绿色金融、绿色平台、绿色互联网+，与国际接轨，与世界同步。

ZKE® 中科股份 ZHONGKE COMPANY

证券代码：430499
专业的高端智能农业装备制造商

中科股份全景照

粮食烘干机产品推介会

中科股份赞助羽毛球比赛

安徽中科自动化股份有限公司成立于2006年12月，注册资本3800万元，坐落在桐城市新渡镇，以烘干设备的制造为起点，历经十年的耕耘和努力，发展成为集研发、生产、销售和服务于一体的高端智能节能农业装备供应商。

公司于2013年9月完成股份制改造，2014年1月成功在“新三板”上市，股票代码430499，是国家高新技术企业，中国中小企业协会AAA级信用企业，省A级信用纳税人，ISO9001质量管理体系认证企业，安徽省重合同守信用企业。

公司主要经营智能节能农业设备，如粮食烘干机、果蔬烘干机、烟草烘干设备、履带式拖拉机、植保设备、起垄机、旋耕机、施肥机、移栽机等农业机械产品。

公司在不断拓展业务范围，不断创新开发新产品，提高生产经营业绩的同时，更加注重企业文化建设。公司始终以“求真务实、稳健创新”的企业精神，以“品牌领先、关注农业；崇尚科学、务实和谐；精益求精、一丝不苟”的企业核心价值观在履行着企业使命——为农业倾尽热情和智慧；为农民带来丰收与喜悦；为员工创造利益，成就梦想。并为最终实现“成为高端农业装备行业知名品牌，成就中科百年基业”的伟大愿景而不懈努力！

安徽中科自动化股份有限公司
地址：安徽省桐城市华东塑料城B区19号
热线：400-626-2229
传真：0556-6982888
网址：www.zke.so
邮箱：zke999@qq.com

粮食烘干事业部：0556-6981111 6982222
现代农业装备事业部：0556-6981234 6982345
烟草烘干和烟草农机事业部：0556-6982666 6982777
果蔬烘干事业部：0556-6982788

天立坤鑫
TIANLI KUNXIN

证券代码：833553

地址：湖北省十堰市人民南路3号东明广场B座4楼
电话：0719-8877180
传真：0719-8877189
邮箱：kxqc2004@126.com
网址：www.sykunxin.com

湖北天立坤鑫装备股份有限公司创立于2004年，位于湖北十堰——汽车城，是国内首家以商用车出口为平台，专注海外商用车订制服务的企业。

公司专注于商用车销售，境外销售占公司收入80%以上。目前公司已经成立控股子公司广东天立坤鑫汽车销售服务有限公司从事汽车后服务、成立离岸全资子公司香港天立坤鑫实业有限公司从事乘用车进出口贸易，并已经着手成立改装厂和在越南合资建立商用车组装工厂，不断延伸公司的产品和服务。近年来，在宏观经济较为低迷的情况下，公司以优质的产品和服务获得国内外客户的认可，不断扩大公司的经营规模，2015年预计营业收入达2.5–2.6亿元，净利润达1100–1300万元，公司相关指标达到《全国股转系统挂牌公司分层方案（征求意见稿）》中创新层指标要求，公司目前正准备全力冲刺创新层。

公司于2015年10月16日在全国中小企业股份转让系统举行隆重挂牌仪式，此次在“新三板”隆重挂牌是公司发展的重要里程碑，为实现公司更长远战略目标提供了重要发展机遇，对拓宽融资渠道、提升品牌价值、规范公司治理、激发员工创新能力和公司核心竞争力等方面具有十分重要的推动作用。天立坤鑫将整合资本市场资源，充分发挥技术与人才优势，利用好十堰汽车城资源优势，加大市场开拓力度，进一步提升公司价值，实现公司价值最大化。

泉源堂

证券简称：泉源堂
证券代码：833409

挂牌仪式

互联网论坛

成都泉源堂大药房连锁股份有限公司（以下简称“泉源堂”）是一家集医药连锁和医药电商为一体的零售企业，主营业务为医药产品（含医疗器械）的销售。2015年9月份，泉源堂正式登陆新三板，也是泉源堂医药电商的第一年，作为医药电商的后来者，我们团队用自己的专业能力及不懈努力，实现了飞跃式的发展。

营销模式

具备医药电商全资质的企业：A证+C证
商业医疗保险与医药电商相结合的企业
医药+互联网+保险 黄金团队

业务板块

电商　保险
专注卖药
连锁　批发

经营业绩

2015年，销售收入97,410,390.63元，同比增长366.48%；截至2015年12月31日，公司总资产103,495,464.93,同比增长322.67%；净资产为69,671,523.13,同比增长312.58%。

2015年公司的医药电商业务，除天猫医药馆外，还在京东，万达城市云等开设官方旗舰店。在京东618、天猫双十一、天猫双十二等活动中屡获佳绩，并且获得天猫双11销售进步奖；实体门店的盈利能力稳步提升，实体门店的重心向乡镇转移，布局药房内的诊所及药房托管业务；布局药品福利管理业务，成立了上海泉依健康管理有限公司，建立商业保险公司与医药电商的服务平台，打通医药电商的支付入口。

成都泉源堂大药房连锁股份有限公司
地址：成都市高新区创业路16号火炬大厦A座10楼　电话：86-28-85137773
邮箱：yang.chen@qyt1902.com　网址：www.qyt1902.com

安徽佳先功能助剂股份有限公司

证券代码：430489　证券简称：佳先股份

地址：安徽省蚌埠市吴湾路215号　电话：0552-4096953
网址：www.bbjx.com.cn　邮箱：bbjxzj@163.com

安徽佳先功能助剂股份有限公司（简称：佳先股份，代码：430489）是国内专业从事新型热稳定剂研发、生产和销售的国家级重点高新技术企业。致力于环保新材料二苯甲酰甲烷（DBM）、硬脂酰苯甲酰甲烷（SBM）产品的生产和研发，并以其环保、无毒品的特性，被广泛应用于塑料、化妆品、食品、医疗用品、儿童玩具等制品生产。

作为新三板　“环保型辅助热稳定剂第一股”，　公司是国家重点高新技术企业、安徽省创新型企业、安徽省“专精特新”中小企业、安徽省产学研联合示范企业；承担国家火炬计划等多项国家级科技计划项目；建有省级企业技术中心；主持制定两主导产品行业标准；拥有3项发明、17项实用新型专利。企业年收入超亿元，出口占比50%以上。DBM产品已通过欧盟全球REACH法规领头注册，标志着公司拥有该产品出口欧盟的绝对优势和地位。

随着国内外环保力度的加强，公司的增长空间巨大，我们的目标：创世界知名品牌，做行业领军企业，为保护环境和人类健康做出积极贡献。

公司挂牌敲钟仪式

小试现场

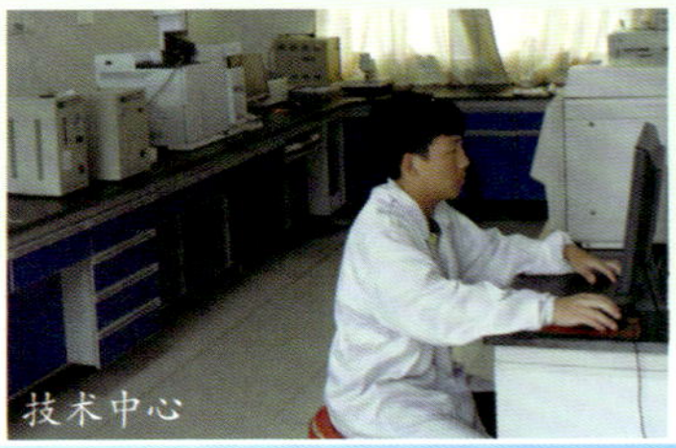
技术中心

污水处理

原妙医学
HONEST
How wonderful it is!

人道、博爱、奉献

证券代码：833405　证券简称：原妙医学

董事长讲话

挂牌敲钟

珠海原妙医学科技股份有限公司（以下简称“公司”）是一家多元化经营的高科技公司，于2011年成立，公司总部设在珠海。公司注册地址是珠海市横琴新区宝华路6号105室-2248。2015年8月份，公司在新三板挂牌上市，股票代码833405，标志着公司步上了一个新的发展平台，为立足珠海，辐射全球，实现企业品牌的快速扩张拓展了广阔的空间。

公司以医药健康产业为主营业务，致力于医疗器械和精准医疗产品的推广和销售，以及多个医学领域产品的研发。主要产品有植入材料、医用光学器具、仪器及内窥镜设备、医用高分子材料及制品、医用高频仪器设备和注射穿刺器械等三类及二类医疗器械。公司始终以促进中国医疗事业的发展为己任，以“为大家创造更高的效益”为目标，开拓进取、耕耘不息，不断引进先进产品和治疗技术，经过多年的不懈努力，已在业界获得了较高声誉。近几年，公司连续被评定为“珠海市A级纳税人”，2014年，被珠海市横琴新区评为“纳税人20强企业”，同时获得美国库克公司的最佳合作伙伴奖等多项荣誉。

享受健康生活，原来如此美妙，原妙人一直专注于这一信念，尽心尽力为人类健康事业服务，相信在这信念的支持下，公司的各项业务一定能在全国乃至世界顺利开展。

办公地址：珠海市九洲大道西2021号富华里中海大厦A座301
电话：0756-2992688　邮编：519000

第四章　全国中小企业股份转让系统优秀机构汇展

第一节　优秀挂牌企业选介

【430092】北京金刚游戏科技股份有限公司

北京金刚游戏科技股份有限公司是新三板挂牌的第一家游戏公司。注册地北京市东城区。2011 年 6 月 21 日正式在全国中小企业股份转让系统挂牌，成为新三板挂牌公司。公司主营业务为网络游戏和移动游戏的研发、发行和运营。公司拥有自主知识产权的游戏引擎和多款自主研发的游戏产品。

公司凝聚了一批富有创新游戏设计理念的研发团队和营销经验丰富的发行运营团队，目前拥有员工 400 余人，核心团队具有十年以上游戏产品制作经验，透彻了解中国游戏用户的需求，追求卓越的产品体验，秉持着“精益求金，百炼成刚”的研发理念，立志制作国人引以为傲的民族网游。

金刚 3D 国产引擎目前已经达到世界领先水平，代表了国产引擎的最高水平，填补了国内这个领域多项技术空白。

目前公司产品有：

3D 页游/微端：剑曲、魔兽王座、剑踪、九鼎记 OL、传奇 3D、叶问等；

2D 页游：烈焰水浒、二战前线；

3D 手游：罪恶之城、叶问 3D、热血传奇、乱舞神姬；

2D 手游：我在西游当房东、龙珠炫斗、二战世界、叶问 2D；

单机手游：天天洗衣、钢铁防线、皇牌空战、数字迷 X、茶犬的小伙伴；

公司未来 3 - 5 年的游戏产业发展新思路：以金刚游戏的核心技术聚集产业。通过核心技术来建立游戏公用开发平台，利用游戏公用开发平台来打造一个以文化内容创新设计开发为主导的游戏产业孵化基地，从而推动中国游戏产业的升级并抓住产业升级的机会，让游戏的高端产业落地北京，带动地方经济的发展。

金刚游戏拥有成熟的引擎核心技术，以引擎技术为核心，以美术、创意策划设计指导、程序模块、测试等为支撑，打造高端技术共享平台，从而推动和实现游戏开发的产业化分工与资源共享。让有限的资金投入于游戏产品的设计与创意。游戏公用开发平台将服务于国内几千家中小游戏开发团队，对其中优秀的项目及团队，东城区政府再辅以办公场地物理平台、政策、资金等方面的支持进行孵化，必将带动一大批中小企业的成功，从而推动了中国游戏产业链的升级与竞争力。

在未来几年，公司在致力于深化 3D 图形引擎技术开发等相关环节工作的同时，也将加大游戏产品的研发和运营的力度，创造北京网络游戏产业的领导先锋作用。

【430253】北京兴竹同智信息技术股份有限公司

北京兴竹同智信息技术股份有限公司（证券简称：兴竹信息。证券代码：430253）成立于 2006 年，是国家高新技术企业，北京中关村瞪羚企业，已通过北京市企业技术中心认证、CMMI（软件能力成熟度模型集成）认证、ISO9001 质量管理体系认证、软件企业认证，曾获“电力信息化国产化推进先锋”、“电力信息化标杆企业”、“中关村高成长企业 TOP100”、“中关村软件行业创新示范百强企业”等荣誉称号。公司于 2013 年 7 月 23 日在全国股转系统挂牌，注册资本 13950 万元。

兴竹信息长期致力于为电力、煤炭、新能源为主的能源行业企业提供信息化解决方案，积累了丰富的行业经验与大量的成功案例，培养出经验丰富、技术过硬、人员稳定的咨询团队和技术团队，已研发了多项自主软件产品和自有的集成应用技术开发平台、移动应用平台。公司以信息化推动工业化发展为己任，立足于客户需求、结合互联网技术和移动技术的应用，不断帮助客户提升管理品质和效益，实现公司与客户的共同发展。

随着全球进入“互联网 + ”时代，信息化对经济社会发展的重大作用日益显现，“互联网 + ”已上升为国家战略，并将信息经济带入高速发展期。为此，兴竹信息顺应信息化发展需要，适时调整发展战略和长远规划，在稳固原有业务的同时，与时俱进，加快推进“互联网 + ”产业链，开拓“互联网 + ”咨询和建设服务业务。

兴竹信息秉承“实 · 卓”的企业精神，积极创新，勇于开拓，在做精品产品、精品项目、精致服务的同时，愿与业界同仁携手共创美好未来。

地址：北京市海淀区上地十街辉煌国际 1 号楼 20 层

电话：010 - 58842588

传真：010 - 58842586

网址：http://www. xz - soft. com

E - m：xzdm@ xz - soft. com

【430325】北京精英智通科技股份有限公司

一、基本概况

北京精英智通科技股份有限公司（Beijing JAYA Technology Co. ,Ltd），成立于 2005 年，原名：北京精英智通交通系统科技有限公司，注册资金 1650 万元，是立足于中关村高科技园区，面向全国交通管理产品市场的创新型高新技术企业。

公司集研发、系统集成、销售、工程、售后服务于一身，拥有数百人的高素质团队，服务网点遍布全国二十多个省，是信誉卓著的智能交通、智能驾考与综合业务监管产品与服务提供商。凭借不断创新的产品和优质的服务，公司得以快速发展和不断壮大，并成为行业领导者。

北京精英智通公司创立于中关村高科技园区，是国内领先的专业提供智能交通、智能驾考与综合业务监管产品与服务的创新型高新技术企业。公司经过多年的创新、发展和实践，取得了骄人业绩，成为行业领导者，并有效推动了交通管理行业监管与考试标准的确定和执行，对提高智能交通自动化和综合监管水平作出了突出贡献。

北京精英智通科技股份有限公司自成立之日起至今，共发明了 17 项专利，获得了 24 项软件著作权等相关资质及荣誉证书。连续 2 年被评为北京诚信经营承诺企业，并获得国家高新技术企业证书、中关村高新技术企业证书、(2014ITSCHINA 年度盛典)2013 年度最佳成长企业证书、第六届中国国际道路交通厅安全产品博览会优秀企业证书、中国智能交通协会第二届理事会理事单位等 22 项荣誉证书。

二、业务范围

公司致力于为社会提供先进的智能监管系统及机动车驾驶员培训和考试系统。产品包括：业务监管平台系统；科目二智能桩考系统；科目二智能场地驾驶技能考试系统；科目三智能化实际道路驾驶技能考试系统；计时培训与监管系统，机动车驾驶员指纹登记信息系统；车驾管业务综合管理信息系统；视频分析技术；业务人员行为监管技术等。

三、经营业绩

精英智通公司的“业务智能监管”系统，率先在智能交通行业的驾驶人考试领域进行了多年的成功实践，各项技术均处于国内外领先水平。公司秉承“服务领先，品质制胜”的理念，在全国 20 多个省、自治区、直辖市建立并正常运行了两百余套驾驶人科目二场内道路考试系统、三百多套驾驶人科目二桩考考试系统、多套驾驶人科目三实际道路考试系统及驾驶人考试综合业务监管平台系统（包括科目 1、科目 2、科目 3 的考试监管）。

2014 年度，公司实现营业收入 14,401.1 万元，比去年同期增长 1.45%；利润总额和净利润分别为 3,357.03 万元、2852.74 万元，比去年同期增长 9.59%、11.83%。本报告期末，公司总资产为 24067.97 万元，归属于挂牌公司股东的净资产为 15468.78 万元。

四、企业文化

核心价值观（Core Values）——成就客户，超越自我，团队进取，面向未来。

使命（Mission）——“更好的产品，更好的服务，持续为客户创造最大价值”。

战略：服务领先，品质致胜。

愿景（Vision）——“以优秀的团队打造核心竞争力，以用户的满意成就可持续辉煌”。

【430463】广西春茂投资股份有限公司

广西春茂投资股份有限公司（简称：春茂股份，股票代码：430463）是拥有种鸡养殖、种苗生产、活禽生产（与销售），肉鸡加工，餐饮连锁，农业机械，有机农业种植，电气自动化设备 6 大产业的综合业务挂牌公司。其农业产业链包含了与国内先进技术接轨的种苗供应，最适合华南新农村特点的养殖组织与服务体系，目前年产能超过 4200 万羽，市场地位非常突出。

春茂股份于 2014 年 1 月 24 日在全国中小企业股份转让系统挂牌，是新三板扩容后第一批挂牌企业，也是广西省第一批新三板挂牌企业。

生态农业，绿色共赢是春茂股份品牌的主张。

春茂股份基于农业产品产业链的多品牌战略全力打造，金大叔原始土鸡专家，自然健康全上品，松鼎山鸡打造山鸡般的顶级享受，循环经济产业链有机种植春茂黄金桔。

【430489】安徽佳先功能助剂股份有限公司

安徽佳先功能助剂股份有限公司（简称：佳先股份，代码：430489）是国内专业从事新型热稳定剂研发、生产和销售的国家级重点高新技术企业。致力于环保新材料二苯甲酰甲烷（DBM）、硬脂酰苯甲酰甲烷（SBM）产品的生产和研发，并以其环保、无毒品的特性，被广泛应用于塑料、化妆品、食品、医疗用品、儿童玩具等制品生产。

作为新三板“环保型辅助热稳定剂第一股”，公司是国家重点高新技术企业、安徽省创新型企业、安徽省“专精特新”中小企业、安徽省产学研联合示范企业；承担国家火炬计划等多项国家级科技计划项目；建有省级企业技术中心；主持制定两主导产品行业标准；拥有 3 项发明、17 项实用新型专利。企业年收入超亿元，出口占比 50% 以上。DBM 产品已通过欧盟全球 REACH 法规领头注册，标志着公司拥有该产品出口欧盟的绝对优势和地位。

随着国内外环保力度的加强，公司的增长空间巨大，我们的目标：创世界知名品牌，做行业领军企业，为保护环境和人类健康做出积极贡献。

【430499】安徽中科自动化股份有限公司

一、企业基本情况

安徽中科自动化股份有限公司成立于 2006 年 12 月，注册资本 3800 万元，坐落在桐城市新渡镇，以烘干设备的制造为起点，历经十年的耕耘和努力，发展成为集研发、生产、销售和服务于一体的高端智能节能农业装备供应商。

公司于 2013 年 9 月完成股份制改造，2014 年 1 月成功在“新三板”上市，股票代码 430499，是国家高新技术企业，中国中小企业协会 AAA 级信用企业，省 A 级信用纳税人，ISO9001 质量管理体系认证企业，安徽省重合同守信用企业。

二、业务范围

公司主要经营智能节能农业设备，如粮食烘干机、果蔬烘干机、烟草烘干设备、履带式拖拉机、植保设备、起垄机、旋耕机、施肥机、移栽机等农业机械产品。凭借规范的管理，公司相继组建了安徽省技术工程中心，安徽节能烘烤技术研究中心。以科技领先，务实创新的经营理念，不断改进产品质量，公司先后与中科院合肥智能机械研究所、合肥工业大学、华中科技大学、安徽农业大学等高等院校合作，研制开发具有自主知识产权的智能节能烘烤设备、变频控制设备、新型农机等产品，拥有发明等各项专利 32 件。

公司传统产品为烟草烘干设备，为公司 2014 年及以前的主要收入来源，是细分领域龙头企业之一。近年来成功研发粮食、果蔬烘干设备，其他农业机械设备，预计将在 2015 年及以后大幅增厚公司业绩，目前产品线包括：

产品大类	产品小类
干燥机械	粮食烘干机、果蔬烘干机、烟叶烘干机
耕整机械	履带式自走式旋耕机、履带式自走式起垄机
中耕机械	中耕培土机
栽植机械	植保设备、移栽机、施肥机、水田多功能管理机

三、经营业绩

项目	2012年（万元）	2013年（万元）	2014年（万元）
净资产	5294	4815	5498
营业收入	18360	18515	6576
净利润	2203	2121	683
上缴税收	1308	1609	756
净资产收益率	47.37%	38.64%	13.25%

2014年及以前的主要收入为烟草密集烤房设备，随着我国加入《世界控制烟草框架公约》，烟草行业的外部发展环境受到一定限制，进而影响烟草种植规模的发展，特别是在2014年，由于国家烟草专卖局调整各烟区密集烤房设备的计划投入，导致各省烟草部门对此项目的实际招标数量减少，从而导致报告期内经营收入下滑。

四、企业文化

安徽中科自动化股份有限公司在不断拓展业务范围，不断创新开发新产品，提高生产经营业绩的同时，更加注重企业文化建设。公司始终以“求真务实、稳健创新”的企业精神，以“品牌领先、关注农业；崇尚科学、务实和谐；精益求精、一丝不苟”的企业核心价值观在履行着企业使命——为农业倾尽热情和智慧；为农民带来丰收与喜悦；为员工创造利益，成就梦想。并为最终实现“成为高端农业装备行业知名品牌，成就中科百年基业”的伟大愿景而不懈努力！

披星戴月，风雨兼程；一路汗水，一路欢歌。如今的中科人正在传承着统领清代文坛二百年的桐城派文风。文风习习、商雨潇潇，深厚的文化底蕴孕育着现在的中科，中科的企业文化中也就少不了厚德载物，中科重义！这是信誉，更是中科之魂！

地址：安徽省桐城市华东塑料城B区19号
热线：400－626－2229
传真：0556－6982888
网址：www.zke999.com
邮箱：zke999@qq.com
粮食烘干事业部：0556－69811116982222
现代农业装备事业部：0556－69812346982345
烟草烘干和烟草农机事业部：0556－69826666982777
果蔬烘干事业部：0556－6982788

【430536】重庆渝万通新材料科技股份有限公司

重庆渝万通新材料科技股份有限公司于1999年6月成立，于2011年9月在重庆市股份转让中心正式挂牌（简称“渝万通”，代码800016），是重庆OTC市场较早挂牌企业之一；并于2014年1月在全国中小企业股份转让系统（“新三板”）正式挂牌（证券简称“万通新材”，证券代码430536），2014年8月成为新三版首批做市企业，也是西南地区唯一做市企业，2015月3月16日万通新材成为三板成指（899001）首批入围样本股。

公司集设计、制造、销售防火门、防盗门、防火卷帘门、室内门、车间门及配套服务为一体，通过了ISO9001：2008国家质量体系认证，并在防火门、防火领域取得了多项发明专利和实用新型专利，已被主管部门认定为高新技术企业，并与国内众多知名大型地产集团、建筑集团缔结了战略合作关系。公司自主研发、生产的渝万通系列防火门等产品质量过硬，通过了公安部消防产品合格评定中心型式认证，被广泛用于全国各地重大工程项目，产品市场前景广阔，业界口碑精良，并获得了“重庆市防火门行业具有影响力的品牌”、“重庆市重点新产品”、“高新技术产品”、“中国消防产品质量过硬知名品牌”、“高新区知名商标”等多项荣誉。

励精图治，追求卓越，经过多年的稳健发展，公司不仅始终秉承“安全生产，质量第一，服务至上”的经营理念，坚持践行“以服务公共安全为己任，以守护烈焰中的生命为使命”，以规模优势、区位优势、产品优势、技术优势、实现了良好的市场占有率，创造了良好的公司效益，而且以创新为企业可持续发展的前提，在2014年对区域内的重庆赛顺环保科技有限公司进行了资产重组，高起点的跨进了环保行业。

未来几年，公司正以全新的面貌迎接新的机遇与挑战：在原有产品销售的基础上主推“直销＋经销”模式，在全国各地实行拉网式营销，大力提升服务品质与盈利能力，力求在2016年实现向主板市场的转板与跨越式发展。立足长远，公司正着力在环保领域打造新兴营销模式，以设备为载体，以技术做保障，构建全国最大的环保专业服务平台——“渝万通（中国）星级环保管理服务平台，推进星级化服务。规模化生产、品牌化战略、精品化发展步伐，放眼未来，创精品，树标杆，兼并组合，强强联合，进军资本市场，公司力争用3－5年的时间雄踞国内市场，挥师非洲、拉美、北欧等国外市场，让“渝万通”走出国门、走向世界，成为业界一流的民族品牌与标杆上市企业！

【430741】重庆格林绿化设计建设股份有限公司

以立志创办"实力雄厚、品牌一流、基业长青"的园林景观综合服务商为宗旨的格林绿化公司，成立于2003年，是重庆市最早进入园林市场的企业之一。公司提供包括大型地产项目、城市开放空间、生态园区、滨水湿地公园等项目的景观施工服务。公司具有国家城市园林施工壹级资质、市政叁级资质、造林乙级资质、环保污染治理甲级资质，并获得ISO9001质量体系认证，公司股份在全国中小企业股份转让系统挂牌上市（证券代码：430741）。公司共有人员88人，其中研究生4人，本科学历16人，大专学历33人，大专以下学历35人，是重庆市园林商会常务副会长单位、重庆市园林行业协会工程分会会长单位。

公司经过数年的发展，成为在行业内有较大美誉度和影响力的专业绿化景观公司。公司先后被评为“汶川抗震救灾先进集体”、“重庆市园林行业诚信企业”、“重庆市重诚守信单位”、“民生银行重庆分行优质诚信客户”、“2012年重庆市优秀诚信企业”、“重庆市重点扶持中小企业”、“2012年优秀社会责任企业”等荣誉。公司努力成为值得信赖、受人尊敬、行业领先的企业。

在未来的三至五年，格林的发展目标是以园林工程为产业基础，吸收优秀人才，优化资本效益，加强科学管理，使其成为具有优秀管理水平，优秀市场品牌，优秀盈利能力的品牌企业。

企业文化

公司愿景：做实力雄厚、品牌一流、基业常青的可持续发展生态环境的综合服务商

企业的使命：美丽世界

企业价值：利益相关者共赢

公司业务范围

园林景观规划、设计与施工；运动场地设计、施工；石材开发与利用；园艺资材与建筑材料的生产、销售；绿化管理与维护；水电安装工程；农业生态开发，城市环境保护；从事建筑相关业务。

地址：重庆市北部新区金开大道 68 号协信星光天地
4 栋 8 楼
电话：023 – 63202500
网址：http://www.cqgreen.net/

【430758】四联智能技术股份有限公司

四联智能技术股份有限公司创始于 1992 年，新三板股票代码：430758，简称：四联智能，公司注册资本 6600 万元，总部位于西安市高新技术产业开发区。

作为建筑智能系统及建筑节能系统综合解决方案提供商，四联智能拥有机电总包一级资质，建筑智能化、消防双甲资质及其他多项设计施工资质，中国建筑业协会智能建筑分会副会长单位、中国建筑节能协会地源热泵委员会常务委员单位、中国节能协会常务委员单位。四联智能致力于满足客户对建筑智能和建筑节能技术的个性化需求，公司业务涵涉政府、教育、金融、医疗、电力、公共事业等多行业多体系，公司连续十一年荣获全国智能建筑行业“完成工程额前 50 名企业/60 名称号”称号；2010 年至 2012 年连续三年荣获中国地源热泵行业系统集成十强企业，项目建设面积及企业实力位居省内同类企业前列，并荣获“2012 年度、2013 年度智能建筑行业全国最具成长力十佳企业”、“2014 年度智能建筑行业全国十大品牌企业”、西安高新区“明星科技企业”、“2014 年度西部最具影响力安防工程商”等荣誉称号。

【830771】江苏华灿电讯股份有限公司

江苏华灿电讯股份有限公司座落于世界著名的长寿之乡、国家一类开放口岸江苏省如皋市如皋港经济开发区内，占地面积 200 多亩，宁通高速与如港一级公路在此交汇，水陆交通便捷。

该公司是一家专业从事移动通信基站天线及移动通信配套件的研发、生产和销售的民营科技型企业，国家高新技术企业。注册资金 7586.1 万元，在编人员 2000 余名，其中大专以上学历（包含科技研发人员）约 650 人。公司于 2014 年 6 月 3 日在全国中小企业股份转让系统成功挂牌，证券代码：830771，证券简称：华灿电讯。

今年公司 1 – 6 月份实现销售 42330 万元；与去年同期比增长 21.3% 实缴税金 4363 万元，与去年同期比增长 75%。目前发展势头看好，今年投入 1.8 亿元，新增线缆、4G 无源器件项目。

公司注重技术创新，与国内多家高等院校建立了长期的产学研合作关系。公司建有江苏省智能化、小型化移动通信基站天线工程技术研究中心，并被纳入中国通信标准化协会会员单位和 TD 技术论坛高级会员单位。

公司在国内建有三大生产基地，即：江苏如皋天馈附件、通讯线缆、无源器件生产基地和基站天线生产基地；江苏镇江射频同轴连接器、避雷器生产基地；广东东莞高低频线缆组件、室分天线生产基地。

由于公司在移动通信配套件等方面拥有较强的实力，一直被国内系统集成商华为、中兴等公司选为供应商，所供产品份额一直名列前茅。同时，在系统运营商方面，由于我们卓越的产品品质及周到的售后服务，移动、联通、电信等多家运营商选用我们的产品建网，并占据了较大的份额。

我们将再接再厉，不断创新，携手并进，共同创造华灿电讯美好灿烂的明天！

【830777】江西金达莱环保股份有限公司

江西金达莱环保股份有限公司是一家集环保研发、设计、咨询、设备制作、运营为一体的高新技术环保企业，公司注册资本 2 亿元，是博士后科研工作站、国家唯一的电子电镀废水处理及资源化工程技术中心和国内屈指可数的大型环保产业研发基地之一。

自 2004 年成立以来，公司坚持走科技兴企之路，自主研发了“FMBR 兼氧膜生物反应器技术”及“JDL 重金属废水处理技术”两项污水处理领域的前沿技术，已获得超过 50 项发明专利（其中国外发明专利 17 项），填补了国内有关技术领域的空白。经国家权威机构鉴定认为，公司技术先进、成熟、创新点突出，达到国际领先水平。凭借领先的污水处理技术，公司已成功实施近千个污水处理项目，在乡镇村水环境治理、流域面源污染治理、城市分散点污水处理、重金属废水处理等方面表现卓越，为保护水环境发挥了重要作用。

【830795】广东骏汇汽车科技股份有限公司

企业介绍

广东骏汇汽车科技股份有限公司（证券代码：830795 证券简称：骏汇股份）成立于 2005 年，国内专业生产汽车制动器钢背的主要厂家，中国摩擦密封材料行业协会会员单位和德国 VDA 会员。公司专注于生产刹车片钢背和蹄铁，采用单工序厚板精切和连续精冲的工艺，形成专业竞争优势，目前已成为全球各大知名刹车片品牌公司的关键供应商。

优质的产品制造者

经营范围为汽车零部件及配件制造，金属结构制造，模具制造，金属及金属矿批发，汽车零部件零售等。公司的主导产品钢背，已开发 3300 多款钢背品种，其他的产品还有消音片、座椅调角器、变速箱零件、安全带带扣和发动机部件等汽车零部件。公司内销业务大约占 25%，75% 出口到英国、美国、法国、罗马尼亚、意大利、澳大利亚、巴西和马来西亚等国家的售后配套市场，已成为世界级各大刹车片品牌使用的制动器精冲钢背的主要供应商。

先进的技术创新能力

公司一直坚持研发投入，打造核心技术团队，不断突破行业技术难点，在传统冲压模具拥有多项专利技术，采用单工序冲压生产模式，在厚板冲压和精密冲裁领域形成核心竞争优势，产品关键性尺寸完全达到国内 OE 配套质量标准。公司不断强化技术创新能力，逐步推进单机自动化，引进自动化的生产线，机器换人，不断提升生产效率，精益求精，为更多的客

户提供更为专业更加符合客户需求的生产制造服务。

不断完善企业商业模式

通过分析企业自身产销能力、市场行为、前景预测和发展分战略，集中优势资源扩大行业赢利点，逐步形成以生产为核心，并不断地配合客户市场配套车型进行新品开发，或是转移采购优化成本进行开发等提供持续化的生产制造服务的商业模式。

辉煌的经营业绩

公司近四年的成长率呈现企业正在向上快速发展的趋势，总资产和净资产近四年在不断增加，截至 2014 年年末，公司营业收入 121,464,684.52 元，同比增长 7.78%；利润金额为 12,062,858.06 元，增长率达 42.72%。

一直以来，公司在经营管理上不断革新，在开发设计上不断创新，大力升级改造精冲钢背指标，精益求精 · 严谨务实，坚信骏汇股份一定能够成为全球知名汽车厂商的战略零部件供应商，中国最重要的汽配制造企业。

地址：广州市番禺区南村镇坑头东线路八横路 7 号

电话：020 - 34699086、34699069

传真：020 - 34699086、34699069

邮箱：jjmp@ gzjjmp. com

【830988】湖北兴和电力新材料股份有限公司

湖北兴和电力新材料股份有限公司（以下简称"公司"）地处湖北省黄冈市高新技术开发区内，是专业从事电力新型节能导电材料制造和安装服务的优秀民营企业；也是国内知名的电力管母线研发、制造龙头企业，国家重点高新技术企业，具有年产 5 亿元电力材料加工能力、送变电电力工程安装资质和承装（修、试）电力设施资质及产品自营进出口资质。

公司成立于 2003 年 1 月，注册资本 5000 万元，总资产近 4 亿元，员工近 500 人，主要生产电力铝及铝合金管型母线、复合屏蔽绝缘管型母线、共箱封闭绝缘母线、风电母线、低压密集母线槽、电力金具、新型电线电缆及铝合金建筑模板等系列产品，拥有"兴和"、"白莲"等知名商标，所有产品均通过了 ISO9001 质量管理体系认证及 ISO14001 环境管理体系认证和湖北省节能产品认证。

公司系黄冈市首家在新三板挂牌企业，产品技术先进并保持国内领先地位，拥有省级"企业技术中心"，公司与武汉理工大学建立了校企共建研发中心；与武汉大学组建了电网配电自动化联合研发中心。公司配置了国内外先进的检测、试验设备，拥有 28 项国家专利和 19 项非专利核心技术，取得湖北省重大科学技术成果一项，承担了二个国家火炬计划项目和二个国家重点新产品计划项目；是国家标准《铝合金管型导体》指定起草单位。产品广泛应用于电力、冶金、石化、新能源、轨道交通等输、变电领域，其中：铝合金管母线在国内市场独占鳌头，市场占有率已连续多年保持第一位，在农网、城网、西电东送、三峡输变电工程中得到大量应用，公司是国家电网公司 1000kV 交流和 ± 800kV 直流特高压输变电工程铝管母线指定供应商；复合屏蔽绝缘管型母线的技术和国内市场占有率跃居同行业领先地位；是华中地区绿色生态环保铝合金建筑模板的唯一生产商；风力发电机组绝缘铝管母线系统（简称"风电母线"）为国内首创，产品填补了国内生产空白，是风电项目中电缆或密集母线槽的替代产品，目前同类产品国内只有我公司独家生产。该产品已获得了湖北省科技成果证书，拥有三项实用新型专利，已成功挂网通电运行。公司的铝管母线、绝缘母线、金具、导线等产品出口到韩国、印度、蒙古、乌兹别克、尼日利亚等十多个国家；公司先后荣获湖北省优秀企业、湖北省劳动关系和谐企业、湖北省劳动保障最佳诚信单位、湖北省守合同重信用企业、全省百佳纳税人及中国最具自主创新能力企业等称号，并连续多年被评为黄冈市直工业企业先进单位和模范职工之家。

展望未来，公司全体干部员工将在董事长周锦平带领下，继续发扬"诚信、团队、创新、责任"的企业精神，充分利用资本市场力量和湖北中部崛起的良机，发挥"得中独厚"的区位优势和技术、市场的领先优势，不断开发高科技含量的导电材料系列产品和以铝合金建筑模板，打造安全、节能电力新材料生产制造基地和生态、环保有色新材料生产制造基地；同时公司将内抓管理，外拓市场，以人为本，奉献社会；做大、做精"兴和"及"白莲"品牌，为振兴民族工业做出新的、更大的贡献！

【831027】北京兴致科技股份有限公司

公司于 2009 年 3 月成立，定位于手机游戏产业。致力于有线互联网及移动增值业务的运营、开发、服务的高科技公司，拥有由数位 IT 行业及无线增值业内资深技术、运营、产品、市场人员组成的成熟团队，与移动、电信、联通及各高新科技企业均有良好的合作关系，在增值业务领域内具有丰富的研发、运营、市场推广经验，一直至于力信息化建设及创新服务的发展之路。目前注册资本 1325 万元，2014 年度经审计的营业总收入为约为 590 万元，同年 8 月公司顺利在股转系统挂牌，证券代码：831027。开始步入资本市场，同时公司投入更多的精力与资源在重度精品网游的研发、代理引入及市场营销推广上。目前公司员工共计约 40 人，所获资质有国家高新技术企业、中关村高新技术企业、中关村信用促进会会员等等，公司致力于打造精品游戏，多年来深受市场的认可及玩家的好评。

业务范围：第二类增值电信业务中的信息服务业务（不含固定网电话信息服务和互联网信息服务）（增值电信业务经营许可有效期至 2017 年 10 月 17 日）。

一般经营项目：技术服务；网络技术服务；投资咨询、通讯信息咨询（中介除外）；销售计算机软硬件及外围设备、电子产品、通讯设备（卫星接收设备除外）。

主营业务：移动终端游戏及周边产品的开发、发行和运营。通过与无线运营商、版权内容服务提供商建立良好的合作关系，不断创新，开发满足用户需求和符合行业发展的产品以共同推动手机游戏业务的发展。

企业文化：我们秉承海纳百川的豁达胸怀；倡导达己利人的格局思想；弘扬诺行天下的坚定态度；传递亚居前行的团队意识。始终坚信兴致出品必出精品！

【831216】浙江中林勘察研究股份有限公司

公司简介

浙江中林勘察研究股份有限公司坐落于美丽的浙江嵊州市，是浙江省首批民营勘察企业之一，于 2005 年 1 月经省建设厅批准成立。是嵊州和新昌区域唯一一家具有岩土工程勘察甲级资质的企业，具备岩土工程设计、岩土工程物探监测检测、建设地基基础检测、岩土工程治理等资质。集岩土工程研究、开发、设计、应用技术于一体。

公司现有各类专业人员80多名，其中包括国家级注册岩土工程师4名、高级岩土工程师9名，岩土工程师20名，地球物理工程师2名，水文地质工程师2名，大地测量工程师2名，检测监测工程师2名。公司拥有各种精良的岩土工程仪器及设备，能同时承担房屋建筑、市政道路、桥梁、交通、水利水电等岩土工程任务，并利用计算机技术实现数据采集、存储、处理、成图自动化。公司装备精良、人才优秀、作风务实、队伍团结，能高效、优质地为建设单位提供各类岩土工程技术服务。

公司在做强做大本专业的同时，积极拓展相关行业和业务市场。公司先后在衢州、温州、绍兴、上海、义乌等地成立了分公司，公司业务立足于浙江，辐射上海，拓展全国市场。

2014年10月公司在北京"新三板"成功挂牌上市，股票简称：中林股份，股票代码：831216。成功挂牌上市将更有利于公司健康、持续、稳定发展。

经营范围

岩土工程勘察、岩土工程设计、岩土工程物探检测监测、岩土工程咨询、地基基础检测、岩土工程治理、地基与基础处理、深基坑支护、地基基础施工、地质灾害防治工程施工、岩土工程劳务分包。

资质荣誉

工程勘察专业类岩土工程(勘察)甲级、工程勘察专业类(岩土工程(物探测试检测监测))乙级、地基与基础工程专业承包叁级和建设工程地基基础检测资质。

获得质量管理体系认证证书、职业健康安全管理体系认证证书、环境管理体系认证证书。

2013年获得绍兴市兰花杯优秀勘察设计奖。

2015年成为浙江工业大学建筑工程学院创新科研基地。

公司发展的基本方针

在公司董事会的领导下，实行总经理负责制；合法经营、科学管理；为客户提供一流的技术服务、为员工谋求更好的发展平台、为股东创造更大的利益、为社会作出更多的贡献为企业宗旨；团结一致、内强素质、外树形象、努力拓展各项业务；不断提高企业的经济效益和社会效益。

公司发展的基本原则：

1. 坚持董事会正确领导的原则。
2. 坚持合法经营、科学管理的原则。
3. 坚持总经理负责制的原则。
4. 坚持团结一致、共谋发展的原则。
5. 坚持多劳多得、民主集中的原则。
6. 坚持保障职工合法利益的原则。
7. 坚持廉政自律、争强创优的原则。

【831290】广东金达照明科技股份有限公司

金达照明是全球首屈一指的灯饰制造商，成立于1993年，一直领导灯饰潮流的设计和生活品味。二十多年来，金达照明见证了中国灯饰业的成长，成绩有目共睹。

2005年，与世界顶级水晶制造商施华洛世奇(SWAROVSKI)联手打造了维沙华品牌，更令金达的发展迈向另一个里程碑，经过多年的努力，维沙华已成为中国水晶灯的领导品牌。

随着企业的不断壮大，其产品线也随之调整和扩展，并以多品牌的企业发展战略布局市场，同时推出堡华士品牌以西班牙云石灯和铜灯为主线，占领并巩固金达照明在高端灯饰市场的领军地位. 金达照明目前已经拥有庞大，精细与高效的垂直产业链和强大的研发中心. 令其综合竞争力得以俯视整个国内灯饰市场并在以下几点上得以体现。

7万多平方米的生产加工厂房，专业技术人员和员工1000多人，拥有由设计、制作、模具、铸造、抛光、喷涂、装配、检测、仓储物流、销售、售后服务等组成的完善的生产销售体系，公司具备配套、严格、齐全的产品质量和生产管理体系，更先后通过了ISO9001:2000国际品质管理体系认证、3C认证、美国ETL认证、美国UL认证、欧洲CE认证等。

工艺超卓——质量领先业界，例如金达水晶灯采用业界高标准的灯架，整流器，灯头等材料；铜灯表面处理质量更超越其他厂商，是为数不多拥有各种车间的生产厂家. 各种灯具部件的表面处理的质量和效果冠绝同齐. 灯具的每一个部件，每一个工序都是由自己生产，自己掌控，自己完成. 工艺要求精益求精。

优秀设计——每件产品都经过设计师的精心雕琢，设计时尚新颖、集功能、潮流与艺术于一体，为用家的生活注入更亮丽的光彩。维沙华已成为国内多家高端豪华楼盘别墅样本间的指定灯具品牌。

营销网络——全国各地的专卖店多达200个以上，主要分布在国内各大城市，例如：北京、上海、重庆、青岛、杭州、昆明、广州、深圳等，形成强大的营销网络。国外客户(经销商)，主要分布在欧洲、北美、中东及东南亚等地区。产品享誉国际、国内市场。

酒店工程——金达照明以优质的品质和服务与全国著名地产商和国际品牌酒店管理公司(如万达集团，保利集团，雅高集团，万豪集团，喜达屋集团等)合作，为北京、上海、广州、深圳等大中城市的著名建筑、5星级酒店及高级会所提供了优质的产品和服务. 例如：北京全国人大常委会会议楼，北京金融街丽兹卡尔顿酒店，北京王府井希尔顿酒店，北京富力万丽酒店，北京新城兴基铂尔曼酒店…，这些都为当地城市留下了璀璨夺目的光辉印记. 金达照明树立了过百个标志性样板工程，赢得了用户的广泛赞誉和良好口碑，一直以来，金达照明矢志不移地致力于照明与艺术的结合，致力于照明与科技、装饰的完美结合。面对日趋激烈的国际、国内市场的竞争，金达照明一直秉承"质量是生命、信誉是市场、用户是上帝"的信念，在经营管理上不断革新，在开发设计上不断创新，在生产工艺、技术水平上精益求精，在施工安装、售后服务上不断完善，为用户和消费者提供更称心完美的产品和服务。金达照明已经成为中国顶级酒店工程服务运营商。

大事记

2014年11月，成功登录"新三板"。

2015年4月，设立全资子公司：东莞市金达照明商贸有限公司。进一步拓展销售业务，开拓区域市场，为区域市场提供支持和服务，提升公司的综合实力和竞争优势。

2015年5月，成功召开"聚英雄、赢未来"全国经销商大会，200多家经销商伙伴汇聚一堂，共商决策，共谋发展。

2015年5月，金达照明O2O战略全面启动，金达·维沙华、互联网+全系列产品全面上线，线上线下一起推，内销外销两手抓，旗舰店+卫星店模式=能有效做到体验+引流的完美结合。

2015年7月，金达照明定向增发，并正式在"新三板"做市交易，首日股票涨幅达172.73%。

2015年7月，金达照明灯饰博物馆签约仪式成功举行，将开启一片新的旅程。

展望：让照明与艺术结合，用灯与光的艺术去实现人们对光明梦想的追求。金达照明不但要让自己金子般的梦想达成，让梦想照进现实，还将传递着这份光明的事业，让一个又一个拥有金子般梦想的追梦人实现自己的梦想。

【831294】浙江中德自控科技股份有限公司

浙江中德自控科技股份有限公司是集研发、生产、销售、服务与一体的专业控制阀制造商。公司自创建以来，致力于发展控制切断阀专业领域技术，使我们的产品始终处在国内切断阀领域的技术领先地位。主要产品有气\电\液动高性能密封蝶阀、高温蝶阀、高性能密封球阀、高温耐磨球阀、快速切断闸阀、调节阀、气动执行机构、机电一体化执行机构等产品广泛应用于石油、化工、天燃气、煤化工等高端领域，并获得了众多用户朋友的高度信任。

公司现已拥有专业阀门技术研发中心和一流的生产平台，技术力量雄厚、设备精良、生产工艺先进、检测手段齐全，具有较强的新产品开发、研制能力。公司采用科学的现代化管理、建立了一整套完善的质量保证体系。并先后通过ISO9001：2008质量体系认证、美国石油协会颁发的API6D/609产品认证、API607/6FA防火认证、中国国家质量监督检验检疫总局颁发的特种设备（压力管道元件）“TS”制造许可证、欧共体安全注册CE认证、HSE健康安全与环境管理体系认证（ISO14001：2004/GBT28001：2001）、是中石化、中石油、中海油、中化工、神华、煤化工等领域的一级供应商，是中国仪器仪表行业协会执行器工作委员会理事单位，浙江仪器仪表行业协会理事单位，国家高新技术企业。

公司自2014年10月30日正式登陆资本市场，在京举行挂牌仪式，证券代码为“831294”，证券简称为“中德科技”。公司自从挂牌以来在资本市场里不断的发展壮大、资本运作也非常成功！

2015年公司新落成的二期车间也已全面启用，使公司的生产能力更上一个新台阶；公司积极挖掘新市场，于2015年1月成功在泰国成立子公司，为打开泰国市场走出了战略性的一步。公司在2015年接连进行了2次定向增发，由原来的6000万股增加至6644.6072万股；并在第二次定增时引进了3家做市商（光大证券股份有限公司、东吴证券股份有限公司、中泰证券股份有限公司）；公司于7月17日正式由协议转让变更为做市转让方式。

【831319】湖南绿蔓生物科技股份有限公司

湖南绿蔓生物科技股份有限公司，专业生产植物提取物，天然甜味剂专家。是生物医药细分行业植物提取物行业龙头企业，股票代码831319。

绿蔓生物是一家专注于天然植物提取物的生产、研发、销售为一体的高科技外向型企业。致力于为保健食品厂、饮料及化妆品生产厂家、国内外植物药公司、提供高质量的天然植物提取物原料。公司产品以其优异的品质和富有竞争力的价格畅销欧美、日本、东南亚等40多个国家和地区。公司拥有强大的植物提取物研发能力。已经成功开发了100多种标准植物提取物，能生产多达200余种植物提取物，年生产植物提取物能力超过800吨。公司主打天然甜味剂产品甜茶提取物、罗汉果提取物、甜叶菊提取物等市场前景非常广阔。

绿蔓生物在国内行业内和国际市场上享有较高的知名度，是中国植物提取物行业标准定制单位，湖南省植物提取物协会理事长单位。下辖全资子公司湖南三为生物科技有限公司。

公司将打通上下游产业，实现从种植到提取，再到保健食品的全产业链服务。上游种植已经开始，2014年底在湖南邵阳种植了1000多亩甜茶，今后要发展到3万亩以上，下游保健食品已经申报了罗汉果、甜菊糖、玛卡、人参等固体饮料7个食品营养批文，上下游产业的延伸将给公司的发展带来爆发性增长。

绿色，让生命蔓延……

绿蔓生物立足大健康产业，让人民更健康、更年轻、更长寿是绿蔓生物义不容辞的责任与义务！让我们一起手牵手，为人类健康事业而奋斗！

地址：湖南省长沙市高新技术开发区

邮编：410016

电话：0731－82939655

传真：0731－82938822

网址：www.nutra－max.com

【831324】大连凯洋世界海鲜股份有限公司

大连凯洋世界海鲜股份有限公司是“新三板”上市公司，证券简称：“凯洋海鲜”，证券代码：831324。

大连凯洋世界海鲜股份有限公司位于亚洲最大的渔港所在地大连市的大连湾地区，厂区占地面积6万多平方米，注册资金4500万元。是一家集水产品加工、研发、销售、保税仓储、进出口贸易及转口贸易为一体的大型综合性企业。公司始终秉承“责任与使命同在，荣誉与价值共生”的核心价值观，并以“质量第一、真诚第一、客户利益第一”的服务理念赢得了市场的广泛认可，先后获得ISO9001、HACCP质量体系认证，连续3年被评为AAA级诚信企业。

2011年1月，凯洋世界海鲜股份有限公司荣膺中国企业联合会、中国企业家协会、中国企业十大新闻评选委员会主办的“2010年度中国最具成长性企业”称号。

2011年荣膺中国最具成长性企业荣誉称号，同年公司董事长魏洋同志获得全国致富榜样称号。

2012年荣膺中国最具竞争力品牌荣誉称号。

2013－2015年辽宁省名牌产品。

企业以向广大消费者提供源于深海、天然营养、健康安全的海洋食品为己任，秉承“感恩大海，回馈社会、和谐共赢、永续发展”的企业经营宗旨，为将大连凯洋世界海鲜股份有限公司打造成为受人尊敬，享誉国际的一流海洋食品企业而奋斗。

在东北、华北、西北以及华东市场，凯洋世界海鲜的专卖店已经遍地开花，同时向西南、华南、华中市场进军。

公司主营冷冻海鲜系列、世界海鲜礼盒系列、海参鲍鱼系列、海洋珍品系列、海洋休闲食品系列等几大系列产品，涵盖了智利帝王蟹、波士顿龙虾、俄罗斯帝王蟹、智利三文鱼、大连鲍鱼、大连海参、阿根廷红虾、太平洋银鳕鱼等近百种世界各大海域出产的美味海鲜，这些精挑细选的海鲜产品通过全程冷链运输漂洋过海从四洋五洲汇聚到凯洋，由凯洋世界海鲜通过专业、细致的服务将完美的海鲜产品呈现给全国的美味爱好者。

在凯洋世界海鲜的众多精品中，凯洋世界海鲜礼盒更是企业着力打造的精品中的精品，它是企业通过营养搭配、消费者偏好、性价组合以及市场细分等因素对海鲜单品的优化组合，集合亲民、商务、尊享为一身，价位从一百多元到几千元不等，能满足您对海鲜产品的多种需求。凯洋世界海鲜礼盒是海鲜礼品市场的领军品牌，无论是消费者反响，还是市场占有率，凯洋世界海鲜都是当之无愧的领导者。

在 2015 年中秋节来临之际，我公司特推出三款喜迎中秋、回馈客户的超高性价比精品礼盒。

ZQ－1，中秋一号，此款礼盒是您企业作为员工福利的首选商品，优价惠民，让您通过最少的费用，达成最高的员工满意。

ZQ－2，中秋二号，此款礼盒是您企业作为中层及中层以上领导福利的首选商品，精益求精的产品品质，是您对那些充满挑剔眼光的领导最好的回答。

ZQ－3，中秋三号，此款礼盒是一款适合商务交往、企业领导之间互相馈赠，企业对朋友表达深深谢意的礼品，尊享品味，无与伦比。

【831331】湖北华奥安防科技运营股份有限公司

湖北华奥安防科技运营股份有限公司成立于 1996 年，国家高新技术企业，总部位于武汉东湖新技术开发区，注册资本 4110 万元，自有办公面积 8200 平米，是一家从安防工程商、系统集成商技防业务转型到综合安保运营服务的企业。

公司属湖北省安防协会常务理事单位，拥有安防企业一级资质；湖北省公安厅安防工程设计施工 A 级备案；计算机系统集成三级资质；建筑智能化三级资质；通过了 ISO9001：2008 质量管理体系认证；连续两年被评为武汉市东湖高新技术开发区“瞪羚企业”重点扶持企业；多次被评为安防行业 AAA 诚信企业，“平安城市”推荐优秀安防企业，十大民生贡献企业，中国十大自主创新企业；武汉市守合同重信用企业等。公司董事长白云先后获得“中国经济百名杰出人物”、“中国改革杰出人物”、“武汉市第八届十大杰出创业家”及“湖北省民营经济年度杰出人物”等荣誉称号。

华奥科技以安防运营服务与智慧城市建设为己任，以科学发展观为指导，创新服务理念，充分发挥城市智慧型产业优势，集成先进技术，推进信息网络综合化、宽带化、物联化和智能化，加快智慧型商务、文化教育、医药卫生、城市建设管理、城市交通、环境监控、公共服务、居家生活等领域建设，全面提高资源利用效率、城市管理水平和市民生活质量，改变传统落后的生产和生活方式，努力建造一个基础设施先进、信息网络通畅、科技应用普及、生产生活便捷、城市管理高效、公共服务完备、生态环境优美、惠及全体市民的智慧城市。

公司自创建以来，坚持多领域、全方位、系统化、专业化的发展战略，坚持与科研企业及院校共同打造智慧城市研究中心与试验平台。凭借雄厚的经济与技术实力，以人为本的创新服务理念，通过与各界同仁的精诚协作和优质完善的服务体系，公司目前在北京、襄阳、枣阳、随州、宜昌等地建有分公司，立足湖北，面向全国，力争做全国第一家综合安保运营服务商，是华奥科技的发展目标。堂堂正正行天下，清清白白创伟业”是华奥科技执着不变的发展信念！在实践中积累经验，在服务中创新理念，与科研企业及院校的紧密合作，已使华奥科技成为中国安防运营服务与智慧城市建设等应用领域具有自主研发能力、自主知识产权和一体化先进解决方案的领军企业。

华奥精神

以奥运精神弘扬中华文明，用我们的勤劳与智慧带给人类和平与安宁。"堂堂正正行天下，清清白白创伟业"是我们华奥科技执着不变的发展信念。

企业文化

平等、公正、团结、奋进、创造一个和谐氛围。

经营理念

服务创造价值，诚信开创未来。

公司效益

公司所有的效益来自于对我们的服务感到满意的客户。

2014 年 11 月 14 日华奥科技在全国“新三版”挂牌上市，公司迎来了再一次飞跃的发展平台。华奥科技愿以全新的姿态与社会各界同仁携手并进，再创辉煌！

公司网址：www. huaao24. com. cn.

24h 全国服务热线：400－6633－582

地址：武汉市东湖开发区珞瑜东路八号慧谷时空八楼

电话：027－59835388

邮编：430074

【831456】贵州森瑞新材料股份有限公司

贵州森瑞新材料股份有限公司成立于 2003 年，位于贵阳市乌当区经济技术开发区，占地面积 400000 余平方米，公司注册资金 20750 万元。是贵州省规模最大的专业从事新型塑料管道研发、制造、销售的新型环保科技企业，拥有位于贵阳乌当、武汉黄陂生产基地。

公司坚持科技兴企、坚持规模化、专业化发展战略，通过不断进行技术改造提升技术装备水平，扩大传统市政、建筑用塑料管道市场规模；通过不断创新开发工业用特种塑料管道新产品，提升专业化水平，推进技术进步。经过多年发展，公司拥有 100 余条国际、国内最先进的塑料管道生产线，先进完善的检测手段，具备了年产 10 万吨市政、建筑用给水、排水、燃气、穿线等塑料管生产能力，产品覆盖了国家标准或行业标准所列全部规格。被广泛应用于给水、排水、排污、燃气、农业、水利、电力、矿山和通信等领域。已成为贵州省规模最大、品种最齐全的塑料管道龙头企业。

公司先后通过了“ISO9001：2008 质量管理体系认证”、“ISO14001：2004 环境管理体系认证”、“ISO10012：2003 测量管理体系认证”、“OHSAS18001 职业健康安全管理体系认证”、“压力管道元件认证”、“矿用产品安全标志认证”和“中国环境标志产品认证”等。被国家科技部批准为“国家火炬计划项目”、“国家高新技术企业”、国家级“守合同重信用企业”、“省级企业技术中心”、“技术改进先进单位”。从成立至今一直被省工商局评定为“守合同、重信用”单位及荣获“先进纳税企业”、“财政贡献突出企业”、“贵州质量诚信 5A 级品牌企业”、“管理体系认证优秀企业”。同时是“国家质检总局授权的‘聚乙烯（PE）管道焊工考试委员会’单位、“中国质量诚信企业协会副会长单位和理事单位”，“住房和城乡建设部科技发展促进中心《建设科技》理事单位”，“贵州省名牌产品”、创新型领军企业等诸多荣誉。

贵州森瑞新材料股份有限公司，股票简称：森瑞新材，股票代码：831456。在全国中小企业股份转让系统挂牌时间：2014 年 12 月 10 日。为进一步提高公司的资金实力，加快公司发展，公司 2015 年进行了二次股票定向发行，共增加股份 50,000,000 股，共募集资金 155,000,000 元。公司也于 2015 年 5 月 29 日，将公司股票由协议转让方式变更为做市转让方式，为我公司股票提供初始报做市报价服务的做市商为：招商证券股份有限公司、恒泰证券股份有限公司、太平洋证券股份有限公司、东莞证券股份有限公司等4家券商。

公司坚持“以质量求生存、以服务求发展、以诚信求双赢”的经营理念，发扬“诚信、务实、学习、创新”的企业文化，及“让城市更美丽，让生活更美好”、“保护家乡环境，共建美好家园”的环保理念，立足于科技研发，为广大用户提供快捷、优质的管道工程系统。真诚感谢广大用户和社会各界对公司一如既往的支持和信赖，我们将竭诚为用户提供更优质的产品和更满意的服务，欢迎社会各界莅临指导。

【831517】江苏凯伦建材股份有限公司

江苏凯伦建材股份有限公司是国家高新技术企业，中国建筑防水协会副会长单位，中国防水产业联盟十三家发起单位之一，江苏省名牌产品，江苏省著名商标。凯伦建材是中国建筑防水行业转型升级的标杆企业，中国融合防水的创立者和领导品牌，其生产组织方式是国家工信部《建筑防水卷材行业准入条件》编制的重要依据。2014年12月16日，凯伦建材成功登陆新三板，成为中国防水行业第二家公众公司。

凯伦建材的厂区布局和生产装备，集行业三十年研究和生产应用实践成果之大成，其精细化和自动化程度达到国际同行先进水平。健全的环保设施，确保清洁燃料、净化尾气和高效动力。

公司自主研发的高分子自粘胶膜防水卷材（MBP）、白色聚氨酯防水涂料（MPU）等通过住房和城乡建设部科技成果评估。MBP卷材填补了国内预铺防水领域的技术空白，呈现高分子洁白本色，避免了与深色回收料片材的混淆。白色聚氨酯防水涂料一改市场通行的黑色或其它深色的外观，彻底杜绝了煤焦油和液体古马隆等低劣致癌添加剂。

凯伦建材以“融合防水”为价值引领，力求有效整合设计、生产、施工、监管等各方的技术力量，实现全产业链的融合，提高设计精度，抑制低劣生产和施工，致力于修复行业生态。

无论是高水准的材料、机具和工法的开发应用，还是针对具体工程项目的“二次深化设计”、派遣工程师和技术工人到现场服务，以及收集各方反馈意见等，都无不体现了凯伦建材“融合”的价值理念和系统服务能力。公司的融合防水还体现在柔性防水层与刚性结构主体之间以及不同防水材料之间的充分融合，保障了防水层及相关构造层之间的完整性。

凯伦建材通过了GB/T19001－2008/lS09001：2008质量管理体系认证、GB/T24001－2004/IS014001：2004环境管理体系认证和GB/T28001－2011/OHSAS18001：2007职业健康安全管理体系认证，被中国建筑防水协会授予“质量提升示范企业”称号。系列产品通过了CRCC（铁路产品）认证、CCPC（交通产品）认证、CTC（中国建材）认证、中核集团认证及中国环境标志产品认证，获得了CE欧盟标准符合性证明书，其中公司自主研发的“MPU白色聚氨酯防水涂料”还获得建筑防水行业技术进步一等奖，而公司的另一核心产品“MBP高分子自粘胶膜防水卷材”入选了科技部2015年国家火炬计划。

凯伦建材与中国建筑材料研究总院苏州防水研究院、苏州非矿院防水材料设计研究所、苏州科技学院和南京金陵科技学院等深化产学研合作，使公司的研发人才可以得到有效保障并不断巩固了公司的研发优势。

凯伦建材秉承“精细化的融合、看得见的诚实”的经营理念，短时间内把公司推向了多个建筑防水领域，先后与众多大型房地产集团建立战略合作关系，承接了多个高铁、城际铁路、隧道、核电站和地下管廊等防水项目；公司成功进入国际市场，销售遍布美国、英国、澳大利亚、以色列、新加坡、印度、巴基斯坦、台湾等国家和地区。公司还积极配合国家“走出去”战略，在广大亚非拉地区参与国家商务部援外建设。

公司重在高质量的成长，坚守“高品质”和“绿色生产”的战略定位，以稳健的步伐，确保基业长青，效力百年建筑，造福人类，回馈社会。

【831518】南京波长光电科技股份有限公司

随着我国多层次资本市场的开放，光学行业又一颗璀璨明星——南京波长光电科技股份有限公司于2014年12月16日成功登陆“新三板”，证券代码“831518”。

南京波长光电股份有限公司是一家集激光光学产品、红外镜片镜头、光电检测系统以及光机电软方案的研发、生产、销售为一体的高新技术企业。基于激光加工技术、红外探测技术的运用领域广泛，公司产品广泛应用于新材料、新能源、航空航天、生命科学、工业监控、安全防卫、电力监测等领域，且在中、小功率激光加工光学界享有盛誉。

面对激烈的市场竞争，波长光电坚持技术引领的发展思路，早在2007年就成立了南京研发中心，2013年，全球技术支持中心正式成立并投入使用，技术研发实力再上新台阶。公司还先后与中国科学院，北京大学，南京大学、东南大学、南京理工大学、解放军理工大学、新加坡国立大学，南洋理工大学和新加坡科学技术研究院等高等院校院所建立了合作关系，实现了产学研一体。基于自主创新和产学研合作，公司已累计获得十几项专利授权和多项软件著作权，另有多项发明专利处在实质审查阶段。

公司推行全方位的市场服务体系，国际国内市场齐头并进。以新加坡波长科技有限公司为龙头，南京波长光电科技有限公司为母体，下设有北京、深圳、成都销售处及韩国光研、美国波长，产品除满足中国市场需求外，还远销欧洲、美洲、东南亚国际市场。

波长光电董事长黄胜弟说，挂牌新三板对波长来说是“十年磨一剑”，从这个新起点出发“让波长更宽广”！作为21世纪全球最具影响力产业之一的光电产业，波长的成功挂牌将是行业的一剂新能量，光电企业的积极发展将加快我们与国际光电行业接轨的步伐。2015年6月16日，波长光电股票转为做市交易，进入到股票二级市场。截止至2016年1月22日，公司总股本3984万股，其中1299万股是流通股，均在新三板交易。未来，波长会继续贯彻实施“让波长更宽广”的发展战略，凭借自己的产品优势与优质的服务，朝着“成为光电行业的主导力量”的远景目标前进！

波长光电2015年上半年大事记

1. 南京波长光电科技股份有限公司新加坡子公司于2015年6月12日荣获“新加坡2015年最快速发展SME100强企业”殊荣，SME100这项年度评选和颁奖活动是由国际商业媒体的《中小企业与创业家》杂志主办，由独立的第三方对评选过程进行审计评估，确保聚焦20个行业3000家参选企业的成长性（营业，利润和市场占有率）和可持续性（管理模式，可持续发展和企业愿景）进行打分评选，最终选出得分最高的前100家中小企业颁奖。

2.2015 年 6 月 16 日，波长光电股票通过做市转让方式正式开盘交易。

3.2015 年，波长“光学镜片”获得南京市名牌产品，开启了波长光电品牌竞争的发展优势。

4.2015 年，波长光电全资子公司南京光研软件系统有限公司获得两项软件著作权：

1）光研光学设计软件 V1.0，证书号：软著登字第 0952998 号；2）光研图像自动处理软件 V2.0，证书号：软著登字第 0953001 号；3）波长光电获得一项实用新型专利，专利号：ZL201420832358.6。波长光电更加注重专利权的保护，有效保护企业知识产权，促进企业技术领域的发展，增强企业的核心竞争力。

5.2015 年 7 月 6 日，波长光电从江苏省高新技术企业认定管理工作协调小组获悉，我公司参加 2015 年度第一批高新技术企业认定已入围拟认定企业名单，并经过公示期，按照相关规定，波长光电将享受所得税税收优惠减免政策，这预示着波长未来将更具备市场的竞争能力。（文件号苏高企协〔2015〕9 号）

6.公司开展的“高精度光纤型激光测振技术及设备产业化项目”获得南京市 321 人才引进计划中领军型科技创业人才引进计划；“红外激光光纤传输系统的研究与产业化”项目获得 2014 年下半年江宁区“创聚”工程人才资助。

7.2015 年 3 月波长光电参加了慕尼黑上海光博会，作为亚洲最大的激光、光学、光电行业盛会，展会上集聚了国内外知名光学企业，波长光电以其独特的细分市场的厂商特性，吸引了上下游的企业的广泛关注；期间，波长光电在 2015“现代光学制造工程与科学"（上海）国际论坛上发表了主题演讲，与业界精英共商企业的经营发展大略，波长光电在展会上接待了上千家客户及业界人士，并取得了大量合作意向，为公司年度经营业绩的提升提供了桥梁作用。

【831523】兰州亚成生物科技股份有限公司

公司的主营业务为天然肠衣产品的加工和销售。

本公司始建于 1998 年，原名为兰州高新技术产业开发区亚成肠衣有限公司，2013 年 7 月经过股份改制，更名为兰州亚成生物科技股份有限公司。公司注册资金 4200 万元人民币，是一家集天然肠衣加工和生物产品研发生产为一体的出口型企业，产品主要出口到欧盟及日本。

本公司为世界肠衣协会、欧洲肠衣协会会员、中国肉类协会肠衣分会常务理事单位；欧盟、日本、巴西卫生注册企业（注册号：6200/05005）。公司现有生产工人 206 人，管理及业务人员 19 人。公司的生产基地位于兰州市皋兰县忠和镇崖川村，工厂占地面积 12 亩，拥有符合欧盟卫生要求的肠衣加工成品车间、原料车间、冷库及办公楼、化验室等，建筑面积约 4300 多平方米。企业生产规模及出口量在甘肃及西北地区羊肠衣行业中居首位，全国位居前列。

【831534】江苏艾蓓科科技股份有限公司

江苏艾倍科科技股份有限公司成立于 2008 年，坐落于国家历史文化名都南京，是新三板首家北斗产品开发及科技方案服务商。公司先后研发了具有自主知识产权的北斗微型穿戴设备、以国产 CPU 龙芯为主控芯片的北斗智能终端、基于传感器的物联网络节点、跨行业应用平台四大系列 30 余款填补国内空白的高新产品。公司拥有专利、版权、软件著作权、商标权等知识产权 100 余项，先后通过双软认证、ISO9000 认证、技贸机构资格认证、国家级高新技术企业认证。公司成立以来得到社会各界的广泛认同，先后加入或筹建了中交协物流装备委员会、中国老龄产业促进会、江苏国产软硬件联盟、南京北斗产业联盟等专业组织。随着公司的不断发展，公司 2014 年成功挂牌新三板，股票代码：831534

艾倍科公司经过多年积累的行业经验与同仁们的共同努力，凭借平安校园、智慧养老、智慧城市、智慧旅游等方案覆盖军事、教育、民政、市政、旅游、交通、电力等各个领域。

展望未来，艾倍科将一如既往的发扬北斗人的精神，立足北斗、发扬北斗、让北斗走进千家万户！

地址：江苏南京市高新区惠达路 6 号北斗大厦 5 楼
电话：025 - 58100558
网址：www. njabk. com

【831544】北京超同步伺服股份有限公司

北京超同步伺服股份有限公司于 2008 年 8 月 8 日成立，是中关村科技园区国家高新技术企业。2014 年 12 月 19 日在全国股转系统挂牌，成为国内伺服行业第一家挂牌企业。证券代码：831544，证券简称：北超伺服。

北超伺服是国内集电机和电机驱动装置于一体的规模化生产企业之一，拥有国内首条智能电机部件生产线。北超伺服一直秉承着发展高科技民族工业，制造专业的机电一体化产品的企业理念，自主研发生产全系列电主轴、交流伺服电机、交流伺服主轴电机，变频电机，电主轴内装电机，压力机、注塑机、抽油机等专用伺服电机，以及各系列伺服电机的驱动器。产品广泛应用于高档数控机床、节能注塑机、精密压力机、机器人、机械手、自动化生产线等高端装备制造业，获得业界广泛好评。公司生产销售均为自主研发产品，拥有自主知识产权。北超伺服已通过 ISO9001 国际质量管理体系认证、产品获得欧盟 CE 认证。

公司在全国建立近 30 个办事处，销售及售后网络遍布全国。公司坚持“我们满意，用户满意”的服务宗旨，为广大用户提供最有效、最专业的售前、售中及售后的服务。

北超伺服先后获得“北京中关村企业信用促进会”会员，国家安全生产监督管理总局“安全生产标准化企业”，北京市经济和信息化委员会“北京市工业企业知识产权运用示范企业”，北京市科学技术委员会“北京市级企业科技研究开发机构”等荣誉称号。

地址：北京市密云县王各庄产业基地
电话：010 - 69076533 - 8516
传真：010 - 69076577
邮箱：lly2015@ ctb. com. cn
网址：www. ctb. com. cn

【831584】上海雷博司电气股份有限公司

业务范围

公司致力于推进输配电及控制设备绝缘系统向环保型、智能化方向发展，为各行业提供成熟可靠的电气绝缘系统解决方案、技术支持和产品服务，产品线涵盖 12 - 1100kV 中压至特高压各等级绝缘产品，并为环网柜、高压成套开关柜、箱式变电站及 GIS 等电气设备量身定制绝缘核心模块，以满足各种应用环境的需求。公司重点投入以信息化带动制造业、服务业升级融合的新产品与新服务项目，开发内嵌传感器的新一代智能化产品用以实现产品服务的远程监测，进一步提升新服务效率及产品可靠性的实时监控能力。旗下智能配电网安装运维服务广泛适用于新能源、交通运输、市政建设、石油化工、钢铁冶金、厂矿企业等电力用户工程项目。

荣誉与认证

公司系国家高新技术企业、上海市专精特新中小企业、上海市科技小巨人培育企业、上海市专利试点示范企业；公司系中国电器工业协会理事单位，参与多项开关行业绝缘材料和绝缘产品标准的制定；公司先后通过 ISO9001 质量管理体系认证、ISO14001 环境管理体系认证和 OHSAS18001 职业健康安全管理体系认证，是联合国全球契约组织成员企业。

研发成果

公司坚持卓越创新，建立了具有自主知识产权的研发体系，拥有多项国家发明专利、实用新型专利和外观设计专利，涉及绝缘结构设计、材料研究、生产工艺等各技术领域；公司与上海交大、西安交大、华东理工、西高院等高校及科研院所密切合作，并与上海交大、华东理工建立了校企联合研究中心。在电气绝缘系统的理论研究、材料配方、生产加工和产业应用上取得丰硕成果。

【831686】威海市正大环保设备股份有限公司

威海市正大环保设备股份有限公司是集设计、开发、生产通风机、除尘器、消声器、输排灰装置等产品于一体的环保设备企业，是山东省生产通风机、除尘器的专业化骨干企业。

公司是高新技术企业，始终以创新发展环保技术为核心，以发展环保产业为重点，具有环保设备领域多项专利产品和专有技术，先后自主研发了分室侧喷低压脉冲式除尘器、ZD 静电除尘器、新型电捕焦油器、长袋低压脉冲袋式除尘器、离线清灰脉冲袋式除尘器、回转反吹袋式除尘器、ZZK 系列强力中央式集尘清洁系统、碳素焙烧烟气干法净化除尘系统、碳素焙烧烟气高效电捕干法净化系统、电解铝烟气净化系统和电解铝熔炼炉和保温炉高温烟气净化系统、便捷式节能气力提升机等一系列高新技术产品；拥有碳素焙烧烟气净化、ZDAL 型电解铝烟气脱氟净化、电解铝熔炼炉与保温炉烟气净化等核心技术。获发明专利 2 项、实用新型专利 5 项、外观设计专利 1 项、科技成果 12 项、企业标准 2 项。多次承担国家火炬计划、国家科技型中小企业创新基金、省自主创新成果转化专项计划等重大专项，主导产品多次荣获山东省优秀科技成果一等奖、山东省优秀节能成果一等奖、第四届中国技术市场协会金桥奖、威海市科学技术奖 5 项等荣誉。

公司始终以“生产一流的产品，提供一流的服务，交付一流的工程”为宗旨，对外承揽大型烟气净化除尘系统工程。为山东南山铝业股份有限公司、新疆农六师铝业有限公司、青铜峡铝业股份有限公司、山东怡力电业有限公司、山东泰山钢铁集团有限公司等各大知名铝厂、电厂、钢厂等行业生产各种通风、除尘及输送设备。周到的售后服务赢得了广大用户的信赖，创造了良好的企业形象。在北京、新疆、西安、潍坊、烟台等地建立办事处，在非洲、南亚、美洲等地区建立了营销网络，产品出口越南、哈萨克斯坦、赞比亚、加拿大、埃及、印度、非洲刚果等国家和地区。企业逐步发展成国内环保行业的领跑者，具有与国际同行业竞争的实力。

【831694】贵州黔驰信息股份有限公司

贵州黔驰信息股份有限公司创立于 2005 年，原名贵州黔驰电力信息技术有限公司，我们是一家专注于一体化、专业化 IT 解决方案与信息化服务的高科技企业。注册资本 3365 万元，证券简称：黔驰信息，证券代码：831694。

公司具备国家级高新技术企业、双软认证企业、计算机信息系统集成三级、CMMI5 国际认证（贵州省第一家通过该认证的企业）、质量管理体系 ISO9001：2008 认证、信息安全服务资质（安全工程类一级）、省级企业技术中心、省、市创新型企业等资质。

公司以软件技术、信息安全和 IT 服务为核心，提供技术研发、咨询、集成与服务以及相关产品，面向电力、政务、传媒等行业提供优质的整体解决方案。

公司在湖北武汉、四川成都设立有分公司，2015 年筹备在云南昆明设立子公司，凭借承东启西、连南望北的华中腹地的人才、市场优势，真正形成覆盖西南地区的业务网络，同时，为下一步打开东、北向业务奠定基础。

以黔驰信息企业技术中心为引领，依托贵阳、武汉两大研发中心，以及自有成熟的核心技术平台体系，重点围绕能源互联网、云计算以及大数据技术进行创新研发，为创新技术链条的完整性及技术发展的可持续性提供保障。

【831698】哈尔滨工业大学软件工程股份有限公司

哈尔滨工业大学软件工程股份有限公司成立于 1995 年，注册资本 8250 万元，公司总部位于哈尔滨市松北区科技创新城创新路 1599 号，建筑面积三万平方米。公司自创立以来，致力于以先进成熟的信息化技术和产品服务于经济社会发展，主要面向税务、社保、信息安全、电子政务、民生、教育、环保、电信、交通物流等领域提供专业的信息化产品和服务，立足龙江，拓展全国市场，历经二十年的创新发展，公司已跻身为黑龙江省 IT 领域的龙头企业。2015 年 1 月公司股票在全国中小企业股份转让系统挂牌，股票简称：工大软件，证券代码：831698。

主营业务

利用公司自有的信息化技术，为税务、社保等政府机构的信息化建设提供专业化的软件开发和技术服务；

向企业法人和自然人提供专业化的信息技术服务和产品；

面向网络信息安全领域提供整体解决方案；同时，提供系统集成服务及智能设备产品。

【831713】武汉天源环保股份有限公司

一、基本情况

武汉天源环保股份有限公司位于九省通衢的武汉市，成立于 2009 年 10 月，注册资金为 5517 万元人民币，注册地址：武汉市汉南区纱帽街薇湖西路 392 号，2015 年在新三板上市，股票简称：天源环保，股票代码：831713，成为新三板唯一一个以垃圾渗滤液处理为题材的上市环保企业，亦是湖北省首个以此题材登陆新三板的上市企业。天源环保现有员工 200 多人，其中专业技术人员 140 余人，高级工程师 15 名、壹级建造师 8 名，建成 60000 ㎡生产基地（占地 100 亩），实现装备资产投入6000万元，具备年产能10亿的能力，拥有环保工程专业承包和机电设备安装工程专业承包资质、污染治理设施运行服务能力（工业废水）证书、生活垃圾环境污染治理设施运营资质证书。公司自主创新研发垃圾渗滤液处理领域并获得国家专利的核心技术10项，参与多项国家垃圾渗滤液领域行业技术标准编写。

二、主营范围

可承接垃圾焚烧厂、垃圾填埋场、垃圾中转站的垃圾渗滤液及餐厨垃圾沼液的处理工程项目投资与建设，浓缩液，工业废水的处理工程项目。

三、经营业绩

公司凭借良好的品牌和信誉，先后在北京、上海、郑州、乌鲁木齐、昆明等地建立多个分公司，业务范围覆盖20多个省市，具备承建国内特大型垃圾渗滤液项目和工业废水项目的实力。

四、企业文化

天源环保开拓创新的始终秉承"以信为本，以和为贵"主流文化。信心，立业之源；信用，立业之本；人和，立业之魂。武汉天源追求三者的完美结合与统一。我们将以责任、诚信、务实的行业精神和工作态度为客户提供垃圾渗滤液治理行业最完善的解决方案、最成熟优良的工艺技术、最竞争力的产品、最全面的售后服务，每一位客户做好每一项工作，把每一个工程质量和信誉视为生命，确保所承接的工程100%成功，达到国家标准。

未来天源环保将充分利用自身雄厚的技术实力、丰富的人才储备和资本市场的金融支持，努力营造新形势，谋求新发展，愿与各界同仁共同改善人类赖以生存的地球环境，为还您一个清新的世界做出更大的努力。

公司地址：武汉市汉南区薇湖西路585号

经营地址：武汉市新长江国际A座8楼

联系方式：(027)82863611(027)82863911

公司网址：http://www.tianyuanhuanbao.com

公司邮箱：wuhantianyuan@163.com

【831717】山东首信高分子材料股份有限公司

一、公司基本情况

山东首信高分子材料股份有限公司地处山东省阳谷县祥光经济开发区，园区紧邻京九铁路、德商高速公路、青兰高速公路，处于冀鲁豫三省交叉口。位置优越，园区环境优美。

公司始建于2011年，经过了短短四年的发展，已成为集科研、开发、生产为一体的高分子材料制造企业。公司注册资金1010万元，资产总额近亿元。公司依托西安交通大学、聊城大学等高校材料学院共同研发、生产：聚乙烯系列电缆绝缘料、光缆护套料；PVC系列绝缘电缆料；硅烷交联聚乙烯绝缘料和光纤二次被覆用聚对苯二甲酸丁二醇酯改性塑料等系列高分子材料。公司年生产能力2万吨以上，产品广泛用于通信、电力、电子控制等线缆的内外层护套。

公司具有完备的高分子材料检测、试验装备和技术研发中心，各种产品均有成熟的生产工艺和先进的生产设备，并已通过ISO9001质量管理体系、ISO14001环境管理体系和GB/T28001职业健康安全管理体系认证。公司坚持以科技为先导，以"创享新材料"为目标，走"专业化、创新型"发展之路，规范运作、精细管理、旨在为国内外光缆、电缆客户提供一流的产品和服务。

二、"新三板"情况介绍

为促进公司发展、拓宽公司融资渠道、完善公司公司资本构成、引导公司规范运作、规范企业管理，公司决定在全国中小企业股份转让系统即"新三板"挂牌。公司2014年7月份改制，由"聊城首信高分子材料有限公司"变更为"山东首信高分子材料股份有限公司"。2014年12月30日正式在"新三板"挂牌成功，成为阳谷县第一批在"新三板"正式挂牌的企业。股票代码：831717，公司股本1010万股，股东自然人6人，实际控制人占比58.42%。

为适应公司业务不断增长的需求，今年8月份公司决定增资1000万股，其中外部股东认筹500万股，原股东认筹500万股。募集资金主要用于扩大生产规模，同时利用两个车间的房顶，引进先进的光伏发电项目。

三、公司发展前景

1.公司拟于明年再次增资1000万股，股本达到3010万股，并与主办券商申银万国证券公司协商，明年在新三板做市。

2.2015年6月份公司筹资1000万元用于购买原阳谷海庆机械制造厂的土地和厂房，主要用于扩大生产规模，增加生产光缆护套料上游生产线及增加光缆护套料生产线6条，确保明年上半年实现生产能力翻番的目标。

3.根据公司的发展规划，今年公司的营业收入将达到1.2亿元，利润400万元。随着生产规模的扩大，预计2016年营业收入将达到2.5亿元，利润达到900万元。

公司秉承"诚信、互利、共赢"之理念，竭诚欢迎新老客户携手合作、共创辉煌。

地址：山东省聊城市阳谷祥光开发区

电话：0635－2159566

传真：0635－2156655

邮箱：shouxincailiao@163.com

网站：http://www.gaopuda.com

【831718】山东青鸟软通信息技术股份有限公司

山东青鸟软通信息技术股份有限公司（以下简称"青鸟软通"）成立于2010年，是一家以软件开发、养老服务为主营业务的国家级高新技术企业。

公司软件开发业务围绕健康中国、美丽中国、智慧中国三大板块，提供咨询规划、建设、服务、运营四位一体的解决方案，是政府、企业、民生服务等行业重要的IT综合服务提供商和战略合作伙伴。

公司养老服务业务将嵌入式社区养老机构、虚拟养老院有效契合，以社区养老为基石，承载康复护理、生活照料、短托临托等功能。同时为虚拟养老提供支撑，开展居家护理、居家养老，通过标准化、规范化的运营管理，借助信息化服务管理系统的支持，充分整合线上、线下的养老服务资源，打造"没有围墙的养老院"。

青鸟软通秉承"成为领先的解决方案提供商，成为领先的养老服务运营商"的愿景，坚持客户至上的原则，提供最优质的服务体验，寻求传统与创新之间的美妙平衡。随着公司业务的增长和管理能力的提升，公司相继通过了ISO9001质量体系认证、ISO27001信息安全与管理体系认证、CMMI3软件成熟度国际认证、国家级高新技术企业认定，是工业与信息化部计算机系统集成二级资质认证企业，成立了山东省第一家护理站，被民政部批准成为养老护理员职业技能鉴定培训基地。

地址:山东省青岛市延安三路67号湛山创意工厂B07

电话:0532-89615268

传真:0532-66995809

电邮:sales@jbinfo.cn

网址:http://www.jbinfo.cn/

【831725】内蒙古凌志马铃薯科技股份有限公司

内蒙古凌志马铃薯科技股份有限公司成立于2006年8月,注册资本7200万元。公司是集马铃薯脱毒种薯繁育、现代化农场规模化种植、马铃薯食品加工于一体的马铃薯产业集团。

公司于2015年1月成功在“新三板”挂牌,成为马铃薯产业第一家登录资本市场的企业,股票代码831725,是国家高新技术企业、自治区农牧业产业化重点龙头企业和扶贫龙头企业,被中国食品工业协会马铃薯食品专业委员会评为中国马铃薯产业十大“优势企业”,被中国作物协会评为马铃薯产业发展“突出贡献企业”。

面向未来,公司致力于将凌志股份打造成以种薯繁育为核心、以马铃薯食品加工为主导、以现代化农场规模化种植为依托、以“土豆文化”为内核的中国特色现代化新型农业企业和国际化马铃薯产业集团。

【831730】河北亚诺化工股份有限公司

河北亚诺化工股份有限公司是一家专业从事精细化工产品研究、开发、生产和销售的外向型企业。产品主要包括有机硫化物和吡啶衍生物两大系列,涵盖农药中间体、医药中间体两大产品类别。设有三个生产基地,可满足多种化学反应及各种数量级别的生产需要。石家庄基地集“研发、营销、管理”于一身,致力于吡啶衍生物的开发生产及产品的精制和包装。内蒙乌海基地主要生产有机硫化物系列产品。拥有甲基磺酰氯和甲基磺酸工艺专利技术。沧州黄骅基地主要生产吡啶衍生物系列产品,公司位于国家级化工经济技术开发区沧州临港化工园区精细化工区,计划总投资近三亿元,预计总产值超过十亿元。

河北亚诺化工股份有限公司2014年实现销售收入2.14亿元,出口创汇1770万美元,总资产3.55亿元。2015年上半年实现销售收入1.27亿元,出口创汇757万美元,净利润1020万元。

河北亚诺化工股份有限公司自成立以来,始终以技术开发和科技创新为先导,拥有一座3000平米的研发和检测中心,公斤级实验车间和万能中试车间。2011年,河北亚诺化工股份有限公司技术中心被认定为“河北省企业技术中心”,并连年被河北省科技厅评为“高新技术企业”,2014年评为石家庄市“民营企业50强”。

未来,河北亚诺将继续坚持绿色环保为理念,坚定精细化工为发展方向,以科技创新为首要推动力量,力争成为中国精细化工行业绿色化工的引领者,世界大型农药和医药化工企业的战略供应商。

我们致力于为世界大型农药和医药化工企业提供最优质的产品。

电话:0311-83099855

地址:河北省石家庄市经济技术开发区阿里山大街19号

邮箱:ihfo@yanuo.com

网址:http://www.yanuo.com

【831734】宁波展通电信设备股份有限公司

宁波展通电信设备股份有限公司座落于享有“中国塑料城”、“中国模具城”盛名之称的浙江省余姚市,是一家专业设计开发、规模生产光缆接头盒、光缆终端盒、光纤快速连接器、光分路器等光纤配线设备的国家高新技术企业、新三板挂牌企业。

展通注册资金3850万元,占地面积13340平方米,建筑面积18000平方米,拥有各种先进的生产和检测设备200多台套,现已具备年生产光缆接头盒、终端盒300万套以上的能力。

在确保产品品质的同时,展通坚持用自主创新提升企业核心竞争力。公司现有9大系列600余种规格的光缆接头盒产品,其中包括根据不同安装环境需要而开发的室外地上面安装使用光缆接头盒和地下面安装使用光缆接头盒产品;专为FTTH(光纤到户)工程开发设计的分光配线接头盒、光纤到户终端的箱、盒等产品;还有GJD-OPGW、ADSS电力光缆接头盒,是世界上光缆接头盒品种系列最为齐全的生产厂家之一,形成了以光缆接头盒为中心的光纤配线设备产品研发、生产、销售、服务于一体的产业链,产品已取得27项专利,各项性能指标已达到国际领先水平。展通光缆接头盒整体结构设计合理、材质配置优良、密封持久可靠、安装扩容方便快捷、性价比高,在国内外客户群中享有良好的口碑。

展通凭借优异的产品质量、齐全的产品系列成功打入国内外高端电信市场,目前已成为中国电信、中国移动、华为、中兴、烽火、大唐、普天的稳定供应商,产品大量销往印度、罗马尼亚、巴西、澳大利亚、乌克兰、俄罗斯等国家的电信运营商,并与爱立信、阿朗、诺西、美国ADC、日本滕仓、住友等国外大中型设备商均已建立了业务关系,牢固奠定了光缆接头盒产品制造领域的龙头企业地位。“展通”品牌,赢得了国内外客户的信赖及认同。

公司视产品质量为生命,遵循“诚信、双赢”的经营理念,展通热诚欢迎国内外合作伙伴与我们共谋发展、共享成功!

公司历史

1996年9月,成立“万通邮电器材厂”(展通电信的前身);

2000年11月,成立“余姚市展通电信设备有限公司”;

2006年9月,更名为“宁波展通电信设备实业有限公司”;

2014年3月,完成股份制改造,更名为“宁波展通电信设备股份有限公司”;

2015年1月,在全国中小企业股份转让系统(新三板)挂牌(证券代码:831734)。

公司资质

1. 新三板挂牌企业
2. 高新技术企业
3. 宁波工程技术中心
4. 宁波名牌产品
5. ISO9001质量体系认证
6. IECQ有害物质过程管理体系认证
7. 泰尔产品认证
8. 27项专利

9. 展通中英文注册商标

地址:浙江省余姚市牟山镇富民工业园区

网址:www. ztong. com

【831758】意欧斯仓储设备股份有限公司

意欧斯仓储设备股份有限公司历经十余年的不懈努力,目前已经发展成为一家集研发、制造、销售物流仓储设备和解决方案于一体的国内领先制造商。

意欧斯通过自主研发的核心技术产品(EasyDrive、Insight System)和智能仓储管理系统(EOSWMS)的综合运用,将为优质客户提供整体无人仓储物流解决方案。在快速发展的同时,意欧斯一直将可持续发展理念作为企业战略的关键组成部分,始终不忘企业的社会责任。

意欧斯品牌 EOSLIFT(意欧斯)目前已逐步成长为全球用户喜爱的品牌。

公司主要从事轻型搬运车辆和电动仓储车辆的设计,制造和销售,主要产品线包括手动及电动搬运车、堆高车、平台车、高空作业平台及其他外围工业设备;提供高效率的物料搬运解决方案。

意欧斯在行业中率先提出一站式智能仓储解决方案,真正给客户做到量仓定做,因为专注,所以放心。从参与仓库建筑设计、方案设计到项目实施、设备选型、软件对接以及安装调试、专业培训、终身服务。意欧斯智能仓储事业部已经服务于纺织化纤、五金机械等行业大型仓储项目。行业前沿的仓储设计理念给用户带来全新的仓储认识和体验。

地址:浙江省海盐县元通街道盐嘉公路 99 号

电话:0573 - 86222551

传真:0573 - 86222900

邮编:314317

网址:www. eoslift. cn

【831761】黑龙江中惠地热股份有限公司

公司简介

黑龙江中惠始建于 1999 年,坐落在哈尔滨开发区哈平路集中区,是国内最早投入研发生产电热膜的企业之一,企业拥有自主知识产权专业化生产线,研发、测试实验室及完备的质量管控体系。

上个世纪 90 年代,公司与国内外知名企业及科研院所合作,致力于国家生态采暖事业,依托技术领先和人才优势,自主研发了电热膜及相关技术应用,并首先将电热膜铺设于地下,目前无论生产规模和市场占有量都处在行业领先水平,董事长尹会涞有"中国电热地膜采暖第一人"之称。

中惠电热地膜供暖系统将具有自主知识产权的电热膜安装在室内地板之下,通电后发出对人体有益的红外光波,将热量送入房间,自然均匀地升高室内温度,与传统供暖系统比,更符合供暖需求,更加绿色环保。整个中惠电热地膜供暖系统通过温控器来调控室内温度,达到分户分室,自主调节供暖,实现了真正意义上的节能。

中惠电热地膜是完全符合我国建筑特点和"暖通设计规范"规定的系统产品,拥有独立自主的知识产权,先后获得发明专利 4 项,实用新型专利 19 项,外观设计专利 2 项,共 25 项国家专利,产品性能达到国际领先水平,并通过 ISO9001 国际质量体系和 ISO14001 国际环境质量体系认证,通过欧盟的 CE 认证、乌克兰国家质量安全认证。中惠地热 2011 年参编的 JG/T286 - 2010《低温辐射电热膜》行业标准,经国家住房和城乡建设部批准发布并实施。2014 年 6 月 1 日由中惠主编的 JGJ319 - 2013《低温辐射电热膜供暖系统应用技术规程》国家行业标准由住房和城乡建设部批准发布并实施。

中国电热膜供暖系统行业中,中惠电热地膜供暖系统率先被国家发展改革委员会确定为"国家高技术产业化推进项目",国家投资 2000 万元用于支持该项目技术的产业化进程,并获得由国家科学技术部、国家税务总局、国家对外贸易经济合作部、国家质量监督检验检疫总局、国家环境保护总局五个部委联合颁发的"国家重点新产品证书"。被国家发改委列为"国家级高新技术产业化示范工程"。荣获中国工程建设标准化协会颁发"推荐产品证书";2010 年被住房和城乡建设部政策研究中心评为第一批标准化示范基地,2011 年,被国家科学技术部、财政部、国家税务局、地方税务局联合颁发"高新技术企业"证书;2012 年,被评定为"AAA 级重质量守信用企业"。2014 年公司被继续授予"高新技术企业"证书。

经过十余年的市场开拓,中惠先后建立了北京、荣成、南京三家全资子公司,在不断的摸索中建立了庞大而成熟的销售网络,依托经济、环保、节能、健康的产品,奠定了稳定而广阔的市场基础,得到来自国内外用户的认可与肯定。

今日的中惠,不断开拓,锐意进取,在"惠国、惠民、惠企"的经营理念下,秉持着"诚信于中,共享于惠"的企业信条,将低碳环保、适合中国住房特点的现代采暖理念传播到千家万户。

中惠电热地膜采暖系统简介

中惠电热地膜供暖系统由电热地膜、T 型电缆、温度传感器、专用电缆线、温控器等组成,是目前市场上少有的能够安全地安装在混凝土、水泥砂浆层内的电热膜供暖系统,且施工工艺灵活,属柔性供暖高科技产品。整个系统除温控器安装在户内墙壁上之外,其他部分均隐蔽在地面下。

中惠电热地膜是一种外观为半透明的聚酯薄膜,特殊导电油墨、金属载流条附着其中。从欧美流行的棚膜、墙膜发展到今日,已成为中惠自主研发的第三代产品,攻克了诸多技术难题,成功地进行了本土化改造,是目前市场上少有的可以安全铺设在地下的电热膜,让您暖从足下起。系统通电后产生远红外线波,利用建筑内部的顶面、墙面、地面及家具等密实物体,相互作用产生热量,对室内空气进行均匀升温,当室内温度到达您对温控器设定的数值后,系统会中止供电,停止加热;一旦室内温度低于设定值,系统便重新启动开始再次加热。

这是一种独特的供暖加温方式,不仅比传统供暖提供的热量更加均匀,空气更加清新,而且不会让您感到干燥、闷热,也避免了室内浮灰。产品柔韧性极佳,防水防潮、拉伸性好,热转换率可高达 99.69%。

同时,系统加热时产生波长 9.5 微米的远红外线波,对人体有调节免疫,优异身体健康等作用,让用户在享受温暖的同时收获健康。

一种科学的采暖方式,一种健康的采暖理念,推动着中惠电热地膜供暖系统不断的完善与创新,为中国乃至世界人民的绿色、环保、健康的采暖生活提供更加科学的温暖保障。

中惠企业文化

责任:用心打造示范工程

梦想:用实力成就中国电采暖第一品牌

感恩:用感恩践行惠国惠民惠企

中惠的企业文化中惠企业发展的灵魂，是中惠不屈不挠、执着向前的根本动力，当这种责任、梦想、感恩的文化化身为员工的血液和DNA的时候，中惠就具有它不变的中惠之魂，这种中惠之魂将随着中惠的员工、中惠的产品、中惠的服务、中惠的项目而传播，他将作为一种符号、一种精神、一种思想的力量，成为中惠发展的源动力，和中惠人的精神名片。

【831808】苏州神元生物科技股份有限公司

苏州神元生物科技股份有限公司成立于2005年1月31日，注册资本5000万元，是一家专业从事珍稀濒危药用植物——铁皮石斛种苗生产、生态栽培、中药材保健品研发和销售的综合型科技企业。主要经营两大品牌："绿乐"牌铁皮石斛组培苗、驯化苗、盆栽等新品种种苗产品，"依源"牌铁皮石斛鲜品、铁皮枫斗、铁皮石斛花、铁皮枫斗景天胶囊和铁皮石斛洋参颗粒等保健食品。

公司致力于"开发传统中草药材品种，弘扬中华本草养生文化"，以"推广生态铁皮石斛，发展国民健康事业"为企业使命，依托"江苏省企业院士工作站"、"江苏省特色林木种苗工程技术研究中心"、"苏州市铁皮石斛研究院"三大研发平台，加强科研攻关，掌握了铁皮石斛的良种选育、生物组培、有机栽培、精深加工等核心技术，先后获国家专利12项；公司培育的神元一号铁皮石斛新品种获江苏省高新技术产品认证，生态栽培基地获得国家良好农业规范（GAP）认证、产品获得国家有机产品认证，依源牌铁皮枫斗系列产品获第二届中国国际林业产业博览会金奖和江苏名牌产品称号。

2015年1月16日，公司成功在全国中小企业股份转让系统（新三板）挂牌上市，股票简称神元生物，股票代码831808。未来企业将不断延伸铁皮石斛研发、生物组培、生态栽培与深加工产业链，推进产业转型升级，争创铁皮石斛多层次、全方位、全产业链的品牌运营模式，打造中国最具规模的有机本草铁皮石斛产业基地与品牌文化，努力成为全国铁皮石斛产业中的高端品牌产业。

【831823】广东智冠信息技术股份有限公司

新三板静脉识别第一股——智冠股份（证券代码：831823），是中国顶尖的手掌静脉生物识别技术龙头企业，为业内具有较大影响力的专业信息技术及整体解决方案的提供商，是一家专注于手掌静脉识别技术与云计算技术研究开发与应用推广的国家高新技术企业。

公司拥有国际领先的手掌静脉生物识别技术等数十项国家级知识产权，公司致力于为现代电子政务、教育、医疗、金融及智慧城市建设等领域提供全面高效的信息技术综合服务。

公司总部位于广东惠州，设有独立的省级企业技术中心，拥有自主研发具有国际先进水平的"WINPASS"品牌手掌静脉生物识别技术及国内领先的"WICROWN"品牌云桌面虚拟化应用、智能交互展示等技术和产品，在相关领域拥有广阔的市场前景。公司具有"国家高新技术企业"，"CMMIL3级认证企业"，"计算机信息系统集成二级企业"、计算机信息系统安全服务认定一级企业"等多项资质和荣誉。

智冠股份秉承"科技创造未来，智慧改变世界"的宗旨，以促进信息化产业发展为己任，通过不断整合产业资源，凝聚吸纳优秀人才，持续提升并掌握国际领先的手掌静脉生物识别核心技术，致力于成为推进中国智慧城市建设、智慧政务发展、智慧教育创新领域的高新科技领军企业！

业务范围

公司主要产品：WINPASS手掌静脉身份识别系列软硬件产品、WICROWN云桌面虚拟化系列软硬件产品、WICROWN智能触控一体机；服务项目：主要从事智慧政务、智慧教育、智慧医疗、智慧社区、安防、金融、社保、军队等公共服务行业的信息技术服务业务，包括智慧城市建设、信息系统集成和技术服务、信息系统运维服务等。

经营业绩

2015年上半年，公司实现营业收入与上期同比分别增长812万元和304万元，增幅分别为38.64%和180.81%，营业收入和净利润增长的原因是，在营业收入中软件业务占比增大，特别是手掌静脉身份识别技术业务收入的增长。

企业文化

智冠股份秉承"科技创造未来，智慧改变世界"的宗旨，以促进信息化产业发展为己任，通过不断整合产业资源，凝聚吸纳优秀人才，持续提升并掌握国际领先的手掌静脉生物识别核心技术，致力于成为推进中国智慧城市建设、智慧政务发展、智慧教育创新领域的高新科技领军企业！

【831826】张家港华菱医疗设备股份公司

张家港华菱医疗设备股份公司位于国际港口城市——张家港市。东西紧邻上海、南京两大国际都市，地理位置优越，水陆交通十分便利，是沿海经济发达地区一朵美丽的鲜花。

张家港市华菱医疗设备股份公司成立于1987年，公司拥有多项国家专利技术。先后被认定为张家港市高新技术企业、苏州市高新技术企业和江苏省高新技术企业。是全国消毒技术与设备标准化技术委员会委员单位和中国消毒灭菌协会理事单位，也是国内同行业中生产蒸汽消毒灭菌设备品种最多、规格最全的专业生产厂家。

公司主要产品有：脉动真空、低温蒸汽甲醛灭菌柜、水浴式、快速冷却、安瓿灭菌检漏、卫生级、中成药灭菌、卧式圆形、立式、台式等几大类百余种规格。

制药用灭菌设备：产品符合新版GMP标准、美国FDA、欧盟cGMP和WHOGMP规范要求，适用于大输液、水针剂、口服液、生物制品、中成药、百级等洁净区域的无菌衣物及实验器械等产品和用具的灭菌操作。

医疗卫生、食品、科研等行业用消毒灭菌设备：产品符合卫生防疫等部门的各项相关要求，适用于医用器械、敷料、培养基、无菌服、卫生材料、食品、器皿等物品的消毒灭菌操作。

公司具有完备的质量保证体系，1997年12月在同行业中率先通过了美国ABS组织的ISO9001国际质量认证；2005年通过了YY/T0287－2003idtISO13485；2003医疗器械质量管理体系认证；在2006年12月通过了欧盟CE认证。

产品设计已采用模块化组态方式，能够很方便地开发生产用户需要的特殊规格产品。"华菱"牌系列产品具有灭菌彻底、操作方便、节约能源等特点，并且以先进的制造工艺、精密的检测仪器以及全程跟踪服务赢得了广大客户的信赖。"华菱"牌系列产品不仅覆盖全国各地，而且外销东南亚、南美洲、东欧、非洲等地的诸多国家和地区。

二十多年来，华菱公司以独特的视角审视市场，以强大的实体为依托，秉承"为健康服务永远"的企业宗旨，致力于面向用户的双赢工程创建，不断用诚信、创新、汗水赢取无比广阔的发展空间。

【831827】山东宝来利来生物工程股份有限公司

山东宝来利来生物工程股份有限公司创立于1996年8月。19年来,宝来利来从一间芽孢杆菌实验室发展为中国最大的动物微生态制剂产品供应商,及全球领先的动物微生态技术及解决方案服务商。宝来利来矢志不渝地致力于中国的生态养殖与食品安全事业,积极倡导生物安全、清洁生产、生态循环、低耗高效的养殖模式。以自己在动物微生态技术领域的专业优势,为中国的牧场和饲料企业寻求更加健康、环保、高效的可持续发展之道。并为中国广大消费者提供绿色、健康、品质的生态食品。

作为一家国家重点高新技术企业,如今,宝来利来公司形成了饲用微生态、水产微生态、禽微生态、反刍微生态、猪微生态、宠物及特养微生态等基于不同动物品种,以及生物原料、生物兽药、生物饲料、生物食品等基于不同业务的12个专业事业部,并有基层用户服务的生态养殖服务中心和蔡博士会员连锁店。公司现有生物发酵基地3处,芽孢杆菌、乳酸菌、双歧杆菌的年产能力已达到50000吨,居于亚洲领先水平。

【831867】江阴延利汽车饰件股份有限公司

江阴延利自创建以来,一直精心致力于天然植物纤维新型复合材料的研究开发、生产与销售。遵循"顾客至上、贡献社会、尊重员工、实现理想"的经营理念,富有创新能力的管理团队以热情饱满的精神面貌赢得国内外同行及客户的赞赏;在品质和售后服务确立良好的市场信誉。经近几年的快速发展,实现专业化生产,应用科技创新改造和提升传统产业,已形成天然竹、麻纤维复合板、汽车内饰件、外饰件、密封件、聚氨酯弹性体等五大产品系列;并拥有专业的实验室、院士工作站,生物质物纤维复合新材料研究、开发、中试实验室。在行业内率先建立江苏省"天然植物纤维复合材料"工程技术研究中心;与中国林科院木材工业研究所、南京林业大学建立长期产、学、研合作,自主研发的轻质环保型麻纤维板系列产品获国家授权发明专利6项,实用新型专利12项;荣获国家重点新产品证书、江苏省高新技术产品证书。在清结生产、环境保护、节能减排、循环经济项目取得了良好的经济效益和社会效益,充分体现管理的现代化、科学化、国际化。天然麻纤维复合板系列产品经上海通用、长安福特首家汽车内饰材料认可,系延锋伟世通的重要战略合作伙伴,麻纤维复合板为通用、大众、福特、现代、宝马、丰田等主机厂广泛使用,通过公司多年的技术积累,现已拓展到轨道列车地板及内装领域。经济的发展,生态的自然,社会的和谐,是延利人永远的追求引领着公司使命:让人们的车辆装饰及生活家居更环保、更健康!

电话:0510-86239615
传真:0510-86225986
邮箱:zhaojunliang@ ylsl. net
网址:http://www. jyylsj. com
地址:江苏省江阴市周庄镇世纪大道北段388号

【831880】深圳市春旺环保科技股份有限公司

公司注册于2004年4月23日,注册资本1898万元,公司性质为股份有限公司,总资产2,682.59万元,固定资产279.82万元,厂房建筑面积10,457.45平方米,办公面积640平方米,员工人数190人,其中生产人员97人,管理人员90人,核心技术人员3人:刘晶(化工专业研究生)、王建萍和周云。

公司市场占有率逐年上升,销售增长速度超过50%,范围辐射至全球,公司是中国室内装饰协会会员,公司的国地税纳税信用等级为A级。

公司核心产品为工业防潮保鲜材料和室内空气净化材料,另有少量芳香剂、家居清洁剂等其他家居产品。企业设备状况良好,产能能够满足公司增长需求,设计生产能力一万吨,所处行业为化学原料和化学制品制造业,处于行业链中游,公司通过直营、贸易商和电子商务等销售方式,业务模式分为自主品牌经营和OEM代工。

公司具有前瞻性和科学性,以市值管理为核心经营理念,致力于空气净化领域。我司正在申请药品干燥剂许可证,向着行业的高尖端方向发展。我司的目标是将企业建设成为具备全国性影响力、产品销售覆盖全球的环保净化用品生产企业,最终成为市值超百亿的空气净化吸附行业的龙头企业。

经济效益上,市场拓展能力和产品竞争力都有了明显的提高,增加了对客户的吸引力。

社会效益上,公司严格遵守《劳动法》的规定,保证员工福利。随着公司规模的扩大,产品产量的增加,解决了社会就业问题,同时,在税收上以逐年40%的速度增加。

电话:0755-89889919
传真:0755-89889903
地址:深圳市龙岗区同乐浪背第六工业区
官网:www. chun-wang. com

【831882】湖南众益文化传媒股份有限公司

2007年10年,十七大绘就中国未来发展宏图,获得世界瞩目关注。经湖南省首届湘商大会招商引资,湖南众益文化传媒股份有限公司应运而生。千帆竞发,百舸争流,在湖南省委、省政府及有关部门的大力支持下,公司坚持以科学发展观为指导,积极进取,不断开拓,成为湖南省同类媒体行业中短期投入最大、发展速度最快的企业。公司于2015年1月30日在全国中小企业股份系统(新三板)正式挂牌上市,股票代码:831882。

公司秉承"诚信、勤奋、专注、创新"的企业精神,影响天下有影响力的人。立足于客户思维,想在客户前面,做到客户心里,超出客户满意,让客户的投入产生超出想象的价值,让客户的品牌成为万众瞩目的焦点。

众益传媒总部设在湖南长沙,作为一家拥有自主知识产权的专业媒体机生产和媒体运营的大型传媒企业,公司研发了具有自主知识产权并荣获17项国家专利和11项软件著作权的多功能媒体机,打造了五大高端媒体网络板块:1、辐射95%以上TOP级写字楼、五星级酒店等高档消费场所的高端楼宇广告联播网;2、涵盖黄金商圈的户外大牌;3、精准定位的机场广告;4、全面覆盖的高尔夫LED媒体;5、覆盖长沙高速出入口收费站高清LED显示屏等全方位、多角度精准定位高端人群的媒体组合,同时还在海口、三亚等地的核心商业区域拥有数万平方米的户外媒体广告资源。

未来,众益传媒将在开拓创新、奋勇拼搏的道路上继续稳步前进。在完成股票做市转让和资金募集后,我们将加大公司的研发投入,提升公司自有产品的竞争力,创新产品的经营模式；整合公司的上下游资源，形成媒体资源的产业链，提升公司的品牌影响力；持续为国内外品牌企业提供最具影响力的媒体传播平台，推动客户的品牌升级力度，提升公司品牌的辐射力、传播力。

在完善北京、上海公司的运作范围后，公司将于2015年陆续向重点城市进军：广州（或深圳）、成都、重庆、天津、南京、杭州等，并迅速覆盖到其他省会城市，在全国范围内完成版图建设，形成立足长沙，多点齐下，覆盖全国的战略发展布局，立志成为全国最具影响力的文化传媒公司。

地址：中国·湖南·长沙市五一大道456号亚大时代大厦22F

VIP热线：400－6158－001

网址：WWW.ZYCM.CC

【831887】福建长潮信息科技股份有限公司

福建长潮信息科技股份有限公司成立于2005年12月，是一家专业从事建筑智能化系统集成建设、软件开发及运营车载多媒体云平台服务的高科技公司。2015年1月底，公司成功在全国中小企业股份转让系统（新三板）挂牌上市，股票代码：831887。

长潮股份成长至今，已成功取得ISO9001：2008质量管理体系认证证书、安全工程企业三级资质证书及计算机信息系统集成企业三级资质证书、并成为福建省安全技术产品行业协会会员单位。截至目前，长潮股份及其子公司共获得了21项计算机软件著作权证书，呈源科技已成功通过厦门市科技局的“科技型小微企业”、“高新技术企业”及“民营科技企业”等的认定。

2015年，公司成立企业研发中心，与清华大学、厦门理工学院、福建工程学院等高校联合研发车载多媒体平台高新尖科技项目。目前，长潮股份公司控股公司——厦门长潮易屏信息科技有限公司已经完成了车载机、车站服务平台、中心云平台软、硬件的研发与测试，完成了系统的三级平台联调联试。并在闽粤两省将车载接入端布署23000辆长途及旅游大巴，占全国细分市场第一位。

公司重视在技术创新和研发方面的投资与发展，在未来的大数据的采集分析开放、云平台的建设等项目中将一贯秉持诚信经营、追求卓越、创新开拓、精诚团结的企业文化精神，以一流的技术，提供客户最优质的产品及高效的服务。

主营业务：智能化系统集成建设、软件研发、运管营车载多媒体云平台服务提供等。

企业文化：诚信经营、追求卓越、创新开拓、精诚团结

企业愿景：成为DT时代的智能服务企业

企业使命：以客户体验为中心，用移动互联的技术和服务，为客户提供优质的产品和高效的服务

地址：厦门市集美区诚毅东路软件园三期起A01栋11层

电话：0592－3782526

传真：0592－3776938

邮箱：changchao@fjcckj.com

网址：www.xmcckj.com

【831896】浙江思考投资管理股份有限公司

浙江思考投资管理股份有限公司成立于2010年3月8日，注册资本金1亿元。是致力于证券市场金融创新与研究、集一级市场战略投资和二级市场证券投资资产管理为一体的综合性专业私募基金的运作和管理公司。

2014年3月17日，思考投资获得私募基金管理人资格，成为全国首批50家私募基金管理人之一，同时也是国内首批开展私募证券投资，股权投资，创业投资等私募基金业务的金融机构。

2015年1月30日，思考投资成功挂牌新三板，成为全国首家在新三板挂牌的阳光私募基金管理公司，证券代码：831896，证券简称：思考投资。

思考投资作为专业的机构投资者致力于通过“互联网+”模式将公司打造成新三板的做市商。

地址：浙江温州市鹿城区车站大道577号财富中心1205室

电话：0577－88383778

传真：0577－88383712

电邮：mail@rathink.cn

网址：www.rathink.cn

【831900】海航冷链控股股份有限公司

海航冷链控股股份有限公司（证券代码：831900），是海航物流集团旗下一家专业冷链物流企业，也是国内首家新三板挂牌冷链物流企业。海航冷链立足高速增长的行业环境，依托海航集团产业集群优势，着力发展第三方冷链物流、冷链仓储基础业务和冷链金融、冷链科技、冷链投资、冷链商贸等创新增值业务，通过“金融＋科技”双轮驱动和产业并购整合，致力成为国际化产融信一体的冷链产业集成服务商。

海航冷链于2015年2月2日在全国中小企业股份转让系统挂牌，7月22日完成第一期定向增发募集资金17亿元，9月11日、15日分别入选新三板成指样本股和做市指数样本股名单。截至10月23日，海航冷链市值21.5亿元，位列新三板3803家挂牌企业中第55位、交通运输行业企业第一位。11月26日，海航冷链战略投资冰熊冷藏车、华人物流签约仪式正式举行。海航冷链斥资3.2亿元分别获得冰熊冷藏车30%、华人物流34%股权，与两家公司分别在智能化装备制造以及医药冷链技术平台方面展开深度合作拓展，将进一步促进三方资源互补和产业协同，为业务模式创新和行业发展创造新的价值。

海航冷链在全国中小企业股份转让系统成功挂牌上市，迈入了二次创业的全新历史发展阶段。公司未来将秉承海航“举业为民、感恩社会”的企业宗旨，充分借助“新三板”资本平台和海航集团产业集群综合优势，严格按照现代企业制度和公众企业的要求，进一步规范公司治理结构和经营管理，加快全国冷链物流中心建设和网络布局，同时不断向冷链金融、冷链商贸、冷链科技等业务领域延伸，完成由传统冷链物流资源运营商向现代冷链物流资源整合者的转型，致力成为国际化产融信一体的冷链产业集成服务商，保持可持续健康快速发展，以更好的业绩回报投资人、回报客户、回报社会，为推动中国冷链行业的发展做出新的更大的贡献。

北京

电话：010－87396326

传真：010－87396327

邮箱：hrft@hnaccl.com

网址：www.hnaccl.com

地址：北京市大兴区亦庄经济技术开发区科创东五街2号光联工业园

上海
地址：上海市浦明路 898 号海航大厦 4 楼
电话：021 - 60625060

【831908】古麒羽绒股份公司

古麒羽绒股份公司（原芜湖南翔羽绒有限公司）成立于 2001 年，注册资本 8000 万元，位于国家现代农业示范区——安徽省南陵县；是一家集羽绒（毛）加工、羽绒制品及家纺制品生产、现代农业开发为一体的综合性现代化企业。

经过十多年的持续积累和发展创新，公司现已成为“三产”联动发展，全国行业知名，皖南地区规模最大的羽绒羽毛加工和羽绒制品生产企业，是中国羽绒工业协会理事单位。

公司是“国家高新技术企业”、“安徽省农业产业化龙头企业”、“国家级守合同重信用企业”、“安徽省诚信示范企业”、“安徽省专精特新中小企业”。

公司高度重视自主创新和科技研发工作，与浙江理工大学、安徽工程大学等省内外高校在企业技术研发、人才培养等方面开展全面深层次的产学研合作，共建产学研实习实践基地。

公司建有安徽省羽毛羽绒清洁处理工程技术研究中心、省级博士后科研工作站和省级认定企业技术中心，现有各类专利 21 项（授权发明专利 2 项），省级科技成果 3 项，高新技术产品 4 项；制定了 2 项新产品企业标准；承担了多项省市科技攻关项目。

公司非常重视品牌的培育和发展，大力实施品牌战略，公司旗下“古麒”品牌创建于 1983 年，“古麒”商标在 2012 年被认定为“中国驰名商标”；“古麒”牌羽绒羽毛被获得“安徽名牌产品”和“苏浙皖赣沪名牌 50 佳”称号，均为公司品牌建设奠定了坚实的基础。

实施品牌战略，致力于建设国内一流和具有国际竞争力的羽绒行业标杆企业，把“古麒”打造成具有国内影响力的中国知名品牌，是古麒人一直坚持和努力的方向。在品牌战略的带动下，公司将以创新为动力，坚持科学发展，进一步挖掘羽绒羽毛及其制品的市场潜力，加速企业创名牌建设，努力向全国知名企业迈进。

为了实现传统经营模式的转变，发挥安徽羽毛资源和南陵区位优势，更好的承接产业转移，促进皖江示范带发展，公司于 2013 年 12 月与政府签订了“南翔羽绒二期项目”投资协议，该项目总占地近 300 亩，总投资 10 亿元，项目建成后，可实现年产 3.5 万吨优质羽绒及 100 万件（套）羽绒寝具，将成为中国最大的羽绒羽毛加工基地。目前，项目一期土建工程已完成，预计 2015 年 7 月份可实现一期工程竣工并投入生产。

为了将公司建成现代化企业，将羽绒羽毛产业做强做大，利用资本市场拓宽融资渠道，公司于 2014 年 6 月启动了新三板上市程序，并于 2015 年 2 月成功实现新三板挂牌上市。

未来五年是公司快速发展的机遇期，公司将在充分发挥现有羽绒羽毛加工的基础上，新建标准化羽绒羽毛加工基地，全力推进“古麒”品牌建设、国家级技术研发中心建设和行业信息化交易平台建设，延伸、完善产业链，提高公司整体盈利水平和市场抗风险能力，跻身国家级农业产业化龙头企业行列和实现企业整体上市的目标！

地址：安徽芜湖南陵经济开发区 216 省道 18 号
电话：0553 - 32392800
传真：0553 - 32392288
网址：www.guqiyr.com

【831914】东莞瑞柯电子科技股份有限公司

一、公司简介

东莞瑞柯电子科技股份有限公司成立于 2004 年，注册地址：东莞松山湖国家高新技术开发区创新科技园，注册资本 3300 万元人民币，是专业从事汽车轮胎充气机与无线电能监控产品研发、生产及销售的国家级高新技术企业，公司综合实力规模在国内同行业名列前茅，于 2015 年 1 月 29 日在全国中小企业股份转让系统挂牌，证券简称：瑞柯科技，证券代码：831914。

公司通过 ISO9001：2008、ISO/TS16949：2009 质量管理体系认证和 ISO14001：2004 环保认证，被认定为东莞市专利优势企业、东莞市创新型龙头企业、东莞市上市后备企业、东莞市市级企业技术中心，广东省著名商标企业；系列产品被认定为广东省名牌产品、广东省重点新产品、广东省自主创新产品、广东省高新技术产品等；现有授权国家专利 170 余项，独家起草制定了《乘用车用便携式轮胎充气机》广东省地方标准，并已颁布施行，目前正与广汽研究院联合起草制订国家标准。

生产基地设于清溪镇葵青路 11 号，现有员工 250 余人，下设研发中心和机电、电子、注塑三大制造部门，拥有研发、生产、检验、可靠性测试等先进的整套工艺装备和技术。长期与中科院、华东理工、上海交大等多所知名院校（所）开展产学研合作，始终占领行业技术的制高点，承担并完成了多项省市科技计划项目。公司产品远销欧美、日本、韩国等 20 多个国家，并与国内雪铁龙、广本、福特、大众等 10 余家车厂建立了合作伙伴关系，获得了国内外市场一致认可和好评。

公司坚持以市场需求为导向、以技术创新为保障，秉持“诚信、创新、共赢”的经营理念，全力打造世界一流的机电产品研发制造企业！

二、业绩

公司从 2004 年成立以来，不断加大科技投入，以市场为导向，通过技术创新和营销模式的创新使业绩不断提升。

2012—2015 财务数据

单位：万元

近三年主要财务数据	2015 年（预计）	2014 年	2013 年	2012 年
资产总额		10173.37	10059.01	8734.02
营业收入		12832.66	10740.09	9520.83
营业收入增长率		19.48%	12.81%	
总股本		1100	1100	1100
净资产		6226.47	5582.71	4778.85
净利润		866.05	800.15	629.96
经营性现金流量净额		1576.63	566.78	739.93

公司创新能力极强，随着公司营销力度的加大和部分超大客户订单的签订供货，以及同行业强强联手和上下游优势资源的整合，公司从 2016 年开始，其业绩将会出现爆发式增长。

【832017】石家庄中兴机械制造股份有限公司

石家庄中兴机械制造股份有限公司前身为石家庄钢圈厂,该厂始建于1978年,2002年进行转制后成立了石家庄中兴机械制造有限公司。2014年9月为挂牌新三板进行了股份制改造。2015年3月3日,在全国中小企业股权交易系统成功挂牌上市。注册资金5950万元,股本总额5950万股,,公司现有员工320人,其中技术人员39名(高级工程师15人、工程师24人);占地53946平方米,建筑面积26400平方米。2014年末公司总资产达到9978万元,净资产5020万元。2014年完成产值1.2亿元,产量30多万只,销售收入1.1亿元,利税1300余万元。

公司主营业务为农林机械和特种机械用车轮的研发、制造和销售。主要产品有拖拉机车轮、收获机车轮、喷灌机车轮、农业运输用车车轮、工程车车轮和特种机械车轮。公司现有八条生产线和两条阴极电泳生产线,拥有数台1600吨大型冲压设备、国内最先进的大型滚形设备及机器人自动焊接设备等,生产覆盖了W、DW、LB、CB等系列农机车轮的大部分产品,品种高达600余种,可以满足不同客户的需求。公司生产的农机车轮生产技术已达到国内先进水平,其中近年来开发的高地隙中耕拖拉机车轮、超宽收割机车轮和以DW24*38机型为主的大马力超宽后单轮更是填补了我国在此类农机车轮领域的空白,成为占领市场差异化竞争的制高点。未来几年,公司将继续加大个性化产品的开发力度,做到人无我有,人有我优,不随竞争对手打价格战,充分发挥企业在农机零部件行业的龙头优势。同时公司还建立了完备的质量控制体系,通过了ISO/9001:2008质量管理体系认证。通过专业的设备及人员对下线的产品进行严格的质量检测,产品质量获得客户的广泛认可。公司将不断提高产品质量,向国际龙头企业看齐,将中兴制造推向国际农机零部件产品一线市场。

公司拥有一支精干的研发队伍,注重技术研发投入以及新产品的开发,紧盯国内外整机制造商的产品动态,在技术创新上追求精、专、尖、独,追求深度、辐射广度,将核心资源用于关键产品的研制开发上,使产品的技术创新始终走在同行业的前列;切实做好市场调研工作,研发真正适合市场的产品,保持公司在行业中的龙头地位。目前公司研发人员共有27人,核心技术人员8人,核心技术人员均有20余年的行业研发经验,公司研发人员具有良好的稳定性。在长期经验积累的基础上,经过研发与技术创新,形成了农林机械和特种机械车轮行业的一整套技术体系,在此基础上掌握了多项核心技术:公司目前拥有7项实用新型专利、3项正在申请中的发明专利技术以及多项合作研发的实用新型专利,同时公司还拥有多项非专利技术。

公司业务近年来稳定增长,生产规模不断扩大,2014年在整个农机车轮行业业绩下滑的情况下,全年产值仍达到1.2亿元,产量32万只。公司在自我发展的同时,注重履行社会责任:多年来在工商、税务、银行、海关等方面没有不良记录,无用户投诉记录,银行信用AA级;每年为当地百姓提供300多个就业岗位,并提供有竞争力的薪酬待遇,缓解了当地的就业压力;始终重视安全生产管理以及现场的环境改造,先后通过了GB/T28001-2001职业健康安全管理体系认证和GB/T24001-2004-ISO14001环境管理体系认证。公司多次被市、县政府部门评为"最具社会责任企业"、"文明企业"等,公司负责人崔平个人亦因正确、科学、有责任感的领导管理成绩被省、市、县各级部门多次授予"优秀企业管理者"、"最具社会责任企业家"、"石家庄市优秀企业家"等荣誉称号。公司在注重经济效益和社会效益不断发展的同时,始终按照上级要求,规范经营,科学纳税,杜绝偷税漏税现象,2012年至2014年的企业纳税额分别达到535万、509万、621万,逐步成为赵县企业纳税大户,为促进当地经济的发展做出了较好的贡献。

2014年9月,为争取在全国中小企业股权交易系统(俗称"新三板")挂牌,公司聘请财达证券有限责任公司,河北君和诚律师事务所、瑞华会计师事务所、中铭国际资产评估(北京)有限责任公司、北京信宏税务师事务所有限公司5家单位进驻公司进行尽职调查及改制重组。通过改制重组工作,公司形成了清晰的业务发展战略目标,合理配置存量资源,进一步突出了主营业务,核心竞争力和持续发展能力显著提高,规范了关联交易,股东大会、董事会、监事会以及经理层的运作明显规范。改制重组后,公司整体变更为股份公司,注册资金3700万元,股本总额3700万股,公司名称更名为"石家庄中兴机械制造股份有限公司"。通过各家单位的努力协作,公司最终于2015年3月3日在全国中小企业股权交易系统成功挂牌(证券简称:中兴机械,证券代码:832017),将为公司在直接融资、股票公开转让、价值发现、股权激励、规范治理、提升形象等多方面带来利好。登陆"新三板",使得在农机行业市场竞争日益加剧的大环境下,为企业发展提供了新契机、新平台和新路子,企业核心竞争力显著提高。

中兴机械将始终秉承"客户的持续满意是我们不懈追求"的理念,以高质量、低成本、全球化为目标,领跑中国农机车轮发展,为我国农机装备现代化做出更大的贡献。

地址:河北省石家庄市赵县赵县新寨店工业园区
电话:0311-8475229784752288
网址:www.sjzzxmm.com

【832026】江苏海龙核科技股份有限公司

江苏海龙核科技股份有限公司,是"国家火炬高新技术企业"、"江苏省民营科技型企业"、镇江市民营科技企业理事长单位、中国核能行业协会理事单位,具有AAA级资信等级。

海龙核科与中国核动力研究设计院签订了防火产品开发知识产权合同书,由核动力院研发核级防火材料,海龙核科负责成果转化及市场经营工作,科技成果双方共有。2008年11月,中国核动力研究设计院与我公司签订了《核电国产化关键材料及其他技术战略合作协议》。并在此基础上,联合中国核动力研究院、镇江市科技局、京口区人民政府,于2011年初在镇江设立"江苏核科学技术产业园",建设核电关键材料中试和产业化基地。并以国家核燃料及材料重点实验室为母体,在海龙核科建立实验室分部及"无损检测镇江分中心",共同打造研发平台,建设"江苏省核级装备及材料重点实验室"。

海龙核科先后承担了国家工信部中小企业技术改造项目,科技部"中小企业创新基金"、"江苏省工业科技攻关"等多项科研项目。海龙核科建有企业院士工作站,公司的研发中心被省科技厅授牌为"江苏省核级装备及材料工程技术中心"。

做为社会公民,海龙人坚持以"科技创先、服务能源"为使命,以"创造价值、团队共赢"为责任,努力发展,争取早日成为核安全材料的领跑者。

研发、生产、销售耐辐射材料、屏蔽材料、阻燃材料、保温节能材料、开关柜、阀门、桥架、母线、照明灯具；防火工程、保温工程的施工；自营和代理各类商品及技术的进出口业务。

海龙核科自成立以来，始终坚持“科技创先、服务能源、创造价值、团队共赢”的理念，实现了飞速增长。2014 年，公司实现销售收入 4629 万元，同比增长 111.70%；净利润 1293 万元，同比增长 425.68%；基本每股收益 0.5472，同比增长 278.27%。

公司理念：科技创先、服务能源、创造价值、团队共赢。

企业使命：致力于亿万人民提供安全产品与服务。

企业愿景：成为核安全技术应用的领导企业，致力于将核安全技术向工业、民用领域转化和推广。

为各类工程提供防火封堵方案和各类防火封堵材料，三年内成为我国最大的防火封堵材料的专业供应商。

地址：江苏省镇江市京口工业园区谏辛路 36 号

电话：0511 －81986180

传真：0511 －81986115

电邮：8@ entc. cn

网址：www. entc. cn

【832049】江西省广德环保科技股份有限公司

江西省广德环保科技股份有限公司坐落在美丽的莲乡－江西省广昌县工业园区，占地一百多亩，注册资本 3150 万元。公司于 2010 年建立，2015 年三月在全国中小企业股份转让系统挂牌。

广德环保秉持着“还人类一个清洁、温馨的宇宙”的使命，对重金属废物一次性无害化处理到位，不需转移产生二次污染，并一步分离回收利用镍、钴、铜、锰、锌、钠等有价金属。经过反传统的做法，对污水进行浓缩蒸发后回收成蒸馏水再利用，废渣经过硫化还原、高温焚烧后生产出除锈砂。是重金属废物处置行业内首个实现废水的零排放，处理方法和手段是行业内的原始创新。实现“让废物危害性终止，让废物资源化再生。”

2014 年公司首次参赛香港工业总会的《泛珠三角环保大赛》并获得“绿色奖章”，得到了社会对广德环保的认可。获奖更是一种责任，提升人类生存环境的责任。广德人会继续坚持对工业废弃物无害化处置，循环利用，以满足工业废弃物产出企业的需求。通过收集处理危险废物，全金属元素回收利用为业务主轴，与提供电镀工业污水处理服务相结合，铸就完整的危险废物环保产业链，形成危险废物处理、利用的服务平台。将公司打造成首个电镀工业污水处理零排放整体解决方案提供商和污水处理服务营运商。

地址：江西省抚州市广昌县工业园区

电话：0794 －7102999

传真：0794 －7103888

网址：www. jxgdhb. com

【832054】福建永强岩土股份有限公司

福建永强岩土股份有限公司（新三板股票简称：永强岩土，股票代码：832054）成立于 2000 年，注册资金 4962 万元，主要从事岩土工程技术应用与开发服务，为民用建筑（住宅、商业用房、公共建筑等）、工业建筑、交通工程（铁路、公路、港口码头、机场等）、市政工程（地铁、轻轨等轨道交通及城市基础设施）以及水利工程提供岩土工程服务。公司具有地基与基础工程一级资质，为国家高新技术企业、全国守合同重信用企业、福建省建筑业先进企业、福建省创新型试点企业、福建省知识产权优势企业、福建省岩土与环境企业工程技术研究中心依托单位。

公司围绕桩基工程、地基处理工程、基坑支护工程、边坡治理工程、特种岩土工程开展经营活动，具体包括岩土工程解决方案服务，地基与基础工程施工，混凝土预制构件生产及销售，各类桩机设备、配套设备的销售、租赁、维修，岩土工程咨询及技术服务等。

公司拥有各种专业施工设备 110 台（套），其中大激振力高频液压振动锤桩机 10 台（套）、旋挖钻机 20 台（套）、双回旋套管钻机（配套韩国潜孔锤）5 台（套）。

全资子公司有龙岩正强管桩有限公司、龙岩市凯新工程机械有限公司。业务足迹遍布福建、广东、江西、湖南、四川、湖北、安徽、澳门、尼日利亚、肯尼亚等。

公司秉承“人才、科技”的核心理念，坚持“精益求精、顾客满意”的质量方针，坚持“产、学、研”相结合的发展思路，充分发挥人力资源和设备条件，致力于先进岩土工程技术的引进、推广和创新发展，已逐步成长为能提供解决方案的专业化、信息化、科技型、具有核心竞争力的岩土工程专家型企业，力争成为岩土工程技术应用与开发的领跑者。

企业文化

1. 公司使命：

拓展地球空间，创建美好家园。

2. 愿景：

成为岩土工程技术应用与开发的领跑者。

3. 企业理念：

企业精神：精诚团结、创新进取

质量理念：精益求精、顾客满意

核心理念：人才、科技

管理理念：以人为本、用心沟通

经营理念：质量、安全、效率、效益

地址：福建省龙岩市工业西路 68 号福建龙州工业园核心区 4 －11

电话：0597 －5390999

传真：0597 －5390066

网址：www. yqyt. com

企业微信：fjyqyt

【832070】江苏磁谷科技股份有限公司

磁谷科技位于江苏省镇江高新技术产业开发区，立足于磁电行业，集技术研发、设备制造、销售贸易于一体，专业提供高品质、安全、环保的机、电、磁一体化产品。

公司现拥有专业研发人员 50 多人，其中高级工程师 7 名，工程师以上职称人员占研发人员总数的 50% 以上，技术负责人黄海是“蛟龙号”电机主设，曾受到五大常委接见。公司建有镇江市永磁起重设备工程中心和永磁设备实验室，先后与中国船舶重工集团第 712 研究所、中国科学院上海硅酸盐研究所进行产学研合作，与江苏科技大学一起成立了研究生工作站，与中国设备管理协会共同成立了磁力机械事业部。拥有 100 多台研发、生产、测试设备仪器，先后开发了节能型除铁器、节能型大吨位起重永磁铁、永磁耦合联轴器、永磁耦合调速器等国际高端、前沿产品。

公司2003年通过了ISO9001认证,2007年起连续三次顺利通过江苏省高新技术企业认定,是江苏省民营科技企业和江苏省科技型中小企业。公司生产的全系列除铁器产品均已获得了“矿用产品安全标志认证”;于2012年1月取得了除铁器配套控制柜的“全国工业产品生产许可证”;是全国首批通过《企业知识产权管理规范》国标贯彻的十一家企业之一;于2015年1月通过了环境管理体系和职业健康安全管理体系认证。

主营产品除铁器在行业处于领先地位,在行业最早获得授权发明专利,是唯一掌握超低励磁功率自冷式电磁除铁器温升控制技术的企业,是神华神东公司专业化服务项目的唯一承接单位,开创了除铁行业专业化服务的先河。

大吨位起重永磁铁可应用于钢厂、船厂、港口等场所进行导磁性物料的吸吊和搬运作业,产品吸吊吨位大、安全可靠、高效节能、可分张吸放吸吊物件,与同等吸力的电磁吸盘相比,节电率达95%以上,列入了江苏省科技新产品推广目录,填补了市场空白,可替代进口。产品先后用于重庆钢厂、宝钢、南钢、扬中大津船厂、武船重工等大型钢厂、船厂,受到客户的一致好评。

绕组永磁耦合调速器是一种全新电机节能技术,多项性能指标均超越了目前广泛使用的变频调速器。绕组式永磁耦合传动将涡流永磁发热的涡流能量转变成电,回馈供电端,无需水冷装置,无需调间隙装置。

2015年磁谷科技的新三板挂牌,是磁谷科技发展史上的又一个里程碑,是广大磁谷人汗水的集结,是对磁谷人努力、勤劳、创新、诚信的肯定,磁谷人也将在此基础上更加努力,走出国门,走向世界,争创更加辉煌的明天。

【832078】烟台泰利汽车模具股份有限公司

烟台泰利汽车模具股份有限公司,坐落于美丽富饶的山东半岛——烟台高新技术产业开发区。公司投资了青岛泰利汽车零部件制造有限公司、烟台泰利机械工艺研究所有限公司等两个子公司。公司秉承了原烟台机械工艺研究所的技术、人才优势,形成了以汽车车身开发快速试制、汽车覆盖件模具开发制造、汽车冲焊件开发制造以及汽车模具3D打印柔性制造技术及装备等高端智能装备技术研发与制造多领域发展的高新技术企业。

公司注重技术创新,始终致力于汽车模具和汽车车身快速试制技术研发。公司拥有10项行业相关的专利,公司汽车车身快速试制技术处于国内领先地位。公司凭借着一流的技术和服务赢得了客户的信赖,客户覆盖了国内大部分汽车主机厂。成为了一汽轿车、一汽解放青岛汽车、东风越野、华泰汽车冲焊件一级配套供应商;成为了上汽通用汽车车身开发快速试制配套供应商。公司通过了ISO/TS16949:2009质量管理体系认证。

公司采取政、产、学、研相结合的方式,与机械科学研究总院先进制造技术研究中心、清华大学CIMS工程技术研究中心,烟台生产力促进中心、烟台高新区科技创业服务中心共同创建了面向汽车产业发展的现代制造业创新服务平台——“胶东汽车技术现代服务平台”。围绕汽车轻量化、节能减排、快速制造、虚拟实现等方面技术展开系统研究、开发和集成,形成新的创新成果,服务于汽车行业。

公司以领先的技术、精益的制造、严谨的服务向客户提供高品质、高技术含量、高满意度的产品,肩负起推动汽车工业发展的社会责任。企业文化

泰利宗旨:用科技、质量、诚信推动汽车产业的发展。

泰利精神:创新、拼搏、信誉、求实。

泰利信条:顾客是企业的生命,市场是企业的主宰。

泰利口号:优质快速、精益求精!

发展战略:以市场需求为导向,以技术创新为依托,以管理创新为动力,以客户满意为目标。

公司荣誉

公司是山东省高新技术企业,是“中国汽车零部件冲压模具重点骨干企业”、“国家火炬计划烟台汽车零部件产业基地首批骨干企业”,“山东省快速模具工程技术研究中心”、“山东省制造业信息化示范企业”、“山东省企业技术中心”、“山东省机械工业品牌建设典范企业”。

董事长孙军强先生简介

烟台泰利汽车模具股份有限公司董事长孙军强先生,高级工程师,于1983年毕业后就职于公司前身烟台机械工艺研究所,从事科研和管理工作,历任烟台机械工艺研究所研究室主任、副所长、所长等职务。曾于1990年赴日本研修模具制造技术及企业经营管理一年。现任烟台泰利集团有限公司党总支书记、董事长、烟台泰利汽车模具股份有限公司董事长等职务。

孙军强先生曾荣获烟台市“五一”劳动奖章、被授予“烟台市十大科技型企业家”荣誉称号、被授予“山东省第二届优秀青年私营企业家”称号;他2003年、2008年和2013年连续三次光荣当选烟台市第十四届、第十五届、第十六届人大代表。

一、审势度势,科学决策,确立汽车模具制造主导产业,为烟台模具步入全国先进制造行列发挥重要作用。

他根据中国汽车工业快速发展的基本形势判断,结合多年从事汽车模具产业的技术和管理经验,以科研市场化,成果产业化的经营理念,通过资本运作,创立了烟台泰利汽车模具股份有限公司,并以此为平台,通过市场和技术合作的形式,迅速膨胀了烟台汽车模具产业的规模,增强了实力,扩大了市场影响,为烟台制造赢得了荣誉。由于他在烟台模具行业的重要贡献和影响力,被委任众多社会职务:历任中国模具工业协会常务理事、山东省模具工业协会副理事长、烟台市模具工业协会理事长、烟台市汽车工业协会副理事长、烟台市青年企业家协会副会长、烟台高新区企业家协会会长等行业职务。

二、重视技术创新,为公司高新技术企业的形成发挥了重要作用。

孙军强同志注重科技进步,善于学习、应用新技术,善于掌握新技术发展动态,在技术创新方面有很强的组织领导能力。

在公司内部,制定了“以市场需求为导向、以技术创新为依托、以管理创新为动力、以客户满意为目标”的发展战略。主张利用高新技术不断改造和完善传统制造技术。在他亲自带领下,以清华大学的快速原型制造技术和工艺与自有的传统快速模具技术相结合,提出了“复杂结构产品的快速成型技术及制模工艺研究”的科研课题,并获得山东省科技进步二等奖,从而实现了国内汽车新车型开发车身快速试制的重大突破,大大提高了国内汽车新车型自主开发能力,为我国民族汽车工业的发展做出了贡献。

在他技术创新思路的引领下,公司技术创新步伐不断加快,政、产、学、研合作成绩显著。公司与机械科学研究总院先进制造技术研究中心、清华大学CIMS工程技术研究中心,烟台生产力促进中心、烟台高新区科技创业服务中心共同创建

了面向汽车产业发展的现代制造业创新服务平台“胶东汽车技术现代服务平台”，围绕汽车轻量化、节能减排、快速制造、虚拟实现等方面技术展开系统研究、开发和集成，形成新的创新成果，服务于汽车行业。

三、加强企业资本运作，夯实企业管理基础，企业规模和实力不断提升。

在企业发展方面，他主张知识资本化，成果产业化，凭着他丰富的阅历和经验、创新的思维，拼搏进取，扎实工作，利用公司形成的市场影响，通过资本运作，先后创立了烟台泰利汽车模具股份有限公司、烟台泰利汽车零部件制造有限公司、烟台泰利机械工艺研究所有限公司、青岛泰利汽车零部件制造有限公司。初步形成了一个充满活力、充满朝气、富于挑战和竞争力的科技型企业集团。

在他的创新、创业思维的引导下，经过科学决策，于 2014 年 9 月将原烟台泰利汽车模具制造有限公司改制创立了烟台泰利汽车模具股份有限公司，并于 2015 年 3 月 6 日在全国中小企业股份转让系统正式挂牌上市，为企业规范运营、多渠道融资提供了良好的平台，奠定了公司的发展后劲。

【832084】山东深川变频科技股份有限公司

基本概况：山东深川变频科技股份有限公司（证券代码 832084，以下简称深川股份），是一家集研发、生产、销售于一体的专业电气传动、变频器制造商。公司拥有丰富的研发生产队伍、先进成熟的专业生产线，凭借先进的技术、卓越的品质、科学的管理和完善的服务，已经逐步打造成为国内一流的电气传动、变频器制造企业。

企业文化：深川股份始终贯彻“以技术创新为灵魂，以品质为保障”的价值观念，严格按照国际标准，在产品设计、技术研发、安全生产、产品安装和售后服务过程中实施精细化、标准化、科学化管理和程序化控制。发展是唯一不变的真理。深川股份深知身上所背负的责任和义务，我们将着眼于创立名族知名品牌，充分利用的品牌和技术资源优势，实施全球化经营战略。立足国内放眼世界，在人才、市场、管理、研发、资本等方面与国际接轨，不断扩大规模，加速发展，在电子科技行业不断做专做强，成为屹立于国内的知名变频器产业先锋，以诚信和创新树立百年深川。

企业使命：以技术创新为灵魂，以品质为保障，以服务客户为根本。

企业愿景：专业电气传动、变频器制造商。

企业精神：敬业、进取、诚信、和谐。

经营理念：至诚至信，业精志远

深川司训：注重科技、以质求胜；诚信经营、平等互利；卓越品质、真诚服务。

核心价值观：为社会创造价值，为伙伴创造效益，为员工创造福利。

团队精神：团结、敬业、创新、卓越。

深川人才观：德才兼备，以德为先；助德者成才，励优者成事。

深川竞争观：坦诚相待，优势互补；严明公正，有序竞争。

业务范围：低压变频器、中压变频器、高压变频器、防爆变频器、电机软起动器、变频节能控制系统、变频恒压供水设备、智能软起动柜、工业自动化系统生产、销售；仪表电器、电子显示器、电线电缆、机电产品（不含九座以下乘用车）销售；电气工程设计、安装、调试；变频器维修；系统集成；软件开发及技术转让；货物及技术进出口（依法须经批准的项目，经相关部门批准后方可开展经营活动）。

经营业绩：2004 年 7 月 14 日，山东深川电气科技有限公司正式成立，始于变频器行业崭露头角。

2005 – 2007 年自主研发生产销售变频器，本着“以技术创新为灵魂、以品质为保障、以服务客户为根本”的理念，建立起了遍布全国的销售服务网络。

2008 年，深川电气通过了 ISO9001 质量管理体系认证和 ISO14001 环境管理体系认证。；

2010 年，“深川”商标注册成功，成功推出高性能矢量通用变频器，迷你型无感矢量变频器。

2011 年，深川电气与山东理工大学、淄博职业学院分别签署战略合作协议，针对专业技能人才开启全面的校企合作。

2013 年 3 月 14 日，深川电气年产 20 万台变频器项目正式奠基。

2013 年 8 月，深川电气荣获“2012 – – 2013 年度中国变频器行业最具潜力奖”。

2013 年 9 月，深川电气“年产 20 万台高性能变频器”项目入选国家火炬计划立项。2013 年 12 月 4 日，深川电气被列入淄博市 2013 年度创新发展 500 强企业。

2014 年 6 月 23 日完成股改，变更为股份有限公司；

2014 年 8 月，深川股份荣获“2013 – 2014 年度中国变频器行业成长力十强”荣誉称号。

2014 年 9 月份引进浙江伟星创业投资有限公司和北京金成博石投资有限公司两家战略投资者，为公司的进一步做大做强提供强有力的资金支持。

2014 年 9 月份，公司成功在齐鲁股权交易中心挂牌，提高了公司知名度、影响力。

2014 年 11 月公司认定为国家高新技术企业.

2015 年 1 月 27 日，深川股份“年产二十万台变频器”项目生产车间完成主体施工，顺利封顶。深川股份“年产二十万台变频器”项目作为淄博市重点扶持项目，淄博高新区政府高度重视，主要领导多次深入实地调研指导，督促项目进度，积极帮助协调解决工程建设遇到的实际问题。

2015 年 2 月 26 日，中共淄博市委淄博高新区工作委员会、淄博高新区技术产业开发区管委会对“为高新区 2014 年科学发展做出突出贡献的单位和个人”进行了通报表彰，并为荣获表彰的“高新区 2014 年度三十强工业企业”“三十强服务业企业及企业家”“三十强科技型高成长企业”颁发荣誉证书和牌匾，为做出突出贡献的单位和个人颁发了奖金。此次表彰大会上，山东深川变频科技股份有限公司被评为“科技型高成长工业企业 30 强”。

2015 年 3 月 23 日公司成功在“新三板”挂牌上市。

2015 年 4 月 23 日，淄博市市委书记王浩一行莅临山东深川变频科技股份有限公司视察指导项目，我司董事长叶益强先生陪同各位领导参观了我司的新建厂区。

2015 年 7 月 7 日，全市科学发展场观摩点评会在高新区举行。市委副书记、市长周连华率市各大班子有关领导同志、各区县、文昌湖旅游度假区党政主要负责人及市直有关部门、单位负责人，高新区领导刘荣喜、陈德诚、程光磊、孙刚、申佃军、王建军等巡视了参加项目的山东深川变频科技股份有限公司“年产 20 万台变频器项目”建设现场。

在“年产 20 万台变频器项目”建设现场，周连华市长详细了解了项目情况及项目建设情况，此项目于 2013 年 9 月入选国家火炬计划立项，项目规划为年产 20 万台变频器，拟建成通用变频器、高性能矢量变频器、中压变频器生产基地以及变频器研发中心。相信在相关政府职能部门的大力支持下，深川股份将始终紧跟市场需求导向，培育高品质核心竞争力，努力开创变频器研发领域新篇章，为社会创造价值。

地址：山东省烟台高新区创业路42号

邮编：264670

电话：0535－5521008

传真：0535－5521017

邮箱：info@ yt－taili. com

网站：http://www. yt－taili. com

【832106】广东中设正泰科技股份有限公司

广东中设正泰科技股份有限公司（原广州市正泰商业数据有限公司）成立于1999年，经过十多年的发展，于2014年改制成为股份公司，2015年3月在全国中小企业股份转让系统（新三板）正式挂牌。旗下全子公司有广州中设溪泰信息科技有限公司：证券简称：中设正泰，证券代码：832106。

公司致力于帮助企业实现设备资产更高的安全性、更高的可靠性、更高的运作效率和更高的投资回报率。中设正泰从单纯的软件服务商发展成为基于大数据的设备资产综合管控服务商，拥有评估评测、管理咨询、智能管控、工业服务四大业务的科技创新型高新技术服务企业。创立了设备资产综合管控（ACCM）理论体系，成为该领域管理理论的引导与创新者。拥有自主知识产权的软件、硬件、服务产品近200余项。拥有各类技术标准、规范、体系近3万余套；各类设备技术标准数据、运行数据近5亿条；各类企业设备维护记录、维修记录2亿多张。中设正泰以中国设备门户网站为交易平台和资讯窗口、以专业的工业云服务为服务载体、以设备大数据为驱动核心提供全新的中国设备领域综合服务模式，为中国企业提供优质的设备综合管控服务，该新型服务模式的实施与推广将极大促进中国智慧工业、平安城市、数字制造、现代工业服务等重要战略发展目标的实现。中设正泰将客户与创新定义为企业的两大职责，在机场、港口、烟草、化工、冶金、制造、市政等行业拥有4000多家用户，包括260多家上市公司，为企业提供数万人次的设备资产管理培训。

公司总部位于广州，在北京、上海、山东等十省市设有区域分支机构，服务覆盖全国。诚实服务、激情创新、夯实专业、强化责任，中设正泰团队为客户、为自身不懈创造着美好的未来！如果你心怀梦想；如果你富有激情；如果你不甘于平庸；如果你不安于现状，相信这里将会是你展翅高飞的平台。加入我的团队，共创双赢，共同谱写美丽的篇章！

【832176】广东顺德三扬科技股份有限公司

广东顺德三扬科技股份有限公司（以下简称“公司”）是一家以生产自动化、信息化与智能化结合的机电一体化产品的机械制造企业，注重产品信息化与工业化的融合，可直接对接ERP系统，实现数控化与自动化的技术提升。公司在微电子技术与精密机械制造领域具有多年行业经验，公司拥有核心技术与研发团队，设立有工程技术中心，并获得多项国家发明专利与实用新型专利。公司生产的核心产品电源设备、拉链机械与全自动电镀生产线，在设计之初便以信息化与工业化融合为方向，在精密机械制造的基础上广泛应用微电子技术；同时，公司不断优化产品设计、提升产品运行效率，以期更好的体现产品智能化、数控化与自动化的设计理念。公司产品大多具有检测、记忆、运算、比较判断、反馈控制及显示等一系列功能，产品技术水平处于业内领先地位。公司产品代表了现代工业机械由人工向自动化改进的升级换代趋势。我省在《广东省国民经济和社会发展第十二个五年规划纲要》和《广东省现代产业体系建设总体规划（2010－2015年）》均提出采用高新技术改造提升优势传统产业，促进产业结构优化升级的要求。我司所处行业符合国家及地方的产业政策导向。

2014年，公司分别与华融证券股份有限公司、北京市中伦（深圳）律师事务所和大华会计师事务所（特殊普通合伙）签订上市服务协议；2014年11月，我司报送的在全国中小企业股份转让系统挂牌的申请材料，经审查，符合《全国中小企业股份转让系统挂牌申请文件内容与格式指引（试行）》的相关要求；2014年12月1日，全国中小企业股份转让系统有限责任公司对我司下发《受理通知书》。2015年3月30日，公司在“新三板”正式挂牌上市。

2015年8月11日，公司董事会召开了临时股东大会，会议通过了《关于公司股票发行方案的议案》，发行股票600万股，价格为3.65元/股，募集资金为人民币2190万元。所有投资者于8月17日已全部足额缴纳认购资金，8月31日主管机关全国中小企业股份转让系统有限责任公司正式受理我司定向发行股票挂牌申请。

【832205】河南全宇制药股份有限公司

一、公司简介

河南全宇制药股份有限公司系有上海全宇生物科技内乡制药有限公司整体改制而来，始建于2002年1月，位于内乡工业园区，原名南阳全宇制药有限公司，2005年更名为上海全宇生物科技内乡制药有限公司。2014年5月份改制为股份有限公司，并更名为河南全宇制药股份有限公司。

公司注册资本5000万元，注册地址和生产地址位于内乡县工业园区，北邻312国道，西临湍河，东、南均为农田，厂区周围无污染源，环境优美，空气新鲜，厂区植草绿化，道路平整。水、电、汽供应充足，具备药品生产的良好环境。

公司现有厂址现占地面积五十余亩，公司拥甘露聚糖肽原料药车间、化学合成原料药车间、口服液体制剂车间、中药前处理及提取车间、软膏剂车间和片剂车间。新厂区占地240亩，计划于2015年底建成投产，规划新建自动化生产车间八个，综合办公楼一栋，研发、化验楼一栋，员工宿舍楼二栋，仓库四个，以及锅炉房等辅助建筑。总建筑面积98433.5m^2。计划产能：年产原料药300吨、片剂30亿片、口服液1亿支、软膏剂300万支，中药前处理165吨。产品达产后，可实现年产值产值10亿，利税1.5亿元。

2004年8月首次通过了药品GMP认证（不含甘露聚糖肽），取得了片剂、口服液、软膏剂、原料药（磺胺嘧啶锌、磺胺嘧啶银）、口服溶液剂型的认证证书；2009年9月又通过了药品GMP复认证，证书编号：豫K0079。

2007年3月首次通过了甘露聚糖肽原料药认证（证书编号：豫I0023）。公司拥有药品批准文号39个，其中原料药3个：甘露聚糖肽、磺胺嘧啶锌、磺胺嘧啶银，软膏剂品种1个，口服液品种2个，口服溶液剂1个，片剂品种32个。常年在线生产品种24个。

中心化验室和车间化验室都配备有先进的检测仪器，具有与生产相适应的检验能力。

公司拥有符合要求的原辅材料库、原辅材料阴凉库、标签库、包装材料库、成品库、成品阴凉库，以及中药材库、危险品库等仓库，公司药品生产的废气、排污经处理符合国家有关环保排放要求，已通过当地环保部门验收。

自通过2005年换发《药品生产许可证》以来，我公司严格按照《药品管理法》、《药品生产质量管理规范》等国家法律法规组织药品生产和质量管理，严格按照药品注册批准的生产工艺进行生产。我们坚持"以质量求生存，质量第一"的理念，几年以来，我公司没有出现过药品质量事故，没有发生过被药监部门抽检不合格的情况，确保药品质量，保证了人民群众用药安全，达到了良好的社会效益和经济效益。

二、公司竞争优势

1. 人才优势

制药行业所生产的产品为特殊商品，不但生产工艺复杂、对技术水平要求高，而且更为重要的是保证为患者提供安全、有效的药品，因此，对生产技术人员的要求比普通行业更高。从事药品生产的高级管理人员必须具有药学相关背景专业知识。目前，公司拥有中、高层管理技术人员22名，操作经验丰富的生产人员71名。人才优势是公司发展的基础及立足之本，是生产优质、安全药品的有效的保障，也是公司不断向前发展的可靠保证。

2. 成本优势

成本控制是公司发展具备的重要竞争优势。公司在激烈的市场竞争中，能够保持稳定的发展态势取决于其对成本的控制。一是严格控制人员，严格用工制度，使得公司在行业内保持较高的劳动生产率；二是严格工艺与生产管理，使公司对产品成本控制较为成功。通过加强成本与费用控制，避免了浪费，提高了资金利用效率。三是公司生产部分药品的主要原料，如磺胺嘧啶锌/银、甘露聚糖肽，很好地把控了原料的生产质量和成本，相较竞争企业的同品类药品，具有明显的成本优势。

3. 管理优势

自公司成立以来，公司将内部基础管理工作放在重要地位，逐步建立起高效的管理制度和工作作风。公司管理层以身作则，严格要求，全体员工认真执行。公司产、供、销、财务、人事等各项管理工作与作业工作都制订了管理目标。使公司决策层、各车间、部门更好地行使计划、组织、协调、控制等管理职能，形成了事事有人负责、有制度可依的良好局面，保证公司各项工作高效完成。

4. 产品优势

公司产品在市场上拥有一定竞争优势，公司自创立以来，将产品质量视为企业的生命，严格控制产品质量，产品质量指标符合《中国药典》、《中华人民共和国卫生部药品标准》、《国家食品药品监督管理局国家药品标准》。公司建立起质量、环境管理体系，且制定了《质量手册》，符合GMP认证要求，建立了研发、采购、生产、营销、售后等环节质量控制制度，保证产品生产经营始终处于有效管控状态。

在原料药及其制剂方面，公司是全国唯一一家生产原料药磺胺嘧啶锌的企业；是全国仅有的三家生产磺胺嘧啶锌软膏的企业之一；是全国为数不多的生产原料药磺胺嘧啶银的企业之一。公司生产的原料药甘露聚糖肽，生产工艺和生产技术具有较高的技术门槛和科技含量。原料药甘露聚糖肽是甘露聚糖肽口服溶液的主要原材料，因此公司在甘露聚糖肽口服溶液的生产方面比其他企业具备优势；甘露聚糖肽口服溶液为辅助用药类非处方药药品，具有增强机体免疫功能和激活吞噬细胞，升高外周白细胞的作用，能够提高骨髓造血机能和机体应激能力。将是公司下一步计划重点发展的品种之一。未来随着新的营销网络的不断拓展，公司业务规模和竞争地位将逐步增强。

三、公司未来发展

为使企业规范运行，完善公司资本构成，同时拓宽企业融资渠道，提高企业知名度，公司与第一创业证券股份有限公司、北京市中勤律师事务所、中审亚太会计师事务所（特殊普通合伙）合作，已于2015年4月完成在全国中小企业股份转让系统有限责任公司挂牌上市！

产品是市场需求的载体，是公司核心竞争力所在，是利润的生成点，公司决定按照欧盟GMP标准建立生产基地。加大对科研的投入，以创新药为主。公司将大力发展生产口服制剂、中药饮片、原料药等。

新厂区总占地240亩，计划新建生产车间八个，综合办公楼一栋，研发、化验楼一栋，员工宿舍楼二栋，仓库四个，以及锅炉房等辅助建筑。总建筑面积98433.5m^2。计划产能：年产原料药300吨、片剂30亿片、口服液1亿支、软膏剂300万支，中药前处理165吨。产品达产后，可实现年产值产值10亿，利税1.5亿元。

"厚道河南人，地道全宇药"！全宇制药在董事长王峰的带领下，将遵循"质量第一、客户第一、信誉第一"的企业宗旨，秉承"稳健、理性、进取、共赢的企业理念，努力打造河南全宇制药新品牌！

兑现"做一个有责任的企业、对企业负责、对员工负责、对社会负责！"的社会承诺！

地址：南阳市内乡县龙源路285号
邮编：474350
电话：0377－65317002
电话：0377－65317005
邮箱：quanyuzhiyao2014@163.com
网站：www.nyqyzy.com

【832228】广元市广信农业融资担保股份有限公司

企业介绍

2007年2月，由广元市政府牵头出资成立广元市广信融资担保有限公司（证券代码：832228，证券简称：广信担保），2012年公司名称变更为广元市广信农业融资担保有限公司，2014年10月经股改，广元市广信农业融资担保股份有限公司诞生。公司成立8年来，充分发挥融资担保的桥梁和杠杆作用，促进了地方经济又好又快发展，并于2015年4月13日在全国股份转让系统成功挂牌，成为西南地区首家登陆境内资本市场的担保机构。

公司注册资本成立之初仅5000万元，通过三次增资扩股，达到2.06亿元，获评AA资信等级，并与17家银行开展了合作。截至目前，公司净资产2.4亿元，资产总额3.4亿元，累计收入1.04亿元；累计实现经营利润总额3876万元；上缴税费1936万元。

经营宗旨

支持服务广元中小微企业；

促进广元经济又好又快发展；

推进社会诚信建设。

经营理念

助力企业、创新经营、防控风险、稳健发展。

主要绩效成果

自2008年1月发放第一笔担保贷款至2015年6月，公司累计为广元市366户中小微企业及个体工商户提供了1047笔42.5亿元贷款担保，累计担保户数年均增长率47%，累计担保笔数年均增长率73.2%，累计贷款担保额年均增长率49.4%；目前在保企业249户，在保责任余额10.65亿元。2014年公司净资产占广元市10家融资性担保机构净资产总额的37%，完成了全市中小微企业融资担保额的51%，行业“领头羊”地位突显。公司风险管控能力、担保放大倍数远超全省平均水平，成为川东北乃至四川省极具影响力的担保机构。

在公司持续的支持下，广元市一批中小微企业，由小做大，由弱做强，部分企业逐渐发展成为国家、省市工业和农业产业化龙头企业，成为银行优质客户和广元市优秀企业“名片”。公司服务支持的企业累计增加总产值达到128.5亿元，累计上交税费增加额达到4.2亿元，增加就业岗位近9000个。

对国家、政府负责

积极履职，响应国家、政府号召。

2008年“5.12”地震发生后，公司紧紧围绕广元市政府开展灾后重建工作，积极为受灾企业提供贷款担保。公司先后为市政府抗震救灾紧急专项贷款在中国进出口银行贷款25000万元提供了无偿担保；以信用保证方式为剑阁剑州投资公司、市园区建设投资公司、旺苍县农村公路建设管理办等企业筹集道路、市政等基础建设资金提供担保贷款1425万元；为各县区86户受灾企业提供了95606.11万元的灾后重建贷款担保。

2009年7月16日，清江河宝轮段突发50年一遇洪水，致使广元市以种猪养殖为主的两家养殖业龙头企业经营陷入停顿。利州区政府很快出台了龙潭种猪繁育基地规划方案并实施，公司积极响应政府号召，加大对企业的支持力度，分别累计向两个企业提供了6200万元和2990万元的贷款担保，有力地支持了受灾企业恢复生产。

对客户负责

助推企业信用，培育发展地方名优企业。

通过公司的持续担保支持，当地的海天实业、金贝儿食品、申达实业、森宇装饰、苍溪猕猴桃、米仓山茶业等企业，逐步由小到大发展。目前，海天实业正积极筹备上市相关工作，金贝儿食品成为当地人们的送礼佳品，申达实业成为广元市首家国家级龙头企业之一，森宇装饰的实木门是家俱行业的精品，苍溪猕猴桃更成为“广元七绝”的领头羊，米仓山茶叶代表了广元市的旅游形象。公司还将继续以培育发展地方名牌为己任，打造广元更好更亮更有吸引力的企业“名片”。

对社会负责

公司发展壮大为服务“三农”夯实基础、

广元市是一个典型的农业市，各类特色农产品品质优良，极具市场竞争力，但普遍加工不足，产业链条短，综合效益低，贷款融资难。为改善这一状况，公司创新思维，灵活采用股权质押、存货抵押、信用保证、林权抵押、车辆抵押、设备抵押等银行基本不采用的多种方式，增大企业的抵押范围，为企业筹集生产和建设资金。解决了国家粮食储备库、河西省粮库、广元市粮库等粮食储备企业收购资金不足的难题，支持了森宇装饰、柏吉木业、和森木业等林产品加工企业壮大发展，培育了经纬药业等药品加工企业。截止到2015年5月末，公司累计为49户涉农企业提供12亿元担保贷款。

对员工负责

尊重员工，搭建员工发展平台

公司的发展离不开员工的努力与支持，公司一直倡导“员工与公司共成长”，尊重每位员工，为员工提供成长平台。公司采用工效挂钩工资，极大地尊重了员工的劳动价值，激发了公司与员工的工作积极性；采用“传、帮、带”、“送出去、走进来”、专题知识培训学习等多种方式不断提升员工的整体素质和专业技术水平；党团组织开展丰富多彩的员工活动，加强员工的廉洁教育，同时，也缓解员工工作压力，增强团队凝聚力。打造了一支作风过硬、业务水平高、综合能力强的优秀、专业团队，为公司的健康发展提供了人力资源。

荣誉

2008年、2009年公司连续两年被广元市政府评选为“融资工作先进集体”。

2010年被市国资委党委评为“四好领导班子”，公司担保业务部被市总工会授予“工人先锋号”荣誉称号。

2011年被省企业联合会、企业家协会评选为“2011四川优秀诚信企业”。

2012年荣获四川省融资性担保业协会颁发的“四川省2012年度突出主业服务实体奖”。

2013年荣获四川省融资性担保业协会颁发的“四川省2013年度风险防控奖”。

2014年被广元市企业家协会、企业家联合会评为“广元市企业创新发展优秀单位”。

2015年获企业家日报“中国杰出企业社会责任奖”。

公司愿景

未来，广元市广信农业融资担保股份有限公司将继续创新、不断超越，力争通过三年的努力，实现业务市场跨区域拓展，将公司建成川东北担保行业龙头企业，并早日争取转板上市，为中小微企业、个体工商户及“三农”融资排忧解难，支持地方经济健康、快速发展作出应有的贡献。

【832265】芍花堂国药股份有限公司

芍花堂国药股份有限公司，坐落在亳州市十九里经济技术开发区，公司自1998年成立至今已走过十七年辉煌历程，现注册资金7000万元，总资产3.5亿，2014年销售收入4.5亿，年上缴国家税费近两千万元。公司先后通过了GAP、GMP、GSP、QS、ISO及AA等标准体系认证，公司现有在编职工360人，本科以上学历65人，专科以上学历135人，中药师以上职称36人。公司现为安徽省信息化和工业化融合示范企业，省级农业产业化重点龙头企业，安徽省省级政府重点培育100户“专、精、特、新”企业，亳州市125行动计划重点承担企业，承担安徽省省级农业化示范项目的建设，公司先后被授予“亳州市民营企业发展十佳企业”，“安徽省明星企业”，“信用等级AA+级企业”，“守合同重信用单位”、“芍花”商标，获得驰名商标等荣誉称号。公司2012年被省科技厅认证为高新技术企业，市科技局认证为民营科技企业。

公司主营业务为中药饮片的生产与销售。公司定位为集中药材种植、生产、加工、贸易、科研、储存、流通为一体的，主要从事中药饮片的生产与销售，辅之以中药材贸易、向客户提供中药材金融仓储物流等增值服务的全产业链高新技术企业。

芍花堂国药已经形成了从中药材种植、采购、生产、质检、研发、仓储物流到销售的完整的中药饮片产业链。企业拥有

《良好农业规范认证证书》(以下简称:GAP)、《药品生产质量管理规范认证证书》(以下简称:GMP)、《药品经营质量管理规范认证证书》(以下简称:GSP),公司严格按照 GAP、GMP 和 GSP 等标准规范种植、生产和销售的每一个环节,确保销售的每一份产品都满足相关国家及行业标准。

公司始终坚持"科技为本,振兴中药"的宗旨,公司立业之本就是"以圣人之心,做济世好药",始终坚持质量第一的原则,使企业在日益激烈的市场竞争中能够立于不败之地。公司不断加大科技投入,提高产品的科技含量,不断开发新品种,增强企业发展后劲,最终达到振兴传统中药、振兴公司药业的目的,使传统中药走向世界。

建立特有的企业文化,其主要内容为以"一流设备、一流技术、一流人才、一流管理、一流产品"为企业目标,以优秀的传统文化为基础,以追求卓越为过程,以价值最大化为导向,树立公司员工共同的追求:做一个品德高尚和有价值的人,把公司建设成为一流的饮片加工企业,企业价值是实现个人价值的基础,价值最大化是我们经营管理中行动的纲领,检验一切工作的唯一标准,"奋斗、学习、爱心"则是公司文化的核心。

我们的目标

以公司的资本实力为背景,以品牌文化战略为先导,以强有力的资本运营能力为依托,以具有持续创新能力的技术平台为基础,以全国性开放性的人力资源为支持,依靠自己脚踏实地、锲而不舍的艰苦追求,使公司成为一个可持续发展的一流名牌药业企业。

我们的精神

健康:共享健康,分享快乐;制造健康的产品,使顾客生活得更快乐;构建健康的企业,使员工生活得更快乐;推广健康的思想,使人类生活得更快乐。

责任:对消费者负责,对社会、员工、股东负责;按规则办事。

团队:整合企业成员优势,消除内耗;让每一颗螺丝钉发挥相应作用。

创造:身体力行的劳动;唯创新、不生存。

科技观

创新——企业的灵魂,依靠科技兴企,建立一支稳定的、从新药研究、开发到产业化各个环节学科配套、专业齐全、力量雄厚的科技队伍。

人才观

企业发展以人为本。一流企业要靠一流人才建设,首先是争夺营销人才,进而争夺科研开发、经营管理等人才,引入市场取向的管理思想、管理模式和管理方法。充分调动科技人员的积极性。建立市场化的用人机制,完善企业人才引入机制、激励机制、培训机制,树立企业发展以人为本的思想。

公司大事记

2015 年 3 月 19 日,芍花堂国药股份有限公司与大连冰山集团有限公司签订合作协议,共同建设 26000 立方米立体冷库,配套发展中药材仓单质押金融服务业务。

2015 年 4 月 14 日,芍花堂国药股份有限公司成功在全国中企业股份转让系统有限责任公司新三板隆重挂牌上市。

2015 年 5 月 16 日,芍花堂国药股份有限公司与甘肃三林药业有限公司达成战略合作,主要合作甘肃省道地中药材仓单质押贷款在甘肃布局,在亳州唯一总代理甘肃省道地中药材以及甘肃道地中药电子商务合作。

2015 年 11 月 5 日,芍花堂国药股份有限公司股票转让方式由协议转让变更为做市转让。

【832296】天维尔信息科技股份有限公司

天维尔信息科技股份有限公司(证券代码:832296)成立于 1997 年,国内领先的智慧城市公共安全应急管理领域信息化和软件服务提供商,致力于各级公安机关、消防部队、安全生产监督管理部门、人防部门等城市公共安全管理机构的应急管理信息化建设,提高城市公共管理部门应对各类突发事件的能力,提升城市灾害抵抗能力和公共安全水平,为城市公共安全保驾护航,促进社会和谐、稳定和发展。

公司是国家首批高新技术企业、国家规划布局内的重点软件企业、广东省"守合同、重信用"企业、深圳市重点软件企业。现为中国软件行业协会会员、深圳软件行业协会副会长和常务理事单位、深圳市现代服务外包企业联盟副会长单位。具备工信部计算机信息系统集成一级等多项权威资质。通过 ISO9001 质量管理体系、ISO14001 环境管理体系等多项认证。

2009 年 5 月,获深圳市批准组建了"深圳市公共安全应急平台工程技术研究开发中心",2015 年,获批成立"广东省安全生产应急平台工程技术研究中心",标志着公司在公共安全应急行业中具有领先的技术水平和实力。

公司长期立足公共安全应急指挥领域,产品广泛用于政府应急、公安、消防、安监、环保、卫生、人防等领域,在各类突发事件中均有成功建设案例,产品遍布全国各省市。多个项目为国家重点工程,如奥运安保应急指挥、公安部消防局应急指挥、辽宁省公安一体化、新疆自治区消防一体化、河南省环境数据中心平台等项目。项目规模不断扩大,受到行业主管部门的推广、行业专家的赞誉和用户的广泛好评。

公司产品具有完全独立自主的知识产权,拥有数十项软件著作权和专利,参与起草、讨论多项国家及行业标准。公司消防应急系统通过了国家消防电子产品质量检测中心的全项检测。公司产品获得国家火炬计划项目立项,多次荣获国家级、省市级的各种奖项,如中国优秀软件产品奖、省市科技进步奖、广东省高新技术产品奖、深圳市科技创新奖、深圳市自主创新产品认定、软博会金奖和创新奖、高交会优秀产品奖等。

公司拥有高素质的精英团队和多层次的研发梯队,有行业带头人组成的专家顾问团,注重产学研结合,与中国科技大学、国家安科院等高校及科研院所组成了开发团队,企业内训为产品研发提供了有力的保障。

公司在全国成立五个营销服务大区,并在二十几个城市设立分支机构和网点,形成覆盖全国的二级服务支持体系和营销网络,零距离为客户提供超越其期望价值的全程服务,成就客户卓越。秉承"成就客户、创新进取、诚信务实、合作共赢"的核心价值观,天维尔为内外部客户创造价值、实现卓越,为推动中国和谐、效益与发展做出不懈的努力!

【832307】常州中航蜂窝新材料股份有限公司

常州中航蜂窝新材料股份有限公司坐落于常州天宁经济开发区,公司成立于 2006 年,常州中航公司由中国最早从事航天航空铝蜂窝技术开发及制造的一批专业人士合作创建,引进当今最先进的铝蜂窝芯、铝蜂窝板、超薄天然石材蜂窝板生产线,为城市现代化建设,轨道交通,船舶工业等各领域提供高品质的材料。是目前世界上最先进的绿色环保产品之一。

近几年，公司随着各项科技创新技术的成功转化，企业取得快速发展，销售和资产均取得大幅提升。公司自成立之初以应用于建筑装饰、船舶运输、机械电子、电梯，等行业的铝蜂窝、超薄型石材蜂窝及高精蜂窝芯材等结构蜂窝仿生复合材料作为企业发展的主营业务方向。目前，随着公司科技技术和基础条件的提升，通过与国家级重点院校技术合作与自主创新，逐步开发轨道交通、风电、军用雷达、物流系统等专项领域蜂窝仿生复合材料新产品，把握科技提升快速开拓新兴市场领域，设定了涵盖通用产品和新兴产品两大领域协同发展的复合经营业务主方向，实现企业的可持续快速发展。将公司发展成为多种蜂窝仿生复合材料高新技术产品为主营业务的高科技型企业。

公司建立了完备的研发制度体系，产品及高精制备技术已经完成核心专利申请共15项，其中发明专利4项，已授权10项，制订了完善的知识产权战略规划，涵盖公司适用于建筑装饰、电子屏蔽、电梯、船舶运输、轨道交通、机械电子等行业专用铝蜂窝芯、铝蜂窝材料、石材蜂窝材料、玻璃纤维蜂窝材料等主要产品的研究及生产，取得3项省级高新技术产品资质，有力的支持公司主导产品的市场化发展。

【832308】山东旺盛园林股份有限公司

公司简介

山东旺盛园林股份有限公司隶属于山东旺盛建设集团有限公司，成立于2002年，是一家以园林工程施工、园林景观设计、苗木种植生产及园林养护业务为主的大型民营股份制企业。凭借卓越的创造能力和经验丰富的核心团队，旺盛园林一直致力于为客户提供优质的多元化、一体化园林建设服务。公司于2015年4月17日正式挂牌上市，开创了山东园林行业上市的先河，并有信心迅速成长为该领域内最具优势和影响力的企业之一，树立起山东园林行业的优秀代表企业和龙头企业的先锋模范。

多年来，旺盛园林不断强化一体化园林建设服务体系，增强企业的差异化竞争优势，在园林行业领域精耕细作，并取得快速健康成长。本公司在提高市场占有率的同时，加强品牌、精品工程建设工作，有效进行风险把控，合理进行资源配置，有步骤有规划进行业务拓展，在稳健发展的基础上为社会奉献了一大批精品工程。旺盛园林将努力成为山东最好，最具知名度的股份制企业，并已凭借卓越的核心竞争力和出色的业务服务能力，赢得了社会各界的广泛赞誉。

旺盛人高度重视企业形象和声誉，坚持客户至上，以人为本，加强团队建设，培养积极向上不断进取的职业精神。公司秉承"以质量求生存，以管理求效益，以科技求发展，以服务求市场"的经营方针；树立"简单、高效、感恩、成就"的企业文化和"专注、创新、可持续发展"的核心价值观，以人、自然、社会三者和谐统一、互利共赢作为企业的使命与责任。旺盛一直在做并贯彻始终的理念精髓，定将使其跻身全国园林绿化行业著名领导品牌。

我们相信美好源于自然、自然归于恒久。旺盛人追求成为社会需要和认可的企业，客户满意和称赞的企业，投资人信任和钟爱的企业，员工爱戴和乐于奉献的企业。山东旺盛园林股份有限公司愿成为您最真诚的朋友，成为山东园林行业的领跑者，成为打造时代精品的主力军。我们旨在为都市中疲惫的您奉献一席青山、勾勒一汪秀水，使您拥有更加安心和舒适的生活环境。

"绿由旺盛，境由心生"，您的精致生活将是我们最大的追求。

公司理念

十多年来，旺盛园林始终秉承"以质量求生存，以管理求效益，以科技求发展，以服务求市场"的经营方针；树立"简单、高效、感恩、成就"的企业文化和"专注、创新、可持续发展"的核心价值观，以人、自然、社会三者和谐统一、互利共赢作为企业的使命与责任，力争打造成为园林绿化行业著名领导品牌。人们需要绿色，城市渴望美丽，旺盛定将诚信做人，踏实做事，追求精益求精，注重细节处理，以更优质的服务，优异的业绩，回报客户，回报股东，回报社会。企业将用心把绿和美奉献给这座不凡的城市，向着人与自然的和谐努力迈进！

公司愿景

旺盛园林坚持可持续发展战略，强化一体化园林建设服务体系，增强企业的差异化竞争优势。以技术优势为核心竞争力，重视新产品、新技术的研发与应用，强化施工流程，精益化管理，完善和拓展市场渠道，在提高市场占有率的同时，加强品牌、精品工程建设工作，有效进行风险把控，合理进行资源配置，有步骤有规划进行业务拓展，在稳健发展的基础上，为公司的快速发展做好整体规划和战略布局。几年来，企业在董事长的带领及社会各界人士的关心支持下，不断开拓创新，引进人才，广征客源，积累经验。在雄厚的物质条件，先进的技术力量，高水平的专业化管理和良好的业内信誉保证下，旺盛园林获得"2014年度城市绿化工作突出贡献单位"等多项荣誉。我们相信，公司将更注重追求企业的卓越品质，通过优质的产品质量与服务赢得客户、回馈社会，进一步提升品牌效应，铸就卓越的园林企业。旺盛园林诚邀您精诚合作，共同发展，创造更美好的明天。

企业文化

简单：以目标为导向，问题简单化，思想简单化，心无杂念，唯有目标和效果。

高效：时间是效率的价值尺度，用最短的时间创造最高的价值。

感恩：接受当下，感恩一切。

成就：以成就为成功。成就他人就是成就自己，成就企业，成就社会。

核心价值观

专注、创新、可持续发展

经营方针

以质量求生存，以管理求效益，以科技求发展，以服务求市场

企业责任与使命

人、自然、社会三者和谐统一、互利共赢

公司的经营范围

生产、销售：造林苗，城镇绿化苗，经济林苗，花卉（有效期以许可证为准）；园林景观工程、绿化工程设计与施工、建筑装修装饰工程设计与施工、市政工程、环保工程、城市及道路照明工程、体育场地设施工程、房地产开发、经营（以上工程凭资质证经营）；园林机具、生物技术、医药技术开发；开办市场；批发、零售：园林机具，建材，五金交电，家具，非专控通讯设备，服装，文体用品，日用品，非专控农副产品，工艺品，农业机械设备，化肥，不再分装的包装种子，鞋帽。农业技术开发、非学历短期技术培训。

公司的主营业务是园林绿化工程的施工、苗木种植和绿化养护。报告期内，公司主要从事园林绿化工程施工业务，并

逐步形成了以园林绿化施工业务为主，苗木种植业务快速发展，绿化养护业务作为重要补充的主营业务结构。

经营业绩

公司2014年经审计的主营业务收入分别为55,075,941.37元，报告期内公司主营业务收入占营业收入比重为99.51%，公司主营业务明确。

地址：济南市高新区舜华路2000号舜泰广场
8号楼1－307
电话：0531－66591057
传真：0531－66591058
网址：www.wsyuanlin.com
邮箱：wsjt@wsyuanlin.com

【832320】安徽大富装饰股份有限公司

安徽大富装饰股份有限公司成立于1996年（原合肥大富建筑装璜工程有限责任公司），注册资本为6880万元，具有国家住建部核发的建筑装修装饰工程设计与施工一体化壹级资质，建筑幕墙工程设计与施工一体化壹级资质，房屋建筑、市政工程、钢结构、道路和照明专业承包叁级资质，安全技术防范叁级资质。是安徽省第一家在新三版上市的建筑装饰公司，证券简称：大富装饰证券代码：（832320）。

安徽大富装饰股份有限公司（原合肥大富建筑装璜工程有限责任公司）自成立以来一直秉承"立足根本、稳中发展、大胆创新、超越自我"的企业宗旨，稳中求发展，夯实抓基础。在同行业中率先通过了ISO9001质量管理体系、ISO14001环境管理体系、GB/T28001职业健康安全管理体系三位一体认证，公司连续多年荣获全国工程建设质量管理优秀企业、全国质量安全信誉AAA级优秀施工企业、全国装饰工程典范企业、建筑业先进单位、建筑业先进装饰装修企业等多项荣誉。

公司拥有一批经验丰富的注册建造师，他们对工程质量的严格要求，对工程管理的一丝不苟，对工作孜孜不倦的精神及认真负责的态度，多次被中国建筑装饰协会以及省级市级评为优秀项目经理、质量管理先进个人等称号。

公司重质量，抓管理，守诚信，求创新，创造出了一项又一项优秀工程，公司承接的安徽万振汤池逍遥别院二期综合楼装饰工程、合肥市东方商城商办楼幕墙工程、安徽科大讯飞二期教学产品研发生产楼内装饰装修工程、项肥东县店埠镇站北路综合楼装饰工程、安徽商之都宣城商厦2012年度改造工程等等大型工程，公司以优良优质的服务、新颖创意的设计、精湛精艺的施工，曾先后荣获全国建筑工程装饰奖、安徽省建筑装饰工程奖、建筑工程装饰奖等，并多次获得了甲方授予的先进单位、诚信守诺单位等认可和赞誉。

公司以"开拓创新、顽强拼搏、共建和谐、奉献社会"企业精神为根本，发扬艰苦创业、与时俱进的作风。坚持"诚信、质量、服务、品牌"的企业理念。在各级政府积极引导和支持下，公司全体员工将以卓越进取的精神和追求完美的理念，用我们的实际行动和实力与您携手共铸完美空间。

【832327】烟台海颐软件股份有限公司

烟台海颐软件股份有限公司（以下简称"海颐软件"）是一家总部位于烟台的高科技软件企业，公司专注于行业信息化的咨询、设计、开发和实施服务，在电力、电子政务、企业咨询等领域享有盛誉。公司于2003年成立，注册资本4350万元，2015年在全国中小企业股份转让系统（新三板）挂牌上市，股票代码832327。目前海颐软件拥有员工1500余人，其中本科生1200余人，硕士生及以上130余人，并在北京、广州、济南、广西设有子公司。

海颐软件2003年通过双软认定，2007年通过ISO9001认证和CMMIL3认证，2008年获得计算机信息系统集成三级资质并通过高新技术企业认定，2010年经国家密码管理局批准成为商用密码产品生产定点单位，2011年获得商用密码产品销售许可证，并获得涉及国家秘密的计算机信息系统集成资质，2013年通过CMMIL5认证，并获得计算机信息系统集成二级资质，2015年通过PCMML3认证。公司至今共获得九十余项软件著作权和软件产品登记，多年被评为山东省优秀软件企业。

海颐软件建立了标准的软件开发流程和质量管理体系，多年来坚持不断地为客户带来创新的技术和自主知识产权的软件产品，为全国三百多家客户提供并实施了个性化的应用解决方案，公司已经成长为国内领先的应用软件产品和服务供应商。

电话：0535－5520388；
邮箱：832327@haiyisoft.com

【832334】江苏金呢工程织物股份有限公司

江苏金呢工程织物股份有限公司是目前在国内唯一集造纸成形网、造纸毛毯及造纸干网为一体的国家级高新技术企业、是行业－标准的主要起草者、拥有国家级博士后科研工作站、获得中国专利优秀企业和国际发明展览会金奖的企业。从1986年创立至今一直致力于造纸成形网、造纸干网、造纸毛毯的研发和制造。高速造纸网毯的关键生产设备和应用技术在行业中位列领先水平。金呢股份凭借其扎实的研发、优质的产品、先进的管理及全面的服务在同行业内成为标志性品牌。

江苏金呢工程织物股份有限公司2015年04月在全国中小企业股份转让系统成功挂牌新三板。公司以"团结拼搏、仁爱奉献、开拓创新、敢为天下"的精神让客户满意，让股东放心、让员工开心。金呢股份专业化发展模式，始终坚持以市场为导向，以技术创新为主导，坚持不懈的建立自主品牌的品牌战略方针，市场机遇催生了企业，企业引领市场的发展，随着公司产品技术的领先，欧美日等国家的制造商已把我们视为在中国市场的主要标准化技术制造商。

金呢股份始终坚持自主知识产权作为企业发展的战略目标之一，目前已取得国家授权专利52项、拥有江苏省著名商标，先后成立了省级工程研究中心、省级企业技术中心，该研究/技术中心是国内目前造纸用脱水器材行业唯一的省级研究/技术中心，该中心的成立对推动国内造纸用脱水器材行业的发展具有重要的意义。金呢股份凭着先进的技术理念共主导和参与制定了5项国家标准和4项行业标准，目前应用的国际标准是造纸用聚酯成型网（TAMFELTOYCFFD－84029CIB），同时还承担了多项国家级、省市级科研项目的研制任务，如：科技部－科技型中小企业技术创新项目、国家级纺织行业加快结构调整转变增长项目、江苏省科技成果转化专项资金项目等，这些项目的实施都为提高创新能力搭建了强而有力的平台，使得研究人员高起点、高视角、高水准地开展科研工作，同时也能大大缩短研究和人才培养周期。金呢股份多次荣获国家重点新产品、火炬及星火计划项目、中国纺织工业协会科学技术奖、江苏省科学技术进步奖、江苏省高新技术产品等等，每年研发经费的投入均超出销售收入的5%以上。

金呢股份拥有先进的信息化质量管理平台，视质量为企业的生命，在产品制造过程中坚持注重品质管理，先后导入全面质量管理体系、知识产权管理体系、卓越绩效管理体系、4A标准化良好行为管理等，并建立了ERP物料管理系统和生产流程管理系统。公司拥有严格和规范的质量检验体系，每个工序都设有专职检验员，上道工序的半成品要在下道工序检查合格后才算真正完成生产任务，公司每一位员工都以制造优质的产品为使命，确保每一个出厂产品的合格率达100%。

金呢股份以“创新、开拓、发展”的经营理念，不断创新，为促进中国造纸工业用脱水器材行业的全面发展提供最优质的造纸用网毯和技术支持！

金呢股份始终以“服务、务实、双赢”为宗旨。公司聘用了具有多年纸厂工作经验的服务人员对产品进行售前、售中、售后服务，客户一旦订购了我们的产品，我们将根据需要派服务工程师提供技术支持；如在使用过程中遇到问题，我们将会在24小时之内派驻所在地区的售后服务工程师到场协助分析解决问题。对我们的常规用户，我们的销售、技术服务人员会定期拜访，与客户交流网毯的使用经验，了解客户的需求和意见。力求给用户提供优质的服务，积极倡导工业4.0标准。

公司为更好的服务客户专门引进一批先进的生产检测仪器，如德国DTMB手持张力仪、Zwick强力机、3015SR频闪仪、J40厚度仪、意大利FiberScan纸机在线测试仪、瑞典－平整仪等等二十余种进口检测设备。

金呢股份售前、售中、售后全方位一体化的技术营销服务模式和定制化的研发、生产、营销管理模式积极配合客户进行产品现场装配和调试，并定期进行客户拜访不断提升售后服务质量。

金呢股份将一如既往坚持改良与创新，在今后的研发过程中不断丰富经验，力争把每个高端品质的产品交到客户手中。目前金呢股份服务的主要客户有：玖龙纸业（分布在六个省市）、理文纸业（分布在五个省市）、吉安集团（山鹰纸业）、UPM－芬欧汇川纸业、太阳纸业、荣成纸业、南平纸业、岳阳纸业、金华盛纸业、仙鹤特种纸业、泉林纸业、劲达兴纸业、晨鸣纸业、景兴纸业、江河纸业、华泰纸业、泰山纸业、银鸽纸业等五十余家大中型造纸企业。

感谢大家多年来对金呢股份的支持与厚爱！

【832371】北京国环莱茵环保科技股份有限公司

公司简介

北京国环莱茵环保科技股份有限公司（以下简称“莱茵环保”）的前身是由留德归国学子于2004年11月在北京市中关村高科技园区创立的高新技术企业——北京国环莱茵环境工程技术有限公司。

我公司自成立以来，坚持秉承“与国家同意、与自然同道、与世界同步、与客户同行”的经营理念，经过十余年的艰苦创业和不懈努力，已发展成为拥有政府认证并颁布的“高新技术企业”资格，并通过ISO9001质量管理体系认证和ISO14001环境管理体系认证，主营业务涵盖废水处理与资源化利用、烟气净化与大气污染防治、固体废物处理与利用、环境修复四个领域十一个子项，集环境保护技术与装备研发、技术服务、设备制造与成套、环保设施投资运营为一体，能够为社会提供整体环境解决方案的科技型企业。

我公司先后被国家住建部、环保部选定为住建部《生活垃圾渗沥液处理技术规范》（CJJ150－2010）和环保部2012年《生活垃圾填埋场渗沥液处理工程技术规范》（HJ564－2010）的主要编制单位，环保部《国家先进污染防治示范技术名录》中渗沥液MBR＋NF＋RO技术的依托单位，环保部2012年《环保装备专精特新企业》名录。

公司拥有数名国内一流的废水处理、固废处理、污染烟气体处理及环境修复治理等技术专家，在固废渗滤液处理技术和餐厨垃圾处理技术上，通过消化吸收国外成熟的技术，并结合国内的实际情况进行创新，形成了众多的核心产品和技术：外置式膜生物反应器（CrossflowMBR）、厌氧反应器、纳滤装置（NF）和低压反渗透装置（RO）等。在环境修复治理方面（例如：湖泊污染治理和河道整治），也开发了行之有效的新技术和新工艺。

同时，公司在挥发性有机物（VOCs）污染控制治理领域与德国环科公司（ENVIROTEC）合作，成为环科公司在中国大陆化工、石油等行业的唯一代理商，为贯彻落实中国政府的《大气污染防治行动计划》积极推进。

在国内，公司同中国环境科学研究院、国家环境分析测试中心、北京市市政工程设计研究总院和同济大学等多家科研院所和大学建立了技术合作关系；在国际，同德国精英大学卡尔斯鲁厄大学环境研究中心，德国汉堡德华贸易公司也建立了业务合作渠道，从事欧洲先进环保技术的引进合作；在中关村科技园区本公司也获得了企业创新资金支持，研发新型曝气生物滤池处理技术和设备。公司不仅可为您提供应用于垃圾渗滤液的综合解决方案和成套设备供货；也可以为您提供环境影响评价咨询、环境工程科研等软课题服务。

2014年公司改制为股份制企业，并于2015年4月22日，在全国中小企业股份转让系统（新三版）挂牌，股票简称：莱茵环保，股票代码：832371。

北京国环莱茵环保科技股份有限公司秉承“质量为先，信誉为重”的理念，在公司十多年的发展过程中，坚持以客户价值为中心，基于客户需求和前沿技术驱动的创新，赢得了客户的广泛赞誉。

市场前景

相对很多产能过剩的行业，环保行业将会有更大的发展空间和更强的发展动力。洁净的水和空气与每一个民众的身心健康息息相关，而现实中严重的污染问题却使得洁净的水和空气成为民众的奢侈品，环境污染治理刻不容缓。

与国内大多数制造业产能过剩相反的是，无论大气治理、污水处理和固废处置，环保产业的整体产能不足，而且市场需求巨大。环保产业作为一个独立的产业，已经显示出其强大的成长能力和盈利能力，随着系列环保政策不断得到落实，行业的整体增速基本能够实现。

环保产业已经被列为国家重点发展的战略新兴产业，其未来的战略地位已经十分明显，可以预期的是，政府将在环保政策的执行力上强于以往，环保行业的政策红利将有望真正得以实现。未来几年，将是众多政策深入落实的关键时期，不仅不断有新的环保政策出台，比如预期中的“水十条”已于2015年4月正式出台，现已有多项相关的政策配合得到了真正落实。

几条市场主线。

(1)大气污染治理依旧是环保行业投资的重点。

过去几年,大气污染治理是污染治理投资的重点,2013年大气污染治理的投资额远远超过污水和固废治理的总额,由于大气污染治理的任务依旧十分紧迫,且与民众生活息息相关,未来这种格局将很难打破,大气污染治理产业也都成为了投资重点。

(2)污水处理市场已经成为2015年及未来的投资热点。

我国水污染形势严峻,市政污水排放刚性增加,污水处理将有望成为大气治理之后的重点领域,《水污染防治计划》的出台给污水处理行业带来巨大的变化和机会,水污染投资在2014年快速增加,给市政污水处理、工业污水治理、垃圾渗滤液处理、中水回用及污泥处置技术等各细分产业链带来巨大的增长空间。

(3)垃圾发电项目的在建和在运营项目企业将进入效益收获期。

垃圾焚烧发电是当前我国解决垃圾围城的主要出路,政策对垃圾焚烧发电积极鼓励支持,阻碍垃圾焚烧发电的因素已经得到缓解,垃圾焚烧发电未来将进入建造和运营的高峰期,固废市场将进入收获期。

竞争能力和目前位置

1. 技术能力及行业位置:

北京国环莱茵环保科技股份有限公司创立至今由于有着雄厚的环保项目专业技术团队和已经圆满完成的大量项目业绩,并先后被环保部、住建部选定为保护部2012年《生活垃圾填埋场渗沥液处理工程技术规范》HJ564－2010和住建部《生活垃圾渗沥液处理技术规范》CJJ150－2010的主要编制单位,荣获了"中关村科技园高新技术企业"称号,同时被选入环保部《国家先进污染防治示范技术名录》中渗沥液MBR＋NF＋RO技术的依托单位,环保部2012年《环保装备专精特新企业》名录,现已成为国内外置式膜生物反应器渗沥液技术的领军企业之一。

2. 人员团队:

北京国环莱茵环保股份有限公司在拥有数名国内一流的废水处理技术、固废处理技术、垃圾渗沥液处理技术和大气处理技术的专家同时也有着从环保项目环评、可研、设计、商务谈判、合同评审、财务管理等环节完善的整体团队。

3. 合作支持:

在国内,公司同中国环境科学研究院、国家环境分析测试中心、北京市市政工程设计研究总院和同济大学等多家科研院所和大学建立了长期的技术合作关系;在国外,公司同德国精英大学、卡尔斯鲁厄大学环境研究中心,德国汉堡德华贸易公司也建立了长期业务合作渠道,并在欧洲从事先进环保技术的引进合作。

商业模式

伴随着我国改革开放的不断延伸和市场经济的不断扩展,以及国家对环保产业领域在政策上的不断支持。我公司的商务模式也从自成立以来单纯的环境技术服务,环保项目总承包发展到在国内以BPO、BOT、BT、BOO、PPP模式运作项目的先进商务运行体系。

社会责任

地球—在这个46亿年前诞生的美丽星球上,人类依附于她建立了美好的家园,过着幸福的生活。聪慧的我们在依靠地球给予的资源下,迅速的繁衍壮大。但在我们不断的加速发展同时也给这个美丽的星球带来了遍体鳞伤的折磨—污染。

19世纪中叶,第一次产业革命相继在各国完成,生产力高速发展,各类生产企业迅速崛起,他们在创造大量社会财富的同时也加速了破坏地球的进程。以我国为例,目前我国污水排放量世界第一,能源消费和二氧化碳排放量世界第二。我国以城市为中心的环境污染不断加剧,并正向农村蔓延。在一些经济发达、人口稠密地区,环境污染尤为突出。森林减少、沙漠扩大、草原退化、水土流失、物种灭绝等生态破坏问题也日趋严重。

随着环境的不断恶化,我国政府也对环境的维护与污染的治理越来越重视,对环境污染管理和治理的力度也越来越大。

北京国环莱茵环保股份有限公司作为一家专业的环境污染治理企业,在国家政策的大力扶持与自身能力的不断壮大的前提下,做好每一个环境污染治理项目,为国家、人民在今后的发展与生活中能够多使用一些干净的水资源,多呼吸一口洁净的空气而不断的去努力。这就是"莱茵环保"人所担负也必须完成的社会责任与义务。

企业发展愿景

与国家同意、与自然同道;

与世界同步、与客户同行。

1. "与国家同意"

"同意",典出《孙子兵法》:"道者,令民与上同意也。"也就是"同意愿"、"同意志"的意思,而不是常言的"赞同"的同义语。"莱茵环保"的创业团队,基本都是我国第一批培养出来的环境治理专业人才。伴随着国家对环保事业的不断重视与支持,"莱茵环保"也从一家小型民营企业,成长为在中国环保领域有着一席之地并同时具备着高度专业化、高度科技水平、高度现代化管理的全面型环保科技公司。在"莱茵环保"的发展历程中始终一贯秉承的"与国家同意志"、"与国家同心律"、"与国家同步调"的文化传统,并在新的历史时期,将忠实地实践"科学发展观"、"可持续发展战略"、"循环经济"、构建"和谐社会"等现代理念,创造性地发挥自己的作用,履行时代的新的使命。

2. "与自然同道"

老子《道德经》云:"人法地,地法天,天法道,道法自然"、"与自然同道"即言"莱茵环保"的科学研究和产品开发,工程施工充分尊重自然规律,与自然同轨道、同法则,是一句宣示企业经营理念和经营姿态的口号。这部分内容着重介绍企业对环保的理解,理论的研究建树,以及对中国环保的现状与忧思,进而推出企业的使命和责任,以树立企业"与环境同忧乐"、"与地球同呼吸"的文化形象。

3. "与世界同步"

集中展示"莱茵环保"的实力,资质和重大的科研成果及其在中国和当今世界的位置;介绍"莱茵环保""全球化思维"指导下的国际合作及其成果。分自主研发和国际合作两个方面作成果叙述。重点推出的成果、产品和项目,由公司敲定。通过介绍,让受众从中解读出"莱茵环保"作为技术密集型企业的特质,以及它立足科技创新,引领环保领域最新潮流,"与世界同步"的科学精神,进而认识企业作为市场领先者的领袖地位。

4. "与客户同行"

介绍"莱茵环保"与各大企业及各地政府的成功合作模式。体现"莱茵环保"的工程设计与施工能力,质量意识、服务意识以及项目所产生的实际成效,社会各界尤其是客户的评价。

【832398】山东索力得焊材股份有限公司

山东索力得焊材股份有限公司成立于2003年，是专业从事焊丝科研开发和生产销售的民营焊接材料制造企业，中国焊接协会常务理事单位、中国焊接协会焊材分会副理事长单位、中国电器工业协会焊材分会副理事长单位，注册资本3000万元，员工1200余人，资产总额4.8亿元，主导产品"索力得"牌焊丝广泛应用于高速机车、船舶制造、工程机械、压力容器、桥梁建筑、集装箱、钢结构等多个领域，形成了以华东地区为核心，辐射全国主要大中城市的营销网络，并出口德国、英国、澳大利亚、俄罗斯、巴西、埃及等30多个国家和地区。

公司坚持转型升级、危中求进，先后实施四次技改扩建，年生产能力由1500吨发展到25万吨，居全国同行业前列；焊丝品种由单一产品拓展到气保焊丝、埋弧焊丝两大系列100多个品种规格；产品省内市场占有率由不足10%提高到68%，国内市场占有率由不足1%提高到10%；年销售收入从不足600万元增长到8亿元。

公司紧跟产业发展方向和高端客户需求，不断加大资金投入，重点研发符合国家产业政策、科技含量和附加值高的战略新兴材料，在国内同行业率先用于高速铁路机车车辆耐候钢、海上石油钻井平台耐腐蚀钢、发电锅炉耐热钢、500吨以上大吨位汽车吊高强度钢、1000米以下煤矿大型综采液压支架、大吨位远洋运输货轮以及西气东输管线、跨海大桥桥梁的焊接，满足了国内知名企业如中国重汽、中集集团、郑煤集团、平煤集团、徐工集团、三一重工、林州重工等高端客户的高端需求，在国内高强度焊丝领域占据了绝对市场优势。公司拥有四项国家发明专利、一项实用新型专利、两项已受理专利，参与两项国家标准的制订、修订，十五项新产品先后通过山东省科技厅和山东省经信委技术成果鉴定，高性能高强度合金焊丝产业化项目被列入国家科技成果转化专项。

公司先后通过了ISO9001质量管理体系、ISO14001环境管理体系、OHSAS18001职业健康安全管理体系认证，中国、美国、日本、英国、法国、德国等多国船级社认证，欧盟CE、DB、VDTUV认证。公司组建的技术中心被认定为山东省级企业技术中心、"一企一技术"研发中心、山东省焊材产业科技创新战略示范联盟、省级企业实训基地。"索力得"商标被认定为"中国驰名商标"和"山东省著名商标"，焊丝产品自1999年以来连续保持了"山东名牌"产品称号，2013年被认定为中国机械工业优质品牌。公司先后荣获山东省安全生产标准化二级企业、山东省消费者满意单位、AAA级标准化良好行为企业、中国焊接协会AAA级信用企业等荣誉称号。

【832410】新疆科神农业装备科技开发股份有限公司

新疆科神农业装备科技开发股份有限公司（证券代码：832410，证券简称：科神股份）是新疆农垦科学院控股企业，前身是"新疆生产建设兵团农机推广中心"，是集"研发、设计、制造、销售"于一体的大中型马力拖拉机配套新型农机具专业制造企业。长期以来为新疆和兵团农机用户提供了农业机械的研究开发、技术服务、制造销售和农业机械配件的销售等各项服务。开发研制生产销售的主要产品有：系列精量铺膜播种机、系列中耕施肥机、系列联合整地机、大马力拖拉机配套四铧（五铧）垂直换向犁、新型茎秆切碎还田机、系列移栽机、大型喷雾机、动力驱动耙等9个系列40余种产品。同时，科神股份还专业代理常发农装农机等产品的销售；控股子公司新疆科信专业机械设备制造有限公司开发制造销售各类专用扫雪机械设备、道路清扫及养护机械设备；控股子公司新疆元农机械设备有限责任公司专业代理克拉斯（CLAAS）、约翰（BIGJOHN）、库恩（KUHN）等产品的销售。公司有13项产品进入国家支持推广的农业机械产品目录，有27项产品进入自治区和兵团支持推广的农业机械产品目录。

承担国家和省部级科研及推广项目20余项，10余项科研成果获国家、自治区、兵团科技进步奖，8项产品被认定为国家重点新产品。其中，2BMJ系列精量铺膜播种机，获得国家科技进步二等奖，中华神农科技一等奖等多个奖项。公司产品先后获得"新疆名牌产品"和"兵团知名品牌"称号，获得国家创新专利59项。先后被认定为国家级产学研示范基地、国家火炬计划重点高新技术企业、国家级创新型试点企业、国家地方联合工程研究中心、自治区级企业工程研究中心、新疆工业创新百强企业，同时科神股份拥有中国工程院院士陈学庚带领的院士专家工作站，以及与新疆农垦科学院机械装备研究所形成紧密的研发合作机制，为公司的快速发展提供了强有力的科技支撑。

兵团现代农业的发展走在全国的前列，与兵团现代农艺配套的新型农机具市场潜力广阔，农机装备制造业大有可为。科神股份作为现代农业发展配套的新型农机具研发制造企业，符合国家产业政策，是国家大力扶持的行业。科神股份将牢牢把握"一带一路"战略机遇和新疆及兵团农机具需求的市场机遇，勇于担当打造兵团农机装备制造业领军企业的重任，进一步规范管理、加快发展，为兵团及新疆农业现代化和农机装备制造业的发展做出新的更大贡献！

【832427】新疆天羚绒业科技股份有限公司

新疆天羚绒业科技股份有限公司的前身是新疆维吾尔自治区茶叶畜产公司，曾经长期垄断新疆畜产品市场，在国内外市场有很大的影响力，为了适应市场经济的要求，公司进行了改革，于2001年2月28日按现代企业制度要求，重新组建了新疆天羚畜产有限责任公司，注册资本为1000万元。新公司以"脚踏实地二次创业，齐心协力再造辉煌"为企业精神，以求重现昔日的骄人的经营业绩。经过十多年的奋斗，在市场经济大潮中基本站稳脚跟，在绒毛流通行业占有一席之地，为求得更快发展，在自治区供销社党委、理事会和供销集团的大力支持下，在国泰君安证券股份有限公司等三家中介机构的指导下，于2014年9月30日顺利完成了股份制改造，更名为新疆天羚绒业科技股份有限公司。于2015年5月12日正式在全国中小企业股份转让系统（即"新三板"）挂牌，成为新疆供销第一股！公司总股本为3000万，其中自治区供销投资（控股）集团占股比例为85.38%，职工持股为14.62%。主营业务，为羊毛，羊绒，驼毛，牛皮，羊皮等畜产品，并承担国家羊毛储备的任务，管理使用总资产达1.6亿。

公司立足于新疆资源优势，致力于促进农牧民增收，初步形成内连主要牧区，外连国内畜产品交易市场的经营网络，为农服务实力不断壮大。公司自2003年起连续当选为中国畜产流通协会副会长和中国绒毛专业委员会副主任单位。2010年获得"中国国产羊毛流通行业优秀龙头企业"的称号；公司董事长获得"中国国产羊毛流通行业领军人物"的称号。

近年来公司以新办项目为加速器。在河北清河建设的2000吨羊毛加工项目,已经成为新疆绵羊毛重要的外销平台。目前建设的新疆金天羚洗毛厂项目和新疆金天路梳绒厂,引进国际一流技术装备,项目建成后产值达到2亿元,将会成为新疆毛纺行业新的亮点。

公司以资本市场为突破口,在新三板挂牌,将借助资本杠杆进行产业整合和并购,迅速扩大经营规模,把企业办成在绒毛专业市场拥有话语权和定价权的优势企业。

公司的发展目标是:五年内把公司打造成新疆绒毛产品布局合理、便捷通畅的外销平台。以高新科学技术为推动力,将新疆的优质资源转化为高端的、充满竞争力的优势产品。立足新疆,联结中亚,辐射全国,面向世界,为实现新疆社会稳定和长治久安做出贡献。

【832429】江苏朗恩斯科技股份有限公司

江苏朗恩斯科技股份有限公司是一家集汽车零部件的研发、生产、国际贸易(科、工、贸)于一体的企业,主营LED车灯、车灯调光器,生产基地位于武进嘉泽工业集中区,总部坐落于常州科教城创新基地。

科技创新厚积薄发

常州科教城已集聚了550多家研发机构、高科技企业,在电动汽车、机器人与智能装备等领域形成了鲜明的研发和产业孵化特色。

朗恩斯在发展的过程中始终坚持技术创新。近三年公司研发团队在车灯产品、自动泊车系统、前照灯随动转向系统的研发上,获得专利12项,省市创新项目四项;公司LED后尾灯、车灯调光器两个产品分别于2012年、2013年被评为江苏省高新技术产品;2013年公司被评为江苏省高新技术企业、2014年获得江苏省民营科技企业称号、2015年公司创始人孙辉先生荣获"常州市十大青年科技新锐"。

质量管理赢得信赖

朗恩斯严格遵循TS16949/ISO9000质量体系的要求,严格遵循现代企业管理理念,采用一流的生产管理软件,确保员工的潜能得到充分的发挥,产品零瑕疵。朗恩斯2013年通过该质量体系认证,产品质量及流程规范得到客户的广泛认可,2014年销售额增长约30%,连续三年被获得科教城"龙虎榜"销售规模奖。

目前,公司已与伊朗汽车厂SAPCO集团、SAIPA集团等国外大型汽车生产集团建立了长期合作关系,主要用于生产法国标致、韩国起亚系列等汽车,国内产品已配套东风,江淮,福田,吉利,五十铃,金龙,广汽等汽车生产厂商。2014年公司销售额突破8000万元,近三年年均增长率为30%。

科技助梦超越未来。

前进中的朗恩斯不仅注重科技创新、产品品质以及关注市场需求,更懂得回馈社会。公司秉承"发展事业、壮大公司、成就自己、幸福家庭、服务社会"的宗旨,坚定科技领先的方向、坚守实业在兴国的责任,发展自我,回报社会。

【832444】深圳市蓝海骆驼网络股份有限公司

公司简介

深圳市蓝海骆驼网络股份有限公司成立于2009年,一站式外贸供应链 & 金融服务供应商,注册资本1000万元人民币。2014年,公司建立蓝海骆驼(SEACAMELS)一站式外贸供应链 & 金融服务平台,通过互联网为广大中小企业与全球采购商提供一站式在线交易、贸易融资、通关、物流、外汇、退税、托收、信用证、信保、外汇保值等在内的所有外贸环节服务。

通过多年专业优质服务与业内口碑相传,公司在国内外享有一定的品牌知名度,并不断吸引众多国际优质采购商入驻蓝海骆驼平台。目前已有来自美国、俄罗斯、菲律宾、新加坡及欧洲等国家众多品牌采购商与平台建立长期采购合作关系,国内中小外贸企业注册用户上千家。

"蓝海骆驼",即以骆驼之坚忍、开拓、创新精神,通过"互联网+制造业"的创新商业模式,在国家"一带一路"战略下顺势而为、助力广大外贸型企业开辟"海上丝绸之路"。

发展历程

2009年10月,深圳市蓝海骆驼网络股份有限公司正式成立。

2009年至2013年,公司起步——飞速发展期。

2014年6月,蓝海骆驼一站式外贸供应链 & 金融服务平台正式上线,创新BSB(Business Services Business)商业模式与多项互联网技术创新标志着跨境B2B电商业进入新时代。

2015年5月8日,公司在全国中小企业股权转让系统(简称"新三板")挂牌上市(股票简称:蓝海骆驼;股票代码:832444),交易方式迅速由协议改为做市。

企业文化

诚信为本,服务至上,精进卓越,亲和共生。

核心价值观

关注客户核心利益,为客户创造更多价值。

发展战略

立足中国,放眼全球,使蓝海骆驼成为全球大宗商品采购交易的标杆性综合服务平台。

企业荣誉

2014年,公司荣获中国建设银行深圳分行2014年度国际业务"黄金客户"荣誉。

2014年,公司荣登深圳市中小企业金融服务协会第一局理事会会员单位。

地址:深圳市罗湖区莲塘高新技术产业第一园区
124栋2楼
电话:0755-82320658
传真:0755-82325005
邮箱:cathy@ seacamels. com
网址:www. seacamels. com

【832464】山东科大机电科技股份有限公司

公司简介

山东科大机电科技股份有限公司成立于2003年,地处享有"孔孟之乡,礼仪之邦"盛誉的山东省济宁高新技术开发区,注册资金3162.9万元。公司是专业从事散料输送系统技术研究和关键配套设备开发的高新技术企业。公司奉行"专业、品质,创新,服务"的发展理念,为煤炭、水泥、港口、电力等生产企业提供带式输送机专业的技术咨询和服务、先进可靠的起动、制动以及控制设备。

公司的管理和技术团队在散料输送领域有着丰富的科学研究成果和工程实践经验,结合现代企业对散料输送装备在生产和安全等方面的实际需求,自主开发和生产应用于散料输送设备的液粘传动装置、断带保护装置、空间纠偏装置等十多项专利产品，以及适用于地面及井下环境的带式输送机电控系统、智能型隔爆兼本安型组合开关、生产集控系统等，在全国煤炭、水泥、冶金、电力等行业得到了广泛应用，用户遍布国内主要煤炭生产企业。

公司上游合作：为保证公司产品的优良性能，我们希望在高性能摩擦材料，先进的控制元器件，可靠的电液控制阀等方面寻求合作。

公司下游合作：在电力、煤炭、水泥、港口等行业中的散料输送系统，合作客户为国内重要的散料装备生产厂商等，企业产品遍布国内主要煤炭企业，如神华集团、兖矿集团、阳泉煤业集团、淮北矿业集团、淮南矿业集团、平煤集团、淄矿集团等几十个大型煤炭企业。

经过多年的科研成果积累及近年来产业化步伐的加快，公司已形成很强的科研攻关及产品开发能力。公司现有专职科技人员30余名，其中有博士、硕士学位的研究人员6名。公司不仅可以向客户提供单一的产品，而且能够深入挖掘客户的核心需求，为客户提供一套顾问式的解决方案，并成为客户紧密的合作伙伴。公司与山东科技大学运输与控制技术研究所长期保持密切的产—学—研合作，公司技术合作实验室——“运输提升实验室”是山东省重点实验室。通过不断努力和创新，先后获山东省高校科研成果二等奖，山东省科技进步二等奖，中国煤炭工业科学技术一等奖，国家技术发明二等奖。

2012年获济宁市高新区“最具成长性企业”荣誉称号。

2013年获“优秀创新团队”荣誉称号，为国家教育部产—学—研中试基地。

2015年获山东省工程技术中心。公司拥有国内一流的实验和产品研发条件，坚定不移地走科技发展之路是公司不懈地追求。

2014年7月，公司整体改制为“山东科大机电科技股份有限公司”。获批国家火炬计划一项，获得“济宁市科学技术一等奖”。

2014年8月引进“海达信”投资基金。

2015年5月实现“新三板”挂牌，登陆资本市场。

【企业文化】

企业愿景

做卓越的“散料输送系统健康管理”专家；

成为一个与员工共筑幸福，并成就个人梦想的企业。

企业使命

为散料输送系统的健康、安全运转提供完整的、专业化的解决方案。

企业核心价值观

矢志创新，追求卓越

合作共赢，用心服务

诚信敬业，勇于担当

企业经营理念

专业品质创新服务

【发展历程】

2003～2005

注册资金80万元，员工15人；根据团队的研发成果，给用户提供小型号的盘式制动器。

2006

生产车间扩展到3000m2，员工35人，产值600万元。小规模生产盘式制动器并取得“MA”标志。

2007

注册资金增资到300万元，员工50人，产值为1200万元。盘式可控制动器在行业中树立公司品牌。

2008－2009

员工70～80人，产值为2400万元。成为盘式可控制动器的行业领导者。开发新型的可控粘性传动系统。

2010

注册资本1000万元，更名为“山东科大机电科技有限公司”。员工100人，生产面积：6000m2，产值3500万元。取得专利10项，其中发明专利1项。产品在多行业（煤炭，水泥，电力，钢铁等）取得市场扩展。获得省部级奖励4项（一等奖1项，二等奖3项）。

2011－2012

员工140人，生产面积：12000m2，产值8000万元。获发明专利3项，实用新型专利15项。开发出国内最大规格的盘式制动器以及最具可靠性的“BSD型断带抓捕装置”。

2014

获批国家火炬计划一项，获得“济宁市科学技术一等奖”。公司整体改制为“山东科大机电科技股份有限公司”，注册资金3000万元。引进“鲁信创投”旗下“海达信”投资基金。

2015.5

实现“新三板”挂牌，登陆资本市场。

【832491】广东奥迪威传感科技股份有限公司

广东奥迪威传感科技股份有限公司（AUDIOWELL）成立于1999年，证券简称：奥迪威，证券代码：832491。是一家专业从事敏感元器件和传感器及相应模组的研发、设计、生产和销售于一体的高新技术企业，是细分行业领先的传感器元器件及解决方案的提供商。具体业务包括传感器元器件及模组、换能器元件及模组和电声元器件等产品的研发、生产、销售等。自设立以来，公司致力于成为汽车电子、智能仪表、安防通讯和环境与健康电器等行业敏感元器件和传感器及相应模组整体解决方案供应商，着力将奥迪威打造成一个掌握敏感材料及精密加工技术、以传感器和执行器设计、制造为基础技术，传感器和执行器应用技术为延伸的综合性产业平台，力争成为国内外物联网感知层主要核心感知部件的供应商和相关方案的提供商。

目前，奥迪威是国内传感器件产品线最完备的制造商和方案提供商，其超声波传感器、流量传感器、电声器件及超声波换能器件等系列处于市场领先地位，产品广泛应用于汽车电子、仪器仪表、智能安防、健康电器等10多个行业和领域。在服务中国客户的同时，奥迪威已经为全球100多个国家和地区客户提供专业的产品和服务，卓越的品质保障确保AUDIOWELL持续快速发展。

公司秉承“做好人、做好产品、共创美好生活”的经营理念，持续关注技术研发和制造技术，向社会提供创新优质产品，为人类创造安全、便捷、舒适的生活。

【832493】珠海港信息技术股份有限公司

珠海港信息技术股份有限公司于2015年5月19日在全国中小企业股份转让系统正式挂牌。（证券简称：珠海港信，证券代码：832493）。

珠海港信息技术股份有限公司成立于2009年9月，注册资本5100万元，是国有控股的国家级高新技术企业。主营业务涵盖软件开发、系统集成、网络通讯、营运维护、信息技术咨询和服务等领域，具备丰富的港航物流信息化建设经验和电商平台、大型数据中心、智慧城市建设运营能力。

公司拥有多项专利、软件产品著作权及软件产品，获得系统集成、CMMI、ISO体系等多项行业资质认证。

公司大力推行"互联网+"行动计划，使用信息化技术结合物联网技术，自主研发了多个具有知识产权的软件系统：集装箱码头管理系统、散杂货码头管理系统、船舶调度监控管理系统、物流运输调度系统、保税仓储管理系统、燃气客服管理系统、企业经营综合管控系统、企业经济运行监测系统、工程管理系统、港航EDI中心等。

【832504】深圳科威特斯特科技股份有限公司

一、基本概况

公司创立于2007年2月，是一家专业从事模拟雷电实验设备、EMC雷击浪涌发生器、雷电环境在线监控系统、SPD自动化测试设备、防雷元件测试仪器仪表等设计、生产、销售、安装、培训为一体的高新技术企业。科技创新是企业的核心竞争力，科威拥有一批多年从事防雷行业的专业技术人才，其中研发、工程技术人员占50%以上，已取得国际和国内发明专利5项及其他专利12项。

二、业务范围

电涌保护器检测设备、防雷环境在线监控系统的研发、生产、销售以及为客户提供技术支持服务。

三、经营业绩(近四年)

年度	营业收入(单位:元)
2012年度	593888.90
2013年度	2152793.03
2014年度	13254145.70
2015年1-6月	7718856.70

四、企业文化

公司以"忠诚信赖，互助共赢"为经营理念，以"崇尚品质，快乐工作"为企业文化，以"打造防雷行业最值得信赖的测试设备品牌"为企业愿景，立志成为EMC浪涌测试、防雷行业的先锋。

【832513】广东汇群中药饮片股份有限公司

广东汇群中药饮片股份有限公司，成立于2007年5月，坐落于广东汕头，是一家以品牌为依托，以技术为支撑，集中药饮片生产、研发、销售、药品分销、物流配送和中药材贸易于一体的现代化中药饮片品牌企业。坚持"厚德育品牌，道成通四海"的企业精神，率先在中药饮片行业实现生产规模化、检测现代化、工艺规范化，具备行业领先的常规检验、理化检验和仪器分析能力，生产经营中药饮片等健康产品上千个品规。目前，公司获得13项国家专利，高新技术企业、中国中药协会中药饮片专业委员会副理事长单位等多项荣誉，已成为中药行业知名品牌之一。

目前公司销售网络覆盖粤东多个地区，并辐射到珠三角和闽南地区，主要销售客户包括连锁药店、制药厂、医院以及诊所等，现有卫生院、诊所、终端药店、药厂原料供应等合作客户上千家。拥有专业的配送车辆和优秀的业务营销服务团队，采用现代化的医药物流管理系统，为客户提供专业、高效、便捷的物流配送服务。

公司坚持走研发创新之路发展中药事业，先后与广东药学院、广州中医药大学、汕头大学医学院等中医药科研机构和学校建立多种形式的合作协同关系，有效地组织和运用社会资源为企业技术创新服务，加强与同行企业的交流与合作，组建了强大的外围技术支撑团队，推动公司的技术进步。

公司始终秉承"汇天地正气，还群众健康"的核心价值观，继续以中药饮片为核心，构建一带一路，即横向打造汇群大健康产品服务带，纵向构筑汇群中药全产业链通路，以品质为本，品种为器，品牌为魂，最终形成汇群养生大健康服务体系。致力于"弘扬传统中医药文化，振兴民族中医药产业"，为中药饮片行业的规范化，为人民群众的健康安全，为成为中国最专注、最专业、最受尊重、最受信赖的中药企业而执着且坚定地不懈努力。

地址：汕头市潮汕路金园工业城七片区A2-A3
电话：0754-88117571
传真：0754-88117571
热线：4001099778
网址：www.gd-hqzy.com

【832527】深圳市恒康达国际食品股份有限公司

深圳市恒康达国际食品股份有限公司(证券代码：832527，证券简称：恒康达)是经国家相关部门批准，拥有独立进出口权，从事高端进口食品、保健品、营养滋补品的品牌运营、总代理销售和进出口服务、供应链管理的专业企业，也是最早运营香港CEPA，澳门CEPA的企业之一。是香港地区著名食品品牌"KEEWAH奇华"中国大陆地区唯一进口商，更是多个全球食品、保健品品牌，特别是欧洲及港、澳地区的主流高端品牌，如欧洲最大的甜食制造商"Hamlet哈姆雷特"巧克力与饼干糖果系列食品，比利时皇室御用品牌"Meli"蜂蜜与甜食系列食品，比利时手工精酿"红力士"啤酒，澳门"澳之味"奶皇月饼及休闲系列食品，东南亚"BON!"牌热带水果饮料，百年老字号"潘高寿"等知名品牌产品的中国大陆地区总代理。目前恒康达渠道直接或间接覆盖京津唐地区，珠三角地区，长三角地区，成渝地区等国内最重要的经济圈，与各直辖市、省会城市的地区代理商建立了稳固、长久的合作关系。

恒康达于2014年年初正式组建专业化运作的电商事业部，至今已取得突破性成效。独立化、专业化开发电商渠道，探索进口食品与互联网销售结合的新模式，根据国内消费者不断变化和个性化的需求，依靠公司多年在国际食品线上的深厚积累，整合国际食品品牌及供应链，为国内消费者开发更多高品质选择的产品。同时，在新兴消费市场环境变化中，升级公司架构和团队力量，迎接新时代的更大发展。不断真正打造新时代具有更强生命力的品牌，并积累海量的粉丝群体，打通和建立起真正的品牌和个人消费者之间的良性直达平台。

恒康达电子商务专注于做高端、精英、升级、品牌化的产品，定位高端，以智慧和强有力的团队取胜，致力于品牌的定位营销、形象推送互动、渠道拓展、新兴市场开发等。

2015年5月28日，恒康达正式在全国中小企业股份转让系统挂牌，成为中国第一家进口食品行业新三板上市企业。

2015年11月6日,公司股票由协议转让方式变更为做市转让方式。

地址:深圳市福田区益田路与福华三路交界深圳国际商会中心0501、0502、0503、0515

电话:0755-822166884000813815

网站:www.hkdcn.comwww.hengkangda.cn

【832565】重庆松德再生资源股份有限公司

重庆松德再生资源股份有限公司,前身为重庆松德铜业有限公司,有限公司设立日期为2010年9月7日,股份公司设立日期为2014年12月22日。现注册资本为3,000万元,注册地址为重庆市垫江县工业园区内A06-A07号。2015年经"全国中小企业股份转让系统有限责任公司"批准公司股票在"全国中小企业股份转让系统"(新三板)挂牌,证券代码:832565、证券简称:松德资源,总股本3000万元,挂牌日期:2015年6月12日,主办券商:英大证券有限责任公司。

公司目前所处行业隶属于C42"废弃资源综合利用业"的子项C4210"金属废料和碎屑加工处理"。按照证监会发布的《上市公司行业分类指引》(2012年)分类,本公司所处行业属于"C42废弃资源综合利用业"。

公司的经营范围为废旧金属回收利用;制造、销售铜制品、铝制品、电线电缆、电气设备。(依法须经批准的项目,经相关部门批准后方可开展经营活动)。主营业务为利用所回收的各种废旧铜资源,进行分选、加工、熔炼等工序,生产出铜杆、铜线产品,实现铜金属资源的循环利用。是当前重庆地区唯一专业生产无氧铜杆及铜材深加工的现代化企业。

公司位于重庆垫江工业园区内,产品主要面向重庆地区的线缆制造厂,供应线缆生产的主要材料-无氧铜杆及多股铜绞线,公司总占地面积35181.7平方米,总投资1亿元,建有高标准的现代化智节能厂房30000平方米,配套办公区及员工生活区约3000平方米,再生铜材锻造车间,生产线配备当前国内最先进的铜材熔锻及连铸连轧生产线一条,年产20000吨以上优质无氧铜杆,预计年产值约12亿元。

公司自创办以来,坚持走科学管理路线,以"简单化+人性化+现代化"为管理方向,以"高素质+高标准+高效率"为经营方针,走品牌发展路线,严把产品质量关,对产品成本及销售价格严格控制,让每一位顾客用最实惠的价格,买到最满意的产品,是公司全体员工共同的目标与追求。

公司将严格执行ISO9002质量管理体系,在产品质量上以优为先,打造"精品铜材,源自松德"的品牌理念,用一流品质,走一线市场。

在人才战略上,松德强调内招>外聘的选拔竞岗策略,对积极学习,遵章守纪的员工将有机会借助内部管理岗位的竞岗选拔、争取提升自我,锻炼自我的晋升机会。

员工福利上,松德除提供"五险"外,将挑选优秀表现的员工参加技能培训,学习专业的技术与管理课程,为企业的可持续发展,储备更年轻化的现代管理人才。

诚信,是潮商近百年享誉全球的金字招牌,松德相信,诚信待人,诚信待客,是松德成功唯一的途径。

【832566】四川梓橦宫药业股份有限公司

四川梓橦宫药业股份有限公司是一家集药品生产、研发与营销为一体的专家型民营科技企业。"梓橦宫"品牌始于1780年清代乾隆年间,迄今已有230多年历史,是四川省历史最悠久的制药品牌。2010年荣获国家商务部"中华老字号"称号。2011年四川梓橦宫药业股份有限公司被认定为国家级高新技术企业,公司技术中心被认定为四川省级企业技术中心。2013年"梓橦宫"图案及文字获"四川省著名商标"荣誉称号。2015年6月8日在全国中小企业股份转让系统(即:新三板)挂牌上市。证券简称:梓橦宫,证券代码:832566。

梓橦宫药业坚持"奉献社会,发展自己"的经营理念,致力于生物医药行业,为患者提供安全、高效和高性价比的一线专科用药。2011年公司被认定为国家级高新技术企业,2014年通过复审;企业技术中心被审定为四川省企业技术中心。2014年成功收购昆明全新生物制药有限公司和昆明中一堂制药有限公司。

梓橦宫药业旗下拥有2个子公司、4个生产基地、4个新药证书、99个普药品种生产批件、7项发明授权专利、1个实用新型授权专利、10个外观设计授权专利、10个商标注册证。公司已上市的新药品种主要有:胞磷胆碱钠片、苯甲酸利扎曲普坦胶囊、天菊脑安胶囊、东方胃药胶囊。同时,昆明全新生物和昆明中一堂两家子公司还拥有玄驹胶囊、咳痰合剂、清肠通便胶囊、虎杖伤痛酊4个全国独家民族药品种以及40多个在云南省具有竞争优势的基药品种和低价普药品种。梓橦宫药业在成都设立了营销中心,并在北京、上海、天津、成都、南宁等全国23个省市建立了办事处,营销网络遍布全国,以创建中国优秀的药品推广营销网络为公司战略。

【832568】上海阿波罗机械股份有限公司

上海阿波罗机械股份有限公司(证券简称:阿波罗,证券代码:832568)是一家专业化、集约化的核电站核级泵及重要非核级泵系统及相关服务的供应商,是上海市高新技术企业、上海市著名商标称号企业。经过近十年的研发,公司实现了核电站25项关键设备中10项产品的自主供货,包括混凝土蜗壳海水循环泵、汽动辅助给水泵、电动辅助给水泵、主给水泵等核电站关键重要用泵。海水循环泵已在福清、方家山核电站投入商运,主给水泵在田湾和岭澳核电站在线运行,性能稳定可靠,是全球少数具有混凝土蜗壳海水循环泵核心自主知识产权并能独立供货的企业之一,除核主泵外已成为核电站用泵供货企业前三名。我们始终坚持"核安全第一、质量第一"的原则,为用户创造价值,为社会承担责任,回馈股东、员工和合作伙伴。

随着我国经济发展和人民生活水平的提高,能源需求持续攀升。核电作为一种安全高效、技术成熟的清洁能源,在新时期新常态下对我国保障能源供应、调整能源结构具有重要意义。在党中央、国务院"一带一路"、"核电走出去"的鼓舞下,抓住《中国制造2025》的发展机遇,我公司将进一步在燃料体系、产品全生命周期管理及退役技术上不断探索进取,勇做细分市场的全球冠军。

【832657】光合文旅控股股份有限公司

光合文旅控股股份有限公司(简称:光合文旅,股票代码:832657)。公司成立于1997年10月27日,1997年至2011年,公司主要致力于传统园林产业的发展,是全国最早拥有(风景园林工程设计专项甲级、城市园林绿化施工壹级）资质的"双甲"园林企业之一，也是全国最早的从事种苗科研、种苗繁育、园林设计、园林施工全产业链园林企业。专注园林产业发展，尤其是种苗种群的研究及应用、园林景观规划设计处于领先地位。公司从 2011 年开始加速转型，研发与园林行业相关的延伸产品，从单一业态的传统园林企业转身为具有无限发展空间的多元化文旅企业，产业涉及传统园林；景区投资、建设、托管及运营；生态修复的投资、开发、运营；从事与园林旅游相关联的互联网平台业务——园林景观设计师平台、帕兰王国儿童生态主题公园区域 O2O 平台，此外公司还携手光大资本投资有限公司、五道口投资基金管理有限公司等具备强大的资金背景及专业实力的金融企业，共同在私募基金、投行与并购、互联网金融等业务领域紧密合作，拟成立自然景区并购基金和帕兰王国儿童生态主题公园产业基金。

光合文旅既有专业化又有多元化，既有阳光化又有集团化。颠覆了公司原有的商业模式，从 B2B 转变成 B2C。实现了盈利稳步并快速增长、提升了公司的商业价值。打造绿色金融、绿色平台、绿色互联网 +，与国际接轨，与世界同步。

地址：济南市历城区山大南路 29 号
电话：0531 - 88519852
邮箱：ghylzqb@ 163. com
网站：http://www. guanghe. com. cn

【832697】新乡市振源电器股份有限公司

新乡市振源电器股份有限公司是一家集研发、生产、贸易、服务于一体的高新技术企业，是高质量、高科技产品的提供者，致力于在自动化工控、风电、石油、化工、冶金、港口、水利、智能电网等领域，为客户提供优质的产品和完善的解决方案。

公司始终坚持"科技先导、质量为本；顾客第一、信誉至上"的经营理念，以节能环保为基础，研制出高低压软起动器、高低压防爆兼本安型软起动器、高低压矿用一般型软起动器、高低压成套设备等系列电气产品，公司核心技术已获得多项国家专利。

公司于 2014 年 12 月完成股份制改造，2015 年 7 月成功在"新三板"挂牌，股份代码 832697，是高新技术企业，河南省科技型中小企业，拥有新乡市高压软起动控制器工程研发中心。我公司拥有掌握国内高、低压软起动前沿技术的专业队伍，具备强大的电力电子产品开发、设计与制作能力。测试手段先进，检测设备齐全，各项技术指标均到达国家（国际）标准。

公司通过品质优良的产品及服务，客户遍布全国，更积累了稳定的客户资源。自公司成立以来，长期与中煤集团、神华集团、河南大有能源、山西潞安集团、平煤集团、山西同煤集团、沈煤集团、汾西集团、阳泉煤业集团有限公司、河北冀中能源峰峰集团、山东枣庄集团、河北兴隆煤业等企业保持合作伙伴关系。公司在不断拓展业务范围，不断创新开发新产品，提高生产经营业绩，为员工创造利益，成就梦想和希望。

地址：河南省新乡市开发区火炬园
电话：0373 - 3395060
传真：0373 - 3520602
邮箱：zhenyuandq@ 126. com
网址：www. zhenyuandq. com

【832792】昆山鹿城村镇银行股份有限公司

一、基本概况

昆山鹿城村镇银行于 2009 年 12 月由上市公司南京银行作为主发起控股人，联合昆山市的 3 家企业股东及 6 位自然人股东共同投资组建，前身为"昆山鹿城村镇银行有限责任公司"，是苏州市首家村镇银行。目前注册资本 25,922. 90 万元，南京银行持股 49. 58%。

目前，该行拥有董事会办公室、授信审批部、风险合规部、计划财务部、业务管理部、审计稽核部、科技信息部、营运管理部、综合管理部 9 个管理部门与营业部、张浦支行、城北支行、花桥支行、陆家支行、周市支行 6 家营业网点，以及 1 个专门从事无抵押、无担保个人小额信用贷款的专职营销部门。

在人员构成上，该行拥有员工 160 余人，本科以上学历员工占比近 80%，硕士研究生以上学历占比 12%，员工平均年龄不到 30 岁。职能结构、学历结构、年龄结构不断优化，人员素质不断提高。

截至 2015 年 12 月底，该行资产规模突破 50 亿元，资产规模连续多年在江苏省村镇银行中名列第一。同时，在经济金融环境日趋复杂的形势下，该行严把资产质量关，合规审慎经营，经营风格更趋稳健，抗风险能力进一步增强。

成立六年来，该行以"打造全国一流社区银行"为愿景，以"服务三农、服务小微、服务社区"为立行之本，发挥村镇银行"支农支小"、"普惠金融"社会责任理念，积极探索解决小微客户融资难的有效途径，持续加大对目标客户的扶持力度，不断加大金融产品与服务创新，为支持昆山"三农"事业以及小微企业的发展进行了有益探索。2013 年，该行产品"蟹贷通"和"农户亲情贷"分别荣膺"江苏省银行业服务小微企业和三农双十佳金融产品"和"江苏省十大惠民好事"称号。2015 年，该行荣膺"中国地方金融 2014 十佳成长性银行"称号。

二、业务范围

经营范围：吸收公众存款；发放短期、中期和长期贷款；办理国内结算；办理票据承兑与贴现；从事同业拆借；从事银行卡业务；代理发行、代理兑付、承销政府债券；代理收付款项及代理保险业务；经银行业监督管理机构批准的其他业务。（依法须经批准的项目，经相关部门批准后方可开展经营活动）

主营业务：吸收公众存款；发放短期、中期和长期贷款。具体表现为以吸收存款为主要负债，以发放贷款为主要资产，直接参与存款货币的创造过程，在该过程中通过利差盈利。

三、产品与服务创新

（一）特色产品

昆山鹿城村镇银行以"支农支小"为经营理念，深入市场调研，深挖昆山市场，积极开发契合昆山"三农"、市民和小微企业需求的金融产品，先后开发出村级经济的好伙伴——"村贷通"，蟹户的好帮手——"蟹贷通"，昆山市民的好口袋——"鹿诚贷"，小微企业的成长伴侣——"农户贷"、"随心贷"、"助业贷"、"兴业贷"、"宏业贷"系列产品。

在支持城乡一体化发展、服务新农村建设方面，针对昆山绝大部分农户都已加入社区股份专业合作社、农地股份专业合作社、富民专业合作社等新型农村经济组织的地区现状，昆山鹿城村镇银行实现了由传统的服务于单个农户向服务农户和农村经济组织并重转变，由服务传统农业向现代化的"大三农"转变，由服务于单一的个体经营户向服务于农业产业链转变的"三大转变"，创新推出"村贷通"产品，有效的降低了客户的融资门槛和资金成本，支持了昆山下辖锦溪镇的现代农业产业园建设、巴城镇的万亩葡萄园种植和鱼塘养殖、周庄镇的古镇乡村旅游等新农村建设。开业以来，该行共向各类富民合作社、农地股份合作社等新型农村经济组织发放贷款超过100亿元，受益农户近8万户。

在服务弱势群体方面，针对小微企业和农户资金需求特点，该行在传统信贷业务的基础上，先后创新了"农户贷"、"轻松贷"等特色产品，重点为农户以及小微企业经营户提供综合经营或消费的小额信贷支持。其中"农户贷"产品有效降低了客户在银行的融资门槛，使许多小微客户与农户完全脱离了对房产、土地等抵押物的依赖和束缚，只要生产经营正常，信用良好，还款来源有保障，就可以向该行提出贷款申请。自2013年初开办"农户贷"业务以来，该行已累计向农户发放贷款1.3亿余元，户均贷款不足20万元，真正实现了"支农支小"和小额、分散的普惠金融服务理念，其中，"农户亲情贷"产品还荣获2013年"江苏省十大惠民好事"称号。

在支持昆山特色产业发展方面，昆山鹿城村镇银行坚持因地制宜，根据农业生产的季节性、周期性安排贷款供给。以"蟹贷通"为例，昆山巴城阳澄湖大闸蟹养殖是昆山的一个重要产业，蟹经济非常发达。昆山鹿城村镇银行以蟹户联保为主要担保方式，重点扶持昆山特色产业——阳澄湖大闸蟹养殖经营及其与之配套的餐饮、观光旅游、娱乐等相关产业的发展，连续六年将贷款经办点开到阳澄湖边上，指派专门客户经理为蟹农提供一对一的现场服务，极大地提高了服务效率和客户满意度，受到当地蟹农的广泛欢迎。至今昆山鹿城村镇银行已向昆山地区的数百户蟹农提供了4亿余元的信贷资金支持，帮助蟹农走上了发展壮大之路，为昆山地区特色种养殖业的发展贡献了自己的一份力量。

在服务民生金融方面，昆山鹿城村镇银行积极响应十八大提出的收入倍增计划、消费信贷，为多种农村经济主体实现产业化升级与专业化发展提供一揽子综合金融服务，推出了针对消费用途的无抵押、无担保个人新型小额贷款——"鹿诚贷"、"鹿诚通"产品，较好地满足了客户在购房装修、结婚、旅游、教育、家电、二手车买卖等方面的需求，并且产品申请方式简单，无需任何担保、抵押，仅凭居民身份证原件、收入证明、银行流水账等即可办理；审批流程快捷，贷款额度自由，有效推进了民生金融工程的建设。

（二）特色服务

作为立足昆山本土的银行，该行不断加大服务创新，全面提升金融服务能力，积极发挥"社区银行"的特色和优势，突出"用情服务、用心服务"，比客户多想一步，比客户多做一步，提倡零距离服务、一站式服务。

一是加强社区支行服务建设，注重客户服务体验。

该行按照"打造全国一流社区银行"的愿景目标，深入基层，融入百姓，用心建设百姓家门口的贴心银行，积极增加客户服务体验，增强金融服务附加值。该行通过与客户近距离的接触，了解到周围客户的年龄结构特征，创办了针对退休老年人的——养生大讲堂，旨在为该行客户普及养生知识的同时，能够使其更好的享受我们行的优质服务。此外，该行还开展了"粽叶飘香迎端午"、"幸福邻距离"、"绘聚"未来—昆山鹿城村镇银行少儿手绘T恤大赛、"情系暖冬、感恩之心"包饺子、"魅力鹿城、舞动棋迹"象棋大赛等活动，都进一步拉近了该行与公众的距离，增强了客户服务体验，使村镇银行亲民、利民、惠民的形象深入人心。

二是用心打造客户专属的个性化、定制化服务，突出村镇银行融资便利性。

对于小微企业、农户等民生金融群体，该行鼓励客户经理通过"下乡服务、上门服务、一对一服务"，解决此类客户群体因为金融知识欠缺而面临的不知如何解决资金困境、不知如何申请贷款、不知如何归还贷款等一系列业务上操作上的盲点，使贷款客户只需提供必要的个人及经营基本资料，即可方便获取贷款。该行不断压缩信贷审批流程，一般贷款客户在该行申请贷款后3－5个工作日即可方便获取资金；对于急需资金的客户，该行设立了"信贷服务直通车"，客户可以通过该行网上银行办理小额贷款的申请准入，从而保证第一时间解决客户资金难题；通过为三农和小微企业提供一站式、保姆式、快捷式金融服务，构建了金融便利站式的现代村镇银行金融服务体系。

三是服务手段全覆盖。

该行针对客户的不同金融需求，积极探索服务手段的多样化，力图实现服务手段全覆盖。该行除了设置各支行物理网点外，还在全市各地设置了各类在行式和离行式存取款自助设备数十处，并于2012年发行了自己的借记卡——"鹿城卡"，该卡异地取现、跨行取现均免收手续费，为小微企业客户办理业务带来了最大的便利和实惠。与此同时，该行还配备了全国联网缴税系统、962077电话客服系统、网上银行、手机银行、微信支付等各种服务平台和手段，支持该行不断提升服务小微企业的能力，深受客户欢迎。

四是积极延伸服务触角，实现乡镇网点全覆盖。

该行不断下沉服务重心，到乡镇设立网点，扎根扎实乡镇和行政村，目前除总行外，该行已在张浦、城北、花桥、陆家、周市五个镇区设立分支机构，并在努力逐步实现昆山乡镇全覆盖，以保证该行的客户在任何乡镇都能办理业务。

四、企业文化

在"求真务实、团结奋进、锐意进取、不断创新"企业文化的引领下，该行主要从以下几方面全面打造昆山鹿城村镇银行特色企业文化。

一是重视学习培训，打造学习型企业文化。

为提升员工素质，该行针对应届毕业生较多、员工队伍整体较为年轻的实际，以打造学习型企业为目标，以"激荡思维、拓展知识、提升技能"为宗旨，全力打造积极向上、努力拼搏、不断进步的学习氛围，并已逐步形成了集本行培训、主办行培训、外部培训于一体的培训体系。该行于去年底启动了战略人才培养计划—"雏鹰计划"，为该行后备管理人才输送筑牢基础。

该行还设立了"周四学习日"、"中层管理干部周六学习日"、深造和资质考试奖励制度等，鼓励全体员工自我学习、相互学习、集体学习，逐步形成了村镇银行爱学习、能学习、乐学习的企业文化。

二是充分调动员工积极性，营造高效工作环境。

该行充分发挥"工青妇"等群团组织的宣传引导与桥梁纽带作用，积极倡导员工之间形成"你追我赶、竞争有序"的工作氛围，组织新入行大学生、客户经理、党员开展了多次座谈会，倾听员工心声，关心员工"8小时之外"生活。该行还设立董事长信箱，鼓励员工为该行发展出谋划策。

为激发年轻员工创造活力与工作热情，该行组织昆山鹿城村镇银行"鹿城汇"青年组织，利用青年员工的热情和活力活跃银行文化氛围，丰富银行文体活动，营造高效工作环境。

三是注重理论课题研究。

该行注重理论与实践相结合，与南京财经大学合作建立

"江苏省企业研究生工作站"，在开展普惠金融业务基础上，不断探索解决小微企业"融资难、融资贵"有效途径，成立了昆山鹿城村镇银行理论课题小组。迄今为止，该行课题《经济发达地区村镇银行农户贷款创新模式研究》、《利率市场化背景下村镇银行发展战略研究》、《经济发达地区村镇银行发展普惠金融的实践——以昆山鹿城村镇银行为例》、《金融消费者权益保护视角下的金融包容研究》等已在《金融监管研究》、《江苏银行业》等知名期刊发表。

【832799】山东陆海石油技术股份有限公司

一、公司基本情况

山东陆海石油技术股份有限公司成立于 2008 年 1 月，现注册资本 2240 万元，是以生产加工石油钻采设备、工具及配件为主的专业制造企业，同时提供工程技术服务和钻具租赁服务，是中石油、中石化、中海油网络成员供应商，也是唯一一家连续七年成为中石油螺杆钻具集中采购的中标单位，并在 2015 年的中石油螺杆钻具集中采购（2 年供货资格）中中标 102 项，名列第二名，成为中石油企业的甲级供应商。

主营业务包括石油钻井工程专用工具的研发、生产与销售，以及提供石油钻井工程及地热钻井工程技术服务，主导产品是螺杆钻具、PDC 钻头、MWD 仪器等。

二、企业文化

陆海愿景：人才陆海品牌陆海文化陆海，创建国内一流石油机械加工基地

企业宗旨：为社会创造价值；为石油石化工业提供服务；为客户提供满意；为员工提升生活质量。

经营理念：客户至上诚信为本创新发展和谐共赢

企业精神：合作务实高效创新

三、新三板情况介绍

公司于 2015 年 7 月 16 日在新三板挂牌，定增、挂牌、做市同时进行，主办券商是东方花旗证券有限公司，引进 3 家做市商，分别是华鑫证券有限责任公司、东方证券股份有限公司、东海证券股份有限公司，股票简称：陆海石油，股票代码：832799。

地址：山东省德州市陵城区经济开发区北辰路中段路北

编码：253500

电话：0534 - 8327999/0534 - 6120113

传真：0534 - 6120113

邮箱：sdlhzb@163.com

网址：www.luhaioil.com

【832808】河南中帅医药科技股份有限公司

河南中帅医药科技发展有限公司成立于 2001 年，公司于 2013 年 12 月 16 日进行股改，河南中帅医药科技股份有限公司（筹）召开创立大会暨第一次股东大会会议，审议通过了《公司章程》及相关治理制度，选举产生了公司第一届董事会成员及公司第一届监事会成员中的股东代表监事，公司名称变更为"河南中帅医药科技股份有限公司"。

公司专门从事化学新药的研究注册工作，口服固体缓控释制剂为公司主要研究方向。为河南省高新技术企业、河南省口服缓控释制剂工程技术研究中心依托单位。公司近五年来累计完成 3.1 类、5 类新药 38 项，其中缓、控释产品 14 项。共完成专利申请 42 项，其中发明专利 33 项，实用新型专利 9 项。共授权 22 项，其中发明专利 13 项，实用新型 9 项。先后承担郑州市科技攻关计划项目、中原经济区建设科技成果转化支撑项目、国家重大新药创制"十二五"药物大品种技术改造项目（2011ZX092021 - 008）、2010 年"国家中小企业创新基金"发展项目（10C26214104489）等多项国家、省部级课题。为中国技术交易所能力会员单位，上海生物医药投融资峰会及成果推介会成员单位。

公司口服固体缓控释制剂产业化技术平台的建设始于 2004 年，与南京工业大学共同组建，2011 年被认定为为河南省口服缓控释制剂工程技术研究中心。平台实验条件完善，设备齐全，目前有一系列的缓控释生产设备。平台已开发缓控释品种十余项。目前，在 SFDA 受理的缓控释新药总数在同行业中名列前茅。

公司科研成果：在经历了十多年艰苦的孵化期后，公司实现了从仿制为主到自主创新的过度，积累了丰富的新药技术资源，近五年来累计完成 3.1 类、5 类新药 38 项，其中缓、控释产品 14 项。在研产品 15 项。公司研发的新产品将于 2015 年陆续上市，进入产业化发展时期。

公司科研队伍情况：我公司现有人员 67 人，其中外聘专家 5 人。科研开发人员占员工总数的 88.1%，大专以上科技人员占员工总数的 85.1%。具体人数比例说明见下表：

企业职工总人数（人）	67	
人员类别（人）	人数（人）	占职工总人数比例（%）
管理人员	8	11.9
研发人员	59	88.1
大专以上科技人员	57	85.1

公司科研条件平台建设情况：公司现有科研开发面积 1420 平方米，中试基地面积达到 400 平方米；设有项目部、医学部、药品注册部、缓控释及其中试试验室、合成试验室、综合制剂室、分析检测室、行政人事部，各种检测、分析仪器完备，均达到国内先进水平，各类仪器设备原值达到 786 万元。

公司产学研合作情况：公司多年来坚持产学研合作开发，与中国药科大学、南京工业大学、上海有机化学研究所、中国科学院上海高等研究院、郑州大学药学院、河南大学药学院、河南工业大学药学院等国内知名院所及 40 余家大型生产企业建立长期合作关系。为新药的开发和科技成果的转化奠定了坚实的基础。

2014 年 8 月 21 日，公司登记注册子公司——"安阳中帅医药有限公司"，注册资金 500 万元，2014 年 11 月注册资金增加为 1500 万元。该项目用地位于汤阴县产业集聚区汤伏路西侧，复兴大道北侧，属伏道镇，项目分两期建设，其中一期占地面积约 60 亩，二期占地面积约 60 亩。该项目一期建设内容为一类精神药品原料专用生产线及缓控释固体制剂、100kg 级原料药、药用辅料，预计固定资产投资 1.7 亿元，建筑面积 5.7 万平方米，其中前期建设生产厂房、一类精神药品原料药及固体制剂生产线 2 条，药用辅料及设备投资 9000 万元；后期建设 100kg 级原料药生产线 1 条、综合办公楼、研发中心及配套设施投资 8000 万元。达产后预计年主营业务收入 8.4 亿元，利税 1.5 亿元，其中利润 8200 万元，税收 6800 万元，亩均税收 110 万元。

地址：河南省郑州市高新区冬青街 7 号 A 座 17 - 18 楼

电话：0371 - 65700368，65750763，65750783

传真：0371 - 65700368，65750763，65750783 - 802

【832896】道有道(北京)科技股份有限公司

一、基本概况

道有道(北京)科技股份有限公司成立于2007年7月,2015年7月在新三板挂牌(证券代码832896),专注向客户提供移动互联网技术及广告服务,是目前中国最大的自有媒体移动广告服务商。2015年道有道通过"移动广告平台"及"移动开发平台"为1.5万家企业提供了移动营销的技术和数据广告服务。

二、业务范围

在移动广告服务方面,道有道提供包含移动客户端、移动网页及自媒体的数据广告服务。我们与腾讯、网易、搜狐、今日头条、小米等2万个移动客户端媒体建立了合作关系;同时还拥有自主创建的1.8万个企业类移动客户端媒体。

在移动开发平台方面,首创功能模块化的自由拼装技术,帮助企业低成本实现个性化需求;为客户提供移动网页、APP、微信及支付宝账号等多平台技术服务,建立一站式管理;也为客户提供在线支付及订单管理、用户行为分析及用户关系管理服务。

道有道在软件平台、数据挖掘、人群定向三个方面已申报和拥有近百项软件著作权及专利,是国家高新技术企业及双软企业。

三、经营业绩

2012年服务260家客户;13年服务2949家客户;14年服务9510家客户,这其中95%是中小企业。公司2013年营收0.8亿,营业利润800多万元;2014年营收1.5亿元,营业利润4181.33万元;预期2015年营收达2.1亿,营业利润0.62亿元。

未来3年,道有道将通过"媒体+平台"和"垂直+区域"的战略,覆盖7亿手机用户,其中自主拥有4亿手机用户,为数十万家企业提供"品牌+效果"的移动营销服务,营业收入年复合增长率有信心达到100%以上,让不同阶段的投资人都有良好的回报。

大事记(近三年)

2013年

1月,荣获2012影响力中国盛典2012年度最具成长性企业大奖、最具投资价值企业大奖。

3月,道有道移动开发平台上线。

6月,道有道入选"2013未来之星100强企业"。

6月,道有道完成首轮公开融资。

7月,道有道研发大楼在南京中山科技园封顶。

9月,道有道应邀出席东盟博览会。

9月,道有道荣获百家最具发展潜力信用企业。

10月,道有道荣获美丽中国百佳创新示范企业。

11月,道有道荣获"掌握Phone云榜2013中国手机文化产业评选"最佳新锐企业奖。

12月,道有道通过北京市双软企业认证。

12月,道有道荣获清科集团·北京银行"小巨人"最佳合作伙伴50强。

12月,道有道荣获2013中国科技创新型中小企业100强。

12月,道有道荣获2013最佳移动广告平台奖。

12月,道有道荣获2013最具影响力品牌和最具投资价值奖。

2014年

1月,道有道发布2013年中国企业APP市场发展报告。

1月,道有道总裁荣获第八届全国十大企业管理创新人物奖。

1月,道有道总裁被授予中国经济新领军人物称号。

1月,道有道受邀成为中国手机移动产业联盟成员单位。

1月,道有道荣获中国手机移动互联网具有成长性新锐企业奖。

4月,CCIA旗下"移动互联网应用中心"落户道有道。

9月,作为战略合作伙伴,道有道参展2014中国(长沙)手机文化博览会。

11月,道有道荣获2014易观之星最佳移动营销奖。

11月,道店宝荣获2014年企业信息化建设创新成果荣誉称号。

12月,道有道被评为2014年度中关村信用双百"最具发展潜力信用企业"。

12月,道有道与凤凰移动建立平台级战略合作伙伴关系。

2015年

3月,道有道荣获中国广告业大会"最具投放价值广告资源奖"。

4月,道有道(北京)科技有限公司更名为道有道(北京)科技股份有限公司。

7月,道有道在新三板正式挂牌上市证券代码:832896。

10月,道有道与北京市门头沟区工商业联合会、门头沟区互联网经济发展商会达成了《战略合作协议》。

11月,道有道荣获第四届中国品牌年会"2015中国移动营销领军品牌大奖"。

11月,道有道董事长周建修荣获第四届中国品牌年会"2015中国移动营销领军人物大奖"。

11月,道有道(832896.OC)在全国中小企业股份转让系统举行新三板上市的敲钟仪式。

地址:北京市朝阳区祁家豁子8号健翔大厦5F
邮编:100029
电话:4006660909
网址:www.daoyoudao.com

【832898】天地壹号饮料股份有限公司

天地壹号饮料股份有限公司是一家集研发、生产、销售醋饮料及其他饮料的股份制企业,是具有中国元素的新锐健康饮料产品的价值挖掘者和品牌运营商。从1997年第一瓶天地壹号研发成功至今,公司已成功走过十八载,拥有10家全资子公司,并于2015年8月在全国中小企业股份转让系统成功挂牌,证券代码832898。

1997年,第一瓶天地壹号陈醋饮料研发成功;

2002年,天地壹号成功落户江门;

2006年,第一座现代化工厂落成;

2010年,天地壹号智能化新生产基地建成;

2011年,公司成功并购红源果业、老陈壹号;

2014年,江西天地壹号研发基地破土开工;

2015年,天地壹号成功挂牌新三板;

同年,河北天地壹号生产研发基地隆重奠基。

……

经过多年的市场培育和品牌运营，“天地壹号”醋饮料凭借独特口感与健康功效，日益成为消费者喜爱的新一代佐餐饮料，是醋饮料行业当之无愧的领军品牌。

近年来，为满足消费者不断变化的消费体验需求，公司又相继开发了百草壹号、巴马壹号等健康饮品。未来还将有更多壹号产品上线，一个强大的品牌孵化平台正在形成。

如今，借力资本的东风，天地壹号正进一步扩大全国市场布局；近万名天地壹号人正在“拼命工作，享受生活”的企业文化感召下，向着更加宏伟的梦想迈进！

荣誉：

2008 年，被广东省食品饮料协会评定为“2008 年度广东省食品工业软饮料制造十强企业”、“改革开放三十年广东省食品行业软饮料产品 10 强”；

2009 年，公司的陈醋饮料获得广东省食品行业协会颁发的“广东省食品行业协会金奖”；

2011 年，第二届中国饮料行业 Bev - Model 颁奖盛典上，天地壹号荣膺“研发创意奖”、“成长品牌奖”和“广告语奖”三项大奖；

2012 年，“天地壹号”注册商标被认定为“中国驰名商标”；

2013 年，公司荣获中国饮料业“5 年优秀企业”称号；

2014 年，天地壹号荣获“中国饮料行业实践社会责任优秀企业”称号。

2015 年，天地壹号企业获“中国饮料工业二十强”称号、“中国饮料行业节能优秀企业”称号。

【832911】大庆正方软件科技股份有限公司

大庆正方软件科技股份有限公司坐落于素有“天然百湖之城，绿色油化之都”之称的黑龙江省大庆市，地处于大庆市国家级高新技术产业区。公司成立于 2002 年，2003 年通过双软企业认证，2009 年被评为国家级高新技术企业及技术先进型服务企业，2015 年 7 月 27 日成功登陆新三板，股票代码：832911。

公司主营：油田应用开发、系统应用集成平台、大数据分析、智慧油田、智能管理，工业 4.0 解决方案。

公司拥有一支专门从事油田软件开发的优秀团队，市场开拓团队，技术服务团队。公司在北京设有全资子公司，负责软件研发和技术支持。

正方科技始终专注于智能信息化平台的研发和应用，目前有独立知识产权的国家级软件著作权 30 项，软件产品登记证书 10 项。目前正方科技已成为东北地区石油行业的主要应用软件供应商。公司经过十多年的发展形成了三条主要产品线：一、综合门户系统、决策支持系统、业务管理系统、应用集成系统的智慧管理；二、以射（补）孔方案编制专家系统、剩余油分析系统、地质数据处理系统等为代表的油田专用软件；三、智能制造等平台。

正方科技秉承“做正直的人，做正确的事，始终坚持创新的方向”的价值观，技术不断创新进取，获得省、市重点科技型企业的荣誉称号，得到了当地政府和石油行业的高度认可。作为大庆高新区首家，在国家提出工业 4.0 战略以来，公司抓住机遇实现技术创新与转型。通过多年积累的行业经验，应用领域的拓展和业务模式的创新，未来将打造石油行业首家将应用、开发、部署实施集为一体化的企业服务总线平台，力争成为石油行业云数据服务平台的优秀开发商和运维商。

【832955】云南七丹药业股份有限公司

云南七丹药业股份有限公司成立于 2008 年 3 月，是一家集三七药材规范化种植、产品研发、生产、加工、销售和批发为一体的科技创新型企业，形成了以文山道地药材三七为主，涵盖保健食品、日化用品及医药流通领域的业务格局，是云南省重点龙头企业、云南省创新型试点企业、高新技术企业、省级科技型中小企业。公司已通过国家中药饮片、保健食品 GMP 认证、药品批发零售 GSP 认证、牙膏及食品 QS 认证。公司产品主要是以三七粉为主的中药饮片；以三七提取物软胶囊、三七胶囊等六个产品为主的三七系列保健食品；以云南七丹植物牙膏为主的日化用品三大产品体系。公司研制生产的七荟胶囊、三七提取物软胶囊、熟三七粉及三七植物牙膏被评为云南省重点新产品。

【832966】深圳市道尔智控科技股份有限公司

作为中国安防出入口控制领域的黑马力量，深圳市道尔智控科技股份有限公司（股票代码：832966；股票简称：道尔智控）以“让人们的工作和生活品质更安全、更便捷、更满足”为企业使命，倾力将自身打造成为国内领先的基于云计算服务平台的高端智能一卡通产品制造商及解决方案供应商。一路耕耘，目前其产品涵盖了一卡通云服务运营平台、智能停车场管理系统、智能通道闸系统、门禁系统、电梯管理系统、考勤访客系统、消费系统等大型平台与应用模块。特别值得一提的是，道尔智控首开先河研发的基于移动互联网的停车场云平台，开辟了停车场行业的新思路，受到行业的广泛关注。2015 年 7 月，道尔智控正式挂牌新三板，成为中国智慧停车云平台第一股。

企业的成长犹如树木，市场是叶、创新是枝、文化是根。从某种程度上说，道尔智控在短短几年间的快速崛起，得益于企业对建塑高境界、高品位企业文化的不懈追求，得益于道尔人对发展之道的深思与实践。植根凝魂、文化拓疆，这不断激发出道尔团队血液中的创业基因，催生出力促企业破浪前行的澎湃动力……

文化聚神：潜心修为，释放内生活力

“道”并非玄之又玄的哲人之思，而是我们每个人的生活方式和价值准则。正如“道尔”这个名字所蕴含的：“道”在“你”的行动中，在我们每个人的行动中。道尔人愿做这样的思考者与行动者。

——道尔智控企业文化解读之一

“大道之行也，天下为公。小而言之，‘道’治家之道、从商之道；大而言之，‘道’是经世之道、安邦之道……”作为由王志刚总经理亲自撰写的《道尔企业文化宣言》，其在开篇之处对于“道”的阐释，牵动万种思绪，引发道尔人对企业自身发展的反思与鞭策，同时这也是企业经营者思维形态和价值观的真实映照，沁润着企业丰盈而独特的文化气质。

对于企业而言，小胜靠“智”，基业长青则要靠“道”——对此，王志刚十分认同：“创业需要热忱与梦想，更需要前瞻性的思考与务实之举。着力营造一个既根植于中国传统文化、又融汇西方现代企业管理方法，以人为本、多元一体的企业文化体系，促使企业与员工共生共长、润物润心，指引着企业不断做出新的尝试,可以更好地成就企业的发展之道。"一步一个脚印,一年一个台阶。在多年的创业历程中,道尔智控不断整合优势资源,完善企业业务结构,坚持自主研发和规范化的管理与生产,目前企业已取得全国工业产品生产许可证、双软企业认证,通过ISO9000国际质量体系认证、CE(欧盟)认证、3A信用认证,并拥有数项发明和实用新型专利,以及多项国家软件著作权。

智慧之花不败,创造之情奔涌。2013年,道尔智控推出停车场云平台,这是国内第一个将停车场引入互联网并结合大数据的平台,它突破了地域性限制,可以充分满足集团化的管理。该款产品领先于同行业大概一年的时间,且道尔人从未停止前行的步伐,目前道尔云平台已发展至第三代,道尔在不断赢得市场的拥抱。此外,道尔智控不仅可以解决各行业的停车问题,还可为众多行业提供量身定制的专业化非标产品。在行业解决方案领域,它不断创新、精耕细作,倾力用品质为自身代言。比如:道尔智控作为顺丰速运唯一指定的停车场及人行通道系统供应商,其高效、便捷的特性使客户企业工作效率得到大幅度的提高;据统计,分布在全国的万达广场,使用了道尔免取卡停车场系统后,其平均收益增加了30%以上;云南建工使用道尔云平台进行全省多地市安置房出入口管理、集团化的权限及报表分析,并顺利对接客户企业内部的管理平台,满足了客户多元化的业务需求。

"在企业内部,我们强调为人之道、相处之道、发展之道。我认为,做企业并不仅仅是追求利润,经营过程中最有价值之处在于实现企业的永续发展,承担起对客户、对员工、对社会的责任。"由王志刚的这番话不难看出,道尔智控所拥有的内在而深沉的文化力量,为企业的前行之路提供了强大的"硬支撑"。

文化聚形:严以修身,提升服务价值

道尔智控秉持"专业、负责、换位思考"的服务理念,致力于坦诚并充分地尊重和满足客户需求,以树立企业的形象与品牌,获得更多产品之外的认同。

——道尔智控企业文化解读之二

企业形象是展示企业文化的一面镜子,更是直接影响企业市场竞争实力的无形资产。多年来,道尔智控以客户需求为导向、以客户体验为核心,倾力完善服务体系,提高服务水平,树立服务形象。

"服务形象是客户对企业所提供的服务进行长期感知和体验的结果,是对企业传递的服务价值逐步予以认同的结果。企业始终要把客户的真实需求和利益作为工作的出发点,从细微之处做起,恪守对客户的承诺。"王志刚进一步谈道,"企业为客户提供服务的内容和方式应该是标准的、规范化的,只有这样服务品牌建设工作才更具延续性和稳定性。同时,道尔强调责任意识的树立,只有在责任意识的带动下,企业团队的实践与行动才会自觉,品牌才能建立。"

近两年来,道尔智控紧抓机遇、务实进取,目前它已在北京、上海、广州、郑州、南京、西安、南宁等20余个省会城市建立办事处或分公司,并在全国范围内建立了完善的销售服务机构,以为客户提供高品质的服务。同时,企业搭建并完善了规范、成熟的ERP等系统管理流程,这大大提升了团队的工作效率,达到了事半功倍的效果。功崇惟志、业广惟勤。如今,在全国数十座城市的万达广场、顺丰速运、恒大地产、招商地产、中国高速铁路等数以千计的项目上,都能看到"道尔智控"的身影,道尔智控的企业形象与品牌不断树立起来,它逐渐在客户群体中口碑载道。

服务品质源于潜心的专注,也源于内心的修为。一路于路拓疆,作为国家高新技术企业,道尔智控曾获得"AAA级企业信用等级"、"广东省守合同重信用企业"等殊荣,认准一个"诚"字,突出一个"实"字,使企业在业界树立了良好的诚信企业形象。

文化聚力:帮助员工成为最好的自己

道尔管理者一直奉行"共同成长"的观点,倡导建立一支高度共鸣、共识、共振的核心团队,强调通过对道尔精神的塑造与传播,实现共同价值观的培养,从而提升团队决策、执行、沟通、行动的效能。

——道尔智控企业文化解读之三

可以说,品牌是企业的"擎天柱",但这"擎天柱"是依靠什么力量支撑起来的?那就是品牌制造者的能力与素养——王志刚深谙这一道理。一直以来,道尔智控视团队成员为重要的战略资源,在企业内部大力实施人才强企战略,旨在打造与"产业链"高度契合的"人才链"与"创新链",以实现"产业链"与"人才链"的同频共振。

"德才兼备、以德为先"与"尽心尽力、做一个负责任的人"是企业所倡导的人才观。在企业中,如何使人才观得到更好地诠释与践行?对此,王志刚强调,人才培养与优化是一大重头戏。长期以来,企业在人才梯队建设方面不断深耕,倾力营造"筑巢"、"搭桥"的人才培育环境,以让每一位团队成员做事有舞台、成长有通道、发展有空间。例如:为更好地"传道、授业、解惑",道尔智控有的放矢地为员工提供了多元化的培训与进修学习机会,以实现全员培训管理,力促员工的专业素养与能力得到持续性的提升;同时,企业为员工提供了管理、工程技术、营销等多途径的职业发展路径,鼓励员工剖析自身,着眼于自我定位,利用企业提供的资源,充分把握机会,与公司共同成长。

"道尔渴望能主动思考、总能找到用更好办法解决问题的人;道尔喜欢敢挑战、有干劲的人,道尔不怕因创新、突破而出现的失败或错误,但拒绝行事上的'老好人';道尔注重在有效时间内有价值地工作而非在耗时间……"在刊载于企业官方网站《致道尔人的一封公开信》中,企业对如何打造凝心聚力、精干高效的团队做出如上诠释,同时企业倾力将其内化于心,贯穿于工作团队的"知"与"行"之中。由此不难看出,道尔人身上的这股"精气神",来源于企业敬业守责、敦本务实的价值追求,这成为了撬动企业未来发展不可或缺的精神引擎。

"我们倡导共同努力、坚守与见证,强调以人才价值的最大化促进企业效益的最大化。我们愿意帮助员工成为最好的自己,同时每一位员工持续的学习力与不断的自我突破,也力促道尔与自己的愿景进一步拉近。"王志刚如是说。

文化聚心:情有所寄,成就和谐之"家"

企业员工的主体地位和价值要得到充分尊重。以志同道合为思想基础、以精神自律为中心、以传统文化为根基发展而成的道尔"家"文化,让员工成为"人本关怀"的受益者,也成为了传播者。

——道尔智控企业文化解读之四

在企业内部，具有愉悦心理状态的员工，能够更好地把有限的心理能量投入到建设性的工作中去，从而释放出更大潜能，提高工作效率。企业领导者意识到这一点，并且注重在企业中构建和谐的劳动关系，营造愉悦的工作氛围。企业所提出的建设道尔“家”文化，旨在提升员工的幸福感与归属感，营造一个情有所寄的精神家园。

为更好地实现内部沟通，让员工能够张弛有度、劳逸结合，道尔智控不断做出积极、正向的引导，为员工团队不断注入正能量。比如：企业不定期地开展爬山、球类比赛、拓展训练等丰富多彩的体育活动，让员工的身心在紧张的工作之余得到放松；每月初企业会举办一次员工生日会，为当月过生日的所有员工送去祝福与礼物；每年春节前夕，企业都会举行盛大的迎新春晚会，道尔人欢聚一堂，观演出、品佳肴，彰显出了企业对员工浓浓的情意。

此外，道尔智控在强调事业留人、文化留人的同时，也注重待遇留人。一直以来，企业秉持公平、公正的原则，为员工提供了具有竞争力的薪酬待遇，以切实保障员工的收入水平与公司发展共同提升；除了优厚薪金、社会保险之外，企业成员还享有带薪年假、意外伤害险、工作满两年员工有资格参与年终劳动股份制分红等多元化的企业关怀与福利政策，这让员工由衷地感受到无微不至的温暖；每年，道尔智控都会开展销售冠军团队评选，召开企业总结大会，对做出突出贡献的团队成员进行物质和精神上的表彰与奖励。可以说，在道尔人看来，企业俨然是个大家庭，和谐而愉悦的家庭氛围让员工“身”在企业的同时，真正做到了“心有所属”。

同时，在企业看来，践行企业社会责任，做有责任的企业公民，是企业发展的重要准则，也是企业将小家之爱汇入社会大家庭的力量之源。如：道尔智控不定期地组织员工前往福利院、敬老院看望那里的孩子和老人，并为他们捐款捐物，奉献爱心，这给予了他们最实际的帮助，让他们感受到了社会的温暖。

谈及道尔“家”文化的建塑，王志刚表示：“‘家’文化是要给员工创造一个良好的生活、工作、成长环境，给员工一个安定的预期，同时更重要的是精神层面的东西，为员工提供一个值得用一生去追求的价值舞台。”可以说，道尔人远见卓识、成人达己的真挚情怀，沁润着企业对“人本精神”的深刻理解与诠释，这为企业的成长插上了腾飞的羽翼……

【832991】吉林亚融科技股份有限公司

吉林亚融科技股份有限公司成立于 2007 年 9 月 24 日，2015 年 3 月 18 日完成了股份制改造，2015 年 7 月在全国中小企业股份转让系统成功挂牌。证券代码：832991，证券简称：亚融科技，注册资本 13600 万元。

亚融科技总部位于吉林省磐石市红旗岭镇，从事二次电池正极材料的研发、生产和销售，主要产品为镍氢电池的正极材料球形氢氧化镍、覆钴球形氢氧化镍。目前公司主要生产 7 种球形氢氧化镍产品，如球镍 YRM3、YRM4、YRC3、YR、YRM3 - 2 及覆钴球镍 YRF3、YRF4，在研的球形氢氧化镍产品达十余种，分别适用于高容量、高温度及长寿命的镍氢电池。公司在深圳、河南设有销售部门，产品辐射珠江三角洲、中原、华北及东北地区。

通过多年的技术积累，公司已拥有丰富的技术经验，目前使用的核心设备第六代反应釜等均为自行设计研发，能够生产不同性能氢氧化镍，以满足客户的不同需求。近年来，公司与国内多家研究机构进行技术交流与合作，不断进行新产品的改良与研发，同时与下游厂商保持密切的合作关系，努力提高产品质量，改进产品性能，研发具有市场竞争力的优质产品。

公司新建“电池材料及动力电池研发生产基地项目”占地面积 6,000 平方米，建筑面积 1.2 万平方米，拥有 15 条独立的生产线、三个生产车间，可独立生产不同型号的产品，新厂房大多为升级版设备、生产设备性能优异、投产后生产能力在 5,000 吨以上。

在二次电池技术不断更新的趋势下，为规避锂电对镍氢电池市场的冲击，公司在研发性能更为优越的镍氢电池材料的同时，积极探索其它二次电池的核心技术，尤其关注三元锂电池材料的发展动态并正在进行研发、试验，进而提高公司综合实力及产品竞争力。

发展中的亚融科技将审时度势，与时俱进，开创企业美好未来！

地址：吉林省磐石市红旗岭镇红旗街

电话：0432 - 65610881

网址：www. jlyrkj. com

【832997】苏州宝丽洁纳米材料科技股份有限公司

苏州宝丽洁纳米材料科技股份有限公司，位于江苏省昆山高新技术产业开发区，2009 年 12 月成立，注册资金 4065 万元，占地面积 40000m^2，其中建筑面积 19875m^2，总资产 13590 万元，是国家高新技术企业。主要从事高端医疗卫生用功能性非织造布的研发、生产、销售、服务，是国内医疗卫生领域非织造材料的大型规模企业。2013/2014 年度中国纺织/服装企业竞争力 500 强、2014 年度中国制造企业 500 强、2015 年中国（长三角）最具投资潜力新三板挂牌公司、2015 年中国（长三角）新三板挂牌公司 50 强企业。

公司专业研发、生产非织造材料功能性产品，如亲水非织造材料、抗菌医用功能非织造材料、纳米超细纤维柔软非织造材料、阻燃非织造材料、低延伸率功能非织造材料、条纹弹性非织造材料。产品广泛应用于医疗，卫生、工业，航空航天，汽车等领域。企业自主研发的“喷射平涂”亲水工艺技术及产品，是公司的主导产品，其功能完全取代棉纸品，是当前全球新一代纺织材料的新兴产业。

公司根据自身实际需求，积极吸纳国内外企业的先进管理理念，大胆引进优秀的管理及技术人才，包括高级管理人才 5 名，高级技术人才 23 名，中级技术人员 59 名，形成了一支懂管理、懂技术，敢于创新，勇于负责的现代管理团队。

公司严格执行 ISO9001 质量管理体系和 ISO14001 环境管理体系，坚持安全有效、持续改进、全员参与、精细规范、质量至上、客户第一的质量方针，并建立了省级企业技术中心、省级研究生工作站。

公司几年来累计申请专利 62 项，其中授权发明专利 5 项、实用新型 23 项、外观专利 3 项，注册商标 4 枚，江苏省高新技术产品 6 个，通过江苏省新产品鉴定 4 个。

公司于 2015 年 7 月 29 日成功挂牌登陆资本市场，将积极运用资本市场平台和沿海产业带的区域优势，使公司迅速做大做强，积极开拓更广阔的产品市场。完成在长三角、珠三角地区建立医疗、卫生终端产品专业生产厂家，形成从材料、研发、生产、营销到市场于一体的产业链。年市值达 50 亿元人民币的大型综合上市企业，成为中国产业纺织品行业龙头。

地址：江苏省昆山市巴城镇正仪通澄南路2号
邮编：215300
电话：0512－57808888
传真：0512－57801777
网址：www. cnblj. net

【833038】上海欧开建筑装饰股份有限公司

上海欧开建筑装饰股份有限公司（证券简称“欧开股份”，证券代码833038）成立于2007年，是一家专注于建筑装修装饰行业集室内设计与施工一体化的企业。2014年初，公司引入互联网模式，积极寻求转型，将其自身原有业务与互联网相结合，衍生出OK快修、唐诚装潢及即将上线的OK生活时尚（电子商务网站）和唐诚仓储四大业务版块。同年完成了企业转型，建立了良好的市场口碑。

2015年8月3日，上海欧开建筑装饰股份有限公司在新三板成功挂牌。公司挂牌后，更加注重利用互联网科技，积极拓展OK快修（O2O）业务；以及在电子商务及电子商务代运营行业等领域的并购及拓展（目前公司正在进行收购上海融述电子商务有限公司流程中，及在搭建即将上线的OK生活时尚网站）。立足传统的家装及商办装修维修业务，结合“互联网＋”思维，力图打造一个覆盖全行业的科技创新型企业。

未来，上海欧开建筑装饰股份有限公司将以行业定制解决方案为核心，以运营维护服务为支撑，提倡优质，专业，智能，网络数字一体化的标准，以扎实的线下基础服务为基石，依托互联网技术平台，以客户需求为导向，努力成为提供现代城市精英的时尚生活方式的供应商。

【833153】上海剧星传媒股份有限公司

上海剧星传媒股份有限公司（股票简称：剧星传媒，证券代码：833153）是一家以网络视频广告为核心，融合电视/搜索/门户/娱乐公关/媒体咨询顾问的全案代理公司，致力于成为跨媒体营销领域的领导者。

剧星传媒成立于2011年5月18日，总部位于上海，在北京、天津、广州、合肥、厦门、深圳、云南、河南、杭州设有分支机构，公司员工近200余人。

【833197】浙江天晟建材股份有限公司

天晟股份是目前国内唯一一家以桥梁梁板工厂化生产为主业的上市挂牌公司；是国家工信部确定的两项梁板行业标准第一主持起草单位；自主拥有3项国家发明专利的国家级高新技术企业。公司目前在全国范围内对产业链上下游单位实行并购合作；与大客户单位共同投资新设控股子公司，逐步完成全国范围战略布局，有望实现部分区域垄断生产局面。

公司从2004年创立以来，一直坚持以“引领桥梁梁板行业发展，成为受社会尊重的企业”为目标；以“高新技术改造传统产业”为企业定位；秉承“真诚守信，锐意进取”的经营理念，实行工厂化、专业化、连锁经营模式生产、销售桥梁梁板。在华东地区拥有五家子、分公司，每年为全国500座以上的桥梁提供梁板，是国内中铁集团、中交集团等大型公路桥梁建设集团，四川路桥、安徽水利开发等上市公司的桥梁梁板供应商。

2012年天晟股份被国家工信部确定为“后张法预应力混凝土空心梁板”、“预应力混凝土T型梁板”两项全国梁板行业标准第一主持起草单位。公司坚持以科技创新为核心竞争力，加大研发投入，以科技促发展，以创新求生存。先后被授予国家级高新技术企业；浙江省科技型企业；并获得了22项国家专利，3项国家发明专利；拥有国家建设部颁发的最高等级混凝土预制构件专业贰级资质。被浙江省工商行政管理局授予AAA级守合同重信用单位，金华市百佳守银行信用企业，下属各子分公司连续多年被当地政府授予纳税大户称号。

天晟股份公司一直积极响应国家建设部倡导的建筑产业化的号召，采取环保和可持续发展模式生产销售桥梁梁板。在全国范围内对产业链上下游单位实行并购合作，与大客户单位共同投资新设控股子公司，逐步完成全国范围战略布局，有望实现部分区域垄断生产局面。

天晟股份公司积极开发和大胆尝试利用高新技术和先进设备，努力在实际操作中不断提高桥梁梁板的科技含量，为客户提供安全、放心的梁板产品，依托新思维、新科技、新技术，实现公司由传统型企业向现代型企业转型升级，促进梁板产业现代化持续健康的发展！

回顾过去，天晟靠创造兴业；审视现在，天晟靠创新发展；展望未来，天晟靠创先做强。天晟人将继续发扬“态度、激情、学习”的团队精神，为天晟再创辉煌而全力奔跑前行！

【833205】杭州博采网络科技股份有限公司

杭州博采网络科技股份有限公司成立于2004年，目前员工约300人，是一家专注于企业级市场的互联网数字化综合服务公司，公司的基本定位为“全网价值营销服务商”，公司目前拥有5大业务体系，分别为博采互动、博采APP、博采微客、博采营销、博采新媒。博采互动为客户提供基于博采BCI云站系统的高端网站及各类型功能平台开发，博采APP提供高品质的APP咨询及开发服务，博采微客则提供基于微信平台为主的公众号运营托管、线上传播活动、H5场景定制及微官网建设等，博采营销服务于包括PC端在内的更大范围的全网品牌整合推广。此外，公司还拥有博采新媒业务系，新媒目前已拥有第一款自主开发运营的全新APP产品“聚啦”，聚啦定位为“领先的移动互联网轻任务聚合平台”，是以创新的轻任务模式实现的企业移动互联网轻营销传播平台，致力成为全国数千万中小微企业真正高性价比的移动营销渠道。博采的全网价值营销服务商定位清晰完整，面向企业级市场，提供从营销展示内容的策划、制作、运营到传播的一整套服务，各业务模块有机结合、互为犄角，形成1＋1＞2的高整合价值。博采，可为客户提供真正有价值的一站式全网营销服务。

随着国家层面发出的大众创业、万众创新的号召及互联网＋时代的全面到来，公司近年的业绩发展非常迅猛。2013年的营业收入和净利润分别为1051万元和168万元，2014年的营业收入和净利润分别为1546万元和346万元，2015年半年度的营业收入和净利润则分别达到了1227万元和312万元，出现了业绩翻番的高增长，并且该增长趋势仍在进一步增强。博采网络已成长为以浙江为主的区域行业内成长为规模及综合实力排名首位的企业，公司服务了共计约3000多家的企业级客户，其中包括约百余家上市公司和知名企业。

博采的企业文化可以归纳为几个关键字“平等尊重、激情活力、团结凝聚”。

【833233】海宁鸿丰小额贷款股份有限公司

海宁鸿丰小额贷款股份有限公司于 2012 年 12 月 5 日经省政府批准设立，是一家主要针对小微企业及“三农”办理小额贷款业务的准金融机构，注册资本 2 亿元；2013 年 11 月，公司经增资扩股后注册资本为 3 亿元。可喜的是，2015 年 8 月 6 日，公司正式对接资本主义市场，成为嘉兴首家挂牌”新三板”的小贷公司。借资本市场之力，公司实现了跨越式发展，并且通过定向增发，成功融资 5000 万，实现全省小贷第一家。证券简称：鸿丰小贷，证券代码：833233。

鸿丰小贷凭借雄厚的经济实力、依托专业的金融人才力量，市场敏锐度高、敢于突破传统金融运营模式，改革创新，走产品细节化、差异化发展路线，针对小微企业、“三农”等创业者资金需求的特点，公司打造了“自助贷”、“创业贷”、“农户贷”、“超短贷”、“科技贷”、“小微企业贷”等 9 款产品，为不同人群的不同需求提供灵活多样的专业金融服务。

秉承“助推小微、服务三农”的经营方针，我们班子成员一路众志成城、风雨同舟，致力于为信誉良好的小微企业和“三农”提供优质、便捷的金融服务，在短短三年不到的时间里，公司先后荣获了“浙江省 2013、2014 年度优秀小额贷款公司”、“马桥经编园区 2014 年度十佳服务企业”、“马桥经编园区 2015 年度突出贡献奖”等荣誉，我司推出的“七彩”系列主营业务，以及“自助贷款”和“科技贷款”两种创新业务，亦是荣获了由中国小额信贷机构联席会颁发的“2014 中国小微金融最佳产品设计奖”。

【833242】北京鲁视领航文化传媒股份有限公司

企业介绍

北京鲁视领航文化传媒股份有限公司（证券简称：领航传媒证券代码：833242），成立于 2005 年 3 月，注册资金 6000 万元，是由山东广电控股的新传媒公司，是国家文化体制改革试点单位，山东省重点文化企业，是一家专注于文化传媒和互联网科技融合发展的新媒体企业。

公司的主营业务为“以青少年为主要服务对象的多媒体数字化视听内容研发、生产与运营”。为广大儿童及相关群体提供内容、产品与服务，形成以内容为核心竞争力、内容产品销售为基础业务、内容延伸产业开发为主要发展方向的生态业务格局，打造由“媒体传播平台”、“电子商务平台”、“幼儿园线下线上加盟平台”三位一体、相互作用、融合发展的领航儿童教育、娱乐与生活服务产业生态圈。

公司现拥有北京、济南两个数字化节目制作中心及面向新媒体的云服务平台，生产并汇集了大量的原创版权内容，为各种新兴媒体提供丰富的系列化数字内容产品，目前已成为全国最大的青少年文化素质教育视听内容供应商，推出了大量优秀的内容作品和内容产品。同时，凭借内容的优势和云服务平台的支撑，领航传媒研发出一系列特色产品并逐步整合儿童产品产业链，建立产品批零和 O2O 连锁模式，是山东省内最大的玩具销售渠道。

发展方向

放眼未来，领航传媒将持续依托视听内容的生产优势，秉承内容产业与现代数字技术发展相结合的业务发展方向，专注儿童成长，以多媒体、数字化的理念整合、开发产品和服务，力争建设成为国内最大的青少儿内容产业运营商，打造围绕儿童成长的商业生态圈，成为国内传媒行业全面转型的领航者。

一个中心：专注儿童成长。

两大发展战略：1.“内容 +”战略；2. 平台融合战略。

五大业务板块：

1. 青少儿娱乐教育内容的研发制作；
2. 青少儿娱乐教育产品研发销售；
3. 线上线下互动；
4. 儿童主题乐园；
5. 广告代理服务。

企业文化：

世界是用来探险的；

规矩是用来违背的；

手洗干净是用来再弄脏的；

只有创新是永远的；

立志成为国内传媒行业全面转型的领航者！

地址：北京市顺义区竺园路 12 号院

电话：010 – 56452887

传真：010 – 56452808

网址：www. piloteducation. cn

【833263】大承医疗投资股份有限公司

公司是一家以做有价值观的人文精品医疗机构为愿景，以让每个人因健康而快乐为使命的专业医疗健康企业。公司拥有综合性医院、高端医疗美容、知名中医门诊及健康管理等四大业务板块。

大承医院围绕名医办院，办精品医院的理念，以神经康复科、乳腺科、皮肤科等为特色，由中国工程院石学敏院士担任名誉院长，并领衔设立了院士工作站，致力于打造浙江神经康复、乳腺科的第一品牌。

芭黎雅医疗美容定位于高端医美连锁发展，内调外塑，将美与医疗科技完美的融合。

万承志堂始创于 1975 年，是著名的中华老字号，主要从事中医门诊和健康产品销售和健康管理服务。中医门诊及健康产品和服务，拥有了众多国家、省级名中医，为客户提供治病、调理、健康养生等健康服务。

大承医疗在医疗市场拥有了独一无二的竞争优势，借助资本力量后，公司必将更快发展，成为一家卓越的企业。

【833266】云南生物谷药业股份有限公司

云南生物谷药业股份有限公司前身为云南生物谷灯盏花药业有限公司，成立于 1999 年 6 月，于 2012 年 11 月完成股份制改造与更名。是集灯盏花系列药品的研究、开发、生产、销售为一体的专业化高科技制药企业，是目前国内从事灯盏花系列药品生产的企业中产销规模最大、品种最多、专业化程度最高、自主知识产权最多的制药企业。自 2003 年以来销售收入、上缴税金、销售利润三项指标连续多年名列云南省医药工业企业前列。

公司被授予国家重点高新技术企业，云南省重点制药企业，云南省首批、国家第二批创新型试点企业，云南省知识产权试点企业，云南省农业产业化龙头企业，云南名牌产品 30 强企业，云南省优强企业，云南省重合同守信誉先进单位等多项荣誉称号。公司的“生物谷”商标 2003 ~ 2012 年连续四届被认定为"云南省著名商标",2014 年被评为"中国驰名商标"。

公司拥有很强的技术研发和创新能力。经国家认定和批准,公司设立了企业博士后科研工作站,国家认定企业技术中心,云南省特色植物药工程技术研究中心。研究中心拥有多台高精密检测设备,如数字化核磁共振谱仪、液相色谱/飞行时间质谱联用仪、制备液相仪等,建成了国内一流的"天然产物高效分离和鉴定系统"。是国家"863"计划和"国家十一五科技支撑计划"等国家重点科技计划项目承担单位。公司每年平均申请发明专利 2 – 3 件,到目前为止公司已拥有发明专利 40 件。

公司建构了从源头到生产各个环节直至最终产品的全程跟踪式质量控制体系。种植基地实施药材 GAP 规范化种植,保障原料质量。生产过程以物料管理为主线索,严格按照 GMP 要求,对原辅料、包装材料、工艺用水、生产环境、产品中间体、待包品直至最终成品建立完善的全方位、多项目质量监测网络。采用多指标含量测定、中药指纹图谱、高精度杂质限度测定等技术手段,高效、准确进行质量全面控制。以完善的生产、质量管理体系和现代化科学检测手段为坚实后盾,完全实现药品质量规范化全程、全方位、高效、精准控制。

公司目前已拥有灯盏花系列产品 8 个,已上市的灯盏生脉胶囊、灯盏细辛注射液、灯盏花滴丸、灯盏细辛软胶囊 4 个品种是拥有自主知识产权的独家专利品种,并参与了灯盏生脉胶囊、灯盏细辛注射液、灯盏花滴丸 3 个药品的国家标准制定工作。公司主导产品灯盏细辛注射液为《中国药典》2005 版、2010 版、2015 版的收录品种,2001 年参与了国家火炬计划项目,2007 年参与了国家"863"计划研究课题,2012 年 – 2015 年参与了"重大新药创制"国家科技重大专项"中药上市后再评价关键技术研究"之临床安全性评价研究课题,是全国中医医院急诊必备中成药、国家中药保护品种、国家医保目录药物。公司主导产品灯盏生脉胶囊为《中国药典》2010 版、2015 版的收录品种。2007 年参与了国家"863"计划和国家"十一五"科技支撑计划重大疾病中医防治研究课题,是目前唯一具有循证医学证据的脑卒中二级预防用中成药,也是目前唯一一个在产品说明书中记载可用于预防脑卒中复发的口服中成药。

为满足市场需求,保障产品质量,经过持续地经营和发展,公司已建成集原料种植、开发研究、加工生产、市场营销为一体的完整的产业平台,包括红河州弥勒产业基地及马金铺生产基地,总投资已逾 6 亿元。弥勒产业基地占地 362 亩,已建成大型的现代中药提取中心,提取能力位于云南前列。昆明高新区马金铺生产基地占地 162 亩,其生产线严格按照 2010 年版 GMP 要求设计和建设,具有小容量注射剂、硬胶囊剂、片剂、软胶囊剂、滴丸剂 5 条生产线,是目前剂型最全、生产线最全的灯盏花药品生产基地。目前全部药品生产线均通过了国家药品 GMP 认证,已全面投入使用。

企业规模正不断扩大,经济效益稳步增长。生物谷制药将继续秉持"胜己善行、感恩共赢"的核心价值观,"经营健康、健康经营"的经营理念,立足云南基地,围绕灯盏花及其他药用植物进行深度开发,形成整合种植、研发、生产、营销等环节完整产业链的心脑血管疾病防治领域主流产品制造商,并逐步扩展至慢性病领域。提供客户需要的产品与服务,为发展民族医药产业,服务人类健康事业做出贡献。

地址:云南省昆明高新区马金铺新区生物谷街 999 号
电话:0871 – 65016111(总机)
传真:0871 – 65010555
邮箱:biovalley@ biovalley. cn
网址:http://www. biovalley. cn

【833288】德阳天元重工股份有限公司

德阳天元重工股份有限公司创建于 1994 年,原为四川天元机械工程股份有限公司的全资子公司,是其索桥核心受力部件的制造基地。为了能更加专注于索桥核心受力部件的研发、设计、制造和服务,使公司能长期、稳定的坚持专业化发展,进一步为客户提供高品质的产品和更优质的服务,并不断提高国际竞争力,公司于 2015 年改制成为股份公司,并承袭了四川天元机械工程股份有限公司索桥核心受力部件的业务及所有的有形和无形资产。

公司拥有国内唯一的索桥索鞍、索夹专业化制造基地,具备年生产制造索鞍、索夹、拉杆、连接器等索桥核心受力部件产品 2 万吨的能力。先后参与了江苏泰州长江公路大桥、武汉鹦鹉洲长江大桥、云南龙江特大桥、湖南大岳高速洞庭湖大桥、卡塔尔鲁赛尔城 8、9 号桥、土耳其博斯普鲁斯三桥等七十余座国内外悬索桥的建设,为客户提供了优质的产品和良好的服务,在国内悬索桥核心部件领域拥有 70% 的市场份额。公司通过持续的技术创新和体系建设,不断提升企业的核心竞争力,已取得索桥核心受力部件领域的专利二十余项。公司作为国家高新技术企业,已通过多项国家管理体系认证,并已通过欧盟标准 EN1090 钢结构体系认证,执行等级达到了该标准要求的最高级别 EXC4。现在,公司出口欧盟的产品均进行了 CE 标识,是国内索桥核心部件制造企业中首先符合欧盟标准要求的企业。

放眼未来,公司将继续秉承"百年桥梁、百年产品、百年服务、百年天元"的理念,不断吸收国际先进水平,坚持专业化发展,努力打造百年品牌,致力于成为国内领先、国际一流的索桥核心受力部件制造服务商,为全球的索桥建设贡献一份力量。

【833289】安徽超洋装饰工程股份有限公司

安徽超洋装饰工程股份有限公司成立于 2000 年,公司注册资金 4015 万元,具有国家建设部颁发的建筑装饰装修工程设计与施工壹级资质、建筑幕墙工程设计与施工壹级资质、城市及道路照明工程专业承包壹级资质、照明工程设计专项乙级资质、劳务分包壹级资质、消防设施工程设计与施工贰级资质、安全技术防范工程施工贰级资质、钢结构工程专业承包贰级资质、机电设备安装工程专业承包叁级资质、环保工程专业承包叁级资质、体育场设施工程专业承包叁级资质,同时具备建筑幕墙、园林绿化、建筑智能化等专业施工队伍和施工能力。

超洋股份在多年的经营过程中,持续分析市场变化趋势,及时准确的把握市场脉搏,在市场经济大潮中搏浪前进;在上级领导和行业各部门的关心扶持中,广大客户的信赖支持下,全体员工奋发进取,经营规模和经营区域逐年发展壮大。使公司迅速成长为安徽建筑装饰装修市场上的知名企业。

"向管理要效益,以质量求发展",是超洋股份一贯坚持的理念!公司坚持建立健全并不断完善工程质量、安全生产和文明施工等各项管理制度,公司自成立以来无一次质量和安全事故发生,工程质量方面合格率为 100%,优良率保持在

90%以上。

超洋股份承接的施工项目遍及省内,各类工程均有优质样板项目广受好评;公司项目经理梯队优良,团结协作,确保我们的合同履约率达 100%,奠定了我们的诚信基础!

良好的工作业绩、广大客户的支持及信赖使公司被安徽省国家税务局、安徽省地方税务局评定为"2012 - 2013 年度 A 级纳税信用"荣誉称号;做为合肥市建筑装饰协会的会员单位,公司多次被合肥市装饰协会表彰为"装饰先进企业";公司历年所完成的各类装饰项目屡次获得各地建筑装饰主管部门评定的优质工程、样板工程等奖项表彰获得了多项全国、省、市的奖项和荣誉:"2012、2013、2014、2015 度合肥市建筑装饰行业优秀企业称号"、"2014 年度中国建筑装饰协会企业信用 AAA 级证书"、"2014 年度安徽省建筑装饰协会建筑工程奖(幕墙工程)"、"2014 年度安徽省装饰协会建筑工程奖(室内装饰)"、"2014 年度安徽省照明学会(优质照明工程奖)"、"2014 安徽省照明学会(优秀照明施工企业奖)"、2015 年 5 月被安徽省建筑装饰协会评为"2013 - 2014 年度安徽省建优秀建筑装饰企业"2015 年 6 月"荣获 20 届广州国际照明展览会—阿拉神灯奖.优秀工程奖"、2015 年 8 月荣获"全国住宅装饰装修行业明星标杆企业荣誉称号"、我公司施工的"合肥红星美凯龙家居生活广场"工程 2015 年 8 月被中国建筑装饰协会评为科技示范工程奖、2015 - 2016 年度中国建筑工程装饰奖我公司(蚌埠高级技工学校实训楼综合楼室内外装饰幕墙工程)入选公示等诸多荣称号、,超洋股份目前已成为各单位、企业心目中装饰装修的首选知名品牌之一。

以人为本、真抓实干、开拓思路、科学管理!公司始终坚持高诚信、高效益、高质量的经营作风并与时俱进寻求超越。成功不过相对,发展才是永恒,超洋股份必将以出色的成绩回报所有给予我们关心和支持的各界朋友!

【833313】北京方胜有成科技股份有限公司

2015 年初,一部《穹顶之下》唤醒了许多人的节能环保意识,一时间掀起全民自觉环保的热潮。与此同时,国家近年来对节能环保行业的重视也发生了质的变化,从被迫到主动,从试点到全面推进,从宏观政策到细化措施,从高屋建瓴到落地执行……节能环保政策的春风可谓频频吹送,2015 年,"节能环保"是一个真正抢占了新闻头条的关键词。而对北京方胜有成科技股份有限公司董事长孟宪成——这位温文尔雅的节能行业领军人物而言,环保战役全面吹响的号角更为熟悉和动听,因为早在十二年前,他便默默耕耘在节能行业,兢兢业业为这项能"让未来更美好"的事业贡献智慧和能量。当前,节能减排作为节约能源、保护生态环境的重要途径,上有国家政策积极推进,下有普通民众自发行动,战线阵容空前强大,多年厚积的事业,今朝得以乘势健进,如何能不令人精神振奋,信心倍增呢?

2003 年创业之初,孟宪成带领华电方胜团队专注的是智能电网领域,以提供用电信息化、智能化和自动化产品服务为主营业务,积极引导用户合理用电、科学用电、节约用电,以实现电能资源最优配置为己任。2005 年,公司完成供水企业营销管理系统研发,成功进入水务市场,为供水企业实现营业收费和营销系统的科学化、精细化管理贡献了一份力量。历经 8 年砥砺,当初员工不足十人的"北京华电方胜技术发展有限公司"发展到 2011 年已实现总体规模数倍增长,员工数量、办公场地以及年营业额、净利润的迅猛增势都印证着华电方胜团队决策和行动的正确性。对于多数创业者而言,企业财务数据的正向上行无疑昭示了其事业的成功,足以令其欣慰和自豪,但对于节能行业的领导者来讲,业务迅猛发展更大的意义在于说明社会各界对环境保护的重视,得到越多的肯定,自己的产品改变用能现状,对绿色可持续发展的促进作用越大。所谓功在当代,利在千秋,这正是节能环保行业的魅力所在。

2012 年,这位具有强烈社会责任感的创业者深刻感受到仅仅电力和水务两个市场已经不能满足公司发展的需要,开始考虑如何拓展更多的业务方向,范围自然圈定在节能行业,几经权衡,目光最终锁定在软控节能这个业务点。公司快速整合原有电网行业的技术和产品储备,以能效管理服务平台为抓手向建筑节能领域开拓,形成了智能电网和能效管理两条主营业务方向。至此,能耗监测、能效提升、能源管理开始成为华电方胜团队的事业关键词,如何最大限度地节约水、电、气、热这些常规能源成为团队成员的肩头之责。

就节能手段来说,无论是技术节能还是管理节能,依赖的都是科技发展,在孟宪成看来,他的事业正是要"用科技净化未来",结合现阶段我国用能现状,他分析管理节能的投资回报率将远大于技术节能,而且无论节能技术如何发展,管理节能都是不可或缺的手段,因此他带领公司在技术、管理两手抓的基础上,将重心偏向于能效管理和能耗监控系统的研发,旨在通过软件控制和平台管理帮助客户以最小的投入获取更大的收益。2014 年,公司进一步聚焦业务领域,专注建筑节能,以能效管理平台为抓手,以海量能效信息为依托,为能源供应商、能源监管机构、用能单位和节能服务商提供全面能效智能化服务,服务内容包括能源监测分析、优化控制、智能化改造和能源相关管理系统研发,并逐步成长为以大数据为支撑的专业能源服务商。

搭载着国家全面推进"智慧城市"、"智慧能源"、"绿色建筑"的政策快车,仅一年时间,华电方胜公司以自主研发的"方胜公共建筑能效管理服务平台"为核心,为医院、高校、政府等园区型客户量身定制了"方胜"系列能效管理解决方案,方案在北京大学、国家电网的成功应用之后,又先后得到了包括国家广电总局、国家质检总局、国家知识产权局、国家海洋局、国家气象局、中国海关总署、中关人民对外友好协会、西安交大第一附属医院等百余家典型客户的认可。2015 年,孟宪成和他的团队迎来了事业发展的又一个里程碑,成熟的"北京华电方胜技术发展有限公司"早已稳稳立足北京,面向全国,力拓海外。公司不仅在北京、成都、武汉和广州设立了服务中心,全国 26 个城市拓展了办事处,并在日本、德国和美国设立海外办事处积极开展国际先进节能技术的交流与合作。专注能源管理 12 年,成就了华电方胜在节能行业的丰富经验,公司已跻身为能源管理领域的领军企业,为了战略发展需要,华电方胜公司在今年 4 月完成股改,正式更名为"北京方胜有成科技发展股份有限公司",并于 8 月 18 日正式挂牌新三板,股票代码 833313。

步入互联网 + 时代,互联网移动了、泛在了、传统行业也都逐步应用了,无所不在的计算、数据、知识,造就了无所不在的创新,孟宪成带领方胜有成团队与时俱进,把互联网和软件技术与节能产业进行完美融合,致力于打造一个集管理、B2B、B2C、融资、交流、学习为一体的 EPC 全产业链业务服务平台。该平台(聚 U 能)以节能服务公司、节能设备制造商、用能单位三大主线群体的业务问题为抓手,将行业内管理、信息、交易、技术、服务等信息孤岛进行无缝链接,旨在实现节能行业的平台化沟通和交易模式,该举措开创了国内首家节能行业互联网入口。

无论是创业之初的智能电网，还是如今成熟稳进的“方胜公共建筑能效管理服务平台”及“方胜”系列能效管理解决方案，或是成长中的“聚U能”EPC全产业链业务服务平台，无一不凝结着孟宪成以科技创新为节能环保事业添砖加瓦的用心。2015年6月，孟宪成又以敏锐的市场嗅觉进入到电力改革领域，他要用自己12年来在智能电网行业积累的技术和客户服务基础，积极参与售电侧改革，把节能业务从传输、监管、应用环节再拓展到电能供应环节，打通能源行业节能服务的全产业链，阔步迈向国内优秀的能源及节能服务提供商！华电方胜12年的稳扎稳打为年轻的方胜有成奠定了坚实基础，作为开放型的公众公司时刻接受社会各界的监督和检审，孟宪成和他的方胜有成团队信心十足。

战略决定方向，道路决定命运，创新决定未来，责任铸就价值，这些道理他深知且践行着，在“节能低碳、可持续发展”的道路上，孟宪成的步伐将一如既往迈得稳健且灵活。

【833366】上海利隆新媒体股份有限公司

上海利隆新媒体股份有限公司（股票代码：833366，股票简称：“利隆媒体”）系国内最早专业提供移动路演营销整体解决方案的现代服务业企业。公司围绕“路演车”这一新型的移动式营销工具，为客户提供专业设计、活动策划、路演车租赁、运营管理等“一体化”服务。公司所提供的整套服务包括路演车设计改装、策划、宣传、推广、展示、互动、体验，直至销售，帮助客户促进产品销售，扩大品牌影响力，提升企业形象。

主要产品和服务

公司系提供移动路演营销整体解决方案的现代服务业企业，路演车是移动路演营销中最核心的元素，由公司根据客户的企业形象、品牌内涵或产品特性来进行定制化设计并改装而成，拥有独特的车厢结构和震撼的视觉冲击力。路演车不仅是可移动的广告载体，而且可以变身为多媒体展厅、舞台、教学培训室、缩影家庭场景、篮球场等多种活动平台。经过多年的积累，公司目前已经拥有大中小20余种路演车型，能满足会场展示、舞台活动、大型互动性主题活动等多种形式的路演营销需求。丰富多样的路演车型为公司赢得竞争优势，使公司提供策划方案时选择性更加多样化，围绕不同的路演车型，根据客户的特定行业、特定目标群体、特定城市来安排最佳的移动路演营销整体解决方案。

经过10余年的发展，公司拥有了强大的路演车设计能力，积累了丰富的路演车运营经验。根据公司客户所面对的主要服务对象不同来划分，目前公司已经形成了B2B和B2C两大业务体系，B2C客户服务的对象为普通消费者，生产生活消费品，主要分布在家居家电、通讯、食品饮料酒类等行业，其中的代表性客户有可口可乐、百威啤酒等；B2B客户服务的对象为企业客户，生产工业产品，主要分布在电子及机械制造、矿业、咨询服务业等行业，其中代表性客户有SKF、华为等。目前，公司已经为20多个行业的60余家国内外知名客户提供服务，客户多为世界500强企业。

【833405】珠海原妙医学科技股份有限公司

企业介绍

珠海原妙医学科技股份有限公司（证券代码：833405 证券简称：原妙医学）是一家多元化经营的高科技公司，于2012年成立，公司总部设在珠海。公司注册地址是珠海市横琴新区宝华路6号105室－2248，办公地址在珠海市九洲大道西2021号富华里中海大厦A座301。2015年8月份，公司在新三板挂牌上市，股票代码833405，标志着公司步上了一个新的发展平台，为立足珠海，辐射全球，实现企业品牌的快速扩张拓展了广阔的空间。

公司以医药健康产业为主营业务，致力于医疗器械和精准医疗产品的推广和销售，以及多个医学领域产品的研发。主要产品有植入材料、医用光学器具、仪器及内窥镜设备、医用高分子材料及制品、医用高频仪器设备和注射穿刺器械等三类及二类医疗器械。公司始终以促进中国医疗事业的发展为己任，以“为大家创造更高的效益”为目标，开拓进取、耕耘不息，不断引进先进产品和治疗技术，经过多年的不懈努力，已在业界获得了较高声誉。近几年，公司连续被评定为“珠海市A级纳税人”，2014年，被珠海市横琴新区评为“纳税人20强企业”，同时获得美国库克公司的最佳合作伙伴奖等多项荣誉。

在企业快速发展的同时，公司仍不忘回报社会，积极投身于社会各项公益事业。作为珠海红十字会的副会长单位，以善心为本，秉承红十字会“人道、博爱、奉献”精神的基本原则，以保护人的生命和健康，改善最易受损害群体的景况，促进人类和平进步事业为宗旨，协助政府开展人道主义救助工作。

享受健康生活，原来如此美妙，原妙人一直专注于这一信念，尽心尽力为人类健康事业服务，相信在这信念的支持下，公司的各项业务一定能在全国乃至世界顺利开展。

地址：珠海市九洲大道西2021号富华里中海大厦
A座301
号码：0756－2992688
邮编：519000

【833409】成都泉源堂大药房连锁股份有限公司

企业介绍

成都泉源堂大药房连锁股份有限公司（证券简称：泉源堂证券代码：833409）是一家集医药连锁和医药电商为一体的零售企业，主营业务为医药产品（含医疗器械）的销售。2015年9月份，泉源堂正式登陆新三板，也是泉源堂医药电商的第一年，作为医药电商的后来者，我们团队用自己的专业能力及不懈努力，实现了飞跃式的发展。

营销模式

具备医药电商全资质的企业：A证＋C证

商业医疗保险与医药电商相结合的企业

医药＋互联网＋保险黄金团队

经营业绩

2015年，销售收入97，410，390.63元，同比增长366.48%；截至2015年12月31日，公司总资产103，495，464.93，同比增长322.67%；净资产为69，671，523.13，同比增长312.58%。

2015年公司的医药电商业务，除天猫医药馆外，还在京东，万达城市云等开设官方旗舰店。在京东618、天猫双十一、天猫双十二等活动中屡获佳绩，并且获得天猫双11销售进步奖；实体门店的盈利能力稳步提升，实体门店的重心向乡镇转移，布局药房内的诊所及药房托管业务；布局药品福利管理业务，成立了上海泉依健康管理有限公司，建立商业保险公司与医药电商的服务平台，打通医药电商的支付入口。

地址：成都市高新区创业路16号火炬大厦A座10楼
电话：86－28－85137773
邮箱：yang. chen@ qyt1902. com
网址：www. qyt1902. com

【833416】掌上纵横信息技术(北京)股份有限公司

【企业介绍】

掌上纵横信息技术(北京)股份有限公司创立于2010年5月，主营业务为影视、明星版权运营、明星游戏研发和发行。2016年建立"纵横游戏、娱乐合伙人、纵横影业"为核心的整合发展战略。

经过6年的行业创新和深耕，公司保持快速成长，目前已签约的版权达90多部，涉及电影、电视剧、小说、动漫、PC游戏等众多领域，已发展成为国内最大的影视游戏版权运营商。其中有票房过亿的《大闹天宫》、《一代宗师》、《黄金大劫案》，备受关注的2015春节档《天将雄师》、《钟馗伏魔：雪妖魔灵》；还有大型古装热播电视剧《琅琊榜》、大型玄幻神话偶像剧《山海经之赤影传说》；更有首款明星专属定制手游《范冰冰魔范学院》，以及范冰冰、陈坤、韩庚、TFBOYS、大张伟、贾玲、沈凌等明星签约资源。同时，公司也将加强与海外公司的IP合作力度，比如好莱坞的六大制片公司、CAA经纪公司的国际巨星等，以实现文化出海布局。

2015年10月9日，掌上纵横(证券代码：833416)正式在新三板挂牌。截至目前，已与41家影视公司建立了版权合作关系，其中与中影股份、上影股份等影视巨头建立了独家战略合作伙伴关系。2016年1月，掌趣科技、体育之窗、陈坤宣布投资掌上纵横；3月掌上纵横受让漫画IP公司炫果壳股权，进一步激发产业价值、提升娱乐体验。

通过一系列战略合作伙伴和优质资本的引入，掌上纵横不断完善其泛娱乐生态布局，强化多领域娱乐基因，加深在影视、明星、体育、动漫等方面资源的储备和开发。打造一个以IP为核心，以娱乐合伙人为标配，集娱乐内容生产、传播、消费为一体的新型泛娱乐综合体。

【发展里程碑】

2010年5月，掌上纵横公司成立，创立业务品牌；

2010年12月，联合中影集团推出"贺岁手游三部曲"；

2011年5月，签约中影集团影视版权手游独家战略合作伙伴；

2011年11月，签约腾讯游戏影视版权手游独家战略合作伙伴；

2012年9月，签约香港银都机构《一代宗师》；

2012年12月，签约星皓国际《大闹天宫3D》；

2013年1月，签约《兰陵王》；

2013年3月，签约范冰冰工作室授权《范冰冰魔范学院》全球唯一运营商；

2013年9月，与360签约独家战略合作伙伴；

2014年1月，与百度游戏签约独家战略合作伙伴，签约《琅琊榜》；

2014年2月，签约37游戏独家战略合作伙伴；

2014年3月，与阿里巴巴"娱乐宝"，合作范冰冰项目；

2014年4月，签约中国人气偶像；

2014年6月，签约百变大咖，签约《天将雄师》；

2015年4月，发行《范冰冰魔范学院》手游；

2015年8月，获狗郭敬明小说《幻城》双端游戏改编授权；

2015年9月，发行《琅琊榜》手游；

2015年10，月新三板上市。

【获奖资料】

2014年9月，掌上纵横获得中国网络版权维权联盟聘书，成为中国网络版权维权联盟理事单位。

同期，《琅琊榜》获得2014年度最受期待手机游戏

2015年，掌上纵横获2015年度中国电信游戏基地资深合作贡献奖、2015年度中国互联网行业领军企业奖，创始人刘仕儒获得2015年度中国互联网行业领军人物奖。

【833438】哈尔滨鑫时空科技股份有限公司

企业介绍

哈尔滨鑫时空科技股份有限公司(证券代码：833438，证券简称：鑫时空)成立于2008年，是一家集动漫原创、动漫相关服务、动漫衍生品开发、设计、制作、推广于一体的全产业链动漫企业，2009年，公司通过了ISO9001国际质量管理体系认证，连续三年被评为"黑龙江动漫产业先进企业"。2010年，被国家八大部委同时批准认定为国家级动漫企业。同年公司成功完成上海世博会黑龙江馆全部多媒体项目设计、制作及运营，并获得中国2010年上海世界博览会组织委员会颁发的特殊贡献奖。几年来公司设计制作过多部国际国内优秀作品，同时创作三部长篇原创动画片，其中反映自然和谐、环保的动画剧《熊猫和朋友们》在2010年入围法国昂西动漫展，并在2011年荣获"第四届海峡两岸"动漫创作一等奖殊荣。目前，公司目前正在创作的一部有关绿色农业、环境保护的精品原创动画片《阿豆传奇》，荣获2015年"新光奖"，国际原创动漫大赛最佳形象表情奖，这部动画剧是全国首个以"食品安全"为切入点的动漫原创大片。该片已通过国家广电总局立项，不日将与观众见面。

作为龙江原创动漫的领军企业，鑫时空将通过资本的力量撬动企业发展的杠杆，不断引进高端人才，创作更多高质量、高水平的动画作品，吸引更多人关注龙江动漫品牌，从而推动龙江动漫产业发展。

【833465】福建特力惠信息科技股份有限公司

福建特力惠信息科技股份有限公司(下文称"特力惠")成立于1998年，是经信息产业厅和科学技术厅认证的软件企业与高新技术企业。公司专业致力于政务信息化服务，业务覆盖国土、住建、林业、海洋、草原、电力等行业，为客户提供集信息化咨询、软件开发、应用实施、系统集成、安全服务为一体的全方位信息化解决方案。在社会各界的关心支持及全体员工的共同努力下，公司规模不断扩大，先后在全国各地设立了十二家分公司以及多个研发中心，并在各省份均设立办事处。2015年9月，公司成功登陆新三板正式挂牌上市。

作为业界领先的全业务政务信息化解决方案提供商，特力惠不仅拥有涉及国家秘密计算机信息系统集成资质证书、计算机软件著作权33项、软件产品登记证书21项，还通过了CMMI3、ISO27001信息安全管理体系等多项认证，提供包括Teleware不动产登记云平台、Teleware电子政务平台、Teleware一张图云平台、Teleware综合监管平台、Teleware移动政务云平台、Teleware执法监察平台等在内的全方位信息化服务解

决方案，赢得业界专家和用户的一致好评。特力惠参与了多个国土资源部、国家电网信息化标准的制定，承担国土资源部16个业务系统建设工作，用户覆盖全国各省市县国土资源部门，并承担全国二十多个省份几十个地市上百个县级国土资源行政机关单位电子政务平台或业务系统建设工作，并赢得行业专家和用户的一致好评。

同时，公司还获得多个地理信息科技进步一、二、三等奖、国土资源科学技术一等奖、国土资源领域最具成长力企业称号、中国国土资源行业信息化领军企业、福建省国土资源应用软件企业工程技术研究中心、中国国土资源行业信息化最具影响力企业奖、中国国土资源行业信息化最佳解决方案奖等称号与奖项。

未来，特力惠将追随"互联网＋"和大数据分析的国家重点发展浪潮，以"国土资源云"和"不动产登记云平台"建设为契机，为各行业用户提供优质服务，全方位为政务信息化高速发展提供服务。

【833469】杭州爱普医疗器械股份有限公司

杭州爱普医疗器械有限公司成立于2007年1月，注册资本1000万元，于2015年6月5日整体变更为杭州爱普医疗器械股份有限公司，注册资本1890万，并于2015年6月26日，向全国中小企业股转系统报送了申请"新三板"挂牌企业的材料，于2015年10月8日正式在股转中心挂牌，成为杭州市富阳区第5家新三板挂牌公司，公司地址位于杭州市富阳区富春街道春华村宝山路1号，在风景秀丽的美丽富春江畔，公司离杭州主城区西部25公里，杭州国际机场约50分钟车程，交通快捷便利。

公司是一家专门从事研发、生产与销售医疗器材为一体的国家高新技术企业，是国内知名缝合针线制造公司，公司主要产品为心脏外科缝线系列、医用组合针、卡别针等几十种产品系列，2015年9月被评为浙江省优秀工业产品，产品畅销于北京、广东、河南、西安等全国二十多个省份，北京安贞、北医大三院、广东省人民医院、广州军区总医院、陕西省人民医院、成都军区总医院、四医大西京医院等几百家医院，临床效果极佳，普遍得到了所用大医院专家的认可。

公司已前后通过GMP、ISO13485和CE等体系认证，产品在医疗细分行业属国内领先水平，特别是在心胸外科的产品，打破了进口产品垄断国内的局面，部份替代进口产品，用于心脏搭桥、心脏换瓣等手术，创立了高品质的爱普品牌，产品销往全国各大省级大医院，并得到认可，例：浙一医院、北京安贞医院、四医大西京医院、三医大新桥医院等等。

企业经营宗旨：本着"关爱生命、追求卓越"的企业精神，以"求真务实，开拓创新、在健康领域内，细分行业的缝合材料，做到国内领先水平为追求目标"，实现中高端产品接轨国际（如：心外逢线系列等），打破国外公司垄断的局面，从而替代进口产品，以提高医疗单位的诊疗水平，降低医疗费用，创立爱普自有的品牌。

公司坚持发扬爱普企业的社会责任感和使命感，同时公司通过"新三板"股转中心平台，立足企业内部管理，开源节流，提升管理，通过融资并购和资源整合，以追求全体股东权益最大化为奋斗目标。

为不断满足日益增长的市场需求，我公司已着手开始筹建建造新的厂区，力争通过几年的努力，产品覆盖全国31个省，实现产能、业绩双突破，努力创造爱普新辉煌。

【833475】山东深蓝机器股份有限公司

山东深蓝机器股份有限公司创建于2006年8月15日，现注册资金1300万元人民币，总部位于济南市高新区孙村新区。深蓝机器是工业机器人系统集成应用、后端智能包装物流输送系统解决方案的优质提供商。深蓝机器为顾客提供项目研发、设计、制造、销售、售后服务五位一体的系统性服务。

深蓝机器始终将"科技创新"放在首位，先后研制成功高速悬臂式缠绕包装机、机器人码垛机、穿剑式捆扎机、机器人行李包装机，以及系列移载搬运设备等，完成完善了食品饮料、造纸及纸制品、化纤玻纤、建材板材、化工涂料、粮食饲料等六大行业的产品和物料包装及物流解决方案，含输送、分拣、装箱、码垛、捆扎、缠绕、搬运移载以及到输送至立体仓储等的全部后端包装环节。

深蓝机器秉承"为客户创造价值"的企业理念，依靠卓越的产品质量和营销团队的奋力开拓，市场空间逐步扩大，在广州、上海、成都等城市设立了服务机构，并率先在欧洲、澳洲建立了稳定的销售和服务网络，形成了覆盖全国，辐射全球的网络化管理运营模式。

深蓝机器一直致力于智能自动化包装及物流输送系统解决方案，2012年，公司被认定为山东省高新技术企业；2015年，深蓝机器及"深蓝机器 sinolion"商标被评为山东省著名商标。领先的技术优势，知名的企业品牌，周到的售后服务及良好的企业形象，使深蓝机器多年位居业内领航者的地位。

企业上市

2015年9月14日，山东深蓝机器股份有限公司成功挂牌"新三板"（简称：深蓝机器，股票代码：833475。），这标志着深蓝机器在资本市场上获得了新突破，踏上了更高的台阶。

此次成功挂牌"新三板"，不仅是主管部门对深蓝机器产品和品牌的肯定，也是市场对深蓝机器管理规范、稳健发展的认可，这对于深蓝机器借助资本市场，激发创新活力和加快技术升级有着重要而深远的意义。

未来深蓝机器将充分利用资本市场优势，继续发挥在缠绕包装和智能设备领域的优势，与国际领先企业深入合作，研发更多智能高端的包装设备，为各行业的客户提供先进的包装解决方案，并为中国制造2025规划做出更大的贡献！

企业理念

为社会创造效益，为企业创造利润；为客户创造价值，为员工创造财富。

发展历程

2006年8月，山东深蓝机器有限公司正式成立。

2006年11月，公司获得外贸进出口权。

2007年6月，公司购置土地，开始新厂区规划建设。

2010年8月，搬迁至济南市高新区孙村新区科航路2010号。

2012年11月，被认定为山东省高新技术企业。

2013年12月，"深蓝机器及 sinolion"被评定为济南市著名商标。

2014年12月，"深蓝机器及 sinolion"商标被认定为山东省著名商标。

2015年4月，山东深蓝机器有限公司正式更名为"山东深蓝机器股份有限公司"。

2015年9月，山东深蓝机器股份有限公司在股转系统正式挂牌。

【833510】汕头市三宝云母科技股份有限公司

汕头市三宝云母科技股份有限公司是专业生产湿法合成云母粉和天然云母粉的高新材料企业。

公司占地面积25000平方米,拥有先进的生产及检测设备和独创的湿法合成云母粉工业化生产工艺。现有员工100多名,大专以上学历的专业技术人员56名,其中高级职称2名,中级职称14名,初级职称22名,另有教授专家顾问多名,具有研发特殊用途云母产品的能力,能独立完成工艺的设计实施。目前拥有年产合成云母粉1000吨的生产线,年产值在3000万元以上,并在湖南征得20亩地建成了年产2000吨合成云母片的生产基地,形成了原料产品一体化的产业链。

我司自行研发的新工艺技术已拥有两项国家发明专利;该项目的工艺技术经省级科学技术成果鉴定处于国际先进、国内领先水平;项目被评为“汕头市科技进步一等奖”;项目获得国家中小企业创新基金立项,并于2007年11月27日以全省有史以来的最高分通过验收,为我省科技厅争了光;该项目由中国非金属矿工业协会,在为国家科技部编写的“国家中长期科技发展规划”战略部分中,以优选主题名义论述,并列入八大基地项目之首;企业还荣获汕头市“守合同、重信用”企业、“汕头市民营科技企业”、“广东省高新材料企业”、“广东省民营科技企业”、“广东省高新技术企业”等称号。

公司实行科学的企业管理,已通过ISO9001:2000质量管理体系的认证,我们严格按ISO9001:2000质量管理体系的标准执行,以完善的质量体系贯穿于整个生产过程的始终。

我们的产品——湿法合成云母粉,质地纯净,白度高(98.7%),含铁量小(<0.2%),表面光洁好(平均粗糙度<10nm),径厚比大(≥70),粒度分布窄,耐高温及不含对人体有害元素等优点,克服天然云母粉的不足,成为生产高级珠光颜料、高级化妆品及高级涂料不可缺少的基材,是一种新型的非金属高新材料。该产品填补了国家空白。产品已销往德国、韩国、日本和美国等珠光颜料生产商和化妆品厂商。

我们以优质的产品、一流的服务占领国际市场,通过不断地开拓创新,使我们的企业朝着国际化的现代化企业发展。

【833511】广东裕田霸力科技股份有限公司

广东裕田霸力科技股份有限公司(以下简称“裕田霸力科技”)是国内鞋用胶粘剂的龙头企业,专注于鞋用胶及其配套产品的生产和销售20多年,销售网络遍布全国20多个省市,市场占有率名列前茅。公司位于珠海高栏港经济区精细化工区,毗邻高栏国际港口和珠海机场,交通便捷。

裕田霸力科技引进了目前国际上最先进的自动化成套生产设备和技术,在国内率先采用立体式全电脑控制的生产线,主要产品有:鞋用胶系列产品,水性聚氨酯胶粘剂、反应型热熔胶、光固化胶粘剂及环氧树脂等精细化工产品。裕田霸力科技致力于水性环保产品的研发、生产和销售,2007年在业内首先推出具有自主知识产权的水性PU胶,为制鞋业的环保化提供一个完整的解决方案。

裕田霸力科技是国家标准《鞋和箱包用胶粘剂》(GB19340-2014)的制定单位之一,通过了ISO9001质量管理体系认证和ISO14001国际环境体系认证,荣获“广东制造业企业500强”、“广东品牌100强”、“广东省著名商标”、“广东省名牌产品”、“中国名优产品”等荣誉。至今拥有16个专利,一个版权,三十六个商标。

作为国内首家新三板上市的鞋用胶粘剂企业,裕田霸力科技倡导“精益求精,创新环保”理念,坚持品质第一,并以完善优质的售前,售后服务赢得客户的广泛赞誉。展望未来,裕田霸力科技将进一步拓宽融资渠道,提高知名度,延伸产业链合作,提升核心竞争力,促进公司资本运作快速发展,让裕田霸力科技成为世界同行的冠军。

企业文化

企业使命:让世界更多的鞋业企业使用水性环保产品。

核心价值观:以人为本,永争第一!

【833526】北京林大林业科技股份有限公司

北京林大林业科技股份有限公司是以北京林业大学为主要发起人的高科技股份公司。2000年9月25日成立,注册资本3600万。2015年9月23日在全国中小企业股份转让(新三板)挂牌上市,证券代码:833526,证券简称:北林科技。通过了ISO9001:2008国际质量管理体系、ISO14001:2004环境管理体系、GB/T28001-2001职业健康安全管理体系三项认证;获得国家火炬计划重点高新技术企业资格认证;是中关村国家自主创新示范区“十百千工程”企业、2011年中国高校企业产学研结合典型案例入选企业;获批中关村科技园区海淀区博士后工作站分站、获批北京市园林植物工程技术研究中心;是北京市认定的农业产业化重点龙头企业,北京市工商局和园林局核准的守信企业。具有进出口权,拥有科研成果专利授权21项。

北林科技主营业务涉及园林景观工程施工、旅游工程施工、园林规划、旅游规划;建设项目环境影响评价;高中档盆花、花卉与盆景、花卉种苗(种球)生产与销售、花卉装饰服务;提供园林绿化与造林优质树种、种苗、各类草种、花种、园艺资材;进出口代理服务、技术培训与咨询服务等。

北林科技在园林规划设计、园林工程施工、绿化养护管理等方面已经积累了近二十年经验,获得多项荣誉,参与设计施工的单位包括中央国家机关、大型事业单位、军事保密单位、知名房地产企业等。其中,我公司承接的园林工程项目获“中国风景园林学会优秀园林工程奖”金奖5项;获北京市“优质工程”11项、获北京市“精品工程”3项;承接的“北京林业大学校园景观工程”和“中共中央组织部绿化工程”分别被评为“全国绿化先进集体”和“工程建设优秀施工单位”荣誉称号。

北林科技实行董事会领导下的总经理负责制,遵循“改善人居环境、建设绿色家园”的理念,坚持“以科技为灵魂,以市场为导向,以管理为纽带”的原则,根据现代化企业制度进行运作,建立起符合市场经济规律的内部管理制度,形成了产品经营和技术服务并举的管理结构,并且不断深化在管理、市场、技术、企业文化等方面的建设,使企业沿着更加规范、更加科学的轨道高速、稳健发展。

地址:北京市海淀区林大北路13号

电话:010-62337545

传真:010-62937530

邮箱:bfus@ bfus. com. cn

网址:www. bfus. com. cn

【833538】辽宁中旭石化科技股份有限公司

一、基本情况

辽宁中旭石化科技股份有限公司成立于2011年7月，总股本4550万，净资产6000万。其前身为沈阳市中旭石油化工有限公司，创立于1990年，专业从事润滑油类产品的研发，生产和销售。年销售规模达3万吨，实现销售额近3亿元，净利润2500万元。

公司厂区位于辽宁省循环经济产业园，总占地面积9万平方米，现有建筑面积2万平方米，原料存储能力3万吨，具备变压器油年生产能力10万吨、年基础油生产能力3万吨、年润滑油调和生产能力2万吨。目前公司共有员工95人，其中53%为研发、技术和管理人员。

二、竞争优势

公司是电力用油行业民营龙头企业，产品市场占有率约为8%，排名全国第三，仅次于中石油、中石化。其变压器油产品得到中国电力企业联合会鉴定认证，是目前国内除中石油之外唯一拥有超高压变压器油制造能力的企业。

公司拥有较强自主研发能力，拥有变压器油产品制造，废油加氢再生基础油、废轮胎炼制高清洁柴油等多项专利。其中废油再生技术是我国唯一能够使产品达到三类基础油标准的废油再生技术，其再生回收率超过90%，远高出行业平均水平。公司自主研发的橡胶杂胶炼制高清洁柴油技术，也已进入中试阶段。公司还自主设计建立了气动脉冲自动化控制生产线，使所需操作人员数量大幅减少，仅为同类传统制造厂的1/3。

公司产品符合国家节能环保生态文明的发展方向，前景广阔并享受国家优惠政策。变压器油产品享受免征消费税的政策；再生基础油产品享受增值税50%即征即退和不缴纳消费税的政策。公司目前正在申报高新技术企业，预计2015年内将取得高新企业资质，享受所得税15%的税收减免政策。

三、发展方向

为谋求企业长远发展，激发企业新的发展动力，公司已经制定了未来发展战略。在稳定和适度扩大变压器油销量，巩固市场地位的同时，重点开发废润滑油再生循环利用项目。使基础油产品在未来2年内将成为公司的主导产品。进一步加大研发力度，把公司建成一流的再生能源科技企业。

公司拟于近期启动废油再生循环项目二期工程建设，本项目是将已经废弃的润滑油，通过蒸馏加氢精制工艺，重新获得优质基础油的环保再生项目。该项目不但解决了废油污染造成的环保及社会问题，还蕴藏着巨大的经济价值。产品销售渠道稳定。随着二期项目投产，公司产能进一步升级，计划到2017年变压器油销量将达到5万吨，基础油销量达到6万吨，各类润滑油销量达到1万吨，实现年销售收入10亿元，净利润1.2亿元。同时，公司将在西南地区和江浙地区建设新厂，进行全国产业布局，将公司生产能力提升到40万吨。

公司正积极推动资本化运作，优化股权结构。已于8月28日获得北京股转交易公司的批复函，成为国内第一家在新三板挂牌上市的变压器油和再生基础油企业，股票代码833538。

地址：辽宁省铁岭市调兵山市城南开发区弘业路
电话：024－76959111
传真：024－76959111
邮箱：15901346716@139.com

【833553】湖北天立坤鑫装备股份有限公司

湖北天立坤鑫装备股份有限公司（证券简称为“天立坤鑫”，证券代码为833553）创立于2004年，位于湖北十堰——汽车城，是国内首家以商用车出口为平台，专注海外商用车订制服务的企业。

公司专注于商用车销售，境外销售占公司收入80%以上。目前公司已经成立控股子公司广东天立坤鑫汽车销售服务有限公司从事汽车后服务、成立离岸全资子公司香港天立坤鑫实业有限公司从事乘用车进出口贸易，并已经着手成立改装厂和在越南合资建立商用车组装工厂，不断延伸公司的产品和服务。近年来，在宏观经济较为低迷的情况下，公司以优质的产品和服务获得国内外客户的认可，不断扩大公司的经营规模，2015年预计营业收入达2.5－2.6亿元，净利润达1100－1300万元，公司相关指标达到《全国股转系统挂牌公司分层方案（征求意见稿）》中创新层指标要求，公司目前正准备全力冲刺创新层。

公司于2015年10月16日在全国中小企业股份转让系统举行隆重挂牌仪式，此次在“新三板”隆重挂牌是公司发展的重要里程碑，为实现公司更长远战略目标提供了重要发展机遇，对拓宽融资渠道、提升品牌价值、规范公司治理、激发员工创新能力和公司核心竞争力等方面具有十分重要的推动作用。天立坤鑫将整合资本市场资源，充分发挥技术与人才优势，利用好十堰汽车城资源优势，加大市场开拓力度，进一步提升公司价值，实现公司价值最大化。

【833588】九州方园新能源股份有限公司

九州方园新能源股份有限公司，地处被誉为世界水电之都的长江三峡水利枢纽工程和葛洲坝水利枢纽工程所在地，湖北省域副中心城市——宜昌市境内。公司成立于2010年11月30日，总资产20亿元人民币，是一家集科研、开发、制造、销售、光伏电站建设为一体的高新技术企业，目前太阳能组件生产产能达到300MW。是湖北省最大的垂直一体化光伏制造商，并建立了省级光伏技术实验室，湖北省人民政府重点援疆企业。2015年9月21日，公司在全国中小企业股份转让系统成功挂牌，代码为：833588。

公司凭借完整的产业链、技术、成本优势，逆势而上，在国内市场取得了骄人业绩，2012年作为湖北省人民政府援疆项目建设新疆博乐电站500MW，于2013年正式并网发电100MW，2014年并网60MW，2015年建设80MW，在宜都已建设5MW分布式太阳能光伏屋面电站。2016年计划完成300MW，在2017年达到持有光伏电站1GW，年发电15亿度。

未来，公司将紧紧抓住国家大力发展光伏新能源的机遇，以新三板上市为契机，以科技创新为动力，加强光伏产品制造、户用电站销售、大型光伏电站建设与运营三大板块，树立国内品牌，在生产运营、技术创新、电站建设、品牌价值和企业文化等方面建立优势，成为国内光伏行业的优秀企业。

【833691】四川宏洲新型材料股份有限公司

四川宏洲新型材料股份有限公司诞生于2008年6月16日，其前身为四川宏洲管桩有限公司，是四川金堂工业园区在5.12地震灾后第一个开工建设并建成投产的企业。

公司四名创始股东全部来自河北唐山，因为曾经唐山大地震的经历，所以，本着最朴素的质量意识，宏洲新材立志要生产最好的管桩！

又因为汶川地震的警示与亲历，宏洲新材立志要成为建筑工程最稳固、最安全的根！宏洲新材立志要成为西南地区质量最优、服务最好、竞争力最强的管桩企业！

宏洲新材虽然是四川管桩行业的后来者，但决不能成为迟到者！

一、宏洲新材企业概况

1. 以差异化的经营理念，做到与众不同

通过走访四川同行企业和深入的市场调研，发现四川所有管桩企业的产品与服务都是脱节的，都将施工安装服务交给个体打桩老板们实施，由于打桩老板自身素质良莠不齐，又缺乏质量意识，缺少系统的专业培训与管理，造成管桩行业施工安装质量问题多、服务差的混乱现象。

基于此现象，我们借鉴家电行业的服务理念（例如：空调产品，不仅卖产品给客户，同时也负责上门安装调试好，通过服务确立品牌形象），确定"以生产、销售、施工一体化服务"为公司的经营宗旨，强化以服务为核心竞争力，打造公司与众不同的、差异化的品牌形象。

同时，公司主要管理者出身中国五冶公司，在任职期间积累了丰富的大型建筑项目总包施工管理经验优势，如今在施工服务中将积累的经验优势发挥最大，力求做到最好。

目前，四川宏洲新型材料股份有限公司是四川省内唯一真正实施集生产、销售、施工一体化服务的管桩企业。

2. 以质量为基础，以服务为核心竞争力

Ⅰ. 产品质量是企业的生命线，必须做到最优

二次地震灾害的经历和警示，让公司的经营者深刻认识到建筑工程质量的重要性，因此，产品质量控制成为公司管理的重中之重。

①严把原料采购质量控制关

PHC 管桩桩身为 C80 高强度混凝土，其中，砂石的质量是原材料质量控制的薄弱环节，为此，我们走访了成都、德阳、绵阳等多地 130 多家砂石原料厂，最终，选择了符合要求的供应商。

我们是唯一主动邀请客户参观砂、石原料场的管桩生产企业，并将这一环节固定在客户考察参观接待流程中。

②严把管桩生产过程质量控制关

生产过程的质量控制，除了教育培训、过程监控、成品检验等各环节的控制，细节控制也非常重要。例如管桩的合模漏浆控制，不仅决定管桩产品的外观形象，更决定了管桩在施工过程的耐击打性。

我们通过理论培训、事实教育、制度强化等措施，坚决排除了行业内"管桩不是工艺品"的错误认知，严格控制管桩合模漏浆的缺陷，极大了降低了管桩施工过程中的破损率，提高了管桩成品的质量和耐击打性。

我们是唯一在生产过程中没有使用草绳来控制合模漏浆的管桩生产企业。

③坚持管桩离心工艺与产品配方的试验与研究，极大的改善了管桩桩身的离心混凝土结构，提高了产品质量。

我们坚持进行管桩离心工艺与产品配方的试验与研究，大量制作 2m 试验桩并钻芯取样进行试验，经过半年多的努力，终于克服并改善了离心成型混凝土中骨料分层的缺陷，提高了桩身混凝土的有效厚度，也提高了管桩成品的质量和耐击打性。

我们是唯一坚持制作 2m 试验桩进行管桩离心工艺与配方研究的管桩生产企业。

通过不断的努力与坚持不懈的改进，宏洲新材在市场上建立了良好的质量口碑，树立了良好的企业形象。

绵阳万达广场、广元军分区培训中心、绵阳三江国际丽城、绵阳地球卫士、广元东合时代、宜宾上力理想城等项目，都是同行企业利用低价竞争中标，进场打完试桩后，因管桩产品质量或施工质量及服务等问题，又被甲方清出现场后，邀请我公司进场施工，并一次性验收合格。

Ⅱ. 施工服务是企业品质的保证，必须做到最好

①用专业的服务为客户排忧解难

简阳红塔集团的东方威尼斯城项目，位于沱江边上，地质条件复杂，经过多次专家论证，采用其他类型桩基础均告失败后，工期拖延了近一年时间，最后采用我们提出的引孔植桩方案后获得成功，仅用两个月的工期就完成基础施工，并且降低了造价，为客户排除了困难，减少了经济损失。

类似的工程项目有很多，如绵阳三江国际、绵阳万达广场、广元东合时代、宜宾上力理想城、重庆舜兴 · 阳光国际等项目，均是在地质条件复杂，施工难度非常大的项目，最后换掉原桩基施工单位，由宏洲新材为客户成功解决了困难。

②"想客户所想，急客户所急"的用心服务才是关键

要提高服务质量，技术、专业、经验、供应与组织管理等只是基础，而"想客户所想，急客户所急"的服务意识与行动才是关键。

所以，才有了宏洲新材在腊月二十九仍奋战在恒大地产金碧天下的工地上、正月初三就出现在中铁三局地铁 3 号线的施工现场，从而赢得了客户的赞誉，树立了市场口碑。

③客户回访引导持续改进，让企业的服务品质更上层楼

为保证服务不走样，监督与检查是必不可少的。为此，公司设立了投诉电话，并公开在所有合同文本上；同时，建立了回访制度，认真倾听客户的批评与建议，并做为我们持续改进的方向与动力，让客户"买着放心，用着舒心"

Ⅲ. 生产、销售、施工一体化具有无可比拟的优势

经过几年的实践，我们总结出生产与销售、施工一体化的优势如下：

①可以有效的避免生产与施工企业相互推卸责任的缺陷；

②可以有效的排除施工现场上管桩行业多国部队的弊端；

③可以更有效的保证质量；

④可以更有效的保证工期。

3. 市场与客户是检验我们的唯一标准

Ⅰ. 客户回头率是市场对宏洲新材的肯定

在近几年国家房地产宏观调控政策的影响下，房地产及相关行业受到了非常大的冲击，四川管桩行业也没能幸免，许多管桩企业的生产经营陷入危机。但我们宏洲新材却逆市上扬，销售业绩与上缴税金逐年递增，就是由于我们坚持生产与施工一体化服务的理念和实际行动，得到了客户的普遍认同，在半年度和年度公司工作总结中发现，我们回头客户的贡献率超过了 60%，客户回头率超过了 95%。

Ⅱ. 成都市场不同行业第一次应用管桩都会首选宏洲新材

正是由于我们坚持以服务为核心竞争力，坚持生产与销售、施工一体化服务，令宏洲新材的口碑与市场影响力不断扩大，竞争力也不断增强，成都目前不同行业第一次应用管桩都会首选宏洲新材。

①龙之梦城项目

龙之梦城项目地处成都东客站广场，其 B 地块的 55 层 188 米高的超高层五星级酒店，是目前四川境内唯一超过 40 层以上应用管桩的建筑，其管桩基础经过多轮投标筛选、试桩检验，最终宏洲新材胜出，并成功完成了项目实施，目前该工程主体已顺利完工。

客户非常满意我们的产品与服务，龙之梦后期工程 D 地块的管桩项目依然选择与我们合作。这是对我公司产品与服务的最好肯定。

②地铁 3 号线转场与检修站

地铁 3 号线转场与检修站是成都地铁工程中第一次应用管桩基础，客户最终也同样选择了宏洲新材做为合作伙伴，目前已经成功完成了一期工程的管桩基础施工。

③成蒲高铁项目

成蒲高铁项目也是四川境内高速铁路项目中第一次应用管桩，最终，也是宏洲新材中标，目前，此项目正在施工中。

④成都中国西部博览城

中国西部国际博览城为天府新区建设的 1 号工程，预计总投资 200 亿元人民币，建筑面积不少于 265 万平方米，全国人大吴邦国委员长为中国西部国际博览城题字，将建设成为中国中西部最大的国际会展中心。

其管桩基础也是由宏洲新材承建，目前该工程主体已顺利完工。

二、宏洲新材被评为成都名优产品

据不完全统计，宏洲新材的产品在四川省单品最高市场占有率达 15%。在四川乃至邻省客户中拥有极高的口碑和知名度，其具有竞争力的产品和服务是公司拿下大客户和大订单的坚实基础。

①宏洲新材被评为成都市著名商标

2013 年 12 月“宏洲”商标被成都市工商局评为成都市著名商标，并颁发了证书和奖牌。

②宏洲新材被评为成都市名优产品

宏洲新材于 2014、2015 连年入选《成都市地方名优产品推荐目录》，是节能环保企业里唯一入选该目录的管桩企业，且成都市政府已出台扶优政策（成扶优办〔2014〕19 号），对采用目录中产品的用户给予 3‰－5‰的奖励。

三、宏洲新材获奖情况

①宏洲新材被评为职业卫生管理规范化达标单位

2011 年，宏洲新材被成都市安监局评为职业卫生管理规范化达标单位，成为成都市第一批通过职业卫生管理规范化认证达标企业。

②宏洲新材被评为安全生产标准化达标单位

2014 年，宏洲新材公司被成都市安监局评为安全生产标准化达标单位，成为成都市第三批通过安全生产标准化达标认证达标企业。

③通过 GB/T19001－2008/ISO9001 和 GB/T50430－2007 双认证

通过两年的认真落实贯标工作，2014 年宏洲新材顺利通过了 GB/T19001－2008/ISO9001 和 GB/T50430－2007 双认证，是唯一同时通过双认证的管桩企业。

这是荣誉是对我们宏洲新材 7 年来努力与坚持的最佳肯定。

四、公司未来发展规划

（一）开发“新型拼装式可绿化挡土墙”项目

公司与中铁二院、西南交通大学共同研发了“拼装式新型可绿化生态挡土墙”项目，利用整体结构体系进行挡土，来替代国内铁路与公路两侧传统的重力式挡土墙，颠覆了传统的设计理念，该研发项目在国内属于空白，已经申请了发明专利与实用新型专利，科技成果鉴定也将于近期完成。

同时，拼装式新型可绿化生态挡土墙项目，不仅是产品的创新，也是商业模式的全新设计，保证企业远离市场的恶性竞争，可以实现：有门槛、用量大、好销售、好收款、利润高的商业目标和良好的现金流，助推企业快速发展和壮大。

（二）“新三板”挂牌

公司已于 2015 年 9 月 20 日在“新三板”成功挂牌，未来，公司将借助资本市场的力量，利用创新的产品与商业模式，助推企业走上良性发展的快车道。

百年大计，质量第一。曾经的唐山地震和汶川地震已经远去，但其敲响的警钟却犹在耳畔。我们四川宏洲新型材料股份有限公司将一如既往，继续坚持生产与施工一体化服务的理念，坚持向质量最优、服务最好、竞争力最强的目标迈进，正所谓“品质源于专业，出色贵在坚持！”

【833750】深圳市长宁钻石股份有限公司

企业概况

深圳市长宁钻石股份有限公司（以下简称“长宁钻石”，证券代码：833750），注册资金 8，850 万元，是国内首家挂牌新三板（于 2015 年 10 月 19 日正式挂牌），专注于钻石毛坯批发、成品钻石销售及相关配套业务的具有较大规模和品牌影响力的珠宝企业，为中国天然钻石第一股。拥有长宁钻石（香港）有限公司（全资子公司）、深圳市中非钻石股份有限公司（控股子公司）。长宁钻石是中国珠宝玉石首饰行业协会副会长单位，深圳市黄金珠宝首饰行业协会副会长单位，上海钻石交易所会员单位。

企业优势

公司自成立以来，始终坚持诚信经营、开拓创新的理念，从成品钻一级批发业务起步，国内首创 B2B 成品钻批发网上实时订购系统，打破了传统营销方式的同时开创了珠宝行业内的在线贸易往来新模式，被誉为“长宁模式”，并辅以公司首推的“长宁钻石分级系统（CGS）”，助全球客户轻松实现在线下单选购，开启了钻石销售新纪元。此外，长宁钻石与国检中心达成战略合作，将 Cheungning&NGTC 的检验标准推向国际，促进中国钻石文化产业的创新与发展，为行业的明天注入新活力。锐意进取的长宁钻石已推出专业钻石交易系统 APP，此款 APP 是公司原有交易系统更新升级后的移动互联网版。

强强联合

长宁钻石往行业上游钻石毛坯批发环节渗透，现已成功与博茨瓦纳、南非、津巴布韦、加拿大、俄罗斯等多国优质钻石毛坯矿商建立业务合作关系，完善了从钻石毛坯批发到成品钻加工批发销售以及配套服务的全产业链业务体系。并于 2014 年底携手华侨城、中信裕联、北京绿都源资产共同发起设立深圳市钻石毛坯交易中心（深钻所），以提供包括钻石毛坯保税仓储、进出口贸易代理、物流押运、钻石托管、钻石鉴定检测等一系列增值服务，从而深化对钻石行业的优化整合。长宁钻石，以带动行业的规范经营为己任，为振兴钻石行业发展尽绵薄之力。

展望未来

如今，秉承改革创新、坚持已任的长宁钻石乘着新三板东风踏上新的征程，依托资本平台加快发展步伐做大做强，为实现“领先的专业钻石交易综合服务商”的宏伟目标而奋斗。

长宁企业文化

企业定位语：中国天然钻石第一股

经营理念：以善为本，知非即舍

企业愿景：打造中国最具价值的钻石上市公司

企业使命：弘扬东方钻石文化，爱者有其钻

核心价值观：善

【833769】浙江中泰环保股份有限公司

浙江中泰环保股份有限公司主要从事电除尘器、布袋除尘器、湿式电除尘器、烟气脱硫、脱硝设备的设计、制造、安装和调试等业务，能提供除尘、脱硫、脱硝及气力输送一体化工程总包服务。公司注册资金 7375 万元，目前有高标准厂房 50000 平方米，员工 280 余人，其中工程技术人员 86 人（博士后 1 人、硕士 6 人、高工 5 人）。公司拥有设计资质、环保专业承包资质，并已通过 ISO9001 质量管理体系认证及 ISO14001 环境管理体系认证。公司已被认定为国家级高新技术企业，衢州市级企业技术中心、衢州市研发中心。

公司已与丹麦史密斯、法国法孚、德国哈蒙、美国玛苏莱等跨国公司建立了长期的合作关系，和浙江大学国家环境保护燃煤大气污染控制工程技术中心是合作伙伴。公司的环保设备技术已达到国际先进水平，其中公司 60% 的产品出口欧美等发达国家。

公司和浙江大学合作研发湿式电除尘器技术，已在 600MW 机组以下的系列项目中得到了成功应用。

公司为工信部推荐的全国五家湿式电除器生产供货厂商之一。

“精品”是中泰的工作标准，“诚信”是中泰的品牌基石，“一流”是中泰的奋斗目标。公司始终坚持“依靠一流的人才和技术，通过一流的管理和服务，创造一流的工程和事业”的理念，满足市场的需求，与全球范围内众多合作伙伴一起，共同创造更加辉煌的明天。

【833772】浙江天蓝环保技术股份有限公司

天蓝环保成立于 2000 年 5 月，是一家从事燃煤烟气治理的技术研发设计、工程总承包和环保设施第三方运营等业务的环保高新技术企业。公司以自主创新研发的技术为依托，为电力、热电、化工、造纸、钢铁、有色金属及建材等行业客户提供燃煤烟气污染治理的工程总承包、环保设施第三方运营服务、系统设计服务以及设备配套供应服务。

公司现有工程技术人员 170 余名，其中高级、中级职称人员 90 余名。公司先后承担了 7 项国家 863 计划课题及子课题和省市级科研项目，并牵头制定了两项国家行业技术标准；公司拥有多项具有核心竞争力的大气污染治理技术及相关专利，并且凭借在技术、研发、市场、人才等方面的优势，在全国 27 个省市自治区已建成和在建的烟气脱硫脱硝除尘工程达 700 余台套，总计处理锅炉蒸汽吨位数达 5 万蒸吨以上，处理烟气量约 1 亿标准立方米/小时，在燃煤烟气治理领域的技术水平处于国内领先地位。

公司秉承“诚信敬业合作发展”的企业文化和核心价值观，遵循循环经济的理念，致力于以废治污等环保技术的创新和应用，努力拼搏，奋勇向前，为污染物削减和环境质量改善贡献力量，为保护生态环境添砖加瓦。

【833884】成都博高信息技术股份有限公司

企业介绍

成都博高信息技术股份有限公司（证券代码：833884 证券简称：博高信息），前身成都博高科技有限责任公司成立于 1999 年 4 月 26 日，坐落于武侯区武侯新城管委会武兴三路 18 号，注册资金 3583.179 万元。公司一直致力于发展具有独立知识产权的用电信息采集系统及设备，以向广大的供电企业提供优质的用电信息采集设备和完善的技术方案为己任，是一家集技术开发、产品生产和销售为一体的高科技企业。

公司坚持“创新、勤奋、踏实、和善”的企业精神，始终贯彻“市场为导向、技术为基础、质量为生命、发展为动力’的企业方针，建立起了一支实力雄厚的技术研发队伍和一套完善的质量控制体系，并为用户提供全面的售前、售中、售后服务。

公司先后通过了 CMMI 软件能力成熟度模型集成 3 级、ISO9001 – 2001 质量体系、OHSAS18001：2007 职业健康安全管理体系、ISO14001：2004 环境管理体系认证，是国家认定高新技术企业，成立至今多次被四川省及成都市各级政府评为明星企业、优势企业和纳税大户企业，并屡获政府科技进步奖、突出贡献奖。

公司立足于技术创新，联合多所大学和科研机构的技术力量，致力于用电信息数据采集及用电信息管理软、硬件产品的开发和推广，以及高新技术在电力电子产品上的应用，不断以性能更高，质量更好的产品满足广大用户的需要。迄今为止已获得授权的用电信息采集系统领域的专利共计 51 项（另有 11 项发明专利取得受理通知书），18 项软件著作权，41 项软件产品登记证书，并获得成都市科技进步奖一、二、三等奖，5 项科技成果鉴定。

公司深耕用电信息采集领域，具备多年的服务经验。在市场覆盖区内，公司产品在产品质量、快速服务反应能力、技术服务水准及个性化服务等方面赢得了电力行业众多用户的信赖，在行业中树立了良好的企业品牌形象。在用电信息采集系统行业，“博高”品牌产品具备广泛的知名度。

企业是西部唯一一家获得电力载波通讯芯片国网注册资质的企业，是西南地区行业内的龙头企业。目前企业拥有四川省省级企业技术中心，并在筹建四川省博士后创新实践基地及成都市工程技术研究中心。

地址：成都市武侯区武兴三路 18 号

邮编：610045

电话：028 – 85363622

传真：028 – 85363622 – 819（市场），85365776（传真）

邮箱：cdboost@ sina. com

【833913】坤鼎投资管理集团股份有限公司

基本概况

坤鼎投资管理集团股份有限公司，2004 年成立于北京经济技术开发区，于 2015 年 10 月 30 日正式登陆新三板挂牌交易，股票代码为 833913；作为新三板的首家产业园区类挂牌公司，坤鼎集团（股票代码：833913）以资本 + 模式“双优”资质，以开放式平台和资产整合服务为重要支点，积极拓展多元化的业务模式，目前基本构成国际高端产业园定制、主题产业园区开发、众创空间投资运营三大商业板块。坤鼎集团(股票代码:833913)坚持"以产业为先导、以服务为核心"的指导思想,秉承"产业高端、企业高端、品质高端、服务高端"的核心经营理念,专注于为世界500强企业及国际知名企业进入中国提供灵活多样的物业投资服务,在深入了解国际企业在华投资需求的基础上,按照"统一规划、按需设计、量身定制"一贯思路,为企业提供集现代化生产、办公、生活于一体的新型商务空间。目前坤鼎集团(股票代码:833913)已成为中国产业园区领域专业致力于高端产业园区投资、运营管理的领军企业,并致力于打造中国高端产业园区定制旗舰品牌,做行业的领跑者。

业务范围

坤鼎集团(股票代码:833913)已为美国GE、瑞士ABB、美国AMAZON、日本KDDI、比利时IBA等数十家世界五百强企业及国际知名企业成功投资运作了多种不同物业类型的项目,如亚太物流中心、亚太制造中心、大型数据中心、研发中心等,在为国际企业提供定制物业服务方面积累了丰富的高端产业园区开发经验,树立了较高的行业知名度。

此外,坤鼎集团(股票代码:833913)立足京津冀,在多个热点区域投资运营多个综合型产业园项目;其中,位于通州区台湖镇的台铭国际企业花园,作为国家级文化创业园区,是台湖镇政府主导并重点扶持的产业园项目;目前进驻的企业包括BTV卫视台属一级企业京视传媒、阳光传媒集团及产业链相关数字技术、科技企业20余家,形成了一套园区自有的"以文化创意为主,孵化增值项目,定制优势资源"的终端解决方案,成为台湖区域的典型示范项目。

目前,坤鼎集团(股票代码:833913)的业务已经覆盖了京津冀、中原、华东等地区,完成了在北京、苏州、郑州、永清等重点核心城市的布局,未来将布局上海、成都等中国经济与产业最活跃的地区,与当地政府展开紧密合作,建设综合型产业园区和专业科技园。

企业文化

核心价值观

1. 对客户

坤鼎集团(股票代码:833913)坚持以产业为先导,以地产为载体,为国际企业在华发展提供专业的固定资产投资及建设服务。在为其定制高端品质工业物业的同时,也大幅降低了外资企业在华投资成本及风险;同时坤鼎集团(股票代码:833913)还将为其搭建与政府的沟通及办事平台,申请最好的优惠政策,提供完善的全流程管家式服务,协助和促进企业在华快速发展壮大。

2. 对社会

作为地方政府及开发区外资招商的重要窗口和平台,坤鼎集团(股票代码:833913)的业务模式符合国际企业投资需求和要求,具有较大的优势和吸引力。国际知名企业的引进,促进了地方GDP及税收的快速增长,创造了更多的就业岗位,不仅有利于促进区域产业升级,完善各种功能配套,同时可以有效提升区域品牌影响力,具有可观的经济及社会效益。

【833970】克拉玛依市广盛小额贷款股份有限公司

克拉玛依市广盛小额贷款股份有限公司(以下简称"公司")是在克拉玛依市金融办、人民银行、银监局的监督和指导下,由克拉玛依市金融办和自治区金融办批准的,按照中国银行业监督管理委员会和中国人民银行发布的《关于小额贷款公司试点的指导意见》文件要求设立的小额贷款公司。公司是由克拉玛依市广盛实业投资有限公司作为主发起人,联合4家颇具实力、资金雄厚的企业共同出资组建,目前注册资本为人民币8269万元。

公司秉承"团结、务实、诚信、创新、发展"的企业精神,按照"自主经营、自负盈亏、自我约束、自担风险"的经营方式,坚持"以小立足、小中求大、稳健经营、持续发展"的经营方针,致力于推进区域经济发展,主要为克拉玛依市的国资企业、中小企业、个体经营业主、农业经营户提供小额信贷支持.截止2015年末,公司累计发放贷款近5.2亿元人民币。

在经营管理上,公司组织架构日益完善、员工队伍不断壮大,目前,公司内设综合部、财务部、风控部及客户部4个部室,在职员工17人,其中高管3人,本科及以上占75%,有银行从业经验人员占26%,拥有中级以上职称5人。

在业务拓展上,公司坚持以市场为导向、以创新为动力、以高效为服务手段、以灵活的担保方式、简便的贷款手续、快捷的审批流程、热情的服务态度为客户设计灵活多样的人性化融资方案,竭诚为客户提供专业、快捷、全面的金融服务,最大限度满足各类客户的资金需求,经营利润持续提升,2014年实现净利润1130.48万元。

【833972】上海司南卫星导航技术股份有限公司

上海司南卫星导航技术股份有限公司是一家集研发、生产、销售、服务为一体的高新技术企业,致力为全球用户提供自主知识产权的北斗高精度GNSS板卡、接收机和全方位、多领域的行业应用解决方案。自成立以来公司获得20多项荣誉证书,两次承研北斗二代重大专项"多模多频高精度OEM板",参与国家863项目"基于相位的实时分米级北斗定位数据处理系统技术",主导的"基于北斗高精度导航定位的阅兵车辆训练考核系统"在2015年国家九三大阅兵中大放异彩。在第29次南极科考、国家级北斗地基增强主框架网、中挝两国政府合作项目之东盟首座北斗CORS站、国家"西电东送"骨干工程溪洛渡水电站等重大工程建设中均发挥了重大作用。

司南导航主要技术骨干40余人次获得省部级及以上科技进步奖,公司打破了国外多项技术壁垒,突破了高精度GNSS核心算法、芯片、板卡、接收机、应用及产业化等关键技术瓶颈,拥有专利和软件著作权30余项,数次填补了国内外GNSS在高精度领域的空白。2014年司南导航正式发布第一代高精度GNSS基带芯片,为中国北斗高精度GNSS板卡及接收机形成自主品牌和北斗产业化应用奠定核心基础。公司打破国际品牌的垄断地位,核心产品中国市场占有率超过25%,国产品同比产品市场占有率超过70%,智能驾考系统占国内市场半壁江山。

司南导航全面布局高精度GNSS生态圈,产品应用涵盖测绘地理信息、地基增强、智能交通、精准农业、机械控制、安全工程、工业测量等多个高精度领域,销售网络覆盖了亚太、欧洲、拉美、北美等全球六十多个国家与地区。

2012年12月,司南导航助力第29次南极科考,高精度北斗+GPS双系统首次应用于南极测绘。

2013年3月,司南导航万片板卡交付,确立行业领先地位。

2013年3月,司南导航首次将北斗高精度技术引入驾考科目二、科目三应用,改变了传统驾考驾培模式。

2013 年 7 月，司南导航加入国际海运事业无线电技术委员会（RTCM），成为国内首个拥有 RTCMSC1043.2 标准专属报文的企业。

2013 年 11 月，北斗高精度接收机在智能车辆的成功使用，开创了我国北斗高精度导航在智能驾驶的应用先河。

2014 年 4 月，司南导航再次中标世界第三、中国第二大水电站溪洛渡，为全国大型水利水电工程的自动化监测做了首个应用范例。

2014 年 11 月，司南导航基于 ASIC 芯片的三模八频板卡通过北斗重大专项三期验收。

2015 年 5 月，司南导航精准农业应用继 2014 年第五届卫星导航学术年会和亚欧博览会之后，连续两年三次受央视报道，北斗自动导航深受业界好评。

2015 年 7 月，司南导航中标中国兵器工业集团公司发布的北斗地基增强系统基准站接收机与天线招标项目最大包，中标产品 M300Pro 接收机将用于国家级北斗地基增强系统主框架网的建设。

2015 年 9 月，作为“基于北斗高精度导航定位的阅兵车辆训练考核系统”的主要设备供应商、项目具体实施方和主力技术支持团队，司南导航在纪念抗战胜利 70 周年阅兵活动训练和考核中大放光彩。

2015 年 10 月，司南导航正式在全国股转系统“新三板”挂牌公开转让；11 月 6 日，公司在北京全国股份转让系统公司举办了挂牌敲钟仪式。

【834070】盛全物业服务股份有限公司

一、公司概况

盛全物业服务股份有限公司起步于 2004 年，注册资金 5080 万元，是经国家工商行政管理总局核准成立的大型综合服务运营集团。2015 年成功挂牌新三板（834070.OC），成为国内首波上市的物业企业。

盛全物业为国家物业服务一级资质企业、中国物业管理协会常务理事单位，近年来蝉联入选中国物业服务企业百强（最新排名第 36 位），“盛全”还被评为“浙江省知名商号”。

公司管理总部设于杭州，已形成重点覆盖长三角并向各发达省会城市拓展的全国性发展态势。截至 2015 年底，公司管理类员工逾 3000 人，业务网络覆盖全国 30 余个地市，设立了浙江、安徽、上海、江苏区域公司及长沙、上饶等多个分支机构。签约管理项目面积逾 4000 万平方米，与绿地、万达、中国铁建等知名开发商建立了战略合作伙伴关系。打造的标杆服务项目包括：

浙江省年度物业管理示范住宅小区：“山水名城”、“溪山美墅”

杭州市年度物业管理优秀住宅小区：银树湾

中国五星级物业服务小区：安徽合肥“绿地 · 内森庄园”

中国四星级物业服务小区：浙江杭州“德信 · 早城”

二、业务特色

公司全面拥抱移动互联时代，专注于“现代服务 + 智能科技”的跨界尝试，通过科技手段的嫁接打造无人化智能服务，深入推广“科技温暖生活”的全新服务理念，引领传统物业服务方式和服务内容的转型升级。

盛全物业将生物识别技术、物联网技术、移动互联技术等进行整合，在行业内首个提出以“刷脸”技术为核心，将服务边界延伸至其在社区场景中的广泛应用，并致力于通过打造行业联盟平台 CO－WORK 实现技术分享，推动行业进步。

这种全新概念的物管行业解决方案（Suntre Intelligence）是移动互联时代社区服务整合模式的一次跃升。围绕智慧社区建设和社区商业模式创新主题，盛全物业开创的“全流程、一站式、无痕化”园区生活服务体系，在业界和社会公众面前树立了良好的品牌形象。标准化服务已包括：

物联网设施设备全生命周期管理系统覆盖电梯、水泵等公共区域设备，实现远程监控、安全预警、自动巡检、故障联动报警等功能，提高了物业的集约化管理能力。

视灵通刷脸门禁系统颠覆传统园区出入管理，通过端到端的人脸识别技术方案来实现小区出入的安全防护，掌握访客实时动态，减少门岗人员或最终实现无人值守。

视灵通电子钥匙功能可以通过车主预先在系统登记的车牌号码，实现自动车牌识别，不用停车、快进快出，实现“ETC”功能。

视灵通 24 小时无人超市致力于构建社区移动支付商业生态圈，并打造业主专属信用体系，未来将“信用生活”的应用场景扩展至金融、社交等。

社区物业 APP 服务平台方便业主随时进行报修、查看物业通知、预订家政服务。

三、业务板块

1. 基础物业

主要从事中高端住宅、城市综合体、商务办公楼、商场、城市配套设施、学校、创业园科技园、医疗机构等物业的运营管理服务及咨询。

同时拥有社区 O2O 服务品牌“盛全优家”，通过建立社区生活服务平台打造线上和线下贯通的互联网时代社区服务新模式，包括：

盛全管家：提供星级家政服务（钟点工清扫、空气净化、装修除醛、家居除螨等）

社区健康：引入“健康小屋”“长青雅集”特色项目，建设园区健康服务体系

社区教育：整合专业教育资源满足业不同年龄段人群的专项学历教育和爱好培训需求

社区金融：引入银行、理财机构等专业第三方，为业主提供日常理财和资产管理服务

社区商业：打造具有社区场景特色的“开放 + 合作”商业模式，将各类优质商业资源引入物业线上服务平台，为业主家庭提供生活半径 100 米内的衣食住行需求解决方案

2. 盛全管家

与英国管家协会（UKBG）合作，以高端专业的服务理念、融合视觉美学及有效策略，为地产案场、会所、沙龙、影院、商务办公区等高端场所客户提供专案定制的有效服务方案。从前期定位策划、规划设计、物料采购、软硬装一体化到后期人员培训、日常管理，提供一站式全案运营服务，尽显高端品质。

3. 房屋查验

专业从事房屋查验工程，专项负责各类即将建成的建筑项目的验收工作的开展与推进，严格实行一房一验，对房源跟踪、落实，以实现交付时的零缺陷，并对已建成交付的建筑项目提供维修养护改造等服务。

4. 环境工程

城市配套公建、场馆类、市场类、酒店类物业清洁服务专业运营商，专业从事市政环卫、开荒保洁、地毯清洗、石材养护、地板打蜡、外墙清洗等项目。

5. 私人保安

国内领先的安全服务供应商,并致力于打造顶尖私人安全机构及培训高端私人安全顾问为一体的安保公司。专业从事全球高端客户保护和贴身护卫,以绝对忠诚和绝对专业为追求,让客户享受国际规格的专业保护。

【834080】德阳市中嘉实业股份有限公司

德阳市中嘉实业股份有限公司始创于2000年3月,占地面积约62亩,现代标准厂房建筑面积约21600万平方米,拥有各类生产设备、检测仪器设备460余台。是一家专业从事海水淡化设备、工业污水处理设备研发制造、安装调试、售后服务,集科、工、贸为一体的国家高新技术企业。公司主要承接海水淡化设备、大中型水轮发电机组及汽轮发电机组的辅机制造等机械设备的生产制造业务。

中嘉实业自创建以来,已形成年产海水淡化设备10台套,污水处理设备16台套、大型热交换器30余台的生产能力。已和二重集团有限公司、建龙集团、东方汽轮机有限公司、东方电机有限公司、东方锅炉有限公司、上海电气、天津众和等企业建立了长期的战略伙伴关系,并已取得以上公司的资质认证。公司以稳定可靠的产品质量、及时完善的交货周期和热情周到的售后服务,受到了广大客户的一致青睐。

2015年11月10日,公司股票正式登陆全国中小企业股份转让系统,成为德阳市前三家"新三板"挂牌企业,也是我国海水淡化设备制造行业中第一家"新三板"挂牌公司。

为人类提供最洁净的淡水,是中嘉实业永恒的梦想。借助卓越的产品和服务,中嘉实业必将成为海水淡化行业的领跑者。

【834089】浙商创投股份有限公司

浙商创投股份有限公司(股票代码:834089),中国最活跃的浙商民营资本,融合国际化与本土化的管理模式,成就了中国股权投资界的"浙商经验"。浙商创投以创业投资为主线,拓展资本市场布局,致力于打造创业投资和产业并购的浙商品牌,现已发展成为全国领先的股权投资平台之一。2015年11月5日,浙商创投成功登陆新三板,成为浙江首家成功登陆新三板的民营控股创投机构。

浙商创投拥有100余人的专业管理团队,核心团队有着丰富的实业经营和投资管理经验。董事长陈越孟是浙江省政协委员,还先后当选为浙江省股权投资行业协会首任执行会长、中国创业投资专业委员会联席会长、杭州市宁波商会常务副会长,并获得"风云浙商"、"中国优秀创投家"金奖、中国卓越创投家等荣誉。

浙商创投的LP队伍汇集了浙江省国有资本运营有限公司、浙江省二轻集团、传化集团、喜临门集团、滨江集团、红石梁集团、惠康集团、杭州市金融投资集团、万事利集团、青春宝集团、春风集团、美好控股集团、杭实集团、华立集团、万马集团、永利集团、城建集团、杭钢集团等数十家著名企业和上百位成功浙商,融合本土民营资本的力量,以"传承浙商精神,助力民族产业"为宗旨,植根浙江,拓展全国,通过股权投资的方式,扶持一批有自主创新能力的高成长性企业在创业阶段快速突破发展瓶颈,促进民族企业做大、做强。

浙商创投目前已经管理了20余个VC/PE基金、天使基金、新三板基金、定增基金、并购基金,管理资产规模达300亿元人民币。

浙商创投所管理的基金已成功投资华数传媒(000156)、华策影视(300133)、普路通(002769)、贝因美(002570)、品尚汇(833788)、迪威视讯(300167)、郑煤机(601717)、慈星股份(300307)、喜临门(603008)、跃岭股份(002725)、中搜网(430339)、云南路桥(830796)、飞利信(300287)、广汇汽车(600297)、联创电子(汉麻产业002036)、企源科技(833132)、中南卡通(833156)、中新科技(603996)、杭科光电(834043)、东管电力(834469)、快拍物联(835101)、千足珍珠(002173)、汉鼎股份(300300)、东方时尚(已过会)、幸福九号、我爱我家、友加、米粒影业、度周末、惠民网、微贷网、每日优鲜等90多家优秀企业,涉及移动互联与创新消费、高端消费品、现代服务业、医疗健康等多个行业与领域,扶持一批企业成长为行业龙头企业,20余个项目已经成功上市或并购退出。2012年至2014年连续三年浙江省创投行业纳税第一。除杭州总部,浙商创投已在北京、上海、深圳、沈阳、美国硅谷等地设立子公司或基金。

【834141】蓝德环保科技集团股份有限公司

蓝德环保科技集团股份有限公司(简称"蓝德环保集团",股票代码:834141,股票简称:蓝德环保)成立于2004年,注册资本1.2368亿元,现有3个分公司,17个子公司,员工500余人。是一家以提供城乡垃圾综合处理解决方案和装备制造为主的高新技术企业。经过十一年的发展,公司已经成为餐厨垃圾处理、渗滤液处理及环保设备制造的领军企业及综合服务提供商,于2015年11月13日完成三板挂牌。

公司拥有环保专业承包贰级资质,生活垃圾工业废水双甲级资质,是固废行业资质较高的专业环保公司,并通过了ISO9001质量体系认证、ISO14001环境管理体系认证高新技术企业认证。在固废处理领域拥有发明专利12项、实用新型专利71项、设计类专利1项,涵盖(生活垃圾综合处理、餐厨垃圾处理、厨余垃圾处理、渗滤液处理、畜禽粪污处理)等领域。

蓝德环保集团为客户提供城乡垃圾综合处理和垃圾渗滤液处理工程的设计、设备研发生产及供应、安装调试和投资运营管理等一系列专业化服务,是国内渗滤液处理领域的前三甲企业及餐厨垃圾处理领域领军企业,研发并设计建成全国第一个200t厨余垃圾处理无害化处理项目,是有机垃圾综合处理技术运用的开拓者。

凭着公司技术实力、资金实力及丰富的项目经验,公司以BOT、BT、BOO等PPP模式和EPC模式灵活地为各地区项目提供服务,在全国成功建设了50多个相关项目。

公司成立十余年以来,始终致力于环保领域的研发,同时进行国际先进技术引进消化,使得在固废领域技术保持在行业领先。公司积极探索有机垃圾、工业垃圾、建筑垃圾、汽车电子垃圾、畜禽粪污等无害化、资源化的处理技术,凭借多年的技术储备、强大的整合经验、资金统筹能力,不断开拓环保服务理念,率先提出垃圾协同处理的循环经济产业园、静脉产业园、垃圾综合处理园区的处理方案,针对不同城市规模和实施条件提供专业的解决方案。

公司文化

价值观:技术领先、专业务实、诚信负责。

公司愿景:成为城市固体废弃物处理领域的领跑者。

质量方针:科学管理、技术创新、服务完善。

经营理念:领先应用技术,为客户创造价值。

地址:北京经济技术开发区荣华国际大厦 17 层
电话:010—53269798　400—001—3788
传真:010—53269761
网址:www.biolandgroup.com

【834235】广东穗源农业科技股份有限公司

广东穗源农业科技股份有限公司(以下简称"公司",证券代码:834235,证券简称:穗源科技)于 2010 年开始筹建,2011 年正式注册成立,注册资本 3160.2 万元,2015 年 11 月 23 日正式挂牌新三板,是一家集农产品种植、加工、销售、技术服务为一体的新兴现代化农业科技企业。穗源科技已成长为当地具有一定影响力的农业产业化龙头企业,并得到各级政府的认可和褒奖。

公司拥有多个大型的优质水稻种植基地,采取"公司 + 公司 + 专业合作社 + 技术服务"的经营模式,以华南农业大学和中山大学雄厚的研发实力为后盾,与多名生态农业专家建立长期技术合作关系,是华南农业大学和中山大学高科技项目服务于"三农"的龙头与窗口。穗源科技在现代农业技术与示范推广方面实力雄厚。同时,穗源科技积极与科研机构协同合作,共创集科研、生产、加工、销售、示范推广于一体的专业化科技企业,形成以农产品市场平台为核心,由农产品生产、加工、贸易、基地建设四套车拉动,辅之以自然景观农业观光(结合基地及旅游开发)的农业发展格局,使穗源科技成为引领清远农业实现产业化格局的企业,成为广东省农业产业化的明星企业。在未来的时间里,建成集农业生产、工业加工、商业贸易、休闲服务于一体的农科工贸大型生态环保企业。

公司荣誉

粮食应急储运企业
粮食应急加工企业
粮食应急配送中心
农业产业化经营专业大户
热心农业事业发展贡献单位
cctv.com 年度推荐品牌
清新县重点农业龙头企业
清远市重点农业龙头企业
广东省重合同守信用企业
有机产品认证
广东省名牌产品

地址:广东省清远市清新区太和镇 107 国道北 396 号
邮编:511800
电话:0763－5851836
传真:0763－5851826
网址:www.qysyny.cn

【834244】广东星美灿照明科技股份有限公司

广东星美灿照明科技股份有限公司,经过 15 年的发展历程,现已成为一家集:研发设计、生产、检测、销售于一体的专业灯饰高新技术企业。于 2015 年 11 月成功挂牌新三板。目前,企业厂房占地面积 12000 平方米,注册资本 1129 万元,拥有行业领先的灯饰生产工艺、富有经验的工程师以及严格完整的品质管理体系;并拥有国际设计师团队,将世界各地的设计理念与产品中西完美融合,形成多元化的独特艺术风格和魅力。

同时,星美灿台灯销售网络遍布全球,所有出口产品均由中国出口信用保险公司承保,是北美、欧洲中高端市场灯饰主要供货商,深受世界各地家庭的喜爱。

星美灿艺术台灯在辅助照明的同时,更能点缀空间,营造氛围!他最独特的品牌价值,致力彰显您的尊贵身份和高雅品味!其大气奢华的客厅灯,优雅温馨的卧室灯、书房灯,缤纷童趣的儿童灯……,随装修风格和设计理念而搭配,如一件专为您定制的艺术品,在您家中熠熠生辉!我们相信!未来,世界每个家庭都能享受星美灿艺术台灯所带来的五星级生活空间!

向来传承生活的基因,用热爱与专注来创造经典。
作为艺术台灯大师,
他,15 年只做一件事,几乎偏执地专注台灯艺术;
他,用世界的理念,诠释家的价值与内涵;
他,将生活的灵感与台灯的艺术完美结合,
在流淌的时间中,酝酿出无数堪称经典的大师之作,
他就是星美灿,艺术台灯大师!

第二节 优秀会计师事务所选介

北京兴华会计师事务所(特殊普通合伙)

北京兴华会计师事务所(特殊普通合伙)目前是中国前20强会计师事务所之一。自1992年成立以来,北京兴华在社会各界大力支持下,经过全体同仁的不懈努力,在股票发行与上市、企业重组、公司改制、国企审计及财务咨询等专业服务方面具有极强的实力和出色的业绩,目前已有上市公司客户近40余家。

北京兴华一直保持高速增长,2014年业务收入为8.1亿元,全国行业排名第15位,北京地区排名第9位。

北京兴华总部设在北京,现有高级合伙人11位,合伙人69位,在职员工1600余名,注册会计师500余名。经财政部门批准,北京兴华相继在贵州、广东、湖北、黑龙江、湖南、安徽、福建、山东、河北、吉林、四川、上海、深圳、西安、云南、天津、杭州、辽宁、江西、山西、河南、江苏等地设立了23家分所,已成为国内颇具影响力的知名会计师事务所之一。

北京兴华一直秉承以客户为本的执业服务理念,正确处理服务与监督的关系,赢得了监管机构和客户的好评。

北京兴华及下属机构业务涉及审计、评估、工程造价、税务咨询等各个领域。北京兴华拥有证券期货审计资质、金融业务审计资质、军工涉密业务咨询等各类资质。同时所属机构拥有证券业评估资质、甲级工程造价咨询资质、税务审计资质等。

北京兴华的管理团队由经验丰富、年富力强的资深专业人士组成。首席合伙人王全洲先生拥有超过二十年从事与审计、评估、咨询相关的专业工作经历,对企业改制上市、年度审计、企业收购兼并、再融资等具有丰富经验和指导能力,并在财税、经贸、金融、证券各界拥有广泛、良好的社会关系与资源。

北京兴华于2000年经财政部批准,正式成为马施云国际成员所并自此跨入国际审计市场,为近十家企业境外上市提供了审计服务。

北京兴华一贯坚持专业化机制与制度的建设,建立了一套完整的事务所管理制度及执业规程。同时事务所在各个方面,不断建设创新力强、凝聚力强、竞争力强、事业心强的核心团队,创造一流的品牌文化,将北京兴华会计师事务所塑造成“中国审计专业的领军品牌”。

诚信铸就品牌,专业提升价值,北京兴华将一直秉承“独立、客观、公正”的原则,坚守职业道德,为客户提供最优质的服务!

我们的企业文化

兴华人在多年的工作实践中,积极致力于企业文化建设,通过不断吸纳融汇中西方文化精髓,逐步积淀出了深厚的人文底蕴,培育出了具有鲜明特色的企业文化,使企业充满了生机和活力。我们崇尚一个业内知名的大所应具有社会责任的理念。我们既是这种理念的倡导者,也是这种理念的实践者。兴华慈善基金会的设立便是这种理念的具体实践。进入北京兴华,你会为我们的热情和真诚所感动,你更会被我们执着的奉献精神和专业精神所折服。

地址:北京市西城区裕民路18号北环中心22层
邮编:100029
电话:010-82250666
传真:010-82250851
邮箱:xhcpas@ xhcpas. com

北京永拓会计师事务所(特殊普通合伙)

北京永拓会计师事务所(特殊普通合伙)(以下简称:永拓会计师事务所)创立于1993年。2013年底,永拓会计师事务所由有限责任公司转制为特殊普通合伙制,目前注册资金1605万元。是全国具有证券期货相关业务执业资格40家会计师事务所之一。在香港地区设立了永拓(香港)会计师事务所。2002年起至今,连续被中注协评为全国百强会计师事务所,通过了ISO9001:2008国际质量管理体系认证。总部位于北京CBD(国安大厦)。

二十多年来,永拓始终坚持“一元化领导,专业化管理,多元化服务”的发展战略,坚持“以服务国家建设为主题,以诚信建设为主线”企业理念,依靠严谨的专业团队、先进的信息化技术手段和良好的沟通能力,竭诚为党和国家机关、大型国有民营企业、银行保险、上市公司提供审计、税务、咨询等优质服务,受到客户和行业协会的好评。目前,在全国省市设立了分所19家,员工人数1200人,现有合伙人85人;高级职称人员60人,中级职称人员380人;注册会计师528人,注册税务师50人;还有国际注册内部审计师、国际IT审计师,美国、英国、澳大利亚和香港注册会计师人几十人。有多名管理合伙人分别担任证监会发审委委员,中注协理事,北注协常务理事,北注协专家委员会、IPO审计委员会、注册管理委员会、惩戒委员会和教育委员会委员;地方注协理事,还有一些省市的合伙人分别担任地方人大、政协、工商联民主党派的委员和支委等。还有多名领军人才。

多年来,永拓已成功为数千家客户提供长期服务,成为国内最具实力的会计师事务所之一,永拓全力服务国家经济建设,打造民族咨询品牌。

大华会计师事务所

大华会计师事务所创立于1985年,是国内最具规模的四大会计师事务所之一,是国内首批获准从事H股上市审计资质的事务所,财政部大型会计师事务所集团化发展试点事务所。2013年,大华业务收入超过12亿元人民币,排名居中国行业第八,本土第四。大华是全球排名第十的马施云国际会计公司在华的唯一协调和联络机构。

大华会计师事务所总部设在北京,在上海、深圳、呼和浩特、广州、武汉、长春、沈阳、珠海、南昌、西安、合肥、杭州、大连、郑州、长沙、太原、南京、昆明、济南、青岛、成都、海口、苏州等国内重要城市设立了分支机构，并在香港、新加坡等地设有多家联系机构。

大华会计师事务所出资额 1200 万元，现有从业人员 4000 余名，拥有中国注册会计师资格者 1000 余人，具有美国、英国和澳大利亚等国外发达国家注册会计师资格、能够提供国际业务服务的专业人员约 100 人；获得"中国注册会计师行业领军后备人才"称号的专家有 14 人，中国注册会计师协会资深会员 21 人；另外还有业内外知名的各类杰出业务专家，这些专家在财务会计、审计、税务、公司治理和战略管理咨询、内部控制、风险管理、全面预算管理、企业购并重组、IT 审计和国际化业务等方面具有业内领先的水平。

大华会计师事务所经 PCAOB 认可具有美国上市公司审计业务执业资格，2010 年取得 H 股上市公司审计业务资质，大华不仅能够从事国内上市公司审计、大型中央和地方国有企业审计、大型金融保险企业审计，而且可以为开拓海外市场的中国企业及进入中国市场的外资企业提供全球化的审计和咨询等专业服务。大华会计师事务所的业务范围包括审计鉴证、管理咨询、资产评估、工程咨询、税务服务等，服务对象主要为上市公司、大型国有企业、金融保险企业、外商投资企业等，常年审计客户 8000 余家，其中上市公司 179 家、中央企业 20 家、省级企业集团 300 余家、外资企业 500 余家，涉及航空航天、金融保险、能源矿产、石油化工、电子科技、公共服务、房地产、交通运输、加工制造、仪表设备、快速消费品、酒店餐饮、商业百货、电子商务、农产品制造、旅游、医药、电信等多个行业领域，并多次接受政府部门和国际组织委托承担其他特殊目的专项审计。

大华坚持按照新起点规划未来、高标准开展工作、高水平科学发展的企业宗旨，坚持"以人为本、精益求精"的内部管控理念，构建"规范、协调、高效"的一体化管理机制，以维护公众利益为目标，建立有效的内部管理制度体系，全面提升执业水平，着力打造业内公认、社会信赖、管理规范、服务一流的品牌事务所，竭诚为社会提供优质、高效的专业服务，再造民族会计品牌的辉煌。

持专业化、多元化、国际化之道，专注为客户提供品质服务。

地址：北京海淀区西四环中路 16 号院 7 号楼 12 层
电话：010 – 58350011
传真：010 – 58350006
邮编：100039
邮箱：dahua@ dahua – cpa. com
招聘邮箱：zhaopin@ dahua – cpa. com

大信会计师事务所（特殊普通合伙）

大信会计师事务所（以下简称大信）系由我国现代会计先行者吴英豪先生创建于 1945 年。由其学子——武汉大学兼职教授吴益格先生重建于 1985 年，是我国注册会计师行业恢复重建后成立的第一家合伙会计师事务所。

目前大信总部（注册地）设在北京，在武汉、山东、上海、深圳、江西、吉林等地设有七个区域性业务总部，分辖 24 个直属审计业务部及江苏、重庆、广东、辽宁、广州、四川、云南、青岛、河南、广西、天津、湖南、山西、陕西、青海、厦门等分所，还在香港地区设立大信梁学濂（香港）会计师事务所。常年客户达 3000 余家，包括中央企业 30 家，省属大型国企 86 家，H 股、B 股、A 股上市公司近百家，拟上市公司近百家。遍布全国近三十个省、市、自治区。

2012 年全所员工达到 4021 人，其中 CPA1056 人，不包括英国皇家特许 CPA 及香港 CPA。2012 年实现业务收入过 13 亿元，居中国注册会计师协会 2012 年"百强所"综合排名第七位（本土所第三位）；上市公司客户量连续十二年居中国证监会排名前十位；国家审计署备选中介机构综合排名第六位。被媒体誉为"一家受上市公司欢迎的会计师事务所"、"注册会计师行业一个知名品牌"。

大信的专业力量在发展中壮大成长。现已形成一支以"三师"（注册会计师、注册税务师、注册造价师）为核心的专业团队。并以其规模和实力，获得会计中介机构各种执业资格，包括 H 股企业审计资质；财政部、中国证监会颁发的证券、期货相关业务审计；建设部批准颁发的工程造价咨询（甲级）资质；国土资源部颁发的土地咨询 A 级资质；国务院国资委授予的中央企业审计资质。

大信在不断发展壮大的过程中，逐步建立健全了内部治理结构和质量控制标准，同时形成了"三大"服务专长：即上市公司审计与股份制改制服务，金融审计及其他法定审计服务，企业管理咨询服务。

大信常年服务的客户主要有中国华能集团、中国电子信息产业集团、中国兵器装备集团、中国出版集团、国家开发投资公司、中国化工集团、武汉钢铁（集团）公司、中国核工业集团、中国船舶工业集团等大型、特大型企业。

大信文化

大信所成立二十年来，已经形成了以"尽 CPA 职责，爱我大信所"为基本内涵的、指导大信人行为准则的大信企业文化。为此，他们热爱党，2011 年成立了中国共产党大信会计师事务有限公司委员会；他们热爱祖国，支持公益事业，为抗震、抗旱、抗洪救灾及助学办教踊跃捐款；他们热爱本职工作，全心全意为公众利益服务；他们热爱生活，与人相互关爱，和睦相处。

大信所训：诚实做人　诚信执业
大信理念：大诚于人　信通天下
大信精神：团结　诚信　勤奋　开拓
大信执业宗旨：依法执业　热诚服务
质量第一　信誉至上
大信发展目标：立足中国　走进世界，
创一流国际会计师事务所

地址：北京市海淀区知春路 1 号学院国际大厦 15 层
电话：010 – 82330558　82330559
传真：010 – 82332287

广东正中珠江会计师事务所

一、基本情况

广东正中珠江会计师事务所（以下简称本所）于 2000 年 8 月设立，该所前身为广东正中和广州珠江两所，分别于 1981 年和 1985 年成立，是全国成立较早的事务所之一。本着"以质量求信誉，以信誉求发展"的宗旨，本所为客户提供了全面而高效率的服务，以客观公正的态度，依据有关法规及审计准则，从事专业工作以昭社会公信。

本所具有证券期货相关业务执业资格、从事金融相关审计业务等资格，主要从事审计、会计、税务、管理咨询、金融业审计；基建咨询、资产评估咨询等多方面服务，涉及行业包括：金融业、制造业、交通业、高科技业、电力业、商业、饮食业、房地产业和综合业等。

本所广泛汇集优秀人才，拥有一批既有专业知识又有丰富实践经验的专业人员队伍。现有员工300人，其中执业注册会计师占43%、注册税务师占20%；员工中具有本科学历以上人员占85%，专业分布于会计、审计、评估、法律、财税、建筑、冶金、管理咨询、工商管理、国际金融、计算机和机械设备等领域；50%以上人员具有中级及以上专业技术职称，近40%以上人员具有注册会计师、注册评估师、注册税务师等多种复合执业资格。

本所成立以来始终保持发展的态势，业务量适度增长，连年保持业务上升势头，是广州地区本土最大的会计师事务所，名列广东省前三甲。2011年位列全国行业39强之列。上年业务收入近亿元，近三年上交国家税金上千万元，为广东省和广州市经济建设作出了积极贡献，历年政府和行业进行的工作检查均受到肯定。

二、内部管理

本所一直奉行“以质量求信誉，以信誉求发展”的宗旨，恪守独立、客观、公正的执业操守贯，彻国家政策法规，增强风险意识，培养职业道德，完善内部控制管理，提高服务水平。按照《中华人民共和国注册会计师法》、中注协发布的事务所内部规范指南以及自身运作的实际情况，制定了较为完善的内部控制制度，保证了本所业务活动和管理活动的正常、有序的运行。本所的内部控制制度主要分为业务管理制度、人力资源管理制度和行政管理制度。

三、本所业绩

本所业务客户发展至今有2000余家，其中上市公司（含中小企业板块）52家，上市公司（中小企业板块）业务增长量2010年度列居全国证券期货资格会计师事务所前10位，上市公司数量占广东省市场份额50%以上（除深圳市），仅上年协助上市公司募集资金达150亿。

经本所审计的上市公司（含中小企业板块）分别为：佛山电器照明、生益科技、宜华木业、南海发展、广东冠豪、康美药业、榕泰实业、广钢股份、韶钢松山、白云国际机场、天伦置业、梅雁股份、创兴科技、东莞宏远、中山公用、明珠集团、佛山塑料、广州友谊、威华股份、路翔股份、韶能集团、东方锆业、万力达、智光电器、达意隆股份、南洋电缆、精益金属股份、奥飞动漫、海大集团、东凌粮油、宏图科技、潮宏基、浩宁达仪表、南方风机、星辉车模、新太科技、高新兴通信、太安堂药业、长城集团、众业达电气、中顺洁柔纸业、骅威玩具、量子高科、汤臣倍健、中海达卫星、杰赛科技、铁汉生态、大华农、明家科技、广东高速、东材科技、岭南园林等。

经本所审计的国有大中型企业有：广东省交通集团、广东省公路建设有限公司、广州地铁、广东省丝绸（集团）、广东省机械进出口集团、广东移动通信等。

四、专业培训

本所十分注重从业人员的专业知识培训，认真组织后续教育，鼓励员工职业发展；多渠道选送优秀专业人员境内、外进修学习；聘请财政部、清华大学、厦门大学、中南财经政法大学等单位资深教授到所进行培训；积极在员工队伍中选拔培养后续教育老师，对新进人员施行一对一的指导老师传帮带方法。本所资深的执业人员受聘于广东省财政厅、广东省国资委等政府部门及广东省、市注册会计师协会、广东省资产评估协会担任后续教育和执业培训的讲师，还是中山大学、暨南大学等大学的客座教授，反响甚佳。到目前为止，本所已拥有中国注册会计师资深执业会员和全国注册会计师行业领军人才数人。

为了提高员工专业水平，本所还创办了以员工为投稿主体的期刊《正中珠江》刊物，为宣传、辅导国家政策法规，交流工作经验体会，研究探讨新课题等搭建了一个学习平台，增强了员工之间学习探讨的氛围，员工一些高质量稿件还被《中国证券报》、《中国财经报》、《中国注册会计师》等国家政府报纸刊物登载。《正中珠江》刊物同时还派发到上级相关部门、学校及客户，得到广泛赞赏，收到良好社会效益。

五、企业文化

本所始终推崇“以人为本”理念，自组建以来员工队伍稳定，人心向上，团队协调，专业骨干力量得到保持和发展。党团组织、工会组织健全，党组织积极开展创先争优活动，党员人数占从业人员26%，2011年7月党支部被中国注册会计师协会党委授予全国优秀基层党支部荣誉称号。长期以来，员工人尽其才，本所及员工获得多项荣誉：2000年和2007年本所获得第二、三届全国会计知识大赛广东省总决赛赛区一等奖和综合评价团体第一名；注册会计师宁宇妮、励孝红二人在第三届全国会计知识大赛广东省总决赛中获得一等奖；2004年本所被区政府评选为优秀民营企业；2005年部门经理安霞经中国注册资产评估师协会评选荣获全国十佳优秀资产评估师荣誉称号；副主任杨文蔚、高级经理何国铨分别取得中国注册会计师协会行业领军人才资格；2009年和2010年经广东省统战部等五部委评选本所主任蒋洪峰、副主任王韶华分别获得省第二\三届优秀中国特色社会主义事业建设者荣誉称号。

为更好的发展注册会计师事业，加强事务所全面建设，适应社会发展需要，本所诚邀有志于注册会计师事业的专业人士加入我们队伍，共同为国民经济发展做出努力和贡献

地址：广州市东风东路555号粤海集团大厦10楼

邮编：510050

电话：020－83939698

传真：020－83800977　83800722

华普天健会计师事务所（特殊普通合伙）

华普天健会计师事务所（特殊普通合伙）（以下简称“华普天健”或“本所”）系2008年由原安徽华普会计师事务所与辽宁天健会计师事务所有限公司合并成立，合并双方均为在二十世纪八十年代取得证券资格并以证券业务为主要业务的事务所。华普天健2013年底完成有限公司转为特殊普通合伙的转制工作，经过多年的一体化管理，已经发展成为一家专业化、制度化、国际化的大型会计师事务所。

华普天健总部设在北京，在上海、合肥、辽宁、山东、芜湖、四川设有六个分所，并在香港地区设立华普天健会计师事务所（香港）有限公司。截至目前，本所先后共为境内81家A股上市公司、200余家拟上市公司、90余家发行企业债券企业及300余家其他企业常年提供专业服务，业务区域遍及全国二十七个省市自治区，在华东、华北、东北、华南等区域形成了庞大的客户群体，客户领域涉及金融、证券、能源、交通运输、通讯、机械、建筑、新材料、房地产、电子、生物工程、医药、化工、家电、商业、纺织、旅游、食品、农业、林业等各行业。合理的网络布局和贯通各行各业的业务分布使我们积累了丰富的市场经验，也打造了由多个领域的专业人员组成的专家队伍。

华普天健在中国注册会计师公布的“2013年会计师事务所百强所”综合排名位列第二十五位，连续多年入围国务院

国有资产监督管理委员会“审计项目会计师事务所”。

华普天健领取的由中华人民共和国财政部、中国证券监督管理委员会联合颁发的“会计师事务所证券、期货相关业务许可证”证书序号为000146。本所工作业绩等相关内容具体介绍如下：

社会声誉

建所20多年来，多次接受过证券监管部门、财政部门、审计部门、行业监管部门等单位的相关检查，我们的执业质量得到了中国证监会及其他相关监管部门的广泛认同和充分肯定，在业内享有良好的社会声誉。

合作伙伴

在多年来的工作实践中，我们积累了广泛的社会资源和丰富的信息资源，不仅与证券监管机构、财税部门、审计部门、国有资产管理等部门或机构建立了良好的沟通渠道，同时，还与华林证券、国元证券、国信证券、广发证券、国金证券、光大证券、中信证券、兴业证券、海通证券、华泰证券等众多的发行保荐机构、国浩、天银、承义、天禾、安泰达等律师事务所以及其他中介机构建立良好的工作关系。

风险控制

根据《中国注册会计师独立审计准则》、《中国注册会计师质量控制基本准则》的要求，华普天健多年来建立了“四个层次、三级复核”的质量控制组织机构，建立了一系列严格的内部质量控制制度，形成了一整套完整有效的质量保证体系。对于IPO项目，本所要求在报送申报资料前必须经过风险控制委员会审核，对于上市公司项目，要求质量控制部独立复核人员在第一时间将复核意见报送主任会计师、各分所所长及分管项目的副主任会计师，众多IPO及上市公司质量控制复核意见的汇报、交流与沟通，使本所高层管理人员对IPO及上市公司业务的风险控制有较好的把握，对IPO项目上市过程中各种问题的处理富有经验。

制度体系

本所根据中国注册会计师执业准则及《会计师事务所所质量控制准则第5101号——业务质量控制》的有关要求，修订完善了本所的《业务质量控制制度》，制定了相关十一项配套文件，并在原安徽华普60余项业务管理指令、业务操作指南及技术提示的基础上，修订下发了多项业务操作指南，其中与IPO密切相关的业务操作指南有：《业务操作指南第1号——年度报表审计》、《业务操作指南第7号——上市公司与关联方往来专项说明》、《业务操作指南第8号——内部控制鉴证》、《业务操作指南第10号——非经常性损益审核》、《业务操作指南第11号——原始财务报表与申报财务报表差异情况审阅》、《业务操作指南第12号——主要税种纳税情况及税收优惠情况审核》、《业务操作指南第13号——会后重大财务事项审核》、《业务操作指南第14号——验资》、《业务操作指南第15号——盈利预测审核》等等。

业务创新

华普天健在激烈竞争的IPO市场上，敢为天下先，由于极强的技术创新能力，创造了一个又一个行业第一。华普天健承办的IPO项目中，阳光电源股份有限公司(300274)成为中国新能源电源行业第一家上市公司，上海延华智能科技股份有限公司(002178)成为中国专门从事楼宇智能化业务的首家上市公司，罗莱家纺股份有限公司(002293)成为全国家纺行业第一家上市公司，苏州金螳螂建筑装饰股份有限公司(002081)成为中国建筑装饰行业上市公司第一股，安徽科大讯飞信息科技股份有限公司(002230)成为语音产业第一股，合肥荣事达三洋电器股份有限公司(600983)作为中国第一家外资家电企业成功上市，安徽雷鸣科化股份有限公司(600985)成为中国民爆行业上市公司第一股，铜陵三佳科技股份有限公司(600520)成为中国模具行业第一家上市公司，铜陵有色金属集团股份有限公司(000630)成为中国铜业境内首家上市公司，安徽桑乐金股份有限公司(300247)成为中国专业桑拿设备制造商境内首家上市公司，洽洽食品股份有限公司(002557)成为中国炒货行业境内首家上市公司，江苏恒立高压油缸有限公司(601100)成为生产挖掘机专用油缸和重型装备非标高压油缸境内首家上市公司，松辽汽车股份有限公司(600715)成为国内军企第一家上市公司，沈阳新松机器人股份有限公司(30024)是东北地区第一家创业板上市公司。

理论研究

华普天健非常注重新制度新政策的学习和执业经验的总结。先后在中国财政经济出版社出版《IPO项目改制上市程序及审核要点》、《上市公司重大置换资产若干财务税收问题》、《上市公司关联方交易政策沿革及其审计问题》、《首次执行企业会计准则探析》、《资产负债表债务法下所得税会计应用释例》等专著专刊，与北京注册会计师协会合作协办《北京注册会计师》(2006第5期)，并参与了中国注册会计师协会《财务报表审计工作底稿编制指南》、《中小企业财务报表审计工作底稿编制指南》等课题研究。华普天健员工在《中国证券报》、《财会研究》、《税收科技》、《安徽财会》、《注册会计师视野》等杂志、网站上发表了数篇专业论文。

增值服务

华普天健每年均举办客户培训班，邀请中国证监会、财政部、证券交易所等部门或机构的专家及知名人士，就当前证券市场的热点问题、IPO审核、上市公司监管及最新会计理论与实务等进行专题讲座，不仅为客户提供了业务指导，更重要的是加强了与证券监管等部门及客户的沟通与交流，扩大了对外影响，收到了良好的效果，得到了客户的一致好评。

本所秉承“以质量求信誉、以信誉求发展”的经营理念，恪守“独立、客观、公正”的执业原则，以国际化的视野、专业化的精神，不断探寻和谐发展之道，锐意进取，开拓未来。

地址：中国·北京市西城区阜成门外大街22号1幢
外经贸大厦901－22至901－26
电话：010－66001391
传真：010－66001392
邮编：100037
邮箱：bj@hptjcpa.com.cn

江苏公证天业会计师事务所(特殊普通合伙)

江苏公证天业会计师事务所(特殊普通合伙)前身为无锡公证会计师事务所，成立于1982年，经过1998年底的脱钩改制和2000年、2008年的二次合并重组，更名为江苏公证天业会计师事务所有限公司，2013年底转制为江苏公证天业会计师事务所(特殊普通合伙)。1993年，经中华人民共和国财政部和中国证券监督管理委员会批准，成为中国首批取得从事证券、期货相关业务许可证的会计师事务所之一。

江苏公证天业会计师事务所(特殊普通合伙)经过三十多年的发展，已成为一家具有综合服务功能的大型专业服务机构，是江苏省行业内获得“江苏名牌”荣誉的会计师事务所。事务所崇尚“诚信创造价值、专业成就事业”的核心价值观,凭籍"质量立所、服务兴所"的经营理念,依赖全体同仁良好的职业操守、严谨的工作作风和较高的专业水平,赢得了广大客户和同行的信赖与支持,在社会经济活动中特别是国内资本市场上取得了较大的成绩,在业内和社会上获得了"低调、务实、专业"的良好口碑。

江苏苏亚金诚会计师事务所(特殊普通合伙)

江苏苏亚金诚会计师事务所(特殊普通合伙),原为江苏苏亚审计事务所,成立于1996年5月(原隶属于江苏省审计厅),在江苏省工商行政管理局登记注册。2013年11月经江苏省财政厅批准转制为特殊普通合伙企业,出资额1230万元。事务所从事《注册会计师法》规定的法定审计业务,并承办会计咨询和会计服务业务,具有财政部和中国证监会批准的执行证券、期货相关业务资格,司法鉴定资格等,是中国银行间市场交易商协会会员、中国证券业协会会员。目前,有从业人员1000余人,其中注册会计师255人,注册造价师114人,注册资产评估师87人,注册咨询专家(工程师)24人,资深注册会计师3人,具有各类高级职称人员88人,拥有注册会计师行业领军人才9名,ACCA、ACA及澳洲CPA等国际资质人才11名。

事务所内设证券金融审计业务一部、证券金融审计业务二部、审计业务一部、审计业务二部、审计业务三部(涉外业务部)、审计业务四部(工程财务审计部)、质量控制与技术支持部、业务培训部、业务发展部和办公室,下设北京、连云港、扬州、常州、镇江、苏州、无锡、安徽、盐城等9个分支机构。

自2004年以来,事务所一直被江苏省注册会计师协会授予"江苏省先进会计师事务所"和"先进党支部"荣誉称号;2011年6月被中国注册会计师行业党委表彰为"全国先进会计师事务所党组织";2012年、2013年被江苏省注册会计师协会评为AAAAA级会计师事务所。

事务所自2003年以来连续名列中国注册会计师协会公布的全国百家会计师事务所综合评价排名前30位,其中2013年全国百家会计师事务所综合评价排名第24位。

事务所1998年11月被英国特许公认会计师公会指定为ACCA学员实践基地;2000年4月被南京大学指定为会计专业实验基地;2008年4月被英格兰及威尔士特许会计师协会指定为ICAEW培训机构;2011年5月,被南京理工大学指定为研究生和经济管理学院实习基地;2012年6月,被共青团江苏省委、江苏省注协指定为青年就业创业见习基地;2012年3月,被ACCA协会评为"金牌雇主";2012年7月,被南京大学指定为会计专业硕士实习基地;2012年8月,被江苏省教育厅指定为江苏省企业研究生工作站。

近年来,事务所先后入围国家审计署、财政部投资评审中心、财政部国家农业综合开发办公室、财政部民口科技重大专项财务验收、工业和信息化部、中国铁路总公司(原铁道部)、卫生部、国家体育总局、北京市人民政府国有资产监督管理委员会、北京市人力资源与社会保障局、北京市政府采购中心、江苏省财政厅、江苏省交通运输厅、江苏省审计厅等政府部门的审计机构库。另外,还是中国国电集团公司、中国电力投资集团公司、国家烟草专卖局、中国电信集团公司、中国移动通信集团公司等中央企业的审计机构库成员。

事务所业务涉及财务审计、司法鉴定、管理咨询等财经服务领域,其中财务审计包括上市公司财务报表审计和IPO审计。服务客户涉及大型制造企业、商业连锁及高端零售企业、证券金融类企业、文化传媒企业、医药化工企业、航空及交通运输企业、采矿业企业及电力生产企业等,业务服务范围遍及全国25个省级行政区。

事务所在市场竞争中始终坚持以信誉求生存、以质量求发展的经营理念,严格执行《中国注册会计师执业准则》和中注协《中国注册会计师职业道德守则》,建立和完善内部质量控制制度,恪守独立、客观、公正的执业原则,坚持诚信为本、质量为重、遵循规范、服务至上的宗旨。在发展过程中,事务所注重培养员工的敬业精神和团队精神,着力提高员工专业胜任能力,积累了解决各种问题的专业经验,树立了良好的执业形象,赢得了社会的信赖。

地址:江苏省南京市中山北路105-6号中环国际广场22-23层
邮编:210009
电话:025-83231630
传真:025-83235046
邮箱:js.suya@163.com

立信会计师事务所

立信会计师事务所(以下简称"立信")由中国会计泰斗潘序伦先生于1927年在上海创建,是中国建立最早和最有影响的会计师事务所之一。1986年复办,2000年成立上海立信长江会计师事务所有限公司,2007年更名为立信会计师事务所有限公司。立信依法独立承办注册会计师业务,具有证券期货相关业务从业资格。2010年,立信获得首批H股审计执业资格。2010年12月改制成为国内第一家特殊普通合伙会计师事务所。经过八十余年的长足发展,立信在业务规模、执业质量和社会形象方面都取得了国内领先的地位。2001年起,立信在全国会计师事务所签发国内上市公司审计报告数量排行榜上一直保持第一。

经中注协全国前百家会计师事务所综合评价排名统计:

2002-2006年度连续五年立信排名均列第五位(前四家均为国际"四大"),2007—2011年立信排名位列第六位。

2012年立信实现业务收入17.74亿元,在2012-2013年中国注册会计师协会公布的全国百家会计师事务所综合评价排名第五位。

2000年立信加入国际网络提前实现了专业服务与国际接轨,并扎实培养了一批国际化人才。

2009年立信加入全球第五大国际会计网络——BDO国际,通过与境外成员所的交流,锻炼、巩固和发展了立信跨境业务的经验与优势。

2000年至2013年间,经由中华人民共和国财政部批准,立信又相继在北京、深圳等地设立了29家分所,立信在打造本土最具核心竞争优势的专业服务机构的同时,逐步完善和实现战略布局,为顺应国际资本市场一体化发展趋势,立信人正以诚信和专业铸就着民族品牌。

立信现有从业人员6000余名,其中执业注册会计师1600余名。总部设在上海,有七个专业委员会,以及审计业务部、国际业务部、银行业务部及审计风险管理部、信息技术部、教育培训部、管理咨询部、税务部、资产评估部、工程造价咨询部、信息鉴证部、公司清算部、市场与品牌推广部、会计政策研究中心、产学研基地等与业务相关的部门。现有客户遍布全国各地,其中上市公司300余家,IPO公司300余家,外商投资企业2000余家,并为大型央企、国有集团、银行、证券公司、期货经纪公司、保险公司、信托公司、基金公司等提供审计及相关业务。

组织机构

2006 年 10 月，立信旗舰扬帆，立信会计师事务所管理有限公司成立，设立七个专业委员会。管理公司作为立信的管理总部，是“立信”的品牌经营中心、质量控制的指挥中心、素质培训的组织中心、信息资源的交换中心，将整体负责立信的经营管理、专业发展及对外协调和宣传，包括制订统一的执业标准、统一的内部管理制度、统一的人员培训制度并组织实施。我所均已制定了全面质量控制政策及程序，对所有审计项目执行严格的内部分级督导与三级复核制度。专业委员会目前已建立并实施的制度如《审计质量管理制度》、《审计项目质量控制分级复核与报告签发制度》、《审计规范第 1 号 - 风险分类与管理》等。我所成为管理公司上海总部，下设有三十个审计业务部，还有资产评估部、工程造价咨询部、管理咨询部、税务咨询部、技术标准部、国际业务部、法律服务部以及行政部等。立信拥有多名资深、经验丰富、并在会计界有影响的会计专家。

我们的优势

立信拥有专业知识及技术支援，为客户提供顶尖的专业服务。

不论客户身处何处，立信与其他 BDO 国际网络成员均能透过综合的会计软件及技术，确保客户得到一致的高品质服务。

BDO 国际网络世界各地成员所于当地均拥有悠久历史，享有领导地位。

我们的专业团队经验丰富，对各行各业有深厚的认识，并掌握商业社会的最新动态，时刻与客户保持紧密沟通。

我们从客户的角度出发，细心聆听，明白客户需要，从而提供客户的专业意见。

我们不断检讨我们自己的服务素质，以求保持优质的专业服务。

立信多年来赢得客户的信赖，不仅因为我们对本地市场了解透澈，恪守高水平的专业准则，更因为我们拥有坚持为客户提供切合需要的服务决心。

地址：上海市南京东路 61 号 4 楼

邮编：200002

电话：23280000

利安达会计师事务所(特殊普通合伙)

REANDA，中文简称利安达，注册名称为利安达会计师事务所(特殊普通合伙)。利安达注册资本为 1591 万元人民币，累计提取的职业风险金 2300 多万元人民币，职业责任保险累计赔偿限额达到一亿元人民币。利安达目前具有财政部和中国证监会批准的执行证券、期货相关业务审计资格、财政部和中国人民银行批准的从事金融审计相关业务资格、中国注册会计师协会和国务院国资委核准的承担大型及特大型国有企业审计资格、中国银行间市场交易商协会会员资格、北京市司法局批准的司法鉴定资格及在美国 PCAOB 和加拿大 CPAB 注册，具有为在美国和加拿大等北美国家证券市场上市的公司提供专业服务的资格。

利安达自 1993 年成立以来，经过 20 余年的长足发展，先后在北京、珠海、哈尔滨、沈阳、长春、天津、济南、深圳、长沙、杭州、郑州、成都、上海、秦皇岛、大连、厦门、武汉、兰州、合肥、西安、石家庄、湘潭、青岛、太原、嘉兴、南京等境内主要城市设有近 30 家分支机构，系具有相当规模的国内会计集团网络之一，拥有了一大批在国内外享有很高知名度的客户网络。

利安达本着守法自律、客观公正、薄利重义、优质高效的宗旨，不断加快规模化、规范化、国际化发展的步伐，努力与国际会计师行业接轨，培养了一批熟悉国内外会计、审计准则的注册会计师队伍。目前利安达已经具备了在审计、资产评估、金融、会计、工程造价、税务、财务、投融资及管理咨询等领域，特别是便利地为客户进入国际资本市场提供全方位、全球性专业服务的能力，同时利安达通过与中威正信资产评估有限公司(证券、期货相关业务评估资格)、利安达富邦(北京)工程顾问有限公司(甲级资质)、北京利安达税务师事务所有限责任公司、北京利安达管理顾问有限公司等各专业公司达成了战略联盟，实现了资源优势互补，联手打造大平台概念，力争为客户提供全方位的服务。

利安达自创业伊始，力求全方位地满足客户的需要，服务领域不断拓宽，执业资格不断完善。经过十多年的努力，利安达除保持成立之初具有的经财政部批准的审计、验资、会计、税务服务、咨询培训等服务资格外，现已具备了政府有关部门授予的多种特殊执业资格。

利安达的主要执业资格有：

1. 执业证书。
2. 财政部和中国证监会批准的执行证券、期货相关业务资格。
3. 财政部和中国人民银行批准的首批获准从事金融审计相关业务资格。
4. 国务院国资委审计项目会计师事务所入围资格。
5. 中国注册会计师协会核准的承担大型及特大型国有企业审计资格。
6. 中国银行间市场交易商协会会员资格。
7. 在美国公众公司会计监督管理委员会注册(PCAOB)，具备为在美国各证券交易所融资上市企业提供专业服务的资格。
8. 在加拿大公众公司会计监督理事会注册(CPAB)，具备为在加拿大各证券交易所融资上市企业提供专业服务的资格。
9. 澳洲会计师公会金牌雇主资格。
10. 财政部投资评审社会中介机构资格。
11. 北京市司法局批准的司法鉴定资格。
12. 北京中关村企业信用促进会会员证书。
13. 上海股权托管交易中心会员资格。

执业队伍

利安达自成立以来，一直坚持以人为本的原则，广纳贤才，经过 20 余年的发展已经拥有一批能吃苦、会战斗、年富力强的专业人才队伍，专业领域涉及审计、评估、金融、税务、会计、管理咨询、投融资和工程造价等多个方面。利安达现有从业人员 2000 余人，平均年龄 35 岁，其中注册会计师 500 余人。员工中，有很多人具有在境外工作或学习的背景，从事国际业务的员工中有三分之一具有 ACCA、CPAAustralia、CGA 等国际专业资格，拥有丰富的跨国(境)执业经验。100 余位的高级会计师、高级工程师等高级专业人才，30 多位行业领军人才及资深注册会计师，20 多位来自于利安达国际网络的咨询和国际会计准则专家，与利安达注册会计师队伍共同构成了利安达“健康、稳定、和谐、持续发展”的人才保障，使我们的执业队伍能顺利地服务于不同的行业和领域。

随着事业的发展，利安达在实现规模化、规范化、国际化的过程中，将不断地吸纳国内外的优秀人才，逐步实行人才的国际化，并且引进和安排国内外先进的员工培训项目，注重培养员工的敬业精神和团队精神，有计划地提高员工技术水平和客户沟通能力，形成一支奉行"质量第一、客户至上"执业原则、具备会计、审计、财务、税务、金融等多方面知识和经验的专业执业队伍。

保持与社会各界的良好关系是利安达发展完善自己的重要途径。事务所成立以来，利安达先后与国家计委、财政部、外经贸部、国家经贸委、中国人民银行、中国证监会、国家税务总局、中国注册会计师协会、北京注册会计师协会、全国及北京市工商业联合会、新华社、人民日报、国际金融报、中国财经报等政府部门、行业组织、社会媒体建立了良好的、稳定的关系，在注重发挥中介机构作用、积极提供信息咨询服务的同时，还积极协助政府部门举办各种政策法规专题研讨会，先后成功地主办、协办了中国注册会计师法颁布一周年座谈会、外贸体制改革一周年座谈会、市场经济与中介机构经济学家座谈会、"社会中介机构在构建和谐社会中的作用"先进性教育活动专题研讨会等大型活动，获得了社会各界的好评。

近几年来，利安达会计师事务所及董事长兼主任会计师黄锦辉同志不仅积极参加各项社会活动，而且积极投身于希望工程和光彩事业等慈善事业，尽力安排各种下岗、待业和失业的人员，努力回报社会。2002年积极参加中国儿童少年基金会开展的"长城做证、爱心永存、关注未来、救助孩子"慈善捐助活动，共计捐款6570元。响应中国注册会计师协会的倡议，向内蒙古受灾居民捐献物品件数累计近百件。在事务所内部积极开展"献爱心、救助贫困员工"的活动，为发生意外事故、家庭困难的职工家属支付10万元的资助。利安达会计师事务所先后在湖北省洪湖市成立了洪湖市利安达希望小学、在小汤山经贸子弟学校建立了教师奖励基金，向湖北洪湖利安达希望小学捐赠奖学金、学习用具、电脑等物品，价值约5万多元。2003年初发生的突如其来"非典"事件中，利安达积极参与北京市非公有经济人士联谊会倡议的"抗击非典、奉献爱心"的捐助活动。主任会计师黄锦辉同志积极参加北京市红十字会活动资助北京地区贫困儿童2人。2005年1月，董事长兼主任会计师黄锦辉同志个人捐资1万元，通过中央统战部和陕西省统战部为陕西渭南华县华夏英才希望小学助学捐款，黄锦辉同志被聘为希望小学的名誉校长。黄锦辉同志作为全国工商联执委，作为中介机构的代表参加了红丝带基金的活动，并且被基金会聘为"红丝带基金财务顾问"，接受了由全国政协副主席、全国工商联主席黄孟复同志颁发的聘书，无偿为红丝带基金提供财务咨询，出具财务年度审计报告。这些充分体现了利安达强烈的社会责任感，并树立起利安达优良的社会公众形象。

企业文化

利安达的办所宗旨：

守法自律、薄利重义、客观公正、优质高效

利安达企业精神：

利安达是一所学校，是CPA成功的摇篮

利安达是一座基地，是CPA奠基的场所

利安达是一根蜡烛，是CPA成熟的明灯

利安达是一个家庭，是CPA事业的归宿

利安达的经营理念：

健康、稳定、和谐、持续发展

管理理念：

创新是制胜之道

团队建设理念：

能吃苦，会战斗，热爱生活、享受生活

利安达"做强做大"的指导方针：

以吸收合伙人和适当建立分支机构为主，以联合兼并为辅

利安达国际网络

利安达国际投资（北京）有限公司

北京管理总部：

地址：北京市朝阳区慈云寺北里210号远洋国际中心E座12层

邮编：100025

电话：+86－10－85886680

传真：+86－10－85886690

网址：www. reanda－international. com

邮箱：bjhq@ reanda－international. com

香港海外管理总部：

利安达国际网络有限公司

地址：香港湾仔庄士敦道181号大有大厦21层

电话：+852－31014822

传真：+852－31014811

邮箱：enquiry@ reanda－international. com

瑞华会计师事务所（特殊普通合伙）

瑞华会计师事务所（特殊普通合伙）是一家专业化、规模化、国际化的大型会计师事务所，具有二十多年的发展历史；是我国第一批被授予A＋H股企业审计资格、第一批完成特殊普通合伙转制的民族品牌专业服务机构，系美国FCAOB（公众公司会计监督委员会）登记机构，业务涉及股票发行与上市、公司改制、企业重组、资本运作、财务咨询、管理咨询、税务咨询等领域。

瑞华所总部设在中国北京，执业网络遍及全国，具有雄厚的专业技术力量，凝聚了一大批具备深厚专业素养、丰富实践经验、良好沟通能力及团队精神的行业精英。事务所现有从业人员9000多名、注册会计师2600名、合伙人330多名、全国会计领军人才20名，多人担任财政部、证监会、国资委、中国注册会计师协会等机构的专家委员。

瑞华所拥有丰富的战略伙伴资源，包括国家电网、航天科工、中远集团、东风汽车、国旅集团、国家核电等40多家国务院国资委直属中央企业，中船重工、华谊兄弟、海信电器等340余家上市公司，鞍钢股份、大唐国际、中新药业、哈动力、东北电气等多家A＋H股、A＋S股企业，客户遍布制造、采掘、电力、水利、交通、航运、房地产、建筑、农林、教育、医药、信息、新闻出版、文化娱乐、银行保险等行业，具有丰富的执业经验。

瑞华所秉持"诚信、专业、责任、创新"的精神，以高起点谋划全局、高标准开展工作、高水平推动发展、高要求砥砺精神，专业报国、服务社会、成就员工，推进制度创新，拓展多元业务，培育高端人才，强化风险管控，深化信息建设，倡导技术引领，构建合伙文化，擦亮专业品牌，为中国注册会计师行业提供专业领跑的力量。

瑞华会计师事务所机构包括：合伙人会议；合伙人管理委员会；专门（业）委员会；综合管理部门；分支机构。

合伙人会议

合伙人会议是瑞华会计师事务所的最高权力机构，由全体合伙人组成。合伙人会议分为定期会议和临时会议。合伙人会议由执行事务合伙人负责召集和主持。合伙人会议按照合伙人“一人一票”方式行使表决权。

合伙人管理委员会

合伙人管理委员会是瑞华会计师事务所的决策和管理机构，由13名委员组成。合伙人管理委员会委员由合伙人会议选举产生，根据合伙人管理委员会授权履行职责。

专门（业）委员会

专门（业）委员会是瑞华会计师事务所合伙人管理委员会的议事和参谋机构，由战略委员会、市场委员会、技术委员会、风险控制委员会、信息化建设委员会、人力资源与薪酬委员会、财务与预算委员会、合伙行为监督委员会组成。

综合管理部门

综合管理部门是瑞华会计师事务所合伙人管理委员会的执行和办事机构，由办公室、业务发展部、技术与标准部、质量监管部、培训部、信息技术部、国际联络部、合伙事务部、人力资源部、财务部、专业服务集团办公室、党委办公室组成。

综合管理部门职责

一、办公室

办公室是瑞华会计师事务所主管文秘和行政事务的综合职能部门。具体职责是：

1. 协助相关专门（业）委员会拟订综合管理、行政管理方面的制度和规定；

2. 组织本所综合性会议，并形成除合伙人会议、合伙人管理委员会以外的记录或纪要；

3. 办理公文的收发、运转、审核，管理行政档案；

4. 督办有关文件及领导批示涉及的事项；

5. 管理本所证照、印信、执业资质（如：工商营业执照、执业证书、证券期货许可证等）和业务资质（如：军工保密资质、司法会计鉴定资质等）等；

6. 牵头负责年度报备、行业排名相关资料的申报工作；维护证监会会计师事务所监管系统、中国注册会计师协会管理系统、会计行业管理网等的公共数据；

7. 负责办公用品、固定资产的购置、维护与管理；

8. 负责来宾接待、物业保洁、安全保卫等后勤保障工作；负责办公场所日常工作秩序、工作纪律的维护；

9. 负责维护相关的公共关系；

10. 交办的其他工作。

二、业务发展部

业务发展部是瑞华会计师事务所主管市场管理、项目管理、品牌管理和文化宣传的综合职能部门。具体职责是：

1. 协助市场委员会拟订业务开发、市场协调相关的制度和规定，承办市场委员会相关工作；

2. 制订年度经营目标、收入计划并负责分解下达和统计管理；

3. 组织落实业务发展和品牌建设规划，拟订年度业务发展和品牌推广计划；

4. 负责市场管理工作、协调市场开发；

5. 组织协调各类项目招投标工作，建立市场信息数据库；

6. 负责项目立项、备案管理工作；组织协调和调配本所重大项目，认定公共项目的项目负责人；

7. 联络和维护本所重要客户，开展客户公共关系相关活动；

8. 负责项目合同管理；

9. 收集、整理、分析和发布市场及行业信息；

10. 负责本所VI体系的建立及实施，组织各类品牌推广活动；

11. 负责品牌与文化工作，编辑出版杂志，更新官方微博信息；

12. 交办的其他工作。

三、技术与标准部

技术与标准部是瑞华会计师事务所主管专业标准、专业技术支持和专业技术咨询的综合职能部门。具体职责是：

1. 协助技术委员会拟订与技术标准相关的管理制度和规定，承办技术委员会相关工作；

2. 负责技术支持系统规划和技术标准建设计划的具体实施，起草与专业标准、专业技术支持和专业技术咨询相关的规定和办法；

3. 制定会计、审计（含审阅、审核和其他鉴证业务）领域的专业标准（包括各类专业报告模版、底稿模版、审计指引等）；

4. 组织行业前沿业务技术研究、专业技术课题研究，开展专业技术研讨活动，整理、推广专业研究成果；积极参与国际财务报告准则、国际审计准则以及国内会计准则、审计准则等相关法律法规的制定和修订；

5. 组织建立专家库，做好外部顾问（专家）的选聘和内部资深专家的选拔，提供内外部咨询；组织或参与和专业标准、专业技术支持、专业技术咨询相关的内外部交流，维护相关的公共关系；

6. 搜集国内外相关法律、法规、规章及专业标准信息，建立专业标准、专业技术支持、专业技术咨询的信息数据库并定期发布和更新；

7. 负责为本所业务项目提供专业技术支持，解决执业中的重大技术难题，草拟重大的、具有一定普遍意义的技术问题的全所统一技术立场文件，制定和发布一般技术问题的技术提示；

8. 组织会计、审计（含审阅、审核和其他鉴证业务）等各项执业规程和技术指南的制订、宣导、修改和解释，收集、整理和发布与会计、审计相关的典型案例和技术模型；

9. 协助培训部开展涉及会计、审计技术问题的培训工作；

10. 交办的其他工作。

四、质量监管部

质量监管部是瑞华会计师事务所主管风险管理和质量控制的综合职能部门。具体职责是：

1. 协助风险控制委员会拟订职业道德规范、质量控制制度和规定，承办风险控制委员会相关工作；

2. 负责风险管理和质量控制制度及其办法、职业道德规范及其配套办法的督导、落实；

3. 对合伙人及员工遵守风险管理和质量控制制度、职业道德规范、专业技术标准情况进行考核与评价；

4. 组织内部执业质量检查并提出处理意见；配合财政、证券监督部门、行业协会等外部监管机构对本所进行的质量检查；

5. 负责执业人员内部资质认定、考核和分类管理工作；

6. 收集职业道德建设、质量控制管理、质量控制检查、内部资质认定等相关信息，建立相应信息数据库；

7. 组织开展风险管理和质量控制、职业道德建设相关的课题研究，促进相关制度与程序的改进和完善；

8. 协助培训部开展风险管理和质量控制制度及其办法、职业道德规范及其配套办法的培训；

9. 负责质量控制、职业道德方面的内外部学术交流；

10. 负责业务档案管理和与审计鉴证业务相关的信息报备工作；

11. 负责维护相关的公共关系；

12. 交办的其他工作。

五、培训部

培训部是瑞华会计师事务所主管注册会计师继续教育、合伙人和员工培训、客户培训的综合职能部门。具体职责是：

1. 协助相关专门（业）委员会拟订注册会计师继续教育、合伙人和员工培养方面的管理制度和规定；

2. 负责组织实施新员工岗前、内部资格、执业技能、继续教育等培训；

3. 建立、维护、更新、报备员工培训档案，形成相应信息数据库；

4. 负责行业领军人才、高端人才培养的组织、推荐和跟踪管理；

5. 负责外聘师资、内聘师资、联合培训院校的选聘、考评工作；

6. 负责本所培训教材的编制，建立内部网络培训平台；

7. 本所内部培训资格的申报工作；

8. 注册会计师培训信息管理及培训学时确认工作；

9. 配合业务发展，组织对重要客户的培训；

10. 负责维护相关的公共关系；

11. 交办的其他工作。

六、信息技术部

信息技术部是瑞华会计师事务所主管信息技术、信息化建设与管理的综合职能部门。具体职责是：

1. 协助信息化建设委员会拟订事务所信息化建设相关的管理制度和规定，承办信息化建设委员会相关工作；

2. 拟订信息化建设中长期规划，制订信息化建设年度计划；

3. 负责事务所信息化管理系统的规划、组织、设计、实施及运维；

4. 负责相关信息系统（邮件、网站、法规库、审计软件等）及其他专业软件的技术支持；

5. 负责组织信息化建设相关项目的招标、验收和实施；

6. 负责网络架构体系的规划、设计、部署及运行，信息化相关软硬件的维护和管理；

7. 负责信息安全架构体系的规划、建设和实施；

8. 面向决策支持，做好相关信息系统开发和数据分析工作；

9. 负责信息系统使用手册的编制，组织信息系统实施的相关培训；

10. 负责维护相关的公共关系；

11. 交办的其他工作。

七、国际联络部

国际联络部是瑞华会计师事务所主管国际联络、外事接待的综合职能部门。具体职责是：

1. 协助相关专门（业）委员会拟订本所国际化方面的管理制度和规定；

2. 负责本所与 RSM 国际及其成员所、国富浩华国际及其成员所的联络；

3. 促进本所与 RSM 国际及其成员所、国富浩华国际及其成员所的业务合作，协调国际业务在本所各分支机构之间的承接、承办；统筹本所国际业务的对外输出工作；

4. 开展与 RSM 国际及其成员所、国富浩华国际及其成员所之间的人员互换、交流及培训；

5. 负责本所外事工作，包括外事接待、出国人员安排等；

6. 负责跟踪国际行业组织动态，加强与国际行业组织的交流；

7. 开展全球经济政策研究，为本所国际化发展提供服务；

8. 负责维护相关的公共关系；

9. 交办的其他工作。

八、合伙事务部

合伙事务部是瑞华会计师事务所主管合伙事务、分所事务、法律事务管理工作的综合职能部门。具体职责是：

1. 协助战略委员会、合伙行为监督委员会拟订本所发展战略、合伙人提名、合伙行为监督方面的制度和规定，承办战略委员会、合伙行为监督委员会相关工作；

2. 研究拟订本所中长期发展规划、参与拟订年度经营计划，组织事务所合并重组和团队加盟的尽职调查；

3. 研究拟订合伙行为监督实施办法，负责合伙行为监督的日常管理；

4. 负责合伙人会议、合伙人管理委员会会议的筹办，处理合伙人会议、合伙人管理委员会闭会期间日常事务，督办合伙人会议、合伙人管理委员会决议的执行落实；

5. 负责办理合伙人提名、新增合伙人的考察和选拔的相关事宜；退伙合伙人的风险评估；协调合伙人关系，处理合伙人意见分歧；参与合伙人绩效考核；组织开展合伙人意见和提案的征集工作；

6. 负责办理合伙人入伙、退伙内外部法定手续，管理合伙人出资事宜、拟定合伙财产分配方案；

7. 负责本所分立和解散、分支机构设立和撤销的可行性研究，管理分支机构内外部登记，组织分支机构综合检查，参与分支机构综合管理考核；

8. 负责处理各类法律文书，审核重要经济合同，提供内部法律咨询，处理涉外法律事务（包括涉讼、质疑、登记报备、授权许可等事项）；组织员工普法培训，提供合伙人行为监督与惩戒法律意见，督办合伙人惩戒措施落实；

9. 负责维护相关的公共关系；

10. 交办的其他工作。

九、人力资源部

人力资源部是瑞华会计师事务所主管人才培养、人力资源管理工作的综合职能部门。主要职责是：

1. 协助人力资源与薪酬委员会拟订人力资源管理、员工考核晋升、合伙人业绩考核与收益分配方面的制度和规定，承办人力资源与薪酬委员会相关工作；

2. 负责合伙人的考核；

3. 负责拟订人力资源规划、员工职业发展规划、人才培养规划并组织实施；

4. 负责员工招聘、试用、转正定级、续聘、解聘、退休、内部调动、劳动合同等劳动关系管理；

5. 负责员工薪酬管理，建立员工薪酬福利体系，办理员工各项社会统筹及商业保险；

6. 负责员工绩效考核和晋升管理，组织岗位测评，建立岗位价值评估体系和员工胜任能力测评体系；

7. 负责员工个人资格管理、人事档案管理；

8. 处理劳动纠纷，协助处理因劳动人事纠纷产生的法律事务；

9. 负责瑞华品牌的校园推广与建设，组织实施各类校园活动；

10. 负责办理与人事相关的各类员工证件、证明；

11. 负责收集、整理相关管理信息，建立人力资源管理信息数据库，积极推进人力资源信息化管理；

12. 负责维护相关的公共关系；

13. 交办的其他工作。

十、财务部

财务部是瑞华会计师事务所主管财务预算、会计核算、收支管理、内部审计工作的综合职能部门。主要职责是：

1. 协助财务与预算委员会拟订财务、会计、审计方面的制度和规定，承办财务与预算委员会相关工作；

2. 拟订年度财务预算及分配方案，执行财务收支及预算，编制年度财务决算，组织外聘审计机构出具审计报告，定期向合伙人提供财务报表和审计报告；

3. 组织会计核算，包括会计记帐、资金解缴、纳税筹划、资产管理、会计档案管理等；开展理财服务，提高资金使用效益；

4. 建立财务信息数据库；

5. 负责统计报表的编制和申报；

6. 负责督导分所财务、税务、统计等工作，组织财务预算、会计核算、资金调配、数据统计相关的内、外部交流；

7. 负责按照合伙人考核结果进行收益分配；

8. 维护相关公共关系，接受行业及主管部门组织的财务、税务、统计外部检查；

9. 交办的其他工作。

十一、专业服务集团办

专业服务集团办的具体职责是：

1. 研究拟订专业公司发展相关的管理制度和规定；

2. 组织专业服务集团及专业公司会议，并形成记录或纪要；

3. 协调专业公司之间、专业公司与事务所之间的关系；

4. 负责专业服务集团、相关专业公司的文秘和行政事务管理工作；

5. 负责维护相关的公共关系；

6. 交办的其他工作。

十二、党办

党委办公室是负责处理党委会日常事务，协调群团组织和统一战线建设，统一管理对外宣传的综合职能部门。主要职责如下：

1. 拟订事务所党的思想、组织、作风和制度建设等相关制度和考核评价办法；

2. 协助党委负责人处理党委会日常管理事务；

3. 负责党组织建设日常管理，包括做好党组织设置、党员发展、党费收缴、三会一课、评优表彰等，党委会议组织与记录，党支部负责人考察与党员合伙人任职推荐等；

4. 负责对外宣传统一管理，做好网站更新、所志编纂等工作；

5. 负责党的纪律检查日常管理，包括做好党员干部、党员合伙人遵章守纪、廉洁自律检查，定期向合伙人管理委员会通报党员合伙人遵章守纪、廉洁自律情况等；

6. 负责群团组织和统一战线建设日常联系与协调，包括做好共青团、工会、妇女等群众组织，民主党派和无党派知名人士等日常联系与协调；

7. 建立党建、群建、统战工作数据库；

8. 密切党组织上下之间、党组织之间、党组织与党员之间、党委会与合伙人管理委员会之间的沟通与协调关系，做好党组织建设、对外宣传、群团建设、统战工作等相关公共关系建设；

9. 交办的其他工作。

分支机构

分支机构是瑞华会计师事务所设在各地的执业机构，由天津分所、河北分所、秦皇岛分所、山西分所、内蒙古分所、辽宁分所、大连分所、吉林分所、长春分所、黑龙江分所、上海分所、江苏分所、苏州分所、南通分所、浙江分所、宁波分所、安徽分所、福建分所、厦门分所、江西分所、山东分所、青岛分所、潍坊分所、河南分所、湖北分所、宜昌分所、湖南分所、广东分所、佛山分所、珠海分所、深圳分所、广西分所、重庆分所、四川分所、云南分所、贵州分所、陕西分所、甘肃分所、青海分所、新疆分所等40家分所，以及北京执业中心、金融业务部、国际业务部和中瑞岳华（香港）、中瑞岳华（新加坡）、国富浩华（香港）组成。

地址：北京市海淀区西四环中路16号院2号楼3－4层

邮编：100039

电话：010－88219191

传真：010－88210558

山东和信会计师事务所（特殊普通合伙）

山东和信会计师事务所（特殊普通合伙）是2013年4月，经财政部批准，由山东正源和信会计师事务所联合山东汇德会计师事务所总部有关业务部及其烟台分所，山东天恒信会计师事务所济宁分所、济南分所转制设立的。

总部设在山东省济南市历下区，注册资本5019万元。总部设有质量技术委员会、办公室、财务部、质量技术部、标准培训部、审计业务一部、审计业务二部等部门，下设济南分所、青岛分所、潍坊分所、烟台分所、烟台芝罘分所、济宁分所、临沂分所、湖南分所等分支机构，杭州分所、河南分所正在设立中。

合并后的事务所拥有职工600余人，其中注册会计师245人。具有中、高级职称的各类专业人员占总人数的70%，具有本科学历以上从业人员占总人数的85%左右，其中：研究生学历的60余人。我们的员工队伍中：全国行业领军人才6人、山东省高端人才8人，中国注册会计师协会资深会员8人，2012年度优秀注册会计师8人、优秀主任会计师6人。中注协常务理事1人，理事4人，省注协常务理事4人，理事9人。

建所以来，我所始终坚持"诚信执业、精诚服务"的办所宗旨，树立"以人为本、人才至上"的发展理念，恪守"独立、客观、公正"的执业原则，凭借严谨的治所理念，良好的人文环境，高素质的专业团队，以优质高效的服务，赢得了社会各界的广泛认可，树立了良好的社会信誉。合并后，我们的人员规模、人员素质、业务能力、业务收入跃居山东省首位，各项业务已辐射全国。2015年业务收入1.2亿元。

为超过40家上市公司担任常年审计师

常年为监管机构提供近50家国有大中型企业集团的绩效考核与授权经营考核审计

山东省"先进会计师事务所"

连续多年入围《年度会计师事务所综合评价前百家信息》的会计师事务所，2015年度排名第46位。

被山东省国资委授予"企业清产核资十佳中介机构"荣

誉称号

被山东省工商局评为“山东省重合同守信用单位”、山东省工商免检企业

被济南市政府授予“金融相关企业文明诚信单位”

2013年被山东省诚信文化促进会授予“山东省诚信示范企业”

2015年度齐鲁股权交易中心优秀会员

业务范围：

审查企业会计报表，出具审计报告；

验证企业资本，出具验资报告；

办理企业合并、分立、清算事宜中的审计业务，出具有关报告；

基本建设年度财务决算审计；

代理记帐；会计咨询、税务咨询、管理咨询、会计培训；

法律、法规规定的其他业务

地址：山东省济南市经十路13777号中润世纪广场
　　18号1211室

电话：0531－81666288

传真：0531－81666227

Email：hexinllp@163.com

上海上会会计师事务所

上海上会会计师事务所（原名上海会计事务所）成立于1981年1月，是为适应改革开放的新形势，由财政部试点成立的全国第一家会计师事务所。经财政部、中国证券监督管理委员会批准，我所是具有上市公司查证的会计师事务所之一。1998年底按财政部、中国证券监督管理委员会的要求，我所已正式改制为由注册会计师个人出资经营的负有限责任的会计事务所。

我所建所20多年来，由于讲究业务质量和服务质量，崇尚职业道德，业务不断扩展，深得客户信赖。我所与国际著名的会计师行有着良好的业务合作关系，目前全所员工有近300人，其中注册会计师100余人，所有注册会计师都具有大专以上学历，定期参加国内培训和后续教育，有的还派赴香港或国外进行培训、实习，具有良好的事业心和实践经验，可以说，我所是一家颇具规模、历史最长、信誉良好的会计师事务所。

经营理念

我所自成立以来，坚持了“独立、客观、公正”的原则。奉行“信誉第一、服务第一、效率第一”的宗旨。在不断深化改革的形势下，我所将积极开拓，不断进取，提高专业服务水准，以新的姿态热忱为新老客户提供我们的专业服务。

地址：上海市威海路755号文新报业大厦20楼

电话：021－52920000

传真：021－52921369

邮编：200041

邮箱：scpa@public6.sta.net.cn
　　contact@scpa.com.cn

天衡会计师事务所

江苏天衡会计师事务所的前身是江苏会计师事务所，由江苏省财政厅于1985年10月创建。1999年1月6日，江苏会计师事务所整体改制为天衡会计师事务所有限公司。

1993年，经中华人民共和国财政部和中国证券监督管理委员会批准，成为中国首批取得从事证券、期货相关业务财务审计许可证的会计师事务所。1993年，经国家国有资产管理局和中国证券监督管理委员会批准，成为中国首批取得从事证券、期货相关业务资产评估许可证的会计师事务所。2000年，经中华人民共和国财政部和中国人民银行批准，成为中国首批取得金融机构财务审计资格的会计师事务所。

2002年5月22日，社会培训业务单独成立天衡会计师事务所培训中心。

2005年3月15日，工程造价咨询业务从事务所分立，成立江苏天衡工程造价咨询有限公司。

2008年6月6日，资产评估业务从事务所分立，成立天健兴业江苏分公司

2009年2月9日，天衡取得中华人民共和国财政部和中国证监会新换发的证券、期货相关业务许可证。

天衡现有十四家分所，分别为北京分所、深圳分所、苏州分所、无锡分所、常州分所、徐州分所、连云港分所、扬州分所、江阴分所、苏州安信分所、苏州中惠分所、苏州勤业分所、宜兴分所、镇江分所。

专业服务

1. 公开发行股票上市（IPO）审计

天衡是中国第一批获得证券、期货相关业务财务审计特许资格的会计师事务所，从1992年至今，作为公司上市申报的注册会计师，已帮助40余家公司成功上市。

天衡时刻关注IPO监管和会计准则最新动态，深谙IPO过程中复杂会计问题的处理和信息披露要求，与各大主承销商及保荐人建立了很好的沟通和合作关系，在长期从事公司股份制改制、资产重组方案策划及股票发行及上市审计服务过程中，积累了丰富的经验。

IPO审计服务内容主要有：

企业上市前的可行性研究及咨询；

协助和辅导企业完成上市前的规范工作，包括为IPO方案提供专业意见；

担任企业股份制改制与上市中的审计、验资、内部控制鉴证及其他专项报告的审核工作。

2. 财务报表审计

定期报告的审计是我们的基本服务内容。在审计准则的指引下，天衡已形成完整规范的审计技术流程、标准和体系，训练有素的专业审计人员随时为您提供及时、高效的审计服务。同时我们的审计服务已不再满足于停留在简单的审计技术层面，而是更专注于帮助客户解决问题、提出管理建议、提供解决方案。

财务报表审计类型包括：

中期财务报表审计；

年度财务报表审计。

3. 专项鉴证服务

天衡汇集了一批具有国内资深专业背景和丰富实务经验的人员，能够提供符合国内业务规范的各种专项服务，包括：

验资；

清产核资审计；

债券发行审计；

企业内控制度调查及评价；

企业收购、兼并、重组审计；

财务调查；

任期经济责任审计；

其他专项鉴证。

4. 管理咨询

天衡拥有一批有多年实务经验的、高素质的专业人员，能为满足企业的发展需求提供广泛的管理咨询服务。精心设计的方案、严谨的专业技术确保了高品质的服务，长久以来，深受客户的信赖与肯定。主要包括：

设计企业内部控制制度；

独立财务顾问报告；

项目可行性研究或项目评价；

为企业合并、分立、重组、投资、清算等提供专业意见；

担任会计顾问，提供管理咨询；

设计会计制度；

其他管理咨询。

地址：苏州市滨河路1156号金狮大厦7楼A座

电话：0512－68252382

传真：0512－68252698

邮编：215011

网址：http://www.jscpa.com.cn

天健会计师事务所

天健会计师事务所成立于1983年12月，是由我国一批资深注册会计师创办的首批具有A＋H股审计资格的全国性大型会计审计专业服务机构，综合实力位列全国第七，全球排名第十九位。

天健是荣誉品牌。天健30多年来获得多项殊荣，2012年，被中共中央组织部授予“全国创先争优先进基层党组织”称号；2010年，被浙江省人民政府认定为“浙江省服务业重点企业”；2012年，“天健”被浙江省工商行政管理局确认为“浙江省著名商标”；2013年，“天健”被浙江省名牌战略推进委员会认定为“浙江服务名牌”。

天健是民族品牌。天健是行业全国十强中纯中华民族品牌的事务所。总部设在杭州，在北京、上海、重庆、深圳等15个省市设有分支机构，并在香港、台湾、美国、德国、比利时等地设有成员所或联系所。

天健是专业品牌。天健拥有30多年的丰富执业经验和雄厚的专业服务能力。天健是中国会计准则委员会、中国审计准则委员会、中国证监会股票发行审核委员会、上海证券交易所上市委员会、深圳证券交易所上市委员会成员单位。现有4600余名从业人员中，有博士、硕士学位和会计、审计、经济、工程技术等高级专业职称的500余名，注册会计师1600余名，注册会计师行业领军人才30名（占全国行业总数的8%），教授级高级会计师14名（占浙江省总数的17.9%），60余名从业人员拥有境外执业会计师资格。

天健是服务品牌。天健恪守“专业报国、服务社会”的宗旨，奉行“为客户创造价值、与企业共同发展”的服务理念。截至2015年12月底，拥有包括A股、B股、H股上市公司、大型国企、外商投资企业等在内的固定客户5000余家，其中上市公司客户300余家、新三板客户近400家，位居全国前茅。天健在中山大学、湖南大学、中南财大、西南财大、杭州电子科大、宁波大学、浙江工商大学、北京工商大学、浙江财大等十三所院校设立天健奖学金。

“天行健，君子以自强不息”。天健人始终奉行“规范执业、稳健经营”的理念，践行“诚信、公正、务实、专业”的核心价值观，与时俱进，奋发有为，向着信息化管理、规范化执业、专业化发展、国际化服务的中华民族一流强所目标挺进！

合伙人团队

天健拥有一支专业、敬业、团结、活力的合伙人团队。目前共有合伙人170余名，涵盖审计、审阅、税务和咨询等各个领域。其中有13名教授级高级会计师（占浙江省总数的20%）；先后有10名合伙人担任中国证监会主板发行审核委员会、创业板发行审核委员会和中国注册会计师协会专职访问研究员；现有一名合伙人担任中共中国注册会计师行业委员会委员、中国会计准则委员会委员；一名合伙人担任中国审计准则委员会委员；一名合伙人曾任全国政协委员，三名合伙人担任省政协委员。

他们具有丰富的专业经验、深厚的专业知识、精湛的职业素养、出色的管理能力、敏锐的洞察力。他们重视客户需求，坚守质量导向，注重以人为本和团结协作，全面高效地为客户提供各种优质专业的服务。

天健的员工

拥有优秀的员工和成熟的团队是天健能够为企业提供专业服务的坚实基础。天健拥有从业人员近4000名，其中拥有博士、硕士学位和会计、审计、经济、工程技术等高级专业职称的人员500余名，注册会计师1400余名，注册会计师行业领军人才28名（占全国行业总数的8%），有60余位从业人员拥有境外执业会计师资格。员工平均年龄27岁。

良好教育背景和较深专业造诣的后起之秀与经验丰富的资深专家共同组成了一支整体业务素质较高、职业道德优良、年龄结构合理的执业队伍。自强不息、厚德载物是天健的精神追求；勤勉敬业、勇于开拓、吃苦耐劳、团结奋进，始终是天健的精神风尚。

天健在长期的执业过程中，积累了丰富的执业经验，获得了各级政府部门的肯定和市场的认可。拥有的主要执业资格包括：

注册会计师法定业务

证券期货相关审计业务

H股企业审计业务

美国公众公司会计监督委员会（PCAOB）注册事务所

中央企业审计入围机构

金融相关审计业务

从事特大型国有企业审计资格

军工涉密业务咨询服务

IT审计业务

税务代理

工程造价咨询（甲级）

工程预结算审价（一级）

国家建设项目工程预决算审计验证（A级）

工程咨询（甲级）

招投标代理资格

司法会计鉴定

破产管理人资格

浙江股权交易中心会员

天健在长期的执业过程中，积累深厚的文化底蕴：

天健文化建设纲要

中华一流　世界著名的愿景

专业报国　服务社会的宗旨

立足本土　面向国际的视野

规范执业　稳健经营的理念

一业为主　多元发展的战略

质量导向　信誉至上的方针

诚信客观　公正独立的原则
以人为本　和谐团结的风尚
专注专业　崇尚学习的氛围
自强不息　厚德载物的精神

文化精髓

天行健　君子以自强不息
地势坤　君子以厚德载物

核心价值观

诚信　公正　务实　专业

地址:杭州市西溪路128号新湖商务大厦
邮编:310007
电话:0571－88216888
传真:0571－88216999

天职国际会计师事务所(特殊普通合伙)

天职国际会计师事务所(特殊普通合伙)简称天职国际,创立于1988年12月,总部北京,是一家专注于审计鉴证、管理咨询、资本市场服务、税务服务、法务与清算、信息技术咨询、工程咨询的特大型综合性咨询机构。2014年度,天职国际实现业务收入12.2亿元,在2015年公布的中国注册会计师百强事务所排行中位列第9位,本土所名列第5位,正式步入中国会计师事务所十强。

天职国际内部治理机制完善,实行一体化管理模式,在人力资源政策、会计核算与财务管理、项目承接与执行、执业标准与质量控制、信息系统方面对各分支机构进行统一管理。天职国际国内网络布局合理,在中国大陆及香港特别行政区设有20余家分支机构。同时,天职国际是Baker Tilly International(全球第八大会计网络)在中国地区的唯一成员所,在全球拥有广泛的服务网络资源。天职国际致力打造专家型的人才团队。截至2014年,天职国际共拥有专业人员3000余人,其中,注册会计师800余人,拥有ACCA、ACA、CGA、HKCPA及其他境外执业资格的员工百余人,注册会计师行业领军人才近30人。

发展路上二十多年,天职国际已为不同行业的上万家客户提供了专业服务,客户类型涵盖中央及地方企业集团、上市公司及拟上市公司、金融机构、大型工程业主公司、政府经济主管(监督)部门等,涉及能源、制造、商品流通、建材、房地产、交通、医药、金融、TMT等多个行业。

“天道酬勤　职守笃行”是天职国际长期以来坚守的办所理念,随着中国全球化的进程加快,天职国际必将凭借科学的内部治理机制、合理的机构设置、精细的专业分工、卓越的服务品质以及高效的团队合作,为广大客户提供更为细致、更为科学的专业化服务。

天职国际愿与您携手,共创卓越!

业务总收入12.2亿元。

中注协百强排名第9位,本土第5位。

在中国大陆及香港特别行政区拥有20余家分支机构。

专业人员3000余人900余位注册会计师28位注会领军人才。

第八大国际会计网络BTI中国地区唯一成员所。

13家央企主审14家参审市场占有率领先主审央企排名第三位。

承担数千个国家及地方大型基建类工程造价咨询项目涉及工程投资超万亿元。

90家上市公司包括6家H股3家B股。

140余家新三板挂牌客户。

30余家IPO客户。

管理团队

天职国际合伙人管理委员会是天职国际最高的管理组织,目前由6名委员组成,代表全体合伙人负责天职国际各总、分支机构的经营管理工作。合伙人管理委员会6名委员均具有资深的行业经历、深厚的研究能力、丰富的管理经验,长期致力于为客户提供专家型的定制咨询服务。

文化理念

我们的核心理念:
天道酬勤　职守笃行
我们的行动口号:
开诚立信　务实求真　廉洁协作　勤奋严谨
我们的价值观:
社会、员工、客户、合伙人四方和谐
我们的发展战略:
规范化　集团化　国际化
我们的愿景:
团队一流　专业一流　服务一流　社会尊敬
我们倡导的团队氛围:
简单透明平和宽容
我们倡导的个人信条:

坚守诚信;己所不欲,勿施于人;未听取正反双方意见,不妄下断语;保护不在场的人;高调做事,低调做人;外柔内刚,诚恳但立场坚定;态度积极,保持幽默;别怕犯错误,怕的是不能吸取教训;协助属下成功;多请教别人;计划好明天;生活与工作有条不紊;爱自己、爱家人、爱生活、爱工作。

地址:中国北京海淀区车公庄西路19号
　　外文文化创意园12号楼
电话:010－88827799
传真:010－88018737
邮编:100048
网址:www.tzcpa.com

信永中和会计师事务所

信永中和会计师事务所是中国大陆成立时间最长,最具声望、最具规模的综合性会计师事务所之一,也是大陆唯一一家与国际知名会计公司有着长达七年合资经历的会计师事务所。信永中和不断提炼与升华所承袭的具有国际水平的质量体系与管理体系,在会计师事务所的执业、管理与建设上,走出了一条国际标准与国内实践相结合,先进理念与民族文化相融通的坦途,跻身于中国注册会计师行业的领军行列。

我们的总部设在北京,目前在香港、新加坡、澳大利亚、上海、深圳、成都、西安、天津、青岛、长沙、长春、银川、昆明、大连、济南、广州、福州均设有分所,已形成了华北、华东、华南、西北和西南各大区域以及香港和东南亚地区均有分布的格局。截至2009年底,拥有员工总数已超过2200人,中国注册会计师1000余人。

成立至今,我们的专业服务领域不断向纵深发展,并逐步扩大,形成了审计业务、管理咨询业务、工程造价咨询业务、税务及会计服务业务四大板块和五类专业服务,不但能够为国内企业提供符合中国会计准则的高品质服务,而且也具备了为在香港联交所上市的 H 股公司以及走向国外资本市场的中国企业提供符合国际标准的专业服务能力。

信永中和拥有执业水平精良、职业素养优秀的专业服务团队，事务所为我们的团队提供良好的工作氛围、持续的专业培训和职业发展空间。我们的成功源于专业品质，我们的发展来自优秀人才的加盟。为了配合事务所的业务扩展，我们真诚聘请有抱负、有才能的专业人士加入，与我们共同见证：因你的努力，信永中和发展；因你的成长，信永中和壮大。

地址：北京市东城区朝阳门北大街 8 号富华大厦 A 座 9 层
邮编：100027
电话：86 - 10 - 65542288（总机）
传真：86 - 10 - 65547190
邮箱：swhr_bj@ shinewing. com
网址：www. shinewing. com

亚太（集团）会计师事务所

亚太（集团）会计师事务所（以下简称亚太）前身是成立于 1984 年的河南首家会计师事务所——河南省会计师事务所。1993 年更名为亚太会计师事务所，1994 年取得了执行证券、期货相关业务资格，1998 年 11 月，经国家财政部财协字（1998）22 号文批准，在跨地区吸收了深圳亚太会计事务所、河南亚太会计师事务所等中介机构的基础上，组建了亚太集团会计师事务所，2001 年按照国务院关于经济鉴证类社会中介机构与政府部门实行脱钩改制的要求，由专业人员出资设立的改制为亚太（集团）会计师事务所有限公司。2009 年 10 月，为了更好的发展，亚太集团把注册地和总部迁往北京市。2013 年 11 月，根据财政部财会〔2010〕12 号《关于印发 <财政部、工商总局关于推动大中型会计师事务所采用特殊普通合伙组织形式的暂行规定> 的通知》的规定，经北京市财政局京财会许可〔2013〕0052 号《关于同意设立亚太（集团）会计师事务所（特殊普通合伙）的批复》批准，亚太（集团）会计师事务所有限公司整体更名为为亚太（集团）会计师事务所（特殊普通合伙）。亚太是伴随我国经济体制改革大潮，在服务我国市场经济建设的宗旨下跨省区组建的全国性、综合性大型会计中介集团。目前，具有财政部、中国证监会批准的执行证券期货相关业务的审计资格，财政部、中国人民银行批准的金融相关业务审计资格，财政部、原国家经贸委确认的国有大中型企业债转股审计评估资格；以及建设部门批准的甲级工程造价咨询资格和司法部门确认的司法会计、评估、计算机、工程造价鉴定资格。2001 年，亚太与摩斯伦国际会计组织达成协议，成为其成员所，在专业标准、执业规范方面初步与国际接轨。2011 年，亚太加入了国际组织——国际会计师事务所联盟（CPAAI），在其框架下，共享资源，共同发展。

执业资质

亚太的经营范围：审计、资产评估、验资；财务会计咨询服务、信息服务、技术服务、财务软件开发、工程造价咨询。业务领域涵盖审计、资产评估、内部控制体系建设、税务咨询、工程咨询、司法鉴定等，服务对象涉及石油石化、商业、贸易、金融、证券、保险、能源、化工、钢铁、机电、电子等多个行业，业务分布于北京、深圳、河南、贵州、广东、江西、四川、上海、辽宁、重庆、山东等二十多个省市。目前已完成几十家上市和拟上市公司的审计、评估、法律、咨询等业务。亚太在长期的执业实践中，逐步探索形成了辐射全国的服务网络和成龙配套的执业优势，恪守独立、客观、公正的执业准则，先后高质量地完成安钢股份、安彩股份、平煤天安、神火股份、神马实业、平高电气、银鸽投资、焦作鑫安、莲花味精、风神股份、新野棉纺、天方药业等 A 股上市 30 多家上市公司的审计业务；为安阳钢铁、焦作万方、洛阳一拖、洛阳春都、冰熊股份、太太药业、河南新闻出版集团、河南粮油进出口公司等 40 多家企业改制提供审计和评估业务，帮助企业募集了大量社会资金；积极配合并完成了中原传媒大地股份公司借壳上市工作，以及川国际和渝汰白的资产置换；与摩斯伦国际合作，承办了跨国公司鼎新国际在国内的审计业务；接受信达、华融资产管理公司等国家四大资产管理公司委托，先后承做了西南铝加工厂（中国第一大铝加工企业）、大同矿务局（中国第一大矿务局）、洛阳铜加工集团、甘肃金昌化工集团、大连大化、长城铝业公司等数十家大型企业债转股项目的评估和审计业务；受河南省政府委托，多次承办关系到全省经济发展的重大经济活动，参与了三星集团、北原公司、新世纪公司等重大经济案件的财产清查和财务审计工作，为安阳钢铁集团公司等数十家大型企业建立现代企业制度提供优质服务等等；同时完成了多家金融企业的审计、评估业务，如河南省郑州、洛阳等 6 市城市商业银行的组建，河南全省十家信托投资公司的改制重组，河南证券公司、中原证券公司、省财政证券及吉林省证券公司、重庆新华信托投资公司的重组改制等，有力的促进了产权制度的改革，赢得了各地政府和企业的好评；开展了一系列专项财务检查，严肃了财经纪律，维护了市场经济秩序，在全国市场经济建设中担当重任，为维护社会公众利益、服务企业改制上市、改善投资环境、促进资本市场发育成熟、推动市场经济和社会发展做出了应有的贡献。目前，亚太在继续做好金博士种业、许昌瑞泰、大通物产、科迪乳业、灵宝金源、校信通公司、三晖电器、河南银利达彩印、河南大程粮油集团、新乡华鑫能源材料、省农科院种子公司等拟上市公司业务，同时，又先后开拓了科瑞森、山东国强五金、石家庄沃德思源、武陟江河纸业、天津工业气、大地农化等 10 多家拟上市公司业务。

在执业中，亚太结合行业颁布的各项执业规则，并在长期的实践中积累了一定的执业经验和管理经验，制定出了内部业务操作规范和多项管理制度，如《审计执业操作规范》、《小企业审计模板》、《高新技术认定专项审计指引》、《员工职业道德规范》、《业务质量管理与控制制度（试行）》、《业务委派暂行办法》、《档案管理制度》、《员工职业后续教育制度》、《办公制度》、《劳动制度》、《员工薪资和晋升考核办法》、《员工及部门岗位职责（暂行）》等。上述基本制度形成了具有“亚太”特色的执业规范体系和管理制度框架，在实施过程中，我们还根据业务发展和管理需要，对上述制度及时进行修改、补充和完善，并以会议纪要、文件及其他形式下发，适应了不断变化的新形势。亚太一直把执业质量放在首位，把风险控制作为执业的前提并贯穿执业的全过程。主要的质量控制措施为：一是在全体执业人员中树立牢固的质量意识、风险意识和法律意识，把质量看作是事务所的生命线和自己的职业生命；二是强化职业道德教育，塑造诚实守信、勤勉尽责的职业品德，保持应有的独立性，客观公正执业，防范道德风险；三是完善专业标准和操作规范，建立全面的质量控制制度，在项目实施、项目审核、报告签发、业务档案、业务考核等环节严格质量控制；四是认真落实三级复核制度，对重大问题提交质量控制委员会研究；五是通过风险评估部、业务监管部、专业标准部，协同业务部门贯彻实施集团所质量控制职能；六是重视和强化职业后续教育，加大培训投入，不断提高从业人员的专业胜任能力。七是及时修改了分所管理办法，加强对分所的质量控制和管理。

主要业绩

自1993年设立至今，亚太以管理科学、监管严格、质量优良著称并赢得社会的赞誉，十多年来，共完成审计、评估、验资、工程咨询等项目约9700多项，涉及资产额达88900多亿元，在维护市场经济秩序和社会公众利益，服务市场经济建设等方面发挥了重要作用，并与数百家客户建立了良好的关系。并以优质高效的服务、优良的质量、严格的监管著称，赢得了各地政府企业的好评和广泛的社会赞誉。1995年，荣获财政部授予的"全国先进财会工作集体"荣誉称号。1998年，被评为郑州市文明单位。1999年，被评为郑州市文明标兵单位。2005年，亚太员工荣获"河南省十大杰出会计工作者"荣誉称号。近三年的业务收入分别为：2012年：11400万元；在中注协发布的全国会计师事务所综合评价百强中位居第41名。2013年：17850万元；在中注协发布的全国会计师事务所综合评价百强中位居第40名。2014年：26718万元；预计在中注协发布的全国会计师事务所综合评价百强中位居30名以内。

发展规划

当前，在财政部、中注协做大做强战略的指引下，我们面对新的形势，结合亚太的自身实际，积极采取各项措施，努力把事务所做大、做强、做优。为此，首先制定了事务所中长期发展战略目标，确定了"巩固中原、立足北京、面向全国"的发展战略，进一步巩固在河南省的龙头地位，同时，实行"走出河南"战略，充分发挥北京、深圳、上海、广州等地机构的优势，面向全国发展，不断壮大规模和实力。其次，要坚持亚太品牌优势和做大做强相结合，不断提高亚太品牌的知名度和核心竞争力。经过10多年的努力奋斗，亚太在全国会计中介行业领域形成了自身的执业优势，拥有一批优秀的专业人才，一套比较完备的执业质量体系，积累了丰富的改制上市审计经验，从而形成了我们亚太这一知名品牌和良好的社会声誉。因此，我们要充分发挥自身的品牌优势，继续保持在同行中的领先地位，实现强者愈强，大者恒大的发展目标，为全国资本市场提供更好的服务。第三，要始终坚持规范执业、稳健经营的办所宗旨，把执业质量视为事务所的生命线，建立健全内部决策和管理机制，不断完善质量控制体系，加强风险管理和职业道德教育，全面提高执业质量，进一步提高整体执业实力。第四，要做好人才培养战略，注重各类人才的选择和培养，建立人才培养的激励机制，形成大力吸收人才、精心培育人才、注重留住人才的良好环境，坚持以人为本，兼顾事务所"人合"和"资合"的发展理念，建设一支高素质的专家型执业队伍，为我们亚太的持续稳健发展奠定基础。亚太注册地迁址北京，成为全国性会计中介机构后，为下一步发展提供了广阔的平台。目前，全体员工在首席合伙人王子龙的带领下，团结一致，奋力拼搏，开拓进取，科学发展，努力把亚太办成国内一流的大型权威性中介机构，在加强内部治理、做好分所管理和规范发展，重点抓好业务质量和市场开拓、搞好人才队伍建设等方面形成新的思路，采取新的措施，不断壮大规模和实力，持续做优、做大、做强，争取用3年左右的时间，业务收入达到3亿元以上，注册会计师350人以上，跻身全国同行30强的目标，从而实现亚太新的跨越，新的崛起。

地址：北京市车公庄大街9号B2座301室
电话：010-88312386　88312356
邮箱：apagcpa@126.com

致同会计师事务所

致同是中国最早的会计师事务所之一，成立于1981年。致同总部设于北京，是Grant Thornton International LtdGTIL，致同国际）在中国唯一的成员所，英文名称为Grant Thornton。包括香港特别行政区在内，致同在全国拥有23个分支机构，近200名合伙人，逾4,000名员工。其中，注册会计师近1,000人。通过与致同国际世界各地的成员所紧密合作，致同积累了丰富的全球资源和业务经验，将为不同区域的客户提供包括审计、税务、和咨询等全方位专业服务。

我们的服务网络

总部位于北京，我们在长春、成都、大连、福州、广州、哈尔滨、海口、香港、昆明、洛阳、南京、南宁、宁波、青岛、上海、深圳、苏州、太原、温州、武汉、厦门和西安等全国所有重要经济中心都有坚实的根基，并将继续努力扩展我们在全国的服务网络。"我们一直致力于提供国际水平的审计、税务及咨询服务，这为我们赢得了良好的声誉。我们立于注册会计师行业前沿，致力于将本土知识、专业技能、全球能力与国际资源相融合。我们的合伙人和员工竭诚为客户提供一流的专业服务，期待与您共达优秀，共悦成功。"

我们的优势

致同是首批获得从事证券期货相关业务资格、首批获准从事特大型国有企业审计业务资格及首批取得金融审计资格的会计师事务所之一；同时也是首批获得H股企业审计资格的内地事务所之一，并在美国PCAOB注册。我们的客户致同的客户群十分广泛，包括160余家上市公司，3,000多家大型国有、外资及民营企业。

我们的荣誉

·2014中国服务贸易（行业）十大最具影响力品牌（第三届京交会，2014年）

·中国2014年最佳雇主100强（优信咨询）

·2014中国企业海外上市审计机构五强（清科集团）

我们的运营方式

致同在全国主要城市拥有丰富的人才资源，并与致同国际在世界各地的成员所有着紧密的合作关系。通过致同国际设在中国的"国际商业中心"，我们可以与国际网络内的业务专家一起配合，为不同区域的企业提供专业意见及服务。

我们提供的服务

1. 审计

·中国大陆及香港法定年度财务报表审计

·国际财务报告准则审计

·美国公认会计准则审计

·上市审计

·并购业务专项审计

·盈利预测审核

·年度（任期）绩效评价审计

·商定程序审计

·验证投入资本。

2. 税务

·企业商业税务解决方案

·个人税务解决方案

·涉税鉴证

·交易支持税务服务

·转让定价

· 税务会计和风险咨询服务
· 税务争议协调服务
· 国际税务服务
· 财务外包
3. 咨询
· 企业风险服务
· 商业顾问服务
· 并购交易支持服务
· 法证调查服务
4. 其他服务
· 资产评估
· 工程造价
· 工程造价咨询服务
· 工程项目管理咨询服务(全过程跟踪审计)

我们的国际组织

Grant Thornton(致同)是一个国际性组织,由全球各地独立提供审计、税务及咨询服务的成员所组成,国际地位斐然。各成员所为充满活力的企业提供切实可行的有效建议,助其释放增长潜能。各成员所的合伙人非常注重与客户的紧密的联系。由他们带领的团队,凭卓见、经验及直觉,积极主动地为私营企业、上市公司和公共事业客户提供解决方案。遍及全球超过 130 个国家的逾 40,000 名致同员工致力于为客户、同行及社会的发展而不断努力,改变现状,并成就未来。

徐华
首席合伙人
北京朝阳区建国门外大街 22 号
赛特大厦 1 层
T +010 - 85665978
Exuhua@ cn. gt. com
谭昕
中国区国际商业中心负责人
广东省广州市天河区
珠江新城珠江东路 32 号
利通广场 10 楼
T +862038963311
Eshannon. tan@ cn. gt. com
www. grantthornton. cn

中汇会计师事务所

中汇经过近 20 年的探索和积累,成为具有财政部、证监会批准的从事证券、期货相关业务许可证资格,以及具有国家税务总局批准的从事税务鉴证、税务服务资格的大型综合性专业服务机构,由中汇会计师事务所(特殊普通合伙)、中汇税务师事务所有限公司、中汇工程咨询有限公司、中汇管理咨询有限公司等组成。

中汇在全国近 20 个重要商业城市均设有分支机构,拥有跨领域专业人才超过 1500 人,能为国内外各行业客户提供资本市场财务鉴证、审计、税务、评估、工程咨询、内部控制与风险咨询、IT 审计与 IT 咨询、人力资源咨询、会计服务、专业培训、国际业务等全方面的专业服务。

多年来,中汇遵循“正直诚信、专注品质、团队协作”的核心价值观,践行“创造员工成长空间,协助客户提升价值”的使命,在发展的道路上积极探索不断进取。如今,中汇更加成熟稳健,竭诚为客户提供最优质的专业服务。

资质

财政部证监会证券期货业务审计资格
国务院国资委中央企业审计资格
国家税务总局 5A 级税务师事务所资格
建设部工程造价咨询甲级资格

荣誉与奖项

中汇致力于通过自身的努力,对客户、市场和社会产生积极的影响。许多外部组织和公众对我们的努力给予了认可,我们也因此获得了一些荣誉:

2013 年度全国百强会计师事务所排名中,名列第 14 位
2011 年度全国百强税务师事务所排名中,名列第 1 位
浙江省优秀证券中介机构

最佳雇主企业

中介服务行业示范企业
首批行业质量服务诚信领先示范单位
工程审价诚信满意双优单位
公众满意诚信单位
社会责任建设先进企业

专业团队

中汇的专业领先性与影响力来源于优秀的专业团队。1500 多名具有不同专业背景和行业经验的员工,能够帮助客户解决不同领域的问题。我们的服务经验涉及多个行业,了解不同客户的独特需求,从而为客户提供多元化而强有力的专业支持。

其中包括:

财政部注册会计师行业全国领军人才 12 名

中国证监会第 12、13 届主板发行审核委员会专职委员 1 名

中国证监会第 3、4、5 届创业板发行审核委员会专职委员 1 名

国家税务总局行政复议委员会委员 1 名
中国特级注册税务师 14 名
中国注册会计师超过 410 名
中国注册税务师超过 350 名
中国注册造价工程师超过 60 名

除此之外,中汇还有多位注册咨询工程师、高级系统工程师、高级会计师、高级工程师、高级经济师,以及多位具有美国、英国、澳大利亚的 ACCA、CGA、CA、RICS 等海外职业资格的专业人员,并拥有中税协专业委员会委员、中税协理事、统战部“建设小康社会先进个人”的全国注册税务师行业唯一代表,优秀注册会计师,浙江省重大工程评标专家委员会成员等专家智囊团。

不管是哪个专业服务条线,中汇的专业团队始终坚持着共同的价值观和目标。我们恪守职业道德,勤勉尽职,不让客户利益受到侵害;我们在帮助客户解决目前问题的同时,更要协助客户预见到未来的可能性并提前作好准备;我们专注于服务品质,以追求卓越的精神保持专业领先性;我们注重团队协作,对客户的每一次服务都集合了中汇团队的整体智慧。

中汇的使命是“创造员工成长空间,协助客户提升价值”,我们希望通过培训和职业规划,促进员工的不断成长和发展。我们致力于吸引、培养和激励优秀的人才,不断提高专业团队的能力,更好地帮助客户创造价值。

价值观与文化

愿景:

愿景是我们战略制定和实施的生命航标

我们的愿景是：成为中国最具品牌影响力的综合性专业服务机构

使命：

使命是我们生存的灵魂

我们的使命是：创造员工成长空间，协助客户提升价值

核心价值观：

价值观我们持续发展的基石，是我们所倡导文化的本质和精髓

我们的核心价值观是：

正直远见我们恪守职业道德，力求长远发展

专注品质我们追求专业品牌，注重服务质量

团队协作我们倡导团队精神，凝聚集体智慧

地址：杭州市钱江新城新业路8号UDC时代大厦A座12层

电话：+8657188879660/88879661

传真：+8657188879993-9660

中审华寅五洲会计师事务所（特殊普通合伙）

中审华寅五洲会计师事务所（特殊普通合伙）是中国颇具规模的专业服务机构，系浩信国际（HLB）会计网络之中国成员机构。其前身五洲松德联合会计师事务所与华寅会计师事务所有限责任公司均为具有证券期货审计资质的大型会计师事务所，2011年12月，为进一步扩大事务所规模，提升核心竞争力，双方实现机构合并，合并后机构名称变更为华寅五洲会计师事务所（特殊普通合伙）。

中审华寅五洲发展目标。坚持内涵发展与外延扩张并举的发展战略，依托事务所的资源优势及区位优势，推动事务所母体规模提速发展，同时运用兼并重组等现代运营手段，不断扩大事务所的规模及影响力，并以事务所为基础，整合资产评估、工程造价、税务、管理咨询等专业机构，实施集团化、多元化经营，拓展事务所的服务边界，助力事务所做大做强，并且通过机制创新和制度再造，优化事务所内部治理结构，塑造并保持先进的合伙文化，不断提高专业队伍的整体素质，持续提升事务所的核心竞争力，在合作共赢的前提下，借助知名国际会计网络逐步深化国际化经营，力争用三至五年时间，将事务所打造成为位列中国注册会计师行业品牌及信誉卓著的中国本土大型会计师事务所。

中审华寅五洲专业团队。华寅五洲拥有一支年轻的高素质的专业团队，目前员工总数1200余人，绝大多数具有大学本科以上学历，其中，中国注册会计师500余名，并拥有中国注册会计师行业领军人才4名。华寅五洲专业团队凭借其丰富的专业知识和行业阅历，可以帮助客户有效地考虑到可能遇到的问题并提出前瞻的、可执行的专业建议，并随时跟进行业准则，以保证在任何时候都能满足客户的专业性要求。

华寅五洲服务领域华寅五洲有审计、资产评估、管理咨询、税务服务、工程造价咨询等业务板块，并拥有：证券期货业务审计资格、证券期货业务资产评估资格、国有大型企业审计资格、金融业务审计资格、工程造价甲级资格、司法鉴定资格等。华寅五洲所拥有的资质条件能够有力地支撑我们为客户提供高品质、全方位的一站式专业化服务。

中审华寅五洲经营网络。华寅五洲管理总部设在北京，机构注册地为天津，并在北京、上海、深圳、广州、新疆、广西、湖南、甘肃、河南设立分所。在国际化经营方面，华寅五洲依托HLB的全球网络和经验，可以为跨国经营的中国企业和在华投资的国际跨国公司提供更为优质的审计咨询等专业化服务。

中审华寅五洲经营业绩。近年来，华寅五洲业务收入和人员规模持续提升，连续两年在中国注册会计师行业综合评价中居于前20位之列，2011年业务规模达到3.3亿元。随着机构整体发展战略的实施，华寅五洲的核心竞争力将不断增强，服务领域和服务范围将不断扩大，华寅五洲也将会取得跨越式发展。

中审华寅五洲主要客户。多年来，华寅五洲为众多国内、国际知名客户提供专业服务，并与客户建立了恒久稳定的合作关系。

中国经济快速发展以及经济全球化进程的加快，使中介服务行业面临前所未有的机遇和挑战，华寅五洲将审时度势，把握契机，直面挑战，秉承持续超越自我、追求卓越品质的经营理念，向更高层次、更高标准、更高水平的规模化经营目标迈进。

地址：天津市和平区解放路188号信达大厦35层

中审亚太会计师事务所（特殊普通合伙）

中审亚太会计师事务所（特殊普通合伙），执行事务合伙人（首席会计师）为郝树平先生，住所为北京市海淀区复兴路47号天行建商务大厦22-23层。

为响应财政部、中注协“做大做强，走出去”的号召，2008年中审会计师事务所有限公司总所及其湖北、上海、广东分所与亚太中汇会计师事务所有限公司强强联合，变更名称为中审亚太会计师事务所有限公司。2013年初，改制为特殊普通合伙制会计师事务所。

中审亚太会计师事务所总所，前身为中国审计事务所，系隶属于审计署的司局级事业单位。1999年经财政部和审计署批准，脱钩改制为中审会计师事务所。

亚太中汇会计师事务所，前身分别为隶属于云南省财政厅的亚太会计师事务所（1983年成立）和国家外汇管理局的中汇会计师事务所（1993年成立），2003年两所合并，是国内从业历史较长和较早取得证券、期货相关业务审计资质的会计师事务所之一。

组织机构

为适应规范化管理和事务所发展需要，我所按照现代企业制度和公司治理要求建立了健全的组织架构，在合伙人大会和管委会、监事会下，我们设有管理总部，下辖风险控制和专业技术、人力资源和财务管理、战略发展三个委员会和信息部，在北京设有总所，在云南、上海、广东、湖北、贵州、海南、深圳、天津、河北、安徽、陕西、重庆、山西、湖南、山东、黑龙江、福建、广西、四川等地设有19家分所，并在香港设立了中审亚太才汇（香港）会计师事务所（成员所）。

在北京总所和各地分所的基础上，各机构建立了健全的内部机构，分别设置办公室、人力资源部、财务部、质量监管部、规划发展部、信息部等综合部室和各专业审计部（包括证券期货业务部、工交商贸业务部、金融业务部、行政事业业务部、司法鉴定业务部、工程决算业务部、国际业务部、管理咨询部、IT业务部等业务部门）。

专业队伍

我所拥有一批优秀的审计专业人员团队，现从业人员近2000人，其中：注册会计师600多人，拥有注册会计师、注册咨询师、注册评估师、注册造价工程师、注册税务师等双项或

多项执业资格人员400余人，执业时间在5年以上的占从业人员的70%以上，大多数员工具有丰富的实践经验和较强的组织协调能力。同时，我所还拥有一批资深专家作为高层技术顾问。

资质资格齐全的执业资质足以证明在市场经济发展中，我们有资格承担并圆满完成为社会各界的服务。

·会计师事务所执业证书

·证券、期货相关业务许可证

·司法鉴定许可证

·中国注册会计师协会核准的承担大型及特大型国有企业审计资格

·金融相关审计业务资格

·国务院国资委审计监督项目会计师事务所入围资格

·财政部国家农业综合开发办公室会计师事务所入围资质

·财政部投资评审中心聘用社会中介机构资格入围资质

·财政部民口科技重大专项财务验收审计会计师事务所入围资质

·工业和信息化部审计中介服务机构备选库入选单位资质

·科技部科技资金审计入围资质

·国务院机关事务管理局咨询和审计服务入围资质

·中国烟草总公司(国家烟草专卖局)烟草行业审计会计师事务所入围资质

·北京市政府中介服务机构入围资格

·北京市高新技术企业认定中介机构入围资质

·中国保监会、中国再保险公司等多家保险机构入围资质

·国家开发投资公司等多家中央企业入围资质

技术能力

我所建立了《业务质量控制制度》等75项质量控制和内部管理制度，并得到了较好地执行。初步做到工作电脑化、信息化，通过应用“鼎信诺审计软件”，实现了计算机辅助审计工作，加强了审计工作标准化和规范化，提升了执业水平和工作效率；全所应用OA系统，实现了办公自动化、程序化。

执业质量

我所始终坚持质量第一、信誉至上、勤勉尽责的执业宗旨，坚持专业化、规模化、集团化、国际化的发展方向，合法经营，规范执业，廉洁自律，为客户提供高水平的服务，具有良好的社会声誉和职业道德记录。近三年内，我所没有因违法、违规行为被有关部门予以处罚的记录。

商业信誉

我所承担10多家大型和特大型中央企业的审计任务，拥有上市公司审计客户30多家和证券、期货公司审计客户30多家，积累了较丰富审计经验，具有良好的专业胜任能力和社会认可度。我所连年居于国内会计师事务所百强，2014年全国行业综合排名第13名(本土会计师事务所10强)，在国务院国资委2014年－2015年审计监督项目会计师事务所入围中名列第5名。

近年来，我所在接受中国红十字会、审计署、国务院国资委(纪委办公室)、中国证券监督管理委员会委托的汶川地震抗震救灾款收支审计、京沪高铁第三标段(济南段)跟踪审计、中央单位2009年度案件审计检查、大鹏证券有限责任公司和广东股份有限公司风险处置专项审计时，坚持质量第一、信誉至上的宗旨，出色完成任务，受到有关方的表扬。

经营范围

审查企业会计报表，出具审计报告；验证企业资本，出具验资报告；办理企业合并、分立、清算事宜中的审计业务，出具有关报告；基本建设年度财务决算审计；代理记账、会计咨询、税务咨询、管理咨询、会计培训；法律、法规规定的其他业务。

业务领域

我所的业务覆盖全国各行业，为政府机关、社会团体、科技教育、文化体育、金融保险、证券期货、冶金矿业、机械电子、石油化工、煤炭电力、交通航运、通讯信息、IT及高科技、农林水利、建筑建材、房地产、烟草盐业、医疗医药、商品流通以及中外合资和境外企业等，提供财务报表、企业重组、资本运作、公司改制、股票发行与上市、财政投资、企事业经济责任、企业清算、投资决算、司法鉴定等审计和财务咨询服务。

近年来，为适应国内企业向国际市场“走出去”之需求，我们先后在香港、巴西、西班牙、墨西哥、蒙古、新加坡、斐济、印度尼西亚、马来西亚、埃塞俄比亚、坦桑尼亚、摩洛哥、老挝、苏丹、马尔代夫、南非等30多个国家和地区为国内企业提供专业服务。

主要客户

我所从事中国铝业公司、中国电子科技集团公司、中国煤炭科工集团有限公司、中国铁道建筑总公司、中国铁路通信信号集团公司等中央企业的主审工作，中国节能环保集团公司(原中国新时代控股(集团)公司主审)、中国航空工业集团公司、神华集团有限公司、中国化工集团、中国中钢集团公司、中国电子信息产业集团有限公司、中国海洋石油总公司、中国核工业集团公司、国家电网公司等中央企业的协审(参审)工作，中国外运股份有限公司、中国移动通信集团公司、中国房地产开发集团公司、中国中材集团有限公司、中国盐业总公司、中国南方电网有限责任公司、东方航空集团公司、宝钢集团有限公司、中国南方航空集团公司、中国华能集团公司、中国国电集团公司、中国国际企业合作公司等中央企业的专项审计工作，中国东方资产管理公司、中国银河投资有限公司等委托的审计、尽职调查、咨询分析等专项业务工作。

长期以来，我们一直将为国有企业尤其是中央企业和部委企业以及证券期货金融等的审计工作作为我们的主要业务之一和特色业务之一，组织和开展了大量的该项工作，包括承担和参与国务院国资委、审计署等国家有关部委和中央企业等单位委托的多种审计和咨询，积累了比较丰富的工作经验，取得了一定的工作业绩，同时锻炼和成长了注册会计师和助理人员，提高了我们的工作水平，加之精干、专业的管理组织人员，可以在规定工作时间内，按照审计工作的实际情况，有能力调配较强工作力量，统筹安排，合理分工，确保审计工作顺利、有序开展。近三年，我们先后接受国资委委托开展中国电子科技集团公司(A标)、中国电子信息产业集团公司下属2级子公司(E标)等财务抽查审计工作，中国南车集团公司、中国葛洲坝集团公司、中国汽车研究中心、中国远东国际贸易总公司、中国水利投资集团公司经济责任审计，中国华能集团公司会计信息质量检查，多家中央企业年度国有资本经营决算情况审计复核、多家中央企业灾后恢复重建资金国有资本经营预算支出执行情况专项审计；国资委监事会委托的武汉钢铁(集团)公司、中粮集团有限公司、东风汽车公司、中国船舶重工集团公司、中国恒天集团有限公司、中国五矿集团公司、中国中钢集团公司、中国北方机车车辆工业集团公司集中重点检查和境外资产检查工作。

优秀的执业团队

我所拥有一批优秀的审计专业人员团队，现从业人员近2000人，其中：注册会计师600多人，拥有注册会计师、注册咨询师、注册评估师、注册造价工程师、注册税务师等双项或多项执业资格人员400余人，执业时间在5年以上的占从业人员的70%以上，大多数员工具有丰富的实践经验和较强的组织协调能力。同时，我所还拥有一批资深专家作为高层技术顾问，能够为各行务业客户提供相应的审计、咨询业务。

先进的企业文化

我所坚持以人为本，崇尚社会公德、个人品德、职业道德、家庭美德，全力构建以“诚信决定生存、知识充实事业、创新成就辉煌、专业回报社会”为核心的企业价值观，并通过全体员工的努力，建设和谐向上的企业，以提高企业知名度、文明度，增强企业凝聚力、竞争力为目的。

·管理理念：用文化凝聚团队、用制度规范行为、用事业成就人生。

·营造事业留人、待遇留人、感情留人、合伙文化留人的氛围。

·经营理念：质量打造信誉，信誉筑就品牌，品牌赢得市场。

·奋斗目标：科学发展，开拓创新，保十争五，铸造百年名所。

·发展目标：规范化、集团化、国际化、多功能、高水准。

·服务理念：质量第一、信誉至上、勤勉尽责。

·执业原则：独立、客观、公正、严谨。

·质量控制理念：执业质量是生命线、执业程序是防火墙、工作底稿是护身符。

·合伙文化：人合、心合、事合、志合。

·人才理念：尊重人格、培育英才、唇齿相依、共同发展。

·员工行为准则：

恪守社会公德、崇尚个人品德、严格职业道德、坚守家庭美德；

真诚敬业爱岗，尽力履行职责，刻苦学习专业，努力开拓进取；

坚持诚信为人，尊重上司同仁，善于团结合作，践行秉公办事；

信守以所为家，维护集体声誉，抵制不良风气，爱护公共财物；

讲求仪容仪表，珍爱个人形象，完美行为举止，文明待宾迎客。

丰富的执业经验

我所始终坚持质量第一、信誉至上、勤勉尽责的执业宗旨，坚持专业化、规模化、集团化、国际化的发展方向，合法经营，规范执业，廉洁自律，为客户提供高水平的服务，具有良好的社会声誉和职业道德记录。近三年内，我所没有因违法、违规行为被有关部门予以处罚的记录。

我所承担10多家大型和特大型中央企业的审计任务，拥有上市公司审计客户30多家和证券、期货公司审计客户30多家，积累了较丰富审计经验，具有良好的专业胜任能力和社会认可度。

经过多年的不断发展与壮大，我们的执业团队具有丰富的实践经验和娴熟的实务能力，熟悉政策法规，精通专业技术，善于献计献策，服务企业发展，为客户提供优质言效的服务，并能解决审计、咨询服务过程中的各种疑难问题。

我所承担10多家大型和特大型中央企业的审计任务，拥有上市公司审计客户30多家和证券、期货公司审计客户30多家，积累了较丰富审计经验，具有良好的专业胜任能力和社会认可度。我所连年居于国内会计师事务所百强，2014年全国行业综合排名第13名（本土会计师事务所10强），在国务院国资委2014年－2015年审计监督项目会计师事务所入围中名列第5名。

近年来，我所在接受中国红十字会、审计署、国务院国资委（纪委办公室）、中国证券监督管理委员会委托的汶川地震抗震救灾款收支审计、京沪高铁第三标段（济南段）跟踪审计、中央单位2009年度案件审计检查、大鹏证券有限责任公司和广东股份有限公司风险处置专项审计时，坚持质量第一、信誉至上的宗旨，出色完成任务，受到有关方的表扬。

较好的咨询服务能力

为适应时代发展需要，我们广纳高素质的咨询人才，在稳步发展传统业务的基础上，提升了服务能力，拓宽了服务领域，向广大客户提供全方位的优质服务。可以承负财务报表、企业重组、资本运作、公司改制、股票发行与上市、财政投资、企事业经济责任、企业清算、投资决算、司法鉴定、财务咨询等传统业务和企业控制体系设计、内控及风险评估、业务流程再造、SOX法案执行情况测试，税收策划等新型业务。

健全、完善、有效的系统风险控制体系

执业质量系事务所的“生命”。在执业过程中，我们有一套健全、完善、有效的系统风险控制体系，形成了以制度规范业务、以制度保障业务的长效机制，从而确保了执业成果的独立、客观、公正。

健全的系统风险控制机构：由合伙人选举产生的管委会成立了质量监管与技术标准委员会，在管理总部设质量监管与技术标准部，具体负责全所技术支持和专业培训，统一制定全所质量制度与标准，对各所质量监控进行指导、监督与重要项目复核。各所质量监管部负责对本级各类业务进行指导、监督与复核。

完善的系统风险控制制度：在严格落实《中国注册会计师执业准则》的同时，根据中注协提出的“内容协调、程序严密、配套完备、有效管用”的要求，我们将制度建设的责任目标与事务所发展有机结合起来，以制度引领和规范业务工作，以制度管人管事，促进管理水平、执业质量和服务社会能力的提高，结合我所实际，先后已建立了76项内部质量控制制度。

有效的系统风险控制手段：我们通过建立跟踪评价机制，将执业质量同个人业绩待遇紧密结合起来，以经常性和持续性的检查不断激励促进，使制度导优导善的作用最大化，从而使每个执业人员预警风险、防范风险、防止失误的意识明显增强。各所每年至少自行进行一次执业质量自查、自评，全所每年至少组织一次对各所执业质量进行巡回检查。

地址：北京市海淀区复兴路47号天行建商务大厦
22－23层
邮编：100036
电话：010－51716789
传真：010－51716790
邮箱：cacpabj@163.com

中喜会计师事务所（特殊普通合伙）

中喜会计师事务所（特殊普通合伙）于2013年11月8日经北京市财政局（京财会许可〔2013〕0071）号文批准，由中喜会计师事务所有限责任公司转制设立。中喜会计师事务所有限责任公司于1999年9月由财政部批准设立。

中喜会计师事务所(特殊普通合伙)总部位于北京市东城区崇文门外大街11号新成文化大厦A座11层,设有合伙人办公室、行政事务部、人力资源部、业务发展部、质量控制部。总部直属业务部门11个,目前下设石家庄、邯郸、山西、深圳、广东、山东、上海、河南、天津、安徽、大连、四川等12个分所,目前筹建湖南、湖北、无锡分所。现有从业人员600多名,注册会计师260多名,执业范围遍及全国。

中喜会计师事务所拥有一支专业素养深、实践经验丰富、沟通能力良好的精英团队。多年来为客户提供股票发行与上市、公司改制、企业重组、资本运作、财务咨询、管理咨询、税务咨询等专业服务。涉及的行业包括证券公司、银行和金融保险企业、房地产企业、外经商贸企业、电信邮政企业、民航及服务企业、烟草企业、电力企业、工业制造企业、建筑业、行政事业单位等,为客户提供了优质的年度会计报表审计、经济责任审计、专项审计、管理咨询等服务。

中喜秉承"至诚、至精、至公"的执业理念,恪守"独立、容观、公正"的执业原则,建立和完善了经营管理机制和业务质量管理制度,视优秀专业人才为发展之本,并以持续的专业培训为后盾,使员T具备良好的执业操守。注重与国内同行、国际著名的会计机构交流与合作,学习国际先进经验,不断提高服务质量与执业水平。

中喜会计师事务所愿与社会各界精诚合作,共同发展。

地址:北京市东城区崇文门外大街11号新成文化大厦A座11层

电话:010-67092482

传真:010-67084147

邮编:100062

中兴财光华会计师事务所(特殊普通合伙)

中兴财光华会计师事务所(特殊普通合伙)是具有证券期货相关业务资格的专业服务机构。在财政部、证监会、中注协的领导下和广大客户的积极支持下,业务发展迅速,形成了鉴证和咨询两大业务核心,以北京总部为中心,与国内知名投行、券商、基金公司建立了战略合作关系,是国内资本证券化运作平台。公司在全国各地主要城市均设有分支机构,并与中联资产评估集团有限公司、中联造价咨询有限公司、中联税务师事务所联合组成中联光华集团,为企业提供审计、税务、工程造价咨询,资产评估等综合服务,是国内具有核心竞争力的优秀中介服务机构。

中兴财光华会计师事务所现有从业人员1438名,注册会计师609名、国际注册管理咨询师10名;资深教授、副教授、高级会计师、高级工程师、高级税务师、高级管理咨询师158名;荟萃了会计、审计、证券期货、资产评估、税务、金融、工程、经济管理等各类专业人才,是一支专业技术过硬、团结和谐、充满朝气和活力的执业队伍。2014年审计业务收入4.37亿元,业务总收入11.94亿元,是全国20强会计师事务所之一,已入围国务院国资委审计项目、财政部重点审计项目、工信部、卫计委、国家科技部审计项目、南水北调水利项目、国家烟草、兵装集团、国电集团等央企。

中兴财光华会计师事务所服务范围遍及金融、证券期货、电信、钢铁、石油、煤炭、外贸、纺织、物产、电力、水利、新闻出版、科技、交通运输、制药、农牧业、房地产等行业。为企业提供上市前辅导、规范运作及上市前、后审计服务;为大中型企业提供内控设计、企业策划、投资项目可行性研究服务;为企业改制、资产重组、投资等经济活动提供财务、税务、经济评价和可行性研究;为工程项目提供预算、决算服务;为企事业单位提供资产评估(包括上市评估、无形资产评估)、价格评估等。公司拥有完善的管理体系、先进文化理念,在社会上树立了良好的职业形象,得到了社会各界的广泛赞誉。

2015年荣获"新三板上市十大最值得信赖的会计师事务所";"2015中国品牌文化影响500强";"2015中国品牌文化影响力(行业)十大用户满意品牌";入选"中国成长企业5020工程律师/会计师专项工作组成员单位";2014年荣获"中国服务贸易(行业)十大最具影响力品牌"称号;2011年荣获中国注册会计师行业委员会颁发的"全国先进会计师事务所党组织"等。

中兴财光华会计师事务所以做优、做大、做强、上规模、上档次、上水平为发展战略目标,坚持"以质量求信誉,以信誉促发展"的经营理念,奉行"高效优质、为客户创造价值、为社会创造效益"的服务宗旨,追求稳健务实,与国际接轨的长远发展目标。全体员工精诚团结、锐意进取、竭诚为社会各界提供优质高效服务,为我国经济发展做出积极的贡献。

北京总部

地址:北京市西城区阜外大街2号万通大厦A座24层

邮编:100037

电话:010-52805600

传真:010-52805601

地址:北京市西城区复兴门内大街28号5层F4层东座929室

邮编:100031

电话:010-88000211

传真:010-88000003

网址:www.zxcgh.net

邮箱:zxcghcpa@126.com

中兴华会计师事务所(特殊普通合伙)

中兴华会计师事务所(特殊普通合伙)是经中华人民共和国财政部批准,由国家工商行政管理局登记注册成立的,具有独立法人资格的全国性的会计、资产评估、财税和工程咨询等专业服务机构。

中兴华会计师事务所前身是成立于1993年的中法会计师事务所。2000年由国家工商管理总局核准,改制为"中兴华会计师事务所有限责任公司",2009年吸收合并江苏富华会计师事务所,更名为"中兴华富华会计师事务所有限责任公司"。

2013年公司进行合伙制转制,转制后的事务所名称经工商行政管理局核准为"中兴华会计师事务所(特殊普通合伙)"。已设有江苏分所、镇江分所、南通分所、扬州分所、苏州分所、山东分所、潍坊分所、威海分所、济南分所、东营分所、河南分所、河北分所、广东分所、辽宁分所、四川分所、福建分所、湖南分所、深圳分所、江西分所、上海分所共计20个分子机构。

本所出资额2821万,从业人员近千人,现有注册会计师480(其中北京总所158人),其中具有证券、期货相关业务资格的注册会计师52人。注册评估师87人,注册税务师56人。工程师、律师等资格的42人。

企业价值观

诚信、专业、团队精神

创新、热诚、追求卓越

在执业服务中,我们坚持以专业立所,服务社会的宗旨,注册会计师执业团队以丰富的专业知识、尽职守责、勤勉敬业的精神,为广大客户提供专业服务,与企业共同发展。

我们在以审计服务主业突出的基础上、发展资产评估、工程造价、税收筹划、管理咨询多元经营,以专业优异、经营创新、超越自我的理念开拓进取,帮助客户在全球一体化发展和改革的大环境中,应对和解决复杂多变的专业难题,以实现客户价值的最大化。

我们始终坚持诚信客观、公正独立的原则,奉行规范执业、多元经营的理念,秉承立足本土、面向国际的视野,与时俱进,指导我们的行动,影响我们与他人的工作方式,以及我们服务客户和与社会各界人士相处的方式。

北京中兴华税务师事务所有限责任公司(以下简称"中兴华税务"")成立于2008年,目前有注册税务师56人。中兴华税务依托于中兴华会计师事务所的优良平台,吸收了国际国内税务咨询机构的专业人员,形成了独特的优势。我们在税务架构设计、税务筹划、业务模式及研发业务规划、税务内控管理、并购重组等方面具有丰富的经验,致力于最大程度地降低企业的税务风险,提高企业的税务管理效益。

我们的优势

我们更专业

我们秉承国际会计师事务所的工作作风,严谨、细致、全面、深入。

我们更专注

我们对每一个项目都给予足够有效的服务时间,确保项目质量。

我们的服务

常年税务顾问税务内控管理

基础咨询式制定税务管理制度

监督辅导式税务和业务对接

内控管理式税务信息化设计

专项税务咨询税务审计

税务架构设计税务健康检查

业务模式重组税务尽职调查

并购重组方案设计税务鉴证审计

研发业务规划税务抗辩/行政复议

外包服务减免税税务代理

营改增业务应对

股权转让分析

关于中兴华会计师事务所

中兴华会计师事务所成立于1993年,目前从业人员一千余人,在江苏、广东、山东、河北等地设有18家分所,主要从事公司上市IPO审计、年度审计、大型国有企业年度财务报告审计等业务。

中兴华会计师事务所具有从事证券、期货相关业务审计资格,大型金融企业审计资格,特大型企业审计资质,是中央金融工委聘任的15家会计师事务所之一。

中兴华会计师事务所的客户层次非常广泛,涵盖国有大型企业、股份有限责任公司(包括上市公司)、以及各类中小型企业和外商投资企业等多种类型的企业。

电话:010-68364878-158

手机:18901305601

邮箱:zncpa@163.com

中准会计师事务所(特殊普通合伙)

一、公司基本情况及组织架构

中准会计师事务所(特殊普通合伙)原名中准会计师事务所有限公司,1996年3月由财政部批准设立,于2013.10.11日经北京市财政局京财会许可[2013]0062号文件批准转制为中准会计师事务所(特殊普通合伙),注册资本为1120万元人民币,首席合伙人为田雍。总部设在北京市海淀区首体南路22号楼4层。并在吉林长春、辽宁沈阳、辽宁大连、青海西宁、湖南长沙、山东济南、广东广州、四川成都、安徽合肥、黑龙江哈尔滨、江西南昌、上海、深圳、河南郑州设有14个分所。

中准会计师事务所(特殊普通合伙)具有财政部、证监会批准的证券、期货相关业务审计资格;工程造价甲级资质、税务审计和咨询、司法鉴定资格及中国银行间市场交易商协会会计师事务所会员、北京金融资产交易所(北金所)会员、中关村企业信用促进会会员、天津股权交易所会员、浙江股权交易中心会员;北京市信用企业;第一批第三方节能量审核机构、北京市第一批碳排放权交易核查机构唯一入围会计师事务所。业务范围涵盖注册会计师法规定的全部业务。

中准会计师事务所(特殊普通合伙)一直位居全国百强会计师事务所内,2014年度中注协全国百强事务所综合排名中列第31位。在国务院国有资产监督管理委员会2014-2015年度审计招标入围名单中综合排名第22位。2012年度实现收入总额1.53亿元公司,2013年度实现收入总额1.80亿元,2014年度实现收入总额1.83亿元。

本公司实行主任会计师负责制,设发展战略委员会、风险管理和质量控制委员会、专业技术委员会、薪酬与考核委员会、专家咨询委员会;公司机构设置有综合管理部、质量控制部、业务部门6个和分所14个分所。本公司现有职工总数1002人,注册会计师395人,其中40岁以下283人、40-60岁90人、60岁以上22人,博士15人、硕士65人、本科及以下315人,是一支具有知识化、专业化、年轻化的队伍。

二、公司人员构成

公司团队中高级专业人员和研究生以上学历人员占32%,中级专业人员和本科以上学历人员占60%,执业人员平均年龄35岁,是一支具有知识化、专业化、年轻化的队伍。现有注册会计师395人,职工总数1002人。

公司具有一支由会计领军人才和优秀注册会计师为核心组成的审计专业队伍。公司注册会计师被选为中国证券监督管理委员会第十届、第十一届发行审核委员会委员1人;现有中国注册会计师协会理事2人;地方注册会计师协会副会长、常务理事、理事9人;全国会计领军人才3人;多人被评为地方行业领军人才。

三、行业经验

公司近三年来,承办了国务院国资委、北京市国资委多次年度会计报表审计、工程竣工财务决算审计和专项审计业务;承接了60多家上市公司的年度财务报表审计业务;承接24家金融企业的年度财务报表审计业务。公司具有丰富的中央企业和国有企业、上市公司、金融企业审计经验,公司的客户涉及制造、商品流通、邮电通信、金融、医药、房地产、电力等行业。

地址:北京市海淀区首体南路22号国兴大厦四层

电话:010 – 88356126
传真:010 – 88354837
邮箱:zhongzhuncpa@ 126. com

众华会计师事务所

众华会计师事务所长期以来,始终坚持专业创造价值,诚信实现共赢的发展战略,坚持市场化的发展方向,以专业和服务获得了客户的信任和支持,以诚信和敬业赢得了市场的认可和声誉。

众华会计师事务所汇集了一大批优秀的专业人才,积累了大量的优质客户,在国内外市场上享有很高的声誉。

众华会计师事务所为客提供全面优质的服务,包括审计、咨询、会计、税务、企业融资、企业重组等。

在全球经济一体化背景下,众华会计师事务所除提供中国市场服务外,借助国际网络,为客户提供全球化的优质服务

执业资质

1985 年 11 月,经国家外经贸部批准,取得涉外业务执业资格;

1993 年 7 月,经国家财政部与中国证监会批准,取得证券期货相关业务执业资格;

2000 年,经国家财政部和中国人民银行批准,取得金融相关审计业务资格;

2000 年,经上海市财政局的批准,取得大型国有集团企业的审计业务资格;

2001 年 2 月,经国家财政部批准,取得了 B 股、H 股及其他境外投资的审计资格;

2001 年起,经上海市司法局和上海市最高人民法院授权,取得司法审计业务资格;

2004 年 8 月,经美国公众上市公司会计监督委员会的备案,取得美国上市公司的审计资格;

2009 年 2 月,经财政部与中国证券监督管理委员会审查,获批新一批证券期货相关业务资格。

地址:中国上海市黄浦区中山南路 100 号
金外滩国际广场 6 楼
电话:021 – 63525500
传真:021 – 63525566
邮箱:info@ zhonghuacpa. com

第三节　优秀律师事务所选介

大成律师事务所

2015年11月10日,大成律师事务所和Dentons律师事务所正式启动合并。经过此前两家律所的合伙人对合并进行投票表决,双方曾于2015年1月确立合并时间表,预定于今年年底合并正式生效。

新律所的中文名称为"大成",除中文外,律所在英文和其他语言中将使用"Dentons"的名称。律所的标识则将中英文合二为一,设计为"大成 Dentons"字样。

新律所拥有逾6,600名律师,服务于50多个国家,业务遍及加拿大、美国、欧洲、英国、中东和非洲以及整个亚太地区。新律所可以为客户提供丰富的本土经验,帮助他们在各个地区开展业务或解决争议。

与律所在全球范围开展业务的策略一致,此次合并将最佳业务实践整合为一个全球性的业务组合,在体现律所多元化地域覆盖的同时,加强业务能力和扩大业务领域,使自身业务版图在深度和广度上均处于行业领先地位。

律所在其全球网站 www. dentons. com 上推出一个全新的中文版本网站。为方便客户以及其他想要了解大成在华业务能力的人士,旧版网站 www. dachenglaw. com 将继续使用,之后会完全过渡到新的全球网站 www. dentons. com。

大成是世界上第一家全球多中心的律师事务所,坚持超越自我,以客户需求为中心,始终如一地提供专业、全面、及时、高效便捷的服务,荣膺"Acritas2015 全球顶尖20家精英品牌律所"称号。

我们知道,深谙本地文化对于达成交易、解决纠纷以及化解商业风险都至关重要,这促使我们深入客户业务所在的各个地区,让客户保持竞争优势。

作为全球最大的律师事务所,大成的全球服务团队现在更加灵活,在遍及全球50多个国家超过125个地区,为个人及公共客户提供量身定制的解决方案,满足客户在本地、本国及全球的法律服务需要。

北京德恒律师事务所

基本概况

北京德恒律师事务所是中国规模最大的综合性律师事务所之一,于1993年1月创建于北京,原名中国律师事务中心,1995年更名为德恒律师事务所。自创始之日起,德恒就恪守勤勉尽责、竭诚服务、追求公正的宗旨,致力于为客户提供优质、高效的法律服务,经过近二十年辛勤耕耘,获得中外社会各界的高度赞誉,现已形成遍布中国和世界主要城市的服务网络和客户群。自2007年起,德恒一直排名全国律所前三强(据ALB排名)。

机构与人员

德恒在中国首倡全球合伙制度,除北京总部外,还在上海、广州、深圳等地设立了二十五个国内分所,在纽约、海牙、巴黎等地建立了五个国外分支与一百五十家合作机构,凭借多种语言优势、信息资源和现代化办公手段,形成了全球化、网络化、紧密型服务体系,可为国内外客户提供全方位、高质量的法律服务。

德恒拥有一流的律师队伍,全球员工约1700人,其中北京总部500余人。德恒律师80%以上有硕士、博士学位,具备在国内外立法、司法、行政机关,跨国公司、大型国企,金融证券机构的工作经验。德恒律师持有美国联邦最高法院、联邦上诉法院、纽约州、新泽西州、佛罗里达州、俄亥俄州、加利福尼亚州、欧洲共同体、巴黎上诉法院等律师执照,能熟练运用英语、法语、德语、日语等多种语言从事法律服务。

优势领域

德恒以"法律服务的国家队"来要求自己,积极投身于国家经济发展的主战场,与大型国企和政府部门保持了良好的长期合作关系,先后为三峡工程、南水北调、中铁建A+H股上市、农行A+H股上市等重大项目提供法律服务,并担任财政部、卫生部、国家能源局等部委的法律顾问。

德恒的传统优势领域,包括国内外股票、债券的发行、承销、上市,投资基金,国内外企业分拆、购并,公司改制,资产重组,破产清偿,有形与无形产权交易,中国企业海外融资、投资,海外投资者对中国投资、融资,国际招投标,信息通信,房地产开发经营、重大建设项目等。德恒在这些领域已经积累了极为丰富的经验,多次获得"年度最佳本地IPO项目奖"、"年度最佳股权市场项目大奖"、"最佳股权交易"等各项殊荣。

特色

德恒创新管理机制,建立了公司证券、融资并购、知识产权、建设地产、国际业务、诉讼仲裁、研究发展等六大中心平台,统一调配人力和业务资源,创造了系统集成、重点支持、全面服务的一站式服务模式,拥有强大的团队协作服务能力。这也是我们在重大项目办理中如此成功的原因之一。

德恒高度重视研发工作,以此推动业务提升和创新。德恒通过对经济发展趋势和客户需求等方面的研究,不断拓展法律服务产业链,做到"研究在前,布局在先,做好预案,积极服务,持续跟进"。德恒近年来在新能源、中国企业"走出去"等领域积极展开布局,同时开发了声誉管理、风险控制等新型综合性业务,使自身一直处于法律服务行业的领先地位。

德恒律师事务所参加了第三批深入学习实践科学发展观活动。期间,国家副主席、中央深入学习实践科学发展观活动领导小组组长习近平等领导同志视察我所,对学习实践活动给予有力指导,极大鼓舞了全所律师。

未来

德行天下,恒信自然。德恒人将精益求精,继续为中外客户提供一流的法律服务。

公司证券业务

德恒在公司、证券等法律服务领域信誉良好、业绩优良,拥有一支稳定、经验丰富且勇于拼搏和创新的团队,在证券发行上市、证券投资基金及产业投资基金法律服务领域业绩显著,赢得了广泛、持久、稳定的一流客户群,其中包括长江三峡总公司、长江电力、大唐集团、华能集团、中国铁道建筑总公司、中国农业银行、中信证券等,涉及领域包括金融、证券、机械制造、房地产、能源、医药、交通运输、港口、公路、桥梁、水务、环保、电信等。

公司证券部主要服务内容:

· 普通公司的筹建、设立、转股、增资
· 企业产权界定、公司制改建、股份制改造
· 公司治理和合规
· 协助设计公司股权激励计划和方案
· 公司资产和股权托管
· 公司税务筹化和保险安排
· 公司债权债务重组、清收、变现
· 公司解散、破产、清算、拍卖
· A 股(境内上市内资股)首次公开发行上市
· B 股(境内上市外资股)首次公开发行上市
· 上市公司配股、增发、非公开发行、可转债发行
· 境内公司境外发行上市(H、N、S 股、CDR 等)
· 境外注册中资公司境外发行上市(红筹股)
· 外商投资
· 境外投资
· 收购和兼并
· 私募股权基金的设立和管理

重组并购业务

德恒在并购重组业务领域一直处于领先地位,代表境内外知名客户多次参与复杂的并购重组业务,其中包括中国一汽集团、东风汽车、中国重汽集团、中国化工集团、长江三峡总公司、华能集团、中国铁道建筑总公司等大型企业的并购重组业务,涉及领域包括证券、机械制造、汽车、互联网、教育、农业、化工、媒体、房地产、能源、医药、交通、水务、环保、电信等。

并购重组业务服务范围:

· 要约收购
· 要约收购豁免
· 协议收购
· 合并与分立
· 重大资产重组
· 股份回购
· 股份和资产的购买及转让
· 在并购重组业务中,德恒的法律服务内容
· 产业准入政策咨询
· 并购重组方案设计
· 税务筹划和保险安排
· 尽职调查
· 合同等法律文件的起草、谈判
· 就并购重组需履行的授权、审批程序提供意见
· 根据客户或监管机构的要求出具法律意见
· 协助申请政府部门的批准或者办理登记
· 跟踪并购重组方案的实施
· 并购重组完成后的相关法律服务

国枫律师事务所

国枫律师事务所是中国领先的综合性律师事务所,创立于 1994 年,经过二十年的稳健发展,现已成为中国最大的综合性律师事务所之一。国枫总部设于北京,在上海、深圳、成都和西安设有分所,目前拥有律师和专业人员 300 余人。

国枫具有高度的专业特色,在证券与资本市场、兼并与收购、银行与金融、投融资、工程、地产、基础设施、争议解决等诸多专业领域居于业内领先地位。国枫注重专业的服务品质,业务能力不仅体现在专业化分工下诸多业务领域全过程的深度法律服务经验,更体现在综合法律服务为客户所提供的全方位量体裁衣式法律支持上。国枫从不松懈的严格内控机制在业内有口皆碑,多年来厚积薄发,深得客户和社会各界的赞誉。

国枫始终以客户需求为第一位,致力于客户的成功,热诚为中外客户提供全方位、多层次的法律解决方案。国枫广泛的客户群体既包括世界 500 强的中外知名企业和跨国公司,也包括众多的大中型国企、外资企业和民营公司,以及各级政府机构和部门、各类协会、学会和非政府组织;所涉业务领域涵盖了电信、航空、航天、钢铁、矿业、铁路、公路、石油、军工、化工、汽车、电力、公用事业、工程、地产、基础设施、港口、码头、桥梁、隧道、银行、保险、投资、环境、资源、能源、软件、高科技、文化、传媒、体育、医疗、食品、服装、餐饮、娱乐、商业零售、贸易等各个行业。

国枫汇聚了一大批高素质、经验丰富、有理想并勇于实践的专业法律人才。国枫大多数律师毕业于国内外著名法律学府,诸多律师具有国际知名律师事务所工作经历,以及证券、金融、保险、房地产、建筑、环境、资源、知识产权等专业背景。国枫强调团队合作,注重资源共享,确保客户享受高品质法律服务。

【2015 年荣誉奖项】

· 卓越律所大奖——资本市场领域(商法,2015)

· 中国 A 股首次公开发行发行商法律顾问第四位(汤森路透,2015)

· 中国 A 股股权及股权相关发行商法律顾问第四位(汤森路透,2015)

· 亚洲股权及股权相关发行商法律顾问第九位(汤森路透,2015)

· 资本市场国内发行领域领先律所(Chambers,2015)

· 中国律所品牌 50 强(LEGALBAND,2015)

· 亚太律师事务所 100 强(TheLawyer,2015)

· 2015 年(VC/PE 支持)中国企业新三板挂牌法律顾问机构 10 强(中国创业投资暨私募股权投资年度排名,2015)

· 2015 年(VC/PE 支持)中国企业境内上市法律顾问机构 10 强(中国创业投资暨私募股权投资年度排名,2015)

· IPO 项目优秀律师事务所:深圳创业板五强、深圳中小板十强、上海主板十强(商法,2015)

· 年度最佳证券与资本市场国内发行律师事务所(LEGALBAND,2015)

北京总部:
地址:北京市东城区建国门内大街 26 号新闻大厦 7 层
电话:010 - 88004488,66090088
传真:010 - 66090016
邮编:100005

上海分所:
地址:上海市浦东新区民生路 1403 号
上海信息大厦 2903 室
电话:021 - 58209370
传真:021 - 58209375
邮编:200135

深圳分所:
地址:深圳市南山区深南大道高新南一道 8 号

创维大厦C座12层
电话:0755－23993388
传真:0755－86186205
邮编:518026
成都分所:
地址:成都市高新区交子大道333号中海国际中心
E座602室
电话:028－65585333
传真:028－66266533
邮编:610041
西安分所:
地址:西安市高新区科技路50号金桥国际广场
C座1705室
电话:029－88860510,88860511
传真:029－88860501
邮编:710075

北京金诚同达律师事务所

北京金诚同达律师事务所最早创立于1992年年底。今天,金诚同达已发展成为中国境内规模最大、最富活力的律师事务所之一,拥有240多位优秀专业律师。2000年金诚同达被司法部命名为"部级文明律师事务所",2005年被中华全国律师协会评为"全国优秀律师事务所",2006年被《亚洲法律事务》杂志(ALB)评选为"亚洲地区蓬勃发展中的30家律所",成为中国大陆获得这一荣誉的12家律所之一。

金诚同达在诸多业务领域,都已成为行业里的领先者。各地区的分所与北京总所紧密合作,形成覆盖全国的网络,为客户提供广泛的法律服务,从公司、证券、金融、房地产、项目融资、基础建设、资产管理、保险、并购、税务、知识产权、反垄断,到外商投资、国际贸易、WTO争端解决、商事仲裁诉讼等等。金诚同达的客户包括政府部门、大型跨国公司、中央企业、国内外金融机构、保险公司、对冲基金、私募基金、风险投资基金、房地产企业、基础设施开发商、制造商、IT公司、高新技术产业、传媒娱乐业等。

金诚同达以其在中国各类的法律事务中的每个领域内能够提供客户化的、综合战略性的和专业性的法律咨询服务而赢得客户的赞誉。金诚同达集萃了众多跨领域的专家,绝大部分律师拥有中国知名法学院的教育背景,有些还有美国或者欧洲、日本等知名法学院的教育背景,和曾经在美国、英国、德国、日本和香港的律师事务所里从事国际法律业务的工作经验。金诚同达秉承"守信金诚,励志同达"的理念和"同心合力,事业腾达"的目标,倡导"法理精神、一品服务"和"服务创造价值",其制胜法宝就是运用资深的专业技术和丰富的实践经验竭诚为每位客户提供最为专业和完备的法律服务。金诚同达律师能够切实地从每位客户的立场和观点出发,同时坚持结合具体情况,在每个业务层面提供高水准的优质服务。金诚同达以学者型的严谨态度、专家型的服务水平、团队型的合作模式和国际化的质量标准严格要求自己。金诚同达正在成为客户最信赖的重要资源。

金诚同达还拥有国际化的业务网络,与美国、欧洲、日本、加拿大、澳大利亚、新加坡、印度等国家、地区和港澳台的相关同行保持着广泛而深入的业务合作关系,力求在全球范围内实现最优化的资源共享和业务互动。随着日益扩展的客户群,金诚同达不仅志在成为中国专业法律服务的领先者,还希望跻身一流国际律师事务所的行列。

金诚同达亦是中国公共法律服务的推动者和热衷实践者。金诚同达律师经常受邀在政府机构、专业协会、民间团体主办的会议上发表演讲,参与人大和政协提案的草拟,参与中央与地方的立法或者修法,参与相关司法解释的讨论,担任政府法律顾问,进行法律实施的调研,积极投身于中国的法制化建设进程。

并购与重组业务

金诚同达能在中国并购交易业务中涉及投资者投资的所有环节为客户提供建议。在进入阶段,通过并购已有的中国公司,外国投资者能尽快进入市场,比如,获得大量有经验的员工,或获得已有的销售渠道。对已经在中国成立的公司,可以通过多种形式的并购来重组,扩展或重新调整现有的业务。最后,并购交易也可以是外国投资者退出策略的一个非常有用的方式,包括非公开销售给在中国或国外的中资或外资第三方。

我们的客户包括主要国际性公司、机构投资者、私募和风险投资公司、中资民营企业和国有企业。本所也代理中小企业进行并购交易,包括收购和处置资产、业务和附属公司,买卖合作合资企业股权以及进行战略投资。

金诚同达以其在尽职调查发面的杰出能力而在并购领域享有声誉。鉴于有效、彻底和深入的尽职调查在每一并购交易中的极端重要性,本所一直致力于发展中国一流的尽职调查业务。金城同达专业的尽职调查队伍由150多名熟悉各大法律领域的律师组成,能为任何并购交易项目提供重要的法律和事实依据。我们非常熟悉影响任何并购交易的疑难极富挑战性的事务——包括员工和管理安排,账外或潜在负债,社会保险义务,原有非常惯例或安排,行业合规事务——我们在处理这些事务方面具有独特的能力,并为我们的客户提供其作出最明智业务决定所需要的事实信息以及法律分析。

鉴于大部分并购交易的复杂以及多学科的特性,需要一种交叉学科的方法,以保证给客户提供全面的法律服务。金城同达注重交叉学科的方法,将我们税务、金融、反垄断、知识产权,IT,诉讼和劳动法领域的律师整合在一起,为任何需要这些建议的并购交易提供服务。我们对政府监管部门的监管方面也有丰富的经验,包括中国证监会、商务部、文化部、中国新闻出版总署和国家广电总局。金城同达与负责并购法律法规的政府部委和机关建立了良好的关系,这使本所能更好地满足客户的要求。

金诚同达律师的服务涉及并购事务的所有方面,包括:
· 预期目标的前期准备
· 资产买卖
· 企业治理建议
· 一般企业咨询
· 合资合作
· 私募
· 资本结构调整
· 拆分
· 股票交易

多数领域的广泛业务实践使我们可以在众多法律领域为客户提供综合法律建议。一宗并购交易通常需要众多领域的专家提供法律建议,包括:
· 反垄断
· 银行与金融
· 外资所有权规范

· 董事职责
· 劳动法和员工福利
· 知识产权
· 国际贸易
· 劳务和工作仲裁
· 房地产
· 重组与破产重组
· 证券
· 税务
· 电信

承办过的并购交易

代理德国电信2007年两家在中国的全资子公司的合并。这一合并涉及资产和债务转移以及员工和商业合同。本所为此交易设计出最佳税务结构，并在交易的过程中赢得了各级政府部门的称赞。

代表中国乐凯集团在2003年进行了里程碑式的收购业务，美国柯达集团以2亿美元的价格购买其20%的股权。这一前所未有的交易独特之处在于柯达与中国乐凯之间的广泛的技术合作。金城同达的法律服务团队包括其并购、证券、企业、IP、外商投资、反垄断和税务领域的律师以及本所国有资产的专家。

风险投资和私募

金诚同达擅长于私募（PE）和风险投资，代理过众多客户，包括独立的PE公司，私募股权公司发起人以及融资机构。我们的私募业务具有全球性，代理来自世界各地的私募发起人以及其他交易参与者。我们曾积极参与过许多中国风险投资和私募项目，投资者包括美国国际数据集团、CDH风险投资基金、Intel、Carlyle、国际财务公司（IFC）、红杉、新加坡Vertex和新加坡OWW。本所同时也与风险资本和私募投资的中国政府监管部门建立了良好的关系。

作为Och－Ziff的中国顾问代理其2008年对某BVI控股公司的1500万美元的投资，以期在中国进行具体私募投资；

代表SUNAC中国控股有限公司（SUNAC集团）2006年雷曼兄弟和CDH投资基金管理公司（CDH投资）对其2.5亿美元的投资。这是自中国政府在2006年严控外商投资房地产以来最大的单笔私人融资。SUNAC集团是一家内资综合房地产发展公司，在北京、重庆、无锡和苏州和中国其他城市已有项目。雷曼兄弟是一家国际闻名的美国投资银行。CDH投资是一家国际私募基金，在中国有多次成功投资记录。

作为中国顾问代理中国金融界（www.jrj.com）从IDG和Vertex的风险资本融资以及2004年的纳斯达克上市。金融界是中国领先得财经信息和证券投资软件服务商；

作为ATA.Inc.的中国顾问代理其从国内私营和国有投资者已记海外投资者如SAIF进行的风险投资融资以及其2008年在纳斯达克上市。ATA.Inc.是中国领先的计算机测试服务商。

· 重组与资本结构调整

金诚同达代理众多客户进行了多种类型的重组和资本结构调整。金诚同达一直致力于企业内部结构重组，包括剥离和拆分以及其他价值重新定位的技术。我们在此领域获得了丰富的经验，并能运用本所在财税、员工福利、银行和金融方面以及其他对此类交易至关重要的实践领域的知识。我们精通公司清算和解散，擅长为金融客户在涉及债务人公司重组的项目中为金融客户提供建设性建议。

金诚同达是首批获许代理客户进行国有资产交易的中国律师事务所。我们已经在国有资产交易和国有企业公司重组、资本结构调整、改造和并购方面的法律事务中形成切实可行的有见地的创造性的方法。

· 不良资产

金诚同达在代理客户收购财务问题公司或其业务或资产方面也卓有成效。这些交易可在国有资产重组框架内外进行。我们融合并购方面的实践和在改组、破产和重组方面的技术，这对此类交易至关重要。

银行与金融

金融事务是金诚同达的主要业务领域之一。金诚同达拥有一支对于大型复杂金融交易有着丰富经验的金融专业律师团队，长期担任了银行等金融机构的法律顾问，处理过各类与银行业务相关的交易纠纷，已开拓出信贷评审、担保方案设计、债权清收、金融债务重组与清算、不良资产处置、文件起草、信用证欺诈、中间业务论证、衍生产品开发、债务性融资工具发行等方面在内的一条龙式金融法律服务体系。

金诚同达在银行和金融业务方面的代表性客户包括国家开发银行、中国建设银行、中国农业银行、中国银行、中国民生银行、华夏银行、交通银行等境内大型银行等金融机构。

金诚同达参与的银行和金融业务涵盖以下各领域：

· 商业贷款
· 银团贷款
· 并购贷款
· 债权清收和债务重组
· 担保方案设计
· 项目融资
· 贸易融资
· 融资租赁
· 资产证券化
· 金融衍生产品
· 金融知识产权保护
· 委托理财
· 债务性融资工具发行
· 银行及其他金融机构的设立
· 银行与金融标准文件的提供
· 银行中间业务论证

证券业务

金诚同达是最早拥有证券法律业务从业资格的律师事务所之一，自中国证券市场创立阶段即开始从事相关法律服务，多年来累积了丰富的专业知识和实务经验，深谙公司及证券类法律、法规和监管规则，熟悉公司及证券类业务的运作与流程，与相关部门与中介机构建立了良好稳定的沟通与合作关系。

金诚同达曾经办理第一家上市公司采用托管方式进行业务整合并解决同业竞争问题，第一家上市公司通过国家股全部回购进行股权重组并实现国有公司民营化，第一家上市公司最大金额商标转让并解决遗留问题，第一家持续赢利上市公司全额资产置换彻底改变主营业务，第一家国有控股上市公司公开实行股权激励制度，第一家上市公司国有大股东通过实施破产进行债务重组和股权重组，第一家由律师组成清算工作组全面接管清算证券公司，第一家股权分置改革后全流通概念下上市公司，第一家突破既往规则通过定向转增进行股权分置改革，第一家信托公司通过吸收合并方式借壳上市，第一批中小企业板上市公司，第一批财务公司发行金融债券。

金诚同达可提供的法律服务包括：

为拟上市公司提供股份制改造、在境内外发行股票(IPO)、上市(包括在国内外主板、中小企业板、创业板、三板以及其他类别的证券市场上市)提供法律服务；

就上市及非上市公司的私募、增发、配股、股权转让、重组(包括借壳上市等)、改制(包括国有企业改制等)、股权收购与反收购、重大资产收购、重大投资(包括独资、合资、合作、联营及其他类型的投资等)、发行优先股、债券(包括可转债、分离交易可转债、企业债券、公司债券、金融债券、短期融资券等)、权证、股权或期权激励(奖励)等提供法律服务；

· 为证券公司、期货公司、各类基金与投资公司提供相关法律服务；

· 为公司提供常年法律顾问服务；

· 为公司提供其他法律服务(如诉讼、仲裁、清算、破产等)。

荣誉奖项

· 2016－2－18，金诚同达多个业务领域及多名律师获钱伯斯亚太重点推荐。

· 2015－10－19，北京律协微信公众号评选，金诚同达四个公号获奖。

· 2015－2－13，金诚同达多个业务领域和个人列入钱伯斯2015排名。

· 2015－1－26，金诚同达荣获2014商法卓越律所国际贸易大奖。

· 2015－1－22，原伟律师获评北京律协执业纪律与执业调处委员会优秀委员。

· 2015－1－14，上海分所赵平律师被聘为上海市人民政府行政复议委员会委员。

· 2015－1－8，喜讯：刘红宇律师获得朝阳区突出贡献人才奖。

· 2014－10－10，金诚同达合伙人梁枫获《北京律师》杂志专题报道。

· 2014－7－4，金诚同达荣获朝阳区律协党委庆“七一”多项表彰。

· 2014－7－2，刘红宇律师被聘为十二届全国政协信息特邀委员——党中央全面了解社情民意的“直通车”。

· 2014－6－18，刘红宇律师荣膺西南政法大学“十佳律师校友”。

· 2014－4－22，梁枫律师承办的案件获北京晚报“名律铁案”栏目整版报道。

· 2014－3－21，西安分所被陕西省律协授予“宣传信息工作先进事务所”光荣称号。

· 2014－3－21，北京金诚同达律师事务所西安分所荣获“科技金融创新企业”奖。

· 2014－1－29，刘红宇律师获得“首都精神文明建设奖”。

· 2014－1－24，刘红宇律师荣获朝阳区工商联优秀征文二等奖。

· 2014－1－23，梁枫律师当选北京市“十佳劳动法专业律师”。

· 2013－12－27，原伟律师获北京律协表彰。

· 2013－11－27，金诚同达所被钱伯斯提名为中国年度律所。

· 2013－11－27，西安分所方燕律师当选陕西省儿童福利会第五届理事会副会长。

锦天城律师事务所

锦天城律师事务所是一家提供全方位法律服务的、全国领先的中国律师事务所，在北京、杭州、深圳、苏州、南京、成都、重庆、太原、青岛、厦门、天津和香港设有分所。锦天城是唯一一家总部设在上海的全国性律师事务所。锦天城致力于在瞬息万变的商业环境中为境内外客户制定高水平的法律解决方案并提供高效率的法律服务。

锦天城坚持优质、高效的服务理念和整体的团队服务方式，对客户的每一个项目和案件提供细致的法律分析，落实流畅的沟通机制，提供切实可行的法律建议，并通过诉讼与非诉讼的手段积极进取地解决问题。

我们的荣誉

锦天城多次被司法部、地方司法局、律师协会以及国际知名法律媒体和权威评级机构列为中国最顶尖的法律服务提供者之一，位居全国十大品牌律师事务所前列。

锦天城多次获得中华全国律师协会颁发的“全国优秀律师事务所”荣誉称号以及上海市司法行政系统先进集体、上海市文明单位、上海市司法局集体三等功、浦东新区文明单位、浦东新区司法行政系统政务信息工作一等奖等荣誉。此外，锦天城在杭州、深圳等地的分所也多次获得当地优秀律师事务所和先进集体称号。

Asia Pacific Legal 500 曾在《中国商业律师事务所指南》中评价锦天城是一家在外商直接投资、公司和商业法律领域顶尖的上海律师事务所，是“其他律师事务所希望成为的公司和商业律师事务所”。

《亚洲法律杂志》(ALB)在其每年举办的“中国法律年度大奖”中多次授予锦天城重大奖项和提名。近几年来，锦天城所获奖项和提名包括“中国律师事务所大奖”、“上海律师事务所大奖”、“年度最佳中国公司法务”等综合性奖项和各主要业务领域奖项。此外，我们曾获得“年度管理合伙人奖”提名和多次“中国律师事务所最佳雇主”称号。

钱伯斯法律评级机构(Chambers and Partners)近期授予锦天城连续三年“领先中国律师事务所”证书。

协力律师事务所

基本概况

协力律师事务所是一家兼具国际视野和本地智慧的综合性专业法律服务机构，致力于为客户提供专业的法律服务。我们秉持“服务创造价值”的理念，通过专业服务在为客户创造价值的同时实现自身价值与社会价值。

协力律师事务所成立于1998年，2011年改制为上海首家特殊的普通合伙制律师事务所，总部设在上海陆家嘴，在中国北京、苏州、长沙、南通、无锡、郑州设有分所，并在日本大阪、意大利米兰设有办公室。

我们坚持“兼容并蓄、海纳百川、百舸争流、百花齐放”的发展战略，逐步形成了团队年轻化、文化多元化、业务专业化的特色，先后成立了日本国投资贸易法律事务中心、知识产权法律事务中心、建筑房地产法律事务中心、并购金融证券法律事务中心、海商海事法律事务中心。

协力律师事务所现有执业律师及其他专业人员两百余名，工作语言有中文(包括普通话、上海话)、英文、日文、意大利文等，我们的律师来自于司法系统、政府部门、世界知名律所及专业研究机构，能够为国内外客户提供极具效率的专业法律支持。

律所文化

目标：做中国最专业的规模律师事务所

理念：服务创造价值

特色：团队年轻化、文化多元化、业务专业化

宗旨：专注、专研、专业

发展战略：兼容并蓄、海纳百川、百舸争流、百花齐放

治所方略：个人价值与组织发展的融合

理论研究与司法实务的融合

客户需求与效益追求的融合

社会责任与律所文化的融合

律所荣誉

2014 亚太律所 150 强|TheLawyer2014 年

2013 年度陆家嘴社区“十佳”精神文明共建单位|陆家嘴社区

入围年度上海律师事务所大奖|ALB2014 年

亚太年度“公司、商法和知识产权领域领先律所”重点推荐

亚太地区知识产权推荐律所|Legal5002014 年

最值得推荐的中国工程法律 10 家专业律师事务所|ENR/建筑时

上海商事法领先律师事务所|钱伯斯 2014 年

知识产权领先律师事务所|钱伯斯 2014 年

上海商事法领先律师事务所|钱伯斯 2013 年

知识产权领先律师事务所|钱伯斯 2013 年

业务领域

经过多年对专业化道路的坚持和积累，并购金融法律事务中心的律师团队在实务操作上累积了广泛经验：

在基金领域，中心经常代表发起人和投资者，协助投资基金的设立，包括证券投资基金、产业投资基金、房地产基金等，并协助基金发行或基金投资。我们的服务涵盖了根据基金的目标而设计合适的组织和管理结构、收益结构；协调基金管理人和投资者以及基金托管人的法律关系；解决基金管理者和参与者所面临的各类中国法律法规项下的合规问题。代理过数十只基金的设立，其范围涉及房地产投资、矿业投资，一般股权投资基金、医疗行业投资等。同时，金融并购法律事务中心还多次代表被投资企业，处理基金投资过程中被投资方的各项法律事务。针对以在中国境内上市为目标的结构重组，中心的律师团队就如何在中国法律既有的框架下尽可能有效地实现通常基金投资在境外法律所能获得的保护做了许多突破性的探索和实践。因此，并购金融法律事务中心熟悉基金投资和被投资各方的利益，善于保护各方利益。

在地产项目领域，中心尤其具备多年的法律服务经验，这为中心在房地产基金领域的服务夯实了基础。能够在基金运营过程中提供优质的房地产项目法律风险评估、土地权属关系调查以及土地使用权取得、在建工程收购等各类服务。为房地产基金的安全运营提供保障。

在信托融资方面，中心专长于房地产项目信托、煤矿、金矿等矿业权信托、集合及单一资金信托计划、股权信托、收益权信托、信托夹层计划设计及信托公司固有业务等方面，多次设计并为股权收益权、应收账款收益权、直接贷款等多种信托产品提供全程法律服务，包括尽职调查、出具尽职调查报告、参与商务谈判、起草合同文本包括设计信托计划的法律架构、合同条款以及其他担保协议、出具法律意见书等。

凭借在金融法律服务领域的经验，并购金融法律事务中心在为客户服务的过程中充分考虑法律及商业风险，并在现有法律框架下设计行之有效的融资结构，最大限度地保护客户利益。早在数年前，并购金融法律事务中心曾服务过的某一煤矿项目信托计划中，当时夹层信托等手段尚未成熟及普遍采用，由于煤矿项目风险集中，我们对核心风险，如产能、采矿权证、采矿权评估、探矿权、安全生产、技改矿等问题进行风险防控，同时，在信托计划对信托受益权进行分层，采取“优先级/次优先级/劣后级”结构，以保证信托公司的成功退出，为客户提供最充分的保护。

并购金融法律事务中心在资产管理和不良资产处置等方面同样拥有丰富的经验，长期为银行、信托、典当、担保、小额贷款公司等机构提供资产管理及资产处置的诉讼及非诉讼法律服务。中心曾在为某大型银行和资信评级公司服务的过程中，成功进行对企业债务重组和不良资产再融资等操作。相信金融并购法律事务中心在此方面的专长能为信托公司处理不良贷款提供法律保障。

我们的专业律师致力于提供金融创新产品研发的法律服务。根据客户需求，在金融创新产品设计的过程中，联合高等院校、知名研究机构以及司法机关进行专业性的研讨和论证，为客户提供具有前瞻性的法律研究及全方位的法律服务。

并购金融法律事务中心为境内外客户的国内及跨国并购项目提供全程性、综合性的法律服务，主要包括针对目标公司的法律尽职调查，设计、优化交易架构，制作全套交易文件，进行税务筹划、人力资源安排、债权债务重组、营业资源整合，应对反垄断审查/外资并购安全审查，参与商务谈判，并就相关政府手续提供专业法律意见与服务。

·银行

为银行、各类金融机构的存贷款等传统业务，以及银团贷款、涉外借款/担保、金融衍生产品交易等创新性业务提供法律服务。主要包括方案设计与优化，制作相关法律文件，出具综合性的法律意见等。

·信托

为信托公司各种信托产品的设计、发行、终止提供法律服务，主要包括对信托项目/产品进行法律尽职调查、制作相关法律文件，出具综合性的法律意见等。涉及类型主要包括股权、收益权、房地产以及采矿权、林权、抗风险贵金属等创新信托项目。

·基金

为私募股权基金、创业投资基金等各类基金提供设立、投资、管理、退出的全程法律服务，主要包括设计、优化基金结构，构建内部管理体系，审查基金运作合规性，制作相关法律文件，拟定股权激励方案，办理政府手续等。对于基金的被投资人，我们也提供优质的法律服务。

·融资租赁

为客户提供融资租赁业务相关的法律服务，主要包括设计、优化融资租赁方案，制作相关法律文件，融资租赁流程管理等。涉及的主要项目是汽车、大中型机械设备、船舶、飞机等。

·资产处置

为客户提供不良资产处置、债务追索、担保实现、破产清算等资产处置法律服务，主要包括设计、优化资产处置方案，资产处置的法律尽职调查，制作相关法律文件，出具综合性法律意见，发起或应对行政和司法程序等。

地址：上海市陆家嘴环路 958 号华能联合大厦 35 层

电话：021－68866151

传真：021－58871151

上海序伦律师事务所

上海序伦律师事务所是一家具有财经视角的专业法律服务机构，自成立以来，序伦所秉持立信财经事业创始人、“中国现代会计之父”潘序伦博士“信以立志、信以处事、信以待人”的执业理念，致力于为国内外客户提供专业、及时、高效的法律服务。

序伦所已发展成为长三角区域具有显著专业特色的综合性合伙制律师事务所，目前拥有优秀专业律师及助理人员二十余名，均毕业于国内和国际知名的法学院校，相当数量的律师还具备国际贸易、金融、建筑工程、工商管理、会计、税务等多学科专业背景，更聘请国内高等院校的学者教授担任特约顾问，服务领域涉及企业改制与上市、公司治理辅导、资产与股权并购、经营税务筹划、债权回收、知识产权保护、不动产交易法律服务、台商投资、私募股权基金、劳资关系协调等多个领域，擅长以财经视角为客户提供法律解决方案。

序伦所众多律师历经“风险代理”的锤炼，投入经验、时间与专业技能之后，“客户赢，我才有。”这已经成为我们的律所文化，这也是信的集中体现。

在服务规范治理要求最严格的上市公司的过程中，以及对服务品质有严格要求的众多台资高科技企业提供法律服务的过程中，接受了市场的检验，赢得了客户的赞誉。

为了适应全球经济一体化、法律服务国际化的需求，序伦所还与中国台湾、中国香港、美国、欧洲、澳大利亚等地的相关法律服务机构保持着良好的业务合作关系，与 Horwath International、Fortis Intertrust 建立了积极的战略合作伙伴关系，致力于以国际化标准为本土客户提供具前瞻性的法律服务。

序伦所对聘用律师给予前期资助和全方位的辅导，加之以不断的专业历练培养成具有独立市场地位的优秀律师。序伦所崇尚“共有、共享、共同进步”的律所文化，持续发展的律所携手心智健康的同仁与我们的卓越客户共享丰富而健全的人生体验。

常年法律顾问服务

序伦律师以扎实的法律基础，常年为境内外众多客户提供常年法律顾问服务。并在常年法律顾问服务的框架下提供全方位的法律服务。

收购兼并及尽职调查

为客户提供并购前的尽职调查服务，并出具管理建议书，起草相关合同，关注战略投资者的退出机制、参与并购中的合同谈判，从法律层面对委托人的利益进行制度安排。

境内外上市

（一）多名律师有上市公司从业经历，在企业改制、辅导上市过程中进行法律尽职调查，根据上市条件协助企业进行改制、出具上市发行法律工作报告、法律意见书。

（二）序伦律师有能力结合中国证监会上市相关规定及其他法律、法规、规章以及发审委审查上市审报材料的审核规则，从主体资格、信息披露规则、避免同业竞争、发起人股份锁定、重组业绩连续计算等方面，为客户提供良好的上市前规划法律服务，并有能力配合客户解决申报过程中出现的可能造成上市障碍的法律问题。

上市公司服务

多名律师具有上市公司服务经历，对于中国证监会关于上市公司内部控制要求、上市公司相关披露要求十分了解。

税收筹划

（一）序伦的税收筹划团队，由多名兼具注册会计师、注册税务师、注册资产评估师资格的资深律师组成，以合法税负为目标筹划交易结构及付款安排。

（二）序伦律师熟悉企业经营中的增值税、营业税、企业所得税等相关税种综合节税筹划流程，并较好地掌握了会计利润与税务利润的区别及界线，对于法律、财务、税务事项的综合运用有独到见解。

（三）我们曾经为境内外企业提供过综合税收筹划服务，并出具了相关税收测算模型。

（四）我们为上市公司期权激励制度设计、上市公司处置不动产提供过专项税务咨询。

劳动关系保护

我们为多家大型公司提供专项的劳动人事法律培训及服务，包括劳动争议的仲裁、诉讼服务，参与公司的制度建设，为公司的日常劳动人事管理提供专业法律咨询意见。

国有企事业单位改制、重组及产权交易

序伦律师熟识国有产权改制、重组过程中必不可少的各环节。对于在此环节中的可行性研究、职工安置、清产核资、资产评估、产权交易挂牌程序等拥有丰富实务经验，并多次为相关客户出具过专项法律意见书。同时，对于国有产权交易中同时涉及外资、上市公司股份变动的特别处理亦有独到经验。

国际投资和国际贸易

由精通国际惯例并能熟练运用外国语言的律师团队组成，擅长的专业领域包括：国际投资，国际股权和债权融资，国际贸易，跨国并购，国际税收筹划，境外设备引进。

债权回收

序伦律师以财务视角挖掘被执行人的财产线索，有效破解债权回收难题，建立起了良好的业务记录。

房地产

为房地产公司组建、国有土地使用权出让与转让、土地征用、拆迁补偿、工程招投标、工程建设管理与监督、房地产项目融资、商品房预售与销售、产权纠纷、物业管理、房地产开发与经营过程中出现的纠纷提供法律服务，并以财经视角提供房地产信托产品的设计。

序伦律师并与相关证券公司合作，致力于不动产项目的资产证券化项目，为客户争取了除股票上市之外多种融资渠道。

知识产权保护

序伦律师帮助企业建立知识产权保护体系，多名律师具有工程师背景，擅长对专利侵权案件的法律分析。在辅导国内企业通过跨国公司全球供应商认证方面有丰富经验。

序伦律师多次代理域名、商标、不正当竞争案件，并保持了良好的胜诉纪录。

地址：上海市肇嘉浜路 333 号亚太企业大楼 11 层
邮编：200032
电话：86 - 21 - 64224886
传真：86 - 21 - 64224900
邮箱：shulun@ shulunlaw. com

上正律师事务所

上正律师事务所创立于中国经济最活跃的地区——上海浦东陆家嘴金融贸易区，是以办理公司、证券、外商投资、金融及房地产等经济法律事务为主的专业化律师事务所。凭借从业至今的良好业务记录及社会信誉，上正律师事务所已奠定了“服务专业”、“技术领先”的行业地位。

上正律师事务所高学历、高层次人才密集。执业律师均毕业于中国或境外著名的法学院校，接受过系统、严格的法学教育和法律专业培训，其中法学博士 4 名，其余律师多具有法学硕士学位。多名律师拥有在投资银行法律业务领域的资深经历，部分律师拥有在加拿大、日本、香港或新加坡知名律师事务所的执业经验，并有律师在欧盟及世界贸易组织总部接受过全面培训，被上海市政府确定为“上海 WTO 事务专业高级人才”。

上正律师事务所在公司法及与公司运行有关的合同、工商、税务、外汇、知识产权、劳动关系等法律领域具有较强的研究能力，时刻关注最新的立法动态和司法实践，并积累了丰富的执业经验。在法律服务中不仅能够妥善地为客户处理日常的法律事务，而且在面对复杂、疑难、急迫的重大法律事务时，亦有足够的控制能力和操作技巧。

上正律师事务所为中国境内较早被政府授予证券从业资格的法律服务机构之一，在首发、再融资、重大资产重组、上市公司收购、国有及集体企业改制、MBO、信托融资、风险融资及公司境外上市等资本市场法律服务领域拥有大量成功案例，具有丰富的经验和良好的业绩，赢得广大客户的认可和肯定。

上正律师事务所多名具有境外工作背景的律师不仅熟悉欧、美、日等西方主要国家或地区的法律制度，而且了解 WTO 规则及国际惯例，能够为客户提供涉及反倾销、反补贴、国际知识产权保护等国际贸易方面的法律服务。

上正律师事务所为上海证券业协会指定的“为会员提供法律服务的律师事务所”；自 1998 年以来，一直担任上海证券交易所的常年法律顾问，2007 年开始担任中国金融期货交易所的常年法律顾问；上正律师事务所多次应邀参加由全国人大法工委、国务院法制局、中国证监会等部门组织的《公司法》、《证券法》、《上市公司收购管理办法》、《上市公司股东持股变动信息披露管理办法》等法律法规或规范性文件草案的讨论和征求意见。自成立以来，先后为数十家企业集团、上市公司，以及证券公司和投资机构提供常年法律顾问或改制、上市、收购、重组等专项法律顾问服务。

上正律师事务所一贯坚持“客户至上、诚信为本”的执业理念，注重与客户形成长期、稳定的合作伙伴关系，以务实、高效的法律服务为广大客户实现商业目标提供鼎力支持。

执业领域

·企业经常事务（常年）法律顾问

为公司经营、管理提供法律咨询；

参与公司资产重组、企业并购等重大专项事务的方案设计、论证和谈判；

对公司重大经营事项进行法律论证，审查、修改公司重大法律文件；

协助公司制定规范化管理章程和业务规则，完善公司内部治理机制；

协助公司对员工进行法律培训和法制教育；

代理公司的诉讼、仲裁及其它专项法律事务。

·公司法律事务

公司的设立、改制与重组法律事务

公司股权转让、公司收购与反收购法律事务

公司增资、减资、合并、分立法律事务

公司对外投资、设立分支机构法律事务

公司治理法律事务

公司破产与清算法律事务

·投资银行及证券法律业务

股份有限公司设立、股票发行及上市法律事务

公司债券发行、上市法律事务

股份转让、上市公司收购及重大资产重组法律事务

公司境外发行股票、上市法律事务

暂停上市公司恢复上市法律事务

证券公司、证券投资基金法律事务

·银行、信托、融资法律事务

信贷、票据、信用卡、信用证法律事务

资信调查法律事务

信托设立、信托财产运用及信托的变更、终止法律事务

项目融资、公司融资、股权融资法律事务

杠杆融资、风险融资法律事务

国际商业贷款（包括辛迪加贷款）法律事务

·外商投资法律业务

外商投资企业（包括中外合资、外商独资、外商投资股份有限公司、外国公司在华代表处）设立法律事务

外资收购、兼并内资企业法律事务

外商投资企业劳动关系法律事务

外商投资企业解散与清算法律事务

·建筑、房地产法律事务

工程委托管理、设计、监理法律事务

工程总承包、分包法律事务

工程融资法律事务

房地产开发项目全程（立项、规划、设计、施工、竣工验收等）法律事务

房地产开发项目转让、联建、参建法律事务

商品房预售、销售、预租、出租法律事务

·知识产权法律事务

专利权申请、转让和保护法律事务

商标权申请、转让和保护法律事务

商业秘密保护、反不正当竞争法律事务

著作权、计算机软件保护法律事务

·民商事诉讼和仲裁

民商事纠纷诉讼

民商事纠纷国内外仲裁

国际贸易争端解决

民商事生效法律文书的执行

地址：上海市浦东南路 528 号上海证券大厦北塔 2301 室

邮编：200120

电话：021－6881－6261　6267/6726

传真：021－6881－6005

重庆志和智律师事务所

重庆志和智律师事务所（以下简称：“志和智”）成立于 1998 年，拥有一支 40 余人的专职律师队伍。其中部分律师在获得工程、管理、财务、外语等学历后，继续法律专业深造，开始律师执业生涯，积累了处理各专业领域内法律事务的丰富经验，特别是在金融、证券、保险、房地产、建筑工程、劳动合同管理、疑难民商案件、公司治理、电子商务等法律领域。

"志和智"拥有一个由法律专家组成的顾问班子。其中，有的是国内外名牌大学的教授、博士，有的担任过法官、仲裁员、企业高管和政府官员。

执业情况及行业内评价

·"志和智"律师以"自律之师"为座右铭，以"先做人后做事"为律令，秉承忠于事实和法律、诚实守信、快捷高效的执业理念，取得了良好的社会效益和经济效益，受到社会各界的广泛赞誉。

·"志和智"两次荣获重庆市司法局授予的"重庆市优秀服务律师事务所"称号，获重庆市律师协会授予的"最佳成长律师事务所"，先后获得重庆市司法局授予的"人民满意的律师事务所"及渝中区委、区府授予的"优秀中介服务机构"及"重点中介服务机构"等荣誉称号。此外，"志和智"部分律师还荣获重庆市司法局、重庆市律师协会授予的"诚信百优律师"、"重庆市优秀律师"及"重庆市十佳女律师"称号。

·"志和智"自创办以来始终坚守行业规范及职业道德，并热心公益活动。在行业内有着较高的认可度。荣获重庆新闻广播、重庆市律师协会青年律师工作委员会颁发的"重庆新闻广播《身边说法》栏目优秀嘉宾律师事务所"，荣获重庆市律师协会、重庆广播电视集团（总台）、重庆新闻广播（或重庆之声）颁发的"《身边说法》栏目2013、2014年度优秀嘉宾律师事务所"。

我所在证券、投融资、金融、保险领域的主要业绩、案例及经验

"志和智"证券领域的主要业绩及案例如下：

·为重庆聚融建设（集团）股份有限公司（已挂牌）、重庆四平塑料包装有限公司（已挂牌）、重庆巨创计量设备股份有限公司（已挂牌）、重庆博浪塑胶股份有限公司（已挂牌）、重庆理思装饰股份有限公司、重庆皇华种业股份有限公司、重庆市三峡生态渔业发展有限公司、重庆金泰航空工业有限公司、重庆安仁工业服务有限公司等十余家公司在"新三板"挂牌报价转让进行尽职调查及股份制改造，并对公司的合法合规性、独立性、重大债权债务、内部控制情况等出具《法律意见书》。

·与重庆上平实业有限公司合作，采用创新商业模式，对拟挂牌新三板企业给予零首付和零租金扶持，在重庆江北寸滩保税港区创建西部第一个"新三板孵化园"总部基地（建筑面积20万平方）。

·集合几十家中介机构、新三板挂牌和拟挂牌企业发起设立了重庆"新三板商会"社团组织，帮助、引导更多中小企业挂牌新三板。

"志和智"投融资领域的主要业绩及案例如下：

·为中国建设银行股份有限公司对多家水电公司以其电站收益权作抵押贷款进行尽职调查并对电站收益权是否合法、清洁、无争议等事项出具《法律意见书》。

·为北京国维科技有限公司收购重庆旅发集团股权进行尽职调查，并对被收购公司的各子公司、分公司、关联公司的相关债权债务、内部控制情况等进行法律分析，并出具《法律意见书》。

·为中国四联仪器仪表集团有限公司发行短期融资券提供专项法律服务；为重庆西部现代物流园资产经营管理有限责任公司发行中小企业私募债券提供专项法律服务；为重庆高速公路股份有限公司、武隆喀斯特旅游集团公司发行中期票据提供专项法律服务并出具《法律意见书》。

"志和智"金融领域的主要业绩及案例如下：

·为中国建设银行股份有限公司重庆分行、重庆长城资产管理有限公司重庆办事处、重庆金合信用担保有限公司、重庆中色投资信用担保有限公司等金融机构贷款追偿、资产包处理、担保、追偿等案件提供法律服务；

·为设立重庆市北部新区小康小额贷款有限公司、重庆忠商投资股份有限公司提供法律服务；为多家银行、担保公司、投资公司提供常年法律服务，并为其提供借贷、担保事务日常管理、风险控制服务；

·为多家房地产公司提供常年法律顾问服务，为其项目开发、融资借贷提供专项法律服务；

"志和智"保险领域的主要业绩及案例如下：

·为利宝保险有限公司、富邦财产保险有限公司重庆分公司、信达财产保险股份有限公司重庆分公司等保险公司提供常年法律顾问服务，并为其处理追偿、保险理赔等案件。

辽宁恒信律师事务所

辽宁恒信律师事务所成立于1994年12月，是大连市第一批合伙制律师事务所之一，并于2001年在沈阳成立了分所，2014年1月在上海成立了分所。本律师事务所现有执业律师、律师助理及其他辅助人员80余人，其中合伙人12人。我们坚信丰富的专业知识和经验是律师优质服务的基础，因此我们注重人才的吸纳和培养。我们的律师多数来自从事多年司法、教学和实务工作的资深人士以及海外留学归国专业人员，具有丰富的处理各类法律事务的经验，并具备出色的语言能力。部分律师先后兼任中华全国律师协会专业委员会委员、辽宁省律师协会专业委员会委员、中国国际经济贸易仲裁委员会仲裁员及大连仲裁委员会仲裁员等职务。

为给国内外客户提供优质的法律服务，我们根据专业的不同内部划分为六个业务部门：公司商事部、房地产与建筑工程部、海事海商部、银行与金融部、知识产权部、争议解决部，向客户提供专业化、特色化的解决方案。各个部门之间以及各律师之间既有具体的分工，又保持协调和配合，坚持法律服务的团队化，确保任何一项具体法律服务都是由主办律师、协作律师和辅助人员组成的团队工作成果的体现，从制度上更好地保障客户利益。因此，我们的服务既是专业的，又是全方位的。

本所成立以来，先后取得多项荣誉，1998年至2003连续六年被大连市司法局授予"文明律师事务所"称号，2001年至2003年评为"省级文明律师事务所"，2004年末被辽宁省司法厅授予"辽宁省AAA诚信律师事务所"，2005年6月被中华全国律师协会评为"首届全国优秀律师事务所"，2006年被辽宁省司法厅评为"辽宁省先进律师事务所"，2007年被大连市司法局评为"优质法律服务年"先进单位，2008年被大连市司法局评为"大连市AAA律师事务所"，

2012年被大连市司法局评为"大连市优秀律师事务所。自2013年起的钱伯斯中国律所排名中，本所公司/商事领域业务位列东北地区第一名，2015年度LEGALBAND中国客户指南发布，本所凭借公司商事业务的突出表现，位列该指南区域排名第一梯队。

本所具有多年为新三板挂牌公开转让、企业上市、再融资、并购等项目提供法律服务的经验，主要业绩包括：大连恒锐科技股份有限公司新三板项目（公司代码：430453）、大连翼兴节能科技股份有限公司新三板项目（公司代码：

430541)、大连北方国际展览股份有限公司新三板项目(公司代码:831023)、大连必由学教育网络股份有限公司新三板项目(公司代码:831341)、辽宁成大生物股份有限公司新三板项目(公司代码:831550)、大连同方软银科技股份有限公司新三板项目(公司代码:831829)、大连汇隆活塞股份有限公司新三板项目(公司代码:833455),上述公司均已成功挂牌,其中,大连恒锐科技股份有限公司、大连翼兴节能科技股份有限公司、大连北方国际展览股份有限公司、大连同方软银科技股份有限公司均已成功完成股票发行(增发);辽宁成大生物股份有限公司等企业目前也正积极运行股票增发项目,预计增发额度为人民币数亿元,均达到良好的融资效果。

除此之外,本所亦持续为大连数家企业提供新三板项目专项法律服务(挂牌前)、股票增发专项法律服务、证券日常顾问法律服务(挂牌后)等,部分企业目前已完成申报或将陆续进行申报并完成挂牌及股票增发。

江苏东晟律师事务所

一、关于东晟

江苏东晟律师事务所位于常州市劳动西路怀德桥南华景大厦1210室,成立于2003年11月,为合伙制律师事务所,现有执业律师21名。均具有本科以上学历,其中硕士研究生6名,是目前常州学历层次较高,知识结构较为完善的律师事务所,在常州律师业界享有较高的影响和地位。

东晟的业务范围除传统的诉讼业务外,近年已成功向公司法律事务融资并购等非诉业务转型。本所律师现担任数百家企事业单位的法律顾问,为众多国内外著名公司、知名企业提供融资、收购、改制、重组、银行不良资产处置、债券发行等综合法律业务。

东晟律师现担任数家上市公司的法律顾问和独立董事,是常州市最早开展新三板挂牌业务的律师事务所,助推了常州首家在"新三板"成功挂牌企业——常州瑞杰塑料股份有限公司的挂牌。

二、东晟新三板挂牌业务

(一)新三板简介

国务院批复设立

证监会统一监管

全国中小企业股份转让系统有限责任公司("北交所")直接管理

为创新、创业型中小企业提供股份转让、融资服务全国性股份交易系统

(二)新三板市场定位

不同的企业根据其自身规模、领域在资本市场中应有不同定位:

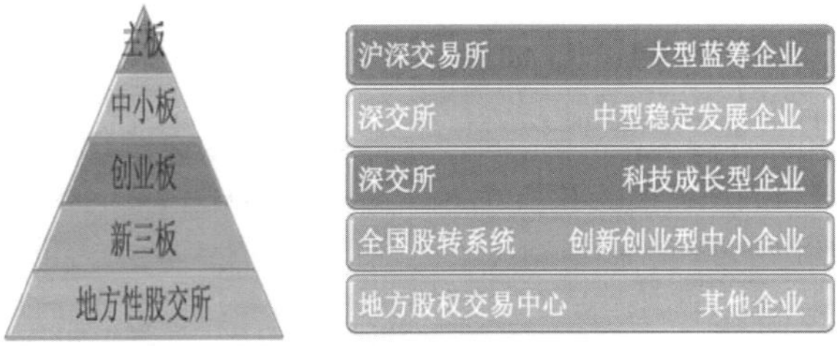

(三)新三板挂牌对企业的作用

企业不能为了追求在新三板挂牌而挂牌,必须了解在新三板挂牌后,企业能得到什么:

(四)挂牌条件

根据《全国中小企业股份转让系统业务规则(试行)》第2.1条之规定,股份有限公司申请股票在全国股份转让系统(以下简称为新三板)挂牌条件为:

1. 依法设立且存续满两年。有限责任公司按原帐面净资产值折股整体变更为股份有限公司的,存续时间可以从有限责任公司成立之日起计算;

2. 业务明确,具有持续经营能力;

3. 公司治理机制健全,合法规范经营;

4. 股权明晰,股票发行和转让行为合法合规;

5. 主办券商推荐并持续督导;

6. 全国股份转让系统公司要求的其他条件。

《国务院关于全国中小企业股份转让系统有关问题的决定》:业务明确、产权清晰、依法规范经营、公司治理健全,可以尚未盈利。

(五)本所新三板挂牌法律服务范围

1. 拟挂牌企业和其他中介机构法律咨询

2. 拟挂牌企业新三板法律体系培训

3. 拟挂牌企业公司规范经营及资本运作

4. 协助拟挂牌企业设计股改方案、实施改制方案

5. 尽职调查,起草尽职调查报告、调查工作底稿,制作备案文件,发现法律瑕疵,提供解决方案

6. 出具法律意见书、核查意见、鉴证意见等挂牌报送材料

7. 挂牌后督促企业以公众公司标准规范经营、根据法律法规规定对企业之信息披露进行辅导

8. 挂牌后代表企业与潜在投资对象进行谈判

9. 挂牌后协助企业融资、转板、直通IPO

(六)业务流程

本所新三板挂牌法律服务的基本流程如下:

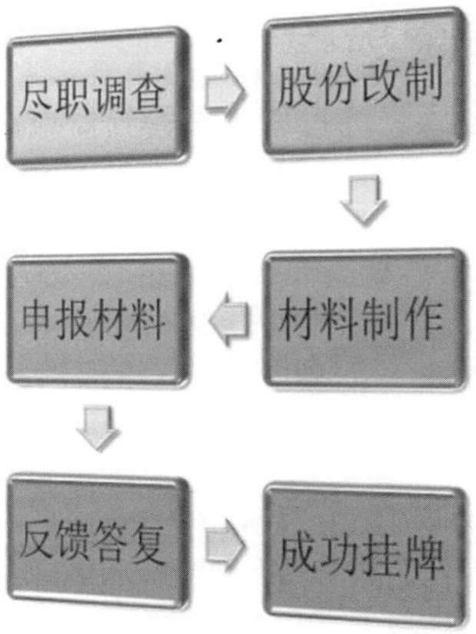

（七）本所助推企业成功挂牌的案例

1. 2014 年 4 月 30 日，常州瑞杰塑料股份有限公司成功挂牌，（瑞杰塑料：430721），是常州市首家在“新三板”成功挂牌的企业。

2014 年 4 月 24 日，常州日报以：我市第一家——瑞杰塑料登陆“新三板”为题，发表报道，为常州第一家新三板挂牌企业报喜。

2. 2014 年 6 月 4 日，江苏华源建筑设计研究院股份有限公司成功挂牌，（华源股份：830786），是常州市新北区第二家在“新三板”成功挂牌的企业。

3. 2014 年 9 月 17 日，常州爱特科技股份有限公司股票成功挂牌，（爱特科技：831134），是常州市钟楼区第二家在“新三板”成功挂牌的企业。

4. 2015 年 12 月 21 日，江苏永葆环保科技股份有限公司成功挂牌，（永葆环保：834457）

5. 2015 年 12 月 25 日，常州万联网络数据信息安全股份有限公司成功挂牌，（万联网络：835111）

（八）新三板挂牌项目签约公司

本所已经与十余家企业签订“新三板”专项法律顾问协议，推动企业在新三板挂牌，下为签约公司：

江苏宏达数控科技股份有限公司

江苏卡龙动画影视传媒股份有限公司

江苏中科机器人科技有限公司

常州市科沛达超声工程设备有限公司

常州融商智投文化科技股份有限公司

常州瀚森科技股份有限公司

常州中汽商用汽车有限公司

常州欧瑞电气有限公司

江苏先锋干燥工程有限公司

常州阿拉丁照明科技股份有限公司

安徽天禾律师事务所

安徽天禾律师事务所，成立于 1987 年，原系安徽国办省直律师事务所。1998 年整所转制为省内第一家合伙制律师事务所。自成立以来，天禾人以“诚信勤勉”为执业信条，伴随安徽经济的崛起走过了二十八个春秋。二十多年来，天禾所规划不断发展壮大，业务上不断取得突破，制度建设不断完善，人文天禾的氛围基本形成，发展为安徽及至中部地区规模大所。

事务所现有执业律师和律师助理 80 余名，拥有两千多平方米的办公场所，现代办公设备一应俱全，设立了档案室、资料室、会议室、党员活动室以及多个独立的接待室，并配有专业文秘人员。

事务所业务涵盖证券、金融、投资融资、并购重组、公司事务及劳动、破产、房地产、知识产权等各类非诉讼和诉讼领域，并在诸多法律服务领域取得了良好的业绩和声誉。

证券业务方面。本所已先后为省内外三十余家上市公司的公开发行股票和上市提供专项的法律服务，参与公司股票发行、上市、配股、增发、可转换公司债券及股改等工作，现还担任省内外五十多家拟在主板、中小企业板和创业板上市的企业专项法律顾问，为企业改制及发行股票并上市提供全过程法律服务，成为中西部地区从事证券业务业绩最突出的律师事务所之一。

本所律师先后参与了合肥－安庆高速公路项目、合巢芜高速公路回购项目、庐江－铜陵高速公路项目收购并建设项目、合肥新机场高速公路建设项目、琅琊山蓄能抽水电站、淮沪煤电有限公司田集电厂/丁集煤矿银团贷款项目以及部分省内重点建设工程项目中的有关法律事务，为组建项目法人、设计融资方案、缮制有关法律文件提供了卓有成效的法律服务。本所律师先后为我省第一个利用奥地利政府出口信贷及商业贷款建设的滁州抽水蓄能电站项目提供全过程法律服务，参与了安徽省发展史上最大工业项目“皖北煤化－盐化一体化”建设项目的法律服务。

并购重组活动法律服务方面。本所为青岛海尔集团兼并黄山电子有限公司、安徽江淮汽车集团兼并皖东机械厂、安徽金种子集团兼并含山啤酒厂及庐江啤酒厂、安徽安科生物工程股份有限公司兼并安庆余良卿药业公司、亳州市国资委转让亳州古井集团国有股权、美菱集团股权转让、四川长虹股权转让、荣事达集团与法国 ELCOBRANDTS. A. 及美的集团股权转让、黄山金马股份与浙江铁牛集团股权转让、安徽长江农业装备股份与浙江精工钢构集团股权转让、淮南矿业集团十亿元信托持股计划、安徽国风集团有限责任公司产权转让项目等省内外多宗企业并购案设计重组方案，出具法律意见，参与考察、谈判，拟定并购协议，为上述企业顺利实现资产重组提供了有力的法律服务保障。

劳动人事法律方面。本所律师先后为合肥荣事达三洋电器有限公司、合肥市美菱股份有限公司、安徽叉车集团有限责任公司、中国科学技术大学、安徽省国家税务局等十家国家机关、企事业单位起草、修订劳动合同管理制度、考勤管理制度、薪酬管理制度、招聘管理制度、培训制度、员工手册等规章制度。

本所还为循环经济环保事业方面提供法律服务。自 2004 年开始，在从事联合国清洁发展机制（CDM）法律事务方面，本所先后为北京环卫集团垃圾填埋气利用项目、安徽皖北矿务局瓦斯发电项目、安徽淮南矿务局煤层气利用项目、天津泰达集团垃圾焚烧发电项目、江苏丰城矿务局煤层气发电项目、新疆天风公司风力发电项目、广州珠江天然气公司燃气（LNG）联合循环发电项目、杭州天远环境技术公司南昌填埋气收集利用项目及北京华晨风环保科技公司填埋气利用项目提供了 CDM 项目的专业法律服务。

天禾人在业务方面取得一定成绩的同时，更加注重社会责任的承担，积极参加社会公益活动，参与社会救助，参政议政，真情回馈社会，受到社会各界的良好评价。2008 年 5 月 20 日，天禾所全体同仁向汶川地震灾区捐款设立希望学校款共计 95600 元；5 月 26 日，本所党员律师交纳特殊党费 12000 元。2009 年参与“爱心圆梦大学”活动，本所党员捐款 10000 元资助贫困大学生圆梦大学。本所律师先后被授予“全国司法行政系统劳动模范”、“全国优秀律师”、安徽省“十佳律师”、“安徽省十大杰出青年”、“中国律师业特殊贡献奖”、“首届安徽省十位优秀中青年法学法律专家之法律专家称号”等光荣称号；本所先后获得了“全国优秀律师事务所”、“全国优秀青少年维权岗”、“安徽省司法行政系统先进集体”、“安徽省优秀品牌律师事务所”、“安徽省文明律师事务所”、“安徽省律师事务所综合实力十强”、“安徽省优秀律师事务所”等光荣称号；本所党支部先后获得了中共安徽省直工委“效能建设红旗党支部”、安徽省司法行政系统“优秀党支部”等光荣称号。

天禾所积极投身安徽经济腾飞的大潮中，向规模化、规范化进一步发展，力争成为中部地区的最强所之一。

金融证券法律事务

1993 年,经司法部和中国证券监督管理委员会确认,本所成为安徽省首批具有从事证券法律业务资格的律师事务所,曾有 9 名律师获得了证券律师资格。本所相继为安徽省内、外三十余家公司的股票成功发行并上市提供了专项的法律顾问。目前,本所还担任省内外三十余家拟在主板或中小企业板上市的企业的专项法律顾问,为企业改制及发行股票并上市提供全过程法律服务。

1994 年以来,我所律师开始涉足大型建设项目的法律服务业务。先后参与了上海中达广场项目、合肥 - 安庆高速公路项目、庐江 - 铜陵高速公路项目收购并建设项目、宣广高速公路股权收购项目、蚌埠新城区开发建设项目、合肥新火车站储运中心开发建设项目、合肥周谷堆市场开发建设项目以及部分省内重点建设工程项目中的有关法律事务,为组建项目法人、设计融资方案、缮制有关法律文件提供了卓有成效的法律服务 1998 年,又选派律师参加了国家计委、司法部举办的首期全国律师招投标法律业务培训,取得了从事这项法律服务业务的从业资格,从而为今后更多地从事这方面的法律服务创造了有利的条件。2000 年 10 月,本所指派三名律师组成工作小组,为我省第一个利用奥地利政府出口信贷及商业贷款建设的滁州抽水蓄能电站项目提供全过程法律服务,参与了该项目的设备采购招标以及商务和融资合同谈判,为该项目的顺利进行提供了法律保障。2001 年以来,本所指派律师为我省多条高速公路建设或收购项目提供了全过程的法律服务,获得了项目业主的良好评价。

近年来,本所律师曾参与企业资产重组活动,为青岛海尔集团兼并黄山电子有限公司、安徽芳草集团收购合肥芙乐尔香料有限公司破产财产、黄山金马集团兼并芜湖仪表厂、安徽江淮汽车集团兼并皖东机械厂、安徽全柴集团兼并安徽拖拉机厂、安徽金种子集团兼并含山啤酒厂及庐江啤酒厂、安徽安科生物工程股份有限公司兼并安庆余良卿药业公司等省内外多宗企业并购案设计重组方案,出具法律意见,参与考察、谈判,拟定并购协议,为上述企业顺利实现资产重组提供了有力的法律服务保障。

服务范围

参与大型投资项目的前期可行性研究,就投资方案制定、投资形式选择和项目可能涉及的重大法律问题提供专业法律支持。

1. 就项目公司组建中涉及的股权分配、各方投资人的合作方式和权利义务关系,项目筹备阶段的法律问题提供法律咨询,起草相关法律文件;

2. 承担与项目涉及的公司、资产和债权债务有关的尽职调查;

3. 协助客户进行项目谈判,就项目谈判和签约中涉及的投资结构、项目各方责任、融资保险、资产购置、工程招标、环保和技术转让等法律问题提供律师建议;

4. 协助客户起草、修改项目合同和各类法律文件,包括政府报批文件、特许权协议、购买协议、融资协议和担保文件等;

5. 协助客户完成招标文件制作、投标主体资格审查、投标问题解答、开标和评标等与项目招投标有关的各项法律工作;

6. 对项目合同实施过程中出现的各项法律问题进行分析、处理,提供可供选择的法律解决方案;

7. 就项目验收和质量保证期内的各种法律问题提供律师服务。

北京德和恒律师事务所

基本概况

北京德和恒律师事务所源自于 1993 年 12 月,现有律师人员近 300 名,在北京、上海、济南、青岛、南京、河北、太原、郑州设有办公机构。它是中国目前最具规模的律师事务所之一。

律所是中国司法部命名的“部级文明律师事务所”(2000 年)、中华全国律师协会授予的“全国优秀律师事务所”(2005 年)。先后被《亚洲法律事务》杂志(ALB)评选为“亚太地区发展最快和最具活力的三十家律师事务所”之一(2006 年)、“中国内地十大律师事务所”之一(2007 年)、“发展最迅速的十家中国律师事务所”之一(2008 年)和企业公民律师事务所大奖(2011 年、2012 年)、全国律所规模二十强(2011 年、2012 年),并连获“中国东北部律师事务所大奖”(2008 年、2009 年、2010 年、2011 年、2012)和“最佳雇主奖”(2009 年、2010 年、2011 年、2012),《中国? 法律商务?》杂志(CLP)“年度地区律所”大奖(2010 年度、2011 年度),2011 年《钱伯斯亚太法律指南》(ChambersAsiaPacific2011)排名“商事法 - 华东区第一等律师事务所”等荣誉,它是中国最具盛名的律师事务所之一。

律所以满足客户需求为核心,以“专业专心”为品质,坚持专业分工、团队协作与质量第一。执业以来成功经办过 20000 余件(起)各类法律事务,尤其在公司、证券、金融、不动产、跨国投资、知识产权和争议解决等法律服务领域业绩显赫。它是中国最具综合业务优势的律师事务所之一。

律所在行业内素以管理规范著称,其规范化快速发展的集团管理经验曾获省级“管理创新及优秀应用成果二等奖”。它是中国最具国际律所管理水准的律师事务所之一。

律所始终与政府部门、司法机关、法学教研机构和新闻媒体等社会各界保持友好联系,善于同中外律师同行广泛合作。它在香港、台湾、韩国首尔、德国柏林、美国华盛顿(D. C.)派驻业务代表,并发起参加“德和精品律所联盟(ECLA)”、“山东律师(德衡)联盟”。它是中国最具合作精神的律师事务所之一。

律所由资深美国执业律师担任国际业务总监,知名台湾律师担任亚太法律顾问。拥有 4 位“全国优秀律师”、5 位“省级优秀律师”和 16 位“市级优秀律师”,若干位律师具有海外留学或外国律所工作、培训经历。它是中国优秀律师人才最密集的律师事务所之一。

律所致力综合商事法律服务,它坚持人员的持续培训和专业水准的持续提升。现拥有数十位具有会计师、税务师、评估师、专利师、经济师和工程师等专业技术职称或资格的复合型优秀人才。它是国内较早取得证券从业、破产管理、商标专利代理资格的律师事务所之一。

律所根据中国政府管理部门的规定,结合律师业务特点和国际惯例,以为客户创造新价值为导向,灵活提供计时、计件与协商三种服务收费模式供客户选择,并在内部设立公平收费监督机制。它是中国律师收费最合理的律师事务所之一。

律所下设有北京德和衡律师事务所、山东德衡律师事务所、北京德和衡知识产权代理有限公司、香港德衡专业服务(顾问)有限公司、青岛德衡法律培训学校等法律服务机构。

业务领域

金融业务,是其业务历史最长、业务量最大、优势明显的拳头品种业务。金融业务团队十多年来办理了金融法律事务2000余件，诉讼标的额数十亿元。在最高人民法院为数亿资产案代理胜诉。服务客户包括山东和青岛地区的工行、中行、建行、农行、交行光大、中信、华夏、民生、浦东发展、深发展、青岛商业银行、农村信用联社、青岛国际银行、香港汇丰银行、韩国企业银行、山口银行等国内外银行，以及四家国有资产管理公司（东方、长城、信达、华融）和中保、太保、平保保险公司，以及中信万通证券、鲁能金穗期货等金融机构。

金融业务服务领域

项目和基础设施融资

·大型房地产项目、大桥隧道开发项目、水处理厂融资项目。

银行业务

·银行贷款的贷前调查审查与诉讼

·票据、消费信贷、信用证

·网上银行业务服务

·银团贷款

金融资产管理公司

·为金融资产管理公司尽职调查、打包出售

证券信托基金

·信托基金

期货代理

·期货经纪代理合同纠纷

·期货经纪公司法律顾问

保险

·保险公司法律顾问

·财产保险纠纷

北京君嘉律师事务所

基本概况

北京君嘉律师事务所（下称“本所”）是一家专业从事证券法律业务（包括公司改制、发行股票并上市、新三板挂牌等业务）的专业性律师事务所，于2011年经北京市司法局批准成立，执业证号:21101201110356924。

成立之初即制定了高水准的法律服务标准和具有良好质量控制的实务操作规范，并将以高素质、专业化、复合型律师队伍为客户提供优质的法律服务。

律所以“忠人之事，立己之信，以诚为本，信誉至上”为服务宗旨，以“诚信、勤勉、敬业、优质、高效”为服务理念，以自己优质的法律服务赢得了客户的良好评价。

律所是一积极进取、团结向上的律师团队，可根据客户或业务的需要，以客户委托的法律事务为中心，实行层级配置，以追求最充分地实现客户目标。科学的资源配置使得本所有足够的实力办理复杂、疑难的法律事务。

根据全国中小企业股份转让系统有限责任公司提供的信息，本所2014年度共推荐22家企业在新三板挂牌，在全国三百多家律师事务所中位列第十位，被评为2014年最值得推荐的律师事务所。

业务领域

重组改制阶段的服务

·协助公司全面清查现状，制订改制方案；

·协助聘请审计机构和资产评估机构对财务状况进行审计和评估；

·协助公司及相关的中介机构制定改制后公司的法人治理结构；

·对改制过程中企业产权界定、资产剥离、债务剥离、或有负债等事务出具专项法律咨询意见，并协助公司办理企业产权确认或变更手续；

·为企业改制中出现的资产重组（资产转让、资产转换）、人员重组、债务重组、业务重组出具法律意见，并协助公司制订重组合同；

·对改制过程中所涉及的关联交易、同业竞争等问题提出法律意见和处置方案；

·为新股东的加入设计合适的方案；

·协助制订改制后企业股东间的《发起人协议》、《公司章程》等法律文件，并协助办理改制企业工商变更登记手续；

·应请求列席公司召开的股东会并就相关法律问题提供咨询；

·依据法律有关规定，出具设立股份有限公司需要的律师法律意见书。

新三板挂牌阶段

·解答公司提出的关于新三板挂牌并转让的实质条件和申报程序等方面的法律咨询；

·对公司及其下属子公司进行尽职调查和规范工作；

·起草、审查或者修改公司各种专项协议，并提出法律建议或者处置措施；

·对土地使用权、房屋、知识产权、税务、债权债务确认等事项进行规范并提出法律建议或者处置措施；

·对关联交易、同业竞争一项进行规范并提出法律建议或者处置措施；

·对资产重组、收购兼并事项进行规范并提出法律建议或者处置措施；

·应对公司请求，列席参加公司的股东大会和董事会并就相关法律问题提供法律意见；

·审核公司提供的申请文件及相关材料，并依法提出法律建议或处置措施；

·审阅股份报价转让说明书、推荐报告等备案文件；

·审核全部申请文件和相关材料的真实性和合法性，为公司进入全国中小企业股份转让系统挂牌并公开转让出具法律意见书；

·其他与公司在全国中小企业股份转让系统挂牌相关的法律事务。

地址:北京市丰台区马家堡西路30号院5号楼
3单元701室
电话:01087593501
传真:01059472289
邮编:100068
网址:www. junjia. org

康达律师事务所

基本概况

康达律师事务所成立于1988年，是国内最早的大型综合性律师事务所。经过20多年的不懈努力，康达已经建立起了完善的服务网络，在全国设立了11个分支机构，执业律师共计四百余名，各分支机构及律师在康达总部的整体管理和协调下进行工作，为客户提供服务。康达建所以来始终致力于建立专业的服务团队和提供优质尽责的服务，并在此基础上不断拓展新的服务领域，从而使康达始终处于社会经济法律发展的前沿，力争在第一时间为客户提供优质的法律服务。

团队精神与服务精神是康达一直遵循的“康达文化”的精髓。康达向客户提供法律服务，所依托的就是经验丰富的律师团队。为了向客户提供专业的法律服务，康达会根据客户的自身业务特点以及客户的具体要求，提供专门的法律服务。这种以客户为中心的服务精神，使康达能够想客户之所想，急客户之所急，真正做到为客户提供多样化全方位的服务。

人才是律师事务所最宝贵的财富，康达在发展中坚持以人为本的人才战略，逐步形成了由专业律师人才、管理人才组成的人才队伍，保障了律师事务所整体战略目标的实现，律所大多数律师来自国内外知名大学和研究机构、立法机关、司法机构及政府部门，并具有法律、理工、医疗、金融、计算机、国际贸易等专业背景，律所拥有一支理论基础好，专业水准高，服务态度一流的律师团队，业务范围涵盖诉讼与仲裁法律事务、银行融资保险法律事务、公司证券兼并收购法律事务、外商投资、知识产权、国际贸易、海事海商、项目与房地产、反倾销反补贴、劳动、环境保护等领域。同时，康达充分利用其覆盖全球的网络服务体系，通过不同专业律师之间的合作最大程度满足客户在各个法律领域，全球大多数国家和地区的法律需求。目前康达已聘请多位国内外专家、教授担任康达律师事务所顾问，为康达的发展提供全面智力支持。

客户是律师事务所发展的源动力，康达坚持以客户为中心的服务理念，始终以客户的需求为关注的焦点，以顾客满意为工作目标，充分倾听客户的声音，理解客户的需求，贯彻市场本土化服务全球化的法律服务模式，充分发挥康达全球化法律服务体系的优势，通过不同专业、不同地域律师的合作，为客户提供综合性法律解决方案，为客户创造价值，帮助客户获得成功，为解决客户发展中遇到的法律问题。优质的服务获得了客户的信赖，康达适应经济全球化发展的需要，积极构建全球化法律服务体系，坚持完善和发展律师事务所多语种法律服务能力，引进和培养国际化的律师人才，全面提升律师事务所国际法律业务的专业服务能力，通过康达与国际律师事务所的合作，为客户提供全球专业法律服务。

康达自身发展的同时不忘承担社会责任，开展了捐资助学、法律援助、社区法律等多项公益活动回报社会。面对律师行业的发展的新形势，康达集结了各界专家共谋发展良策。

孜孜不倦的追求，矗立了康达二十几年的辉煌，在全体康达人的努力下，康达律师事务所也收获了累累硕果，曾先后荣获 2008 年全国优秀律师事务所、2010、2011 年度十佳 IPO 业务律师事务所、2011 年社会公益法律服务先进集体，同时康达党支部也获得了 2010 - 2011 年度北京市律师行业五好党支部等多项荣誉。

证券

康达是首批取得司法部和中国证监会授予的《从事证券法律业务资格证书》的律师事务所之一，汇集了国内一批知识层次高、理论功底扎实、实践经验丰富的证券律师。

康达证券律师的服务种类包括设立境内外公司及其他组织机构、公司改制、收购兼并、境内外公开发行、私募、境内外上市及再融资、债券发行及上市、“新三板”、基金设立及基金产品发行、债务融资工具发行、股权激励等多种类型。服务领域涉及工业、农业、商业、金融、能源、房地产、医药、健康、媒体、交通、通讯、互联网、生物技术、公用事业、环保、消防、文化、旅游、军工等多种行业。

截至 2015 年 10 月底，康达证券律师已经成功地协助国内外一百余家企业完成了 A 股、B 股、H 股、中国概念股、红筹股、上市工作以及近百家上市公司的新股发行工作；并正在为一百余家拟上市公司或上市公司发行新股、可转换公司债券的发行工作担任特聘专项法律顾问。

截至 2015 年 10 月底，康达证券律师已经成功地协助八十余家企业完成了“新三板”的挂牌，并正在为二百余家拟挂牌公司担任特聘专项法律顾问。

康达证券律师在注重传统公开发行上市相关业务的同时，努力拓展新的业务领域，包括上市公司及非上市公众公司境内外兼并收购、资产重组、资产证券化、基金公司设立、证券公司设立或增资扩股以及管理层收购等。特别是在上市公司并购及资产重组等领域积累了丰富的经验，已经为六十余家上市公司发行股份购买资产或国有股权划转提供了专项法律服务。

银行与融资业务

（一）银行与融资业务

康达作为最早涉足银行和融资领域的中国律师事务所之一，为国内外众多客户提供广泛而深入的银行与金融相关的法律服务，积累了丰富的专业实践经验，树立了良好的口碑。

康达的客户主要包括银行、其他金融机构、公司借款人和担保提供者。中国及国际上具有影响力的银行及金融机构、跨国公司和本土企业等提供融资法律服务。

康达的服务包括日常合规性审查和建议、尽职调查、融资交易结构及担保结构设计、交易文件的起草、审查及参与谈判等。康达的的团队具有高水准的专业能力能提供跨境融资交易及各种复杂的结构性融资法律服务。

（二）金融衍生品业务

金融衍生品专项法律服务：

1. 为交易所提供金融衍生品专项法律服务

1.1 设计金融衍生品合约，为合约上市进行尽职调查、出具法律意见；

1.2 设计金融衍生品交易规则、拟定交易管理规范；

1.3 统筹金融衍生品市场的各类风险，整合交易所现有的风险内控资源，编排风险识别、风险计量、风险监测和风险报告的程序；

1.4 协助设立风险监管部门，制定监管制度，从而使交易所对交易人员的交易进行有效的记录、确认、市值试算，评价、度量，以防范在金融衍生品交易过程中面临的各种风险，并逐步采用最新的市场风险管理技术和与之相适应的监管制度模型，持续监控风险；

1.5 为交易人员提供相关法律培训。

2. 为中介机构提供金融衍生品专项法律服务

2.1 为中介机构人员提供相关法律业务培训；

2.2 对中介活动中签订合同、委托书等法律文书提供调研、谈判，起草和修订文书，出具法律意见书等；

2.3 通过调研、谈判、发律师函、出具法律意见和解决方案等形式，处理客户与交易所、交易者、监管机构的法律问题。

3. 为交易者提供金融衍生品专项法律服务

3.1 投资方向的尽职调查、投资风险的评估和度量、投资模型的设定；

3.2 评估开户、下单和结算的法律风险，制定法律风险管理的框架和实施方案；

3.3 审定交易中抵押、保证、信用证、交付保证金等信用保障措施的合法性、有效性和可行性，为信用保障措施正常运行和争议的完满解决提供非诉讼法律服务；

3.4 审定金融衍生品合约的合法性、合规性和有效性，避免因法律风险而产生的损失。

4. 为结算机构提供金融衍生品专项法律服务

4.1 控制和解决结算、交割业务中的法律风险，降低因交易者的信用风险产生的损失；

4.2 金融衍生品结算、交割相关法律的培训。

5. 为监管机构提供金融衍生品专项法律服务

5.1 立法调研、拟定立法草案；

5.2 为监管活动及金融领域的国际协调与合作提供法律服务；

5.3 监管法律培训。

（三）保险业务

康达的保险服务范围涵盖了保险业所有的领域，业务团队由精通多种语言且经验丰富的中国律师和外国律师、律师助理、专职翻译和行政人员组成。许多律师曾在大型保险公司或其他金融机构供职，部分律师曾在立法和监管机构工作，在资源配备和执业经验上有着其他律师事务所无法比拟的优势。在为客户服务的过程中，我们孕育了中国律师事务所中独一无二的保险文化，取得了业界的认可和客户的信任。

在具体项目中，康达的保险业务团队的随时可以得到公司、银行、证券、诉讼、知识产权、房地产和税收各个专业业务团队中具有丰富经验的律师的支持，从而能全方位、多层面地分析相关法律问题，就客户的具体问题量体裁衣地提供富有创造性的法律意见。康达的保险业务团队立足于金杜在中国境内的十二家分所和境外的多家合作所，专业的分工和地域上的广泛分布使我们已成为客户在寻求能同时处理中国境内和跨国境的、复杂的、多层次的项目律师事务所时的首选。

（四）信托业务

康达是中国著名的按照国际化标准运作的特大型律师机构，其信托法律业务由一批具有丰富实践经验和扎实业务功底的专业律师组成，具有一流的规模及一流的服务产品设计能力和服务质量。信托法律律师团队本着最大诚信原则和客户利益至上原则，为客户提供最专业最优质的信托法律服务。

北京市国联律师事务所

国联律师事务所坐落于中关村核心商务区，是经北京市司法局批准成立的合伙制律师事务所。自 1998 年 9 月创立以来，国联秉承“捍卫客户利益、弘扬法治精神”的执业宗旨，始终致力于向中外客户提供高水准的法律服务，已经形成以金融、知识产权和证券与资本市场法律服务为主的业务特色，并已发展成为一家具有相当影响力和美誉度的专业型律师事务所。凭借海纳百川的宽广胸襟和精益求精的执业作风，国联律师事务所在竞争日趋激烈的法律服务市场中占据一席之地。

国联律师事务所现共有人员超过百人，其中注册执业律师 60 余人，律师助理 30 余人，大多毕业于中国人民大学、北京大学、中国政法大学、对外经贸大学等著名学府的法学院。80% 以上拥有法学专业硕士以上学历，合伙人从事法律工作均超过十年。部分律师曾在英国、加拿大、美国、法国、韩国等国家的著名法学院校深造并具有在国际著名律师事务所的工作经验，工作语言包括中文、英文、德文、法文等。

国联律师杰出的业务能力体现在国联专业领域法律服务上，无论在银行、保险、期货、证券、房地产、公司事务、刑事法律、行政法律、婚姻家庭、医疗纠纷等传统领域，还是在知识产权、劳动保护、不良资产处置、金融衍生产品、招投标等新兴业务领域，国联律师均拥有业内领先的专业水准。在代表北京市律师最高业务水平的北京市律协 61 个专业委员会中，国联律师在其中 8 个专业委员会中担任主任、副主任和秘书长，在所有律师事务所中名列前茅。

国联律师事务所建有一支以中国人民大学常务副校长王利明教授为首席顾问的高水平的专家团队，专家顾问团成员还包括：中国人民大学法学院民商事法律科学研究中心主任杨立新教授、中央财经大学法学院副院长李轩副教授、中国人民大学法学院国际法教研室主任韩立余教授、中国人民大学法学院民商事法律科学研究中心副主任姚欢庆副教授等。

国联律师事务所秉承团队协作、高效务实的工作作风，恪守国际公认的律师执业准则，依据“以人为本”的原则进行管理，系统整合每位律师的经验和资源，从而将国联建成一个紧密合作、团结统一的律师事务所。

国联律师事务所重视社会责任，热心公益事业，如设立国联律师奖学金，与多个社区合作定期普法、免费进行法律咨询，为和谐社会做出了应有的贡献。

国联律师事务所取得的业绩已在国内外客户和同行中赢得了良好的声誉，多次被评选为“北京市优秀律师事务所”和“北京市法律服务先进集体”。

律所荣誉

国联律师事务所自成立以来，多次荣获“北京市优秀律师事务所”、“北京市司法行政系统先进集体”、“北京市法律援助模范集体”、“北京市海淀区优秀律师事务所”等称号。与此同时，国联律师事务所还具有商标代理业务资格、证券法律业务资格和房屋按揭资格等多项业务资质，能够为客户在各领域提供专业且高品质的法律服务。

专业领域

金融：

国联律师事务所自成立以来，即以金融法律服务为专业特色。国联有一支训练有素且对各种大型和复杂的金融交易有着丰富经验的专业律师队伍，并在诸如资产证券化、不良资产处置、金融衍生产品、融资性担保等新兴领域保持着领先地位。

国联担任多个商业银行及非银行金融机构的常年法律顾问，在金融纠纷处理方面亦有丰富的实践经验，为各类金融机构处理过逾百亿元的金融纠纷。同时，在多类金融项目中，国联律师分别代理过贷方和借方，向其提供全面的法律服务。国联开创性地为中央财政预算内专项资金（国债）、中央级基本建设经营性基金提供专业法律服务，取得良好效果。国联擅长期货法律业务，是国内为数不多的能够提供专业法律服务的律师事务所之一。国联擅长保险法律业务，为保险公司、投保客户提供法律咨询、保险纠纷处理、保险产品法律风险评估等专项法律服务。国联是北京融资性担保业务领域最权威的律师事务所之一，能够为在京融资性担保公司提供最专业的法律服务。

该领域法律服务项目：

· 信贷、项目融资、银团贷款、资金拆借
· 金融担保、审查及登记
· 信用证、票据纠纷
· 金融信托
· 基金设立、发行、管理
· 外汇法律服务
· 融资租赁

· 国债发行、托管交易、回购
· 各种金融案件的诉讼代理
· 期货交易规则的制定及完善
· 为期货公司股权变更、增加注册资本、增加经营项目等事项出具法律意见书
· 培训期货从业人员
· 期货交易纠纷代理
· 保险公司设立
· 保险公司内部风险控制及管理制度完善
· 保险产品法律风险评估
· 保险公司合法、合规性审查
· 保险纠纷代理
· 融资担保公司的设立、变更
· 融资担保业务经营许可的申请
· 融资担保业务法律风险评估与规避

典型案例：

· 办理中国工商银行及下属各支行借贷、担保、票据、拆借、信用证等大量案件
· 办理中国光大银行等银团贷款项目并为众多商业银行审查房地产融资项目
· 办理中国进出口银行出口卖方信贷借款合同纠纷，外国政府转贷、黑字还流等案件多起
· 办理民生银行、中信银行、兴业银行等多家商业银行法律事务
· 办理中国长城资产管理公司、重庆国际信托投资公司信托贷款、证券保证金合同纠纷等多起
· 办理多家外国银行法律事务
· 办理中国节能投资公司中央财政预算内专项资金、中央级基本建设经营型基金项目
· 代理中国糖业酒类集团公司诉金鹏期货经纪有限公司期货交易纠纷等期货案件
· 代理航天金卡电子工程有限公司诉平安保险股份有限公司保险理赔纠纷等保险案件
· 为北京十余家担保公司成功申领五年期融资性担保业务经营许可证
· 为多家融资性担保公司开展日常业务提供法律服务

证券与资本市场

证券与资本市场法律服务是国联律师事务所的一项重要业务，基于证券事务团队工作的特点，国联成立有证券事务部。该部已先后承办了近百家涉及企业改制、重组、并购及股份公司发行与上市 A 股、B 股、H 股、香港创业板、境外上市、全国中小企业股份转让系统挂牌（俗称“新三板”）、区域性场外股权交易市场企业挂牌、发行可转换公司债、债转股、企业短期融资债券、私募股权投资的法律业务，在业内享有盛誉，能为客户提供一流的专业化法律服务。

国联证券事务部是全国最早介入新三板市场业务的律师团队，在业内具有一定的影响力，2009 年获“中关村 20 周年有突出贡献单位”荣誉。

国联证券事务部律师因长期和专业从事公司、证券法律业务，与中国证监会、各地证监局以及相关政府主管部门如发改委、国资委、财政部（厅）、科技部、各地高新园区、金融局等保持着良好的联系，能及时把握企业改制上市、重组、国有资产管理、债券发行、场外市场建设等相关事务的法律和政策的最新动向。

同时，国联证券事务部律师与国内证券执业机构具有广泛而密切的合作，与境外券商、律师、会计师等其他中介机构也有过多次合作。

国联证券事务部律师从事公司证券法律服务时始终坚持严肃认真、一丝不苟的工作态度，本所制作的法律文件受到有关各方的普遍肯定和高度好评。

该领域法律服务项目：

· 公司、企业的私募股权投资、改制、并购及重组
· 公司的设立及法人治理结构的建立
· 风险投资、战略投资尽职调查及方案设计
· 公司在境内发行内资股股票并上市
· 公司在境外发行股票并上市
· 在中国拥有投资权益的境外公司在境外上市
· 上市公司再融资，包括公开或定向发行股票、发行公司债、发行可转换公司债券或短期融资券等
· 上市公司收购、兼并、换股、重大资产重组
· 公司在全国中小企业股份转让系统及区域性股权交易市场挂牌交易
· 大型国有企业发行企业债券
· 公司的合并、解散与清算
· 上市公司、挂牌公司及其他企业常年法律顾问

典型案例：

· 金晶科技（600586）定向增发、发行短期融资债券及中期票据融资
· 龙建路桥（600853）股权转让与资产置换及恢复上市
· 邯钢股份（600001）发行可转换公司债
· 东软软件（600718）A 股增发
· 苏福马（600290）股权转让及资产重组
· 常林股份（600710）定向增发
· 银星能源（000853）重大资产重组与定向增发
· 小商品城（600145）定向增发
· 唐钢股份（000709）吸收合并邯郸钢铁（600001）、承德钒钛（600357）
· 南京斯迈柯特种金属装备股份有限公司改制及创业板首次公开发行申请
· 江西世龙实业股份有限公司中小板首次公开发行申请及资产并购重组
· 北京世纪东方国铁科技股份有限公司创业板首次公开发行上市申请
· 国华绥中发电有限责任公司发行短期融资债券
· 武汉金凰珠宝有限公司改制及 A 股上市申请
· 武汉金凰珠宝有限公司境外上市
· 中福马集团股权转让
· 安信证券股份有限公司资产重组专项法律顾问
· 南京大江国际信托投资有限责任公司重组并购法律服务
· 万联证券有限责任公司重组并购项目
· 南瑞航天（北京）电气控制技术有限公司股权激励方案
· 北京便宜坊集团公司企业改制
· 协助 Arjowiggins 与晨鸣纸业在山东的特种纸合资企业的重组
· 参与山东晨鸣纸业等境内企业通过红筹方式在香港联交所的股票发行和首次股票上市
· 担任北京秋银投资管理有限公司常年法律顾问，并就该公司拟投资收购项目进行法律尽职调查

地址：北京市海淀区知春路 113 号银网中心 B 座 11 层
邮编：100086
电话：010－62532156　51660506
传真：010－62536183

北京市浩天信和律师事务所

基本概况

浩天信和律师事务所由北京市浩天律师事务所和北京李文律师事务所，于 2007 年新设合并组建而成。两家前身事务所均创立于上世纪 90 年代，并在各自执业领域成绩斐然。

浩天信和总部位于北京，同时在上海、南京、广州、杭州、温州、沈阳及香港设有分所，并通过加入 TerraLex 联盟在全球 100 多个国家和地区拥有 150 多家合作律师事务所，能够为遍布全球的客户提供全方位的专业服务。

专业团队

浩天信和现有 60 余名合伙人和 300 余名执业律师、律师助理及其他专业法务人员，全部毕业于著名法学院，并能用普通话、广东话、英语、法语、德语、意大利语或日语进行工作。他们特别重视团队合作精神，努力以全所共同的力量为每一位客户提供优质、高效的法律服务。这支专业团队中的律师，不仅是各个领域的法律专家，而且熟悉中国的投资环境和各个行业的不同商业惯例，具有丰富的实务经验，能够针对客户的具体需要，为其提供量身定做的法律解决方案。

执业领域

作为中国居领先地位的综合性律师事务所之一，浩天信和力求满足客户全方位多层次的法律服务需求，获得业内外广泛认可和高度赞誉。主要业务领域包括：

· 知识产权
· 娱乐传媒
· 争议解决
· 反垄断
· 国际贸易
· 资本市场和金融业务
· 能源、矿业和基础设施
· 房地产
· 公司与投资
· 劳动法律事务
· 财富传承

从业经验

浩天信和旨在通过诚信、高效，以及最专业、最全面的法律服务，与客户共同成长。经过多年的努力，在司法部门及行政机关树立了良好的工作形象，并在与证券公司、投资银行、会计师事务所、评估机构的合作中，获得了卓越的口碑与信誉。

金融投资业务

一、概况

随着中国市场经济的进一步发展，金融银行法律服务已成为浩天信和的主营业务之一，并占据越来越重要的地位。

浩天信和集合了一批优秀的专业律师，致力于为各金融机构和包括海外投资银行在内的各类金融银行机构提供全方位的金融银行法律服务。多年以来，他们为诸多大型商业银行、投资银行、信托公司、风险投资基金等融投资机构和大型企业，办理了涉及电力、房地产、冶金、钢铁、铸造、家电、石油、航运、零售、贸易、软件、广告、通讯、电信、互联网等不同行业的投融资和银行法律业务；承办了多起重大、疑难金融案件；为多家金融机构提供了大量非诉讼法律服务，在银行和金融法律服务领域，积累了丰富的执业经验。

在长期的金融银行法律服务过程中，浩天信和律师与包括商务部、国家发改委、国家外汇管理局在内的中国有关政府主管部门建立了良好的工作关系；同时，利用在房地产、公司证券、知识产权、诉讼仲裁等其他领域的专长，浩天信和能够为客户提供更加全面的法律服务。

浩天信和金融银行部律师以其高效优质的专业服务，赢得了众多客户的信任和青睐，其中，李文律师曾因赴英办理某特大信用证票据诉讼案取得胜诉，获中国国务院的表彰。

二、服务范围

在金融法律业务方面，浩天信和提供的法律服务主要包括：

1. 代理金融争议案件；
2. 担任金融机构常年或专项事务法律顾问；
3. 国际金融法律服务；
4. 按揭贷款法律服务；
5. 不良资产处置法律服务；
6. 信托计划发行法律服务；
7. 金融债券、票据发行法律服务。

三、业绩

浩天信和在金融银行领域的主要客户包括中国华融资产管理公司、美林（亚太）有限公司、摩根大通、龙星基金、中国银行、中国建设银行、美林证券、通用电气投资公司、美国信安集团、日本新生银行、澳大利亚麦格里银行、微软中国公司、中信信托等。通过多年的不懈努力，浩天信和在金融银行领域赢得了客户尊重和认可。

公司证券业务

一、概况

公司证券业务是浩天信和的核心业务之一。

浩天信和公司证券部律师，均是具备多年从事上市、重组、并购及资本运营、公司业务经验，且谙熟相关法律、法规的资深律师，对公司、证券业务有较强的驾驭和处理能力，并具有严格的执业操守及严谨的工作作风。在长期的工作中，他们与国资委、发改委、商务部、证监会、国家工商局等政府主管机关，证券交易所、各大证券公司、投资公司及其他中介机构均建立了良好的协作关系，并保持着密切联系。

浩天信和公司证券部律师致力于为客户的公司证券事务及其相关的商业、税务事务提供高效、专业的法律服务，业务涵盖公司设立、公司兼并及收购、股权重组、资产重组、企业公司制或股份制改造及证券发行上市交易。

浩天信和公司证券部律师在证券业务领域保持着骄人的业绩，我们曾为数百家境内外企业的改制、上市、重组及并购等业务提供过法律服务，积累了丰富的实践经验，具有良好的事业基础及稳定的客户群，在业界享有较高的声誉。

二、服务范围

浩天信和公司证券部能够为中外各类公司、企业提供全面的公司证券法律服务，主要包括：

1. 设立境内公司、离岸公司的法律安排、策划及咨询；
2. 国有企业及民营企业改制；
3. 公司合并、分立、破产与清算；
4. 公司境内外融资，包括首次发行 A 股、B 股、H 股、N 股、S 股；上市公司配股、增发新股；发行债券及可转换债券；发行 ADR（美国存托凭证）及其他证券；资产证券化及企业私募、定向增发、配售；

5. 公司股权转让、债权股权转换；

6. 公司收购、兼并及反收购；

7. 公司资产租赁、股权及资产托管；

8. 公司长期股权激励机制设置，包括 MBO（管理层收购）、EBO（职工持股计划）及 MEBO（管理层员工融资收购）方案的设计及相关事宜的法律安排；

9. 公司战略投资及风险投资；

10. 公司法人治理结构设置；

11. 境外上市公司的境内法律业务；

12. 投资基金的设立、募集及增资；

13. 公司产权界定；

14. 证券欺诈、侵权的仲裁与诉讼。

三、业绩

浩天信和公司证券部律师曾为多家企业提供公司设立、资产收购、公司收购及股票发行上市交易等法律服务，主要包括：

1. 担任下列公司改制及 A 股股票发行上市的法律顾问：

· 北京城乡贸易中心股份有限公司（A 股）

· 北京市旅行车股份有限公司（A 股）

· 内蒙古蒙电华能热电股份有限公司（A 股）

· 黑龙江电力股份有限公司（A 股）

· 内蒙古伊利实业股份有限公司（A 股）

· 北京中燕股份有限公司（A 股）

· 大连渤海饭店（集团）股份有限公司（A 股）

· 贵州力源液压股份有限公司（A 股）

· 厦门海洋实业（集团）股份有限公司（A 股）

· 大连东北热电发展股份有限公司（A 股）

· 内蒙古包钢稀土高科技股份有限公司（A 股）

· 内蒙古宁城老窖股份有限公司（A 股）

· 北汽福田汽车股份有限公司（A 股）

· 内蒙古金宇集团股份有限公司（A 股）

· 上海复星实业高科技股份有限公司（A 股）

· 有研半导体材料股份有限公司（A 股）

· 云南铝业股份有限公司（A 股）

· 海南宝华实业股份有限公司（A 股）

· 黑龙江阿继电器股份有限公司（A 股）

· 浙江浙大海纳科技股份有限公司（A 股）

· 云南红河光明股份有限公司（A 股）

· 中化国际贸易股份有限公司（A 股）

· 内蒙古兰太实业股份有限公司（A 股）

· 江苏恒瑞医药股份有限公司（A 股）

· 上海大屯能源股份有限公司（A 股）

· 青海华鼎实业股份有限公司（A 股）

· 大唐国际发电股份有限公司（A 股）

· 大连神迅信息股份有限公司（A 股）

· 宁波康强电子股份有限公司（A 股）

· 安徽江南化工股份有限公司（A 股）

· 天津瑞普生物技术股份有限公司（A 股）

2. 担任下列上市公司配股、增发（A 股）、可转换债券、融资券的法律顾问：

· 内蒙古伊利实业股份有限公司 1996 年度配股

· 内蒙古蒙电华能热电股份有限公司 1996 年度配股

· 内蒙古蒙电华能热电股份有限公司 1998 年度超比例配股

· 黑龙江电力股份有限公司 1998 年度配股

· 内蒙古伊利实业股份有限公司 1998 年度配股

· 上海爱建股份有限公司 1998 年度配股

· 山西通宝能源股份有限公司 1999 年度配股

· 重庆啤酒股份有限公司 1999 年度配股

· 甘肃亚盛实业（集团）股份有限公司 1999 年度配股

· 上海方正科技股份有限公司 1999 年度配股

· 北汽福田汽车股份有限公司 2000 年度配股

· 国电电力股份有限公司 2000 年度超比例配股

· 内蒙古蒙电华能热电股份有限公司 2001 年度配股

· 山西焦化股份有限公司 2004 年配股

· 黑龙江电力股份有限公司 2000 年度增发

· 山东晨鸣纸业集团股份有限公司 2000 年度增发

· 内蒙古伊利实业股份有限公司 2002 年度增发

· 山西通宝能源股份有限公司 2002 年度增发

· 黑龙江电力股份有限公司 2003 年度可转换公司债券发行

· 营口港务股份有限公司 2004 年度可转换公司债券发行

· 山东晨鸣纸业集团股份有限公司 2004 年度可转换公司债券发行

· 山东南山实业股份有限公司 2004 年度可转换公司债券发行

· 北京首创股份有限公司 2005 年度可转换公司债券发行

· 国电电力发展股份有限公司 2005 年度可转换公司债券发行

· 山东晨鸣纸业集团股份有限公司 2006 年度融资券

· 国电电力发展股份有限公司 2006 年度融资券

· 大唐国际发电股份有限公司 2006 年度、2007 年度融资券

· 大唐国际发电股份有限公司 2008 年度中期票据

· 大唐国际发电股份有限公司 2009 年度公司债

· 大唐国际发电股份有限公司 2011 年度公司债

· 大唐国际发电股份有限公司 2009 年非公开发行 A 股股票

· 大唐国际发电股份有限公司 2010 年非公开发行 A 股股票

· 内蒙古大唐国际托克托发电有限责任公司 2011 年短期融资券发行

3. 担任下列公司境内上市外资股（B 股）及境外上市项目的中国法律顾问：

· 黑龙江电力股份有限公司 B 股上市

· 黑龙江电力股份有限公司 1997 年 B 股增发

· 山东晨鸣纸业集团股份有限公司非上市外资股（广华基金）流通

· 大唐国际发电股份有限公司（H 股、A 股及 ADR）常年法律顾问

· 北京珠穆朗玛电子商务网络服务有限公司外资股东美国 NASDAQ 股票发行及上市

· 香港恒丰珠宝首饰有限公司香港联交所股票发行上市

· 中华药业有限公司香港联交所创业板发行上市

· 太平协和（香港上市）全面收购协和建设（香港上市）的境内法律顾问

· 山东墨龙石油机械股份有限公司与香港创业板首发及增发

·香港正辉国际以红筹方式在香港主板首发上市
·江苏宝业公司在香港主板首发上市
·香港先施表业有限公司香港主板首发上市
·牡丹汽车股份有限公司香港联交所创业板股票上市的法律顾问
·吉林东北虎股份有限公司香港联交所创业板股票上市的法律顾问
·东江环保股份有限公司香港联交所创业板股票上市的法律顾问
·山西三元煤业香港联交所创业板股票上市的法律顾问
·益安国际(香港上市)收购中国药材集团下属子公司的法律顾问
·TOM. COM(香港上市)收购中国大陆系列户外广告公司的法律顾问
·++纸业集团股份有限公司香港主板首发上市
4. 担任下列上市公司资产重组或股权转让的法律顾问:
·北京市旅行车股份有限公司股权重组
·黑龙江华源电力(集团)股份有限公司与黑龙江电力股份有限公司合并
·重庆东源钢业股份有限公司股权重组及资产置换
·国家电力公司股权重组大连东北热电发展股份有限公司
·黑龙江电力股份有限公司国有法人股划转
·沈阳北方商用技术设备股份有限公司资产置换
·天津百货大楼股份有限公司股权划转及资产置换
·重庆三峡水利电力(集团)股份有限公司控股股权转让
·大连盛道集团股份有限公司资产置换
·上海凌云幕墙科技股份有限公司(B股)控股股权转让及资产重组
·内蒙古宁城老窖生物科技股份有限公司控股股权转让
·微软及朗讯公司在华公司的业务资产的重组项目的法律顾问
·四川迪康药业集团有限公司收购四川成商集团股份有限公司项目
·兰太实业集团公司股权重组及资产重组项目
·新疆啤酒花股份有限公司收购及重大资产重组项目
·晨鸣纸业集团股份有限公司资产收购吉林纸业股份有限公司项目
·河北宣工机械股份有限公司控股股权转让及资产重组
·广东威达集团股份有限公司收购与重组项目
·北京首都创业集团多项收购、资产重组和投资项目
·美国协和集团在华投资项目整体收购项目
·中联建设装备股份有限公司收购与重组项目
·山东控股投资有限公司设立及收购、重组项目
·青海贤成矿业股份有限公司股份收购项目
·吉林亚泰(集团)股份有限公司对海南兰海集团投资控股有限公司增资项目
5. 担任下列公司股份制改制及资产业务重组项目的法律顾问:
·山东登海种业股份有限公司
·山东德棉股份有限公司
·山东民和牧业股份有限公司
·北京华胜天成股份有限公司
·北京红惠医药股份有限公司
·河南森源电气股份有限公司
·福建七匹狼实业股份有限公司
·中冶赛迪工程技术股份有限公司
·山东福田重工股份有限公司
·广东金曼集团股份有限公司
·渝能(集团)有限责任公司
6. 担任下列上市公司股权分置改革的法律顾问:
·山东晨鸣纸业集团股份有限公司
·北汽福田汽车股份有限公司
·国电电力发展股份有限公司
·北京华胜天成科技股份有限公司
·北京兆维科技股份有限公司
·华电能源股份有限公司
7. 担任下列企业债转股项目的法律顾问:
·灵武矿务局债转股项目
·双鸭山矿务局债转股项目
·黑龙江七台河矿业精煤(集团)有限责任公司债转股项目
·中国龙江森林工业(集团)总公司债转股项目
·鹤岗矿务局债转股项目等

新大洲摩托车、大东海股份等股票发行、配售;黄河旋风、大连大显等股份有限公司配股;湖南投资集团股份有限公司增发新股;深业集团重组和境外上市交易;浙江尖峰集团股份有限公司配股及上市;中信医药股份有限公司改制及股票发行上市;石家庄劝业场股份有限公司股份制规范化重组及上市;美国某著名证券公司中国境内证券承销;北京王府井大酒店、北京亚太大厦股权收购与公司收购。

北京:
地址:北京市朝阳区东三环中路5号财富金融中心12层
邮编:100020
电话:010-65028888
传真:010-65028866 65028877
上海:
地址:上海市静安区北京西路1028号兴业银行大厦18层
邮编:200041
电话:021-52569939
传真:021-52569930
南京:
地址:江苏省南京市长宁路188号德基大厦9楼E座
邮编:210018
电话:025-86827100
传真:025-86827103
广州:
地址:广东省广州市天河区华夏路28号富力盈信大厦1803室
邮编:510623
电话:020-38061168
传真:020-38061328
杭州:
地址:浙江省杭州市西湖区天目山路7号东海创意中心19楼B区
邮编:310007
电话:0571-89986988
传真:0571-89986990
温州:

地址：浙江省温州市鹿城区车站大道 789 号智慧谷
第 I 幢后侧四层
邮编：325000
电话：0577－88800182
传真：0577－88676158
沈阳：
地址：辽宁省沈阳市沈河区市府大路 262 号
甲新华科技大厦 1011 室
邮编：110003
电话：0242－2720192
传真：0242－2720193
香港：
地址：香港中环花园道 1 号中银大厦 64B
电话：00852－25210880 传真：00852－25210266

北京市嘉源律师事务所

基本概况

嘉源专长于证券、金融、企业产权、公司治理以及投资、工程、国际商事等领域，是中国金融市场尤其是资本市场居于领先地位的合伙制律师事务所。十余年来，我们协助数百家境内外企业进行了重组改制、境内外股票发行上市和投资、收购兼并、工程承包等工作。

嘉源律师团队熟通中国及境外法律，既洞察中国金融市场发展变化，又谙悉国际资本市场运作规则，以卓越的专业服务使嘉源成为每个客户最值得信赖的伙伴。

专业团队

嘉源专门从事资本市场法律业务的律师近七十位。我们的业务骨干在加入嘉源之前，曾服务于国内外知名律师事务所、证券、投资机构及科研院校，积累了丰富的业务经验。

今天，中国企业与海外资本市场的联系日趋紧密，这对证券律师的素质提出了更高的要求。嘉源的多位律师毕业于英、美著名法学院，并有国际知名律师事务所的工作经历。除了对中国及境外法律精深的理解，他们还谙熟于国际资本市场的运作规则。

业务资格

经司法部和证监会批准，嘉源具有从事证券法律业务资格。

经证监会和司法部批准，嘉源具有从事涉及境内权益的境外公司相关法律业务资格。

经司法部和财政部批准，嘉源具有从事国有资产产权法律事务的资格。

业务领域

嘉源的主要业务领域包括企业改制上市与再融资，上市公司收购与重组，产业整合与并购，国企改制与产权交易，外商直接投资与境外投资，私募股权投资与风险投资，银行与金融，项目融资，国际工程承包，国际采购与招投标，反垄断与国家安全审查，知识产权，破产、重整与清算，争议解决等。内部按照专业化分工设立专业部门，如融资部、并购部、国际业务部、金融部等。能够为国内外客户提供全方位、多层次的专业法律服务。

企业改制上市与再融资

企业改制上市与再融资是嘉源的一项核心业务。作为发行人律师或承销商律师，嘉源已经为数百家企业的境内外首次公开发行上市项目及再融资项目提供了法律服务，其中不乏重大、复杂、具有里程碑意义的项目，尤其在大型、特大型项目方面久负盛名。

主要服务内容

·法律尽职调查

·改制与重组方案设计

·起草重组协议、发起人协议、关联交易协议、公司章程以及其他相关法律文件

·协助建立并完善法人治理结构

·特别法律问题处理

·出具法律意见书和律师工作报告

·协助起草招股说明书等信息披露文件

债券发行

嘉源在债券发行方面拥有较为全面的业务资格和丰富的业务经验，除了公司债券、金融债、企业债券和中期票据、短期融资券、超级短期融资券等常见的债券和非金融企业债务融资工具发行业务之外，嘉源还曾协助客户在境内和境外成功发行了认股权和债券分离交易的可转换公司债券、美元债券等。

主要服务内容

·协助设计发行方案

·法律尽职调查

·起草相关法律文件

·出具法律意见书和律师工作报告

·解答发行过程中的法律问题

上市公司收购与重组

嘉源在上市公司收购与重组方面具有丰富的经验，尤其擅长解决交易中的复杂问题，曾代理了在资本市场具有创新意义和深远影响的攀钢集团整体上市项目。可以为客户设计符合公司利益并可成功实现的交易结构，并就交易中的法律问题提供切实可行的解决方案和开创性的意见。

·上市公司重大资产重组

·上市公司合并与分立

·借壳上市

·上市公司收购与反收购

·上市公司股份回购

产业整合与并购

嘉源参与了大量的在国内外有较大影响力的并购项目，其中仅建材行业的并购项目就已超过 500 个。嘉源能够在综合考虑法律、财务、税务等各方面因素后设计最佳的并购方案，并擅长帮助客户规避并购中的风险和在变动而复杂的法律和监管环境下解决问题，促成交易。嘉源因此而获得客户高度赞誉。

主要服务内容

·进行法律尽职调查

·设计、优化交易架构

·起草、修改收购协议及其他相关交易文件并协助与交易对方进行谈判

·就政府审批、备案、登记事宜提供咨询意见，并协助办理相关法定程序与手续

·协助办理交割事宜

·公司日常经营的合规性审查和监督

·公司重组、解散与清算的各项法律事务

北京：
地址：北京市西城区复兴门内大街 158 号远洋大厦
F407－408

邮编:100031
电话:010－66413377
传真:010－66412855
邮箱:eoffice@ jiayuan－law. com
上海:
地址:上海市黄浦区西藏中路18号港陆广场
27楼2703、2704室
邮编:200001
电话:021－60452660
传真:021－61701189
邮箱:sh－eoffice@ jiayuan－law. com
深圳:
地址:深圳市福田区金田路4028号荣超经贸中心2511
邮编:518026
电话:0755－82789766
传真:0755－82789577
邮箱:sz－eoffice@ jiayuan－law. com
香港:
地址:香港湾仔港湾道1号会展广场办公大楼2611室
邮编:955077
电话:00852－25206166
传真:00852－25275788
邮箱:hk－eoffice@ jiayuan－law. com

北京市金杜律师事务所

基本概况

金杜是一家新型的律师事务所,根植本土,业务范围覆盖全球,致力于为客户提供独到的商业见解和与众不同的客户体验。每天有超过30多个国际办公机构,2700多名律师为客户保驾护航,在日趋复杂的各地区环境中把握商机并降低风险。得益于全球化网络,金杜为客户提供优质的商业解决方案,并改变着传统的法律服务模式。

如何做到这一点?我们不止步于满足客户所需,而更关注实现目标的过程。通过紧密合作,并凭借我们在业界领先的专业经验、深入的法律见解以及根植本地的联系,金杜利用其全球平台与客户建立起无间的合作关系。

作为世界上唯一一家在中国内地、中国香港、澳大利亚、英国、美国和欧洲重要法域拥有执业能力的律师事务所,我们面向全球,为客户锁定机遇,助力其在亚洲世纪释放全部发展潜能。我们能够为客户创造机遇,以提供领先市场的专业服务为宗旨,不断超越创新——致力于让亚洲走向世界,让世界联通亚洲。

银行与融资

在中国的银行与融资领域,我们拥有超过三十年的执业经验。

从引领和参与监管变化,到为市场上最复杂而尖端的交易提供创新融资解决方案,金杜的银行与融资法律团队屡获殊荣,处于这一高度发展市场的最前沿。

我们团队的规模与我们专业知识的深度与广度相结合,使我们在中国银行与融资领域中成为行业领先者。

我们拥有在大中华地区处理银行与融资交易最大、最全面的团队之一。因此,您将从我们涵盖金融产品各个方面的法律意见中获益,包括:

· 收购及杠杆融资
· 资产及飞机融资
· 企业贷款
· 债务资本市场
· 衍生工具及结构性融资
· 项目融资
· 房地产融资
· 破产重组
· 银行及金融市场监管

证券

我们经验丰富的证券律师为您提供关于资本市场交易的最前沿的法律意见。

通过我们领先的证券律师全球网络,我们为您提供通向"新世界"资本的机会。凭借根植亚洲地区无可比拟的优势,并且作为唯一一家具有中国法执业资格的国际律师事务所,我们正在帮助我们各区域的客户获取全球资本,并帮助我们的全球客户获取亚洲资本。

我们身处中国这个世界上增长最快的资本市场,拥有得天独厚的优势。国际大公司、金融机构以及中国发行人依靠我们为他们的A股、H股和红筹发行提供法律协助。我们将技术和商业专业知识与深度市场联系相结合的能力成就了我们在这一领域的领先地位与荣誉。

在中国,我们就债券资本市场和证券化提供法律意见,包括首次公开发行和再融资、发行企业债券、上市公司的并购、私募股权融资和其他相关证券交易。

二十年的证券创新

在过去的二十年里,我们就数以千计的国内和跨境证券交易为发行人和承销商提供法律意见,并在股权和债券市场上持续走在中国资本市场创新的最前沿。

我们经常代表中国发行人和承销商,参与他们在上海证券交易所、深圳证券交易所、新加坡证券交易所、纳斯达克和法兰克福证券交易所的首次公开发行(IPOs),包括其中最大最复杂的交易。我们的团队最近在美国资本市场历史上规模最大的IPO项目,阿里巴巴上市项目中,为六名主承销商提供法律意见。

在中国和全球范围内进行真正的交易

我们一流的公司、并购与商业事务团队,为世界最引人注目的交易提供服务。我们与世界最大的公司、投行、私募股权机构和投资者合作,提供涵盖公司法、并购、私募股权、公司治理和商业事务的全方位服务。

作为唯一一家总部设在亚洲的国际律师事务所,我们为客户提供独特的见解,助您驾驭在亚洲开展业务时在文化和监管方面遇到的复杂局面。因此我们经常能比同地区的其他律所处理更多的交易自然不足为奇。我们拥有较强的跨境(特别是在亚洲内外)业务能力也并不令人意外。

我们的公司、并购(M&A)、私募股权和商业法律业务是顶级的——不仅在中国,并且遍布亚洲的每一个重要区域。我们的境外并购业务也在快速增长。

广泛的客户

在如下方面,我们为跨国公司、国有企业、中国及海外私人公司、房地产开发商、金融投资者(包括私募股权基金)和承包商提供法律意见:

· 并购
· 公司咨询
· 商业合同及外包
· 跨境投资

· 劳动及就业
· 反贿赂与反腐败
· 私募股权

北京市京都律师事务所

基本概况

北京市京都律师事务所(以下简称:京都律师事务所)成立于 1995 年,是国内较早设立的合伙制律师事务所之一。目前,京都已建设成为一家提供包括非诉业务、民商诉讼、刑事诉讼等全面法律服务的综合性律师事务所。其中,京都在刑事诉讼领域居于全国领先地位。

京都律师事务所总部位于北京 CBD 中央商务区,另在上海、深圳、大连和天津设有分支机构。京都目前拥有 300 余名执业律师及专业人员,国内外著名法律学府的教育背景以及金融、知识产权、国际贸易等行业企业、行业协会、大学、国外知名律师事务所和政府部门的工作经历使得京都律师在各自业务领域能够为客户提供高标准的法律服务,包括刑事诉讼、民商诉讼、企业风险防控、金融、证券、房地产与基础设施、公司、破产重整、知识产权、能源与环保、信息技术、国际、海商海事等十三个业务领域。同时,京都律师事务所的先进管理理念还使得京都律师具有高度的团队合作精神,不同领域的律师相互配合为客户提供全方位的综合法律服务。

”强化责任观念,修炼气质风度,树立精品意识,提供系统服务“是京都一直推崇和坚持的执业理念。我们将秉承这一宗旨,持续提升自身素质,不断超越自我,依法维护海内外客户的最大合法权益;同时,京都律师事务所积极参与国家的法治建设,通过参政议政、普及法律知识、办理法律援助案件以及各种公益活动等最大限度地履行社会责任。

京都律师事务所不断开拓,积极引进先进的管理理念和人才,致力于成为中国最优秀的专业化、团队化、国际化的综合性律师事务所。

律所荣誉

京都律师事务所荣获“最具公信力律师事务所”大奖。

京都律师事务所入选中国工业节能服务产业联盟。

汤森路透 ALB 评选 2015 年亚洲最大 50 家律所,京都排名第 20 位。

京都律所荣膺“中国优秀股权和创业投资最佳法律服务机构”。

京都律师事务所荣获“中国法学会团体会员单位“称号。

入围英国《律师》杂志 2013 年度亚太地区 50 强律师事务所。

入围《亚洲法律杂志》(ALB)2012 年度企业公民律师事务所大奖。

入围《亚洲法律杂志》(ALB)2012 年度诉讼律师事务所大奖。

京都律所被评为北京市律师行业创先争优先进集体。

2009 – 2011 年度北京市优秀律师事务所。

京都律所大连分所荣获“辽宁省优秀律师事务所”。

2011 年“最值得推荐的 30 家中国工程法律律师事务所”(《建筑时报》和美国《工程新闻纪录》授予京都大连分所)。

2010 – 2011 年度北京市律师事务所五好党支部。

2010 年度上海市静安区文明单位称号(上海市静安区人民政府授予京都上海分所)。

2009 – 2010 年度朝阳区优秀党支部。

社会责任

作为在中国具有较大影响力的优秀律师事务所,京都始终奉行“源于社会,回报社会”的宗旨,积极投身各项社会公益事业,践行社会责任,采取了一系列积极的行动回馈社会:进行法律援助、推进法治建设、普及法律知识、参与公益慈善等。

进行法律援助:京都律师每年通过北京市法律援助中心和朝阳区法律援助中心代理大量的法律援助案件,免费为被援助人提供京都专业优良的法律服务,维护被援助人的合法权益。

推进法治建设:我所律师多次以律师身份参与刑法、刑诉法、证据法、律师法的立法研讨活动,提出了很多有价值的建议。我所主任田文昌律师主持起草并出版了我国第一部以律师协会名义起草出版的《刑事诉讼法修改律师建议稿》,这是中国律师界第一次以律师名义向立法机关正式提交的建议稿。

普及法律知识:我所与中央电视台、北京广播电台、法制晚报、北京晚报等多家媒体进行合作,提供法律讲堂、义务咨询、专家点评等法律宣传服务。并应北京大学、清华大学、中国人民大学、中国政法大学、国家法官学院、国际关系学院等多所学校邀请,进行免费法律课程的讲座。我们还积极参加各种形式的普法活动,现场为群众解答各种法律问题。

参与公益慈善:在汶川地震、西南旱灾等重大自然灾害发生时,京都人都积极伸出援手,踊跃向灾区捐款捐物,奉献自己的一片爱心。2012 年 6 月,京都泉计划方案正式启动,旨在为困难家庭的学生提供物质和精神上的帮助。

未来,京都人也将继续努力,恪尽社会职责,以诚信实践承诺,为推动社会的和谐进步贡献更大力量。

律所合作

京都律师事务所成立于 1995 年,系全国大型综合化律师事务所,2005 年被评为北京市优秀律师事务所。随着京都律师事务所不断发展与壮大,京都所国际业务也日益走向成熟,所里有多位精通英语、日语、德语、法语、韩语的律师。京都律师事务所的国际业务在各界的大力支持下正在稳步上升。为了进一步推动京都所的国际业务,加强京都所与各国司法界及律师界的业务交流,京都热烈欢迎各国司法机构及律师事务所来我所访问交流,并建立战略伙伴关系。

目前京都律师事务所已同英国、美国、加拿大和日本等国家的相关政府部门、专业机构以及律师事务所都有良好的、较为频繁的学术交流和项目协作,有的还建立了长期的业务合作关系。

业务领域

资本市场:

资本市场部是京都较早成立的部门之一,该部门律师平均具有十年以上的证券法律业务经验,该部门律师注重从实务中总结理论,并用于指导实际操作,注重在理论和实际操作经验方面平衡发展。京都为该业务部聘请了一批包括学术机构和实务部门的一流专家作为业务顾问,协助为客户解决疑难问题。

部分律师具有在公、检、法等国家机关从事司法工作的丰富经验,擅长刑民结合,既有利于做好刑事风险防控,又有利于运用刑民结合的方法处理问题。另外,资本市场部以京都诉讼特长为依托,将非诉与诉讼相结合。

京都所曾经或正在合作的专项、常年法律顾问类客户多为国内外十分活跃的重要企业、公司及机构,主要包括:中国人民银行总行、中国工商银行总行、中国光大银行总行、中国银行总行、华夏银行总行、民生银行总行、交通银行、中国国际信托投资公司、中国建设银行北京分行、中国农业银行北京分行、中国银行香港分行、北京银行等;中国银河证券有限责任公司、光大证券有限责任公司、中信证券有限责任公司、北京证券有限责任公司等;中国华融资产管理公司、中国东方资产管理公司、中国信达资产管理公司等;商务部、文化部、中国证监会、财政部国家农业综合开发评审中心、北京创业投资协会、中关村技术产权交易所等;

金融业务:

京都金融部拥有专业的金融业务研发团队与律师服务团队,可以为金融机构、大中型企业提供投融资法律架构方案设计及法律风险管理服务,为企业家提供境内外财富管理及传承法律服务,为参与国家"一带一路"战略的企业提供海外投资及并购法律服务。京都的金融律师团队由 2 名正教授,4 名博士(后),10 名硕士组成,这些律师都具有国内外名校毕业的金融、管理与法律的复合专业背景,能够熟练运用英语从事法律服务。金融部逐步在产业与并购基金、家族信托业务、国际金融与海外投资业务、银行与保险业务、证券市场创新业务、刑事金融与金融诉讼等领域形成了核心律师团队、服务产品与经典案例,具备了国内较高水平的法律服务能力。

地址:北京市朝阳区景华南街 5 号远洋光华国际 C 座 23 层

电话:010 - 57096000

传真:010 - 85251268

邮箱:info@ king - capital. com

北京市竞天公诚律师事务所

基本概况

北京市竞天公诚律师事务所于九十年代初设立,是中国第一批获准设立的合伙制律师事务所之一。发展至今,竞天公诚已成为中国最具规模和最具强劲实力的综合性律师事务所之一,在资本市场、兼并收购、海外投资、争议解决、私募股权投资等诸多专业领域处于国内领先地位。竞天公诚总部设于北京,并战略性地选择在上海、深圳、成都和香港设立分所,其中香港分所与孖士打律师行(Mayer Brown JSM)联营,以便本所更好的在境内外为我们的客户提供全方位的法律服务。

竞天公诚的律师均拥有良好的专业知识背景,很多律师曾在有关政府部门、国内外律师事务所和企业从事法律服务,在相关专业领域积累了丰富的执业经验。竞天公诚还通过不间断的业务学习和培训,持续地提高其律师团队的专业服务水平。细致的专业分工和一体化的管理制度,则进一步确保了竞天公诚能够长久地为客户提供富有深度的、全方位的法律服务。

证券与资本市场

竞天公诚是在中国境内承办证券法律业务历史最久、数量最多、业务类型最全面的中国律师事务所之一。在中国大陆、美国、香港和新加坡等境内外证券市场上市和融资领域,有关权威机构和媒体一直将竞天公诚列为"最佳中国律师事务所"和"最活跃的法律顾问机构"之一。在这一领域,竞天公诚为发行人(上市公司)或保荐人/承销商提供全方位的专业法律服务:

· 境内外首次公开发行股票并上市,包括境外红筹上市和境外直接上市

· 境内外借壳上市(反向收购)

· 上市公司收购与重组

· 上市公司再融资,包括增发、发行公司债券和可转换债券等

· 上市公司持续的合规监管,如协助上市公司履行信息披露义务、股东大会见证、上市公司股权激励计划等;

· 证券公司、证券投资基金管理公司及其分支机构的设立、变更、解散、终止;证券公司集合资产管理计划、证券投资基金的设立、募集

银行和融资

竞天公诚在银行和融资领域拥有一支经验丰富的队伍,为银行、其他金融机构和其他客户提供精细、专业的法律服务,主要包括以下方面:

· 银团贷款和商业贷款

· 项目融资(如基础设施项目、房地产项目等)和贸易融资

· 融资租赁

· 资产证券化

· 不良资产处置

· 发行企业债券、短期融资券和中期票据

· 金融衍生产品

兼并与收购

兼并与收购(外国投资者并购境内企业、上市公司收购与重大资产重组及其他类型的企业间兼并与收购)是竞天公诚的核心业务之一。竞天公诚在这一领域的客户包括国有企业、民营企业、上市公司、境外投资者,涉及各行各业,如房地产、电信、媒体与娱乐、商业零售、高科技、能源和自然资源、制造业等。竞天公诚的主要服务包括:

· 交易结构设计和优化

· 法律尽职调查

· 起草交易文件,如股权转让协议、资产转让协议、分立协议、合并协议以及有关附属文件等

· 参与谈判

· 协助完成交割

· 就有关交易涉及的其他方面及政府审批、备案、登记等事宜提供专项咨询意见,并协助办理有关手续

私募投资和风险资本

在私募股权投资和风险投资领域,竞天公诚协助国内外私募股权基金、战略投资者、风险投资机构和国内创业者,在不同行业领域完成了大量涉及中国境内权益的私募股权投资和风险投资项目。在多年的实践中,竞天公诚特别注重为客户提供具有创造性的、切实有效的解决方案。

获得荣誉

《商法》杂志 2014 年度奖项;

2015 - 2 - 12,竞天公诚在多个服务领域获得钱伯斯 2014 年度评级和推荐;

2015 - 2 - 12,竞天公诚多位律师被钱伯斯评选为杰出律师;

2015 - 1 - 29,《商法》杂志 2014 年度杰出交易奖项;

2015 - 1 - 29,竞天公诚在多个领域获得 Legal500 的评级和推荐;

2014 - 9 - 18,CLP《中国法律商务》2014 年度奖项;

2014 - 9 - 15,本所合伙人徐邦炜律师荣获"2011 - 2013 年度北京市朝阳区优秀律师";

2014 - 5 - 30,竞天公诚荣获《金融月刊》2014 年度全球

大奖；

2014－4－24，ALB《亚洲法律杂志》2014 年度奖项；

2014－4－24，《商法》杂志 2013 年度奖项；

2014－3－31，本所合伙人徐邦炜律师荣获 ALB《亚洲法律杂志》2014 年度“中国 15 佳诉讼律师”；

2014－2－18，竞天公诚在多个服务领域获得钱伯斯 2013 年度评级和推荐；

2014－2－18，竞天公诚多位律师被钱伯斯评选为杰出律师；

2014－1－21，《商法》杂志 2013 年度杰出交易奖项；

2013－11－30，本所合伙人荣列“2013ENR/建筑时报：最值得推荐的 60 位中国工程法律专业律师”；

2013－11－7，本所合伙人帅天龙律师荣获 ALB2013 年度“客户之选：最受青睐的 20 位中国顶级律师”；

2013－11－4，竞天公诚在多个领域获得 Legal500 的评级和推荐；

2013－9－12，竞天公诚荣获《中国法律商务》2013 年度“中国争议解决律师事务所”和“杰出交易”奖；

2013－5－31，《商法》杂志 2013 年度奖项；

2013－3－29，ALB《亚洲法律杂志》2013 年度奖项；

2013－3－1，IFLR《国际金融法律评论》2013 年度中国律师事务所大奖；

2013－2－28，钱伯斯 2013 年度奖项；

2013－1－4，竞天公诚在多个服务领域获得钱伯斯 2012 年度评级和推荐；

2012－12－5，《商法》杂志 2012 年度杰出交易奖项；

2012－9－13，CLP《中国法律商务》2012 年度奖项。

君泽君律师事务所

基本概况

君泽君律师事务所（“君泽君”）于 1995 年创立，总部位于北京，是国内最早也是最大的合伙制律师事务所之一。

君泽君在全国 8 个城市设有办公室，现有 50 多名合伙人及 300 多名执业律师，他们来自民商事法律的代表性专业领域、具有宽广的视野、丰富的经验、突出的执业专长以及超群的专业优势；他们绝大多数都毕业于国内外著名的学校，拥有良好的教育背景；许多律师还具有立法机构、司法机关、行政部门以及金融、证券、信托、股权投资、企业和高等院校、研究机构等工作阅历；多名律师曾参与国家重要法律、法规、部门规章以及行业、领域行业规则的论证、起草和修订工作。

君泽君拥有一大批对金融、资本市场、各类产业投资、基础设施及公用事业、税收、房地产与建筑工程、知识产权、国际投资和贸易及争议解决等领域有深刻理解和丰富实践经验的律师团队。

君泽君多年来始终专注于中国金融及资本市场的制度创新、业务创新、产品创新。君泽君的精英律师团队在金融机构设立、改组和重组，结构性融资，金融产品创新特别是信托产品、金融衍生品及其他创新金融产品的研发设计方面处于中国市场的最领先地位；君泽君律师在证券发行和上市、私募股权投资、产业整合及并购、外商直接投资和并购、基础设施及公用事业、保险资产管理及运营、不良资产处理、医疗健康产业整合、房地产等领域的法律服务中居于国内领先地位。在上述领域，君泽君曾经或正在承办众多创新、领先或代表性的案例。

君泽君一贯倡导及践行以服务客户为核心，深化专业分工，优化及灵活配置法律服务资源，使君泽君能够为来自不同文化和产业领域的客户提供高品质、个性化和增值型的法律服务。君泽君拥有广泛及稳固的客户群体，其中既包括百余家境内外主要金融机构、数十家世界五百强公司，也包括众多拥有良好声誉和业绩的大型国有企业、上市公司和树立了竞争优势或具有高成长性的民营企业。君泽君同时也为国内外政府机构、国际组织、政府间组织、商会、行业协会等提供中国法律服务。

君泽君律师长期积极参与国家立法机关和金融监管机构的诸多立法或修法活动。君泽君在学术、专业领域的持续深度研究能力和良好声誉赢得了监管机构、业界、客户的广泛肯定和尊重。除日常法律研究工作外，君泽君还编辑出版《金融创新与法律》，《君泽君资讯》，与人民大学合办信托与基金研究所，出版《信托与基金研究》。君泽君可以针对行业特征、客户及其业务的个性需求，提供专业法律报告等延伸法律服务，力求为客户提供更多层面的增值服务。

此外，君泽君积极投身法律服务相关的公益事业，参与公益诉讼，践行着律师的社会责任和执业良知。

得益于中国市场经济的稳健增长以及商业法律环境的日益成熟，经过近 20 年的辛勤耕耘及对执业品质的不懈追求，且秉承为客户提供高质量服务、为社会创造价值的宗旨，君泽君在中国民商事法律的多个领域始终保持着领先地位和专业优势，是中国国内具有领先地位及最优秀的律师事务所之一。

金融市场

金融市场部是君泽君的核心业务部门之一。君泽君金融市场部聚集了有着高水平和丰富实践经验的律师团队，有多名律师取得金融法和公司法专业的法学博士、硕士学位，并有在国外深造或国内及境外金融机构、金融监管部门、司法部门从业的经历，广受尊重。

在过去的数年中，君泽君曾为多家国内及国际的顶级商业银行、投资银行、保险公司、信托公司、私募股权基金和对冲基金提供法律服务，并在多个具有标志性意义的金融交易中提供过全方位的法律服务。君泽君在金融领域的广泛的经验使君泽君具有能为客户在复杂法律规范的框架内提供高质量服务的不寻常的能力。

君泽君律师专注于为金融机构客户和金融市场提供金融产品的创新设计服务，帮助金融机构客户完善内部治理结构、业务操作规程和风险控制制度等。君泽君律师同时长期致力于金融法律问题的研究，君泽君曾经为包括世界银行在内的许多金融机构提供有关中国金融资本市场的法律和监管环境的研究报告。

君泽君律师还积极参与中国金融交易市场的相关制度设计、产品创设、标准文本的拟制及市场培训活动。

君泽君律师事务所还是国内最早成为国际掉期及衍生产品工具协会的会员的律所，君泽君及相关律师及团队在信托、资产证券化和金融衍生品等多个方面被多次授予“最佳律师事务所和最佳律师”的荣誉。

君泽君在金融领域提供的法律服务包括方面：

· 金融机构的设立、增资、变更登记

· 金融机构的改制、并购、业务整合

· 金融机构的重组、整顿、解散和破产清算

· 外资金融机构境内投资、设立合资金融机构（包括银行、证券公司、保险公司、信托公司、基金管理公司、期货经纪公司、金融租赁公司等）和下属分子机构

·金融机构合规和监管,内控设计

·各类借贷(包括银团贷款、跨境借贷、出口信贷)、项目融资、贸易融资、金融租赁、并融资、结构性融资及各类理财产品

·各类债券(企业债券、短期融资券、中期票据、超短期融资券、定向非公开发行非金融企业融资工具、金融机构次级债、金融债、公司债券、定向非公开发行公司债券、高收益债等)发行和承销

·信托产品

·金融衍生品、商品衍生品及各类结构性融资产品和风险控制工具

·资产证券化

·金融资产买卖及不良资产处置

·信贷、外汇、担保、资产管理、QFII、QDII、人民币境外业务

·REITS 房地产投资信托基金

·金融机构日常事务咨询服务

·其他创新性交易结构和安排的设计。

证券和公开资本市场

君泽君是公开资本市场领域的领先及活跃的律师执业机构。在众多境内外主要公开资本市场的证券及证券衍生品发行、上市公司持续融资、上市公司收购、上市公司重大资产重组等领域的代表性案例中,均有君泽君证券和资本市场团队律师的身影。

君泽君已经为超过 200 家境内外企业提供境内外公开资本市场法律服务,这些企业所在行业涵盖信托、证券、保险、商业银行、基础设施及公用事业、房地产、医药卫生、医疗健康、资源开发、有色金属冶炼、信息、农业、汽车及机械、军工、电子、装备制造、船舶、食品、餐饮、化工、商业特许经营、交通运输及物流、文化、教育、商业流通、旅游、轻纺成衣、服务业等。

君泽君的证券业务团队经过多年的积累,已经与相关的政府部门、监管机构、各证交所以及国内外知名中介机构建立了稳固、广泛的工作联系、项目协作关系。本所多位律师及本所承办的多个项目曾赢得资本市场、研究机构及主流媒体授予的多项奖项及荣誉。

1. 在境内公开资本市场方面,君泽君证券与资本市场团队致力于承办:

·在主板、中小板、创业板市场首次公开发行股票并上市

·为上市目的实施的国有企业股份制改制、事业单位转制、有限责任公司整体变更为股份有限公司

·上市公司持续融资(股票配售、公开发行股票、非公开发行股票、权证、可转换债券、结构性融资产品)

·上市公司收购

·上市公司敌意收购及防御

·上市公司重大资产重组

·上市公司非公开发行股票购买资产

·上市公司股权激励

·上市公司管理层收购

·上市公司退市、破产重整

·红筹结构境内上市

·融资融券业务

·流通股大宗交易业务

·上市公司股份质押业务

·上市公司国有股份处分业务

·上市公司治理结构设计等业务

·股指期货及期货衍生品种业务

·柜台交易市场(如三板市场)股权或股权凭证挂牌交易业务

·各类债券融资证券发行业务(包括公司债券、企业债券、金融债券、非金融企业融资工具、可交换债等)

2. 在境外公开资本市场方面,君泽君证券与资本市场团队致力于承办:

·中国境内企业在香港联合交易所主板或创业板直接发行股票(H 股)以及在纽约证券交易所、纳斯达克证券交易所、多伦多证券交易所、美国证券交易所、香港联合交易所主板和创业板、新加坡证券交易所、台湾证券交易所、东京证券交易所、澳大利亚证券交易所、伦敦证券交易所、AIMS 市场、泛欧证券交易所承办涉及境内权益的境外公司在境外首次公开发行股票/配售股票/发行股权存托凭证及上市(“红筹股上市”或“红筹存托凭证上市”)

·境外上市公司反向并购、杠杆并购、重组、借壳

·境外上市公司持续融资(增发上架股份、定向增发新股、可转债发行等)

·境外上市公司并购境内或境外资产

北京市隆安律师事务所

基本概况

隆安律师事务所成立于 1992 年,是中国最早的合伙制律师事务所之一。经过近二十多年的发展,隆安已成为一个拥有执业律师 600 余人,在中国北京设有总所,在上海、深圳、沈阳、广州、南京、天津、苏州、济南、南通、株洲、大连、香港、太原、杭州、武汉等地设有分所,在美国和欧洲国家拥有战略合作联盟的大型综合性律师事务所,并且隆安仍在不断发展壮大之中,以适应全球化发展的需要。

隆安隆安的律师大多毕业于国内外著名法学院,具备扎实的法学基础和卓越的法律素养。隆安拥有多位业内权威专家级律师,部分律师曾在中国最高人民法院、最高人民检察院长期工作,具有极高社会影响和权威司法经验,部分律师曾在美国、英国、日本等国执业多年,兼具国内和国外双重职业资格的律师。隆安同时拥有一批具有开拓创新和积极进取精神的杰出青年律师,他们勤恳敬业,并为隆安不断注入活力与朝气,保证法律业务与社会最新进程的完美结合。隆安还聘请了港澳台和国际专业人士担任隆安的专业顾问,为客户提供国际水准的法律服务。隆安的全体律师与专家顾问共同组成了一个团结奋进的团队,共同致力于为隆安的客户提供最专业、最优质、最高效的全方位法律服务。

隆安在过去的二十多年时间里,隆安为包括世界 500 强在内的众多大中型企业提供了知识产权、资本市场及金融、公司、大型项目、诉讼和仲裁等领域的专业优质法律服务,多次被全国律师管理机构评为中国最优秀的律师事务所之一、被《亚洲法律业务》列入中国最优秀的律师队伍,被《亚洲律师》等评选机构认定为中国最好的律师事务所之一,在《亚太法律 500 强》亦榜上有名。隆安也是中国国际贸易促进会/中国国际商会向海外推荐的最佳律师事务所之一。鉴于隆安近年来的整体实力,隆安被亚洲法律杂志 ALB 评为 2011 年度全国律所规模二十强并位列第六名。

2014 年,在英国著名法律杂志《The lawyer》公布的“2014 亚太地区律所 150 强”排行榜中,隆安律师事务所荣获发展最快的十大律师事务所之一,增长率为 21.84%,排名第七位。

2015 年英国《The lawyer》杂志发布的亚太地区律所之律师人数排行榜中，名列第 15 位，在中国位列第 9 位。

业务领域

· 资本市场及金融业务
· 新三板
· 证券发行和上市
· 债券发行
· 非上市公司融资
· 上市公司兼并收购
· 创业投资及私募股权
· 证券化和金融衍生工具
· 期货与期货交易
· 境外投资
· 融资租赁
· 信托和基金
· 进出口信贷及其他贸易融资
· 债务重组和不良资产处置
· 银行业法律事务
· 保险业法律事务

隆安致词

我谨代表隆安律师事务所全体人员向社会各界朋友们致意。

隆安二十多年前，隆安律师事务所在律师机构改革的潮流中应运而生，在二十多年的成长历程中，北京市隆安律师事务所相继在上海、深圳、沈阳、广州、南京、天津、苏州、济南、南通、大连、株洲、杭州、太原、武汉、乌拉巴托、香港等地建立了分所，并与五大洲多家律师事务所建立了战略合作伙伴关系，出现了一支由国内外博士、硕士及相关专业法律人才组成的庞大律师团队。隆安律师事务所在不断进取中壮大了律师的队伍，丰富了律师业务内容，提高了律师专业化程度。二十多年的艰苦务实的创业，我们高速成长，成绩卓越。

隆安这一切，不光归功于隆安律师事务所这一支充满激情、热爱律师事业并极富进取心与责任感的阳光队伍，更重要的是因为您——广大忠诚的客户给予了我们极大的信任与支持！

隆安我们倡导务实、协作、高效、创新的团队风格，我们提倡共享知识、共担责任、互相尊重、分享成果和共同发展的理念文化。我们秉承律师“以事实为根据，以法律为准绳”的服务宗旨，对用户，我们胸怀诚信。

隆安诚信，是一种约定、一种契约，是一种强烈的责任感，是黄金般沉重而珍贵的信任。

隆安我们一直相信：诚信服务，服务好客户、服务好社会，律师事业才能兴旺，国家才能昌盛。勇担社会责任、勇担国家责任，才能成就美好事业。

隆安我所已走过二十多载春秋，回顾艰辛的创业历程，我们为取得的一个又一个成绩感到欣慰，又为自己所经受的艰难挫折而感慨，但我们更为自己炼就了坚韧不拔的意志而骄傲和自豪。

隆安荣誉和成就将在岁月中慢慢沉淀，我们更加注重美好的明天。经营中，我们力争作到“一流的管理、一流的形象、一流的品质、一流的服务、一流的环境”，在竞争和合作中快速发展壮大。在上个世纪里我们率先通过 ISO9002 质量体系认证，我所获得了诸多的殊荣和奖励。我们应像鹰，翱翔于天空，不仅具有敏锐的眼光，而且具有冲向蓝天的雄才大略；我们应像海，要把所有的法律人团结在一起，迸发出海一样的力量；我们应像大地，敞开博大的胸怀，广揽五湖四海有才之士；我们应像空气，不显山不露水，年复一年默默地做着无尽奉献，日复一日为您的需要服务。

隆安放眼未来，隆安律师事务所作为中国律师行业的主要力量之一，将不断创新服务领域，完善服务方式，以多元化的专业领域和精湛的专业技能为客户提供更方便快捷、安全高效，更具人性化的法律服务。

隆安我们最看重的，是您的满意与肯定，这才是对我们一切努力的最高嘉奖。

隆安律师事务所创始合伙人
徐家力隆安律师所

北京：
地址：北京市建国门外大街 21 号北京国际俱乐部 188、238 室
电话：010－65325588
传真：010－65323768
邮箱：beijing@ longanlaw. com

上海：
地址：上海市徐汇区漕溪北路 333 号中金国际大厦 B 座 20 层
电话：021－60857666
传真：021－60857655
邮箱：shanghai@ longanlaw. com

广州：
地址：广州市天河区珠江新城华强路 3 号富力盈力大厦北塔 1206 室
电话：020－38039983
传真：020－38039923
邮箱：guangzhou@ longanlaw. com

深圳：
地址：深圳市福田区益田路 6009 号新世界中心 802－805 室
电话：0755－23982682
传真：0755－23982723
邮箱：shenzhen@ longanlaw. com

沈阳：
地址：沈阳市沈河区青年大街 109 号凯宾斯基酒店 16 楼
电话：024－22941166
传真：024－22940573
邮箱：shenyang@ longanlaw. com

南京：
地址：南京市长江路 99 号长江贸易大厦 21 楼
电话：025－86990069－666
传真：025－84798829
邮箱：nanjing@ longanlaw. com

天津：
地址：天津市河西区南京路 18 号金皇大厦 3508 室
电话：022－23302010
传真：022－23302010
邮箱：tianjin@ longanlaw. com

苏州：
地址：苏州工业园区苏惠路 88 号环球财富广场 1 幢 1209 室
电话：0512－87661578
传真：0512－87661579

邮箱:suzhou@ longanlaw. com
济南:
地址:济南市历下区解放东路 34 号现代逸城 5 号楼 2 层
电话:0531 - 82377177　82377178
传真:0531 - 82377166
邮箱:jinan@ longanlaw. com
南通:
地址:南通工农路 111 号华辰大厦 B 座 22 层
电话:0513 - 80109700
传真:0513 - 80109768
邮箱:nantong@ longanlaw. com
株洲:
地址:株洲市天元区韶山路 612 号华尔兹 1410 - 1413 室
电话:0731 - 28781717
传真:0731 - 28789418 转 8015
邮箱:zhuzhou@ longanlaw. com
大连:
地址:辽宁省大连市沙河口区中山路 572 号
星海旺座 1803 室
电话:0411 - 84804466　84804467
传真:0411 - 84801488
邮箱:dalian@ longanlaw. com
太原:
地址:山西省太原市万柏林区长风街 50 号
晋联国际中心 1809 室
电话:0351 - 6836499
传真:0351 - 6836499
邮箱:taiyuan@ longanlaw. com
杭州:
地址:浙江省杭州市莫干山路 785 号美都广场 C 座四楼
电话:0571 - 87759171
传真:0571 - 87759171
邮箱:hangzhou@ longanlaw. com
武汉:
地址:湖北省武汉市汉阳区龙阳大道九州通大厦
B 座 1611
电话:027 - 84898188
传真:027 - 84898188
邮箱:wuhan@ longanlaw. com
香港:
地址:香港特别行政区中西区中环皇后大道中 99 号
中环中心 1505 - 06 室
电话:00852 - 22760188(香港)　13401194488(内地)
传真:00852 - 22760188
邮箱:hongkong@ longanlaw. com

北京市通商律师事务所

基本概况

通商律师事务所(下称“通商”)经北京市司法局批准于一九九二年五月十六日在北京正式成立,并分别在深圳和上海设立了分所。

通商共有职员二百三十五人,其中合伙人六十八人,律师及律师助理一百五十二人。通商的律师均为年富力强、经验丰富的中青年专业律师,在金融、公司、投资、证券、税务、贸易、房地产、诉讼与仲裁等领域有着数年的律师执业经验。他们分别具有在英国、美国、加拿大、德国、日本或香港的律师事务所实习或工作的经历,其中多位律师在英国、美国、德国及加拿大等著名的法学院取得博士、硕士学位。所有律师均毕业于国内一流的大学,绝大多数律师获得了法学硕士以上的学位。

本着“一切为了客户的利益”的宗旨,通商以为客户提供高质量、高效率的专业化服务为己任。通商在力求充分发挥每位律师专长的基础上,注重以整体的服务水平和人员素质,竭诚满足客户的各种具体要求。

遵循“严谨、效率、责任”的原则,通商建立了严格的业务管理制度,每位律师均配备专职秘书和专用电脑,每位客户的文件与资料均存入电脑系统,以保证为客户提供及时、有效、连贯、准确的服务。通商设有专门的资料室和专职资料员,及时收集各种法律、经济、金融、证券、商业等方面的最新信息。

通商律师在涉外法律服务方面的丰富经历,使得通商在短时期内与美国、英国、中国香港、澳大利亚和西欧的许多国际性律师事务所建立了广泛密切的合作联系。通商的客户可以通过这种联系迅速获得第一流的国际化、专业化服务。

通商鼓励每位律师在金融与商务方面掌握广泛而深入的专业知识和实践经验,培养对各种法律规范的深刻理解,以及对社会环境的充分认识。通商依靠全体律师整体的经验、专业知识和能力,以及所有律师及工作人员的协调配合,在充分理解客户的具体需要的基础上,以迅速有效的方式为客户的各种要求提供具体可行的安排。

业务领域

金融与银行:

·国际商业贷款,包括长、短期贷款、出口信贷、银团贷款和项目融资

·国内贷款合同及有关文件的准备,包括工商贷款、外资企业贷款、外汇贷款、技术改造贷款

和抵押贷款:

·租赁,包括国际租赁、国内租赁、融资租赁和飞机租赁

·信托投资

·投资基金

公司:

·企业改组及公司设立(股份有限公司或有限责任公司)

·公司的合并及分立

·公司收购

·股份的转让、赠与、继承和抵押

·公司清盘、清算、破产以及债务的强制执行

·公司融资安排

证券:

·国内金融机构境外发行债券

·国内企业债券发行

·国内企业股票异地上市和境外上市

房地产建筑工程业务:

·国有土地使用权的协议出让与招标、拍卖、挂牌出让

·国有土地使用权转让

·土地一级开发

·土地征收、征用和拆迁补偿安置

·房地产开发企业的设立与股权转让

·房地产项目的融资

·房屋和土地使用权抵押

·建设工程施工、设计、勘察、监理的招标投标

·建设工程施工总包和分包合同
·建筑工程款结算
·房屋的买卖和租赁
·物业管理
·争议解决

基础设施建设及项目融资:
·火力、水力和天然气发电项目的投资兴建
·隧道、桥梁、铁路、机场、码头和公路项目的投资兴建
·煤炭、石油和天然气资源的勘探、开采和运输和销售合同
·项目结构的设计
·项目公司的设立
·项目招投标
·项目融资(包括国际金融机构贷款、银团贷款)和担保
·项目的成套设备供应包括国际性采购
·外商投资和 BOT 运营
·环境保护
·项目转让和税务安排
·争议解决

外商投资:
·合资、合作及外商独资企业的组建
·关于投资环境和投资方式的法律咨询
·海洋石油开发
·外国公司在北京设立代表机构

税务
·国内外投资税务计划与安排
·公司税务
·外商投资企业的税务问题
·融资交易和融资租赁的税务
·房地产开发的税务问题

贸易、商务及其他:
·各类贸易合同及法律文件
·国际贸易
·有关进出口贸易的融资及银行业务,包括信用证及流通票据的法律事宜
·国际国内招标与投标
·海商法事务
·酒店管理的法律事务
·管理服务合同

诉讼与仲裁:
·各类商业及财务纠纷
·知识产权纠纷
·在中国进行涉外仲裁的案件代理
·为国外仲裁提供有关中国法律的意见
·法院判决与仲裁裁决的执行

知识产权:
·专利、商标和版权的许可转让
·专利、商标和版权的侵权调查与诉讼
·计算机软件保护
·技术引进与出口

北京总部

地址:北京市朝阳区建国门外大街甲 12 号
新华保险大厦 6 层
邮编:100022
电话:010 - 65693399
传真:65693838、65693836、65693837
邮箱:Beijing@ tongshang. com

深圳分所

地址:深圳市深南大道 6008 号深圳特区报业大厦 27C
邮编:518034
电话:0755 - 83517570
传真:0755 - 83515502
邮箱:Shenzhenfs@ tongshang. com

上海分所

地址:上海市南京西路 1515 号静安嘉里中心办公楼 1 座 1506 室
邮编:200040
电话:021 - 52986877
传真:021 - 52986878
电子邮件:Shanghaifs@ tongshang. com

北京市万商天勤律师事务所

基本概况

万商天勤律师事务所是一家能够提供全面法律服务的综合性律师事务所,总部设在北京,在北京、深圳、上海、成都、重庆等地设有办公室,拥有律师和专业人员三百余人。

万商天勤汇集了活跃于公司、证券、金融、保险、城市基础设施、建筑、房地产、环境、能源、政府法律事务等各个专业领域的优秀律师。基于对客户业务领域的深入了解,万商天勤凭借卓越的专业能力和高效的解决方案,成为客户长久信赖的合作伙伴。

秉承专业、务实、高效、优质的服务理念,万商天勤在持续巩固自身优势业务的同时,稳健拓展国际化、多元化的新领域,充分满足客户不断发展的新需求。

万商天勤律师事务所位于北京 CBD 商圈,自购办公物业近 3000 平方米,为客户及律师提供舒适、宽敞的工作环境。北京所现有合伙人 30 人,律师及专业人员百余人。万商天勤全面推行项目负责制的团队服务模式,实行严格的质量控制机制,总分所之间有效的资源整合与调配,确保客户享受高效快速的法律服务。

截至目前,北京所先后为超过一百家的企业境内外首次公开发行、再融资、收购、兼并和重大资产重组等项目提供法律服务;为多家政策性银行、商业银行、资产管理公司、私募股权基金及财政金融主管部门提供全方位的金融法律服务;并参与了若干涉及上市公司监管的部门规章和规范性文件的起草、修订工作。

在基础设施和建筑地产领域,北京所居于业内领先地位,先后为多个城市的高速公路、地铁、轻轨、桥梁、港口、码头、体育场馆、水厂、污水处理厂、危险废物处置等基础设施特许经营项目提供有效法律服务;为上百个商业地产、工业地产、住宅地产等各类地产形态项目特别是地标性的地产项目提供开发、建设、经营、并购全过程法律服务。

此外,北京所在环境保护、资源与能源、保险、跨境投资、医药法律服务等方面都取得了卓越的业绩,成为客户长久信赖的合作伙伴。

业务领域

·证券和资本市场

业务概述:

万商天勤是最早获得中国证监会和司法部批准的"从事

证券法律业务"及"从事涉及境内权益的境外公司相关业务"的律师事务所之一，先后为超过一百家的企业境内外首次公开发行、再融资、收购、兼并和重大资产重组等项目提供法律服务。

万商天勤汇集了一批在境内外股票发行上市、收购兼并、资产重组、上市公司再融资、基金投资、证券交易、上市公司法人治理等领域具有丰富经验的专业人才，多位合伙人受聘担任中国证监会发行审核委员会委员及上海证券交易所、深圳证券交易所上市委员会委员。

万商天勤在行业内较早设立了"资本市场业务发展与指导委员会"，对证券业务实行收案审核、专业支持及内核等管理机制，在事务所证券及资本市场业务发展指引、质量控制、风险控制等方面发挥着重要作用。

此外，万商天勤曾受中国证监会委托，参与了多个上市公司监管的部门规章和规范性文件的起草和修订工作，包括《关于在上市公司建立独立董事制度的指导意见》、《上市公司治理准则》、《关于进一步加强股份有限公司公开募集资金管理的通知》、《上市公司章程指引》、《上市公司股东大会规范意见》等。

万商天勤凭借在证券业务领域的卓越业绩，赢得了行业监管机构和业界的认可：

·2009 年，根据中国证监会发布的 2008 年全国律师事务所从事证券法律业务综合统计结果，本所综合排名第 6；其中，股票首次公开发行法律服务排名第 7，再融资法律服务排名第 5，境外发行法律业务排名第 5

·2008 年入选彭博杂志（Bloomberg）发布的中国境内 IPO 发行人法律顾问 15 强

·2009 年入选彭博杂志（Bloomberg）发布的中国境内 IPO 发行人法律顾问 10 强

·2010 年入选彭博杂志（Bloomberg）发布的中国境内 IPO 发行人法律顾问 10 强

·2011 年入围中国上市公司与城市发展论坛"中国上市公司最信赖律师事务所"

·2011 年入选商法（China Business Law Journal）"中国证券市场优秀律师事务所名录"

·2011 年荣获 Lawyer Monthly"中国最佳资本市场法律顾问"

北京：
地址：北京市朝阳区东四环中路 39 号华业国际中心
A 座 3 层
邮编：100025
电话：010－82255588
传真：010－82255600
投诉：010－82255588 转 8136

深圳：
地址：深圳市深南大道 4013 号兴业银行大厦 21 楼
邮编：518048
电话：0755－83026386　83026389
传真：0755－83026828　83026990
投诉：0755－83026385

上海：
地址：上海市浦东新区银城中路 488 号
太平金融大厦 15 楼
邮编：200120
电话：021－50819091
传真：021－50819591
投诉：021－50819590

成都：
地址：成都市高新区天晖中街 56 号曙光国际大厦
1028 室
邮编：610041
电话：028－85973458　028－86026256
传真：028－86026825

重庆
地址：重庆市南岸区江南大道 8 号万达广场 2 栋 2509 号
邮编：400060
电话：023－62515572
传真：023－62515572

北京市炜衡律师事务所

基本概况

北京市炜衡律师事务所简称炜衡律师事务所，炜衡律师事务所是以司法部原"中国法律事务中心"部分骨干律师为核心，于 1995 年初组建的合伙制律师事务所。目前炜衡律师事务所已成为中国著名的大型综合性律师事务所。连续多次被评为"北京市司法行政系统先进集体"、"北京市优秀律师事务所"，2005 年 6 月、2011 年 12 月和 2013 年被中华全国律师协会授予"全国优秀律师事务所"的荣誉称号。

炜衡律师事务所总部位于中国的高新科技区——北京中关村核心地段，并已分别在上海、广州、深圳、广西、西安、天津、厦门、宁波、南通、长沙、烟台、成都、石家庄、澳大利亚悉尼、美国硅谷成功设立办公机构，广州、杭州、香港、台湾以及加拿大、德国、日本等办公机构正在筹建当中。同时，为能够更加便捷地向国内外客户提供优质的法律服务，炜衡律师事务所还与美国、加拿大、法国、日本、韩国、新加坡、中国香港等国家或地区的法律服务机构建立了密切的业务协作关系。

炜衡律师事务所现有律师及辅助人员中 70% 以上具有硕士学位，15% 以上具有博士学位，10% 以上系留学归国人员，同时还聘请了在国内外法学理论与实务领域享有盛誉和崇高威望的多名法学专家担任本所顾问。具备广博的文化知识、精湛的专业技能、丰富的实践经验和勤勉尽责的职业道德是炜衡律师事务所对炜衡律师的执业要求。炜衡律师事务所定期出版专业所刊，方便炜衡律师进行学习交流，保证炜衡律师能够迅速提升自己的业务水准和服务质量。

炜衡律师事务所于 1997 年在北京总部建立党支部，现拥有党员人数 71 人，炜衡律师事务所在不断提高炜衡律师业务素质的同时，始终积极地开展炜衡律师爱国主义教育活动，在党建工作方面取得了出色的成绩。2006 年，中共北京市委授予炜衡律师事务所"思想政治工作优秀单位"荣誉称号。2010 年，中共中央政治局委员、中央书记处书记，中央组织部部长李源潮同志听取了炜衡律师事务所党支部关于开展党建工作经验的专题汇报，并发表重要讲话。司法部党组书记、部长、律师事务所学习实践活动指导小组组长吴爱英，司法部党组成员、政治部主任、律师事务所学习实践活动指导小组副组长尹晋华、司法局局长吴玉华一行到炜衡律师事务所就开展深入学习实践科学发展观活动进行专题调研。

炜衡律师事务所设有诉讼仲裁部、婚姻家庭部、破产与重组部、劳动与社保部、环保与低碳经济部、涉外业务部、并购与投融资部、房地产与建筑工程部、文化传媒与体育部、知识产权部、证券与资本市场部、刑事辩护部、法律顾问与风险管理部、金融保险与信托部、公司法律事务部、矿产能源与基建项目部、反垄断与不正当竞争部和海事海商部。十八个业务部门法律服务范围涵盖银行、证券、保险、信托、电信、建筑、建材、房地产、机械制造、交通运输、汽车制造、航天航空、能源、化工、生物医药、广告、文化传媒、出版印刷、信息网络、旅游、酒店、科研、服务、教育、文化体育、基础设施建设、节能减排(CDM)、环境保护等领域。业务涉及国际贸易、外商投资、境外投资、境外上市、企业收购与兼并、风险投资、资产重组、产权界定、股份制改造、股票债券发行与上市、知识产权、高新技术、电信、房地产、金融、信托、招标与投标、破产重整、清算、商业连锁、特许经营、体育赛事管理、移民、婚姻家庭、反不正当竞争、反垄断、海事海商、保险、人力资源、反倾销等诸多方面。为最大限度保护客户利益,确保服务质量,炜衡律师事务所建立了一套行之有效的办案质量管理监控制度。

优秀的律师团队、良好的知识结构、丰富的执业经验、高度的责任心,炜衡律师事务所有信心、有能力为广大客户提供规模化、专业化、多元化、深层次的专业法律服务。

炜衡宗旨

·炜衡释义

"炜"者,盛大之火也;"衡"者,公平之器也。

"炜衡"两字寓意了全体炜衡人:"追求理想光明之火,匡扶人间正义之衡"的职业追求和服务理念。

人们选择律师职业可能有很多不同的原因,而炜衡律师更愿意用自己专业的知识、职业的精神和高尚的品格去肩负律师职业的责任,用满腔的热情和坚定的信念去维护正义与自由的崇高原则!

·炜衡目标:百年大所

法律是一门专业,律师正是运用法律武器去维护公平和正义的伟大职业。律师服务应该是建立在深厚的专业知识、广泛的实践经验基础上,根据客户需求提供有效的解决方案。因此炜衡所将洞察事实、沟通心灵、解决问题,维护客户的权益。

炜衡人的奋斗目标是用智慧、勤奋、技能和良心去构建"百年大所",这也将是每个炜衡人坚持不懈、勇往直前的原动力。"百年大所"不仅仅是规模上的大所,更是一种用责任、良知支撑的能够经得起历史考验的品牌。

·炜衡服务之道

洞察、沟通、解决、良知。

洞察:洞察是见微知著、敏锐的感受力。洞察力是律师必须具备的重要素质。不能洞察事物的本质,就无法了解事实背后的深层次原因,也就很难对事物进行准确判断;不能及时发现事物的微小变化,就谈不上对事物的全局把握,更无法预测事物未来的发展趋势。炜衡人重视用逻辑分析和追根求源的精神来探求事物的真谛,更注重把握和分析每一个细微变化,准确把握事物的趋势,防微杜渐。

沟通:沟通意为使两方相连通,疏通彼此的意见。沟通是律师最基本的职业技能。律师的沟通帮助帮助两方当事人建立互信,降低交易成本;律师的沟通撇清旁支末节,使主体明确;律师的沟通加强了律师间智慧、技能和资源的综合,使客户享受到一个专业团队的服务。炜衡人运用良好的沟通技巧,沟通心灵、沟通情感,化解矛盾和障碍!

解决:解决即处理事务并使之有结果。律师是律师工作的责任和成果。律师正是通过运用法律工具来帮助当事人解决纠纷、调和矛盾、防止风险和降低损失。炜衡人尽心竭力以律师应有的职业精神和职业道德解决客户的难题,并为寻求最佳解决方案而孜孜不倦。

良知:良心是人内心的正义感、是一种责任感。是人对自己行为的一种完美追求。法律不是万能的,而律师的良知是追求公平和正义的最后防线。律师的良知要求律师用用不懈怠的勤勉去探求真相、维护正义。炜衡人恪守诚实守信、尽心负责的品格和德行,完成客户交办的每件事,以内心的正义感和责任感为客户负责。

业务领域

·劳动与社会保障部

·婚姻家庭部

·涉外业务部

·土地开发与流转部

·公司法律事务部

·诉讼仲裁部

·破产与重组部

·刑事辩护部

·并购与投融资部

·法律顾问与风险管理部

·证券与资本市场部

·环保与低碳经济部

·职务犯罪辩护部

·金融保险与信托部

·矿产能源基建项目部

·文化传媒与体育部

·房地产与建设工程部

·房地产与建设工程部

·展开

·知识产权部

创建炜衡

1995 年 6 月,张小炜律师和其他两位同仁合伙,以十万元起家,创办了炜衡律师事务所。"炜衡"之名的寓意简而言之既是:"以光明磊落衡情度理"。这正是炜衡人依法执业、伸张正义的写照。办所伊始,炜衡所选址于北京市朝阳区的三星级涉外饭店——华都饭店。

第一次迁址

1996 年 6 月,炜衡管委会经过考察后,与京城有名的四星级写字楼——保利大厦签订了承租 160 平方米办公场所的协议,七月中旬正式入驻。在保利期间,孟利峰、唐波、李肖霖、尹正友等一批骨干律师先后加入炜衡,在炜衡的发展历史上,写下了浓墨重彩的一笔。

第二次迁址

1998 年 5 月,保利的办公空间已难以安排纷至沓来的应聘者,为了使炜衡再上一个新台阶,在稳健发展的基础上扩大规模,经合伙人会议决定,将坐落于北三环中路的福尼特大厦(现商房大厦)450 平米的办公区域承租下来。迁入新址后,王冰、韩立红、王保华等一批骨干律师先后加入炜衡。在福尼特大厦的两年,本所队伍继续扩大,业务收入和其他各项事业的发展都上了一个大台阶,年创收入也达到了历史最高水平。

第三次迁址

2000 年 5 月,炜衡所迁址至北京市海淀区中关村南大街 1 号四星级的友谊宾馆迎宾楼,办公面积一千余平米。友谊宾馆,中外驰名,建筑古朴雄浑,环境优雅。迁至友谊宾馆后的炜衡所办公条件全面现代化,面面都提升了一个档次,这些变化在炜衡历史上具有里程碑般的意义。

第四次迁址

2007年9月，炜衡律师事务所搬进了拥有自主产权的第三极大厦（现中国技术交易所大厦）。第三极大厦位于中国的高新科技中心——北京中关村核心区，舒适的办公环境，先进的管理制度，良好的口碑和形象，吸引了大量的优秀律师加盟炜衡。如今，炜衡律师事务所已分别在上海、深圳、广西、西安、天津、厦门、宁波、南通、悉尼（澳大利亚）、硅谷（美国）设立办公机构；另外，广州、石家庄、成都、烟台、长沙和加拿大的办公机构也正在筹建中。

主席致辞

尊敬的客户，您好！炜衡律师事务所作为一家规模化、专业化、国际化、品牌化的大型综合性的全国优秀律师事务所，一直致力于为全球客户提供法律最优质的法律服务。炜衡在国内外十一个个不同城市设立了办公机构，拥有600余名职业律师和200余名辅助人员。炜衡多次被中华律师协会评选为全国优秀律师事务所，连续多年被世界知名法律评级机构钱伯斯和法律界“福布斯”ALB《亚洲法律杂志》评为优秀律师事务所。

炜衡律师可以在最高人民法院及各地法院的法庭上尽责维护您的合法权益；炜衡律师可以为您的企业公司防范风险创造价值；炜衡律师竭诚推动依法治国和依法行政；炜衡律师也一直在参与公益事业为弱势群体提供法律援助。

将炜衡建设成为“百年大所”是全体炜衡人的使命。为此，尊重和重视每一位客户，客户的合法权益至上，将每一个案件做成精品业务，是每一位炜衡律师矢志不渝的追求。炜衡全体律师在开展法律服务中，坚持诚信敬业品质，勤勉尽责，精益求精，始终秉承“洞察、沟通、解决、良知”的原则为客户提供高效、优质的服务。

炜衡愿意与您一起携手共赢，您对炜衡品牌的信任是对我们最大的褒奖！

炜衡合伙人会议主席

集团管理委员会主席　张小炜

全国免费法律咨询电话：400－650－6567
北京：
法律咨询电话：010－82483082　010－82483083
前台咨询电话：010－62684688
传真：010－62684288
上海：
电话：021－22257666
传真：021－22257667
成都：
电话：028－87524881
传真：028－87528202
南宁：
电话：0771－5595283
传真：0771－5595293
西安：
电话：029－88353391
传真：029－88353391－8010
天津：
电话：022－58780718
传真：022－58780716
厦门：
电话：0592－5519263
传真：0592－5519265
深圳：
电话：0755－82984198
传真：0755－82984599
宁波：
电话：0574－89017399
传真：0574－87066991
南通：
电话：0513－85518087
传真：0513－85119084
悉尼：
电话：6102－9267－4888
传真：6102－9267－0988
硅谷：
电话：650－949－0418
传真：650－949－0518

北京市盈科律师事务所

北京市盈科律师事务所简称盈科律师事务所，是一家全球化法律服务机构，总部设在中国北京，盈科律师事务北京总部所近1000名员工，致力于为客户提供全球商务法律服务，为客户创造价值。

盈科在发展中坚持“以人为本”的人才战略，逐步形成了由专业律师人才、专业市场人才、专业管理人才组成的人才队伍，保障了律师事务所整体战略目标的实现。业务范围涵盖国际贸易、海外投资、公司、资本证券、两岸事务、私募、投融资与并购、知识产权、房地产、环境保护、海商海事等专业领域。此外，盈科还聘请了在国内外法学理论及实务领域享有声誉的法学专家担任专家顾问。

为客户提供满意的法律服务是我们矢志不渝的目标，盈科坚持“以客户为导向”，专门成立“客户服务中心”和“投融资中心”，始终以客户的需求为关注焦点，以顾客满意为工作目标，充分发挥盈科全球化法律服务体系的优势，整合全球各地办公室、各专业部门和全体律师的资源，不仅为客户解决法律问题，还为客户提供商业机会、促进客户合作，为客户提供专业化、综合性的法律服务。

“流水之为物也，不盈科不行；君子之志于道也，不成章不达”。盈科律师事务所将努力发挥自身优势，整合全球资源为客户提供优质、高效的法律服务，让客户满意。

地址：北京市朝阳区东四环中路76号大成国际中心
C座6层
邮编：100124
电话：010－59626911
传真：010－59626918

北京市远东律师事务所

基本概况

远东律师事务所成立于1995年，是在适应国家改革开放和建设社会主义法治国家的大背景及律师管理体制改革、律师队伍不断壮大、法律服务市场逐渐完善的环境下建立起来并由北京市司法局主管的高层次、综合性、合伙性质的律师事务所。自成立以来，我所致力于为国内外客户提供综合性的法律解决方案，凭借我所为客户提供的高水平、深层次的法律服务，为客户或规避了重大法律风险或挽回了重大经济损失，赢得了众多客户的信任，其中的部分客户已与我所建立起了长期、稳定的法律服务关系。目前，我所已成为国家开发银行、中国进出口银行、中国南方电网有限责任公司、中国工商银行股份有限公司、中国农业银行股份有限公司、中国五矿集团公司、中国电信、中诚信托投资有限公司等国有大型企业律师库中的备选律师事务所。

服务宗旨

运用高级法律人才的智慧、才干和经验，通过办理法律事务，以事实为根据，以法律为准绳，全面地维护当事人的合法权益，为国际、国内客户提供高质量、高效率、高度负责的法律服务。

远东荣誉

2012 年度，我所党支部被中共北京市朝阳区律师协会委员会评为“先进党支部”；

连金英同志在 2012 年被中共北京市朝阳区律师协会委员会评为“优秀共产党员”；

赵振同志在 2012 年被中共北京市朝阳区律师协会委员会评为“优秀党务工作者”；

于丹同志在 2012 年被中共北京市朝阳区律师协会委员会评为“优秀党务工作者”；

2011 年度，我所被北京市司法局党委授予 2010 – 2011 年度北京市律师事务所“五好党支部”称号；

2010 年度，我所获北京市朝阳区社会公益法律服务工作先进单位称号；

2010 年度，我所被评为北京市司法局市律协律师警示教育工作优秀律师事务所；

2010 年度，我所被北京市朝阳区司法局授予“法律服务进社区先进集体”称号；

乔冬生同志被评为 2010 年度市司法局市律协律师队伍警示教育活动优秀律师事务所主任；

赵振同志被评为 2010 年度市司法局市律协律师队伍警示教育活动优秀律师；

于丹同志被评为 2010 年度朝阳律师党委优秀党员；

赵振同志被评为 2009 年度朝阳律师党委优秀党员；

赵振同志被评为 2008 年度朝阳律师党委优秀党员；

赵振同志被评为 2006 年度朝阳律师党委优秀党员。

远东承诺

充分运用专业知识，完成客户委托事项，最大限度地维护客户的利益。

积极选择有助于客户目标顺利实现的妥善方法。

严格按照法律规定的期间、时效以及与客户约定的时间办理委托事项。

建立客户业务档案，保存完整的业务工作记录。

谨慎保管客户提供的证据和其它法律文件，并严格保守客户的工作秘密。

及时向客户通报有关工作情况，尽快答复客户了解工作进展的要求。

在授权范围内从事法律服务工作。如需特别授权，应事先取得客户的书面确认。

在代理客户有关诉讼、仲裁、复议、听证或调解活动的过程中，与客户以外的当事人达成任何和解协议，均事先征得客户的同意。

谨慎、诚实、客观地告知客户交办事项可能出现的法律风险，及时、客观地报告工作中出现的不可克服的困难和风险。

业务领域

经过 10 多年的发展，律所已发展为以诉讼业务为主的综合型律师事务所，我所业务范围涵盖了所有重要法律事务领域，尤其在公司法律事务、金融证券、知识产权、刑事辩护、房地产等诉讼及非诉讼法律服务领域积累了丰富经验和资源，形成了在这些服务领域的业务优势，赢得了很高的声誉。在办理诉讼业务的过程中我所与各地、各级法院保持了良好的工作关系。根据业务专长，我所设有金融法律事务部、公司法律事务部、知识产权法律事务部等部门。

律所具有为国家机关、国家大型企业集团服务的丰富经验，这些大型企业集团分别处于金融保险、经济贸易、建筑交通房地产、文化出版行业、涉外公司等多个领域。

业务部门

公司上市法律业务部；

金融法律业务部；

知识产权法律业务部；

商事法律业务部。

地址：北京市朝阳区南湖西园 222 楼 6 层

邮编：100102

电话：010 – 82259771 – 4

传真：010 – 82252183

邮箱：yuandonglawyer@ 126. com

北京市中伦文德律师事务所

基本概况

中伦文德律师事务所（中伦文德）起源于 1992 年，是司法部最早批准设立的第一批合伙制律师事务所。经过多年的发展，现已成为一家扎根于中国并面向国际化发展的大型综合性律师事务所，也是中国第一家在英国伦敦和沙特利雅得设立分所的律师事务所。中伦文德总部位于北京，并在上海、成都、石家庄、天津、太原、武汉、广州、济南、深圳等内地城市设有分所，中伦文德除在香港设有机构外，还将业务服务机构开设到伦敦、利雅得、巴黎、里昂等欧洲和中东地区的主要城市。

北京市中伦文德律师事务所（中伦文德）起源于 1992 年，是司法部最早批准设立的第一批合伙制律师事务所。经过多年的发展，现已成为一家扎根于中国并面向国际化发展的大型综合性律师事务所，也是中国第一家在英国伦敦和沙特利雅得设立分所的律师事务所。中伦文德总部位于北京，并在上海、成都、石家庄、天津、太原、武汉、广州、济南、广州、深圳等内地城市设有分所，中伦文德除在香港设有机构外，还将业务服务机构开设到伦敦、利雅得、巴黎、里昂等欧洲和中东地区的主要城市。

中伦文德拥有大批高素质的理论与实践经验相结合的专业律师，现有执业律师及专业人员 500 余名，可为中外客户提供全面、优质、高效的专业法律服务。优秀的律师团队和国际化的地域分布使中伦文德律师事务所能在全球范围内的法律业务领域为客户提供一流的法律解决方案。我们能用中文、英文、法文、韩文、日文和阿拉伯文等多种语言为客户提供法律服务。服务法系涵盖了大陆法系、英美法系、伊斯兰法系等，在国内处于领先地位。

中伦文德秉承“中大至正，伦理求是，文以载道，德信为本”的理念，崇尚团队精神，坚持专家化的发展特色，其专业领域除在传统领域能够保持优势外，在新型及热点领域，如私募股权基金（PE）投资和不动产资产证券化（REITs）等法律业务的研究实践中也一直处于业内的前沿。中伦文德多年以来的出色业绩不仅赢得了境内外客户的认可,同时也得到有关政府管理当局的高度肯定:参与多部法律的起草工作,在"南水北调"、"2008 奥运工程"、"川气东送"、"中亚管道工程"等国家级重点项目和国家六十周年庆典重大活动中都相继被委以重任。

业务领域/专业团队

中伦文德的业务领域包括:公司与证券、金融、房地产与建设工程、知识产权和信息技术、国际业务、税务、外商投资与并购、保险资金运用、信托与资产证券化、海外上市、PE、海事海商、能源环保、劳动人事、医药、诉讼与仲裁等法律业务,并根据业务领域,组建了近 20 个专业委员会,开展专业研讨与业务合作,定期出版专业刊物,为客户提供优质法律服务。

近年主要荣誉

·中伦文德被首都国庆 60 周年北京市筹备委员会联欢晚会指挥部授予"突出贡献奖",展示了本所综合实力,受到了各界好评。

·中伦文德被北京市律师协会评为"北京市律师行业奥运工作先进集体"。

·中伦文德屡登 ALB(Asia Legal& Business)"年度中国律师事务所规模 20 强"排行榜,并保持前 10 名。

·中伦文德是国际律师组织 INTERLAW 和 Integrated Advisory Group(IAG)的加盟成员。

·中伦文德以其卓越和突出的业绩跻身于"世界律师五百强"(Legal 500)所推介的律师事务所。

·中伦文德获得了由 China Law & Practice 颁发的证券化和结构融资(Deal of the Year)最佳交易奖。

·中伦文德多次获得亚洲法律与实务(Asia Law & Practice)、钱伯斯(Chambers & Partners)等极具影响力的法律媒体推介。

公司与证券专业委员会

中伦文德在公司与证券法律业务领域有着丰富的经验与良好的声誉,立足于新兴市场中国的政治经济文化中心北京和国际金融中心上海。我们凭借对中国法律、法规、政策和市场形势的精准把握与理解,为客户提供最优的交易方案和问题解决方案。

我们为客户提供全方位的法律服务,包括交易结构设计、法律尽职调查、交易谈判与文件制作、出具法律意见书、安排与协调项目进程、就项目中涉及的产业政策、外资准入、反垄断审查、审批手续、税务、外汇、进出口业务、知识产权、土地使用权、劳资等问题提供法律咨询意见以及与相关政府部门进行沟通协调等。众多上市公司、非上市公司、拟上市公司、私募股权基金、风险投资基金和创业者受益于我们不断更新的丰富经验、专业水准和创新能力。

中伦文德在公司与证券领域提供的专业服务主要包括

·证券及债券的发行和上市
·兼并与收购
·私募股权投资与风险投资
·外商直接投资
·破产、重整与清算
·反垄断与反不正当竞争
·公司、基金、三资企业的设立
·劳动法律事务及公司常年法律顾问
·交易结构设计
·交易谈判与文件制作
·项目进程安排与协调
·法律尽职调查
·出具法律意见书
·与相关政府部门进行沟通协调
·项目相关产业政策、审批手续咨询
·税务、外汇及进出口相关问题咨询
·知识产权、土地、房产及劳工等相关问题咨询

中伦文德在公司及证券领域的主要业绩包括:

境外上市项目:

香港联合证券交易所上市项目:

·第一拖拉机股份有限公司(主板上市、H 股)
·重庆钢铁股份有限公司(主板上市、H 股)
·深圳高速公路发展股份有限公司(主板上市,H 股)
·成都电缆股份有限公司(主板上市,H 股)
·攀枝花钢铁股份有限公司(主板上市,H 股)
·天津钢管股份有限公司(主板上市,H 股)
·山西经纬纺机股份有限公司(主板上市,H 股)
·皖通高速公路股份有限公司(主板上市,H 股)
·赛迪顾问股份有限公司配股(创业板上市,H 股)
·北京京客隆商业集团股份有限公司(创业板上市,H 股)
·安卓思通信技术发展有限公司(主板上市,红筹)
·浪拜迪电气有限公司(主板上市,红筹)
·蓝帆科技控股有限公司(创业版上市,红筹)
·玖源生态农业科技(集团)有限公司(创业板上市,红筹)
·圣农实业有限公司(主板上市,红筹)
·天工国际有限公司(主板上市,红筹)

美国纽约证券交易所上市项目

·华晨中国汽车控股有限公司
·文思信息技术有限公司(红筹)
·中华数字电视控股公司(红筹)
·美国纳斯达克证券交易市场上市项目
·美国商务网有限公司
·China.com(美国纳斯达克上市及增资扩股)
·畅游有限公司
·完美时空有限公司

其他证券交易市场上市项目:

·鹰牌控股有限公司(新加坡主板上市)

境内上市项目:

上海证券交易所主板上市项目:

·辽宁大金重工股份有限公司(A 股)
·北京首都开发股份有限公司(A 股)
·广东肇庆星湖生物科技股份有限公司(A 股)
·山东鲁抗医药股份有限公司(A 股)
·北京城乡贸易中心股份有限公司(A 股)
·河北石家庄劝业场股份有限公司(A 股)
·浙江信联股份有限公司(A 股)
·博汇纸业股份有限公司发行与上市(A 股)
·平顶山天安煤业股份有限公司发行与上市(A 股)
·浪潮齐鲁软件股份有限公司发行与上市(A 股)
·山东铝业股份有限公司(A 股)
·长春一东离合器股份有限公司(A 股)
·南京化纤股份有限公司(A 股)
·河北威远生物化工股份有限公司(A 股)

·内蒙古金宇集团股份有限公司(A股)
·北京中创信测科技股份有限公司(A股)
·山东黄金矿业股份有限公司(A股)
·天津港股份有限公司(A股)
·浙江康恩贝制药股份有限公司(A股)
·武汉祥龙电力股份有限公司(A股)
·郑州煤电股份有限公司(A股)
·沧州化学工业股份有限公司(A股)
·吉林华微电子股份有限公司(A股)
·秦皇岛耀华玻璃股份有限公司(A股)
·河北沧州大化股份有限公司(A股)
·哈尔滨亿阳集团股份有限公司(A股)
·上海天地源股份有限公司(A股)
·郑州宇通客车股份有限公司(A股)
·上海沪昌特殊钢股份有限公司(A股)
·首都旅游股份有限公司(A股)
·黄山旅游股份有限公司(A股)
·北京天桥百货股份有限公司(A股)
·甘肃民百股份有限公司(A股)
·沈阳商业城股份有限公司(A股)
·济南百货股份有限公司(A股)
·贵州长征电器股份有限公司(A股)
·湖北多佳股份有限公司(A股)
·海南海盛船务股份有限公司(A股)
·广东中山火炬高科技股份有限公司(A股)
·广东梅雁实业股份有限公司(A股)
·甘肃荣华实业(集团)股份有限公司(A股)
·湖南华银电力股份有限公司(A股)
·洛阳玻璃股份有限公司(A股)
·云南红河光明股份有限公司(A股)
·柳州两面针股份有限公司(A股)
·山东农药股份有限公司(A股)
·无锡庆丰股份有限公司(A股)
·保定天威股份有限公司(A股)
·大恒新纪元科技股份有限公司(A股)

深圳证券交易所主板或中小板上市项目:

·康佳集团股份有限公司(A股)
·云南白药实业股份有限公司(A股)
·中国保安集团股份有限公司(A股)
·吉林轻工股份有限公司(A股)
·深圳房地产股份有限公司(A股)
·广东风华高新科技股份有限公司(A股)
·湖北双环碱业股份有限公司(A股)
·浪潮电子信息产业股份有限公司发行与上市(A股)
·延边公路建设股份有限公司(A股)
·蛇口招商港务股份有限公司(A股)
·冀东水泥股份有限公司(A股)
·山西神州煤电焦化股份有限公司(A股)
·丹东化纤股份有限公司(A股)
·长春高新技术股份有限公司(A股)
·四川沪天化股份有限公司(A股)
·海口农工贸(罗牛山)股份有限公司(A股)
·吉林通化金马药业股份有限公司(A股)
·中兴－沈阳商业大厦(集团)股份有限公司(A股)
·锦化化工集团氯碱份有限公司(A股)
·河北金牛能源股份有限公司(A股)
·中成进出口股份有限公司(A股)
·浙江震元股份有限公司(A股)
·深圳华侨城股份有限公司(A股)
·湖南涟源钢铁股份有限公司(A股)
·北京京西风光旅游开发股份有限公司(A股)
·洛阳春都食品股份有限公司(A股)
·山东小鸭电器股份有限公司(A股)
·深圳物业集团股份有限公司(A股)
·海南大东海旅游中心股份有限公司(A股)
·桂林旅游股份有限公司(A股)
·TCL通讯设备股份有限公司(A股)
·桂林集琦药业股份有限公司(A股)
·海南金盘实业股份有限公司(A股)
·广东华立高科技股份有限公司(A股)
·广西柳工股份有限公司(A股)
·重庆三爱海陵股份有限公司(A股)
·徐州工程机械股份有限公司(A股)
·江西九江化纤股份有限公司(A股)
·湖北双环碱业股份有限公司(A股)
·石家庄常山纺织股份有限公司(A股)
·甘肃皇台实业股份有限公司(A股)
·吉林吉诺尔股份有限公司(A股)
·北海新力实业股份有限公司(A股)
·湖南张家界旅游股份有限公司(A股)
·安徽皖能股份有限公司(A股)
·承德露露股份有限公司(A股)
·河北宣化工程机械股份有限公司(A股)
·广东开平涤纶企业集团股份有限公司(A股)
·霍林河露天煤业股份有限公司发行与上市(A股)

上市公司收购及重大资产重组项目:

·湖北红安钧宇纸业等三家纸业公司重组设立股份公司

·江苏宇特光电有限公司重组收购乐清市国亿电子科技有限公司

·无锡某医疗器械公司私募、改制重组、上市提供一揽子法律服务

·湖北红安钧宇纸业等三家纸业公司重组设立股份公司

·江苏宇特光电有限公司重组收购乐清市国亿电子科技有限公司

·山东省商业集团总公司收购渤海集团股份有限公司(ST渤海)及ST渤海重大资产重组并恢复上市项目

·中国电子集团公司收购甘肃三星石化(集团)股份有限公司项目

·中国重型汽车集团有限公司收购山东小鸭电器股份有限公司,并进行重大资产置换项目

·中国电子集团公司收购甘肃三星石化(集团)股份有限公司项目

·中国重型汽车集团有限公司收购山东小鸭电器股份有限公司,并进行重大资产置换项目

·北京科技园置业股份有限公司收购重庆万里蓄电池股份有限公司项目

·赛尔网络有限公司收购武汉道博股份有限公司项目

·贵州神奇投资有限公司收购上海永生数据科技股份有限公司(永生数据)及永生数据重大资产重组项目

·芜湖东泰实业有限公司收购四川峨嵋集团股份有限公

司项目

·北京兆维集团收购北京天龙股份有限公司项目

·潍柴动力收购湘火炬项目

·上海复星医药集团股份有限公司投资颈复康药业集团股份公司项目

·中航油物流有限公司股权收购重庆泽胜船务(集团)有限公司项目

·Haldex AB 资产收购山东润光液压科技股份有限公司项目

·天颐科技股份有限公司(现已更名“三安光电”)

股权分置改革暨重大资产重组项目:

·山西天凯集团有限公司资产重组项目

·山西正邦煤业集团有限公司煤炭资源整合项目

·山西经华炭素有限公司资产重组项目

·山西康源堂生物科技有限公司并购重组项目

·山西汇诚电冶有限公司并购重组项目

·山西天成电冶有限公司并购重组项目

·山西和顺正邦煤业集团有限公司煤炭资源整合重组项目

·山西经华碳素有限公司重组项目

风险投资、私募股权投(融)资及并购项目:

·代表承德颈复康药业集团有限公司私募融资 1.2 亿人民币

·信达投资有限公司收购北京天桥北大青鸟科技股份有限公司项目

·江西钨业集团有限公司收购上饶市华丰铜业有限公司项目

·美国华平投资集团投资中科宇能项目

·英国 3i 集团投资山东福田药业有限公司项目

·红杉资本先后投资北京网秦天下科技有限公司及北京贝海网络科技有限公司项目

·赛富基金投资天津汽车模具股份有限公司项目

·启明创投投资世纪佳缘网站项目

·在联创策源投资凡客诚品项目

·高德创投对江阴吉鑫机械公司私募投资项目

·巨一科技公司向泛资生创投私募融资及股权激励项目

·北京御食园食品有限公司私募项目

·秦皇岛冶金机械公司重组改制、私募融资项目

·一德期货私募融资及改制项目

·上海庞源建筑机械租赁公司融资及收购项目

·3.5GHz 神州无线宽带数据网融资项目

·中国数字电视投资发展有限公司多个投资项目

·鼎晖投资泰达建设项目

·中信信托乾景基金多个投资项目

·北京信托地产投资基金募集设立及多个投资项目

·财富投资集团多个投资项目

·软银亚洲投资基金投资 Capital Edge Holding Limited 项目

·德丰杰龙脉、吉富等投资高拓迅达项目

·海纳、启明、名力等基金多轮投资奥泰医疗系统有限公司项目

·澳洲电讯收购 Sharp Point Group Limited 及 Beauty Sunshine Investments Limited 项目

·台湾大哥大股份有限公司收购 Hurray! Times Communication (Beijing) Ltd 项目

·西安高新技术产业开发区房地产开发公司收购上海沪昌特殊钢股份有限公司项目

·港珠澳大桥建设项目私募融资项目

·美国电力投资北京三吉利能源股份有限公司项目

·雷曼兄弟投资吉鑫机械制造有限公司项目

·美国运通投资北京红帆通讯有限公司项目

·日本 NEC 投资吉通通信有限公司私募项目

·transcosmos Inc 先后投资北京六间房科技有限公司、厦门中资源网络服务有限公司、北京腾信互动广告有限责任公司、北京太公网科技发展有限公司、上海镛耀广告有限公司与上海时格商贸有限公司项目

·指南基金(香港)有限公司金融投资白马传媒项目

·承德颈复康药业集团有限公司收购赤峰丹龙药业有限公司项目

·新闻集团金融投资网易项目

·长江实业收购中国金融网有限公司项目

·中银国际直接投资管理有限公司投资 8848.netInc 项目

·中银国际直接投资管理有限公司投资北京东方红叶信息网络技术有限公司项目

·新加坡 TWINWOOD 公司资产收购上海汉得信息技术有限公司项目

·粤海企业有限公司收购东深供水工程权益项目

·两湖绿谷物流股份有限公司私募股权融资及股权转让项目

·山西信托中景泰房地产股权投资项目

·新时代信托山西煤化工程项目

·山西省煤炭资产经营有限责任公司之丰泰公司收购山西省闻喜县汇源铜业有限公司项目

·山西环宇矿业有限公司股权转让项目

企业改制和重组项目

·太原服装城整合改制项目

金融专业委员会

中伦文德始终致力于开拓一流的金融领域法律服务业务,倡导“服务于金融机构,服务于金融业务,以法律手段维护金融机构利益,促进金融业务发展”的理念,以高起点、高水准、全方位、大踏步的发展,迅速完善并深化了律师在银行、证券、基金、保险、信托、债券、融资租赁以及相关业务中的法律服务,使之成为中伦文德律师事务所的专业特色。

中伦文德在金融领域提供的法律专业服务主要包括:

·银行、保险公司、证券公司等金融机构的组建与设立、境外金融机构分支机构的设立

·证券投资基金的设立与运作

·基金的发行与上市

·国内银行商业贷款、银团贷款、信用贷款和抵押贷款

·国际商业贷款及政策性贷款服务

·金融信托和资产证券化

·担保与保函业务

·金融机构资产的保全与债务重整

·金融机构投资、收购、重组、上市

·国际间金融机构合作法律咨询

·保险公司保险资金投向法律咨询与保险资金投资全过程法律服务

·企业短期融资券与中期票据

·企业债券发行

·进出口信贷及其他贸易融资
·债务重组和不良资产处置
·金融租赁和融资租赁
·金融期货、期权及其他衍生产品交易
·金融、证券业务相关纠纷的调处及相关诉讼、仲裁行为的代理

中伦文德在金融法律业务领域的主要业绩包括：

常年法律顾问：

·国家开发银行股份有限公司及其分行
·中国进出口银行
·中国人寿保险股份有限公司
·中国人寿保险股份有限公司山西省分公司
·中国银行股份有限公司山西省分行
·中国建设银行山西省分行
·中信银行股份有限公司
·中信银行股份有限公司杭州分行
·中国光大银行股份有限公司
·中国光大银行股份有限公司太原分行
·华夏银行股份有限公司
·中国邮政储蓄银行北京分行
·中国农业银行股份有限公司
·渤海银行
·美国花旗银行
·泰国盘谷银行
·中国化工财务有限公司
·信达金融租赁有限公司
·国开金融有限公司
·中信富通融资租赁有限公司
·三菱东京日联银行(中国有限公司)上海分行
·三菱东京日联银行(中国有限公司)无锡分行
·三菱东京日联银行(中国有限公司)成都分行
·瑞穗实业银行(中国)有限公司上海分行
·瑞穗实业银行(中国)有限公司无锡分行
·名古屋银行南通分行
·日本信金中央金库有限公司上海代表处
·日本肥后银行股份有限公司上海代表处
·中国东方资产管理公司太原办事处；
·山西国泰银丰投资有限公司
·中国华融资产管理公司太原办事处
·中国建银投资有限责任公司等

国内外项目融资：

·哈萨克斯坦马伊纳克水电站建设出口信贷项目
·中钢集团海外收购和买方信贷项目
·中国工商银行与法国政府组织的我国企业技改(卖方信贷)政府混合贷款项目
·乌兹别克斯坦穆巴列克天然气加工厂项目
·山西省某综合生态治理工程项目3亿元融资项目
·新欣信息技术有限公司中小贷款公司融资项目
·国家开发银行四川省分行汉龙公司澳大利亚项目
·国家开发银行辽宁省分行拉脱维亚土地抵押银行合作框架协议项目
·国家开发银行辽宁省分行乌克兰进出口银行合作框架协议项目
·国家开发银行宁波市分行“中远希腊比雷埃夫斯集装箱码头特许经营权”项目
·国家开发银行新疆分行“美国明尼苏达州奥克风场有限责任公司4.5MW”项目
·国家开发银行新疆分行哈萨克斯坦马伊纳克水电站贷款项目
·国家开发银行新疆分行吉尔吉斯斯坦“资源换项目”-伊士坦贝尔德金矿和中吉乌公路项目等

银团贷款

·国家开发银行南水北调东中线(一期)主体工程系列银团贷款项目
·中国电力国际有限公司下属电站系列银团贷款项目
·中国化工集团海外收购系列国际银团贷款项目等
·国家开发银行为中信集团澳大利亚铁矿石开采加工项目12亿美元银团贷款增贷项目
·国家开发银行为科瑞集团澳大利亚锂矿项目一亿美元银团贷款项目
·国家开发银行为鞍钢集团澳大利亚铁矿石开采加工项目14亿美元银团贷款项目
·国家开发银行新疆分行哈萨克斯坦萨姆鲁克能源公司收购BAK公司50%股权国际银团贷款项目
·国家开发银行新疆分行哈萨克斯坦商业银行银团贷款项目
·国家开发银行福建省分行福建乙烯炼油银团贷款项目等

国际并购贷款及一般商业贷款项目：

·国家开发银行深圳分行北京中哈铀资源投资有限公司收购哈萨克斯坦谢米兹拜伊铀公司49%股权项目
·中国蓝星(集团)总公司海外收购法国罗地亚公司有机硅业务2.95亿欧元贷款项目
·国家开发银行蓝星纤维有限公司收购英国FIBERS WORLDWIDE LIMITED贷款项目
·中国蓝星(集团)总公司海外收购Drakkar控股有限公司3.4亿欧元贷款项目
·国家开发银行新疆分行美国风能Shady Oaks项目；
·国家开发银行新疆分行乌兹别克斯坦工业建设银行贷款项目
·国家开发银行新疆分行哈萨克斯坦开发银行授信项目
·国家开发银行新疆分行乌兹别克斯坦飞机项目
·国家开发银行辽宁省分行德国希斯项目
·国家开发银行新疆分行乌兹别克斯坦国家对外经济合作银行授信协议变更项目
·国家开发银行新疆分行土库曼斯坦石油换贷款项目授信协议变更项目
·国家开发银行北京市分行巴西项目
·国家开发银行黑龙江省分行“俄罗斯对外经济与开发银行LSR Group公司列宁格勒州斯朗茨市5000t/d新型干法水泥熟料生产线”项目
·国家开发银行黑龙江省分行“俄罗斯对外经济与开发银行综合授信”项目
·国家开发银行新疆分行“萨姆鲁克—卡泽纳国家主权福利基金授信”项目
·SUMITOMO MITSUI BANKING CORPORATION, NEW YOKR银行国际循环贷款项目
·国家开发银行新疆分行乌兹别克斯坦(NBU)商业银行授信项目
·国家开发银行新疆分行乌兹别克斯坦费尔干纳化工厂

贷款项目

·丰田汽车金融(中国)有限公司汽车经销商贷款项目等

融资租赁

·北京藏医院医疗设备融资租赁项目

·中国邮政储蓄银行 ATM 设备融资租赁项目

·中国国际包装租赁有限公司融资租赁项目

·担任中信富通融资租赁有限公司常年法律顾问

·担任信达金融租赁有限公司常年法律顾问

·担任光大融资租赁有限公司常年法律顾问等

发行债券和非金融企业债务融资工具:

·中国石油化工集团公司债券和非金融企业债务融资工具发行项目

·中国石油化工股份有限公司债券和非金融企业债务融资工具发行项目

中国化工集团公司债券和非金融企业债务融资工具发行项目

·国家开发银行债券和非金融企业债务融资工具发行项目

·中国有色矿业集团等诸多大型公司债券和非金融企业债务融资工具发行项目等

基金、信托与资产证券化

·中国银监会、中国人民银行和中国证监会不动产投资信托基金(REITs)研发项目

·某知名证券公司研发中国第一个在证券交易所上市的不动产投资信托基金(REITs)项目

·国家开发银行信贷资产证券化项目

·某银行实施的基础设施贷款债权、土地储备贷款债权和融资租赁债权流动化安排项目

·北美某银行广州分行开发离岸证券化产品项目

·汽车制造商、出租汽车业者、相关金融机构以及交通行政主管部门汽车贷款流动化项目等

·山西国电置业有限公司青山湖别墅项目

·新时代信托山西煤化工程项目

·山西信托中景泰房地产股权投资项目

·中信信托基于主信托模式的信托型产业投资基金创新项目

·国民信托、国投信托、北京国际信托、联华信托等众多信托公司的信托计划项目

·新疆信托投资公司、海南信托投资公司、三亚中亚信托投资公司发行特种金融债券项目

·天津领先集团收购中国国际旅游信托投资公司项目

·国泰国际企业集团处理珠江路桥隧道公司债务重组信托项目

·国家开发银行信贷资产证券化项目

·国家开发银行与中原信托、陕西国际信托、上海国际信托等公司合作开发的信贷资产、不动产、融资租赁信托项目

·中诚信托、金谷信托、金信信托、重庆新华信托、苏州信托、湖南信托等众多信托公司有关股权信托、房地产信托、广告收费权信托等重大项目

金融资产处置:

·国家开发银行信贷资产证券化项目

·华夏银行信贷资产转让项目

·某银行不良信贷资产信托计划项目等

保险资金运用:

·京沪高铁股权投资计划等多个保险资金投资基础设施项目

金融产品创新:

·中央国债登记结算有限责任公司的国债银行柜台交易项目

·国家开发银行在境外发行外币债券项目

·某银行普通选择权债券与次级债项目、间接银团贷款、不良资产信托计划、信贷资产证券化等新产品项目

·作为中国银监会信托业务创新课题组唯一律师事务所成员,负责创新产品模拟和业务指引的起草工作,相关创新业务包括资产证券化(ABS)、不动产投资信托(REITs)、私募股权基金(PE)

金融、证券业务相关纠纷诉讼和仲裁:

·成功代理了众多金融机构和企业的数百起金融案件的诉讼、仲裁和执行工作

·涉及的领域包括存款、贷款、担保、融资租赁、票据、保险、信用证与国际结算、国债现券交易与回购等

·有些案件被最高人民法院作为典型案例刊登于《中国民商审判》、《最高人民法院公告》和有关案例汇编中,作为各级人民法院办案的指导

信托与资产证券化专业委员会

中伦文德是中国最早开展信托与资产证券化法律服务的律师事务所之一。中伦文德拥有一支优秀的信托与资产证券化律师业务团队。中伦文德与发行相关金融产品的金融机构、为相关金融产品提供服务的专业服务机构以及作为融资主体的各类型企业建立了密切的合作关系,为投融资双方提供优质高效的法律服务。

中伦文德在信托领域提供的专业服务主要包括:

·为信托公司开展的信托业务提供法律服务

·信托公司独立开展的各类商业信托业务

·银行理财计划与信托合作业务

·各级政府在基础设施、民生工程等领域与信托合作业务

·集合资金信托计划参与私募股权投资基金业务

·公益信托

·证券公司客户(定向、集合、特定目的专项)资产管理业务

·基金管理公司多客户特定资产管理业务

·保险资产管理公司资产(含第三方资产)管理产品业务、基础设施投资计划业务、非基础设施不动产投资计划业务

·证券、基金、信托、保险机构企业年金基金投资管理业务

中伦文德在资产证券化领域提供的专业服务主要包括:

·为金融机构开展的信贷资产证券化业务提供法律服务

·国家开发银行、国有商业银行、股份制商业银行和城市商业银行信贷资产证券化业务

·国家开发银行证券化理念构建新型信用结构产品业务

·商业银行及金融资产管理公司重整资产证券化业务

·金融租赁公司租赁资产证券化业务

·汽车金融公司个人汽车抵押贷款证券化业务

·为非金融企业资产证券化业务提供法律服务

·资产支持票据业务(企业作为发起人,由商业银行或证券公司在全国银行间债券市场发行)

·资产支持受益凭证业务(企业作为发起人,由证券公

司通过设立专项资产管理计划，在证券交易所发行）

中伦文德在房地产投资信托基金（REITs）领域提供的专业服务主要包括：

· 为全国银行间债券市场发行房地产受益券提供法律服务

· 为房地产信托基金在证券交易所上市提供法律服务

北京市重光律师事务所

基本概况

2001 年 1 月，经中华人民共和国司法部特别批准——北京市重光律师事务所诞生了。

2001－2013 年，重光律所同仁已经携手同心走过了十二个年头。从无到有、从小到大、从泛到专，重光律所" 十年磨一剑"，逐步成长为以证券和资本市场、金融、企业重组并购、企业法律风险管理为主要发展领域和发展方向的精专型律师事务所。

十二年一个轮回

我们用十二年的时间积累沉淀

我们用十二年的时间完成一场蜕变

我们将用多长的时间铸就重光的辉煌

重光的诞生——2001 年 1 月，经中华人民共和国司法部批准——北京市重光律师事务所诞生了。

重光的发展——重光律所总部设在北京金融街，目前共有专职律师、兼职律师、律师助理及行政人员 70 余人，我所律师大多有多年的国家最高司法机关、国家行政机关或者大型公司的工作经历，均毕业于北京大学、中国人民大学、中国政法大学、西南政法大学、天津大学等中国最知名的法学院。2011 年随着天津分所的正式成立，重光在人员配置、业务领域及社会资源等各方面实现了进一步的优化和整合。

重光的业务领域——公司法律事务、资本市场法律事务、金融法律事务、重组并购与反垄断、企业法律风险管理、矿业能源重要客户及合作伙伴：国家开发银行（法律事务律师库成员）、中国农业银行股份有限公司（法律事务律师库成员）、中国建设银行股份有限公司北京分行（法律事务律师库成员）、北京农商银行（法律事务律师库成员）、北京银行、中国电力投资集团公司（法律事务律师库成员）、中国建银投资有限责任公司（法律事务律师库成员）、中国信达资产管理股份有限公司（法律事务律师库成员）、中国华融资产管理股份有限公司（法律事务律师库成员）、太平人寿保险公司、中银保险公司（法律事务律师库成员）、中信证券、中信建投证券、华泰汇通基金、鼎信长城基金、北京未来科技城、新西兰恒天然公司、壳牌石油公司、斯伦贝谢中国公司、河北建投能源投资股份有限公司、凌源钢铁股份有限公司、蓝色光标股份有限公司、北京市商务委员会（常年法律顾问）、北京市应急保障中心（常年法律顾问）、北京市信息咨询中心（常年法律顾问）、北京市口岸办（常年法律顾问）、北京市粮食局（常年法律顾问）。

重光律师

重光律师事务所拥有一支风华正茂的高素质律师队伍，现有律师、律师助理和行政人员七十余人，形成了相互之间各有分工，协调有序的律师工作机制。

重光的合伙人和多数律师均有十余年的最高司法机关、国家行政机关和律师执业的经历和丰富经验，他们绝大多数拥有着中国最知名法学院的硕士、博士学位和国外法学院学习的背景。

此外，为了不断更新知识结构，提高服务水准，律师所特别注重后备力量的培养及专才的吸纳，每年都从国外著名的法学院校和相关单位引进优秀人才加盟团队，为事务所的发展注入新的活力。

高素质负责任的律师队伍、完备而体制化的团队知识和能力结构、科学规范的管理机制和优秀高效的服务方式使北京市重光律师事务所拥有广泛的客户基础。

重光特色

1. 志同道合的高素质团队

“法律知识与业务能力并重，职业道德与从业理念共进。”重光律师事务所的选材标准近乎严苛。重光律师大多有多年的国家最高司法机关、国家行政机关或者大型公司的工作经历，他们均毕业于北京大学、中国人民大学、中国政法大学等中国最知名的法学院，并获得硕士或者博士学位，不少律师有着国外法学院学习、工作的背景。

2. 严密的案件质量控制体系

《重光律师事务所业务管理办法》是每一位律师办案的基本准则，另外，我们还建立了一系列制度，如：《顾问单位业务管理办法》、《顾问单位联系人制度细则》、《顾问单位业务收费暂行办法》、《案卷归档及保管制度》、《案件集体讨论制度》、《案件督办制度》、《案件当事人评议制度》、《利益冲突审查制度》、《法律风险提示制度》、《客户信息保密制度》、《律师业务培训制度》以及《律师出国考察管理办法》等等。这些案件质量控制体系和完善的服务质量管理体系为向顾问单位提供优质法律服务提供了保障。

3. 广泛的业内合作关系

除与国内其余直辖市、多数省会城市和计划单列市的龙头律师事务所保持友好业务合作和支持关系之外，北京市重光律师事务所还同世界排名前列的国外知名律师事务所有着密切的合作。

4. 务实的业际合作关系

除与作为同行的律师事务所保持业务合作和业务支持关系之外，为了更及时高效地为当事人解决实际问题，我们还与其他专业的精英机构建立了广泛的合作关系，包括国际或者国内知名的会计师事务所、审计师事务所、资产评估机构、券商、投资咨询服务机构、财务咨询服务机构、招投标代理服务机构、招投标技术咨询服务机构、融资担保公司等等。

5. 骄人的业绩

律师事务所的创收数额在一定程度上反映了客户的认可度。鉴于我们准确的市场定位和高标准的自我要求，北京市重光律师事务所自创立即保持着非常好的业务基础和高起点姿态，年业务量和业务收入呈逐年上升的趋势，人均创收一直位居北京市前列。

6. 强大的专家顾问团

我所聘请了国内外知名专家作咨询顾问，组成了强大阵容的专家顾问团。

业务领域

资本市场法律事务。

股权融资部分：

· 境内股票发行

· 新三板挂牌

· 上市公司再融资

· 新三板挂牌企业再融资

债权融资部分：

· 公司债发行

· 债券发行,包括短期融资券、中期票据、企业债券、金融债券及其他债券的发行

· 资产证券化

· 基金法律服务:

· 协助投资基金的设立,包括证券投资基金、产业投资基金、房地产基金、有限合伙基金等,并协助基金发行或基金投资.

· 金融法律事务

银行:

· 银行及非银行金融机构的贷款项目评审

· 银团贷款

· 不良资产处置

保险:

· 保险资金债权投资计划

· 保险资金不动产投资计划

地址:北京市西城区金融大街广宁伯2号金泽大厦东区7层

电话:010 - 52601070

传真:010 - 52601075

邮箱:chongguang@ chongguanglawfirm. com

网址:www. chongguanglawfirm. com

北京市天元律师事务所

基本概况

北京市天元律师事务所创立于1992年,是中国成立时间最早和规模最大的合伙制律师事务所之一。天元的总部位于北京,并在上海、深圳、成都设有分所。天元拥有优秀的律师团队。天元目前有执业律师及其他专业人士共400多名。天元的绝大多数律师获有国内外著名法学院校的硕士、博士学位,其中,很多律师拥有在国际知名律师事务所或公司法律部门多年的工作或学习经历。天元律师能够以普通话、英语、法语、日语、韩国语提供法律服务。

天元一直秉持专业、敬业、勤业的理念,致力于为客户提供高质量、高效率、全方位的法律服务。天元作为国内大型综合性律师事务所之一,其业务涵盖了公司并购与重组、证券与资本市场、外商直接投资、境外投资与反向收购、金融和银行、知识产权、房地产、基础设施建设、项目融资、政府采购与招投标、信息产业、资讯与媒体服务、娱乐与传媒、矿产和自然资源、国际贸易、海商与海事、诉讼与仲裁(按业务领域的顺序排序)等多个法律服务领域。同时,天元还不断开发和拓展新的律师业务,或者新的法律服务模式。天元在中国律师业发展过程中创造了多项第一,例如,天元是第一家代表中国企业(如中建总公司、中冶集团、国航等)处理因第一次海湾战争遭受损失向联合国索赔委员会进行国际索赔的律师事务所;天元是中国律师界第一个代表中国企业与国际奥委会谈判申请成为奥运全球战略合作伙伴(TOP项目)的中国律师事务所,等等。

十几年来,天元的法律服务获得了客户的认可和信赖。1998年,天元成为司法部授予的全国首届20家部级"文明律师事务所"之一。2005年,中华全国律师协会授予天元"全国优秀律师事务所"荣誉称号。2008年,天元再次被中华全国律师协会授予"全国优秀律师事务所"荣誉称号。2011年,天元再次被中华全国律师协会评为"2008—2010年度全国优秀律师事务所"。

资产证券化

资产证券化法律服务除涉及资产证券化的基础资产所在领域(基础设施与能源、非上市公司股权、不动产、银行等)的相关规定外,还涉及不同的监督管理机构的相关监管要求。因此,资产证券化法律服务系涉及多个领域的综合性法律服务。天元在基础设施、能源、资本市场、房地产、银行等多个法律服务领域均具有较强的实力,在中国的法律市场处于领先的地位。基于上述优势和深厚的法律功底,天元律师事务所能够为为信托公司、资产管理公司、证券公司、基金公司、基金公司子公司等进行信贷资产证券化、资产支持票据(ABN)、租赁资产证券化、应收账款证券化、房地产资产证券化等各种形式的资产证券化项目等提供全面的法律服务。

天元律师在资产证券化法律服务领域提供法律服务的范围主要包括:

· 提供与各种资产证券化项目相关的尽职调查服务,尽职调查的范围包括相关的交易主体、基础资产等

· 为各种资产证券化项目所涉SPV(信托计划、房地产投资信托、专项资产管理计划、项目资产支持计划等)的设立提供法律服务

· 协助客户进行各种资产证券化项目的交易结构设计与可行性研究论证

· 出具各种资产证券化项目的法律意见书

· 起草、审核各种资产证券化项目相关的法律文件

· 就各种资产证券化项目所涉法律问题提供咨询意见、出具备忘录

· 协助交易相关各方主体进行谈判、协商

· 为各种资产证券化产品的发行和交易提供法律服务

· 为各种资产证券化产品的终止与清算提供法律服务

收购与兼并

公司收购与兼并业务是天元的核心业务之一。天元为一系列国内和涉外的标志性并购项目提供了法律服务(包括境外的反向收购),并经常在一些大型的、涉及多方的并购交易中担任牵头律师,负责协调代表交易各方的律师们的总体工作安排,以保证交易项目进程能够顺利和高效率的完成。天元代理的境内及跨国并购项目覆盖了金融、房地产、高科技、教育、基础设施、电子、医药、矿业、化工等不同行业。天元律师对有关收购和兼并的行业管理、国有资产管理、外汇、税务、知识产权、证券监管等法律法规有着充分的研究,熟悉收购兼并的各种交易方式和有关市场惯例,并积累了极其丰富的实践经验。天元为客户公司并购项目提供的法律服务主要包括:

· 并购项目的整体方案及融资结构设计

· 法律尽职调查并出具调查报告,起草相关的披露文件

· 起草项目的相关法律文件,包括股权或资产转让或收购协议、公司分拆(立)协议、合并协议,以及关于项目可能涉及

· 其他问题的协议或合同,例如土地使用问题、环境保护、知识产权和员工安排等问题

· 参与项目谈判

· 就政府审批、备案、登记、豁免等事宜提供咨询意见,并协助办理相关法定程序与手续

· 为并购交易出具法律意见书

· 协助客户完成交易的交割

证券与资本市场

天元是中国国内最早取得从事证券业务资格的律师事务所之一。天元为客户在中国、香港、新加坡和美国的股票、债券等证券发行和上市提供法律服务(包括境外反向收购上市项目),也为中国的国有企业改制,民营企业重组融资,上市公司相关的注资、并购和资产重组,证券机构的设立、融资和重组,证券产品创新以及中国境内证券交易提供法律服务。我们在证券与资本市场领域提供的法律服务还包括:

·企业的股份制改革及资产重组的方案设计

·法律尽职调查

·起草项目法律文件,包括重组协议、股东发起人协议、关联交易协议、公司章程以及其它相关法律文件

·公司证券的首次公开发行上市、后续发行以及配股融资中的法律服务

·上市公司并购及资产置换、重组相关的法律服务

·参与项目谈判

·高管人员期权方案的设计

·协助建立及完善公司治理结构

·证券交易相关的争议解决

金融与银行

天元律师担任着许多金融机构的长期法律顾问,有些律师还具有在金融业的从业经历,因而在金融和银行领域具有丰富的经验和广泛的客户基础。我们在金融和银行领域提供的法律服务主要包括:

·金融机构的日常业务

·重大贷款项目的法律服务,包括信贷安排、出口信贷及一般贸易信贷、担保交易的项目设计、谈判及相应法律文件的准备

·国际融资项目,包括项目融资、船舶和航空器及其它资产融资、银团贷款

·出具与跨境贷款或融资活动相关的外汇管制咨询意见,及协助办理相关外汇登记手续

·资产证券化(ABS)

·融资租赁

·信用证、信用卡、电子货币事宜

·商业票据问题

·住房抵押贷款和汽车贷款等消费信贷

·债务重组和不良资产处置

·期货、期权及其它金融衍生产品

·债券发行

天元荣誉

天元在清科2015中国股权投资年度排名中取得优异成绩;

天元荣获“2015年度LEGALBAND中国最佳法律雇主”奖项;

天元与中国劳动关系学院签约成为该校实践基地;

天元荣获“2012年-2014年度北京市优秀律师事务所”称号;

天元荣获LEGALBAND 2015年度最受客户青睐律师事务所称号;

天元多名合伙人在LEGALBAND律师排名中名列前茅;

北京市天元律师事务所荣获北京市司法行政系统先进集体称号;

本所合伙人杨科律师入选ALB China 2013中国十五佳律师新星;

本所合伙人殷雄律师、柴杰律师参加第七届中国企业国际融资洽谈会;

本所合伙人王立华律师受聘为北京市人民政府行政复议委员会委员;

本所荣获专业法律评级机构钱伯斯提名;

本所合伙人黄伟律师作为中国反垄断律师界代表,出席由国家发改委召集的《反垄断法》立法研讨会;

本所与汤森路透合作举办“企业如何快速、有效地应对中国的反垄断政府调查”暨“并购和合营企业的反垄断申报和审查”主题研讨会;

本所所刊《天元律师》在2013年度北京市律师事务所所刊评选中荣获“综合类铜奖”;

本所合伙人郭威律师受聘为北京市西城区人民检察院首届民事检察监督咨询员。

东易律师事务所

基本概况

东易律师事务所(以下简称“东易”)创建于2002年2月,是中华人民共和国司法部批准建立的高层次、全球化、合伙制律师事务所。现有人员100余人,总部位于北京市西城区五栋大楼,办公面积1100平米。在长春、合肥设有分所及办事机构。凭借高效的管理、多国语言优势和丰富的执业经验,本所已跻身于国内领先律师事务所的行列,成为中国律师界业务能力强、服务范围广,能够为客户提供优质、高效法律服务的现代化综合性律师事务所。是北京市高院选定的企业破产案件社会中介机构管理人;北京市总工会劳动仲裁调解委员会成员单位;中央电视台、北京电视台合作单位;是中国银行间市场交易商协会、天津股权交易中心、重庆产权交易中心会员。

东易拥有一支年青优秀的律师队伍,他们大多数毕业于国内外著名的法学院校,部分律师曾在国际知名律师事务所执业,许多律师拥有在中国立法、司法、行政管理部门工作以及法学教育工作的经历。

东易律师恪守作为法律专业人员的职业道德、行为准则,具备处理涉及多个领域复杂法律事务的能力,并参照国际模式,结合中国经验,制定了具有国际职业水准的法律服务标准和具有良好质量控制的实务操作规范,成功完成了一系列具有深远影响的非诉讼法律业务。在融资、保险,股票、债券的发行、承销、上市,企业分拆、购并,公司改制,资产重组,破产清算,有形与无形产权交易,知识产权,中国企业海外融资、投资,海外投资者对中国投资,国际招投标,信息通讯,电子商务,房地产开发经营等方面业绩斐然。

东易律师具有丰富的诉讼、仲裁、辩护经验,在全国各级法院、各类仲裁机构均有大量的成功案例。业务涉及民事、经济、刑事、行政、国家赔偿等方面,并办理大量涉外诉讼、仲裁案件。

随着社会对律师服务质量的要求不断提高,东易律师日益注重服务范围的扩大和专业水平的提高,已经培养出多支专业理论素养高、实务操作经验丰富、职业操守良好的专业项目组,能为广大客户提供优质、快速、高效、满意的法律服务,我们将成为您在国内和涉外业务中取得成功的得力助手。

东易活动

为丰富员工的文娱生活,增进员工之间的沟通交流。东易律师事务所在为国内外客户提供最高质量法律服务的同时,积极开展公司内部活动,增强团队凝聚力。多年来,东

易始终坚持“以人为本”的科学发展观，把提高职工的生活质量和健康需求作为工作的出发点和落脚点，高度重视职工的文体活动工作，通过各种有效的文体活动载体，着力增强职工的自觉参与意识和团队凝聚意识。大力推进职工文体活动的广泛开展，引导职工积极、自觉、持续地参加各项文体活动。根据不同人群、不同爱好、不同年龄、不同性别，明确活动主题，因地制宜，广泛开展丰富多彩的文体活动。我们相信，只有我们每个人积极参与，对于我们的企业文化有着重大的意义。

专业领域

公司于证券业务。

北京市东易律师事务所（以下简称“东易律所”）长期从事包括股票、债券等各项资本工具在内的公司法与证券法业务，特别是近几年来，东易律所在该领域十分活跃，协助众多中国企业在资本市场发行股票及债券等。东易律所在中国资本市场法律服务领域居领先地位，成功为数十家企业的境内外首次公开发行上市、股权资本市场、上市公司再融资、新三板挂牌、债券发行、股权激励、资产证券化等项目提供了优质法律服务，在证券法律服务领域的辉煌业绩得到了广大客户及业界的肯定和赞许。

该领域的主要服务包括：

·北境内外首次公开发行上市

·股权资本市场

·上市公司再融资

·上市公司收购、合并、分立、重大资产重组、退市及恢复上市

·上市公司治理结构

·新三板挂牌

·股权激励

·债券发行

·资产证券化

·金融资产业务

曾经或现在服务的客户有：

中国华融资产管理股份有限公司、中国信达资产管理股份有限公司、中国长城资产管理公司、国家开发银行股份有限公司、中融信托、国投信托、华融信托、华融证券、银河证券等。

业务专长：

·代理银行、信托、基金、资产管理公司等金融机构处置不良资产方面的诉讼业务，根据不同企业的特点有针对性地制定切实可行的诉讼方案、重组方案、处置方案

·代理银行、信托、基金、资产管理公司等金融机构处置不良资产方面的执行业务：具有强制执行效力的债权文书类执行，申请实现担保物权及执行，对涉及地方保护主义执行案件的协调、执行程序的纠正、暂缓执行等

·代理银行、信托、基金、资产管理公司等金融机构处置不良资产方面的再审业务：通过再审对生效错误判决的纠正、暂缓执行、对错误执行案件的纠正等方面见长

·代理或处理各类金融专项法律事务，包括：

·代理信托、基金、有限合伙、资管等形式整套的融资服务

·代理股权托管、整体公司改造、重大项目融资等服务

·代理信用证、托收、票据、保理、福费廷等结算类法律事务

·代理资产证券化及金融创新类法律事务

·代理银行与非银行金融机构交叉融合类法律事务

·代理收购资产管理公司的资产包法律事务

·代理融资租赁法律事务

·代理基金信托、财产信托、受托经营、投资基金信托、公司理财、项目融资信托、信托贷款与存款、房地产信托投资等信托类法律事务

·代理保险机构的设立、股权转让、并购、融资、保险公司资本运营及保险资金运用、保险条款、单证等保险法律文书的翻译与审核、保险产品的法律风险分析和合规审查、再保险等保险类法律事务

地址：北京西城区车公庄大街9号五栋大楼C座13层

电话：010－88393823

传真：010－88393837

邮编：100044

邮箱：xz@ dongyilaw. cn

观韬律师事务所

基本概况

观韬律师事务所成立于1994年2月，是总部设于中国北京的专业化、综合性大型律师事务所。经过数年不断的开拓、创新和发展，观韬律师事务所在法律服务、专业建设和律师团队等方面已成为中国优秀律师事务所之一。坚持追求卓越，诚信勤勉，高效优质是观韬律师事务所的理念，委托人利益高于一切是观韬律师事务所的价值观。

2000年11月，国家司法部授予本所为《中华人民共和国司法部部级文明所》。2005年、2008年和2011年，中华全国律师协会连续三次授予本所为《全国优秀律师事务所》。自2005年至今，观韬律师事务所因在资本市场、银行与金融、公司与并购、国际贸易、工程基建与能源资源、重组与破产、房地产、争议解决等业务领域具有良好的业绩和声誉，多次入选《钱伯斯亚洲》、《钱伯斯全球》、《亚太法律500强》、《国际金融法律评论1000》、《亚洲法律评论》等国际知名法律评级机构的排名领域，并有数名律师入选排名律师。在“亚洲法律杂志中国法律大奖”历年的评选中，观韬律师事务所均获得包括“年度最佳北京律师事务所”和“年度最佳中国律师事务所”等多项奖项提名，并于2008年荣获“年度最佳能源和资源交易大奖”、于2009年和2011年两次荣获“年度破产清算和重组律师事务所”大奖，在2012年“亚洲法律杂志中国法律大奖”评选中获得多达9个年度奖项的提名。

观韬律师事务所的法律服务范围涵盖了银行、证券、保险、电信、大型基本建设、房地产、机械制造、交通、能源和自然资源、电力工程、环境保护、旅游、化工、医药、科研和服务业等领域。法律服务业务涉及国际投资、国际贸易、反倾销、反垄断、收购与兼并、私募/风险投资、资产重组、银行和非银行金融机构风险处置和破产清算、产权界定、股份制改造、股票和债券的发行、知识产权、高新技术、金融、招标与投标、国际税法，以及反洗钱、行政法业务等诸多方面。同时，在传统的商业诉讼与仲裁法律事务方面亦具有良好业绩。

观韬律师事务所除北京总部以外，在上海、深圳、大连、西安、成都、济南、厦门、香港、天津、广州等地设有分所，以便为不同地区的委托人提供更加有效、及时的法律服务。观韬律师事务所在相关专业方面还与境外和港、澳地区的律师行具有良好的业务合作关系。观韬与亚司特（Ashurst）国际律师行建立了联盟关系。亚司特是一间总部位于英国的国际律师行。通过与亚司特律师行的紧密合作，使我们可以在全球的

平台上、持之以恒地为我们的国内及国际客户提供有价值的、全方位的法律服务。

观韬律师事务所拥有一支理论深厚、经验丰富、勤勉尽责、服务诚信、业绩良好、追求卓越的律师工作团队,并拥有多名相关专业的法律专家,能够为不同行业、不同客户提供全过程的综合性法律服务。

观韬荣誉

2014 年 11 月,观韬律师事务所在银行与金融、资本市场、收购与兼并、投资基金、私募、竞争法、能源与基建等业务领域获得国际金融法律评论(IFLR1000)2015 年中国金融律所较高排名。此外,观韬以下九位合伙人也在各自业务领域被评价为杰出律师。崔利国:资本市场、收购与兼并孙东莹:私募、投资基金、收购与兼并萧红明:私募;行业:能源、矿产姜玮:能源与基建:项目开发;行业:石油和天然气、电力吕立秋:银行与金融闫芃芃:资本市场、收购与兼并;行业:医疗、电信科技孙韶松:竞争法李岩:收购与兼并;行业:保险、电力、电信科技王阳:资本市场、投资基金;行业:石油和天然气、电力。国际金融法律评论是一部关于全球领先的金融和公司业务律师事务所的年度指引,于 1990 年开始发行,目前对全球超过 120 个法域的律师事务所进行调研和排名。国际金融法律评论(IFLR1000)是专注于国际金融行业的媒体 - - 欧洲货币法律传媒集团的组成部分。

2014 年 10 月,汤森路透(Thomson Reuters)的投资银行交易数据团队对外公布了 2014 年前三季度的并购法律顾问回顾报告,本篇报告还包含专为中国市场设计的中国海外并购报告,观韬因协助澳大利亚 Transpacific Industries Group 向北京首创集团出售新西兰废品处理公司股权项目,在中国海外并购法律顾问排名中位列中国律所第六位。该项目曾在 2014 年第一季度的并购法律顾问报告中入选中国海外并购十大交易。

2014 年 3 月 13 日,《钱伯斯全球 2014》发布最新律所排名结果,观韬在资本市场(境内发行)、公司与并购、争议解决(北京)、能源与自然资源、工程与基建等五大业务领域获得较高排名(其中,能源与自然资源、工程与基建两个领域均排名第二等级),并有 7 位律师入选排名律师(刘榕、姜玮、付三中、萧红明、徐玲、闫芃芃、洪宇昊,其中刘榕和姜玮分别在资本市场和工程领域排名为第二等级律师)。

2014 年 2 月 18 日,《钱伯斯亚太 2014》发布最新律所排名结果,观韬在资本市场(境内发行)、公司与并购、争议解决(北京)、能源与自然资源、工程与基建、房地产、重组与破产等七大业务领域获得较高排名(其中,能源与自然资源、工程与基建两个领域均排名第二等级),并有 10 位律师入选排名律师(杨光、刘榕、甘为民、姜玮、孙韶松、付三中、萧红明、徐玲、闫芃芃、洪宇昊,其中杨光、刘榕、甘为民、姜玮分别在重组与破产、资本市场、公司商事、工程领域排名为第二等级律师)。

2014 年 2 月,本所在重组及破产领域,获得 2013 商法卓越律所大奖。

2014 年 1 月,本所在 Corporate INTL 杂志 2014 年全球评选中,获得"中国年度全方位法律服务律师事务所"大奖

业务领域

资本市场业务。

资本市场业务是观韬律师事务所主要核心业务。曾为电力、钢铁、金融、建材、化工、机械、制药、生物、房地产、有色金属、交通、能源、环境保护、食品、旅游和高科技等行业的企业担任发行人律师或主承销商律师,在股票发行与上市方面具有丰富的执业经验,并对境内外证券发行、交易所规则和监管事项具有广泛的专业研究。主要业务包括但不限于:

· A 股的发行与上市
· B 股的发行与上市
· H 股的发行与上市
· 配股、增发新股
· 股份回购、分拆上市、整体上市
· 上市公司的改组与重组
· 公司债券的发行与上市
· 上市公司的收购与兼并
· 企业债券的发行与上市
· 可转换公司债券的发行与上市
· 基金的发行与上市
· 境内企业直接或间接境外上市
· 境内企业到香港、美国等地创业板发行股票与上市
· 涉及境内权益的境外公司在境外发行股票
· 拟上市企业的股份制改造
· 私募与风投

北京总部:
地址:北京市西城区金融大街 28 号盈泰中心 2 号楼 17 层
邮编:100140
电话:010 - 66578066
传真:010 - 66578016
邮箱:guantao@ guantao. com

上海分所:
地址:上海市长宁区遵义南路 88 号协泰中心 9 层
邮编:200336
电话:021 - 50585488
传真:021 - 58303697
邮箱:guantaosh@ guantao. com

西安分所:
地址:西安市高新路 51 号尚中心 713 室
邮编:710075
电话:029 - 88422608
传真:029 - 88420929
邮箱:guantaoxa@ guantao. com

成都分所:
地址:成都市人民南路四段 19 号威斯顿联邦大厦 7 楼 702 室
邮编:610041
电话:028 - 68299886
传真:028 - 68299899
邮箱:guantaocd@ guantao. com

大连分所:
地址:大连市中山区人民路 26 号人寿大厦 1109 室
邮编:116001
电话:0411 - 82829601
传真:0411 - 82829901
邮箱:guantaodl@ guantao. com

深圳分所:
地址:深圳市深南东路 4003 号世界金融中心 A 座 15B
邮编:518008
电话:0755 - 25980899
传真:0755 - 25980259

邮箱:guantaosz@ guantao. com
济南分所:
地址:山东省济南市文化西路 13 号山东招标大厦
七层 703 室
邮编:250014
电话:0531 - 67885556
传真:0531 - 67887166
邮箱:guantaojn@ guantao. com
厦门分所:
地址:厦门市厦禾路 189 号银行中心 2505 室
邮编:361003
电话:0592 - 3188699
传真:0592 - 3188007
邮箱:guantaoxm@ guantao. com
香港分所:
地址:香港中环花园道 3 号中国工商银行大厦
16 楼 1604 - 6 室
電話:00852 - 28781130
傳真:00852 - 28781360
邮箱:guantaohk@ guantao. com
天津分所:
地址:天津市和平区解放北路 188 号信达广场
26 层 2603 - 2605
邮编:300042
电话:022 - 58299677/58299678
传真:022 - 58299679
邮箱:guantaotj@ guantao. com
广州分所:
地址:广州市天河区珠江新城华夏路 28 号富力盈信大厦
1703 - 04 房
邮编:510623
电话:020 - 38398787
传真:020 - 38398331
邮箱:guantaogz@ guantao. com
观韬律师事务所投诉电话:(86 - 10)66578066

广东华商律师事务所

基本概况

广东华商律师事务所创立于 1993 年,是中国第一批获准设立的合伙制律师事务所之一。历经二十年不懈地努力,华商已成为国内最具规模的综合性律师事务所之一,截至 2015 年 12 月,华所有各类专业人员 430 人,其中合伙人律师 92 人,执业律师 289 人,业务总收入超 2 亿元,比同年增长 93.14%(不含括分所业绩)。华商总部设在深圳,位于深圳市福田区深南大道 4011 号香港中旅大厦 22、23 楼整层,地理位置优越,交通联络便捷。2014 年 1 月,华商的组织形式由普通合伙律师事务所变更为特殊普通合伙律师事务所。在国外,华商已在澳大利亚的悉尼设立了分所;在国内,华商在深圳前海成立了全国第一家内地与香港合伙型联营律师事务所——华商林李黎(前海)联营律师事务所,在深圳龙岗以及湖南长沙分别设立了广东华商(龙岗)律师事务所、广东华商(长沙)律师事务所,其他主要城市的分所也在筹办之中。

华商拥有广泛的客户群体,其中既包括世界五百强的大型跨国公司,也包括各类大、中型国有企业和成长型民营企业;既包括传统的制造型企业,也包括国内外知名的银行、金融保险企业、投资基金、通讯、信息技术、房地产等各类型机构或企业;同时也为政府、行业协会、事业单位以及广大公民提供法律服务。

华商的核心竞争优势体现在为客户提供具有本土优势、行业优势和国际视野的法律服务。华商扎根深圳近二十年,与深圳市以及珠三角的政府部门、司法部门、企业界建立了密切和稳定的业务联系,树立了良好的华商口碑;华商也与中国证监会、沪深交易所、国资委等监管机构建立了良好的工作联系;华商与各证券服务机构联系密切、关系融洽;经由华商参与发起成立的“中世律所联盟(SGLA)”,华商法律服务的地理范围可以覆盖到国内十几个大中城市并延伸至境外。

多年来,华商稳健发展,在专业法律服务领域取得了一系列成绩,具有良好的行业影响力和卓越的品牌形象。华商是“全国优秀律师事务所”,也是深圳唯一荣获“深圳知名品牌”的律师事务所;华商不仅是证监会、全国律协评定的全国证券业务综合排名前 15 名的律师事务所,也是《亚太法律 500 强》评选出的在公司法和商业法等领域领先的中国律师事务所之一;作为创始成员所,华商和全球排名前列的霍金路伟国际律师所以及中国 10 大城市的优秀律所共同成立了中世律所联盟;华商还是深圳市公安局维护公安民警正当执法权益法律援助的唯一合作伙伴。

展望未来,华商渴望更大的发展,成就百年华商的梦想。华商将积极探索科学的管理模式,以“法律维护正义、法律创造价值”为已任,恪守高度自我奉献精神及对社会的责任心,不断创新法律服务产品,尽心竭力为客户提供专业、精细、高效的法律服务,用五到十年的时间发展成为我国法律服务业的领导性品牌。

资本市场和证券

资本市场领域是华商的核心业务。华商是中国最早从事证券业务的律师事务所之一。在近十几年来,华商先后累计为上百家公司提供了中国境内外股票发行上市的法律服务,包括 A 股、B 股、H 股、红筹股、权益股等,所涉证券交易所包括上海、深圳、香港、纽约、NASDAQ、美国证券交易所、多伦多、新加坡、东京和伦敦等,业务范围十分广泛。华商律师也被中国证监会选聘担任发审委委员。

在多年的实务中,华商与证券监管部门、证券交易所、境内外著名投资银行、审计评估机构,以及上市公司建立了密切而良好的合作关系,从而可以确保为客户提供最佳的法律服务。

股权资本市场:

·上市前改制、重组

·上市前私募融资

·境内及跨境首次公开发行

·上市公司再融资(包括股票、可转换债券、债券存托凭证、REITs 等融资工具)

·境内外买壳上市

·上市公司收购、合并、分离、重大资产重组、退市及恢复上市

·上市公司股份分拆、回购上市公司治理结构

·管理层激励计划及员工持股计划的设计

·上市后持续信息披露

·上市公司

·证券投资基金的设立及资产管理

债券资本市场:

· 公司债券
· 企业债券
· 金融债券
· 短期融资券

银行信托保险

· 商业银行日常法律事务
· 国际商业信贷、项目融资、银团贷款等资产类法律事务
· 各类融资担保法律事务
· 信用证、托收、票据、保理、福费廷等结算类法律事务
· 银行卡类法律事务
· 理财产品等产品类法律事务
· 金融机构不良资产法律事务
· 金融创新类法律事务
· 资产证券化法律事务
· 银行与非银行金融机构交叉融合类法律事务
· 收购资产管理公司的资产包法律事务
· 融资租赁法律事务
· 各类信托法律事务
· 基金信托
· 财产信托
· 受托经营、投资基金信托
· 公司理财、项目融资信托
· 代保管信托
· 信托贷款与存款
· 养老金信托
· 有价证券信托投资
· 养老金投资基金信托
· 房地产信托投资
· 各类保险法律事务
· 保险公司日常法律事务
· 保险机构的设立、股权转让、并购、融资
· 保险公司资本运营及保险资金运用
· 保险条款、单证等保险法律文书的翻译与审核
· 保险产品的法律风险分析和合规审查
· 再保险
· 保险经纪、保险代理和保险公估
· 保险理赔、保险代位求偿

荣誉奖项

弹指间，华商已成立二十周年。回顾这二十年的发展历程，华商一直本着以“法律创造价值”的服务理念、不断创新的专业服务模式及勇于承担社会责任，向社会各界展示华商的专业风采。这二十年来，华商人风雨兼程，用逐梦点燃激情，用汗水铸造辉煌，一路稳健发展到至今。在专业法律服务领域取得了一系列成绩，具有良好的行业影响力和卓越的品牌形象。

这些年，华商多次被司法部，市司法局、市律师协会，以及国际知名法律媒体和权威机构评为中国顶尖的法律服务机构。曾先后荣膺“全国优秀律师事务所”、“民营领军骨干企业”、“纳税百佳民营企业”等系列荣誉称号。华商也是深圳连续两次荣获“深圳知名品牌”的律师事务所，不仅是证监会、全国律协评定的全国证券业务综合排名前 15 名的律师事务所，也是《亚太法律 500 强》评选出的在公司法和商业法等领域领先的中国律师事务所之一；作为创始成员所，华商和全球排名前列的霍金路伟国际律师所以及中国 10 大城市的优秀律所共同成立了中世律所联盟；华商还是深圳市公安局维护公安民警正当执法权益法律援助的唯一合作伙伴。这都是社会、政府、客户对华商二十年发展历史和品牌形象的高度评价、信任与肯定。

每一次获奖，对于我们华商人来说都是一次莫大的鼓励，也更加鞭策着我们要戒骄戒躁，恪守高度自我奉献精神及对社会的责任心，不断创新法律服务产品，尽心竭力为客户提供专业、精细、高效的法律服务。

荣耀历程：

2004 年，华商律师事务所受中国司法部和广东省司法厅委托对《中华人民共和国律师法》核心部分“律师业务和权利、义务”进行调研和修改起草工作，部分修改意见被立法机关采纳。

2005 年出版的 The Asia Pacific Legal 500（《亚太法律 500 强》）杂志将华商所列为推荐的中国律师行之一，并在公司业务、外商投资、项目融资等方面将华商列为推荐的中国律师所。同时，华商所还获得 2004 - 2005 年度法律商业奖（2004 - 2005 Annual Legal Business Award）的提名。

2005 年始，华商党支部多次被中共广东省律师协会评为全省律师行先进党组织。

2005 年 6 月，华商律师事务所被深圳市福田区人民政府评为“福田区纳税百佳民营企业”。

2006 年 3 月，华商被深圳市司法局评为律师事务所规范化建设达标单位。

2008 年 1 月，在深圳市司法行政系统法律服务工作中被深圳市司法局评选为“先进集体”单位。

2008 年，华商律师事务所被评为“2007 年度福田区民营领军骨干企业”被司法部全国律协评为“全国优秀律师事务所”。

2008 年 6 月，华商律师事务所被深圳市福田区人民政府评为“民营领军骨干企业”。

2008 年 9 月，华商律师事务所被评为“2005—2007 年度全国优秀律师事务所”，深圳仅两家律师事务所获此殊荣。

2008 年 8 月，华商在中华全国律师协会综合排名中位列证券业务全国前十五名。

2010 年 4 月，华商律师事务所获第七届“深圳知名品牌”律师事务所荣誉称号，这是截至目前，深圳唯一一家获此殊荣的律师事务所。

2012 年 3 月，华商被深圳司法局评为“深圳市优秀律师事务所”。

2012 年 7 月，华商荣获深圳市中小企业发展促进会常任理事单位称号。

2013 年 5 月，华商参加第十届深圳知名品牌颁奖典礼暨十年品牌建设高端论坛，并再一次获得“深圳知名品牌”称号。

广东信达律师事务所

基本概况

广东信达律师事务所，曾用名“深圳信达律师事务所”、“信达律师事务所”，于一九九三年在深圳设立，是深圳市最早获得批准设立的合伙制律师事务所，也是我国最早设立的合伙制律师事务所之一。经过二十年的发展，信达已成为以公司、证券发行、投资业务为强项，银行、房地产和商事纠纷解决、知识产权等法律业务齐全的综合性律师事务所，是深圳市目前规模最大、从业时间最久的律师事务所之一，并在全国证

券法律领域享有盛名。

设立于经济特区的信达，伴随中国经济的发展逐步壮大，从引进外资、股份制改造、房地产开发、银企融资，发展到现阶段以权益类证券发行为主要特征的企业融资，信达律师始终站在市场经济实践的前沿迎接挑战。凭借深厚的法律功底、良好的外语水平、得天独厚的区域优势、真诚的服务意识、灵敏的职业悟性以及长期的艰苦努力，信达律师在证券发行、投资业务、收购兼并、外商投资、银行贷款、破产清算、资产债务重组以及企业日常经营管理和运作等法律业务领域积累了相当丰富的经验，在对手如林的证券法律业务中确立了强有力的竞争优势。

信达拥有一批既有丰富经验，又有深厚理论功底的律师。信达的高级合伙人大多毕业于国内外著名法律学府，已在其相关专业领域执业十年以上，取得了良好的业绩。信达的律师在进入信达之前，均需接受严格的遴选，并在进入信达后通过持续而专业的培训以提高执业水平。信达还建立了严格的内部审核及信息共享制度，在不断提高业务质量的基础上保证最新法律、法规、政策及案例的及时学习和运用。

信达长期活跃于资本市场，积累了广泛的客户群体，其中既包括如万科、平安等国际知名公司，也包括业绩良好的众多成长型企业；既包括传统的制造业企业，也包括银行、保险公司、私募基金、通讯、信息技术、文化创意、教育培训、旅游等各类服务型企业；信达同时也为政府机构、国际组织等提供中国法律服务。

证券、投资、公司

信达早在九十年代就具有中国司法部和中国证券监督管理委员会联合授予的从事证券法律业务资格，是我国从事证券法律业务最早、最多的律师事务所之一。信达的一些律师担任了证券交易所的上市委员会委员、中国证监会创业板首届以及第二届发行审核委员会委员以及企业改制上市培训专家等，并经常参与证券监管部门或其他政府部门组织的证券类法律、法规、规章的起草、修订和研讨工作。凭借着丰富的国内证券和涉外从业经验，信达已先后累计为上百家公司提供了中国境内外股票发行上市的法律服务，协助境内外数百家企业完成股份制改组，在深圳和上海证券交易所发行A股或B股，在香港联交所发行H股或红筹模式上市，并参与了几十家中国企业在美国、香港地区、新加坡、韩国等地发行股票上市、上市公司重大重组、收购兼并、增资发行股票、债券发行及国外资本收购境内股权或资产等法律业务，范围十分广泛。目前已经形成专业从事证券发行以及公司购并事务的律师团队，为国有大中型企业、境内外跨国公司、各类投资基金、各类上市和拟上市公司以及有意涉足资本市场的各类企业提供高效、专业并具个性化的法律服务。

银行、金融及不良资产

信达向客户提供有关中国金融机构、金融法律、法规及政策的法律咨询，并与国内外众多银行和金融机构保持密切的合作伙伴关系，主要业务涉及银团贷款协议、国际银团贷款协议、政府贷款、普通商业贷款协议以及租赁合约等多方面。信达还先后为国家开发银行、汇丰银行、恒生银行、中国建设银行、中国民生银行多家商业银行和非银行金融机构担任常年法律顾问或提供专项法律事务服务，在一般信贷、双边货款、银团贷款、有担保和无担保贷款方面具有丰富的实践经验。

在不良资产的处置领域，信达律师参与不良资产的投资及买卖交易，包括为不良资产的买方以及卖方进行例如交易甄别、估价、谈判、资产池管理等方面的全方位服务，为国内外投资者提供广泛的服务和支持。此外，对于与不良资产相关的房地产或者其他不动产项目，还同时提供房地产的投融资咨询和交易服务。

信达已与国内四大资产管理公司以及国际投行、风险投资基金等机构建立了密切的合作以及业务关系。

信达荣誉

·入选香港《商法》杂志“外资境内并购中国律师所前15强”(基于2012年7月1日至2013年6月17日期间公布的交易累计 项目金额)

·入选香港《商法》杂志“2013年度香港联交所中国公司IPO项目”(2012年3月至2013年4月)优秀律师事务所

·分别入选香港《商法》杂志“深交所中小板IPO项目”、“深交所创业板IPO项目”(2011年3月至2012年4月)优秀律师事务所

·入选由《投资者报》研究部根据参与证券业务律师事务所在A股IPO市场的表现(包括过会的IPO项目数量和项目过会率)、综合评选出的2010年中国十佳IPO律师事务所

·2011年，被证券时报主办的中国最具竞争力创投机构(CCVC/PE)评选为2010年度最佳中介机构——“年度最佳律师事务所”

·2009年，荣获《亚洲法律杂志》(ALB)主办的“ALB China Law Award 2009深圳律师事务所”年度大奖

·是Legal500及亚洲法学在中国推荐的律师事务所之一

地址：深圳市福田区益田路6001号太平金融大厦
12楼整层
邮编：518017
电话：0755－88265288　88260902
传真：0755－88265537
邮件：info@ shujin. cn

广发律师事务所

基本概述

上海市广发律师事务所是一家致力于提供证券金融法律服务的专业机构，专业化的特色使我们在证券金融法律服务领域更具有竞争优势。

根据中国证监会统计IPO排名规则，上海市广发律师事务所近三年均位列全国前十、上海前三，是国内证券业务专业化程度最高的律师事务所。

组织

我们相信，管理模式是一个律师事务所能否可持续发展的关键。广发是实行统一公司制管理的律师事务所。事务所由一名首席管理合伙人领导，并由不同业务组别的协调人和区域管理合伙人协助其工作。部门之间相互协助、相互配合，旨在就某些特别复杂的法律专业及受法规高度监管的行业提供跨部门的服务。

公司制的管理模式有利于最大可能的利用广发的各种资源优势；

公司制的管理模式有别于大多数律所的松散型管理，为项目作业提供强有力的后勤保障和支持，同时也加强了对项目质量的监控。广发对各项目采取团队化作业模式，其优点在于能发挥团队律师的各自优势，便于项目的整体衔接与充分沟通；

公司制的管理模式有利于广发与包括同行在内的各类中外中介机构建立良好的合作关系；

公司制的管理模式有利于广发与各级地方政府、行业监督管理部门及其他部门建立良好的沟通能力。

处事方式

我们坚持与客户沟通。公司制的管理、团队化的服务方式确保客户与我们的联系畅通无阻；规范、亲切并具有效率，以最好最快的服务帮助客户达到目标。我们的专业能力保证我们异常敏锐地洞察客户的目标，充分理解我们所处理的问题的实质及客户的忧虑。我们认为，无限的沟通有助于为客户提供更全面的解决方案，提升我们的服务价值。

法律费用

费用、效率和价值始终是我们与客户共同关注的事项。

我们相信管理模式是提供有效法律服务的关键，而公司制的管理能保证法律费用的一致性。虽然我们可以就事务所之间的费率和执业作比较，但是，客户最关心的是解决问题的能力和效率，我们的管理模式确保以事务所的资源和能力提供客户最合理的方案并最有效率的解决问题，在此基础上，从而最有效的控制成本。

鉴于我们在执业管理中的利益，以及我们不断努力提高的办事效率，我们仍然沿用了国际上通行的传统收费惯例，即根据完成工作所花的时间按小时向客户收费。然而，我们也认识到许多客户愿意采用其他非计时方法收费；所以，我们在多种情况下与客户共同做出了适宜于特定情况的既公平又有效的其它收费安排。

在有些情况下，审慎地为客户做出特定的收费安排能促进客户与事务所的关系，也有助于双方达到更远大的目标。

人员配备

广发的一位合伙人专职监管事务所与每一位客户之间的关系。该合伙人深受客户信赖。客户委托的事项均由对该领域最富有经验、驻于适当地点的律师负责承办。我们提供团队化服务，每一个客户由一支由数名律师组成的核心队伍提供服务，其成员都谙熟客户的特殊需求和目标，包括业务、人事、办事程序，以及该客户与事务所之间的整体关系。

我们相信这种安排能为客户提供法律服务上的连贯性，节省延续法律咨询的费用，并且使客户能获得精通其业务和所涉行业的律师提供法律服务。我们承诺，保证每位客户对我们的人员调配安排都感到满意。

技术

广发承诺以创新的、符合成本效益的方式应用技术，以期更好地满足客户的需要。事务所内部以及事务所与客户之间的合作联系可以通过先进的通讯网络、网站和通行的应用软件进行。

现有技术和及时的更新，确保我们能在第一时间获得大量专业信息和行业信息，以应对不断提升的客户要求。

我们关心技术的进步，任何有助于提升法律服务价值的技术在力所能及的前提下我们都愿意尝试，我们深刻理解技术对于法律服务水准和客户层次提升所带来的巨大影响。

基本价值观

对每项客户委托的事务提交一份最出色的答卷，这就是广发至高无上的价值观。每位律师均可望在各种机会展示指导本事务所客户服务的基本价值观。

广发强调事务所整体的价值和资源，注重发展事务所的品牌。我们相信，客户对事务所品牌的认同会远远超越对律师个人名望的期望。我们摒弃完全以个人方式服务客户的价值观。

对于客户，在提供法律服务获取相应经济价值的同时，我们同样重视赢得客户的友谊与尊重；对于对手和同行，我们从不诋毁；对于同事，我们精诚合作，求大同存小异；我们知道，专业能力在完成客户委托时极为重要，但并不是解决所有问题的全部，我们同时注重利用事务所的一切资源提升综合解决问题的能力。即使在受到诱惑或威胁的情况下，我们也勇于代表处于逆境中的客户。

证券与资本市场

专业化发展模式使广发律师事务所在金融证券领域颇有建树，是为数不多的、拥有广泛声誉的中国金融证券业律师事务所。已成功为国内数十家公司提供与证券发行上市相关的法律服务，范围涵盖国内 A、B 股、新加坡红筹、香港 H 股和红筹(创业板或主板)、纳斯达克、纽约交易所上市等，赢得了客户广泛赞许。

专业领域

在融资业务领域，广发提供的法律服务包括但不限于：

· 法律审慎调查

· 公司治理结构的建立

· 公司改制及重组

· 公司证券的发行、增发及上市

包括：国内上交所主板和深圳中小企业板的股票首次发行上市，公司股票配售及增发；

红筹股的发行与上市；

境内外优先股发行上市

认股权证发行与上市；

国内企业债券的发行与上市。

· 私募

· 股权或资产置换

· 信息披露

· 上市公司日常法律服务

· 基金

地址：上海市浦东新区世纪大道 1090 号斯米克大厦 19 楼

电话：021 – 58358013 – 14 – 15

信箱：gf@ gffirm. com

国浩律师事务所

基本概况

国浩律师集团事务所成立于 1998 年 6 月，由北京市张涌涛律师事务所、上海市万国律师事务所、深圳市唐人律师事务所基于合并而共同发起设立，并在中华人民共和国司法部登记注册。前述三家事务所业已于 1992 年及 1993 年间组建，至今已有逾二十年的历史。

2011 年 3 月，国浩律师集团事务所更名为国浩律师事务所。

国浩律师事务所是中国最大的跨地域合伙制律师事务所之一，在北京、上海、深圳、杭州、广州、昆明、天津、成都、宁波、福州、西安、南京、南宁、济南、重庆、苏州、香港、巴黎、马德里、硅谷等二十地设有分支机构。

国浩律师事务所现有 260 余名合伙人，90% 以上的合伙人具有硕士、博士学位和高级职称，其中多名合伙人为我国某一法律领域及相关专业之著名专家和学者。国浩律师事务所拥有执业律师、律师助理、律师秘书及支持保障人员近 2000 人。

机构布局

国浩律师事务所是中国最大的跨地域合伙制律师事务所之一，在北京、上海、深圳、杭州、广州、昆明、天津、成都、宁波、福州、西安、南京、南宁、济南、重庆、香港、巴黎、马德里、硅谷等地设有执业机构。

香港联营

在《内地与香港关于建立更紧密经贸关系的安排》（CEPA）公布后，经中国司法部批准，国浩律师事务所与在香港享有相当声誉和规模的胡关李罗律师行在二00四年八月签署联营协议并实施联营。这是内地与香港两地大型律师机构的首次联营。

人力资源

国浩律师事务所现有260余名合伙人，90%以上的合伙人具有硕士、博士学位和高级职称，其中多名合伙人为我国某一法律领域及相关专业之著名专家和学者。国浩律师事务所拥有执业律师、律师助理、律师秘书及支持保障人员近2000人。

客户关系

国浩律师事务所律师与客户合作无间，真实、彻底地了解每一位客户的业务特点和法律需求，并提出准确、精深的专业意见，提供富于创新的法律服务。国浩律师事务所的业务范围业已覆盖整个中国及世界多个国家和地区。

专业资格

国浩律师事务所经中国司法部、中国证券监督管理委员会审核，具有从事证券业务之专业资格。

本所经中国司法部、国家科委、原国家国有资产管理局审核，具有从事产权界定之专业资格。

本所经中国司法部、原国家计委审核，具有从事国家基本建设大中型项目招投标业务之专业资格。本所经中国司法部、原经贸部审核，具有从事外贸企业股份制改造职工持股业务之专业资格。本所系香港联合交易所、美国纽约证券交易所、美国NASDAQ证券交易市场、澳大利亚证券交易所、新加坡证券交易所等境外证券交易机构认可的可为证券发行上市及公司并购项目出具法律意见的中国律师事务所。

专业成果

国浩律师事务所出版的内部刊物《国浩法律研究·公司证券版》受到广大客户的关注，已成为与客户联系的桥梁，宣传财经法律的论坛。此外，本集团推出“国浩法律文库”与“国浩财经文库”，先后出版了《企业投资融资筹划与运作》、《企业上市审核标准实证解析》、《中国创业板发行上市法律指引》、《资本运作税法实务》、《现代商事律师实务》、《金融证券律师实务》、《中国产业律师实务》、《中国新型城镇化的法治思维》、《私募股权基金的筹备、运营与管理：操作细节与核心范本》、《知识产权权利冲突：理论与判例分析》、《证券法律：投资银行律师实务》、《金融律师咨询精粹》、《证券市场若干法律问题研究》、《证券法析义与证券规范操作》、《网络与电子商务》等多本专著。

地址：北京市西城区武定侯街2号泰康国际大厦
　　10层1005单元
邮编：100033
电话：010－66216823
传真：010－66218093
邮箱：grandallgroup@ grandall. com. cn

海华永泰律师事务所

基本概况

成立于1995年，总部位于上海浦东陆家嘴金融区，北京设有分所，是上海市综合实力名列前茅的大型法律服务机构。执业律师超过一百五十名。设立至今为近千家知名企业提供了优质的法律服务，服务范围包括房地产与建设工程、金融证券、国际贸易与海关业务、公司业务、新型法律服务（不良资产和应收账款清收与处置、娱乐传媒、环保新能源等）、知识产权、争端解决等方面。

“专业赢得尊重、携手成就理想”是海华永泰的核心价值观。事务所的各项重点工作都围绕核心价值观的实现展开。团队强大复合背景与实务经验保证我们法律服务专业的品质；业务的团队化操作保证我们对所承接的项目提供精准及时的服务；协助客户实现商业目标成为我们追求的不变理想。

核心业务

金融证券业务是海华永泰的另一个传统核心业务领域。海华永泰参与了众多境内机构首次公开发行、再融资、借壳上市等项目，积累了丰富经验且业绩优异。特别在境外上市领域，海华永泰已经成为业内提供境外上市法律服务最多的机构之一，上市地包括：美国、英国、新加坡、香港、马来西亚等。

另一方面，海华永泰还是私募基金法律服务的领跑者，为大量私募基金提供设立、投资退出等全程法律服务。我们不但在传统私募股权投资基金和风险投资基金领域有卓越的表现，我们还是私募房地产基金法律服务的创新者和开拓者。

海华永泰作为在金融与证券法律服务领域颇有建树的律师事务所，已经为众多国内外客户提供过广泛而深入的相关法律服务。我们的客户包括：银行（建行、交行、招商银行、平安银行等）、证券公司（国泰君安、海通、申银万国、长江等）、信托公司（上国投、杭工信、华宝、交银信托等）、保险公司、基金管理公司及其他众多拟上市及通过其他方式融资的企业或机构。

海华永泰在境内外上市和私募基金方面拥有大量经典案例和成功经验，包括：华丽家族境内借壳上市项目、重庆民生轮船主板上市项目、力星钢球境内创业板上市项目、心连心化肥香港、新加坡双重上市项目、Z－OBEE控股有限公司香港、新加坡双重上市项目、黑石基金中国首个人民币私募股权投资基金项目、平安资本投资滨地钾肥项目、复地集团私募房地产投资基金项目等。

服务范围：

- 私募基金
- 私募基金设立方案设计
- 私募基金设立相关法律文件起草、修改及审核
- 基金投资项目法律尽职调查
- 基金投资项目投资结构安排与方案设计、修改及审核
- 为私募基金退出设计方案等提供相应法律服务
- 为基金投资出具专项法律意见/设计方案等
- 资本市场
- 上市改制与重组方案设计
- 境内外首次公开发行法律服务
- 上市公司再融资
- 境内外借壳上市法律服务
- 上市公司兼并、重组及股权分拆、回购法律服务
- 上市公司治理结构法律服务
- 管理层/员工股权激励计划设计
- 协助上市公司信息披露
- 银行与保险
- 银团贷款法律服务
- 并购贷款法律服务
- 融资租赁法律服务

·保险法律服务
·信用卡法律服务
·债务重组与不良资产处置法律服务
·债券发行法律服务
·金融衍生品法律服务
·信托业务
·为信托项目的框架方案提供合法合规性、可行性分析和建议
·出具律师尽职调查报告
·审核尽职调查材料
·参加、列席相关谈判、会议
·出具法律意见书
·相关法律文件及其他文件资料拟订、审查、修改
·信托项目跟踪法律顾问服务
·与信托项目有关的法律纠纷

律所荣誉

·2013－2014 年度上海市文明单位
·2014－2015 年度优秀连锁服务商
·上海市科学技术协会法律咨询委员会律师团成员
·第十二届华东律师论坛论文三等奖
·首届"长宁区百姓英雄"
·上海市五星级社会组织党组织
·长宁区第三届领军人才
·2013 年度"长宁区五四红旗团支部"
·2013 年度长宁区法律服务业先进行政人员
·2013 年度长宁区法律服务业拔尖专业团队
·2013 年度长宁区先进诉讼业务律师
·荣获"第五届上海市优秀青年律师提名奖"
·荣获"第一届上海律师学术大赛辩护词一等奖"
·荣获"第一届上海律师学术大赛代理词优秀奖"
·荣获"第一届上海律师学术大赛论文和调研课题报告优秀奖"
·荣获"长久相伴守护奖"(中国平安银行)
·荣获"2013 年度经济发展贡献奖"
·荣获"上海市专业服务贸易重点单位(法律服务类)"称号
·荣获"2013 年度招商银行信用卡中心风险管理部最佳合作律所"称号
·荣获亚洲公司/商业领先律师事务所称号
·荣获长宁区平安单位称号
·荣获浦东新区劳动关系和谐企业
·荣获"上海市中小企业发展服务志愿者"称号
·荣获长宁区司法系统"党的十八大报告和新党章"知识竞赛二等奖
·荣获 2013 年中小企业法律服务机构
·荣获 2011－2012 年度上海市文明单位
·荣获 2011－2012 年度长宁区文明单位
·荣获 2009－2012 年长宁区优秀律师称号
·荣获上海市"两新"组织创先争优先进基层党组织
·荣获长宁区创先争优先进基层党组织
·荣获长宁区"两新"组织五星级党组织
·荣获"上海市十佳房地产律师事务所"称号
·荣获"上海市十佳律师事务所"称号
·荣获"服务世博先进律师事务所"
·荣获"服务世博先进律师"
·荣获"迎接建党 88 周年,走进上海世博会"长宁区律师党员知识竞赛二等奖
·颜学海律师获第十五届"上海十大杰出青年"称号
·上海交通大学凯原法学院教学实习基地
·荣获 2006 年度上海市司法行政系统先进集体
·海华永泰提交的《关于律师独立性的思考》一文荣获纪念律师制度恢复 25 周年"律师本质属性"优秀论文奖
·2003－2004 年度上海市长宁区文明单位
·颜学海律师获第二届"东方大律师"称号
·颜学海律师获"上海市优秀律师"称号
·徐珊珊律师获第四届"上海市优秀青年律师"称号
·马靖云律师获第四届"上海市优秀女律师"称号
·颜学海律师获"上海市青联年度突出贡献奖"称号
·颜学海律师荣获"司法部律师行业党员律师标兵"
·冯加庆律师获"我看信托这十年"征文活动二等奖
·朱剑锋律师获"我看信托这十年"征文活动优秀奖

专业资质

海华永泰律师事务所及其律师具有资格包括:
1. 证券期货律师资格及证券期货从业资格
2. 涉外投资代理资格
3. 仲裁员资格
4. 重大工程招标投标服务资格
5. 国有资产界定律师资格
6. 国家工商行政管理总局代理人专业资格
7. 注册会计师资格
8. 集体科技企业产权界定资格
9. 外经贸部内部职工持股主协调律师资格
10. 上海股权托管交易中心会员资格
11. 国家工商总局商标局备案代理机构许可等

业务支持

高素质的律师团队是我们提供优质高效服务的坚强基石,科学规范的业务流程管理、积极严格的研习制度是我们提供优质高效服务的制度保证。

为保证向客户提供优质高效的法律服务,本所对其各项法律服务业务均制定有完善的业务流程规范。承办律师将按其业务操作规范,结合各客户的不同特点和要求,为客户提供优质高效的法律服务,并与本所各部门紧密配合开展工作。

另外,为不断提高我们的服务能力,拓展我们的服务领域,本所制定有严密的研习计划,定期进行业务学习研讨,及时掌握新的理论知识和实务经验,把握业界最新动向,并对前沿领域中的实务问题和立法完善进行积极地开拓探索。

我们承诺

我们致力于提供一流的严谨的专业法律服务。

我们承诺对在工作中接触、了解到的客户的商业秘密及技术资料予以保密。

业务领域

金融证券业务是海华永泰的另一个传统核心业务领域。海华永泰参与了众多境内机构首次公开发行、再融资、借壳上市等项目,积累了丰富经验且业绩优异。特别在境外上市领域,海华永泰已经成为业内提供境外上市法律服务最多的机构之一,上市地包括:美国、英国、新加坡、中国香港、马来西亚等。

另一方面,海华永泰还是私募基金法律服务的领跑者,为大量私募基金提供设立、投资退出等全程法律服务。我们不但在传统私募股权投资基金和风险投资基金领域有卓越的表

现,我们还是私募房地产基金法律服务的创新者和开拓者。

海华永泰作为在金融与证券法律服务领域颇有建树的律师事务所,已经为众多国内外客户提供过广泛而深入的相关法律服务。我们的客户包括:银行(建行、交行、招商银行、平安银行等)、证券公司(国泰君安、海通、申银万国、长江等)、信托公司(上国投、杭工信、华宝、交银信托等)、保险公司、基金管理公司及其他众多拟上市及通过其他方式融资的企业或机构。

海华永泰在境内外上市和私募基金方面拥有大量经典案例和成功经验,包括:华丽家族境内借壳上市项目、重庆民生轮船主板上市项目、力星钢球境内创业板上市项目、心连心化肥香港、新加坡双重上市项目、Z－OBEE 控股有限公司香港、新加坡双重上市项目、黑石基金中国首个人民币私募股权投资基金项目、平安资本投资滨地钾肥项目、复地集团私募房地产投资基金项目等。

服务范围:

·私募基金

·私募基金设立方案设计

·私募基金设立相关法律文件起草、修改及审核

·基金投资项目法律尽职调查

·基金投资项目投资结构安排与方案设计、修改及审核

·为私募基金退出设计方案等提供相应法律服务

·为基金投资出具专项法律意见/设计方案等

·资本市场

·上市改制与重组方案设计

·境内外首次公开发行法律服务

·上市公司再融资

·境内外借壳上市法律服务

·上市公司兼并、重组及股权分拆、回购法律服务

·上市公司治理结构法律服务

·管理层/员工股权激励计划设计

·协助上市公司信息披露

·银行与保险

·银团贷款法律服务

·并购贷款法律服务

·融资租赁法律服务

·保险法律服务

·信用卡法律服务

·债务重组与不良资产处置法律服务

·债券发行法律服务

·金融衍生品法律服务

·信托业务

·为信托项目的框架方案提供合法合规性、可行性分析和建议

·出具律师尽职调查报告

·审核尽职调查材料

·参加、列席相关谈判、会议

·出具法律意见书

·相关法律文件及其他文件资料拟订、审查、修改

·信托项目跟踪法律顾问服务

·与信托项目有关的法律纠纷

地址:浦东新区东方路69号裕景国际商务广场A座15楼
电话:021－58773177
传真:021－58773268
邮编:200120

江苏世纪同仁律师事务所

基本概况

江苏世纪同仁律师事务所是中华人民共和国(大陆地区)最早设立的律师事务所之一。数十年来,世纪同仁致力于为中外客户提供一流的商业与诉讼法律服务,以勤勉、专业、高端的运作理念臻至江苏律师界领先地位,部分业务居全国律师界之前列。

同仁历史

1984年,经国家司法部批准,世纪同仁的前身"江苏对外经济律师事务所"创立,它作为江苏第一家以"律师事务所"命名的律师事务所直接隶属于江苏省司法厅,由时任江苏省律师协会秘书长、江苏省政协社会法制委员会主任、全国人大代表汪洋先生担任主任。汪洋先生的继任者是江苏省律师协会原副会长、"全国首届十佳律师"、现博士生导师张国平先生。

1997年,世纪同仁由"江苏对外经济律师事务所"更名为"江苏同仁律师事务所"。2000年,同仁所改制为一家合伙制律师事务所,同时更为现名。目前,中华全国律师协会原副会长、现江苏省律师协会会长王凡先生担任世纪同仁的主任。

同仁荣誉

2015年,被江苏省律师协会省直分会评为(2014－2015年度)省直优秀律师事务所。

2014年,被江苏省律师协会省直分会评为(2013年度)先进集体。

2011年,本所荣获第一届《新财富》最佳发行人律师奖。

2009年,被江苏省司法厅评为先进党支部。

2008年,被中华全国律师协会评为"2005年－2007年度全国优秀律师事务所"称号。

2005年,被中华全国律师协会评选为全国优秀律师事务所。

2004年,被江苏省律师协会省直分会评为(2003年度)先进集体。

2003年,被江苏省律师协会省直分会评为(2002年度)先进集体。

2002年,被江苏省律师协会省直分会评为(2001年度)优秀律师事务所。

2001年,被江苏省司法厅、江苏省律师协会评为江苏省直律师事务所2000年度先进集体。

1999年,被江苏省精神文明建设指导委员会授予江苏省文明单位(1997年、1998年)荣誉称号。

1999年,被江苏省司法厅授予"三优三满意"先进集体。

1998年,被江苏省司法厅授予集体二等功。

1998年,被江苏省司法厅评为厅机关三优三满意文明单位。

1998年,被司法部授予部级文明律师事务所称号。

1996年,被司法部评为全国法律服务行业文明服务窗口。

业务领域

·金融证券法律事务

参与股份制改组、企业重组、在境内外公开发行股票、债券的法律事务并制作有关法律文件;参与国际信贷法律事务;为国际信贷项目出具法律意见书;参与各类与贷款有关的抵押、担保的法律事务和制作法律文书;参与国际融资租赁和转

租赁的法律事务并制作法律文件。

· 公司及投资法律事务

参与内资企业、三资企业及境外投资的项目投资可行性研究，编制、审查法律文件，代办设立公司的注册等法律事务；参与股权转让、资产并购、合并、设立、分立、清算、破产的法律事务并制作有关法律文件。

· 诉讼及仲裁法律事务

代理各项涉外和国内的投资、贸易、信贷、行政、房地产、知识产权、金融证券、海事、海商等纠纷的调解、仲裁和诉讼。

· 诉讼及仲裁法律事务

代理各项涉外和国内的投资、贸易、信贷、行政、房地产、知识产权、金融证券、海事、海商等纠纷的调解、仲裁和诉讼。

· 知识产权法律事务

参与专利、商标等各类知识产权的法律事务并制作有关法律文件。

· 贸易法律事务

参与商品贸易、服务贸易等各类内、外贸易法律事务并制作有关法律文件。

同仁团队

世纪同仁期望保持在中国律师界的领先地位，并争取更大的荣誉。世纪同仁相信不断选拔高素质的专业人才能让我们如愿以偿。世纪同仁的律师大部分毕业于中国一流的法学院。我们重视普遍的国际化趋势，世纪同仁曾委派十多人赴美、英、德、新加坡、香港等国家和地区学习、工作，他们中很多人获得英、美著名法学院硕士以上学位。

多名世纪同仁的律师在中国最权威的律师行业组织中任职。除主任合伙人王凡律师外，世纪同仁的律师先后担任着江苏省律师协会及其直属分会多个专业委员会的领导职务，他们同时也享有“全国十佳律师”、“江苏省知名律师”和“江苏省省直十佳律师”等荣誉，成为江苏法律界具有开拓性的专业人士。世纪同仁的朱增进律师因他在证券法律专业的资深地位，于 2009 年成为中国证监会第一届创业板发行审核委员会专职委员。

同仁业务

尽管世纪同仁的前身是一家专业、高端的商务法律服务机构，但经过数十年的发展，我们已成为一家具有商务特色的综合性律师事务所。我们以同样优良的品质为客户提供诉讼和非诉讼法律服务。

同仁特色

诉讼及非诉讼、金融证券法律业务为世纪同仁的特色。

在诉讼领域，世纪同仁具有多名经验丰富的律师，承办了数十起在江苏乃至全国都有重大影响的诉讼和仲裁案件。

非诉讼业务领域，是世纪同仁日常工作中广泛参与并从事工作，为诸多内、外资企业办理了涉及公司法律业务、银行法律业务、房地产法律业务、内/外贸法律业务、知识产权法律业务、海/商事等方面的法律业务，赢得客户高度肯定，法律顾问单位的数量及质量逐年增加。

在金融证券法律业务领域，世纪同仁拥有如下资质：

1993 年 3 月，世纪同仁经国家司法部和中国证监会联合批准，成为全国首批 23 家具有从事证券法律服务资格的律师事务所之一。

2000 年 11 月，世纪同仁经中国证监会核准，成为全国 59 家具有从事涉及境内权益的境外公司相关业务资格（境外上市）的律师事务所之一。

世纪同仁荣幸的成为中国银行间交易商协会会员，为众多客户提供融资债券发行等金融法律服务。世纪同仁办理了大量银团贷款、企业债券、中期票据及信托等金融类业务。

截至 2009 年 12 月，世纪同仁先后为中国大陆 100 多家企业股份制改造、资产重组和境内外发行、上市股票提供了法律服务。我们已为上市公司提供了多达 99 次的融资服务（包括 IPO、上市公司再融资、重大资产重组和公司债券发行等），涉及 63 家企业，其中，包括中国电器连锁第一品牌“苏宁电器”、中国城市商业银行上市第一股“南京银行”和中国中西部最大直辖市“重庆银行 IPO 申报项目”等。

世纪同仁已成功办理完毕的证券业务数量在江苏律师界中一直保持较大优势的领先地位，在中国律师界也位居前列，2008 年度更有幸成为全国十大证券律师事务所之一（全国排名第七）。

同仁愿景

世纪同仁伴随着伟大祖国改革开放和民主法制的进程，走过了近三十年的荣耀历程。根植于中国第二经济大省，荣居于大国崛起的时代，未来，我们无限期待；未来，我们任重道远。

我们的愿景：做具有专业特色的中国一流商务律师事务所。

地址：江苏省南京市中山东路 532 - 2 号金蝶科技园
D 栋五楼

邮编：210016

电话：025 - 86633108　83304480

传真：025 - 83329335

江苏永衡昭辉律师事务所

基本概况

永衡昭辉律师事务所是一家以商事法律服务为主，长期致力于金融证券、国际投资、知识产权等领域并提供全方位法律服务的律师事务所。

律所由黎民等五位合伙人于 1997 年 10 月创立，当时名称为南京永和律师事务所。2001 年 5 月更名为江苏南京永衡律师事务所，2002 年 7 月更名为江苏法德永衡律师事务所。2009 年 5 月，经江苏省司法厅批准，江苏法德永衡律师事务所分立变更为江苏永衡昭辉律师事务所和江苏法德永衡律师事务所。

律所现有注册执业律师六十余名，其中三名一级律师、十余名二级律师，以及南京师范大学法学院七位教授（其中博士生导师六位）、八位副教授。本所多数律师拥有硕士学位，十六位拥有博士学位。本所既有众多具有二十年以上从业经验、精通中国法律实务的律师，也有一批拥有英、美、欧盟、香港等国家和地区学习培训经历、深谙国际商事法律和惯例的律师，并成为中国东部地区具有领先地位的律师事务所之一。

得益于中国著名的南京师范大学法学院的强力支持，本所在法律理论和实务的结合方面具有超卓的能力，不仅在前沿业务领域，而且在刑事、民事、行政诉讼等传统业务方面具有专业优势。同时，本所也是南京师范大学法学院的教育实践基地。

律所律师的法律服务赢得了客户的广泛赞誉，并获得了多项荣誉称号：2006 年，本所获得《亚洲法律》杂志颁发的“年度最佳融资项目奖”；2007 年，本所被《亚洲法律》杂志评选为“江苏省年度最佳律师事务所”；2013 年，本所被《亚洲法律》杂志评选为“中国十大发展最快的律师事务所”；2008 年，司法部授予本所“全国优秀律师事务所”荣誉称号。本所律师中有十余人曾被评为“全国十佳律师”、“江苏省十佳律师”、“江苏省知名律师”和“南京市十佳律师”，三人被评为江苏省首届十大杰出中青年法学家，一人获得全国十大杰出青年法学家提名；2011 年 11 月，南京市司法局授予本所“2008 – 2010 年度全市司法行政系统优秀律师事务所”荣誉称号；2012 年 2 月，南京市民营经济工作领导小组授予本所“2011 年度全市民营经济发展先进服务机构”荣誉称号；2012 年 3 月，江苏省司法厅授予本所”全省“双促双助”法律服务活动先进集体荣誉称号。

律所始终秉持“专业筹划、勤勉服务、团队智慧、成就价值”的理念，为客户提供大量优质高效的法律服务。

专业领域

证券与资本市场

证券法律服务一直是永衡昭辉的核心和优势业务之一。永衡昭辉的证券法律服务团队是经中国司法部及中国证监会批准，最早一批取得从事证券业务资格的专业律师。多年来，永衡昭辉的专业证券业务团队，已成功为多家海内外公司的股票首次公开发行及增发业务提供了全面法律服务。

提供的证券法律服务侧重于帮助客户达到公司证券发行、上市和公司治理的法规遵从性以及充分发挥公司的价值。

提供服务的项目：

· 企业改制、重组

· 股票境内外首次公开发行并上市(IPO)

· 上市公司公开发行新股并上市、上市公司非公开发行股票并上市、配股

· 公司债、可转换公司债券和可分离交易公司债券

· 证券投资基金、产业投资基金

· 企业债

在这一领域内的服务包括以下方面：

· 法律尽职调查

· 设计改制、重组方案

· 起草、审查和修改发起人协议、章程、决议等相关法律文件

· 协助建立和完善公司治理结构

· 为证券发行出具律师工作报告和法律意见书

· 协助拟定招股说明书等相关信息披露法律文件

银行和金融

永衡昭辉在银行和金融业务的法律服务方面处于业内领先地位。永衡昭辉的专业金融律师团队处理了大量的银行、信托、保险等金融业务，在银团贷款、信托计划、资产证券化等大型融资交易项目的法律服务方面具有丰富的专业知识，积累了大量的经验，并曾获得《亚洲法律》杂志颁发的“年度最佳融资项目”大奖。

提供的银行和金融服务的优势在于所提供服务的专业性。

提供服务的项目：

· 银团贷款

· 担保交易

· 信用或抵押商业贷款

· 票据

· 资产证券化

· 融资租赁

· 保险

· 资金信托、资产信托、股权信托

· 债务重组和不良资产处置

· 进出口信贷及其他贸易融资

· 金融期货、期权及其他衍生产品交易

我们在这一领域内的服务包括以下方面：

· 融资交易结构的设计

· 法律尽职调查

· 参与项目谈判

· 起草、审查和修改融资法律文件

· 出具法律意见书

电话：025 – 83193322

传真：025 – 83191022

君合律师事务所

基本概况

君合律师事务所成立于一九八九年四月十五日，是中国最早设立的合伙制律师事务所之一。自其成立以来，君合即致力于提供一流的商业与诉讼法律服务，其在中国律师业重建和发展过程中的先锋作用为业内所共知。历经二十几年的发展，君合现已成为一家提供全方位法律服务、在许多法律服务专业领域占据领先地位的律师事务所，并将继续努力不断提高其专业服务水平。

君合总部设于北京，在上海、深圳、广州、大连、海口、香港、纽约和硅谷设有分支机构。君合现有执业律师及其他专业人员五百多名，工作语言有中文(包括普通话、上海话、粤语)、英文、日文等。全所范围内一体化的计算机管理系统及一流的通讯设施，更从硬件上保证了君合可及时向客户提供高质量的法律服务。

君合在以其卓越的服务水准和出色的工作业绩获得客户高度赞誉的同时，还获得了国内外专业机构的认可和奖励。

君合是两大国际律师组织 MULTILAW 及 LEX MUNDI 中唯一的中国律师事务所代表。

丰富的业务经验

与大多数中国律师事务所不同，君合经受住了时间的考验并在经济变革及社会变迁的浪潮中坚持不懈。在中国改革开放之初，社会对成熟法律体制的需求日渐明显。君合的创始人迎合了这样的需求，并成为中国最早设立的私人律师事务所之一。

君合创业之初颇为不易。我们没有其他律师事务所的先例可以参考；君合本身就是一个先例。君合将私有化律师执业从例外变成了常规。如今，二十多年过去了，君合已经成为一家卓越的、全方位服务的律师事务所，在世界各地均设有分支机构。

管理及团队要成为一名出色的律师不仅仅需要积累经验。这同样需要正直、创新的思考能力以及团队合作的精神和素质。君合在聘用律师时十分看重这些素质和能力。从第一天始，君合的创始人坚信，君合事务所的大门永远向有潜力的律师开放。

君合依赖于这些有无限潜力的律师，以在所内建立一个良好的内部管理系统。团队合作是交易成功的基础。君合参与的国际商业交易往往十分复杂并涉及多个领域的法律问题。每一个交易都要求很多君合律师发挥其特长，也正是通过这样的合作，我们能够全面有效地为我们的客户提供服务。

尽职勤勉

仅仅看到自身需求的律师事务所是无法成为一个好

的律师事务所的。君合设立的宗旨永远是将客户的利益放在第一位，我们也因为坚守这一宗旨而知名于这个行业。九十年代，君合引入利益冲突检索规则，而这一做法后来为中国律师协会所采纳。律师与客户之间的忠诚往往是双向的，对客户持续的忠诚意味着客户对律师事务所持续的忠诚。君合每年获得的无数奖项见证了我们对这一原则的承诺。

创新的思考能力

君合许多律师海外的学习或工作经历，并将他们国际化的视角融入到中国法律体系中。数十年前，君合为新的商业交易建立了当时法律中并无先例的法律架构。

如今，君合超过90%的合伙人毕业于国外法学院或曾在国外生活、工作。我们对国外法律行业和国外商业模式有着很深的理解和认知。将来没有人能预测二十年后的君合会是如何，但我们拥有一个良好的基础继续保持君合领先律师事务所的地位。我们并非要成为最大的律师事务所；我们希望基于客户的需求去发展，而无损我们服务的质量。中国正发展为一个全球商业枢纽，君合愿为未来法律和商业发展开拓新的道路。

价值观和文化

君合的律师是一批热爱法律、相信法律价值的人。我们因为共同的梦想和追求而在共同建设一个共同的平台。

君子之合是君合创始人的理念，也是合伙人共同的理念。

我们相互了解、相互支持、团队协作，努力发挥出每个人特有的能力，共同创造一个令人舒适的、让人有高度荣誉感的文化环境。我们坚信，人是君合最宝贵的财富。所以，我们关心和注重每一个君合人的价值，渴望每一个人能在君合平台上发挥出他（她）的潜质和能力，实现自我的价值，也给客户和社会创造价值。

在这里，我们相互跟随，“群龙无首”，共同创造新的价值。同时，我们建构的是一个开放的文化，我们的大门一直向有共同梦想的法律人开放。君子之道，素履之往。

地址：建国门北大街8号华润大厦20层
电话：010－85191300
传真：010－85191350
信箱：junhebj@junhe.com
邮编：100005

通力律师事务所

基本概况

通力律师事务所是一家定位于商业领域法律服务的中国领先律师事务所，在业界以坚持“优质服务”、“专业创新”、“专业分工、团队合作”和“注重青年律师培养”著称。其业务水准、专业性一直处于全国前列，历年来一直被境内外法律评级机构评为中国领先的律师事务所，并被中华全国律师协会评为全国优秀律师事务所，被誉为一家提供高质量法律业务、具有创新精神的精品律师事务所，在境内外享有良好的声誉。

理念

1. 服务于客户，实现交易

我们的宗旨是帮助客户实现其商业目的，我们的工作不仅是帮助客户避免风险，而且是解决问题，促使交易成功。客户的成功就是衡量我们成功的标准。我们富有实践经验且具有商业意识的律师团队正是通力与客户共同成功的最大保证。

2. 国际性的眼光与当地经验的结合

我们的合伙人和业务律师中许多人均具有在境外（美国、英国、法国、日本、香港、澳大利亚、韩国）从业、执业或接受教育和职业培训的经历。这些背景使得我们对于法律服务具有国际性的眼光并对跨国商业活动拥有更多、更深的理解。同时，作为中国这个新兴法律服务市场的参与者，我们在中国市场的执业实践，在本土市场上的扎根发展以及我们对中国市场和文化的了解和专业优势则是我们的立身之本。

3. 与市场同步发展

我们敏锐的市场意识和与政府机构良好的合作关系使得我们能充分关注活跃发展的市场动向，并始终透析最前沿的法律变革。我们始终坚持让客户了解最新的市场发展动态，以使得我们的客户能够清晰明确地把握随时涌现的商机。

特色

向客户提供优质服务的目标要求我们不断地增强律师个人专业素质和团队合作能力。为使我们的律师能持续地拥有最高标准的法律专业知识和实践经验，我们建立了具有明确针对性的、互动性的培训机制。同时，我们也聘请国际性的专业机构负责合伙人、业务律师和秘书的部分培训项目。我们坚信，我们的竞争力并不仅仅依赖于合伙人的能力，而是取决于事务所的每位成员。

我们先进的高科技设施和通讯设备创造性地改进了我们与客户协同工作的方式。通过不断地提高我们的效率和反应能力及以法律简报、专题报告、研讨会和集中培训等方式与员工和客户共享法律信息，我们始终保持着对客户商业需求的高度关注，从而不断提高我们的竞争力。

1. 一体化的合伙

我们的成长依赖于全体合伙人、业务律师和辅助人员的倾力奉献和通力合作。我们依赖并重视事务所的每一成员。怀着这样的信念，我们坚定不移地走事务所一体化的道路，为客户提供一体化的服务。

2. 一体化的执业模式

执业水准的一致性、人员的稳定性以及视野、经验、专业诀窍和资源的共享一直是通力努力的方向。我们所有的客户均能不受时空限制而与我们的律师取得联系并获得服务。我们在一个办公地点的律师经常与其它办公地点的各个领域的律师通力合作，使我们的客户均能在不同的地方获得同样质量的法律服务。

3. 跨专业服务方式

为满足不断提高的处理复杂和专业交易的要求，我们建立了覆盖银行金融、资本市场、公司以及诉讼仲裁等领域的专业部门。与此同时，客户的需求也使我们比以往任何时候更加注重专业部门之间的合作。例如，我们一些银行金融的律师正与收购兼并的律师合作一些金融机构的并购交易。

4. 充满活力的事务所文化

人才是我们最有价值的财富。我们致力于建设培育精英、彰显才华、团队合作和忠诚守信的事务所文化。由于我们执业领域的多样性，我们十分重视培养年青业务律师在广泛执业领域的实践经验。我们的每一位业务律师均能与多位合伙人进行合作，从而有机会接触并学习多样化的业务知识、执业技巧和风格，获得迅速的成长。事务所因而保持不断的活力。

服务

1. 服务无界限

随着我们在全国范围内业务参与的不断增加和处理重大

复杂交易能力的声誉的逐渐增强，通力经常性地成为客户全国性业务活动中的首选中国律师事务所。由此，我们的执业范围绝不仅限于我们已设有或将设有办公地点的城市。通力可在客户需要我们出现的任何地区提供法律服务。通力植根于上海和北京，但我们清楚地意识到，通力的未来植根在每一个客户需要我们法律服务的地区。

2. 文化和语言

当我们代表在中国投资的国际客户或在海外投资的国内客户进行跨境交易时，除了提供法律服务，我们还经常为处于不同的法律和商业背景的交易各方沟通起到了桥梁作用。我们拥有精通英语、法语、日语和韩语的律师和一支训练有素的翻译队伍辅助律师的工作。

3. 国际协作

作为一家拥有众多国际客户并经常参与跨国交易的律师事务所，我们与在纽约、伦敦、巴黎、东京、香港、新加坡和首尔等国际金融中心及其它世界主要城市的国际性律师事务所建立了长期、良好、紧密的合作关系。在跨国交易中，我们可根据客户的要求，利用上述广泛的国际协作关系，为我们的客户提供最可信赖的法律服务。

4. 收费政策

我们充分意识到收费政策对于客户的重要性并充分关切客户的利益，基于此，我们总能为客户提供灵活而创新的价格政策和收费模式。同时，我们力求通过建设一流的专业数据库、建立合理的团队合作及分工机制和加强与客户有效的交流降低我们的服务成本。

5. 通力业绩

我们对市场的理解以及自身的创造力使得我们能够最大程度地实现客户的要求，同时也缔造了一系列开创性的交易：

· 第一个外资银行与中资商业银行战略合作项目
· 第一个合资汽车金融公司项目
· 第一只开放式基金、第一只指数基金、第一只货币市场基金
· 第一批海外 QDII 基金、第一批中外合资基金管理公司
· 第一个民营商业银行上市项目
· 第一个汽车行业海外整车购并项目
· 第一批分离交易可转换公司债券项目
· 第一个真正实现销售的资产证券化项目
· 第一个 06 新规后通过反垄断调查程序的外资并购中国上市公司项目
· 第一家消费金融公司设立项目

社会责任

作为一所具有高度社会责任感的律师事务所，我们始终以各种不同方式积极投身于社会公益事业。同时我们也一直大力支持本所律师参与各种公益活动。

我们经常为各种慈善机构和非政府组织提供公益法律服务，同时也积极走进社区，为广大市民提供免费的法律咨询、参与社区法制宣传、举办法律讲座、协助调解民间纠纷、提供法律援助。

多年来我们也积极参与文明路口值勤及义务献血工作从无间断，踊跃报名为社会公益事业多做一份贡献。

我们也拨出专门经费，用于切实担负起社会责任，“学习雷锋、奉献爱心”，积极参与支援贫困家庭学生，主动捐款援助灾区困难群众。

我们长期以来一直致力于服务社会，这来源于我们对自己多重职业使命的坚信。

专业领域

1. 银行与金融

银行与金融业务是通力从事的核心业务领域之一。通力所代表的客户包括中外资银行、其他金融机构、借款人、项目发起人和出口信贷机构等。我们的服务包括尽职调查，起草交易文件，参与谈判，协助客户办理必要的批准、登记、备案以及出具法律意见书。我们曾与所有类型的当事人合作，因此我们更加全面地理解此领域涉及的各类交易。

通力与中国银行业监督管理委员会、中国人民银行、国家外汇管理局等相关政府机构建立了紧密的工作关系，这种工作关系有益于所有业务领域的客户，尤其是银行金融客户。我们经常代表客户处理与这些机构的事务，同时协助客户遵守中国金融服务业的各种监管规定。与政府机构建立的紧密关系有助于我们为客户提出建议，提请客户关注最新的监管动态及其对客户开展业务的影响。

通力对中国法律和国际上通行的项目融资操作惯例都有深入了解。我们经常性地处理跨境多币种的交易。在介入复杂交易时，我们重视交易管理的重要性，所以总是力求为交易寻求快捷和满意的解决方案。

通力代表金融机构在重组、收购兼并等方面也累积了丰富的经验。

通力起草并制作的中英文文件既能符合当中国法律的规定及监管部门的要求，也符合国际上的标准。

通力在该领域的主要业务包括：

· 收购融资
· 公司借贷
· 衍生品和结构性产品
· 出口信贷
· 一般银行业务
· 收购兼并
· 项目融资
· 私人银行业务/零售银行业务
· 重组
· 结构性融资
· 贸易融资

2. 资本市场/公司融资

通力律师事务所在中国资本市场业务领域居于领先地位。作为境内外发行人或国际和国内承销商的法律顾问，本所律师为诸多首次公开发行股票、上市公司再融资、公司债券以及可转换债券发行等境内外证券发行项目提供高质量的法律服务。作为境内外上市公司或行业领先企业的法律顾问，本所承办了众多在市场中具有深远影响和知名度的上市公司收购、重大资产重组、借壳上市等项目。除此之外，我们还帮助客户顺利完成了多项非金融企业债务融资工具的发行、在全国中小企业股份转让系统挂牌并公开转让等涉及资本市场的项目。我们的经验以及创造力使得我们能够最大程度地实现客户的要求，同时也缔造了一系列创新性的交易，例如，?代表国际炊具巨头法国 SEB 集团(法国上市公司)以要约、非公开发行以及协议入股方式战略收购苏泊尔(A 股上市公司)项目，该项目创造了中国证券市场多项第一。

我们和中国证券监督管理委员会、商务部以及其他中央及地方的政府部门建立良好工作关系。本所的合伙人曾经担任或正在担任中国证券监督管理委员会主板股票发行审核委员会委员、中国证券监督管理委员会创业板股票发行审核委员会委员、中国证券监督管理委员会上市公司并购重组审核委员会

委员、上海证券交易所上市咨询委员会委员、深圳证券交易所上市委员会委员、中国银行间市场交易商协会债务融资工具注册专家以及中国银行间市场交易商协会第一届信用评级委员会委员。这些紧密的合作关系使我们能够理解这些部门在监管中国不断变化的资本市场时所逐渐形成的标准，也使得我们能够预见其变化并迅速解决监管或执行上的问题。

通力在该领域的主要业务包括：

· 首次公开发行股票

· 上市公司公开发行股票（包括向原股东配售股份、发行可转换公司债券等）

· 上市公司非公开发行股票

· 上市公司重大资产重组

· 上市公司权益变动、收购及反收购、要约豁免

· 非金融企业债务融资工具发行

· 股票在在全国中小企业股份转让系统挂牌并公开转让

· 其他涉及证券发行和资本市场之交易

上海：

地址：上海市银城中路 68 号时代金融中心 19 楼

邮编：200120

电话：021 – 31358666

传真：021 – 31358600

邮箱：master@ llinkslaw. com

北京：

地址：北京市建国门北大街 8 号华润大厦 401 单元

邮编：100005

电话：010 – 85192266

传真：010 – 85192929

邮箱：master@ linksaw. com

香港：

地址：香港中环花园道 3 号中國工商银行大厦 1503 – 04 室

电话：00852 – 29695300

传真：00852 – 29973385

邮箱：master@ llinkslaw. com

天衡联合律师事务所

基本概况

天衡联合律师事务所是一家立足于海峡西岸的高端商事律师事务所，在福建厦门、上海浦东、福建福州、福建泉州、福建龙岩设立五个大型办公室，办公面积近 7000 平方米，拥有员工近 300 名，拥有执业律师近 200 人，2014 年名列 ALB 中国律所规模排名第 23 位。天衡的业务年收入自 2001 年起在业内一直稳居福建省首位，2014 年度实现业绩破亿，成为福建地区唯一的亿元所。

天衡的服务能力

天衡律师长期致力于为客户提供高效、专业、务实的综合解决方案，在资本市场与金融、并购重组、房地产与建筑工程、政府法律顾问、劳动及 HR、互联网、家族财富传承、海事海商、海外投资、知识产权、刑事等领域的法律服务水平处于地区领先地位。

天衡的国际业务协作体系

天衡与全国各省领先的律师事务所及国际律师事务所建立了中世律所联盟（SGLA），为客户提供境内外跨区域的高质量法律服务。此外，天衡还与中国香港、中国澳门、中国台湾、新加坡、欧盟、美国、加拿大、澳大利亚等国家和地区的律师事务所建立了广泛的合作关系。

天衡的业绩

天衡业绩自 2001 年起至今稳居福建省首位，并且在客户的信任与支持下，以年均超过 20% 的增速快速发展，在 2014 年成为福建首家亿元所。国际权威评级机构《亚洲法律杂志》（ALB）多次将天衡评为：“中国十佳成长律所”，并跻身“中国最大律所前 30 名”。

天衡的服务理念

“管理风险，创造价值”是天衡的服务理念。重大项目往往投资数额大、周期长、涉及主体众多、流程较为复杂，法律风险多样且非常复杂，法律意识及合同管理水平都可能埋下难以预测的法律风险。法律风险带来的损失不仅是财产损失，也同时在时间成本、精力投入、企业及个人声誉方面带来难以估量的负担。

天衡律师团队具有丰富的项目风险管理经验和相关资源，在快速反应能力及预防风险发生等方面都有无法比拟的优势，能有效的防范及减低法律风险并在法律风险发生后尽快争取到有利的解决结果，实际上就在为客户创造有形和无形的价值。

专业领域

· 资本市场与金融

资本市场与金融是天衡的一项核心业务，在资本市场方面，天衡不仅在 IPO、新三板业务中表现突出，而且在重大资产重组及上市公司证券服务方面拥有全国领先水平的专家团队。2015 年度，天衡位居福建省新三板服务推荐挂牌律所第一名。天衡汇集了一批理论功底扎实、实践经验丰富的证券与金融律师，组成专业服务团队。天衡还是两岸资本市场服务联盟的发起单位之一，与合作伙伴一起促进两岸资本市场服务市场的发展。

天衡在金融领域的主要服务对象为：银行、保险公司、信托公司和广大金融投资者。本所从事金融业务的律师均具有较高的法学理论素养和丰富的律师执业经验，此外还配备了具有专业外语水平的执业律师，能熟练运用英语为中外客户提供中、英文法律服务，并可令您随时了解有关中国和国际银行业和金融投资的最新法律动态。天衡专业金融律师团队谙熟中国公司法、证券法等相关证券法律法规和政策，从整体方案设计到具体法律障碍的排除均有一套独到的经验。

天衡在此领域提供的专业服务主要包括：

· 改制与重组方案设计

· 法律审慎调查

· 协助拟订重组协议、股东发起人协议、关联交易协议、公司章程以及其他相关法律文件

· 协助建立并完善公司法人治理结构

· 协助拟订招股说明书等信息披露文件

· 出具法律意见书

· 债务重组和不良资产处置

· 资产证券化和融资租赁

· 金融期货、期权及其他衍生产品交易

· 公司境内股票发行及上市或挂牌（主板、中小板、创业板、新三板）

· 境外股票发行及上市

· 公司地方场外交易市场公司挂牌融资

· 公司境内外债券发行及上市

· 公司融资（风险投资、PE 投资、战略投资）

· 私募股权基金的发起设立

· 上市公司常年法律顾问(公司治理、信息披露、关联交易、股东大会见证)
· 税务筹划及财富管理
· 商业贷款、银团贷款、信用贷款和抵押贷款
· 债券发行
· 进出口信贷及其他贸易融资。票据和信用证法律服务
· 飞机、船舶和大型通用机器设备租赁融资
· 能源和基础设施项目融资
· 金融资产管理和债务重组
· 金融衍生产品交易法律服务
· 金融诉讼及银行不良债权清收。

厦门:
地址:厦门市思明区厦禾路666号海翼大厦A栋16、17层
邮箱:361004
电话:0592－5883666
传真:0592－5881668
邮箱:public@ tenetlaw. com

泉州:
地址:泉州市浦西万达广场写字楼甲B41层
邮箱:362000
电话:0595－2218260
传真:0595－22182703
邮箱:public@ tenetlaw. com

福州:
地址:福州市广达路108号世茂国际中心10楼
邮箱:350000
电话:0591－83810300
传真:0591－83810301
邮箱:public@ tenetlaw. com

龙岩:
地址:龙岩市新罗区华莲路55号紫金大厦13层
邮箱:364000
电话:0597－2297688
传真:0597－2230266
邮箱:public@ tenetlaw. com

上海:
地址:上海市浦东新区浙桥路277号3幢1519室
邮箱:200122
电话:021－58364666
传真:021－58364666
邮箱:public@ tenetlaw. com

六和律师事务所

基本概况

六和律师事务所成立于1998年11月,是大型合伙制律师事务所,系全国优秀律师事务所,全省唯一一家被浙江省人民政府评为“浙江省服务业重点企业”的律师事务所。总所位于杭州,并在舟山、义乌设有分所。

六和律师事务所具备从事证券法律业务资格、中国银行间市场交易商协会会员资格。连续多年被亚洲法律界权威的法律杂志ALB提名为“浙江律师事务所年度大奖”;曾入选ALB年度“中国发展最迅速的十家律师事务所”以及ALB年度“中国最大的二十家律师事务所”;2011年荣获ALB年度江浙两省唯一一家“长江三角洲地区律师事务所大奖”;曾荣获ALB“中国银行业律师事务所”提名奖。被浙江省律师协会评为“浙江省服务经济建设突出贡献律师事务所”;被浙江省金融办评为“优秀证券中介机构”;被杭州市委、市政府评为杭州市“社会责任建设先进企业”;被杭州市人民政府评为“杭州市中介服务业示范企业(机构)”;入选“杭州市最大规模服务业企业百强榜”;被共青团中央、司法部评为“青少年维权岗”等等。在全省一千多家律师事务所中,无论是业务总量、人员规模、律师素质,还是综合考评、社会知名度等,六和律师事务所均名列前茅。

六和律师事务所现有执业律师、律师助理等200余名,分别来自全国20多个省市,其中半数以上具有研究生学历,部分律师拥有注册会计师、税务师、工程师、经济师、专利代理人等专业资格。六和律师事务所内设:公司法律业务部、证券法律业务部、金融与保险法律业务部、基础设施与建筑房地产法律业务部、国际法律业务部、知识产权法律业务部、刑事法律业务部、民商事法律业务部、行政法律业务部、劳动人事法律业务部、能源法律业务部、互联网与电子商务法律业务部、政府法律顾问业务部、法律体检中心等十四个业务部门(中心),以及研究室(信息与宣传中心)、客户部、行政办公室等业务支持部门。

六和律师事务所以“依法执业、规范治所、质量立所、品牌兴所”为治所方略,以“高层次、规模化、国际化”为发展目标,以“专业分工、团队合作、优质高效”为服务特色,以提供常年法律顾问服务为基础,以非诉讼法律业务为重点,以学者型的严谨态度、专家型的服务水平、团队型的服务方式,为客户提供个性化、专业化的法律解决方案,让律师成为客户“经营的参谋,法律的顾问”。

迄今为止,六和律师事务所已与金融机构、企事业单位、政府机关、社会团体等系统的1000多家客户建立了稳定的法律服务关系,并力争为更多的客户提供优质、高效、规范的法律服务。

荣誉成绩

2014年,荣获ALB(《亚洲法律事务杂志》)2014年度“长三角律师事务所”提名奖;

2014年,再次作为全省唯一一家律师事务所被浙江省人民政府列为浙江省服务业重点企业;

2014年,荣获2013年度中国连锁金麒麟奖“最佳服务商”奖;

2014年,被共青团中央、司法部评为“青少年维权岗”;

2014年,被杭州市司法局评为“杭州市律师事务所2013年度考核先进单位”;

2014年,荣获2012－2013年杭州市统计诚信单位;

2014年,被浙江股权交易中心评为“2014年度最佳专业服务商会员”、“2014年度优秀会员”;

2012年,本所总分所分别被省司法厅评为“浙江省服务中小企业优秀律师事务所”;

2012年,荣获ALB(《亚洲法律事务杂志》)年度“长江三角洲地区律师事务所大奖”

和“中国银行业律师事务所”两项提名奖;

2011年,荣获ALB(《亚洲法律事务杂志》)年度“长江三角洲地区律师事务所大奖”;

2010年,作为全省唯一一家律师事务所被浙江省人民政府列为浙江省服务业重点企业;

2010年,入选《亚洲法律事务杂志》(ALB)评出的“2010年度中国发展最迅速的十家律师事务所”

和“2010 年度中国最大的二十家律师事务所”；

2008－2010 年连续三度荣获《亚洲法律事务杂志》(ALB)“浙江律师事务所年度大奖”提名；

2010 年，被浙江省律师协会评为“浙江省服务经济建设突出贡献律师事务所”；

2010 年，被中共杭州下城区委、区政府授予“杭州市下城区行业龙头企业”称号；

2010 年，被厅直属机关党委授予“先进基层党组织”荣誉称号；

2010 年，舟山分所被舟山市司法局评为“舟山市司法行政系统先进集体”；

2010 年，义乌分所被义乌市司法局、义乌市律师协会评为“2009 年度优秀律师事务所”；

2009 年，被中共杭州市委、市政府评为杭州市“社会责任建设先进企业”；

2009 年，被杭州市人民政府评为“二〇〇八年度杭州市中介服务业示范企业(机构)”；

2009 年，入选“2009 年杭州市最大规模服务业企业百强榜”；

2008 年，再次被中华全国律协评为“全国优秀律师事务所”；

2006－2008 年连续三度被浙江省金融办评为“优秀证券中介机构”；

2008 年，被中共杭州下城区委、区政府授予“杭州市下城区骨干企业”称号；

2005 年，被中华全国律协评为“全国优秀律师事务所”。

六和业务

六和律师事务所于 2001 年取得从事证券法律业务资格，并连续多年被浙江省金融办评为“优秀证券中介机构”。六和所公司与证券法律业务部则由熟悉公司、证券法律，具有丰富实务经验的律师组成，目前共有律师和助理近 90 人。

公司与证券法律业务之内容介绍

公司与证券法律业务部主要为客户的如下事项提供法律服务：

1. 股票发行与上市

包括但不限于：

企业股票的境内发行与上市，配股、增发新股；

企业债券及短期融资券、中期票据等非金融企业债务融资工具的发行与上市；

公司债券的发行与上市，可转换公司债券的发行与上市；

境内企业到境外交易所发行和上市股票；

涉及境内权益相关的境外公司在境外发行股票。

2. 公司的设立及治理结构的完善

有限责任公司、股份有限公司的设立：

参与方案设计，参加公司组建谈判，制作公司发起人协议、章程，办理公司注册登记手续等。

公司股东大会见证；

规划公司股权结构、法人治理结构、认股权制度设计；

担任公司法律顾问，协助公司规范公司治理结构，审查、修改上市公司信息批露的法律文件等；

为公司设计股份期权、管理层收购(MBO)、职工持股计划等方案。

3. 公司股份制改制

参与改制方案设计，参加公司改制的相关洽谈，制作公司发起人协议、章程，办理公司注册登记手续等。

调查、规范、调整公司债权债务、知识产权、税收、环保、独立性、业务、财产、关联交易、同业竞争、高级管理人员、组织机构等方面的情况。

4. 兼并、收购与资产重组

参与公司兼并、分立、资本调整及其它重组交易、战略投资等：

参与公司收购与资产收购的方案设计，就兼并与收购所涉及的任何财产权利、债权债务等问题进行谨慎调查；

就收购和兼并涉及的投资、证券、资产评估、外汇、税务及诉讼等提供法律咨询，出具法律意见书；

参加相应谈判，制作协议、合同等法律文件；

协助客户申请和取得政府部门对有关兼并和收购交易的审批和登记手续等。

5. 公司股权转让、质押和收购

参与公司股权转让、质押方案设计，参加谈判，制作股权转让、质押文件，办理相应的登记手续等。

为公司的股份回购、分拆上市、股权委托经营、股权信托等提供法律服务；

为公司的股权转让、国有股划转等提供法律服务，出具法律意见书、协助起草有关法律文件；

在反并购业务中协助客户强化预防策略，制定反兼并收购策略。

6. 债务重组、破产和清算

向债权人提供有关破产的法律咨询；

参加债权人和债务人之间的谈判；

制作相关法律文件，包括重组协议、债务协议、和解协议、破产申请、同意函、弃权书、董事会决议、授权书及公司治理文件等；

对债务人破产财产的清算、评估、处理、分配过程中的有关问题提出法律意见；

参加诉讼或仲裁以及执行程序等。

7. 产权界定

为产权界定、产权重组、产权交易等提供法律服务，出具法律意见书等。

8. 配套法律服务

配套向客户提供关于知识产权、劳动人事等相关方面的法律服务。

9. 其他公司与证券法律业务

公司与证券法律业务之优势

六和所在开展股份制改制、股票发行上市等的证券法律业务过程中，形成了自己鲜明的特点和风格：

1. 广泛的社会资源

六和所结合全国优秀律师事务所和一百多名律师所拥有的整体公共关系，倾力服务证券法律业务项目，保持着与相关政府管理部门之间通畅、良好的关系。因此，六和律师服务的股票发行项目至今保持着全部获得核准的记录。

六和是浙江省内知名综合性律师事务所，在公司、证券、银行与保险、诉讼仲裁、知识产权及国际贸易与政府事务等各项主要律师业务中均居于领先地位。六和所以一个大型律师事务所的整体资源服务于客户，能够确保在法律服务过程中人员的统筹安排、资源的有机整合、经验的充分共享。

2. 卓有成效的合作机构

在长期从事证券法律业务的过程中，与众多的保荐机构、会计师事务所、资产评估机构等中介机构共事，积累了丰富的与中介机构合作的经验。这一优势能够确保我们在项目过程中迅速进入角色，与各中介机构建立起分工明确、各司其职、各负其责同时又相互配合、相互支持、相互理解、充分沟通的业务关系，保证整个项目在融洽、和谐的氛围中富有效率地推进，实现客户利益的最大化。

3. 战略投资者的增值服务

同时，六和所能在客户需要时提供富有实力和特点的战略投资者，诸如中外知名投资基金、产业基金、投资公司等。他们的参与，不仅可使贵公司获得一定数量的投资资金，而且可以优化股权结构、改善财务结构、提升公司形象、借鉴产业经验等。

4. 资深、专业的服务律师

六和所安排了专业、资深的律师从事证券法律业务，并为每个证券项目提供团队式的法律服务，充分确保每个项目的法律服务时间，有效地控制了上市风险，提升上市成功概率。

5. 丰富的涉外工作经验

六和所设立有国际法律业务部，并开展了大量的涉外法律服务项目，积累了丰富的涉外工作经验，并与英国、法国、美国、欧盟等的各类中介机构保持有良好的合作关系。六和律师将为公司提供涉外法律事项或者为境外上市提供专业的法律服务。

公司与证券法律业务之主要业绩介绍

六和在承办企业上市法律业务领域中颇有建树，曾先后承担了浙江华峰氨纶股份有限公司（为温州第一家民企上市公司）、晋亿实业股份有限公司（当时募集资金省内第一）、浙江网盛科技股份有限公司（为第一网络股）、浙江天马轴承股份有限公司（为深交所发行第一高价股）、浙江方正电机股份有限公司、浙江万里扬变速器股份有限公司、南京中电联环保股份有限公司、浙江道明光学股份有限公司等公司首次公开发行股票并在深圳证券交易所中小板（创业板）上市的法律服务，并正在参与众多中小型企业改制和上市的法律服务，在中小企业上市法律服务方面具有丰富的经验。

六和律师近几年来积极拓展公司证券等法律服务领域，另外经办了包括但不限于如下证券发行及资产重组项目：

· 浙江某药业有限公司改制上市项目
· 铜陵某水泥股份有限公司改制上市项目
· 南京某电力集团有限公司改制上市项目
· 浙江某集团有限公司改制上市项目
· 浙江某缝纫机股份有限公司改制上市项目
· 浙江某滤清器有限公司改制上市项目
· 浙江某反光材料有限公司改制上市项目
· 杭州某机械有限公司改制上市项目
· 某阀门有限公司改制上市项目
· 浙江某无油润滑轴承有限公司改制上市项目
· 浙江某化工有限公司改制上市项目
· 浙江某阀门集团公司改制上市项目
· 某稀有金属新材料股份公司改制上市项目
· 某电气公司亚洲水电设备公司重组项目
· 某石化公司浙江重组项目
· 上海某公司改制上市项目
· 某控股有限公司香港上市项目
· 某公司在英国伦敦 AIM 市场上市融资项目
· 重庆某股份有限公司公司在香港上市项目
· 美国某上市公司境内整体收购项目（四个）
· 浙江某集团公司收购上市公司四川某国家股权项目（第一大股东）
· 浙江某集团公司收购四川某股份国家股股权项目（第一大股东）
· 浙江省某风险投资公司出让上市公司国有股项目
· 浙江省某风险投资公司出让某证券公司国有股项目
· 浙江省某风险投资公司参股某上市公司股份并改制上市项目
· 浙江某信息技术股份有限公司的发起设立项目
· 浙江省某信托投资股份公司重新登记出具法律意见书项目
· 浙江某城市信用社股改项目及改制为商业银行项目
· 东阳某集团公司股改项目
· 浙江某药业集团公司股改项目及与 Apotex 合资并购项目
· 海南某植物园（事业单位）股改项目
· 浙江某石化公司的改制项目
· 某市电力实业总公司改制项目

地址：杭州市求是路 8 号公元大厦北楼 20 楼
邮编：310013
电话：0571－85055613　87206788
传真：0571－85055877　87206789
邮箱：liuhe@ liuhelaw. com
网址：www. liuhelaw. com
邮箱：http://mail. icoremail. net
投诉电话：0571－87206700

天册律师事务所

基本概况

天册律师事务所（“天册”）始创于 1986 年，总部位于杭州，是中国成立最早的合伙制律师事务所之一。经过多年发展，天册已成为国内著名的大型律师事务所，在长三角地区处于领先地位，综合实力在浙江居于首位。天册同时获有中国律所的两项最高荣誉—中国司法部授予的“部级文明律师事务所”称号和中华全国律师协会授予的“全国优秀律师事务所”称号。

天册现有 170 余名专业人员，组成专业型和复合型的法律服务团队。天册律师大多数毕于国内外著名法学院，其中近二分之一的律师具有硕士以上学历或国际教育背景。天册有诸多律师还受过法律以外的专业教育；除律师资格以外，有 50 余名律师拥有其他专业资质如专利/商标代理、招投标、注册会计师、注册税务师等。目前天册有 25 名律师被聘为中国国际经济贸易仲裁委员会、上海国际仲裁中心、深圳国际仲裁院、杭州仲裁委员会及宁波仲裁委员会仲裁员。天册有多名律师担任省政府及地方人大立法专家和省高院咨询专家。

天册以市场经济主体为主要服务对象，核心服务领域为公司业务、金融证券、外商投资、国际贸易、房地产、知识产权及民商事诉讼和仲裁。天册与国际律师行以及国内各中心城市的优秀律所组建了业务协作和联营组织（即“中世律所联盟（SGLA）”），可以为客户开展境内外商务活动提供宽领域、高质素和跨地域的法律服务。

经过长期累积和磨合，天册形成了独特、深厚的文化，“和谐、专业、大气、进取”已成为天册的文化核心和价值理念。天册也将始终如一地以我们的专业和诚信服务于客户，在中国这一伟大的变革时代与客户共同成长，共创辉煌。

证券融资

天册是中国第一批获得证券业务资格的律师事务所之一。证券融资业务是天册的一项核心业务。我们已向众多的大中型企业提供证券融资法律服务，其中包括多项重大的和具有历史意义的企业股本融资项目；天册也成为在国内证券融资法律服务领域具有重要影响力的知名律所，并在浙江保持领先地位。

天册能为客户就各种证券融资业务提供专业的法律服务，并具有非常出色的实践经验，包括为A股、H股及红筹模式的发行上市、借壳上市、上市公司再融资、债券、可转换债券和存托凭证等各类证券融资项目担任发行人或承销商律师。

天册在证券融资领域的主要服务内容包括：

· 境内外股票发行和上市

· 境内外债券发行和上市

· 上市公司改制及重组

· 上市公司合规及公司治理

1. 并购

并购是天册的核心业务之一。我们在该领域具有深入而又全面的经验和技巧、非常出色的实践和显著的优势，并在浙江处于领先地位。

基于我们在各业务领域的专业经验，天册能深刻理解并购各方的商业目的和动机，并能从法律、商业、财务、税务、融资和企业战略等综合角度提供富有价值的意见或建议，同时结合我们在各领域的知识专长提供全面深入的专业服务，并帮助客户解决在并购中涉及到的各类法律问题和政府许可问题。天册代理的并购项目所覆盖的行业领域包括TMT、制造业、房地产、石化、教育、医药、服务等。

具体的并购类型包括如下各种形式的组合：

· 针对国有企业和私人企业的收购

· 对上市公司和非上市公司的收购

· 股权收购和资产收购

· 通过拍卖等公开程序进行的收购

· 外资并购

· 管理层收购

· 战略投资

2. 银行金融

银行金融是天册的一项重要业务领域。我们在该领域有着丰富的法律服务经验和专业的服务团队，并在浙江处于领先地位。天册不仅为银行等金融机构提供全面、综合、深入的法律服务，同时也为企业客户提供包括项目融资、国际商业贷款、贸易融资、对外担保等涉及各项银行业务的专业法律服务。

天册在银行金融领域的主要服务范围为：

· 一般性借贷

· 项目融资

· 银团贷款

· 国际商业贷款

· 债务重组

· 不良资产处置

· 国际贸易融资

· 票据及票据融资

· 外汇/外债

· 担保

· 私人银行业务

3. 私募股权投/融资

天册高度重视在该领域的法律服务，并已取得了丰富的实践经验和显著的服务优势。我们基于在并购、融资、上市和税务等方面的广泛而又深入的专业知识和经验，能充分理解各方的商业动机和价值目标，并充分考量各方的利益关系，从而能为客户提供创造性、灵活性和全面性的法律服务和建议。我们不仅为投资基金或机构提供法律服务，同时也为融资方提供服务；代理的私募股权投融资的项目涉及早期创业投资、成长企业投资、上市前融资等各个阶段。

天册在私募股权投融资领域的主要服务内容包括：

· 基金和基金管理公司的设立

· 基金对外投资和投资项目退出

· 基金和基金管理公司内部治理

· 企业私募融资

4. 信托

天册在信托领域处于领先地位，拥有非常丰富的实物经验和专业的服务团队。天册已成为多家大中型信托公司的法律服务合作伙伴，已为该等信托公司的数百个信托产品的发行和交易提供了专项法律服务，所涉投资包括房地产、证券、能源、股权收益权、大宗商品贸易、基础设施建设、文化产业等。天册在信托、基金的架构设计、法律文件的起草、税务筹划安排、投资机制的设计等方面能提供全面、深入、专业的法律服务。

具体的服务范围包括：

· 参与设计交易结构

· 法律尽职调查

· 起草交易文件

· 协助客户进行商业谈判

5. 保险

天册在保险领域的法律服务方面具有丰富的经验，为省里多家保险公司提供法律服务。

具体服务包括：

· 保险产品设计或与保险有关的融资产品的设计

· 合规审核

· 保险投诉

· 保险基金投资

· 保险公司收购兼并

· 保险公司及代表处设立

公司业务

1. 公司与商业

公司业务是天册的一项日常核心业务领域。在公司法律服务方面天册有非常广泛和深入的经验。我们为不同类型的，不同所有制和不同成长阶段的企业所涉及的各类公司业务提供全面和专业的服务。

天册在公司业务领域的主要服务范围及内容包括：

· 不同类型的公司、合伙企业、个人独资企业的设立方案

· 公司/企业设立登记服务

· 公司改制、重组

· 国有企业整体改制

· 公司治理

· 委托/信托持股安排

· 期权计划

· 劳动关系

· 公司的合并与分立

· 为企业日常运营、产权结构调整、重要规章制度建立、法律风险防范等方面提供持续性法律服务

· 公司解散、破产重组及时清算金

2. 破产重整清算业务

天册作为第一批具有省级破产管理人资格的法律服务机构，在企业危机拯救与重整清算领域具有领先优势，已经承办了多个规模巨大且非常复杂的破产重组及清算项目。

天册的企业破产重整清算业务包括：

· 受法院指定担任公司破产企业管理人

· 协助破产企业维持其经营及营运价值，合并破产，制订重整、清算计划

· 担任破产企业法律顾问

· 代表债务人提出破产申请，制订重整、和解、自行经营等方案，为债务人在重整过程中的权益维护提供优质法律服务

· 接收债权人委托参与破产程序

· 接收战略投资者的委托，为其收购、重组破产企业提供法律服务

· 为危机企业设计并执行企业自行重整的危机化解方案

天册荣誉

获中华全国律师协会2005－2008年度“全国优秀律师事务所”奖；

中华人民共和国司法部“部级文明律师事务所”(2000年)；

获《亚洲法律事务杂志》(ALB)2012、2013及2014年度长三角地区律师事务所年度大奖；

入选钱伯斯亚太地区领先商事律所客户指南；

获浙江省人民政府金融工作办公室“2007－2012年度优秀证券中介机构”奖；

获浙江省工商行政管理局法律服务类“浙江省著名商标”；

获中共杭州市委、杭州市政府“2010、2011及2012年度杭州市服务业企业100强”；

获中共杭州市委、杭州市政府“2006年度杭州市现代服务业先进单位”；

获杭州市人民政府“2011年度杭州市中介服务业示范企业(机构)”；

2004年中国最具影响力的律师行业十佳品牌(世界著名企业联盟、美中经贸投资商会、全球华人品牌网评选)。

杭州

地址：杭州市杭大路1号黄龙世纪广场A座8楼、11楼

电话：0571－87901110　87901111

传真：0571－87901500

邮编：310007

电邮：tchz@tclawfirm.com

上海

地址：上海陆家嘴环路958号华能大厦15楼

电话：021－68866600

传真：021－68865466

邮编：200120

电邮：tcsh@tclawfirm.com

中伦律师事务所

基本概况

中伦律师事务所创立于1993年，是中国司法部最早批准设立的合伙制律师事务所之一。经过数年快速、稳健的发展壮大，中伦已成为中国规模最大的综合性律师事务所之一。中伦目前在北京、上海、深圳、广州、武汉、成都、重庆、青岛、东京、香港、伦敦和纽约设有办公室。

中伦是一家综合性律师事务所，旨在为客户的商业活动提供全面的法律支持。中伦拥有220多名合伙人和1000名多专业人员。各合伙人分别专精于特定的专业领域。通过合理的专业分工和紧密的团队合作，中伦有能力在各个领域为客户提供高质量的中国法律服务。在长期执业过程中，中伦并与多家境外知名律师事务所建立起了良好的合作关系，通过与其密切的合作，中伦有能力为客户在中国境外的投资及商务活动提供有力的法律支持。

中伦拥有一批既有丰富经验，又有深厚理论基础的律师。中伦的合伙人大多毕业于国内外著名法学院，不少合伙人并在国际著名律师行工作多年。在成为中伦的合伙人之前，均已在其相关专业领域执业多年，并已经取得良好的业绩。中伦的律师及助理律师在加入中伦前，均需接受严格的遴选，且均为遴选中的佼佼者。中伦并通过各种各样的培训以提高助理律师的服务水平。

中伦拥有广泛的客户群体，其中既包括世界五百强这样的大型跨国公司，也包括业绩良好的大型国有企业和成长型企业；既包括传统的制造业企业，也包括国内外著名的投资银行、保险公司、私募基金、地产商、通讯、信息技术、旅游等服务型企业；中伦同时也为政府机构、国际组织、外国驻华使(领)馆、商会等提供中国法律服务。

资本市场/证券

中伦是境内外证券业务综合实力最强的律所之一。

根据中国证监会历年发布的《中国资本市场法制发展报告》，在境内律师事务所从事证券法律业务量排名中，中伦在境内主板及创业板首次公开发行、上市公司再融资、上市公司并购重组及境外发行证券等法律业务方面皆名列前茅。

资本市场/证券领域是中伦的核心业务。中伦也是中国最早从事证券业务的律师事务所之一。在近二十年来，中伦先后累计为数百家公司提供了中国境内外股票发行上市和其他证券业务的法律服务，包括A股、B股、H股、红筹股、权益股等，所涉证券交易所包括上海、深圳、香港、纽约、纳斯达克、美证、多伦多、新加坡、东京、伦敦、台湾、澳大利亚、韩国和法兰克福等，业务范围十分广泛。中伦荣获《中国法律与实务》“年度最佳资本市场律师团队”，并被《钱伯斯亚太》、《国际金融法律评论》和《法律500》等国际著名刊物重点推荐。

在多年的实务中，中伦与诸多国家和地区的证券监管部门、证券交易所、境内外著名投资银行、审计评估机构，以及上市公司建立了密切而良好的合作关系，从而可以确保为客户提供最佳的法律服务。

股权资本市场：

· 上市前改制、重组

· 上市前私募融资

· 境内及跨境首次公开发行

· 上市公司再融资(包括股票、可转换债券、债券存托凭证、REITs等融资工具)

· 境内外买壳上市

· 上市公司收购、合并、分离、重大资产重组、退市及恢复上市

· 上市公司股份分拆、回购

· 上市公司治理结构

· 管理层激励计划及员工持股计划的设计

· 上市后持续信息披露

· 上市公司

· 证券投资基金的设立及资产管理

债券资本市场：

· 公司债券

· 企业债券

· 金融债券

· 短期融资券

· 中期票据

私募股权与投资基金

中伦的私募股权与投资基金业务连续多年受到钱伯斯的重点推荐，持续位于中国区域第一级别。

中伦是最早提供全面的私募股权和投资基金法律服务的中国事务所之一，业务贯穿基金的设立募集、投资、项目管理和退出四个方面，并在此领域中持续处于领跑位置。

长期以来，中伦在众多境内外私募基金的设立及募集环节为客户提供法律支持，中伦以严谨、创新的法律工作陪伴和见证了诸多私募基金及基金管理机构发展壮大。同时，中伦所经办的为数众多的私募投资项目，类型涵盖初创、成长、扩张和并购各阶段，业务内容更侧重于结合中国境内和境外法律的跨境服务，并涉及股权、债权和夹层融资等各种形态。在不少交易中，中伦的律师团队作为主导律师协调和负责跨数个法域的法律服务，体现了国际水准，深受客户的好评。同时，针对以在中国境内上市为目标的结构重组，中伦的律师团队在中国法律既有的框架下做了许多突破性的探索和实践，尽可能有效地实现通常基金投资在境外法律所能获得的保护，在业内处于领先地位。

中伦在众多私募基金的设立及募集过程中主要为基金发起人、管理人提供综合性法律服务，亦作为基金投资人投资的法律顾问为客户提供法律支持。在私募投资中，中伦的律师主要代表诸多国内外知名机构投资者为其提供全方位的法律服务，同时也协助不少募资企业从初创发展壮大直至上市。钱伯斯亚太认可中伦为为数有限的几家能够独立处理相关业务的中国律师事务所，并称赞中伦“具有极强的商业意识和把握市场发展前沿的能力”，为此《钱伯斯亚太》自其为中国律所设立“私募基金”和“投资基金”类别评选以来连续将本所名列第一级别。本所亦被其他主要国内外刊物和机构评选为在此领域中国最佳律师事务所之一。

中伦的私募股权与投资基金业务主要包括以下方面：

· 各类私募基金（私募股权和创业投资基金、母基金以及其他私募投资平台等）的设立和资金募集

· 政府引导基金、母基金及其他出资者投资于各类私募基金

· 各类私募基金对目标公司的各种形式的投资

· 为各类私募基金对其投资组合公司进行投资管理

· 各类私募基金实现其投资的退出，包括整体出售、转让和赎回等

· 募资公司在不同阶段吸收各类私募基金的投资

· 募资公司并购、重组及境内外上市

· 各类私募基金的清算

收购兼并

中伦的公司/收购兼并业务连续多年受到钱伯斯的重点推荐，持续位于中国区域第一级别。

钱伯斯亚太如此评价中伦的并购团队：

（中伦）是众多跨国公司因公司扩张或收缩、公司资产出售或收购、合资等公司事务需要起草、谈判协议或进行尽职调查时的首选。

公司收购兼并是中伦的核心业务。中伦在该业务领域处于领先地位。在最近的几年里，中伦代表众多知名的国内外客户参与了一系列复杂的交易，包括许多大型企业和上市公司的重组和并购以及众多跨境收购。在多数并购、重组交易中，中伦律师以丰富的经验、对中国法律适用和监管环境的深刻理解以及对税务、财务知识的融会贯通，起着主导的作用。

在长期执业过程中，中伦该领域的律师与相关监管机构建立起了良好的沟通。中伦受邀参与了多项并购立法调研。中伦亦与众多的境内外投资银行、会计师事务所、评估机构及其他中介机构建立起了良好的工作关系。

在兼并收购交易中，中伦的法律服务范围包括：

· 产业准入政策咨询

· 交易结构设计

· 税务筹划

· 尽职调查

· 合同、文件起草、谈判

· 就交易需履行的授权、审批程序提供意见

· 根据客户或监管机构的要求出具法律意见

· 协助申请政府部门的批准或者办理登记

· 跟踪交易合同的履行

· 交易后整合相关法律服务

· 反垄断申

中银律师事务所

基本概况

中银律师事务所成立于 1993 年 1 月，是经司法部门批准的我国最早的合伙制律师事务所之一，也是我国最早从事证券法律业务的律师事务所，是以金融证券和法律风险管理为主业的大型专业化律师事务所，在律师界和金融证券界已经牢固树立了“中银律师”的品牌。中银现有律师和工作人员约 1800 人，大部分律师获得国内及国外著名学府的硕士和博士学位，且多数律师具有在政府、企业、知名律师事务所工作或执业的经历，在法律和商业领域具备了丰富的实务经验。

2010 年 1 月 23 日，中银律师事务所在 2010 年度品牌颁奖盛典暨大型系列论坛活动中，荣获“中国金融证券领域最佳律师事务所”。2012 年，中银律师事务所荣获“钱伯思中国法律卓越奖”。2012 年，在《亚洲法律杂志》评选的 2010 年中国成长最快的律师事务所中，中银律师事务所被评为“中国发展最迅速的十家律师事务所之一”，这是中银律师事务所连续四年摘得该项荣誉。中银律师入选《法律互联》评选的 2009 年中国律师事务所 300 强，位列第 7 名；中银律师连续 3 年入选《亚洲法律事务》（ALB）杂志评选的中国律师事务所规模二十强，均名列前十。2013 年，中银律师事务所再次荣获钱伯斯“资产证券化与金融省衍生产品”领域“年度最佳律师所”、“国际贸易和 WTO”领域国内“领先律师事务所”称号，同时被《钱伯斯亚洲 2013》The Chambers Asia 2013）评为国内领先律师事务所，入选《亚洲法律事务》（ALB）杂志评选的“2013 年亚洲律师事务所规模 50 强”“2013 年中国律所规模 20 强”，均位列第三名。2014 年，中银律师事务所荣获《商法》杂志评选的“资产证券化及结构化融资大奖”，连续两年获得《亚洲法律事务》（ALB）杂志评选的“2014 年中国最大 25 家律所”第 3 名，“2014 年中国发展最迅速的十家律师事务所之一”。2015 年，中银律师事务所荣获 LEGAL500 评选的“2015 年度亚太地区国际贸易和 WTO 领域的领先律师事务所”。

中银律师总部设有十一个法律业务中心，即：金融证券法律服务中心、法律风险管理法律服务中心、公司业务法律服务中心、房地产与建筑工程法律服务中心、知识产权法律服务中心、国际业务法律服务中心、贸易救济与 WTO 法律服务中心、争议解决法律服务中心、刑事法律服务中心、不良资产法律服务中心和大宗商品交易及商品金融法律服务中心，根据业务管理的需要，各业务中心下设以若干不同的业务部门。

金融证券保险法律服务中心

中银律师在我国最早从事金融证券业务，迄今是全国最有影响力的金融证券专业律师事务所之一。20 年来，中银律师为 300 余家上市公司提供了各类专业法律服务。在证券、融资、银行、保险、信托和基金等金融证券法律服务领域具有丰富经验，多年来参与了化工、煤矿、石油、保险、银行等四十多个重要行业的大型国有企业的融资、证券、保险等项目，曾为国内外 3000 余家企业提供法律服务。特别是在中央银行、外资银行、各类商业银行、政策性银行、合作银行、股份制银行、信托投资公司、资产管理公司、保险公司以及其他相关主体的法律服务方面，均取得了不俗的业绩。

公司业务法律服务中心

公司业务是中银律师事务所的核心业务领域之一。中银律师凭借多年来的丰富执业经验，为国内外著名企业、大中型国有企业、民营企业及政府部门等众多客户提供有关并购、外商直接投资、企业风险管理、破产重组、招投标、常年法律顾问、税务、劳动等方面的综合法律服务。中银律师不仅活跃在众多行业领先、结构复杂的国际及国内交易中，中银律师事务所的并购、企业风险管理、常年法律顾问、招投标等领域的资深专家还为客户提供长期持续的法律服务。

大宗商品交易及商品金融法律服务中心

中银律师事务所大宗商品交易及商品金融法律服务中心成立于 2015 年初，是全国首个大宗商品交易及商品金融法律服务机构，也是目前唯一专门从事大宗商品交易及商品金融的法律服务机构。大宗商品交易及金融既包括矿产品商品投资、黑色金属商品投资、有色金属商品投资、贵金属商品投资、农产品商品投资、水产品商品投资、畜产品商品投资以及林产品商品投资等关系到国计民生的领域，又具有与股权投资、产业投资等投资领域不同的特征。但与大宗商品在国家经济发展中的重要地位相比，目前大宗商品的交易及金融在中国却处在一个低能级的水平。未来大宗商品领域发展是全球发展的关键领域之一，也是国家产业规划的关键领域之一。目前中国大宗商品处在转型、升级的阶段，缺乏大宗商品投资的管理体系和管理团队，缺乏大宗商品交易及金融的法律服务体系和服务团队。

该中心成立后，与国内大宗商品领域著名的学者、专家合作，重构中国大宗商品交易及金融法律规则体系，提升了大宗商品交易及金融法律服务领域的能级。该中心团队核心成员均毕业于一流法学、金融院校，专业基础扎实，执业经验丰富，具备较高的理论创新能力。目前，该中心已与各大商业银行、保险公司、质检机构、大型港口、大型农产品及矿产品交易平台等建立了全方位、一体化的合作关系，为大宗商品的仓储管理、仓单管理、金融票据管理、大宗商品交易等提供法律服务，为大宗商品贸易商、投资商、交易所、商业银行、保险公司及相关机构防范、控制大宗商品交易中的法律风险。

中银荣誉

2015 年 11 月，中银律所被 LEGAL500 评选为 2016 年度亚太地区 WTO 和国际贸易领域的领先律师事务所；

2015 年 11 月，中银律所入选《亚洲法律事务》（ALB）“2015 年亚洲最大 50 家律所”，位列第三名；

2015 年 07 月，中银律所被 LEGAL500 评选为 2015 年度亚太地区国际贸易和 WTO 领域的领先律师事务所；

2015 年 07 月，中银律所荣获“2013 – 2015 年度北京市律师行业先进党组织”；

2015 年 05 月，中银律所被 LEGALBAND 评选为 2015 年度中国地区“资产证券化 & 衍生产品”领域的领先律师事务所；

2015 年 02 月，中银律所连续三年被钱伯斯评选为 2015 年度亚太地区国际贸易和 WTO 领域的领先律师事务所；

2014 年 12 月，中银律所入选《亚洲法律事务》（ALB）“2014 年中国最大 25 家律所”，位列第三名；

2015 年 02 月，中银律所被 LEGALBAND 评选为 2015 年度亚太地区国际贸易和 WTO 领域的领先律师事务所；

2015 年 02 月，中银律所被《商法》评选为 2014 年度破产及重组、结构融资及资产证券化领域卓越律所大奖；

2014 年 09 月，中银律所荣获“2011——2013 年度优秀律师事务所”；

2014 年 07 月，中银律所获得了“五好”党支部的荣誉称号。我所刘克滥、田润苏、王成磊、曹梅燕、高圆、胡古等律师获得优秀共产党员称号；李延龙律师获得优秀党务工作者称号；秦丽萍律师获得党建之友称号；

2014 年 03 月，中银律所被 ALB 评选为 2014 年中国发展最迅速的十家律师事务所之一；

2014 年 02 月，中银律所被《商法》评选为 2013 年度结构性融资及资产证券化领域卓越律所；

2014 年 03 月，中银律所被钱伯斯评选为 2014 年度亚太地区国际贸易和 WTO 领域的领先律师事务所。

第五章　主办券商

申万宏源证券有限公司

一、公司简介及概况

<table>
<tr><td rowspan="9">公司简介</td><td>公司名称</td><td colspan="5">申万宏源证券有限公司</td></tr>
<tr><td>成立日期</td><td>2015－01－16</td><td>法定代表人</td><td>李梅</td><td>总经理</td><td>李梅</td></tr>
<tr><td>注册资本（万元）</td><td>1,485,674</td><td>净资产*（万元）</td><td>3,711,934</td><td>净资本*（万元）</td><td>3,587,285</td></tr>
<tr><td>注册地址</td><td colspan="3">上海</td><td>营业部家数</td><td>263</td></tr>
<tr><td>办公地址</td><td colspan="3">上海市徐汇区长乐路989号世纪商贸广场45层</td><td>邮编</td><td>200031</td></tr>
<tr><td>公司网址</td><td>www.swhysc.com</td><td>电子邮箱</td><td>swhysc@swhysc.com</td><td>经营证券业务许可证编码</td><td>1072000</td></tr>
<tr><td colspan="6">注：*经审计的最近年度净资产和净资本</td></tr>
<tr><td colspan="3">证监会批准从事的证券业务</td><td colspan="3">证券经纪、证券投资咨询、融资融券、代销金融产品业务、证券投资基金代销、为期货公司提供中间介绍业务（以上各项业务限新疆、甘肃、陕西、宁夏、青海、西藏以外区域），证券资产管理，证券承销与保荐（限国债、非金融企业债务融资工具、政策性银行金融债、企业债承销），证券自营（除服务新疆、甘肃、陕西、宁夏、青海、西藏区域证券经纪业务客户的证券自营外）。</td></tr>
<tr><td colspan="3">在全国股份转让系统从事的业务种类</td><td colspan="3">经纪业务，推荐业务，做市业务</td></tr>
<tr><td>公司概况</td><td colspan="6">申银万国证券股份有限公司（以下简称“申银万国”或“公司”），由原上海申银证券公司和原上海万国证券公司于1996年7月16日合并组建而成，是国内最早的一家股份制证券公司。申银万国注册资本67.1576亿元，系大型综合类证券公司。公司拥有控股子公司——上海申银万国证券研究所有限公司、申银万国期货有限公司、申银万国投资有限公司和申万菱信基金管理有限公司，并在香港特别行政区设有申银万国（香港）集团公司和控股的上市公司——申银万国（香港）有限公司。公司还参股富国基金管理有限公司。公司经营范围包括：证券经纪；证券投资咨询；与证券交易、证券投资活动有关的财务顾问；证券自营；证券承销与保荐；证券资产管理；证券投资基金代销；为期货公司提供中间介绍业务；融资融券业务；国家有关管理机关批准的其他业务。</td></tr>
</table>

二、业务动态

推荐挂牌情况				
序号	股份代码	公司名称	挂牌日期	公司状态
1	430001	世纪瑞尔	2006－01－23	已上市
2	430002	中科软	2006－01－23	挂牌
3	430007	久其软件	2006－09－07	已上市
4	430010	现代农装	2006－12－08	挂牌
5	430011	指南针	2007－01－23	挂牌
6	430015	盖特佳	2007－06－18	挂牌
7	430016	胜龙科技	2007－07－26	挂牌
8	430018	合纵科技	2007－09－19	挂牌
9	430019	新松佳和	2007－09－28	挂牌
10	430020	建工华创	2007－09－28	挂牌
11	430023	佳讯飞鸿	2007－10－26	已上市

12	430026	金豪制药	2008－02－18	挂牌
13	430028	京鹏科技	2008－04－30	挂牌
14	430031	林克曼	2008－09－01	挂牌
15	430037	联飞翔	2008－12－05	挂牌
16	430044	东宝亿通	2009－01－12	挂牌
17	430045	东土科技	2009－02－18	已上市
18	430054	超毅网络	2009－04－16	挂牌
19	430065	中海阳	2010－03－19	挂牌
20	430066	南北天地	2010－04－22	挂牌
21	430069	天助畅运	2010－06－23	挂牌
22	430072	亿创科技	2010－08－31	挂牌
23	430073	兆信股份	2010－09－10	挂牌
24	430075	中讯四方	2010－11－18	挂牌
25	430083	中科联众	2011－03－28	挂牌
26	430085	新锐英诚	2011－04－01	挂牌
27	430092	易生创新	2011－06－21	挂牌
28	430095	航星股份	2011－08－19	挂牌
29	430097	赛德丽	2011－10－19	挂牌
30	430098	大津股份	2011－11－02	挂牌
31	430120	金润科技	2012－04－27	挂牌
32	430131	伟利讯	2012－07－18	挂牌
33	430135	三益能环	2012－09－05	挂牌
34	430147	中矿龙科	2012－09－21	挂牌
35	430151	亿鑫通	2012－10－12	挂牌
36	430150	创和通讯	2012－10－12	挂牌
37	430163	三众能源	2012－11－16	挂牌
38	430185	普瑞物联	2012－12－28	挂牌
39	430202	星河科技	2012－12－31	挂牌
40	430203	兴和鹏	2012－12－31	挂牌
41	430225	伊禾农品	2013－07－05	挂牌
42	430226	奥凯立	2013－07－05	挂牌
43	430263	蓝天环保	2013－07－22	挂牌
44	430260	布雷尔利	2013－07－22	挂牌
45	430266	联动设计	2013－07－23	挂牌
46	430253	兴竹信息	2013－07－23	挂牌
47	430254	中卉生态	2013－07－23	挂牌
48	430269	新网程	2013－07－23	挂牌
49	430252	联宇技术	2013－07－23	挂牌
50	430259	华宿电气	2013－07－23	挂牌
51	430251	光电高斯	2013－07－24	挂牌
52	430258	易同科技	2013－07－25	挂牌
53	430270	高曼重工	2013－08－08	挂牌
54	430285	锐创信通	2013－08－08	挂牌
55	430284	科胜石油	2013－08－08	挂牌

56	430278	连能环保	2013－08－08	挂牌
57	430274	重钢机械	2013－08－08	挂牌
58	430286	东岩股份	2013－08－08	挂牌
59	430327	元工国际	2013－10－16	挂牌
60	430321	博德石油	2013－10－16	挂牌
61	430331	中环系统	2013－10－16	挂牌
62	430328	北京希电	2013－10－16	挂牌
63	430334	科洋科技	2013－11－06	挂牌
64	430340	伟钊科技	2013－11－06	挂牌
65	430344	鼎晖科技	2013－11－15	挂牌
66	430356	雷腾软件	2013－12－10	挂牌
67	430363	上海上电	2013－12－23	挂牌
68	430538	中大科技	2014－01－24	挂牌
69	430593	华尔美特	2014－01－24	挂牌
70	430540	五龙制动	2014－01－24	挂牌
71	430539	扬子地板	2014－01－24	挂牌
72	430537	恒通股份	2014－01－24	挂牌
73	430468	锦棉种业	2014－01－24	挂牌
74	430596	新达通	2014－01－24	挂牌
75	430416	地林伟业	2014－01－24	挂牌
76	430461	视威科技	2014－01－24	挂牌
77	430407	长合信息	2014－01－24	挂牌
78	430427	飞田通信	2014－01－24	挂牌
79	430615	华工创新	2014－01－24	挂牌
80	430439	亚杜股份	2014－01－24	挂牌
81	430524	量天科技	2014－01－24	挂牌
82	430520	世安科技	2014－01－24	挂牌
83	430515	麟龙股份	2014－01－24	挂牌
84	430513	中科三耐	2014－01－24	挂牌
85	430493	新成新材	2014－01－24	挂牌
86	430612	雅威特	2014－01－24	挂牌
87	430518	嘉达早教	2014－01－24	挂牌
88	430631	早康枸杞	2014－01－24	挂牌
89	430390	中科网络	2014－01－24	挂牌
90	430460	太湖股份	2014－01－24	挂牌
91	430485	南京旭建	2014－01－24	挂牌
92	430525	英诺尔	2014－01－24	挂牌
93	430526	丝普兰	2014－01－24	挂牌
94	430435	数聚软件	2014－01－24	挂牌
95	430648	群雁信息	2014－02－14	挂牌
96	430644	紫贝龙	2014－02－18	挂牌
97	430651	金豹实业	2014－02－18	挂牌
98	430650	莱博股份	2014－02－18	挂牌
99	430636	法普罗	2014－02－18	挂牌

100	430663	大陆机电	2014－03－13	挂牌
101	430668	笃诚科技	2014－03－31	挂牌
102	430674	巴兰仕	2014－04－10	挂牌
103	430696	金银花	2014－04－10	挂牌
104	430683	新中德	2014－04－10	挂牌
105	430691	麦稻之星	2014－04－18	挂牌
106	430706	海芯华夏	2014－04－23	挂牌
107	430721	瑞杰塑料	2014－04－30	挂牌
108	430714	奇才股份	2014－04－30	挂牌
109	430739	银花股份	2014－04－30	挂牌
110	430746	七星科技	2014－05－05	挂牌
111	430741	格林绿化	2014－05－05	挂牌
112	430747	长江机电	2014－05－05	挂牌
113	430761	升禾环保	2014－05－30	挂牌
114	830786	华源股份	2014－06－04	挂牌
115	830780	永鹏科技	2014－06－09	挂牌
116	830817	鼎炬科技	2014－06－20	挂牌
117	830831	华泰集团	2014－06－26	挂牌
118	830843	沃迪装备	2014－07－09	挂牌
119	430735	智达康	2014－07－11	挂牌
120	830861	金诺科技	2014－07－14	挂牌
121	830853	天加新材	2014－07－14	挂牌
122	830873	奥测世纪	2014－07－16	挂牌
123	830896	旺成科技	2014－08－01	挂牌
124	830900	维福特	2014－08－04	挂牌
125	830934	玻尔科技	2014－08－07	挂牌
126	830919	飞达股份	2014－08－07	挂牌
127	830918	银发环保	2014－08－11	挂牌
128	830988	兴和股份	2014－08－12	挂牌
129	830950	华隆股份	2014－08－13	挂牌
130	830945	麟龙新材	2014－08－13	挂牌
131	830990	鹏盾石油	2014－08－13	挂牌
132	830994	金友电缆	2014－08－13	挂牌
133	830998	大铭新材	2014－08－13	挂牌
134	831001	英特罗	2014－08－15	挂牌
135	831119	蓝钻生物	2014－08－15	挂牌
136	831034	红光股份	2014－08－15	挂牌
137	831021	华雁信息	2014－08－15	挂牌
138	831089	金东唐	2014－08－15	挂牌
139	831083	东润环能	2014－08－15	挂牌
140	831075	宏海科技	2014－08－15	挂牌
141	831002	飞鱼星	2014－08－15	挂牌
142	831112	哥伦布	2014－08－15	挂牌
143	831106	埃林哲	2014－08－15	挂牌

144	831044	家喻新材	2014－08－18	挂牌
145	831019	博硕光电	2014－08－18	挂牌
146	831080	立思股份	2014－08－18	挂牌
147	831006	久易农业	2014－08－19	挂牌
148	831096	物润船联	2014－08－21	挂牌
149	831076	展博股份	2014－08－21	挂牌
150	831055	三优光电	2014－08－29	挂牌
151	831029	银丰棉花	2014－08－29	挂牌
152	831145	阿路美格	2014－09－17	挂牌
153	831134	爱特科技	2014－09－17	挂牌
154	831151	全胜物流	2014－09－23	挂牌
155	831159	安达物流	2014－09－24	挂牌
156	831152	昆工恒达	2014－09－24	挂牌
157	831162	天河股份	2014－09－26	挂牌
158	831177	深冷能源	2014－10－14	挂牌
159	831196	恒扬科技	2014－10－14	挂牌
160	831230	双申医疗	2014－10－23	挂牌
161	831227	宜运股份	2014－10－27	挂牌
162	831243	晓鸣农牧	2014－10－30	挂牌
163	831256	新疆银丰	2014－10－31	挂牌
164	831235	谋士人才	2014－11－03	挂牌
165	831257	赛德盛	2014－11－03	挂牌
166	831275	睿力物流	2014－11－04	挂牌
167	831284	迈科智能	2014－11－06	挂牌
168	831281	天悦实业	2014－11－06	挂牌
169	831320	路骋国旅	2014－11－10	挂牌
170	831340	金童股份	2014－11－11	挂牌
171	831352	健力股份	2014－11－13	挂牌
172	831342	大元广盛	2014－11－13	挂牌
173	831353	海盐力源	2014－11－13	挂牌
174	831310	航嘉电子	2014－11－13	挂牌
175	831348	碧松照明	2014－11－13	挂牌
176	831370	新安洁	2014－11－25	挂牌
177	831376	金洪股份	2014－11－26	挂牌
178	831402	帝联科技	2014－12－02	挂牌
179	831403	庆功林	2014－12－02	挂牌
180	831391	三达奥克	2014－12－04	挂牌
181	831429	创力股份	2014－12－05	挂牌
182	831435	行健智能	2014－12－11	挂牌
183	831479	湘联股份	2014－12－12	挂牌
184	831511	水治理	2014－12－17	挂牌
185	831468	威顿晶磷	2014－12－24	挂牌
186	831542	贝斯塔德	2014－12－26	挂牌
187	831573	佳盈物流	2014－12－30	挂牌
188	831717	首信材料	2014－12－31	挂牌

189	831668	天元小贷	2014－12－31	挂牌
190	831589	吉福新材	2015－01－06	挂牌
191	831569	华牧天元	2015－01－06	挂牌
192	831595	科致电气	2015－01－06	挂牌
193	831632	安之文化	2015－01－06	挂牌
194	831620	宝信平台	2015－01－08	挂牌
195	831666	亿丰洁净	2015－01－12	挂牌
196	831787	高和机电	2015－01－13	挂牌
197	831678	利德浆料	2015－01－19	挂牌
198	831693	亚茂光电	2015－01－19	挂牌
199	831710	昊方机电	2015－01－19	挂牌
200	831831	天津彩板	2015－01－19	挂牌
201	831651	保通食品	2015－01－19	挂牌
202	831824	东方滤袋	2015－01－19	挂牌
203	831712	创泽信息	2015－01－20	挂牌
204	831754	康能生物	2015－01－20	挂牌
205	831715	瀚特信息	2015－01－20	挂牌
206	831830	和创化学	2015－01－20	挂牌
207	831711	青浦资产	2015－01－20	挂牌
208	831700	华信精工	2015－01－21	挂牌
209	831748	雅格股份	2015－01－21	挂牌
210	831767	知音文化	2015－01－21	挂牌
211	831631	北邮国安	2015－01－23	挂牌
212	831883	嘉翼精机	2015－01－27	挂牌
213	831791	雪银矿业	2015－01－28	挂牌
214	831919	科菲科技	2015－01－28	挂牌
215	831927	瑞奥物联	2015－01－28	挂牌
216	831900	海航华日	2015－01－29	挂牌
217	831866	蔚林股份	2015－02－02	挂牌
218	831951	美麟文化	2015－02－10	挂牌
219	831987	煌盛管件	2015－02－10	挂牌
220	831956	汇森能源	2015－02－16	挂牌
221	831972	北泰实业	2015－03－03	挂牌
222	831952	华图股份	2015－03－05	挂牌
223	832048	三艾广告	2015－03－05	挂牌
224	832032	青晨科技	2015－03－06	挂牌
225	832037	华能橡胶	2015－03－06	挂牌
226	832047	联洋新材	2015－03－06	挂牌
227	832121	六晶科技	2015－03－10	挂牌
228	832094	全昌蓝宇	2015－03－11	挂牌
229	832108	亨达科技	2015－03－11	挂牌
230	832105	宇宏新科	2015－03－11	挂牌
231	832120	永辉股份	2015－03－12	挂牌
232	832124	东南股份	2015－03－13	挂牌
233	832153	新邦股份	2015－03－16	挂牌

234	832061	贵材铝业	2015－03－17	挂牌
235	832132	民正农牧	2015－03－18	挂牌
236	832136	蓝天园林	2015－03－24	挂牌
237	832189	科瑞达	2015－03－30	挂牌
238	832187	运控电子	2015－03－31	挂牌
239	832254	万安环境	2015－04－07	挂牌
240	832200	宝威纺织	2015－04－07	挂牌
241	832216	善营股份	2015－04－08	挂牌
242	832251	众深股份	2015－04－13	挂牌
243	832228	广信担保	2015－04－13	挂牌
244	832238	康泰股份	2015－04－15	挂牌
245	832208	尔格科技	2015－04－16	挂牌
246	832319	华仁物业	2015－04－16	挂牌
247	832300	宏源车轮	2015－04－16	挂牌
248	832276	翔宇药业	2015－04－17	挂牌
249	832326	华清安泰	2015－04－17	挂牌
250	832305	东利机械	2015－04－17	挂牌
251	832315	君和环保	2015－04－17	挂牌
252	832183	郑州远见	2015－04－20	挂牌
253	832301	三信科技	2015－04－20	挂牌
254	832259	鸿发有色	2015－04－20	挂牌
255	832288	三人行	2015－04－21	挂牌
256	832309	凯翔科技	2015－04－21	挂牌
257	832364	兴宇包装	2015－04－23	挂牌
258	832391	润达光伏	2015－05－05	挂牌
259	832409	希雅图	2015－05－05	挂牌
260	832402	辉文生物	2015－05－06	挂牌
261	832389	睿思凯	2015－05－06	挂牌
262	832403	德尔智能	2015－05－08	挂牌
263	832476	柯立沃特	2015－05－18	挂牌
264	832496	首创博桑	2015－05－18	挂牌
265	832471	美邦科技	2015－05－18	挂牌
266	832480	商会网络	2015－05－19	挂牌
267	832507	晶宇环境	2015－05－22	挂牌
268	832421	恐龙谷	2015－05－22	挂牌
269	832509	华光胶囊	2015－05－22	挂牌
270	832515	易瑞来	2015－05－27	挂牌
271	832503	华鼎科技	2015－05－28	挂牌
272	832613	资博股份	2015－06－10	挂牌
273	832599	皓业彩瓷	2015－06－11	挂牌
274	832602	泰通科技	2015－06－18	挂牌
275	832647	北国传媒	2015－06－18	挂牌
276	832691	路博石英	2015－07－01	挂牌
277	832694	维冠机电	2015－07－01	挂牌
278	832703	佳德联益	2015－07－02	挂牌

279	832635	中捷四方	2015－07－02	挂牌
280	832693	东鼎股份	2015－07－02	挂牌
281	832683	湖北祥锦	2015－07－08	挂牌
282	832798	吉星吉达	2015－07－10	挂牌
283	832811	思明堂	2015－07－10	挂牌
284	832763	中天科盛	2015－07－10	挂牌
285	832721	思达新能	2015－07－10	挂牌
286	832753	杰易森	2015－07－14	挂牌
287	832968	东软股份	2015－07－24	挂牌
288	833072	大江传媒	2015－07－24	挂牌
289	832891	广陆科技	2015－07－24	挂牌
290	832861	奇致激光	2015－07－24	挂牌
291	833084	赛奇股份	2015－07－27	挂牌
292	833067	中德宏泰	2015－07－29	挂牌
293	833079	金桥水科	2015－07－29	挂牌
294	833070	三耐环保	2015－07－29	挂牌
295	833153	剧星传媒	2015－07－29	挂牌
296	833146	双喜电器	2015－07－29	挂牌
297	833033	誉德股份	2015－07－30	挂牌
298	833006	银联通莞	2015－07－30	挂牌
299	832960	望变电气	2015－07－30	挂牌
300	833137	通宝光电	2015－07－30	挂牌
301	832996	民生科技	2015－07－30	挂牌
302	832977	伊斯曼	2015－07－30	挂牌
303	833107	鸣利来	2015－07－31	挂牌
304	832957	矽瑞股份	2015－07－31	挂牌
305	833159	力好科技	2015－07－31	挂牌
306	833049	绿洲园林	2015－08－05	挂牌
307	833145	天智科技	2015－08－07	挂牌
308	833219	软汇科技	2015－08－10	挂牌
309	833243	龙辰科技	2015－08－10	挂牌
310	833221	艾为电子	2015－08－10	挂牌
311	833201	仁盈科技	2015－08－10	挂牌
312	833226	达美程	2015－08－11	挂牌
313	833166	华证联	2015－08－11	挂牌
314	833162	港力环保	2015－08－11	挂牌
315	833312	行动者	2015－08－13	挂牌
316	833112	海宏电力	2015－08－13	挂牌
317	833113	珍吾堂	2015－08－13	挂牌
318	833284	灵鸽科技	2015－08－17	挂牌
319	833343	东文高压	2015－08－17	挂牌
320	833200	宏业农装	2015－08－17	挂牌
321	833244	骏环昇旺	2015－08－17	挂牌
322	833190	华生科技	2015－08－17	挂牌
323	833252	帜讯信息	2015－08－18	挂牌

324	833234	美创医疗	2015－08－18	挂牌
325	833313	方胜有成	2015－08－18	挂牌
326	833247	军一物联	2015－08－18	挂牌
327	833230	欧康医药	2015－08－18	挂牌
328	833088	泰金精锻	2015－08－18	挂牌
329	833346	威贸电子	2015－08－19	挂牌
330	833297	德宏种业	2015－08－19	挂牌
331	833248	中景橙石	2015－08－19	挂牌
332	833192	佑康股份	2015－08－20	挂牌
333	833285	环球矿产	2015－08－20	挂牌
334	833362	海通发展	2015－08－20	挂牌
335	833278	北旺农牧	2015－08－20	挂牌
336	833191	博世德	2015－08－21	挂牌
337	833061	美轲股份	2015－08－24	挂牌
338	833214	汇乐环保	2015－08－25	挂牌
339	833270	沃福百瑞	2015－08－25	挂牌
340	833176	桂林五洲	2015－08－26	挂牌
341	833440	新鸿运	2015－09－01	挂牌
342	833409	泉源堂	2015－09－09	挂牌
343	833522	喜丰节水	2015－09－09	挂牌
344	833450	奥立思特	2015－09－10	挂牌
345	833413	宾肯股份	2015－09－11	挂牌
346	833485	硕达科技	2015－09－11	挂牌
347	833532	福慧达	2015－09－21	挂牌
348	833519	泉欣新材	2015－09－22	挂牌
349	833555	华南信息	2015－09－23	挂牌
350	833502	联创永宣	2015－09－23	挂牌
351	833457	云朵网络	2015－09－24	挂牌
352	833686	顺昊生物	2015－09－28	挂牌
353	833758	瑞雪海洋	2015－10－09	挂牌
目前已推荐挂牌公司家数		353		
撤回材料及申请被否公司家数		0		
正在挂牌公司家数		349		
已上市公司家数		4		
已被终止挂牌公司家数		0		
推荐定向发行情况				
序号	股份代码	公司名称	发行日期	公司状态
1	430002	中科软	2007－1－15	发行成功
2	430015	盖特佳	2007－12－21	发行成功
3	430011	指南针	2008－1－9	发行成功
4	430010	现代农装	2008－3－28	发行成功
5	430018	合纵科技	2008－4－16	发行成功
6	430001	世纪瑞尔	2010－1－12	发行成功
7	430037	联飞翔	2010－3－18	发行成功
8	430065	中海阳	2010－7－22	发行成功

9	430020	建工华创	2011－1－10	发行成功
10	430037	联飞翔	2011－1－10	发行成功
11	430065	中海阳	2011－3－9	发行成功
12	430010	现代农装	2011－8－30	发行成功
13	430075	中讯四方	2011－11－2	发行成功
14	430028	京鹏科技	2012－6－8	发行成功
15	430002	中科软	2012－6－13	发行成功
16	430083	中科联众	2012－10－23	发行成功
17	430095	航星股份	2012－12－19	发行成功
18	430085	新锐英诚	2013－3－14	发行成功
19	430147	中矿龙科	2013－7－17	发行成功
20	430263	蓝天环保	2013－7－17	发行成功
21	430120	金润科技	2013－8－6	发行成功
22	430037	联飞翔	2013－9－6	发行成功
23	430098	大津股份	2013－9－9	发行成功
24	430202	星河科技	2013－9－11	发行成功
25	430065	中海阳	2013－10－24	发行成功
26	430075	中讯四方	2013－10－29	发行成功
27	430254	中卉生态	2013－12－19	发行成功
28	430461	视威科技	2014－1－22	发行成功
29	430010	现代农装	2014－1－23	发行成功
30	430648	群雁信息	2014－1－28	发行成功
31	430185	普瑞物联	2014－3－11	发行成功
32	430691	麦稻之星	2014－3－31	发行成功
33	430714	奇才股份	2014－4－23	发行成功
34	430284	科胜石油	2014－5－27	发行成功
35	430260	布雷尔利	2014－6－17	发行成功
36	430593	华尔美特	2014－6－27	发行成功
37	430344	鼎晖科技	2014－6－27	发行成功
38	830843	沃迪装备	2014－7－2	发行成功
39	430085	新锐英诚	2014－8－4	发行成功
40	430075	中讯四方	2014－8－4	发行成功
41	430356	雷腾软件	2014－8－5	发行成功
42	430015	盖特佳	2014－8－8	发行成功
43	430253	兴竹信息	2014－8－13	发行成功
44	430020	建工华创	2014－8－26	发行成功
45	430092	易生创新	2014－9－15	发行成功
46	430331	中环系统	2014－10－8	发行成功
47	430596	新达通	2014－10－20	发行成功
48	430135	三益能环	2014－10－24	发行成功
49	430416	地林伟业	2014－10－28	发行成功
50	430260	布雷尔利	2014－10－28	发行成功
51	430260	布雷尔利	2014－10－28	发行成功
52	430266	联动设计	2014－10－30	发行成功
53	831235	点米科技	2014－10－31	发行成功

54	831235	谋士人才	2014－10－31	发行成功
55	831376	金洪股份	2014－11－14	发行成功
56	430065	中海阳	2014－11－14	发行成功
57	430518	嘉达早教	2014－11－17	发行成功
58	430225	伊禾农品	2014－11－18	发行成功
59	430540	五龙制动	2014－11－18	发行成功
60	831145	阿路美格	2014－11－28	发行成功
61	831511	水治理	2014－12－16	发行成功
62	430644	紫贝龙	2014－12－19	发行成功
63	430721	瑞杰塑料	2014－12－19	发行成功
64	430075	中讯四方	2014－12－25	发行成功
65	430714	奇才股份	2014－12－25	发行成功
66	831119	蓝钻生物	2015－1－20	发行成功
67	430334	科洋科技	2015－1－20	发行成功
68	831700	华信精工	2015－1－20	发行成功
69	430540	五龙制动	2015－1－23	发行成功
70	430761	升禾环保	2015－2－4	发行成功
71	430539	扬子地板	2015－2－6	发行成功
72	831096	物润船联	2015－2－9	发行成功
73	831353	海盐力源	2015－2－9	发行成功
74	831230	双申医疗	2015－2－9	发行成功
75	831370	新安洁	2015－2－11	发行成功
76	831083	东润环能	2015－2－26	发行成功
77	431505	麟龙股份	2015－3－3	发行成功
78	430435	数聚软件	2015－3－4	发行成功
79	430092	金刚游戏	2015－3－4	发行成功
80	430163	三众能源	2015－3－10	发行成功
81	831177	深冷能源	2015－3－11	发行成功
82	430259	华宿电气	2015－3－13	发行成功
83	430075	中讯四方	2015－3－17	发行成功
84	430260	布雷尔利	2015－3－20	发行成功
85	430226	奥凯立	2015－3－24	发行成功
86	832251	众深股份	2015－3－30	发行成功
87	831340	金童股份	2015－4－3	发行成功
88	831284	迈科智能	2015－4－15	发行成功
89	430253	兴竹信息	2015－4－20	发行成功
90	430518	嘉达早教	2015－4－21	发行成功
91	430263	蓝天环保	2015－4－22	发行成功
92	831320	路骋国旅	2015－4－22	发行成功
93	831767	知音文化	2015－5－11	发行成功
94	832471	美邦科技	2015－5－15	发行成功
95	831055	三优光电	2015－5－19	发行成功
96	430135	三益能环	2015－5－22	发行成功
97	430356	雷腾软件	2015－5－25	发行成功
98	832136	蓝天园林	2015－5－27	发行成功

99	832132	民正农牧	2015－5－27	发行成功
100	430596	新达通	2015－5－29	发行成功
101	831159	安达物流	2015－6－1	发行成功
102	831353	海盐力源	2015－6－1	发行成功
103	831866	蔚林股份	2015－6－4	发行成功
104	831883	嘉翼精机	2015－6－8	发行成功
105	831235	谋士人才	2015－6－9	发行成功
106	831370	新安洁	2015－6－9	发行成功
107	830990	鹏盾石油	2015－6－9	发行成功
108	831235	点米科技	2015－6－9	发行成功
109	430259	华宿电气	2015－6－11	发行成功
110	831678	利德浆料	2015－6－18	发行成功
111	831089	金东唐	2015－6－26	发行成功
112	831256	新疆银丰	2015－6－29	发行成功
113	831162	天河股份	2015－6－29	发行成功
114	430260	布雷尔利	2015－6－30	发行成功
115	831177	深冷能源	2015－7－1	发行成功
116	430037	联飞翔	2015－7－2	发行成功
117	831710	昊方机电	2015－7－2	发行成功
118	832047	联洋新材	2015－7－2	发行成功
119	430644	紫贝龙	2015－7－3	发行成功
120	832048	三艾广告	2015－7－3	发行成功
121	831666	亿丰洁净	2015－7－3	发行成功
122	831353	海盐力源	2015－7－3	发行成功
123	831243	晓鸣农牧	2015－7－6	发行成功
124	830853	天加新材	2015－7－6	发行成功
125	830780	永鹏科技	2015－7－6	发行成功
126	430593	华尔美特	2015－7－7	发行成功
127	831620	宝信平台	2015－7－9	发行成功
128	430085	新锐英诚	2015－7－9	发行成功
129	831021	华雁信息	2015－7－9	发行成功
130	831112	哥伦布	2015－7－9	发行成功
131	831402	帝联科技	2015－7－9	发行成功
132	830988	兴和股份	2015－7－12	发行成功
133	830918	银发环保	2015－7－13	发行成功
134	430269	新网程	2015－7－16	发行成功
135	832960	望变电气	2015－7－17	发行成功
136	831900	海航华日	2015－7－17	发行成功
137	831275	睿力物流	2015－7－21	发行成功
138	831376	金洪股份	2015－7－21	发行成功
139	831284	迈科智能	2015－7－21	发行成功
140	832132	民正农牧	2015－7－24	发行成功
141	430284	科胜石油	2015－7－24	发行成功
142	831034	红光股份	2015－7－27	发行成功
143	430663	大陆机电	2015－7－30	发行成功

144	430163	三众能源	2015-7-30	发行成功
145	831402	帝联科技	2015-7-31	发行成功
146	833191	博世德	2015-7-31	发行成功
147	831162	天河股份	2015-7-31	发行成功
148	831754	康能生物	2015-8-3	发行成功
149	831479	湘联股份	2015-8-3	发行成功
150	831651	保通食品	2015-8-5	发行成功
151	831235	点米科技	2015-8-6	发行成功
152	832288	三人行	2015-8-6	发行成功
153	430150	创和通讯	2015-8-7	发行成功
154	430356	雷腾软件	2015-8-7	发行成功
155	831196	恒扬科技	2015-8-10	发行成功
156	830988	兴和股份	2015-8-10	发行成功
157	430363	上海上电	2015-8-12	发行成功
158	831320	路骋国旅	2015-8-12	发行成功
159	831029	银丰棉花	2015-8-13	发行成功
160	830990	鹏盾石油	2015-8-17	发行成功
161	831230	双申医疗	2015-8-19	发行成功
162	430668	笃诚科技	2015-8-19	发行成功
163	832208	尔格科技	2015-8-19	发行成功
164	833362	海通发展	2015-8-19	发行成功
165	831055	三优光电	2015-8-20	发行成功
166	430746	七星科技	2015-8-25	发行成功
167	430416	地林伟业	2015-8-25	发行成功
168	831511	水治理	2015-8-26	发行成功
169	833409	泉源堂	2015-8-26	发行成功
170	831152	昆工恒达	2015-8-26	发行成功
171	830994	金友电缆	2015-8-28	发行成功
172	832305	东利机械	2015-9-1	发行成功
173	832300	宏源车轮	2015-9-7	发行成功
174	830918	银发环保	2015-9-8	发行成功
175	830934	玻尔科技	2015-9-9	发行成功
176	430596	新达通	2015-9-9	发行成功
177	831712	创泽信息	2015-9-9	发行成功
178	831284	迈科智能	2015-9-10	发行成功
179	833413	宾肯股份	2015-9-10	发行成功
180	831353	海盐力源	2015-9-11	发行成功
181	832124	东南股份	2015-9-14	发行成功
182	430258	易同科技	2015-9-14	发行成功
183	832402	辉文生物	2015-9-14	发行成功
184	430515	麟龙股份	2015-9-16	发行成功
185	430538	中大科技	2015-9-16	发行成功
186	831083	东润环能	2015-9-17	发行成功
187	430493	新成新材	2015-9-17	发行成功

推荐定向发行次数		187
推荐定向发行成功次数		187
推荐定向发行失败次数		0
推荐原代办股份转让系统的两网公司及退市公司挂牌情况		
序号	股份代码	公司名称
推荐原代办股份转让系统的两网公司及退市公司家数:		0

三、部门设置

经纪业务				
人员	姓名	固定电话	传真	Email
经纪业务联络人	唐广荣	021 - 33389664		tanggr@ swhysc. com
经纪业务联络人	孔志华	021 - 33389653		kongzhh@ swhysc. com
推荐业务				
人员	姓名	固定电话	传真	Email
推荐业务联络人	蒋曙云	021 - 33389858	021 - 54043534	jiangshy@ swhysc. com
推荐业务联络人	徐业伟	021 - 33389860	021 - 54043534	xuyw@ swhysc. com

国泰君安证券股份有限公司

一、公司简介及概况

公司简介	公司名称	国泰君安证券股份有限公司				
	成立日期	1999 - 8 - 18	法定代表人	杨德红	总经理	王松
	注册资本（万元）	762,500	净资产 *（万元）	3,698,768	净资本 *（万元）	2,882,198
	注册地址	上海自由贸易试验区商城路 618 号			营业部家数	273
	办公地址	上海浦东新区银城中路 168 号 29 楼			邮编	200120
	公司网址	www. gtja. com	电子邮箱	office@ gtjas. com	经营证券业务许可证编码	Z29131000
	注：* 经审计的最近年度净资产和净资本					
	证监会批准从事的证券业务			证券经纪、证券承销与保荐、融资融券业务、证券自营、证券投资咨询、与证券交易、证券投资活动有关的财务顾问、为期货公司提供中间介绍业务、证券投资基金代销、代销金融产品业务、中国证监会批准的其他业务。		
	在全国股份转让系统从事的业务种类			经纪业务，推荐业务，做市业务		
公司概况	国泰君安证券股份有限公司是国内最大证券公司之一。1999 年 8 月 18 日，原国泰证券有限公司和原君安证券有限责任公司，通过新设合并、增资扩股组建成立国泰君安证券，目前注册资本 61 亿元。自成立之日起，国泰君安秉持以客户为中心的服务理念，扎根于国内资本市场，是国内规模最大、经营范围最广、机构分布最广、服务客户最多的证券公司之一，旗下设国泰君安金融控股有限公司（注册地香港）、国泰君安期货有限公司、上海国泰君安证券资产管理有限公司、国泰君安创新投资有限公司、国联安基金管理有限公司、上海国翔置业有限公司 6 家子公司，在全国 30 个省、市、自治区设有 30 家分公司、196 个证券营业部。 国泰君安于 2001 年首批获得由中国证监会和中国证券业协会认定的代办股份转让业务资格，并于 2013 年 3 月首批取得全国中小企业股份转让系统有限公司授予的经纪业务和挂牌业务资格。 国泰君安已成功推荐北京时代（430003）、鼎普科技（430036）、中海纪元（430059）等二十六家企业挂牌股份报价转让系统，有着丰富的项目经验。国泰君安是代办股份转让系统上首家帮助企业成功完成定向增资的券商，也是唯一帮助企业完成三次增资的券商。					

二、业务动态

推荐挂牌情况				
序号	股份代码	公司名称	挂牌日期	公司状态
1	430003	北京时代	2006－03－31	挂牌
2	430036	鼎普科技	2008－10－28	挂牌
3	430059	中海纪元	2009－08－18	挂牌
4	430107	朗铭科技	2012－03－09	挂牌
5	430125	都市鼎点	2012－06－08	挂牌
6	430132	国铁科林	2012－07－18	挂牌
7	430175	科新生物	2012－12－26	挂牌
8	430197	ST 津伦	2012－12－26	挂牌
9	430297	金硕信息	2013－08－08	挂牌
10	430296	平安力合	2013－08－08	挂牌
11	430338	银音科技	2013－11－08	挂牌
12	430350	万德智新	2013－11－15	挂牌
13	430359	同济医药	2013－12－20	挂牌
14	430595	唐人通服	2014－01－24	挂牌
15	430635	展唐科技	2014－02－19	挂牌
16	430711	泓源光电	2014－04－24	挂牌
17	430722	鸿图建筑	2014－05－06	挂牌
18	430755	华曦达	2014－05－30	挂牌
19	830784	威尔凯	2014－06－10	挂牌
20	830871	天元晟业	2014－07－17	挂牌
21	830923	上元堂	2014－07－31	挂牌
22	830964	润农节水	2014－08－08	挂牌
23	831132	临风股份	2014－09－01	挂牌
24	831148	长宏科技	2014－09－19	挂牌
25	831191	彩通科技	2014－10－09	挂牌
26	831193	新健康成	2014－10－13	挂牌
27	831286	竹林伟业	2014－11－05	挂牌
28	831271	燎原药业	2014－11－06	挂牌
29	831301	零动数码	2014－11－11	挂牌
30	831415	城兴股份	2014－12－04	挂牌
31	831395	智通建设	2014－12－04	挂牌
32	831430	天易股份	2014－12－08	挂牌
33	831408	大美游轮	2014－12－09	挂牌
34	831446	亨利技术	2014－12－09	挂牌
35	831489	天衡股份	2014－12－11	挂牌
36	831534	艾倍科	2014－12－18	挂牌
37	831504	中晟光电	2014－12－31	挂牌
38	831661	金马科技	2015－01－12	挂牌
39	831815	山源科技	2015－01－20	挂牌
40	831804	绿宝石	2015－01－20	挂牌
41	831810	本益科技	2015－01－22	挂牌
42	831739	艾斯克	2015－01－26	挂牌
43	831725	凌志股份	2015－01－27	挂牌

44	831662	搜才人力	2015－01－28	挂牌
45	831871	万隆精铸	2015－01－28	挂牌
46	831838	福康药业	2015－02－03	挂牌
47	831659	远东钨业	2015－02－03	挂牌
48	831930	和君商学	2015－02－05	挂牌
49	831991	莱比德	2015－02－13	挂牌
50	832112	网智天元	2015－03－10	挂牌
51	832059	欧密格	2015－03－11	挂牌
52	832127	谊熙加	2015－03－13	挂牌
53	832184	陆特能源	2015－03－30	挂牌
54	832175	东方碳素	2015－04－02	挂牌
55	832220	海德尔	2015－04－03	挂牌
56	832371	国环莱茵	2015－04－22	挂牌
57	832422	福昕软件	2015－05－12	挂牌
58	832427	天羚绒业	2015－05－12	挂牌
59	832439	马可正嘉	2015－05－14	挂牌
60	832434	三星股份	2015－05－19	挂牌
61	832494	首航直升	2015－05－22	挂牌
62	832531	元丰科技	2015－05－28	挂牌
63	832522	纳科诺尔	2015－05－28	挂牌
64	832611	凯迪网络	2015－06－11	挂牌
65	832502	圆融科技	2015－06－16	挂牌
66	832696	铂宝集团	2015－07－01	挂牌
67	832704	安美科	2015－07－06	挂牌
68	832729	图南股份	2015－07－10	挂牌
69	832740	芝星炭业	2015－07－13	挂牌
70	832742	博聪股份	2015－07－13	挂牌
71	832757	景安网络	2015－07－16	挂牌
72	832979	弘天生物	2015－07－23	挂牌
73	832956	光阳游乐	2015－07－23	挂牌
74	832878	宝利祥	2015－07－27	挂牌
75	832994	慈惠健康	2015－07－28	挂牌
76	832980	怡林实业	2015－07－29	挂牌
77	832910	伊赛牛肉	2015－07－29	挂牌
78	833101	禾元生物	2015－07－29	挂牌
79	833174	沃德传动	2015－08－05	挂牌
80	833242	领航传媒	2015－08－10	挂牌
81	833365	民基生态	2015－08－31	挂牌
82	833460	博得世纪	2015－09－10	挂牌
83	833432	国瑞环保	2015－09－10	挂牌
84	833452	星辰热能	2015－09－11	挂牌
85	833445	海王星	2015－09－14	挂牌
86	833525	利驰租赁	2015－09－22	挂牌
87	833582	华特信息	2015－09－25	挂牌
88	833605	龙视星	2015－09－25	挂牌
89	833592	丰汇银佳	2015－09－25	挂牌

90	833648	得轩堂	2015－09－29	挂牌
91	833528	宁波中药	2015－09－30	挂牌
92	833576	金尚互联	2015－09－30	挂牌
93	833670	易康盛世	2015－09－30	挂牌
94	833667	长联科技	2015－10－12	挂牌
95	833723	三江并流	2015－10－13	挂牌
96	833770	宏伟供应	2015－10－15	挂牌
97	833733	贡嘎雪	2015－10－20	挂牌
98	833928	火谷网络	2015－10－21	挂牌
99	833821	浦江股份	2015－10－22	挂牌
100	833798	金福泰	2015－10－26	挂牌
101	833909	三维天下	2015－10－26	挂牌
102	833890	华富食品	2015－10－27	挂牌
103	833609	乐通通信	2015－10－28	挂牌
104	833939	御康医疗	2015－10－30	挂牌
105	833769	中泰环保	2015－11－02	挂牌
106	833879	中环海陆	2015－11－03	挂牌
107	834338	恒大淘宝	2015－11－06	挂牌
108	834110	灵信视觉	2015－11－09	挂牌
109	834143	三人咨询	2015－11－10	挂牌
110	834146	时代电影	2015－11－13	挂牌
111	834333	国是经纬	2015－11－16	挂牌
112	834120	朵云清	2015－11－18	挂牌
113	834073	隆和节能	2015－11－18	挂牌
114	834201	柳鑫股份	2015－11－19	挂牌
115	834072	德隆股份	2015－11－20	挂牌
116	834417	环宇橡塑	2015－11－23	挂牌
117	834065	合凯电气	2015－11－24	挂牌
118	834204	日联科技	2015－11－24	挂牌
119	834494	维拓环境	2015－11－25	挂牌
120	834163	蓝狮子	2015－11－26	挂牌
121	834200	天子股份	2015－11－27	挂牌
122	834516	智恒医药	2015－11－30	挂牌
123	834178	金田铜业	2015－12－01	挂牌
124	834614	百合传媒	2015－12－03	挂牌
125	834847	睿安特	2015－12－07	挂牌
126	834439	华腾科技	2015－12－07	挂牌
127	834657	名传股份	2015－12－08	挂牌
128	834784	中祥和	2015－12－08	挂牌
129	834472	盛世园林	2015－12－08	挂牌
130	834705	联力股份	2015－12－09	挂牌
131	834921	善好生物	2015－12－10	挂牌
132	834706	士诺健康	2015－12－11	挂牌
133	834109	德御坊	2015－12－14	挂牌
134	834777	中投保	2015－12－15	挂牌
135	834939	盈放科技	2015－12－15	挂牌

136	834857	清水爱派	2015－12－15	挂牌
137	834807	鸿翼股份	2015－12－15	挂牌
138	834745	康德药业	2015－12－15	挂牌
139	834741	三棱股份	2015－12－15	挂牌
140	834656	勃达微波	2015－12－15	挂牌
141	835023	融兴担保	2015－12－16	挂牌
142	834749	日普升	2015－12－16	挂牌
143	834933	正弦电气	2015－12－17	挂牌
144	834953	全朋健康	2015－12－17	挂牌
145	834743	迈新科技	2015－12－17	挂牌
146	834443	华路时代	2015－12－27	挂牌
目前已推荐挂牌公司家数		146		
撤回材料及申请被否公司家数		0		
正在挂牌公司家数		146		
已上市公司家数		0		
已被终止挂牌公司家数		0		
推荐定向发行情况				
序号	股份代码	公司名称	发行日期	公司状态
1	430003	北京时代	2006－12－29	发行成功
2	430003	北京时代	2009－2－2	发行成功
3	430003	北京时代	2010－12－31	发行成功
4	430036	鼎普科技	2012－2－27	发行成功
5	430059	中海纪元	2012－3－2	发行成功
6	430132	国铁科林	2013－8－26	发行成功
7	430107	朗铭海川	2014－2－24	发行成功
8	430175	科新生物	2014－4－21	发行成功
9	430350	万德智新	2014－9－4	发行成功
10	830923	上元堂	2014－10－28	发行成功
11	830964	润农节水	2014－12－22	发行成功
12	830964	润农节水	2015－2－27	发行成功
13	430175	科新生物	2015－3－6	发行成功
14	430711	泓源光电	2015－3－19	发行成功
15	831271	燎原药业	2015－4－10	发行成功
16	832422	福昕软件	2015－5－1	发行成功
17	430296	平安力合	2015－5－3	发行成功
18	831395	智通建设	2015－5－14	发行成功
19	830923	上元堂	2015－5－25	发行成功
20	831286	竹林伟业	2015－5－27	发行成功
21	430338	银音科技	2015－6－1	发行成功
22	831930	和君商学	2015－6－2	发行成功
23	832502	圆融科技	2015－6－15	发行成功
24	830881	圣泉集团	2015－6－23	发行成功
25	831132	临风股份	2015－6－30	发行成功
26	430595	唐人通服	2015－6－30	发行成功
27	831489	天衡股份	2015－7－1	发行成功

28	831193	新健康成	2015-7-3	发行成功
29	832112	网智天元	2015-7-3	发行成功
30	832184	陆特能源	2015-7-3	发行成功
31	832740	芝星炭业	2015-7-10	发行成功
32	831504	中晟光电	2015-8-4	发行成功
33	832220	海德尔	2015-8-5	发行成功
34	831430	天易股份	2015-8-6	发行成功
35	831193	新健康成	2015-8-7	发行成功
36	430175	科新生物	2015-8-7	发行成功
37	430175	科新生物	2015-8-7	发行成功
38	831810	本益科技	2015-8-20	发行成功
39	831415	城兴股份	2015-8-21	发行成功
40	430107	朗铭科技	2015-8-24	发行成功
41	831489	天衡股份	2015-8-24	发行成功
42	830923	上元堂	2015-8-25	发行成功
43	830923	上元堂	2015-9-29	发行成功
44	830784	威尔凯	2015-9-29	发行成功
45	430350	万德智新	2015-10-16	发行成功
46	832175	东方碳素	2015-10-16	发行成功
47	831504	中晟光电	2015-10-27	发行成功
48	832979	弘天生物	2015-10-29	发行成功
49	831446	亨利技术	2015-11-2	发行成功
50	832729	图南股份	2015-11-4	发行成功
51	430755	华曦达	2015-11-4	发行成功
52	832611	凯迪网络	2015-11-4	发行成功
53	832127	谊熙加	2015-11-6	发行成功
54	831838	福康药业	2015-11-13	发行成功
55	430197	ST 津伦	2015-11-19	发行成功
56	832439	马可正嘉	2015-11-23	发行成功
57	833174	沃德传动	2015-11-23	发行成功
推荐定向发行次数		57		
推荐定向发行成功次数		57		
推荐定向发行失败次数		0		

推荐原代办股份转让系统的两网公司及退市公司挂牌情况		
序号	股份代码	公司名称
1	400007	海南华凯实业股份有限公司
2	400010	北京鹫峰科技开发股份有限公司
3	400013	山东港岳航电集团股份有限公司
4	400027	湖北江湖生态农业股份有限公司
5	400033	长春高斯达生物科技集团股份有限公司
6	400038	武汉华信高新技术股份有限公司股份
7	400042	浙江信联股份有限公司
8	400052	中油龙昌股份有限公司
推荐原代办股份转让系统的两网公司及退市公司家数：		8

三、部门设置

经纪业务				
人员	姓名	固定电话	传真	Email
经纪业务联络人	巴宇芳	021 - 38676563	021 - 38676666	bayf1@ gtjas. com
推荐业务				
人员	姓名	固定电话	传真	Email
推荐业务联络人	赵娜	010 - 59312951	010 - 59312813	zhaona011685@ gtjas. com
推荐业务联络人	刘丹妮	010 - 59312995	010 - 59312813	liudanni012472@ gtjas. com

国信证券股份有限公司

一、公司简介及概况

公司简介	公司名称	国信证券股份有限公司				
	成立日期	1994 - 6 - 30	法定代表人	何　如	总经理	陈鸿桥
	注册资本（万元）	820,000	净资产 *（万元）	3,278,321	净资本 *（万元）	2,235,700
	注册地址	深圳市罗湖区红岭中路 1012 号国信证券大厦 16 - 26 层			营业部家数	134
	办公地址	深圳市罗湖区红岭中路 1012 号国信证券大厦 16 - 26 层			邮编	518001
	公司网址	www. guosen. com. cn	电子邮箱	jjglmail@ guosen. com. cn	经营证券业务许可证编号	Z27074000
	注:* 经审计的最近年度净资产和净资本					
	证监会批准从事的证券业务			证券经纪;证券投资咨询;与证券交易、证券投资活动有关的财务顾问;证券承销与保荐;证券自营;证券资产管理;融资融券;证券投资基金代销;为期货公司提供中间介绍业务;金融产品代销。证券投资基金托管;股票期权做市。		
	在全国股份转让系统从事的业务种类			经纪业务,推荐业务,做市业务		
公司概况	国信证券股份有限公司(简称“国信证券”)源起于中国证券市场最早的三家营业部之一深圳国投证券业务部,1994 年成立公司。国信证券是全国性大型综合类证券公司,注册资本 70 亿元,总部设在深圳,目前在全国 57 个城市设有 36 家分公司、134 家营业网点,同时拥有三家的全资子公司:国信期货有限责任公司、国信弘盛公司、国信香港公司,并参股鹏华基金管理有限公司、前海股权交易中心、厦门两岸股权交易中心、青岛蓝海股权交易中心。公司拥有齐全的证券业务牌照,业务体系覆盖场内、场外市场,可为广大投资者和客户提供综合金融服务。					

二、业务动态

推荐挂牌情况				
序号	股份代码	公司名称	挂牌日期	公司状态
1	430008	紫光华宇	2006 - 08 - 30	已上市
2	430012	博晖创新	2007 - 02 - 16	已上市
3	430022	五岳鑫	2007 - 10 - 18	挂牌
4	430035	中兴通	2008 - 10 - 28	挂牌
5	430041	中机非晶	2008 - 12 - 25	挂牌
6	430043	世纪东方	2009 - 01 - 19	已被终止挂牌
7	430051	九恒星	2009 - 02 - 18	挂牌
8	430063	工控网	2010 - 02 - 08	挂牌
9	430074	德鑫物联	2010 - 10 - 08	挂牌
10	430078	君德同创	2011 - 01 - 18	挂牌
11	430105	合力思腾	2012 - 02 - 03	挂牌

12	430146	亚泰都会	2012-09-21	挂牌
13	430206	尚远环保	2012-12-28	挂牌
14	430200	时代地智	2012-12-31	挂牌
15	430229	绿岸股份	2013-07-05	挂牌
16	430287	环宇畜牧	2013-08-07	挂牌
17	430289	华索科技	2013-08-08	挂牌
18	430306	永铭医学	2013-08-09	挂牌
19	430317	日升天信	2013-10-15	挂牌
20	430349	安威士	2013-11-13	挂牌
21	430348	瑞斯福	2013-11-15	挂牌
22	430455	德联科技	2014-01-24	挂牌
23	430453	恒锐科技	2014-01-24	挂牌
24	430454	百大能源	2014-01-24	挂牌
25	430457	三网科技	2014-01-24	挂牌
26	430476	海能仪器	2014-01-24	挂牌
27	430466	新疆华油	2014-01-24	挂牌
28	430472	安泰得	2014-01-24	挂牌
29	430458	陆海科技	2014-01-24	挂牌
30	430487	佳信捷	2014-01-24	挂牌
31	430488	东创科技	2014-01-24	挂牌
32	430491	蓝斯股份	2014-01-24	挂牌
33	430581	八亿时空	2014-01-24	挂牌
34	430473	网动股份	2014-01-24	挂牌
35	430471	豪威尔	2014-01-24	挂牌
36	430467	深圳行健	2014-01-24	挂牌
37	430464	方迪科技	2014-01-24	挂牌
38	430603	回水科技	2014-01-24	挂牌
39	430456	和氏股份	2014-01-24	挂牌
40	430656	财安金融	2014-02-17	挂牌
41	430759	凯路仕	2014-05-30	挂牌
42	430751	赛格微	2014-05-30	挂牌
43	830791	佳晓股份	2014-06-10	挂牌
44	830770	牛商股份	2014-06-10	挂牌
45	830851	骏华农牧	2014-07-08	挂牌
46	830841	长牛股份	2014-07-08	挂牌
47	830845	芯邦科技	2014-07-14	挂牌
48	830840	永力科技	2014-07-15	挂牌
49	830978	先临三维	2014-08-08	挂牌
50	830909	同成股份	2014-08-08	挂牌
51	830917	网波股份	2014-08-12	挂牌
52	831003	全大股份	2014-08-19	挂牌
53	831100	玉宇环保	2014-08-19	挂牌
54	831277	钢钢网	2014-11-04	挂牌
55	831282	欧亚股份	2014-11-05	挂牌
56	831330	普适导航	2014-11-10	挂牌
57	831315	安畅网络	2014-11-11	挂牌

58	831373	电科电源	2014－11－21	挂牌
59	831448	贝欧特	2014－12－09	挂牌
60	831499	立元通信	2014－12－09	挂牌
61	831459	伟诚科技	2014－12－09	挂牌
62	831530	才府玻璃	2014－12－18	挂牌
63	831560	盈建科	2014－12－25	挂牌
64	831596	高欣耐磨	2014－12－31	挂牌
65	831637	银朵兰	2014－12－31	挂牌
66	831645	三星新材	2015－01－07	挂牌
67	831547	唯益股份	2015－01－08	挂牌
68	831616	博达软件	2015－01－09	挂牌
69	831723	恒晟农贷	2015－01－12	挂牌
70	831636	三叶新材	2015－01－19	挂牌
71	831751	虎符通信	2015－01－22	挂牌
72	831860	驰翔精密	2015－01－26	挂牌
73	832028	汇元科技	2015－02－12	挂牌
74	832070	磁谷科技	2015－02－13	挂牌
75	831994	中冀联合	2015－02－16	挂牌
76	832102	宏田股份	2015－03－09	挂牌
77	832033	九通衢	2015－03－10	挂牌
78	832115	喜宝动力	2015－03－10	挂牌
79	832024	时代华影	2015－03－10	挂牌
80	832106	中设正泰	2015－03－11	挂牌
81	832142	新为科技	2015－03－12	挂牌
82	832219	建装业	2015－04－01	挂牌
83	832212	汇茂科技	2015－04－01	挂牌
84	831977	通宇电子	2015－04－09	挂牌
85	832256	大乘科技	2015－04－10	挂牌
86	832320	大富装饰	2015－04－17	挂牌
87	832367	慧图科技	2015－04－22	挂牌
88	832353	益泰药业	2015－04－22	挂牌
89	832410	科神股份	2015－05－11	挂牌
90	832377	创一佳	2015－05－12	挂牌
91	832465	众益科技	2015－05－19	挂牌
92	832493	珠海港信	2015－05－19	挂牌
93	832492	金蓝络	2015－05－25	挂牌
94	832478	建东科技	2015－05－25	挂牌
95	832456	恒坤股份	2015－05－25	挂牌
96	832443	江隆股份	2015－06－01	挂牌
97	832538	远方装备	2015－06－02	挂牌
98	832637	华源磁业	2015－06－26	挂牌
99	832778	多邦科技	2015－07－16	挂牌
100	832896	道有道	2015－07－21	挂牌
101	832887	八记食品	2015－07－21	挂牌
102	833016	希尔传媒	2015－07－27	挂牌
103	833091	恒达科技	2015－07－27	挂牌

104	832944	银信农贷	2015－07－27	挂牌
105	832959	立冒环境	2015－07－27	挂牌
106	833028	精英天成	2015－07－27	挂牌
107	833029	鹏信科技	2015－07－27	挂牌
108	833029	鹏信科技	2015－07－27	挂牌
109	833028	精英天成	2015－07－27	挂牌
110	832959	立冒环境	2015－07－27	挂牌
111	833090	杰曼科技	2015－07－28	挂牌
112	833015	瑞朗净化	2015－07－28	挂牌
113	833015	瑞朗净化	2015－07－28	挂牌
114	833097	众益制药	2015－07－29	挂牌
115	833151	同方健康	2015－07－31	挂牌
116	833118	棒杰小贷	2015－07－31	挂牌
目前已推荐挂牌公司家数		116		
撤回材料及申请被否公司家数		0		
正在挂牌公司家数		113		
已上市公司家数		2		
已被终止挂牌公司家数		1		
推荐定向发行情况				
序号	股份代码	公司名称	发行日期	公司状态
1	430008	紫光华宇	2008－12－5	发行成功
2	430051	九恒星	2010－11－17	发行成功
3	430051	九恒星	2011－7－29	发行成功
4	430063	工控网	2011－11－30	发行成功
5	430078	君德同创	2012－7－18	发行成功
6	430206	尚远环保	2013－8－19	发行失败
7	430348	瑞斯福	2013－8－20	发行成功
8	430348	瑞斯福	2013－9－18	发行成功
9	430206	尚远环保	2014－4－23	发行失败
10	430074	德鑫物联	2014－7－2	发行成功
11	430471	豪威尔	2014－7－21	发行成功
12	430457	三网科技	2014－7－31	发行成功
13	430759	凯路仕	2014－9－24	发行成功
14	430229	绿岸网络	2014－9－30	发行成功
15	430471	豪威尔	2014－10－16	发行成功
16	430051	九恒星	2014－10－23	发行成功
17	430759	凯路仕	2014－11－20	发行成功
18	430074	德鑫物联	2014－12－9	发行成功
19	430051	九恒星	2015－1－21	发行成功
20	430759	凯路仕	2015－1－23	发行成功
21	830851	骏华农牧	2015－2－6	发行成功
22	831330	普适导航	2015－2－9	发行成功
23	832028	汇元科技	2015－2－12	发行成功
24	832142	新为股份	2015－3－2	发行成功
25	430229	绿岸网络	2015－3－6	发行成功
26	430476	海能仪器	2015－3－9	发行成功

27	430289	华索科技	2015-3-10	发行成功
28	831860	驰翔精密	2015-4-3	发行失败
29	831977	通宇电子	2015-4-9	发行成功
30	832353	益泰药业	2015-4-22	发行成功
31	430488	东创科技	2015-5-4	发行成功
32	832320	大富装饰	2015-5-4	发行成功
33	830978	先临三维	2015-5-5	发行成功
34	430349	安威士	2015-5-6	发行成功
35	831003	金大股份	2015-5-11	发行成功
36	830845	芯邦科技	2015-5-12	发行成功
37	831860	驰翔精密	2015-5-18	发行失败
38	830851	骏华农牧	2015-5-18	发行成功
39	831373	电科电源	2015-5-22	发行失败
40	831373	电科电源	2015-5-22	发行成功
41	430289	华索科技	2015-5-22	发行成功
42	831860	驰翔精密	2015-5-27	发行成功
43	831003	金大股份	2015-5-29	发行成功
44	430454	百大能源	2015-6-10	发行成功
45	831448	贝欧特	2015-6-10	发行成功
46	831330	普适导航	2015-6-16	发行成功
47	430471	豪威尔	2015-6-19	发行成功
48	831560	盈建科	2015-6-24	发行成功
49	832106	中设正泰	2015-6-24	发行成功
50	430074	德鑫物联	2015-6-25	发行成功
51	832637	华源磁业	2015-6-26	发行成功
52	430488	东创科技	2015-6-30	发行成功
53	831723	恒晟农贷	2015-7-1	发行成功
54	832219	建装业	2015-7-3	发行成功
55	832074	慧景科技	2015-7-7	发行成功
56	831860	驰翔精密	2015-7-7	发行成功
57	832149	列尔达	2015-7-7	发行成功
58	832070	磁谷科技	2015-7-8	发行成功
59	430472	安泰得	2015-7-10	发行成功
60	831003	金大股份	2015-7-10	发行成功
61	831751	虎符通信	2015-7-13	发行成功
62	831459	伟诚科技	2015-7-13	发行成功
63	832432	科列技术	2015-7-15	发行成功
64	831330	普适导航	2015-7-17	发行成功
65	830841	长牛股份	2015-7-17	发行成功
66	430491	蓝斯通信	2015-7-21	发行成功
67	831530	才府玻璃	2015-7-31	发行成功
68	831277	钢钢网	2015-8-4	发行成功
69	833115	畅尔装备	2015-8-10	发行成功
推荐定向发行次数		69		
推荐定向发行成功次数		64		
推荐定向发行失败次数		5		
推荐原代办股份转让系统的两网公司及退市公司挂牌情况				

序号	股份代码	公司名称
推荐原代办股份转让系统的两网公司及退市公司家数:		0

三、部门设置

经纪业务				
人员	姓名	固定电话	传真	Email
经纪业务联络人	庄新华	0755－22940054	0755－82133186	10283@ guosen. com. cn
经纪业务联络人	唐立	0755－22940399	0755－82133186	10191@ guosen. com. cn
推荐业务				
人员	姓名	固定电话	传真	Email
推荐业务联络人	唐立	0755－82130634	0755－82133186	10191@ guosen. com. cn
推荐业务联络人	乐露	0755－82130634	0755－82133186	10127@ guosen. com. cn

长江证券股份有限公司

一、公司简介及概况

<table>
<tr><td rowspan="9">公司简介</td><td>公司名称</td><td colspan="5">长江证券股份有限公司</td></tr>
<tr><td>成立日期</td><td>1991－03－18</td><td>法定代表人</td><td>杨泽柱</td><td>总经理</td><td>邓晖</td></tr>
<tr><td>注册资本（万元）</td><td>474,246.77</td><td>净资产＊（万元）</td><td>1,377,129.5</td><td>净资本＊（万元）</td><td>960,834.95</td></tr>
<tr><td>注册地址</td><td colspan="3">湖北省武汉市江汉区新华路特8号</td><td>营业部家数</td><td>147</td></tr>
<tr><td>办公地址</td><td colspan="3">湖北省武汉市江汉区新华路特8号</td><td>邮编</td><td>430015</td></tr>
<tr><td>公司网址</td><td>www. cjsc. com</td><td>电子邮箱</td><td>inf@ cjsc. com. cn</td><td>经营证券业务许可证编码</td><td>Z24935000</td></tr>
<tr><td colspan="6">注：＊经审计的最近年度净资产和净资本</td></tr>
<tr><td colspan="3">证监会批准从事的证券业务</td><td colspan="3">证券经纪；证券投资咨询；证券（不含股票、上市公司发行的公司债券）承销；证券自营；融资融券业务；证券投资基金代销；为期货公司提供中间介绍业务；代销金融产品；股票期权做市业务；中国证监会批准的其他业务。</td></tr>
<tr><td colspan="3">在全国股份转让系统从事的业务种类</td><td colspan="3">推荐业务，经纪业务，做市业务</td></tr>
<tr><td>公司概况</td><td colspan="6">长江证券股份有限公司是总部设在武汉的全国性综合类上市证券公司，股票代码为000783。公司秉承以“追求卓越”为核心价值观的企业文化，致力于成为提供全面理财和融资服务的一流金融企业。公司资产质量优良，资产规模在业内的排名始终保持较前位置。
公司已经取得全国中小企业股份转让系统（以下简称“NEEQ”）主办券商业务资格。公司高度重视全国中小企业股份转让系统业务，设有专门从事该业务的一级部门—新三板业务总部。
公司新三板业务总部现有专业人员80多人，其中包括多年投行经验的执业律师、注册会计师、行业分析师等专业人员。业务范围覆盖全国，在北京、武汉两地分别设有业务部，专职开展全国中小企业股份转让系统业务，通过整合公司资源，为中小企业融资发展提供资本市场全方位优质服务。
公司新三板业务总部服务内容包括：企业股份制改造、企业挂牌NEEQ的承揽和承做、挂牌企业在NEEQ的再融资、挂牌企业在NEEQ的信息披露、NEEQ挂牌企业上市到主板、中小板和创业板的前期辅导、全国中小企业股份转让系统未来开放的各项创新业务等。
公司作为主办券商已成功推荐科若思（430102）、国电武仪（430138）、中科通达（430154）、迈达科技（430220）、璟泓科技（430222）、亿童文教（430223）、颂大教育（430244）、易维科技（430261）、新冠亿碳（430275）、捷安高科（430373）、大禹电气（430386）、康普常青（430698）、芳笛环保（430724）、索泰能源（430752）、武汉蓝电（830779）等百余家企业在NEEQ挂牌。
公司新三板业务总部项目经验丰富，确立了“公司改制——推荐挂牌——定向增资——做市——推进上市”业务链体系，能够为企业带来显著的增值服务。</td></tr>
</table>

二、业务动态

推荐挂牌情况				
序号	股份代码	公司名称	挂牌日期	公司状态
1	430102	科若思	2011－12－27	挂牌
2	430127	赛尔瑟斯	2012－06－21	挂牌
3	430138	国电武仪	2012－09－07	挂牌
4	430154	中科通达	2012－10－25	挂牌
5	430170	金易通	2012－12－12	挂牌
6	430207	威明德	2012－12－28	挂牌
7	430204	石竹科技	2012－12－28	挂牌
8	430244	颂大教育	2013－07－02	挂牌
9	430221	风帆电镀	2013－07－02	挂牌
10	430222	璟泓科技	2013－07－02	挂牌
11	430223	亿童文教	2013－07－02	挂牌
12	430220	迈达科技	2013－07－02	挂牌
13	430241	威林科技	2013－07－02	挂牌
14	430261	易维科技	2013－07－22	挂牌
15	430265	国威机床	2013－07－22	挂牌
16	430275	新冠亿碳	2013－08－08	已被终止挂牌
17	430283	景弘环保	2013－08－08	挂牌
18	430303	百文宝	2013－08－09	挂牌
19	430320	江扬环境	2013－10－16	挂牌
20	430322	智合新天	2013－10－16	挂牌
21	430332	安华智能	2013－10－22	挂牌
22	430389	意普万	2014－01－24	挂牌
23	430386	大禹电气	2014－01－24	挂牌
24	430385	中一检测	2014－01－24	挂牌
25	430373	捷安高科	2014－01－24	挂牌
26	430599	艾艾精工	2014－01－24	挂牌
27	430577	力龙信息	2014－01－24	挂牌
28	430402	吉事达	2014－01－24	挂牌
29	430380	成明节能	2014－01－24	挂牌
30	430686	华盛控股	2014－04－08	挂牌
31	430698	康普常青	2014－04－18	挂牌
32	430703	高山水	2014－04－23	挂牌
33	430724	芳笛环保	2014－05－05	挂牌
34	430745	诺文科技	2014－05－05	挂牌
35	430752	索泰能源	2014－05－30	挂牌
36	830779	武汉蓝电	2014－05－30	挂牌
37	830833	九生堂	2014－07－04	挂牌
38	830867	全华光电	2014－07－15	挂牌
39	830878	智信股份	2014－07－16	挂牌
40	830875	千草生物	2014－07－17	挂牌
41	830859	金旭农发	2014－07－21	挂牌
42	830925	鄂信钻石	2014－08－01	挂牌
43	830943	济南科明	2014－08－05	挂牌

44	830915	味群食品	2014－08－06	挂牌
45	831050	天喻软件	2014－08－20	挂牌
46	831017	星月股份	2014－08－21	挂牌
47	831058	天颖环境	2014－08－21	挂牌
48	831142	易讯通	2014－09－11	挂牌
49	831141	金铠建科	2014－09－15	挂牌
50	831155	振源电气	2014－09－19	挂牌
51	831179	奥杰科技	2014－10－08	挂牌
52	831183	可视化	2014－10－08	挂牌
53	831229	木兰花	2014－10－24	挂牌
54	831242	特辰科技	2014－10－30	挂牌
55	831265	宏源药业	2014－11－04	挂牌
56	831295	川东环能	2014－11－06	挂牌
57	831309	雷迪特	2014－11－07	挂牌
58	831343	益通建设	2014－11－11	挂牌
59	831326	三利达	2014－11－12	挂牌
60	831357	黄国粮业	2014－11－12	挂牌
61	831324	凯洋海鲜	2014－11－12	挂牌
62	831347	大禹阀门	2014－11－13	挂牌
63	831383	楼市通网	2014－12－02	挂牌
64	831392	天迈科技	2014－12－02	挂牌
65	831432	优尼科	2014－12－04	挂牌
66	831393	中碧环保	2014－12－04	挂牌
67	831461	百年巧匠	2014－12－09	挂牌
68	831451	亿海股份	2014－12－10	挂牌
69	831452	宝特龙	2014－12－10	挂牌
70	831420	北信得实	2014－12－22	挂牌
71	831537	莱恩股份	2015－01－05	挂牌
72	831708	吉华勘测	2015－01－15	挂牌
73	831559	天高股份	2015－01－16	挂牌
74	831741	信音电子	2015－01－22	挂牌
75	831731	硅海电子	2015－01－22	挂牌
76	831676	景川诊断	2015－01－22	挂牌
77	831826	华菱医疗	2015－01－23	挂牌
78	832021	安谱实验	2015－02－11	挂牌
79	832045	红星药业	2015－02－16	挂牌
80	832093	科伦股份	2015－03－05	挂牌
81	832072	紫晶股份	2015－03－05	挂牌
82	832204	易科势腾	2015－03－31	挂牌
83	832192	博晟安全	2015－03－31	挂牌
84	832197	丹江电力	2015－04－03	挂牌
85	832243	力合节能	2015－04－07	挂牌
86	832242	现代精工	2015－04－10	挂牌
87	832261	鑫鹰科技	2015－04－13	挂牌
88	832318	广通股份	2015－04－14	挂牌
89	832233	阿法贝	2015－04－16	挂牌

90	832370	博柯莱	2015－04－22	挂牌
91	832361	众智同辉	2015－04－22	挂牌
92	832349	武新电气	2015－04－23	挂牌
93	832304	纽威科技	2015－04－27	挂牌
94	832383	大通物流	2015－05－05	挂牌
95	832431	兴亿海洋	2015－05－15	挂牌
96	832521	合一康	2015－05－26	挂牌
97	832570	蓝海科技	2015－06－12	挂牌
98	832641	天蓝地绿	2015－06－16	挂牌
99	832638	瓦力科技	2015－06－16	挂牌
100	832601	天鸿新材	2015－06－19	挂牌
101	832658	特别传媒	2015－06－19	挂牌
102	832676	先路医药	2015－06－26	挂牌
103	832713	华莱士	2015－07－07	挂牌
104	832667	竹林松大	2015－07－14	挂牌
105	832774	森泰环保	2015－07－17	挂牌
106	832826	东方信息	2015－07－22	挂牌
107	832948	金牌电工	2015－07－23	挂牌
108	832889	深捷科技	2015－07－23	挂牌
109	832932	永恒股份	2015－07－23	挂牌
110	833046	上层传媒	2015－07－27	挂牌
111	832978	开特股份	2015－07－27	挂牌
112	833005	仁众实业	2015－07－29	挂牌
113	833142	佳一教育	2015－07－29	挂牌
114	833011	江奥光电	2015－07－31	挂牌
115	833182	万星面业	2015－07－31	挂牌
116	833144	毅康股份	2015－08－04	挂牌
117	833239	晨科农牧	2015－08－07	挂牌
118	833468	双剑股份	2015－08－31	挂牌
119	833417	起点人力	2015－09－01	挂牌
120	833387	湖北展鹏	2015－09－01	挂牌
121	833561	新科谷	2015－09－10	挂牌
122	833490	佳讯创新	2015－09－14	挂牌
123	833484	万邦工具	2015－09－16	挂牌
124	833549	湾流股份	2015－09－16	挂牌
125	833710	风雷网络	2015－09－30	挂牌
126	833601	路德环境	2015－10－08	挂牌
127	833741	山水股份	2015－10－09	挂牌
128	833712	观堂设计	2015－10－13	挂牌
129	833716	天工科技	2015－10－13	挂牌
130	833705	中孚达	2015－10－16	挂牌
131	833874	泰祥实业	2015－10－19	挂牌
132	833940	蜀塔实业	2015－10－20	挂牌
133	833917	富燃科技	2015－10－23	挂牌
目前已推荐挂牌公司家数		133		
撤回材料及申请被否公司家数		0		

正在挂牌公司家数		132		
已上市公司家数		0		
已被终止挂牌公司家数		1		
推荐定向发行情况				
序号	股份代码	公司名称	发行日期	公司状态
1	430170	金易通	2013－8－15	发行成功
2	430170	金易通	2013－8－15	发行成功
3	430170	金易通	2013－8－15	发行成功
4	430206	尚远环保	2013－8－19	发行成功
5	430206	尚远环保	2013－8－19	发行成功
6	430283	景弘环保	2014－1－24	发行成功
7	430283	景弘环保	2014－1－24	发行成功
8	430303	百文宝	2014－2－20	发行成功
9	430303	百文宝	2014－2－20	发行成功
10	430698	康普常青	2014－4－14	发行成功
11	430698	康普常青	2014－4－14	发行成功
12	430206	尚远环保	2014－4－22	发行成功
13	430206	尚远环保	2014－4－22	发行成功
14	430154	中科通达	2014－4－22	发行成功
15	430154	中科通达	2014－4－22	发行成功
16	430222	璟泓科技	2014－5－6	发行成功
17	430222	璟泓科技	2014－5－6	发行成功
18	830878	智信股份	2014－7－11	发行成功
19	830878	智信股份	2014－7－11	发行成功
20	430170	金易通	2014－7－18	发行成功
21	430170	金易通	2014－7－18	发行成功
22	430244	颂大教育	2014－8－15	发行成功
23	430244	颂大教育	2014－8－15	发行成功
24	430222	璟泓科技	2014－10－15	发行成功
25	430222	璟泓科技	2014－10－15	发行成功
26	831392	天迈科技	2014－11－25	发行成功
27	831392	天迈科技	2014－11－25	发行成功
28	831461	百年巧匠	2014－11－28	发行成功
29	831461	百年巧匠	2014－11－28	发行成功
30	830875	千草生物	2014－12－4	发行成功
31	830875	千草生物	2014－12－4	发行成功
32	430261	易维科技	2014－12－16	发行成功
33	430261	易维科技	2014－12－16	发行成功
34	430752	索泰能源	2014－12－18	发行成功
35	430752	索泰能源	2014－12－18	发行成功
36	830925	鄂信钻石	2014－12－29	发行成功
37	830925	鄂信钻石	2014－12－29	发行成功
38	430402	吉事达	2014－12－30	发行成功
39	430402	吉事达	2014－12－30	发行成功
40	830943	济南科明	2015－1－9	发行成功
41	430943	济南科明	2015－1－9	发行成功

42	430241	威林科技	2015 – 1 – 10	发行成功
43	430241	威林科技	2015 – 1 – 10	发行成功
44	831265	宏源药业	2015 – 2 – 16	发行成功
45	831265	宏源药业	2015 – 2 – 16	发行成功
46	430686	华盛控股	2015 – 3 – 9	发行成功
47	430686	华盛控股	2015 – 3 – 9	发行成功
48	831392	天迈科技	2015 – 3 – 18	发行成功
49	430222	璟泓科技	2015 – 3 – 20	发行成功
50	430222	璟泓科技	2015 – 3 – 20	发行成功
51	831452	宝特龙	2015 – 3 – 23	发行成功
52	832204	易科势腾	2015 – 3 – 24	发行成功
53	831242	特辰科技	2015 – 4 – 1	发行成功
54	830878	智信股份	2015 – 4 – 7	发行成功
55	430322	智合新天	2015 – 4 – 10	发行成功
56	830859	金旭农发	2015 – 4 – 16	发行成功
57	831383	楼市通网	2015 – 4 – 20	发行成功
58	831265	宏源药业	2015 – 4 – 21	发行成功
59	830915	味群食品	2015 – 5 – 13	发行成功
60	831383	楼市通网	2015 – 5 – 21	发行成功
61	830867	全华光电	2015 – 5 – 25	发行成功
62	430724	芳笛环保	2015 – 5 – 29	发行成功
63	832021	安谱实验	2015 – 5 – 29	发行成功
64	831343	益通建设	2015 – 5 – 29	发行成功
65	831392	天迈科技	2015 – 6 – 1	发行成功
66	831392	天迈科技	2015 – 6 – 1	发行成功
67	831392	天迈科技	2015 – 6 – 1	发行成功
68	430244	颂大教育	2015 – 6 – 5	发行成功
69	830949	中窑股份	2015 – 6 – 8	发行成功
70	831559	天高股份	2015 – 6 – 10	发行成功
71	831309	雷迪特	2015 – 6 – 11	发行成功
72	832570	蓝海科技	2015 – 6 – 15	发行成功
73	831826	华菱医疗	2015 – 6 – 19	发行成功
74	430402	吉事达	2015 – 6 – 19	发行成功
75	831676	景川诊断	2015 – 6 – 19	发行成功
76	832667	竹林松大	2015 – 6 – 24	发行成功
77	832601	天鸿新材	2015 – 6 – 25	发行成功
78	430752	索泰能源	2015 – 6 – 26	发行成功
79	430752	索泰能源	2015 – 6 – 26	发行成功
80	430385	中一检测	2015 – 6 – 29	发行成功
81	831383	楼市通网	2015 – 6 – 30	发行成功
82	831142	易讯通	2015 – 7 – 1	发行成功
83	831357	黄国粮业	2015 – 7 – 3	发行成功
84	430703	高山水	2015 – 7 – 6	发行成功
85	831708	吉华勘测	2015 – 7 – 13	发行成功
86	831343	益通建设	2015 – 7 – 14	发行成功
87	831537	莱恩股份	2015 – 7 – 15	发行成功

88	831141	金铠建科	2015－7－16	发行成功
89	831383	楼市通网	2015－7－16	发行成功
90	832243	力合节能	2015－7－21	发行成功
91	430577	力龙信息	2015－7－24	发行成功
92	831242	特辰科技	2015－8－7	发行成功
93	430320	江扬环境	2015－8－7	发行成功
94	831452	宝特龙	2015－8－11	发行成功
95	831708	吉华勘测	2015－8－12	发行成功
96	430283	景弘环保	2015－8－12	发行成功
97	430332	安华智能	2015－8－12	发行成功
98	831809	雷迪特	2015－8－14	发行成功
99	831826	华菱医疗	2015－8－17	发行成功
100	832570	蓝海科技	2015－8－24	发行成功
101	430373	捷安高科	2015－8－24	发行成功
102	430241	威林科技	2015－8－26	发行成功
103	430380	成明节能	2015－8－26	发行成功
104	832304	纽威科技	2015－8－27	发行成功
105	832072	紫晶股份	2015－8－28	发行成功
106	430332	安华智能	2015－9－2	发行成功
107	430127	赛尔瑟斯	2015－9－7	发行成功
108	430222	璟泓科技	2015－9－7	发行成功
109	430385	中一检测	2015－9－8	发行成功
110	831183	可视化	2015－9－9	发行成功
111	831155	振源电气	2015－9－9	发行成功
112	430244	颂大教育	2015－9－9	发行成功
113	830875	千草生物	2015－9－10	发行成功
114	430386	大禹电气	2015－9－14	发行成功
115	831731	硅海电子	2015－9－16	发行成功
116	430698	康普常青	2015－9－17	发行成功
117	832093	科伦股份	2015－9－29	发行成功
118	832521	合一康	2015－9－29	发行成功
推荐定向发行次数		118		
推荐定向发行成功次数		118		
推荐定向发行失败次数		0		
推荐原代办股份转让系统的两网公司及退市公司挂牌情况				
序号	股份代码	公司名称		
1	400022	厦门海洋实业（集团）股份有限公司		
2	420063	武汉锅炉股份有限公司		
推荐原代办股份转让系统的两网公司及退市公司家数		2		

三、部门设置

经纪业务				
人员	姓名	固定电话	传真	Email
经纪业务联络人	陈昂	027－65799835	027－85481811	chengang1@ cjsc. com. cn
经纪业务联络人	代华	027－65799964	027－85481811	daihua@ cjsc. com. cm

推荐业务				
人员	姓名	固定电话	传真	Email
推荐业务联络人	李一科	027－65799819	027－85481890	liyk@ cjsc. com. cn
推荐业务联络人	俞佳	010－66290614	010－66220637	yujia@ cjsc. com. cn

中国银河证券股份有限公司

一、公司简介及概况

公司简介	公司名称	中国银河证券股份有限公司				
	成立日期	2007－1－26	法定代表人	陈有安	总经理	顾伟国
	注册资本（万元）	753,725.88	净资产＊（万元）	2,879,489.22	净资本＊（万元）	2,546,231.3
	注册地址	北京市西城区金融大街35号2－6层			营业部家数	330
	办公地址	北京市西城区金融大街35号国际企业大厦			邮编	100033
	公司网址	www. chinastock. com. cn	电子邮箱	webmaster@ chinastock. com. cn	经营证券业务许可证编号	Z10111000
	注：＊经审计的最近年度净资产和净资本					
	证监会批准从事的证券业务			证券经纪；证券投资咨询；与证券交易、证券投资活动有关的财务顾问；证券承销与保荐；证券自营；融资融券；证券投资基金代销；为期货公司提供中间介绍业务；代销金融产品。		
	在全国股份转让系统从事的业务种类			经纪业务，推荐业务，做市业务		
公司概况	中国银河证券股份有限公司（以下简称“公司”，股票代码：06881. HK）是中国证券行业领先的综合性金融服务提供商，提供经纪、销售和交易、投资银行等综合证券服务。 2007年1月26日，公司经中国证监会批准，由中国银河金融控股有限责任公司作为主发起人，联合4家国内机构投资者共同发起正式成立。中央汇金投资有限责任公司为公司实际控制人。公司本部设在北京，注册资本为人民币75.37亿元。截至2013年12月底，公司共有员工6900余人。公司的经营宗旨是：根据国家法律法规、方针政策及国际惯例，致力开拓证券业务，秉承“忠诚、包容、创新、卓越”的企业精神和“客户至上、员工为本”的经营理念，坚持“创造价值、增长财富”的企业使命，倾力打造“一流服务、最佳投行”，实现股东长期利益和公司价值的最大化，促进、支持国民经济和证券市场的发展。 公司的经营范围为：证券经纪；证券投资咨询；与证券交易、证券投资活动有关的财务顾问；证券承销与保荐；证券自营；融资融券；证券投资基金代销；为期货公司提供中间介绍业务；代销金融产品业务。公司于2013年5月22日在香港联合交易所上市，控股股东为中国银河金融控股有限责任公司。						

二、业务动态

推荐挂牌情况				
序号	股份代码	公司名称	挂牌日期	公司状态
1	430100	九尊能源	2011－12－02	挂牌
2	430191	波尔通信	2012－12－26	挂牌
3	430243	铜牛信息	2013－07－05	挂牌
4	430308	泽天盛海	2013－08－08	已被终止挂牌
5	430341	呈创科技	2013－11－06	挂牌
6	430361	般固科技	2013－12－24	挂牌
7	430559	新华通	2014－01－24	挂牌
8	430558	均信担保	2014－01－24	挂牌
9	430383	红豆杉	2014－01－24	挂牌
10	430557	希芳阁	2014－01－24	挂牌
11	430424	联合创业	2014－01－24	挂牌

12	430554	金正方	2014－01－24	挂牌
13	430750	欣易晨	2014－05－29	挂牌
14	830912	科汇电自	2014－08－04	挂牌
15	831022	三和视讯	2014－08－21	挂牌
16	831028	华丽包装	2014－08－29	挂牌
17	831186	金鸿药业	2014－10－08	挂牌
18	831608	易建科技	2014－12－31	挂牌
19	831588	山川秀美	2014－12－31	挂牌
20	831993	欧克精化	2015－02－12	挂牌
21	831955	海益宝	2015－02－12	挂牌
22	832035	天晴股份	2015－02－25	挂牌
23	831979	林格贝	2015－02－25	挂牌
24	832053	富得利	2015－03－06	挂牌
25	832110	雷特科技	2015－03－09	挂牌
26	832103	齐畅物流	2015－03－20	挂牌
27	832333	渤商大百	2015－04－15	挂牌
28	832297	新生飞翔	2015－04－22	挂牌
29	832380	鲁冀股份	2015－04－30	挂牌
30	832506	美通筑机	2015－05－26	挂牌
31	832560	立泰复合	2015－06－09	挂牌
32	832657	光合园林	2015－06－18	挂牌
33	832700	卡松科技	2015－07－07	挂牌
34	832702	九通水务	2015－07－07	挂牌
35	832739	辰午节能	2015－07－09	挂牌
36	832752	环峰能源	2015－07－10	挂牌
37	832899	景津环保	2015－07－17	挂牌
38	832724	江苏三鑫	2015－07－17	挂牌
39	833227	博元电力	2015－08－07	挂牌
目前已推荐挂牌公司家数		39		
撤回材料及申请被否公司家数		0		
正在挂牌公司家数		38		
已上市公司家数		0		
已被终止挂牌公司家数		1		
推荐定向发行情况				
序号	股份代码	公司名称	发行日期	公司状态
1	430100	九尊能源	2013－7－18	发行成功
2	430341	呈创科技	2014－5－8	发行成功
3	430558	均信担保	2014－5－29	发行成功
4	430100	九尊能源	2014－6－11	发行成功
5	430100	九尊能源	2014－9－2	发行成功
6	430557	希芳阁	2014－11－12	发行成功
7	430554	金正方	2014－12－12	发行成功
8	430243	铜牛信息	2014－12－25	发行成功
9	831186	金鸿药业	2015－3－12	发行成功
10	831022	三和视讯	2015－3－18	发行成功
11	430191	波尔通信	2015－4－3	发行成功
12	832297	新生飞翔	2015－4－22	发行成功

13	830912	科汇电自	2015－4－23	发行成功
14	830912	科汇电自	2015－4－23	发行成功
15	831028	华丽包装	2015－4－30	发行成功
16	430557	希芳阁	2015－6－8	发行成功
17	832560	立泰复合	2015－6－9	发行成功
18	831979	林格贝	2015－7－17	发行成功
19	830912	科汇电自	2015－7－24	发行成功
20	430191	波尔通信	2015－7－31	发行成功
21	831608	易建科技	2015－8－4	发行成功
推荐定向发行次数		21		
推荐定向发行成功次数		21		
推荐定向发行失败次数		0		
推荐原代办股份转让系统的两网公司及退市公司挂牌情况				
序号	股份代码	公司名称		
1	400026	深圳市中侨发展股份有限公司		
2	400060	江苏炎黄在线物流股份有限公司		
推荐原代办股份转让系统的两网公司及退市公司家数		2		

三、部门设置

经纪业务				
人员	姓名	固定电话	传真	Email
经纪业务联络人	陈利锋	010－66568457	010－83574076	chenlifeng@ chinastock. com. cn
经纪业务联络人	丛源博	010－83574503	010－83574076	congyuanbo@ chinastock. com. cn
推荐业务				
人员	姓名	固定电话	传真	Email
推荐业务联络人	邹大伟	010－66568973	010－66568390	zoudawei@ chinastock. com. cn
推荐业务联络人	龚仙蓝	010－83571496	010－66568390	gongxianlan@ chinastock. com. cn

渤海证券股份有限公司

一、公司简介及概况

公司简介	公司名称	渤海证券股份有限公司				
	成立日期	1988－3－1	法定代表人	王春峰	总经理	周立
	注册资本（万元）	403,719.45	净资产*（万元）	573,344.45	净资本*（万元）	422,551.63
	注册地址	天津经济技术开发区第二大街42号写字楼101室			营业部家数	48
	办公地址	天津市南开区宾水西道8号			邮编	300381
	公司网址	www. bhzq. com	电子邮箱	email@ bhzq. com	经营证券业务许可证编号	Z20412000
	注：*经审计的最近年度净资产和净资本					
	证监会批准从事的证券业务			证券经纪；证券投资咨询；与证券交易、证券投资活动有关财务顾问；证券承销与保荐；证券自营；证券资产管理；证券投资基金代销；为期货公司提供中间介绍业务；证监会批准的其他业务；融资融券业务；代销金融产品业务。		
	在全国股份转让系统从事的业务种类			经纪业务，推荐业务，做市业务		

公司概况	渤海证券股份有限公司的前身渤海证券有限责任公司是在原天津证券有限责任公司与原天津市国际信托投资公司、天津信托投资公司、天津北方国际信托投资公司、天津滨海信托投资有限公司等4家信托机构证券营业部合并重组基础上，集合了国内多家有影响、有实力的国有企业、上市公司、民营企业共同出资组建。 2001年4月，证监会出具《关于同意渤海证券有限责任公司开业的批复》（证监机构字〔2001〕65号），同意渤海证券有限责任公司开业，注册资本为23.17亿元。2001年3月25日召开第一次股东会暨公司成立大会，5月16日完成工商登记，6月8日正式开业。 2006年9月，经中国证监会核准，渤海证券有限责任公司减资并增资扩股，先将注册资本由231,716.63万元核减至92,686.652万元，在此基础上再由现有股东和新增股东向公司增资13亿元，上述增资完成后渤海有限注册资本增至222,686.652万元。 2008年5月，经中国证监会核准，渤海证券有限责任公司整体改制变更为股份有限公司，变更后公司名称为渤海证券股份有限公司，注册资本为人民币2,226,866,520元。公司于2008年7月23日完成工商变更登记。 2011年1月，经中国证监会核准，渤海证券股份有限公司变更注册资本，注册资本由2,226,866,520元变更为3,226,866,520元。 2012年12月，经中国证监会核准，渤海证券股份有限公司变更注册资本，注册资本由3,226,866,520元变更为4,037,194,486元。

二、业务动态

推荐挂牌情况				
序号	股份代码	公司名称	挂牌日期	公司状态
1	430142	锐新昌	2012－09－07	挂牌
2	430141	久日化学	2012－09－07	挂牌
3	430645	中瑞药业	2014－02－18	挂牌
4	430649	绿清科技	2014－02－18	挂牌
5	831372	宝成股份	2014－11－21	挂牌
6	831543	松炀股份	2014－12－22	挂牌
7	831729	维钛克	2015－01－27	挂牌
8	831948	世纪天源	2015－02－09	挂牌
9	832011	天众合金	2015－02－17	挂牌
10	832191	欣绿茶花	2015－04－01	挂牌
11	832392	百控股份	2015－05－05	挂牌
目前已推荐挂牌公司家数		11		
撤回材料及申请被否公司家数		0		
正在挂牌公司家数		11		
已上市公司家数		0		
已被终止挂牌公司家数		0		
推荐定向发行情况				
序号	股份代码	公司名称	发行日期	公司状态
1	430645	中瑞药业	2014－11－17	发行失败
2	430645	中瑞药业		发行成功
3	430141	久日化学		发行成功
推荐定向发行次数		3		
推荐定向发行成功次数		2		
推荐定向发行失败次数		1		
推荐原代办股份转让系统的两网公司及退市公司挂牌情况				
序号	股份代码	公司名称		
1	400048	黑龙江省科利华网络股份有限公司		
推荐原代办股份转让系统的两网公司及退市公司家数		1		

三、部门设置

经纪业务				
人员	姓名	固定电话	传真	Email
经纪业务联络人	史文瑞	022－28451829	022－28451892	shiwr@ bhzq. com
推荐业务				
人员	姓名	固定电话	传真	Email
推荐业务联络人	陈士莉	022－28451823	022－28451637	bohai905@ 126. com

海通证券股份有限公司

一、公司简介及概况

公司简介	公司名称	海通证券股份有限公司				
	成立日期	1988－8－15	法定代表人	王开国	总经理	瞿秋平
	注册资本（万元）	958,472.12	净资产＊（万元）	6,410,515.89	净资本＊（万元）	3,904,141.83
	注册地址	上海市广东路689号海通证券大厦			营业部家数	271
	办公地址	上海市广东路689号海通证券大厦			邮编	200001
	公司网址	www. htsec. com	电子邮箱	haitong@ htsec. com	经营证券业务许可证编号	Z22531000
	注：＊经审计的最近年度净资产和净资本					
	证监会批准从事的证券业务			证券经纪；证券自营；证券承销与保荐；证券投资咨询；与证券交易、证券投资活动有关的财务顾问；直接投资业务；证券投资基金代销；为期货公司提供中间介绍业务；融资融券业务、代销金融产品、中国证监会批准的其他业务，公司可以对外投资设立子公司从事金融产品等投资业务。		
	在全国股份转让系统从事的业务种类			经纪业务，推荐业务		
公司概况	海通证券是国内成立最早、综合实力最强的证券公司之一，拥有一体化的业务平台、庞大的营销网络以及雄厚的客户基础，经纪、投行和资产管理等传统业务位居行业前茅，融资融券、股指期货和PE投资等创新业务领先行业。海通证券成立于1988年，是国内二十世纪八十年代成立的证券公司中唯一一家至今仍在营运并且未更名、未接受政府注资的大型证券公司。海通证券A股于2007年在上海证券交易所挂牌上市并完成定向增发，H股于2012年4月在香港联合交易所挂牌上市，公司总资产和净资产居国内证券行业第二位。 公司拥有遍布境内外近240家营业部，拥有460万零售客户和超过1.2万个机构客户及高端客户，客户资产规模近万亿元。公司创新业务位居行业领先地位，融资融券市场排名始终保持第一位；公司股指期货业务位居行业第一；公司首批获得约定购回式证券交易资格、债券质押式报价回购资格、转融通业务资格；公司目前控股海富产业、海通开元、海通吉禾、海通创新资本和海通创意资本等五家PE投资子公司；公司QFII客户数和资产规模位于市场前列，QFII交易金额位居行业前三；公司成功收购了香港本地老牌券商大福证券，更名为海通国际，其始终在香港人民币产品领域保持领先地位；公司通过收购恒信租赁收购，进一步完善了海通证券综合金融服务平台的业务板块。						

二、业务动态

推荐挂牌情况				
序号	股份代码	公司名称	挂牌日期	公司状态
1	430017	星昊医药	2007－08－16	挂牌
2	430130	卡联科技	2012－07－12	挂牌
3	430157	腾龙电子	2012－10－29	挂牌
4	430193	紫新科技	2012－12－26	挂牌
5	430205	亿房信息	2012－12－31	挂牌

6	430216	风格信息	2013 - 05 - 17	挂牌
7	430300	辰光医疗	2013 - 08 - 15	挂牌
8	430324	上海致远	2013 - 10 - 18	挂牌
9	430358	基美影业	2013 - 12 - 10	挂牌
10	430588	天松医疗	2014 - 01 - 24	挂牌
11	430465	东方科技	2014 - 01 - 24	挂牌
12	430441	英极股份	2014 - 01 - 24	挂牌
13	430573	山水节能	2014 - 01 - 24	挂牌
14	430673	天佑铁道	2014 - 04 - 11	挂牌
15	830932	博扬超声	2014 - 08 - 11	挂牌
16	830939	君山股份	2014 - 08 - 12	挂牌
17	830992	磐合科仪	2014 - 08 - 13	挂牌
18	831039	国义招标	2014 - 08 - 19	挂牌
19	831063	安泰股份	2014 - 08 - 29	挂牌
20	831131	宏泰矿业	2014 - 09 - 02	挂牌
21	831139	江西广蓝	2014 - 09 - 09	挂牌
22	831068	凌志环保	2014 - 09 - 12	挂牌
23	831144	欣影科技	2014 - 09 - 23	挂牌
24	831208	洁昊环保	2014 - 10 - 21	挂牌
25	831203	瑞纽机械	2014 - 10 - 24	挂牌
26	831245	扬开电力	2014 - 10 - 31	挂牌
27	831261	天海科技	2014 - 11 - 03	挂牌
28	831292	汇智光华	2014 - 11 - 06	挂牌
29	831290	全达照明	2014 - 11 - 10	挂牌
30	831331	华奥科技	2014 - 11 - 14	挂牌
31	831351	浙达精益	2014 - 11 - 14	挂牌
32	831426	拂尘龙	2014 - 12 - 05	挂牌
33	831496	华燕房盟	2014 - 12 - 12	挂牌
34	831516	金科环保	2014 - 12 - 16	挂牌
35	831529	能龙教育	2014 - 12 - 19	挂牌
36	831694	黔驰信息	2015 - 01 - 09	挂牌
37	831764	拓美传媒	2015 - 01 - 12	挂牌
38	831695	创想科技	2015 - 01 - 12	挂牌
39	831761	中惠地热	2015 - 01 - 12	挂牌
40	833205	博采网络	2015 - 08 - 07	挂牌
目前已推荐挂牌公司家数		40		
撤回材料及申请被否公司家数		0		
正在挂牌公司家数		40		
已上市公司家数		0		
已被终止挂牌公司家数		0		
推荐定向发行情况				
序号	股份代码	公司名称	发行日期	公司状态
1	430017	星昊医药	2012 - 10 - 30	发行成功
2	430300	辰光医疗	2013 - 8 - 12	发行成功

3	430300	辰光医疗	2013－8－12	发行成功
4	430358	基美影业	2013－12－19	发行成功
5	430465	东方科技	2014－8－27	发行成功
6	430157	腾龙电子	2014－9－26	发行成功
7	430673	天佑铁道	2014－10－20	发行成功
8	830992	磐合科仪	2014－11－19	发行成功
9	831496	华燕房盟	2015－3－2	发行成功
10	831496	华燕房盟	2015－4－14	发行成功
11	430358	基美影业	2015－5－21	发行成功
12	830992	磐合科仪	2015－6－10	发行成功
13	831697	海优新材	2015－6－16	发行成功
14	430300	辰光医疗	2015－6－19	发行成功
15	430358	基美影业	2015－6－24	发行成功
16	831516	全科环保	2015－7－13	发行成功
17	831697	海优新材	2015－7－31	发行成功
18	832446	三瑞高材	2015－8－12	发行成功
19	831208	洁昊环保	2015－9－16	发行成功
20	830992	磐合科仪	2015－9－18	发行成功
21	831697	海优新材	2015－10－26	发行成功
22	832533	利美康	2015－10－28	发行成功
23	832328	安泰生物	2015－11－2	发行成功
24	430358	基美影业	2015－12－14	发行成功
25	832688	福慧科技	2015－12－18	发行成功
推荐定向发行次数		25		
推荐定向发行成功次数		25		
推荐定向发行失败次数		0		

推荐原代办股份转让系统的两网公司及退市公司挂牌情况		
序号	股份代码	公司名称
1	400025	汕头宏业(集团)股份有限公司
2	400036	沈阳特种环保设备制造股份有限公司
3	400057	大庆联谊石化股份有限公司
推荐原代办股份转让系统的两网公司及退市公司家数		3

三、部门设置

经纪业务				
人员	姓名	固定电话	传真	Email
经纪业务联络人	魏威	021－23219296	021－63410456	weiwei@htsec.com
经纪业务联络人	陈晴	021－23219283	021－63410456	chenq@htsec.com
推荐业务				
人员	姓名	固定电话	传真	Email
推荐业务联络人	郭新		010－58067901	guox@htsec.com
推荐业务联络人	方琴	010－58067907	010－58067901	fq7004@htsec.com

广发证券股份有限公司

一、公司简介及概况

<table>
<tr><td rowspan="9">公司简介</td><td>公司名称</td><td colspan="5">广发证券股份有限公司</td></tr>
<tr><td>成立日期</td><td>1994－1－21</td><td>法定代表人</td><td>孙树明</td><td>总经理</td><td>林治海</td></tr>
<tr><td>注册资本（万元）</td><td>762,108.77</td><td>净资产*（万元）</td><td>3,766,838.64</td><td>净资本*（万元）</td><td>3,266,412.42</td></tr>
<tr><td>注册地址</td><td colspan="3">广东省广州市天河区天河北路183－187号大都会广场43楼（4301－4316房）</td><td>营业部家数</td><td>249</td></tr>
<tr><td>办公地址</td><td colspan="3">广州市天河区天河北路183－187号大都会广场5、7、8、16、18、19、36、38、39、40－44楼</td><td>邮编</td><td>510075</td></tr>
<tr><td>公司网址</td><td>www.gf.com.cn</td><td>电子邮箱</td><td>dshb@gf.com.cn</td><td>经营证券业务许可证编号</td><td>Z25644000</td></tr>
<tr><td colspan="6">注：*经审计的最近年度净资产和净资本</td></tr>
<tr><td colspan="3">证监会批准从事的证券业务格</td><td colspan="3">证券经纪；证券投资咨询；与证券交易、证券投资活动有关的财务顾问；证券承销与保荐；证券自营；融资融券；证券投资基金代销；代销金融产品；证券投资基金托管；股票期权做市。</td></tr>
<tr><td colspan="3">在全国股份转让系统从事的业务种类</td><td colspan="3">经纪业务，推荐业务，做市业务</td></tr>
<tr><td>公司概况</td><td colspan="6">广发证券股份有限公司前身是1991年成立的广东发展银行证券部，1993年末成立公司，2010年在深交所上市，股票代码：000776.sz。近四年连续被中国证监会评为A类AA级证券公司。
目前公司注册资本59.19亿元，截至2014年12月31日，公司总资产达2401亿元，2014年经审计的合并报表实现营业收入133.95亿元，利润总额66.49亿元，净利润50.23亿元。资本实力及盈利能力在行业持续领先，总市值居国内上市证券公司前列。公司现有证券营业部数量位列全国前三。公司旗下拥有广发期货有限公司、广发控股（香港）有限公司、广发乾和投资有限公司、广发信德投资管理有限公司、广发证券资产管理（广东）有限公司五家全资子公司，并控股广发基金管理有限公司，参股易方达基金管理有限公司、广东金融高新区股权交易中心有限公司和证通股份有限公司，初步形成了以证券业务为核心的金融控股集团架构。</td></tr>
</table>

二、业务动态

推荐挂牌情况				
序号	股份代码	公司名称	挂牌日期	公司状态
1	430004	绿创设备	2006－06－07	挂牌
2	430005	原子高科	2006－07－28	挂牌
3	430006	北陆药业	2006－08－28	已上市
4	430009	华环电子	2006－11－28	挂牌
5	430013	中农羊业	2007－03－21	已被终止挂牌
6	430021	海鑫科金	2007－09－28	挂牌
7	430025	石晶光电	2008－01－16	挂牌
8	430104	全三维	2012－01－18	挂牌
9	430161	光谷信息	2012－11－06	挂牌
10	430179	宇昂科技	2012－12－20	挂牌
11	430183	天友设计	2012－12－26	挂牌
12	430224	网动科技	2013－07－03	挂牌
13	430238	普华科技	2013－07－04	挂牌
14	430237	大汉三通	2013－07－04	挂牌
15	430257	成科机电	2013－07－23	挂牌
16	430279	华安股份	2013－08－05	挂牌
17	430276	晟矽微电	2013－08－08	挂牌

18	430315	众联信息	2013－08－14	挂牌
19	430329	百林通信	2013－10－15	挂牌
20	430325	精英智通	2013－10－16	挂牌
21	430437	食安科技	2014－01－24	挂牌
22	430440	松本绿色	2014－01－24	挂牌
23	430450	正佰电气	2014－01－24	挂牌
24	430442	华昊电器	2014－01－24	挂牌
25	430436	万洲电气	2014－01－24	挂牌
26	430369	威门药业	2014－01－24	挂牌
27	430462	树业环保	2014－01－24	挂牌
28	430445	仙宜岱	2014－01－24	挂牌
29	430482	河源富马	2014－01－24	挂牌
30	430490	旭龙物联	2014－01－24	挂牌
31	430470	哲达科技	2014－01－24	挂牌
32	430469	必控科技	2014－01－24	挂牌
33	430483	森鹰窗业	2014－01－24	挂牌
34	430653	同望科技	2014－02－14	挂牌
35	430637	菱博电子	2014－02－19	挂牌
36	430660	益佰广通	2014－03－07	挂牌
37	430689	摩登百货	2014－04－15	挂牌
38	830788	运通四方	2014－06－09	挂牌
39	830795	骏汇股份	2014－06－13	挂牌
40	830865	南菱汽车	2014－07－16	挂牌
41	830880	火凤凰	2014－07－18	挂牌
42	830863	瑞华天健	2014－07－22	挂牌
43	830908	普诺威	2014－07－25	挂牌
44	830947	金柏园林	2014－08－06	挂牌
45	830977	婴儿乐	2014－08－07	挂牌
46	830911	标榜新材	2014－08－08	挂牌
47	830973	双强塑胶	2014－08－08	挂牌
48	830942	众志和达	2014－08－11	挂牌
49	830993	壹玖壹玖	2014－08－13	挂牌
50	831000	吉芬设计	2014－08－13	挂牌
51	830924	星龙科技	2014－08－13	挂牌
52	831049	赛莱拉	2014－08－14	挂牌
53	831079	瑞琦科技	2014－08－14	挂牌
54	831015	小白龙	2014－08－14	挂牌
55	831025	万兴隆	2014－08－14	挂牌
56	831052	金开利	2014－08－14	挂牌
57	831110	荣腾科技	2014－08－14	挂牌
58	831059	霍斯通	2014－08－15	挂牌
59	831173	泰恩康	2014－10－08	挂牌
60	831171	海纳川	2014－10－08	挂牌
61	831194	派拉软件	2014－10－14	挂牌
62	831236	华东修船	2014－10－24	挂牌
63	831199	海博小贷	2014－10－24	挂牌
64	831253	东进农牧	2014－11－03	挂牌
65	831280	兴恒隆	2014－11－04	挂牌

66	831285	常欣科技	2014－11－05	挂牌
67	831317	海典软件	2014－11－10	挂牌
68	831397	康泽药业	2014－12－02	挂牌
69	831427	信通电子	2014－12－05	挂牌
70	831471	北方园林	2014－12－12	挂牌
71	831526	凯华材料	2014－12－19	挂牌
72	831394	南麟电子	2014－12－25	挂牌
73	831606	方硕科技	2014－12－30	挂牌
74	831582	井利电子	2014－12－30	挂牌
75	831583	未来宽带	2014－12－31	挂牌
76	831714	福航环保	2015－01－08	挂牌
77	831698	工大软件	2015－01－12	挂牌
78	831680	麒润文化	2015－01－15	挂牌
79	831828	利特尔	2015－01－21	挂牌
80	831846	飞驰环保	2015－01－21	挂牌
81	831709	瑞特爱	2015－01－21	挂牌
82	831818	鑫辉精密	2015－01－22	挂牌
83	831957	晨宇电气	2015－01－27	挂牌
84	831914	瑞柯科技	2015－01－29	挂牌
85	831855	浙江大农	2015－02－03	挂牌
86	831920	车头制药	2015－02－04	挂牌
87	831958	健博通	2015－02－13	挂牌
88	832071	晶华光学	2015－03－05	挂牌
89	832096	南铸科技	2015－03－09	挂牌
90	832138	中衡公估	2015－03－13	挂牌
91	832122	泽辉股份	2015－03－17	挂牌
92	832245	慧翰股份	2015－04－03	挂牌
93	832229	孚尔姆	2015－04－07	挂牌
94	832274	佳时达	2015－04－10	挂牌
95	832289	沧运集团	2015－04－10	挂牌
96	832201	澄星航模	2015－04－13	挂牌
97	832287	金凯光电	2015－04－14	挂牌
98	832182	欧好光电	2015－04－14	挂牌
99	832295	富泰股份	2015－04－16	挂牌
100	832281	和氏技术	2015－04－20	挂牌
101	832424	科海股份	2015－05－11	挂牌
102	832440	九天高科	2015－05－13	挂牌
103	832447	森馥科技	2015－05－18	挂牌
104	832453	恒福茶业	2015－05－18	挂牌
105	832463	月旭科技	2015－05－18	挂牌
106	832546	科富股份	2015－06－01	挂牌
107	832584	观想科技	2015－06－10	挂牌
108	832614	旺大集团	2015－06－11	挂牌
109	832651	天罡股份	2015－06－24	挂牌
110	832562	盈嘉科技	2015－07－01	挂牌
111	832705	达瑞生物	2015－07－09	挂牌
112	832728	全宝科技	2015－07－10	挂牌
113	832699	南华工业	2015－07－15	挂牌

114	832787	银科金典	2015－07－15	挂牌
115	832793	同创伟业	2015－07－15	挂牌
116	832794	万斯达	2015－07－16	挂牌
117	832796	逸舒制药	2015－07－16	挂牌
118	832797	泰士特	2015－07－16	挂牌
119	832828	凡科股份	2015－07－21	挂牌
120	832769	汕樟轻工	2015－07－22	挂牌
121	832780	科瑞生物	2015－07－23	挂牌
122	832788	环球渔场	2015－07－23	挂牌
123	832802	保丽洁	2015－07－24	挂牌
124	832730	蓝贝股份	2015－07－27	挂牌
125	832862	惠柏新材	2015－07－30	挂牌
126	832831	邦得利	2015－07－30	挂牌
127	832975	新凌嘉	2015－07－31	挂牌
128	833008	舜富压铸	2015－07－31	挂牌
129	832954	龙创设计	2015－08－04	挂牌
130	832989	鑫博技术	2015－08－04	挂牌
131	832912	西科种业	2015－08－06	挂牌
132	833149	卓锦环保	2015－08－07	挂牌
133	833043	新光镭射	2015－08－10	挂牌
134	832731	精通科技	2015－08－11	挂牌
135	833321	科密汽电	2015－08－12	挂牌
136	833324	迪赛环保	2015－08－13	挂牌
137	833183	超凡股份	2015－08－13	挂牌
138	833165	智科股份	2015－08－13	挂牌
139	832967	利达发展	2015－08－14	挂牌
140	832708	三力制药	2015－08－17	挂牌
141	832949	皇家壹号	2015－08－17	挂牌
142	833355	崇德动漫	2015－08－19	挂牌
143	832898	天地壹号	2015－08－20	挂牌
144	833371	蓝天燃气	2015－08－21	挂牌
145	833041	网信机电	2015－08－25	挂牌
146	833375	手付通	2015－08－27	挂牌
147	833455	汇隆活塞	2015－09－07	挂牌
148	833269	华美牙科	2015－09－09	挂牌
149	833367	宝德利	2015－09－10	挂牌
150	833208	良品电商	2015－09－24	挂牌
151	833672	赛沃斯	2015－09－28	挂牌
152	833681	辰泰科技	2015－09－29	挂牌
153	833640	广州中崎	2015－09－30	挂牌
154	833692	托普云农	2015－10－08	挂牌
155	833664	威特龙	2015－10－09	挂牌
156	833737	望湘园	2015－10－16	挂牌
157	833680	一览网络	2015－10－16	挂牌
158	833604	南广影视	2015－10－19	挂牌
159	833878	帕斯菲克	2015－10－20	挂牌
160	833888	华普永明	2015－10－20	挂牌
161	833859	国能新材	2015－10－21	挂牌

162	833855	三楷深发	2015－10－23	挂牌
163	833919	酒仙网	2015－10－29	挂牌
164	833897	心动网络	2015－11－04	挂牌
165	833815	嘉友互联	2015－11－06	挂牌
166	834093	盛成网络	2015－11－09	挂牌
167	834295	虎彩印艺	2015－11－25	挂牌
目前已推荐挂牌公司家数		167		
撤回材料及申请被否公司家数		0		
正在挂牌公司家数		165		
已上市公司家数		1		
已被终止挂牌公司家数		1		
推荐定向发行情况				
序号	股份代码	公司名称	发行日期	公司状态
1	430006	北陆药业	2008－7－3	发行成功
2	430021	海鑫科金	2012－2－24	发行成功
3	430104	全三维	2013－1－16	发行成功
4	430276	晟矽微电	2013－7－29	发行成功
5	430179	宇昂科技	2013－8－30	发行成功
6	430279	华安股份	2013－11－26	发行成功
7	430238	普华科技	2014－1－13	发行成功
8	430329	百林通信	2014－2－25	发行成功
9	430325	精英智通	2014－6－14	发行成功
10	430442	华昊电器	2014－7－18	发行成功
11	830863	瑞华天健	2014－7－22	发行成功
12	430660	益佰广通	2014－8－6	发行成功
13	430637	菱博电子	2014－8－12	发行成功
14	830924	星龙科技	2014－8－13	发行成功
15	831110	荣腾科技	2014－8－14	发行成功
16	831052	金开利	2014－8－14	发行成功
17	430369	威门药业	2014－8－14	发行成功
18	831015	小白龙	2014－8－14	发行成功
19	831059	霍斯通	2014－8－15	发行成功
20	430004	绿创设备	2014－8－22	发行成功
21	430238	普华科技	2014－9－10	发行成功
22	831194	派拉软件	2014－9－24	发行成功
23	430237	大汉三通	2014－11－5	发行成功
24	430276	晟矽微电	2014－12－19	发行成功
25	831394	南麟电子	2014－12－24	发行成功
26	831582	井利电子	2014－12－30	发行成功
27	831680	麒润文化	2015－1－15	发行成功
28	832122	泽辉股份	2015－1－16	发行成功
29	831957	晨宇电气	2015－1－27	发行成功
30	430238	普华科技	2015－3－3	发行成功
31	430276	晟矽微电	2015－3－6	发行成功
32	832245	慧翰股份	2015－3－17	发行成功
33	430238	普华科技	2015－3－18	发行成功
34	430237	大汉三通	2015－3－19	发行成功
35	430437	食安科技	2015－3－19	发行成功

36	832182	欧好光电	2015－3－20	发行成功
37	430161	光谷信息	2015－3－27	发行成功
38	832201	澄星航模	2015－4－13	发行成功
39	832281	和氏技术	2015－4－20	发行成功
40	430179	宇昂科技	2015－5－8	发行成功
41	832463	月旭科技	2015－5－18	发行成功
42	832453	恒福茶业	2015－5－18	发行成功
43	832546	科富股份	2015－5－20	发行成功
44	430179	宇昂科技	2015－5－22	发行成功
45	832731	精通科技	2015－6－10	发行成功
46	832788	环球渔场	2015－6－15	发行成功
47	430653	同望科技	2015－6－17	发行成功
48	430482	河源富马	2015－6－19	发行成功
49	833269	华美牙科	2015－6－25	发行成功
50	832562	盈嘉科技	2015－7－1	发行成功
51	832793	同创伟业	2015－7－2	发行成功
52	430490	旭龙物联	2015－7－3	发行成功
53	832229	孚尔姆	2015－7－6	发行成功
54	832954	龙创设计	2015－7－8	发行成功
55	832862	惠柏新材	2015－7－8	发行成功
56	832705	达瑞生物	2015－7－9	发行成功
57	832699	南华工业	2015－7－15	发行成功
58	832794	万斯达	2015－7－16	发行成功
59	833897	心动网络	2015－7－16	发行成功
60	832828	凡科股份	2015－7－21	发行成功
61	831052	金开利	2015－7－22	发行成功
62	832802	保丽洁	2015－7－24	发行成功
63	832730	蓝贝股份	2015－7－27	发行成功
64	832831	邦得利	2015－7－30	发行成功
65	833008	舜富压铸	2015－7－31	发行成功
66	832975	新凌嘉	2015－7－31	发行成功
67	831052	金开利	2015－8－5	发行成功
68	833897	心动网络	2015－8－7	发行成功
69	832967	利达发展	2015－8－14	发行成功
70	832949	皇家壹号	2015－8－17	发行成功
71	832708	三力制药	2015－8－17	发行成功
72	833208	良品电商	2015－8－24	发行成功
73	833041	网信机电	2015－8－25	发行成功
74	831000	吉芬设计	2015－8－31	发行成功
75	833640	广州中崎	2015－9－30	发行成功
76	833692	托普云农	2015－10－8	发行成功
77	833604	南广影视	2015－10－19	发行成功
推荐定向发行次数		77		
推荐定向发行成功次数		77		
推荐定向发行失败次数		0		
推荐原代办股份转让系统的两网公司及退市公司挂牌情况				
序号	股份代码	公司名称		

1	400028	珠海鑫光集团股份有限公司
2	400053	佳木斯金地造纸股份有限公司
推荐原代办股份转让系统的两网公司及退市公司家数		2

三、部门设置

经纪业务				
人员	姓名	固定电话	传真	Email
经纪业务联络人	卓文	020 – 87555232	020 – 87555417	zw5@ gf. com. cn
经纪业务联络人	廖奕炯	020 – 87555888 – 8239	020 – 87555417	lyj5@ gf. com. cn
推荐业务				
人员	姓名	固定电话	传真	Email
推荐业务联络人	陶红鉴	020 – 87555888	020 – 87555303	thj@ gf. com. cn
推荐业务联络人	向伟	010 – 56571628	010 – 56571688	gfxw@ 163. com

招商证券股份有限公司

一、公司简介及概况

公司简介	公司名称	招商证券股份有限公司				
	成立日期	1993 – 8 – 1	法定代表人	宫少林	总经理	王岩
	注册资本（万元）	466,109.98	净资产 *（万元）	2,718,438.05	净资本 *（万元）	1,404,132.24
	注册地址	广东省深圳市福田区益田路江苏大厦 A 座 38 – 45 层			营业部家数	146
	办公地址	广东省深圳市福田区益田路江苏大厦 A 座 38 – 45 层			邮编	518026
	公司网址	www. newone. com. cn	电子邮箱	sbox@ cmschina. com. cn	经营证券业务许可证编号	Z27174000
	注：* 经审计的最近年度净资产和净资本					
	证监会批准从事的证券业务			证券经纪；证券投资咨询；与证券交易、证券投资活动有关的财务顾问；证券承销与保荐；证券自营；证券资产管理；融资融券；证券投资基金代销；为期货公司提供中间介绍业务；代销金融产品业务；保险兼业代理业务。		
	在全国股份转让系统从事的业务种类			推荐业务，经纪业务，做市业务		
公司概况	招商证券股份有限公司是一家主要从事包括证券经纪；证券投资咨询；与证券交易、证券投资活动有关的财务顾问等的公司. 公司是百年招商局控股兼具海外业务平台的国内创新试点券商，综合实力进入国内十强. 为投资者提供证券代理买卖、证券发行与承销、收购兼并、资产重组、财务顾问、资产管理、投资咨询等证券投、融资全方位服务，是我国证券交易所第一批会员、第一批经核准的综合类券商、第一批主承销商、全国银行间同业拆借市场第一批成员以及第一批具有自营、网上交易和客户资产管理业务资格的券商，拥有国内首个多媒体客户服务中心和国内第一个专业证券交易网站。公司具有稳定的持续盈利能力，自 2004 年到 2008 年持续盈利，是行业中仅有的三家连续五年盈利的证券公司之一。					

二、业务动态

推荐挂牌情况				
序号	股份代码	公司名称	挂牌日期	公司状态
1	430039	华高世纪	2008 – 12 – 10	挂牌
2	430314	新橡科技	2013 – 08 – 08	挂牌
3	430312	伟力盛世	2013 – 08 – 08	挂牌
4	430553	海红技术	2014 – 01 – 24	挂牌

5	430608	奇维科技	2014－01－24	挂牌
6	430534	天涌科技	2014－01－24	挂牌
7	430535	柳爱科技	2014－01－24	挂牌
8	430552	亚成微	2014－01－24	挂牌
9	430611	长信股份	2014－01－24	挂牌
10	430620	益善生物	2014－01－24	挂牌
11	430655	今泰科技	2014－02－18	挂牌
12	430671	一卡易	2014－04－02	挂牌
13	430702	昊福文化	2014－05－06	挂牌
14	830835	南源电力	2014－07－08	挂牌
15	830870	松宝智能	2014－07－21	挂牌
16	830858	华图宏阳	2014－07－24	挂牌
17	830838	新产业	2014－07－25	挂牌
18	830887	吉美思	2014－07－28	挂牌
19	830894	紫竹桩基	2014－08－01	挂牌
20	830940	科宏生物	2014－08－05	挂牌
21	831085	博冠光电	2014－08－19	挂牌
22	831124	中标节能	2014－09－02	挂牌
23	831180	华苏科技	2014－10－14	挂牌
24	831176	天鸿股份	2014－10－16	挂牌
25	831211	尊马管件	2014－10－21	挂牌
26	831202	摩德娜	2014－10－27	挂牌
27	831359	恒光股份	2014－11－18	挂牌
28	831356	中电智能	2014－11－20	挂牌
29	831401	信立方	2014－12－04	挂牌
30	831467	世窗信息	2014－12－09	挂牌
31	831493	赛特传媒	2014－12－10	挂牌
32	831456	森瑞新材	2014－12－10	挂牌
33	831450	金宏气体	2014－12－15	挂牌
34	831502	东都节能	2014－12－16	挂牌
35	831509	中科英泰	2014－12－16	挂牌
36	831544	北超伺服	2014－12－19	挂牌
37	831522	汇波材料	2014－12－21	挂牌
38	831584	雷博司	2014－12－30	挂牌
39	831570	鸿益达	2014－12－30	挂牌
40	831550	成大生物	2014－12－31	挂牌
41	831553	陕中科	2014－12－31	挂牌
42	831675	一拓通信	2015－01－05	挂牌
43	831650	盛华德	2015－01－13	挂牌
44	831699	泰力松	2015－01－13	挂牌
45	831653	科利尔	2015－01－13	挂牌
46	831732	爱车屋	2015－01－15	挂牌
47	831598	热像科技	2015－01－16	挂牌
48	831724	信而泰	2015－01－16	挂牌
49	831760	玉如意	2015－01－22	挂牌
50	831809	锡南铸机	2015－01－22	挂牌
51	831811	中普防雷	2015－01－23	挂牌
52	831834	三维股份	2015－01－26	挂牌
53	831917	中电红石	2015－01－28	挂牌
54	831865	凯瑞电气	2015－02－03	挂牌

55	831854	曼克斯	2015－02－05	挂牌
56	831870	欧森纳	2015－02－11	挂牌
57	831942	天一生物	2015－02－16	挂牌
58	832050	百富餐饮	2015－02－16	挂牌
59	831857	增立钢管	2015－02－16	挂牌
60	831863	焦作泰利	2015－02－18	挂牌
61	831931	云能威士	2015－03－05	挂牌
62	832005	永盛新材	2015－03－09	挂牌
63	832156	强田液压	2015－03－19	挂牌
64	832080	七色珠光	2015－03－19	挂牌
65	831929	惠尔明	2015－03－19	挂牌
66	832084	深川股份	2015－03－23	挂牌
67	832157	龙华薄膜	2015－03－25	挂牌
68	832222	鼎实科技	2015－04－10	挂牌
69	832202	沪鸽口腔	2015－04－10	挂牌
70	832337	环渤海	2015－05－12	挂牌
目前已推荐挂牌公司家数		70		
撤回材料及申请被否公司家数		0		
正在挂牌公司家数		70		
已上市公司家数		0		
已被终止挂牌公司家数		0		
推荐定向发行情况				
序号	股份代码	公司名称	发行日期	公司状态
1	430608	奇维科技	2014－5－6	发行成功
2	430611	长信股份	2014－5－23	发行失败
3	430611	长信股份	2014－7－7	发行成功
4	430312	伟力盛世	2014－7－17	发行成功
5	831180	华苏科技	2014－12－24	发行成功
6	831180	华苏科技	2015－2－27	发行成功
7	831450	金宏气体	2015－2－27	发行成功
8	831085	博冠股份	2015－4－29	发行成功
9	831854	曼克斯	2015－5－14	发行成功
推荐定向发行次数		9		
推荐定向发行成功次数		8		
推荐定向发行失败次数		1		
推荐原代办股份转让系统的两网公司及退市公司挂牌情况				
序号	股份代码	公司名称		
推荐原代办股份转让系统的两网公司及退市公司家数		0		

三、部门设置

经纪业务				
人员	姓名	固定电话	传真	Email
经纪业务联络人	龙劲松	0755－82960248	0755－83074086	longjs@ cmschina. com. cn
经纪业务联络人	黎姗姗	0755－82852935	0755－83074086	lishanshan1@ cmschina. com. cn
推荐业务				
人员	姓名	固定电话	传真	Email

推荐业务联络人	毕敬	82852967	82943121	bij@ cmschina. com. cn
推荐业务联络人	秦杰	010 – 57601886	010 – 65663463	qinjie@ cmschina. com. cn

光大证券股份有限公司

一、公司简介及概况

公司简介	公司名称	光大证券股份有限公司				
	成立日期	1996 – 4 – 23	法定代表人	薛峰	总经理	薛峰
	注册资本（万元）	390,700	净资产 *（万元）	2,494,223.65	净资本 *（万元）	1,690,275.62
	注册地址	上海市静安区新闸路 1508 号			营业部家数	151
	办公地址	上海市静安区新闸路 1508 号			邮编	200040
	公司网址	www. ebscn. com	电子邮箱	ebs@ ebscn. com	经营证券业务许可证编号	Z22831000
	注：* 经审计的最近年度净资产和净资本					
	证监会批准从事的证券业务			证券经纪；证券投资咨询；与证券交易、证券投资活动有关的财务顾问；证券承销与保荐；证券自营；为期货公司提供中间介绍业务；证券投资基金代销；融资融券业务；代销金融产品；股票期权做市业务；中国证监会批准的其他业务。		
	在全国股份转让系统从事的业务种类			经纪业务，推荐业务，做市业务		
公司概况	光大证券股份有限公司创建于 1996 年，系由中国光大（集团）总公司投资控股的全国性综合类大型证券公司。公司于 2009 年 8 月 18 日在上海证券交易所成功挂牌上市交易（股票简称“光大证券”，股票代码“601788”）。公司是首批创新试点类券商之一，拥有齐备的证券业务牌照和资质，全资拥有光大富尊投资有限公司、光大资本投资有限公司、光大期货有限公司、上海光大证券资产管理有限公司、光大证券金融控股有限公司，控股光大保德信基金管理有限公司，参股大成基金管理有限公司。 公司成立以来，秉承“塑造公司品牌，提升客户价值，造就员工未来”的核心价值观和“诚信、专业、卓越、共享”的经营理念，积极投身于国内资本市场，各项业务迅速发展，在巩固证券承销、证券经纪、资产管理、证券投资、基金管理、财务顾问、投资咨询等传统业务优势的同时，全方位抢跑集合理财、权证、资产证券化、直接投资、融资融券、股指期货等创新业务，业务规模及主要营业指标居国内证券公司前列。公司强化内控管理，严防各类风险，以净资本为核心的各项风险监控和流动性指标继续保持业内良好水平。					

二、业务动态

推荐挂牌情况

序号	股份代码	公司名称	挂牌日期	公司状态
1	430062	中科国信	2010 – 01 – 12	挂牌
2	430176	中教股份	2012 – 10 – 18	挂牌
3	430156	科曼股份	2012 – 10 – 26	挂牌
4	430174	沃捷传媒	2012 – 12 – 18	挂牌
5	430217	中石软件	2013 – 05 – 17	挂牌
6	430234	翼捷股份	2013 – 07 – 02	挂牌
7	430256	卓繁信息	2013 – 07 – 19	挂牌
8	430293	奉天电子	2013 – 08 – 08	挂牌
9	430319	欧萨咨询	2013 – 10 – 16	挂牌
10	430601	吉玛基因	2014 – 01 – 24	挂牌
11	430368	明波通信	2014 – 01 – 24	挂牌
12	430425	乐创技术	2014 – 01 – 24	挂牌

13	430426	长城软件	2014－01－24	挂牌
14	430433	中瑞电子	2014－01－24	挂牌
15	430480	辰维科技	2014－01－24	挂牌
16	430597	博安通	2014－01－24	挂牌
17	430626	胜达科技	2014－01－24	挂牌
18	430634	南安机电	2014－02－14	挂牌
19	430633	卡姆医疗	2014－02－14	挂牌
20	430642	映翰通	2014－02－18	挂牌
21	430654	聚科照明	2014－02－20	挂牌
22	430646	上海底特	2014－02－21	挂牌
23	430661	派尔科	2014－03－07	挂牌
24	430726	津宇嘉信	2014－05－06	挂牌
25	830799	艾融软件	2014－06－03	挂牌
26	830805	德马科技	2014－06－04	挂牌
27	830898	华人天地	2014－08－01	挂牌
28	831041	兆鋆新材	2014－08－21	挂牌
29	831069	瑞明节能	2014－08－21	挂牌
30	831056	千叶药包	2014－08－21	挂牌
31	831045	科慧科技	2014－08－22	挂牌
32	831213	博汇股份	2014－10－21	挂牌
33	831276	松科快换	2014－11－04	挂牌
34	831294	中德科技	2014－11－06	挂牌
35	831374	吉人高新	2014－11－24	挂牌
36	831388	福来喜得	2014－12－05	挂牌
37	831379	融信租赁	2014－12－05	挂牌
38	831439	中喜生态	2014－12－08	挂牌
39	831521	汉龙科技	2014－12－16	挂牌
40	831574	富翊装饰	2014－12－31	挂牌
41	831614	合富科技	2015－01－06	挂牌
42	831726	朱老六	2015－01－12	挂牌
43	831656	中港股份	2015－01－15	挂牌
44	831738	振野智能	2015－01－21	挂牌
45	831868	新农股份	2015－01－27	挂牌
46	831953	天圣科技	2015－02－10	挂牌
47	832012	博玺电气	2015－02－11	挂牌
48	831938	上海亿格	2015－02－25	挂牌
49	832168	中科招商	2015－03－20	挂牌
50	832196	秦森园林	2015－04－01	挂牌
51	832231	恒盛环保	2015－04－09	挂牌
52	832270	骏驰科技	2015－04－13	挂牌
53	832381	国汇小贷	2015－04－30	挂牌
54	832423	德卡科技	2015－05－07	挂牌
55	832448	佳业股份	2015－05－13	挂牌
56	832462	广电计量	2015－05－13	挂牌
57	832468	向明轴承	2015－05－14	挂牌
58	832525	德业变频	2015－05－29	挂牌
59	832588	葫芦堡	2015－06－08	挂牌
60	832586	圣兆药物	2015－06－26	挂牌

61	832701	银采天	2015-07-02	挂牌
62	832732	亚夫农业	2015-07-10	挂牌
63	832760	上海君屹	2015-07-13	挂牌
64	832833	易霸科技	2015-07-21	挂牌
65	833173	赢鼎科技	2015-07-31	挂牌
66	833155	东工股份	2015-07-31	挂牌
67	833171	福建国航	2015-08-04	挂牌
68	832973	思亮信息	2015-08-06	挂牌
69	833342	滨江小贷	2015-08-17	挂牌
70	833291	森合高科	2015-08-17	挂牌
71	833336	德生防水	2015-08-19	挂牌
72	833441	斯派力	2015-09-01	挂牌
73	833439	领先环保	2015-09-07	挂牌
74	833499	中国康富	2015-09-09	挂牌
75	833554	新翔科技	2015-09-15	挂牌
76	833767	五轮电子	2015-10-14	挂牌
77	833683	吉联新软	2015-10-15	挂牌
78	833777	棠棣信息	2015-10-15	挂牌
79	833794	优诺股份	2015-10-15	挂牌
80	833834	绩丰物联	2015-10-19	挂牌
81	833768	上海寰创	2015-10-19	挂牌
82	833936	百味佳	2015-10-26	挂牌
83	833882	汉印股份	2015-10-27	挂牌
84	834017	方心健康	2015-11-03	挂牌
85	833998	久银控股	2015-11-07	挂牌
86	834088	恒通液压	2015-11-09	挂牌
87	834064	技美科技	2015-11-10	挂牌
88	834367	美康基因	2015-11-17	挂牌
89	834347	天畅环保	2015-11-19	挂牌
90	834313	杰艾人力	2015-11-20	挂牌
91	834427	弘大能源	2015-11-23	挂牌
92	834381	方圆现代	2015-11-23	挂牌
93	834395	博信资产	2015-11-23	挂牌
94	834277	天风期货	2015-11-24	挂牌
95	834428	蓝孚高能	2015-11-24	挂牌
96	834654	银利电气	2015-11-27	挂牌
97	834526	新视文化	2015-11-27	挂牌
98	834510	宇鑫货币	2015-11-30	挂牌
99	834461	华工股份	2015-12-03	挂牌
100	834640	达普电子	2015-12-04	挂牌
101	834559	河马动画	2015-12-08	挂牌
102	834651	飞扬旅游	2015-12-08	挂牌
103	834725	联通纪元	2015-12-09	挂牌
104	834086	德泓国际	2015-12-15	挂牌
105	834882	谢馥春	2015-12-15	挂牌
106	834907	梧斯源	2015-12-15	挂牌
107	834695	郑设股份	2015-12-15	挂牌
108	834950	迅安科技	2015-12-16	挂牌

109	835020	山东北辰	2015－12－16	挂牌
110	835043	洁澳思	2015－12－22	挂牌
111	834903	全现代	2015－12－23	挂牌
112	834223	永诚保险	2015－12－28	挂牌
目前已推荐挂牌公司家数		112		
撤回材料及申请被否公司家数		0		
正在挂牌公司家数		112		
已上市公司家数		0		
已被终止挂牌公司家数		0		
推荐定向发行情况				
序号	股份代码	公司名称	发行日期	公司状态
1	430062	中科国信	2012－11－20	发行成功
2	430176	中教股份	2013－9－4	发行成功
3	430597	博安通	2014－7－9	发行成功
4	430642	映翰通	2014－8－7	发行成功
5	430234	翼捷股份	2014－8－8	发行成功
6	831045	科慧科技	2014－8－15	
7	430174	沃捷传媒	2014－8－18	发行成功
8	831056	千叶药包	2014－9－2	发行成功
9	430174	沃捷传媒	2014－9－13	发行成功
10	430726	津宇嘉信	2014－9－30	发行成功
11	830805	德马科技	2014－11－5	发行成功
12	430726	津宇嘉信	2014－11－5	发行成功
13	430633	卡姆医疗	2014－12－2	发行成功
14	430062	中科国信	2014－12－9	发行成功
15	430480	辰维科技	2014－12－19	发行成功
16	831041	兆鋆新材	2014－12－24	发行成功
17	830799	艾融软件	2014－12－31	发行成功
18	430256	卓繁信息	2015－2－4	发行成功
19	430062	中科国信	2015－2－5	发行成功
20	430426	长城软件	2015－3－10	发行成功
21	832168	中科招商	2015－3－20	发行成功
22	832168	中科招商	2015－3－20	发行成功
23	830799	艾融软件	2015－3－27	发行成功
24	831439	中喜生态	2015－3－31	发行成功
25	832231	恒盛环保	2015－4－9	发行成功
26	831276	松科快换	2015－4－15	发行成功
27	831041	兆鋆新材	2015－4－27	
28	831294	中德科技	2015－4－28	发行成功
29	430368	明波通信	2015－4－29	发行成功
30	830898	华人天地	2015－4－29	发行成功
31	430256	卓繁信息	2015－4－29	
32	832168	中科招商	2015－5－14	
33	830898	华人天地	2015－5－26	
34	831521	汉龙科技	2015－6－9	
35	831069	瑞明节能	2015－6－10	
36	831614	合富科技	2015－6－30	
37	832196	秦森园林	2015－7－2	发行失败

38	430646	上海底特	2015－7－2	发行失败
39	832270	骏驰科技	2015－7－3	
40	430368	明波通信	2015－7－3	
41	831938	上海亿格	2015－7－3	
42	831294	中德科技	2015－7－3	
43	831574	富翊装饰	2015－7－6	
44	430176	中教股份	2015－7－7	
45	430426	长城软件	2015－7－13	
46	831041	兆鋆新材	2015－7－15	
47	430174	沃捷传媒	2015－7－24	
48	833171	福建国航	2015－8－3	
49	832168	中科招商	2015－8－4	
50	430156	科曼股份	2015－8－6	
51	430726	津宇嘉信	2015－8－15	
52	831045	科慧科技	2015－8－20	
53	832423	德卡科技	2015－8－21	
54	832586	圣兆药物	2015－8－28	
55	833499	中国康富	2015－9－8	
56	430642	映翰通	2015－9－11	
57	430633	卡姆医疗	2015－9－17	
58	831069	瑞明节能	2015－9－17	
59	831041	兆鋆新材	2015－9－29	
60	831574	富翊装饰	2015－10－15	
61	832760	上海君屹	2015－10－20	
62	833291	森合高科	2015－10－22	
63	430480	辰维科技	2015－11－4	
64	833998	久银控股	2015－11－16	
65	830805	德马科技	2015－11－23	
66	832462	广电计量	2015－11－30	
67	831045	科慧科技	2015－12－1	
68	833336	德生防水	2015－12－1	
69	832973	思亮信息	2015－12－4	
70	833768	上海寰创	2015－12－28	
71	832525	德业变频	2015－12－29	
72	830898	华人天地		
推荐定向发行次数		72		
推荐定向发行成功次数		28		
推荐定向发行失败次数		2		
推荐原代办股份转让系统的两网公司及退市公司挂牌情况				
序号	股份代码	公司名称		
推荐原代办股份转让系统的两网公司及退市公司家数		0		

三、部门设置

经纪业务				
人员	姓名	固定电话	传真	Email
经纪业务联络人	韩成	021－22167079	021－22169884	hancheng@ ebscn. com
经纪业务联络人	李旭东	021－22169261	021－22169884	lixudong@ ebscn. com

推荐业务				
人员	姓名	固定电话	传真	Email
推荐业务联络人	李海军	021－22169188	021－22167184	lihaijun@ ebscn. com
推荐业务联络人	于洁	021－22167134	021－22167184	yujie@ ebscn. com

华泰证券股份有限公司

一、公司简介及概况

公司简介	公司名称	华泰证券股份有限公司				
	成立日期	1991－4－9	法定代表人	周易	总经理	周易
	注册资本（万元）	716,276.88	净资产＊（万元）	3,708,578.46	净资本＊（万元）	1,972,780.9
	注册地址	南京市江东中路228号			营业部家数	245
	办公地址	南京市江东中路228号			邮编	210019
	公司网址	www. htsc. com. cn	电子邮箱	95597@ htsc. com	经营证券业务许可证编号	320000000000192
	注：＊经审计的2012年度净资产和净资本					
	证监会批准从事的证券业务			证券经纪业务，证券自营，证券承销业务（限承销国债、非金融企业债务融资工具、金融债（含政策性金融债）），证券投资咨询，为期货公司提供中间介绍业务，融资融券业务，代销金融产品业务，证券投资基金代销，证券投资基金托管，黄金等贵金属现货合约代理和黄金现货合约自营业务，股票期权做市业务，中国证监会批准的其他业务。（依法须经批准的项目，经相关部门批准后方可开展经营活动）		
	在全国股份转让系统从事的业务种类			经纪业务，推荐业务，做市业务		
公司概况	华泰证券股份有限公司于1991年4月9日成立，是中国证监会首批批准的综合类券商，是全国最早获得创新试点资格的券商之一，于2010年2月26日在上海证券交易所成功挂牌上市交易，股票代码601688。公司旗下控股华泰联合证券有限责任公司、华泰期货有限公司、江苏股权交易中心有限责任公司；全资设立华泰金融控股（香港）有限公司、华泰紫金投资有限责任公司、华泰证券（上海）资产管理有限公司、华泰创新投资有限公司；参股南方基金管理有限公司、华泰柏瑞基金管理有限公司、江苏银行股份有限公司、金浦产业投资基金管理有限公司等。已基本形成集证券、基金、期货、直接投资和海外业务等为一体的、国际化的证券控股集团架构。					

二、业务动态

推荐挂牌情况				
序号	股份代码	公司名称	挂牌日期	公司状态
1	430076	国基科技	2010－12－08	挂牌
2	430077	道隆软件	2010－12－29	挂牌
3	430294	七环电气	2013－08－05	挂牌
4	430299	天津宝恒	2013－08－05	挂牌
5	430607	大树智能	2014－01－24	挂牌
6	430756	科电瑞通	2014－05－30	挂牌
7	830868	建策科技	2014－07－16	挂牌
8	830906	万事达	2014－07－30	挂牌
9	830966	苏北花卉	2014－08－08	挂牌
10	830965	大力电工	2014－08－13	挂牌
11	830984	德邦工程	2014－08－13	挂牌

12	831057	多普泰	2014-08-19	挂牌
13	831518	波长光电	2014-12-16	挂牌
14	831488	华宏医药	2014-12-16	挂牌
15	831671	东方传动	2015-01-22	挂牌
16	831771	天邦涂料	2015-01-22	挂牌
17	832020	恩施商贸	2015-02-16	挂牌
18	832068	苏变电气	2015-03-16	挂牌
19	832217	丰禾支承	2015-04-21	挂牌
20	832625	巴口香	2015-06-17	挂牌
21	832624	全智教育	2015-06-17	挂牌
22	832643	广东华联	2015-06-24	挂牌
23	832659	盛航海运	2015-06-26	挂牌
24	832673	中香农科	2015-07-08	挂牌
25	832735	德源药业	2015-07-14	挂牌
26	832707	国豪股份	2015-07-21	挂牌
27	832784	好样传媒	2015-07-30	挂牌
28	832858	中信科技	2015-07-30	挂牌
29	832853	电旗股份	2015-07-30	挂牌
30	832895	浩瀚股份	2015-07-31	挂牌
31	833179	南京试剂	2015-08-06	挂牌
32	833260	万辰生物	2015-08-18	挂牌
33	833353	南京天梯	2015-08-21	挂牌
34	833296	三希科技	2015-08-21	挂牌
35	833299	久康云	2015-08-21	挂牌
36	833287	海拜科技	2015-08-26	挂牌
37	833401	鸿合智能	2015-08-27	挂牌
38	833040	中凌高科	2015-09-07	挂牌
39	833654	能拓股份	2015-09-29	挂牌
40	833418	中兰环保	2015-09-29	挂牌
41	833560	东南电梯	2015-10-09	挂牌
42	833656	确成硅化	2015-10-12	挂牌
43	833544	绿岩生态	2015-10-14	挂牌
44	833942	祥源新材	2015-11-04	挂牌
45	834290	培诺教育	2015-11-17	挂牌
46	834164	双江股份	2015-11-23	挂牌
47	834406	迪威普	2015-11-25	挂牌
48	834462	欧佩股份	2015-11-27	挂牌
49	834418	好买财富	2015-11-27	挂牌
50	834546	鸿冠信息	2015-12-02	挂牌
51	834542	维欧艾	2015-12-08	挂牌
52	834836	一鸣生物	2015-12-09	挂牌
53	834513	新海生物	2015-12-11	挂牌
54	834702	伊贝股份	2015-12-15	挂牌
55	834987	清睿教育	2015-12-16	挂牌
56	834869	智臻智能	2015-12-17	挂牌
57	835188	景域文化	2015-12-22	挂牌

58	835005	曼荼罗	2015-12-24	挂牌
59	835125	商络电子	2015-12-31	挂牌
60	835374	联帮医疗	2016-01-12	挂牌
61	835272	凯基生物	2016-01-13	挂牌
62	835433	商之都	2016-01-14	挂牌
63	835190	美中双和	2016-01-15	挂牌
目前已推荐挂牌公司家数		63		
撤回材料及申请被否公司家数		0		
正在挂牌公司家数		63		
已上市公司家数		0		
已被终止挂牌公司家数		0		
推荐定向发行情况				
序号	股份代码	公司名称	发行日期	公司状态
1	430077	道隆软件	2012-8-24	发行成功
2	430607	大树智能	2014-8-27	发行成功
3	831488	华宏医药	2015-2-11	发行成功
4	832068	苏变电气	2015-2-11	发行成功
5	830984	德邦工程	2015-4-21	发行成功
6	831488	华宏医药	2015-6-3	发行成功
7	831518	波长光电	2015-6-5	发行成功
8	832735	德源药业	2015-6-30	发行成功
9	833260	万辰生物	2015-8-17	发行成功
10	430076	国基科技	2015-8-19	发行成功
11	833544	绿岩生态	2015-8-31	发行成功
12	833418	中兰环保	2015-9-14	发行成功
13	833418	中兰环保	2015-9-14	发行成功
14	830984	德邦工程	2015-9-25	发行成功
15	430076	国基科技	2015-9-30	发行成功
16	831057	多普泰	2015-10-12	发行成功
17	831488	华宏医药	2015-10-12	发行成功
18	831488	华宏医药	2015-10-12	发行成功
19	430077	道隆软件	2015-10-23	发行成功
20	430077	道隆软件	2015-10-23	发行成功
21	831057	多普泰	2015-11-12	发行成功
22	832659	盛航海运	2015-12-10	发行成功
23	833179	南京试剂	2015-12-10	发行成功
24	833260	万辰生物	2015-12-10	发行成功
25	832853	电旗股份	2015-12-22	发行成功
26	832784	好样传媒	2015-12-24	发行成功
27	831488	华宏医药	2015-12-25	发行成功
28	831518	波长光电	2016-1-19	发行成功
推荐定向发行次数		28		
推荐定向发行成功次数		28		
推荐定向发行失败次数		0		
推荐原代办股份转让系统的两网公司及退市公司挂牌情况				
序号	股份代码	公司名称		
推荐原代办股份转让系统的两网公司及退市公司家数		0		

三、部门设置

经纪业务				
人员	姓名	固定电话	传真	Email
经纪业务联络人	臧民	025－83387004	025－83387337	zangmin@ htsc. com
经纪业务联络人	姚亮	025－83387003	025－83387337	yaoliang@ htsc. com
推荐业务				
人员	姓名	固定电话	传真	Email
推荐业务联络人	张宁	025－83387655	025－83387872	zhangning@ htsc. com
推荐业务联络人	陈胜安	025－83387663	025－83387872	chenshengan@ htsc. com

中信证券股份有限公司

一、公司简介及概况

公司简介	公司名称	中信证券股份有限公司				
	成立日期	1995－10－25	法定代表人	张佑君	总经理	程博明
	注册资本（万元）	1,101,690.84	净资产＊（万元）	8,940,209	净资本＊（万元）	3,479,649
	注册地址	深圳市福田区中心三路8号卓越时代广场（二期）北座			营业部家数	
	办公地址	北京市朝阳区亮马桥路48号中信证券大厦			邮编	100126
	公司网址	www. cs. ecitic. com	电子邮箱	ir@ citics. com	经营证券业务许可证编号	Z20374000
	注：＊经审计的最近年度净资产和净资本					
	证监会批准从事的证券业务			证券经纪；证券投资咨询；与证券交易、证券投资活动有关的财务顾问；证券承销与保荐；证券自营；证券资产管理；融资融券；证券投资基金代销；为期货公司提供中间介绍业务；代销金融产品。		
	在全国股份转让系统从事的业务种类			经纪业务，推荐业务，做市业务		

公司概况

中信证券股份有限公司于1995年10月25日在北京成立。2002年12月13日，经中国证监会核准，中信证券向社会公开发行4亿股普通A股股票，2003年1月6日在上海证券交易所挂牌上市交易，股票简称"中信证券"，股票代码"600030"。2011年10月6日在香港联合交易所上市交易，股票代码为"6030"。2012年6月6日，公司的注册资本正式变更为11,016,908,400.00元。

经中国证监会批准，中信证券开展的业务包括：证券经纪（限山东省、河南省、浙江省、福建省、江西省以外区域）；证券投资咨询；与证券交易、证券投资活动有关的财务顾问；证券承销与保荐；证券自营；证券资产管理；融资融券；证券投资基金代销；为期货公司提供中间介绍业务；代销金融产品。

2013年，中信证券各项主营业务排名继续位居中国证券行业前列。经纪业务合并市场份额6.18%，保持市场第一。投行业务完成股票主承销项目16单，主承销金额人民币543亿元，市场份额10.95%，排名市场第二；完成债券主承销项目141单，主承销金额人民币1595亿元，市场份额4.02%，排名同业第一；完成并购交易项目30单，位居全球财务顾问涉及中国企业参与的交易排行榜单数和金额第一名。资产管理业务管理资产规模人民币5049亿元，排名同业第一。固定收益业务在银行间债券市场的现券交易量继续保持同业第一。融资融券合并业务余额人民币331亿元，市场份额9.64%，排名市场第一。

QFII客户增至110家，客户交易量排名市场第一。约定式购回和股票质押式回购业务规模分别为人民币31亿元和人民币79亿元，均排名第一。2013年3月21日经全国中小企业股份转让系统有限公司核准，中信证券获得了从事全国中小企业股份转让系统推荐业务和经纪业务的资格。

二、业务动态

推荐挂牌情况				
序号	股份代码	公司名称	挂牌日期	公司状态
1	430071	首都在线	2010－08－02	挂牌

2	430326	希文科技	2013－10－22	挂牌
3	430336	皇冠幕墙	2013－11－06	挂牌
4	430337	朗威视讯	2013－11－08	挂牌
5	430555	英派瑞	2014－01－24	挂牌
6	430412	晓沃环保	2014－01－24	挂牌
7	430638	景格科技	2014－02－18	挂牌
8	430748	恒均科技	2014－04－30	挂牌
9	830793	阿拉丁	2014－06－12	挂牌
10	830844	鸿远电气	2014－07－18	挂牌
11	830895	玉成精机	2014－07－25	挂牌
12	830956	润佳股份	2014－08－08	挂牌
13	830987	四平包装	2014－08－12	挂牌
14	830982	中易腾达	2014－08－12	挂牌
15	830991	康盛伟业	2014－08－13	挂牌
16	831091	精冶源	2014－08－18	挂牌
17	831024	中一石科	2014－08－22	挂牌
18	831170	熵能新材	2014－10－09	挂牌
19	831198	博华科技	2014－10－09	挂牌
20	831206	尚恩科技	2014－10－22	挂牌
21	831268	惠丰润滑	2014－11－05	挂牌
22	831269	博凡动力	2014－11－05	挂牌
23	831305	海希通讯	2014－11－11	挂牌
24	831325	迈奇化学	2014－11－12	挂牌
25	831350	展浩电气	2014－11－14	挂牌
26	831607	邦鑫勘测	2015－01－05	挂牌
27	831601	威科姆	2015－01－12	挂牌
28	831788	金龙科技	2015－01－14	挂牌
29	831672	莲池医院	2015－01－16	挂牌
30	831747	中景股份	2015－01－19	挂牌
31	831689	克莱特	2015－01－19	挂牌
32	831701	万龙电气	2015－01－27	挂牌
33	831928	开泰石化	2015－02－03	挂牌
34	831906	舜宇模具	2015－02－04	挂牌
35	831980	正拓能源	2015－02－09	挂牌
36	831946	名洋会展	2015－02－09	挂牌
37	831981	中浩紫云	2015－02－09	挂牌
38	831971	开元物业	2015－02－10	挂牌
39	831969	埃蒙迪	2015－02－11	挂牌
40	831949	捷阳节能	2015－02－17	挂牌
41	831978	金康精工	2015－02－17	挂牌
42	832076	泰鹏环保	2015－03－03	挂牌
43	832062	爱科赛	2015－03－06	挂牌
44	832101	浩亚股份	2015－03－10	挂牌
45	832133	天涌影视	2015－03－10	挂牌
46	832248	安正科技	2015－04－10	挂牌
47	832343	天秦小贷	2015－04－20	挂牌
48	832341	常荣声学	2015－04－20	挂牌
49	832464	科大科技	2015－05－18	挂牌

50	832481	鸿盛科技	2015－05－19	挂牌
51	832547	利策科技	2015－06－02	挂牌
52	832626	预言软件	2015－06－23	挂牌
53	832727	景心科技	2015－07－09	挂牌
54	832715	华信股份	2015－07－15	挂牌
55	832897	回头客	2015－07－22	挂牌
56	832871	地球村	2015－07－24	挂牌
57	833078	捷玛信息	2015－07－30	挂牌
58	833034	兰庆新材	2015－07－31	挂牌
59	833331	爱夫卡	2015－08－13	挂牌
60	833340	奥美森	2015－08－14	挂牌
61	833361	银农科技	2015－08－25	挂牌
62	833425	高华科技	2015－08－28	挂牌
63	833480	红旗民爆	2015－09－01	挂牌
64	833454	同心传动	2015－09－02	挂牌
65	833511	裕田霸力	2015－09－11	挂牌
66	833736	中塑在线	2015－10－08	挂牌
67	833614	翼码科技	2015－10－08	挂牌
68	833639	顺泰农贷	2015－10－09	挂牌
69	833709	和信科贷	2015－10－14	挂牌
70	833800	泰安科技	2015－10－21	挂牌
71	833851	景云祥	2015－10－26	挂牌
72	833960	华发教育	2015－10－27	挂牌
73	833836	盛祥电子	2015－10－27	挂牌
74	833840	永安期货	2015－10－28	挂牌
75	833835	天鸿设计	2015－10－29	挂牌
76	833868	南京证券	2015－10－30	挂牌
77	834049	建科股份	2015－10－30	挂牌
78	834074	锐风科技	2015－11－06	挂牌
79	834097	兆胜科技	2015－11－09	挂牌
80	834156	优蜜移动	2015－11－10	挂牌
81	834069	全通科技	2015－11－10	挂牌
82	834070	盛全物业	2015－11－10	挂牌
83	834356	全雅豪	2015－11－20	挂牌
84	834329	博洋股份	2015－11－24	挂牌
85	833804	康威通信	2015－11－26	挂牌
86	834556	神州商龙	2015－11－30	挂牌
87	834662	赛耐比	2015－12－07	挂牌
88	834823	帝隆科技	2015－12－09	挂牌
89	834864	万马科技	2015－12－09	挂牌
90	834878	华尊科技	2015－12－10	挂牌
91	834948	晨泰科技	2015－12－11	挂牌
92	834860	广大航服	2015－12－14	挂牌
93	834968	玄武科技	2015－12－17	挂牌
94	834917	苏立电热	2015－12－21	挂牌
95	834492	凯莱特	2015－12－22	挂牌
96	834850	AEM 科技	2015－12－22	挂牌
97	835067	墨麟股份	2015－12－23	挂牌

98	835090	上富股份	2015－12－23	挂牌
99	835281	翰林汇	2015－12－29	挂牌
100	835146	同欣机械	2015－12－29	挂牌
101	835533	国信股份	2016－01－12	挂牌
102	835490	易司拓	2016－01－15	挂牌
103	835319	康安租赁	2016－01－19	挂牌
104	835603	嵩湖环保	2016－01－19	挂牌
105	835337	华龙证券	2016－01－21	挂牌
106	835687	西普数据	2016－01－22	挂牌
107	835713	天阳科技	2016－01－25	挂牌
108	835680	西部宝德	2016－01－28	挂牌
109	835778	安明斯	2016－01－29	挂牌
目前已推荐挂牌公司家数		109		
撤回材料及申请被否公司家数		0		
正在挂牌公司家数		109		
已上市公司家数		0		
已被终止挂牌公司家数		0		
推荐定向发行情况				
序号	股份代码	公司名称	发行日期	公司状态
1	430071	首都在线	2011－9－1	发行成功
2	430071	首都在线	2012－11－1	发行成功
3	430071	首都在线	2013－9－5	发行成功
4	430555	英派瑞	2014－1－24	发行成功
5	430336	皇冠幕墙	2014－3－28	发行成功
6	430071	首都在线	2014－4－18	发行成功
7	430336	皇冠幕墙	2014－7－25	发行成功
8	430412	晓沃环保	2014－8－11	发行成功
9	430748	恒均科技	2014－8－14	发行成功
10	430071	首都在线	2014－11－20	发行成功
11	430748	恒均科技	2015－1－22	发行成功
12	830793	阿拉丁	2015－1－26	发行成功
13	430011	指南针	2015－3－17	发行成功
14	831091	精冶源	2015－4－16	发行成功
15	830844	鸿远电气	2015－4－23	发行成功
16	831672	莲池医院	2015－4－30	发行成功
17	831170	熵能新材	2015－5－14	发行成功
18	832464	科大科技	2015－5－18	发行成功
19	831672	莲池医院	2015－5－19	发行成功
20	831672	莲池医院	2015－5－19	发行成功
21	430555	英派瑞	2015－5－28	发行成功
22	830793	阿拉丁	2015－5－28	发行成功
23	830793	阿拉丁	2015－5－28	发行成功
24	430555	英派瑞	2015－6－18	发行成功
25	831981	中浩紫云	2015－6－24	发行成功
26	430555	英派瑞	2015－7－9	发行成功
27	832062	爱科赛	2015－8－11	发行成功
28	832101	浩亚股份	2015－8－14	发行成功

29	832076	泰鹏环保	2015-8-14	发行成功
30	831969	埃蒙迪	2015-8-14	发行成功
31	832248	安正科技	2015-8-19	发行成功
32	830982	中易腾达	2015-8-26	发行成功
33	832133	天涌影视	2015-9-1	发行成功
34	831601	威科姆	2015-9-2	发行成功
35	430555	英派瑞	2015-9-8	发行成功
36	831969	埃蒙迪	2015-9-8	发行成功
37	831949	捷阳节能	2015-9-16	发行成功
38	430071	首都在线	2015-10-21	发行成功
39	833800	泰安科技	2015-10-21	发行成功
40	833868	南京证券	2015-10-30	发行成功
41	831906	舜宇模具	2015-11-3	发行成功
42	831701	万龙电气	2015-11-5	发行成功
43	832248	安正科技	2015-11-6	发行成功
44	834156	优蜜移动	2015-11-10	发行成功
45	831971	开元物业	2015-12-18	发行成功
46	834850	AEM 科技	2015-12-22	发行成功
47	830793	阿拉丁	2015-12-22	发行成功
48	430638	景格科技	2015-12-22	发行成功
49	831672	莲池医院	2015-12-24	发行成功
50	833454	同心传动	2015-12-28	发行成功
51	430011	指南针	2015-12-31	发行成功
52	831928	开泰石化	2016-1-11	发行成功
53	833840	永安期货	2016-1-13	发行成功
54	832464	科大科技	2016-1-18	发行成功
55	833361	银农科技	2016-1-19	发行成功
56	835713	天阳科技	2016-1-20	发行成功
57	831906	舜宇模具	2016-2-1	发行成功
推荐定向发行次数		57		
推荐定向发行成功次数		57		
推荐定向发行失败次数		0		
推荐原代办股份转让系统的两网公司及退市公司挂牌情况				
序号	股份代码	公司名称		
1	400061	中国长江航运集团南京油运股份有限公司		
推荐原代办股份转让系统的两网公司及退市公司家数		1		

三、部门设置

经纪业务				
人员	姓名	固定电话	传真	Email
经纪业务联络人	凌福博	010-60833784	010-60833739	lingfubo@ citics. com
经纪业务联络人	刘维峰	010-60833712	010-60833739	liuwf@ citics. com
推荐业务				
人员	姓名	固定电话	传真	Email
推荐业务联络人	王洋	010-60838051		wangyang@ citics. com

东海证券股份有限公司

一、公司简介及概况

<table>
<tr><td rowspan="9">公司简介</td><td>公司名称</td><td colspan="5">东海证券股份有限公司</td></tr>
<tr><td>成立日期</td><td>1993－1－16</td><td>法定代表人</td><td>朱科敏</td><td>总经理</td><td>刘化军</td></tr>
<tr><td>注册资本（万元）</td><td>167,000.00</td><td>净资产*（万元）</td><td>640,973.99</td><td>净资本*（万元）</td><td>356,624.45</td></tr>
<tr><td>注册地址</td><td colspan="3">江苏省常州市延陵西路23号投资广场18层</td><td>营业部家数</td><td>63</td></tr>
<tr><td>办公地址</td><td colspan="3">江苏省常州市延陵西路23号投资广场18层</td><td>邮编</td><td>213003</td></tr>
<tr><td>公司网址</td><td>www.longone.com.cn</td><td>电子邮箱</td><td>jinj@longone.com.cn</td><td>经营证券业务许可证编号</td><td>Z23432000</td></tr>
<tr><td colspan="6">注：*经审计的2012年度净资产和净资本</td></tr>
<tr><td colspan="3">证监会批准从事的证券业务</td><td colspan="3">证券经纪；证券投资咨询；与证券交易、证券投资活动有关的财务顾问；证券承销与保荐；证券自营；证券资产管理；证券投资基金代销；为期货公司提供中间介绍业务；融资融券业务；代销金融产品业务。</td></tr>
<tr><td colspan="3">在全国股份转让系统从事的业务种类</td><td colspan="3">经纪业务，推荐业务，做市业务</td></tr>
<tr><td>公司概况</td><td colspan="6">东海证券有限责任公司的前身为常州市证券公司，系经中国人民银行银复〔1992〕362号文批准，于1993年1月16日成立，成立时注册资本为人民币3,000万元。1998年，经中国证监会证监机字〔1998〕36号文批准，原常州市证券公司注册资本增加至8,000万元，同时更名为“常州证券有限责任公司”。2003年，经中国证监会证监机构字〔2003〕65号文批准，原常州证券有限责任公司注册资本从8,000万元增至101,000万元，同时更名为“东海证券有限责任公司”，并于2003年5月19日完成了工商变更登记。2008年，经中国证监会证监许可〔2008〕866号文批准，公司注册资本由101,000万元变更为167,000万元，并于2008年9月12日完成了工商变更登记。2013年，经中国证监会《关于核准东海证券有限责任公司变更为股份有限公司的批复》（证监许可〔2013〕622号），公司变更为股份有限公司。</td></tr>
</table>

二、业务动态

推荐挂牌情况				
序号	股份代码	公司名称	挂牌日期	公司状态
1	430048	建设数字	2009－02－18	挂牌
2	430082	博雅英杰	2011－03－18	挂牌
3	430305	维珍创意	2013－08－16	挂牌
4	430313	国创富盛	2013－08－16	挂牌
5	430438	星弧涂层	2014－01－24	挂牌
6	430659	江苏铁发	2014－03－28	挂牌
7	430740	中天超硬	2014－05－06	挂牌
8	830857	金冠科技	2014－07－11	挂牌
9	831122	永信科技	2014－08－29	挂牌
10	831549	高新凯特	2014－12－30	挂牌
11	831677	有福科技	2015－01－08	挂牌
12	831737	地浦科技	2015－01－13	挂牌
13	831872	宏微科技	2015－01－27	挂牌
14	831869	东南药业	2015－01－27	挂牌
15	831941	兴荣高科	2015－02－16	挂牌
16	832041	中兴通科	2015－02－27	挂牌
17	832194	蔚联股份	2015－03－31	挂牌
18	832429	朗恩斯	2015－05－06	挂牌
19	832484	金晋农牧	2015－05－18	挂牌

20	832487	汉得利	2015－05－19	挂牌
21	833395	帕卓管路	2015－08－26	挂牌
22	833501	新虹伟	2015－09－07	挂牌
23	833542	达菲特	2015－09－14	挂牌
24	833583	华盛科技	2015－09－15	挂牌
25	833958	顶固家居	2015－10－21	挂牌
26	833931	华通股份	2015－10－26	挂牌
27	833996	花集网	2015－10－29	挂牌
28	834279	科威环保	2015－11－12	挂牌
29	834228	田缘网络	2015－11－12	挂牌
30	834450	兴农环保	2015－11－23	挂牌
31	834597	颗豆互动	2015－11－30	挂牌
32	834558	口岸旅游	2015－11－30	挂牌
33	834641	中广影视	2015－12－02	挂牌
34	834685	先锋机械	2015－12－04	挂牌
35	834775	华成保险	2015－12－04	挂牌
36	834738	民祥医药	2015－12－09	挂牌
37	834842	光彩传媒	2015－12－11	挂牌
38	834589	洁特生物	2015－12－14	挂牌
39	834910	游酷网络	2015－12－15	挂牌
40	835096	英多智能	2015－12－22	挂牌
41	835018	中天股份	2015－12－23	挂牌
42	834684	聚合科技	2015－12－24	挂牌
43	835310	洁利康	2015－12－30	挂牌
44	835345	泓升股份	2016－01－05	挂牌
45	835375	华福环境	2016－01－06	挂牌
目前已推荐挂牌公司家数		45		
撤回材料及申请被否公司家数		0		
正在挂牌公司家数		45		
已上市公司家数		0		
已被终止挂牌公司家数		0		
推荐定向发行情况				
序号	股份代码	公司名称	发行日期	公司状态
1	430305	维珍创意	2014－8－20	发行成功
2	430740	中天超硬	2014－12－12	发行成功
3	430305	维珍创意	2015－2－16	发行成功
4	430305	维珍创意	2015－2－16	发行成功
5	430082	博雅英杰	2015－5－20	发行成功
6	831737	地浦科技	2015－6－16	发行成功
7	831677	有福科技	2015－6－30	发行成功
8	831122	永信科技	2015－8－21	发行成功
9	430740	中天超硬	2015－8－21	发行成功
10	832041	中兴通科	2015－8－31	发行成功
11	831737	地浦科技	2015－9－11	发行成功
12	831677	有福科技	2015－11－27	发行成功
13	831869	东南药业	2015－11－30	发行成功
14	430016	胜龙科技	2015－12－7	发行成功
推荐定向发行次数		14		
推荐定向发行成功次数		14		

推荐定向发行失败次数		0
推荐原代办股份转让系统的两网公司及退市公司挂牌情况		
序号	股份代码	公司名称
1	400056	衡阳市金荔科技农业股份有限公司
推荐原代办股份转让系统的两网公司及退市公司家数		1

三、部门设置

经纪业务				
人员	姓名	固定电话	传真	Email
经纪业务联络人	郭晓楚	021 – 20333365	021 – 58202343	gxc@ longone. com. cn
经纪业务联络人	罗增	021 – 20333367	021 – 58202343	luoz@ longone. com. cn
推荐业务				
人员	姓名	固定电话	传真	Email
推荐业务联络人	蒋鸣	021 – 20333401	021 – 58202343	jming@ longone. com. cn
推荐业务联络人	赵妍敏	021 – 20333744	021 – 58202343	zhaoyanmin@ longone. com. cn

国元证券股份有限公司

一、公司简介及概况

公司简介	公司名称	国元证券股份有限公司				
	成立日期	1997 – 6 – 6	法定代表人	蔡咏	总经理	俞仕新
	注册资本（万元）	196,410	净资产＊（万元）	1,745,978.25	净资本＊（万元）	926,525.11
	注册地址	安徽省合肥市梅山路 18 号			营业部家数	93
	办公地址	安徽省合肥市梅山路 18 号			邮编	230022
	公司网址	www. gyzq. com. cn	电子邮箱	dshbgs@ gyzq. com. cn	经营证券业务许可证编号	Z23834000
	注：＊经审计的最近年度净资产和净资本					
	证监会批准从事的证券业务			证券经纪；证券投资咨询；与证券交易、证券投资活动有关的财务顾问；证券承销与保荐；证券自营；证券资产管理；证券投资基金代销；融资融券；为期货公司提供中间介绍业务；代销金融产品；保险兼业代理业务。		
	在全国股份转让系统从事的业务种类			经纪业务，推荐业务，做市业务		
公司概况	国元证券股份有限公司是 2001 年 10 月经中国证监会批准成立的综合类证券公司，注册资本 19.641 亿元。2007 年在深交所成功上市，成为国内第五家上市证券公司，股票代码 000728。2009 年 10 月，公司成功增发 5 亿 A 股，募集资金 99 亿元，2013 年 7 月，公司成功发行 50 亿元公司债券，极大地增强了资本实力，公司净资本、净资产实力居行业前列。 公司拥有证券经纪、证券承销与保荐、证券自营、证券资产管理、证券投资咨询、证券投资基金代销、融资融券、为期货公司提供中间介绍等业务资格。同时，公司具备全国银行间债券市场和同业拆借市场成员资格、短期融资券承销业务资格、全国中小企业股份转让系统主办券商业务资格等。公司先后获得融资融券、质押式报价回购、转融通、新三板做市商、沪港通、柜台市场试点、互联网证券、客户资金消费支付服务、个股期权、私募基金综合托管等多项业务资格，基本涵盖市场上现有的所有创新业务种类。 截至 2015 年 7 月末，国元证券拥有 107 家证券、期货经营网点（包括在建营业部），下设北京、上海、深圳、青岛、重庆、芜湖、武汉（筹）、郑州（筹）八家区域分公司。公司全资拥有国元证券（香港）有限公司、国元期货有限公司、国元股权投资有限公司和国元创新投资有限公司，控股长盛基金管理有限公司、安徽安元投资基金有限公司和安徽安元投资基金管理有限公司，参股安徽省股权托管交易中心、中证资本市场发展监测中心公司、证通股份公司和徽商银行。其中，徽商银行已于 2013 年 11 月在香港联交所主板成功上市。						

公司概况	公司是一家业务资质全面、资产质量优良、综合实力较强的上市证券服务商，在国内具有较强品牌和市场影响力。在发展过程中，公司获得安徽省政府、监管机构和社会各界的奖项累计达百余项。 公司始终遵循"法制、监管、自律、规范"的八字方针，弘扬"团结、敬业、求实、创新"的企业精神，秉承"诚信为本、规范运作、客户至上、优质高效"的经营理念，按照现代金融企业"资本充足、业务完备、内控严密、运营安全、管理高效、服务优质完美、创新能力强"的基本要求，切实提高核心竞争力和持续发展能力，致力为客户投融资提供综合金融服务，坚持服务地方经济建设和发展，努力将公司打造成具有综合竞争实力和服务能力的金融服务机构，打造成让投资者放心的上市证券公司。

二、业务动态

推荐挂牌情况				
序号	股份代码	公司名称	挂牌日期	公司状态
1	430236	美兰股份	2013－07－02	挂牌
2	430600	徽电科技	2014－01－24	挂牌
3	430478	禾益化学	2014－01－24	挂牌
4	430625	联创种业	2014－01－24	挂牌
5	430459	华艺园林	2014－01－24	挂牌
6	430370	谢裕大	2014－01－24	挂牌
7	430477	盛力科技	2014－01－24	挂牌
8	430489	佳先股份	2014－02－17	挂牌
9	430670	东芯通信	2014－03－28	挂牌
10	830807	恒瑞能源	2014－06－18	挂牌
11	831204	汇通控股	2014－10－20	挂牌
12	831219	詹氏食品	2014－10－21	挂牌
13	831228	夏阳检测	2014－10－23	挂牌
14	831260	东方碾磨	2014－11－04	挂牌
15	831457	祥龙钻探	2014－12－09	挂牌
16	831654	嘉智信诺	2015－01－06	挂牌
17	831719	菱湖漆	2015－01－14	挂牌
18	831856	浩淼科技	2015－01－27	挂牌
19	831875	岳塑股份	2015－01－29	挂牌
20	831945	安泽电工	2015－02－27	挂牌
21	832000	安徽凤凰	2015－03－06	挂牌
22	832250	铜都流体	2015－04－07	挂牌
23	832180	绿洲森工	2015－04－08	挂牌
24	832263	淮河化工	2015－04－08	挂牌
25	832388	龙磁科技	2015－05－05	挂牌
26	832475	欣欣饲料	2015－05－22	挂牌
27	832554	晨光精工	2015－06－05	挂牌
28	832582	众源新材	2015－06－11	挂牌
29	832622	天鹅家纺	2015－06－19	挂牌
30	830821	雪郎生物	2015－06－23	挂牌
31	832865	天膜科技	2015－07－21	挂牌
32	830904	博思特	2015－07－29	挂牌
33	833185	富煌科技	2015－08－06	挂牌
34	833337	利德包装	2015－08－19	挂牌
35	833380	起航股份	2015－08－25	挂牌
36	833816	志成股份	2015－10－14	挂牌
37	833761	科顺防水	2015－10－15	挂牌
38	833843	正新农贷	2015－10－20	挂牌
目前已推荐挂牌公司家数		38		

撤回材料及申请被否公司家数		0		
正在挂牌公司家数		38		
已上市公司家数		0		
已被终止挂牌公司家数		0		
推荐定向发行情况				
序号	股份代码	公司名称	发行日期	公司状态
1	430489	佳先股份	2014－2－17	发行成功
2	430489	佳先股份	2014－2－17	发行成功
3	430670	东芯通信	2014－6－26	发行成功
4	430670	东芯通信	2014－7－25	发行成功
5	830807	恒瑞能源	2014－10－27	发行成功
6	830821	雪郎生物	2014－12－18	发行成功
7	830821	雪郎生物	2014－12－18	发行成功
8	430236	美兰股份	2015－2－11	发行成功
9	430236	美兰股份	2015－2－11	发行成功
10	430625	联创种业	2015－3－20	发行成功
11	430670	东芯通信	2015－4－21	发行成功
12	430600	徽电科技	2015－4－28	发行成功
13	430600	徽电科技	2015－4－28	发行成功
14	430236	美兰股份	2015－4－29	发行成功
15	430236	美兰股份	2015－4－29	发行成功
16	430478	禾益化学	2015－5－6	发行成功
17	430459	华艺园林	2015－5－8	发行成功
18	831945	安泽电工	2015－5－8	发行成功
19	430459	华艺园林	2015－5－13	发行成功
20	430670	东芯通信	2015－5－19	发行成功
21	830807	恒瑞能源	2015－5－21	发行成功
22	832180	绿洲森工	2015－5－25	发行成功
23	430670	东芯通信	2015－5－25	发行成功
24	430625	联创种业	2015－5－29	发行成功
25	831204	汇通控股	2015－6－2	发行成功
26	831228	夏阳检测	2015－6－2	发行成功
27	831228	夏阳检测	2015－6－2	发行成功
28	831204	汇通控股	2015－6－2	发行成功
29	830807	恒瑞能源	2015－6－5	发行成功
30	430478	禾益化学	2015－6－12	发行成功
31	430236	美兰股份	2015－6－15	发行成功
32	430236	美兰股份	2015－6－15	发行成功
33	832000	安徽凤凰	2015－6－16	发行成功
34	831945	安泽电工	2015－6－23	发行成功
35	430478	禾益化学	2015－6－26	发行成功
36	831260	东方碾磨	2015－7－3	发行成功
37	831260	东方碾磨	2015－7－3	发行成功
38	832180	绿洲森工	2015－7－6	发行成功
39	430670	东芯通信	2015－7－7	发行成功
40	831856	浩森科技	2015－7－15	发行成功
41	831945	安泽电工	2015－7－20	发行成功
42	830821	雪郎生物	2015－8－18	发行成功
43	832582	众源新材	2015－9－7	发行成功
44	831260	东方碾磨	2015－9－17	发行成功

45	831228	夏阳检测	2015－9－18	发行成功
46	831654	嘉智信诺	2015－9－28	发行成功
47	430600	徽电科技	2015－9－30	发行成功
48	830904	博思特	2015－10－13	发行成功
49	831719	菱湖漆	2015－10－20	发行成功
推荐定向发行次数		49		
推荐定向发行成功次数		49		
推荐定向发行失败次数		0		
推荐原代办股份转让系统的两网公司及退市公司挂牌情况				
序号	股份代码	公司名称		
推荐原代办股份转让系统的两网公司及退市公司家数		0		

三、部门设置

经纪业务				
人员	姓名	固定电话	传真	Email
经纪业务联络人	汪鹏飞	0551－68167250	0551－62207217	wangpengfei@ gyzq. com. cn
经纪业务联络人	郑伟	0551－68167364	0551－62207217	zhengwei@ gyzq. com. cn
推荐业务				
人员	姓名	固定电话	传真	Email
推荐业务联络人	吴道稳	0551－68167375	0551－62696512	wudaowen@ gyzq. com. cn
推荐业务联络人	潘洁	0551－62207930	0551－62696512	panjie@ gyzq. com. cn

东方证券股份有限公司

一、公司简介及概况

公司简介	公司名称	东方证券股份有限公司				
	成立日期	1998－3－9	法定代表人	潘鑫军	总经理	金文忠
	注册资本（万元）	428,174.29	净资产＊（万元）	1,549,259.38	净资本＊（万元）	1,118,816.89
	注册地址	上海市中山南路318号2号楼22层、23层、25层—29层			营业部家数	68
	办公地址	上海市中山南路318号2号楼21层、22层、23层、25层—29层、32层、36层、39层、40层			邮编	200010
	公司网址	www. dfzq. com. cn	电子邮箱	dfzq@ orientsec. com. cn	经营证券业务许可证编号	10160000
	注：＊经审计的最近年度净资产和净资本					
	证监会批准从事的证券业务			证券经纪；证券投资咨询；与证券交易、证券投资活动有关的财务顾问；证券承销（限国债、政策性银行金融债、短期融资券及中期票据）；证券自营；融资融券；证券投资基金代销；为期货公司提供中间介绍业务；代销金融产品。		
	在全国股份转让系统从事的业务种类			经纪业务，做市业务		
公司概况	公司是一家经中国证券监督管理委员会批准的综合类证券公司，前身是成立于1998年3月的东方证券有限责任公司，公司现有注册资本金为42.82亿元人民币。公司业务范围齐全，涵盖了证券承销、自营买卖、交易代理、投资咨询、财务顾问、企业并购、股权直投、基金管理、资产管理、期货交易和融资融券等众多领域。 公司以上海为总部所在地，截至2013年末，在上海、北京、天津等20多个城市设有68家分支机构，形成了依托上海、立足中心城市、辐射全国的大型证券公司的经营网络。公司拥有上海东证期货有限公司、上海东方证券资本投资有限公司、东方金融控股（香港）有限公司、上海东方证券资产管理有限公司、上海东方证券创新投资有限公司、东方花旗证券有限公司等6家全资及控股子公司。					

二、业务动态

推荐挂牌情况				
序号	股份代码	公司名称	挂牌日期	公司状态
目前已推荐挂牌公司家数		0		
撤回材料及申请被否公司家数		0		
正在挂牌公司家数		0		
已上市公司家数		0		
已被终止挂牌公司家数		0		
推荐定向发行情况				
序号	股份代码	公司名称	发行日期	公司状态
推荐定向发行次数		0		
推荐定向发行成功次数		0		
推荐定向发行失败次数		0		
推荐原代办股份转让系统的两网公司及退市公司挂牌情况				
序号	股份代码	公司名称		
推荐原代办股份转让系统的两网公司及退市公司家数		0		

三、部门设置

经纪业务				
人员	姓名	固定电话	传真	Email
经纪业务联络人	丛梦宇	63326283		congmengyu@ orientsec. com. cn
推荐业务				
人员	姓名	固定电话	传真	Email
推荐业务联络人	陈则奚	021 – 23153775		

平安证券有限责任公司

一、公司简介及概况

公司简介	公司名称	平安证券有限责任公司				
	成立日期	1996 – 7 – 1	法定代表人	谢永林	总经理	
	注册资本（万元）	550,000	净资产*（万元）	863,243	净资本*（万元）	606,088
	注册地址	广东省深圳市福田中心区金田路4036号荣超大厦16 – 20层			营业部家数	44
	办公地址	广东省深圳市福田中心区金田路4036号荣超大厦17层			邮编	518048
	公司网址	www. stock. pingan. com	电子邮箱	pazq@ pingan. com. cn	经营证券业务许可证编号	Z27574000
	注：*经审计的最近年度净资产和净资本					
	证监会批准从事的证券业务			证券经纪；证券投资咨询；与证券交易、证券投资活动有关的财务顾问；证券承销与保荐；证券自营；证券资产管理；证券投资基金代销；为期货公司提供中间介绍业务；融资融券业务；代销金融产品。		
	在全国股份转让系统从事的业务种类			经纪业务，推荐业务		

公司概况	平安证券有限责任公司是中国平安(保险)集团股份有限公司旗下重要成员,前身为1991年8月创立的平安保险证券业务部,目前拥有平安财智投资管理有限公司,平安期货有限公司、中国平安证券(香港)有限公司,平安磐海资本有限责任公司共四家子公司。凭借平安集团雄厚的资金、品牌和客户优势,秉承"稳中思变,务实创新"的经营理念,公司建立了完善的合规和风险控制体系,各项业务均保持稳健增长,成为全国综合性主流券商之一。 截至2012年12月31日,公司净资产85.5亿元,总资产323.3亿元。2013年4月,公司注册资本增加到55亿元。公司拥有齐全的证券业务牌照,经营范围涵盖:证券经纪;证券投资咨询;与证券交易、证券投资活动有关的财务顾问;证券承销与保荐;证券自营;证券资产管理;证券投资基金代销;为期货公司提供中间介绍业务;融资融券业务;代销金融产品。

二、业务动态

推荐挂牌情况				
序号	股份代码	公司名称	挂牌日期	公司状态
1	430014	恒业世纪	2007-06-15	挂牌
2	430605	阿科力	2014-01-24	挂牌
3	430760	奥新科技	2014-05-30	挂牌
4	830771	华灿电讯	2014-06-03	挂牌
5	830778	博思堂	2014-06-04	挂牌
6	430762	荣昌育种	2014-07-17	挂牌
7	830928	康定电子	2014-08-05	挂牌
8	830980	日懋园林	2014-08-12	挂牌
目前已推荐挂牌公司家数		8		
撤回材料及申请被否公司家数		0		
正在挂牌公司家数		8		
已上市公司家数		0		
已被终止挂牌公司家数		0		
推荐定向发行情况				
序号	股份代码	公司名称	发行日期	公司状态
1	430014	恒业世纪	2008-8-21	发行成功
2	430014	恒业世纪	2008-8-21	发行失败
推荐定向发行次数		2		
推荐定向发行成功次数		1		
推荐定向发行失败次数		1		
推荐原代办股份转让系统的两网公司及退市公司挂牌情况				
序号	股份代码	公司名称		
推荐原代办股份转让系统的两网公司及退市公司家数		0		

三、部门设置

经纪业务				
人员	姓名	固定电话	传真	Email
经纪业务联络人	林文斌	0755-22626697	0755-82400862	Linwenbin940@pingan.com.cn
经纪业务联络人	房师杰	0755-22627791	0755-82400862	Fangshijie002@pingan.com.cn
推荐业务				
人员	姓名	固定电话	传真	Email
推荐业务联络人	杨家聪	0755-22621321	0755-82400862	YANGJIACONG001@pingan.com.cn
推荐业务联络人	白杰	010-59734911	0755-82400862	baijie778@pingan.com.cn

中银国际证券有限责任公司

一、公司简介及概况

公司简介	公司名称	中银国际证券有限责任公司				
	成立日期	2002－2－28	法定代表人	钱卫	总经理	宁敏
	注册资本（万元）	250,000	净资产＊（万元）	742,134.24	净资本＊（万元）	742,134.24
	注册地址	上海市浦东银城中路200号中银大厦39层			营业部家数	54
	办公地址	上海市浦东新区银城中路200号中银大厦39、40、41层			邮编	200120
	公司网址	www.bocichina.com	电子邮箱	AdminDiv.China@bocichina.com	经营证券业务许可证编号	13190000
	注：＊经审计的最近年度净资产和净资本					
	证监会批准从事的证券业务			证券经纪；证券投资咨询；与证券交易；证券投资活动有关的财务顾问；证券承销与保荐；证券自营；证券资产管理；证券投资基金代销；融资融券；代销金融产品。		
	在全国股份转让系统从事的业务种类			经纪业务，推荐业务，做市业务		
公司概况	中银国际证券有限责任公司经中国证监会于2002年2月28日在上海成立，注册资本19.79亿元人民币。中银国际证券由中银国际控股有限公司、中国石油天然气集团公司、上海金融发展投资基金（有限合伙）、北京联想科技投资有限公司、云南省投资控股集团有限公司、江西铜业股份有限公司等12家公司共同投资。 中银国际证券的经营范围包括：证券经纪、证券投资咨询、与证券交易、证券投资活动有关的财务顾问、证券承销与保荐、证券自营、证券资产管理、证券投资基金代销、融资融券、代销金融产品。中银国际证券还通过全资子公司中银国际期货有限责任公司和中银国际投资有限责任公司分别从事期货业务和直接投资业务。					

二、业务动态

推荐挂牌情况				
序号	股份代码	公司名称	挂牌日期	公司状态
1	430272	世富环保	2013－08－08	挂牌
2	830819	致生联发	2014－06－24	挂牌
3	831047	深远石油	2014－08－19	挂牌
4	831094	光大灵曦	2014－08－19	挂牌
5	831082	汇鑫嘉德	2014－09－19	挂牌
6	831417	峻岭能源	2014－12－04	挂牌
7	832090	时代装饰	2015－03－17	挂牌
8	832170	德毅科技	2015－03－19	挂牌
9	832284	贝达化工	2015－04－14	挂牌
10	832473	欧泰科	2015－05－15	挂牌
11	832406	众力德邦	2015－05－21	挂牌
12	832516	罗曼新材	2015－05－27	挂牌
13	832499	天海流体	2015－05－27	挂牌
14	832958	艾芬达	2015－07－28	挂牌
15	832988	力软科技	2015－07－28	挂牌
16	833045	禾健股份	2015－07－29	挂牌
17	833019	天下书盟	2015－07－29	挂牌
18	833018	海清源	2015－07－30	挂牌
19	832961	铜官府	2015－07－30	挂牌
20	833163	齐顺科技	2015－08－06	挂牌
目前已推荐挂牌公司家数		20		

撤回材料及申请被否公司家数		0		
正在挂牌公司家数		20		
已上市公司家数		0		
已被终止挂牌公司家数		0		
推荐定向发行情况				
序号	股份代码	公司名称	发行日期	公司状态
1	430272	世富环保	2014－5－9	发行成功
2	830819	致生联发	2014－6－24	发行成功
3	831047	深远石油	2015－6－4	发行成功
4	830819	致生联发	2015－6－12	发行成功
5	831094	光大灵曦	2015－6－16	发行成功
6	832090	时代装饰	2015－7－13	发行成功
7	832090	时代装饰	2015－8－7	发行成功
8	832090	时代装饰	2015－8－7	发行成功
推荐定向发行次数		8		
推荐定向发行成功次数		8		
推荐定向发行失败次数		0		
推荐原代办股份转让系统的两网公司及退市公司挂牌情况				
序号	股份代码	公司名称		
推荐原代办股份转让系统的两网公司及退市公司家数		0		

三、部门设置

经纪业务				
人员	姓名	固定电话	传真	Email
经纪业务联络人	陆咏梅	021－20328312	021－50372474	yongmei. lu@ bocichina. com
推荐业务				
人员	姓名	固定电话	传真	Email
推荐业务联络人	狄旻	021－20328722	021－50372721	min. di@ bocichina. com
推荐业务联络人	杨娇	021－20328670	021－50372721	jiao. yang@ bocichina. com

上海证券有限责任公司

一、公司简介及概况

公司简介	公司名称	上海证券有限责任公司				
	成立日期	2001－4－27	法定代表人	李俊杰	总经理	李俊杰
	注册资本（万元）	261,000	净资产＊（万元）	498,340.52	净资本＊（万元）	461,851.92
	注册地址	海市黄浦区四川中路213号7楼			营业部家数	56
	办公地址	海市黄浦区四川中路213号7楼			邮编	200001
	公司网址	www. shzq. com	电子邮箱	Shzq@ shzq. com	经营证券业务许可证编号	Z22931000
	注：＊经审计的最近年度净资产和净资本					
	证监会批准从事的证券业务			证券经纪；证券投资咨询；与证券交易、证券投资活动有关的财务顾问；证券（不含股票、上市公司发行的公司债券）承销；证券自营；证券资产管理；证券投资基金代销；为期货公司提供中间介绍业务；融资融券业务；代销金融产品业务。		
	在全国股份转让系统从事的业务种类			经纪业务，推荐业务，做市业务		

公司概况	上海证券有限责任公司(以下简称“公司”)成立于2001年5月,注册资本金26.1亿元人民币,股东单位为国泰君安证券股份有限公司、上海国际集团有限公司和上海国际信托有限公司。公司是首批全国创新类证券公司之一。 公司现拥有各类专业人员1000余人,营业网点56家,已形成以上海为中心,北京、深圳、重庆、温州、南京、杭州等发达城市为主体的经营网络。公司资产质量优良,业务资格齐备。公司下属现有海际证券有限责任公司和海证期货有限公司两家子公司。 公司于2007年正式受让中富证券有限责任公司证券类资产,实现了公司业务在地域和规模上的快速扩张,进一步推动了公司的战略发展。公司成立以来,秉承“诚信、专业”的核心价值观,以诚信经营为根本,以专业服务为中心;规范运作、稳健务实、开拓进取、和谐创新;立足上海,服务全国,在市场上树立了良好的企业形象。公司将致力于打造自身经营品牌,走现代金融企业的可持续发展道路,不断做强做大,努力成为国内一流的券商。

二、业务动态

推荐挂牌情况				
序号	股份代码	公司名称	挂牌日期	公司状态
1	430027	北科光大	2008-02-18	挂牌
2	430029	金泰得	2008-06-20	挂牌
3	430030	安控科技	2008-08-20	已上市
4	430033	彩讯科技	2008-10-28	挂牌
5	430064	金山顶尖	2010-03-17	挂牌
6	430094	确安科技	2011-07-18	挂牌
7	430139	华岭股份	2012-09-07	挂牌
8	430168	博维仕	2012-12-06	挂牌
9	430214	建中医疗	2013-05-17	挂牌
10	430360	竹邦能源	2013-12-25	挂牌
11	430517	新吉纳	2014-01-24	挂牌
12	430519	博控科技	2014-01-24	挂牌
13	430511	远大股份	2014-01-24	挂牌
14	430512	芯朋微	2014-01-24	挂牌
15	430695	浩海科技	2014-04-11	挂牌
16	430704	同智伟业	2014-04-22	挂牌
17	830874	金田元丰	2014-07-21	挂牌
18	830883	联桥新材	2014-07-28	挂牌
19	831040	优波科	2014-08-20	挂牌
20	831146	建科节能	2014-09-19	挂牌
21	831303	澳凯富汇	2014-11-10	挂牌
22	831341	必由学	2014-11-10	挂牌
23	831283	蛙视通信	2014-11-11	挂牌
24	831414	大洋义天	2014-12-05	挂牌
25	831684	瑞珑科技	2015-01-16	挂牌
26	832437	三泰新材	2015-05-27	挂牌
27	832690	百固科技	2015-06-29	挂牌
28	832886	依特诺	2015-07-20	挂牌
29	832984	埃森普特	2015-07-24	挂牌
30	833050	欣威视通	2015-07-30	挂牌
31	833057	新世傲	2015-07-30	挂牌
32	833326	金盾软件	2015-08-17	挂牌
33	833306	六行君通	2015-08-18	挂牌
34	833586	雷诺尔	2015-09-22	挂牌
35	833600	红人股份	2015-09-25	挂牌
36	833617	元本检测	2015-09-29	挂牌
37	833752	广申股份	2015-10-14	挂牌

38	833236	江亚消防	2015－11－03	挂牌
39	834587	鼎端装备	2015－11－30	挂牌
40	834672	瑞邦药业	2015－12－11	挂牌
目前已推荐挂牌公司家数		40		
撤回材料及申请被否公司家数		0		
正在挂牌公司家数		39		
已上市公司家数		1		
已被终止挂牌公司家数		0		
推荐定向发行情况				
序号	股份代码	公司名称	发行日期	公司状态
1	430029	金泰得	2010－7－5	发行成功
2	430033	彩讯科技	2010－11－26	发行成功
3	430027	北科光大	2011－10－13	发行成功
4	430064	金山顶尖	2012－2－15	发行成功
5	430214	建中医疗	2014－2－19	发行成功
6	430139	华岭股份	2014－6－25	发行成功
7	430360	竹邦能源	2014－8－5	发行成功
8	430511	远大股份	2014－8－8	发行成功
9	430029	金泰得	2014－9－11	发行成功
10	430704	同智伟业	2014－10－15	发行成功
11	430033	彩讯科技	2014－10－15	发行成功
12	831040	优波科	2014－11－17	发行成功
13	430360	竹邦能源	2015－1－6	发行成功
14	430704	同智伟业	2015－4－2	发行成功
15	830883	联桥新材	2015－4－3	发行成功
16	430695	浩海科技	2015－4－30	发行成功
17	831303	澳凯富汇	2015－5－28	发行成功
18	830874	金田元丰	2015－6－2	发行成功
19	831341	必由学	2015－6－11	发行成功
20	430027	北科光大	2015－7－1	发行成功
21	430517	新吉纳	2015－8－5	发行成功
22	831684	瑞珑科技	2015－9－11	发行成功
23	831303	澳凯富汇	2015－9－17	发行成功
24	430214	建中医疗	2015－10－27	发行成功
25	832984	埃森普特	2015－12－4	发行成功
26	430517	新吉纳	2015－12－23	发行成功
27	430168	博维仕	2015－12－31	发行成功
28	430695	浩海科技	2016－1－6	发行成功
推荐定向发行次数		28		
推荐定向发行成功次数		28		
推荐定向发行失败次数		0		
推荐原代办股份转让系统的两网公司及退市公司挂牌情况				
序号	股份代码	公司名称		
推荐原代办股份转让系统的两网公司及退市公司家数		0		

三、部门设置

经纪业务				
人员	姓名	固定电话	传真	Email
经纪业务联络人	薛忠良	021－53686219	021－53686100	xuezhongliang2@ shzq. com

经纪业务联络人	陈为	021－53686216	021－53686100	chenwei@ shzq. com
推荐业务				
人员	姓名	固定电话	传真	Email
推荐业务联络人	王国春	021－53686507	021－53686100	15821662548@ 139. com
推荐业务联络人	王世宏	010－63134882	010－63134881	Wangshihong777@ sina. com

西部证券股份有限公司

一、公司简介及概况

公司简介	公司名称	西部证券股份有限公司				
	成立日期	2001－1－9	法定代表人	刘建武	总经理	祝　健
	注册资本（万元）	120,000	净资产＊（万元）	536,847	净资本＊（万元）	419,577
	注册地址	西安市新城区东新街232号信托大厦			营业部家数	77
	办公地址	西安市新城区东新街232号信托大厦			邮编	710004
	公司网址	www. westsecu. com	电子邮箱	wangbh@ xbmail. com. cn	经营证券业务许可证编号	10870000
	注：＊经审计的最近年度净资产和净资本					
	证监会批准从事的证券业务			证券经纪；证券投资咨询；与证券交易、证券投资活动有关的财务顾问；证券承销与保荐；证券自营；证券资产管理；融资融券；证券投资基金代销；为期货公司提供中间介绍业务；代销金融产品业务。		
	在全国股份转让系统从事的业务种类			推荐业务，经纪业务，做市业务		
公司概况	西部证券股份有限公司是经中国证券监督管理委员会批准设立，于2001年元月正式注册开业的证券经营机构。公司在陕西、北京、上海、深圳、山东、江苏、河南、河北、广西、甘肃、宁夏、成都共设有72家证券营业部，在上海设有从事自营业务、客户资产管理业务的第一、二分公司和研究发展中心，在北京设有从事推荐业务的北京第一分公司。西部期货有限公司和西部优势资本投资有限公司作为公司全资子公司与公司主营业务协同运作，独立经营。公司与上海利得财富资产管理有限公司合资设立的西部利得基金管理有限公司在公募和私募基金管理业务领域为客户提供服务。在2001至2005年市场持续低迷的环境中，公司取得了连续5年盈利的经营业绩。在此期间，公司的投资业务形成了与价值投资、长线投资理念相匹配的管理体制、运营模式和操作手法。公司曾作为全国第一批规范类证券公司和第二批创新类证券公司。2006年以来，公司在扩大经纪业务规模、提升投资业务管理能力的同时，加大对投资银行业务的培植力度，在经营效率方面保持了良好的业绩，开始形成各项业务适应市场竞争环境要求的良性运行格局，使公司始终沿着最具盈利价值和最具增值潜力券商的轨道前行。2007年公司全面导入ISO9000质量管理体系。2012年5月公司在深圳证券交易所正式挂牌上市，成为我国第19家上市证券公司。					

二、业务动态

推荐挂牌情况				
序号	股份代码	公司名称	挂牌日期	公司状态
1	430038	信维科技	2008－12－16	挂牌
2	430040	康斯特	2008－12－26	已被终止挂牌
3	430042	科瑞讯	2009－01－15	挂牌
4	430046	圣博润	2009－02－18	挂牌
5	430052	斯福泰克	2009－03－19	挂牌
6	430053	国学时代	2009－03－31	挂牌
7	430061	富机达能	2009－11－09	挂牌
8	430067	维信通	2010－04－29	挂牌
9	430084	星和众工	2011－03－28	挂牌

10	430093	掌上通	2011－07－08	挂牌
11	430143	武大科技	2012－09－07	挂牌
12	430219	拓川股份	2013－05－17	挂牌
13	430347	地大信息	2013－11－13	挂牌
14	430543	锐源仪器	2014－01－24	挂牌
15	430529	恒成工具	2014－01－24	挂牌
16	430528	欧丽信大	2014－01－24	挂牌
17	430570	蓝星科技	2014－01－24	挂牌
18	430619	格纳斯	2014－01－24	挂牌
19	430542	利雅得	2014－01－24	挂牌
20	430549	天弘激光	2014－01－24	挂牌
21	430616	鸿盛数码	2014－01－24	挂牌
22	430548	大方软件	2014－01－24	挂牌
23	430531	瑞翼信息	2014－01－24	已被终止挂牌
24	430530	云铜科技	2014－01－24	挂牌
25	430666	绿伞化学	2014－03－20	挂牌
26	430719	九鼎投资	2014－04－29	挂牌
27	430725	九五智驾	2014－05－06	挂牌
28	430763	爱科迪	2014－05－30	挂牌
29	830889	深拓智能	2014－08－05	挂牌
30	830944	景尚旅业	2014－08－11	挂牌
31	831086	星城石墨	2014－08－22	挂牌
32	831108	茶乾坤	2014－08－29	挂牌
33	831133	科润智能	2014－09－17	挂牌
34	831223	江苏中旗	2014－10－28	挂牌
35	831297	数字认证	2014－11－12	挂牌
36	831400	优博创	2014－12－08	挂牌
37	831483	汇通华城	2014－12－16	挂牌
38	831670	捷福装备	2015－01－15	挂牌
39	831890	中润油	2015－02－10	挂牌
40	832099	新疆火炬	2015－03－11	挂牌
41	832155	卫东化工	2015－03－17	挂牌
42	832275	敦华石油	2015－04－14	挂牌
43	832335	科立森	2015－04－17	挂牌
44	832340	国联股份	2015－04－23	挂牌
45	832589	比特利	2015－06－11	挂牌
46	832669	华电股份	2015－06－24	挂牌
47	832771	佳境科技	2015－07－16	挂牌
48	832836	银钢一通	2015－07－24	挂牌
49	832986	瑞诺医疗	2015－07－24	挂牌
50	832933	九典制药	2015－07－24	挂牌
51	833054	未来电器	2015－08－04	挂牌
52	833184	润环科技	2015－08－04	挂牌
53	833177	时代股份	2015－08－05	挂牌
54	833104	融汇管通	2015－08－05	挂牌

55	833280	万享科技	2015－08－13	挂牌
56	833207	中科生物	2015－08－17	挂牌
57	833364	森东电力	2015－08－20	挂牌
58	833215	红星美羚	2015－08－20	挂牌
59	833574	爱知之星	2015－09－18	挂牌
60	833562	全粮股份	2015－09－29	挂牌
61	833572	励福环保	2015－10－09	挂牌
62	833749	每通测控	2015－10－14	挂牌
63	833799	嘉禾生物	2015－10－20	挂牌
64	833852	清软创新	2015－10－21	挂牌
65	834173	融聚财顾	2015－11－09	挂牌
66	833760	天然谷	2015－11－10	挂牌
67	833970	广盛小贷	2015－11－11	挂牌
目前已推荐挂牌公司家数		67		
撤回材料及申请被否公司家数		0		
正在挂牌公司家数		65		
已上市公司家数		0		
已被终止挂牌公司家数		2		
推荐定向发行情况				
序号	股份代码	公司名称	发行日期	公司状态
1	430053	国学时代	2012－9－13	发行成功
2	430143	武大科技	2013－10－24	发行成功
3	430093	掌上通	2013－10－24	发行成功
4	430084	星和众工	2014－1－2	发行成功
5	430529	恒成工具	2014－7－25	发行成功
6	830944	景尚旅业	2014－7－25	发行成功
7	430719	九鼎投资	2014－8－7	发行成功
8	430619	格纳斯	2014－8－25	发行成功
9	430619	格纳斯	2014－8－25	发行成功
10	430219	拓川股份	2014－12－17	发行成功
11	830889	深拓智能	2015－3－27	发行成功
12	430725	九五智驾	2015－5－22	发行成功
13	430725	九五智驾	2015－5－22	发行成功
14	830944	景尚旅业	2015－6－9	发行成功
15	430038	信维科技	2015－6－19	发行成功
16	430038	信维科技	2015－6－19	发行成功
17	430570	蓝星科技	2015－7－1	发行成功
18	430570	蓝星科技	2015－7－1	发行成功
19	430570	蓝星科技	2015－7－1	发行成功
20	831670	捷福装备	2015－7－9	发行成功
21	831400	优博创	2015－7－13	发行成功
22	430042	科瑞讯	2015－7－22	发行成功
23	830944	景尚旅业	2015－8－7	发行成功
24	430046	圣博润	2015－8－11	发行成功
25	430549	天弘激光	2015－8－25	发行成功
26	831086	星城石墨	2015－9－1	发行成功
27	831108	茶乾坤	2015－9－2	发行成功

28	430528	欧丽信大	2015－10－16	发行失败
29	830889	深拓智能	2015－10－29	发行失败
30	430619	格纳斯	2015－10－29	发行失败
31	430046	圣博润	2015－10－29	发行失败
32	430529	恒成工具	2015－11－2	发行失败
33	430067	维信通	2015－11－4	发行失败
34	430719	九鼎投资	2015－11－5	发行失败
推荐定向发行次数		34		
推荐定向发行成功次数		27		
推荐定向发行失败次数		7		
推荐原代办股份转让系统的两网公司及退市公司挂牌情况				
序号	股份代码	公司名称		
推荐原代办股份转让系统的两网公司及退市公司家数		0		

三、部门设置

经纪业务				
人员	姓名	固定电话	传真	Email
经纪业务联络人	李冰	029－87406311	029－87406387	libing@ xbmail. com. cn
经纪业务联络人	刘锐	029－87406418	029－87406387	liurui@ xbmail. com. cn
推荐业务				
人员	姓名	固定电话	传真	Email
推荐业务联络人	蔄爽	010－68945225	010－68946615	13810879850@ 163. com
推荐业务联络人	刘斌	010－68947975	010－68946615	13810253721@ 126. com

中国中投证券有限责任公司

一、公司简介及概况

公司简介	公司名称	中国中投证券有限责任公司				
	成立日期	2005－9－28	法定代表人	高涛	总经理	胡长生
	注册资本（万元）	500,000	净资产*（万元）	874,440.02	净资本*（万元）	585,741.67
	注册地址	深圳市福田区益田路与福中路交界处荣超商务中心A栋第18—21层及第4层			营业部家数	112
	办公地址	深圳市福田区益田路与福中路交界处荣超商务中心A栋第18—21层及第4层			邮编	518026
	公司网址	www. china－invs. cn	电子邮箱	cjis@ china－invs. cn	经营证券业务许可证编号	Z16874000
	注：*经审计的最近年度净资产和净资本					
	证监会批准从事的证券业务			证券经纪、证券自营、证券承销与保荐、证券资产管理、证券投资咨询、与证券交易、证券投资活动有关的财务顾问、证券投资基金代销、为期货公司提供中间介绍业务、融资融券。		
	在全国股份转让系统从事的业务种类			经纪业务，推荐业务，做市业务		
公司概况	中国中投证券有限责任公司（简称“中投证券”）于2005年9月28日在深圳注册成立，是一家全国性综合类的证券公司，由中央汇金投资有限责任公司全资控股，注册资本金50亿人民币。目前设有北京分公司、上海分公司，在全国拥有110家营业网点，控股天琪期货公司、瑞石投资公司、中投证券（香港）金融控股有限公司。					

公司概况	公司成立以来，经纪业务市场份额稳步上升，2009年托管资产总规模一举突破万亿元，列同业第四名。企业融资业务已累计完成债权主承销金额698.61亿元，完成股权主承销金额376.56亿元，被深圳交易所评为2009年度最佳保荐机构。资产管理业务已成功发行四只理财产品，净值排名稳居行业前茅。证券投资业务在证券业协会统计的2008年证券公司自营业务实现收益率排名中位于第二名。创新业务、结构融资业务、金融衍生品业务、期货IB业务等创新业务均取得可喜成绩。新一代集中交易系统、多银行存管系统、"一柜通"前台营业管理系统等多个金融创新项目获得行业协会和政府颁发的多重奖项。秉承"以专业精神和卓越服务，提升客户价值"的理念，以"服务、人本、创新"为核心价值观，规范运作、稳健经营，公司致力于成为最具竞争力最具价值创造力的一流现代投资银行。

二、业务动态

推荐挂牌情况				
序号	股份代码	公司名称	挂牌日期	公司状态
1	430024	金和软件	2007-12-27	挂牌
2	430672	东安液压	2014-01-24	挂牌
3	430627	页游科技	2014-01-24	挂牌
4	430567	无锡海航	2014-01-24	挂牌
5	830787	唐朝股份	2014-06-04	挂牌
6	830801	盈富通	2014-06-06	挂牌
7	830842	长天思源	2014-07-11	挂牌
8	830864	诚思科技	2014-07-17	挂牌
9	830901	隆玛科技	2014-07-25	挂牌
10	831098	通利农贷	2014-08-15	挂牌
11	831136	颍元股份	2014-09-30	挂牌
12	831318	信易科技	2014-11-10	挂牌
13	831473	江苏科幸	2014-12-12	挂牌
14	831491	佳音王	2014-12-12	挂牌
15	831752	蓝图新材	2015-01-20	挂牌
16	831571	大洋股份	2015-01-21	挂牌
17	831845	新马精密	2015-01-22	挂牌
18	831829	同方软银	2015-01-22	挂牌
19	831794	正大富通	2015-02-03	挂牌
20	831986	东方基业	2015-02-17	挂牌
21	832031	复仁科技	2015-03-09	挂牌
22	832272	龙图信息	2015-03-27	挂牌
23	832258	太阳传媒	2015-04-13	挂牌
24	832067	翱翔科技	2015-04-14	挂牌
25	832225	利通液压	2015-04-16	挂牌
26	832350	汇知康	2015-04-23	挂牌
27	832504	科威股份	2015-06-02	挂牌
28	832529	裕农科技	2015-06-04	挂牌
29	832682	像素数据	2015-06-29	挂牌
30	832697	振源电器	2015-07-10	挂牌
31	832827	百逸达	2015-07-20	挂牌
32	832882	金沙数控	2015-07-23	挂牌
33	833100	爱己爱牧	2015-07-30	挂牌
34	832941	信鸿医疗	2015-08-03	挂牌
35	833464	苏州沪云	2015-09-07	挂牌
36	833744	世纪本原	2015-09-30	挂牌
37	833657	创力新能	2015-10-16	挂牌
38	834221	华畅科技	2015-11-23	挂牌
39	834198	展芯微	2015-11-23	挂牌

40	834257	科旭网络	2015－11－23	挂牌
41	834881	雅迪力特	2015－12－18	挂牌
42	835317	广博机电	2015－12－31	挂牌
43	835270	华软新元	2016－01－05	挂牌
44	835322	华创股份	2016－01－11	挂牌
目前已推荐挂牌公司家数		44		
撤回材料及申请被否公司家数		0		
正在挂牌公司家数		44		
已上市公司家数		0		
已被终止挂牌公司家数		0		
推荐定向发行情况				
序号	股份代码	公司名称	发行日期	公司状态
1	831136	颍元股份	2014－9－1	发行成功
2	831571	大洋股份	2014－11－12	发行成功
推荐定向发行次数		2		
推荐定向发行成功次数		2		
推荐定向发行失败次数		0		
推荐原代办股份转让系统的两网公司及退市公司挂牌情况				
序号	股份代码	公司名称		
推荐原代办股份转让系统的两网公司及退市公司家数		0		

三、部门设置

经纪业务				
人员	姓名	固定电话	传真	Email
经纪业务联络人	叶夏斌	0755－82026975	0755－82026517	yexiabin@ china－invs. cn
经纪业务联络人	陈秀芳	0755－82026753	0755－82026889	chenxiufang@ china－invs. cn
推荐业务				
人员	姓名	固定电话	传真	Email
推荐业务联络人	于玫	010－63222977	010－63222809	yumei@ china－invs. cn
推荐业务联络人	石彦琛	0755－82026560	0755－82026568	shiyanchen@ china－invs. cn

南京证券股份有限公司

一、公司简介及概况

公司简介	公司名称	南京证券股份有限公司				
	成立日期	1990－11－23	法定代表人	步国旬	总经理	李剑锋
	注册资本（万元）	190,000	净资产＊（万元）	403,998	净资本＊（万元）	301,104
	注册地址	江苏省南京市玄武区大钟亭8号			营业部家数	76
	办公地址	江苏省南京市玄武区大钟亭8号			邮编	210008
	公司网址	www. njzq. com. cn	电子邮箱	office@ njzq. com. cn	经营证券业务许可证编号	Z2313200039
	注：＊经审计的最近年度净资产和净资本					
	证监会批准从事的证券业务			证券经纪;证券投资咨询;与证券交易、证券投资活动有关的财务顾问;证券承销与保荐;证券自营;融资融券;证券资产管理;证券投资基金代销;代销金融产品;为期货公司提供中间介绍业务。		
	在全国股份转让系统从事的业务种类			经纪业务,推荐业务,做市业务		

公司概况	南京证券是1990年10月经中国人民银行批准设立的江苏省第一家专业证券机构，全国创新类证券公司。截止2014年12月，注册资本19亿元，总资产216.8亿元，净资产45.8亿元(未经审计)，控股南证期货有限责任公司、富安达基金管理有限公司和南京巨石创业投资有限公司。 南京证券业务范围涵盖证券经纪、证券承销、证券自营、融资融券、客户资产管理、财务顾问等诸多领域，设有24个职能管理和业务部门，在全国设有89家分支机构，可以为广大企业和投资者投融资提供全方位服务。 南京证券历经24年的风雨洗礼和岁月磨炼，基础管理和改革、业务经营和规模、行业地位和影响均取得了长足进步和发展，取得了自成立24年来从未亏损、持续盈利、稳定回报的优良业绩。 南京证券2011年荣获"全国文明单位"称号，2013年荣获"全国五一劳动奖状"，是证券行业第一家荣获此两项殊荣的证券公司；2010年荣获"江苏省文明单位标兵"称号；并连续15年荣获"南京市文明单位"、连续14年荣获"江苏省文明单位"；先后6次荣获"建设新南京有功单位"；先后荣获"中国企业文化优秀奖"、"中国证监会为圆满完成证券公司风险处置做出积极贡献荣誉证书"、江苏省和南京市"国有企业创建'四好'领导班子先进集体"、江苏省和南京市"先进基层党组织"、全国首批"国家级征信企业"、"中国100最具影响力企业"、"南京市劳动关系和谐企业"、江苏省和南京市"五四红旗团委"称号，35家分支机构分别荣获国家、省、市级"青年文明号"，其中国家级青年文明号4家。

二、业务动态

推荐挂牌情况				
序号	股份代码	公司名称	挂牌日期	公司状态
1	430034	大地股份	2008－10－28	挂牌
2	430057	清畅电力	2009－07－14	挂牌
3	430079	环拓科技	2011－01－21	挂牌
4	430086	爱迪科森	2011－04－08	挂牌
5	430116	中矿华沃	2012－04－18	挂牌
6	430117	航天理想	2012－04－18	挂牌
7	430113	中交远洲	2012－04－18	挂牌
8	430126	马氏兄弟	2012－06－27	挂牌
9	430159	创世生态	2012－11－09	挂牌
10	430186	国承瑞泰	2012－12－20	挂牌
11	430208	优炫软件	2013－01－29	挂牌
12	430505	上陵牧业	2014－01－24	挂牌
13	430504	众智科技	2014－01－24	挂牌
14	430500	亚奥科技	2014－01－24	挂牌
15	430443	易丰股份	2014－01－24	挂牌
16	430506	云飞扬	2014－01－24	挂牌
17	430624	中天金谷	2014－01－24	挂牌
18	430693	恒力液压	2014－04－10	挂牌
19	430681	芒冠股份	2014－04－10	挂牌
20	430729	万里智能	2014－05－05	挂牌
21	830765	协盛科技	2014－05－30	挂牌
22	830773	正扬冶金	2014－05－30	挂牌
23	830794	奥派股份	2014－06－11	挂牌
24	830852	中科仪	2014－07－16	挂牌
25	830876	黄河软轴	2014－07－21	挂牌
26	831164	腾楷网络	2014－09－29	挂牌
27	831322	朗悦科技	2014－11－11	挂牌
28	831520	东来办公	2014－12－18	挂牌
29	831555	天乐橡塑	2014－12－19	挂牌
30	831599	龙虎网	2014－12－26	挂牌
31	831590	百川建科	2014－12－29	挂牌
32	832450	中兴农贷	2015－05－13	挂牌

33	832534	东宝股份	2015－05－29	挂牌
34	832646	讯众股份	2015－06－16	挂牌
35	832687	京东农业	2015－06－29	挂牌
36	832748	豫新股份	2015－07－15	挂牌
37	833038	欧开股份	2015－08－03	挂牌
38	833444	华恒股份	2015－08－25	挂牌
39	833411	宏景股份	2015－08－25	挂牌
40	833382	长江绿海	2015－08－28	挂牌
目前已推荐挂牌公司家数		40		
撤回材料及申请被否公司家数		0		
正在挂牌公司家数		40		
已上市公司家数		0		
已被终止挂牌公司家数		0		
推荐定向发行情况				
序号	股份代码	公司名称	发行日期	公司状态
1	430057	清畅电力	2010－4－29	发行成功
2	430057	清畅电力	2011－10－13	发行成功
3	430208	优炫软件	2013－8－2	发行成功
4	430208	优炫软件	2014－3－6	发行成功
5	430186	国承瑞泰	2014－6－30	发行成功
6	430159	创世生态	2014－7－8	发行成功
7	430729	万里智能	2014－11－28	发行成功
8	430505	上陵牧业	2014－12－31	发行成功
9	430681	芒冠股份	2015－5－13	发行成功
10	830794	奥派股份	2015－5－14	发行成功
11	430159	创世生态	2015－6－23	发行成功
12	832687	京东农业	2015－6－29	发行成功
13	430624	中天金谷	2015－7－3	发行成功
14	430500	亚奥科技	2015－7－15	发行成功
15	830794	奥派股份	2015－7－31	发行成功
16	833038	欧开股份	2015－8－3	发行成功
17	831076	展博股份	2015－8－27	发行成功
18	833382	长江绿海	2015－8－28	发行成功
19	430681	芒冠股份	2015－9－25	发行成功
20	830765	协盛科技	2015－9－30	发行成功
推荐定向发行次数		20		
推荐定向发行成功次数		20		
推荐定向发行失败次数		0		
推荐原代办股份转让系统的两网公司及退市公司挂牌情况				
序号	股份代码	公司名称		
推荐原代办股份转让系统的两网公司及退市公司家数		0		

三、部门设置

经纪业务				
人员	姓名	固定电话	传真	Email
经纪业务联络人	孙秀玉	025－83367888	83320066	xysun@ njzq. com. cn

推荐业务				
人员	姓名	固定电话	传真	Email
推荐业务联络人	吕晓璐	025－57710519	025－57710532	115974960@ qq. com
推荐业务联络人	李晶晶	025－57710519	025－57710532	273204167@ qq. com

中泰证券股份有限公司

一、公司简介及概况

公司简介	公司名称	南京证券股份有限公司				
	成立日期	2001－5－15	法定代表人	李玮	总经理	毕玉国
	注册资本（万元）	627,176.32	净资产＊（万元）	1,453,134.97	净资本＊（万元）	850,131.96
	注册地址	山东省济南市经七路86号			营业部家数	205
	办公地址	山东省济南市经七路86号			邮编	250001
	公司网址	www. zts. com. cn	电子邮箱	bgs@ zts. com. cn	经营证券业务许可证编码	z19037000
	注：＊经审计的最近年度净资产和净资本					
	证监会批准从事的证券业务			证券经纪；证券投资咨询；与证券交易、证券投资活动有关的财务顾问；证券承销与保荐；证券自营；证券资产管理；融资融券；证券投资基金代销；为期货公司提供中间介绍业务。		
	在全国股份转让系统从事的业务种类			经纪业务，推荐业务，做市业务		
公司概况	中泰证券股份有限公司是全国大型综合类券商，注册资本627176.32万元，员工6000余人，在全国27个省、市、自治区设有205家证券营业部、15家证券分公司，控股鲁证期货股份有限公司、万家基金管理有限公司、鲁证创业投资有限公司、中泰国际控股有限公司，形成了集证券、基金、期货、直投为一体的综合性证券控股集团。截至2014年12月底，公司总资产843亿元，净资产145亿元。场外市场业务，公司组建并形成一支综合素质较高、专业能力较强、敬业程度较好、200余人的新三板业务团队。目前拥有4名准保荐代表人，96名注册会计师，50名律师，其中硕士、博士学历人员占70%以上，他们均具备良好的专业素质和丰富的股份制改制、资本运作、财务顾问经验，并充分依托公司200多家营业部为所在地中小微企业提供优质高效的资本市场融资、并购、股权投资、财务顾问等各类服务。目前，中泰证券股份有限公司在新三板市场成功推荐挂牌190余家，业内排名第二位，在中关村园区推荐的挂牌公司诺思兰德成为业内经典案例。中泰证券股份有限公司被多个地区授予“改制上市工作优秀中介机构”，并于2014年、2015年连续两年荣获中国区股转系统最佳主办券商荣誉称号，2015年5月荣获“金融资”新三板做市企业奖，2015年8月荣获第八届新财富“新三板业务最佳投行（挂牌）”。					

二、业务动态

推荐挂牌情况				
序号	股份代码	公司名称	挂牌日期	公司状态
1	430032	凯英信业	2008－10－28	挂牌
2	430047	诺思兰德	2009－02－18	挂牌
3	430080	尚水股份	2011－03－01	挂牌
4	430110	百拓科技	2012－04－10	挂牌
5	430118	中钰控股	2012－04－10	挂牌
6	430111	北京航峰	2012－04－10	挂牌
7	430115	阿姆斯	2012－04－10	已被终止挂牌
8	430145	智立医学	2012－09－17	挂牌
9	430160	三泰晟驰	2012－11－07	挂牌
10	430177	点点客	2012－12－18	挂牌
11	430218	长虹立川	2013－05－16	挂牌
12	430215	必可测	2013－05－16	挂牌

13	430233	星原丰泰	2013－07－04	挂牌
14	430282	优睿传媒	2013－08－07	挂牌
15	430280	京西创业	2013－08－08	挂牌
16	430291	中试电力	2013－08－09	挂牌
17	430309	易所试	2013－08－13	挂牌
18	430323	天阶生物	2013－10－16	挂牌
19	430318	四维传媒	2013－10－16	挂牌
20	430371	科传股份	2014－01－24	挂牌
21	430502	万隆电气	2014－01－24	挂牌
22	430384	宜达胜	2014－01－24	挂牌
23	430594	盈光科技	2014－01－24	挂牌
24	430533	同立高科	2014－01－24	挂牌
25	430609	中磁视讯	2014－01－24	挂牌
26	430604	三炬生物	2014－01－24	挂牌
27	430497	威硬工具	2014－01－24	挂牌
28	430496	大正医疗	2014－01－24	挂牌
29	430495	奥远电子	2014－01－24	挂牌
30	430492	老来寿	2014－01－24	挂牌
31	430501	超宇环保	2014－01－24	挂牌
32	430498	嘉网股份	2014－01－24	挂牌
33	430662	罗曼股份	2014－03－05	挂牌
34	430679	嘉宝华	2014－04－10	已被终止挂牌
35	430728	五岳钻具	2014－04－30	挂牌
36	430732	威马股份	2014－04－30	挂牌
37	430731	凯地钻探	2014－04－30	挂牌
38	430744	嘉瑶信息	2014－05－05	挂牌
39	430734	源渤科技	2014－05－07	挂牌
40	430720	东方炫辰	2014－05－07	挂牌
41	830783	广源精密	2014－05－28	挂牌
42	430764	美诺福	2014－05－30	挂牌
43	830768	耀通科技	2014－05－30	挂牌
44	830772	远航科技	2014－06－03	挂牌
45	830806	亚锦科技	2014－06－06	挂牌
46	830808	中智华体	2014－06－26	挂牌
47	830826	泰瑞机械	2014－07－08	挂牌
48	830834	信达化工	2014－07－09	挂牌
49	830832	齐鲁华信	2014－07－09	挂牌
50	830848	鑫森海	2014－07－14	挂牌
51	830839	万通液压	2014－07－14	挂牌
52	830846	格林检测	2014－07－14	挂牌
53	830884	华盛供水	2014－07－22	挂牌
54	830886	太尔科技	2014－07－23	挂牌
55	830907	瑞丽洗涤	2014－07－25	挂牌
56	830881	圣泉集团	2014－07－28	挂牌
57	830933	纳晶科技	2014－08－05	挂牌
58	830926	迪浩股份	2014－08－08	挂牌
59	830979	泰宝生物	2014－08－08	挂牌
60	831042	芃起股份	2014－08－14	挂牌
61	831109	金牌股份	2014－08－14	挂牌
62	831111	智明恒	2014－08－14	挂牌

63	831009	合锐赛尔	2014－08－14	挂牌
64	831121	力久电机	2014－08－14	挂牌
65	831137	泰和股份	2014－09－16	挂牌
66	831149	奥美环境	2014－09－18	挂牌
67	831153	全通服	2014－09－19	挂牌
68	831192	海明威	2014－10－08	挂牌
69	831278	泰德股份	2014－11－04	挂牌
70	831264	柏康科技	2014－11－04	挂牌
71	831338	山东信和	2014－11－10	挂牌
72	831316	连连化学	2014－11－10	挂牌
73	831304	迪尔化工	2014－11－10	挂牌
74	831369	帜扬信通	2014－11－20	挂牌
75	831411	三重股份	2014－12－02	挂牌
76	831387	华特磁电	2014－12－02	挂牌
77	831424	薪泽奇	2014－12－08	挂牌
78	831458	联科股份	2014－12－08	挂牌
79	831492	安信种苗	2014－12－09	挂牌
80	831505	朗顿教育	2014－12－09	挂牌
81	831433	川东磁电	2014－12－09	挂牌
82	831413	中创股份	2014－12－09	挂牌
83	831480	福生佳信	2014－12－09	挂牌
84	831440	友旭科技	2014－12－09	挂牌
85	831519	百正新材	2014－12－16	挂牌
86	831517	凯伦建材	2014－12－16	挂牌
87	831541	中节环	2014－12－19	挂牌
88	831567	南达农业	2014－12－26	挂牌
89	831593	朗昇电气	2014－12－29	挂牌
90	831600	润迪环保	2014－12－30	挂牌
91	831579	三信股份	2014－12－30	挂牌
92	831716	金新股份	2014－12－31	挂牌
93	831664	点众股份	2015－01－09	挂牌
94	831613	雷帕得	2015－01－12	挂牌
95	831792	海思堡	2015－01－16	挂牌
96	831778	鸿森重工	2015－01－16	挂牌
97	831785	恒远利废	2015－01－16	挂牌
98	831779	卓越信通	2015－01－16	挂牌
99	831727	中钢网	2015－01－16	挂牌
100	831827	宝来利来	2015－01－19	挂牌
101	831851	绿健神农	2015－01－26	挂牌
102	831718	青鸟软通	2015－01－26	挂牌
103	831850	分豆教育	2015－01－26	挂牌
104	831835	苏柯汉	2015－01－26	挂牌
105	831923	三金科技	2015－01－30	挂牌
106	831884	成达兴	2015－01－30	挂牌
107	831892	新玻电力	2015－02－04	挂牌
108	831899	山东再担	2015－02－04	挂牌
109	831975	温迪数字	2015－02－13	挂牌
110	832019	中棉种业	2015－02－16	挂牌
111	831745	考迈托	2015－02－17	挂牌
112	831950	亚太能源	2015－02－26	挂牌

113	831898	冬虫夏草	2015-02-27	挂牌
114	832118	华网智能	2015-03-10	挂牌
115	832083	奥默医药	2015-03-10	挂牌
116	832109	新港模板	2015-03-11	挂牌
117	832082	聚祥股份	2015-03-11	挂牌
118	832125	乐克科技	2015-03-11	挂牌
119	832135	云宏信息	2015-03-12	挂牌
120	832146	德平科技	2015-03-12	挂牌
121	832150	和佐股份	2015-03-12	挂牌
122	832119	路通精密	2015-03-19	挂牌
123	832169	世阳德尔	2015-03-19	挂牌
124	832207	永拓咨询	2015-04-02	挂牌
125	832236	丰源股份	2015-04-02	挂牌
126	832267	诺君安	2015-04-08	挂牌
127	832329	吉成园林	2015-04-15	挂牌
128	832286	凯翔生物	2015-04-15	挂牌
129	832303	广安车联	2015-04-15	挂牌
130	832316	添正医药	2015-04-15	挂牌
131	832308	旺盛园林	2015-04-17	挂牌
132	832325	捷尚股份	2015-04-17	挂牌
133	832312	领耀科技	2015-04-17	挂牌
134	832268	鑫秋农业	2015-04-20	挂牌
135	832327	海颐软件	2015-04-20	挂牌
136	832342	思普润	2015-04-20	挂牌
137	832363	索科股份	2015-04-23	挂牌
138	832398	索力得	2015-05-04	挂牌
139	832394	佳龙科技	2015-05-04	挂牌
140	832390	金海股份	2015-05-04	挂牌
141	832444	蓝海骆驼	2015-05-08	挂牌
142	832416	华美精陶	2015-05-08	挂牌
143	832442	思必拓	2015-05-08	挂牌
144	832488	奔腾股份	2015-05-11	挂牌
145	832466	山东众和	2015-05-11	挂牌
146	832556	宏力能源	2015-06-05	挂牌
147	832603	懿姿股份	2015-06-05	挂牌
148	832564	富特股份	2015-06-05	挂牌
149	832607	安华生物	2015-06-08	挂牌
150	832573	地瑞科森	2015-06-08	挂牌
151	832596	迈达医疗	2015-06-08	挂牌
152	832597	中移能	2015-06-08	挂牌
153	832621	三维钢构	2015-06-09	挂牌
154	832600	金鸿新材	2015-06-09	挂牌
155	832642	确信信息	2015-06-16	挂牌
156	832634	赛特电工	2015-06-16	挂牌
157	832671	冠宇科技	2015-07-01	挂牌
158	832674	泓利股份	2015-07-04	挂牌
159	832818	正海合泰	2015-07-14	挂牌
160	832819	啸创股份	2015-07-14	挂牌
161	832782	依科曼	2015-07-14	挂牌
162	832892	捷昕精密	2015-07-22	挂牌

163	832955	七丹药业	2015－07－23	挂牌
164	832964	凯瑞环保	2015－07－24	挂牌
165	832901	山东孔圣	2015－07－24	挂牌
166	832857	宏景电子	2015－07－28	挂牌
167	833052	迪玛卫浴	2015－07－30	挂牌
168	833178	中美福源	2015－07－30	挂牌
169	833066	亿联科技	2015－07－30	挂牌
170	833086	明药堂	2015－07－30	挂牌
171	833170	亿能达	2015－07－30	挂牌
172	833169	鼎泰盛	2015－07－30	挂牌
173	833152	新风光	2015－07－30	挂牌
174	833157	京冶轴承	2015－07－30	挂牌
175	833128	全正印务	2015－07－30	挂牌
176	833068	山河园林	2015－07－30	挂牌
177	833203	威尔克	2015－08－05	挂牌
178	833254	中惠生物	2015－08－12	挂牌
179	833292	泰然科技	2015－08－14	挂牌
180	833339	胜软科技	2015－08－14	挂牌
181	833283	盛瑞传动	2015－08－18	挂牌
182	833420	集趣股份	2015－08－31	挂牌
183	833465	特力惠	2015－09－11	挂牌
184	833408	伊森新材	2015－09－14	挂牌
185	833475	深蓝机器	2015－09－14	挂牌
186	833611	镭之源	2015－09－30	挂牌
187	833636	邦瑞达	2015－09－30	挂牌
188	833644	瀚高股份	2015－10－08	挂牌
189	833685	天元信息	2015－10－09	挂牌
190	833731	默锐环境	2015－10－13	挂牌
191	833805	森诺特	2015－10－15	挂牌
192	833806	光合文创	2015－10－17	挂牌
193	833847	狂龙数字	2015－10－17	挂牌
194	833766	龙福环能	2015－10－23	挂牌
195	833933	诸葛天下	2015－10－28	挂牌
196	833934	震宇科技	2015－10－30	挂牌
197	834138	盛瑞科技	2015－11－09	挂牌
198	834117	山东绿霸	2015－11－10	挂牌
199	834083	盛华霖	2015－11－10	挂牌
200	834159	海盈科技	2015－11－10	挂牌
201	834002	易构软件	2015－11－11	挂牌
202	834151	恒基股份	2015－11－13	挂牌
203	834284	嘉盛光电	2015－11－17	挂牌
204	834289	西麦科技	2015－11－18	挂牌
205	834268	金控数据	2015－11－18	挂牌
206	834137	汇锋传动	2015－11－20	挂牌
207	834310	华夏飞机	2015－11－23	挂牌
208	834403	信大捷安	2015－11－24	挂牌
209	834265	冠中生态	2015－11－24	挂牌
210	834266	英谷教育	2015－11－24	挂牌
211	834389	富景农业	2015－11－25	挂牌
212	834447	格林生物	2015－11－27	挂牌

213	834421	易通科技	2015－11－30	挂牌
214	834631	海药股份	2015－12－04	挂牌
215	834626	弗尔赛	2015－12－04	挂牌
216	834732	雄汇装饰	2015－12－07	挂牌
217	834817	爱知网络	2015－12－07	挂牌
218	834608	星光影视	2015－12－08	挂牌
219	834561	磊鑫园林	2015－12－08	挂牌
220	834602	宜家清洁	2015－12－09	挂牌
221	834567	华多科技	2015－12－09	挂牌
222	834698	国舜股份	2015－12－10	挂牌
223	834727	天茂新材	2015－12－11	挂牌
224	834729	朗朗教育	2015－12－14	挂牌
225	834717	天天美尚	2015－12－15	挂牌
226	834991	新瀚新材	2015－12－17	挂牌
227	834724	国图信息	2015－12－17	挂牌
228	835066	垠艺生物	2015－12－18	挂牌
229	835007	战诚电子	2015－12－18	挂牌
230	835077	博宁福田	2015－12－21	挂牌
231	834920	人合机电	2015－12－21	挂牌
232	834835	海力威	2015－12－21	挂牌
233	835117	捷世通	2015－12－22	挂牌
234	835105	索特来	2015－12－22	挂牌
235	834880	泰华智慧	2015－12－22	挂牌
236	834580	天线宝宝	2015－12－23	挂牌
237	835166	综艺联创	2015－12－25	挂牌
238	835135	启光智造	2015－12－25	挂牌
239	835136	报春电商	2015－12－25	挂牌
240	835145	南自股份	2015－12－28	挂牌
241	834957	上海凯鑫	2015－12－28	挂牌
242	835167	福座母婴	2015－12－29	挂牌
243	835153	琥崧智能	2015－12－29	挂牌
244	835195	金正动画	2015－12－30	挂牌
245	835144	金马扬名	2015－12－30	挂牌
246	835063	旺翔传媒	2015－12－31	挂牌
247	835147	恒达新材	2015－12－31	挂牌
248	835198	松竹铝业	2016－01－13	挂牌
249	835154	昌盛日电	2016－01－19	挂牌
250	835194	铭赛科技	2016－01－27	挂牌
目前已推荐挂牌公司家数		250		
撤回材料及申请被否公司家数		0		
正在挂牌公司家数		248		
已上市公司家数		0		
已被终止挂牌公司家数		2		
推荐定向发行情况				
序号	股份代码	公司名称	发行日期	公司状态
1	430047	诺思兰德	2011－2－21	发行成功
2	430032	凯英信业	2012－1－11	发行成功
3	430080	尚水股份	2013－9－18	发行成功
4	430533	同立高科	2014－6－9	发行成功
5	830783	广源精密	2014－8－6	发行成功

6	430594	盈光科技	2014－8－12	发行成功
7	430502	万隆电气	2014－9－17	发行成功
8	430177	点点客	2014－9－17	发行成功
9	430604	三炬生物	2014－10－27	发行成功
10	830834	信达化工	2014－10－28	发行成功
11	430177	点点客	2014－11－3	发行成功
12	430280	京西创业	2014－11－4	发行成功
13	430609	中磁视讯	2014－11－17	发行成功
14	831111	智明恒	2014－11－24	发行成功
15	830886	太尔科技	2014－11－26	发行成功
16	830884	华盛供水	2014－12－3	发行成功
17	430609	中磁视讯	2014－12－17	发行成功
18	430309	易所试	2014－12－22	发行成功
19	430609	中磁视讯	2015－1－22	发行成功
20	430609	中磁视讯	2015－1－22	发行成功
21	830933	纳晶科技	2015－1－23	发行成功
22	831541	中节环	2015－2－13	发行成功
23	430110	百拓科技	2015－2－13	发行成功
24	830808	中智华体	2015－2－16	发行成功
25	830768	耀通科技	2015－3－12	发行成功
26	430318	四维传媒	2015－3－12	发行成功
27	830933	纳晶科技	2015－3－31	发行成功
28	430118	中钰控股	2015－3－31	发行成功
29	831492	安信种苗	2015－4－7	发行成功
30	830886	太尔科技	2015－4－9	发行成功
31	430501	超宇环保	2015－4－15	发行成功
32	831975	温迪数字	2015－4－16	发行成功
33	430323	天阶生物	2015－4－18	发行成功
34	831111	智明恒	2015－4－20	发行成功
35	831850	分豆教育	2015－4－22	发行成功
36	830783	广源精密	2015－4－24	发行成功
37	430720	东方炫辰	2015－4－24	发行成功
38	831111	智明恒	2015－5－15	发行成功
39	430309	易所试	2015－5－15	发行成功
40	430533	同立高科	2015－5－19	发行成功
41	430497	威硬工具	2015－5－19	发行成功
42	831411	三重股份	2015－5－25	发行成功
43	831387	华特磁电	2015－5－28	发行成功
44	831835	苏柯汉	2015－5－28	发行成功
45	831567	南达农业	2015－5－29	发行成功
46	831480	福生佳信	2015－6－1	发行成功
47	831851	绿健神农	2015－6－5	发行成功
48	430492	老来寿	2015－6－8	发行成功
49	430732	威马股份	2015－6－11	发行成功
50	831950	亚太能源	2015－6－12	发行成功
51	830772	远航科技	2015－6－16	发行成功
52	430145	智立医学	2015－6－23	发行成功
53	832308	旺盛园林	2015－6－24	发行成功
54	831492	安信种苗	2015－6－29	发行成功
55	832325	捷尚股份	2015－6－29	发行成功

56	430594	盈光科技	2015－6－30	发行成功
57	831505	朗顿教育	2015－6－30	发行成功
58	831517	凯伦建材	2015－6－30	发行成功
59	832267	诺君安	2015－7－6	发行成功
60	832312	领耀科技	2015－7－6	发行成功
61	831827	宝来利来	2015－7－7	发行成功
62	831827	宝来利来	2015－7－7	发行成功
63	831278	泰德股份	2015－7－8	发行成功
64	832268	鑫秋农业	2015－7－8	发行成功
65	831950	亚太能源	2015－7－9	发行成功
66	832125	乐克科技	2015－7－14	发行成功
67	832135	云宏信息	2015－7－15	发行成功
68	831149	奥美环境	2015－7－16	发行成功
69	832444	蓝海骆驼	2015－7－17	发行成功
70	831792	海思堡	2015－7－17	发行成功
71	831009	合锐赛尔	2015－7－24	发行成功
72	832316	添正医药	2015－7－24	发行成功
73	831778	鸿森重工	2015－7－30	发行成功
74	830808	中智华体	2015－7－31	发行成功
75	830846	格林检测	2015－8－4	发行成功
76	430177	点点客	2015－8－5	发行成功
77	831458	联科股份	2015－8－5	发行成功
78	831338	山东信和	2015－8－5	发行成功
79	831851	绿健神农	2015－8－7	发行成功
80	830884	华盛供水	2015－8－11	发行成功
81	832416	华美精陶	2015－8－11	发行成功
82	831600	润迪环保	2015－8－12	发行成功
83	832329	吉成园林	2015－8－12	发行成功
84	831785	恒远利废	2015－8－13	发行成功
85	832308	旺盛园林	2015－8－13	发行成功
86	831850	分豆教育	2015－8－14	发行成功
87	831613	雷帕得	2015－8－19	发行成功
88	430492	老来寿	2015－8－20	发行成功
89	830907	瑞丽洗涤	2015－8－21	发行成功
90	831121	力久电机	2015－8－21	发行成功
91	430032	凯英信业	2015－8－25	发行成功
92	832327	海颐软件	2015－8－27	发行成功
93	831369	帜扬信通	2015－8－28	发行成功
94	832329	吉成园林	2015－9－8	发行成功
95	831718	青鸟软通	2015－9－8	发行成功
96	830768	耀通科技	2015－9－9	发行成功
97	831316	连连化学	2015－9－14	发行成功
98	430609	中磁视讯	2015－9－15	发行成功
99	831779	卓越信通	2015－9－15	发行成功
100	430497	威硬工具	2015－9－16	发行成功
101	832556	宏力能源	2015－9－16	发行成功
102	832169	世阳德尔	2015－9－17	发行成功
103	830979	泰宝生物	2015－9－18	发行成功
104	831111	智明恒	2015－9－24	发行成功
105	831424	薪泽奇	2015－9－29	发行成功

106	831884	成达兴	2015－9－30	发行成功
107	832782	依科曼	2015－9－30	发行成功
108	430495	奥远电子	2015－9－30	发行成功
109	831411	三重股份	2015－10－19	发行成功
110	832416	华美精陶	2015－10－20	发行成功
111	430032	凯英信业	2015－10－22	发行成功
112	832488	奔腾股份	2015－10－26	发行成功
113	832394	佳龙科技	2015－10－26	发行成功
114	831727	中钢网	2015－10－27	发行成功
115	833933	诸葛天下	2015－10－28	发行成功
116	831785	恒远利废	2015－10－28	发行成功
117	430282	优睿传媒	2015－11－2	发行成功
118	832236	丰源股份	2015－11－6	发行成功
119	430080	尚水股份	2015－11－6	发行成功
120	834002	易构软件	2015－11－11	发行成功
121	831009	合锐赛尔	2015－11－17	发行成功
122	832286	凯翔生物	2015－11－17	发行成功
123	832642	确信信息	2015－11－18	发行成功
124	832342	思普润	2015－11－19	发行成功
125	430731	凯地钻探	2015－11－23	发行成功
126	832671	冠宇科技	2015－11－24	发行成功
127	830957	佳成科技	2015－11－27	发行成功
128	830957	佳成科技	2015－11－27	发行成功
129	832329	吉成园林	2015－11－30	发行成功
130	430111	北京航峰	2015－11－30	发行成功
131	430309	易所试	2015－11－30	发行成功
132	832444	蓝海骆驼	2015－12－2	发行成功
133	832118	华网智能	2015－12－10	发行成功
134	832597	中移能	2015－12－11	发行成功
135	831745	考迈托	2015－12－11	发行成功
136	834729	朗朗教育	2015－12－14	发行成功
137	834727	天茂新材	2015－12－15	发行成功
138	835007	战诚电子	2015－12－18	发行成功
139	835077	博宁福田	2015－12－21	发行成功
140	834880	泰华智慧	2015－12－22	发行成功
141	834580	天线宝宝	2015－12－23	发行成功
142	831440	友旭科技	2015－12－23	发行成功
143	834957	上海凯鑫	2015－12－28	发行成功
144	834957	上海凯鑫	2015－12－28	发行成功
145	832564	富特股份	2015－12－29	发行成功
146	831579	三信股份	2015－12－29	发行成功
147	832444	蓝海骆驼	2016－1－5	发行成功
148	832607	安华生物	2016－1－6	发行成功
149	831892	新玻电力	2016－1－6	发行成功
150	831923	三金科技	2016－1－6	发行成功
151	832442	思必拓	2016－1－6	发行成功
152	430728	五岳钻具	2016－1－7	发行成功
153	430498	嘉网股份	2016－1－8	发行成功
154	832150	和佐股份	2016－1－8	发行成功

155	430110	百拓科技	2016－1－8	发行成功
156	832818	正海合泰	2016－1－12	发行成功
157	430291	中试电力	2016－1－14	发行成功
158	831153	全通服	2016－1－18	发行成功
159	831975	温迪数字	2016－1－18	发行成功
160	832303	广安车联	2016－1－21	发行成功
161	832303	广安车联	2016－1－21	发行成功
162	831519	百正新材	2016－1－22	发行成功
163	833292	泰然科技	2016－1－26	发行成功
164	832955	七丹药业	2016－1－26	发行成功
165	831770	同智科技	2016－1－29	发行成功
166	430215	必可测	2016－1－29	发行成功
推荐定向发行次数		166		
推荐定向发行成功次数		166		
推荐定向发行失败次数		0		
推荐原代办股份转让系统的两网公司及退市公司挂牌情况				
序号	股份代码	公司名称		
推荐原代办股份转让系统的两网公司及退市公司家数		0		

三、部门设置

经纪业务				
人员	姓名	固定电话	传真	Email
经纪业务联络人	王海涛	0531－68889169	0531－68889185	wht5582@163.com
推荐业务				
人员	姓名	固定电话	传真	Email
推荐业务联络人	沈剑欣	010－59013888	010－59013777	654410588@qq.com
推荐业务联络人	魏蔚	0531－68889910	0531－68889883	ww060623@sina.com

山西证券股份有限公司

一、公司简介及概况

公司简介	公司名称	山西证券股份有限公司				
	成立日期	1988－7－28	法定代表人	侯巍	总经理	侯巍
	注册资本（万元）	251,872.52	净资产*（万元）	732,588.32	净资本*（万元）	397,974.95
	注册地址	山西省太原市府西街69号山西国际贸易中心东塔楼			营业部家数	78
	办公地址	山西省太原市府西街69号山西国际贸易中心东塔楼			邮编	030002
	公司网址	www.sxzq.net	电子邮箱	sxzq@i618.com.cn	经营证券业务许可证编号	10680000
	注：*经审计的最近年度净资产和净资本					
	证监会批准从事的证券业务			证券经纪；证券自营；证券资产管理；证券投资咨询；与证券交易、证券投资活动有关的财务顾问；证券投资基金代销；为期货公司提供中间介绍业务；融资融券；代销金融产品；公开募集证券投资基金管理业务。		
	在全国股份转让系统从事的业务种类			经纪业务，推荐业务，做市业务		

公司概况	山西证券股份有限公司成立于1988年7月,是全国首批证券公司之一。2010年11月15日正式在深圳证券交易所挂牌上市,股票代码002500。公司注册资本25.1872亿元。设有分公司14家(管辖63家证券营业部)、总部直辖营业部15家,期货营业网点26家,分别分布在山西各地市、主要县区及北京、上海、天津、深圳、重庆、西安、宁波、大连、济南、福州等地,形成了以国内主要城市为前沿,重点城市为中心,覆盖山西、面向全国的业务发展框架,为八十多万客户提供全面、优质的专业服务。公司与全球知名投资银行——德意志银行合资设立中德证券有限责任公司,其从事的主要业务为股票(包括人民币普通股、外资股)和债券(包括政府债券、公司债券)的承销与保荐;公司全资控股格林大华期货有限公司,其从事的主要业务为商品期货经纪与金融期货经纪,2015年7月成立格林大华资产管理(香港)有限公司及格林大华证券(香港)有限公司;公司设立直投业务子公司—龙华启富投资有限责任公司,其主要从事的业务为投资管理、项目投资、财务顾问、经济信息咨询等。未来的山西证券将继续秉承诚信为本、以义制利、专业服务的经营理念,坚持让投资更明白的服务理念,持续丰富公司发展历程中专业化、规模化、品牌化、集团化和国际化的内涵,努力把公司建设成为有特色、有品牌、有竞争力的一流券商。

二、业务动态

推荐挂牌情况				
序号	股份代码	公司名称	挂牌日期	公司状态
1	430060	永邦科技	2009-08-26	挂牌
2	430087	富电绿能	2011-05-31	挂牌
3	430096	航天宏达	2011-08-30	挂牌
4	430103	天大清源	2012-01-18	挂牌
5	430133	赛孚制药	2012-08-01	挂牌
6	430523	泰谷生物	2014-01-24	挂牌
7	430602	腾旋科技	2014-01-24	挂牌
8	430522	超弦科技	2014-01-24	挂牌
9	430697	宝石金卡	2014-04-11	挂牌
10	830913	中北通磁	2014-08-08	挂牌
11	830914	海赛电装	2014-08-11	挂牌
12	831102	湘佳牧业	2014-08-21	挂牌
13	831107	金科信息	2014-08-22	挂牌
14	831032	景睿策划	2014-08-29	挂牌
15	831129	领信股份	2014-09-01	挂牌
16	831174	全密封	2014-10-13	挂牌
17	831319	绿蔓生物	2014-11-07	挂牌
18	831296	奥拓福	2014-12-04	挂牌
19	831418	三合盛	2014-12-05	挂牌
20	831487	山大合盛	2014-12-10	挂牌
21	831090	锡成矿业	2014-12-10	挂牌
22	831814	富岛科技	2015-01-27	挂牌
23	831989	晋桦豹	2015-02-16	挂牌
24	832306	崇峻股份	2015-04-22	挂牌
25	832347	太矿电气	2015-05-07	挂牌
26	832382	阳光小贷	2015-05-11	挂牌
27	832585	精英科技	2015-06-24	挂牌
28	832773	寰烁股份	2015-07-24	挂牌
29	833262	奥神新材	2015-08-17	挂牌
30	833303	恒光科技	2015-08-17	挂牌
31	833332	多尔晋泽	2015-08-18	挂牌
32	833349	鼎隆智装	2015-08-26	挂牌
33	833302	羌山农牧	2015-09-02	挂牌
34	833381	宏安翔	2015-09-10	挂牌

35	833479	朗德金燕	2015－10－16	挂牌
36	833688	天赐钙业	2015－10－19	挂牌
37	833704	千里马	2015－10－20	挂牌
38	834045	泰和鑫	2015－10－30	挂牌
39	833965	科创股份	2015－11－04	挂牌
40	834486	德佑电气	2015－11－30	挂牌
41	834481	普峰旅行	2015－12－04	挂牌
42	834767	爱富希	2015－12－11	挂牌
43	834916	成功通航	2015－12－11	挂牌
44	835036	众联能创	2015－12－23	挂牌
45	835181	中阳股份	2015－12－28	挂牌
46	835309	凯成股份	2016－01－04	挂牌
47	835377	常乐铜业	2016－01－07	挂牌
48	835342	鑫众科技	2016－01－15	挂牌
目前已推荐挂牌公司家数		48		
撤回材料及申请被否公司家数		0		
正在挂牌公司家数		48		
已上市公司家数		0		
已被终止挂牌公司家数		0		
推荐定向发行情况				
序号	股份代码	公司名称	发行日期	公司状态
1	430133	天大清源	2013－9－4	发行成功
2	430523	泰谷生物	2015－2－13	发行成功
3	430522	超弦科技	2015－3－30	发行成功
4	831129	领信股份	2015－3－31	发行成功
5	831296	奥拓福	2015－4－9	发行成功
6	831319	绿蔓生物	2015－5－25	发行成功
7	830914	海赛电装	2015－8－26	发行成功
8	831487	山大合盛	2015－8－27	发行成功
9	832347	太矿电气	2015－8－27	发行成功
10	430087	富电绿能	2015－8－27	发行成功
11	831418	三合盛	2015－8－27	发行成功
12	831174	全密封	2015－9－11	发行成功
13	430060	永邦科技	2015－9－28	发行成功
14	430087	富电绿能	2015－12－14	
推荐定向发行次数		14		
推荐定向发行成功次数		13		
推荐定向发行失败次数		0		
推荐原代办股份转让系统的两网公司及退市公司挂牌情况				
序号	股份代码	公司名称		
推荐原代办股份转让系统的两网公司及退市公司家数		0		

三、部门设置

经纪业务				
人员	姓名	固定电话	传真	Email
经纪业务联络人	任祥海	0351－8686817	0351－8686889	renxianghai@ sxzq. com
经纪业务联络人	李并	0351－8686890	0351－8686889	libing@ sxzq. com

推荐业务				
人员	姓名	固定电话	传真	Email
推荐业务联络人	李莉	010 - 82190311	010 - 82190374	lili3@ sxzq. com
推荐业务联络人	乔丽	010 - 82190369	010 - 82190374	qiaoli@ sxzq. com

东北证券股份有限公司

一、公司简介及概况

公司简介	公司名称	东北证券股份有限公司				
	成立日期	1992 - 7 - 12	法定代表人	李福春	总经理	何俊岩
	注册资本（万元）	97,858.30	净资产 *（万元）	754,153.39	净资本 *（万元）	410,896.92
	注册地址	长春市自由大路 1138 号			营业部家数	83
	办公地址	长春市自由大路 1138 号			邮编	130021
	公司网址	www. nesc. cn	电子邮箱	dbzq@ nesc. cn	经营证券业务许可证编号	Z21622000
	注：* 经审计的最近年度净资产和净资本					
	证监会批准从事的证券业务			证券经纪；证券投资咨询；与证券交易、证券投资活动有关的财务顾问；证券承销与保荐；证券自营；证券资产管理；融资融券；证券投资基金代销；为期货公司提供中间介绍业务。		
	在全国股份转让系统从事的业务种类			经纪业务，推荐业务，做市业务		
公司概况	东北证券股份有限公司（以下简称“公司”）前身为吉林省证券有限责任公司。2000 年 6 月经中国证监会批准，经过增资扩股成立东北证券有限责任公司。2007 年 8 月，东北证券有限责任公司与上市公司锦州经济技术开发区六陆实业股份有限公司重组，并更名为“东北证券股份有限公司”。2007 年 8 月 27 日，公司在深圳证券交易所挂牌上市，股票简称为“东北证券”，股票代码为 000686。 公司开展全面证券业务，包括证券经纪业务、证券承销与保荐业务（含代办股份转让业务）、证券自营业务、证券资产管理业务，证券投资咨询（含财务顾问）、IB 业务资格、直投业务等业务。公司内设 16 个部门，4 个分公司，2 个代表处，现有员工 3000 多人。公司设立全资直投子公司东证融通投资管理有限公司，控股渤海期货有限公司，参股东方基金管理有限责任公司和银华基金管理有限公司。2011 年公司被中国证监会评为 A 类证券公司。 2007 年 11 月东北证券入选“深证 100 指数样本股”；2008 年 6 月，东北证券入选“沪深 300 指数样本股”、“沪深 300 行业指数样本股”、“沪深 300 成长指数样本股”。公司肩负“关爱资本、富足社会”的使命，坚持“一切以客户收益为重，一切以股东权益为重，一切以员工利益为重，一切以社会效益为重”的理念，在竞争中成长、在创新中收获、在服务中共赢。公司致力于建立和谐的经营管理团队，通过充分调动全体员工的积极性，从根本上提高公司的创利能力，回报股东，回报社会。					

二、业务动态

推荐挂牌情况				
序号	股份代码	公司名称	挂牌日期	公司状态
1	430049	双杰电气	2009 - 02 - 18	已上市
2	430088	七维航测	2011 - 05 - 31	挂牌
3	430137	润天股份	2012 - 09 - 28	挂牌
4	430148	科能腾达	2012 - 09 - 28	挂牌
5	430290	和隆优化	2013 - 08 - 05	挂牌
6	430351	爱科凯能	2013 - 11 - 15	挂牌
7	430346	哇棒传媒	2013 - 12 - 04	挂牌
8	430417	良才股份	2014 - 01 - 24	挂牌
9	430398	励图科技	2014 - 01 - 24	挂牌

10	430381	阿兰德	2014－01－24	挂牌
11	430409	天泉鑫膜	2014－01－24	挂牌
12	430408	帝信通信	2014－01－24	挂牌
13	430415	钟舟电气	2014－01－24	挂牌
14	430587	福格森	2014－01－24	已被终止挂牌
15	430578	差旅天下	2014－01－24	挂牌
16	430527	正武股份	2014－01－24	挂牌
17	430474	恒裕灯饰	2014－01－24	挂牌
18	430652	三联泵业	2014－02－21	挂牌
19	830790	希迈气象	2014－06－10	挂牌
20	830986	伊科耐	2014－08－11	挂牌
21	830976	电通微电	2014－08－13	挂牌
22	831117	维恩贝特	2014－08－21	挂牌
23	831072	瑞聚股份	2014－08－21	挂牌
24	831123	大成空间	2014－08－21	挂牌
25	831010	天佳科技	2014－08－21	挂牌
26	831116	腾远食品	2014－08－22	挂牌
27	831073	瑞恒科技	2014－08－22	挂牌
28	831070	威尔圣	2014－08－22	挂牌
29	831020	华阳密封	2014－08－22	挂牌
30	831078	斯科电气	2014－08－29	挂牌
31	831077	中鼎科技	2014－08－29	挂牌
32	831061	中瀛鑫	2014－08－29	挂牌
33	831158	金鲵生物	2014－09－25	挂牌
34	831218	成丰股份	2014－10－17	挂牌
35	831266	一铭软件	2014－11－06	挂牌
36	831313	中超新材	2014－11－07	挂牌
37	831328	科耐特	2014－11－11	挂牌
38	831327	飞翼股份	2014－11－12	挂牌
39	831336	苏丝股份	2014－11－19	挂牌
40	831377	有友食品	2014－11－20	挂牌
41	831409	华油科技	2014－12－03	挂牌
42	831431	东南光电	2014－12－03	挂牌
43	831470	创通信息	2014－12－08	挂牌
44	831476	硕源科技	2014－12－11	挂牌
45	831552	庆东农科	2014－12－26	挂牌
46	831604	世纪网通	2015－01－08	挂牌
47	831674	奥特多	2015－01－09	挂牌
48	831679	易点科技	2015－01－12	挂牌
49	831704	九如环境	2015－01－12	挂牌
50	831759	天河化纤	2015－01－15	挂牌
51	831812	宇寿医疗	2015－01－19	已被终止挂牌
52	831805	微企信息	2015－01－20	挂牌
53	831842	名冠股份	2015－01－22	挂牌
54	831770	同智科技	2015－01－22	挂牌
55	831874	畅想软件	2015－01－23	挂牌
56	831735	国瑞升	2015－01－23	挂牌
57	831867	延利饰件	2015－01－23	挂牌
58	831901	隆科兴	2015－01－28	挂牌

59	831862	致力科技	2015 - 01 - 30	挂牌
60	831910	梦地自控	2015 - 02 - 03	挂牌
61	831944	卓耐普	2015 - 03 - 17	挂牌
62	832128	喜之家	2015 - 03 - 17	挂牌
63	832247	晶品新材	2015 - 04 - 09	挂牌
64	832339	远大宏略	2015 - 04 - 16	挂牌
65	832354	益运股份	2015 - 04 - 21	挂牌
66	832451	神州电子	2015 - 05 - 12	挂牌
67	832505	运维电力	2015 - 05 - 28	挂牌
68	832508	白马数控	2015 - 05 - 29	挂牌
69	832558	爽口源	2015 - 06 - 11	挂牌
70	832559	熊猫乳业	2015 - 06 - 16	挂牌
71	832568	阿波罗	2015 - 06 - 17	挂牌
72	832644	固泰新材	2015 - 06 - 19	挂牌
73	832661	蓝太平洋	2015 - 06 - 19	挂牌
74	832630	诺之股份	2015 - 06 - 23	挂牌
75	832649	医模科技	2015 - 07 - 01	挂牌
76	832744	瑞风协同	2015 - 07 - 15	挂牌
77	832928	曼氏生物	2015 - 07 - 21	挂牌
78	832854	紫光新能	2015 - 07 - 21	挂牌
79	832850	大泽电极	2015 - 07 - 22	挂牌
80	832962	汉尧环保	2015 - 07 - 23	挂牌
81	832962	悦居智能	2015 - 07 - 23	挂牌
82	832930	徕兹科技	2015 - 07 - 29	挂牌
83	833025	天佳生物	2015 - 07 - 30	挂牌
84	833058	触动时代	2015 - 07 - 30	挂牌
85	833150	安宁创新	2015 - 07 - 30	挂牌
86	833154	希尔股份	2015 - 08 - 03	挂牌
87	833120	瑞铁股份	2015 - 08 - 05	挂牌
88	833188	画店文化	2015 - 08 - 07	挂牌
89	833167	乐邦科技	2015 - 08 - 11	挂牌
90	833168	海润传播	2015 - 08 - 11	挂牌
91	833195	天强制药	2015 - 08 - 17	挂牌
92	833350	海印环保	2015 - 08 - 17	挂牌
93	833147	华江环保	2015 - 08 - 18	挂牌
94	833333	科雷斯普	2015 - 08 - 18	挂牌
95	833384	新在线·	2015 - 08 - 26	挂牌
96	833427	同济设计	2015 - 08 - 27	挂牌
97	833536	香堤湾	2015 - 09 - 16	挂牌
98	833813	中超环保	2015 - 10 - 19	挂牌
99	833956	三和生物	2015 - 10 - 28	挂牌
100	833937	嘉诚信息	2015 - 10 - 28	挂牌
101	833893	亿民照明	2015 - 10 - 28	挂牌
102	833585	千叶珠宝	2015 - 10 - 29	挂牌
103	833896	海诺尔	2015 - 11 - 02	挂牌
104	832992	神戎电子	2015 - 11 - 04	挂牌
105	834202	纵横六合	2015 - 11 - 06	挂牌
106	833935	明游天下	2015 - 11 - 06	挂牌
107	834025	赛思信安	2015 - 11 - 10	挂牌

108	834118	爱尔发	2015－11－13	挂牌
109	834149	动信通	2015－11－13	挂牌
110	834091	平安租赁	2015－11－16	挂牌
111	834192	中钜铖	2015－11－17	挂牌
112	834020	东霖食品	2015－11－20	挂牌
113	834188	华立材料	2015－11－23	挂牌
114	834285	艾维普思	2015－11－30	挂牌
115	834276	澳冠智能	2015－11－30	挂牌
116	834752	蓬莱海洋	2015－12－04	挂牌
117	834795	鑫玉龙	2015－12－07	挂牌
118	834638	宝利明威	2015－12－07	挂牌
119	834723	春腾网络	2015－12－11	挂牌
120	834611	老肯医疗	2015－12－14	挂牌
121	835002	维冠视界	2015－12－14	挂牌
122	834696	海通基业	2015－12－15	挂牌
123	835000	锐讯股份	2015－12－15	挂牌
124	834999	上游文旅	2015－12－16	挂牌
125	834819	玛诺生物	2015－12－17	挂牌
126	835065	竹远科创	2015－12－18	挂牌
127	834930	奥视股份	2015－12－21	挂牌
128	835017	中研高塑	2015－12－21	挂牌
129	835110	泛远国际	2015－12－28	挂牌
130	835290	正旭科技	2015－12－29	挂牌
131	835048	龙云旅游	2015－12－30	挂牌
132	835262	佳乐股份	2015－12－30	挂牌
133	834716	至臻传媒	2015－12－30	挂牌
134	835282	梅珑体育	2015－12－31	挂牌
135	835203	亚微软件	2015－12－31	挂牌
136	835366	泰鑫小贷	2016－01－05	挂牌
137	835352	量邦科技	2016－01－06	挂牌
138	835460	尊宝智控	2016－01－07	挂牌
139	835359	百通能源	2016－01－07	挂牌
140	835500	百丞税务	2016－01－11	挂牌
141	835419	哟哈股份	2016－01－11	挂牌
142	835586	景典传媒	2016－01－12	挂牌
143	835597	防护科技	2016－01－12	挂牌

目前已推荐挂牌公司家数	143
撤回材料及申请被否公司家数	0
正在挂牌公司家数	140
已上市公司家数	1
已被终止挂牌公司家数	2

推荐定向发行情况

序号	股份代码	公司名称	发行日期	公司状态
1	430049	双杰电气	2012－3－1	发行成功
2	430088	七维航测	2012－10－31	发行成功
3	430148	科能腾达	2013－8－21	发行成功
4	430415	钟舟电气	2014－1－22	发行成功
5	430346	哇棒传媒	2014－1－27	发行成功
6	831123	大成空间	2014－6－29	发行成功

7	430088	七维航测	2014－7－7	发行成功
8	430148	科能腾达	2014－8－21	发行成功
9	430415	钟舟电气	2014－8－22	发行成功
10	430474	恒裕灯饰	2014－9－12	发行成功
11	430351	爱科凯能	2014－11－11	发行成功
12	430346	哇棒传媒	2014－11－13	发行成功
13	831116	腾远食品	2014－12－9	发行成功
14	831476	硕源科技	2014－12－11	发行成功
15	430346	哇棒传媒	2015－1－8	发行成功
16	430409	天泉鑫膜	2015－1－21	发行成功
17	430088	七维航测	2015－2－4	发行成功
18	430578	差旅天下	2015－3－18	发行成功
19	831117	维恩贝特	2015－4－3	发行成功
20	831117	维恩贝特	2015－4－3	发行成功
21	831604	世纪网通	2015－4－4	发行成功
22	832339	远大宏略	2015－4－16	发行成功
23	831266	一铭软件	2015－4－24	发行成功
24	831061	中瀛鑫	2015－5－14	发行成功
25	831061	中瀛鑫	2015－5－14	发行成功
26	831020	华阳密封	2015－6－5	发行成功
27	832644	固泰新材	2015－6－9	发行成功
28	832744	瑞风协同	2015－6－11	发行成功
29	832559	熊猫乳业	2015－6－16	发行成功
30	831010	天佳科技	2015－6－24	发行成功
31	832568	阿波罗	2015－6－24	发行成功
32	831476	硕源科技	2015－7－3	发行成功
33	831072	瑞聚股份	2015－7－7	发行成功
34	831072	瑞聚股份	2015－7－7	发行成功
35	831266	一铭软件	2015－7－8	发行成功
36	831805	微企信息	2015－7－11	发行成功
37	830976	电通微电	2015－7－31	发行成功
38	833120	瑞铁股份	2015－8－5	发行成功
39	430148	科能腾达	2015－8－7	发行成功
40	831604	世纪网通	2015－8－12	发行成功
41	831874	畅想软件	2015－8－14	发行成功
42	833147	华江环保	2015－8－18	发行成功
43	430290	和隆优化	2015－8－21	发行成功
44	833384	新在线·	2015－8－26	发行成功
45	832247	晶品新材	2015－8－26	发行成功
46	831117	维恩贝特	2015－9－1	发行成功
47	832354	益运股份	2015－9－3	发行成功
48	832505	运维电力	2015－9－10	发行成功
49	831266	一铭软件	2015－9－10	发行成功
50	430409	天泉鑫膜	2015－9－15	发行成功
51	430346	哇棒传媒	2015－9－15	发行成功
52	831073	瑞恒科技	2015－9－16	发行成功
53	831073	瑞恒科技	2015－9－16	发行成功
54	832558	爽口源	2015－9－17	发行成功
55	830976	电通微电	2015－9－22	发行成功

56	834192	中钜铖	2015－11－17	发行成功
57	835048	龙云旅游	2015－12－30	发行成功
58	835419	哟哈股份	2016－1－11	发行成功
推荐定向发行次数		58		
推荐定向发行成功次数		58		
推荐定向发行失败次数		0		
推荐原代办股份转让系统的两网公司及退市公司挂牌情况				
序号	股份代码	公司名称		
推荐原代办股份转让系统的两网公司及退市公司家数		0		

三、部门设置

经纪业务				
人员	姓名	固定电话	传真	Email
经纪业务联络人	隋莹	0431－8509729	0431－85096534	suiy@ nesc. cn
经纪业务联络人	季莹	0431－85096827	0431－85096534	jiy@ nesc. cn
推荐业务				
人员	姓名	固定电话	传真	Email
推荐业务联络人	李博文	010－63210675	010－63210701	bowen16@ foxmail. com
推荐业务联络人	何宇	010－63210648	010－63210701	466968998@ qq. com

国海证券股份有限公司

一、公司简介及概况

公司简介	公司名称	国海证券股份有限公司				
	成立日期	1993－6－28	法定代表人	何春梅	总经理	何春梅
	注册资本（万元）	231,036.13	净资产＊（万元）	656,845.63	净资本＊（万元）	475,377.06
	注册地址	广西壮族自治区桂林市辅星路13号			营业部家数	84
	办公地址	广西壮族自治区南宁市滨湖路46号国海大厦			邮编	530028
	公司网址	www. ghzq. com. cn	电子邮箱	zcbgs@ ghzq. com. cn	经营证券业务许可证编号	10240000
	注：＊经审计的最近年度净资产和净资本					
	证监会批准从事的证券业务			证券经纪；证券投资咨询；与证券交易、证券投资活动有关的财务顾问；证券承销与保荐；证券自营；证券资产管理；融资融券；证券投资基金代销；为期货公司提供中间介绍业务；代销金融产品。		
	在全国股份转让系统从事的业务种类			经纪业务，推荐业务，做市业务		
公司概况	国海证券股份有限公司前身为广西证券公司，1988年经中国人民银行批准正式设立，是国内首批设立并在广西区内注册的唯一一家全国性证券公司。2001年，公司增资扩股并更名为国海证券有限责任公司。2011年8月，公司借壳桂林集琦药业股份有限公司在国内A股市场上市，更名为国海证券股份有限公司（股票代码：000750），成为国内第16家上市券商。2015年2月13日，公司完成非公开发行2015年次级债券（第一期）的发行工作，募集资金总额40亿元，使公司净资本规模得到提升，为公司的创新发展提供了资本保障。截至2014年末，公司总股本23.10亿元，净资本47.54亿元，合并总资产264.20亿元，合并净资产65.68亿元。公司拥有6家分公司、71家营业部，营业网点覆盖全国14个省级区域，并控股国海富兰克林基金管理有限公司和国海良时期货有限公司，全资设立国海创新资本投资管理有限公司，融证券、基金、期货、直投等多元业务为一体的金融服务企业。目前，公司是广西唯一一家入选“深证100指数”的上市公司，并成功跻身有证券市场整体走势“晴雨表”之称的“沪深300”指数。					

二、业务动态

推荐挂牌情况				
序号	股份代码	公司名称	挂牌日期	公司状态
1	430050	博朗环境	2009－02－18	挂牌
2	430124	汉唐自远	2012－06－08	挂牌
3	430352	慧网通达	2013－11－15	挂牌
4	430452	汇龙科技	2014－01－24	挂牌
5	430463	春茂股份	2014－01－24	挂牌
6	430463	汽牛股份	2014－01－24	挂牌
7	830782	泰安众诚	2014－06－04	挂牌
8	830951	西安同大	2014－08－01	挂牌
9	831067	根力多	2014－08－20	挂牌
10	831030	卓华信息	2014－08－20	挂牌
11	831163	艾新材料	2014－09－25	挂牌
12	831300	同创股份	2014－11－07	挂牌
13	831437	天劲股份	2014－11－28	挂牌
14	831531	康雅股份	2014－12－12	挂牌
15	831609	壹加壹	2014－12－31	挂牌
16	832077	合成药业	2015－03－04	挂牌
17	832079	华邦股份	2015－03－06	挂牌
18	832246	润天智	2015－04－09	挂牌
19	832269	耶萨智能	2015－04－15	挂牌
20	832366	英伦信息	2015－04－21	挂牌
21	832438	润港林业	2015－05－11	挂牌
22	832458	红枫种苗	2015－05－18	挂牌
23	832470	万里运业	2015－05－20	挂牌
24	832549	苏船动力	2015－05－22	挂牌
25	832823	柳州电机	2015－07－06	挂牌
26	832761	煜鹏通讯	2015－07－15	挂牌
27	832829	汉术化学	2015－07－16	挂牌
28	832758	鑫甬生物	2015－07－20	挂牌
29	832751	金秋科技	2015－07－22	挂牌
30	832936	万达重工	2015－07－23	挂牌
31	832832	禹鼎电子	2015－07－24	挂牌
32	833081	顺博合金	2015－07－28	挂牌
33	833138	长江材料	2015－07－30	挂牌
34	833108	博冠科技	2015－07－31	挂牌
35	833209	苏州园林	2015－08－06	挂牌
36	833181	泰久信息	2015－08－17	挂牌
37	833265	润杰农科	2015－08－18	挂牌
38	833407	亚华智库	2015－08－26	挂牌
39	833486	前程人力	2015－09－08	挂牌
40	833515	禾美农业	2015－09－09	挂牌
41	833404	飞日科技	2015－09－18	挂牌
42	833724	威尔弗	2015－10－07	挂牌
43	833682	福特科	2015－10－09	挂牌
44	833782	天锐医药	2015－10－19	挂牌
45	833924	华讯投资	2015－10－29	挂牌
46	834245	易普森	2015－11－10	挂牌

47	834251	兴源仪表	2015－11－10	挂牌
48	834283	好百年	2015－11－16	挂牌
49	834364	固尔邦	2015－11－17	挂牌
50	834051	汇隆精密	2015－11－20	挂牌
51	834341	杰西医药	2015－11－24	挂牌
52	834362	润和天泽	2015－11－27	挂牌
53	834537	中焯股份	2015－12－02	挂牌
54	834875	喷施宝	2015－12－09	挂牌
55	834499	喜相逢	2015－12－11	挂牌
56	834635	航宇科技	2015－12－15	挂牌
57	835059	桂牛乳业	2015－12－21	挂牌
58	834591	华富储能	2016－01－05	挂牌
59	835525	福建佳乐	2016－01－15	挂牌
60	833588	九州方园	2016－09－17	挂牌
61	833870	创想天空	2016－10－16	挂牌
目前已推荐挂牌公司家数		61		
撤回材料及申请被否公司家数		0		
正在挂牌公司家数		61		
已上市公司家数		0		
已被终止挂牌公司家数		0		
推荐定向发行情况				
序号	股份代码	公司名称	发行日期	公司状态
1	430050	博朗环境	2013－11－11	发行成功
2	831163	艾新材料	2014－9－22	发行成功
3	830782	泰安众诚	2014－10－28	发行成功
4	831030	卓华信息	2015－1－16	发行成功
5	831030	卓华信息	2015－2－5	发行成功
6	831609	壹加壹	2015－2－28	发行成功
7	831437	天劲股份	2015－4－27	发行成功
8	430452	汇龙科技	2015－4－27	发行成功
9	831030	卓华信息	2015－5－7	发行成功
10	831437	天劲股份	2015－5－12	发行成功
11	831030	卓华信息	2015－5－22	发行成功
12	831437	天劲股份	2015－6－4	发行成功
13	430124	汉唐自远	2015－6－18	发行成功
14	430124	汉唐自远	2015－6－19	发行成功
15	832079	华邦股份	2015－6－24	发行成功
16	832936	万达重工	2015－8－7	发行成功
17	832936	万达重工	2015－8－10	发行成功
18	832077	合成药业	2015－8－12	发行成功
19	833407	亚华智库	2015－8－12	发行成功
20	830951	西安同大	2015－8－14	发行成功
21	833181	泰久信息	2015－8－17	发行成功
22	832438	润港林业	2015－8－27	发行成功
23	832458	红枫种苗	2015－9－1	发行成功
24	832246	润天智	2015－9－18	发行成功
25	834537	中焯股份	2015－10－29	发行成功
26	832470	万里运业	2015－11－24	发行成功
27	430463	春茂股份	2015－12－1	发行成功

28	430124	汉唐自远	2015－12－4	发行成功
29	833682	福特科	2015－12－8	发行成功
30	832438	润港林业	2015－12－24	发行成功
31	833138	长江材料	2015－12－31	发行成功
32	831067	根力多	2016－1－16	发行成功
33	833486	前程人力	2016－1－28	发行成功
34	832366	英伦信息	2016－10－13	发行成功
推荐定向发行次数		34		
推荐定向发行成功次数		34		
推荐定向发行失败次数		0		
推荐原代办股份转让系统的两网公司及退市公司挂牌情况				
序号	股份代码	公司名称		
推荐原代办股份转让系统的两网公司及退市公司家数		0		

三、部门设置

经纪业务				
人员	姓名	固定电话	传真	Email
经纪业务联络人	毛思宇	0771－5567392	0771－5539578	maosy@ghzq.com.cn
经纪业务联络人	韦点湛	0771－5551619	0771－5539578	weidz@ghzq.com.cn
推荐业务				
人员	姓名	固定电话	传真	Email
推荐业务联络人	孙艺萌	0755－88608101	0755－83716971	sunym@ghzq.com.cn
推荐业务联络人	唐新	0755－83716757	0755－83716971	tangx01@ghzq.com.cn

东吴证券股份有限公司

一、公司简介及概况

公司简介	公司名称	东吴证券股份有限公司				
	成立日期	1993－4－10	法定代表人	范力	总经理	范力
	注册资本（万元）	270,000	净资产*（万元）	1,380,782.18	净资本*（万元）	872,326.63
	注册地址	江苏省苏州工业园区星阳街5号			营业部家数	101
	办公地址	江苏省苏州工业园区星阳街5号			邮编	215021
	公司网址	www.dwzq.com.cn	电子邮箱	dwzqdb@gsjq.com.cn	经营证券业务许可证编号	Z23232000
	注：*经审计的最近年度净资产和净资本					
	证监会批准从事的证券业务			证券经纪；证券投资咨询；与证券交易、证券投资活动有关的财务顾问；证券承销与保荐；证券自营；证券资产管理；证券投资基金代销；为期货公司提供中间介绍业务；融资融券业务；代销金融产品业务。		
	在全国股份转让系统从事的业务种类			经纪业务，推荐业务，做市业务		
公司概况	东吴证券股份有限公司（以下简称“东吴证券”或“公司”），前身为成立于1993年的苏州证券。2010年5月28日，东吴证券有限责任公司改制并更名为东吴证券股份有限公司。2011年11月23日，经中国证券监督管理委员会核准，东吴证券向社会公开发行5亿股普通A股股票，并于2011年12月12日在上海证券交易所挂牌上市交易，股票简称“东吴证券”，股票代码“601555”。通过登陆资本市场，东吴证券进一步完善了公司治理机构，实现了新的飞跃。公司总部及注册地在苏州，注册资本金27亿元。					

公司概况	目前公司下属北京、上海、深圳、南京、昆山、常熟、张家港、吴江、太仓、无锡、常州等16个分公司(含筹建),拥有101家(含筹建)证券营业网点,并控股东吴基金管理有限公司,东吴期货有限公司,下设全资子公司东吴创业投资有限公司,东吴创新资本管理有限责任公司。 作为总部在苏州的唯一一家综合性证券公司,东吴证券依托的苏州市场综合经济实力、人均GDP、人均存款等均居于全国前列,且近十年保持快速发展势头,使得公司业务具有良好的客户基础。一直以外,东吴证券以苏州为根据地,深耕细作,走出了一条区域性券商的独特发展道路。

二、业务动态

推荐挂牌情况				
序号	股份代码	公司名称	挂牌日期	公司状态
1	430055	达通通信	2009-04-28	挂牌
2	430058	意诚信通	2009-08-05	挂牌
3	430144	煦联得	2012-09-07	挂牌
4	430162	聚利科技	2012-11-02	挂牌
5	430178	白虹软件	2012-12-25	挂牌
6	430246	佳星慧盟	2013-07-23	挂牌
7	430277	福乐维	2013-08-08	挂牌
8	430579	龙源科技	2014-01-24	挂牌
9	430432	方林科技	2014-01-24	挂牌
10	430418	苏轴股份	2014-01-24	挂牌
11	430414	三光科技	2014-01-24	挂牌
12	430405	星火环境	2014-01-24	挂牌
13	430404	瑞腾科技	2014-01-24	挂牌
14	430401	声威电声	2014-01-24	挂牌
15	430393	三景科技	2014-01-24	挂牌
16	430388	苏大明世	2014-01-24	挂牌
17	430589	银河激光	2014-01-24	挂牌
18	430434	万泉河	2014-01-24	挂牌
19	430430	普滤得	2014-01-24	挂牌
20	430583	国贸酝领	2014-01-24	挂牌
21	430586	兴港包装	2014-01-24	挂牌
22	430585	中矿微星	2014-01-24	挂牌
23	830818	巨峰股份	2014-06-30	挂牌
24	830971	科特环保	2014-08-08	挂牌
25	830968	华电电气	2014-08-08	挂牌
26	830952	方兰德	2014-08-08	挂牌
27	830958	鑫庄农贷	2014-08-08	挂牌
28	830963	伽力森	2014-08-13	挂牌
29	831048	天成股份	2014-08-22	挂牌
30	831095	中网科技	2014-08-22	挂牌
31	831166	纳地股份	2014-09-25	挂牌
32	831221	聚阳环保	2014-10-17	挂牌
33	831214	中晶股份	2014-10-21	挂牌
34	831237	飞宇科技	2014-10-28	挂牌
35	831375	三强股份	2014-11-21	挂牌
36	831334	竞天科技	2014-11-27	挂牌
37	831410	天和科技	2014-12-03	挂牌
38	831485	科达建材	2014-12-10	挂牌
39	831506	昌信农贷	2014-12-10	挂牌
40	831447	明烁节能	2014-12-12	挂牌

41	831561	威孚热能	2014-12-18	挂牌
42	831558	阳光四季	2014-12-18	挂牌
43	831554	智博联	2014-12-18	挂牌
44	831532	君悦科技	2014-12-18	挂牌
45	831626	胜禹股份	2015-01-05	挂牌
46	831624	嘉成股份	2015-01-08	挂牌
47	831612	维艾普	2015-01-08	挂牌
48	831634	盛世股份	2015-01-12	挂牌
49	831641	格利尔	2015-01-13	挂牌
50	831763	康爱特	2015-01-15	挂牌
51	831808	神元生物	2015-01-16	挂牌
52	831832	科达自控	2015-01-27	挂牌
53	831934	宇迪光学	2015-02-16	挂牌
54	832117	腾冉电气	2015-03-09	挂牌
55	832064	同里印刷	2015-03-09	挂牌
56	832141	燎原环保	2015-03-13	挂牌
57	832152	华富股份	2015-03-16	挂牌
58	832151	听牧肉牛	2015-03-16	挂牌
59	832139	沃田农业	2015-03-16	挂牌
60	832179	达胜股份	2015-03-27	挂牌
61	832226	新阳升	2015-04-07	挂牌
62	832253	万琦威	2015-04-07	挂牌
63	832277	金泉股份	2015-04-08	挂牌
64	832264	普克科技	2015-04-08	挂牌
65	832311	兆科电子	2015-04-14	挂牌
66	832356	金华机械	2015-04-20	挂牌
67	832334	金呢股份	2015-04-20	挂牌
68	832369	江苏神农	2015-04-22	挂牌
69	832203	华燃油气	2015-04-30	挂牌
70	832400	微缔软件	2015-05-05	挂牌
71	832517	联邦化工	2015-05-27	挂牌
72	832627	锦达保税	2015-06-10	挂牌
73	832628	爱源股份	2015-06-12	挂牌
74	832633	伏泰科技	2015-06-16	挂牌
75	832670	数亮科技	2015-06-25	挂牌
76	832455	传视影视	2015-06-30	挂牌
77	832718	玖隆再生	2015-07-09	挂牌
78	832720	兴渝股份	2015-07-09	挂牌
79	832822	保正物流	2015-07-15	挂牌
80	832842	柯瑞工程	2015-07-20	挂牌
81	832838	华绿生物	2015-07-21	挂牌
82	832776	雨来科技	2015-07-21	挂牌
83	832887	克里爱	2015-07-23	挂牌
84	832990	创达新材	2015-07-24	挂牌
85	832970	东海证券	2015-07-27	挂牌
86	832904	高登威	2015-07-27	挂牌
87	832945	金长城	2015-07-27	挂牌
88	832997	宝丽洁	2015-07-29	挂牌
89	833027	阳光金服	2015-07-30	挂牌
90	833143	贝特创意	2015-07-30	挂牌

91	832890	超伟股份	2015－08－04	挂牌
92	833039	昶昱黄金	2015－08－04	挂牌
93	833117	润泰股份	2015－08－04	挂牌
94	833222	基业园林	2015－08－10	挂牌
95	833213	翼迈科技	2015－08－10	挂牌
96	833199	灵岩医疗	2015－08－11	挂牌
97	833231	天准科技	2015－08－11	挂牌
98	833281	派诺生物	2015－08－13	挂牌
99	833189	达诺尔	2015－08－17	挂牌
100	833345	中标科技	2015－08－25	挂牌
101	833429	康比特	2015－08－28	挂牌
102	833419	东仪核电	2015－08－31	挂牌
103	833388	大源股份	2015－09－01	挂牌
104	833436	奥杰股份	2015－09－01	挂牌
105	833540	建龙微纳	2015－09－17	挂牌
106	833626	捷程检测	2015－09－30	挂牌
107	833599	营财保安	2015－10－08	挂牌
108	833589	多维度	2015－10－09	挂牌
109	833750	长宁钻石	2015－10－19	挂牌
110	833703	瑞光科技	2015－10－20	挂牌
111	833634	辉达股份	2015－10－23	挂牌
112	833885	蝶讯网	2015－10－26	挂牌
113	833923	华辰净化	2015－10－27	挂牌
114	833952	宝优际	2015－10－27	挂牌
115	833803	勃朗科技	2015－10－29	挂牌
116	833883	春宇电子	2015－10－30	挂牌
117	833953	唯思软件	2015－10－30	挂牌
118	833948	康泰环保	2015－11－06	挂牌
119	834213	物管股份	2015－11－10	挂牌
120	834261	一诺威	2015－11－12	挂牌
121	834305	荣程股份	2015－11－13	挂牌
目前已推荐挂牌公司家数		121		
撤回材料及申请被否公司家数		0		
正在挂牌公司家数		121		
已上市公司家数		0		
已被终止挂牌公司家数		0		
推荐定向发行情况				
序号	股份代码	公司名称	发行日期	公司状态
1	430055	达通通信	2012－1－31	发行成功
2	430144	煦联得	2013－10－22	发行成功
3	430434	万泉河	2014－1－24	发行成功
4	430585	中矿微星	2014－1－24	发行成功
5	430393	三景科技	2014－6－24	发行成功
6	430405	星火环境	2014－6－27	发行成功
7	430583	国贸酝领	2014－8－6	发行成功
8	831048	天成股份	2014－8－22	发行成功
9	430430	普滤得	2014－10－28	发行成功
10	430430	普滤得	2015－1－29	发行成功
11	831214	中晶股份	2015－1－29	发行成功
12	430162	聚利科技	2015－2－3	发行成功

13	430393	三景科技	2015 - 3 - 11	发行成功
14	830971	科特环保	2015 - 3 - 18	发行成功
15	430434	万泉河	2015 - 3 - 24	发行成功
16	430162	聚利科技	2015 - 3 - 31	发行成功
17	430393	三景科技	2015 - 5 - 5	发行成功
18	831166	纳地股份	2015 - 5 - 6	发行成功
19	832139	沃田农业	2015 - 5 - 6	发行成功
20	430055	达通通信	2015 - 5 - 8	发行成功
21	831612	维艾普	2015 - 5 - 27	发行成功
22	832633	伏泰科技	2015 - 6 - 16	发行成功
23	831237	飞宇科技	2015 - 6 - 23	发行成功
24	832670	数亮科技	2015 - 6 - 25	发行成功
25	832455	传视影视	2015 - 6 - 30	发行成功
26	430144	煦联得	2015 - 7 - 10	发行成功
27	832151	听牧肉牛	2015 - 7 - 17	发行成功
28	831626	胜禹股份	2015 - 7 - 21	发行成功
29	831626	胜禹股份	2015 - 7 - 21	发行成功
30	831375	三强股份	2015 - 7 - 22	发行成功
31	430432	方林科技	2015 - 7 - 24	发行成功
32	430178	白虹软件	2015 - 7 - 28	发行成功
33	832064	同里印刷	2015 - 7 - 28	发行成功
34	833231	天准科技	2015 - 8 - 11	发行成功
35	833281	派诺生物	2015 - 8 - 13	发行成功
36	830818	巨峰股份	2015 - 8 - 24	发行成功
37	430430	普滤得	2015 - 9 - 2	发行成功
38	430393	三景科技	2015 - 9 - 3	发行成功
39	832117	腾冉电气	2015 - 9 - 21	发行成功
40	830958	鑫庄农贷	2015 - 9 - 25	发行成功
41	831634	盛世股份	2015 - 9 - 28	发行成功
42	832455	传视影视	2015 - 9 - 29	发行成功
43	831221	聚阳环保	2015 - 10 - 8	发行成功
44	831221	聚阳环保	2015 - 10 - 8	发行成功
45	430586	兴港包装	2015 - 10 - 13	发行成功
46	430586	兴港包装	2015 - 10 - 13	发行成功
47	832277	金泉股份	2015 - 10 - 16	发行成功
48	430589	银河激光	2015 - 10 - 16	发行成功
49	430589	银河激光	2015 - 10 - 16	发行成功
50	832277	金泉股份	2015 - 10 - 16	发行成功
51	831558	阳光四季	2015 - 10 - 20	发行成功
52	831558	阳光四季	2015 - 10 - 20	发行成功
53	831532	君悦科技	2015 - 10 - 21	发行成功
54	831532	君悦科技	2015 - 10 - 21	发行成功
55	833027	阳光金服	2015 - 10 - 22	发行成功
56	833027	阳光金服	2015 - 10 - 22	发行成功
57	832226	新阳升	2015 - 10 - 27	发行成功
58	832226	新阳升	2015 - 10 - 27	发行成功
59	832141	燎原环保	2015 - 10 - 28	发行成功
60	832141	燎原环保	2015 - 10 - 28	发行成功
61	832152	华富股份	2015 - 10 - 30	发行成功
62	832152	华富股份	2015 - 10 - 30	发行成功

63	831561	威孚热能	2015－11－11	发行成功
64	831561	威孚热能	2015－11－11	发行成功
65	831485	科达建材	2015－11－12	发行成功
66	833039	昶显黄金	2015－11－12	发行成功
67	831485	科达建材	2015－11－12	发行成功
68	833039	昶显黄金	2015－11－12	发行成功
推荐定向发行次数		68		
推荐定向发行成功次数		68		
推荐定向发行失败次数		0		
推荐原代办股份转让系统的两网公司及退市公司挂牌情况				
序号	股份代码	公司名称		
推荐原代办股份转让系统的两网公司及退市公司家数		0		

三、部门设置

经纪业务				
人员	姓名	固定电话	传真	Email
经纪业务联络人	马军征	0512－62938777	0512－62938777	sxl_majzh@gsjq.com.cn
推荐业务				
人员	姓名	固定电话	传真	Email
推荐业务联络人	周翰	0512－62938571	0512－62938561	zhouhan@gsjq.com.cn
推荐业务联络人	顾利峰	0512－62938573	0512－62938561	gulifeng@gsjq.com.cn

中信建投证券股份有限公司

一、公司简介及概况

公司简介	公司名称	中信建投证券股份有限公司				
	成立日期	2005－11－2	法定代表人	王常青	总经理	齐　亮
	注册资本（万元）	610,000	净资产*（万元）	1,193,500	净资本*（万元）	950,900
	注册地址	北京市朝阳区安立路66号4号楼			营业部家数	175
	办公地址	北京市东城区朝内大街188号			邮编	100010
	公司网址	www.csc108.com	电子邮箱	csc@csc.com.cn	经营证券业务许可证编码	Z32911001
	注：*经审计的最近年度净资产和净资本					
	证监会批准从事的证券业务			证券经纪、证券承销与保荐、与证券交易和证券投资活动有关的财务顾问、证券投资咨询、证券自营、证券资产管理、证券投资基金代销、融资融券、为期货公司提供中间介绍业务以及中国证监会批准的其它业务，还通过设立全资子公司，开展期货业务、直接投资业务以及境外投资银行、资产管理等业务。		
	在全国股份转让系统从事的业务种类			经纪业务，推荐业务，做市业务		
公司概况	中信建投证券是经中国证监会批准设立的全国性大型综合证券公司。2011年9月28日，公司变更为股份有限公司，公司注册地为北京，注册资本为61亿元，在全国29个省、市、自治区设有145家证券营业部，并设有中信建投资本管理有限公司、中信建投期货经纪有限公司、中信建投（国际）金融控股有限公司等全资子公司。公司拥有近350万客户，客户资产规模达3000多亿元。在为政府、企业、机构和个人投资者提供优质专业的金融服务过程中，公司建立了良好的声誉，成为目前行业最高级别的A类AA级证券公司。					

公司概况	中信建投证券拥有实力强大的股东背景，北京国有资本经营管理中心、中央汇金投资有限责任公司、世纪金源投资集团有限公司与中信证券股份有限公司分别持有公司45%、40%、8%和7%的股份，它们均为拥有雄厚资本实力、成熟资本运作经验与较高社会知名度的大型企业。自成立以来，中信建投证券各项业务不断发展，在企业融资、固定收益、收购兼并、经纪业务、基金业务和资产管理业务等领域形成了自身特色和核心业务优势，并搭建了研究咨询、信息技术、运营管理、风险控制、合规管理等高效的业务支持体系。凭借高度的敬业精神与突出的专业能力，中信建投证券主要经营指标一直稳居行业前列。。

二、业务动态

推荐挂牌情况				
序号	股份代码	公司名称	挂牌日期	公司状态
1	430056	中航新材	2009－07－01	挂牌
2	430119	鸿仪四方	2012－04－18	挂牌
3	430129	极品无限	2012－06－28	挂牌
4	430140	新眼光	2012－09－07	挂牌
5	430171	电信易通	2012－12－05	挂牌
6	430173	鼎讯互动	2012－12－06	挂牌
7	430182	全网数商	2012－12－21	挂牌
8	430190	新瑞理想	2012－12－21	挂牌
9	430196	宣爱智能	2012－12－26	挂牌
10	430195	欧泰克	2012－12－26	挂牌
11	430210	舜能润滑	2013－01－24	挂牌
12	430208	优炫软件	2013－01－29	挂牌
13	430249	慧峰仁和	2013－07－22	挂牌
14	430247	金日创	2013－07－22	挂牌
15	430248	奥尔斯	2013－07－22	挂牌
16	430245	奥特美克	2013－07－23	挂牌
17	430271	瑞灵石油	2013－08－06	挂牌
18	430339	中搜网络	2013－11－08	挂牌
19	430343	优网科技	2013－11－08	挂牌
20	430354	华敏测控	2013－11－18	挂牌
21	430560	西部泰力	2014－01－24	挂牌
22	430556	雅达股份	2014－01－24	挂牌
23	430562	安运科技	2014－01－24	挂牌
24	430564	天润科技	2014－01－24	挂牌
25	430551	林产科技	2014－01－24	挂牌
26	430365	赫宸环境	2014－01－24	挂牌
27	430621	固安信通	2014－01－24	挂牌
28	430617	欧讯体育	2014－01－24	挂牌
29	430568	光莆电子	2014－01－24	挂牌
30	430566	虹越花卉	2014－01－24	挂牌
31	430563	华宇股份	2014－01－24	挂牌
32	430561	齐普光电	2014－01－24	挂牌
33	430639	派芬自控	2014－02－20	挂牌
34	430688	鹏远光电	2014－04－10	挂牌
35	430687	华瑞核安	2014－04－14	挂牌
36	430731	御食园	2014－05－06	挂牌
37	430757	天翔昌运	2014－05－30	挂牌
38	830767	网虫股份	2014－05－30	挂牌
39	830800	天开园林	2014－06－10	挂牌

40	830798	中外名人	2014－06－13	挂牌
41	830825	和泰塑胶	2014－06－27	挂牌
42	830849	平原非标	2014－07－11	挂牌
43	830931	仁会生物	2014－08－11	挂牌
44	830996	汇能精电	2014－08－13	挂牌
45	831051	春秋鸿	2014－08－21	挂牌
46	831114	易销科技	2014－08－22	挂牌
47	831012	岳能科技	2014－08－22	挂牌
48	831209	鑫安利	2014－10－22	挂牌
49	831225	宏景软件	2014－10－22	挂牌
50	831222	金龙腾	2014－10－23	挂牌
51	831226	聚宝网络	2014－10－24	挂牌
52	831205	圣博华康	2014－10－28	挂牌
53	831239	云南文化	2014－11－03	挂牌
54	831274	瑞可达	2014－11－04	挂牌
55	831354	话机世界	2014－11－11	挂牌
56	831311	博安智能	2014－11－11	挂牌
57	831337	雷力生物	2014－11－13	挂牌
58	831306	丽明股份	2014－11－13	挂牌
59	831390	宜都运机	2014－12－03	挂牌
60	831472	激动网	2014－12－08	挂牌
61	831453	远泉股份	2014－12－17	挂牌
62	831527	约顿气膜	2014－12－19	挂牌
63	831546	美林数据	2014－12－22	挂牌
64	831577	安阳机床	2014－12－31	挂牌
65	831575	光辉互动	2014－12－31	挂牌
66	831618	文广农贷	2014－12－31	挂牌
67	831628	西部超导	2014－12－31	挂牌
68	831566	盛世大联	2014－12－31	挂牌
69	831635	金鹏信息	2015－01－08	挂牌
70	831696	赤诚生物	2015－01－12	挂牌
71	831691	三高股份	2015－01－13	挂牌
72	831660	富深协通	2015－01－14	挂牌
73	831755	邦正科技	2015－01－20	挂牌
74	831646	汉能碳	2015－01－23	挂牌
75	831895	爱威科技	2015－02－05	挂牌
76	831999	仟亿达	2015－02－13	挂牌
77	832092	安洁医疗	2015－03－10	挂牌
78	832091	清科股份	2015－03－12	挂牌
79	832129	新兴药业	2015－03－17	挂牌
80	831961	创远仪器	2015－03－17	挂牌
81	832154	文灿股份	2015－03－18	挂牌
82	832178	递家股份	2015－04－07	挂牌
83	832265	芍花堂	2015－04－14	挂牌
84	832317	观典航空	2015－04－15	挂牌
85	832234	鸿通管材	2015－04－16	挂牌
86	832291	中泊防爆	2015－04－17	挂牌
87	832282	智途科技	2015－04－21	挂牌
88	832360	智达光电	2015－05－04	挂牌

89	832397	恒神股份	2015-05-06	挂牌
90	832495	精铟海工	2015-05-14	挂牌
91	832513	汇群股份	2015-05-26	挂牌
92	832543	鸿大股份	2015-06-01	挂牌
93	832581	安道设计	2015-06-08	挂牌
94	832595	海宝生物	2015-06-10	挂牌
95	832606	日立信	2015-06-10	挂牌
96	832623	铱迅信息	2015-06-12	挂牌
97	832580	中绿环保	2015-06-15	挂牌
98	832004	海林节能	2015-06-17	挂牌
99	832698	青雨传媒	2015-07-03	挂牌
100	832654	天宜机械	2015-07-06	挂牌
101	832737	恒信玺利	2015-07-10	挂牌
102	832767	墨药股份	2015-07-14	挂牌
103	832814	昌耀新材	2015-07-15	挂牌
104	832777	兰州华冶	2015-07-16	挂牌
105	832791	普思生物	2015-07-17	挂牌
106	832804	浩明科技	2015-07-17	挂牌
107	832976	富雷实业	2015-07-22	挂牌
108	832726	艾瑞斯	2015-07-22	挂牌
109	832927	顶峰影业	2015-07-23	挂牌
110	832908	西恩科技	2015-07-23	挂牌
111	832848	昆自股份	2015-07-24	挂牌
112	832909	兴海绿化	2015-07-29	挂牌
113	833010	盛景网联	2015-07-29	挂牌
114	833030	立方控股	2015-07-29	挂牌
115	833044	硅谷天堂	2015-07-30	挂牌
116	832867	瑞捷股份	2015-07-30	挂牌
117	833132	企源科技	2015-08-12	挂牌
118	833237	国路安	2015-08-13	挂牌
119	833289	超洋股份	2015-08-14	挂牌
120	833351	中奥汇成	2015-08-19	挂牌
121	832765	唐邦科技	2015-08-20	挂牌
122	833311	万容科技	2015-08-20	挂牌
目前已推荐挂牌公司家数		122		
撤回材料及申请被否公司家数		0		
正在挂牌公司家数		122		
已上市公司家数		0		
已被终止挂牌公司家数		0		
推荐定向发行情况				
序号	股份代码	公司名称	发行日期	公司状态
1	430056	中航新材	2012-8-29	发行成功
2	430056	百慕新材	2012-8-30	发行成功
3	430210	舜能润滑	2013-8-30	发行成功
4	430210	舜能润滑	2013-8-30	发行成功
5	430196	宣爱智能	2013-9-6	发行成功
6	430196	宣爱智能	2013-9-6	发行成功
7	430182	全网数商	2013-10-21	发行成功
8	430182	全网数商	2013-10-21	发行成功

9	430208	优炫软件	2014－3－4	发行成功
10	430339	中搜网络	2014－6－4	发行成功
11	430339	中搜网络	2014－6－4	发行成功
12	430140	新眼光	2014－6－13	发行成功
13	430140	新眼光	2014－6－13	发行成功
14	430129	极品无限	2014－6－17	发行成功
15	430129	极品无限	2014－6－17	发行成功
16	430556	雅达股份	2014－7－9	发行成功
17	430556	雅达股份	2014－7－9	发行成功
18	430196	宣爱智能	2014－7－10	发行成功
19	430196	宣爱智能	2014－7－10	发行成功
20	430208	优炫软件	2014－7－28	发行成功
21	430560	西部泰力	2014－8－7	发行成功
22	430560	西部泰力	2014－8－7	发行成功
23	830767	网虫股份	2014－8－18	发行成功
24	830767	网虫股份	2014－8－18	发行成功
25	831012	岳能科技	2014－8－21	发行成功
26	831012	岳能科技	2014－8－21	发行成功
27	430182	全网数商	2014－9－20	发行成功
28	430182	全网数商	2014－9－22	发行成功
29	830931	仁会生物	2014－9－22	发行成功
30	830931	仁会生物	2014－9－22	发行成功
31	430140	新眼光	2014－10－14	发行成功
32	430140	新眼光	2014－10－14	发行成功
33	430621	固安信通	2014－10－15	发行成功
34	430621	固安信通	2014－10－15	发行成功
35	430339	中搜网络	2014－12－10	发行成功
36	430339	中搜网络	2014－12－10	发行成功
37	831566	盛世大联	2014－12－31	发行成功
38	831114	易销科技	2015－1－5	发行成功
39	831114	易销科技	2015－1－5	发行成功
40	430560	西部泰力	2015－1－8	发行成功
41	430560	西部泰力	2015－1－8	发行成功
42	831696	赤诚生物	2015－1－9	发行成功
43	831696	赤诚生物	2015－1－9	发行成功
44	430556	雅达股份	2015－1－13	发行成功
45	430556	雅达股份	2015－1－13	发行成功
46	430556	雅达股份	2015－1－13	发行成功
47	430556	雅达股份	2015－1－13	发行成功
48	430208	优炫软件	2015－1－21	发行成功
49	831646	汉能碳	2015－1－22	发行成功
50	831646	汉能碳	2015－1－22	发行成功
51	831051	春秋鸿	2015－1－28	发行成功
52	831051	春秋鸿	2015－1－28	发行成功
53	830931	仁会生物	2015－2－4	发行成功
54	830931	仁会生物	2015－2－4	发行成功
55	830931	仁会生物	2015－2－4	发行成功
56	830931	仁会生物	2015－2－4	发行成功
57	831114	易销科技	2015－2－11	发行成功

58	831114	易销科技	2015－2－11	发行成功
推荐定向发行次数		58		
推荐定向发行成功次数		58		
推荐定向发行失败次数		0		
推荐原代办股份转让系统的两网公司及退市公司挂牌情况				
序号	股份代码	公司名称		
推荐原代办股份转让系统的两网公司及退市公司家数		0		

三、部门设置

经纪业务				
人员	姓名	固定电话	传真	Email
经纪业务联络人	白静	010－85130583	010－85130514	baijing@ csc. com. cn
推荐业务				
人员	姓名	固定电话	传真	Email
推荐业务联络人	黄华明	010－85156409	010－65608451	huanghuaming@ csc. com. cn
推荐业务联络人	陈翔	010－85156409	010－65608451	chenxiangzgs@ csc. com. cn

中原证券股份有限公司

一、公司简介及概况

公司简介	公司名称	中原证券股份有限公司				
	成立日期	2002－11－8	法定代表人	菅明军	总经理	周小全
	注册资本（万元）	322,373.47	净资产＊（万元）	582,355.4	净资本＊（万元）	400,104.1
	注册地址	河南省郑州市郑东新区商务外环路10号			营业部家数	77
	办公地址	河南省郑州市郑东新区商务外环路10号			邮编	450018
	公司网址	www. ccnew. com	电子邮箱	ccsc@ ccnew. com	经营证券业务许可证编号	Z30574000
	注：＊经审计的最近年度净资产和净资本					
公司概况	证监会批准从事的证券业务			证券经纪；证券投资咨询；与证券交易、证券投资活动有关的财务顾问；证券承销与保荐；证券自营；证券资产管理；证券投资基金代销；为期货公司提供中间介绍业务；融资融券业务。		
	在全国股份转让系统从事的业务种类			经纪业务，推荐业务，做市业务		
公司概况	中原证券股份有限公司是河南省内和中原经济区内注册的唯一法人证券公司，注册资本32.24亿元。2014年6月25日在香港成功上市，是中国内地125家证券公司中的第4家、省域证券公司中的首家在港上市的证券公司，也是河南省第一家上市的金融企业。公司总部位于郑东新区，在北京、上海等全国各大城市和省内各省辖市及经济发达的县级城市，设有80多家证券、期货经营机构。公司控股有中原期货公司、中原股权交易中心、中原英石基金公司、中鼎开源创投公司，全资拥有中州蓝海另类投资子公司，与洛阳市政府合资成立中证开元创投公司。目前公司香港子公司中州国际已获证券交易牌照，即将正式开业。公司现有员工2000多人，其中，包括上市保荐代表人、投资分析师、投资顾问和海外留学人员等在内的高端人才500余人。近年来，公司连年被河南省政府评为责任目标完成先进单位和优秀单位，省委、省政府领导多次对公司的工作做出重要批示。2014年公司被评为中国证券金紫荆奖“最具投资价值上市公司”和“中原十大最受尊敬企业”。公司成立十三年来，已初步形成自己的企业文化核心理念，即“朴实善良、诚信厚道、严谨执着、务求实效”。我们正秉持该理念，努力使公司成为香港精品上市公司，形成“1＋4”和“双千亿”的发展格局：即母公司中原证券在香港和内地两地上市）带动四个小上市公司（控股的期货公司、直投公司和中原股权交易中心分别先在国内新三板挂牌上市，香港子公司在香港主板上市）的格局；公司股票市值和经营发展资金将分别增加到1000亿港元和1000亿元以上，跨入证券行业第一方阵。					

二、业务动态

推荐挂牌情况				
序号	股份代码	公司名称	挂牌日期	公司状态
1	430068	纬纶环保	2010－06－08	挂牌
2	430106	爱特泰克	2012－02－10	挂牌
3	430112	弘祥隆	2012－03－28	挂牌
4	430114	永瀚星港	2012－04－10	挂牌
5	430122	中控智联	2012－05－18	挂牌
6	430152	思创银联	2012－10－18	挂牌
7	430172	瑞达恩	2012－12－07	挂牌
8	430180	东方瑞威	2012－12－21	挂牌
9	430189	七彩亮点	2012－12－24	挂牌
10	430201	腾实信	2012－12－28	挂牌
11	430213	乐升股份	2013－05－17	挂牌
12	430228	天房科技	2013－07－01	挂牌
13	430242	蓝贝望	2013－07－05	挂牌
14	430546	乐彩科技	2014－01－24	挂牌
15	430565	莱力柏	2014－01－24	挂牌
16	430547	畅想高科	2014－01－24	挂牌
17	430641	天健创新	2014－02－18	挂牌
18	430657	楼兰股份	2014－02－21	挂牌
19	430667	三多堂	2014－03－20	挂牌
20	430705	天锐科技	2014－04－23	挂牌
21	430715	春泉节能	2014－04－30	挂牌
22	830803	新松医疗	2014－06－10	挂牌
23	830813	熔金股份	2014－06－18	挂牌
24	830941	明硕股份	2014－08－01	挂牌
25	831023	北展股份	2014－08－14	挂牌
26	831087	秋乐种业	2014－08－18	挂牌
27	831011	三友创美	2014－08－19	挂牌
28	831014	海联捷讯	2014－08－19	挂牌
29	831130	环宇装备	2014－09－02	挂牌
30	831195	三祥科技	2014－10－16	挂牌
31	831291	恒博科技	2014－11－06	挂牌
32	831298	美基食品	2014－11－10	挂牌
33	831361	胜龙股份	2014－11－13	挂牌
34	831378	富耐克	2014－11－28	挂牌
35	831389	万和过滤	2014－12－02	挂牌
36	831463	凯雪冷链	2014－12－08	挂牌
37	831442	枫林食品	2014－12－09	挂牌
38	831503	广安生物	2014－12－15	挂牌
39	831551	世纪合辉	2014－12－19	挂牌
40	831793	利洋水产	2015－01－19	挂牌
41	831775	河南巨龙	2015－01－20	挂牌
42	831843	汇能科技	2015－01－22	挂牌
43	831841	中扬科技	2015－01－22	挂牌

44	831909	百川锁业	2015－01－30	挂牌
45	831995	贝特智联	2015－02－11	挂牌
46	832013	博涛股份	2015－03－11	挂牌
47	832006	郑州水务	2015－03－13	挂牌
48	832185	双建管桩	2015－03－27	挂牌
49	832467	帝益生态	2015－05－19	挂牌
50	832066	和道股份	2015－06－09	挂牌
51	832511	科益气体	2015－06－09	挂牌
52	832695	华航科技	2015－07－03	挂牌
53	832764	德胜科技	2015－07－15	挂牌
54	832801	思坦仪器	2015－07－17	挂牌
55	832982	锦波生物	2015－07－24	挂牌
56	832940	东方化工	2015－07－27	挂牌
57	833089	索福特	2015－07－27	挂牌
58	832808	中帅医药	2015－08－06	挂牌
59	833494	世纪金政	2015－08－18	挂牌
60	833461	金凤股份	2015－08－28	挂牌
61	833482	能量传播	2015－09－01	挂牌
62	833082	龙凤山	2015－09－02	挂牌
目前已推荐挂牌公司家数		62		
撤回材料及申请被否公司家数		0		
正在挂牌公司家数		62		
已上市公司家数		0		
已被终止挂牌公司家数		0		
推荐定向发行情况				
序号	股份代码	公司名称	发行日期	公司状态
1	430112	弘祥隆	2013－6－24	发行成功
2	430152	思创银联	2013－7－3	发行成功
3	430152	思创银联	2013－9－12	发行成功
4	430213	乐升股份	2013－12－5	发行成功
5	430657	楼兰股份	2014－7－4	发行成功
6	430657	楼兰股份	2014－7－4	发行成功
7	430657	楼兰股份	2014－7－4	发行成功
8	830941	明硕股份	2014－8－1	发行成功
9	430657	楼兰股份	2014－8－6	发行成功
10	430657	楼兰股份	2014－11－24	发行成功
11	831130	环宇装备	2015－1－13	发行成功
12	430715	春泉节能	2015－2－10	发行成功
13	831503	广安生物	2015－4－8	发行成功
14	430657	楼兰股份	2015－4－10	发行成功
15	430657	楼兰股份	2015－4－10	发行成功
16	831463	凯雪冷链	2015－4－28	发行成功
17	831361	胜龙股份	2015－5－13	发行成功
18	430657	楼兰股份	2015－5－14	发行成功
19	430657	楼兰股份	2015－5－14	发行成功
20	430657	楼兰股份	2015－5－14	发行成功

21	831291	恒博科技	2015－5－22	发行成功
22	430547	畅想高科	2015－5－28	发行成功
23	430547	畅想高科	2015－5－28	发行成功
24	430547	畅想高科	2015－5－28	发行成功
25	830813	熔金股份	2015－6－3	发行成功
26	831378	富耐克	2015－6－5	发行成功
27	430657	楼兰股份	2015－6－10	发行成功
28	831503	广安生物	2015－6－19	发行成功
29	831195	三祥科技	2015－6－24	发行成功
30	831841	中扬科技	2015－7－6	发行成功
31	430180	东方瑞威	2015－7－9	发行成功
32	430122	中控智联	2015－7－10	发行成功
33	430114	永瀚星港	2015－7－27	发行成功
34	831389	万和过滤	2015－8－4	发行成功
35	832185	双建管桩	2015－8－5	发行成功
36	831463	凯雪冷链	2015－8－6	发行成功
37	430201	腾实信	2015－8－10	发行成功
38	831023	北展股份	2015－8－11	发行成功
39	831551	世纪合辉	2015－8－13	发行成功
40	430068	纬纶环保	2015－8－13	发行成功
41	430547	畅想高科	2015－8－13	发行成功
42	430152	思创银联	2015－8－19	发行成功
43	430546	乐彩科技	2015－8－25	发行成功
44	831011	三友创美	2015－9－29	发行成功
45	830813	熔金股份	2015－10－14	发行成功
46	832764	德胜科技	2015－10－19	发行成功
47	832982	锦波生物	2015－10－23	发行成功
推荐定向发行次数		47		
推荐定向发行成功次数		47		
推荐定向发行失败次数		0		
推荐原代办股份转让系统的两网公司及退市公司挂牌情况				
序号	股份代码	公司名称		
推荐原代办股份转让系统的两网公司及退市公司家数		0		

三、部门设置

经纪业务				
人员	姓名	固定电话	传真	Email
经纪业务联络人	王晶	0371－68599296	0371－65585665	Wangjing0102@ccnew.com
经纪业务联络人	张翼	0371－65585662	0371－65585665	zhangyi@ccnew.com
推荐业务				
人员	姓名	固定电话	传真	Email
推荐业务联络人	王秦龙	010－83067320	010－63388723	halowang@126.com
推荐业务联络人	关伟	010－83067390	010－63388723	gw800@sina.com

金元证券股份有限公司

一、公司简介及概况

公司简介	公司名称	金元证券股份有限公司				
	成立日期	2002－8－15	法定代表人	陆　涛	总经理	陆　涛
	注册资本（万元）	317,434.07	净资产＊（万元）	433,676.97	净资本＊（万元）	362,517.83
	注册地址	海口市南宝路36号证券大厦4楼			营业部家数	40
	办公地址	深圳市福田区深南大道4001号时代金融中心17层			邮编	518048
	公司网址	www.jyzq.cn	电子邮箱	jyzq@jyzq.cn	经营证券业务许可证编号	230446000
	注：＊经审计的最近年度净资产和净资本					
	证监会批准从事的证券业务			证券经纪；证券投资咨询；与证券交易、证券投资活动有关的财务顾问；证券承销与保荐；证券自营；证券资产管理；证券投资基金代销；为期货公司提供中间介绍业务；融资融券业务。		
	在全国股份转让系统从事的业务种类			经纪业务，推荐业务，做市业务		
公司概况	金元证券股份有限公司（以下简称“金元证券”、“公司”）成立于2002年8月，是经中国证监会批准，由首都机场集团公司作为核心股东联合其它股东共同出资设立的综合类证券公司。公司注册地址为海南省海口市南宝路36号证券大厦4楼，注册资本31.74亿元人民币。截止2014年底，公司经审计的净资产为433676万元，总资产为1288480.57万元，净资本为362517.83万元，净资本/净资产比率为83.59%。目前金元证券已形成了经纪业务、自营业务、投资银行、固定收益、信用业务、研究发展、资产管理等业务门类协调发展的业务体系，建立健全了较为完善的风险管理控制体系以及职责明确、高效运作的内部管理体系，是一家规模中上、资产质量优良的专业证券公司。					

二、业务动态

推荐挂牌情况				
序号	股份代码	公司名称	挂牌日期	公司状态
1	430070	赛亿科技	2010－07－21	挂牌
2	430099	理想固网	2011－11－08	挂牌
3	430158	北方科诚	2012－11－08	挂牌
4	430192	东展科博	2012－12－26	挂牌
5	430194	锐风行	2012－12－31	挂牌
6	430239	信诺达	2013－07－03	挂牌
7	430227	东软慧聚	2013－07－03	挂牌
8	430301	倚天凌云	2013－08－08	挂牌
9	430288	威达宇电	2013－08－08	挂牌
10	430508	中视文化	2014－01－24	挂牌
11	430509	中山银利	2014－01－24	挂牌
12	430516	文达通	2014－01－24	挂牌
13	430507	信达胶脂	2014－01－24	挂牌
14	430521	康捷医疗	2014－01－24	挂牌
15	430692	杰纳瑞	2014－04－09	挂牌
16	430700	飞尼课斯	2014－04－22	挂牌
17	430753	琼中农信	2014－05－29	挂牌
18	830897	志向科研	2014－07－29	挂牌
19	830948	捷昌驱动	2014－08－08	挂牌
20	831168	华尔康	2014－09－30	挂牌
21	831210	圣海林	2014－10－17	挂牌

22	831247	盛帮股份	2014－10－29	挂牌
23	831333	世航国际	2014－11－14	挂牌
24	831381	中持检测	2014－11－28	挂牌
25	831513	爱迪新能	2014－12－17	挂牌
26	831540	京源环保	2014－12－19	挂牌
27	831783	丽洋新材	2015－01－20	挂牌
28	831864	华夏未来	2015－01－27	挂牌
29	831807	维克液压	2015－01－27	挂牌
30	832113	中康国际	2015－03－09	挂牌
31	832292	曙光电缆	2015－04－22	挂牌
32	832539	新广联	2015－05－27	挂牌
33	832681	宇邦新材	2015－06－26	挂牌
34	832660	恒成股份	2015－06－26	挂牌
35	832685	华洋科技	2015－07－02	挂牌
36	832900	紫荆股份	2015－07－22	挂牌
37	832905	信源小贷	2015－07－24	挂牌
38	832888	天地人	2015－07－27	挂牌
39	833055	旭域股份	2015－08－05	挂牌
40	833322	广通软件	2015－08－12	挂牌
41	833348	亿阳值通	2015－08－17	挂牌
目前已推荐挂牌公司家数		41		
撤回材料及申请被否公司家数		0		
正在挂牌公司家数		41		
已上市公司家数		0		
已被终止挂牌公司家数		0		
推荐定向发行情况				
序号	股份代码	公司名称	发行日期	公司状态
1	430070	赛亿科技	2012－9－13	发行成功
2	430099	理想固网	2013－7－31	发行成功
3	430192	东展科博	2013－9－9	发行成功
4	430194	锐风行	2013－9－17	发行成功
5	430194	锐风行	2014－2－20	发行成功
6	430239	信诺达	2014－2－26	发行成功
7	831247	盛帮股份	2015－3－10	发行成功
8	832681	宇邦新材	2015－5－13	发行成功
9	831864	华夏未来	2015－6－9	发行成功
10	832113	中康国际	2015－6－26	发行成功
11	832905	信源小贷	2015－7－16	发行成功
12	832888	天地人	2015－7－21	发行成功
推荐定向发行次数		12		
推荐定向发行成功次数		12		
推荐定向发行失败次数		0		
推荐原代办股份转让系统的两网公司及退市公司挂牌情况				
序号	股份代码	公司名称		
推荐原代办股份转让系统的两网公司及退市公司家数		0		

三、部门设置

经纪业务

人员	姓名	固定电话	传真	Email
经纪业务联络人	林华	0755－83025676	0755－83025662	linhua@ jyzq. cn
经纪业务联络人	周娴玲	0755－21515589	0755－83025625	zhouxianling@ jyzq. cn
推荐业务				
人员	姓名	固定电话	传真	Email
推荐业务联络人	逄小溪	010－83958907	010－83958890	pangxx@ jyzq. cn
推荐业务联络人	高磊晨子	010－83958905	010－83958890	gaoleicz@ jyzq. cn

华西证券股份有限公司

一、公司简介及概况

<table>
<tr><td rowspan="6">公司简介</td><td>公司名称</td><td colspan="5">华西证券股份有限公司</td></tr>
<tr><td>成立日期</td><td>2000－07－13</td><td>法定代表人</td><td>杨炯洋</td><td>总经理</td><td>杨炯洋</td></tr>
<tr><td>注册资本（万元）</td><td>210,000</td><td>净资产*（万元）</td><td>704,548.38</td><td>净资本*（万元）</td><td>447,524.89</td></tr>
<tr><td>注册地址</td><td colspan="3">成都市高新区天府二街198号</td><td>营业部家数</td><td>68</td></tr>
<tr><td>办公地址</td><td colspan="3">成都市高新区天府二街198号</td><td>邮编</td><td>610041</td></tr>
<tr><td>公司网址</td><td>www. hx168. com. cn</td><td>电子邮箱</td><td>zcb@ mail. hx168. com. cn</td><td>经营证券业务许可证编号</td><td>Z27951000</td></tr>
<tr><td rowspan="3">公司简介</td><td colspan="6">注：*经审计的最近年度净资产和净资本</td></tr>
<tr><td colspan="3">证监会批准从事的证券业务</td><td colspan="3">证券经纪；证券投资咨询；与证券交易、证券投资活动有关的财务顾问；证券承销与保荐；证券自营；证券资产管理；融资融券；证券投资基金代销；代销金融产品。</td></tr>
<tr><td colspan="3">在全国股份转让系统从事的业务种类</td><td colspan="3">经纪业务，推荐业务</td></tr>
<tr><td>公司概况</td><td colspan="6">一、公司概况华西证券股份有限公司于2000年6月26日经中国证券监督管理委员会证监机构字〔2000〕133号文批准，由原四川省证券股份有限公司与原四川证券交易中心合并重组、增资扩股成立，注册资本21亿元，注册地为四川省成都市，泸州老窖为第一大股东。公司已经形成了以成都为总部，北京、深圳、上海3个业务分部，3家全资子公司、6家分公司、68家营业部的组织架构。公司拥有全资期货子公司1家、直投子公司1家、另类投资子公司1家；自营业务分公司1家、经纪业务分公司4家、承销保荐分公司1家；公司证券营业部遍布四川、北京、上海、天津、重庆、广州、深圳、大连和杭州等地；公司员工近3000人，服务客户总资产近2000亿元。公司倡导“助你成功，共享成果”的核心价值观，以“成就价值梦想”为使命，致力于成为最具活力和特色的证券金融服务商。多年来，无论市场变幻如何起伏跌宕，华西证券凭着其强大的市场适应能力，一直保持强劲盈利发展势头，是全国少有的连续10年持续盈利的证券公司，也是中西部唯一连续四年获得行业最高评价AA级的证券公司。
二、公司业务华西证券经营范围涵盖证券经纪业务，证券投资咨询，与证券交易、证券投资活动有关的财务顾问，证券承销与保荐，证券自营，证券资产管理，证券投资基金代销，融资融券，代销金融产品，为期货公司提供中间介绍业务以及中国证监会批准的其他业务。公司的管理团队市场化程度高，专业能力强，以“敦行敏动、精细高效”的企业作风，秉承“创新、协同、诚信、超越”的企业精神，全面稳妥推进各项业务的持续发展。
三、人才资源公司现有员工近3000名，总部员工具有本科以上学历的人才超过90%，很大一批是来自国家211重点院校和国外知名学府金融类硕士及以上学历的专业人才。近年来，随着各项业务的飞速发展，保持了15%－20%的团队增长速度。根据“唯德唯才，有为有位”的人才理念，公司的人才结构不断优化，已经汇聚了众多高素质、高水平的专业人才。与此同时，公司还与国内多所知名高等院校建立了战略联盟关系，从而保证了各项业务快速发展对各类人才的旺盛需求。</td></tr>
</table>

二、业务动态

推荐挂牌情况				
序号	股份代码	公司名称	挂牌日期	公司状态
1	430212	六合伟业	2013－01－31	挂牌
2	430255	三意时代	2013－07－18	挂牌

3	430374	英富森	2014－01－24	挂牌
4	430479	网阔信息	2014－01－24	挂牌
5	430569	安尔发	2014－01－24	挂牌
6	831312	赛卓药业	2014－11－03	挂牌
7	831299	北教传媒	2014－11－06	挂牌
8	831289	丰泽股份	2014－11－07	挂牌
9	831346	木联能	2014－11－11	挂牌
10	831495	中联信通	2014－12－10	挂牌
11	831490	成电光信	2014－12－10	挂牌
12	831507	博广热能	2014－12－15	挂牌
13	831633	那然生命	2015－01－07	挂牌
14	832283	天丰电源	2015－04－09	挂牌
15	832412	同益物流	2015－05－13	挂牌
16	833051	澳沙科技	2015－07－30	挂牌
17	833915	建云科技	2015－10－28	挂牌
目前已推荐挂牌公司家数		17		
撤回材料及申请被否公司家数		0		
正在挂牌公司家数		17		
已上市公司家数		0		
已被终止挂牌公司家数		0		
荐定向发行情况				
序号	股份代码	公司名称	发行日期	公司状态
1	430212	六合伟业	2013－8－19	发行成功
2	430212	六合伟业	2013－9－27	发行成功
3	831490	成电光信	2014－12－10	发行失败
4	430569	安尔发	2014－12－17	发行失败
推荐定向发行次数		4		
推荐定向发行成功次数		2		
推荐定向发行失败次数		2		
推荐原代办股份转让系统的两网公司及退市公司挂牌情况				
序号	股份代码	公司名称		
推荐原代办股份转让系统的两网公司及退市公司家数		0		

三、部门设置

经纪业务				
人员	姓名	固定电话	传真	Email
经纪业务联络人	黄珊珊	028－86150209	028－86150615	huangss@hx168.com.cn
经纪业务联络人	陈农	028－81701825	028－86150615	chennong@hx168.com.cn
推荐业务				
人员	姓名	固定电话	传真	Email
推荐业务联络人	黄慧	010－51662928	010－66226708	huanghui@hx168.com.cn
推荐业务联络人	齐云	010－51662928	010－66226708	qiyun@hx168.com.cn

西南证券股份有限公司

一、公司简介及概况

<table>
<tr><td rowspan="9">公司简介</td><td>公司名称</td><td colspan="5">西南证券股份有限公司</td></tr>
<tr><td>成立日期</td><td>1999－12－28</td><td>法定代表人</td><td>余维佳</td><td>总经理</td><td>余维佳</td></tr>
<tr><td>注册资本（万元）</td><td>282,255.46</td><td>净资产＊（万元）</td><td>1,721,999.64</td><td>净资本＊（万元）</td><td>1,323,302.93</td></tr>
<tr><td>注册地址</td><td colspan="3">重庆市江北区桥北苑8号西南证券大厦</td><td>营业部家数</td><td>109</td></tr>
<tr><td>办公地址</td><td colspan="3">重庆市江北区桥北苑8号西南证券大厦</td><td>邮编</td><td>400023</td></tr>
<tr><td>公司网址</td><td>www.swsc.com.cn</td><td>电子邮箱</td><td>dshb@swsc.com.cn</td><td>经营证券业务许可证编号</td><td>Z28175000</td></tr>
<tr><td colspan="6">注：＊经审计的最近年度净资产和净资本</td></tr>
<tr><td colspan="3">证监会批准从事的证券业务</td><td colspan="3">证券经纪，证券投资咨询，与证券交易、证券投资活动有关的财务顾问，证券承销与保荐，证券自营，证券资产管理，融资融券，证券投资基金代销，为期货公司提供中间介绍业务。</td></tr>
<tr><td colspan="3">在全国股份转让系统从事的业务种类</td><td colspan="3">经纪业务，推荐业务，做市业务</td></tr>
<tr><td>公司概况</td><td colspan="6">西南证券成立于1999年，目前公司注册资本28.23亿元人民币，是唯一一家注册地在重庆的全国综合性证券公司，也是中国第九家上市证券公司和重庆第一家上市金融机构。公司现有员工逾2000名，在全国28个省份获批设立119家证券营业部，拥有17个投行业务部门。近年来，西南证券坚持走改革创新、综合经营和市场化发展道路，先后完成改革重组、借壳上市、增发融资、收购兼并等战略性举措，有效激发了内生动力和外生动力，核心竞争力和综合实力显著提高，取得了发展质量和发展效益的“双丰收”，并在2014年证券公司分类评价中获评A类AA级，达到行业最高水平，呈现出跨越式发展的良好态势。公司拥有西证股权投资有限公司、西证创新投资有限公司、西证国际投资有限公司、西南期货有限公司等四家全资子公司，并拥有重庆西证渝富股权投资基金管理有限公司、重庆西证电子商务有限责任公司、重庆西证小额贷款有限公司等下属企业，可从事直接股权投资业务、另类投资业务、跨境业务、商品期货、金融期货经纪、小额贷款等业务。公司持有重庆股份转让中心有限责任公司53%的股权，是全国首家控股地方股权交易中心的券商；持有香港上市券商——西证国际证券股份有限公司73.79%的股权，成为重庆唯一一家海外上市券商；持有全国排名前10的银华基金管理有限公司49%的股权，成为其第一大股东。</td></tr>
</table>

二、业务动态

推荐挂牌情况				
序号	股份代码	公司名称	挂牌日期	公司状态
1	430614	星通联华	2014－01－24	挂牌
2	430541	翼兴节能	2014－01－24	挂牌
3	430536	万通新材	2014－01－24	挂牌
4	430399	湘财证券	2014－01－24	挂牌
5	831008	百华悦邦	2014－08－29	挂牌
6	831272	同力天合	2014－11－05	挂牌
7	831339	新思路	2014－11－13	挂牌
8	831508	拓新股份	2014－12－17	挂牌
9	831556	文正制衣	2014－12－26	挂牌
10	831622	攀特电陶	2015－01－08	挂牌
11	831657	贝克福尔	2015－01－08	挂牌
12	831642	蜀虹装备	2015－01－09	挂牌
13	831681	智洋电气	2015－01－12	挂牌
14	831683	金航股份	2015－01－15	挂牌
15	831798	博益气动	2015－01－23	挂牌

16	831853	世游科技	2015－01－23	挂牌
17	831964	储翰科技	2015－02－11	挂牌
18	831960	佳音在线	2015－02－12	挂牌
19	832193	宏晶科技	2015－04－01	挂牌
20	832198	中晶技术	2015－04－07	挂牌
21	832240	亚森实业	2015－04－09	挂牌
22	832262	德惠商业	2015－04－10	挂牌
23	832355	动脉智能	2015－05－08	挂牌
24	832563	帮豪种业	2015－06－08	挂牌
25	832598	大野景观	2015－06－10	挂牌
26	832652	杭州目乐	2015－06－30	挂牌
27	832883	德润能源	2015－07－10	挂牌
28	832825	海明科技	2015－07－15	挂牌
29	832766	沃格光电	2015－07－20	挂牌
30	832792	鹿城银行	2015－07－21	挂牌
31	832951	华进科技	2015－07－22	挂牌
32	832985	必然传媒	2015－07－23	挂牌
33	832922	浙皖中药	2015－07－23	挂牌
34	832914	锐嘉工业	2015－07－23	挂牌
35	832983	泡宝网	2015－07－28	挂牌
36	833080	百事特	2015－07－29	挂牌
37	833013	泛湾物流	2015－07－29	挂牌
38	833130	司珈尔	2015－07－29	挂牌
39	833123	瑞丰股份	2015－07－30	挂牌
40	833124	中盈科技	2015－07－31	挂牌
41	833119	得普达	2015－07－31	挂牌
42	833161	神州英才	2015－08－07	挂牌
43	833114	商汇小贷	2015－08－10	挂牌
44	833060	顺治科技	2015－08－10	挂牌
45	833310	仁新科技	2015－08－12	挂牌
46	833268	北亚时代	2015－08－14	挂牌
47	833442	江苏铁科	2015－08－25	挂牌
48	833410	百味斋	2015－08－25	挂牌
49	833506	勤劳农夫	2015－09－09	挂牌
50	833518	人福药辅	2015－09－15	挂牌
51	833539	大方生态	2015－09－21	挂牌
52	833678	南方阀门	2015－09－30	挂牌
53	833646	百汇环保	2015－10－08	挂牌
54	833687	中拓石油	2015－10－09	挂牌
55	833810	睿博光电	2015－10－19	挂牌
56	833819	颖泰生物	2015－10－20	挂牌
57	833844	智德安全	2015－10－22	挂牌
58	833918	融安特	2015－10－23	挂牌
59	833977	悠派科技	2015－10－26	挂牌
目前已推荐挂牌公司家数		59		

<table>
<tr><td colspan="2">撤回材料及申请被否公司家数</td><td colspan="3">0</td></tr>
<tr><td colspan="2">正在挂牌公司家数</td><td colspan="3">59</td></tr>
<tr><td colspan="2">已上市公司家数</td><td colspan="3">0</td></tr>
<tr><td colspan="2">已被终止挂牌公司家数</td><td colspan="3">0</td></tr>
<tr><td colspan="5">推荐定向发行情况</td></tr>
<tr><td>序号</td><td>股份代码</td><td>公司名称</td><td>发行日期</td><td>公司状态</td></tr>
<tr><td>1</td><td>430536</td><td>万通新材</td><td>2014 - 3 - 19</td><td>发行成功</td></tr>
<tr><td>2</td><td>830908</td><td>普诺威</td><td>2014 - 11 - 14</td><td>发行成功</td></tr>
<tr><td>3</td><td>831657</td><td>贝克福尔</td><td>2015 - 3 - 23</td><td>发行成功</td></tr>
<tr><td>4</td><td>832262</td><td>德惠商业</td><td>2015 - 3 - 30</td><td>发行成功</td></tr>
<tr><td>5</td><td>831008</td><td>百华悦邦</td><td>2015 - 4 - 3</td><td>发行成功</td></tr>
<tr><td>6</td><td>831008</td><td>百华悦邦</td><td>2015 - 4 - 3</td><td>发行成功</td></tr>
<tr><td>7</td><td>831008</td><td>百华悦邦</td><td>2015 - 4 - 3</td><td>发行成功</td></tr>
<tr><td>8</td><td>832355</td><td>动脉智能</td><td>2015 - 4 - 27</td><td>发行成功</td></tr>
<tr><td>9</td><td>832139</td><td>沃田农业</td><td>2015 - 4 - 30</td><td>发行成功</td></tr>
<tr><td>10</td><td>832563</td><td>帮豪种业</td><td>2015 - 5 - 28</td><td>发行成功</td></tr>
<tr><td>11</td><td>830800</td><td>天开园林</td><td>2015 - 7 - 2</td><td>发行成功</td></tr>
<tr><td>12</td><td>831556</td><td>文正制衣</td><td>2015 - 7 - 3</td><td>发行成功</td></tr>
<tr><td>13</td><td>832883</td><td>德润能源</td><td>2015 - 7 - 7</td><td>发行成功</td></tr>
<tr><td>14</td><td>831622</td><td>攀特电陶</td><td>2015 - 7 - 8</td><td>发行成功</td></tr>
<tr><td>15</td><td>831642</td><td>蜀虹装备</td><td>2015 - 7 - 14</td><td>发行成功</td></tr>
<tr><td>16</td><td>833119</td><td>得普达</td><td>2015 - 7 - 30</td><td>发行成功</td></tr>
<tr><td>17</td><td>830908</td><td>普诺威</td><td>2015 - 7 - 30</td><td>发行成功</td></tr>
<tr><td>18</td><td>832193</td><td>宏晶科技</td><td>2015 - 7 - 31</td><td>发行成功</td></tr>
<tr><td>19</td><td>833060</td><td>顺治科技</td><td>2015 - 8 - 7</td><td>发行成功</td></tr>
<tr><td>20</td><td>831964</td><td>储翰科技</td><td>2015 - 8 - 10</td><td>发行成功</td></tr>
<tr><td>21</td><td>831657</td><td>贝克福尔</td><td>2015 - 8 - 14</td><td>发行成功</td></tr>
<tr><td>22</td><td>430541</td><td>翼兴节能</td><td>2015 - 8 - 19</td><td>发行成功</td></tr>
<tr><td>23</td><td>832193</td><td>宏晶科技</td><td>2015 - 8 - 20</td><td>发行成功</td></tr>
<tr><td>24</td><td>832355</td><td>动脉智能</td><td>2015 - 8 - 21</td><td>发行成功</td></tr>
<tr><td>25</td><td>430614</td><td>星通联华</td><td>2015 - 8 - 26</td><td>发行成功</td></tr>
<tr><td>26</td><td>832563</td><td>帮豪种业</td><td>2015 - 9 - 2</td><td>发行成功</td></tr>
<tr><td>27</td><td>832262</td><td>德惠商业</td><td>2015 - 9 - 8</td><td>发行成功</td></tr>
<tr><td>28</td><td>831508</td><td>拓新股份</td><td>2015 - 9 - 28</td><td>发行成功</td></tr>
<tr><td>29</td><td>831853</td><td>世游科技</td><td>2015 - 9 - 28</td><td>发行成功</td></tr>
<tr><td>30</td><td>833123</td><td>瑞丰股份</td><td>2015 - 9 - 29</td><td>发行成功</td></tr>
<tr><td>31</td><td>832139</td><td>沃田农业</td><td>2015 - 10 - 22</td><td>发行成功</td></tr>
<tr><td>32</td><td>832766</td><td>沃格光电</td><td>2015 - 10 - 26</td><td>发行成功</td></tr>
<tr><td colspan="2">推荐定向发行次数</td><td colspan="3">32</td></tr>
<tr><td colspan="2">推荐定向发行成功次数</td><td colspan="3">32</td></tr>
<tr><td colspan="2">推荐定向发行失败次数</td><td colspan="3">0</td></tr>
<tr><td colspan="5">推荐原代办股份转让系统的两网公司及退市公司挂牌情况</td></tr>
<tr><td>序号</td><td>股份代码</td><td colspan="3">公司名称</td></tr>
<tr><td colspan="2">推荐原代办股份转让系统的两网公司及退市公司家数</td><td colspan="3">0</td></tr>
</table>

三、部门设置

经纪业务				
人员	姓名	固定电话	传真	Email
经纪业务联络人	程旭东	023－63786541	023－63786312	cxd@swsc.com.cn
经纪业务联络人	李晓渝	023－63786302	023－63786312	lixy@swsc.com.cn
推荐业务				
人员	姓名	固定电话	传真	Email
推荐业务联络人	刘玉莹	023－67953656	010－88092028	lyyin@swsc.com.cn
推荐业务联络人	田青	010－57631268	010－88092028	tq@swsc.com.cn

长城证券有限责任公司

一、公司简介及概况

公司简介	公司名称	长城证券有限责任公司				
	成立日期	1996－5－2	法定代表人	黄耀华	总经理	何　伟
	注册资本（万元）	206,700.00	净资产*（万元）	620,631.11	净资本*（万元）	405,064.86
	注册地址	深圳市福田区深南大道6008号特区报业大厦16－17层			营业部家数	85
	办公地址	深圳市福田区深南大道6008号特区报业大厦16－17层			邮编	518034
	公司网址	www.cgws.com	电子邮箱	chyj@cgws.com	经营证券业务许可证编号	Z27474000
	注：*经审计的最近年度净资产和净资本					
	证监会批准从事的证券业务			证券经纪；证券投资咨询；与证券交易、证券投资活动有关的财务顾问；证券承销与保荐；证券自营；证券资产管理；融资融券；证券投资基金代销；为期货公司提供中间介绍业务；代销金融产品。		
	在全国股份转让系统从事的业务种类			经纪业务，推荐业务，做市业务		
公司概况	长城证券有限责任公司（以下简称“长城证券”）是1995年11月经中国人民银行总行批准、在原深圳长城证券部和海南汇通国际信托投资公司所属证券机构合并基础上，设立的一家全国性专业证券公司，是我国最早成立的证券公司之一。长城证券的战略定位是“专长于以资源为核心的基础产业领域的国内一流投资银行”。长城证券凭借规范稳健的经营作风，已经成长为一家资质齐全、业务覆盖全国的综合类证券公司。长城证券不断完善金融产业平台，目前控参股长城基金管理有限公司、景顺长城基金管理有限公司、宝城期货有限责任公司、长城长富投资管理有限公司，为客户提供全方位金融服务。近几年来，在各股东单位及社会各界的大力支持下，公司广大干部员工奋发努力，紧紧抓住市场机遇，实现了快速发展。2005年至2013年，公司连续9年实现盈利，各项业务蒸蒸日上，企业面貌焕然一新。长城证券将继续秉承“资源整合、团队作战、为客户提供综合性增值服务”的经营理念，以证券为核心，通过完善的金融多功能协调发展的业务体系，以深厚的专业背景、勤奋的敬业精神、全面的专家解决方案、个性化的产品和综合性服务，为我们的客户创造价值。					

二、业务动态

推荐挂牌情况				
序号	股份代码	公司名称	挂牌日期	公司状态
1	430089	天一众合	2011－05－31	挂牌
2	430155	康辰亚奥	2012－10－15	挂牌
3	430281	能为科技	2013－08－07	挂牌
4	430330	捷世智通	2013－10－16	挂牌
5	430575	迈科网络	2014－01－24	挂牌
6	430410	微纳颗粒	2014－01－24	挂牌

7	430387	旌旗电子	2014－01－24	挂牌
8	430422	永继电气	2014－01－24	挂牌
9	430397	金帆股份	2014－01－24	挂牌
10	430444	昆拓热控	2014－01－24	挂牌
11	430658	舜网传媒	2014－02－14	挂牌
12	430685	新芝生物	2014－04－09	挂牌
13	830774	百博生物	2014－05－30	挂牌
14	830920	聚融集团	2014－08－06	挂牌
15	830957	佳成科技	2014－08－12	挂牌
16	831053	美佳新材	2014－08－20	挂牌
17	831157	信合节能	2014－09－19	挂牌
18	831434	巨创计量	2014－12－30	挂牌
19	831576	汉博商业	2015－01－05	挂牌
20	831796	汉镒资产	2015－01－21	挂牌
目前已推荐挂牌公司家数		20		
撤回材料及申请被否公司家数		0		
正在挂牌公司家数		20		
已上市公司家数		0		
已被终止挂牌公司家数		0		
推荐定向发行情况				
序号	股份代码	公司名称	发行日期	公司状态
1	430089	天一众合	2012－7－20	发行成功
2	830774	百博生物	2014－5－30	发行成功
3	830957	佳成科技	2014－8－12	发行成功
4	430685	新芝生物	2014－11－24	发行成功
推荐定向发行次数		4		
推荐定向发行成功次数		4		
推荐定向发行失败次数		0		
推荐原代办股份转让系统的两网公司及退市公司挂牌情况				
序号	股份代码	公司名称		
推荐原代办股份转让系统的两网公司及退市公司家数		0		

三、部门设置

经纪业务				
人员	姓名	固定电话	传真	Email
经纪业务联络人	柴黎明	0755－83515581	0755－83516199	chailm@ cgws. com
经纪业务联络人	李　锋	0755－83515475	0755－83516199	lifeng@ cgws. com
推荐业务				
人员	姓名	固定电话	传真	Email
推荐业务联络人	陈铁瑾	010－88366060	010－88366650	chyj@ cgws. com
推荐业务联络人	胡　婕	010－88366060	010－88366650	hujie@ cgws. com

浙商证券股份有限公司

一、公司简介及概况

<table>
<tr><td rowspan="9">公司简介</td><td>公司名称</td><td colspan="5">浙商证券股份有限公司</td></tr>
<tr><td>成立日期</td><td>2002－5－9</td><td>法定代表人</td><td>吴承根</td><td>总经理</td><td>吴承根</td></tr>
<tr><td>注册资本（万元）</td><td>300,000</td><td>净资产＊（万元）</td><td>575,385</td><td>净资本＊（万元）</td><td>387,937</td></tr>
<tr><td>注册地址</td><td colspan="3">浙江省杭州市杭大路1号黄龙世纪广场A区6－7层</td><td>营业部家数</td><td>93</td></tr>
<tr><td>办公地址</td><td colspan="3">浙江省杭州市杭大路1号黄龙世纪广场A区6－7层</td><td>邮编</td><td>310007</td></tr>
<tr><td>公司网址</td><td>www.stocke.com.cn</td><td>电子邮箱</td><td></td><td>经营证券业务许可证编号</td><td>z39833000</td></tr>
<tr><td colspan="6">注：＊经审计的最近年度净资产和净资本</td></tr>
<tr><td colspan="3">证监会批准从事的证券业务</td><td colspan="3">证券经纪；证券投资咨询；与证券交易、证券投资活动有关的财务顾问；证券承销与保荐；证券自营；融资融券；证券投资基金代销；为期货公司提交供中间介绍中业务；代销金融产品。</td></tr>
<tr><td colspan="3">在全国股份转让系统从事的业务种类</td><td colspan="3">经纪业务，推荐业务，做市业务</td></tr>
<tr><td>公司概况</td><td colspan="6">浙商证券股份有限公司（Zheshang Securities Co.,Ltd.）是中国证监会批准成立的综合性证券公司，成立于2002年5月9日，2012年9月12日整体变更为股份公司。总部位于浙江省杭州市，注册资本30亿元人民币。现有股东15家，实际控制人为浙江省交通投资集团。公司已形成“证券＋期货＋基金＋资管＋创投”的金融产业布局，全资控股浙商期货有限公司、浙商资本管理有限公司和浙江浙商证券资产管理有限公司，主发起设立浙商基金管理有限公司，为广大客户提供综合性投融资服务。
公司主要业务包括证券经纪、投资银行、资产管理、财务顾问、投资咨询、证券自营、期货IB、直接投资、融资融券等。截至2014年3月底，公司在全国范围内设有87家证券营业部，服务覆盖中国三大经济区－－珠三角、长三角和黄渤海地区，在全国16个最具动力的省市打下了综合性投融资服务的基石，形成全国性财富管理网络布局。近年来，公司综合实力显著提升，服务能力不断加强，赢得市场良好口碑，先后获得优秀证券中介机构、最佳设计与创新证券公司、中国最具发展潜力证券公司、中国最佳资产管理证券公司、中国最具成长性投行、中国最具成长性经纪券商等荣誉。浙商证券以“同创同享同成长”为核心企业文化，努力打造最具浙商特色的财富增值服务商，致力于撮合投融资需求，管理居民财富，积极服务于实体经济发展。</td></tr>
</table>

二、业务动态

<table>
<tr><td colspan="5">推荐挂牌情况</td></tr>
<tr><td>序号</td><td>股份代码</td><td>公司名称</td><td>挂牌日期</td><td>公司状态</td></tr>
<tr><td>1</td><td>430235</td><td>典雅天地</td><td>2013－07－03</td><td>挂牌</td></tr>
<tr><td>2</td><td>430342</td><td>天润康隆</td><td>2013－10－29</td><td>挂牌</td></tr>
<tr><td>3</td><td>430622</td><td>顺达智能</td><td>2014－01－24</td><td>挂牌</td></tr>
<tr><td colspan="2">目前已推荐挂牌公司家数</td><td colspan="3">3</td></tr>
<tr><td colspan="2">撤回材料及申请被否公司家数</td><td colspan="3">0</td></tr>
<tr><td colspan="2">正在挂牌公司家数</td><td colspan="3">3</td></tr>
<tr><td colspan="2">已上市公司家数</td><td colspan="3">0</td></tr>
<tr><td colspan="2">已被终止挂牌公司家数</td><td colspan="3">0</td></tr>
<tr><td colspan="5">推荐定向发行情况</td></tr>
<tr><td>序号</td><td>股份代码</td><td>公司名称</td><td>发行日期</td><td>公司状态</td></tr>
<tr><td>1</td><td>430235</td><td>典雅天地</td><td>2013－9－23</td><td>发行成功</td></tr>
<tr><td>2</td><td>430235</td><td>典雅天地</td><td>2013－12－12</td><td></td></tr>
<tr><td colspan="2">推荐定向发行次数</td><td colspan="3">2</td></tr>
<tr><td colspan="2">推荐定向发行成功次数</td><td colspan="3">1</td></tr>
<tr><td colspan="2">推荐定向发行失败次数</td><td colspan="3">0</td></tr>
</table>

推荐原代办股份转让系统的两网公司及退市公司挂牌情况		
序号	股份代码	公司名称
推荐原代办股份转让系统的两网公司及退市公司家数		0

三、部门设置

经纪业务				
人员	姓名	固定电话	传真	Email
经纪业务联络人	时捷	0571－87901932	0571－87901945	shijie@ stocke. con. cm
经纪业务联络人	黄星	0571－87902556	0571－87901946	huangxing@ stocke. com. cn
推荐业务				
人员	姓名	固定电话	传真	Email
推荐业务联络人	刘虹	0571－87901908	0571－87903990	liuhong@ stocke. com. cn
推荐业务联络人	卢一泓	0571－87901910	0571－87902161	luyihong@ stocke. com. cn

大通证券股份有限公司

一、公司简介及概况

公司简介	公司名称	大通证券股份有限公司				
	成立日期	2001－7－28	法定代表人	李红光	总经理	李红光
	注册资本（万元）	330,000	净资产*（万元）	354,742.36	净资本*（万元）	261,770
	注册地址	大连市沙河口区会展路129号大连国际金融中心A座－大连期货大厦38、39层			营业部家数	51
	办公地址	大连市沙河口区会展路129号大连国际金融中心A座－大连期货大厦38、39层			邮编	116023
	公司网址	www. daton. com. cn	电子邮箱	admin@ daton. com. cn	经营证券业务许可证编号	11100000
	注：*经审计的最近年度净资产和净资本					
	证监会批准从事的证券业务			证券经纪；证券投资咨询；与证券交易、证券投资活动有关的财务顾问；证券承销与保荐；证券自营；证券资产管理；融资融券为期货公司提供中间介绍业务；证券投资基金代销；代销金融产品。		
	在全国股份转让系统从事的业务种类			经纪业务，推荐业务，做市业务		
公司概况	大通证券股份有限公司是总部设在大连的唯一一家证券公司，注册资本33亿元，经营范围包括：证券经纪；证券投资咨询；与证券交易、证券投资活动有关的财务顾问；证券承销与保荐；证券自营；证券资产管理；为期货公司提供中间介绍业务；证券投资基金销售业务；融资融券业务；代销金融产品业务；中国证监会批准的其他业务。公司目前在大连、上海、北京、天津、广州、深圳等全国30余个城市拥有51家营业部和1家分公司。2007年8月，公司通过中国证券业协会组织的规范类证券公司评审，取得规范类证券公司资格。					

二、业务动态

推荐挂牌情况				
序号	股份代码	公司名称	挂牌日期	公司状态
1	430149	江仪股份	2012－10－12	挂牌
2	430167	四利通	2012－11－26	挂牌
3	430449	蓝泰源	2014－01－24	挂牌
4	430582	华菱西厨	2014－01－24	挂牌

5	430448	和航科技	2014－01－24	挂牌
6	430484	求实智能	2014－01－24	挂牌
7	430640	摩威环境	2014－02－21	挂牌
8	831143	焕鑫新材	2014－09－19	挂牌
9	831185	众智软件	2014－10－09	挂牌
10	831422	奥根科技	2014－12－03	挂牌
11	831464	创高安防	2014－12－10	挂牌
12	831643	仙剑文化	2015－01－12	挂牌
13	831766	三木科技	2015－01－14	挂牌
14	831772	海洋风	2015－01－16	挂牌
15	831722	阿迪克	2015－01－27	挂牌
16	831908	古麒羽绒	2015－01－28	挂牌
17	832029	金正食品	2015－02－11	挂牌
18	832213	双森股份	2015－04－02	挂牌
19	832221	聚元食品	2015－04－07	挂牌
20	832273	华鹰玻璃	2015－04－08	挂牌
21	832190	河之阳	2015－04－08	挂牌
22	832257	正和药业	2015－04－15	挂牌
23	832298	菲缆股份	2015－04－15	挂牌
24	832405	圣峰物联	2015－04－30	挂牌
25	832425	国农基业	2015－05－13	挂牌
26	832650	奔腾集团	2015－06－24	挂牌
27	832632	德安股份	2015－06－30	挂牌
28	832920	去吧看看	2015－07－27	挂牌
29	832937	宏达印业	2015－07－28	挂牌
30	832903	永强农业	2015－07－28	挂牌
31	833024	欣智恒	2015－07－29	挂牌
32	833196	荣邦医疗	2015－07－31	挂牌
33	833253	大建桥梁	2015－08－07	挂牌
34	833121	伊索股份	2015－08－10	挂牌
35	833271	永畅兴	2015－08－10	挂牌
36	833250	瑞科际	2015－08－13	挂牌
37	833433	天保股份	2015－08－28	挂牌
38	833559	亚太天能	2015－09－09	挂牌
39	833558	亚东无纺	2015－09－09	挂牌
40	833651	正大股份	2015－09－22	挂牌
41	833718	宏运达	2015－09－29	挂牌
42	833814	德润达	2015－10－16	挂牌
43	833881	一森园林	2015－10－20	挂牌
44	833987	碧城环保	2015－10－26	挂牌
45	833886	万达业	2015－10－27	挂牌
46	833961	通发传媒	2015－10－29	挂牌
47	834034	元道通信	2015－10－30	挂牌
48	833991	趋势传媒	2015－11－02	挂牌
49	834112	兴塑股份	2015－11－09	挂牌
50	834011	捷胜海洋	2015－11－12	挂牌
51	834250	福岛精密	2015－11－12	挂牌
52	834517	瓜尔润	2015－12－01	挂牌
53	834530	鑫鑫龙鑫	2015－12－04	挂牌

54	834853	延边创业	2015－12－11	挂牌
55	834861	同福碗粥	2015－12－16	挂牌
56	834894	宝亮股份	2015－12－16	挂牌
57	834872	五米常香	2015－12－21	挂牌
58	834936	康莱米	2015－12－24	挂牌
59	835162	菲利特	2015－12－28	挂牌
60	835224	物华股份	2016－01－08	挂牌
61	835551	精研科洁	2016－01－11	挂牌
62	835458	元丰小贷	2016－01－11	挂牌
63	835133	双龙电机	2016－01－13	挂牌
64	835431	非凡传媒	2016－01－13	挂牌
65	835641	众信易诚	2016－01－15	挂牌
66	835611	鸿志兴	2016－01－21	挂牌
67	835654	万源生态	2016－01－22	挂牌
68	835688	平安环保	2016－01－26	挂牌
69	835845	汇晨股份	2016－02－05	挂牌
70	835850	凯欣股份	2016－02－16	挂牌
71	835913	虎符科技	2016－02－19	挂牌
目前已推荐挂牌公司家数		71		
撤回材料及申请被否公司家数		0		
正在挂牌公司家数		71		
已上市公司家数		0		
已被终止挂牌公司家数		0		
推荐定向发行情况				
序号	股份代码	公司名称	发行日期	公司状态
1	430640	摩威环境	2014－2－17	发行成功
2	430484	求实智能	2014－9－26	发行成功
3	831143	焕鑫新材	2014－12－16	发行成功
4	831643	仙剑文化	2015－1－8	发行成功
5	430484	求实智能	2015－1－16	发行成功
6	430449	蓝泰源	2015－3－5	发行成功
7	831722	阿迪克	2015－6－4	发行成功
8	831143	焕鑫新材	2015－6－4	发行成功
9	831422	奥根科技	2015－6－8	发行成功
10	430582	华菱西厨	2015－6－9	发行成功
11	831464	创高安防	2015－6－12	发行成功
12	831143	焕鑫新材	2015－7－1	发行成功
13	430640	摩威环境	2015－7－17	发行成功
14	832920	去吧看看	2015－7－24	发行成功
15	831422	奥根科技	2015－8－4	发行成功
16	832029	金正食品	2015－8－14	发行成功
17	832190	河之阳	2015－8－17	发行成功
18	831908	古麒羽绒	2015－8－25	发行成功
19	831185	众智软件	2015－8－25	发行成功
20	831643	仙剑文化	2015－9－8	发行成功
21	831722	阿迪克	2015－9－10	发行成功
22	832257	正和药业	2015－9－14	发行成功
23	832298	菲缆股份	2015－10－30	发行成功
24	830798	中外名人	2015－11－2	发行成功

25	832221	聚元食品	2015－11－5	发行成功
26	430167	四利通	2015－11－16	发行成功
27	430484	求实智能	2015－11－16	发行成功
28	833024	欣智恒	2015－11－16	发行成功
29	833196	荣邦医疗	2015－11－19	发行成功
30	831908	古麒羽绒	2015－11－20	发行成功
31	832650	奔腾集团	2015－11－27	发行成功
32	832632	德安股份	2015－12－7	发行成功
33	830798	中外名人	2016－1－11	发行成功
34	832213	双森股份	2016－1－22	发行成功
35	834034	元道通信	2016－1－26	发行成功
推荐定向发行次数		35		
推荐定向发行成功次数		35		
推荐定向发行失败次数		0		
推荐原代办股份转让系统的两网公司及退市公司挂牌情况				
序号	股份代码	公司名称		
推荐原代办股份转让系统的两网公司及退市公司家数		0		

三、部门设置

经纪业务				
人员	姓名	固定电话	传真	Email
经纪业务联络人	张翔宇	0411－39673383	0411－39673214	zhangxiangyu@ daton. com. cn
经纪业务联络人	刘洋	0411－39658345	0411－39673214	liuyang@ daton. com. cn
推荐业务				
人员	姓名	固定电话	传真	Email
推荐业务联络人	高超	010－58208733	010－58205433	gaochao@ daton. com. cn
推荐业务联络人	蒋永军	010－56120105	010－58205433	jiangyongjun@ daton. com. cn

民生证券股份有限公司

一、公司简介及概况

公司简介	公司名称	民生证券股份有限公司				
	成立日期	1986－11－30	法定代表人	余　政	总经理	苏　刚
	注册资本（万元）	217,730.63	净资产＊（万元）	365,519.80	净资本＊（万元）	295,327.40
	注册地址	北京市东城区建国门内大街28号民生金融中心A座16层－18层			营业部家数	48
	办公地址	北京市东城区建国门内大街28号民生金融中心A座16层－20层			邮编	100005
	公司网址	www. mszq. com	电子邮箱	mszq@ mszq. com	经营证券业务许可证编号	10470000
	注：＊经审计的最近年度净资产和净资本					
	证监会批准从事的证券业务			证券经纪；证券投资咨询；与证券交易、证券投资活动有关的财务顾问；证券承销与保荐；证券自营；证券资产管理；证券投资基金代销；为期货公司提供中间介绍业务；融资融券业务；代销金融产品业务（有效期至2017年11月02日）。（依法须经批准的项目，经相关部门批准后方可开展经营活动）		
	在全国股份转让系统从事的业务种类			经纪业务，推荐业务，做市业务		

公司概况	民生证券股份有限公司成立于1986年,注册资本为21.77亿元,注册地为北京。公司具备中国证监会批准的证券经纪;证券投资咨询;与证券交易、证券投资活动有关的财务顾问;证券承销与保荐;证券自营;证券资产管理;证券投资基金代销;代销金融产品业务;IB业务;全国中小企业股份转让系统主办券商;实施证券经纪人制度;融资融券业务;中小企业私募债券承销等各项业务资格。公司及其控股的民生期货有限公司设有63家营业部,在上海、广州、深圳、南京、济南和郑州设有7家分公司。同时拥有从事直投业务和另类投资业务的两家全资子公司:民生通海投资有限公司、民生证券投资有限公司。公司坚持"民生在勤,守正出新"的基本理念,坚持社会目标、企业目标、个人目标相统一,社会责任、企业责任、个人责任相统一,企业利益、社会利益、个人利益相统一,以诚信为根,责任为本,创新为源,不断通过业务和产品创新、管理和机制创新,为客户提供各种优质、规范、高效的投融资工具和专业化、个性化的金融服务。公司以完善的法人治理结构和科学的管理体系,高效的决策执行机制、有力的激励约束机制和严谨的合规内控机制以及完备的风险控制支持系统确保各项业务的健康发展。公司坚持以人为本,着力打造一支以事业经理人和职业经理人为主体的富有激情的战斗团队,努力为客户创造最大财富,为公司创造最大价值。

二、业务动态

推荐挂牌情况				
序号	股份代码	公司名称	挂牌日期	公司状态
1	430081	莱富特佰	2011-03-03	挂牌
2	831084	绿网天下	2014-08-21	挂牌
3	831215	新天药业	2014-10-23	挂牌
4	831234	天辰股份	2014-10-28	挂牌
5	831244	星展测控	2014-10-30	挂牌
6	831251	库马克	2014-10-31	挂牌
7	831255	佳和电气	2014-10-31	挂牌
8	831421	天富电气	2014-12-08	挂牌
9	831592	北方嘉科	2015-01-06	挂牌
10	831617	巨力重工	2015-01-08	挂牌
11	831688	山大地纬	2015-01-29	挂牌
12	831905	欧华达	2015-02-05	挂牌
13	831894	高捷联	2015-02-05	挂牌
14	832143	海昌华	2015-03-10	挂牌
15	832097	浩辰软件	2015-03-17	挂牌
16	832186	惠尔顿	2015-04-01	挂牌
17	832310	威奥科技	2015-04-21	挂牌
18	832384	格瑞光电	2015-04-30	挂牌
19	832414	精湛光电	2015-05-19	挂牌
20	832537	洁华控股	2015-06-03	挂牌
21	832710	志能祥赢	2015-07-10	挂牌
22	832884	瑞晟智能	2015-07-30	挂牌
23	832942	名品彩叶	2015-07-30	挂牌
24	833507	美安普	2015-09-07	挂牌
25	833550	路维光电	2015-09-15	挂牌
26	833534	神玥软件	2015-09-18	挂牌
27	833526	北林科技	2015-09-23	挂牌
28	833531	博亚精工	2015-09-25	挂牌
29	833674	佰焰科技	2015-09-28	挂牌
30	833756	恩鹏健康	2015-09-30	挂牌
31	833580	科创新材	2015-10-13	挂牌
32	833641	小西牛	2015-10-19	挂牌
33	833926	安集协康	2015-10-23	挂牌
34	834075	云传媒	2015-11-06	挂牌
35	834294	捷信医药	2015-11-18	挂牌

36	833907	测聘网	2015－11－19	挂牌
37	834760	华凯科技	2015－12－07	挂牌
38	834768	邦业科技	2015－12－10	挂牌
39	834935	祥云信息	2015－12－15	挂牌
40	834663	华语传媒	2015－12－15	挂牌
41	835160	上海共创	2015－12－22	挂牌
42	835094	晓进机械	2016－01－04	挂牌
43	835389	道拓医药	2016－01－06	挂牌
44	835338	赛孚股份	2016－01－06	挂牌
目前已推荐挂牌公司家数		44		
撤回材料及申请被否公司家数		0		
正在挂牌公司家数		44		
已上市公司家数		0		
已被终止挂牌公司家数		0		
推荐定向发行情况				
序号	股份代码	公司名称	发行日期	公司状态
1	831421	天富电气	2014－12－8	发行成功
2	831084	绿网天下	2015－2－4	发行成功
3	831244	星展测控	2015－3－25	发行成功
4	831255	佳和电气	2015－5－14	发行成功
5	831234	天辰股份	2015－6－29	发行成功
6	831234	天辰股份	2015－6－29	发行成功
7	832186	惠尔顿	2015－7－2	发行成功
8	832710	志能祥赢	2015－7－10	发行成功
9	831084	绿网天下	2015－7－30	发行成功
10	831421	天富电气	2015－8－5	发行成功
11	832186	惠尔顿	2015－8－11	发行成功
12	832384	格瑞光电	2015－8－18	发行成功
13	831592	北方嘉科	2015－9－24	发行成功
14	831592	北方嘉科	2015－10－16	发行成功
15	831234	天辰股份	2015－10－27	发行成功
16	831688	山大地纬	2015－10－27	发行成功
17	833907	测聘网	2015－11－19	发行成功
18	430081	莱富特佰	2015－11－27	发行成功
19	835389	道拓医药	2016－1－6	发行成功
推荐定向发行次数		19		
推荐定向发行成功次数		19		
推荐定向发行失败次数		0		
推荐原代办股份转让系统的两网公司及退市公司挂牌情况				
序号	股份代码	公司名称		
推荐原代办股份转让系统的两网公司及退市公司家数		0		

三、部门设置

经纪业务				
人员	姓名	固定电话	传真	Email
经纪业务联络人	吴若吟	010－85127927	010－85127917	wuruoyin@mszq.com
推荐业务				

人员	姓名	固定电话	传真	Email
推荐业务联络人	皇甫丽娜	010－85127732	010－85127940	huangfuln@ mszq. com
推荐业务联络人	苏欣	010－85127547	010－85127940	suxin@ mszq. com

国都证券有限责任公司

一、公司简介及概况

<table>
<tr><td rowspan="9">公司简介</td><td>公司名称</td><td colspan="5">国都证券有限责任公司</td></tr>
<tr><td>成立日期</td><td>2001－12－28</td><td>法定代表人</td><td>王少华</td><td>总经理</td><td>常　喆</td></tr>
<tr><td>注册资本（万元）</td><td>530,000</td><td>净资产＊（万元）</td><td>691,979.23</td><td>净资本＊（万元）</td><td>490,165.64</td></tr>
<tr><td>注册地址</td><td colspan="3">北京市东城区东直门南大街3号国华投资大厦9层、10层</td><td>营业部家数</td><td>58</td></tr>
<tr><td>办公地址</td><td colspan="3">北京市东城区东直门南大街3号国华投资大厦9层、10层</td><td>邮编</td><td>100007</td></tr>
<tr><td>公司网址</td><td>www. guodu. com</td><td>电子邮箱</td><td>gdzq@ guodu. com</td><td>经营证券业务许可证编号</td><td>Z29874000</td></tr>
<tr><td colspan="6">注：＊经审计的最近年度净资产和净资本</td></tr>
<tr><td colspan="3">证监会批准从事的证券业务</td><td colspan="3">证券经纪；证券投资咨询；与证券交易、证券投资活动有关的财务顾问；证券承销与保荐；证券自营；证券资产管理；证券投资基金代销；为期货公司提供中间介绍业务；融资融券业务；代销金融产品业务；公开募集证券投资基金管理业务。</td></tr>
<tr><td colspan="3">在全国股份转让系统从事的业务种类</td><td colspan="3">经纪业务，推荐业务，做市业务</td></tr>
<tr><td>公司简介</td><td colspan="6">国都证券股份有限公司是经中国证监会批准，于2001年12月28日在中诚信托有限责任公司和北京国际信托有限公司原有证券业务整合的基础上，吸收其他股东出资成立的综合性证券公司。公司注册地在北京。2005年公司经中国证券业协会评审取得创新试点证券公司资格。2013年公司在中国证监会组织的证券公司分类评级中再次取得A类A级的评级。国都证券成立以来，始终秉承“关注客户需求，与客户共成长”的服务理念，在坚持合规经营的基础上，努力为客户提供便捷、多样化、个性化的金融服务，深得客户认可与信赖，并在业内赢得了良好的声誉。为拓展业务发展空间，公司通过设立另类子公司、香港子公司、控股期货公司、参股基金公司，整合股东、银行等金融机构的资源，搭建起一个多元化的金融服务平台。
公司发展至今，已形成了门类齐全、服务模式多样化的业务体系，可针对客户的个性化需求，提供一揽子金融解决方案。在管理方面，公司构建了完善的法人治理结构、科学严密的内部控制机制和风险管理体系，形成了以人为本、和谐发展的企业文化，打造了一支独具特色、精诚团结、锐意进取的经营团队，为公司健康稳步的发展奠定了坚实的基础。</td></tr>
</table>

二、业务动态

推荐挂牌情况				
序号	股份代码	公司名称	挂牌日期	公司状态
1	430108	精耕天下	2012－03－12	挂牌
2	430164	思倍驰	2012－11－06	挂牌
3	430298	淘礼网	2013－08－08	挂牌
4	430754	波智高远	2014－05－30	挂牌
5	830812	约伴传媒	2014－06－20	挂牌
6	831138	光影侠	2014－09－12	挂牌
7	831232	红旗种业	2014－10－30	挂牌
8	831797	爱乐祺	2015－01－13	挂牌
9	831706	领航科技	2015－01－14	挂牌
10	832134	宇都股份	2015－03－20	挂牌
11	832230	新伟电子	2015－04－01	挂牌

12	832211	鸿源科技	2015 - 04 - 01	挂牌
13	832345	海泰斯	2015 - 04 - 17	挂牌
14	832612	女娲珠宝	2015 - 06 - 10	挂牌
15	832952	坤七药业	2015 - 07 - 21	挂牌
16	833435	国润新材	2015 - 09 - 01	挂牌
17	833496	华安新材	2015 - 09 - 02	挂牌
18	833512	金尚新能	2015 - 09 - 07	挂牌
19	833717	华彦邦	2015 - 09 - 28	挂牌
20	833677	芯能科技	2015 - 09 - 30	挂牌
21	833872	卓信智恒	2015 - 10 - 16	挂牌
22	834023	金投金融	2015 - 10 - 30	挂牌
23	834184	秦皇旅游	2015 - 11 - 09	挂牌
24	834254	鼎润投资	2015 - 11 - 12	挂牌
目前已推荐挂牌公司家数		24		
撤回材料及申请被否公司家数		0		
正在挂牌公司家数		24		
已上市公司家数		0		
已被终止挂牌公司家数		0		
推荐定向发行情况				
序号	股份代码	公司名称	发行日期	公司状态
1	830812	约伴传媒	2015 - 1 - 28	发行成功
2	430164	思倍驰	2015 - 6 - 19	发行成功
3	831706	领航科技	2015 - 6 - 23	发行成功
4	430108	精耕天下	2015 - 6 - 30	发行成功
5	430108	精耕天下	2015 - 6 - 30	发行成功
6	831791	爱乐祺	2015 - 7 - 3	发行成功
7	831797	爱乐祺	2015 - 9 - 18	发行成功
8	832134	宇都股份	2015 - 10 - 9	发行成功
9	832211	鸿源科技	2015 - 11 - 17	发行成功
推荐定向发行次数		9		
推荐定向发行成功次数		9		
推荐定向发行失败次数		0		
推荐原代办股份转让系统的两网公司及退市公司挂牌情况				
序号	股份代码	公司名称		
推荐原代办股份转让系统的两网公司及退市公司家数		0		

三、部门设置

经纪业务				
人员	姓名	固定电话	传真	Email
经纪业务联络人	刘姣	010 - 84183171	010 - 84183311	liujiao@ guodu. com
经纪业务联络人	曹向华	010 - 84183260	010 - 84183311	caoxianghua@ guodu. com
推荐业务				
人员	姓名	固定电话	传真	Email
推荐业务联络人	孙伟红	010 - 84183318	010 - 84183265	sunweihong@ guodu. com
推荐业务联络人	仝颖超	010 - 84183185	010 - 84183265	tongyingchao@ guodu. com

信达证券股份有限公司

一、公司简介及概况

<table>
<tr><td rowspan="10">公司简介</td><td>公司名称</td><td colspan="5">信达证券股份有限公司</td></tr>
<tr><td>成立日期</td><td>2007－9－4</td><td>法定代表人</td><td>张志刚</td><td>总经理</td><td>于帆</td></tr>
<tr><td>注册资本（万元）</td><td>256,870.00</td><td>净资产＊（万元）</td><td>564,660.29</td><td>净资本＊（万元）</td><td>440,684.09</td></tr>
<tr><td>注册地址</td><td colspan="3">北京市西城区闹市口大街9号院1号楼</td><td>营业部家数</td><td>82</td></tr>
<tr><td>办公地址</td><td colspan="3">北京市西城区闹市口大街9号院1号楼</td><td>邮编</td><td>100031</td></tr>
<tr><td>公司网址</td><td>www.cindasc.com</td><td>电子邮箱</td><td>zjb@cindasc.com</td><td>经营证券业务许可证编号</td><td>Z39711000</td></tr>
<tr><td colspan="6">注：＊经审计的最近年度净资产和净资本</td></tr>
<tr><td colspan="3">证监会批准从事的证券业务</td><td colspan="3">证券经纪；证券投资咨询；与证券交易、证券投资活动有关的财务顾问；证券承销与保荐；证券自营；证券资产管理；融资融券。</td></tr>
<tr><td colspan="3">在全国股份转让系统从事的业务种类</td><td colspan="3">经纪业务，推荐业务，做市业务</td></tr>
<tr><td>公司概况</td><td colspan="6">信达证券股份有限公司（以下简称“信达证券”）是经中国证监会批准，在收购原汉唐证券、辽宁证券的证券类资产基础上，由中国信达资产管理股份有限公司、中海信托股份有限公司、中国中材集团公司作为发起人，于2007年9月设立的证券公司。公司注册地在北京市，现注册资本为25.687亿元人民币，拥有82家营业部，全资控股信达期货有限公司。信达证券在2012年证券公司分类评价获评A类券商，并且荣获同行业多项荣誉。
信达证券具有雄厚的金融集团背景。公司的主要出资人及控股股东中国信达资产管理股份有限公司是经国务院和人民银行批准，由财政部出资于1999年4月设立的国有独资非银行金融机构，注册资本金251亿人民币。在完成不良资产处置的同时，信达资产管理股份有限公司依据国家相关政策积极探索商业化转型之路，陆续搭建了证券、基金、保险、信托等金融服务平台，综合服务金融集团的框架初步形成。信达证券拥有现代企业组织架构及日趋完善的网点布局。信达证券按照现代企业制度建设的要求，建立了完善的组织架构和精简高效、权责明晰的组织管理体系，在北京、上海、深圳、广州、沈阳、成都等30个城市设立了证券服务机构，有得天独厚的优势及雄厚的资源基础。</td></tr>
</table>

二、业务动态

推荐挂牌情况

序号	股份代码	公司名称	挂牌日期	公司状态
1	430169	融智通	2012－11－30	挂牌
2	430353	上海百傲	2013－11－13	挂牌
3	830936	约克股份	2014－08－12	挂牌
4	831093	鑫航科技	2014－08－25	挂牌
5	831092	乾元泽孚	2014－08－25	挂牌
6	831610	中成新星	2015－01－19	挂牌
7	831852	东研科技	2015－01－26	挂牌
8	831902	万绿园林	2015－01－30	挂牌
9	831912	金三元	2015－01－30	挂牌
10	831970	四川永强	2015－02－10	挂牌
11	831940	网高科技	2015－02－10	挂牌
12	832241	亚泰科技	2015－04－06	挂牌
13	832279	三川能源	2015－04－09	挂牌
14	832313	汉能华	2015－04－16	挂牌
15	832332	巨鹏食品	2015－04－28	挂牌

16	832426	灵佑药业	2015－05－07	挂牌
17	832415	联合普肯	2015－05－08	挂牌
18	832483	普罗米新	2015－05－18	挂牌
19	832610	合海股份	2015－06－15	挂牌
20	832615	双发股份	2015－06－17	挂牌
21	832844	赛浪股份	2015－07－16	挂牌
22	832966	道尔智控	2015－07－29	挂牌
23	833180	瀚丰矿业	2015－08－04	挂牌
24	833001	三江股份	2015－08－07	挂牌
25	833083	爱林至善	2015－08－07	挂牌
26	833659	浩丰股份	2015－09－25	挂牌
27	833329	利达股份	2015－10－15	挂牌
28	833825	神州锐达	2015－10－16	挂牌
29	834082	中建信息	2015－11－05	挂牌
30	834123	辽宁天丰	2015－11－05	挂牌
31	834387	肇庆动力	2015－12－02	挂牌
32	834801	淳中科技	2015－12－08	挂牌
目前已推荐挂牌公司家数		32		
撤回材料及申请被否公司家数		0		
正在挂牌公司家数		32		
已上市公司家数		0		
已被终止挂牌公司家数		0		
推荐定向发行情况				
序号	股份代码	公司名称	发行日期	公司状态
1	430091	东方生态	2012－2－28	发行成功
2	430091	东方生态	2012－8－28	发行成功
3	430169	融智通	2013－9－21	发行成功
4	430169	融智通	2013－11－14	发行成功
5	430169	融智通	2013－12－18	发行成功
6	430169	融智通	2014－1－23	发行成功
7	430091	东方生态	2014－6－30	发行成功
8	430353	上海百傲	2014－7－4	发行成功
9	430353	上海百傲	2014－8－6	发行成功
10	832332	巨鹏食品	2014－12－26	发行失败
11	832615	双发股份	2015－5－5	发行失败
12	833329	利达股份	2015－10－15	发行失败
13	834123	辽宁天丰	2015－11－5	
推荐定向发行次数		13		
推荐定向发行成功次数		9		
推荐定向发行失败次数		3		
推荐原代办股份转让系统的两网公司及退市公司挂牌情况				
序号	股份代码	公司名称		
推荐原代办股份转让系统的两网公司及退市公司家数		0		

三、部门设置

经纪业务				
人员	姓名	固定电话	传真	Email
经纪业务联络人	陈仕春	010 – 63081019	63080978	chenshichun@ cindasc. com
经纪业务联络人	李敏	010 – 63081003	63080978	limin@ cindasc. com
推荐业务				
人员	姓 s 名	固定电话	传真	Email
推荐业务联络人	刘孝俊	010 – 63081476	010 – 63081198	liuxiaojun@ cindasc. com
推荐业务联络人	华海峰	010 – 63081139	010 – 63081198	huahaifeng@ cindasc. com

国盛证券有限责任公司

一、公司简介及概况

公司简介	公司名称	国盛证券有限责任公司				
	成立日期	2002 – 12 – 26	法定代表人	曾小普	总经理	曾小普
	注册资本（万元）	203,457.75	净资产 *（万元）	299,364.37	净资本 *（万元）	265,692.67
	注册地址	江西省南昌市北京西路 88 号江信国际大厦 15 层			营业部家数	195
	办公地址	江西省南昌市北京西路 88 号江信国际大厦 15 层			邮编	330046
	公司网址	www. gsstock. com	电子邮箱	gs_xzgl@ gszq. com	经营证券业务许可证编号	Z30936000
	注：* 经审计的最近年度净资产和净资本					
	证监会批准从事的证券业务			证券经纪；证券投资咨询；与证券交易、证券投资活动有关的财务顾问；证券承销与保荐；证券自营；证券资产管理；融资融券；证券投资基金销售；代销金融产品。		
	在全国股份转让系统从事的业务种类			经纪业务，推荐业务，做市业务		
公司概况	国盛证券有限责任公司是 2002 年 12 月经江西省人民政府和中国证监会批准设立的综合类证券公司。公司注册地为江西省南昌市。注册资本 1,272,436,375.97 元。2007 年 2 月 2 日，经中国证券业协会评审通过，公司成为规范发展类证券公司，2013 年为 BBB 级。公司是中国证监会注册的保荐机构，曾首批获准参与股权分置改革试点。是全国银行间和交易所间同业折借及债券市场成员单位，中国证券业协会监事单位。公司目前拥有证券经纪、证券自营、证券主承销与保荐、证券资产管理、证券投资咨询、财务顾问、融资融券、代办系统主办券商，中小企业私募债，约定购回式证券交易、代销金融产品、开放式证券投资基金销售等多牌照业务资格。作为具有证券主承销与保荐资格的券商，近年来，公司成功保荐发行了珠海恒基达鑫、银邦股份 IPO 项目以及黑猫股份、联创光电等公司再融资项目；成功为洪城水业、泰豪集团、南昌城投、抚州城投等企业发行企业债及公司债。截至目前，公司控股了江信国盛期货有限责任公司，发起设立了江信基金管理有限公司。公司设置了 12 个业务部门及 7 个综合管理部门，在北京拥有一家分公司，共有 155 家营业网点，分布于北京、上海、深圳、天津、杭州等国内中心城市及江西省各地市。					

二、业务动态

推荐挂牌情况				
序号	股份代码	公司名称	挂牌日期	公司状态
1	430411	中电方大	2014 – 01 – 24	挂牌
2	430446	三灵科技	2014 – 01 – 24	挂牌
3	830827	世优电气	2014 – 06 – 26	挂牌
4	830953	惠当家	2014 – 08 – 08	挂牌
5	830955	大盛微电	2014 – 08 – 08	挂牌
6	831241	博峰新业	2014 – 10 – 30	挂牌

7	831273	金视和	2014－11－03	挂牌
8	831469	金磊建材	2014－12－10	挂牌
9	831597	苍源种植	2014－12－30	挂牌
10	831615	烟台禹成	2015－01－06	挂牌
11	831721	盛天彩	2015－01－20	挂牌
12	832002	赛文节能	2015－02－16	挂牌
13	832358	一保通	2015－04－22	挂牌
14	832469	富恒新材	2015－05－20	挂牌
15	832618	中能兴科	2015－06－30	挂牌
16	832686	育星达	2015－07－02	挂牌
17	832775	永升嘉轩	2015－07－16	挂牌
18	832911	正方股份	2015－07－27	挂牌
19	833552	威尔数据	2015－09－10	挂牌
20	833553	天立坤鑫	2015－09－15	挂牌
21	833556	施勒智能	2015－09－16	挂牌
22	833569	蓝擎股份	2015－09－17	挂牌
目前已推荐挂牌公司家数		22		
撤回材料及申请被否公司家数		0		
正在挂牌公司家数		22		
已上市公司家数		0		
已被终止挂牌公司家数		0		
推荐定向发行情况				
序号	股份代码	公司名称	发行日期	公司状态
1	830827	世优电气	2015－2－6	发行成功
2	830827	世优电气	2015－3－12	发行成功
3	830827	世优电气	2015－7－6	发行成功
4	830827	世优电气	2015－8－7	发行成功
推荐定向发行次数		4		
推荐定向发行成功次数		4		
推荐定向发行失败次数		0		
推荐原代办股份转让系统的两网公司及退市公司挂牌情况				
序号	股份代码	公司名称		
推荐原代办股份转让系统的两网公司及退市公司家数		0		

三、部门设置

经纪业务				
人员	姓名	固定电话	传真	Email
经纪业务联络人	温荣山	0791－86287965	0791－86288690	wrs@ gszq. com
经纪业务联络人	过海	0791－86276269	0791－86288690	guohai@ gszq. com
推荐业务				
人员	姓名	固定电话	传真	Email
推荐业务联络人	李晓芸	0791－86283637	0791－86282210	517106977@ qq. com
推荐业务联络人	周晴	0791－86281973	0791－86282210	59222527@ qq. com

安信证券股份有限公司

一、公司简介及概况

<table>
<tr><td rowspan="9">公司简介</td><td>公司名称</td><td colspan="5">安信证券股份有限公司</td></tr>
<tr><td>成立日期</td><td>2006－8－22</td><td>法定代表人</td><td>牛冠兴</td><td>总经理</td><td>王连志</td></tr>
<tr><td>注册资本（万元）</td><td>319,999.31</td><td>净资产*（万元）</td><td>971,018.6</td><td>净资本*（万元）</td><td>616,899.84</td></tr>
<tr><td>注册地址</td><td colspan="3">广东省深圳市福田区金田路4018号安联大厦35层、28层A02</td><td>营业部家数</td><td>151</td></tr>
<tr><td>办公地址</td><td colspan="3">广东省深圳市福田区金田路4018号安联大厦35层</td><td>邮编</td><td>518026</td></tr>
<tr><td>公司网址</td><td>www.essence.com.cn</td><td>电子邮箱</td><td>axzq@essence.com.cn</td><td>经营证券业务许可证编号</td><td>Z15874000</td></tr>
<tr><td colspan="6">注：*经审计的最近年度净资产和净资本</td></tr>
<tr><td colspan="3">证监会批准从事的证券业务</td><td colspan="3">证券经纪；证券投资咨询；与证券交易、证券投资活动有关的财务顾问；证券承销与保荐；证券自营；证券资产管理；融资融券；代销金融产品；证券投资基金销售；为期货公司提供中间介绍业务；中国证监会批准的其他证券业务。</td></tr>
<tr><td colspan="3">在全国股份转让系统从事的业务种类</td><td colspan="3">经纪业务，推荐业务，做市业务</td></tr>
<tr><td>公司概况</td><td colspan="6">安信证券股份有限公司（以下简称“安信证券”）成立于2006年8月18日。目前股东为国家开发投资公司、中国证券投资者保护基金有限公司、深圳市远致投资有限公司等14家，注册资本为31.99亿元。安信证券总部设于深圳，下辖5家分公司，在25个省级行政区设有168家证券营业部，并全资拥有安信国际金融控股有限公司、安信期货有限责任公司、安信乾宏投资有限公司，控股安信基金管理有限责任公司，构建起综合金融理财服务平台。安信证券现可为广大投资者提供证券代理买卖、证券承销与保荐、证券资产管理、证券投资咨询、融资融券、基金代销、股指期货中间介绍以及与证券交易、证券投资活动有关的财务顾问等业务。</td></tr>
</table>

二、业务动态

推荐挂牌情况

序号	股份代码	公司名称	挂牌日期	公司状态
1	430101	泰诚信	2011－12－02	挂牌
2	430250	智网科技	2013－07－18	挂牌
3	430377	海格物流	2014－01－24	挂牌
4	430378	山本光电	2014－01－24	挂牌
5	430391	万特电气	2014－01－24	挂牌
6	430395	奥盖克	2014－01－24	挂牌
7	430475	陆道股份	2014－01－24	挂牌
8	430584	弘陆物流	2014－01－24	挂牌
9	430606	金鹏源康	2014－01－24	挂牌
10	430375	星立方	2014－01－24	挂牌
11	430576	泰信电子	2014－01－24	挂牌
12	430382	元亨光电	2014－01－24	挂牌
13	430420	易城股份	2014－01－24	挂牌
14	430723	金源科技	2014－04－29	挂牌
15	430737	无锡斯达	2014－04－29	挂牌
16	830775	吉华材料	2014－05－30	挂牌
17	830820	大族冠华	2014－06－27	挂牌
18	830828	万绿生物	2014－07－03	挂牌
19	830997	领意信息	2014－08－13	挂牌
20	831118	兰亭科技	2014－08－19	挂牌

21	831066	圣维科技	2014－08－19	挂牌
22	831018	大族能源	2014－08－20	挂牌
23	831005	华维电瓷	2014－08－20	挂牌
24	831046	雷克利达	2014－08－20	挂牌
25	831026	熙浪股份	2014－08－20	挂牌
26	831156	浩祯股份	2014－09－22	挂牌
27	831156	浩祯股份	2014－09－22	挂牌
28	831167	鑫汇科	2014－09－30	挂牌
29	831190	第六元素	2014－10－15	挂牌
30	831217	书网教育	2014－10－16	挂牌
31	831262	广建装饰	2014－11－04	挂牌
32	831314	深科达	2014－11－11	挂牌
33	831358	新华环保	2014－11－18	挂牌
34	831382	智创联合	2014－11－28	挂牌
35	831404	宝丽兴源	2014－12－08	挂牌
36	831462	友泰电气	2014－12－08	挂牌
37	831423	快易名商	2014－12－08	挂牌
38	831494	美居客	2014－12－11	挂牌
39	831449	赛格立诺	2014－12－11	挂牌
40	831536	太能电气	2014－12－17	挂牌
41	831466	软通股份	2014－12－17	挂牌
42	831545	达一农林	2014－12－22	挂牌
43	831562	山水园林	2014－12－22	挂牌
44	831538	筑园景观	2014－12－23	挂牌
45	831535	拓斯达	2014－12－24	挂牌
46	831578	路嘉路桥	2014－12－30	挂牌
47	831605	奔速电梯	2014－12－30	挂牌
48	831548	光大百纳	2014－12－31	挂牌
49	831753	艾博德	2015－01－15	挂牌
50	831768	拾比佰	2015－01－15	挂牌
51	831789	英诺迅	2015－01－20	挂牌
52	831769	中马园林	2015－01－20	挂牌
53	831891	行动教育	2015－01－28	挂牌
54	832131	斯盛能源	2015－03－13	挂牌
55	832123	环球石材	2015－03－26	挂牌
56	832244	佳瑞高科	2015－04－07	挂牌
57	832362	佩蒂股份	2015－04－23	挂牌
58	832577	优美特	2015－06－10	挂牌
59	832619	天创环境	2015－06－12	挂牌
目前已推荐挂牌公司家数		59		
撤回材料及申请被否公司家数		0		
正在挂牌公司家数		59		
已上市公司家数		0		
已被终止挂牌公司家数		0		
推荐定向发行情况				
序号	股份代码	公司名称	发行日期	公司状态
1	430250	智网科技	2013－12－24	发行成功
2	430378	山本光电	2014－6－24	发行成功
3	430377	海格物流	2014－9－12	发行成功

4	831026	熙浪股份	2014－9－24	发行成功
5	430395	奥盖克	2014－11－12	发行成功
6	830828	万绿生物	2014－12－1	发行成功
7	831535	拓斯达	2014－12－2	发行成功
推荐定向发行次数		7		
推荐定向发行成功次数		7		
推荐定向发行失败次数		0		
推荐原代办股份转让系统的两网公司及退市公司挂牌情况				
序号	股份代码	公司名称		
推荐原代办股份转让系统的两网公司及退市公司家数		0		

三、部门设置

经纪业务				
人员	姓名	固定电话	传真	Email
经纪业务联络人	翁楚源	0755－82558112	0755－82558355	wengcy@ essence. com. cn
经纪业务联络人	周晶	0755－82558316	0755－82558355	zhoujing@ essence. com. cn
推荐业务				
人员	姓名	固定电话	传真	Email
推荐业务联络人	孟庆亮	010－66581780	010－66581525	mengql@ essence. com. cn
推荐业务联络人	申婷	010－66581554	010－66581525	shenting@ essence. com. cn

东兴证券股份有限公司

一、公司简介及概况

公司简介	公司名称	东兴证券股份有限公司				
	成立日期	2008－5－28	法定代表人	魏庆华	总经理	魏庆华
	注册资本（万元）	200,400	净资产＊（万元）	605,260.27	净资本＊（万元）	468,795.56
	注册地址	北京市西城区金融大街5号新盛大厦B座12、15层			营业部家数	58
	办公地址	北京市西城区金融大街5号新盛大厦B座6、12、15、16层			邮编	100033
	公司网址	http://www. dxzq. net/	电子邮箱	fanxt@ dxzq. net. cn	经营证券业务许可证编号	Z39511000
	注：＊经审计的最近年度净资产和净资本					
	证监会批准从事的证券业务			证券经纪；证券投资咨询；与证券交易、证券投资活动有关的财务顾问；证券承销与保荐；证券投资基金销售业务；证券自营和证券资产管理业务；为期货公司提供中间介绍业务、融资融券业务。		
	在全国股份转让系统从事的业务种类			推荐业务，经纪业务，做市业务		
公司概况	东兴证券股份有限公司是经国务院和中国证监会批准，由中国东方资产管理公司、中国铝业股份有限公司和上海大盛资产有限公司发起设立的全国性综合类证券公司，注册地为北京市，注册资本20.04亿元。作为股份制证券公司，东兴证券股东实力雄厚。大股东中国东方资产管理公司是经国务院批准成立的国有大型金融企业，注册资本100亿元人民币，在全国各地均设有分支机构；股东中国铝业股份有限公司是国有大型上市公司；股东上海大盛资产有限公司是上海市政府下属的国有独资综合性投资控股公司。公司拥有证券营业部57家，营业网点遍布在北京、上海、天津、深圳、福州、武汉、杭州、成都、南京、南昌、南宁等中心城市。公司经营范围涵盖证券经纪业务，证券投资咨询，证券承销与保荐，证券自营，证券资产管理，证券投资基金代销以及中国证监会批准的其他业务等。					

二、业务动态

推荐挂牌情况				
序号	股份代码	公司名称	挂牌日期	公司状态
1	430166	一正启源	2012－11－27	挂牌
2	430267	盛世光明	2013－07－18	挂牌
3	430333	普康迪	2013－10－23	挂牌
4	430664	联合永道	2014－03－07	挂牌
5	830769	华财会计	2014－06－04	挂牌
6	830781	精鹰传媒	2014－06－04	挂牌
7	830916	公准食品	2014－08－07	挂牌
8	831113	杰盛通信	2014－08－18	挂牌
9	831027	兴致科技	2014－08－22	挂牌
10	831197	雅洁源	2014－10－15	挂牌
11	831335	时空客	2014－11－13	挂牌
12	831477	菲达阀门	2014－12－12	挂牌
13	831512	环创科技	2014－12－16	挂牌
14	831484	久盛建材	2014－12－16	挂牌
15	831501	远方动力	2014－12－22	挂牌
16	831682	金田科技	2015－01－12	挂牌
17	831786	威思顿	2015－01－15	挂牌
18	831749	大和恒	2015－01－21	挂牌
19	831903	汇川科技	2015－01－28	挂牌
20	831889	天信投资	2015－01－28	挂牌
21	831983	春盛中药	2015－02－09	挂牌
22	831984	大道信通	2015－02－17	挂牌
23	832055	军工智能	2015－03－02	挂牌
24	832160	红鹰能源	2015－03－12	挂牌
25	832166	晶都农贷	2015－03－13	挂牌
26	831682	川娇农牧	2015－03－17	挂牌
27	832199	九方天和	2015－04－01	挂牌
28	832224	积硕科技	2015－04－02	挂牌
29	832299	石大科技	2015－04－16	挂牌
30	832352	瑞格股份	2015－04－27	挂牌
31	832452	兴华股份	2015－05－11	挂牌
32	832523	天山黑蜂	2015－05－28	挂牌
33	832578	建科机械	2015－06－10	挂牌
34	832747	吉诺股份	2015－07－14	挂牌
35	832795	南京欣网	2015－07－16	挂牌
36	832474	卓越鸿昌	2015－07－21	挂牌
37	832750	合璟环保	2015－07－21	挂牌
38	832830	汉哲咨询	2015－07－21	挂牌
39	832800	赛特斯	2015－07－22	挂牌
40	832845	木村树	2015－07－28	挂牌
41	832950	益盟股份	2015－07－29	挂牌
42	833037	中技能源	2015－07－30	挂牌
43	833036	山屿海	2015－07－31	挂牌
44	833009	开拓明天	2015－08－04	挂牌
45	833022	欧迈机械	2015－08－04	挂牌

46	833064	绿色空间	2015-08-04	挂牌
目前已推荐挂牌公司家数		46		
撤回材料及申请被否公司家数		0		
正在挂牌公司家数		46		
已上市公司家数		0		
已被终止挂牌公司家数		0		
推荐定向发行情况				
1	430664	联合永道	2014-8-14	发行成功
2	430664	联合永道	2014-8-18	发行成功
3	831027	兴致科技	2014-11-19	发行成功
4	831027	兴致科技	2014-12-17	发行成功
5	830781	精鹰传媒	2014-12-17	发行成功
6	830781	精鹰传媒	2015-1-12	发行失败
7	830781	精鹰传媒	2015-4-1	发行成功
8	831335	时空客	2015-4-22	发行成功
9	831512	环创科技	2015-4-28	发行成功
10	831889	天信投资	2015-5-13	发行成功
11	831903	汇川科技	2015-5-13	发行成功
12	430267	盛世光明	2015-6-5	发行成功
13	430664	联合永道	2015-6-5	发行成功
14	830781	精鹰传媒	2015-6-8	发行成功
15	430333	普康迪	2015-6-8	发行成功
16	831889	天信投资	2015-6-24	发行成功
17	832950	益盟股份	2015-7-9	发行成功
18	831983	春盛中药	2015-7-10	发行成功
19	832160	红鹰能源	2015-7-20	发行成功
20	832800	赛特斯	2015-7-22	发行成功
21	831501	远方动力	2015-7-23	发行成功
22	832352	瑞格股份		发行失败
推荐定向发行次数		22		
推荐定向发行成功次数		20		
推荐定向发行失败次数		2		
推荐原代办股份转让系统的两网公司及退市公司挂牌情况				
序号	股份代码	公司名称		
推荐原代办股份转让系统的两网公司及退市公司家数		0		

三、部门设置

经纪业务				
人员	姓名	固定电话	传真	Email
经纪业务联络人	王松	010-66554194	010-66555246	xumr@ dxzq. net. cn
经纪业务联络人	王倩	010-66555925	010-66555246	wang-qian@ dxzq. net. cn
推荐业务				
人员	姓名	固定电话	传真	Email
推荐业务联络人	陈平	010-66555749	010-66555103	chen-ping@ dxzq. net. cn
推荐业务联络人	蒋博星	010-66555648	010-66555103	jiangbx@ dxzq. net. cn

万联证券有限责任公司

一、公司简介及概况

<table>
<tr><td rowspan="10">公司简介</td><td>公司名称</td><td colspan="5">万联证券有限责任公司</td></tr>
<tr><td>成立日期</td><td>2001－8－23</td><td>法定代表人</td><td>张建军</td><td>总经理</td><td>张建军</td></tr>
<tr><td>注册资本（万元）</td><td>428,759</td><td>净资产*（万元）</td><td>709,426</td><td>净资本*（万元）</td><td>584,819</td></tr>
<tr><td>注册地址</td><td colspan="3">广东省广州市天河区珠江东路11号18、19全层</td><td>营业部家数</td><td>45</td></tr>
<tr><td>办公地址</td><td colspan="3">广东省广州市天河区珠江东路11号18、19全层</td><td>邮编</td><td>510623</td></tr>
<tr><td>公司网址</td><td>www.wlzq.com.cn</td><td>电子邮箱</td><td>Wl－office@wlzq.com.cn</td><td>经营证券业务许可证编号</td><td>Z18944000</td></tr>
<tr><td colspan="6">注：*经审计的最近年度净资产和净资本</td></tr>
<tr><td colspan="3">证监会批准从事的证券业务</td><td colspan="3">证券经纪；证券投资咨询；与证券交易、证券投资活动有关的财务顾问；证券承销与保荐；证券自营；证券资产管理；融资融券；证券投资基金代销；为期货公司提供中间介绍业务；代销金融产品。</td></tr>
<tr><td colspan="3">在全国股份转让系统从事的业务种类</td><td colspan="3">推荐业务，经纪业务</td></tr>
<tr><td colspan="6"></td></tr>
<tr><td>公司概况</td><td colspan="6">万联证券有限责任公司于2001年8月23日经中国证监会证监机构字〔2001〕148号文批准设立，是由实力雄厚的国有资产经营公司和投资公司出资组建的全资国有企业，是广东省首家规范类证券公司。
公司经营范围包括：证券经纪；证券投资咨询；与证券交易、证券投资活动有关的财务顾问；证券承销与保荐；证券自营；证券资产管理；证券投资基金代销；为期货公司提供中间介绍业务；融资融券；代销金融产品（有效期至2016年2月21日）。公司总部设在广州市，在广州、北京、上海、湖南、湖北、四川、浙江等省市设立了35家营业网点，形成了以华南为中心、辐射全国的营业网点布局。
自成立以来，公司秉承“诚信、务实、创新、高效”的经营理念，以人为本，稳健进取，深入研究客户需求，致力于将客户利益放在第一位，以高超的专业技能和至诚的服务精神赢得客户信任；深入推进业务的开拓创新，在产品设计、项目运作上追求高质量、低风险；奉行以严格的风险控制为前提、以合理的投资收益为目标的稳健投资策略，建立科学、严谨、高效的业务流程和风险管控体系，追求稳步增长的经营效益。公司坚持合规、守法经营，构建稳健的业务组合，促使自己长期健康、稳定持续地发展。现已逐步发展成为运作规范、资产优质、抗风险能力强的全国性综合类证券公司。</td></tr>
</table>

二、业务动态

推荐挂牌情况				
序号	股份代码	公司名称	挂牌日期	公司状态
1	430514	速升装备	2014－01－24	挂牌
2	430403	英思科技	2014－01－24	挂牌
3	430665	高衡力	2014－03－13	挂牌
4	430749	金化高容	2014－05－06	挂牌
5	831004	宝泰股份	2014－08－22	挂牌
6	831062	远古信息	2014－08－29	挂牌
7	831154	益方田园	2014－09－19	挂牌
8	831887	长潮股份	2015－01－29	挂牌
9	832779	东方明康	2015－07－16	挂牌
10	832762	大洋信息	2015－07－16	挂牌
11	833202	佳科风机	2015－08－06	挂牌
12	832953	创识科技	2015－08－06	挂牌
13	832987	牡丹联友	2015－08－12	挂牌
14	833504	骐俊股份	2015－09－01	挂牌
15	833546	盛世华诚	2015－09－14	挂牌
目前已推荐挂牌公司家数		15		

撤回材料及申请被否公司家数		0		
正在挂牌公司家数		15		
已上市公司家数		0		
已被终止挂牌公司家数		0		
推荐定向发行情况				
序号	股份代码	公司名称	发行日期	公司状态
1	430749	金化高容	2014－5－5	发行成功
2	831887	长潮股份	2015－5－15	发行成功
3	831887	长潮股份	2015－5－15	发行成功
4	831004	宝泰股份	2015－5－29	发行成功
5	430403	英思科技	2015－6－12	发行成功
6	832762	大洋信息	2015－7－16	发行成功
7	832762	大洋信息	2015－7－16	发行成功
8	430665	高衡力	2015－7－23	发行成功
9	832987	牡丹联友	2015－8－12	发行成功
10	832987	牡丹联友	2015－8－12	发行成功
11	430514	速升装备	2015－9－23	发行成功
推荐定向发行次数		11		
推荐定向发行成功次数		11		
推荐定向发行失败次数		0		
推荐原代办股份转让系统的两网公司及退市公司挂牌情况				
序号	股份代码	公司名称		
推荐原代办股份转让系统的两网公司及退市公司家数		0		

三、部门设置

经纪业务				
人员	姓名	固定电话	传真	Email
经纪业务联络人	仇穗群	020－38286639	020－22373718	qiusq@ wlzq. com. cn
经纪业务联络人	冯国文	020－38286800	020－22373718	fenggw@ wlzq. com. cn
推荐业务				
人员	姓名	固定电话	传真	Email
推荐业务联络人	谭咏	020－38286926	020－38286922	tanyong@ wlzq. com. cn
推荐业务联络人	韩萍	021－60883460	021－60883470	hanping@ wlzq. com. cn

国联证券股份有限公司

一、公司简介及概况

公司简介	公司名称	国联证券股份有限公司				
	成立日期	1992－11－19	法定代表人	姚志勇	总经理	雷建辉
	注册资本（万元）	150,000	净资产*（万元）	434,865	净资本*（万元）	457,978
	注册地址	江苏省无锡市金融一街8号			营业部家数	55
	办公地址	无锡市金融一街8号7－9层			邮编	214121
	公司网址	www. glsc. com. cn	电子邮箱	service@ glsc. com. cn	经营证券业务许可证编号	Z23332000
	注：*经审计的最近年度净资产和净资本					

公司简介	证监会批准从事的证券业务	证券经纪，投资咨询与交易、投资活动有关的财务顾问，证券自营，证券资产管理，证券投资基金代销融业务为期货公司提供中间介绍业务，代销金融产品业务。
	在全国股份转让系统从事的业务种类	经纪业务，推荐业务，做市业务
公司概况	国联证券股份有限公司创立于1992年9月，前身为无锡市证券公司，2008年5月通过改制更名为国联证券股份有限公司，注册资本15亿元人民币。作为一家国有控股的现代金融服务企业，公司多年来秉承“诚信、稳健、开放、创新”的经营理念，现控股国联期货有限责任公司和华英证券有限责任公司、参股中海基金管理有限公司，设立国联通宝资本投资有限责任公司，证券金融控股集团构架初具。 作为综合类、创新类券商，国联证券现已形成包括经纪业务、资产管理、证券投资、融资融券业务、代办股份转让和股份报价等在内较为完善的业务体系。在江苏、上海、北京、浙江、广东、广西、重庆、山东、江西和湖南等省（市）重要区域拥有证券营业部38家。在行业内较早推出全国呼叫中心95570，净资本收益率和成本管理能力等指标位表现突出。	

二、业务动态

推荐挂牌情况				
序号	股份代码	公司名称	挂牌日期	公司状态
1	430292	威控科技	2013－08－02	挂牌
2	430758	四联智能	2014－05－30	挂牌
3	831101	北京奥维	2014－08－18	挂牌
4	831007	汉咏股份	2014－08－19	挂牌
5	831345	海特股份	2014－11－13	挂牌
6	831784	贝尔机械	2015－01－05	挂牌
7	831602	昊华传动	2015－01－05	挂牌
8	832046	天安智联	2015－01－30	挂牌
9	832417	报业延嘉	2015－05－08	挂牌
10	832399	宁波公运	2015－05－21	挂牌
11	832512	万舜保险	2015－05－25	挂牌
12	832662	方盛股份	2015－06－23	挂牌
13	832736	华鼎股份	2015－07－10	挂牌
14	832846	山东开泰	2015－07－24	挂牌
15	833204	百事达	2015－08－11	挂牌
16	833295	国佳新材	2015－08－12	挂牌
17	833368	江苏新能	2015－08－20	挂牌
18	833597	雷格讯	2015－09－17	挂牌
19	833643	必得科技	2015－10－15	挂牌
20	833596	润康牧业	2015－10－16	挂牌
21	834090	兴达泡塑	2015－11－10	挂牌
22	834243	紫竹慧	2015－11－11	挂牌
23	834324	安碧捷	2015－11－17	挂牌
24	834327	车讯互联	2015－11－24	挂牌
25	834967	国信同科	2015－12－18	挂牌
目前已推荐挂牌公司家数		25		
撤回材料及申请被否公司家数		0		
正在挂牌公司家数		25		
已上市公司家数		0		
已被终止挂牌公司家数		0		
推荐定向发行情况				
序号	股份代码	公司名称	发行日期	公司状态
推荐定向发行次数		0		

推荐定向发行成功次数		0
推荐定向发行失败次数		0
推荐原代办股份转让系统的两网公司及退市公司挂牌情况		
序号	股份代码	公司名称
推荐原代办股份转让系统的两网公司及退市公司家数		0

三、部门设置

经纪业务				
人员	姓名	固定电话	传真	Email
经纪业务联络人	于冬	82832010	82830156	yud@ glsc. com. cn
经纪业务联络人	强系璧	82831589	82830156	qiangxb@ glsc. com. cn
推荐业务				
人员	姓名	固定电话	传真	Email
推荐业务联络人	舒婷婷	82790313	82733627	sttshutingting@ hotmail. com
推荐业务联络人	张亮	82790313	82733627	7798334@ qq. com

广州证券股份有限公司

一、公司简介及概况

公司简介	公司名称	广州证券股份有限公司				
	成立日期	1988 - 3 - 26	法定代表人	邱三发	总经理	邱三发
	注册资本（万元）	333,000	净资产＊（万元）	509,347	净资本＊（万元）	392,484
	注册地址	广东省广州市天河区珠江西路5号广州国际金融中心主塔19层、20层			营业部家数	36
	办公地址	广东省广州市天河区珠江西路5号广州国际金融中心主塔19层、20层			邮编	510623
	公司网址	www. gzs. com. cn	电子邮箱	zcb@ gzs. com. cn	经营证券业务许可证编号	Z25744000
	注：＊经审计的最近年度净资产和净资本					
	证监会批准从事的证券业务			证券经纪；证券投资咨询（仅限于证券投资顾问）；与证券交易、证券投资活动有关的财务顾问；证券承销与保荐；证券自营；证券资产管理；融资融券；证券投资基金代销；代销金融产品（《经营证券业务许可证》有效期至2015年9月26日）。		
	在全国股份转让系统从事的业务种类			经纪业务，推荐业务，做市业务		
公司概况	广州证券股份有限公司是1988年经中国人民银行批准成立，全国最早设立的证券公司之一，2001年经核准成为全国性综合类券商，目前注册资本达33.3亿元，员工人数约1200人。公司现在由广州越秀金融控股集团有限公司控股，其为越秀集团的三大支柱产业之一，广州证券为越秀金控的核心主体。越秀金控集团成立于2012年1月18日，注册资本30.5亿元，是越秀集团三大核心产业之一。目前，拥有18个境内外金融业务平台，涵盖银行、证券、租赁、保险、信托等11项金融业务牌照，业务网点分布于港澳及内地19个省份、31个城市，全面形成了跨境经营、全国布局、金融控股的发展格局。广州证券以"打造国内一流的证券企业集团"为自身愿景，业务范围涵盖证券经纪、证券投资咨询、与证券交易、证券投资活动有关的财务顾问、证券承销与保荐、证券自营、证券资产管理、融资融券业务、以及中国证监会批准的其他业务等所有综合性业务。广州证券立足广东，走向全国。在广东、北京、杭州等地设立了共36个证券营业部；先后担任了21家股票发行主承销商，26家股票发行副主承销商，2013年IPO主承销家数及金额排名居行业前二十；担任全国各地超40家债券发行的主承销和副主承销商，2012年主承销债券家数居行业前十；投资管理业务三年加权平均收益率约为15%，居行业领先水平，投资收益行业排名前二十。广州证券旗下拥有全资子公司广州期货有限公司和直投子公司广州证券创新投资管理有限公司，控股金鹰基金管理有限公司和广州广证恒生证券研究所有限公司，其中广证恒生为CEPA框架协议下国内首家合资证券投资咨询公司。						

二、业务动态

推荐挂牌情况				
序号	股份代码	公司名称	挂牌日期	公司状态
1	430141	久日化学	2012－09－07	挂牌
2	430187	全有时代	2012－12－31	挂牌
3	430486	普金科技	2014－01－24	挂牌
4	430451	万人调查	2014－01－24	挂牌
5	430694	华印机电	2014－04－09	挂牌
6	430743	尚思传媒	2014－05－06	挂牌
7	830776	帕特尔	2014－06－09	挂牌
8	830862	丰海科技	2014－07－15	挂牌
9	830891	轩辕网络	2014－07－30	挂牌
10	830983	保得威尔	2014－08－08	挂牌
11	830961	圣华农科	2014－08－12	挂牌
12	831097	思为同飞	2014－08－29	挂牌
13	831125	欧安电气	2014－08－29	挂牌
14	831187	创尔生物	2014－10－08	挂牌
15	831233	恒丰科技	2014－10－29	挂牌
16	831246	欧力配网	2014－11－07	挂牌
17	831307	佛罗伦萨	2014－11－07	挂牌
18	831371	美涂士	2014－11－27	挂牌
19	831405	赞普科技	2014－12－03	挂牌
20	831523	亚成生物	2014－12－17	挂牌
21	831594	赛力克	2014－12－31	挂牌
22	831572	疆能股份	2015－01－05	挂牌
23	831619	五舟科技	2015－01－09	挂牌
24	831776	中云创	2015－01－13	挂牌
25	831750	华明泰	2015－01－13	挂牌
26	831621	中镁控股	2015－01－13	挂牌
27	831922	长宝科技	2015－01－29	挂牌
28	831992	嘉得力	2015－02－05	挂牌
29	832018	固特超声	2015－02－16	挂牌
30	832116	天岳科技	2015－03－06	挂牌
31	832114	中爆数字	2015－03－09	挂牌
32	832164	尚柳园林	2015－03－17	挂牌
33	832379	鑫融基	2015－04－30	挂牌
34	832545	三川田	2015－06－04	挂牌
35	832593	森宝电器	2015－06－12	挂牌
36	833026	中邦园林	2015－07－28	挂牌
37	833136	世创科技	2015－07－31	挂牌
38	833492	奇石缘	2015－09－10	挂牌
39	833619	佰聆数据	2015－09－24	挂牌
40	833753	超音速	2015－10－13	挂牌
41	833903	杭真能源	2015－11－09	挂牌
42	834345	房谱网	2015－11－24	挂牌
43	834412	美合科技	2015－11－26	挂牌
44	834578	锐正股份	2015－12－02	挂牌
45	834598	天沐温泉	2015－12－04	挂牌
46	834498	易简广告	2015－12－07	挂牌
47	834416	丰兆新材	2015－12－16	挂牌

48	834803	鑫昌龙	2015 - 12 - 18	挂牌
49	834912	三好教育	2015 - 12 - 21	挂牌
50	835113	爱美互动	2015 - 12 - 23	挂牌
51	835103	骏伯网络	2015 - 12 - 24	挂牌
52	835235	翌成创意	2016 - 01 - 08	挂牌
53	835292	拓谷科技	2016 - 01 - 12	挂牌
54	835320	诺斯贝尔	2016 - 01 - 13	挂牌
55	835534	七洲科技	2016 - 01 - 13	挂牌
56	835484	分子态	2016 - 01 - 18	挂牌
57	835575	奥咨达	2016 - 01 - 18	挂牌
58	835325	搜搜电商	2016 - 01 - 20	挂牌
目前已推荐挂牌公司家数		58		
撤回材料及申请被否公司家数		0		
正在挂牌公司家数		58		
已上市公司家数		0		
已被终止挂牌公司家数		0		
推荐定向发行情况				
序号	股份代码	公司名称	发行日期	公司状态
1	430141	久日化学	2013 - 07 - 25	发行成功
2	430141	久日化学	2014 - 06 - 16	发行成功
3	830862	丰海科技	2015 - 01 - 07	发行成功
4	830891	轩辕网络	2015 - 02 - 09	发行成功
5	831405	赞普科技	2015 - 03 - 03	发行成功
6	830891	轩辕网络	2015 - 04 - 21	发行成功
7	430141	久日化学	2015 - 04 - 23	发行成功
8	831187	创尔生物	2015 - 05 - 15	发行成功
9	831187	创尔生物	2015 - 05 - 15	发行成功
10	430141	久日化学	2015 - 05 - 26	发行成功
11	831776	中云创	2015 - 06 - 09	发行成功
12	831922	长宝科技	2015 - 06 - 10	发行成功
13	430486	普金科技	2015 - 06 - 23	发行成功
14	430486	普金科技	2015 - 06 - 23	发行成功
15	430451	万人调查	2015 - 07 - 07	发行成功
16	430486	普金科技	2015 - 07 - 09	发行成功
17	831594	赛力克	2015 - 07 - 13	发行成功
18	830862	丰海科技	2015 - 07 - 21	发行成功
19	831246	欧力配网	2015 - 07 - 21	发行成功
20	830862	丰海科技	2015 - 07 - 21	发行成功
21	830983	保得威尔	2015 - 07 - 23	发行成功
22	831621	中镁控股	2015 - 07 - 23	发行成功
23	831619	五舟科技	2015 - 07 - 27	发行成功
24	830891	轩辕网络	2015 - 08 - 10	发行成功
25	832018	固特超声	2015 - 08 - 14	发行成功
26	832379	鑫融基	2015 - 08 - 19	发行成功
27	430743	尚思传媒	2015 - 08 - 21	发行成功
28	832114	中爆数字	2015 - 08 - 24	发行成功
29	832164	尚柳园林	2015 - 09 - 11	发行成功
30	831572	疆能股份	2015 - 09 - 22	发行成功
31	830776	帕特尔	2015 - 09 - 30	发行成功

32	831572	疆能股份	2015-10-09	发行成功
33	831922	长宝科技	2015-10-13	发行成功
34	831619	五舟科技	2015-10-26	发行成功
35	831523	亚成生物	2015-10-30	发行成功
36	832379	鑫融基	2015-11-03	发行成功
37	830983	保得威尔	2015-11-06	发行成功
38	831097	思为同飞	2015-11-24	发行成功
39	833315	石头造	2015-12-15	发行成功
40	834416	丰兆新材	2015-12-16	发行成功
41	830862	丰海科技	2015-12-24	发行成功
42	830983	保得威尔	2015-12-25	发行成功
43	430486	普金科技	2015-12-28	发行成功
推荐定向发行次数		43		
推荐定向发行成功次数		43		
推荐定向发行失败次数		0		
推荐原代办股份转让系统的两网公司及退市公司挂牌情况				
序号	股份代码	公司名称		
推荐原代办股份转让系统的两网公司及退市公司家数		0		

三、部门设置

经纪业务				
人员	姓名	固定电话	传真	Email
经纪业务联络人	文建钟	020-88836651	020-88836654	wenjz@ gzs. com. cn
经纪业务联络人	赖瑞麟	020-88836999	020-88836654	lairl@ gzs. com. cn
推荐业务				
人员	姓名	固定电话	传真	Email
推荐业务联络人	李梦珏	020-88836999	020-88836624	limj@ gzs. com. cn

兴业证券股份有限公司

一、公司简介及概况

公司简介	公司名称	兴业证券股份有限公司				
	成立日期	2000-5-19	法定代表人	兰　荣	总裁	刘志辉
	注册资本（万元）	520,000	净资产*（万元）	1,522,573	净资本*（万元）	1,357,074
	注册地址	福建省福州市湖东路268号			营业部家数	70
	办公地址	福建省福州市湖东路268号			邮编	350003
	公司网址	www. xyzq. com. cn	电子邮箱	xyzqdmc@ xyzq. com. cn	经营证券业务许可证编号	Z24035000
	注：*经审计的最近年度净资产和净资本					
	证监会批准从事的证券业务			证券经纪；证券投资咨询；与证券交易、证券投资活动有关的财务顾问；证券承销与保荐；证券自营；证券资产管理；融资融券；证券投资基金代销；为期货公司提供中间介绍业务；代销金融产品。		
	在全国股份转让系统从事的业务种类			经纪业务，推荐业务，做市业务		

公司概况	兴业证券股份有限公司是中国证监会核准的全国创新类证券公司和A类AA级1证券公司,注册地设在福建省福州市,注册资本52亿元,2010年10月公司在上海证券交易所上市。目前公司设有21个总部部门、13家分公司、63家证券营业部、控股4家控股证券金融类子公司,形成了涵盖证券、基金、期货、直接投资和跨境业务等专业领域的证券金融控股集团,经营范围涵盖证券经纪;证券投资咨询;与证券交易、证券投资活动有关的财务顾问;证券承销与保荐;证券自营;证券资产管理;融资融券;证券投资基金代销;为期货公司提供中间介绍业务;代销金融产品等。 注:文中所有关于分类评级的表述仅限用于业界交流,非用于广告、宣传、营销等商业目的。

二、业务动态

推荐挂牌情况				
序号	股份代码	公司名称	挂牌日期	公司状态
1	832723	五角阻尼	1900-01-08	挂牌
2	430121	英福美	2012-05-16	挂牌
3	430128	广厦网络	2012-07-05	挂牌
4	430165	光宝联合	2012-11-13	挂牌
5	430302	保华石化	2013-08-15	挂牌
6	430307	扬讯科技	2013-08-20	挂牌
7	430544	闽保股份	2014-01-24	挂牌
8	430712	索天科技	2014-04-24	挂牌
9	830797	易之景和	2014-06-18	挂牌
10	830824	华虹科技	2014-06-24	挂牌
11	830802	全象传动	2014-07-09	挂牌
12	830888	世纪工场	2014-07-30	挂牌
13	830890	海魄科技	2014-07-31	挂牌
14	830935	伊帕尔汗	2014-08-05	挂牌
15	831065	鑫干线	2014-08-29	挂牌
16	831224	沈氏节能	2014-10-23	挂牌
17	831254	平方科技	2014-10-31	挂牌
18	831308	华博教育	2014-11-12	挂牌
19	831407	万泰中联	2014-12-03	挂牌
20	831412	天际航	2014-12-04	挂牌
21	831454	皇品文化	2014-12-08	挂牌
22	831425	致善生物	2014-12-09	挂牌
23	831652	康华远景	2015-01-22	挂牌
24	831921	泰可电气	2015-02-02	挂牌
25	832088	鑫鑫农贷	2015-02-16	挂牌
26	832022	珈诚生物	2015-02-25	挂牌
27	832069	科飞新材	2015-03-03	挂牌
28	832095	爱芯环保	2015-03-10	挂牌
29	831973	善为影业	2015-04-10	挂牌
30	832331	高士达	2015-04-14	挂牌
31	832368	佳创科技	2015-04-21	挂牌
32	832336	广顺小贷	2015-04-22	挂牌
33	832395	闽东电机	2015-04-24	挂牌
34	832449	恒宝通	2015-04-30	挂牌
35	832519	中通电气	2015-05-22	挂牌
36	832567	伟志股份	2015-05-29	挂牌
37	832629	易信达	2015-06-01	挂牌
38	832664	未名信息	2015-06-24	挂牌

39	832692	文鑫莲业	2015－06－25	挂牌
40	832719	诺伊曼	2015－07－08	挂牌
41	832734	洁利来	2015－07－08	挂牌
42	832738	天润基业	2015－07－08	挂牌
43	832741	禾泰股份	2015－07－09	挂牌
44	832756	中科君浩	2015－07－13	挂牌
45	832859	晨越建管	2015－07－17	挂牌
46	832733	威格科技	2015－07－20	挂牌
47	832855	博远欣绿	2015－07－21	挂牌
48	833160	鲁班药业	2015－08－04	挂牌
49	833261	中瑞影视	2015－08－05	挂牌
目前已推荐挂牌公司家数		49		
撤回材料及申请被否公司家数		0		
正在挂牌公司家数		49		
已上市公司家数		0		
已被终止挂牌公司家数		0		
推荐定向发行情况				
1	430165	光宝联合	2015－1－22	发行成功
2	430165	光宝联合	2015－1－22	发行成功
3	430121	英福美	2015－2－10	发行成功
4	430297	金硕信息	2015－3－18	发行成功
5	430518	嘉达早教	2015－4－21	发行成功
6	430165	光宝联合	2015－4－24	发行成功
7	430165	光宝联合	2015－4－24	发行成功
8	430128	广厦网络	2015－4－27	发行成功
9	430297	金硕信息	2015－5－20	发行成功
10	831639	达仁资管	2015－6－3	发行成功
11	830816	卡特股份	2015－6－4	发行成功
12	830890	海魄科技	2015－6－8	发行成功
13	830843	沃迪装备	2015－6－16	发行成功
14	831454	皇品文化	2015－6－16	发行成功
15	830797	易之景和	2015－6－24	发行成功
16	831973	善为影业	2015－6－24	发行成功
17	831973	善为影业	2015－6－24	发行成功
18	831254	平方科技	2015－6－26	发行成功
19	831224	沈氏节能	2015－6－30	发行成功
20	831308	华博教育	2015－7－9	发行成功
21	831254	平方科技	2015－7－20	发行成功
22	831425	致善生物	2015－7－28	发行成功
23	831973	善为影业	2015－7－28	发行成功
推荐定向发行次数		23		
推荐定向发行成功次数		23		
推荐定向发行失败次数		0		
推荐原代办股份转让系统的两网公司及退市公司挂牌情况				
序号	股份代码	公司名称		
1	400019	福建九州集团股份有限公司		
2	400041	陕西煤航数码测绘(集团)股份有限公司		
推荐原代办股份转让系统的两网公司及退市公司家数		2		

三、部门设置

经纪业务				
人员	姓名	固定电话	传真	Email
经纪业务联络人	吴传蓉	021 - 38565478	021 - 38565478	wucr@ xyzq. com. cn
经纪业务联络人	王小东	0591 - 38281973	0591 - 38507575	wangxiaodong@ xyzq. com. cn
推荐业务				
人员	姓名	固定电话	传真	Email
推荐业务联络人	林威	0591 - 38281729	0591 - 38507766	linwth@ xyzq. com. cn
推荐业务联络人	方晓明	0591 - 38281956	0591 - 38507766	fangxm@ xyzq. com. cn

方正证券股份有限公司

一、公司简介及概况

公司简介	公司名称	方正证券股份有限公司				
	成立日期	1994 - 10 - 26	法定代表人	何其聪	总经理	何其聪
	注册资本（万元）	823,210	净资产 *（万元）	2,997,733	净资本 *（万元）	1,314,049
	注册地址	湖南省长沙市天心区芙蓉中路二段200号华侨国际大厦22 - 24层			营业部家数	230
	办公地址	湖南省长沙市天心区芙蓉中路二段200号华侨国际大厦22 - 24层			邮编	410015
	公司网址	www. foundersc. com	电子邮箱	pub@ foundersc. com	经营证券业务许可证编号	Z23543000
	注：* 经审计的最近年度净资产和净资本					
	证监会批准从事的证券业务			证券经纪；证券自营；证券投资咨询；与证券交易、证券投资活动有关的财务顾问；证券资产管理；为期货公司提供中介服务。		
	在全国股份转让系统从事的业务种类			经纪业务，推荐业务，做市业务		
公司概况	公司系由方正证券有限责任公司整体变更设立，方正证券有限责任公司前身为浙江省证券公司。1988年6月6日，浙江省证券公司成立，注册资金为1,000万元，注册地为浙江省杭州市。1992年4月，经中国人民银行浙江省分行和浙江省工商局核准，浙江省证券公司注册资本由1,000万元增加至5,100万元。1994年10月26日，浙江省证券公司按有限责任公司形式进行改造，名称变更为“浙江证券有限责任公司”，注册资本增加至4.5亿元。2002年8月29日，北大方正集团有限公司受让浙江证券有限责任公司全体股东所持51%的股权，依法办理了有关工商变更登记手续。2003年8月13日，经中国证监会同意，浙江证券有限责任公司名称变更为“方正证券有限责任公司”，并完成了工商变更登记手续。2008年3月，经中国证监会批准，公司住所迁至“湖南省长沙市芙蓉中路二段华侨国际大厦22 - 24层”。2008年7月，经中国证监会批准，方正证券有限责任公司吸收合并了泰阳证券有限责任公司，合并后的注册资本为1,653,879,170.34元。2010年9月，经中国证监会批准，方正证券有限责任公司整体变更为方正证券股份有限公司，变更后的注册资本为46亿元。2011年8月，经中国证监会批准，公司首次公开发行人民币普通股（A股）15亿股，共募集资金净额5,648,175,312.34元，并于2011年8月10日在上海证券交易所上市。2012年2月14日，公司在湖南省工商行政管理局办理了注册资本工商变更登记手续，注册资本增加至61亿元。					

二、业务动态

推荐挂牌情况				
序号	股份代码	公司名称	挂牌日期	公司状态
1	430231	赛诺达	2013 - 07 - 03	挂牌
2	430264	中舟环保	2013 - 07 - 17	挂牌
3	430310	博易股份	2013 - 08 - 27	挂牌
4	430572	奥普节能	2014 - 01 - 22	挂牌
5	430400	日望电子	2014 - 01 - 22	挂牌
6	430423	宁变科技	2014 - 01 - 22	挂牌
7	430392	斯派克	2014 - 01 - 22	挂牌
8	430413	沄辉科技	2014 - 01 - 22	挂牌

9	430690	酷买网	2014－04－09	挂牌
10	430675	天跃科技	2014－04－14	挂牌
11	430699	海欣医药	2014－04－30	挂牌
12	830766	博锐尚格	2014－05－29	挂牌
13	830823	拓天节能	2014－07－01	挂牌
14	830877	康莱宝	2014－07－18	挂牌
15	830903	复展科技	2014－07－28	挂牌
16	830893	亚泽股份	2014－07－28	挂牌
17	830905	成聪软件	2014－07－28	挂牌
18	830927	兆久成	2014－08－07	挂牌
19	830921	海阳保安	2014－08－08	挂牌
20	830972	道一信息	2014－08－11	挂牌
21	830974	凯大催化	2014－08－12	挂牌
22	830959	爱珂照明	2014－08－13	挂牌
23	831054	巴陵节能	2014－08－14	挂牌
24	831172	华尔达	2014－09－29	挂牌
25	831364	丰汇医学	2014－11－18	挂牌
26	831385	大地和	2014－12－05	挂牌
27	831481	瑞铃企管	2015－01－07	挂牌
28	831774	凯实股份	2015－01－22	挂牌
29	831882	众益传媒	2015－01－29	挂牌
30	831916	商中在线	2015－01－29	挂牌
31	831907	佳友科技	2015－01－29	挂牌
32	831876	华辰股份	2015－02－05	挂牌
33	831996	永裕竹业	2015－02－13	挂牌
34	831880	春旺环保	2015－02－16	挂牌
35	831730	河北亚诺	2015－02－16	挂牌
36	831997	海斯迪	2015－02－16	挂牌
37	832008	金天铝业	2015－03－05	挂牌
38	832104	诺晟股份	2015－03－26	挂牌
39	832293	日高股份	2015－04－22	挂牌
40	832393	舒茨股份	2015－05－20	挂牌
41	832420	优生活	2015－05－29	挂牌
42	832454	新涛科技	2015－06－01	挂牌
43	832716	跃通科技	2015－07－17	挂牌
44	832849	华宽通	2015－07－24	挂牌
45	832816	索克物业	2015－07－24	挂牌
46	833003	缔奇智能	2015－07－29	挂牌
47	832906	指安科技	2015－07－30	挂牌
48	833062	立翔科技	2015－07－30	挂牌
49	832939	杨利石化	2015－07－30	挂牌
50	833240	弛达科技	2015－08－17	挂牌
51	833316	宏商科技	2015－08－21	挂牌
52	833400	东惠通	2015－08－26	挂牌
53	833125	华益精机	2015－09－02	挂牌
54	833698	中喜传媒	2015－10－15	挂牌
55	833944	现代环科	2015－10－21	挂牌
56	833789	贵之步	2015－10－23	挂牌

57	833841	夜光明	2015－10－23	挂牌
58	833941	伊悦尼	2015－10－23	挂牌
目前已推荐挂牌公司家数		58		
撤回材料及申请被否公司家数		0		
正在挂牌公司家数		58		
已上市公司家数		0		
已被终止挂牌公司家数		0		
推荐定向发行情况				
序号	股份代码	公司名称	发行日期	公司状态
1	430310	博易股份	2013－8－30	发行成功
2	430231	赛诺达	2013－11－5	发行成功
3	430231	赛诺达	2013－11－27	发行成功
4	430310	博易股份	2014－7－31	发行失败
5	430310	博易股份	2014－7－31	发行成功
6	830905	成聪软件	2014－8－26	发行成功
7	430413	沄辉科技	2014－10－20	发行成功
8	831916	商中在线	2015－4－13	发行成功
9	831730	河北亚诺	2015－4－15	发行成功
推荐定向发行次数		9		
推荐定向发行成功次数		8		
推荐定向发行失败次数		1		
推荐原代办股份转让系统的两网公司及退市公司挂牌情况				
序号	股份代码	公司名称		
推荐原代办股份转让系统的两网公司及退市公司家数		0		

三、部门设置

经纪业务				
人员	姓名	固定电话	传真	Email
经纪业务联络人	陆帆	0731－85832337	0731－85832337	lufan@ foundersc. com
推荐业务				
人员	姓名	固定电话	传真	Email
推荐业务联络人	易勇	0731－85832210	0731－85832241	yiyong@ foundersc. com
推荐业务联络人	严苹	0731－85832462	0731－85832241	yanping@ foundersc. com

财富证券有限责任公司

一、公司简介及概况

公司简介	公司名称	财富证券有限责任公司				
	成立日期	2002－8－23	法定代表人	蔡一兵	总经理	蔡一兵
	注册资本（万元）	213,573	净资产＊（万元）	317,183	净资本＊（万元）	234,145
	注册地址	湖南省长沙市芙蓉中路二段 80 号顺天国际财富中心 26 楼			营业部家数	38
	办公地址	湖南省长沙市芙蓉中路二段 80 号顺天国际财富中心 26 楼			邮编	410005
	公司网址	http://www. cfzq. com	电子邮箱	cfzq@ cfzq. com	经营证券业务许可证编号	Z30843000
	注：＊经审计的最近年度净资产和净资本					

公司简介	证监会批准从事的证券业务	证券投资咨询业务;证券经纪;与证券交易、证券投资活动有关的财务顾问;证券承销与保荐;证券自营;证券资产管理;证券投资基金代销;融资融券业务;代销金融产品。
	在全国股份转让系统从事的业务种类	经纪业务,推荐业务,做市业务
公司概况	财富证券有限责任公司(以下简称"财富证券")是湖南省内注册的法人证券公司,注册资本21.36亿元,总部位于湖南省长沙市芙蓉中路二段80号顺天国际财富中心26层,在深圳设有分公司,在北京设有办事处,公司控股德盛期货公司和深圳惠和投资有限公司,形成综合性的证券业务平台,全方位满足企业与投资者的金融服务需求。公司现有35家证券营业部,其中湖南省内29家,分布在省内各地级市及部分经济发达的县级市;湖南省外6家,分布在北京、深圳、天津和温州,服务客户数量40多万户,管理着400多亿元的客户资产,市场占有率稳步提升。 公司拥有一支年轻化、专业化、综合素质高的员工团队,公司现有员工1145人,其中高级管理人员10人,且拥有包括投资分析师、投资顾问和海外留学人员等在内的各种高端人才。公司业务范围包括:证券投资咨询;证券经纪;与证券交易、证券投资活动有关的财务顾问;证券承销;证券自营;证券资产管理;证券投资基金代销;融资融券业务;代销金融产品。公司致力于打造全国一流证券公司,始终秉承"忠诚、担当、求是、图强"的经营理念,在省委省政府、证券监管部门和各有关方面的大力指导和支持下,快速发展壮大,架构体系逐步健全,制度体系逐步完善,业务范围不断拓宽,形成了包括经纪业务、投资银行、证券投资、固定收益、资产管理、融资融券、场外业务、期货业务等在内的多元化、系统化业务发展格局。截至2014年6月末,公司总资产规模达113.45亿元、净资产29.03亿元,净资本23.49亿元。资本实力和抗风险能力极大增强,行业排名不断上升,核心竞争力持续增强。	

二、业务动态

推荐挂牌情况				
序号	股份代码	公司名称	挂牌日期	公司状态
1	430211	丰电科技	2013-01-30	挂牌
2	430630	合胜科技	2014-01-24	挂牌
3	430447	广信科技	2014-01-24	挂牌
4	430592	凯德自控	2014-01-24	挂牌
5	830872	长信畅中	2014-07-23	挂牌
6	830937	信达电梯	2014-08-04	挂牌
7	830872	翔维科技	2014-08-21	挂牌
8	831943	西格码	2015-02-17	挂牌
9	832324	金瀚高新	2015-04-14	挂牌
10	832411	海龙国际	2015-05-08	挂牌
11	832385	快乐传媒	2015-05-20	挂牌
12	832557	智多星	2015-06-05	挂牌
13	832530	麦融高科	2015-06-11	挂牌
14	832672	浏阳河	2015-06-30	挂牌
15	833245	华望科技	2015-08-19	挂牌
16	833615	博雅智能	2015-09-28	挂牌
目前已推荐挂牌公司家数		16		
撤回材料及申请被否公司家数		0		
正在挂牌公司家数		16		
已上市公司家数		0		
已被终止挂牌公司家数		0		
推荐定向发行情况				
序号	股份代码	公司名称	发行日期	公司状态
1	430592	凯德自控	2014-1-24	发行成功
2	430592	凯德自控	2014-10-16	发行成功
3	830937	信达电梯	2015-1-21	发行成功
4	830872	长信畅中	2015-2-11	发行成功
5	830937	信达智能	2015-3-27	发行成功
6	831327	飞翼股份	2015-5-13	发行成功

7	832385	快乐传媒	2015－5－20	发行成功
8	430211	丰电科技	2015－7－3	发行成功
9	430319	欧萨咨询	2015－7－14	发行成功
10	430447	广信科技	2015－7－31	发行成功
11	830937	信达智能	2015－8－14	发行成功
12	832324	金翰高新	2015－10－9	发行成功
推荐定向发行次数		12		
推荐定向发行成功次数		12		
推荐定向发行失败次数		0		
推荐原代办股份转让系统的两网公司及退市公司挂牌情况				
序号	股份代码	公司名称		
推荐原代办股份转让系统的两网公司及退市公司家数		0		

三、部门设置

经纪业务				
人员	姓名	固定电话	传真	Email
经纪业务联络人	刘明辉	0731－84403427	0731－84403439	liumh@ cfzq. com
经纪业务联络人	贺红	0731－84403497	0731－84403439	hehong@ cfzq. com
推荐业务				
人员	姓名	固定电话	传真	Email
推荐业务联络人	黄志程	0731－84403447	0731－84779508	huangzc1@ cfzq. com
推荐业务联络人	向丽	0731－84403312	0731－84779508	xiangli@ cfzq. com

东莞证券股份有限公司

一、公司简介及概况

公司简介	公司名称	东莞证券股份有限公司				
	成立日期	1988－6－11	法定代表人	张运勇	总经理	陈照星
	注册资本（万元）	150,000	净资产＊（万元）	317,266.93	净资本＊（万元）	241,809.89
	注册地址	广东省东莞市莞城区可园南路一号			营业部家数	58
	办公地址	广东省东莞市莞城区可园南路一号金源中心 30 楼			邮编	523000
	公司网址	www. dgzq. com. cn	电子邮箱	dgzq@ sina. cn	经营证券业务许可证编号	10170000
	注：＊经审计的最近年度净资产和净资本					
	证监会批准从事的证券业务			公司经营范围：证券经纪；证券投资咨询；与证券交易、证券投资活动有关的财务顾问；证券承销与保荐；证券自营；证券资产管理；融资融券；证券投资基金代销；为期货公司提供中间介绍业务；代销金融产品。公司还具有其他经批准的业务资格：见证开户；网上开户；参与股指期货、国债期货交易；港股通业务；收益凭证业务；转融通业务；转融通证券出借交易权限；股票质押式回购业务；债券质押式报价回购业务；约定购回式证券交易业务；直接投资业务；主办券商业务（推荐业务、经纪业务、做市商业务）；中小企业私募债承销业务；银行间债券交易；银行间同业拆借市场同业拆借。		
	在全国股份转让系统从事的业务种类			经纪业务，推荐业务，做市业务		

公司概况	东莞证券成立于1988年6月,注册资本15亿元,是国有控股的全国性综合类证券公司,也是全国首批承销保荐机构之一。公司业务范围涵盖了经纪、投资咨询、财务顾问、承销与保荐、证券自营、资产管理、基金代销、期货IB、直接投资、融资融券、做市、股票期权经纪业务等领域。截止至2014年底,公司有分支机构57家(其中营业网点54家,上海分公司1家,深圳分公司1家,北京办事处1家),营业网点遍布珠三角、长三角及环渤海经济圈,"立足东莞、面向华南、走向全国"的格局基本形成。公司全资拥有东证锦信投资管理有限公司,并参股华联期货有限公司。公司紧跟国家政策和行业发展动态,不断丰富公司业务品种,大力优化收入来源结构。当前,公司以经纪、资管、投行三大业务为核心,积极发展两融、直投、债融、新三板和投资咨询等业务,实现了从收入来源单一型券商向收入来源多元化型券商的转型。

二、业务动态

推荐挂牌情况				
序号	股份代码	公司名称	挂牌日期	公司状态
1	430394	伯朗特	2014-01-24	挂牌
2	430406	奥美格	2014-01-24	挂牌
3	430419	三凯股份	2014-01-24	挂牌
4	430571	科硕科技	2014-01-24	挂牌
5	430632	希奥股份	2014-02-14	挂牌
6	830804	日新传导	2014-06-12	已被终止挂牌
7	830830	新昶虹	2014-07-07	挂牌
8	830969	智通人才	2014-08-13	挂牌
9	831060	天香苑	2014-08-29	挂牌
10	831250	维涅斯	2014-10-29	挂牌
11	831329	海源达	2014-11-12	挂牌
12	831386	风华环保	2014-12-02	挂牌
13	831455	粤林股份	2014-12-12	挂牌
14	831647	联瑞新材	2015-01-15	挂牌
15	831603	金润和	2015-01-16	挂牌
16	831627	力王股份	2015-01-16	挂牌
17	831667	永晟科技	2015-01-16	挂牌
18	831816	兴锐科技	2015-01-29	挂牌
19	831881	鑫聚光电	2015-01-29	挂牌
20	832039	科雷特	2015-03-11	挂牌
21	832158	金森源	2015-03-17	挂牌
22	832239	恒鑫智能	2015-04-07	挂牌
23	832209	新比克斯	2015-04-09	挂牌
24	832172	倍通股份	2015-04-10	挂牌
25	832321	福华股份	2015-04-16	挂牌
26	832472	裕丰食品	2015-05-21	挂牌
27	832501	中星科技	2015-05-28	挂牌
28	832856	一滕股份	2015-07-22	挂牌
29	832907	宏华股份	2015-07-24	挂牌
30	832913	西奥科技	2015-07-24	挂牌
31	833012	和凡医药	2015-07-28	挂牌
32	833127	晶品压塑	2015-07-30	挂牌
33	833103	兆舜科技	2015-07-30	挂牌
34	833023	速普得	2015-07-31	挂牌
35	833282	康达新能	2015-08-14	挂牌
36	833447	凯力船艇	2015-08-31	挂牌
37	833476	点动股份	2015-09-02	挂牌

38	833488	伟旺达	2015－09－02	挂牌
39	833474	利扬芯片	2015－09－07	挂牌
40	833535	新青年	2015－09－10	挂牌
41	833706	博远高科	2015－10－09	挂牌
42	833738	大象股份	2015－10－16	挂牌
43	833921	文胜生物	2015－10－28	挂牌
44	834125	林中宝	2015－11－05	挂牌
45	834244	星美灿	2015－11－16	挂牌
目前已推荐挂牌公司家数		45		
撤回材料及申请被否公司家数		0		
正在挂牌公司家数		44		
已上市公司家数		0		
已被终止挂牌公司家数		1		
推荐定向发行情况				
序号	股份代码	公司名称	发行日期	公司状态
1	430632	希奥股份	2014－02－13	发行成功
2	430394	伯朗特	2014－06－30	发行成功
3	430394	伯朗特	2014－10－20	发行成功
4	430394	伯朗特	2015－03－06	发行成功
5	430394	伯朗特	2015－03－06	发行成功
6	430394	伯朗特	2015－03－06	发行成功
7	831060	天香苑	2015－04－02	发行成功
8	830830	新昶虹	2015－04－03	发行成功
9	430406	奥美格	2015－04－03	发行成功
10	832209	新比克斯	2015－04－09	发行成功
11	430406	奥美格	2015－04－16	发行成功
12	831647	联瑞新材	2015－05－21	发行成功
13	831386	风华环保	2015－06－05	发行成功
14	831386	风华环保	2015－06－05	发行成功
15	831603	金润和	2015－06－15	发行成功
16	831816	兴锐科技	2015－06－24	发行成功
17	831627	力王股份	2015－06－26	发行成功
18	831669	永晟科技	2015－07－01	发行成功
19	831060	天香苑	2015－07－03	发行成功
20	430632	希奥股份	2015－07－15	发行成功
21	832172	倍通股份	2015－07－20	发行成功
22	832209	新比克斯	2015－07－28	发行成功
23	832209	新比克斯	2015－07－28	发行成功
24	833103	兆舜科技	2015－07－30	发行成功
25	833127	晶品压塑	2015－07－30	发行成功
26	832872	飞新达	2015－08－20	发行成功
27	833476	点动股份	2015－09－02	发行成功
28	833476	点动股份	2015－09－02	发行成功
29	832209	新比克斯	2015－09－09	发行成功
30	831699	永晟科技	2015－10－10	发行成功
31	831455	粤林股份	2015－10－20	发行成功
32	831627	力王股份	2015－11－05	发行成功
推荐定向发行次数		32		
推荐定向发行成功次数		32		

推荐定向发行失败次数		0
推荐原代办股份转让系统的两网公司及退市公司挂牌情况		
序号	股份代码	公司名称
推荐原代办股份转让系统的两网公司及退市公司家数		0

三、部门设置

经纪业务				
人员	姓名	固定电话	传真	Email
经纪业务联络人	汪雪亮	0769－22112151	0769－22119426	wangxueliang@ dgzq. com. cn
经纪业务联络人	何柱柩	0769－22119351	0769－22119426	hzs@ dgzq. com. cn
推荐业务				
人员	姓名	固定电话	传真	Email
推荐业务联络人	谢丽轩	0769－22116087	0769－22118607	xlxhime@ foxmail. com
推荐业务联络人	罗安琪	0769－22116087	0769－22118607	luoanqi0129@ foxmail. com

华安证券股份有限公司

一、公司简介及概况

公司简介	公司名称	华安证券股份有限公司				
	成立日期	2001－1－8	法定代表人	李　工	总经理	章宏韬
	注册资本（万元）	282,100	净资产＊（万元）	490,016	净资本＊（万元）	278,471
	注册地址	安徽省合肥市政务文化新区天鹅湖路198号			营业部家数	104
	办公地址	安徽省合肥市政务文化新区天鹅湖路198号			邮编	230081
	公司网址	www. hazq. com	电子邮箱	bgs@ hazq. com	经营证券业务许可证编号	Z23734000
	注：＊经审计的最近年度净资产和净资本					
	证监会批准从事的证券业务			证券经纪；证券投资咨询；与证券交易、证券投资活动有关的财务顾问；证券承销与保荐；证券自营；证券资产管理；融资融券；代销金融产品；证券投资基金代销；为期货公司提供中间介绍业务。		
	在全国股份转让系统从事的业务种类			经纪业务，推荐业务，做市业务		
公司概况	华安证券股份有限公司前身为安徽省证券公司，是经中国证监会证监许可〔2012〕1409号文核准，由安徽省最早设立的综合类证券公司——华安证券有限责任公司整体变更设立的股份有限公司，注册资本28.21亿元。公司是华富基金管理有限公司的主发起人和第一大股东，控股华安期货有限责任公司，参股安徽省股权托管交易中心有限责任公司，全资拥有华富嘉业投资管理有限公司和安徽华安新兴证券投资咨询有限责任公司，已初步建立起集团化发展框架。2013年，公司实现净利润2.44亿，截至2013年末，公司净资产43.58亿元，净资本27.85亿元。2014年4月，中国证监会在网站预披露公司招股说明书，公司拟登陆上交所。公司业务范围涵盖证券经纪，证券投资咨询，与证券交易、证券投资活动有关的财务顾问，证券承销与保荐，证券自营，证券资产管理，融资融券，代销金融产品，证券投资基金代销，为期货公司提供中间介绍等，为广大客户提供专业高效的投资和融资服务。公司现有股东16家，主要股东均为国有大型企业集团和上市公司，具有较强的综合实力，为公司的持续发展提供了有力支撑。历经二十多年风雨洗礼，公司建立了完善的现代企业制度和规范的法人治理结构，并形成了稳健务实的经营风格。按照“专业分工、精简高效、风险隔离”原则，设置有17个职能管理和业务部门。公司现有营业网点104家，遍布全国各大中心城市及安徽全省，网点数量在全国100多家证券公司中位居前列。公司各项业务秉承“客户价值优先”的原则，坚持把满足客户需求、提升客户价值作为经营管理工作的出发点和落脚点。华安证券长期以来坚持“法制、监管、自律、规范”的方针，以改革创新为动力，以集约经营为途径，以强化管理为基础，以防范风险为保障，坚持“诚信、稳健、专业、和谐”的经营理念，坚持“惠及员工、回报股东、奉献社会”的企业使命，努力推进“规范化、集团化、国际化”的发展战略，不断增强公司核心竞争力，力争将公司建设成为规模适度、服务专业、风控严密、机制灵活、管理有效的综合性证券服务平台。						

二、业务动态

推荐挂牌情况				
序号	股份代码	公司名称	挂牌日期	公司状态
1	430494	华博胜讯	2014－01－10	挂牌
2	430499	中科股份	2014－01－24	挂牌
3	430503	昌盛股份	2014－01－24	挂牌
4	430718	合肥高科	2014－05－05	挂牌
5	831088	华恒生物	2014－08－22	挂牌
6	831035	中天利	2014－08－22	挂牌
7	831220	新宁股份	2014－10－21	挂牌
8	831240	祺景光电	2014－10－31	挂牌
9	831525	学府信息	2014－12－19	挂牌
10	831565	润成科技	2014－12－31	挂牌
11	831690	恒升机床	2015－01－13	挂牌
12	832645	高德信	2015－06－23	挂牌
13	832785	国通亿创	2015－07－16	挂牌
14	832837	莱姆佳	2015－07－16	挂牌
15	832917	惠洲院	2015－07－28	挂牌
16	832875	富仕德	2015－07－29	挂牌
17	833571	锁龙消防	2015－09－18	挂牌
18	833992	普菲特	2015－10－21	挂牌
19	834180	鸿立光电	2015－11－06	挂牌
20	834323	韩华建材	2015－11－17	挂牌
目前已推荐挂牌公司家数		20		
撤回材料及申请被否公司家数		0		
正在挂牌公司家数		20		
已上市公司家数		0		
已被终止挂牌公司家数		0		
推荐定向发行情况				
序号	股份代码	公司名称	发行日期	公司状态
1	430503	昌盛股份	2014－7－8	发行成功
2	831088	华恒生物	2014－12－22	发行成功
3	831088	华恒生物	2015－3－4	发行成功
4	831088	华恒生物	2015－6－26	发行成功
5	831220	新宁股份	2015－7－6	发行成功
6	832917	惠洲院	2015－7－8	发行成功
7	831035	中天利	2015－8－24	发行成功
8	834323	韩华建材	2015－9－9	发行成功
9	832645	高德信	2015－9－11	发行成功
推荐定向发行次数		9		
推荐定向发行成功次数		9		
推荐定向发行失败次数		0		
推荐原代办股份转让系统的两网公司及退市公司挂牌情况				
序号	股份代码	公司名称		
推荐原代办股份转让系统的两网公司及退市公司家数		0		

三、部门设置

经纪业务				
人员	姓名	固定电话	传真	Email
经纪业务联络人	汲扬	0551－65161688	0551－65161672	874421937@ qq. com
经纪业务联络人	张景智	0551－65161829	0551－65161672	zhangjingzhi127@ outlook. com
推荐业务				
人员	姓名	固定电话	传真	Email
推荐业务联络人	林玉珑	0551－65161650－8016	0551－65161659	hazqneeq@ 126. com
推荐业务联络人	李坤阳	0551－65161650－8027	0551－65161659	2192366753@ qq. com

华龙证券股份有限公司

一、公司简介及概况

公司简介	公司名称	华龙证券有限责任公司				
	成立日期	2001－4－30	法定代表人	李晓安	总经理	韩　鹏
	注册资本（万元）	220,000	净资产＊（万元）	350,814	净资本＊（万元）	192,804
	注册地址	甘肃省兰州市城关区东岗西路638号兰州财富中心21楼			营业部家数	43
	办公地址	甘肃省兰州市城关区东岗西路638号兰州财富中心21楼			邮编	730000
	公司网址	www. hlzqgs. com	电子邮箱	hlzq@ hlzqgs. com	经营证券业务许可证编号	Z10662000
	注：＊经审计的最近年度净资产和净资本					
	证监会批准从事的证券业务			证券经纪；证券投资咨询；与证券交易、证券投资活动有关的财务顾问；证券承销与保荐；证券自营；证券资产管理；融资融券。		
	在全国股份转让系统从事的业务种类			推荐业务，经纪业务，做市业务		
公司概况	华龙证券股份有限公司是由甘肃省人民政府组织筹建，于2001年4月30日成立的综合类证券经营机构。2011年，公司成功实施了新一轮增资扩股，注册资本达到215,339万元。主要股东有甘肃省人民政府国有资产监督管理委员会、兰州银行股份有限公司、江苏阳光集团、晶龙实业集团、江苏三房巷创业投资有限公司、江阴澄星实业集团有限公司等。公司目前各项证券业务资质齐全。能够为客户提供证券经纪、保荐承销、投资咨询、债券发行、资产管理、股权投资、股转系统业务等与证券交易、证券投资活动有关的综合性一揽子金融服务。公司在北京、上海、深圳、重庆、杭州、无锡、乌鲁木齐、合肥、西安和兰州等主要城市设有近40家经营机构，在北京设立了投资银行专业分公司。 公司还发起设立了华商基金管理公司，控股子公司甘肃陇达期货公司，全资子司金城资本管理公司，公司已成长为专业财富资本管理机构、现代金融服务集团、国有大型投资机构。公司拥有广泛的客户资源和良好的社会形象，先后成功保荐一汽集团启明信息、北大荒、浙江龙盛、祁连山等十多家大型企业的上市与融资。经国家科技部、教育部批准，公司设有博士后流动工作站，拥有一大批高学历、高素质的专业人才。公司坚持“借力西部，放眼全国”的发展战略，凭借专业化的优质服务，诚信、务实、高效、敬业的团队精神，在竞争激烈的中国证券服务业中稳步提升份额。2009年成功保荐首批创业板上市企业发行上市，成为首批保荐企业在创业板上市的全国17家证券公司之一。公司财务稳健，资产优良，各项财务风险监管指标持续符合中国证监会监管要求，营业收入和利润稳定增长，具有较强的竞争优势和良好的发展潜力。						

二、业务动态

推荐挂牌情况				
序号	股份代码	公司名称	挂牌日期	公司状态
1	430136	安普能	2012－09－07	挂牌
2	430209	康孚科技	2013－01－22	挂牌
3	430431	枫盛阳	2014－01－24	挂牌
4	430682	中天羊业	2014－04－11	挂牌
5	430736	中江种业	2014－05－05	挂牌
6	430727	金格科技	2014－05－06	挂牌

7	830815	蓝山科技	2014-06-20	挂牌
8	831533	绩优股份	2014-12-18	挂牌
9	832040	神木药业	2015-03-09	挂牌
10	832100	泰利思诺	2015-03-09	挂牌
11	832215	瀚盛建工	2015-04-02	挂牌
12	832561	天奇科技	2015-06-12	挂牌
13	832608	天禹星	2015-06-17	挂牌
14	832663	金苹果	2015-06-30	挂牌
15	832755	施泰信息	2015-07-15	挂牌
16	832870	博浪股份	2015-07-23	挂牌
17	832946	白茶股份	2015-07-24	挂牌
18	833074	优万科技	2015-07-30	挂牌
19	833335	天水风动	2015-08-14	挂牌
20	833317	粤珍小厨	2015-08-14	挂牌
21	833298	悦高软件	2015-08-17	挂牌
22	833462	华瑞农业	2015-09-01	挂牌
23	833570	万全物流	2015-09-16	挂牌
24	833774	创建达一	2015-10-20	挂牌
目前已推荐挂牌公司家数		24		
撤回材料及申请被否公司家数		0		
正在挂牌公司家数		24		
已上市公司家数		0		
已被终止挂牌公司家数		0		
推荐定向发行情况				
序号	股份代码	公司名称	发行日期	公司状态
1	430431	枫盛阳	2014-5-26	发行成功
2	830815	蓝山科技	2014-8-19	发行成功
3	430682	中天羊业	2015-2-6	发行成功
4	830815	蓝山科技	2015-3-9	发行成功
5	830815	蓝山科技	2015-3-9	发行成功
6	830815	蓝山科技	2015-3-9	发行成功
7	430727	金格科技	2015-3-24	发行成功
8	430209	康孚科技	2015-4-3	发行成功
9	430431	枫盛阳	2015-5-13	发行成功
10	831533	绩优股份	2015-6-5	发行成功
11	430209	康孚科技	2015-7-16	发行成功
12	430736	中江种业	2015-7-21	发行成功
13	430682	中天羊业	2015-8-3	发行成功
14	430136	安普能	2015-8-14	发行成功
15	832040	神木药业	2015-8-21	发行成功
16	832040	神木药业	2015-8-21	发行成功
17	832040	神木药业	2015-8-21	发行成功
18	832040	神木药业	2015-8-21	发行成功
19	430431	枫盛阳	2015-9-22	发行成功
20	831533	绩优股份	2015-9-24	发行成功
推荐定向发行次数		20		
推荐定向发行成功次数		20		
推荐定向发行失败次数		0		

推荐原代办股份转让系统的两网公司及退市公司挂牌情况		
序号	股份代码	公司名称
推荐原代办股份转让系统的两网公司及退市公司家数		0

三、部门设置

经纪业务				
人员	姓名	固定电话	传真	Email
经纪业务联络人	武芳	0931－4890100	0931－4890118	Hlzqwf@ 163. com
推荐业务				
人员	姓名	固定电话	传真	Email
推荐业务联络人	赵炜	010－88086668	010－88087880	vivia_zhao@ aliyun. com

首创证券有限责任公司

一、公司简介及概况

公司简介	公司名称	首创证券有限责任公司				
	成立日期	2000－2－3	法定代表人	吴　涛	总经理	毕劲松
	注册资本（万元）	65,000	净资产＊（万元）	256,661.7	净资本＊（万元）	151,355.99
	注册地址	北京市西城区德胜门外大街115号德胜尚城E座			营业部家数	41
	办公地址	北京市西城区德胜门外大街115号德胜尚城E座			邮编	100088
	公司网址	www. sczq. com. cn	电子邮箱	sczq@ sczq. com. cn	经营证券业务许可证编号	10760000
	注：＊经审计的最近年度净资产和净资本					
	证监会批准从事的证券业务			证券经纪；证券投资咨询；与证券交易、证券投资活动有关的财务顾问；证券承销与保荐；证券自营；证券投资基金销售；证券资产管理；融资融券；代销金融产品。		
	在全国股份转让系统从事的业务种类			推荐业务，经纪业务，做市业务		
公司概况	首创证券有限责任公司于2000年在北京成立，是北京市国资委所属首创集团控股的综合类证券公司。公司注册资本65,000万元人民币，现有股东包括北京首都创业集团有限公司、北京能源投资（集团）有限公司、中国石化财务有限责任公司等多家大型企业。经过十多年快速发展，首创证券由成立时仅一家营业部的证券经纪公司逐步发展成为业务种类基本齐全、下辖41家营业部的综合类证券公司，并先后参股中邮创业基金管理有限公司，控股京都期货有限公司。公司经营范围涵盖证券经纪、承销、自营、投资咨询、资产管理、融资融券等多项金融业务，可为客户提供多元化金融服务。首创证券一直坚持“稳健经营、规范管理”的经营原则，高度重视健全内部管理体制和完善风险防范机制，逐步形成了一套具有自身特色、符合证券业规范运作要求的制度化管理体系。根据证券市场发展趋势，公司不断优化自身业务结构，逐渐形成了以证券经纪业务为基础，投资银行、固定收益业务等中高端中介业务为重点的业务架构。近年来，随着证券市场金融创新趋势日益加快，公司加大了创新业务研究力量与投入力度，为资产管理、融资融券、股份挂牌转让、中小企业私募债券等创新业务搭建起良好的发展平台。					

二、业务动态

推荐挂牌情况				
序号	股份代码	公司名称	挂牌日期	公司状态
1	430268	恒信启华	2013－07－23	挂牌
2	430362	东电创新	2013－12－26	挂牌
3	430610	瀚远科技	2014－01－24	挂牌
4	430366	金天地	2014－01－24	挂牌

5	430680	联兴科技	2014－04－10	挂牌
6	430701	立德股份	2014－04－24	挂牌
7	830882	佳龙股份	2014－07－24	挂牌
8	830999	银橙传媒	2014－08－13	挂牌
9	831074	佳力科技	2014－08－20	挂牌
10	831127	祺龙股份	2014－08－20	已被终止挂牌
11	831181	莱特九州	2014－10－09	挂牌
12	831259	津福斯特	2014－11－04	挂牌
13	831497	事成股份	2014－12－15	挂牌
14	831564	欧伏电气	2014－12－26	挂牌
15	831702	源怡股份	2015－01－14	挂牌
16	831833	红冠庄	2015－01－21	挂牌
17	831878	先锋科技	2015－01－27	挂牌
18	832038	宁夏新龙	2015－02－25	挂牌
19	832177	晶鑫股份	2015－03－30	挂牌
20	832252	荣进睿达	2015－04－07	挂牌
21	832571	点击网络	2015－06－08	挂牌
22	832714	思晗科技	2015－07－14	挂牌
23	832820	慧通股份	2015－07－16	挂牌
24	832971	卡司通	2015－08－06	挂牌
25	833456	世纪天鸿	2015－09－15	挂牌
26	833320	图卫科技	2015－09－16	挂牌
27	833344	巨网科技	2015－09－24	挂牌
28	833726	蜂派科技	2015－09－30	挂牌
29	833466	盛盈汇	2015－10－14	挂牌
30	833497	小田冷链	2015－10－14	挂牌
31	833962	方富资本	2015－10－20	挂牌
目前已推荐挂牌公司家数		31		
撤回材料及申请被否公司家数		0		
正在挂牌公司家数		30		
已上市公司家数		0		
已被终止挂牌公司家数		1		
推荐定向发行情况				
序号	股份代码	公司名称	发行日期	公司状态
1	430362	东电创新	2013－12－26	发行成功
2	430366	金天地	2014－4－4	发行成功
3	430362	东电创新	2014－6－10	发行成功
4	830999	银橙传媒	2014－8－13	发行成功
5	430701	立德股份	2014－9－10	发行成功
6	831259	津福斯特	2014－11－4	发行成功
7	831833	红冠庄	2015－1－21	发行成功
8	832571	点击网络	2015－3－17	发行成功
9	832571	点击网络	2015－4－23	发行成功
10	832971	卡司通	2015－5－18	发行成功
11	832714	思晗科技	2015－5－28	发行成功
12	832971	卡司通	2015－5－29	发行成功
13	833466	盛盈汇	2015－7－6	发行成功
14	833344	巨网科技	2015－8－28	发行成功

15	833344	巨网科技	2015-8-28	发行成功
推荐定向发行次数		15		
推荐定向发行成功次数		15		
推荐定向发行失败次数		0		
推荐原代办股份转让系统的两网公司及退市公司挂牌情况				
序号	股份代码	公司名称		
推荐原代办股份转让系统的两网公司及退市公司家数		0		

三、部门设置

经纪业务				
人员	姓名	固定电话	传真	Email
经纪业务联络人	刘宇	010-59366070	010-59366055	liuyu@ sczq. com. cn
经纪业务联络人	黄萌	010-59366064	010-59366055	huangmeng@ sczq. com. cn
推荐业务				
人员	姓名	固定电话	传真	Email
推荐业务联络人	郝建玲	010-59366155	010-59366161	haojianling@ sina. com
推荐业务联络人	唐洪广	010-59366172	010-59366161	tanghongguang@ sczq. com. cn

爱建证券有限责任公司

一、公司简介及概况

公司简介	公司名称	爱建证券有限责任公司				
	成立日期	2002-9-5	法定代表人	钱华	总经理	钱华
	注册资本（万元）	110,000.00	净资产*（万元）	128,775.04	净资本*（万元）	112,214.43
	注册地址	上海市世纪大道1600号32楼			营业部家数	20家
	办公地址	上海市世纪大道1600号32楼			邮编	200122
	公司网址	www. ajzq. com	电子邮箱	ajzq@ ajzq. com	经营证券业务许可证编号	Z31831000
	注：*经审计的最近年度净资产和净资本					
	证监会批准从事的证券业务			证券经纪；证券投资咨询；与证券交易、证券投资活动有关的财务顾问；证券承销与保荐；证券自营；证券资产管理；证券投资基金代销；融资融券；代销金融产品。		
	在全国股份转让系统从事的业务种类			经纪业务，推荐业务，做市业务		
公司概况	爱建证券有限责任公司于2002年经中国证券监督管理委员会批准成立，公司总部所在地为上海市，设有18家证券营业部，员工总数500余人。公司形成了包括证券经纪、投资银行、证券投资、资产管理、固定收益等业务体系以及风险管理、研究咨询、信息技术等业务支持体系。2009年，上海陆家嘴金融发展有限公司入股公司，成为公司的控股股东。“诚信、稳健、开拓”是公司经营管理的核心理念。公司推行全面风险控制，倡导和推进合规文化建设，在实施严格管理、稳健经营和规范运作基础上，积极稳步开展各项业务的开拓与创新，不断做优做强，实现跨越式发展。公司已具备一支专业素质良好的员工队伍，力求以良好的专业技能和高度的敬业精神，为客户提供专业化、多元化、个性化的服务。公司倡导“以人为本、以德为先、人为为人”和“实事求是”为基础的企业文化管理，强调德为才帅、德才兼备的人才观，注重建设长期稳定的学习型组织。公司借助成功重组契机，以优秀的企业文化为导向，以崭新的企业机制为动力，以“服务客户、公益社会”为使命，致力于打造企业的核心竞争力，实现企业的持续健康发展，实现企业与社会的和谐发展。					

二、业务动态

推荐挂牌情况

序号	股份代码	公司名称	挂牌日期	公司状态
1	830855	盈谷股份	2014－07－04	挂牌
2	831135	永冠股份	2014－09－15	挂牌
3	831200	巨正源	2014－10－17	挂牌
4	831263	科华控股	2014－11－03	挂牌
5	831355	地源科技	2014－11－13	挂牌
6	831782	唯尔福	2015－01－26	挂牌
目前已推荐挂牌公司家数		6		
撤回材料及申请被否公司家数		0		
正在挂牌公司家数		6		
已上市公司家数		0		
已被终止挂牌公司家数		0		
推荐定向发行情况				
序号	股份代码	公司名称	发行日期	公司状态
1	830855	盈谷股份	2015－2－25	发行成功
2	831263	科华控股	2015－5－19	发行成功
3	831355	地源科技	2015－6－3	发行成功
4	831355	地源科技	2015－7－31	发行成功
5	831200	巨正源	2015－8－10	发行成功
推荐定向发行次数		5		
推荐定向发行成功次数		5		
推荐定向发行失败次数		0		
推荐原代办股份转让系统的两网公司及退市公司挂牌情况				
序号	股份代码	公司名称		
推荐原代办股份转让系统的两网公司及退市公司家数		0		

三、部门设置

经纪业务				
人员	姓名	固定电话	传真	Email
经纪业务联络人	胡燕华	021－32229888	021－68728703	huyanhua@ ajzq. com
推荐业务				
人员	姓名	固定电话	传真	Email
推荐业务联络人	俞婷	021－32229888	021－68728909	yuting@ ajzq. com
推荐业务联络人	吴克勤	021－68728910	021－68728909	wukeqin@ gmail. com

中国民族证券有限责任公司

一、公司简介及概况

公司简介	公司名称	中国民族证券有限责任公司				
	成立日期	2002－4－29	法定代表人	赵大建	总经理	徐子兵
	注册资本（万元）	448,655.31	净资产＊（万元）	688,137.48	净资本＊（万元）	622,764.53
	注册地址	北京市朝阳区北四环中路27号院5号楼			营业部家数	51
	办公地址	北京市朝阳区北四环中路27号盘古大观A座40－43层			邮编	100101
	公司网址	www. e5618. com	电子邮箱	tousu@ chinans. com. cn	经营证券业务许可证编号	Z10011000

<table>
<tr><td rowspan="3">公司简介</td><td colspan="2">注：*经审计的最近年度净资产和净资本</td></tr>
<tr><td>证监会批准从事的证券业务</td><td>证券经纪；证券投资咨询；与证券交易、证券投资活动有关的财务顾问；证券承销与保荐；证券自营；证券资产管理；融资融券；证券投资基金代销；代销金融产品；保险兼业代理；为期货公司提供中间介绍业务等。</td></tr>
<tr><td>在全国股份转让系统从事的业务种类</td><td>经纪业务，推荐业务，做市业务</td></tr>
<tr><td>公司概况</td><td colspan="2">中国民族证券有限责任公司成立于2002年4月，是经中国证监会批准设立的综合类证券公司，注册地北京市，现注册资本44.86亿元人民币。总部位于北京市朝阳区北四环中路27号盘古大观A座40－43层，是上海证券交易所、深圳证券交易所的会员单位，拥有上交所席位30个、深交所席位19个。公司始终坚持依法稳健的经营理念，内部管理严格，运作规范，业务资质齐全，目前已取得的业务资格有：证券经纪；证券投资咨询；与证券交易、证券投资活动有关的财务顾问；证券承销与保荐；证券自营；证券资产管理；融资融券；证券投资基金代销；网上证券委托业务；证券业务外汇经营许可证；保险兼业代理；银行间债券市场成员；交易所债券市场成员；企业债券主承销商资格；IPO询价对象资格；LOF基金申购赎回代理销售业务资格；上证基金通业务资格；全国股份转让系统主办券商业务资格；中小企业私募债券承销业务资格等。公司坚持合规经营，近年来公司整体实力显著增强，各项业务排名逐年上升。截至2013年末，公司资产总额140.18亿元，净资本62.82亿元，未分配利润6.08亿元。全年累计实现营业收入10.40亿元，营业支出8.35亿元，净利润1.54亿元，连续八年盈利。公司坚持推进品牌建设，树立公司良好形象。随着公司法人治理结构的逐步完善，逐渐培育和形成了以"诚信、和谐、进取、规范"为核心的中国民族证券企业文化，各项业务发展呈现良好态势，在部分领域取得了新的突破，得到了监管部门和业内的好评，先后有22个单位和部门、42人次获得省部级以上"五一劳动奖状"、"工人先锋号"、"青年文明号"等荣誉称号73个，其中获得全国级先进集体有11个，先进个人6个。</td></tr>
</table>

二、业务动态

<table>
<tr><td colspan="5">推荐挂牌情况</td></tr>
<tr><td>序号</td><td>股份代码</td><td>公司名称</td><td>挂牌日期</td><td>公司状态</td></tr>
<tr><td>1</td><td>430184</td><td>北方跃龙</td><td>2012－12－26</td><td>挂牌</td></tr>
<tr><td>2</td><td>430375</td><td>星立方</td><td>2014－01－24</td><td>挂牌</td></tr>
<tr><td>3</td><td>430643</td><td>蓝科泰达</td><td>2014－02－20</td><td>挂牌</td></tr>
<tr><td>4</td><td>430716</td><td>爱力浦</td><td>2014－04－30</td><td>挂牌</td></tr>
<tr><td>5</td><td>830856</td><td>合矿股份</td><td>2014－07－15</td><td>挂牌</td></tr>
<tr><td>6</td><td>830989</td><td>北方空间</td><td>2014－08－12</td><td>挂牌</td></tr>
<tr><td>7</td><td>831802</td><td>智华信</td><td>2015－01－15</td><td>挂牌</td></tr>
<tr><td>8</td><td>831568</td><td>张铁军</td><td>2015－01－15</td><td>挂牌</td></tr>
<tr><td>9</td><td>831746</td><td>弘奥生物</td><td>2015－01－15</td><td>挂牌</td></tr>
<tr><td>10</td><td>832058</td><td>东联科技</td><td>2015－03－04</td><td>挂牌</td></tr>
<tr><td>11</td><td>832145</td><td>恒合股份</td><td>2015－03－12</td><td>挂牌</td></tr>
<tr><td>12</td><td>832260</td><td>瑞特科技</td><td>2015－04－20</td><td>挂牌</td></tr>
<tr><td colspan="2">目前已推荐挂牌公司家数</td><td colspan="3">12</td></tr>
<tr><td colspan="2">撤回材料及申请被否公司家数</td><td colspan="3">0</td></tr>
<tr><td colspan="2">正在挂牌公司家数</td><td colspan="3">12</td></tr>
<tr><td colspan="2">已上市公司家数</td><td colspan="3">0</td></tr>
<tr><td colspan="2">已被终止挂牌公司家数</td><td colspan="3">0</td></tr>
<tr><td colspan="5">推荐定向发行情况</td></tr>
<tr><td>序号</td><td>股份代码</td><td>公司名称</td><td>发行日期</td><td>公司状态</td></tr>
<tr><td>1</td><td>430184</td><td>北方跃龙</td><td>2013－6－3</td><td>发行成功</td></tr>
<tr><td colspan="2">推荐定向发行次数</td><td colspan="3">1</td></tr>
<tr><td colspan="2">推荐定向发行成功次数</td><td colspan="3">1</td></tr>
<tr><td colspan="2">推荐定向发行失败次数</td><td colspan="3">0</td></tr>
<tr><td colspan="5">推荐原代办股份转让系统的两网公司及退市公司挂牌情况</td></tr>
<tr><td>序号</td><td>股份代码</td><td colspan="3">公司名称</td></tr>
<tr><td colspan="2">推荐原代办股份转让系统的两网公司及退市公司家数</td><td colspan="3">0</td></tr>
</table>

三、部门设置

经纪业务				
人员	姓名	固定电话	传真	Email
经纪业务联络人	尹俊	010－59355545	010－56437012	yinj@ chinans. com. cn
经纪业务联络人	赵亮	010－59355951	010－56437012	jgzhaol@ chinans. com. cn
推荐业务				
人员	姓名	固定电话	传真	Email
推荐业务联络人	王晓光	010－59355905	010－56437019	wangxiaoguang@ chinans. com. cn
推荐业务联络人	王梦茜	010－59355725	010－56437019	wangmx@ chinans. com. cn

国金证券股份有限公司

一、公司简介及概况

公司简介	公司名称	国金证券股份有限公司				
	成立日期	1996－12－20	法定代表人	冉云	总经理	金鹏
	注册资本（万元）	302,435.93	净资产＊（万元）	982,192.97	净资本＊（万元）	803,451.59
	注册地址	成都市青羊区东城根上街95号			营业部家数	40
	办公地址	成都市青羊区东城根上街95号成证大厦16楼			邮编	610015
	公司网址	www. gjzq. com. cn	电子邮箱	bgs@ gjzq. com. cn	经营证券业务许可证编码	Z28051000
	注：＊经审计的最近年度净资产和净资本					
	证监会批准从事的证券业务			证券经纪；证券投资咨询；与证券交易、证券投资活动有关的财务顾问；证券承销与保荐；证券自营；融资融券；证券资产管理；证券投资基金代销；为期货公司提供中间介绍业务。		
	在全国股份转让系统从事的业务种类			经纪业务，推荐业务，做市业务		
公司概况	国金证券股份有限公司（以下简称"国金证券"）是一家资产质量优良、专业团队精干、创新能力突出、服务特色鲜明的上市证券公司，是沪深300指数、上证180指数、上证180金融股指数和上证中型企业指数成份股。2010年5月29日，在中国证券报、上海证券报、证券时报、证券日报联合主办的"1990－2010：走向资本强国——中国证券市场20年回顾与展望暨第四届中国上市公司市值管理高峰论坛"活动中，国金证券荣获"中国20家最具影响力证券公司奖"。国金证券尊崇"责任、共赢、和谐"的企业精神，秉承"规范管理、稳健经营、深化服务、科学创新"的经营理念及"专业创造价值，诚信铸就未来"的服务理念，打造了一只专业化、高素质的职业人才团队，连续保持20年年终税前盈利。国金证券坚持"以研究咨询为驱动，以经纪业务为基础，以投资银行业务为重点突破，以自营投资业务和创新业务为重要补充"的业务模式，通过实施差异化增值服务商的竞争战略，不断提升核心竞争力。国金证券将牢牢把握"合规经营、风险可控"的基础不动摇，坚持"差异化增值服务商"的战略发展定位，争取实现业务资格的"全牌照"，着力打造集证券、期货、基金管理为一体的综合业务平台，为中国资本市场的繁荣发展贡献自己的力量。						

二、业务动态

推荐挂牌情况				
序号	股份代码	公司名称	挂牌日期	公司状态
1	430232	桦清股份	2013－07－04	挂牌
2	430295	捷虹股份	2013－08－06	已被终止挂牌
3	430357	行悦信息	2013－12－13	挂牌
4	430429	星业科技	2014－01－22	挂牌
5	430428	陕西瑞科	2014－01－24	挂牌
6	430684	杰通股份	2014－04－08	挂牌
7	430676	恒立数控	2014－04－11	挂牌

8	430707	欧神诺	2014 - 04 - 25	挂牌
9	430713	昌润钻石	2014 - 04 - 30	挂牌
10	830792	创新科技	2014 - 05 - 28	挂牌
11	830822	海容冷链	2014 - 07 - 01	挂牌
12	830829	华精新材	2014 - 07 - 01	挂牌
13	830970	艾录股份	2014 - 08 - 13	挂牌
14	831033	朗星照明	2014 - 08 - 22	挂牌
15	831128	大汉印邦	2014 - 09 - 10	挂牌
16	831189	乔顿服饰	2014 - 10 - 10	挂牌
17	831207	南方制药	2014 - 10 - 21	挂牌
18	831436	白水农夫	2014 - 12 - 09	挂牌
19	831399	参仙源	2014 - 12 - 09	挂牌
20	831486	索尔科技	2014 - 12 - 09	挂牌
21	831445	龙泰竹业	2014 - 12 - 10	挂牌
22	831475	春晖智控	2014 - 12 - 16	挂牌
23	831524	康耀电子	2014 - 12 - 19	挂牌
24	831630	博安达	2015 - 01 - 09	挂牌
25	831639	达仁资管	2015 - 01 - 12	挂牌
26	831839	成都广达	2015 - 01 - 15	挂牌
27	831822	米奥会展	2015 - 01 - 27	挂牌
28	831885	鱼鳞图	2015 - 01 - 29	挂牌
29	831877	小羽佳	2015 - 02 - 04	挂牌
30	831954	协昌科技	2015 - 02 - 06	挂牌
31	831998	合迪科技	2015 - 02 - 13	挂牌
32	832054	永强岩土	2015 - 03 - 03	挂牌
33	832098	同健股份	2015 - 03 - 12	挂牌
34	832130	圣迪乐村	2015 - 03 - 23	挂牌
35	832163	巨潮科技	2015 - 03 - 26	挂牌
36	832206	华科飞扬	2015 - 04 - 01	挂牌
37	832174	益立胶囊	2015 - 04 - 03	挂牌
38	832375	宝达汽车	2015 - 04 - 30	挂牌
39	832374	丽岛新材	2015 - 05 - 13	挂牌
40	832461	西域旅游	2015 - 05 - 18	挂牌
41	832460	成光兴	2015 - 05 - 21	挂牌
42	832510	星月科技	2015 - 05 - 25	挂牌
43	832552	华隆电力	2015 - 06 - 02	挂牌
44	832553	新财智	2015 - 06 - 03	挂牌
45	832572	上海青禾	2015 - 06 - 08	挂牌
46	832575	云迅通	2015 - 06 - 11	挂牌
47	832677	贵仁科技	2015 - 06 - 29	挂牌
48	832839	共同管业	2015 - 07 - 16	挂牌
49	832815	金瀚科技	2015 - 07 - 16	挂牌
50	832843	惠通创意	2015 - 07 - 22	挂牌
51	832821	金丹科技	2015 - 07 - 22	挂牌
52	832722	百胜软件	2015 - 07 - 23	挂牌
53	833004	博阅科技	2015 - 07 - 28	挂牌
54	833148	乐卓股份	2015 - 07 - 29	挂牌

55	833122	中仪股份	2015－07－31	挂牌
目前已推荐挂牌公司家数		55		
撤回材料及申请被否公司家数		0		
正在挂牌公司家数		54		
已上市公司家数		0		
已被终止挂牌公司家数		1		
推荐定向发行情况				
序号	股份代码	公司名称	发行日期	公司状态
1	832130	圣迪乐村	2015－6－24	发行成功
2	831630	博安达	2015－6－24	发行成功
推荐定向发行次数		2		
推荐定向发行成功次数		2		
推荐定向发行失败次数		0		
推荐原代办股份转让系统的两网公司及退市公司挂牌情况				
序号	股份代码	公司名称		
推荐原代办股份转让系统的两网公司及退市公司家数		0		

三、部门设置

经纪业务				
人员	姓名	固定电话	传真	Email
经纪业务联络人	孙肖	028－86690207	028－86690126	sunx@ gjzq. com. cn
经纪业务联络人	张梦华	028－86690323	028－86690126	zhangmh@ gjzq. com. cn
推荐业务				
人员	姓名	固定电话	传真	Email
推荐业务联络人	夏洪彬	010－66574698	010－66574790	xiahb@ gjzq. com. cn
推荐业务联络人	沙威	010－66574698	010－66574790	shawei@ gjzq. com. cn

恒泰证券股份有限公司

一、公司简介及概况

公司简介	公司名称	恒泰证券股份有限公司				
	成立日期	1998－12－28	法定代表人	庞介民	总经理	牛壮
	注册资本（万元）	219,470.74	净资产*（万元）	524,583.84	净资本*（万元）	507,367.24
	注册地址	内蒙古呼和浩特市赛罕区敕勒川大街东方君座D座光大银行办公楼14－18楼			营业部家数	114
	办公地址	内蒙古呼和浩特市赛罕区敕勒川大街东方君座D座光大银行办公楼14－18楼			邮编	010010
	公司网址	www. cnht. com. cn	电子邮箱	zcbgs@ cnht. com. cn	经营证券业务许可证编号	13310000
	注：*经审计的最近年度净资产和净资本					
	证监会批准从事的证券业务			证券经纪；证券投资咨询；与证券交易、证券投资活动有关的财务顾问；证券自营；证券资产管理；证券投资基金代销；融资融券；代销金融产品。		
	在全国股份转让系统从事的业务种类			推荐业务，经纪业务，做市业务		

公司概况	恒泰证券股份有限公司(以下简称"公司")前身为内蒙古自治区证券公司,成立于1992年;1998年11月经中国证券监督管理委员会批准,改制组建为有限责任公司。2002年7月,经中国证监会批准,公司进行了增资扩股,注册资本由9400万元增至6.56亿元。2002年9月25日经国家工商局核准,公司名称变更为恒泰证券有限责任公司。2008年9月,经中国证监会批准,公司整体变更为股份有限公司;注册资本由变更为20.06亿元。2009年3月,经中国证监会批准,公司收购长财证券经纪有限公司;收购完成后公司注册资本增至21.95亿元,长财证券成为公司全资子公司。2009年5月,经中国证监会批准,公司收购上海永大期货公司,收购完成后永大期货成为公司全资子公司,2010年8月,永大期货更名为恒泰期货经纪有限公司,2011年5月,再次更名为恒泰期货有限公司。公司注册地为呼和浩特市,在自治区及北京、上海、深圳等国内主要城市设有42家证券营业部,其中在自治区内设有31家证券营业部。2009年,经中国证监会批准,公司在北京和深圳分别设立了投行和自营分公司。公司自成立以来,始终秉承"稳健、诚信、务实、创新"的经营理念和"全心全意为客户服务"的经营宗旨,依法经营、规范运作、科学管理、锐意进取,各项事业都取得了长足发展,逐步形成了以证券经纪、投资银行、证券投资、固定收益、资产管理、融资融券等为主的架构完善的业务体系,研究咨询、信息技术、风险管理等强有力的支持体系,资产优良,内控严密,成为国内具有一定业务规模和竞争优势的综合性证券公司。

二、业务动态

推荐挂牌情况				
序号	股份代码	公司名称	挂牌日期	公司状态
1	430311	达美盛	2013-08-12	挂牌
2	831398	东联动漫	2014-12-05	挂牌
3	832536	京成科技	2015-05-26	挂牌
4	832893	宏源农牧	2015-07-24	挂牌
5	833129	苏美材料	2015-07-31	挂牌
6	833471	江苏天龙	2015-09-02	挂牌
7	833748	奥图股份	2015-10-15	挂牌
8	833809	白山国旅	2015-10-20	挂牌
9	834037	龙盛世纪	2015-10-29	挂牌
10	834126	联益科技	2015-11-11	挂牌
11	834350	博圣云峰	2015-11-27	挂牌
12	835026	金运电气	2015-12-16	挂牌
13	834977	新亚自控	2015-12-18	挂牌
14	834972	英冠陶瓷	2015-12-18	挂牌
15	835398	泰通农业	2015-12-21	挂牌
16	834965	伊珠股份	2015-12-29	挂牌
17	835347	世纪微熵	2016-01-05	挂牌
18	835417	锐捷安全	2016-01-08	挂牌
19	835538	额尔敦	2016-01-11	挂牌
20	835473	彦林科技	2016-01-18	挂牌
21	835630	中鼎恒信	2016-01-19	挂牌
目前已推荐挂牌公司家数		21		
撤回材料及申请被否公司家数		0		
正在挂牌公司家数		21		
已上市公司家数		0		
已被终止挂牌公司家数		0		
推荐定向发行情况				
序号	股份代码	公司名称	发行日期	公司状态
1	430311	达美盛	2014-12-19	发行成功
2	430311	达美盛	2015-5-15	发行成功
3	831398	东联动漫	2015-7-2	发行成功
4	834037	龙盛世纪	2016-1-15	发行成功
推荐定向发行次数		4		

推荐定向发行成功次数		4
推荐定向发行失败次数		0
推荐原代办股份转让系统的两网公司及退市公司挂牌情况		
序号	股份代码	公司名称
推荐原代办股份转让系统的两网公司及退市公司家数		0

三、部门设置

经纪业务				
人员	姓名	固定电话	传真	Email
经纪业务联络人	郝旭	0471 - 4971515	0471 - 4969470	haoxu@ cnht. com. cn
推荐业务				
人员	姓名	固定电话	传真	Email
推荐业务联络人	石延安	010 - 56673770	010 - 56673767	shiyanan@ cnht. com. cn
推荐业务联络人	谢远东	010 - 56673769	010 - 56673767	xieyuandong@ cnht. com. cn

财通证券股份有限公司

一、公司简介及概况

公司简介	公司名称	财通证券股份有限公司				
	成立日期	2003 - 06 - 11	法定代表人	沈继宁	总经理	沈继宁
	注册资本（万元）	180,000	净资产 *（万元）	428,000	净资本 *（万元）	306,400
	注册地址	杭州杭大路 15 号嘉华国际商务中心 201,501,502,1601 - 1615,1701 - 1716 室			营业部家数	72
	办公地址	杭州杭大路 15 号嘉华国际商务中心 201,501,502,1601 - 1615,1701 - 1716 室			邮编	310007
	公司网址	www. ctsec. com	电子邮箱	96336@ ctsec. com	经营证券业务许可证编号	13410000
	注：* 经审计的最近年度净资产和净资本					
	证监会批准从事的证券业务			证券投资咨询；证券自营；证券承销与保荐；证券资产管理；融资融券；证券投资基金代销；为期货公司提供中间介绍业务；代销金融产品以及中国证监会核准的其他业务。		
	在全国股份转让系统从事的业务种类			经纪业务，推荐业务		
公司概况	财通证券股份有限公司（以下简称“公司”）前身是成立于 1993 年 5 月的浙江财政证券公司。2003 年 6 月，以浙江财政证券公司为主体，联合省内部分市县国债服务中介机构转制设立财通证券经纪有限责任公司。2006 年 10 月，公司吸收合并天和证券经纪有限公司。2007 年 6 月，浙江省委、省政府明确公司为省直属国有企业，由省政府授权省国资委监管。2009 年 3 月，经中国证监会核准，公司更名为财通证券有限责任公司。2011 年 1 月，公司由浙江省政府授权浙江省财政厅监管。2013 年 10 月，公司整体变更设立股份有限公司。 公司注册资本 18 亿元人民币，现有营业网点 72 家（分布在北京、上海、深圳、福州、青岛、大连、南京、无锡、重庆等城市及浙江省内各市县），员工 2000 余人。公司控股永安期货股份有限公司、财通基金管理有限公司和财通证券（香港）有限公司，参股浙江股权交易中心有限公司。公司将恪守“规范经营、务实创新、差异发展、追求卓越”的经营理念，优化股权结构，提升服务质量，培养一流的员工和理性、成熟的投资者队伍，力争将公司打造成具有区域竞争优势、明显经营特色和富有社会责任感的现代证券企业。					

二、业务动态

推荐挂牌情况

序号	股份代码	公司名称	挂牌日期	公司状态
1	430109	中航讯	2012－03－16	挂牌
2	430199	了望股份	2012－12－31	挂牌
3	430580	云天软件	2014－01－24	挂牌
4	830860	奥特股份	2014－07－14	挂牌
5	831043	锦旺农业	2014－08－18	挂牌
目前已推荐挂牌公司家数		5		
撤回材料及申请被否公司家数		0		
正在挂牌公司家数		5		
已上市公司家数		0		
已被终止挂牌公司家数		0		
推荐定向发行情况				
序号	股份代码	公司名称	发行日期	公司状态
1	430109	中航讯	2013－8－20	发行成功
2	430199	了望股份	2014－4－4	发行成功
推荐定向发行次数		2		
推荐定向发行成功次数		2		
推荐定向发行失败次数		0		
推荐原代办股份转让系统的两网公司及退市公司挂牌情况				
序号	股份代码	公司名称		
推荐原代办股份转让系统的两网公司及退市公司家数		0		

三、部门设置

经纪业务				
人员	姓名	固定电话	传真	Email
经纪业务联络人	徐一楠	0571－87821384	0571－87828140	xuyn@ ctsec. com
经纪业务联络人	黄旭蔚	0571－87821399	0571－87828140	huangxw@ ctsec. ccm
推荐业务				
人员	姓名	固定电话	传真	Email
推荐业务联络人	潘峰	0571－87828163	0571－87828141	pf@ ctsec. com
推荐业务联络人	杨震宇	0571－87821381	0571－87828141	yangzy@ ctsec. com

第一创业证券股份有限公司

一、公司简介及概况

公司简介	公司名称	第一创业证券股份有限公司				
	成立日期	1993－4－16	法定代表人	刘学民	总经理	钱龙海
	注册资本（万元）	197,000	净资产＊（万元）	481,900	净资本＊（万元）	368,100
	注册地址	深圳市福田区福华一路115号投行大厦20楼			营业部家数	32
	办公地址	深圳市福田区福华一路115号投行大厦20楼			邮编	518028
	公司网址	www. firstcapital. com	电子邮箱	zhuyahui@ fcsc. com	经营证券业务许可证编号	10180000
	注：＊经审计的最近年度净资产和净资本					

<table>
<tr><td rowspan="2">公司简介</td><td>证监会批准从事的证券业务</td><td>证券经纪；证券投资咨询；与证券交易、证券投资活动有关的财务顾问；证券（不含股票、中小企业私募债券以外的公司债券）承销；证券自营；证券资产管理；证券投资基金代销；为期货公司提供中间介绍业务；融资融券；代销金融产品。</td></tr>
<tr><td>在全国股份转让系统从事的业务种类</td><td>经纪业务，推荐业务，做市业务</td></tr>
<tr><td>公司概况</td><td colspan="2">第一创业证券股份有限公司前身佛山证券有限责任公司，是经中国人民银行银复〔1992〕608 号文批准，于 1993 年 4 月 26 日成立，原注册资本金 1000 万元。1997 年 12 月 9 日，在“银证脱钩”中，经中国人民银行非银证〔1997〕160 号文批准，同意公司增资扩股，并在原佛山证券公司基础上改制为佛山证券有限责任公司，公司注册资本金增至 8000 万元。2002 年 4 月 19 日中国证监会以证监机构字〔2002〕101 号文批准佛山证券有限责任公司增资扩股、更名、迁址方案。2002 年 7 月 26 日，公司依法完成了增资扩股的程序，注册资本金由 8000 万元增加至 7.47 亿元，注册地迁至广东省深圳市，更名为第一创业证券有限责任公司。2008 年 8 月 28 日，中国证监会以证监机构字〔2008〕1072 号文批准第一创业证券有限责任公司增资扩股；2008 年 9 月 10 日，公司注册资本金由 7.47 亿元增加至 15.9 亿元。2011 年 8 月 3 日，中国证监会下发证监许可〔2011〕1230 号，核准第一创业证券有限责任公司变更注册资本，由 15.9 亿元变更为 19.7 亿元。经中国证监会核准，深圳市工商局同意，公司由“第一创业证券有限责任公司”改制并更名为“第一创业证券股份有限公司”，于 2012 年 3 月 22 日取得更名后的企业法人营业执照。</td></tr>
</table>

二、业务动态

<table>
<tr><td colspan="5">推荐挂牌情况</td></tr>
<tr><td>序号</td><td>股份代码</td><td>公司名称</td><td>挂牌日期</td><td>公司状态</td></tr>
<tr><td>1</td><td>831384</td><td>华创网安</td><td>2014－12－02</td><td>挂牌</td></tr>
<tr><td>2</td><td>832205</td><td>全宇制药</td><td>2015－04－01</td><td>挂牌</td></tr>
<tr><td>3</td><td>833347</td><td>三元环境</td><td>2015－08－11</td><td>挂牌</td></tr>
<tr><td>4</td><td>833430</td><td>八达科技</td><td>2015－08－25</td><td>挂牌</td></tr>
<tr><td>5</td><td>833866</td><td>紫翔生物</td><td>2015－10－20</td><td>挂牌</td></tr>
<tr><td>6</td><td>834304</td><td>黑蜘蛛</td><td>2015－11－18</td><td>挂牌</td></tr>
<tr><td colspan="2">目前已推荐挂牌公司家数</td><td colspan="3">6</td></tr>
<tr><td colspan="2">撤回材料及申请被否公司家数</td><td colspan="3">0</td></tr>
<tr><td colspan="2">正在挂牌公司家数</td><td colspan="3">6</td></tr>
<tr><td colspan="2">已上市公司家数</td><td colspan="3">0</td></tr>
<tr><td colspan="2">已被终止挂牌公司家数</td><td colspan="3">0</td></tr>
<tr><td colspan="5">推荐定向发行情况</td></tr>
<tr><td>序号</td><td>股份代码</td><td>公司名称</td><td>发行日期</td><td>公司状态</td></tr>
<tr><td colspan="2">推荐定向发行次数</td><td colspan="3">0</td></tr>
<tr><td colspan="2">推荐定向发行成功次数</td><td colspan="3">0</td></tr>
<tr><td colspan="2">推荐定向发行失败次数</td><td colspan="3">0</td></tr>
<tr><td colspan="5">推荐原代办股份转让系统的两网公司及退市公司挂牌情况</td></tr>
<tr><td>序号</td><td>股份代码</td><td colspan="3">公司名称</td></tr>
<tr><td colspan="2">推荐原代办股份转让系统的两网公司及退市公司家数</td><td colspan="3">0</td></tr>
</table>

三、部门设置

<table>
<tr><td colspan="5">经纪业务</td></tr>
<tr><td>人员</td><td>姓名</td><td>固定电话</td><td>传真</td><td>Email</td></tr>
<tr><td>经纪业务联络人</td><td>李琳</td><td>0755－23838717</td><td>0755－23838701</td><td>lilin@ fcsc. com</td></tr>
<tr><td>经纪业务联络人</td><td>肖雅芬</td><td>0755－23838733</td><td>0755－23838701</td><td>xiaoyafen@ fcsc. com</td></tr>
<tr><td colspan="5">推荐业务</td></tr>
<tr><td>人员</td><td>姓名</td><td>固定电话</td><td>传真</td><td>Email</td></tr>
<tr><td>推荐业务联络人</td><td>刘晓平</td><td>0755－23838382</td><td>0755－23838999</td><td>liuxiaoping@ fcsc. com</td></tr>
<tr><td>推荐业务联络人</td><td>刘洪俊</td><td>0755－82485057</td><td>0755－25832460</td><td>liuhongjun@ fcsc. com</td></tr>
</table>

红塔证券股份有限公司

一、公司简介及概况

公司简介	公司名称	红塔证券股份有限公司				
	成立日期	2002－01－31	法定代表人	况雨林	总经理	况雨林
	注册资本（万元）	205,765.14	净资产＊（万元）	582,414.1	净资本＊（万元）	472,913.48
	注册地址	云南省昆明市北京路155号附1号			营业部家数	32
	办公地址	云南省昆明市北京路155号附1号红塔大厦9楼			邮编	650011
	公司网址	www. hongtastock. com	电子邮箱	cwsc@ hongtastock. com	经营证券业务许可证编号	Z30153000
	注：＊经审计的最近年度净资产和净资本					
	证监会批准从事的证券业务			证券经纪、证券自营、证券承销与保荐；证券投资咨询；与证券交易、证券投资活动有关的财务顾问；证券资产管理；融资融券；证券投资基金代销；为期货公司提供中间介绍业务。		
	在全国股份转让系统从事的业务种类			推荐业务，经纪业务，做市业务		
公司概况	红塔证券股份有限公司是在对云南省三家信托投资公司（云南省国际信托投资公司、云南全旅信托投资有限公司、昆明国际信托投资公司）以及两家证券经营机构（云南证券交易中心、云南证券登记有限责任公司）证券业务重组的基础上，由红塔集团等13家国内知名企业共同发起，并经中国证监会批准设立的比照综合类证券公司。注册资本为人民币138,651.04万元，注册地为云南省昆明市。2002年1月31日，公司在云南省工商行政管理局领取了《企业法人营业执照》。2002年3月23日，公司正式开业。公司成立以来，秉承“稳健·创新·多元”的经营理念，在规范运作的基础上，不断开拓进取，成为西南地区第一家创新试点类证券公司，也是业内屈指可数的连续十二年实现盈利的券商之一。经过十年的发展壮大，公司现有1家分公司和25家证券营业部，设有2家全资子公司和1家控股子公司，业务资格涵盖各业务门类23项，员工人数950余人，逐渐成为股东背景强大、治理结构完善、业务门类齐全、风险管理严密、资产质量优良、盈利能力较强的特色证券经营机构。					

二、业务动态

推荐挂牌情况				
序号	股份代码	公司名称	挂牌日期	公司状态
1	430376	东亚装饰	2014－01－24	挂牌
2	831184	强盛股份	2014－10－08	挂牌
3	831474	科特新材	2014－12－09	挂牌
目前已推荐挂牌公司家数		3		
撤回材料及申请被否公司家数		0		
正在挂牌公司家数		3		
已上市公司家数		0		
已被终止挂牌公司家数		0		
推荐定向发行情况				
序号	股份代码	公司名称	发行日期	公司状态
1	430376	东亚装饰	2014－8－18	发行成功
推荐定向发行次数		1		
推荐定向发行成功次数		1		
推荐定向发行失败次数		0		
推荐原代办股份转让系统的两网公司及退市公司挂牌情况				
序号	股份代码	公司名称		
推荐原代办股份转让系统的两网公司及退市公司家数		0		

三、部门设置

经纪业务				
人员	姓名	固定电话	传真	Email
经纪业务联络人	李军	0871-63577078	0871-6357882	lijun@ hongtastock. com
经纪业务联络人	刘晓明	0871-63577946	0871-6357882	liuxm@ hongtastock. com
推荐业务				
人员	姓名	固定电话	传真	Email
推荐业务联络人	姚晨航	0755-82520306	0755-82520321	yaoch@ sina. cn

中国国际金融股份有限公司

一、公司简介及概况

公司简介	公司名称	中国国际金融股份有限公司				
	成立日期	1995-07-31	法定代表人	丁学东	总经理	毕明建
	注册资本（万元）	166,747.3	净资产*（万元）	799,224.57	净资本*（万元）	454,058.7
	注册地址	北京市建国门外大街1号国贸大厦2座27层及28层			营业部家数	20
	办公地址	北京市建国门外大街1号国贸大厦2座27层及28层			邮编	100004
	公司网址	www. cicc. com. cn	电子邮箱	info@ cicc. com. cn	经营证券业务许可证编号	Y00111000
	注：*经审计的最近年度净资产和净资本					
	证监会批准从事的证券业务		人民币普通股票、人民币特种股票、境外发行股票、境内外政府债券、公司债券和企业债券的经纪业务；人民币普通股票、人民币特种股票、境外发行股票、境内外政府债券、公司债券和企业债券的自营业务；人民币普通股票、人民币特种股票、境外发行股票、境内外政府债券、公司债券和企业债券的承销业务；基金的发起和管理；企业重组、收购与合并顾问；项目融资顾问；投资顾问及其他顾问业务；外汇买卖；境外企业、境内外商投资企业的外汇资产管理；同业拆借；客户资产管理业务；网上证券委托业务；融资融券业务。			
	在全国股份转让系统从事的业务种类		经纪业务，推荐业务，做市业务			
公司概况	作为中国第一家中外合资投资银行，中国国际金融有限公司（“中金公司”）致力于为国内外机构及个人客户提供高品质的投资银行服务，业务范围覆盖证券研究、股本与债务发行与承销、兼并收购财务顾问、证券销售交易、固定收益、资产管理、个人财富管理、直接投资等诸多领域。中金公司成立于1995年7月，是由国内外著名金融机构和公司基于战略合作关系共同投资组建的中国第一家中外合资投资银行，注册资本2.25亿美元。中金公司总部设在中国北京，在中国内地上海和深圳设有分公司，在北京、上海、深圳等16个城市设有证券营业部。随着业务范围的不断拓展，中金公司亦积极开拓海外市场，在香港、纽约、伦敦和新加坡设有子公司，初步建立了全球化的业务平台。					

二、业务动态

推荐挂牌情况				
序号	股份代码	公司名称	挂牌日期	公司状态
1	430678	蓝波绿建	2014-04-09	挂牌
2	430629	国科海博	2014-04-11	挂牌
3	832015	基调网络	2015-02-11	挂牌
4	832159	合全药业	2015-04-03	挂牌
5	832498	明源软件	2015-06-19	挂牌
6	833633	联众科技	2015-10-19	挂牌

7	834024	华夏科创	2015－10－29	挂牌
8	833714	安世亚太	2015－10－29	挂牌
9	834754	八马茶业	2015－12－08	挂牌
10	834689	小拇指	2015－12－09	挂牌
目前已推荐挂牌公司家数		10		
撤回材料及申请被否公司家数		0		
正在挂牌公司家数		10		
已上市公司家数		0		
已被终止挂牌公司家数		0		
推荐定向发行情况				
序号	股份代码	公司名称	发行日期	公司状态
1	430629	国科海博	2014－1－13	发行成功
2	832015	基调网络	2015－9－2	发行成功
3	832159	合全药业	2015－9－28	发行成功
4	832159	合全药业	2015－10－20	发行成功
5	833714	安世亚太	2015－10－29	发行成功
6	833714	安世亚太	2015－12－11	发行成功
推荐定向发行次数		6		
推荐定向发行成功次数		6		
推荐定向发行失败次数		0		
推荐原代办股份转让系统的两网公司及退市公司挂牌情况				
序号	股份代码	公司名称		
推荐原代办股份转让系统的两网公司及退市公司家数		0		

三、部门设置

经纪业务				
人员	姓名	固定电话	传真	Email
经纪业务联络人	康晨	010－65058130	010－65058065	kangchen@cicc.com.cn
经纪业务联络人	李頵	010－85679888	010－85679285	lijun@cicc.com.cn
推荐业务				
人员	姓名	固定电话	传真	Email
推荐业务联络人	和路	010－65051166	010－65051156	lu.he@cicc.com.cn
推荐业务联络人	黄弋	010－65051166	010－65051156	yi.huang@cicc.com.cn

世纪证券有限责任公司

一、公司简介及概况

公司简介	公司名称	世纪证券有限责任公司				
	成立日期	1990－12－28	法定代表人	姜昧军	总经理	许建明
	注册资本（万元）	70,000	净资产＊（万元）	95,524	净资本＊（万元）	108,334
	注册地址	深圳市深南大道7088号招商银行大厦40－42层			营业部家数	33
	办公地址	深圳市深南大道7088号招商银行大厦40－42层			邮编	518040
	公司网址	www.csco.com.cn	电子邮箱	sjsc@csco.com.cn	经营证券业务许可证编号	10510000

公司简介	注：* 经审计的最近年度净资产和净资本	
	证监会批准从事的证券业务	证券经纪；证券投资咨询；与证券交易、证券投资活动有关的财务顾问；证券承销与保荐；证券自营；证券资产管理；融资融券；证券投资基金代销；代销金融产品。
	在全国股份转让系统从事的业务种类	经纪业务，推荐业务，做市业务
公司概况	世纪证券有限责任公司前身为成立于1990年的江西省证券公司。2001年7月，经中国证监会批准，公司增资扩股并更名为"世纪证券有限责任公司"，注册地址迁至广东省深圳市。多年来，公司逐步发展成为以深圳为总部，业务网络覆盖全国的综合型证券公司，目前注册资本为7亿元人民币，在全国所有省会城市及部分大中城市设立了分支机构，拥有19家分公司、33家证券营业部。公司的经营范围包括：证券经纪；证券投资咨询；与证券交易、证券投资活动有关的财务顾问；证券承销与保荐；证券自营；证券资产管理；融资融券；证券投资基金代销；代销金融产品。 公司以雄厚的资金实力、一流的人才队伍、丰富的专业经验、稳健的经营作风为广大投资者和机构客户提供全方位的专业证券服务。历经多年的发展，公司培养和造就了一支高素质的骨干员工队伍，公司现有员工1000余人。面对全球化背景下资本市场的机遇与挑战，公司将继续坚持"合规经营、稳健发展"的经营思想，进一步完善战略布局，不断改革创新，努力提升公司的核心竞争力，为建设和谐社会、促进证券市场健康发展贡献新的力量。	

二、业务动态

推荐挂牌情况				
序号	股份代码	公司名称	挂牌日期	公司状态
1	430262	神州云动	2013－07－18	挂牌
2	430367	力码科	2014－01－24	挂牌
3	430647	青鹰股份	2014－02－19	挂牌
目前已推荐挂牌公司家数		3		
撤回材料及申请被否公司家数		0		
正在挂牌公司家数		3		
已上市公司家数		0		
已被终止挂牌公司家数		0		
推荐定向发行情况				
序号	股份代码	公司名称	发行日期	公司状态
1	430367	力码科	2013－12－27	发行成功
推荐定向发行次数		1		
推荐定向发行成功次数		1		
推荐定向发行失败次数		0		
推荐原代办股份转让系统的两网公司及退市公司挂牌情况				
序号	股份代码	公司名称		
推荐原代办股份转让系统的两网公司及退市公司家数		0		

三、部门设置

经纪业务				
人员	姓名	固定电话	传真	Email
经纪业务联络人	张雷	0755－83199599－8105	0755－83199545	zhanglei1@ csco. com. cn
经纪业务联络人	彭艳秋	0755－83199524	0755－83199545	pengyq@ csco. com. cn
推荐业务				
人员	姓名	固定电话	传真	Email
推荐业务联络人	柴锐	0755－83199599－8237	0755－83199502	chairui@ csco. com. cn
推荐业务联络人	于雪曼	010－57379857	010－57379899	yuxm@ csco. com. cn

湘财证券股份有限公司

一、公司简介及概况

公司简介	公司名称	湘财证券股份有限公司				
	成立日期	1996-8-2	法定代表人	林俊波	总经理	徐　燕
	注册资本（万元）	319,725.59	净资产*（万元）	354,719.63	净资本*（万元）	276,316.32
	注册地址	湖南省长沙市天心区湘府中路198号新南城商务中心A栋11楼			营业部家数	53
公司概况	办公地址	湖南省长沙市天心区湘府中路198号新南城商务中心A栋11楼			邮编	410004
	公司网址	www.xcsc.com	电子邮箱	kfzx@xcsc.com	经营证券业务许可证编号	10910000
	注：*经审计的最近年度净资产和净资本					
	证监会批准从事的证券业务			证券经纪;证券投资咨询;与证券交易、证券投资活动有关的财务顾问;证券承销与保荐;证券自营;证券资产管理;证券投资基金代销;融资融券业务;代销金融产品业务。		
	在全国股份转让系统从事的业务种类			经纪业务,推荐业务,做市业务		
公司概况	湘财证券成立于1996年,1999年成为我国首家综合类证券公司。目前,公司注册资本31.97亿元人民币,设有北京、华中、华东、华南、西南、西北等六个客户中心架构下的地区总部,在全国32个大中城市设有52家证券营业部。 自2008年新湖控股有限公司成为控股股东以来,湘财证券积极完善治理结构,稳健扩展经营业务,持续丰富发展历程中专业化、规模化、品牌化、集团化和国际化的内涵,努力把公司建设成为有特色、有品牌、有竞争力的一流券商,目前已经形成成熟完善的治理结构和布局合理的分支机构。 在继承和发扬湘财文化的同时,公司始终坚持以人为本的管理思想,着力打造职业化团队,提升职业化水准,持续创新从简单到极致的客户服务能力,积极适应客户的多种需求和市场形势的变化,全面发展经纪、自营、承销与保荐、资产管理、收购兼并、投资咨询、基金代销等多类证券业务,已形成了较完善的业务运作流程和管理模式。公司目前的股权结构和治理结构为未来的可持续发展奠定了扎实稳固的根基,湘财证券全体同仁将以使命感、事业心和专业精神为客户提供优质、高效的全方位服务,并努力为繁荣发展中国证券市场和推动中国资本市场建设进程贡献力量!					

二、业务动态

推荐挂牌情况				
序号	股份代码	公司名称	挂牌日期	公司状态
1	430545	星科智能	2014-01-24	挂牌
2	830811	安凯达	2014-06-23	挂牌
3	830847	晟嘉电气	2014-07-11	挂牌
4	830836	荆楚网	2014-07-11	挂牌
5	830902	长仪股份	2014-07-31	挂牌
6	830995	九洲光电	2014-08-13	挂牌
7	831120	达海智能	2014-08-18	挂牌
8	831081	西驰电气	2014-08-18	挂牌
9	831105	盟云移软	2014-08-18	挂牌
10	831036	裕国股份	2014-08-19	挂牌
11	831013	兴艺景	2014-08-21	挂牌
12	000000	迪菲特	2014-08-26	撤回状态
13	831344	中际联合	2014-11-20	挂牌
14	831428	数据堂	2014-12-10	挂牌
15	831707	绿岛园林	2015-01-15	挂牌
16	831720	诚赢股份	2015-01-20	挂牌
17	000000	博创机械	2015-01-23	撤回状态

18	831780	中道糖业	2015－01－23	挂牌
19	831858	海誉科技	2015－01－29	挂牌
20	000000	宁夏皇达	2015－02－03	撤回状态
21	832052	紫罗兰	2015－02－17	挂牌
22	832173	凯林科技	2015－03－26	挂牌
23	832290	双猫股份	2015－04－15	挂牌
24	832232	正全股份	2015－04－16	挂牌
25	832524	尚洋信息	2015－06－03	挂牌
26	832803	皓月股份	2015－07－15	挂牌
27	832746	长明机械	2015－07－17	挂牌
28	832864	协力仪控	2015－07－29	挂牌
29	833217	九叶科技	2015－08－14	挂牌
30	833272	金塔股份	2015－08－18	挂牌
31	833396	昱卓股份	2015－08－24	挂牌
32	833443	皇达科技	2015－08－27	挂牌
33	833630	嘉利股份	2015－10－15	挂牌
34	833846	中正股份	2015－10－20	挂牌
35	833830	蓝宝股份	2015－10－21	挂牌
36	833985	三方股份	2015－10－26	挂牌
37	833989	太时股份	2015－10－30	挂牌
38	834010	亚兴科技	2015－11－02	挂牌
39	834135	龙盛股份	2015－11－10	挂牌
目前已推荐挂牌公司家数		39		
撤回材料及申请被否公司家数		3		
正在挂牌公司家数		36		
已上市公司家数		0		
已被终止挂牌公司家数		0		
推荐定向发行情况				
序号	股份代码	公司名称	发行日期	公司状态
1	831858	海誉科技	2014－10－15	发行成功
2	830902	长仪股份	2014－10－16	发行成功
3	830847	晟嘉电气	2015－3－20	发行成功
4	830902	长仪股份	2015－5－5	发行成功
5	831036	裕国股份	2015－5－18	发行成功
6	831428	数据堂	2015－6－9	发行成功
7	831105	盟云移软	2015－7－7	发行成功
8	831344	中际联合	2015－7－27	发行成功
推荐定向发行次数		8		
推荐定向发行成功次数		8		
推荐定向发行失败次数		0		
推荐原代办股份转让系统的两网公司及退市公司挂牌情况				
序号	股份代码	公司名称		
推荐原代办股份转让系统的两网公司及退市公司家数		0		

三、部门设置

经纪业务

人员	姓名	固定电话	传真	Email
经纪业务联络人	王照湘	021－68634510	021－68865680	wzx2542@ xcsc. com
经纪业务联络人	李娟	021－68634510	021－68865680	lijuan3@ xcsc. com
推荐业务				
人员	姓名	固定电话	传真	Email
推荐业务联络人	于海	010－56510980	010－56510790	yuhai@ xcsc. com
推荐业务联络人	宋洪军	010－56510979	010－56510790	songhj@ xcsc. com

新时代证券股份有限公司

一、公司简介及概况

公司简介	公司名称	新时代证券有限责任公司				
	成立日期	2003－6－26	法定代表人	田德军	总经理	田德军
	注册资本（万元）	169,305.14	净资产＊（万元）	457,417.03	净资本＊（万元）	212,127.2
	注册地址	北京市海淀区北三环西路99号院1号楼15层1501			营业部家数	56
	办公地址	北京市海淀区北三环西路99号院1号楼15层1501			邮编	100086
	公司网址	www. xsdzq. cn	电子邮箱	dshbgs@ xsdzq. cn	经营证券业务许可证编号	13420000
	注：＊经审计的最近年度净资产和净资本					
	证监会批准从事的证券业务			证券经纪；证券投资咨询；与证券交易、证券投资活动有关的财务顾问；证券承销与保荐；证券自营；证券投资基金代销；证券资产管理；融资融券；代销金融产品。		
	在全国股份转让系统从事的业务种类			经纪业务，推荐业务，做市业务		
公司概况	新时代证券股份有限公司是一家专业化、全国性的综合类证券公司。公司由资产质量优良、资金实力雄厚的股东出资而成。注册地为北京市，注册资本金为人民币16.9亿元。公司下属4家分公司、56家证券营业部，遍及北京、上海、天津、重庆、内蒙古、河南、河北、山东、江苏、浙江、湖南、湖北、福建、四川、广东等全国15个省、自治区和直辖市，形成辐射全国、布局合理的客户服务和经营网络。经过多年运作，公司秉承稳健与创新相结合、个人绩效与团队精神相统一的宗旨，以先进的组织结构、完备的治理模式、一流的人才队伍、丰富的业务经验，构建了崭新的组织体系、业务运行模式和内控机制，促使各项业务不断取得经营佳绩。					

二、业务动态

推荐挂牌情况				
序号	股份代码	公司名称	挂牌日期	公司状态
1	430550	沃克斯	2014－01－24	挂牌
2	430613	腾晖科技	2014－01－24	挂牌
3	830930	天行健	2014－08－13	挂牌
4	831126	元鼎科技	2014－08－21	挂牌
5	831038	宇建科技	2014－08－22	挂牌
6	831819	宜瓷龙	2015－01－14	挂牌
7	831687	亨达股份	2015－01－15	挂牌
8	831756	德高化成	2015－01－22	挂牌
9	831773	金巴赫	2015－01－23	挂牌
10	832051	经证投资	2015－02－12	挂牌
11	832026	海龙核科	2015－03－06	挂牌
12	831947	丹田股份	2015－03－11	挂牌

13	832126	康乐药业	2015－03－16	挂牌
14	832081	金利股份	2015－03－26	挂牌
15	832330	中天管桩	2015－04－16	挂牌
16	832576	振新生物	2015－06－10	挂牌
17	832678	众鑫科技	2015－07－02	挂牌
18	833002	星汉股份	2015－07－10	挂牌
19	833437	亿邦制药	2015－08－10	挂牌
20	833017	力诺特玻	2015－08－12	挂牌
21	833491	沧海核装	2015－08－17	挂牌
22	833623	胜高股份	2015－09－09	挂牌
23	833662	大地生物	2015－09－10	挂牌
24	833869	海普安全	2015－09－25	挂牌
25	834030	黔昌农林	2015－10－16	挂牌
26	834068	蓝氧科技	2015－10－19	挂牌
27	834062	科润电力	2015－10－19	挂牌
28	834107	华强电子	2015－10－20	挂牌
29	834096	江川金融	2015－10－20	挂牌
30	834095	精雷电器	2015－10－20	挂牌
31	834114	明尚德	2015－10－20	挂牌
32	834092	惠和股份	2015－10－20	挂牌
33	834136	掌智通	2015－10－22	挂牌
34	834306	神州科技	2015－11－02	挂牌
35	834328	鸽德新材	2015－11－02	挂牌
目前已推荐挂牌公司家数		35		
撤回材料及申请被否公司家数		0		
正在挂牌公司家数		35		
已上市公司家数		0		
已被终止挂牌公司家数		0		
推荐定向发行情况				
序号	股份代码	公司名称	发行日期	公司状态
1	832026	海龙核科	2015－6－9	发行成功
2	831687	亨达股份	2015－6－11	发行成功
3	430613	腾晖科技	2015－6－29	发行成功
4	831756	德高化成	2015－7－10	发行成功
5	833017	力诺特玻	2015－7－28	发行成功
6	831126	元鼎科技	2015－8－27	发行成功
7	832081	金利股份	2015－9－14	发行成功
8	833491	沧海核装	2015－9－29	发行成功
9	832051	经证投资	2015－10－23	发行成功
10	831947	丹田股份	2015－11－9	发行成功
推荐定向发行次数		10		
推荐定向发行成功次数		10		
推荐定向发行失败次数		0		
推荐原代办股份转让系统的两网公司及退市公司挂牌情况				
序号	股份代码	公司名称		
推荐原代办股份转让系统的两网公司及退市公司家数		0		

三、部门设置

经纪业务				
人员	姓名	固定电话	传真	Email
经纪业务联络人	郭强	010 - 83561166	010 - 83561164	guoqiang@ xsdzq. cn
推荐业务				
人员	姓名	固定电话	传真	Email
推荐业务联络人	柏梦琦	010 - 83561023	010 - 83561001	baimengqi@ xsdzq. cn
推荐业务联络人	胡小燕	010 - 83561180	010 - 83561001	huxiaoyan@ xsdzq. cn

江海证券有限公司

一、公司简介及概况

公司简介	公司名称	江海证券有限公司				
	成立日期	2003 - 12 - 15	法定代表人	孙名扬	总经理	董力臣
	注册资本（万元）	178,574.37	净资产 *（万元）	320,963.97	净资本 *（万元）	307,662.37
	注册地址	黑龙江省哈尔滨市香坊区赣水路 56 号			营业部家数	43
	办公地址	黑龙江省哈尔滨市香坊区赣水路 56 号			邮编	150036
	公司网址	www. jhzq. com. cn	电子邮箱	guolifen@ jhzq. com. cn	经营证券业务许可证编号	J21923000
公司简介	注：* 经审计的最近年度净资产和净资本					
	证监会批准从事的证券业务			证券经纪业务，证券自营业务，证券投资基金代销业务，证券投资咨询业务，证券承销与保 荐业务，证券资产管理业务，融资融券业务，为汇鑫期货经纪有限公司提供中间介绍业务。		
	在全国股份转让系统从事的业务种类			推荐业务，经纪业务，做市业务		
公司概况	江海证券有限公司是黑龙江省辖区内唯一一家国有控股券商。公司目前注册资本 17.86 亿元，股东 10 家，主要股东均为国有资产背景的大型企业集团，前三家股东哈尔滨投资集团有限责任公司、黑龙江省大正投资集团有限责任公司及中国华融资产管理公司，出资比例合计 97%。 公司建立了涵盖证券经纪、证券投资咨询、证券自营、证券承销与保荐、证券资产管理、证券投资基金代销、为期货公司提供中间介绍等业务在内的综合业务体系；设有营业网点 43 家，遍布北京、上海、深圳、厦门、济南、大连、沈阳及黑龙江省内各主要城市，形成了“覆盖龙江、辐射沿海、布局全国”的网络格局；出资控股江海汇鑫期货有限公司，确立了证券 - 期货协同发展的经纪业务架构。 公司积极为地方经济建设及社会发展服务，被黑龙江省政府评为“金融机构促进经济社会发展先进单位”，被共青团中央授予“青年就业创业见习基地”。目前，江海证券集聚了一批年轻化、专业化的优秀人才，拥有一支具备博士、硕士学历和丰富实践经验的管理团队。凭借专业的人才技术优势，江海证券成为哈尔滨市政府的金融顾问，精心打造的江海系列产品，更赢得了广大投资者的认可与信赖，在业内树立了良好的信誉和品牌。					

二、业务动态

推荐挂牌情况				
序号	股份代码	公司名称	挂牌日期	公司状态
1	830910	安证通	2014 - 07 - 25	挂牌
2	830938	可恩口腔	2014 - 08 - 12	挂牌
3	830975	东和股份	2014 - 08 - 13	挂牌
4	831016	帝测科技	2014 - 08 - 21	挂牌
5	831270	宇虹颜料	2014 - 11 - 06	挂牌
6	831332	申高制药	2014 - 11 - 12	挂牌

7	831293	征宙机械	2014 - 11 - 12	挂牌
8	831362	和平股份	2014 - 11 - 17	挂牌
目前已推荐挂牌公司家数		8		
撤回材料及申请被否公司家数		0		
正在挂牌公司家数		8		
已上市公司家数		0		
已被终止挂牌公司家数		0		
推荐定向发行情况				
序号	股份代码	公司名称	发行日期	公司状态
推荐定向发行次数		0		
推荐定向发行成功次数		0		
推荐定向发行失败次数		0		
推荐原代办股份转让系统的两网公司及退市公司挂牌情况				
序号	股份代码	公司名称		
推荐原代办股份转让系统的两网公司及退市公司家数		0		

三、部门设置

经纪业务				
人员	姓名	固定电话	传真	Email
经纪业务联络人	郭峰	0451 - 85863724	0451 - 82337279	gf0451@ 163. com
经纪业务联络人	吕薇	0451 - 85863722	0451 - 82337279	75634419@ qq. com
推荐业务				
人员	姓名	固定电话	传真	Email
推荐业务联络人	郭立芬	010 - 56187937	010 - 58670448	422083786@ qq. com
推荐业务联络人	张微	010 - 56187938	010 - 58674685	345181321@ qq. com

中航证券有限公司

一、公司简介及概况

公司简介	公司名称	中航证券有限公司				
	成立日期	2002 - 10 - 18	法定代表人	王宜四	总经理	王宜四
	注册资本（万元）	198,522.10	净资产（万元）	140,204.50	净资本（万元）	168,526.79
	注册地址	江西省南昌市红谷滩新区红谷中大道 1619			营业部家数	50
	办公地址	江西省南昌市红谷滩新区红谷中大道 1619			邮编	330008
	公司网址	www. avicsec. com	电子邮箱	office@ avicsec. com	经营证券业务许可证编号	Z31936000
	注：* 经审计的最近年度净资产和净资本					
	证监会批准从事的证券业务			证券经纪、证券投资咨询、与证券交易证券投资活动有关的财务顾问、证券承销与保荐、证券自营、证券资产管理、证券投资基金代销、融资融券业务、代办股份转让、约定购回式证券交易、中小企业私募债、代销金融产品。		
	在全国股份转让系统从事的业务种类			推荐业务，经纪业务		

公司概况	中航证券有限公司(以下简称"公司"、"中航证券")是经中国证券监督管理委员会批准设立的全国性综合类证券公司,前身是江南证券有限责任公司,于2002年10月18日在江西南昌成立。2010年5月6日,公司正式更名为中航证券有限公司。中航投资控股有限公司为中航证券第一大股东,实际控制人为中国航空工业集团公司。公司注册资本198,522.1万元人民币。中航证券主营业务范围为:证券经纪;证券投资咨询;与证券交易、证券投资活动有关的财务顾问;证券承销与保荐;证券自营;证券资产管理;证券投资基金代销;融资融券业务。 公司设立了证券承销与保荐分公司及资产管理分公司,并在京、津、沪、渝、粤、闽、浙、桂、苏、甘、辽、赣、陕、豫、鲁、鄂、滇等全国主要省市设有32家证券营业部中航证券股权结构:截至2013年11月31日止,公司有5家股东,分别为:中航投资控股有限公司持有142,358.80万元股权,占出资比例71.71%;中国航空技术深圳有限责任公司持有33,146.89万元股权,占出资比例16.70%;中国航空技术国际控股有限责任公司持有14,372.49万元股权,占出资比例7.24%;中国贵州航空工业(集团)有限责任公司持有8,207.17万元,占出资比例4.13%;江西洪都航空工业集团有限责任公司持有436.75万元股权,占出资比例0.22%。

二、业务动态

推荐挂牌情况				
序号	股份代码	公司名称	挂牌日期	公司状态
1	830785	冰洋科技	2014-06-05	挂牌
2	831406	森达电气	2014-12-03	挂牌
3	831629	安恒利通	2015-01-19	挂牌
4	831840	东光股份	2015-01-22	挂牌
5	832023	田野股份	2015-02-12	挂牌
6	831965	固瑞股份	2015-02-13	挂牌
目前已推荐挂牌公司家数		6		
撤回材料及申请被否公司家数		0		
正在挂牌公司家数		6		
已上市公司家数		0		
已被终止挂牌公司家数		0		
推荐定向发行情况				
序号	股份代码	公司名称	发行日期	公司状态
推荐定向发行次数		0		
推荐定向发行成功次数		0		
推荐定向发行失败次数		0		
推荐原代办股份转让系统的两网公司及退市公司挂牌情况				
序号	股份代码	公司名称		
推荐原代办股份转让系统的两网公司及退市公司家数		0		

三、部门设置

经纪业务				
人员	姓名	固定电话	传真	Email
经纪业务联络人	聂磊	0791-86702143	0791-86789414	119570554@qq.com
经纪业务联络人	余雅娜	0791-86768763	0791-86789414	81054761@qq.com
推荐业务				
人员	姓名	固定电话	传真	Email
推荐业务联络人	王晨光	010-64818362	010-64818501	wangchenguang73@163.com
推荐业务联络人	柳晨希	010-64818499	010-64818501	158646626@qq.com

华融证券股份有限公司

一、公司简介及概况

<table>
<tr><td rowspan="9">公司简介</td><td>公司名称</td><td colspan="5">华融证券股份有限公司</td></tr>
<tr><td>成立日期</td><td>2007－9－7</td><td>法定代表人</td><td>祝献忠</td><td>总经理</td><td>罗农平</td></tr>
<tr><td>注册资本（万元）</td><td>317,753.65</td><td>净资产＊（万元）</td><td>537,155</td><td>净资本＊（万元）</td><td>515,603</td></tr>
<tr><td>注册地址</td><td colspan="3">北京市西城区金融大街8号</td><td>营业部家数</td><td>37</td></tr>
<tr><td>办公地址</td><td colspan="3">北京市西城区金融大街8号</td><td>邮编</td><td>100033</td></tr>
<tr><td>公司网址</td><td>www.hrsec.com.cn</td><td>电子邮箱</td><td>yuhaishen@hrsec.com.cn</td><td>经营证券业务许可证编号</td><td>13720000</td></tr>
<tr><td colspan="6">注：＊经审计的最近年度净资产和净资本</td></tr>
<tr><td colspan="3">证监会批准从事的证券业务</td><td colspan="3">证券经纪，证券投资咨询：与证券交易、证券投资活动有关的财务顾问：证券承销与保荐，证券自营业务：证券资产管理，融资融券：代销金融产品业务：公开募集投资基金管理业务（有效期至2016年11月19日）。</td></tr>
<tr><td colspan="3">在全国股份转让系统从事的业务种类</td><td colspan="3">推荐业务，做市业务，经纪业务</td></tr>
<tr><td>公司概况</td><td colspan="6">华融证券股份有限公司（以下简称“公司”），是经中国证监会批准，由中国华融资产管理公司（以下简称“中国华融”）作为主发起人，联合中国葛洲坝集团公司共同发起设立的全国性证券公司。2007年9月，公司在北京正式挂牌成立。目前，公司注册资本31.78亿元，其中：中国华融出资25.31亿元，中国葛洲坝集团公司等11家股东共出资6.47亿元。
公司大股东中国华融资产管理股份有限公司，是经国务院批准，由财政部、中国人寿保险（集团）公司共同发起设立的国有大型非银行金融企业。目前，中国华融总资产超过4000亿元，服务网络遍及全国30个省、自治区、直辖市和香港特别行政区，在全国设有32家分公司（营业部），拥有华融湘江银行、华融租赁、华融信托、华融证券、华融期货、华融融德、华融渝富、华融（香港）国际、华融置业、华融致远、华融汇通等11家平台公司，对外提供资产经营管理、银行、证券、信托、租赁、投资、基金、期货、置业等全牌照、多功能、一揽子综合金融服务，已初步建设成为国有大型金融控股集团。自成立之日起，公司坚持以市场为导向，以客户为中心，以诚信、专业、稳健、共赢为经营宗旨，努力打造一家有尊严、有价值、有内涵、有实力、有责任的"五有"现代一流投资银行。公司2011－2014年连续四年被中国证监会评为A类A级券商，2009年、2011年两次获评为"首都文明单位"。截至2014年6月底，公司旗下设华融期货有限责任公司和华融天泽投资有限公司2家子公司，在全国22个省、自治区、直辖市设有6家分公司、37家营业部。公司紧紧依托中国华融在资产管理、银行、信托和金融租赁等方面的综合优势，竭诚为客户提供证券承销与保荐、资产管理、全国股份转让系统推荐挂牌及做市商业务、证券经纪、融资融券、财务顾问、财富管理等多种服务。</td></tr>
</table>

二、业务动态

推荐挂牌情况				
序号	股份代码	公司名称	挂牌日期	公司状态
1	430618	凯立德	2014－01－24	挂牌
2	430730	先大药业	2014－05－06	挂牌
3	831323	长先新材	2014－11－10	挂牌
4	831396	许继智能	2014－12－03	挂牌
5	831460	光和光学	2014－12－22	挂牌
6	831888	垦丰种业	2015－01－27	挂牌
7	831873	环宇建工	2015－01－29	挂牌
8	831924	海天物联	2015－02－06	挂牌
9	832087	凯伯特	2015－03－09	挂牌
10	832086	现在支付	2015－03－09	挂牌
11	832148	云媒股份	2015－03－16	挂牌
12	832176	三扬股份	2015－03－30	挂牌
目前已推荐挂牌公司家数		12		

撤回材料及申请被否公司家数		0		
正在挂牌公司家数		12		
已上市公司家数		0		
已被终止挂牌公司家数		0		
推荐定向发行情况				
序号	股份代码	公司名称	发行日期	公司状态
1	430618	凯立德	2014－10－11	发行成功
2	430618	凯立德	2014－10－17	发行成功
3	430618	凯立德	2014－11－11	发行成功
4	430618	凯立德	2014－12－10	发行成功
推荐定向发行次数		4		
推荐定向发行成功次数		4		
推荐定向发行失败次数		0		
推荐原代办股份转让系统的两网公司及退市公司挂牌情况				
序号	股份代码	公司名称		
推荐原代办股份转让系统的两网公司及退市公司家数		0		

三、部门设置

经纪业务				
人员	姓名	固定电话	传真	Email
经纪业务联络人	魏玮	010－58568062	010－58568062	weiwei@ hrsec. com. cn
推荐业务				
人员	姓名	固定电话	传真	Email
推荐业务联络人	陈珅	010－58568293	010－58315249	chenshen@ hrsec. com. cn
推荐业务联络人	梁立群		010－58315249	liangliqun@ hrsec. com. cn

太平洋证券股份有限公司

一、公司简介及概况

公司简介	公司名称	太平洋证券股份有限公司				
	成立日期	2004－1－6	法定代表人	李长伟	总经理	李长伟
	注册资本（万元）	353,046.7	净资产*（万元）	639,243.45	净资本*（万元）	546,383.1
	注册地址	云南省昆明市青年路389号志远大厦18层			营业部家数	68
	办公地址	云南省昆明市青年路389号志远大厦18层			邮编	650021
	公司网址	www. tpyzq. com	电子邮箱	tpy@ tpyzq. com. cn	经营证券业务许可证编号	Z32253000
	注：*经审计的最近年度净资产和净资本					
	证监会批准从事的证券业务			证券经纪；证券投资咨询；与证券交易、证券投资活动有关的财务顾问；证券自营；证券承销与保荐；证券资产管理；证券投资基金销售；中国证监会批准的其他业务。（以上经营范围中涉及国家法律、行政法规规定的专项审批，按审批的项目和时限开展经营活动）		
	在全国股份转让系统从事的业务种类			经纪业务，推荐业务，做市业务		

公司概况	太平洋证券股份有限公司是一家全国性综合类证券公司，2004 年在云南昆明注册成立。2007 年，公司整体变更为股份有限公司，增资扩股至 15.03 亿元，并获得规范类券商资格。同年，太平洋证券 A 股（601099）在上海证券交易所成功上市，成为证券行业第七家上市的证券公司。 公司以“守正、出奇”为行为准则，追求“宁静、致远”的精神境界，以客户需求为导向，追求股东和社会价值的最大化；以经济效益为中心，追求公司与员工的共同成长。站在新的历史起点，面对证券行业的创新发展，公司正迎来转型发展的历史机遇。公司在保持传统业务稳定增长的基础上，将以组织创新、机制创新和业务创新为基础，优化公司盈利模式、进一步培育核心竞争力，力争成为资产质量良好、收入结构合理，在某些细分市场具有自身特色的证券公司。

二、业务动态

推荐挂牌情况				
序号	股份代码	公司名称	挂牌日期	公司状态
1	430709	武汉深蓝	2014－04－24	挂牌
2	430738	白兔湖	2014－04－30	挂牌
3	830777	金达莱	2014－06－05	挂牌
4	830796	云南路桥	2014－06－06	挂牌
5	830929	幸美股份	2014－07－24	挂牌
6	831212	耐磨科技	2014－10－22	挂牌
7	831363	佰蒂生物	2014－11－14	挂牌
8	831663	云叶股份	2015－01－12	挂牌
9	831800	高科中天	2015－01－19	挂牌
10	831861	柏承科技	2015－02－06	挂牌
11	832003	同信通信	2015－02－11	挂牌
12	832171	志晟信息	2015－03－23	挂牌
13	832195	名家智能	2015－04－02	挂牌
14	832433	亚克股份	2015－05－12	挂牌
15	832479	长荣农科	2015－05－12	挂牌
16	832477	航凯电力	2015－05－12	挂牌
17	832485	中钰科技	2015－05－13	挂牌
18	832592	群龙股份	2015－06－09	挂牌
19	832684	天运股份	2015－07－02	挂牌
20	832866	博杰科技	2015－07－16	挂牌
21	833014	中标集团	2015－07－30	挂牌
22	832929	原点股份	2015－08－04	挂牌
23	833273	蓝思种业	2015－08－11	挂牌
24	833211	海欣药业	2015－08－13	挂牌
25	833325	德迈斯	2015－08－19	挂牌
26	833352	东尚信息	2015－08－25	挂牌
27	833373	锐融科技	2015－08－26	挂牌
28	833394	民士达	2015－09－09	挂牌
29	833403	华通能源	2015－09－21	挂牌
30	833602	洪昌科技	2015－10－09	挂牌
31	833594	中斗科技	2015－10－15	挂牌
32	833729	恩济和	2015－10－20	挂牌
33	833660	腾瑞明	2015－10－22	挂牌
34	833910	绿茵天地	2015－10－23	挂牌
目前已推荐挂牌公司家数		34		
撤回材料及申请被否公司家数		0		
正在挂牌公司家数		34		

已上市公司家数		0		
已被终止挂牌公司家数		0		
推荐定向发行情况				
序号	股份代码	公司名称	发行日期	公司状态
1	830777	金达莱	2014－11－6	发行成功
2	830929	幸美股份	2015－2－11	发行成功
3	832171	志晟信息	2015－3－19	发行成功
4	832003	同信通信	2015－6－15	发行成功
5	430738	白兔湖	2015－7－15	发行成功
6	831800	高科中天	2015－7－16	发行成功
7	831212	耐磨科技	2015－7－30	发行成功
8	833014	中标集团	2015－7－30	发行成功
9	830929	幸美股份	2015－8－20	发行成功
10	831663	云叶股份	2015－9－30	发行成功
11	833660	腾瑞明	2015－10－13	发行成功
12	832479	长荣农科	2015－10－23	发行成功
推荐定向发行次数		12		
推荐定向发行成功次数		12		
推荐定向发行失败次数		0		
推荐原代办股份转让系统的两网公司及退市公司挂牌情况				
序号	股份代码	公司名称		
推荐原代办股份转让系统的两网公司及退市公司家数		0		

三、部门设置

经纪业务				
人员	姓名	固定电话	传真	Email
经纪业务联络人	白敏	0871－68885858－8171	0871－68898151	baim@ tpyzq. com. cn
经纪业务联络人	孟京	010－88321877	010－88321763	mengj@ tpyzq. com. cn
推荐业务				
人员	姓名	固定电话	传真	Email
推荐业务联络人	赵小元	010－88321917	010－88321522	zhaoxy@ tpyzq. com
推荐业务联络人	王娟	010－88321836	010－88321912	494594487@ qq. com

中山证券有限责任公司

一、公司简介及概况

公司简介	公司名称	中山证券有限责任公司				
	成立日期	1993－4－20	法定代表人	黄扬录	总裁	徐鹏
	注册资本（万元）	135,500	净资产＊（万元）	273,316	净资本＊（万元）	138,682
	注册地址	深圳市南山区科技中一路西华强高新发展大楼7层、8层			营业部家数	19
	办公地址	深圳市南山区科技中一路西华强高新发展大楼7层、8层			邮编	518057
	公司网址	www. zszq. com	电子邮箱	office@ zszq. com	经营证券业务许可证编号	11010000
	注：＊经审计的最近年度净资产和净资本					

<table>
<tr><td rowspan="2">公司概况</td><td>证监会批准从事的证券业务</td><td>证券经纪;证券投资咨询;与证券交易、证券投资活动有关的财务顾问;证券承销与保荐;证券自营;证券资产管理;融资融券;证券投资基金代销;为期货公司提供中间介绍业务;代销金融产品。</td></tr>
<tr><td>在全国股份转让系统从事的业务种类</td><td>推荐业务,经纪业务,做市业务</td></tr>
<tr><td>公司概况</td><td colspan="2">中山证券有限责任公司(以下简称:中山证券)是经中国人民银行批准成立的我国早期的证券公司之一。受益于中国经济的崛起,中山证券与中国证券市场共同发展,现已成为一家具有一定影响力的证券公司。公司现有员工约900人,注册资本由最初的3000万元人民币增至13.55亿元人民币。
在二十年的发展历程中,中山证券一贯秉承"诚信、稳健、创新、和谐"的经营理念,坚持为客户提供完善、有效、优质的服务。中山证券经营范围包括:证券经纪;证券投资咨询;与证券交易、证券投资活动有关的财务顾问;证券承销与保荐;证券自营;证券资产管理;融资融券;证券投资基金代销;为期货公司提供中间介绍业务;代销金融产品。中山证券总部设在深圳,毗邻香港,位居经济活跃、资讯荟萃的金融核心区。公司现有证券营业部19家,分布在从东北到华南的东部沿海经济发达地区,充分发挥中央振兴东北的政策优势,依托环渤海经济圈、长江三角洲与珠江三角洲等经济发达地区,拥有广泛的、具有雄厚经济基础的客户群体。</td></tr>
</table>

二、业务动态

推荐挂牌情况				
序号	股份代码	公司名称	挂牌日期	公司状态
1	430532	北鼎晶辉	2014-01-24	挂牌
2	430708	铂亚信息	2014-04-24	已被终止挂牌
3	830789	博富科技	2014-06-06	挂牌
4	830810	广东羚光	2014-06-19	挂牌
5	830850	万企达	2014-07-14	挂牌
6	830922	裕荣光电	2014-08-08	挂牌
7	831201	润华股份	2014-10-24	挂牌
8	831231	佳保安全	2014-10-30	挂牌
9	831349	德运塑业	2014-11-12	挂牌
10	831368	阳光电通	2014-11-26	挂牌
11	831500	西部蓝天	2014-12-15	挂牌
12	831539	国网自控	2015-01-06	挂牌
13	831692	杰科股份	2015-01-14	挂牌
14	831757	振华股份	2015-01-15	挂牌
15	831790	凯德科技	2015-01-22	挂牌
16	831859	祁药股份	2015-01-27	挂牌
17	831795	晚安家纺	2015-01-30	挂牌
18	832025	川盛科技	2015-02-10	挂牌
19	831937	建研信息	2015-02-13	挂牌
20	832063	鸿辉光通	2015-03-05	挂牌
21	832161	全力股份	2015-03-12	挂牌
22	832030	皆悦传媒	2015-03-13	挂牌
23	832322	凯润精密	2015-04-13	挂牌
24	832351	美力新	2015-04-23	挂牌
25	832486	苏州久美	2015-05-19	挂牌
26	832540	康沃动力	2015-06-03	挂牌
27	832648	万峰电力	2015-06-19	挂牌
28	832679	尚洋文化	2015-07-07	挂牌
29	832974	鲜美种苗	2015-07-24	挂牌
30	832995	杰创智能	2015-07-24	挂牌
31	832786	骑士乳业	2015-07-28	挂牌

32	833035	大唐融合	2015-07-30	挂牌
33	833319	比酷股份	2015-08-11	挂牌
34	833258	尚洋科技	2015-08-12	挂牌
35	833307	优格花园	2015-08-14	挂牌
36	833389	金钱猫	2015-08-25	挂牌
37	833414	凡拓创意	2015-09-01	挂牌
38	833593	健来福	2015-09-17	挂牌
39	833416	掌上纵横	2015-10-09	挂牌
40	833684	联赢激光	2015-10-14	挂牌
41	833757	天力锂能	2015-10-16	挂牌
42	834085	春秋园林	2015-11-17	挂牌
43	834171	阿拉科技	2015-11-20	挂牌
44	834368	华新能源	2015-11-24	挂牌
45	834128	新中合	2015-11-26	挂牌
46	834483	元和药业	2015-12-02	挂牌
47	834084	聚能鼎力	2015-12-03	挂牌
48	834976	互普股份	2015-12-11	挂牌
49	834622	通铭教育	2015-12-17	挂牌
50	835080	蓝川环保	2015-12-21	挂牌
目前已推荐挂牌公司家数		50		
撤回材料及申请被否公司家数		0		
正在挂牌公司家数		49		
已上市公司家数		0		
已被终止挂牌公司家数		1		
推荐定向发行情况				
序号	股份代码	公司名称	发行日期	公司状态
1	430708	铂亚信息	2014-6-10	发行成功
2	830850	万企达	2014-7-21	发行成功
3	831368	阳光电通	2014-9-25	发行成功
4	830789	博富科技	2014-12-13	发行成功
5	830850	万企达	2014-12-16	发行成功
6	830810	广东羚光	2015-1-21	发行成功
7	831859	祁药股份	2015-4-20	发行成功
8	830922	裕荣光电	2015-5-7	发行成功
9	832540	康沃动力	2015-5-12	发行成功
10	830789	博富科技	2015-5-15	发行成功
11	832063	鸿辉光通	2015-5-15	发行成功
12	832974	鲜美种苗	2015-5-18	发行成功
13	430532	北鼎晶辉	2015-6-10	发行成功
14	831757	振华股份	2015-6-19	发行成功
15	831539	国网自控	2015-7-15	发行成功
16	832786	骑士乳业	2015-7-28	发行成功
17	832025	川盛科技	2015-8-4	发行成功
18	833389	金钱猫	2015-8-25	发行成功
19	832030	皆悦传媒	2015-9-7	发行成功
20	831937	建研信息	2015-9-9	发行成功
21	831790	凯德科技	2015-9-10	发行成功
22	832322	凯润精密	2015-9-18	发行成功

23	833416	掌上纵横	2015－10－9	发行成功
24	831692	杰科股份	2015－10－23	发行成功
25	831692	杰科股份	2015－10－23	发行成功
26	832540	康沃动力	2015－10－28	发行成功
27	833414	凡拓创意	2015－11－4	发行成功
28	831539	国网自控	2015－11－6	发行成功
29	832278	鹿得医疗	2015－11－20	发行成功
30	834084	聚能鼎力	2015－12－3	发行成功
31	834622	通铭教育	2015－12－17	发行成功
32	834622	通铭教育	2015－12－17	发行成功
推荐定向发行次数		32		
推荐定向发行成功次数		32		
推荐定向发行失败次数		0		
推荐原代办股份转让系统的两网公司及退市公司挂牌情况				
序号	股份代码	公司名称		
推荐原代办股份转让系统的两网公司及退市公司家数		0		

三、部门设置

经纪业务				
人员	姓名	固定电话	传真	Email
经纪业务联络人	邱俊翔	0755－23982830	0755－86134113	qiujx@ zszq. com
经纪业务联络人	张帆	0755－82960582	0755－86134113	zhangfan@ zszq. com
推荐业务				
人员	姓名	固定电话	传真	Email
推荐业务联络人	胡映璐	0755－82783767	0755－23982961	huyl@ zszq. com
推荐业务联络人	邹玲	0755－83168696	0755－23982961	zoul@ zszq. com

华鑫证券有限责任公司

一、公司简介及概况

公司简介	公司名称	华鑫证券有限责任公司				
	成立日期	2001－03－06	法定代表人	俞洋	总经理	俞洋
	注册资本（万元）	160,000	净资产＊（万元）	234,109.53	净资本＊（万元）	288,686.60
	注册地址	深圳市福田区金田路4018号安联大厦28层A01、B01(b)单元			营业部家数	55
	办公地址	深圳市福田区金田路4018号安联大厦28层A01、B01(b)单元			邮编	518026
	公司网址	www. cfsc. com. cn	电子邮箱	Huaxin_zhengquan@ vip. 163. com	经营证券业务许可证编号	Z28574000
	注：＊经审计的最近年度净资产和净资本					
	证监会批准从事的证券业务			证券经纪；证券投资咨询；与证券交易、证券投资活动有关的财务顾问；证券自营（不含债券自营）；证券资产管理；证券投资基金代销；为期货公司提供中间介绍业务；融资融券业务；代销金融产品。		
	在全国股份转让系统从事的业务种类			经纪业务，推荐业务，做市业务		

公司概况	华鑫证券有限责任公司(以下简称"华鑫证券"或"公司")是经中国证券监督管理委员会批准的全国性综合类证券经营机构。公司前身是原西安证券有限责任公司和中国农业银行上海市信托投资公司。华鑫证券于2001年3月在深圳经济特区注册成立,公司目前注册资本人民币16亿元。华鑫证券下设3家分公司,分别为上海分公司、自营分公司、西安分公司,并在北京、上海、西安、深圳、常州等地拥有55家证券营业部。华鑫证券经过十余年发展,已经成为横跨证券、基金、期货三大领域的金融控股集团公司。公司是华鑫期货有限公司的全资控股股东、摩根士丹利华鑫证券有限责任公司(以下简称"大摩华鑫证券")的控股股东,是摩根士丹利华鑫基金管理有限公司的第一大股东。 华鑫证券经营范围涵盖证券经纪、证券投资咨询、证券资产管理、融资融券、代销金融产品、与证券交易、证券投资活动有关的财务顾问、股指期货中间介绍业务、证券投资基金代销、证券自营业务(不含债券自营)等综合性业务领域。公司同时拥有沪深证券交易所大宗交易业务资格、上证50ETF一级交易商业务资格、华泰柏瑞沪深300ETF一级交易商业务资格等重要业务资格,并致力于为广大投资者提供优质的一揽子金融服务。

二、业务动态

推荐挂牌情况				
序号	股份代码	公司名称	挂牌日期	公司状态
1	430379	昂盛智能	2014-01-24	挂牌
2	830954	华宝石	2014-08-12	挂牌
3	831140	力阳科技	2014-09-16	挂牌
4	831803	炫泰文化	2015-01-15	挂牌
5	832214	太川股份	2015-04-02	挂牌
6	832344	罗美特	2015-04-17	挂牌
7	832307	中航蜂窝	2015-04-17	挂牌
8	832550	双盛锌业	2015-05-28	挂牌
9	832874	益家食品	2015-07-24	挂牌
10	832863	军芃科技	2015-07-30	挂牌
11	833288	天元重工	2015-08-14	挂牌
12	833773	山美股份	2015-10-27	挂牌
13	834005	松湖股份	2015-11-02	挂牌
14	834252	中藻生物	2015-11-12	挂牌
15	834375	富友昌	2015-11-16	挂牌
16	834373	晶淼材料	2015-11-17	挂牌
17	834394	常峰股份	2015-11-20	挂牌
18	834442	中泰传媒	2015-11-27	挂牌
19	834496	赛乐奇	2015-12-02	挂牌
20	835365	国友股份	2016-01-13	挂牌
目前已推荐挂牌公司家数		20		
撤回材料及申请被否公司家数		0		
正在挂牌公司家数		20		
已上市公司家数		0		
已被终止挂牌公司家数		0		
推荐定向发行情况				
序号	股份代码	公司名称	发行日期	公司状态
1	430379	昂盛智能	2014-1-22	发行成功
2	430379	昂盛智能	2014-9-10	发行成功
3	832550	双盛锌业	2015-5-28	发行成功
4	430379	昂盛智能	2015-7-31	发行成功
5	832214	太川股份	2015-8-7	发行成功
6	833288	天元重工	2015-8-14	发行成功

7	831140	力阳科技	2015－8－28	发行成功
8	832550	双盛锌业	2015－10－15	发行成功
9	831803	炫泰文化	2015－10－23	发行成功
推荐定向发行次数		9		
推荐定向发行成功次数		9		
推荐定向发行失败次数		0		
推荐原代办股份转让系统的两网公司及退市公司挂牌情况				
序号	股份代码	公司名称		
推荐原代办股份转让系统的两网公司及退市公司家数		0		

三、部门设置

经纪业务				
人员	姓名	固定电话	传真	Email
经纪业务联络人	朱元超	021－64336359	021－54967232	zhuyc@ cfsc. com. cn
经纪业务联络人	徐素萍	021－64377335	021－54967216	xusp@ cfsc. com. cn
推荐业务				
人员	姓名	固定电话	传真	Email
推荐业务联络人	杜玉强	021－51793730	021－51793730	duyuqiang86@ 163. com
推荐业务联络人	秦发亮	021－51793731	021－51793731	qinfl0726@ 163. com

华林证券有限责任公司

一、公司简介及概况

公司简介	公司名称	华林证券有限责任公司				
	成立日期	1988－4－15	法定代表人	陈永健	总经理	陈永健
	注册资本（万元）	80,700	净资产＊（万元）	118,045.67	净资本＊（万元）	93,902.29
	注册地址	西藏自治区拉萨市柳梧新区察古大道1－1号君泰国际B栋一层3号			营业部家数	61
	办公地址	深圳市福田区民田路178号华融大厦6楼			邮编	518048
	公司网址	www. chinalions. com	电子邮箱	bgswy@ chinalions. cn	经营证券业务许可证编号	10500000
	注：＊经审计的最近年度净资产和净资本					
	证监会批准从事的证券业务			证券经纪；证券投资咨询；与证券交易、证券投资活动有关的财务顾问；证券承销与保荐；证券自营；证券资产管理；融资融券；证券投资基金代销；代销金融产品。		
	在全国股份转让系统从事的业务种类			经纪业务，推荐业务，做市业务		
公司概况	华林证券成立于1988年，是国内首批综合类证券公司之一，总部设于深圳，现在京沪穗等地设有分支机构，业务辐射全国。经营范围涵盖证券经纪，证券投资咨询，与证券交易、证券投资活动有关的财务顾问，证券承销与保荐，证券自营，证券投资基金代销，证券资产管理等，拥有全国股份转让系统推荐和经纪业务资格。公司拥有300多人的投行专业团队，项目经验丰富，融资品种齐全。公司承销企业债数目和规模均居前列。固收团队以其高效、专业的服务，在09－11年连续被评为“中国区债券最佳投行”，11年更是勇夺企业债承销家数的桂冠。公司为经纪业务客户提供安全高效的交易平台，并依靠理论扎实、实战见长的财富管理团队，为高净值客户和机构投资者提供包括市值管理在内的全面的资本市场解决方案。公司始终坚持以客户为中心，以客户需求为导向，以“协作、创造、服务中国成长”为使命，坚持“进取、信义、专业、责任”的核心价值观，持续专注服务于中国资本市场、实体经济、具有成长性的企业和个人投资者，为客户提供优质的综合金融服务，致力于打造成中国最具特色的一流证券公司。					

二、业务动态

推荐挂牌情况				
序号	股份代码	公司名称	挂牌日期	公司状态
1	430316	巨灵信息	2013－08－29	挂牌
2	430335	华韩整形	2013－11－06	挂牌
3	430372	泰达新材	2014－01－24	挂牌
4	430598	众合医药	2014－01－24	挂牌
5	430717	源通机械	2014－04－30	挂牌
6	000000	三木科技	2014－06－13	撤回状态
7	830854	族兴新材	2014－07－11	挂牌
8	831175	派诺科技	2014－10－14	挂牌
9	831510	特思达	2014－12－22	挂牌
10	831913	东方誉源	2015－02－05	挂牌
11	831963	明利仓储	2015－02－16	挂牌
12	832014	绿之彩	2015－02－25	挂牌
13	832089	禾昌聚合	2015－03－13	挂牌
14	832144	软智科技	2015－03－13	挂牌
15	832418	旭海科技	2015－05－07	挂牌
16	833020	宁冠鸿	2015－07－29	挂牌
17	833330	君实生物	2015－08－13	挂牌
18	833412	帝瀚环保	2015－08－26	挂牌
19	833451	壁合科技	2015－08－31	挂牌
20	833620	无锡煤机	2015－09－28	挂牌
21	833720	网信联动	2015－10－08	挂牌
22	833695	富士莱	2015－10－09	挂牌
23	833887	庞泰环保	2015－10－20	挂牌
24	834043	杭科光电	2015－11－02	挂牌
目前已推荐挂牌公司家数		24		
撤回材料及申请被否公司家数		1		
正在挂牌公司家数		23		
已上市公司家数		0		
已被终止挂牌公司家数		0		
推荐定向发行情况				
序号	股份代码	公司名称	发行日期	公司状态
1	430598	众合医药	2014－6－9	发行成功
2	831963	明利仓储	2015－4－21	发行成功
3	831510	特思达	2015－5－7	发行成功
4	831175	派诺科技	2015－5－28	发行成功
5	831963	明利仓储	2015－6－25	发行成功
6	832014	绿之彩	2015－6－30	发行成功
7	430316	巨灵信息	2015－7－6	发行成功
8	832144	软智科技	2015－7－14	发行失败
9	832144	软智科技	2015－7－14	发行成功
10	430335	华韩整形	2015－8－20	发行成功
11	833451	壁合科技	2015－8－31	发行成功
推荐定向发行次数		11		
推荐定向发行成功次数		10		
推荐定向发行失败次数		1		

推荐原代办股份转让系统的两网公司及退市公司挂牌情况		
序号	股份代码	公司名称
推荐原代办股份转让系统的两网公司及退市公司家数		0

三、部门设置

经纪业务				
人员	姓名	固定电话	传真	Email
经纪业务联络人	姬洪涛	0755－82707835	0755－82707993	jiht@ chinalions. cn
经纪业务联络人	陈永健	0755－82707801	0755－82707801	cyj@ chinalions. cn
推荐业务				
人员	姓名	固定电话	传真	Email
推荐业务联络人	郭静	010－88091560	010－88091625	guo789jing@ 263. net
推荐业务联络人	张学彦	021－20281102	021－20281101	yann0910@ 126. com

东方花旗证券有限公司

一、公司简介及概况

公司简介	公司名称	东方花旗证券有限公司				
	成立日期	2012－6－4	法定代表人	马骥	总经理	马骥
	注册资本（万元）	80,000	净资产*（万元）	72,103.67	净资本*（万元）	69,092.96
	注册地址	上海市黄浦区中山南路318号24层			营业部家数	0
	办公地址	上海市黄浦区中山南路318号24层			邮编	200010
	公司网址	www. citiorient. com	电子邮箱	dong. lin@ citiorient. com	经营证券业务许可证编号	Z40631000
	注：*经审计的最近年度净资产和净资本					
	证监会批准从事的证券业务			证券承销与保荐业务。		
	在全国股份转让系统从事的业务种类			推荐业务		
公司概况	东方花旗证券有限公司（以下简称“东方花旗”或“公司”）是一家由东方证券与花旗环球金融（亚洲）有限公司基于战略投资合作关系共同投资组建的中外合资证券公司。公司成立于2012年6月，东方花旗证券总部位于上海，并于北京、深圳、新疆等地设立办公机构。东方花旗注册资本为8亿人民币，员工人数约200名。公司业务范围为证券承销与保荐，具体包括首次公开发行并上市、上市公司公开/非公开发行、配股、可转债、可分离交易可转债的发行等股权融资业务，公司债、企业债发行等债券融资业务，以及企业重组、兼并收购等财务顾问业务。					

二、业务动态

推荐挂牌情况				
序号	股份代码	公司名称	挂牌日期	公司状态
1	430090	同辉佳视	2011－06－17	挂牌
2	430123	速原中天	2012－06－08	挂牌
3	430134	可来博	2012－09－10	挂牌
4	430188	奥贝克	2012－12－25	挂牌
5	430181	道从科技	2012－12－28	挂牌
6	430198	微创光电	2012－12－31	挂牌
7	430240	随视传媒	2013－07－04	挂牌

8	430230	银都传媒	2013－07－05	挂牌
9	430273	永天科技	2013－08－08	挂牌
10	430304	每日视界	2013－08－09	挂牌
11	430345	天呈医流	2013－12－09	挂牌
12	430355	沃特能源	2013－12－09	挂牌
13	430481	吉瑞祥	2014－01－24	挂牌
14	430364	屹通信息	2014－01－24	已被终止挂牌
15	430590	晶宝股份	2014－01－24	挂牌
16	430421	华之邦	2014－01－24	挂牌
17	430669	现代环境	2014－04－02	挂牌
18	430742	光维通信	2014－05－06	挂牌
19	830869	英康科技	2014－07－18	挂牌
20	830879	基康仪器	2014－07－23	挂牌
21	830985	浙江力诺	2014－08－08	挂牌
22	831064	浩驰科技	2014－08－21	挂牌
23	831115	福克油品	2014－08－22	挂牌
24	831099	维泰股份	2014－08－29	挂牌
25	831279	和乔科技	2014－11－04	挂牌
26	831288	安美勤	2014－11－07	挂牌
27	831820	容大股份	2015－01－06	挂牌
28	831836	澳坤生物	2015－01－22	挂牌
29	831967	坦博尔	2015－01－30	挂牌
30	832365	开勒环境	2015－04－21	挂牌
31	832459	华澳能源	2015－05－26	挂牌
32	832749	德信燃气	2015－07－13	挂牌
33	832806	易兰设计	2015－07－15	挂牌
34	832799	陆海石油	2015－07－16	挂牌
35	832834	林江股份	2015－07－20	挂牌
36	832998	雅昌管业	2015－07－28	挂牌
37	833164	琥珀股份	2015－08－07	挂牌
目前已推荐挂牌公司家数		37		
撤回材料及申请被否公司家数		0		
正在挂牌公司家数		36		
已上市公司家数		0		
已被终止挂牌公司家数		1		
推荐定向发行情况				
序号	股份代码	公司名称	发行日期	公司状态
1	430090	同辉佳视	2012－5－31	发行成功
2	430198	微创光电	2013－7－23	发行成功
3	430123	速原中天	2013－8－2	发行成功
4	430123	速原中天	2013－8－2	发行成功
5	430090	同辉佳视	2014－2－20	发行成功
6	430230	银都传媒	2014－3－7	发行成功
7	830879	基康仪器	2014－8－18	发行失败
8	830879	基康仪器	2015－1－28	发行成功
9	430421	华之邦	2015－1－28	发行成功
10	430273	永天科技	2015－1－28	发行成功

11	831099	维泰股份	2015－3－18	发行成功
12	430273	永天科技	2015－3－24	发行成功
13	430355	沃特能源	2015－5－28	发行成功
14	430198	微创光电	2015－6－15	发行成功
15	430345	天呈医流	2015－6－23	发行成功
16	831836	澳坤生物	2015－7－3	发行成功
17	831836	澳坤生物	2015－7－3	发行成功
18	430090	同辉佳视	2015－7－10	发行成功
19	430355	沃特能源	2015－7－15	发行成功
20	832799	陆海石油	2015－7－16	发行成功
21	430273	永天科技	2015－7－20	发行成功
22	430090	同辉佳视	2015－7－23	发行成功
推荐定向发行次数		22		
推荐定向发行成功次数		21		
推荐定向发行失败次数		1		
推荐原代办股份转让系统的两网公司及退市公司挂牌情况				
序号	股份代码	公司名称		
推荐原代办股份转让系统的两网公司及退市公司家数		0		

三、部门设置

经纪业务				
人员	姓名	固定电话	传真	Email
经纪业务联络人	－			
推荐业务				
人员	姓名	固定电话	传真	Email
推荐业务联络人	唐一欣	021－23153471	021－23153500	yixin. tang@ citiorient. com
推荐业务联络人	许洪语	021－23153552	021－23153500	hongyu. xu@ citiorient. com

华创证券有限责任公司

一、公司简介及概况

公司简介	公司名称	华创证券有限责任公司				
	成立日期	2002－1－22	法定代表人	陶永泽	总经理	吴亚秋
	注册资本（万元）	157,878.89	净资产＊（万元）	327,028.23	净资本＊（万元）	271,368.94
	注册地址	贵州省贵阳市云岩区中华北路216号华创大厦			营业部家数	42
	办公地址	贵州省贵阳市云岩区中华北路216号华创大厦			邮编	550004
	公司网址	www. hczq. com	电子邮箱	hcbgs@ hczq. com	经营证券业务许可证编号	J18552000
	注：＊经审计的最近年度净资产和净资本					
	证监会批准从事的证券业务			证券经纪；证券投资咨询；与证券交易、证券投资活动有关的财务顾问；证券承销与保荐；证券自营；证券资产管理；证券投资基金销售业务；为期货公司提供中间介绍业务；融资融券业务；代销金融产品业务。		
	在全国股份转让系统从事的业务种类			经纪业务，推荐业务，做市业务		

公司概况	华创证券有限责任公司于2002年1月经中国证监会证监机构字〔2002〕6号文批准成立，注册资本15亿元，经营范围为证券经纪；证券投资咨询；证券投资基金销售；证券自营；与证券交易、证券投资活动有关的财务顾问；证券资产管理；证券承销与保荐；为期货公司提供中间介绍业务；融资融券；金融产品销售；全国中小企业股份转让系统推荐业务与经纪业务。 公司成立以来，抓住机遇低成本扩张，业务规模和机构数量快速增长，现有全资直投业务子公司1家，控股期货子公司1家，并在北京、上海、贵州各设有1家分公司，营业网点立足贵州，分布北京、上海、深圳、江苏、浙江、四川、重庆等地。公司不断强化基础管理，严格规范经营，资产质量和财务状况良好，继往开来，公司将坚持以客户为中心、市场为导向，不断提高投融资服务能力和风险管理能力，走差异化发展道路，以更高的服务质量、更好的服务设施、更新的服务理念、更丰富的服务品种为广大客户提供更及时、高效、专业的服务。

二、业务动态

推荐挂牌情况				
序号	股份代码	公司名称	挂牌日期	公司状态
1	430628	易世达	2014－01－24	已被终止挂牌
2	830809	安达科技	2014－06－18	挂牌
3	831037	华力兴	2014－08－29	挂牌
4	831182	堃琦鑫华	2014－10－09	挂牌
5	831188	正兴玉	2014－10－14	挂牌
6	831258	龙蛙农业	2014－11－03	挂牌
7	831365	华意隆	2014－11－21	挂牌
8	831733	宏图物流	2015－01－09	挂牌
9	831611	圣才教育	2015－01－09	挂牌
10	831837	硕泉园林	2015－01－16	挂牌
11	831781	力思特	2015－01－26	挂牌
12	831966	业际光电	2015－02－11	已被终止挂牌
13	832001	黑碳节能	2015－02－12	挂牌
14	832016	奥伦德	2015－02－12	挂牌
15	832162	地矿股份	2015－03－10	挂牌
16	832162	超思维	2015－03－13	挂牌
17	832587	金杉粮油	2015－06－08	挂牌
18	832636	大运科技	2015－06－17	挂牌
19	832847	三水能源	2015－07－20	挂牌
20	833318	图敏视频	2015－08－25	挂牌
21	833415	广艺园林	2015－09－01	挂牌
22	833495	微瑞思创	2015－09－09	挂牌
23	833438	鑫时空	2015－09－10	挂牌
24	833523	德瑞锂电	2015－09－16	挂牌
25	833524	光晟电器	2015－09－23	挂牌
26	834220	三一智能	2015－11－13	挂牌
目前已推荐挂牌公司家数		26		
撤回材料及申请被否公司家数		0		
正在挂牌公司家数		24		
已上市公司家数		0		
已被终止挂牌公司家数		2		
推荐定向发行情况				
序号	股份代码	公司名称	发行日期	公司状态
1	830809	安达科技	2014－11－10	发行成功

2	830809	安达科技	2014－11－10	发行失败
3	831037	华力兴	2015－3－31	发行失败
4	832001	黑碳节能	2015－5－28	发行失败
5	832001	黑碳节能	2015－5－28	发行成功
6	831258	龙蛙农业	2015－6－9	发行成功
7	831258	龙蛙农业	2015－6－9	发行失败
8	831837	硕泉园林	2015－6－15	发行失败
9	831837	硕泉园林	2015－6－15	发行成功
10	831037	华力兴	2015－6－18	发行成功
11	831365	华意隆	2015－6－23	发行失败
12	831037	华力兴	2015－7－1	发行失败
13	830809	安达科技	2015－7－23	发行成功
14	830809	安达科技	2015－7－23	发行失败
15	832016	奥伦德	2015－8－24	发行成功
16	832016	奥伦德	2015－8－24	发行失败
17	832162	超思维	2015－8－25	发行失败
18	832162	超思维	2015－8－25	发行成功
19	831837	硕泉园林	2015－8－26	发行失败
20	831837	硕泉园林	2015－8－26	发行成功
21	831365	华意隆	2015－8－27	发行成功
22	831188	正兴玉	2015－8－31	发行失败
23	831188	正兴玉	2015－8－31	发行成功
24	833318	图敏视频	2015－9－17	
25	831837	硕泉园林	2015－10－8	发行成功
26	831837	硕泉园林	2015－10－8	发行失败
27	831037	华力兴	2015－10－9	发行成功
28	831258	龙蛙农业	2015－10－28	发行失败
推荐定向发行次数		28		
推荐定向发行成功次数		13		
推荐定向发行失败次数		14		
推荐原代办股份转让系统的两网公司及退市公司挂牌情况				
序号	股份代码	公司名称		
推荐原代办股份转让系统的两网公司及退市公司家数		0		

三、部门设置

经纪业务				
人员	姓名	固定电话	传真	Email
经纪业务联络人	陈强	0857－4889911	0851－6850539	5433948@ qq. com
经纪业务联络人	卫丽	0851－8652694	0851－6828271	weili@ hczq. com
推荐业务				
人员	姓名	固定电话	传真	Email
推荐业务联络人	王丹			imvivi@ 163. com
推荐业务联络人	闫政			962843494@ qq. com

天风证券股份有限公司

一、公司简介及概况

公司简介	公司名称	天风证券股份有限公司				
	成立日期	2000－3－29	法定代表人	余　磊	总经理	张　军
	注册资本（万元）	466,200	净资产＊（万元）	374,792.82	净资本＊（万元）	191,194.29
	注册地址	湖北省武汉市东湖新技术开发区关东园路2号高科大厦四楼			营业部家数	29
	办公地址	湖北省武汉市武昌区中南路99号保利广场A座			邮编	430071
	公司网址	www.tfzq.com	电子邮箱	zxqyjrb@tfzq.com	经营证券业务许可证编号	10780000
	注:＊经审计的最近年度净资产和净资本					
	证监会批准从事的证券业务			证券经纪业务、证券承销保荐业务、证券自营 业务、证券投资咨询业务、与证券交易、证券 投资活动有关的财务顾问业务、证券投资基金 代销业务、证券资产管理业务、融资融券业务、代销金融产品、为期货公司提供中间介绍业务。		
	在全国股份转让系统从事的业务种类			经纪业务,推荐业务,做市业务		
公司概况	天风证券股份有限公司(以下简称“天风证券”或“公司”)成立于2000年3月,是一家总部位于武汉的全国性综合型全牌照证券公司,亦是武汉市两家法人级券商之一。公司自成立以来,始终坚持“诚信、稳健、创新、效率”的经营理念,倡导“勤奋、团结、真诚、坚毅、平等、开放”的企业文化,坚持与客户共生共荣的价值观和客户利益至上的原则,积极探索客户、员工、社会、公司协调发展模式,努力为投资者提供全面的财富管理与增值服务,并着力于构建一体化综合金融体系、打造互联网金融平台,力争成为具有核心竞争力和国际化视野的跨界金融服务专家。天风证券现有注册资本46.62亿元,分类评级BBB级。在全国设有29家证券营业部、3家子公司及5家分公司。公司股东类型多元,包括但不限于国有企业类、集团化公司类、金融机构类、基金投资类、上市公司类。近年来,公司业务范围不断拓宽,从最初的单一证券经纪牌照券商发展为当下涵盖证券承销与保荐、证券自营、证券资产管理、新三板主办券商等多种业务形态的全牌照券商。					

二、业务动态

推荐挂牌情况				
序号	股份代码	公司名称	挂牌日期	公司状态
1	430591	明德生物	2014－01－24	挂牌
2	430677	升华感应	2014－04－10	挂牌
3	830866	凌志软件	2014－07－30	挂牌
4	831165	远洲股份	2014－09－26	挂牌
5	831238	旭业新材	2014－10－27	挂牌
6	831252	博润通	2014－10－31	挂牌
7	831515	威和光电	2014－12－16	挂牌
8	831585	鸿业科技	2014－12－30	挂牌
9	831581	八佳电气	2014－12－30	挂牌
10	831623	金汇膜	2015－01－05	挂牌
11	831713	天源环保	2015－01－14	挂牌
12	831777	丽晶光电	2015－01－14	挂牌
13	831648	盛景科技	2015－01－14	挂牌
14	831933	百杰瑞	2015－02－16	挂牌
目前已推荐挂牌公司家数		14		
撤回材料及申请被否公司家数		0		
正在挂牌公司家数		14		
已上市公司家数		0		
已被终止挂牌公司家数		0		

推荐定向发行情况				
序号	股份代码	公司名称	发行日期	公司状态
1	430591	明德生物	2014－7－1	发行成功
2	830866	凌志软件	2014－11－19	发行成功
推荐定向发行次数		2		
推荐定向发行成功次数		2		
推荐定向发行失败次数		0		
推荐原代办股份转让系统的两网公司及退市公司挂牌情况				
序号	股份代码	公司名称		
推荐原代办股份转让系统的两网公司及退市公司家数		0		

三、部门设置

经纪业务				
人员	姓名	固定电话	传真	Email
经纪业务联络人	李世奎	028－86712334	028－86711382	lishikui@ tfzq. com
经纪业务联络人	庄桦	028－86712334	028－86711382	zhuanghua@ tfzq. com
推荐业务				
人员	姓名	固定电话	传真	Email
推荐业务联络人	邢丹丹	027－87610876	027－87618863	xingdandan@ tfzq. com
推荐业务联络人	张玉玺	010－59833113	010－59833110	zhangyuxi@ tfzq. com

国开证券有限责任公司

一、公司简介及概况

公司简介	公司名称	国开证券有限责任公司				
	成立日期	2003－12－29	法定代表人	侯绍泽	总经理	侯绍泽
	注册资本（万元）	737,000	净资产＊（万元）	797,218	净资本＊（万元）	726,809.05
	注册地址	北京市朝阳区安华里外馆斜街甲1号泰利明苑A座二区4层			营业部家数	8
	办公地址	北京市西城区阜成门外大街29号			邮编	100037
	公司网址	www. gkzq. com. cn	电子邮箱	zhangxunmin@ gkzq. com. cn	经营证券业务许可证编号	Z32111000
	注：＊经审计的最近年度净资产和净资本					
	证监会批准从事的证券业务			证券经纪；证券投资咨询；与证券交易、证券投资活动有关的财务顾问；证券承销与保荐；证券自营；证券资产管理；经证监会批准的其他业务。		
	在全国股份转让系统从事的业务种类			经纪业务，推荐业务，做市业务		
公司概况	国开证券有限责任公司是国家开发银行全资拥有的投资银行，是中国内地唯一有银行全资控股的证券公司，由国家开发银行在收购原航空证券全部股份的基础上增资设立而成。2010年8月25日，国开证券正式成立，以崭新的形象登上中国资本市场舞台。国开证券总部位于北京，在北京、上海、深圳、天津、河北等省市设立了营业部。公司总部共设有19个部门，并在全国设立了8家营业部，6家分公司，并设有控股子公司国开泰富基金管理有限责任公司。国开证券成立四年来，综合实力得到极大提升，注册资本由5.2亿元增至73.7亿元，业务范围持续扩大，服务能力显著增强。2014年，国开证券实现营业收入15.26亿元，实现净利润7.20亿元。截至2014年末，国开证券总资产达到285.77亿元，净资产92.78亿元。公司的主要业务包括证券保荐类业务（含IPO、上市再融资、财务顾问业务等）、债券承销与自营业务（包括企业债、公司债、中小企业私募债等）、证券投资咨询业务、证券经纪业务、资产管理业务、融资融券业务、“新三板”业务及创新业务等。					

二、业务动态

推荐挂牌情况				
序号	股份代码	公司名称	挂牌日期	公司状态
1	831925	政通股份	2015－01－13	挂牌
2	832743	福能租赁	2015－07－03	挂牌
前已推荐挂牌公司家数		2		
撤回材料及申请被否公司家数		0		
正在挂牌公司家数		2		
已上市公司家数		0		
已被终止挂牌公司家数		0		
推荐定向发行情况				
序号	股份代码	公司名称	发行日期	公司状态
1	831925	政通股份	2015－8－4	发行成功
推荐定向发行次数		1		
推荐定向发行成功次数		1		
推荐定向发行失败次数		0		
推荐原代办股份转让系统的两网公司及退市公司挂牌情况				
序号	股份代码	公司名称		
推荐原代办股份转让系统的两网公司及退市公司家数		0		

三、部门设置

经纪业务				
人员	姓名	固定电话	传真	Email
经纪业务联络人	胡晓岚	010－52825366	010－52825701	huxiaolan@ gkzq. com. cn
经纪业务联络人	孔静	010－52825388	010－52825701	kongjing@ gkzq. com. cn
推荐业务				
人员	姓名	固定电话	传真	Email
推荐业务联络人	张宇	021－68598062	021－68598098	zhangyu@ gkzq. com. cn
推荐业务联络人	张勋民	010－51789002	010－51789053	zhangxunmin@ gkzq. com. cn

华福证券有限责任公司

一、公司简介及概况

公司简介	公司名称	华福证券有限责任公司				
	成立日期	1988－6－9	法定代表人	黄金琳	总经理	黄德良
	注册资本（万元）	55,000	净资产＊（万元）	234,960.73	净资本＊（万元）	206,148.13
	注册地址	福建省福州市鼓楼区温泉街道五四路157号7－8层			营业部家数	77
	办公地址	福建省福州市鼓楼区温泉街道五四路157号7－8层			邮编	350003
	公司网址	www. hfzq. com. cn	电子邮箱	hfzq@ hfzq. com. cn	经营证券业务许可证编号	Z23935000
	注：＊经审计的最近年度净资产和净资本					
	证监会批准从事的证券业务			证券经纪；证券投资咨询；与证券交易、证券投资活动有关的财务顾问；证券承销与保荐；证券自营；证券资产管理；融资融券；证券投资基金代销；为期货公司提供中间介绍服务；代销金融产品。		
	在全国股份转让系统从事的业务种类			经纪业务，推荐业务，做市业务		

公司概况	华福证券前身为福建省华福证券公司，成立于1988年6月，是我国首批成立的证券公司之一。2003年4月，引进广发证券为控股股东，经中国证监会批准，增资改制并更名为广发华福证券有限责任公司。2010年12月，广发证券将其所持公司股权，依法转让给福建省能源集团有限责任公司、福建省交通运输集团有限责任公司和联华国际信托有限公司（现更名为兴业国际信托有限公司）。2011年8月，经批准更名为华福证券有限责任公司，为省属全资国有金融机构。现公司注册资本5.5亿元人民币，总部在福建省福州市。公司目前拥有华福资本投资有限公司和兴银投资有限公司2家全资子公司；控股1家子公司华福基金管理有限责任公司，在福州、厦门、泉州、北京和上海等地设有19家分公司。 公司自成立以来，始终秉承“诚信专业，创造价值”的经营宗旨，坚持“规范经营，稳健发展”的经营理念，在各级政府、各股东和广大投资者大力支持下，盈利能力逐步增强，经营业绩持续提升，公司财务合规稳健，从成立至今每年均取得“标准无保留”的审计评价。2014年4月，福建省国税局、福建省地税局联合举办福建省2013年度纳税百强企业颁奖大会，公司再次被授予“福建省2013年度纳税百强企业”，这已是连续第四年获得该荣誉称号，树立了良好的社会形象。当前公司正充分利用行业创新机遇，谋划各项业务发展，打造全牌照全国性优秀券商！

二、业务动态

推荐挂牌情况				
序号	股份代码	公司名称	挂牌日期	公司状态
1	430623	箭鹿股份	2014－01－24	挂牌
2	830981	世纪钨材	2014－08－08	挂牌
3	831071	北塔软件	2014－08－18	挂牌
4	831478	天际数字	2014－12－12	挂牌
5	831587	万事兴	2014－12－31	挂牌
6	831586	高奇电子	2014－12－31	挂牌
7	832043	卫东实业	2015－02－25	挂牌
8	832237	无锡绿力	2015－04－15	挂牌
9	832323	聚丰股份	2015－04－16	挂牌
10	832348	双色港	2015－04－29	挂牌
目前已推荐挂牌公司家数		10		
撤回材料及申请被否公司家数		0		
正在挂牌公司家数		10		
已上市公司家数		0		
已被终止挂牌公司家数		0		
推荐定向发行情况				
序号	股份代码	公司名称	发行日期	公司状态
1	831478	天际数字	2015－2－11	发行成功
推荐定向发行次数		1		
推荐定向发行成功次数		1		
推荐定向发行失败次数		0		
推荐原代办股份转让系统的两网公司及退市公司挂牌情况				
序号	股份代码	公司名称		
推荐原代办股份转让系统的两网公司及退市公司家数		0		

三、部门设置

经纪业务				
人员	姓名	固定电话	传真	Email
经纪业务联络人	林丽	0591－87383607	0591－87383610	ll@hfzq.com.cn
经纪业务联络人	岳洪涛	0591－87383620	0591－87383610	yht@hfzq.com.cn
推荐业务				
人员	姓名	固定电话	传真	Email
推荐业务联络人	曹珍	021－51917685	021－20655300	cao_zhen@sina.com
推荐业务联络人	吴晓露	021－51917672	021－20655300	wxlu07@163.com

日信证券有限责任公司

一、公司简介及概况

<table>
<tr><td rowspan="10">公司简介</td><td>公司名称</td><td colspan="5">日信证券有限责任公司</td></tr>
<tr><td>成立日期</td><td>2002-4-24</td><td>法定代表人</td><td>孔佑杰</td><td>总经理</td><td>孔佑杰(代)</td></tr>
<tr><td>注册资本（万元）</td><td>121,200</td><td>净资产*（万元）</td><td>152,870.83</td><td>净资本*（万元）</td><td>114,527.07</td></tr>
<tr><td>注册地址</td><td colspan="3">内蒙古呼和浩特市锡林南路18号</td><td>营业部家数</td><td>41</td></tr>
<tr><td>办公地址</td><td colspan="3">北京市西城区闹市口大街1号长安兴融中心西楼11层</td><td>邮编</td><td>100031</td></tr>
<tr><td>公司网址</td><td>www.rxzq.com.cn</td><td>电子邮箱</td><td>thsyb@rxzq.com.cn</td><td>经营证券业务许可证编号</td><td>Z36815000</td></tr>
<tr><td colspan="6">注：*经审计的最近年度净资产和净资本</td></tr>
<tr><td colspan="3">证监会批准从事的证券业务</td><td colspan="3">证券经纪；证券投资咨询；与证券交易、证券投资活动有关的财务顾问；证券承销与保荐；证券自营；证券资产管理；融资融券；证券投资基金代销；代销金融产品等综合业务。</td></tr>
<tr><td colspan="3">在全国股份转让系统从事的业务种类</td><td colspan="3">推荐业务，经纪业务，做市业务</td></tr>
<tr><td>公司概况</td><td colspan="6">日信证券有限责任公司（简称“日信证券”）是经中国证监会核准并在国家工商行政部门注册登记的综合性证券公司。公司成立于2002年4月，注册资本为9亿元人民币。公司的股东包括“北京长安投资集团有限公司”、“北京华联集团投资控股有限公司”、“内蒙古日信担保投资（集团）有限公司”等国内知名大中型企业。公司秉承“合规经营、稳健发展”的经营理念，自成立以来，资产质量一直保持优良，经营业绩稳步提高，公司的经营管理能力得到了监管部门的肯定，在广大证券投资者中拥有较高的美誉度。公司经营业务主要包括：证券经纪；证券投资咨询；与证券交易、证券投资活动有关的财务顾问；证券承销与保荐；证券自营；证券资产管理；融资融券；证券投资基金代销；代销金融产品等综合业务。公司下设北京分公司，在全国已拥有三十一家证券营业部，控股了首创期货公司有限责任公司，在深圳前海全资设立了日信资本投资有限公司。</td></tr>
</table>

二、业务动态

推荐挂牌情况				
序号	股份代码	公司名称	挂牌日期	公司状态
1	430510	丰光精密	2014-01-24	挂牌
2	830814	浩博新材	2014-06-26	挂牌
3	830892	海迈科技	2014-08-08	挂牌
4	831514	艾迪尔	2014-12-16	挂牌
5	831591	云涛生物	2015-01-06	挂牌
6	832034	正阳生物	2015-02-12	挂牌
7	832057	雅安茶厂	2015-03-10	挂牌
8	832314	四砂泰益	2015-03-26	挂牌
9	832435	俪德照明	2015-04-23	挂牌
10	832926	恒屹农牧	2015-07-24	挂牌
11	833732	合晟资产	2015-10-09	挂牌
12	833867	泓坤股份	2015-10-16	挂牌
13	833905	普瑞特	2015-10-21	挂牌
14	833858	信中利	2015-10-23	挂牌
15	834066	大统体育	2015-11-05	挂牌
16	834532	萨纳斯	2015-12-02	挂牌
17	835008	卓越钒业	2015-12-17	挂牌
18	835151	中科星冠	2015-12-25	挂牌

19	835334	迈德科技	2016－01－06	挂牌
20	835547	东田时尚	2016－01－29	挂牌
目前已推荐挂牌公司家数		20		
撤回材料及申请被否公司家数		0		
正在挂牌公司家数		20		
已上市公司家数		0		
已被终止挂牌公司家数		0		
推荐定向发行情况				
序号	股份代码	公司名称	发行日期	公司状态
1	832314	四砂泰益	2015－5－8	发行成功
2	830814	浩博新材	2015－6－10	发行成功
3	832057	雅安茶厂	2015－6－11	发行成功
4	832435	倗德照明	2015－6－24	发行成功
5	832034	正阳生物	2015－7－3	发行成功
6	833858	信中利	2015－10－23	发行成功
推荐定向发行次数		6		
推荐定向发行成功次数		6		
推荐定向发行失败次数		0		
推荐原代办股份转让系统的两网公司及退市公司挂牌情况				
序号	股份代码	公司名称		
推荐原代办股份转让系统的两网公司及退市公司家数		0		

三、部门设置

经纪业务				
人员	姓名	固定电话	传真	Email
经纪业务联络人	陈文彬	010－83991716	010－88086637	Chenwb@ rxzq. com. cn
经纪业务联络人	郭佳	010－83991729	010－66412537	guojia@ rxzq. com. cn
推荐业务				
人员	姓名	固定电话	传真	Email
推荐业务联络人	郑媛	010－83991868	010－88086637	zhengyuan@ rxzq. com. cn
推荐业务联络人	潘陆	010－83991895	010－88086637	panlu@ rxzq. com. cn

德邦证券有限责任公司

一、公司简介及概况

公司简介	公司名称	德邦证券有限责任公司				
	成立日期	2003－5－18	法定代表人	姚文平	总经理	武晓春
	注册资本（万元）	230,000	净资产＊（万元）	256,872	净资本＊（万元）	203,859
	注册地址	海市普陀区曹杨路510号南半幢9楼			营业部家数	21
	办公地址	上海市福山路500号城建国际中心26楼			邮编	200122
	公司网址	www. tebon. com. cn	电子邮箱	webmaster@ tebon. com. cn	经营证券业务许可证编号	Z31221000
	注：＊经审计的最近年度净资产和净资本					

<table>
<tr><td rowspan="2">公司简介</td><td>证监会批准从事的证券业务</td><td>约定购回式证券交易资格、自营业务开展股指期货交易资格、网上交易、证券经纪、证券承销与保荐、保险兼业代理业务资格、与证券交易、证券投资活动有关的财务顾问、证券资产管理、融资融券、中国证券登记结算公司乙类结算参与人、证券业务外汇经营许可证(外币有价证券经纪业务、外币有价证券承销业务、受托外汇资产管理业务)、资产管理业务、开展股指期货交易资格、证券投资咨询、证券自营、代销金融产品、转融通业务试点资格、银行间市场利率互换、全国银行间拆借市场成员、证券投资基金代销、中小企业私募债券承销业务、为期货公司提供中间介绍业务、受托理财、权证交易、代办股份转让。</td></tr>
<tr><td>在全国股份转让系统从事的业务种类</td><td>经纪业务,推荐业务,做市业务</td></tr>
<tr><td>公司概况</td><td colspan="2">德邦证券有限责任公司成立于2003年5月,是经中国证监会批准设立的具有承销保荐、经纪业务等资格的全国性综合类证券公司。公司旗下拥有德邦基金管理有限公司及中州期货有限公司。公司拥有投资银行、固定收益、资产管理、量化投资、证券经纪与财富管理为基本架构的专业证券服务体系,以及研究咨询、信息技术和风险管理等强有力的服务支持体系,秉承“心连心、手拉手”的服务理念,为广大客户提供投资、融资等全面、专业的金融服务。凭借专业化服务理念和差异化竞争策略,德邦证券在业内异军突起,被业内誉为最具活力、最具成长性的证券公司之一。德邦证券与多家公募基金、私募基金紧密合作,投行业务发展迅速,成绩斐然,2008年5月起先后获得了“2008年中国区最具潜力投行”、“2010年度中国最佳创新证券公司奖”、“2011中国区优秀投行——最具创新奖”等多项荣誉;公司在大力发展传统经纪业务的同时,创立了“财富玖功管理中心”,倡导客户风险承受能力、专业化水平与自身预期收益相匹配的理性投资理念,秉承“策略先行、重点投资、持续跟踪”的核心服务策略,采取量身定制的方式,为每位客户提供最适合的投资咨询服务。</td></tr>
</table>

二、业务动态

<table>
<tr><td colspan="5">推荐挂牌情况</td></tr>
<tr><td>序号</td><td>股份代码</td><td>公司名称</td><td>挂牌日期</td><td>公司状态</td></tr>
<tr><td>1</td><td>830946</td><td>森萱股份</td><td>2014-08-06</td><td>挂牌</td></tr>
<tr><td>2</td><td>831287</td><td>启奥科技</td><td>2014-11-07</td><td>挂牌</td></tr>
<tr><td>3</td><td>831638</td><td>天物生态</td><td>2015-01-13</td><td>挂牌</td></tr>
<tr><td>4</td><td>831959</td><td>香塘担保</td><td>2015-02-11</td><td>挂牌</td></tr>
<tr><td>5</td><td>832218</td><td>德长环保</td><td>2015-04-13</td><td>挂牌</td></tr>
<tr><td>6</td><td>832266</td><td>首帆动力</td><td>2015-04-17</td><td>挂牌</td></tr>
<tr><td>7</td><td>832357</td><td>益通股份</td><td>2015-04-22</td><td>挂牌</td></tr>
<tr><td>8</td><td>832430</td><td>中凯股份</td><td>2015-05-21</td><td>挂牌</td></tr>
<tr><td>9</td><td>832541</td><td>镇江固废</td><td>2015-06-10</td><td>挂牌</td></tr>
<tr><td>10</td><td>832712</td><td>创侨股份</td><td>2015-07-24</td><td>挂牌</td></tr>
<tr><td colspan="2">目前已推荐挂牌公司家数</td><td colspan="3">10</td></tr>
<tr><td colspan="2">撤回材料及申请被否公司家数</td><td colspan="3">0</td></tr>
<tr><td colspan="2">正在挂牌公司家数</td><td colspan="3">10</td></tr>
<tr><td colspan="2">已上市公司家数</td><td colspan="3">0</td></tr>
<tr><td colspan="2">已被终止挂牌公司家数</td><td colspan="3">0</td></tr>
<tr><td colspan="5">推荐定向发行情况</td></tr>
<tr><td>序号</td><td>股份代码</td><td>公司名称</td><td>发行日期</td><td>公司状态</td></tr>
<tr><td>1</td><td>831287</td><td>启奥科技</td><td>2015-5-26</td><td>发行成功</td></tr>
<tr><td>2</td><td>832357</td><td>益通股份</td><td>2015-7-8</td><td>发行成功</td></tr>
<tr><td colspan="2">推荐定向发行次数</td><td colspan="3">2</td></tr>
<tr><td colspan="2">推荐定向发行成功次数</td><td colspan="3">2</td></tr>
<tr><td colspan="2">推荐定向发行失败次数</td><td colspan="3">0</td></tr>
<tr><td colspan="5">推荐原代办股份转让系统的两网公司及退市公司挂牌情况</td></tr>
<tr><td>序号</td><td>股份代码</td><td colspan="3">公司名称</td></tr>
<tr><td colspan="2">推荐原代办股份转让系统的两网公司及退市公司家数</td><td colspan="3">0</td></tr>
</table>

三、部门设置

经纪业务				
人员	姓名	固定电话	传真	Email
经纪业务联络人	顾凌瑛	021－68761616－8089	021－68767981	guly@ tebon. com. cn
推荐业务				
人员	姓名	固定电话	传真	Email
推荐业务联络人	姚旺	010－85715486	010－85715470	yaowang@ tebon. com. cn
推荐业务联络人	冉晓宇	010－38769688	010－68767880	ranxiaoyu@ tebon. com. cn

财达证券有限责任公司

一、公司简介及概况

公司简介	公司名称	财达证券有限责任公司				
	成立日期	2002－4－25	法定代表人	翟建强	总经理	张明
	注册资本（万元）	274,500	净资产＊（万元）	705,918	净资本＊（万元）	599,110
	注册地址	河北省石家庄市自强路35号			营业部家数	107
	办公地址	河北省石家庄市自强路35号			邮编	050000
	公司网址	www. s10000. com	电子邮箱	wangzhibei@ cdzq. com	经营证券业务许可证编号	13140000
	注：＊经审计的最近年度净资产和净资本					
	证监会批准从事的证券业务			证券经纪；证券投资咨询；证券承销与保荐；证券自营；证券资产管理；融资融券；证券投资基金代销；与证券交易、证券投资活动有关的财务顾问；代销金融产品；为期货公司提供中间介绍业务。		
	在全国股份转让系统从事的业务种类			经纪业务，推荐业务，做市业务		
公司概况	财达证券有限责任公司（以下简称“财达证券”）成立于2002年4月，目前第一大股东为唐山钢铁集团有限责任公司，实际控制人为河北省国资委。财达证券拥有齐全的证券业务牌照，经营范围涵盖：证券经纪；证券投资咨询；证券承销与保荐；证券自营；证券资产管理；融资融券；证券投资基金代销；与证券交易、证券投资活动有关的财务顾问、代销金融产品和为期货公司提供中间介绍业务。 财达证券始终恪守“诚实守信、规范发展”的经营理念，强化内控管理，严防各类风险，积极投身于国内资本市场，各项业务保持了稳步发展的态势，在激烈的市场竞争中树立了守法、合规和信誉至上的良好形象。财达证券凭借规范严谨的公司治理和内控管理，在2010年、2011年、2012年连续三年获评A类券商，2013年获评BBB类券商。					

二、业务动态

推荐挂牌情况				
序号	股份代码	公司名称	挂牌日期	公司状态
1	430574	星奥股份	2014－01－24	挂牌
2	430396	亿汇达	2014－01－24	挂牌
3	830837	古城香业	2014－07－08	挂牌
4	830899	联讯证券	2014－08－01	挂牌
5	830962	科德威	2014－08－08	挂牌
6	831150	金越交通	2014－09－22	挂牌
7	831267	法福来	2014－11－03	挂牌
8	831367	红山河	2014－11－19	挂牌
9	831482	和信基业	2014－12－09	挂牌
10	831528	尚真新材	2014－12－18	挂牌

11	831625	蓝天精化	2015－01－06	挂牌
12	831736	利源捷能	2015－01－13	挂牌
13	831743	立高科技	2015－01－13	挂牌
14	832017	中兴机械	2015－01－28	挂牌
15	831844	会友线缆	2015－02－03	挂牌
16	831939	博琳包装	2015－02－17	挂牌
17	832338	博克森	2015－04－15	挂牌
18	832235	中环技术	2015－04－15	挂牌
19	832294	鑫乐医疗	2015－04－16	挂牌
20	832396	开源证券	2015－04－30	挂牌
21	832376	天原药业	2015－05－06	挂牌
22	832555	金宇农牧	2015－06－03	挂牌
23	832583	浙江至信	2015－06－09	挂牌
目前已推荐挂牌公司家数		23		
撤回材料及申请被否公司家数		0		
正在挂牌公司家数		23		
已上市公司家数		0		
已被终止挂牌公司家数		0		
推荐定向发行情况				
序号	股份代码	公司名称	发行日期	公司状态
1	830899	联讯证券	2014－10－21	发行成功
2	430396	亿汇达	2014－10－28	发行成功
3	430574	星奥股份	2015－1－9	发行成功
4	830899	联讯证券	2015－4－13	发行成功
5	832555	金宇农牧	2015－4－22	发行成功
6	832555	金宇农牧	2015－4－23	发行成功
7	830899	联讯证券	2015－4－25	发行成功
8	832294	鑫乐医疗	2015－5－27	发行成功
推荐定向发行次数		8		
推荐定向发行成功次数		8		
推荐定向发行失败次数		0		
推荐原代办股份转让系统的两网公司及退市公司挂牌情况				
序号	股份代码	公司名称		
推荐原代办股份转让系统的两网公司及退市公司家数		0		

三、部门设置

经纪业务				
人员	姓名	固定电话	传真	Email
经纪业务联络人	陈丽君	0311－66006315	0311－66006201	clj@ cdzq. com
经纪业务联络人	杨丽娅	0311－66006410	0311－66006201	yangliya2@ cdzq. com
推荐业务				
人员	姓名	固定电话	传真	Email
推荐业务联络人	时娴	0311－66006429	0311－66006204	shixian@ cdzq. com
推荐业务联络人	张艺韬	0311－66006346	0311－66006204	zhangyitao@ cdzq. com

长城国瑞证券有限公司

一、公司简介及概况

<table>
<tr><td rowspan="9">公司简介</td><td>公司名称</td><td colspan="5">长城国瑞证券有限公司</td></tr>
<tr><td>成立日期</td><td>1988－7－16</td><td>法定代表人</td><td>王勇</td><td>总经理</td><td>王勇</td></tr>
<tr><td>注册资本（万元）</td><td>175,000</td><td>净资产*（万元）</td><td>187,845</td><td>净资本*（万元）</td><td>178,722</td></tr>
<tr><td>注册地址</td><td colspan="3">厦门市思明区莲前西路2号莲富大厦17楼</td><td>营业部家数</td><td>20</td></tr>
<tr><td>办公地址</td><td colspan="3">厦门市思明区莲前西路2号莲富大厦17楼</td><td>邮编</td><td>361009</td></tr>
<tr><td>公司网址</td><td>www. gwgsc. com. cn</td><td>电子邮箱</td><td>xmzqzb@ xmzq. com. cn</td><td>经营证券业务许可证编码</td><td>10900000</td></tr>
<tr><td colspan="6">注：*经审计的最近年度净资产和净资本</td></tr>
<tr><td colspan="3">证监会批准从事的证券业务</td><td colspan="3">证券经纪；证券资产管理；证券投资咨询；与证券交易、证券投资活动有关的财务顾问；证券投资基金代销；代销金融产品；证券自营；融资融券。</td></tr>
<tr><td colspan="3">在全国股份转让系统从事的业务种类</td><td colspan="3">经纪业务</td></tr>
<tr><td>公司概况</td><td colspan="6">长城国瑞证券有限公司（原“厦门证券有限公司”，以下简称“公司”）成立于1988年，是经中国人民银行福建省分行批准，中国最早设立的证券公司之一。公司目前在北京、上海、广州、厦门等大中城市拥有多家证券营业部，经营范围包括证券经纪、证券资产管理、证券投资咨询、与证券交易及证券投资活动有关的财务顾问、证券投资基金代销、代销金融产品、证券自营、融资融券。2014年11月，经财政部、中国银监会同意，并经中国证监会厦门监管局核准，中国长城资产管理公司成功入主长城国瑞证券，成为公司新的控股股东。公司将秉承控股股东中国长城资产管理公司“以人为本、效益优先、诚信至上、奉献社会”的价值理念，“团结、拼搏、求实、创新”的精神，以集团协同业务为核心竞争力，以创新发展为推动力，积极参与国内资本市场的发展，以至诚的服务精神为社会各界提供全方位的综合金融服务。</td></tr>
</table>

二、业务动态

<table>
<tr><td colspan="5">推荐挂牌情况</td></tr>
<tr><td>序号</td><td>股份代码</td><td>公司名称</td><td>挂牌日期</td><td>公司状态</td></tr>
<tr><td colspan="2">目前已推荐挂牌公司家数</td><td colspan="3">0</td></tr>
<tr><td colspan="2">撤回材料及申请被否公司家数</td><td colspan="3">0</td></tr>
<tr><td colspan="2">正在挂牌公司家数</td><td colspan="3">0</td></tr>
<tr><td colspan="2">已上市公司家数</td><td colspan="3">0</td></tr>
<tr><td colspan="2">已被终止挂牌公司家数</td><td colspan="3">0</td></tr>
<tr><td colspan="5">推荐定向发行情况</td></tr>
<tr><td>序号</td><td>股份代码</td><td>公司名称</td><td>发行日期</td><td>公司状态</td></tr>
<tr><td colspan="2">推荐定向发行次数</td><td colspan="3">0</td></tr>
<tr><td colspan="2">推荐定向发行成功次数</td><td colspan="3">0</td></tr>
<tr><td colspan="2">推荐定向发行失败次数</td><td colspan="3">0</td></tr>
<tr><td colspan="5">推荐原代办股份转让系统的两网公司及退市公司挂牌情况</td></tr>
<tr><td>序号</td><td>股份代码</td><td colspan="3">公司名称</td></tr>
<tr><td colspan="2">推荐原代办股份转让系统的两网公司及退市公司家数</td><td colspan="3">0</td></tr>
</table>

三、部门设置

<table>
<tr><td colspan="5">经纪业务</td></tr>
<tr><td>人员</td><td>姓名</td><td>固定电话</td><td>传真</td><td>Email</td></tr>
<tr><td>经纪业务联络人</td><td>陈颖</td><td>0592－5169077</td><td>0592－5161763</td><td>chenying@ xmzq. com. cn</td></tr>
<tr><td>经纪业务联络人</td><td>陈月月</td><td>0592－5821763</td><td>0592－5161763</td><td>chenyueyue@ xmzq. com. cn</td></tr>
</table>

推荐业务				
人员	姓名	固定电话	传真	Email
推荐业务联络人	无			

银泰证券有限责任公司

一、公司简介及概况

公司简介	公司名称	银泰证券有限责任公司				
	成立日期	2006－9－5	法定代表人	黄冰	总经理	黄冰
	注册资本（万元）	140,000	净资产＊（万元）	175,091	净资本＊（万元）	159,412
	注册地址	深圳市福田区竹子林四路紫竹七道18号光大银行18楼			营业部家数	27
	办公地址	深圳市福田区竹子林四路紫竹七道18号光大银行18楼			邮编	518040
	公司网址	www.ytzq.com	电子邮箱	ytzq@ytzq.net	经营证券业务许可证编号	13640000
	注：＊经审计的最近年度净资产和净资本					
	证监会批准从事的证券业务			证券经纪；证券投资咨询；与证券交易、证券投资活动有关的财务顾问；证券承销；证券自营；证券资产管理；融资融券；证券投资基金代销；代销金融产品。		
	在全国股份转让系统从事的业务种类			经纪业务		
公司概况	银泰证券有限责任公司于2006年7月经中国证监会批准成立，是证券行业综合治理期间首家批准设立的证券公司。公司注册地为深圳市，注册资本12亿元，主要股东为北京嘉鑫世纪投资有限公司、国银金融租赁有限公司和武汉致远投资有限公司。公司经营范围涵盖证券经纪；证券投资咨询；与证券交易、证券投资活动有关的财务顾问；证券承销；证券自营；证券资产管理；融资融券；证券投资基金代销；代销金融产品。 公司现有27家证券营业部，主要分布在珠三角、长三角、环渤海经济圈、江浙地区及中西部南方地区等25个中心城市。公司成立时注册资本1.2亿元，为拓展经营规模，扩大业务范围，2008年7月，经中国证监会核准，公司完成了第一次增资扩股，注册资本金增加至5亿元；2009年3月，经中国证监会核准，公司名称由“银泰证券经纪有限责任公司”变更为“银泰证券有限责任公司”；2010年6月，经中国证监会核准，公司完成了第二次增资扩股，注册资本金增加至10亿元；2013年9月，公司收到深圳证监局出具《关于接收银泰证券有限责任公司增资扩股备案材料的回执》，完成了第三次增资扩股，注册资本金增加至12亿元。						

二、业务动态

推荐挂牌情况				
序号	股份代码	公司名称	挂牌日期	公司状态
目前已推荐挂牌公司家数		0		
撤回材料及申请被否公司家数		0		
正在挂牌公司家数		0		
已上市公司家数		0		
已被终止挂牌公司家数		0		
推荐定向发行情况				
序号	股份代码	公司名称	发行日期	公司状态
推荐定向发行次数		0		
推荐定向发行成功次数		0		
推荐定向发行失败次数		0		
推荐原代办股份转让系统的两网公司及退市公司挂牌情况				
序号	股份代码	公司名称		
推荐原代办股份转让系统的两网公司及退市公司家数		0		

三、部门设置

经纪业务				
人员	姓名	固定电话	传真	Email
经纪业务联络人	刘翠玲	0755－83021504	0755－83703200	liucl@ ytzq. com
经纪业务联络人	李雁波	0755－83701479	0755－83703200	liyb@ ytzq. com
推荐业务				
人员	姓名	固定电话	传真	Email
推荐业务联络人	无			

英大证券有限责任公司

一、公司简介及概况

公司简介	公司名称	英大证券有限责任公司				
	成立日期	1996.4.15	法定代表人	吴骏	总经理	孔旺
	注册资本（万元）	220,000	净资产*（万元）	222,607	净资本*（万元）	180,663
	注册地址	深圳市福田区深南中路华能大厦三十、三十一层			营业部家数	16
	办公地址	深圳市福田区深南中路华能大厦十一、二十九、三十、三十一层超力通大厦三层			邮编	518031
	公司网址	www. ydsc. com. cn	电子邮箱	ydzq@ ydzq. sgcc. com. cn	经营证券业务许可证编号	10830000
	注：*经审计的最近年度净资产和净资本					
	证监会批准从事的证券业务			证券经纪；证券投资咨询；与证券交易、证券投资活动有关的财务顾问；证券自营；证券承销与保荐；证券资产管理；融资融券；证券投资基金代销；为期货公司提供中间介绍；约定购回式证券交易；中小企业私募债；股票质押式回购交易；全国中小企业股份转让系统。		
	在全国股份转让系统从事的业务种类			经纪业务，推荐业务，做市业务		
公司概况	英大证券有限责任公司（简称“英大证券”）是一家全国性的证券经营机构，成立于1996年，注册资本22亿元，注册地在深圳。公司拥有一批金融、经济、法律、财务和计算机等专业的高素质人才，业务范围涵盖证券经纪、证券投资咨询、证券自营、证券承销与保荐、证券资产管理、证券投资基金代销、财务顾问、融资融券、期货IB等领域。英大证券股东实力雄厚，控股股东国网英大国际控股集团有限公司是在原国网资产管理有限公司基础上组建，是涵盖7家控股金融单位、19家参股金融机构的金融控股集团。英大证券实际控制人为国家电网公司。英大证券坚持向国内外投资者提供一流专业服务、努力推动中国资本市场繁荣发展为己任，秉承“客户至上、回报股东、奉献社会”的企业宗旨，发扬“努力超越、追求卓越”的企业精神，信守“以人为本、诚信立业、合规经营、创新发展”的经营理念，将建设成为富有英大经营特色、"一强三优"、国际化经营的现代上市金融企业。					

二、业务动态

推荐挂牌情况				
序号	股份代码	公司名称	挂牌日期	公司状态
1	831644	透平高科	2015－01－07	挂牌
2	831649	金宏泰	2015－01－13	挂牌
3	831897	远大信息	2015－01－28	挂牌
4	832140	戈兰迪	2015－03－20	挂牌
5	832302	世昌股份	2015－04－15	挂牌
6	832386	深凯瑞德	2015－05－04	挂牌
7	832565	松德资源	2015－06－12	挂牌

8	832868	金亿帝	2015－07－27	挂牌
9	833357	斯贝尔	2015－08－28	挂牌
10	833424	羿明信息	2015－09－09	挂牌
11	833577	欧林生物	2015－09－15	挂牌
12	833590	长庚新材	2015－09－25	挂牌
13	833829	鹏飞股份	2015－10－16	挂牌
14	834465	国科股份	2015－11－23	挂牌
15	834420	云田股份	2015－12－10	挂牌
目前已推荐挂牌公司家数		15		
撤回材料及申请被否公司家数		0		
正在挂牌公司家数		15		
已上市公司家数		0		
已被终止挂牌公司家数		0		
推荐定向发行情况				
序号	股份代码	公司名称	发行日期	公司状态
1	832386	深凯瑞德	2015－6－30	发行成功
推荐定向发行次数		1		
推荐定向发行成功次数		1		
推荐定向发行失败次数		0		
推荐原代办股份转让系统的两网公司及退市公司挂牌情况				
序号	股份代码	公司名称		
推荐原代办股份转让系统的两网公司及退市公司家数		0		

三、部门设置

经纪业务				
人员	姓名	固定电话	传真	Email
经纪业务联络人	章海鸣	0755－83007331	0755－83007034	zhanghm@ ydzq. sgcc. com. cn
经纪业务联络人	黄昆	0755－83007328	0755－83007034	huangkun@ ydzq. sgcc. com. cn
推荐业务				
人员	姓名	固定电话	传真	Email
推荐业务联络人	修瑞雪	010－58381547	010－58381550	hexagonalx@ 126. com
推荐业务联络人	洪磊一	0755－83007366	0755－83007150	Hongleiyi110@ 126. com

西藏同信证券股份有限公司

一、公司简介及概况

公司简介	公司名称	西藏同信证券股份有限公司				
	成立日期	2000－2－13	法定代表人	贾绍君	总经理	贾绍君
	注册资本（万元）	60,000	净资产＊（万元）	94,541.90	净资本＊（万元）	79,783
	注册地址	拉萨市北京中路101号			营业部家数	30
	办公地址	上海市永和路118弄24号楼			邮编	200072
	公司网址	www. xzsec. com	电子邮箱	KFZX@ mail. xzsec. com	经营证券业务许可证编码	10880000
	注：＊经审计的最近年度净资产和净资本					

<table>
<tr><td rowspan="2">公司简介</td><td>证监会批准从事的证券业务</td><td>证券经纪;证券投资咨询;与证券交易、证券投资活动有关的财务顾问;证券承销与保荐;证券自营;证券资产管理;融资融券;证券基金代销;代销金融产品。</td></tr>
<tr><td>在全国股份转让系统从事的业务种类</td><td>推荐业务</td></tr>
<tr><td>公司概况</td><td colspan="2">西藏同信证券股份有限公司原名西藏证券经纪有限责任公司,前身为西藏自治区信托投资公司(以下简称"西藏信托")证券部。2000 年 3 月,根据国务院关于信托与证券分业经营管理的要求,公司经中国证监会核准成立,注册资本人民币 6000 万元,由西藏信托全资控股,实际控制人为西藏自治区财政厅。2006 年底,公司进行改制并通过增资扩股引入郑州宇通集团成为公司第一大股东,注册资本增至人民币 2 亿元。
2010 年,西藏自治区投资有限公司(以下简称"西藏投资")承接公司原股东西藏信托的全部股权划转,至此宇通集团持有公司 70% 股权,西藏投资持有 30% 股权。公司改制后规模及综合实力实现了跨越式发展,经纪业务的市场占有率逐年提升,复合增长率位居行业前茅;2012 年 2 月,经过中国证监会的批准,公司完成了新一轮增资扩股,注册资本由人民币 2 亿元增加到人民币 6 亿元,资本实力得到进一步提升;2012 年 3 月,公司收购了上海久恒期货经纪有限公司 95.5% 股权,为进一步拓展业务范围奠定了基础。
2014 年 1 月,公司改制完成,更名为西藏同信证券股份有限公司。截至 2015 年 7 月,营业网点由 2007 年的 5 家营业部发展到遍及全国 14 个省、1 个自治区、2 个直辖市的 30 家营业部和 5 个分公司;公司的业务资格由原来单一的经纪业务发展为包括经纪业务、证券投资基金代销、证券自营、财务顾问、证券投资咨询、证券资产管理、证券承销、代销金融产品、融资融券、证券保荐、做市商等综合业务类型。</td></tr>
</table>

二、业务动态

<table>
<tr><td colspan="5">推荐挂牌情况</td></tr>
<tr><td>序号</td><td>股份代码</td><td>公司名称</td><td>挂牌日期</td><td>公司状态</td></tr>
<tr><td>1</td><td>830967</td><td>山东巨环</td><td>2014 - 08 - 13</td><td>挂牌</td></tr>
<tr><td>2</td><td>831161</td><td>伊菲股份</td><td>2014 - 09 - 25</td><td>挂牌</td></tr>
<tr><td>3</td><td>831728</td><td>阿尼股份</td><td>2015 - 01 - 13</td><td>挂牌</td></tr>
<tr><td>4</td><td>831886</td><td>云智科技</td><td>2015 - 02 - 06</td><td>挂牌</td></tr>
<tr><td>5</td><td>832372</td><td>西藏能源</td><td>2015 - 04 - 14</td><td>挂牌</td></tr>
<tr><td>6</td><td>833099</td><td>乐旅股份</td><td>2015 - 07 - 31</td><td>挂牌</td></tr>
<tr><td>7</td><td>833206</td><td>影达传媒</td><td>2015 - 08 - 13</td><td>挂牌</td></tr>
<tr><td>8</td><td>833370</td><td>运鹏股份</td><td>2015 - 08 - 20</td><td>挂牌</td></tr>
<tr><td colspan="2">目前已推荐挂牌公司家数</td><td colspan="3">8</td></tr>
<tr><td colspan="2">撤回材料及申请被否公司家数</td><td colspan="3">0</td></tr>
<tr><td colspan="2">正在挂牌公司家数</td><td colspan="3">8</td></tr>
<tr><td colspan="2">已上市公司家数</td><td colspan="3">0</td></tr>
<tr><td colspan="2">已被终止挂牌公司家数</td><td colspan="3">0</td></tr>
<tr><td colspan="5">推荐定向发行情况</td></tr>
<tr><td>序号</td><td>股份代码</td><td>公司名称</td><td>发行日期</td><td>公司状态</td></tr>
<tr><td>1</td><td>831728</td><td>阿尼股份</td><td>2015 - 7 - 10</td><td>发行成功</td></tr>
<tr><td>2</td><td>831161</td><td>伊菲股份</td><td>2015 - 7 - 14</td><td>发行成功</td></tr>
<tr><td>3</td><td>833206</td><td>影达传媒</td><td>2015 - 8 - 13</td><td>发行成功</td></tr>
<tr><td colspan="2">推荐定向发行次数</td><td colspan="3">3</td></tr>
<tr><td colspan="2">推荐定向发行成功次数</td><td colspan="3">3</td></tr>
<tr><td colspan="2">推荐定向发行失败次数</td><td colspan="3">0</td></tr>
<tr><td colspan="5">推荐原代办股份转让系统的两网公司及退市公司挂牌情况</td></tr>
<tr><td>序号</td><td>股份代码</td><td colspan="3">公司名称</td></tr>
<tr><td colspan="2">推荐原代办股份转让系统的两网公司及退市公司家数</td><td colspan="3">0</td></tr>
</table>

三、部门设置

经纪业务				
人员	姓名	固定电话	传真	Email
经纪业务联络人	羊洋	021－36533669	021－36535011	yangy@ mail. xzsec. com
经纪业务联络人	吴婧	021－36531803	021－36535011	wujing@ mail. xzsec. com
推荐业务				
人员	姓名	固定电话	传真	Email
推荐业务联络人	苗毅	010－82206338	021－60893228	mikeyvoire@ gmail. com
推荐业务联络人	陈晨	021－60893235	021－60893228	122430216@ qq. com

川财证券有限责任公司

一、公司简介及概况

公司简介	公司名称	川财证券有限责任公司				
公司简介	成立日期	1997－9－23	法定代表人	孟建军	总经理	孟建军
公司简介	注册资本（万元）	65,000	净资产*（万元）	121,541.81	净资本*（万元）	110,395.4
公司简介	注册地址	四川省成都市高新区交子大道177号中海国际中心B座17楼			营业部家数	6
公司简介	办公地址	四川省成都市高新区交子大道177号中海国际中心B座17楼			邮编	610041
公司简介	公司网址	www. cczq. com	电子邮箱	cczq@ cczq. com	经营证券业务许可证编码	11080000
公司简介	注：*经审计的最近年度净资产和净资本					
公司简介	证监会批准从事的证券业务			证券经纪；证券投资咨询；证券承销与保荐；证券自营；证券资产管理；证券投资基金销售；与证券交易、证券投资活动有关的财务顾问业务、融资融券业务。		
公司简介	在全国股份转让系统从事的业务种类			经纪业务，推荐业务，做市业务		
公司概况	川财证券有限责任公司（简称“川财证券”）是经中国证监会核准并在国家工商行政部门注册登记的综合性证券公司。公司成立于1997年9月，注册资本为6.5亿元人民币。公司的股东包括“中国华电集团资本控股有限公司”、“四川省水电投资经营集团有限公司两大新股东”、“四川省国有资产经营投资管理有限责任公司”等国内知名大中型企业。 公司自成立以来，资产质量一直保持优良，经营业绩稳步提高，公司的经营管理能力得到了监管部门的肯定。川财证券依托控股股东华电资本拥有全方位的金融服务平台，涵盖证券、信托、基金、保险等，具有强大的调动产业资源和金融资本资源的能力。公司经营业务主要包括：证券经纪；证券投资咨询；证券承销与保荐；证券自营；证券资产管理；证券投资基金销售；与证券交易、证券投资活动有关的财务顾问。公司下设北京办事处、上海办事处和深圳办事处，在全国拥有六家证券营业部。					

二、业务动态

推荐挂牌情况				
序号	股份代码	公司名称	挂牌日期	公司状态
1	832285	瑞恩电气	2015－04－10	挂牌
2	833141	耀华医疗	2015－08－04	挂牌
目前已推荐挂牌公司家数		2		
撤回材料及申请被否公司家数		0		
正在挂牌公司家数		2		
已上市公司家数		0		
已被终止挂牌公司家数		0		

推荐定向发行情况				
序号	股份代码	公司名称	发行日期	公司状态
推荐定向发行次数		0		
推荐定向发行成功次数		0		
推荐定向发行失败次数		0		
推荐原代办股份转让系统的两网公司及退市公司挂牌情况				
序号	股份代码	公司名称		
推荐原代办股份转让系统的两网公司及退市公司家数		0		

三、部门设置

经纪业务				
人员	姓名	固定电话	传真	Email
经纪业务联络人	张莉	028－86583080	028－86583002	zhangli@ cczq. com
经纪业务联络人	雷涛	028－86583035	028－86583035	leitao@ cczq. com
推荐业务				
人员	姓名	固定电话	传真	Email
推荐业务联络人	田静	0755－25332856	0755－25332856	tianjing@ cczq. com
推荐业务联络人	伏勇	021－68416988－225	021－68416988	fuyong@ cczq. com

五矿证券有限公司

一、公司简介及概况

公司简介	公司名称	五矿证券有限公司				
	成立日期	2000－8－4	法定代表人	赵立功	总经理	赵立功
	注册资本（万元）	135,725	净资产（万元）	89,190.82	净资本（万元）	71,941.88
	注册地址	深圳市福田区金田路4028号荣超经贸中心办公楼47层01单元			营业部家数	32
	办公地址	深圳市福田区金田路4028号荣超经贸中心办公楼47层－49层			邮编	518035
	公司网址	www. wkzq. com. cn	电子邮箱	sanban@ wkzq. com. cn	经营证券业务许可证编码	10730000
	注：*经审计的最近年度净资产和净资本					
	证监会批准从事的证券业务			证券经纪；证券投资咨询；与证券交易、证券投资活动有关的财务顾问业务；证券自营；证券资产管理；融资融券；证券投资基金销售；为期货公司提供中间介绍业务；代销金融产品；证券承销与保荐。		
	在全国股份转让系统从事的业务种类			经纪业务，推荐业务，做市业务		
公司概况	五矿证券有限公司成立于2000年，总部位于中国改革开放的前沿城市深圳，是一家全牌照综合券商，也是深圳首批荣获规范类券商资格的证券公司。公司在北京、上海、广州、深圳、杭州等金融产业核心城市均设有营业网点，在国内遍布32家营业部。五矿证券的控股股东中国五矿集团公司是中央管理的44家国有重要骨干企业之一，位列世界500强第133位。在强大股东支持下，五矿证券迅速壮大，注册资本增至13.5725亿，并将进一步引入战略投资者，使公司持续发展能力、核心竞争能力以及抗风险能力均得到显著提升，为今后发展奠定基础。五矿证券始终秉承“规范运作、稳健经营、务实创新”的经营宗旨，在规范中保生存，在稳健中谋进步，在创新中求发展，经营范围涵盖证券经纪、证券自营、投资咨询、财务顾问、基金销售、资产管理、融资融券、承销与保荐、金融产品代销等业务，并为期货公司提供中间介绍业务，连续多年在全国证券公司代理买卖证券业务净收入增长率排行榜中名列前茅，并多年被评为“中国最具成长性券商”。未来，五矿证券将继续秉承“珍惜有限、创造无限”的价值理念，依托股东优势，力争将公司打造成规模适中、业务牌照齐全、经营特色明显、合规文化突出的市场化专业化券商。					

二、业务动态

推荐挂牌情况				
序号	股份代码	公司名称	挂牌日期	公司状态
1	832049	广德环保	2015－03－05	挂牌
2	833448	灵动微电	2015－08－31	挂牌
3	833728	诚正稀土	2015－10－08	挂牌
4	833563	力天钨业	2015－10－15	挂牌
5	833930	通海绒业	2015－10－27	挂牌
6	833999	昆机器人	2015－11－05	挂牌
7	834077	新智视讯	2015－11－05	挂牌
8	834579	残友软件	2015－12－09	挂牌
9	834646	泓源科技	2015－12－15	挂牌
10	835576	数字硅谷	2016－01－26	挂牌
目前已推荐挂牌公司家数		10		
撤回材料及申请被否公司家数		0		
正在挂牌公司家数		10		
已上市公司家数		0		
已被终止挂牌公司家数		0		
推荐定向发行情况				
序号	股份代码	公司名称	发行日期	公司状态
1	832049	广德环保	2015－6－19	发行成功
2	833448	灵动微电	2015－10－12	发行成功
3	833563	力天钨业	2015－10－15	发行成功
4	833448	灵动微电	2016－1－5	发行成功
推荐定向发行次数		4		
推荐定向发行成功次数		4		
推荐定向发行失败次数		0		
推荐原代办股份转让系统的两网公司及退市公司挂牌情况				
序号	股份代码	公司名称		
推荐原代办股份转让系统的两网公司及退市公司系统家数		0		

三、部门设置

经纪业务				
人员	姓名	固定电话	传真	Email
经纪业务联络人	苏楠敏	0755－82545659	0755－82545500	sunanmin@ wkzq. com. cn
经纪业务联络人	李莹	0755－82802802	0755－82545500	liying@ wkzq. com. cn
推荐业务				
人员	姓名	固定电话	传真	Email
推荐业务联络人	卫薇	0755－82555214	0755－23937232	weiwei@ wkzq. com. cn
推荐业务联络人	钱育兰	010－63259295	010－63366033	qianyulan@ wkzq. com. cn

联讯证券股份有限公司

一、公司简介及概况

公司简介	公司名称	联讯证券股份有限公司				
	成立日期	1988.6.1	法定代表人	徐刚	总经理	李翊
	注册资本（万元）	312,617.45	净资产（万元）	479,534.95	净资本（万元）	440,664.39
	注册地址	广东省惠州市惠城区江北东江三路55号惠州广播电视新闻中心西面一层大堂和三、四层			营业部家数	42
	办公地址	广东省惠州市惠城区江北东江三路55号惠州广播电视新闻中心西面一层大堂和三、四层			邮编	516003
	公司网址	lxzq.com.cn	电子邮箱	lxzq@lxzq.com.cn	经营证券业务许可证编码	10480000
	注：*经审计的最近年度净资产和净资本					
	证监会批准从事的证券业务			证券经纪；证券投资基金代销；证券投资咨询；与证券交易、证券投资活动有关的财务顾问；证券资产管理；证券自营；代销金融产品；证券承销；融资融券。		
	在全国股份转让系统从事的业务种类			经纪业务，推荐业务，做市业务		
公司概况	联讯证券股份有限公司（以下简称“公司”）成立于1988年6月，总股本31.26亿元。目前三大股东为海口美兰国际机场有限责任公司、昆山中联综合开发有限公司、北京银都新天地科技有限公司。2014年8月1日在全国中小企业股份转让系统（下称“新三板”）挂牌，证券代码830899。公司经营范围：证券经纪、证券投资咨询、与证券交易、证券投资活动有关的财务顾问、证券投资基金代销、证券资产管理、证券自营、代销金融产品、证券承销与保荐、融资融券、股票质押式回购交易业务、全国中小企业股份转让系统主办券商业务。公司定位于为中小企业和中小投资者提供投融资服务，向现代投资银行转型，网点规模和业务范围不断扩大，成为一家业务资质齐全的券商，形成了以广东惠州为管理运维总部，北京、上海分公司为经营业务中心的格局。公司现设立37家分支机构，分布在北京、上海、辽宁、江苏、浙江、四川、广东省的主要城市，共同构建起综合金融理财服务平台。 公司秉承“财富联讯，服务贴心”的经营理念，致力于在传统业务中创新，成为传统业务某些领域中的领先者。公司率先在行业内推出经纪人制度，多年净资产收益率在行业领先。联讯证券的经营特色，以客户利益为中心的服务模式在业内和监管机构均受佳评，经营管理经验和体会在《证券时报》、《证券日报》、《中国证券报》、《上海证券报》、《中国证券》等媒体均有报道和转载。2014年起，公司抓住机遇，创新发展，率先在行业内开拓新三板的融资渠道，短短半年时间，实施两轮融资38亿元，公司注册资本从5亿元增至31.26亿元，净资产从6.5亿元增至46.26亿元，完成联讯的跨跃式发展。新业务发展迅速，固定收益业务的2014年现券交易量在券商中排名第10位，金融产品代销业绩斐然，多次产品代销券商端渠道排名第一。公司成功的发展经验受到监管部门和业内认同，并得到广大投资者的认可，荣获“华新奖”最受投资机构欢迎奖。公司坚持“诚信、规范、创新、和谐”企业文化，坚守“四个诚信：公司对客户的诚信；公司对员工的诚信；公司对股东的诚信；员工对公司的诚信”。联讯证券将以登陆新三板为新起点，以客户价值为中心，以人为本，广揽英才，用心服务客户，全力打造集证券、期货、基金、直投、海外业务等为一体，具备投资融资、销售交易、资产管理、支付结算和风险管理等功能的集团性现代投资银行，跻身中国市场最具影响力的上市证券公司之一。						

二、业务动态

推荐挂牌情况				
序号	股份代码	公司名称	挂牌日期	公司状态
1	834325	天行股份	2015－11－17	挂牌
2	834401	激创投资	2015－11－20	挂牌
3	834466	赛融信	2015－11－24	挂牌
4	834890	大陆农牧	2015－12－15	挂牌
5	834585	否玖伍	2015－12－25	挂牌
6	835303	昆腾微	2016－01－12	挂牌
目前已推荐挂牌公司家数		6		
撤回材料及申请被否公司家数		0		

正在挂牌公司家数		6		
已上市公司家数		0		
已被终止挂牌公司家数		0		
推荐定向发行情况				
序号	股份代码	公司名称	发行日期	公司状态
1	834401	激创投资	2015－11－20	发行成功
2	834585	否玖伍	2015－12－25	发行成功
推荐定向发行次数		2		
推荐定向发行成功次数		2		
推荐定向发行失败次数		0		
推荐原代办股份转让系统的两网公司及退市公司挂牌情况				
序号	股份代码	公司名称		
推荐原代办股份转让系统的两网公司及退市公司家数		0		

三、部门设置

经纪业务				
人员	姓名	固定电话	传真	Email
经纪业务联络人	李晶龙	0752－2119706		lijinglong@ lxsec. com
经纪业务联络人	王永霞	0752－2119706		wangyongxia@ lxsec. com
推荐业务				
人员	姓名	固定电话	传真	Email
推荐业务联络人	段丽云	010－64408234		duanliyun@ lxsec. com
推荐业务联络人	佟彦	010－64408234		tongyan@ lxsec. com

九州证券有限公司

一、公司简介及概况

公司简介	公司名称	九州证券有限公司				
	成立日期	2002－12－10	法定代表人	曲国辉	总经理	曲国辉
	注册资本（万元）	109,527.4	净资产*（万元）	28,238.49	净资本*（万元）	23,126.65
	注册地址	青海省西宁市南川工业园区创业路108号			营业部家数	1
	办公地址	北京市朝阳区安立路30号仰山公园东一门2号楼			邮编	100033
	公司网址	www. jzsec. com	电子邮箱	jiuzhou@ jzsec. com	经营证券业务许可证编码	916300007
	注：*经审计的最近年度净资产和净资本					
	证监会批准从事的证券业务			证券经纪；证券投资咨询；与证券交易、证券投资活动有关的财务顾问；证券投资基金代销；证券自营；证券承销与保荐；证券资产管理。		
	在全国股份转让系统从事的业务种类			经纪业务，做市业务，推荐业务		
公司概况	九州证券有限公司（以下简称“九州证券”）是经中国证监会批准，由国内顶尖PE机构九鼎投资控股的中国首家PE系证券公司。九州证券致力于打造综合证券服务提供商，目前已具备证券经纪、证券自营、证券投资咨询、证券承销、证券资产管理、新三板经纪及做市等多项业务资质，迅速跻身综合型券商阵营。以北京为营运总部，以覆盖全国各省区市的三十余家分支机构（14家已开业，另有21家已批准筹建）为依托，九州证券形成辐射全国、经纬交织的强大业务开发体系和营销服务体系。作为九鼎投资打造现代投资银行的重要金融平台，九州证券将依靠规范的治理结构、敏锐的反应机制、富有竞争力的激励体系和高效先进的管理理念，力争三到五年内，打造国内领先的、极具特色的一流证券服务提供商。					

二、业务动态

推荐挂牌情况				
序号	股份代码	公司名称	挂牌日期	公司状态
目前已推荐挂牌公司家数		0		
撤回材料及申请被否公司家数		0		
正在挂牌公司家数		0		
已上市公司家数		0		
已被终止挂牌公司家数		0		
推荐定向发行情况				
序号	股份代码	公司名称	发行日期	公司状态
推荐定向发行次数		0		
推荐定向发行成功次数		0		
推荐定向发行失败次数		0		
推荐原代办股份转让系统的两网公司及退市公司挂牌情况				
序号	股份代码	公司名称		
推荐原代办股份转让系统的两网公司及退市公司家数		0		

三、部门设置

经纪业务				
人员	姓名	固定电话	传真	Email
经纪业务联络人	刘强	010－63889326－8044	010－63889326	liuqiang@ jzsec. com
推荐业务				
人员	姓名	固定电话	传真	Email
推荐业务联络人	胡冰薇	010－63889326	010－63889326	hubw@ jzsec. com

开源证券股份有限公司

一、公司简介及概况

公司简介	公司名称	开源证券股份有限公司				
	成立日期	1994－02－21	法定代表人	李刚	总经理	陶娟
	注册资本（万元）	130,000	净资产＊（万元）	164,874.93	净资本＊（万元）	122,284.06
	注册地址	西安市锦业路1号都市之门B座5层			营业部家数	32
	办公地址	西安市锦业路1号都市之门B座5层			邮编	710065
	公司网址	www. kysec. cn	电子邮箱	kyzq@ kysec. cn	经营证券业务许可证编码	11300000
	注：＊经审计的最近年度净资产和净资本					
	证监会批准从事的证券业务			证券经纪；证券投资咨询；与证券交易、证券投资活动有关的财务顾问；证券承销；证券自营；证券资产管理；融资融券；证券投资基金销售；为期货公司提供中间介绍业务；代销金融产品业务。		
	在全国股份转让系统从事的业务种类			经纪业务，做市业务		
公司概况	开源证券股份有限公司是经中国证监会批准设立的证券经营机构，注册资本13亿元。公司于2015年4月30日在全国中小企业股份转让系统正式挂牌（证券简称：开源证券，证券代码：832396）。公司通过不断提高自身投资能力、经营能力和服务能力，以实力超越自身，以业绩回馈广大投资者。					

二、业务动态

推荐挂牌情况				
序号	股份代码	公司名称	挂牌日期	公司状态
目前已推荐挂牌公司家数		0		
撤回材料及申请被否公司家数		0		
正在挂牌公司家数		0		
已上市公司家数		0		
已被终止挂牌公司家数		0		
推荐定向发行情况				
序号	股份代码	公司名称	发行日期	公司状态
推荐定向发行次数		0		
推荐定向发行成功次数		0		
推荐定向发行失败次数		0		
推荐原代办股份转让系统的两网公司及退市公司挂牌情况				
序号	股份代码	公司名称		
推荐原代办股份转让系统的两网公司及退市公司家数		0		

三、部门设置

经纪业务				
人员	姓名	固定电话	传真	Email
经纪业务联络人	付琦	029 - 81887063	029 - 88447611	fuqi@ kysec. cn
经纪业务联络人	张鲲	029 - 88365809	029 - 88447611	zhangkun@ kysec. cn
推荐业务				
人员	姓名	固定电话	传真	Email
推荐业务联络人	张欢			

宏信证券有限责任公司

一、公司简介及概况

公司简介	公司名称	宏信证券有限责任公司				
	成立日期	2001 - 8 - 8	法定代表人	吴玉明	总经理	宋成
	注册资本（万元）	100,000	净资产 *（万元）	173,211.12	净资本 *（万元）	131,531.46
	注册地址	成都市锦江区人民南路二段十八号川信大厦 10 楼			营业部家数	49
	办公地址	成都市锦江区人民南路二段十八号川信大厦 10 楼			邮编	610016
	公司网址	www. hxzq. cn	电子邮箱	hxzq@ hxzb. cn	经营证券业务许可证编码	11200000
	注：* 经审计的最近年度净资产和净资本					
	证监会批准从事的证券业务			证券经纪；证券投资咨询；证券承销与保荐；证券自营；证券资产管理；融资融券；证券投资基金销售；与证券交易、证券投资活动有关的财务顾问；代销金融产品。		
	在全国股份转让系统从事的业务种类			经纪业务，推荐业务，做市业务		

公司概况	宏信证券有限责任公司前身为和兴证券经纪有限责任公司,于2001年8月经中国证监会批准由四川省的6家信托投资机构剥离证券资产合并成立。2012年11月,经四川省工商行政管理局核准,公司名称更名为宏信证券有限责任公司。公司现有股东12家。 公司前三大股东分别为:四川信托有限公司(占总股本的60.376%)、凉山州国有投资发展有限责任公司(占9.589%)、南充市国有资产投资经营有限责任公司(占6.705%)。公司第一大股东四川信托的资产规模和盈利能力短期内已在行业具有较为领先地位。宏信证券与四川信托积极开展信证合作,形成跨业强强联合的业务态势。公司营业网点分布在全国一、二线城市及四川省内其他市州。公司所属证券营业部大部分系西南地区证券业先驱,从1988年起作为信托机构的证券营业部就为四川省股份制改造和证券市场的发展做出积极的贡献,公司现已成为西南地区历史悠久、发展稳定、占重要地位的综合类券商。 公司法人治理结构健全,经营管理规范,资产质量优良,经营业绩良好,自2006年以来实现连续盈利,各项经营指标持续符合中国证监会风险监控的要求,在2014年监管分类评级中获评B类BBB级。公司总体战略定位为"财富增值服务商"。宏信证券作为西南地区的资深券商,在中国市场经济转型、行业深化改革创新发展中,将继续秉承"专业、高效、务实、创新"的经营理念,"以客户为中心、以市场为导向",竭诚为广大客户提供规范化、个性化、多元化的优质服务,全面推进公司战略发展规划,实现"与客户一起成长,为股东创造价值,携员工共享未来"的公司愿景。

二、业务动态

推荐挂牌情况				
序号	股份代码	公司名称	挂牌日期	公司状态
1	834249	神鹰城讯	2015-11-13	挂牌
目前已推荐挂牌公司家数		1		
撤回材料及申请被否公司家数		0		
正在挂牌公司家数		1		
已上市公司家数		0		
已被终止挂牌公司家数		0		
推荐定向发行情况				
序号	股份代码	公司名称	发行日期	公司状态
推荐定向发行次数		0		
推荐定向发行成功次数		0		
推荐定向发行失败次数		0		
推荐原代办股份转让系统的两网公司及退市公司挂牌情况				
序号	股份代码	公司名称		
推荐原代办股份转让系统的两网公司及退市公司家数		0		

三、部门设置

经纪业务				
人员	姓名	固定电话	传真	Email
经纪业务联络人	翁建	028-86199421	028-86199382	wengj@ hxzb. cn
经纪业务联络人	高睿	010-64083601	010-64083777	gaor@ hxzb. cn
推荐业务				
人员	姓名	固定电话	传真	Email
推荐业务联络人	朱先军	010-64083618	010-64083777	zhuxj@ hxzb. cn
推荐业务联络人	姜兆玮	0531-55708871	0531-55708878	jiangzw@ hxzb. cn

华金证券有限责任公司

一、公司简介及概况

公司简介	公司名称	华金证券有限责任公司				
	成立日期	2000－09－11	法定代表人	宋卫东	总经理	宋卫东
	注册资本（万元）	128,000	净资产＊（万元）	124,905	净资本＊（万元）	108,783
	注册地址	上海市浦东新区杨高南路759号30层			营业部家数	23
	办公地址	上海市浦东新区杨高南路759号30层、31层			邮编	200127
	公司网址	www.huajinsc.cn	电子邮箱	hjzq@huajinsc.cn	经营证券业务许可证编码	10700000
	注：＊经审计的最近年度净资产和净资本					
	证监会批准从事的证券业务			证券经纪；证券投资咨询；证券自营；证券承销和保荐；与证券交易、证券投资活动有关的财务顾问；代销金融产品；证券资产管理；融资融券；证券投资基金销售。		
	在全国股份转让系统从事的业务种类			经纪业务，推荐业务，做市业务		
公司概况	公司前身是设立于2000年9月的上海久联证券经纪有限责任公司；2005年3月，由中国航天科工集团公司等股东实施重组并更名为航天证券有限责任公司；2014年3月，公司顺利完成增资扩股工作，注册资本增至12.8亿元，公司成为珠海金融投资控股集团旗下的重要成员企业。2014年12月，公司更名为“华金证券有限责任公司”。					

二、业务动态

推荐挂牌情况				
序号	股份代码	公司名称	挂牌日期	公司状态
1	834703	飓风股份	2015－12－08	挂牌
目前已推荐挂牌公司家数		1		
撤回材料及申请被否公司家数		0		
正在挂牌公司家数		1		
已上市公司家数		0		
已被终止挂牌公司家数		0		
推荐定向发行情况				
序号	股份代码	公司名称	发行日期	公司状态
推荐定向发行次数		0		
推荐定向发行成功次数		0		
推荐定向发行失败次数		0		
推荐原代办股份转让系统的两网公司及退市公司挂牌情况				
序号	股份代码	公司名称		
推荐原代办股份转让系统的两网公司及退市公司家数		0		

三、部门设置

经纪业务				
人员	姓名	固定电话	传真	Email
经纪业务联络人	邱隽慧	021－20655576	021－20655577	qiujunhui@huajinsc.cn
经纪业务联络人	曹静	021－20655561	021－20655577	caojing@huajinsc.cn
推荐业务				

人员	姓名	固定电话	传真	Email
推荐业务联络人	于昊	021－20655603	021－20655555	yuhao@ huajinsc. cn
推荐业务联络人	张南	021－20655500	021－20655555	zhangnan@ huajinsc. cn

上海华信证券有限责任公司

一、公司简介及概况

公司简介	公司名称	上海华信证券有限责任公司				
	成立日期	2003－04－10	法定代表人	陈海平	总经理	劳宏华
	注册资本（万元）	50,000	净资产*（万元）	48,762.82	净资本*（万元）	45,594.39
	注册地址	上海市浦东新区世纪大道100号环球金融中心9楼			营业部家数	1
	办公地址	上海市浦东新区世纪大道100号环球金融中心9楼			邮编	200120
	公司网址	www. shhxzq. com	电子邮箱	laohonghua@ shhxzq. com	经营证券业务许可证编码	13680000
	注：*经审计的最近年度净资产和净资本					
	证监会批准从事的证券业务			证券经纪；证券投资咨询；证券承销与保荐。		
	在全国股份转让系统从事的业务种类			推荐业务		
公司概况	上海华信证券有限责任公司（简称“上海华信证券”）是由上海华信国际集团全资控股的多牌照综合性证券公司，总部位于上海，注册资本金人民币5亿元，经营范围包括投资银行业务、证券经纪业务和投资咨询业务。					

二、业务动态

推荐挂牌情况				
序号	股份代码	公司名称	挂牌日期	公司状态
1	833241	和成显示	2015－08－18	挂牌
2	833929	康大医疗	2015－10－28	挂牌
3	833676	宇方工业	2015－10－30	挂牌
4	834606	拥湾资产	2015－12－14	挂牌
5	835623	中航时尚	2016－01－19	挂牌
6	835355	纽恩特	2016－01－21	挂牌
目前已推荐挂牌公司家数		6		
撤回材料及申请被否公司家数		0		
正在挂牌公司家数		6		
已上市公司家数		0		
已被终止挂牌公司家数		0		
推荐定向发行情况				
序号	股份代码	公司名称	发行日期	公司状态
1	834606	拥湾资产	2015－12－14	发行成功
2	835623	中航时尚	2016－1－19	发行成功
推荐定向发行次数		2		
推荐定向发行成功次数		2		

推荐定向发行失败次数		0
推荐原代办股份转让系统的两网公司及退市公司挂牌情况		
序号	股份代码	公司名称
推荐原代办股份转让系统的两网公司及退市公司家数		0

三、部门设置

经纪业务				
人员	姓名	固定电话	传真	Email
经纪业务联络人	无			
推荐业务				
人员	姓名	固定电话	传真	Email
推荐业务联络人	冷海飞	021-38784818-8247	021-50818281	lenghaifei@ shhxzq. com
推荐业务联络人	卢菁	021-38784818-8260	021-50818281	lujing@ shhxzq. com

华宝证券有限责任公司

一、公司简介及概况

公司简介	公司名称	华宝证券有限责任公司				
	成立日期	2002-3-4	法定代表人	陈林	总经理	刘加海
	注册资本（万元）	400,000	净资产*（万元）	437,015.53	净资本*（万元）	415,134.99
	注册地址	上海市浦东新区世纪大道100号57层			营业部家数	15
	办公地址	上海市浦东新区世纪大道100号57层			邮编	200120
	公司网址	www. cnhbstock. com	电子邮箱	hbzq@ cnhbstock. com	经营证券业务许可证编码	13080000
	注:*经审计的最近年度净资产和净资本					
	证监会批准从事的证券业务			证券经纪;证券投资咨询;证券自营;证券资产管理;融资融券;证券投资基金代销;代销金融产品;为期货公司提供中间介绍业务;证券承销;与证券交易、证券投资活动有关的财务顾问等。		
	在全国股份转让系统从事的业务种类			经纪业务		
公司概况	华宝证券有限责任公司是经中国证监会批准,依法注册登记,具有独立法人资格,实行自主经营,独立核算,自负盈亏的有限责任公司。公司成立于2007年2月,注册地上海,注册资本金人民币40亿元。公司股东为:华宝投资有限公司和华宝信托有限责任公司。公司目前经营范围:证券经纪;证券投资咨询;证券自营;证券资产管理;融资融券;证券投资基金代销;代销金融产品;为期货公司提供中间介绍业务;证券承销;与证券交易、证券投资活动有关的财务顾问等。公司在上海、北京、杭州、舟山、福州、深圳、成都、武汉等地设有营业部。					

二、业务动态

推荐挂牌情况				
序号	股份代码	公司名称	挂牌日期	公司状态
目前已推荐挂牌公司家数		0		
撤回材料及申请被否公司家数		0		
正在挂牌公司家数		0		
已上市公司家数		0		
已被终止挂牌公司家数		0		

推荐定向发行情况				
序号	股份代码	公司名称	发行日期	公司状态
推荐定向发行次数		0		
推荐定向发行成功次数		0		
推荐定向发行失败次数		0		
推荐原代办股份转让系统的两网公司及退市公司挂牌情况				
序号	股份代码	公司名称		
推荐原代办股份转让系统的两网公司及退市公司家数		0		

三、部门设置

经纪业务				
人员	姓名	固定电话	传真	Email
经纪业务联络人	汤园园	021－68777875	021－68777992	tangyuanyuan@ cnhbstock. com
经纪业务联络人	毕海洋	021－68778020	021－68777992	bihaiyang@ cnhbstock. com
推荐业务				
人员	姓名	固定电话	传真	Email

中信证券(山东)有限责任公司

一、公司简介及概况

公司简介	公司名称	中信证券(山东)有限责任公司				
	成立日期	1988－6－2	法定代表人	杨宝林	总经理	姜晓林
	注册资本（万元）	80,000	净资产（万元）	354,291.43	净资本（万元）	289,238.74
	注册地址	山东省青岛市崂山区深圳路222号1号楼2001			营业部家数	63
	办公地址	山东省青岛市崂山区深圳路222号			邮编	266061
	公司网址	www. zxwt. com. cn	电子邮箱	sdzhb@ citics. com	经营证券业务许可证编码	10820000
	注：* 经审计的最近年度净资产和净资本					
	证监会批准从事的证券业务			证券经纪(限山东省、河南省);证券投资咨询(限山东省、河南省的证券投资顾问业务);融资融券;证券投资基金代销;为期货公司提供中间介绍业务;代销金融产品(限山东省、河南省)。		
	在全国股份转让系统从事的业务种类			经纪业务		
公司概况	中信证券(山东)有限责任公司是中信证券股份有限公司的全资子公司。公司的前身是1988年设立的青岛证券公司。1992年改制为有限责任公司,更名为青岛万通证券有限公司。2000年增资扩股后更名为万通证券有限责任公司。2004年4月完成由中信证券股份有限公司出资控股的增资重组并更名为中信万通证券有限责任公司,公司注册资本8亿元。截止2013年9月16日,中信证券股份有限公司的持股比例为100%。2014年4月15日,公司更名为中信证券(山东)有限责任公司。公司是山东地区两家法人证券公司之一,注册地为青岛市崂山区。公司为山东省、青岛市政府命名的“山东省服务业先进单位”、“山东省纳税先进单位”、“青岛市文明单位”和“青岛市金融发展突出贡献单位”。连续五年入围青岛市企业100强,连续六年入围青岛市服务业50强。在2011－2013年度证券公司分类评级中,连续三年被评为A类AA级证券公司。					

二、业务动态

推荐挂牌情况				
序号	股份代码	公司名称	挂牌日期	公司状态
目前已推荐挂牌公司家数		0		

撤回材料及申请被否公司家数		0		
正在挂牌公司家数		0		
已上市公司家数		0		
已被终止挂牌公司家数		0		
推荐定向发行情况				
序号	股份代码	公司名称	发行日期	公司状态
推荐定向发行次数		0		
推荐定向发行成功次数		0		
推荐定向发行失败次数		0		
推荐原代办股份转让系统的两网公司及退市公司挂牌情况				
序号	股份代码	公司名称		
推荐原代办股份转让系统的两网公司及退市公司家数		0		

三、部门设置

经纪业务				
人员	姓名	固定电话	传真	Email
经纪业务联络人	荆夕军	0532 – 85022500	85022511	jing@ citics. com
经纪业务联络人	于斐	0532 – 85022322	85022511	yufei@ citics. com
推荐业务				
人员	姓名	固定电话	传真	Email

万和证券有限责任公司

一、公司简介及概况

公司简介	公司名称	万和证券有限责任公司				
	成立日期	2002 – 1 – 18	法定代表人	朱治理	总经理	王华光
	注册资本（万元）	100,000	净资产 *（万元）	155,940	净资本 *（万元）	186,208
	注册地址	海口市南沙路49号通信广场二楼			营业部家数	13
	办公地址	广东省深圳市福田区深南大道7028号时代科技大厦20层西厅			邮编	570100
	公司网址	www. vanho. cn	电子邮箱	office@ wanhesec. com	经营证券业务许可证编码	13170000
	注：* 经审计的最近年度净资产和净资本					
	证监会批准从事的证券业务			证券经纪、证券投资咨询、证券自营、融资融券、证券资产管理、证券投资基金销售、证券承销、代销金融产品。		
	在全国股份转让系统从事的业务种类			经纪业务，做市业务		
公司概况	万和证券有限责任公司成立于2002年，是经中国证券会批准设立的证券公司。公司注册地海口，注册资本5亿元人民币。公司现有股东分别是国资委下属的深圳市远致投资有限公司、深业集团有限公司、成都投资控股集团有限公司和海口市财政办公用品服务公司。为切实推进“一体两翼”战略，深圳市国资委资本运作平台公司——深圳市远致投资有限公司对万和证券成功实施了增资扩股，使万和证券具备了取得证券业务全牌照的资格，涵盖了证券经纪、证券自营、证券投资咨询、证券投资基金代销、为期货公司提供中间介绍业务、约定购回式交易、股权质押、融资融券、资产管理等。随着深圳市国资产业布局的不断优化与提升，万和证券将得到更大的投入与支持。本着“万众瞩目、和行天下”的企业精神，万和证券将以市场化为导向，采取积极有效的市场化措施，实现公司快速发展。					

二、业务动态

推荐挂牌情况				
序号	股份代码	公司名称	挂牌日期	公司状态
目前已推荐挂牌公司家数		0		
撤回材料及申请被否公司家数		0		
正在挂牌公司家数		0		
已上市公司家数		0		
已被终止挂牌公司家数		0		
推荐定向发行情况				
序号	股份代码	公司名称	发行日期	公司状态
推荐定向发行次数		0		
推荐定向发行成功次数		0		
推荐定向发行失败次数		0		
推荐原代办股份转让系统的两网公司及退市公司挂牌情况				
序号	股份代码	公司名称		
推荐原代办股份转让系统的两网公司及退市公司家数		0		

三、部门设置

经纪业务				
人员	姓名	固定电话	传真	Email
经纪业务联络人	曾雪平	0755－82830333－816	0755－25170807	zengxp@ wanhesec. com
经纪业务联络人	刘嘉颖	0755－82830333－819	0755－25170807	liujy@ wanhesec. com
推荐业务				
人员	姓名	固定电话	传真	Email

第六章 法律法规

第一节 部门规章

关于《非上市公众公司监管问答——定向发行(二)》适用有关问题的通知

各市场参与人:

近日,中国证监会非上市公众公司监管部对外发布了《非上市公众公司监管问答——定向发行(二)》(以下简称《定向发行(二)》),为进一步明确《定向发行(二)》的具体监管要求,指导挂牌公司股票发行行为,现就有关问题进一步明确如下:

1. 发行后股东人数不超过200人的股票发行,发行对象涉及持股平台(单纯以认购股份为目的而设立的公司法人、合伙企业等持股平台,不具有实际经营业务)的,如果在《定向发行(二)》发布前发行方案已经过股东大会审议通过的,可继续按照原有的规定发行,但发行方案中没有确定发行对象的,则发行对象不应当为持股平台;如果在《定向发行(二)》发布前发行方案尚未经过股东大会审议通过的,应当按照《定向发行(二)》的规定发行。

2. 在《定向发行(二)》发布前已经存在的持股平台,不得再参与挂牌公司的股票发行。

3. 主办券商和律师事务所应当分别在"主办券商关于股票发行合法合规性意见"和"股票发行法律意见书"中就本次发行对象是否存在持股平台发表明确意见。

4. 发行股份购买资产构成重大资产重组且发行后股东人数不超过200人,发行对象涉及持股平台的,如果在《定向发行(二)》发布前已完成首次信息披露,可继续按照原有的规定进行重组;如果在《定向发行(二)》发布前发行方案尚未完成首次信息披露的,应当按照《定向发行(二)》的规定进行重组。

独立财务顾问和律师事务所应当分别在中介机构专项意见中就本次重组涉及的发行对象是否存在持股平台发表明确意见。

5. 通过设立员工持股计划参与挂牌公司股票发行的,挂牌公司应当履行法定的决策程序和信息披露义务。

特此通知。

全国中小企业股份转让系统有限责任公司
2015年12月17日

非上市公众公司监管问答——定向发行(一)

问:申报材料中"申请人最近2年及1期的财务报告及其审计报告"的具体要求?

答:根据《非上市公众公司信息披露内容与格式准则第4号——定向发行申请文件》,申请定向发行行政许可需要提交挂牌公司最近两年及一期财务报告及其审计报告,其中年度财务报告应当经过具有证券期货相关业务资格的会计师事务所审计。财务报告在最近一期截止日后6个月内有效,特殊情况下,可以申请延长,但延长期至多不超过一个月。申请行政许可提交的财务报告应当是公开披露的定期报告。

为满足挂牌公司的融资需求,防止年度报告、半年度报告披露前因财务报告有效期问题影响融资安排,鼓励有持续融资安排的挂牌公司自愿披露季度报告。

非上市公众公司监管问答——定向发行(二)

问:非上市公众公司是否可以向持股平台、员工持股计划定向发行股份,有何具体要求?

答:根据《非上市公众公司监督管理办法》相关规定,为保障股权清晰、防范融资风险,单纯以认购股份为目的而设立的公司法人、合伙企业等持股平台,不具有实际经营业务的,不符合投资者适当性管理要求,不得参与非上市公众公司的股份发行。

全国中小企业股份转让系统挂牌公司设立的员工持股计划,认购私募股权基金、资产管理计划等接受证监会监管的金融产品,已经完成核准、备案程序并充分披露信息的,可以参与非上市公众公司定向发行。其中金融企业还应当符合《关于规范金融企业内部职工持股的通知》(财金〔2010〕97号)有关员工持股监管的规定。

公司债券发行与交易管理办法

第一章 总则

第一条 为了规范公司债券的发行、交易或转让行为,保护投资者的合法权益和社会公共利益,根据《证券法》、《公司法》和其他相关法律法规,制定本办法。

第二条 在中华人民共和国境内,公开发行公司债券并在证券交易所、全国中小企业股份转让系统交易或转让,非公开发行公司债券并按照本办法规定承销或自行销售、或在证券交易所、全国中小企业股份转让系统、机构间私募产品报价与服务系统、证券公司柜台转让的,适用本办法。法律法规和中国证券监督管理委员会(以下简称中国证监会)另有规定的,从其规定。本办法所称公司债券,是指公司依照法定程序发行、约定在一定期限还本付息的有价证券。

第三条 公司债券可以公开发行,也可以非公开发行。

第四条 发行人及其他信息披露义务人应当及时、公平地履行披露义务,所披露或者报送的信息必须真实、准确、完整，不得有虚假记载、误导性陈述或者重大遗漏。

第五条　发行人及其控股股东、实际控制人应当诚实守信，发行人的董事、监事、高级管理人员应当勤勉尽责，维护债券持有人享有的法定权利和债券募集说明书约定的权利。

第六条　债券募集说明书及其他信息披露文件所引用的审计报告、资产评估报告、评级报告，应当由具有从事证券服务业务资格的机构出具。债券募集说明书所引用的法律意见书，应当由律师事务所出具，并由两名执业律师和所在律师事务所负责人签署。

第七条　为公司债券发行提供服务的承销机构、资信评级机构、受托管理人、会计师事务所、资产评估机构、律师事务所等专业机构和人员应当勤勉尽责，严格遵守执业规范和监管规则，按规定和约定履行义务。

第八条　发行人、承销机构及其相关工作人员在发行定价和配售过程中，不得有违反公平竞争、进行利益输送、直接或间接谋取不正当利益以及其他破坏市场秩序的行为。

第九条　中国证监会对公司债券发行的核准或者中国证券业协会按照本办法对公司债券发行的备案，不表明其对发行人的经营风险、偿债风险、诉讼风险以及公司债券的投资风险或收益等作出判断或者保证。公司债券的投资风险，由投资者自行承担。

第十条　中国证监会依法对公司债券的公开发行、非公开发行及其交易或转让活动进行监督管理。证券自律组织可依照相关规定对公司债券的上市交易或转让、非公开发行及转让、承销、尽职调查、信用评级、受托管理及增信等进行自律管理。

证券自律组织应当制定相关业务规则，明确公司债券承销、备案、上市交易或转让、信息披露、投资者适当性管理、持有人会议及受托管理等具体规定，报中国证监会批准。

第二章　发行和交易转让

第一节　一般规定

第十一条　发行公司债券，发行人应当依照《公司法》或者公司章程相关规定对以下事项作出决议：

（一）发行债券的数量；

（二）发行方式；

（三）债券期限；

（四）募集资金的用途；

（五）决议的有效期；

（六）其他按照法律法规及公司章程规定需要明确的事项。发行公司债券，如果对增信机制、偿债保障措施作出安排的，也应当在决议事项中载明。

第十二条　上市公司、股票公开转让的非上市公众公司发行的公司债券，可以附认股权、可转换成相关股票等条款。上市公司、股票公开转让的非上市公众公司股东可以发行附可交换成上市公司或非上市公众公司股票条款的公司债券。商业银行等金融机构可以按照有关规定发行附减记条款的公司债券。上市公司发行附认股权、可转换成股票条款的公司债券，应当符合《上市公司证券发行管理办法》、《创业板上市公司证券发行管理暂行办法》的相关规定。股票公开转让的非上市公众公司发行附认股权、可转换成股票条款的公司债券，由中国证监会另行规定。

第十三条　发行人全体董事、监事、高级管理人员应当在债券募集说明书上签字，承诺不存在虚假记载、误导性陈述或者重大遗漏，并承担相应的法律责任，但是能够证明自己没有过错的除外。

第十四条　本办法所称合格投资者，应当具备相应的风险识别和承担能力，知悉并自行承担公司债券的投资风险，并符合下列资质条件：

（一）经有关金融监管部门批准设立的金融机构，包括证券公司、基金管理公司及其子公司、期货公司、商业银行、保险公司和信托公司等，以及经中国证券投资基金业协会（以下简称基金业协会）登记的私募基金管理人；

（二）上述金融机构面向投资者发行的理财产品，包括但不限于证券公司资产管理产品、基金及基金子公司产品、期货公司资产管理产品、银行理财产品、保险产品、信托产品以及经基金业协会备案的私募基金；

（三）净资产不低于人民币一千万元的企事业单位法人、合伙企业；

（四）合格境外机构投资者（QFII）、人民币合格境外机构投资者（RQFII）；

（五）社会保障基金、企业年金等养老基金，慈善基金等社会公益基金；

（六）名下金融资产不低于人民币三百万元的个人投资者；

（七）经中国证监会认可的其他合格投资者。

前款所称金融资产包括银行存款、股票、债券、基金份额、资产管理计划、银行理财产品、信托计划、保险产品、期货权益等；理财产品、合伙企业拟将主要资产投向单一债券，需要穿透核查最终投资者是否为合格投资者并合并计算投资者人数，具体标准由基金业协会规定。

证券自律组织可以在本办法规定的基础上，设定更为严格的合格投资者资质条件。

第十五条　公开发行公司债券，募集资金应当用于核准的用途；非公开发行公司债券，募集资金应当用于约定的用途。除金融类企业外，募集资金不得转借他人。发行人应当指定专项账户，用于公司债券募集资金的接收、存储、划转与本息偿付。

第二节　公开发行及交易

第十六条　公开发行公司债券，应当符合《证券法》、《公司法》的相关规定，经中国证监会核准。

第十七条　存在下列情形之一的，不得公开发行公司债券：

（一）最近三十六个月内公司财务会计文件存在虚假记载，或公司存在其他重大违法行为；

（二）本次发行申请文件存在虚假记载、误导性陈述或者重大遗漏；

（三）对已发行的公司债券或者其他债务有违约或者迟延支付本息的事实，仍处于继续状态；

（四）严重损害投资者合法权益和社会公共利益的其他情形。

第十八条　资信状况符合以下标准的公司债券可以向公众投资者公开发行，也可以自主选择仅面向合格投资者公开发行：

（一）发行人最近三年无债务违约或者迟延支付本息的事实；

（二）发行人最近三个会计年度实现的年均可分配利润不少于债券一年利息的 1.5 倍；

（三）债券信用评级达到 AAA 级；

（四）中国证监会根据投资者保护的需要规定的其他条

件。未达到前款规定标准的公司债券公开发行应当面向合格投资者;仅面向合格投资者公开发行的,中国证监会简化核准程序。

第十九条　公开发行公司债券,应当委托具有从事证业务资格的资信评级机构进行信用评级。

第二十条　发行人应当按照中国证监会信息披露内容与格式的有关规定编制和报送公开发行公司债券的申请文件。

第二十一条　中国证监会受理申请文件后,依法审核公开发行公司债券的申请,自受理发行申请文件之日起三个月内,作出是否核准的决定,并出具相关文件。发行申请核准后,公司债券发行结束前,发行人发生重大事项,导致可能不再符合发行条件的,应当暂缓或者暂停发行,并及时报告中国证监会。影响发行条件的,应当重新履行核准程序。承销机构应当勤勉履行核查义务,发现发行人存在前款规定情形的,应当立即停止承销,并督促发行人及时履行报告义务。

第二十二条　公开发行公司债券,可以申请一次核准,分期发行。自中国证监会核准发行之日起,发行人应当在十二个月内完成首期发行,剩余数量应当在二十四个月内发行完毕。公开发行公司债券的募集说明书自最后签署之日起六个月内有效。采用分期发行方式的,发行人应当在后续发行中及时披露更新后的债券募集说明书,并在每期发行完成后五个工作日内报中国证监会备案。

第二十三条　公开发行的公司债券,应当在依法设立的证券交易所上市交易,或在全国中小企业股份转让系统或者国务院批准的其他证券交易场所转让。

第二十四条　证券交易所、全国中小企业股份转让系对公开发行公司债券的上市交易或转让实施分类管理,实行差异化的交易机制,建立相应的投资者适当性管理制度,健全风险控制机制。证券交易所、全国中小企业股份转让系统应当根据债券资信状况的变化及时调整交易机制和投资者适当性安排。

第二十五条　公开发行公司债券申请上市交易或转让的,应当在发行前根据证券交易所、全国中小企业股份转让系统的相关规则,明确交易机制和交易环节投资者适当性安排。发行环节和交易环节的投资者适当性要求应当保持一致。

第三节　非公开发行及转让

第二十六条　非公开发行的公司债券应当向合格投资者发行,不得采用广告、公开劝诱和变相公开方式,每次发行对象不得超过二百人。第二十七条　发行人、承销机构应当按照中国证监会、证券自律组织规定的投资者适当性制度,了解和评估投资者对非公开发行公司债券的风险识别和承担能力,确认参与非公开发行公司债券认购的投资者为合格投资者,并充分揭示风险。

第二十八条　非公开发行公司债券是否进行信用评级由发行人确定,并在债券募集说明书中披露。

第二十九条　非公开发行公司债券,承销机构或依照本办法第三十三条规定自行销售的发行人应当在每次发行完成后五个工作日内向中国证券业协会备案。

中国证券业协会在材料齐备时应当及时予以备案。备案不代表中国证券业协会实行合规性审查,不构成市场准入,也不豁免相关主体的违规责任。

第三十条　非公开发行公司债券,可以申请在证券交易所、全国中小企业股份转让系统、机构间私募产品报价与服务系统、证券公司柜台转让。

第三十一条　非公开发行的公司债券仅限于合格投资者范围内转让。转让后,持有同次发行债券的合格投资者合计不得超过二百人。

第三十二条　发行人的董事、监事、高级管理人员及持股比例超过百分之五的股东,可以参与本公司非公开发行公司债券的认购与转让,不受本办法第十四条关于合格投资者资质条件的限制。

第四节　发行与承销管理

第三十三条　发行公司债券应当由具有证券承销业务资格的证券公司承销。

取得证券承销业务资格的证券公司、中国证券金融股份有限公司及中国证监会认可的其他机构非公开发行公司销售。

第三十四条　承销机构承销公司债券,应当依据本办法以及中国证监会、中国证券业协会有关尽职调查、风险控制和内部控制等相关规定,制定严格的风险管理制度和内部控制制度,加强定价和配售过程管理。

第三十五条　承销机构承销公司债券,应当依照《证券法》相关规定采用包销或者代销方式。

第三十六条　发行人和主承销商应当签订承销协议,在承销协议中界定双方的权利义务关系,约定明确的承销基数。采用包销方式的,应当明确包销责任。公开发行公司债券,依照法律、行政法规的规定应由承销团承销的,组成承销团的承销机构应当签订承销团协议,由主承销商负责组织承销工作。公司债券发行由两家以上承销机构联合主承销的,所有担任主承销商的承销机构应当共同承担主承销责任,履行相关义务。承销团由三家以上承销机构组成的,可以设副主承销商,协助主承销商组织承销活动。承销团成员应当按照承销团协议及承销协议的约定进行承销活动,不得进行虚假承销。

第三十七条　公司债券公开发行的价格或利率以询价或公开招标等市场化方式确定。发行人和主承销商应当协商确定公开发行的定价与配售方案并予公告,明确价格或利率确定原则、发行定价流程和配售规则等内容。

第三十八条　发行人和承销机构不得操纵发行定价、暗箱操作;不得以代持、信托等方式谋取不正当利益或向其他相关利益主体输送利益;不得直接或通过其利益相关方向参与认购的投资者提供财务资助;不得有其他违反公平竞争、破坏市场秩序等行为。

第三十九条　公开发行公司债券的,发行人和主承销商应当聘请律师事务所对发行过程、配售行为、参与认购的投资者资质条件、资金划拨等事项进行见证,并出具专项法律意见书。公开发行的公司债券上市后十个工作日内,主承销商应当将专项法律意见随同承销总结报告等文件一并报中国证监会。

第四十条　发行人和承销机构在推介过程中不得夸大宣传,或以虚假广告等不正当手段诱导、误导投资者,不得披露除债券募集说明书等信息以外的发行人其他信息。承销机构应当保留推介、定价、配售等承销过程中的相关资料,并按相关法律法规规定存档备查,包括推介宣传材料、路演现场录音等,如实、全面反映询价、定价和配售过程。相关推介、定价、配售等的备查资料应当按中国证券业协会的规定制作并妥善保管。

第四十一条　中国证券业协会应当制定非公开发行公司债券承销业务的风险控制管理规定,根据市场风险状况对承销业务范围进行限制并动态调整。

第三章 信息披露

第四十二条 发行人及其他信息披露义务人应当按照中国证监会及证券自律组织的相关规定履行信息披露义务。

第四十三条 公开发行公司债券的发行人应当按照规定及时披露债券募集说明书，并在债券存续期内披露中期报告和经具有从事证券服务业务资格的会计师事务所审计的年度报告。非公开发行公司债券的发行人信息披露的时点、内容，应当按照募集说明书的约定履行，相关信息披露文件应当由受托管理人向中国证券业协会备案。

第四十四条 公司债券募集资金的用途应当在债券募集说明书中披露。发行人应当在定期报告中披露公开发行公司债券募集资金的使用情况。非公开发行公司债券的，应当在债券募集说明书中约定募集资金使用情况的披露事宜。

第四十五条 公开发行公司债券的发行人应当及时披露债券存续期内发生可能影响其偿债能力或债券价格的重大事项。重大事项包括：

（一）发行人经营方针、经营范围或生产经营外部条件等发生重大变化；

（二）债券信用评级发生变化；

（三）发行人主要资产被查封、扣押、冻结；

（四）发行人发生未能清偿到期债务的违约情况；

（五）发行人当年累计新增借款或对外提供担保超过上年末净资产的百分之二十；

（六）发行人放弃债权或财产，超过上年末净资产的百分之十；

（七）发行人发生超过上年末净资产百分之十的重大损失；

（八）发行人作出减资、合并、分立、解散及申请破产的决定；

（九）发行人涉及重大诉讼、仲裁事项或受到重大行政处罚；

（十）保证人、担保物或者其他偿债保障措施发生重大变化；

（十一）发行人情况发生重大变化导致可能不符合公司债券上市条件；

（十二）发行人涉嫌犯罪被司法机关立案调查，发行人董事、监事、高级管理人员涉嫌犯罪被司法机关采取强制措施；

（十三）其他对投资者作出投资决策有重大影响的事项。

第四十六条 资信评级机构为公开发行公司债券进行信用评级，应当符合以下规定：

（一）按照规定或约定将评级信息告知发行人，并及时向市场公布首次评级报告、定期和不定期跟踪评级报告；

（二）在债券有效存续期间，应当每年至少向市场公布一次定期跟踪评级报告；

（三）应充分关注可能影响评级对象信用等级的所有重大因素，及时向市场公布信用等级调整及其他与评级相关的信息变动情况，并向证券交易所或其他证券交易场所报告。

第四十七条 公开发行公司债券的发行人及其他信息披露义务人应当将披露的信息刊登在其债券交易场所的互联网网站，同时将披露的信息或信息摘要刊登在至少一种中国证监会指定的报刊，供公众查阅。

第四章 债券持有人权益保护

第四十八条 发行公司债券的，发行人应当为债券持有人聘请债券受托管理人，并订立债券受托管理协议；在债券存续期限内，由债券受托管理人按照规定或协议的约定维护债券持有人的利益。

发行人应当在债券募集说明书中约定，投资者认购或持有本期公司债券视作同意债券受托管理协议、债券持有人会议规则及债券募集说明书中其他有关发行人、债券持有人权利义务的相关约定。

第四十九条 债券受托管理人由本次发行的承销机构或其他经中国证监会认可的机构担任。债券受托管理人应当为中国证券业协会会员。为本次发行提供担保的机构不得担任本次债券发行的受托管理人。债券受托管理人应当勤勉尽责，公正履行受托管理职责，不得损害债券持有人利益。对于债券受托管理人在履行受托管理职责时可能存在的利益冲突情形及相关风险防范、解决机制，发行人应当在债券募集说明书及债券存续期间的信息披露文件中予以充分披露，并同时在债券受托管理协议中载明。

第五十条 公开发行公司债券的受托管理人应当履行下列职责：

（一）持续关注发行人和保证人的资信状况、担保物状况、增信措施及偿债保障措施的实施情况，出现可能影响债券持有人重大权益的事项时，召集债券持有人会议；

（二）在债券存续期内监督发行人募集资金的使用情况；

（三）对发行人的偿债能力和增信措施的有效性进行全面调查和持续关注，并至少每年向市场公告一次受托管理事务报告；

（四）在债券存续期内持续督导发行人履行信息披露义务；

（五）预计发行人不能偿还债务时，要求发行人追加担保，并可以依法申请法定机关采取财产保全措施；

（六）在债券存续期内勤勉处理债券持有人与发行人之间的谈判或者诉讼事务；

（七）发行人为债券设定担保的，债券受托管理协议可以约定担保财产为信托财产，债券受托管理人应在债券发行前或债券募集说明书约定的时间内取得担保的权利证明或其他有关文件，并在担保期间妥善保管；

（八）发行人不能偿还债务时，可以接受全部或部分债券持有人的委托，以自己名义代表债券持有人提起民事诉讼、参与重组或者破产的法律程序。

第五十一条 受托管理人因涉嫌债券承销活动中违法违规正在接受中国证监会调查或出现中国证监会认定的其他不再适合担任受托管理人情形的，在依据本办法第五十五条第（三）项变更受托管理人之前，中国证监会可以临时指定中证中小投资者服务中心有限责任公司承担受托管理职责，直至债券持有人会议选任出新的受托管理人为止。

第五十二条 非公开发行公司债券的，债券受托管理人应当按照债券受托管理协议的约定履行职责。

第五十三条 受托管理人为履行受托管理职责，有权代表债券持有人查询债券持有人名册及相关登记信息、专项账户中募集资金的存储与划转情况。证券登记结算机构应当予以配合。

第五十四条 发行公司债券，应当在债券募集说明书中约定债券持有人会议规则。

债券持有人会议规则应当公平、合理。债券持有人会议规则应当明确债券持有人通过债券持有人会议行使权利的范围，债券持有人会议的召集、通知、决策机制和其他重要事项。

债券持有人会议按照本办法的规定及会议规则的程序要求所形成的决议对全体债券持有人有约束力。

第五十五条　存在下列情形的，债券受托管理人应当召集债券持有人会议：

（一）拟变更债券募集说明书的约定；

（二）拟修改债券持有人会议规则；

（三）拟变更债券受托管理人或受托管理协议的主要内容；

（四）发行人不能按期支付本息；

（五）发行人减资、合并、分立、解散或者申请破产；

（六）保证人、担保物或者其他偿债保障措施发生重大变化；

（七）发行人、单独或合计持有本期债券总额百分之十以上的债券持有人书面提议召开；

（八）发行人管理层不能正常履行职责，导致发行人债务清偿能力面临严重不确定性，需要依法采取行动的；

（九）发行人提出债务重组方案的；

（十）发生其他对债券持有人权益有重大影响的事项。在债券受托管理人应当召集而未召集债券持有人会议时，单独或合计持有本期债券总额百分之十以上的债券持有人有权自行召集债券持有人会议。

第五十六条　发行人可采取内外部增信机制、偿债保障措施，提高偿债能力，控制公司债券风险。内外部增信机制、偿债保障措施包括但不限于下列方式：

（一）第三方担保；

（二）商业保险；

（三）资产抵押、质押担保；

（四）限制发行人债务及对外担保规模；

（五）限制发行人对外投资规模；

（六）限制发行人向第三方出售或抵押主要资产；

（七）设置债券回售条款。公司债券增信机构可以成为中国证券业协会会员。

第五十七条　发行人应当在债券募集说明书中约定构成债券违约的情形、违约责任及其承担方式以及公司债券发生违约后的诉讼、仲裁或其他争议解决机制。

第五章　监督管理和法律责任

第五十八条　对违反法律法规及本办法规定的机构和人员，中国证监会可采取责令改正、监管谈话、出具警示函、责令公开说明、责令参加培训、责令定期报告、认定为不适当人选、暂不受理与行政许可有关的文件等相关监管措施；依法应予行政处罚的，依照《证券法》、《行政处罚法》等法律法规和中国证监会的有关规定进行处罚；涉嫌犯罪的，依法移送司法机关，追究其刑事责任。

第五十九条　发行人、承销机构向不符合规定条件的投资者发行公司债券的，中国证监会可以对发行人、承销机构及其直接负责的主管人员和其他直接责任人员采取本办法第五十八条规定的相关监管措施；情节严重的，处以警告、罚款。

第六十条　非公开发行公司债券，发行人违反本办法第十五条规定的，中国证监会可以对发行人及其直接负责的主管人员和其他直接责任人员采取本办法第五十八条规定的相关监管措施；情节严重的，处以警告、罚款。

第六十一条　承销机构承销未经核准擅自公开发行的公司债券的，中国证监会可以采取十二至三十六个月暂不受理其证券承销业务有关文件等监管措施；对其直接负责的主管人员和其他直接责任人员，可以采取本办法第五十八条规定的相关监管措施。

第六十二条　除中国证监会另有规定外，承销或自行销售非公开发行公司债券未按规定进行备案的，中国证监会可以对承销机构及其直接负责的主管人员和其他直接责任人员采取本办法第五十八条规定的相关监管措施；情节严重的，处以警告、罚款。

第六十三条　承销机构在承销公司债券过程中，有下列行为之一的，中国证监会可以对承销机构及其直接负责的主管人员和其他直接责任人员采取本办法第五十八条规定的相关监管措施；情节严重的，可以对承销机构采取三至十二个月暂不受理其证券承销业务有关文件的监管措施：

（一）以不正当竞争手段招揽承销业务；

（二）从事本办法第三十八条规定禁止的行为；

（三）从事本办法第四十条规定禁止的行为；

（四）未按本办法及相关规定要求披露有关文件；

（五）未按照事先披露的原则和方式配售公司债券，或其他未依照披露文件实施的行为；

（六）未按照本办法及相关规定要求保留推介、定价、配售等承销过程中相关资料；

（七）其他违反承销业务规定的行为。

第六十四条　发行人有下列行为之一的，中国证监会可以对发行人及其直接负责的主管人员和其他直接责任人员采取本办法第五十八条规定的相关监管措施：

（一）从事本办法第三十八条规定禁止的行为；

（二）从事本办法第四十条规定禁止的行为；

（三）其他违反承销业务规定的行为。

第六十五条　非公开发行公司债券，发行人及其他信息披露义务人未按规定披露信息，或者所披露的信息存在虚假记载、误导性陈述或者重大遗漏的，依照《证券法》和中国证监会有关规定处理，对发行人、其他信息披露义务人及其直接负责的主管人员和其他直接责任人员可以采取本办法第五十八条规定的相关监管措施；情节严重的，处以警告、罚款。

第六十六条　发行人、债券受托管理人等违反本办法规定，损害债券持有人权益的，中国证监会可以对发行人、受托管理人及其直接负责的主管人员和其他直接责任人员采取本办法第五十八条规定的相关监管措施；情节严重的，处以警告、罚款。

第六十七条　发行人的控股股东滥用公司法人独立东有限责任，损害债券持有人利益的，应当依法对公司债务承担连带责任。

第六章　附则

第六十八条　公开发行公司债券，应当由中国证券登记结算有限责任公司统一登记。公开发行公司债券的结算业务及非公开发行公司债券的登记结算业务，应当由中国证券登记结算有限责任公司或中国证监会认可的其他机构办理。其他机构办理公司债券登记结算业务的，应当将登记、结算数据报送中国证券登记结算有限责任公司。

第六十九条　本办法规定的发行人不包括地方政府融资平台公司。

第七十条　证券公司和其他金融机构次级债券的发行、交易或转让，适用本办法。境外注册公司在中国证监会监管的债券交易场所的债券发行、交易或转让，参照适用本办法。

第七十一条　本办法所称证券自律组织包括证券交易所、全国中小企业股份转让系统、中国证券业协会以及中国证监会认定的其他自律组织。

第七十二条　在区域性股权交易市场非公开发行与转让公司债券的管理办法，由中国证监会另行规定。

第七十三条　本办法自公布之日起施行。《证券公司债券管理暂行办法》（证监会令第15号）、《关于修订〈证券公司债券管理暂行办法〉的决定》（证监会令第25号）、《关于发布〈证券公司债券管理暂行办法〉五个配套文件的通知》（证监发行字〔2003〕106号）、《公司债券发行试点办法》（证监会令第49号）、《关于实施〈公司债券发行试点办法〉有关事项的通知》（证监发〔2007〕112号）、《关于创业板上市公司非公开发行债券有关事项的公告》（证监会公告〔2011〕29号）同时废止。

关于上市公司股息红利差别化个人所得税政策有关问题的通知

财税〔2015〕101号

各省、自治区、直辖市、计划单列市财政厅（局）、国家税务局、地方税务局，新疆生产建设兵团财务局，上海、深圳证券交易所，全国中小企业股份转让系统有限责任公司，中国证券登记结算公司：

经国务院批准，现就上市公司股息红利差别化个人所得税政策等有关问题通知如下：

一、个人从公开发行和转让市场取得的上市公司股票，持股期限超过1年的，股息红利所得暂免征收个人所得税。

个人从公开发行和转让市场取得的上市公司股票，持股期限在1个月以内（含1个月）的，其股息红利所得全额计入应纳税所得额；持股期限在1个月以上至1年（含1年）的，暂减按50%计入应纳税所得额；上述所得统一适用20%的税率计征个人所得税。

二、上市公司派发股息红利时，对个人持股1年以内（含1年）的，上市公司暂不扣缴个人所得税；待个人转让股票时，证券登记结算公司根据其持股期限计算应纳税额，由证券公司等股份托管机构从个人资金账户中扣收并划付证券登记结算公司，证券登记结算公司应于次月5个工作日内划付上市公司，上市公司在收到税款当月的法定申报期内向主管税务机关申报缴纳。

三、上市公司股息红利差别化个人所得税政策其他有关操作事项，按照《财政部 国家税务总局 证监会关于实施上市公司股息红利差别化个人所得税政策有关问题的通知》（财税〔2012〕85号）的相关规定执行。

四、全国中小企业股份转让系统挂牌公司股息红利差别化个人所得税政策，按照本通知规定执行。其他有关操作事项，按照《财政部国家税务总局 证监会关于实施全国中小企业股份转让系统挂牌公司股息红利差别化个人所得税政策有关问题的通知》（财税〔2014〕48号）的相关规定执行。

五、本通知自2015年9月8日起施行。

上市公司派发股息红利，股权登记日在2015年9月8日之后的，股息红利所得按照本通知的规定执行。本通知实施之日个人投资者证券账户已持有的上市公司股票，其持股时间自取得之日起计算。

财政部 国家税务总局 证监会

2015年9月7日

关于加强非上市公众公司监管工作的指导意见

加强非上市公众公司监管，对于贯彻党的十八大和十八届三中、四中全会精神，落实《国务院关于进一步促进资本市场健康发展的若干意见》要求，推动资本市场改革和监管转型，鼓励大众创业、万众创新，支持中小微企业发展，促进我国经济提质增效升级具有重要意义。根据《证券法》、《公司法》、《国务院关于全国中小企业股份转让系统有关问题的决定》（以下简称《国务院决定》）以及《非上市公众公司监督管理办法》（以下简称《管理办法》），现就加强非上市公众公司监管工作，进一步规范各类市场主体行为提出如下指导意见。

一、总体要求

（一）总体思路。按照资本市场改革和监管转型的要求，坚持市场化、法治化方向，以信息披露为本，以公司自治和市场约束为基础，强化对市场主体规范要求，增强自律组织权责，明确监管系统内部分工，构建职责明确、分工清晰、信息共享、协同高效的非上市公众公司监管体系，保护投资者合法权益，提升资本市场服务实体经济的能力。

（二）基本原则。一是依法明确行政监管与自律监管的内容与边界，两者不得相互替代、不得缺位越位。二是发挥市场作用，建立健全自律监管、中介督导、社会监督为一体的市场约束机制，能够通过自律、市场、公司自治解决的事项，行政力量原则上不介入。三是建立健全事中事后监管机制，强化行政执法，坚决查处欺诈、虚假披露、内幕交易、操纵市场等违法违规行为。

二、规范市场主体行为，强化合规意识和法律责任

（一）非上市公众公司及相关信息披露义务人应当遵守《公司法》、《证券法》、《管理办法》等法律法规，诚实守信，切实履行公众公司的各项义务，接受监督管理。非上市公众公司是信息披露第一责任人，要严格履行信息披露义务，不得有虚假记载、误导性陈述或重大遗漏，并对信息披露违法违规行为承担法律责任。要完善法人治理及内控体系，规范股东大会、董事会、监事会的运作。充分发挥公司章程在公司治理、纠纷解决中的作用，规范股东间的权利义务，确保所有股东，特别是中小股东充分行使权利。依法进行股票转让、定向发行、资产重组等活动。

未在全国中小企业股份转让系统（以下简称全国股转系统）挂牌的非上市公众公司（以下简称不挂牌公司），包括自愿纳入监管的历史遗留股东人数超过200人的股份公司（以下简称200人公司），以及经中国证监会核准通过定向发行或转让导致股东累计超过200人的股份公司，除按照《管理办法》履行公众公司信息披露等义务外，还应当遵守以下规定：明确信息披露方式，选择在非上市公众公司信息披露网站、公司网站及其他公众媒体披露股份变更、定期报告等信息，同时报中国证监会派出机构（以下简称派出机构）存档；选择在中国证券登记结算公司、证券公司或者符合规定的区域性股权市场或托管机构登记托管股份；不得采用公开方式向社会公众转让股份，也不得在未经国务院批准的证券交易场所转让股份，未经批准不得擅自发行股票。

（二）主办券商、证券服务机构等中介机构应当勤勉尽责、诚实守信，严格履行法定职责，遵守法律法规和行业规范，对所出具文件的真实性、准确性、完整性负责，对虚假记载、误导性陈述或者重大遗漏承担法律责任；要强化合规及风控管理，规范各项业务流程，建立与全国股转系统业务模式相适应的管理架构。主办券商要严格依规开展尽职调查、履行内核程序，对其他中介机构出具的专业意见进行必要的核查；持续督导挂牌公司履行信息披露义务、完善公司治理；严格执行全国股转系统投资者适当性管理制度，加强投资者教育、保护和风险揭示。证券服务机构应当按照相关法律法规、执业准则的要求，依照内部控制制度和程序，核查和验证非上市公众公司的信息披露内容，出具专业意见。

（三）全国股转系统要按照法律法规和自律规则，严格履行自律监管职责，并接受中国证监会监管；制定完善挂牌公司、中介机构的自律监管规则并组织实施；完善内部管理制度，规范工作流程，防范利益冲突；提高自律监管的透明度，定期披露自律监管信息；对于法律法规和行政规章未作规定的事项，可组织制定会员公约或自律规则，确保市场健康发展。

三、明确监管分工，加强对全国股转系统挂牌公司的监管

行政监管机构和自律组织要归位尽责，依法对全国股转系统挂牌公司履行行政执法和自律监管职责，对挂牌公司等各类市场主体进行持续监管。

（一）中国证监会按照证券集中统一监管体制的要求，履行牵头抓总职能，指导、协调、督促、检查派出机构、全国股转系统的监管工作。主要包括：建立健全非上市公众公司监管制度体系，统筹监管制度与自律规则之间的衔接，评估监管制度实施效果并适时修订完善；规范派出机构监管执法的程序、标准和要求；指导全国股转系统根据挂牌公司特点制定差异化的信息披露标准；依据《全国中小企业股份转让系统有限责任公司管理暂行办法》（以下简称《暂行办法》），对全国股转系统履行挂牌公司自律监管情况进行监督检查；完善挂牌公司并购重组中股票交易核查、立案即暂停的工作机制，防控内幕交易；组织协调挂牌公司重大监管行动、重大风险处置等工作；实现非上市公众公司行政许可的程序与内容全公开；统筹确定非上市公众公司、中介机构的培训政策和要求。

（二）派出机构的监管职责主要为：对辖区挂牌公司进行日常非现场监管，依托中央监管信息系统、全国股转系统信息系统、诚信数据库、工商部门企业信息公示系统等平台，掌握辖区挂牌公司的基本情况和监管信息；对辖区挂牌公司不作例行现场检查，以问题和风险为导向，根据发现的涉嫌违法违规线索，启动现场检查；检查中发现挂牌公司存在重大风险或涉嫌欺诈、虚假披露、内幕交易、操纵市场等违法违规行为的，采取监管措施或立案调查，实施行政处罚；检查中发现主办券商等中介机构涉嫌违法违规行为的，进行延伸检查，采取监管措施；检查中发现涉及自律监管范畴的问题，转全国股转系统处理；处理对辖区挂牌公司的投诉举报，属于违法违规线索的，启动行政执法程序。

（三）全国股转系统按照法律法规及《国务院决定》、《暂行办法》履行对挂牌公司的自律监管职责，主要包括：制定完善自律监管业务规则；审查挂牌公司申请事项；监督挂牌公司及其他信息披露义务人完整、准确、及时地披露信息；执行挂牌公司申请文件申报即披露、即担责的制度，发现申报不实的，采取自律监管措施或提请中国证监会查处；监督挂牌公司股票转让及相关活动；加强对“两网公司”（原 STAQ、NET 系统挂牌公司）和退市公司的自律监管；制定挂牌公司治理规则，建立完善挂牌公司监管档案，完善市场主体诚信管理机制；处理与挂牌公司相关的属于自律监管范畴的媒体质疑、投诉举报；建立健全调处争议纠纷及投资者补偿、赔偿制度；牵头组织实施对挂牌公司、中介机构的培训工作。规范挂牌公司和中介机构的行为，发现违反法律法规及业务规则的，采取自律监管措施；依法应当由中国证监会查处的，及时移交。

四、对不挂牌公司的监管

中国证监会依据《证券法》、《管理办法》履行对不挂牌公司股份管理、信息披露等行为的监管职责。

（一）派出机构负责不挂牌公司监管，监管内容以股份管理以及基本的信息披露为主。主要包括：依托中央监管信息系统、诚信数据库、工商部门企业信息公示系统等平台，掌握辖区不挂牌公司基本情况和监管信息；督促不挂牌公司遵守监管要求；处理对不挂牌公司的投诉举报；依法查处不挂牌公司违法违规行为；对未纳入监管的 200 人公司加强监测了解；加强与地方政府相关部门的协作，引导公司妥善解决存在的问题，经规范后支持其进入资本市场；配合地方政府，打击不挂牌公司和 200 人公司擅自发行股票的行为。

（二）中国证监会负责指导、监督派出机构对不挂牌公司实施监管。主要包括：制定完善不挂牌公司的监管制度安排；组织协调不挂牌公司重大监管行动、重大风险处置等工作；引导主动规范、自愿申请且符合条件的 200 人公司，通过证券交易所上市、全国股转系统挂牌、并购重组等方式进入资本市场。

五、加强协调，提高监管的系统性和协同性

（一）建立监管信息共享和公开机制。建立非上市公众公司监管信息子系统，并利用诚信数据库、工商部门企业信息公示系统等，实现监管过程记录留痕、监管信息互联互通。派出机构、全国股转系统按照各自职责，及时记录并更新相关监管信息。在监管信息系统正式运行前，建立中国证监会、派出机构、全国股转系统之间的监管信息通报制度，全国股转系统将挂牌公司基础信息、自律监管信息等通报派出机构。派出机构将挂牌公司现场检查、重大风险情况通报中国证监会、全国股转系统。中国证监会牵头建立完善非上市公众公司行政许可、重大监管措施、行政处罚等信息公开公示制度，提升监管透明度；组织开展监管工作交流与培训。

（二）建立监管协作机制以及重大事项会商处置机制

建立完善监管协作事项的对接机制。全国股转系统可以就需要监管系统相关单位协助的事项提出请求，相关单位应当予以支持；监管系统相关单位需要全国股转系统协助的事项，全国股转系统应当予以配合。

建立完善重大风险和突发事件应急处置机制。非上市公众公司发生突发事件或重大风险，派出机构、全国股转系统按照各自职责第一时间采取应对措施，并及时报告中国证监会和地方政府。

（三）加强非上市公众公司日常监管与稽查执法的协调。中国证监会制定有关非上市公众公司立案稽查、处罚认定的标准，明确线索移送、稽查介入、信息反馈等流程，建立相关监管措施、立案、调查、审理、行政处罚的通报机制，做好行政监管机构与自律监管组织之间的工作衔接。

（四）做好非上市公众公司监管与中介机构监管的衔接。中国证监会对参与全国股转系统相关业务的中介机构实施监管，通过检查、考核、诚信管理等制度安排，落实中介机构法律责任。全国股转系统会同中国证券业协会等单位，监督主办券商从事全国股转系统相关业务的执业行为，发现主办券商涉嫌违反法律法规和自律规则的，采取自律管理措施，并报告中国证监会；建立完善对中介机构从事相关业务的自律管理及执业评价制度；做好对主办券商的培训工作。

（五）中国证监会及派出机构要依法履行行政监管职责，做到“法无授权不可为”、“法定职责必须为”。派出机构要按照中国证监会统一部署，做好非上市公众公司监管执法工作，对各类违法违规行为及时制止、及时查处。要支持全国股转系统和相关自律组织对非上市公众公司的自律监管，与行政监管形成合力。

优先股试点管理办法

第一章　总则

第一条　为规范优先股发行和交易行为，保护投资者合法权益，根据《公司法》、《证券法》、《国务院关于开展优先股试点的指导意见》及相关法律法规，制定本办法。

第二条　本办法所称优先股是指依照《公司法》，在一般规定的普通种类股份之外，另行规定的其他种类股份，其股份持有人优先于普通股股东分配公司利润和剩余财产，但参与公司决策管理等权利受到限制。

第三条　上市公司可以发行优先股，非上市公众公司可以非公开发行优先股。

第四条　优先股试点应当符合《公司法》、《证券法》、《国务院关于开展优先股试点的指导意见》和本办法的相关规定，并遵循公开、公平、公正的原则，禁止欺诈、内幕交易和操纵市场的行为。

第五条　证券公司及其他证券服务机构参与优先股试点，应当遵守法律法规及中国证券监督管理委员会（以下简称中国证监会）相关规定，遵循行业公认的业务标准和行为规范，诚实守信、勤勉尽责。

第六条　试点期间不允许发行在股息分配和剩余财产分配上具有不同优先顺序的优先股，但允许发行在其他条款上具有不同设置的优先股。

同一公司既发行强制分红优先股，又发行不含强制分红条款优先股的，不属于发行在股息分配上具有不同优先顺序的优先股。

第七条　相同条款的优先股应当具有同等权利。同次发行的相同条款优先股，每股发行的条件、价格和票面股息率应当相同；任何单位或者个人认购的股份，每股应当支付相同价额。

第二章　优先股股东权利的行使

第八条　发行优先股的公司除按《国务院关于开展优先股试点的指导意见》制定章程有关条款外，还应当按本办法在章程中明确优先股股东的有关权利和义务。

第九条　优先股股东按照约定的股息率分配股息后，有权同普通股股东一起参加剩余利润分配的，公司章程应明确优先股股东参与剩余利润分配的比例、条件等事项。

第十条　出现以下情况之一的，公司召开股东大会会议应通知优先股股东，并遵循《公司法》及公司章程通知普通股股东的规定程序。优先股股东有权出席股东大会会议，就以下事项与普通股股东分类表决，其所持每一优先股有一表决权，但公司持有的本公司优先股没有表决权：

（一）修改公司章程中与优先股相关的内容；

（二）一次或累计减少公司注册资本超过百分之十；

（三）公司合并、分立、解散或变更公司形式；

（四）发行优先股；

（五）公司章程规定的其他情形。

上述事项的决议，除须经出席会议的普通股股东（含表决权恢复的优先股股东）所持表决权的三分之二以上通过之外，还须经出席会议的优先股股东（不含表决权恢复的优先股股东）所持表决权的三分之二以上通过。

第十一条　公司股东大会可授权公司董事会按公司章程的约定向优先股支付股息。公司累计三个会计年度或连续两个会计年度未按约定支付优先股股息的，股东大会批准当年不按约定分配利润的方案次日起，优先股股东有权出席股东大会与普通股股东共同表决，每股优先股股份享有公司章程规定的一定比例表决权。

对于股息可累积到下一会计年度的优先股，表决权恢复直至公司全额支付所欠股息。对于股息不可累积的优先股，表决权恢复直至公司全额支付当年股息。公司章程可规定优先股表决权恢复的其他情形。

第十二条　优先股股东有权查阅公司章程、股东名册、公司债券存根、股东大会会议记录、董事会会议决议、监事会会议决议、财务会计报告。

第十三条　发行人回购优先股包括发行人要求赎回优先股和投资者要求回售优先股两种情况，并应在公司章程和招股文件中规定其具体条件。发行人要求赎回优先股的，必须完全支付所欠股息，但商业银行发行优先股补充资本的除外。优先股回购后相应减记发行在外的优先股股份总数。

第十四条　公司董事、监事、高级管理人员应当向公司申报所持有的本公司优先股及其变动情况，在任职期间每年转让的股份不得超过其所持本公司优先股股份总数的百分之二十五。公司章程可以对公司董事、监事、高级管理人员转让其所持有的本公司优先股股份作出其他限制性规定。

第十五条　除《国务院关于开展优先股试点的指导意见》规定的事项外，计算股东人数和持股比例时应分别计算普通股和优先股。

第十六条　公司章程中规定优先股采用固定股息率的，可以在优先股存续期内采取相同的固定股息率，或明确每年的固定股息率，各年度的股息率可以不同；公司章程中规定优先股采用浮动股息率的，应当明确优先股存续期内票面股息率的计算方法。

第三章　上市公司发行优先股

第一节　一般规定

第十七条　上市公司应当与控股股东或实际控制人的人员、资产、财务分开，机构、业务独立。

第十八条　上市公司内部控制制度健全，能够有效保证公司运行效率、合法合规和财务报告的可靠性，内部控制的有效性应当不存在重大缺陷。

第十九条　上市公司发行优先股，最近三个会计年度实现的年均可分配利润应当不少于优先股一年的股息。

第二十条　上市公司最近三年现金分红情况应当符合公司章程及中国证监会的有关监管规定。

第二十一条　上市公司报告期不存在重大会计违规事项。公开发行优先股，最近三年财务报表被注册会计师出具的审计报告应当为标准审计报告或带强调事项段的无保留意见的审计报告；非公开发行优先股，最近一年财务报表被注册会计师出具的审计报告为非标准审计报告的，所涉及事项对公司无重大不利影响或者在发行前重大不利影响已经消除。

第二十二条　上市公司发行优先股募集资金应有明确用途,与公司业务范围、经营规模相匹配,募集资金用途符合国家产业政策和有关环境保护、土地管理等法律和行政法规的规定。

除金融类企业外,本次募集资金使用项目不得为持有交易性金融资产和可供出售的金融资产、借予他人等财务性投资,不得直接或间接投资于以买卖有价证券为主要业务的公司。

第二十三条　上市公司已发行的优先股不得超过公司普通股股份总数的百分之五十,且筹资金额不得超过发行前净资产的百分之五十,已回购、转换的优先股不纳入计算。

第二十四条　上市公司同一次发行的优先股,条款应当相同。每次优先股发行完毕前,不得再次发行优先股。

第二十五条　上市公司存在下列情形之一的,不得发行优先股:

(一)本次发行申请文件有虚假记载、误导性陈述或重大遗漏;

(二)最近十二个月内受到过中国证监会的行政处罚;

(三)因涉嫌犯罪正被司法机关立案侦查或涉嫌违法违规正被中国证监会立案调查;

(四)上市公司的权益被控股股东或实际控制人严重损害且尚未消除;

(五)上市公司及其附属公司违规对外提供担保且尚未解除;

(六)存在可能严重影响公司持续经营的担保、诉讼、仲裁、市场重大质疑或其他重大事项;

(七)其董事和高级管理人员不符合法律、行政法规和规章规定的任职资格;

(八)严重损害投资者合法权益和社会公共利益的其他情形。

第二节　公开发行的特别规定

第二十六条　上市公司公开发行优先股,应当符合以下情形之一:

(一)其普通股为上证50指数成份股;

(二)以公开发行优先股作为支付手段收购或吸收合并其他上市公司;

(三)以减少注册资本为目的回购普通股的,可以公开发行优先股作为支付手段,或者在回购方案实施完毕后,可公开发行不超过回购减资总额的优先股。

中国证监会核准公开发行优先股后不再符合本条第(一)项情形的,上市公司仍可实施本次发行。

第二十七条　上市公司最近三个会计年度应当连续盈利。扣除非经常性损益后的净利润与扣除前的净利润相比,以孰低者作为计算依据。

第二十八条　上市公司公开发行优先股应当在公司章程中规定以下事项:

(一)采取固定股息率;

(二)在有可分配税后利润的情况下必须向优先股股东分配股息;

(三)未向优先股股东足额派发股息的差额部分应当累积到下一会计年度;

(四)优先股股东按照约定的股息率分配股息后,不再同普通股股东一起参加剩余利润分配。

商业银行发行优先股补充资本的,可就第(二)项和第(三)项事项另行约定。

第二十九条　上市公司公开发行优先股的,可以向原股东优先配售。

第三十条　除本办法第二十五条的规定外,上市公司最近三十六个月内因违反工商、税收、土地、环保、海关法律、行政法规或规章,受到行政处罚且情节严重的,不得公开发行优先股。

第三十一条　上市公司公开发行优先股,公司及其控股股东或实际控制人最近十二个月内应当不存在违反向投资者作出的公开承诺的行为。

第三节　其他规定

第三十二条　优先股每股票面金额为一百元。

优先股发行价格和票面股息率应当公允、合理,不得损害股东或其他利益相关方的合法利益,发行价格不得低于优先股票面金额。

公开发行优先股的价格或票面股息率以市场询价或证监会认可的其他公开方式确定。非公开发行优先股的票面股息率不得高于最近两个会计年度的年均加权平均净资产收益率。

第三十三条　上市公司不得发行可转换为普通股的优先股。但商业银行可根据商业银行资本监管规定,非公开发行触发事件发生时强制转换为普通股的优先股,并遵守有关规定。

第三十四条　上市公司非公开发行优先股仅向本办法规定的合格投资者发行,每次发行对象不得超过二百人,且相同条款优先股的发行对象累计不得超过二百人。

发行对象为境外战略投资者的,还应当符合国务院相关部门的规定。

第四节　发行程序

第三十五条　上市公司申请发行优先股,董事会应当按照中国证监会有关信息披露规定,公开披露本次优先股发行预案,并依法就以下事项作出决议,提请股东大会批准。

(一)本次优先股的发行方案;

(二)非公开发行优先股且发行对象确定的,上市公司与相应发行对象签订的附条件生效的优先股认购合同。认购合同应当载明发行对象拟认购优先股的数量、认购价格或定价原则、票面股息率或其确定原则,以及其他必要条款。认购合同应当约定发行对象不得以竞价方式参与认购,且本次发行一经上市公司董事会、股东大会批准并经中国证监会核准,该合同即应生效;

(三)非公开发行优先股且发行对象尚未确定的,决议应包括发行对象的范围和资格、定价原则、发行数量或数量区间。

上市公司的控股股东、实际控制人或其控制的关联人参与认购本次非公开发行优先股的,按照前款第(二)项执行。

第三十六条　上市公司独立董事应当就上市公司本次发行对公司各类股东权益的影响发表专项意见,并与董事会决议一同披露。

第三十七条　上市公司股东大会就发行优先股进行审议,应当就下列事项逐项进行表决:

(一)本次发行优先股的种类和数量;

(二)发行方式、发行对象及向原股东配售的安排;

(三)票面金额、发行价格或其确定原则;

(四)优先股股东参与分配利润的方式,包括:票面股息率或其确定原则、股息发放的条件、股息支付方式、股息是否累积、是否可以参与剩余利润分配等;

(五)回购条款,包括回购的条件、期间、价格及其确定原则、回购选择权的行使主体等(如有);

（六）募集资金用途；

（七）公司与发行对象签订的附条件生效的优先股认购合同（如有）；

（八）决议的有效期；

（九）公司章程关于优先股股东和普通股股东利润分配、剩余财产分配、优先股表决权恢复等相关政策条款的修订方案；

（十）对董事会办理本次发行具体事宜的授权；

（十一）其他事项。

上述决议，须经出席会议的普通股股东（含表决权恢复的优先股股东）所持表决权的三分之二以上通过。已发行优先股的，还须经出席会议的优先股股东（不含表决权恢复的优先股股东）所持表决权的三分之二以上通过。上市公司向公司特定股东及其关联人发行优先股的，股东大会就发行方案进行表决时，关联股东应当回避。

第三十八条　上市公司就发行优先股事项召开股东大会，应当提供网络投票，还可以通过中国证监会认可的其他方式为股东参加股东大会提供便利。

第三十九条　上市公司申请发行优先股应当由保荐人保荐并向中国证监会申报，其申请、审核、核准、发行等相关程序参照《上市公司证券发行管理办法》和《证券发行与承销管理办法》的规定。发审委会议按照《中国证券监督管理委员会发行审核委员会办法》规定的特别程序，审核发行申请。

第四十条　上市公司发行优先股，可以申请一次核准，分次发行，不同次发行的优先股除票面股息率外，其他条款应当相同。自中国证监会核准发行之日起，公司应在六个月内实施首次发行，剩余数量应当在二十四个月内发行完毕。超过核准文件时限的，须申请中国证监会重新核准。首次发行数量应当不少于总发行数量的百分之五十，剩余各次发行的数量由公司自行确定，每次发行完毕后五个工作日内报中国证监会备案。

第四章　非上市公众公司非公开发行优先股

第四十一条　非上市公众公司非公开发行优先股应符合下列条件：

（一）合法规范经营；

（二）公司治理机制健全；

（三）依法履行信息披露义务。

第四十二条　非上市公众公司非公开发行优先股应当遵守本办法第二十三条、第二十四条、第二十五条、第三十二条、第三十三条的规定。

第四十三条　非上市公众公司非公开发行优先股仅向本办法规定的合格投资者发行，每次发行对象不得超过二百人，且相同条款优先股的发行对象累计不得超过二百人。

第四十四条　非上市公众公司拟发行优先股的，董事会应依法就具体方案、本次发行对公司各类股东权益的影响、发行优先股的目的、募集资金的用途及其他必须明确的事项作出决议，并提请股东大会批准。

董事会决议确定具体发行对象的，董事会决议应当确定具体的发行对象名称及其认购价格或定价原则、认购数量或数量区间等；同时应在召开董事会前与相应发行对象签订附条件生效的股份认购合同。董事会决议未确定具体发行对象的，董事会决议应当明确发行对象的范围和资格、定价原则等。

第四十五条　非上市公众公司股东大会就发行优先股进行审议，表决事项参照本办法第三十七条执行。发行优先股决议，须经出席会议的普通股股东（含表决权恢复的优先股股东）所持表决权的三分之二以上通过。已发行优先股的，还须经出席会议的优先股股东（不含表决权恢复的优先股股东）所持表决权的三分之二以上通过。非上市公众公司向公司特定股东及其关联人发行优先股的，股东大会就发行方案进行表决时，关联股东应当回避，公司普通股股东（不含表决权恢复的优先股股东）人数少于二百人的除外。

第四十六条　非上市公众公司发行优先股的申请、审核（豁免）、发行等相关程序应按照《非上市公众公司监督管理办法》等相关规定办理。

第五章　交易转让及登记结算

第四十七条　优先股发行后可以申请上市交易或转让，不设限售期。

公开发行的优先股可以在证券交易所上市交易。上市公司非公开发行的优先股可以在证券交易所转让，非上市公众公司非公开发行的优先股可以在全国中小企业股份转让系统转让，转让范围仅限合格投资者。交易或转让的具体办法由证券交易所或全国中小企业股份转让系统另行制定。

第四十八条　优先股交易或转让环节的投资者适当性标准应当与发行环节保持一致；非公开发行的相同条款优先股经交易或转让后，投资者不得超过二百人。

第四十九条　中国证券登记结算公司为优先股提供登记、存管、清算、交收等服务。

第六章　信息披露

第五十条　公司应当按照中国证监会有关信息披露规则编制募集优先股说明书或其他信息披露文件，依法履行信息披露义务。上市公司相关信息披露程序和要求参照《上市公司证券发行管理办法》和《上市公司非公开发行股票实施细则》及有关监管指引的规定。非上市公众公司非公开发行优先股的信息披露程序和要求参照《非上市公众公司监督管理办法》及有关监管指引的规定。

第五十一条　发行优先股的公司披露定期报告时，应当以专门章节披露已发行优先股情况、持有公司优先股股份最多的前十名股东的名单和持股数额、优先股股东的利润分配情况、优先股的回购情况、优先股股东表决权恢复及行使情况、优先股会计处理情况及其他与优先股有关的情况，具体内容与格式由中国证监会规定。

第五十二条　发行优先股的上市公司，发生表决权恢复、回购普通股等事项，以及其他可能对其普通股或优先股交易或转让价格产生较大影响事项的，上市公司应当按照《证券法》第六十七条以及中国证监会的相关规定，履行临时报告、公告等信息披露义务。

第五十三条　发行优先股的非上市公众公司按照《非上市公众公司监督管理办法》及有关监管指引的规定履行日常信息披露义务。

第七章　回购与并购重组

第五十四条　上市公司可以非公开发行优先股作为支付手段，向公司特定股东回购普通股。上市公司回购普通股的价格应当公允、合理，不得损害股东或其他利益相关方的合法利益。

第五十五条　上市公司以减少注册资本为目的回购普通

股公开发行优先股的，以及以非公开发行优先股为支付手段向公司特定股东回购普通股的，除应当符合优先股发行条件和程序，还应符合以下规定：

（一）上市公司回购普通股应当由董事会依法作出决议并提交股东大会批准；

（二）上市公司股东大会就回购普通股作出的决议，应当包括下列事项：回购普通股的价格区间，回购普通股的数量和比例，回购普通股的期限，决议的有效期，对董事会办理本次回购股份事宜的具体授权，其他相关事项。以发行优先股作为支付手段的，应当包括拟用于支付的优先股总金额以及支付比例；回购方案实施完毕之日起一年内公开发行优先股的，应当包括回购的资金总额以及资金来源；

（三）上市公司股东大会就回购普通股作出决议，必须经出席会议的普通股股东（含表决权恢复的优先股股东）所持表决权的三分之二以上通过；

（四）上市公司应当在股东大会作出回购普通股决议后的次日公告该决议；

（五）依法通知债权人；

本办法未做规定的应当符合中国证监会有关上市公司回购的其他规定。

第五十六条　上市公司收购要约适用于被收购公司的所有股东，但可以针对优先股股东和普通股股东提出不同的收购条件。

第五十七条　上市公司可以按照《上市公司重大资产重组管理办法》规定的条件发行优先股购买资产，同时应当遵守本办法第三十三条，以及第三十五条至第三十八条的规定，依法披露有关信息、履行相应程序。

第五十八条　上市公司发行优先股作为支付手段购买资产的，可以同时募集配套资金。

第五十九条　非上市公众公司发行优先股的方案涉及重大资产重组的，应当符合中国证监会有关重大资产重组的规定。

第八章　监管措施和法律责任

第六十条　公司及其控股股东或实际控制人，公司董事、监事、高级管理人员以及其他直接责任人员，相关市场中介机构及责任人员，以及优先股试点的其他市场参与者违反本办法规定的，依照《公司法》、《证券法》和中国证监会的有关规定处理；涉嫌犯罪的，依法移送司法机关，追究其刑事责任。

第六十一条　上市公司、非上市公众公司违反本办法规定，存在未按规定制定有关章程条款、不按照约定召集股东大会恢复优先股股东表决权等损害优先股股东和中小股东权益等行为的，中国证监会应当责令改正，对上市公司、非上市公众公司和其直接负责的主管人员和其他直接责任人员，可以采取相应的行政监管措施以及警告、三万元以下罚款等行政处罚。

第六十二条　上市公司违反本办法第二十二条第二款规定的，中国证监会可以责令改正，并在三十六个月内不受理该公司的公开发行证券申请。

第六十三条　上市公司、非上市公众公司向本办法规定的合格投资者以外的投资者非公开发行优先股，中国证监会应当责令改正，并可以自确认之日起在三十六个月内不受理该公司的发行优先股申请。

第六十四条　承销机构在承销非公开发行的优先股时，将优先股配售给不符合本办法合格投资者规定的对象的，中国证监会可以责令改正，并在三十六个月内不接受其参与证券承销。

第九章　附则

第六十五条　本办法所称合格投资者包括：

（一）经有关金融监管部门批准设立的金融机构，包括商业银行、证券公司、基金管理公司、信托公司和保险公司等；

（二）上述金融机构面向投资者发行的理财产品，包括但不限于银行理财产品、信托产品、投连险产品、基金产品、证券公司资产管理产品等；

（三）实收资本或实收股本总额不低于人民币五百万元的企业法人；

（四）实缴出资总额不低于人民币五百万元的合伙企业；

（五）合格境外机构投资者（QFII）、人民币合格境外机构投资者（RQFII）、符合国务院相关部门规定的境外战略投资者；

（六）除发行人董事、高级管理人员及其配偶以外的，名下各类证券账户、资金账户、资产管理账户的资产总额不低于人民币五百万元的个人投资者；

（七）经中国证监会认可的其他合格投资者。

第六十六条　非上市公众公司首次公开发行普通股并同时非公开发行优先股的，其优先股的发行与信息披露应符合本办法中关于上市公司非公开发行优先股的有关规定。

第六十七条　注册在境内的境外上市公司在境外发行优先股，应当符合境外募集股份及上市的有关规定。

注册在境内的境外上市公司在境内发行优先股，参照执行本办法关于非上市公众公司发行优先股的规定，以及《非上市公众公司监督管理办法》等相关规定，其优先股可以在全国中小企业股份转让系统进行转让。

第六十八条　本办法下列用语含义如下：

（一）强制分红：公司在有可分配税后利润的情况下必须向优先股股东分配股息；

（二）可分配税后利润：发行人股东依法享有的未分配利润；

（三）加权平均净资产收益率：按照《公开发行证券的公司信息披露编报规则第9号——净资产收益率和每股收益的计算及披露》计算的加权平均净资产收益率；

（四）上证50指数：中证指数有限公司发布的上证50指数。

第六十九条　本办法中计算合格投资者人数时，同一资产管理机构以其管理的两只以上产品认购或受让优先股的，视为一人。

第七十条　本办法自公布之日起施行。

非上市公众公司收购管理办法

第一章　总则

第一条　为了规范非上市公众公司（以下简称公众公司）的收购及相关股份权益变动活动，保护公众公司和投资者的合法权益，维护证券市场秩序和社会公共利益，促进证券市场资源的优化配置，根据《证券法》、《公司法》、《国务院关于全国中小企业股份转让系统有关问题的决定》、《国务院关于进一步优化企业兼并重组市场环境的意见》及其他相关法律、行政法规，制定本办法。

第二条　股票在全国中小企业股份转让系统（以下简称全国股份转让系统）公开转让的公众公司，其收购及相关股份权益变动活动应当遵守本办法的规定。

第三条　公众公司的收购及相关股份权益变动活动，必须遵守法律、行政法规及中国证券监督管理委员会（以下简称中国证监会）的规定，遵循公开、公平、公正的原则。当事人应当诚实守信，遵守社会公德、商业道德，自觉维护证券市场秩序，接受政府、社会公众的监督。

第四条　公众公司的收购及相关股份权益变动活动涉及国家产业政策、行业准入、国有股份转让、外商投资等事项，需要取得国家相关部门批准的，应当在取得批准后进行。

第五条　收购人可以通过取得股份的方式成为公众公司的控股股东，可以通过投资关系、协议、其他安排的途径成为公众公司的实际控制人，也可以同时采取上述方式和途径取得公众公司控制权。

收购人包括投资者及其一致行动人。

第六条　进行公众公司收购，收购人及其实际控制人应当具有良好的诚信记录，收购人及其实际控制人为法人的，应当具有健全的公司治理机制。任何人不得利用公众公司收购损害被收购公司及其股东的合法权益。

有下列情形之一的，不得收购公众公司：

（一）收购人负有数额较大债务，到期未清偿，且处于持续状态；

（二）收购人最近 2 年有重大违法行为或者涉嫌有重大违法行为；

（三）收购人最近 2 年有严重的证券市场失信行为；

（四）收购人为自然人的，存在《公司法》第一百四十六条规定的情形；

（五）法律、行政法规规定以及中国证监会认定的不得收购公众公司的其他情形。

第七条　被收购公司的控股股东或者实际控制人不得滥用股东权利损害被收购公司或者其他股东的合法权益。

被收购公司的控股股东、实际控制人及其关联方有损害被收购公司及其他股东合法权益的，上述控股股东、实际控制人在转让被收购公司控制权之前，应当主动消除损害；未能消除损害的，应当就其出让相关股份所得收入用于消除全部损害做出安排，对不足以消除损害的部分应当提供充分有效的履约担保或安排，并提交被收购公司股东大会审议通过，被收购公司的控股股东、实际控制人及其关联方应当回避表决。

第八条　被收购公司的董事、监事、高级管理人员对公司负有忠实义务和勤勉义务，应当公平对待收购本公司的所有收购人。

被收购公司董事会针对收购所做出的决策及采取的措施，应当有利于维护公司及其股东的利益，不得滥用职权对收购设置不适当的障碍，不得利用公司资源向收购人提供任何形式的财务资助。

第九条　收购人按照本办法第三章、第四章的规定进行公众公司收购的，应当聘请具有财务顾问业务资格的专业机构担任财务顾问，但通过国有股行政划转或者变更、因继承取得股份、股份在同一实际控制人控制的不同主体之间进行转让、取得公众公司向其发行的新股、司法判决导致收购人成为或拟成为公众公司第一大股东或者实际控制人的情形除外。

收购人聘请的财务顾问应当勤勉尽责，遵守行业规范和职业道德，保持独立性，对收购人进行辅导，帮助收购人全面评估被收购公司的财务和经营状况；对收购人的相关情况进行尽职调查，对收购人披露的文件进行充分核查和验证；对收购事项客观、公正地发表专业意见，并保证其所制作、出具文件的真实性、准确性和完整性。在收购人公告被收购公司收购报告书至收购完成后 12 个月内，财务顾问应当持续督导收购人遵守法律、行政法规、中国证监会的规定、全国股份转让系统相关规则以及公司章程，依法行使股东权利，切实履行承诺或者相关约定。

财务顾问认为收购人利用收购损害被收购公司及其股东合法权益的，应当拒绝为收购人提供财务顾问服务。

第十条　公众公司的收购及相关股份权益变动活动中的信息披露义务人，应当依法严格履行信息披露和其他法定义务，并保证所披露的信息及时、真实、准确、完整，不得有虚假记载、误导性陈述或者重大遗漏。

信息披露义务人应当在全国股份转让系统指定的信息披露平台（以下简称指定网站）依法披露信息；在其他媒体上进行披露的，披露内容应当一致，披露时间不得早于指定网站的披露时间。在相关信息披露前，信息披露义务人及知悉相关信息的人员负有保密义务，禁止利用该信息进行内幕交易和从事证券市场操纵行为。

信息披露义务人依法披露前，相关信息已在媒体上传播或者公司股票转让出现异常的，公众公司应当立即向当事人进行查询，当事人应当及时予以书面答复，公众公司应当及时披露。

第十一条　中国证监会依法对公众公司的收购及相关股份权益变动活动进行监督管理。

全国股份转让系统应当制定业务规则，为公众公司的收购及相关股份权益变动活动提供服务，对相关证券转让活动进行实时监控，监督公众公司的收购及相关股份权益变动活动的信息披露义务人切实履行信息披露义务。

中国证券登记结算有限责任公司应当制定业务规则，为公众公司的收购及相关股份权益变动活动所涉及的证券登记、存管、结算等事宜提供服务。

第二章　权益披露

第十二条　投资者在公众公司中拥有的权益，包括登记在其名下的股份和虽未登记在其名下但该投资者可以实际支配表决权的股份。投资者及其一致行动人在公众公司中拥有的权益应当合并计算。

第十三条　有下列情形之一的，投资者及其一致行动人应当在该事实发生之日起 2 日内编制并披露权益变动报告书，报送全国股份转让系统，同时通知该公众公司；自该事实发生之日起至披露后 2 日内，不得再行买卖该公众公司的股票。

（一）通过全国股份转让系统的做市方式、竞价方式进行证券转让，投资者及其一致行动人拥有权益的股份达到公众公司已发行股份的 10%；

（二）通过协议方式，投资者及其一致行动人在公众公司中拥有权益的股份拟达到或者超过公众公司已发行股份的 10%。

投资者及其一致行动人拥有权益的股份达到公众公司已发行股份的 10% 后，其拥有权益的股份占该公众公司已发行股份的比例每增加或者减少 5%（即其拥有权益的股份每达到 5% 的整数倍时），应当依照前款规定进行披露。自该事实发生之日起至披露后 2 日内，不得再行买卖该公众公司的股票。

第十四条　投资者及其一致行动人通过行政划转或者变更、执行法院裁定、继承、赠与等方式导致其直接拥有权益的股份变动达到前条规定比例的，应当按照前条规定履行披露义务。

投资者虽不是公众公司的股东，但通过投资关系、协议、其他安排等方式进行收购导致其间接拥有权益的股份变动达到前条规定比例的，应当按照前条规定履行披露义务。

第十五条　因公众公司向其他投资者发行股份、减少股本导致投资者及其一致行动人拥有权益的股份变动出现本章规定情形的，投资者及其一致行动人免于履行披露义务。公众公司应当自完成增加股本、减少股本的变更登记之日起2日内，就因此导致的公司股东拥有权益的股份变动情况进行披露。

第三章　控制权变动披露

第十六条　通过全国股份转让系统的证券转让，投资者及其一致行动人拥有权益的股份变动导致其成为公众公司第一大股东或者实际控制人，或者通过投资关系、协议转让、行政划转或者变更、执行法院裁定、继承、赠与、其他安排等方式拥有权益的股份变动导致其成为或拟成为公众公司第一大股东或者实际控制人且拥有权益的股份超过公众公司已发行股份10%的，应当在该事实发生之日起2日内编制收购报告书，连同财务顾问专业意见和律师出具的法律意见书一并披露，报送全国股份转让系统，同时通知该公众公司。

收购公众公司股份需要取得国家相关部门批准的，收购人应当在收购报告书中进行明确说明，并持续披露批准程序进展情况。

第十七条　以协议方式进行公众公司收购的，自签订收购协议起至相关股份完成过户的期间为公众公司收购过渡期（以下简称过渡期）。在过渡期内，收购人不得通过控股股东提议改选公众公司董事会，确有充分理由改选董事会的，来自收购人的董事不得超过董事会成员总数的1/3；被收购公司不得为收购人及其关联方提供担保；被收购公司不得发行股份募集资金。

在过渡期内，被收购公司除继续从事正常的经营活动或者执行股东大会已经作出的决议外，被收购公司董事会提出拟处置公司资产、调整公司主要业务、担保、贷款等议案，可能对公司的资产、负债、权益或者经营成果造成重大影响的，应当提交股东大会审议通过。

第十八条　按照本办法进行公众公司收购后，收购人成为公司第一大股东或者实际控制人的，收购人持有的被收购公司股份，在收购完成后12个月内不得转让。

收购人在被收购公司中拥有权益的股份在同一实际控制人控制的不同主体之间进行转让不受前述12个月的限制。

第十九条　在公众公司收购中，收购人做出公开承诺事项的，应同时提出所承诺事项未能履行时的约束措施，并公开披露。

全国股份转让系统应当对收购人履行公开承诺行为进行监督和约束，对未能履行承诺的收购人及时采取自律监管措施。

第二十条　公众公司控股股东、实际控制人向收购人协议转让其所持有的公众公司股份的，应当对收购人的主体资格、诚信情况及收购意图进行调查，并在其权益变动报告书中披露有关调查情况。

被收购公司控股股东、实际控制人及其关联方未清偿其对公司的负债，未解除公司为其负债提供的担保，或者存在损害公司利益的其他情形的，被收购公司董事会应当对前述情形及时披露，并采取有效措施维护公司利益。

第四章　要约收购

第二十一条　投资者自愿选择以要约方式收购公众公司股份的，可以向被收购公司所有股东发出收购其所持有的全部股份的要约（以下简称全面要约），也可以向被收购公司所有股东发出收购其所持有的部分股份的要约（以下简称部分要约）。

第二十二条　收购人自愿以要约方式收购公众公司股份的，其预定收购的股份比例不得低于该公众公司已发行股份的5%。

第二十三条　公众公司应当在公司章程中约定在公司被收购时收购人是否需要向公司全体股东发出全面要约收购，并明确全面要约收购的触发条件以及相应制度安排。

收购人根据被收购公司章程规定需要向公司全体股东发出全面要约收购的，对同一种类股票的要约价格，不得低于要约收购报告书披露日前6个月内取得该种股票所支付的最高价格。

第二十四条　以要约方式进行公众公司收购的，收购人应当公平对待被收购公司的所有股东。

第二十五条　以要约方式收购公众公司股份的，收购人应当聘请财务顾问，并编制要约收购报告书，连同财务顾问专业意见和律师出具的法律意见书一并披露，报送全国股份转让系统，同时通知该公众公司。

要约收购需要取得国家相关部门批准的，收购人应当在要约收购报告书中进行明确说明，并持续披露批准程序进展情况。

第二十六条　收购人可以采用现金、证券、现金与证券相结合等合法方式支付收购公众公司的价款。收购人聘请的财务顾问应当说明收购人具备要约收购的能力。收购人应当在披露要约收购报告书的同时，提供以下至少一项安排保证其具备履约能力：

（一）将不少于收购价款总额的20%作为履约保证金存入中国证券登记结算有限责任公司指定的银行等金融机构；收购人以在中国证券登记结算有限责任公司登记的证券支付收购价款的，在披露要约收购报告书的同时，将用于支付的全部证券向中国证券登记结算有限责任公司申请办理权属变更或锁定；

（二）银行等金融机构对于要约收购所需价款出具的保函；

（三）财务顾问出具承担连带担保责任的书面承诺。如要约期满，收购人不支付收购价款，财务顾问应当承担连带责任，并进行支付。

收购人以证券支付收购价款的，应当披露该证券的发行人最近2年经审计的财务会计报表、证券估值报告，并配合被收购公司或其聘请的独立财务顾问的尽职调查工作。收购人以未在中国证券登记结算有限责任公司登记的证券支付收购价款的，必须同时提供现金方式供被收购公司的股东选择，并详细披露相关证券的保管、送达被收购公司股东的方式和程序安排。

第二十七条　被收购公司董事会应当对收购人的主体资格、资信情况及收购意图进行调查，对要约条件进行分析，对股东是否接受要约提出建议，并可以根据自身情况选择是否聘请独立财务顾问提供专业意见。

被收购公司决定聘请独立财务顾问的，可以聘请为其提供督导服务的主办券商为独立财务顾问，但存在影响独立性、财务顾问业务受到限制等不宜担任独立财务顾问情形的除外。被收购公司也可以同时聘请其他机构为其提供顾问服务。

第二十八条　收购要约约定的收购期限不得少于 30 日，并不得超过 60 日；但是出现竞争要约的除外。

收购期限自要约收购报告书披露之日起开始计算。要约收购需要取得国家相关部门批准的，收购人应将取得的本次收购的批准情况连同律师出具的专项核查意见一并在取得全部批准后 2 日内披露，收购期限自披露之日起开始计算。

在收购要约约定的承诺期限内，收购人不得撤销其收购要约。

第二十九条　采取要约收购方式的，收购人披露后至收购期限届满前，不得卖出被收购公司的股票，也不得采取要约规定以外的形式和超出要约的条件买入被收购公司的股票。

第三十条　收购人需要变更收购要约的，应当重新编制并披露要约收购报告书，报送全国股份转让系统，同时通知被收购公司。变更后的要约收购价格不得低于变更前的要约收购价格。

收购要约期限届满前 15 日内，收购人不得变更收购要约；但是出现竞争要约的除外。

出现竞争要约时，发出初始要约的收购人变更收购要约距初始要约收购期限届满不足 15 日的，应当延长收购期限，延长后的要约期应当不少于 15 日，不得超过最后一个竞争要约的期满日，并按规定比例追加履约保证能力。

发出竞争要约的收购人最迟不得晚于初始要约收购期限届满前 15 日披露要约收购报告书，并应当根据本办法的规定履行披露义务。

第三十一条　在要约收购期间，被收购公司董事不得辞职。

第三十二条　同意接受收购要约的股东（以下简称预受股东），应当委托证券公司办理预受要约的相关手续。

在要约收购期限届满前 2 日内，预受股东不得撤回其对要约的接受。在要约收购期限内，收购人应当每日披露已预受收购要约的股份数量。

在要约收购期限届满后 2 日内，收购人应当披露本次要约收购的结果。

第三十三条　收购期限届满，发出部分要约的收购人应当按照收购要约约定的条件购买被收购公司股东预受的股份，预受要约股份的数量超过预定收购数量时，收购人应当按照同等比例收购预受要约的股份；发出全面要约的收购人应当购买被收购公司股东预受的全部股份。

第五章　监管措施与法律责任

第三十四条　公众公司董事未履行忠实勤勉义务，利用收购谋取不当利益的，中国证监会采取监管谈话、出具警示函等监管措施，情节严重的，有权认定其为不适当人选。涉嫌犯罪的，依法移交司法机关追究其刑事责任。

第三十五条　收购人在收购要约期限届满时，不按照约定支付收购价款或者购买预受股份的，自该事实发生之日起 2 年内不得收购公众公司；涉嫌操纵证券市场的，中国证监会对收购人进行调查，依法追究其法律责任。

前款规定的收购人聘请的财务顾问没有充分证据表明其勤勉尽责的，中国证监会视情节轻重，自确认之日起采取 3 个月至 12 个月内不接受该机构出具的相关专项文件、12 个月至 36 个月内不接受相关签字人员出具的专项文件的监管措施，并依法追究其法律责任。

第三十六条　公众公司控股股东和实际控制人在转让其对公司的控制权时，未清偿其对公司的负债，未解除公司为其提供的担保，或者未对其损害公司利益的其他情形作出纠正的，且被收购公司董事会未对前述情形及时披露并采取有效措施维护公司利益的，中国证监会责令改正，在改正前收购人应当暂停收购活动。

被收购公司董事会未能依法采取有效措施促使公司控股股东、实际控制人予以纠正，或者在收购完成后未能促使收购人履行承诺、安排或者保证的，中国证监会有权认定相关董事为不适当人选。

第三十七条公众公司的收购及相关股份权益变动活动中的信息披露义务人，未按照本办法的规定履行信息披露以及其他相关义务，或者信息披露文件中有虚假记载、误导性陈述或者重大遗漏的，中国证监会采取责令改正、监管谈话、出具警示函、责令暂停或者终止收购等监管措施；情节严重的，比照《证券法》第一百九十三条、第二百一十三条进行行政处罚，并可以采取市场禁入的措施；涉嫌犯罪的，依法移送司法机关追究刑事责任。

第三十八条　投资者及其一致行动人规避法定程序和义务，变相进行公众公司收购，或者外国投资者规避管辖的，中国证监会采取责令改正、出具警示函、责令暂停或者停止收购等监管措施；情节严重的，进行行政处罚，并可以采取市场禁入的措施；涉嫌犯罪的，依法移交司法机关追究其刑事责任。

第三十九条　为公众公司收购出具审计报告、法律意见书和财务顾问报告的证券服务机构或者证券公司及其专业人员，未依法履行职责的，中国证监会采取责令改正、监管谈话、出具警示函等监管措施；情节严重的，比照《证券法》第二百二十三条进行行政处罚，并可以采取市场禁入的措施；涉嫌犯罪的，依法移送司法机关追究刑事责任。

第四十条任何知悉收购信息的人员在相关信息依法披露前，泄露该信息、买卖或者建议他人买卖相关公司股票的，比照《证券法》第二百零二条予以处罚；涉嫌犯罪的，依法移送司法机关追究刑事责任。

第四十一条　编造、传播虚假收购信息，操纵证券市场或者进行欺诈活动的，比照《证券法》第二百零三条、二百零七条予以处罚；涉嫌犯罪的，依法移送司法机关追究刑事责任。

第四十二条　中国证监会将公众公司的收购及相关股份权益变动活动中的当事人的违法行为和整改情况记入诚信档案。

第六章　附则

第四十三条　本办法所称一致行动人、公众公司控制权及持股比例计算等参照《上市公司收购管理办法》的相关规定。

第四十四条　为公众公司收购提供服务的财务顾问的业务许可、业务规则和法律责任等，按照《上市公司并购重组财务顾问业务管理办法》的相关规定执行。

第四十五条　做市商持有公众公司股份相关权益变动信息的披露，由中国证监会另行规定。

第四十六条　股票不在全国股份转让系统公开转让的公

众公司收购及相关股份权益变动的信息披露内容比照本办法的相关规定执行。

第四十七条　本办法自2014年7月23日起施行。

全国中小企业股份转让系统有限责任公司管理暂行办法

第一章　总则

第一条　为加强对全国中小企业股份转让系统有限责任公司(以下简称全国股份转让系统公司)的管理,明确其职权与责任,维护股票挂牌转让及相关活动的正常秩序,根据《公司法》、《证券法》等法律、行政法规,制定本办法。

第二条　全国中小企业股份转让系统(以下简称全国股份转让系统)是经国务院批准设立的全国性证券交易场所。

第三条　股票在全国股份转让系统挂牌的公司(以下简称挂牌公司)为非上市公众公司,股东人数可以超过200人,接受中国证券监督管理委员会(以下简称中国证监会)的统一监督管理。

第四条　全国股份转让系统公司负责组织和监督挂牌公司的股票转让及相关活动,实行自律管理。

第五条　全国股份转让系统公司应当坚持公益优先的原则,维护公开、公平、公正的市场环境,保证全国股份转让系统的正常运行,为全国股份转让系统各参与人提供优质、高效、低成本的金融服务。

第六条　全国股份转让系统的股票挂牌转让及相关活动,必须遵守法律、行政法规和各项规章规定,禁止欺诈、内幕交易、操纵市场等违法违规行为。

第七条　中国证监会依法对全国股份转让系统公司、全国股份转让系统的各项业务活动及各参与人实行统一监督管理,维护全国股份转让系统运行秩序,依法查处违法违规行为。

第二章　全国股份转让系统公司的职能

第八条　全国股份转让系统公司的职能包括:

(一)建立、维护和完善股票转让相关技术系统和设施;

(二)制定和修改全国股份转让系统业务规则;

(三)接受并审查股票挂牌及其他相关业务申请,安排符合条件的公司股票挂牌;

(四)组织、监督股票转让及相关活动;

(五)对主办券商等全国股份转让系统参与人进行监管;

(六)对挂牌公司及其他信息披露义务人进行监管;

(七)管理和公布全国股份转让系统相关信息;

(八)中国证监会批准的其他职能。

第九条　全国股份转让系统公司应当就股票挂牌、股票转让、主办券商管理、挂牌公司管理、投资者适当性管理等依法制定基本业务规则。

全国股份转让系统公司制定与修改基本业务规则,应当经中国证监会批准。制定与修改其他业务规则,应当报中国证监会备案。

第十条　全国股份转让系统挂牌新的证券品种或采用新的转让方式,应当报中国证监会批准。

第十一条　全国股份转让系统公司应当为组织公平的股票转让提供保障,公布股票转让即时行情。未经全国股份转让系统公司许可,任何单位和个人不得发布、使用或传播股票转让即时行情。

第十二条　全国股份转让系统公司收取的资金和费用应当符合有关主管部门的规定,并优先用于维护和完善相关技术系统和设施。

全国股份转让系统公司应当制定专项财务管理规则,并报中国证监会备案。

第十三条　全国股份转让系统公司应当从其收取的费用中提取一定比例的金额设立风险基金。风险基金提取和使用的具体办法,由中国证监会另行制定。

第十四条　全国股份转让系统的登记结算业务由中国证券登记结算有限责任公司负责。全国股份转让系统公司应当与其签订业务协议,并报中国证监会备案。

第三章　全国股份转让系统公司的组织结构

第十五条　全国股份转让系统公司应当按照《公司法》等法律、行政法规和中国证监会的规定,制定公司章程,明确股东会、董事会、监事会和经理层之间的职责划分,建立健全内部组织机构,完善公司治理。

全国股份转让系统公司章程的制定和修改,应当经中国证监会批准。

第十六条　全国股份转让系统公司的股东应当具备法律、行政法规和中国证监会规定的资格条件,股东持股比例应当符合中国证监会的有关规定。

全国股份转让系统公司新增股东或原股东转让所持股份的,应当报中国证监会批准。

第十七条　全国股份转让系统公司董事会、监事会的组成及议事规则应当符合有关法律、行政法规和中国证监会的规定,并报中国证监会备案。

第十八条　全国股份转让系统公司董事长、副董事长、监事会主席及高级管理人员由中国证监会提名,任免程序和任期遵守《公司法》和全国股份转让系统公司章程的有关规定。

前款所述高级管理人员的范围,由全国股份转让系统公司章程规定。

第十九条　全国股份转让系统公司应当根据需要设立专门委员会。各专门委员会的组成及议事规则报中国证监会备案。

第四章　全国股份转让系统公司的自律监管

第二十条　全国股份转让系统实行主办券商制度。在全国股份转让系统从事主办券商业务的证券公司称为主办券商。

主办券商业务包括推荐股份公司股票挂牌,对挂牌公司进行持续督导,代理投资者买卖挂牌公司股票,为股票转让提供做市服务及其他全国股份转让系统公司规定的业务。

第二十一条　全国股份转让系统公司依法对股份公司股票挂牌、定向发行等申请及主办券商推荐文件进行审查,出具审查意见。

全国股份转让系统公司应当与符合条件的股份公司签署挂牌协议,确定双方的权利义务关系。

第二十二条　全国股份转让系统公司应当督促申请股票挂牌的股份公司、挂牌公司及其他信息披露义务人,依法履行信息披露义务,真实、准确、完整、及时地披露信息,不得有虚假记载、误导性陈述或者重大遗漏。

第二十三条　挂牌公司应当符合全国股份转让系统持续

挂牌条件，不符合持续挂牌条件的，全国股份转让系统公司应当及时作出股票暂停或终止挂牌的决定，及时公告，并报中国证监会备案。

第二十四条　挂牌股票转让可以采取做市方式、协议方式、竞价方式或证监会批准的其他转让方式。

第二十五条　全国股份转让系统实行投资者适当性管理制度。参与股票转让的投资者应当具备一定的证券投资经验和相应的风险识别和承担能力，了解熟悉相关业务规则。

第二十六条　因突发性事件而影响股票转让的正常进行时，全国股份转让系统公司可以采取技术性停牌措施；因不可抗力的突发性事件或者为维护股票转让的正常秩序，可以决定临时停市。

全国股份转让系统公司采取技术性停牌或者决定临时停市，应当及时报告中国证监会。

第二十七条　全国股份转让系统公司应当建立市场监控制度及相应技术系统，配备专门市场监察人员，依法对股票转让实行监控，及时发现、及时制止内幕交易、市场操纵等异常转让行为。

对违反法律法规及业务规则的，全国股份转让系统公司应当及时采取自律监管措施，并视情节轻重或根据监管要求，及时向中国证监会报告。

第二十八条　全国股份转让系统公司应当督促主办券商、律师事务所、会计师事务所等为挂牌转让等相关业务提供服务的证券服务机构和人员，诚实守信、勤勉尽责，严格履行法定职责，遵守法律法规和行业规范，并对出具文件的真实性、准确性、完整性负责。

第二十九条　全国股份转让系统公司发现相关当事人违反法律法规及业务规则的，可以依法采取自律监管措施，并报中国证监会备案。依法应当由中国证监会进行查处的，全国股份转让系统公司应当向中国证监会提出查处建议。

第五章　监督管理

第三十条　全国股份转让系统公司应当向中国证监会报告股东会、董事会、监事会、总经理办公会议和其他重要会议的会议纪要，全国股份转让系统运行情况，全国股份转让系统公司自律监管职责履行情况、日常工作动态以及中国证监会要求报告的其他信息。

全国股份转让系统公司的其他报告义务，比照执行证券交易所管理有关规定。

第三十一条　中国证监会有权要求全国股份转让系统公司对其章程和业务规则进行修改。

第三十二条　中国证监会依法对全国股份转让系统公司进行监管，开展定期、不定期的现场检查，并对其履职和运营情况进行评估和考核。

全国股份转让系统公司及相关人员违反本办法规定，在监管工作中不履行职责，或者不履行本办法规定的有关义务，中国证监会比照证券交易所管理有关规定进行查处。

第六章　附则

第三十三条　全国股份转让系统公司为其他证券品种提供挂牌转让服务的，比照本办法执行。

第三十四条　在证券公司代办股份转让系统的原STAQ、NET系统挂牌公司和退市公司及其股份转让相关活动，由全国股份转让系统公司负责监督管理。

第三十五条　本办法公布之日起施行。

关于修改《非上市公众公司监督管理办法》的决定

一、第二条修改为：“本办法所称非上市公众公司（以下简称公众公司）是指有下列情形之一且其股票未在证券交易所上市交易的股份有限公司：

“（一）股票向特定对象发行或者转让导致股东累计超过200人；

“（二）股票公开转让。”

二、第四条修改为：“公众公司公开转让股票应当在全国中小企业股份转让系统进行，公开转让的公众公司股票应当在中国证券登记结算公司集中登记存管。”

三、增加一条，作为第五条：“公众公司可以依法进行股权融资、债权融资、资产重组等。

“公众公司发行优先股等证券品种，应当遵守法律、行政法规和中国证券监督管理委员会（以下简称中国证监会）的相关规定。”

四、第二十一条改为第二十二条，修改为：“股票公开转让与定向发行的公众公司应当披露半年度报告、年度报告。年度报告中的财务会计报告应当经具有证券期货相关业务资格的会计师事务所审计。

“股票向特定对象转让导致股东累计超过200人的公众公司，应当披露年度报告。年度报告中的财务会计报告应当经会计师事务所审计。”

五、第三十三条改为第三十四条，修改为：“股东人数超过200人的公司申请其股票公开转让，应当按照中国证监会有关规定制作公开转让的申请文件，申请文件应当包括但不限于：公开转让说明书、律师事务所出具的法律意见书、具有证券期货相关业务资格的会计师事务所出具的审计报告、证券公司出具的推荐文件。公司持申请文件向中国证监会申请核准。

“公开转让说明书应当在公开转让前披露。”

六、第三十四条改为第三十五条，修改为：“中国证监会受理申请文件后，依法对公司治理和信息披露进行审核，在20个工作日内作出核准、中止审核、终止审核、不予核准的决定。”

七、增加一条，作为第三十六条：“股东人数未超过200人的公司申请其股票公开转让，中国证监会豁免核准，由全国中小企业股份转让系统进行审查。”

八、增加一条，作为第三十八条：“本办法施行前股东人数超过200人的股份有限公司，符合条件的，可以申请在全国中小企业股份转让系统挂牌公开转让股票、首次公开发行并在证券交易所上市。”

九、第四十条改为第四十三条，修改为：“中国证监会受理申请文件后，依法对公司治理和信息披露以及发行对象情况进行审核，在20个工作日内作出核准、中止审核、终止审核、不予核准的决定。”

十、第四十二条改为第四十五条，修改为：“在全国中小企业股份转让系统挂牌公开转让股票的公众公司向特定对象发行股票后股东累计不超过200人的，中国证监会豁免核准，由全国中小企业股份转让系统自律管理，但发行对象应当符合本办法第三十九条的规定。”

十一、增加一条，作为第五十一条：“全国中小企业股份转让系统应当发挥自律管理作用，对在全国中小企业股份转让系统公开转让股票的公众公司及相关信息披露义务人披露信息进行监督，督促其依法及时、准确地披露信息。发现公开转让股票的公众公司及相关信息披露义务人有违反法律、行政法规和中国证监会相关规定的行为，应当向中国证监会报告，并采取自律管理措施。”

十二、第六十一条改为第六十五条，修改为：“本办法施行前股东人数超过200人的股份有限公司，不在全国中小企业股份转让系统挂牌公开转让股票或证券交易所上市的，应当按相关要求规范后申请纳入非上市公众公司监管。”

十三、将修改后的第三十二条、第三十三条、第三十四条、第三十六条中“股票向社会公众公开转让”的表述修改为“股票公开转让”。

本决定自公布之日起施行。

《非上市公众公司监督管理办法》根据本决定作相应的修改并对条文顺序作相应调整，重新公布。

非上市公众公司监督管理办法

（2012年9月28日中国证券监督管理委员会第17次主席办公会议审议通过，根据2013年12月26日中国证券监督管理委员会《关于修改＜非上市公众公司监督管理办法＞的决定》修订）

第一章　总则

第一条　为了规范非上市公众公司股票转让和发行行为，保护投资者合法权益，维护社会公共利益，根据《证券法》、《公司法》及相关法律法规的规定，制定本办法。

第二条　本办法所称非上市公众公司（以下简称公众公司）是指有下列情形之一且其股票未在证券交易所上市交易的股份有限公司：

（一）股票向特定对象发行或者转让导致股东累计超过200人；

（二）股票公开转让。

第三条　公众公司应当按照法律、行政法规、本办法和公司章程的规定，做到股权明晰，合法规范经营，公司治理机制健全，履行信息披露义务。

第四条　公众公司公开转让股票应当在全国中小企业股份转让系统进行，公开转让的公众公司股票应当在中国证券登记结算公司集中登记存管。

第五条　公众公司可以依法进行股权融资、债权融资、资产重组等。

公众公司发行优先股等证券品种，应当遵守法律、行政法规和中国证券监督管理委员会（以下简称中国证监会）的相关规定。

第六条　为公司出具专项文件的证券公司、律师事务所、会计师事务所及其他证券服务机构，应当勤勉尽责、诚实守信，认真履行审慎核查义务，按照依法制定的业务规则、行业执业规范和职业道德准则发表专业意见，保证所出具文件的真实性、准确性和完整性，并接受中国证监会的监管。

第二章　公司治理

第七条　公众公司应当依法制定公司章程。

中国证监会依法对公众公司章程必备条款作出具体规定，规范公司章程的制定和修改。

第八条　公众公司应当建立兼顾公司特点和公司治理机制基本要求的股东大会、董事会、监事会制度，明晰职责和议事规则。

第九条　公众公司的治理结构应当确保所有股东，特别是中小股东充分行使法律、行政法规和公司章程规定的合法权利。

股东对法律、行政法规和公司章程规定的公司重大事项，享有知情权和参与权。

公众公司应当建立健全投资者关系管理，保护投资者的合法权益。

第十条　公众公司股东大会、董事会、监事会的召集、提案审议、通知时间、召开程序、授权委托、表决和决议等应当符合法律、行政法规和公司章程的规定；会议记录应当完整并安全保存。

股东大会的提案审议应当符合程序，保障股东的知情权、参与权、质询权和表决权；董事会应当在职权范围和股东大会授权范围内对审议事项作出决议，不得代替股东大会对超出董事会职权范围和授权范围的事项进行决议。

第十一条　公众公司董事会应当对公司的治理机制是否给所有的股东提供合适的保护和平等权利等情况进行充分讨论、评估。

第十二条　公众公司应当强化内部管理，按照相关规定建立会计核算体系、财务管理和风险控制等制度，确保公司财务报告真实可靠及行为合法合规。

第十三条　公众公司进行关联交易应当遵循平等、自愿、等价、有偿的原则，保证交易公平、公允，维护公司的合法权益，根据法律、行政法规、中国证监会的规定和公司章程，履行相应的审议程序。

第十四条　公众公司应当采取有效措施防止股东及其关联方以各种形式占用或者转移公司的资金、资产及其他资源。

第十五条　公众公司实施并购重组行为，应当按照法律、行政法规、中国证监会的规定和公司章程，履行相应的决策程序并聘请证券公司和相关证券服务机构出具专业意见。

任何单位和个人不得利用并购重组损害公众公司及其股东的合法权益。

第十六条　进行公众公司收购，收购人或者其实际控制人应当具有健全的公司治理机制和良好的诚信记录。收购人不得以任何形式从被收购公司获得财务资助，不得利用收购活动损害被收购公司及其股东的合法权益。

在公众公司收购中，收购人持有的被收购公司的股份，在收购完成后12个月内不得转让。

第十七条　公众公司实施重大资产重组，重组的相关资产应当权属清晰、定价公允，重组后的公众公司治理机制健全，不得损害公众公司和股东的合法权益。

第十八条　公众公司应当按照法律的规定，同时结合公司的实际情况在章程中约定建立表决权回避制度。

第十九条　公众公司应当在章程中约定纠纷解决机制。股东有权按照法律、行政法规和公司章程的规定，通过仲裁、民事诉讼或者其他法律手段保护其合法权益。

第三章　信息披露

第二十条　公司及其他信息披露义务人应当按照法律、行政法规和中国证监会的规定，真实、准确、完整、及时地披露信息，不得有虚假记载、误导性陈述或者重大遗漏。公司及其他信息披露义务人应当向所有投资者同时公开披露信息。

公司的董事、监事、高级管理人员应当忠实、勤勉地履行职责，保证公司披露信息的真实、准确、完整、及时。

第二十一条　信息披露文件主要包括公开转让说明书、

定向转让说明书、定向发行说明书、发行情况报告书、定期报告和临时报告等。具体的内容与格式、编制规则及披露要求，由中国证监会另行制定。

第二十二条　股票公开转让与定向发行的公众公司应当披露半年度报告、年度报告。年度报告中的财务会计报告应当经具有证券期货相关业务资格的会计师事务所审计。

股票向特定对象转让导致股东累计超过200人的公众公司，应当披露年度报告。年度报告中的财务会计报告应当经会计师事务所审计。

第二十三条　公众公司董事、高级管理人员应当对定期报告签署书面确认意见；对报告内容有异议的，应当单独陈述理由，并与定期报告同时披露。公众公司不得以董事、高级管理人员对定期报告内容有异议为由不按时披露定期报告。

公众公司监事会应当对董事会编制的定期报告进行审核并提出书面审核意见，说明董事会对定期报告的编制和审核程序是否符合法律、行政法规、中国证监会的规定和公司章程，报告的内容是否能够真实、准确、完整地反映公司实际情况。

第二十四条　证券公司、律师事务所、会计师事务所及其他证券服务机构出具的文件和其他有关的重要文件应当作为备查文件，予以披露。

第二十五条　发生可能对股票价格产生较大影响的重大事件，投资者尚未得知时，公众公司应当立即将有关该重大事件的情况报送临时报告，并予以公告，说明事件的起因、目前的状态和可能产生的后果。

第二十六条　公众公司实施并购重组的，相关信息披露义务人应当依法严格履行公告义务，并及时准确地向公众公司通报有关信息，配合公众公司及时、准确、完整地进行披露。

参与并购重组的相关单位和人员，在并购重组的信息依法披露前负有保密义务，禁止利用该信息进行内幕交易。

第二十七条　公众公司应当制定信息披露事务管理制度并指定具有相关专业知识的人员负责信息披露事务。

第二十八条　除监事会公告外，公众公司披露的信息应当以董事会公告的形式发布。董事、监事、高级管理人员非经董事会书面授权，不得对外发布未披露的信息。

第二十九条　公司及其他信息披露义务人依法披露的信息，应当在中国证监会指定的信息披露平台公布。公司及其他信息披露义务人可在公司网站或者其他公众媒体上刊登依本办法必须披露的信息，但披露的内容应当完全一致，且不得早于在中国证监会指定的信息披露平台披露的时间。

股票向特定对象转让导致股东累计超过200人的公众公司可以在公司章程中约定其他信息披露方式；在中国证监会指定的信息披露平台披露相关信息的，应当符合本条第一款的要求。

第三十条　公司及其他信息披露义务人应当将信息披露公告文稿和相关备查文件置备于公司住所供社会公众查阅。

第三十一条　公司应当配合为其提供服务的证券公司及律师事务所、会计师事务所等证券服务机构的工作，按要求提供所需资料，不得要求证券公司、证券服务机构出具与客观事实不符的文件或者阻碍其工作。

第四章　股票转让

第三十二条　股票向特定对象转让导致股东累计超过200人的股份有限公司，应当自上述行为发生之日起3个月内，按照中国证监会有关规定制作申请文件，申请文件应当包括但不限于：定向转让说明书、律师事务所出具的法律意见书、会计师事务所出具的审计报告。股份有限公司持申请文件向中国证监会申请核准。在提交申请文件前，股份有限公司应当将相关情况通知所有股东。

在3个月内股东人数降至200人以内的，可以不提出申请。

股票向特定对象转让应当以非公开方式协议转让。申请股票公开转让的，按照本办法第三十三条、第三十四条的规定办理。

第三十三条　公司申请其股票公开转让的，董事会应当依法就股票公开转让的具体方案作出决议，并提请股东大会批准，股东大会决议必须经出席会议的股东所持表决权的2/3以上通过。

董事会和股东大会决议中还应当包括以下内容：

（一）按照中国证监会的相关规定修改公司章程；

（二）按照法律、行政法规和公司章程的规定建立健全公司治理机制；

（三）履行信息披露义务，按照相关规定披露公开转让说明书、年度报告、半年度报告及其他信息披露内容。

第三十四条　股东人数超过200人的公司申请其股票公开转让，应当按照中国证监会有关规定制作公开转让的申请文件，申请文件应当包括但不限于：公开转让说明书、律师事务所出具的法律意见书、具有证券期货相关业务资格的会计师事务所出具的审计报告、证券公司出具的推荐文件。公司持申请文件向中国证监会申请核准。

公开转让说明书应当在公开转让前披露。

第三十五条　中国证监会受理申请文件后，依法对公司治理和信息披露进行审核，在20个工作日内作出核准、中止审核、终止审核、不予核准的决定。

第三十六条　股东人数未超过200人的公司申请其股票公开转让，中国证监会豁免核准，由全国中小企业股份转让系统进行审查。

第三十七条　公司及其董事、监事、高级管理人员，应当对公开转让说明书、定向转让说明书签署书面确认意见，保证所披露的信息真实、准确、完整。

第三十八条　本办法施行前股东人数超过200人的股份有限公司，符合条件的，可以申请在全国中小企业股份转让系统挂牌公开转让股票、首次公开发行并在证券交易所上市。

第五章　定向发行

第三十九条　本办法所称定向发行包括向特定对象发行股票导致股东累计超过200人，以及股东人数超过200人的公众公司向特定对象发行股票两种情形。

前款所称特定对象的范围包括下列机构或者自然人：

（一）公司股东；

（二）公司的董事、监事、高级管理人员、核心员工；

（三）符合投资者适当性管理规定的自然人投资者、法人投资者及其他经济组织。

公司确定发行对象时，符合本条第二款第（二）项、第（三）项规定的投资者合计不得超过35名。

核心员工的认定，应当由公司董事会提名，并向全体员工公示和征求意见，由监事会发表明确意见后，经股东大会审议批准。

投资者适当性管理规定由中国证监会另行制定。

第四十条　公司应当对发行对象的身份进行确认，有充分理由确信发行对象符合本办法和公司的相关规定。

公司应当与发行对象签订包含风险揭示条款的认购协议。

第四十一条　公司董事会应当依法就本次股票发行的具

体方案作出决议，并提请股东大会批准，股东大会决议必须经出席会议的股东所持表决权的2/3以上通过。

申请向特定对象发行股票导致股东累计超过200人的股份有限公司，董事会和股东大会决议中还应当包括以下内容：

（一）按照中国证监会的相关规定修改公司章程；

（二）按照法律、行政法规和公司章程的规定建立健全公司治理机制；

（三）履行信息披露义务，按照相关规定披露定向发行说明书、发行情况报告书、年度报告、半年度报告及其他信息披露内容。

第四十二条　公司应当按照中国证监会有关规定制作定向发行的申请文件，申请文件应当包括但不限于：定向发行说明书、律师事务所出具的法律意见书、具有证券期货相关业务资格的会计师事务所出具的审计报告、证券公司出具的推荐文件。公司持申请文件向中国证监会申请核准。

第四十三条　中国证监会受理申请文件后，依法对公司治理和信息披露以及发行对象情况进行审核，在20个工作日内作出核准、中止审核、终止审核、不予核准的决定。

第四十四条　公司申请定向发行股票，可申请一次核准，分期发行。自中国证监会予以核准之日起，公司应当在3个月内首期发行，剩余数量应当在12个月内发行完毕。超过核准文件限定的有效期未发行的，须重新经中国证监会核准后方可发行。首期发行数量应当不少于总发行数量的50%，剩余各期发行的数量由公司自行确定，每期发行后5个工作日内将发行情况报中国证监会备案。

第四十五条　在全国中小企业股份转让系统挂牌公开转让股票的公众公司向特定对象发行股票后股东累计不超过200人的，中国证监会豁免核准，由全国中小企业股份转让系统自律管理，但发行对象应当符合本办法第三十九条的规定。

第四十六条　股票发行结束后，公众公司应当按照中国证监会的有关要求编制并披露发行情况报告书。申请分期发行的公众公司应在每期发行后按照中国证监会的有关要求进行披露，并在全部发行结束或者超过核准文件有效期后按照中国证监会的有关要求编制并披露发行情况报告书。

豁免向中国证监会申请核准定向发行的公众公司，应当在发行结束后按照中国证监会的有关要求编制并披露发行情况报告书。

第四十七条　公司及其董事、监事、高级管理人员，应当对定向发行说明书、发行情况报告书签署书面确认意见，保证所披露的信息真实、准确、完整。

第四十八条　公众公司定向发行股份购买资产的，按照本章有关规定办理。

第六章　监督管理

第四十九条　中国证监会会同国务院有关部门、地方人民政府，依照法律法规和国务院有关规定，各司其职，分工协作，对公众公司进行持续监管，防范风险，维护证券市场秩序。

第五十条　中国证监会依法履行对公司股票转让、定向发行、信息披露的监管职责，有权对公司、证券公司、证券服务机构采取《证券法》第一百八十条规定的措施。

第五十一条　全国中小企业股份转让系统应当发挥自律管理作用，对在全国中小企业股份转让系统公开转让股票的公众公司及相关信息披露义务人披露信息进行监督，督促其依法及时、准确地披露信息。发现公开转让股票的公众公司及相关信息披露义务人有违反法律、行政法规和中国证监会相关规定的行为，应当向中国证监会报告，并采取自律管理措施。

第五十二条　中国证券业协会应当发挥自律管理作用，对从事公司股票转让和定向发行业务的证券公司进行监督，督促其勤勉尽责地履行尽职调查和督导职责。发现证券公司有违反法律、行政法规和中国证监会相关规定的行为，应当向中国证监会报告，并采取自律管理措施。

第五十三条　中国证监会可以要求公司及其他信息披露义务人或者其董事、监事、高级管理人员对有关信息披露问题作出解释、说明或者提供相关资料，并要求公司提供证券公司或者证券服务机构的专业意见。

中国证监会对证券公司和证券服务机构出具文件的真实性、准确性、完整性有疑义的，可以要求相关机构作出解释、补充，并调阅其工作底稿。

第五十四条　证券公司在从事股票转让、定向发行等业务活动中，应当按照中国证监会的有关规定勤勉尽责地进行尽职调查，规范履行内核程序，认真编制相关文件，并持续督导所推荐公司及时履行信息披露义务、完善公司治理。

第五十五条　证券服务机构为公司的股票转让、定向发行等活动出具审计报告、资产评估报告或者法律意见书等文件的，应当严格履行法定职责，遵循勤勉尽责和诚实信用原则，对公司的主体资格、股本情况、规范运作、财务状况、公司治理、信息披露等内容的真实性、准确性、完整性进行充分的核查和验证，并保证其出具的文件不存在虚假记载、误导性陈述或者重大遗漏。

第五十六条　中国证监会依法对公司进行监督检查或者调查，公司有义务提供相关文件资料。对于发现问题的公司，中国证监会可以采取责令改正、监管谈话、责令公开说明、出具警示函等监管措施，并记入诚信档案；涉嫌违法、犯罪的，应当立案调查或者移送司法机关。

第七章　法律责任

第五十七条　公司以欺骗手段骗取核准的，公司报送的报告有虚假记载、误导性陈述或者重大遗漏的，除依照《证券法》有关规定进行处罚外，中国证监会可以采取终止审核并自确认之日起在36个月内不受理公司的股票转让和定向发行申请的监管措施。

第五十八条　公司未按照本办法第三十二条、第三十四条、第四十二条规定，擅自转让或者发行股票的，按照《证券法》第一百八十八条的规定进行处罚。

第五十九条　证券公司、证券服务机构出具的文件有虚假记载、误导性陈述或者重大遗漏的，除依照《证券法》及相关法律法规的规定处罚外，中国证监会可视情节轻重，自确认之日起采取3个月至12个月内不接受该机构出具的相关专项文件，36个月内不接受相关签字人员出具的专项文件的监管措施。

第六十条　公司及其他信息披露义务人未按照规定披露信息，或者所披露的信息有虚假记载、误导性陈述或者重大遗漏的，依照《证券法》第一百九十三条的规定进行处罚。

第六十一条　公司向不符合本办法规定条件的投资者发行股票的，中国证监会可以责令改正，并可以自确认之日起在36个月内不受理其申请。

第六十二条　信息披露义务人及其董事、监事、高级管理人员，公司控股股东、实际控制人，为信息披露义务人出具专项文件的证券公司、证券服务机构及其工作人员，违反《证券法》、行政法规和中国证监会相关规定的，中国证监会可以采取责令改正、监管谈话、出具警示函、认定为不适当人选等监管措施，并记入诚信档案；情节严重的，中国证监会可以对有关责任人员采取证券市场禁入的措施。

第六十三条　公众公司内幕信息知情人或非法获取内幕信息的人，在对公众公司股票价格有重大影响的信息公开前，泄露该信息、买卖或者建议他人买卖该股票的，依照《证券法》第二百零二条的规定进行处罚。

第八章　附则

第六十四条　公众公司向不特定对象公开发行股票的，应当遵守《证券法》和中国证监会的相关规定。

公众公司申请在证券交易所上市的，应当遵守中国证监会和证券交易所的相关规定。

第六十五条　本办法施行前股东人数超过 200 人的股份有限公司，不在全国中小企业股份转让系统挂牌公开转让股票或证券交易所上市的，应当按相关要求规范后申请纳入非上市公众公司监管。

第六十六条　本办法所称股份有限公司是指首次申请股票转让或定向发行的股份有限公司；所称公司包括非上市公众公司和首次申请股票转让或定向发行的股份有限公司。

第六十七条　本办法自 2013 年 1 月 1 日起施行。

非上市公众公司监管指引第 1 号
——信息披露

为了规范非上市公众公司信息披露行为，根据《公司法》、《证券法》和《非上市公众公司监督管理办法》的有关规定，现明确监管要求如下：

一、信息披露的内容。股票公开转让、股票向特定对象发行或者转让导致股东累计超过 200 人的公司，应当在公开转让说明书、定向发行说明书或者定向转让说明书中披露以下内容：

（一）公司基本信息、股本和股东情况、公司治理情况；

（二）公司主要业务、产品或者服务及公司所属行业；

（三）报告期内的财务报表、审计报告。

定向发行说明书还应当披露发行对象或者范围、发行价格或者区间、发行数量。

非上市公众公司也可以根据自身实际情况以及投资者的需求，更加详细地披露公司的其他情况。

二、信息披露的基本要求。非上市公众公司及其董事、监事、高级管理人员应当保证披露的信息真实、准确、完整，不存在虚假记载、误导性陈述或者重大遗漏，并对其真实性、准确性、完整性承担相应的法律责任。

非上市公众公司应当建立与股东沟通的有效渠道，对股东或者市场质疑的事项应当及时、客观地进行澄清或者说明。

三、信息披露平台。非上市公众公司应当本着股东能及时、便捷获得公司信息的原则，并结合自身实际情况，自主选择一种或者多种信息披露平台，如非上市公众公司信息披露网站（nlpc. csrc. gov. cn）、公共媒体或者公司网站，也可以选择公司章程约定的方式或者股东认可的其他方式。无论采取何种信息披露方式，均应当经股东大会审议通过。

股票在依法设立的证券交易场所公开转让的非上市公众公司，应当通过证券交易场所要求的平台披露信息。

四、依法设立的证券交易场所可以在本指引的基础上，对股票公开转让的非上市公众公司制定更详尽、更严格的信息披露标准；公司应当按照从高从严的标准遵守证券交易场所的相关规定。

五、非上市公众公司年度报告、半年度报告按照本指引进行披露。

非上市公众公司监管指引第 2 号
——申请文件

为了规范非上市公众公司股票公开转让、定向转让及定向发行申请文件的内容与格式，根据《证券法》和《非上市公众公司监督管理办法》的有关规定，现明确监管要求如下：

一、股票公开转让、股票向特定对象发行或者转让导致股东累计超过 200 人的公司，在向中国证监会申请核准时，应当按本指引的要求制作和报送下列申请文件：

（一）申请报告；

（二）公开转让说明书/定向转让说明书/定向发行说明书；

（三）公司章程（草案）；

（四）企业法人营业执照；

（五）股东大会及董事会相关决议；

（六）财务报表及审计报告；

（七）法律意见书；

（八）证券公司关于公开转让/定向发行的推荐工作报告；

（九）中国证监会规定的其他文件。

二、公司应当保证申请文件内容真实、准确、完整，不存在虚假记载、误导性陈述或者重大遗漏。证券公司、证券服务机构及人员应当做到勤勉尽责、诚实守信，并对其出具的相关文件及申请文件中引用内容的真实性、准确性、完整性承担相应的法律责任。

三、公司编制申请文件时，应当尽量使用事实描述性语言；

申请文件所有需要签名处，均应为签名人亲笔签名，不得以名章、签名章等代替；公司初次报送申请文件，应当提交原件 1 份、复印件 2 份；每次报送书面申请文件的同时，还应当报送 1 份相应的标准电子文件（标准 . doc 或者. rtf 格式文件）。申请文件一经受理，未经中国证监会同意，不得增加、撤回或者更换。

四、依法设立的证券交易场所可以要求股票公开转让的非上市公众公司报送除上述文件之外的其他文件；公司应当遵守证券交易场所的相关规定。

非上市公众公司监管指引第 3 号
——章程必备条款

第一条　公司章程应当符合本指引的相关规定。

第二条　章程总则应当载明章程的法律效力，规定章程自生效之日起，即成为规范公司的组织和行为、公司与股东、股东与股东之间权利义务关系的具有约束力的法律文件，对公司、股东、董事、监事、高级管理人员具有法律约束力。

第三条　章程应当载明公司股票采用记名方式，并明确公司股票的登记存管机构以及股东名册的管理规定。

第四条　章程应当载明保障股东享有知情权、参与权、质询权和表决权的具体安排。

第五条　章程应当载明公司为防止股东及其关联方占用或者转移公司资金、资产及其他资源的具体安排。

第六条　章程应当载明公司控股股东和实际控制人的诚

信义务。明确规定控股股东及实际控制人不得利用各种方式损害公司和其他股东的合法权益;控股股东及实际控制人违反相关法律、法规及章程规定,给公司及其他股东造成损失的,应承担赔偿责任。

第七条　章程应当载明须提交股东大会审议的重大事项的范围。

章程应当载明须经股东大会特别决议通过的重大事项的范围。

公司还应当在章程中载明重大担保事项的范围。

第八条　章程应当载明董事会须对公司治理机制是否给所有的股东提供合适的保护和平等权利,以及公司治理结构是否合理、有效等情况,进行讨论、评估。

第九条　章程应当载明公司依法披露定期报告和临时报告。

第十条　章程应当载明公司信息披露负责机构及负责人。如公司设置董事会秘书的,则应当由董事会秘书负责信息披露事务。

第十一条　章程应当载明公司的利润分配制度。章程可以就现金分红的具体条件和比例、未分配利润的使用原则等政策作出具体规定。

第十二条　章程应当载明公司关于投资者关系管理工作的内容和方式。

第十三条　股票不在依法设立的证券交易场所公开转让的公司应当在章程中规定,公司股东应当以非公开方式协议转让股份,不得采取公开方式向社会公众转让股份,并明确股东协议转让股份后,应当及时告知公司,同时在登记存管机构办理登记过户。

第十四条　公司章程应当载明公司、股东、董事、监事、高级管理人员之间涉及章程规定的纠纷,应当先行通过协商解决。协商不成的,通过仲裁或诉讼等方式解决。如选择仲裁方式的,应当指定明确具体的仲裁机构进行仲裁。

第十五条　公司股东大会选举董事、监事,如实行累积投票制的,应当在章程中对相关具体安排作出明确规定。

公司如建立独立董事制度的,应当在章程中明确独立董事的权利义务、职责及履职程序。

公司如实施关联股东、董事回避制度,应当在章程中列明需要回避的事项。

非上市公众公司监管指引第4号——股东人数超过200人的未上市股份有限公司申请行政许可有关问题的审核指引

《证券法》第十条明确规定"向特定对象发行证券累计超过二百人的"属于公开发行,需依法报经中国证监会核准。对于股东人数已经超过200人的未上市股份有限公司(以下简称200人公司),符合本指引规定的,可申请公开发行并在证券交易所上市、在全国中小企业股份转让系统(以下简称全国股份转让系统)挂牌公开转让等行政许可。对200人公司合规性的审核纳入行政许可过程中一并审核,不再单独审核。现将200人公司的审核标准、申请文件、股份代持及间接持股处理等事项的监管要求明确如下:

一、审核标准

200人公司申请行政许可的合规性应当符合本指引规定的下列要求:

(一)公司依法设立且合法存续

200人公司的设立、增资等行为不违反当时法律明确的禁止性规定,目前处于合法存续状态。城市商业银行、农村商业银行等银行业股份公司应当符合《关于规范金融企业内部职工持股的通知》(财金〔2010〕97号)。

200人公司的设立、历次增资依法需要批准的,应当经过有权部门的批准。存在不规范情形的,应当经过规范整改,并经当地省级人民政府确认。

200人公司在股份形成及转让过程中不存在虚假陈述、出资不实、股权管理混乱等情形,不存在重大诉讼、纠纷以及重大风险隐患。

(二)股权清晰

200人公司的股权清晰,是指股权形成真实、有效,权属清晰及股权结构清晰。具体要求包括:

1. 股权权属明确。200人公司应当设置股东名册并进行有序管理,股东、公司及相关方对股份归属、股份数量及持股比例无异议。股权结构中存在工会或职工持股会代持、委托持股、信托持股、以及通过"持股平台"间接持股等情形的,应当按照本指引的相关规定进行规范。

本指引所称"持股平台"是指单纯以持股为目的的合伙企业、公司等持股主体。

2. 股东与公司之间、股东之间、股东与第三方之间不存在重大股份权属争议、纠纷或潜在纠纷。

3. 股东出资行为真实,不存在重大法律瑕疵,或者相关行为已经得到有效规范,不存在风险隐患。

申请行政许可的200人公司应当对股份进行确权,通过公证、律师见证等方式明确股份的权属。申请公开发行并在证券交易所上市的,经过确权的股份数量应当达到股份总数的90%以上(含90%);申请在全国股份转让系统挂牌公开转让的,经过确权的股份数量应当达到股份总数的80%以上(含80%)。未确权的部分应当设立股份托管账户,专户管理,并明确披露有关责任的承担主体。

(三)经营规范

200人公司持续规范经营,不存在资不抵债或者明显缺乏清偿能力等破产风险的情形。

(四)公司治理与信息披露制度健全

200人公司按照中国证监会的相关规定,已经建立健全了公司治理机制和履行信息披露义务的各项制度。

二、申请文件

(一)200人公司申请行政许可,应当提交下列文件:

1. 企业法人营业执照

2. 公司关于股权形成过程的专项说明;

3. 设立、历次增资的批准文件;

4. 证券公司出具的专项核查报告;

5. 律师事务所出具的专项法律意见书,或者在提交行政许可的法律意见书中出具专项法律意见。

以上各项文件如已在申请公开发行并在证券交易所上市或者在全国股份转让系统挂牌公开转让的申请文件中提交,可不重复提交。

(二)存在下列情形之一的,应当报送省级人民政府出具的确认函:

1. 1994年7月1日《公司法》实施前,经过体改部门批准设立,但存在内部职工股超范围或超比例发行、法人股向社会个人发行等不规范情形的定向募集公司。

2. 1994年7月1日《公司法》实施前,依法批准向社会公开发行股票的公司。

3. 按照《国务院办公厅转发证监会关于清理整顿场外非法股票交易方案的通知》（国办发〔1998〕10 号），清理整顿证券交易场所后"下柜"形成的股东超过 200 人的公司。

4. 中国证监会认为需要省级人民政府出具确认函的其他情形。

省级人民政府出具的确认函应当说明公司股份形成、规范的过程以及存在的问题，并明确承担相应责任。

（三）股份已经委托股份托管机构进行集中托管的，应当由股份托管机构出具股份托管情况的证明。股份未进行集中托管的，应当按照前款规定提供省级人民政府的确认函。

（四）属于 200 人公司的城市商业银行、农村商业银行等银行业股份公司应当提供中国银行业监督管理机构出具的监管意见。

三、关于股份代持及间接持股的处理

（一）一般规定

股份公司股权结构中存在工会代持、职工持股会代持、委托持股或信托持股等股份代持关系，或者存在通过"持股平台"间接持股的安排以致实际股东超过 200 人的，在依据本指引申请行政许可时，应当已经将代持股份还原至实际股东、将间接持股转为直接持股，并依法履行了相应的法律程序。

（二）特别规定

以私募股权基金、资产管理计划以及其他金融计划进行持股的，如果该金融计划是依据相关法律法规设立并规范运作，且已经接受证券监督管理机构监管的，可不进行股份还原或转为直接持股。

四、相关各方的责任

（一）公司及其相关人员的责任

在申请文件制作及申报过程中，公司及其控股股东、实际控制人、董事、监事及高级管理人员应当在申请文件中签名保证内容真实、准确、完整。

公司控股股东、实际控制人、董事、监事及高级管理人员应当积极配合相关证券公司、律师事务所、会计师事务所开展尽职调查。

（二）中介机构的职责

证券公司、律师事务所应当勤勉尽责，对公司股份形成、经营情况、公司治理及信息披露等方面进行充分核查验证，确保所出具的文件无虚假记载、误导性陈述或者重大遗漏。

五、附则

（一）申请行政许可的 200 人公司的控股股东、实际控制人或者重要控股子公司也属于 200 人公司的，应当依照本指引的要求进行规范。

（二）2006 年 1 月 1 日《证券法》修订实施后，未上市股份有限公司股东人数超过 200 人的，应当符合《证券法》和《非上市公众公司监督管理办法》的有关规定。国家另有规定的，从其规定。

（三）本指引自公布之日起施行。

非上市公众公司信息披露内容与格式准则第 1 号——公开转让说明书

第一章　总则

第一条　为规范公开转让股票的非上市股份有限公司的信息披露行为，保护投资者合法权益，根据《公司法》、《证券法》和《非上市公众公司监督管理办法》（证监会令第 85 号）的规定，制定本准则。

第二条　股东人数超过 200 人的股份有限公司（以下简称申请人）申请股票在全国中小企业股份转让系统（以下简称全国股份转让系统）公开转让，应按本准则编制公开转让说明书，作为向中国证券监督管理委员会（以下简称中国证监会）申请公开转让股票的必备法律文件，并按本准则的规定进行披露。

第三条　本准则的规定是对公开转让说明书信息披露的最低要求。不论本准则是否有明确规定，凡对投资者投资决策有重大影响的信息，均应披露。

申请人根据自身及所属行业或业态特征，可在本准则基础上增加有利于投资者判断和信息披露完整性的相关内容。本准则某些具体要求对申请人不适用的，申请人可根据实际情况，在不影响内容完整性的前提下作适当调整，但应在申报时作书面说明。

第四条　申请人在公开转让说明书中披露的所有信息应真实、准确、完整，不得有虚假记载、误导性陈述或重大遗漏。

第五条　申请人应在中国证监会指定网站披露公开转让说明书及其附件，并作公开转让股票提示性公告："本公司公开转让股票申请已经中国证监会核准，本公司的股票将在全国中小企业股份转让系统公开转让，公开转让说明书及附件披露于中国证监会指定网站（nlpc. csrc. gov. cn）和全国股份转让系统公司指定信息披露平台（www. neeq. com. cn 或 www. neeq. cc），供投资者查阅"。

第六条　公开转让说明书扉页应载有如下声明：

"本公司及全体董事、监事、高级管理人员承诺公开转让说明书不存在虚假记载、误导性陈述或重大遗漏，并对其真实性、准确性、完整性承担个别和连带的法律责任。"

"本公司负责人和主管会计工作的负责人、会计机构负责人保证公开转让说明书中财务会计资料真实、完整。"

"中国证监会对本公司股票公开转让所作的任何决定或意见，均不表明其对本公司股票的价值或投资者的收益作出实质性判断或者保证。任何与之相反的声明均属虚假不实陈述。"

"根据《证券法》的规定，本公司经营与收益的变化，由本公司自行负责，由此变化引致的投资风险，由投资者自行承担。"

第二章　公开转让说明书

第一节　基本情况

第七条　申请人应简要披露下列情况：公司名称、法定代表人、设立日期、注册资本、住所、邮编、信息披露事务负责人、所属行业、经营范围、组织机构代码等。

第八条　申请人应披露公司股票种类，股票总量，每股面值，股东所持股份的限售安排及股东对所持股份自愿锁定的承诺。

第九条　申请人应披露公司股权结构图，并详细披露控股股东、实际控制人、前十名股东及其他持有 5% 以上股份的股东的名称、持股数量及比例、股东性质、股东之间的关联关系。

控股股东和实际控制人直接或间接持股存在质押或其他争议的，应披露具体情况。

第十条　申请人应简述公司历史沿革，主要包括：设立方式、发起人及其关联关系、设立以来股本形成及其变化情况、设立以来重大资产重组情况以及最近 2 年内实际控制人变化情况。

第十一条　申请人应披露董事、监事、高级管理人员的简要情况，主要包括：姓名、国籍及境外居留权、性别、年龄、学历、职称、现任职务及任期、职业经历。

第十二条　申请人应简要披露其控股子公司的情况，主要包括注册资本、主营业务、股东构成及持股比例、最近1年及1期末的总资产、净资产、最近1年及1期的净利润，并标明有关财务数据是否经过审计及审计机构名称。

第十三条　申请人应披露下列机构的名称、法定代表人、住所、联系电话、传真，同时应披露有关经办人员的姓名：

（一）主办券商；

（二）律师事务所；

（三）会计师事务所；

（四）资产评估机构；

（五）股票登记机构；

（六）其他与公开转让有关的机构。

第二节　公司业务

第十四条　申请人应披露主要业务、主要产品或服务及其用途。

第十五条　申请人应简要披露其业务模式，说明如何使用产品或服务及关键资源要素获取收入、利润及现金流。

第十六条　申请人应披露其所处行业。申请人能够获取所处行业相关信息的，可以结合自身实际介绍行业的基本情况。

第十七条　申请人应披露与主要业务相关的情况，主要包括：

（一）报告期内各期主要产品或服务的规模、销售收入，报告期内各期向前五名客户的销售额合计占当期销售总额的百分比；

（二）报告期内主要产品或服务的原材料、能源，报告期内各期向前五名供应商的采购额合计占当期采购总额的百分比；

（三）报告期内对持续经营有重大影响的业务合同及履行情况。

第十八条　申请人应遵循重要性原则披露与其业务相关的资源要素，主要包括：

（一）产品或服务所使用的主要技术；

（二）主要生产设备、房屋建筑物的取得和使用情况、成新率或尚可使用年限等；

（三）主要无形资产的取得方式和时间、使用情况、使用期限或保护期、最近1期期末账面价值；

（四）申请人所从事的业务需要取得许可资格或资质的，应当披露当前许可资格或资质的情况；

（五）特许经营权的取得、期限、费用标准；

（六）申请人员工的简要情况，其中核心业务和技术人员应披露姓名、年龄、主要业务经历及职务、现任职务及任期以及持有申请人股份情况；

（七）其他体现所属行业或业态特征的资源要素。

第十九条　申请人可以遵循重要性原则，有针对性和差异化、个性化地披露特殊风险以及生产经营中的不确定因素。

第三节　公司治理

第二十条　申请人应披露最近2年内股东大会、董事会、监事会的建立健全及运行情况，说明上述机构和人员履行职责的情况。

第二十一条　申请人应披露最近2年内是否存在违法违规及受处罚的情况。

第二十二条　申请人应披露是否存在与控股股东、实际控制人及其控制的其他企业从事相同、相似业务的情况。对存在相同、相似业务的，申请人应对是否存在同业竞争作出合理解释。

申请人应披露控股股东、实际控制人为避免同业竞争采取的措施及作出的承诺。

第二十三条　申请人应披露最近2年内是否存在资金被控股股东、实际控制人及其控制的其他企业占用，或者为控股股东、实际控制人及其控制的其他企业提供担保。

申请人应说明为防止发生资金占用行为所采取的措施和相应的制度安排。

第二十四条　申请人应披露会计核算、财务管理、风险控制、重大事项决策等内部管理制度的建立健全情况。

第二十五条　申请人应披露公司董事、监事及高级管理人员的薪酬和激励政策，包括但不限于基本年薪、绩效奖金、福利待遇、长期激励（包括股权激励）、是否从申请人关联企业领取报酬及其他情况。

申请人董事、监事、高级管理人员存在下列情形的，应披露具体情况：

（一）本人及其近亲属以任何方式直接或间接持有申请人股份的；

（二）相互之间存在亲属关系的；

（三）与申请人签定重要协议或作出重要承诺的；

（四）在其他单位兼职的；

（五）对外投资与申请人存在利益冲突的；

（六）在最近2年内发生变动的。

第二十六条　申请人应披露投资者关系管理的相关制度安排，说明公司是否具有完善的投资者信息沟通渠道，及时解决投资者投诉问题，以及为保证公司及其股东、董事、监事、高级管理人员通过仲裁、诉讼等方式解决相互之间的矛盾纠纷所采取的措施。

第二十七条　除上述事项外，申请人可以披露便利股东尤其是中小股东参与公司治理的其他内部制度。

第四节　公司财务

第二十八条　申请人应按照《企业会计准则》的规定编制并披露最近2年及1期的财务报表。申请人编制合并财务报表的，应同时披露合并财务报表和母公司财务报表。

申请人应披露财务报表的编制基础、合并财务报表范围及变化情况。

财务报表在其最近1期截止日后6个月内有效。

第二十九条　申请人应披露会计师事务所的审计意见类型。财务报表被出具非标准无保留审计意见的，应全文披露审计报告正文以及董事会、监事会和注册会计师对相关事项的详细说明。

第三十条　申请人应列表披露最近2年及1期的主要财务数据指标，并对其进行逐年比较。主要包括毛利率、净资产收益率、基本每股收益、稀释每股收益、归属于申请人股东的每股净资产、每股经营活动产生的现金流量净额、资产负债率、应收账款周转率和存货周转率。除特别指出外，上述财务指标应以合并财务报表的数据为基础进行计算。相关指标的计算应执行中国证监会的有关规定。

第三十一条　申请人应根据《公司法》和《企业会计准则》的相关规定披露关联方、关联关系、关联交易，并说明相应的决策权限、决策程序、定价机制等。

申请人应根据交易的性质和频率，按照经常性和偶发性分类披露关联交易及关联交易对其财务状况和经营成果的影响。

第三十二条　申请人应简要披露财务报表附注中的资产负债表日后事项、或有事项及其他重要事项。

申请人应简要披露对财务状况、经营成果、声誉、业务活动、未来前景等可能产生较大影响的诉讼或仲裁事项。

申请人存在对外担保的，应披露对外担保的情况；不存在对外担保的，应予说明。

第三十三条　申请人在报告期内进行对财务报表有影响的资产评估的，应扼要披露资产评估的主要情况。

第三十四条　申请人应披露最近2年股利分配政策、实际股利分配情况以及公开转让后的股利分配政策。

第五节　有关声明

第三十五条　申请人全体董事、监事、高级管理人员应在公开转让说明书正文的尾页声明：

“本公司全体董事、监事、高级管理人员承诺本公开转让说明书不存在虚假记载、误导性陈述或重大遗漏，并对其真实性、准确性、完整性承担个别和连带的法律责任。”

声明应由全体董事、监事、高级管理人员签名，并由申请人加盖公章。

第三十六条　主办券商应对公开转让说明书的真实性、准确性、完整性进行核查，并在公开转让说明书正文后声明：

“本公司已对公开转让说明书进行了核查，确认不存在虚假记载、误导性陈述或重大遗漏，并对其真实性、准确性和完整性承担相应的法律责任。”

声明应由主办券商法定代表人、项目负责人签名，并加盖主办券商公章。

第三十七条　为申请人股票公开转让提供服务的证券服务机构应在公开转让说明书正文后声明：

“本机构及经办人员（经办律师、签字注册会计师、签字注册资产评估师）已阅读公开转让说明书，确认公开转让说明书与本机构出具的专业报告（法律意见书、审计报告、资产评估报告）无矛盾之处。本机构及经办人员对申请人在公开转让说明书中引用的专业报告的内容无异议，确认公开转让说明书不致因上述内容而出现虚假记载、误导性陈述或重大遗漏，并对其真实性、准确性和完整性承担相应的法律责任。”

声明应由经办人员及所在机构负责人签名，并加盖机构公章。

第六节　附件

第三十八条　公开转让说明书结尾应列明附件，并在中国证监会指定网站披露。附件应包括下列文件：

（一）主办券商推荐报告；

（二）财务报表及审计报告；

（三）法律意见书；

（四）评估报告；

（五）公司章程；

（六）中国证监会核准公开转让的文件；

（七）其他与公开转让有关的重要文件。

第三章　附则

第三十九条　本准则自公布之日起施行。

非上市公众公司信息披露内容与格式准则第2号——公开转让股票申请文件

第一条　为规范股份有限公司公开转让股票申请文件的内容和格式，根据《证券法》和《非上市公众公司监督管理办法》（证监会令第85号）的规定，制定本准则。

第二条　股东人数超过200人的股份有限公司（以下简称申请人）申请股票在全国中小企业股份转让系统公开转让，应按本准则的要求制作和报送申请文件。

第三条　本准则附录规定的申请文件目录是对公开转让申请文件的最低要求。根据审核需要，中国证券监督管理委员会（以下简称中国证监会）可以要求申请人和相关证券服务机构补充文件。如果某些文件对申请人不适用，可不提供，但应向中国证监会作出书面说明。

第四条　申请文件一经受理，未经中国证监会同意，不得增加、撤回或更换。

第五条　申请人报送申请文件，初次报送应提交原件一份、复印件二份。

申请人不能提供有关文件的原件的，应由申请人律师提供鉴证意见，或由出文单位盖章，以保证与原件一致。如原出文单位不再存续，由承继其职权的单位或作出撤销决定的单位出文证明文件的真实性。

第六条　申请文件所有需要签名处，均应由签名人亲笔签名，不得以名章、签名章等代替。

申请文件中需要由申请人律师鉴证的文件，申请人律师应在该文件首页注明“以下第××页至第××页与原件一致”，并签名和签署鉴证日期，律师事务所应在该文件首页加盖公章，并在第××页至第××页侧面以公章加盖骑缝章。

第七条　申请人应根据中国证监会对申请文件的反馈意见提供补充材料。相关证券服务机构应对反馈意见相关问题进行核查或补充出具专业意见。

第八条　申请文件的封面和侧面应标明“××公司公开转让股票申请文件”字样。

第九条　申请文件的扉页应标明申请人信息披露事务负责人和相关证券服务机构项目负责人的姓名、电话、传真及其他方便的联系方式。

第十条　申请文件章与章之间、节与节之间应有明显的分隔标识。

第十一条　申请人在每次报送书面申请文件的同时，应报送一份相应的标准电子文件（标准.doc或.rtf格式文件）。

第十二条　未按本准则的要求制作和报送申请文件的，中国证监会按照有关规定不予受理。

第十三条　本准则自公布之日起施行。

非上市公众公司信息披露内容与格式准则第3号——定向发行说明书和发行情况报告书

第一章　总则

第一条　为了规范非上市公众公司向特定对象发行股票（以下简称定向发行）的信息披露行为，根据《公司法》、《证券法》和《非上市公众公司监督管理办法》（证监会令第85号，以下简称《管理办法》）的规定，制定本准则。

第二条　非上市公众公司进行定向发行导致股东人数累计超过200人以及股东人数超过200人的非上市公众公司（以下简称申请人）进行定向发行，应按照本准则编制定向发行说明书，作为向中国证券监督管理委员会（以下简称中国证监会）申请定向发行的必备法律文件，并按本准则的规定进行披露。

第三条　申请人定向发行结束后，应按照本准则的要求编制并披露发行情况报告书。

第四条　在不影响信息披露的完整并保证阅读方便的前提下，对于曾在定期报告、临时公告或者其他信息披露文件中披露过的信息，如事实未发生变化，申请人可以采用索引的方法进行披露。

第五条　本准则某些具体要求对本次定向发行确实不适用或者需要豁免适用的，申请人可以根据实际情况调整，但应在提交申请文件时作出专项说明。

第六条　申请人应在中国证监会指定网站（nlpc.csrc.gov.cn）和全国中小企业股份转让系统公司指定的信息披露平台（www.neeq.com.cn 或 www.neeq.cc）披露定向发行说明书及其备查文件、发行情况报告书和中国证监会要求披露的其他文件，供投资者查阅。

第二章　定向发行说明书

第七条　定向发行说明书扉页应载有如下声明：

"本公司及全体董事、监事、高级管理人员承诺定向发行说明书不存在虚假记载、误导性陈述或重大遗漏，并对其真实性、准确性、完整性承担个别和连带的法律责任。

"本公司负责人和主管会计工作的负责人、会计机构负责人保证公开转让说明书中财务会计资料真实、完整。

"中国证监会对本公司股票定向发行所作的任何决定或意见，均不表明其对本公司股票的价值或投资者的收益作出实质性判断或者保证。任何与之相反的声明均属虚假不实陈述。

"根据《证券法》的规定，本公司经营与收益的变化，由本公司自行负责，由此变化引致的投资风险，由投资者自行负责。"

第八条　申请人应披露以下内容：

（一）本次定向发行的目的；

（二）发行对象及公司现有股东优先认购安排。如董事会未确定具体发行对象的，应披露股票发行对象的范围和确定方法；

（三）发行价格和定价原则。如董事会未确定具体发行价格的，应披露价格区间；

（四）股票发行数量或数量上限；

（五）发行对象关于持有本次定向发行股票的限售安排及自愿锁定的承诺。如无限售安排，应说明；

（六）募集资金投向；

（七）本次定向发行涉及的主管部门审批、核准或备案事项情况。

除上述内容外，申请人还应披露本准则第十二条规定的附生效条件的股票认购合同的内容摘要。

第九条　有以资产认购本次定向发行股份的，申请人还应按照本准则第十条、第十一条的规定披露相关内容，同时披露本准则第十二条规定的附生效条件的资产转让合同的内容摘要。

第十条　以资产认购本次定向发行股份、其资产为非股权资产的，申请人应披露相关资产的下列基本情况：

（一）资产名称、类别以及所有者和经营管理者的基本情况；

（二）资产权属是否清晰、是否存在权利受限、权属争议或者妨碍权属转移的其他情况；

（三）资产独立运营和核算的，披露最近 1 年及 1 期经具有证券期货相关业务资格会计师事务所审计的财务信息摘要；

（四）资产的交易价格及定价依据。披露相关资产经审计的账面值；交易价格以资产评估结果作为依据的，应披露资产评估方法和资产评估结果。

第十一条　以资产认购本次定向发行股份、其资产为股权的，申请人应披露相关股权的下列基本情况：

（一）股权所投资的公司的名称、企业性质、注册地、主要办公地点、法定代表人、注册资本；股权及控制关系，包括公司的主要股东及其持股比例、最近 2 年控股股东或实际控制人的变化情况、股东出资协议及公司章程中可能对本次交易产生影响的主要内容、原高管人员的安排；

（二）股权所投资的公司主要资产的权属状况及对外担保和主要负债情况；

（三）股权所投资的公司最近 1 年及 1 期的业务发展情况和经具有证券期货相关业务资格会计师事务所审计的财务信息摘要；

（四）股权的资产评估价值（如有）、交易价格及定价依据。

第十二条　附生效条件的股票认购合同的内容摘要应包括：

（一）合同主体、签订时间；

（二）认购方式、支付方式；

（三）合同的生效条件和生效时间；

（四）合同附带的任何保留条款、前置条件；

（五）相关股票限售安排；

（六）违约责任条款。

附生效条件的资产转让合同的内容摘要除前款内容外，至少还应包括：

（一）目标资产及其价格或定价依据；

（二）资产交付或过户时间安排；

（三）资产自评估截止日至资产交付日所产生收益的归属；

（四）与资产相关的人员安排。

第十三条　本次定向发行对申请人的影响。申请人应披露以下内容：

（一）本次定向发行对申请人经营管理的影响；

（二）本次定向发行后申请人财务状况、盈利能力及现金流量的变动情况；

（三）申请人与控股股东及其关联人之间的业务关系、管理关系、关联交易及同业竞争等变化情况；

（四）申请人以资产认购股票的行为是否导致增加本公司的债务或者或有负债；

（五）本次定向发行对其他股东的权益的影响；

（六）本次定向发行相关特有风险的说明。申请人应有针对性、差异化的披露属于本公司或者本行业的特有风险以及经营过程中的不确定性因素。

第十四条　申请人应披露下列机构的名称、法定代表人、住所、联系电话、传真，同时应披露有关经办人员的姓名：

（一）主办券商；

（二）律师事务所；

（三）会计师事务所；

（四）资产评估机构（如有）；

（五）股票登记机构；

（六）其他与定向发行有关的机构。

第十五条　申请人全体董事、监事、高级管理人员应在定向发行说明书正文的尾页声明：

"本公司全体董事、监事、高级管理人员承诺本定向发行说明书不存在虚假记载、误导性陈述或重大遗漏，并对其真实性、准确性、完整性承担个别和连带的法律责任。"

声明应由全体董事、监事、高级管理人员签名，并由申请人加盖公章。

第十六条　主办券商应对申请人定向发行说明书的真实性、准确性、完整性进行核查，并在定向发行说明书正文后声明：

"本公司已对定向发行说明书进行了核查，确认不存在虚假记载、误导性陈述或重大遗漏，并对其真实性、准确性和完整性承担相应的法律责任。"

声明应由法定代表人、项目负责人签名，并由主办券商加盖公章。

第十七条　为申请人定向发行提供服务的证券服务机构应在定向发行说明书正文后声明：

"本机构及经办人员（经办律师、签字注册会计师、签字注册资产评估师）已阅读定向发行说明书，确认定向发行说明书与本机构出具的专业报告（法律意见书、审计报告、资产评估报告等）无矛盾之处。本机构及经办人员对申请人在定向发行说明书中引用的专业报告的内容无异议，确认定向发行说明书不致因上述内容而出现虚假记载、误导性陈述或重大遗漏，并对其真实性、准确性和完整性承担相应的法律责任。"

声明应由经办人员及所在机构负责人签名，并由机构加盖公章。

第十八条　定向发行说明书结尾应列明备查文件，备查文件应包括：

（一）定向发行推荐工作报告；

（二）法律意见书；

（三）中国证监会核准本次定向发行的文件（核准后提供）；

（四）其他与本次定向发行有关的重要文件。

如有下列文件，也应作为备查文件披露：

（一）资信评级报告；

（二）担保合同和担保函；

（三）申请人董事会关于非标准无保留意见审计报告涉及事项处理情况的说明；

（四）会计师事务所及注册会计师关于非标准无保留意见审计报告的补充意见；

（五）通过本次定向发行拟进入资产的资产评估报告及有关审核文件。

第三章　发行情况报告书

第十九条　申请人应在发行情况报告书中披露本次定向发行股票的数量、发行价格、认购人、认购股票数量及相关股票限售安排。

第二十条　本次定向发行前后相关情况对比。申请人应披露以下内容：

（一）本次定向发行前后前十名股东持股数量、持股比例及股票限售等比较情况；

（二）本次定向发行前后股本结构、股东人数、资产结构、业务结构、公司控制权、董事、监事和高级管理人员持股的变动情况。

第二十一条　申请人应在发行情况报告书中披露主办券商关于本次定向发行过程、结果和发行对象合规性的结论意见。内容至少包括：

（一）关于本次定向发行过程、定价方法及结果的合法、合规性的说明；

（二）关于本次发行对象是否符合《管理办法》的规定，是否符合公司及其全体股东的利益的说明；

（三）主办券商认为需要说明的其他事项。

第二十二条　申请人应在发行情况报告书中披露律师关于本次定向发行过程、结果和发行对象合规性的结论意见。内容至少包括：

（一）关于发行对象资格的合规性的说明；

（二）关于本次定向发行过程及结果合法、合规性的说明；

（三）关于本次定向发行相关合同等法律文件的合规性的说明；

（四）本次定向发行涉及资产转让或者其他后续事项的，应陈述办理资产过户或者其他后续事项的程序、期限，并进行因资产瑕疵导致不能过户的法律风险评估。

（五）律师认为需要说明的其他事项。

第二十三条　由于情况发生变化，导致董事会决议中关于本次定向发行的有关事项需要修正或者补充说明的，申请人应在发行情况报告书中作出专门说明。

第二十四条　申请人全体董事、监事、高级管理人员应在发行情况报告书的首页声明：

"公司全体董事、监事、高级管理人员承诺本发行情况报告书不存在虚假记载、误导性陈述或重大遗漏，并对其真实性、准确性、完整性承担个别和连带的法律责任。"

声明应由全体董事、监事、高级管理人员签名，并由申请人加盖公章。

第四章　附则

第二十五条　本准则由中国证监会负责解释。

第二十六条　本准则自公布之日起施行。

非上市公众公司信息披露内容与格式准则第 4 号——定向发行申请文件

第一条　为了规范非上市公众公司向特定对象发行股票（以下简称定向发行）申请文件的内容和格式，根据《证券法》和《非上市公众公司监督管理办法》（证监会令第 85 号）的规定，制定本准则。

第二条　非上市公众公司进行定向发行导致股东人数累计超过 200 人以及股东人数超过 200 人的非上市公众公司（以下简称申请人）进行定向发行，应按本准则要求制作和报送申请文件。

第三条　本准则规定的申请文件目录（见附件）是定向发行申请文件的最低要求。根据审核需要，中国证券监督管理委员会（以下简称中国证监会）可以要求申请人和相关证券服务机构补充文件。如果某些文件对申请人不适用，可不提供，但应向中国证监会作出书面说明。

第四条　申请文件一经受理，未经中国证监会同意，不得增加、撤回或者更换。

第五条　申请人报送申请文件，初次报送应提交原件一份，复印件二份。

申请人不能提供有关文件原件的，应由申请人律师提供鉴证意见，或由出文单位盖章，以保证与原件一致。如原出文单位不再存续，由承继其职权的单位或作出撤销决定的单位出文证明文件的真实性。

第六条　申请文件所有需要签名处，均应为签名人亲笔签名，不得以名章、签名章等代替。

申请文件中需要由申请人律师鉴证的文件，申请人律师应在该文件首页注明“以下第××页至第××页与原件一致”，并签名和签署鉴证日期，律师事务所应在该文件首页加盖公章，并在第××页至第××页侧面以公章加盖骑缝章。

第七条　申请人应根据中国证监会对申请文件的反馈意见提供补充材料。相关证券服务机构应对反馈意见相关问题进行核查或补充出具专业意见。

第八条　申请文件的封面和侧面应标明“××公司向特定对象发行股票申请文件”字样。

第九条　申请文件的扉页应标明申请人信息披露事务负责人及相关证券服务机构项目负责人的姓名、电话、传真及其他方便的联系方式。

第十条　申请文件的各章、各节之间应有明显的分隔标识。

第十一条　申请人在报送书面申请文件、材料的同时，应报送一份相应的电子文件（doc 或 rtf 格式文件）。

第十二条　未按本准则的要求制作和报送申请文件的，中国证监会按照有关规定不予受理。

第十三条　本准则自公布之日起施行。

非上市公众公司信息披露内容与格式准则第5号——权益变动报告书、收购报告书和要约收购报告书

第一章　总则

第一条　为了规范非上市公众公司（以下简称公众公司）的收购及相关股份权益变动活动，根据《公司法》、《证券法》、《非上市公众公司收购管理办法》（证监会令第102号，以下简称《收购办法》）及其他相关法律、行政法规及部门规章的规定，制定本准则。

第二条　公众公司的收购及相关股份权益变动活动中的信息披露义务人，应当按照本准则的要求编制和披露权益变动报告书、收购报告书或者要约收购报告书。

第三条　信息披露义务人是多人的，可以书面形式约定由其中一人作为指定代表以共同名义负责统一编制和报送权益变动报告书、收购报告书或者要约收购报告书，依照《收购办法》及本准则的规定披露相关信息，并同意授权指定代表在信息披露文件上签字、盖章。

各信息披露义务人应当对信息披露文件中涉及其自身的信息承担责任；对信息披露文件中涉及的与多个信息披露义务人相关的信息，各信息披露义务人对相关部分承担连带责任。

第四条　本准则的规定是对公众公司收购及相关股份权益变动信息披露的最低要求。不论本准则中是否有明确规定，凡对投资者做出投资决策有重大影响的信息，信息披露义务人均应当予以披露。

第五条　本准则某些具体要求对信息披露义务人确实不适用的，信息披露义务人可以针对实际情况，在不影响披露内容完整性的前提下作适当修改，但应在报送时作书面说明。信息披露义务人认为无本准则要求披露的情况，必须明确注明“无此类情形”的字样。

第六条　信息披露义务人如在权益变动报告书、收购报告书、要约收购报告书中援引财务顾问、律师等专业机构出具的专业报告或意见的内容，应当说明相关专业机构已书面同意上述援引。

第七条　信息披露义务人董事会及其董事或者主要负责人，应当保证权益变动报告书、收购报告书、要约收购报告书内容的真实性、准确性、完整性，承诺其中不存在虚假记载、误导性陈述或者重大遗漏，并就其保证承担个别和连带的法律责任。

第八条　信息披露义务人应在全国中小企业股份转让系统（以下简称全国股份转让系统）指定的信息披露平台（www.neeq.com.cn 或 www.neeq.cc）披露权益变动报告书、收购报告书或者要约收购报告书及中国证监会要求披露的其他文件，并列示备查文件目录，供投资者查阅。

信息披露义务人应告知投资者备查文件的备置地点。备查文件上网的，应披露网址。

第二章　基本情况

第九条　信息披露义务人应当按照如下要求披露其基本情况：

（一）信息披露义务人为法人或者其他经济组织的，应当披露公司名称、法定代表人、设立日期、注册资本、住所、邮编、所属行业、主要业务、组织机构代码等；

（二）信息披露义务人为自然人的，应当披露姓名、国籍、身份证号码、住所（公民身份号码、住所可以不公开披露）、是否拥有永久境外居留权、最近五年内的工作单位、职务、所任职单位主要业务及注册地、以及是否与所任职单位存在产权关系。

第十条　信息披露义务人为多人的，除应当分别按照本准则第九条披露各信息披露义务人的情况外，还应当披露：

（一）各信息披露义务人之间在股权、资产、业务、高级管理人员等方面的关系，并以方框图的形式加以说明；

（二）信息披露义务人为一致行动人的，应当说明一致行动的目的、达成一致行动协议或者意向的时间、一致行动协议或者意向的内容。

第十一条　信息披露义务人在披露之日前6个月内，因拥有权益的股份变动已经披露过权益变动报告书的，可以仅就与前次报告书不同的部分作出披露。自前次披露之日起超过6个月的，信息披露义务人应当按照《收购办法》和本准则的规定编制并披露权益变动报告书。

第十二条　公众公司收购及相关股份权益变动活动需要取得国家相关部门批准的，收购人应当披露须履行的批准程序及相关批准程序进展情况。

第三章　权益变动报告书

第十三条　信息披露义务人应当按照《收购办法》及本准则的规定计算并披露其持有、控制公众公司股份的详细名称、种类、数量、占公众公司已发行股份的比例、所持股份性质及性质变动情况，股东持股变动达到规定比例的日期及权益变动方式。

信息披露义务人应披露权益变动涉及的相关协议、行政划转或变更、法院裁定等文件的主要内容。

信息披露义务人为多人的，还应当分别披露各信息披露义务人在公众公司中拥有权益的股份详细名称、种类、数量、

占公众公司已发行股份的比例。

信息披露义务人持有表决权未恢复的优先股的，还应当披露持有数量和比例。

第十四条　收购人为法人或者其他组织的，还应当披露其做出本次收购决定所履行的相关程序及具体时间。

第十五条　信息披露义务人为公众公司第一大股东或者实际控制人，存在《收购办法》第十三条、第十四条所规定的情形的，应当按照《收购办法》及本准则的规定编制并披露权益变动报告书。

第十六条　公众公司控股股东向收购人协议转让其所持有的公司股份，导致其丧失控股股东地位的，应当在其权益变动报告书中披露对收购人的主体资格、诚信情况及收购意图的调查情况。

公众公司的控股股东、实际控制人及其关联方未清偿其对公司的负债，未解除公司为其负债提供的担保，或者存在损害公司利益的其他情形的，公众公司的控股股东、实际控制人应当披露前述情形及消除损害的情况；未能消除损害的，应当披露其出让相关股份所得收入用于消除全部损害的安排。

第四章　收购报告书

第十七条　收购人为法人或者其他组织的，应当披露其控股股东、实际控制人的有关情况，并以方框图或者其他有效方式，全面披露与控股股东、实际控制人之间的股权控制关系，实际控制人原则上应披露到自然人、国有资产管理部门或者股东之间达成某种协议或安排的其他机构；控股股东、实际控制人所控制的核心企业和核心业务情况；收购人最近 2 年受到行政处罚（与证券市场明显无关的除外）、刑事处罚、或者涉及与经济纠纷有关的重大民事诉讼或者仲裁；收购人董事、监事、高级管理人员（或者主要负责人）的姓名、最近 2 年受到行政处罚（与证券市场明显无关的除外）、刑事处罚、或者涉及与经济纠纷有关的重大民事诉讼或者仲裁。

收购人是自然人的，应当披露其所控制的核心企业和核心业务、关联企业及主要业务的情况说明；最近 2 年受到行政处罚（与证券市场明显无关的除外）、刑事处罚、或者涉及与经济纠纷有关的重大民事诉讼或者仲裁。

第十八条　收购人应披露是否具备收购人资格且不存在《收购办法》第六条规定的情形，并作出相应的承诺。

第十九条　收购报告书应当披露本准则第十三条、第十四条规定的内容。

第二十条　收购人应当披露其为持有、控制公众公司股份所支付的资金总额、资金来源及支付方式等情况。

第二十一条　收购人应当披露各成员以及各自的董事、监事、高级管理人员（或者主要负责人）在收购事实发生之日起前 6 个月内买卖该公众公司股票的情况。

第二十二条　收购人应当披露各成员及其关联方以及各自的董事、监事、高级管理人员（或者主要负责人）在报告日前 24 个月内，与该公众公司发生的交易。

第二十三条　收购人为法人或者其他组织的，收购人应当披露其最近 2 年的财务会计报表，注明是否经审计及审计意见的主要内容；其中，最近 1 个会计年度财务会计报表应经具有证券、期货相关业务资格的会计师事务所审计，并注明审计意见的主要内容；会计师应当说明公司前 2 年所采用的会计制度及主要会计政策与最近 1 年是否一致，如不一致，应做出相应的调整。

如果该法人或其他组织成立不足 1 年或者是专为本次公众公司收购而设立的，则应当比照前述规定披露其实际控制人或者控股公司的财务资料。

收购人是上市公司或者公众公司的，可以免于披露最近 2 年的财务会计报表，但应当说明刊登其年度报告的网站地址及时间。

第二十四条　收购人应当披露本次收购的目的、后续计划，包括未来 12 个月内有无对公众公司主要业务、管理层、组织结构等方面的调整、公司章程修改、资产处置或员工聘用等方面的计划。

收购人应充分披露收购完成后对公众公司的影响和风险，并披露收购人及其关联方是否与公众公司从事相同、相似业务的情况。对存在相同、相似业务的，收购人应对是否存在同业竞争作出合理解释。

第二十五条　收购人应当披露所作公开承诺事项及未能履行承诺事项时的约束措施。

第二十六条　收购人应当列明参与本次收购的各专业机构名称，说明各专业机构与收购人、被收购公司以及本次收购行为之间是否存在关联关系及其具体情况。

第二十七条　收购人聘请的财务顾问就本次收购出具的财务顾问报告，应当对以下事项进行说明和分析，并逐项发表明确意见：

（一）收购人编制的收购报告书所披露的内容是否真实、准确、完整；

（二）本次收购的目的；

（三）收购人是否提供所有必备证明文件，根据核查情况，说明收购人是否具备主体资格，是否具备收购的经济实力，是否具备规范运作公众公司的管理能力，是否需要承担其他附加义务及是否具备履行相关义务的能力，是否存在不良诚信记录；

（四）对收购人进行证券市场规范化运作辅导的情况，其董事、监事和高级管理人员是否已经熟悉有关法律、行政法规和中国证监会的规定，充分了解应承担的义务和责任，督促其依法履行信息披露和其他法定义务的情况；

（五）收购人的股权控制结构及其控股股东、实际控制人支配收购人的方式；

（六）收购人的收购资金来源及其合法性，是否存在利用本次收购的股份向银行等金融机构质押取得融资的情形；

（七）涉及收购人以证券支付收购价款的，应当说明有关该证券发行人的信息披露是否真实、准确、完整以及该证券交易的便捷性等情况；

（八）收购人是否已经履行了必要的授权和批准程序；

（九）是否已对收购过渡期内保持公众公司稳定经营作出安排，该安排是否符合有关规定；

（十）对收购人提出的后续计划进行分析，说明本次收购对公众公司经营和持续发展可能产生的影响；

（十一）在收购标的上是否设定其他权利，是否在收购价款之外还作出其他补偿安排；

（十二）收购人及其关联方与被收购公司之间是否存在业务往来，收购人与被收购公司的董事、监事、高级管理人员是否就其未来任职安排达成某种协议或者默契；

（十三）公众公司原控股股东、实际控制人及其关联方是否存在未清偿对公司的负债、未解除公司为其负债提供的担保或者损害公司利益的其他情形；存在上述情形的，是否已提出切实可行的解决方案。

财务顾问及其法定代表人或授权代表人、财务顾问主办人应当在收购报告书上签字、盖章、签注日期，并载明以下声明：

“本人及本人所代表的机构已履行勤勉尽责义务，对收购报告书的内容进行了核查和验证，未发现虚假记载、误导性陈述或者重大遗漏，并对此承担相应的责任。”

第二十八条　公众公司聘请的律师应当按照本准则及有关业务准则的规定出具法律意见书，并对照中国证监会的各项规定，在充分核查验证的基础上，就公众公司收购的法律问题和事项发表明确的结论性意见。

收购人聘请的律师及其所就职的律师事务所应当在收购报告书上签字、盖章、签注日期，并载明以下声明：

“本人及本人所代表的机构已按照执业规则规定的工作程序履行勤勉尽责义务，对收购报告书的内容进行核查和验证，未发现虚假记载、误导性陈述或者重大遗漏，并对此承担相应的责任。”

第五章　要约收购报告书

第二十九条　采取要约收购方式的，收购人应当详细披露要约收购的方案，包括：

（一）被收购公司名称、收购股份的种类、预定收购的股份数量及其占被收购公司已发行股份的比例；涉及多人收购的，还应当注明每个成员预定收购股份的种类、数量及其占被收购公司已发行股份的比例；

（二）要约价格及其计算基础；

（三）要约收购报告书披露日前6个月内收购人取得该种股票所支付的最高价格；

（四）收购资金总额、资金来源及资金保证、其他支付安排及支付方式；

（五）要约收购的约定条件；

（六）要约收购期限；

（七）受要约人预受要约的方式和程序；

（八）受要约人撤回预受要约的方式和程序；

（九）受要约人委托办理要约收购中相关股份预受、撤回、结算、过户登记等事宜的证券公司名称及其通讯方式。

第三十条　要约收购报告书应当披露本准则第十七条、第二十一条、第二十二条、第二十三条、第二十四条、第二十五条、第二十六条规定的内容。

第三十一条　要约收购人聘请的财务顾问就本次要约收购按照本准则第二十七条第一款的规定发表专业意见。

财务顾问及其法定代表人、财务顾问主办人应当在本报告上签字、盖章、签注日期，并载明以下声明：

“本人及本人所代表的机构已按照执业规则规定的工作程序履行尽职调查义务，经过审慎调查，本人及本人所代表的机构确认收购人有能力按照收购要约所列条件实际履行收购要约，并对此承担相应的法律责任。”

第三十二条　要约收购人聘请的律师就本次要约收购按照本准则第二十八条的规定发表专业意见，并作出声明。

第六章　其他重大事项

第三十三条　各信息披露义务人（如为法人或者其他组织）的董事会及其董事（或者主要负责人）或者自然人（如信息披露义务人为自然人）应当在权益变动报告书、收购报告书或者要约收购报告书上签字、盖章、签注日期，并载明以下声明：

“本人（以及本人所代表的机构）承诺本报告不存在虚假记载、误导性陈述或重大遗漏，并对其真实性、准确性、完整性承担个别和连带的法律责任。”

第三十四条　信息披露义务人在报送权益变动报告书、收购报告书、要约收购报告书的同时，应当提交有关备查文件。该备查文件应当为原件或有法律效力的复印件。信息披露义务人应当将备查文件报送全国股份转让系统及公众公司，并告知投资者披露方式。备查文件包括：

（一）信息披露义务人为法人或其他组织的，提供营业执照和税务登记证；信息披露义务人为自然人的，提供身份证明文件；

（二）信息披露义务人就收购或者要约收购作出的相关决定；

（三）涉及收购资金来源的协议（如适用）；

（四）收购人将履约保证金存入并冻结于指定银行等金融机构的存单、收购人将用以支付的全部证券委托中国证券登记结算有限责任公司保管的证明文件、银行对于要约收购所需价款出具的保函或者财务顾问出具承担连带担保责任的书面承诺（要约收购适用）；

（五）任何与本次收购及相关股份权益活动有关的合同、协议和其他安排的文件；

（六）收购人不存在《收购办法》第六条规定情形的说明及承诺；

（七）按照本准则第二十三条要求提供的收购人的财务资料；

（八）财务顾问报告（如适用）；

（九）法律意见书（如适用）；

（十）中国证监会或者全国股份转让系统依法要求的其他备查文件。

第七章　附则

第三十五条　本准则由中国证监会负责解释。

第三十六条　本准则所称拥有权益的股份，包括表决权恢复的优先股，不包括表决权未恢复的优先股。

信息披露义务人涉及计算其持股比例的，应当将其所持有的公众公司已发行的可转换为公司股票的证券中有权转换部分与其所持有的同一公众公司的股份合并计算，并将其持股比例与合并计算非股权类证券转为股份后的比例相比，以二者中的较高者为准；行权期限届满未行权的，或者行权条件不再具备的，无需合并计算。

前款所述二者中的较高者，应当按下列公式计算：

（一）投资者持有的股份数量/公众公司已发行股份总数

（二）（投资者持有的股份数量＋投资者持有的可转换为公司股票的非股权类证券所对应的股份数量）/（公众公司已发行股份总数＋公众公司发行的可转换为公司股票的非股权类证券所对应的股份总数）

第三十七条　本准则自2014年7月23日起施行。

非上市公众公司信息披露内容与格式准则
第6号——重大资产重组报告书

第一章　总则

第一条　为规范非上市公众公司（以下简称公众公司）重大资产重组的信息披露行为，根据《公司法》、《证券法》、

《非上市公众公司重大资产重组管理办法》(证监会令第 103 号,以下简称《重组办法》)及其他相关法律、行政法规及部门规章的规定,制定本准则。

第二条　公众公司实施重大资产重组应当按照本准则的要求编制并披露重大资产重组报告书(以下简称重组报告书)及其他相关信息披露文件。公众公司披露的所有信息应真实、准确、完整,不得有虚假记载、误导性陈述或重大遗漏。

第三条　本准则的规定是对重组报告书及其他相关信息披露文件的最低要求。不论本准则是否有明确规定,凡对投资者投资决策有重大影响的信息,均应披露。

公众公司根据自身及所属行业或业态特征,可在本准则基础上增加有利于投资者判断和信息披露完整性的相关内容。本准则某些具体要求对公众公司不适用的,公众公司可根据实际情况,在不影响内容完整性的前提下作适当调整,但应在披露时作出相应说明。

第四条　公众公司披露的重组报告书中引用的经审计的最近 1 期财务资料在财务会计报表截止日后 6 个月内有效;特别情况下可申请适当延长,但延长时间至多不超过 1 个月。

截至重组报告书披露之日,交易标的资产的财务状况和经营成果发生重大变动的,应当补充披露最近 1 期相关财务资料。

第五条　重组报告书扉页应当载有如下声明:"本公司及全体董事、监事、高级管理人员承诺重大资产重组报告书不存在虚假记载、误导性陈述或重大遗漏,并对其真实性、准确性、完整性承担个别和连带的法律责任。"

第六条　公众公司应在全国中小企业股份转让系统(以下简称全国股份转让系统)指定的信息披露平台(www. neeq. com. cn 或 www. neeq. cc)披露重组报告书及其备查文件、中国证监会要求披露的其他文件,供投资者查阅。

第二章　重组预案和重组报告书

第七条　公众公司披露重大资产重组预案的(以下简称重组预案),应当至少包括以下内容:

(一)公众公司基本情况、交易对方基本情况、本次交易的背景和目的、本次交易的具体方案、交易标的基本情况;

(二)本次交易对公众公司的影响以及交易过程中对保护投资者合法权益的相关安排;

(三)本次交易行为涉及有关报批事项的,应当详细说明已向有关主管部门报批的进展情况和尚需呈报批准的程序,并对可能无法获得批准的风险作出特别提示;

(四)独立财务顾问、律师事务所、会计师事务所等证券服务机构的结论性意见;证券服务机构尚未出具意见的,应当作出关于"证券服务机构意见将在重大资产重组报告书中予以披露"的特别提示;

(五)退市公司应当对本次交易完成后是否申请重新上市以及其中的不确定性风险作出特别提示。

第八条　公众公司披露重组报告书的,应当至少包括以下内容:

(一)交易概述

简要介绍本次重组的基本情况,包括交易对方名称、交易双方实施本次交易的背景和目的、决策过程、交易标的名称、交易价格、是否构成关联交易、按照《重组办法》规定计算的相关指标、董事会和股东大会表决情况、中小股东单独计票结果等。

退市公司还应当对本次交易完成后是否申请重新上市、对申请重新上市相关事宜的后续计划及其中的不确定性风险进行说明并披露。

(二)公众公司基本情况,包括公司设立情况及曾用名称,最近 2 年的控股权变动情况、主要业务发展情况和主要财务指标,以及控股股东、实际控制人概况。

(三)交易对方基本情况及与公众公司之间是否存在关联关系及其情况说明、交易对方及其主要管理人员最近 2 年内是否存在违法违规情形及其情况说明(与证券市场明显无关的除外)。

(四)交易标的

1. 交易标的的基本情况

(1)交易标的为完整经营性资产的(包括股权或其他构成可独立核算会计主体的经营性资产),应当披露:

a. 该经营性资产的名称、企业性质、注册地、主要办公地点、法定代表人、注册资本、成立日期、税务登记证号码、组织机构代码、历史沿革;

b. 该经营性资产的产权或控制关系,包括其主要股东或权益持有人及持有股权或权益的比例、公司章程中可能对本次交易产生影响的主要内容或相关投资协议、原高管人员的安排、是否存在影响该资产独立性的协议或其他安排(如让渡经营管理权、收益权等);

c. 主要资产的权属状况、对外担保情况及主要负债情况;

d. 交易标的为有限责任公司股权的,应当披露是否已取得该公司其他股东的同意或者符合公司章程规定的股权转让前置条件;

e. 该经营性资产的权益最近 2 年曾进行资产评估、交易、增资或改制的,应当披露相关的评估价值、交易价格、交易对方和增资改制的情况。

(2)交易标的不构成完整经营性资产的,应当披露:

a. 相关资产的名称、类别及最近 2 年的运营情况;

b. 相关资产的权属状况,包括产权是否清晰,是否存在抵押、质押等权利限制,是否涉及诉讼、仲裁、司法强制执行等重大争议;

c. 相关资产在最近 2 年曾进行资产评估或者交易的,应当披露评估价值、交易价格、交易对方等情况。

2. 资产交易根据资产评估结果定价的,应当披露资产评估方法和资产评估结果(包括各类资产的评估值、增减值额及增减值率,以及主要的增减值原因等)。

3. 资产交易涉及重大资产购买的,公众公司应当根据重要性原则披露拟购买资产主要业务的具体情况,包括:

(1)主要业务、主要产品或服务及其用途;

(2)业务模式或商业模式;

(3)与主要业务相关的情况,主要包括:

a. 报告期内各期主要产品或服务的规模、销售收入,产品或服务的主要消费群体,报告期内各期向前五名客户合计的销售额占当期销售总额的百分比;

b. 报告期内主要产品或服务的原材料、能源及其供应情况,占成本的比重,报告期内各期向前五名供应商合计的采购额占当期采购总额的百分比;

c. 所从事的业务需要取得许可资格或资质的,还应当披露当前许可资格或资质的情况。

(4)与其业务相关的资源要素,主要包括:

a. 产品或服务所使用的主要技术;

b. 主要生产设备、房屋建筑物的取得和使用情况、成新率或尚可使用年限等；

c. 主要无形资产的取得方式和时间、使用情况、使用期限或保护期、最近1期末账面价值；

d. 拟购买所从事的业务需要取得许可资格或资质的，还应当披露当前许可资格或资质的情况；

e. 特许经营权的取得、期限、费用标准；

f. 员工的简要情况，其中核心业务和技术人员应披露姓名、年龄、主要业务经历及职务、现任职务及任期以及持有公众公司股份情况；

g. 其他体现所属行业或业态特征的资源要素。

4. 资产交易涉及重大资产出售的，公众公司应当按照前述第3项中(1)、(2)的要求进行披露，简要介绍拟出售资产主要业务及与其相关的资源要素的基本情况。

5. 资产交易涉及债权债务转移的，应当披露该等债权债务的基本情况、债权人同意转移的情况及与此相关的解决方案。

6. 资产交易中存在的可能妨碍权属转移的其他情形。

（五）本次交易合同的主要内容

1. 合同主体、签订时间；

2. 交易价格、定价依据以及支付方式（一次或分次支付的安排及特别条款、股份发行条款等）；

3. 资产交付或过户的时间安排；

4. 交易标的自定价基准日至交割日期间损益的归属和实现方式；

5. 合同的生效条件和生效时间；合同附带的任何形式的保留条款、补充协议和前置条件；

6. 与资产相关的人员安排。

（六）本次资产交易中相关当事人的公开承诺事项及提出的未能履行承诺时的约束措施（如有）。

（七）财务会计信息

1. 交易标的为完整经营性资产的，应当披露最近2年的简要财务报表；交易标的不构成完整经营性资产的，应当披露相关资产最近2年经审计的财务数据，包括但不限于资产总额、资产净额、可准确核算的收入或费用额。

2. 拟购买资产盈利预测的主要数据（如有）。

（八）独立财务顾问和律师对本次交易出具的结论性意见

独立财务顾问不是为其提供持续督导业务的主办券商的，还应当详细披露主办券商不适宜担任独立财务顾问的具体原因。

（九）本次交易聘请的独立财务顾问、律师事务所、会计师事务所、资产评估机构（如有）等专业机构名称、法定代表人、住所、联系电话、传真，以及有关经办人员的姓名。

第九条　公众公司重大资产重组以发行普通股作为对价向特定对象购买资产（以下简称发行股份购买资产）的，重组报告书中除包括前条规定的内容外，还应当包括以下内容：

在本准则第八条规定的“交易标的”部分后，加入第（五）部分“发行股份情况”，其以下各部分依次顺延。在“发行股份情况”部分应当披露以下内容：

1. 公众公司发行股份的价格及定价原则，并充分说明定价的合理性；

2. 公众公司拟发行股份的种类、每股面值；

3. 公众公司拟发行股份的数量、占发行后总股本的比例；

4. 特定对象所持股份的转让或交易限制，股东关于自愿锁定所持股份的相关承诺；

5. 公众公司发行股份前后主要财务数据（如每股收益、每股净资产等）和其他重要财务指标的对照表；

6. 本次发行股份前后公众公司的股权结构，说明本次发行股份是否导致公众公司控制权发生变化。

公众公司重大资产重组以优先股、可转换债券等支付手段作为支付对价的，还应当按照中国证监会关于优先股、可转换债券的相关规定进行披露。

第三章　中介机构的意见

第十条　独立财务顾问应当按照本准则及有关业务准则的规定出具独立财务顾问报告，报告应当至少包括以下内容：

（一）说明本次重组是否符合《重组办法》的规定；

（二）说明本次交易所涉及的资产定价和支付手段定价的合理性；

（三）说明本次交易完成后公众公司的财务状况及是否存在损害股东合法权益的问题；

（四）对交易合同约定的资产交付安排是否可能导致公众公司交付现金或其他资产后不能及时获得对价的风险、相关的违约责任是否切实有效发表明确意见；

（五）对本次重组是否构成关联交易进行核查，并依据核查确认的相关事实发表明确意见。涉及关联交易的，还应当充分分析本次交易的必要性及本次交易是否损害公众公司及非关联股东的利益。

第十一条　公众公司应当提供由律师按照本准则及有关业务准则的规定出具的法律意见书。律师应当对照中国证监会的各项规定，在充分核查验证的基础上，至少就公众公司本次重组涉及的以下法律问题和事项发表明确的结论性意见：

（一）公众公司和交易对方是否具备相应的主体资格、是否依法有效存续；

（二）本次交易是否已履行必要的批准或授权程序，相关的批准和授权是否合法有效；本次交易是否构成关联交易，构成关联交易的，是否已依法履行必要的审议批准程序和信息披露义务；本次交易涉及的须呈报有关主管部门批准的事项是否已获得有效批准；本次交易的相关合同和协议是否合法有效；

（三）标的资产（包括标的股权所涉及企业的主要资产）的权属状况是否清晰，权属证书是否完备有效，尚未取得完备权属证书的，应说明取得权属证书是否存在法律障碍；标的资产是否存在产权纠纷或潜在纠纷，如有，应说明对本次交易的影响；标的资产是否存在抵押、担保或其他权利受到限制的情况，如有，应说明对本次交易的影响；

（四）本次交易所涉及的债权债务的处理及其他相关权利、义务的处理是否合法有效，其实施或履行是否存在法律障碍和风险；

（五）公众公司、交易对方和其他相关各方是否已履行法定的披露和报告义务，是否存在应当披露而未披露的合同、协议、安排或其他事项；

（六）本次交易是否符合《重组办法》和相关规范性文件规定的原则和条件；

（七）参与公众公司本次交易活动的证券服务机构是否具备必要的资格；

（八）本次交易是否符合相关法律、行政法规、部门规章和规范性文件的规定，是否存在法律障碍，是否存在其他可能对本次交易构成影响的法律问题和风险。

第十二条　公众公司应当提供本次交易所涉及的相关资产最近2年的财务会计报表（财务数据）和审计报告；存在本

准则第四条规定情况的，还应当提供最近 1 期的财务会计报表和审计报告。

第十三条 公众公司重大资产重组以评估值或资产估值报告中的估值金额作为交易标的定价依据的，应当提供相关资产的资产评估报告或资产估值报告。

第十四条 公众公司可视自身情况决定是否披露拟购买资产经审核的盈利预测报告。

第四章 声明及附件

第十五条 公众公司全体董事、监事、高级管理人员应当在重组报告书正文的尾页声明：

"本公司全体董事、监事、高级管理人员承诺本重大资产重组报告书不存在虚假记载、误导性陈述或重大遗漏，并对其真实性、准确性、完整性承担个别和连带的法律责任。"

声明应由全体董事、监事、高级管理人员签名，并加盖公众公司公章。

第十六条 独立财务顾问应当对重组报告书的真实性、准确性、完整性进行核查，并在重组报告书正文后声明：

"本公司已对重大资产重组报告书进行了核查，确认不存在虚假记载、误导性陈述或重大遗漏，并对其真实性、准确性和完整性承担相应的法律责任。"

声明应由法定代表人或授权代表人、项目负责人、独立财务顾问主办人签名，并由独立财务顾问加盖公章。

第十七条 为公众公司重大资产重组提供服务的其他证券服务机构应在重组报告书正文后声明：

"本机构及经办人员（经办律师、签字注册会计师、签字注册资产评估师）已阅读重大资产重组报告书，确认重大资产重组报告书与本机构出具的专业报告（法律意见书、审计报告、资产评估报告）无矛盾之处。本机构及经办人员对公众公司在重大资产重组报告书中引用的专业报告的内容无异议，确认重大资产重组报告书不致因上述内容而出现虚假记载、误导性陈述或重大遗漏，并对其真实性、准确性和完整性承担相应的法律责任。"

声明应由经办人员及所在机构负责人签名，并由机构加盖公章。

第十八条 重组报告书结尾应列明附件并披露。附件应包括下列文件：

（一）独立财务顾问报告；

（二）财务会计报表及审计报告；

（三）法律意见书；

（四）资产评估报告、资产估值报告（如有）；

（五）拟购买资产盈利预测报告（如有）；

（六）公众公司及其董事、监事、高级管理人员，交易对方及其董事、监事、高级管理人员（或主要负责人），相关专业机构及其他知悉本次重大资产交易内幕信息的法人和自然人，以及上述相关人员的直系亲属买卖该公众公司股票及其他相关证券情况的自查报告及说明；

（七）其他与公开转让有关的重要文件。

第五章 持续披露

第十九条 公众公司发行股份购买资产申请获得中国证监会核准的，公众公司及相关证券服务机构应当根据中国证监会的审核情况重新修订重组报告书及相关证券服务机构的报告或意见，并作出补充披露。

第二十条 公众公司重大资产重组实施完毕后应当编制并披露至少包含以下内容的重大资产重组实施情况报告书：

（一）本次重组的实施过程，相关资产过户或交付、相关债权债务处理以及证券发行登记等事宜的办理状况；

（二）相关实际情况与此前披露的信息是否存在差异；

（三）相关协议、承诺的履行情况及未能履行承诺时相关约束措施的执行情况；

（四）其他需要披露的事项。

独立财务顾问应当对前款所述内容逐项进行核查，并发表明确意见。律师应当对前款所述内容涉及的法律问题逐项进行核查，并发表明确意见。

第六章 附则

第二十一条 本准则由中国证监会负责解释。

第二十二条 本准则自 2014 年 7 月 23 日起施行。

非上市公众公司信息披露内容与格式准则第 7 号——定向发行优先股说明书和发行情况报告书

第一章 总则

第一条 为了规范非上市公众公司（以下简称申请人）定向发行优先股的信息披露行为，根据《公司法》、《证券法》、《非上市公众公司监督管理办法》（证监会令第 96 号）、《优先股试点管理办法》（证监会令第 97 号）的规定，制定本准则。

第二条 申请人定向发行优先股，应按照本准则编制定向发行优先股说明书并披露。发行后普通股与优先股股东人数合并累计超过 200 人的非上市公众公司定向发行优先股，应当向中国证券监督管理委员会（以下简称中国证监会）申请核准；发行后普通股与优先股股东人数合并累计不超过 200 人的非上市公众公司定向发行优先股，中国证监会豁免核准，由全国中小企业股份转让系统（以下简称全国股份转让系统）自律管理。

注册在境内的境外上市公司在境内发行优先股，参照本准则的规定披露，应当向中国证监会申请核准。

第三条 申请人定向发行结束后，应按照本准则的要求编制并披露发行情况报告书。

第四条 在不影响信息披露的完整并保证阅读方便的前提下，对于曾在定期报告、临时公告或者其他信息披露文件中披露过的信息，如事实未发生变化，申请人可以采用索引的方法进行披露。

第五条 本准则某些具体要求对本次定向发行确实不适用或者需要豁免适用的，申请人可以根据实际情况调整，但应在提交申请文件时作出专项说明。

第六条 申请人发行的优先股在全国股份转让系统转让的，应在全国中小企业股份转让系统有限责任公司（以下简称全国股份转让系统公司）指定的信息披露平台（www.neeq.com.cn 或 www.neeq.cc）披露定向发行优先股说明书及其备查文件、发行情况报告书和中国证监会要求披露的其他文件，供投资者查阅。

第二章 定向发行优先股说明书

第七条 定向发行优先股说明书扉页应载有如下声明：

"本公司及全体董事、监事、高级管理人员承诺定向发行优先股说明书不存在虚假记载、误导性陈述或重大遗漏，并对其真实性、准确性、完整性承担个别和连带的法律责任。

“本公司负责人和主管会计工作的负责人、会计机构负责人保证定向发行优先股说明书中财务会计资料真实、完整。

“中国证监会、全国股份转让系统公司对本公司定向发行优先股所作的任何决定或意见，均不表明其对本公司优先股的价值或投资者的收益作出实质性判断或者保证。任何与之相反的声明均属虚假不实陈述。

“根据《证券法》的规定，本公司经营与收益的变化，由本公司自行负责，由此变化引致的投资风险，由投资者自行负责。”

第八条　申请人应披露本次定向发行的基本情况：

（一）发行目的和发行总额。拟分次发行的，披露分次发行安排；

（二）发行方式、发行对象及公司现有股东认购安排（如有）。

如董事会未确定具体发行对象的，应披露发行对象的范围和确定方法；

（三）票面金额、发行价格或定价原则；

（四）本次发行优先股的种类、数量或数量上限；

（五）募集资金投向；

（六）本次发行涉及的主管部门审批、核准或备案事项情况。

除上述内容外，申请人还应披露本准则第十四条规定的附生效条件的优先股认购合同的内容摘要。

第九条　申请人应在基本情况中披露本次定向发行的优先股的具体条款设置：

（一）优先股股东参与利润分配的方式，包括：票面股息率或其确定原则、股息发放的条件、股息支付方式、股息是否累积、是否可以参与剩余利润分配等；涉及财务数据或财务指标的，应注明相关报表口径；

（二）优先股的回购条款，包括：回购选择权的行使主体、回购条件、回购期间、回购价格或确定原则及其调整方法等；

（三）优先股转换为普通股的条款（仅商业银行适用），包括：转换权的行使主体、转换条件（含触发事项）、转换时间、转换价格或确定原则及其调整方法等；

（四）表决权的限制和恢复，包括表决权恢复的情形及恢复的具体计算方法；

（五）清偿顺序及每股清算金额的确定方法；

（六）有评级安排的，需披露信用评级情况；

（七）有担保安排的，需披露担保及授权情况；

（八）其他中国证监会认为有必要披露的重大事项。

第十条　以资产认购本次定向发行优先股的，申请人还应按照本准则第十一条、第十二条、第十三条的规定披露相关内容，同时披露本准则第十四条规定的附生效条件的资产转让合同的内容摘要。

第十一条　以资产认购本次定向发行优先股、其资产为非股权资产的，申请人应披露相关资产的下列基本情况：

（一）资产名称、类别以及所有者和经营管理者的基本情况；

（二）资产权属是否清晰、是否存在权利受限、权属争议或者妨碍资产转移的其他情况；

（三）资产独立运营和核算的，披露最近 1 年及 1 期经会计师事务所审计的主要财务数据；

（四）资产的交易价格及定价依据。披露相关资产经审计的账面值；交易价格以资产评估结果作为依据的，应披露资产评估方法和资产评估结果。

第十二条　以资产认购本次定向发行优先股、其资产为股权的，申请人应披露相关股权的下列基本情况：

（一）股权所投资的公司的名称、企业性质、注册地、主要办公地点、法定代表人、注册资本；股权及控制关系，包括公司的主要股东及其持股比例、最近 2 年控股股东或实际控制人的变化情况、股东出资协议及公司章程中可能对本次交易产生影响的主要内容、原高管人员的安排；

（二）股权所投资的公司主要资产的权属状况及对外担保和主要负债情况；

（三）股权所投资的公司最近 1 年及 1 期的业务发展情况和经会计师事务所审计的主要财务数据和财务指标；

（四）股权的资产评估价值（如有）、交易价格及定价依据。

第十三条　资产交易价格以经审计的账面值为依据的，公司董事会应对定价的合理性予以说明。

资产交易根据资产评估结果定价的，公司董事会应对定价的合理性予以说明，并对资产定价是否存在损害公司和股东合法权益等情形发表意见。

第十四条　董事会决议确定具体发行对象的，应披露附生效条件的优先股认购合同，应包括以下内容：

（一）合同主体、签订时间；

（二）认购价格、认购方式、支付方式；

（三）合同的生效条件和生效时间；

（四）合同附带的任何保留条款、前置条件；

（五）违约责任条款；

（六）优先股股东参与利润分配和剩余财产分配的相关约定；

（七）优先股回购的相关约定；

（八）优先股股东表决权限制与恢复的约定；

（九）其他与定向发行相关的条款。

附生效条件的资产转让合同的内容摘要除前款第（一）项至第（五）项内容外，至少还应包括：

（一）目标资产及其价格或定价依据；

（二）资产交付或过户时间安排；

（三）资产自评估截止日至资产交付日所产生收益的归属（如有）；

（四）与资产相关的人员安排。

第十五条　申请人应披露已发行在外优先股的简要情况，包括发行时间、发行总量及融资总额、现有发行在外数量、已回购优先股的数量、各期股息实际发放情况等。

申请人应列表披露本次优先股与已发行在外优先股主要条款的差异比较。

第十六条　本次定向发行对申请人的影响。申请人应披露以下内容：

（一）本次发行对申请人经营管理的影响；

（二）本次发行后申请人财务状况、盈利能力、偿债能力及现金流量的变动情况，申请人应重点披露本次发行优先股后公司资产负债结构的变化；

（三）本次发行对公司股本、净资产（净资本）、资产负债率、净资产收益率、归属于普通股股东的每股收益等主要财务数据和财务指标的影响；

（四）申请人与控股股东及其关联人之间的业务关系、管理关系、关联交易及同业竞争等变化情况；

（五）以资产认购优先股的行为是否导致增加本公司的债务或者或有负债；

（六）本次发行对申请人的税务影响；

（七）申请人应有针对性、差异化的披露属于本公司或者本行业的特有风险以及经营过程中的不确定性因素；

（八）银行、证券、保险等金融行业公司还需披露本次发行对其资本监管指标的影响及相关行业资本监管要求。

第十七条　申请人应披露本次定向发行对申请人普通股股东权益的影响；已发行优先股的，还应说明对其他优先股股东权益的影响。

第十八条　申请人应结合自身的实际情况及优先股的条款设置，披露可能直接或间接对申请人以及优先股投资者产生重大不利影响的相关风险因素，如不能足额派息的风险、表决权受限的风险、回购风险、交易风险、分红减少和权益摊薄风险、税务风险等。

第十九条　申请人应披露本次定向发行相关的会计处理方法以及本次发行的优先股发放的股息是否在所得税前列支及政策依据。

第二十条　申请人应披露投资者与本次发行的优先股转让、股息发放、回购等相关的税费、征收依据及缴纳方式。

第二十一条　申请人应披露公司最近一期末的对外担保情况，并披露对公司财务状况、经营成果、声誉、业务活动、未来前景等可能产生较大影响的未决诉讼或仲裁事项，可能出现的处理结果或已生效法律文书的执行情况。

第二十二条　注册在境内的境外上市公司在境内发行优先股的，应披露公司的基本情况、控股股东和实际控制人的基本情况、公司组织架构和管理模式以及董事、监事、高级管理人员名单。实际控制人应披露到最终的国有控制主体、集体企业或自然人为止。

注册在境内的境外上市公司应结合所处的行业特点、财务信息、分部报告、主要对外投资等情况披露公司从事的主要业务、主要产品及各业务板块的经营状况。

第二十三条　注册在境内的境外上市公司在境内发行优先股的，应当按照《企业会计准则》的规定编制财务报表，并经具有证券期货相关业务资格的会计师事务所审计。最近2年财务报表被具有证券期货相关业务资格的会计师事务所出具非标准无保留意见审计报告的，公司应披露董事会关于非标准无保留意见审计报告所涉及事项的说明和具有证券期货相关业务资格的会计师事务所及注册会计师关于非标准无保留意见审计报告的补充意见。

注册在境内的境外上市公司应简要披露财务会计信息，主要包括：最近2年及1期资产负债表、利润表及现金流量表简表。编制合并财务报表的，应披露合并财务报表。最近2年及1期合并财务报表范围发生重大变化的，应披露具体变化情况。最近2年内发生重大资产重组的，应披露重组完成后各年的财务报表以及重组时编制的重组前模拟财务报表和编制基础；最近2年及1期的主要财务指标。

第二十四条　注册在境内的境外上市公司还应提示投资者，如需完整了解公司财务会计信息、股份变动情况等详细内容，可在境外上市地指定披露平台查阅公司日常信息披露文件。

第二十五条　申请人应披露下列机构的名称、法定代表人、住所、联系电话、传真，同时应披露有关经办人员的姓名：

（一）证券公司；

（二）律师事务所；

（三）会计师事务所；

（四）资产评估机构（如有）；

（五）资信评级机构（如有）；

（六）优先股登记机构；

（七）担保人（如有）；

（八）其他与本次发行有关的机构。

第二十六条　申请人全体董事、监事、高级管理人员应在定向发行优先股说明书正文的尾页声明：

“本公司全体董事、监事、高级管理人员承诺本定向发行优先股说明书不存在虚假记载、误导性陈述或重大遗漏，并对其真实性、准确性、完整性承担个别和连带的法律责任。”

声明应由全体董事、监事、高级管理人员签名，并由申请人加盖公章。

第二十七条　证券公司应对申请人定向发行优先股说明书的真实性、准确性、完整性进行核查，并在定向发行优先股说明书正文后声明：

“本公司已对定向发行优先股说明书进行了核查，确认不存在虚假记载、误导性陈述或重大遗漏，并对其真实性、准确性和完整性承担相应的法律责任。”

声明应由法定代表人、项目负责人签名，并由证券公司加盖公章。

第二十八条　为申请人定向发行优先股提供服务的证券服务机构应在定向发行优先股说明书正文后声明：

“本机构及经办人员（经办律师、签字注册会计师、签字注册资产评估师、资信评级人员）已阅读定向发行优先股说明书，确认定向发行优先股说明书与本机构出具的专业报告（法律意见书、审计报告、资产评估报告或资产估值报告、资信评级报告等）无矛盾之处。本机构及经办人员对申请人在定向发行优先股说明书中引用的专业报告的内容无异议，确认定向发行优先股说明书不致因上述内容而出现虚假记载、误导性陈述或重大遗漏，并对其真实性、准确性和完整性承担相应的法律责任。”

声明应由经办人员及所在机构负责人签名，并由机构加盖公章。

第二十九条　定向发行优先股说明书结尾应列明备查文件，备查文件应包括：

（一）申请人最近2年及1期的财务报告及审计报告；

（二）定向发行优先股推荐工作报告；

（三）法律意见书；

（四）中国证监会核准本次定向发行的文件（如有）；

（五）公司章程及其修订情况的说明；

（六）其他与本次定向发行有关的重要文件。

如有下列文件，也应作为备查文件披露：

（一）资产评估报告或资产估值报告；

（二）资信评级报告；

（三）担保合同和担保函；

（四）申请人董事会关于非标准无保留意见审计报告涉及事项处理情况的说明；

（五）会计师事务所及注册会计师关于非标准无保留意见审计报告的补充意见；

（六）通过本次定向发行拟进入资产的资产评估报告或资产估值报告及有关审核文件。

第三章　发行情况报告书

第三十条　申请人应在发行情况报告书中披露本次定向

发行履行的相关程序、优先股的类型及主要条款、发行对象及认购数量、相关机构及经办人员。

第三十一条　申请人应披露本次发行前后股本结构、股东人数、资产结构、业务结构、主要财务指标的变化情况。

第三十二条　申请人应在发行情况报告书中披露证券公司关于本次定向发行过程、结果和发行对象合规性的结论意见。内容至少包括：

（一）关于本次定向发行过程、定价方法及结果的合法、合规性的说明；

（二）关于本次定向发行对象是否符合《优先股试点管理办法》的规定，是否符合公司及其全体股东的利益的说明；

（三）证券公司认为需要说明的其他事项。

第三十三条　申请人应在发行情况报告书中披露律师关于本次定向发行过程、结果和发行对象合规性的结论意见。内容至少包括：

（一）关于发行对象资格的合规性的说明；

（二）关于本次定向发行过程及结果合法、合规性的说明；

（三）关于本次定向发行相关合同等法律文件的合规性的说明；

（四）本次定向发行涉及资产转让或者其他后续事项的，应陈述办理资产过户或者其他后续事项的程序、期限，并对因资产瑕疵导致不能过户的法律风险进行评估；

（五）律师认为需要说明的其他事项。

第三十四条　由于情况发生变化，导致董事会决议中关于本次定向发行的有关事项需要修正或者补充说明的，申请人应在发行情况报告书中作出专门说明。

第三十五条　申请人全体董事、监事、高级管理人员应在发行情况报告书的首页声明：

“公司全体董事、监事、高级管理人员承诺本发行情况报告书不存在虚假记载、误导性陈述或重大遗漏，并对其真实性、准确性、完整性承担个别和连带的法律责任。”

声明应由全体董事、监事、高级管理人员签名，并由申请人加盖公章。

第四章　附则

第三十六条　本准则由中国证监会负责解释。

第三十七条　本准则自公布之日起施行。

非上市公众公司信息披露内容与格式准则第8号——定向发行优先股申请文件

第一条　为了规范非上市公众公司（以下简称申请人）定向发行优先股申请文件的内容和格式，根据《公司法》、《证券法》、《非上市公众公司监督管理办法》（证监会令第96号）、《优先股试点管理办法》（证监会令第97号）的规定，制定本准则。

第二条　申请人定向发行优先股，应按本准则要求制作和报送申请文件。

注册在境内的境外上市公司在境内发行优先股，参照本准则要求制作和报送申请文件。

第三条　本准则规定的申请文件目录（见附录）是定向发行优先股申请文件的最低要求。根据审核或审查需要，中国证券监督管理委员会（以下简称中国证监会）、全国中小企业股份转让系统有限责任公司（以下简称全国股份转让系统公司）可以要求申请人和相关证券服务机构补充文件。如果某些文件对申请人不适用，可不提供，但应向中国证监会、全国股份转让系统公司作出书面说明。

第四条　申请文件一经受理，未经中国证监会、全国股份转让系统公司同意，不得增加、撤回或者更换。

第五条　申请人报送申请文件，初次报送应提交原件一份，复印件二份。

申请人不能提供有关文件原件的，应由申请人律师提供鉴证意见，或由出文单位盖章，以保证与原件一致。如原出文单位不再存续，由承继其职权的单位或作出撤销决定的单位出文证明文件的真实性。

第六条　申请文件所有需要签名处，均应为签名人亲笔签名，不得以名章、签名章等代替。

申请文件中需要由申请人律师鉴证的文件，申请人律师应在该文件首页注明“以下第××页至第××页与原件一致”，并签名和签署鉴证日期，律师事务所应在该文件首页加盖公章，并在第××页至第××页侧面以公章加盖骑缝章。

第七条　申请人应根据中国证监会、全国股份转让系统公司对申请文件的反馈意见提供补充材料。相关证券服务机构应对反馈意见相关问题进行核查或补充出具专业意见。

第八条　申请文件的封面和侧面应标明“××公司定向发行优先股申请文件”字样。

第九条　申请文件的扉页应标明申请人信息披露事务负责人及相关证券服务机构项目负责人的姓名、电话、传真及其他方便的联系方式。

第十条　申请文件的各章、各节之间应有明显的分隔标识。

第十一条　申请人在报送书面申请文件、材料的同时，应报送一份相应的电子文件（doc或rtf格式文件）。

第十二条　未按本准则的要求制作和报送申请文件的，中国证监会、全国股份转让系统公司按照有关规定不予受理。

第十三条　申请人的普通股在全国中小企业股份转让系统公开转让的，申请文件中的审计报告、资产评估报告应由具有证券期货相关业务资格的会计师事务所、资产评估机构出具。

第十四条　发行后普通股与优先股股东人数合并累计不超过200人的非上市公众公司定向发行优先股，申请文件目录由全国股份转让系统公司另行规定。

第十五条　本准则自公布之日起施行。

非上市公众公司重大资产重组管理办法

第一章　总则

第一条　为了规范非上市公众公司（以下简称公众公司）重大资产重组行为，保护公众公司和投资者的合法权益，促进公众公司质量不断提高，维护证券市场秩序和社会公共利益，根据《公司法》、《证券法》、《国务院关于全国中小企业股份转让系统有关问题的决定》、《国务院关于进一步优化企业兼并重组市场环境的意见》及其他相关法律、行政法规，制定本办法。

第二条　本办法适用于股票在全国中小企业股份转让系统（以下简称全国股份转让系统）公开转让的公众公司重大

资产重组行为。

本办法所称的重大资产重组是指公众公司及其控股或者控制的公司在日常经营活动之外购买、出售资产或者通过其他方式进行资产交易，导致公众公司的业务、资产发生重大变化的资产交易行为。

公众公司及其控股或者控制的公司购买、出售资产，达到下列标准之一的，构成重大资产重组：

（一）购买、出售的资产总额占公众公司最近一个会计年度经审计的合并财务会计报表期末资产总额的比例达到50%以上；

（二）购买、出售的资产净额占公众公司最近一个会计年度经审计的合并财务会计报表期末净资产额的比例达到50%以上，且购买、出售的资产总额占公众公司最近一个会计年度经审计的合并财务会计报表期末资产总额的比例达到30%以上。

公众公司发行股份购买资产触及本条所列指标的，应当按照本办法的相关要求办理。

第三条　公众公司实施重大资产重组，应当符合下列要求：

（一）重大资产重组所涉及的资产定价公允，不存在损害公众公司和股东合法权益的情形；

（二）重大资产重组所涉及的资产权属清晰，资产过户或者转移不存在法律障碍，相关债权债务处理合法；所购买的资产，应当为权属清晰的经营性资产；

（三）实施重大资产重组后有利于提高公众公司资产质量和增强持续经营能力，不存在可能导致公众公司重组后主要资产为现金或者无具体经营业务的情形；

（四）实施重大资产重组后有利于公众公司形成或者保持健全有效的法人治理结构。

第四条　公众公司实施重大资产重组，有关各方应当及时、公平地披露或者提供信息，保证所披露或者提供信息的真实、准确、完整，不得有虚假记载、误导性陈述或者重大遗漏。

第五条　公众公司的董事、监事和高级管理人员在重大资产重组中，应当诚实守信、勤勉尽责，维护公众公司资产的安全，保护公众公司和全体股东的合法权益。

第六条　公众公司实施重大资产重组，应当聘请独立财务顾问、律师事务所以及具有证券、期货相关业务资格的会计师事务所等证券服务机构出具相关意见。公众公司应当聘请为其提供督导服务的主办券商为独立财务顾问，但存在影响独立性、财务顾问业务受到限制等不宜担任独立财务顾问情形的除外。公众公司也可以同时聘请其他机构为其重大资产重组提供顾问服务。

为公众公司重大资产重组提供服务的证券服务机构及人员，应当遵守法律、行政法规和中国证券监督管理委员会（以下简称中国证监会）的有关规定，遵循本行业公认的业务标准和道德规范，严格履行职责，不得谋取不正当利益，并应当对其所制作、出具文件的真实性、准确性和完整性承担责任。

第七条　任何单位和个人对知悉的公众公司重大资产重组信息在依法披露前负有保密义务，不得利用公众公司重大资产重组信息从事内幕交易、操纵证券市场等违法活动。

第二章　重大资产重组的信息管理

第八条　公众公司与交易对方就重大资产重组进行初步磋商时，应当采取有效的保密措施，限定相关敏感信息的知悉范围，并与参与或知悉本次重大资产重组信息的相关主体签订保密协议。

第九条　公众公司及其控股股东、实际控制人等相关主体研究、筹划、决策重大资产重组事项，原则上应当在相关股票暂停转让后或者非转让时间进行，并尽量简化决策流程、提高决策效率、缩短决策时限，尽可能缩小内幕信息知情人范围。如需要向有关部门进行政策咨询、方案论证的，应当在相关股票暂停转让后进行。

第十条　公众公司筹划重大资产重组事项，应当详细记载筹划过程中每一具体环节的进展情况，包括商议相关方案、形成相关意向、签署相关协议或者意向书的具体时间、地点、参与机构和人员、商议和决议内容等，制作书面的交易进程备忘录并予以妥当保存。参与每一具体环节的所有人员应当即时在备忘录上签名确认。

公众公司应当按照全国股份转让系统的规定及时做好内幕信息知情人登记工作。

第十一条　在筹划公众公司重大资产重组的阶段，交易各方初步达成实质性意向或者虽未达成实质性意向，但相关信息已在媒体上传播或者预计该信息难以保密或者公司股票转让出现异常波动的，公众公司应当及时向全国股份转让系统申请股票暂停转让。

第十二条　筹划、实施公众公司重大资产重组，相关信息披露义务人应当公平地向所有投资者披露可能对公众公司股票转让价格产生较大影响的相关信息，不得有选择性地向特定对象提前泄露。

公众公司的股东、实际控制人以及参与重大资产重组筹划、论证、决策等环节的其他相关机构和人员，应当及时、准确地向公众公司通报有关信息，并配合公众公司及时、准确、完整地进行披露。

第三章　重大资产重组的程序

第十三条　公众公司进行重大资产重组，应当由董事会依法作出决议，并提交股东大会审议。

第十四条公众公司召开董事会决议重大资产重组事项，应当在披露决议的同时披露本次重大资产重组报告书、独立财务顾问报告、法律意见书以及重组涉及的审计报告、资产评估报告（或资产估值报告）。董事会还应当就召开股东大会事项作出安排并披露。

如公众公司就本次重大资产重组首次召开董事会前，相关资产尚未完成审计等工作的，在披露首次董事会决议的同时应当披露重大资产重组预案及独立财务顾问对预案的核查意见。公众公司应在披露重大资产重组预案后6个月内完成审计等工作，并再次召开董事会，在披露董事会决议时一并披露重大资产重组报告书、独立财务顾问报告、法律意见书以及本次重大资产重组涉及的审计报告、资产评估报告（或资产估值报告）等。董事会还应当就召开股东大会事项作出安排并披露。

第十五条　股东大会就重大资产重组事项作出的决议，必须经出席会议的股东所持表决权的2/3以上通过。公众公司股东人数超过200人的，应当对出席会议的持股比例在10%以下的股东表决情况实施单独计票。公众公司应当在决议后及时披露表决情况。

前款所称持股比例在10%以下的股东，不包括公众公司董事、监事、高级管理人员及其关联人以及持股比例在10%以上股东的关联人。

公众公司重大资产重组事项与本公司股东或者其关联人存在关联关系的，股东大会就重大资产重组事项进行表决时，关联股东应当回避表决。

第十六条　公众公司可视自身情况在公司章程中约定是否提供网络投票方式以便于股东参加股东大会；退市公司应当采用安全、便捷的网络投票方式为股东参加股东大会提供便利。

第十七条　公众公司重大资产重组可以使用现金、股份、可转换债券、优先股等支付手段购买资产。

使用股份、可转换债券、优先股等支付手段购买资产的，其支付手段的价格由交易双方自行协商确定，定价可以参考董事会召开前一定期间内公众公司股票的市场价格、同行业可比公司的市盈率或市净率等。董事会应当对定价方法和依据进行充分披露。

第十八条　公众公司重大资产重组不涉及发行股份或者公众公司向特定对象发行股份购买资产后股东累计不超过200人的，经股东大会决议后，应当在2个工作日内将重大资产重组报告书、独立财务顾问报告、法律意见书以及重组涉及的审计报告、资产评估报告（或资产估值报告）等信息披露文件报送全国股份转让系统。

全国股份转让系统应当对上述信息披露文件的完备性进行审查。

第十九条　公众公司向特定对象发行股份购买资产后股东累计超过200人的重大资产重组，经股东大会决议后，应当按照中国证监会的有关规定编制申请文件并申请核准。

中国证监会受理申请文件后，依法进行审核，在20个工作日内作出核准、中止审核、终止审核、不予核准的决定。

第二十条　股东大会作出重大资产重组的决议后，公众公司拟对交易对象、交易标的、交易价格等作出变更，构成对原重组方案重大调整的，应当在董事会表决通过后重新提交股东大会审议，并按照本办法的规定向全国股份转让系统重新报送信息披露文件或者向中国证监会重新提出核准申请。

股东大会作出重大资产重组的决议后，公众公司董事会决议终止本次交易或者撤回有关申请的，应当说明原因并披露，并提交股东大会审议。

第二十一条　公众公司收到中国证监会就其发行股份购买资产的重大资产重组申请作出的核准、中止审核、终止审核、不予核准的决定后，应当在2个工作日内披露。

中国证监会不予核准的，自中国证监会作出不予核准的决定之日起3个月内，中国证监会不受理该公众公司发行股份购买资产的重大资产重组申请。

第二十二条　公众公司实施重大资产重组，相关当事人作出公开承诺事项的，应当同时提出未能履行承诺时的约束措施并披露。

全国股份转让系统应当加强对相关当事人履行公开承诺行为的监督和约束，对不履行承诺的行为及时采取自律监管措施。

第二十三条　公众公司重大资产重组完成相关批准程序后，应当及时实施重组方案，并在本次重大资产重组实施完毕之日起2个工作日内，编制并披露实施情况报告书及独立财务顾问、律师的专业意见。

退市公司重大资产重组涉及发行股份的，自收到中国证监会核准文件之日起60日内，本次重大资产重组未实施完毕的，退市公司应当于期满后2个工作日内披露实施进展情况；此后每30日应当披露一次，直至实施完毕。

第二十四条　独立财务顾问应当按照中国证监会的相关规定，对实施重大资产重组的公众公司履行持续督导职责。持续督导的期限自公众公司完成本次重大资产重组之日起，应当不少于一个完整会计年度。

第二十五条　独立财务顾问应当结合公众公司重大资产重组实施当年和实施完毕后的第一个完整会计年度的年报，自年报披露之日起15日内，对重大资产重组实施的下列事项出具持续督导意见，报送全国股份转让系统，并披露：

（一）交易资产的交付或者过户情况；

（二）交易各方当事人承诺的履行情况及未能履行承诺时相关约束措施的执行情况；

（三）公司治理结构与运行情况；

（四）本次重大资产重组对公司运营、经营业绩影响的状况；

（五）盈利预测的实现情况（如有）；

（六）与已公布的重组方案存在差异的其他事项。

第二十六条　本次重大资产重组涉及发行股份的，特定对象以资产认购而取得的公众公司股份，自股份发行结束之日起6个月内不得转让；属于下列情形之一的，12个月内不得转让：

（一）特定对象为公众公司控股股东、实际控制人或者其控制的关联人；

（二）特定对象通过认购本次发行的股份取得公众公司的实际控制权；

（三）特定对象取得本次发行的股份时，对其用于认购股份的资产持续拥有权益的时间不足12个月。

第四章　监督管理与法律责任

第二十七条　全国股份转让系统对公众公司重大资产重组实施自律管理。

全国股份转让系统应当对公众公司涉及重大资产重组的股票暂停与恢复转让、防范内幕交易等作出制度安排；加强对公众公司重大资产重组期间股票转让的实时监管，建立相应的市场核查机制，并在后续阶段对股票转让情况进行持续监管。

全国股份转让系统应当督促公众公司及其他信息披露义务人依法履行信息披露义务，发现公众公司重大资产重组信息披露文件中有违反法律、行政法规和中国证监会规定行为的，应当向中国证监会报告，并采取相应的自律监管措施；情形严重的，应当要求其暂停重大资产重组。

全国股份转让系统应当督促为公众公司提供服务的独立财务顾问诚实守信、勤勉尽责，发现独立财务顾问有违反法律、行政法规和中国证监会规定行为的，应当向中国证监会报告，并采取相应的自律监管措施。

第二十八条　中国证监会依法对公众公司重大资产重组实施监督管理。

中国证监会发现公众公司进行重大资产重组未按照本办法的规定履行信息披露及相关义务、存在可能损害公众公司或者投资者合法权益情形的，有权要求其补充披露相关信息、暂停或者终止其重大资产重组；有权对公众公司、证券服务机构采取《证券法》第一百八十条规定的措施。

第二十九条　重大资产重组实施完毕后，凡不属于公众公司管理层事前无法获知且事后无法控制的原因，购买资产实现的利润未达到盈利预测报告或者资产评估报告预测金额的80%，或者实际运营情况与重大资产重组报告书存在较大差距的，公众公司的董事长、总经理、财务负责人应当在公众公司披露年度报告的同时，作出解释，并向投资者公开道歉；实现利润未达到预测金额的50%的，中国证监会可以对公众公司及相关责任人员采取监管谈话、出具警示函、责令定期报告等监管措施。

第三十条　公众公司或其他信息披露义务人未按照本办法的规定披露或报送信息、报告，或者披露或报送的信息、报告有虚假记载、误导性陈述或者重大遗漏的，责令改正，依照《证券法》第一百九十三条予以处罚；情节严重的，责令停止重大资产重组，并可以对有关责任人员采取市场禁入的措施。

中国证监会还可以采取自确认之日起36个月内不受理公众公司定向发行申请的监管措施。

第三十一条　公众公司董事、监事和高级管理人员在重大资产重组中，未履行诚实守信、勤勉尽责义务，导致重组方案损害公众公司利益的，采取责令改正、监管谈话、出具警示函等监管措施；情节严重的，进行行政处罚，并可以采取市场禁入的措施；涉嫌犯罪的，依法移送司法机关追究刑事责任。

第三十二条　为重大资产重组出具财务顾问报告、审计报告、法律意见书、资产评估报告（或资产估值报告）及其他专业文件的证券服务机构及其从业人员未履行诚实守信、勤勉尽责义务，违反行业规范、业务规则的，采取责令改正、监管谈话、出具警示函等监管措施；情节严重的，依照《证券法》第二百二十六条予以处罚。

前款规定的证券服务机构及其从业人员所制作、出具的文件存在虚假记载、误导性陈述或者重大遗漏的，责令改正，依照《证券法》第二百二十三条予以处罚；情节严重的，可以采取市场禁入的措施；涉嫌犯罪的，依法移送司法机关追究刑事责任；除此之外，中国证监会视情节轻重，自确认之日起采取3个月至12个月内不接受该机构出具的相关专项文件、12个月至36个月内不接受相关签字人员出具的专项文件的监管措施。

第三十三条　违反本办法的规定构成证券违法行为的，比照《证券法》等法律法规的规定追究法律责任。

第三十四条　中国证监会将公众公司重大资产重组中的当事人的违法行为和整改情况记入诚信档案。

第五章　附则

第三十五条　计算本办法第二条规定的比例时，应当遵守下列规定：

（一）购买的资产为股权的，且购买股权导致公众公司取得被投资企业控股权的，其资产总额以被投资企业的资产总额和成交金额二者中的较高者为准，资产净额以被投资企业的净资产额和成交金额二者中的较高者为准；出售股权导致公众公司丧失被投资企业控股权的，其资产总额、资产净额分别以被投资企业的资产总额以及净资产额为准。

除前款规定的情形外，购买的资产为股权的，其资产总额、资产净额均以成交金额为准；出售的资产为股权的，其资产总额、资产净额均以该股权的账面价值为准。

（二）购买的资产为非股权资产的，其资产总额以该资产的账面值和成交金额二者中的较高者为准，资产净额以相关资产与负债账面值的差额和成交金额二者中的较高者为准；出售的资产为非股权资产的，其资产总额、资产净额分别以该资产的账面值、相关资产与负债账面值的差额为准；该非股权资产不涉及负债的，不适用第二条第三款第（二）项规定的资产净额标准。

（三）公众公司同时购买、出售资产的，应当分别计算购买、出售资产的相关比例，并以二者中比例较高者为准。

（四）公众公司在12个月内连续对同一或者相关资产进行购买、出售的，以其累计数分别计算相应数额。已按照本办法的规定履行相应程序的资产交易行为，无须纳入累计计算的范围。

交易标的资产属于同一交易方所有或者控制，或者属于相同或者相近的业务范围，或者中国证监会认定的其他情形下，可以认定为同一或者相关资产。

第三十六条　特定对象以现金认购公众公司定向发行的股份后，公众公司用同一次定向发行所募集的资金向该特定对象购买资产达到重大资产重组标准的适用本办法。

第三十七条　公众公司重大资产重组涉及发行可转换债券、优先股等其他支付手段的，应当遵守《证券法》、《国务院关于开展优先股试点的指导意见》和中国证监会的相关规定。

第三十八条　为公众公司重大资产重组提供服务的独立财务顾问业务许可、业务规则及法律责任等，按照《上市公司并购重组财务顾问业务管理办法》的相关规定执行。

第三十九条　退市公司符合中国证监会和证券交易所规定的重新上市条件的，可依法向证券交易所提出申请。

第四十条　股票不在全国股份转让系统公开转让的公众公司重大资产重组履行的决策程序和信息披露内容比照本办法的相关规定执行。

第四十一条　本办法自2014年7月23日起施行。

第二节　业务规章

综合类

关于暂免征收民族自治地区挂牌公司挂牌费用的公告

股转系统公告〔2015〕30号

各市场参与人：

为加大全国中小企业股份转让系统支持民族自治地区企业发展的力度，减轻民族自治地区挂牌公司费用负担，经中国证监会批准，自2015年1月1日起，暂免征收注册在内蒙古、广西、西藏、宁夏和新疆5个民族自治地区的挂牌公司挂牌费用（包括挂牌初费和挂牌年费）。

特此公告。

全国中小企业股份转让系统有限责任公司

2015年4月1日

全国中小企业股份转让系统业务规则（试行）

（2013年2月8日发布，2013年12月30日修改修改）

第一章　总则

1.1　为规范全国中小企业股份转让系统（以下简称“全国股份转让系统”）运行，维护市场正常秩序，保护投资者合法权益，根据《中华人民共和国公司法》（以下简称《公司法》）、《中华人民共和国证券法》、《国务院关于全国中小企业股份转让系统有关问题的决定》以及《非上市公众公司监督管理办法》（以下简称《管理办法》）、《全国中小企业股份转让系统有限责任公司管理暂行办法》等法律、行政法规、部门规章，制定本业务规则。

1.2　在全国股份转让系统挂牌的股票、可转换公司债券及其他证券品种，适用本业务规则。本业务规则未作规定的，适用全国中小企业股份转让系统有限责任公司（以下简称“全国股份转让系统公司”）的其他有关规定。

1.3　全国股份转让系统的证券公开转让及相关活动，实行公开、公平、公正的原则，禁止证券欺诈、内幕交易、操纵市场等违法违规行为。

市场参与人应当遵循自愿、有偿、诚实信用的原则。

1.4　申请挂牌公司、挂牌公司及其董事、监事、高级管理人员、股东、实际控制人，主办券商、会计师事务所、律师事务所、其他证券服务机构及其相关人员，投资者应当遵守法律、行政法规、部门规章、本业务规则及全国股份转让系统公司其他业务规定。

1.5　申请挂牌公司、挂牌公司及其他信息披露义务人、主办券商应当真实、准确、完整、及时地披露信息，不得有虚假记载、误导性陈述或者重大遗漏。

申请挂牌公司、挂牌公司的董事、监事、高级管理人员应当忠实、勤勉地履行职责，保证公司披露信息的真实、准确、完整、及时、公平。

申请挂牌公司、挂牌公司及其他信息披露义务人、主办券商依法披露的信息，应当第一时间在全国股份转让系统指定信息披露平台（www.neeq.com.cn或www.neeq.cc）公布。

1.6　全国股份转让系统实行主办券商制度。主办券商应当对所推荐的挂牌公司履行持续督导义务。

1.7　主办券商、会计师事务所、律师事务所、其他证券服务机构及其相关人员在全国股份转让系统从事相关业务，应严格履行法定职责，遵守行业规范，勤勉尽责，诚实守信，并对出具文件的真实性、准确性、完整性负责。

1.8　全国股份转让系统实行投资者适当性管理制度。投资者应当具备一定的证券投资经验和相应的风险识别和承担能力，知悉相关业务规则，自行承担投资风险。

1.9　挂牌公司、主办券商、投资者等市场参与人，应当按照规定交纳相关税费。

1.10　挂牌公司是纳入中国证监会监管的非上市公众公司，股东人数可以超过二百人。

股东人数未超过二百人的股份有限公司，直接向全国股份转让系统公司申请挂牌。

股东人数超过二百人的股份有限公司，公开转让申请经中国证监会核准后，可以按照本业务规则的规定向全国股份转让系统公司申请挂牌。

1.11　全国股份转让系统公司依法对申请挂牌公司、挂牌公司及其他信息披露义务人、主办券商等市场参与人进行自律监管。

第二章　股票挂牌

2.1　股份有限公司申请股票在全国股份转让系统挂牌，不受股东所有制性质的限制，不限于高新技术企业，应当符合下列条件：

（一）依法设立且存续满两年。有限责任公司按原账面净资产值折股整体变更为股份有限公司的，存续时间可以从有限责任公司成立之日起计算；

（二）业务明确，具有持续经营能力；

（三）公司治理机制健全，合法规范经营；

（四）股权明晰，股票发行和转让行为合法合规；

（五）主办券商推荐并持续督导；

（六）全国股份转让系统公司要求的其他条件。

2.2　申请挂牌公司应当与主办券商签订推荐挂牌并持续督导协议，按照全国股份转让系统公司的有关规定编制申请文件，并向全国股份转让系统公司申报。

2.3　全国股份转让系统公司对挂牌申请文件审查后，出具是否同意挂牌的审查意见。

2.4　申请挂牌公司取得全国股份转让系统公司同意挂牌的审查意见后，按照全国股份转让系统公司规定的有关程序办理挂牌手续。

申请挂牌公司应当在其股票挂牌前与全国股份转让系统公司签署挂牌协议，明确双方的权利、义务和有关事项。

2.5　申请挂牌公司应当在其股票挂牌前依照全国股份转让系统公司的规定披露公开转让说明书等文件。

2.6　申请挂牌公司在其股票挂牌前实施限制性股票或股票期权等股权激励计划且尚未行权完毕的，应当在公开转让说明书中披露股权激励计划等情况。

2.7　申请挂牌公司在其股票挂牌前，应当与中国证券登记结算有限责任公司（以下简称“中国结算”）签订证券登记及服务协议，办理全部股票的集中登记。

2.8　挂牌公司控股股东及实际控制人在挂牌前直接或间接持有的股票分三批解除转让限制，每批解除转让限制的数量均为其挂牌前所持股票的三分之一，解除转让限制的时间分别为挂牌之日、挂牌期满一年和两年。

挂牌前十二个月以内控股股东及实际控制人直接或间接持有的股票进行过转让的，该股票的管理按照前款规定执行，主办券商为开展做市业务取得的做市初始库存股票除外。

因司法裁决、继承等原因导致有限售期的股票持有人发生变更的，后续持有人应继续执行股票限售规定。

2.9　股票解除转让限制，应由挂牌公司向主办券商提出，由主办券商报全国股份转让系统公司备案。全国股份转让系统公司备案确认后，通知中国结算办理解除限售登记。

第三章　股票转让

第一节　一般规定

3.1.1　股票转让采用无纸化的公开转让形式，或经中国证监会批准的其他转让形式。

3.1.2　股票转让可以采取协议方式、做市方式、竞价方式或其他中国证监会批准的转让方式。经全国股份转让系统公司同意，挂牌股票可以转换转让方式。

3.1.3　挂牌股票采取协议转让方式的，全国股份转让系统公司同时提供集合竞价转让安排。

3.1.4　挂牌股票采取做市转让方式的，须有2家以上从事做市业务的主办券商（以下简称“做市商”）为其提供做市报价服务。

做市商应当在全国股份转让系统持续发布买卖双向报价，并在报价价位和数量范围内履行与投资者的成交义务。做市转让方式下，投资者之间不能成交。全国股份转让系统公司另有规定的除外。

3.1.5　全国股份转让系统为证券转让提供相关设施，包括交易主机、交易单元、报盘系统及相关通信系统等。

3.1.6　主办券商进入全国股份转让系统进行证券转让，应当先向全国股份转让系统公司申请取得转让权限，成为转让参与人。

3.1.7　股票转让时间为每周一至周五上午9:15至11:30，下午13:00至15:00。转让时间内因故停市，转让时间不作顺延。

遇法定节假日和全国股份转让系统公司公告的休市日，全国股份转让系统休市。

3.1.8　全国股份转让系统对股票转让不设涨跌幅限制。全国股份转让系统公司另有规定的除外。

3.1.9　投资者买卖挂牌公司股票，应当开立证券账户和资金账户，并与主办券商签订证券买卖委托代理协议。

投资者开立证券账户，应当按照中国结算的相关规定办理。

3.1.10　主办券商接受投资者的买卖委托后，应当确认投资者具备相应股票或资金，并按照投资者委托的时间先后顺序向全国股份转让系统申报。

3.1.11　买卖挂牌公司股票，申报数量应当为1000股或其整数倍。

卖出挂牌公司股票时，余额不足1000股部分，应当一次性申报卖出。

3.1.12　股票转让的计价单位为“每股价格”。股票转让的申报价格最小变动单位为0.01元人民币。

3.1.13　全国股份转让系统公司可以根据市场需要，调整股票单笔买卖申报数量和申报价格的最小变动单位。

3.1.14　申报当日有效。投资者可以撤销委托申报的未成交部分。

3.1.15　买卖申报经交易主机成交确认后，转让即告成立，买卖双方必须承认转让结果，履行清算交收义务，本规则另有规定的除外。

3.1.16　中国结算作为共同对手方，为股票转让提供清算和多边净额担保交收服务；或不作为共同对手方，提供其他清算、交收等服务。

3.1.17　投资者卖出股票，须委托代理其买入该股票的主办券商办理。如需委托另一家主办券商卖出该股票，须办理股票转托管手续。

3.1.18　投资者因司法裁决、继承等特殊原因需要办理股票过户的，依照中国结算的规定办理。

第二节　转让信息

3.2.1　全国股份转让系统公司每个转让日发布股票转让即时行情、股票转让公开信息等转让信息，及时编制反映市场转让情况的各类报表，并通过全国股份转让系统指定信息披露平台或其他媒体予以公布。

3.2.2　全国股份转让系统公司负责全国股份转让系统信息的统一管理和发布。未经全国股份转让系统公司许可，任何机构和个人不得发布、使用和传播转让信息。经全国股份转让系统公司许可使用转让信息的机构和个人，未经同意不得将转让信息提供给其他机构和个人使用或予以传播。

3.2.3　全国股份转让系统公司可以根据市场发展需要，编制综合指数、成份指数、分类指数等证券指数，随即时行情发布。

证券指数的设置和编制方法，由全国股份转让系统公司另行规定。

第三节　监控与异常情况处理

3.3.1　全国股份转让系统公司对股票转让中出现的异常转让行为进行重点监控，并可以视情况采取盘中临时停止股票转让等措施。

3.3.2　发生下列转让异常情况之一，导致部分或全部转让不能正常进行的，全国股份转让系统公司可以决定单独或同时采取暂缓进入清算交收程序、技术性停牌或临时停市等措施：

（一）不可抗力；

（二）意外事件；

（三）技术故障；

（四）全国股份转让系统公司认定的其他异常情况。

3.3.3　全国股份转让系统公司对暂缓进入清算交收程序、技术性停牌或临时停市决定予以公告。技术性停牌或临时停市原因消除后，全国股份转让系统公司可以决定恢复转让，并予以公告。

因转让异常情况及全国股份转让系统公司采取的相应措

施造成损失的，全国股份转让系统公司不承担赔偿责任。

3.3.4　转让异常情况处理的具体规定，由全国股份转让系统公司另行制定并报中国证监会批准。

第四章　挂牌公司

第一节　公司治理

4.1.1　挂牌公司应当按照法律、行政法规、部门规章、全国股份转让系统公司相关业务规定完善公司治理，确保所有股东，特别是中小股东享有平等地位，充分行使合法权利。

4.1.2　挂牌公司应当依据《公司法》及有关非上市公众公司章程必备条款的规定制定公司章程并披露。

挂牌公司应当依照公司章程的规定，规范重大事项的内部决策程序。

4.1.3　挂牌公司与控股股东、实际控制人及其控制的其他企业应实行人员、资产、财务分开，各自独立核算、独立承担责任和风险。

4.1.4　控股股东、实际控制人及其控制的其他企业应切实保证挂牌公司的独立性，不得利用其股东权利或者实际控制能力，通过关联交易、垫付费用、提供担保及其他方式直接或者间接侵占挂牌公司资金、资产，损害挂牌公司及其他股东的利益。

4.1.5　挂牌公司董事会做出的对公司治理机制的讨论评估应当在年度报告中披露。

4.1.6　挂牌公司可以实施股权激励，具体办法另行规定。

第二节　信息披露

4.2.1　挂牌公司应当按照全国股份转让系统公司相关规定编制并披露定期报告和临时报告；上述文件披露前，挂牌公司应当依据公司章程履行内部程序。

挂牌公司应当按照《企业会计准则》的要求编制财务报告，全国股份转让系统公司另有规定的除外。

挂牌公司发生的或者与之有关的事件没有达到全国股份转让系统公司规定的披露标准，或者全国股份转让系统公司没有具体规定，但公司董事会认为该事件对公司股票转让价格可能产生较大影响的，公司应当及时披露。

4.2.2　若挂牌公司有充分依据证明其拟披露的信息属于国家机密、商业秘密，可能导致其违反国家有关保密法律、行政法规规定或者严重损害挂牌公司利益的，可以向全国股份转让系统公司申请豁免披露或履行相关义务。

4.2.3　挂牌公司应当制定并执行信息披露事务管理制度。

挂牌公司设有董事会秘书的，由董事会秘书负责信息披露管理事务，未设董事会秘书的，挂牌公司应指定一名具有相关专业知识的人员负责信息披露管理事务，并向全国股份转让系统公司报备。负责信息披露管理事务的人员应列席公司的董事会和股东大会。

4.2.4　挂牌公司及其他信息披露义务人应当对其披露信息内容的真实性、准确性、完整性承担责任。

4.2.5　挂牌公司、相关信息披露义务人和其他知情人不得泄露内幕信息。

4.2.6　主办券商应对挂牌公司拟披露的信息披露文件进行审查，履行持续督导职责。

4.2.7　全国股份转让系统公司对挂牌公司及其他信息披露义务人已披露的信息进行审查。

4.2.8　挂牌公司出现下列情形之一的，全国股份转让系统公司对股票转让实行风险警示，在公司股票简称前加注标识并公告：

（一）最近一个会计年度的财务会计报告被出具否定意见或者无法表示意见的审计报告；

（二）最近一个会计年度经审计的期末净资产为负值；

（三）全国股份转让系统公司规定的其他情形。

第三节　股票发行

4.3.1　本业务规则规定的股票发行，是指申请挂牌公司、挂牌公司向符合全国股份转让系统投资者适当性管理要求的对象发行股票的行为。

股票发行可以采取路演、询价等方式选定投资者。

4.3.2　申请挂牌公司、挂牌公司股票发行应当符合全国股份转让系统公司有关投资者适当性管理、信息披露等规定。

4.3.3　按照《管理办法》应申请核准的股票发行，挂牌公司在取得中国证监会核准文件后，按照全国股份转让系统公司的规定办理股票发行新增股份的挂牌手续。

4.3.4　按照《管理办法》豁免申请核准的股票发行，主办券商应履行持续督导职责并发表意见，挂牌公司在发行验资完毕后填报备案登记表，办理新增股份的登记及挂牌手续。

4.3.5　申请挂牌公司申请股票在全国股份转让系统挂牌的同时股票发行的，应在公开转让说明书中披露。

第四节　暂停与恢复转让

4.4.1　挂牌公司发生下列事项，应当向全国股份转让系统公司申请暂停转让，直至按规定披露或相关情形消除后恢复转让：

（一）预计应披露的重大信息在披露前已难以保密或已经泄露，或公共媒体出现与公司有关传闻，可能或已经对股票转让价格产生较大影响的；

（二）涉及需要向有关部门进行政策咨询、方案论证的无先例或存在重大不确定性的重大事项，或挂牌公司有合理理由需要申请暂停股票转让的其他事项；

（三）向中国证监会申请公开发行股票并在证券交易所上市，或向证券交易所申请股票上市；

（四）向全国股份转让系统公司主动申请终止挂牌；

（五）未在规定期限内披露年度报告或者半年度报告；

（六）主办券商与挂牌公司解除持续督导协议；

（七）出现依《公司法》第一百八十一条规定解散的情形，或法院依法受理公司重整、和解或者破产清算申请。

挂牌公司未按规定向全国股份转让系统公司申请暂停股票转让的，主办券商应当及时向全国股份转让系统公司报告并提出处理建议。

4.4.2　全国股份转让系统公司可以根据中国证监会的要求或者基于维护市场秩序的需要，决定挂牌公司股票的暂停与恢复转让事宜。

第五节　终止与重新挂牌

4.5.1　挂牌公司出现下列情形之一的，全国股份转让系统公司终止其股票挂牌：

（一）中国证监会核准其公开发行股票并在证券交易所上市，或证券交易所同意其股票上市；

（二）终止挂牌申请获得全国股份转让系统公司同意；

（三）未在规定期限内披露年度报告或者半年度报告的，自期满之日起两个月内仍未披露年度报告或半年度报告；

（四）主办券商与挂牌公司解除持续督导协议，挂牌公司未能在股票暂停转让之日起三个月内与其他主办券商签署持续督导协议的；

（五）挂牌公司经清算组或管理人清算并注销公司登记的；

（六）全国股份转让系统公司规定的其他情形。

4.5.2 全国股份转让系统公司在作出股票终止挂牌决定后发布公告，并报中国证监会备案。

挂牌公司应当在收到全国股份转让系统公司的股票终止挂牌决定后及时披露股票终止挂牌公告。

4.5.3 对因本业务规则 4.5.1 条第（三）、（四）项情形终止挂牌的公司，全国股份转让系统公司可以为其提供股票非公开转让服务。

4.5.4 导致公司终止挂牌的情形消除后，经公司申请、主办券商推荐及全国股份转让系统公司同意，公司股票可以重新挂牌。

第五章 主办券商

5.1 主办券商是指在全国股份转让系统从事下列部分或全部业务的证券公司：

（一）推荐业务：推荐申请挂牌公司股票挂牌，持续督导挂牌公司，为挂牌公司股票发行、并购重组等提供相关服务；

（二）经纪业务：代理开立证券账户、代理买卖股票等业务；

（三）做市业务；

（四）全国股份转让系统公司规定的其他业务。

从事前款第一项业务的，应当具有证券承销与保荐业务资格；从事前款第二项业务的，应当具有证券经纪业务资格；从事前款第三项业务的，应当具有证券自营业务资格。

5.2 证券公司在全国股份转让系统开展相关业务前，应向全国股份转让系统公司申请备案。

全国股份转让系统公司同意备案的，与其签订协议，出具备案函并公告。

5.3 主办券商应在取得全国股份转让系统公司备案函后五个转让日内，在全国股份转让系统指定信息披露平台披露公司基本情况、主要业务人员情况及全国股份转让系统公司要求披露的其他信息。

主办券商在全国股份转让系统开展业务期间，应按全国股份转让系统公司要求报送并披露相关执业情况等信息。

主办券商所披露信息内容发生变更的，应按规定及时报告全国股份转让系统公司并进行更新。

5.4 主办券商在全国股份转让系统开展业务，应当建立健全各项业务管理制度和业务操作流程，建立健全风险管理制度和合规管理制度，保障业务依法合规进行，严格防范和控制业务风险。

5.5 主办券商应当实现推荐业务、经纪业务、做市业务以及其他业务之间的有效隔离，防范内幕交易，避免利益冲突。

5.6 主办券商开展推荐业务，应勤勉尽责地进行尽职调查和内核，并承担相应责任。

5.7 主办券商应持续督导所推荐挂牌公司诚实守信、规范履行信息披露义务、完善公司治理机制。

主办券商与挂牌公司解除持续督导协议前，应当报告全国股份转让系统公司并说明理由。

5.8 主办券商应当建立健全投资者适当性管理工作制度和业务流程，严格执行全国股份转让系统投资者适当性管理各项要求。

5.9 主办券商发现投资者存在异常交易行为，应提醒投资者；对可能严重影响正常交易秩序的异常交易行为，应及时报告全国股份转让系统公司。

5.10 主办券商开展做市业务不得利用信息优势和资金优势，通过单独或者合谋，以串通报价或相互买卖操纵股票转让价格，损害投资者利益。

5.11 全国股份转让系统公司对主办券商及其从业人员的执业行为进行持续管理，开展现场检查和非现场检查，记录其执业情况、违规行为等信息。

第六章 监管措施与违规处分

6.1 全国股份转让系统公司可以对本业务规则 1.4 条规定的监管对象采取下列自律监管措施：

（一）要求申请挂牌公司、挂牌公司及其他信息披露义务人或者其董事（会）、监事（会）和高级管理人员、主办券商、证券服务机构及其相关人员对有关问题作出解释、说明和披露；

（二）要求申请挂牌公司、挂牌公司聘请中介机构对公司存在的问题进行核查并发表意见；

（三）约见谈话；

（四）要求提交书面承诺；

（五）出具警示函；

（六）责令改正；

（七）暂不受理相关主办券商、证券服务机构或其相关人员出具的文件；

（八）暂停解除挂牌公司控股股东、实际控制人的股票限售；

（九）限制证券账户交易；

（十）向中国证监会报告有关违法违规行为；

（十一）其他自律监管措施。

监管对象应当积极配合全国股份转让系统公司的日常监管，在规定期限内回答问询，按照全国股份转让系统公司的要求提交说明，或者披露相应的更正或补充公告。

6.2 申请挂牌公司、挂牌公司、相关信息披露义务人违反本业务规则、全国股份转让系统公司其他相关业务规定的，全国股份转让系统公司视情节轻重给予以下处分，并记入证券期货市场诚信档案数据库（以下简称“诚信档案”）：

（一）通报批评；

（二）公开谴责。

6.3 申请挂牌公司、挂牌公司的董事、监事、高级管理人员违反本业务规则、全国股份转让系统公司其他相关业务规定的，全国股份转让系统公司视情节轻重给予以下处分，并记入诚信档案：

（一）通报批评；

（二）公开谴责；

（三）认定其不适合担任公司董事、监事、高级管理人员。

6.4 主办券商违反本业务规则、全国股份转让系统公司其他相关业务规定的，全国股份转让系统公司视情节轻重给予以下处分，并记入诚信档案：

（一）通报批评；

（二）公开谴责；

（三）限制、暂停直至终止其从事相关业务。

6.5 主办券商的相关业务人员违反本业务规则、全国股份转让系统公司其他相关业务规定的，全国股份转让系统公司视情节轻重给予以下处分，并记入诚信档案：

（一）通报批评；

（二）公开谴责。

6.6 会计师事务所、律师事务所、其他证券服务机构及其工作人员违反本业务规则、全国股份转让系统公司其他相关业务规定的，全国股份转让系统公司视情节轻重给予以下处分，记入诚信档案并向相关行业自律组织通报：

（一）通报批评；

（二）公开谴责。

6.7　全国股份转让系统公司设立纪律处分委员会对本业务规则规定的纪律处分事项进行审核，作出独立的专业判断并形成审核意见。全国股份转让系统公司根据纪律处分委员会的审核意见，作出是否给予纪律处分的决定。

监管对象不服全国股份转让系统公司作出的纪律处分决定的，可自收到处分通知之日起15个工作日内向全国股份转让系统公司申请复核，复核期间该处分决定不停止执行。

第七章　附则

7.1　原证券公司代办股份转让系统挂牌的STAQ、NET系统公司和退市公司的股票转让、信息披露等事项另行规定。

7.2　本业务规则所称"以上"、"以内"含本数，"超过"不含本数。

7.3　本业务规则由全国股份转让系统公司负责解释。

7.4　本业务规则经中国证监会批准后生效，自发布之日起实施。

关于境内企业挂牌全国中小企业股份转让系统有关事项的公告

股转系统公告〔2013〕54号

为贯彻落实《国务院关于全国中小企业股份转让系统有关问题的决定》（国发〔2013〕49号）和《非上市公众公司监督管理办法》，做好全国中小企业股份转让系统（以下简称全国股份转让系统）市场覆盖范围扩大至全国的工作，现就有关事项公告如下：

一、自本公告发布之日起，境内符合条件的各种所有制、各种行业的企业均可申请股票在全国股份转让系统挂牌。

申请时股东人数未超过200人（含200人）的股份公司，直接向全国中小企业股份转让系统有限责任公司（以下简称"全国股份转让系统公司"）申请挂牌；申请时股东人数超过200人的股份公司，取得中国证监会核准文件后，向全国股份转让系统公司申请办理挂牌手续。

二、自本公告发布之日起，市场参与人应遵循修订后的《全国中小企业股份转让系统投资者适当性管理细则（试行）》（以下简称《适当性管理细则》）。不符合投资者适当性管理要求的投资者，可通过证券公司、基金公司等金融机构设计推出的定向投资产品，间接参与全国股份转让系统挂牌证券的投资。

本公告发布前，满足300万元人民币以上（含300万元）资产要求且已参与全国股份转让系统的自然人投资者，合格投资人资格继续有效，可以买卖所有挂牌公司的股票。

本公告发布前，股票发行方案已经挂牌公司董事会决议通过的，发行对象可按原投资者适当性管理制度的要求执行；股票发行方案尚未经挂牌公司董事会决议通过的，发行对象应当满足修订后的《适当性管理细则》的要求。挂牌公司的股东、董事、监事、高级管理人员及核心员工参与本公司的股票发行，如不符合参与挂牌公司股票公开转让条件的，只能买卖本公司的股票。

三、在全国股份转让系统交易结算相关技术系统正式上线前，挂牌股票交易结算相关事项仍按《全国中小企业股份转让系统过渡期股票转让暂行办法》和《全国中小企业股份转让系统过渡期登记结算暂行办法》等规定执行。

全国股份转让系统公司和中国证券登记结算有限责任公司将抓紧推进交易结算相关技术系统的开发和测试工作，计划明年二季度起分步上线。

四、各市场参与主体应当严格守法、归位尽责。主办券商等中介机构应按照法律、法规、部门规章，以及全国股份转让系统业务规则等要求，勤勉尽责、诚实守信，依法合规地开展各项业务，推动全国股份转让系统稳定、健康发展。

五、全国股份转让系统公司设服务窗口接收申请挂牌材料，地址为北京市西城区金融大街丁26号金阳大厦；并设热线电话，接受市场咨询和监督。

具体咨询电话如下：

接收服务：010－63889512

市场发展：010－63889551

挂牌业务：010－63889583

公司业务：010－63889549

机构业务：010－63889557

交易监察：010－63889700

信息服务：010－63889548

监督电话：010－63889775

特此公告。

全国中小企业股份转让系统有限责任公司

2013年12月30日

全国中小企业股份转让系统挂牌公司股票转让服务收费明细表

收费对象	收费项目	收费标准
投资者	转让经手费	按股票成交金额的0.5‰双边取。
挂牌公司	挂牌初费	总股本2000万（含）以下，3万元； 总股本2000－5000万股（含），5万元； 总股本5000万－1亿股（含），8万元； 总股本1亿股以上，10万元。
	挂牌年费	总股本2000万股（含）以下，2万元/年； 总股本2000－5000万股（含），3万元/年； 总股本5000万－1亿股（含），4万元/年； 总股本1亿股以上，5万元/年。

全国中小企业股份转让系统两网公司及退市公司股票转让服务收费（及代收税项）明细表

收费对象	收费项目	收费标准	备注
投资者	转让经手费	A股转让按成交金额的0.6‰双边收取； B股转让按成交金额的0.8‰双边收取。	
	证券交易印花税	对A股、B股出让方均按成交金额的1‰征收，对受让方不征税。	代国家税务机关扣缴

收费对象	收费项目	收费标准	备注
挂牌公司	挂牌初费	总股本 2000 万股(含)以下,3 万元; 总股本 2000 - 5000 万股(含),5 万元; 总股本 5000 万 - 1 亿股(含),8 万元; 总股本 1 亿股以上,10 万元。	暂免片收
	挂牌年费	总股本 2000 万股(含)以下,2 万元/年; 总股本 2000 - 5000 万股(含),3 万元/年; 总股本 5000 万 - 1 亿股(含),4 万元/年 总股本 1 亿股以上,5 万元/年。	暂免片收

注:两网公司指在原证券公司代办股份转让系统挂牌的 STAQ、NET 公司

挂牌业务类

全国中小企业股份转让系统挂牌业务问答
——关于挂牌条件适用若干问题的解答(一)

为了明确全国中小企业股份转让系统挂牌业务工作中出现的问题,现就《全国中小企业股份转让系统业务规则(试行)》及《全国中小企业股份转让系统股票挂牌条件适用基本标准指引(试行)》适用中的申请挂牌公司子公司、环保、持续经营能力、财务规范性、实际控制人变更或主要业务转型等问题,解答如下:

一、申请挂牌公司的子公司应满足哪些条件、相关的信息披露及核查要求?

答:(一)申请挂牌公司子公司是指申请挂牌主体全资、控股或通过其他方式纳入合并报表的公司。

(二)子公司的股票发行和转让行为应合法、合规,并在业务资质、合法规范经营方面须符合《全国中小企业股份转让系统股票挂牌条件适用基本标准指引(试行)》的相应规定。申请挂牌公司应充分披露其股东、董事、监事、高级管理人员与子公司的关联关系。

(三)主办券商应按照《全国中小企业股份转让系统主办券商尽职调查工作指引(试行)》的规定,对申请挂牌公司子公司逐一核查。

(四)对业务收入占申请挂牌公司 10% 以上的子公司,应按照《全国中小企业股份转让系统公开转让说明书内容与格式指引(试行)》第二章第二节公司业务的要求披露其业务情况。

(五)子公司的业务为小贷、担保、融资性租赁、城商行、投资机构等金融或类金融业务的,不但要符合《全国中小企业股份转让系统股票挂牌条件适用基本标准指引(试行)》的规定,还应符合国家、地方及其行业监管部门颁布的法规和规范性文件的要求。申请挂牌公司参股公司的业务属于前述金融或类金融业务的,须参照前述规定执行。

二、申请挂牌公司及其子公司的环保应满足哪些要求?

答:(一)推荐挂牌的中介机构应核查申请挂牌公司及其子公司所属行业是否为重污染行业。重污染行业认定依据为国家和各地方的相应监管规定,没有相关规定的,应参照环保部、证监会等有关部门对上市公司重污染行业分类规定执行。

(二)申请挂牌公司及其子公司所属行业为重污染行业,根据相关法规规定应办理建设项目环评批复、环保验收、排污许可证以及配置污染处理设施的,应在申报挂牌前办理完毕;如公司尚有在建工程,则应按照建设进程办理完毕相应环保手续。

(三)申请挂牌公司及其子公司所属行业不属于重污染行业但根据相关法规规定必须办理排污许可证和配置污染处理设施的,应在申报挂牌前应办理完毕。

(四)申请挂牌公司及其子公司按照相关法规规定应制定环境保护制度、公开披露环境信息的,应按照监管要求履行相应义务。

(五)申请挂牌公司及其子公司最近 24 个月内不应存在环保方面的重大违法违规行为,重大违法行为的具体认定标准按照《全国中小企业股份转让系统股票挂牌条件适用基本标准指引(试行)》相应规定执行。

三、申请挂牌公司存在哪些情形应认定其不具有持续经营能力?

答:根据《全国中小企业股份转让系统股票挂牌条件适用基本标准指引(试行)》第二款持续经营能力的相关规定,申请挂牌公司存在以下情形之一的,应被认定其不具有持续经营能力:

(一)未能在每一个会计期间内形成与同期业务相关的持续营运记录;

(二)报告期连续亏损且业务发展受产业政策限制;

(三)报告期期末净资产额为负数;

(四)存在其他可能导致对持续经营能力产生重大影响的事项或情况。

四、申请挂牌公司在财务规范方面需要满足哪些要求?

答:(一)申请挂牌公司财务机构及人员独立并能够独立作出财务决策、财务会计制度及内控制度健全且得到有效执行、会计基础工作规范,符合《会计法》、《会计基础工作规范》以及《公司法》、《现金管理条例》等其他法律法规要求。

(二)申请挂牌公司财务报表的编制符合企业会计准则和相关会计制度的规定,在所有重大方面公允地反映了申请挂牌公司的财务状况、经营成果和现金流量,财务报表及附注不得存在虚假记载、重大遗漏以及误导性陈述。

(三)申请挂牌公司存在以下情形的应视为财务不规范,不符合挂牌条件:

1. 报告期内未按照《企业会计准则》的要求进行会计处理且需要修改申报报表;

2. 控股股东、实际控制人及其控制的其他企业占用公司款项未在申报前归还;

3. 因财务核算不规范情形被税务机关采取核定征收企业所得且未规范;

4. 其他财务不规范情形。

五、报告期内申请挂牌公司发生实际控制人变更或者主要业务转型的是否可申请挂牌?

答:申请挂牌公司在报告期内存在实际控制人变更或主要业务转型的,在符合《全国中小企业股份转让系统股票挂牌条件适用基本标准指引(试行)》以及本解答的要求的前提下可以申请挂牌。

全国中小企业股份转让系统主办券商推荐业务规定
(试行)

第一章　总则

第一条　为规范主办券商推荐业务,明确主办券商职责,

根据《全国中小企业股份转让系统业务规则(试行)》(以下简称《业务规则》),制定本规定。

第二条　主办券商推荐股份公司股票进入全国中小企业股份转让系统(以下简称"全国股份转让系统")挂牌,应与申请挂牌公司签订推荐挂牌并持续督导协议。

第三条　主办券商应对申请挂牌公司进行尽职调查和内核。同意推荐的,主办券商向全国中小企业股份转让系统有限责任公司(以下简称"全国股份转让系统公司")提交推荐报告及其他有关文件(以下简称"推荐文件")。

第四条　全国股份转让系统公司对主办券商推荐业务进行自律管理,审查推荐文件,履行审查程序。

第五条　主办券商及相关人员应勤勉尽责、诚实守信地开展推荐业务,履行保密义务,不得利用在推荐业务中获取的尚未公开信息谋取利益。

第二章　机构与人员

第一节　项目小组与人员

第六条　主办券商应针对每家申请挂牌公司设立专门项目小组,负责尽职调查,起草尽职调查报告,制作推荐文件等。

第七条　项目小组应由主办券商内部人员组成,其成员须取得证券执业资格,其中注册会计师、律师和行业分析师至少各一名。

行业分析师应具有申请挂牌公司所属行业的相关专业知识,并在最近一年内发表过有关该行业的研究报告。

第八条　主办券商应在项目小组中指定一名负责人,对项目负全面责任,项目小组负责人应具备下列条件之一:

(一)参与两个以上推荐挂牌项目,且负责财务会计事项、法律事项或相关行业事项的尽职调查工作;

(二)具有三年以上投资银行从业经历,且具有主持境内外首次公开发行股票或者上市公司发行新股、可转换公司债券的主承销项目经历。

第九条　存在以下情形之一的人员,不得成为项目小组成员:

(一)最近三年内受到中国证监会行政处罚或证券行业自律组织纪律处分;

(二)本人及其配偶直接或间接持有申请挂牌公司股份;

(三)在申请挂牌公司或其控股股东、实际控制人处任职;

(四)未按要求参加全国股份转让系统公司组织的业务培训;

(五)全国股份转让系统公司认定的其他情形。

第二节　内核机构与人员

第十条　主办券商应设立内核机构,负责推荐文件和挂牌申请文件的审核,并对下述事项发表审核意见:

(一)项目小组是否已按照尽职调查工作的要求对申请挂牌公司进行了尽职调查;

(二)申请挂牌公司拟披露的信息是否符合全国股份转让系统公司有关信息披露的规定;

(三)申请挂牌公司是否符合挂牌条件;

(四)是否同意推荐申请挂牌公司股票挂牌。

第十一条　主办券商应制订内核机构工作制度,对内核机构的职责、人员构成、审核程序、表决办法、自律要求和回避制度等事项作出规定。

第十二条　内核机构应独立、客观、公正履行职责,内核机构成员中由推荐业务部门人员兼任的,不得超过内核机构总人数的三分之一。

第十三条　内核机构应由十名以上成员组成,可以外聘。最近三年内受到中国证监会行政处罚或证券行业自律组织纪律处分的人员,不得聘请为内核机构成员。

内核机构成员应具备下列条件之一:

(一)具有注册会计师或律师资格并在其专业领域或投资银行领域有三年以上从业经历;

(二)具有五年以上投资银行领域从业经历;

(三)具有相关行业高级职称的专家或从事行业研究五年以上的分析人员。

第十四条　主办券商应将内核机构工作制度、成员名单及简历在全国股份转让系统指定信息披露平台上披露。内核机构工作制度或内核成员发生变动的,主办券商应及时报全国股份转让系统公司备案,并在五个工作日内更新披露。

第三章　尽职调查

第十五条　项目小组进行尽职调查前,主办券商应与申请挂牌公司签署保密协议。

第十六条　项目小组应遵循勤勉尽责、诚实守信的原则,通过实地考察、查阅、访谈等方法,对申请挂牌公司进行尽职调查,以有充分理由确信申请挂牌公司符合挂牌条件以及在挂牌申请文件中披露的信息真实、准确、完整。

第十七条　项目小组尽职调查应以形成有助于投资者做出投资决策的信息披露文件为目的,调查范围至少应包括公开转让说明书和推荐报告中所涉及的事项。

第十八条　项目小组中应指定注册会计师、律师、行业分析师各一名分别负责对申请挂牌公司的财务会计事项、法律事项、相关行业事项进行尽职调查,并承担相应责任。

第十九条　项目小组的尽职调查可以在注册会计师、律师等外部专业人士意见的基础上进行。

项目小组应判断专业人士发表意见所基于的工作是否充分,对专业人士意见有疑义、或认为专业人士发表的意见所基于的工作不够充分的,项目小组应进行独立调查。

第二十条　对推荐文件、挂牌申请文件中无证券服务机构及其签字人员专业意见支持的内容,项目小组应当获得充分的尽职调查证据,在对各种证据进行综合分析的基础上对申请挂牌公司提供的资料和披露的内容进行独立判断,并有充分理由确信所作的判断与挂牌申请文件、推荐文件的内容不存在实质性差异。

第二十一条　项目小组完成尽职调查工作后,应出具尽职调查报告,各成员应在尽职调查报告上签名,承诺已参加尽职调查工作并对其负责。

第二十二条　主办券商应当建立健全尽职调查工作底稿制度,要求项目小组真实、准确、完整地记录整个尽职调查过程。

第四章　内核

第二十三条　主办券商内核机构根据项目小组的申请召开内核会议。每次会议须七名以上内核机构成员出席,其中律师、注册会计师和行业专家至少各一名。

第二十四条　主办券商内核机构应针对每个项目在内核会议成员中指定一名内核专员。内核专员除承担与其他内核会议成员相同的审核工作外,还应承担以下职责:

(一)整理内核意见;

(二)跟踪审核项目小组对内核意见的落实情况;

(三)审核推荐文件和挂牌申请文件的补充或修改意见;

（四）就该项目内核工作的有关事宜接受全国股份转让系统公司质询。

第二十五条　内核机构成员存在以下情形之一的，不得参与该项目的内核：

（一）担任该项目小组成员的；

（二）本人及其配偶直接或间接持有申请挂牌公司股份；

（三）在申请挂牌公司或其控股股东、实际控制人处任职的；

（四）其他可能影响公正履行职责的情形。

第二十六条　内核会议成员应独立、客观、公正地对推荐文件和挂牌申请文件进行审核，制作审核工作底稿并签名。

审核工作底稿应包括审核工作的起止日期、发现的问题、建议补充调查核实的事项以及对推荐挂牌的意见等内容。

第二十七条　内核会议应在成员中指定注册会计师、律师及行业专家各一名分别对项目小组中的财务会计事项调查人员、法律事项调查人员及行业分析师出具的调查意见进行审核，分别在其工作底稿中发表独立的审核意见，提交内核会议。

第二十八条　项目小组成员可以列席内核会议，向内核会议汇报尽职调查情况和需提请关注的事项，回答质询。

第二十九条　内核会议可采取现场会议、电话会议或视频会议的形式召开。内核机构成员应以个人身份出席内核会议，发表独立审核意见并行使表决权。因故不能出席的内核会议成员应委托他人出席并提交授权委托书及独立制作的审核工作底稿。每次会议委托他人出席的内核会议成员，不得超过应出席成员的三分之一。

第三十条　内核会议应对是否同意推荐申请挂牌公司股票挂牌进行表决。表决应采取记名投票方式，每人一票，三分之二以上赞成且指定注册会计师、律师和行业专家均为赞成票为通过。

第三十一条　主办券商应对内核会议过程形成记录，在内核会议表决的基础上形成内核意见。内核意见应包括以下内容：审核意见、表决结果、出席会议的内核机构成员名单和投票记录。内核会议成员均应在内核意见上签名。

第三十二条　主办券商应根据内核意见，决定是否向全国股份转让系统公司推荐申请挂牌公司股票挂牌。决定推荐的，应出具推荐报告。

第五章　推荐挂牌规程

第三十三条　存在下列情形之一的，主办券商不得推荐申请挂牌公司股票挂牌：

（一）主办券商直接或间接合计持有申请挂牌公司百分之七以上的股份，或者是其前五名股东之一；

（二）申请挂牌公司直接或间接合计持有主办券商百分之七以上的股份，或者是其前五名股东之一；

（三）主办券商前十名股东中任何一名股东为申请挂牌公司前三名股东之一；

（四）主办券商与申请挂牌公司之间存在其他重大影响的关联关系。

主办券商以做市目的持有的申请挂牌公司股份，不受本条第一款限制。

第三十四条　主办券商应对申请挂牌公司进行风险评估，审慎推荐该公司股票挂牌。

第三十五条　主办券商推荐申请挂牌公司股票挂牌，应当向全国股份转让系统公司提交推荐报告及全国股份转让系统公司要求的其他文件，推荐报告应包括下列内容：

（一）尽职调查情况；

（二）逐项说明申请挂牌公司是否符合《业务规则》规定的挂牌条件；

（三）内核程序及内核意见；

（四）推荐意见；

（五）提醒投资者注意事项；

（六）全国股份转让系统公司要求的其他内容。

第三十六条　主办券商可以根据申请挂牌公司的委托，组织编制挂牌申请文件，并协调证券服务机构及其签字人员参与该公司股票挂牌的相关工作。

第三十七条　主办券商向全国股份转让系统公司报送推荐文件后，应当配合全国股份转让系统公司的审查，并承担下列工作：

（一）组织申请挂牌公司及证券服务机构对全国股份转让系统公司的意见进行答复；

（二）按照全国股份转让系统公司的要求对涉及本次挂牌的特定事项进行尽职调查或核查；

（三）指定项目小组成员与全国股份转让系统公司进行专业沟通；

（四）全国股份转让系统公司规定的其他工作。

第三十八条　主办券商应将尽职调查工作底稿、内核会议成员审核工作底稿、内核会议记录、内核意见等妥善保存，保存期限不少于十年。

第六章　持续督导

第三十九条　主办券商应与所推荐挂牌公司签订持续督导协议，持续督导挂牌公司诚实守信、规范履行信息披露义务、完善公司治理机制。

第四十条　主办券商应建立持续督导工作制度，明确持续督导工作职责、工作流程和内部控制机制。

第四十一条　主办券商应至少配备两名具有财务或法律专业知识的专职督导人员，履行督导职责。

主办券商在任免专职督导人员时，应将相关人员名单及简历及时报送全国股份转让系统公司备案。

第四十二条　主办券商与挂牌公司因特殊原因确需解除持续督导协议的，应当事前报告全国股份转让系统公司并说明合理理由。

解除持续督导协议后，挂牌公司应与承接督导事项的主办券商另行签订持续督导协议，报全国股份转让系统公司备案并公告。

第四十三条　承接督导事项的主办券商应当自持续督导协议签订之日起开展督导工作并承担相应的责任。原主办券商在履行督导职责期间未勤勉尽责的，其责任不因主办券商的更换而免除。

第七章　监管措施和违规处理

第四十四条　全国股份转让系统公司可以对主办券商及其相关人员从事推荐业务的情况进行现场和非现场检查，主办券商及其相关人员应当积极配合检查，如实提供有关资料，不得以任何理由拒绝或者拖延提供有关资料，不得提供虚假、误导性或者不完整的资料。

第四十五条　全国股份转让系统公司对主办券商及其从业人员从事推荐业务进行持续管理，记录其执业情况、违法违规行为、其他不良行为以及对其采取的监管措施等。

第四十六条　主办券商及其从业人员违反本规定，全国股份转让系统公司依据《业务规则》、《全国中小企业股份转让系统主办券商管理细则（试行）》对其采取监管措施或进行自律处分。

第八章　附则

第四十七条　本规定所称“至少”、“以上”含本数。

第四十八条　本规定由全国股份转让系统公司负责解释。

第四十九条　本规定自发布之日起施行。

全国中小企业股份转让系统股票挂牌条件适用基本标准指引（试行）

全国中小企业股份转让系统有限责任公司按照“可把控、可举证、可识别”的原则，对《全国中小企业股份转让系统业务规则（试行）》规定的六项挂牌条件进行细化，形成基本标准如下：

一、依法设立且存续满两年

（一）依法设立，是指公司依据《公司法》等法律、法规及规章的规定向公司登记机关申请登记，并已取得《企业法人营业执照》。

1. 公司设立的主体、程序合法、合规。

（1）国有企业需提供相应的国有资产监督管理机构或国务院、地方政府授权的其他部门、机构关于国有股权设置的批复文件。

（2）外商投资企业须提供商务主管部门出具的设立批复文件。

（3）《公司法》修改（2006 年 1 月 1 日）前设立的股份公司，须取得国务院授权部门或者省级人民政府的批准文件。

2. 公司股东的出资合法、合规，出资方式及比例应符合《公司法》相关规定。

（1）以实物、知识产权、土地使用权等非货币财产出资的，应当评估作价，核实财产，明确权属，财产权转移手续办理完毕。

（2）以国有资产出资的，应遵守有关国有资产评估的规定。

（3）公司注册资本缴足，不存在出资不实情形。

（二）存续两年是指存续两个完整的会计年度。

（三）有限责任公司按原账面净资产值折股整体变更为股份有限公司的，存续时间可以从有限责任公司成立之日起计算。整体变更不应改变历史成本计价原则，不应根据资产评估结果进行账务调整，应以改制基准日经审计的净资产额为依据折合为股份有限公司股本。申报财务报表最近一期截止日不得早于改制基准日。

二、业务明确，具有持续经营能力

（一）业务明确，是指公司能够明确、具体地阐述其经营的业务、产品或服务、用途及其商业模式等信息。

（二）公司可同时经营一种或多种业务，每种业务应具有相应的关键资源要素，该要素组成应具有投入、处理和产出能力，能够与商业合同、收入或成本费用等相匹配。

1. 公司业务如需主管部门审批，应取得相应的资质、许可或特许经营权等。

2. 公司业务须遵守法律、行政法规和规章的规定，符合国家产业政策以及环保、质量、安全等要求。

（三）持续经营能力，是指公司基于报告期内的生产经营状况，在可预见的将来，有能力按照既定目标持续经营下去。

1. 公司业务在报告期内应有持续的营运记录，不应仅存在偶发性交易或事项。营运记录包括现金流量、营业收入、交易客户、研发费用支出等。

2. 公司应按照《企业会计准则》的规定编制并披露报告期内的财务报表，公司不存在《中国注册会计师审计准则第 1324 号——持续经营》中列举的影响其持续经营能力的相关事项，并由具有证券期货相关业务资格的会计师事务所出具标准无保留意见的审计报告。

财务报表被出具带强调事项段的无保留审计意见的，应全文披露审计报告正文以及董事会、监事会和注册会计师对强调事项的详细说明，并披露董事会和监事会对审计报告涉及事项的处理情况，说明该事项对公司的影响是否重大、影响是否已经消除、违反公允性的事项是否已予纠正。

3. 公司不存在依据《公司法》第一百八十一条规定解散的情形，或法院依法受理重整、和解或者破产申请。

三、公司治理机制健全，合法规范经营

（一）公司治理机制健全，是指公司按规定建立股东大会、董事会、监事会和高级管理层（以下简称“三会一层”）组成的公司治理架构，制定相应的公司治理制度，并能证明有效运行，保护股东权益。

1. 公司依法建立“三会一层”，并按照《公司法》、《非上市公众公司监督管理办法》及《非上市公众公司监管指引第 3 号—章程必备条款》等规定建立公司治理制度。

2. 公司“三会一层”应按照公司治理制度进行规范运作。在报告期内的有限公司阶段应遵守《公司法》的相关规定。

3. 公司董事会应对报告期内公司治理机制执行情况进行讨论、评估。

（二）合法合规经营，是指公司及其控股股东、实际控制人、董事、监事、高级管理人员须依法开展经营活动，经营行为合法、合规，不存在重大违法违规行为。

1. 公司的重大违法违规行为是指公司最近 24 个月内因违犯国家法律、行政法规、规章的行为，受到刑事处罚或适用重大违法违规情形的行政处罚。

（1）行政处罚是指经济管理部门对涉及公司经营活动的违法违规行为给予的行政处罚。

（2）重大违法违规情形是指，凡被行政处罚的实施机关给予没收违法所得、没收非法财物以上行政处罚的行为，属于重大违法违规情形，但处罚机关依法认定不属于的除外；被行政处罚的实施机关给予罚款的行为，除主办券商和律师能依法合理说明或处罚机关认定该行为不属于重大违法违规行为的外，都视为重大违法违规情形。

（3）公司最近 24 个月内不存在涉嫌犯罪被司法机关立案侦查，尚未有明确结论意见的情形。

2. 控股股东、实际控制人合法合规，最近 24 个月内不存在涉及以下情形的重大违法违规行为：

（1）控股股东、实际控制人受刑事处罚；

（2）受到与公司规范经营相关的行政处罚，且情节严重；情节严重的界定参照前述规定；

（3）涉嫌犯罪被司法机关立案侦查，尚未有明确结论意见。

3. 现任董事、监事和高级管理人员应具备和遵守《公司法》规定的任职资格和义务，不应存在最近 24 个月内受到中国证监会行政处罚或者被采取证券市场禁入措施的情形。

（三）公司报告期内不应存在股东包括控股股东、实际控制人及其关联方占用公司资金、资产或其他资源的情形。如有，应在申请挂牌前予以归还或规范。

（四）公司应设有独立财务部门进行独立的财务会计核算，相关会计政策能如实反映企业财务状况、经营成果和现金流量。

四、股权明晰，股票发行和转让行为合法合规

（一）股权明晰，是指公司的股权结构清晰，权属分明，真实确定，合法合规，股东特别是控股股东、实际控制人及其关联股东或实际支配的股东持有公司的股份不存在权属争议或潜在纠纷。

1. 公司的股东不存在国家法律、法规、规章及规范性文件规定不适宜担任股东的情形。

2. 申请挂牌前存在国有股权转让的情形，应遵守国资管理规定。

3. 申请挂牌前外商投资企业的股权转让应遵守商务部门的规定。

（二）股票发行和转让合法合规，是指公司的股票发行和转让依法履行必要内部决议、外部审批（如有）程序，股票转让须符合限售的规定。

1. 公司股票发行和转让行为合法合规，不存在下列情形：

（1）最近 36 个月内未经法定机关核准，擅自公开或者变相公开发行过证券；

（2）违法行为虽然发生在 36 个月前，目前仍处于持续状态，但《非上市公众公司监督管理办法》实施前形成的股东超 200 人的股份有限公司经中国证监会确认的除外。

2. 公司股票限售安排应符合《公司法》和《全国中小企业股份转让系统业务规则（试行）》的有关规定。

（三）在区域股权市场及其他交易市场进行权益转让的公司，申请股票在全国股份转让系统挂牌前的发行和转让等行为应合法合规。

（四）公司的控股子公司或纳入合并报表的其他企业的发行和转让行为需符合本指引的规定。

五、主办券商推荐并持续督导

（一）公司须经主办券商推荐，双方签署了《推荐挂牌并持续督导协议》。

（二）主办券商应完成尽职调查和内核程序，对公司是否符合挂牌条件发表独立意见，并出具推荐报告。

六、全国股份转让系统公司要求的其他条件

无

全国中小企业股份转让系统
公开转让说明书内容与格式指引（试行）

（2013 年 2 月 8 日发布，2013 年 12 月 30 日修改）

第一章　总则

第一条　为规范公开转让股票的信息披露行为，保护投资者合法权益，根据《非上市公众公司监督管理办法》（证监会令第 85 号）、《非上市公众公司监管指引第 1 号》（证监会公告〔2013〕1 号）、《全国中小企业股份转让系统业务规则（试行）》等规定，制定本指引。

第二条　股东人数未超过 200 人的股份公司（以下简称申请挂牌公司）申请股票在全国中小企业股份转让系统（以下简称全国股份转让系统）挂牌，应按本指引编制公开转让说明书并披露。

第三条　本指引的规定是对公开转让说明书信息披露的最低要求。不论本指引是否有明确规定，凡对投资者投资决策有重大影响的信息，均应披露。

申请挂牌公司可根据自身及所属行业或业态特征，在本指引基础上增加有利于投资者判断和决策的相关内容。

本指引部分条款具体要求不适用的，申请挂牌公司可根据实际情况，在不影响内容完整性的前提下作适当调整，但应在申报时作书面说明；由于涉及特殊原因申请豁免披露的，应有充分依据，主办券商及律师应出具意见。

第四条　申请挂牌公司在公开转让说明书中披露的所有信息应真实、准确、完整，不得有虚假记载、误导性陈述或重大遗漏。

第五条　公开转让说明书的编制和披露应便于投资者理解和判断，符合下列一般要求：

（一）通俗易懂、言简意赅。要切合公司具体情况，用词要符合社会公众的认知习惯，对有特定含义的专业术语应作出释义。为避免重复，可采用相互引证的方法，对相关部分进行合理的技术处理。

（二）表述客观、逻辑清晰。不得有夸大性、广告性、诋毁性的词句。可采用图形、表格、图片等较为直观的方式进行披露。

（三）业务、产品（服务）、行业等方面的统计口径应前后一致。

（四）引用的数字采用阿拉伯数字，货币金额除特别说明外，指人民币金额，并以元、万元、亿元为单位。

第六条　申请挂牌公司编制公开转让说明书应准确引用有关中介机构的专业意见、报告和财务会计资料，并有充分的依据。

所引用的财务报表应由具有证券期货相关业务资格的会计师事务所审计，财务报表在其最近一期截止日后 6 个月内有效。特殊情况下申请挂牌公司可申请延长，但延长期至多不超过 1 个月。

第七条　申请挂牌公司应在全国股份转让系统指定信息披露平台披露公开转让说明书及其附件，并作提示性公告：”本公司股票挂牌公开转让股票申请已经全国中小企业股份转让系统有限责任公司（以下简称全国股份转让系统公司）审查同意，中国证监会豁免核准，本公司的股票将在全国股份转让系统挂牌公开转让，公开转让说明书及附件披露于全国股份转让系统指定信息披露平台 www. neeq. com. cn 或 www. neeq. cc，供投资者查阅。

第八条　公开转让说明书封面应标有“×××公司公开转让说明书”字样，扉页应载有如下声明：

“本公司及全体董事、监事、高级管理人员承诺公开转让说明书不存在虚假记载、误导性陈述或重大遗漏，并对其真实性、准确性、完整性承担个别和连带的法律责任。”

“本公司负责人和主管会计工作的负责人、会计机构负责人保证公开转让说明书中财务会计资料真实、完整。”

“全国股份转让系统公司对本公司股票公开转让所作的任何决定或意见，均不表明其对本公司股票的价值或投资者的收益作出实质性判断或者保证。任何与之相反的声明均属虚假不实陈述。”

“根据《证券法》的规定，本公司经营与收益的变化，由本公司自行负责，由此变化引致的投资风险，由投资者自行承担。”

申请挂牌公司应针对实际情况在公开转让说明书首页作“重大事项提示”，提醒投资者给予特别关注。

第二章　公开转让说明书

第一节　基本情况

第九条　申请挂牌公司应简要披露下列情况：公司名称、法定代表人、设立日期、注册资本、住所、邮编、董事会秘书或信息披露事务负责人、所属行业、主要业务、组织机构代码等。

第十条　申请挂牌公司应披露股票代码、股票简称、股票种类、每股面值、股票总量、挂牌日期，股东所持股份的限售安排及股东对所持股份自愿锁定的承诺。

第十一条　申请挂牌公司应披露公司股权结构图，并披露控股股东、实际控制人、前十名股东及持有5%以上股份股东的名称、持股数量及比例、股东性质、直接或间接持有的股份是否存在质押或其他争议事项的具体情况及股东之间关联关系。

申请挂牌公司应披露控股股东和实际控制人基本情况以及实际控制人最近两年内是否发生变化。

申请挂牌公司应简要披露设立以来股本的形成及其变化和重大资产重组情况。如果股权变化情况较复杂，可采用流程图、表格或其他形式梳理归并，并作为附件披露。

第十二条　申请挂牌公司应扼要披露董事、监事、高级管理人员的情况，主要包括：姓名、国籍及境外居留权、性别、年龄、学历、职称、现任职务及任期、职业经历。

第十三条　最近两年及一期的主要会计数据和财务指标简表，主要包括：营业收入、净利润、归属于申请挂牌公司股东的净利润、扣除非经常性损益后的净利润、归属于申请挂牌公司股东的扣除非经常性损益后的净利润、毛利率、净资产收益率、扣除非经常性损益后净资产收益率、应收账款周转率、存货周转率、基本每股收益、稀释每股收益、经营活动产生的现金流量净额、每股经营活动产生的现金流量净额、总资产、股东权益合计、归属于申请挂牌公司股东权益合计、每股净资产、归属于申请挂牌公司股东的每股净资产、资产负债率（以母公司报表为基础）、流动比率、速动比率。

除特别指出外，上述财务指标应以合并财务报表的数据为基础进行计算。相关指标的计算应执行中国证监会的有关规定。

第十四条　申请挂牌公司挂牌同时进行股票发行的，应披露拟发行股数、发行对象或范围、发行价格或区间、预计募集资金金额。同时，按照全国股份转让系统公司有关股票发行信息披露要求，在公开转让说明书”公司财务“后增加”股票发行“章节，披露相关信息。

第十五条　申请挂牌公司应披露下列机构的名称、法定代表人、住所、联系电话、传真，同时应披露有关经办人员（包括项目小组负责人、项目小组成员）的姓名：

（一）主办券商

（二）律师事务所

（三）会计师事务所

（四）资产评估机构

（五）证券登记结算机构

（六）做市商（如有）

（七）其他与公开转让有关的机构

第二节　公司业务

第十六条　申请挂牌公司应披露主要业务、主要产品或服务及其用途。

第十七条　申请挂牌公司应结合内部组织结构（包括部门、生产车间、子公司、分公司等），披露主要生产或服务流程及方式（包括服务外包、外协生产等）。

第十八条　申请挂牌公司应遵循重要性原则披露与其业务相关的关键资源要素，包括：

（一）产品或服务所使用的主要技术。

（二）主要无形资产的取得方式和时间、实际使用情况、使用期限或保护期、最近一期末账面价值。

（三）取得的业务许可资格或资质情况。

（四）特许经营权（如有）的取得、期限、费用标准。

（五）主要生产设备等重要固定资产使用情况、成新率或尚可使用年限。

（六）员工情况，包括人数、结构等。其中核心技术（业务）人员应披露姓名、年龄、主要业务经历及职务、现任职务与任期及持有申请挂牌公司的股份情况。核心技术（业务）团队在近两年内发生重大变动的，应披露变动情况和原因。

（七）其他体现所属行业或业态特征的资源要素。

第十九条　申请挂牌公司应扼要披露与业务相关的情况，包括：

（一）报告期业务收入的主要构成及各期主要产品或服务的规模、销售收入。

（二）产品或服务的主要消费群体，报告期内各期向前五名客户的销售额及占当期销售总额的百分比。

（三）报告期内主要产品或服务的原材料、能源及供应情况，占成本的比重，报告期内各期向前五名供应商的采购额及占当期采购总额的百分比。

（四）报告期内对持续经营有重大影响的业务合同及履行情况。

第二十条　申请挂牌公司应归纳总结其商业模式，说明如何使用产品或服务、关键资源要素获取收入、利润及现金流。

第二十一条　申请挂牌公司应扼要披露其所处行业概况、市场规模及基本风险特征（如行业风险、市场风险、政策风险），并可分析公司在行业中的竞争地位。

第三节　公司治理

第二十二条　申请挂牌公司应披露最近两年内股东大会、董事会、监事会的建立健全及运行情况，说明上述机构和人员履行职责的情况。

申请挂牌公司可结合股东结构、董事会及监事会构成等方面，说明投资者（如专业投资机构）参与公司治理以及职工代表监事履行责任的实际情况。

第二十三条　申请挂牌公司董事会应充分讨论现有公司治理机制能否给所有股东提供合适的保护以及能否保证股东充分行使知情权、参与权、质询权和表决权等权利，说明投资者关系管理、纠纷解决机制、累积投票制（如有）、独立董事制度（如有）、关联股东和董事回避制度（如有）以及与财务管理、风险控制相关的内部管理制度建设情况，并披露董事会对公司治理机制执行情况的评估结果。

第二十四条　申请挂牌公司应披露公司及其控股股东、实际控制人最近两年内是否存在违法违规及受处罚的情况。

第二十五条　申请挂牌公司应披露与控股股东、实际控制人及其控制的其他企业在业务、资产、人员、财务、机构方面的分开情况。

第二十六条　申请挂牌公司应披露是否存在与控股股东、实际控制人及其控制的其他企业从事相同、相似业务的情况。对存在相同、相似业务的，应对是否存在同业竞争做出合理解释。

申请挂牌公司应披露控股股东、实际控制人为避免同业竞争采取的措施及做出的承诺。

第二十七条　申请挂牌公司应披露最近两年内是否存在资金被控股股东、实际控制人及其控制的其他企业占用，或者为控股股东、实际控制人及其控制的其他企业提供担保，以及为防止股东及其关联方占用或者转移公司资金、资产及其他资源的行为发生所采取的具体安排。

第二十八条　申请挂牌公司董事、监事、高级管理人员存在下列情形的，应披露具体情况：

（一）本人及其直系亲属以任何方式直接或间接持有申请挂牌公司股份的。

（二）相互之间存在亲属关系的。

（三）与申请挂牌公司签订重要协议或做出重要承诺的。

（四）在其他单位兼职的。

（五）对外投资与申请挂牌公司存在利益冲突的。

（六）最近两年受到中国证监会行政处罚或者被采取证券市场禁入措施、受到全国股份转让系统公司公开谴责的。

（七）其他对申请挂牌公司持续经营有不利影响的情形。

第二十九条　申请挂牌公司董事、监事、高级管理人员在近两年内发生变动的，应披露变动情况和原因。

第四节　公司财务

第三十条　申请挂牌公司应按照《企业会计准则》的规定编制并披露最近两年及一期的财务报表，在所有重大方面公允反映公司财务状况、经营成果和现金流量，并由注册会计师出具无保留意见的审计报告。编制合并财务报表的，应同时披露合并财务报表和母公司财务报表。

申请挂牌公司应披露财务报表的编制基础、合并财务报表范围及变化情况。

第三十一条　申请挂牌公司应披露会计师事务所的审计意见类型。财务报表被出具带强调事项段的无保留审计意见的，应全文披露审计报告正文以及董事会、监事会和注册会计师对强调事项的详细说明。

第三十二条　申请挂牌公司应结合业务特点充分披露报告期内采用的主要会计政策、会计估计及其变更情况和对公司利润的影响。

申请挂牌公司的重大会计政策或会计估计与可比公司（如有）存在较大差异，或者按规定将要进行变更的，应分析重大会计政策或会计估计的差异或变更对公司利润产生的影响。

第三十三条　申请挂牌公司应对最近两年及一期的主要会计数据和财务指标进行比较，发生重大变化的应说明原因。

（一）根据业务特点披露各类收入的具体确认方法，以表格形式披露报告期内各期营业收入、利润、毛利率的主要构成及比例，按照产品（服务）类别及业务、地区分部列示，报告期内发生重大变化的应予以说明。

（二）披露报告期内各期主要费用（含研发）、占营业收入的比重和变化情况。

（三）披露报告期内各期重大投资收益情况、非经常性损益情况、适用的各项税收政策及缴纳的主要税种。

（四）披露报告期内各期末主要资产情况及重大变动分析，包括但不限于：

主要应收款项的账面余额、坏账准备、账面价值、账龄、各期末前五名情况；主要存货类别、账面余额、跌价准备、账面价值；主要固定资产类别、折旧年限、原价、累计折旧、净值；主要对外投资的投资期限、初始投资额、期末投资额及会计核算方法；主要无形资产的取得方式、初始金额、摊销方法、摊销年限、最近一期末的摊余价值及剩余摊销年限；主要资产减值准备的计提依据及计提情况。

（五）披露报告期内各期末主要负债情况。有逾期未偿还债项的，应说明其金额、未按期偿还的原因、预计还款期等。

（六）披露报告期内各期末股东权益情况，主要包括股本、资本公积、盈余公积、未分配利润及少数股东权益的情况。

如果在挂牌前实施限制性股票或股票期权等股权激励计划且尚未行权完毕的，应披露股权激励计划内容及实施情况、对资本公积和各期利润的影响。

第三十四条　申请挂牌公司应根据《公司法》和《企业会计准则》的相关规定披露关联方、关联关系、关联交易，并说明相应的决策权限、决策程序、定价机制、交易的合规性和公允性、减少和规范关联交易的具体安排等。

申请挂牌公司应根据交易的性质和频率，按照经常性和偶发性分类披露关联交易及其对财务状况和经营成果的影响。

如果董事、监事、高级管理人员、核心技术（业务）人员、主要关联方或持有公司5%以上股份股东在主要客户或供应商中占有权益的，应予以说明。

第三十五条　申请挂牌公司应扼要披露会计报表附注中的资产负债表日后事项、或有事项及其他重要事项，包括对持续经营可能产生较大影响的诉讼或仲裁、担保等事项。

第三十六条　申请挂牌公司在报告期内进行资产评估的，应简要披露资产评估情况。

第三十七条　申请挂牌公司应披露最近两年股利分配政策、实际股利分配情况以及公开转让后的股利分配政策。

第三十八条　申请挂牌公司应简要披露其控股子公司或纳入合并报表的其他企业的情况，主要包括注册资本、主要业务、股东构成及持股比例、最近一年及一期末的总资产、净资产、最近一年及一期的营业收入、净利润。

第三十九条　申请挂牌公司应遵循重要性原则，结合自身及所处行业实际情况，对可能影响公司持续经营的风险因素进行自我评估，重点披露特有风险，其中对持续经营有严重不利影响的风险应作"重大事项提示"。

鼓励申请挂牌公司建立以风险为导向的内部管理机制，提高识别和承受风险的能力，形成符合自身及所处行业特征的风险评估和管理体系。

第四十条　申请挂牌公司可披露公司经营目标和计划。如披露，应遵循诚信原则，并说明合理依据。

对可能导致经营目标和计划不能实现的重大不确定性因素，申请挂牌公司应做出有针对性和实质性的"重大事项提示"，提醒投资者审慎判断和决策。

第五节　有关声明

第四十一条　申请挂牌公司全体董事、监事、高级管理人员应在公开转让说明书正文的尾页签名，并由申请挂牌公司加盖公章。

第四十二条　主办券商应对公开转让说明书的真实性、准确性、完整性进行核查，并在公开转让说明书正文后声明：

"本公司已对公开转让说明书进行了核查，确认不存在虚假记载、误导性陈述或重大遗漏，并对其真实性、准确性和完整性承担相应的法律责任。”

声明应由法定代表人、项目负责人及项目小组成员签名，并由主办券商加盖公章。

第四十三条　为申请挂牌公司股票公开转让提供服务的机构应在公开转让说明书正文后声明：

“本机构及经办人员（经办律师、签字注册会计师、签字注册资产评估师）已阅读公开转让说明书，确认公开转让说明书与本机构出具的专业报告（法律意见书、审计报告、资产评估报告）无矛盾之处。本机构及经办人员对申请挂牌公司在公开转让说明书中引用的专业报告的内容无异议，确认公开转让说明书不致因上述内容而出现虚假记载、误导性陈述或重大遗漏，并对其真实性、准确性和完整性承担相应的法律责任。”

声明应由经办人员及所在机构负责人签名，并由机构加盖公章。

第六节　附件

第四十四条　公开转让说明书结尾应列明附件，并在全国股份转让系统指定信息披露平台披露。附件应包括下列文件：

（一）主办券商推荐报告；

（二）财务报表及审计报告；

（三）法律意见书；

（四）公司章程；

（五）全国股份转让系统公司同意挂牌的审查意见；

（六）其他与公开转让有关的重要文件。

第三章　附则

第四十五条　本指引由全国股份转让系统公司负责解释。

第四十六条　本指引自公布之日起施行。

全国中小企业股份转让系统
挂牌申请文件内容与格式指引（试行）

（2013 年 2 月 8 日发布，2013 年 12 月 30 日修改）

第一条　为规范挂牌申请文件内容与格式，根据《非上市公众公司监督管理办法》（证监会令第 85 号）、《非上市公众公司监管指引第 2 号》（证监会公告〔2013〕2 号）、《全国中小企业股份转让系统业务规则（试行）》等规定，制定本指引。

第二条　股份公司（以下简称“申请挂牌公司”）申请股票在全国中小企业股份转让系统（以下简称“全国股份转让系统”）挂牌，应按照本指引的要求制作和报送申请文件。

第三条　本指引规定的申请文件目录是对挂牌申请文件的最低要求。根据审查需要，全国中小企业股份转让系统有限责任公司（以下简称“全国股份转让系统公司”）可以要求申请挂牌公司和相关中介机构补充文件。如部分文件对申请挂牌公司不适用，可不提供，但应书面说明。

申请挂牌同时股票发行的，应按照全国股份转让系统公司规定在挂牌申请文件中增加有关内容。

第四条　申请文件一经接收，非经全国股份转让系统公司同意，不得增加、撤回或更换。

第五条　申请时股东人数未超过 200 人的股份公司报送申请文件应提交原件一份，复印件两份；申请时股东人数超过 200 人的股份公司报送申请文件应提交原件一份（单行本）。每次报送书面文件的同时，应报送一份与书面文件一致的电子文件（WORD、EXCEL、PDF 及全国股份转让系统公司要求的其他文件格式）。

申请挂牌公司不能提供有关文件原件的，应由申请挂牌公司律师提供鉴证意见，或由出文单位盖章，以保证与原件一致。

第六条　申请文件所有需要签名处，均应为签名人亲笔签名，不得以名章、签名章等代替。

申请文件中需要由申请挂牌公司律师鉴证的文件，申请挂牌公司律师应在该文件首页注明“以下第 × × 页至第 × × 页与原件一致”，并签名和签署鉴证日期，律师事务所应在该文件首页加盖公章，并在第 × × 页至第 × × 页侧面以公章加盖骑缝章。

第七条　申请挂牌公司应根据全国股份转让系统公司对申请文件的反馈意见提供补充材料。相关中介机构应对反馈意见相关问题进行尽职调查或补充出具专业意见。对公开转让说明书修改或补充的，应进行标示。

第八条　申请文件的封面和侧面应标有“ × × 公司股票挂牌申请文件”字样，扉页应标明申请挂牌公司法定代表人、信息披露事务负责人，主办券商主管领导、项目负责人，以及相关中介机构项目负责人姓名、电话、传真等联系方式。

第九条　申请文件章与章之间、章与节之间应有明显的分隔标识，文件中的页码应与目录中的页码相符。

第十条　申请文件应采用标准 A4 纸张双面印刷（需提供原件的历史文件除外）.

第十一条　未按本指引要求制作和报送申请文件的，全国股份转让系统公司不予接收。

第十二条　本指引由全国股份转让系统公司负责解释。

第十三条　本指引自发布之日起施行。

全国中小企业股份转让系统
主办券商尽职调查工作指引
（试行）

第一章　总则

第一条　为指导主办券商做好对申请股票在全国中小企业股份转让系统（以下简称“全国股份转让系统”）公开转让的股份有限公司（以下简称“公司”）的尽职调查工作，制定本指引。

第二条　尽职调查是指主办券商遵循勤勉尽责、诚实守信原则，以形成有利于投资者做出投资决策的信息披露文件为目的，对公司进行调查，以有充分理由确信：

（一）公司符合《全国中小企业股份转让系统业务规则（试行）》规定的挂牌条件；

（二）公开转让说明书中所披露的信息真实、准确和完整。

第三条　本指引是对主办券商尽职调查工作的一般要求。主办券商应按照本指引要求，认真履行尽职调查义务。

除对本指引已列示的一般性内容进行调查外，主办券商还应根据公司的具体情况，对其在公开转让说明书中应披露的、足以影响投资者决策的其他事项进行调查。

除本指引已列示的调查方法外，主办券商可针对具体调查事项，采用其他适当的调查方法进行调查。

第四条　项目小组的尽职调查可以在注册会计师、律师等外部专业人士意见的基础上进行，如果认为专业人士发表意见所基于的工作不够充分，或对专业人士的意见有疑义，项目小组应进行独立调查。

项目小组在引用专业人士意见时，应对所引用的意见负责。

第五条　项目小组应在尽职调查工作完成后，出具尽职调查报告，各成员应在尽职调查报告上签名并声明对其负责。

第六条　主办券商应建立健全尽职调查工作底稿制度，真实、准确、完整地反映其所实施的尽职调查工作。尽职调查工作底稿应成为主办券商出具尽职调查报告、推荐报告和编制挂牌申请文件的基础。

第二章　尽职调查主要内容和方法

第一节　业务调查

第七条　业务调查主要包括分析公司所处细分行业的情况和风险，调查公司商业模式、经营目标和计划。

公司的商业模式是指公司如何使用其拥有的关键资源，通过有效的业务流程，形成一个完整的运行系统，并通过这一运行系统向客户提供产品或服务，满足客户需求并向客户提供了价值，从而获得收入、利润和现金流。

第八条　通过搜集与公司所处行业有关的行业研究或报道，与公司管理层交谈，比较市场公开数据，搜集行业主管部门制定的发展规划、行业管理方面的法律法规及规范性文件，以及主办券商内部行业分析师的分析研究等方法，审慎、客观分析公司所处细分行业的基本情况和特有风险（如行业风险、市场风险、政策风险等）。包括但不限于：

（一）行业所处的生命周期和行业规模；

（二）行业与行业上下游的关系（即行业价值链的构成）；

（三）行业的竞争程度及行业壁垒；

（四）国家对该行业的监管体制和政策扶持或限制，以及产业政策对该行业的影响；

（五）影响该行业发展的有利和不利因素。

第九条　通过与公司经营管理层交谈，实地考察公司产品或服务，访谈公司客户等方法，调查公司产品或服务及其用途，了解产品种类、功能或服务种类及其满足的客户需求。包括但不限于：

（一）产品或服务的种类；

（二）调查每种产品的功能和用途以及特定消费群体，或服务所满足的客户需求及特定消费群体；

（三）每种产品的技术含量（所应用的关键技术及所达到的技术指标）或服务的质量；

（四）每种产品或服务是否向消费者提供保障（售后服务等）；

（五）报告期内各期每种产品或服务的规模，需求状况及其对价格的影响；

（六）各类产品或服务在公司业务中的重要性，包括在销售收入及利润中的比重，在行业中所占的市场份额和变动趋势；

（七）公司对提高现有产品或服务质量、增强竞争力等方面将采取的措施以及公司新产品或服务种类的开发计划。

第十条　通过实地考察、与管理层交谈、查阅公司主要知识产权文件等方法，结合公司行业特点，调查公司业务所依赖的关键资源，包括但不限于：

（一）公司独特的、可持续的技术优势（包括分析主要产品或服务的核心技术、可替代性以及核心技术的保护措施等）；

（二）研发能力和技术储备（包括分析公司的研发机构和研发人员情况、研发费用投入占公司业务收入的比重、自主技术占核心技术的比重等）；

（三）商标、专利、非专利技术等无形资产的数量、取得情况、实际使用情况、使用期限或保护期、最近一期末账面价值、存在纠纷情况等；

（四）取得的业务许可资格或资质情况；

（五）特许经营权（如有）的取得、期限、费用标准；

（六）提供产品或服务时所使用主要设备和固定资产的情况；

（七）公司高级管理人员与核心技术（业务）人员的简要情况，主要包括：姓名、国籍等基本信息、职业经历（参加工作以来的职业及职务情况）、曾经担任的重要职务及任期、现任职务及任期，根据其业务经历、行业或专业背景，评价高级管理人员的经验和能力，整体评价整个管理团队是否有互补性；

（八）调查公司管理层及核心技术（业务）人员的薪酬，持股情况和激励政策（包括股权激励）。最近两年上述人员的主要变动情况、原因和对公司经营的影响，了解公司为稳定上述人员已采取或拟采取的措施，并评价管理层及核心技术（业务）人员的稳定性；

（九）公司的员工情况，主要包括：员工人数、年龄和工龄结构、任职分布、学历学位结构、地域分布等；

（十）其他体现所处行业或业态特征的资源要素；

（十一）在公司所处细分行业中，从公司的技术优势、产品的技术指标或服务的标准要求、研发投入能力和技术储备、专利数量等方面，分析公司与竞争对手及潜在竞争对手之间的优劣势。如果竞争对手的信息不存在，可分析公司与行业平均水平相比的优劣势。

第十一条　通过查阅公司业务制度、实地考察企业经营过程涉及的业务环节、对主要供应商和客户访谈等方法，结合公司行业特点，了解公司关键业务流程。包括但不限于：

（一）供应链及其管理，公司对供应商的依赖程度及存在的经营风险；

（二）主要产品的生产流程或服务流程、生产工艺、质量控制、安全生产等；

（三）营销体系，包括销售方式、是否有排他性销售协议等壁垒、市场推广计划、客户管理，公司对客户的依赖程度及存在的风险；

（四）核心产品或服务的研发流程、周期以及更新换代计划；

（五）根据产业链分工情况，调查公司是否将营运环节交给利益相关者，如有，阐明其合作关系或商业联盟关系以及风险利益分配机制；

（六）重要资本投资项目（如规模化生产、重要设备投资等）的投资流程，包括投资决策机制、可行性和投资回报分析等；

（七）其他体现所处行业或业态特征的业务环节。

第十二条　通过查阅商业合同，走访客户和供应商等方法，结合对公司产品或服务、关键资源和关键业务流程的调查，了解公司如何获得收益。包括但不限于：

（一）收入构成情况，包括产品或服务的规模、订价方式和依据；收入变化情况和影响其变化的原因；

（二）成本结构及其变动情况和变动原因；

（三）分析每种产品或服务的毛利率及其变动趋势和变动原因；

（四）公司的现金流情况，尤其是与经营活动有关的现金流量，即经营的现金收入是否能抵补有关支出；

（五）在公司所处的细分行业中，分析比较公司与竞争对手之间在产品或服务分布、成本结构、营销模式和产品或服务毛利率等方面的优劣势，并预估公司在细分行业的发展趋势（主要地区或市场的占有率及其变化）。如果竞争对手的信息不存在，可分析公司与行业平均水平相比的优劣势。

第十三条　通过与公司管理层交谈，查阅董事会会议记录、重大业务合同等方法，结合公司所处行业的发展趋势及公司目前所处的发展阶段，了解公司整体发展规划和各个业务板块的中长期发展目标，分析公司经营目标和计划是否与现有商业模式一致，揭示公司业务发展过程中的主要风险（区别一般风险和特殊风险）及风险管理机制。

第二节　公司治理调查

第十四条　通过查阅公司章程，了解公司组织结构，查阅股东大会、董事会、监事会（以下简称"三会"）有关文件，调查公司三会的建立健全及运行情况，说明上述机构和人员履行职责的情况，关注公司章程和三会议事规则是否合法合规，是否建立健全投资者关系管理制度，是否在公司章程中约定纠纷解决机制。

第十五条　公司董事会对公司治理机制进行讨论评估，内容包括现有公司治理机制在给股东提供合适的保护以及保证股东充分行使知情权、参与权、质询权和表决权等权利方面所发挥的作用、所存在的不足及解决方法等。

第十六条　调查公司治理机制的执行情况并出具核查意见，调查内容包括但不限于：

（一）是否依据有关法律法规和公司章程发布通知并按期召开三会；会议文件是否完整，会议记录中时间、地点、出席人数等要件是否齐备，会议文件是否归档保存；会议记录是否正常签署；

（二）董事会和监事会是否按照有关法律法规和公司章程及时进行换届选举；

（三）董事会是否参与了公司战略目标的制订，检查其执行情况；董事会对管理层业绩进行评估的机制和执行情况；

（四）涉及关联董事、关联股东或其他利益相关者应当回避的，公司是否建立了表决权回避制度，检查其执行情况；

（五）监事会是否正常发挥作用，是否具备切实的监督手段，包括职工代表监事履行职责的情况；

（六）三会决议的实际执行情况，未能执行的会议决议，相关执行者是否向决议机构汇报并说明原因。

第十七条　调查公司股东的情况，核实公司股东股权的合法性和真实性，包括但不限于：

（一）通过查阅公司股权结构图、股东名册、公司重要会议记录、决议以及公司历次股权变动的相关文件，调查公司的股权结构，股东持股比例（包括直接和间接持股比例），以及直接或间接持股是否存在质押或其他有争议的情况，判断公司控股股东及实际控制人。

（二）通过查阅具有资格的中介机构出具的验资报告，咨询公司律师或法律顾问，询问管理层和会计人员，到工商行政管理部门查询公司注册登记资料，调查公司股东的出资是否及时到位，出资方式是否符合有关法律、法规的规定。

通过查阅资产评估报告，询问资产评估机构等方法，对以实物、工业产权、非专利技术、土地使用权等非现金资产出资的，调查所使用的评估方法与评估值的合理性。

（三）调查公司股东之间是否存在关联情况，股东中是否有专业投资机构以及其参与公司治理的情况。

（四）调查公司管理层及核心技术人员的持股情况和所持股份的锁定情况。

第十八条　调查公司董事、监事的简要情况，主要包括：姓名、国籍及境外居留权、性别、年龄、学历、职称；职业经历（参加工作以来的职业及职务情况）；曾经担任的重要职务及任期；现任职务及任期；本人及其近亲属持有公司股份的情况；是否存在对外投资与公司存在利益冲突的情况。

第十九条　调查公司与控股股东、实际控制人及其控制的其他企业在业务、资产、人员、财务和机构方面的分开情况，判断其独立性，包括但不限于：

（一）通过查阅公司组织结构文件，结合公司的生产、采购和销售记录考察公司的产、供、销系统，分析公司是否具有完整的业务流程、独立的生产经营场所以及供应、销售部门和渠道，通过计算公司的关联采购额和关联销售额分别占公司当期采购总额和销售总额的比例，分析是否存在影响公司独立性的重大或频繁的关联方交易，判断公司业务独立性。

（二）通过查阅相关会议记录、资产产权转移合同、资产交接手续和购货合同及发票，确定公司固定资产权属情况；通过查阅房产证、土地使用权证等权属证明文件，了解公司的房产、土地使用权、专利与非专利技术及其他无形资产的权属情况；关注金额较大、期限较长的其他应收款、其他应付款、预收及预付账款产生的原因及交易记录、资金流向等；判断公司资产独立性。

调查公司最近两年内是否存在资产被控股股东、实际控制人及其控制的其他企业占用，或者为控股股东、实际控制人及其控制的其他企业提供担保的情形；调查公司为防止股东及关联方资金占用或者转移公司资金、资产及其他资源的行为所采取的措施和相应的制度安排；对不存在以上情形的，应取得公司的说明，并根据调查结果判断公司资产独立性。

（三）通过查阅股东单位员工名册及劳务合同、公司工资明细表、公司福利费缴纳凭证、与管理层及员工交谈，取得高级管理人员的书面声明等方法，调查公司高级管理人员从公司关联企业领取报酬及其他情况，调查公司员工的劳动、人事、工资报酬以及相应的社会保障是否完全独立管理，判断其人员独立性。

（四）通过与管理层和相关业务人员交谈，查阅公司财务会计制度、银行开户资料、纳税资料等方法，调查公司会计核算体系，财务管理和风险控制等内部管理制度的建立健全情况，并判断公司财务独立性。

（五）通过实地调查、查阅股东大会和董事会决议关于设立相关机构的记录、查阅各机构内部规章制度，了解公司的机构是否与控股股东完全分开且独立运作，是否存在混合经营、合署办公的情形，是否完全拥有机构设置自主权等，判断其机构独立性。

第二十条　调查公司与控股股东、实际控制人及其控制的其他企业是否存在同业竞争。

通过询问公司控股股东、实际控制人，查阅营业执照，实地走访生产或销售部门等方式，调查公司控股股东、实际控制人及其控制的其他企业的业务范围，从业务性质、客户对象、可替代性、市场差别等方面判断是否与公司从事相同、相似业务，从而构成同业竞争。

对存在同业竞争的，要求公司就其合理性作出解释，并调查公司为避免同业竞争采取的措施以及作出的承诺。

第二十一条　调查公司对外担保、重大投资、委托理财、关联方交易等重要事项的政策及制度安排，调查决策权限及程序等规定，并核查最近两年的执行情况，包括对上述事项的决策是否符合股东大会、董事会的职责分工，对该事项的表决是否履行了公司法和公司章程中规定的程序，以及决策是否得到有效执行。

取得管理层就公司对外担保、重大投资、委托理财、关联方交易等事项的情况、是否符合法律法规和公司章程的规定，及其对公司影响的书面声明。

第二十二条　调查公司管理层的诚信情况，取得经公司管理层签字的关于诚信状况的书面声明，书面声明至少包括以下内容：

（一）最近二年内是否因违反国家法律、行政法规、部门规章、自律规则等受到刑事、民事、行政处罚或纪律处分；

（二）是否存在因涉嫌违法违规行为处于调查之中尚无定论的情形；

（三）最近二年内是否对所任职（包括现任职和曾任职）公司因重大违法违规行为而被处罚负有责任；

（四）是否存在个人负有数额较大债务到期未清偿的情形；

（五）是否有欺诈或其他不诚实行为等情况。

通过查询中国人民银行征信系统、工商行政管理部门的企业信用信息系统等公共诚信系统，咨询税务部门、公司贷款银行等部门或机构，咨询公司律师或法律顾问，查阅相关记录以及其他合理方式，核实公司管理层是否存在不诚信行为的记录，评价公司管理层的诚信状况。

第三节　公司财务调查

第二十三条　通过考察控制环境、风险识别与评估、控制活动与措施、信息沟通与反馈、监督与评价等基本要素，评价公司内部控制制度是否充分、合理、有效。

第二十四条　通过与公司管理层及员工交谈，查阅公司规章制度等方法，调查公司是否建立会计核算体系、财务管理和风险控制等制度，确保公司财务报告真实可靠及行为合法合规。

第二十五条　通过与公司管理层及员工交谈，查阅董事会、总经理办公会等会议记录，查阅公司规章制度等方法，评价公司是否有积极的控制环境：包括考察董事会是否负责批准并定期审查公司的经营战略和重大决策、确定经营风险的可接受水平；考察高级管理人员是否执行董事会批准的战略和政策，以及高级管理人员和董事会间的责任、授权和报告关系是否明确；考察管理层是否促使公司员工了解公司内部控制制度并在其中发挥作用等。

第二十六条　通过与公司管理层交谈、查阅公司相关规章制度和风险评估报告等，考察管理层为识别和评估对公司实现整体目标有负面影响的风险因素所建立的制度或采取的措施，评价公司风险识别与评估体系的有效性。

第二十七条　通过与公司管理层及主要业务流程所涉及部门的负责人交谈，查阅业务流程相关文件，了解业务流程和其中的控制措施，包括授权与审批、复核与查证、业务规程与操作程序、岗位权限与职责分工、相互独立与制衡、应急与预防等措施。

项目小组应选择一定数量的控制活动样本，采取验证、观察、询问、重新操作等测试方法，评价公司的内部控制措施是否有效实施。

第二十八条　通过与公司管理层和员工交谈，查阅公司相关规章制度等，评价信息沟通与反馈是否有效，包括公司是否建立了能够涵盖其全部重要活动，并对内部和外部信息进行搜集和整理的有效信息系统，以及公司是否建立了有效的信息沟通和反馈渠道，确保员工能充分理解和执行公司政策和程序，并保证相关信息能够传达到应被传达到的人员。

第二十九条　通过与公司管理层及内部审计部门交谈，采用询问、验证、查阅内部审计报告和监事会报告等方法，考察公司内部控制监督和评价制度的有效性。

第三十条　调查公司在报告期内的主要会计政策和会计估计是否有针对性地结合了公司的业务特点，是否起到有效防范公司特有财务风险的作用。

第三十一条　在上述调查基础上，听取注册会计师意见，评价公司现有内部控制制度在合理保证公司遵守现行法律法规、提高经营效率、保证财务报告的可靠性等方面的效果，关注内部控制制度的缺陷及其可能导致的财务和经营风险。

第三十二条　通过调查公司的财务风险，综合评价公司财务风险和经营风险，判断公司财务状况是否良好。可通过以下方法调查公司的财务风险：

根据经审计的财务报告，分析公司最近两年及一期的主要财务指标，并对其进行逐年比较。主要包括毛利率、净资产收益率（包括扣除非经常性损益后净资产收益率）、基本每股收益、稀释每股收益、每股净资产、每股经营活动产生的现金流量净额、资产负债率（以母公司报表为基础）、流动比率、速动比率、应收账款周转率和存货周转率等。除特别指出外，上述财务指标应以合并财务报表的数据为基础进行计算。相关指标的计算应执行中国证监会的有关规定。

在此基础上，分析公司的盈利能力、长短期偿债能力、营运能力及获取现金能力，综合评价公司财务风险和经营风险，判断公司财务状况是否良好。各项财务指标与同行业公司平均水平相比有较大偏离的，或各项财务指标及相关会计项目有较大变动或异常的，应分析原因并进行重点调查。

根据经审计的财务报告，对公司收入、成本、费用的配比性进行分析性复核。通过分析公司收入、成本、费用的变动趋势、比例关系等，比较同行业其他公司的情况，评价公司收入与成本、费用，成本、费用与相关资产摊销等财务数据之间的配比或勾稽关系是否合理。对明显缺乏合理的配比或勾稽关系的事项，应要求公司管理层作出说明。

第三十三条　调查公司应收款项的真实性、准确性、完整性和合理性。

查阅公司应收账款明细资料，结合公司行业特点和业务收入状况等因素，评价应收账款余额及其变动是否合理。抽查大额应收账款，调查其真实性、收回可能性及潜在的风险。

取得公司其他应收款明细资料，了解大额其他应收款余额的形成原因，分析其合理性、真实性、收回可能性及潜在的风险。

核查大额预付账款产生的原因、时间和相关采购业务的执行情况。调查应收票据取得、背书、抵押和贴现等情况，关注由此产生的风险。

分析公司应收款项账龄，评价账龄的合理性，了解账龄较长款项的形成原因及公司采取的措施，查核公司是否按规定提取坏账准备、提取是否充分。

第三十四条　调查公司存货的真实性、准确性、完整性和合理性。

通过查阅公司存货明细资料，结合生产循环特点，分析原材料、在产品、产成品余额之间的比例及其变动是否合理。通过实地查看存货，评估其真实性和完整性。

分析比较公司存货账龄，评价账龄是否合理，了解是否有账龄较长的存货，查核公司是否按规定提取存货跌价准备、提取是否充分。

第三十五条　调查公司投资的真实性、准确性、完整性和合理性。

通过与公司管理层及相关负责人交谈，了解公司投资的决策程序、管理层对投资风险及其控制所采取的措施，重点关注风险较大的投资项目。

采用与公司管理层交谈，查阅股东大会、董事会、总经理办公会等会议记录，查阅投资合同，查阅账簿、股权或债权投资凭证等方法，调查公司长短期投资的计价及收益确认方法是否符合会计准则的相关规定。

关注公司对纳入合并财务报表范围子公司的投资核算方法是否恰当。听取注册会计师的意见，关注影响子公司财务状况的重要方面，评价其财务报表信息的真实性。

第三十六条　调查公司固定资产和折旧的真实性、准确性、完整性和合理性。

通过查阅公司经审计的财务报告，询问会计人员，了解公司固定资产的计价政策、固定资产折旧方法、固定资产使用年限和残值率的估计，评价相关会计政策和估计是否符合会计准则的相关规定。通过查阅账簿、实地查看等方法，考察公司固定资产的构成及状况。

根据公司固定资产折旧政策，对固定资产折旧进行重新计算。分析累计折旧占固定资产原值的比重，判断固定资产是否面临淘汰、更新、大修、技术升级等情况，并评价其对公司财务状况和持续经营能力的影响程度。

关注公司购建、处置固定资产等是否履行了必要的审批程序，手续是否齐全。

第三十七条　调查公司无形资产的真实性、准确性、完整性和合理性。

通过查阅公司经审计的财务报告、询问会计人员，了解公司无形资产的计价政策、摊销方法、摊销年限，评价相关会计政策和估计是否符合会计准则的相关规定，判断其合理性。

通过查阅投资合同、资产评估报告、资产权属证明、账簿等方法，对股东投入的无形资产，评价无形资产的入账价值是否有充分的依据，关注投资方取得无形资产的方式是否合法；对公司购买的无形资产，关注出售方与公司是否存在关联方关系，无形资产定价是否合理；对公司自行开发的无形资产，关注其确认时间和价值是否符合会计准则的相关规定。

关注处置无形资产是否履行了必要的审批程序，手续是否齐全。当预计某项无形资产已经不能带来未来经济效益时，关注公司是否已将该项无形资产的账面价值予以转销。

第三十八条　调查公司资产减值准备的真实性、准确性、完整性和合理性。

通过查阅公司经审计的财务报告、询问会计人员等方法，了解公司各项资产减值准备的计提方法是否符合会计准则的相关规定，依据是否充分，比例是否合理。

采用重新计算、分析等方法，考察公司资产减值准备的计提情况是否与资产质量状况相符。

关注公司资产减值准备的计提、冲销和转回等是否履行了必要的审批程序，计提方法和比例是否随意变更，金额是否异常，分析是否存在利用资产减值准备调节　利润的情形。

第三十九条　调查公司历次资产评估情况。

通过查阅公司董事会决议，相关的资产评估报告，与公司相关业务人员交谈，咨询专业资产评估机构，调查公司自成立之日起的历次资产评估情况，包括资产评估的原因及相关用途；资产评估机构的名称及主要评估方法，资产评估前的账面值，评估值及增减情况，增减变化幅度较大的，应说明原因。

第四十条　调查公司应付款项的真实性、准确性、完整性和合理性。

查阅公司应付账款明细资料，结合公司行业特点和业务状况等因素，评价应付账款余额及其变动是否合理。抽查大额应付账款，调查其真实性、产生的原因、时间和相关采购业务的执行情况。核查应付票据的产生以及票据的利息核算，关注由此产生的风险。

分析公司应付账款和其他应付款账龄的合理性，了解账龄较长款项的形成原因及公司采取的措施。

第四十一条　调查公司收入的真实性、准确性、完整性和合理性。

通过询问会计人员，查阅银行存款、应收账款、收入等相关账簿，查阅公司销售商品或提供劳务的合同、定单、发出商品或提供劳务的凭证、收款凭证、发票、增值税、关税等完税凭证、销售退回凭证等，了解公司的收入确认会计政策是否符合会计准则的相关规定，核查公司是否虚计收入、是否存在提前或延迟确认收入的情况；了解公司收入构成，分析公司产品的价格、销量等影响因素的变动情况，判断收入是否存在异常变动或重大变动，并调查原因。关注公司销售模式对其收入确认的影响及是否存在异常。

第四十二条　调查公司成本的真实性、准确性、完整性和合理性。

通过查阅公司的生产流程管理文件和财务文件，与公司业务人员、会计人员访谈等方法，了解公司生产经营各环节的成本核算方法和步骤，确认公司的成本核算方法是否与业务情况相符，报告期内是否发生变化；取得公司主要产品或服务的成本明细表，分析产品或服务的单位成本构成情况，并结合公司生产经营情况、市场和同行业企业情况（如原材料市场价格、燃料和动力的耗用量、员工工资水平等），判断公司成本的合理性；关注公司是否存在未及时结转成本的情况。

第四十三条　调查公司广告费、研发费用、利息费等费用项目的真实性、准确性、完整性和合理性。

通过查阅重要广告合同、付款凭证等，分析广告费的确认时间和金额是否符合会计准则的相关规定，关注公司是否存在提前或延迟确认广告费的情况。

查阅账簿、凭证，询问相关业务人员等，调查公司是否存在将研究费用资本化的不合理情况。

通过查阅资本支出凭证、利息支出凭证、开工证明等资料，现场查看固定资产购建情况，重新计算利息费用等方法，调查公司利息费用资本化的情况是否符合会计准则的相关规定。对计入当期损益的利息费用，通过查阅借款合同、资金使用合同、利息支出凭证，重新计算等方法，调查公司利息费用是否真实、完整，关注逾期借款利息、支付给关联方的资金使用费等，评价公司是否存在财务费用负担较重的风险以及有关利息费用支付合同的有效性和公允性。

第四十四条　调查公司非经常性损益的真实性、准确性、完整性和合理性。

取得公司非经常性损益明细表，计算非经常损益及其占利润总额的比例，对非经常性损益占利润总额比例较高的，应通过查阅相关事项法律文件、审批记录、账簿、凭证、合同等方法，分析相关损益同公司正常经营业务的关联程度以及可持续性，判断其对公司财务状况和经营成果的影响。

第四十五条 调查公司最近两年的股利分配政策、实际股利分配情况以及公司股票公开转让后的股利分配政策。

第四十六条 调查公司合并财务报表。

通过查阅公司及其子公司经审计的财务报告，结合对公司投资事项的调查，了解公司与其子公司的股权关系，调查公司合并范围的确定及变动是否合理、公司与其子公司会计期间和会计政策是否一致及不一致时的处理是否符合相关规定、尽职调查所涵盖期间内合并范围是否发生变动，评价公司合并财务报表合并抵销的内容和结果是否准确。

对于纳入合并范围的子公司，应对其财务状况按照本指引的要求一并进行调查。

第四十七条 调查公司的关联方、关联方关系及关联方交易，说明相应的决策权限、决策程序、定价机制等情况，并根据交易的性质和频率，分别评价经常性和偶发性关联交易对公司财务状况和经营成果的影响。

通过与公司管理层交谈、查阅公司股权结构图和组织结构图、查阅公司重要会议记录和重要合同等方法，确认公司的关联方及关联方关系。

通过与公司管理层、会计机构和主要业务部门负责人交谈、查阅账簿和相关合同、听取律师及注册会计师意见等方法，调查公司关联方交易的以下内容：

（一）决策是否按照公司章程或其他规定履行了必要的审批程序；尤其是定价是否公允，与市场独立第三方价格是否有较大差异。如有，管理层应说明原因；

（二）来自关联方的收入占公司主营业务收入的比例、向关联方采购额占公司采购总额的比例；

（三）关联方的应收、应付款项余额分别占公司应收、应付款项余额的比例是否较高，关注关联方交易的真实性和关联方应收款项的可收回性；

（四）关联方交易产生的利润占公司利润总额的比例是否较高；

（五）关联方交易有无大额销售退回情况。如有，关注其对公司财务状况的影响；

（六）是否存在关联方关系非关联化的情形，例如，与非正常业务关系单位或个人发生的偶发性或重大交易，缺乏明显商业理由的交易，实质与形式明显不符的交易，交易价格、条件、形式等明显异常或显失公允的交易，应当考虑是否为虚构的交易、是否实质上是关联方交易、该交易背后是否还有其他安排；

（七）关联方交易存在的必要性和持续性，以及减少和规范关联交易的具体安排。

第四十八条 核查注册会计师对公司财务报告的审计意见。

通过查阅审计报告，核实注册会计师对公司财务报告出具的审计意见类型。如审计意见为带强调事项段的无保留意见，应要求公司董事会和监事会对审计报告涉及事项的处理情况作出说明，并关注该事项对公司的影响是否重大、影响是否已经消除、违反公允性的事项是否已予纠正。

第四十九条 公司最近二年更换会计师事务所的，项目小组应通过咨询会计人员、查阅会议记录、取得公司管理层说明等方法，调查公司更换会计师事务所的原因，履行审批程序情况，以及前后任会计师事务所的专业意见情况等。

第四节 公司合法合规调查

第五十条 调查公司设立及存续情况。

（一）通过查阅公司的设立批准文件、营业执照、公司章程、工商变更登记资料、工商年检等文件，判断公司设立、存续的合法性，核实公司设立、存续是否满二年。

（二）调查公司历次股权变动的情况，包括转让协议，转让价格、资产评估报告（如有），新股东所取得的各种特殊权利（如优先清算权、优先购买权、随售权等），此次转让后变更的公司章程以及董事会的变化情况。

（三）主办券商应对有限责任公司整体变更为股份有限公司（以下简称“改制”）进行重点调查，调查内容包括：查阅公司改制的批准文件、营业执照、公司章程、工商登记资料等文件，判断公司改制的合法合规性；查阅审计报告、验资报告等，调查公司改制时是否以变更基准日经审计的原账面净资产额为依据，折合股本总额是否不高于公司净资产；通过咨询公司律师或法律顾问，查阅董事会和股东会决议等文件，调查公司最近二年内主营业务和董事、高级管理人员是否发生重大变化，实际控制人是否发生变更，如发生变化或变更，判断对公司持续经营的影响。

第五十一条 调查公司最近二年股权变动的合法合规性以及股本总额和股权结构是否发生变化。

第五十二条 调查公司最近二年是否存在重大违法违规行为。

通过咨询公司律师或法律顾问，查阅已生效的判决书、行政处罚决定书以及其他能证明公司存在违法违规行为的证据性文件，判断公司是否存在重大违法违规行为。

通过询问公司管理层，查阅公司档案，向税务部门等查询，了解公司是否有违法违规记录。

第五十三条 通过与公司股东或股东的法定代表人交谈，查阅工商变更登记资料等，调查公司股份是否存在转让限制的情形，并取得公司股东或股东的法定代表人的股份是否存在质押等转让限制情形、是否存在股权纠纷或潜在纠纷的书面声明。

第五十四条 调查公司主要财产的合法性，是否存在法律纠纷或潜在纠纷以及其他争议。

通过查阅公司房产，土地使用权，商标、专利、版权、特许经营权等无形资产，以及主要生产经营设备等主要财产的权属凭证、相关合同等资料，咨询公司律师或法律顾问的意见，必要时进行实地查看，重点关注公司是否具备完整、合法的财产权属凭证，商标权、专利权、版权、特许经营权等的权利期限情况，判断是否存在法律纠纷或潜在纠纷。

第五十五条 调查公司的重大债务，重点关注将要履行、正在履行以及虽已履行完毕但可能存在潜在纠纷的重大合同的合法性、有效性；是否有因环境保护、知识产权、产品质量、劳动安全、人身权等原因产生的债务；以及公司金额较大的其他应付款是否因正常的生产经营活动发生，是否合法。

第五十六条 调查了解公司的纳税情况是否符合法律、法规和规范性文件的要求。

通过询问公司税务负责人，查阅公司税务登记证，了解公司及其控股子公司执行的税种、税率，查阅公司的纳税申报表、税收缴款书、税务处理决定书或税务稽查报告等资料，关注公司纳税情况是否符合法律、法规和规范性文件的要求，公司是否存在拖欠税款的情形，是否受过税务部门的处罚。

通过查阅公司有关税收优惠、财政补贴的依据性文件，判断公司享受优惠政策、财政补贴是否合法、合规、真实、有效。

第五十七条 调查公司环境保护和产品质量、技术标准是否符合相关要求。

通过询问公司管理层及相关部门负责人，咨询公司律师或法律顾问，取得公司有关书面声明等，关注公司生产经营活动是否符合环境保护的要求，是否受过环境保护部门的处罚；公司产品是否符合有关产品质量及技术标准，是否受过产品质量及技术监督部门的处罚。

第五十八条　通过对公司控股股东、实际控制人、董监高、核心技术（业务）人员访谈，询问公司律师或法律顾问，核查公司是否存在违约金或诉讼、仲裁费用的支出，走访公司住所地的法院和仲裁机构等方法，调查公司是否存在重大诉讼、仲裁和其他重大或有事项，分析该等已决和未决诉讼、仲裁与其他重大或有事项对公司的重大影响，并取得管理层对公司重大诉讼、仲裁和其他重大或有事项情况及其影响的书面声明。

第三章　尽职调查报告

第五十九条　在尽职调查报告扉页，财务会计调查人员、法律事项调查人员、行业分析师应分别声明：其已按照本指引的要求，对公司的财务会计相关事项、对公司的法律相关事项、对公司的行业和业务相关事项进行了尽职调查，有充分理由确信尽职调查报告内容不致因上述内容出现虚假记载、误导性陈述及重大遗漏，并对报告的真实性、准确性和完整性承担相应责任。

此外，项目小组负责人应声明：其已按照本指引的要求，对公司进行了尽职调查，有充分理由确信尽职调查报告无虚假记载、误导性陈述及重大遗漏，并对报告真实性、准确性和完整性承担相应责任。

第六十条　项目小组应在尽职调查报告中说明尽职调查涵盖的期间、调查范围、调查事项、调查程序和方法、发现的问题及存在的风险、评价或判断的依据等。项目小组应在尽职调查报告中说明公司对不规范事项的整改情况。

第六十一条　项目小组应在尽职调查报告中对公司的下列事项发表独立意见：

（一）公司控股股东、实际控制人情况及持股数量；

（二）公司的独立性；

（三）公司治理情况；

（四）公司规范经营风险；

（五）公司的法律风险；

（六）公司的财务风险；

（七）公司的持续经营能力；

（八）公司是否符合挂牌条件。

第六十二条　项目小组各成员应在尽职调查报告上签字，并加盖主办券商公章和注明报告日期。

第六十三条　除诸如有关公司基本情况等介绍性内容外，尽职调查报告应避免与挂牌申请文件中其他材料的有关内容重复。

第四章　尽职调查工作底稿

第六十四条　尽职调查工作底稿（以下简称“工作底稿”），是指项目小组在尽职调查过程中获取和制作的、与推荐挂牌业务相关的各种工作记录和重要资料的总称。

第六十五条　工作底稿应真实、准确、完整地反映所实施的尽职调查工作，并应成为出具尽职调查报告、推荐报告的基础。工作底稿是评价项目小组是否诚实守信、勤勉尽责地开展尽职调查工作的重要依据。

第六十六条　主办券商及相关人员对工作底稿中的未公开披露的信息负有保密责任。

第六十七条　本章的规定仅是对工作底稿的一般要求。无论本章是否有明确规定，凡对项目小组履行尽职调查职责有重大影响的文件资料及信息，均应作为工作底稿予以留存。

公司子公司对公司业务经营或财务状况有重大影响的，主办券商应参照本章根据重要性和合理性原则对该子公司单独编制工作底稿。

第六十八条　工作底稿包括工作记录和附件，其中工作记录用于记录调查过程、调查内容、方法和结论等；附件是项目小组取得或制作的、能够证明所实施的调查工作、支持调查结论的相关资料，是进一步说明工作记录的支撑性文件；附件应直接附于工作记录之后。

第六十九条　工作底稿应内容完整、格式规范、记录清晰、结论明确。工作记录内容至少包括：公司名称、调查事项的时间或期间、调查人员、调查日期、调查地点、调查过程、调查内容、方法和结论、其他应说明的事项等。工作底稿应有调查人员及与调查相关人员的签字。

对于从公司或第三方取得并经确认的相关资料，除注明资料来源外，调查人员还应实施必要的调查程序，形成相应的调查记录和必要的签字。

第七十条　对于取得的附件，如为公司出具的，应要求公司加盖公章；如为第三方出具的，应由第三方加盖公章；如第三方无法加盖公章，应由公司加盖公章，以确认与原件一致。对于访谈笔录，应由访谈人和被访谈人签字确认。项目小组成员自行制作的附件，项目小组成员应签字确认。

第七十一条　工作底稿可以纸质文档、电子文档或者其他介质形式的文档留存，其中重要的工作底稿应采用纸质文档的形式。以纸质以外的其他介质形式存在的工作底稿，应以可独立保存的形式留存。

第七十二条　主办券商应对工作底稿建立统一目录以便于查阅与核对。

工作底稿中的工作记录和附件均应标有索引编号。索引编号应统一规范、清晰有序。工作底稿各章节　之间应有明显的分隔标识。相关工作底稿之间，应保持清晰的勾稽关系。相互引用时，相关工作底稿上应交叉注明索引编号。

第七十三条　主办券商应建立工作底稿管理制度，明确工作底稿收集整理的责任人员、归档保管流程、借阅程序与检查办法等。

工作底稿的纸制与电子文档保存期不少于十年。

第五章　附则

第七十四条　本指引由全国股份转让系统公司负责解释。

第七十五条　本指引自发布之日起施行。

公司业务类

全国中小企业股份转让系统优先股业务指引（试行）

第一章　总则

第一条　为规范全国中小企业股份转让系统（以下简称“全国股转系统”）的优先股试点工作，保护投资者合法权益，根据《国务院关于开展优先股试点的指导意见》（以下简称《指导意见》）、《优先股试点管理办法》（以下简称《试点办法》）、《非上市公众公司监督管理办法》（以下简称《管理办法》）等有关规定，以及《全国中小企业股份转让系统业务规则（试行）》（以下简称《业务规则》）等业务规则，制定本指引。

第二条　发行人向符合《试点办法》规定的合格投资者发行优先股并在全国股转系统进行转让的，适用本指引的规定。

前款所称的发行人包括：

（一）普通股在全国股转系统挂牌的公司（以下简称"挂牌公司"）、申请其普通股在全国股转系统挂牌的公司（以下简称"申请挂牌公司"）；

（二）符合中国证监会规定的其他非上市公众公司；

（三）注册在境内的境外上市公司。

第三条　发行人应当遵守《指导意见》、《试点办法》等关于非上市公众公司优先股发行、转让和信息披露的相关规定。

第四条　普通股股东人数与优先股股东人数合并累计不超过二百人的挂牌公司，按照本指引的规定发行优先股的，应当向全国中小企业股份转让系统有限责任公司（以下简称"全国股转公司"）履行备案程序。

前款所称的"普通股股东人数与优先股股东人数合并累计不超过二百人"是指挂牌公司董事会确定的，审议本次优先股发行的股东大会的股权登记日，在册的普通股股东人数和优先股股东人数，与本次发行的优先股股东人数，合并累计之和不超过二百人。

经中国证监会核准发行优先股的非上市公众公司、注册在境内的境外上市公司，其优先股拟在全国股转系统进行转让的，应当在中国证监会核准并完成发行后，向全国股转公司办理优先股挂牌手续。

第五条　优先股的发行备案或挂牌，应由在全国股转系统从事推荐业务的主办券商推荐。

第六条　主办券商和律师事务所应当在尽职调查基础上，分别对本次优先股发行出具推荐工作报告和法律意见书。

第七条　申请挂牌公司发行优先股并在全国股转系统进行转让的，参照适用本指引的相关规定。

第八条　优先股在全国股转系统进行转让的，发行人应当在其优先股挂牌前，与全国股转公司签署优先股转让服务协议，明确双方的权利、义务和有关事项。

第九条　优先股的登记、存管和结算等业务，按中国证券登记结算有限责任公司（以下简称"中国结算"）的相关业务规则办理。

第二章　发行

第十条　发行人应当符合《试点办法》第四十一条、第四十二条的规定。

第十一条　发行人存在下列情形之一的，不得发行优先股：

（一）本次发行申请文件有虚假记载、误导性陈述或重大遗漏；

（二）最近十二个月内受到过中国证监会的行政处罚；

（三）因涉嫌犯罪正被司法机关立案侦查或涉嫌违法违规正被中国证监会立案调查；

（四）发行人的权益被控股股东或实际控制人严重损害且尚未消除；

（五）发行人及其附属公司违规对外提供担保且尚未解除；

（六）存在可能严重影响公司持续经营的担保、诉讼、仲裁、市场重大质疑或其他重大事项；

（七）其董事和高级管理人员不符合法律、行政法规和规章规定的任职资格；

（八）严重损害投资者合法权益和社会公共利益的其他情形。

第十二条　发行人应当向符合《试点办法》第六十五条规定的合格投资者发行优先股。每次发行对象不得超过二百人，且持有相同条款优先股的发行对象累计不得超过二百人。

第十三条　发行对象可以用现金或非现金资产认购发行的优先股。发行对象以非现金资产认购优先股的，应当按照《全国中小企业股份转让系统股票发行业务细则（试行）》（以下简称《股票发行细则》）等相关规定，履行相应的程序和信息披露义务。

第十四条　发行人的董事会、股东大会就优先股发行作出决议，应当符合《试点办法》第四十四条、第四十五条的规定。

第十五条　发行人须修改公司章程，以明确优先股股东参与利润和剩余财产分配、优先股股东的表决权限制与恢复等事项的，发行人董事会应就修改公司章程和发行优先股一并作出决议，并提交股东大会审议。

第十六条　普通股股东人数与优先股股东人数合并累计不超过二百人的挂牌公司，其优先股的发行、备案等程序按照《股票发行细则》等业务规则的相关规定办理。发行人应当在验资完成后的十个转让日内，编制和报送备案材料，全国股转公司对备案材料进行审查后，根据审查结果出具优先股登记函。

第十七条　经中国证监会核准发行优先股的非上市公众公司、注册在境内的境外上市公司，其优先股在全国股转系统进行转让的，应当在验资完成后的十个转让日内，向全国股转公司办理优先股挂牌手续。

第三章　转让服务

第十八条　优先股的计价单位为"每股价格"，每股票面金额为 100 元人民币，申报价格最小变动单位为 0.01 元人民币。买卖优先股的申报数量应当为 1000 股或其整数倍；卖出优先股时，余额不足 1000 股部分，应当一次性申报卖出。

第十九条　全国股转系统接受优先股转让申报的时间为每个转让日的 9:15 至 11:30，13:00 至 15:00。

第二十条　在全国股转系统转让的优先股可以采取以下申报方式：

（一）定价申报。投资者可以委托主办券商按其指定的价格买卖不超过其指定数量优先股，定价申报应包括证券账户号码、证券代码、交易单元代码、证券营业部识别码、买卖方向、申报数量、申报价格等内容。

（二）成交确认申报。转让双方就品种、价格、数量达成成交协议，或投资者拟与定价申报成交，可以委托主办券商以指定价格和数量与指定对手方确认成交，成交确认申报应包括：证券账户号码、证券代码、交易单元代码、证券营业部识别码、买卖方向、申报数量、申报价格、成交约定号等内容；转让双方达成成交协议、均拟委托主办券商通过成交确认申报成交的，还应注明对手方交易单元代码和对手方证券账户号码。

第二十一条　全国股转系统收到拟与定价申报成交的成

交确认申报后，如系统中无对应的定价申报，该成交确认申报以撤单处理。

第二十二条　每个转让日的9:30至11:30、13:00至15:00为优先股转让的成交确认时间。

第二十三条　全国股转系统按照申报时间先后顺序，将成交确认申报和与该成交确认申报证券代码、申报价格相同，买卖方向相反及成交约定号一致的定价申报进行确认成交。

成交确认申报与定价申报可以部分成交。

成交确认申报数量小于定价申报的，以成交确认申报的数量为成交数量。定价申报未成交部分当日继续有效。

成交确认申报数量大于定价申报的，以定价申报的数量为成交数量。成交确认申报未成交部分以撤单处理。

第二十四条　全国股转系统对证券代码、申报价格和申报数量相同，买卖方向相反，指定对手方交易单元、证券账户号码相符及成交约定号一致的成交确认申报进行确认成交。

第二十五条　投资者买入的优先股，在交收前不得卖出。

第二十六条　优先股的除息处理独立于普通股进行，并单独公布相应的除息参考价格。

第二十七条　优先股转让环节的投资者适当性标准应当与发行环节保持一致。相同条款的优先股经转让后，投资者不得超过二百人。

根据本指引所述成交原则，全国股转系统按照申报时间先后顺序对转让申报进行确认成交，对导致投资者超过二百人的转让不予确认。

第二十八条　主办券商应当切实履行投资者适当性管理职责，通过现场问询、核对资料、签订确认书等方式，审查参与优先股转让的投资者是否为符合规定的合格投资者，并留存有关资料。

主办券商应当向首次参与优先股转让的投资者全面介绍优先股的产品特征和相关制度规则，充分揭示投资风险，并要求其签署优先股投资风险揭示书。

第二十九条　开盘价，为当日该优先股的第一笔成交价。

第三十条　收盘价，为当日该优先股所有转让的成交量加权平均价；当日无成交的，以前收盘价为当日收盘价。优先股挂牌首日，以发行价为前收盘价。

第三十一条　主办券商应保证参与优先股转让的投资者账户具备与申报相对应的优先股或资金。

持有或者租用全国股转系统交易单元的机构参与优先股转让，应当通过持有或者租用的交易单元申报，并确保具备与申报相对应的优先股或资金。

第三十二条　全国股转系统向主办券商实时发送申报及成交信息，主办券商应当向其符合投资者适当性要求的投资者即时提供该信息。

第三十三条　全国股转公司每个转让日收市后公布当日每笔成交信息，内容包括证券代码、证券简称、成交价格、成交数量、买卖双方主办券商证券营业部或交易单元的名称等。

优先股转让公开信息涉及机构专用交易单元的，公布名称为“机构专用”。

第三十四条　主办券商应对优先股的转让信息予以独立显示。

第三十五条　优先股的暂停、恢复转让事宜，按照《业务规则》关于暂停、恢复转让的有关规定执行。

挂牌公司的普通股暂停、恢复转让的，其优先股应当同时暂停、恢复转让。

第三十六条　优先股的终止、重新挂牌事宜，按照《业务规则》关于终止、重新挂牌的有关规定执行。

挂牌公司的普通股终止转让的，其优先股应当同时终止转让。

第三十七条　优先股转让的相关事宜，本指引未规定的，参照《全国中小企业股份转让系统股票转让细则（试行）》中关于协议转让的有关规定执行。

第四章　信息披露

第一节 发行披露

第三十八条　发行人应当分别在董事会和股东大会通过优先股发行决议之日起两个转让日内披露董事会、股东大会决议公告。

第三十九条　发行人的董事会决议公告，应当按照《试点办法》第四十四条的规定包含下列事项及其表决结果：

（一）本次发行优先股的方案，包括发行数量、优先股股东参与分配利润的方式、赎回或回售条款（如有）等；

（二）董事会决议确定具体发行对象的，应当确定具体的发行对象名称及其认购价格或定价原则、认购数量或数量区间等；董事会决议未确定具体发行对象的，董事会决议应当明确发行对象的范围和资格、定价原则等；

（三）本次发行优先股对公司各类股东权益的影响；

（四）发行目的与募集资金用途；

（五）公司章程的修订方案；

（六）其他事项。

第四十条　发行人应当在缴款期前披露优先股认购公告，明确缴款安排。本次发行安排现有优先股股东优先认购的，应明确优先认购安排。

第四十一条　发行人在优先股挂牌转让前，应当披露优先股转让公告。

第四十二条　发行人在披露优先股转让公告的同时，应当披露定向发行优先股说明书、发行情况报告书、主办券商推荐工作报告和法律意见书。

第四十三条　发行人应当按照中国证监会《非上市公众公司信息披露内容与格式准则第7号》的规定，编制并披露定向发行优先股说明书和发行情况报告书。

经中国证监会核准发行优先股的非上市公众公司、注册在境内的境外上市公司，应遵守中国证监会对其信息披露的相关规定，并参照适用本指引的规定。

第二节 持续信息披露

第四十四条　发行人披露定期报告时，应当按照《试点办法》等规定，披露优先股的有关情况。相关业务规则另行制定。

第四十五条　发行人应当按照挂牌公司信息披露的相关业务规则，及时披露对优先股转让价格产生较大影响的信息，包括但不限于优先股挂牌、付息、调息、赎回、回售，优先股股东表决权的恢复、行使、变动，优先股股东分类表决，优先股募集资金的存放、使用，分配利润或剩余财产，以及转换为普通股等。

挂牌公司按照全国股转系统信息披露的相关业务规则，对重大事件发布临时公告时，如该重大事件对优先股价格或优先股股东权益可能产生较大影响的，应当在临时公告中予以专门说明。

第四十六条　优先股付息日前的两个转让日内，发行人应当披露优先股付息公告。完成股息支付后的两个转让日内，发行人应当披露优先股股东的利润分配情况。

第四十七条　发行人应当在满足优先股赎回条件或回售条件的两个转让日内，披露赎回或回售的提示性公告。赎回提示性公告中应当明确披露是否行使赎回权。发行人还应当在赎回期或回售期结束前至少发布三次赎回提示性公告（如决定行使赎回权）或回售提示性公告。公告中应当载明赎回或回售的程序、价格、付款方法、付款时间等。

优先股赎回或回售实施完成后，发行人应当披露优先股赎回或回售结果公告。

第四十八条　优先股股东按照法律法规和公司章程的规定，对股东大会审议的特定事项享有表决权的，发行人应当在召开股东大会的通知中，予以提示。

第四十九条　发行人累计三个会计年度或连续两个会计年度未按约定支付优先股股息的，应当在披露批准当年利润分配方案的股东大会决议同时，披露优先股表决权恢复的提示性公告。公告应当载明优先股表决权恢复的起始期限、每股优先股享有的表决权比例等内容。

对于股息可累积到下一会计年度的优先股，发行人应当在其全额支付所欠股息后的两个转让日内，披露表决权恢复终止的提示性公告。对于股息不可累积的优先股，发行人应当在其全额支付当年股息后的两个转让日内，披露表决权恢复终止的提示性公告。

发行人出现公司章程规定的其他优先股表决权恢复情形的，应当参照前两款规定发布提示公告。

第五十条　商业银行发行触发条件发生时强制可转换为普通股的优先股，应当在触发条件发生后的两个转让日内，披露优先股转换为普通股的提示性公告。转换完成后，应当披露股权结构的变动情况。

第五十一条　投资者通过转让或其它方式取得可转换优先股达到该优先股发行总量的20%后，应在该事实发生之日起两个转让日内予以公告，同时报告全国股转公司并通知发行人；自该事实发生之日起至披露后两个转让日内，不得再行买卖该发行人的优先股和普通股。

投资者持有的可转换优先股达到该优先股发行总量的20%后，其持有的优先股占该优先股发行总量的比例每增加或减少10%，应当依照前述规定进行报告和公告；自该事实发生之日起至披露后两个转让日内，不得再行买卖该发行人的优先股和普通股。

第五十二条　优先股的风险警示事宜，按照《业务规则》关于风险警示的规定执行，并予以公告。

发行人的普通股被实施风险警示的，其优先股应当同时实施风险警示。

第五章　监管措施和违规处分

第五十三条　发行人及其董事、监事、高级管理人员、股东、实际控制人及其他相关信息披露义务人，主办券商、会计师事务所、律师事务所及其他证券服务机构，以及投资者等市场主体违反本指引及有关规定的，全国股转公司依据《业务规则》采取相应监管措施及纪律处分。

第六章　附则

第五十四条　优先股的转让限制与解除转让限制应当符合《试点办法》第十四条的规定，具体程序按照挂牌公司普通股转让限制与解除转让限制的相关规定办理。

第五十五条　发行人在全国股转系统发行优先股涉及重大资产重组的，按照中国证监会和全国股转公司的相关规定办理。

第五十六条　发行优先股并在全国股转系统进行转让的，应缴纳优先股挂牌初费、优先股挂牌年费和优先股转让经手费。

发行人应按照每次发行的优先股股本缴纳优先股挂牌初费。

发行人应按照上一年度年末的优先股股本缴纳挂牌年费。挂牌当年的挂牌年费，按照该次发行的优先股股本和实际挂牌月份（自挂牌日的次月起计算）予以折算，与挂牌初费一并缴纳。

投资者应按优先股转让成交金额缴纳优先股转让经手费。

试点期间，优先股挂牌初费、优先股挂牌年费和优先股转让经手费的收费标准按照全国股转系统普通股相应收费标准收取。

第五十七条　本指引由全国股转公司负责解释。

第五十八条　本指引自发布之日起施行。

全国中小企业股份转让系统非上市公众公司重大资产重组业务指引

（试行）

第一章　总则

第一条　为规范股票在全国中小企业股份转让系统（以下简称全国股份转让系统）公开转让的公众公司（以下简称公司）重大资产重组的信息披露和相关业务办理流程，根据《非上市公众公司监督管理办法》、《非上市公众公司重大资产重组管理办法》（以下简称《重组办法》）等部门规章以及全国中小企业股份转让系统有限责任公司（以下简称全国股份转让系统公司）相关业务规则，制定本指引。

第二条　本指引所称重大资产重组，是指公司及其控股或者控制的企业在日常经营活动之外购买、出售资产或者通过其他方式进行资产交易，导致公司业务、资产发生重大变化的资产交易行为。公司重大资产重组的判断标准，适用《重组办法》的有关规定。

公司进行重大资产重组，应当符合《重组办法》中关于公众公司重组的各项要求。

第三条　公司必须保证重大资产重组事项（以下简称重大重组事项）的真实性并及时进行信息披露，不得虚构重大重组事项向全国股份转让系统公司申请暂停转让或发布信息，损害投资者权益。

第四条　全国股份转让系统公司对公司重大资产重组信息披露文件的完备性进行审查。

为公司提供持续督导的主办券商未担任公司独立财务顾问的，应当遵守《全国中小企业股份转让系统业务规则（试行）》的规定，履行持续督导义务。

第二章　暂停转让与内幕知情人报备

第五条　公司与交易对方筹划重大重组事项时，应当做好保密工作和内幕信息知情人登记工作，密切关注媒体传闻、公司股票及其他证券品种（以下简称证券）的转让价格变动情况，并结合重大重组事项进展，及时申请公司证券暂停转让并报送材料。

在公司证券暂停转让前，全国股份转让系统公司不接受任何与该公司重大重组事项相关的业务咨询，也不接收任何与重大资产重组相关的材料。

第六条　公司出现下列情形之一时，应当立即向全国股份转让系统公司申请公司证券暂停转让：

（一）交易各方初步达成实质性意向；

（二）虽未达成实质意向，但在相关董事会决议公告前，相关信息已在媒体上传播或者预计该信息难以保密或者公司证券转让价格出现异常波动；

（三）本次重组需要向有关部门进行政策咨询、方案论证。

除挂牌公司申请证券暂停转让的情形外，全国股份转让系统有权在必要情况下对挂牌公司证券主动实施暂停转让。

第七条　公司因本指引第六条规定情形申请暂停转让的，应当按照《全国中小企业股份转让系统挂牌公司暂停与恢复转让业务指南（试行）》（以下简称《暂停与恢复转让业务指南》）的规定办理证券暂停转让与恢复转让的相关事宜。

第八条　在公司证券转让时段，全国股份转让系统公司不接受任何关于公司重大重组事项的暂停转让申请及材料报送。全国股份转让系统公司设立专门的纸质文件传真机（传真号 010－63889872），在转让日收市后 15 时 30 分至 16 时 30 分之间接收公司的暂停转让申请。公司通过其他方式、其他渠道提交的暂停转让申请不得早于通过前述专门用途传真机的提交时间。

全国股份转让系统公司对公司重大重组事项暂停转让申请实行统一登记、集中管理。公司必须在确认公司证券已暂停转让后才能开始与我司工作人员沟通重大重组事项相关业务。

第九条　公司须根据《暂停与恢复转让业务指南》发布公司证券暂停转让的公告，并在公告中明确恢复转让的最晚时点。证券暂停转让时间由公司自主确定，但原则上不应超过 3 个月，且恢复转让日与重大重组事项首次董事会召开的时间间隔不得少于 9 个转让日。

暂停转让时间确需超过 3 个月的，应当向全国股份转让系统公司说明理由，并在取得全国股份转让系统公司的同意后发布关于公司证券长期暂停转让的公告。

挂牌公司证券暂停转让后，应当每月披露一次重大资产重组进展情况报告，说明重大资产重组的谈判、批准、定价等事项进展情况和可能影响重组的不确定因素。

第十条　公司应当在证券暂停转让之日起 5 个转让日内，按照《全国中小企业股份转让系统重大资产重组业务指南第 1 号：非上市公众公司重大资产重组内幕信息知情人报备指南》的要求，向全国股份转让系统公司提交完整的内幕信息知情人及直系亲属名单、相关人员买卖公司证券的自查报告、公司重大资产重组交易进程备忘录及公司全体董事对内幕信息知情人报备文件真实性、准确性和完整性的承诺书。

公司预计证券暂停转让日距离重大资产重组首次董事会召开不足 5 个转让日的，应当在申请暂停转让的同时提交上述材料。

第十一条　全国股份转让系统公司在收到内幕信息知情人名单及自查报告后，将对内幕信息知情人在暂停转让申请日前六个月的公司证券转让情况进行核查。

发现异常转让情况，全国股份转让系统有权要求公司、独立财务顾问及其他相关主体对转让情况做出进一步核查；涉嫌利用公司重大资产重组信息从事内幕交易、操纵证券市场等违法活动的，全国股份转让系统有权采取自律管理措施，并向中国证监会报告。

第三章　信息披露与恢复转让

第十二条　公司应当在重大重组事项首次董事会召开后 2 个转让日内，按《重组办法》及相关规范性文件的要求制作并披露相关的信息披露文件。

第十三条　全国股份转让系统在公司信息披露后的 5 个转让日内对信息披露的完备性进行审查；全国股份转让系统对信息披露未提出异议的，公司应当在审查期满后向全国股份转让系统申请证券恢复转让。

发现信息披露存在完备性问题的，全国股份转让系统有权要求公司对存在问题的信息披露内容进行解释、说明和更正；公司预计在原定最晚恢复转让日仍无法恢复转让的，应当在接到全国股份转让系统关于信息披露异议的同时，申请延后最晚恢复转让日。

发现公司重大资产重组信息披露涉嫌虚假披露、误导性陈述、重大遗漏或存在程序不规范问题的，全国股份转让系统有权采取自律监管措施并向中国证监会报告，公司应当同时申请证券持续暂停转让。

第十四条　公司预计在最晚恢复转让日前 7 个转让日仍无法进行首次信息披露的，应当至少在最晚恢复转让日前 9 个转让日将相关情况书面告知全国股份转让系统公司，并同时申请延后最晚恢复转让日。

暂停转让延后申请获得全国股份转让系统公司批准后，公司应当在 2 个转让日内发布重大资产重组进展情况报告，说明延迟披露的原因、更改后的最晚恢复转让日以及重大资产重组的最新进展情况。此后，公司应当每 5 个转让日比照上述要求进行一次信息披露。

因全国股份转让系统公司对信息披露提出异议申请延后最晚恢复转让日的，公司须按上述要求履行相关的信息披露程序。

第十五条　公司聘请的独立财务顾问应当对公司是否可以及时披露信息进行判断，发现公司可能或确定无法及时披露信息的，应当督促公司主动书面告知全国股份转让系统并申请延后最晚恢复转让日。

公司根据本指引第十四条需要披露重大资产重组进展报告的，独立财务顾问应当同时披露风险揭示公告，就延后披露信息的原因及可能造成的风险向投资者进行解释说明。

第十六条　公司未向全国股份转让系统申请延后最晚恢复转让日，且在最晚恢复转让日前 7 个转让日仍未能进行首次信息披露的，全国股份转让系统有权要求独立财务顾问对相关情况进行核查，并根据核查结果采取自律管理措施。情节严重的，可以给予纪律处分、要求其暂停重大资产重组行为并报告中国证监会。

公司聘请的独立财务顾问应当在最晚恢复转让日后 2 个转让日内发布风险提示公告，就公司未能进行信息披露的原因及可能造成的风险向投资者进行解释说明。

第十七条　公司证券暂停转让期内，证监会对其作出终止重大资产重组决定的，全国股份转让系统公司有权强制恢复公司证券转让，并要求公司及其独立财务顾问履行相应的信息披露义务。

第十八条　因公司拟对交易对象、交易标的、交易价格等作出变更，构成原重组方案重大调整的，应当在董事会表决后重新提交股东大会审议，并重新履行申请暂停转让、内幕知情人报备、信息披露及申请恢复转让等程序。

支付手段发生变更的，应当视为重组方案的重大调整，并履行前款规定的相关程序。

第四章 发行股份购买资产

第十九条 公司发行股份购买资产构成重大资产重组且发行结束后股东人数不超过两百人的，应当向全国股份转让系统公司申请备案。

涉及重大资产重组的股票发行信息披露及具体操作流程，须遵守《重组办法》及本指引的要求，不再适用《全国中小企业股份转让系统股票发行业务细则（试行）》的有关规定。

涉及以发行股份和其他支付手段混合认购资产构成重大资产重组的，按照发行股份购买资产构成重大资产重组的规定办理。

第二十条 公司发行股份购买资产构成重大资产重组的，发行对象需满足中国证监会及全国股份转让系统公司关于投资者适当性的有关规定。

第二十一条 涉及以优先股、债券等其他支付手段购买资产构成重大资产重组的，应当适用《重组办法》的有关规定，并遵守中国证监会和全国股份转让系统公司的相关规范性文件。

第二十二条 公司涉及发行股份购买资产构成重大资产重组的，应当在验资完成后 10 个转让日内，根据《全国中小企业股份转让系统重大资产重组业务指南第 2 号：非上市公众公司发行股份购买资产构成重大资产重组文件报送指南》的要求，向全国股份转让系统公司报送股票发行备案或股票登记申请文件。

公司在取得全国股份转让系统出具的股份登记函后，应当及时办理新增股份登记。

第五章 退市公司补充规定

第二十三条 退市公司进行重大资产重组的，应当遵守《重组办法》及本指引的有关规定，并执行《重组办法》关于退市公司重大资产重组的特别规定。

第二十四条 退市公司在披露重大资产重组报告书时应当同时发布特别提示，对本次重大资产重组是否符合《重组办法》的要求以及公司在信息披露、公司治理方面的规范性进行说明。

第六章 附则

第二十五条 本指引由全国股份转让系统公司负责解释。

第二十六条 本指引自发布之日起实施。

全国中小企业股份转让系统
股票发行业务细则
（试行）

第一章 总则

第一条 为了规范挂牌公司的股票发行行为，保护投资者合法权益，根据《非上市公众公司监督管理办法》（以下简称《管理办法》）、《全国中小企业股份转让系统有限责任公司管理暂行办法》、《全国中小企业股份转让系统业务规则（试行）》（以下简称《业务规则》）等有关规定，制定本细则。

第二条 本细则规定的股票发行，是指挂牌公司向符合规定的投资者发行股票，发行后股东人数累计不超过 200 人的行为。

实施本细则规定的股票发行，应当按照规定向全国中小企业股份转让系统有限责任公司（以下简称“全国股份转让系统公司”）履行备案程序。

第三条 挂牌公司股票发行，必须真实、准确、完整、及时、公平地披露信息，不得有虚假记载、误导性陈述或者重大遗漏。

挂牌公司的控股股东、实际控制人、股票发行对象及其他信息披露义务人，应当按照有关规定及时向公司提供信息，配合公司履行信息披露义务。

第四条 挂牌公司的董事、监事、高级管理人员、控股股东及实际控制人，主办券商、会计师事务所、律师事务所等证券服务机构及其相关人员，应当遵守有关法律法规、规章、规范性文件及业务规定，勤勉尽责，不得利用挂牌公司股票发行谋取不正当利益，禁止泄露内幕信息和利用内幕信息进行股票转让或者操纵股票转让价格。

第五条 挂牌公司、主办券商选择发行对象、确定发行价格或者发行价格区间，应当遵循公平、公正原则，维护公司及其股东的合法权益。

第六条 发行股票导致挂牌公司的控股股东或者实际控制人发生变化的，相关规定另行制定。

发行股票购买资产导致重大资产重组，且发行后股东人数累计不超过 200 人的，相关规定另行制定。

第二章 发行要求与认购规定

第七条 挂牌公司股票发行应当满足《管理办法》规定的公司治理、信息披露及发行对象的要求。

第八条 挂牌公司股票发行以现金认购的，公司现有股东在同等条 件下对发行的股票有权优先认购。每一股东可优先认购的股份数量上限为股权登记日其在公司的持股比例与本次发行股份数量上限的乘积。

公司章程对优先认购另有规定的，从其规定。

第九条 发行对象承诺对其认购股票进行转让限制的，应当遵守其承诺，并予以披露。

第十条 发行对象可用现金或者非现金资产认购发行股票。

第三章 董事会与股东大会决议

第十一条 挂牌公司董事会应当就股票发行有关事项作出决议。

第十二条 挂牌公司董事会作出股票发行决议，应当符合下列规定：

（一）董事会决议确定具体发行对象的，董事会决议应当明确具体发行对象（是否为关联方）及其认购价格、认购数量或数量上限、现有股东优先认购办法等事项。认购办法中应当明确现有股东放弃优先认购股票份额的认购安排。

已确定的发行对象（现有股东除外）与公司签署的附生效条 件的股票认购合同应当经董事会批准。

（二）董事会决议未确定具体发行对象的，董事会决议应当明确发行对象的范围、发行价格区间、发行价格确定办法、发行数量上限、现有股东优先认购办法等事项。

（三）发行对象用非现金资产认购发行股票的，董事会决议应当明确交易对手（应当说明是否为关联方）、标的资产、作价原则及审计、评估等事项。

（四）董事会应当说明本次发行募集资金的用途。

第十三条　董事会决议确定具体发行对象的，挂牌公司应当与相关发行对象签订附生效条　件的股票认购合同。

前款所述认购合同应当载明该发行对象拟认购股票的数量或数量区间、认购价格、限售期，同时约定本次发行经公司董事会、股东大会批准后，该合同即生效。

第十四条　挂牌公司股东大会应当就股票发行等事项作出决议。

第十五条　挂牌公司股东大会审议通过股票发行方案后，董事会决议作出重大调整的，公司应当重新召开股东大会并按照第十四条的规定进行审议。

第四章　发行与备案

第十六条　董事会决议确定具体发行对象的，挂牌公司应当按照本细则及有关要求，依据股票认购合同的约定发行股票；有优先认购安排的，应当办理现有股东优先认购手续。

第十七条　董事会决议未确定具体发行对象的，挂牌公司及主办券商可以向包括挂牌公司股东、主办券商经纪业务客户、机构投资者、集合信托计划、证券投资基金、证券公司资产管理计划以及其他个人投资者在内的询价对象进行询价，询价对象应当符合投资者适当性的规定。

第十八条　挂牌公司及主办券商应当在确定的询价对象范围内接收询价对象的申购报价；主办券商应根据询价对象的申购报价情况，按照价格优先的原则，并考虑认购数量或其他因素，与挂牌公司协商确定发行对象、发行价格和发行股数。

现有股东优先认购的，在相同认购价格下应优先满足现有股东的认购需求。

第十九条　依据第十八条规定确定发行价格后，挂牌公司应当与发行对象签订正式认购合同，发行对象应当按照合同约定缴款。

第二十条　挂牌公司应当在股票发行认购结束后及时办理验资手续，验资报告应当由具有证券、期货相关业务资格的会计师事务所出具。

第二十一条　主办券商和律师事务所应当在尽职调查基础上，分别对本次股票发行出具书面意见。

第二十二条　挂牌公司在验资完成后十个转让日内，按照规定向全国股份转让系统公司报送材料，履行备案程序。

第二十三条　全国股份转让系统公司对材料进行审查，并根据审查结果出具股份登记函，送达挂牌公司并送交中国证券登记结算有限责任公司（以下简称“中国结算”）和主办券商。

以非现金资产认购股票的情形，尚未完成相关资产权属过户或相关资产存在重大法律瑕疵的，全国股份转让系统公司不予出具股份登记函。

第二十四条　挂牌公司按照中国结算相关规定，向中国结算申请办理股份登记，并取得股份登记证明文件。

主办券商应当协助挂牌公司持股份登记函向中国结算办理股份登记手续。

挂牌公司完成股份登记的办理后，新增股票按照挂牌转让公告中安排的时间在全国中小企业股份转让系统挂牌转让。

第五章　信息披露

第二十五条　挂牌公司应当分别在董事会和股东大会通过股票发行决议之日起两个转让日内披露董事会、股东大会决议公告。

第二十六条　以非现金资产认购股票涉及资产审计、评估的，资产审计结果、评估结果应当最晚和召开股东大会的通知同时公告。

第二十七条　挂牌公司应当在披露董事会决议的同时，披露经董事会批准的股票发行方案。

第二十八条　挂牌公司应当在缴款期前披露股票发行认购公告，其中应当披露缴款的股权登记日、投资者参与询价、定价情况，股票配售的原则和方式及现有股东优先认购安排（如有），并明确现有股东及新增投资者的缴款安排。

第二十九条　挂牌公司应当按照要求披露股票发行情况报告书、股票发行法律意见书、主办券商关于股票发行合法合规性意见和股票挂牌转让公告。

第六章　监管措施和违规处分

第三十条　挂牌公司及其董事、监事、高级管理人员、股东、实际控制人及其他相关信息披露义务人，主办券商、会计师事务所、律师事务所及其他证券服务机构，违反本细则及有关规定的，全国股份转让系统公司依据《业务规则》等有关规定采取相应监管措施及纪律处分。

第七章　附则

第三十一条　申请挂牌同时股票发行，应当在《公开转让说明书》中披露董事会、股东大会决议等内容，并遵守全国股份转让系统公司相关业务规则。

第三十二条　经中国证监会核准的股票发行，公司应当在取得中国证监会的核准文件后，按照全国股份转让系统公司的规定办理股票挂牌手续。

第三十三条　挂牌公司发行优先股的具体业务规则由全国股份转让系统公司另行制定。

第三十四条　本细则由全国股份转让系统公司负责解释。

第三十五条　本细则自发布之日起施行。

全国中小企业股份转让系统票发行务指引第1号—备案文件的内容与格式

（试行）

第一条　为了规范股票发行备案文件的内容与格式，根据《全国中小企业股份转让系统业务规则（试行）》、《全国中小企业股份转让系统股票发行业务细则（试行）》等有关规定，制定本指引。

第二条　向全国股份转让系统公司履行股票发行备案程序的挂牌公司，应按照本指引要求制作和报送备案文件。

第三条　公司报送备案文件应提交原件一份，复印件二份。每次报送书面备案文件的同时，应报送一份与书面文件一致的电子文件（WORD、EXCEL、PDF 及全国股份转让系统公司要求的其他文件格式）。

第四条　涉及非现金资产认购的，非现金资产若为股权资产，应当提供具有证券、期货相关业务资格的会计师事务所出具的标的资产最近一年及一期（如有）的审计报告，审计截止日距审议该交易事项的股东大会召开日不得超过 6 个月；非现金资产若为股权以外的其他非现金资产，应当提供资产评估事务所出具的评估报告，评估基准日距审议该交易事项的股东大会召开日不得超过 1 年。

第五条　本指引附录规定的备案文件目录是对股票发行备案文件的最低要求。根据备案审查需要，全国股份转让系统公司可以要求公司、主办券商、律师事务所及其他证券服务机构补充材料。

第六条　备案文件所有需要签名处，均应为签名人亲笔签名，不得以名章、签名章等代替。

第七条　备案文件的封面和侧面应标明“××公司股票发行备案文件”字样，扉页应标明挂牌公司法定代表人、董事会秘书或信息披露事务负责人，主办券商主管领导、项目负责人，以及相关中介机构项目负责人姓名、电话、传真等联系方式。

第八条　备案文件章与章之间、节与节之间应有明显的分隔标识，文件中的页码应与目录中的页码相符。

第九条　备案文件应采用标准 A4 纸张双面印刷（需提供原件的历史文件除外）。

第十条　本指引由全国股份转让系统公司负责解释。

第十一条　本指引自发布之日起施行。

全国中小企业股份转让系统股票发行业务指引第 2 号——股票发行方案及发行情况报告书的内容与格式

（试行）

第一章　总则

第一条　为了规范挂牌公司股票发行的信息披露行为，根据《全国中小企业股份转让系统业务规则（试行）》、《全国中小企业股份转让系统股票发行业务细则（试行）》等有关规定，制定本指引。

第二条　向全国股份转让系统公司履行股票发行备案程序的挂牌公司，编制并披露的股票发行方案和发行情况报告书应当符合本指引的要求。

第三条　在不影响信息披露完整性并保证阅读方便的前提下，对定期报告、临时公告或者其他信息披露文件中曾经披露过的信息，如未发生变化，公司可以采取索引的方法进行披露。

第四条　本指引有关要求对本次发行不适用或者需要豁免适用的，公司应当向全国股份转让系统公司提出申请，经同意后，公司可根据实际情况进行调整，并在提交发行申请文件时作出书面说明。

第二章　股票发行方案

第五条　股票发行方案文本封面应标有“×××公司股票发行方案”字样，并载明公司、主办券商的名称和住所。

第六条　股票发行方案扉页应载有如下声明：

“本公司全体董事、监事、高级管理人员承诺股票发行方案不存在虚假记载、误导性陈述或重大遗漏，并对其真实性、准确性和完整性承担个别和连带的法律责任。”

“根据《证券法》的规定，本公司经营与收益的变化，由本公司自行负责，由此变化引致的投资风险，由投资者自行负责。”

第七条　公司应在股票发行方案的目录标明各章、节的标题及相应的页码，内容编排也应符合通行惯例。对可能造成投资者理解障碍及有特定含义的术语，公司应作出释义，并在目录次页排印。

第八条　股票发行方案应当至少包括以下内容：

（一）公司基本信息；

（二）发行计划；

（三）非现金资产的基本信息，包括资产名称、权属关系，及其审计或资产评估情况等；

（四）董事会关于资产定价合理性的讨论与分析（如有）；

（五）董事会关于本次发行对公司影响的讨论与分析；

（六）其他需要披露的重大事项；

（七）有关声明。

第九条　公司应当披露以下基本信息：

（一）公司名称、证券简称、证券代码；

（二）公司的注册地址、联系方式；

（三）公司的法定代表人、董事会秘书或信息披露负责人。

第十条　公司应在发行计划中披露以下内容：

（一）发行目的；

（二）发行对象或发行对象的范围，以及现有股东的优先认购安排；

（三）发行价格或价格区间，以及定价方法；

（四）发行股份数量或数量上限，预计募集资金总额；

（五）在董事会决议日至股份认购股权登记日期间预计将发生除权、除息的，应说明发行数量和发行价格是否相应调整；此外，还应说明公司挂牌以来的分红派息、转增股本及其对公司价格的影响；

（六）本次发行股票的限售安排或发行对象自愿锁定的承诺，如无限售安排或自愿锁定承诺，也应予以说明；

（七）募集资金用途；

（八）本次发行前滚存未分配利润的处置方案；

（九）本次发行拟提交股东大会批准和授权的相关事项；

（十）本次发行涉及主管部门审批、核准或备案事项情况。

第十一条　发行对象以非现金资产认购发行股票的，还应按照第十二条、第十三条、第十四条的有关规定以及第十七条中关于“资产转让合同的内容摘要”的规定披露相关内容。

第十二条　以非股权资产认购发行股票的，应披露相关资产的下列基本情况：

（一）相关资产的名称、类别以及所有者和经营管理者的基本情况；

（二）资产权属是否清晰，是否存在权利受限、权属争议或者妨碍权属转移的其他情况；

相关资产涉及许可他人使用，或者作为被许可方使用他人资产的，应当简要披露许可合同的主要内容；资产交易涉及债权债务转移的，应当披露相关债权债务的基本情况、债权人同意转移的证明及与此相关的解决方案；所从事业务需要取得许可资格或资质的，还应当披露当前许可资格或资质的状况；涉及需呈报有关主管部门批准的，应说明是否已获得有效批准；

（三）相关资产独立运营和核算的，披露最近一年及一期

（如有）经具有证券、期货相关业务资格的会计师事务所审计的财务报表及审计意见，被出具非标准审计意见的应当披露涉及事项及其影响；

（四）资产的交易价格、定价依据，资产评估方法及资产评估价值。

第十三条　以股权资产认购发行股票的，应披露相关股权的下列基本情况：

（一）股权所在公司的名称、企业性质、注册地、主要办公地点、法定代表人、注册资本、实收资本；股权及控制关系，包括公司的主要股东及其持股比例、最近两年控股股东或实际控制人的变化情况、股东出资协议及公司章程中可能对本次交易产生影响的主要内容、原高管人员的安排；

（二）股权权属是否清晰、是否存在权利受限、权属争议或者妨碍权属转移的其他情况；

股权资产为有限责任公司股权的，股权转让是否已取得其他股东同意，或有证据表明其他股东已放弃优先购买权；股权对应公司所从事业务需要取得许可资格或资质的，还应当披露当前许可资格或资质的状况；涉及需呈报有关主管部门批准的，应说明是否已获得有效批准；

（三）股权对应公司主要资产的权属状况及对外担保和主要负债情况；

（四）披露最近一年及一期（如有）经具有证券、期货相关业务资格的会计师事务所审计的财务报表及审计意见，被出具非标准审计意见的应当披露涉及事项及其影响；

（五）股权的交易价格、定价依据，资产评估方法及资产评估价值（如有）.

第十四条　资产交易价格以经审计的账面值为依据的，公司董事会应当对定价合理性予以说明。

资产交易根据资产评估结果定价的，在评估机构出具资产评估报告后，公司董事会应当对评估机构的独立性、评估假设前提和评估结论的合理性、评估方法的适用性、主要参数的合理性、未来收益预测的谨慎性等问题发表意见，并说明定价的合理性，资产定价是否存在损害公司和股东合法权益的情形。

第十五条　董事会应当就股票发行对公司的影响，披露以下内容：

（一）公司与控股股东及其关联人之间的业务关系、管理关系、关联交易及同业竞争等变化情况；

（二）发行对象以非现金资产认购发行股票的，说明相关资产占公司最近一年期末总资产、净资产的比重；相关资产注入是否导致公司债务或者或有负债的增加，是否导致新增关联交易或同业竞争；

（三）本次发行对其他股东权益或其他类别股东权益的影响；

（四）与本次发行相关特有风险的说明。

第十六条　为增加公司信息披露透明度，公司还应披露以下重大事项：

（一）是否存在公司的权益被股东及其关联方严重损害且尚未消除的情形；

（二）是否存在公司及其附属公司违规对外提供担保且尚未解除的情形；

（三）是否存在现任董事、监事、高级管理人员最近二十四个月内受到过中国证监会行政处罚（指被处以罚款以上行政处罚的行为；被处以罚款的行为，除主办券商和律师能依法合理说明或处罚机关认定该行为不属于重大违法违规行为的外，都应当披露）或者最近十二个月内受到过全国股份转让系统公司公开谴责的情形；

（四）是否存在其他严重损害股东合法权益或者社会公共利益的情形；

（五）附生效条件的股票认购合同的内容摘要（如有）.

第十七条　董事会决议确定具体发行对象的，应当披露股票认购合同的内容摘要，至少应包括以下内容：

（一）合同主体、签订时间；

（二）认购方式、支付方式；

（三）合同的生效条件和生效时间；

（四）合同附带的任何保留条款、前置条件；

（五）自愿限售安排；

（六）估值调整条款（例如以达到约定业绩为条件的股权质押、股权回购或现金支付等）；

（七）违约责任条款。

资产转让合同的内容摘要除满足前款规定外，至少还应包括：

（一）目标资产及其价格或定价依据；

（二）资产交付或过户时间安排；

（三）资产自评估截止日至资产交付日或过户日所产生收益的归属；

（四）与资产相关的负债及人员安排。

第十八条　公司应披露下列机构的名称、法定代表人、住所、联系电话、传真，同时应披露有关经办人员的姓名：

（一）主办券商；

（二）律师事务所；

（三）会计师事务所；

（四）资产评估机构（如有）；

（五）其他与股票发行有关的机构。

第十九条　公司全体董事、监事、高级管理人员应在股票发行方案的尾页签名，并加盖公司公章。

第三章　股票发行情况报告书

第二十条　股票发行情况报告书应至少包括以下内容：

（一）本次发行的基本情况；

（二）发行前后相关情况对比；

（三）新增股份限售安排（如有）；

（四）主办券商关于本次股票发行合法合规性的结论性意见；

（五）律师事务所关于本次股票发行的结论性意见；

（六）公司全体董事、监事、高级管理人员的公开声明；

（七）备查文件。

第二十一条　发行基本情况应包括本次发行股票的数量、发行价格、现有股东优先认购的情况、其他发行对象情况及认购股份数量等。

第二十二条　发行前后相关情况对比应至少包括以下内容：

（一）本次发行前后前 10 名股东持股数量、持股比例及股票限售等比较情况；

（二）本次发行前后股本结构、股东人数、资产结构、业务结构、公司控制权以及董事、监事、高级管理人员及核心员工持股的变动情况；

（三）发行后主要财务指标变化。最近两年主要财务指标、按股票发行完成后总股本计算的每股收益等指标的变化情况。

第二十三条　本次股票发行股份如有限售安排的，应当予以说明；如无限售安排的，也应说明。

第二十四条　发行情况报告书应披露主办券商关于本次发行合法合规性的结论性意见，至少包括以下内容：

（一）关于本次股票发行是否符合豁免申请核准条件的意见；

（二）关于公司治理规范性的意见；

（三）关于公司是否规范履行了信息披露义务的意见；

（四）关于本次股票发行对象是否符合投资者适当性要求的意见；

（五）关于发行过程及结果是否合法合规的意见；

（六）关于发行定价方式、定价过程是否公正、公平，定价结果是否合法有效的意见；

（七）关于公司本次股票发行现有股东优先认购安排规范性的意见；

（八）主办券商认为应当发表的其他意见。

第二十五条　发行情况报告书应披露律师事务所关于本次股票发行法律意见书的结论性意见，至少包括以下内容：

（一）公司是否符合豁免向中国证监会申请核准股票发行的条件；

（二）发行对象是否符合中国证监会及全国股份转让系统公司关于投资者适当性制度的有关规定；

（三）发行过程及结果合法合规性的说明，包括但不限于：董事会、股东大会议事程序是否合规，是否执行了公司章程规定的表决权回避制度，发行结果是否合法有效等；

（四）与本次股票发行相关的合同等法律文件是否合法合规；

（五）安排现有股东优先认购的，应当对优先认购的相关程序及认购结果进行说明；依据公司章程排除适用的，也应当对相关情况进行说明；

（六）以非现金资产认购发行股份的，应当说明资产评估程序是否合法合规，是否存在资产权属不清或者其他妨碍权属转移的法律风险；标的资产尚未取得完备权属证书的，应说明取得权属证书是否存在法律障碍；

以非现金资产认购发行股份涉及需呈报有关主管部门批准的，应说明是否已获得有效批准；资产相关业务需要取得许可资格或资质的，应说明是否具备相关许可资格或资质；

（七）律师认为需要说明的其他问题。

律师已勤勉尽责仍不能发表肯定性意见的，应发表保留意见，并说明相应的理由及其对本次股票发行的影响。

第二十六条　股票发行方案首次披露后，公司就本次发行的有关事项作出调整的，董事会应在发行情况报告书中做出专门说明，说明调整的内容及履行的审议程序。

第二十七条　公司全体董事、监事、高级管理人员应在发行情况报告书正文后声明：

“公司全体董事、监事、高级管理人员承诺本发行情况报告书不存在虚假记载、误导性陈述或重大遗漏，并对其真实性、准确性和完整性承担个别和连带的法律责任”。

公司全体董事、监事、高级管理人员应在股票发行方案的尾页签名，并加盖公司公章。

第四章　附则

第二十八条　本指引由全国股份转让系统公司负责解释。

第二十九条　本指引自发布之日起施行。

全国中小企业股份转让系统股票发行业务指引第3号——主办券商关于股票发行合法合规性意见的内容与格式

（试行）

第一章　总则

第一条　为了规范挂牌公司股票发行的信息披露行为，根据《全国中小企业股份转让系统业务规则（试行）》、《全国中小企业股份转让系统股票发行业务细则（试行）》等有关规定，制定本指引。

第二条　主办券商为根据《非上市公众公司监督管理办法》（以下简称《管理办法》）向全国股份转让系统公司履行股票发行备案程序的挂牌公司出具股票发行合法合规性意见，应当按照本指引第二章的要求编制，并与股票发行情况报告书一同披露。

第三条　主办券商出具股票发行合法合规性意见，应建立在充分了解公司经营状况、风险等现存问题的基础之上，切实对公司股票发行履行尽职调查职责，保证报告相关内容的真实、准确、完整及报告结论的客观性。

第四条　主办券商应在合法合规性意见中对照本指引及有关规定逐项发表明确的结论性意见，并载明得出每项结论的查证过程及事实依据。

第二章　股票发行合法合规性意见必备内容

第五条　股票发行主办券商合法合规性意见应当包括以下内容：

（一）关于本次股票发行是否符合豁免申请核准条　件的意见；

（二）关于公司治理规范性的意见；

（三）关于公司是否规范履行了信息披露义务的意见；

（四）关于本次股票发行对象是否符合投资者适当性要求的意见；

（五）关于发行过程及结果是否合法合规的意见；

（六）关于发行定价方式、定价过程是否公正、公平，定价结果是否合法有效的意见；

（七）关于公司本次股票发行现有股东优先认购安排规范性的意见；

（八）主办券商认为应当发表的其他意见。

第六条　主办券商应对公司符合《管理办法》中豁免申请核准股票发行的情形进行说明。

第七条　主办券商应当对公司治理是否存在违反《管理办法》第二章规定的情形发表明确意见；如不存在违规情形，也应当进行说明。

第八条　主办券商应对公司是否已按照相关规定，真实、准确、完整、及时、公平地披露了本次股票发行应当披露的信息发表明确意见。

主办券商还应对公司在申请挂牌及挂牌期间是否规范履行了信息披露义务，是否曾因信息披露违规或违法，被全国股份转让系统公司依法采取监管措施或纪律处分、被中国证监会采取监管措施或给予行政处罚进行说明。

对于曾被给予行政处罚、采取监管措施或纪律处分的挂牌公司，主办券商应在合法合规性意见中就被惩处事项对公司的影响、是否已督促挂牌公司及时改正、相关责任人处理情况及相关信息披露事项的整改情况进行说明。

第九条　主办券商应当对本次股票发行新增股东是否符合投资者适当性要求发表明确意见，并列明做出判断的主要依据。

第十条　主办券商应对本次股票发行过程的规范性及结果的有效性发表明确意见，包括但不限于：董事会、股东大会议事程序是否合规，是否执行了公司章程规定的表决权回避制度，发行结果是否合法有效等。

第十一条　主办券商应对本次股票发行定价程序的规范性及结果的有效性发表意见。

发行对象使用非现金资产认购发行股票的，主办券商应在合法合规性意见中对交易对手是否为关联方、标的资产权属是否清晰、审计或资产评估是否规范等事项发表明确意见。

涉及需呈报有关主管部门批准的，主办券商需对是否已获得有效批准发表明确意见；资产相关业务需要取得许可资格或资质的，主办券商需对是否具备相关许可资格或资质发表明确意见。

第十二条　安排现有股东优先认购的，应当对优先认购的相关程序及认购结果进行说明；依据公司章程排除适用的，也应当对相关情况进行说明。

第十三条　若主办券商认为公司尚有未披露或未充分披露且对本次股票发行有影响的重大信息或事项，可以进行补充披露，并提示该信息或事项对本次股票发行可能造成的影响。

第十四条　主办券商法定代表人或法定代表人授权的代表、项目负责人应在合法合规性意见上签字，并加盖主办券商公章，注明报告日期。

主办券商法定代表人授权他人代为签字的，需同时提供授权委托书原件。

第三章　附则

第十五条　本指引由全国股份转让系统公司负责解释。

第十六条　本指引自发布之日起实施。

全国中小企业股份转让系统股票发行业务指引第4号——法律意见书的内容与格式（试行）

第一章　总则

第一条　为了规范挂牌公司股票发行的信息披露行为，根据《全国中小企业股份转让系统业务规则（试行）》、《全国中小企业股份转让系统股票发行业务细则（试行）》等有关规定，制定本指引。

第二条　律师事务所为根据《非上市公众公司监督管理办法》向全国股份转让系统公司履行股票发行备案程序的挂牌公司出具股票发行法律意见书，应当按照本指引第二章的要求编制，并与股票发行情况报告书一同披露。

第三条　公司聘请的律师事务所及其委派的律师（以下“律师”均指签名律师及其所任职的律师事务所），应在尽职调查基础上，按本指引的要求出具法律意见书，对照本指引及有关规定逐项发表明确意见或结论。

本指引仅是股票发行法律意见书内容的最低要求，本指引未明确要求，但律师认为对公司股票发行有重大影响的法律问题，律师应当发表意见。

第四条　律师应在法律意见书中详尽、完整地阐述所发表意见或结论的依据、进行有关核查验证的过程、所涉及的必要资料或文件。

第五条　对不符合有关法律、法规和中国证监会、全国股份转让系统公司有关规定的事项，或已勤勉尽责仍不能对其法律性质或其合法性作出准确判断的事项，律师应发表保留意见，并说明相应的理由。

第六条　法律意见书应由2名以上（含2名）经办律师和其所在律师事务所的负责人签名，并经该律师事务所加盖公章、签署日期。

第二章　法律意见书的必备内容

第七条　律师应在充分核查验证的基础上，对本次股票发行的下列（包括但不限于）事项明确发表结论性意见。所发表的结论性意见应包括是否合法合规、是否真实有效、是否存在纠纷或潜在风险；不存在下列事项的，也应明确说明：

（一）公司是否符合豁免向中国证监会申请核准股票发行的条件；

（二）发行对象是否符合中国证监会及全国股份转让系统公司关于投资者适当性制度的有关规定；

（三）发行过程及结果合法合规性的说明，包括但不限于董事会、股东大会议事程序是否合规，是否执行了公司章程规定的表决权回避制度，发行结果是否合法有效等；

（四）与本次股票发行相关的合同等法律文件是否合法合规；

（五）安排现有股东优先认购的，应当对优先认购的相关程序及认购结果进行说明；依据公司章程排除适用的，也应当对相关情况进行说明；

（六）以非现金资产认购发行股份的，应当说明资产评估程序是否合法合规，是否存在资产权属不清或者其他妨碍权属转移的法律风险；标的资产尚未取得完备权属证书的，应说明取得权属证书是否存在法律障碍；

以非现金资产认购发行股份涉及需呈报有关主管部门批准的，应说明是否已获得有效批准；资产相关业务需要取得许可资格或资质的，应说明是否具备相关许可资格或资质；

（七）律师认为需要说明的其他问题。

第八条　有下列情形之一的，律师应当发表保留意见并予以说明，充分揭示其对本次股票发行的影响程度及存在的风险：

（一）公司股票发行的全部或者部分事项不符合中国证监会和全国股份转让系统公司相关规定；

（二）股票发行的事实不清楚，材料不充分，不能全面反映客观情况；

（三）核查和验证范围受到客观条件的限制，律师无法取得应有证据；

（四）律师已要求公司纠正、补充，而公司未予以纠正、补充；

（五）律师已依法履行勤勉尽责义务，仍不能对全部或者部分事项作出准确判断；

（六）律师认为应当予以说明的其他情形。

律师出具保留意见的，全国股份转让系统公司可以要求公司予以说明或改正。

第三章　附则

第九条　本规则由全国股份转让系统公司负责解释。

第十条　本规则自公布之日起施行。

全国中小企业股份转让系统挂牌公司信息披露细则

（试行）

第一章　总则

第一条　为规范挂牌公司及相关信息披露义务人的信息披露行为，保护投资者合法权益，根据《非上市公众公司监督管理办法》（证监会令第 85 号）、《非上市公众公司监管指引第 1 号》（证监会公告〔2013〕1 号）、《全国中小企业股份转让系统业务规则（试行）》（以下简称“《业务规则》”）等规定，制定本细则。

第二条　在全国股份转让系统挂牌的股票、可转换公司债券及其他证券品种适用本细则。

全国中小企业股份转让系统有限责任公司（以下简称“全国股份转让系统公司”）对上述证券品种的信息披露、暂停及恢复转让、终止及重新挂牌以及挂牌公司并购重组等事宜另有规定的，从其规定。

第三条　挂牌公司信息披露包括挂牌前的信息披露及挂牌后持续信息披露，其中挂牌后持续信息披露包括定期报告和临时报告。

第四条　挂牌公司及相关信息披露义务人应当及时、公平地披露所有对公司股票及其他证券品种转让价格可能产生较大影响的信息（以下简称“重大信息”），并保证信息披露内容的真实、准确、完整，不存在虚假记载、误导性陈述或重大遗漏。

第五条　挂牌公司应当制定信息披露事务管理制度，经董事会审议后及时向全国股份转让系统公司报备并披露。

公司应当将董事会秘书或信息披露事务负责人的任职及职业经历向全国股份转让系统公司报备并披露，发生变更时亦同。上述人员离职无人接替或因故不能履行职责时，公司董事会应当及时指定一名高级管理人员负责信息披露事务并披露。

第六条　挂牌公司应当在挂牌时向全国股份转让系统公司报备董事、监事及高级管理人员的任职、职业经历及持有挂牌公司股票情况。

有新任董事、监事及高级管理人员或上述报备事项发生变化的，挂牌公司应当在两个转让日内将最新资料向全国股份转让系统公司报备。

第七条　董事、监事及高级管理人员应当在公司挂牌时签署遵守全国股份转让系统公司业务规则及监管要求的《董事（监事、高级管理人员）声明及承诺书》（以下简称“承诺书”），并向全国股份转让系统公司报备。

新任董事、监事应当在股东大会或者职工代表大会通过其任命后五个转让日内，新任高级管理人员应当在董事会通过其任命后五个转让日内签署上述承诺书并报备。

第八条　挂牌公司披露重大信息之前，应当经主办券商审查，公司不得披露未经主办券商审查的重大信息。

挂牌公司在其他媒体披露信息的时间不得早于指定披露平台的披露时间。

第九条　挂牌公司发生的或者与之有关的事件没有达到本细则规定的披露标准，或者本细则没有具体规定，但公司董事会认为该事件对股票价格可能产生较大影响的，公司应当及时披露。

第十条　主办券商应当指导和督促所推荐挂牌公司规范履行信息披露义务，对其信息披露文件进行事前审查。

发现拟披露的信息或已披露信息存在任何错误、遗漏或者误导的，或者发现存在应当披露而未披露事项的，主办券商应当要求挂牌公司进行更正或补充。挂牌公司拒不更正或补充的，主办券商应当在两个转让日内发布风险揭示公告并向全国股份转让系统公司报告。

第二章　定期报告

第十一条　挂牌公司应当披露的定期报告包括年度报告、半年度报告，可以披露季度报告。挂牌公司应当在本细则规定的期限内，按照全国股份转让系统公司有关规定编制并披露定期报告。

挂牌公司应当在每个会计年度结束之日起四个月内编制并披露年度报告，在每个会计年度的上半年结束之日起两个月内披露半年度报告；披露季度报告的，公司应当在每个会计年度前三个月、九个月结束后的一个月内披露季度报告。

披露季度报告的，第一季度报告的披露时间不得早于上一年的年度报告。

第十二条　挂牌公司应当与全国股份转让系统公司约定定期报告的披露时间，全国股份转让系统公司根据均衡原则统筹安排各挂牌公司定期报告披露顺序。

公司应当按照全国股份转让系统公司安排的时间披露定期报告，因故需要变更披露时间的，应当告知主办券商并向全国股份转让系统公司申请，全国股份转让系统公司视情况决定是否调整。

第十三条　挂牌公司年度报告中的财务报告必须经具有证券、期货相关业务资格的会计师事务所审计。

挂牌公司不得随意变更会计师事务所，如确需变更的，应当由董事会审议后提交股东大会审议。

第十四条　挂牌公司董事会应当确保公司定期报告按时披露。董事会因故无法对定期报告形成决议的，应当以董事会公告的方式披露，说明具体原因和存在的风险。公司不得以董事、高级管理人员对定期报告内容有异议为由不按时披露。

公司不得披露未经董事会审议通过的定期报告。

第十五条　挂牌公司应当在定期报告披露前及时向主办券商送达下列文件：

（一）定期报告全文、摘要（如有）；

（二）审计报告（如适用）；

（三）董事会、监事会决议及其公告文稿；

（四）公司董事、高级管理人员的书面确认意见及监事会的书面审核意见；

（五）按照全国股份转让系统公司要求制作的定期报告和财务数据的电子文件；

（六）主办券商及全国股份转让系统公司要求的其他文件。

第十六条　年度报告出现下列情形的，主办券商应当最迟在披露前一个转让日向全国股份转让系统公司报告：

（一）财务报告被出具否定意见或者无法表示意见的审计报告；

（二）经审计的期末净资产为负值。

第十七条　挂牌公司财务报告被注册会计师出具非标准审计意见的，公司在向主办券商送达定期报告的同时应当提交下列文件：

（一）董事会针对该审计意见涉及事项所做的专项说明，审议此专项说明的董事会决议以及决议所依据的材料；

（二）监事会对董事会有关说明的意见和相关决议；

（三）负责审计的会计师事务所及注册会计师出具的专项说明；

（四）主办券商及全国股份转让系统公司要求的其他文件。

第十八条　负责审计的会计师事务所和注册会计师按本细则第十七条出具的专项说明应当至少包括以下内容：

（一）出具非标准审计意见的依据和理由；

（二）非标准审计意见涉及事项对报告期公司财务状况和经营成果的影响；

（三）非标准审计意见涉及事项是否违反企业会计准则及其相关信息披露规范性规定。

第十九条　本细则第十七条所述非标准审计意见涉及事项属于违反会计准则及其相关信息披露规范性规定的，主办券商应当督促挂牌公司对有关事项进行纠正。

第二十条　挂牌公司和主办券商应当对全国股份转让系统公司关于定期报告的事后审查意见及时回复，并按要求对定期报告有关内容作出解释和说明。

主办券商应当在公司对全国股份转让系统公司回复前对相关文件进行审查。如需更正、补充公告或修改定期报告并披露的，公司应当履行相应内部审议程序。

第三章　临时报告

第一节　临时报告的一般规定

第二十一条　临时报告是指挂牌公司按照法律法规和全国股份转让系统公司有关规定发布的除定期报告以外的公告。

临时报告应当加盖董事会公章并由公司董事会发布。

第二十二条　挂牌公司应当在临时报告所涉及的重大事件最先触及下列任一时点后及时履行首次披露义务：

（一）董事会或者监事会作出决议时；

（二）签署意向书或者协议（无论是否附加条件或者期限）时；

（三）公司（含任一董事、监事或者高级管理人员）知悉或者理应知悉重大事件发生时。

第二十三条　对挂牌公司股票转让价格可能产生较大影响的重大事件正处于筹划阶段，虽然尚未触及本细则第二十二条规定的时点，但出现下列情形之一的，公司亦应履行首次披露义务：

（一）该事件难以保密；

（二）该事件已经泄漏或者市场出现有关该事件的传闻；

（三）公司股票及其衍生品种交易已发生异常波动。

第二十四条　挂牌公司履行首次披露义务时，应当按照本细则规定的披露要求和全国股份转让系统公司制定的临时公告格式指引予以披露。

在编制公告时若相关事实尚未发生的，公司应当客观公告既有事实，待相关事实发生后，应当按照相关格式指引的要求披露事项进展或变化情况。

第二十五条　挂牌公司控股子公司发生的对挂牌公司股票转让价格可能产生较大影响的信息，视同挂牌公司的重大信息，挂牌公司应当披露。

第二节　董事会、监事会和股东大会决议

第二十六条　挂牌公司召开董事会会议，应当在会议结束后及时将经与会董事签字确认的决议（包括所有提案均被否决的董事会决议）向主办券商报备。

董事会决议涉及本细则规定的应当披露的重大信息，公司应当以临时公告的形式及时披露；决议涉及根据公司章程规定应当提交经股东大会审议的收购与出售资产、对外投资（含委托理财、委托贷款、对子公司投资等）的，公司应当在决议后及时以临时公告的形式披露。

第二十七条　挂牌公司召开监事会会议，应当在会议结束后及时将经与会监事签字的决议向主办券商报备。

涉及本细则规定的应当披露的重大信息，公司应当以临时公告的形式及时披露。

第二十八条　挂牌公司应当在年度股东大会召开二十日前或者临时股东大会召开十五日前，以临时公告方式向股东发出股东大会通知。

挂牌公司在股东大会上不得披露、泄漏未公开重大信息。

第二十九条　挂牌公司召开股东大会，应当在会议结束后两个转让日内将相关决议公告披露。年度股东大会公告中应当包括律师见证意见。

第三十条　主办券商及全国股份转让系统公司要求提供董事会、监事会及股东大会会议记录的，挂牌公司应当按要求提供。

第三节　关联交易

第三十一条　挂牌公司的关联交易，是指挂牌公司与关联方之间发生的转移资源或者义务的事项。

第三十二条　挂牌公司的关联方及关联关系包括《企业会计准则第36号——关联方披露》规定的情形，以及挂牌公司、主办券商或全国股份转让系统公司根据实质重于形式原则认定的情形。

第三十三条　挂牌公司董事会、股东大会审议关联交易事项时，应当执行公司章程规定的表决权回避制度。

第三十四条　对于每年发生的日常性关联交易，挂牌公司应当在披露上一年度报告之前，对本年度将发生的关联交易总金额进行合理预计，提交股东大会审议并披露。对于预计范围内的关联交易，公司应当在年度报告和半年度报告中予以分类，列表披露执行情况。

如果在实际执行中预计关联交易金额超过本年度关联交易预计总金额的，公司应当就超出金额所涉及事项依据公司章程提交董事会或者股东大会审议并披露。

第三十五条　除日常性关联交易之外的其他关联交易，挂牌公司应当经过股东大会审议并以临时公告的形式披露。

第三十六条　挂牌公司与关联方进行下列交易，可以免予按照关联交易的方式进行审议和披露：

（一）一方以现金认购另一方发行的股票、公司债券或企业债券、可转换公司债券或者其他证券品种；

（二）一方作为承销团成员承销另一方公开发行的股票、公司债券或企业债券、可转换公司债券或者其他证券品种；

（三）一方依据另一方股东大会决议领取股息、红利或者报酬。

（四）挂牌公司与其合并报表范围内的控股子公司发生

的或者上述控股子公司之间发生的关联交易。

第四节　其他重大事件

第三十七条　挂牌公司对涉案金额占公司最近一期经审
11 计净资产绝对值 10% 以上的重大诉讼、仲裁事项应当及时披露。

未达到前款标准或者没有具体涉案金额的诉讼、仲裁事项，董事会认为可能对公司股票及其他证券品种转让价格产生较大影响的，或者主办券商、全国股份转让系统公司认为有必要的，以及涉及股东大会、董事会决议被申请撤销或者宣告无效的诉讼，公司也应当及时披露。

第三十八条　挂牌公司应当在董事会审议通过利润分配或资本公积转增股本方案后，及时披露方案具体内容，并于实施方案的股权登记日前披露方案实施公告。

第三十九条　股票转让被全国股份转让系统公司认定为异常波动的，挂牌公司应当于次一股份转让日披露异常波动公告。如果次一转让日无法披露，公司应当向全国股份转让系统公司申请股票暂停转让直至披露后恢复转让。

第四十条　公共媒体传播的消息（以下简称“传闻”）可能或者已经对公司股票转让价格产生较大影响的，挂牌公司应当及时向主办券商提供有助于甄别传闻的相关资料，并决定是否发布澄清公告。

第四十一条　实行股权激励计划的挂牌公司，应当严格遵守全国股份转让系统公司的相关规定，并履行披露义务。

第四十二条　限售股份在解除转让限制前，挂牌公司应当按照全国股份转让系统公司有关规定披露相关公告或履行相关手续。

第四十三条　在挂牌公司中拥有权益的股份达到该公司总股本 5% 的股东及其实际控制人，其拥有权益的股份变动达到全国股份转让系统公司规定的标准的，应当按照要求及时通知挂牌公司并披露权益变动公告。

第四十四条　挂牌公司和相关信息披露义务人披露承诺事项的，应当严格遵守其披露的承诺事项。

公司未履行承诺的，应当及时披露原因及相关当事人可能承担的法律责任；相关信息披露义务人未履行承诺的，公司应当主动询问，并及时披露原因，以及董事会拟采取的措施。

第四十五条　全国股份转让系统公司对挂牌公司实行风险警示或作出股票终止挂牌决定后，公司应当及时披露。

第四十六条　挂牌公司出现以下情形之一的，应当自事实发生之日起两个转让日内披露：

（一）控股股东或实际控制人发生变更；

（二）控股股东、实际控制人或者其关联方占用资金；

（三）法院裁定禁止有控制权的大股东转让其所持公司股份；

（四）任一股东所持公司 5% 以上股份被质押、冻结、司法拍卖、托管、设定信托或者被依法限制表决权；

（五）公司董事、监事、高级管理人员发生变动；董事长或者总经理无法履行职责；

（六）公司减资、合并、分立、解散及申请破产的决定；或者依法进入破产程序、被责令关闭；

（七）董事会就并购重组、股利分派、回购股份、定向发行股票或者其他证券融资方案、股权激励方案形成决议；

（八）变更会计师事务所、会计政策、会计估计；

（九）对外提供担保（挂牌公司对控股子公司担保除外）；

（十）公司及其董事、监事、高级管理人员、公司控股股东、实际控制人在报告期内存在受有权机关调查、司法纪检部门采取强制措施、被移送司法机关或追究刑事责任、中国证监会稽查、中国证监会行政处罚、证券市场禁入、认定为不适当人选，或收到对公司生产经营有重大影响的其他行政管理部门处罚；

（十一）因前期已披露的信息存在差错、未按规定披露或者虚假记载，被有关机构责令改正或者经董事会决定进行更正；

（十二）主办券商或全国股份转让系统公司认定的其他情形。

发生违规对外担保、控股股东或者其关联方占用资金的公司应当至少每月发布一次提示性公告，披露违规对外担保或资金占用的解决进展情况。

第四章　监管措施和违规处分

第四十七条　挂牌公司及其董事、监事、高级管理人员、股东、实际控制人、收购人及其他相关信息披露义务人、律师、主办券商和其他证券服务机构违反本细则的，全国股份转让系统公司依据《业务规则》采取相应监管措施及纪律处分。

第五章　释义

第四十八条　本细则下列用语具有如下含义：

（一）披露：指挂牌公司或者相关信息披露义务人按法律、行政法规、部门规章、规范性文件、本细则和全国股份转让系统公司其他有关规定在全国股份转让系统公司网站上公告信息。

（二）重大事件：指对挂牌公司股票转让价格可能产生较大影响的事项。

（三）及时：指自起算日起或者触及本细则规定的披露时点的两个转让日内，另有规定的除外。

（四）高级管理人员：指公司经理、副经理、董事会秘书（如有）、财务负责人及公司章程规定的其他人员。

（五）控股股东：指其持有的股份占公司股本总额 50% 以上的股东；或者持有股份的比例虽然不足 50%，但依其持有的股份所享有的表决权已足以对股东大会的决议产生重大影响的股东。

（六）实际控制人：指通过投资关系、协议或者其他安排，能够支配、实际支配公司行为的自然人、法人或者其他组织。

（七）控制：指有权决定一个公司的财务和经营政策，并能据以从该公司的经营活动中获取利益。有下列情形之一的，为拥有挂牌公司控制权：

1. 为挂牌公司持股 50% 以上的控股股东；

2. 可以实际支配挂牌公司股份表决权超过 30%；

3. 通过实际支配挂牌公司股份表决权能够决定公司董事会半数以上成员选任；

4. 依其可实际支配的挂牌公司股份表决权足以对公司股东大会的决议产生重大影响；

5. 中国证监会或全国股份转让系统公司认定的其他情形。

（八）挂牌公司控股子公司：指挂牌公司持有其 50% 以上股份，或者能够决定其董事会半数以上成员组成，或者通过协议或其他安排能够实际控制的公司。

（九）承诺：指挂牌公司及相关信息披露义务人就重要事项向公众或者监管部门所作的保证和相关解决措施。

（十）违规对外担保：是指挂牌公司及其控股子公司未经其内部审议程序而实施的担保事项。

（十一）净资产：指挂牌公司资产负债表列报的所有者 16

权益;挂牌公司编制合并财务报表的为合并资产负债表列报的归属于母公司所有者权益,不包括少数股东权益。

(十二)日常性关联交易及偶发性关联交易:日常性关联交易指挂牌公司和关联方之间发生的购买原材料、燃料、动力,销售产品、商品,提供或者接受劳务,委托或者受托销售,投资(含共同投资、委托理财、委托贷款),财务资助(挂牌公司接受的)等的交易行为;公司章程中约定适用于本公司的日常关联交易类型。

除了日常性关联交易之外的为偶发性关联交易。

(十三)控股股东、实际控制人或其关联方占用资金:

指挂牌公司为控股股东、实际控制人及其附属企业垫付的工资、福利、保险、广告等费用和其他支出;代控股股东、实际控制人及其附属企业偿还债务而支付的资金;有偿或者无偿、直接或者间接拆借给控股股东、实际控制人及其附属企业的资金;为控股股东、实际控制人及其附属企业承担担保责任而形成的债权;其他在没有商品和劳务对价情况下提供给控股股东、实际控制人及其附属企业使用的资金或者全国股份转让系统公司认定的其他形式的占用资金情形。

(十四)以上:本规则中"以上"均含本数,"超过"不含本数。

第六章　附则

第四十九条　本细则由全国股份转让系统公司负责解释。

第五十条　本细则自发布之日起施行。

全国中小企业股份转让系统挂牌公司年度报告内容与格式指引(试行)

第一章　总则

第一条　为规范挂牌公司年度报告的编制及披露行为,保护投资者合法权益,根据相关法律法规、《全国中小企业股份转让系统业务规则(试行)》(以下简称"《业务规则》")及有关规定,制定本指引。

第二条　挂牌公司应当按照本指引的要求编制和披露年度报告。

第三条　本指引的规定是对挂牌公司年度报告信息披露的最低要求;凡公司认为对投资者决策有重大影响的信息,不论本指引是否有明确规定,公司均应当披露。

第四条　挂牌公司年度报告的全文应当遵循本指引第二章的要求进行编制和披露,年度报告摘要的内容应摘自年度报告正文,并按照附件的格式进行编制。

第五条　挂牌公司年度报告中的财务报告应经具有证券、期货相关业务资格的会计师事务所审计,审计报告须由该所至少两名注册会计师签字。

第六条　挂牌公司在编制年度报告时应遵循以下一般要求:

(一)年度报告中引用的数字应当采用阿拉伯数字,有关货币金额除特别说明外,通常指人民币金额,并以元、万元或亿元为单位。

(二)年度报告正文前可刊载宣传本公司的照片、图表或致投资者信,但不得刊登任何祝贺性、推荐性的词句、题字或照片,不得含有夸大、欺诈、误导或内容不准确、不客观的词句。

(三)年度报告中若涉及行业分类,可参照中国证监会有关上市公司行业分类的规定,亦可增加披露使用其他行业分类标准的数据、资料。

(四)年度报告披露内容应侧重说明本指引要求披露事项与公开转让说明书或上一年度披露内容上的重大变化之处,如无变化,亦应说明。

第七条　全国股份转让系统公司对特殊行业公司信息披露另有规定的,公司应当遵循其规定。

行业主管部门对公司另有规定的,公司在编制和披露年度报告时应当遵循其规定。

第八条　由于国家机密、商业秘密等特殊原因导致本指引规定的某些信息不便披露的,挂牌公司可向全国股份转让系统公司申请豁免,经全国股份转让系统公司同意后,可以不予披露。公司应当在年度报告相关章节说明未按本准则要求进行披露的原因。

第二章　年度报告正文

第一节　重要提示、目录和释义

第九条　挂牌公司应在年度报告文本扉页刊登如下重要提示:公司董事会及其董事、监事会及其监事、公司高级管理人员保证本报告所载资料不存在任何虚假记载、误导性陈述或者重大遗漏,并对其内容的真实性、准确性和完整性承担个别及连带责任。

公司负责人、主管会计工作负责人及会计机构负责人(会计主管人员)应当声明并保证年度报告中财务报告的真实、完整。

如有董事、监事、高级管理人员对年度报告内容存在异议或无法保证其真实、准确、完整的,应当声明×××无法保证本报告内容的真实、准确、完整,并说明理由,请投资者特别关注。同时,单独列示未出席董事会审议年度报告的董事姓名及原因。

如执行审计的会计师事务所对公司出具了非标准审计报告,重要提示中应当声明×××会计师事务所为本公司出具了带强调事项段或其他事项段的无保留意见、保留意见、否定意见或无法表示意见的审计报告,本公司董事会、监事会对相关事项已有详细说明,请投资者注意阅读。

第十条　挂牌公司应当对可能造成投资者理解障碍以及具有特定含义的术语作出通俗易懂的解释,年度报告的释义应当在目录次页排印。

年度报告目录应当标明各章、节的标题及其对应的页码。

第十一条　挂牌公司应当在年度报告目录后单独刊登重大风险提示。公司对风险因素的描述应当围绕自身经营状况展开,遵循关联性原则和重要性原则,客观披露公司重大特有风险。公司应当重点说明与上一年度所提示重大风险的变化之处。

第二节　公司简介

第十二条　挂牌公司应当披露如下内容:

(一)公司的中文名称及简称,外文名称及缩写(如有)。

(二)公司的法定代表人。

(三)公司董事会秘书或信息披露事务负责人的姓名、联系地址、电话、传真、电子信箱。

(四)公司注册地址,公司办公地址及其邮政编码,公司网址、电子信箱。

（五）公司登载年度报告的指定信息披露平台的网址，公司年度报告备置地。

（六）公司股票公开转让场所，股票简称、股票代码及挂牌时间。

（七）公司年度内的注册变更情况，包括企业法人营业执照、税务登记、组织机构代码注册信息变更情况。

上述注册信息未发生变化的，可以简要索引说明。

（八）其他有关资料：公司聘请的年度内履行持续督导职责的主办券商的名称、办公地址；公司聘请的会计师事务所名称、办公地址及签字会计师姓名。

第三节　会计数据和财务指标摘要

第十三条　挂牌公司应采用数据列表方式，提供截至本年度末公司近 2 年的主要会计数据和财务指标，包括但不限于：总资产、归属于挂牌公司股东的净资产、营业收入、归属于挂牌公司股东的净利润、归属于挂牌公司股东的扣除非经常性损益后的净利润、经营活动产生的现金流量净额、净资产收益率、每股收益、归属于挂牌公司股东的每股净资产。

公司在披露“归属于挂牌公司股东的扣除非经常性损益后的净利润”时，应当同时说明本年度内非经常性损益的项目及金额。

第十四条　挂牌公司主要会计数据和财务指标的计算和披露应当遵循如下要求：

（一）因会计政策变更及会计差错更正等追溯调整或重述以前年度会计数据的，应当同时披露调整前后的数据。

（二）编制合并财务报表的公司应当以合并财务报表数据填列或计算以上数据和指标。

（三）财务数据按照时间顺序自左至右排列，左起为本年度的数据，向右依次列示前一期的数据。

（四）对非经常性损益、净资产收益率和每股收益的确定和计算，中国证监会另有规定的，应当遵照执行。

第四节　管理层讨论与分析

第十五条　挂牌公司应结合挂牌公司财务报告进一步解释和分析公司本年度财务报表及附注中的重要历史信息，对本年度公司经营情况进行回顾。公司应对持续经营能力进行评价与说明。

公司可对下一年度的经营计划或目标进行说明。

第十六条　披露内容应具有充分的可靠性。分析中如引用第三方资料及数据，应注明来源及发布者，并判断第三方资料、数据是否拥有足够的权威性；公司自行整理编制的资料及数据，应说明，并注明编制依据。

披露内容应突出重要性，避免过多披露不重要的信息而掩盖重要信息。

第十七条　挂牌公司应回顾分析本年度内的主要经营情况，尤其应着重分析导致公司财务状况、经营成果、现金流量发生重大变化的事项或原因。分析内容包括但不限于：

（一）本年度内业务、产品或服务有关经营计划的实现情况；业务、产品或服务的重大变化及对公司经营情况的影响。

（二）本年度内行业发展、周期波动等情况；应说明行业发展因素、行业法律法规等的变动及对公司经营情况的影响。

（三）结合产品或服务、收入模式、成本结构、采购、生产或业务组织过程、销售、知识产权、研发、竞争、市场规模等因素及公司所掌握的内外部资源，说明公司的商业模式是否较公开转让说明书或上年度披露内容发生重大变化，并说明上述变化及对公司经营情况的影响。

（四）对财务报表中主要财务数据进行讨论、分析，可以采用逐年比较、数据列表或其他方式。对与上一年度相比变动达到或超过 30% 的重要财务数据或指标，公司应充分解释导致变动的原因，以便于投资者充分了解其财务状况、经营成果及未来变化情况。

如本条规定披露的部分内容与财务报表附注相同的，公司可以建立相关查询索引，避免重复。内容包括但不限于：

1. 公司资产、负债构成（应收款项、存货、投资性房地产、长期股权投资、固定资产、在建工程、短期借款、长期借款等占总资产的比重）同比发生重大变动的，应当说明产生变化的主要影响因素。

2. 若公司的收入构成、利润构成和利润来源发生重大变动，应当详细说明具体变动情况及原因。

3. 结合公司现金流量表相关数据，说明公司经营活动、投资活动和筹资活动产生的现金流量的构成情况，若相关数据同比发生重大变动，公司应当分析主要影响因素。若本年度公司经营活动产生的现金流量与本年度净利润存在重大差异的，公司应当详细解释原因。

4. 主要控股子公司、参股公司经营情况及业绩分析。其中对于参股公司应当重点披露其与公司从事业务的关联性，并说明持有目的。

公司存在其控制的特殊目的主体时，应介绍公司对其控制权方式和内容，并说明从中可以获取的利益及承担的风险。

5. 本年度内及以前年度定向发行募集资金的使用情况。

6. 公司本年度财务报告被会计师事务所出具非标准意见审计报告的，董事会应当就所涉及事项作出说明。说明中应当明确说明非标准审计意见涉及事项是否违反企业会计准则及其相关信息披露规范性规定。

7. 公司作出会计政策、会计估计变更或重大会计差错更正的，应当披露变更、更正的原因及影响；涉及追溯调整或重述的，应当披露对以往各年度经营成果和财务状况的影响金额。

（五）公司在公开转让说明书中披露的经营计划或目标延续到本年度的，公司应对计划或目标的实施进度进行分析，实施进度与计划不符的，应说明原因。

上一年度披露年度经营计划的公司，应对经营计划的实现情况进行分析，与经营计划不符的，应说明原因。

第十八条　挂牌公司应当对持续经营能力进行评价。公司应分析并说明可能对公司持续经营能力有重大影响的事项。

第十九条　挂牌公司可对下一年度经营计划或目标进行说明。说明应当结合行业发展趋势、公司发展战略及其他可能影响经营计划或目标实现的不确定性因素展开。说明包括但不限于：

（一）行业发展趋势。公司可介绍与公司业务关联的宏观经济层面或行业环境层面的发展趋势、公司的行业地位或区域市场地位的变动趋势，并说明上述发展趋势对公司未来经营业绩和盈利能力的影响。

（二）公司发展战略。公司应披露公司发展战略或规划，以及拟开展的新业务、拟开发的新产品、拟投资的新项目等。若公司存在多种业务的，还应当说明各项业务的发展战略或规划。

（三）经营计划或目标。披露经营计划或目标的，公司应同时简要披露公司经营计划涉及的投资资金的来源、成本及使用情况。

披露计划或目标时应说明该经营计划并不构成对投资者

的业绩承诺，提示投资者对此保持足够的风险意识，并且应当理解经营计划与业绩承诺之间的差异。

（四）不确定性因素。公司应遵循关联性原则和重要性原则披露对未来发展战略或经营计划有重大影响的不确定性因素并进行说明与分析。

第二十条　挂牌公司应当对公开转让说明书中披露的存续到本年度的风险因素、本年度较上一年度新增的风险因素进行逐一分析，说明其持续或产生的原因、对公司的影响及已经采取或拟采取的措施及风险管理效果。在分析影响程度时公司应当尽可能定量分析。

第五节　重要事项

第二十一条　挂牌公司应当披露本年度内发生的所有诉讼、仲裁事项涉及的累计金额，如果上述金额不超过本年度末净资产（经审计）绝对值10%的，可以免于披露。

已在上一年发生的以临时公告形式披露的，但尚未结案的重大诉讼、仲裁事项，公司应当披露案件进展情况、涉及金额、是否形成预计负债，以及对公司未来的影响；对已经结案的重大诉讼、仲裁事项，公司应当披露案件执行情况。

如本年度内无按照《全国中小企业股份转让系统挂牌公司信息披露细则》规定应当披露的重大诉讼、仲裁事项，应当明确说明“本年度公司无重大诉讼、仲裁事项”。

第二十二条　挂牌公司应当披露本年度内履行的及尚未履行完毕的对外担保合同（不包括对控股子公司担保），包括担保金额、担保期限、担保对象、担保类型（一般担保或连带责任担保）、担保的决策程序等；对于未到期担保合同，如有明显迹象表明有可能承担连带清偿责任，应明确说明。

应当披露公司及其控股子公司为股东、实际控制人及其关联方提供担保的金额，公司直接或间接为资产负债率超过70%（不含本数）的被担保对象提供的债务担保金额，以及公司担保总额超过净资产50%（不含本数）部分的金额。

公司应当说明本年度是否存在违规担保的情形。

第二十三条　本年度内发生股东及其关联方以各种形式占用或者转移公司的资金、资产及其他资源的，挂牌公司应当说明发生原因及整改情况，其中发生控股股东、实际控制人及其关联方占用资金情形的，应当充分披露相关的决策程序，以及占用资金的期初金额、发生额、期末余额、占用资金原因、预计归还方式及时间。

如果不存在上述情形，公司应当予以明确说明。

第二十四条　挂牌公司应当披露本年度内日常性关联交易的预计及执行情况。

公司应当说明本年度内发生的偶发性关联交易的金额，与关联方的交易结算及资金回笼情况，并说明偶发性关联交易的必要性和持续性及对公司生产经营的影响。

第二十五条　挂牌公司应当披露本年度内经过股东大会审议过的收购及出售资产、对外投资，以及本年度内发生的企业合并事项的简要情况及进展，分析上述事项对公司业务连续性、管理层稳定性及其他方面的影响。

第二十六条　挂牌公司应披露股权激励计划的变动，及已披露股权激励计划在本年度的具体实施情况。

第二十七条　挂牌公司及其董事、监事、高级管理人员或股东、实际控制人及其他信息披露义务人如存在本年度或持续到本年度已披露的承诺，应当披露承诺的履行情况。

如果没有已披露承诺事项，公司亦应予以说明。

第二十八条　挂牌公司应披露本年度末资产（经审计）中被查封、扣押、冻结或者被抵押、质押的资产类别、发生原因、账面价值和累计值及其占总资产的比例，并说明对公司的影响。

第二十九条　公司及其董事、监事、高级管理人员、公司控股股东、实际控制人在报告期内存在受有权机关调查、司法纪检部门采取强制措施、被移送司法机关或追究刑事责任、中国证监会稽查、中国证监会行政处罚、证券市场禁入、认定为不适当人选，或收到对公司生产经营有重大影响的其他行政管理部门处罚及全国股份转让系统公司公开谴责的情形，应当说明原因及结论。

第三十条　若上述事项已在临时报告披露且后续实施无变化的，仅需披露该事项概述，并提供所披露的临时报告的相关查询索引。

第六节　股本变动及股东情况

第三十一条　挂牌公司应当披露本年度期初、期末的股本结构，并对股本变动及本年度内股份限售解除情况进行说明。

第三十二条　挂牌公司应当披露前十名股东、持股数量及占总股本比例、本年度内持股变动情况、本年度末持有的无限售股份数量，并对前十名股东相互间关系及持股变动情况进行说明。如所持股份中包括无限售条件股份、有限售条件股份，应当分别披露其数量。

第三十三条　挂牌公司如存在控股股东，应对控股股东进行介绍，内容包括但不限于：若控股股东为法人的，应当披露名称、单位负责人或法定代表人、成立日期、组织机构代码、注册资本；若控股股东为自然人的，应当披露其姓名、国籍、是否取得其他国家或地区居留权、职业经历。首次披露后控股股东上述信息没有变动时，可以索引披露。

第三十四条　挂牌公司应当比照第三十三条披露公司实际控制人的情况，并以方框图及文字的形式披露公司与实际控制人之间的产权和控制关系。实际控制人应当披露到自然人、国有资产管理部门，包括股东之间达成某种协议或安排的其他机构或自然人，以及以信托方式形成实际控制的情况。首次披露后实际控制人上述信息没有变动时，可以索引披露。

第七节　董事、监事、高级管理人员及核心员工情况

第三十五条　挂牌公司应当披露本年度内董事、监事、高级管理人员的变动情况。公司应当披露发生变更的董事、监事和高级管理人员的情况，内容包括但不限于：现任董事、监事、高级管理人员的姓名、性别、年龄、任期起止日期、职业经历、年初和年末持有本公司股份、本年度内股份增减变动量、持股比例、与股东之间的关系。

第三十六条　挂牌公司应披露包括核心技术团队或关键技术人员（非董事、监事、高级管理人员）在内的核心员工以及其他对公司有重大影响的人员变动情况，并说明变动对公司经营的影响及公司采取的应对措施。

第三十七条　挂牌公司应当披露母公司和主要子公司的员工情况，包括在职员工的数量、人员构成（如管理人员、生产人员、销售人员、技术人员、财务人员、行政人员等）、教育程度、员工薪酬政策、培训计划以及需公司承担费用的离退休职工人数。其中，人员构成和教育程度须以柱状图或饼状图等统计图表列示。

第八节　公司治理及内部控制

第三十八条　挂牌公司应当披露公司治理的基本状况，列示公司本年度内建立的各项公司治理制度，董事会应当对公司治理机制是否给所有股东提供合适的保护和平等权利等

情况进行评估。

第三十九条　挂牌公司应当披露对公司治理的改进情况，包括来自控股股东及实际控制人以外的股东或其代表参与公司经营管理的情况，以及公司管理层是否引入职业经理人等情况。

第四十条　挂牌公司应当披露董事会下设专门委员会在本年度内履行职责时所提出的重要意见和建议（如有）。

第四十一条　监事会在本年度内的监督活动中发现挂牌公司存在风险的，公司应当披露监事会就有关风险的简要意见；否则，公司应当披露监事会对本年度内的监督事项无异议。

第四十二条　监事会应当对定期报告进行审核并提出书面审核意见，说明董事会对定期报告的编制和审核程序是否符合法律、行政法规、中国证监会及全国股份转让系统公司的规定和公司章程，报告的内容是否能够真实、准确、完整地反映公司实际情况。

第四十三条　挂牌公司应当就与控股股东或实际控制人在业务、人员、资产、机构、财务等方面存在的不能保证独立性、不能保持自主经营能力的情况进行说明。

第四十四条　挂牌公司应当对会计核算体系、财务管理和风险控制等重大内部管理制度进行评价，披露本年度内发现上述管理制度重大缺陷的具体情况，包括对缺陷的具体描述、缺陷对财务报告的潜在影响，已实施或拟实施的整改措施、时间、责任人及效果。

第四十五条　挂牌公司应当披露年度报告重大差错责任追究制度的建立与执行情况，披露董事会对有关责任人采取的问责措施及处理结果。

第九节　财务报告

第四十六条　挂牌公司的财务报告包括财务报表和其他应当在财务报告中披露的相关信息和资料。

第四十七条　财务报表包括挂牌公司年度末及其前一个年度末的比较式资产负债表、现金流量表、所有者权益（股东权益）变动表、比较式利润表及其附注。编制合并财务报表的公司，除提供合并财务报表外，还应提供母公司财务报表。

第四十八条　财务报表附注参照《公开发行证券的公司信息披露编报规则第 15 号——财务报告的一般规定》（2010 年修订）的相关规定编制，由于国家机密、商业秘密等特殊原因导致上述规定的某些信息不便披露的，挂牌公司可依据第八条规定向全国股份转让系统公司申请豁免披露。

第十节　备查文件目录

第四十九条　挂牌公司应当披露备查文件的目录，包括：

（一）载有公司负责人、主管会计工作负责人、会计机构负责人（会计主管人员）签名并盖章的财务报表。

（二）载有会计师事务所盖章、注册会计师签名并盖章的审计报告原件。

（三）年度内在指定信息披露平台上公开披露过的所有公司文件的正本及公告的原稿。

公司应当在办公场所置备上述文件的原件。全国股份转让系统公司要求提供时，或股东依据法律、法规或公司章程要求查阅时，公司应当及时提供。

第三章　监管措施和违规处分

第五十条　挂牌公司及其董事、监事、高级管理人员、股东、实际控制人及其他相关信息披露义务人、律师、主办券商和其他证券服务机构违反本指引的，全国股份转让系统公司依据《业务规则》采取相应的监管措施或纪律处分。

第四章　附则

第五十一条　本指引由全国股份转让系统公司负责解释。

第五十二条　本指引自发布之日起施行。

全国中小企业股份转让系统
挂牌公司半年度报告内容与格式指引
（试行）

第一章　总则

第一条　为规范挂牌公司半年度报告的编制及披露行为，保护投资者合法权益，根据相关法律法规、《全国中小企业股份转让系统业务规则（试行）》（以下简称《业务规则》）及有关规定，制定本指引。

第二条　挂牌公司应当按照本指引的要求编制和披露半年度报告。挂牌公司半年度报告的编制应当按照附件《全国中小企业股份转让系统挂牌公司半年度报告内容与格式模板》的格式进行。

第三条　半年度报告的报告期是指年初至半年度期末。半年度报告中的财务报告可以不经审计，但中国证券监督管理委员会（以下简称“中国证监会”）和全国中小企业股份转让系统有限责任公司（以下简称“全国股份转让系统公司”）另有规定的除外。如需审计的，应当经过具有证券、期货相关业务资格的会计师事务所审计，有关审计报告由上述会计师事务所盖章及由两名或两名以上注册会计师签字盖章。

第四条　本指引是对挂牌公司半年度报告信息披露的最低要求；凡公司认为对投资者决策有重大影响的信息，不论本指引是否有明确规定，公司均应披露。

第五条　由于国家机密、商业秘密等特殊原因导致本指引规定的某些信息不便披露的，挂牌公司应当在登记预披露时间的同时向全国股份转让系统公司申请豁免披露，经全国股份转让系统公司同意后，可以不予披露。

第六条　挂牌公司在编制半年度报告时应遵循以下一般要求：

（一）半年度报告中引用的数字应当采用阿拉伯数字，有关货币金额除特别说明外，通常指人民币金额，并以元、万元或亿元为单位。

（二）半年度报告中若涉及行业分类，可以参照中国证监会有关上市公司行业分类的规定；公司也可以增加披露适用其他行业分类标准的数据、资料。

第二章　格式与内容

第一节　格式要求

第七条　半年度报告应当包括封面、公司半年大事记、声明与提示、目录、正文及备查文件目录等内容。正文包括基本信息、财务信息和非财务信息。

第八条　半年度报告封面应当载明公司的名称、“半年度报告”的字样、报告期年份和证券代码，也可以载有公司标识、公司照片等。鼓励公司本着简洁、创新、展现个性的目的设计半年度报告封面。

第九条　半年度报告扉页应当载有以“公司半年大事记”为主题的信息。“公司半年大事记”可以报道公司报告期内的重要新闻、对公司有重大影响的事件、承担社会责任的实践活动、所处行业的重要资讯等信息，公司可以自行选择披露事件的数量和类型。如果所披露事件已经对外公布的，应注明源引何处。公司可以自选标题、刊载图片或者设计版式。

第十条　在声明与提示部分，挂牌公司应当刊载如下声明：公司董事会及其董事、监事会及其监事、公司高级管理人员保证本报告所载材料不存在任何虚假记载、误导性陈述或者重大遗漏，并对内容的真实性、准确性和完整性承担个别及连带责任。

如有董事、监事、高级管理人员对半年度报告中内容存在异议或无法保证其真实、准确、完整的，应当声明无法保证本报告内容的真实、准确、完整，并说明理由，请投资者特别关注。

公司负责人、主管会计工作负责人及会计机构负责人（会计主管人员）应当声明并保证半年度报告中财务信息的真实、完整。

第二节　基本信息

第十一条　基本信息包括公司概览、主要会计数据与关键指标、管理层讨论与分析三个部分。

第十二条　公司概览包括公司信息、联系人、运营概况和自愿披露四个部分。

（一）公司信息包括法定代表人、注册地址、办公地址、主办券商、会计师事务所（如有）。

（二）联系人包括董事会秘书或信息披露事务负责人的姓名、电话、传真、电子邮箱、联系地址。

（三）运营概况包括公司股份公司成立时间、挂牌时间、行业分类、主要产品与服务项目、总股本、无限售条件的股份数量、控股股东、实际控制人及持股比例、截至报告期末的股东人数、截至报告期末的员工人数（包含子公司）、是否拥有高新技术企业资格、公司拥有的重要经营资质。

（四）在自愿披露部分，公司可以根据实际情况选择与企业经营关联性强、体现企业核心竞争力的信息进行披露，如企业拥有的各项专利技术、重要的合作伙伴、已完成的业务案例等。

第十三条　主要会计数据与关键指标包括盈利能力、偿债能力、营运情况、成长情况和自愿披露指标五个部分。挂牌公司应采用数据列表方式，提供截止报告期末和上年期末（或报告期和上年同期）的数据和指标。编制合并财务报表的公司应当以合并财务报表数据填列或计算以上数据和指标。

（一）盈利能力包括营业收入、毛利率、归属于挂牌公司股东的净利润、加权平均净资产收益率和基本每股收益。

（二）偿债能力包括总资产、归属于挂牌公司股东的每股净资产、资产负债率、流动比率和利息保障倍数。

（三）营运情况包括经营活动产生的现金流量净额、应收账款周转率和存货周转率。

（四）成长情况包括总资产增长率、营业收入增长率和净利润增长率。

（五）在自愿披露部分，公司可以选择与经营关联性强、体现企业核心竞争力的关键指标进行披露，例如市场份额、客户保持率、研发投入与当期营业收入比、新产品投资回报率等。自愿披露指标应有助于投资者判断企业经营状况，列示指标时应当说明计算的方法及所用数据的来源。

第十四条　挂牌公司应当结合财务报告及附注中的重要历史信息，对报告期内的经营情况进行回顾，尤其应着重分析导致公司财务状况、经营成果、现金流量发生重大变化的原因。分析中如引用第三方资料及数据，应注明来源。

（一）结合行业、产品与服务、客户、关键资源、销售渠道、收入模式等要素，简要说明公司的商业模式及是否较上年度发生重大变化。

（二）报告期内的财务状况、经营成果（如营业收入、营业利润、净利润）的实现、现金流量情况，相对于同期或上年度末的增长（下降）情况，年度经营计划（如有）在报告期内的执行情况，并结合行业波动、商业模式、企业季节性、周期性特征，详细分析变动的原因。

尤其应说明行业的发展情况、市场竞争、产品或服务重大变化与调整、重要研发项目的进展、核心团队与关键技术的变化、供应商和客户的变化、销售渠道变动、成本结构、收入模式变动、季节性、周期性特征等对于经营的影响情况。

（三）对公开转让说明书或年度报告中披露的存续到报告期的风险因素进行分析，回顾企业在报告期内经营管理上遇到的困难，例如政策变动、财务风险、客户投诉、成本提高、人才流失及研发失败等。分析报告期内企业通过何种措施来应对这些困难、改善企业经营，例如定向发行、并购重组、人才引进、研究开发以及公司治理改进等，分析其对于提升企业价值的影响。

第三节　财务信息

第十五条　财务信息包括财务报表和财务报表附注两个部分。财务报表及其附注未经会计师事务所审计的，挂牌公司应当注明“未经审计”字样。经会计师事务所审计的，若注册会计师出具标准审计报告，挂牌公司应当明确说明注册会计师出具标准审计报告；若注册会计师出具非标准审计报告，挂牌公司应当披露审计报告正文，并且董事会应当对涉及事项作出说明。

第十六条　财务报表包括比较式资产负债表、利润表和现金流量表。编制合并报表的公司，除提供合并财务报表外，还应提供母公司财务报表。

公司提供的财务报表中会计数据的填列应自左至右，最左侧为最近一期数据，表内各主要报表项目应标有注释编号，并与财务报表注释编号一致。

第十七条　半年度报告财务报表附注包括详情以及项目注释，应当以年初至报告期末为基础披露，详情应当至少包括以下信息：

（一）半年度报告所采用的会计政策与上年度财务报表是否一致。会计政策发生变更的，应当说明会计政策变更的性质、内容、原因及其影响数；无法追溯调整的，应当说明原因。

（二）半年度报告所采用的会计估计与上年度财务报表是否一致。会计估计发生变更的，应当说明会计估计变更的内容、原因及其影响数；影响数不能确定的，应当说明原因。

（三）是否存在前期差错更正。若存在前期差错更正，应当说明前期差错的性质及其更正金额；无法追溯调整的，应当说明原因。

（四）企业经营是否存在季节性或者周期性特征。若存在，应当说明季节性或者周期性特征的内容及其影响。

（五）合并财务报表的合并范围是否发生变化。若发生变化，应当说明变化的原因。

（六）是否存在需要根据《企业会计准则第35号——分部报告》规定披露分部报告的信息。若存在，应当披露主要报告形式的分部收入和分部利润（亏损）。

（七）是否存在半年度资产负债表日至半年度财务报告批准报出日之间的非调整事项。若存在，说明具体情况。

（八）上年度资产负债表日以后所发生的或有负债和或

有资产是否发生变化。若变化，应当说明具体情况。

（九）重大的长期资产是否转让或者出售。若存在，说明具体情况。

（十）重大的固定资产和无形资产是否发生变化。若变化，说明具体情况。

（十一）是否存在重大的研究和开发支出。若存在，说明具体情况。

（十二）是否存在重大的资产减值损失。若存在，说明具体情况。

第十八条　具体的报表项目注释参照《公开发行证券的公司信息披露编报规则第 15 号——财务报告的一般规定》（2010 年修订）的规定编制。

第四节　非财务信息

第十九条　非财务信息包括重要事项、股东变动及股东情况、董事、监事、高级管理人员及核心员工情况三个部分。重要事项包括但不限于利润分配或公积金转增股本、定向发行、重大诉讼与仲裁、对外担保、资金占用、关联交易、收购、出售资产、对外投资、企业合并、资产权利受限情况、股权激励、承诺履行等。

第二十条　挂牌公司应披露报告期内实施的利润分配方案或公积金转增股本方案的执行情况，并说明是否存在已经批准但尚未实施的利润分配方案或公积金转增股本方案的情况。

第二十一条　挂牌公司应当披露报告期内进行的定向发行的基本情况，内容包括但不限于发行次数、发行股份总量、募集资金数量等。

第二十二条　挂牌公司应当披露报告期内发生的所有诉讼、仲裁事项的概况及涉及的累计金额，如果上述金额不超过报告期末净资产绝对值 10% 的，可以免于披露。以前年度发生并以临时公告形式披露，但尚未结案的重大诉讼、仲裁事项在报告期内存在重大进展的，公司应当披露案件进展情况；已经审结的重大诉讼、仲裁事项，公司应当披露报告期内案件的执行情况。

第二十三条　挂牌公司应当披露报告期内履行的及尚未履行完毕的对外担保合同（不包括对控股子公司担保），包括担保金额、担保期限、担保类型（一般担保或连带责任担保）等。

挂牌公司应当披露公司及其控股子公司为股东、实际控制人及其关联方提供担保的金额，公司直接或间接为资产负债率超过 70%（不含本数）的被担保对象提供的债务担保金额，以及公司担保总额超过净资产 50%（不含本数）部分的金额。公司还应当说明报告期内是否存在违规担保的情形。

第二十四条　挂牌公司应当披露报告期内发生并持续到报告期的股东及其关联方以各种形式占用或者转移公司资金、资产及其他资源的情形，应当说明发生的原因及整改情况，其中发生控股股东、实际控制人及其关联方占用资金情形的，应当充分披露相关的决策程序，预计归还方式及时间。

第二十五条　挂牌公司应当披露报告期内日常性关联交易的执行情况。同时说明报告期内发生的偶发性关联交易的金额、履行的程序，并说明偶发性关联交易的必要性和持续性及对公司生产经营的影响。

第二十六条　挂牌公司应当披露报告期内经股东大会审议通过的收购及出售资产、对外投资情况，以及报告期内发生的企业合并事项的简要情况及进展，并分析上述事项对公司业务持续性、管理层稳定性及其他方面的影响。

第二十七条　挂牌公司应披露报告期末资产中被查封、扣押、冻结或者被抵押、质押的资产类别、账面价值和累计值及其占总资产的比例。

第二十八条　挂牌公司应披露报告期内通过的股权激励计划、以前年度通过的股权激励计划是否存在变动情况，并说明已披露的股权激励计划在报告期内的实施情况。

第二十九条　挂牌公司及其董事、监事、高级管理人员或股东、实际控制人及其他信息披露义务人如存在报告期内或持续到报告期已披露的承诺，应当披露承诺的履行情况。

第三十条　挂牌公司应当披露报告期期初、期末的股本结构；报告期期末前十名股东持股情况，并对前十名股东相互间关系及持股变动情况进行说明。

挂牌公司应当披露控股股东和实际控制人情况，并对控股股东和实际控制人的变动情况进行说明。

第三十一条　挂牌公司应当披露报告期内董事、监事、高级管理人员的职务、性别、任期及持股情况。

挂牌公司应当披露报告期内董事、监事、高级管理人员及核心员工的变动情况，说明变动对公司经营的影响。

第五节　备查文件目录

第三十二条　挂牌公司应当披露备查文件的目录，内容包括：

（一）载有公司负责人、主管会计工作负责人、会计机构负责人（会计主管人员）签名并盖章的财务报表。

（二）载有会计师事务所盖章、注册会计师签名并盖章的审计报告原件（如有）。

（三）报告期内在指定网站上公开披露过的所有公司文件的正本及公告的原稿。

公司应当在办公场所备置上述文件的原件。全国股份转让系统公司要求提供时，或股东依据法律、法规或公司章程要求查阅时，公司应当及时提供。

第三章　监管措施和违规处分

第三十三条　挂牌公司及其董事、监事、高级管理人员、股东、实际控制人及其他相关信息披露义务人、律师、主办券商和其他证券服务机构违反本指引的，全国股份转让系统公司依据《业务规则》采取相应的监管措施或纪律处分。

第四章　附则

第三十四条　本指引包括附件《全国中小企业股份转让系统挂牌公司半年度报告内容与格式模板》。

第三十五条　本指引由全国股份转让系统公司负责解释。

第三十六条　本指引自发布之日起施行。

交易监察类

全国中小企业股份转让系统转让异常情况处理办法

（试行）

第一条　为妥善处置转让异常情况，及时防范、化解全国中小企业股份转让系统（以下简称全国股转系统）市场风险，保障证券转让秩序，维护市场稳定，依据《证券法》、《突发事件应对法》、《国务院关于全国中小企业股份转让系统有关问题的决定》、《全国中小企业股份转让系统有限责任公司管理暂行办法》和《全国中小企业股份转让系统业务规则（试行）》等规定，制定本办法。

第二条　本办法所称转让异常情况是指导致或可能导致全国股转系统证券转让部分或全部不能正常进行（以下简称转让不能进行）的情形。

第三条　引发转让异常情况的原因包括不可抗力、意外事件、技术故障等。

第四条　引发转让异常情况的不可抗力是指全国股转系统市场所在地或全国其他部分区域出现或据灾情预警可能出现严重自然灾害、出现重大公共卫生事件或社会安全事件等情形。

第五条　引发转让异常情况的意外事件是指全国股转系统市场所在地发生火灾或电力供应出现故障等情形。

第六条　引发转让异常情况的技术故障是指：

（一）全国股转系统交易、通信系统中的网络、硬件设备、应用软件等无法正常运行；

（二）全国股转系统交易、通信系统在运行、主备系统切换、软硬件系统及相关程序升级、上线时出现意外；

（三）全国股转系统交易、通信系统被非法侵入或遭受其他人为破坏等情形；

（四）全国中小企业股份转让系统有限责任公司（以下简称全国股转公司）认定的其他情形。

第七条　转让不能进行是指无法正常开始转让、无法连续转让、转让结果异常、转让无法正常结束等情形。

第八条　无法正常开始转让是指：

（一）全国股转系统交易、通信系统在开市前无法正常启动；

（二）暂停、恢复证券转让、除权除息等重要操作在开市前未及时、准确处理完毕；

（三）前一转让日的日终清算交收处理未按时完成或虽已完成但清算交收数据出现重大差错而导致无法正确转让；

（四）10%以上的主办券商营业部因系统故障无法正常接入全国股转系统交易系统等情形；

（五）因做市商系统故障，导致相关挂牌公司股票正常履行开盘报价义务的做市商不足2家。

第九条　无法连续转让是指：

（一）全国股转系统交易、通信系统出现10分钟以上中断；

（二）全国股转系统行情发布系统出现10分钟以上中断；

（三）10%以上主办券商营业部无法正常发送转让申报、接收实时行情或成交回报；

（四）10%以上的证券中断交易；

（五）因做市商无法正常发送转让申报、接收实时行情或成交回报，导致部分挂牌股票正常履行报价义务的做市商不足2家。

第十条　转让结果异常是指转让结果出现严重错误、行情发布出现错误、全国股转公司认定的指数计算出现重大偏差等可能严重影响整个市场正常转让的情形。

第十一条　转让无法正常结束是指尾市转让异常、可能导致无法正常完成，收市处理无法正常结束等可能对市场造成重大影响的情形。

第十二条　转让异常情况出现后，全国股转公司将及时向市场公告，并可视情况需要单独或者同时采取技术性停牌、临时停市、暂缓进入交收等措施。

全国股转公司采取前款规定措施的，及时报告中国证监会。对技术性停牌或临时停市的决定，全国股转公司通过指定信息披露平台及相关媒体及时予以公告。

第十三条　技术性停牌或临时停市原因消除后，全国股转公司可以决定恢复转让，并向市场公告。

恢复转让后，全国股转公司对转让异常情况相关背景、原因、应对措施进行总结、分析，并书面报告中国证监会。

第十四条　证券转让相关部门或机构在与证券转让相关的业务实施、流程衔接、操作运行等环节出现重大误差或失误等情形，导致或可能导致转让不能进行，需要采取技术性停牌、临时停市等措施的，参照本办法执行。

第十五条　国内外已经或可能出现对中国证券市场稳定及正常运行造成重大影响的事件或者出现其他全国性事件的，应国家有关部门要求临时停市的，参照本办法执行。

第十六条　本办法中相关用语的含义：

（一）全国股转系统市场所在地：是指全国股转系统交易、通信及清算交收系统所在地；

（二）自然灾害：包括但不限于台风、地震、海啸、暴雪、日凌、洪涝灾害；

（三）重大公共卫生事件：包括但不限于传染病疫情、群体性不明原因疾病、食品安全事件以及其他严重影响公众健康和生命安全的事件；

（四）社会安全事件：包括但不限于恐怖袭击事件、经济安全事件、涉外突发事件以及其他严重影响公共安全的事件。

第十七条　本办法由全国股转公司负责解释。

第十八条　本办法自发布之日起施行。

全国中小企业股份转让系统
股票转让方式确定及变更指引
（试行）

第一章　总则

第一条　为明确全国中小企业股份转让系统（以下简称全国股份转让系统）申请挂牌公司、挂牌公司股票（以下简称股票）转让方式的确定、变更以及做市商加入、退出等相关事宜，根据《全国中小企业股份转让系统业务规则（试行）》、《全国中小企业股份转让系统股票转让细则（试行）》（以下简称《转让细则》）等有关规定，制定本指引。

第二条　股票可以采取做市转让方式、协议转让方式或竞价转让方式之一进行转让。挂牌公司提出申请并经全国中小企业股份转让系统有限责任公司（以下简称全国股份转让系统公司）同意，可以变更股票转让方式。

股票采取竞价转让方式的，竞价转让的实施条件、竞价转让方式的确定及有关变更要求，由全国股份转让系统公司另行制定。

第三条　申请挂牌公司股东大会应当就股票采取何种转让方式作出决议。

挂牌公司拟申请变更股票转让方式的，其股东大会应当就股票转让方式变更事宜作出决议。挂牌公司应当在股东大会会议结束后2个转让日内在全国股份转让系统公司指定信息披露平台（以下简称指定网站）公告决议内容。

第二章　申请挂牌公司股票转让方式的确定

第四条　股票挂牌时拟采取协议转让方式的，申请挂牌公司应当在提交挂牌申请材料的同时，向全国股份转让系统公司提交以下材料：

（一）关于股票采取协议转让方式的申请；

（二）关于同意公司股票采取协议转让方式的决议；

（三）全国股份转让系统公司要求提交的其他材料。

第五条　股票挂牌时拟采取做市转让方式的，应当具备以下条件：

（一）2 家以上做市商同意为申请挂牌公司股票提供做市报价服务，且其中一家做市商为推荐该股票挂牌的主办券商或该主办券商的母（子）公司；

（二）做市商合计取得不低于申请挂牌公司总股本 5% 或 100 万股（以孰低为准），且每家做市商不低于 10 万股的做市库存股票；

（三）全国股份转让系统公司规定的其他条件。

第六条　股票挂牌时拟采取做市转让方式的，申请挂牌公司应当在提交挂牌申请材料的同时，向全国股份转让系统公司提交以下材料：

（一）关于股票采取做市转让方式的申请；

（二）关于同意公司股票采取做市转让方式的决议；

（三）做市商为申请挂牌公司股票提供做市报价服务申请；

（四）全国股份转让系统公司要求的其他材料。

第七条　全国股份转让系统公司在出具同意挂牌审查意见时，确认申请挂牌公司股票的转让方式。

第八条　股票采取做市转让方式的，申请挂牌公司应当在股票挂牌前确认做市商做市库存股票已经按照中国证券登记结算有限责任公司（以下简称中国结算）要求登记于做市商做市专用证券账户，并将做市商做市库存股票登记结果向全国股份转让系统公司报告。

第九条　申请挂牌公司应当按照全国股份转让系统公司的要求在公开转让说明书和挂牌提示性公告（附件 4、附件 5）中披露其股票转让方式。

第三章　协议转让方式变更为做市转让方式

第十条　采取协议转让方式的股票，挂牌公司申请变更为做市转让方式的，应当符合以下条件：

（一）2 家以上做市商同意为该股票提供做市报价服务，并且每家做市商已取得不低于 10 万股的做市库存股票；

（二）全国股份转让系统公司规定的其他条件。

第十一条　挂牌公司应当在作出有关变更转让方式的决议后 3 个月内，向全国股份转让系统公司提交以下申请材料：

（一）变更股票转让方式为做市转让方式申请；

（二）挂牌公司关于变更股票转让方式的决议；

（三）做市商为挂牌公司股票提供做市报价服务申请；

（四）全国股份转让系统公司要求的其他材料。

第十二条　全国股份转让系统公司收到申请材料后，在 3 个转让日内出具意见，并于出具意见当日（T 日）收市后通知挂牌公司和相关做市商。挂牌公司应当于 T 日在指定网站公告。

第十三条　全国股份转让系统公司同意挂牌公司股票转让方式变更为做市转让方式的，自 T+2 转让日起该股票转让方式变更为做市转让方式，相关做市商应当履行对该股票的做市报价义务。

第四章　做市转让方式变更为协议转让方式

第十四条　采取做市转让方式的股票，挂牌公司申请变更为协议转让方式的，应当符合以下条件：

（一）该股票所有做市商均已满足《转让细则》关于最低做市期限的要求，且均同意退出做市；

（二）全国股份转让系统公司规定的其他条件。

第十五条　挂牌公司应当在作出有关变更转让方式的决议后 5 个转让日内，向全国股份转让系统公司提交以下申请材料：

（一）变更股票转让方式为协议转让方式申请；

（二）挂牌公司关于变更股票转让方式的决议；

（三）做市商同意退出做市声明；

（四）全国股份转让系统公司要求的其他材料。

第十六条　全国股份转让系统公司收到申请材料后，在 3 个转让日内出具意见，并于出具意见当日（T 日）收市后通知挂牌公司和相关做市商。挂牌公司应当于 T 日在指定网站公告。

第十七条　全国股份转让系统公司同意挂牌公司股票转让方式变更为协议转让方式的，自 T+2 转让日起该股票转让方式变更为协议转让方式，相关做市商停止为该股票提供做市报价服务，并应当按照《转让细则》有关规定将该挂牌公司股票转出做市专用证券账户。

第五章　申请后续加入为股票做市

第十八条　挂牌时采取做市转让方式的股票，拟后续加入的做市商须在该股票挂牌满 3 个月后方可经申请同意后为该股票提供做市报价服务。

做市商退出做市后，1 个月内不得申请再次为该股票做市。

第十九条　采取做市转让方式的股票，做市商拟后续加入为该股票做市的，应事先向全国股份转让系统公司提交后续加入做市申请（附件 10）。全国股份转让系统公司接受申请的时间为每个转让日的 15:00 至 17:00。

第二十条　全国股份转让系统公司收到申请后，在 3 个转让日内出具意见，并于出具意见当日（T 日）收市后通知提出申请的做市商。

全国股份转让系统公司同意申请的，该做市商应当于 T 日在指定网站公告，并于 T+1 转让日开始履行对该股票的做市报价义务。

第二十一条　挂牌公司提交将股票由做市转让方式变更为协议转让方式申请后，全国股份转让系统公司停止接受做市商后续加入为该股票做市的申请，已经接受申请的，中止审查。

第六章　申请退出为股票做市

第二十二条　挂牌时采取做市转让方式的股票和由协议转让方式变更为做市转让方式的股票，其初始做市商为股票做市不满 6 个月的，不得申请退出为该股票做市。后续加入的做市商为相关股票做市不满 3 个月的，不得申请退出为该股票做市。

第二十三条　做市商拟退出为股票做市的，应事先向全国股份转让系统公司提交退出做市申请。全国股份转让系统公司接受申请的时间为每个转让日的15:00至17:00。

第二十四条　全国股份转让系统公司收到申请后,在3个转让日内出具意见,并于出具意见当日(T日)收市后通知申请退出的做市商。

全国股份转让系统公司同意申请的,该做市商应当于T日在指定网站公告,自T+1转让日起停止履行为相关股票提供做市报价服务,并应当按照《转让细则》有关规定将该挂牌公司股票转出做市专用证券账户。

第七章　特殊情形处理

第二十五条　采取做市转让方式的股票发生下列情形之一,将导致该股票做市商不足2家时,全国股份转让系统公司于有关情形发生当日(T日)收市后在公司网站公告相关情况:

(一)该股票做市商提出申请并经全国股份转让系统公司同意,退出为该股票做市;

(二)该股票做市商被暂停、终止从事做市业务,或被禁止为该股票做市。

自T+1转让日起,该股票暂停转让。暂停转让期间,挂牌公司应当每5个转让日在指定网站发布一次提示性公告。

第二十六条　发生第二十五条所述情形导致股票暂停转让的,相关股票在以下情形发生后恢复转让:

(一)该股票做市商在T+30个转让日内恢复为2家以上;

(二)挂牌公司在T+30个转让日内提出申请并经全国股份转让系统公司同意,股票转让方式变更为协议转让方式;

(三)依据《转让细则》第十八条规定,全国股份转让系统公司强制将股票转让方式变更为协议转让方式。

因发生上述(一)、(三)情形,股票恢复转让的,全国股份转让系统公司于恢复转让前一转让日在公司网站公告相关情况。

第八章　附则

第二十七条　本指引所称"以上"包含本数,"不足"不包含本数。

第二十八条　本指引由全国股份转让系统公司负责解释。

第二十九条　本指引自发布之日起施行。

全国中小企业股份转让系统股票异常转让实时监控指引（试行）

第一条　为维护全国中小企业股份转让系统(以下简称全国股份转让系统)交易秩序,保护投资者合法权益,根据《全国中小企业股份转让系统业务规则(试行)》(以下简称《业务规则》)、《全国中小企业股份转让系统股票转让细则(试行)》(以下简称《股票转让细则》)、《全国中小企业股份转让系统主办券商管理细则(试行)》等规定,制定本指引。

第二条　全国中小企业股份转让系统有限责任公司(以下简称全国股份转让系统公司)对挂牌公司股票的转让过程进行实时监控,并依法对实时监控中发现的异常情况及行为实施自律监管。

第三条　全国股份转让系统公司在实时监控中,发现股票价格异常波动、股票转让行为异常或做市商报价与转让行为涉嫌违法违规的,可以采取公告转让双方基本情况和转让相关信息、电话问询、要求提交书面承诺、出具警示函、暂停转让、限制证券账户交易、向中国证监会报告等措施。

第四条　股票转让出现下列情形之一的,属于异常波动,挂牌公司应当于次一转让日披露异常波动公告。

(一)协议转让方式下,股票当日换手率超过10%,或连续三个转让日换手率累计超过20%;

(二)做市转让方式下,股票连续三个转让日涨跌幅累计超过50%;

(三)全国股份转让系统公司认定的其他情形。

如果次一转让日无法披露,挂牌公司应当向全国股份转让系统公司申请股票暂停转让直至披露后恢复转让。

第五条　采取协议转让方式的股票,投资者买卖出现下列情形之一的,全国股份转让系统公司于次一转让日进行公告:

(一)成交价格较前收盘价变动幅度超过50%;

(二)全国股份转让系统公司认定的其他情形。

公告内容包括:证券代码、证券简称、成交价格、成交数量、买卖双方证券账户名称、主办券商证券营业部或交易单元的名称等。

第六条　采取做市转让方式的股票,出现下列情形之一的,相关做市商应当及时向全国股份转让系统公司报告,并说明情况:

(一)当日成交量加权平均价较前收盘价变动幅度超过20%;

(二)当日最高报卖价、最低报买价较前收盘价变动幅度超过30%;

(三)全国股份转让系统公司或做市商认为需要报告并说明情况的其他情形。

第七条　全国股份转让系统公司可以单独或联合其他有关单位,对异常及涉嫌违法违规转让行为采取现场或非现场方式进行调查,相关主办券商及其营业部、投资者应当予以配合。

第八条　全国股份转让系统公司对异常转让的当事人采取要求提交书面承诺、出具警示函等措施的,通过相关证券账户所在的主办券商或营业部向当事人发出。相关主办券商或营业部应当及时向客户转告有关警示、督促客户提交书面承诺,并保留相关证据。

做市商或使用专用交易单元的机构投资者进行做市或参与交易的,全国股份转让系统公司直接要求相关当事人提交书面承诺、向其出具警示函。

第九条　全国股份转让系统公司做出限制证券账户交易决定的,通过相关证券账户所在主办券商向当事人发出有关书面决定。该主办券商应当在收到限制证券账户交易决定的当日将其送达相关当事人;确实无法在当天送达的,应保留相关证据并及时向全国股份转让系统公司报告。

做市商、使用专用交易单元的机构投资者进行做市或参与交易的,全国股份转让系统公司直接向相关当事人发出有关书面决定。

第十条　投资者被全国股份转让系统公司采取自律监管措施后仍拒不配合或未按要求整改,主办券商未按照全国股份转让系统公司业务规则履行客户管理责任或不配合监管，或者做市商不配合监管或未按要求整改的，全国股份转让系统公司可依据《股票转让细则》等，采取进一步处理措施。

第十一条　本指引所称“超过”不含本数。

第十二条　本指引由全国股份转让系统公司负责解释。

第十三条　本指引自发布之日起实施。

全国中小企业股份转让系统交易单元管理办法

（试行）

第一章　总则

第一条　为规范全国中小企业股份转让系统有限责任公司（以下简称全国股份转让系统公司）交易单元的管理，维护市场秩序，保障交易安全，根据《全国中小企业股份转让系统业务规则（试行）》、《全国中小企业股份转让系统股票转让细则（试行）》、《全国中小企业股份转让系统主办券商管理细则（试行）》及其他相关规定，制定本办法。

第二条　全国中小企业股份转让系统（以下简称全国股份转让系统）交易单元的管理，适用本办法。本办法未作规定的，适用全国股份转让系统公司其他规定。

第三条　主办券商和全国股份转让系统公司认可的其他机构（以下统称转让参与人）通过交易单元参与全国股份转让系统证券转让活动的，按照全国股份转让系统公司规定行使相关转让权利，获取相关转让服务，并接受全国股份转让系统公司管理。

全国股份转让系统公司认可的其他机构通过设立交易单元参与全国股份转让系统证券转让活动的，相关规定由全国股份转让系统公司另行制定。

第四条　转让参与人应当遵守本办法和全国股份转让系统公司其他相关规定，制定有关交易单元的内部管理制度，规范相关操作流程，防范业务风险，并承担所属交易单元相关证券业务的法律责任。

第二章　一般规定

第五条　转让参与人设立交易单元后，方可参与全国股份转让系统的证券转让。

转让参与人可根据业务需要向全国股份转让系统公司申请设立一个或一个以上的交易单元。

第六条　转让参与人从事证券经纪、证券自营、做市和证券资产管理等业务，应当使用不同的交易单元，但全国股份转让系统公司另有规定的除外。

第七条　全国股份转让系统公司根据转让参与人的申请和业务范围，为其设立的交易单元设定下列交易或业务权限：

（一）参与不同类别证券品种的转让；

（二）参与不同类型的交易申报；

（三）参与特定证券的做市申报；

（四）其他交易或业务权限。

第八条　全国股份转让系统公司可根据转让参与人的风险承受能力、技术系统、内部控制、业务资格变化及遵守全国股份转让系统公司规则的情况等，调整或取消相关交易或业务权限。

第九条　根据转让参与人的申请，全国股份转让系统公司可以为其交易单元设置以下使用全国股份转让系统公司交易系统资源和获取交易系统服务的功能：

（一）申报买卖指令及其他业务指令；

（二）获取实时及盘后交易回报；

（三）获取证券转让即时行情、证券转让公开信息等交易信息及相关新闻公告；

（四）获取交易系统提供的其他服务。

第十条　转让参与人设立的交易单元通过网关与全国股份转让系统公司交易系统连接。

转让参与人可通过多个网关进行一个交易单元的交易申报，也可通过一个网关进行多个交易单元的交易申报，但不得通过其他转让参与人的网关进行交易申报。

第十一条　全国股份转让系统公司为转让参与人设立的每个交易单元自动配备一个免费标准流速。转让参与人可向全国股份转让系统公司申请一个以上的标准流速，并可将所拥有的总流速配置到一个或一个以上的网关上。

一个标准流速为每秒 10 笔，全国股份转让系统公司可根据市场需要进行调整。配置到网关上的流速应当为标准流速的整数倍，单个网关最多可配置 10 个标准流速。

第三章　设立、变更与注销

第十二条　转让参与人可根据业务需要，向全国股份转让系统公司申请设立交易单元。转让参与人申请设立交易单元的，应当按照全国股份转让系统公司的要求提供相关文件。

全国股份转让系统公司自受理之日起 5 个转让日内作出是否同意的决定。

第十三条　转让参与人购买标准流速或设立网关，应当向全国股份转让系统公司提出申请。

全国股份转让系统公司自受理之日起 2 个转让日内作出是否同意的决定。

第十四条　全国股份转让系统公司对第十二条、第十三条所述的申请审核同意的，核定相应的交易单元编码及所涉业务类型、标准流速数量与网关编码等。

第十五条　转让参与人可向全国股份转让系统公司申请变更其交易单元业务类型、交易权限与标准流速数量或网关编码等。

全国股份转让系统公司自受理之日起 3 个转让日内作出是否同意的决定。

第十六条　转让参与人可向全国股份转让系统公司申请注销其交易单元、标准流速或网关。

全国股份转让系统公司自受理之日起 3 个转让日内作出是否同意的决定。

第十七条　转让参与人在办理网关注销手续时，应当同时办理使用该网关的交易单元的变更或注销手续。

转让参与人在办理全部交易单元注销手续时，应同时办理网关的注销手续。

第十八条　因转让参与人发生重组、合并、破产、清算等情况涉及交易单元或者网关变动的，转让参与人应及时向全国股份转让系统公司申请办理相关的变更或者注销等手续。

第十九条　转让参与人不得转让交易单元。未经全国股份转让系统公司同意，转让参与人不得以出租等方式将设立的交易单元交予他人使用。

第四章　收费

第二十条　转让参与人通过交易单元从事证券转让业

务，应当向全国股份转让系统公司交纳交易单元开设初费、使用费、流速费与流量费等费用。

第二十一条　转让参与人设立首个交易单元时，应交纳人民币50万元的交易单元开设初费。转让参与人设立首个交易单元后，增设交易单元的，不必再交纳交易单元开设初费。

第二十二条　转让参与人申请使用的每个交易单元（含首个交易单元）按每年人民币3万元交纳交易单元使用费。

第二十三条　转让参与人申请使用的总流速不超过其享有的免费标准流速之和时，不需交纳流速费；申请使用的总流速超出其享有的免费标准流速之和的部分，按每个标准流速每年人民币5000元交纳流速费。

第二十四条　转让参与人应当按年向全国股份转让系统公司交纳流量费。转让参与人每年流量费总额按下列公式计算：转让参与人每年流量费总额＝（转让参与人所属各交易单元的年交易类申报笔数总和－该转让参与人享受的年交易类免费申报笔数）×每笔交易类申报收费单价＋（转让参与人所属各交易单元的年非交易类申报笔数总和－该转让参与人享有的年非交易类免费申报笔数）×每笔非交易类申报收费单价。其中：

（一）交易类申报包括买申报、卖申报和撤销申报；非交易类申报指除交易类申报外的其他申报，包括新股申购申报、转托管申报、可转债转股和回售申报等。

（二）每个交易单元享受的年免费申报笔数为交易类申报、非交易类申报各5000笔。

（三）每笔交易类申报收费单价为人民币0.15元，每笔非交易类申报收费单价为人民币0.01元。

按上述规则计算的转让参与人应交纳的流量费，每年不足人民币2000元的，按人民币2000元计。

第五章　附则

第二十五条　本规则下列用语的含义：

（一）交易单元，是指转让参与人向全国股份转让系统公司申请设立的、参与全国股份转让系统证券转让，并接受全国股份转让系统公司服务及监管的基本业务单位。

（二）网关，是指放置在转让参与人处、用于连接转让参与人与全国股份转让系统公司交易系统的软硬件设施的总称。

（三）标准流速，是指转让参与人在单位时间内通过网关向全国股份转让系统公司交易系统发送的标准的申报笔数。

第二十六条　本办法由全国股份转让系统公司负责解释。

第二十七条　本办法自发布之日起施行。

全国中小企业股份转让系统过渡期股票转让暂行办法

第一条　全国中小企业股份转让系统（以下简称“全国股份转让系统”）挂牌公司股票的转让适用本暂行办法。

第二条　挂牌公司股票应当通过全国股份转让系统转让，法律法规另有规定的除外。

第三条　挂牌公司股票转让时间为每周一至周五上午9:30至11:30，下午13:00至15:00。遇法定节假日和其他特殊情况，暂停转让。

第四条　深圳证券交易所为全国股份转让系统提供交易主机等设施。中国证券登记结算有限责任公司（以下简称“中国结算”）为全国股份转让系统提供登记结算服务。

第五条　投资者买卖挂牌公司股票，应持有中国结算深圳市场人民币普通股票账户（含原非上市股份有限公司股份转让账户，以下简称“证券账户”）。

第六条　投资者买卖挂牌公司股票，应与主办券商签订证券买卖委托代理协议，委托主办券商办理。

投资者卖出股票，须委托代理其买入该股票的主办券商办理。如需委托另一家主办券商卖出该股票，须办理股票转托管手续。

第七条　投资者委托分为意向委托、定价委托和成交确认委托。委托当日有效。

意向委托是指投资者委托主办券商按其指定价格和数量买卖股票的意向指令，意向委托不具有成交功能。

定价委托是指投资者委托主办券商按其指定的价格买卖不超过其指定数量股票的指令。

成交确认委托是指投资者买卖双方达成成交协议，或投资者拟与定价委托成交，委托主办券商以指定价格和数量与指定对手方确认成交的指令。

第八条　意向委托、定价委托和成交确认委托均可撤销，但已经全国股份转让系统确认成交的委托不得撤销或变更。

第九条　意向委托和定价委托应注明股票名称、股票代码、证券账户、买卖方向、买卖价格、买卖数量、联系方式等内容。

成交确认委托应注明股票名称、股票代码、证券账户、买卖方向、成交价格、成交数量、拟成交对手的主办券商、约定号等内容。

第十条　委托的股票数量以“股”为单位，每笔委托股票数量应为3万股以上。

投资者证券账户某一股票余额不足3万股的，只能一次性委托卖出。

第十一条　股票转让的计价单位为“每股价格”。股票转让的申报价格最小变动单位为0.01元。

第十二条　主办券商应通过专用通道，按接受投资者委托的时间先后顺序向全国股份转让系统申报。

第十三条　主办券商收到投资者卖出股票的意向委托后，应验证其证券账户，如股票余额不足，不得向全国股份转让系统申报。

主办券商收到投资者定价委托和成交确认委托后，应验证卖方证券账户和买方资金账户，如果卖方股票余额不足或买方资金余额不足，不得向全国股份转让系统申报。

第十四条　主办券商应按有关规定保管委托、申报记录和凭证。

第十五条　投资者达成转让意向后，可各自委托主办券商进行成交确认申报。

投资者拟与定价委托成交的，可委托主办券商进行成交确认申报。

第十六条　全国股份转让系统收到主办券商的定价申报和成交确认申报后，验证卖方证券账户。如果卖方股票余额不足，全国股份转让系统不接受该笔申报，并发送至主办券商。

第十七条　全国股份转让系统收到拟与定价申报成交的成交确认申报后，如系统中无对应的定价申报，该成交确认申报以撤单处理。

第十八条 全国股份转让系统对通过验证的成交确认申报和定价申报信息进行匹配核对。核对无误的，全国股份转让系统予以确认成交，并向中国结算发送成交确认结果。

第十九条 多笔成交确认申报与一笔定价申报匹配的，按时间优先的原则匹配成交。

第二十条 成交确认申报与定价申报可以部分成交。

成交确认申报股票数量小于定价申报的，以成交确认申报的股票数量为成交股票数量。定价申报未成交股票数量不小于3万股的，该定价申报继续有效；小于3万股的，以撤单处理。

成交确认申报股票数量大于定价申报的，以定价申报的股票数量为成交股票数量。成交确认申报未成交部分以撤单处理。

第二十一条 主办券商在全国股份转让系统从事代理买卖挂牌公司股票业务，应取得中国结算的结算参与人资格。

第二十二条 股票和资金的结算实行分级结算原则。中国结算根据成交确认结果办理结算参与人之间股票和资金的清算交收；结算参与人负责办理其与客户之间的清算交收。

结算参与人与客户之间的股票划付，应当委托中国结算代为办理。

第二十三条 中国结算按照货银对付的原则，为挂牌公司股票转让提供逐笔全额非担保交收服务。

第二十四条 投资者因司法裁决、继承等特殊原因需要办理股票过户的，依照中国结算的规定办理。

第二十五条 全国中小企业股份转让系统有限责任公司（以下简称"全国股份转让系统公司"）每个转让日发布委托和成交等转让信息，并通过全国股份转让系统指定信息披露平台或其他媒体公布。

主办券商应在营业网点揭示委托和成交信息。

第二十六条 全国股份转让系统公司发布的委托信息包括：委托类别、股票名称、股票代码、主办券商、买卖方向、拟买卖价格、股票数量、联系方式等。

全国股份转让系统公司发布的成交信息包括：股票名称、股票代码、成交价格、成交数量、买方代理主办券商和卖方代理主办券商等。

第二十七条 当日加权平均成交价为挂牌公司股票的收盘价；当日无成交的，以上一转让日的收盘价为收盘价。

第二十八条 挂牌公司股票发生权益分派、公积金转增股本情况，全国股份转让系统公司在权益登记日（R日）对该股票作除权除息处理。

第二十九条 除权（息）参考价计算公式为：

除权（息）参考价＝［前一转让日（R－1日）收盘价－现金红利］÷（1＋股份变动比例）

除权（息）日股票买卖，按除权（息）参考价作为计算涨跌幅度的基准，全国股份转让系统公司另有规定的除外。

第三十条 挂牌公司股票发生其他涉及除权除息处理情况的有关规定，由全国股份转让系统公司另行制定。

第三十一条 投资者买卖挂牌公司股票，应按照规定交纳相关税费。

第三十二条 投资者以异常价格进行定价委托或意向委托的，主办券商应对投资者及时进行提醒，要求其撤销该笔委托。异常价格包括但不限于以下情形：

（一）同时低于挂牌公司上年度经审计的每股净资产值与每股面值1元；

（二）涨幅高于挂牌公司股票前收盘价的100%（若前日成交中存在以异常价格成交情形的，则以最近一个未发生异常成交的转让日收盘价为计价标准）；

（三）全国股份转让系统公司或主办券商认定的其他情形。

第三十三条 主办券商应对存在异常委托行为的投资者建立记录，进行持续动态管理：对首次发生异常委托行为的投资者进行提醒；对再次发生异常委托行为的投资者予以警示；对三次以上发生异常委托行为的投资者，可在六个月内暂停接受其委托或终止证券买卖委托代理协议。

第三十四条 买卖双方投资者欲通过成交确认委托方式以异常价格（异常价格认定标准参照第三十二条）进行转让的，应事先通过挂牌公司发布股票转让提示性公告，公告次一转让日再进行相关委托转让。公告内容应当包括：转让双方基本情况，拟转让价格，拟转让数量，转让原因，预计转让日期，转让双方之间、转让双方与挂牌公司之间是否存在关联关系。

买卖双方投资者事先未公告即实施转让行为的，代理其买卖挂牌公司股票的主办券商应督促投资者在该转让行为发生后的两个转让日内，通过挂牌公司发布股票转让公告。公告内容应当包括：转让双方基本情况，转让价格，转让数量，转让原因，转让日期，转让双方之间、转让双方与挂牌公司之间是否存在关联关系。

投资者不配合主办券商调查或拒绝提供相关情况导致无法进行公告的，代理其买卖挂牌公司股票的主办券商可在转让发生后的两个转让日内公示投资者的基本情况，并在六个月内拒绝接受其委托。

第三十五条 全国股份转让系统公司对股票转让过程中出现的下列事项，予以重点监控：

（一）可能影响股票转让价格或者股票交易量的异常转让行为；

（二）股票转让价格或者股票交易量明显异常的情形；

（三）涉嫌内幕交易、操纵市场等违法违规行为；

（四）投资者买卖股票的品种、时间、数量等受到法律法规、全国股份转让系统公司规定限制的行为；

（五）全国股份转让系统公司认为需要重点监控的其他事项。

第三十六条 全国股份转让系统公司可以单独或联合有关单位，对异常转让行为等情形进行调查。相关主办券商和投资者应当配合。

第三十七条 全国股份转让系统公司在现场或非现场调查中，可以根据需要要求主办券商和投资者提供下列文件和资料：

（一）投资者的开户资料、授权委托书、资金账户情况和相关证券账户的转让情况等；

（二）相关证券账户或资金账户的实际控制人和操作人情况、资金来源以及相关账户间是否存在关联的说明等；

（三）对股票转让中重点监控事项的解释；

（四）其他与全国股份转让系统公司重点监控事项有关的资料。

第三十八条 全国股份转让系统公司可以视情形对挂牌公司股票转让中出现的异常转让行为采取以下监管措施：

（一）口头或书面警示；

（二）约见谈话；

（三）要求提交书面承诺；

（四）限制相关证券账户转让；

（五）盘中临时停止股票转让；

（六）上报证监会。

第三十九条　原代办股份转让系统挂牌的STAQ、NET系统公司和退市公司股票转让相关事项另行规定。

第四十条　本暂行办法由全国股份转让系统公司负责解释。

全国中小企业股份转让系统过渡期登记结算暂行办法

第一条　全国中小企业股份转让系统（以下简称"全国股份转让系统"）挂牌公司股票的登记结算适用本暂行办法。

第二条　投资者应持有中国证券登记结算有限责任公司（以下简称"中国结算"）深圳市场人民币普通股票账户（含原非上市股份有限公司股份转让账户，以下简称"证券账户"）参与挂牌公司股票的转让。

证券账户的开立、挂失补办、资料查询、资料变更和账户注销等业务，按照中国结算证券账户管理相关业务规则办理。

第三条　申请挂牌公司应在获得全国中小企业股份转让系统有限责任公司（以下简称"全国股份转让系统公司"）同意挂牌的审查意见和中国证监会核准文件、证券简称和证券代码后，与中国结算签订股份登记及服务协议，申请办理全部股份的集中登记。股份登记采取申报制，中国结算对申请挂牌公司提交的申请材料进行形式审核。申请挂牌公司应对申请材料的真实、准确与完整负责。

第四条　申请挂牌公司申请办理股份初始登记时，应当提供以下材料：

（一）股份登记申请；

（二）全国股份转让系统公司同意挂牌的审查意见和中国证监会核准文件；

（三）股份公司设立的相关文件；

（四）申请挂牌公司已签字盖章的《股份登记及服务协议》；

（五）涉及司法冻结或质押登记的，还需提供司法协助执行、质押登记相关申请材料；

（六）申请挂牌公司法人有效营业执照复印件、法人代表证明书、法定代表人授权委托书；

（七）中国结算要求提供的其他材料。

第五条　中国结算对上述材料审核无误后，办理股份预登记，向申请挂牌公司出具《网下登记持有人名册清单》。

申请挂牌公司核对确认《网下登记持有人名册清单》无误后，中国结算完成股份登记，并出具《股份登记确认书》。

第六条　挂牌公司申请定向发行股份登记，参照初始登记业务流程办理。

第七条　中国结算依据全国股份转让系统股票转让的交收结果，办理挂牌公司股份的变更登记。

挂牌公司股票涉及司法裁决、继承、赠与、依法进行的财产分割、法人资格丧失等特殊原因需要办理非交易过户的，参照中国结算相关业务规则办理。

第八条　投资者应当委托主办券商托管其持有的挂牌公司股份，主办券商应当将其托管的挂牌公司股份交由中国结算存管，但法律、行政法规和中国证监会另有规定的除外。

第九条　投资者需要变更托管主办券商的，应当通过转出的主办券商办理转托管。

第十条　挂牌公司进行送股、转增或派息等权益分派，应当向中国结算提出申请，并与中国结算商定股权登记日（R日）。

送股、转增或派息等权益于R+1日到账。

第十一条　挂牌公司委托中国结算派息，必须在R－1日前将派息款及相关税费足额划至中国结算指定账户。中国结算于R+1日将派息款划至主办券商在中国结算的结算备付金账户，再由主办券商划入投资者资金账户。

挂牌公司不能在规定期限内划入相关款项的，应及时通知中国结算，并刊登延期实施公告。

第十二条　中国结算根据挂牌公司的申报，并依据全国股份转让系统公司的确认办理挂牌公司股份的限售或解除限售的登记。

第十三条　挂牌公司董事、监事及高级管理人员持有的股份按规定需进行限售或解除限售的，挂牌公司应向全国股份转让系统公司报备并取得确认。

中国结算依据全国股份转让系统公司的确认办理挂牌公司董事、监事及高级管理人员持股的限售或解除限售的登记。

第十四条　挂牌公司因召开股东大会、自行派息或中国结算认可的其他原因，可以向中国结算申请领取持有人名册。

第十五条　挂牌公司可通过名册系统或书面的方式申领持有人名册，可通过名册系统、当面或邮寄等方式接收持有人名册。

第十六条　挂牌公司股票终止挂牌后，需要办理退出登记手续的，应当及时到中国结算办理。

第十七条　挂牌公司未按规定办理股份退出登记手续的，中国结算可将其证券登记数据和资料送达该挂牌公司或其代办机构，并由公证机关进行公证，视同该挂牌公司退出登记手续办理完毕。

第十八条　挂牌公司退出登记办理完毕后，中国结算通过全国股份转让系统指定信息披露平台和其他媒体发布关于终止为挂牌公司提供登记服务的公告。

第十九条　主办券商及其他机构参与挂牌公司股票转让结算业务，应取得中国结算的结算参与人资格，遵守《中国证券登记结算有限责任公司结算参与人管理规则》的有关规定。

第二十条　中国结算按照货银对付的原则，为挂牌公司的股票转让提供逐笔全额非担保交收服务。

第二十一条　股票和资金的结算实行分级结算原则。中国结算负责办理结算参与人之间的清算交收；结算参与人负责办理其与客户之间的清算交收。

结算参与人与客户之间的股票划拨，应当委托中国结算代为办理。

第二十二条　主办券商应当与其客户签订协议，至少明确以下事项：

（一）主办券商依据客户的委托，负责办理与客户的股票和资金的清算交收。客户只与主办券商发生结算关系，不与中国结算发生结算关系。

（二）客户同意在清算交收过程中，由主办券商委托中国结算办理其证券账户与主办券商证券交收账户之间的股票划拨。

第二十三条　中国结算使用结算参与人在中国结算已开设的结算备付金账户完成全国股份转让系统股票转让的资金

交收,使用结算参与人的证券交收账户完成股票交收。

中国结算在完成担保交收证券品种的交收后,再按照非担保交收原则办理挂牌公司股票的股份和资金交收。

第二十四条　全国股份转让系统股票转让的交收日为T+1日(T日为股票转让日),最终交收时点为16:00。

第二十五条　中国结算根据全国股份转让系统成交确认结果,于T日日终进行股票和资金的逐笔清算,并将清算结果发送各结算参与人。

第二十六条　T+1日最终交收时点,中国结算根据全国股份转让系统成交顺序,逐笔检查卖出方结算参与人负责结算的相关投资者证券账户中可用股票和买入方结算参与人结算备付金账户中可用资金是否足额。股票和资金均足额的,中国结算办理相关股票和资金的交收;任何一方股票或资金不足额的,视为交收失败,中国结算不办理相关股票和资金的交收,不承担相关法律责任。

T+1日日终中国结算将交收结果发送各结算参与人。

第二十七条　对交收失败的违约方结算参与人,中国结算将其交收违约纪录记入相关诚信档案。

第二十八条　中国结算根据规定的收费标准,在提供服务时收取相关费用。

第二十九条　原代办股份转让系统挂牌的STAQ、NET系统公司和退市公司股票的登记结算事项另行规定。

第三十条　本暂行办法由中国结算负责解释。

第三十一条　本暂行办法自发布之日起施行,《中国证券登记结算有限责任公司证券公司代办股份转让系统中关村科技园区非上市股份有限公司股份报价转让登记结算业务实施细则》同时废止。

全国中小企业股份转让系统股票转让细则
(试行)

第一章　总则

第一条　为规范全国中小企业股份转让系统(以下简称全国股份转让系统)股票转让行为,维护证券市场运行秩序,保护投资者合法权益,根据《中华人民共和国证券法》、《全国中小企业股份转让系统有限责任公司管理暂行办法》等法律、行政法规、部门规章、其他规范性文件及《全国中小企业股份转让系统业务规则(试行)》(以下简称《业务规则》)等相关规定,制定本细则。

第二条　在全国股份转让系统挂牌股票的转让,适用本细则。本细则未作规定的,适用全国股份转让系统其他有关规定。

第三条　股票转让及相关活动实行公开、公平、公正的原则,禁止证券欺诈、内幕交易、操纵市场等违法违规行为。

第四条　主办券商、投资者等市场参与人应当遵守法律、行政法规、部门规章、其他规范性文件及全国股份转让系统有关业务规则,遵循自愿、有偿、诚实信用原则。

第五条　全国中小企业股份转让系统有限责任公司(以下简称全国股份转让系统公司)为股票转让活动提供服务,并依法对相关股票转让活动进行自律管理。

第六条　股票转让采用无纸化的公开转让形式,或经中国证券监督管理委员会(以下简称中国证监会)批准的其他转让形式。

第二章　转让市场

第一节　转让设施与转让参与人

第七条　全国股份转让系统为股票转让提供相关设施,包括交易主机、交易单元、报盘系统及相关通信系统等。

第八条　主办券商进入全国股份转让系统进行股票转让,应当向全国股份转让系统公司申请取得转让权限,成为转让参与人。

第九条　转让参与人应当通过在全国股份转让系统申请开设的交易单元进行股票转让。

第十条　交易单元是转让参与人向全国股份转让系统公司申请设立的、参与全国股份转让系统证券转让,并接受全国股份转让系统公司服务及监管的基本业务单位。

第十一条　主办券商在全国股份转让系统开展证券经纪、证券自营和做市业务,应当分别开立交易单元。

第十二条　交易单元和转让权限的具体规定,由全国股份转让系统公司另行制定。

第二节　转让方式

第十三条　股票可以采取做市转让方式、协议转让方式、竞价转让方式之一进行转让。

第十四条　股票采取做市转让方式的,应当有2家以上做市商为其提供做市报价服务。

申请挂牌公司股票拟采取做市转让方式的,其中一家做市商应为推荐其股票挂牌的主办券商或该主办券商的母(子)公司。

第十五条　股票采取竞价转让方式的,应当符合全国股份转让系统公司规定的条件。具体条件由全国股份转让系统公司另行制定。

第十六条　挂牌公司提出申请并经全国股份转让系统公司同意,可以变更股票转让方式。

第十七条　采取做市转让方式的股票,拟变更为协议或竞价转让方式的,挂牌公司应事前征得该股票所有做市商同意。

第十八条　采取做市转让方式的股票,为其做市的做市商不足2家,且未在30个转让日内恢复为2家以上做市商的,如挂牌公司未按规定提出股票转让方式变更申请,其转让方式将强制变更为协议转让方式。

第三节　转让时间

第十九条　股票转让时间为每周一至周五9:15至11:30,13:00至15:00。转让时间内因故停市,转让时间不作顺延。

遇法定节假日和全国股份转让系统公司公告的休市日,全国股份转让系统休市。

第二十条　经中国证监会批准,全国股份转让系统公司可以调整转让时间。

第三章　股票转让一般规定

第二十一条　投资者买卖股票,应当以实名方式开立证券账户和资金账户,与主办券商签订证券买卖委托代理协议,并签署相关风险揭示书。

投资者开立证券账户,应当按照中国证券登记结算有限责任公司(以下简称中国结算)的规定办理。

第二十二条　投资者可以通过书面委托方式或电话、自助终端、互联网等自助委托方式委托主办券商买卖股票。

投资者进行自助委托的,应按相关规定操作,主办券商应当记录投资者委托的电话号码、网卡地址、IP地址等信息。

第二十三条　主办券商接受投资者的买卖委托后，应当确认投资者具备相应股票或资金，并按照委托的内容向全国股份转让系统申报，承担相应的交易、交收责任。

主办券商接受投资者买卖委托达成交易的，投资者应当向主办券商交付其委托主办券商卖出的股票或其委托主办券商买入股票的款项，主办券商应当向投资者交付卖出股票所得款项或买入的股票。

第二十四条　投资者可以撤销委托的未成交部分。

被撤销或失效的委托，主办券商应当在确认后及时向投资者返还相应的资金或股票。

第二十五条　主办券商应按照接受投资者委托的时间先后顺序及时向全国股份转让系统申报。

第二十六条　申报指令应当按全国股份转让系统公司规定的格式传送。全国股份转让系统公司可以根据市场需要，调整申报的内容及方式。

第二十七条　主办券商应当按有关规定妥善保管委托和申报记录。

第二十八条　买卖股票的申报数量应当为1000股或其整数倍。卖出股票时，余额不足1000股部分，应当一次性申报卖出。

第二十九条　股票转让的计价单位为“每股价格”。股票转让的申报价格最小变动单位为0.01元人民币。

按成交原则达成的价格不在最小价格变动单位范围内的，按照四舍五入原则取至相应的最小价格变动单位。

第三十条　股票转让单笔申报最大数量不得超过100万股。

第三十一条　全国股份转让系统公司可以根据市场需要，调整股票单笔申报数量、申报价格的最小变动单位和单笔申报最大数量。

第三十二条　申报当日有效。

买卖申报和撤销申报经全国股份转让系统交易主机确认后方为有效。

第三十三条　主办券商通过报盘系统向全国股份转让系统交易主机发送买卖申报指令。买卖申报经交易主机撮合成交后，转让即告成立。按本细则各项规定达成的交易于成立时生效，交易记录由全国股份转让系统公司发送至主办券商。

因不可抗力、意外事件、交易系统被非法侵入等原因造成严重后果的转让，全国股份转让系统公司可以采取适当措施或认定无效。

对显失公平的转让，经全国股份转让系统公司认定，可以采取适当措施。

第三十四条　违反本细则，严重破坏证券市场正常运行的转让，全国股份转让系统公司有权宣布取消转让。由此造成的损失由违规转让者承担。

第三十五条　依照本细则达成的交易，其成交结果以交易主机记录的成交数据为准。

第三十六条　全国股份转让系统对股票转让不设涨跌幅限制。全国股份转让系统公司另有规定的除外。

第三十七条　投资者买入的股票，买入当日不得卖出；做市商买入的股票，买入当日可以卖出。全国股份转让系统公司另有规定的除外。

第三十八条　按照本细则达成的交易，买卖双方必须承认交易结果，履行清算交收义务。

股票买卖的清算交收业务，应当按照中国结算的规定办理。

第三十九条　全国股份转让系统公司每个转让日发布股票转让即时行情、股票转让公开信息等转让信息，及时编制反映市场转让情况的各类报表，并通过全国股份转让系统指定信息披露平台或其他媒体予以公布。

第四十条　全国股份转让系统对采取做市、协议和竞价转让方式的股票即时行情实行分类揭示。

第四十一条　全国股份转让系统公司负责全国股份转让系统信息的统一管理和发布。未经全国股份转让系统公司许可，任何机构和个人不得发布、使用和传播转让信息。经全国股份转让系统公司许可使用转让信息的机构和个人，未经同意不得将转让信息提供给其他机构和个人使用或予以传播。

第四十二条　全国股份转让系统公司可以根据市场需要，调整即时行情和股票转让公开信息发布的内容和方式。

第四十三条　全国股份转让系统公司可以根据市场发展需要，编制综合指数、成份指数、分类指数等股票指数，随即时行情发布。

股票指数的设置和编制方法，由全国股份转让系统公司另行规定。

第四章　做市转让方式

第一节　委托与申报

第四十四条　做市商应在全国股份转让系统持续发布买卖双向报价，并在其报价数量范围内按其报价履行与投资者的成交义务。做市转让方式下，投资者之间不能成交。全国股份转让系统公司另有规定的除外。

第四十五条　投资者可以采用限价委托方式委托主办券商买卖股票。

限价委托是指投资者委托主办券商按其限定的价格买卖股票的指令，主办券商必须按限定的价格或低于限定的价格申报买入股票；按限定的价格或高于限定的价格申报卖出股票。

限价委托应包括证券账户号码、证券代码、买卖方向、委托数量、委托价格等内容。

第四十六条　全国股份转让系统接受主办券商的限价申报、做市商的做市申报。全国股份转让系统公司另有规定的除外。

限价申报应包括证券账户号码、证券代码、交易单元代码、证券营业部识别码、买卖方向、申报数量、申报价格等内容。

做市申报是指做市商为履行做市义务，向全国股份转让系统发送的，按其指定价格买卖不超过其指定数量股票的指令。做市申报应包括证券账户号码、证券代码、交易单元代码、买卖申报数量和价格等内容。

第四十七条　全国股份转让系统接受限价申报、做市申报的时间为每个转让日的9:15至11:30、13:00至15:00。全国股份转让系统公司可以调整接受申报的时间。

第四十八条　做市商应最迟于每个转让日的9:30开始发布买卖双向报价，履行做市报价义务。

第四十九条　做市商每次提交做市申报应当同时包含买入价格与卖出价格，且相对买卖价差不得超过5%。相对买卖价差计算公式为：

相对买卖价差＝（卖出价格－买入价格）÷卖出价格×

100%

卖出价格与买入价格之差等于最小价格变动单位的，不受前款限制。

第五十条　做市商提交新的做市申报后，前次做市申报的未成交部分自动撤销。

第五十一条　做市商前次做市申报撤销或其申报数量经成交后不足1000股的，做市商应于5分钟内重新报价。

第五十二条　做市商持有库存股票不足1000股时，可以免于履行卖出报价义务。

出现前款所述情形，做市商应及时向全国股份转让系统公司报告并调节库存股票数量，并最迟于该情形发生后第3个转让日恢复正常双向报价。

第五十三条　单个做市商持有库存股票达到挂牌公司总股本20%时，可以免于履行买入报价义务。

出现前款所述情形，做市商应及时向全国股份转让系统公司报告，并最迟于该情形发生后第3个转让日恢复正常双向报价。

第二节　成交

第五十四条　每个转让日的9:30至11:30、13:00至15:00为做市转让撮合时间。

做市商每个转让日提供双向报价的时间应不少于做市转让撮合时间的75%。

第五十五条　全国股份转让系统对到价的限价申报即时与做市申报进行成交；如有2笔以上做市申报到价的，按照价格优先、时间优先原则成交。成交价以做市申报价格为准。

做市商更改报价使限价申报到价的，全国股份转让系统按照价格优先、时间优先原则将到价限价申报依次与该做市申报进行成交。成交价以做市申报价格为准。

到价是指限价申报买入价格等于或高于做市申报卖出价格，或限价申报卖出价格等于或低于做市申报买入价格。

限价申报之间、做市申报之间不能成交。

第三节　做市商管理

第五十六条　证券公司在全国股份转让系统开展做市业务前，应向全国股份转让系统公司申请备案。

第五十七条　做市商开展做市业务，应通过专用证券账户进行。做市专用证券账户应向中国结算和全国股份转让系统公司报备。

做市商不再为挂牌公司股票提供做市报价服务的，应将库存股票转出做市专用证券账户。

第五十八条　做市商证券自营账户不得持有其做市股票或参与做市股票的买卖。

第五十九条　挂牌时采取做市转让方式的股票，初始做市商应当取得合计不低于挂牌公司总股本5%或100万股（以孰低为准），且每家做市商不低于10万股的做市库存股票。

除前款所述情形外，做市商在做市前应当取得不低于10万股的做市库存股票。

第六十条　做市商的做市库存股票可通过以下方式取得：

（一）股东在挂牌前转让；

（二）股票发行；

（三）在全国股份转让系统买入；

（四）其他合法方式。

第六十一条　挂牌时采取做市转让方式的股票，后续加入的做市商须在该股票挂牌满3个月后方可为其提供做市报价服务。

采取做市转让方式的股票，后续加入的做市商应当向全国股份转让系统公司提出申请。

第六十二条　挂牌时采取做市转让方式的股票和由其他转让方式变更为做市转让方式的股票，其初始做市商为股票做市不满6个月的，不得退出为该股票做市。后续加入的做市商为股票做市不满3个月的，不得退出为该股票做市。

做市商退出做市的，应当事前提出申请并经全国股份转让系统公司同意。做市商退出做市后，1个月内不得申请再次为该股票做市。

第六十三条　出现下列情形时，做市商自动终止为相关股票做市：

（一）该股票摘牌；

（二）该股票因其他做市商退出导致做市商不足2家而变更转让方式；

（三）做市商被暂停、终止从事做市业务或被禁止为该股票做市；

（四）全国股份转让系统公司认定的其他情形。

第四节　做市商间转让

第六十四条　做市商间为调节库存股等进行股票转让的，可以通过互报成交确认申报方式进行。

第六十五条　做市商的成交确认申报是指做市商之间按指定价格和数量与指定对手方确认成交的指令。

做市商的成交确认申报应包括证券账户号码、证券代码、交易单元代码、买卖方向、申报数量、申报价格、对手方交易单元、对手方证券账户号码以及成交约定号等内容。

第六十六条　全国股份转让系统接受做市商成交确认申报和对做市商成交确认申报进行成交确认的时间为每个转让日的15:00至15:30。

第六十七条　全国股份转让系统对证券代码、申报价格和申报数量相同，买卖方向相反，指定对手方交易单元、证券账户号码相符及成交约定号一致的做市商成交确认申报进行确认成交。

做市商间转让股票，其成交价格应在该股票当日最高、最低成交价之间；当日无成交的，其成交价格不得高于前收盘价的110%且不低于前收盘价的90%。

第六十八条　做市商当日从其他做市商处买入的股票，买入当日不得卖出。

第六十九条　做市商间转让不纳入即时行情和指数的计算，成交量在每个转让日做市商间转让结束后计入该股票成交总量。

第七十条　每个转让日做市商间转让结束后，全国股份转让系统公司逐笔公布做市商间转让信息，包括证券名称、成交量、成交价以及买卖双方做市商名称等。

第五节　其他规定

第七十一条　采取做市转让方式的股票，开盘价为该股票当日第一笔成交价。

第七十二条　采取做市转让方式的股票，收盘价为该股票当日最后一笔成交价。

当日无成交的，以前收盘价为当日收盘价。

第七十三条　全国股份转让系统为做市商提供其做市股票实时最高10个价位的买入限价申报价格和数量、最低10个价位的卖出限价申报价格和数量等信息，以及为该股票提供做市报价服务做市商的实时最优10笔买入和卖出做市申报价格和数量等信息。

第七十四条　采取做市转让方式的股票，全国股份转让系统每个转让日9:30开始发布即时行情，其内容主要包括证券代码、证券简称、前收盘价、最近成交价、当日最高价、当日最低价、当日累计成交数量、当日累计成交金额、做市商实时最高3个价位买入申报价格和数量、做市商实时最低3个价位卖出申报价格和数量等。

第五章　协议转让方式

第一节　委托与申报

第七十五条　投资者委托分为意向委托、定价委托和成交确认委托。

意向委托是指投资者委托主办券商按其确定价格和数量买卖股票的意向指令，意向委托不具有成交功能。意向委托应包括证券账户号码、证券代码、买卖方向、委托数量、委托价格、联系人、联系方式等内容。

定价委托是指投资者委托主办券商按其指定的价格买卖不超过其指定数量股票的指令。定价委托应包括证券账户号码、证券代码、买卖方向、委托数量、委托价格等内容。

成交确认委托是指投资者买卖双方达成成交协议，或投资者拟与定价委托成交，委托主办券商以指定价格和数量与指定对手方确认成交的指令。成交确认委托应包括：证券账户号码、证券代码、买卖方向、委托数量、委托价格、成交约定号等内容；拟与对手方通过互报成交确认委托方式成交的，还应注明对手方交易单元代码和对手方证券账户号码。

第七十六条　全国股份转让系统接受主办券商的意向申报、定价申报和成交确认申报。

意向申报应包括证券账户号码、证券代码、交易单元代码、证券营业部识别码、买卖方向、申报数量、申报价格、联系人、联系方式等内容。

定价申报应包括证券账户号码、证券代码、交易单元代码、证券营业部识别码、买卖方向、申报数量、申报价格等内容。

成交确认申报应包括：证券账户号码、证券代码、交易单元代码、证券营业部识别码、买卖方向、申报数量、申报价格、成交约定号等内容；若投资者成交确认委托中包括对手方交易单元代码和对手方证券账户号码，其对应成交确认申报指令也应包括相关内容。

第七十七条　交易主机接受申报的时间为每个转让日的9:15至11:30、13:00至15:00。

全国股份转让系统公司可以调整接受申报的时间。

第七十八条　全国股份转让系统收到拟与定价申报成交的成交确认申报后，如系统中无对应的定价申报，该成交确认申报以撤单处理。

第二节　成交

第七十九条　每个转让日的9:30至11:30、13:00至15:00为协议转让的成交确认时间。

第八十条　全国股份转让系统按照时间优先原则，将成交确认申报和与该成交确认申报证券代码、申报价格相同，买卖方向相反及成交约定号一致的定价申报进行确认成交。

成交确认申报与定价申报可以部分成交。成交确认申报股票数量小于定价申报的，以成交确认申报的股票数量为成交股票数量；成交确认申报股票数量大于定价申报的，以定价申报的股票数量为成交股票数量。成交确认申报未成交部分以撤单处理。

第八十一条　全国股份转让系统对证券代码、申报价格和申报数量相同，买卖方向相反，指定对手方交易单元、证券账户号码相符及成交约定号一致的成交确认申报进行确认成交。

第八十二条　每个转让日15:00，全国股份转让系统按照时间优先原则，将证券代码和申报价格相同、买卖方向相反的未成交定价申报进行匹配成交。

第三节　其他规定

第八十三条　采取协议转让方式的股票，开盘价为当日该股票的第一笔成交价。

第八十四条　采取协议转让方式的股票，以当日最后30分钟转让时间的成交量加权平均价为当日收盘价。最后30分钟转让时间无成交的，以当日成交量加权平均价为当日收盘价。当日无成交的，以前收盘价为当日收盘价。

第八十五条　采取协议转让方式的股票，每个转让日的即时行情内容主要包括前收盘价、最近成交价、当日最高成交价、当日最低成交价、当日累计成交数量以及定价申报的价格、数量、成交约定号等。

第八十六条　采取协议转让方式的股票，全国股份转让系统公司公布当日每笔成交信息，内容包括证券代码、证券简称、成交价格、成交数量、买卖双方主办券商证券营业部或交易单元的名称等。

股票转让公开信息涉及机构专用交易单元的，公布名称为“机构专用”。

第六章　竞价转让方式

第一节　委托与申报

第八十七条　股票竞价转让采用集合竞价和连续竞价两种方式。集合竞价，是指对一段时间内接受的买卖申报一次性集中撮合的竞价方式。连续竞价，是指对买卖申报逐笔连续撮合的竞价方式。

第八十八条　股票采取竞价转让方式的，每个转让日的9:15至9:25为开盘集合竞价时间，9:30至11:30、13:00至14:55为连续竞价时间，14:55至15:00为收盘集合竞价时间。

第八十九条　投资者可以采用限价委托方式委托主办券商买卖股票。

限价委托是指投资者委托主办券商按其限定的价格买卖股票的指令，主办券商必须按限定的价格或低于限定的价格申报买入股票；按限定的价格或高于限定的价格申报卖出股票。

限价委托应包括证券账户号码、证券代码、买卖方向、委托数量、委托价格等内容。

第九十条　全国股份转让系统接受主办券商的限价申报。

限价申报应包括证券账户号码、证券代码、交易单元代码、证券营业部识别码、买卖方向、申报数量、申报价格等内容。

第九十一条　全国股份转让系统接受主办券商限价申报的时间为每个转让日9:15至11:30、13:00至15:00。

每个转让日9:20至9:25、14:55至15:00，交易主机不接受撤销申报；在其他接受申报的时间内，未成交申报可以撤销。

每个转让日9:25至9:30,交易主机只接受申报,但不对买卖申报或撤销申报作处理。

全国股份转让系统公司可以调整接受申报的时间。

第九十二条　全国股份转让系统对申报设置有效价格区间。开盘集合竞价的申报有效价格区间为前收盘价的上下20%以内。连续竞价、收盘集合竞价的申报有效价格区间为最近成交价的上下20%以内;当日无成交的,申报有效价格区间为前收盘价的上下20%以内。

不在有效价格区间范围内的申报不参与竞价,暂存于交易主机;当成交价波动使其进入有效价格区间时,交易主机自动取出申报,参加竞价。

挂牌后无成交的股票,对申报不设置有效价格区间。

第二节　成交

第九十三条　股票竞价转让按价格优先、时间优先的原则撮合成交。

第九十四条　集合竞价时,成交价的确定原则为:

(一)可实现最大成交量;

(二)高于该价格的买入申报与低于该价格的卖出申报全部成交;

(三)与该价格相同的买方或卖方至少有一方全部成交。

两个以上价格符合上述条件的,取在该价格以上的买入申报累计数量与在该价格以下的卖出申报累计数量之差最小的价格为成交价;若买卖申报累计数量之差仍存在相等情况的,按如下方式确定成交价:

(一)开盘集合竞价时取最接近前收盘价的价格为成交价;无前收盘价的,取其平均价为成交价;

(二)收盘集合竞价时取最接近最近成交价的价格为成交价;当日无成交的,收盘集合竞价时取最接近前收盘价的价格为成交价;无前收盘价的,取其平均价为成交价。

集合竞价的所有转让以同一价格成交。

第九十五条　连续竞价时,成交价的确定原则为:

(一)最高买入申报与最低卖出申报价格相同,以该价格为成交价;

(二)买入申报价格高于集中申报簿当时最低卖出申报价格时,以集中申报簿当时的最低卖出申报价格为成交价;

(三)卖出申报价格低于集中申报簿当时最高买入申报价格时,以集中申报簿当时的最高买入申报价格为成交价。

第三节　其他规定

第九十六条　采取竞价转让方式的股票,开盘价为当日该股票的第一笔成交价。

开盘价通过集合竞价方式产生,不能通过集合竞价产生的,以连续竞价方式产生。

第九十七条　采取竞价转让方式的股票,收盘价通过集合竞价的方式产生。收盘集合竞价不能产生收盘价或未进行收盘集合竞价的,以该转让日最后一笔成交价为收盘价。当日无成交的,以前收盘价为当日收盘价。

第九十八条　集合竞价期间,即时行情内容包括证券代码、证券简称、前收盘价、集合竞价参考价、匹配量和未匹配量等。

连续竞价期间,即时行情内容包括证券代码、证券简称、前收盘价、最近成交价、当日最高成交价、当日最低成交价、当日累计成交数量、当日累计成交金额、实时最高5个价位买入申报价格和数量、实时最低5个价位卖出申报价格和数量等。

第九十九条　采取竞价转让方式的股票出现下列情形之一的,全国股份转让系统公司分别公布相关股票当日买入、卖出金额最大5家主办券商证券营业部或交易单元的名称及其各自的买入、卖出金额:

(一)当日价格振幅达到30%的前5只股票;

价格振幅的计算公式为:价格振幅=(当日最高价-当日最低价)/当日最低价×100%

(二)当日换手率达到10%的前5只股票;

换手率的计算公式为:换手率=成交股数/无限售条件股份总数×100%

价格振幅或换手率相同的,依次按成交金额和成交量选取。

股票转让公开信息涉及机构专用交易单元的,公布名称为"机构专用"。

第七章　其他转让事项

第一节　转托管

第一百条　投资者可以以同一证券账户在单个或多个主办券商的不同证券营业部买入股票。

第一百零一条　投资者买入的股票可以通过原买入股票的交易单元委托卖出,也可以向原买入股票的交易单元发出转托管指令,转托管完成后,在转入的交易单元委托卖出。

转托管的具体规定,由中国结算制定。

第二节　挂牌、摘牌、暂停与恢复转让

第一百零二条　全国股份转让系统对股票实行挂牌转让。

第一百零三条　股票依法不再具备挂牌条件的,全国股份转让系统公司终止其挂牌转让,予以摘牌。

第一百零四条　全国股份转让系统公司可以对出现异常转让情况的股票采取盘中临时停止转让措施并予以公告。

具体暂停与恢复转让时间,以相关公告为准。

第一百零五条　挂牌公司股票暂停转让时,全国股份转让系统公司发布的行情中包括该股票的信息;股票摘牌后,行情中无该股票的信息。

第一百零六条　股票的挂牌、摘牌、暂停与恢复转让,由全国股份转让系统公司予以公告。相关信息披露义务人应当按照全国股份转让系统公司的要求及时公告。

第一百零七条　股票挂牌、摘牌、暂停与恢复转让的其他规定,按照全国股份转让系统公司其他有关规定执行。

第三节　除权与除息

第一百零八条　股票发生权益分派、公积金转增股本等情况,全国股份转让系统在权益登记日的次一转让日对该股票作除权除息处理。全国股份转让系统公司另有规定的除外。

第一百零九条　除权(息)参考价计算公式为:

除权(息)参考价=(前收盘价-现金红利)÷(1%2B股份变动比例)

挂牌公司认为有必要调整上述计算公式时,可以向全国股份转让系统公司提出调整申请并说明理由。经全国股份转让系统公司同意的,挂牌公司应当向市场公布该次除权(息)适用的除权(息)参考价计算公式。

第一百一十条　除权(息)日股票买卖,按除权(息)参考价作为计算涨跌幅度和有效申报价格区间的基准,全国股份转让系统公司另有规定的除外。

第一百一十一条　在除权(息)日,挂牌公司应变更股票简称,在简称前冠以"XR"、"XD"、"DR"等字样。

"XR"代表除权;"XD"代表除息;"DR"代表除权并除息。

第八章　转让行为自律监管

第一百一十二条　全国股份转让系统公司对股票转让过程中出现的下列事项，予以重点监控：

（一）涉嫌内幕交易、操纵市场等违法违规行为；

（二）可能影响股票转让价格或者股票成交量的异常转让行为；

（三）股票转让价格或者股票成交量明显异常的情形；

（四）买卖股票的范围、时间、数量、方式等受到法律、行政法规、部门规章、其他规范性文件、《业务规则》及全国股份转让系统其他规定限制的行为；

（五）全国股份转让系统公司认为需要重点监控的其他事项。

第一百一十三条　可能影响股票转让价格或者股票成交量的异常转让行为包括：

（一）可能对股票转让价格产生重大影响的信息披露前，大量或持续买入或卖出相关股票；

（二）单个证券账户，或两个以上固定的或涉嫌关联的证券账户之间，大量或频繁进行反向交易；

（三）单个证券账户，或两个以上固定的或涉嫌关联的证券账户，大笔申报、连续申报、密集申报或申报价格明显偏离该证券行情揭示的最近成交价；

（四）频繁申报或撤销申报，或大额申报后撤销申报，以影响股票转让价格或误导其他投资者；

（五）集合竞价期间以明显高于前收盘价的价格申报买入后又撤销申报，随后申报卖出该证券，或以明显低于前收盘价的价格申报卖出后又撤销申报，随后申报买入该证券；

（六）对单一股票在一段时期内进行大量且连续交易；

（七）大量或者频繁进行高买低卖交易；

（八）单独或者合谋，在公开发布投资分析、预测或建议前买入或卖出相关股票，或进行与自身公开发布的投资分析、预测或建议相背离的股票转让；

（九）申报或成交行为造成市场价格异常或秩序混乱；

（十）涉嫌编造并传播交易虚假信息，诱骗其他投资者买卖股票；

（十一）全国股份转让系统公司认为需要重点监控的其他异常转让。

主办券商发现客户存在上述异常转让行为，应提醒客户；对可能严重影响交易秩序的异常转让行为，应及时报告全国股份转让系统公司。

第一百一十四条　股票转让价格或者股票成交量明显异常的情形包括：

（一）同一证券营业部或同一地区的证券营业部集中买入或卖出同一股票且数量较大；

（二）股票转让价格连续大幅上涨或下跌，且挂牌公司无重大事项公告；

（三）全国股份转让系统公司认为需要重点监控的其他异常转让情形。

第一百一十五条　全国股份转让系统公司对做市商的以下行为进行重点监控：

（一）不履行或不规范履行报价义务；

（二）频繁触发豁免报价条件；

（三）涉嫌以不正当方式影响其他做市商做市；

（四）库存股数量异常变动；

（五）报价异常变动，或通过频繁更改报价涉嫌扰乱市场秩序；

（六）做市商之间涉嫌串通报价或私下交换交易策略、做市库存股票数量等信息以谋取不正当利益；

（七）做市商与特定投资者在一段时间内对特定股票进行大量且连续交易；

（八）其他涉嫌违法违规行为。

第一百一十六条　全国股份转让系统公司可根据监管需要，对主办券商相关业务活动中的风险管理、技术系统运行、做市义务履行等情况进行监督检查。

第一百一十七条　全国股份转让系统公司可以单独或联合其他有关单位，对异常转让行为等情形进行现场或非现场调查。相关主办券商和投资者应当予以配合。

第一百一十八条　全国股份转让系统公司在现场或非现场调查中，可以根据需要要求主办券商及其证券营业部、投资者及时、准确、完整地提供下列文件和资料：

（一）投资者的开户资料、授权委托书、资金账户情况和相关账户的转让情况等；

（二）相关证券账户或资金账户的实际控制人、操作人和受益人情况、资金来源以及相关账户间是否存在关联的说明等；

（三）对股票转让中重点监控事项的解释；

（四）其他与全国股份转让系统公司重点监控事项有关的资料。

第一百一十九条　对第一百一十二条、第一百一十三条、第一百一十四条、第一百一十五条所述重点监控事项中情节严重的行为，全国股份转让系统公司可以视情况采取以下措施：

（一）约见谈话；

（二）要求提交书面承诺；

（三）出具警示函；

（四）限制证券账户转让；

（五）向中国证监会报告有关违法违规行为；

（六）其他自律监管措施。

第一百二十条　转让参与人及相关业务人员违反本细则的，全国股份转让系统公司可根据《业务规则》及全国股份转让系统其他相关业务规定，对其进行纪律处分，并记入诚信档案。

第九章　转让异常情况处理

第一百二十一条　发生下列转让异常情况之一，导致部分或全部转让不能正常进行的，全国股份转让系统公司可以决定单独或同时采取暂缓进入清算交收程序、技术性停牌或临时停市等措施：

（一）不可抗力；

（二）意外事件；

（三）技术故障；

（四）全国股份转让系统公司认定的其他异常情况。

第一百二十二条　出现无法申报或行情传输中断情况的，主办券商应及时向全国股份转让系统公司报告。无法申报或行情传输中断的证券营业部数量超过全部主办券商所属证券营业部总数10%以上的，属于转让异常情况，全国股份转让系统公司可以实行临时停市。

第一百二十三条　全国股份转让系统公司认为可能发生第一百二十一条、第一百二十二条规定的转让异常情况，并严重影响转让正常进行的，可以决定技术性停牌或临时停市。

第一百二十四条　全国股份转让系统公司对暂缓进入清算交收程序、技术性停牌或临时停市决定予以公告。技术性停牌或临时停市原因消除后，全国股份转让系统公司可以决定恢复转让，并予以公告。

因转让异常情况及全国股份转让系统公司采取的必要措施造成损失的，全国股份转让系统公司不承担责任。

第一百二十五条　转让异常情况处理的具体规定，由全国股份转让系统公司另行制定，并报中国证监会批准。

第十章　转让纠纷

第一百二十六条　主办券商之间、主办券商和客户之间发生转让纠纷，相关主办券商应当记录有关情况，以备全国股份转让系统公司查阅。转让纠纷影响正常转让的，主办券商应当及时向全国股份转让系统公司报告。

第一百二十七条　主办券商之间、主办券商和客户之间发生转让纠纷，全国股份转让系统公司可以按有关规定，提供必要的交易数据。

第一百二十八条　客户对转让有疑义的，主办券商有义务协调处理。

第十一章　转让费用

第一百二十九条　投资者买卖股票成交的，应当按规定向代理股票买卖的主办券商交纳佣金。

第一百三十条　主办券商应当按规定向全国股份转让系统交纳转让经手费及其他费用。

第一百三十一条　股票转让的收费项目、收费标准和收费方式等按有关规定执行。

第十二章　附则

第一百三十二条　原 STAQ、NET 系统公司和退市公司挂牌股票转让相关事项另行规定。

第一百三十三条　本细则所述时间，以全国股份转让系统交易主机的时间为准。

第一百三十四条　本细则下列用语具有如下含义：

（一）“做市商”是指经全国股份转让系统公司同意，在全国股份转让系统持续发布买卖双向报价，并在其报价数量范围内按其报价履行与投资者成交义务的证券公司。

（二）“委托”是指投资者向主办券商进行具体授权买卖股票的行为。

（三）“申报”是指转让参与人向全国股份转让系统交易主机发送股票买卖指令的行为。

（四）“集中申报簿”是指交易主机某一时点按买卖方向以及价格优先、时间优先顺序排列的所有未成交申报队列。

（五）“集合竞价参考价”是指截至揭示时集中申报簿中所有申报按照集合竞价规则形成的虚拟集合竞价成交价。

（六）“匹配量”是指截至揭示时集中申报簿中所有申报按照集合竞价规则形成的虚拟成交数量。

（七）“未匹配量”是指截至揭示时集中申报簿中在集合竞价参考价位上的不能按照集合竞价参考价虚拟成交的买方或卖方申报剩余量。

第一百三十五条　本细则所述价格优先的原则是指较高价格买入申报优先于较低价格买入申报，较低价格卖出申报优先于较高价格卖出申报；时间优先的原则是指买卖方向、价格相同的，先申报者优先于后申报者，先后顺序按交易主机接受申报的时间确定。

第一百三十六条　本细则所称“超过”、“低于”、“高于”、“不足”、“大于”不含本数，“以内”、“达到”、“以上”、“以下”含本数。

第一百三十七条　本细则由全国股份转让系统公司负责解释。

全国中小企业股份转让系统证券代码、证券简称编制管理暂行办法

第一章　总则

第一条　为加强全国中小企业股份转让系统（以下简称全国股份转让系统）证券代码、证券简称的管理，确保证券代码、证券简称编制工作安全、稳定、有序地开展，降低系统运行风险，有效利用证券代码资源，制定本办法。

第二条　本办法适用于在全国股份转让系统挂牌证券品种的证券代码、证券简称编制和使用工作。

第二章　管理职责

第三条　全国中小企业股份转让系统有限责任公司（以下简称全国股份转让系统公司）设立证券编码工作委员会负责全国股份转让系统证券代码、证券简称的编制管理工作，统筹规划证券代码体系，制定证券代码和证券简称编制原则，监督证券代码资源的使用情况。

第四条　证券编码工作委员会由全国股份转让系统公司综合事务部、财务管理部、法律事务部、挂牌业务部、公司业务部、交易监察部、机构业务部、信息服务部、技术服务部等相关部门人员组成。

第五条　证券编码工作委员会以会议形式履行职责。证券编码小组会议由交易监察部召集，并可视情形邀请中国证券登记结算有限责任公司有关人员列席。

第六条　证券代码、证券简称日常编制工作由挂牌业务部、公司业务部、机构业务部、信息服务部发起，交易监察部进行确认。

挂牌业务部负责编制和分配与首次挂牌相关的股票、债券、期权及关联衍生品种的证券代码，受理其证券简称申请并核定其证券简称。

公司业务部负责编制和分配非首次挂牌股票、债券、期权及关联衍生品种的证券代码，受理其证券简称申请并核定其证券简称。

机构业务部负责编制和分配基金、专项资产管理计划和其他证券公司创新产品的证券代码，受理其相关简称申请并核定其简称。

信息服务部负责编制和分配指数的证券代码，受理其指数的简称申请并核定其简称。

第七条　证券发行人可以向全国股份转让系统公司提出 ISIN 代码申请，由全国股份转让系统公司统一向全国金融标准化技术委员会证券分技术委员会申请对应的 ISIN 代码。ISIN 代码的有关编制方法参见国际号码代理人协会的 ISO6166 条例。

第三章　编制原则

第八条　全国股份转让系统证券代码采用六位数的数字型编制方法。

第九条　证券代码的编制原则上应当在所属证券品种区间内,可采用连续编制或其他经全国股份转让系统公司批准的方式进行编制。

第十条　按本办法编制的证券代码原则上不得与全国股份转让系统已挂牌证券代码重复。网络投票等必须重复使用证券代码的业务除外。

按本办法编制的证券代码应尽量避免与境内交易所已挂牌或上市证券代码重复。

第十一条　增加或者减少证券代码号段,应当经过证券编码工作委员会批准。

第十二条　证券简称应参考发行人名称、所属证券品种编制,不得超过八个字符(单字节字符),且应尽量避免与全国股份转让系统和境内交易所已挂牌或上市证券的证券简称重复。

第四章　股票及其衍生品种

第一节　挂牌公司股票

第十三条　挂牌公司普通股票证券代码首两位代码为83、87、88。

第十四条　挂牌公司优先股票证券代码首两位代码为82。

第十五条　挂牌公司股票证券简称原则上从公司名称中选取。

挂牌公司股票转让被实行特别处理风险警示,其证券简称首两位字符应改为“ST”,其他字符原则上从公司名称中选取。

第二节　两网公司及退市公司股票

第十六条　两网公司及退市公司A股股票证券代码首三位代码为400。

第十七条　退市公司B股股票证券代码首三位代码为420。

第十八条　退市公司既有A股股票,又有B股股票,其后三位代码应相同。

第十九条　退市公司纯B股公司内资股的证券代码首三位代码为400,后三位代码与该公司B股股票代码后三位代码相同;其证券简称前六位字符取自该公司B股股票简称,后两位字符为“内”。

第二十条　除纯B股公司内资股外,两网公司及退市公司A股股票证券简称的末位字符应为标识其每周转让天数的阿拉伯数字,其他字符原则上从公司名称中选取;B股股票证券简称的后两位字符应为“B”加上其每周转让天数的阿拉伯数字,其他字符原则上从公司名称中选取。

第三节　股权激励期权

第二十一条　股权激励期权证券代码首三位代码为850。

第二十二条　股权激励期权证券简称首四位字符从公司股票证券简称中选取,后四位字符按照期数依次为“JLC1”、“JLC2”等。

第四节　要约收购

第二十三条　要约收购证券代码首三位代码为840.

第二十四条　要约收购证券简称首四位字符从公司股票证券简称中选取,后四位字符为“收购”。

第五章　附则

第二十五条　本办法由全国股份转让系统公司负责解释。

机构业务类

全国中小企业股份转让系统主办券商执业质量评价办法（试行）

第一章　总则

第一条　为提高主办券商执业工作质量,督促主办券商勤勉尽责,促进市场持续健康发展,切实保护投资者的合法权益,根据《全国中小企业股份转让系统业务规则(试行)》、《全国中小企业股份转让系统主办券商管理细则(试行)》等有关规定,制定本办法。

第二条　主办券商执业质量评价是指全国股份转让系统有限责任公司(以下简称“全国股转公司”)以主办券商各项业务出现的执业质量负面行为记录为基础,结合自律监管措施、纪律处分、行政监管措施和行政处罚,以及主办券商对全国股转系统发展的贡献及其他对评价有重要影响的事项,按照本办法规定对主办券商执业质量进行的评价。

第三条　本办法适用于在全国股转公司已取得推荐、经纪或做市业务备案函的所有主办券商。

第四条　全国股转公司组织实施主办券商执业质量评价工作,并接受中国证券监督管理委员会(以下简称“证监会”)的指导、监督。

第二章　组织实施

第五条　主办券商的评价周期分为月度和年度。

(一)月度公示。全国股转公司于每月10日前,在全国股转系统指定信息披露平台(www. neeq. com. cn或www. neeq. cc)公示主办券商推荐挂牌、挂牌后督导、交易管理、综合管理四类业务执业质量情况。

(二)年度评价。年度评价期为上一年度5月1日至本年度4月30日,与证监会对证券公司分类评价的周期保持一致。全国股转公司于每年8月31日前,按照综合点值、扣点原则和加点原则,确定主办券商上年的评价点值,按本办法第五章的规定进行分档,在全国股转系统指定信息披露平台公示所有主办券商分档结果。

第六条　主办券商对评价结果有异议的,应自公示后的5个转让日内向全国股转公司申请复议,并提交相关证明材料。

全国股转公司应于15个转让日完成复议,并将结果反馈主办券商。主办券商或相关方提供、补正复议申请材料的时间不计入复议期。

经复核确需调整主办券商评价结果的,全国股转公司在结果反馈后3个转让日内公布该主办券商更正后的评价结果。

第三章　评价指标

第七条　主办券商执业质量评价指标包括执业质量负面行为记录、被采取自律监管措施、纪律处分、行政监管措施和行政处罚情况、对市场发展的贡献以及其他对评价有重要影响的事项。

第八条　执业质量负面行为记录是指主办券商在推荐挂

牌、挂牌后督导、交易管理、综合管理等执业过程中因未勤勉尽责而出现的工作质量低或不规范但尚未被采取自律监管措施的记录。

（一）推荐挂牌负面行为记录。主要反映主办券商推荐挂牌业务在尽职调查、申报文件质量、信息披露、股份登记、内核及质量控制等方面涉及执业质量的事项。

（二）挂牌后督导负面行为记录。主要反映主办券商持续督导挂牌公司信息披露、日常业务（如权益变动公告、限售/解除限售、暂停/恢复转让、权益分派等）、并购重组、股票发行等方面涉及执业质量的事项。

（三）交易管理负面行为记录。主要反映主办券商开展经纪业务和做市业务过程中在风险揭示、交易监控、做市报价、做市资金及股票管理等方面涉及执业质量的事项。

（四）综合管理负面行为记录。主要反映主办券商在业务备案、信息披露、人员资质、配合提交有关数据及报告、投资者适当性管理等活动中涉及执业质量的事项。

第九条　被采取自律监管措施、纪律处分、行政监管措施和行政处罚情况，是指主办券商及其业务人员因违反全国股转系统业务规则而被全国股转公司采取自律监管措施或实施纪律处分，及在从事涉及非上市公众公司业务过程中因违法违规被证监会及其派出机构采取行政处罚、行政监管措施的情况。

第十条　对市场发展的贡献是指评价期内主办券商在推荐、做市、股票发行、并购重组等业务方面市场份额占比及业务开展质量排名靠前的情况。

第十一条　其他对评价有重要影响的事项，是指主办券商在持续合规经营方面表现突出及其他由全国股转公司认定的情况。

第四章　评价方法

第一节　计值方法

第十二条　在推荐挂牌、挂牌后督导、交易管理、综合管理负面行为记录的基础上，计算各主办券商下列四类指标数值："推荐挂牌负面行为记录数量/推荐挂牌企业家数"、"挂牌后督导负面行为记录数量/持续督导企业家数"、"交易管理负面行为记录数量/做市企业家数"、"综合管理负面行为记录数量/持续督导企业家数"。

第十三条　设定无执业质量负面行为记录的主办券商基准点值为100点。其中，推荐挂牌、挂牌后督导、交易管理、综合管理业务四类业务按一定权重计算业务基准点值。

有执业质量负面行为记录的主办券商，按照第十二条计算四类指标数值的排名区间情况，按照给定区间系数乘以各业务基准点值，分别计算各主办券商单项业务的点值，加总后得出主办券商综合点值。

执业质量评价指标构成、相关业务权重及区间系数等具体评值标准见附表2。

第十四条　全国股转公司可根据市场变化在征求市场意见的基础上适时对附表1和附表2中的评价指标、相关业务权重及区间系数等具体评值标准进行调整。

第二节　扣点标准

第十五条　评价期内，主办券商因违反法律法规或全国股转系统业务规则而被全国股转公司采取自律监管措施或实施纪律处分的，按以下原则给予相应扣点：

（一）主办券商被采取要求主办券商及其相关人员对有关问题作出解释、说明和披露，约见谈话，要求提交书面承诺的，每次扣1点。

（二）主办券商被采取出具警示函，责令改正，每次扣2点。

（三）主办券商或其相关人员被采取暂不受理出具的文件的，限制证券账户交易的，每次扣3点。

（五）主办券商及其相关业务人员被采取通报批评，公开谴责的，每次扣4点。

（六）主办券商被采取限制、暂停直至终止从事相关业务的，每次扣8点。

第十六条　评价期内，主办券商从事涉及非上市公众公司业务过程中出现违法违规行为而被证监会及其派出机构采取行政监管措施的，每次扣5点，被证监会及其派出机构采取行政处罚的，每次扣8点。

第十七条　主办券商因同一事项在同一评价期被采取多项自律监管措施、纪律处分的，按最高点值扣点，不重复扣点。

主办券商因同一事项在同一评价期同时被采取行政措施和自律措施的，按最高点值扣点，不重复扣点。

第三节　加点标准

第十八条　评价期内，主办券商对市场发展的贡献符合以下条件的，按以下原则给予相应加点：

（一）主办券商推荐有行为挂牌企业家数位于行业前5名、前10名、前20名的，分别加2点、1点、0.5点。

（二）主办券商持续督导企业股票发行次数位于行业前5名、前10名、前20名的，分别加3点、2点、1点。

（三）主办券商做市股票成交量数值位于行业前5名、前10名、前20名，分别加1.5点、1点、0.5点。

（四）主办券商做市即时性指标位于行业前5名、前10名、前20名的，分别加1.5点、1点、0.5点。

（五）主办券商提供重组服务数量位于行业前2名、前5名的，分别加2点、1点。

第十九条　主办券商符合以下条件的，按以下原则给予相应加点：

（一）主办券商最近6个月评价期内实施加点之前的点值持续位于行业前5名的，年评时加5点。

（二）主办券商建立起适应全国股转系统特点的证券业务体系，设立专门的一级部门或专业子公司开展全国股转系统业务的，在年评时加2点。

（三）全国股转公司认定的其他情形酌情加点。

第五章　评价结果分档

第二十条　根据主办券商年度内执业质量评价点值高低，将主办券商分为一档、二档、三档、四档：

（一）一档为排名前20%（含）的主办券商；

（二）二档为排名前20% －60%（含）的主办券商；

（三）三档为排名前60% －80%（含）的主办券商；

（四）四档为排名80%之后的主办券商。

第二十一条　年评时主办券商存在以下情形的，按以下认定结果和评价点值分档结果孰低的原则确定档位：

（一）评价期末没有已推荐挂牌公司或正在推荐挂牌公司，且评价期内没有对任一家挂牌公司进行做市的，直接认定为三档；

（二）在评价期内因涉嫌犯罪正被司法机关立案侦查或者受到刑事处罚的，认定为四档；

（三）在评价期内被采取责令停业整顿、被采取临时接管监管措施的，直接认定为四档。

第二十二条　主办券商年评结果公布后一年内出现以下情形的，从出现之日起按以下原则调整其上年度评价档位，年中的档位调整不影响当年度的年评结果。

（一）从事全国股转系统相关业务过程中出现突发事件，给市场造成重大不利影响的，评价档位下调至四档。

（二）因从事全国股转系统相关业务涉嫌违法违规被证监会及其派出机构立案调查的，评价档位下调至四档。

第六章　评价运用

第二十三条　全国股转公司每月对上月评价点值排名后十位的主办券商进行电话问询，必要时要求提交书面说明或现场检查，并视情况将处置结果报告证监会及主办券商注册地证监会派出机构。

第二十四条　全国股转公司可以根据年评分档结果，分别在推荐挂牌、持续督导、并购重组、股票发行和做市等业务方面针对主办券商实施差异化制度安排。

评价结果可作为新业务或新产品的优先试点顺序的依据。

全国股转公司对不同类别的主办券商在日常报告频率、现场和非现场检查频率、定期接受培训的频率等方面实行区别对待。

第二十五条　年度评价的结果报送证监会，同时抄报证监会各派出机构，供监管机构在证券公司日常监管中参考使用。

第二十六条　全国股转公司在日常监管工作中，发现主办券商存在违规行为的，应及时采取自律监管措施或纪律处分，并计入主办券商质量评价档案。

第二十七条　全国股转公司采取的“出具警示函”、“责令改正”、“暂不受理相关主办券商出具的文件”、“限制证券账户交易”及其他全国股转公司认定的自律监管措施报送证监会分类评价统筹考量；“约见谈话”、“要求提交书面承诺”及其他全国股转公司认定的自律监管措施由全国股转公司视情况报送证监会作为分类评价扣分项。

第七章　附则

第二十八条　主办券商控股的证券子公司参与全国股转系统相关业务，合并纳入母公司评价。

第二十九条　本办法下列用语的含义：

（一）推荐挂牌企业家数，是指评价期内各主办券商推荐的企业中已由全国股转公司出具同意挂牌函的企业数量，以同意挂牌函盖章日期为统计节点。

（二）持续督导企业家数，是指评价期内期初和期末时点各主办券商提供持续督导服务企业数量的算数平均数，以签订持续督导协议日期为统计节点。

（三）做市企业家数，是指评价期初和期末时点各主办券商提供做市服务企业数量的算数平均数，以开始做市日期为统计节点。

（四）推荐有行为挂牌企业家数，是指评价期内主办券商推荐的企业做市、融资或者有重组操作的企业数量。融资和重组按照下述第（五）项和第（八）项的统计指标为准。

（五）持续督导企业股票发行次数，是指评价期内主办券商持续督导的挂牌公司已办理新增股份登记手续的发行次数，以披露新增股份挂牌的提示性公告为统计节点。

（六）做市股票成交量，是指评价期内做市商成交股份总数，不含做市商间为调节库存股等进行股票转让的成交股份数。

（七）做市即时性指标，是指评价期内做市商做市申报成交笔数/投资者限价委托笔数。

（八）提供重组服务数量，是指评价期内主办券商持续督导的挂牌公司发生重大资产重组事项的累计次数，以披露重大资产重组实施情况报告书日为统计节点。

第三十条　本办法第五条规定的评价结果公示日遇有节、假日时顺延，以休假日结束的次日为公示日。

第三十一条　本办法由全国股转公司负责解释。

第三十二条　本办法自2016年4月1日起施行。

全国中小企业股份转让系统
主办券商持续督导工作指引
（试行）

第一章　总则

第一条　为规范主办券商持续督导工作，提高挂牌公司信息披露质量和公司治理水平，促进挂牌公司规范运作，根据《全国中小企业股份转让系统业务规则（试行）》（以下简称《业务规则》）、《全国中小企业股份转让系统挂牌公司信息披露细则（试行）》（以下简称《信息披露细则》）、《全国中小企业股份转让系统主办券商推荐业务规定（试行）》等规定，制定本指引。

第二条　主办券商及其持续督导人员应当遵守法律法规和全国中小企业股份转让系统（以下简称“全国股份转让系统”）相关规定，诚实守信，勤勉尽责，持续督导挂牌公司履行信息披露、规范运作、信守承诺等义务，不断完善公司治理机制。

第三条　主办券商及其持续督导人员不得通过持续督导工作谋取不正当利益。

第四条　挂牌公司应当配合主办券商持续督导工作，接受主办券商的指导和督促，及时向主办券商提供相关材料、告知重大事项，为主办券商开展持续督导工作创造必要条件。

第五条　全国中小企业股份转让系统有限责任公司（以下简称“全国股份转让系统公司”）对主办券商持续督导工作进行自律管理。

第二章　持续督导内容

第六条　主办券商应履行以下督导职责：

（一）指导、督促挂牌公司完善公司治理机制，提高挂牌公司规范运作水平；

（二）指导、督促挂牌公司规范履行信息披露义务，事前审查挂牌公司信息披露文件，发布风险揭示公告；

（三）开展挂牌公司现场检查工作，督促挂牌公司进行整改；

（四）建立与挂牌公司日常联系机制，对挂牌公司进行培训和业务指导；

（五）关注挂牌公司重大变化，向全国股份转让系统公司报告挂牌公司重大事项，调查或协助调查指定事项，并配合做好挂牌公司的日常监管；

（六）全国股份转让系统公司规定的其他职责。

第七条　主办券商应督导挂牌公司依照《公司法》、《非上市公众公司监管指引第3号——章程必备条款》等法律法规制定并完善公司章程。

第八条　主办券商应督导挂牌公司建立健全并有效执行公司治理制度，包括但不限于股东大会、董事会、监事会议事规则及董事、监事和高级管理人员的行为规范等。

第九条　主办券商应督导挂牌公司建立健全并有效执行内部管理制度，包括但不限于会计核算体系、财务管理和风险控制等制度，以及对外担保、重大投资、委托理财、关联交易等重大经营决策的程序与规则等。

第十条　主办券商持续督导人员可以列席挂牌公司股东大会、董事会和监事会。

第十一条　挂牌公司应在召开股东大会、董事会、监事会后，及时向主办券商提供有关决议及备查文件，并在相关文件披露前为主办券商预留必要的事前审查时间。

主办券商应检查股东大会、董事会、监事会的召集、提案审议、通知时间、召开程序、授权委托、关联方回避、表决和决议是否符合法律法规和公司章程的规定，会议记录是否正常签署、保存完整，重点检查董事会是否在职权范围内和股东大会授权范围内对审议事项作出决议。

第十二条　主办券商应督导挂牌公司建立健全信息披露事务管理制度，明确挂牌公司应履行的信息披露义务，信息披露的内容、格式及时间要求，挂牌公司内部对拟披露信息的报告、流转、审查、披露流程以及相关职责划分。

第十三条　挂牌公司应及时向主办券商提供定期报告和临时报告所涉及的文件，并在相关文件披露前为主办券商预留必要的事前审查时间。

主办券商应当按照《业务规则》、《信息披露细则》、《全国中小企业股份转让系统挂牌公司年度报告内容与格式指引（试行）》、《全国中小企业股份转让系统挂牌公司半年度报告内容与格式指引（试行）》、《全国中小企业股份转让系统临时公告格式模板》等信息披露相关规定的要求对挂牌公司信息披露文件进行事前审查，督导挂牌公司规范履行信息披露义务。

主办券商事前审查发现挂牌公司信息披露文件存在虚假记载、误导性陈述或重大遗漏的，应要求挂牌公司及时改正，挂牌公司不予配合的，主办券商应向全国股份转让系统公司报告并发布风险揭示公告。

第十四条　主办券商应对挂牌公司信息披露文件进行事后核对，发现挂牌公司已披露的公告存在重大错误、遗漏或者误导的，应督导挂牌公司进行更正或补充。

全国股份转让系统公司事后审查发现挂牌公司公告不符合信息披露相关规定，公告存在重大错误、遗漏或者误导的，或者发现挂牌公司存在应当披露但未披露事项的，主办券商应按照全国股份转让系统公司要求，督促挂牌公司进行更正或补充。

第十五条　挂牌公司存在以下情形的，主办券商应在知悉或者应当知悉之日起十五个转让日内对其现场检查：

（一）股东大会、董事会、监事会和高级管理层不能按照公司治理要求履行职责或者规范运作；

（二）公司不能规范履行信息披露义务；

（三）控股股东、实际控制人或者其他关联方占用或者转移公司的资金、资产及其他资源；

（四）关联交易显失公允或未履行审批程序和信息披露义务；

（五）公司违规为他人提供担保；

（六）公司及其董事、监事、高级管理人员、控股股东、实际控制人涉嫌重大违法违规行为；

（七）公司经营业绩异常波动；

（八）全国股份转让系统公司要求进行现场检查的其他情形。

第十六条　主办券商应当明确现场检查工作要求，现场检查至少应有两人参加，事前根据引发现场检查的相应情形确定现场检查内容，制定现场检查工作方案，事中形成现场检查工作底稿，事后完成现场检查工作报告。

第十七条　主办券商可以采取以下现场检查手段，以获取充分和恰当的现场检查资料和证据：

（一）对挂牌公司董事、监事、高级管理人员及有关人员进行访谈；

（二）察看挂牌公司的主要生产、经营、管理场所；

（三）对有关文件、原始凭证及其他资料进行查阅、复制、记录；

（四）察看或者走访对挂牌公司损益影响重大的控股或参股公司；

（五）走访或者函证挂牌公司的控股股东、实际控制人及其关联方；

（六）走访或函证挂牌公司重要的供应商或者客户；

（七）主办券商认为必要的其他合法手段。

第十八条　主办券商应当在现场检查结束后的十个转让日内完成《现场检查工作报告》，报送全国股份转让系统公司备案。报告至少应当包括检查时间、检查地点、检查人员、检查涉及的事项、检查方法和措施、检查获取的资料和证据、检查结果、整改建议（如有）等内容。

主办券商应将检查结果和整改建议（如有）以书面方式告知挂牌公司，并督促挂牌公司就整改情况向全国股份转让系统公司报告。

第十九条　主办券商每年至少应对其所督导的挂牌公司的董事会秘书或者信息披露事务负责人进行一次培训，培训内容包括但不限于全国股份转让系统业务规则、细则、规定、指引、指南、通知等相关规定以及挂牌公司违规案例等。

第二十条　挂牌公司出现以下情形的，主办券商应在十个转让日内对其董事、监事、高级管理人员、董事会秘书或者信息披露事务负责人、控股股东和实际控制人等相关人员进行培训：

（一）控股股东或者实际控制人发生变更；

（二）受到中国证监会行政处罚或者被全国股份转让系统公司实施监管措施、纪律处分；

（三）全国股份转让系统公司要求培训的其他情形。

第二十一条　主办券商应当在培训前制作课件，参加培训的人员应签字确认，培训课件和培训人员签字作为持续督导工作底稿保存。

第二十二条　主办券商应指导和督促挂牌公司规范办理信息披露、股票限售及解除限售、证券简称或公司全称变更、暂停与恢复转让等业务，对挂牌公司进行必要的业务指导，使其知悉并遵守相关法律、法规和全国股份转让系统业务规则。

第二十三条　主办券商应建立与挂牌公司的日常联系机制，通过现场走访、电话、电子邮件等方式及时了解挂牌公司情况，解答挂牌公司业务咨询。

第二十四条　挂牌公司应当将业务、公司治理、财务等方面发生的重大变化及时告知主办券商，包括但不限于经营环境和业务、控股股东及实际控制人、管理层、采购和销售、核心技术、财务状况等。

主办券商应当主动、持续关注并了解挂牌公司上述事项发生的重大变化，如达到信息披露标准，应督促挂牌公司及时履行信息披露义务。

第二十五条　挂牌公司董事长、总经理、财务负责人、董事会秘书或者信息披露事务负责人、会计师事务所发生变更，主办券商应及时对变更原因等进行核查或者现场检查，涉及重大未披露事项的，应督促挂牌公司履行信息披露义务。

第二十六条　主办券商应当关注公共传媒关于挂牌公司的报道，涉及重大未披露事项的，应及时进行核查或者现场检查，督促挂牌公司履行必要的信息披露义务或者发布澄清公告。

第二十七条　主办券商应当根据全国股份转让系统公司的要求，调查或者协助调查指定事项，并将调查结果及时报告全国股份转让系统公司。

第二十八条　主办券商在持续督导过程中发现挂牌公司存在重大风险或重大违法违规情况的，以及挂牌公司不予配合或者拒绝按照要求整改的，应及时报告全国股份转让系统公司。

第二十九条　主办券商应当在每年5月31日前向全国股份转让系统公司报送持续督导年度工作报告，说明上一年度持续督导工作总体情况、存在问题以及挂牌公司配合情况等。

第三章　持续督导工作要求

第三十条　主办券商应建立健全并有效执行持续督导工作制度，包括持续督导工作职责、工作流程和内部控制机制等。

第三十一条　主办券商应建立健全持续督导工作底稿管理制度，为每家挂牌公司建立独立的工作底稿。持续督导工作底稿应当内容完整、记录清晰、结论明确，真实、准确、完整地反映整个持续督导工作的全过程，包括但不限于信息披露督导、公司治理督导、现场检查、培训、业务指导、日常沟通、关注、调查或协助调查、报告、年度工作报告等与持续督导工作相关的所有重要事项。

第三十二条　工作底稿应当载明下列事项：

（一）工作底稿编制的时间；

（二）持续督导工作履行的程序；

（三）核查的文件、现场检查的资料，培训、指导、沟通、关注、调查、报告的记录等；

（四）发表的结论性意见；

（五）执行人员签名和执行日期；

（六）其他需要记载的事项等。

第三十三条　持续督导工作底稿的保存期应当不少于十年。

第三十四条　主办券商应根据需要配备适当数量的持续督导人员负责持续督导工作，全国股份转让系统公司鼓励主办券商设立专门的持续督导工作部门。

第三十五条　持续督导人员应具备以下条件：

（一）具有财务或法律专业知识；

（二）从事证券发行承销、收购兼并、固定收益、全国股份转让系统推荐业务等投资银行相关业务一年以上；

（三）熟悉证券市场相关法律、行政法规、部门规章、规范性文件，准确理解和把握全国股份转让系统相关业务规则；

（四）诚实守信，品行良好，无不良诚信记录，最近三年未受到中国证监会行政处罚或全国股份转让系统公司、证券交易所、证券业协会、基金业协会等行业自律组织纪律处分；

（五）全国股份转让系统公司规定的其他条件。

第三十六条　主办券商应在持续督导工作制度中明确持续督导人员的工作要求和职责，加强对持续督导人员的专业培训和内部管理，为其开展持续督导工作提供必要条件。

主办券商应建立持续督导内部责任划分机制，明确推荐挂牌人员与持续督导人员之间的责任划分。

第三十七条　主办券商应为其所督导的每家挂牌公司指定至少一名持续督导人员具体负责该公司的持续督导工作，并向全国股份转让系统公司报备。

挂牌公司的持续督导人员发生变更的，主办券商应及时报告全国股份转让系统公司。

第三十八条　主办券商应当参照中国证券业协会《证券公司信息隔离墙制度指引》有关规定建立持续督导工作与做市、自营、资产管理、研究、经纪等部门业务之间的信息隔离制度，主办券商及其持续督导人员不得透露挂牌公司未公开的重大信息，严禁进行内幕交易。

第三十九条　主办券商与挂牌公司应在持续督导协议中就持续督导费用进行约定，包括支付金额（或比例）、支付方式、支付时间等。

主办券商应遵循覆盖成本的基本原则，合理收取持续督导费用。

第四章　持续督导变更

第四十条　主办券商应与所推荐挂牌公司签订持续督导协议，自公司挂牌之日起履行持续督导工作职责。

第四十一条　出现以下情形之一的，主办券商和挂牌公司可以解除持续督导协议：

（一）主办券商不再从事推荐业务；

（二）挂牌公司股票终止挂牌；

（三）主办券商和挂牌公司协商一致决定解除持续督导协议；

（四）全国股份转让系统公司规定的其他情形。

因情形（三）解除持续督导协议的，应有其他主办券商承接持续督导工作，主办券商和挂牌公司应事前报告全国股份转让系统公司。

第四十二条　主办券商履行持续督导职责期间未勤勉尽责的，其责任不因解除持续督导协议而免除。

第四十三条　承接持续督导工作的主办券商应与挂牌公司签订持续督导协议，并自持续督导协议签订之日起履行持续督导职责。

第五章　自律管理

第四十四条　全国股份转让系统公司对主办券商持续督导工作进行自律管理，记录并视情况公示主办券商及其持续督导人员的执业情况、违规行为等信息。

第四十五条　主办券商及其持续督导人员出现以下情形之一的，全国股份转让系统公司视情形对主办券商及其相关人员采取约见谈话、责令接受培训、出具警示函、责令改正等自律监管措施：

（一）未建立或者未有效执行持续督导工作制度、工作底稿管理制度、信息隔离制度；

（二）未按规定对挂牌公司信息披露文件进行事前审查；

（三）未按规定对挂牌公司进行核查或者现场检查；

（四）未按规定对挂牌公司相关人员进行培训；

（五）未按规定向全国股份转让系统公司报告挂牌公司重大情况；

（六）全国股份转让系统公司规定的其他情形。

第四十六条　主办券商及其持续督导人员出现以下情形之一的，全国股份转让系统公司视情形对主办券商及其相关人员采取出具警示函、暂不受理文件、通报批评、公开谴责等自律监管措施或纪律处分；情形严重的，限制、暂停直至终止主办券商从事推荐业务；并视情节轻重，及时向中国证监会报告：

（一）持续督导工作底稿等与督导相关的文件存在虚假记载、误导性陈述或者重大遗漏，或者未按规定建立持续督导工作底稿；

（二）唆使、协助或者参与挂牌公司披露存在虚假记载、误导性陈述或者重大遗漏的信息；

（三）不配合全国股份转让系统公司自律管理工作；

（四）通过持续督导工作谋取不正当利益；

（五）严重违反诚实守信、勤勉尽责义务的其他情形。

第六章　附则

第四十七条　本指引由全国股份转让系统公司负责解释。

第四十八条　本指引自发布之日起施行。

全国中小企业股份转让系统做市商做市业务管理规定（试行）

第一条　为加强对做市商做市业务的监督管理，规范做市商行为，保护投资者合法权益，根据《全国中小企业股份转让系统业务规则（试行）》（以下简称《业务规则》）、《全国中小企业股份转让系统股票转让细则（试行）》（以下简称《转让细则》）、《全国中小企业股份转让系统主办券商管理细则》（以下简称《管理细则》）等相关规定，制定本规定。

第二条　本规定所称做市商是指经全国中小企业股份转让系统有限责任公司（以下简称全国股份转让系统公司）同意，在全国中小企业股份转让系统（以下简称全国股份转让系统）发布买卖双向报价，并在其报价数量范围内按其报价履行与投资者成交义务的证券公司或其他机构。

第三条　做市商及其做市业务人员应当遵守法律法规和全国股份转让系统相关规定，勤勉尽责、诚实守信，接受全国股份转让系统公司的自律管理。

第四条　证券公司在全国股份转让系统开展做市业务前，应当向全国股份转让系统公司申请备案。其他机构在全国股份转让系统开展做市业务的具体规定，由全国股份转让系统公司另行制定。

第五条　证券公司申请在全国股份转让系统开展做市业务，应当具备下列条件：

（一）具备证券自营业务资格；

（二）设立做市业务专门部门，配备开展做市业务必要人员；

（三）建立做市业务管理制度；

（四）具备做市业务专用技术系统；

（五）全国股份转让系统公司规定的其他条件。

第六条　证券公司在全国股份转让系统开展做市业务申请备案，应向全国股份转让系统公司提交下列文件：

（一）申请书；

（二）证券公司基本情况申报表；

（三）《经营证券业务许可证》（副本）复印件；

（四）做市业务实施方案，包括做市业务部门设置、人员配备与分工情况、做市业务管理制度、做市业务专用技术系统准备情况说明、做市业务实施方案的合规审查意见等；

（五）最近一年度经审计的财务报告、净资本计算表、风险控制指标监管报表、风险资本准备计算表；

（六）全国股份转让系统公司要求提交的其他文件。

第七条　证券公司申请文件齐备的，全国股份转让系统公司予以受理。全国股份转让系统公司自受理之日起十个转让日内向证券公司出具是否同意从事做市业务的备案函，并予以公告。

第八条　全国股份转让系统公司根据审慎原则，可对做市商做市业务专用技术系统、业务实施情况等进行现场检查。

第九条　做市商做市业务人员应当具备下列条件：

（一）已取得证券从业资格；

（二）具备证券投资、投资顾问、投资银行、研究或类似从业经验；

（三）熟悉相关法律、行政法规、部门规章以及做市业务规则；

（四）具备良好的诚信纪录和职业操守，最近二十四个月内未受到过中国证监会行政处罚，最近十二个月内未受到过全国股份转让系统公司、证券交易所、证券业协会、基金业协会等自律组织处分；

（五）全国股份转让系统公司规定的其他条件。

做市业务人员应当签署《做市业务人员自律承诺书》，并向全国股份转让系统公司报备。

第十条　做市商做市专用技术系统应当满足以下要求：

（一）符合《全国中小企业股份转让系统交易支持平台数据接口规范》；

（二）具备开展做市业务所需的委托、报价、成交、行情揭示、数据汇总、统计和查询等必要功能；

（三）系统操作全程留痕；

（四）全国股份转让系统公司规定的其他条件。

做市商应当制定做市专用技术系统安全运行管理制度，并设置必要的数据接口，便利监管部门及时了解和检查做市业务相关情况。

第十一条　做市商应当建立健全下列做市业务内部管理制度：

（一）做市股票报价管理制度，包括做市股票报价的决策与执行程序、报价调整和报价监控机制等；

（二）做市库存股票管理制度，包括做市股票论证、获取、处置的决策程序和库存股票动态调节机制等；

（三）做市资金管理制度，包括做市资金审批、调拨和使用流程等；

（四）业务隔离制度，确保做市业务与推荐业务、证券投资咨询、证券自营、证券经纪、证券资产管理等业务在机构、人员、信息、账户、资金上严格分离；

（五）风险控制与合规管理制度，包括做市业务风险识别、评估和控制机制、做市业务的合规检查与评估机制等；

（六）异常情况处理制度，包括突发事件处理预案、异常情况处理机制等；

（七）内部报告与留痕制度，包括业务运作、风险监控、合规管理及其他相关信息的报告路径及反馈机制、强制留痕制度等；

（八）全国股份转让系统公司规定的其他制度。

第十二条　做市商应当对做市业务进行集中统一管理，建立做市业务相关决策、授权与执行体系。明确做市业务决策机构与决策机制，合理确定做市业务规模和可承受的风险限额。

第十三条　做市商应设立做市业务部门，专职负责做市业务的具体管理和运作。做市业务部门应制定规范的做市业务操作规程，明确部门内部岗位设置及职责分工。

第十四条　做市商及其做市业务人员应依法、合规开展做市业务，不得从事下列行为：

（一）不履行或不规范履行报价义务；

（二）利用内幕信息进行投资决策和交易；

（三）利用信息优势和资金优势，单独或者通过合谋，制造异常价格波动；

（四）以不正当方式影响其他做市商做市；

（五）与其他做市商通过串通报价或私下交换做市策略、做市库存股票数量等信息谋取不正当利益；

（六）与所做市的挂牌公司及其股东就股权回购、现金补偿等作出约定；

（七）做市业务人员通过做市向自身或利益相关者进行利益输送；

（八）全国股份转让系统公司规定的其他行为。

第十五条　做市商应当于每月的前五个转让日内向全国股份转让系统公司报送上月做市业务情况报告，包括但不限于合规情况、履行做市义务情况、做市股票库存、做市业务盈亏及相关风险控制指标等信息。

第十六条　做市商应当积极配合全国股份转让系统公司的自律管理，按照全国股份转让系统公司要求及时说明情况，提供相关文件、资料，不得拒绝或者拖延提供有关资料，不得提供虚假、误导性或者不完整的资料。

第十七条　全国股份转让系统公司对做市商及其做市业务人员执业情况进行持续记录，建立做市业务评价体系，并可将相关信息予以公开。

第十八条　做市商主动终止从事做市业务的，应当向全国股份转让系统公司提出申请。全国股份转让系统公司同意其终止从事做市业务的，自受理之日起10个转让日内书面通知该做市商并公告。

做市商因违反本规定或其他全国股份转让系统相关规定被终止从事做市业务的，全国股份转让系统公司书面通知该做市商并公告。

第十九条　做市商终止从事做市业务，应当制定业务处置方案，做好业务终止后续处置工作，包括做市库存股票处理、做市专用证券账户注销等，并将处置方案、处置情况及时报告全国股份转让系统公司。

第二十条　做市商违反本规定的，全国股份转让系统公司可以视情况采取以下措施，并记入诚信档案：

（一）约见谈话；

（二）要求提交书面承诺；

（三）出具警示函；

（四）责令改正；

（五）通报批评；

（六）公开谴责；

（七）暂停、限制直至终止其从事做市业务；

（八）向中国证监会报告有关违法违规行为。

第二十一条　做市业务人员违反本规定的，全国股份转让系统公司可以视情况采取以下措施，并记入诚信档案：

（一）约见谈话；

（二）责令参加培训；

（三）责令所在机构给予处分；

（四）通报批评；

（五）公开谴责；

（六）向中国证监会报告有关违法违规行为。

第二十二条　本规定由全国股份转让系统公司负责解释。

第二十三条　本规定自发布之日起施行。

全国中小企业股份转让系统
主办券商管理细则
（试行）

第一章　总则

第一条　为规范证券公司在全国中小企业股份转让系统（以下简称“全国股份转让系统”）从事相关业务，维护市场正常秩序，保护投资者合法权益，根据《全国中小企业股份转让系统业务规则（试行）》（以下简称“业务规则”）等相关规定，制定本细则。

第二条　证券公司在全国股份转让系统开展相关业务前，应当向全国中小企业股份转让系统有限责任公司（以下简称“全国股份转让系统公司”）申请备案，成为主办券商。

未经备案的证券公司不得在全国股份转让系统开展相关业务。

第三条　主办券商及其董事、监事、高级管理人员和相关业务人员，应当遵守法律法规和全国股份转让系统相关规定，勤勉尽责、诚实守信，接受全国股份转让系统公司的自律管理。

第二章　业务申请

第四条　主办券商可在全国股份转让系统从事以下部分或全部业务：推荐业务、经纪业务、做市业务，以及全国股份转让系统公司规定的其他业务。

第五条　证券公司申请在全国股份转让系统从事推荐业务应具备下列条件：

（一）具备证券承销与保荐业务资格；

（二）设立推荐业务专门部门，配备合格专业人员；

（三）建立尽职调查制度、工作底稿制度、内核工作制度、持续督导制度及其他推荐业务管理制度；

（四）全国股份转让系统公司规定的其他条件。

证券公司的子公司具备证券承销与保荐业务资格的，证券公司可以申请从事推荐业务，但不得与子公司同时在全国股份转让系统从事推荐业务。

第六条　证券公司申请在全国股份转让系统从事经纪业务应具备下列条件：

（一）具备证券经纪业务资格；

（二）配备开展经纪业务必要人员；

（三）建立投资者适当性管理工作制度、交易结算管理制度及其他经纪业务管理制度；

（四）具备符合全国股份转让系统公司要求的交易技术系统；

（五）全国股份转让系统公司规定的其他条件。

第七条　证券公司申请在全国股份转让系统从事做市业务应具备下列条件：

（一）具备证券自营业务资格；

（二）设立做市业务专门部门，配备开展做市业务必要人员；

（三）建立做市股票报价管理制度、库存股管理制度、做市风险监控制度及其他做市业务管理制度；

（四）具备符合全国股份转让系统公司要求的做市交易技术系统；

（五）全国股份转让系统公司规定的其他条件。

第八条　证券公司在全国股份转让系统开展业务前，应向全国股份转让系统公司申请备案，提交下列文件：

（一）申请书；

（二）公司设立的批准文件；

（三）公司基本情况申报表；

（四）《经营证券业务许可证》（副本）复印件；

（五）《企业法人营业执照》（副本）复印件；

（六）申请从事的业务及业务实施方案，包括：部门设置、人员配备与分工情况说明，内部控制体系的说明，主要业务管理制度，技术系统说明等；

（七）最近年度经审计财务报表和净资本计算表；

（八）公司章程；

（九）全国股份转让系统公司要求提交的其他文件。

证券公司应当按照全国股份转让系统公司规定的方式和要求，提交上述文件。

第九条　证券公司申请文件齐备的，全国股份转让系统公司予以受理。全国股份转让系统公司同意备案的，自受理之日起十个转让日内与证券公司签订《证券公司参与全国中小企业股份转让系统业务协议书》（以下简称《协议书》），向其出具主办券商业务备案函（以下简称“业务备案函”），并予以公告。公告后，主办券商可在公告业务范围内开展业务。

第十条　主办券商应在取得业务备案函后五个转让日内，在全国股份转让系统指定信息披露平台（www.neeq.com.cn 或 www.neeq.cc）披露公司基本情况、主要业务人员情况及全国股份转让系统公司要求披露的其他信息。

主办券商所披露信息内容发生变更的，应自变更之日起五个转让日内报告全国股份转让系统公司并进行更新。

第十一条　主办券商名称发生变更的，应当办理名称变更备案，向全国股份转让系统公司提交下列文件：

（一）申请书；

（二）机构名称变更的批准文件；

（三）变更后的《经营证券业务许可证》（副本）复印件和《企业法人营业执照》（副本）复印件；

（四）变更后的公司章程；

（五）原业务备案函；

（六）全国股份转让系统公司要求提交的其他文件。

第十二条　主办券商名称变更备案文件齐备的，全国股份转让系统公司自收到变更备案申请之日起五个转让日内与主办券商重新签订《协议书》，换发业务备案函，并予以公告。

第十三条　主办券商申请新增业务的，应当向全国股份转让系统公司提交第八条所列（一）、（四）、（六）项文件及全国股份转让系统公司要求的其他文件。

第十四条　全国股份转让系统公司同意主办券商新增业务备案的，自受理申请文件之日起十个转让日内与申请主办券商签订补充协议，出具业务备案函，并予以公告。

第十五条　主办券商申请终止从事全国股份转让系统相关业务或不再具备相关业务备案条件的，全国股份转让系统公司终止其从事全国股份转让系统相关业务，书面通知该主办券商并公告。

主办券商终止从事全国股份转让系统相关业务的，应制定业务处置方案，做好业务终止后续处置工作，并将处置方案、处置情况及时报告全国股份转让系统公司。

第十六条　主办券商被中国证监会依法指定托管、接管的，托管方或者其他相关机构对所托管的主办券商业务行使经营管理权时，应当确保其遵守全国股份转让系统规定，承担相关义务。

第三章　业务管理

第一节　一般规定

第十七条　主办券商开展全国股份转让系统相关业务，应当建立健全合规管理、内部风险控制与管理机制，严格防范和控制风险。

第十八条　主办券商及其业务人员应当对开展全国股份转让系统业务中获取的非公开信息履行保密义务，不得利用该信息谋取不正当利益。

第十九条　主办券商应当加强业务人员的职业道德和诚信教育，强化业务人员的勤勉尽责意识、合规操作意识、风险控制意识和保密意识。

第二十条　主办券商应按全国股份转让系统公司要求在全国股份转让系统指定信息披露平台披露其执业情况、接受全国股份转让系统公司处分等信息。

第二十一条　主办券商应当根据全国股份转让系统公司要求，调查或协助调查指定事项，并将调查结果及时报告全国股份转让系统公司。

第二十二条　主办券商应按要求组织相关人员参加全国股份转让系统公司举办的业务和技术培训。未按规定参加培训的，全国股份转让系统公司可暂不受理主办券商及其相关人员出具的文件。

主办券商首次推荐公司挂牌前，应接受全国股份转让系统公司的业务培训。

第二十三条　主办券商应当按照全国股份转让系统公司要求建立开展相关业务所需的技术系统，包括交易系统、做市报价系统、行情系统和通信系统及其备份系统等，并制定相应的安全运行管理制度。

第二十四条　主办券商应遵守全国股份转让系统公司有关转让信息管理的规定，按要求使用全国股份转让系统转让信息。

未经全国股份转让系统公司许可，主办券商不得将转让信息提供给客户从事自身股票转让以外的其他活动，不得将转让信息提供给客户以外的其他机构和个人，不得在营业场所外使用转让信息。

第二节　推荐业务

第二十五条　主办券商推荐股份公司股票挂牌，应与申请挂牌公司签订推荐挂牌并持续督导协议，约定双方权利和义务，并对申请挂牌公司董事、监事、高级管理人员及其他信息披露义务人进行培训，使其了解相关法律、法规、规则、协议所规定的权利和义务。

第二十六条　主办券商应对申请挂牌公司进行尽职调查，并在全面、真实、客观、准确调查的基础上出具尽职调查报告。

第二十七条　主办券商应设立内核机构，负责审核股份公司股票挂牌申请，并在审核基础上出具内核意见。

第二十八条　主办券商应根据内核意见决定是否推荐股份公司股票挂牌。同意推荐的，出具推荐报告。

主办券商可以根据申请挂牌公司委托，组织编制申请文件。

第二十九条　主办券商应持续督导所推荐挂牌公司诚实守信、规范履行信息披露义务、完善公司治理机制。

主办券商应配备合格专业人员，建立健全持续督导工作制度，勤勉履行审查挂牌公司拟披露的信息披露文件、对挂牌公司进行现场检查、发布风险警示公告等督导职责。

第三节　经纪业务

第三十条　主办券商代理投资者买卖挂牌公司股票，应当与投资者签订证券买卖委托代理协议，并按照全国股份转让系统的股票转让制度要求接受投资者的买卖委托。

第三十一条　主办券商应当按照全国股份转让系统公司要求，建立健全投资者适当性管理制度。主办券商代理投资者买卖挂牌公司股票前，应当充分了解投资者的身份、财务状况、证券投资经验等情况，评估投资者的风险承受能力和风险识别能力。

主办券商不得为不符合投资者适当性要求的投资者提供代理买卖服务，全国股份转让系统公司另有规定的除外。

第三十二条　主办券商在与投资者签订证券买卖委托代理协议前，应着重向投资者说明投资风险自担的原则，详细讲解风险揭示书的内容，要求投资者认真阅读并签署风险揭示书。

第三十三条　主办券商应利用各种方式告知投资者全国股份转让系统业务规则及相关信息，持续揭示投资风险。

第三十四条　主办券商不得欺骗和误导投资者，不得利用自身的技术、设备及人员等业务优势侵害投资者合法权益。

第三十五条　主办券商接受客户股票买卖委托时，应当查验客户股票和资金是否足额，法律、行政法规、部门规章另有规定的除外。

第三十六条　主办券商应设立交易监控系统，对自身及客户转让行为进行有效监督，防范违规转让行为。

第三十七条　主办券商对客户的资金、股票以及委托、成交数据应当有完整、准确、详实的记录或者凭证，按户分账管理，并向客户提供对账与查询服务。

主办券商应当采取有效措施，妥善保存上述文件资料，保存期限不得少于二十年。

第三十八条　主办券商应当加强证券账户管理，不得为他人违法违规使用证券账户进行股票转让提供便利。

第三十九条　主办券商应当在营业场所及时准确地公布转让信息，供从事股票转让的客户使用。

主办券商应当告知客户不得将转让信息用于自身股票转让以外的其他活动，并对客户使用转让信息的行为进行有效管理。

第四节　做市业务

第四十条　主办券商开展做市业务，应通过专用证券账户、专用交易单元进行。做市业务专用证券账户应向中国证券登记结算有限责任公司和全国股份转让系统公司报备。

第四十一条　主办券商应建立做市资金的管理制度，明确做市资金的审批、调拨、使用流程，确保做市资金安全。

第四十二条　主办券商应建立做市股票的管理制度，明确做市股票获取、处置的决策程序、以及库存股票头寸管理制度。

第四十三条　主办券商应当建立以净资本为核心的做市业务规模监控和调整机制，根据自身财务状况和中国证监会关于证券公司风险监控指标规定等要求，合理确定做市业务规模。

第四十四条　主办券商应建立做市业务内部报告制度，明确业务运作、风险监控、业务稽核及其他有关信息的报告路径和反馈机制。

第四十五条　主办券商应当建立健全做市业务动态风险监控机制，监控做市业务风险的动态变化，提高动态监控效率。

第四十六条　主办券商开展做市业务，不得利用信息优势和资金优势，单独或者通过合谋，以串通报价或相互买卖等方式制造异常价格波动，损害投资者利益。

第四十七条　主办券商开展做市业务，不得干预挂牌公司日常经营，其业务人员不得在挂牌公司兼职。

第四十八条　主办券商开展做市业务，对报价和成交数据等应有完整、准确、详实的记录或者凭证，并采取有效措施妥善保存，保存期限不得少于二十年。

第四十九条　主办券商应按全国股份转让系统公司要求报告其做市股票库存、做市业务盈亏及相关风险监控指标等信息。

第四章　日常管理

第一节　业务联络

第五十条　主办券商应指定一名公司高级管理人员（以下简称"指定高管）负责组织、协调主办券商与全国股份转让系统公司的各项业务往来，并指定业务联络人协助履行相应职责。

指定高管及业务联络人的任职、变更应及时报告全国股份转让系统公司。

第五十一条　指定高管和业务联络人应履行下列职责：

（一）负责报送全国股份转让系统公司要求的文件；

（二）组织相关业务人员按时参加全国股份转让系统公司举办的培训；

（三）协调主办券商与全国股份转让系统公司相关技术系统的改造、测试等；

（四）及时接收全国股份转让系统公司发送的业务文件，并予以协调落实；

（五）及时更新全国股份转让系统指定信息披露平台上主办券商相关信息；

（六）督促主办券商及时履行报告与公告义务；

（七）督促主办券商及时缴纳各项费用；

（八）全国股份转让系统公司要求履行的其他职责。

第五十二条　指定高管与业务联络人出现下列情形之一的，主办券商应当自该情形发生之日起五个转让日内予以更换并报告全国股份转让系统公司：

（一）指定高管不再分管全国股份转让系统相关业务或不再担任高级管理人员职务；

（二）连续三个月不能履行职责；

（三）在履行职责时出现重大错误，产生严重后果的；

（四）全国股份转让系统公司认为不适宜继续担任指定

高管或业务联络人的其他情形。

第五十三条　指定高管空缺期间，主办券商法定代表人应当履行指定高管的职责，直至主办券商向全国股份转让系统公司报备新的指定高管。

第二节　报告与公告

第五十四条　主办券商向全国股份转让系统公司报送的信息和资料应当真实、准确、完整。

第五十五条　主办券商应向全国股份转让系统公司履行下列定期报告义务：

（一）每年四月三十日前报送上年度经审计财务报表和从事全国股份转让系统相关业务情况报告；

（二）全国股份转让系统公司规定的其他定期报告义务。

全国股份转让系统公司可根据需要调整上述报告的报送时间及内容要求。

第五十六条　有下列情形之一的，主办券商应当自该情形发生之日起五个转让日内向全国股份转让系统公司报告：

（一）根据本规则第八条提交的相关文件所涉事项发生变更的；

（二）公司总部、分支机构发生证券法第一百二十九条规定情形的；

（三）净资本等风险控制指标不符合中国证监会规定标准的；

（四）全国股份转让系统公司规定的其他事项。

第五十七条　主办券商发生下列情形的，应当立即向全国股份转让系统公司报告，并持续报告进展情况：

（一）重大业务风险；

（二）进入风险处置；

（三）重大技术故障；

（四）不可抗力或者意外事件可能影响客户正常转让的；

（五）其他影响公司正常经营的重大事件。

主办券商发生前款第（三）、（四）项异常情况的，应当立即在其营业场所予以公告。

第五十八条　主办券商出现证券法第一百五十条至第一百五十四条规定情形的，应当向全国股份转让系统公司报告事件产生的原因、中国证监会采取的措施、主办券商整改结果等情况。

第五十九条　全国股份转让系统公司可以根据审慎监管原则，要求主办券商对从事全国股份转让系统相关业务情况进行自查，并提交专项自查报告。

第六十条　主办券商被依法托管或接管的，托管方或接管方应当自中国证监会批准托管或接管方案之日起二个转让日内将托管或接管方案等文件报送全国股份转让系统公司。

第三节　收费

第六十一条　主办券商应按照规定的收费项目、收费标准与收费方式，按时交纳相关费用。

第六十二条　主办券商欠缴全国股份转让系统公司相关费用的，全国股份转让系统公司可视情况暂停受理或者办理其相关业务。

第六十三条　主办券商被中国证监会依法指定托管、接管的，主办券商应当按照全国股份转让系统公司要求交纳相关费用，如不能按时交纳的，全国股份转让系统公司可视情况采取相应措施。

第四节　纠纷解决

第六十四条　主办券商应当指定部门受理客户投诉，并按要求将相关业务投诉及处理情况向全国股份转让系统公司报告。

第六十五条　主办券商之间、主办券商与挂牌公司之间、主办券商与客户之间发生的业务纠纷可能影响市场正常秩序的，相关主办券商应当自该情形出现之日起二个转让日内向全国股份转让系统公司报告。

第五章　自律监管

第六十六条　全国股份转让系统公司可根据监管需要，对主办券商业务活动中的风险管理、技术系统运行、做市义务履行、推荐挂牌及持续督导等情况进行监督检查。

第六十七条　主办券商应当积极配合全国股份转让系统公司监管，按照全国股份转让系统公司要求及时说明情况，提供相关文件、资料，不得拒绝或者拖延提供有关资料，不得提供虚假、误导性或者不完整的资料。

第六十八条　全国股份转让系统公司对主办券商及从业人员执业情况进行持续记录，并可将记录信息予以公开。

第六十九条　主办券商及相关业务人员违反本细则的，全国股份转让系统公司可依据《业务规则》采取相应的监管措施或纪律处分。

主办券商因违反本细则被终止从事相关业务的，全国股份转让系统公司将在终止其从事相关业务之日起 12 个月内不再受理其申请。

第六章　附则

第七十条　本细则由全国股份转让系统公司负责解释。

第七十一条　本细则自发布之日起施行。

投资者服务类

全国中小企业股份转让系统投资者适当性管理细则（试行）

（2013 年 2 月 8 日发布，2013 年 12 月 30 日修改）

第一条　为促进全国中小企业股份转让系统（以下简称全国股份转让系统）平稳、有序发展，提示市场风险，引导投资者理性参与挂牌公司股票公开转让等相关业务，保护投资者合法权益，根据中国证券监督管理委员会（以下简称中国证监会）有关规定及《全国中小企业股份转让系统业务规则（试行）》（以下简称《业务规则》），制定本细则。

第二条　投资者参与挂牌公司股票公开转让等相关业务，应当熟悉全国股份转让系统相关规定，了解挂牌公司股票风险特征，结合自身风险偏好确定投资目标，客观评估自身的心理和生理承受能力、风险识别能力及风险控制能力，审慎决定是否参与挂牌公司股票公开转让等业务。

第三条　下列机构投资者可以申请参与挂牌公司股票公开转让：

（一）注册资本 500 万元人民币以上的法人机构；

（二）实缴出资总额 500 万元人民币以上的合伙企业。

第四条　集合信托计划、证券投资基金、银行理财产品、证券公司资产管理计划，以及由金融机构或者相关监管部门认可的其他机构管理的金融产品或资产，可以申请参与挂牌公司股票公开转让。

第五条　同时符合下列条件的自然人投资者可以申请参

与挂牌公司股票公开转让：

（一）投资者本人名下前一交易日日终证券类资产市值500万元人民币以上。证券类资产包括客户交易结算资金、在沪深交易所和全国股份转让系统挂牌的股票、基金、债券、券商集合理财产品等，信用证券账户资产除外。

（二）具有两年以上证券投资经验，或具有会计、金融、投资、财经等相关专业背景或培训经历。

投资经验的起算时间点为投资者本人名下账户在全国股份转让系统、上海证券交易所或深圳证券交易所发生首笔股票交易之日。

第六条　下列投资者可以参与挂牌公司股票定向发行：

（一）《非上市公众公司监督管理办法》第三十九条规定的投资者；

（二）符合参与挂牌公司股票公开转让条件的投资者。

第七条　公司挂牌前的股东、通过定向发行持有公司股份的股东等，如不符合参与挂牌公司股票公开转让条件，只能买卖其持有或曾持有的挂牌公司股票。

已经参与挂牌公司股票买卖的投资者保持原有交易权限不变。

第八条　主办券商应当根据中国证监会有关规定及本细则要求，制定投资者适当性管理实施方案，建立健全工作制度，完善内部分工和业务流程，并报全国中小企业股份转让系统有限责任公司（以下简称全国股份转让系统公司）备案。

第九条　主办券商应当切实履行投资者适当性管理职责，了解投资者的身份、财务状况、证券投资经验等相关信息，评估投资者的风险承受能力和风险识别能力，有针对性地开展风险揭示、投资者知识普及、投资者服务等工作，引导投资者审慎参与挂牌公司股票公开转让等相关业务。

第十条　主办券商应当认真审核投资者提交的相关材料，并与投资者书面签署《买卖挂牌公司股票委托代理协议》和《挂牌公司股票公开转让特别风险揭示书》。

投资者应抄录《挂牌公司股票公开转让特别风险揭示书》中的特别声明。

第十一条　投资者应当配合主办券商投资者适当性管理工作，如实提供申报材料。投资者不予配合或提供虚假信息的，主办券商可以拒绝为其办理挂牌公司股票公开转让相关业务。

第十二条　主办券商应当妥善保管投资者的档案资料，除依法配合调查和检查外，应当为投资者保密。

第十三条　主办券商应当结合所了解的投资者信息和投资者参与挂牌公司股票转让的情况，定期开展对投资者风险承受能力的持续评估工作，并留存评估结果备查。

第十四条　主办券商应当针对不同类别的投资者制订服务方案和管理流程，根据客户的不同特点，讲解全国股份转让系统业务规则和风险特点，提示参与挂牌公司股票公开转让可能面临的风险。

第十五条　主办券商应当妥善保存业务办理、投资者服务过程中风险揭示的语音或影像留痕。

第十六条　主办券商发现客户存在异常交易行为或者违法违规行为时，应当根据全国股份转让系统公司相关规定及时提醒客户，并向全国股份转让系统公司报告。

第十七条　全国股份转让系统公司对存在异常交易行为的投资者采取口头或书面警示等监管措施的，主办券商应当及时与投资者取得联系，告知其有关监管要求和采取的监管措施。

对出现异常交易行为的投资者，全国股份转让系统公司可以限制其交易，主办券商应当予以配合。

第十八条　主办券商应当为投资者提供合理的投诉渠道，指定专门部门受理投诉，妥善处理与投资者的矛盾和纠纷，并认真做好记录工作。

第十九条　主办券商应当配合全国股份转让系统公司对其投资者适当性管理执行情况进行检查，如实提供投资者开户资料、资金账户情况等信息，不得隐瞒、阻碍和拒绝。

第二十条　主办券商及其相关业务人员违反本细则规定，全国股份转让系统公司可依据《业务规则》等有关规定采取相应的监管措施或纪律处分。

第二十一条　本细则所称"以上"含本数。

第二十二条　本细则由全国股份转让系统公司负责解释。

第二十三条　本细则自发布之日起施行。

两网及退市公司类

关于两网公司及退市公司股票除权除息、缩股相关事项的通知

股转系统公告〔2015〕32号

各市场参与人：

为明确两网公司及退市公司（以下简称公司）股票权益分派、公积金转增股本、缩股等业务处理要求，保护投资者合法权益，现就有关事项通知如下：

一、股票权益分派、公积金转增股本

（一）股票发生权益分派、公积金转增股本等情况，全国中小企业股份转让系统（以下简称全国股份转让系统）在权益登记日（B股为最后交易日）的次一转让日，按照除权（息）参考价计算公式对该股票作除权除息处理。全国中小企业股份转让系统有限责任公司（以下简称全国股转公司）另有规定的除外。

（二）在除权（息）日，股票简称应进行变更，在简称前冠以"XR"、"XD"、"DR"等字样。

"XR"代表除权；"XD"代表除息；"DR"代表除权并除息。

（三）公司股票权益分派业务流程参照《全国中小企业股份转让系统挂牌公司权益分派业务指南（试行）》执行。

二、股票缩股

（一）股票发生缩股等情况，全国股份转让系统在缩股股权登记日（B股为最后交易日）的次一转让日（以下简称缩股日），参照除权参考价计算公式调整该股票当日开盘参考价。全国股转公司另有规定的除外。

（二）在缩股日，股票简称不变。

（三）公司应于实施方案的缩股股权登记日（B股为最后交易日）前披露方案实施公告。

三、除权（息）参考价

（一）除权（息）参考价计算公式

除权（息）参考价＝（前收盘价－现金红利）÷（1＋股份变动比例）

公司认为有必要调整上述计算公式时，可以向全国股转公司提出调整申请并说明理由。经全国股转公司同意的，公司应当向市场公布该次除权（息）、缩股适用的除权（息）参考

价计算公式。

（二）除权（息）日股票买卖，按除权（息）参考价作为计算涨跌幅度的基准；缩股日股票买卖，按开盘参考价作为计算涨跌幅度的基准。全国股转公司另有规定的除外。

四、本通知自 2015 年 4 月 15 日起执行。

全国中小企业股份转让系统有限责任公司
2015 年 4 月 14 日

全国中小企业股份转让系统两网公司及退市公司股票转让暂行办法

第一条　为规范原证券公司代办股份转让系统挂牌的 STAQ、NET 系统公司（以下简称“两网公司”）、退市公司（包括本暂行办法发布后新挂牌的退市公司）股票在全国中小企业股份转让系统（以下简称“全国股份转让系统”）转让及相关活动，根据有关法律法规，制定本暂行办法。

第二条　两网公司和退市公司（以下简称“公司”）股票可以在全国股份转让系统进行转让。

本暂行办法发布后依法完成退市手续的公司，按照有关规定确定推荐公司股票挂牌的主办券商，公司股东办理股票确权登记后，其股票可以在全国股份转让系统进行挂牌转让。

第三条　公司股东必须按照有关规定重新履行股份确权、登记和托管手续后方可进行转让。

推荐公司股票挂牌的主办券商负责到中国结算办理有关退出证券交易所市场股份登记及进入全国股份转让系统登记结算事宜。

主办券商相互委托股份确权的相关事项由全国股份转让系统公司另行规定。

第四条　中国证券登记结算有限责任公司（以下简称“中国结算”）为公司股票转让提供登记、存管、结算等服务。

第五条　公司及推荐公司股票挂牌的主办券商应当至少在一种中国证监会指定的信息披露媒体及全国股份转让系统指定信息披露平台（www. neeq. com. cn 或 www. neeq. cc）上发布股份确权公告，股份确权公告中应说明公司股票终止上市的情况，通知投资者办理股份确权登记手续、时间安排以及股票开始转让的时间。

第六条　持有公司流通股的股东可到任一主办券商办理股份重新确权、登记和托管手续；持有公司非流通股或限售股的股东须到推荐公司股票挂牌的主办券商办理重新确权、登记和托管手续。

公司股东办理重新确权、登记和托管手续应向相关主办券商提交下列材料：

（一）个人投资者

1. 本人身份证；

2. 原挂牌交易场所的股票账户卡（如有）；

3. 证券账户卡；

4.《非上市公司股票转让股票登记托管申请表》。

委托他人代办的，还须提供代办人身份证。

（二）机构投资者

1. 法人营业执照或注册登记证书（副本）；

2. 原挂牌交易场所的股票账户卡（如有）；

3. 证券账户卡；

4. 法定代表人身份证明书、法定代表人授权委托书；

5. 法定代表人和经办人身份证；

6.《非上市公司股票转让股票登记托管申请表》。

第七条　有下列情形之一的，还须提交以下相关材料或办理相关手续：

（一）机构投资者因企业已注销、被吊销营业执照或歇业，而无法提供企业法人营业执照的，需出具以下材料：

1. 发证机关出具的关于法人已破产或注销的证明；

2. 原持有人的股东与现持有人签署的转让协议；

3. 法院裁决书、清算组或管理人、上级主管单位文件、证明。

（二）机构投资者原法人已变更名称、合并、分立、兼并、重组的，须提供发证机关出具的名称变更相关证明，和变更名称后的法人或相关承接法人承诺承担原法人债权债务的证明文件。

（三）实际出资的投资者无法提供股票持有人的身份证明原件、原挂牌交易场所股票账户卡原件等，需提供以下证明材料之一方可办理确权、登记和托管手续：

1. 原挂牌交易场所的托管券商出具出资证明，证明其为实际出资人，并承诺承担由此而引起的任何法律责任；

2. 股票持有人与实际出资人之间签订的股权转让协议，股票持有人需声明该股份属实际出资人，并承诺承担因转让引起的任何法律责任。该协议书需经公证处公证；

3. 法院裁决书；

4. 公司要求提供的其他材料。

第八条　在股东重新履行股份确权手续后，主办券商应向股票持有人出具股票确认书。

第九条　公司已确认的可进行转让的股票应当登记在中国结算。

第十条　推荐公司股票挂牌的主办券商办理公司股票登记应当向中国结算提交下列材料：

（一）全国股份转让系统公司关于委托股份登记托管的函；

（二）主办券商与退市公司、副主办券商签订的《推荐恢复上市、委托股票转让协议书》，或证券交易所指定主办券商为退市公司提供股票转让服务的文件；

（三）中国结算要求的其他材料。

第十一条　经确权、登记和托管的股票可以由主办券商向中国结算办理股票存管后开始转让。未经确权的股票，由推荐公司股票挂牌的主办券商按照前述规定及中国结算的有关规定，继续进行确权、登记和托管工作。经确权、登记、托管的股票可以由主办券商向中国结算办理股票存管后开始转让。

第十二条　公司退市前已签订《推荐恢复上市、股票转让协议书》的，由推荐公司股票挂牌的主办券商办理退市公司股票在全国股份转让系统挂牌手续；截至交易所作出终止上市决定时仍未签订《推荐恢复上市、股票转让协议书》、由证券交易所指定主办券商的，由指定推荐公司股票挂牌的主办券商办理退市公司股票在全国股份转让系统挂牌手续。

推荐公司股票挂牌的主办券商办理挂牌手续应严格按照下列程序和时间要求：

（一）在证券交易所公告股票终止上市决定、退市整理期届满或接到交易所指定通知后的 5 个转让日内，向中国结算取得相关资料，刊登“股份确权公告”；

（二）在 20 个转让日内开始为投资者办理股份确权手续；

（三）在 40 个转让日内到中国结算办理公司股票重新登

记手续，并在全国股份转让系统指定信息披露平台刊登“股票转让公告”；

（四）第45个转让日公司股票开始在全国股份转让系统转让。

推荐公司股票挂牌的主办券商在办理退市公司股票挂牌过程中，如果退市公司对证券交易所退市决定提起行政复

议或诉讼，在中国证监会受理其行政复议申请或法院受理其行政诉讼申请后，主办券商应暂停其股票进入全国股份转让系统挂牌工作，并根据行政复议和诉讼结果决定是否恢复其股票的挂牌工作；如果退市公司提出终止办理股票挂牌，在获得其所在地省级人民政府批准后，主办券商应停止办理其股票挂牌。

第十三条　退市公司股票开始在全国股份转让系统转让后，全国股份转让系统公司将向退市公司所在地省级人民政府通报相关情况。

第十四条　投资者参与公司股票转让，应当委托主办券商办理，并到主办券商或其所属营业部阅读《风险揭示书》，主办券商应向投资者充分揭示公司股票转让的各类风险，投资者应在充分了解投资风险的基础上签署《风险揭示书》，并签订委托协议。委托协议应列明投资者接受并遵守本暂行办法。

主办券商对投资者在公司股票转让时出现的违规行为，应当依据委托协议，及时提出警示，并按双方约定采取必要措施。

第十五条　公司流通股份以集合竞价方式成交，非流通股份（或限售股）可以办理协议转让。协议转让或投资者因司法裁决、继承等特殊原因需办理股票过户的，需依照全国股份转让系统公司和中国结算相关规定办理。

第十六条　主办券商接受投资者委托办理公司股票转让业务，投资者申报指令以集合竞价方式撮合成交。

主办券商不得自营所推荐公司的股票。

第十七条　公司股票转让的转让日为每周一至周五，转让委托申报时间为上午9:30至11:30，下午1:00至3:00；全国股份转让系统分别于转让日的10:30、11:30、14:00揭示一次可能的成交价格，最后一个小时即14:00后每十分钟揭示一次可能的成交价格，最后十分钟即14:50后每分钟揭示一次可能的成交价格。在转让日下午15:00进行集中撮合成交。

转让期间遇法定节假日或其他特殊情况，暂停转让服务业务。

第十八条　全国股份转让系统公司根据公司不同情况，实行区别对待，分类转让：

（一）规范履行信息披露义务、股东权益为正值或净利润为正值、最近年度财务报告未被注册会计师出具否定意见或无法表示意见的公司，其股票每周转让五次（每星期一、二、三、四、五各转让一次），其股票简称最后一个字符为阿拉伯数字“5”。

（二）股东权益和净利润均为负值，或最近年度财务报告被注册会计师出具否定意见或无法表示意见的公司，其股票每周转让三次（每星期一、三、五各转让一次），其股票

简称最后一个字符为阿拉伯数字“3”。

（三）未与推荐公司股票挂牌的主办券商签订《推荐恢复上市、股票转让协议书》，或不履行基本信息披露义务的，其股票每周转让一次（每星期五转让一次），其股票简称最后一个字符为阿拉伯数字“1”。

上述股东权益为正值是指最近会计年度经审计的股东权益扣除注册会计师不予确认的部分后为正值；净利润为正值是指最近会计年度经审计的扣除非经常性损益后的净利润为正值。

第十九条　股票转让以“手”为单位，一手为100股。申报买入股票，数量应当为一手的整数倍。不足一手的股票，只能一次性申报卖出。

第二十条　转让股票“每股价格”的最小变动单位：A股为人民币0.01元，B股为0.001美元。

第二十一条　股票转让价格实行涨跌幅限制，涨跌幅比例限制为前一转让日转让价格的5%。

第二十二条　投资者委托主办券商进行公司股票转让可采用柜台委托、电话委托、互联网委托等委托方式。

第二十三条　投资者应根据上一转让日的股票价格，在涨跌幅限制范围内进行委托。

第二十四条　主办券商在公司股票转让业务中可以接受投资者的限价委托，但不得接受全权委托。

限价委托是指投资者限定价格，要求主办券商营业部以限价或低于限价买入股票、以限价或高于限价卖出股票的委托。

投资者委托当日有效。

第二十五条　投资者委托卖出的股票必须是其证券账户上实有的股票，不得进行融券。

第二十六条　投资者委托买入股票必须以其资金账户上实有的资金支付，不得进行融资。

第二十七条　主办券商应妥善保管投资者的委托记录和凭证，保存期不少于20年。

第二十八条　转让日申报时间内接受的所有转让申报采用一次性集中竞价方式撮合成交。

第二十九条　集合竞价确定转让价格的原则依次是：

（一）可实现最大成交量；

（二）高于该价格的买入申报与低于该价格的卖出申报全部成交；

（三）与该价格相同的买方或卖方至少有一方全部成交。

两个以上价格符合上述条件的，取在该价格以上的买入申报累计数量与在该价格以下的卖出申报累计数量之差最小的价格为成交价；买卖申报累计数量之差仍存在相等情况的，开盘集合竞价时取最接近即时行情显示的前收盘价为成交价，盘中、收盘集合竞价时取最接近最近成交价的价格为成交价。

集合竞价的所有申报以同一价格成交。

第三十条　经集中撮合后，转让即告成立。

第三十一条　集合竞价结束后，通过通信系统将转让数据即时发送至主办券商，内容包括：主办券商专用交易单元号、合同序号、投资者证券账户卡号、股票代码、转让数量、转让价格等。

第三十二条　公司股票转让的价格信息通过通信系统传送至主办券商所属营业部，主办券商必须在营业场所单独发布。

公司股票转让不设指数。

第三十三条　转让日当天的价格信息发布内容为：股票代码和名称，上一转让日转让价格和数量，当日转让价格和数量。

第三十四条　中国结算根据全国股份转让系统发送的转让成交数据完成与主办券商之间的股份与资金的清算交收，并将清算交收结果数据发送主办券商，主办券商再据此完成与投资者之间的股份与资金的清算交收。

第三十五条　公司派发红利的，可自行派发或委托中国结算办理；派发红股或公积金转增股本的，应委托中国结算办理。

委托中国结算办理上述业务时，应提交股东大会决议、分配方案公告及其他所需资料。

第三十六条　投资者委托股票转让和非转让过户（挂失除外），应当按规定交纳相关税费。

第三十七条　公司或推荐公司股票挂牌的主办券商应当按照《两网公司及退市公司信息披露暂行办法》的规定，在全国股份转让系统指定信息披露平台进行信息披露。

第三十八条　公司出现以下情形之一的，全国股份转让系统公司或推荐公司股票挂牌的主办券商报经全国股份转让系统公司同意后可以对其股票暂停转让，直至导致暂停转让的原因消除后恢复转让：

（一）公司违反《推荐恢复上市、股票转让协议书》；

（二）公司发生影响股票转让的其他重大事件。

第三十九条　出现下列情形之一的，公司或推荐公司股票挂牌的主办券商应当公告并终止股票转让，按照中国结算的规定办理退出登记：

（一）公司获准上市、重新上市或被收购；

（二）公司解散、依法被撤销、破产；

（三）全国股份转让系统公司规定的其他情形。

第四十条　股票转让参与人违反本暂行办法规定的，全国股份转让系统公司可以依据《全国中小企业股份转让系统业务规则》采取相应的自律监管措施和纪律处分。

第四十一条　本暂行办法由全国股份转让系统公司负责解释。

全国中小企业股份转让系统
两网公司及退市公司信息披露暂行办法

第一条　为规范原证券公司代办股份转让系统挂牌的STAQ、NET系统公司（以下简称“两网公司”）、退市公司（包括本暂行办法发布后新挂牌的退市公司）在全国股份转让系统的信息披露行为，根据有关法律法规，制定本暂行办法。

第二条　两网公司和退市公司（以下简称“公司”）应当履行下列信息披露的基本义务：

（一）及时披露所有可能对公司股票转让价格产生重大影响的信息；

（二）及时澄清与公司有关的、非正式披露的信息；

（三）保证信息披露内容真实、准确、完整，没有虚假记载、误导性陈述或者重大遗漏，并就其保证承担法律责任。

公司不能确定有关事件是否需及时披露，或对履行以上基本义务有任何疑问的，应当及时向主办券商咨询。

第三条　公司及其董事、监事、高级管理人员不得泄露内幕信息，不得进行内幕交易或配合他人操纵股票转让价格。

第四条　公司应当公开披露的信息包括定期报告和临时报告。年度报告、半年度报告和季度报告为定期报告，其他报告为临时报告。

第五条　公司公开披露的信息应当第一时间在全国股份转让系统指定信息披露平台公布。

第六条　公司公开披露的信息必须按照规定格式编制，公告文稿应为打印件并经董事会全体成员签字或加盖董事会公章，并同时采用书面和电子文件的形式报送主办券商。

公开披露的信息应当用中文表述。转让境内流通外资股股份的公司公开披露信息，如有必要，还可以用英文表述，并在境外英文报纸予以发布；中英文本不一致的，以中文文本为准。

第七条　公司在其他公共传媒披露的信息不得先于在全国股份转让系统指定信息披露平台的正式公告。公司不得以新闻发布或答记者问等形式代替公司的正式公告。

第八条　公司董事会全体成员及其他知情人员在公司的信息公开披露前，应当将该信息的知情人控制在最小范围内。

第九条　公司的信息披露不够及时、充分、完整或可能误导投资者的，存在任何虚假记载、误导性陈述或者重大遗漏及其他技术性错误的，公司应当主动或应主办券商的要求及时予以公开更正、说明或补充；公司未按主办券商要求做出修改或补充的，主办券商应对投资者以公告的方式做出风险提示。

第十条　公司应当将信息披露文件和备查文件在公告的同时备置于公司住所及其他指定场所，供公众查阅。

第十一条　公司根据国家有关法律、法规向有关部门报送涉及未披露信息的文件时，应当以书面形式向其申明该文件涉及未公开的信息并提请对方注意保密。除此以外，公司不得对外提供任何涉及未披露信息的文件。

第十二条　公司有充分理由认为披露某一信息会损害公司的利益，且该信息对其转让价格不会产生重大影响，经主办券商报全国股份转让系统公司同意，可以免予披露。

第十三条　公司认为应披露的信息可能导致其违反国家有关法规的，应当向主办券商提出并陈述不宜披露的理由；确有法律依据的，经主办券商报全国股份转让系统公司同意，可以免予披露。

第十四条　公司应当配备信息披露所必要的通讯工具和计算机等办公设备，保证计算机可以连接国际互联网和对外咨询电话的畅通。

第十五条　董事和监事应当在股票开始转让后两个月内，新任董事、监事应当在股东大会通过其任命后两个月内，签署《董事（监事）声明及承诺书》并送达主办券商备案。董事、监事签署该文件时必须由律师见证，向董事、监事解释《董事（监事）声明及承诺书》的内容，董事、监事在充分理解后签字。

第十六条　董事应当履行以下职责并在《董事声明及承诺书》中作出承诺：

（一）遵守法律法规，履行诚信勤勉义务；

（二）遵守公司章程；

（三）遵守全国股份转让系统相关规则，接受主办券商的督促与指导；

（四）对主办券商认为应当承诺的其他事项作出承诺。

第十七条　监事除同样应当履行上条所述职责并在《监事声明及承诺书》中作出承诺外，还应当承诺促使公司董事遵守其承诺。

第十八条　董事、监事应当在《董事（监事）声明及承诺书》中声明：

（一）本人持有所在公司股票的情况；

（二）有无违反法律法规受查处情况；

（三）参加证券业务培训情况；

（四）其他任职情况；

（五）拥有其他国家或地区的国籍、长期居留权的情况；

（六）主办券商认为应当由其说明的其他情况。

第十九条　《董事（监事）声明及承诺书》中声明的事项发生变化时，董事、监事应当在该等情况发生变化之日起五个工作日内向主办券商提交有关最新资料披露并备案,并保证该资料的真实与完整。

第二十条　公司必须设立一名董事会秘书。董事会秘书为公司与主办券商之间的指定联络人。

第二十一条　董事会秘书应当遵守公司章程和有关法律法规,对公司负有诚信和勤勉义务,不得利用职权为自己或他人谋取利益。

第二十二条　董事会秘书应当履行下列与信息披露相关的职责:

(一)负责准备和提交主办券商及全国股份转让系统公司要求的有关信息披露的文件;

(二)准备和提交董事会和股东大会的报告和文件;

(三)按照法定程序筹备董事会会议和股东大会会议,列席董事会会议并作记录,保证记录的准确性,并在会议记录上签字;

(四)协调和组织公司信息披露事项,包括建立信息披露的制度,接待来访,回答咨询,联系股东,向投资者提供公司公开披露的资料,促使公司及时、合法、真实和完整地进行信息披露;

(五)负责信息的保密工作,制订保密措施。在发生内幕信息泄露时,及时采取补救措施,报告主办券商并公告;

(六)负责保管公司股东名册、董事名册、股东及董事持股资料,公司董事会和股东大会的会议文件和记录;

(七)帮助公司董事、监事、高级管理人员了解法律法规、公司章程等对其信息披露责任的规定;

(八)协助董事会依法行使职权,在董事会作出违反法律法规、公司章程及主办券商有关规定的决议时,及时提醒董事会,如果董事会坚持作出上述决议时,应当予以记录,并将会议纪要立即提交公司全体董事和监事。

第二十三条　公司应当向董事会秘书提供信息披露所需要的资料和信息。公司做出重大决定之前,应当从信息披露角度征询董事会秘书的意见。

第二十四条　公司应当在原董事会秘书离职后三个月内聘任董事会秘书。在此之前,公司应当临时指定人选代行董事会秘书的职责。

第二十五条　董事会秘书的任职资格应当具备以下条件:

(一)具有大学专科以上学历,从事秘书、管理、股权事务等工作三年以上;

(二)有一定财务、税收、法律、金融、企业管理、计算机应用等方面知识,具有良好的个人品质和职业道德,严格遵守有关法律、法规和规章,能够忠诚地履行职责;

(三)公司董事可以兼任董事会秘书,但监事不得兼任;

(四)公司聘任的会计师事务所的会计师和律师事务所的律师不得兼任董事会秘书;

(五)有《中华人民共和国公司法》第 147 条规定情形之一的人士不得担任董事会秘书;

(六)全国股份转让系统公司规定的其他条件。

第二十六条　公司聘任董事会秘书,应当向主办券商提交以下文件并报全国股份转让系统公司备案:

(一)董事会出具的聘任书;

(二)董事会秘书的个人简历、学历证明;

(三)董事会秘书的联系方式;

(四)公司法定代表人的联系方式。

第二十七条　公司董事会解聘董事会秘书应当具有充分理由,解聘董事会秘书或董事会秘书辞职时,公司董事会应当向主办券商报告、说明原因并公告。

第二十八条　董事会秘书离任前,公司应当要求董事会秘书承诺在离任后持续履行保密义务,直至有关信息公开披露为止,并在监事会的监督下移交有关档案和文件。

第二十九条　公司董事会在聘任董事会秘书的同时,可以聘任一名董事会证券事务代表,以保证在董事会秘书不能履行职责时代行董事会秘书的职责。

第三十条　主办券商仅接受董事会秘书或证券事务代表办理公司的信息披露事务。

第三十一条　公司董事会通过委托主办券商办理股份转让决议后,应将决议内容及召开股东大会的通知至少在一种中国证监会指定的信息披露媒体及全国股份转让系统指定信息披露平台上予以公告。

第三十二条　公司股东大会通过委托主办券商办理股票转让决议后,应至少在一种中国证监会指定的信息披露媒体及全国股份转让系统指定信息披露平台上予以公告。

第三十三条　公司与主办券商签订委托办理股票转让协议后,应于 30 个工作日内,就证券帐户开立、股份确权、登记、托管等事项,至少在一种中国证监会指定的信息披露媒体及全国股份转让系统指定信息披露平台上予以公告。受托办理股票转让的主办券商,也应同时公告办理股票转让公告,明确股票托管操作等事项。

第三十四条　公司应当在股票首次转让前编制并披露股票转让公告书。

股票转让公告书至少应包括如下内容:公司基本信息、股本和股东情况、原股票发行及交易情况、公司治理情况、经具有证券期货相关业务资格的会计师事务所审计的财务报告、主要业务、产品或者服务及公司所属行业、业务发展目标、同业竞争与关联交易、公司重大事项、董事会承诺以

及董事、监事、高级管理人员及核心技术人员情况、主办券商等情况。

原股票发行及交易情况包括(但不限于):发行价格,发行日期,发行数量,流通(上市)日期,原股票上市交易所,转让公告日前股东总数,转让公告日前总股本,转让公告日前流通股数量、非流通股数量、已确权股份数量等。

董事会承诺包括(但不限于):已任董事和新任董事将分别在本暂行办法第十五条规定时间内签署《董事声明及承诺书》,其他内容可参照本暂行办法第十六条。

主办券商情况包括(但不限于):公司名称、法定代表人、住所、联系电话、传真等。

第三十五条　公司应当在每个会计年度结束之日起四个月内编制完成并披露年度报告。年度报告内容参照中国证监会《公开发行证券的公司信息披露内容与格式准则第 2 号 – 年度报告的内容与格式》正文部分相关内容进行编制。

第三十六条　公司应当在每个会计年度的前六个月结束之日起两个月内编制完成并披露半年度报告。半年度报告内容参照中国证监会《公开发行证券的公司信息披露内容与格式准则第 3 号 – 半年度报告的内容与格式》正文部分相关内容进行编制。

第三十七条　公司应当在每个会计年度的前三个月、九个月结束后的一个月内编制完成并披露季度报告。季度报告内容参照中国证监会《公开发行证券的公司信息披露编报规则第 13 号 – 季度报告内容与格式特别规定》正文部分相关内容进行编制。

第三十八条　公司年度的财务报告必须经具有证券期货相关业务资格的会计师事务所审计；半年度财务报告可以不经会计师事务所审计，但拟在下半年进行利润分配或公积金转增的须经会计师事务所审计；季度报告的财务报告无需审计，但全国股份转让系统公司或主办券商另有规定的除外。

第三十九条　公司应当在董事会审议通过定期报告之日起两个工作日内向主办券商报送下列文件并公告：

（一）定期报告全文；

（二）定期报告摘要；

（三）审计报告及财务报告；

（四）董事会决议及其公告文稿；

（五）按主办券商要求载有上述文件的电子文件；

（六）主办券商要求的其他文件。

第四十条　公司召开董事会会议，应当在会议结束后两个工作日内将董事会决议报送主办券商备案。

第四十一条　公司董事会决议涉及需要经股东大会表决的事项和本暂行办法第四十七条至第八十七条的事项的，必须公告；其他事项，主办券商认为有必要的，也应当公告。

第四十二条　公司召开监事会会议，应当在会议结束后两个工作日内将监事会决议报送主办券商并公告。

第四十三条　公司应当在股东大会结束后两个工作日内将股东大会决议公告文稿报送主办券商并公告。

第四十四条　股东大会因故延期或取消，应当在原定股东大会召开日的五个工作日之前发布通知，通知中应当说明延期或取消的具体原因。如属延期，应当公布延期后的召开日期。

第四十五条　股东大会对董事会预案做出修改，或对董事会预案以外的事项做出决议，或会议期间因突发事件致使会议不能正常召开的，公司应当向主办券商说明原因并公告。

第四十六条　股东大会决议公告应当包括下列内容：

（一）出席会议的股东人数、所持股份及占公司有表决权总股本的比例；

（二）每项议案的表决方式及表决统计结果，包括赞成、反对和弃权的股份，占出席会议有表决权股份的比例；

（三）关联交易股东回避表决的情况；

（四）对股东提案做出决议的，应当列明提案股东的名称或姓名、持股比例和提案内容；

（五）发行 B 股的公司还应当在公告中说明股东会议通知情况、公司 A 股股东和 B 股股东出席会议及表决情况；

（六）公司聘请的律师关于股东大会及决议是否合法有效的法律意见。

第四十七条　公司拟收购、出售资产达到以下标准之一时，经董事会批准后两个工作日内，向主办券商报告并公告：

（一）按照最近一期经审计的财务报告、评估报告或验资报告，收购、出售资产的资产总额占公司最近一期经审计的总资产值的 10% 以上；

（二）被收购资产相关的净利润或亏损的绝对值（按上一年度经审计的财务报告）占公司经审计的上一年度净利润或亏损绝对值的 10% 以上，且绝对金额在 50 万元以上；被收购资产的净利润或亏损值无法计算的，不适用本款；收购企业所有者权益的，被收购企业的净利润或亏损值以与这部分产权相关的净利润或亏损值计算；

（三）被出售资产相关的净利润或亏损绝对值或该转让行为所产生的利润或亏损绝对值占公司经审计的上一年度净利润或亏损绝对值的 10% 以上，且绝对金额在 50 万元以上；被出售资产的净利润或亏损值无法计算的，不适用本款；出售企业所有者权益的，被出售企业的净利润或亏损值以与这部分资产相关的净利润或亏损值计算；

（四）收购、出售资产的转让金额（承担债务、费用等，应当一并加总计算）占公司最近一期经审计的净资产总额 10% 以上。

本暂行办法所称收购、出售资产是指公司收购、出售企业所有者权益、实物资产或其他财产权利的行为。

第四十八条　公司在十二个月内连续对同一或相关资产分次进行收购、出售的，以其在此期间转让的累计金额确定是否公告。

第四十九条　公司直接或间接持股比例超过 50% 的子公司收购、出售资产，视同公司行为。公司的参股公司（持股 50% 以下）收购、出售资产，转让标的有关金额指标乘以参股比例计算。

第五十条　公司必须在收购、出售资产协议生效之日起三个月内向主办券商报告其转让实施情况（包括所有必需的产权变更或登记过户手续完成情况）、相关证明文件并公告。

第五十一条　公司披露上述收购、出售资产事项，应当向主办券商提交以下文件备案：

（一）转让公告文稿；

（二）收购、出售资产的协议书；

（三）董事会决议及公告（如有）；

（四）被收购、出售资产涉及的政府批文（如有）；

（五）被收购、出售资产的财务报告；

（六）主办券商要求提供的其他文件。

第五十二条　公司收购、出售资产的公告应当包括以下内容：

（一）转让概述及协议生效时间；

（二）协议有关各方的基本情况，包括企业名称、工商登记类型、注册地点、法定代表人、主营业务等；

（三）被收购、出售资产的基本情况，包括该资产名称、中介机构名称、资产的帐面值及评估值、资产运营情况、资产质押、抵押以及在该资产上设立的其他财产权利的情况、涉及该财产的重大争议的情况。

被收购、出售的资产系企业所有者权益，还应当介绍公司（或企业）的基本情况和最近一期经审计的财务报告中的财务数据，包括资产总额、负债总额、所有者权益、主营收入、净利润等，并附收购、出售基准日资产负债表和损益表（如果基准日不是年底，还需披露上一年度损益表）；

（四）公司预计从该项转让中获得的利益及该转让对公司未来经营的影响；

（五）转让金额（包括定价基准）及支付方式（现金、股权、资产置换等，还包括有关分期付款安排的条款）；

（六）该转让所涉及的人员安置、土地租赁、债务重组等情况；

（七）出售资产的，应当说明出售所得款项的用途；

（八）需要经股东大会或有权部门批准的事项，应当说明需履行的合法程序和进展情况；

（九）如果收购资产后，可能产生关联交易，应当披露有关情况；

（十）如果收购资产后，可能产生关联人同业竞争，应当披露规避的方法或其他安排（包括有关协议或承诺等）；

（十一）收购资产后，公司与控股股东在人员、资产、财务上分开的安排计划。

第五十三条　公司的关联交易是指公司或者其控股子公司与公司关联人之间发生的转移资源或义务的事项。包括但不限于下列事项：

（一）购买或者出售资产；

（二）对外投资（含委托理财、委托贷款、对子公司投资等）；

（三）提供财务资助；

（四）提供担保；

（五）租入或者租出资产；

（六）签订管理方面的合同（含委托经营、受托经营等）；

（七）赠与或者受赠资产；

（八）债权或者债务重组；

（九）研究与开发项目的转移；

（十）签订许可协议；

（十一）购买原材料、燃料、动力；

（十二）销售产品、商品；

（十三）提供或者接受劳务；

（十四）委托或者受托销售；

（十五）关联双方共同投资；

（十六）其他通过约定可能造成资源或者义务转移的事项。

公司关联人包括关联法人和关联自然人。

第五十四条　具有以下情形之一的法人，为公司的关联法人：

（一）直接或者间接控制公司的法人或其他组织；

（二）由上述第（一）项直接或者间接控制的除公司及其控股子公司以外的法人或其他组织；

（三）由本暂行办法第五十五条所列的关联自然人直接或者间接控制的，或者由关联自然人担任董事、高级管理人员的除公司及其控股子公司以外的法人或其他组织；

（四）持有公司5%以上股份的法人或其他组织；

（五）中国证监会、全国股份转让系统公司或者公司根据实质重于形式原则认定的其他与公司有特殊关系，可能导致公司利益对其倾斜的法人或其他组织。

第五十五条　公司的关联自然人是指：

（一）直接或间接持有公司5%以上股份的自然人；

（二）公司的董事、监事及高级管理人员；

（三）本暂行办法第五十四条所列法人的董事、监事及高级管理人员；

（四）本条第（一）、（二）项所述人士的关系密切的家庭成员，包括配偶、父母及配偶的父母、兄弟姐妹及其配偶、年满18周岁的子女及其配偶、配偶的兄弟姐妹和子女配偶的父母；

（五）中国证监会、全国股份转让系统公司或者公司根据实质重于形式原则认定的其他与公司有特殊关系，可能导致公司利益对其倾斜的自然人。

第五十六条　具有以下情形之一的法人或其他组织或者自然人，视同公司的关联人：

（一）根据与公司或者其关联人签署的协议或者作出的安排，在协议或者安排生效后，或在未来十二个月内，将具有第五十三条或者第五十四条规定的情形之一；

（二）过去十二个月内，曾经具有第五十四条或者第五十五条规定的情形之一。

第五十七条　公司的第一大债权人、债务人之间发生的关联交易和重大事项，按公司关联交易进行披露。披露时除了第五十三条规定的“提供担保”和“债权或者债务重组”外，还应包括债权人变更，债务人变更等。

第五十八条　公司关联交易应当遵循以下基本原则：

（一）符合诚实信用的原则；

（二）关联方如享有公司股东大会表决权，除特殊情况外，应当回避行使表决；

（三）与关联方有任何利害关系的董事，在董事会对该事项进行表决时，应当予以回避；

（四）公司董事会应当根据客观标准判断该关联交易是否对公司有利。

第五十九条　公司关联人与公司签署涉及关联交易的协议，应当采取必要的回避措施：

（一）任何个人只能代表一方签署协议；

（二）关联人不得以任何方式干预公司的决定；

（三）公司董事会就关联交易表决时，有利害关系的当事人属以下情形的，不得参与表决：

1. 董事个人与公司的关联交易；

2. 董事个人在关联企业任职或拥有关联企业的控股权，该关联企业与公司的关联交易；

3. 按法律、法规和公司章程规定应当回避的。

（四）公司股东大会就关联交易进行表决时，关联股东不得参加表决。关联股东因特殊情况无法回避时，应由董事会委托律师，与有关各方充分协商，作出决定。如决定关联股东可以参加表决，公司应当在股东大会决议中做出详细说明，同时对非关联方的股东投票情况进行专门统计，并在决议公告中予以披露。

第六十条　公司与其关联人达成的关联交易总额在100万元以下或低于公司最近经审计净资产值的0.5%的，可以不适用本暂行办法。

第六十一条　公司与其关联人达成的关联交易总额在100万元至1000万元之间或占公司最近经审计净资产值的0.5%至5%之间的，公司应当在签订协议后两个工作日内按照第六十三条的规定进行公告，并在下次定期报告中披露有关交易的详细资料。

第六十二条　公司披露关联交易，应当比照第五十条规定向主办券商提交文件备案。

第六十三条　公司就关联交易发布的临时报告应当包括以下内容：

（一）转让日期、转让地点；

（二）有关各方的关联关系；

（三）转让及其目的的简要说明；

（四）转让的标的、价格及定价政策；

（五）关联人在交易中所占权益的性质及比重；

（六）关联交易涉及收购或出售某一公司权益的，应当说明该公司的实际持有人的详细情况，包括实际持有人的名称及其业务状况；

（七）董事会关于本次关联交易对公司影响的意见；

（八）独立董事（如有）、监事会关于关联交易表决程序及公平性的意见；

（九）若涉及对方或他方向公司支付款项的，必须说明付款方近三年或自成立之日起至协议签署期间的财务状况，董事会应当对该等款项收回或成为坏账的可能作出判断和说明；

（十）独立财务顾问意见。

第六十四条　公司拟与其关联人达成的关联交易总额高于1000万元或高于公司最近经审计净资产值的5%的，应当提交股东大会批准并予以披露。任何与该关联交易有利害关系的关联人应当在股东大会上放弃对该议案的投票权。公司应当在有关关联交易的公告中特别载明："此项交易需经股东大会批准，与该关联交易有利害关系的关联人放弃在股东大会上对该议案的投票权"。

第六十五条　公司与其关联人就同一标的或者公司与同一关联人在连续 12 个月内达成的关联交易累计金额达到第六十一条所述标准的，公司应当按该条的规定予以披露。

第六十六条　公司与其关联人就同一标的或者公司与同一关联人在连续 12 个月内达成的关联交易累计金额达到第六十四条所述标准的，公司应当按该条的规定予以披露。

第六十七条　公司与其关联人达成的以下关联交易，可以免予按照关联交易的方式表决和披露：

（一）关联人依据股东大会决议领取股息或者红利；

（二）关联人购买公司发行的企业债券；

（三）公司与其控股子公司之间发生的关联交易。

第六十八条　公司必须在重大关联交易实施完毕之日起两个工作日内向主办券商报告并公告。

第六十九条　公司会计年度结束时，预计出现亏损的，应当在会计年度结束后的 30 个工作日内发布首次风险提示公告。

第七十条　公司尚未披露的诉讼或仲裁事项涉及的金额或 12 个月内累计金额占公司最近经审计的净资产值 10% 以上的，公司应当在知悉该事件后及时报告主办券商并披露下列内容：

（一）诉讼或仲裁受理日期，诉讼或仲裁各方当事人、代理人及其所在单位的姓名或名称；

（二）受理法院或仲裁机构的名称及所在地，诉讼或仲裁的原因和依据；

（三）诉讼或仲裁的请求；

（四）判决或裁决的结果和日期；

（五）各方当事人对结果的意见或拟采取的进一步的法律行动等。

第七十一条　公司发生重大担保事项应当提交董事会或者股东大会进行审议，及时向主办券商报告并公告：

下述担保事项应当在董事会审议通过后提交股东大会审议：

（一）单笔担保额超过公司最近一期经审计净资产 10% 的担保；

（二）公司及其控股子公司的对外担保总额，超过公司最近一期经审计净资产 50% 以后提供的任何担保；

（三）为资产负债率超过 70% 的担保对象提供的担保；

（四）按照担保金额连续十二个月内累计计算原则，超过公司最近一期经审计总资产 30% 的担保；

（五）按照担保金额连续十二个月内累计计算原则，超过公司最近一期经审计净资产的 50%，且绝对金额超过 5000 万元以上；

（六）全国股份转让系统公司或者公司章程规定的其他担保。

对于董事会权限范围内的担保事项，除应当经全体董事的过半数通过外，还应当经出席董事会会议的三分之二以上董事同意；前款第（四）项担保，应当经出席会议的股东所持表决权的三分之二以上通过。

第七十二条　对担保事项的披露，应当说明担保协议签署及生效日期，债权人名称，担保的方式、期限、金额，担保协议中的其他重要条款，被担保人的基本情况等；

被担保人为法人的，应当包括企业名称、注册地点、法定代表人、经营范围、与公司的关联关系或其他关系；

被担保人为个人的，应当包括姓名、与公司的关联关系或其他关系。

第七十三条　公司出现以下情况所涉及的数额达到最近一期经审计的总资产或净资产或净利润的 10% 以上的，应当及时向主办券商报告并公告。

（一）重要合同（借贷、委托经营、受托经营、委托理财、赠与、承包、租赁等）的订立、变更、解除和终止；

（二）大额银行退票；

（三）重大经营性或非经营性亏损；

（四）遭受重大损失；

（五）重大投资行为；

（六）可能依法承担的赔偿责任；

（七）重大行政处罚。

第七十四条　公司出现以下情况，应当自事实发生之日起两个工作日内向主办券商报告并公告：

（一）公司章程、注册资本、注册地址、名称的变更，其中公司章程发生变更的，还应当将新的公司章程在指定网站上刊登；

（二）经营方针和经营范围的重大变化；

（三）涉及金额占公司最近经审计净资产 10% 以上的重大债务或未清偿到期重大债务；

（四）公司超过净资产 10% 以上的债权、债务在第三方之间发生移转；

（五）公司的第一大股东发生变更；

（六）公司的董事长、三分之一以上董事或经理发生变动；

（七）生产经营环境发生重大变化，包括全部或主要业务停顿、生产资料采购、产品销售发生重大变化；

（八）减资、合并、分立；

（九）直接或间接持有另一挂牌公司发行在外的普通股 5% 以上；

（十）持有公司总股份百分之五以上股份的股东，其持有股份增减变化为总股份的百分之五以上；

（十一）新的法律法规、规章、政策可能对公司的经营产生显著影响；

（十二）更换为公司审计的会计师事务所；

（十三）法院裁定禁止公司有控制权的大股东转让其所持公司股份；

（十四）持有公司百分之五以上股份的股东所持股份被质押；

（十五）公司进入破产清算状态；

（十六）公司预计出现资不抵债；

（十七）获悉主要债务人出现资不抵债或进入破产程序，公司对相应债权未提取足额坏账准备；

（十八）因涉嫌违反法律、法规被有关部门调查或受到行政处罚的；

（十九）主办券商和全国股份转让系统公司认为需要披露的其他事项。

第七十五条　公司在申请上市、重新上市过程中，发生以下情况时须即时向主办券商及全国股份转让系统公司报告并公告：

（一）公司董事会通过拟申请上市或重新上市的决议；

（二）公司股东大会通过拟申请上市或重新上市的议案；

（三）有关单位受理或接受公司上市或重新上市的申请；

（四）公司上市或重新上市的申请因故撤回或被有关单位退回；

（五）有关单位审议公司上市或重新上市申请；

（六）有关单位同意公司股票上市或重新上市的申请；

（七）主办券商和全国股份转让系统公司认定的其他情况。

第七十六条　公司出现财务状况或其他状况异常，投资者难以判定公司前景，权益可能受到损害，公司应当即时向主办券商和全国股份转让系统公司报告，并在全国股份转让系统指定信息披露平台和证券营业网点作出特别风险提示的公告。

第七十七条　公司出现以下情况之一的，为财务状况异常：

（一）预计出现资不抵债的情形；

（二）最近两个会计年度审计结果显示的净利润均为负值；

（三）最近一个会计年度审计结果显示其股东权益低于注册资本，即每股净资产低于股票面值；

（四）注册会计师对最近一个会计年度的财务报告出具无法表示意见或否定意见的审计报告；

（五）最近一个会计年度经审计的股东权益扣除注册会计师不予确认的部分，低于注册资本；

（六）最近一份经审计的财务报告对上年度利润进行调整，导致连续两个会计年度亏损；

（七）主办券商或全国股份转让系统公司认定的其他情形。

第七十八条　公司出现以下情况之一的，为其他状况异常：

（一）因自然灾害、重大事故等原因导致公司主要经营设施遭受损失，公司生产经营活动基本中止，在三个月以内不能恢复的；

（二）公司涉及负有赔偿责任的诉讼或仲裁案件，依照法院或仲裁机构的判决或裁决的赔偿金额累计超过公司最近经审计的净资产的20%的；

（三）公司主要银行帐号被冻结，影响公司正常经营活动的；

（四）人民法院受理公司破产案件，可能依法宣告公司破产的；

（五）公司董事会无法正常召开会议并形成董事会决议的；

（六）公司的主要债务人被法院宣告进入破产程序，而公司相应债权未能计提足额坏帐准备致使公司将面临重大财务风险的；

（七）公司出现其他异常情况，董事会或监事会认为有必要作出特别风险提示公告的；

（八）主办券商或全国股份转让系统公司认定的其他情形。

第七十九条　自法院受理公司破产案件的公告发布之日起，主办券商对该公司股票暂停转让。

公司应当在收到法院有关法律文书的当日，立即向主办券商报告，经主办券商审核后公告。公告日后第一个交易日公司股票恢复转让。

第八十条　公司进入破产程序后，公司或其他有信息披露义务的主体应当于第一时间向主办券商和全国股份转让系统公司报告债权申报情况、债权人会议情况、和解和整顿等重大情况并公告。公司刊登上述公告当日，其股票暂停转让一天。

第八十一条　上述第七十七条、第七十八条所列情形已经消除的，公司应当就该情形消除的事实向主办券商和全国股份转让系统公司报告并公告。

第八十二条　公司应当关注本公司股票的转让以及新闻媒介、网站关于本公司的报道。

第八十三条　出现以下情况之一的，公司应当及时向主办券商报告，经全国股份转让系统公司同意后可以要求公司比照第八十六条的规定发布公告：

（一）股票转让发生异常波动；

（二）新闻媒介或网站传播的消息可能对公司的股票转让产生影响；

（三）全国股份转让系统公司认为其他属于异常波动的情况。

主办券商报经全国股份转让系统公司同意，可以对出现上述情形的公司股票实施暂停转让，直至公司对该消息做出澄清公告后的第一个转让日恢复转让。

第八十四条　股票转让出现以下情况之一的，主办券商根据市场情况，认定是否属股票转让异常波动：

（一）某股票的转让价格连续三个转让日达到涨幅或跌幅限制；

（二）某股票的日均成交金额连续五个转让日逐日增加50%；

（三）某股票转让日的成交量与上月日均成交量相比连续五个转让日放大十倍；

（四）全国股份转让系统公司认为属于异常波动的其他情况。

出现本条所列情形被认定为异常波动的股票，其异常波动的计算从公告之日起重新开始。

第八十五条　公司针对有关传闻发布公告，应当向主办券商和全国股份转让系统公司报送公告文稿以及传闻在新闻媒介传播的证明。

第八十六条　公司针对有关传闻的公告应当包括以下内容：

（一）传闻内容及其来源；

（二）公司的真实情况；

（三）经主办券商同意的其他内容。

第八十七条　公司认为股票转让的异常波动与公司或公司内外部环境的变化无关，应当在公告中做出说明；认为与公司有关，应当披露可能影响其股票价格的信息。

第八十八条　公司的合并、分立应符合现行法律法规的规定。

第八十九条　涉及公司股份变动的合并、分立方案应当报全国股份转让系统公司同意并报告主办券商。

第九十条　涉及公司股份变动的合并、分立方案未经全国股份转让系统公司同意的，主办券商对有关公告文稿不予审查，并报告全国股份转让系统公司。

第九十一条　公司及其他信息披露义务人违反本暂行办法规定的，全国股份转让系统公司可以依据《全国中小企业股份转让系统业务规则》采取相应的自律监管措施和纪律处分。

第九十二条　本暂行办法由全国股份转让系统公司负责解释。

第三节　服务指南

综合类

股份公司申请在全国中小企业股份转让系统公开转让、股票发行的审查工作流程

（2013 年 3 月 19 日发布，2013 年 12 月 30 日修改）

根据《非上市公众公司监督管理办法》、《全国中小企业股份转让系统有限责任公司管理暂行办法》等规章，股东人数未超过 200 人股份公司申请到全国中小企业股份转让系统（以下简称全国股份转让系统）挂牌公开转让须经全国中小企业股份转让系统有限责任公司（以下简称全国股份转让系统公司）审查同意，中国证监会豁免核准，纳入非上市公众公司统一监管。

按照标准公开、程序透明、行为规范、高效便民的原则，股东人数未超过 200 人股份公司申请股票在全国股份转让系统挂牌公开转让、股票发行（包括股份公司申请挂牌同时发行、挂牌公司申请股票发行）的审查工作流程如下：

一、全国股份转让系统公司接收材料

全国股份转让系统公司设接收申请材料的服务窗口。申请挂牌公开转让、股票发行的股份公司（以下简称申请人）通过窗口向全国股份转让系统公司提交挂牌（或股票发行）申请材料。申请材料应符合《全国中小企业股份转让系统业务规则（试行）》、《全国中小企业股份转让系统挂牌申请文件内容与格式指引（试行）》等有关规定的要求。

全国股份转让系统公司对申请材料的齐备性、完整性进行检查：需要申请人补正申请材料的，按规定提出补正要求；申请材料形式要件齐备，符合条件的，全国股份转让系统公司出具接收确认单。

二、全国股份转让系统公司审查反馈

（一）反馈

对于审查中需要申请人补充披露、解释说明或中介机构进一步核查落实的主要问题，审查人员撰写书面反馈意见，由窗口告知、送达申请人及主办券商。

（二）落实反馈意见

申请人应当在反馈意见要求的时间内向窗口提交反馈回复意见；如需延期回复，应提交申请，但最长不得超过三十个工作日。

三、全国股份转让系统公司出具审查意见

申请材料和回复意见审查完毕后，全国股份转让系统公司出具同意或不同意挂牌或股票发行（包括股份公司申请挂牌同时发行、挂牌公司申请股票发行）的审查意见，窗口将审查意见送达申请人及相关单位。

全国中小企业股份转让系统申请材料接收须知

各申请人：

为方便各申请人办理业务申请事项，我司在公司南门一层设立接收服务窗口，设专职人员负责材料接收工作。请各位申请人按照以下须知要求到接收服务大厅办理业务：

一、提出申请前，请及时了解、熟悉《非上市公众公司监督管理办法》、《全国中小企业股份转让有限责任公司管理暂行办法》等中国证监会部门规章及我司公布的各项业务规则中关于业务申请项目的有关规定，具体情况可登陆我司网站进行查阅。

二、如对我司公示内容有疑问，可向相关业务部门或接收服务窗口进行咨询。

三、接收服务大厅是我司对外接收材料的窗口，统一负责材料接收、法定文件发送等工作。目前我司仅接收现场报送材料，不接收以邮寄、传真等非现场方式提交的材料。

四、报送申请材料和领取公文时，请出具单位介绍信、身份证（附身份证复印件）等身份证明文件。如受他人委托报送申请材料和领取公文时，应提交相关授权委托书及受托人身份证明文件。

五、报送申请材料时，首先应对照各项业务申请材料目录核查材料的齐备性。

六、申请材料接收后，我司接收服务窗口将为申请人开具《申请材料接收确认单》，并于当日将所接收申请材料移交相关部门。

七、根据要求应当提供申报材料原件而不能提供的，应提供复印件，并由申请人律师提供鉴证意见，或由出文单位盖章，以保证与原件一致。申请人在每次报送书面原件的同时，应按我司要求报送相应份数的复印件和标准电子文件。电子文件应以光盘形式提交。

八、申请材料应统一编制目录，按目录标明页码，并以 A4 纸打印、硬壳文件夹装订。申请文件章节之间应有明显的分隔标识。报送材料首页应列明公司经办人员和有关中介机构的姓名（或名称）和联系电话。文件夹立面应注明公司名称和所办事项。

九、申请书应当以公司红头文件印制，由公司法定代表人签发。

十、中介机构出具的专项报告，应附有签字律师、会计师、评估师及其所在机构的证券从业资格证书复印件，该复印件须由该机构盖章确认并说明用途。法律意见书应由律师事务所负责人和两名经办律师签字。

十一、我司接收服务窗口工作时间为每个交易日的上午 8:30－11:30，下午 1:30－5:00。

十二、接收服务窗口咨询电话：010－63889513。

接收服务窗口地址：北京市西城区金融大街丁 26 号金阳大厦南门一层

关于做好申请材料接收工作有关注意事项的通知

各申请人：

为进一步明确各申请人到我司接收服务窗口（以下简称“窗口”）办理业务的相关要求，现将有关事项通知如下：

一、有关申请文件的制作

（一）申请人应严格按照《全国中小企业股份转让系统业务规则（试行）》和相关实施细则、工作指引、工作指南，以及《全国中小企业股份转让系统申请材料接收须知》的要求制作和报送申请文件。

（二）申请文件的编排应严格按照相关业务规则要求的文件目录顺序编排。

电子文档包含“书面文件扫描版”和“书面文件 WORD 版”，其中“书面文件扫描版”包括通过扫描所有书面文件形成的电子文档，通常为 PDF 格式（即 *.pdf 格式）。

二、关于签名和盖章

（一）申请材料的主申请报告原则上应当以红头文件印制，标明文号，且必须由法定代表人签发并加盖公章。

具体签发形式，可以在红头中印制签发人，也可以在申请报告落款处加盖法定代表人印章或由本人签字。

（二）申请材料包含多份文件的，应当以隔页纸区分，每份文件应由出文单位加盖骑缝章，并在落款处加盖公章。

公司章程、制度等无落款的文件，应当在章程或制度首页标题上加盖公章。

（三）申请文件中的签名均应为签名人亲笔签名，不得以名章、签名章等代替。

董监高的声明和承诺文件，还应当附见证律师的从业资格证明文件。

三、关于身份证明文件

办事人员代表申请主体到窗口办理业务应当提交身份证明文件。

如申请主体在授权书或介绍信中明确指明 * * 自然人代表办理相应业务的，身份证明文件包括该授权书或介绍信，以及办事人员的身份证复印件。

如申请主体在授权书中指明 * * 单位代表办理业务，被指明的单位应当出具介绍信明确具体办事人员，身份证明文件包括授权书、被授权的单位出具的介绍信和办事人员的身份证复印件。

四、关于书面反馈回复

（一）书面反馈回复必须加盖出文单位公章。

（二）书面反馈回复应当按照书面反馈要求提交相应份数的书面材料和电子版材料。如书面材料较多可以装订成硬壳夹。

（三）提交书面反馈回复，应当同时附《审查反馈意见通知书》复印件，便于窗口工作人员对照检查。

（四）书面反馈回复应当以问答形式对书面反馈要求逐一作出回应。根据书面反馈要求不同，回复意见应当区别说明：

1. 回复意见属于补充、完善、说明类型，应当具体说明补充、完善的内容；

2. 回复意见属于修改类型，应当对比说明原内容和修改后的内容，如回复修改内容比较复杂，可以直接说明修改内容；

3. 回复意见属于删除类型，可以在回复中直接说明“此内容已删除，在 * * *（文件）中体现”；

4. 回复意见属于格式修改，如编号、页码、文件位置等格式问题，可以在回复中说明“已修改，在 * * *（文件）中体现”。

（五）关于申请挂牌业务的其他要求

在窗口办理挂牌业务的申请人，除需符合以上工作要求以外，还应当注意以下事项：

1. 对需要申请挂牌公司补充披露的，公司应在反馈回复中说明补充披露的内容、中介机构结论性意见（如有），并说明需披露的内容在公开转让说明书中相应章节的修改情况，同时在公开转让说明书中以楷体加粗的格式进行修改。

2. 对需要中介机构补充提供、调查或发表意见的，中介机构应在各自需提交反馈文件的相应部分补充提供尽职调查过程中的基础性资料、进一步尽职调查的内容以及结论性意见。

3. 反馈回复材料应当在主办券商盖章页同时附内核专员、项目负责人、项目小组成员的签字。

4. 整套申请材料目录前，应单独制作《挂牌公司基本信息和联系方式表》（含电子版，具体格式详见附件）。其中联系方式的座机栏，应当填写直拨座机号码（如是分机，需提供分机号码）。

本通知自下发之日起实施。如有问题，请与我司相关工作人员联系。

接收服务电话：010－63889512

全国中小企业股份转让系统有限责任公司
2013 年 06 月 13 日

关于收取挂牌公司挂牌年费的通知

各挂牌公司：

依据《关于全国中小企业股份转让系统有限责任公司有关收费事宜的通知》（股转系统公告〔2013〕7 号，以下简称《收费通知》）的规定及《全国中小企业股份转让系统挂牌协议》的约定，挂牌公司应当向我司缴纳挂牌年费。现将挂牌公司缴纳 2013 年挂牌年费的相关事宜通知如下：

一、缴费对象

挂牌公司。2013 年挂牌的公司，挂牌年费已与挂牌初费一并缴纳的除外。

二、缴费期限

2013 年 7 月 15 日之前一次性缴纳。

缴费日期以银行收款回单载明的日期为准。

三、缴费标准

2013 年度的挂牌年费按照挂牌公司 2012 年末的总股本，自我司《收费通知》发布之日的次月（即：2013 年 3 月）起计算收取，共计 10 个月费用，挂牌公司 2012 年末的总股本以 2012 年年报披露的数据为准。根据我司《收费通知》公布的收费标准进行按月折算，2013 年度挂牌公司须缴纳挂牌年费的具体金额如下：

总股本 2000 万股（含）以下：16,666.67 元；

总股本 2000 万－5000 万股（含）：25,000.00 元；

总股本 5000 万股－1 亿股（含）：33,333.33 元；

总股本 1 亿股以上：41,666.67 元。

四、缴费方式

银行汇款方式缴至下列账户：

账户名称：全国中小企业股份转让系统有限责任公司

开户行:中国建设银行复兴支行

账号:11001046500053013355

挂牌公司汇款完成,我司取得银行收款回单后,将出具发票,并邮寄至挂牌公司。

请各挂牌公司按本通知的要求,按期足额缴纳挂牌年费。逾期缴纳的,我司将按照《全国中小企业股份转让系统挂牌协议》的约定,每日按应缴纳金额的3‰收取滞纳金。经催告后,在10个工作日内仍未缴纳的,我司有权采取相应的监管措施,并保留追究违约责任的权利。

全国中小企业股份转让系统有限责任公司

2013年6月14日

挂牌业务类

全国中小企业股份转让系统股票挂牌业务操作指南(试行)

(2015年10月修订)

为规范申请挂牌公司、主办券商在全国中小企业股份转让系统(以下简称"全国股转系统")办理股票挂牌业务,根据相关法律法规、《全国中小企业股份转让系统业务规则(试行)》等有关规定,制定本指南。

一、股东开户

除股东存在外资、个人独资企业等特殊情形外,其他境内股东均应于申请挂牌公司向全国中小企业股份转让系统有限责任公司(以下简称"全国股转公司")报送申请挂牌文件前,完成开立证券账户的工作。

二、申请证券简称和代码

申请挂牌公司应于向全国股转公司报送申请挂牌文件时一并提交《证券简称及证券代码申请书》,证券简称应避免与已挂牌公司和上市公司重复。

三、提交股票初始登记申请表

申请挂牌公司在审查期间对第一次反馈意见进行回复时,无论是否存在首批解除转让限制情形,均需向全国股转公司挂牌业务部提交股票初始登记申请表(加盖主办券商公章)扫描件及可编辑的WORD版本;存在申请挂牌同时股票发行情形的,股票初始登记申请表中应列示发行完成后的股东及持股数量。

除法定限售股份外,申请挂牌公司股东存在自愿限售股份情形的,应根据《关于向全国中小企业股份转让系统申请协助出具自愿限售登记函有关事项的公告》(股转系统公告〔2014〕65号)的要求,向全国股转公司挂牌业务部提交申请挂牌公司和自愿限售股东共同签字盖章的申请书(扫描件),并提交主办券商出具的审查意见(扫描件)。

四、领取同意挂牌函和缴费通知单

申请挂牌公司或主办券商接到领取通知后,于第二个转让日派人持申请挂牌公司出具的介绍信和经办人身份证复印件前往全国股转公司受理窗口领取《同意挂牌函》和《缴费通知单》。

五、缴费

根据《缴费通知单》的要求,申请挂牌公司缴纳挂牌初费和当年年费。

六、领取发票

缴纳挂牌初费和当年年费后,申请挂牌公司应向全国股转公司挂牌业务部 fapiao@ neeq. com. cn 发送准确的收信人姓名、单位、地址、邮编、联系电话,全国股转公司将以中国邮政EMS形式向申请挂牌公司寄送发票。

七、办理信息披露

(一)挂牌前首次信息披露

申请挂牌公司缴纳挂牌初费和当年年费后,主办券商应协助其通过全国股转系统业务支持平台进行首次信息披露操作。

挂牌前首次信息披露文件包括:

1. 公开转让说明书;
2. 财务报表及审计报告;
3. 补充审计期间的财务报表及审计报告(如有);
4. 法律意见书;
5. 补充法律意见书(如有);
6. 公司章程;
7. 主办券商推荐报告;
8. 股票发行情况报告书(如有);
9. 全国股转公司同意挂牌的函;
10. 中国证监会核准文件(如有);
11. 其他公告文件。

上述1-7文件系统将自动提取反馈回复的最后一稿,无须主办券商再次上传。

(二)首次信息披露操作流程

主办券商登录业务支持平台,在确认申请挂牌文件在已归档的前提下,进入首次信息批露模块,找到待披露的项目,打开并点击"处理"即可进入传送公告页面。

在该页面,系统将自动抓取"七(一)1-7"列示的文件,券商需要上传同意挂牌函等其他披露文件;确认无误后,选择披露日期,点击"披露",系统将在转让日的15:30后在 www. neeq. com. cn 或 www. neeq. cc 上进行披露。

(三)更正公告

文件披露后,不得随意更改、替换或撤销。如确需修改,申请挂牌公司和主办券商通过全国股转系统业务支持平台提交申请挂牌公司出具的更正公告、更正后的信息披露文件、主办券商出具的情况说明(如涉及法律意见书更正的,由律师事务所出具说明;涉及审计报告及财务报表更正的,由会计师事务所出具说明),上述文件均需加盖公章;经挂牌业务部确认后,发布更正公告及更正后的信息披露文件。

凡涉及公司股票挂牌时股东所持可流通股份数量、行业种类及代码更正的,更正完成后,申请挂牌公司方可办理挂牌手续。

八、填写挂牌进度计划

主办券商应在获知申请挂牌公司代码和简称的当日或第二个转让日,填写《股份公司股票挂牌进度计划表》并通过邮件方式发送给全国股转公司挂牌业务部,合理安排申请挂牌公司办理挂牌手续的时间,并严格执行。

九、股份初始登记

(一)申请挂牌公司应在收到全国股转公司出具的申请挂牌材料受理通知书后,在中国证券登记结算有限责任公司北京分公司(以下简称"中国结算北京分公司")网站 http:// www. chinaclear. cn/办理在线登记平台注册。

(二)信息填报无误的,中国结算北京分公司将在两个转让日内邮寄在线登记平台 U－KEY 及用户手册。

（三）申请挂牌公司取得中国结算邮寄的 U－KEY 和全国股转公司出具的同意挂牌函后，根据中国结算北京分公司的要求在线办理股票初始登记，取得电子版的《股份登记确认书》。

十、办理股票挂牌

申请挂牌公司取得中国结算北京分公司出具的《股份登记确认书》的当日 11 时前，将《股份登记确认书》、《公开转让记录表》（加盖主办券商和申请挂牌公司公章）扫描件、《做市商持有证券信息表》（如有）提交至全国股转公司挂牌业务部，确定公司挂牌日期（挂牌日为取得《股份登记确认书》当日起算的第三个转让日）以便办理股份进入交易系统的操作。

十一、挂牌前的第二次信息披露

（一）披露时间

T－1 日（T 日为挂牌日，下同），申请挂牌公司及主办券商通过全国股转系统业务支持平台报送第二次信息披露文件。

系统将在转让日的 15:30 后在 www. neeq. com. cn 或 www. neeq. cc 上进行披露。

（二）披露文件

1. 关于公司股票将在全国股转系统挂牌公开转让的提示性公告；

2. 关于公司挂牌同时发行的股票将在全国股转系统挂牌公开转让的公告（如有）；

3. 其他公告文件。

十二、申请挂牌同时发行股票融资的流程

全国股转系统是公开市场，为提高投融资对接的效率，满足申请挂牌公司的融资需求，申请挂牌公司可在申请挂牌时或挂牌审查期间提出股票发行申请，履行董事会、股东大会审议程序，自主决定发行方式、发行价格和发行比例。申请挂牌同时股票发行后股东不超过 200 人的，中国证监会豁免核准。

（一）报送备案材料

在完成股票认购、验资后，参照《全国中小企业股份转让系统股票发行业务细则（试行）》及其指引的有关规定，申请挂牌公司向全国股转公司 shouli@ neeq. com. cn 报送全套备案材料，取得《受理通知书》（电子版）后，再通过业务支持平台上传全套材料；取得全国股转公司出具的股份登记函。

（二）办理股份登记

取得股份登记函后，申请挂牌公司根据中国结算北京分公司的要求办理股份初始登记，初始登记的股份为发行完成后的全部股份。

（三）披露发行的股份等文件

取得《股份登记确认书》后，申请挂牌公司披露《关于公司挂牌同时股票发行的股票将在全国股转系统挂牌公开转让的公告》等文件。

（四）披露工商变更登记公告

申请挂牌公司完成工商变更登记后，发布《关于完成工商变更登记的公告》。

（五）通过股票发行持有公司股份的股东

根据《全国中小企业股份转让系统投资者适当性管理细则（试行）》的规定，通过申请挂牌同时股票发行持有公司股份的股东，如不符合参与挂牌公司公开转让条件，只能买卖其持有或曾持有的挂牌公司股票。

（六）挂牌日后完成股票发行的

申请挂牌公司拟于挂牌日后完成股票发行的，其发行程序及投资者适当性要求按照已挂牌公司股票发行的规定办理。

十三、挂牌仪式

申请挂牌公司拟举办挂牌仪式的，请填写《全国股转公司挂牌仪式申请》，发邮件至 guapaiyishi@ neeq. com. cn，与全国股转公司信息研究部沟通具体事宜。

十四、临时公告

申请挂牌公司在首次信息披露至股票挂牌期间应遵守《关于申请挂牌期间公司信息披露相关问题的通知》（股转系统公告〔2014〕26 号）的规定，履行信息披露义务。

在此期间需进行信息披露的，应通过电子邮件方式向全国股转公司挂牌业务部财务和非财务审查员提交公告文件（加盖申请挂牌公司公章或其他信息披露主体公章）、主办券商情况说明（加盖主办券商公章）、信息披露业务流转表（加盖主办券商公章）等文件的扫描件，同时将抄送 xxpl@ neeq. com. cn。经同意后，相关公告文件在转让日的 15:30 后在 www. neeq. com. cn 或 www. neeq. cc 上进行披露。

挂牌审查一般问题内核参考要点（试行）

1. 合法合规

1.1 股东主体适格

请主办券商及律师核查以下事项并发表相应意见：

（1）请核查公司股东是否存在或曾经存在法律法规、任职单位规定不得担任股东的情形或者不满足法律法规规定的股东资格条件等主体资格瑕疵问题，并对公司股东适格性发表明确意见。

（2）若曾存在股东主体资格瑕疵问题，请核查规范措施是否真实、合法、有效，以及规范措施对公司的影响，并就股东资格瑕疵问题是否影响公司股权明晰、公司设立或存续的合法合规性发表明确意见。

请公司就相应未披露事项作补充披露。

1.2 出资合法合规

请主办券商及律师核查以下事项并发表相应意见：

（1）请核查公司历次出资的缴纳、非货币资产评估和权属转移情况（如有）、验资情况，并就公司股东出资的真实性、充足性发表明确意见。

（2）请核查出资履行程序、出资形式及相应比例等是否符合当时有效法律法规的规定，对出资程序完备性和合法合规性发表明确意见。

（3）请核查公司是否存在出资瑕疵，若存在，请核查以下事项并发表明确意见：①核查出资瑕疵的形成原因、具体情形，出资瑕疵对公司经营或财务的影响；②对公司前述出资瑕疵是否存在虚假出资事项、公司是否符合挂牌条件发表意见；③核查公司针对出资瑕疵所采取的规范措施情况，并对规范措施是否履行相应程序并合法有效、是否足以弥补出资瑕疵、出资瑕疵及其规范措施是否会导致公司面临相应的法律风险发表意见；④另请主办券商及会计师核查公司采取的规范措施涉及的会计处理方式是否符合《企业会计准则》的规定。请公司就相应未披露事项作补充披露。

1.3 公司设立与变更

1.3.1 公司设立

请主办券商及律师核查以下事项并发表明确意见：

（1）设立（改制）的出资审验情况，如以评估值入资设立股份公司，补充说明是否合法、合规，是否构成“整体变更设立”。

（2）自然人股东纳税情况，如未缴纳，说明其合法合规性及规范措施。

（3）是否存在股东以未分配利润转增股本的情形，公司代缴代扣个人所得税的情况。若未代缴个人所得税，请说明若发生追缴税费的情形，相关防范措施情况。请公司就相应未披露事项作补充披露。

1.3.2 股本变化

请主办券商及律师核查公司历次增资、减资等股本变化情况及履行的内部决议、外部审批程序，并就公司历次的增资、减资等是否依法履行必要程序、是否合法合规、有无纠纷及潜在纠纷发表明确意见。

请公司就相应未披露事项作补充披露。

1.4 股权

1.4.1 股权明晰

请主办券商及律师：

（1）核查公司是否存在或曾经存在股权代持的情形，若存在，请核查股权代持的形成、变更及解除情况以及全部代持人与被代持人的确认情况，并对代持形成与解除的真实有效性、有无纠纷或潜在纠纷发表意见。

（2）核查公司是否存在影响公司股权明晰的问题以及相关问题的解决情况，以及公司现有股权是否存在权属争议纠纷情形。

（3）结合核查的具体事实情况对公司是否符合“股权明晰、股票发行和转让合法合规”的挂牌条件发表明确意见。

请公司就相应未披露事项作补充披露。

1.4.2 股权变动与股票发行合法合规

请主办券商及律师：（1）核查公司历次股权转让是否依法履行必要程序、是否合法合规、有无纠纷及潜在纠纷并发表明确意见。（2）核查公司历次股票发行情况（如有）并就公司股票发行的合法合规性发表意见。

请公司就相应未披露事项作补充披露。

1.4.3 子公司股票发行及股权转让合法合规

请主办券商及律师核查公司的控股子公司或纳入合并报表的其他企业的股票发行及股权转让情况并对其合法合规性发表意见。请公司就相应未披露事项作补充披露。

1.5 控股股东与实际控制人

1.5.1 控股股东、实际控制人认定

请主办券商及律师核查控股股东、实际控制人的认定的理由和依据，并对认定依据是否充分、合法并发表意见。

请公司就相应未披露事项作补充披露。

1.5.2 控股股东与实际控制人合法合规

请主办券商及律师核查公司的控股股东、实际控制人最近 24 个月内是否存在重大违法违规行为，对控股股东、实际控制人的合法合规情况发表意见。

请公司就相应未披露事项作补充披露。

1.6 董监高及核心员工

1.6.1 董事、监事、高管任职资格

请主办券商及律师核查以下事项并发表明确意见：

（1）现任董事、监事、高级管理人员是否存在不具备法律法规规定的任职资格或违反法律法规规定、所兼职单位规定的任职限制等任职资格方面的瑕疵，若存在，请核查具体瑕疵、解决情况和对公司的影响；（2）现任董事、监事和高级管理人员最近 24 个月内是否存在受到中国证监会行政处罚或者被采取证券市场禁入措施的情形；（3）对公司董事、监事和高级管理人员的任职资格发表明确意见。

请公司就相应未披露事项作补充披露。

1.6.2 董事、监事、高管合法合规

请主办券商及律师核查以下事项并发表相应意见：（1）现任董事、监事、高管是否存在违反法律法规规定或章程约定的董事、监事、高管义务的问题，若存在，请核查具体情况、对公司的具体影响以及公司的解决措施。（2）公司的董事、监事、高管最近 24 个月内是否存在重大违法违规行为。（3）请对公司董事、监事、高管的合法合规情况发表意见。

请公司就相应未披露事项作补充披露。

1.6.3 竞业禁止

请主办券商及律师核查以下事项：

（1）公司董监高、核心员工（核心技术人员）是否存在违反竞业禁止的法律规定或与原单位约定的情形，是否存在有关上述竞业禁止事项的纠纷或潜在纠纷，若存在请核查具体解决措施、对公司经营的影响；

（2）公司董监高、核心员工（核心技术人员）是否存在与原任职单位知识产权、商业秘密方面的侵权纠纷或潜在纠纷，若存在，请核查纠纷情况、解决措施、对公司经营的影响。请公司就相应未披露事项作补充披露。1.6.5 董事、监事、高管重大变化 请主办券商核查报告期内管理层人员发生重大变化的原因、对公司经营的影响。

请公司就相应未披露事项作补充披露。

1.7 合法规范经营

1.7.1 业务资质

请主办券商及律师核查以下事项并发表明确意见：

（1）公司是否具有经营业务所需的全部资质、许可、认证、特许经营权，并对公司业务资质的齐备性、相关业务的合法合规性发表意见。

（2）公司是否存在超越资质、经营范围、使用过期资质的情况，若存在，请核查公司的规范措施、实施情况以及公司所面临的法律风险、相应风险控制措施，并对其是否构成重大违法行为发表意见。

（3）公司是否存在相关资质将到期的情况，若存在，请核查续期情况以及是否存在无法续期的风险，若存在无法续期的风险请核查该事项对公司持续经营的影响。请公司就相应未披露事项作补充披露。

1.7.2 环保

请主办券商及律师：

（1）核查公司所处行业是否为重污染行业，以及认定的依据或参考。

（2）若公司不属于前述重污染行业，请核查：①公司建设项目的环保合规性，包括且不限于公司建设项目的环评批复、环评验收及“三同时”验收等批复文件的取得情况；②公司是否需要办理排污许可证以及取得情况；③结合公司的业务流程核查公司日常环保合规情况，是否存在环保违法和受处罚的情况。

（3）若公司属于重污染行业，请核查：

①关于公司建设项目，请核查公司建设项目的环评批复、环评验收及“三同时”验收等批复文件的取得情况。建设项目未完工或尚未取得相关主管部门的验收文件的，请核查环评批复文件中的环保要求的执行情况。对建设项目环保事项的合法合规性发表意见。

②关于污染物排放，请结合公司的业务流程核查公司是

否存在污染物排放，若存在污染物排放，请核查公司的排污许可证取得和排污费缴纳情况，公司是否属于污染物减排对象，公司的排放是否符合标准，是否遵守重点污染物排放总量控制指标。

③关于公司的日常环保运转，请核查：公司有关污染处理设施是否正常有效运转；公司的环境保护责任制度和突发环境应急预案建设情况；公司是否存在公司工业固体废物和危险废物申报和处理情况；公司是否有禁止使用或重点防控的物质处理问题。

④公司是否被环保监管部门列入重点排污单位名录，是否依法公开披露环境信息。

⑤公司是否存在环保事故、环保纠纷或潜在纠纷、是否存在处罚等；公司曾受到处罚的，是否构成重大违法行为，以及公司的相关整改情况。

(4)请核查公司是否存在排污许可、环评等行政许可手续未办理或未办理完成等等环保违法情形，若存在，请核查违法原因以及公司的补救措施，相应补救措施的进展及是否可行、可预期，请说明向环保监管机构的尽职调查情况，并分析公司存在的风险、相应的风险管理措施及其有效性、风险可控性，以及是否影响公司的持续经营能力。

(5)请主办券商及律师综合以上事项对公司的环保事项的合法合规性发表明确意见。

请公司就相应未披露事项作补充披露。

1.7.3 安全生产

请主办券商及律师核查以下事项并发表明确意见：

(1)公司是否需要并取得相关部门的安全生产许可，建设项目安全设施验收情况；(2)公司日常业务环节安全生产、安全施工防护、风险防控等措施；(3)公司报告期以及期后是否发生安全生产方面的事故、纠纷、处罚，若发生，请核查其具体情况、公司的整改措施、对公司持续经营的影响，就其是否构成重大违法行为发表明确意见。请主办券商及律师就公司安全生产事项的合法合规性发表意见。

请公司就相应未披露事项作补充披露。

1.7.4 质量标准

请主办券商及律师核查以下事项：

(1)公司采取的质量标准；(2)公司的质量标准是否符合法律法规规定。

请公司就相应未披露事项作补充披露。

1.7.5 公司或其股东的私募基金备案

自2015年3月20日之日起申报的公司或其股东属于私募投资基金管理人或私募投资基金的，请核查其私募基金备案问题。

请主办券商、律师核查以下事项：

(1)应核查公司或其股东是否按照《证券投资基金法》、《私募投资基金监督管理暂行办法》及《私募投资基金管理人登记和基金备案办法(试行)》等相关规定履行了登记备案程序，并请分别在《推荐报告》、《法律意见书》中说明核查对象、核查方式、核查结果并发表意见。

(2)申请挂牌同时发行股票的，应核查公司股票认购对象中是否存在私募投资基金管理人或私募投资基金，是否按照《证券投资基金法》、《私募投资基金监督管理暂行办法》及《私募投资基金管理人登记和基金备案办法(试行)》等相关规定履行登记备案程序，并请分别在《推荐报告》、《法律意见书》或其他关于股票发行的专项意见中说明核查对象、核查方式、核查结果并发表意见。

请公司就相应未披露事项作补充披露。

1.7.6 公司违法行为

请主办券商及律师核查以下事项并发表意见：

(1)公司最近24个月是否存在违法行为，并对以上违法行为是否构成重大违法行为发表意见。

(2)针对公司受到处罚的情况，请核查公司受处罚的原因、公司的整改措施及其有效性，处罚事项对公司经营的影响以及公司风险管理措施的有效性。

请公司就相应未披露事项作补充披露。

1.7.7 其他合规经营问题

请主办券商及律师核查公司是否存在其他如劳动社保、消防、食品安全、海关、工商、质检等等合规经营方面的问题和法律风险。

请公司就相应未披露事项作补充披露。

1.7.8 未决诉讼或仲裁

公司存在未决诉讼或仲裁的，请主办券商及律师核查：(1)公司诉讼、仲裁的具体事由和进展情况；(2)诉讼、仲裁事项对公司经营的具体影响，若存在不利影响，公司应披露所采取的措施。

请公司就相应未披露事项作补充披露。

2. 公司业务

2.1 技术与研发

请公司披露并请主办券商核查以下事项：

(1)公司所使用的技术工艺及其在公司产品或服务中的作用，公司技术或工艺的创新性、比较优势及可替代情况。

(2)研发基本情况，包括且不限于研发机构的部门设置情况、研发人员数量和构成、核心技术(业务)人员情况、研发支出的具体情况及其占营业收入比例、研发项目与成果。

(3)公司所取得的技术的明细，以及是否存在侵犯他人知识产权情形。请公司区分技术的不同取得形式进行披露：①若是原始取得，应披露是否存在其他单位的职务发明问题、是否侵犯他人知识产权、是否存在竞业禁止问题；②若是合作研发取得，应披露合作概况、相关权属和利益分配的约定；③若是受让取得，应披露受让的原因、受让概况、技术是否存在权属瑕疵。针对以上情况，公司应披露相应技术是否存在纠纷或潜在纠纷，公司的相应应对措施。

(4)若公司为高新技术企业，请结合研发投入、收入、研发人员等情况核查公司申请通过高新技术企业资格复审所存在的风险。

请律师核查(3)、(4)所述事项。

2.2 业务情况

2.2.1 业务描述

请公司结合报告期内业务收入分类，准确、具体的阐述公司的业务、业务分类的标准、产品或服务。请主办券商核查前述披露事项并就公司业务描述是否准确、公司披露的产品或服务与营业收入分类是否匹配发表意见。

2.2.2 商业模式

请公司结合自身实际情况清晰准确披露商业模式，可参照"公司业务立足或属于哪个行业，具有什么关键资源要素(如技术、渠道、专利、模式等)，利用该关键资源要素生产出什么产品或提供什么服务，面向那些客户(列举一两名典型客户)，以何种销售方式销售给客户，报告内利润率，高于或低于同行业利润率的概要原因"总结公司的商业模式(鼓励企业家自我归纳)。

请主办券商对公司商业模式的可持续性发表意见。

2.2.3 重大业务合同

请公司披露报告期内对公司持续经营有重大影响的业务合同及履行情况,包括披露标准、合同主体、合同标的、合同期间、合同总价,披露的合同应与报告期内收入成本相匹配,包括履行完毕的、仍在履行的;并请按采购合同、销售合同、借款合同、担保合同(若有)等分别列示。请主办券商及律师对前述事项予以核查。

2.3 资产

2.3.1 资产权属

请主办券商及律师核查公司的以下事项并发表明确意见:

(1)公司资产是否权属清晰、证件齐备,是否存在权利瑕疵、权属争议纠纷或其他权属不明的情形,若存在,请核查相应事项的规范情况。

(2)是否存在资产产权共有的情形以及是否存在对他方重大依赖的情形,是否影响公司资产、业务的独立性。

请公司就相应未披露事项作补充披露。

2.3.2 知识产权

请主办券商及律师核查以下事项并相应发表意见:(1)是否存在权利瑕疵、权属争议纠纷或权属不明的情形,公司相对应的解决措施及其有效性;(2)公司在知识产权方面是否存在对他方的依赖,是否影响公司资产、业务的独立性。(3)存在知识产权纠纷的诉讼或仲裁的,量化分析诉讼或仲裁对公司持续经营能力的影响。

请公司就相应未披露事项作补充披露。

2.4 人员、资产、业务的匹配性

请公司披露并请主办券商核查以下事项:(1)公司是否拥有生产经营所必需的资产;(2)请结合公司员工的教育背景、学历、职业经历、员工结构情况等分析并披露员工状况与公司业务的匹配性、互补性;(2)公司主要资产与业务、人员的匹配性、关联性。

3. 财务与业务匹配性

请主办券商、会计师结合行业特点、产品或服务类型、关键资源要素、采购模式、销售模式、盈利模式、收付款政策、客户及供应商类型、主要业务合同等,比照《企业会计准则》核查公司财务报表相关科目的会计政策及会计处理、列报是否与实际业务相匹配。

3.1 公司收入

请公司:(1)结合产品类别、销售模式、销售区域等列表披露收入构成,如:自有产品与代销产品、自主产品与 OEM 产品、提供劳务与销售商品、外销产品与内销产品、经销收入与直销收入等;(2)结合产品及服务类别、销售模式等实际生产经营特点披露具体收入确认原则以及具体时点;如存在同类业务采用不同经营模式在不同时点确认收入的,请分别披露。如公司按完工百分比法确认收入,披露确定合同完工进度的依据和方法。

请主办券商及会计师:(1)核查收入确认是否符合公司经营实际情况,是否存在特殊处理方式及其合理性(净额确认、完工百分比等),如是,请补充披露;(2)说明针对收入真实性、完整性、准确性履行的尽调程序及审计程序,确认的金额占总金额的比重,并说明取得的相关的内外部证据;(3)核查是否存在虚增收入以及隐藏收入的情形,并针对收入的真实性、完整性、准确性发表专业意见。

3.2 成本

请公司:(1)披露成本构成,结合直接材料、直接人工、制造费用等分析成本的主要影响因素,发生较大波动的,请公司披露波动原因;(2)说明成本的归集、分配、结转方法;(3)结合存货变动情况说明采购总额、营业成本之间的勾稽关系。

请主办券商及会计师核查:(1)公司成本归集、分配、结转是否准确,是否存在通过成本调整业绩的情形;(2)公司成本构成与可比公司相比是否存在异常情况,若存在,核查是否合理;(3)核查公司采购的真实性、成本的真实性及完整性,并发表专业意见。

3.3 毛利率

请公司:(1)披露毛利的构成明细,如在报告期间波动较大的,请结合销售价格及单位成本的内外部影响因素的变动情况分析并披露各项毛利波动的原因;(2)结合同行业情况、公司自身优劣势等分析公司毛利率水平与同行业可比公司是否存在重大差异,如存在,请披露原因。

请主办券商及会计师:(1)核查毛利水平以及波动是否合理;(2)针对公司营业成本和期间费用的各组成项目的划分归集是否合规发表意见,并针对公司报告期内收入、成本的配比关系是否合理核查并发表意见。

3.4 期间费用

请公司披露期间费用的明细,并结合影响期间费用的内外部因素的变动情况披露公司期间费用波动的合理性。

请主办券商、会计师:(1)结合预付款项、其他应收款、应付款项、其他应付款等资产负债类科目核查公司是否存在跨期确认费用的情形;(2)结合固定资产、在建工程、长期待摊费用等科目核查公司是否存在将期间费用资本化的情形;(3)针对公司期间费用的真实性、准确性、完整性发表专业意见。

3.5 应收账款

请公司:(1)结合收款政策、客户对象、业务特点等说明公司应收账款余额水平以及占当期收入的比例的合理性;(2)存在长期未收回款项的,请披露原因,并结合客户资信情况说明可回收性;(3)报告期内或期后有大额冲减的,请公司披露冲减原因;(4)结合同行业公司以及公司自身特点分析坏账计提政策的谨慎性;(5)说明期后收款情况。

请主办券商及会计师核查坏账政策是否谨慎,并结合应收账款期后收款情况核查收入的真实性,结合收入确认依据核查是否存在提前确认收入的情形。

3.6 存货

请公司:(1)披露存货构成及波动原因;结合经营模式、生产周期、生产模式等补充分析并说明存货构成的合理性;(2)说明公司对存货内控管理制度的建立及执行情况;(3)结合生产模式分析公司的生产核算流程与主要环节,说明如何区分存货明细项目的核算时点,存货各项目的确认、计量与结转是否符合会计准则的规定。(4)存货期末余额中含有建造合同形成的已完工未结算资产的,汇总披露累计已发生成本、累计已确认毛利、预计损失、已办理结算的金额。

请主办券商及会计师:(1)结合公司盘点报告补充核查公司盘点情况,并说明履行的监盘程序;(2)存货跌价准备计提及转回的具体依据、测算过程,并进一步核查公司存货跌价准备是否谨慎合理;(3)公司存货各项目的发生、计价、分配与结转情况,是否与实际生产流转一致、分配及结转方法是否合理、计算是否准确,是否存在通过存货科目调节利润的情形。

3.7 现金流量表

请公司:(1)分析并披露经营活动现金流波动的合理性,

经营活动现金流量净额与净利润的匹配性；(2)说明各报告期内所有大额现金流量变动项目的内容、发生额、是否与实际业务的发生相符，是否与相关科目的会计核算勾稽，特别是"销售商品、提供劳务收到的现金"、"购买商品、接受劳务支付的现金"、"收到的其他与经营活动有关的现金"、"支付的其他与经营活动有关的现金"、收到的其他与筹资活动有关的现金"、"支付的其他与筹资活动有关的现金"、"构建固定资产、无形资产和其他长期资产支付的现金"等；

请主办券商、会计师核查并发表意见。

4. 财务规范性

4.1 内控制度有效性及会计核算基础规范性

请公司：(1)说明报告期内公司财务制度的制定及执行情况；(2)说明财务机构设置情况、财务人员是否独立，并结合财务人员数量、执业能力、公司业务特点等情况补充说明公司的财务人员是否能满足财务核算的需要。

请主办券商、会计师核查：(1)公司销售与收款循环、购货与付款循环、生产循环、筹资与投资循环、货币资金循环等五大循环相关的内控制度，结合职责分离、授权审批、内部凭证记录等核查相关制度是否有效，是否得到有效执行；(2)公司会计核算基础是否符合现行会计基础工作规范要求，说明在尽职调查及审计过程中发现的与公司内控及会计核算相关的主要问题以及后续规范措施，并对报告期内公司财务管理制度是否健全、会计核算是否规范发表专业意见。

4.2 税收缴纳

请公司分别披露报告期内公司及其子公司的流转税与所得税税率、征收方式、税收优惠情况，如公司业绩对税收优惠政策存在依赖，请披露享受税收优惠的期限以及对公司经营业绩的影响。

主办券商、会计师、律师应结合公司业务特点、客户对象、报告期内发生的重大资产重组、非货币资产出资规范等实际情况，核查公司税收缴纳的合法合规性，包括但不限于：(1)公司缴纳税种以及税率情况；(2)公司税收缴纳情况、是否存在少计税款、未足额缴纳税款、延期缴纳税款等不规范行为；(3)公司是否存在偷税、漏税等重大违法违规行为。

5. 财务指标与会计政策、估计

5.1 主要财务指标

请公司：(1)按照反馈督查报告模板格式在公开转让说明书中填列主要会计数据及财务指标简表；资产收益率、每股收益应按照证监会《公开发行证券的公司信息披露编报规则第9号—净资产收益率和每股收益的计算机披露(2010年修订)》的要求计算；公司整体变更为股份有限公司的，应模拟计算并披露有限公司阶段的每股净资产、每股收益、每股经营活动现金流等指标，并披露计算方法。(2)披露公司盈利能力、偿债能力、营运能力、获取现金流能力，结合同行业公司情况补充分析公司相关指标的合理性，并针对财务指标的波动原因进行分析并披露。

请主办券商、会计师结合上述情况核查公司财务指标及其波动的合理性，如存在异常，请核查异常会计数据的真实性及准确性。

5.2 会计政策及会计估计

请公司披露与公司行业、业务特点相符的会计政策与估计。报告期发生的重要会计政策和会计估计变更，量化分析影响，包括但不限于重要性判断标准、内容、原因、审批程序、受影响的报表项目名称和金额及会计估计变更开始适用的时点。

请主办券商和会计师核查上述情况，分析公司选用会计政策和会计估计的适当性、会计政策和会计估计是否与同行业公司存在明显差异、报告期内会计政策的一致性、分析其是否利用会计政策和会计估计变更操纵利润，如改变收入确认方式、调整坏账计提比例、调整存货计价方式等。

6. 持续经营能力

6.1 自我评估

公司应结合营运记录(可采用多维度界定，如：现金流量、营业收入、交易客户、研发费用、合同签订情况、行业特有计量指标等情况)、资金筹资能力(如：挂牌并发行)等量化指标，以及行业发展趋势、市场竞争情况、公司核心优势(如：技术领先性)、商业模式创新性、风险管理、主要客户及供应商情况、期后合同签订以及盈利情况等方面评估公司在可预见的未来的持续经营能力。如果评估结果表明对持续经营能力产生重大怀疑的，公司应在公开转让说明书中披露导致对持续经营能力产生重大怀疑的因素以及公司拟采取的改善措施。6.2 分析意见 * 请主办券商结合上述情况论证公司持续经营能力，并就公司 是否满足《全国中小企业股份转让系统挂牌条件适用基本标准指引(试行)》中关于持续经营能力的要求发表意见。

7. 关联交易

7.1 关联方

请公司按照《公司法》、《企业会计准则》等规定的要求完整披露和列示关联方名称、主体资格信息以及与公司的关联关系。

请主办券商、律师、会计师根据《公司法》及《企业会计准则》的要求核查公司关联方认定和披露，并就其认定是否准确、披露是否全面、是否存在为规避披露关联交易将关联方非关联化的情形发表明确意见。

7.2 关联交易类型

请公司区分经常性及偶发性关联交易分别披露。

请主办券商及会计师核查以下事项并发表意见：(1)公司对经常性及偶发性关联交易的区分是否合理。(2)公司披露的关联交易是否真实、准确、完整。

7.3 必要性与公允性

请公司：(1)结合交易的决策程序、内容、目的、市场价格或其他可比价格等要素，披露公司关联交易的必要性及公允性，未来是否持续；(2)如报告期内存在关联交易显失公允或存在其他利益安排，请量化分析并披露对公司财务状况的影响，并披露对关联交易的规范措施，并作重大事项提示；(3)如报告期关联交易占比较大，分析是否对关联方存在重大依赖，并披露关联交易对公司业务完整性及持续经营能力的具体影响，并作重大事项提示。

请主办券商、会计师核查关联交易的必要性及公允性，发表专业意见，并着重说明对关联交易真实性的核查方法及程序。

请主办券商及律师核查报告期内关联交易的内部决策程序的履行及规范情况。

7.4 规范制度

请公司披露针对关联方交易的内部管理制度。请主办券商及律师就公司是否制定了规范关联交易的制度，是否切实履行，并发表明确意见。

7.5 关联方资金(资源)占用

请公司披露并请主办券商及律师核查以下事项：

(1)报告期内公司是否存在控股股东、实际控制人及其关联方占用公司资源(资金)的情形,若存在,请披露、核查其发生和解决情况。

(2)公司防范关联方占用资源(资金)的制度及执行情况。

8. 同业竞争

请公司披露以下事项:(1)控股股东、实际控制人及其控制的其他企业的经营范围以及主要从事业务,是否与公司从事相同、相似业务,相同、相似业务(如有)的情况及判断依据;(2)该等相同、相似业务(如有)是否存在竞争;(3)同业竞争的合理性解释,同业竞争规范措施的执行情况,公司作出的承诺情况;(4)同业竞争情况及其规范措施对公司经营的影响;(5)重大事项提示(如需)。

请主办券商及律师核查以下事项并发表明确意见:

(1)公司与控股股东、实际控制人及其控制的其他企业是否从事相同或相似业务、是否存在同业竞争,判断依据是否合理;

(2)同业竞争规范措施是否充分、合理,是否有效执行,是否影响公司经营。

9. 财务、机构、人员、业务、资产的分开情况

请公司披露公司的财务、机构、人员、业务、资产与控股股东和实际控制人及其控制的其他企业的分开情况。

请主办券商及律师就以下事项核查并发表明确意见:(1)公司的财务、机构、人员、业务、资产是否与控股股东和实际控制人及其控制的其他企业分开;(2)核查公司是否存在对关联方的依赖,其是否影响公司的持续经营能力。

全国中小企业股份转让系统挂牌协议

甲方:全国中小企业股份转让系统有限责任公司

法定代表人:

住所:

联系电话:

乙方:________________________股份有限公司

法定代表人:

住所:

联系电话:

第一条　甲方是全国中小企业股份转让系统(以下简称"全国股份转让系统")的运营管理机构,负责组织和监督挂牌公司的股票转让及相关活动,实行自律管理。乙方是经中国证监会核准的非上市公众公司,申请其股票在全国股份转让系统挂牌。乙方已向甲方提交了挂牌申请及相关文件,并取得了甲方同意挂牌的审查意见及中国证监会核准。

第二条　为规范乙方股票在全国股份转让系统挂牌行为,明确双方权利与义务,甲乙双方根据《合同法》、《公司法》、《证券法》、《非上市公众公司监督管理办法》、《全国中小企业股份转让系统有限责任公司管理暂行办法》、《全国中小企业股份转让系统业务规则(试行)》等规定,签订本协议。

第三条　甲方的权利:

(一)甲方有权在有关法律、行政法规、中国证监会相关规定授权范围内对乙方实施日常监管;甲方有权依据全国股份转让系统业务规则、细则、指引、通知等规定(以下简称"甲方业务规则")对乙方的股票挂牌、公开转让、终止挂牌等行为进行管理。

(二)甲方有权依据经中国证监会批准的收费标准收取挂牌费。

第四条　甲方的义务:

(一)甲方应当依据有关法律、行政法规及中国证监会相关规定制定甲方业务规则并及时公布,为乙方及其他市场主体参与市场活动提供制度保障。

(二)甲方负责运营、管理全国股份转让系统、发布市场信息,为乙方及其他市场参与主体提供正常的信息环境。

(三)甲方负责提供股票转让平台及相关设施,安排乙方股票挂牌,组织乙方股票转让活动。

(四)甲方负责提供信息披露服务平台,安排乙方首次挂牌信息披露及日常信息披露。

(五)甲方应当接受乙方的咨询,对其股票挂牌操作提供必要的指导。

第五条　乙方的权利:

(一)乙方有权向甲方咨询股票挂牌操作事宜,并获得甲方的指导。

(二)乙方有权获得甲方提供的股票转让、信息披露平台及相关设施服务。

第六条　乙方的义务:

(一)乙方同意接受甲方的日常监管及管理。

(二)乙方承诺遵守法律、法规、规章等规范性法律文件。乙方进一步承诺遵守甲方业务规则,履行包括但不限于规范公司治理、信息披露等义务。乙方应保证并责成其包括董事、监事、高级管理人员在内的全体员工理解并遵守本协议内容。

(三)乙方及其董事、监事和高级管理人员在挂牌时和挂牌后作出的承诺文件为本协议不可分割的一部分,是本协议的附件。乙方应保证其董事、监事和高级管理人员签署该等承诺文件。

(四)乙方应按本协议约定向甲方缴纳挂牌费。

(五)乙方应按要求参加甲方组织的业务培训。

(六)乙方应当以书面形式及时通知甲方任何导致乙方不再符合挂牌要求的公司行为或其他事件。

第七条　挂牌费:

(一)挂牌费包括挂牌初费和挂牌年费,由甲方依据经中国证监会批准的收费标准收取。

(二)乙方应当在挂牌日前缴纳按照挂牌首日总股本计算的挂牌初费,并在每年 7 月 15 日以前一次性缴纳按照公司上一年度末总股本计算的本年度挂牌年费。

(三)挂牌当年的挂牌年费按照挂牌首日的总股本和实际挂牌月份(自挂牌日的次月起计算)予以折算,与挂牌初费一并缴纳。

(四)乙方逾期缴纳挂牌费,甲方有权每日按应缴纳金额的 3‰收取滞纳金。

(五)经甲方催告后,乙方于 10 个工作日内仍未缴纳的,甲方有权对乙方采取监管措施,并保留向乙方主张其违约造成之全部损失的权利。

(六)乙方股票终止挂牌后,已经交纳的挂牌费不予返还。

第八条　本协议的执行与解释适用中华人民共和国法律。

第九条　本协议未尽事宜,双方应依照有关法律、法规、规章及甲方业务规则执行。

第十条　与本协议的解释或执行有关的争议及纠纷,应首先由甲乙双方通过友好协商解决。若自争议或者纠纷发生

之日起的30天内未能通过协商解决，任何一方均可将该项争议提交中国国际经济贸易仲裁委员会按照当时适用的仲裁规则进行仲裁，仲裁地点为北京。仲裁裁决为最终裁决，对双方均具有法律约束力。

第十一条　双方一致同意，本协议生效后，如因适用的法律、法规、规章等规范性法律文件及甲方业务规则发生变化，导致本协议相关条款内容与修订或新颁布的上述法律、法规、规章、甲方业务规则等内容相抵触，本协议该部分条款将自动变更并以修订或新颁布的相关法律、法规、规章、甲方业务规则内容为准。

尽管有前款内容，本协议其他不与有关法律、法规、规章、甲方业务规则内容相抵触的条款持续有效。

第十二条　乙方申请终止或被甲方终止在全国股份转让系统挂牌的，本协议自终止挂牌之日自动解除。本协议解除不影响甲方依法向乙方主张本协议项下未结费用、滞纳金支付的权利。

第十三条　本协议自双方签字盖章之日起生效。双方可以以书面方式对本协议作出补充，经双方签字盖章的有关本协议的补充协议是本协议的组成部分，与本协议具有同等法律效力。

第十四条　本协议一式肆份，双方各执贰份。

甲方（公章）：__________　　乙方（公章）：__________

法定代表人　　法定代表人
或授权代表（签字）：______　或授权代表（签字）：______

_______年____月____日　　_______年____月____日

推荐挂牌并持续督导协议书

本协议由以下各方于______年____月____日在________
_________（签约地点）签订：

甲方：____________________股份有限公司
法定代表人：
住　　所：

乙方：____________________（主办券商）
法定代表人：
住　　所：

甲方委托乙方负责推荐甲方股票在全国中小企业股份转让系统（以下简称“全国股份转让系统”）挂牌，组织编制挂牌申请文件，并指导和督促甲方诚实守信、规范履行信息披露义务、完善公司治理机制；乙方同意接受委托。

根据《中华人民共和国合同法》、《中华人民共和国公司法》（以下简称“《公司法》”）、《中华人民共和国证券法》（以下简称“《证券法》”）、《非上市公众公司监督管理办法》（以下简称“《管理办法》”）、《全国中小企业股份转让系统业务规则（试行）》（以下简称“《业务规则》”）、《全国中小企业股份转让系统主办券商管理细则（试行）》（以下简称“《主办券商管理细则》”）、《全国中小企业股份转让系统主办券商推荐业务规定（试行）》（以下简称“《推荐规定》”）、《全国中小企业股份转让系统挂牌公司信息披露细则（试行）》（以下简称“《信息披露细则》”）等相关规定，甲、乙双方本着平等互利原则，经充分协商，达成如下协议：

第一章　甲方的承诺及权利、义务

第一条　甲方基本情况：
（一）股份公司设立时间。
（二）股本总额。
（三）股东人数。
（四）股权结构。
（五）董事、监事、高级管理人员及其持股明细。

第二条　甲方就委托乙方担任推荐其公司股票在全国股份转让系统挂牌并持续督导的主办券商事宜，向乙方作出如下承诺：

（一）保证遵守《管理办法》、《业务规则》、《信息披露细则》等相关规定。

（二）接受乙方依据《公司法》、《证券法》、《管理办法》、《业务规则》、《推荐规定》、《信息披露细则》及中国证监会、全国中小企业股份转让系统有限责任公司（以下简称“全国股份转让系统公司”）发布的其他规定对甲方作出的督促指导，并配合乙方采取的相关措施。

（三）按照相关规定和要求修改公司章程，完善公司治理机制，确保所有股东，特别是中小股东充分行使法律、行政法规和公司章程规定的合法权利。

（四）在同等条件下，优先选择乙方为其定向发行、并购重组等提供服务。

第三条　甲方就委托乙方担任推荐其公司股票在全国股份转让系统挂牌并持续督导的主办券商事宜，享有以下权利：

（一）甲方董事、监事、高级管理人员及相关人员有权就相关业务规则获得乙方指导。

（二）甲方有权就公司治理、财务及会计制度、挂牌申请文件制作、信息披露等方面获得乙方业务指导。

第四条　甲方就委托乙方担任推荐其公司股票在全国股份转让系统挂牌并持续督导的主办券商事宜，应履行以下义务：

（一）甲方应积极配合乙方的推荐挂牌工作，向乙方提交挂牌所需文件，并保证所提交文件均真实、准确、完整、及时、有效，不存在任何虚假记载、误导性陈述或重大遗漏。

（二）甲方应于正式挂牌前完成以下工作：

1. 通知并协助股东办理股份登记、存管。

2. 核对并向乙方提交股东持股明细以及董事、监事、高级管理人员名单及持股数量。

3. 与证券登记结算机构签订证券登记服务协议，将公司全部股票进行初始登记。

（三）甲方应保证所提供的股东名册真实、准确、完整、有效，如因工作失误造成股东股权争议或纠纷的，由甲方承担全部责任。

（四）甲方应严格按照有关规定，履行信息披露义务。

（五）甲方拟披露信息须经乙方审查后在全国股份转让系统指定的信息披露平台进行披露。

（六）甲方及董事会全体成员应保证信息披露内容的真实、准确、完整，不存在任何虚假记载、误导性陈述或重大遗漏，并承担个别及连带责任。

（七）甲方披露信息，应经董事长或其授权董事签字确认；若有虚假陈述，董事长应承担相应责任。

（八）甲方及其董事、监事、高级管理人员不得利用公司内幕信息直接或间接为本人或他人谋取利益。

（九）甲方董事会秘书负责股权管理与信息披露事务；未设董事会秘书的，应指定一名信息披露事务负责人负责股权管理与信息披露事务。

董事会秘书或信息披露事务负责人为甲方与乙方之间的联络人。

（十）甲方应将董事会秘书或信息披露事务负责人的联络方式（办公电话、住宅电话、移动电话、电子信箱、传真、通信地址等）和其变更情况及时告知乙方。

（十一）董事会秘书被解聘或辞职、信息披露事务负责人被更换或辞职的，甲方应及时告知乙方。

（十二）甲方应配备信息披露必需的通讯工具和计算机等办公设备，保证计算机可以连接互联网，对外咨询电话保持畅通。

（十三）甲方拟披露信息应以纸质文档（包括传真）和电子文档形式及时报送乙方，并保证电子文档与纸质文档内容一致。

（十四）甲方应于每一会计年度结束之日起四个月内编制完成并披露年度报告。

公司年度财务报告须经有证券期货相关业务资格的会计师事务所审计。

（十五）甲方应于每一会计年度的上半年结束之日起两个月内编制完成并披露半年度报告。

（十六）甲方应按《信息披露细则》的规定，编制年度报告、半年度报告，并在披露前经乙方审查。

（十七）甲方应按《信息披露细则》的规定，在发生相关事项时及时编制并披露临时报告，临时报告披露前应经乙方审查。

（十八）董事长不能正常履行职责超过三个月的，甲方应及时将该事实告知乙方。

（十九）甲方发起人、控股股东、实际控制人及董事、监事、高级管理人员持有的公司股票，按相关规定在限售期间不得转让；甲方应将新任及离职董事、监事、高级管理人员名单及其持股数量在 2 个转让日内告知乙方，并按有关规定向乙方提出限售或解除限售申请。

（二十）甲方股东所持股票解除限售，甲方应提前（ ）个转让日向乙方提出申请。

（二十一）甲方应积极配合乙方的问询、调查或核查，不得阻挠或人为制造障碍，并按乙方要求办理公告事宜。

（二十二）甲方应积极配合乙方的现场调查：

1. 提供必要的办公条件。

2. 保证相关人员及时提供现场调查所必需的资料，认真接受乙方调查访谈，不进行阻挠或人为制造障碍。

3. 乙方现场调查发现甲方已披露的公告存在错误、不充分或不完整情况的，甲方应及时进行更正及补充披露。

4. 积极配合乙方的整改要求，整理规范相关事项。

第二章　乙方的承诺及权利、义务

第五条　乙方就担任推荐甲方股票在全国股份转让系统挂牌并持续督导的主办券商事宜，向甲方作出如下承诺：

（一）经全国股份转让系统公司备案可以从事推荐业务。

（二）具有符合《主办券商管理细则》、《推荐规定》规定的从事推荐业务的机构设置和人员配备。

（三）勤勉尽责、诚实守信地履行主办券商推荐职责。

第六条　乙方就担任推荐甲方股票在全国股份转让系统挂牌并持续督导的主办券商事宜，享有以下权利：

（一）乙方有权对甲方提出的公司股东所持股票限售或解除限售的申请进行审查，并向全国股份转让系统公司报备。

（二）乙方有权依据《业务规则》、《信息披露细则》等规定，指导和督促甲方诚实守信、规范履行信息披露义务、完善公司治理机制。

（三）乙方有权对甲方拟披露的信息披露文件进行审查，可对甲方拟披露或已披露信息的真实性提出合理怀疑，并对相关事项进行专项调查。

（四）乙方有权根据相关规定及全国股份转让系统公司要求对甲方进行现场调查，必要时可聘请相关中介机构协助调查。

（五）甲方未规范履行信息披露等相关义务的，乙方有权要求其限期改正；拒不改正的，乙方可以发布风险揭示公告，并向全国股份转让系统公司报告。

第七条　乙方就担任推荐甲方公司股票在全国股份转让系统挂牌并持续督导的主办券商事宜，应履行以下义务：

（一）乙方应依据《业务规则》、《推荐规定》、《信息披露细则》等规定，勤勉尽责、诚实守信地履行推荐挂牌并持续督导职责，不得损害甲方的合法权益。

（二）乙方应配备符合规定的专门督导人员，负责具体履行持续督导职责。督导人员为乙方与甲方的联络人，须与甲方保持密切联系。

（三）乙方应依据《推荐规定》的规定，推荐甲方股票在全国股份转让系统挂牌。

（四）对甲方董事、监事、高级管理人员及相关信息披露义务人采取培训等相关措施，促使其熟悉和理解全国股份转让系统相关业务规则。

（五）乙方应督促和协助甲方及时按照《公司法》、《业务规则》及其他有关规定办理股份登记、信息披露、限售登记及解除限售登记等事宜。

（六）乙方及其推荐挂牌业务人员、内核业务人员、专门持续督导人员不得泄露尚未披露的信息，不得利用所知悉的尚未披露信息直接或间接为本人或他人谋取利益。

第三章　费用

第八条　经甲方与乙方协商一致，甲方应向乙方支付下列费用：

（一）推荐挂牌费（　　）元。

（二）持续督导费（　　）元/年。

（三）其他费用（　　）元/年。

费用的支付方式和时间为（　　）。

第九条　甲方终止股票挂牌的，已经支付的费用不予返还。

第四章　协议的变更与解除

第十条　本协议依据《管理办法》、《业务规则》、《信息披露细则》等规定签订，如因相关规定修订或颁布实施新的规定而导致本协议相关条款内容与修订或新颁布的规定内容不一致的，本协议与之相抵触的有关条款自动变更，并以修订或新颁布后的规定为准，其他条款继续有效；任何一方不得以此为由解除本协议。

第十一条　出现下列情况之一，甲乙双方可以解除本协议：

（一）甲方股票挂牌申请未获全国股份转让系统公司同意。

（二）乙方不再从事推荐业务。

（三）甲方股票终止挂牌。

第十二条　除第十一条规定的情形外，甲乙双方不得随意解除本协议；确需解除协议的，应在解除前向全国股份转让系统公司报告并说明合理理由，且应有其他主办券商承接持续督导服务。

第五章　免责条款

第十三条　因不可抗力因素导致任一方损失，另一方不承担赔偿责任。

第十四条　发生不可抗力时，双方均应及时采取措施防止损失进一步扩大。

第六章　争议解决

第十五条　本协议项下产生的任何争议，各方首先应协商解决；协商解决不成的，可选择以下方式解决：

（一）仲裁。

（二）向有管辖权的人民法院提起诉讼。

第七章　其他事项

第十六条　本协议规定的事项发生重大变化或存在未尽之事宜，甲、乙双方应当重新签订协议或签订补充协议。补充协议与本协议不一致的，以补充协议为准。补充协议为本协议有效组成部份，报全国股份转让系统公司备案。

第十七条　本协议自甲、乙双方签字盖章后生效。

第十八条　本协议一式（　　）份，甲、乙双方各执（　　）份，报全国股份转让系统公司（　　）份，每份均具有同等法律效力。

甲方（盖章）：

法定代表人或授权代表（签字）：

乙方（盖章）：

法定代表人或授权代表（签字）：

持续督导协议书

本协议由以下各方于______年____月____日在__________________（签约地点）签订：

甲方：____________________股份有限公司

法定代表人：

住　　所：

乙方：____________________（主办券商）

法定代表人：

住　　所：

甲方委托乙方担任为甲方提供持续督导服务的主办券商，负责指导和督促甲方诚实守信、规范履行信息披露义务、完善公司治理机制；乙方同意接受委托。

根据《中华人民共和国合同法》、《中华人民共和国公司法》（以下简称"《公司法》"）、《中华人民共和国证券法》（以下简称"《证券法》"）、《非上市公众公司监督管理办法》（以下简称"《管理办法》"）、《全国中小企业股份转让系统业务规则（试行）》（以下简称"《业务规则》"）、《全国中小企业股份转让系统主办券商管理细则（试行）》（以下简称"《主办券商管理细则》"）、《全国中小企业股份转让系统主办券商推荐业务规定（试行）》（以下简称"《推荐规定》"）、《全国中小企业股份转让系统挂牌公司信息披露细则（试行）》（以下简称"《信息披露细则》"）等相关规定，甲、乙双方本着平等互利原则，经充分协商，达成如下协议：

第一章　甲方的承诺及权利、义务

第一条　甲方基本情况：

（一）挂牌时间。

（二）股票简称。

（三）股票代码。

（四）股本总额。

（五）股东人数。

（六）股权结构。

（七）董事、监事、高级管理人员及其持股明细。

第二条　甲方就委托乙方担任为甲方提供持续督导服务的主办券商事宜，向乙方作出如下承诺：

（一）已与原负责持续督导的主办券商终止持续督导协议。

（二）保证遵守《管理办法》、《业务规则》、《信息披露细则》等相关规定。

（三）接受乙方依据《公司法》、《证券法》、《管理办法》、《业务规则》、《推荐规定》、《信息披露细则》及中国证监会、全国中小企业股份转让系统有限责任公司（以下简称"全国股份转让系统公司"）发布的其他规定对甲方作出的督促指导，并配合乙方采取的相关措施。

（四）在同等条件下，优先选择乙方为其定向发行、并购重组等提供服务。

第三条　甲方就委托乙方担任为甲方提供持续督导服务的主办券商事宜，享有以下权利：

（一）甲方董事、监事、高级管理人员及相关人员有权就相关业务规则获得乙方指导。

（二）甲方有权就公司治理、财务及会计制度、信息披露等方面获得乙方业务指导。

第四条　甲方就委托乙方担任为甲方提供持续督导服务的主办券商事宜，应履行以下义务：

（一）甲方应积极配合乙方的持续督导工作，向乙方提交所需文件，并保证所提交文件均真实、准确、完整、及时、有效，不存在任何虚假记载、误导性陈述或重大遗漏。

（二）甲方应于本合同正式生效前（ ）个转让日内，核对并向乙方提交股东持股明细以及董事、监事、高级管理人员名单及持股数量。

（三）甲方应保证所提供的股东名册真实、准确、完整、有效，如因工作失误造成股东股权争议或纠纷的，由甲方承担全部责任。

（四）甲方应严格按照有关规定，履行信息披露义务。

（五）甲方拟披露信息须经乙方审查后在全国股份转让系统指定的信息披露平台进行披露。

（六）甲方及董事会全体成员应保证信息披露内容的真

实、准确、完整,不存在任何虚假记载、误导性陈述或重大遗漏,并承担个别及连带责任。

(七)甲方披露信息,应经董事长或其授权董事签字确认;若有虚假陈述,董事长应承担相应责任。

(八)甲方及其董事、监事、高级管理人员不得利用公司内幕信息直接或间接为本人或他人谋取利益。

(九)甲方董事会秘书负责股权管理与信息披露事务;未设董事会秘书的,应指定一名信息披露事务负责人负责股权管理与信息披露事务。

董事会秘书或信息披露事务负责人为甲方与乙方之间的联络人。

(十)甲方应将董事会秘书或信息披露事务负责人的联络方式(办公电话、住宅电话、移动电话、电子信箱、传真、通信地址等)和其变更情况及时告知乙方。

(十一)董事会秘书被解聘或辞职、信息披露事务负责人被更换或辞职的,甲方应及时告知乙方。

(十二)甲方应配备信息披露必需的通讯工具和计算机等办公设备,保证计算机可以连接互联网,对外咨询电话保持畅通。

(十三)甲方拟披露信息应以纸质文档(包括传真)和电子文档形式及时报送乙方,并保证电子文档与纸质文档内容一致。

(十四)甲方应于每一会计年度结束之日起四个月内编制完成并披露年度报告。

公司年度财务报告须经有证券期货相关业务资格的会计师事务所审计。

(十五)甲方应于每一会计年度的上半年结束之日起两个月内编制完成并披露半年度报告。

(十六)甲方应按《信息披露细则》的规定,编制年度报告、半年度报告,并在披露前经乙方审查。

(十七)甲方应按《信息披露细则》的规定,在发生相关事项时及时编制并披露临时报告,临时报告披露前应经乙方审查。

(十八)董事长不能正常履行职责超过三个月的,甲方应及时将该事实告知乙方。

(十九)甲方发起人、控股股东、实际控制人和董事、监事、高级管理人员持有的公司股票,按规定在限售期间不得转让;甲方应将新任及离职董事、监事、高级管理人员名单及其持股数量在 2 个转让日内告知乙方,并按有关规定向乙方提出限售或解除限售申请。

(二十)甲方股东所持股票解除限售,甲方应提前( )个转让日向乙方提出申请。

(二十一)甲方应积极配合乙方的问询、调查或核查,不得阻挠或人为制造障碍,并按乙方要求办理公告事宜。

(二十二)甲方应积极配合乙方的现场调查:

1. 提供必要的办公条件。

2. 保证相关人员及时提供现场调查所必需的资料,认真接受乙方调查访谈,不进行阻挠或人为制造障碍。

3. 乙方现场调查发现甲方已披露的公告存在错误、不充分或不完整情况的,甲方应及时进行更正及补充披露。

4. 积极配合乙方的整改要求,整理规范相关事项。

第二章　乙方的承诺及权利、义务

第五条　乙方就担任为甲方提供持续督导服务的主办券商事宜,向甲方作出如下承诺:

(一)经全国股份转让系统公司备案可以从事推荐业务。

(二)具有符合《主办券商管理细则》、《推荐规定》规定的从事推荐业务的机构设置和人员配备。

(三)勤勉尽责、诚实守信地履行主办券商持续督导职责。

第六条　乙方就担任为甲方提供持续督导服务的主办券商事宜,享有以下权利:

(一)乙方有权对甲方提出的公司股东所持股票限售或解除限售的申请进行审查,并报全国股份转让系统公司。

(二)乙方有权依据《业务规则》、《信息披露细则》等规定,指导和督促甲方诚实守信、规范履行信息披露义务、完善公司治理机制。

(三)乙方有权对甲方拟披露的信息披露文件进行审查,对甲方拟披露或已披露信息的真实性提出合理怀疑,并对相关事项进行专项核查。

(四)乙方有权根据相关规定及全国股份转让系统公司要求对甲方进行现场调查,必要时可聘请相关中介机构协助调查。

(五)甲方未规范履行信息披露等相关义务的,乙方有权要求其限期改正;拒不改正的,乙方可以发布风险揭示公告,并向全国股份转让系统公司报告。

第七条　乙方就担任为甲方提供持续督导服务的主办券商事宜,应履行以下义务:

(一)乙方应依据《业务规则》、《推荐规定》、《信息披露细则》等规定,勤勉尽责、诚实守信地履行主办券商持续督导职责,不得损害甲方的合法权益。

(二)乙方应配备符合规定的专门督导人员,负责具体履行持续督导职责。督导人员为乙方与甲方的联络人,须与甲方保持密切联系。

(三)乙方应对甲方董事、监事、高级管理人员及相关信息披露人员采取培训等相应措施,促使其熟悉和理解全国股份转让系统相关业务规则。

(四)乙方应督促和协助甲方及时按照《公司法》、《业务规则》及其他有关规定办理信息披露、限售登记及解除限售登记等事宜。

(五)乙方及其专门持续督导人员不得泄露在持续督导过程中获知的尚未披露的信息,不得利用所知悉的尚未披露信息直接或间接为本人或他人谋取利益。

第三章　费用

第八条　经甲方与乙方协商一致,甲方应向乙方支付下列费用:

(一)持续督导费(　　)元/年;

(二)其他费用(　　)元/年;

费用的支付方式和时间为(　　)。

第九条　甲方终止股票挂牌的,已经支付的费用不予返还。

第四章　协议的变更与解除

第十条　本协议依据《管理办法》、《业务规则》、《信息披露细则》等规定签订,如因相关规定进行修订或颁布实施新的规定而导致本协议相关条款内容与修订或新颁布的规定内容不一致,本协议与之相抵触的有关条款自动变更,并以修订或新颁布后的规定为准,其他条款继续有效;任何一方不得以此为由解除本协议。

第十一条　出现下列情况之一，甲乙双方可以解除本协议：

（一）乙方不再从事推荐业务。

（二）甲方股票终止挂牌。

第十二条　除第十一条规定的情形外，甲乙双方不得随意解除持续督导协议；确需解除协议的，应在解除前向全国股份转让系统公司报告并说明合理理由，且应有其他主办券商承接持续督导服务。

第五章　免责条款

第十三条　因不可抗力因素导致任一方损失，另一方不承担赔偿责任。

第十四条　发生不可抗力时，双方均应及时采取措施防止损失进一步扩大。

第六章　争议解决

第十五条　本协议项下产生的任何争议，各方首先应协商解决；协商解决不成的，可选择以下方式解决：

（一）仲裁。

（二）向有管辖权的人民法院提起诉讼。

第七章　其他事项

第十六条　本协议规定的事项发生重大变化或存在未尽之事宜，甲、乙双方应当重新签订协议或签订补充协议。补充协议与本协议不一致的，以补充协议为准。补充协议为本协议有效组成部份，报全国股份转让系统公司备案。

第十七条　本协议自甲、乙双方签字盖章后生效。

第十八条　本协议一式（　　）份，甲、乙双方各执（　　）份，报全国股份转让系统公司（　　）份，每份均具有同等法律效力。

甲方（盖章）：

法定代表人或授权代表（签字）：

乙方（盖章）：

法定代表人或授权代表（签字）：

公司业务类

挂牌公司信息披露及会计业务问答（一）——利润分配与公积金转增股本

问：挂牌公司进行利润分配和资本公积转增股本，请问财务数据应当以什么时间作为基准日？

答：实践中，部分挂牌公司进行利润分配和资本公积转增股本时，以验资报告或除定期报告之外的任意时点的财务数据为依据进行利润分配和资本公积转增股本（以下称“权益分派”），这种做法存在超额分配，损害投资者及债权人利益的可能性。

全国股份转让系统是公开转让股份的全国性证券交易场所，而验资报告仅是对股东是否实缴出资到位发表审验意见的书面文件，除定期报告之外的任意时点的财务数据也并不具有公开性，不能全面直观反映挂牌公司的财务状况和经营成果，因此，不能以验资报告或除定期报告之外的任何时点的财务数据为基准进行权益分派。

为规范挂牌公司的权益分派行为，拟进行权益分派的挂牌公司，权益分派方案中应当以公开披露过的仍在有效期内（报告期末日起 6 个月内）的最近一期定期报告期末日作为基准日，也就是说挂牌公司进行权益分派，应当以已披露的年度报告、半年度报告或季度报告的财务数据为依据。如未披露季度报告的，可以以年度报告、半年度报告为基础。基准日的财务数据指的是未分配利润和资本公积，实施权益分派的股本基数如无特殊安排，均以股权登记日的股本数为准。权益分派方案经股东大会审议通过后 2 个月必须实施完毕，如未能实施则须重新履行审议程序。

权益分派应当依据的财务数据基准日如下表：

权益分派方案审议日期	依据的财务数据基准日
1 月 1 日 –3 月 31 日	上年度 12 月 31 日
4 月 1 日 –6 月 30 日	上年度 12 月 31 日或本年度 3 月 31 日，如已披露一季报，依据一季报分派
7 月 1 日 –9 月 30 日	本年度 6 月 30 日
10 月 1 日 –12 月 31 日	本年度 6 月 30 日或本年度 9 月 30 日，如已披露三季报依据三季报分派

本监管问答自发布之日实施，发布之日权益分派预案未经股东大会审议通过的适用本监管问答。

挂牌公司信息披露及会计业务问答（二）——发行费用的会计核算

问：挂牌公司在发行权益性证券过程中发生的各种费用，应如何进行会计核算？

答：近期，随着市场功能的完善，挂牌公司融资日趋活跃。实践中，部分挂牌公司对发行权益性证券过程中发行费用的会计处理不规范，造成投资者对财务信息的误判误读。因此，根据《企业会计准则第 37 号—金融工具列报》的规定，参照《上市公司执行企业会计准则监管问题解答（第四期）》的要求，特发布本问答。

挂牌公司为发行权益性证券发生的承销费、财务顾问费、备案材料印刷费、律师费、评估费、会计师费等与发行权益性证券直接相关的新增外部费用，冲减溢价形成的资本公积；在权益性证券发行无溢价或溢价金额不足以扣减的情况下，冲减盈余公积和未分配利润。发行权益性证券过程中发行的路演费、财经公关费、酒会费等其他费用应在发生时计入当期损益。

挂牌公司以权益性证券作为企业合并的对价，在此过程中涉及的费用一般包括合并费用与权益性证券发行费用。通常情况下，针对被收购方的尽职调查、评估和审计、为申报重大资产重组而发生的费用，属于企业合并费用；为验资、权益性证券发行备案、股份登记而发生的费用，属于发行证券的费用。公司需要合理区分属于企业合并交易的费用和属于发行证券的费用，合并费用应在发生当期计入损益，发行费用直接扣减发行股份产生的溢价。

挂牌公司股票发行常见问题解答(二)——连续发行

问:实践中,部分挂牌公司连续召开董事会审议通过不同的股票发行方案,同时进行多个股票发行,请问挂牌公司连续发行股票应当如何操作?

答:实践中,部分挂牌公司连续启动决策程序进行多次股票发行,这种做法客观上提高了挂牌公司股权融资效率,但在监管实践中逐步凸显出一些问题。例如,有的挂牌公司连续启动多个股票发行程序,前一次发行备案通过后,一直不进行新增股份登记。这种做法一是导致前一次发行的认购对象在股份登记完成前无法就下一次发行行使股东表决权,使其合法权益陷于不确定状态,可能产生纠纷的隐患;二是若连续发行后股东人数累计超过 200 人,还会存在涉嫌违反股票发行监管程序的违规情形。还有的挂牌公司连续启动股票发行程序,但在定价环境没有明显变化的情况下定价差异较大,扰乱了公司股票的合理估值和二级市场交易价格。因此,为规范挂牌公司股票连续发行行为,保护投资者合法权益,明确市场预期,有必要规范挂牌公司股票连续发行行为。

根据《非上市公众公司监督管理办法》、《全国中小企业股份转让系统业务规则(试行)》和《全国中小企业股份转让系统股票发行业务细则(试行)》的规定,拟连续发行股票的挂牌公司,应当在前一次股票发行的新增股份登记手续完成后,才能召开董事会审议下一次股票发行方案,也就是说挂牌公司前一次股票发行新增股份没有登记完成前,不得启动下一次股票发行的董事会决策程序。

此外,挂牌公司股票发行在取得全国股转系统出具的新增股份登记函后,应当在 10 个工作日内向中国结算申请办理新增股份登记手续。

全国中小企业股份转让系统优先股业务指南第 1 号——发行备案和办理挂牌的文件与程序

第一条　为了规范优先股发行备案和申请办理挂牌的文件与程序,根据《全国中小企业股份转让系统优先股业务指引(试行)》(以下简称《业务指引》)等业务规则,制定本指南。

第二条　发行人办理优先股发行备案和挂牌手续,适用本指南的规定。

第三条　发行人应当在验资完成后的 10 个转让日内,向全国中小企业股份转让系统有限责任公司(以下简称"全国股转公司")接收申请材料的服务窗口(北京市西城区金融大街丁 26 号金阳大厦南门)报送以下文件。

办理豁免申请核准的优先股发行备案,发行人应当提交备案登记表和该登记表中列明的备案文件。

优先股发行经中国证监会核准的,发行人申请办理优先股挂牌手续,应当提交优先股发行登记表和该登记表中列明的文件。

经接收服务窗口人员核对,确认提交的文件齐备后,向发行人出具《材料接收确认单》。文件一经接收,未经全国股转公司同意,不得变更或撤回。

第四条　发行人在提交备案文件或申请挂牌文件的同时,应当向全国股转公司申请本次发行优先股的证券代码和证券简称,并提交经发行人的法定代表人或其授权代表签字和加盖发行人公章的优先股转让服务协议。发行人的法定代表人授权他人代为签字的,需同时提供授权委托书原件。

优先股证券代码和证券简称的申请、编制和分配等应当按照《全国中小企业股份转让系统证券代码、证券简称编制管理暂行办法》等相关规定办理。

第五条　全国股转公司对提交的文件的审查程序参照《全国中小企业股份转让系统股票发行业务指南》等规定办理。

第六条　全国股转公司对文件审查后出具优先股登记函,送达发行人并送交中国证券登记结算有限责任公司(以下简称"中国结算")和主办券商。

发行人在领取优先股登记函之前,应当按规定缴纳挂牌费用。发行人在领取优先股登记函的同时,可一并领取本次发行优先股的证券代码和证券简称、优先股转让服务协议。

第七条　发行人按照中国结算的要求向中国结算申请办理优先股登记。

发行人在取得中国结算出具的优先股登记证明文件后,将优先股登记证明文件扫描件提交全国股转公司(扫描件可发送至电子邮箱:ywbl@ neeq. org. cn),并确定优先股挂牌转让日期。

发行人在优先股挂牌转让前,应当披露优先股挂牌转让公告。挂牌转让公告应当明确本次登记优先股的转让日。

发行人在披露优先股转让公告的同时,应当披露定向发行优先股说明书、发行情况报告书、主办券商推荐工作报告和法律意见书。

全国中小企业股份转让系统优先股业务指南第 2 号——主办券商推荐工作报告的内容与格式

第一章　总则

第一条　为规范全国中小企业股份转让系统(以下简称"全国股转系统")主办券商优先股推荐工作报告的编制与披露,根据《全国中小企业股份转让系统优先股业务指引(试行)》(以下简称《业务指引》)等业务规则,制定本指南。

第二条　主办券商向全国中小企业股份转让系统有限责任公司(以下简称"全国股转公司")推荐优先股发行备案或挂牌的,应当按照本指南的要求编制和披露推荐工作报告。

第三条　本指南对主办券商推荐工作报告的格式未明确规定的,可参照《全国中小企业股份转让系统股票发行业务指引第 3 号——主办券商关于股票发行合法合规性意见的内容与格式(试行)》的相关规定。

第四条　主办券商出具推荐工作报告,应建立在充分了解发行人经营状况、财务状况和风险因素等相关信息的基础之上,切实履行尽职调查职责,保证报告相关内容的真实、准确、完整及报告结论的客观性。

第五条　主办券商应在推荐工作报告中对照本指南及有关规定逐项发表明确的结论性意见,并载明得出每项结论的查证过程及事实依据。

第二章　推荐工作报告必备内容

第六条　主办券商推荐工作报告应当包括以下内容：

（一）本次优先股发行是否符合豁免申请核准的条件；

（二）发行人是否符合《优先股试点管理办法》（以下简称《试点办法》）规定的发行条件；

（三）发行人是否存在《试点办法》规定的不得发行优先股的情形；

（四）发行人的财务状况、偿付能力；

（五）发行人的对外担保情况、未决诉讼或仲裁事项；

（六）本次发行优先股决策程序的合法合规性；

（七）本次优先股发行的规模、募集金额、票面股息率或发行价格的合法合规性；

（八）本次发行优先股具体条款设置的合法合规性；

（九）本次优先股发行对象的投资者适当性；

（十）本次发行优先股的风险因素；

（十一）本次发行优先股对发行人、普通股股东、其他优先股股东（如有）的影响；

（十二）本次发行涉及公司章程修改的事项；

（十三）本次发行优先股的会计处理方法，以及相关税费政策和依据；

（十四）非现金资产认购的相关事项（如有）；

（十五）主办券商认为需要说明的其他事项。

第七条　主办券商应当对本次优先股发行是否符合豁免申请核准的条件发表明确意见。

第八条　主办券商应当对发行人是否符合《试点办法》规定的发行条件逐项发表明确意见：

（一）发行人是否符合合法规范经营的条件。包括但不限于：发行人及其控股股东、实际控制人、董事、监事和高级管理人员最近十二个月内是否受到刑事处罚，或因重大违法行为受到行政处罚，或受到全国股转公司的纪律处分。发行人及其控股股东、实际控制人、董事、监事和高级管理人员是否因涉嫌犯罪正被司法机关立案侦查，或因重大违法行为受到行政机关的立案调查。重大违法行为的标准参照《全国中小企业股份转让系统股票挂牌条件适用基本标准指引（试行）》的相关规定；

（二）发行人是否符合公司治理机制健全的条件。包括但不限于：发行人是否按照《公司法》、《非上市公众公司监督管理办法》的规定，建立股东大会、董事会、监事会和高级管理层组成的公司治理架构，是否制定相应的公司治理制度，并有效实施。董事会是否对公司治理的有效性进行讨论、评估；

（三）发行人是否符合依法履行信息披露义务的条件。包括但不限于：发行人是否按照相关规定，真实、准确、完整、及时、公平地披露了本次优先股发行应当披露的信息。发行人在申请普通股挂牌及挂牌期间是否规范履行了信息披露义务；是否曾因信息披露违规或违法，被全国股转公司依法采取纪律处分、被中国证监会采取监管措施或给予行政处罚。

第九条　主办券商应当对发行人是否存在《试点办法》规定的不得发行优先股的情形发表明确意见。

第十条　主办券商应根据发行人最近两个完整会计年度的财务报表和审计报告，以及最近一期（如有）的会计报表，重点分析发行人的盈利能力、偿债能力及现金流等各项财务指标。各项财务指标及相关会计科目有较大变动或异常的，应分析其原因。

第十一条　主办券商应对发行人是否真实、准确、完整的披露了以下内容发表明确意见：

（一）发行人最近一期末的对外担保情况；

（二）对发行人财务状况、经营成果、声誉、业务活动、未来前景等可能产生较大影响的未决诉讼或仲裁，可能出现的处理结果或已生效法律文书的执行情况。

第十二条　主办券商应当对本次优先股发行的董事会、股东大会决策程序是否合法合规，是否执行了《试点办法》规定的表决权回避、分类表决（如有）等制度发表明确意见。

第十三条　主办券商应当对本次优先股发行的规模、募集金额、票面股息率或发行价格是否符合《试点办法》的规定发表明确意见。

第十四条　主办券商应当对本次发行优先股的具体条款设置是否合法合规发表明确意见，包括：

（一）优先股股东参与分配的股息率或其确定方式、股息发放的条件、股息支付方式、股息是否累积、是否参与剩余利润分配等是否明确，是否符合《试点办法》的规定；

（二）优先股设置有赎回、回售、转换为普通股（如有）等特殊条款的，特殊条款是否明确，是否符合《试点办法》的规定；

（三）优先股股东参与分类表决、优先股股东表决权的限制与恢复等安排是否明确，是否符合《试点办法》的规定；

（四）优先股的清偿顺序，每股清算金额是否明确，是否符合《试点办法》的规定。

第十五条　主办券商应当对优先股发行对象的人数和投资者适当性发表意见，包括但不限于：

（一）优先股的发行对象是否符合《试点办法》规定的投资者人数限制；

（二）优先股的发行对象是否符合《试点办法》规定的投资者适当性的要求；

（三）发行人的董事、高级管理人员及其配偶是否参与认购本公司发行的优先股。

第十六条　主办券商应当对发行人是否真实、准确、完整的披露了优先股的风险因素发表意见。

第十七条　主办券商应对发行人是否真实、准确、完整的披露了发行优先股对发行人、普通股股东、其他优先股股东（如有）的影响发表意见。

第十八条　本次优先股发行须修改公司章程的，主办券商应当对发行人是否履行了相应的修改程序，公司章程修改内容是否与定向发行优先股说明书和发行情况报告书的相关内容一致发表明确意见。

第十九条　主办券商应对本次发行优先股相关会计处理与税费政策的适用是否准确发表明确意见，包括：

（一）本次发行优先股的会计处理；

（二）本次发行优先股的股息是否在所得税前列支及其政策依据；

（三）投资者与本次发行的优先股转让、股息发放、回购等相关的税费、征收依据及缴纳方式。

第二十条　发行对象以非现金资产认购优先股的，主办券商应当参照全国股转系统股票发行的相关业务规则在推荐工作报告中发表意见。

第二十一条　若主办券商认为公司尚有未披露或未充分披露且对本次优先股发行有影响的重大信息或事项，可以进行补充披露，并提示该信息或事项对本次优先股发行可能造成的影响。

第二十二条　主办券商法定代表人或法定代表人授权的代表、项目负责人应在推荐工作报告上签字，并加盖主办券商公章，注明报告日期。

主办券商法定代表人授权他人代为签字的，需同时提供授权委托书原件。

第三章　附则

第二十三条　本指南由全国股转公司负责解释。

第二十四条　本指南自发布之日起实施。

全国中小企业股份转让系统
优先股业务指南第3号
——法律意见书的内容与格式

第一章　总则

第一条　为了规范全国中小企业股份转让系统（以下简称“全国股转系统”）优先股法律意见书的编制与披露，根据《全国中小企业股份转让系统优先股业务指引（试行）》（以下简称《业务指引》）等业务规则，制定本指南。

第二条　律师事务所根据《业务指引》为优先股发行出具的法律意见书应当包括本指南第二章规定的内容。

第三条　本指南对法律意见书的格式未明确规定的，可参照《全国中小企业股份转让系统股票发行业务指引第4号——法律意见书的内容与格式（试行）》的相关规定。

第四条　公司聘请的律师事务所及其委派的律师（以下“律师”均指签名律师及其所任职的律师事务所），应在尽职调查基础上，按本指南的要求出具法律意见书，对照本指南及有关规定逐项发表明确意见或结论。

本指南仅是对法律意见书内容的一般性要求，本指南未明确要求，但律师认为对优先股发行有重大影响的法律问题，律师应当发表意见。

第五条　律师应在法律意见书中详尽、完整地阐述所发表意见或结论的依据、进行有关核查验证的过程、所涉及的必要资料或文件。

第六条　对不符合有关法律、法规和中国证监会、全国中小企业股份转让系统有限责任公司（以下简称“全国股转公司”）有关规定的事项，或已勤勉尽责仍不能对其法律性质或其合法性作出准确判断的事项，律师应发表保留意见，并说明相应的理由。

第七条　法律意见书应由二名以上（含两名）经办律师和其所在律师事务所的负责人签名，并经该律师事务所加盖公章、签署日期。

第二章　法律意见书的必备内容

第八条　律师应在进行充分核查验证的基础上，对本次优先股发行的下列（包括但不限于）事项明确发表结论性意见。所发表的结论性意见应包括是否合法合规、是否真实有效、是否存在纠纷或潜在风险；不存在下列事项的，也应明确说明：

（一）关于发行人是否符合《优先股试点管理办法》（以下简称《试点办法》）第四十一条规定的发行条件；

（二）发行人是否存在《试点办法》第二十五条规定的不得发行优先股相关情形；

（三）本次优先股发行是否符合豁免申请核准的条件；

（四）优先股发行规模和募集金额是否合法合规；

（五）优先股股东的表决权、分配权等条款设置，以及优先股的赎回、回售和转股（如有）等特殊条款是否合法合规；

（六）发行优先股的决策程序和定价结果是否合法合规；

（七）发行对象是否符合投资者适当性和投资者人数限制的规定；

（八）认购合同、公司章程等法律文件是否真实、合法、有效；

（九）本次优先股发行涉及的公司章程修改内容是否与定向发行优先股说明书和发行情况报告书的相关内容一致；

（十）律师事务所认为需要说明的其他事项。

第三章　附则

第九条　本指南由全国股转公司负责解释。

第十条　本指南自公布之日起施行。

全国中小企业股份转让系统
挂牌公司持续信息披露业务指南
（试行）

为规范挂牌公司、主办券商及其他信息披露义务人的信息披露业务办理，根据相关法律法规、《全国中小企业股份转让系统业务规则（试行）》（以下简称《业务规则》）及《全国中小企业股份转让系统挂牌公司信息披露细则（试行）》（以下简称《信息披露细则》）等有关规定，制定本指南。

持续信息披露业务通过全国中小企业股份转让系统业务支持平台信息披露系统（以下简称“信息披露系统”）实现披露文件的电子化填写与报送，信息披露系统由信息披露文件编制端（以下简称“编制端”）和信息披露文件报送端（以下简称“报送端”）组成。

挂牌公司应当通过编制端编制披露文件；主办券商使用“全国中小企业股份转让系统数字证书”（以下简称“数字证书”）通过报送端报送披露文件。数字证书是主办券商登陆报送端的身份证明，使用数字证书在报送端进行的操作行为均代表主办券的行为，主办券商承担相应法律责任；信息披露系统在规定的时间段中将披露文件自动发送至全国中小企业股份转让系统指定信息披露平台（以下简称“信息披露平台”）。

一、挂牌公司编制披露文件并报主办券商审查

（一）挂牌公司董事会秘书或者信息披露事务负责人应按照《业务规则》、《信息披露细则》、《全国中小企业股份转让系统挂牌公司年度报告内容与格式指引（试行）》、《全国中小企业股份转让系统挂牌公司半年度报告内容与格式指引（试行）》和《全国中小企业股份转让系统临时公告格式模板》等规定，在编制端使用信息披露文件编制工具填写披露内容，生成信息披露文件。编制工具里没有明确给出模板的临时报告，由挂牌公司根据有关规定自行编制。

挂牌公司在使用编制工具完成信息披露文件编制工作后，应当对编制工具生成的信息披露文件内容的真实性、准确性、完整性进行核查，确保不存在虚假记载、误导性陈述或者重大遗漏，并对其真实性、准确性、完整性承担相应的法律责任。

（二）挂牌公司将编制好的信息披露文件及备查文件送达主办券商。一般情况下，上述材料包括加盖董事会章的信息披露纸质文件及相应电子文件，其中电子文件包括定期报告或临时报告正文及相应 XBRL 文件（自行编制的除外）。

（三）进行定期报告披露的，挂牌公司应与主办券商商定披露日期。主办券商通过报送端的电子化预约功能协助挂牌公司完成披露时间的预约。特殊原因需变更披露预约时间的，主办券商应协助挂牌公司在原预约披露日 5 个转让日前通过报送端进行修改；在 5 个转让日内需要变更预约披露时间的，挂牌公司还应发布《关于变更××年度（半年度）报告披露日期的提示性公告》。

信息披露系统根据均衡披露原则，限制每日预约量以及修改次数。预计披露日期、变更情况及最终披露日期将在信息披露平台上公布。

（四）挂牌公司申请豁免披露涉及国家机密或商业秘密的信息，应通过主办券商向全国中小企业股份转让系统有限责任公司（以下简称"全国股转公司"）申请并提出豁免披露的充分依据。豁免定期报告相关信息披露的，主办券商应协助挂牌公司在申报预约披露日期的同时通过报送端申请；豁免临时报告披露的，应及时在线下向全国股转公司提出申请。

二、主办券商事前审查并上传至信息披露系统

（一）主办券商对拟披露的信息披露文件进行事前审查，发现拟披露的信息披露文件与全国股转系统相关规定不符的，主办券商应与挂牌公司沟通，了解相关情况，督导挂牌公司进行更正或补充，直至符合全国股转系统有关规定的要求。拟披露的信息披露文件存在虚假记载、误导性陈述或重大遗漏的，主办券商应要求挂牌公司及时改正，挂牌公司拒不改正的，主办券商应通过报送端向全国股转公司报告，并在挂牌公司信息披露文件披露当日同时发布风险揭示公告。

主办券商对年度报告进行事前审查中，如发现挂牌公司的财务报告被出具了否定意见或者无法表达意见的审计报告，或期末净资产为负值，或全国股转系统规定的其他情形的，主办券商应通过报送端向全国股转公司报告。

（二）主办券商事前审查后，无论是否有异议，均应通过报送端将信息披露文件正文（PDF 格式）及 XBRL 文件（自行编制的除外）上传至信息披露系统；主办券商如有异议的应按本条第（一）项的规定执行。

主办券商最迟应在披露日 20:00 前完成事前审查并上传。信息披露文件一经上传将不可撤回。

三、信息披露系统将信息披露文件发送至信息披露平台

（一）主办券商在转让日 15:30 前提交信息披露文件，且拟披露日期为当日的，信息披露系统于当日 15:30 后自动将信息披露文件发送至信息披露平台披露。

（二）主办券商在转让日 15:30 后提交信息披露文件，且拟披露日期为当日的，信息披露系统自动将信息披露文件发送至信息披露平台披露。

四、信息披露文件披露后的审查和处理

（一）更正或补充公告的处理

全国股转公司监管人员在信息披露系统上对信息披露文件进行审查，若发现信息披露文件不符合全国股转系统信息披露有关规定，或信息披露文件存在重大错误或遗漏的，将通过信息披露系统向主办券商发送反馈意见。主办券商对有关问题核实后应及时通过信息披露系统向全国股转公司进行回复。

信息披露文件在信息披露平台披露后，如因错误或遗漏需要更正或补充的，挂牌公司需发布更正或补充公告，并重新披露相关信息披露文件，原已披露的信息披露文件不做撤销。

（二）撤销或替换公告的处理

已披露的信息披露文件不得撤销或替换。

（三）补发公告的处理

挂牌公司不能按照规定的时间披露信息披露文件，或发现存在应当披露但尚未披露的信息披露文件的，挂牌公司应发布补发公告并补发信息披露文件。

全国股转公司若发现挂牌公司存在应披露但未披露信息披露文件的，通知主办券商督促挂牌公司发布补发公告并补发信息披露文件。

五、信息披露文件无法正常披露的处理

主办券商通过报送端完成信息披露文件的提交后，应及时查看信息披露文件是否在本指南第三条规定的时间段中成功披露至信息披露平台。如发现信息披露文件无法在规定的时间段中成功披露的，主办券商应立即向全国股转公司报告，经全国股转公司确认后进行处理。

全国中小企业股份转让系统重大资产重组业务指南第 1 号：非上市公众公司重大资产重组内幕信息知情人报备指南

第一条　根据《全国中小企业股份转让系统非上市公众公司公司重大资产重组业务指引（试行）》的规定，股票在全国中小企业股份转让系统（以下简称全国股份转让系统）公开转让的公众公司（以下简称公司）应当在证券暂停转让之日起 5 个转让日内，向全国中小企业股份转让系统有限责任公司（以下简称全国股份转让系统公司）提交挂牌公司重大资产重组内幕信息知情人登记表、相关人员买卖公司证券的自查报告、公司重大资产重组交易进程备忘录及公司全体董事对内幕信息知情人报备文件真实性、准确性和完整性的承诺书。

公司暂停转让日距离首次董事会召开之日不足 5 个转让日的，应当在申请暂停转让的同时报送上述材料。

第二条　内幕信息知情人的范围包括但不限于：

（一）公司的董事、监事、高级管理人员；

（二）持有公司 10% 以上股份的股东和公司的实际控制人，以及其董事、监事、高级管理人员；

（三）由于所任公司职务可以获取公司本次重组相关信息的人员；

（四）本次重大资产重组的交易对方及其关联方，以及其董事、监事、高级管理人员；

（五）为本次重大资产重组方案提供服务以及参与本次方案的咨询、制定、论证等各环节的相关单位和人员；

（六）参与本次重大资产重组方案筹划、制定、论证、审批等各环节的相关单位和人员；

（七）前述自然人的直系亲属（配偶、父母、子女及配偶的父母）。

第三条　公司重大资产重组内幕信息知情人登记表应当加盖公司公章或公司董事会公章，并写明填报日期。

第四条　自然人的自查报告应当列明自然人的姓名、职务、身份证号码、股票账户、有无买卖股票行为，并经本人签字确认;机构的自查报告中应当列明机构的名称、注册号、股票账户、有无买卖股票行为并盖章确认。

第五条　相关人员存在买卖公司股票行为的,当事人应当书面说明其买卖股票行为是否利用了相关内幕信息;公司及相关方应当书面说明与买卖股票人员相关事项的动议时间,买卖股票人员是否参与决策,买卖行为与该事项是否存在关联关系以及是否签订了保密协议书等。

第六条　公司应当同时提交全体董事对内幕信息知情人报备文件真实性、准确性和完整性的承诺书,由全体董事签字并加盖公司公章。

第七条　除公司重大资产重组交易进程备忘录外,公司报送上述文件应提交原件一份,复印件二份,以及一份与书面文件一致的电子文件(WORD、EXCEL、PDF 或全国股份转让系统公司要求的其他文件格式)。

公司应提交三份重大资产重组交易进程备忘录的复印件,并由律师对该复印件提供鉴证意见。鉴证律师应当在文件首页注明"以下第 * * 页至第 * * 页与原件一致",并签名和签署鉴证日期,律师事务所应该在该文件首页加盖公章,并在第 * * 页至第 * * 页侧面以公章加盖骑缝章。

报备文件所有需要签名处,均应为签名人亲笔签名,不得以名章、签名章等代替。

第八条　本指南规定的报送文件是全国股份转让系统公司对内幕信息知情人报备文件的最低要求。根据审查需要,全国股份转让系统公司可以要求公司、独立财务顾问、律师事务所、其他证券服务机构以及相关的自然人、法人和其他组织补充材料。

第九条　本指南由全国股份转让系统公司负责解释。

第十条　本指南自发布之日起实施。

全国中小企业股份转让系统重大资产重组业务指南第 2 号:非上市公众公司发行股份购买资产构成重大资产重组文件报送指南

第一条　为规范股票在全国中小企业股份转让系统公开转让的公众公司(以下简称公司)发行股份购买资产构成重大资产重组的文件报送,根据《非上市公众公司重大资产重组管理办法》、《全国中小企业股份转让系统非上市公众公司公司重大资产重组业务指引》等规定,制定本指南。

第二条　公司发行股份购买资产构成重大资产重组且发行后股东人数不超过 200 人的,应当在验资完成后 10 个转让日内,根据本指南的要求报送股份发行备案文件。

公司发行股份购买资产构成重大资产重组且发行后股东人数超过 200 人的,经中国证监会核准后,应当在验资完成后 10 个转让日内,根据本指南的要求报送股份登记申请文件。

独立财务顾问、律师事务所等中介机构应当根据《非上市公众公司信息披露内容与格式准则第 6 号—重大资产重组报告书》的有关规定,出具中介机构意见书或报告书。

第三条　公司报送申请文件应提交原件一份,复印件二份。每次报送书面申请文件的同时,应报送一份与书面文件一致的电子文件(WORD、EXCEL、PDF 或全国中小企业股份转让系统公司(以下简称全国股份转让系统公司)规定的其他格式。

第四条　本目录规定的报送文件是全国股份转让系统公司对相关文件的最低要求。根据备案或股份登记需要,全国股份转让系统公司可以要求公司、独立财务顾问、律师事务所及其他证券服务机构补充相关材料。

第五条　报送文件所有需要签名处,均应为签名人亲笔签名,不得以名章、签名章等代替。报送文件的封面和侧面应标明"× ×公司发行股份购买资产暨重大资产重组备案申请文件"或"× ×公司发行股份购买资产暨重大资产重组股份登记申请文件"的字样,扉页应标明挂牌公司法定代表人、董事会秘书或信息披露事务负责人,独立财务顾问主管领导、项目负责人,以及相关中介机构项目负责人姓名、电话、传真等联系方式。

第六条　报送文件章与章之间、节与节之间应有明显的分隔标识,文件中的页码应与目录中的页码相符。

第七条　报送文件应采用标准 A4 纸张双面印刷(需提供原件的历史文件除外)。公司不能提供有关文件的原件的,应由其聘请的律师提供鉴证意见,或由出文单位盖章,以保证与原件一致。如原出文单位不再存续,由继承其职权的单位或作出撤销决定的单位出文证明文件的真实性。

第八条　文件一旦受理,未经全国股份转让系统公司同意,不得增加、撤回或更换。

第九条　本指南由全国股份转让系统公司负责解释。

第十条　本指南自发布之日起实施。

全国中小企业股份转让系统挂牌公司证券简称或公司全称变更业务指南

(试行)

为规范挂牌公司证券简称或公司全称变更工作,根据《全国中小企业股份转让系统业务规则(试行)》(以下简称《业务规则》)及有关规定,制定本指南。

一、挂牌公司向主办券商提交证券简称或公司全称变更申请材料,包括申请书(附件(1))及相关证明材料。挂牌公司变更公司全称的,应以新公司名称提出申请,并加盖新的公司印章。

相关证明材料至少包括变更公司全称后的《企业法人营业执照》复印件(加盖新公司印章)或工商行政管理部门关于公司变更全称的证明复印件(加盖新公司印章)。

挂牌公司如果是申请证券简称变更的,还应事先与全国中小企业股份转让系统有限责任公司(以下简称"全国股份转让系统公司")公司业务部进行沟通,核实新证券简称的可行性。

二、主办券商审核确定证券简称或公司全称变更申请材料后,填写《挂牌公司证券简称或公司全称变更业务申请表》(附件(2))并加盖主办券商公章。

三、主办券商须于 T－4 日(T 日为证券简称或公司全称变更生效日)下午 15 点前将上述业务表和其他证明材料一同传真(传真号:010－63889674)至全国股份转让系统公司,并将所有材料的电子扫描件发送至全国股份转让系统公司(电邮地址:ywbl@ neeq. org. cn),同时电话确认收悉(电话:010－63889549)。

四、挂牌公司或主办券商发布相关公告的,最迟应于 T－1 日进行信息披露。

五、T 日挂牌公司证券简称或公司全称变更生效。

全国中小企业股份转让系统
挂牌公司暂停与恢复转让业务指南

（试行）

为规范挂牌公司股票暂停与恢复转让业务办理，根据《全国中小企业股份转让系统业务规则（试行）》（以下简称《业务规则》）及有关规定，制定本指南。

一、挂牌公司如存在《业务规则》所列的需进行暂停转让或恢复转让申请情形的，应与主办券商、全国中小企业股份转让系统有限责任公司（以下简称“全国股份转让系统公司”）监管员进行预沟通，以统筹协调好暂停转让或恢复转让业务办理的时间。

二、挂牌公司填写《暂停（恢复）转让申请表》（见附件）并提供相关证明材料送主办券商审查。

三、主办券商审查无误后，最迟应于T－4日（T日为暂停或恢复转让生效日，且为转让日）下午15点前将加盖主办券商公章的《暂停（恢复）转让申请表》和其他证明材料一同传真（传真号：010－63889674）至全国股份转让系统公司，并将所有材料的电子扫描件发送至全国股份转让系统公司（电邮地址：ywbl@ neeq. org. cn），同时电话确认收悉（电话：010－63889549）。

四、主办券商应协助挂牌公司最迟在T－1日发布股票暂停（恢复）转让公告。

五、T日挂牌公司暂停（恢复）转让生效。

全国中小企业股份转让系统
挂牌公司权益分派业务指南

（试行）

为规范挂牌公司的业务办理行为，根据《全国中小企业股份转让系统业务规则（试行）》（以下简称《业务规则》）及有关规定，制定本指南。

挂牌公司应当在股东大会通过分配方案后2个月内根据以下流程完成实施权益分派的工作。挂牌公司近期如有股票发行等业务的，应当综合考虑该业务与权益分派业务的衔接，在具体操作时应当完成一项业务后再开始另一项，两种以上业务不应并行。

一、最迟R－6日向中国结算提交办理权益分派业务的材料

挂牌公司最迟应在R－6日（R为股权登记日），根据中国证券登记结算有限公司（以下简称“中国结算”）发布的《中国结算北京分公司证券发行人业务指南》（以下简称《中国结算指南》），向中国结算提交委托权益分派实施业务的相关材料。

其中，权益分派实施公告应按中国结算的要求编写，并按照中国结算的审核意见修改。

二、最迟R－4日完成权益分派实施公告的披露

挂牌公司在收到中国结算《委托代理权益分派申请表》反馈后，最迟应于R－4日根据《全国中小企业股份转让系统挂牌公司持续信息披露业务指南（试行）》的规定，披露权益分派实施公告。

披露的公告应与中国结算审查过的公告一致，如不一致应在R－1日14点前完成公告更正。

三、R－1日前完成权益分派相关款项的划拨

挂牌公司按照《中国结算指南》的要求做好权益分派相关款项的划拨工作。

如果挂牌公司不能按照中国结算规定的时间完成相关款项的划拨工作，全国中小企业股份转让系统有限责任公司（以下简称“全国股份转让系统公司”）在接到中国结算的“推迟现金红利派发通知书”后，对其股票实施暂停转让直至推迟的分红派息日，或相关不良后果已消除之日。

四、R＋1日权益分派业务办理完成

全国股份转让系统公司完成除权除息，中国结算完成权益分派。

全国中小企业股份转让系统股票发行业务指南

（2013年4月25日发布，2013年12月30日修改）

为规范挂牌公司、主办券商等相关主体在全国中小企业股份转让系统（以下简称“全国股份转让系统”）办理股票发行业务，根据《全国中小企业股份转让系统股票发行业务细则（试行）》（以下简称《业务细则》）等有关规定，制定本指南。

一、原则性规定

（一）适用范围

挂牌公司向符合规定的投资者发行股票，发行后股东人数累计不超过200人的，向全国中小企业股份转让系统有限责任公司（以下简称“全国股份转让系统公司”）履行事后备案程序，以及按规定股票发行经中国证监会核准的公司，申请办理股票挂牌手续，适用本指南的规定。

前款所称的“发行后股东人数累计不超过200人”，是指股票发行方案确定或预计的新增股东人数（或新增股东人数上限）与审议本次股票发行的股东大会规定的股权登记日（以下简称“股权登记日”）在册股东人数之和不超过200人。

（二）现有股东的认定标准

本次股票发行安排现有股东优先认购，或者本次股票发行方案的发行对象或发行对象范围包括现有股东的，现有股东是指股权登记日的在册股东。

（三）路演与询价

采用询价发行的，挂牌公司和主办券商可以进行路演，并按照股票发行方案确定的发行对象范围，向符合投资者适当性规定的特定投资者发送认购邀请书。

挂牌公司及主办券商应当在认购邀请书约定的时间内接收询价对象的申购报价。

在申购报价结束后，挂牌公司与主办券商按照《业务细则》的规定，协商确定发行对象、发行价格和发行股数。

（四）募集资金使用

挂牌公司在取得股份登记函之前，不得使用本次股票发行募集的资金。

二、业务流程

（一）决议

1. 董事会与股东大会决议

挂牌公司董事会、股东大会应当对股票发行等事项作出决议。董事会、股东大会表决应当执行公司章程规定的表决权回避制度。

2. 股票发行方案重大调整的认定标准

《业务细则》规定的对股票发行方案作出重大调整，是指以下两种情形：

（1）发行对象名称（现有股东除外）、认购价格、认购数量或数量上限、现有股东优先认购办法的调整；

（2）发行对象范围、发行价格区间、发行价格确定办法、发行数量或数量上限的调整。

（二）发行与认购 3

1. 发行方式

董事会决议确定具体发行对象的，挂牌公司应当按照股票发行方案和认购合同的约定发行股票。

董事会决议未确定具体发行对象的，可以通过询价确定发行对象、发行价格和发行股数。

2. 披露认购公告

挂牌公司最迟应当在缴款起始日前的两个转让日披露股票发行认购公告。

本次股票发行如有优先认购安排的，认购公告中还应披露现有股东的优先认购安排。公司章程已约定不安排优先认购或全体现有股东在发行前放弃优先认购的，也应予以专门说明。

优先认购安排包括但不限于以下内容：

（1）现有股东在本次发行前放弃优先认购的情况（如有）；

（2）现有股东优先认购的缴款期限和缴款方式；

（3）现有股东放弃优先认购股份的处理方式。

3. 认购与缴款

发行对象可用现金、非现金资产，以及同时以非现金资产和现金认购发行股票。

参与认购的投资者和现有股东应按照认购公告和认购合同的约定，在缴款期内进行缴款认购。

（三）验资

认购完成后，挂牌公司应当按照相关规定，办理验资手续。

（四）提交文件

挂牌公司应当在股票发行验资完成后的 10 个转让日内，向全国股份转让系统公司接收申请材料的服务窗口（北京市西城区金融大街丁 26 号金阳大厦南门）报送以下文件。

办理豁免申请核准的股票发行备案，公司应当提交附件 1 规定的文件。

股票发行经中国证监会核准的，公司申请办理股票挂牌手续，应当提交附件 2 规定的文件。

经接收服务窗口人员核对，确认提交的文件齐备后，向公司出具《材料接收确认单》。文件一经接收，未经全国股份转让系统公司同意，不得变更或撤回。

（五）材料审查

全国股份转让系统公司对提交的文件进行审查。如发现问题将通过电子邮件（feedback@ neeq. org. cn）向主办券商发送问题清单。

主办券商应协助公司落实问题清单中的问题，并在收到问题清单后的 10 个转让日内将对问题清单的回复发送至 feedback@ neeq. org. cn。

全国股份转让系统公司在备案审查过程中，发现公司、主办券商、律师事务所及其他证券服务机构有需要补充披露或说明的情形，可以要求其提供补充材料或进行补充披露。

（六）出具股份登记函

全国股份转让系统公司对文件审查后出具股份登记函，送达公司并送交中国证券登记结算有限责任公司（以下简称“中国结算”）和主办券商。

（七）披露相关公告并办理股份登记

公司按照中国结算发布的《全国中小企业股份转让系统股份登记结算业务指南》的要求向中国结算申请办理股份登记。

公司办理股份登记前，应与中国结算协商确定股票发行情况报告书和本次登记股份的挂牌转让公告的披露日；豁免申请核准的挂牌公司还应当同时披露股票发行法律意见书和主办券商关于股票发行合法合规性意见。挂牌转让公告应当明确本次登记股份的转让日，并符合中国结算的有关规定。

挂牌转让公告披露后，中国结算进行股份登记并出具股份登记证明文件。

（八）公开转让

完成股份登记后，本次股票发行中无限售条件和无锁定承诺的股份按照挂牌转让公告中安排的时间在全国股份转让系统公开转让。

三、以非现金资产认购股份的特别规定

（一）以非现金资产认购股票，董事会应当在发行方案中对资产定价合理性进行讨论与分析。

（二）以股权资产认购的，股权资产应当经过具有证券、期货等相关业务资格的会计师事务所审计；以非股权资产认购的，非股权资产应当经过具有证券、期货等相关业务资格的资产评估机构评估。

（三）以资产评估结果作为定价依据的，应当由具有证券、期货等相关业务资格的资产评估机构出具评估报告。

（四）以非现金资产认购股票涉及资产审计、评估或者盈利预测的，资产审计结果、评估结果和经具有证券、期货相关业务资格的会计师事务所审核的盈利预测报告应当最晚和召开股东大会的通知同时公告。

交易监察类

全国中小企业股份转让系统交易单元业务办理指南

（试行）

为了规范主办券商在全国中小企业股份转让系统（以下简称全国股份转让系统）办理交易单元初次开通、新增、变更、出租、撤销、缴费等业务流程，根据《全国中小企业股份转让系统股票转让细则（试行）》、《全国中小企业股份转让系统交易单元管理办法（试行）》等有关规定，制定本指南。

一、交易单元业务办理的责任主体及职责

（一）全国中小企业股份转让系统有限责任公司（以下简称全国股份转让系统公司）负责对主办券商交易单元申请的审查及编号分配、交易单元维护、收费等事宜。

（二）中国证券登记结算有限责任公司北京分公司（以下简称中国结算北分）负责主办券商交易单元结算路径申请的审查及结算路径的维护等事宜。

（三）深圳证券通信有限公司（以下简称深证通）负责办理相关通信网关建站、开通及维护等事宜。

二、申请材料接收部门及接收时间

接收部门：全国股份转让系统公司机构业务部

接收时间：每个转让日的8:30－17:00

三、初次开通交易单元

“初次开通交易单元”适用于主办券商通过业务备案后，首次申请开通交易单元的情形。

（一）建立通信网关

申请初次开通交易单元前，主办券商应与深证通市场部联系，签署建站合同，完成网关建站及安装调试工作。具体操作根据深证通相关规定进行。

（二）申请

主办券商应向全国股份转让系统公司提交以下书面申请文件：

1.经营证券业务许可证（复印件并加盖公章）；

2.《交易单元开通申请表》；

3.《全国中小企业股份转让系统入网开通申请表》；

4.经办人身份证复印件（加盖公章）。

（三）审查

全国股份转让系统公司收到符合要求的申请材料后，于两个转让日内完成材料审查。

（四）预配交易单元编号及通知办理交易单元结算路径业务

对通过审查的主办券商，全国股份转让系统公司当日为其预配交易单元编号，同时通知主办券商向中国结算北分结算业务部提交《资金合并清算表》，申请办理交易单元结算路径业务。具体要求以中国结算北分的规定为准。

（五）缴费

主办券商根据全国股份转让系统公司开具的《交易单元缴费通知单》（附件2），于5个转让日内交纳交易单元开设初费（缴费发票到全国股份转让系统公司机构业务部领取）。

（六）交易单元开通

1.主办券商完成缴费且其交易单元结算路径业务申请材料获中国结算北分结算业务部受理之日为T日。

2.T+1日，全国股份转让系统公司通知中国结算北分维护“交易单元—托管单元—结算账户”的结算路径关系；全国股份转让系统公司完成交易单元配置。

3.T+2日，全国股份转让系统公司通知深证通维护网关；全国股份转让系统公司通知主办券商经办人业务办理完毕，交易单元于次一转让日可用。

四、新增交易单元

“新增交易单元”适用于已开通交易单元的主办券商为满足业务发展需要，增加新的交易单元等情形。

（一）申请

主办券商应向全国股份转让系统公司提交以下书面申请文件：

1.经营证券业务许可证（复印件并加盖公章）；

2.《交易单元开通申请表》（附件1）；

3.《全国中小企业股份转让系统入网开通申请表》（适用于为新增交易单元配置新网关的申请人）；

4.《全国中小企业股份转让系统网关配置变更申请表》（附件8，适用于新增交易单元适配原有网关的申请人）；

5.经办人身份证复印件（加盖公章）。

（二）审查

全国股份转让系统公司收到符合要求的申请材料后，于两个转让日内完成材料审查。

（三）预配交易单元编号及通知办理交易单元结算路径业务

对通过审查的主办券商，全国股份转让系统公司当日为其预配交易单元编号，同时通知主办券商向中国结算北分结算业务部提交《资金合并清算表》，申请办理交易单元结算路径业务。具体要求以中国结算北分的规定为准。

（四）新增交易单元开通

1.中国结算北分结算业务部受理主办券商交易单元结算路径业务申请材料之日为T日。

2.T+1日，全国股份转让系统公司通知中国结算北分维护“交易单元—托管单元—结算账户”的结算路径关系；全国股份转让系统公司完成交易单元配置。

3.T+2日，全国股份转让系统公司通知深证通维护网关；全国股份转让系统公司通知主办券商经办人业务办理完毕，交易单元于次一转让日可用。

五、出租交易单元

“出租交易单元”适用于主办券商（出租方）将其名下交易单元租用给投资基金、保险公司等特殊机构（以下简称“承租方”）的情形。

（一）申请

主办券商应向全国股份转让系统公司提交以下书面申请文件：

1.《交易单元出租申请表》（附件3）；

2.承租方营业执照（复印件加盖公章）；

3.承租方承诺书（附件4）；

4.交易单元租用协议（复印件并加盖双方公章）；

5.经办人身份证复印件（加盖公章）。

若新增交易单元用于出租，主办券商还应提交以下材料：

1.经营证券业务许可证（复印件并加盖公章）；

2.《全国中小企业股份转让系统入网开通申请表》（适用于为新增交易单元配置新网关的申请人）；

3.《全国中小企业股份转让系统网关配置变更申请表》（适用于新增交易单元适配原有网关的申请人）。

（二）审查

全国股份转让系统公司收到符合要求的申请材料后，于两个转让日内完成材料审查。

若新增交易单元用于出租，则参照新增交易单元的业务流程办理。

（三）提交交易单元结算路径业务申请

对通过审查的主办券商，全国股份转让系统公司于当日即通知主办券商向中国结算北分结算业务部提交《解除资金合并清算申请表》；主办券商通知托管人向中国结算北分提交《资金合并清算申请表》，办理交易单元结算路径业务申请。具体要求以中国结算北分的规定为准。

（四）交易单元出租的办理

1.T日，中国结算北分结算业务部受理主办券商的《解除资金合并清算申请表》及托管人的《资金合并清算申请表》。

2.T+1日，全国股份转让系统公司通知中国结算北分维护“交易单元—托管单元—结算账户”的结算路径关系；全国股份转让系统公司完成交易单元配置。

3.T+2日，全国股份转让系统公司通知深证通维护网关；全国股份转让系统公司通知主办券商经办人业务办理完毕，出租交易单元于次一转让日可用。

六、变更交易单元

“变更交易单元”适用于主办券商因发生重组、合并、更名等事项导致的交易单元名称变更，以及因自身业务发展和内部管理需要导致的交易单元业务类别、业务权限和流速权的变更等情形。

（一）交易单元名称、业务类别、业务权限的变更流程

1. 申请

主办券商应向全国股份转让系统公司提交以下书面申请文件：

（1）经营证券业务许可证（复印件并加盖公章）；

（2）《交易单元变更申请表》（附件5）；

（3）经办人身份证复印件（加盖公章）。

同时，主办券商应向中国结算北分结算业务部提交结算路径变更相关申请材料。具体要求以中国结算北分的规定为准。

2. 审查

全国股份转让系统公司收到符合要求的申请材料后，于一个转让日内完成材料审查。

3. 办理

在中国结算北分完成交易单元结算路径维护后的一个转让日内，全国股份转让系统公司完成交易单元配置，并通知经办人相关业务办理完毕。

（二）流速权变更流程

1. 申请

主办券商应向全国股份转让系统公司提交以下书面申请文件：

（1）《全国中小企业股份转让系统网关配置变更申请表》（附件8）；

（2）经办人身份证复印件（加盖公章）。

2. 审查

全国股份转让系统公司收到符合要求的申请材料后，于一个转让日内完成材料审查。

3. 办理

深证通完成网关维护后，全国股份转让系统公司通知经办人业务办理完毕。

七、撤销交易单元

"撤销交易单元"适用于主办券商因发生重组、合并等事项，以及因自身业务发展导致的需要撤销已开通交易单元等情形。

（一）办理解除交易单元结算路径业务

主办券商提交申请前，应向中国结算北分结算业务部提交《解除资金合并清算表》，并确保拟撤销的交易单元已停止所有交易；如果该交易单元为托管单元，还应确保无卖空、无挂账，且托管证券余额为零。具体要求以中国结算北分的规定为准。

（二）申请及办理

1. 主办券商向全国股份转让系统公司提交以下书面申请文件：

（1）《交易单元撤销申请表》（附件6）。

（2）经办人身份证复印件（加盖公章）。

2. T日，全国股份转让系统公司完成审查；且主办券商向中国结算北分提交解除交易单元结算路径业务申请材料。具体要求以中国结算北分的规定为准。

3. T+1日，全国股份转让系统公司通知中国结算北分解除交易单元结算路径；全国股份转让系统公司完成交易单元撤销工作。

4. T+2日，全国股份转让系统公司通知深证通维护网关；全国股份转让系统公司通知经办人业务办理完毕。

若拟撤销的交易单元为该网关的唯一交易单元，主办券商应向深证通申请撤销该网关，否则，该网关将继续产生通信服务费。

八、交易单元的缴费

主办券商通过交易单元从事证券转让业务，应当向全国股份转让系统公司交纳交易单元开设初费、使用费、流速费与流量费等费用。

（一）缴费标准

1. 交易单元开设初费

主办券商首次申请开通交易单元时，应交纳人民币50万元的交易单元开设初费。此后增设交易单元的，不再交纳开设初费。

2. 交易单元使用费

主办券商申请使用的每个交易单元（含初次开通交易单元）按每年人民币3万元交纳交易单元使用费。

3. 流速费

每年每个交易单元享受1个免费标准流速（10笔/秒）。主办券商申请使用的总流速不超过其享有的免费标准流速之和时，不需交纳流速费；申请使用的总流速超出其享有的免费标准流速之和的部分，按每个标准流速每年人民币5000元交纳流速费。

4. 流量费

每个交易单元享受的年免费申报笔数为交易类申报、非交易类申报各5000笔；超出免费部分，按每笔交易类申报收费单价为人民币0.15元、每笔非交易类申报收费单价为人民币0.01元的标准交纳。

按上述规则计算的主办券商应交纳的流量费，每年不足人民币2000元的，按人民币2000元交纳。

（二）缴费方式

交易单元开设初费于主办券商初次开通交易单元时一次性交纳；交易单元使用费、流速费及流量费按年收取，按日计费，计费期间为上年12月1日至当年11月30日，于每年12月25日前交纳。

主办券商每年应按要求，向全国股份转让系统公司指定账户交纳交易单元开设初费、使用费、流速费及流量费。指定账户信息如下：

开户名：全国中小企业股份转让系统有限责任公司

开户行：建设银行北京复兴支行

账户号：11001046500053013355

九、其他

本指南由全国股份转让系统公司负责解释，自发布之日起施行。

机构业务类

全国中小企业股份转让系统机构业务问答（一）——关于资产管理计划、契约型私募基金投资拟挂牌公司股权有关问题

一、基金子公司资产管理计划、证券公司资产管理计划、契约型私募基金能否投资拟在全国股转系统挂牌的公司的股权？在挂牌审查时是否需要还原至实际股东？

根据《基金管理公司特定客户资产管理业务试点办法》

第九条，基金子公司资产管理计划资产应当用于下列投资："……（二）未通过证券交易所转让的股权、债权及其他财产权利；（三）中国证监会认可的其他资产。投资于前款第（二）项和第（三）项规定资产的特定资产管理计划称为专项资产管理计划。"故基金子公司可通过设立专项资产管理计划投资拟挂牌全国股转系统的公司股权。

根据《证券公司定向资产管理业务实施细则》第二十五条，"定向资产管理业务的投资范围由证券公司与客户通过合同约定，不得违反法律、行政法规和中国证监会的禁止规定，并且应当与客户的风险认知与承受能力，以及证券公司的投资经验、管理能力和风险控制水平相匹配……"；根据《证券公司客户资产管理业务管理办法》第十四条，"证券公司为客户办理特定目的的专项资产管理业务，应当签订专项资产管理合同，针对客户的特殊要求和基础资产的具体情况，设定特定投资目标，通过专门账户为客户提供资产管理服务。……证券公司可以通过设立综合性的集合资产管理计划办理专项资产管理业务。"因此，证券公司定向、专项资产管理计划可由券商与客户约定投资拟挂牌全国股转系统的公司股权。

根据《私募投资基金监督管理暂行办法》第二条，私募基金财产的投资包括买卖股票、股权、债券、期货、期权、基金份额及投资合同约定的其他投资标的。故私募基金（包括契约型私募基金）的投资范围包括拟挂牌全国股转系统的公司股权。

根据《非上市公众公司监管指引第4号——股东人数超过200人的未上市股份有限公司申请行政许可有关问题的审核指引》（证监会公告〔2013〕54号），"以私募股权基金、资产管理计划以及其他金融计划进行持股的，如果该金融计划是依据相关法律法规设立并规范运作，且已经接受证券监督管理机构监管的，可不进行股份还原或转为直接持股。"因此，依法设立、规范运作、且已经在中国基金业协会登记备案并接受证券监督管理机构监管的基金子公司资产管理计划、证券公司资产管理计划、契约型私募基金，其所投资的拟挂牌公司股权在挂牌审查时可不进行股份还原，但须做好相关信息披露工作。

二、上述基金子公司及证券公司资产管理计划（以下简称资产管理计划）、契约型私募基金所投资公司申请在全国股转系统挂牌时，股份能否直接登记为产品名称？

可以。具体操作要点如下：

1. 资产管理计划或契约型私募基金所投资的公司申请挂牌时，主办券商在《公开转让说明书》中将资产管理计划或契约型私募基金列示为股东，并在《公开转让说明书》充分披露资产管理计划或契约型私募基金与其管理人和管理人名下其他产品的关系。同时，主办券商就以下事项进行核查并发表明确意见：一是该资产管理计划或契约型私募基金是否依法设立、规范运作并已履行相关备案或者批准手续；二是该资产管理计划或契约型私募基金的资金来源及其合法合规性；三是投资范围是否符合合同约定，以及投资的合规性；四是资产管理计划或契约型私募基金权益人是否为拟挂牌公司控股股东、实际控制人或董监高。

2. 资产管理计划或契约型私募基金所投资的公司通过挂牌备案审查，办理股份初始登记时，挂牌业务部负责核对《股票初始登记申请表》涉及股东信息与《公开转让说明书》中披露信息的一致性。

3. 中国结算发行人业务部核对股份登记信息与披露信息的一致性后，将股份直接登记在资产管理计划或契约型私募基金名下。

全国中小企业股份转让系统
做市业务备案申请文件内容与格式指南

为规范证券公司做市业务备案等申请文件的内容与格式，根据《全国中小企业股份转让系统做市商做市业务管理规定（试行）》有关要求，制定本指南。

一、申请在全国中小企业股份转让系统（以下简称"全国股份转让系统"）从事做市业务的证券公司应当按照本指南制作和报送申请文件。

二、申请文件接收后，经全国股份转让系统公司同意，证券公司可以增加、撤回或者更换。

三、申请文件应提交书面文件以及与书面文件一致的电子文件（PDF格式）各一套，其中《证券公司基本情况申报表》和《业务实施方案》还须另附一套word格式的电子文件。电子文件以光盘形式提交，并须在盘面上标明申请人名称。

四、书面文件应为原件，如不能提供原件的，可提供复印件，由申请人律师提供鉴证意见或由申请人盖章，保证与原件一致。申请文件应加盖骑缝章，其中《证券公司基本情况申报表》、《业务实施方案》还应在首页加盖公章。

五、申请书应为申请人正式发文，须标明文号、签发人。

六、《证券公司基本情况申报表》、《做市业务人员自律承诺书》、《证券公司参与全国股份转让系统业务协议书》及其附件《证券公司从事做市业务自律承诺书》，应采用全国股份转让系统公司提供的标准格式文本（可到全国股份转让系统公司网站（www.neeq.com.cn）下载）。

七、申请文件所有需要签名处，均应为签名人亲笔签名，不能以名章、签名章等替代。

八、申请文件应包括封面、目录和内容。

申请文件的封面和侧面应标有"××公司做市业务备案申请文件"字样，扉页应标明申请证券公司法定代表人、指定高管、联系人姓名、电话、传真等联系方式。

九、每份申请文件之间应有明显的分隔标识，文件中的页码应与目录中的页码相符。

十、申请文件应采用标准A4纸张印刷（须提供原件的历史文件除外）。

申请人签署的业务协议书及其附件（一式四份），无需打孔，应单独装订。

全国中小企业股份转让系统投资者
适当性管理证券账户信息报送业务指南

为加强主办券商投资者适当性管理，规范投资者适当性管理证券账户信息报送标准及流程，根据《全国中小企业股份转让系统投资者适当性管理细则（试行）》、《全国中小企业股份转让系统交易支持平台数据接口规范》等有关规定，制定本指南。

一、投资者适当性管理证券账户信息报送内容、格式、时限

主办券商应于每个转让日15:00－15:30期间，按照《全国中小企业股份转让系统交易支持平台数据接口规范》第七章"投资者适当性管理信息库"有关要求，通过深圳证券通信

有限公司金融数据交换平台(以下简称 FDEP),向全国中小企业股份转让系统有限责任公司(以下简称全国股份转让系统公司)报送当日新增合格投资者证券账户信息。包括如下内容:

1. 合格投资者业务开通流水号。为该主办券商内部当日唯一流水序号。

2. 证券账户。

3. 账户名称。对于合格个人投资者,填写姓名;对于合格机构投资者,填写机构全称。

4. 签署日期。为合格投资者签署适当性协议的日期,格式为 CCYYMMDD。

5. 申请日期。为主办券商上报该投资者为合格投资者的日期,格式为 CCYYMMDD。

6. 类别标识。"1"为买卖挂牌公司股票合格投资者新增。

7. 营业部编码。证券营业部识别码,为主办券商内部唯一 2 位编码。

8. 备用标识。为空。

主办券商未按时申报的,全国股份转让系统公司按其当日无新增合格投资者进行处理;当日多次报送的,全国股份转让系统公司以其最后一次报送的证券账户信息为准;若同一报送文件中存在同一证券账户重复报送的情形,则以流水号最小的证券账户信息为准。当日无新增合格投资者的,应报送空表。

二、投资者适当性管理证券账户信息的处理流程

1. 证券账户信息接收。

每个转让日收市后,全国股份转让系统公司接收中国证券登记结算有限责任公司北京分公司(以下简称中国结算北京分公司)发送的增量证券账户信息。

2. 投资者适当性管理证券账户信息生成。

每个转让日 19:30 后,全国股份转让系统公司对各主办券商上报的投资者适当性管理证券账户信息进行汇总,生成《当日新增合格投资者汇总信息库》,主要包括当日新增的全部合格投资者证券账户、适当性协议签署日期及申请开通的交易类别标识等信息。随后,全国股份转让系统公司将主办券商报送的合格投资者证券账户信息与中国结算北京分公司发送的曾持股证券账户信息(不包括违规买入证券的证券账户信息)进行比对处理,生成《受限投资者可交易证券信息库》,主要包括全部受限投资者证券账户及可交易证券等信息。

3. 证券账户信息下发

每个转让日 20:00 后,全国股份转让系统公司通过 FDEP 向各主办券商下发《当日新增合格投资者汇总信息库》以及《受限投资者可交易证券信息库》。

每月第一个转让日 20:00 后,全国股份转让系统公司将向各主办券商下发截至当日的全部合格投资者证券账户信息。

三、报送错误信息的反馈与处理

次一转让日 9:00 前,全国股份转让系统公司将前一日数据处理过程中发现的错误证券账户信息按主办券商进行分类,并通过指定电子邮箱向相关主办券商发送。错误证券账户信息包括:

1. 合格投资者业务开通流水号。

2. 错误原因。

主办券商应更正后随当日新增合格投资者证券账户信息于当日 15:00 - 15:30 进行补报。

四、主办券商证券账户信息联系人

主办券商应当指定专人负责证券账户信息的统计、报送、接收及维护工作,并按要求将相关工作人员的名单及联系方式报全国股份转让系统公司。

五、本指南自全国股份转让系统交易支持平台上线之日起实施。

全国中小企业股份转让系统主办券商和挂牌公司协商一致解除持续督导协议操作指南

为规范全国中小企业股份转让系统(以下简称"全国股份转让系统")主办券商和挂牌公司协商一致解除持续督导协议的操作流程,根据《全国中小企业股份转让系统业务规则(试行)》(以下简称《业务规则》)、《全国中小企业股份转让系统主办券商管理细则(试行)》、《全国中小企业股份转让系统推荐业务规定(试行)》等规定,制定本指南。

一、适用范围

主办券商和挂牌公司协商一致决定解除持续督导协议的,适用本指南。

二、操作流程

(一)原承担持续督导职责的主办券商(以下简称"原主办券商")与挂牌公司协商并达成解除持续督导协议的一致意见;挂牌公司与承接督导事项的主办券商(以下简称"承接主办券商")达成签订持续督导协议的一致意见。

(二)挂牌公司召开董事会会议审议与原主办券商解除持续督导协议并与承接主办券商签署持续督导协议的有关议案,包括拟向全国股份转让系统公司提交的说明报告、拟与原主办券商签订的终止协议、拟与承接主办券商签订的持续督导协议等,挂牌公司应当在董事会会议结束后两个转让日内以临时公告的形式及时披露更换主办券商相关事宜。

挂牌公司将董事会审议通过的议案提交股东大会表决,在股东大会结束后两个转让日内以临时公告的形式及时披露。

(三)挂牌公司、原主办券商和承接主办券商应在挂牌公司股东大会表决通过后五个转让日内,向全国股份转让系统公司提交说明报告和相关文件。

(四)全国股份转让系统公司接收材料后认为与相关要求不符的,于五个转让日内提出反馈意见,要求挂牌公司、原主办券商或者承接主办券商补充、完善相关文件。全国股份转让系统公司收到反馈回复意见后重新计算五个转让日。

(五)全国股份转让系统公司接收材料或者反馈回复意见后五个转让日内未提出异议的,挂牌公司与原主办券商签订终止协议,与承接主办券商签订持续督导协议。终止协议与新签订的持续督导协议的生效日期应相同,挂牌公司、原主办券商和承接主办券商均应在上述协议生效的两个转让日内分别按照公告模板(附件 1、2、3)在全国股份转让系统网站(www.neeq.com.cn)进行公告。

三、文件要求

(一)挂牌公司向全国股份转让系统公司提交解除持续督导协议的说明报告、董事会决议、股东大会决议、拟与原主办券商签订的终止协议、拟与承接主办券商签订的持续督导协议。挂牌公司应在说明报告中简要介绍其自挂牌以来的基本情况,介绍原主办券商督导工作情况并作出评价,说明双方

解除督导协议的原因和具体安排，评估更换主办券商对挂牌公司的影响。

（二）原主办券商向全国股份转让系统公司提交解除持续督导协议的说明报告。原主办券商应在说明报告中简要介绍挂牌公司的基本情况、公司治理和信息披露情况，对持续督导工作进行总结，说明挂牌公司配合持续督导工作情况、落实主办券商整改意见、缴纳持续督导费用等情况，说明双方解除持续督导协议的原因，并作出声明：本公司在履行持续督导职责期间未勤勉尽责的，相应的责任不因解除持续督导协议而免除。

（三）承接主办券商向全国股份转让系统公司提交承接持续督导工作的说明报告。承接主办券商应在说明报告中声明：本公司已对挂牌公司业务、公司治理、财务以及自挂牌以来的信息披露情况进行必要的调查，将自持续督导协议生效之日起开展持续督导工作并承担相应的责任。

（四）以上材料应提交书面文件以及与书面文件一致的电子文件（PDF 格式）各一套。电子文件以光盘形式提交，并须在盘面上标明提交人名称。

（五）说明报告应载有联络人姓名、电话、邮箱等联系方式。说明报告及相关文件均应盖公章和骑缝章。

四、附则

主办券商或挂牌公司单方面解除持续督导协议的，应按照《业务规则》第 4.4.1 条和第 4.5.1 条规定及《推荐挂牌并持续督导协议书》（或《持续督导协议书》）中相关约定处理。

全国中小企业股份转让系统主办券商相关业务备案申请文件内容与格式指南

为规范主办券商业务备案等申请文件的内容与格式，根据《全国中小企业股份转让系统业务规则（试行）》、《全国中小企业股份转让系统主办券商管理细则（试行）》，制定本指南。

一、申请在全国中小企业股份转让系统（以下简称“全国股份转让系统”）从事主办券商相关业务的证券公司以及已经开展相关业务的主办券商（以下简称“申请人”）应当按照本指南制作和报送申请文件。

二、本指南规定的申请文件目录是对主办券商相关业务备案申请文件的最低要求。根据审查需要，全国中小企业股份转让系统有限责任公司（以下简称“全国股份转让系统公司”）可要求申请人补充文件。

三、申请文件接收后，经全国股份转让系统公司同意，可以增加、撤回或者更换。

四、申请文件应提交书面文件以及与书面文件一致的电子文件（PDF 格式）各一套，其中《证券公司基本情况申报表》和《业务实施方案》还须另附一套 word 格式的电子文件。电子文件以光盘形式提交，并须在盘面上标明申请人名称。

五、书面文件应为原件，如不能提供原件的，可提供复印件，由申请人律师提供鉴证意见或由申请人盖章，保证与原件一致。申请文件应加盖骑缝章，其中《证券公司基本情况申报表》、《业务实施方案》、《公司章程》还应在首页加盖公章。

六、申请书为申请人正式发文，须标明文号、签发人。

七、《证券公司基本情况申报表》、《证券公司参与全国股份转让系统业务协议书》及其附件自律承诺书，应采用全国股份转让系统公司提供的标准格式文本（可到全国股份转让系统公司网站（www.neeq.com.cn）下载）。

八、申请文件所有需要签名处，均应为签名人亲笔签名，不要以名章、签名章等替代。

九、申请文件应包括封面、目录和内容。

申请文件的封面和侧面应标有“××公司主办券商××业务备案申请文件”字样，扉页应标明申请证券公司法定代表人、指定高管、联系人姓名、电话、传真等联系方式。

十、每份申请文件之间应有明显的分隔标识，文件中的页码应与目录中的页码相符。

十一、申请文件应采用标准 A4 纸张印刷（须提供原件的历史文件除外）。

申请人签署的业务协议书及其附件（一式四份），无需打孔，应单独装订。

证券公司参与全国中小企业股份转让系统业务协议书

甲方：全国中小企业股份转让系统有限责任公司

乙方：

根据《中华人民共和国合同法》以及《全国中小企业股份转让系统业务规则（试行）》（以下简称《业务规则》）、《全国中小企业股份转让系统主办券商管理细则（试行）》等相关规定，甲、乙双方达成如下协议：

第一条　经甲方同意，乙方在全国中小企业股份转让系统（以下简称“全国股份转让系统”）可从事以下业务：

____

（注：根据申请从事的业务种类如推荐业务、经纪业务等进行填写）

第二条　乙方充分理解并同意遵守全国股份转让系统业务规则、细则、指引通知等相关规定（以下统称为“全国股份转让系统业务规定”），勤勉尽责、诚实守信、规范运作，接受甲方的自律管理。

第三条　甲方的权利：

（一）对乙方在全国股份转让系统开展本协议第一条中的业务进行自律管理。

（二）对乙方违反全国股份转让系统业务规定的行为，依据《业务规则》及相关细则的规定，采取相应监管措施或者纪律处分。

（三）按规定收取乙方相关费用。乙方欠缴相关费用的，甲方可视情况限制、暂停直至终止乙方在全国股份转让系统从事相关业务。乙方主动申请终止并经甲方同意或者因违规等原因被甲方终止从事全国股份转让系统相关业务的，乙方已缴纳的费用不予返还。

第四条　甲方的义务：

（一）为乙方提供股份转让平台及相关设施。

（二）为乙方在全国股份转让系统开展本协议第一条中的业务提供指导和培训。

第五条　乙方的权利：

（一）可在全国股份转让系统开展本协议第一条中的业务并使用甲方提供的服务和设施。

（二）在全国股份转让系统开展本协议第一条中的业务时，获得甲方指导和培训。

第六条　乙方的义务：

（一）恪守乙方为从事本协议第一条中的业务作出的各

项自律承诺。

（二）建立健全内部控制体系及各项内部管理制度并严格执行，诚实守信、勤勉尽责地开展业务，有效防范业务风险，维护全国股份转让系统稳定运行。

（三）按规定配备合格业务人员，对业务人员在全国股份转让系统从事相关业务活动进行严格管理。业务人员不能胜任相关职责的，乙方应及时更换；业务人员违反全国股份转让系统业务规定时，乙方应视情节轻重对其进行处分。

（四）配合甲方的监督检查，按照甲方要求及时说明情况，提供相关的业务报表、账册、原始凭证及其他文件、资料，不以任何理由拒绝或者拖延提供有关资料，不提供虚假、误导性或者不完整的资料。

（五）按照规定的收费项目、收费标准与收费方式，按时向甲方交纳相关费用。

第七条　协议的变更与解除

（一）因修订或者颁布实施新的法律、法规、监管部门的规定或者全国股份转让系统业务规定，导致本协议相关条款内容与修订或者新颁布的相关规定内容相抵触的，本协议与之相抵触的有关条款自动变更，以修订或者新颁布的相关规定内容为准，其他条款继续有效；任何一方不得以此为由解除本协议。

（二）乙方主动申请终止或者因违规等原因被甲方终止在全国股份转让系统从事本协议第一条所指部分业务的，本协议中关于所终止业务的专门规定自动失效。

（三）乙方主动申请终止或者因违规等原因被甲方终止在全国股份转让系统从事本协议第一条所指全部业务的，本协议自动解除。

第八条　违约责任、免责以及争议解决

（一）乙方因违反全国股份转让系统业务规定被甲方实施暂停、限制或者终止业务等纪律处分，导致与投资者或者其他利益相关者产生纠纷的，由乙方自行处理，并承担相应的法律责任。

（二）乙方违反全国股份转让系统业务规定而遭受的损失，包括但不限于受到暂停、限制或者终止相关业务等处分而造成的损失，均由乙方自行承担。

（三）除上述第（一）、（二）款外，因乙方违反法律法规、部门规章、全国股份转让系统业务规定，或者因乙方其他经营活动而造成甲方损失的，甲方保留全部依法向乙方主张赔偿的权利。

（四）因不可抗力因素导致本协议部分条款不能履行或不能按约定条件履行时，遇有上述情形的一方不承担违约责任，但应在知晓上述情况后立即将情况通知对方，并采取措施防止损失的扩大。

（五）本协议项下产生的任何争议，甲、乙双方应首先通过友好协商解决。若争议或纠纷未能通过协商解决，任何一方均可将该项争议提交中国国际经济贸易仲裁委员会按照当时适用的仲裁规则进行仲裁。仲裁裁决为最终裁决，对双方均具有法律约束力。

第九条　协议附件

（一）本协议附件包括证券公司从事相关业务自律承诺书。

（二）本协议的各项附件为本协议所必不可缺的组成部分，同时亦为履行本协议所必不可少的条件，与本协议具有同等约束力。

第十条　本协议规定的事项发生重大变化或存在未尽事宜，甲、乙双方应当重新签订协议或签订补充协议。补充协议与本协议不一致的，以补充协议为准。

第十一条　本协议自甲、乙双方签字盖章后生效。

本协议一式肆份，甲、乙双方各执贰份，均具有同等法律效力。

甲方（盖章）：全国中小企业股份转让系统有限责任公司
法定代表人或授权代表（签字）：
签署日期：

乙方（盖章）：
法定代表人或授权代表（签字）：
签署日期：

证券公司从事推荐业务自律承诺书

全国中小企业股份转让系统有限责任公司：

____________________________（以下简称“公司”）就在全国中小企业股份转让系统（以下简称“全国股份转让系统）开展推荐业务承诺如下：

一、理解并遵守全国股份转让系统业务规则、细则、指引、通知等规定（以下统称“全国股份转让系统业务规定”），接受全国中小企业股份转让系统有限责任公司（以下简称“全国股份转让系统公司”）的自律管理。

二、按照全国股份转让系统业务规定要求，设置专门的推荐业务部门，配备合格业务人员。业务人员具有证券从业资格并取得执业证书，具备财务、法律或行业分析等方面的专业知识或工作经验，熟悉全国股份转让系统业务规定。

三、建立健全推荐业务各项业务制度和业务操作流程，建立健全风险管理制度和合规管理制度，保障推荐业务依法合规进行，严格防范和控制业务风险。

四、在全国股份转让系统指定信息披露平台披露公司基本情况、主要业务人员情况、执业情况等信息，并按全国股份转让系统公司要求及时更新。

五、按全国股份转让系统公司要求及时报送相关文件，履行报告、公告义务。

六、按照《全国中小企业股份转让系统业务规则（试行）》（以下简称《业务规则》）和《全国中小企业股份转让系统主办券商推荐业务规定（试行）》（以下简称《推荐业务规定》）的要求，严格执行推荐标准，认真履行推荐程序，推荐符合规定条件的股份公司股票在全国股份转让系统挂牌，并对此承担相应责任。

七、按照《推荐业务规定》的要求，为每家申请挂牌公司设立项目小组，根据《主办券商尽职调查工作指引（试行）》对申请挂牌公司进行尽职调查，并在全面、真实、客观调查的基础上出具尽职调查报告。

八、按照《推荐业务规定》的要求，设立推荐挂牌内核机构，制定内核机构工作制度。内核机构按照《推荐业务规定》的相关要求召开内核会议，对申请挂牌公司进行内部审核并出具内核意见；内核会议成员独立、客观、公正地进行审核、出具审核意见及行使表决权。

九、认真编制推荐文件，并根据申请挂牌公司委托认真组织编制挂牌申请文件，保证相关文件均真实、准确、完整，不存在虚假记载、误导性陈述和重大遗漏。

十、依据《业务规则》、《推荐业务规定》、《全国中小企业股份转让系统挂牌公司信息披露细则(试行)》等规定,为每家所推荐挂牌公司配备符合要求的专职督导人员,认真履行持续督导职责,指导和督促所推荐挂牌公司诚实守信、规范履行信息披露义务、完善公司治理机制。

十一、按照全国股份转让系统公司相关规定,为挂牌公司定向发行、并购重组等提供相关服务。

十二、积极配合全国股份转让系统公司对本公司及其从业人员的检查、核查,不进行阻挠或人为制造障碍,认真执行全国股份转让系统公司的整改要求。

十三、根据全国股份转让系统公司的要求,调查或协助调查指定事项,并将调查结果及时报告全国股份转让系统公司。

十四、在开展推荐业务过程中遇到现行规则未作规定的重大事项时,及时报告全国股份转让系统公司,并根据全国股份转让系统公司要求进行处理。

本公司保证遵守以上承诺,严格自律,诚实守信,勤勉尽责地开展推荐业务,维护挂牌公司和投资者合法权益,接受全国股份转让系统公司的监督管理,并对此承担责任。

承诺人(签章):____________________

法定代表人(签字):________________

证券公司从事经纪业务自律承诺书

全国中小企业股份转让系统有限责任公司:

______________________________(以下简称“公司”)就在全国中小企业股份转让系统(以下简称“全国股份转让系统”)开展经纪业务承诺如下:

一、理解并遵守全国股份转让系统业务规则、细则、指引、通知等规定(以下统称为“全国股份转让系统业务规定”),接受全国中小企业股份转让系统有限责任公司(以下简称“全国股份转让系统公司”)的自律管理。

二、按照全国股份转让系统业务规定要求,配备合格业务人员。业务人员具有证券从业资格并取得执业证书,具备开展经纪业务所需专业知识,熟悉全国股份转让系统业务规定。

三、建立健全投资者适当性管理制度、交易结算管理制度等各项业务管理制度及业务操作流程,建立健全风险管理制度和合规管理制度,保障依法合规开展业务,严格防范和控制业务风险。

四、在全国股份转让系统指定信息披露平台披露公司基本情况、主要业务人员情况、执业情况等信息,并按全国股份转让系统公司要求及时更新。

五、按全国股份转让系统公司要求及时报送相关文件,履行报告、公告义务。

六、做好投资者适当性管理工作,严格按照《全国中小企业股份转让系统投资者适当性管理细则(试行)》规定的准入标准为投资者提供代理买卖服务,不为不满足投资者适当性标准的投资者提供服务。

七、与投资者签署证券买卖委托代理协议前,充分了解投资者的财务状况、投资经验、专业知识水平,评估投资者的风险承受能力和风险识别能力,向投资者详细讲解全国股份转让系统相关业务规则,提醒其对投资风险予以特别关注,要求投资者认真阅读并签署风险揭示书。

八、发现投资者存在异常交易行为,及时告知、提醒投资者,对可能严重影响正常交易秩序的异常交易行为,采取拒绝接受委托等必要措施,并及时报告全国股份转让系统公司。

九、建立投资者持续性教育与风险揭示工作机制,利用各种形式持续向投资者充分揭示市场特征和投资风险。

十、完善客户纠纷处理机制,及时化解代理买卖股票业务中与客户产生的矛盾,按要求将投资者投诉及处理情况向全国股份转让系统公司报告。

十一、按要求建立开展经纪业务所需的交易系统、行情系统和通信系统及其备份系统(以下统称“转让技术系统”),并制定相应的安全运行管理制度。

十二、按照全国股份转让系统公司或全国股份转让系统公司授权机构(以下统称“全国股份转让系统公司”)的技术规范和业务要求,对转让技术系统的软件和硬件进行改造、测试,并及时向全国股份转让系统公司报告相关情况。在对技术系统进行改造、测试时,不影响转让活动的正常进行。

十三、定期检查转让技术系统的安全性、稳定性,制定应急预案,按要求进行定期或者临时应急演练。

十四、技术系统出现重大故障或者其他因素影响市场交易时,立即采取有效措施,尽快恢复系统正常运行,并及时向全国股份转让系统公司报告。

十五、在转让技术系统与其他技术系统之间、转让通信网络与其他应用网络之间,采取技术隔离措施。

十六、保障与全国股份转让系统公司技术系统连接的安全,不在转让时间内通过全国股份转让系统公司技术系统从事与证券业务无关的活动。

十七、对证券转让中产生的业务数据、系统数据等实行严格的安全保密管理,并作备份和异地保存。

十八、遵守全国股份转让系统公司有关转让信息管理的规定,通过全国股份转让系统许可的通信系统传输转让信息,按要求使用全国股份转让系统转让信息。

十九、告知客户不得将转让信息用于自身股票转让以外的其他活动,并对客户使用转让信息的行为进行有效管理。发现客户使用转让信息存在损害全国股份转让系统公司利益的行为,及时采取有效措施予以制止,并向全国股份转让系统公司报告。

二十、积极配合全国股份转让系统公司对本公司及其从业人员的检查、核查,不进行阻挠或人为制造障碍,认真执行全国股份转让系统公司的整改要求。

二十一、根据全国股份转让系统公司的要求,调查或协助调查指定事项,并将调查结果及时报告全国股份转让系统公司。

二十二、在开展经纪业务过程中遇到现行规则未作规定的重大事项时,及时报告全国股份转让系统公司,并根据全国股份转让系统公司要求进行处理。

本公司保证遵守以上承诺,严格自律,诚实守信,勤勉尽责地开展经纪业务,维护挂牌公司和投资者合法权益,接受全国股份转让系统公司的监督管理,并对此承担责任。

承诺人(签章):____________________

法定代表人(签字):________________

投资者服务类

买卖挂牌公司股票委托代理协议

甲方(投资者):________________________

证券账户卡号:________________________

身份证号(或营业执照号):____________(盖章)

通讯地址:____________________________________

乙方:______________公司______________营业部

依照《中华人民共和国合同法》、《全国中小企业股份转让系统业务规则(试行)》(以下简称“《业务规则》”)和其他有关法律、法规、规章制度,甲乙双方就甲方委托乙方代理股票公开转让及其他相关业务,达成如下协议,供双方共同遵守。

第一章　双方声明及承诺

第一条　甲方向乙方作如下声明和承诺:

1. 甲方具有合法的证券投资资格,不存在法律、法规和规章制度限制从事证券投资的情形;

甲方属于符合《全国股份转让系统投资者适当性管理细则(试行)》规定的投资者。

2. 甲方保证在其与乙方委托代理关系存续期内向乙方提供的所有证件、资料均真实、准确、完整、合法、有效;

3. 甲方保证其资金来源合法,不存在任何第三方或共有人对此主张权利的情形;

4. 甲方已认真阅读并充分理解乙方向其提供的《股票公开转让特别风险揭示书》,充分认识并愿意承担股票公开转让的投资风险;甲方已详细阅读本协议书所有条款,并准确理解其含义,特别是其中有关乙方的免责条款;

5. 甲方已认真阅读并承诺遵守《业务规则》和其他股票公开转让业务相关规定;

6. 甲方承诺遵守自愿、有偿、诚实信用的原则,不进行内幕交易;不操纵市场价格;不以虚假报价或其他违规行为扰乱正常的股票公开转让秩序,误导他人的投资决策;

7. 甲方接受并配合乙方对涉嫌违规行为的调查和处理;

8. 甲方承诺遵守本协议,并承诺遵守乙方的相关管理制度。

第二条　乙方向甲方作如下声明和承诺:

1. 乙方是依法设立的证券经营机构,符合从事代理投资者买卖挂牌公司股票业务的条件,且已实施客户交易结算资金第三方存管;

2. 乙方具备开展股票公开转让业务的必要条件,能够为甲方的股票公开转让提供相应的服务;

3. 乙方确认其向甲方提供的委托方式以双方约定方式为准;

4. 乙方对甲方的开户资料、委托记录等资料负有保密义务,非经法定有权机关或甲方指示,不得向第三方透露。乙方承担因其擅自泄露甲方资料给甲方造成的损失;

5. 乙方保证严格按照有关法律、法规和规章制度的规定从事股票公开转让业务;

6. 乙方承诺遵守本协议,按本协议为甲方提供股票公开转让委托代理服务。

第二章　业务开通

第三条　甲方初次参与股票公开转让,应具有人民币普通股票账户(以下简称“证券账户”)和资金账户。

第四条　甲方申请开通股票公开转让业务权限时,应按照要求如实填写申报资料。由于甲方提供不实资料引起的法律责任,由甲方承担。

第五条　甲方应严格按照法律、法规、规章、证券登记结算机构业务规则及其他规则开立银行结算账户、办理客户交易结算资金存入或转出及有关银行业务事项。因甲方违反相关规则所造成的损失,由甲方自行承担。

第三章　委托

第六条　甲方委托乙方代理股票公开转让前,必须设置交易密码。甲方必须牢记交易密码,并对交易密码负有保密责任。

甲方可持有效证件到乙方柜台或通过自助委托系统修改交易密码。

第七条　乙方接受甲方委托,为甲方办理下列事项:

1. 接受并执行甲方下达的合法有效委托;

2. 应甲方要求提供其委托、成交及账户股份变动情况的清单;

3. 代理甲方进行资金、证券的清算、交收;

4. 代理甲方领取红利股息及其他利息分配;

5. 代理保管甲方买入或存入的有价证券;

6. 双方依法约定的其他事项;

7. 中国证监会规定提供的其他服务。

第八条　甲方采取的委托方式由双方书面约定。委托方式包括柜台委托及自助委托等,自助委托包括电话委托、网上委托以及乙方认可的其他合法委托方式。

甲方应充分了解各种委托系统的操作方法,乙方对此有解答咨询的义务。

第九条　乙方在代理股票公开转让业务中可以接受甲方的限价委托、成交确认委托等方式。

乙方认为甲方存在虚假委托或操纵价格的行为时,有权拒绝接受。

第十条　乙方接受甲方委托前,应充分了解甲方的财务状况和投资需求,可以要求甲方提供相关证明性资料。

第十一条　如甲方为不符合股票公开转让准入标准的投资者,其只能委托乙方买卖其持有或曾持有的公司股票。

第十二条　甲方卖出的股份,不得超过其托管在乙方的股份余额。甲方在发出买入股份的限价委托、成交确认委托时,应保证其资金账户中有足额的资金。

第十三条　乙方发现甲方存在违规行为的,将予以警示,必要时可以拒绝甲方的委托或终止本协议。

第十四条　甲方通过自助委托系统下达的委托指令,以乙方电脑数据为准;柜台委托以甲方签字确认的委托凭证为准;甲方以电话语音、传真、信函下达的委托指令,如乙方无法确认,将不作为对乙方的有效指令;甲方对其委托行为所产生的一切经济和法律后果承担全部责任。

第十五条　甲方需查询委托结果或打印回单的,应在委托后三个交易日内办理;如有疑问,须在查询结果或打印回单当日向乙方书面质询。

第四章　信息服务

第十六条　乙方应在其营业场所披露最新的价格、成交等信息。

第十七条　乙方应及时揭示最新的股票公开转让业务规则、制度及相关信息。

第五章　变更和撤销

第十八条　甲方重要资料发生变更的,应及时通知乙方,并按乙方要求办理变更手续。

前款所述甲方重要资料包括但不限于甲方的姓名、联系方式、居住地址、有效证件号码、授权代理人及授权事项、委托交易方式等。

第十九条　有下列情形之一的,乙方可要求甲方限期纠正,甲方不能按期纠正或拒不纠正的,乙方可视情形依法撤销其与甲方的委托代理关系或暂停甲方对其账户的使用(包括但不限于限制存取款、限制交易等):

1. 甲方提供虚假资料、证件;

2. 甲方的资金来源不合法;

3. 甲方有严重损害乙方合法权益,影响其正常经营秩序的行为;

4. 甲方违反全国中小企业股份转让系统业务规则,通过乙方进行违法违规交易的;

5. 法律、法规规定的其他情形。

第二十条　乙方若不符合从事代理投资者买卖挂牌公司股票业务的条件,股票公开转让委托协议自行终止。

第二十一条　乙方撤销其与甲方的委托代理关系,需及时通知甲方,并说明理由。

第二十二条　甲方在收到乙方撤销委托代理关系通知后,应及时到乙方办理相关手续。在此期间,乙方不接受除卖出甲方持有证券外的所有委托买卖指令。

第六章　甲方授权代理人委托

第二十三条　甲方可以授权他人作为办理股票公开转让委托及相关事项的代理人。甲方代理人办理上述事项时,应当出示授权委托书,并提交代理人的有效证件。相关材料应交乙方存档。

第二十四条　授权委托书至少应载明下列内容:代理人姓名及身份证件号码、授权权限、代理期限及乙方要求明示的其他事项。

第二十五条　甲方在授权委托有效期内变更授权事项或撤销授权时,应当及时书面通知乙方,并办理有关手续。乙方在收到甲方书面通知前,原授权委托书仍然有效。

因未及时通知乙方所造成的损失由甲方自行承担。

第七章　免责条款

第二十六条　乙方郑重提醒甲方注意密码的保密。任何使用甲方密码进行的委托均视为有效的甲方委托。甲方自行承担由于其密码失密造成的损失。

第二十七条　甲方如果遗失证券账户卡、身份证明等证件,应立即向乙方及其他相关机构挂失。由于甲方未及时挂失而导致其遭受损失的,由甲方自行承担,乙方不承担任何责任。

第二十八条　甲方通过私下协商达成的转让意向因对方不申报成交确认委托或申报不匹配的成交确认委托,无法成交的,乙方对此不承担责任。

第二十九条　因地震、台风、水灾、火灾、战争及其他不可抗力因素导致的甲方损失,乙方不承担任何赔偿责任。

第三十条　因乙方不可预测或无法控制的系统故障、设备故障、通讯故障、停电等突发事故,给甲方造成的损失,乙方不承担任何赔偿责任。

第三十一条　当发生不可抗力、意外事故时,乙方应当及时采取措施防止甲方损失的进一步扩大。

第八章　附则

第三十二条　乙方按照有关法律、法规及业务规则的规定收取佣金及其他服务费用、代扣代缴有关税费。佣金标准如发生变动,甲方同意乙方按新的规定执行。

乙方依法提供其他有偿服务的,可按双方约定标准向甲方收取合理服务费用。

第三十三条　本协议书与有关法律、法规及业务规则有抵触的,协议书与之不相适应的内容及条款自行失效,相关内容及条款按新修订的法律、法规、规章制度及行业规章办理。但本协议其他内容和条款继续有效。

第三十四条　若相关的法律、法规和业务规则发生变更,需要修改或增补本协议,由乙方在其营业场所以公告形式通知甲方。若甲方在七个工作日内不提出异议,则公告内容即成为本协议组成部分。

第三十五条　当双方出现争议时,可选择如下方式解决:

1. 协商;

2. 向乙方所在地有管辖权的法院起诉;

3. 其他合法方式。

第三十六条　本协议自双方签署之日起生效。股票公开转让特别风险揭示书及甲方填写的申报文件均视为本协议附件,同时生效。

第三十七条　本协议一式两份,甲乙双方各执一份,具有同等的法律效力。

甲方(个人):＿＿＿＿＿＿　　乙方:＿＿＿＿＿＿证券公司

甲方(机构):＿＿＿＿＿(签章)　　　　(盖章)

＿＿＿年＿＿＿月＿＿＿日　　＿＿＿年＿＿＿月＿＿＿日

两网及退市公司类

全国中小企业股份转让系统两网公司及退市公司股票分类转让变更业务指南

(试行)

为规范两网公司(原证券公司代办股份转让系统挂牌的STAQ、NET系统公司)、退市公司(包括新挂牌的退市公司)股票转让方式变更工作,根据《全国中小企业股份转让系统业务规则(试行)》及《全国中小企业股份转让系统两网公司及退市公司股票转让暂行办法》(以下简称"《暂行办法》")有关规定,制定本指南。

一、主办券商填写《分类转让变更业务申请表》并加盖公章。

二、二、主办券商须于T-4日(T日为分类转让变更生效日)下午15点前将上述业务表和其他所需证明文件一同传真(传真号:010-63889674)至全国中小企业股份转让系统有限责任公司(以下简称"全国股份转让系统公司"),并将所有材料的电子扫描件发送至全国股份转让系统公司(电邮地址:ywbl@neeq.org.cn),同时电话确认收悉(电话:010-63889549)。

三、T日公司分类转让变更生效。

第七章　2015 年大事记

2015 年 1 月大事记

1 月 7 日，全国股转系统发布《关于发布实施 < 全国中小企业股份转让系统转让异常情况处理办法（试行）> 的公告》（股转系统公告〔2015〕1 号）。

1 月 15 日，郑州高新区挂牌企业服务协会来访我司，邓映翎监事长接待。

1 月 21 日，公司组织召开领导班子及会管干部考核述职会，会人教部相关工作人员列席会议。

1 月 30 日，河北省常务副省长杨崇勇一行来访我司，杨晓嘉董事长接待，隋强副总经理陪同。

2015 年 2 月大事记

2 月 5 日，落实"国九条"工作小组由证监会市场部王娴副主任带队赴我司调研，隋强副总经理与工作小组座谈，介绍市场发展有关情况，并就政策环境改善等问题进行交流。

2 月 13 日，全国股转系统发布《关于发布证券指数及挂牌公司非公开发行优先股证券编码规则的公告》（股转系统公告〔2015〕7 号）。

2 月 13 日，全国股转系统发布《关于发布全国中小企业股份转让系统系列指数的公告》（股转系统公告〔2015〕13 号）。

2 月 14 日，全国股转公司联合中国结算北京分公司、深证通组织开展的数据汇总业务相关技术系统完成通关测试，公募基金、券商资管可正式投资新三板。

2015 年 3 月大事记

3 月 4 日，河北证监局局长闫勇一行来访我司，杨晓嘉董事长带队接待，就河北省开展关于全国股份转让系统的相关工作进行沟通。

3 月 6 日，证监会创新部主任张思宁一行来访座谈，谢庚总经理接待、高振营副总经理陪同，就我市场相关业务和股权众筹业务等问题进行探讨。

3 月 11 日，中国社科院副院长李扬一行来访我司，谢庚总经理接待、隋强副总经理陪同。

3 月 12 日，全国人大财经委副主任辜胜阻一行来访我司，谢庚总经理接待，就我市场发展情况进行介绍。

3 月 12 日，甘肃金融办副主任李相毅一行来访我司，邓映翎监事长接待。

3 月 13 日，证监会肖钢主席调研全国股转系统，赵争平主席助理，会办公厅、非公部、市场部、机构部、法律部、创新部、私募部、打非局等部门负责人陪同调研。调研期间，肖钢主席一行听取了全国股转公司的工作汇报，并围绕加快完善新三板市场的主题进行了讨论。

3 月 13 日，谢庚总经理赴银行交易商协会 NAFMII 论坛授课。

3 月 18 日，全国股转公司发布《关于发布三板成指（899001）、三板做市（899002）指数样本股的公告》（股转系统公告〔2015〕22 号）。

3 月 18 日，全国股转公司发布《关于发布挂牌公司行业分类指引及行业分类结果的公告》（股转系统公告〔2015〕23 号）。

3 月 19 日，北京股权交易中心董事长赵及锋一行来访我司，谢庚总经理接待。

3 月 27 日，全国股转公司加入亚洲暨大洋洲交易所联合会。

3 月 27 日，全国股转公司召开 2014 年度股东会、董事会和监事会。

2015 年 4 月大事记

4 月 7 日，天津市副市长阎庆民一行来访我司，谢庚总经理接待，邓映翎监事长、隋强副总经理陪同。

4 月 8 日，金融街投资（集团）有限公司总经理鞠瑾一行来访我司，谢庚总经理接待，隋强副总经理陪同。

4 月 13 日，杭州市副市长范辉一行来访我司，就老三板公司"大自然"申请转为"新三板"挂牌公司等问题进行沟通，谢庚总经理接待。

4 月 13 日，安徽省亳州市常务副市长刘辉一行来访我司，邓映翎监事长接待，就全国股转系统有关情况进行介绍。

4 月 14 日，全国股转公司发布《关于两网公司及退市公司股票除权除息、缩股相关事项的通知》（股转系统公告〔2015〕32 号）。

4 月 14 日，证监会稽查局首席稽查兼局长罗子发一行来访我司，就稽查对接事宜进行沟通，杨晓嘉董事长接待，谢庚总经理、崔晓健纪委书记、陈永民副总经理陪同。

4 月 14 日，期货业协会会长刘志超一行来访我司，杨晓嘉董事长接待。

4 月 15 日，中信资本董事长张懿宸一行来访我司，杨晓嘉董事长接待，就全国股转系统有关情况进行介绍。

4 月 15 日，新疆昌吉州州长马雄伟一行来访我司，谢庚总经理接待。

4 月 15 日，新东方教育科技集团董事长俞敏洪一行来访我司，谢庚总经理接待，就对方参与全国股转系统进行交流。

4 月 15 日，北京二商集团有限责任公司来访我司，邓映翎监事长接待。

4 月 20 日，全国股转公司发布《关于完善新挂牌公司 2014 年度财务信息披露的通知》（股转系统公告〔2015〕33 号）。

4 月 21 日，邓映翎监事长参加我司与开封市政府战略合作签约仪式。

4 月 23 日，中科院国有资产经营有限公司董事长吴乐斌一行来访，杨晓嘉董事长接待。

4 月 23 日，国信证券总裁陈鸿桥一行来访，杨晓嘉董事长接待。

4 月 23 日，和讯公司首席战略管理刘纪鹏一行来访，谢庚总经理接待。

4 月 24 日，中国证监会主席肖钢、副主席刘新华陪同香港证监会主席唐家成参观全国股转公司。

4 月 27 日，保定市副市长张丽涛一行来访，谢庚总经理接待。

4 月 28 日，人民银行副行长易纲一行来访，谢庚总经理接待。

4月30日，全国股转公司发布《关于发布三板成指(899001)、三板做市(899002)编制细则的公告》(股转系统公告〔2015〕42号)。

2015年5月大事记

5月7日，邓映翎监事长参加温州市推进企业股改与上市重组工作暨资本市场业务培训会。

5月12日，苏州银行董事长王兰凤一行来访，谢庚总经理接待。

5月13日，扬州市金融办主任来访，邓映翎监事长接待。

5月14日，北京市副市长兼公安局长王小洪一行来访，谢庚总经理接待。

5月14日，新疆兵团副司令员、副秘书长一行来访，谢庚总经理接待，白永明总工程师、陈永民副总经理陪同。

5月14日，NASDAQ中国首席代表郑华女士、全球名校校友北京创新梦工厂代表来访座谈，谢庚总经理接待。

5月19日，证监会刘新华副主席陪同阿塞拜疆证监会主席一行调研我司，谢庚总经理接待。

5月20日，新疆自治区前副主席王友三与新疆证监局局长马炜来访，谢庚总经理接待。

5月21日，吉林省政协副主席一行来访，谢庚总经理接待。

5月21日，广东省创业投资协会名誉会长李春洪一行来访，谢庚总经理接待。

5月22日，广东省国资委吕业升主任一行来访，谢庚总经理接待，陈永民副总经理陪同。

5月27日，湖北日，报传媒集团党委书记邹贤启一行来访，谢庚总经理接待。

2015年6月大事记

6月2日，国务院第四督查组到我司视察，杨晓嘉董事长、谢庚总经理接待。

6月2日，杭州市副市长范辉一行来访，杨晓嘉董事长、谢庚总经理接待。

6月4日，建设银行专职董事徐铁一行来访，谢庚总经理、陈永民副总经理接待。

6月8日，济南高新区管委会书记马玉星一行来访我司，谢庚总经理接待。

6月8日，上海证券报总编辑殷占武一行来访我司，谢庚总经理接待。

6月9日，渤海银行北京分行行长许创强一行来访我司，隋强副总经理接待。

6月11日，中国投融资担保有限公司财务总监和国泰君安证券来访，邓映翎监事长接待。

6月12日，邓映翎监事长参加证监会投保局组织的投资者教育基地建设座谈会。

6月16日，厚朴投资董事长方风雷一行来访，谢庚总经理接待。

6月16日，西城区组织部副部长梅慧勇一行来访，谢庚总经理接待。

6月24日，中信建投董事长王常青、吉利集团董事长李书福一行来访，谢庚总经理、陈永民副总经理接待。

6月30日，宁夏证监局副局长一行来访，邓映翎监事长接待。

2015年7月大事记

7月2日，中财办经济三局蒲淳局长一行来访，谢庚总经理、隋强副总经理接待。

7月2日，内蒙古自治区金融办主任姜华一行来访，邓映翎监事长接待。

7月6日，CFA协会首席执行官Paul Smith一行来访，谢庚总经理接待。

7月7日，《NEEQ？2015年上半年市场快报》发布。

7月21日，全国工商联名誉主席黄孟复一行赴我司调研，杨晓嘉董事长、高振营副总经理接待。

7月30日，全国股份转让系统挂牌公司达3,018家，总数超3000家。

2015年8月大事记

8月11日，浙江证监局来访我司，谢庚总经理接待。

8月11日，济宁市市长梅永红一行来访我司并座谈，谢庚总经理接待。

8月20日，沧州市市长黄大虎、河北证监局局长闫博一行来访，杨晓嘉董事长接待。

8月20日，谢庚总经理主持召开利用大数据开展市场监管与服务的座谈会，与中关村管委会副主任杨建华及多家中关村大数据企业进行交流讨论，隋强副总经理及相关部门负责人参加座谈。

8月25日，第一财经有限公司首席执行官周健工一行来访，谢庚总经理接待。

8月25日，初步统计显示，1351家挂牌公司2015年中期净利同比翻番。

8月26日，安徽省天长市市委书记金维加一行来访，谢庚总经理接待。

8月26日，保险资管协会执行副会长兼秘书长曹德云一行来访，谢庚总经理接待。

2015年9月大事记

9月8日，我司召开党风廉政建设专题会议，党委书记、董事长杨晓嘉同志作党风廉政建设工作报告，纪委书记崔晓健传达中国证监会会管单位纪检工作会议精神，公司领导班子成员、中层人员签署党风廉政建设责任书。

9月9日，邓映翎监事长参加全国股转系统与甘肃省工业和信息化委员会战略合作签署仪式并发表讲话。

9月10日，按照中央组织部和证监会党委有关要求，全国股转公司召开"三严三实"专题教育集中学习研讨会，以"严以律已，严守党的政治纪律和政治规矩，为新三板市场的建设和发展提供强大的思想政治保障"为主题，联系反面典型，结合思想、工作实际开展学习研讨。公司党委书记、董事长杨晓嘉主持会议，公司领导班子成员及中层参加会议。

9月14日，我司举办"证监会'青年文明号'暨股转系统首届课题研究比赛颁奖大会"，杨晓嘉董事长向获奖课题组颁奖并作重要讲话，证监会团委书记孔华明向技术服务部颁发证监会"青年文明号"奖牌。

9月15日，公司领导班子成员及公司中层参加2015年第十次会党委中心组(扩大)学习会议，按照"三严三实"专题教育工作要求，围绕"严以用权"，结合工作实际，查找问题，总结经验教训，研讨如何真抓实干、敢于担当，进一步加强和改进监管工作措施。

9月16日，邓映翎监事长参加由广州金融局及中央电视台资讯频道联合主办的《赢在新三板》走进广州活动。

9月21日，邓映翎监事长参加云南省新三板挂牌工作推动会暨政策解读会，并调研拟挂牌公司。

9月22日，西城区区委书记王宁、区委常委孙硕、保定市市委书记聂瑞平一行到我司参观，谢庚总经理接待。

9 月 22 日，谢庚总经理参加保险资管行业创新与新三板业务圆桌论坛。

9 月 22 日，全国股转公司发布《关于发布 < 全国中小企业股份转让系统优先股业务指引（试行）> 的公告》（股转系统公告〔2015〕79 号）。

9 月 23 日，邓映翎监事长调研云南楚雄优豪太阳能科技有限公司及云南爱尔发生物技术股份有限公司。

9 月 24 日，西城区区委副书记、区长王少峰及中央党校第 65 期干部进修班到我司参观，谢庚总经理接待。

9 月 24 日，邓映翎监事长参加云南凉山州重点项目创新投融资方式专题辅导对接会。

2015 年 10 月大事记

无

2015 年 11 月大事记

11 月 6 日，邓映翎监事长出席青海省人民政府与我司战略合作备忘录签署仪式并讲话。

11 月 12 日，扬州市市长、副市长、金融办、各区县领导及相关企业一行来访，邓映翎监事长接待。

11 月 16 日，安徽省常委、副省长陈树隆一行来访，杨晓嘉董事长、陈永民副总经理接待。

11 月 16 日，内蒙呼和浩特市副市长王恒俊一行来访，谢庚总经理接待。

11 月 17 日，全国社保基金理事会谢旭人理事长赴我司调研，杨晓嘉董事长、谢庚总经理参加座谈，对市场发展状况等问题进行介绍。

11 月 17 日，国家审计署赵圣伟副特派员一行来访座谈，谢庚总经理接待，就进驻审计相关事项进行沟通。

11 月 25 日，证监会私募部主任陈自强一行来访，谢庚总经理接待，就如何加强沟通协调，进一步做好私募基金监管进行了交流。

2015 年 12 月大事记

12 月 1 日，中国投融资担保股份有限公司董事长黄炎勋一行来访我司，杨晓嘉董事长接待。

12 月 3 日，上海市金融办副主任李军与上海股交中心一行来访我司，邓映翎监事长接待，就加强全国股转系统与上海股交中心对接工作进行座谈。

12 月 7 日，谢庚总经理主持召开专题会议，听取业务部门 2016 年重点工作计划汇报，就进一步厘清思路、确定明年工作重点作出部署。

12 月 7 日，沈阳市副市长、辽宁证监局副局长一行来访我司，邓映翎监事长接待，就加深挂牌与监管合作事宜进行讨论。

12 月 14 日，邓映翎监事长调研深圳资本学院，市场发展部派员陪同。

12 月 15 日，谢庚总经理参加 2015 中国（浙江）新三板高峰论坛并作主题发言，并调研西湖电子集团。

12 月 18 日，湖北省金融办、武汉市金融办、东湖高新区和长江证券一行来访我司，邓映翎监事长接待。

12 月 21 日，工会主席邓映翎主持召开了 2015 年第三次职工代表大会，就职工代表参与公司经营监督工作进行了讨论、布置。

领导者·引领行业未来

2015

全国中小企业股份转让系统
优秀企业家汇展

杨晓嘉 女士

全国中小企业股份转让系统有限责任公司 董事长

杨晓嘉，管理学博士，第十、十一届全国人大代表，现任全国中小企业股份转让系统有限责任公司董事长，党委书记，曾长期担任中国证监会派出机构主要负责人，现任中国证券业年鉴总编辑。

杨晓嘉是我国资本市场最早的参与者和建设者，有着较为丰富的资本市场理论和实践经验。在担任两届全国人大代表期间，撰写了大量的议案和建议，为资本市场发展鼓与呼，先后为《公司法》、《证券法》的修订，国九条的出台以及创业板的推出等资本市场重大事件做出了积极的贡献。在二十年的资本市场工作期间，先后主持编著出版了《上市公司监事会运行机制研究》、《上市公司独立董事制度研究》、《并购绩效评价与优化》等著作。

杨懋劼 先生

昆山鹿城村镇银行股份有限公司 董事长

昆山鹿城村镇银行董事长杨懋劼参与创建的昆山鹿城村镇银行，存贷款和资产规模连续多年在江苏省村镇银行中排名第一，该行于2015年7月21日在全国中小企业股份转让系统成功挂牌（股票简称：鹿城银行，股票代码：832792），成为全国首家在“新三板”挂牌的村镇银行，开创了村镇银行进入资本市场发展的历史先河。

杨懋劼董事长拥有丰富的国有银行及城商行金融从业经历，经营管理经验丰富，2009年筹建昆山鹿城村镇银行并担任董事长兼行长，2015年8月1日至今任昆山鹿城村镇银行股份有限公司董事长。成立以来，昆山鹿城村镇银行坚持服务“三农”、服务小微、服务社区的市场定位，根据昆山地方经济发展特色与小微企业融资特点进行金融产品与服务创新，创新推出了村级经济的好伙伴——“村贷通”，蟹户的好帮手——“蟹贷通”，昆山市民的好口袋——“鹿诚贷”，小微企业的成长伴侣——“农户贷”、“随心贷”、“助业贷”、“兴业贷”、“宏业贷”系列产品，其中，产品“蟹贷通”和“农户亲情贷”分别荣膺2013年“江苏省银行业服务小微企业和三农双十佳金融产品”和“江苏省十大惠民好事”称号。面对经济新常态下的多种困难和挑战，昆山鹿城村镇银行积极推进金融创新和经营转型，加强全面风险管理，各项业务平稳较快增长，经营效益稳步提升。2015年，昆山鹿城村镇银行荣膺“中国地方金融2014十佳成长性银行”称号。

杨懋劼董事长注重理论知识学习，与南京财经大学合作设立江苏省研究生工作站，被南京财经大学聘为金融学硕士生校外导师。同时，杨懋劼董事长成立昆山鹿城村镇银行理论课题研究小组，不断探索解决小微企业融资难、融资贵的有效途径。至今，杨懋劼董事长已在《金融监管研究》、《江苏银行业》等知名研究期刊发表论文多篇。

在经济转型时代背景下，杨懋劼董事长将带领昆山鹿城村镇银行继续坚持“服务三农、服务小微、服务社区”的立行宗旨，持续加大对三农、小微等民生金融群体的扶持力度，通过对接国家战略、业务创新实现自身经营模式的“二次转型”，不断提高综合竞争实力，树立全国村镇银行标杆行，为农村金融改革、小微企业发展做出更大的贡献。

单祥双 先生

中科招商投资管理集团股份有限公司 董事长

单祥双，中国著名投资家、企业家、创业家，现任中科招商集团董事长兼总裁。1967 年生，祖籍山东，中共党员。先后就学于厦门大学、哈尔滨工业大学、清华大学（五道口金融学院）等。曾先后任职于国家教委系统、国家交通部系统、招商局集团（北京公司）、招商证券。2000 年 12 月至今创办中科招商并出任总裁；2006 年至今任中科招商董事长。现同时兼任中国证券投资基金业协会创投委副主席、中国发明创新创业中心主任、中国投资协会股权和创业投资专业委员会联席会长、北京股权投资基金协会轮值主席、创新中国智库执行理事长等社会职务。

单祥双曾荣获行业内诸多荣誉，其中 2012 年、2013 年、2014 年、2015 年，连续四年被《上海证券报》评为“金融资・卓越投资家”。

中科招商 2012 年、2013 年、2014、2015 年连续四年被评为“2012 福布斯中国最佳 PE 投资机构”（《福布斯》中文版）。

陈宏超 先生

深圳菁英时代基金管理股份有限公司 董事长

陈宏超，菁英时代董事长，投资委员会主席。经济学硕士，EMBA。20 多年证券投资经验。曾先后从事中央部属机关的经济管理，证券创新业务管理，企业收购兼并，证券资产管理等工作。具有十分丰富的专业理论素养和资本运作实践经验。

近三年来，由陈宏超先生管理的基金产品业绩表现出色。据私募排排网和格上理财等第三方数据统计，2013 年综合收益率 54.42%，名列私募股票型基金全国前十。2014 年综合收益率 22.7%，继续保持领先。2015 年综合收益率 96.61%，名列私募股票型基金全国三甲。连续三年累计回报率高达 165.9%，年平均复合收益增长率 55.02%。持续稳定增长的历史业绩得到了越来越多投资者的认可，市场规模和份额不断扩大。由于业绩表现突出，公司荣获上海证券报颁发的“金阳光优秀私募”和证券时报颁发的“金长江卓越品牌阳光私募公司”两项综合大奖，积累了良好的声誉和口碑。

投资专著：《享受成长－未来 15 年最大投资机会》。

陆金琪 先生

上海阿波罗机械股份有限公司 董事长

陆金琪，现任上海阿波罗机械股份有限公司董事长、法人代表。是我国核电关键设备国产化最早的参与者与建设者，具有十分丰富的核电关键设备国产化经验，多次带领团队攻坚克难，技术突破。在祖国的核电事业中以求实、敬业和创新精神勤奋耕耘，不断攀登科技高峰，实现了“核电站混凝土蜗壳海水循环泵”、“核电站电动辅助给水泵”、“核电站汽动辅助给水泵”、“核电站主给水泵”、“乏燃料储存格架”等一批核电站关键设备的国产化，性能稳定可靠。填补了行业空白，突破了西方国家对我国核电设备的技术控制和技术封锁，形成自主知识产权，为中国“核电走出去”战略添砖加瓦。个人也荣获全国机械劳模、国家能源局科技进步一等奖、上海市科技进步三等奖、上海市优秀发明金奖，上海市质量金奖个人入围奖等荣誉称号。在努力发展核电的同时也积极回馈社会，担任上海市儿童基金理事会理事，关爱儿童的成长，为祖国的接班人培养出一份力。

刘洪晓 先生

山东陆海石油技术股份有限公司 董事长

刘洪晓 先生，男，中共党员，毕业于西北工业大学工业自动化专业，中国石油大学工程硕士。现任山东陆海石油技术股份有限公司董事长、法定代表人，石油装备制造业领军人物，从事石油钻采行业 20 余年，具有丰富的行业经验及管理经验。在董事长的带领下，陆海石油研发团队共荣获 20 余项自主专利，其中 2015 年可跟踪式螺杆钻具取得发明专利。1995 年 7 月至 2000 年 3 月 在中国石化新星公司德州石油机械厂工作；2000 年 4 月至 2004 年 6 月 担任德州石油机械厂钻具分厂常务副厂长、厂长助理兼机械分厂厂长。2004 年 7 月至 2007 年 12 月担任德州联合石油机械有限公司董事、总经理。2008 年 1 月至今创办山东陆海石油技术股份有限公司，任董事长兼总经理，目前担任山东省德州市人大代表，山东省青年企业家协会常务理事，德州青年企业家协会副会长。

钟海 先生

贵州森瑞新材料股份有限公司 董事长

钟海，男，1973年6月生，中共党员，厦门大学EMBA，高级经济师。

工作经历：

1992年7月至1998年7月任四川德阳电缆厂贵阳办事处主任；1998年8月至2002年5月任四川德阳电缆股份有限公司贵阳销售分公司经理；2002年5月至2002年12月任贵阳博海管材有限公司总经理；2003年1月至2003年9月任四川森普管材有限公司贵阳办事处主任；2003年9月至2009年2月为贵州森普管材有限公司（森瑞新材前身）股东、董事；2009年2月至2011年12月任贵州森瑞管业有限公司董事长、实际控制人；2011年12月至2013年11月21日，任贵州森瑞管业有限公司董事长、总经理、实际控制人；2013年11月22日至今，任贵州森瑞新材料股份有限公司董事长，任期三年。

所获荣誉：

2005年2月荣获森普牌C—PVC电力电缆护套管2003年度贵阳市优秀新产品三等奖突出贡献奖。

2005年10月荣获年产8000吨新型塑料管材技术改造项目2004年度贵阳市优秀技术改造项目二等奖突出贡献奖。

2006年10月被中共乌当区委、乌当区人民政府评为2001—2005年依法治区工作先进工作者。

2007年11月荣获环保钢带增强PE螺旋波纹管（环保产品）2007年贵阳市优秀新产品二等奖突出贡献奖。

2008年9月授予首届“贵州省青年创业之星”荣誉称号。

2008年11月荣获年产10000吨聚乙稀双壁波纹管二00八年贵阳市优秀技术改造项目二等奖突出贡献奖。

2010年2200mmPE螺旋波纹管荣获2010年贵阳市优秀新产品二等奖突出贡献奖。

李柳军 先生

北京金刚游戏科技股份有限公司 董事长

李柳军，男，1973年11月出生，美国金门大学MBA，北京金刚游戏科技股份有限公司董事长。

游戏开发和运营领军人才。现任北京金刚游戏科技股份有限公司董事长、法定代表人。具有15年的网络游戏运营和研发经验，对互联网行业的各种模式和应用有深入的见解和洞察力，对移动互联网的应用和开发有深入的研究，有较强的企业内部管理、运营管理、资本运作及商业拓展能力。组织了公司一至三代引擎技术的开发和升级。2004年3月至2005年8月任游戏蜗牛网络技术有限公司总经理；2005年至2010年创建北京壁虎传媒科技有限公司，开创游戏内置广告的先河。2010年创办金刚游戏，并成功带领公司登陆新三板。

2015年3月17日被北京市东城区授予“第七届东城有突出贡献的优秀人才”称号；2015年12月当选为东城区工商业联合会第九届执行委员会委员；2015年12月受聘成为北京东城区党外知识分子联谊会常务理事；同年同月任命成为北京市工商业联合会东城园商会会长；北京市东城区工商联青年创业者协会副会长。

曹鑫 先生

广东中设正泰科技股份有限公司 董事长

曹鑫先生，1976 年 11 月生，中国国籍，无境外永久居留权。2011 年毕业于英国威尔士大学金融与投资专业，商业管理硕士学位；2012 年至今攻读法国图卢兹商学院工商管理专业博士学位。厦门大学兼职教授，厦门大学（正泰数据）资产综合管控研究所名誉所长，设备资产综合管控（ACCM）理论体系创立人，《设备资产综合管控（ACCM）理论》著作主编。2011 年至今，任中国设备管理协会计算机开发应用中心主任；陕西省设备管理协会副会长、广州市设备管理协会执行会长、广州市软件行业协会副会长；2008 年至 2011 年任中国设备管理协会计算机管理开发应用中心副主任；1998 年至 2011 年就职于广州市正泰商业数据有限公司，历任市场部经理、互联网部经理、总经理助理兼销售中心主任、副总经理、总经理，2011 年 6 月至 2014 年 7 月就职于广州市正泰商业数据有限公司，任公司法定代表人、董事长兼总经理。现任广东中设正泰科技股份有限公司（原广州市正泰商业数据有限公司）董事长兼总经理，任期三年，自 2014 年 6 月 27 日至 2017 年 6 月 26 日。

滕士元 先生

苏州神元生物科技股份有限公司 董事长

滕士元，男，1954 年 3 月出生，江苏吴江人，党员、集团董事长、党支部书记，林业研究员级高级工程师。从事林业植物育种和苗圃管理工作 40 年。1975 年至 2004 年历任国营吴江市苗圃部门负责人、副场长、场长、吴江市农林局副局长兼场长。2004 年改制成立吴江苗圃集团有限公司，担任董事长一职，旗下拥有 3 家子公司，涉及林业苗木、园林绿化工程、中药材保健食品及包装彩印等领域；其中，2005 年成立的苏州神元生物科技有限公司，于 2015 年 1 月成功在全国中小企业股份转让系统（新三板）挂牌上市（股票简称：神元生物，股票代码：831808）。

滕士元董事长长期从事林业科学研究和企业管理工作，特别在林木花卉和铁皮石斛种质资源收集、新品种选育开发、生物组培、设施栽培和示范推广等方面成绩卓越。主持完成国家、省市科研项目 28 项，获国家发明专利、实用新型专利、外观设计专利 15 项；获国家授权林木新品种 1 个、省级审定良种 3 个；获市级科技进步奖一等奖、二等奖、三等奖 10 项；管理的企业荣登“2008 年度全国十佳苗圃”榜首、荣获“2010 年度中国十大创新型绿化观赏苗木企业”、“2011 年度自主创新企业”等称号，2013 年成为“江苏省省级林业产业化龙头企业”、“苏州市市级农业龙头企业”，获 2015 年“江苏省优秀企业家”称号。

作为 2000 年全国首批承担省级林木种苗示范基地建设任务的基层苗圃负责人，作为江苏省唯一一家通过铁皮石斛“良好农业规范（GAP）”认证、“有机产品认证”及拥有全产业链自主知识产权的新三板企业的领军人，滕士元董事长并没有囿于现代高科技农业的产业化，而是秉持“开发传统中草药材品种，发扬中华本草养生文化”的信念，以“依自然”的极致品质，为广大消费者提供中药材健康保健产品，致力于全民健康事业的发展。

孙卫东 先生

河南中帅医药科技股份有限公司 总经理

孙卫东，男，1963 年 4 月生 1980.7—1983.7 就读于开封医专（河南大学）；1998.9—2000.7 于中国药科大学药剂学专业进修研究生；1983.7—2000.12 三门峡市黄河医院药剂科副主任药师；2001.1 至今任河南中帅医药科技股份有限公司总经理；2007 年“盐酸甲砜霉素甘氨酸酯”获河南省科学技术进步奖和郑州市科技进步奖；2010 年成为中国技术交易所能力会员；2010 年荣获“郑州市科技创新骨干”称号；2011 年荣获“河南省十佳科技创新领军人物”称号，现任河南省药学会常务理事，郑州大学硕士生导师。

主要学术成绩及创新性贡献：

从事药学工作 20 余年，期间主持开发了多个新药项目，获得临床批件 20 余个，新药证书 10 余个。申请发明专利 9 项，申请实用新型专利 9 项。其中主持开发的“氢溴酸加兰他敏缓释胶囊”项目承担郑州市科技攻关计划项目。“盐酸右哌甲酯”项目国家重大新药创制“十二五”药物大品种技术改造项目。“盐酸右哌甲酯缓释胶囊”项目承担 2010 年“国家中小企业创新基金” 发展项目。2011 年“双丙戊酸钠肠溶胶囊”项目承担郑州市科技攻关计划项目。2011 年公司被认定为河南省河南省口服缓控释制剂工程技术研究中心（重点实验室）。2012 年公司认定为郑州市创新型试点企业。

白 云 先生

湖北华奥安防科技运营股份有限公司 董事长

白云先生，1965 年 10 月生，中级经济师，中国国籍，中国社会科学院经济学专业，硕士研究生学历。1982 年 1 月至 2002 年 10 月，历任中国农业银行湖北省分行职员、经理，证券投资公司总经理；2002 年 11 月至今，任湖北华奥安防科技运营股份有限公司董事长。

周建修 先生

道有道（北京）科技股份有限公司 董事长兼总裁

周建修，毕业于北京航空航天大学软件学院，硕士学历。具备10年以上互联网行业工作经历。

2007年创办的道有道公司专注向企业客户提供移动互联网数据营销服务，是当前服务客户数量最多的移动营销服务商之一。2013年被评选为年度中国经济新领军人物。2015年被评选为中国移动营销领军人物。

陈 生 先生

天地壹号饮料股份有限公司 董事长

陈生，北京大学经济学学士，清华大学EMBA，天地壹号、壹号土猪创始人。现任天地壹号饮料股份有限公司、广东壹号食品股份有限公司董事长。

天地壹号历经近二十年高速发展，成为全国醋饮料行业的领导品牌，并于2015年8月挂牌新三板（证券代码832898），市值约120亿。

壹号土猪历经八年发展，年养殖销售土猪约30万头，一跃成为中国最大的土猪肉品牌。

曾获荣誉：

第八届中国优秀创新企业家

广东生产力发展卓越贡献企业家

2010年中国营销标志人物

2011年永业生命素杯首届全国三农致富榜样最佳商业模式奖

2011永业生命素杯首届全国三农致富榜样

中国营销盛典十大营销人物

2012年（第九届）广东十大经济风云人物

2012广东十大新闻人物等称号

刘世伟 先生

浙江天晟建材股份有限公司 董事长

刘世伟，董事长，男，出生于1964年，本科学历，1989年毕业于同济大学，高级工程师。历任金华县交通局技术员、工程科长；金华白龙桥开发区地征规划局副局长；金华县交通工程队和金华县交通工程公司总经理、党支部书记；浙江正方控股集团有限公司董事、党委副书记；浙江天晟建材集团有限公司董事长兼党总支书记。现任本公司董事长兼党总支书记，任期自2015年3月至2018年3月。

邱明 先生

坤鼎投资管理集团股份有限公司 董事长

邱明，男，出生于1974年，本科学历，中欧工商学院全球CEO班，现就读于上海交通大学高级金融学院金融EMBA专业。

2009年创办的坤鼎集团是一家致力于为国际知名企业及国内主导产业的领先企业提供高端产业园区定制及运营服务的运营商，并于2015年10月挂牌新三板（证券代码833913），成为正式登陆新三板的首家产业园区类挂牌公司。

2013年荣获CIHAF2013中国产业突出贡献奖。

北京科技园产业联盟副理事长。

北京经济技术开发区欧洲招商首席代表。

北京经济技术开发区区域合作协会（京津冀协同发展）副会长。

兼任美国加州商学院中国地产讲座教授。

北京市通州区政协委员。

曾克兵 先生

克拉玛依市广盛小额贷款股份有限公司 董事长

曾克兵，男，出生于1967年，本科学历，毕业于西安科技大学，2012年至今任克拉玛依市广盛小额贷款股份有限公司董事长。1987年至2002年任职于建设银行，担任白碱滩支行投资管理部经理、分行信贷科大客户经理、三坪镇支行行长兼纪检组长等职务；2002年至2011年，就职于克拉玛依白碱滩区人民政府，担任财政局局长；2011年6月组建克拉玛依广盛实业投资有限公司，任董事长兼总经理；2012年4月发起组建由克拉玛依广盛实业投资有限公司控股的克拉玛依市广盛小额贷款股份有限公司，担任董事长至今。

在曾克兵董事长的带领下，广盛小贷信贷服务能力和核心竞争能力不断提升，连续两年被评为新疆自治区小额贷款公司信用评级A级，相继取得自治区第七批重点培育成长性企业和2014年度自治区百家重点培育成长性企业、克拉玛依市“十二五”发展规划重点支持企业、2014年白碱滩区财政突出贡献奖、“守合同重信用企业”及“十佳明星企业”等荣誉。

赵 俊 先生

克拉玛依市广盛小额贷款股份有限公司 总经理

赵俊，男，出生于1968年，毕业于新疆财经学院，2012年至今任克拉玛依市广盛小额贷款股份有限公司总经理。1986年至2012年，任职于中国工商银行，先后担任会计、分理处主任、营业室主任等岗位，从事金融工作近30年，有着丰富的金融知识与管理经验，尤其在市场营销及金融服务方便有着独特的见解和实战经验。

2012年，参与组建克拉玛依市广盛小额贷款股份有限公司，担任总经理职务，带领公司相继完成了股份制改造、新疆股权交易中心挂牌、新三板挂牌等工作，公司成立三年来，提供各类小微信贷服务800余人次，累积发放贷款5.2亿元人民币，信贷服务能力和社会影响力不断提升。

李海山 先生

新疆科神农业装备科技开发股份有限公司 董事长

李海山，中共党员，2004年在新疆农垦科学院计划财务处工作；2007年当选石河子市第八届人大代表；2009年任新疆农垦科学院行政管理处处长助理；2010年至2014年任新疆农垦科学院科技产业管理处副处长、处长，兼任新疆农垦科学院机关第三党支部书记；期间兼任新疆西部高科投资管理有限公司总经理、新疆元奥贸易有限公司董事长；2014年经新疆生产建设兵团批准，新疆科神改制成立股份公司，担任科神股份董事长兼总经理。

在李海山董事长的带领下，科神股份注重技术创新及新产品开发，组织完成国家和省部级科研及推广项目15项，10余项科研成果获国家、自治区、兵团科技进步奖，8项产品被认定为国家重点新产品，59项创新获得国家专利。科神股份先后被认定为国家级产学研示范基地，国家火炬计划重点高新技术企业，国家级创新型试点企业，国家地方联合工程研究中心，自治区级企业技术中心、新疆工业创新百强企业。

王春甫 先生

贵州黑碳节能减排股份有限公司 董事长

王春甫，男，贵州黑碳节能减排股份有限公司董事长，作为一位优秀的民营企业家，同时作为一位低碳领域的先行者，他率领的团队一直倾注于低碳及气候变化服务，公司正逐渐发展成为节能减排投资、低碳智库及低碳工程、排放权管理三位一体的低碳服务综合运营商。

他是一位极有激情的低碳领域宣导师，积极在国内外各种场合孜孜不倦的分享民营企业在低碳及绿色发展领域的实践经验。因他的团队在业内颇具专业性，他应邀出席2011年德班、2012年多哈及2014年利马气候变化大会中国角系列边会，作为民营企业专家分享了碳交易建议、低碳领域成果、行业困难，以及在碳资产管理、碳风险管理、低碳社区建设等领域的创新经验。

李 梅 女士

山东深蓝机器股份有限公司 董事长

李梅，女，1972年出生，中国国籍。

1994年07月毕业于山东大学。

1994年07月至1997年04月，任职于济南光明机器有限公司。1999年05月至2006年07月，任职于济南深蓝机器有限公司，担任销售部经理。

2006年08月至2015年04月，任职于山东深蓝机器有限公司，历任公司监事、执行董事兼总经理、董事长职务。

2015年04月至今，任职于山东深蓝机器股份有限公司，担任公司董事长。

重要成就

1、明确企业发展方向，树立企业经营理念。

李梅董事长根据企业不同发展阶段、市场发展趋势和国家政策导向，先后提出了一系列企业经营和发展目标规划，不仅为企业发展指明了正确方向，抓住了重要的市场机遇，而且统一了企业管理者和广大职工的思想意志，使企业形成了强大的凝聚力和战斗力。

2、大力推进现代企业制度的建立。

在李梅董事长的组织、推动下，深蓝公司于2015年9月成功挂牌"新三板"（简称：深蓝机器，股票代码：833475。），完成了公司发展史上一次深刻的体制变革，从而进一步建立健全了公司法人治理结构和规范的管理体系，同时也标志着深蓝机器在资本市场上获得了新突破，踏上了更高的台阶。

3、依靠自主创新，在省重点科技创新发展中发挥主力军的作用。

李梅董事长坚持把科技进步和自主创新作为降低施工成本、提高经济效益和实现可持续发展的动力。近几年来，她参与编写起草《托盘缠绕裹包机》国家标准（GB/T18928-2002），在她主持推动下，企业取得专利20余项，获得市部级及以上科技成果奖励10余项，充分彰显了企业在智能包装及自动化物流输送领域国内一流、国际领先的品牌形象。

4、积极开拓国际市场，引进国际高端技术。

李梅董事长始终把目光瞄准国际市场，并积极把走出去和引进来相结合，经过几年的努力，不但产品远销五大洲几十个国家，在欧洲、澳洲建立稳定的销售和服务网络，而且与国际同行业的领先企业建立合作关系，正式成立了合资企业山东深蓝麦德科智能设备有限公司。深蓝麦德科生产的ALC33和ALC45双膜架高速缠绕机，填补了国内高速缠绕机的技术空白，使国产的缠绕机在速度和效率方面达到了国际领先水平。

庾健航 先生

广东金达照明科技股份有限公司 董事长

庾健航，男，1968 年生，中国国籍。

毕业于北京外国语大学工商管理专业，大专学历。

1984 年 10 月至 1989 年 10 月任深圳市旭日印刷厂工人。

1989 年 11 月至 1991 年 11 月任深圳文海装订厂厂长。

1991 年 12 月至 1993 年 10 月任深圳市金宏实业股份有限公司经理。

1993 年 10 月至今任广东金达照明科技股份有限公司董事长。

2013 年被选为广东省灯饰照明协会常务副会长。

个人特点及成就

1. 庾健航凭借聪明才智和务实经营的理念，使公司从一个数十员工的手工作坊式小企业，在 10 年间发展成为拥有 5 万平方米的现代化厂房设备，专业技术人员和员工 1000 多人的现代化的灯饰生产企业。

2. 具有丰富的战略眼光和过人胆识，锐意创新。

2005 年，金达照明与全球顶级水晶制造商奥地利施华洛世奇强强联手，倾力打造顶级水晶灯品牌——金达.维沙华，获得多项殊荣："2005 最具影响力水晶灯品牌"、"2007 年最具影响力水晶灯强势品牌"、"2007 年度工程照明最具影响力行业品牌"、"2007 年度中国照明行业水晶灯单品冠军"等荣誉称号。

2007 年，果断推出金达旗下另外两大品牌，豪华灯饰品牌——堡华士、时尚灯饰品牌——米洛，品牌差异化定位，金达照明的产品远销欧、美、日、中东及东南亚等全球多个国家和地区，并在国内一、二线城市设立了 200 多家品牌专卖店。

3. 勤劳务实、富有责任感。

金达照明曾多次获得"广东省民营科技企业"、"先进单位"、"重合同守信用企业"等荣誉称号。

4. 高瞻远瞩，善于抓住机遇。

在庾健航董事长的带领下，金达经过三年的坚持完成了蜕变，在 2014 年 11 月成功登陆新三板（简称：金达照明，股票代码：831290），随后借助新三板的优势平台，又完成一系列融资动作：2015 年 7 月股票定向增发并正式做市交易；2015 年 11 月启动员工股权激励计划，充分调动骨干的积极性与创造性，大大有利于公司的长远发展。

他用 22 年时间，以自己固有的执着与坚持，书写了一个行业传奇。

周 博 女士

承德博琳包装制品股份有限公司 董事长

周博，1983年6月出生，满族，毕业于新西兰怀卡托大学管理学院战略管理、人力资源管理双专业，获荣誉学士学位，本科学历。2006年至2007年任北京博琳包装彩印制品有限公司总经理；2007年至2014年8月任承德博琳舒适印务有限公司总经理；2013年12月31日起任河南博琳包装制品有限公司执行董事。2014年起担任河南省新乡市第十二届人大代表。2014年9月公司股改变更为股份公司，其担任公司董事长、总经理。

郑宇晖 先生

广东正全科技股份有限公司 董事长

郑宇晖，曾任《汕头特区晚报》首席记者、汕头经济特区报社电子报纸编辑部副主任；南方报业集团《南方农村报》与中国花卉协会兰花分会合办的《兰花宝典》杂志主编；现任中国花卉协会兰花分会副秘书长、韩国兰联合会顾问、中国晚报摄影学会常务理事、汕头市互联网协会副会长、汕头市潮菜研究会副会长兼秘书长，广东正全科技股份有限公司董事长、总经理。1996年11月获“全国晚报好新闻特等奖”，2003年8月获“中国地市报新闻奖一等奖”。

黄胜弟 先生

南京波长光电科技股份有限公司 董事长

黄胜弟，硕士，新加坡国籍，2002 年创建新加坡波长科技有限公司、新加坡光研科学有限公司，2011 年起担任南京波长光电科技有限公司董事长。现任新加坡南洋理工大学光学与激光中心顾问，SPIE 资深会员，美国 Photonics Spectra 和 SPIE 的光电子棱镜奖 Prism Award 评审委员 (2009—2012)。曾任新加坡光学光电子学会副主席，美国光学工程学会工业与交流分会董事。获中国激光杂志社“2011 年度风云企业家”称号。拥有专利 1 项。2015 年率领新加坡波长光电科技团队获得新加坡快速成长中小企业 100 强殊荣。

吴玉堂 先生

南京波长光电科技股份有限公司 总经理

吴玉堂，1960 年生，中国国籍，江苏省光学学会理事，多年的实践管理与营销专家。1981-1983 年就职于南京炼油厂，1983-2000 年就职于南京电声股份有限公司，依次担任车工、研究所生产调度、销售公司销售主管；2000—2002 年就职于南京力益华电子厂，任销售副总；2002 年 4 月创办南京波长电子有限公司，任法人代表，总经理；2005-2008 年任南京波长光学技术有限公司法人代表，总经理；2008 年 12 月至今，任南京波长光电科技股份有限公司法人代表，总经理。

张忠敏 先生

浙江中德自控科技股份有限公司 董事长

张忠敏，男，汉族，1972 年出生。1994 年至 2003 年任温州中德集团有限公司片区销售经理；2004 年至 2006 年任中德机械集团有限公司上海分公司董事长；2007 年至 2013 年 12 月任浙江中德自控阀门有限公司董事长；2013 年 12 月至今任浙江中德自控科技股份有限公司董事长。湖州市人大代表；中国石油商务理事会常务理事；中国仪器仪表行业协会自动化仪表分会理事；中国仪器仪表学会常务委员；长兴县优秀社会主义建设者；长兴县个人贡献奖。

公司坚持“以人为本、以德兴业”的企业宗旨。以“造世界顶级控制阀，做百年名族品牌”为公司愿景目标，以振兴民族阀门工业为己任，坚持企业社会价值最大化。

赵 磊 先生

浙江纳美新材料股份有限公司 董事长

赵磊，男，1968 年出生。在 1990 年至 2010 年期间，赵磊历任多家大型国有企业及外资企业重要职务。于 2010 年 12 月，赵磊创立浙江纳美材料科技有限公司。经过近五年的高速发展，公司已于 2015 年 9 月成功挂牌新三板（证券简称：纳美新材，证券代码：833467）。赵磊现任浙江纳美新材料股份有限公司董事长、总经理。

纳美新材拥有一个以南太湖精英人才、浙江省千人计划人才、国家千人计划人才为核心的由多名硕士博士组成的研发中心。公司主要从事水性颜料色浆和 UV 功能性材料的研发、生产和销售，2014 年被评为国家级高新技术企业。

赵磊董事长个人及公司曾获部分荣誉：

2015 中国企业年度最具影响力品牌人物

2015 中国涂料颜填料名牌奖

2015 中国涂料行业发展潜力企业奖

2015 中国涂料行业精英奖

2015 中国企业年度最佳创新品牌

2015 中国涂料行业百强联展企业

王 宁 先生

深圳市长宁钻石股份有限公司 董事长

深圳市长宁钻石股份有限公司公司创始人。新加坡南洋理工大学工商管理硕士，EMBA。王宁先生早于1998年加入中国珠宝行业，现任长宁钻石董事长。

所获资质：

深圳市罗湖区第四届政协委员

中国珠宝玉石首饰行业协会副会长

深圳市黄金珠宝首饰行业协会副会长

深圳市天津商业大学校友会副会长

火正红 先生

上海三高计算机中心股份有限公司 董事长

火正红先生，1951年6月出生，大专学历，高级工程师，1969年10月参加工作，曾任黑龙江嫩江县七星泡农场职工；上海自来水公司职工、中心调度室副主任、副总工程师，1995年2月创办上海三高计算机中心，任董事长、总经理。

其中1990年10月至1991年12月获英国CBI奖学金赴英学习研究城市输配水控制和数学建模；1992年至1996年任中国城镇供排水协会科学技术委员会副主任。

骆建明 先生

北京国环莱茵环保科技股份有限公司 董事长

骆建明，男，1964 年 11 月出生，中国国籍。

教育背景：

同济大学 1981–1986 环境工程 本科

1986–1989 水污染控制 硕士（导师为原同济大学校长高廷耀教授）

德国卡尔斯鲁厄大学 1998–2003 经济工程 硕士

德国德累斯顿工业大学 1993 受国家环保护总局委派；联合国环境规划署 / 联合国教科文组织 / 德国环境部环境管理培训班毕业

社会职务：

欧美同学会德奥分会理事

国家教育部中国工程教育认证协会环境工程专家

曾任联合国工发组织工业废物处理专家

工作经历：

1989 年 3 月至 1993 年 12 月，就职于国家环保总局污染控制司水环境管理处，任主任科员；1994 年 1 月至 1998 年 9 月，就职于中国绿色环境发展中心，任经理（其间，1996 年 6 月至 1996 年 12 月，借调至国家开发银行林业环保信贷局，参与淮河流域工业水污染治理项目的贷款发放工作，任项目工程师）；

2003 年 4 月至 2004 年 4 月筹建北京国环莱茵环境工程技术有限公司（以下简称“莱茵环保”）；2004 年 4 月至 2014 年 12 月，就职于莱茵环保，任执行董事兼总经理；

2014 年 12 月起，就职于北京国环莱茵环保科技股份有限公司，任董事长。

技术特长：

国家环境政策、标准、规范研究和咨询；环境经济政策的研究和咨询服务，水污染控制，垃圾渗滤液及高浓度难降解有机废水处理。

行业成绩：

- 参加了国家环保局排放水污染物总量控制和排污许可证技术路线和管理体系的研究；
- 参加了我国国家水污染物排放总量控制制度、工业废水排污许可证制度的设计及实施工作；
- 多次协调和处理跨流域水污染纠纷及事故，在该领域有着丰富的工作经验；
- 参与了国家“六五”科技攻关项目：城市污水处理厂生物除磷脱氮技术的研究；
- 参与了世界银行和亚洲开发银行中国环境项目的评估与咨询；
- 参与了国家开发银行淮河流域工业水污染治理项目的技术评估；
- 参与并编制了《生活垃圾填埋场渗滤液处理工程技术规范（试行）》。

施军营 先生

蓝德环保科技集团股份有限公司 董事长

姓名：施军营 出生年月：1971 年 12 月

教育背景：

1989 年 –1993 年：中国人民大学 会计学 学士

工作经历：

1993 年 –1994 年：深圳南航电子工业有限公司 会计
1994 年 –1996 年：中卯财务顾问有限公司 总经理
1997 年 –2000 年：深圳中科特实业有限公司 总经理
2001 年 –2004 年：深圳米兰实业有限公司 总经理
2004 年至今：蓝德环保科技集团股份有限公司 董事长

管理经营理念：

以高度的社会责任感，带领团队以城市环境综合服务、农村环境整治服务、环境渠道多元拓展作为公司长期发展的方向指引，培树企业环境综合服务商形象，依托先进的技术和可靠的质量，竭诚为广大用户提供优质的环保服务及配套产品。坚持以人为本的管理模式，强调管理的民主性和员工的自觉性，鼓励员工发挥个性和创造力，唤起员工的主动性，在技术创新中不断超越自我，推进企业不断创新发展。

工作业绩：

2004 年，创立蓝德环保科技集团有限责任公司，并通过了 ISO9001 质量体系认证、ISO14001 环境管理体系认证和郑州市高新技术企业认定，在市场上赢得了良好的信誉。

是我国餐厨垃圾处理技术研发应用的最早从事者之一，长期从事渗滤液、垃圾处理等环保技术的开发、生产和管理工作，具有丰富管理经验，至今已主持研发新产品 30 余个，授权发明专利 12 项，实用新型专利 66 项；在垃圾渗滤液处理、餐厨垃圾处理、有机垃圾分选中转站、生活垃圾综合处理、污泥处理、建筑垃圾处理、旧垃圾填埋场改造、垃圾填埋场无土覆盖等方面积累了大量实践经验，并主持开发研究并进行了 50 多个项目实施。

田　青　女士

大庆正方软件科技股份有限公司董　董事长

田青女士，大庆正方软件科技股份有限公司董事长兼 CEO。

1964 年出生，黑龙江省大庆市人，毕业于东北石油大学。1993 年底下海经商，拥有二十多年创业经历，专注于石油行业 IT 服务领域。系索福电子、埃泰克、北京爱索盛龙、大庆正方软件等多家公司的创始人和实际控制人。1993 年参与过国家级信息化项目——“国有企业资产清查评估”的组织和实施；自 2002 年起主持过中石油、大庆油田等地方油田的众多大中型 IT 应用项目。集产、学、研于一身的石油行业信息服务应用专家，石油 IT 行业互联网 + 转型升级的顶层设计专家及实践家。

包继华　先生

山东科大机电科技股份有限公司　董事长

包继华先生，1971 年 3 月出生，江苏省泰州市人，工学博士。1995 年 6 月毕业于山东科技大学，工学硕士；2005 年 2 月获上海交通大学工学博士学位。历任山东科技大学助教、讲师、副教授；2005 年 2 月至今就职于山东科大机电科技股份有限公司，现任山东科大机电科技股份有限公司董事长、总经理。作为“科大科技”创始人之一，主持公司主要产品研发，所带领的研发团队于 2014 年荣获济宁市高新区“优秀创新团队”称号。

主要研究方向：机电一体化及机械系统动力学。获“新型液体粘性传动”，“断带抓捕装置”，“盘式制动装置”等 8 项专利，先后获省部级科技进步一等奖 1 项，省部级科技进步二等奖 3 项，在国内外学术期刊发表学术论文二十余篇，承担省部级科研项目 10 多项。

查道存 先生

上海剧星传媒股份有限公司 董事长

查道存先生，著名传媒管理和营销专家，历任安徽广播电视台广告中心企划部经理、业务部经理、中心主任。在其位担任负责人期间：倡导和实践大剧营销模式、迎客松贵宾服务项目、台网联动模式、学习型组织建设等，安徽广播电视台广告收入从 2007 年达到 10 亿，到 2010 年突破 20 亿。

2011 年 5 月创立上海剧星传媒，倡导“视频 + 搜索 + 社交网络”为核心的网络全案代理模式。目前公司拥有 220 多名员工，总部在上海，在北京、广州、天津、厦门、合肥、深圳、云南、河南、杭州设有分支机构。剧星传媒成为本土第一网络视频代理商（优酷、爱奇艺、搜狐视频本土最大代理公司），也是百度的核心代理公司。拥有统一食品、美的电器、长虹电器、拉芳日化、百雀羚日化、上海家化、云南白药、三九药业、雅士利食品等品牌客户超 130 家；中国最大跨媒体咨询机构，为中央电视台、江苏卫视、东方卫视、天津卫视和黑龙江卫视等领先电视媒体提供咨询服务。

钱志宇 先生

浙江中林勘察研究股份有限公司 董事长

钱志宇，浙江中林勘察研究股份有限公司董事长。1966 年 11 月出生，祖籍浙江省嵊州市，1987 年毕业于长春工程学院，2004 年 12 月取得四川大学土木工程学士学位，岩土工程高级工程师。

1987 年 8 月至 1993 年 10 月，任冶金工业部第一地质勘查局二分公司助工；1993 年 11 月至 2000 年 4 月，任嵊州市工业与民用建筑设计院院长；2000 年 5 月至 2004 年 12 月，任嵊州市城乡建设工程监理有限公司经理；2005 年 1 月至 2014 年 5 月期间，曾任浙江中林勘察研究有限公司执行董事、总经理等职；2014 年 5 月开始担任浙江中林勘察研究股份有限公司董事长，任期 3 年。

陈启春 先生

四川东方水利装备工程股份有限公司 董事长

陈启春，男，生于1971年3月，祖籍富顺县，博士学历，中国国籍，无境外永久居留权。历任东方电工机械股份有限公司工人、调度员、技术员、工程师、车间主任、企业管理办公室副主任，鼎天科技股份有限公司总经理秘书，德阳东方电工机械有限责任公司副总经理，德阳东方电工自动化控制有限公司董事长等职，现任四川东方水利装备工程股份有限公司董事长兼总经理。

陈少群 先生

广东汇群中药饮片股份有限公司 董事长

陈少群先生，1966年出生，EMBA，中药师，广东药学院兼职副教授，汕头市生物医药产业技术创新联合会副理事长，出生于传统中医药世家，从事中药行业30余年，拥有丰富的中药企业管理、运营经验，有强烈的创新意识和深邃的行业洞察力。2007年带领团队正式成立广东汇群中药饮片股份有限公司，经多年的打造沉淀在广东和福建两省占有良好的市场份额，汇群中药成为深受消费者及监管部门认可的中药知名产品品牌之一。带着对传统中医药事业的热爱与执着，以高品质的中药，为提升整个中药行业的用药质量，为弘扬传统中医药文化，振兴民族中医药产业，树立中医药文化的全新价值而不懈努力。围绕汇群中药养生大健康服务体系发展战略，先后投资建立汇群药业及汇群健康食品两家全资子公司。现任公司董事长、总经理。

陈少群先生，1966年出生，EMBA，中药师，广东药学院兼职副教授，汕头市生物医药产业技术创新联合会副理事长，出生于传统中医药世家，从事中药行业20余年，拥有丰富的中药企业管理、运营经验，有强烈的创新意识和深邃的行业洞察力。2007年带领团队正式成立汇群中药有限公司，自主创立东方汇群、匯群堂等企业产品品牌，经多年的打造沉淀在广东和福建两省市场的产品占有率为15%–25%，成为深受消费者青睐的中药知名产品品牌之一。带着对传统中医药事业的热爱与觉悟，为振兴民族中药产业，推动中药饮片现代化生产，围绕汇群养生大健康服务体系发展战略，先后投资建立汇群药业及汇群健康食品两家全资子公司。现任集团董事长、总经理。

戴金华 先生

江苏海龙核科技股份有限公司 董事长

戴金华，男，1975 年 11 月生，中国国籍，致公党党员，无境外永久居留权，复旦大学 EMBA 硕士，高级经济师，职业经理人。2008 年 3 月至今任海龙核材科技（江苏）有限公司、江苏海龙核科技股份有限公司总经理、董事长。先后带领研发技术人员已累计申请专利 54 项，已获授权专利 30 项。公司产品通过多项国家权威机构的检测，向客户提供新型核级耐辐射复合功能材料，已有 12 项产品获得省高新技术产品认证，广泛应用于核电、电力、新能源、石油化工等重要领域的建设中。入选省 333 人才计划，省中青年人才创业促进会和中国核能行业协会理事，市有突出贡献中青年专家，多次承担国家省部级项目管理，国内最早参与核电封堵领域市场开发的经营管理性人才。

崔 平 先生

石家庄中兴机械制造股份有限公司 董事长

崔平，1954 年 11 月生，工程师。

1970 年至 1989 年，在石家庄市通用机械厂担任分厂厂长、厂办室主任。

1990 年至 1991 年，在石家庄市钢圈厂担任副厂长。1991 年至 1997 年，在石家庄市钢圈厂担任厂长。

1998 年至 2000 年，在石家庄天同集团经贸公司担任总经理。

2001 年，在天同钢圈有限公司担任副董事长。

2002 年，在石家庄市华宝机械制造有限公司担任董事长、总经理。

2003 年至今在石家庄中兴机械制造股份有限公司担任董事长，兼任中国农机工业协会零部件分会副会长、河北省石家庄市企业家协会副会长、河北省石家庄市装备制造业协会副会长。

崔平同志担任石家庄中兴机械制造股份有限公司董事长以来，始终坚持党的路线、方针、政策，善于管理、严于管理，带领企业全体员工，使中兴机械从建厂初期只能生产小四轮拖拉机轮胎发展到目前成为中国农机车轮品种最多（700）多种、市场覆盖率最大（与国内一线农机主机厂商、国际众多知名企业均有合作）、产品出口国家最多（美、欧、非二十多个国家和地区）的企业。2015 年 3 月 3 日，中兴机械在全国中小企业股份转让系统（成功挂牌），开启了企业发展的新篇章。

崔平具有 30 余年行业管理经验，并始终注重产品的研发和创新工作，现拥有国家实用新型专利五项。在担任领导管理岗位的二十余年来，企业对各主机厂供货、产品出口没发生过经济纠纷，没有一笔呆死账，没有涉诉讼案。没有海关、税务、工商、安全、环保、社保等方面的不良记录，真正做到了诚实守信、合法经营。在与银行的业务交往中，被企业开户行评为 AA 级企业。

崔平同志多次获得“省优秀管理者”、“石家庄市优秀企业家”、“最具社会责任企业家”等荣誉称号。

甘志强　先生

福建长潮信息科技股份有限公司　董事长

甘志强，男，1978 年 8 月出生，中国国籍，无境外永久居留权。

2000 年 7 月毕业于鹭江职业大学计算机辅助机械设计与制造专业；2000 年 8 月至 2002 年 9 月，在中南电子有限公司任系统集成部经理；2002 年 10 月至 2005 年 6 月，在厦门兴光电子有限公司任技术总监； 2005 年 12 月至 2010 年 11 月，在厦门长潮科技有限公司任执行董事兼经理；2010 年 12 月至 2013 年 6 月，在厦门长潮科技有限公司任业务部经理；2013 年 7 月至 2014 年 8 月，在厦门长潮科技有限公司任监事；现任公司董事长兼总经理。

杜安民　先生

新疆天羚绒业科技股份有限公司　董事长

杜安民，男，汉族，出生于 1957 年 12 月，毕业于山西财院，商业经济管理高级经济师。现任中国新疆天羚绒业科技股份有限公司董事长、新疆金天路农产品物流有限公司董事长、新疆特微特纺织科技股份有限公司董事长，是这三个企业的法定代表人。

杜安民先生自 2003 年起连续当选为中国畜产流通协会副会长和中国绒毛专业委员会副主任。2010 年在由中国畜产流通协会、中国纺织报社、中国羊绒羊毛行业表彰先进组委会举办的“中国羊绒羊毛行业表彰先进评选活动”中，公司获得“中国国产羊毛流通行业优秀龙头企业”的称号。杜安民先生个人荣获“中国国产羊毛流通行业领军人物”的称号！表彰大会在人民大会堂进行，全国人大常委会副委员长乌云其木格亲自到会颁奖。颁奖词这样写道：在新疆畜产品行业全军覆没的困难情况下，受命于危难之际，历经千辛万苦，重新竖起畜产经营的大旗，在市场发生较大波动时，以农牧民利益为重，坚定执行国家政策，是行业学习的楷模。其事迹被收集在经济日报出版的《风采》——32 位中国羊绒羊毛行业领军人物传奇人生一书中。

为了寻求公司更快发展的途径，杜安民先生决定向资本市场借力，在新疆供销系统率先提出“新三板”挂牌的设想并付诸行动、积极推进。公司于 2014 年 9 月 30 日顺利完成了股份制改造，并于 2015 年 5 月 12 日正式在全国中小企业股份转让系统（即“新三板”）挂牌，“天羚绒业，股票代码：832427 成为新疆供销第一股！天羚绒业的挂牌实现了从传统企业向现代企业的华丽转身，意味着新疆供销系统第一次实现和资本市场的对接，为企业在资本市场的发展搭建了宽广的平台。

高宪彬 先生

山东首信高分子材料股份有限公司 董事长

高宪彬：男，1968年出生，中国籍，无境外永久居留权，高中学历。1983年9月至1986年7月在阳谷县第一中学（高中）学习；1992年5月至1999年7月就职于山东东方电缆有限公司，任生产经理；1999年8月至2004年12月就职于阳谷电缆驻北京办事处，任总经理；2005年1月至2013年2月就职于泰康建材，任执行董事兼总经理；2013年2月至2014年5月就职于泰康建材，任董事；2014年6月至今就职于公司任董事长兼总经理，任期3年（2014年6月17日至2017年6月16日）。

黄开明 先生

武汉天源环保股份有限公司 董事长

黄开明，现任武汉天源环保集团董事长。环境工程高级工程师、武汉大学EMBA高级工商管理硕士。担任的社会职务有：中华环保联合会能源环境专业委员会理事、武汉市汉南区政协常委、武汉市汉南区工商联副主席民建武汉市委汉南区主委。

编著《垃圾渗滤液处理优化组合工艺及工程应用》（2007年，科学出版社出版）；主编《生活垃圾渗沥液膜生物反应处理系统技术规程》行业标准；参编《生活垃圾渗沥液RO膜深度处理系统技术规程》行业标准；获得国家专利四项。

获得的荣誉有：被评为武汉市十大杰出创业家、改革之星——影响中国改革（行业）十大创新人物、2012年度武汉市工商联系统先进工作者、2012年度武汉市民营经济年度十大杰出管理团队、荣获武汉市“五一”劳动奖章。

高文军 先生

深圳市天维尔通讯技术有限公司 董事长

高文军先生，1966年8月出生于山西太原，汉族，本科，中欧商学院EMBA在读。

工作经历：

1988.8—1991.6	山西无线电厂设计所	工程师
1991.6—1993.5	太原三和高科技总公司	工程师
1993.5—1997.2	深圳市兰光信息工程有限公司	副经理
1997.2—至今	天维尔信息科技股份有限公司（深圳市天维尔通讯技术有限公司）	董事长、总裁

高文军先生是公司的创办者、决策者。经营稳健、管理规范、发展方向明确，突出主业。一直致力于特服通讯和应急通信领域的开拓，使公司的产品实现系列化、商品化，在行业里有着广泛影响。带领公司成为深圳市高新企业和软件百强企业，创造了较好的经济效益和社会效益。是公司在特服通讯指挥系统工程建设之数量、业绩等方面进入国内同行前列的主要领导者。是公司软件产品拥有自主知识产权的主要组织者、参与者，在国内同行中最早推出了多警合一的城市应急联动指挥系统，并已在部分城市开通使用，从而促进了国内从单警种向多警种集成的通讯指挥系统发展的进程，有效的提高了社会资源，产生效能，为广大市民带来了便利。其主要经营管理成果和参与并组织的研发成果有：

1998年7月 TW2000特服通讯指挥调度系统软件包得到国家科委发文在全国推广。

2000年6月 TW2000特服通讯指挥调度系统软件包获国家版权局计算软件著作权登记证书。

2001年3月 TW2000特服通讯指挥调度系统软件包项目获深圳市科技局科技成果登记。

2001年8月 TW2000特服通讯指挥调度系统软件包项目获深圳市科技进步二等奖。

2002年12月 119消防通信指挥系统、120医疗急救通讯指挥系统获深圳市信息办信息化应用推介方案证书。

2004年1月 天维尔城市应急联动指挥系统软件获国家版权局计算机软件著作权登记证书。

2004年5月 天维尔城市应急联动指挥系统获国家级火炬计划项目证书。

2006年12月 天维尔城市应急联动指挥系统获广东省科技进步三等奖。

2008年申报专利《一种解决大容量报警电话的处理方法》；

2008年至今先后参与国家公共安全标准《火场通信指挥台》等2项国标和3项行业标准的起草、公安部应用创新计划《战勤保障体系管理系统》。

2008年《院前病案信息管理系统在提高急救效率与急救效果方面的应用》（主要完成人）获天津市科技成果登记。

现任国家消防标准化技术委员会委员、深圳市科技专家。

2010年《天维尔安全生产监管与应急救援指挥系统》获深圳市科技成果登记（主要完成人）

2011年3月“一种解决大容量报警电话的处理方法”获得国家知识产权局发明专利授权（第一完成人）。

刘仕儒 先生

掌上纵横信息技术（北京）股份有限公司 董事长

刘仕儒，男，1980 年 11 月出生，掌上纵横创始人，现任掌上纵横信息技术（北京）股份有限公司董事长。

2003 年毕业后，刘仕儒加入 TOM 在线出任市场部经理，2010 年，刘仕儒推出“好游戏，Gamedo”理念，并联合多位互联网资深人士创立掌上纵横，并于 2015 年 10 月 9 日正式在新三板挂牌，公司主营业务为影视、明星版权运营，影视、明星版权游戏研发和发行。2016 年建立“纵横游戏、娱乐合伙人、纵横影业”为核心的整合发展战略。

【事业发展】

“那时候我作为一个刚毕业的学生，正在经历普遍的浮躁期，而 TOM 是一家偏执行力、偏军事化、令行禁止的企业，在那里工作的过程中，让我学会了怎么戒骄戒躁，怎么去做事情。”确切的说，对于此时的刘仕儒的整个职业生涯来说，是一个“打基础的阶段”。

TOM 的行事风格显然在刘仕儒身上得以充分体现，即便在掌上纵横现在的办公室里，随处也能感受到军事化管理的气息，墙上、白板上清晰的规划、方向，仿佛作战指挥室一般。从 TOM 出来之后，刘仕儒走上了自己的创业之路。

刘仕儒大概在 08~09 年进入游戏行业，作为功能机时代的游戏企业，他的“好游戏，Gamedo”成为掌上纵横的雏形，开始接触游戏行业的刘仕儒慢慢发现，移动互联网的爆发必然导致移动游戏成为新的“金矿”。

2015 年挂牌新三板有力增强了掌上纵横的行业驾驭能力，通过一系列战略合作伙伴和优质资本的引入，不断完善其泛娱乐生态布局，强化多领域娱乐基因，加深在影视、明星、体育、动漫等方面资源的储备和开发。着力打造一个以 IP 为核心，以娱乐合伙人为标配，集娱乐内容生产、传播、消费为一体的新型泛娱乐综合体。

对于掌上纵横的发展，刘仕儒给分成三个阶段：从 2010 年创立到 2012 年是 IP 战略摸索期，2013 年到 2015 年实施 IP2.0 战略，掌上纵横进入快速发展期。而从 2016 年开始则重点打造由 IP 向 FP 的全新升级，开启粉丝经济时代，为建立新型泛娱乐综合体不断探索和创新。

【获得殊荣】

2014 年 9 月，掌上纵横获得中国网络版权维权联盟聘书，刘仕儒担任中国网络版权维权联盟副秘书长。

2015 年，掌上纵横成为中国互联网协会会员单位。

2015 年 7 月，刘仕儒获得 2015 年度“中国互联网行业领军人物奖”，掌上纵横获得 2015 年度“中国互联网行业领军企业奖”。

2015 年 12 月，刘仕儒获得第一届“黑石奖”十大新锐 CEO 奖。

2016 年 3 月，掌上纵横获得“最具成长性企业金苹果奖”。

李 剑 先生

兰州亚成生物科技股份有限公司 董事长

李剑，男，汉族，1966年5月出生，中国国籍，无境外永久居留权，中共党员，硕士，工程师。

1989年7月从郑州纺织工学院毕业，2006年12月，香港公开大学工商管理专业研究生毕业。1998年8月至今，就职于兰州高科投资发展集团公司。现为兰州高科投资发展集团公司副总经理，兰州亚成生物科技股份有限公司（前兰州高新技术产业开发区亚成肠衣有限公司）董事长。

刘玉山 先生

哈尔滨工业大学软件工程股份有限公司 董事长

刘玉山，男，汉族，1962年出生，硕士学历，研究员，研究生导师。中国软件行业协会常务理事。

1985年7月至1999年11月任教于哈尔滨工业大学管理学院，先后担任金融学教研室副主任、主任等职；1999年11月至2001年12月任哈尔滨工业大学计划财务部副部长；2001年12月至2006年3月任哈工大首创科技股份有限公司董事、常务副总经理；2006年4月至2013年9月，任哈尔滨工业大学八达集团有限公司副总经理；2009年12月至今，任哈尔滨工业大学软件工程股份有限公司董事长、总经理。

刘玉山先生励精图治，带领工大软件全体成员勤勉奋斗，时刻谨记哈工大“规格严格，功夫到家”的校训，始终秉承“以人为本、和谐共进、真诚奉献、追求卓越”的企业价值观，将“爱国、求是、团结、奋进”的哈工大精神融入到日常的经营管理活动中，致力于以先进成熟的信息化技术和产品服务于经济社会发展，面向税务、社保、信息安全、电子政务、交通物流、电信、教育、环保、民生等领域提供专业的信息化产品和服务，立足龙江，紧跟技术潮流，拓展全国市场。

在领导工大软件发展的过程中，刘玉山先生致力于公司治理、文化建设、人文关怀、企业效益，时刻牢记企业使命、承担社会责任。在刘玉山先生的战略思想指导下，工大软件为区域和国家的经济发展做出了重大贡献。

在刘玉山先生的带领下工大软件在2015年1月公司成功登陆“新三板”资本市场。

邱伟平 先生

广东裕田霸力科技股份有限公司 董事长

邱伟平先生，现任广东裕田霸力科技股份有限公司董事长。同时担任广东狮子会红棉服务队前队长、曲江区商会副会长、人大代表、阿拉善 SEE 生态协会会员、中山大学企业家联合会常务理事、房地产 EMBA 同学会副会长、珠海市南海商会副会长、政协委员、贵州金碧湖房地产开发有限公司、南海蜂窝电子制品有限公司、韶关北江温泉游艇会董事长 。

其领导下的裕田霸力公司是中国军用鞋专业鞋胶粘剂指定供应商，是国家标准《鞋和箱包胶粘剂》（GB19340—2003）的两间制定单位之一，自主研发的水性胶为广东重点突破项目，获国家财政补贴，荣获“广东制造业企业 500 强”，“广东百强品牌”，“中国名优产品”等荣誉 。其个人也获得“广东省韶关市荣誉市民”荣誉称号。

李祈霖 先生

汕头市三宝云母科技股份有限公司 董事长

李祈霖先生，2010 年毕业于英国卡迪夫大学，现任汕头市三宝云母科技股份有限公司董事长兼总经理。一直致力于生产高质量合成云母粉，扩大公司规模，带领研发团队攻克技术难题。推行以人为本的管理方式，以新思维新方式，推动本行业的技术革新，战略部署专项专攻。

2010 年，首次带领团队研发出一台新型研磨剥片机，克服了本行业研磨高质量合成云母粉的难关，新规格产品得到国内外的广泛认可。同年 10 月，带领团队设计立项“合成云母的产业化基地”项目，被列入“广东省现代产业 500 强项目”，并被汕头市政府列入“产业振兴重点项目”之一。2013 年，主导制定的《化妆品用云母》【HG/T4524-2013】标准，由工信部正式发布，成为国家级化工行业标准。与华南理工大学合作，共同开发《氟金云母粉塔式分级》项目，为攻克本行业湿法分级效率及节能等问题。并于 2015 年主导立项的《湿法合成云母粉表面改性》项目得到专家组验收。以专利的形式对公司的技术革新进行保护，其中，国家级发明专利 1 项，实用新型专利 6 项，这些专利使整个生产线高能低耗，企业稳步发展，产品远销欧美，为企业带来明显的经济效益。

鲁万鑫 先生

宁夏赛文节能股份有限公司 董事长

鲁万鑫，男，1974 年 1 月生，汉族，工程师，宁夏永宁县人。现任宁夏赛文节能股份有限公司董事长、总经理，兼任中国节能与环保常务理事、中国住房和城乡建设部科技发展促进中心《建设科技》理事会理事、宁夏回族自治区科技特派员等。作为我国节能环保产业早期发展的参与者和建设者，鲁万鑫一直从事节能技术研发及管理工作，先后获得 7 项科研专利，在国内专业期刊发表论文 2 篇，承担国家科技型中小企业技术创新基金项目一项。

主要工作经历：

1998 年毕业于北京科技大学，取得自动控制专业学士学位；

2002 年在深圳创建启太网络科技开发有限公司，任总经理职位；

2007 年回宁创建宁夏赛文节能服务有限公司，任总经理职位；

2013 年带领赛文节能在天交所成功挂牌上市（公司更名为宁夏赛文节能股份有限公司），出任公司董事长兼总经理；

2013 年兼任宁夏回族自治区科技特派员；

2015 年带领宁夏赛文节能股份有限公司在全国中小企业股份转让系统上市，出任公司董事长兼总经理；

获得的主要荣誉：

2012 年被评为宁夏“未来之星青年企业家”；

2012 年，被宁夏回族自治区评为“节能工作先进个人”；

2013 年被国家节能中心评为“2013 年度全国节能榜样人物”；

孟宪成 先生

北京方胜有成科技股份有限公司 董事长

孟宪成，男，1972 年生，北京航空航天大学计算机应用专业硕士，工信部中小企业领军人才、中国软件和信息服务业领军人物、区域能源产业联盟发起人、北京建筑节能与环境工程协会副会长、中关村企业家协会会员，北京民营科技实业家常务理事；建设部公共事业信息化专家；现任北京方胜有成科技股份有限公司董事长兼总经理。任职期间实现了公司业务从传统电力行业向能耗监测、能效管理提升及综合能源服务等全面拓展，并于 2015 年 8 月 18 日挂牌新三板，股票代码 833313。

在 20 余年的从业经历中，对于节能减排及新能源、智慧城市、生态园区、公共事业等领域有着深刻的行业理解能力、业务规划能力及项目运作管理经验，在业内具有广泛的社会知名度、认可度和媒体曝光率。

欧辉生 先生

珠海港信息技术股份有限公司 董事长

欧辉生，公司董事长，高级经济师、会计师、中国注册会计师。2011 年 12 月毕业于湖南大学企业管理专业，博士研究生学历。现任珠海港控股集团董事长、珠海港股份（股票代码：000507）董事长、珠海港信董事长。

在担任珠海港信息技术股份有限公司董事长期间，始终坚持改革创新、积极拓展，使公司业务实现了跨越发展。通过信息技术手段优化了码头物流企业管理，有效提高了珠海港口物流信息化水平，积极参与珠海智慧城市建设，注重企业创新和团队培养，积极拓展市场，带领公司实现股改及新三板挂牌，实现了新一轮国有企业改革，成为了珠海首家国有企业新三板挂牌企业。

钱林弟 先生

江苏凯伦建材股份有限公司 董事长

钱林弟，男，1968 年出生，汉族，本科学历。

曾任吴江兴达利毛毡厂厂长、行军村党支部副书记、行军村党支部书记、双塔桥村党支部书记、吴江市月星建筑防水材料有限公司法定代表人；

2007 年 11 月至 2010 年 11 月，任深圳市卓宝科技股份有限公司董事；2007 年 11 月至 2011 年 1 月，历任苏州卓宝科技有限公司法定代表人；2001 年 10 月至今，任吴江市铁通电缆附件厂厂长；2012 年 6 月至今，任凯伦控股执行董事、法定代表人；2013 年 4 月至今，任苏州凯伦农业科技有限公司执行董事、法定代表人；2011 年 7 月至今，任凯伦建材董事长、法定代表人；2014 年 6 月至今，任绿融投资执行事务合伙人。

李明辉 先生

芍花堂国药股份有限公司 董事长

李明辉先生，汉族，中共党员，亳州古井镇人，中国人民大学市场营销本科毕业，经济师、从业药师。现任安徽亳州芍花堂药业有限公司董事长兼法人代表、安徽雷允上国药有限公司董事长、亳州药都物流仓储有限公司董事长。担任社会职务有：中国中药协会会员、安徽省医药行业协会理事、亳州市对外友好协会副会长、亳州市药业行业协会副会长、亳州市第二届人大代表、亳州市第二届十大杰出青年、亳州市首届民营企业十大杰出人物、亳州市农业产业化先进个人、谯城区第十四届人大代表、谯城区书法家协会理事、亳州市首届“中华药都创业明星”、中国仓储协会常务理事等。

茹志康 先生

宁波展通电信设备股份有限公司 董事长

茹志康，男，1964 年 1 月出生，中国籍，无境外永久居留权；毕业于浙江大学工商管理专业，EMBA 学历。1983 年至 1987 年，在福建省邮电通讯厂从事技术工作；1988 年至 1994 年，自营通信器材经营部；1995 年至 1996 年，在余姚市绿色集团公司从事营销工作；1996 年至 2000 年 10 月，任余姚万通厂长；2009 年 4 月至今，任康盛电子董事长；2000 年 11 月至 2014 年 3 月，任展通电信有限董事长、总经理；2014 年 3 月 21 日，由公司股东大会选举为公司董事，同日，由公司董事会选举为董事长，任期三年，至 2017 年 3 月 21 日止。

尚建华 先生

武汉中浩科技发展股份有限公司 董事长

尚建华先生，出生于1969年01月05日，汉族，籍贯为河南省上蔡县，文化程度为本科。

1992年10月至2001年8月，供职于中国纸张进出口总公司，任主检验员、副科长、科长。

2001年10月至2014年6月17日，供职于武汉中浩贸易发展有限公司，任副总经理、总经理。

2014年6月18日武汉中浩贸易发展有限公司通过股改变更为“武汉中浩科技发展股份有限公司”，出任董事长。

2015年7月28日公司名称变更为“中浩紫云科技股份有限公司”，继任董事长。

尚建华先生长期从事纸张销售经营和管理工作，有较强市场开拓能力和经营管理能力。

孙 辉 先生

江苏朗恩斯科技股份有限公司 董事长

孙辉，常州市青联委员，1981年12月出生，在大学期间，他就开始尝试创业，从零售、批发日用装饰灯做起，不断积累经验。毕业后，三年驻外工作经历，为创业打下了坚实的基础。2007年，他白手起家，创办常州朗恩斯国际贸易有限公司，2009年从一家以贸易为主的汽车零部件企业成功向实业转型，创办江苏中科朗恩斯车辆科技有限公司。在市场竞争日趋激烈的大环境下，他深知科技创新对产品质量提高、品牌影响力提升的重要性，从2009年开始带领项目团队进行车灯产品的研发，紧接着是自动泊车系统、随动转向系统等的研发，先后获得15项国家专利和3项省市科技创新奖。2014年，常州朗恩斯国际贸易有限公司股改后正式更名为江苏朗恩斯科技股份有限公司，并兼任董事长及总经理职务。

虽属80后，孙辉先生既没有哗众取宠的虚浮，也没有投机取巧的钻营，而是将管理作为企业的立身立本、将奉献作为企业的动力之源，始终秉承“发展事业、壮大公司、成就自己、幸福家庭、服务社会”的宗旨。从企业创办之初就开始导入现代企业管理理念，不断学习、不断完善、不断升华。他不仅懂得如何创造财富，更懂得如何运用财富，回馈社会，真情付出，积极参加社会公益活动，以自己女儿的名字命名，成立了怡然微公益，让青春在奉献中熠熠生辉！

在“万众创新、大众创业”的今天，相信他对科技创新、实业报国的满腔热情将带给我们更多的期待。

孙军强 先生

烟台泰利汽车模具股份有限公司 董事长

孙军强先生，高级工程师，于 1983 年毕业后就职于公司前身烟台机械工艺研究所，从事科研和管理工作，历任烟台机械工艺研究所研究室主任、副所长、所长等职务。曾于 1990 年赴日本研修模具制造技术及企业经营管理一年。现任烟台泰利集团有限公司党总支书记、董事长、烟台泰利汽车模具股份有限公司董事长等职务。

孙军强先生曾荣获烟台市“五一”劳动奖章、被授予“烟台市十大科技型企业家”荣誉称号、被授予“山东省第二届优秀青年私营企业家”称号；他 2003 年、2008 年和 2013 年连续三次光荣当选烟台市第十四届、第十五届、第十六届人大代表。

一、审势度势，科学决策，确立汽车模具制造主导产业，为烟台模具步入全国先进制造行列发挥重要作用。

他根据中国汽车工业快速发展的基本形势判断，结合多年从事汽车模具产业的技术和管理经验，以科研市场化，成果产业化的经营理念，通过资本运作，创立了烟台泰利汽车模具股份有限公司，并以此为平台，通过市场和技术合作的形式，迅速膨胀了烟台汽车模具产业的规模，增强了实力，扩大了市场影响，为烟台制造赢得了荣誉。由于他在烟台模具行业的重要贡献和影响力，被委任众多社会职务：历任中国模具工业协会常务理事、山东省模具工业协会副理事长、烟台市模具工业协会理事长、烟台市汽车工业协会副理事长、烟台市青年企业家协会副会长、烟台高新区企业家协会会长等行业职务。

二、重视技术创新，为公司高新技术企业的形成发挥了重要作用。

孙军强同志注重科技进步，善于学习、应用新技术，善于掌握新技术发展动态，在技术创新方面有很强的组织领导能力。

在公司内部，制定了“以市场需求为导向、以技术创新为依托、以管理创新为动力、以客户满意为目标”的发展战略。主张利用高新技术不断改造和完善传统制造技术。在他亲自带领下，以清华大学的快速原型制造技术和工艺与自有的传统快速模具技术相结合，提出了“复杂结构产品的快速成型技术及制模工艺研究”的科研课题，并获得山东省科技进步二等奖，从而实现了国内汽车新车型开发车身快速试制的重大突破，大大提高了国内汽车新车型自主开发能力，为我国民族汽车工业的发展做出了贡献。

在他技术创新思路的引领下，公司技术创新步伐不断加快，政、产、学、研合作成绩显著。公司与机械科学研究总院先进制造技术研究中心、清华大学 CIMS 工程技术研究中心，烟台生产力促进中心、烟台高新区科技创业服务中心共同创建了面向汽车产业发展的现代制造业创新服务平台“胶东汽车技术现代服务平台”，围绕汽车轻量化、节能减排、快速制造、虚拟实现等方面技术展开系统研究、开发和集成，形成新的创新成果，服务于汽车行业。

三、加强企业资本运作，夯实企业管理基础，企业规模和实力不断提升。

在企业发展方面，他主张知识资本化，成果产业化，凭着他丰富的阅历和经验、创新的思维，拼搏进取，扎实工作，利用公司形成的市场影响，通过资本运作，先后创立了烟台泰利汽车模具股份有限公司、烟台泰利汽车零部件制造有限公司、烟台泰利机械工艺研究所有限公司、青岛泰利汽车零部件制造有限公司。初步形成了一个充满活力、充满朝气、富于挑战和竞争力的科技型企业集团。

在他的创新、创业思维的引导下，经过科学决策，于 2014 年 9 月将原烟台泰利汽车模具制造有限公司改制创立了烟台泰利汽车模具股份有限公司，并于 2015 年 3 月 6 日在全国中小企业股份转让系统正式挂牌上市，为企业规范运营、多渠道融资提供了良好的平台，奠定了公司的发展后劲。

王邦坤 先生

盛全物业服务股份有限公司 董事长

王邦坤，男，1978年11月出生，汉族，大专学历，中级工程师职称，现任盛全控股有限公司董事长，盛全物业服务股份有限公司董事长。

王邦坤同志2000年创立德清中房物业管理有限公司，于2004年公司迁址至杭州，多年来深耕物业服务行业，不断创新服务理念，在他的带领下，公司现已发展成为一家全国性服务运营集团，由最初的100多人发展成现今的4000多名员工。荣居2015中国物业百强榜中列第36位，并将在今年跻身国内第一批挂牌上市的物业企业之列。

王邦坤提出“科技温暖生活”理念，率先创新实证“专业化纵深+多元化融合”商业模式，跨界融合“智能电梯”物联网技术、“刷脸”视觉识别技术和社区O2O新技术，建立以互联网为核心的“盛全优家”社区生活服务平台，打造智慧社区物业管理生态圈和商务生态圈，引领传统物业向现代服务业转型升级。

对于推动行业可持续发展，王邦坤一直心怀使命。他组建盛全服务管理学院、现代服务业研究院和浙江省现代服务业研究中心盛全服务业研究所，进行行业前瞻研究，引领行业积极拥抱变革。

主要事迹：

2000年成立 德清中房物业管理有限公司

2004年－2015年成立 盛全物业服务有限公司下设4家子公司和25家分公司和2家合作公司（布局长三角）

浙江盛洁环境工程有限公司

浙江盛全保安服务有限公司

杭州盛全健康管理有限公司

杭州盛全教育科技有限公司

舟山盛全中顺物业服务有限公司

安徽华洁盛全物业服务有限公司

2013年－2015年成立 盛全控股有限公司下设3家子公司

盛全物业服务有限公司

杭州百筑楼宇工程有限公司

杭州悉尔科技有限公司

2015.4－至今 盛全物业服务股份有限公司（现已成功登陆新三板）

个人荣誉：

2013.6 杭州市拱墅区物业管理协会会长单位负责人

2013.11 南京理工大学盛全交通研究所所长

2014.10 中国物业管理协会常务理事

2015.3 浙江省现代服务业研究中心特约研究员

2015.9 2015年全国物业管理十大影响力人物

王 林 先生

烟台海颐软件股份有限公司 董事长兼总经理

王林，男，1966 年出生，中国国籍。1985 年 7 月入党，1989 年 7 月毕业于吉林工业大学，研究生学历。

1989 年至 2003 年，历任烟台东方电子股份有限公司系统所所长、副总经理、董事。2003 年 6 月至今，任烟台海颐软件股份有限公司总经理、董事长，先后获得“烟台市学科带头人”和“山东省千名知名技术专家”称号。

公司是一家提供软件产品和技术服务的高新技术企业，以软件技术为核心，通过软件与服务结合，软件与行业管理能力的结合，提供行业解决方案、产品工程解决方案及相关产品、平台及服务等。在王林总经理的主持下，公司先后获得计算机信息系统集成二级、涉及国家秘密的计算机信息系统集成、CMMI L5、PCMM L3、GJB9001B 军工产品质量管理系统认证等资质。公司共拥有 79 项软件著作权、40 项软件产品登记、1 项发明专利和 1 项实用新型专利。目前公司主要为电力行业、交通行业、公用事业及政府部门提供核心业务的软件产品、技术服务、大数据应用、云计算的数据中心信息安全解决方案。

公司 2015 年实现营业收入 3.2 亿元，其中公司自主开发的软件产品和技术服务的收入近 3 亿元。

王建萍 先生

深圳市春旺环保科技股份有限公司 董事长

王建萍，男，1969 年出生，中国国籍，无境外永久居留权。清华大学深圳研究生院高级工商管理精品课程研究班结业；深圳市萍乡商会副会长。1989 年 –1993 年，任江西萍乡东桥职业中学教师；1993 年 –1998 年，个体经营；1998 年 –2004 年，任深圳市春旺防潮珠厂厂长；2004 年 –2014 年，任深圳市春旺实业有限公司执行董事、总经理；股份公司设立以来，任深圳市春旺环保科技股份有限公司董事长、总经理。

唐 明 先生

德阳天元重工股份有限公司 董事长

唐明，男，47岁，大学学历，高级工程师。曾任中国南车集团资阳机车厂分厂技术员、生产调度、团委书记，四川德阳东风内燃机车设备有限公司总经理。现任四川天元机械工程股份有限公司董事长、总经理，德阳天元重工股份有限公司董事长，并担任《桥梁》杂志理事、中国公路学会桥梁和结构工程分会理事等工作。

唐明董事长具有丰富的经营管理经验，强烈的社会责任感，敏锐的战略眼光，带领公司探索出一条适应索桥建设发展的专业化经营之路，使公司在较短的时间内从一家悬索桥索鞍、索夹产品制造的参与者发展成为目前国内唯一一家专注于索桥上部受力部件体系的设计、制造、安装和服务的专业化企业。在他的领导下，天元重工已具备年生产制造索鞍、索夹、拉杆、连接器等索桥核心受力部件产品2万吨的能力，先后参与了国内外七十余座悬索桥的建设，为客户提供了优质的产品和良好的服务；公司现已取得索桥核心受力部件领域的专利二十余项，并获得国家高新技术企业证书。

从公司创建起，唐明董事长就坚持采取“隐形冠军”策略，提出“百年桥梁、百年产品、百年服务、百年天元”的公司理念，坚持走差异化、专业化和全球化发展道路，不断提高产品质量和服务水平，始终把“国内领先和国际一流水平”作为公司的发展目标，努力打造百年品牌，致力于成为国内领先、国际一流的索桥核心受力部件制造服务商，为全球的索桥建设贡献一份力量。

王 峰 先生

河南全宇制药股份有限公司 董事长

王峰先生，1974年10月出生，中国籍，无境外永久居留权，本科学历，武汉大学学士学位，化工专业。1997年2月至2004年5月，就职于南阳鸭河电厂，任业务科长；2004年5月至2008年12月，就职于南阳普康集团衡渣制药有限公司，任销售部经理；2009年5月至2014年4月，就职于南阳市天华制药有限公司，任执行董事兼总经理；2014年4月至今，就职于河南全宇制药股份有限公司，任公司董事长兼总经理。

其他荣誉：

2014年10月9日南阳师范学院聘任全宇制药董事长王峰担任我校生物工程领域工程硕士研究生导师。

2015年7月12日全宇制药董事长王峰获选河南省医药质量管理协会副会长。

王明荣 先生

光合文旅控股股份有限公司 董事长

王明荣，博士研究生学历。南京林业大学硕士，天津大学管理学博士，清华大学五道口金融学院研究生，光合文旅控股股份有限公司董事长兼总经理，园林应用研究员，山东大学管理学院研究生导师，北京山东企业商会常务副会长，海南山东企业商会常务副会长，北京节能环保促进会副会长，《中国园林》编委会委员，山东省花卉协会副秘书长，全国一级园林施工企业联谊会副秘书长，建设部园林建设标准委员会委员，全国城镇风景园林标准化技术委员会委员。

作为公司的引路人，王明荣带领着企业快速地发展，作为园林领域的科研精英，王明荣也在不断地充实自己，多方地学习和研究。他主持编写的《中国北方园林树木》、《滨海景观绿地设计》、《浅析高档居住区景观规划设计》、《浅析高档酒店景观规划设计》、《植物花园规划与设计》、《盐碱地园林景观设计》、《我对园林设计及实践的认识》、《湿地公园的规划与设计》、《浅析滨河森林公园景观规划设计》、《海棠湾景观系统规划设计思考》等多部园林景观类书籍，得到了社会各界的一致认可。

王永泉 先生

上海司南卫星导航技术股份有限公司 董事长

王永泉，男，1970 年 6 月出生，中国国籍，无境外永久居留权，博士研究生学历，高级工程师。

1988 年 9 月至 1993 年 7 月在重庆大学学习，精密仪器与机械专业；

1996 年 9 月至 1999 年 12 月在重庆大学攻读硕士，精密仪器与机械专业；

2003 年 3 月至 2008 年 2 月在上海交通大学攻读博士，仪器科学与技术专业。

1993 年 7 月至 1996 年 8 月任职于常州大地测距仪厂，任开发部主任；

1996 年 9 月至 2000 年 12 月就职于广州南方测绘仪器有限公司，任副总工程师；

2001 年 1 月至 2003 年 2 月就职于广州中海达测绘仪器有限公司，任总工程师；

2008 年 2 月至 2012 年 1 月就职于上海华测导航技术有限公司，任总工程师；

2012 年 3 月至 2012 年 9 月就职于上海司南卫星导航技术有限公司，任总工程师；

2012 年 10 月至 2015 年 6 月就职于上海司南卫星导航技术有限公司，任执行董事、总工程师；

2015 年 6 月至今就职于上海司南卫星导航技术股份有限公司，任董事长、总工程师，任期 3 年（2015 年 6 月 6 日至 2018 年 6 月 5 日）

王 琴 女士

广东星美灿照明科技股份有限公司 董事长

王琴女士，董事长，中国国籍，无境外永久居留权，1976 年 1 月 14 日生。2013 年 7 月香港亚洲商学院工商管理专业毕业，硕士研究生学历。

职业经历：

1994 年 5 月至 1997 年 2 月，就职于东莞中堂袁家涌玩具厂，任 pmc 跟单员；

1997 年 3 月至 2001 年 3 月，就职于东莞大发玩具厂有限公司，任 pmc 采购员；

2001 年 4 月至 2007 年 10 月，在东莞市虎门顺鸿达塑胶厂任经理。

2007 年 11 月至 2010 年 6 月，就职于东莞市厚街镇顺腾达厂（已注销），任经理。

2010 年 7 月创建星瑞灯饰，现任股份公司董事长、总经理，任期三年。2015 年 4 月 23 日起兼任广东景丽川实业有限公司执行董事兼经理；

2015 年 4 月 29 日起兼任东莞奥紫星投资合伙企业（有限合伙）合伙事务执行人。

王自力 先生

北京林大林业科技股份有限公司 董事长

王自力，1967 年出生，博士研究生学历，研究员职称。1991 年北京林业大学毕业后，留校任教。1998 年至 2010 年，先后任北京林业大学总务与产业管理处副处长、处长，北京林业大学校长助理，并于 2006 年任北京林大林业科技股份有限公司董事长兼总经理。2010 年至 2015 年任北京林业大学党委常委、副校长。2015 年 7 月至今，任北京林大林业科技股份有限公司董事长。曾于 2002 年获北京市经济技术创新标兵；2005 年获北京爱国卫生先进工作者、首都绿化美化积极分子；2009 年获得国庆 60 周年优秀工作者。

作为北京林业大学原副校长、中国生态修复产业技术创新战略联盟理事长、中国林牧渔业经济学会副会长，长期从事高等学校的产业管理工作，深谙政产学研用协同创新的重要意义。在企业经营中，充分依托北京林业大学的学科优势和人才储备，以高技术含量、高附加值的林木花卉新产品和享有较高声誉的园林绿化设计施工，以及涉及跨行业、多领域的生态修复、流域治理作为公司的主营业务；在企业生产中，主张要密切联系并服务于学校教学科研，与国家花卉工程中心密切配合，实现资源共享；在企业科研上，参与或主持多项国家科技支撑计划课题和北京市教委共建计划产学研合作项目，作为项目主要负责人参与“兰花新品种选育及栽培技术研究”等项目，使公司在花卉生产方面理论实践密切联系。现在公司拥有国家植物新品种权六项，掌握专利技术二十一项。

王相传 先生

苏州市姑苏区鑫鑫农村小额贷款股份有限公司 董事长

王相传，1958 年 6 月出生于江苏泰州，中共党校法律本科毕业，高级会计师。

工作经历：

1976. 12 – 1993.9 在中国人民解放军某部队服役，历任战士，班长，军、师、团政治机关组织、宣传干事，南京军区杭州军事法院审判长。

1993.9 – 2007.4 在苏州市财政局工作。历任秘书、科研室副主任、主任；办公室副主任、主任（在担任办公室主任期间兼任苏州市信息中心主任），农财处处长。

2007.5–2010.12 任苏州市农业担保有限公司董事长、总经理。

2011.1– 至今 任苏州市农业发展集团有限公司董事长。

重要成就：

王相传同志 1993 年转业至苏州市财政局工作，在担任财政局农业处处长期间，参与研究并出台了苏州市农业保险的水稻保险办法，随后按照领导要求，研究借鉴苏州工业经济发展的经验，吸引更多的社会资本、金融资本支持“三农”，建立农业担保公司的方案得到市领导认可。

2007 年 4 月，苏州市委市政府决定成立“苏州市农业担保有限公司”，派任王相传同志董事长、总经理。作为省内第一家以三农为主要扶持对象的专业化担保机构，王相传同志确立了公司惠农利民、服务三农的发展理念，公司积极发挥杠杆作用，为三农及中小微企业提供强有力的资金保障。同时王相传同志凭借其睿智、果敢的作风和拼搏、进取的精神，带领员工实现了企业的快速发展。

2010 年，为规范全国融资担保业，银监会等七部委联合发出了三号令，加强对担保业的整顿和监管。王相传同志带领团队抢抓机遇，果断做出将农业担保与其所属的农业投资发展有限公司进行股权置换，并成立农业发展集团的决定。自此，公司正式走上了二次创业的发展道路，顺利地实现了由做大做强向做精做优转变，农村金融向产融结合转变，单一担保向多元化平台转变。为有效延伸金融产业链，王相传同志大胆决策，相继发起成立了苏州市平江区鑫鑫农村小额贷款股份有限公司。

所获奖项：

2009 中国农业担保行业十大优秀企业家；

2009 中国农业担保行业最具影响力人物；

2009 年江苏省十佳诚信企业家；

2010 年全国担保行业新人新锐奖；

2011 年平江区杰出人才；

2012 年中国担保英才；

吴灿华 先生

江苏华灿电讯股份有限公司 董事长

吴灿华，1953 年 3 月出生于江苏如皋，中共党员，高级技师。

1971 年 7 月 –1992 年 06 月　如皋钢厂车间主任

1992 年 7 月 –2000 年 12 月　如皋市港区电讯器材配件厂厂长

2001 年元月 –2007 年 10 月　如皋市华兴电讯器材有限责任公司总经理

2007 年 11 月至今　江苏华灿电讯股份有限公司董事长兼总经理

王梓丞 先生

辽宁中旭石化科技股份有限公司 董事长

王梓丞，男，1987 年 5 月出生于辽宁沈阳。2008 年毕业于东北大学计算机专业；2011 年获得北京科技大学管理学院研究生学位，同年亲自主持建设辽宁中旭石油化工有限公司；2015 年进入北京大学 EMBA 班在职进修；现任新三板上市公司辽宁中旭石化科技股份有限公司董事长兼法人代表。

王总在东北大学求学时就曾被评为沈阳市当年唯一的“沈阳市优秀学生干部标兵”。在工作中，他也兢兢业业，敢于大胆创新，同时十分重视科研项目的开发与成果转化。2011 年接管企业后，王总在已有山东德州工业园区的基础上，出资建立了辽宁中旭石化调兵山工业园，也是辽宁省唯一指定的循环经济产业园。2012 年，王总又成立了中旭石化加氢实验室，进行废油加氢炼制试验，将每年净利润的 7% 投入到技术和产品研发。在短短两年内，他率领中旭科研团队，先后获得了变压器油产品制造、废油加氢炼制石脑油、柴油和基础油、废轮胎炼制高清洁柴油等七项专利技术，并相继取得了国内及国际相关质量管理体系认证，创造了行业奇迹。中旭变压器油产品更得到中国电力企业联合会鉴定认证，成为目前国内除中石油外唯一拥有超高压变压器油制造能力的企业。2014 年末，王总因其在石化产业循环能源方面的突出贡献，先后当选为 " 辽宁青年企业家十大新锐 "、“2014 辽宁循环经济贡献年度封面人物”等。

目前，中旭石化可研发及生产 20 大类，700 多个品种的润滑油产品，并掌握国内最先进的废油加氢炼制技术，配备国内一流的生产及检测设备，跨步跻身全国最具规模和影响力的环保型石化企业行列。

2014 年，辽宁中旭石化科技股份有限公司正式成立，企业开始股份制运营。2015 年 9 月 14 日，中旭石化 833538.OC 在新三板挂牌上市。资本市场的成功登陆，也掀开了中旭跨越发展的新篇章，使中旭的发展迈上新的台阶，成为环保型润滑油领域“中国制造”的佼佼者。

吴玉芹 女士

深圳市科威特斯特科技股份有限公司 董事长

吴玉芹：坚忍不拔深耕防雷业的拓荒者

“没有人可以击倒我们，除非我们先打败自己”。带着这种坚忍不拔的精神，吴玉芹董事长率领团队在防雷业破茧而出，实现华丽转身，2015年7月，将深圳市科威特斯特科技股份有限公司推向新三板，并在全国中小企业股份转让系统成功挂牌上市。

用感恩的心做事业。她在管理公司的过程中，一直把感恩挂在嘴边。是的，感恩的心让她比常人看到了更多的细节，铭记了更多的感动。她感怀身边不离不弃的同事，每一位的辛勤劳动在她眼里都是那么的难能可贵，她感动于他们为科威所奉献的青春。在企业发展的过程中，吴玉芹女士一直都非常注重人才的培养和现代化的管理，不断引入新技术，积极推进新跨越，使公司一直走在防雷行业的科技前沿。

“让科威成为一家财务健康、品质过硬、市场份额不断扩大、品牌影响力不断提升的快速发展的防雷明星企业”。吴董坚定表示，科威有信心、有能力、有激情迎接各种挑战，并继续在品牌路上坚定前行，持续实现每年完成销售总额和利润双重增长的目标。以更好的业绩回报社会、回报投资者、回报我们的员工。科威将不忘初心，在互联网的创新时代，不断钻研和探索雷电防护的最佳解决方案，努力成为中国雷电防护方案商第一品牌，让科威的企业梦想成为中国防雷梦想的一部分。将科威打造为一个优秀的，有社会责任感的，有历史使命感的新一代企业！

“路漫漫其修远矣，吾将上下而求索”。吴玉芹女士抱着造福社会的企业使命，秉持创新防雷科技的专业精神，发扬“闯出一条出路”的深圳精神不懈努力，带领科威阔步前进。

谢玉成 先生

古麒羽绒股份公司 董事长

谢玉成先生，现任上海新龙成集团有限公司董事长、中共新龙成集团委员会党委书记、古麒羽绒股份公司董事长、上海市安徽商会党工委副书记/常务副会长、上海新沪商联合会副会长、上海市芜湖文化促进会执行会长。

先后获上海市五一劳动奖章、上海市两新组织优秀共产党员、全国示范性劳动竞赛先进个人、海内外十大优秀新徽商、上海浦东新区优秀中国特色社会主义事业建设者等表彰。

文高永权 先生

湖南众益文化传媒股份有限公司 董事长

文高永权，湖南益阳桃江人，1976 年 10 月生，汉族，清华大学 EMBA 在读。

生于美人盛产之地，深谙“世界不是缺少美，而是缺少发现”之理，秉承上古先行创新之渊源；浸最具创新意识之广告行业十栽有余。虽略有成效，却不敢随心枉意而自赏，常做惊鹿，以伺奔跑。

1997 年 10 月，孤身往琼，青春岁月，颇有指点江山之意气。

1998 年 9 月，梦想起步，海口日新广告有限公司成立。

1998 年 12 月 –2000 年 10 月，任中国特区报记者，广结传媒人士。

2001 年 4 月，开始扬帆，海南日新广告有限公司成立。

2007 年 10 月，引领新媒体，第四家公司——湖南众益文化传媒有限公司成立。

曾获荣誉：

“爱心助学，同圆奥运梦”奖；获中国首届“兴湘贡献奖”；汶川地震一周年“爱心大使”；“建国 60 周年创新人物”；“建国 60 周年特殊奉献人物”；“2011 年度芙蓉区优秀企业家”；“最具社会责任感企业家称号”；“十大营销风云人物”；“湘商海南商会副会长”；“海南企业家协会副会长”；“益阳商会常务副会长”；“湖南网商协会副会长”；2012 年获第三批宣传文化“五个一批”人才；2013 年获“湖南十大品牌策划大师”。

项久鹏 先生

北京超同步伺服股份有限公司 董事长

项久鹏，1973 年生于辽宁海城，北超伺服创始人，董事长兼任总经理，主要负责公司的整体业务发展战略及公司运营。1996 年毕业于北京科技大学信息工程学院工业自动化专业，同年进入北京科技大学校办产业集团工作。2003 年获得北京科技大学自动化专业硕士学位。2006 年北京大学光华管理学院 EDP 中心，MBA 学员。现任中国数控系统协会技术专家，中国机床工具工业协会数控系统分会副理事长。

2000 年创办北京超同步科技有限公司（现北京超同步伺服股份有限公司全资子公司）至今，专业从事交流伺服驱动技术的研发和产品制造。以多年的伺服应用经验，结合国际上先进的微电子和电力电子技术，历经多年开发试验，先后设计并开发开放式多媒体网络数控系统（OMINNC），交流感应电机伺服驱动器（IMSD），交流感应伺服电机（SIM）和增量式磁速度传感器（IMVS）等，填补国内伺服技术空白。该同志具有高度的社会责任感和民族使命感，创办“北超伺服”后不忘回馈母校，与北京科技大学签订校企合作协议，为优秀学子提供奖学金，帮助贫困学生完成学业。

吴忠标 先生

浙江天蓝环保技术股份有限公司 董事长

吴忠标，工学博士。2000 年 5 月创立了杭州天蓝脱硫除尘有限公司（天蓝环保前身），2003 年 2 月起担任天蓝环保董事长。现任本公司董事长，全资子公司浙江天蓝环保工程有限公司董事长，控股子公司杭州天蓝环保设备有限公司董事，浙江大学教授、博士生导师，国家教育部长江学者特聘教授，国务院特殊津贴获得者，浙江省工业锅炉炉窑烟气污染控制工程技术研究中心主任，中国环境科学学会理事、大气环境分会副理事长，中国环保产业协会常务理事、脱硫脱硝委员会副主任，烟气污染治理产业技术创新战略联盟理事、专家委员会副主任，浙江省环境科学学会副理事长。主要从事大气污染控制与治理、污染控制与资源化等方面的研究，尤其是在燃煤污染控制技术的研究方面具有明显的特色。

近年来主持承担或完成国家级、省部级科研项目 10 多项。已发表学术论文 200 余篇，其中 SCI 收录论文 150 余篇。在科学出版社等中央级出版社主编出版《大气污染控制工程》、《环境催化原理及应用》等著作教材 11 部（其中主编 10 部）。获教育部、环保部、浙江省科技奖励一等奖、二等奖 4 项。2012 年获“全国十佳环境科技工作者”荣誉称号。

作为公司董事长，吴忠标博士能够敏锐地把握市场先机，有效利用和转化科研技术和成果，充分调动和发挥公司团队的作用，一起做强做大天蓝品牌，努力打造具有核心竞争力的著名环保企业，推动我国环保产业的发展。

杨建中 先生

江苏艾蓓科科技股份有限公司 董事长

杨建中，男，42 岁。本科毕业于解放军空军指挥学院计算机工程专业，研究生毕业于重庆大学软件工程专业。1999 年就业于用友软件股份公司，历经 9 年淬炼，于 2008 年创立江苏艾倍科科技股份有限公司。作为中国北斗产品开发与科技方案服务商，艾倍科于 2014 年成功登陆新三板，被财经媒体誉为新三板北斗第一股。

李钢 先生

深圳市恒康达国际食品股份有限公司 董事长

李钢先生是深圳市恒康达国际食品股份有限公司的创始人，1995年毕业于南京理工大学，获得化学工程专业学士学位，后进修于北京大学深圳民营及中小企业高级工商管理研修班。李钢先生曾任金活医药集团有限公司事业部总监，在中国进口食品、保健品行业中拥有近20年的丰富经验，致力于中国快速消费品市场的研究，并在品牌营造及市场营销策略等方面有独到见解；李钢先生于2005年创立了深圳市恒康达贸易有限公司并担任总经理、执行（常务）董事，在中国进口食品这个细分行业中创新性地提出由单一公司提供包括进出口报关报检、供应链管理、品牌塑造及市场营销策划、产品分销渠道建立、销售促进等全链条服务，经过十年的发展，恒康达已逐渐成长为行业内一股不可小觑的力量，并探索出具有恒康达特色的行业领先的品牌总代理商业运营管理模式；在公司于2014年12月底完成股份制改造后，李钢先生担任深圳市恒康达国际食品股份有限公司董事长、总经理。

此外，李钢先生也十分热衷于促进各国文化的交流与发展：恒康达不仅为中国消费者带来国外最优质的产品，还对进口食品及其代理品牌的历史与文化的相关知识进行普及，让中国消费者了解进口食品文化，并努力提供与原产地食品文化一致的消费体验；而李钢先生名下的文化公司也致力于中国传统文化的传播与推广，并积极探索文化与商业思维的融合与碰撞，以及中西方文化的交汇与合作。李钢先生目前还同时兼任深圳市中小企业家联谊会创始理事、深圳市产学研合作促进会副会长、哈军工深港澳校友会副会长等职。

杨琪 先生

东莞瑞柯电子科技股份有限公司 董事长

杨琪，男，1957年出生，中国国籍，本科学历。1976年-1987年，曾担任湖南印刷机器厂工程师，1987年-1991年，曾担任湖南航天管理局华星机电研究所副所长，1992年-2002年，曾担任广东台山市信华（中国）机械有限公司电动工具厂厂长，现担任东莞瑞柯电子科技股份有限公司董事长。

姚德坤 先生

大兴安岭林格贝寒带生物科技股份有限公司 董事长

姚德坤，男，1965 年 10 月 5 日出生，大专学历。1989 年 7 月至 1993 年 8 月任漠河县金沟林场企管股股长；1993 年 9 月至 1997 年 10 月任漠河县野果王公司总经理；1997 年 11 月至 2002 年 3 月任大兴安岭农林科学院中级工程师；2002 年 4 月至今任大兴安岭林格贝寒带生物科技有限公司董事长。2015 年 3 月，以姚德坤先生为核销的管理层带领林格贝成功登录全国中小企业股份转让系统，成为中国最北首家新三板挂牌的企业。

由姚德坤先生领导的林格贝公司始终坚持“以观念驱动为先导、以战略创新为方向、以组织求新为保障、以技术领先为手段、以市场创新为目标”的驱动创新理念，2006 年至 2015 年先后荣获省级高新技术企业、国家级高新技术企业、黑龙江省专利优势培育企业、黑龙江省省级林业龙头企业等称号，并于2011 年成立黑龙江省寒带生物技术研发中心。现已拥有 22 个发明专利，正在申报的专利有 55 个，拥有与高效合作开发的项目 4 个。

2008 年，由林格贝承担的国家《“948”高纯度蓝莓花青素高效提取项目》，被列为“国家科技部重大科技支撑项目”；

2011 年至 2015 年林格贝承担国家 “十二五”科技计划课题研究任务《林下植物有效成分高效分离技术研究与产业化开发》，致力于大兴安岭森林资源的恢复与利用；

2013 年，林格贝与中科院长春分院进行“院企合作”，共同开发未来国际市场需求量大的植物蛋白类产品。

张登国 先生

山东青鸟软通信息技术股份有限公司 董事长

张登国，男，1973 年 11 月出生，本科学历，中国国籍，无境外永久居留权。1995 年 7 月毕业于重庆工业管理学院（现重庆理工大学）自动化专业。在东软集团股份有限公司任职十七载，历任青岛办事处主任、山东东软系统集成有限公司总经理、山东大区总经理、东软集团副总裁。兼任山东省自动化学会副会长，青岛市家促会副会长，青岛市养老协会副会长，现任山东青鸟软通信息技术股份有限公司总经理、董事长。

张绍海 先生

广元市广信农业融资担保股份有限公司 总经理

张绍海，男，汉族，1972 年 1 月出生，四川元坝人，中共党员。2010 至今，先后任广元市广信农业融资担保股份有限公司副总经理、总经理、法定代表人。他坚持学习，不断提高自身能力素质，工作踏实，遵纪守法，诚信经营，带领团队开拓创新、积极进取，担保服务支持全市中小微企业发展取得显著成效：截止 2014 年 12 月，累计为企业及个体工商户提供了 864 笔、38.75 亿元贷款担保；企业融资难问题得到有效解决，其纳税、创造就业岗位、回馈社会的能力得以增强，公司服务支持的企业及业主 98% 以上实现了发展与壮大，公司为服务支持中小微企业和地方经济发展做出了较大贡献，已发展成为当地金融支持中小微企业发展不可或缺的力量。他带领团队不断总结经验，探寻更优的经营发展路径，把握好公司发展的方向，在行业“大地震“面前，临危不惧，带领公司取得了骄人业绩。2014 年，公司在市国资委的统一领导下，积极开展“新三板”挂牌工作，并于 2015 年 4 月成功在全国中小企业股份转让系统挂牌交易（股票代码：832228），更是为行业创新发展开辟了先河，带来了新的希望。同时，广信担保公司由此成为西部第一家担保行业挂牌的公众公司，结束了广元企业在全国资本市场的零时代。

张宏伟 先生

四川宏洲新型材料股份有限公司 董事长

张宏伟先生，男，汉族，1968 年出生，籍贯黑龙江省哈尔滨市呼兰县。

张宏伟先生 1990 年 7 月毕业于华东交通大学 工业与民用建筑专业。1990 年 7 月至 1997 年 6 月，在中铁第十六工程局五处担任项目经理；1997 年 7 月至 2000 年 9 月，在四川佳兴建筑工程有限责任公司担任总工程师；2000 年 10 月至 2008 年 4 月，在中国第五冶金建设公司担任项目经理；2008 年 4 月至 2015 年 5 月，在四川宏洲管桩有限公司担任董事长、总经理；2015 年 5 月至今担任四川宏洲新型材料股份有限公司董事长兼总经理。

张宏伟先生勤奋好学，在百忙之中仍不忘坚持学习，先后取得了一级建造师、高级工程师，并以优异的成绩毕业于四川大学 EMBA 总裁班、清华投融资运作总裁班。这些丰硕的学习成果都是对张宏伟先生能力的肯定。相信未来宏洲新材在张宏伟先生的带领下，一定能走向更加辉煌的明天！

叶益强 先生

山东深川变频科技股份有限公司 董事长

叶益强，男，1976 年 11 月出生，中国国籍，无境外永久居留权，毕业于山东工商经济学院，经济管理专业，本科学历。2004 年 7 月至 2014 年 6 月任公司执行董事兼经理，2014 年 6 月至今，任公司董事长兼总经理。

2004 年 7 月，山东深川电气科技有限公司（以下简称深川变频）正式成立，始于变频器行业崭露头角；2005 年——2007 年自主研发生产销售变频器，本着“以技术创新为灵魂、以品质为保障、以服务客户为根本”的理念，建立起了遍布全国的销售服务网络；2008 年，深川变频通过了 ISO9001 质量管理体系认证和 ISO14001 环境管理体系认证；2009 年，深川变频成功解决了陶瓷球磨机起动难及节电降耗等方面问题，成为业界一大突破；2010 年，“深川”商标注册成功，成功推出高性能矢量通用变频器，迷你型无感矢量变频器；2011 年，深川变频与山东理工大学、淄博职业学院分别签署战略合作协议，针对专业技能人才开启全面的校企合作；2012 年 5 月，深川变频获得六项国家级实用新型专利证书及两项国家级计算机软件著作权登记证书；2013 年 3 月 14 日，深川变频年产 20 万台变频器项目正式奠基；2013 年 3 月 29 日，深川变频被授予淄博市 2013 年市重大项目青年突击队；2013 年 6 月，深川变频器系列产品通过 CE 认证；2013 年 8 月，深川变频荣获“2012--2013 年度中国变频器行业最具潜力奖”；2013 年 9 月，深川变频“年产 20 万台高性能变频器”项目入选国家火炬计划立项；2013 年 12 月 4 日，深川变频被列入淄博市 2013 年度创新发展 500 强企业；2013 年 12 月，深川变频入选淄博市第四批产业技术创新战略示范联盟；2014 年 6 月 7 日，深川变频完成股改，山东深川变频科技股份有限公司（以下简称深川股份）正式揭牌成立；2014 年 8 月，深川股份荣获“2013-2014 年度中国变频器行业成长力十强”荣誉称号；2014 年 9 月，深川股份荣获 2014 年淄博市火炬工作表彰奖励大会表彰通报和资金奖励。2015 年 2 月 26 日，深川股份荣膺“科技型高成长工业企业 30 强”。2015 年 3 月 23 日，深川股份强势登陆全国中小企业股份转让系统，成功挂牌新三板。

张 琪 先生

四联智能技术股份有限公司 董事长

张琪，四联智能技术股份有限公司董事长兼总经理。

荣誉奖项：

▲“十一五”全国建筑业科技进步与技术创新先进个人

▲2013 年中国建筑智能行业 20 年领军人物

▲中国建筑业协会智能建筑专业委员会副主任

▲陕西省民盟企业委员会副主任、

▲陕西省安防协会常务副理事长、

▲西安市羽毛球协会副主席。

▲西安市委统战部第二届“西安市优秀中国特色社会主义事业建设者”。

赵 良 先生

成都羿明信息技术股份有限公司 董事长

赵良，中科院资深研究人员，软件架构师，现任成都羿明信息技术股份有限公司董事长。曾在中国科学院、政府、新加坡淡马锡大学、世界500强美国企业中国子公司、瑞士上市公司等担任研发总监、运营总监、总经理等职。

赵良先生积近30年信息产业研发及管理经验，是难得的“理论＋实战＋成功经历”的专家。曾担任四川省七五重点攻关项目的核心设计开发人员、系统联调负责人，该项目获四川省科技进步一等奖，成为国家科技成果重点推广项目；在瑞士上市公司任职期间，带领团队成功为Google研发了Android兼容性测试系统CTS；并为Nokia、Samsung、Motorola 、Orange、Vodafone、T-Mobile等移动运营商和手机厂商提供JVM、Android、大数据分析等产品研发及运营服务，在企业战略、产品规划、营销策划、研发运营与企业领导方面拥有丰富的经验。

于2010年合伙创办成都羿明科技有限公司，主要负责公司发展战略、产品规划、市场营销及公司运作。在其带领下，公司高速发展，已成为Asurion、Nexus Telecom、Microsoft、TieTo、中国电信等公司的战略合作伙伴。核心产品羿明云企已全面推广，目前已和国内著名企业建立良好合作关系，市场前景巨大。

赵 黔 女士

贵州黔驰信息股份有限公司 董事长

赵黔，1951年出生，毕业于东南大学自动控制专业，高级工程师，黔驰信息创始人，现任公司董事长。贵州省智能电网产业技术创新战略联盟理事，贵州省信息技术服务业协会常务理事。

所主导的产品研发获得30余项软件著作权、30余项软件产品登记证书以及国家重点新产品证书等，并分别在2010-2011、2013年、2014年获得A级纳税信用企业，贵阳市生态工业知识产权工作示范企业等荣誉，同时“黔驰”被评为贵州省著名商标、贵阳市知名商标。

“诚信、和谐、开拓、创新”是黔驰信息的企业精神和核心价值观，以客户需求为导向，以“不断完善、追求卓越”为宗旨，带领公司全面构造在创新研发、运营管理、人才培养上的核心竞争力。

未来，我们将致力于成为最受社会、客户、股东和员工尊敬的公司，使黔驰信息成为业界领先的IT解决方案与信息化服务供应商。

主要荣誉：

2010年获得贵州省科学技术进步三等奖一项；2010年获得贵阳市科技进步二等奖一项；2011年获得国家重点新产品证书一项；2011年获得实用新型专利一项；2013年获得贵阳市优秀新产品一项。

姚岳良 先生

海宁鸿丰小额贷款股份有限公司 董事长

姚岳良，男，研究生学历，中共党员，高级工程师、高级经济师。自担任海宁鸿丰小额贷款股份有限公司董事长以来，善于运用经济管理手段解决企业经营管理中的难题，具有强烈的社会责任感和创新精神，对中国小微金融行业发展作出了积极的贡献。在姚岳良的带领下，公司已于 2015 年 8 月 6 日在北京成功挂牌全国中小企业股份转让系统（简称“新三板”），成为嘉兴市小贷行业首家在“新三板”上市的小额贷款公司，证券简称：鸿丰小贷，证券代码：833233。挂牌后公司首次拟发行股份 2500 万股，发行价为 2 元 / 股，总发行金额 5000 万元。

公司自成立以来，姚岳良就组织公司高层制定了“助推小微，服务三农”的经营方针，对失土农民、退伍军人、残疾人、大学生等弱势群体实行利率优惠、额度优先的倾斜政策。并坚持以“小额”、“分散”为原则，积极为海宁地区的中小微企业、个体私营户、“三农”的生产经营提供小额信贷支持。还专门组织公司经营团队为小微企业、“三农”和个体工商户的发展量身定做各类贷款业务产品，如“便民贷”、“农户贷”、“创业贷”、“小微贷”、“项目经理贷”、“超短贷”、“租金分期贷”等，公司 2014 年新推出的贷款业务产品 –“鸿丰自助贷”，该产品可通过质押、抵押、担保、信用等多种方式申请贷款，一次性办理后，在额度有效期内可循环使用，最高授信可达 100 万元，并可通过短信实现借款、还款、查询等业务的自助服务，从而进一步解决了小微客户的资金困难问题，还最大限度的帮助小微客户节省成本。

姚岳良还带领鸿丰积极响应政府号召，大力支持科技成长型企业，推动金融要素进一步向优质科技成长型企业集聚，解决他们的燃眉之急，使我公司真正意义上成为了他们的“及时雨”。

在多年的企业经营中，姚岳良取得了突出的经营业绩，也由此获得了社会各界的肯定：浙江省劳动模范、浙江省杰出民营企业家、浙江省优秀企业家、浙江慈善奖个人、文化新浙商、嘉兴市劳动模范、嘉兴慈善奖、嘉兴市优秀社会主义建设者、首届浙江省体育产业领军人物……各种荣誉随之而来。

在不断的开拓发展中，作为鸿丰的董事长，姚岳良始终以坚定的决心带领着鸿丰员工乘势而上，深入开展自主创新，奋力实现企业经济规模、企业管理的突破，以便更好地服务于小微金融，从而推动鸿丰对中国小微金融行业的发展作出积极的贡献。

张宝堂 先生

湖南绿蔓生物科技股份有限公司 董事长

张宝堂，男，汉族，党员。1975 年 11 日出生于农村。籍贯湖南邵阳 武冈。硕士学位。 2000 年 6 月毕业于湖南农业大学。2008 年于湖南中医药大学天然药物化学专业研究生毕业，获硕士学位。

现任：湖南绿蔓生物科技股份有限公司董事长、湖南三为生物科技有限公司董事长、长沙宝德软件有限公司董事长、湖南省植物提取物协会理事长。

工作经历及成就：

2000 年至 2004 年：在湖南金农生物资源股份有限公司工作，从事有关中草药提取物的研发、生产及销售工作。

2004.6~2005.9：在长沙艾菌生物制品有限公司工作，出任总经理。

2005.9~2008.6：在湖南中医药大学攻读天然药物化学专业研究生硕士学位。

2008.4~ 至今：于湖南绿蔓生物科技股份有限公司，任董事长。

2014 年 ~ 至今：湖南植物提取物协会，任理事长。

发明专利：

1、《女贞子提取物齐墩果酸 98% 生产工艺》

2、《罗汉果苷 V 含量大于 60% 的罗汉果提取物生产工艺》

3、《一种以葡萄酒厂废渣为原料制备白藜芦醇提取物的方法》

研究成果及发表论文：

[1] 植物提取物行业市场剖析 [J]. 发表于《天然产物研究与开发》，2007 年增刊

[2] 和厚朴酚的药理研究进展 [J]. 刘庚贵，张宝堂，杜方麓，曾润清 . 医药快讯，2007 年第 7 期

[3]《医药快讯》中发表《植物提取物行业市场前景探析》2006 年第 18 期，2006 年 9 月 20 日第 13 页 作者：张宝堂刘庚贵

[4]《植提产业，后发制人》，发表于《医药经济报》2006 年 11 月 3 日

赵世香 先生

山东开泰石化股份有限公司 董事长

赵世香，男，1959 年 8 月出生，中国国籍，无境外永久居留权，本科学历，高级会计师职称，中国共产党党员，淄博市第十四届人大代表。历任齐鲁石化公司财务处科长，齐鲁石化公司销运部结算处处长，齐鲁石化公司腈纶厂总会计师，齐鲁石化腈纶实业部经理、党委书记，山东开泰实业有限公司董事长、党委书记、总经理。自 2006 年 5 月至今，担任山东开泰石化股份有限公司董事长、总经理、党委书记及法定代表人。

郑仰柏 先生

广东自动化电气股份有限公司 董事长

郑仰柏，男，1942 年生，拥有中华人民共和国香港特别行政区永久居留权，为公司创始人，1989 年 2 月至今历任公司厂长、董事长，目前拥有公司 90% 股份，为第一大股东、实际控制人之一。2014 年 7 月起担任股份公司董事长，任期三年。

20 多年来，公司在郑仰柏董事长带领下，由小到大，由弱到强，不断攻坚克难，开拓创新，取得多项科技研发成果，成为国家级高新技术企业，将研制出的新能源自动化电气设备、轨道交通电控设备等各类电气产品投入市场，广泛应用于国内外的民用航空、轨道交通、电厂、糖厂、纸厂等工程。2015 年 1 月，公司顺利在全国中小企业股份转让系统挂牌，成为汕头高新区第一家挂牌企业。

2004 年被中华全国工商联评为：中国优秀民营科技企业家；

2010 年获得国家知识产权局颁发发明专利证书（专利号：ZL2008101990179）；

曾任：汕头市工商联第十二届、第十三届副主席，第十四届名誉主席；

汕头市民营商会第三届、第四届、第五届会长；

汕头市第九届、第十届、第十一届政协委员和常务委员。

郑增定 先生

上海雷博司电气股份有限公司 董事长

郑增定，董事、董事长兼总经理，男，汉族，1965年3月出生，中国国籍，无境外永久居留权，硕士学历。1981年10月至1990年9月，任台州玉环县干江塑料厂销售经理；1990年9月至1995年9月，任台州玉环干江电器设备厂总经理；1995年9月至2007年12月任玉环华通电器有限公司董事长；1995年1月至2010年11月，任浙江雷博司电器有限公司执行董事兼总经理；2010年11月至2014年12月任浙江雷安电气有限公司执行董事；2011年3月24日至2014年6月任上海雷祺投资管理有限公司执行董事兼经理；2004年1月至2012年6月任上海雷博司电器有限公司董事长兼总经理；2012年6月至今任公司董事、董事长兼总经理。

朱明华 先生

北京兴竹同智信息技术股份有限公司 董事长

朱明华，男，1967年6月出生，加拿大籍，硕士研究生。1984年至1988年就读于杭州电子工业学院（现杭州电子科技大学）计算机应用专业，取得学士学位；1988年至1991年就读于北京农业工程大学农业电气化专业，取得硕士学位。1991年至1994年先后就职于中国软件公司、北京海淀华冶自动化开发部，主要负责电力行业财务电算化研发和硬件销售工作；1994年至2000年，任北京兴竹电子技术有限公司总经理；2000年至2006年任北京兴竹共创软件技术有限公司董事、总经理；2006年至2014年12月，任北京兴竹同智信息技术股份有限公司董事长、总经理；2014年12至今任北京兴竹同智信息技术股份有限公司董事长。

郑两斌 先生

北京仟亿达科技股份有限公司 董事长

郑两斌先生，毕业于厦门大学，现任北京仟亿达科技股份有限公司董事长，兼任北京厦门商会常务副会长、北京投融资商会常务副会长、北京福建企业总商会副会长等。曾荣获河北省节能协会颁发“2012年度优秀节能工作者称号”、“2014年节能服务产业先进工作者”、中国工业节能与清洁生产协会常务理事、中国钢铁工业协会理事等。

主要工作经验：

1998年3月–2000年10月，任厦门信达股份（上市）互联网公司市场销售部经理

2001年1月–2002年1月，任北京中和威软件有限公司大客户销售经理

2002年2月–2003年2月，任北京北佳耐特科技有限公司副总经理

2003年3月–2004年4月，任中科网威信息技术有限公司行业总监

2004年5月–至今，创建北京仟亿达科技股份有限公司，担任董事长

2015年2月仟亿达上市，5月19日做市，希望能为大型上市公司，世界500强！

曾获得的荣誉、奖项：

1、带领公司获得中国工业节能与清洁生产协会颁发“2014年全国节能服务公司百强榜第3名”，“2013年全国节能服务公司百强榜第4名”。

2、荣获河北省节能协会颁发2012年度优秀节能工作者称号。

3、荣任中国工业节能与清洁生产协会常务理事。

4、公司荣任中国节能服务产业委员会副主任（会长）单位。

5、担任北京福建企业总商会副会长。

6、北京厦门商会常务副会长。

7、北京投融资商会常务副会长

8、北京厦门商会常务副会长

9、中国钢铁工业协会理事

10、“2014年节能服务产业先进工作者”

周建芳 先生

张家港华菱医疗设备股份公司 董事长

周建芳先生，男，现任公司董事长，1961 年 12 月出生，苏州大学经济管理专业毕业，1983 年 10 月参加工作。自 1989 年从事消毒灭菌事业至今已经 26 年，获得技术中级职称—机械工程师。

主要工作经历：

1983 年 10 月至 1986 年 6 月 张家港市南沙光辉玻纤厂 会计；

1986 年 6 月至 1989 年 7 月 张家港市第二化工机械厂驻沪办事处主任；

1989 年 7 月至 1995 年 8 月 上海医用核子仪器 厂消毒器分厂 厂长；

1995 年 8 月至 1999 年 10 月 江苏华菱（集团）医疗设备制造有限公司 总经理；

1999 年 10 月至 2014 年 12 月 张家港市华菱医疗设备制造有限公司 总经理

2014 年 12 月—至今 张家港华菱医疗设备股份公司 董事长

专业与专长：

1) 专业：经济管理专业 / 机电专业

2) 全国消毒技术与设备标准化技术委员会（SAC/TC200）委员

技术工作与科研成果：

1) 指导和参与了卫生级灭菌柜、水浴式灭菌柜、安瓿检漏灭菌柜、快速冷却灭菌等 10 个企业标准和注册标准的编制。

2) 参加了 13 个实用新型专利和 7 个发明专利的设计开发。

3) 获得了 2 项张家港市科技进步二等奖、5 个三等奖及科技攻关杯奖、技术创新奖、技改先进个人等科技奖项。

学术著作：

1)2006 年 1 月撰写的《醛类消毒剂熏蒸消毒法》在《公共场所消毒技术规范》杂志上发表。

2)2008 年 5 月编写的《低温蒸汽甲醛灭菌器》技术文章在《医院消毒技术规范》杂志上发表。

3)2009 年 12 月编写的《低温蒸汽甲醛灭菌柜在公共场所消毒中的应用》一文发表在《公共场所消毒技术规范》杂志上。

朱玉斌 先生

上海六晶科技股份有限公司 董事长

朱玉斌，上海六晶科技股份有限公司董事长，1964 年生于河南省开封杞县，毕业于中南矿业学院，在 1990 年和 1997 年，曾两度分赴德国和法国的著名理工科大学深造，并于 2001 年在法国巴黎第十一大学获得第二个博士学位，成为年轻有为的双博士、教授。从业 20 多年来，致力于稀有金属材料研究，并主持和参与完成了 20 多项科研课题，其中包括国家科技攻关、863 计划、重点军工配套项目和国际合作课题。已发表论文四十多篇，专利 14 项。

主要科研成果及获奖情况：1. “航空螺栓用钛合金材料及镀铝工艺研究”部级科技进步二等奖；2. “材料的晶界特征分布、晶粒取向分布及关系的研究”教育部科技进步二等奖；3. 法国“Prix AFCRST 2000”材料科学奖；4. 参与撰写《金属间化合物结构材料》一书；5.1994 年荣获“宝鸡市优秀青年科技工作者”称号；6. “微晶钨基高比重合金材料”获上海市优秀发明一等奖 7. “钨合金超薄板材的新型制备工艺”获产学研合作优秀项目奖。

历任社会职务：1. 政协宝鸡市常委；2. 中国材料研究学会青年工作委员会理事；3. 中国机械工程学会材料分会青年工作委员会常务理事；4. 陕西省青年科技联合会理事；5. 东北大学硕士研究生兼职导师；6. 九三学社西北有色金属研究院支社主委；7. 九三学社上海大学委员会常务副主委 8. 政协上海市闸北区委员。

2006 年 11 月，朱玉斌带领团队建立了一条“低能耗、少耗材、无污染、短流程”的生产线，使粉末冶金行业实现绿色生产。公司凭借新材料新技术，成功打入国际市场，成为 GE、飞利浦及西门子等全球高端医疗公司优秀供应商。

庄 鸣 先生

江阴延利汽车饰件股份有限公司 董事长

庄鸣，董事长，高级经济师，本科学历，毕业于北京工商学院，曾先后在江阴市第四化工机械厂，江阴市马铁件厂工作，历任销售经理，1996 年自筹资金创建江阴延利汽车饰件有限公司，不仅立足于科技创新和人才培养，而且还具有全新的市场开拓精神和丰富的管理经验，终把科技创新作为永无止境的追求目标，加强管理，细化考核，健全员工激励机制，让质量和管理意识真正深入到员工心中。组织申报发明专利，实用新型专利；先后曾主持组织制定了行业标准、企业标准；获江苏省科技进步奖、无锡市科技进步奖、江阴市科技进步奖，江阴市科技创新功臣称号。

岳志斌 先生

浙江思考投资管理股份有限公司 总经理

岳志斌，1992年金融专业毕业，次年进入证券行业，分别就职于大鹏证券、财富证券，广发证券浙江总部。从事市场拓展、投资分析、投资银行工作；是华夏幸福，浙江东日，浙江富润，万向钱潮等公司的股改项目负责人或股改项目小组成员。具有20多年的金融投资从业经历，具备证券分析师，理财规划师和证券基金从业资格，拥有优秀的证券投资战略管理和风险管理能力，形成了一套符合中国特色的系统投资理念，尤其是以大宗交易的投资风格在业内独树一帜。所管理的基金产品2010年5月底成立以来，保持每年正收益，并获得了中国证券报的中国阳光私募“金牛奖”、上海证券报的“金阳光奖”、21世纪经济报道的资产管理“金贝奖”、第一财经的“金樽奖”等奖项。

2010年3月8日，在岳志斌来到温州的第十个年头，他作为主发起人成立了瑞安思考投资管理有限公司（后更名为“浙江思考投资管理股份有限公司”）。在他的带领下，思考投资于2014年3月17日获得国内首批私募基金管理人登记证书，是温州第一家获此证书的私募基金管理机构。2015年1月30日，思考投资成功挂牌新三板，成为国内首家证券类阳光私募基金挂牌公司。

思考投资目前管理资金月20亿元，凭借优良业绩，思考投资旗下基金引起业内关注并屡屡获奖。2011年，岳志斌管理的“思考1号”产品在全国1000多只私募基金里，收益率排在第三名。2013年3月，“思考1号”被评为“2013年度中国最佳事件驱动策略对冲基金”第三名。

姜跃君 先生

意欧斯仓储设备股份有限公司 董事长

姜跃君，男，1979年8月出生，中央电大本科学历。

1998. 08-2002. 04 海盐县农业经济局任技术员

2002. 05-2003. 05 上海埃米顿工具有限公司任行政总监

2003. 05-2005. 04 上海斯普康汽车技术有限公司任总经理

2005. 05-2008. 07 海盐三环进出口有限公司任销售经理

2008. 07- 至今 意欧斯仓储设备股份有限公司任董事长

曾文 先生

北京精英智通科技股份有限公司 董事长

曾文，北京精英智通科技股份有限公司董事长；北京精英智通交通系统科技有限公司创始人；公安部新标准制定的专家组成员；智能驾考与智能监管领域专家；2012年中关村创业之星；中国道路交通安全协会理事；中国智能交通协会理事。

曾文先生1968年出生，1991年毕业于北京理工大学应用物理系。随后通过多年的市场调查与研究，凭借敏锐的战略眼光和强烈的社会责任感，看准了驾驶人培训考试领域的潜在市场，于2005年9月创立了北京精英智通交通系统科技有限公司。在他的领导下，公司连续9年保持年均增长率60%，跻身于行业前三强！公司于2013年10月成功登陆新三板，继而更名为北京精英智通科技股份有限公司。

曾文先生是一位白手起家，历经艰辛，凭借着对梦想执着的追求而奋斗至今的创业者。他在十余年的企业经营管理中，始终不忘创业的初心——“为客户实现价值”。曾文先生清楚的认识到“企业只有能够帮助客户实现其价值，企业才有存在的价值”。因此，无论是面对市场中“诱惑”时，还是自身利益受到影响时，“客户价值”永远是排在首位的。

为持续满足及提升客户的价值，在曾文先生的带领下，公司坚持技术创新，持续引领行业技术前沿。曾文先生最早主持开发了业内最具创新价值的高精度科目三考试系统、大倾角号牌识别与车辆跟踪系统、全自动科目二考试系统以及电子化档案业务支持系统等新产品。同时，曾文先生提出了企业要做客户和员工的“合作伙伴”，并以此建立起了“伙伴、价值、完美、共赢”的企业文化，打造出了具有创新意识和创业激情的优秀团队。

柴月华 先生

山东索力得焊材股份有限公司 董事长

柴月华，男，1950年生，中共党员，大专文化，高级会计师，现任山东索力得焊材股份有限公司董事长、中国焊接协会常务理事、中国焊接协会焊材分会副理事长、中国电器工业协会焊材分会副理事长、肥城市政协委员，先后荣获泰安市劳动模范、振兴泰安劳动奖章、山东省优秀质量工作者、泰安市优秀创业企业家等荣誉称号。其主要工作简历：

1969年12月—1975年3月，在部队服役；

1975年5月—1983年7月，南高余煤矿财务科会计；

1983年8月—1984年8月，南高余煤矿劳资科副科长；

1984年9月—1989年9月，南高余煤矿财务科科长；

1989年10月—1991年12月，南高余煤矿副总会计师；

1992年1月—1997年6月，南高余煤矿副矿长；

1997年7月—2000年6月，高余实业公司经理；

2000年7月—2003年7月，肥城高余焊接材料公司经理；

2003年8月—2014年8月，山东索力得焊材有限公司董事长；

2014年8月至今任山东索力得焊材股份有限公司董事长。

徐小波 先生

重庆渝万通新材料科技股份有限公司 董事长

徐小波，男，49岁，江苏人，1984年毕业于扬州工学院。机械制造专业，工程师，重庆消防协会常任理事、渝万通环保星级服务平台模式创始人。于2000年初创办了重庆市万通空调设备有限公司，任总经理。

2006年8月至2011年5月任重庆万通消防设备制造有限公司，任董事长、总经理。防火门项目负责人，其间主持发明的钢质防火门框获得实用新型专利证书，专利证号：ZL 2008 2 0098590.6。

2011年6月任重庆万通消防设备股份有限公司，任董事长、总经理。木质防火门生产线技术改造项目技术负责人；钢质防火门生产线改造项目技术负责人。

2011年8月至2013年1月任重庆渝万通新材料科技股份有限公司，任董事长、总经理。其间主持防火芯板的开发工作，并获得了发明专利（专利名称：无机外墙保温防火板，专利号：ZL 2011 1 0229681.5；专利名称：无机防火芯料板，专利号：ZL 2011 1 0229683.4；专利名称：一种外墙保温防火板，专利号：ZL 2011 1 0229682.X；专利名称：防火门框门扇骨架用料，专利号：ZL 2011 2 0459702.8）

2013年1月至今任重庆渝万通新材料科技股份有限公司董事长。期间主持了二型钢质防火门开发、新型多功能钢质、钢木质防盗防火门项目的开发工作，并获得了重庆市高新技术产品证书。

2014年兼并重庆赛顺环保科技有限公司，成立重庆渝万通环保有限公司（渝万通子公司），集研发、生产为一体，同时打造终端服务完整产业链的专业新型环保企业。

王 兴 先生

贵州天保生态股份有限公司 董事长

王兴，天保股份董事长、实际控制人，1979年4月5日出生。2003年7月，毕业于长安大学环境科学与工程学院水文与水资源工程专业，本科学历。2003年7月至2004年7月，工作于天津市地质矿产局测试中心，岩土工程实验室，任技术员；2004年7月至2005年12月，工作于国土资源部天津矿产资源监督检测中心特殊实验室，岩土工程室及特殊岩实验室，任项目负责人、助理工程师；2005年12月至2006年12月，工作于国土资源部天津矿产资源监督检测中心环境检测室，环境室（室内环境检测，建筑材料检测），任技术负责人；2006年12月至2008年12月，工作于贵州天设项目咨询有限公司，水工环部，任部门经理；2008年12月至2015年3月，工作于贵州天保生态有限公司，任总经理、高级工程师；2015年3月至今，工作于贵州天保生态股份有限公司，任董事长。

唐铣 先生

四川梓橦宫药业股份有限公司 董事长

唐铣，西南医科大学医学学士，菲律宾大学流行病学硕士，菲律宾中央大学管理学博士，主管医师、高级经济师，中共党员，内江市人大代表，四川梓橦宫药业股份有限公司董事长。

在唐铣博士的率领下，“梓橦宫”这个始于1780年清代乾隆年间，迄今230多年历史的四川最悠久的制药品牌得以传承，获得国家商务部认定的“中华老字号”称号，同时也获得“四川省著名商标”称号。梓橦宫药业被认定为国家级高新技术企业，公司技术中心被认定为四川省级企业技术中心。公司于2015年成功在“新三板”挂牌，股票简称：梓橦宫，股票代码：832566。

2006年荣获内江市中区科学技术进步奖；

2007年被评选为内江市“十佳技术创新带头人”；

2012年被评选为内江市“十大杰出创新人物”；

2012、2014年荣获内江市“拔尖人才”称号。

牛光生 先生

新乡市振源电器股份有限公司 董事长

牛光生，1964年出生，高级经济师，现任新乡市振源电器股份有限公司董事长。

从事销售和企业管理工作30余年，在行业考察中发现高压软起动控制器有很大的潜在需求。结合当时的经济形势和能源行业对设备高效、安全，节能的要求，选择了当时在国内制造业稀少的高压软起动控制器作为企业发展方向。2008年创建新乡市振源电器有限公司，任总经理。先后组织研发生产7种型号的高、低压软起动控制器系列产品，广泛应用于自动化工控、风电、石油、化工、冶金、港口、水利、智能电网等领域。

公司在创立之初，就定下了以高技术、高附加值矿山设备的开发、生产、销售为企业的发展方向。在公司的发展中一直以新科技技术为基础，坚持打造领先于行业的高科技型产品。至今拥有9项国家专利，并且获得河南省高新技术企业、河南省科技型中小企业，新乡市高压软起动工程研究中心，新乡市先进单位等荣誉称号。在牛光生的带领下，员工40余人的公司销售收入6000余万元，利润达到1800万元的辉煌业绩。

公司多年来以高品质的产品及优质的服务，得到了客户的广泛认可，获得了良好的声誉。鉴于公司在国内软起动行业的技术、成本优势和国内同类产品几十亿的市场需求，为了公司快速发展，提高公司知名度，引入先进的管理机制，在董事长牛光生领导下借助资本市场的优势，企业得到快速发展，创建一个新的高峰。

桂海鸿 先生

海航冷链控股股份有限公司 董事长

桂海鸿先生，1977 年出生，浙江大学国际贸易专业毕业；

2000 年至 2003 年在海南航空股份有限公司工作；

2004 年至 2010 年 11 月就职于海航集团有限公司，担任人力资源部副总经理、办公室副主任等职务；

2010 年 12 月至 2012 年 3 月就职于海南航空股份有限公司，担任人力资源部总经理、办公室主任、人资行政部总经理等职务；

2012 年 3 月至 6 月任职海航速运集团有限公司副董事长兼总裁；

2012 年 3 月至 2015 年 4 月任海航物流总裁助理、大冷链项目组组长、北京海航华日飞天物流股份有限公司董事长；

2015年4月至今担任海航冷链控股股份有限公司董事长、首席执行官。

陆 平 先生

江苏金呢工程织物股份有限公司 董事长

陆平先生，自 1997 年 8 月担任江苏金呢董事长以来，企业在他的带领下，销售收入连年增加，企业连续多年被评为海门市百强企业、重点骨干企业、南通市双文明单位，产品被评为江苏乡镇企业名牌产品、国家重点新产品，国家火炬、星火计划项目，企业的“金呢”、“银兔”牌商标被评为南通市知名商标。公司于 2005 年被国家科技部认定为国家重点高新技术企业。他本人因出色的工作业绩连续多次被评为“南通市优秀乡镇企业家”、“南通市、海门市优秀董事长”、“海门市工业企业优秀经理”、“海门市十大杰出青年”、“南通市优秀工作者”、“南通市优秀工会工作者”“南通市 226 高层次人才培育工程”科学技术带头人，2007 年获第十四届省级“企业管理现代化创新成果”等多项荣誉称号，2009-2011 年获中国纺织工业协会科学技术奖二、三等奖、南通市科技进步奖二、三等奖，海门市科技进步奖特等奖、一、二、三等奖、2012 年荣获江苏省科学技术奖三等奖。

李志荣 先生

珠海原妙医学科技股份有限公司 董事长

李志荣先生，1963 年出生，澳门人士，毕业于法国克恩大学，本科学历，1990 年至 2001 年，任职香港富江公司总经理；2001 年至 2012 年，任职珠海城富医疗器材有限公司（后更名为珠海福生健康科技有限公司）总经理等职；现任原妙医学董事长兼总经理，珠海成富医疗器材有限公司执行董事，珠海培生生物工程有限公司执行董事，珠海原妙高新科技有限公司执行董事，珠海雅光生物工程有限公司执行董事，珠海培汪生物工程有限公司执行董事等职位。李志荣先生还担任金湾区政协委员、珠海市工商联（总商会）副会长、珠海市红十字会副会长、珠海市归国华侨联合会常委等多项社会职务。

李凯华 先生

西安天一生物技术股份有限公司 董事长

刘凯华先生，男，43 岁，1993 年毕业于西安医学院药学系，学士学位，中国共产党员。1993 年 7 月 –2000 年 10 月，在北京医科大学安康药物研究院工作，先后在药物研究室、植化研究室任副主任、主任等职。在北京医科大学安康药物研究院工作期间，被派往北京医科大学药学院、广州白云山制药总厂、陕西省药检所等进修。在北京医科大学安康药物研究院药物室工作期间，先后研发出胃药“胃舒软胶囊”，镇静催眠药“康静胶囊”，全部已上市销售；新药“胶蓝泼尼松片”，已申报国家二类新药。2000 年 10 月 – 2004 年 7 月，先后在上海某进出口公司负责医药原料、生物制品的国际营销工作，随后在西安一家植化公司担任副总经理，全面负责该公司的国内外营销及公司新项目的运营工作。2004 年 8 月申请辞职，开始组建西安天一生物技术股份有限公司，任公司总经理，2015 年升任公司董事长。

刘凯华具有很强的开拓和创新能力，具有丰富的企业管理经验和较强的资本运作能力，凭着对医药事业的执着追求，经过多年不懈的努力，在医药领域取得了一定的成果。

王志刚 先生

深圳市道尔智控科技股份有限公司 董事长

王志刚先生，管理学硕士；十三年企业经营管理经验，创立多家行业内分销机构，始终以一种强烈的责任感和使命感，大胆开拓，勇于创新，使企业成为行业高速发展的带头人，励志打造中国最大停车大数据服务商。

江秋平 先生

广东穗源农业科技股份有限公司 董事长

江秋平先生，中国国籍，无境外永久居留权。1993 年 6 月至 2005 年 7 月，任佛山市今方建筑工程有限公司项目经理；2005 年 8 月至 2011 年 10 月，任清远市力骏精密模具制造有限公司副总经理；2011 年 11 月至 2015 年 6 月，任清远市穗源农业有限公司执行董事、总经理；2015 年 7 月至今任广东穗源农业科技股份有限公司董事长、总经理，任期三年。

担任中国国际商会清远市清新国际商会二届理事会常务副会长，清新区禾云镇沙河慈善会第二届理事会热心人士，清远市清新区海外联谊会第四届理事会名誉会长，清新区民间文艺家协会名誉主席，清远市清新区政协委员，2015 年被评为先进委员。

谢晋斌 先生

广东骏汇汽车科技股份有限公司 董事长

1970年出生，毕业于湖南大学机械工程系汽车专业，中山大学EMBA，长期从事汽车零部件制造行业。

1993年7月至1994年6月，就职于山西汽车制造厂，担任设计工程师一职，从事产品设计、开发、后续制造等工作。

1994年7月至2005年1月，先后任职于广州市黄埔运输机械制造厂，广州华实机电工程有限公司、广州新之地环保产业有限公司，任厂长助理、副厂长、厂长。

2005年7月创办广州市骏佳金属制品有限公司（广东骏汇汽车科技股份有限公司前身）至2013年1月任公司执行董事兼总经理。

2013年至今任本公司董事长兼总经理。

2014年，广东骏汇汽车科技股份有限公司正式在全国中小企业股份转让系统挂牌（简称“新三板”）。同年，广东骏汇设立精冲技术中心，总投资额达到两千万；生产现场引进连续冲压设备，并配套工业机器人；韶关骏汇汽车零部件有限公司正式投产。

李 灿 先生

成都泉源堂大药房连锁股份有限公司 董事长

李灿先生，2000年毕业于中山大学，本科学历，自动控制专业。

工作经历：

主要工作经历（含职务及职称）：

1、美标（中国）有限公司　全国工程总监

参与建立美标全国直销体系，并带领团队连续三年在房地产卫浴市场处于领先地位。

2、西班牙 LEVATINA 公司　中国区销售总监

全程参与其在中国市场销售体系的设立和拓展，让公司建材产品在高端酒店、豪宅项目的占有率大幅提升。

主要业绩（工作业绩、著作、论文、获奖等）：

创业：神鹤药业，科伦医贸，泉源堂连锁

获奖：2015“成都市十大创业创新人物”青年企业家称号

2015年成都市“创新创业双创之星”

①通过OTC药品控销模式将产品铁笛片带入咽喉类药品细分市场全国前五，连续三年入选“健康中国—品牌榜”。

②在全国25个省市建立了直销团队，产品进入约十万家终端药店，并成为其首推品种。年销售额从几百万到2个亿。

③开拓电商渠道，5个月做到西南第一。

④进入资本市场。

工程案例

北京朝阳区垃圾无害化处理中心
渗滤液处理扩建工程外景

北京朝阳区垃圾无害化处理中心
渗滤液处理扩建工程内景

北京门头沟区焦家坡垃圾填埋场渗滤液处理工程

常熟市第二垃圾焚烧发电厂渗滤液处理工程

常熟市垃圾焚烧发电厂渗滤液处理工程升级改造

常熟市南湖垃圾填埋场渗滤液处理项目